AF860509

4 SERVICES EXCLUSIFS INCLUS

4 services gratuits
exclusifs aux Codes édition classique
Je les découvre !

SERVICES
IN

Quels sont-ils ?

Mise à jour en continu

Accessible depuis Word©

Liens de jurisprudence

Disponible partout

Plus d'information sur www.activation-dalloz.fr

CLUSIFS
S

Comment en profiter ?

- Je me rends sur www.activation-dalloz.fr
- J'active mon Code à l'aide de sa clé d'activation (voir sous l'étiquette de couverture)
- Mes services exclusifs sont activés.

PARCE QUE
LA LOI BOUGE,
LE CODE ROUGE !

18e édition

CODE
DE LA
PROPRIÉTÉ
INTELLECTUELLE

Annoté & commenté

Papier & numérique

DALLOZ

18e édition

Commentaires et annotations par

PIERRE SIRINELLI
Professeur à l'Université Paris I
(Panthéon-Sorbonne)

SYLVIANE DURRANDE
Docteur d'État en droit

ANTOINE LATREILLE
Professeur à l'Université Paris Sud
Doyen de la Faculté Jean Monnet
Chercheur au CERDI

avec le concours de

NATHALIE MAXIMIN
Rédactrice aux Éditions Dalloz

DALLOZ

ÉDITIONS DALLOZ

31-35, rue Froidevaux, 75685 Paris Cedex 14

ISBN 978-2-247-17713-4

Avant-propos

Comme les autres volumes de la collection des Codes Dalloz, créée en 1902, le Code de la propriété intellectuelle est un ouvrage hautement élaboré. Loin de se borner à reproduire purement et simplement la codification officielle, il donne de celle-ci un texte mis à jour de ses modifications ultérieures (avec indication des sources), un texte enrichi de notes de rédaction, un texte commenté par Sylviane Durrande, Antoine Latreille et Pierre Sirinelli, un texte annoté de résumés de jurisprudence et de bibliographie et un texte augmenté de compléments indispensables.

Autour des deux parties composant la propriété intellectuelle (la propriété littéraire et artistique et la propriété industrielle), chacune organisée par rubriques (parmi lesquelles, Droit d'auteur, Droit voisin, Usages professionnels, Appellations et indications d'origine, Brevets, Conseils en propriété industrielle, Dessins et modèles, Enseignes, Marques, Noms commerciaux, Obtentions végétales...), l'Appendice regroupe les textes nécessaires à la compréhension de la matière. A l'intérieur de chaque rubrique sont présentés d'abord les textes internationaux, puis les textes européens et, enfin, les textes de droit interne (codifiés et non codifiés), classés par ordre chronologique.

Enfin trois tables complètent l'ouvrage (pages roses) :

En début d'ouvrage :

– une table des matières reproduit le plan du code ;

En fin d'ouvrage :

– une table chronologique recense les textes qui ont modifié le code et les textes complémentaires ;

– une table alphabétique analyse les textes et constitue un outil de recherche privilégié.

Les pictogrammes (jurisprudence), (doctrine) et (législation) signalent que les textes intégraux correspondants sont accessibles en hyperliens sur les portails et sur les applications mobiles Dalloz. Par ailleurs, le Code de la propriété intellectuelle est enrichi, annoté et actualisé en continu sur smartphone, tablette et internet.

Liste des abréviations

🔗	Hyperlien vers la décision intégrale accessible sur les portails et sur les applications mobiles Dalloz
🔗	Hyperlien vers l'article de revue accessible sur les portails et sur les applications mobiles Dalloz
🔗	Hyperlien vers un texte complémentaire accessible sur les portails et sur les applications mobiles Dalloz
ADAGP	Association pour la diffusion des arts graphiques et plastiques
Adde	Ajouter
ADPIC	Accord sur les aspects des droits de propriété intellectuelle qui touchent au commerce du 15 décembre 1993
aff.	Affaire
AJ	Actualité jurisprudentielle (du Recueil Dalloz)
AJDA	L'Actualité juridique du droit administratif (Dalloz)
al.	Alinéa
ALAI	Association littéraire et artistique internationale
ALD	Actualité législative Dalloz (à partir de 1993)
AMM	Autorisation de mise sur le marché
Ann. propr. ind.	Annales de la propriété industrielle artistique et littéraire
App.	Appendice
Arr.	Arrêté
Art.	Article
ass. plén.	Assemblée plénière de la Cour de cassation
Aut. conc.	Autorité de la concurrence
BIBL.	Bibliographie
BIBL. GÉN.	Bibliographie générale
BICC	Bulletin d'information de la Cour de cassation
BID	Bulletin d'information et de documentation de la Direction générale de la concurrence, de la consommation et de la répression des fraudes
BLD	Bulletin législatif Dalloz (jusqu'en 1982)
BOCC	Bulletin officiel de la concurrence, de la consommation et de la répression des fraudes
BOPI	Bulletin officiel de la propriété industrielle
BRDA	Bulletin rapide de droit des affaires
Bull. civ.	Bulletin des arrêts des chambres civiles de la Cour de cassation
Bull. crim.	Bulletin des arrêts de la chambre criminelle de la Cour de cassation
C.	Code
c/	Contre

CAA Cour administrative d'appel
Cah. dr. auteur Cahiers du droit d'auteur
Cah. dr. entr. Cahiers de droit de l'entreprise
Cass. Cour de cassation
CBE Convention de Munich du 5 octobre 1973, sur la délivrance de brevets européens
CCC Contrats Concurrence Consommation
CCE Communication Commerce électronique
C. civ. Code civil Dalloz
C. com. Code de commerce Dalloz
C. communic. Code la communication Dalloz
C. consom. Code de la consommation Dalloz
CCP Certificat complémentaire de protection
CE Conseil d'État
CE Communauté européenne
CFC Centre français d'exploitation du droit de copie
CGI Code général des impôts Dalloz
ch. Chambre
chap. Chapitre
ch. mixte Chambre mixte de la Cour de cassation
ch. réun. Chambres réunies de la Cour de cassation
Chron. Chronique
Circ. Circulaire
Civ. Chambre civile de la Cour de cassation
CJCE Cour de justice des Communautés européennes
CJUE Cour de justice de l'Union européenne
CNIL Commission nationale de l'informatique et des libertés
CNIS Commission nationale des inventions de salariés
Com. Chambre commerciale de la Cour de cassation
comm. Commentaire
Comp. Comparer
concl. Conclusions
conf. Solution conforme
Cons. conc. Conseil de la concurrence (devenu Autorité de la concurrence en 2008)
Cons. const. Conseil constitutionnel
Contra Solution contraire
Conv. EDH Convention européenne de sauvegarde des droits de l'homme et des libertés fondamentales
C. pén. Code pénal Dalloz
CPI Code de la propriété intellectuelle Dalloz
C. pr. civ. Code de procédure civile Dalloz
Crim. Chambre criminelle de la Cour de cassation
C. rur. Code rural et de la pêche maritime
CSP Code de la santé publique Dalloz
CSPLA Conseil supérieur de la propriété littéraire et artistique
C. sociétés Code des sociétés Dalloz
C. trav. Code du travail Dalloz
CUP Convention d'Union de Paris

D. Recueil Dalloz

D. Affaires	Dalloz Affaires
Dalloz actualité	Dalloz actualité sur www.dalloz.fr
Dalloz IP/IT	Revue Dalloz IP/IT
Dalloz jurisprudence	Base de jurisprudence sur www.dalloz.fr
Décis.	Décision
Décis. Dir. INPI	Décision du directeur de l'INPI
Décr.	Décret
Décr.-L.	Décret-loi
Defrénois	Répertoire du notariat Defrénois
DH	Recueil hebdomadaire de jurisprudence Dalloz *(années antérieures à 1941)*
DIP	Droit international privé
Dir.	Directive
DIT	Droit de l'informatique et des télécommunications
Doctr.	Doctrine
DP	Recueil périodique et critique mensuel Dalloz *(années antérieures à 1941)*

EEE	Espace économique européen
eod. loc.	Au même endroit
eod. v°, eisd. v^is	Même(s) mot(s) que celui (ceux) qui vient (viennent) d'être cité(s)
esp.	Espèce

GAPI	Grands arrêts de la propriété intellectuelle (Dalloz)
Gaz. Pal.	La Gazette du Palais

ibid.	Au même endroit
INPI	Institut national de la propriété industrielle
Instr.	Instruction
IR	Informations rapides du Recueil Dalloz
IRPI	Institut de recherche de la propriété intellectuelle
ISAN	Numéro international d'identification des œuvres audiovisuelles

J.	Jurisprudence
JAC	Jurisart etc. (Juris Édition)
JCP	Juris-classeur périodique (Semaine juridique)
JCP Adm.	Juris-classeur périodique, édition Administration et collectivités territoriales
JCP E	Juris-classeur périodique, édition Entreprise
JDI	Journal de droit international (Clunet)
JO	Journal officiel
JOAN Q, JO Sénat Q	Journal officiel, éditions Débats parlementaires, Questions
JOCE	Journal officiel des Communautés européennes
JONC	Journal officiel, numéro complémentaire
JO OEB	Journal officiel de l'Office européen des brevets
JOUE	Journal officiel de l'Union européenne

L.	Loi

Lebon	Recueil des arrêts du Conseil d'État (Dalloz)
LEPI	L'Essentiel du droit de la propriété intellectuelle
Liv.	Livre
LPA	Les Petites Affiches
LSA	Libre-service actualités
Mod.	Modifié
n°	Numéro
Nouv.	Nouveau
obs.	Observations
OEB	Office européen des brevets
OEB ch. rec. jur.	Chambre des recours juridiques de l'OEB
OEB ch. rec. tech.	Chambre des recours techniques de l'OEB
OEB div. opp.	Division opposition de l'OEB
OEB gr. ch. recours	Grande chambre des recours de l'OEB
OMC	Organisation mondiale du commerce
OMPI	Organisation mondiale de la propriété intellectuelle
Ord.	Ordonnance
P	Arrêt publié au bulletin civil ou au bulletin criminel de la Cour de cassation
p.	page
Pan.	Panorama
PIBD	Propriété industrielle. Bulletin documentaire
préc.	Précité
Propr. ind.	Propriété industrielle
Propr. intell.	Propriétés intellectuelles
Quot. jur.	Le Quotidien juridique
rapp.	Rapport
Rappr.	Rapprocher
RDI	Revue de droit immobilier (Dalloz)
RDPI	Revue du droit de la propriété intellectuelle
RDT	Revue de droit du travail (Dalloz)
Rec.	Recueil de la Cour de justice des Communautés européennes, puis de la Cour de justice de l'Union européenne
Rect.	Rectificatif
réf.	Référé
Règl.	Règlement
RÉP. CIV.	Répertoire de droit civil Dalloz
RÉP. COMMUNAUTAIRE	Répertoire de droit communautaire Dalloz
RÉP. EUR.	Répertoire de droit européen Dalloz
RÉP. INTERNAT.	Répertoire de droit international Dalloz
Rép. min.	Réponse ministérielle
RÉP. PÉN.	Répertoire de droit pénal et de procédure pénale Dalloz
RÉP. PR. CIV.	Répertoire de procédure civile Dalloz
RÉP. SOCIÉTÉS	Répertoire des sociétés Dalloz

RÉP. TRAV.	Répertoire de droit du travail Dalloz
Req.	Chambre des requêtes de la Cour de cassation
req.	Requête
Rev. crit. DIP	Revue critique de droit international privé (Dalloz)
Rev. sociétés	Revue des sociétés (Dalloz)
RFDA	Revue française de droit administratif (Dalloz)
RFDC	Revue française de droit constitutionnel
RIDA	Revue internationale du droit d'auteur
RID comp.	Revue internationale de droit comparé
RIPIA	Revue internationale de propriété industrielle et artistique
RJ com.	Revue de jurisprudence commerciale
RJDA	Revue de jurisprudence de droit des affaires
RLDI	Revue de droit de l'immatériel (Lamy)
RNB	Registre national des brevets
RNM	Registre national des marques
RMC	Règlement (CE) n° 207/2009 du Conseil du 26 février 2009 sur la marque communautaire
RSC	Revue de science criminelle et de droit pénal comparé (Dalloz)
RTD civ.	Revue trimestrielle de droit civil (Dalloz)
RTD com.	Revue trimestrielle de droit commercial (Dalloz)
RTD eur.	Revue trimestrielle de droit européen (Dalloz)

S.	Recueil Sirey
s.	et suivant(e)s
SACD	Société des auteurs et compositeurs dramatiques
SACEM	Société des auteurs, compositeurs et éditeurs de musique
SCAM	Société civile des auteurs multimédia
SDRM	Société pour l'administration du droit de reproduction mécanique des auteurs, compositeurs et éditeurs
SEAM	Société des éditeurs et auteurs de musique
Sect.	Section
Soc.	Chambre sociale de la Cour de cassation
sol. impl.	Solution implicite
Somm.	Sommaires
ss.	Sous

TA	Tribunal administratif
T. civ.	Tribunal, chambre civile
T. com.	Tribunal de commerce
T. confl.	Tribunal des conflits
T. corr.	Tribunal, chambre correctionnelle
TFUE	Traité sur le fonctionnement de l'Union européenne
TGI	Tribunal de grande instance
TI	Tribunal d'instance
Tit.	Titre
TPICE	Tribunal de première instance des Communautés européennes
Traité CE	Traité de Rome du 25 mars 1957
Trib. UE	Tribunal de l'Union européenne

UE	Union européenne
UPOV	Union internationale pour la protection des obtentions végétales

V.	Voir
v° ou v[is]	Mot ou mots

TABLE DES MATIÈRES

CODE DE LA PROPRIÉTÉ INTELLECTUELLE

PREMIÈRE PARTIE
LA PROPRIÉTÉ LITTÉRAIRE ET ARTISTIQUE

LIVRE PREMIER
LE DROIT D'AUTEUR

L. 111-1 – L. 135-7
R. 111-1 – R. 135-4

TITRE I **OBJET DU DROIT D'AUTEUR** .... L. 111-1 – L. 113-10 / R. 111-1 – R. 111-2

CHAPITRE I Nature du droit d'auteur .... L. 111-1 – L. 111-5 / R. 111-1 – R. 111-2

CHAPITRE II Œuvres protégées .... L. 112-1 – L. 112-4

CHAPITRE III Titulaires du droit d'auteur .... L. 113-1 – L. 113-10

TITRE II **DROITS DES AUTEURS** .... L. 121-1 – L. 123-12 / R. 122-1 – R. 122-22

CHAPITRE I Droits moraux .... L. 121-1 – L. 121-9

CHAPITRE II Droits patrimoniaux .... L. 122-1 – L. 122-12 / R. 122-1 – R. 122-22

SECTION I *Dispositions générales* .... R. 122-1

SECTION II *Droit de suite* .... R. 122-2 – R. 122-12

SECTION III *Exception en faveur de personnes atteintes d'un handicap* .... R. 122-13 – R. 122-22

CHAPITRE III Durée de la protection .... L. 123-1 – L. 123-12

TITRE III **EXPLOITATION DES DROITS** .... L. 131-1 – L. 135-7 / R. 132-8 – R. 135-4

CHAPITRE I Dispositions générales .... L. 131-1 – L. 131-9

CHAPITRE II Dispositions particulières à certains contrats .... L. 132-1 – L. 132-45 / R. 132-8-27 – D. 132-29

SECTION I *Contrat d'édition* .... L. 132-1 – L. 132-17-8

SECTION II — *Contrat de représentation* .... L. 132-18 – L. 132-22

SECTION III — *Contrat de production audiovisuelle* .... L. 132-23 – L. 132-30

SECTION IV — *Contrat de commande pour la publicité* .... L. 132-31 – L. 132-33 *[abrogé]*

SECTION V — *Contrat de nantissement du droit d'exploitation des logiciels* .... L. 132-34

Nantissement du droit d'exploitation des logiciels .... R. 132-8 – R. 132-17

SECTION VI — *Droit d'exploitation des œuvres des journalistes* .... L. 132-35 – L. 132-45, R. 132-18 – R. 132-27

SECTION VII — *Conditions de détermination du salaire minimum des journalistes auteurs d'images fixes rémunérés à la pige* .... D. 132-28 – D. 132-29

CHAPITRE III — Rémunération au titre du prêt en bibliothèque .... L. 133-1 – L. 133-4, R. 133-1 – R. 133-2

CHAPITRE IV — Dispositions particulières relatives à l'exploitation numérique des livres indisponibles du XXe siècle .... L. 134-1 – L. 134-9, R. 134-1 – R. 134-11

SECTION I — *Registre des livres indisponibles du XXe siècle* .... R. 134-1 – R. 134-4

SECTION II — *Procédure* .... R. 134-5 – R. 134-11

CHAPITRE V — Dispositions particulières relatives à certaines utilisations d'œuvres orphelines .... L. 135-1 – L. 135-7, R. 135-1 – R. 135-4

CHAPITRE VI — Dispositions applicables à la recherche et au référencement des œuvres d'art plastiques, graphiques ou photographiques .... L. 136-1 – L. 136-4

LIVRE DEUXIÈME

LES DROITS VOISINS DU DROIT D'AUTEUR

L. 211-1 – L. 217-3
R. 211-1 – R. 214-7

TITRE UNIQUE .... **L. 211-1 – L. 217-3**, **R. 211-1 – R. 214-7**

CHAPITRE I — Dispositions générales .... L. 211-1 – L. 211-7, R. 211-1

CHAPITRE II — Droits des artistes-interprètes .... L. 212-1 – L. 212-5, R. 212-1 – R. 212-8

SECTION I — *Dispositions communes* .... L. 212-1 – L. 212-3-6

SECTION II — *Contrats conclus entre un artiste-interprète et un producteur de vidéogrammes* .... L. 212-4 – L. 212-9

SECTION III — *Contrats conclus entre un artiste-interprète et un producteur de phonogrammes* .... L. 212-10 – L. 212-15

CHAPITRE III — Droits des producteurs de phonogrammes .... L. 213-1 – L. 213-2

CHAPITRE IV Dispositions communes aux artistes-interprètes et aux producteurs de phonogrammes .... L. 214-1 – L. 214-6 R. 214-1 – R. 214-7

CHAPITRE V Droits des producteurs de vidéogrammes .... L. 215-1

CHAPITRE VI Droits des entreprises de communication audiovisuelle .... L. 216-1 – L. 216-2

CHAPITRE VII Dispositions applicables à la télédiffusion par satellite et à la retransmission par câble .... L. 217-1 – L. 217-3

LIVRE TROISIÈME

DISPOSITIONS GÉNÉRALES RELATIVES AU DROIT D'AUTEUR, AUX DROITS VOISINS ET DROITS DES PRODUCTEURS DE BASES DE DONNÉES

L. 311-1 – L. 343-7
R. 311-1 – R. 343-1

TITRE I RÉMUNÉRATION POUR COPIE PRIVÉE .... L. 311-1 – L. 311-8 R. 311-1 – R. 311-12

CHAPITRE UNIQUE .... L. 311-1 — L. 311-8 R. 311-1 – R. 311-12

SECTION I *Commission prévue à l'article L. 311-5* .... R. 311-1 – D. 311-8

SECTION II *Information des acquéreurs de supports d'enregistrement soumis à la rémunération pour copie privée* .... R. 311-9 – R. 311-12

TITRE II GESTION DES DROITS D'AUTEUR ET DES DROITS VOISINS PAR UN ORGANISME .... L. 321-1 – L. 328-2 R. 321-1 – R. 329-12

CHAPITRE I Dispositions générales .... L. 321-1 – L. 321-6 R. 321-1 – R. 321-2

SECTION I *Organismes de gestion collective* .... L. 321-1 à L. 321-5 R. 321-1

SECTION II *Organismes de gestion indépendants* .... L. 321-6 R. 321-2

CHAPITRE I *BIS* Autorisation de gestion des droits .... *Néant*

CHAPITRE I *TER* Organisations des organismes de gestion collective . R. 321-3 – R. 321-4

SECTION I *Adhésion des membres* .... *Néant*

SECTION II *Décisions collectives des membres* .... R. 321-3 – R. 321-4

SECTION III *Organes de gestion, d'administration et de direction* .... *Néant*

SECTION IV *Organe de surveillance* .... *Néant*

CHAPITRE I *QUATER* Gestion des droits .... R. 321-5 – R. 321-7

SECTION I	*Octroi des autorisations d'exploitation et perception des revenus issus de l'exploitation des droits*	*Néant*
SECTION II	*Gestion des revenus issus de l'exploitation des droits*	R. 321-5 – R. 321-7
CHAPITRE I *QUINQUIES*	Autorisations d'exploitation multiterritoriales de droits en ligne sur les œuvres musicales	R. 321-8 – R. 321-13
CHAPITRE I *SEXIES*	Transparence et procédures de contrôle	R. 321-14 – R. 321-23
SECTION I	*Transparence et obligations d'information*	R. 321-14 – R. 321-21
SECTION II	*Contrôle par les commissaires aux comptes*	*Néant*
SECTION III	*Contrôle par le ministère chargé de la culture*	R. 321-22 – R. 321-23
CHAPITRE I *SEPTIES*	Commission de contrôle des organismes de gestion des droits d'auteur et des droits voisins	R. 321-24 – R. 321-47
SECTION I	*Missions et composition*	*Néant*
SECTION II	*Règles de fonctionnement*	R. 321-24 – R. 321-25
SECTION III	*Procédure*	R. 321-26 – R. 321-45
SECTION IV	*Voies de recours*	R. 321-46 – R. 321-47
CHAPITRE I *OCTIES*	Dispositions diverses	R. 321-48
CHAPITRE II	Autorisation de gestion des droits	L. 322-1 – L. 322-8
SECTION I	*Conditions et effets de l'autorisation de gestion des droits*	L. 322-3 – L. 322-4
SECTION II	*Résiliation de l'autorisation de gestion des droits*	L. 322-5 – L. 322-8
CHAPITRE II	Organismes agréés pour la gestion du droit de reproduction par reprographie	R. 322-1 – R. 322-4
CHAPITRE III	Organisation des organismes de gestion collective	L. 323-3 – L. 323-15
SECTION I	*Adhésion des membres*	L. 323-3
SECTION II	*Décisions collectives des membres*	L. 323-4 – L. 323-10
SECTION III	*Organes de gestion, d'administration et de direction*	L. 323-11 – L. 323-14
SECTION IV	*Organe de surveillance*	L. 323-14 – L. 323-15
CHAPITRE III	Des organismes agréés pour la gestion du droit d'autoriser la retransmission par câble, simultanée, intégrale et sans changement, sur le territoire national, à partir d'un État membre de la Communauté européenne	R. 323-1 – R. 323-5
CHAPITRE IV	Gestion des droits	L. 324-1 – L. 324-18
SECTION I	*Octroi des autorisations d'exploitation et perception des revenus issus de l'exploitation des droits*	L. 324-3 – L. 324-8
SECTION II	*Gestion des revenus issus de l'exploitation des droits*	L. 324-9 – L. 324-18

CHAPITRE IV	Des médiateurs chargés de favoriser la résolution des différends relatifs à l'octroi de l'autorisation de retransmission par câble, simultanée, intégrale et sans changement, sur le territoire national à partir d'un État membre de la Communauté européenne	R. 324-1 – R. 324-12
CHAPITRE V	Autorisations d'exploitation multiterritoriales de droits en ligne sur les œuvres musicales	L. 325-1 – L. 325-7
CHAPITRE V	Organismes agréés pour la gestion collective de la rémunération au titre du prêt en bibliothèque	R. 325-1 – R. 325-7
CHAPITRE VI	Transparence et procédures de contrôle	L. 326-1 – L. 326-3
SECTION I	*Transparence et obligations d'information*	L. 326-1 – L. 326-6
SECTION II	*Contrôle par les commissaires aux comptes*	L. 326-7 – L. 326-8
SECTION III	*Contrôle par le ministre chargé de la culture*	L. 326-9 – L. 326-13
CHAPITRE VI	Organismes agréés pour la gestion collective du droit d'autoriser l'exploitation numérique des livres indisponibles du XXe siècle	R. 326-1 – R. 326-7
CHAPITRE VII	Commission de contrôle des organismes de gestion des droits d'auteur et des droits voisins	L. 327-1 – L. 327-15
SECTION I	*Missions et composition*	L. 327-1 – L. 327-10
SECTION II	*Règles de fonctionnement*	L. 327-7 – L. 327-10
SECTION III	*Procédure*	L. 327-11 – L. 327-14
Sous-section 1	Règles générales de procédure	L. 327-11 – L. 327-12
Sous-section 2	Procédure de sanction	L. 327-13 – L. 327-14
SECTION IV	*Voies de recours*	L. 327-15
CHAPITRE VII	Organismes agréés pour la gestion collective de la rémunération annuelle supplémentaire due aux artistes-interprètes	R. 327-1 – R. 327-6
CHAPITRE VIII	Dispositions diverses	L. 328-1 – L. 328-2
CHAPITRE IX	Organismes agréés pour la gestion collective du droit de suite en l'absence d'ayant droit connu, ou en cas de vacance ou de déshérence	R. 329-1 – R. 329-6
CHAPITRE X	Organismes agréés pour la perception de la rémunération pour copie privée	R. 329-7 – R. 329-12
TITRE III	**PRÉVENTION, PROCÉDURE ET SANCTIONS**	**L. 331-1 – L. 336-4** **R. 331-1 – R. 335-8**
CHAPITRE I	Dispositions générales	L. 331-1 – L. 331-37 R. 331-1 – R. 331-95
SECTION I	*Dispositions communes*	L. 331-1 – L. 331-4 R. 331-1 – D. 331-1-1
SECTION II	*Mesures techniques de protection et d'information*	L. 331-5 – L. 331-11
	Haute Autorité pour la diffusion des œuvres et la protection des droits sur internet	R. 331-2 – R. 331-95

SECTION III *Haute Autorité pour la diffusion des œuvres et la protection des droits sur internet* .... L. 331-12 – L. 331-37

CHAPITRE II Saisie-contrefaçon .... L. 332-1 – L. 332-4
R. 332-1 – R. 332-4

CHAPITRE III Saisie-arrêt .... L. 333-1 – L. 333-4

CHAPITRE IV Droit de suite .... L. 334-1

CHAPITRE V Dispositions pénales .... L. 335-1 – L. 335-9
R. 335-1 – R. 335-5

CHAPITRE V *BIS* La retenue .... L. 335-10 – L. 335-18
R. 335-6 – R. 335-18

CHAPITRE VI Prévention du téléchargement et de la mise à disposition illicites d'œuvres et d'objets protégés par un droit d'auteur ou un droit voisin .... L. 336-1 – L. 336-4

TITRE IV **DROITS DES PRODUCTEURS DE BASES DE DONNÉES** .... **L. 341-1 – L. 343-7**
R. 341-1 – R. 343-1

CHAPITRE I Champ d'application .... L. 341-1 – L. 341-2

CHAPITRE II Étendue de la protection .... L. 342-1 – L. 342-5

CHAPITRE III Sanctions .... L. 343-1 – L. 343-7
R. 343-1

DEUXIÈME PARTIE
LA PROPRIÉTÉ INDUSTRIELLE

LIVRE QUATRIÈME
ORGANISATION ADMINISTRATIVE ET PROFESSIONNELLE

L. 411-1 – L. 423-2
R. 411-1 – R. 423-2

TITRE I **INSTITUTIONS** .... **L. 411-1 – L. 412-1**
R. 411-1 – R. 413-5
[abrogé]

CHAPITRE I L'Institut national de la propriété industrielle .... L. 411-1 – L. 411-5
R. 411-1 – R. 411-26

SECTION I *Organisation de l'Institut national de la propriété industrielle* .... R. 411-1 – R. 411-16

SECTION II *Redevances perçues par l'Institut national de la propriété industrielle* .... R. 411-17 – R. 411-18

SECTION III — *Recours exercés devant la cour d'appel contre les décisions du directeur général de l'Institut national de la propriété industrielle en matière de délivrance, rejet ou maintien des titres de propriété industrielle* .... R. 411-19 – R. 411-26

CHAPITRE II — L'instance nationale des obtentions végétales .... L. 412-1 / D. 412-7 – R. 412-21

SECTION I — *Organisation et fonctionnement de l'instance nationale des obtentions végétales* .... D. 412-7 – D. 412-13

SECTION II — *Recours contre les décisions du responsable de l'instance nationale des obtentions végétales* .... R. 412-15 – R. 412-21

CHAPITRE III *[ABROGÉ]* — Le Conseil supérieur de la propriété industrielle .... R. 413-1 – R. 413-5 *[abrogés]*

TITRE II — **QUALIFICATION EN PROPRIÉTÉ INDUSTRIELLE** .... **L. 421-1 – L. 423-2** / **R. 421-1 – R. 423-2**

CHAPITRE I — Inscription sur la liste des personnes qualifiées en matière de propriété industrielle .... L. 421-1 – L. 421-2 / R. 421-1 – R. 421-12

CHAPITRE II — Conditions d'exercice de la profession de conseil en propriété industrielle .... L. 422-1 – L. 422-13 / R. 422-1 – R. 422-66

SECTION I — *Inscription sur la liste des conseils en propriété industrielle* .... R. 422-1 – R. 422-7

SECTION I bis — *Libre prestation de services par les mandataires en propriété industrielle établis sur le territoire d'un État membre de la Communauté européenne ou d'un État partie à l'accord sur l'Espace économique européen* ... R. 422-7-1 – R. 422-7-2

SECTION II — *La Compagnie nationale des conseils en propriété industrielle* .... R. 422-8 – R. 422-11

SECTION III — *Exercice sous forme de société* .... R. 422-12 – R. 422-51-19

SECTION IV — *Obligations professionnelles* .... R. 422-52 – R. 422-55-1

SECTION IV BIS — *Contrôle de l'exercice de la profession* .... R. 422-55-2 – R. 422-55-5

SECTION V — *Régime disciplinaire* .... R. 422-56 – R. 422-66

CHAPITRE III — Dispositions diverses .... L. 423-1 – L. 423-2 / R. 423-1 – R. 423-2

LIVRE CINQUIÈME

LES DESSINS ET MODÈLES

L. 511-1 – L. 522-2
R. 511-1 – R. 523-6
[abrogé]

TITRE I — **CONDITIONS ET MODALITÉS DE LA PROTECTION** .... **L. 511-1 – L. 515-1**

CHAPITRE I	Champ d'application	L. 511-1 – L. 511-11
SECTION I	*Objet de la protection*	L. 511-1 – L. 511-8
SECTION II	*Bénéfice de la protection*	L. 511-9 – L. 511-11
CHAPITRE II	Enregistrement d'un dessin ou modèle	L. 512-1 – L. 512-6
SECTION I	*Demande d'enregistrement*	L. 512-1 – L. 512-3
SECTION II	*Nullité d'un enregistrement*	L. 512-4 – L. 512-6
CHAPITRE III	Droits conférés par l'enregistrement	L. 513-1 – L. 513-8
CHAPITRE IV	Dispositions diverses	L. 514-1 – L. 514-2
CHAPITRE V	Dessins ou modèles communautaires	L. 515-1
TITRE I	**ACQUISITION DES DROITS**	**R. 511-1 – R. 514-6**
CHAPITRE I	Droits et œuvres protégés	R. 511-1 – R. 511-6
SECTION UNIQUE	*Mesures réglementaires spéciales à certaines industries*	R. 511-1 – R. 511-6
CHAPITRE II	Formalités de dépôt	R. 512-1 – R. 512-19
CHAPITRE III	Durée de la protection	R. 513-1 – R. 513-3
CHAPITRE IV	Dispositions communes	R. 514-1 – R. 514-6
SECTION I	*Procédure*	R. 514-1 – R. 514-5-1
SECTION II	*Dispositions transitoires*	R. 514-6
TITRE II	**CONTENTIEUX**	**L. 521-1 – L. 522-2** **R. 521-1 – R. 523-6** ***[abrogé]***
CHAPITRE I	Contentieux des dessins ou modèles nationaux	L. 521-1 – L. 521-13 R. 521-1 – D. 521-6
SECTION I	*Mesures provisoires et conservatoires*	R. 521-1
SECTION II	*Mesures probatoires*	R. 521-2 – R. 521-5
SECTION III	*Dispositions communes*	D. 521-6
CHAPITRE I *BIS*	La retenue	L. 521-14 – L. 521-19
CHAPITRE II	Contentieux des dessins ou modèles communautaires	L. 522-1 – L. 522-2 R. 522-1
CHAPITRE III	Retenue en douane	R. 523-1 – R. 523-6 *[abrogé]*

LIVRE SIXIÈME

PROTECTION DES INVENTIONS ET DES CONNAISSANCES TECHNIQUES

L. 611-1 – L. 623-44
R. 611-1 – D. 631-2

TITRE I — BREVETS D'INVENTION .... L. 611-1 – L. 615-22 R. 611-1 – R. 618-6

CHAPITRE I — Champ d'application .... L. 611-1 – L. 611-20 *[abrogé]* R. 611-1 – R. 611-20

SECTION I — *Généralités* .... L. 611-1 – L. 611-5

SECTION II — *Droit au titre* .... L. 611-6 – L. 611-9 R. 611-1 – R. 611-20

SECTION III — *Inventions brevetables* .... L. 611-10 – L. 611-20 *[abrogé]*

CHAPITRE II — Dépôt et instruction des demandes .... L. 612-1 – L. 612-23 R. 612-1 – R. 612-76 *[abrogé]*

SECTION I — *Dépôt des demandes* .... L. 612-1 – L. 612-7 R. 612-1 – R. 612-25

SECTION II — *Instruction des demandes* .... L. 612-8 – L. 612-20 R. 612-26 – R.* 612-73-2

SECTION III — *Diffusion légale des inventions* .... L. 612-21 – L. 612-23 R. 612-74 – R. 612-76 *[abrogé]*

CHAPITRE III — Droits attachés aux brevets .... L. 613-1 – L. 613-32 R. 613-1 – R. 613-65 *[abrogés]*

SECTION I — *Droit exclusif d'exploitation* .... L. 613-1 – L. 613-7 R. 613-1 *[abrogé]* – R. 613-44

SECTION II — *Transmission et perte des droits* .... L. 613-8 – L. 613-28 R. 613-45 – R. 613-51

SECTION III — *Copropriété des brevets* .... L. 613-29 – L. 613-32

SECTION IV — *Recours en restauration* .... R. 613-52 – R. 613-52-2

SECTION V — *Registre national des brevets* .... R. 613-53 – R. 613-59

SECTION VI — *Établissement de l'avis documentaire* .... R. 613-60 – R. 613-62

SECTION VII — *Réduction des redevances* .... R. 613-63 – R. 613-65 *[abrogé]*

CHAPITRE IV — Application de conventions internationales .... L. 614-1 – L. 614-31 R. 614-1 – R. 614-35

SECTION I — *Brevets européens* .... L. 614-1 – L. 614-16 R. 614-1 – R. 614-20

SECTION II — *Demandes internationales* .... L. 614-17 – L. 614-24 R. 614-21 – R. 614-35

SECTION III — *Brevets communautaires* .... L. 614-25 – L. 614-30

SECTION IV	*Dispositions finales*	L. 614-31
CHAPITRE IV *BIS*	La retenue	L. 614-32 – L. 614-39 R. 614-36 – R. 614-37
CHAPITRE V	Actions en justice	L. 615-1 – L. 615-22 R. 615-1 – R. 615-31
SECTION I	*Actions civiles*	L. 615-1 – L. 615-11 *[abrogé]*
	Mesures provisoires et conservatoires	R. 615-1
SECTION II	*Actions pénales*	L. 615-12 – L. 615-16
	Mesures probatoires	R. 615-2 – R. 615-5
SECTION III	*Règles de compétence et de procédure*	L. 615-17 – L. 615-22
	Commission paritaire de conciliation	R. 615-6- R. 615-31
CHAPITRE VI	Le certificat d'utilité	R. 616-1 – R. 616-3
CHAPITRE VII	Le certificat complémentaire de protection	R. 617-1 – R.* 617-2-2
CHAPITRE VIII	Dispositions communes	R. 618-1 – R. 618-6
SECTION UNIQUE	*Procédure*	R. 618-1 – R. 618-6
TITRE II	**PROTECTION DES CONNAISSANCES TECHNIQUES**	**L. 621-1 – L. 623-44** **R. 622-1 – R. 623-60**
CHAPITRE I	Secret de fabrique	L. 621-1
CHAPITRE II	Produits semi-conducteurs	L. 622-1 – L. 622-8 R. 622-1 – R. 622-9
SECTION I	*Dépôt*	L. 622-1 – L. 622-4
SECTION II	*Droits attachés au dépôt*	L. 622-5 – L. 622-8
CHAPITRE III	Obtention végétale	L. 623-1 – L. 623-44 R. 623-1 – R. 623-60
SECTION I	*Délivrance des certificats d'obtention végétale*	L. 623-1 – L. 623-16
	Délivrance et maintien en vigueur des certificats d'obtention végétale	R. 623-1 – R. 623-54
SECTION II	*Droits et obligations attachés aux certificats d'obtention végétale*	L. 623-17 – L. 623-24
	Champ d'application des certificats d'obtention végétale, durée et portée du droit de l'obtenteur	R. 623-55 *[abrogé]* – D. 623-58-1
SECTION II BIS	*Semences de ferme*	L. 623-24-1 – L. 623-24-5 R. 623-59
SECTION III	*Actions en justice*	L. 623-25 – L. 623-35
SECTION III	*La retenue*	R. 623-60
SECTION IV	*La retenue*	L. 623-36 – L. 623-44
CHAPITRE IV	Transferts techniques internationaux	R. 624-1 – R. 624-7 *[abrogés]*

TITRE III TRIBUNAUX COMPÉTENTS EN MATIÈRE D'ACTIONS RELATIVES AUX INVENTIONS ET AUX CONNAISSANCES TECHNIQUES ..... D. 631-1 – D. 631-2

CHAPITRE UNIQUE ..... D. 631-1 – D. 631-2

LIVRE SEPTIÈME

MARQUES DE FABRIQUE, DE COMMERCE OU DE SERVICE ET AUTRES SIGNES DISTINCTIFS
L. 711-1 – L. 731-4
R. 712-1 – R. 722-7

TITRE I MARQUES DE FABRIQUE, DE COMMERCE OU DE SERVICE ..... L. 711-1 – L. 717-7
R. 712-1 – R. 718-5

CHAPITRE I Éléments constitutifs de la marque ..... L. 711-1 – L. 711-4

CHAPITRE II Acquisition du droit sur la marque ..... L. 712-1 – L. 712-14
R. 712-1 – D. 712-30

CHAPITRE III Droits conférés par l'enregistrement ..... L. 713-1 – L. 713-6

CHAPITRE IV Transmission et perte du droit sur la marque ..... L. 714-1 – L. 714-8
R. 714-1 – R. 714-9

CHAPITRE V Marques collectives ..... L. 715-1 – L. 715-3
R. 715-1 – R. 715-2

CHAPITRE VI Contentieux ..... L. 716-1 – L. 716-7-1
R. 716-1 – D. 716-12

SECTION I *Mesures provisoires et conservatoires* ..... R. 716-1

SECTION II *Mesures probatoires* ..... R. 716-2 – R. 716-5

SECTION III *Retenue en douane* ..... R. 716-6 – R. 716-11 *[abrogé]*

SECTION IV *Dispositions communes* ..... D. 716-12

CHAPITRE VI *BIS* La retenue ..... L. 716-8 – L. 716-16

CHAPITRE VII La marque communautaire ..... L. 717-1 – L. 717-7

CHAPITRE VII Marque internationale et marque communautaire ..... R. 717-1 – R. 717-11

SECTION I *Marque internationale* ..... R. 717-1 – R. 717-8

SECTION II *Marque communautaire* ..... R. 717-9 – R. 717-11

CHAPITRE VIII Dispositions communes ..... R. 718-1 – R. 718-5

SECTION UNIQUE ..... R. 718-1 – R. 718-5

TITRE II INDICATIONS GÉOGRAPHIQUES ..... L. 721-1 – L. 722-17
R. 721-1 – R. 722-7

CHAPITRE I — GÉNÉRALITÉS .... L. 721-1 – L. 721-10 / R. 721-1 – R. 721-12

SECTION I — *Appellation d'origine* .... L. 721-1

SECTION II — *Indications géographiques protégeant les produits industriels et artisanaux* .... L. 721-2 – L. 721-10

SECTION UNIQUE — *Indications géographiques protégeant les produits industriels et artisanaux* .... R. 721-1 – R. 721-12

CHAPITRE II — CONTENTIEUX .... L. 722-1 – L. 722-17 / R. 722-1 – R. 722-7

SECTION I — *Actions civiles* .... L. 722-1 – L. 722-8 / R. 722-1 – D. 722-6

SECTION II — *La retenue* .... L. 722-9 – L. 722-17 / R. 722-7

TITRE III — **INDICATIONS RELATIVES AUX SERVICES PUBLICS** .... **L. 731-1 – L. 731-4**

CHAPITRE UNIQUE .... L. 731-1 – L. 731-4

TROISIÈME PARTIE

DISPOSITIONS RELATIVES À L'OUTRE-MER

LIVRE HUITIÈME

APPLICATION DANS LES ÎLES WALLIS-ET-FUTUNA, DANS LES TERRES AUSTRALES ET ANTARCTIQUES FRANÇAISES, EN NOUVELLE-CALÉDONIE ET À MAYOTTE

L. 811-1 – L. 811-4

TITRE UNIQUE .... **L. 811-1 – L. 811-4**

CHAPITRE UNIQUE .... L. 811-1 – L. 811-4

LIVRE HUITIÈME

DISPOSITIONS PARTICULIÈRES À MAYOTTE, AUX ÎLES WALLIS-ET-FUTUNA, À LA NOUVELLE-CALÉDONIE ET AUX TERRES AUSTRALES ET ANTARCTIQUES FRANÇAISES

R. 811-1 – R. 811-3

TITRE UNIQUE .... **R. 811-1 – R. 811-3**

CHAPITRE UNIQUE .... R. 811-1 – R. 811-3

APPENDICE

DISPOSITIONS GÉNÉRALES .... p. 1103

PREMIÈRE PARTIE

PROPRIÉTÉ LITTÉRAIRE ET ARTISTIQUE

I DISPOSITIONS COMMUNES .... p. 1197
II DROIT D'AUTEUR .... p. 1338
III DROITS VOISINS .... p. 1399
IV USAGES PROFESSIONNELS .... p. 1460

DEUXIÈME PARTIE

PROPRIÉTÉ INDUSTRIELLE

I DISPOSITIONS GÉNÉRALES .... p. 1495
II APPELLATIONS ET INDICATIONS D'ORIGINE .... p. 1545
III BREVETS .... p. 1598
IV CERTIFICATS DE QUALIFICATION .... p. 1806
V CONSEILS EN PROPRIÉTÉ INDUSTRIELLE .... p. 1808
VI DÉSIGNATION DES MARCHANDISES (NOM, ENVELOPPES, ÉTIQUETTES, COULEURS, ETC.) .... p. 1845
VII DESSINS ET MODÈLES .... p. 1845
VIII ENSEIGNES .... p. 1963
IX MARQUES .... p. 1963
X NOMS COMMERCIAUX .... p. 2320
XI OBTENTIONS VÉGÉTALES .... p. 2321
XII RÉCOMPENSES INDUSTRIELLES ET COMMERCIALES .... p. 2405
XIII SAVOIR-FAIRE .... p. 2405
XIV TOPOGRAPHIES DE PRODUITS SEMI-CONDUCTEURS .... p. 2406

CODE DE LA PROPRIÉTÉ INTELLECTUELLE

PREMIÈRE PARTIE : LÉGISLATIVE

(L. nº 92-597 du 1er juill. 1992)

PREMIÈRE PARTIE LA PROPRIÉTÉ LITTÉRAIRE ET ARTISTIQUE

COMMENTAIRE

La propriété littéraire et artistique est la première branche de la propriété intellectuelle (première partie du code). Elle se décompose en un bloc de droits accordés aux créateurs (livre premier – droits d'auteur) et en une série de prérogatives, moins homogènes (livre II – droits voisins), attribuées à certaines personnes (artistes-interprètes, investisseurs) qui vivent dans l'orbite de la création sans être elles-mêmes des auteurs. Ces derniers droits sont dits « voisins » en ce qu'ils sont connexes aux droits des créateurs sans leur être exactement identiques. Une troisième catégorie de bénéficiaires est constituée par les producteurs de bases de données. Ces personnes bénéficient de droits au contenu encore différent et issus d'une directive communautaire du 11 mars 1996. Ces dernières prérogatives ont leur siège dans le livre III (au titre IV) de cette première partie de code, subdivision un peu « fourre-tout » contenant pêle-mêle des dispositions relatives à la copie privée (titre I), aux sociétés de perception et de répartition des droits (parfois appelées sociétés de gestion collective) (titre II), ainsi qu'aux procédures et sanctions (titre III).

La construction légale s'est faite par étapes. Alors que les droits d'auteur sont plus de deux fois centenaires (décrets-lois révolutionnaires de 1791 et 1793), les droits voisins n'ont été consacrés qu'en 1985 tandis que le droit *sui generis* des producteurs de bases de données n'a été transposé qu'en 1998. Ces corps de législation répondent à une idée commune de réservation au profit d'un titulaire mais posent des régimes juridiques assez différents (objets de la protection, contenus, bénéficiaires, durées...). La place du droit *sui generis*, éloignée dans le code de celle des droits d'auteur ou des droits voisins, est révélatrice de cette hétérogénéité. ❑

BIBL. GÉN. ▶ Traités, précis et manuels

Bertrand, Droit d'auteur, *Dalloz, coll. Dalloz Action, 2011/2012.* – Binctin, Droit de la propriété intellectuelle, *LGDJ, coll. Manuels, 2e éd., 2012.* – Bruguière, Droit des propriétés intellectuelles, *Ellipses, 2e éd., 2011.* – Caron, Droit d'auteur et droits voisins, *LexisNexis, 3e éd. 2013.* – Colombet, Propriété littéraire et artistique et droits voisins, *Dalloz 9e éd., 1999.* – Desbois, Le droit d'auteur en France, *Dalloz 3e éd., 1978.* – Dumas, La propriété littéraire et artistique, *PUF Thémis 1987.* – Françon, Cours de propriété littéraire, artistique et industrielle, *Les Cours du droit 2001.* – Gautier, Propriété littéraire et artistique, *PUF, Droit fondamental, 9e éd. 2015.* – Linant de Bellefonds, Droits d'auteur et droits voisins, *Cours Dalloz 2e éd. 2004.* – Linant de Bellefonds et Caron, Droit d'auteur et droits voisins, *Delmas 1996.* – A. Lucas, Propriété littéraire et artistique, *Connaissance du droit, Dalloz 5e éd. 2015* ; Propriété littéraire et artistique, *J.-Cl. civ., fasc. annexe* ; Droit d'auteur et droits voisins, *éd. F. Lefebvre, 1996.* – A. Lucas, H.-J. Lucas et A. Lucas-Schloetter, Traité de la propriété littéraire et artistique, *Litec 4e éd. 2012.* – Marino, *Droit de la propriété intellectuelle, PUF 2013.* – Pollaud-Dulian, Le droit d'auteur, *Economica, 2e éd., sept. 2014.* – Sirinelli, Propriété littéraire et artistique et droits voisins, *Mémento Dalloz 3e éd. 2016* ; Lamy Droit des médias et de la communication. – Stérin et Druez-Marie, Le guide de la propriété intellectuelle, *Delmas, 2009.* – Tafforeau et Monerie, Droit de la propriété intellectuelle, *Gualino éd., coll. Master, 2015.* – Tafforeau (ss. la dir. de), Pratique de la propriété littéraire et artistique,

LexisNexis 2012. – Visse-Causse, Droit de la propriété intellectuelle, *Gualino, coll. Mémentos LMD, 2015.* – Vivant et Bruguière, Droit d'auteur, *Précis Dalloz, 2e éd. 2012.*

▸ **Ouvrages généralistes**

Allain et Dumas, Le système de protection sociale des auteurs : à la découverte d'une planète méconnue, *IRPI 2010.* – ARFI, L'entreprise, usager du droit d'auteur, *Litec-IRPI 2006.* – Bensamoun, Essai sur le dialogue entre le législateur et le juge en droit d'auteur, *thèse Paris XI, Sceaux, 2005.* – Bernault et Clavier, Dictionnaire de droit de la propriété intellectuelle, *Ellipses, 2e éd., 2015.* – Binctin, Droit de la propriété intellectuelle, *LGDJ 2010.* – Bitan, Droit des créations immatérielles (logiciels, bases de données, autres œuvres du web 2.0), *Lamy, Axe droit, 2010.* – Bouchet-Le Mappian, Propriété intellectuelle et droit de propriété, *PU Rennes, 2013.* – Bruguière (ss. la dir. de), Droit d'auteur et culture, *Dalloz, coll. Thèmes et commentaires, 2007* ; La propriété intellectuelle, entre autres droits, *Dalloz, coll. Thèmes et commentaires, 2009* ; L'articulation des droits de propriété intellectuelle, *Dalloz, coll. Thèmes et commentaires, 2011* ; Les contrats de la propriété intellectuelle, *Dalloz, coll. Thèmes et commentaires, 2013* ; Le droit d'auteur au temps du Front populaire, *Dalloz, 2015* – Bruguière, Mallet-Poujol et Robin (ss. la dir. de), Propriété intellectuelle et droit commun, *PU Aix-Marseille, 2007.* – Bronzo, Propriété intellectuelle et droits fondamentaux, *L'Harmattan 2006.* – Bustin, Le juge en droit de la propriété intellectuelle – Étude sur l'influence de la prévisibilité des décisions de justice dans l'évitement du procès, *thèse Paris II, 2010.* – Buydens, La protection de la quasi-création, *Bruxelles Larcier 1993.* – Caron, Abus de droit et droit d'auteur, *Litec 1998.* – Castets-Renard, Notions à contenu variable et droit d'auteur, *L'Harmattan 2003.* – J. et F. Chatelain, Les œuvres d'art en droit français, *2e éd. Berger-Levrault, 1990.* – Chaudenson, À qui appartient l'œuvre d'art ?, *Armand Colin, coll. Sociétales, 2007.* – Cherpillod, L'objet du droit d'auteur, *Lausanne Cedidac 1985.* – Choisy, Le domaine public en droit d'auteur, *thèse Paris II, 2001, IRPI 2002.* – Colombet, Grands principes du droit d'auteur et des droits voisins dans le monde, *Litec 1992.* – Cornu et Mallet-Poujol, Droit, œuvres d'art et musées, *CNRS Droit, CNRS éd. 2006.* – Cornu, Droit, œuvres d'art et musées : protection et valorisation des collections, *Paris, CNRS éd. 2006.* – Dournes, Les photographes et le droit. Droit d'auteur et droit à l'image, *Eyrolles, avr. 2015.* – Dusollier, Droit d'auteur et protection des œuvres dans l'environnement numérique, *Larcier, 2005.* – Edelman, La propriété littéraire et artistique, *Que sais-je, n° 1388, PUF 2008.* – Françon, Le droit d'auteur. Aspects internationaux et comparatifs, *Québec Y. Blais, éd. 1992.* – Frison-Roche et Abello, Droit et économie de la propriété intellectuelle, *LGDJ 2005.* – Geiger, Droit d'auteur et droit du public à l'information, *Litec-IRPI 2005.* – Henry, L'évaluation en droit d'auteur, *Litec-IRPI, 2007.* – Huet, L'architecte auteur : pratiques quotidiennes du droit d'auteur en architecture, paysage et urbain, *Le Moniteur, coll. Guides juridiques, 2006.* – Huguet, L'ordre public et les contrats d'exploitation du droit d'auteur : étude sur la loi du 11 mars 1957, *LGDJ 1962.* – Kessler, Les présomptions en droit d'auteur, *thèse Paris-Sud 2001.* – Laronze, L'usufruit des droits de propriété intellectuelle, *PU Aix-Marseille, 2007.* – De Lamberterie (ouvrage collectif sous la direction de), Le droit d'auteur aujourd'hui, *CNRS éd. 1991.* – IRPI Actes du Colloque, Arbitrage et propriété intellectuelle, *Litec 1994* ; L'avenir de la propriété intellectuelle, *Litec 1993.* – Lapousterle, L'influence des groupes de pression sur l'élaboration des normes. Illustration à partir du droit de la propriété littéraire et artistique, *Dalloz, coll. Nouvelle bibliothèque de thèse, 2009.* – Martel, Les contrats de la production : cinéma et télévision, *Paris, Dixit, 2006 ; Mélanges Françon, Dalloz 1995* ✎ *Mélanges Desbois, Dalloz 1974.* – Ministère de la Culture (sous-direction des affaires juridiques de la direction de l'administration générale, P. Florenson, H. de Montluc et a.), La mise en œuvre du droit d'auteur et des droits voisins en France, *Centre de documentation juridique et administrative 1992 (tomes 1 et 2)* ; La gestion collective des droits d'auteur et des droits voisins en France en 1993 par les sociétés de perception et de répartition de droits, *Centre de documentation juridique et administrative 1995.* – OMPI, Colloque mondial sur l'avenir du droit d'auteur et des droits voisins, *Le Louvre, Paris, 1994, Publications OMPI, 1994.* – Pessina Dassonville, L'artiste-interprète salarié, *PU d'Aix-Marseille, 2006.* – Picard, Le contrôle de la Cour de cassation en droit d'auteur, *IRPI 2006, n° 7.* – Pierrat, Le droit d'auteur et l'édition, *Éd. du Cercle de la librairie, 2013.* – Piotraut, La propriété intellectuelle en droit international et comparé, *Éditions Tec & Doc. Lavoisier, 2007.* – Recht, Le droit d'auteur, une nouvelle forme de propriété, *LGDJ 1968.* – Schmidt-Szalewski (mélanges en l'honneur de), Le droit de la propriété intellectuelle dans un monde globalisé, *LexisNexis, 2014.* – Serfaty, Droits dérivés et œuvre audiovisuelle, *Prix de thèse IRPI, LexisNexis, avr. 2015.* – Simler, Droit d'auteur et droit commun des biens, *Litec, 2010.* – Stérin, Guide pratique du droit d'auteur, *Maxima, 2e éd., 2011.* – Strowel, Droit d'auteur et *copyright*. Divergences et convergences, *LGDJ 1993.* – Tafforeau, Pratique de la propriété littéraire et artistique, *LexisNexis, 2012.* – Vivant (ouvrage collectif sous la direction de), Les grands arrêts de la propriété intellectuelle, *Dalloz 2e éd., 2015 ;* Propriété intellectuelle et mondialisation. La propriété intellectuelle est-elle une marchandise ?, *Dalloz 2004.* –

De Werra, La résolution des litiges de propriété intellectuelle, *Schulthess-Bruylant, LGDJ 2010*. – Varnerot, Leçons de droit de la propriété littéraire et artistique, *Ellipses 2012*. – Zolynsky, Méthode de transposition des directives communautaires (étude à partir de l'exemple du droit d'auteur et des droits voisins) *(thèse Paris II, 2005), Dalloz 2007*.

▸ **Articles**

Bastien, *Propr. intell. 2015, n° 56, p. 246* (les frontières du droit des marques : les marques de « décoration »). – Bécourt, *RIDA janv. 1990, p. 231* (la Révolution française et le droit d'auteur) ; *Légipresse 1992. II. 97* (le régime des présomptions légales du droit d'auteur) ; *Dr. patr. juin 1999* (vers une révolution du droit d'auteur ?). – Benabou, *RIDA avr. 2002, p. 3* (puiser à la source du droit d'auteur) ; *Propr. intell. 2005, n° 16, p. 269* (droit d'auteur *versus* vie privée). – Bensamoun, *RIDA avr. 2010, p. 3* (portrait d'un droit d'auteur en crise) ; *D. 2010, Point de vue 2919* (la protection de l'œuvre de l'esprit par le droit d'auteur : « qui trop embrasse mal étreint »). – Bensamoun et Zolinski, *D. 2011. Point de vue 1773* (la promotion du droit négocié en propriété intellectuelle : consécration d'une conception dialogique du droit). – binctin, *RIDA oct. 2012, p. 3* (droit d'auteur et droit des successions). – Bruguière, *Propr. intell. 2003, n° 7, p. 117* (droit d'auteur et service public. Plaidoyer en faveur d'une union harmonieuse) ; *Propr. ind. 2010. Dossier n° 1, n° 10* (faits et méfaits de la perpétuité dans la propriété littéraire et artistique). – Bruguière et Dumont, *CCE 2010. Étude 10* (la question prioritaire de constitutionnalité dans le droit de la propriété intellectuelle). – Bruguière et Gilelet, *JCP E 2011. 1663* (litiges en propriété intellectuelle. L'apport de la loi de simplification et d'amélioration de la qualité du droit du 17 mai 2011). – Camus, *Propr. intell. 2015, n° 56, p. 241* (la parodie de marque : un défi mondial pour les marques de luxe aui en sont une cible privilégiée). – Carreau, *RIDA juill. 2004, p. 3* (droit d'auteur et esprit de l'œuvre). – Caron, *Propr. intell. 2003, n° 7, p. 127* (les usages et pratiques professionnels en droit d'auteur) ; *ibid. 2015. Étude 13* (trois remarques sur l'impression contrefaisante en trois dimensions). – Cottier, *RIDA janv. 2011, p. 5* (le juge administratif et les litiges sur les « œuvres de l'esprit »). – De Hass, *Propr. intell. 2012, n° 43, p. 216* (l'imprévisible droit d'auteur). – Desjeux, *RIDA juill. 1975, p. 125* (le droit d'auteur dans la vie industrielle). – Désurmont, *RIDA avr. 2006, p. 3* (réflexions sur les rapports entre la convention sur la protection et la promotion de la diversité des expressions culturelles et la protection du droit d'auteur). – Derieux, *Légipresse 2008, II, p. 88* (le juge et la loi en droit d'auteur et des médias). – Dietz, *RIDA oct. 1988, p. 199* (mutation du droit d'auteur, changement de paradigme en matière de droit d'auteur ?) ; *ibid. janv. 2015, p. 100* (protection des personnes créatives par le droit d'auteur. Les cinqs piliers du droit d'auteur moderne de l'Europe continentale). – Dock, *RIDA janv. 1974, p. 127* (genèse et évolution de la notion de propriété littéraire). – Émile-Zola-Place, *Légipresse 2011, n° 286, p. 471* [réformes du CPI : questions de compétence(s) et d'incompétence(s)]. – Farchy, *Propr. intell. 2006, n° 21, p. 388* (l'analyse économique des fondements du droit d'auteur : une approche réductrice nécessaire). – Françon, *RIDA avr. 1987, p. 2* (l'avenir du droit d'auteur) ; *RIDA juill. 1992, p. 3* (le droit d'auteur au-delà des frontières : une comparaison des conceptions civiliste et de *Common Law*). – Galopin, *RIDA janv. 2015, p. 175* (conséquences de la nature constitutionnelle et européenne du droit d'auteur : retour sur quelques décisions récentes). – Gaubiac, *Propr. intell. 2010, n° 36, p. 814* (droit d'auteur et intérêt général). – Gaudrat, *RIDA juill. 2009, p. 3* (l'importance de la référence propriétaire dans la loi du 11 mars 1957) ; *RTD com. 2011. 562* (la propriété intellectuelle : pensée unique ou modèles multiples ?). – Gautier, *JCP 1995. I. 3860*. – Geiger, *D. 2010. Chron. 510* (la fonction sociale de la propriété intellectuelle). – Geller, *Propr. intell. 2006, n° 18, p. 4* (la dissolution de la propriété intellectuelle). – Ginsburg, *RIDA janv. 1991, p. 125* (histoire de deux droits d'auteur : la propriété littéraire et artistique dans la France et l'Amérique révolutionnaires) ; *CCE 2009. Étude 10* (l'avenir du droit d'auteur : un droit sans auteur ?). – Haddou, *RIDA avr. 2015, p. 5* (droit d'auteur de demain : quel rôle pour les intermédiaires techniques ?). – Henaff, *CCE 2016. Étude 8* (sécuriser l'œuvre transformative sans remettre en cause le monopole de l'auteur de l'œuvre). – H. Kérever, *RIDA juill. 1989, p. 3* (Révolution française et droit d'auteur) ; *RIDA janv. 1990, p. 3* (le droit d'auteur, son présent et son avenir). – Laligant, *RRJ 1989, n° 2, p. 343* (la Révolution française et le droit d'auteur) ; *RIDA janv. 1991, p. 3*. – Lebois, *CCE 2015. Étude 2* (quelle protection juridique pour les créations des robots journalistiques). – Mallet-Poujol, *RIDA avr. 1996, p. 93* (marché de l'information : le droit d'auteur injustement « tourmenté »). – Mandel et Bictin, *CCE 2015. Étude 4* (les créations prétoriennes de la Cour de cassation en droit de la propriété intellectuelle). – Marino, *JCP 2010. 829* (les droits fondamentaux émancipent le juge : l'exemple du droit d'auteur). – Martial-Braz, *RIDA avr. 2013, p. 51* (sûretés réelles et droit d'auteur : l'impossible union ?). – Matthyssens, *RIDA juill. 2004, p. 77* (auteurs devant la commission Escarra). – Mousseron et Vivant, *Cah. dr. entr. 1988, n° 1, p. 2* (les mécanismes de réservation et leur dialectique : le terrain occupé par le droit). – De Nijs, *Propr. ind. 2017. Étude 6* (sondages et évaluation des préjudices en matière de propriété intellectuelle). – PFISTER, *RIDA juill. 2005, p. 117* (la propriété littéraire est-elle une propriété ? Controverses sur la nature du droit d'auteur au XIXe siècle). – POLLAUD-DULIAN, *RIDA juill. 2007, p. 3* (la loi du 11 mars 1957 a cinquante ans : bilan et perspectives). – SIRINELLI, *JCP 2000. I. 194* (le droit d'auteur à l'aube du 3e millénaire). – SIIRAINEN, *Propr. ind. 2010. Dossier n° 1, n° 9* (libres propos et pensées sur la notion d'œuvre protégée et sa fonction). – TAFFOREAU, *Propr. intell. 2006, n° 18, p. 50* (la notion d'interprétation en droit de la propriété littéraire et artistique). – TORREMANS, *Propr. intell. 2007, n° 23, p. 173* (le droit d'auteur en tant que droit de l'homme). – TREPPOZ, *JAC n° 21/2015, p. 29* (le droit d'auteur : frein ou instrument d'un marché unique du numérique ?). – TRICOIRE, *D. 2011. Entretien 296* (l'œuvre des autres) ; *ibid. 2014. 2007* (définir l'œuvre, le défi du droit d'auteur). – VARET, *Légipresse 2016. 148* (l'ouverture des informations publiques au regard de la propriété intellectuelle). – VIVANT, *JCP2000. I. 193* (l'immatériel, nouvelle frontière pour un nouveau millénaire) ; *Propr. intell. 2007, n° 23, p. 193* (et donc la propriété littéraire et artistique est une propriété...) ; *D. 2011. Chron. 2351* (propriété intellectuelle, *lex protectionis* et loi réelle) ; *Propr. intell. 2012, n° 43, p. 269* (objet juridique, objet social. Réflexion sur la propriété intellectuelle). – VIGUIÉ, *RIDA oct. 2014, p. 47* (la démocratisation des imprimantes 3D et le droit d'auteur). – DE WERRA, *Propr. intell. 2006, n° 19, p. 166* (droit de l'art et des biens culturels et droit d'auteur : quels liens ?). – ZOLLINGER, Droits d'auteur et droits de l'homme, *thèse Poitiers, 2006.*

▸ Commentaires des interventions législatives

Actes de colloque IRPI, Droit d'auteur et droits voisins, *Litec 1986.* – Actes de colloque, 1957-2007 : 50 ans de droit d'auteur (perspectives et prospectives), *LPA 6 déc. 2007.* – FRANÇON, *Légicom 1997, n° 14, p. 109* (commentaire de la loi du 27 mars 1997 portant transposition des directives n° 93/83 du 27 sept. 1993 et 93/98 du 29 oct. 1993). – JOLIBOIS, *Rapport fait au nom de la Commission spéciale du Sénat, n° 212*, procès-verbal de la séance du 24 janv. 1985. – RICHARD, *Rapport fait au nom de la Commission des lois de l'Assemblée nationale, n° 2235*, procès-verbal de la séance du 26 juin 1984. – SAVATIER, Loi du 11 mars 1957, *JCP 1957. I. 1398.*

▸ Études de droit international et de droit européen

AZZI, Recherche sur la loi applicable aux droits voisins du droit d'auteur en droit international privé, *LGDJ, 2005 ; D. 2012. Point de vue 1193* (le projet de code européen du droit d'auteur : une étrange idée). – AZZI et TREPPOZ, *D. 2011. Chron. 1293* (contrefaçon et conflits de lois : quelques remarques sur la liste des conventions internationales censées primer le règlement Rome II). – BENABOU, *Propr. intell. 2012, n° 43* (retour sur dix ans de jurisprudence de la Cour de justice de l'Union européenne en matière de propriété littéraire et artistique : les méthodes). – BENHAMOU et FARCHY, Droit d'auteur et *copyright, La Découverte, Repères, 2007.* – BERGÉ, La protection internationale et communautaire du droit d'auteur : essai d'une analyse conflictuelle, *LGDJ 1996 ; Lamy Droit des médias et de la communication, Études 154, 157 et 160.* – BOUCHET-LE MAPPIAN, *RIDA janv. 2011, p. 69* (propriété intellectuelle et droit de propriété en droit anglais, allemand et français). – BUYDENS, BROX, MASSOT, ROSER et ROSSI, *Propr. intell. 2017, n° 63, p. 9* (l'originalité des œuvres d'arts appliqués en Europe : vers une harmonisation). – CARMET, Étude critique de la distinction entre la condition des étrangers et les conflits de lois, *thèse Paris I, 1977.* – CARRE, *JCP 2014. 440* (quelques principes clés concernant l'élaboration d'un droit d'auteur de l'Union européenne). – DESBOIS, FRANÇON et KÉRÉVER, Les conventions internationales du droit d'auteur et des droits voisins, *Dalloz 1976.* – DIRINGER, *RIDA oct. 2010, p. 5* (la gestion collective des droits d'auteur aux États-Unis, un modèle concurrentiel en trompe l'œil). – DURRANDE, Le pays d'origine de l'œuvre en droit international privé, *thèse Paris II, 1980.* – DUSSOLIER, *Propr. intell. 2007, n° 25, p. 443* (la contractualisation de l'utilisation des œuvres et l'expérience belge des exceptions impératives). – GAUBIAC, *CCE 2016. Prat. 11* (les contrats internationaux en droit d'auteur. L'objet du contrat d'auteur et l'importance de la loi locale). – ILARDI, Propriété intellectuelle. Principes et dimension internationale, *L'Harmattan-Innoval 2005.* – JOSSELIN-GALL, Les contrats d'exploitation du droit de propriété littéraire et artistique, *Joly 1995.* – LESUEUR, Conflits de droits. Illustrations dans le champ des propriétés incorporelles, *PU Aix-Marseille, 2009.* – LUCAS (A.) et GINSBURG, *RIDA juill. 2016, p. 5* (droit d'auteur, liberté d'expression et libre accès à l'information – étude comparée de droit américain et de droit européen). – PIOTRAUT, La propriété intellectuelle en droit international et comparé, *Éditions Tec & Doc. Lavoisier, 2007.* – RAYNARD, Droit d'auteur et conflits de lois, *Litec 1990.* – SAKATA, *RIDA avr. 2013, p. 3* (la formation du concept de l'auteur dans le copyright britannique). – SIRINELLI, BENAZERAF et BENSAMOUN, *CSPLA déc. 2016* (rapport sur le droit de communication au public). – ULMER, La propriété intellectuelle en droit international privé, *Publication de la Commission des communautés 1980.* – ZOLLINGER, *RIDA juill. 2012, p. 3* (droit d'auteur français et copyright américain : pluralisme et influences de modèles culturels). – ZOLYNSKI, Méthodes de transposition des directives communautaires. Étude à partir de l'exemple des droits d'auteur et des droits voisins *(thèse Paris II, 2005), Dalloz 2007.*

Bergé, *Rev. crit. DIP 2000. 357* (droit d'auteur, conflit de lois et réseaux numériques : rétrospective et prospective). – Bernier, *Légipresse 1998. II. 61* (l'AMI et la culture). – Bouchet, *RIDA juill. 2006, p. 7* (le droit d'auteur et la propriété intellectuelle au Vietnam). – Boytha, *Dr. auteur, oct. 1988, p. 422* (le droit international privé et la protection des droits d'auteur ; analyse de certains points spécifiques). – Dietz, *RIDA juill. 2011, p. 157* (le droit de suite dans le droit d'auteur russe). – Dusollier, *Propr. intell. 2006, n° 18, p. 11* (les licences *creative commons* : les outils du maître à l'assaut de la maison du maître). – Drexl, *Propr. intell. 2007, n° 22, p. 33* (la gestion collective du droit d'auteur après la recommandation européenne dans le domaine musical en ligne : la situation en Allemagne). – Edelman, *D. 2004. Chron. 1372* (aux États-Unis, divorce consommé entre le *copyright* et le droit des marques). – Gaubiac, *CCE 2014. Prat. 13* (les contrats internationaux en droit d'auteur) ; *ibid. 2015. Prat. 11* – Gautier, *D. 1996. 131* (du droit applicable dans le « village planétaire » au titre de l'usage immatériel des œuvres). – Geiger, *JCP 2009, n° 48, 493* (l'avenir du droit d'auteur en Europe). – Geiger, Macrez, Bouvel, Carré, Hassler et Schmidt, *Propr. intell. 2009, n° 32, p. 231* (quelles limites au droit d'auteur dans la société de l'information ? Réponse au Livre vert sur « le droit d'auteur dans l'économie de connaissance). – Geller, *Dr. auteur 1989. 49* (les conflits de lois en matière de contrats de droit d'auteur, vers une harmonisation des analyses). – Ginsburg, *Cah. dr. auteur, déc. 1989, p. 13* (conflits de lois et droit moral) ; *Rev. crit. DIP 1994. 603* (la loi applicable à la titularité du droit d'auteur). – Ginsburg et Gauthier, *RIDA juill. 1997, p. 61 (the celestial jukebox and earthbound courts : judicial competence in the European Union and the United States over copyright infringements in cyberspace).* – Ginsburg et Sirinelli, *RIDA oct. 1991, p. 3* (auteur, création et adaptation en droit international privé). – Ginsburg et Gaubiac, *RIDA janv. 2006, p. 3* (contrefaçon, fournitures de moyens et faute : perspectives dans les systèmes de *Common law* et civilistes à la suite des arrêts *Grokster et Kazaa*). – Gompel et Lavik, *RIDA avr. 2013, p. 101* (qualité, mérite, esthétique et destination : examen de l'exclusion par le droit d'auteur de l'Union européenne d'autres critères que celui de l'originalité). – Gotzen, *RIDA janv. 2007, p. 3* (le droit d'auteur en Europe : *quo vadis* ? Quelques conclusions après la transposition de la directive d'harmonisation dans la société de l'information). – Haouideg, *RIDA janv. 2006, p. 99* (droit d'auteur et droit international privé en Belgique). – Koumantos, *Dr. auteur, oct. 1988, p. 439* (le droit international privé et la Convention de Berne). – Larrieu, *Cah. dr. entr. 1997, n° 6, p. 24* (contrats relatifs à la propriété intellectuelle). – F. Lucas et Binctin, *RIDA janv. 2014, p. 3* (le droit comparé de la saisie-contrefaçon en droit d'auteur France/Canada). – A. Lucas, *Propr. intell. janv. 2016, n° 58, p. 59* (droit d'auteur, droit américain, service Google Books, *fair use*). – Lucas-Schlœtter, *Propr. intell. 2005, n° 17, p. 403* (le droit contractuel d'auteur allemand depuis la réforme du 22 mars 2002). – Maxwell, Bolger et Zeggane, *Propr. intell. 2009, n° 30, p. 31* (un regard transatlantique sur les « scènes à faire » et autres banalités en droit d'auteur). – Ngombé, *CCE 2009. Étude 9* (le droit d'auteur français hors de France). – Pecoraro et Sadakhom, *Propr. intell. 2008, n° 29, p. 413* (droit d'auteur et droit de l'audiovisuel en Chine). – Plaisant, *RIDA avr. 1962, p. 63* (l'exploitation du droit d'auteur et les conflits de lois). – Radojkovic, *RIDA avr. 1982, p. 112* (la protection des œuvres littéraires et artistiques *ex jure conventionnis* et l'importance du droit conventionnel). – de Roman Perez, *RIDA avr. 2007, p. 67* (comparaison entre les systèmes du domaine public et le modèle de protection des dispositions pour la protection des expressions culturelles traditionnelles et expressions du folklore). – Sakata, *RIDA avr. 2013, p. 3* (la formation du concept d'auteur dans le *copyright* britannique). – Vos, *RLDI févr. 2017. 35* (les défis du droit d'auteur américain – *copyright* – dans le contexte numérique). – Von Lewinski, *Propr. intell. 2006, n° 18, p. 22* (réflexions sur le rôle et le fonctionnement des sociétés d'auteur).

AFPIDA et IRPI, *Propr. intell., janv. 2002* (la directive DADV dans la société de l'information, bilans et perspectives). – Azéma, Libre circulation des marchandises et droits de propriété intellectuelle, *J-Cl. Concurrence et consommation, fasc. 490.* – Benabou, Droit d'auteur, droits voisins et droit communautaire, *thèse Paris II, 1996 ; CCE 2001. Étude 23* (directive droit d'auteur – droits voisins et société de l'information). – Benhamou et Farchy, Droit d'auteur et *copyright, La Découverte, Repères, 2009.* – Blaise, Principes commandant l'application du droit communautaire aux droits de propriété industrielle, *J.-Cl. Int., fasc. 563.* – Bonet, *RJDA, 1993/3, n° 173* (défense et illustration des droits sur les créations au regard des règles communautaires de concurrence) ; *Mélanges Françon, Dalloz 1995, p. 1* (l'égalité de traitement des titulaires de droits d'auteur ou de droits voisins dans la communauté). – Caron, *CCE 2001. Étude 13* (la directive du 9 avr. 2001 sur le droit d'auteur et les droits voisins dans la société de l'information). – Castell, L'épuisement du droit intellectuel en droit allemand, français et communautaire, *PUF 1990.* – Cornu, Compétences culturelles en Europe et principe de subsidiarité, *Bruxelles Bruylant 1993.* –

DERCLAYE, *Propr. intell. 2004, n° 11, p. 599* (la transposition de la directive « droit d'auteur dans la société de l'information » au Royaume-Uni). – DESURMONT, *RIDA avr. 1989, p. 117* (la SACEM et le droit de la concurrence) ; *RIDA oct. 2001, p. 3* (la Communauté européenne, les droits des auteurs et la société de l'information). – EDELMAN, *D. 1996. 119* (l'arrêt *Magill* : une révolution ?). – FLORENSON, *RIDA avr. 2003, p. 3* (la gestion du droit d'auteur et des droits voisins en Europe). – FRANÇON, *RIDA avr. 1990, p. 51* (le conflit entre la SACEM et les discothèques devant la Cour de justice). – GASTER, *RIDA avr. 1996, p. 3* (suites de l'arrêt *Phil Collins* de la CJCE dans le domaine du droit d'auteur et des droits voisins). – GAUTIER, *RIDA avr. 1990, p. 13* (le marché unique des œuvres d'art). – GEIGER, *Propr. intell. 2004, n° 13, p. 882* (de la nature juridique des limites au droit d'auteur. Une analyse comparatiste à la lumière des droits fondamentaux) ; *D. 2005. Chron. 2683* (droit d'auteur et droit du public à l'information). – GRAZ, Propriété intellectuelle et libre circulation des marchandises, *Genève Droz, 1988*. – GOTZEN, *RTD com. 1985. 467* (jurisprudence de la CJCE). – LUCAS-SCHLOETTER, *Propr. intell. 2004, n° 12, p. 757* (le droit d'auteur des fonctionnaires en Europe continentale) ; *ibid. 2005, n° 17, p. 403* (le droit contractuel d'auteur allemand depuis la réforme du 22 mars 2005). – MYARD, *Doc. AN n° 1108, enregistré le 8 oct. 1998* (rapport d'information déposé par la délégation de l'AN pour l'Union européenne sur l'harmonisation de certains aspects du droit d'auteur et des droits voisins dans la société de l'information). – PASSA, *JCP 2001. I. 311* (la directive du 22 mai 2001 sur le droit d'auteur et les droits voisins dans la société de l'information). – ROTTINGER, *RIDA juill. 1993, p. 51* (l'épuisement du droit d'auteur). – SIMONENKO, *CCE 2009. Étude 12* (la propriété intellectuelle en Russie à la lumière de la codification entreprise). – SIRINELLI, *Lamy droit des médias et de la communication. Étude 163*. – VIVANT, Liberté des flux et données objets de propriété intellectuelle. Liberté des flux transfrontières de données et droit communautaire, *Litec 1989*.

▸ Loi du 1er août 2006 relative au droit d'auteur et aux droits voisins dans la société de l'information

ALLEAUME, *CCE 2006. Étude 27* (les exceptions de pédagogie et de recherche) ; *Légipresse 2007. II. 177* (contenu de la loi n° 2006-961 du 1er août 2006) ; *Propr. intell. 2007, n° 25, p. 436* (la contractualisation des exceptions. La situation en France). – AZZI, *CCE 2007. Étude 16* (la loi du 1er août 2006 relative au droit d'auteur et aux droits voisins dans la société de l'information, ou le monopole préservé). – BENABOU, *Propr. intell. 2007, n° 25, p. 423* (de l'efficacité de l'exception en elle-même à sa confrontation aux mesures techniques). – BÉNARD et RUDONI, *Légipresse 2007. II. 56* (la loi DADVSI en matière télévisuelle : trois pas en arrière pour les titulaires des droits). – BENSAMOUN, *D. 2007. Chron. 328* (la loi du 1er août 2006 : nouvelle manifestation du dialogue entre le législateur et le juge en droit d'auteur). – BERNAULT, *Légipresse 2006. II. 127* (loi du 1er août 2006 et *peer to peer* : le pire est-il derrière nous ?). – BOIRON et MOREAU, *Légipresse 2007. II. 87* (la loi DADVSI a-t-elle encore un avenir ?). – BRUGUIÈRE, *CCE 2007. Étude 3* (le droit à l'interopérabilité). – CAPRIOLI, *CCE 2006. Étude 30* (mesures techniques de protection et d'information des droits d'auteur). – CARON, *CCE 2006. Étude 22* (la loi du 1er août 2006 relative au droit d'auteur et aux droits voisins dans la société de l'information) ; *JCP 2006. I. 169* (*idem*). – CORNU, *D. 2006. Dossier 2185* (droits d'auteurs des fonctionnaires : le périmètre contenu de l'exception de service public). – DESURMONT, *CCE 2006. Étude 28* (le régime de la copie privée) ; *RIDA oct. 2006, p. 111* (la transposition en France de la directive 2001/29/CE sur l'harmonisation de certains aspects du droit d'auteur et des droits voisins dans la société de l'information). – DREYER, *CCE 2006. Étude 32* (la réforme du dépôt légal). – DUSOLLIER, *CCE 2006. Étude 29* (l'introuvable interface entre exceptions au droit d'auteur et mesures techniques de protection). – FARCY, *Propr. intell. 2007, n° 25, p. 404* (de nouveaux modèles pour le droit d'auteur. Le point de vue de l'économiste). – GAME, *D. 2006. Dossier 2191* (le dépôt légal des œuvres numériques). – GAUBIAC, *CCE 2006. Étude 34* (la responsabilité des fournisseurs de logiciels dans la diffusion illégale des œuvres et autres prestations protégées). – GAUDRAT, *RTD com. 2006. 814* (le droit d'auteur au lendemain de la transposition). – GAUTIER, *D. 2006. Dossier 2155* (le droit d'auteur en général et la copie privée en particulier depuis la loi du 1er août 2006) ; *CCE 2006. Étude 26* (l'élargissement des exceptions aux droits exclusifs, contrebalancé par le « test des trois étapes »). – GEIGER, *D. 2006. Dossier 2164* (la transposition du test des trois étapes en droit français). – HÉNAFF, *CCE 2007. Étude 2* (l'impact sur le marché de l'art de la loi du 1er août 2006 réformant le droit d'auteur). – KESSLER, *D. 2006. Dossier 2167* (le *peer to peer* dans la loi du 1er août 2006). – LAMBERT, *JCP 2006. I. 184* (les droits des universitaires sur leurs créations intellectuelles). – LATREILLE et MAILLARD, *D. 2006. Dossier 2171* (le cadre légal des mesures techniques de protection et d'information). – LUCAS, *CCE 2006. Étude 25* (le droit de distribution et son épuisement). – LUCAS et SIRINELLI, *Propr. intell. 2006, n° 20, p. 297* (la loi du 1er août 2006 relative au droit d'auteur et aux droits voisins dans la société de l'information : premières vues sur le texte promulgué à l'issue de la censure du Conseil constitutionnel). – Lucas, *Propr. intell. 2006, n° 21, p. 438* (la loi du 1er août 2006 relative au droit d'auteur et aux droits voisins dans la société de l'information : observations complémentaires). – Mel, *CCE 2006. Étude 31* (les créations de fonctionnaires). – Neau-Leduc, *CCE 2006. Étude 33* (crédit d'impôt pour la production d'œuvres phonographiques). – Pollaud-Dulian, *RTD com. 2006. 779* (loi n° 2006-961 du 1er août 2006 relative au droit d'auteur et aux droits voisins dans la société de l'information) ; *CCE 2006. Étude 35* (l'*aggiornamento* communautaire du droit de suite). – Senftleben, *Propr. intell. 2007, n° 25, p. 453* (l'application du *triple test* : vers un système de *fair use* européen ?). – Sirinelli, *Propr. intell. 2007, n° 25, p. 397* (de nouveaux modèles pour le droit d'auteur. Le point de vue du juriste). – Vercken, *Propr. intell. 2007, n° 25, p. 413* (la consécration des mesures techniques de protection, un combat d'arrière-garde ?). – Vivant, *D. 2006. Dossier 2159* (les exceptions nouvelles au lendemain de la loi du 1er août 2006). – Wekstein, *D. 2006. Dossier 2189* (droits voisins, licence légale et la loi du 1er août 2006).

▸ Loi du 29 octobre 2007 de lutte contre la contrefaçon

Azéma et Galloux, *RTD com. 2008. 278* (la loi du 29 octobre 2007 de lutte contre la contrefaçon). – Azzi, *D. 2008. Dossier. 700* (la loi du 29 octobre 2007 contre la contrefaçon). – Bitan, *CCE 2008. Étude 7* (la saisie-contrefaçon de logiciels et de bases de données à l'aune de la loi du 29 octobre 2007 relative à la lutte contre la contrefaçon). – Béteille et Yung, Rapport d'information, *Sénat, n° 296 (2010-2011)* (lutte contre la contrefaçon : premier bilan de la loi du 29 octobre 2007. – Bourdon, *D. 2008. Dossier. 729* (le droit pénal est-il un instrument efficace face à la criminalisation croissante de la contrefaçon ?). – Bruguière, *JCP E 2008. Actu. 565* (de l'art et de la manière de bien faire les lois et de bien penser la compétence des juges en matière de propriété intellectuelle. L'occasion manquée de la loi du 29 octobre 2007). – Caron, *CCE 2007. Étude 30 ; JCP E 2007. 2419 et JCP 2007. I. 205* (la loi du 29 octobre 2007 dite « de lutte contre la contrefaçon »). – Cousté et Guilbot, *Propr. ind. 2007. Étude 25* (réforme de l'indemnisation du préjudice de contrefaçon en France : du jardin à la française à l'Eldorado américain ?). – De Candé et Marchais, *Propr. intell. 2008, n° 26, p. 52* (la loi n° 2007-1549 du 29 octobre 2007 de lutte contre la contrefaçon : une harmonisation bienvenue des moyens de lutte contre la contrefaçon). – Galloux, *D. 2008. Dossier. 711* (les mesures probatoires, provisoires et conservatoires). – Gasnier, *Propr. ind. 2007. Étude 25* (quelques brèves observations à propos de la loi de lutte contre la contrefaçon). – Gaudemet-Tallon, *D. 2008. Dossier. 735* (droit international privé de la contrefaçon : aspects actuels). – Gautier, *D. 2008. Dossier. 727* (fonction normative de la responsabilité : le contrefacteur peut être condamné à verser au créancier une indemnité contractuelle par équivalent). – Henry, *CCE 2009. Étude 2* (les nouvelles méthodes d'évaluation du préjudice en matière de contrefaçon). – Hoffman, Attias et Pajot, *Gaz. Pal. 23 au 27 mai 2008, p. 12* (la mise en œuvre de la loi du 29 octobre 2007 relative à la lutte contre la contrefaçon). – Lécuyer, *Gaz. Pal. 23 au 27 mai 2008, p. 12* (l'indemnisation du préjudice en matière de contrefaçon). – May, *Propr. ind. 2008. Étude 4* (améliorer l'indemnisation de la contrefaçon : la loi ne suffira pas). – Pollaud-Dulian, *RTD com. 2008. 70* (loi n° 2007-1544 du 29 octobre 2007 de lutte contre la contrefaçon). – Stasiak, *CCE 2009. Étude 1* (les sanctions de la contrefaçon). – Vivant, *D. 2009. Chron. 1839* (prendre la contrefaçon au sérieux).

▸ Loi du 12 juin 2009 favorisant la diffusion et la protection des œuvres sur internet

Bruguière, *D. 2009. Point de vue 1770* (loi « sur la protection de la création sur internet » : mais à quoi joue le Conseil constitutionnel ?) ; *JCP E 2009. 1759* (loi du 12 juin 2009 favorisant la diffusion et la protection de la création sur internet, la « petite loi » qui aurait pu être grande) ; *Propr. intell. 2009, n° 32, p. 277* (retour à la case départ et prison !). – Chaltiel, *LPA 24 juin 2009* (la loi HADOPI devant le Conseil constitutionnel). – Derieux, *JCP 2009. I. 29* (diffusion et protection de la création sur internet). – Feldman, *JCP 2009. I. 101* (le Conseil constitutionnel, la loi HADOPI et la présomption d'innocence). – Geiger, *D. 2011. Chron. 773* (« HADOPI », ou quand la répression devient pédagogique). – Lesafre, *LPA 29 mai 2009* (HADOPI ou la chronique d'une censure annoncée ?). – Lesueur, *CCE 2009. Étude 25* (les conflits d'intérêts dans les lois Hadopi I et II). – Pollaud-Dulian, *RTD com. 2009. 730* (diffusion et protection de la création sur internet). – Vivant, *D. 2009, Interview. 1808* (internet, piratage et contrefaçon).

▸ Loi du 28 octobre 2009 relative à la protection pénale de la propriété littéraire et artistique

Benabou, *Propr. intell. 2009, n° 32, p. 212* (grand Guignol). – Bruguière, *Propr. intell. 2010, n° 34, p. 629* (loi du 28 octobre 2009 sur la protection pénale de la propriété littéraire et artistique). – Chaltiel, *LPA n° 234, p. 7* (la loi HADOPI II de nouveau censurée). – Derieux, *JCP 2009, n° 46, p. 415* (protection pénale de la propriété littéraire et artistique sur internet). –

Lesueur, *CCE 2009. Étude 25* (les conflits d'intérêts dans les lois Hadopi I et II). – Marino, *D. 2010. Chron. 160* (la loi du 28 octobre 2009 relative à la protection pénale de la propriété littéraire et artistique). – Renard, *JCP E 2010. 2014* (HADOPI et l'entreprise). – Tilliet, *RIDA janv. 2010, p. 5* (les dispositions relatives à l'encouragement de l'offre légale et à la lutte contre la contrefaçon sur les réseaux de communications au public en ligne dans les lois des 12 juin et 28 octobre 2009). – Varet, *Légipresse 2010. II. 1* (« riposte graduée » : beaucoup de bruit pour rien ?). – Verpeaux, *JCP 2009, n° 46, p. 414* (loi HADOPI 2, contrôle à double détente).

▸ Loi du 11 mars 2014 renforçant la lutte contre la contrefaçon

Alleaume, *RJ com. 2015. 433* (la loi n° 2014-315 du 11 mars 2014 renforçant la lutte contre la contrefaçon). – Azéma, *RLDA mai 2014. 18* (la loi renforçant la lutte contre la contrefaçon). – Azéma et Galloux, *RTD com. 2014. 579* (les lois n° 2014-315 du 11 mars 2014 renforçant la lutte contre la contrefaçon et n° 2014-344 du 17 mars 2014, relative à la consommation). – Binctin, *JCP 2014. Actu. 416* (la loi renforçant la lutte contre la contrefaçon). – Bruguière, *Propr. intell. 2014, n° 51, p. 179* (la loi de lutte contre la contrefaçon qui précise et complète la loi de lutte contre la contrefaçon et qui banalise la propriété littéraire et artistique). – Coste, *RLDI avr. 2014. 15* (renforcement de la lutte contre la contrefaçon). – Dahan et Roblin, *RLDI juin 2014. 8* (une nouvelle loi pour renforcer la lutte contre la contrefaçon : zoom sur le droit à l'information). – Dhenne, *D. 2014. Chron. 1164* (la loi n° 2014-315 du 11 mars 2014 renforçant la lutte contre la contrefaçon). – Galloux, *Propr. intell. 2014, n° 52, p. 242* (la loi n° 2014-315 du 11 mars 2014 renforçant la lutte contre la contrefaçon : vers la saturation ?). – Maréchal, *CCE 2014. Étude 11* (la loi n° 2014-315 du 11 mars 2014 renforçant la lutte contre la contrefaçon). – Ouaniche, *JCP E 2014. 1194* (renforcement du dispositif législatif dans l'évaluation du préjudice en cas de contrefaçon). – Yung, *CCE 2014. Entretien 4* (loi du 11 mars 2014 renforçant la lutte contre la contrefaçon).

▸ Ordonnance n° 2016-131 du 10 févr. 2016 portant réforme du droit des contrats

Fournier, *Dalloz IP/IT 2016. 236* (les apports de l'ordonnance en matière de pourparlers et d'avant-contrats). – Guillemain, *JCP E 2016, n° 1368* (la réforme du droit des contrats et le droit d'auteur). – Lemarchand, *Dalloz IP/IT 2016. 233* (le devoir général d'information : un impact majeur dans la formation des contrats informatiques). – Maréchal, *CCE 2016. Étude 11* (l'incidence de la réforme du droit des contrats sur les contrats d'exploitation des droits d'auteurs). – Ranouil, *CCE 2017. Chron. 4, n° 4* (la répercussion de l'ordonnance du 10 févr. 2016 portant réforme du droit des contrats, du régime général et de la preuve sur le droit du marché de l'art). – Valais, *Dalloz IP/IT 2016. 229* (la réforme du code civil : quels enjeux pour nos contrats ?).

▸ Loi n° 2016-925 du 7 juill. 2016 relative à la liberté de la création, à l'architecture et au patrimoine

Azzi, *Dalloz IP/IT 2017. 206* (apport en matière de droits voisins du droit d'auteur). – Bernault, *LEPI oct. 2016, p. 1* (réforme du droit d'auteur et des droits voisins : acte I). – Brault, *Dalloz IP/IT 2017. 212* (l'extension par la loi création de l'exception de copie privée à l'enregistrement en ligne de programmes de radio ou de télévision). – Binctin, *CCE 2017. Étude 6* (les apports de la loi « Liberté de création » à la rémunération pour copie privée). – Bruguière, *Légipresse 2017. 19* (exploitation des images d'œuvres d'art plastiques et photographiques : les nouvelles dispositions des lois « Création » et « République numérique »). – Caron, *CCC 2016, n° 98* (généralités) ; *ibid. 2017, n° 1* (les droits patrimoniaux) ; *ibid., n° 20* (les exceptions aux droits patrimoniaux) ; *ibid., n° 31* (les contrats et la contrefaçon) ; *ibid., n° 40* (les droits voisins). – Cornu, *CCE 2017. Étude 5* (le législateur culturel et les chantiers de la création, de l'architecture et du patrimoine). – Derieux, *Légipresse 2016. 492* (aperçu critique). – Guillemin, *Dalloz IP/IT 2017. 197* (les effets de la loi création sur les contrats d'exploitation des droits d'auteur). – Grosslerner et Jean, *Légipresse 2016. 462* (les services d'enregistrement de programmes dans le Cloud et l'exception de copie privée. Le NDVR encadré par la loi Création). – Kamina, *CCC 2016. Étude 21* (dispositions relatives au cinéma). – Maximin, *Dalloz IP/IT 2016. 386* (loi n° 2016-925 relative à la liberté de la création, à l'architecture et au patrimoine). – Nguyen, *Dalloz IP/IT 2017. 202* (apports et impact de la loi création sur le secteur de l'audiovisuel). – Ranouil, *CCE 2017. Chron. 4, n° 1* (la transmission du droit de suite par legs issue de la loi dite « Création et patrimoine » du 7 juillet 2016). – Sirinelli, *Dalloz IP/IT 2017. 193* (premières vues sur la loi création).

▸ Informatique, multimédia et nouvelles technologies

Actes du colloque tenu à la faculté de droit de l'Université de Montréal, 9-10 nov. 1989, Nouvelles technologies et propriété, *Montréal Thémis 1991, diffusion Litec*. – Acte du colloque organisé par l'IRPI, 19 juin 2015, *Propr. intell. oct. 2015, n° 57, p. 346* s. (l'impression 3D, un nouveau défi pour la propriété intellectuelle). – AFDIT, Le multimédia face au droit, *travaux publiés sous la direction de X. Linant de Bellefonds, éd. des Parques, 1995.* – Alai, Informatique et droit d'auteur, *Actes du 57e congrès, Québec, 26-30 sept. 1989, Cowansville, Yvon Blais 1990.* – Andres, Droits d'auteur et droits voisins à l'épreuve des créations multimédia, étude de droit français et américain, *thèse Paris 11, 1995.* – Bensoussan (sous la dir.), Internet, Aspects juridiques, *Hermès, 1996* ; Code informatique, fichiers et libertés, *Larcier, nov. 2014.* – Bertrand, La protection des logiciels, *Que sais-je ?, PUF, 1994.* – Bismuth, Droit de l'informatique (éléments de droit à l'usage des informaticiens), *L'Harmattan, 3e éd., oct. 2014.* – Catala, Le droit à l'épreuve du numérique, *PUF 1998.* – Canevet et Pellegrini, Droit des logiciels, *PUF, nov. 2013.* – Castets-Renard, Droit de l'internet, *Montchrestien, coll. Cours, 2009.* – Clavier, Objets nouveaux et catégories de la propriété intellectuelle : le cas des créations génétiques, *thèse Nantes, 1994.* – Dagonet, *RIDA juill. 2014, p. 3* (interopérabilité et appropriation des technologies logicielles). – Debbasch (sous la direction de), Droit des médias, *Dalloz, 1999.* – Conseil d'État, Le numérique et les droits fondamentaux. Étude annuelle 2014, *La Doc. fr., sept. 2014.* – Demnard-Tellier (sous la dir., Le multimédia et le droit, *Hermès 1996.* – De Faultrier-Travers, Aspects juridiques de l'information : propriété littéraire, droit de la personne, droit de la communication, *Paris ESF, 1991.* – Deltorn, *Propr. intell. 2016, n° 58, p. 4* (droit d'auteur et créations des algorithmes d'apprentissage. – Derieux et Granchet, Lutte contre le téléchargement illégal : lois DADVSI et HADOPI, *Lamy, Axe droit, 2010.* – Dreier, *Propr. intell. 2007, n° 25, p. 419* (l'interopérabilité : la France un exemple à suivre ?). – Dussolier, Droit d'auteur et protection des œuvres dans l'univers numérique, *Larcier 2007.* – Game, Questions juridiques relatives aux œuvres multimédias : Nouveau Livre blanc, *Paris SNE, 1994.* – Gaubiac, *RIDA janv. 2007, p. 91* (interopérabilité et droit de propriété intellectuelle). – Gaudrat, La commercialisation des données publiques, *Documentation française, 1993.* – Gavalda (ouvrage collectif sous la direction de), *Lamy Droit de l'audiovisuel, 3e éd. 1995.* – Huet et Maisl, Droit de l'informatique et des télécommunications, *Litec 1989.* – IRPI, Banques de données et droit d'auteur, *Actes du colloque de Paris, 27 nov. 1986, Litec 1987.* – IRPI, La protection des produits semi-conducteurs, *Actes du colloque de Paris, 15 déc. 1987, Litec 1988.* – Lange, A. Lucas, Sidi et Vivant, Les nouvelles technologies de communication : recension technique et première analyse de leur impact sur la propriété littéraire et artistique. Rapport final, *Montpellier IDATE, 1993.* – Latreille, Les mécanismes de réservation et les créations multimédias, *thèse Paris, 1995.* – Le Goffic et Morlet-Haïdara, Droit des activités numériques, *Précis Dalloz, juin 2014.* – Le Tourneau, Contrats informatiques et électroniques 2014-2015, *Dalloz, 8e éd., avr. 2014.* – Linant de Bellefonds et Hollande, Droit de l'informatique et de la télématique, *2e éd. Delmas 1990.* – Lucas, La protection des créations industrielles abstraites, *coll. CEIPI, tome 11, Litec 1975* ; Droit d'auteur et numérique, *Litec 1998.* – Lucas, Devèze et Frayssinet, Le droit de l'informatique, *Thémis Droit PUF, 2001.* – Long, La numérisation des œuvres, aspects de droit d'auteur et de droits voisins, *thèse Paris-Sud 2000, Litec 2001.* – Macrez, Créations informatiques : bouleversement des droits de propriété intellectuelle ? Essai sur la cohérence des droits, *Thèse, Montpellier I, 2007 ; RIDA oct. 2012, p. 289* (le droit d'auteur, le programme d'ordinateur et la Cour de justice). – Mallet-Poujol, Commercialisation des banques de données, *CNRS 1993.* – Ministère de la Culture, Industries culturelles et nouvelles techniques, Rapport de la commission présidée par M. Sirinelli, *Doc. fr., 1994.* – Mouron et Piccio, L'ordre public numérique. Liberté, propriété, identité, *PUAM, coll. Inter-normes, 2015.* – OMPI, Symposium mondial sur l'impact des technologies numériques sur l'avenir du droit d'auteur et des droits voisins, *Le Louvre, Paris, juin 1994, publ. OMPI n° 731 (F), Genève, 1994.* – Piatti, *RTD com. 2006. 1* (commerce électronique et propriétés intellectuelles). – Robin, *Propr. intell. 2010, n° 36, p. 833* (université numérique et créations immatérielles : l'enseignement en mode e-learning). – Schaming, Le droit du logiciel, *Paris, La Villeguérin, Revue fiduciaire, 1990.* – Stouvel et Derclage, Droit d'auteur et numérique, *Bruylant 2001.* – Toubol, Le logiciel, analyse juridique, *FEDUCI et LGDJ 1986.* – Vivant, L'incidence de l'harmonisation communautaire en matière de droits d'auteur sur le multimédia : droit d'auteur sur les services de fourniture électronique et sur les produits multimédias, Étude réalisée pour la Commission européenne, *DG XIII, Luxembourg, Office des publications officielles des Communautés européennes, 1995.*

Arnaudin, Savérat et Hélis, *LPA 26 mai 1997* (informatique, réseaux et médias). – Bertrand, *Cah. dr. auteur, févr. 1990. 1* (la création « assistée » ou « générée » par ordinateur et le droit d'auteur). – Challine, *D. 1997. Chron. 162* (informatique et régime des sources). – Corbet, *RIDA avr. 1991, p. 59* (le développement technique conduit-il à un changement de la notion d'auteur ?). – Coulaud et Mariez, *RLDI 2008/34, n° 1155* (l'évolution de la protection des œuvres sur les réseaux numériques ou le choix du mode contractuel). – Croze et Saunier, *JCP*

1996. I. 3909 (logiciels retour aux sources). – Davérat et Hélis, *LPA 12 sept. 1997*(informatique, réseaux et médias). – Derieux, *JCP 2001. I. 353* (numérique et droit d'auteur). – Dreier, *Mélanges Françon, Dalloz, 1995, p. 119* (l'analogue, le digital et le droit d'auteur). – Edelman, *D. 1995. 109* (l'œuvre multimédia). – Francillon, *RSC janv. 1998. 138* (infractions relevant du droit de l'information et de la communication). – Gautier, *RIDA avr. 1994, p. 91* (les « œuvres multimédia »). – Ginsburg et Sirinelli, *JCP 1996. I. 3904* (les difficultés rencontrées lors de l'élaboration d'une œuvre multimédia – analyse des droits français et américain). – Le Franc, *D. 2000. Chron. 497* (fragments sonores et création musicale). – Lorrain, *Légipresse 2006. II. 152* (le *podcasting* : un nouveau trublion technique chez les juristes). – Lucas, *Mélanges Françon, Dalloz 1995, p. 325* (droit d'auteur et multimédia). – Mallet-Poujol, *Litec 2000, coll. Droit Litec* (création multimédia et droit). – Mikaellian, *Expertises, avr. 1999, p. 101* (DVD et droits d'auteur). – Olivier et Barbry, *JCP E 1995. I. 502* (le multimédia) ; *JCP 1996. I. 3928* (du contenu informationnel sur les réseaux). – Piatti et Gaubiac, *RIDA oct. 1983, p. 109* (la création assistée par ordinateur). – Vivant, La création générée par ordinateur, *Cahiers informatiques Lamy 1989 (K), p. 3 ; D. 1995. Chron. 197* (recueils, bases, banques de données, compilations, collections... : l'introuvable notion ?). – Warusfel et Dhenne, *Propr. intell. janv. 2016, n° 58, p. 20* (la propriété intellectuelle face à l'ingénierie inverse).

► Internet, réseaux, plates-formes

ACLU, *Légipresse 1997. II. 124* (internet et la liberté d'expression). – Auvret, *JCP 1999. I. 108* (l'application du droit de la presse au réseau internet). – Ayewouadan, Les droits du contrat à travers l'internet, *Larcier, févr. 2015*. – Balle, Médias et sociétés. De Gutenberg à internet, *Montchrestien 1997*. – Bensoussan, *Dr. et patr. mars 1998* (internet : à la découverte d'un nouveau continent). – Bernat, Les autoroutes de l'information, *LGDJ 1997*. – Bertrand, *Gaz. Pal. 18-20 janv. 1998* (peut-on publier les décisions de justice sur internet ?). – Bitan, *Gaz. Pal. 1998, Chron. 51* (acteurs et responsabilités sur internet ; régime de la responsabilité éditoriale sur internet). – Boiron, *Légicom 2004, n° 32, p. 31* (la gestion des droits musicaux dans le monde numérique). – Brault, *Légipresse 1998. II. 69* (*home page* personnelle, site de presse ou site d'entreprise : régimes et responsabilité de la publication sur le web). – Bruguière, L'entreprise à l'épreuve du droit de l'internet, *Dalloz, nov. 2014* ; *D. 2014. 299* (le droit à l'oubli numérique, un droit à oublier) ; *RCA 2015. Étude 5* (droit à l'oublie numérique ou ... responsabilité civile des moteurs de recherche du fait du référencement ?). – Chardeaux, *CCE 2011. Étude 10* (le droit d'auteur et internet : entre rupture et continuité). – Charrière-Bournazel, *RJ com. 2015. 310* (à propos d'internet : l'imprescriptibilité et le droit à l'oubli). – Colombani, *LPA 12 mars 1997* (propriété intellectuelle et internet : vers un code des autoroutes de l'information ?). – Conseil d'État, *Rapport du 8 sept. 1998, Doc. fr.* (internet et les réseaux numériques). – Courtier, *Expertises, avr. 1999, p. 91* (internet, le droit et la liberté). – De Broglie, *Cahier des sciences morales et politiques, PUF 2001* (droit d'auteur et internet). – Désurmont, *RIDA oct. 1996, p. 55* (qualification juridique de la transmission numérique). – Dupuis-Toubol, *JCP E 1997, n° 640* (responsabilité civile et internet). – Durrande, *Propr. intell. 2002, n° 4, p. 21* (internet et les professeurs d'université). – Fauchoux, Le droit de l'internet (lois, contrats et usage), *LexisNexis, 2e éd., janv. 2014*. – Gendreau, *RIDA oct. 1998, p. 3* (droit de reproduction et internet). – Gomez, *Expertises, nov. 1998, p. 335* (référé internet : de la pertinence... dans l'urgence et sans l'évidence) ; *D. Affaires, suppl. au n° 152 du 27 mai 1999* (les droits des journalistes et les nouveaux médias : la position du juge). – Ginsburg, *Propr. intell. 2007, n° 25, p. 408* (*peer to peer* : les conséquences de l'affaire *Groskter*). – Grégoire, *CCC 1998. Chron. 4* (l'offre d'accès à internet et la protection des consommateurs). – Groffe, *D. 2015. 1609* (la mort numérique). – Haas et De Tissot, *Les annonces de la Seine, 19 juill. 1999, p. 6* (protection d'une base de données et site web). – Hassler et Lapp, *Légipresse 1997. II. 137* (internet, droit d'auteur et photographie). – Huet, *D. 1998. Chron. 185* (quelle culture dans le « cyber-espace » et quels droits intellectuels pour cette « cyber-culture » ?) ; *D. 2009. Chron. 2939* (le beurre et l'argent du beurre : encore des propos sur le « *peer to peer* » et sur HADOPI). – Iteanu, Internet et le droit, *Eyrolles 1996*. – Manara, *Propr. intell. 2006, n° 19, p. 147* (référencement et droit d'auteur). – Millard, Cloud Computing Law, *Oxford University Press, 2013*. – Olivier et Barbry, *JCP 1996. I. 3926* (des réseaux aux autoroutes de l'information : révolution technique ? révolution juridique ?). – Papin, *Légipresse 2003. II. 26* (le droit d'auteur face au *peer to peer*). – Piette-Coudol et Bertrand, Internet et la loi, *Dalloz 1996*. – Poirie, *Expertises, juill. 1998, p. 246* (double déclaration obligatoire des sites internet). – Rigambert, *Légipresse 1998. II. 59* (à l'occasion d'internet au risque de la censure). – Rozenfeld, Les 50 décisions clés du droit de l'internet, *Legalis-Celog, juill. 2015*. – SFID, Internet et le droit international (colloque de Rouen), *Pédone, avr. 2014*. – Sirinelli, *Dr. et patr. déc. 1997. 74* (internet et droit d'auteur). – Staub, *Expertises, nov. 1998, p. 341 ; ibid., févr. 1999, p. 20* (incidences juridiques des liens hypertextes). – Takagi et Guy, *PIBD 1997. II. 145* (internet et l'intérêt qu'il revêt pour les offices de propriété industrielle). – Tortello et Lointier, Internet pour les juristes, *Dalloz 1996*. – Valentin et Terrier, *Légicom 2004, nº 32, p. 17 (peer to peer :* panorama des moyens d'action contre le partage illicite des œuvres sur internet). – Varet, *Légicom 2004, nº 32, p. 5* (la qualification juridique de la distribution de musique en ligne). – Vivant, *JCP 1996. I. nº 3969* (cybermonde : droit et droits des réseaux). – Zollinger, *JCP E 2007. 1. 1786* (les bibliothèques numériques, ou comment concilier le droit à la culture et le droit d'auteur).

LIVRE PREMIER LE DROIT D'AUTEUR

COMMENTAIRE

Le droit d'auteur est le droit des créateurs. Le code en présente les dispositions de manière structurée en présentant d'abord l'objet du droit d'auteur (titre Ier) puis les prérogatives accordées (titre II) et enfin les dispositions relatives à l'exploitation des droits (titre III). Les règles relatives aux sanctions sont énoncées au titre III du livre III.

La matière est irriguée d'un esprit favorable aux auteurs, personnes physiques, et la plupart des dispositions énoncent des règles protectrices des intérêts de ces derniers. Cette approche *in favorem auctoris* est relayée par les tribunaux, qui interprètent ces textes presque systématiquement dans un sens favorable aux créateurs.

La matière est d'ailleurs le siège d'une espèce de « dialogue » assez poussé entre le législateur et le juge. Le premier use d'une technique législative alternant souplesse et grande précision, au gré des questions traitées, mais toujours dans le sens le plus favorable aux intérêts des auteurs.

Souplesse tout d'abord pour permettre aux créateurs de bénéficier de la protection la plus large possible, aussi bien quant à l'accès au droit d'auteur que s'agissant de la détermination du contenu du monopole. Ainsi, le législateur, qui a évité de proposer une définition de la notion d'œuvre, objet de la protection, a également répugné à avoir recours à une liste exhaustive des créations de forme susceptibles de bénéficier du droit d'auteur. Le champ du droit d'auteur est ouvert et la protection est accordée dès lors que l'on est en présence d'une forme originale. Pareillement, si les droits patrimoniaux font l'objet d'une énumération, leur présentation « synthétique » confère au monopole un caractère également ouvert qui permet au juge toutes les applications ou adaptations aux nouvelles hypothèses ou aux essors technologiques.

Au rebours, le législateur s'est fait plus précis et exigeant lorsqu'il s'est agi d'envisager les hypothèses dans lesquelles l'auteur est « dépouillé » de ses droits. Soit en raison de l'existence d'une exception, limite légale au monopole, soit à l'issue d'un acte volontaire du créateur dans le cadre d'un contrat de cession. Ainsi, la liste des limites légales est énoncée de façon exhaustive à l'article L. 122-5 et ces dernières sont enfermées dans des conditions strictes tandis que les dispositions des articles L. 131-1 et suivants encadrent le transfert conventionnel de droits dans un formalisme étroit et protecteur des intérêts des créateurs.

La jurisprudence prolonge cet esprit législatif en interprétant ce double mouvement dans un sens presque systématiquement favorable à l'auteur. Lecture extensive des textes relatifs aux champs de la protection (objet et droits) et application restrictive de ceux ayant trait aux limites (exceptions ou cessions).

S'il est vrai que le droit d'auteur français, comme toutes les législations de la planète, tente, au nom de l'intérêt général, de réaliser un équilibre entre trois séries d'intérêts dignes d'attention – ceux des créateurs, ceux des investisseurs et ceux des « utilisateurs » d'œuvres (et de plus en plus ceux du public), le centre de gravité de cet équilibre posé par le législateur montrait indiscutablement une faveur pour la défense des droits des créateurs. C'est donc ce message que n'a eu de cesse de relayer le juge. Le dialogue entre ce dernier et le législateur ne saurait étonner dans la mesure où la loi de 1957, premier grand acte de codification, avait en réalité recueilli l'héritage jurisprudentiel, voire prétorien.

Il convient cependant d'observer une évolution de cet équilibre depuis le début du XXIe siècle. Le droit d'auteur ne peut, en effet, vivre en autarcie, de sorte que la prise en considération des attentes des consommateurs, les exigences du droit de la concurrence, les contraintes de l'évolution technologique ou le poids des droits fondamentaux font peu à peu évoluer la discipline… quand bien même le droit d'auteur participerait lui aussi de cette dernière catégorie. L'idée d'une « balance des intérêts », chère aux juristes anglo-saxons, fonde de nouvelles limites, externes, au droit d'auteur. ❑

RÉP. EUR. v[is] *Propriété intellectuelle,* par AZÉMA ; *Droit d'auteur,* par CASTETS-RENARD.
RÉP. INTERNAT. v° *Propriété littéraire et artistique,* par GAUTIER.

TITRE PREMIER OBJET DU DROIT D'AUTEUR

CHAPITRE PREMIER NATURE DU DROIT D'AUTEUR

Art. L. 111-1 L'auteur d'une œuvre de l'esprit jouit sur cette œuvre, du seul fait de sa création, d'un droit de propriété incorporelle exclusif et opposable à tous.

Ce droit comporte des attributs d'ordre intellectuel et moral ainsi que des attributs d'ordre patrimonial, qui sont déterminés par les livres Ier et III du présent code.

(L. n° 2006-961 du 1er août 2006, art. 31) **« L'existence ou la conclusion d'un contrat de louage d'ouvrage ou de service par l'auteur d'une œuvre de l'esprit n'emporte pas dérogation à la jouissance du droit reconnu par le premier alinéa, sous réserve des exceptions prévues par le présent code. Sous les mêmes réserves, il n'est pas non plus dérogé à la jouissance de ce même droit lorsque l'auteur de l'œuvre de l'esprit est un agent de l'État, d'une collectivité territoriale, d'un établissement public à caractère administratif, d'une autorité administrative indépendante dotée de la personnalité morale ou de la Banque de France.**

« Les dispositions des articles L. 121-7-1 et L. 131-3-1 à L. 131-3-3 ne s'appliquent pas aux agents auteurs d'œuvres dont la divulgation n'est soumise, en vertu de leur statut ou des règles qui régissent leurs fonctions, à aucun contrôle préalable de l'autorité hiérarchique. »

Les dispositions de la loi du 1er août 2006 ne sont applicables aux œuvres créées par les agents de l'État, d'une collectivité territoriale, d'un établissement public à caractère administratif, d'une autorité administrative indépendante dotée de la personnalité morale ou de la Banque de France, antérieurement à l'entrée en vigueur de la loi du 1er août 2006 (JO 3 août), qu'à compter de cette entrée en vigueur. Toutefois, l'application de ces dispositions ne peut porter atteinte à l'exécution des conventions en cours lors de l'entrée en vigueur de la loi du 1er août 2006, lorsque celles-ci ont pour objet des œuvres créées, par ces agents dans l'exercice de leurs fonctions ou d'après les instructions reçues, pour l'accomplissement de la mission de service public par la personne publique qui les emploie.

BIBL. GÉN. ▶ **Fait générateur de la protection :** Bernault, *D. 2003. Chron. 957* (la protection des formes fonctionnelles par le droit de la propriété intellectuelle : le critère de la forme séparable de la fonction). – Brossard et Durnerin, *Gaz. Pal. 1988. 1. 69* (l'absence de protection des idées par le droit d'auteur). – Buydens, *RDPI 1993. 61* (la protection des idées originales : droit d'auteur, responsabilité civile ou droit de la personnalité). – Cherpillod, L'objet du droit d'auteur, *Cedidac et Litec, 1985*. – Corbet, *RIDA avr. 1991, p. 59* (le développement technique conduit-il à un changement de la notion d'auteur ?). – Daverat, *JCP 1997. II. 22973* (sur une généralisation du droit d'auteur, note ss. Civ. 1re, 11 févr. 1997). – De Gaulle, *Expertises, nov. 1998, p. 5* (droit d'auteur au défi des nouvelles technologies). – Desjeux, *Gaz. Pal. 1992. 2. 971* (la protection des idées en droit positif, de la contrefaçon artistique à l'activité parasitaire). – Edelman, *D. 1983. Chron. 73* (création et banalité) ; *D. 2002. Chron. 2036* (œuvres et objets symboles : entre les morts et les vivants). – Gaudrat, *Mélanges Françon, Dalloz 1995, p. 195* (réflexions sur la forme des œuvres de l'esprit). – Gervais, La notion d'œuvre dans la convention de Berne et en droit comparé, *thèse Nantes, 1996*. – Hans, L'originalité en droit d'auteur : contribution à l'étude de la notion, *thèse Paris I, 1991*. – le Tourneau, *CCE 2001. Étude 4* (folles idées sur les idées). – Lindon, *JCP 1970. I. 2295* (l'idée artistique fournie à un tiers en vue de sa réalisation). – Lucas, La protection des créations industrielles abstraites, *Litec, 1975*. – Lucas et Sirinelli, *JCP 1993. I. 3681* (l'originalité en droit d'auteur). – Maxwell, Bolger et Zeggane, *Propr. intell. 2009, n° 30, p. 31* (un regard transatlantique que les « scènes à faire » et autre banalités en droit d'auteur). – Mercier, *Légipresse 2012, n° 198, p. 552* (œuvre originale et œuvre authentique : le critère de l'exécution manuelle apprécié par la jurisprudence).

Nature du droit : Dumanoir Dejuaye et Bernard, *LPA 5 févr. 1997* (logiciels : droit d'auteur ou crédit d'impôt recherche pour le concepteur indépendant ?). – Hepp, *RIDA avr. 1958, p. 161* (le droit d'auteur, propriété incorporelle). – Morant, *Légicom 1997, n° 14, p. 55* (régime fiscal des droits d'auteur). – Mousseron, Raynard et Revet, *Mélanges Colomer, Litec 1993* (de la propriété comme modèle). – Pignatari et Cousin, *Dalloz IP/IT 2016. 248* (l'originalité des logiciels). – Raynard, Droit d'auteur et conflits de lois, *Litec 1990*. – Recht, Le droit d'auteur, une nouvelle forme de propriété, *LGDJ 1968*. – Vivant, le contenu du droit d'auteur : Le droit d'auteur aujourd'hui, *Litec 1991* ; *RIDA oct. 1997, p. 61* (le droit d'auteur, un droit de l'homme ?).

▶ **Salariat :** Contributions de Poujol, Bécourt, Deprez, Edelman, Lucas et Reboul, La création salariée, *INPI 1989*. – Alleaume, *Dr. et patr. avr. 2006, p. 58* (la titularité des droits d'auteur des salariés de droit privé). – Bécourt, *Bull. dr. auteur 1988, n° 4, p. 8* (droit d'auteur et droit du travail) ; *LPA 1993, n° 149, p. 10, et n° 152, p. 22* (la trilogie auteur-œuvre-public). – Bensa-

MOUN, *D. 2013. Chron. 376* (la personne morale en droit d'auteur : auteur contre-nature ou titulaire naturel ?). – CALVO, *LPA, 11 mars 1998* (les créations de salariés, de la difficulté de la conciliation de l'idéologie avec les nécessités pratiques). – CARON, *Légicom 2003, n° 29, p. 13* (l'adaptation du droit d'auteur de la création salariée à l'entreprise). – COTTEREAU, *Semaine sociale Lamy 1987, n° 343* (le logiciel d'employé) ; *Lamy Droit de l'informatique, Bulletins d'actualité, 1986, J 3* (les notions d'« employé » et « d'exercice des fonctions »). – CAVANNAGH et GAUDRAT, le point de vue d'un éditeur sur la titularité : Le droit d'auteur aujourd'hui, *CNRS 1991 ; RIDA oct. 2001, p. 71* (les démêlés intemporels d'un couple à succès : le créateur et l'investisseur). – CRAIPEAU, *Dr. et patr. avr. 2006, p. 73* (la titularité des droits des salariés sur les logiciels). – DRAI, Le droit du travail intellectuel, *LGDJ, 2005 ; Propr. intell. 2007, n° 23, p. 167* (la création salariée au prisme de la rupture du contrat de travail). – DRUEZ, Le droit d'auteur des salariés, *thèse Paris II, 1984*. – GAUTIER, *RIDA janv. 1989, p. 63* (l'œuvre écrite par autrui). – FIN-LAUGER, *Dr. et patr. avr. 2006, p. 53* (les statuts de salarié et de créateur sont-ils compatibles ?). – GOTZEN et JANSSENS, *RIDA juill. 1995, p. 3* (les chercheurs dans les universités et les centres de recherche : un cas particulier du droit d'auteur des salariés ?). – KOUMANTOS, L'avenir de la propriété intellectuelle, *Litec 1993*. – LIMPERG, *Dr. auteur 1980. 235* (les droits des employés en leur qualité d'auteurs). – MEL, *CCE 2006. Étude 10* (qui est le juge de l'auteur salarié ?). – MOUSSERON, *JCP E 1998. 1047* (l'auteur, salarié, jouit du droit d'auteur sur son œuvre). – MOUSSERON et SCHMIDT, *Mélanges Mathély, Litec 1990, p. 280* (les créations de salariés). – POLLAUD-DULIAN, *JCP 1999. I. 150* (ombre et lumière sur le droit d'auteur des salariés) ; *RTD com. 2000. 273* (propriétés intellectuelles et travail salarié). – ROUSSEL, *Dr. auteur 1990. 232* (le droit d'auteur des auteurs salariés et employés : étude comparative des législations nationales). – TRICOIRE, *Légipresse 2006, II, p. 21* (le droit d'auteur des salariés menacé). – VITAL, DURAND et CHAZAUD, *JCP E 2003. 277* (quels droits sur les contributions intellectuelles des salariés ?).

▶ **Créations de fonctionnaires :** BLAIZOT-HAZARD, Les droits de propriété intellectuelle des personnes publiques en droit français, *LGDJ 1991*. – BLERY, *Dr. et patr. avr. 2006, p. 64* (la titularité des droits d'auteur des chercheurs fonctionnaires et agents publics). – CARON, *JCP 2005, n° 29, p. 417* (menaces sur le droit d'auteur des universitaires). – CEDRAS, *Mélanges Françon, Dalloz 1995, p. 43* (l'universitaire et le droit d'auteur). – CORNU, *D. 2006. Dossier. 2185* (droits d'auteurs des fonctionnaires : le périmètre contenu de l'exception de service public) ; *Propr. intell. 2006, n° 20, p. 270* (à propos des productions intellectuelles de la recherche, entre logique privative et nécessités publiques). – FRÉMOND, *Gaz. Pal. 1978. 1. 50* (les droits des fonctionnaires ou agents publics ou agents des établissements publics sur les œuvres artistiques créées en service). – GAUTREAU, *RIDA avr. 1975, p. 129* (un principe contesté, le droit pécuniaire de l'auteur salarié ou fonctionnaire). – GRANCHET, *CCE 2005. Étude 42* (enseignement et droit d'auteur). – KÉRÉVER, *RIDA oct. 1981, p. 3* (le droit d'auteur français et l'État). – LAMBERT, *JCP 2006. I. 184* (les droits des universitaires sur leurs créations intellectuelles). – LYON-CAEN, *RIDA avr. 1967, p. 13* (la publication des cours des professeurs d'université). – MALLET-POUJOL, CORNU, CLÉMENT, FROMAGEAU, PESCHANSKI, POLI, PFISTER, *LPA 20 déc. 2005, p. 3* (du droit d'auteur des universitaires et des chercheurs). – MEL, *CCE 2006. Étude 31* (les créations de fonctionnaires). – PFISTER, *CCE 2005. Étude 39* (quand l'État renonça à attribuer à l'Université des droits sur les productions de ses enseignants (1721) : une leçon pour le présent).

▶ **Presse :** BONET, *LPA 4 mai 1998* (reproduction d'articles sur internet et droit d'auteur des journalistes). – DERIEUX, *JCP 1998. II. 10 044* (droit d'auteur des journalistes et diffusion sur internet) ; *Légipresse 1998. II. 138* (presse sur internet, le droit d'auteur des journalistes). – LITI, *Expertises, mai 1998, p. 146* (prestataires techniques en première ligne). – WOUTS, BÉCOURT, SIRINELLI, GOMEZ, GUERDER et LOMBARD, *D. Affaires, supplément au n° 152 du 27 mai 1999* (les droits des journalistes et les nouveaux médias). – *Adde*, la bibliographie mentionnée dans la section VI du chapitre II du titre III du livre Ier (art. L. 132-35 s.).

▶ **Œuvres de commande :** CHAMBAUD, *RDPI 1998, n° 92, p. 37* (droits d'auteur dans les contrats de fournitures d'îlots ou d'éléments d'exposition conclus par un établissement public à vocation culturelle). – DENOIX DE SAINT-MARC, *RIDA janv. 1999, p. 3* (facultés conventionnelles et légales de s'affranchir du contrat de commande) ; *thèse Litec 1999* (le contrat de commande en droit d'auteur français).

COMMENTAIRE

Cet article pose quelques grands principes de la matière.

De l'alinéa 1er il est d'abord déduit la règle de la protection d'une œuvre sans formalités et du seul fait de la création d'une forme originale (V. aussi, art. L. 112-1 s.). Cet alinéa porte également l'affirmation selon laquelle le principe est l'attribution d'un droit exclusif plutôt que celle d'un simple droit à rémunération.

L'alinéa 2 présente les droits accordés aux auteurs en les décomposant en deux séries de prérogatives aux régimes juridiques distincts. Les droits moraux (V. art. L. 121-1 s.) et les droits patrimoniaux (V. art. L. 122-1 s.). Les premiers, auxquels la place dans la présentation légale donne une légère prééminence, ont un régime voisin de celui des droits de la personnalité alors que les seconds évoquent davantage une propriété littéraire et artistique.

Le Conseil constitutionnel a, du reste, dans sa décision n° 2006-540 DC du 27 juillet 2006, expressément assimilé le droit de propriété littéraire et artistique à un droit de propriété, tandis que la Cour européenne des droits de l'homme affirme que le terme de « biens » employé par l'article 1er du protocole n° 1 de la Convention européenne des droits de l'homme (« toute personne physique ou morale a droit au respect de ses biens ») devait englober les choses incorporelles comme le droit d'auteur (CEDH, 29 janv. 2009, n° 17247/09 : *CCE 2008, n° 76, note Caron* ; *Légipresse 2008, III, p. 61, note Lesueur*).

L'alinéa 3 démontre que le droit d'auteur français est bien un droit des créateurs puisqu'il pose le principe de l'indifférence d'un contrat de travail ou d'un contrat de commande sur la titularité des droits. Ces derniers naissent sur la tête des personnes physiques (V. art. L. 113-1 s.), qui sont intervenues de manière originale dans l'univers des formes. Ils ne peuvent normalement être transmis qu'en respectant un certain nombre de règles (V. art. L. 131 s.), l'auteur n'étant tenu d'aucune obligation d'information et de conseil à l'égard du client qui lui passe commande de la réalisation d'une œuvre, quant à la nécessité de conclure un contrat de cession de droits d'auteur en cas d'exploitation (V. note 34).

La loi du 1er août 2006 affirme le même principe de neutralité à propos du statut d'agent public ou de fonctionnaire.

Ce principe, qui heurte frontalement la solution qu'avait cru pouvoir mettre en avant le Conseil d'État dans son avis *Ofrateme* (V. note 36), est toutefois assorti de tempéraments importants. S'il est vrai que le droit d'auteur naît bien sur la tête de l'agent public, les articles L. 131-3-1 et suivants prévoient, à propos des œuvres créées par certains agents dans l'exercice de leurs fonctions ou d'après les instructions reçues, un transfert automatique des droits patrimoniaux à l'État, ou à l'institution dont ils dépendent, pour l'accomplissement d'une mission de service public. En outre, le droit moral de ces agents est fortement limité (art. L. 121-7-1). Cependant, afin de préserver leur liberté scientifique, certains agents, par exemple les universitaires, ne peuvent se voir opposer ces tempéraments.

Suivant l'article 50 de la loi du 1er août 2006, les solutions nouvelles ne sont applicables aux œuvres créées par les agents publics antérieurement à l'entrée en vigueur de la présente loi qu'à compter de cette entrée en vigueur, sans toutefois porter atteinte à l'exécution des conventions en cours à cette date. La loi du 12 juin 2009 a apporté une nouvelle dérogation au principe d'indifférence du contrat de travail posé par l'article L. 111-1. En effet, les articles L. 132-25 et suivants du code de la propriété intellectuelle prévoient désormais, sous certaines conditions et certaines limites, une cession des droits d'exploitation relatifs aux œuvres des journalistes salariés au profit de l'employeur.

La Cour de cassation a posé le principe suivant lequel la question de l'attribution originelle des droits devait être soumise à la loi du pays pour lequel la protection est réclamée, inversant la règle posée par elle jusqu'alors et désignant la loi du pays d'origine (Civ. 1re, 10 avr. 2013 : note 1). ❑

1. *Conflit de lois.* « La détermination du titulaire initial des droits d'auteur sur une œuvre de l'esprit est soumise à la règle de conflit de lois édictée par l'article 5-2 de la Convention de Berne, qui désigne la loi du pays où la protection est réclamée. » • Civ. 1re, 10 avr. 2013, *ABC News : Bull. civ. I, n° 68 ; D. 2014. 2078, obs. Sirinelli ; ibid. 2013. 2004, note Azzi ; ibid. 1973, Chron. Vivant ; RTD com. 2013. 725, obs. Pollaud-Dulian ; JCP 2013. 493, obs. Lucas-Schloetter ; ibid. 701, obs. Treppoz ; CCE 2013. Étude 18, obs. Ancel ; RIDA oct. 2013. 363, obs. Sirinelli.*

I. LE FAIT GÉNÉRATEUR DE LA PROTECTION

A. LA NOTION D'ŒUVRE DE L'ESPRIT

1° CRÉATION ENTRANT DANS LE DOMAINE NATUREL DU DROIT D'AUTEUR

2. En matière de droits d'auteur, la loi qui a vocation à s'appliquer est celle qui est en vigueur à la date de l'acte qui provoque la mise en œuvre de la protection légale ». • Civ. 1re, 18 juill. 2000 : *Bull. civ. I, n° 226 ; D. 2000. 821, note Gautier ; RTD com. 2001. 439, obs.*

Françon ; *CCE 2000, n° 124, note Caron* ; *JCP 2001. II. 10555, note Reglade Buxtorf* (sous le visa de l'art. 2 du C. civ. et à propos de l'accès à la protection de photographies). ♦ Si l'art. L. 112-2 ne cite comme exemple d'œuvres de l'esprit que des œuvres perceptibles par la vue ou l'ouïe, la présence de l'adverbe « notamment » ne permet pas d'exclure *a priori* celles qui pourraient éventuellement l'être par les trois autres sens. • Paris, 3 juill. 1975 : *D. 1976. Somm. 19* ; *RIDA janv. 1977, p. 108.* ♦ Sur la notion d'auteur, V. notes 1 s. ss. art. L. 113-1.

3. Le droit d'auteur ne peut s'appliquer à une banale prestation de services techniques. • Civ. 1re, 29 mars 1989 : *RIDA juill. 1989, p. 262.* – Pourvoi formé contre • Paris, 4 mars 1987 : *RIDA avr. 1987, p. 71.* ♦ ... Ou au travail d'un simple opérateur. • Civ. 1re, 1er mars 1988 : *Bull. civ. I, n° 61* ; *RIDA juill. 1988, p. 103.* – Pourvoi formé contre • Paris, 18 déc. 1985 : *D. 1986. IR 83, obs. Colombet.*

4. La loi « protège l'œuvre de l'esprit et non la performance technique matérielle ». • TGI Créteil, 4 mai 1999 : *RIDA oct. 1999, p. 213.* ♦ La création ne se réduit pas à un simple savoir-faire à la base de la réalisation d'un catalogue, dénué de travail personnel de création. • Civ. 1re, 15 janv. 1974 : *D. 1974. 267.* ♦ ... Ou d'un carnet du supporter. • Crim. 2 juin 1982 : *Bull. crim. n° 138* ; *D. 1983. IR 89, obs. Colombet.* ♦ ... Ou d'un travail de compilation d'informations qui ne saurait être protégé en soi. • Civ. 1re, 2 mai 1989 : *Bull. civ. I, n° 180* ; *GAPI, 1re éd., n° 9* ; *D. 1990. Somm. 330, obs. Huet* ; *ibid. Somm. 49, obs. Colombet* ; *RTD com. 1989. 675, obs. Françon* ; *JCP 1990. II. 21932, note Lucas* ; *RIDA janv. 1990, p. 309* ; *DIT 1990/2, p. 38, note Gaudrat.*

5. Exclusions du champ de la protection. Sont exclus du champ de la protection les apports de simples auxiliaires de la création, comme l'enregistrement de chants d'oiseaux. • Paris, 6 oct. 1979 : *D. 1981. 190, note Plaisant* ; *RTD com. 1980. 346, obs. Françon.* ♦ ... L'édition d'une collection d'ouvrages présentant un certain nombre de caractéristiques communes. • Com. 27 févr. 1990 : *Bull. civ. IV, n° 58* ; *RTD com. 1990. 208, obs. Françon* ; *JCP 1990. II. 21545, note Pollaud-Dulian* ; *RIDA juill. 1990, p. 331.* ♦ ... Ou la prestation d'un artiste-interprète. • Civ. 1re, 15 mars 1977 : *RIDA juill. 1977, p. 501, note Desbois.* – Sur le parfum, V. ss. art. L. 112-2, note 106, et sur les recettes de cuisine, V. ss. art. L. 112-2, note 125.

6. La protection conférée par le droit d'auteur ne peut s'appliquer ni à une technique, ni à une méthode, ni à un procédé, ni à un système, mais seulement à une création de l'esprit au sens de la loi sur la propriété littéraire et artistique, à condition qu'elle soit indépendante de l'obtention d'un résultat industriel, V. • Paris, 12 juill. 1974 : *Ann. propr. ind. 1975. 182* (à propos d'un système de structures permettant la construction de différents types d'architecture).

2° LA NON-PROTECTION DES IDÉES

a. Principes

7. Les idées, étant de libre parcours, échappent à toute appropriation. Ainsi est-il admis qu'un auteur ne peut prétendre monopoliser un thème littéraire, une idée artistique, des connaissances scientifiques, des faits historiques, des idées politiques ou publicitaires. Dès lors, le code de la propriété intellectuelle ne protège pas les idées exprimées mais seulement la forme originale sous laquelle elles sont présentées. • Civ. 1re, 25 mai 1992 : *RIDA oct. 1992, p. 156* ; *D. 1993. 184* . ♦ Dans le même sens • T. civ. Seine, 19 déc. 1928 : *DH 1929. 76* ; *Ann. propr. ind. 1929. 181* • Com. 29 nov. 1960 : *Bull. civ. IV, n° 389* ; *GAPI, 1re éd., n° 6* ; *Gaz. Pal. 1961. 2. 152* ; *Ann. propr. ind. 1961. 309, note Blaustein* • TGI Paris, 4 nov. 1980 : *RIDA janv. 1981, p. 177.* ♦ V. cependant, admettant que la protection du droit d'auteur puisse être accordée à toute production originale soit par la forme, soit par le fond, et faisant porter le monopole sur les éléments intellectuels constitués par les personnages, l'intrigue et le canevas de l'action. • Aix-en-Provence, 13 janv. 1958 : *JCP 1958. II. 10412* ; *D. 1958. 142.* – Pourvoi rejeté par • Civ. 1re, 28 févr. 1962 : *Bull. civ. I, n° 131.* ♦ V. également, affirmant que le journaliste qui a « retranscrit les entretiens en cause sous une forme littéraire, en ménageant des transitions, afin de donner à l'expression orale une forme écrite élaborée, fruit d'un investissement intellectuel, en sorte que les articles litigieux étaient éligibles à la protection conférée par le droit d'auteur » : • Civ. 2e, 30 janv. 2014, n° 12-24.145 P : *D. 2014. 795, obs. Fricero* ; *RTD civ. 2015. 201, obs. Cayrol* ; *RIDA avr. 2015, p. 219, note Sirinelli.*

8. Idées publicitaires. La règle de non-protection s'applique aux idées publicitaires, qu'il s'agisse : D'un slogan. • Com. 16 juin 1964 : *JCP 1965. II. 14059.* ♦ ... Ou du prospectus d'une campagne sur le thème des blancheurs comparées. • Paris, 22 avr. 1969 : *D. 1970. 214, note Mousseron* ; *JCP 1970. II. 16148, note Greffe.* ♦ ... Mais une variation spécifique telle la photographie d'une main gantée tenant une carte de visite sur le thème banal de la présentation d'un service de qualité constitue une œuvre protégeable. • Civ. 1re, 23 mai 1995 : *RIDA oct. 1995, p. 299 et 231, obs. Kéréver.* ♦ Pour une recherche de l'originalité au stade de la réalisation, du choix des mots et des images qui mettront en forme l'argument de la comparaison des blancheurs, V. • Com. 16 juin 1964 : *JCP 1965. II. 14059* • Paris, 22 avr. 1969 : *D. 1970. 214, note Mousseron* ; *JCP 1970. II. 16148, note Greffe* • Paris, 9 juin 2004 : *Légipresse 2004, I, p. 120 ; Propr. intell. 2005, n° 14, p. 45, obs. Lucas.*

9. La règle de non-protection des idées s'applique : à l'idée d'emballer des arbres ou des monuments. • TGI Paris, 26 mai 1987 : *D. 1988. Somm. 201, obs. Colombet.* ♦ *Contra,* pour l'emballage déterminé d'un pont, V. • Paris, 13 mars 1986 : *D. 1987. Somm. 150, obs. Colombet.* ♦ ... Au thème d'un film, mais non au traitement de ce thème. • Civ. 1re, 25 mai 1992 : *RIDA oct. 1992, p. 156 ; Bull. civ. I, n° 161 ; D. 1993. 184, note Daverat ; LPA 10 mars 1993, note Gavalda.* – Et, sur renvoi, retenant que les juges doivent rechercher s'il y a eu reproduction de la forme dans laquelle le thème de base est exprimé ainsi que des caractéristiques qui sont de nature à donner au film (« Le prix du danger ») une physionomie propre pour pouvoir se prononcer sur la contrefaçon. • Douai, 20 mai 1996 : *RIDA oct. 1996, 278 ; LPA 28 juill. 1997, obs. Caron.* ♦ ... A l'idée à la base d'une émission de télévision. • Paris, 14 oct. 1975 : *RIDA juill. 1976, p. 136* • 12 févr. 1990 : *D. 1990. IR 78* (mais la « bible » d'un feuilleton peut être protégée • TGI Paris, 23 sept. 1992 : *RIDA oct. 1993, p. 257*) • Paris, 31 janv. 2003 : *Propr. intell. avr. 2003, n° 7, p. 158, obs. Lucas.* ♦ ... Au projet d'un jeu télévisé. • Paris, 28 mai 2003 : *D. 2003. Somm. 2754, obs. Sirinelli* . ♦ ... Ou encore à un synopsis. • TGI Paris, 27 juin 1990 : *RIDA juill. 1991, p. 245, note Gaudrat.* ♦ ... A une méthode. • Paris, 2 août 1870 : *DP 1871. 2. 16* • Crim. 15 oct. 1969 : *D. 1970. 15* (mais l'ouvrage exposant la méthode peut être protégé à condition que sa forme ou sa composition répondent aux exigences d'originalité. • Paris, 2 août 1870 : *DP 1871. 2. 16* • 21 févr. 1984 : *D. 1984. IR 285, obs. Colombet*) • TGI Paris, 14 juin 2002 : *JCP E 2002. 1486 ; CCE 2002, n° 113, note Caron* (sur une méthode d'analyse technique dynamique des cours boursiers). ♦ ... A l'invention d'un pas de danse. • Paris, 1er juill. 1967 : *Ann. propr. ind. 1968. 249.* ♦ ... Ou d'un genre dans le domaine artistique ; le droit d'auteur prend sa source dans la création de l'œuvre et on ne peut contrefaire que ce qui est déjà fait, en conséquence la simple idée d'une esquisse représentant une scène déterminée, en l'espèce un pierrot sautant à saute-mouton par-dessus une bouteille, ne saurait conférer à celui qui l'a conçue un droit de propriété. • Colmar, 29 juill. 1925 : *Ann. propr. ind. 1927. 254.* ♦ Comp., admettant la protection si l'objet créé ne relève pas seulement d'une idée ou d'un genre, mais au contraire d'une forme d'ensemble qui présente un aspect et produit un effet original permettant de le distinguer de ses similaires, à propos d'un volume composé de disques. • Paris, 6 janv. 1971 : *Ann. propr. ind. 1971. 206.* ♦ ... A l'idée d'une mise en scène, à l'inverse de la mise en forme d'un projet scénique par l'élaboration de croquis. • Civ. 1re, 18 déc. 1978 : *D. 1980. 49, note Colombet ; JCP 1979. II. 19213, note Manigne.* ♦ ... A la théorie d'un sport. • TGI Paris, 30 avr. 2003 : *Légipresse 2003, n° 203, I, p. 100 ; RIDA juill. 2003, p. 209, note Kéréver.* ♦ ... A un concept d'aménagement de magasin. • Civ. 1re, 17 juin 2003 : *Bull. civ. I, n° 148 ; D. 2003. AJ 2014 ; RTD com. 2004. 271, obs. Pollaud-Dulian ; CCE 2003, n° 80, note Caron ; JCP E 2004. 974, n° 1, obs. Greffe ; PIBD 2003. III. 484 ; Propr. ind. 2003, n° 92, note Kamina ; RIDA janv. 2003, p. 165, note Kéréver* • Paris, 10 sept. 2004 : *Propr. intell. 2005, n° 14, p. 45, obs. Lucas* • Paris, 26 oct. 2005 : *RTD com. 2006. 80, obs. Pollaud-Dulian* . ♦ ... A un concours de beauté. • Civ. 1re, 29 nov. 2005 : *V. note 107 ss. art. L. 112-2.* ♦ ... A un jeu-concours sur téléphone mobile. • Versailles, 14 janv. 2010 : *RTD com. 2011. 338, obs. Pollaud-Dulian* . ♦ ... A la réalisation d'un livre immatériel. • Paris, 9 déc. 2005 : *RTD com. 2006. 85, obs. Pollaud-Dulian ; CCE 2006, n° 62, obs. Caron.* ♦ ... Aux fonctionnalités d'un logiciel. • Civ. 1re, 15 déc. 2005 : *V. note 87 ss. art. L. 112-2.* ♦ ... A la photographie comportant un effet d'étirement qui n'a pas été versée aux débats, ni en original, ni sous forme de reproduction, en sorte que la cour ne pouvait en apprécier l'originalité. • Civ. 1re, 16 janv. 2013 : *CCE 2013, n° 40, note Caron.*

10. La protection du droit d'auteur s'applique à l'expression et à la composition de l'œuvre. • TGI Paris, 9 mars 1970 : *RIDA oct. 1970, p. 100.* ♦ Mais la personne qui fournit l'idée sans participer à la réalisation concrète de l'œuvre ne peut revendiquer la qualité de coauteur. • Civ. 1re, 18 déc. 1978 : *préc. note 9.* – Comp. • Com. 23 oct. 1990 : *DIT 1991/1, p. 38, note Gaudrat.* ♦ Cependant, l'absence de droit d'auteur n'implique pas nécessairement l'absence de rémunération. • Civ. 1re, 24 janv. 1978 : *Bull. civ. I, n° 34.* ♦ Comp. à propos des souvenirs d'un aéronaute, V. • Paris, 9 nov. 1959 : *RTD com. 1961. 82, obs. Desbois.* ♦ ... Et, d'un artiste ayant fait exécuter une œuvre par un disciple sans être lui-même intervenu matériellement. • Civ. 1re, 13 nov. 1973 : *D. 1974. 533, note Colombet.*

b. Limites

11. L'absence de protection par le droit d'auteur n'entraîne pas une liberté totale ; l'utilisateur d'éléments non couverts par un droit privatif devra respecter les règles relatives à la concurrence loyale. • Com. 29 nov. 1960 : *Bull. civ. IV, n° 389 ; Gaz. Pal. 1961. 2. 152 ; Ann. propr. ind. 1961. 309, note Blaustein* • 3 oct. 1978 : *Bull. civ. IV, n° 208 ; D. 1980. 55, note Schmidt-Szalewski* • 18 janv. 1982 : *Bull. civ. IV, n° 19* • 15 juin 1983 : *Bull. civ. IV, n° 174.*

12. Concurrence déloyale. Les reproductions contraires à la loyauté nécessaire à l'exercice du commerce ou les actes déloyaux distincts de la reproduction elle-même ont été condamnés en matière : D'idées de chanson. • Paris, 8 juill.

1972 : *JCP 1973. II. 17509, note Leloup ; RTD com. 1974. 91, obs. Desbois.* ♦ ... D'émissions de télévision. • Versailles, 11 mars 1993 : *RIDA oct. 1993, p. 219, note Gaubiac ; JCP 1994. II. 22271, note Galloux.* ♦ Mais la déloyauté ne peut se résumer à la seule triade confusion, dénigrement, désorganisation. • Paris, 13 juin 1991 : *PIBD 1991. III. 656.* ♦ Peuvent aussi être considérées comme agissements parasitaires, sanctionnés par les tribunaux, les utilisations de l'effort intellectuel ou commercial d'autrui, comme par exemple en matière publicitaire, le fait de s'inscrire dans le sillage d'une idée notoire pour retenir l'attention du public ou la reprise par un tiers de l'association d'un produit et d'un objet du domaine public. • Paris, 25 oct. 1989 : *D. 1989. IR 300.*

13. Conditions. Les conditions de la concurrence déloyale doivent être réunies : doit donc être rejetée la demande d'un éditeur qui projetait de publier un ouvrage d'entretiens avec le président de la République et dont un concurrent a publié certains passages, dès lors que n'était pas prouvée la faute de cet éditeur. • T. com. Paris, 7 juin 1994 : *JCP 1994. II. 22348, note Bécourt.*

3° FORME DE L'ŒUVRE

14. L'exigence d'une certaine concrétisation de l'œuvre entraîne la non-protection : De la simple organisation d'une manifestation sportive, comme le tour de France à la voile. • Paris, 23 mars 1977 : *RIPIA 1978. 6.* ♦ ... D'une simple méthode de commercialisation des œuvres. • Crim. 15 oct. 1969 : *D. 1970. 15.*

15. Il importe peu cependant que l'œuvre soit fixée sur un support ou ne soit qu'orale ; ainsi, pour : Des cours de droit. • T. civ. Seine, 9 déc. 1893 : *DP 1894. 2. 262.* ♦ ... Des cours d'enseignement de Roland Barthes. • Paris, 24 nov. 1992 : *RIDA janv. 1993, p. 191.* ♦ ... Des séminaires de Lacan. • TGI Paris, 11 déc. 1985 : *D. 1987. IR 155, obs. Colombet* . ♦ ... Des sketches de Coluche. • Paris, 10 sept. 1996 : *RIDA janv. 1997, p. 345 ; RDPI oct. 1997, n° 68, p. 63.* ♦ V. aussi notes 17 s. ss. art. L. 112-2.

B. FORMALITÉS

1° PRINCIPE

16. Le dépôt obligatoire organisé en matière de dessins et modèles aux art. L. 512-1 s. est sans influence sur l'accès à la protection au droit d'auteur pour lequel aucun formalisme n'est exigé. • Civ. 1re, 5 avr. 1993 : *inédit* • Com. 19 juill. 1968 : *Bull. civ. IV, n° 224.* ♦ La protec*tion du droit de propriété incorporelle* exclusif et opposable à tous est assurée indépendamment de toutes formalités, dépôt, mention ou inscription ; c'est à juste titre que l'arrêt attaqué a déduit de ces dispositions que l'œuvre se trouvant protégée du seul fait de son existence, il est indifférent que les moules aient été étiquetés, marqués, signés ou non. • Civ. 1re, 20 janv. 1969 : *Bull. civ. I, n° 61 ; RIDA juill. 1969, p. 93 ; Gaz. Pal. 1969. 1. 217* • Paris, 6 janv. 1971 : *Ann. propr. ind. 1971. 206.* ♦ V. aussi Convention de Berne du 9 sept. 1886, art. 5, App., v° *Droit d'auteur.*

2° LE DÉPÔT VOLONTAIRE

17. Le dépôt volontaire, qui peut avoir pour effet de donner date certaine à des créations, est utile pour apprécier la préexistence d'une œuvre par rapport à une autre en cas de litige, mais ne prive pas le titulaire de la possibilité d'établir par d'autres moyens que la création remonte à une date antérieure. • Paris, 28 sept. 1988 : *Cah. dr. auteur, nov. 1988, p. 32.* ♦ Sur la liberté de preuve quant à la date de création, V. • Paris, 22 mai 1980 : *Ann. propr. ind. 1980. 260, note Cousin ; JCP 1981. II. 19505, note Greffe.* ♦ Sur l'absence de valeur du dépôt auprès d'une société d'auteurs, V. • Paris, 3 nov. 1956 : *Gaz. Pal. 1956. 2. 324.*

3° DÉPÔT LÉGAL

18. Sur l'exigence administrative, V. • Civ. 20 janv. 1969 : *Bull. civ. I, n° 31.* ♦ V. aussi code du patrimoine réformé par la loi du 1er août 2006, App. *Propriété littéraire et artistique*, v° *Dispositions communes.*

C. ORIGINALITÉ

1° EXIGENCE

19. Pour reconnaître la protection par le droit d'auteur, les juges du fond ne peuvent raisonner en termes de genre et sont tenus de rechercher si les œuvres en cause, en l'espèce des logiciels, répondent à l'exigence d'originalité. • Cass., ass. plén., 7 mars 1986 : *GAPI, 1re éd., n° 9 ; D. 1986. 405, concl. Cabannes et note Edelman ; RTD com. 1986. 399, obs. Françon ; JCP 1986. II. 20631, note Mousseron, Teyssié et Vivant ; RIDA juill. 1986, p. 136, note Lucas* • Civ. 1re, 2 mai 1989 : *préc. note 4.*

2° NOTION

20. La CJCE (aujourd'hui CJUE) s'est livrée à une interprétation harmonisée, applicable dans tous les États de l'Union et à toutes les catégories d'œuvres, de l'exigence d'originalité. Il y aurait « création intellectuelle propre à son auteur » (exigence de trois directives) lorsque l'auteur a pu « exprimer son esprit créateur de manière originale ». • CJCE 16 juill. 2009 : *D. 2011. Pan. 2164, obs. Sirinelli ; RTD com. 2009. 312, obs. Pollaud-Dulian ; CCE 2009, n° 97, note Caron ; JCP 2009. 272. note Marino ; Propr. intell. 2009, n° 31, p. 185, obs. Benabou.* ♦ Pour une application, V. • Paris, 24 févr. 2010 : *Propr. intell.*

2010, p. 708, obs. A. Lucas ; RIDA oct. 2010, p. 397, note Sirinelli.

21. Dans une approche classique, l'originalité s'entend comme « le reflet de la personnalité du créateur ». • Paris, 24 nov. 1988 : *Cah. dr. auteur, juin 1989, p. 4* • 1er avr. 1957 : *D. 1957. 436 (2e esp.)* • TGI Paris, 27 avr. 1984 : *RIDA janv. 1985, p. 192.* ♦ C'est-à-dire de façon subjective, qu'il s'agisse : d'empreinte personnelle. • Paris, 1er avr. 1957 : *D. 1957. 436 (1re esp.).* ♦ ... D'empreinte de la personnalité. • Paris, 21 nov. 1994 : *RIDA avr. 1995, p. 243.* ♦ ... De travail purement personnel. • Civ. 27 mai 1942 : *S. 1942. 1. 124.* ♦ ... Ou d'empreinte du talent créateur personnel. • Civ. 1re, 13 nov. 1973 : *D. 1974. 533, note Colombet.* ♦ Le caractère relatif de l'originalité n'est pas exclusif de l'empreinte de la personnalité de l'auteur. • Civ. 1re, 17 févr. 2004 : *CCE 2004, n° 99, note Caron ; PIBD 2004. III. 273.* ♦ Sur l'originalité définie par rapport à l'apport créateur, V. • T. com. Paris, 10 janv. 2008 : *Propr. intell. 2008, n° 28, p. 318, obs. Bruguière.* ♦ Sur la notion d'originalité, prise comme étant la « marque » de la société qui commercialise les objets protégés. V. • Com. 15 juin 2010 : *D. 2011. Pan. 2166, obs. Sirinelli ; CCE 2010, n° 120, note Bruguière ; Propr. intell. 2011, n° 38, p. 83, obs. Bruguière.*

22. Hors le domaine des belles-lettres ou de l'art pur, s'agissant d'œuvres à caractère utilitaire, l'originalité s'entend parfois de manière plus objective comme l'existence d'un apport intellectuel propre à son auteur ; à propos d'un logiciel pour lequel les juges du fond avaient admis la protection parce que l'auteur avait fait preuve d'un effort personnalisé allant au-delà de la simple mise en œuvre d'une logique automatique et contraignante et que la matérialisation de cet effort résidait dans une structure individualisée, V. • Cass., ass. plén., 7 mars 1986 : *préc. note 19.* ♦ Et, pour une compilation, V. • Civ. 1re, 2 mai 1989 : *préc. note 4.*

23. En matière d'art appliqué, il est souvent recherché : Si l'œuvre est nouvelle et se distingue du domaine public antérieur. • Com. 23 mars 1965 : *Gaz. Pal. 1965. 2. 81.* ♦ ... Si elle porte la trace d'un effort personnel de création et de recherche esthétique dans la combinaison des éléments caractéristiques. • Civ. 1re, 10 mai 1995 : *RIDA oct. 1995, p. 291 et 233, obs. Kéréver.* ♦ ... Ou présente une physionomie propre et nouvelle. • Paris, 14 janv. 1983 : *D. 1983. IR 510, obs. Colombet.* ♦ V. cependant, affirmant clairement la distinction entre condition d'originalité et exigence de nouveauté, à propos de la protection d'une forme de bouton en forme de nœud de marine : Attendu que les dispositions de ce code (de la propriété intellectuelle) protègent les droits des auteurs sur toutes les œuvres de l'esprit, quels que soient le genre, le mérite ou la destination, à la seule condition que ces œuvres présentent un caractère original, indépendamment de la notion d'antériorité inopérante dans le cadre de l'application du droit de la propriété littéraire et artistique. • Civ. 1re, 11 févr. 1997 : *JCP 1997. II. 22973* (censurant une cour d'appel qui a méconnu l'art. L. 112-2 en refusant d'accorder la protection au bouton en raison de son absence de nouveauté). ♦ *Adde*, à propos de modules mémoires, que l'originalité n'est pas la nouveauté. • Civ. 1re, 16 avr. 1991 : *JCP 1991. II. 21770, note Croze ; D. 1992. Somm. 14, obs. Colombet.* ♦ Et, précisant que la notion d'antériorité est inopérante. • Civ. 1re, 23 févr. 1994 : *Bull. civ. I, n° 79* • Civ. 1re, 7 nov. 2006 : *Bull. civ. I, n° 464 ; RTD com. 2007. 77, obs. Pollaud-Dulian ; CCE 2007, n° 4, note Caron ; Propr. intell. 2007, n° 22, p. 77, obs. Bruguière ; RIDA janv. 2007, p. 175, note Sirinelli.* ♦ Un objet n'est original, et donc protégeable par le droit d'auteur que s'il présente des caractéristiques ornementales ou esthétiques séparables de son caractère fonctionnel. • Paris, 8 oct. 1997 : *PIBD 1998. III. 62.* ♦ Sur la protection d'une table basse bleue monogramme, V. • Paris, 7 janv. 2011 : *D. 2011. Pan. 2165, obs. Sirinelli.* • TGI Paris, 9 nov. 2010 : *D. 2011. Pan. 2164, obs. Sirinelli ; RDLI 2011. 68, note Walravens.* ♦ Sur les liens avec le mérite, V. notes 77 s. ss. l'art. L. 112-2. ♦ V. aussi. App., v° *Dispositions communes*, sur la protection juridique des programmes d'ordinateur, Dir. n° 91/250 du 14 mai 1991, art. 1er § 3 ; sur l'harmonisation de la durée de protection du droit d'auteur et de certains droits voisins, Dir. n° 93/98 du 29 oct. 1993, art. 6 ; et sur la protection juridique des bases de données, Dir. n° 96/9 du 11 mars 1996.

3° APPRÉCIATION

a. Preuve

24. L'originalité ne peut résulter du seul constat du genre de l'œuvre. • Cass. ass. plén. 7 mars 1986 : *préc. note 19.* ♦ Et celui qui prétend bénéficier de la protection du droit d'auteur doit rapporter la preuve de l'existence d'un apport original. • Paris, 5 avr. 1993 : *Expertises, juill. 1993, p. 275.* – Comp. • Civ. 1re, 10 mai 1995 : *RIDA oct. 1995, p. 295 et 233, obs. Kéréver.* ♦ ... Puisque ce n'est que lorsqu'elle n'est pas mise en doute par le défendeur que l'originalité n'a pas à être recherchée. • Civ. 1re, 19 nov. 1991 : *Expertises, févr. 1992, p. 71 ; JCP E 1992. I. 141, n° 4, Chron. Vivant et Lucas.*

25. Les affirmations faites par les sociétés de gestion collective ne lient pas le juge. La détermination de la qualité d'auteur d'une œuvre protégée relève exclusivement de la loi et non des règles posées par les sociétés d'auteurs en vue de la fixation des montants des redevances ; après avoir analysé avec précision le rôle joué par le réalisateur (en l'espèce M. Rutman) dans l'élaboration de l'œuvre litigieuse, la cour d'appel a souverainement déduit de ses constatations et appréciations de fait qui établissent l'absence d'apport personnel et original du réalisateur, que celui-ci n'avait pas concouru à la création intellectuelle de l'œuvre. • Civ. 1re, 29 mars 1989 : *RIDA oct. 1989, p. 262.* – Dans le même sens, V. • Bourges, 1er juin 1965 : *D. 1966. 44, note Delpech.* ♦ Dans la mesure où il n'appartient qu'au juge de décider si une œuvre est protégeable, doit être infirmé le jugement dans lequel le pouvoir du tribunal a été délégué à l'expert. • Paris, 12 juill. 1974 : *Ann. propr. ind. 1975. 182.* ♦ L'originalité devant être prouvée, l'architecte qui entend bénéficier de la protection ne peut se contenter de produire une attestation de l'Ordre des architectes relative à l'œuvre et concluant à l'originalité de cette dernière. • Paris, 7 févr. 2001 : *D. 2001. Somm. 2551, obs. Sirinelli* . ♦ Sur l'appréciation de l'absence d'originalité d'un chalet, V. • Civ. 1re, 5 juill. 2006 : *Bull. civ. I, n° 360 ; RTD com. 2007. 79, obs. Pollaud-Dulian ; Propr. intell. 2006, n° 21, p. 443, obs. Lucas.* ♦ Justifie sa décision la cour d'appel qui a souverainement retenu que si, compte tenu des usages du commerce des œufs, la forme de la boîte à œufs en cause était indissociable de l'effet technique recherché, l'ensemble des éléments dont se composait cet objet caractérisait par son originalité une œuvre de l'esprit. • Civ. 1re, 28 mars 1995 : *RIDA juill. 1995, p. 327.* ♦ S'agissant de la protection d'un slogan publicitaire, cassation d'un arrêt au motif que les créations publicitaires ne sont protégées au titre de la propriété littéraire et artistique que pour autant qu'elles constituent des œuvres de l'esprit, la cour d'appel, ne recherchant pas si le slogan et le message musical litigieux avaient un caractère original en raison d'un apport personnel de l'auteur, ne donne pas de base légale à sa décision. • Com. 3 mai 1994 : *RIDA avr. 1995, p. 293.* ♦ Sur la protection du slogan « Donnez du goût à votre communication », V. • Versailles, 27 mai 2003 : *Légipresse 2003, n° 205, I, p. 137 ; RIDA janv. 2005, p. 199, note Kéréver.* ♦ Sur la question des liens entre la forme et le fond, V. notes 4 s. ss. art. L. 511-3.

b. Contrôle

26. Les juges du fond sont souverains pour déterminer l'existence de l'originalité. • Req. 27 juin 1910 : *DP 1910. 1. 296* • Civ. 1re, 10 mai 1995 : *RIDA oct. 1995, p. 291 et 233, obs. Kéréver* • Com. 21 mars 1995 : *RIDA oct. 1995, p. 279 et 231, obs. Kéréver* • Civ. 1re, 23 mai 1995 : *RIDA oct. 1995, p. 299 et 231, obs. Kéréver* • Civ. 1re, 11 mars 1997 : *RIDA juill. 1997, p. 295.* ♦ Ils doivent néanmoins préciser en quoi le texte ou la forme graphique comporte un apport intellectuel de l'auteur caractérisant une création originale. • Civ. 1re, 2 mai 1989 : *préc. note 4.* – Dans le même sens • Com. 26 juin 1984 : *Gaz. Pal. 1984. 2. Pan. 316* • 11 mars 1986 : *ibid. 1986. 2. Pan. 123* • 3 mai 1994 : *Bull. civ. IV, n° 166* • Com.17 mars 2004 : *PIBD 2004. III. 367 ; RIDA juill. 2004, p. 183, note Kéréver* • Civ. 1re, 12 juill. 2006 : *Bull. civ. I, n° 400 ; RTD com. 2007. 77, obs. Pollaud-Dulian ; Propr. intell. 2006, n° 21, p. 443, obs. Lucas* • Civ. 1re, 12 mai 2011 : *RTD com. 2011. 542, obs. Pollaud-Dulian ; Propr. intell. 2011, n° 41, p. 286, obs. Bruguière.* ♦ Il ne leur est pas possible de prendre prétexte du principe d'indifférence du mérite pour refuser de se livrer à cette recherche. Ainsi, la Cour de cassation retient qu'une cour d'appel qui admet l'existence d'une contrefaçon en énonçant qu'elle n'avait pas à porter un jugement de valeur sur les caractères artistiques, originaux et harmonieux des plans, se refusant ainsi à rechercher si les plans avaient un caractère original permettant à leur auteur de se prévaloir de la loi du 11 mars 1957, viole les art. L. 111-1 et L. 111-2. • Civ. 1re, 6 mars 1979 : *GAPI, 1re éd., n° 9 ; RTD com. 1979. 462, obs. Françon ; JCP 1979. IV. 169 ; Bull. civ. I, n° 82.* ♦ L'originalité ne peut s'attacher à un genre et doit être constatée au cas par cas. • TGI Paris, 7 mai 2010 : *D. 2011. Pan. 2167, obs. Sirinelli* • Paris, 19 mai 2010 : *D. 2011. Pan. 2167, obs. Sirinelli* . ♦ Sur les liens entre originalité et mérite, V. notes 8 s. ss. art. L. 112-1. ♦ Sur l'indifférence du genre, de la forme d'expression, du mérite et de la destination de l'œuvre, V. art. L. 112-1.

II. NATURE DU DROIT

27. Si les tribunaux ont, un temps, estimé que, en dépit de l'appellation de propriété littéraire et artistique, il ne s'agit pas d'accorder aux créateurs une propriété au sens du code civil mais seulement de les investir du privilège exclusif d'exploitation temporaire. • Civ. 25 juill. 1887 : *DP 1888. 1. 5, note Sarrut, rapport Lepelletier ; S. 1888. 1. 17, note Chr. Lyon-Caen,* il est désormais solidement établi que les droits patrimoniaux de propriété littéraire et artistique participent du droit de propriété. • Cons. const. 27 juill. 2006, relative à loi ayant trait au droit d'auteur et aux droits voisins dans la société de l'information (dite DADVSI), cons. 15 : « (…) les finalités et les conditions d'exercice du droit de propriété ont subi depuis 1789 une évolution caractérisée par une extension de son champ d'application à des domaines nouveaux ; que, parmi ces derniers, figurent les droits de propriété intellectuelle et notamment le droit d'auteur et les droits voisins ». ♦ Dans le même sens, V. • Cons. const. 10 juin 2009, n° 2009-580 DC : *Dalloz actualité, 11 juin 2009, obs. Daleau ; ibid. 2010. Pan. 1966, obs. Larrieu.* ♦ *Adde* • CEDH 29 janv. 2008, n° 19247/03, *Balan c/ Moldavie : CCE 2008, 76, note Caron ; Légipresse 2008, III, p. 61, note Lesueur.*

28. Ce droit constitue un bien entrant dans le commerce et soumis, comme les produits qu'il engendre, aux règles du code civil. • Civ. 14 mai 1945 : *D. 1945. 285, note Desbois.* ♦ … Dès lors que ces dernières sont compatibles avec la nature particulière de ce droit et notamment de celle du droit moral de l'auteur. • Civ. 1re, 4 déc. 1956 : *Gaz. Pal. 1957. 1. 56.* ♦ Comp. art. 27-20 de la Déclaration universelle des droits de l'homme : « Chacun a droit à la protection des intérêts moraux et matériels découlant de toute production scientifique, littéraire ou artistique dont il est l'auteur. »

29. Indépendance du droit d'auteur. L'artiste-interprète, comme les dévolutaires de ses droits, ne peut invoquer les dispositions relatives au droit d'auteur pour invoquer la nullité d'une clause d'exclusivité stipulée dans un contrat d'édition. • Civ. 1re, 21 mars 2006 : *Bull. civ. I, n° 169 ; CCE 2006, n° 95, note Caron ; RIDA juill. 2006, p. 309, note Kéréver.*

III. TITULARITÉ DES DROITS

A. CONTRAT DE TRAVAIL

30. L'existence d'un contrat de travail conclu par l'auteur d'une œuvre de l'esprit n'emportant aucune dérogation à la jouissance de ses droits de propriété incorporelle, dont la transmission est subordonnée à la condition que le domaine d'exploitation des droits cédés soit délimité quant à son étendue et à sa destination, quant au lieu et quant à la durée, viole l'art. L. 111-1 la cour d'appel qui admet une cession tacite des droits au profit de l'employeur. • Civ. 1re, 16 déc. 1992 : *RIDA avr. 1993, p. 193, note Sirinelli ; JCP 1993. IV. 549.* ♦ *Adde* • Civ. 1re, 21 oct. 1997 : *JCP 1997. IV. 2390 ; JCP E 1998. 1047, note Mousseron ; Bull. civ. I, n° 285* • Civ. 1re, 23 janv. 2001 : *LPA 19 mars 2001, p. 13, note Derieux ; CCE 2001, n° 44, note Caron ; JCP 2001. IV. 1486* • Civ. 1re, 12 juin 2001 : *CCE 2001, n° 74, note Caron ; Propr. intell. 2001, p. 56, obs. Lucas* • Com. 28 avr. 2004 : *RIDA oct. 2004, p. 231, obs. Kérever* • Civ. 1re, 12 avr. 2005 : *RTD com. 2005. 493, obs. Pollaud-Dulian*. ♦ Pour l'application de la règle à un salarié créant des sites internet, estimant que « conformément à l'art. L. 111-1, il est de jurisprudence constante que l'existence d'un contrat de travail n'emporte aucune dérogation à la jouissance des droits d'auteur qui naissent sur la tête du salarié même si l'œuvre est créée en exécution des directives de l'employeur », V. • T. com. Lyon, réf., 22 oct. 2001 : *Rev. judiciaire 2002, n° 970.* ♦ Et, pour un salarié créateur d'une œuvre audiovisuelle, combinant les art. L. 121-8, L. 132-4 CPI, art. L. 761-9 C. trav. et art. 7-4-2 Conv. collective des journalistes (CCNTJ), V. • TGI Strasbourg, 16 nov. 2001 : *D. 2002. AJ 405 ; CCE 2002, n° 2, note Caron ; JCP E 2002. 1334. n° 6, obs. Bougerol ; Légipresse 2002, n° 189, III, p. 43 ; RIDA janv. 2002, p. 463, note Kéréver.* ♦ Dans le même sens, en ce qui concerne le droit d'exploitation des modèles créés, il n'y a pas lieu de distinguer la période où un créateur a été salarié d'une société, de celle postérieure à son licenciement, l'existence d'un contrat de travail étant sans incidence sur la jouissance du droit de propriété incorporelle. • Paris, 13 févr. 1983 : *Gaz. Pal. 1985. 2. Somm. 259.* – V. aussi • Paris, 3 juill. 1990 : *Juris-Data n° 023289* • 7 mars 1991 : *RIDA juill. 1992, p. 153, obs. Kéréver.* ♦ Rappr. à propos des œuvres des industries saisonnières de l'habillement et de la parure, énonçant que l'exigence d'une preuve écrite au cas de cession des attributs patrimoniaux du droit d'auteur ne cesse pas d'être requise dans les relations d'un employeur avec son salarié. • Crim. 11 avr. 1975 : *D. 1975. 759, note Desbois ; JCP 1976. II. 18348, note Plaisant* • 30 janv. 1978 : *RIDA janv. 1979, p. 156.* ♦ A propos d'un employeur ne rapportant pas la preuve d'un accord avec le salarié incluant dans le salaire une redevance forfaitaire destinée à rémunérer la diffusion de photographies dont le salarié est l'auteur, V. • Civ. 1re, 27 janv. 1993 : *RIDA avr. 1993, p. 304.* ♦ L'employeur devra donc se faire céder les droits d'auteur en conformité avec les règles spéciales des art. L. 131-1 s. CPI et du droit commun des contrats. Aussi, est nulle la cession de droits consentie à son employeur par un auteur salarié qui s'est trouvé soumis à une contrainte morale de nature à faire impression sur lui et à lui inspirer la crainte de perdre son emploi. • Paris, 12 janv. 2000 : *RIDA oct. 2000, p. 280.* ♦ Le louage d'ouvrage n'emportant, aux termes de l'art. L. 111-1, aucune dérogation à la jouissance du droit de propriété intellectuelle de l'auteur, la preuve d'une cession de ses droits d'exploitation doit être établie par convention expresse et conclue dans les conditions de l'art. L. 131-3. • Civ. 1re, 16 mars 2004 : *Bull. civ. I, n° 89 ; JCP E 2004. 759 ; PIBD 2004. III. 423 ; Propr. intell. 2004, n° 11, p. 636, obs. Sirinelli ; RIDA juill. 2004, p. 209, note Kéréver.*

31. Auteur salarié et licenciement. Sur l'exercice des droits d'auteur invoqué par l'employeur, à tort, comme étant une faute grave justifiant le licenciement, V. • Soc. 18 janv. 2011 : *CCE 2011, n° 44, note Caron ; Propr. intell. 2010, n° 39, p. 289, obs. Pollaud-Dulian.*

32. Cession implicite. Admis cependant qu'« il est constant que le contrat de travail consenti à un créateur salarié entraîne la cession des droits patrimoniaux d'auteur à son employeur ». • Paris, 5 oct. 1989 : *Juris-Data n° 025280.* – Et, rejetant le pourvoi (sur un autre point de droit). • Civ. 1re, 14 mai 1991 : *RIDA janv. 1992, p. 272, note Sirinelli ; JCP 1991. II. 21760, note Pollaud-Dulian.* ♦ V. aussi, retenant que « ayant été payé par ses salaires pour la cession de son droit pécuniaire sur une œuvre qui n'était que l'exécution de son contrat de travail, (l'auteur) n'est pas fondé à demander une indemnisation à ce titre ». • Paris, 20 avr. 1989 : *RIDA janv. 1990, p. 317.* – V. encore • Paris, 30 nov. 1961 : *RTD com. 1963. 92, obs. Desbois* • Aix-en-

Provence, 21 oct. 1965 : *D. 1966. 70, note Greffe ; JCP 1966. II. 14657, note Boursigot.* ♦ Sur l'attribution à l'employeur des droits patrimoniaux portant sur des logiciels créés par les salariés, V. notes 1 s. ss. art. L. 113-9. ♦ En matière d'œuvres créées par des journalistes, V. art. L. 121-8, al. 2.

33. En cas d'œuvre collective, créée grâce au rôle d'initiative et de direction d'une salariée, les droits relatifs à la création appartiennent à l'employeur, personne morale sous le nom de laquelle elle a été divulguée. • Civ. 1re, 18 oct. 1994 : *RIDA avr. 1995, p. 305, note Latreille.*

B. CONTRAT DE COMMANDE

34. Ne saurait prétendre à la qualité d'auteur la personne qui a commandé la fabrication et l'exécution d'une trousse pour écolier en matière plastique en indiquant que la matière plastique doit être transparente avec impression de petits pois. • Paris, 9 mai 1985 : *Ann. propr. ind. 1986. 300.* ♦ En matière de logiciels, V. • Versailles, 15 juin 1992 : *Expertises, oct. 1992, p. 353 ; Cahiers Lamy, 1992 K, note Van Dorsselaere.* – Pourvoi rejeté par • Civ. 1re, 3 juill. 1996 : *D. Affaires 1996. 1137 ; D. 1996. IR 193 ; RJDA 1996, n° 1413.* ♦ *Adde*, précisant que la mise à la disposition du client des sources n'était pas de nature à établir une cession des droits d'auteur relatifs au logiciel commandé, • Versailles, 7 mai 1998, n° 2011/95 : *Dalloz jurisprudence* • Paris, 20 oct. 2004 : *RTD com. 2005. 83, obs. Pollaud-Dulian.* ♦ Un photographe, à qui une société avait confié la réalisation d'une photographie sans préciser quel usage elle entendait en faire, n'avait pas manqué à ses obligations contractuelles en ne précisant pas que les frais techniques facturés n'emportaient pas cession des droits d'exploitation. • Civ. 1re, 3 avr. 2007 : *RTD com. 2007. 541, obs. Pollaud-Dulian ; CCE 2007, n° 80, note Caron ; Propr. intell. 2007, n° 24, p. 324, obs. Bruguière ; RIDA juill. 2007, p. 351 et 247, note Sirinelli.*

35. Est contrefactrice l'association qui a passé commande d'une affiche qu'elle utilise en dehors de l'opération pour laquelle la commande a été passée et qui n'apporte pas la preuve de la cession des droits d'auteur à son profit. • TGI Paris, 8 déc. 1980 : *RIDA avr. 1981, p. 175.* ♦ La cession des droits patrimoniaux de l'auteur sur son œuvre n'est pas nécessairement concomitante avec la commande faite de cette œuvre, et l'existence d'une telle commande ne dépend pas de celle de la mention d'un prix. • Civ. 1re, 24 févr. 1987 : *D. 1988. 97 (1re esp.), note Edelman ; Bull. civ. I, n° 70 ; RIDA juill. 1987, p. 186.* ♦ Le contrat par lequel un musée commande à un artiste une fresque murale ne lui confère sur cette œuvre aucun droit de reproduction à des fins commerciales. • Paris, 11 juin 1997 : *RIDA oct. 1997, p. 255 ; Légipresse 1997, I, p. 116.* – Sur le contrat de commande pour la publicité, V. art. L. 132-31 à L. 132-33.

C. AUTEUR FONCTIONNAIRE

36. Avant l'intervention de la loi du 1er août 2006, le Conseil d'État estimait que l'administration était investie des droits sur les œuvres dont la création fait l'objet même du service. • CE, avis, 21 nov. 1972 : *Gaz. Pal. 1978, Doctr. p. 50, obs. Frémond ; Grands avis du Conseil d'État, Dalloz, 2e éd., 2002, p. 105, Kuperfils.* ♦ V. aussi • CAA Versailles, 15 mars 2007 : *CCE 2007, n° 69, note Caron ; JCP Adm. 2154, note Caron.*

37. Enseignant. La production orale du professeur ne saurait revêtir un caractère administratif du seul fait qu'elle est assurée dans le cadre d'un enseignement public. • TGI Paris, 20 nov. 1991 : *RIDA janv. 1992, p. 340, note Kéréver.*

38. Militaire. L'État se trouve investi des droits sur les œuvres produites par les militaires dans l'exercice de leurs fonctions. • TGI Nanterre, 27 oct. 2005 : *CCE 2006, n° 2, note Caron.*

39. Agent public. Les droits d'auteur sur la médaille de la Ville remise par le maire lors de cérémonies appartiennent à la ville. • Aix-en-Provence, 14 juin 2007 : *Propr. intell. 2007, n° 24, p. 313, obs. Lucas.*

D. PERSONNE MORALE

40. La personne qui exploite de façon paisible et non équivoque une œuvre de l'esprit sous un nom est présumée, à l'égard des tiers recherchés en contrefaçon et en l'absence de revendication de droits d'auteur, titulaire des droits patrimoniaux. La recevabilité de l'action en concurrence déloyale est indépendante de la recevabilité de l'action en contrefaçon. • Civ. 1re, 10 avr. 2013 : *Bull. civ. I, n° 73 ; RTD com. 2013. 293, obs. Pollaud-Dulian ; CCE 2013, n° 86, note Caron ; RIDA janv. 2013, p. 303, note Sirinelli.*

Art. L. 111-2 L'œuvre est réputée créée, indépendamment de toute divulgation publique, du seul fait de la réalisation, même inachevée, de la conception de l'auteur. – *[L. n° 57-298 du 11 mars 1957, art. 7.]*

COMMENTAIRE

En vertu de cette disposition, une ébauche, une esquisse, un brouillon, un travail préparatoire, etc. peuvent être protégés dès lors que l'on sort du champ des simples idées et que la forme retenue, même inachevée, est déjà porteuse d'une certaine originalité, empreinte de la personnalité du créateur. Il est pareillement indifférent que la création ait été diffusée dans le public ou gardée secrète (journal intime, par exemple). ❑

1. Doit être cassée la décision d'une cour d'appel qui dénie à un créateur tout droit moral sur sa construction inachevée, au motif que l'auteur ne justifiait pas d'un apport original au-delà de la maquette, alors que l'auteur d'une maquette originale, d'après laquelle une construction monumentale est réalisée, est titulaire d'un droit moral sur cette dernière, dans la mesure où celle-ci tient son originalité de la maquette et réalise la conception de son auteur. • Civ. 1re, 8 janv. 1980 : *D. 1980. 83, note Edelman ; JCP 1990. II. 19336, note Lindon ; RIDA avr. 1980, p. 152, note Françon.*

2. Lorsque les auteurs d'un projet d'émission ont sélectionné les matériaux propres à concrétiser leur idée et qu'ils ont présenté le dessin général de celle-ci (dissection commentée d'œuvres, choix de peintres significatifs, précision des enchaînements, filiations et ruptures de la création picturale des XIXe et XXe siècles...), ils ont fait acte de création d'une œuvre originale en sorte qu'il résulte du seul fait de cette réalisation, même inachevée, qu'ils sont fondés à invoquer le bénéfice des dispositions sur la propriété littéraire et artistique ; à propos d'une série télévisée sur les précurseurs et maîtres de la peinture moderne, V. • TGI Paris, 14 déc. 1983 : *RIDA avr. 1984, p. 172 ; D. 1984. IR 287, obs. Colombet.*

3. Sur la reconnaissance des prérogatives de droit moral au créateur d'une œuvre non divulguée, V. • Civ. 14 mars 1900 : *DP 1900. 1. 497, rapport Rau, concl. Desjardins, note M. P.* • Paris, 19 mars 1947 : *S. 1949. 19, note Desbois* • 17 févr. 1988 : *D. 1989. Somm. 50, obs. Colombet ; RIDA oct. 1989, p. 325 ; JCP 1989. I. 3376, no 1, obs. Edelman.* ♦ Sur le sort des prérogatives de droit moral sur une contribution inachevée à une œuvre audiovisuelle, V. art. L. 121-6. ♦ Et sur la protection du matériel de conception préparatoire d'un logiciel, V. notes 68 s. ss. art. L. 112-2.

Art. L. 111-3 La propriété incorporelle définie par l'article L. 111-1 est indépendante de la propriété de l'objet matériel.

L'acquéreur de cet objet n'est investi, du fait de cette acquisition, d'aucun des droits prévus par le présent code, sauf dans les cas prévus par les dispositions des deuxième et troisième alinéas de l'article L. 123-4. Ces droits subsistent en la personne de l'auteur ou de ses ayants droit qui, pourtant, ne pourront exiger du propriétaire de l'objet matériel la mise à leur disposition de cet objet pour l'exercice desdits droits. Néanmoins, en cas d'abus notoire du propriétaire empêchant l'exercice du droit de divulgation, le tribunal de grande instance peut prendre toute mesure appropriée, conformément aux dispositions de l'article L. 121-3. – *[L. no 57-298 du 11 mars 1957, art. 29.]*

BIBL. ▶ Breuker, *CCE 2003. Étude 2* (le support de création et le support de commercialisation de l'œuvre). – Desurmont, L'incidence des droits d'auteur sur la propriété corporelle des œuvres d'art, *thèse Paris 2, 1974.* – Ginsburg, *Mélanges Françon, Dalloz 1995, p. 245* (droit d'auteur et support matériel de l'œuvre d'art en droit comparé et en droit international privé). – Kamina, *RRJ 1998. 881* (indépendance des propriétés corporelles et incorporelles). – Kayser, *D. 1995. Chron. 291* (l'image des biens). – Laligant, La divulgation des œuvres artistiques, littéraires et musicales en droit positif français, *LGDJ 1983.* – Pierroux, La propriété de l'œuvre d'art. Éléments pour une propriété spéciale, *thèse Paris-Sud 2001, Presses universitaires d'Aix-Marseille, 2003.* – Pignatari, Le support en droit d'auteur, *Larcier, 2013.* – Sirinelli, Le droit moral de l'auteur et le droit commun des contrats, *thèse Paris 2, 1985.* – Trefoz, *CCE 2006. Étude 17* (la détermination du propriétaire du support d'une œuvre).

COMMENTAIRE

Cet article pose un principe fondamental de distinction entre propriété corporelle et propriété incorporelle. Le texte permet de dissocier le sort des droits de propriété intellectuelle relatifs à une œuvre de celui du support matériel dans lequel l'œuvre est incorporée. Ainsi la vente de ce dernier n'entraîne pas cession des droits d'auteur afférents à l'œuvre en sorte que le propriétaire d'un tableau, par exemple, ne pourrait, sans l'accord de l'auteur, faire reproduire à des fins de vente le portrait qui y est peint.

La dissociation des deux types de propriété peut poser des difficultés inverses lorsque le titulaire du droit de propriété intellectuelle veut mettre en œuvre le monopole qu'il a conservé sans avoir pris soin, préalablement, de réaliser une copie de l'original. Il lui faudra alors avoir accès à ce dernier. En cas de refus abusif du propriétaire, la loi prévoit la possibilité de saisir le juge pour obtenir cet accès. ❑

A. PRINCIPE

1. Source. La loi du 9 avr. 1910 aux termes de laquelle l'aliénation d'une œuvre d'art n'entraîne pas celle du droit de reproduction, n'ayant ni caractère interprétatif ni d'effet rétroactif, le droit de reproduction afférent aux œuvres vendues avant son entrée en vigueur suivait, sauf clause contraire, le sort du support matériel. • Crim. 19 mars 1926 : *DP. 1927. 1. 25, note Nast* • Civ. 1re, 16 juin 1982 : *D. 1983. IR 96, obs. Colombet.*

2. Énoncé. Le droit d'auteur ayant un fondement et un objet différents de ceux de la propriété même de la chose, le sort de la propriété incorporelle est indépendant de celui de la propriété de l'objet matériel. • Paris, 1er juill. 1964 : *Ann. propr. ind. 1965. 223* • Civ. 1re, 20 déc. 1966 : *Bull. civ. I, n° 558 ; GAPI, 1re éd., n° 8 ; D. 1967. 159 ; RTD com. 1967. 774, obs. Desbois.*

3. Œuvres posthumes. Cependant, un lien entre la propriété matérielle du support et la propriété incorporelle existe en matière d'œuvres posthumes. Ainsi la Bibliothèque nationale, en sa qualité de propriétaire du manuscrit d'un opéra posthume composé en 1764, est investie des droits d'exploitation sur cette œuvre. • TGI Paris, 26 janv. 1989 : *RIDA oct. 1989, p. 348, note Gautier.*

B. PORTÉE

4. L'art. 2279 C. civ. ne s'applique qu'à la possession d'objets corporels et ne concerne pas les droits incorporels d'auteurs sur ces objets ; dès lors est contrefacteur celui qui diffuse une lithographie s'il n'est pas établi que l'artiste lui a donné l'épreuve litigieuse en vue de sa reproduction et de sa diffusion. • Paris, 17 févr. 1988 : *D. 1989. Somm. 50, obs. Colombet ; RIDA oct. 1989, p. 325 ; JCP 1989. I. 3376, n° 1, obs. Edelman.* ♦ Et, précisant que si l'art. 2279 C. civ. peut être invoqué par le créancier gagiste qui, de bonne foi, a reçu en gage d'un détenteur précaire un objet mobilier, les dispositions de ce texte ne sauraient s'appliquer aux éléments incorporels d'un film. • TGI Paris, 24 févr. 1988 : *RIDA juill. 1988, p. 130.* ♦ Pour une dissociation identique en matière d'accession mobilière (C. civ., art. 565), V. • Paris, 13 janv. 1993 : *D. 1993. IR 90.* ♦ Les dispositions de l'art. 2279 C. civ. ne permettent pas d'acquérir de droits incorporels. Le possesseur d'un tableau ne saurait priver l'auteur de son droit moral. • Paris, 10 sept. 2001 : *CCE 2002, n° 95, note Caron ; Propr. intell. 2002, n° 3, p. 56, obs. Lucas.* – Pourvoi rejeté par • Civ. 1re, 29 nov. 2005 : *Bull. civ. I, n° 457 ; D. 2006. Pan. 2006. 2996, obs. Sirinelli ; ibid. AJ 146, obs. Daleau ; CCE 2006, n° 19, note Caron ; Propr. intell. 2006, n° 19, p. 174, obs. Lucas ; RIDA avr. 2006, p. 225, note Kéréver.*

5. L'existence de droits incorporels sur des œuvres n'exclut pas l'existence d'un droit de propriété sur les objets matériels. • Com. 19 nov. 2003 : *Bull. civ. IV, n° 174 ; D. 2004. 801, note A. et F.-X. Lucas ; RIDA avr. 2004, p. 225, note Kéréver* • Paris, 9 mars 2005 : *Propr. intell. 2005, n° 16, p. 337, obs. Lucas.* ♦ La propriété littéraire n'étant pas susceptible de possession matérielle, elle ne peut être transmise au moyen d'un don manuel. • Civ. 26 févr. 1919 : *S. 1920. 1. 203.* ♦ La propriété intellectuelle est indépendante de la propriété matérielle et la donation d'un manteau n'établit pas que le donataire eût été pour autant investi du droit de permettre la réalisation et la diffusion de son image. • Civ. 1re, 25 janv. 2005 : *Bull. civ. I, n° 44 ; D. 2005. AJ 956, obs. Allaeys ; RIDA avr. 2005, p. 157, note Kéréver.*

6. Un créancier de l'auteur (un lissier) peut opposer au créateur (un cartonnier) son droit de rétention sur une œuvre artistique qui est en sa possession. • Civ. 1re, 4 juin 1971 : *D. 1971. 489, concl. Lindon ; JCP 1971. II. 16913, note Le Tourneau et Durand.*

C. APPLICATIONS

7. L'acheteur d'un moule n'est pas autorisé à le reproduire sous forme de photographies. • Civ. 1re, 20 janv. 1969 : *Bull. civ. I, n° 61 ; RIDA juill. 1969, p. 93 ; Gaz. Pal. 1969. 1. 217.*

8. La propriété des copies d'un film publicitaire ne permet pas de faire une exploitation de l'œuvre au-delà de celle autorisée par l'auteur. • Civ. 1re, 11 oct. 1983 : *Bull. civ. I, n° 225 ; D. 1984. IR. 287, obs. Colombet ; RIDA janv. 1984, p. 196.* ♦ Le propriétaire de bandes magnétiques de films ne dispose pas automatiquement des droits de les commercialiser de nouveau ou de les représenter. • Crim. 2 déc. 1964 : *D. 1965. IR 562 ; RTD com. 1965. 409, obs. Desbois ; JCP 1965. II. 14069 ; Gaz. Pal. 1965. 1. Pan. 290.* ♦ La détention de plaques de cuivre, ayant permis la gravure d'une première édition, étant indépendante du droit de reproduction, l'éditeur n'a pas acquis, du seul fait de cette détention, le droit de procéder à une deuxième édition, mais n'est pas non plus tenu de restituer les plaques à l'ayant droit de l'auteur. • Paris, 25 févr. 1983 : *RIDA avr. 1984, p. 140.* ♦ L'utilisation d'un meuble dans un film publicitaire, faite publiquement et à des fins commerciales, excède les droits privés du simple acquéreur matériel de l'objet ; à propos d'une chaise longue créée par Le Corbusier, V. • TGI Nanterre, 17 juin 1992 : *RIDA oct. 1992, p. 180.* ♦ Un musée, légataire de sculptures, n'est pas titulaire des droits de reproduction qui s'y attachent. • Civ. 1re, 20 déc. 1966 : *Bull. civ. I, n° 558 ; D. 1967. IR 159 ; RTD com. 1967. 774, obs. Desbois.* ♦ Un théâtre, propriétaire de maquettes de décors et de costumes réalisés à sa demande, ne peut les réutiliser pour des représentations autres que celles prévues dans le contrat. • Angers, 21 mai 1992 : *RIDA janv. 1993, p. 186.* ♦ La propriété des supports de logiciels n'autorise pas à faire commerce de ceux-ci. • Rouen,

26 juin 1997 : *Gaz. Pal. 1998. 1. Somm. 91.* ♦ Le propriétaire des lieux dans lesquels ont été réalisés des travaux d'aménagement intérieur ne peut prétendre opposer à l'architecte un droit privatif sur l'image de ces travaux. • Versailles, 15 nov. 2001 : *Légipresse 2002, n° 190, I, p. 37 ; RIDA oct. 2003, p. 291, note Kéréver.* ♦ V. aussi • TGI Paris, 17 déc. 2002 : *D. 2003. 2089, note Edelman ; RIDA janv. 2004, p. 159, note Kéréver.* ♦ La résolution d'un contrat de cession des droits d'auteur impose au producteur la remise du support à l'artiste-interprète. • Soc. 21 juin 2004 : *D. 2005. 1164, note Edelman ; Légipresse 2004, III, p. 213, note Wekstein.*

9. Si le destinataire d'une lettre est propriétaire incontestable de l'élément matériel que cette dernière comporte, il ne s'ensuit pas qu'il ait le droit de disposer à son gré de l'élément intellectuel, c'est-à-dire des thèses qui y sont développées, de la pensée de l'auteur et de son expression. • Paris, 16 févr. 1945 : *D. 1945. 259.*

10. L'art. L. 111-3 n'est pas applicable aux marchés de prestations intellectuelles qui ont pour fin non de transférer à l'administration la propriété d'un objet mais de lui permettre d'utiliser, pour des fabrications ou des constructions, les résultats des études et des recherches confiées par elle à son cocontractant. • CE 2 juill. 1982 : *RIDA avr. 1983, p. 172.*

11. Constitue une contrefaçon la mise en circulation, par le détenteur du support matériel, d'œuvres abandonnées ou vouées par leur auteur au rebut. L'utilisation frauduleuse de copies de films cinématographiques mises au rebut constitue une nouvelle édition d'une œuvre de l'esprit. • Crim. 20 oct. 1977 : *RTD com. 1978. 801, obs. Desbois ; RIDA avr. 1978, p. 115.* ♦ A propos d'un chiffonnier revendant au marché aux puces, après reconstitution, des toiles qu'il avait trouvées dans une poubelle et que le créateur avait abandonnées après les avoir lacérées, V. • Paris, 6 mars 1931 : *DP 1931. 2. 88, note Nast ; GAPI, 1re éd., n° 8. – Adde,* • Crim. 13 déc. 1995 : *D. 1996. IR 42 ; RIDA juill. 1996, p. 307.* ♦ Constitue une contrefaçon la reproduction d'un tableau, acquis auprès de l'un de ses salariés, sur la devanture, les emballages, le véhicule utilitaire d'une charcuterie. • TGI Paris, 21 juin 2013 : *Légipresse 2014, n° 312, p. 45, note Mouron.*

12. Photographie. Le photographe qui cède le droit de reproduction sur ses photographies pour une utilisation déterminée conserve, sauf convention expresse, la propriété matérielle de ses clichés ; à propos de détention équivoque, V. • Paris, 26 mars 1992 : *D. 1993. Somm. 84, obs. Colombet ; RIDA avr. 1993, p. 218.* ♦ « La réalisation d'une œuvre de commande pour la publicité n'emporte pas, sauf preuve contraire à la charge du producteur en publicité, transfert de la propriété de l'objet matériel lorsque la commande ne porte que sur la cession des droits d'exploitation de l'œuvre » ; sur la restitution à l'auteur de clichés photographiques originaux réalisés sur commande aux fins de reproduction pour des travaux de publicité, V. • Civ. 1re, 14 mai 1996 : *RIDA 1996, n° 1279.* ♦ La cession du droit de reproduction de clichés emporte celle de leur propriété matérielle lorsque le photographe a facturé distinctement les frais de reportage et les frais techniques. • Versailles, 24 janv. 2002 : *Légipresse 2002, n° 191, I, p. 55 ; Propr. intell. 2002, n° 5, p. 50, obs. Lucas ; RIDA oct. 2003, p. 261, obs. Kéréver.* – Pourvoi rejeté par • Civ. 1re, 8 juin 2004 : *Propr. intell. 2004, n° 13, p. 925, obs. A. Lucas.* ♦ En condamnant la société à payer des dommages-intérêts en réparation du préjudice patrimonial résultant de la non-restitution des clichés photographiques, au motif qu'elle ne rapporte pas la preuve de l'acquisition des supports transformés par l'intervention du photographe, alors qu'elle avait constaté que cette société avait financé les supports vierges et les frais techniques de développement, ce dont il résultait qu'elle était le propriétaire originaire desdits supports, la cour d'appel a violé les art. 544 C. civ. et L. 111-3 CPI. • Civ. 1re, 28 oct. 2015, n° 14-22.207 P : *D. 2015. 2246, obs. Noual ; Dalloz IP/IT 2016. 34, note Dissaux ; JCP E 2016, n° 37, p. 49, note Pasco.*

13. L'accord conclu en vue d'exploiter les droits patrimoniaux afférents à une œuvre cinématographique ne peut être invoqué pour régler les conditions dans lesquelles, après la chute de l'œuvre dans le domaine public, chacune des parties exerce son droit de propriété sur le support matériel de l'œuvre en sa possession légitime. • Civ. 1re, 5 nov. 1991 : *RIDA avr. 1992, p. 186 ; JCP 1992. IV. 107.* ♦ Sur les rapports avec les prérogatives de droit moral, V. art. L. 121-1.

D. ABUS NOTOIRE

14. Preuve. C'est à la personne qui revendique l'accès à l'œuvre d'apporter la preuve du caractère abusif du refus du propriétaire du support, de sorte que les auteurs qui se prétendent dans l'impossibilité de divulguer l'œuvre sur laquelle ils ont retrouvé leurs droits incorporels (en raison de l'annulation des conventions relatives aux cessions de droits), faute d'accès aux éléments corporels de cette œuvre, sont mal fondés à solliciter du juge le libre accès à l'ensemble des éléments corporels du film s'ils n'allèguent aucun fait de nature à caractériser l'abus qu'auraient commis les détenteurs du support dans l'exercice de leurs droits ; sur le droit de rétention d'un créancier gagiste, V. • TGI Paris, 24 févr. 1988 : *RIDA juill. 1988, p. 130.*

15. Est constitutif d'un abus de droit manifeste le comportement du propriétaire du seul négatif d'un film qui en refuse l'accès à un réalisateur, sans motif valable, et ne répond pas aux offres qui lui sont faites, y compris de paiement des frais de développement, empêchant ainsi l'exercice du droit de divulgation. • TGI Paris, 10 sept. 1992 : *RIDA janv. 1993, p. 211.* – Confirmé par • Paris, 29 sept. 1995 : *RIDA avr. 1996, p. 293, obs. Kéréver* • Paris, 17 mars 2004 : *Propr. intell. 2004, n° 12, p. 773, obs. A. Lucas.* ♦ Et face à un abus manifeste de la part du propriétaire du négatif d'un film qui en refuse l'accès à un réalisateur, le juge est fondé à autoriser ce réalisateur à accéder au support matériel et peut indemniser ce dernier pour le préjudice résultant de l'atteinte au droit de divulgation. • Même jugement. ♦ Les auteurs de l'œuvre cinématographique ne sollicitent pas « l'objet matériel », soit les négatifs des films, mais seulement des copies de ceux-ci, rendant inopérant le visa de l'art. L. 111-3 en ce qu'il traite de l'abus notoire. • TGI Paris, réf., 16 juill. 2002 : *D. 2003. 198, note Edelman* ; *Légipresse 2003, n° 199, III, p. 34, note Jouve.*

E. PRÉJUDICE

16. Celui qui, revendiquant à tort la propriété corporelle du négatif d'un film, s'oppose à la remise de ce support à un ayant droit de l'auteur du film, porte atteinte à l'exploitation de ce film (télévisuelle ou sous forme de vidéogramme) et doit indemniser l'ayant droit tant pour le préjudice matériel subi (jusqu'à ce que le film tombe dans le domaine public) que pour le préjudice moral résultant de l'atteinte à la réputation professionnelle de cet ayant droit. • Paris, 5 oct. 1994 : *D. 1996. 53, obs. Edelman* ; *RIDA oct. 1995, p. 302 et 229, obs. Kéréver.*

17. Les juges du fond ne peuvent rejeter la demande en réparation du préjudice causé au titulaire d'un droit de propriété incorporelle au seul motif que celui-ci ne produit aucune justification de l'existence ou du montant de son préjudice alors même que l'atteinte au droit causée par la diffusion de l'œuvre, postérieurement à l'expiration du contrat passé, constitue par elle-même un préjudice. • Civ. 1re, 11 oct. 1983 : *Bull. civ. I, n° 225* ; *D. 1984. IR 287, obs. Colombet* ; *RIDA janv. 1984, p. 196.*

Art. L. 111-4 Sous réserve des dispositions des conventions internationales auxquelles la France est partie, dans le cas où, après consultation du ministre des affaires étrangères, il est constaté qu'un État n'assure pas aux œuvres divulguées pour la première fois en France sous quelque forme que ce soit une protection suffisante et efficace, les œuvres divulguées pour la première fois sur le territoire de cet État ne bénéficient pas de la protection reconnue en matière de droit d'auteur par la législation française.

Toutefois, aucune atteinte ne peut être portée à l'intégrité ni à la paternité de ces œuvres.

Dans l'hypothèse prévue à l'alinéa 1er ci-dessus, les droits d'auteur sont versés à des organismes d'intérêt général désignés par décret. – *[L. n° 64-689 du 8 juill. 1964, art. 1er.] – V. art. R. 111-1 s.*

BIBL. ▶ BERGÉ, *Lamy Droit des médias et de la communication, études 154, 157 et 160* ; *Rev. crit. DIP 2000. 357* (droit d'auteur, conflit de lois et réseaux numériques : rétrospective et prospective). – GINSBURG et GAUTHIER, *RIDA juill. 1997, p. 61 (the celestial jukebox and earthbound courts : judicial competence in the European Union and the United States over copyright infringements in cyberspace).*

COMMENTAIRE

Cet article a trait aux solutions de droit international privé (condition des étrangers) applicables lorsqu'une œuvre d'origine étrangère est exploitée en France. Les règles posées sont mises en œuvre par défaut lorsqu'il n'est pas possible d'appliquer une convention internationale (par exemple, Convention de Berne posant le principe du traitement national) à laquelle la France est partie. Elles ont donc une portée désormais marginale.

L'article L. 111-4 pose un principe général mais il existe des solutions spécifiques à propos des logiciels (art. L. 111-5), des bases de données (art. L. 341-2), du droit de suite (art. R. 122-11) ou encore de la rémunération équitable pour copie privée (art. L. 311-2).

L'article L. 111-4 énonce un principe de réciprocité selon lequel sont exclues de la protection en France les œuvres publiées pour la première fois dans un pays étranger (non cosignataire avec la France d'une convention internationale) qui n'assure pas, sur son propre territoire, une protection suffisante et efficace des œuvres publiées pour la première fois en France.

Si ces conditions de réciprocité ne sont pas remplies, les auteurs des œuvres issues du pays « défaillant » ne peuvent bénéficier que du droit moral. S'agissant des droits pécuniaires, il est créé une espèce de « domaine public payant », l'exploitant devant verser des droits non à l'auteur mais à des organismes d'intérêt général désignés par décret (Décr. du 6 mars 1967 repris par les art. R. 111-1 et R. 111-2 CPI).

A contrario, les œuvres non divulguées ou celles divulguées pour la première fois en France reçoivent, sans condition spéciale, la protection de la loi française. ❑

1. Il résulte de l'art. L. 111-4, al. 2, qu'aucune atteinte ne peut être portée à l'intégrité d'une œuvre littéraire et artistique, quel que soit l'État sur le territoire duquel cette œuvre a été divulguée pour la première fois, et il résulte de l'art. L. 121-1 que la personne qui en est l'auteur du seul fait de sa création est investie du droit moral institué à son bénéfice. Ces règles sont des lois d'application impérative. Viole ces textes la cour d'appel qui refuse aux héritiers d'un réalisateur américain la possibilité de s'opposer à la version colorisée d'un film au motif que la loi américaine et les contrats passés conclus entre le producteur et les réalisateurs dénient à ces derniers la qualité d'auteurs. • Civ. 1re, 28 mai 1991 : *Bull. civ. I, n° 172 ; GAPI, 1re éd., n° 11 ; D. 1993. 197, note Raynard ; JCP 1991. II. 21731, note Françon ; JCP E 1991. II. 220, note Ginsburg et Sirinelli ; JDI 1992. 133, note Edelman ; RIDA juill. 1991, p. 197 et 161, obs. Kéréver.* – Cassant • Paris, 6 juill. 1989 : *Gaz. Pal. 1989. 2. 741 ; Cah. dr. auteur, déc. 1989, p. 8.* – Et, sur renvoi, retenant que le défaut de protection susceptible ainsi d'affecter l'œuvre étrangère dans les conditions de réciprocité énoncées à l'al. 1er de l'art. L. 111-4 ne peut concerner que sa dimension économique, c'est-à-dire les droits patrimoniaux qui s'y attachent dans la mesure où il trouve sa limite dans la règle générale impérative du respect du droit moral de l'auteur telle que proclamée sans réserve à l'al. 2. • Versailles, 19 déc. 1994 : *RIDA avr. 1995, p. 389.*

2. Conventions internationales. L'art. L. 111-4 est sans application dans les relations entre la France et les États liés par des conventions internationales. • Paris, 28 avr. 1998 : *RIDA oct. 1998, p. 264.* ♦ Et, se référant à l'art. L. 111-4 tout en en écartant l'application au motif que la condition de réciprocité est exclue par une convention internationale, V. • Paris, 24 avr. 1974 : *D. 1975. 67, concl. Cabannes ; RTD com. 1975. 92, obs. Desbois ; Rev. crit. DIP 1975. 440, note Bonet ; RIDA janv. 1975, p. 106* • Paris, 29 nov. 1996 : *Gaz. Pal. 1997-1. Somm. 241 ; JCP E 1998, p. 1254, note Audouin-Tessier.*

3. Sur le droit commun de la condition des auteurs étrangers, V. • Civ. 1re, 22 déc. 1959 : *D. 1960. 93, note Holleaux ; RTD com. 1960. 955, obs. Loussouarn ; RIDA juill. 1960, p. 90, Chron. Desbois ; JDI 1961. 420, note Goldman ; Rev. crit. DIP 1960. 361, note Terré.* – V. aussi • TGI Lyon, 16 févr. 1961 : *RTD com. 1961. 368, obs. Desbois ; Rev. crit. DIP 1962. 299, note Desbois ; JDI 1962. 974, note Goldman* • TGI Seine, 19 mars 1964 : *Rev. crit. DIP 1965. 89, note Desbois* • TGI Paris, 14 févr. 1977 : *RTD com. 1978. 799, obs. Desbois ; RIDA juill. 1978, p. 179.* ♦ A défaut de texte contraire, les auteurs étrangers jouissent en France de leurs droits au même titre que les auteurs français. • Paris, 3 juin 1961 : *RTD com. 1962. 66, obs. Desbois ; Gaz. Pal. 1961. 2. 16, concl. Desangles ; JDI 1962. 974, obs. Goldman.*

4. Compétence juridictionnelle. En matière de contrefaçon, l'option de compétence posée par l'art. 5, 3°, de la Convention de Bruxelles doit s'entendre en ce que la victime peut exercer l'action en indemnisation soit devant la juridiction de l'État du lieu d'établissement de l'auteur de la contrefaçon, compétente pour réparer l'intégralité du préjudice qui en résulte, soit devant la juridiction de l'État contactant dans lequel l'objet de la contrefaçon est diffusé, compétente pour connaître seulement des dommages subis dans cet État. • Civ. 1re, 16 juill. 1997, *Wegmann : Bull. civ. I, n° 245 ; RIDA avr. 1998, p. 405 ; JCP 1997. IV. 1993.* ♦ Sur le rejet de l'application de la loi du pays d'origine, V. • Paris 11 déc. 2009 : *Propr. intell. 2010, n° 35, p. 730, obs. A. Lucas* • Paris, 27 nov. 2009 : *Propr. intell. 2010, n° 35, p. 731, obs. A. Lucas.*

Art. L. 111-5 Sous réserve des conventions internationales, les droits reconnus en France aux auteurs de logiciels par le présent code sont reconnus aux étrangers sous la condition que la loi de l'État dont ils sont les nationaux ou sur le territoire duquel ils ont leur domicile, leur siège social ou un établissement effectif accorde sa protection aux logiciels créés par les nationaux français et par les personnes ayant en France leur domicile ou un établissement effectif. – *[L. n° 85-660 du 3 juill. 1985, art. 51.]*

BIBL. ▸ EDELMAN, *JDI 1987. 555* (une loi substantiellement internationale : la loi du 3 juill. 1985 sur les droits d'auteur et les droits voisins). – KÉRÉVER, *RIDA juill. 1987, p. 3* (la loi du 3 juill. 1985 et la protection des étrangers).

COMMENTAIRE

Cet article déroge au précédent. La règle de réciprocité y est maintenue mais les conséquences en sont différentes tant s'agissant des droits patrimoniaux que concernant le droit moral dont les auteurs étrangers peuvent être privés. En l'absence de réciprocité, le logiciel « étranger » est totalement de libre parcours. ❑

CHAPITRE II ŒUVRES PROTÉGÉES

COMMENTAIRE

Le législateur n'a pas pris soin de donner une définition précise des œuvres de l'esprit, objet de la protection. Il n'a pas non plus posé, de façon générale (à l'inverse de la solution retenue en droit des brevets), de conditions d'accès au droit d'auteur. Il a simplement pris soin de dire que certaines caractéristiques étaient indifférentes (art. L. 112-1). Ensuite, il s'est contenté de fournir une liste purement indicative de créations susceptibles de bénéficier de la protection (art. L. 112-2). Puis il a entendu apporter des précisions en matière d'œuvres dérivées (art. L. 112-3) avant d'envisager le statut des titres d'œuvres (art. L. 112-4).

Cependant, il est déduit de la liste non exhaustive de l'article L. 112-2 une exigence générale de forme tandis que l'article L. 112-4 pose une condition d'originalité que la jurisprudence étend sans contestation possible à toutes les créations.

Le champ du droit d'auteur est donc particulièrement ouvert. ❑

Art. L. 112-1 Les dispositions du présent code protègent les droits des auteurs sur toutes les œuvres de l'esprit, quels qu'en soient le genre, la forme d'expression, le mérite ou la destination. – *[L. nº 57-298 du 11 mars 1957, art. 2.]*

Sur la protection juridique des programmes d'ordinateur, V. Dir. (CE) nº 2009/24 du 23 avr. 2009, art. 1er, § 3 (in fine), App., vº Droit d'auteur.

BIBL. ▶ BUYDENS, BROX, MASSOT, ROSER et ROSSI, *Propr. intell. 2017, nº 63, p. 9* (l'originalité des œuvres d'arts appliqués en Europe : vers une harmonisation). – CARREAU, Mérite et droit d'auteur, *LGDJ 1981*. – CLÉMENT-FONTAINE, *Propr. intell. 2008, nº 26, p. 69* (faut-il consacrer un statut légal de l'œuvre libre ?). – DEMNARD-TELLIER, *Gaz. Pal., 20-21 janv. 1999* (les incidences de la programmation orientée sur les relations contractuelles et l'appréciation du critère d'originalité). – DUFOUR, *RIDA avr. 1999, p. 3* (des expositions comme œuvres de l'esprit). – GAUBIAC, *thèse Paris, 1980* (la théorie de l'unité de l'art) ; *RIDA janv. 1982, p. 3*. – LALIGANT, *RRJ 1992. 101* (des œuvres aux marches du droit d'auteur : les œuvres de l'esprit perceptibles par l'odorat, le goût et le toucher). – MACÉRY, *LPA, 2 févr. 1998, p. 24* (notion d'œuvre originale dans la réalisation d'un catalogue raisonné). – VIVANT, *Mélanges Foyer, Litec 1996* (propriété intellectuelle et ordre public).

COMMENTAIRE

Les œuvres sont protégées aveuglément pourvu qu'elles soient des créations de forme originale. Toutefois, la jurisprudence prend parfois des libertés avec le principe d'indifférence du mérite, en réintroduisant discrètement l'examen de ce critère sous couvert d'analyse de l'originalité.

D'autres caractéristiques, non énumérées par le code, sont également indifférentes : par exemple, le processus de création, la fixation de l'œuvre, sa pérennité, l'existence d'une commande…

La protection concerne ainsi tous les types d'œuvres y compris, au-delà des beaux-arts, les créations dont la vocation est moins esthétique qu'utilitaire (« petite monnaie du droit d'auteur »). L'originalité est cependant parfois plus délicate à déceler pour ce dernier type d'œuvres. En tout état de cause, il est nécessaire que la forme puisse être dissociée du fond.

Cependant, la Cour de justice des Communautés européennes a, le 16 juillet 2009, imposé une approche unitaire de la notion d'originalité (V. note 20 ss. art. L. 111-1). ❑

A. GENRE

1. La loi ne permet pas aux juges de se fonder sur la forme d'expression choisie par l'auteur des dessins, ni sur la valeur artistique ou sur la destination commerciale de son œuvre pour lui refuser le bénéfice de la protection accordée par l'art. L. 111-1 à toutes les œuvres de l'esprit ; par suite doit être cassé l'arrêt qui, en cas d'imitation sur cartes postales de dessins humoristiques d'animaux, prononce la relaxe au motif que le genre adopté par le dessinateur imité, consistant à représenter des animaux qui ont le comportement des humains, ne pourrait faire l'objet d'une contrefaçon et que ce dessinateur a révélé, par la banalité des réflexions qu'il prête aux animaux et par l'indigence de ses légendes, plus de souci commercial que d'originalité. • Crim.

13 févr. 1969 : *D. 1969. 323.* ♦ Le critère de protection d'une œuvre littéraire ne dépend pas du genre littéraire conformément aux dispositions de l'art. L. 112-1, auquel elle peut être rattachée, mais de son seul caractère original. • Paris, 28 févr. 2007 : *RIDA avr. 2007, p. 159, note Sirinelli.*

2. Les dispositions légales interdisant aux juges de subordonner la protection des films pornographiques à des considérations d'ordre moral, dès lors qu'ils ne constituent pas un étalage délibéré de violences et de perversions sexuelles dégradantes pour la personne humaine, ces films doivent être considérés comme des œuvres de l'esprit susceptibles de bénéficier de la protection du droit d'auteur. • Crim. 6 mai 1986 : *RIDA oct. 1986, p. 149 ; D. 1987. Somm. 151, obs. Colombet.*

3. Les sociétés d'auteurs ne peuvent trancher elles-mêmes les questions relatives à la nature de l'œuvre. • Paris, 8 juill. 1993 : *inédit.* ♦ Dans la même affaire, le tribunal avait estimé que le reclassement d'une œuvre dans une catégorie donnée en œuvre de compilation ou d'arrangement dérivée de faits contemporains, de documents biographiques où la part d'élaboration reste importante plutôt qu'en œuvre de création littéraire, documentaire utilisant des faits réels par une société de gestion collective (la SCAM) en vue de la répartition des droits d'auteur s'inscrit dans l'exercice même de l'activité sociale et qu'il n'appartient pas au tribunal de s'immiscer dans la conduite de cette activité. • TGI Paris, 17 janv. 1991 : *RIDA juill. 1991, p. 255, note Gaudel.*

B. FORME

1° PRINCIPE

4. Pour l'affirmation nette du principe d'indifférence de la forme, rappelant que la loi ne permet pas aux juges de se fonder sur la forme d'expression choisie par l'auteur des dessins pour lui refuser le bénéfice de la protection accordée par le droit d'auteur, V. • Crim. 13 févr. 1969 : *préc. note 1.* ♦ V. aussi Convention de Berne du 9 sept. 1886, art. 2, al. 1er, App., vº *Droit d'auteur.*

5. Peu importe le sens par lequel l'œuvre est perçue puisque l'adverbe notamment, présent à l'art. L. 112-2, permet d'envisager la protection tant des créations perceptibles par la vue ou l'ouïe, que de celles qui pourraient éventuellement l'être par les trois autres sens. • Paris, 3 juill. 1975 : *RIDA janv. 1977, p. 108 ; D. 1976. Somm. 19.* ♦ Peu importe également que l'œuvre soit fixée sur un support ou qu'elle ne soit qu'orale. V. note 15 ss. art. L. 111-1.

2° LIMITES

6. *Forme originale.* Sur l'importance de l'originalité de la forme retenue ; une cour d'appel ne peut admettre l'existence d'une contrefaçon d'une œuvre d'art dont l'originalité est contestée, sans vérifier la réalité de cette dernière, au prétexte qu'elle n'a pas à porter un jugement de valeur sur les caractères artistiques originaux et harmonieux de la forme des plans en cause. • Civ. 1re, 6 mars 1979 : *GAPI, 1re éd., nº 9 ; JCP 1979. IV. 169 ; Bull. civ. I, nº 82 ; RTD com. 1979. 462, obs. Françon* (La cour d'appel (qui) a admis l'existence d'une contrefaçon en énonçant qu'elle n'avait pas à porter un jugement de valeur sur les caractères artistiques, originaux et harmonieux des plans ; attendu qu'en se refusant ainsi à rechercher si les plans avaient un caractère original, permettant à leur auteur de se prévaloir de la loi du 11 mars 1957, elle a violé les art. L. 111-1 et L. 111-2). ♦ V. note 15 ss. art. L. 111-1.

7. *Résultat recherché.* La protection conférée par le droit d'auteur ne peut s'appliquer à la forme d'une œuvre de l'esprit qu'à condition que cette dernière ne soit pas entièrement dictée par sa fonction. • Civ. 1re, 28 mars 1995 : ♀ *RIDA juill. 1995, p. 327* • Com. 23 juin 1987 : *Bull. civ. IV, nº 156 ; JCP 1987. IV. 304* • Paris, 12 juill. 1974 : *Ann. propr. ind. 1975. 182* • 22 janv. 1973 : *D. 1973. 217, note X. L.* • Crim. 8 mars 1962 : *D. 1962. 502, note Greffe.* ♦ La protection légale suppose que l'auteur ait été animé, dans la conception de l'œuvre arguée de contrefaçon, du souci de donner à celle-ci une valeur nouvelle dans le domaine de l'agrément, et séparable du caractère fonctionnel de l'objet envisagé. • Versailles, 8 avr. 1987 : *D. 1988. Somm. 202, obs. Colombet.* ♦ Sur la question des liens entre la forme et le fond, V. notes 2 s. ss. art. L. 511-8.

C. MÉRITE

1° PRINCIPE

8. La protection légale étant indépendante de toute considération d'ordre esthétique ou artistique, doit être cassé l'arrêt qui a refusé la qualité d'œuvres de l'esprit à des dessins et montages audiovisuels réalisés à partir de plans d'usine en retenant que ces travaux procédaient de considérations purement et uniquement techniques. • Civ. 1re, 15 avr. 1982 : *Bull. civ. I, nº 132 ; RIDA oct. 1982, p. 159 ; D. 1983. IR 93, obs. Colombet.* ♦ Dans le même sens, pour d'autres applications du principe selon lequel la protection du droit d'auteur est acquise indépendamment du mérite, V. à propos de jeux vidéo. • Cass., ass. plén., 7 mars 1986, (2 arrêts) : *GAPI, 1re éd., nº 9 ; D. 1986. 405, concl. Cabannes et note Edelman ; RTD com. 1986. 399, obs. Françon ; JCP 1986. II. 20631. note Mousseron, Teyssié et Vivant ; RIDA juill. 1986, p. 136, note Lucas* • Crim. 22 juin 1967 : *D. 1968. 241, note Costa* • 2 mai 1961 : *JCP 1962. II. 12242* • Paris, 1er avr. 1957 : *D. 1957. 436 (1re esp.).* ♦ Cassation de l'arrêt qui refuse la protection à des dessins humoristiques en tirant argument de la banalité des réflexions prêtées aux animaux représentés et de l'indigence des légendes. • Crim. 13 févr. 1969 : *préc. note 1.*

9. Portée. Il n'est pas possible aux juges du fond de prendre prétexte du principe d'indifférence du mérite pour refuser de se livrer à la recherche nécessaire de l'originalité. Viole les art. L. 111-1 et L. 111-2 la cour d'appel qui a admis l'existence d'une contrefaçon en énonçant qu'elle n'avait pas à porter un jugement de valeur sur les caractères artistiques, originaux et harmonieux des plans, se refusant ainsi à rechercher si les plans avaient un caractère original permettant à leur auteur de se prévaloir de la loi du 11 mars 1957. • Civ. 1re, 6 mars 1979 : *Bull. civ. I, n° 82 ; RTD com. 1979. 462, obs. Françon ; JCP 1979. IV. 169.*

2° LIMITES

10. Pour refuser la protection par le droit d'auteur, la cour d'appel constate que les œuvres ne font qu'exploiter à des fins vulgairement commerciales, en mettant à profit la naïveté d'un public relativement fortuné, des connaissances ramassées au hasard de lectures hâtives ou puisées dans le fonds commun des manuels, sinon tirées de l'expérience pratique de tout un chacun, et souligne l'absence d'originalité du plan, de la présentation et, en général, de la forme des ouvrages qui dissimulent sous un faux luxe la banalité de leur inspiration. • Paris, 29 nov. 1973 : *Gaz. Pal. 1974. 1. 139.*

11. Pour un exemple de prise en considération indirecte du mérite révélateur de l'effort personnel qui, ne censurant pas la décision des juges du fond qui ont admis la protection d'un modèle de sac au motif que l'œuvre traduisait par la combinaison de ses éléments caractéristiques un effort personnel de création et de recherche esthétique qui caractérisent son originalité, V. • Civ. 1re, 10 mai 1995 : *RIDA oct. 1995, p. 291 et 233, obs. Kéréver.* ♦ Sur la protection d'une réplique d'un film en raison de sa célébrité : • Paris, 8 juin 1993 : *inédit.* ♦ Pour un logiciel (Solon) protégé en raison de son caractère plus ambitieux que celui des concurrents : • TGI Paris, 17 mai 1991 : *JCP E 1992. I. 141, n° 3.*

D. DESTINATION DE L'ŒUVRE

12. La destination étant indifférente, les œuvres des arts appliqués peuvent donner prise au droit d'auteur. Peuvent ainsi être protégés, s'ils sont originaux : Des papiers peints. • Com. 18 mars 1970 : *Bull. civ. IV, n° 108.* ♦ ... Des décapsuleurs. • Crim. 9 oct. 1974 : *D. 1974. IR 228 ; RIDA juill. 1975, p. 176 ; JCP 1976. II. 18311, note A. C.* ♦ ... Un modèle de panier à salade. • Crim. 30 oct. 1963 : *D. 1964. 678, note Françon.* ♦ ... Un logiciel. • Cass., ass. plén., 7 mars 1986 : *préc. note 8.* ♦ ... Des notices techniques. • T. corr. Seine, 2 févr. 1912 : *Ann. propr. ind. 1912. 290.* ♦ V. aussi en matière de dessins et modèles art. L. 511-1 s.

13. Cependant, la destination utilitaire ne doit pas rendre la forme indissociable du fond. Pour un catalogue reproduisant des objets industriels accompagnés de textes et de dessins présentant un caractère technique descriptif et nécessaire, V. • Paris, 8 nov. 1977 : *Gaz. Pal. 1978. 1. Somm. 123.* ♦ Pour un exemple d'œuvres non protégées en raison de leur destination, à propos de questions d'examen proposées au concours de l'internat, V. • Paris, 13 juin 1991 : *D. 1992. Somm. 12, obs. Colombet.* ♦ Sur la démarche utilitaire ou fonctionnelle, V. • Civ. 1re, 14 févr. 2008 : *Bull. civ. I, n° 52 ; D. 2008. AJ 689 ; CCE 2008. Chron. 8, obs. Kahn ; PIBD 2008. III. 266 ; Propr. intell. 2008, n° 28, p. 318, obs. Bruguière ; ibid. n° 29, p. 442, obs. De Candé ; RIDA janv. 2008, p. 263, obs. Sirinelli.*

E. ANTÉRIORITÉ

14. La notion d'antériorité étant inopérante dans le cadre de l'application du droit de la propriété littéraire et artistique, doit être cassé l'arrêt qui énonce que pour être protégeable, le « modèle » de bouton litigieux doit être nouveau. • Civ. 1re, 11 févr. 1997 : *Bull. civ. I, n° 56 ; D. Affaires 1997, p. 353 ; D. 1997. IR 65 ; D. 1998. Somm. 189, obs. Colombet ; D. 1998. 291, note Greffe ; RJDA 1997, n° 853 ; JCP 1997. II. 22973, obs. Davrat ; JCP E 1997. Pan. 342.* ♦ Dans le même sens, considérant que lorsque l'application de l'art. L. 112-1 est sollicité pour la protection d'un modèle, le moyen tiré de l'antériorité est sans objet puisque seul compte son caractère original. • Paris, 1er oct. 1997 : *PIBD 1998. III. 64.*

F. PROCESSUS DE CRÉATION

15. Le recours à des instruments ou outils pour la création ne fait pas obstacle à la protection d'une œuvre ainsi réalisée. Aussi « la composition musicale assistée par ordinateur, dès lors qu'elle implique une intervention humaine, du choix de l'auteur (...) conduit à la création d'œuvres originales et comme telles protégeables quelle que soit l'appréciation qui peut être portée sur leur qualité. (...) il est indifférent qu'elle ait pu emprunter au départ une mélodie antérieure dès lors que celle-ci est suffisamment « travaillée » pour n'être plus reconnaissable à l'issue des traitements informatiques ». • TGI Paris, 5 juill. 2000 : *CCE 2001, n° 23, note Caron.* ♦ V. également • Bordeaux, 31 janv. 2005 : *CCE 2005, n° 84, obs. Caron ; RIDA juill. 2005, p. 299, note Kéréver.*

16. Protection d'une image de synthèse. Les images de synthèse sont susceptibles de recevoir la protection du droit d'auteur si elles peuvent être regardées comme originales. • TGI Paris, 22 mars 1989 : *JCP 1990. I. 3433, annexe 6* • Paris, 22 sept. 1988 : *Lamy Droit de l'informa-*

tique, Cahier A, mars 1989, n° 1028. ♦ Mais, sur l'obligation de respecter les droits de l'auteur d'une œuvre première (photographie originale) d'où est tirée une image de synthèse, dès lors que les traits de la première se retrouvent encore dans l'œuvre seconde, V. • Civ. 1re, 7 mars 2000 : *Légipresse 2000, I, p. 88.*

Art. L. 112-2 Sont considérés notamment comme œuvres de l'esprit au sens du présent code :

1° Les livres, brochures et autres écrits littéraires, artistiques et scientifiques ;

2° Les conférences, allocutions, sermons, plaidoiries et autres œuvres de même nature ;

3° Les œuvres dramatiques ou dramatico-musicales ;

4° Les œuvres chorégraphiques, les numéros et tours de cirque, les pantomimes, dont la mise en œuvre est fixée par écrit ou autrement ;

5° Les compositions musicales avec ou sans paroles ;

6° Les œuvres cinématographiques et autres œuvres consistant dans des séquences animées d'images, sonorisées ou non, dénommées ensemble œuvres audiovisuelles ;

7° Les œuvres de dessin, de peinture, d'architecture, de sculpture, de gravure, de lithographie ;

8° Les œuvres graphiques et typographiques ;

9° Les œuvres photographiques et celles réalisées à l'aide de techniques analogues à la photographie ;

10° Les œuvres des arts appliqués ;

11° Les illustrations, les cartes géographiques ;

12° Les plans, croquis et ouvrages plastiques relatifs à la géographie, à la topographie, à l'architecture et aux sciences ;

13° *(L. n° 94-361 du 10 mai 1994, art. 1er)* **« Les logiciels, y compris le matériel de conception préparatoire » ;**

14° Les créations des industries saisonnières de l'habillement et de la parure. Sont réputées industries saisonnières de l'habillement et de la parure les industries qui, en raison des exigences de la mode, renouvellent fréquemment la forme de leurs produits, et notamment la couture, la fourrure, la lingerie, la broderie, la mode, la chaussure, la ganterie, la maroquinerie, la fabrique de tissus de haute nouveauté ou spéciaux à la haute couture, les productions des paruriers et des bottiers et les fabriques de tissus d'ameublement. – *[L. n° 57-298 du 11 mars 1957, art. 3 ; L. n° 52-300 du 12 mars 1952, art. 2.]*

Sur l'attribution des aides déconcentrées destinées aux artistes, auteurs d'œuvres graphiques et plastiques, V. Décr. n° 2015-92 du 28 janv. 2015 (JO 31 janv.).

BIBL. ▸ **Œuvres littéraires :** PEROT-MOREL, Droit d'auteur et lettres missives, Les correspondances inédites, *Economica 1984.* – DELMONTEY-BONNEFANT, *Cah. dr. entr. 1980. 5* (le point sur la protection du slogan publicitaire). – HASSLER, *LPA 17 sept. 1993, p. 11* (réflexions sur l'action en concurrence déloyale appliquée à l'imitation de slogans). – PASSA, *Propr. intell. 2005, n° 14, p. 31* (titres et slogans : entre marque et droit d'auteur). – TREPPOZ, *D. 2011. Chron. 2487* (pour une attention particulière du droit à la création : l'exemple des fictions littéraires). – ZERAOUI-SALAH, *Propr. intell. 2013, n° 46, p. 30* (les traductions : le régime de protection par le droit d'auteur).

▸ **Œuvres chorégraphiques, numéros et tours de cirque, pantomimes :** ALSNE, *RIDA oct. 1994, p. 3* (la chorégraphie et le droit d'auteur en France). – FLEURY-LE GROS, *D. 2005. Chron. 2808* (la protection du secret de l'œuvre de magie par le droit de la propriété intellectuelle) ; *CCE 2010. Étude 5* (machines de magie et œuvres de magie : la qualification de « créations »).

▸ **Compositions musicales :** BESSE-GUENNETEAU, *Légicom 1997, n° 13, p. 17* (la musique dans les œuvres audiovisuelles). – GAUTREAU, La musique et le musicien en droit privé français, *PUF 1970.* – BRESSAND, *Expertises, avr. 1991. 135* (les œuvres musicales et les nouvelles technologies). – CASTELAIN et ROUANET DE VIGNE-LAVIT, *RIDA oct. 1969, p. 3* (musique et contrefaçon). – DUFOUR, *RIDA juill. 1977, p. 85 et janv. 1978, p. 3* (musique électroacoustique, droit d'auteur et droits voisins). – DUNANT, *thèse Genève, 1892* (du droit des compositeurs de musique). – GOBIN, *Gaz. Pal. 1984. 1. 132* (un siècle de jurisprudence en matière de folklore musical) ; *RIDA avr. 1985, p. 105* (les interprètes, collecteurs et éditeurs de musique folklorique). – KHAHN, *J-Cl. PLA, fasc. 1138* (notion d'œuvre musicale). – MASOUYÉ, *RIDA janv. 1983, p. 3* (la protection des expressions du folklore). – OLIVIER et BARBY, *Légicom 1997, n° 13, p. 57* (œuvre musicale, protection… et virtualité).

▸ **Œuvres audiovisuelles :** BERNAULT, *D. Affaires 2001. 2188* (exégèse de l'article L. 112-2 (6°) CPI : la notion d'œuvre audiovisuelle en droit d'auteur). – CARREAU, *Dr. prat. com. int. 1990. 571* (la protection nationale et internationale de l'œuvre de télévision). – DAVERAT, *CCE 2005. Étude 12* (un « désœuvrement » audiovisuel). – DUPUY-BUSSON, *JCP 2004. I. 144* (les imprécisions de la définition de l'œuvre audiovisuelle). – FOURLON, *Légipresse 2013, n° 301, p. 19* (le dilemme de la protection juridique des formats d'émissions télévisuelles). – GOBIN, *Gaz. Pal. 1987. 1. Doctr. 219* (les arts audiovisuels et le droit d'auteur : de la loi du 11 mars 1957 à la loi du 3 juillet 1985). – HUGON, Le régime juridique de l'œuvre audiovisuelle, *Litec 1993*. – LATREILLE, *JCP 1998. I, n° 156* (la création multimédia comme œuvre audiovisuelle). – LEDANNOIS, *Légipresse 2005. II. 107* (œuvres audiovisuelles : comment écrire sur la vie d'autrui). – MONTEL, *J.-Cl. PLA, fasc. 1140* (œuvres audiovisuelles). – NOGUIER et BRUGUIÈRE, *Légipresse, juin 1992. II. 57* (les définitions de l'œuvre audiovisuelle). – SERFATI, Les droits dérivés de l'œuvre audiovisuelle, *thèse Paris II, 2011*. – Observatoire européen de l'audiovisuel, IRIS plus, La durée de vue d'une œuvre audiovisuelle, *2012-2*. – SIRINELLI, Lamy Droit des médias et de la communication, étude 130. – VON LEWINSKI, *Propr. intell. 2005, n° 14, p. 22* (le folklore, les savoirs traditionnels et les ressources génétiques : sujet débattu dans le contexte de la propriété intellectuelle).

▸ **Œuvres d'art :** COLOMBET, *D. 1992. Chron. 195* (l'art et l'originalité). – EDELMAN, *D. 1969. Chron. 10* (de la nature des œuvres d'art d'après la jurisprudence) ; *ibid. 2011. Chron. 1708* (l'œuvre ne meurt jamais). – GAUDRAT, *RIDA avr. 2009, p. 81* (de l'enfer de l'addiction au paradis des toilettes : tribulations judiciaires au purgatoire du droit d'auteur). – HÉRITIER, *Juris art, avr. 2014, p. 39* (le *street art*, bien commun artistique ?). – TREPPOZ, *RIDA juill. 2006, p. 51* (quelle(s) protection(s) pour l'art contemporain ?) – WALRAVENS, *RIDA juill. 1999, n° 181, p. 97* (notion d'originalité et œuvres d'art contemporaines) ; L'œuvre d'art en droit d'auteur : forme et originalité des œuvres d'art contemporaines, *Economica, 2005* ; *RIDA avr. 2009, p. 5* (de l'art conceptuel comme création et sa protection en droit d'auteur).

▸ **Œuvres d'architecture :** HUET, Le droit de l'architecture, *Economica 1990* ; *RIDA avr. 1976, p. 3* (architecture et droit d'auteur) ; *Cah. dr. auteur, oct. 1990, p. 1* (architecture et droit d'auteur en France en 1990) ; *RIDA avr. 2007, p. 3* (architecture et urbain saisis par le droit d'auteur). – POLLAUD-DULIAN, *RDI 1990. 431* (architecture et droit d'auteur).

▸ **Œuvres typographiques :** BERTRAND, *Cah. dr. auteur, avr. 1990, p. 1* (la protection juridique des caractères typographiques en droit français, en droit comparé et en droit international). – FRANÇON, *Dr. auteur 1976. 134* (l'arrangement de Vienne concernant la protection des caractères typographiques et leur dépôt international). – LIMPERG, *RIDA oct. 1972, p. 87* (la protection juridique des lettres et autres caractères typographiques). – STOYANOV, La protection juridique des caractères typographiques, *Genève, Éd. Droz 1981*.

▸ **Œuvres photographiques :** ADER, *Légicom 2005/2, n° 34, p. 43* (l'évolution de la notion d'originalité dans la jurisprudence). – CHATRY, *J.-Cl. PLA, fasc. 1150* (photographies). – FRÉMOND, Le droit de la photographie – le droit sur l'image, *Pulicness 1985*. – GENDREAU, La protection des photographies en droit d'auteur français, américain, britannique et canadien, *LGDJ 1994*. – GOURIOU, Les photographies et le droit d'auteur, *LGDJ 1959*. – OBERTHUR, Nouveau guide du droit d'auteur en photographie, *Annuaire de la photo, 1988*. – KARNELL, *Dr. auteur 1988. 140* (la photographie, parent pauvre des conventions internationales et des législations nationales sur le droit d'auteur). – LATREILLE, *D. 2002. Chron. 299* (appropriation des photographies d'œuvres d'art) ; *Légipresse 2010, n° 274, p. 139* (la création photographique face au juge : entre confusion et raison).

▸ **Œuvres d'art appliqué :** BERNAULT, *CCE 2010. Étude 18* (l'originalité dans les œuvres d'art appliqué).

▸ **Cartes et plans :** LECLERE, *Gaz. Pal. 1993. 2. Doctr. 898* (la protection et l'exploitation des données cartographiques).

▸ **Créations des industries saisonnières :** GRENON, *Cah. dr. auteur, déc. 1990. 7 et janv. 1991. 3* (la protection juridique des créations de mode). – SUMMA, *RDPI 1996, n° 69, p. 26* (protection de la mode : en France, dans l'Union européenne, par l'Arrangement de La Haye. Son passé, son présent, son avenir).

▸ **Interviews :** LAVAL, *Légipresse 1990. II. 65* (l'interview, à la confluence des droits). – REBOUL, *RIDA janv. 1987, p. 55* (le régime juridique de l'interview). – SIMIC, *Légipresse 2012, n° 291, p. 90* (l'éligibilité des interviews à la protection par le droit d'auteur).

▸ **Mises en scène :** DESJEUX, *RIDA janv. 1973, p. 43* (la mise en scène de théâtre est-elle une œuvre de l'esprit ?). – LE CHEVALIER, *RIDA oct. 1990, p. 19* (pour une protection des mises en scène théâtrales par le droit d'auteur). – MATTHYSSENS, *RIDA janv. 1956, p. 47* (metteurs en scène et droit d'auteur).

▶ **Expositions :** Dufour, *RIDA avr. 1999, nº 180, p. 3* (des expositions comme œuvres de l'esprit).

▶ **Œuvres à caractère scientifique, technique ou utilitaire :** Cornu, *Propr. intell. 2006, nº 20, p. 270* (à propos des productions intellectuelles de la recherche, entre logique privative et nécessités publiques). – Koumantos, *Dr. auteur 1969. 137* (le droit d'auteur sur les solutions des problèmes et exercices mathématiques). – Latreille, *RIDA avr. 1998, p. 486* (protection juridique des dictionnaires). – Le Stanc, *D. 1993. Chron. 7* (la propriété intellectuelle dans le lit de Procuste : observations sur la proposition de loi du 30 juin 1992 relative à la protection des créations réservées). – Massin, *RJ com. 1972. 295* (la protection de la police d'assurance comme œuvre de l'esprit).

▶ **Œuvres publicitaires :** Françon, *RIDA janv. 1980, p. 3* (la protection des créations publicitaires par le droit d'auteur). – Parent, Le droit d'auteur sur les créations publicitaires, *Eyrolles 1989.*

▶ **Parfums :** Balañá, *Propr. intell. 2005, nº 16, p. 254* (l'industrie du parfum à l'assaut du droit d'auteur... *fumus boni juris* ?). – Binctin, *CCE 2006. Chron. 36* (le cumul d'appropriation : du parfum au logiciel). – Bruguière, *Mélanges Calay-Aulois, Dalloz, 2003* (l'odeur saisie par le droit). – Bassard, *RIPIA 1979. 461* (la composition d'une formule de parfum est-elle une œuvre de l'esprit au sens de la loi du 11 mars 1957 ?). – Bresse, *D. Affaires 1998. 558* (apport de la métrologie et de l'analyse sensorielles pour défendre les droits du créateur). – Caron, *JCP 2013. 225* (pour la protection des fragrances de parfum par le droit d'auteur). – Cohen-Jehoram, *Propr. intell. 2007, nº 22, p. 6* (la Cour de cassation des Pays-Bas reconnaît un droit d'auteur sur la fragrance d'un parfum). – Galan, La protection olfactive par le droit de la propriété intellectuelle, *PU Aix-Marseille, 2010 (thèse Avignon, 2009) ; Propr. intell. 2010, nº 34, p. 568* (l'œuvre olfactive à l'épreuve du droit d'auteur). – Laligant, *RRJ 1989, p. 587* (problématique de la protection du parfum par le droit d'auteur) ; *ibid. 1992. 100* (les œuvres de l'esprit perceptibles par l'odorat, le goût et le toucher). – Lambert, *D. 2013. Chron. 2039* (une représentation de l'odeur en droit des propriétés intellectuelles). – Quaedvlieg, *RIDA oct. 2011, p. 7* (droit d'auteur et parfum : le nez, l'esprit et l'industrie). – Rasle, *CCE 2006. Étude 16* (« le Miasme et la Jonquille » : le bannissement de l'odorat ? Variations sur des jurisprudences récentes). – Sainte-Rose et Bouche, *LPA 10 janv. 2007* (pour la protection des fragrances par le droit d'auteur. – Taudou-Miquelard, *Gaz. Pal., 23 au 25 sept. 2007, p. 29* (de l'instrument de musique à l'orgue à parfum). – Vivant, *D. 2007. Point de vue 1088* (parfum : l'heureuse résistance des juges du fond).

▶ **Personnages :** Combes, *LPA, 19 déc. 1997* (héros du 9e art : des créations artistiques qui marquent). – Edelman, *D. 1980. Chron. 225* (le personnage et son double) ; *D. 1998. Chron. 80* (histoire de bandes dessinées : à qui appartiennent un personnage et son nom ?). – Ristich De Groote, Les personnages des œuvres de l'esprit, *thèse Paris II, 1985 ; RIDA oct. 1986, p. 19.*

▶ **Œuvres multimédias :** Andres, Droits d'auteur et droits voisins à l'épreuve des créations multimédia, *thèse Paris-Sud, 1995.* – Caquet, Ludiciels, droit d'auteur et *copyright, thèse Paris-Sud, 1998.* – Edelman, *D. 1995. Chron. 109* (l'œuvre multimédia, un essai de qualification). – Gaubiac, *J.-Cl. PLA, fasc. 1164* (œuvres créées avec un ordinateur). – Gaudrat, , *RTD com. 2008. 323* (réflexions sur les œuvres plurales créées en ligne) ; *ibid. 2010. 319* (qualification juridique des jeux vidéo). – Gautier, *RIDA avr. 1994, p. 105* (les œuvres multimédia en droit français). – Gitton, *Expertises, mars 1999, p. 70* (tout ce que l'on vous a caché sur le multimédia). – Hassler, *CCE 2000. Étude 21* (qualification du multimédia : plaidoyer pour une méthode de qualification). – Hugon, *CCE 2003. Étude 21* (œuvre multimédia : le critère de l'interactivité consacré par la Cour de cassation). – Latreille, Les mécanismes de réservation et les créations multimédias, *thèse, Paris-Sud, 1995, Coll. Hyper thèse, 1998 ; JCP 1998. I. 156* (la création multimédia sur cédérom ou internet comme œuvre audiovisuelle : le choix de la sécurité juridique). – Lemarchand, *Expertises, août et sept. 1994* (aspects juridiques du multimédia). – Linant de Bellefonds, *CCE 2003. Étude 20* (jeux vidéo : le logiciel gagne des points). – Macrez, Créations informatiques : bouleversement des droits de propriété intellectuelle ? Essai sur la cohérence des droits, *LexisNexis, 2011.* – Mallet-Poujol, La création multimédia et le droit, *Litec 2000, coll. Droit litec.* – Martin-Lalande, Mission parlementaire sur le régime juridique du jeu vidéo, *Doc. AN, déc. 2011.* – Pasgrimaud, *Gaz. Pal. 1995. 2. Doctr. 1140* (la qualification juridique de la création multimédia : termes et arrière-pensées d'un vrai-faux débat). – Sardain, *JCP E 2001. 312* (la qualification logicielle des jeux vidéo : une impasse pour le multimédia). – Sirinelli, *Lamy Droit des médias et de la communication, § 503.* – Tonnelier, *Legicom 1995, nº 8, p. 37* (la protection du multimédia par le régime de l'œuvre audiovisuelle). – Varet, *J.-Cl. PLA, fasc. 1165* (œuvres multimédias). – Weber, *Légicom 1995, nº 8, p. 18 s., not. p. 21* (les œuvres multimédia relèvent-elles du régime des bases de données ?).

▸ **Logiciels :** CARON, *RIDA avr. 2000, n° 184, p. 3* (coexistence du droit d'auteur et du droit des brevets sur un même logiciel). – LE STANC, *Propr. ind. 2003. Chron. 2* (droit d'auteur et droit de brevet sur logiciel). – LUCAS, *J-Cl. PLA, fasc. 1160* (logiciels). – PELLEGRINI et CANEVET, Droit des logiciels, *PUF, 2013*. – PLANA, *RIDA juill. 2007, p. 87* (la recherche de la nature juridique du logiciel). – SARDAIN, *CCE 2002. Étude 24* (le droit d'auteur à l'épreuve du logiciel : l'exemple du droit de décompilation). – VALAT, *RLDI févr. 2016. 34* (propositions pour un encadrement du régime juridique des logiciels).

▸ **Œuvres éphémères :** BENSAMOUN, *CCE 2010. Étude 4* (quand l'inspiration rejoint la gourmandise… – A propos de sculptures en chocolat). – BRANLARD, *Gaz. Pal. 2000. 1. Doctr. 260* (protection juridique des œuvres gastronomiques). – SIRINELLI, *BID 1998, n° 11, p. 49* (protection juridique des œuvres gastronomiques).

▸ **Design :** GARNIER, *RIDA avr. 2004, p. 3* (la protection juridique des créations du « design »).

COMMENTAIRE

Contrairement à d'autres législations, l'article L. 112-2 ne fournit pas de définition précise de l'œuvre protégée ni ne donne de liste exhaustive des œuvres protégeables. Les juges ont depuis longtemps étendu le champ du droit d'auteur en retenant la protection de créations inconnues de l'énumération légale dès lors qu'il était possible d'y trouver une forme originale.

S'il est dit que sont concernées les œuvres littéraires, musicales ou artistiques, la loi ne tire pas véritablement de conséquences de ces appellations et il importe peu de savoir à quel sens l'œuvre s'adresse pourvu qu'elle ait une forme originale perceptible.

Les contraintes du droit français sont celles imposées par les textes européens (art. 1er et 3 de la Dir. n° 2009/24/CE du 23 avr. 2009 [Programmes d'ordinateur] ; art. 6 de la Dir. n° 2006/116/CE du 12 déc. 2006 [Photographies] ; art. 3 de la Dir. n° 96/9/CE du 11 mars 2006 [Bases de données]) exigeant la présence d'une « création intellectuelle propre à son auteur, condition étendue à l'ensemble des œuvres de l'esprit par la Cour de justice de l'Union européenne (CJCE 16 juill. 2009, *Infopaq*, n° C-5/08 : *préc. note 20 ss. art. L. 111-1*).

Les tribunaux exigent de la personne qui entend bénéficier de la protection qu'elle détermine exactement les contours et les caractéristiques de la forme dont la protection est revendiquée, ce qui suppose la démonstration de l'existence d'une forme précise, créée et accessible à l'un des cinq sens (vue, ouïe, toucher, odorat, goût). L'exigence d'une forme entraîne la non-protection des simples idées, concepts, principes, méthodes, fonctionnalités, algorithmes…

Mais la forme créée doit, en outre, être originale.

Pour la jurisprudence française, une œuvre est originale lorsque – dit-on – elle porte l'« empreinte de la personnalité » de son auteur (façon de voir et de traiter le sujet, d'exprimer un sentiment), ce qui correspond à l'exigence de la CJUE, d'une « touche personnelle » ou encore de « choix libres et créatifs ». L'approche est alors dite « subjective », par opposition à l'approche objective, chronologique, de l'exigence de nouveauté qui prévaut en droit des brevets.

En principe, l'existence de l'empreinte de la personnalité doit être démontrée – dans la forme dont on revendique la protection – par celui qui entend bénéficier du monopole. Mais les tribunaux admettent que lorsqu'elle n'est pas contestée par l'autre partie elle peut être tenue pour acquise.

L'originalité doit être recherchée dans l'expression ou la composition de la forme en cause et non dans le *modus operandi* qui conduit au résultat formel (il ne s'agit pas de savoir comment on a fait l'œuvre mais comment est la forme finale). Elle résulte de choix personnels, échappant à toute logique automatique et contraignante et ne peut être assimilée à une simple absence d'antériorité.

L'existence de l'originalité est de l'appréciation souveraine des juges du fond, qui sont tenus d'expliquer en quoi la création en cause est ou non originale. La Cour de cassation ne peut que vérifier que la recherche a bien été faite – en fonction des bons critères – ou sanctionner une contradiction de motifs.

Les difficultés de mise en œuvre de cette notion subjective ont pu conduire à contester la constitutionnalité de la condition. En vain.

Plan des annotations

I. ŒUVRES ÉNUMÉRÉES nos 1 à 6

A. CARACTÈRE NON EXHAUSTIF no 2

B. CONDITIONS D'ACCÈS À LA PROTECTION nos 3 à 6

II. ÉTENDUE nos 7 à 134

A. ŒUVRES ÉNUMÉRÉES PAR LA LOI nos 7 à 88

1o LIVRES, BROCHURES ET AUTRES ÉCRITS (ART. L. 112-2, 1o) nos 7 à 16

a. Écrits littéraires nos 7 et 8

b. Œuvres scientifiques nos 9 à 11

c. Œuvres à caractère technique no 12

d. Œuvres à caractère pratique nos 13 à 16

2o CONFÉRENCES, ALLOCUTIONS, SERMONS... (ART. L. 112-2, 2o) nos 17 et 18

3o ŒUVRES DRAMATIQUES... (ART. L. 112-2, 3o) nos 19 et 20

4o ŒUVRES CHORÉGRAPHIQUES, NUMÉROS DE CIRQUE... (ART. L. 112-2, 4o) nos 21 à 25

5o COMPOSITIONS MUSICALES (ART. L. 112-2, 5o) nos 26 à 32

6o ŒUVRES CINÉMATOGRAPHIQUES... (ART. L. 112-2, 6o) nos 33 à 43

a. Notion nos 33 à 35

b. Exclusion des idées nos 36 à 39

c. Œuvres protégées nos 40 à 43

7o ŒUVRES DE DESSIN, DE PEINTURE, D'ARCHITECTURE... (ART. L. 112-2, 7o) nos 44 à 47

8o ŒUVRES GRAPHIQUES ET TYPOGRAPHIQUES... (ART. L. 112-2, 8o) nos 48 à 50

a. Œuvres graphiques nos 48 et 49

b. Œuvres typographiques no 50

9o ŒUVRES PHOTOGRAPHIQUES... (ART. L. 112-2, 9o) nos 51 à 58

a. Application de la loi dans le temps no 51

b. Régimes successifs nos 52 à 58

1. Régime actuel nos 52 à 55

2. Régimes antérieurs nos 56 à 58

10o ŒUVRES DES ARTS APPLIQUÉS... (ART. L. 112-2, 10o) no 59

11o ILLUSTRATIONS, CARTES GÉOGRAPHIQUES... (ART. L. 112-2, 11o) nos 60 à 62

12o PLAN, CROQUIS... (ART. L. 112-2, 12o) nos 63 à 67

13o LOGICIELS... (ART. L. 112-2, 13o) nos 68 à 87

a. Définition no 68

b. Œuvre de l'esprit protégeable nos 69 à 71

c. Distinction de la forme et de l'idée no 72

d. Originalité nos 73 à 76

e. Caractéristiques indifférentes nos 77 et 78

f. Composantes nos 79 à 87

14o CRÉATION DES INDUSTRIES SAISONNIÈRES DE L'HABILLEMENT... (ART. L. 112-12, 14o) no 88

B. ŒUVRES NON ÉNUMÉRÉES nos 89 à 134

1o ŒUVRES ARTISTIQUES nos 89 à 108

2o ŒUVRES LITTÉRAIRES nos 109 à 112

3o ŒUVRES LITTÉRAIRES OU ARTISTIQUES nos 113 à 125

a. Personnages nos 113 à 117

b. Œuvres publicitaires nos 118 à 120

c. Œuvres de journalistes nos 121 à 124

d. Œuvres de l'art culinaire no 125

4o ŒUVRES MULTIMÉDIAS nos 126 à 134

a. Recherche d'originalité nos 126 et 127

b. Qualification nos 128 à 134

I. ŒUVRES ÉNUMÉRÉES

1. « En matière de droits d'auteur, la loi qui a vocation à s'appliquer est celle qui est en vigueur à la date de l'acte qui provoque la mise en œuvre de la protection légale ». • Civ. 1re, 18 juill. 2000 : *Bull. civ. I, no 226 ; D. 2000. 821, note Gautier ; RTD com. 2001. 439, obs. Françon ; JCP 2001. II. 10555, note Reglade Buxtorf ; CCE 2000, no 124, note Caron* (sous le visa de l'art. 2 C. civ. et à propos de l'accès à la protection de photographies).

A. CARACTÈRE NON EXHAUSTIF

2. Considérant que si l'art. L. 112-2 ne cite comme exemples d'œuvres de l'esprit que des œuvres perceptibles par la vue ou l'ouïe, la présence de l'adverbe « notamment » ne permet pas d'exclure *a priori* celles qui pourraient éventuellement l'être par les trois autres sens. • Paris, 3 juill. 1975 : *RIDA janv. 1977, p. 108 ; D. 1976. Somm. 19.* ♦ La liste des œuvres protégées figurant à l'art. L. 112-2 n'étant pas limitative, l'absence de mention ces manuels scolaires de cette énumération n'a aucune conséquence juridique, ces œuvres pouvant être protégées dès lors qu'elles portent l'empreinte de la personnalité de leur créateur. • Paris, 21 nov. 1994 : *RIDA avr. 1995, p. 381 et 243, obs. Kéréver.* ♦ Les dénominations sociales et logos commerciaux ne sont pas exclus par nature du champ de la protection du droit d'auteur. • Com. 4 juill. 2006 : *Bull. civ. IV, no 165.*

B. CONDITIONS D'ACCÈS À LA PROTECTION

3. Éléments indifférents. La loi protège les droits des auteurs sur toutes les œuvres de l'esprit, quels qu'en scient le genre, le mérite ou la destination, à la seule condition que ces œuvres soient originales. • Civ. 1re, 11 févr. 1997 :

Bull. civ. I, n° 55 ; D. Affaires 1997. 353 ; D. 1997. IR 65 ; D. 1998. Somm. 190, obs. Colombet ; *RIDA juill. 1997, p. 283.* ♦ V. notes 1 s. ss. art. L. 112-1.

4. Sur l'exigence d'une création originale, V. notes 1 s. ss. art. L. 112-1.

5. Sur l'absence d'exigence de formalités, V. notes 17 et 17 ss. art. L. 111-1.

6. Œuvre dérivée. Sur la possibilité de protection d'une œuvre dérivée, retenant que la protection du droit d'auteur peut s'appliquer à des œuvres qui ne sont que relativement originales et donc à des ouvrages composés d'éléments, protégés ou non, empruntés à des publications antérieures, qui ont été choisis avec discernement, disposés dans un ordre nouveau, revêtus d'une forme nouvelle et appropriés avec intelligence à un usage plus ou moins général, V. • Crim. 27 nov. 1869 : *DP 1870. 1. 186.*

II. ÉTENDUE

A. ŒUVRES ÉNUMÉRÉES PAR LA LOI

1° LIVRES, BROCHURES ET AUTRES ÉCRITS (ART. L. 112-2, 1°)

a. Écrits littéraires

7. Romans. Exemples de protection : Pour « Le Petit Prince ». • TGI Paris, 25 mai 1994 : *D. 1995. Somm. 285, obs. Colombet* (sol. impl.). ♦ ... Pour « La bicyclette bleue » et « Autant en emporte le vent ». • Civ. 1re, 4 févr. 1992 : *D. 1992. 182, note Gautier* ; *RIDA avr. 1992, p. 196 et 174, obs. Kéréver ; Légipresse 1982, p. 143.* – Et sur renvoi • Versailles, 15 déc. 1993 : *RIDA avr. 1994, p. 203 et 255* (sol. impl.).

8. Sur la réservation de lettres missives, V. • T. civ. Seine, 11 mars 1897 : *DP 1898. 2. 358* • Paris, 16 févr. 1945 : *D. 1945. 259, note Desbois* • 10 mai 1973 : *JCP 1973. II. 17475, concl. Cabannes.*

b. Œuvres scientifiques

9. Des manuels de sciences économiques, qui ne peuvent être réduits à une paraphrase des programmes officiels et qui sont la mise en forme particulière d'un message pédagogique destiné à l'élève, peuvent être construits selon une structure particulière originale par laquelle les auteurs ont marqué l'œuvre de l'empreinte de leur personnalité. • Paris, 21 nov. 1994 : *RIDA avr. 1995, p. 381 et 243, obs. Kéréver.* ♦ V. aussi pour des cours de droit, • T. civ. Seine, 9 déc. 1893 : *DP 1894. 2. 262* • 17 mars 1905 : *DP 1905. 2. 366 (1re esp.)* • T. corr. Seine, 6 juin 1966 : *JCP 1966. II. 14893, note J.H.A ; RTD com. 1967. 1077, obs. Desbois* • Paris, 21 févr. 1978 : *Ann. propr. ind. 1979. 362.* ♦ ... Pour un dictionnaire permanent de droit des affaires. • Civ. 1re, 20 juin 1995 : *RIDA janv. 1996, p. 235 et 207, obs. Kéréver* (sol. impl.). ♦ ... Pour un ouvrage médical. • Civ. 1re, 8 nov. 1983 : *Bull. civ. I, n° 260 ; D. 1985. IR 309, obs. Colombet.* ♦ ... Pour un manuel paramédical. • Riom, 11 janv. 2006 : *D. 2006. AJ 500, obs. Daleau* . ♦ ... Pour des cours d'informatique. • TGI Paris, 28 janv. 1988 : *Cah. dr. auteur, oct. 1988, p. 23.* ♦ ... Pour des enseignements de Roland Barthes de sémiologie au Collège de France. • Paris, 24 nov. 1992 : *RIDA janv. 1993, p. 191.* ♦ ... Pour une thèse. • T. civ. Seine, 25 nov. 1905 : *Ann. propr. ind. 1906. 100* • Paris, 4 juin 2004 : *Propr. intell. 2004, n° 13, p. 923, obs. Sirinelli.* ♦ ... Et pour un mémoire de doctorat en sciences de gestion. • Paris, 17 mai 1975 : *RIDA oct. 1975, p. 133 ; Gaz. Pal. 1977. 1. 15.* ♦ Sur l'absence de protection d'un « bilan orthophonique », V. • Paris, 26 sept. 2008 : *Propr. intell. 2009, n° 30, p. 50, obs. Lucas.* ♦ Sur la protection d'une œuvre historique, V. • TGI Paris, 26 nov. 2010 : *Propr. intell. 2011, n° 39, p. 177, obs. Bruguière.*

10. Les notes prises par un homme politique lors d'un entretien ou au cours d'une réunion présentent un caractère d'originalité. • TGI Paris, 28 mai 1986 : *D. 1987. Somm. 151, obs. Colombet.* ♦ Comp. cependant, estimant que si les ouvrages scientifiques peuvent être protégés en tant qu'expression de la pensée humaine, ils ne le sont pas dans la mesure où ils énoncent sous une forme banale ou nécessaire des lois ou des procédés de caractère technique, eux-mêmes non protégés. • TGI Paris, 30 avr. 1980 : *RIDA oct. 1980, p. 138.* ♦ Et, admettant la protection d'un ouvrage de vulgarisation scientifique à vocation publicitaire ayant pour objet l'étude des carences en oligo-éléments chez les ruminants, dès lors qu'en raison de son caractère synthétique cet ouvrage est marqué par la personnalité de celui qui a réalisé la synthèse des connaissances scientifiques. • Paris, 20 avr. 1989 : *RIDA janv. 1990, p. 317 ; D. 1989. IR 177.*

11. Dictionnaires. Les dictionnaires peuvent accéder à la protection du droit d'auteur tant en raison de leur composition que de leur expression originales. • T. civ. Seine, 1er juin 1895 : *Ann. propr. ind. 1898. 303.* ♦ Un dictionnaire peut être original par la mise en œuvre et l'ordre des matières, le choix des citations et des exemples, la rédaction et la forme du style. • Paris, 27 févr. 1985 : *D. 1986. IR 181, obs. Colombet* • 21 mars 1989 : *RIDA oct. 1989, p. 333 ; D. 1989. IR 124 ; Cah. dr. auteur, oct. 1989. 9.* ♦ A propos d'un dictionnaire bilingue de vocabulaire informatique, V. • TGI Paris, 30 mars 1987 : *Cah. dr. auteur, janv. 1988. 14.*

c. Œuvres à caractère technique

12. Peuvent être protégés par le droit d'auteur : le texte d'un brevet d'invention avant publication au *BOPI* ; mais après publication, il s'agit d'un acte officiel de libre parcours. • T. corr. Paris, 17 janv. 1968 : *RTD com. 1968. 1037, obs. Chavanne ; Gaz. Pal. 1968. 1. 197, note R. B.* ♦ ... L'ouvrage exposant une méthode à condition que sa forme ou sa composition réponde aux exigences d'originalité. • Paris, 2 août 1870 : *DP 1871. 2* • 21 févr. 1984 : *D. 1984. IR 285, obs. Colombet.* ♦ ... Alors qu'une méthode elle-même ne peut bénéficier de la protection. • Paris, 2 août 1870 : *DP 1871. 2. 16* • Crim. 15 oct. 1969 : *D. 1970. 15.* ♦ Sur les méthodes, V. aussi • Paris, 26 sept. 2008 : *RTD com. 2009. 125, obs. Pollaud-Dulian* ; *Propr. intell. 2009. 50, obs. A. Lucas.*

d. Œuvres à caractère pratique

13. Peuvent être protégés par le droit d'auteur : une enquête sur les prix pratiqués dans un supermarché. • TGI Grenoble, réf., 9 mai 1984 : *D. 1985. Somm. 309, obs. Colombet.* ♦ ... La présentation du résultat d'un sondage. • Paris, 22 mai 1990 : *D. 1990. IR 175.* ♦ ... Des notices techniques. • T. corr. Seine, 2 févr. 1912 : *Ann. propr. ind. 1912. 290.* ♦ ... Un ouvrage sur les cocktails et les boissons. • TGI Paris, 25 janv. 1988 : *Cah. dr. auteur, sept. 1988. 14.* ♦ ... Des imprimés relatifs à une tombola. • T. com. Tourcoing, 5 août 1983 : *PIBD 1983. III. 248.* ♦ ... Une plaquette sur un séminaire. • Paris, 18 févr. 1988 : *PIBD 1988. III. 409.* ♦ ... La mise en page des programmes de l'Opéra de Paris. • Paris, 30 oct. 1996 : *RJDA 1997, n° 440.* ♦ ... Un catalogue de vente aux enchères. • TGI Paris, 8 juill. 2010 : *RTD com. 2011. 339, obs. Pollaud-Dulian* . ♦ Comp. pour un refus de protection d'un catalogue reproduisant des objets industriels accompagnés de textes en raison de leur caractère technique descriptif et nécessaire. • Paris, 8 nov. 1977 : *Gaz. Pal. 1978. 1. Somm. 123.* ♦ Et, estimant que si des catalogues manifestent de la part de l'éditeur un effort de personnalité et de recherche, ils ne répondent pas pour autant à la condition d'originalité dès lors que la comparaison avec d'autres catalogues permet d'observer que se retrouvent dans plusieurs d'entre eux la disposition verticale des objets et l'emplacement des photographies par rapport au texte. • Versailles, 11 févr. 1987 : *D. 1988. Somm. 201, obs. Colombet.* ♦ Sur la protection de *curriculum vitae* et lettres de motivation, V. • Paris, 26 oct. 2005 : *D. 2005. AJ 2875, obs. Daleau* .

14. Documents juridiques. La requête d'un avocat qui répond au formalisme imposé par l'art. R. 411-1 C. justice adm. ne présente pas de caractère d'originalité. • Crim. 16 juin 2009 : *CCE 2009, n° 85, note Caron ; Légipresse 2009. II. 169, obs. Alleaume.* ♦ Les modèles de contrats et de lettres, dont l'examen révèle le caractère utilitaire et essentiellement de technique juridique, ne peuvent être protégés au titre du droit d'auteur. • TGI Paris, 18 sept. 2008 et • Paris, 24 sept. 2008 : *Propr. intell. 2009, n° 30, obs. Lucas.* ♦ Un guide sur le divorce, dès lors qu'il n'est pas la simple reprise des textes législatifs et réglementaires relatifs au sujet traité, mais bien un guide pour toute personne étrangère au droit qui entend s'informer sur le divorce peut bénéficier de la protection par le droit d'auteur. • Paris, 4 juin 1997 : *D. 1998. Somm. 181, obs. Edelman* ; *ibid. Somm. 189, obs. Colombet* .

15. Peut également être protégé par le droit d'auteur un guide des programmes de télévision. • CJCE 6 avr. 1995 : *RIDA juill. 1995, p. 173.* ♦ Mais le refus, par une société, de fournir des informations brutes (programmes de télévision) sur le fondement de l'exclusivité du droit d'auteur relatif à ces programmes peut être assimilé à un abus de position dominante dès lors qu'il s'agit de la seule source d'information et qu'elle empêche l'apparition d'un produit nouveau. • Même arrêt.

16. Sur les traductions, œuvres dérivées et bases de données, V. notes ss. art. L. 112-3.

2° CONFÉRENCES, ALLOCUTIONS, SERMONS... (ART. L. 112-2, 2°)

17. Conférences. Le cours d'un professeur constitue une création de forme originale et une œuvre de l'esprit protégée, sur laquelle son auteur possède un droit exclusif, et la loi citant les conférences a entendu protéger les œuvres orales, tel étant le cas des cours du docteur Lacan qui a professé la psychanalyse pendant vingt-cinq ans dans le cadre de l'École freudienne qu'il avait fondée. • TGI Paris, 11 déc. 1985 : *D. 1985. IR 155, obs. Colombet.* ♦ Les leçons publiques d'un professeur constituent à son profit une œuvre d'intelligence dont la propriété lui appartient. • T. civ. Seine 9 déc. 1893 : *DP 1894. 2. 262.* ♦ L'originalité du cours d'un instituteur peut se situer au niveau du contenu du cours, de la didactique ou des méthodes pédagogiques (à propos de l'absence d'originalité du cours dispensé par un instituteur dans le documentaire « Être et avoir »). • Civ. 1re, 13 nov. 2008 : *Dalloz actualité, 25 nov. 2008, obs. Daleau ; D. 2008. AJ 3009* ; *CCE 2009, n° 2, note Caron ; Légipresse 2009. II. 171, obs. Alleaume ; Propr. intell. 2009, n° 31, p. 161, obs. Lucas ; RIDA avr. 2009, p. 261, note Sirinelli.* ♦ Rejetant le pourvoi contre • Paris, 29 mars 2006 : *D. 2006. Pan. 2995, obs. Sirinelli* ; *CCE 2006, n° 77, note Caron ; Gaz. Pal. 27 avr. 2007, p. 27, note Marino ; RIDA janv. 2007, p. 185, note Sirinelli.* ♦ Confirmant • TGI Paris, 27 sept. 2004 : *D. 2005. 92, note Edelman* ; *CCE 2004, n° 153, note Caron ; JCP E 2004. 1898, n° 1, obs. Lallement ; Légipresse 2005. II. 9, note Marino.* ♦ Peuvent aussi être protégés : une plaidoirie. • T. civ. Seine, 13 févr. 1952 : *D. 1952. 245 ; Gaz. Pal. 1952. 1. 205, concl. Albaut* • Paris, 25 sept. 1956 : *D. 1956. 633 ; JCP 1956. II. 9560, note Lindon.* ♦ ... Un sermon. • Lyon, 17 juill. 1845 : *DP 1845. 2. 128.* ♦ ... Une allocution politique. • TGI Paris, 6 juill. 1972 : *D. 1972. 628, note Pactet ; Gaz. Pal. 1972. 2. 595* • 3 avr. 1973 : *Gaz. Pal. 1973. 2. 540, concl. Montanier ; RIDA juill. 1973, p. 106.* – V. aussi

• 28 mai 1986 : *D. 1987. Somm. 151, obs. Colombet.* ♦ Sur l'absence de protection d'un cours de droit pénal, V. • Crim. 18 oct. 2011 : *D. 2012. 1704, obs. Mascala ; ibid. Pan. 2839, obs. Sirinelli ; RTD com. 2012. 202, obs. Bouloc ; CCE 2012, n° 28, note Caron.*

18. Énonçant qu'« Attendu que l'art. L. 112-2, 2°, cite, parmi les œuvres de l'esprit, les allocutions et autres œuvres de même nature ; que selon l'art. L. 121-8, l'auteur a seul le droit de réunir ses articles et discours en recueil et de les publier ou d'en autoriser la publication sous cette forme ; que les discours destinés au public et prononcés dans les assemblées politiques, administratives, judiciaires, académiques ainsi que les réunions d'ordre politique et les cérémonies officielles sont mentionnés à l'article L. 122-5, 3° c) qui n'exclut de la protection que la diffusion par la voie de presse ou de télédiffusion, à titre d'information d'actualité », V. • TGI Paris, 25 oct. 1995 : *RIDA janv. 1996, p. 294 et 203, obs. Kéréver.* ♦ « Attendu que si les allocutions du chef de l'État (président Mitterrand) ont pour vocation de traduire les principales orientations de son action politique et de refléter sa réflexion sur des questions de société, elles ne comportent aucune disposition impérative ayant valeur normative et ne constituent donc pas des actes officiels ». • Même jugement. ♦ Pour des exemples d'actes officiels exclus, par leur nature, du champ de la protection du droit d'auteur, V. note 107.

3° ŒUVRES DRAMATIQUES... (ART. L. 112-2, 3°)

19. Œuvres dramatiques. Sur l'impossibilité de reprendre la péripétie de l'intrigue d'une pièce de théâtre, V. • Paris, 25 juill. 1914 : *Gaz. Pal. 1915. 2. 322.* – Pourvoi rejeté par • Req. 27 févr. 1918 : *Ann. propr. ind. 1919. 53.* ♦ V. aussi retenant que la composition, c'est-à-dire le développement de l'idée générale, donne prise au droit d'auteur. • Req. 27 juin 1910 : *DP 1910. 1. 296.*

20. Œuvres dramatico-musicales. Les paroles nouvelles et originales écrites lors du remaniement d'une œuvre dramatico-musicale constituent un travail personnel, une création autonome protégée par le droit d'auteur dont la durée de protection est indépendante de celle de l'œuvre première. • Bruxelles, 18 févr. 1981 : *RIDA janv. 1982, p. 170.*

4° ŒUVRES CHORÉGRAPHIQUES, NUMÉROS DE CIRQUE... (ART. L. 112-2, 4°)

21. Numéro de cirque. Un mouvement combinant le fait de plonger et de faire des culbutes sur un trampolino est un numéro de cirque constituant une œuvre de l'esprit protégeable. • Paris, 9 nov. 1984 : *Ann. propr. ind. 1984. 147.* ♦ Sur la protection du personnage original créé par un mime, V. • Versailles, 9 juill. 1991 : *RIDA oct. 1993, p. 208.*

22. Numéro de music-hall. Si un genre théâtral ne peut, en principe, faire l'objet d'une appropriation privative, et si on ne saurait, en particulier, reconnaître un caractère original au genre dit de « transformation » (rapide du spectacle...), rien ne s'oppose en droit à ce qu'un numéro de music-hall présentant, en dehors du genre auquel il appartient et des procédés mécaniques mis en œuvre pour sa réalisation, une individualité propre issue de l'originalité créatrice de l'artiste, soit l'objet de la protection légale au cas où un concurrent dans le même genre le copierait servilement. • Paris, 3 mars 1956 : *D. 1958. Somm. 159.* ♦ Sur la protection d'un numéro d'illusionniste composé d'une série de tours réalisés dans une mise en scène marquée de la personnalité de son auteur, V. • TGI Paris, 20 déc. 1996 : *RIDA juill. 1997, p. 351 ; JCP E 1998, p. 1251, note Bougerol.*

23. Chorégraphie. Sur la protection d'une chorégraphie, entendue comme un enchaînement de mouvements, V. • T. civ. Seine, 11 juill. 1862 : *Ann. propr. ind. 1866. 135* • Paris, 8 juin 1960 : *JCP 1960. II. 11710, concl. Combaldieu* • Bruxelles, 18 sept. 1998 : *RIDA janv. 1999, p. 372.* ♦ Comp., pour la non-protection d'un pas de danse, en raison de sa nature et sa destination. • Paris, 1er juill. 1967 : *Ann. propr. ind. 1968. 249* (sol. impl.). ♦ Pour la protection de mises en scène, V. notes 97 s.

24. Spectacle de rue. Sur la protection d'un spectacle de rue filmé, V. • TGI Paris, 2 oct. 2001 : *Légipresse 2002. I. 23 ; Propr. intell. 2002, n° 5, p. 40, obs. Lucas.*

25. Numéro de prestidigitation. La règle de fixation posée par l'art. L. 112-2, 4°, doit être regardée comme une règle de preuve, sauf à contredire le principe posé par l'art. L. 111-1 selon lequel le droit d'auteur naît de la création. Sur la protection d'un numéro de magie mettant en scène un piano volant, V. • Paris, 17 déc. 2003 : *D. 2004. 1588, note Fleury ; ibid. 2005. Pan. 1485, obs. Sirinelli ; CCE 2004, n° 51, note Caron ; Propr. intell. 2004, n° 10, p. 537, obs. Sirinelli.* ♦ Sur la protection et la contrefaçon d'un numéro de magie, V. • TGI Tarascon, 21 sept. 2012 : *D. 2013. 164, note Fleury-Le Gros .*

5° COMPOSITIONS MUSICALES (ART. L. 112-2, 5°)

26. Originalité. L'originalité peut se révéler tant dans la mélodie que dans l'harmonie ou le rythme. • T. civ. Seine, 31 oct. 1950 : *D. 1950. 763.* ♦ ... Et résider, pour une chanson, dans la combinaison de la mélodie et de son rythme. • Civ. 1re, 11 oct. 1989 : *RIDA juill. 1990, p. 325.* ♦ Comp. estimant qu'une différence de rythme ne saurait, au regard d'une mélodie identique, suffire à donner à l'œuvre seconde en date une véritable originalité, et que pour être protégée une œuvre de l'esprit doit être originale, c'est-à-dire se différencier des œuvres antérieures et porter le sceau de la personnalité de son auteur. • TGI Paris, 21 janv. 1977 : *RIDA avr. 1977, p. 169 ; RTD com. 1977. 110, obs. Desbois.* ♦ Sur l'originalité de la reconstitution d'œuvres anciennes, V. • TGI Nanterre, 19 janv. 2005 : *RTD com. 2006. 81, obs. Pollaud-Dulian ; CCE 2006. Étude 3, § 1, obs. Daverat ; RIDA janv. 2006, p. 285, note Kéréver.* ♦ Des sonorités de cloches peuvent constituer une œuvre. • CAA Lyon, 5 avr. 2012 : *Propr. intell. 2012, n° 44, p. 323, obs. Bruguière.*

27. Indifférence d'autres caractéristiques. Le mérite et la destination étant indifférents, les romances, chansonnettes et autres œuvres musicales de petite dimension peuvent être protégées par le droit d'auteur. • Paris, 12 avr. 1853 : *DP 1853. 2. 130.* ♦ Le recours à des instruments ou outils pour la création ne fait pas obstacle à la protection de l'œuvre musicale. Ainsi, « la composition musicale assistée par ordinateur, dès lors qu'elle implique une intervention humaine, du choix de l'auteur (...) conduit à la création d'œuvres originales et comme telles protégeables quelle que soit l'appréciation qui peut être portée sur leur qualité ». • TGI Paris, 5 juill. 2000 : *CCE 2001, n° 23, note Caron* • Bordeaux, 31 janv. 2005 : *CCE 2006. Étude 3, § 2, obs. Daverat.*

28. Rapport avec l'absence d'antériorité. Toute action en contrefaçon est subordonnée à la condition que l'œuvre, objet de cette action, soit une œuvre de l'esprit protégeable au sens de la loi, c'est-à-dire originale. Une œuvre musicale répond à ce critère si aucune antériorité musicale n'est rapportée. • TGI Paris, 29 juin 1987 : *Cah. dr. auteur, févr. 1988, p. 29.* ♦ ... La preuve d'une éventuelle antériorité incombant aux défendeurs à l'action en contrefaçon. • Civ. 1re, 11 oct. 1989 : *RIDA juill. 1990, p. 325.* ♦ Pour un refus de protection parce que la chanson appartenait au domaine public antérieurement à la date prétendue de la création, à propos de la chanson « Boire un petit coup, c'est agréable » déjà connue dans le folklore francophone, V. • Civ. 1re, 23 oct. 1962 : *Bull. civ. I, n° 440.*

29. Cependant l'emprunt au folklore n'exclut pas nécessairement toute originalité : Pour la protection d'improvisations de Manitas de Plata. • Civ. 1re, 1er juill. 1970 : *D. 1970. 734, note B. Edelman.* ♦ ... Les œuvres musicales pouvant être des œuvres dérivées comme des arrangements, telle une rhapsodie transformée en valse. • Paris, 30 avr. 1970 : *RIDA juill. 1970, p. 146.* ♦ ... Ou le passage d'une œuvre à rythme binaire de style « blues » en œuvre à rythme ternaire de valse lente. • Paris, 29 janv. 1978 : *RIDA janv. 1979, p. 179.* ♦ ... Ou encore une orchestration. • Paris, 10 mars 1970 : *D. 1971. 114, note P. L.*

30. Éléments non protégeables. L'enregistrement phonographique de chants d'oiseaux n'entre pas dans le champ de la protection du droit d'auteur puisque la multiplicité des prises de son effectuées, la sélection des prises de son, l'élimination de fréquences parasitaires et la mise en relief de certaines fréquences intéressantes, la réalisation de surimpressions ne confèrent pas à un enregistrement mécanique le caractère d'œuvre protégeable. • Paris, 6 oct. 1979 : *D. 1981. 190, note Plaisant ; RTD com. 1980. 346, obs. Françon.* ♦ Il en va de même pour les prestations des artistes interprètes. • Civ. 1re, 15 mars 1977 : *RIDA juill. 1977, p. 501, note Desbois.* ♦ Sur la protection de ces prestations, V. art. L. 211-1 s.

31. Le rythme d'une œuvre n'est pas en soi protégeable, en sorte que la seule similitude de cet élément entre deux compositions n'est pas constitutive de contrefaçon. • Paris, 25 avr. 1972 : *RIDA juill. 1972, p. 222.* ♦ ... Tandis qu'une différence de rythme entre deux œuvres ne saurait, au regard d'une mélodie identique, suffire à donner à l'œuvre seconde en date une véritable originalité. • TGI Paris, 21 janv. 1977 : *préc. note 26.* ♦ En revanche, la mélodie d'une œuvre peut être protégée en elle-même et la reprise de quatre mesures d'un opéra comique constituer une contrefaçon. • CE 5 mai 1939 : *DP 1939. 3. 63, note P.-L. J.*

32. La cellule mélodique utilisée dans les deux premières mesures d'un refrain est dénuée d'originalité lorsqu'elle appartient à un fonds commun que l'on retrouve dans différentes formes de musique et à différentes époques. • Paris, 30 nov. 1979 : *RIDA janv. 1979, p. 150.*

6° ŒUVRES CINÉMATOGRAPHIQUES... (ART. L. 112-2, 6°)

a. Notion

33. Éléments constitutifs. Déjà sous l'empire des textes antérieurs à la loi du 11 mars 1957, il était jugé que le mouvement et les images sont l'essence de l'art cinématographique. • Paris, 13 mai 1964 : *JCP 1964. II. 13932, obs. Lyon-Caen* • Civ. 1re, 15 avr. 1966 : *D. 1967. 485, note Desbois* • 22 nov. 1966 : *eod. loc.* ♦ Sur l'importance de l'enchaînement des images et des sons dans la qualification d'œuvre audiovisuelle, V. • Paris, 4 mars 1987 : *RIDA avr. 1987, p. 71.* ♦ Pour une définition réglementaire de l'œuvre audiovisuelle, V. Décr. n° 90-66 du 17 janv. 1990, art. 4 *(JO 18 janv.).*

34. Caractère. Une œuvre audiovisuelle est nécessairement une œuvre de collaboration ; « considérant que l'art. L. 113-9, al. 1er, qui reprend en l'étendant aux œuvres audiovisuelles le texte de l'art. 14, al. 1er, de la loi du 11 mars 1957, pose le principe général selon lequel la ou les personnes physiques qui réalisent la création intellectuelle de ces œuvres ont la qualité d'auteur ; que par cette disposition claire le législateur a entendu signifier que l'œuvre audiovisuelle ne pourrait jamais être une œuvre collective dans laquelle ceux qui contribuent à la réalisation ne sont pas des auteurs ; qu'il s'agissait en effet de rejeter une nouvelle fois la conception selon laquelle le producteur serait l'auteur unique de l'œuvre ; que cette disposition, à la différence de la présomption de l'al. 2 du même art. L. 113-7, n'est pas susceptible de preuve contraire, qu'il convient de décider que l'émission Ramdam, du fait qu'il s'agit d'une œuvre audiovisuelle, ne peut être une œuvre collective ». • Paris, 16 mai 1994 : *JCP 1995. II. 22375, note Linant de Bellefonds ; RIDA oct. 1994, p. 474 et 303, obs. Kéréver.* ♦ Dans le même sens : • Paris, 17 janv. 1995 : *RIDA juill. 1995, p. 332* • Civ. 1re, 26 janv. 1994 : *D. 1994. IR 55 ; RIDA oct. 1994, p. 433.*

35. Sur l'accès à la protection du droit d'auteur : pour des reportages, V. • Paris, 9 mars 1989 : *D. 1990. Somm. 55, obs. Colombet* • 4 mars 1991 : *D. 1992. Somm. 74, obs. Hassler*. ♦ ... Pour des films documentaires destinés à la télévision. • TGI Paris, 28 avr. 1971 : *RIDA juill. 1971, p. 95.* ♦ A propos des journaux télévisés, V. • TGI Strasbourg, 16 nov. 2001 : *D. 2002. AJ 405 ; CCE 2002, n° 2, note Caron ; RIDA janv. 2002, p. 463, note Kéréver ; JCP E 2002. 1334, n° 6, obs. Bougerol ; Légipresse 2002. III. 43.*

b. Exclusion des idées

36. Principe. Le projet d'une émission spécifiquement féminine n'a conduit la demanderesse qu'à proposer une simple idée en forme de canevas, dont le contenu au fond ou l'expression formelle (ensemble des thèmes débattus et procédé technique de l'interview ou de la table ronde) ne constitue pas une création intellectuelle et ne présente aucune originalité puisque, dès avant 1970, il y était communément recouru tant dans la presse écrite qu'à la radio ou à la télévision. • Paris, 14 oct. 1975 : *RIDA juill. 1976, p. 136.* ♦ Comp., retenant que l'idée de promouvoir de jeunes talents en soumettant leurs interprétations à l'appréciation simultanée de professionnels a inspiré plusieurs émissions de télévision et se trouvait déjà mise en œuvre dans l'émission « Découvertes-TF1 » diffusée en 1977 et 1978, soit plusieurs années avant le dépôt de son scénario ; qu'en tout état de cause cette simple idée n'est pas en elle-même susceptible d'être protégée et que son concepteur ne serait fondé à agir en contrefaçon que dans la mesure où les modalités de l'émission par lui proposée se trouveraient servilement reproduites. • Paris, 12 févr. 1990 : *D. 1990. IR 78.* ♦ Le mode de sélection d'un projet de jeu télévisé qui préconise l'utilisation du téléphone par les téléspectateurs pendant que se déroule l'émission afin d'être sélectionné pour participer à une nouvelle émission, ne remplit pas la double exigence de forme et d'originalité. • Paris, 28 mai 2003 : *D. 2003. Somm. 2754, obs. Sirinelli*. ♦ Dans le même sens, concernant le format d'une émission télévisée, • Paris, 28 sept. 2012 : *Propr. intell. 2013, n° 46, p. 44, obs. A. Lucas.*

37. Créations de forme. Si l'idée n'est pas susceptible d'appropriation, la création est en revanche protégeable lorsque, par la composition du sujet, l'arrangement et la combinaison des épisodes, l'auteur présente au public une idée concrète et lui donne vie. Les auteurs de la séquence du film « Ils sont grands, ces petits » ont fait œuvre originale par la manière dont ils ont mis en œuvre le thème de la séquence litigieuse, ce thème se retrouvant exactement dans le film publicitaire avec la même composition, le même enchaînement des scènes et des situations et le même effet de surprise. Les deux œuvres utilisent un modèle réduit de véhicule en train de se faufiler dans une ville, jouent sur l'effet de surprise créé par le contraste entre le petit véhicule et celui de taille normale, montrent le modèle réduit en train de s'engager sous les roues d'un poids lourd puis faire irruption entre ses roues avant à la grande surprise de son chauffeur qui, dans les deux cas, se soulève de son siège à la suite de son étonnement. • Paris, 22 févr. 1984 : *D. 1984. IR 285, obs. Colombet.* ♦ V. aussi « Considérant qu'il convient de rappeler que les thèmes et idées sont de libre parcours et ne sauraient de quelque manière que ce soit faire l'objet d'une appropriation ; qu'un scénario n'est protégeable qu'autant que la forme, l'expression des idées, le développement qui en est donné et l'enchaînement des scènes lui confèrent le caractère d'une œuvre originale et auraient été repris dans l'œuvre arguée de contrefaçon. » • Paris, 21 févr. 1996 : *RIDA juill. 1996, p. 383.*

38. Place de l'idée. La réalisation d'un film publicitaire sur les services de transport, associant simplement cette idée de rapidité traduite par la musique et les paroles de la comptine « Il court, il court le furet » relevant du domaine public à d'autres moyens d'expression, ne constitue pas en l'espèce une œuvre de l'esprit dont les caractères d'originalité et de nouveauté s'imposent de façon évidente et incontestable. • TGI Paris, réf., 30 avr. 1987 : *Juris-Data n° 042697.* ♦ Et, censurant la décision de la cour d'appel qui, en statuant sans rechercher si la forme d'un jeu télévisé meurtrier que revêtait dans « Le prix du danger » le thème, non protégeable en soi, de l'emprise de la télévision sur les esprits, n'était pas un élément caractéristique original de ce film, dont la reproduction ou l'adaptation était de nature à constituer une contrefaçon quelles que fussent par ailleurs les différences qui séparaient les deux œuvres, n'a pas donné de base légale à sa décision, V. • Civ. 1re, 25 mai 1992 : *Bull. civ. I, n° 161 ; D. 1993. Somm. 243, obs. Hassler ; RIDA oct. 1992, p. 156 ; LPA 10 mars 1993, note Gavalda.* – Et, sur renvoi • Douai, 20 mai 1996 : *RIDA oct. 1996, p. 278 ; LPA 28 juill. 1997, obs. Caron.* ♦ V. encore, constatant que si l'on retrouve dans deux scénarios des éléments communs, telles une chambre d'hôpital lieu de claustration, une fenêtre unique comme seule échappée sur le monde extérieur auquel un personnage ne peut avoir accès que par le récit que peut en faire un autre et la substitution au monde réel d'un monde imaginaire utilisé par le narrateur comme moyen d'évasion d'une triste condition : « ces éléments relèvent en soi du monde des idées dont on a rappelé qu'elles étaient de libre parcours, précision étant donnée que le thème de l'isolement et de l'évasion imaginaire, placé dans un rapport tripartite caractérisé par un "lieu de claustration", "une fenêtre", "un récit mensonger indirect » a déjà été traité" comme en attestent les œuvres d'autres créateurs dont l'antériorité n'est pas contestée, de telle sorte que la contrefaçon ne pourrait être établie « qu'autant que l'exploitation qui serait faite de l'idée ou du thème se retrouverait à l'identique ou présenterait d'indéniables ressemblances », ce qui n'est pas le cas lorsque « les ressemblances de deux anecdotes n'excèdent pas l'idée qui les sous-tend ». • Paris, 21 févr. 1996 : *RIDA juill. 1996. p. 383.*

39. Réservation indirecte. L'initiateur de l'idée, du thème ou du concept pouvant s'opposer à la reprise déloyale ou parasitaire du produit de sa pensée et obtenir sa condamnation au paiement de dommages et intérêts, il a pu être jugé que la concurrence entre les chaînes de télévision est devenue un fait patent, qu'il ne leur est pas interdit de rivaliser entre elles pour rechercher la clientèle, soit le plus grand nombre de spectateurs, qu'il existe cependant des limites dans le choix des moyens utilisés pour la conquête de l'audience, et qu'il n'est pas acceptable de plagier l'émission d'un concurrent en adoptant outre le thème, la construction, le découpage et la durée, la structure des séquences et le style de présentation. En l'espèce, l'imitation était d'autant plus évidente que l'émission de TF1 avait été confiée à des transfuges d'Antenne 2 qui n'étaient pas libérés de toute obligation à l'égard de leur ancien employeur puisqu'une disposition de leur précédent contrat, applicable même après cessation de la diffusion des précédentes émissions, énonçait qu'ils ne pourraient en aucun cas, sauf accord écrit et préalable du P-DG d'Antenne 2, faire usage personnellement ou autoriser des tiers à faire usage des thèmes, des principaux personnages ou de la formule des émissions ou de toute autre formule similaire, V., prononçant une condamnation à 55 000 000 F de dommages-intérêts. • Versailles, 11 mars 1993 : *JCP 1994. II. 22271, note Galloux.* ♦ Il est cependant nécessaire que l'idée en cause ait reçu un début de réalisation par un projet précis. • TGI Paris, 8 mars 1988 : *PIBD 1988. III. 461.* ♦ ... Et ne soit pas banale. • Paris, 22 sept. 1980 : *Ann. propr. ind. 1981. 163.* ♦ Pour l'admission implicite d'une obligation de discrétion pesant sur la personne à qui a été communiqué un synopsis, V. • Paris, 1er févr. 1989 : *D. 1990. Somm. 292, obs. Hassler.*

c. Œuvres protégées

40. Œuvres audiovisuelles. S'agissant d'œuvres télévisuelles, l'élaboration d'un journal filmé peut être une création en raison de la transcription de la réalité qui implique des choix, une sélection des sujets et des plans, un assemblage, une composition, un commentaire, un mode de présentation qui sont autant de manifestations de la personnalité. • TGI Paris, 28 avr. 1971 : *préc. note 35.* ♦ Peuvent ainsi être protégés : un défilé de mode. • TGI Paris, 23 oct. 1987 : *Images juridiques 1987, n° 4, p. 4.* ♦ ... Un entretien audiovisuel. • TGI Paris, 10 juill. 1974 : *JCP 1974. II. 17831, note Lindon* • Paris, 7 mai 1976 : *RTD com. 1976. 328, obs. Desbois.* ♦ ... Un reportage sur l'argot marqué de l'empreinte de la personnalité de l'auteur par le choix des plans de tournage et la manière d'introduire le reportage. • Paris, 17 janv. 1995 : *RIDA juill. 1995, p. 332.* ♦ ... Un film documentaire sur un plongeur. • Paris, 9 oct. 1995 : *RIDA avr. 1996, p. 311.* ♦ Les images télévisuelles commentées de courses hippiques, les droits d'auteur appartenant à la société organisatrice de courses. • TPICE 12 juin 1997 : *CJCE, p. 923 ; LPA 15 avr. 1998, note Blasselle ; CCC 1997. 167 ; RIDA avr. 1998, p. 347.* ♦ Un jeu télévisé est susceptible d'une protection au titre du droit d'auteur dès lors que le projet « ne s'est pas limité à poser une règle du jeu abstraite, définie comme l'affrontement de deux équipes à travers des épreuves d'adresse et de mémoire mais s'est attaché à décrire une règle précise décrivant l'atmosphère et la philosophie du jeu, ainsi que son déroulement, la comptabilisation des points, la teneur des questions et leur formulation et la nature des épreuves sportives ; considérant que le projet Divertissimo constitue un assemblage original d'éléments connus en eux-mêmes qui révèle l'activité créatrice de ses auteurs ; qu'il est protégeable sur le fondement du livre I du CPI ». • Paris, 27 mars 1998 : *D. 1999. 417, note Edelman* (ne sanctionnant pas les ressemblances entre les deux jeux en cause parce que relevant de traits inhérents à l'ensemble des jeux télévisés et non appropriables à titre privatif, à savoir : un invité, des questions posées aux candidats, des épreuves et l'intervention d'une part de hasard dans la détermination des gagnants, et qu'en revanche les différences entre les deux œuvres dépassent et conjurent largement les ressemblances fortuites relevées). ♦ Un jeu de société, qui se résume à une simple règle du jeu, n'est pas protégeable. • Paris, 17 oct. 2012 : *Propr. intell. 2013, n° 46, p. 43, obs. Bruguière.*

41. En revanche, il a pu être jugé que seules peuvent être admises au répertoire de la Société des gens de lettres les réalisations télévisuelles dans lesquelles l'invention, l'intervention et la responsabilité personnelle du réalisateur sont déterminantes quels que soient le genre et l'outil utilisés, ce qui suppose la maîtrise du choix, de la composition et de l'enchaînement des images et des sons ; – V., à propos d'une émission dite « de plateau », • Paris, 4 mars 1987 : *RIDA avr. 1987, p. 71.* ♦ Les émissions de téléachat ne constituant que des techniques de vente ne peuvent être considérées comme œuvres originales de l'esprit. • T. com. Pointe-à-Pitre, 21 mars 1997 : *Légipresse 1997. I. 116.* ♦ Sur l'absence de protection d'une vidéo prise sur le vif, V. • Paris, 6 juin 2012 : *Propr. intell. 2012, n° 45, obs. A. Lucas.*

42. Restauration d'une œuvre. « Considérant sur le fond que Jacques Champreux ne peut valablement soutenir qu'en restaurant la copie de 1963 des "Vampires", il a réalisé une œuvre de création au sens du droit d'auteur ; que la création d'une œuvre nouvelle, que ce soit une adaptation ou une œuvre composite, suppose un apport original alors que la restauration implique la fidélité la plus stricte à l'image et à l'esprit de l'œuvre d'origine, sa reconstitution ; qu'aucune part n'est laissée à l'arbitraire, dès lors que précisément la restauration a pour but de faire revivre l'œuvre telle qu'elle était à l'origine ; que M. Champreux à la différence d'un adaptateur n'a pas cherché à modifier le plan, le montage, la composition de l'œuvre antécédente ; que la rédaction des intertitres et plans d'insert et la détermination de leur emplacement proviennent non de son imagination mais selon sa conviction du choix de l'auteur lui-même ; que sa personnalité s'est manifestée dans l'orientation de ses recherches, dans ses supputations, mais qu'au terme de ses efforts le résultat lui échappe ; que le travail consistant à retrouver l'ordre dans lequel doivent s'enchaîner les différentes bobines du film est un travail de technicien et non une création originale ; (...) que si M. Champreux a indéniablement effectué un long travail de recherches et d'analyse pour reconstituer le film tel qu'il devait être selon lui à l'origine tout comme le restaurateur d'un tableau recherche les couleurs et les traits effacés, souillés ou détruits pour lui redonner son éclat premier, il n'en demeure pas moins qu'il ne peut revendiquer aucun droit d'auteur sur le résultat final. » • Paris, 5 oct. 1994 : *D. 1996. 53, obs. Edelman ; RIDA oct. 1995, p. 302* et *229, obs. Kéréver.*

43. Documents préparatoires. A propos d'une « bible » décrivant notamment les sept personnages de base d'une série télévisée et qui a servi de guide contraignant à l'écriture des différents épisodes, il a pu être jugé que dans la mesure où il ressort de la lecture d'un certain nombre de scénarios à laquelle s'est livré le tribunal que les auteurs de scénarios ont repris les personnages de base préexistants, qu'ils ont écrit leur texte en reprenant leurs traits de caractère, psychologie, habitudes, milieu social, etc., qu'ils ne se sont pas totalement évadés de ces antécédents nécessaires pour donner aux personnages principaux des personnalités différentes, la bible revendiquée par les demandeurs donne prise aux droits d'auteur et est de nature à justifier la perception par S.B. et M.C. d'un pourcentage de redevances versées par la SACD aux auteurs des 380 épisodes de la série « Voisin Voisine ». • TGI Paris, 23 sept. 1992 : *RIDA oct. 1993, p. 257.* ♦ Pour un exemple contraire de non-protection d'un synopsis, V. • Paris, 27 juin 1990 : *RIDA juill. 1991, p. 245, note Gaudrat.* ♦ V. encore, pour refuser la protection à un synopsis, relevant que l'originalité, définie en l'espèce comme « l'expression de la personnalité de l'auteur, alliée à une activité inventive » faisait défaut. • Versailles, 18 oct. 1996 : *Gaz. Pal. 1998. Somm. 515, note Matthyssens* • Civ. 1re, 2 mars 1999 : *RIDA juill. 1999, p. 309.*

7° ŒUVRES DE DESSIN, DE PEINTURE, D'ARCHITECTURE... (ART. L. 112-2, 7°)

44. Seules constituent des exemplaires originaux les épreuves en bronze à tirage limité coulées à partir du modèle en plâtre ou en terre cuite réalisé par le sculpteur personnellement, de telle sorte que, dans leur exécution même, ces supports matériels de l'œuvre portent l'empreinte de la personnalité de leur auteur et se distinguent par là d'une simple reproduction. • Civ. 1re, 4 mai 2012 : *Bull. civ. I, n° 103 ; Dalloz actualité, 24 mai 2012, obs. Daleau ; D. 2012. 1446, concl. Pagès ; ibid. 1452, note Zolynski ; RTD com. 2012. 110, obs. Pollaud-Dulian ; CCE 2012, n° 90, note Caron.*

45. Sont susceptibles d'être protégés par le droit d'auteur : un dessin humoristique dont la protection est indépendante de la valeur artistique ou de la destination commerciale. • Crim. 13 févr. 1969 : *D. 1969. 323.* ♦ ... Des dessins, reproduits sur des vêtements, dont le défendeur ne remet pas en cause l'originalité. • Paris, 9 févr. 1995 : *RIDA oct. 1995, p. 310.* ♦ ... Le portrait d'un compositeur. • Paris, 31 oct. 1988 : *Cah. dr. auteur, avr. 1989, p. 22.* ♦ ... Des peintures murales réalisées dans les locaux d'un théâtre. • Civ. 1re, 4 juill. 1995 : *GAPI, 1re éd., Dalloz, n° 12 ; Légicom, n° 8, p. 159, note Caron ; RIDA janv. 1996, p. 263* (sol. impl.). ♦ ... Des sculptures. • Paris, 16 nov. 1893 : *DP 1894. 2. 64* • Civ. 1re, 18 oct. 1977 : *RIDA avr. 1978, p. 114* • 13 nov. 1973 : *Bull. civ. I, n° 302 ; D. 1974. 533, note Colombet ; JCP 1975. II. 18029, note Manigne* (sol. impl.). ♦ ... Une sculpture en chocolat (et ce malgré son caractère éphémère). • TGI Laval, 16 févr. 2009 : *Propr. intell. 2009, n° 32, p. 260, obs. Bruguière.* ♦ ... Une statue située dans un lieu public et dont le statut de création de forme originale n'est même pas discuté.

• Civ. 1re, 4 juill. 1995 : *préc.* ♦ ... Des décorations réalisées par un sculpteur. • Civ. 1re, 9 nov. 1993 : *D. 1994. Somm. 91, obs. Colombet*. – Et, dans la même affaire • Civ. 1re, 5 mai 1998, *Gieules : D. Affaires 1998. 1007, obs. B. P. ; RJDA 1998, n° 1061 ; Légipresse 1998. I. 130.* ♦ ... Une fontaine monumentale. • Paris, 10 juill. 1975 : *D. 1977. 342, note Colombet.* ♦ ... Un monument funéraire. • T. civ. Clermont-sur-Oise, 30 mai 1951 : *D. 1951. 780.* ♦ ... Une fresque commandée par un musée dès lors que les indications données sur le thème à illustrer étaient très générales et ont laissé à l'exécutant la pleine liberté dans la conception et l'exécution de l'œuvre. • Paris, 11 juin 1997 : *RIDA oct. 1997, p. 255 ; Légipresse 1997. I. 116.* ♦ ... L'aménagement nouveau d'une place dès lors qu'il n'est pas seulement fonctionnel et ne résulte pas uniquement des contraintes du cahier des charges (place des Terreaux à Lyon). • Lyon, 20 mars 2003 : *D. 2003. Somm. 2759, obs. Sirinelli ; ibid. 3037, note Edelman ; CCE 2003, n° 81, note Caron ; Propr. intell. 2003, n° 9, p. 376, obs. Lucas.* ♦ Réformant partiellement • TGI Lyon, 4 avr. 2001 : *D. 2002. 1417, note Edelman ; JCP 2001. II. 10563, note Pollaud-Dulian.* – Pourvoi rejeté par • Civ. 1re, 15 mars 2005 : *Bull. civ. I, n° 134 ; D. 2005. Pan. 1490, obs. Sirinelli ; ibid. 1645, note Allaeys ; ibid. AJ 1026, obs. Daleau ; RTD com. 2005. 306, obs. Pollaud-Dulian ; CCE 2005, n° 78, note Caron ; JCP 2005. II. 10072, note Lancrenon ; Légipresse 2005. III. 73, note Bruguière ; RIDA juill. 2005, p. 317, note Kéréver.* ♦ La plaque de zinc servant à réaliser une lithographie n'est pas une œuvre. • Civ. 1re, 1er déc. 2011 : *Dalloz actualité, 14 déc. 2011, obs. Daleau ; D. 2011. 2995 ; CCE 2012, n° 62, note Caron ; Propr. intell. 2012, n° 42, p. 27, obs. A. Lucas ; ibid. n° 44, p. 333, obs. A. Lucas.*

46. *Œuvres d'architecture.* Peuvent être protégés par le droit d'auteur : une construction immobilière en raison de la combinaison harmonieuse des éléments qui la composent, notamment des volumes et des couleurs. • Paris, 19 juin 1979 : *RIDA juill. 1981, p. 208 ; Ann. propr. ind. 1981. 164.* ♦ ... Une œuvre monumentale. • Civ. 1re, 8 janv. 1980 : *RIDA avr. 1980, p. 152, note Françon.* ♦ ... Un aménagement intérieur que l'auteur a marqué de son empreinte personnelle en combinant les différents éléments suivant un ordre prédéterminé et réfléchi, telle la juxtaposition de bandes de carreaux verticales de différentes couleurs disposées suivant certaines largeurs avec des glaces argentées et décorées. • TGI Paris, 19 juin 1986 : *PIBD 1987. III. 38.* ♦ V. aussi • TGI Paris, 17 déc. 2002 : *D. 2003. 2089, note Edelman ; RIDA janv. 2004, p. 159, note Kéréver.* ♦ ... Un immeuble d'habitation, dès lors qu'il présente une certaine originalité. • Paris, 28 mars 1995 : *RIDA oct. 1995, p. 243, obs. Kéréver.* ♦ ... Des travaux d'architecte réalisés dans un immeuble. • Paris, 20 nov. 1996 : *RIDA juill. 1997, p. 321 ; JCP 1997. II. 22937, note Pollaud-Dulian.* ♦ ... Des travaux de rénovation d'une maison. • TGI Paris, 15 juin 2004 : *RIDA oct. 2004, p. 225, obs. Kéréver.* ♦ ... Une maison d'habitation. • Versailles, 4 avr. 1996 : *JCP 1996. II. 22741, note Bécourt ; Gaz. Pal. 1996. 1. Somm. 19.* ♦ Les modèles réduits et copies d'œuvres architecturales jouissent de la protection légale dès lors que, quel qu'en soit le mérite, ils portent l'empreinte de la personnalité de l'auteur. • Civ. 1re, 25 janv. 2005 : *D. 2005. AJ 568, obs. Allaeys ; RIDA avr. 2005, p. 155, note Kéréver.*

47. Des difficultés d'application tendent à la prise en considération du mérite ; V. retenant qu'il est bien évident, cependant, que l'œuvre d'architecture ne bénéficie de la protection de la loi, bien que celle-ci ne le spécifie point, que si cette œuvre présente un caractère artistique certain ; que l'intitulé de la loi ne laisse aucun doute sur ce point : que l'œuvre pour être protégée doit sortir du commun, être originale, être le fruit d'une conception intellectuelle hors série du maître d'ouvrage, conception que le législateur a laissé au juge le soin de souverainement apprécier. • Riom, 26 mai 1966 : *D. 1967. 171.* ♦ Pour un exemple de refus de protection, V. • Cass. 18 juin 1969 : *RIDA avr. 1970, p. 142, note Colombet.* ♦ Et concernant la rénovation des ailes d'une préfecture et le réaménagement de bureaux, V. • CE 6 mai 1988 : *RIDA janv. 1989, p. 178 et 163, obs. Kéréver.* ♦ Sur le rejet de la protection du « concept d'aménagement type » d'un magasin d'optique, V. • Versailles, 11 oct. 2001 : *CCE 2002, n° 28, note Reboul ; Propr. intell. 2002, n° 3, p. 45, obs. Lucas.* ♦ Confirmé par • Civ. 1re, 17 juin 2003 : *Bull. civ. I, n° 148 ; D. 2003. AJ 2014 ; RTD com. 2004. 271, obs. Pollaud-Dulian ; CCE 2003, n° 80, note Caron ; JCP E 2004. 974, n° 1, obs. Greffe ; PIBD 2003. III. 484 ; Propr. intell. 2003, n° 8, p. 293, obs. Sirinelli ; RIDA janv. 2004, p. 165, note Kéréver.* ♦ La plaque de zinc utilisée pour la production de lithographies n'est pas une œuvre. • Civ. 1re, 1er déc. 2011 : *Dalloz actualité, 14 déc. 2011, obs. Daleau ; D. 2011. AJ 2995*. – Rejetant le pourvoi contre : • 26 juin 2009 : *Propr. intell. 2009. 369, obs. Bruguière.*

8° ŒUVRES GRAPHIQUES ET TYPOGRAPHIQUES... (ART. L. 112-2, 8°)

a. Œuvres graphiques

48. Des pictogrammes, œuvres de dessin et d'art graphique, méthodes d'écriture par l'exécution de silhouettes stylisées, peuvent être protégés dès lors qu'ils présentent des qualités esthétiques originales, comme la symbolisation du corps au moyen de lignes parallèles et d'un rond pour la tête, espaces entre les jambes et le tronc ainsi qu'entre ce dernier et la tête, positionnement des bras et jambes selon des angles identiques, positionnement géométrique parfait des figurines suivant les axes verticaux, horizontaux et diagonaux d'un carré. • Grenoble, 21 févr. 1995 : *D. 1995. Somm. 284, obs. Colombet* ✎.

49. Peuvent accéder à la protection du droit d'auteur les travaux de dessin, de mise en pages et de maquettage, exécutés le plus souvent sur commande, dans des domaines tels que l'édition, la publicité ou la conception d'emballages. V. * Rép. min. n° 8759 : *JO Sénat 11 févr. 1988.* ♦ Ont pu ainsi être considérés comme des créations de forme originale : la présentation extérieure d'un ouvrage. • Paris, 14 janv. 1983 : *D. 1983. IR 510, obs. Colombet.* ♦ ... La maquette de la première page d'un journal. • Civ. 1re, 4 mars 1986 : *Bull. civ. I, n° 54.* ♦ ... Un décor de boîte de dragées. • Paris, 6 févr. 1989 : *Cah. dr. auteur, mai 1989. 11.* ♦ ... Le dessin d'un maillot de cycliste. • TGI Paris, 30 mars 1989 : *PIBD 1989. III. 547.* ♦ ... La maquette d'une revue collective. • Paris, 14 mai 1997 : *RIDA janv. 1998, p. 318.* ♦ En revanche, ne peut être considéré comme une création de forme originale un programme de spectacle dès lors que le choix de traiter en sépia des clichés noir et blanc, d'opter pour une police disponible dans tout logiciel de composition graphique, d'utiliser un modèle de papier donné et de plier la brochure en trois volets n'est pas de nature à refléter la personnalité de l'auteur. • Versailles, 5 déc. 2002 : *Légipresse 2003. I. 26.*

b. Œuvres typographiques

50. Pour un exemple de protection sous l'empire de la loi de 1957, avant même l'application de la loi du 3 juill. 1985 qui a ajouté la mention expresse des « œuvres typographiques », V. • Civ. 1re, 15 juill. 1993 : ⚖ *RIDA janv. 1994, p. 316.* ♦ Doit donc être qualifiée de contrefaçon la reproduction non autorisée d'une police de caractères sur un cédérom. • Paris, 11 oct. 2000 : *CCE 2001, n° 24, note Caron.* ♦ Comp. qui refuse la protection mais admet que le surmoulage établi, de caractères typographiques non originaux pourrait constituer un acte de concurrence parasitaire. • T. com. Marseille, 5 déc. 1932 : *Ann. propr. ind. 1939. 281.*

9° ŒUVRES PHOTOGRAPHIQUES... (ART. L. 112-2, 9°)

a. Application de la loi dans le temps

51. Pour l'application des solutions contemporaines, V. • Civ. 1re, 18 juill. 2000 : ⚖ *Bull. civ. I, n° 226 ; D. 2000. 821, note Gautier* ✎ *; RTD com. 2001. 439, obs. Françon* ✎ *; JCP 2001. II. 10555, note Reglade-Buxtorf ; CCE 2000, n° 124, note Caron* (qui, sous le visa de l'art. 2 C. civ., énonce qu'« en matière de droits d'auteur, la loi qui a vocation à s'appliquer est celle qui est en vigueur à la date de l'acte qui provoque la mise en œuvre de la protection légale » sans prendre en considération la date de réalisation de la photographie). ♦ En sens contraire, estimant que les photographies prises avant le 10 mars 1958 ne sont pas soumises aux dispositions de la loi du 11 mars 1957. • Crim. 18 févr. 1960 : *D. 1960. 278.* ♦ ... Tandis que celles prises entre le 11 mars 1958 et le 31 déc. 1985 doivent remplir les conditions de caractère artistique ou documentaire, cette exigence n'ayant été levée que par la loi du 3 juill. 1985, applicable à compter du 1er janv. 1986. Sauf prescription contraire, la loi ne peut rétroactivement conférer à une chose des qualités juridiques qu'elle ne possédait pas. Il s'ensuit qu'il échet d'apprécier si des photographies présentent un caractère artistique ou documentaire, dès lors que, si prises antérieurement à la loi du 3 juill. 1985, elles n'étaient pas considérées comme des œuvres de l'esprit protégées sans restriction. • Versailles, 28 avr. 1988 : *RIDA oct. 1988, p. 319 ; D. 1988. IR 165* • Reims, 15 sept. 1992 : *Gaz. Pal. 1993. 1. 295, note Frémond.* ♦ V. cependant, qui applique les solutions actuelles (recherche de l'originalité) à des photographies antérieures à l'entrée en vigueur de la loi nouvelle. • Versailles, 20 mai 1988 : *D. 1989. Somm. 44.* – Comp. • Paris, 21 déc. 1988 : *Cah. dr. auteur, févr. 1989. 12.*

b. Régimes successifs

1. Régime actuel

52. Les photographies prises depuis le 1er janv. 1986, date d'entrée en vigueur de la loi du 3 juill. 1985, sont, d'après l'art. L. 112-2 (ancien art. 3 de la loi du 11 mars 1957), une œuvre de l'esprit dès lors qu'elles sont originales et portent l'empreinte de la personnalité de leur auteur. • TGI Paris, 14 mai 1987 : *Cah. dr. auteur, janv. 1988. 20.*

53. Originalité. L'originalité pourra apparaître : tant par le choix de la pose du mannequin que par l'angle de prise de vue et l'éclairage révélant ainsi la personnalité de son auteur. • TGI Paris, 14 mai 1987 : *Cah. dr. auteur, janv. 1988. 20.* ♦ ... Par le choix de la position, l'expression et les couleurs du visage qui « librement opérés, traduisaient, au-delà du savoir-faire d'un professionnel de la photographie, une démarche propre à son auteur qui portait l'empreinte de la personnalité de celui-ci ». • Civ. 1re, 15 mai 2015, ⚖ n° 13-27.391 P : *Dalloz actualité, 2 juin 2015, note Daleau ; D. 2015. 1672, note Bensamoun et Sirinelli* ✎ *; RTD com. 2015. 515, note Pallaud-Dulian* ✎ *; JAC 2015, n° 26, p. 6, note Treppoz* ✎ *; LEPI juill. 2015, p. 1, obs. Lucas ; CCE 2015. Étude 17, par Vivant ; ibid., n° 55, note Caron ; Légipresse 2015. III. 474, note Varet ; Propr. intell. 2015, n° 56, p. 281, note Lucas ; ibid., p. 285, note Bruguière.* ♦ ... Pour mettre en valeur le style adopté par un coiffeur, le cadrage, l'instant convenable de la prise de vue, la qualité des contrastes de couleurs et de reliefs, le jeu de la lumière et des volumes, enfin le choix de l'objectif et de la pellicule ainsi que celui du tirage le plus adapté à une promotion du style souhaité. • Paris, 11 juin 1990 : *D. 1990. IR 191 ; RIDA oct. 1990, p. 293.* ♦ ... Ou la singularité de la mise en scène créée par le choix du lieu et des accessoires. • TGI Nanterre, 10 mars 1993 : *RIDA juill. 1993, p. 343, note Gaubiac.* ♦ Comp. pour la recherche du caractère artistique sous l'empire de la loi du 11 mars 1957, retenant que la recherche esthétique est concrétisée par la mise en valeur des objets, obtenue en choisissant les éclairages adéquats, l'environnement mobilier, la tonalité des fonds, les angles de prises de vue. • Versailles, 28 avr. 1988 : *préc. note 51.* ♦ Si le sujet des photographies litigieuses, constituées exclusivement ou presque d'exercices de gymnastique ou de scènes saisies lors de compétitions, est le plus souvent sans réelle originalité, la représentation qui en est donnée, notamment par le choix de l'angle de prise de vue, l'éclairage et le cadrage, porte la marque de la personnalité et du talent de l'auteur et confère à ces clichés un caractère original qui en fait des œuvres protégeables. • Paris, 20 sept. 1994 : *RIDA avr. 1995, p. 367.* ♦ La séquence de photographies représentant l'éclosion d'une fleur est originale. • TGI Paris, 30 mai 2007 : *Propr. intell. 2007, n° 24, p. 309, obs. Bruguière.* ♦ Sur l'originalité de la photographie de Che Guevara, V. • Paris, 10 sept. 2009 : *Propr. intell. 2009, n° 30, obs. Lucas.* ♦ Toujours à propos de photographies de Che Guevara, V. • Paris, 21 mai 2010 : *Légipresse 2010, n° 278, p. 451, obs. Alleaume ; Propr. intell. 2010, n° 36, p. 847, obs. Bruguière ; RIDA oct. 2010, p. 459, note Sirinelli.* – V. aussi. • TGI Paris, 6 juin 2008 : *Propr. intell. 2009, n° 30, p. 48, obs. A. Lucas* • 13 mars 2009 : *Propr. intell. 2009, n° 32, p. 260, obs. Bruguière.* ♦ Sur la reconnaissance de l'originalité de photographies de presse, V. • Paris, 27 janv. 2010 : *Légipresse 2010, n° 274, p. 176 ; Propr. intell. 2010, n° 36, p. 847, obs. Bruguière ; RIDA oct. 2010, p. 429, obs. Sirinelli.* ♦ Ont été jugées originales des photographies des positions du Kama-Sutra. • Paris, 19 mai 2010 : *Propr. intell. 2010, n° 36, p. 847, obs. Bruguière ; RIDA oct. 2010, p. 425, obs. Sirinelli.* ♦ Sur l'originalité de photographies prises au sein d'une école puis utilisées ensuite dans le cadre d'une enquête criminelle, V. : • CJUE 1er déc. 2011, n° C-145/10 : *Dalloz actualité, 5 déc. 2011, obs. Daleau ; D. 2012. 471, note Martial-Braz ; CCE 2012, n° 26, note Caron ; Légipresse 2012, n° 292, p. 161, note Antippas.* ♦ Est originale la photographie du pont d'Avignon avec un effet d'étirement. • Nîmes, 15 nov. 2011 : *Légipresse 2012, n° 292, p. 174, note Emmanuel.* ♦ En revanche, ne sont pas couvertes par le droit d'auteur les photographies d'une extrême banalité. • Paris, 20 mars 1989 : *Gaz. Pal. 1990. 1. 9, note Frémond* • Com. 13 nov. 2008, n° 06-45.991 : *Propr. intell. 2009, n° 31, p. 158, obs. Lucas.* ♦ Comp., retenant que sont dénuées d'originalité les photographies de courses automobiles pour lesquelles le photographe était posté à un endroit imposé et agissait selon la technique de « prise en rafale », • Civ. 1re, 3 févr. 2004, n° 02-11.400 : *Propr. intell. 2004, n° 11, p. 633, obs. Sirinelli.* ♦ ... Ou bien celles réalisées par un paparazzi. • Paris, 5 déc. 2007 : *D. 2008. 461, note Bruguière ; RTD com. 2008. 300, obs. Pollaud-Dulian ; CCE 2008, n° 17, note Caron ; Légipresse 2008. III. 83, note Maffre-Baugé ; RIDA avr. 2008, p. 335, obs. Sirinelli.* ♦ ... Ou encore, les images réalisées à l'aide d'un microscope électronique. • CAA Nancy, 19 mars 2009 : *AJDA 2009. 903 ; RTD com. 2009, p. 709, obs. Pollaud-Dulian ; Propr. intell. 2009, n° 32, p. 262, obs. Lucas.* ♦ ... Ou encore, les photographies aériennes. • TGI Paris, 6 oct. 2009 : *CCE 2010, n° 45, note Caron.* ♦ L'originalité de photographies ne se présume pas. • Paris, 24 févr. 2012, n° 11/07388 : *Propr. intell. 2012, n° 44, p. 324, obs. Bruguière.* ♦ Sur la preuve de l'originalité de photographies, V. • Paris, 6 avr. 2012, n° 11/12983 : *Propr. intell. 2012, n° 45, p. 395, obs. A. Lucas* • Paris, 25 mai 2012 : *Propr. intell. 2012, n° 45, p. 395, obs. A. Lucas.* ♦ V. aussi Dir. n° 2006/116 du 12 déc. 2006, art. 6, App., v° *Droit d'auteur.* ♦ En l'absence de précision sur l'origine des choix constitutifs des caractéristiques originales revendiquées, le photographe ne met pas les défendeurs en mesure de débattre de l'originalité de la photographie litigieuse et le juge d'en apprécier la pertinence ; la photographie ne présente donc pas d'originalité et ne constitue pas une œuvre de l'esprit protégeable par le droit d'auteur. • TGI Paris, 3e ch. sect. 1, 21 mai 2015, n° 14/038633 : *Propr. intell. 2015, n° 56, p. 270, note Bruguière.*

54. L'intervention d'un styliste pour le choix des objets à photographier, leur présentation et leur décoration ne fait pas nécessairement du photographe un simple auxiliaire technique. • Paris, 17 juin 1988 : *D. 1989. Somm. 44, obs. Colombet.* ♦ ... De même que le fait pour un annonceur de sélectionner les objets destinés à un catalogue et de les regrouper suivant ses propres critères n'empêche pas le photographe de faire œuvre originale dans le choix de la lumière, de la mise en valeur des contrastes et des reliefs, de l'instant convenable et de la meilleure présentation des objets ainsi que du temps de pose. • Reims, 15 sept. 1992 : *Gaz. Pal. 1993. 1. 295, note Frémond.* ♦ La reproduction photographique d'un tableau, ou d'un dessin exposé dans un musée, afin de publication dans une revue d'art ne constitue pas une simple opération technique car elle suppose de la part du photographe un certain nombre de choix, d'où il résultera une photographie attractive ou non, et plus ou moins fidèle à l'original. • Dijon, 7 mai 1996 : *Gaz. Pal. 1998. Somm. 514.* – Dans le même sens • Paris, 26 sept. 2001 : *D. 2001. AJ 3279 ; JCP E 2002. 321, note Caron ; Propr. intell. 2002, n° 3, p. 46, obs. Sirinelli* (« loin de s'effacer derrière le peintre, le photographe de son œuvre en a recherché la quintessence et au travers du choix délibéré des éclairages, de l'objectif, des filtres et du cadrage ou de l'angle de vue, a exprimé dans la représentation qu'il en a faite, sa propre personnalité, mettant en relief, là un trait qu'il fait ressortir, là un contraste ou un effet procédant du support ; qu'il a de surcroît, à plusieurs reprises, procédé à des agrandissements mettant en exergue un fragment de l'œuvre lui apparaissant particulièrement révélateur ; que cette démarche globale n'est nullement celle d'un simple technicien au rang duquel les intimés cherchent à tort à placer le photographe, mais révèle un véritable créateur ; que les photographies en cause étant de ce fait originales et bénéficiant de la protection du droit d'auteur, la reproduction qui en a été faite sans autorisation constitue bien une contrefaçon ») • Paris, 12 déc. 2003 : *Propr. intell. 2004, n° 10, p. 541, obs. Sirinelli* (à propos de représentations de « l'ouest américain ») • Paris 27 janv. 2006 : *CCE 2006, n° 60, obs. Caron* • Paris, 2 juill. 2004 : *RTD com. 2004. 720, obs. Pollaud-Dulian* (à propos de photographies d'une vedette de la téléréalité). ♦ Comp., relevant qu'un photographe ne peut prétendre à la protection de l'art. L. 112-2 pour des clichés de luminaires réalisés sur commande et destinés à illustrer le catalogue d'un fabricant, que s'il démontre avoir joué un rôle déterminant et effectué les choix inhérents aux actes constituant la phase préparatoire à la prise de clichés. • Bordeaux, 29 avr. 1997 : *D. Affaires 1998. 768 ; D. 1999. Somm. 64, obs. Colombet*. ♦ ... Ou encore lorsque la photographie n'est que la représentation fidèle d'un tableau. • Paris, 24 juin 2005 : *RTD com. 2005. 717, obs. Pollaud-Dulian ; CCE 2005, n° 131, note Caron ; JCP 2006. I. 103, n° 4, obs. Caron.* ♦ Sur l'originalité de photographies satellites, V. • Riom, 14 mai 2003 : *D. 2003. Somm. 2754, obs. Sirinelli ; RTD com. 2004. 308, obs. Gaudrat ; CCE 2003, n° 117, note Caron ; JCP 2004. 1770, n° 1, obs. Gaudrat et Lallement.* ♦ ... Sur l'originalité de photographies de tableaux et d'œuvres d'art destinées à un catalogue d'exposition, V. • TGI Paris, 7 janv. 2003 : *RDPI janv. 2004, n° 155, p. 20.* ♦ Retenant l'originalité de photographies d'œuvres d'art, V. • Paris, 4 mars 2009 : *RTD com. 2009. 299, obs. Pollaud-Dulian*. ♦ ... Sur la protection de « tableaux photo », V. • TGI Paris, 7 mai 2010 : *RIDA oct. 2010, p. 383, note Sirinelli.*

55. Photographies de plateau. Le fait que des photographies de plateau soient réalisées sur le lieu ou autour du lieu du tournage d'un film, dans un site où certains éléments essentiels comme le décor, les objets, les costumes et le maquillage sont préconstitués pour les besoins du film, ne remet pas en cause la liberté des choix techniques et artistiques du photographe, puisque c'est précisément de leur composition à travers ces choix et ce regard que va naître la photographie destinée à assurer la promotion du film. • Paris, 9 mars 1999 : *D. 1999. IR 111.* – Dans le même sens • Paris, 4 nov. 1993 : *RIDA juill. 1994, p. 197* • Civ. 1re, 12 janv. 1994 : *RIDA oct. 1994, p. 427* (protection accordée en raison des choix opérés et de la sensibilité manifestée). ♦ En sens contraire, V. • Civ. 1re, 1er mars 1988 : *Bull. civ. I, n° 61 ; RIDA juill. 1988, p. 103.* – Rejetant le pourvoi contre • Paris, 18 déc. 1985 : *D. 1986. Somm. 183, obs. Colombet* (qui a refusé de reconnaître la qualité d'auteur, au motif « qu'il s'agissait en réalité du travail d'un simple technicien chargé de fournir des "repères lors du montage du film" et des vues destinées à la promotion, mais en aucun cas d'un créateur » [le photographe n'ayant eu] « le choix ni du lieu ni du moment où la photo doit être prise, ni de l'élaboration du cadre ou de la composition, ni de la position des personnages ni des éclairages qui sont réalisés soit par les auteurs de l'œuvre cinématographique soit par d'autres techniciens »). ♦ V. aussi • TGI Paris, 14 nov. 2001 : *RIDA avr. 2002, p. 311, obs. Kérever.* ♦ La protection d'une photographie de plateau procède de la combinaison de choix techniques, esthétiques et artistiques indépendants du réalisateur, exprimant, dans la représentation qui en est faite, le propre regard, la sensibilité et l'empreinte personnelle du photographe. • Paris, 15 oct. 2003 : *Propr. ind. 2004, n° 46, note Greffe ; Propr. intell. 2004, n° 10, p. 539, obs. Lucas* • 20 févr. 2008 : *CCE 2008. Chron. 6, § 5, obs. Montels ; Propr. intell. 2008, n° 28, p. 319, obs. Lucas ; RIDA oct. 2008, p. 377, obs. Sirinelli.*

2. Régimes antérieurs

56. Caractère artistique. Sous le régime de la loi du 11 mars 1957, V., retenant que par le choix de la pose du modèle destinée à mettre en valeur la coupe des cheveux, le choix des éclairages et des couleurs, l'auteur de la photographie a fait une œuvre artistique protégeable. • Aix-en-Provence, 11 juin 1987 : *Cah. dr. auteur, janv. 1988, p. 23.*

57. Caractère documentaire. La loi du 11 mars 1957 considérait qu'une photographie pouvait avoir un caractère documentaire en raison des circonstances dans lesquelles elle avait été prise. • Civ. 1re, 8 janv. 1975 : *D. 1975. Somm. 27 ; Ann. propr. ind. 1977. 237.* ♦ ... Ou parce qu'elle s'insérait dans le contexte historique de l'époque et présentait un intérêt particulier en raison des événements en cours. • Crim. 7 déc. 1961 : *D. 1962. 550, note Desbois.* ♦ Cependant, si un caractère de document doit être, notamment, reconnu à un cliché photographique saisissant sur le vif un événement peu commun, dont l'évocation présente un caractère historique ou simplement anecdotique, un tel caractère ne peut être attribué à une photographie dont l'objet est banal ou déjà amplement reproduit, V. à propos de clichés d'artistes dont les visages ou attitudes ont déjà été reproduits. • Paris, 30 juin 1970 : *Gaz. Pal. 1970. 2. 266.* ♦ Pour un refus de protection d'une photographie d'avion. • CE 26 avr. 1963 : *Lebon. 253 ; D. 1964. 124, note Desbois.*

58. Pour les photographies prises avant le 10 mars 1958, date d'entrée en vigueur de la loi du 11 mars 1957 : la loi n'ayant pas défini les caractères qui constituent pour un produit artistique une création de l'esprit ou du génie, il appartient aux juges du fait de déclarer par une appréciation souveraine si le produit déféré à leur appréciation rentre par sa nature dans les œuvres protégées par la loi. • Cass. 28 nov. 1862 : *DP 1863. 1. 52 ; Ann. propr. ind. 1862. 420.* ♦ Dans cette recherche, les dessins photographiques ne doivent pas nécessairement et dans tous les cas être destitués de tout caractère artistique, ni rangés au nombre des œuvres purement matérielles ; leur perfection, indépendamment de l'habileté de la main, dépend en grande partie, dans la reproduction des paysages, du choix du point de vue, de la combinaison des effets de lumière et d'ombre, et en outre dans les portraits, de la pose du sujet, de l'agencement des costumes et des accessoires, toutes choses abandonnées au sentiment artistique et qui donnent à l'œuvre du photographe l'empreinte de sa personnalité. • Paris, 10 avr. 1862 : *Rép. lég. Dalloz 1894. 773.* ♦ V. encore, relevant le choix du moment de la prise de la photographie, comme facteur essentiel et commun à toutes les photographies, ne pouvant, de ce fait, être considéré comme la manifestation d'un choix original. • Versailles, 5 nov. 1998 : *RIDA avr. 1999, p. 367.*

10° ŒUVRES DES ARTS APPLIQUÉS... (ART. L. 112-2, 10°)

59. La protection conférée par le droit d'auteur ne peut s'appliquer à la forme d'une œuvre de l'esprit qu'à condition que cette dernière ne soit pas entièrement dictée par sa fonction. • Civ. 1re, 28 mars 1995 : *RIDA juill. 1995, p. 327* • Com. 23 juin 1987 : *Bull. civ. IV, n° 156 ; JCP 1987. IV. 304* • Paris, 12 juill. 1974 : *Ann. propr. ind. 1975. 182* • Com. 22 janv. 1973 : *D. 1973. 216, note X. L.* • Crim. 8 mars 1962 : *D. 1962. 502, note Greffe.* ♦ La protection légale suppose que l'auteur ait été animé, dans la conception de l'œuvre arguée de contrefaçon, du souci de donner à celle-ci une valeur nouvelle dans le domaine de l'agrément, et séparable du caractère fonctionnel de l'objet envisagé. • Versailles, 8 avr. 1987 : *D. 1988. Somm. 202, obs. Colombet* • TGI Paris, 17 déc. 2002 : *D. 2003. 2089, note Edelman.* ♦ Un orgue complètement restauré par un facteur d'orgue dans le but de faire école constitue une œuvre protégeable, les travaux de l'homme de l'art ayant abouti à la création d'un orgue neuf selon la pure tradition de l'orgue français du XVIIIe siècle. • CAA Nancy, 2 mai 1996, *Koening (2 arrêts) : D. 1999. Somm. 81, obs. Edelman ; LPA 11 juin 1997 ; Gaz. Pal. 1997. Pan. 150.*

11° ILLUSTRATIONS, CARTES GÉOGRAPHIQUES... (ART. L. 112-2, 11°)

60. Cartes géographiques. Une présentation tout à fait inhabituelle peut fonder la protection d'une carte par le droit d'auteur même si celle-ci consiste en une projection qui repose sur des formules mathématiques au moyen desquelles deux paramètres sont soumis à des variations arbitraires. • TGI Paris, 27 avr. 1989 : *Cah. dr. auteur, mai 1989. 13.* ♦ Il n'est donc pas nécessaire que la carte soit artistique pour assurer à son auteur la protection de la loi, il suffit que l'adaptation faite de la réalité porte la marque d'un effort personnel. • TGI Paris, 12 févr. 1979 : *Gaz. Pal. tables 1977-1979, n° 38* • Paris, 26 avr. 2006 : *CCE 2006, n° 155, obs. Caron ; RTD com. 2007. 77, obs. Pollaud-Dulian.*

61. Exemples. Peuvent ainsi être protégés par le droit d'auteur : la projection de Peters en ce que la carte du monde conçue par Arno Peters est établie selon une projection conforme à la surface réelle, que cette projection se veut résolument originale par rapport aux projections classiques et y parvient incontestablement dans la mesure où, tout en respectant les superficies des différents pays et les angles dans les directions essentielles, elle invite le lecteur à reconsidérer sa conception des rapports entre les peuples par l'artifice de distorsions telles que d'une part aucune distance entre deux points ne peut être mesurée ni comparée avec d'autres, et d'autre part qu'elles aboutissent à la représentation des continents sous forme allongée et quasi méconnaissable. • TGI Paris, 27 avr. 1989 : *préc. note 60.* ♦ ... Un dessin de la Floride, avec le tracé de ses limites, la désignation de nombreuses villes, la présence de divers motifs. • Paris, 24 nov. 1988 : *Cah. dr. auteur, juill. 1989. 19 ; PIBD 1989. III. 277.* ♦ ... Une carte routière. • Paris, 7 janv. 1991 : *D. 1992. Somm. 13, obs. Colombet ; JCP 1991. IV. 180.* ♦ ... Une carte des sentiers de grande randonnée. • Paris, 16 déc. 1988 : *Cah dr. auteur, juill. 1989. 22.* ♦ ... Une carte des vins de France. • Paris, 26 mars 1991 : *D. 1992. 462, note Tricoire.* ♦ ... Le guide d'une ville. • Paris, 6 mai 1987 : *D. 1987. IR 143.* ♦ ... Une carte de France conçue à partir d'images satellites. • Riom, 14 mai 2003 : *D. 2003. Somm. 2754, obs. Sirinelli.* ♦ ... Un guide décrivant des circuits de randonnées en associant un tracé de carte de l'IGN et un texte explicatif. • Civ. 1re, 30 juin 1998 : *Bull. civ. I, n° 231 ; RTD com. 1999. 391, obs. Françon ; RIDA oct. 1998, p. 237 ; JCP E 1998. Pan. 1526 ; RJDA 1998, n° 1309.* ♦ En revanche, justifie sa décision une cour d'appel qui dénie la qualité d'œuvre protégée à une carte des vins de France, en relevant qu'elle est dépourvue d'originalité car elle ne reproduit que des données banales, tant par présentation sous forme de tableau que par les indications concernant les millésimes. • Civ. 1re, 5 janv. 1999 : *D. 1999. IR 35 ; RIDA avr. 1999, p. 353.* – Rejetant le pourvoi contre • Douai, 7 oct. 1996 : *D. 1997. Somm. 92, obs. Colombet ; RIDA avr. 1997, p. 286.*

62. Deux cartes géographiques peuvent être rigoureusement identiques sans être la contrefaçon l'une de l'autre s'il est démontré que l'une a été dressée à partir d'un agrandissement d'un plan directeur de l'Institut géographique national alors que l'autre avait été réalisée en utilisant des photographies aériennes. • Civ. 1re, 16 juill. 1969 : *Bull. civ. I, n° 220.* – Sur la contrefaçon, V. notes 1 s. ss. art. L. 335-2.

12° PLAN, CROQUIS... (ART. L. 112-2, 12°)

63. Il a pu être précisé, à propos d'un système de structures permettant la construction de différents types d'architecture, que la protection conférée par le droit d'auteur ne peut s'appliquer ni à une technique, ni à une méthode, ni à un procédé, ni à un système, mais seulement à une création de l'esprit à condition qu'elle soit indépendante de l'obtention d'un résultat industriel. • Paris, 12 juill. 1974 : *Ann. propr. ind. 1975. 182.*

64. Constituent des œuvres de l'esprit des croquis, dessins et clichés représentant des pièces industrielles, si la disposition des pièces présentées, la dimension des images, l'épaisseur du trait et des ombres, ne sont pas commandées uniquement par la nécessité technique de la reproduction exacte. • Paris, 15 avr. 1972 : *Ann. propr. ind. 1974. 296.* ♦ ... De même que des dessins reproduisant des instruments de musique peuvent porter la marque de la personnalité du dessinateur qui ne s'est pas borné à effectuer une reproduction fidèle. • Paris, 1er mars 1993 : *RIDA juill. 1993, p. 335.* ♦ Sur la protection de topographies spéléologiques, V. • TGI Paris, 21 nov. 2003 : *RIDA avr. 2004, p. 211, note Kéréver.*

65. L'architecte est protégé par la loi en tant qu'artiste créateur de formes, et non en tant qu'ingénieur employant des procédés purement techniques. • TI Nîmes, 26 janv. 1971 : *JCP 1971. II. 16767, note M. A.* ♦ Certains plans d'architecte peuvent donc être protégés et les juges ne peuvent mettre en avant le fait qu'ils ne veulent pas porter un jugement de valeur sur les caractères artistiques, originaux et harmonieux de ces œuvres pour refuser d'en rechercher l'originalité. • Civ. 1re, 6 mars 1979 : *Bull. civ. I, n° 82 ; GAPI, 1re éd., Dalloz, n° 9 ; JCP 1979. IV. 169 ; RTD com. 1979. 462, obs. Françon.* ♦ Pour un exemple d'appréciation de la condition d'originalité des plans d'un programme immobilier, V. • Toulouse, 28 mars 2002 : *RIDA juill. 2002, p. 291, obs. Kéréver.* ♦ Sur l'appréciation de l'absence d'originalité d'un chalet, V. • Civ. 1re, 5 juill. 2006 : *Bull. civ. I, n° 360 ; RTD com. 2007. 79, obs. Pollaud-Dulian ; Propr. intell. 2006, n° 21, p. 443, obs. Lucas.* ♦ V. aussi • Civ. 1re, 18 nov. 2008 : *RIDA janv. 2009, p. 209, note Sirinelli.* ♦ Et, concernant le cahier des charges du « concept d'aménagement type » d'un magasin d'optique, V. • Versailles, 11 oct. 2001 : *CCE 2002, n° 28, note Reboul ; Propr. intell. 2002, n° 3, p. 45, obs. A. Lucas.* ♦ La combinaison d'éléments banals n'exclut pas la protection de la création architecturale obtenue grâce à elle. • Civ. 1re, 22 janv. 2009 : *RTD com. 2009. 302, obs. Pollaud-Dulian ; Propr. intell. 2009, n° 31, p. 159, obs. A. Lucas ; RIDA janv. 2009, p. 215, note Sirinelli.* ♦ Pour une appréciation particulièrement motivée de l'originalité d'une œuvre architecturale, V. • Paris, 22 juin 2012 : *RTD com. 2012. 767, obs. Pollaud-Dulian ; PIBD 2012. III. 730.*

66. Le droit d'auteur peut être refusé à cause de la banalité : d'un plan d'urbanisme. • Crim. 13 févr. 1969 : *Bull. crim. n° 77.* ♦ ... D'un plan topographique. • Crim. 18 juin 1969 : *Bull. crim. n° 200 ; RIDA avr. 1970, p. 142 ; Gaz. Pal. 1969. 2. Somm. 5.* ♦ Mais le fait que des documents d'urbanisme soient soumis à des contraintes administratives n'affecte pas nécessairement le contenu des plans et n'empêche pas que ces œuvres contiennent des formes correspondant à des volumes architecturaux originaux, des éléments d'organisation spatiale et des études de façades. • Aix-en-Provence, 22 févr. 1995 : *RIDA juill. 1995, p. 137, obs. Kéréver.* ♦ De même, les directives données par le maître de l'ouvrage n'excluent pas l'originalité. • Civ. 1re, 18 oct. 1972 : *JCP 1973. II. 17364, note Liet-Veaux.*

67. En l'absence de protection par le droit d'auteur, l'architecte peut obtenir une réservation indirecte par le biais de la responsabilité civile. • TGI Paris, 13 nov. 1970 : *Gaz. Pal. 1971. 1. 332.* ♦ ... Voire sur le terrain de la théorie de l'enrichissement sans cause. • TI Nîmes, 26 janv. 1971 : *préc. note 65.*

13° LOGICIELS... (ART. L. 112-2, 13°)

a. Définition

68. Le logiciel est défini comme l'« ensemble des programmes, procédés et règles, et éventuellement de la documentation, relatif au fonctionnement d'un ensemble de traitement de données » par l'Arr. du 22 déc. 1981 sur l'enrichissement du vocabulaire de l'informatique *(JONC 17 janv. 1982).*

b. Œuvre de l'esprit protégeable

69. Dans le sens d'un refus à l'accès à la protection, avant l'entrée en vigueur de la loi du 3 juill. 1985, retenant qu'un logiciel ne pouvait constituer une œuvre de l'esprit au sens de la loi.

• Paris, 4 juin 1984 : *JCP 1985. II. 14409, note Vivant* • TGI Évry, 11 juill. 1985 : *Gaz. Pal. 1985. 2. 700, note Bonneau.*

70. Dans le sens d'un accès possible à la protection, estimant que si les programmes d'ordinateur ne sont pas immédiatement perceptibles par les sens de tout un chacun comme le sont les œuvres littéraires ou plastiques, ils sont néanmoins accessibles et intelligibles grâce à leur transcription sur divers supports matériels, et précisant que si, à l'évidence, leur lecture n'est pas à la portée de tous et requiert une technicité certaine, cette seule particularité n'est pas de nature à les exclure de la catégorie des œuvres de l'esprit, pas plus que n'en sont exclues, par exemple, les compositions musicales qui sont, elles aussi, exprimées en un langage codé et complexe dont la compréhension immédiate suppose une éducation spécialisée. • TGI Paris, 21 sept. 1983 : *D. 1984. 77, note Le Stanc ; ibid. 1985. IR 40, obs. Huet ; JCP 1984. II. 20249, note Wagret ; RJ com. 1984. 59, note le Tourneau* • Paris, 2 nov. 1982 : *D. 1982. IR 481 ; Gaz. Pal. 1983. 1. 117, note Bonneau* • TGI Paris, réf., 14 juin 1983 : *D. 1983. IR 308 ; Gaz. Pal. 1985. 2. 468, note Bonneau* • 27 juin 1984 : *Gaz. Pal. 1985. 1. 66, note Bonneau.*

71. Pour une affirmation solennelle du caractère d'œuvre de l'esprit, V. • Cass., ass. plén., 7 mars 1986 (3 arrêts) : *GAPI, 1re éd., Dalloz, n° 9 ; D. 1986. 405, note Edelman ; RTD com. 1986. 399, obs. Françon ; JCP 1986. II. 20631, note Mousseron, Teyssié et Vivant ; RIDA juill. 1986, p. 136, note Lucas.* ♦ ... Attendu que selon l'art. 2 de la loi du 11 mars 1957 sont protégés les droits des auteurs sur toutes les œuvres de l'esprit originales quels qu'en soient le genre et la destination ; attendu que pour refuser aux concepteurs et réalisateurs de programmes d'ordinateurs litigieux la protection du droit d'auteur, la cour d'appel énonce qu'on ne peut assimiler à une œuvre de l'esprit la création de logiciels qu'il s'agisse du concept ou des analyses, même lorsque ces derniers ont pour objet l'élaboration d'un jeu ; qu'on ne peut étendre la protection pénale aux programmes d'ordinateurs ; que tout au plus l'inventeur pourrait se voir attribuer un droit de propriété industrielle, mais que le législateur, dans ce domaine a, dans la loi du 13 juill. 1978, dépénalisé l'action en contrefaçon, de telle sorte que seule est possible l'action en concurrence déloyale, et encore à la condition qu'on puisse relever une imitation servile, une copie intégrale ; que, quelle que soit la complexité technique, surtout aux yeux d'un profane, d'un logiciel ou de la mise en programme d'un ordinateur, il s'agit en définitive d'un assemblage technologique qui requiert, parfois, d'habiles électromécaniciens mais qu'il n'y a pas lieu de « sacraliser » au point de le hisser au rang des œuvres de l'esprit prévues par la loi de 1957 ; que les éléments d'un ordinateur relèvent de la structure d'un simple objet industriel ; que l'inventeur, dont l'activité intellectuelle peut être, certes, d'un très haut niveau, ne se trouve donc protégé contre l'atteinte à la propriété de son brevet que par une action civile ; attendu qu'en statuant ainsi, alors qu'un logiciel, dès lors qu'il est original, est une œuvre de l'esprit protégée par la loi sur le droit d'auteur, la cour d'appel a violé le texte susvisé. • Cass., ass. plén., 7 mars 1986, *Sté Atari Ireland LTD et a. c/ Valadon et a. : eisd. loc. (2e esp.).*

c. Distinction de la forme et de l'idée

72. Une distinction est faite entre le savoir transmis par un expert et l'apport d'un informaticien, seul le deuxième étant protégé par le droit d'auteur. A propos d'un logiciel de gestion de cabinets médicaux conçu grâce au concours d'un médecin qui avait fourni les éléments nécessaires à sa réalisation, précisant que l'absence de droit d'auteur n'implique pas nécessairement l'absence de rémunération, V. • Com. 23 oct. 1990 : *JCP E 1991. I. 41, n° 2.* ♦ V. aussi Dir. n° 2009/24 du 23 avr. 2009, art. 1er § 2, App., v° *Droit d'auteur.*

d. Originalité

73. Notion. Ayant recherché, comme ils y étaient tenus, si les logiciels élaborés par M. Pachot étaient originaux, les juges du fond ont souverainement estimé que leur auteur avait fait preuve d'un effort personnalisé allant au-delà de la simple mise en œuvre d'une logique automatique et contraignante et que la matérialisation de cet effort résidait dans une structure individualisée ; en l'état de ces énonciations et constatations, et abstraction faite des motifs ci-dessus cités, critiqués par le pourvoi, la cour d'appel, qui a ainsi retenu que les logiciels conçus par M. Pachot portaient la marque de son apport intellectuel, a légalement justifié sa décision de ce chef. • Cass., ass. plén., 7 mars 1986, *SA Babolat Maillot Witt c/ Pachot : préc. note 71 (3e esp.).*

74. Pour rejeter le pourvoi suggérant de définir l'originalité comme la synthèse de l'esprit inventif du créateur et de la nouveauté, précisant qu'il ne convient pas de se référer à la notion d'invention nouvelle, étrangère à l'application de la loi du 11 mars 1957, et approuvant la motivation de la Cour de Grenoble en ce qu'elle avait relevé l'existence de choix créatifs caractéristiques de véritables programmes, dont elle a souverainement apprécié l'originalité au regard de l'apport personnel de l'auteur, V. • Civ. 1re, 16 avr. 1991 : *Bull. civ. I, n° 139 ; D. 1992. Somm. 13, obs. Colombet ; Expertises, mai 1991, p. 194, obs. Bloch ; JCP 1991. II. 21770, note Croze ; JCP E 1992. I. 141, n° 2, obs. Vivant et Lucas.* ♦ Pour apprécier la contrefaçon au regard de la loi française, il convient de noter que la notion d'originalité d'une œuvre, en particulier d'un logiciel, ne peut s'entendre que de manière subjective, comme l'expression de la personnalité du créateur, cette empreinte étant à découvrir à partir des choix possibles qui sont offerts. L'originalité doit se percevoir au travers de la marque d'un apport intellectuel impliquant un seuil minimum de créativité, un apport de nouveauté allant au-delà de la mise en œuvre d'une logique automatique. • T. com. Bobigny, 20 janv. 1995 : *RIDA oct. 1995, p. 324.* ♦ V. cependant pour une approche plus objective de la notion, déduisant l'originalité de l'absence d'antériorité, • TGI Paris, 27 mars 1987 : *JCP 1988. II. 15297, n° 5, obs. Vivant et Lucas* • 20 févr. 1986 : *JCP E 1987. I. 15791, n° 2, obs. Vivant et Lucas* • 14 avr. 1986 : *eod. loc.* ♦ V., cependant, estimant que l'empreinte de la personnalité du créateur du logiciel peut être découverte « à partir des choix possibles qui lui sont offerts » : • Paris, 23 oct. 1998 : *Expertises 1999, p. 31.* ♦ L'appréciation de l'originalité d'un logiciel peut reposer, d'une part, sur l'existence d'un « choix spécifique dans une configuration particulière » et, d'autre part, sur la présence d'une configuration d'ensemble différente de celles adoptées précédemment. • Paris, 4 févr. 2004 : *Expertises, avr. 2004, p. 146, note Bernault.* ♦ Sur l'originalité d'un logiciel (jeu vidéo) dont les spécifications externes, l'expression télévisuelle et l'enchaînement des fonctionnalités témoignent d'un effort créatif portant la personnalité de leur créateur, V. • Civ. 1re, 27 avr. 2004 : *Bull. civ. I, n° 117 ; D. 2004. AJ 1528, obs. Daleau ; RTD com. 2004. 484, obs. Pollaud-Dulian ; CCE 2004, n° 84, note Caron ; JCP E 2004. 910 ; Propr. ind. 2004, n° 74, note Kamina ; Propr. intell. 2004, n° 12, p. 770, obs. Sirinelli.* ♦ Sur l'appréciation de l'originalité d'un logiciel en prenant en compte l'apport intellectuel propre et l'effort personnalisé de la personne qui a élaboré le logiciel selon des méthodes distinctes de celles utilisées pour les logiciels précédents, V. • Civ. 1re, 22 sept. 2011 : *RIDA oct. 2011, p. 149, note Sirinelli.* • Civ. 1re, 17 oct. 2012 : *Propr. intell. 2013, n° 46, p. 45, obs. A. Lucas.*

75. Pour un glissement vers la prise en considération du mérite, constatant que le programme est « ambitieux », V. • TGI Paris, 17 mai 1991 : *JCP E 1992. I. 141, n° 3, obs. Vivant et Lucas ; RDPI 1991. 88.* ♦ ... Ou encore, notant une « recherche particulière ». • T. com. Paris, 3 juin 1991 : *JCP E 1992. I. 141, n° 3, obs. Vivant et Lucas.* ♦ ... Ou encore, soulignant que « si le succès n'est pas un gage certain d'originalité, la notoriété indiscutable de ce jeu paraît peu compatible avec l'absence totale d'originalité ». • Paris, 12 déc. 1997 : *Expertises 1998, p. 272.* ♦ Pour un glissement vers un examen d'une certaine activité inventive, qui relève que les concepteurs ont négligé la solution classique et inventé une solution économique, V. • Paris, 5 mars 1987 : *D. 1988. Somm. 204, obs. Colombet ; JCP E 1987. II. 14931, note Vincent.* ♦ ... Observant dans sa motivation que l'expert a insisté sur l'importance des détails dans le programme considéré et qualifié le logiciel expertisé de très bonne facture en ce sens que l'architecture d'ensemble était très bonne quant au souci de génie logiciel, et que les détails étaient bien choisis. • Civ. 1re, 16 avr. 1991 : *préc. note 74.* – Rejetant le pourvoi contre : • Grenoble, 19 sept. 1989 : *RTD com. 1990. 387, obs. Françon ; JCP E 1990. II. 15751, n° 1, obs. Vivant et Lucas ; Expertises 1991, p. 192, obs. Bloch.* ♦ V. également • T. com. Nanterre, 27 sept. 2001 : *RIDA juill. 2002, p. 291, obs. Kéréver.* ♦ ... Relevant pour un logiciel de simulation de prêt bancaire qu'il est constitué d'éléments appartenant au domaine public et qu'il ne comporte aucune écriture informatique spécifique des méthodes de calcul leur conférant une expression nouvelle marquée par la personnalité de son rédacteur, aucun choix personnel ni aucune « inventivité ». • TGI Évry, 14 févr. 2002 : *Expertises, déc. 2002, p. 437, note Gauvain.*

76. Preuve de l'originalité. L'originalité ne pouvant résulter du seul constat du genre de l'œuvre, celui qui prétend bénéficier de la protection du droit d'auteur doit rapporter la preuve de l'existence d'un apport original. • Paris, 5 avr. 1993 : *Expertises, juill. 1993, p. 275.* ♦ ... Mais il est dispensé de le faire lorsque l'originalité n'est pas mise en doute par le défendeur. • Civ. 1re, 19 nov. 1991 : *Expertises, juin 1992, p. 71 ; JCP E 1992. I. 141, n° 4, obs. Vivant et Lucas* • TGI Évry, 12 déc. 1991 : *Expertises, 1992, p. 236* • Civ. 1re, 27 nov. 2001 : *Propr. intell. 2002, n° 3, p. 48, obs. Lucas.*

e. Caractéristiques indifférentes

77. Il appartient à la cour, qui ne peut se déterminer par des dispositions générales, de rechercher, sans s'attacher au mérite ou à la destination de l'œuvre, en quoi l'auteur a marqué cette œuvre de l'empreinte de sa personnalité, ce qui ne saurait être déduit du seul « caractère innovant des solutions ». • Paris, 5 avr. 1993 : *JCP E 1994. I. 357, n° 2, obs. Vivant et Le Stanc ; Expertises, juill. 1993, p. 275.*

78. L'enregistrement d'un programme sur une mémoire morte n'exclut pas la protection par le droit d'auteur. • TGI Paris, 21 sept. 1983 : *D. 1984. 77, note Le Stanc ; ibid. 1985. IR 40, obs. Huet ; JCP 1984. II. 20249, note Wagret ; RJ com. 1984. 59, note le Tourneau.* ♦ V. aussi Dir. n° 2009/24 du 23 avr. 2009, art. 1er § 3, App., v° *Droit d'auteur.*

f. Composantes

79. Logiciel. Sur la protection des logiciels de base (ou programmes d'exploitation) et des logiciels d'application, énonçant que « la thèse selon laquelle les programmes d'exploitation constitueraient un maillon de la chaîne du matériel informatique et pourraient donc être, à ce titre, brevetables, ne saurait être retenue ; (...) que s'il est vrai que la technologie conduit de plus en plus à intégrer les programmes d'exploitation aux mémoires, ceux-ci n'ont pas de ce seul fait changé de nature ; leur contenu, qui fait leur originalité les uns par rapport aux autres, n'est que l'expression, dans une technologie avancée, de la création originale de l'auteur du programme ; (...) qu'ainsi il n'y a pas de différence de nature entre les programmes produits et les programmes d'application », V. • TGI Paris, 21 sept. 1983 : *RIDA avr. 1984, p. 156.* ♦ Sur l'appréciation de l'originalité d'un logiciel proposant une solution particulière à la gestion des études d'huissiers de justice, V. • Civ. 1re, 17 oct. 2012 : *RTD com. 2012. 769, obs. Pollaud-Dulian.* ♦ V. aussi, visant les « programmes sous quelque forme que ce soit, y compris ceux qui sont incorporés au matériel », Dir. (CE) n° 2009/24 du 23 avr. 2009, App., v° *Droit d'auteur.*

80. Codes. Pour l'admission implicite de la protection des codes source et objet, il faut voir dans les instructions, quelle qu'en soit la forme de fixation, l'expression du programme d'ordinateur. • Cass., ass. plén., 7 mars 1986, *Pachot : préc. note 73* • T. com. Bobigny, 20 janv. 1995 : *préc. note 74.* ♦ V. aussi Accords ADPIC du 15 avr. 1994, art. 10, App., v° *Dispositions générales.*

81. Langages de programmation. Admettant la manifestation d'une certaine originalité dans la transformation d'un langage théorique en langage permettant une application industrielle, V. • Paris, 10 nov. 1994 : *PIBD 1995. III. 100 ; JCP E 1996. Pan. 559.* ♦ V. aussi Dir. n° 91/250 du 14 mai 1991, App., v° *Droit d'auteur.*

82. Algorithme. Sur la non-protection de l'algorithme, défini comme étant « l'étude de la résolution de problèmes par la mise en œuvre de suites d'opérations élémentaires selon un processus défini aboutissant à une solution », V. Arr. du 27 juin 1989, relatif à l'enrichissement du vocabulaire de l'informatique, App., v° *Dispositions communes.* ♦ Et, reprenant le considérant de la Dir. n° 91/250 du 14 mai 1991 selon lequel « les idées et les principes qui sont à la base de la logique, des algorithmes et des langages de programmation ne sont pas protégés en vertu de la présente directive ». • TGI Évry, 11 juill. 1985 : *Gaz. Pal. 1985. 2. 700, note Bonneau.*

83. Organigramme. Sur la possibilité de protection d'un organigramme et le rapprochement par la Cour de cassation avec la composition du programme du plan des œuvres littéraires. • Cass., ass. plén., 7 mars 1986, *Pachot : préc. note 71 (3e esp.).* ♦ Comp. la motivation d'un jugement retenant que des organigrammes étaient extrêmement simples et évidents pour quiconque est coutumier du mode de fonctionnement de programmes de ce type, et qu'il est évident que le poids des techniques de programmation apprises par tout programmeur émerge d'autant plus qu'il s'agit de programmes de type service et de faible importance. • T. com. Bobigny, 20 janv. 1995 : *préc. note 74.*

84. Interface. Pour la non-protection d'une interface logique, V. • T. com. Bobigny, 20 janv. 1995 : *préc. note 74.* ♦ L'interface utilisateur graphique ne constitue pas une forme d'expression d'un programme d'ordinateur au sens de l'art. 1er et elle ne peut bénéficier de la protection par le droit d'auteur sur les programmes d'ordinateur en vertu de cette directive. Toutefois, une telle interface peut bénéficier de la protection par le droit d'auteur en tant qu'œuvre, en vertu de la Dir. n° 2001/29/CE, si elle constitue une création intellectuelle propre à son auteur. • CJUE 22 déc. 2010 : *RTD com. 2011. 333, obs. Pollaud-Dulian ; CCE 2011, n° 42, note Caron ; Propr. intell. 2011, n° 39, p. 205, obs. Bénabou ; RIDA janv. 2011, p. 213, note Sirinelli.*

85. Matériel de conception préparatoire. « L'ensemble des travaux de conception aboutissant au développement d'un programme, à condition qu'ils soient de nature à permettre la réalisation d'un programme d'ordinateur à un stade ultérieur » peut être protégé, V. Dir. (CE) n° 2009/24 du 23 avr. 2009, App., v° *Droit d'auteur.*

86. Police de caractères. Pour la protection d'une police de caractères et son admission au rang des logiciels, V. • TGI Paris, 8 oct. 1993 : *Expertises 1994, p. 39, obs. Guedon.* ♦ Sur les effets audiovisuels, V. note 95.

87. Fonctionnalités. Les fonctionnalités en tant que telles ne sont pas protégeables. • TGI Paris, 3 oct. 1995 : *Bull. act. Lamy droit de l'informatique, 1995, p. 1, obs. Wartel ; JCP E 1996. Pan. 559, obs. Vivant et Le Stanc.* ♦ Comp., estimant que « l'élément original » d'un logiciel pouvait résider dans l'approche globale faite du problème. • Paris, 31 mai 1995 : *JCP 1996. I. 559, obs. Vivant et Le Stanc ; PIBD 1995. III. 405 ; JCP E 1995. Pan. 1219.* ♦ V. aussi • Versailles, 9 oct. 2003 : *CCE 2004, n° 25, note Caron* • Civ. 1re, 13 déc. 2005 : *Bull. civ. I, n° 499 ; RTD com. 2005. 78, obs. Pollaud-Dulian ; CCE 2006, n° 18, note Caron* • T. com. Nanterre, 9 févr. 2007 : *Propr. ind. 2008, n° 8, note Larrieu.* ♦ Justifie sa décision la cour d'appel qui, après avoir relevé que le rapport d'expertise qui se bornait à étudier les langages de programmation mis en œuvre et évoquait les algorithmes et les fonctionnalités du programme, non protégés par le droit d'auteur, constate que les intéressés n'avaient fourni aucun élément de nature à justifier de l'originalité des composantes du logiciel, telles que les lignes de programmation, les codes ou l'organigramme, ou du matériel de conception préparatoire. • Civ. 1re, 14 nov. 2013 : *D. 2014. Pan. 2080, obs. Sirinelli ; RTD com. 2013. 708, obs. Pollaud-Dulian.* ♦ Sur les œuvres multimédia et jeux vidéos, V. notes 126 s.

14° CRÉATION DES INDUSTRIES SAISONNIÈRES DE L'HABILLEMENT... (ART. L. 112-12, 14°)

88. La forme d'un manteau peut être originale bien qu'étant opportune et fonctionnelle dès lors qu'elle n'est pas imposée par des impératifs techniques ; la Cour de cassation repousse l'argumentation du pourvoi qui mettait en avant qu'un article de mode ne peut être considéré comme original qu'à la condition qu'il ne constitue pas l'application d'une mode en vigueur à l'époque considérée (ou) qu'à la condition qu'il soit susceptible d'infléchir ou de faire progresser cette mode. • Com. 21 mars 1995 : *RIDA oct. 1995, p. 279 et 231, obs. Kéréver.* ♦ Pour une application des dispositions de la loi du 12 mars 1952, précisant que celles-ci étaient « supplémentaires » et qu'elles ne pouvaient être invoquées que « dans les limites imposées par la législation antérieure », V. • Com. 12 mars 1958 : *S. 1958. 265 ; RTD com. 1958. 764, obs. Desbois.* ♦ Sur la protection d'un chemin de table, V. • Paris, 7 avr. 2010 : *Légipresse 2010, n° 278, p. 446, obs. Alleaume.* ♦ Un motif de broderie dont la confection requiert un certain savoir-faire peut être aussi une œuvre de l'esprit. • Paris, 14 sept. 2012 : *Propr. intell. 2012, n° 45, p. 393, obs. A. Lucas.*

B. ŒUVRES NON ÉNUMÉRÉES

1° ŒUVRES ARTISTIQUES

89. Empaquetages. L'emballage particulier d'un monument, mettant en relief la pureté des lignes du Pont-Neuf au moyen d'une toile et de cordages, peut constituer une œuvre de l'esprit originale. • Paris, 13 mars 1986 : *D. 1987. Somm. 150, obs. Colombet ; Gaz. Pal. 1986. 1. 238.* ♦ La décoration florale du même pont, eu égard au choix arbitraire de la nature, des teintes et de la disposition des végétaux utilisés. • Paris, 29 avr. 1998 : *D. 1998. IR 184.*

90. Coiffures. Des modèles de coiffure peuvent bénéficier de la protection du droit d'auteur dès lors que l'examen de la coiffure révèle une recherche d'un effet esthétique par un dégradé donnant aux cheveux du volume et l'aspect d'une crinière et que cette création ne résulte pas de la technique courante de la coiffure. • Aix-en-Provence, 11 juin 1987 : *Cah. dr. auteur, janv. 1988. 23* • T. corr. Paris, 12 juill. 1977 : *Gaz. Pal. 1978. 1. 41.* ♦ ... Ou se la voir refuser, faute d'originalité suffisante, s'il s'agit d'une coiffure qui, replacée dans le contexte historique de la mode de la coiffure, entre dans la ligne des coiffures de cette période, alors que son auteur ne démontre pas que cette coiffure ait fait l'objet d'un enseignement de sa part, d'articles professionnels louant une créativité et une originalité spécifiques, de récompense particulière lors de concours ou autres manifestations, de publications autres que publicitaires. • TGI Strasbourg, 10 mai 1989 : *D. 1990. Somm. 85, obs. Burst* • TGI Paris, 26 avr. 1989 : *Gaz. Pal. 1989. 2. Somm. 425.*

91. Copies d'œuvres d'art. Les copies d'œuvres d'art plastique jouissent de la protection instituée par le présent code dès lors qu'exécutées de la main même de leur auteur, elles portent l'empreinte de sa personnalité ; ainsi pour des sculptures. • Civ. 1re, 9 nov. 1993 : *Bull. civ. I, n° 318 ; RIDA juill. 1994, p. 273 ; JCP 1994. IV. 80.* – Et, dans la même affaire • Civ. 1re, 5 mai 1998 : *D. Affaires 1998. 1007, obs. B. P. ; RJDA 1998, n° 1061 ; Légipresse 1998. I. 130.*

92. Œuvres d'art contemporain. L'approche conceptuelle de l'artiste, qui consiste à apposer un mot dans un lieu particulier en le détournant de son sens commun, s'étant formellement exprimée dans une réalisation matérielle originale, la cour peut en déduire à bon droit que l'œuvre bénéficie de la protection du droit d'auteur (à propos de l'inscription « Paradis » en lettres dorées au-dessus de la porte des toilettes de l'ancien dortoir des patients alcooliques d'un hôpital) • Civ. 1re, 13 nov. 2008 : *D. 2008. AJ 2933, obs. Daleau* . ♦ Rejetant le pourvoi contre • Paris, 28 juin 2006 : *D. 2006. 2610, note Edelman ; ibid. Pan. 2992, obs. Sirinelli ; CCE 2006, n° 120, note Caron ; RIDA oct. 2006, p. 383.* ♦ Confirmant • TGI Paris, 23 nov. 2005 : *D. 2006. 1051, note Treppoz ; RIDA juill. 2006, p. 255, note Kéréver.* ♦ V. aussi, à propos de l'œuvre exposée dans la chapelle de la Salpêtrière constituée de rangées de cuvettes de W-C avec leurs réservoirs et couvercles ainsi que de grandes boîtes recouvertes de serviettes hygiéniques évoquant des cercueils dont le caractère d'œuvre protégeable n'est pas contesté par le défendeur qui en a dispersé les éléments constitutifs sans l'accord de l'auteur. • Paris, 10 avr. 1995 : *RIDA oct. 1995, p. 316.* ♦ Sur la dégradation d'œuvres d'art moderne (à propos de la sculpture « *Fountain* » de Marcel Duchamp), V. • TGI Paris, 24 janv. 2006 : *D. 2006. 1827, note Tricoire* . ♦ V. aussi • TGI Tarascon, 20 nov. 1998 : *D. 2000. 128, note Edelman* . ♦ Bénéficie de la protection par le droit d'auteur une table basse monochrome d'Yves Klein. • Paris, 7 janv. 2011 : *Propr. intell. 2011, n° 39, p. 176, obs. Bruguière.*

93. Œuvre florale. Des bouquets de fleurs, créés uniquement pour être photographiés et servir d'illustration dans un ouvrage et résultant de la sélection de fleurs, de leur combinaison et de leur présentation dans un décor spécialement conçu, sont des œuvres originales, les photographies étant des œuvres de collaboration du photographe et de l'auteur des bouquets. • Paris, 10 avr. 1995 : *RIDA oct. 1995, p. 241, obs. Kéréver.*

94. Sculpture éphémère. Des sculptures éphémères en chocolat peuvent bénéficier de la protection du droit d'auteur. • TGI Laval, 16 févr. 2010 : *CCE 2010. Étude 4, obs. Bensamoun.*

95. Manifestation sportive. Sur la protection de la course transatlantique « La Route du Rhum », V. • Paris, 21 sept. 2011 : *Propr. intell. 2012, n° 42, p. 18, obs. Bruguière.*

96. Colorisation. Considérant que le procédé adopté par Turner pour la colorisation de « Asphalt Jungle », outre qu'il apporte la couleur, est présenté comme comportant des modifications tenant compte de la destination de l'œuvre ainsi obtenue qui, en principe et en l'état, doit être télédiffusée et non projetée dans le circuit commercial ; considérant que le Color Systems Technology utilisé en la circonstance est, selon le bureau des auteurs au Congrès des États-Unis, suffisamment créatif pour que l'enregistrement soit accordé au film colorisé ainsi traité comme une adaptation de l'œuvre en noir et blanc qui pourrait être reconnue comme telle par la loi française qui permet d'ouvrir par une forme différente un accès nouveau à la connaissance de situations ou de personnages. • Paris, 6 juill. 1989 : *JCP 1990. II. 21410, note Françon ; Cah. dr. auteur, juill. 1989, p. 8 ; JDI 1989. 979, note Edelman ; Rev. crit. DIP 1989. 706, note Gautier ; Gaz. Pal. 1989. 2. 741.* – Arrêt cassé par • Civ. 1re, 28 mai 1991 : *D. 1993. 197, note Raynard ; RIDA juill. 1991, p. 197 et 161, obs. Kéréver ; JCP 1991. II. 21731, note Françon ; JCP E 1991. II. 220, note Ginsburg et Sirinelli ; JDI 1992. 133, note Edelman.* ♦ La cour de renvoi a pu énoncer que la colorisation est une technique fondée sur l'utilisation de l'ordinateur et du laser permettant, après le transfert de l'œuvre originale en noir et blanc sur un support vidéographique, de donner des couleurs à un film qui n'en avait pas à l'origine, et que la mise en œuvre d'un tel procédé n'est en aucun cas assimilable à une adaptation, laquelle se définit comme une œuvre originale à la fois par l'expression et la composition même si elle emprunte des éléments formels à l'œuvre préexistante ; que loin de répondre à ces critères, la colorisation ne consiste en effet qu'à modifier l'œuvre par l'adjonction d'un élément jusqu'alors étranger à la conception esthétique du créateur. • Versailles, 19 déc. 1994 : *RIDA avr. 1995, p. 389.*

97. Mises en scène. Si le législateur n'a pas souhaité introduire les mises en scène dans la liste des œuvres protégeables, sans doute a-t-il préféré laisser aux tribunaux le soin d'apprécier dans cette catégorie d'œuvres celles qu'il convient de considérer comme des œuvres de l'esprit et qui doivent être protégées en tant que telles en raison de leur originalité et de l'empreinte de la personnalité du metteur en scène (Rép. min. n° 333 : *JO 25 août 1988 ; Cah. dr. auteur, sept. 1988, p. 11*). ♦ Sur la protection de la mise en scène d'une pièce de théâtre, V. • Orléans, 11 déc. 2003 : *RIDA oct. 2004, p. 225, obs. Kéréver.*

98. Mises en scène de spectacles musicaux. Considérant que si l'influence du chef d'orchestre dans la présentation d'un spectacle lyrique est le plus souvent prépondérante, il n'en reste pas moins que la mise en scène d'un spectacle bénéficie de la protection de la loi dès lors que, tout en respectant les annotations de l'auteur du livret et en se soumettant à l'interprétation par le chef d'orchestre de la partition musicale, il fait œuvre originale dans les instructions qu'il donne, notamment sur la composition des divers tableaux, la nature des décors, le choix et l'emplacement des accessoires et également sur l'entrée, la sortie et le comportement des interprètes, ainsi que sur le ton et le rythme des paroles qu'ils ont à prononcer. • Paris, 8 juill. 1971 : *RTD com. 1973. 100, obs. Desbois ; RIDA janv. 1973, p. 134.* ♦ Sur la non-protection de la mise en scène d'une opérette parce que le metteur en scène était prisonnier des indications des auteurs du spectacle, V. • Paris, 5 févr. 1958 : *Ann. propr. ind. 1958. 210.* ♦ A propos de la protection accordée à un spectacle de cabaret formé de scènes de danse et de chants, V. • Paris, 21 mai 1987 : *Cah. dr. auteur, janv. 1988, p. 18.*

99. Mises en scène théâtrales. Certaines mises en scène peuvent bénéficier de la protection par le droit d'auteur, V. • TGI Seine, 2 nov. 1965 : *JCP 1966. II. 14577, note Boursigot ; RTD com. 1964. 579, obs. Desbois* • Paris, 8 juill. 1971 : *RIDA janv. 1973, p. 134 ; RTD com. 1973. 100, obs. Desbois* • TGI Paris, 6 juill. 1990 : *RIDA janv. 1991, p. 348.* ♦ Comp., relevant le caractère exceptionnel de la solution. • Paris, 1er avr. 1963 : *Gaz. Pal. 1964. 1. 52.* ♦ Sur la reconnaissance de la protection par le droit d'auteur d'une adaptation théâtrale, V. • Paris, 9 sept. 2011 : *Propr. intell. 2012, n° 42, p. 19, obs. Lucas.*

100. Jeux de lumières. Ont pu se voir reconnaître des droits d'auteur pour avoir élaboré des œuvres : le « metteur en ondes sonores et lumineuses » d'un spectacle « Son et lumière » ; en effet les spectacles « Son et lumière » constituent une forme de spectacle entièrement nouvelle, dans laquelle l'élément « lumière » est évidemment prépondérant, ainsi qu'il s'évince de leur dénomination même ; que dans ces conditions, le rôle du metteur en scène, bien loin d'être assimilable à celui d'un interprète ou d'un serviteur de l'œuvre, est susceptible d'être considéré comme celui d'un créateur d'une des parties essentielles de ladite œuvre sans laquelle la représentation de celle-ci ne se concevrait pas. • Bourges, 1er juin 1965 : *D. 1966. 44, note Delpech.* ♦ ... Le créateur d'une « création visuelle » originale, composition de jeux de lumière destinés à révéler et à souligner les lignes et les formes de la tour Eiffel. • Civ. 1re, 3 mars 1992 : *D. 1993. 358, note Edelman.*

101. Spectacle pyrotechnique. Un spectacle pyrotechnique avec éclairage par faisceaux laser associé à l'illumination de la tour Eiffel, concourant à mettre en valeur le monument, peut être protégé par le droit d'auteur. • TGI Paris, réf., 20 nov. 1989 : *RIDA avr. 1990, p. 146, obs. Kéréver.*

102. Images de synthèse. Les images de synthèse sont susceptibles de recevoir la protection du droit d'auteur si elles peuvent être regardées comme originales. • TGI Paris, 22 mars 1989 : *JCP 1990. I. 3433, annexe 6* • Paris, 22 sept. 1988 : *Lamy droit de l'informatique, Cahier A, mars 1989, n° 1028.*

103. Collection d'objets. Une réunion de voitures (collection Schlumpf) dans un musée ne saurait constituer une œuvre de l'esprit protégeable par le droit d'auteur mais simplement « une œuvre de l'homme ». • Paris, 25 mai 1988 : *D. 1988. 542, note Edelman.* ♦ *Contra :* l'exposition dénommée « Musée du Cinéma Henri Langlois », peu important le statut juridique des objets qui la compose, est une création originale de son auteur qui fait appel aux qualités intellectuelles et de sensibilité de ses visiteurs et constitue indiscutablement une œuvre de l'esprit dont la reconnaissance n'exige pas qu'elle soit intangible ; cette qualité n'interdit pas en effet les adaptations aux contraintes, notamment muséologiques, qui se révéleraient nécessaires dans les conditions autorisées par le régime de protection légale qui s'y attache. • Paris, 2 oct. 1997 : *D. 1997. IR 231 ; ibid. 1998. 312, note Edelman ; ibid. 1999. Somm. 64, obs. Colombet ; RIDA avr. 1998, p. 422 ; Légipresse 1997. I. 132.*

104. Mobilier. La protection du droit d'auteur peut s'appliquer : à des tapis. • Paris, 1er oct. 1957 : *JCP 1957. II. 10207.* ♦ ... A des meubles. • Crim. 15 mars 1962 : *Bull. crim. n° 279.* ♦ ... A des chaises longues, telle celle créée par Le Corbusier. • TGI Nanterre, 17 juin 1992 : *RIDA oct. 1992, p. 180.*

105. Bijoux. Pour des exemples de protection, V. • Paris, 22 nov. 1912 : *Ann. propr. ind. 1913. 353* • T. com. Seine, 13 déc. 1951 : *Gaz. Pal. 1952. 1. 91.*

106. Parfum. La fragrance d'un parfum, qui procède de la simple mise en œuvre d'un savoir-faire, ne constitue pas, au sens des art. L. 112-1 et L. 112-2, la création d'une forme d'expression pouvant bénéficier de la protection des œuvres de l'esprit par le droit d'auteur. • Civ. 1re, 13 juin 2006 : *Bull. civ. I, n° 307 ; D. 2006. Pan. 2994, obs. Sirinelli ; ibid. AJ 1741, obs. Daleau ; RTD com. 2006. 587, obs. Pollaud-Dulian ; CCE 2006, n° 119, note Caron ; ibid. Chron. 8, § 1, obs. Kahn ; JCP 2006. II. 10138, note Pollaud-Dulian ; Légipresse 2007. II. 184, obs. Alleaume ; Propr. ind. 2006, n° 82, note Schmidt-Szalewski ; Propr. intell. 2006, n° 21, p. 442, obs. Lucas ; RLDI 2006/18, n° 522, note Humblot ; RIDA avr. 2006, p. 209, note Kéréver ; ibid. oct. 2006, p. 206, obs. Sirinelli.* ♦ Pour une application, V. • Lyon, 10 mai 2012 : *RTD com. 2012. 763, obs. Pollaud-Dulian .* ♦ Toutefois, la jurisprudence des juges du fond résiste et continue à considérer que le parfum est protégeable en tant qu'œuvre de l'esprit. • Paris, 22 sept. 2010 : *RIDA oct. 2010, p. 365, note Sirinelli* • TGI Lille, 22 oct. 2009 : *Propr. intell. 2010, n° 34, p. 613, obs. Bruguière ; RIDA oct. 2010, p. 365, note Sirinelli* • TGI Nancy, 6 avr. 2009 : *Propr. intell. 2010, n° 34, p. 613, obs. Bruguière.* ♦ Avant cette décision, la jurisprudence était divisée : un parfum ne constitue pas une œuvre de l'esprit au sens de l'art. L. 112-1. • TGI Paris, 5 nov. 1997 : *PIBD 1998. III. 142.* – Dans le même sens • Paris, 3 juill. 1975 : *Gaz. Pal. 1976. 1. 43, note Calvo et Morelle.* ♦ En sens contraire, admettant la protection par le droit d'auteur des fragrances de parfum : Attendu que la création de nouveaux parfums est le résultat d'une véritable recherche artistique, souvent longue, par des créateurs spécialisés, qu'il s'agit donc indéniablement d'une œuvre de l'esprit ; qu'il ne s'agit en aucun cas d'un travail de recherche industrielle visant à mettre au point un procédé de fabrication d'un produit défini au préalable ; que le terme formule ne saurait tromper par son aspect technique, et pourrait tout aussi bien être comparé à une partition, qui permet de reproduire une musique comme la formule permet de reproduire une fragrance, musique et fragrance n'étant pas plus prédéfinies l'une que l'autre au moment de leur création ; que le fait que l'impression produite par une forme olfactive soit fugace et que sa perception soit différente selon les personnes n'est pas un obstacle, car la musique aussi est fugace, et que toutes les perceptions sensorielles dépendent plus ou moins de la personne qui perçoit. • T. com. Paris, 24 sept. 1999 : *LPA 3 mars 2000, note Calvo ; CCE 2000, p. 20, note Caron.* ♦ V. également : « L'originalité du "jus" n'est pas contestable dès lors que son parfum se distingue parfaitement de toutes les autres fragrances et est adopté par une clientèle très nombreuse à la recherche d'un signe d'individualisation ». • Paris, 17 sept. 2004 : *RTD com. 2006. 365, obs. Pollaud-Dulian ; Propr. intell. 2005, n° 14, p. 47, obs. Sirinelli.* ♦ V. aussi • TGI Paris, 26 mai 2004 : *D. 2004. 2641, note Galloux ; ibid. 2005. Pan. 1484, obs. Sirinelli ; JCP 2004. II. 10144, note Bruguière ; Propr. intell. 2004, n° 13, p. 907, obs. Sirinelli.* ♦ Un parfum est susceptible de constituer une œuvre de l'esprit dès lors que, révélant l'apport créatif de son auteur, il est original. • Paris, 25 janv. 2006 : *D. 2006. 2470, note Edelman ; ibid. AJ 580, obs. Daleau ; RTD com. 2006. 365, obs. Pollaud-Dulian ; CCE 2006, n° 39, note Caron ; JCP 2006. II. 10084, note Lucas* • TGI Bobigny, 28 nov. 2006 : *CCE 2007, n° 22, obs. Caron ; Légipresse 2007. II. 184, obs. Alleaume ; Propr. intell. 2007, n° 23, p. 202, obs. Bruguière* • Paris, 14 févr. 2007 : *D. 2007. AJ 735, obs. Daleau ; CCE 2007, n° 81, note Caron ; Légipresse 2007. II. 184, obs. Alleaume ; Propr. intell. 2007, n° 23, p. 202, obs. Bruguière ; RIDA avr. 2007, p. 169, note Sirinelli.* ♦ Décision cassée par

• Com. 1er juill. 2008 : *Bull. civ. I, n° 136 ; D. 2008. AJ 1993 ; ibid. 2009. 1182, note Edelman ; CCE 2008, n° 100, note Caron ; Propr. intell. 2008, n° 29, p. 419, obs. Bruguière ; RIDA juill. 2008, p. 199, obs. Sirinelli.* ♦ Refusant la protection de fragrances de parfum au titre du droit d'auteur, V. • Civ. 1re, 22 janv. 2009 : *RTD com. 2009. 302, obs. Pollaud-Dulian ; RIDA janv. 2009, p. 199, note Sirinelli.* – Et, sur renvoi, • Aix-en-Provence, 10 déc. 2010 : *D. 2011. Pan. 2165, obs. Sirinelli .* ♦ La fragrance d'un parfum, qui, hors son procédé d'élaboration, n'est pas lui-même une œuvre de l'esprit, ne revêt pas une forme d'expression présentant cette caractéristique, et ne peut, dès lors, bénéficier de la protection par le droit d'auteur. • Com. 10 déc. 2013 : *D. 2014. Pan. 2079, obs. Sirinelli ; RTD com. 2014. 103, Chron. Pollaud-Dulian ; Gaz. Pal. 18-19 déc. 2013, p. 5, avis Pagès ; CCE 2014, n° 13, note Caron ; ibid. Chron. 8, p. 20, obs. Kahn.*

107. Concours. Les règles d'un concours, même si elles procèdent de choix arbitraires, ne peuvent, indépendamment de la forme ou de la présentation originale qui ont pu leur être données, constituer en elles-mêmes une œuvre de l'esprit protégée par le droit d'auteur (à propos d'un prix de beauté). • Civ. 1re, 29 nov. 2005 : *Bull. civ. I, n° 458 ; D. 2006. 517, note Tricoire ; RTD com. 2006. 78, obs. Pollaud-Dulian ; CCE 2006, n° 18, note Caron ; JCP 2006. I. 103, n° 3, obs. Caron ; RIDA avr. 2006, p. 205, note Kéréver.* – Cassation de • Versailles, 14 janv. 2004 : *CCE 2004, n° 27, note Caron ; Légipresse 2004. I. 42 ; RIDA juill. 2004, p. 187, note Kéréver.*

108. Jardin. Le grand parterre de broderies du parc du château de Vaux-le-Vicomte réalisé par Achille Duchêne constitue une création originale, certes réalisée conformément à ce qui lui avait été demandé et aux contraintes historiques de styles dont il convenait de tenir compte pour approcher de plus près la broderie d'origine telle que Le Nôtre, initiateur des jardins à la française, aurait pu la concevoir au XVIIe siècle, mais exprimant de manière non contestable la personnalité de son auteur et conférant ainsi à l'œuvre réalisée une originalité certaine justifiant une protection par le droit d'auteur. • TGI Paris, 10 mai 2002 : *D. 2002. 3257, note Perbost ; CCE 2002, n° 112, note Caron ; JCP E 2004. 561, n° 1, obs. Salord ; Propr. intell. 2002, n° 5, p. 40, obs. Lucas ; RIDA oct. 2002, p. 189, obs. Kéréver.* – Confirmation par • Paris, 11 févr. 2004 : *D. 2004. 1301, note Choisy ; ibid. 2005. Pan. 1485, obs. Sirinelli ; Propr. intell. 2004, n° 12, p. 766, obs. Lucas ; RIDA juill. 2004, p. 309, note Perbost.*

2° ŒUVRES LITTÉRAIRES

109. Langue. Les mots et expressions faisant partie du domaine public, ils sont insusceptibles d'appropriation ; dès lors, l'auteur d'un lexique de termes cajuns (ou cadjins) ne peut pas avoir de monopole sur les matériaux linguistiques ou culturels par lui recensés, ni revendiquer de droit sur l'orthographe de certains des mots qu'il a collectés. • Paris, 14 janv. 1992 : *RIDA avr. 1992, p. 198.* – Confirmant • TGI Paris, 16 janv. 1991, *Vautrin : RIDA avr. 1991, p. 180 ; Cah. dr. auteur, avr. 1991, p. 12.* ♦ Sur la non-protection, au profit d'un compilateur, de propos rapportés (paroles de banlieues) et des informations brutes contenues dans ces propos, V. • Paris, 21 févr. 2001 : *CCE 2001, n° 75, note Caron.*

110. Rite. Sur la non-protection des rites maçonniques (dont la codification écrite a été déposée dans une enveloppe Soleau), V. • Paris, 21 mai 2002 : *CCE 2002, n° 124, note Caron ; RIDA janv. 2003, p. 257, obs. Kéréver.*

111. Actes officiels. Les actes officiels ne bénéficient pas de la protection par le droit d'auteur, leur destination, *a fortiori* lorsqu'ils sont publiés, étant précisément de tomber dans le domaine public. Quiconque a donc le droit de reproduire un acte officiel, notamment un brevet publié, sans autorisation de son auteur. • T. corr. Paris, 17 janv. 1968 : *RTD com. 1968. 1037, obs. Chavanne ; Gaz. Pal. 1968. 1. 197, note R. B.* ♦ Il en est de même des décisions judiciaires, ainsi que des mots indicateurs empruntés le plus souvent au texte des décisions ou à son objet. • T. civ. Seine, 7 mai 1896 : *Ann. propr. ind. 1897. 76.* ♦ Pour des sujets d'examen de médecine dont la libre publication est indispensable pour la nécessaire information du public. • Paris, 13 juin 1991 : *D. 1992. Somm. 12, obs. Colombet .* ♦ Les billets de banque « appartiennent par leur nature même, au domaine public ». • TGI Paris, 2 déc. 1998 : *inédit.* – Non infirmé par • Paris, 10 nov. 1999 : *D. 2000. 322, note Boudry ; RIDA juill. 2000, p. 339 ; CCE 2000, n° 5, note Caron.* – Pourvoi rejeté par • Civ. 1re, 5 févr. 2002 : *D. 2002. 1128, note Gridel ; CCE 2002, n° 34, note Caron ; JCP E 2002. 1334, n° 2, obs. Grégoire ; Légipresse 2002. I. 70 ; Propr. intell. 2002, n° 2, p. 50, obs. Sirinelli ; RIDA juill. 2002, p. 297, obs. Kéréver.* ♦ En revanche, sont protégés : les sommaires de décisions, dans la mesure où leur rédaction a exigé un travail intellectuel, ainsi que les notes ou observations qui ont nécessité une étude spéciale de l'affaire ou des recherches de doctrine ou de jurisprudence qui bénéficient de la protection de la loi. • T. civ. Seine, 7 mai 1896 : *préc.* ♦ ... Les discours politiques car « si les allocutions du chef de l'État ont pour vocation de traduire les principales orientations de son action politique et de refléter sa réflexion sur des questions de société, elles ne comportent aucune disposition impérative ayant valeur normative et ne constituent donc pas des actes officiels. » • TGI Paris, 25 oct. 1995 : *RIDA janv. 1996, p. 294 et 203, obs. Kéréver.* ♦ V. aussi Convention de Berne du 9 sept. 1886, art. 2, 4°, App., v° *Droit d'auteur.* ♦ Sur la diffusion des rapports officiels sur internet, V. Circ. 28 janv. 1999 *(JO 2 févr.)*.

112. Collection. L'édition d'une collection d'ouvrages présentant un certain nombre de caractéristiques communes ne constitue pas en soi la création d'une œuvre distincte de ces ouvrages eux-mêmes et dont l'éditeur pourrait être considéré comme l'auteur. • Com. 27 févr. 1990 : *Bull. civ. IV, n° 58 ; RTD com. 1990. 208, obs. Françon ; JCP 1990. II. 21545, note Pollaud-Dulian ; RIDA juill. 1990, p. 331.* ♦ Sur les traductions et autres œuvres littéraires dérivées, V. note 1 ss. art. L. 122-3.

3° ŒUVRES LITTÉRAIRES OU ARTISTIQUES

a. Personnages

113. Les personnages dessinés ou tirés d'une œuvre audiovisuelle peuvent en eux-mêmes être protégés par le droit d'auteur indépendamment de l'œuvre dans laquelle ils apparaissent ; ainsi il n'est pas contestable que le personnage de « Maya l'abeille », qui consiste en une abeille de dessin animé, est un personnage type ayant des éléments fixes permettant de bien l'identifier : forme du corps, antennes, cheveux, ailes (...) correspondant à une création originale caractérisée par des particularités essentielles. • Paris, 9 janv. 1986 : *Juris-Data n° 020012.* ♦ De même, constituent des œuvres originales la création de personnages imaginaires tels : Goldorak, rappelant la forme humaine, à l'aspect extérieur et au nom étranges, ayant notamment deux cornes superposées horizontales placées de chaque côté de la tête, deux protubérances coniques l'une au milieu du crâne et l'autre au milieu du front, les yeux, les sourcils, les pommettes, le nez, la bouche et le menton étant constitués de formes géométriques diverses et de tons contrastés. • Paris, 5 mars 1982 : *Ann. propr. ind. 1983. 240 ; PIBD 1982. III. 170.* ♦ ... Le professeur Nimbus en raison de l'attribution de particularismes ; en conséquence celui qui reproduit le personnage même dans une attitude encore non réalisée, doit réparation. • Chambéry, 10 déc. 1951 : *Gaz. Pal. 1952. 1. 116.* ♦ ... Le Donald Duck (« le petit canard mal élevé »). • Paris, 15 oct. 1964 : *Ann. propr. ind. 1965. 213.* ♦ ... La Panthère rose, car si l'idée d'humaniser le comportement d'animaux est en soi de libre parcours, le dessin animé dit « La panthère rose », créé à partir du fonds commun du dessin animé, étant immédiatement identifiable, constitue du seul fait de sa création une œuvre protégeable, à l'instar de « Félix le chat », de « Donald le canard » ou du « Grand méchant loup ». • Paris, 14 févr. 1980 : *D. 1981. IR 86, obs. Colombet.* ♦ ... Un petit Poulbot. • Civ. 1re, 14 oct. 1980 : *D. 1981. IR 87, obs. Colombet.* ♦ ... Les « Schtroumpfs ». • TGI Paris, 14 mai 1984 : *PIBD 1984. III. 266.* ♦ ... « E.T. », l'extraterrestre, personnage possédant une tête aplatie sensiblement en forme d'obus, des yeux écarquillés, un nez plissé avec des narines proéminentes, un long cou. • Rennes, 16 oct. 1984 : *RTD com. 1985. 587, obs. Françon.* ♦ ... Tintin. • TGI Paris, 11 mai 1988 : *RIDA oct. 1989, p. 344.* ♦ ... « Pierrot le poisson-clown ». • TGI Paris, 20 avr. 2005 : *RIDA avr. 2006, p. 211, note Kéréver.* ♦ ... « Shirley et Dino ». • Paris, 9 févr. 2007 : *Propr. intell. 2007, n° 24, p. 312, obs. Bruguière.*

114. Personnages littéraires. Constituent des créations littéraires et artistiques les personnages célèbres de : Tarzan, avec ses caractéristiques physiques et morales, et certains personnages secondaires tels que Jane sa compagne et Chita la guenon. • TGI Paris, 21 janv. 1977 : *préc. note 26* • 22 mars 1978 : *D. 1979. 99, note Desbois (Tarzoon).* ♦ ... Lagardère. • TGI Paris, 22 janv. 1971 : *RIDA juill. 1972, p. 223.* ♦ ... Fantômas. • Paris, 26 avr. 1977 : *RIDA janv. 1978, p. 134.* ♦ Rappr. accordant la protection du droit d'auteur à une « bible » (« Voisin Voisine ») définissant avec précision le milieu social et professionnel dans lequel évoluent les personnages de la série, leur nationalité, la situation professionnelle de leurs parents (autant d'éléments de nature à conditionner leurs attitudes sociales), leurs caractéristiques psychologiques, leurs goûts et habitudes, voire leurs manies, leurs qualités et défauts, autant de précisions qui permettent de donner naissance à une personne individualisable (les personnages), et déclarant que par le choix et la disposition de ces éléments les auteurs ont manifesté un effort intellectuel qui fait que les personnages de la bible portent l'empreinte de la personnalité de leur auteur et constituent une œuvre originale protégeable au titre du droit d'auteur. • TGI Paris, 23 sept. 1992 : *RIDA oct. 1993, p. 257.* ♦ Comp. qui se contente du constat que le personnage de la « comtesse Alexandra », compagne de « SAS Prince Malko Linge » dans des romans d'espionnage, a une consistance suffisante pour être protégé par le droit d'auteur, en sorte que, devenue l'héroïne d'une suite érotique de romans, elle permet à son créateur de se prévaloir d'un droit de propriété intellectuelle. • Paris, 18 déc. 1990 : *D. 1993. 442, note Edelman.* – Pourvoi rejeté par • Civ. 1re, 5 mai 1993 : *RIDA oct. 1993, p. 205.* ♦ Cette protection est due même si la création présente la particularité de donner lieu à de multiples variantes dans les attitudes et les expressions. • Paris, 9 janv. 1986 : *Juris-Data n° 020012.* ♦ Cependant le créateur ne peut faire protéger séparément les différents éléments qui composent ses personnages et qui appartiennent en eux-mêmes au domaine public, mais seulement leur combinaison. • Paris, 13 sept. 1988 : *Cah. dr. auteur, janv. 1989, p. 15.*

115. Nom d'un personnage. Le nom « Chéri-Bibi » est une création de l'esprit dont l'auteur est fondé à faire respecter la propriété. • TGI Seine, 2 mars 1959 : *Ann. propr. ind. 1965. 66.* ♦ ... Tout comme le titre « Poil de carotte ». • Paris, 23 nov. 1977 : *Ann. propr. ind. 1979. 68.*

116. Nom patronymique d'artiste. Un nom patronymique ne peut être protégé au titre du droit d'auteur, fût-il utilisé pour une activité artistique. • Versailles, 25 févr. 2010 : *CCE 2010. Étude 61, note Caron ; Propr. intell. 2010, n° 36, p. 845, obs. Bruguière ; RIDA oct. 2010, p. 353, note Sirinelli.*

117. Expression d'un personnage. L'expression « no problemo » de consonance argotique utilisée par les membres de la « famille Simpsons » signe cette série télévisée culte des années 90. Elle est originale en soi puisqu'elle n'existe dans aucune langue et est constituée par des mots qui la rendent compréhensible dans la majorité des pays où la série est diffusée et est indissociable des personnages. • Rennes, 16 mars 2004 : *RTD com. 2004. 266, obs. Pollaud-Dulian* ✐.

b. Œuvres publicitaires

118. Possibilité de protection. La protection offerte par le droit ne saurait s'appliquer : àune simple idée publicitaire. • Com. 16 juin 1964 : *JCP 1965. II. 14059.* ♦ ... Au simple thème d'une campagne basée sur des blancheurs comparées. • Paris, 22 avr. 1969 : *D. 1970. 214, note Mousseron ; JCP 1970. II. 16148, note Greffe.* ♦ ... Fût-elle originale, en sorte qu'une société ne saurait revendiquer un droit privatif sur l'introduction d'une carte à jouer dans les emballages transparents de biscottes. • Paris, 28 nov. 1958 : *Ann. propr. ind. 1959. 186.* ♦ Il faut une création de forme originale ou une variation spécifique, par exemple la photographie d'une main gantée tenant une carte de visite, sur le thème même banal de la présentation d'un service de qualité. • Civ. 1re, 23 mai 1995 : ⚖ *RIDA oct. 1995, p. 299 et 231, obs. Kéréver.* ♦ Ainsi, le fait de comparer la blancheur obtenue par un produit avec les blancheurs obtenues avec d'autres produits constitue un argument publicitaire et la conception ainsi que le choix de cet argument relèvent du domaine de l'idée ; c'est au stade de la réalisation (choix des mots et des images qui mettront en forme l'argument de la comparaison des blancheurs) que se situe l'exploitation de l'idée. • Paris, 22 avr. 1969 : *D. 1970. 214, note Mousseron ; JCP 1970. II. 16148, note Greffe.* ♦ L'originalité d'un travail publicitaire qui utilise un procédé déjà connu de projection de mots sur un corps en mouvement ou statique, peut résulter de la composition de l'œuvre, à savoir la répartition générale des volumes, l'attitude des personnages et l'emplacement des slogans qui porte l'empreinte de la personnalité de l'auteur. • Paris, 5 déc. 1997 : *D. 1999. Somm. 69, obs. Colombet* ✐.

119. Slogan publicitaire. Les créations publicitaires ne sont protégées au titre de la propriété littéraire et artistique que pour autant qu'elles constituent des œuvres de l'esprit ; aussi la cour d'appel qui ne recherche pas si le slogan et le message musical litigieux avaient un caractère original en raison d'un apport personnel de l'auteur ne donne pas de base légale à sa décision. • Com. 3 mai 1994 : ⚖ *RIDA avr. 1995, p. 293.* ♦ L'originalité peut apparaître, au stade de la réalisation, dans le choix des mots et des images qui mettront en forme l'argument, comme par exemple la comparaison des blancheurs. • Com. 16 juin 1964 : *préc. note 118* • Paris, 22 avr. 1969 : *eod. loc.* ♦ S'il est vrai que la brièveté d'un slogan ne permet pas toujours à l'auteur d'y laisser son empreinte personnelle, il peut en aller différemment de la formule qui explicite l'idée publicitaire, dès lors qu'elle ne vient pas naturellement à l'esprit. • Versailles, 6 févr. 1985 : *D. 1986. Somm. 182, obs. Colombet.* ♦ Toutefois n'a pu être protégé le slogan « le mariage n'est pas une loterie » parce que son auteur ne peut sérieusement revendiquer l'idée d'avoir pour la première fois rapproché les deux mots « mariage » et « loterie », alors que l'expression « le mariage est une loterie » est aussi ancienne que communément employée ; par ailleurs, ayant donné à cet aphorisme une forme purement négative, il ne peut se prévaloir d'un tour original relevant d'un effort créateur. • Paris, 30 avr. 1963 : *JCP 1963. II. 13243.* ♦ Si rien ne s'oppose, en principe, à ce qu'un slogan publicitaire bénéficie de la protection accordée (par le CPI) aux œuvres de l'esprit, c'est à la condition qu'il constitue une œuvre originale, ce qui implique qu'elle porte l'empreinte de la personnalité de son auteur. En l'espèce, le slogan litigieux « mercredi, jour de frites, jour de fête », utilisé dans la campagne publicitaire ciblant un public de mères et d'enfants et associant les frites aux repas et à la fête, s'il remplit parfaitement son rôle en ce qu'il comporte le minimum de mots nécessaires à la compréhension du thème publicitaire, apparaît cependant dépourvu d'originalité, même s'il est le produit d'un certain investissement intellectuel. • Versailles, 11 avr. 1996 : *Gaz. Pal. 1996. 1. Somm. 24.* ♦ Le slogan « L'immobilier clair et précis » ne peut bénéficier de la protection par le droit d'auteur. • T. com. Paris, réf., 19 mai 2010 : *Légipresse 2010, n° 278, p. 446, obs. Alleaume.*

120. Œuvres publicitaires artistiques. S'agissant d'un dessin, l'idée de deux hémisphères constituant les verres d'une paire de lunettes et traduisant le caractère universel des informations publiées dans un quotidien ne peut faire l'objet d'une appropriation privative. • TGI Seine, 17 oct. 1956 : *D. 1956. Somm. 172.* ♦ Un logo constitué par une lettre R d'un graphisme particulier inscrit dans un carré de couleur sombre quadrillé de lignes claires qui n'est pas une simple déclinaison de la marque déposée dont il est détachable présente les caractères de nouveauté et d'originalité le rendant protégeable. • Paris, 10 janv. 1989 : *PIBD 1989. III. 296.* ♦ ... A la différence d'un logo parfaitement banal, dont la forme s'apparente à celle d'une plaque d'immatriculation, et le fait d'y ajouter un bandeau dont seules les extrémités sont apparentes ne saurait, à lui seul, lui donner le caractère d'originalité requis. • Paris, 16 déc. 1988 : *PIBD 1989. III. 360.* ♦ Une étiquette comprenant un ensemble de lignes et de couleurs présentée sous une forme particulière et lui donnant un caractère propre est susceptible d'être protégée et il importe peu que d'autres étiquettes portent des éléments semblables, dès lors que l'étiquette invoquée se caractérise par une certaine disposition des lignes et des couleurs lui conférant un caractère original. • T. com. Seine, 16 mai 1952 : *Ann. propr. ind. 1952. 190.* ♦ Les « roughs » permettant la visualisation par des annonceurs des idées de campagnes publicitaires peuvent bénéficier de la protection par le droit d'auteur. • Versailles, 11 mars 2010 : *RIDA oct. 2010, p. 391, note Sirinelli.*

c. Œuvres de journalistes

121. Articles et journaux. La loi s'applique aux écrits en tous genres et notamment aux articles de journaux, dès lors qu'ils présentent les véritables caractéristiques d'une œuvre de l'intelligence où l'esprit et le talent de l'auteur ont pu jouer un certain rôle ; lorsque le mérite d'une production journalistique réside dans l'originalité des commentaires et la forme littéraire, cette production doit être considérée comme une œuvre littéraire protégée par la loi. • T. civ. Seine, 5 févr. 1954 : *Gaz. Pal. 1954. 1. 182.* ♦ Cependant, si la protection du droit d'auteur s'applique aux articles de fond publiés dans les quotidiens et les périodiques, quel qu'en soit l'objet. • T. corr. Nice, 25 nov. 1957 : *JCP 1958. II. 10532.* ♦ ... Les journaux constituent des œuvres collectives dans lesquelles se fondent les contributions individuelles des divers journalistes qui participent à son élaboration. • Paris, 2 juin 1981 : *D. 1983. IR 96, note Colombet ; Gaz. Pal. 1982. 1. 22, note Plaisant.* ♦ ... Tandis que les informations brutes sont de libre parcours. • TGI Paris, 14 sept. 1994 : *RIDA juill. 1995, p. 353.* ♦ De simples comptes rendus de faits divers ne remplissent pas la condition d'originalité. • Limoges, 15 juin 2005 : *RIDA avr. 2006, p. 213, note Kéréver.*

122. Nouvelles de presse ou d'agence. Attendu que les dépêches télégraphiques portant à la connaissance du public des nouvelles politiques, scientifiques ou littéraires ne peuvent être considérées comme des œuvres de l'esprit ; que, du moment qu'une nouvelle a été publiée par la voie de la presse, chacun a le droit d'en faire son profit, de la répéter et de la commenter ; que ce droit appartient au journaliste comme à tous autres. • Req. 8 août 1861 : *DP 1862. 1. 136* • T. com. Marseille, 5 févr. 1906 : *DP 1906. 5. 61.* ♦ Rappr., permettant une réservation indirecte par la technique de la responsabilité civile en cas de pillage des dépêches. • Req. 23 mai 1900 : *DP 1902. 1. 405* • TGI Paris, 14 sept. 1994 : *RIDA juill. 1995, p. 353.* ♦ Certaines dépêches de l'AFP sont des œuvres de l'esprit. • T. com. Paris, 5 févr. 2010 : *D. 2011. Pan. 2166, obs. Sirinelli* ; *RTD com. 2011. 98, obs. Pollaud-Dulian* ; *Propr. intell. 2010, n° 36, p. 846, obs. Bruguière ; RIDA oct. 2010, p. 373, note Sirinelli.* ♦ V. aussi App., v° *Droit d'auteur*, Convention de Berne du 9 sept. 1886, art. 2, 8°, et Dir. (CE) n° 96/9 du 11 mars 1996. ♦ Sur le caractère parasitaire de la reprise d'informations, V. • Civ. 1re, 22 oct. 2009 : *D. 2009. AJ 2685* ; *RTD com. 2010. 107, obs. Pollaud-Dulian*.

123. Entretiens. Les entretiens originaux sont protégés par le droit d'auteur. • TGI Paris, 6 juill. 1972 : *préc. note 17.* ♦ Le créateur peut en être : Le journaliste seul. • TGI Paris, 6 juill. 1972 : *préc. note 17.* ♦ Retenant que « cette interview n'a pas Charles de Gaulle pour auteur ; qu'elle constitue une création littéraire de Passeron dans toute la mesure où il a su, par l'empreinte d'une composition et d'un style personnels, imprimer à la pensée la forme originale qui la rend protégeable ; que c'est bien le cas de citer le Général de Gaulle lui-même, qui, le 12 juin 1962 et à propos du premier ouvrage de Passeron, écrivait à celui-ci, d'une manière frappante : Chacun entend à sa façon. Voilà comment vous m'avez entendu... » • Même jugement. ♦ ... La personne interrogée, seule. • Paris, 26 sept. 1988 : *D. 1988. IR 255.* ♦ ... Ou cette dernière et le journaliste. • TGI Paris, 24 mars 1982 : *JCP 1982. II. 19901, note Bonet.* – Dans le même sens, « la qualité du coauteur de l'œuvre de collaboration que constitue l'interview en cause ne saurait sérieusement être déniée à M. Amouroux dans la mesure où sa participation directe à l'élaboration de l'œuvre, son pouvoir de contrôle sur le contenu de celle-ci (...), ne sont pas contestables ; dès lors, disposant d'un droit de propriété sur l'œuvre, (l'historien) pouvait valablement s'opposer à sa divulgation si son contenu ne lui paraissait pas conforme à la traduction de sa pensée ». • Paris, 14 juin 2001 : *Propr. intell., oct. 2001, p. 58, obs. Sirinelli.*

124. Mise en page. La maquette de la première page d'un journal peut constituer une création personnelle et originale. • Civ. 1re, 4 mars 1986 : *Bull. civ. I, n° 54* • TGI Paris, 9 sept. 1998 : *Légipresse 1999. I. 18.* ♦ ... Elle constitue alors une œuvre distincte de l'œuvre collective qu'elle met en page. • Paris, 14 mai 1997 : *RIDA janv. 1998, p. 318.*

d. Œuvres de l'art culinaire

125. Recettes de cuisine. Des recettes de cuisine peuvent être regardées comme des méthodes. • TGI Paris, 10 juill. 1974 : *D. 1975. Somm. 40.* ♦ « Si les recettes de cuisine peuvent être protégées dans leur expression littéraire, elles ne constituent pas en elles-mêmes une œuvre de l'esprit ; elles s'analysent en effet en une succession d'instructions, une méthode ; il s'agit d'un savoir-faire, lequel n'est pas protégeable ». • TGI Paris, 30 sept. 1997 : *RIDA juill. 1998, p. 273, note Piredda ; ibid. p. 147, obs. Kéréver.* – Solution non infirmée, sur ce point, par • Paris, 17 mars 1999 : *RTD com. 2000. 91, obs. Françon* ; *RIDA oct. 1999, p. 202 ; ibid. p. 121, obs. Kéréver ; CCE 1999, n° 23, note Caron.* – Cassé, sur un autre point par • Civ. 1re, 5 févr. 2002, n° 99-15. 549.

4° ŒUVRES MULTIMÉDIAS

a. Recherche d'originalité

126. Jeux vidéo. Les jeux vidéo peuvent bénéficier de la protection du droit d'auteur sans qu'il y ait lieu de s'attarder sur la qualité de leurs graphismes. Pour décider que les jeux audiovisuels créés par la société Atari Inc. sont exclus de la protection accordée par la loi du 11 mars 1957, la cour d'appel énonce qu'on ne peut assimiler le jeu électronique à une œuvre audiovisuelle, sous le prétexte que les éléments spécifiques au jeu se déplacent sur un écran avec une succession d'images et de bruits pouvant capter l'attention du joueur ; en se déterminant par ces motifs alors que sont considérés comme œuvres de l'esprit au sens de la loi du 11 mars 1957, dès lors qu'ils répondent à la condition d'originalité, tant les dessins, les images, que les sons les accompagnant, ou les animations des êtres et des choses s'ils sont fixés par écrit ou autrement, la cour d'appel a violé le texte susvisé. • Cass., ass. plén., 7 mars 1986 (3 arrêts) : *préc. note 71* • Paris, 4 juin 1984 : *D. 1985. IR 311, obs. Colombet ; Gaz. Pal. 1984. 2. 629, note Bonneau ; RIDA janv. 1985, p. 178* • 20 févr. 1985 : *Gaz. Pal. 1985. 1. 345, note Bonneau ; PIBD 1985, III, p. 309.* ♦ V. encore, retenant que ce que les parties dénomment « pingouins » ou « créatures hostiles » ou encore « monstres » est constitué de lignes géométriques qui dessinent des silhouettes, des schémas que l'on veut bien qualifier d'animaux, mais qui ne présentent pas de caractère particulièrement original surtout si on les compare aux personnages fortement typés tels que ceux de Donald, Daisy, Minnie, Dingo et autre Mickey du monde féerique de Walt Disney qui sont entrés eux aussi sur le marché des jeux électroniques : • T. corr. Nanterre, 29 juin 1984 : *Gaz. Pal. 1985. 1.* ♦ Dès lors que la programmation informatique d'un jeu électronique est indissociable de la combinaison des sons et des images formant les différentes phases du jeu, l'appréciation de ces éléments permet de déterminer le caractère original du logiciel contrefait (jeu vidéo « Mortal Kombat »). • Crim. 21 juin 2000 : *D. 2001. Somm. 2552, obs. crit. Sirinelli* ; *CCE 2001, n° 85, note Caron ; Expertises 2000, p. 352, obs. Drack ; JCP E 2001. 312, comm. Sardain.*

127. Site internet. Sur la protection d'une page de présentation et d'accueil d'un site web, à propos, notamment de la charte graphique, la charte couleur, la mise en page ou le scénario de navigation. V. • TGI Paris, 13 févr. 2001 : *Propr. intell., oct. 2001, p. 66, obs. Sirinelli ; Expertises, 2001, p. 275* . – *Adde* • T. com. Paris, 9 févr. 1998 : *Expertises, juill. 1998, p. 236, obs. J. Bertrand ; Annonces de la Seine, 26 oct. 1998, p. 7, note Haas et de Tissot.* ♦ Sur la protection d'un site web et l'interprétation contestable de son originalité, V. • Paris, 10 oct. 2003 : *CCE 2004, n° 14, note Caron.* ♦ Sur la protection d'un programme d'envois de cartes postales publicitaires par le réseau internet, V. • Paris,10 oct. 2003 : *Propr. intell. 2004, n° 10, p. 543, obs. Lucas.* ♦ Un site internet de vente privée en ligne peut être une œuvre. • Civ. 1re, 12 mai 2011 : *CCE 2011, n° 84, note Caron ; Propr. intell. 2011, n° 40, p. 286, obs. Bruguière ; RIDA oct. 2011, p. 175, note Sirinelli.*

b. Qualification

128. Recherche au cas par cas. Sur le constat que cette question délicate échappe au juge des référés, V. • TGI Paris, 24 juin 1997 : *RIDA oct. 1997, p. 271.* ♦ Pour un examen, point par point, des exigences légales indépendamment des dispositions du contrat, V. • Versailles, 18 nov. 1999 : *Légipresse 2000, n° 170, p. 51, note P. Tafforeau ; CCE 2000, n° 16, note Caron ; Expertises, févr. 2000, p. 30, obs. Gallot Le Lorier et Varet, p. 24-26.* ♦ Pour une application du droit commun du droit d'auteur sans qualification spéciale, V. • Paris, 28 avr. 2000 : *D. 2001. Somm. 2553, obs. Sirinelli* .

129. Qualification d'un jeu en œuvre multimédia. Un jeu vidéo est une œuvre complexe qui ne saurait être réduite à sa seule dimension logicielle, quelle que soit l'importance de celle-ci, de sorte que chacune de ses composantes est soumise au régime qui lui est applicable en fonction de sa nature. • Civ. 1re, 25 juin 2009 : *D. 2009. AJ 1819, obs. Daleau* ; *RTD com. 2009. 710, obs. Pollaud-Dulian* ; *CCE 2009, n° 76, note Caron ; JCP 2009, n° 42, 328, note Treppoz ; Légipresse 2009. II. 169, obs. Alleaume ; ibid. 195, note Quoy, Boubekeur et Vermynck ; RIDA juill. 2009, p. 305, note Sirinelli.* ♦ Rejetant le pourvoi contre • Paris, 20 sept. 2007 : *CCE 2008, n° 51, note Caron ; RLDI 2008/34, n° 1130, obs. Azzabi ; RIDA avr. 2008, p. 349, obs. Sirinelli.*

130. Qualification d'un jeu en logiciel. « Le jeu vidéo ne peut être considéré comme une simple œuvre audiovisuelle qui se réduit à une séquence animée d'images sonorisées ou non. Il s'agit d'un produit plus complexe qui incorpore nécessairement un logiciel intégré dans la cartouche de jeu. C'est ce logiciel qui donne des instructions logiques écrites dans un langage codé compris par le microprocesseur de la console de jeux et permet à celle-ci d'exécuter le programme. Les joueurs ont la possibilité d'agir sur le cours des séquences d'images animées et cette interactivité est la caractéristique majeure du jeu vidéo qui est assurée par le logiciel intégré dans la cartouche et dans la console. Dès lors, c'est le logiciel qui apparaît comme spécifique et primordial dans le produit complexe qu'est le jeu vidéo et celui-ci doit en conséquence bénéficier de la protection particulière accordée aux logiciels ». • Caen, 19 déc. 1997 : *LPA 18 nov. 1999, note Treppoz ; JCP E 2000. 1375, obs. Sardain ; RTD com. 2000. 100, obs. crit. Gaudrat* . ♦ *Contra* : « le CD Rom de jeu auquel Jean-Marc Vincent a contribué représente le résultat de la combinaison sur un même support de textes, d'images fixes et animées, de sons, d'un programme informatique dont la structure et l'accès sont régis par un logiciel permettant l'interactivité. (...) Il concrétise une création intellectuelle originale et constitue une œuvre protégeable par les dispositions du CPI. Il ne peut être qualifié d'œuvre logicielle ou d'œuvre audiovisuelle, ces deux catégories étant trop réductrices pour rendre compte de la réalité de sa nature. (...) L'œuvre logicielle qui est la condition de l'interactivité exclut la prise en compte des autres médias qui lui sont incorporés en vue de la création de l'œuvre achevée. Le logiciel apparaît donc comme un élément nécessaire mais non suffisant du produit multimédia ». • TGI Nanterre, 26 nov. 1997 : *Gaz. Pal. 25 mars 1998, p. 25.* – Appel examiné par • Versailles, 18 nov. 1999 : *Légipresse 2000, n° 170, p. 51, note Tafforeau ; CCE 2000, n° 16, note Caron ; Expertises, févr. 2000, p. 30, obs. Gallot Le Lorier et Varet, p. 24-26.* ♦ Comp. • Cass., ass. plén., 7 mars 1986 : *D. 1986. 405, concl. Cabannes, note Edelman ; RTD com. 1986. 399, obs. Françon ; RIDA juill. 1986, p. 136, note Lucas* • Crim. 21 juin 2000 : *préc. note 126* .

131. Base de données. V. • TGI Paris, 5 sept. 2001 : *CCE 2002, n° 16, note Caron ; RIDA avr. 2002, p. 381, obs. Kéréver* (pages web d'offres d'emploi).

132. Rejet de la qualification en œuvre audiovisuelle. Pour un rejet de principe, V. • Versailles, 18 nov. 1999 : *Légipresse 2000, n° 170, p. 51, note Tafforeau ; CCE 2000, n° 16, note Caron ; Expertises, févr. 2000, p. 30, obs. Gallot Le Lorier et Varet, p. 24-26.* – Sur appel de • TGI Nanterre, 26 nov. 1997 : *Gaz. Pal. 25 mars 1998, p. 25* (suivant lequel la définition de l'œuvre audiovisuelle « ne saisit pas la caractéristique essentielle de l'interactivité qui oppose au défilé séquentiel et linéaire d'images qui s'imposent à un spectateur passif, le dynamisme propre de l'utilisateur qui choisit les séquences auxquelles il désire accéder » et ajoutant, au vu de considérations propres à l'espèce, « que la partie audiovisuelle de l'œuvre est ainsi devenue secondaire, sinon marginale, et ne saurait donner sa qualification à l'ensemble de l'entreprise »). ♦ Pour un rejet encore plus brutal, estimant sans nuance que dans cette définition du code, ne saurait être admise l'œuvre multimédia qui, d'une part, ne présente pas un défilement linéaire des séquences en ce que l'utilisateur peut intervenir et modifier l'ordre des séquences, et qui, d'autre part, est une succession non pas de séquences animées d'images, mais de séquences fixes qui peuvent contenir des images animées, V. • Civ. 1re, 28 janv. 2003 : *Bull. civ. I, n° 29 ; D. 2003. 1688, note Sardain ; CCE 2003, n° 35, note Caron ; JCP E 2003. 588, note Caron ; ibid. 1508, n° 1, obs. Bougerol ; Légipresse 2003. III. 79, note Varet ; Propr. intell. 2003, n° 7, p. 159, obs. Lucas ; RIDA avr. 2003, p. 279, obs. Kéréver.* – Rejetant le pourvoi contre • Paris, 28 avr. 2000 : *D. 2001. Somm. 2553, obs. Sirinelli ; Légipresse 2000, n° 173, p. 107, note Latreille.*

133. Qualification d'œuvre collective. Pour l'admission de pareille qualification, constatant « que les différentes contributions qui ont permis l'élaboration de ce jeu ont été pensées, créées, modifiées, complétées, les unes en considération des autres, les unes avec les autres, pour atteindre le but ludique recherché, que cette fusion rend impossible d'attribuer à chacun des coauteurs un droit distinct sur l'ensemble réalisé car celui-ci ne présente une utilité et un intérêt que dans sa globalité », V. • Versailles, 18 nov. 1999 : *préc. note 130.* ♦ Pour un rejet de pareille qualification, constatant que si il y avait bien multiplicité d'interventions la plupart ne concernaient que des prestations techniques qui ne relèvent pas de la création pour conclure qu'il ne peut y avoir d'œuvre collective en cas de créateur unique, V. • Paris, 28 avr. 2000 : *eod. loc.*

134. Qualification d'œuvre de collaboration. Sur la qualification d'un jeu multimédia comme étant une œuvre de collaboration, V. • TGI Paris, 30 janv. 2002 : *Légipresse 2002. III. 96, note Sardain.*

Art. L. 112-3 (*L. n° 98-536 du 1er juill. 1998, art. 1er*) **Les auteurs de traductions, d'adaptations, transformations ou arrangements des œuvres de l'esprit jouissent de la protection instituée par le présent code sans préjudice des droits de l'auteur de l'œuvre originale. Il en est de même des auteurs d'anthologies ou de recueils d'œuvres ou de données diverses, tels que les bases de données, qui, par le choix ou la disposition des matières, constituent des créations intellectuelles.**

On entend par base de données un recueil d'œuvres, de données ou d'autres éléments indépendants, disposés de manière systématique ou méthodique, et individuellement accessibles par des moyens électroniques ou par tout autre moyen.

BIBL. ▸ **Traductions et adaptations :** BERTRAND, *RDPI 1992, n° 40, p. 8* (les traducteurs et le droit d'auteur). – GAUTIER, *D. 1988. Chron. 152* (l'accession mobilière en matière d'œuvres de l'esprit : vers une nouvelle querelle des Proculéiens et des Sabiniens).

▸ **Recueils et anthologies :** DUFOUR, *RIDA 1999, n° 180, p. 3* (des expositions comme œuvres de l'esprit). – NOIVILLE, *D. 1997. Chron. 245* (pour une protection des collections scientifiques).

▸ **Bases de données :** BECOURT, *Gaz. Pal. 11 août 1998, p. 2.* – CHOISY, Banques de données, aspects contractuels, *ADI, 1983, spéc. p. 35 s.* – DE BOISSE, *Expertises, janv. 2003, p. 23* (prééminence du droit de la concurrence sur le droit *sui generis*). – DERIEUX, *LPA 18 févr. 1998* (bases de données et droit à l'information). – HAAS et DE TISSOT, *Les annonces de la Seine, 19 juill. 1999, p. 6* (protection d'une base de données et site Web). – A. LUCAS, La protection des banques de données, Rapport général au Congrès de l'ALAI, *éd. Yvon Blais Inc., Québec, 1989.* – A. LUCAS et VIVANT, Les nouvelles technologies de l'information. Recension technique et première analyse de leur impact sur la propriété littéraire et artistique, *IDATE, 1993.* – MALLET-POUJOL, Commercialisation des banques de données, *CNRS, éd. 1993 ; DIT 1996, n° 1, p. 6* (la directive concernant la protection juridique de bases de données : une gageure). – MARTIN, *Gaz. Pal. 15-16 mai 1998, Doctr. p. 16* (la directive base de données et sa transposition en droit français). – NOUEL, *Gaz. Pal. 19-20 févr. 1997, Doctr. p. 2* (droit de la concurrence et les données publiques). – POLLAUD-DULIAN, *D. Affaires 1997. 539* (brèves remarques sur la directive du 11 mars 1996). – SIRINELLI, *Lamy Droit des médias et de la communication, étude 136.* – VIVANT, *D. 1995. Chron. 197* (recueils, bases, banques de données, compilations, collections... : l'introuvable notion ?).

COMMENTAIRE

Cet article pose le principe de l'accès à la protection des œuvres dérivées dont il donne des exemples (traductions, adaptations, transformations, arrangements, anthologies, recueils d'œuvres ou bases de données).

L'originalité d'une œuvre peut donc être relative. Une création est susceptible d'être protégée même si elle emprunte des traits originaux à une autre pourvu qu'elle soit constituée aussi de formes originales dues au second créateur.

L'originalité peut se manifester dans la composition ou l'expression ou encore dans le choix ou (et non pas « et ») la disposition des matières.

Les bases de données sont protégeables qu'elles soient sous une forme électronique ou une autre (recueil papier, par exemple). Elles peuvent recevoir une protection supplémentaire ou alternative par un droit *sui generis* (V. CPI, art. L. 341-1 s.). ❑

A. PROTECTION DES ŒUVRES DÉRIVÉES

1. Traductions. Sont susceptibles de bénéficier de la protection du droit d'auteur dès lors qu'elles portent l'empreinte de la personnalité du traducteur : la traduction de poèmes japonais. • Civ. 1re, 11 févr. 1970 : *D. 1970. 227.* ♦ ... La traduction d'un titre constitué par deux mots dont l'un, il est vrai, n'a pas d'équivalent direct dans la langue française. • T. com. Seine, 26 juin 1952 : *Ann. propr. ind. 1952. 60* • Paris, 3 nov. 1933 : *Ann. propr. ind. 1939. 287.* ♦ Sur la traduction d'archives publiques, V. • Paris, 6 févr. 2002 : *Légipresse 2002, n° 192, I, p. 71 ; RIDA juill. 2003, p. 207, obs. Kéréver.*

2. Œuvres musicales. Peuvent bénéficier de la protection du droit d'auteur, à condition de remplir l'exigence d'originalité : des variations musicales. • Crim. 11 juill. 1862 : *Ann. propr. ind. 1862. 272.* ♦ ... Des arrangements. • Paris, 25 nov. 1865 : *Ann. propr. ind. 1865. 183.* ♦ ... Une orchestration ; V. à propos de l'orchestration par Maurice Ravel des « Tableaux d'une exposition » de Moussorgski. • Paris, 10 mars 1970 : *D. 1971. 114, note P. L.* ♦ ... Une adaptation. • Civ. 1re, 1er juill. 1970 : *D. 1970. 734, note Edelman.*

3. L'utilisation, dans un journal, d'une photographie prise lors du tournage d'une scène d'un film (« Le Corniaud ») est soumise à l'autorisation du producteur de l'œuvre audiovisuelle en ce qu'elle représente une scène du film dont le producteur a acquis le droit de reproduction sous quelque forme que ce soit. • Civ. 1re, 3 juin 1997 : *Bull. civ. I, n° 184 ; D. 1998. 166, note Daverat ; JCP E 1998. 1250, obs. Bougerol.*

4. La protection du droit d'auteur peut s'appliquer à des œuvres qui ne sont que relativement originales et donc à des ouvrages composés d'éléments, protégés ou non, empruntés à des publications antérieures, qui ont été choisis avec discernement, disposés dans un ordre nouveau, revêtus d'une forme nouvelle et appropriés avec intelligence à un usage plus ou moins général. • Crim. 27 nov. 1869 : *DP 1870. 1. 186.* ♦ Sur l'absence de protection de lithographies reproduisant des portraits d'un peintre célèbre, sous son contrôle, V. • Paris, 6 avr. 2005 : *RTD com. 2005. 489, obs. Pollaud-Dulian* ; *Propr. intell. 2005, n° 16, p. 336, obs. Lucas.*

5. Compilations. Un travail de compilation d'informations peut accéder à la protection du droit d'auteur mais la protection n'est pas acquise en soi par le genre, les juges du fond devant préciser en quoi la forme retenue est originale. • Civ. 1re, 2 mai 1989 : *GAPI, 1re éd., n° 9 ; D. 1990. Somm. 49, obs. Colombet* ; *RTD com. 1989. 675, obs. Françon ; JCP 1990. II. 21392, note Lucas ; RIDA janv. 1990, p. 290, obs. Kéréver.* ♦ Dans cette recherche, il importe peu que les éléments ou informations contenus dans un annuaire soient non protégés par le droit d'auteur, leur réunion en un ensemble ordonné et complet et leur classement en diverses nomenclatures peuvent, en tant que tels, donner lieu à la protection. • Paris, 18 déc. 1924 : *DH 1925. 30.* ♦ Si un compilateur ne peut bénéficier de droits d'auteur sur des propos rapportés (paroles de banlieues) ou sur les informations brutes contenues dans ces propos, il peut disposer d'un droit de propriété intellectuelle sur l'étude réalisée, reprenant ces éléments, en raison de sa présentation et de son agencement. • Paris, 21 févr. 2001 : *CCE 2001, n° 75, note Caron.* ♦ Un annuaire médical et pharmaceutique donnant la liste de tous les laboratoires privés et publics peut refléter la personnalité de son auteur et donc constituer une œuvre originale. • Paris, 27 nov. 1986 : *Juris-Data n° 28715.* ♦ Un travail de rassemblement, de collection et de sélection de photographies historiques relatives à des personnages politiques de certains pays peut accéder à la protection du droit d'auteur. • TGI Paris, 29 janv. 1986 : *RIDA oct. 1986, p. 152.*

6. Dictionnaire. Un dictionnaire peut être original par la mise en œuvre et l'ordre des matières, le choix des citations et des exemples, la rédaction et la forme du style. • T. civ. Seine, 1er juin 1895 : *Ann. propr. ind. 1898. 303.* ♦ A propos d'un dictionnaire bilingue de vocabulaire informatique. • TGI Paris, 30 mars 1987 : *Cah. dr. auteur, janv. 1988, p. 14* • Paris, 6 mai 1987 : *D. 1987. IR 143* • 19 juin 1984 : *D. 1985. IR 309, obs. Colombet.* ♦ V. également concernant un dictionnaire de conventions collectives. • Civ. 1re, 20 janv. 2004 : *Bull. civ. I, n° 22 ; D. 2005. Pan. 1484, obs. Sirinelli* ; *ibid. 2004. AJ 503* ; *JCP E 2004. 1770, n° 11, obs. Sardain ; Propr. intell. 2004, n° 11, p. 647, obs. Sirinelli ; RIDA avr. 2004, p. 215, note Kéréver.* ♦ V. aussi Convention de Berne du 9 sept. 1886, art. 2, al. 5, App., v° *Droit d'auteur.*

7. Refus de protection. La protection par le droit d'auteur a été refusée pour : un ouvrage qui n'est qu'une simple compilation de renseignements connus, l'originalité se manifestant dans le choix et la disposition des matières. • Com. 23 mars 1965 : *Bull. civ. IV, n° 28* • Civ. 1re, 2 mai 1989 : *JCP 1990. II. 21392, note Lucas* • Versailles, 30 juill. 2003 : *Propr. intell. 2003, n° 9, p. 376, obs. Lucas.* ♦ ... Un carnet du supporter de football constitué de grilles de classement déjà couramment utilisées dans la presse. • Crim. 2 juin 1983 : *Bull. crim., n° 138 ; D. 1983. IR 89, obs. Colombet ; RIDA juill. 1983, p. 85.* ♦ ... Un organigramme, sur le simple constat de la présence d'un effort de recherche. • Civ. 1re, 2 mai 1989 : *préc. note 5.* ♦ ... Une base de données qui ne faisait que restituer des informations objectives sur des entreprises répertoriées de façon strictement signalétique ou descriptive acquises par recherche *ad hoc* non spécifique dans une forme de présentation propre à beaucoup d'annuaires professionnels, électroniques ou non, imposée par le contenu des données traitées et les usages en vigueur. • T. com. Lyon, 30 juill. 1993 : *LPA, 28 avr. 1995, p. 14, note Latreille.* ♦ ... Un système de cotation des billets de banque et pièces de monnaie. • Paris, 30 mars 2005 : *RTD com. 2005. 720, obs. Pollaud-Dulian* ; *Propr. intell. 2005, n° 16, p. 335, obs. Lucas.* ♦ En revanche, le répertoire SIRENE, créé à partir d'informations communiquées par les entreprises à l'INSEE, qui les enrichit et les exploite, constitue une base de données qui doit être regardée comme une œuvre collective pouvant légalement inclure des droits relevant de la propriété intellectuelle au profit de l'INSEE, donc de l'État. • CE 10 juill. 1996 : *RIDA oct. 1996, p. 207, note Kéréver ; RJDA 1997, n° 439 ; RFDA 1997. 115, concl. Denis-Linton* ; *JCP E 1997. 683. Chron. Bougerol.*

8. Logiciel. Un logiciel étant un produit nécessairement évolutif, les versions successives d'un tel produit, qui doivent être rendues compatibles avec les précédentes, ne constituent pas en tant que telles, et sauf preuve contraire, une œuvre originale nouvelle. • Versailles, 4 oct. 2001 : *JCP E 2002. 1334, n° 1, obs. Sardain ; Légipresse 2002, I, p. 71 ; Propr. intell. 2002, n° 5, p. 42, obs. Lucas ; RJDA 2002, n° 327.*

9. Copies. Des copies d'œuvres d'art plastique peuvent en tant que telles bénéficier de la protection du droit d'auteur dès lors qu'elles ont été exécutées à la main par le copiste et portent ainsi l'empreinte de sa personnalité. Ainsi, pour des sculptures, V. • Civ. 1re, 9 nov. 1993 : *Bull. civ. I, n° 318 ; RIDA juill. 1994, p. 273.* – Et, dans la même affaire : • Civ. 1re, 5 mai 1998 : *D. Affaires 1998. 1007, obs. B. P. ; RJDA 1998, n° 1061.*

10. L'auteur de l'œuvre dérivée ne peut se prévaloir de droits propres que pour les éléments qui ne constituent pas une reprise de l'œuvre de l'auteur de la création préexistante. • Paris, 12 nov. 1986 : *D. 1987. Somm. 369, obs. Hassler.*

11. Banques de données. Une banque de données, ensemble de données se référant à un domaine défini de connaissances, organisé pour être offert aux consultations des utilisateurs, peut être qualifiée d'œuvre de l'esprit et bénéficier à ce titre de la protection qui s'attache au droit d'auteur lorsqu'elle comporte un apport intellectuel caractérisant une création originale, laquelle exclut la reprise d'éléments du domaine public, s'apprécie au regard du plan, de la composition, de la forme, de la structure, du langage et, plus généralement, de l'expression de l'œuvre en cause, et exige de son auteur la preuve d'un effort personnalisé dépassant la mise en œuvre d'une logique automatique et contraignante dans la conception et l'écriture du programme. • Paris, 15 janv. 1997 : *PIBD 1997. III. 517.* – Pourvoi rejeté par • Civ. 1re, 25 janv. 2000 : *Bull. civ. I, n° 25.* – V. aussi • Paris, 18 juin 2003 : *D. 2003. Somm. 2756, obs. Sirinelli ; Ann. propr. ind. 2003. 367 ; CCE 2003, n° 106, note Caron.* ♦ L'art. 3, § 1, de la directive n° 96/9 doit être interprété en ce sens qu'une « base de données », au sens de l'art. 1er, § 2, de cette directive, est protégée par le droit d'auteur prévu par celle-ci à condition que le choix ou la disposition des données qu'elle contient constitue une expression originale de la liberté créatrice de son auteur, ce qu'il appartient à la juridiction nationale de vérifier. Par conséquent : les efforts intellectuels et le savoir-faire consacrés à la création desdites données ne sont pas pertinents pour déterminer l'éligibilité de ladite base à la protection par ce droit ; il est indifférent, à cette fin, que le choix ou la disposition de ces données comporte ou non un ajout significatif à celles-ci, et le travail et le savoir-faire significatifs requis pour la constitution de cette base ne sauraient, comme tels, justifier une telle protection s'ils n'expriment aucune originalité dans le choix ou la disposition des données que celle-ci contient (à propos de la protection des calendriers de championnats de football). • CJUE 12 mars 2012 : *Dalloz actualité, 22 mars 2012, obs. Daleau ; D. 2012. AJ 735* . ♦ Pour un accès à la protection par le droit d'auteur (originalité de « la présentation thématique » d'environ 400 conventions collectives) d'une base de données avant même l'intervention de la loi du 1er juillet 1998 et l'application du régime de l'œuvre collective, estimant que la protection de l'ensemble en raison de sa composition n'interdit pas que, individuellement, chacun des éléments (fichiers) le constituant peut aussi bénéficier du droit d'auteur bien qu'il s'agisse de la reprise d'éléments sources de libre parcours (textes officiels) dès lors qu'est fourni « une synthèse des éléments essentiels de chaque convention collective selon un plan et un découpage qui lui sont propres et que le texte présenté constitue une véritable réécriture simplifiée des documents de base leur conférant une expression nouvelle marquée par la personnalité du rédacteur », V. • Lyon, 22 juin 2000 : *Expertises, févr. 2001, p. 74, obs. Furst ; Propr. intell., oct. 2001, p. 54, obs. Sirinelli.* ♦ *Adde*, à propos du répertoire SIRENE créé et exploité par l'INSEE : « Considérant qu'il ressort des pièces du dossier que le répertoire SIRENE créé et exploité par l'INSEE, direction du ministère de l'économie et des finances, en application du décret susvisé du 14 mars 1973, constitue non une simple collection de données mais un ensemble organisé et structuré d'informations relatives à l'identité et à l'activité des entreprises ; qu'en outre l'INSEE ajoute aux données brutes qui lui sont fournies par les entreprises des informations qu'il élabore, relatives notamment au chiffre d'affaires, au taux d'exportation et à l'implantation géographique de ces entreprises ; que l'ensemble ainsi susceptible d'être cédé par l'INSEE aux sociétés requérantes en vue de sa rediffusion par celles-ci, constitue une base de données qui doit être regardée comme une œuvre collective pouvant légalement inclure des droits relevant de la propriété intellectuelle au profit de l'INSEE, donc de l'État ». • CE 10 juil. 1996 : *RIDA oct. 1996, p. 207, note Kéréver.* ♦ V. encore • T. com. Nanterre, 27 janv. 1998 : *Expertises 1998, p. 157 ; JCP E 1998. 850, n° 32, obs. Vivant et Le Stanc ; D. 1998. IR 102 ; D. Affaires 1998. 584, note J.-P. S.* (ouvrage d'information sur les matériels et logiciels informatiques). ♦ Pour un refus de protection, faute d'originalité, retenant que la « présentation (est) imposée par le propre contenu des données traitées et les usages en vigueur », V. • T. com. Lyon, 30 juill. 1993 : *LPA 28 avr. 1995, p. 14, note Latreille ; JCP E 1996. I. 559, obs. Vivant et Le Stanc ; RIDA juill. 1994, p. 297, obs. Kéréver.* ♦ Ou encore, retenant qu'un classement « strictement fonctionnel » ne caractérise pas « une création originale témoignant d'une inspiration personnelle », V. • Paris, 18 juin 1999 : *Expertises 1999, p. 390 ; CCE 1999, n° 21, 3e arrêt, note Caron ; RIDA janv. 2000, p. 316 ; JCP E 2000. 1377, obs. Gablin.* ♦ Dans le même sens • Paris, 28 févr. 2007 : *RTD com. 2007. 351, obs. Pollaud-Dulian ; RIDA avr. 2007, p. 149, note Sirinelli.* ♦ Pour une application du régime des bases de données (droit d'auteur ou droit *sui generis*) à des compilations sur support papier, V. • Paris, 18 juin 1999 : *Expertises 1999, p. 390 ; CCE 1999, n° 21, 3e arrêt, note Caron ; RIDA 1/2000, p. 316 ; JCP E 2000. 1377, obs. Gablin* • TGI Paris, 22 juin 1999 : *CCE 1999, n° 21, 1re esp., note Caron ; PIBD 1999. III. 494.* – *Adde* • Paris, 12 sept. 2001 : *D. 2001. AJ 2895 ; CCE 2001, n° 121, note Caron ; JCP 2002. II. 10 000, note Pollaud-Dulian ; JCP E 2002. 888, n° 4, obs. Vivant, Mallet-Poujol et Bruguière ; PIBD 2002. III. n° 198 ; RIDA avr. 2002, p. 433, note Kéréver ; Propr. ind. 2002, n° 13, note Dragne* • Paris, 11 janv. 2002 : *CCE 2002, n° 97, note Caron ; Légipresse 2002, n° 189, III, p. 38 ; Propr. intell. 2002, n° 5, p. 42, obs. Lucas* (trombinoscope constitué de notices biographiques assorties de photographies). • Paris, 9 sept. 2005 : *RTD com. 2005. 722, obs. Pollaud-Dulian* (base de données de produits pharmaceutiques). ♦ Sur l'appréciation de l'originalité d'une base de données, V. • Civ. 1re, 22 sept. 2011 : *RIDA oct. 2011, p. 165, note Sirinelli.* ♦ Sur le conflit entre droit des producteurs de bases de données et droit de la concurrence, V. notes ss. art. L. 342-1.

B. ŒUVRES PRÉEXISTANTES

12. Consentement de l'auteur. L'exploitation sous une forme dérivée d'une œuvre de l'esprit ne pouvant se faire qu'avec l'accord de l'auteur de l'œuvre préexistante, la publication d'un abrégé ou résumé d'une œuvre première sans cet accord est un acte de contrefaçon. • TGI Paris, 18 sept. 1989 : *Cah. dr. auteur, nov. 1989, nº 21, p. 18.* ♦ De la même façon, la compilation de discours d'un homme politique constitue une anthologie et ne peut être publiée qu'avec l'accord de cet homme politique. • TGI Paris, 6 juill. 1972 : *D. 1972. 628, note Pactet ; Gaz. Pal. 1972. 2. 595.*

13. Le consentement de l'auteur de l'œuvre première n'a pas à être sollicité avant la réalisation de l'adaptation mais seulement avant l'exploitation de cette dernière. A propos d'un compositeur d'un nouvel arrangement musical d'une chanson qui n'élabore qu'un simple projet entendu par quelques professionnels seulement, V. • Civ. 1re, 17 nov. 1981 : *Bull. civ. I, nº 339 ; D. 1983. IR 92, obs. Colombet.*

14. L'accord de l'auteur de l'œuvre première n'est sollicité que si les éléments retrouvés sont bien empruntés à l'œuvre première. Tel n'est pas le cas lorsque les ressemblances entre deux chansons peuvent résulter de la simplicité de la mélodie et de leur inspiration commune (rythme antillais). • Paris, 25 avr. 1972 : *RIDA juill. 1972, p. 221.* ♦ ... Ni lorsque les caractères originaux de l'œuvre antérieure sont trop limités pour pouvoir exclure l'hypothèse d'une rencontre purement fortuite. • TGI Paris, 30 juin 1976 : *RIDA oct. 1976, p. 186.*

15. Droits sur l'œuvre première. L'auteur d'une œuvre première intégrée dans une œuvre seconde conserve le libre exercice de ses droits sur ses œuvres qui figurent dans l'œuvre dérivée qu'il a autorisée ; ainsi, pour une anthologie, V. • Paris, 11 déc. 1964 : *JCP 1965. IV. 40.* ♦ ... Et un guide, • Civ. 1re, 10 mars 1993 : ♔ *RIDA juill. 1993, p. 320, note Pollaud-Dulian ; JCP 1993. IV. 1233.*

16. Droit moral. Une mauvaise traduction constitue une atteinte au droit moral de l'auteur dont l'œuvre a été traduite. • TGI Paris, 6 déc. 1976 : *RIDA janv. 1978, p. 160.* ♦ Sur la portée du droit moral en cas d'adaptation, V. art. L. 121-1.

Art. L. 112-4 Le titre d'une œuvre de l'esprit, dès lors qu'il présente un caractère original, est protégé comme l'œuvre elle-même.

Nul ne peut, même si l'œuvre n'est plus protégée dans les termes des articles L. 123-1 à L. 123-3, utiliser ce titre pour individualiser une œuvre du même genre, dans des conditions susceptibles de provoquer une confusion. — *[L. nº 57-298 du 11 mars 1957, art. 5.]*

BIBL. ► Castelain, *RIDA janv. 1956, p. 3* (la protection des titres). – Colombet, *Mélanges Chavanne, Litec 1990, p. 213* (l'évolution de la jurisprudence sur la protection des titres d'œuvres de l'esprit par la loi du 11 mars 1957). – Deschamps, *Légicom 1997, nº 15, p. 45* (contrefaçon de marques et concurrence déloyale dans l'audiovisuel). – Marino, *Juris-classeur PLA, fasc. 1158* (titres). – Plaisant, *RIDA mai 1964, p. 89* (la protection des titres). – Sarraute, *Gaz. Pal. 1971. 1. Doctr. 183* (la défense du titre banal). – Valancogne, Le titre de roman, de journal, de film : sa protection, *Sirey 1963.*

COMMENTAIRE

A l'inverse de la solution retenue dans d'autres législations, le droit français protège, isolément, les titres d'œuvres de l'esprit dès lors que ces derniers sont originaux. L'originalité doit normalement être appréciée au jour de la création de l'œuvre et non à la date du litige.

Le législateur a prévu (al. 2) une protection complémentaire sur le terrain de la concurrence déloyale. Alors que le donné légal n'énonce ce régime que pour les titres qui ne sont plus protégés (domaine public), la jurisprudence l'applique également aux titres qui ne peuvent accéder au rang d'œuvres protégeables, l'empreinte de la personnalité pouvant être difficile à trouver dans des formes de faible volume. Cette solution n'est du reste que l'application aux titres d'une construction, plus générale mais controversée, susceptible de concerner tout résultat d'une activité intellectuelle.

La jurisprudence relative à l'application du droit d'auteur aux titres est délicate à interpréter. Elle est parfois contestable, à l'occasion contradictoire et peut-être porteuse, en certaines occasions, d'une appréciation, dissimulée, fondée sur le mérite.

Les titres peuvent également faire l'objet d'un dépôt comme marques (V. CPI, art. L. 711-1 s.). ❑

I. PROTECTION PAR LE DROIT D'AUTEUR : ORIGINALITÉ

A. DOMAINE

1° APPRÉCIATION

1. Exemples. Ont été considérés comme originaux les titres : « A l'école de la route ». • TGI Seine, 24 avr. 1964 : *JCP 1964. IV. 112.* ♦ ... « La septième face du dé ». • Paris, 12 janv. 1984 : *Gaz. Pal. 1984. 2. Somm. 294.* ♦ ... « La cage aux folles ». • Paris, 1er mars 1984 : *D. 1986. IR 184, obs. Colombet.* ♦ ... « Clochemerle ». • Lyon, 5 juill. 1979 : *JCP 1981. II. 19590, note Plaisant.* ♦ ... « Au théâtre ce soir ». • Paris, 7 avr. 2006 : *D. 2006. Pan. 2994, obs. Sirinelli* ; *JCP 2006. I. 162, obs. Caron.*

2. L'originalité peut résulter d'une combinaison insolite de mots ; si l'expression « l'affreux Jojo » est devenue populaire en raison même du succès de l'œuvre de Tardy, on ne peut contester à celui-ci le bénéfice d'une création originale caractérisée par l'addition insolite de deux termes, dont le second, aimable et mignon, surprend à la suite de l'adjectif « affreux ». • TGI Paris, 20 mai 1972 : *RIDA janv. 1973, p. 144.* ♦ Le titre « Le Père Noël est une ordure » constitue une création de l'esprit dotée d'originalité par la réunion de l'expression « le Père Noël » et du mot « ordure » qui apparaissent antinomiques, la première évoquant la joie et la candeur de l'enfance, le second une certaine turpitude. • TGI Paris, 25 sept. 1986 : *RDPI 1986. 101.*

3. L'originalité peut résulter de l'emploi de mots non descriptifs ou non génériques. Ainsi, « la réunion des mots "Des poissons et des hommes" n'a rien de nécessaire ni même de banal pour présenter une histoire de la pêche aussi bien que des histoires de pêche ». • TGI Seine, 15 févr. 1960 : *RIDA oct. 1960, p. 131.* ♦ La dénomination « Le Chardon » qui sert de titre à une publication à caractère politique et polémique, faisant d'ordinaire référence à une plante à feuilles et bractées épineuses, n'est, appliquée à un journal, ni descriptive, ni générique et présente au contraire un caractère certain d'originalité. • Paris, 25 sept. 1989 : *D. 1989. IR 264* ; *D. 1990. Somm. 50, obs. Colombet* .

4. Pour un glissement vers la recherche d'éventuelles antériorités, V. retenant que si le terme Montmartre est utilisé par d'autres établissements du quartier, il n'est pas prouvé que l'expression « Montmartre en délire » ait été antérieurement adoptée comme titre de revue. Le titre est donc original. • Paris, 21 mai 1987 : *Cah. dr. auteur, janv. 1988, p. 18.*

5. Pour un glissement vers l'examen du mérite, V. à propos du titre « Les hauts de Hurlevent », traduction non littérale du titre du roman « Wuthering Heights » d'Emily Brontë, le constat que le titre était une trouvaille rendant de manière approchante, musicale et inquiétante l'atmosphère angoissante du titre originaire. • T. com. Seine, 26 juin 1951 : *Ann. propr. ind. 1952. 60* ; *RTD com. 1951. 763, obs. Desbois.*

6. L'originalité peut n'être que relative puisqu'il n'importe que ce titre (« Des poissons et des hommes ») soit, comme beaucoup d'autres œuvres récentes, inspiré visiblement de celui de l'œuvre de John Steinbeck « Des souris et des hommes » ; que chacue époque a sa mode et son style en matière de titres comme de toute œuvre de l'esprit et que le fait de reprendre un titre célèbre pour en faire une autre application en la transformant n'empêche pas que cette opération donne naissance à une création nouvelle, dérivée de la première et par suite beaucoup moins méritoire, mais cependant originale et par conséquent protégeable. • TGI Seine, 15 févr. 1960 : *préc. note 3.*

2° MOMENT DE L'APPRÉCIATION

7. L'originalité du titre s'appréciant, comme pour l'ensemble des œuvres de l'esprit, au jour de sa création, le titre d'un guide intitulé « Paris Pas Cher » est protégeable en vertu de l'art. 5 de la loi du 11 mars 1957 (art. L. 112-4). En effet, si ce titre passe pour une expression courante de nos jours, il a eu au moment de sa création un impact qui a largement contribué au succès de l'ouvrage qu'il individualise ; son originalité a été appréciée à la date de sa première utilisation. • TGI Paris, 7 mai 1987 : *Cah. dr. auteur, janv. 1988, p. 14.* ♦ Comp., qui se place, pour juger de l'originalité du titre « Les jeunes loups » non au jour de la création mais bien postérieurement, à un moment où l'expression était devenue banale. • Civ. 1re, 13 nov. 1984 : *Bull. civ. I, no 302* ; *RTD com. 1985. 309, obs. Françon* ; *D. 1985. IR 310, obs. Colombet.*

8. Un titre contenant les mots « du rififi » a pu être jugé comme original dans un premier temps. • Paris, 24 janv. 1970 : *RTD com. 1971. 94, obs. Desbois.* ♦ ... Puis être considéré comme non original dans une deuxième affaire. • Paris, 3 févr. 1988 : *RIDA oct. 1988, p. 303* ; *D. 1989. Somm. 43, obs. Colombet.* ♦ Pour un paradoxe encore plus étonnant, à propos du titre « Angélique », refusant la protection, V. • Paris, 30 juin 2000 : *inédit* (choix du seul prénom non original). – Et, refusant la protection du titre « Angélique » car correspondant à un personnage distinctif et original, V. • Versailles, 11 janv. 2001 : *CCE 2001, no 97, note Caron.*

B. REFUS DE PROTECTION

9. N'ont pas bénéficié de la protection du droit d'auteur les titres : « Le beau Danube bleu ». • Paris, 9 janv. 1960 : *Ann. propr. ind. 1961. 319.* ♦ ... « Bourreaux d'enfants », au motif qu'il s'agit d'une locution d'usage courant et déjà utilisée pour désigner des créations ; « la seule originalité du titre de Fernand Raynaud consiste dans l'emploi qu'il en a fait dans un sketch où il ne met pas en scène de vrais bourreaux d'enfants mais au contraire des parents aux prises avec un enfant insupportable ». • TGI Seine, 2 févr. 1960 : *RIDA avr. 1960, p. 123* • Paris, 6 avr. 1962 : *JCP 1962. IV. 11.* ♦ ... « Jeu de massacre ». • TGI Paris, 13 déc. 1970 : *RIDA juill. 1971, p. 93 ; Gaz. Pal. 1971. 1. 238, note Sarraute.* ♦ ... « La bande à Bonnot ». • Paris, 24 avr. 1976 : *RIDA oct. 1976, p. 170 ; RTD com. 1977. 122, obs. Françon.* ♦ ... « Le 6e continent ». • Civ. 1re, 13 déc. 1978 : *RIDA juill. 1979, p. 126.* ♦ ... « Tueurs de flics ». • TGI Paris, 27 mai 1982 : *D. 1983. IR 510, obs. Colombet.* ♦ ... « Soif d'aventures ». • Paris, 27 janv. 1984 : *Gaz. Pal. 1984. 2. Somm. 293 ; D. 1984. IR 285, note Colombet.* ♦ ... « Hôtel de charmes ». • Paris, 12 janv. 1990 : *D. 1991. Somm. 89, obs. Colombet* ✎. ♦ ... « Barbapapa ». • Paris, 1er juill. 1998 : *RDPI 1998, no 90, p. 36.* ♦ ... « Saveurs ». • TGI Paris, 21 janv. 2002 : *Légipresse 2002, no 191, I, p. 54.* ♦ ... « Fashion télévision ». • Com. 28 janv. 2003 : ♙ *Légipresse 2003, no 203, I, p. 99.* ♦ ... « Vogue ». • Com. 17 janv. 2006 : ♙ *D. 2006. Pan. 2994, obs. Sirinelli* ✎ *; CCE 2006, no 43, note Caron.* ♦ ... « Le Meuf Show ». • Civ. 1re, 4 avr. 2006 : ♙ *Bull. civ. I no 192 ; D. 2006. Pan. 2994, obs. Sirinelli* ✎ *; RTD com. 2006. 588, obs. Pollaud-Dulian* ✎ *; CCE 2006, no 88, note Caron ; Propr. intell. 2006, no 19, p. 173, obs. A. Lucas* ♦ ... « Karaté ». • Paris, 5 juill. 1978 : *Ann. propr. ind. 1980. 139.* ♦ ... « Plan de Lyon ». • Paris, 20 nov. 1970 : *Ann. propr. ind. 1970. 243.* ♦ ... Ou « La Bible de Jérusalem ». • Paris, 8 juill. 1986 : *D. 1987. Somm. 152, obs. Colombet.*

10. Ne revêt aucun caractère original le titre du livre « La gagne » dans la mesure où l'auteur n'a effectué aucune création personnelle en utilisant une expression popularisée par le langage des sports et du jeu, et passée à ce titre dans le langage courant dès qu'il est employé dans son sens habituel et sans lui donner une signification autre que celle qui est la sienne. • TGI Paris, 6 mai 1987 : *RIDA oct. 1987, p. 213.*

11. Le titre d'une œuvre de l'esprit n'est pas protégeable lorsque l'œuvre qu'il désigne ne l'est pas elle-même. • Paris, 17 oct. 2012 : ♙ *Propr. intell. 2013, no 46, p. 45, obs. Bruguière.*

C. RÉGIME DES DROITS

12. Un titre peut être une œuvre dérivée ; le fait de reprendre un titre célèbre pour en faire une autre application en la transformant n'empêche pas que cette opération donne naissance à une création nouvelle, dérivée de la première. • TGI Seine, 15 févr. 1960 : *préc. note 3.* ♦ Mais la traduction d'un titre étranger peut aussi être absolument originale dès lors qu'il ne s'agit pas d'une traduction littérale mais d'une trouvaille personnelle du traducteur. • T. com. Seine, 26 juin 1951 : *Ann. propr. ind. 1952. 60 ; RTD com. 1951. 763, obs. Desbois.*

13. Quand il est absolument original, le titre reçoit une protection qui n'est pas accessoire mais autonome. • T. com. Seine, 26 juin 1951 : *préc. note 12.* ♦ Il peut être cédé à des tiers pour être utilisé en tant que marque de produits ou de services ; sur la cession du titre « Poil de carotte » par les héritiers de Jules Renard, pour désigner une marque de fromage, V. • Paris, 23 nov. 1977 : *Ann. propr. ind. 1979. 68.*

14. Un titre original peut cependant être librement utilisé pour réaliser un index documentaire ; si le titre d'un journal ou d'un de ses articles est protégé comme l'œuvre elle-même, l'édition à des fins documentaires, par quelque moyen que ce soit, d'un index comportant la mention de ces titres en vue d'identifier les œuvres répertoriées ne porte pas atteinte au droit exclusif d'exploitation par l'auteur. • Cass. ass. plén., 30 oct. 1987 : *D. 1988. 21, concl. Cabannes ; JCP 1988. II. 20932, rapp. Nicot, obs. Huet ; RIDA janv. 1988, p. 78, concl. Cabannes ; RTD com. 1988. 57, obs. Françon ; D. 1988. Somm. 206, obs. Colombet.*

15. Même si un titre comme « Du rififi chez les hommes » peut être considéré comme original, le seul emploi du terme « rififi » ne peut constituer une contrefaçon, surtout dans le cas d'une utilisation pour une œuvre d'un genre différent. • Paris, 3 févr. 1988 : *D. 1989. Somm. 43, obs. Colombet.*

16. Un titre (« Hors ligne ») servant à désigner une revue, protégé par le droit d'auteur, ne peut être utilisé comme marque par un transporteur aérien pour ses propres supports. • Paris, 20 sept. 1994 : *RIDA avr. 1995, p. 362 et 239, obs. Kéréver.* ♦ La personne qui enregistre comme nom de domaine un titre original (« écran noir ») de chanson commet un acte de contrefaçon par violation du droit de reproduction. • TGI Nanterre, 20 sept. 2000 : *CCE 2001, no 27, note Caron.* ♦ Un titre peut être une œuvre collective. • Civ. 1re, 6 mai 1997 : ♙ *Bull. civ. I, no 145 ; D. 1998. Somm. 190, obs. Colombet* ✎.

II. PROTECTION PAR LA CONCURRENCE DÉLOYALE : RISQUE DE CONFUSION

17. « Les dispositions de l'al. 2 de l'art. 5 de la loi de 1957 (art. L. 112-4) permettent la protection du titre s'il a été utilisé pour désigner une œuvre du même genre et s'il existe un risque de confusion entre les deux ouvrages, soit que l'usage de ce titre expose une œuvre à être prise pour une autre, soit qu'il crée une confusion portant sur la provenance de l'œuvre. Le missel édité par une société et la bible de Jérusalem, par une autre, appartiennent à la même catégorie d'ouvrages puisque ce sont des livres religieux usuels s'adressant à un même public et mis en vente dans les mêmes rayons. (...) C'est donc avec raison que le tribunal a estimé que l'ouvrage présenté sous le titre « Le petit missel de Jérusalem » bénéficierait injustement dès sa mise en vente de la renommée attachée à l'École biblique de Jérusalem et causerait ainsi un préjudice à celle-ci. » (« La Bible de Jérusalem ») • Paris, 8 juill. 1986 : *D. 1987. Somm. 152, obs. Colombet.*

18. L'absence d'originalité du titre en cause n'empêche pas que l'utilisation des mêmes termes pour désigner un ouvrage du même genre soit de nature à créer une confusion dans l'esprit du public ; ainsi pour « La grande aventure du Concorde ». • Paris, 11 juin 1980 : *Ann. propr. ind. 1981. 168.* ♦ Un roman et une œuvre cinématographique ont pu être considérés comme étant de même genre, bien que ne procédant pas des mêmes techniques et poursuivant des buts différents. • Paris, 14 avr. 1960 : *D. 1960. 535, note Desbois ; JCP 1960. II. 11569, concl. Combaldieu ; RTD com. 1960. 588, obs. Desbois* • TGI Paris, 27 mai 1982 : *D. 1983. IR 510, obs. Colombet.* ♦ En revanche, ne sont pas du même genre : Un roman policier et une comédie burlesque. • Paris, 3 févr. 1988 : *RIDA oct. 1988, p. 303 ; D. 1989. Somm. 43, obs. Colombet.* ♦ ... Un documentaire culturel et une publicité (« Soif d'aventure »). • Paris, 27 janv. 1984 : *D. 1984. IR 285, obs. Colombet.* ♦ Comp., retenant que le risque de confusion est indépendant du contenu des œuvres et (...) résulte de la possibilité d'une méprise du lecteur qui peut acheter, sur la foi du titre, un ouvrage qui n'est pas celui qu'il voulait lire ; qu'au surplus l'art. 5 de la loi du 11 mars 1957 (art. L. 112-4) ne fait pas obligation au demandeur d'établir le risque de confusion, qui résulte de l'identité des titres et du fait que les œuvres appartiennent au même genre, à savoir en l'occurrence le roman policier. • T. com. Paris, 10 janv. 1972 : *RIDA juill. 1972, p. 238.*

III. TITRE D'UNE ŒUVRE AUDIOVISUELLE

19. Selon l'art. 32 du code de la cinématographie, le titre provisoire ou définitif d'un film destiné à la projection publique en France doit être déposé au registre public à la requête du producteur ou de son représentant (...). Cependant le droit au titre s'acquiert par l'usage et se perd par le non-usage en sorte que le dépôt au registre public du cinéma n'en confère pas la propriété et n'empêche pas la perte par défaut d'exploitation. • Paris, 4 janv. 1972 : *JCP 1972. II. 17103, note de Grisenoy.*

20. L'auteur d'une œuvre cinématographique qui a cédé ses droits d'exploitation, y compris le titre de l'œuvre, n'est pas recevable à agir pour en voir interdire l'utilisation par une société commerciale, dès lors qu'il a renoncé à prétendre à son originalité. • Versailles, 19 mars 1998 : *Gaz. Pal. 10-11 févr. 1999. Somm. 24.*

21. Adaptation cinématographique. En l'absence de stipulation contractuelle en ce sens, les auteurs d'un roman, œuvre originaire, ne peuvent reprocher à l'auteur de la musique du film des titres nécessairement en relation avec l'œuvre originaire ni, à l'occasion de l'exploitation séparée de la musique, exiger du compositeur une rémunération. • Civ. 1re, 14 janv. 2003 : *D. 2003. 1088, note Becquet ; CCE 2003, n° 36, note Caron ; Légipresse 2003, n° 203, III, p. 117, note Singh et Corman ; RIDA oct. 2003, p. 279, note Kéréver.* ♦ Sur l'absence de risque de confusion entre le titre d'un sketch d'un humoriste et le titre du film qui lui est consacré, V. • Paris, 14 oct. 2008 : *Légipresse 2008, III, p. 228, note Fourlon et Khalvadjian.*

CHAPITRE III TITULAIRES DU DROIT D'AUTEUR

Art. L. 113-1 La qualité d'auteur appartient, sauf preuve contraire, à celui ou à ceux sous le nom de qui l'œuvre est divulguée. – *[L. n° 57-298 du 11 mars 1957, art. 8.]*

BIBL. ► ALLAIN et DUMAS, Le système de protection sociale des auteurs : à la découverte d'une planète méconnue, *IRPI 2010.* – BERNAULT, *J.-Cl. PLA, fasc. 1185* (titulaires du droit d'auteur). – BINCTIN, *RIDA avr. 2011, p. 5* (le statut social de l'auteur en France). – CASTEL, *JAC n° 2015, n° 25, p. 41* (salarié et auteur : une situation empoisonnée ?). – CORBET, *RIDA avr. 1991, p. 59* (le développement technique conduit-il à un changement de la notion d'auteur ?). – DIETZ, *RIDA janv. 1993, p. 3* (la notion d'auteur selon le droit de la convention de Berne). – DRAI, *CCE 2010. Étude 19* (de la complexité de la création salariée). – FOUILLAND, *CCE 2008, Étude 24* (l'auteur personne morale, éléments pour une théorie de l'emprunt de personnalité artistique). – GOUTAL, *RIDA janv. 1998, p. 65 s., not. p. 71* (présomption de titularité des droits d'exploitation : la cour de cassation maintient sa jurisprudence). – HUMBLOT, *RIDA janv. 2004, p. 3* (de l'indépendance du créateur en droit d'auteur). – HUET, L'architecte auteur, *Le Moniteur, 2007.* – FRANÇON, La notion de possession et la propriété intellectuelle en droit français, *Essays in honour of Herman Cohen Jehoram, Kluwer 1998.* – KÉRÉVER, Rapport général au congrès de l'ALAI, Mer Égée, *19-26 avr. 1991, Actes du colloque ALAI 1992* (la détermination de l'auteur de l'œuvre). – PIRIOU, *RIDA oct. 2008, p. 3* (les œuvres orphelines). – POLLAUD-DULIAN, *RTD civ. 1999. 585* (de la prescription en droit d'auteur). – TAFFOREAU, *CCE 2001. Étude 10* (de la possession d'un droit d'auteur par une personne morale). – KESSLER-MICHEL, Les présomptions et le droit d'auteur, *thèse Paris-Sud, avr. 2001.* – SIMONENKO, *CCE 2010. Étude 20* (les créations salariées en droit d'auteur russe).

COMMENTAIRE

Cette disposition pose une règle de preuve dont doctrine et jurisprudence se servent pour asseoir certains principes.

La règle de preuve est simple, la qualité d'auteur est, *a priori*, attribuée à la personne sous le nom de laquelle l'œuvre est divulguée, à condition que les faits matériels sur lesquels repose cette présomption soient exempts de toute ambiguïté. Cette présomption souffre la preuve contraire, ce qui suppose de pouvoir dire ce qu'est un auteur.

Doctrine et jurisprudence s'accordent pour affirmer qu'il s'agit du (ou des) créateur(s) de l'œuvre, c'est-à-dire la ou les personne(s), physique(s), qui est (sont) intervenue(s) de manière originale dans l'univers des formes. Sont exclus de cette qualité l'interprète, le simple exécutant ou celui qui n'apporte qu'un savoir-faire.

La règle est d'ordre public en sorte que ce statut est hors d'atteinte de la volonté (contrat, statut). Seul le juge a, en définitive, le pouvoir de dire qui est ou n'est pas auteur.

En cas de litige présentant un élément d'extranéité, la Cour de cassation a considéré (Civ. 1re, 28 mai 1991, *Huston*, n° 89-19.522 P : V. note 1) que seule la loi française avait vocation à s'appliquer en tant que « loi d'application impérative » (ou loi de police ou loi d'application immédiate). Mais dans la mesure où la cour régulatrice a, par la suite (Civ. 1re, 10 avr. 2013, *ABC News*, n° 11-12.508 P : V. note 4), estimé, sur le fondement de l'article 5.2 de la convention de Berne, que la question de la titularité originelle des droits patrimoniaux relevait de la loi du pays pour lequel la protection est réclamée (*lex protectionis*), la question se pose de l'éventuel alignement de la solution relative au droit moral sur cette solution. ❑

I. NOTION D'AUTEUR

A. INTERVENTION ORIGINALE

1. Sur le principe d'attribution de la qualité d'auteur au créateur, la loi du pays d'origine n'a pas d'incidence sur la disponibilité en France d'une action en violation du droit moral en raison du principe selon lequel l'auteur bénéficie du droit moral du seul fait de sa création. Ces règles sont des lois d'application impérative. • Civ. 1re, 28 mai 1991 : *D. 1993. 197, note Raynard ; RIDA juill. 1991, p. 197 et 161, obs. Kérever ; JCP 1991. II. 21731, note Françon ; JCP E 1991. II. 220, note Ginsburg et Sirinelli ; Gaz. Pal. 1989. 2. 741 ; JDI 1992. 3, note Edelman.* ♦ Et sur renvoi, V. l'arrêt selon lequel John Huston et Ben Maddow, dont il n'est pas discuté que le premier est le coauteur du scénario et réalisateur du film « Asphalt Jungle » et le second coscénariste du même film, sont bien ses auteurs pour avoir créé l'œuvre et se trouvent, par voie de conséquence, au sens de la législation susvisée loi française, investis du droit moral correspondant, lequel est d'ordre public et à ce titre impérativement protégé. • Versailles, 19 déc. 1994 : *RIDA avr. 1995, p. 389.* ♦ « La qualité d'auteur d'une œuvre ne peut être attribuée à une personne physique que s'il est établi que cette personne a personnellement réalisé l'œuvre ». • Civ. 1re, 17 oct. 2000 : *CCE 2001, n° 98, note Caron* (visant l'art. L. 111-2 CPI). ♦ L'ambiguïté de la formule portée sur le générique et les jaquettes (avec le concours de...) et le simple rôle de conseil, entremise et suggestion du demandeur ne peuvent suffire à lui faire bénéficier de la présomption de la qualité de coauteur. • Civ. 1re, 28 oct. 2003 : *Bull. civ. I, n° 218 ; RTD com. 2004. 270, obs. Pollaud-Dulian ; JCP E 2004. 11 ; Propr. intell. 2004, n° 11, p. 638, obs. Sirinelli.* ♦ L'adaptateur scénique ne peut se prévaloir de la qualité de coauteur de la partie sonore d'un spectacle exclusivement reproduite sur un CD. • Civ. 1re, 12 juill. 2007 : *Bull. civ. I, n° 271 ; D. 2007. AJ 2170, obs. Daleau ; RTD com. 2008. 76, obs. Pollaud-Dulian ; CCE 2007, n° 117, note Caron ; ibid. Chron. n° 4, § 4, obs. Daverat ; Légipresse 2007, II, p. 185, obs. Alleaume ; Propr. intell. 2008, n° 26, p. 99, obs. A. Lucas ; RIDA oct. 2007, p. 249, note Sirinelli.* ♦ La qualité d'auteur ne peut être reconnue à la personne qui s'est limitée à fournir une idée ou un simple thème. • Civ. 1re, 8 nov. 1983 : *Bull. civ. I, n° 260.* ♦ Ni au journaliste qui n'apporte aucun élément probant sur la part pris par lui dans la conception de l'ouvrage et de l'empreinte personnelle qu'il y aurait laissé. • Paris, 17 oct. 2008 : *Propr. intell. 2009, n° 31, p. 163, obs. Lucas.* ♦ V., cependant, reconnaissant la qualité d'auteur à des personnes qui ont « conçu intellectuellement la représentation » de tableaux en ce qu'elles avaient « participé à la mise en forme des œuvres en concevant leur composition et en contrôlant leur exécution » bien que les toiles aient été exécutées par un autre • TGI Paris, 4 juill. 2001 : *CCE 2001, n° 98, note Caron ; JCP E 2003. 278, n° 1, obs. Alliou ; Légipresse 2001, n° 186, I, p. 135 ; RJDA 2002, n° 210, p. 172* (retenant le statut de l'œuvre de collaboration). ♦ L'auteur effectif s'entend de celui qui réalise ou exécute personnellement l'œuvre ou l'objet (condition substantielle de leur authenticité dans le cadre d'une vente publique aux enchères). • Civ. 1re, 15 nov. 2005 : *D. 2006. 1116, note*

Tricoire ; *Propr. intell. 2006, n° 20, p. 356, obs. Vivant* ; *RIDA avr. 2006, p. 215, note Kéréver.* ♦ Sur la qualité d'auteur de l'intervieweur et de l'interviewé, V. • Paris, 10 oct. 2008 : *Propr. intell. 2009, n° 31, p. 162, obs. A. Lucas.* ♦ Celui qui émet l'idée de la réalisation d'un logiciel doit apporter la preuve, pour être titulaire des droits d'auteur sur cette œuvre, qu'il a réellement créé le programme. • Paris, 10 nov. 2010 : *Propr. intell. 2011, n° 39, p. 179, obs. A. Lucas.* ♦ Sur la distinction entre la forme et l'idée, V. notes 8 s. ss. art. L. 111-1.

2. Exécutant matériel. La qualité d'auteur ne peut être reconnue au simple exécutant matériel. Même si elle a effectué un lourd travail de récolement et de classement des informations relatives à l'œuvre consacrée à un peintre, une personne ne saurait en revendiquer la qualité d'auteur sans rapporter la preuve de son activité créatrice personnelle. • Paris, 8 oct. 1997 : *LPA 4 févr. 1998, note Mécary* ; *Gaz. Pal., 29-30 juill. 1998, p. 31, note Tellier-Lonieski.* – Pourvoi rejeté par • Civ. 1re, 22 févr. 2000 : *CCE 2000, n° 62, note Caron (1re esp.).* ♦ En matière de photographies, pour un exemple de reconnaissance de la qualité d'auteur à la personne qui choisit le sujet, le moment, le lieu ou l'angle au détriment de la personne qui se contente d'appuyer sur le bouton de l'appareil de photo, V. • TGI Paris, 6 juill. 1976 : *RTD com. 1977. 117, obs. Desbois* ; *JCP 1978. II. 18840, note Manigne.* ♦ V. encore, note 9 ss. art. L. 111-1.

3. La qualité d'auteur ne peut être reconnue à la personne qui s'est contentée d'un simple travail de restauration ; « Considérant qu'un individu ne peut valablement soutenir qu'en restaurant la copie de 1963 des Vampires il a réalisé une œuvre de création au sens du droit d'auteur, que la création d'une œuvre nouvelle, que ce soit une adaptation ou une œuvre composite, suppose un apport original alors que la restauration implique la fidélité la plus stricte à l'image et à l'esprit de l'œuvre d'origine, sa reconstitution, qu'aucune part n'est laissée à l'arbitraire, dès lors que précisément la restauration a pour but de faire revivre l'œuvre telle qu'elle était à l'origine, que M. Champreux à la différence d'un adaptateur n'a pas cherché à modifier le plan, le montage, la composition de l'œuvre antécédente ; que si Champreux a indéniablement effectué un long travail de recherches et d'analyse pour reconstituer le film tel qu'il devait être selon lui à l'origine tout comme le restaurateur d'un tableau recherche les couleurs et les traits effacés, souillés ou détruits pour lui redonner son éclat premier, il n'en demeure pas moins qu'il ne peut revendiquer aucun droit d'auteur sur le résultat final », V. • Paris, 5 oct. 1994 : *D. 1996. 53, obs. Edelman* ; *RIDA oct. 1995, p. 302.* ♦ Un travail allant de la simple correction formelle à la réécriture, peut éventuellement conduire à la qualité d'auteur mais il ne peut être affirmé, *a priori* et de façon systématique, que celui qui l'effectue concourt à la création d'une œuvre d'adaptation. • TGI Paris, 5 mai 1999 : *RIDA juill. 2000, p. 422.* – Confirmé par • Paris, 15 nov. 2000 : *RIDA oct. 2002, p. 197, obs. Kéréver.* – Puis par • Civ. 1re, 6 mai 2003 : *RIDA juill. 2003, p. 213, obs. Kéréver.* V. aussi • Paris, 9 déc. 2005 : *RTD com. 2006. 85, obs. Pollaud-Dulian* ; *CCE 2006, n° 62, obs. Caron* • 23 janv. 2008 : *Propr. intell. 2008, n° 28, p. 321, obs. Bruguière.*

B. PERSONNE MORALE

BIBL. Bensamoun, *D. 2013. Chron. 376* (la personne morale en droit d'auteur : auteur contre-nature ou titulaire naturel ?).

4. Personne morale titulaire des droits. Une personne morale ne peut être investie à titre originaire des droits de l'auteur que dans le cas où une œuvre collective, créée à son initiative, est divulguée sous son nom. • Civ. 1re, 17 mars 1982 : *JCP 1983. II. 20054, note Plaisant* ; *D. 1983. IR 89, obs. Colombet* ; *RTD com. 1982. 428, obs. Françon* • Com. 5 nov. 1985 : *Bull. civ. IV, n° 261* ; *RIDA oct. 1986, p. 140* • Civ. 1re, 19 févr. 1991 : *Bull. civ. I, n° 67* ; *D. 1991. IR 75* ; *RDPI oct. 1991, p. 93* ; *JCP 1991. IV. 149.* ♦ V., cependant, sur le fait qu'en l'absence de revendication du ou des auteurs l'exploitation de l'œuvre par une personne morale sous son nom fait présumer, à l'égard des tiers recherchés pour contrefaçon, que cette personne est titulaire sur l'œuvre du droit de propriété incorporelle de l'auteur, • Civ. 1re, 24 mars 1993 : *GAPI, 1re éd., n° 10* ; *RTD com. 1995. 418, obs. Françon* ; *JCP 1993. II. 22085, note Greffe (2e esp.)* ; *RIDA 1993, n° 158, p. 200 et 91, obs. Kéréver.* ♦ V. aussi • Paris, 27 sept. 2006 : *Propr. intell. 2007, n° 22, p. 80, obs. Lucas* • 26 sept. 2007 : *RTD com. 2008. 76, obs. Pollaud-Dulian* ; *Propr. intell. 2008, n° 26, p. 96, obs. Lucas.* ♦ Et rendu au visa de l'art. L. 111-1 mais posant le même principe, V. • Civ. 1re, 10 avr. 2013 : *Bull. civ. I, n° 73* ; *D. 2013. 1392, note Chatry* ; *RTD com. 2013. 293, obs. Pollaud-Dulian* ; *CCE 2013, n° 86, note Caron* ; *RIDA avr. 2013, p. 303, note Sirinelli.* ♦ La présomption de titularité des droits d'exploitation, dont peut se prévaloir à l'égard des tiers poursuivis en contrefaçon la personne qui commercialise sous son nom un objet protégé par le droit d'auteur, suppose, pour être utilement invoquée, que soit rapportée la preuve d'actes d'exploitation. • Civ. 1re, 6 janv. 2011 : *Bull. civ. I, n° 2* ; *D. 2011. AJ 237, obs. Daleau* ; *ibid. 1121, note Da Silva* ; *ibid. Pan. 2168, obs. Sirineli* ; *RTD com. 2011. 103, obs. Pollaud-Dulian* ; *CCE 2011, n° 20, note Caron* ; *Propr. ind. 2011, n° 36, note Greffe* ; *ibid., n° 39, p. 194, obs. A. Lucas* • Paris, 24 juin 2011 : *Propr. ind. 2011, n° 85, note Greffe.* ♦ Il appartient à la personne morale d'identifier précisément l'œuvre qu'elle revendique et de justifier de la date à laquelle elle a commencé à en assurer la commercialisation. Il lui incombe également d'établir que les caractéristiques de l'œuvre qu'elle revendique sont identiques à celle dont elle rapporte la preuve de la commercialisation sous son nom. • Paris, 8 févr. 2013 : *RIDA avr. 2013, p. 329, note Sirinelli.* ♦ L'art. L. 113-1 instaure certes une présomption légale mais au profit du seul auteur, personne physique dont le nom est porté à la connaissance du public lors de la divulgation de l'œuvre. En revanche, cette présomption de titularité des droits bénéficie à la personne morale qui, en l'absence de revendication de l'auteur, commercialise sans équivoque sous son nom une œuvre. • Paris, 12 oct. 2012 : *Propr. intell. 2013, n° 46, obs. Lucas ; RIDA avr. 2013, p. 371, note Sirinelli.* ♦ Sur la qualité d'auteur attribuée au développeur d'un logiciel sous le nom duquel il a été divulgué, V. • Paris, 27 févr. 2013 : *Propr. intell. 2013, n° 47, p. 181, obs. A. Lucas.*

5. Qualité d'auteur. Une personne morale ne peut avoir la qualité d'auteur. • Civ. 1re, 15 janv. 2015, n° 13-23.566 P : *D. 2015. 206 ; ibid. 2215, obs. Le Stanc ; RTD com. 2015. 307, Chron. Gaudrat ; Légipresse 2015. 223, note Bictin ; JAC 2015, n° 22, p. 13, obs. Fievet ; CCE 2015, n° 19, obs. Caron ; Propr. ind. 2015, n° 3, comm. 25, obs. Bouche ; Expertises mars 2015, n° 400, p. 111, obs. Lamon ; RLDI févr. 2015, n° 112, obs. Costes.* ♦ V. auparavant, sur la reconnaissance de la « qualité d'auteur » à une personne morale, • Douai, 30 nov. 2012 : *Propr. intell. 2013, n° 46, p. 75, obs. Lucas ; RIDA avr. 2013, p. 365, note Sirinelli* • Versailles, 28 févr. 2013 : *RIDA avr. 2013, p. 365, note Sirinelli.* ♦ ... Et affirmant que la présomption de la « qualité d'auteur » doit jouer tant pour les personnes physiques que pour les personnes morales dans la mesure où la loi ne les distingue pas, V. • Paris, 17 oct. 2007 : *PIBD 2007. III. 748 ; Propr. ind. 2008, n° 24, note Gasnier.*

6. Sur les facilités offertes, en matière de preuve quant à la titularité des droits, lors d'actions en contrefaçon : pour les œuvres de collaboration, V. notes 13 s. ss. art. L. 331-1. ♦ ... Pour les œuvres audiovisuelles, V. art. L. 113-2 et L. 113-7. ♦ ... Pour les œuvres radiophoniques, V. art. L. 113-8. ♦ Sur l'existence d'une présomption plus générale de titularité, V. note 16 ss. art. L. 331-1.

7. Art appliqué. En matière d'œuvres d'art appliqué, V. • Crim. 21 nov. 1979 : *PIBD 1980. III. 78.* ♦ Et, décidant qu'il appartient aux juges du fond de rechercher si une société fabriquant des chandails n'a pas fait œuvre personnelle en donnant à l'ensemble un aspect distinctif, caractéristique d'une création originale, V. • Civ. 1re, 8 déc. 1987 : *Bull. civ. I, n° 341 ; RIDA avr. 1988, p. 139 ; JCP 1988. IV. 67.* ♦ Sur l'influence de la législation relative aux dessins et modèles, V. art. L. 511-1.

II. ATTRIBUTION DE LA QUALITÉ D'AUTEUR

A. ÉLÉMENTS INDIFFÉRENTS

8. Contrat de louage d'ouvrage. Sur le fait que l'existence ou la conclusion d'un contrat de louage d'ouvrage ou de service par l'auteur d'une œuvre de l'esprit n'emporte aucune dérogation à la jouissance du droit reconnu par la loi, V. notes 30 s. ss. art. L. 111-1.

9. Cessions des droits patrimoniaux. Sur les cessions présumées, non de la qualité d'auteur, mais des droits patrimoniaux attribués au créateur : pour les contrats de production audiovisuelle, V. art. L. 132-24. ♦ ... Pour les contrats de commande d'une œuvre pour la publicité, V. art. L. 132-31 s. ♦ ... Pour les contrats de travail en matière de logiciels, V. note 12 ss. art. L. 113-9. ♦ ... Pour les œuvres créées par des journalistes, V. art. L. 121-8, al. 2.

10. Sur l'indifférence d'accords contractuels et du statut des sociétés d'auteurs : la détermination de la qualité d'auteur d'une œuvre protégée relève exclusivement de la loi et non des règles posées par les sociétés d'auteurs en vue de la fixation du montant des redevances ; la Cour de cassation retient ainsi qu'« après avoir, tant par motifs propres qu'adoptés, analysé avec précision le rôle joué par M. Rutman dans l'élaboration de l'œuvre litigieuse, la cour d'appel a souverainement déduit de ses constatations et appréciations de fait, qui établissent l'absence d'apport personnel et original du réalisateur, que celui-ci n'avait pas concouru à la création intellectuelle de l'œuvre. » • Civ. 1re, 29 mars 1989 : *RIDA juill. 1989, p. 262.* ♦ Dans le même sens, V. • Bourges, 1er juin 1965 : *D. 1966. 44, note Delpech.*

B. PRÉSOMPTION

1° APPLICATIONS

11. La présomption de l'art. L. 113-1 peut être invoquée par tous les créateurs dont le nom a été porté à la connaissance du public d'une manière quelconque, par exemple : par le scénariste dont le nom figure sur un scénario divulgué. • Civ. 1re, 3 juill. 1990 : *RTD com. 1991. 48, obs. Françon ; RIDA avr. 1991, p. 116.* ♦ ... Par un réalisateur dont le nom figure sur le texte écrit du scénario ou sur des coupures de presse, et cela même si le générique du téléfilm n'en fait pas mention. • TGI Paris, 29 mai 1987 : *Cah. dr. auteur, févr. 1988, p. 32.* ♦ ... Par les metteur en scène et scénariste mentionnés au générique sous la forme « un film de ». • Paris, 6 juin 1991 : *Dalloz jurisprudence, sur www.dalloz.fr.* ♦ Mais l'expression « avec le concours de » ne permet pas d'invoquer le bénéfice de la présomption de l'art. L. 113-1. • TGI Paris, 17 févr. 1999 : *CCE 2000, n° 62 (2e esp.), note Caron,* confirmé par • Paris, 12 janv. 2001 : *inédit.* ♦ Pour un exemple en matière de photographie : • Paris, 20 janv. 1988 : *Cah. dr. auteur, mai 1988, p. 25* • 2 avr. 2003 : *Propr. intell. 2003, n° 8, p. 296, obs. Sirinelli ; RIDA oct. 2003, p. 285, obs. Kéréver.* ♦ Mais « la présomption de la qualité d'auteur posée par l'art. L. 113-1 ne (peut) se déduire que de mentions exemptes d'ambiguïté. • Civ. 1re, 12 juill. 2007 : *RIDA oct. 2007, note Sirinelli.*

12. La présomption de l'art. L. 113-1 ne peut s'appliquer à celui qui a seulement procédé à l'édification du bâtiment en sa qualité d'entrepreneur de construction et non d'architecte. Étudiant les mentions figurant sur les plans et édifices, et retenant le fruit d'une recherche dans une bibliographie, V. • Paris, 11 juill. 1990 : *RIDA oct. 1990, p. 299.* ♦ Si une divulgation ou une exploitation sous son propre nom fait présumer la propriété de l'œuvre, il n'en va pas de même de la simple commande (à propos d'une œuvre d'architecture). • Civ. 1re, 16 mars 2004 : *Bull. civ. I, n° 89 ; JCP E 2004. 759 ; PIBD 2004. III. 423 ; Propr. intell. 2004, n° 11, p. 636, obs. Sirinelli ; RIDA juill. 2004, p. 209, note Kéréver.* ♦ La présomption de l'art. L. 113-1 ne concerne que la qualité d'auteur et non celle de titulaire des droits patrimoniaux. • Paris, 2 oct. 2009 : *Propr. intell. 2010, n° 34, p. 632, obs. A. Lucas.*

2° PORTÉE

13. Présomption simple. La présomption posée par l'art. L. 113-1 est simple et peut être combattue par tous moyens. • Civ. 1re, 24 nov. 1993 : *RIDA avr. 1994, p. 216* • Com. 15 janv. 2008 : *Propr. intell. 2008, n° 28, p. 322, obs. Bruguière ; ibid. n° 29, p. 445, obs. De Candé ; PIBD 2008. III. 201 ; RIDA janv. 2008, p. 275, note Sirinelli.* ♦ Sur la reconnaissance du bénéfice de la présomption pour une société, V. • Paris, 16 janv. 2008 : *Propr. intell. 2008, n° 28, p. 323, obs. Bruguière* • 20 févr. 2008 : *eod. loc.* ♦ Sur l'appréciation des éléments tendant à renverser la présomption, V. • TGI Paris, 19 nov. 2008 : *RIDA avr. 2009, p. 297, note Sirinelli.*

14. La personne dont le nom figurait sur la pochette d'un disque lors de la première divulgation d'une chanson perd sa qualité d'auteur présumé dès lors que l'étiquette rectificative du disque, effectuée postérieurement par le producteur, ne portait plus cette mention, non plus que la feuille de production transmise à la SACEM. • Civ. 1re, 23 mars 1983 : *RIDA avr. 1984, p. 134 ; Gaz. Pal. 1983. 2. Pan. 226.*

15. Ne prouve pas sa qualité d'auteur la personne qui revendique la paternité d'une œuvre qu'elle a elle-même attribuée pendant une longue période à Mozart et qui a été diffusée sous cette paternité, au motif que cette personne est à l'origine de la situation dont elle se plaint, ayant elle-même accrédité cette opinion et n'ayant pendant quarante-six ans apporté aucun démenti. • TGI Paris, 28 juin 1978 : *RIDA avr. 1979, p. 209.* ♦ A propos d'un éditeur à l'initiative duquel sont publiés des manuels de sciences économiques, qui en assure la direction et la publication, mais qui ne parvient pas à renverser la présomption née de la mention du nom des auteurs sur les publications. • Paris, 21 nov. 1994 : *RIDA avr. 1995, p. 381.* ♦ V. aussi • TGI Paris, 20 avr. 2005 : *CCE 2005, n° 100, note Caron.*

16. Pour la reconnaissance de la qualité d'auteur à une personne autre que celle dont le nom figure sur l'œuvre à une personne s'étant livrée, à la demande de la personne présumée auteur, à un travail de transformation systématique et profonde du manuscrit par voie d'innombrables suppressions, interventions, adjonctions et surtout substitutions de mots, bribes de phrases, phrases et paragraphes entiers, V. • Paris, 10 juin 1986 : *RIDA juill. 1987, p. 193 ; D. 1987. Somm. 153, obs. Colombet.* ♦ Et de la qualité d'auteur apparent quant à la participation d'un écrivain fantôme à la rédaction d'un ouvrage par modification et adaptation d'un premier récit, V. • Paris, 1er févr. 1989 : *D. 1990. Somm. 52, obs. Colombet ; RIDA oct. 1989, p. 301, note Sirinelli.* ♦ A propos d'une œuvre publiée sous un pseudonyme. • TGI Paris, 14 mars 1975 : *RIDA juill. 1975, p. 191.* ♦ Concernant la qualité de la personne citée par l'auteur dans son testament comme étant le coauteur de son œuvre, V. • Civ. 1re, 22 janv. 2009 : *Rev. crit. DIP 2009. 533, note Muit Watt ; PIBD 2009. III. 907 ; RTD com. 2009. 302, obs. Pollaud-Dulian.* ♦ Celui qui revendique la qualité de titulaire des droits d'auteur sur un modèle, en vertu d'un jugement belge l'ayant déclaré titulaire de ces droits, ne se prévaut pas d'un simple effet de fait mais de l'efficacité d'une telle décision qui, contestée, requiert d'être reconnue en France. • Civ. 1re, 22 mars 2012 : *D. 2013. Pan. 1936, obs. Galloux ; Rev. crit. DIP 2012. 894, note Bollée ; RTD com. 2012. 779, obs. Pollaud-Dulian ; PIBD 2012. III. 401.* ♦ V. aussi note 5 ss. art. L. 113-6.

Art. L. 113-2 **Est dite de collaboration l'œuvre à la création de laquelle ont concouru plusieurs personnes physiques.**

Est dite composite l'œuvre nouvelle à laquelle est incorporée une œuvre préexistante sans la collaboration de l'auteur de cette dernière.

Est dite collective l'œuvre créée sur l'initiative d'une personne physique ou morale qui l'édite, la publie et la divulgue sous sa direction et son nom et dans laquelle la contribution personnelle des divers auteurs participant à son élaboration se fond dans

l'ensemble en vue duquel elle est conçue, sans qu'il soit possible d'attribuer à chacun d'eux un droit distinct sur l'ensemble réalisé. – *[L. nº 57-298 du 11 mars 1957, art. 9.]*

BIBL. ► CARON, *RIDA avr. 2001, p. 3* (le festival confronté à la qualification d'œuvre collective). – CEDRAS, *thèse Paris 2, 1978* (œuvres collectives en droit français) ; *RIDA oct. 1979, p. 3* (œuvre collective en droit français). – FOURNIER, *thèse Grenoble, 1947* (la collaboration littéraire et artistique). – GIRARDET, *Légicom 2003, nº 29, p. 35* (la notion d'œuvre collective dans la jurisprudence). – LATREILLE, *CCE 2000. Étude 10* (la notion d'œuvre collective ou l'entonnoir sur la tête). – REBOUL, *Actes du colloque de l'INPI, Lamy 1988, p. 95* (la création de salarié, la notion d'œuvre collective) ; *Mélanges Mathély, Litec 1990, p. 307* (quelques réflexions sur l'œuvre collective). – SARRAUTE, *Gaz. Pal. 1968. Doctr. 83* (œuvre collective et droit d'auteur).

COMMENTAIRE

L'article L. 113-2 envisage la situation des œuvres composées d'apports originaux émanant de plusieurs personnes. Le texte met, à tort, sur un même plan les œuvres dérivées ou composites (al. 2), les œuvres de collaboration (al. 1er) et les œuvres collectives (al. 3). Mais seules les deux dernières catégories comptent plusieurs auteurs puisque les œuvres dérivées n'ont pour créateur que l'auteur de l'œuvre seconde. Ce dernier devant cependant respecter les droits d'auteur du créateur de l'œuvre première. Il est vrai cependant que certaines créations peuvent être à la fois œuvres de collaboration et œuvres dérivées.

Les différences de régimes juridiques entre ces différentes catégories étant importantes, il n'est pas étonnant que l'on assiste à de nombreux procès pour trancher la question de la qualification. Parmi les œuvres ayant plusieurs auteurs, la vision humaniste du droit français retient comme figure de référence l'œuvre de collaboration, le statut d'œuvre collective n'étant admis que lorsque les conditions de cette dernière sont clairement réunies.

La réticence jurisprudentielle à retenir le statut d'œuvre collective s'explique par plusieurs raisons : un régime juridique (V. CPI, art. L. 113-5) plus proche du *copyright* que du droit d'auteur, un concept assez peu partagé par les législations étrangères et une définition extraordinairement complexe.

Schématiquement les œuvres de collaboration et collectives s'opposent par leur différence de structure. Les premières reposent sur une construction horizontale où les contributeurs se concertent à chacune des phases de la création. Les deuxièmes s'articulent autour d'une structure verticale qui voit chacun des contributeurs répondre aux consignes d'un promoteur qui en organise la création.

Le fait que l'on puisse déterminer au terme du processus de réalisation qui a fait quoi ou que les apports respectifs ne soient plus identifiables dans l'ensemble obtenu est indifférent pour la qualification. ❑

I. ŒUVRE DE COLLABORATION

A. GÉNÉRALITÉS

1º NOTION

a. Personnes physiques

1. Une société qui se prétend victime d'une contrefaçon de modèle de sacs de sport, qu'elle qualifie d'œuvre de collaboration, est irrecevable à agir en contrefaçon pour le seul motif qu'une personne morale ne peut pas être considérée comme coauteur d'une œuvre de collaboration et donc se voir reconnaître des droits sur cette création, sauf pour elle à prouver une cession de droits à son profit. • Paris, 10 mars 1988 : *D. 1990. Somm. 187, obs. Burst* ✎.

b. Pluralité d'apports créateurs

2. La qualité de coauteur suppose une participation personnelle à la création de l'œuvre ; dès lors, la seule utilisation par l'auteur d'éléments puisés dans l'expérience vécue par un tiers ne suffit pas à donner à cette personne la qualité de coauteur de l'œuvre, caractérisé par un apport spécifique de création intellectuelle qui ne se conçoit pas sans une forme déterminée, telle que l'écriture pour le scénario, ou une intervention directe dans le tournage du film, avec un pouvoir personnel de décision, ce qui n'est pas démontré en l'espèce. • Paris, 16 janv. 1992 : *RIDA avr. 1992, p. 204.* ♦ La qualité de coauteur ne pourrait résulter que d'un apport personnel dérivant d'une activité créatrice. • Civ. 1re, 13 avr. 1992 : ⚖ *RIDA oct. 1992, p. 149 ; JCP 1992. IV. 1800.* ♦ Elle ne peut se déduire d'une présomption de collaboration, mais doit résulter d'éléments précis révélant le rôle de création de chacun ; manque de base légale l'arrêt qui décide que le scénariste d'une bande dessinée était coauteur des noms attribués aux personnages puisqu'il s'était trouvé investi, du fait de leur intégration dans son texte, d'un pouvoir de contrôle sur leur choix. • Civ. 1re, 6 mai 1997 : *Bull. civ. I, n° 145 ; D. Affaires 1997. 738 ; D. 1998. 80, note Edelman ; RIDA oct. 1997, p. 239 ; RJDA 1998, n° 124 ; JCP E 1998, p. 1252, note Laporte-Legeais ; La vie judiciaire, 13 juill. 1997, p. 8.*

2° CONCERTATION DES CONTRIBUTEURS

a. Éléments nécessaires

3. Au-delà d'une pluralité d'apports originaux, il faut qu'il ait existé un travail créatif, concerté et conduit en commun par plusieurs auteurs. • Civ. 1re, 18 oct. 1994 : *RIDA avr. 1995, p. 305, note Latreille.* ♦ ... Ou une communauté d'inspiration et de but poursuivi. • TGI Nanterre, 6 mars 1991 : *Cah. dr. auteur, avr. 1991, p. 19 ; RIDA juill. 1991, p. 263.* ♦ ... Ou, à tout le moins, une inspiration commune. • Paris, 11 déc. 1961 : *RTD com. 1962. 674, obs. Desbois.* ♦ ... Ou encore une intimité spirituelle. • Paris, 8 juin 1971 : *D. 1972. 383, note Edelman ; RTD com. 1973. 268, obs. Desbois ; JCP 1973. II. 17427, note Plaisant.* ♦ ... Et que les contributions respectives s'inscrivent dans un art semblable ou différent. • Paris, 11 mai 1965 : *D. 1967. 555, note Françon.* ♦ Pour des exemples de collaboration entre : L'auteur des paroles et le compositeur de la musique pour une œuvre lyrique, V. • Civ. 1re, 5 mars 1968 : *D. 1968. 382 ; RTD com. 1968. 488, obs. Desbois.* ♦ ... Un dessinateur et un scénariste d'une bande dessinée. • Paris, 6 nov. 1991 : *D. 1992. IR 63.* ♦ ... L'auteur du graphisme des personnages d'un récit et l'auteur des dialogues de ce récit. • Civ. 1re, 2 déc. 1997 : *Bull. civ. I, n° 348 ; D. 1998. 507, note Edelman ; RIDA avr. 1998, p. 409.* ♦ ... Des étudiants chercheurs et le directeur de l'Institut de recherche. • Paris, 25 févr. 2004 : *Propr. intell. 2004, n° 12, p. 766, obs. Lucas ; RIDA janv. 2005, p. 207, note Kéréver.* ♦ ... Un photographe et un artiste contemporain mis en scène devant une œuvre tombée dans le domaine public. • Paris, 3 déc. 2004 : *D. 2005. 1237, note Treppoz ; RIDA avr. 2005, p. 161, note Kéréver.* ♦ Comp., pour des airs de musique ne constituant pas un tout indivisible avec un vaudeville. • Crim. 4 févr. 1881 : *DP 1881. 1. 329, 2e esp.* ♦ Sur la reconnaissance de la qualité d'œuvre de collaboration à une œuvre architecturale, V. • Civ. 1re, 1er déc. 2011 : *Propr. intell. 2012, n° 42, p. 22, obs. A. Lucas.*

b. Caractéristiques indifférentes

4. La succession dans le temps des contributions n'exclut pas, en soi, la qualification d'œuvre de collaboration, dès lors qu'est constatée la communauté d'inspiration et de but poursuivi qui a présidé à l'élaboration de l'œuvre litigieuse conférant à celle-ci, même si les paroles ont préexisté à la musique, un caractère indivisible ; V. pour une chanson : • TGI Nanterre, 6 mars 1991 : *Cah. dr. auteur, avr. 1991, p. 19.*

5. Un éventuel déséquilibre quant à l'importance des contributions n'exclut pas non plus, en soi, la qualification d'œuvre de collaboration, puisqu'elle est la propriété commune des coauteurs indépendamment de l'importance ou du mérite de leurs apports respectifs. • Civ. 1re, 2 avr. 1996 : *D. 1996. IR 122 ; Gaz. Pal. 1997. Pan. 24* • Paris, 21 nov. 1994 : *RIDA avr. 1995, p. 381 et 249, obs. Kéréver* • 18 avr. 1956 : *D. 1957. 108, note Desbois.* ♦ Comp. exigeant que l'apport ne soit pas accessoire. • Paris, 16 janv. 1992 : *RIDA avr. 1992, p. 204.* ♦ A propos des décors et costumes réalisés par Salvador Dali après achèvement d'une œuvre lyrique, V. • Civ. 1re, 5 mars 1968 : *D. 1968. 382 ; RTD com. 1968. 488, obs. Desbois.*

6. Le rôle prééminent de la direction de collection n'est pas incompatible avec l'existence d'une œuvre de collaboration qui admet les apports inégaux ; ainsi, une collection de manuels scolaires de sciences économiques serait une œuvre de collaboration en raison de la diversité des participations aux manuels tant au contenu (rédaction de dossiers) qu'à la structure générale (plan). • Paris, 21 nov. 1994 : *RIDA avr. 1995, p. 381 et 249, obs. Kéréver.* ♦ ... A propos d'un lexique pour lequel l'un des coauteurs a joué un rôle prépondérant, V. • TGI Paris, 15 mars 2002 : *CCE 2002, n° 68, note Caron ; JCP E 2003. 278, n° 2, obs. Salord.* ♦ ... Ou d'une collection de cours de droit, V. • TGI Paris, 28 févr. 2003 : *Légipresse 2003, n° 201, I, p. 60.*

B. QUALITÉ D'AUTEUR

1° ATTRIBUTION

7. La qualité de coauteur sera reconnue aux personnes dont la contribution s'est réalisée de façon originale dans l'univers des formes, en sorte que peut se voir attribuer des droits sur la création celui qui a procédé à un travail de modification du manuscrit d'un dictionnaire par rectification de l'exactitude des définitions, la fourniture d'exemples, l'apport de corrections linguistiques sur l'intégralité de l'œuvre. • Paris, 27 févr. 1985 : *D. 1986. IR 181, obs. Colombet.* ♦ A propos d'une personne qui réécrit un livre, en donnant au manuscrit initial son empreinte personnelle, V. • Paris, 10 juin 1986 : *D. 1987. IR 153, obs. Colombet ; RIDA juill. 1987, p. 193.* ♦ Et, dans le cadre d'une interview • TGI Paris, 24 mars 1982 : *RTD com. 1983. 433, obs. Françon ; JCP 1982. II. 19901, obs. Bonet.* ♦ Concernant une œuvre architecturale, V. • Douai, 27 oct. 2009 : *RTD com. 2010. 105, obs. Pollaud-Dulian.* ♦ Concernant un flacon, V. • Paris, 18 déc. 2009 : *Propr. intell. 2010, n° 35, p. 709, obs. A. Lucas.* ♦ A été reconnue coauteur la personne qui a réalisé les décors et costumes d'une pièce de théâtre. • Paris, 21 oct. 2009 : *Propr. intell. 2010, n° 34, p. 614, obs. A. Lucas.* ♦ Le « sound designer » d'un jeu-vidéo a été reconnnu coauteur. • TGI Paris, 30 sept. 2011 : *Propr. intell. 2012, n° 42, p. 21, obs. Bruguière.*

8. La qualité d'auteur sera refusée à celui : qui a seulement effectué un travail de recensement et de compilation de documentation préparatoire à l'élaboration d'un scénario. • TGI Paris, 27 juin 1990 : *RIDA juill. 1991, p. 245, note Gaudrat.* – Et, dans la même affaire • Paris, 2 juin 1992 et • Civ. 1re, 5 oct. 1994 : *RIDA janv. 1995, p. 205.* ♦ ... Qui n'a fourni que des découvertes scientifiques pour un ouvrage de vulgarisation. • Civ. 1re, 8 nov. 1983 : *Bull. civ. I, n° 260.* ♦ ... Qui s'est contenté de conseiller son élève dans le choix des matériaux. • Paris, 3 nov. 1988 : *Cah. dr. auteur, juin 1989, p. 10.* ♦ ... Qui n'a fourni que des directives générales, instructions et contraintes incontournables sur le sujet à photographier. • Paris, 26 mars 1992 : *D. 1993. Somm. 84, obs. Colombet ; RIDA avr. 1993, p. 218.* ♦ ... Qui n'a fait que suivre des instructions assez précises, ce qui le réduisait au simple rôle d'exécutant ; à propos de tapisseries exécutées par un lissier suivant les instructions détaillées du cartonnier, V. • Limoges, 31 mai 1976 : *RTD com. 1976. 740, obs. Desbois ; RIDA oct. 1976, p. 173 ; JCP 1978. II. 18783, note Boursigot.*

9. S'agissant de sculptures exécutées par un élève de Renoir sur les instructions précises du maître perclus de rhumatismes, V. • Civ. 1re, 13 nov. 1973 : *D. 1974. 533, note Colombet ; Bull. civ. I, n° 302 ; JCP 1975. II. 18029, note Manigne.* ♦ ... D'une série de gouaches représentant la vie de Duchamp divulguées sous le seul nom du peintre, V. • Civ. 1re, 25 mai 2004 : *Propr. ind. 2004, n° 92, obs. Greffe ; Propr. intell. 2004, n° 13, p. 909, obs. Sirinelli ; RIDA oct. 2004, p. 229, note Kéréver.* ♦ ... Et d'un aéronaute dont les souvenirs fournissent la substance d'un livre. • Paris, 9 nov. 1959 : *RIDA avr. 1960, p. 112 ; JCP 1960. IV. 83 ; RTD com. 1961. 82, obs. Desbois.*

10. Toutefois, le constat que l'œuvre ne puisse être considérée comme une œuvre de collaboration en raison de la nature particulière de l'un des apports n'empêche pas les parties de convenir d'une rémunération au profit de celui qui n'a apporté qu'un savoir-faire ou de simples connaissances comme contribution ; dans une espèce concernant un client médecin ayant fourni des éléments nécessaires à la réalisation d'un logiciel destiné à la gestion des cabinets médicaux, V. • Com. 23 oct. 1990 : *Bull. civ. IV, n° 245 ; DIT 1991/1, p. 38, note Gaudrat ; JCP E 1991. I. 41, n° 2, obs. Vivant et Lucas.*

2° PREUVE

11. Charge. La qualité de coauteur doit être prouvée par la personne qui la revendique. • Civ. 1re, 13 avr. 1992 : *RIDA oct. 1992, p. 149 ; JCP 1992. IV. 1800.* ♦ ... Mais cette dernière peut bénéficier de la présomption posée par l'art. L. 113-1. • Civ. 1re, 3 juill. 1990 : *RIDA avr. 1991, p. 116 ; RTD com. 1991. 48, obs. Françon.* ♦ Sur la qualité d'auteur reconnue au frère de la testatrice dans les dispositions testamentaires, V. • Civ. 1re, 16 mai 2012 : *Propr. intell. 2012, n° 44, p. 328, obs. A. Lucas.*

12. Perte de la qualité d'auteur. Pour l'échec d'une tentative faite par un éditeur à l'initiative de qui ont été publiés des manuels de sciences économiques (et qui en assurait la direction et la publication) et qui tentait de renverser la présomption née de la mention du nom des auteurs sur les publications, V. • Paris, 21 nov. 1994 : *RIDA avr. 1995, p. 381.*

II. ŒUVRE COMPOSITE

13. Terminologie. Pour une utilisation indifférente des termes d'« œuvre composite », ou « œuvre dérivée », V. par exemple, évoquant l'œuvre composite dérivée dont Bernanos est l'auteur. • Versailles, 18 mars 1992 : *RIDA juill. 1992, p. 180.* ♦ ... Ou encore, l'orchestration par Maurice Ravel des « Tableaux d'une exposition » de Moussorgski, adaptation envisagée dans le même attendu, aussi bien comme une « œuvre dérivée » que comme une « œuvre composite » au sens de l'art. L. 113-2. • Paris, 10 mars 1970 : *D. 1971. 114, note P. L. ; RIDA juill. 1970, p. 139.* ♦ ... Ou encore • Paris, 29 avr. 1998 : *D. 1998. IR 184 ; JCP 1999. IV. 1096 ; RIDA oct. 1998, p. 278* (à propos de la décoration florale du Pont-Neuf). ♦ Sur la création d'un flacon de parfum à partir d'une aquarelle de Salvador Dali, V. • Paris, 4 avr. 2007 : *RTD com. 2007. 535, obs. Pollaud-Dulian.*

A. ÉLÉMENTS CONSTITUTIFS

1° INCORPORATION D'UNE ŒUVRE PRÉEXISTANTE

14. Pour des exemples d'incorporation matérielle d'une œuvre préexistante dans une œuvre seconde concernant : l'insertion de photographies dans un catalogue publicitaire, V. • Versailles, 28 avr. 1988 : *D. 1988. IR 165.* ♦ ... Le regroupement d'écrits. • TGI Paris, 29 juin 1971 : *RIDA janv. 1972, p. 133 ; RTD com. 1972. 906, obs. Desbois.* ♦ ... La mise en volume des caricatures dessinées par un tiers pour la fabrication de marionnettes de personnalités (Guignols de Canal Plus) destinées à une émission télévisée. • Civ. 1re, 26 janv. 1994 : *Bull. civ. I, n° 35 ; D. 1994. IR 55 ; RIDA oct. 1994, p. 433 ; RIPIA 1994. 683.*

15. Il y a donc œuvre composite dès qu'il y a utilisation d'éléments formels empruntés à une œuvre protégée par le droit d'auteur. Pour les épisodes d'une série télévisée dont les personnages voient leurs caractéristiques tirées d'une « bible », il ressort de la lecture d'un certain nombre de scénarios à laquelle s'est livré le tribunal que les auteurs de scénarios ont repris les personnages de base préexistants, qu'ils ont écrit leur texte en reprenant leurs traits de caractères, psychologie, habitudes, milieu social, etc., qu'ils ne se sont pas totalement évadés de ces antécédents nécessaires pour donner aux personnages principaux des personnalités différentes ; dès lors la bible revendiquée par les demandeurs donne prise aux droits d'auteur et est de nature à justifier la perception par S. B. et M. C. d'un pourcentage de redevances versées par la SACD aux auteurs des 380 épisodes de la série « Voisin Voisine ». • TGI Paris, 23 sept. 1992 : *RIDA oct. 1993, p. 257.* ♦ Les juges du second degré ayant retenu que l'édition d'un « Guide régional camping caravaning » et les éditions suivantes étaient le fruit de deux apports distincts dans le temps ; d'une part le guide originaire, œuvre de son fondateur, qui subsistait quant à la composition générale et, d'autre part, le travail réalisé par une personne seule qui ne s'était pas limitée à une simple mise à jour, mais avait constitué un effort de refonte portant sur la présentation générale et l'expression, les informations étant regroupées en rubriques nouvelles avec des textes de présentation nourris portant l'empreinte personnelle de son auteur, la cour a pu ainsi qualifier l'ouvrage d'œuvre composite en tant qu'il se présente comme une œuvre nouvelle dont l'auteur est la personne qui a assuré la mise à jour, à laquelle est incorporée l'œuvre préexistante du fondateur, sans collaboration de ce dernier. • Civ. 1re, 24 oct. 1995 : *D. 1995. IR 243 ; Gaz. Pal. 1996. 1. Somm. 22 ; RIDA avr. 1996, p. 277.*

2° ABSENCE DE COLLABORATION DE L'AUTEUR DE L'ŒUVRE PRÉEXISTANTE

16. Pour une affirmation de l'importance de cette caractéristique, à propos : De certaines parties d'un opéra, V. • Civ. 1re, 14 nov. 1973 : *RTD com. 1974. 514, obs. Desbois ; RIDA avr. 1974, p. 66 ; Bull. civ. I, n° 390 ; Gaz. Pal. 1974. 1. 94.* ♦ ... De la création de marionnettes, retenant que la mise en volume des caricatures dessinées par un tiers qui n'avait pas collaboré à cette élaboration, constituait une création personnelle s'intégrant dans la réalisation d'une œuvre composite. • Civ. 1re, 26 janv. 1994 : *préc. note 14.*

17. La réunion d'œuvres de collaboration dans un recueil regroupant les écrits connexes, mais sans concert intellectuel de la totalité des auteurs ni fusion des travaux au stade final de l'utilisation, ne constitue pas globalement une œuvre de collaboration à défaut de ce concert, ni une œuvre collective à défaut de cette fusion, et caractérise donc une œuvre composite par choix et agencement d'apports antérieurs au regard des dispositions combinées des art. L. 112-3 *in fine* et L. 113-2, al. 2. • TGI Paris, 29 juin 1971 : *préc. note 14.*

B. ARTICULATION AVEC D'AUTRES STATUTS

18. Sur la question. V. • TGI Paris, 29 juin 1971 : *préc. note 14.*

19. Pour un exemple de combinaison des statuts d'œuvre composite et d'œuvre de collaboration : l'opéra inachevé de Borodine (Prince Igor), fini par Rimski-Korsakov et Glazounov est à la fois une œuvre de collaboration pour les efforts conjugués de Rimski-Korsakov et Glazounov, et une œuvre composite au regard de l'emprunt des fragments déjà achevés par Borodine ; cette dernière qualification n'impliquant pas la création d'une œuvre sans liens de dépendance avec l'œuvre préexistante qui y est incorporée et pouvant être constituée par l'achèvement de celle-ci. • Civ. 1re, 14 nov. 1973 : *RIDA avr. 1974, p. 66 ; Bull. civ. I, n° 390 ; Gaz. Pal. 1974. 1. 94 ; RTD com. 1974. 514, obs. Desbois.* ♦ Pour une juxtaposition, concernant la biographie d'un homme politique, établie conjointement par un chercheur et un journaliste à partir d'éléments formels de la thèse de troisième cycle du premier, V. • Paris, 6 déc. 1993 : *RIDA juill. 1994, p. 382.* ♦ A propos du guide « Paris pas cher », les époux Riou et M. Delthil sont les coauteurs du premier guide, œuvre de collaboration ; les époux Riou sont les seuls auteurs du titre, autre œuvre de collaboration ; les époux Delthil sont les seuls auteurs du nouveau guide, œuvre composite par ses emprunts à l'œuvre première mais aussi œuvre de collaboration, mais dans les seuls rapports entre les époux Delthil. • Civ. 1re, 10 mars 1993 : *D. 1994. 90, note Edelman ; RIDA juill. 1993, p. 320, note Pollaud-Dulian ; JCP 1993. IV. 1233.* ♦ En matière d'œuvre audiovisuelle, V. note 5 ss. art. L. 113-7.

III. ŒUVRE COLLECTIVE

20. Les tribunaux oscillent entre : une conception large de l'œuvre collective. • Civ. 1re, 1er juill. 1970 : *D. 1970. 769, note Edelman ; RTD com. 1971. 336, obs. Desbois* • Soc. 19 oct. 2005 : *CCE 2006, n° 1, note Caron.* ♦ ... Et une conception stricte. • Com. 7 avr. 1987 : *JCP 1987. II. 20868, note Françon.* ♦ ... Le plus souvent pour contrer l'argumentation des contrefacteurs sur le terrain de la recevabilité de l'action en contrefaçon. • Civ. 1re, 24 mars 1993 : *JCP 1993. II. 22085, note Greffe (1re esp.).* ♦ V. aussi notes 16 s. ss. art. L. 331-1.

A. ÉLÉMENTS CONSTITUTIFS

1° PRÉSENCE D'UN MAÎTRE D'ŒUVRE

21. Il n'est pas nécessaire que le maître d'œuvre ait édité, publié ou divulgué sous son propre nom l'œuvre en cause, il suffit qu'il ait demandé la création de l'œuvre collective et qu'il l'ait divulguée et explcitée. • Civ. 1re, 24 mars 1993 : *préc. note 20.* ♦ Pour retenir la qualification, il est parfois recherché si le contributeur avait aliéné sa liberté de créateur. En outre, il est souvent exigé que le maître d'œuvre ait contrôlé le processus de création pendant son évolution par le biais de directives et ait harmonisé les différentes contributions. • Paris, 25 sept. 1987 : *D. 1988. Somm. 205, obs. Colombet ; RIDA janv. 1988, p. 104.* ♦ Il est cependant nécessaire que la publication mentionne le nom de la personne ayant assuré la fédération des différentes contributions. • TGI Paris, 10 juin 1973 : *RIDA oct. 1973, p. 208.*

22. Le rôle prééminent de la direction de collection n'implique pas nécessairement l'exclusion de la qualification d'œuvre de collaboration et l'admission de la qualification d'œuvre collective. • Paris, 21 nov. 1994 : *RIDA avr. 1995, p. 381 et 249, obs. Kéréver.*

2° PLURALITÉ D'APPORTS

23. Les contributions personnelles doivent se fondre dans un ensemble en vue duquel elles ont été conçues, sans qu'il soit possible d'attribuer à chacun un droit indivis sur l'ensemble réalisé. • Civ. 1re, 6 nov. 1979 : *Bull. civ. I, n° 272* • Com. 7 avr. 1987 : *préc. note 20.* ♦ L'œuvre ne doit pas résulter d'un travail concerté et conduit en commun par plusieurs auteurs. • Civ. 1re, 18 oct. 1994 : *Bull. civ. I, n° 298 ; D. 1994. IR 249 ; JCP 1994. IV. 2565. – Contra* • Civ. 1re, 21 oct. 1980 : *Bull. civ. I, n° 265 ; D. 1981. IR 82, obs. Colombet.* ♦ ... Ni d'une coopération des contributeurs pour le tout. • Civ. 1re, 8 déc. 1993 : *Bull. civ. I, n° 361 ; JCP 1994. IV. 420.* ♦ Dès lors que le contenu des interventions (des « Entretiens de Bichat ») est totalement libre et que leurs auteurs respectifs sont nominativement cités et individualisables en qualité de membres de la communauté scientifique, la réunion des contributions réalisées par l'éditeur, à défaut pour celles-ci de pouvoir se fondre dans un ensemble rendant impossible la restitution à chacun d'un droit distinct sur l'ensemble réalisé, ne permet pas de déduire l'existence d'une œuvre collective. • Versailles, 16 oct. 1997 : *BICC, 1er juin 1998, n° 473 ; RIDA avr. 1998, p. 428.*

24. L'œuvre collective se caractérise par l'initiative et le rôle moteur de son entrepreneur, sans cependant exclure l'intermédiaire d'un participant spécialement chargé de cette mission, notamment sur la base d'un contrat de travail. • Paris, 3 juill. 1996 : *Légipresse 1997, III, p. 116, note B. A.* ♦ Il est en outre indifférent que ces différents apports demeurent anonymes ou ne puissent être identifiés et attribués précisément aux divers contributeurs. • Civ. 1re, 17 mai 1978 : *D. 1978. 661, note Desbois.* ♦ V. cependant • Civ. 1re, 22 oct. 1991 : *Bull. civ. I, n° 276 ; D. 1993. Somm. 85, obs. Colombet ; JCP 1991. IV. 453 ; RIDA avr. 1992, p. 184* • TGI Paris, 27 févr. 1968 : *D. 1968. 375.* ♦ Mais il est vrai que la présence d'un bureau d'études ou de style est souvent l'indice de la présence d'une œuvre collective. • Crim. 6 juin 1991 : *Bull. crim., n° 240 ; D. 1993. Somm. 86, obs. Colombet .* ♦ Toutefois, V. • Com. 7 avr. 1987 : *préc. note 20.*

B. PREUVE

25. Constitue des présomptions suffisantes à la qualification d'œuvre collective l'absence de toute revendication de la part des salariés d'une personne morale et de toute indication quant à la possibilité d'attribuer à des tiers des droits d'auteur sur l'œuvre créée à l'initiative de la société et exploitée sous sa direction et son nom. • Civ. 1re, 19 févr. 1991 : *JCP 1991. IV. 149 ; Bull. civ. I, n° 67 (2e arrêt)* • 22 oct. 1991 : *RIDA avr. 1992, p. 184 ; Bull. civ. I, n° 276 ; D. 1993. Somm. 85, obs. Colombet ; JCP 1991. IV. 453.*

26. La personne morale qui exploite sous son nom une œuvre à l'élaboration de laquelle ont contribué plusieurs participants est, jusqu'à preuve du contraire, présumée propriétaire d'une œuvre collective. • Civ. 1re, 24 mars 1993 : *préc. note 20.* ♦ Cependant il est désormais admis que la personne morale qui exploite sous son nom une œuvre à l'élaboration de laquelle ont contribué plusieurs participants est, jusqu'à preuve du contraire, présumée titulaire sur l'œuvre du droit de propriété incorporelle quelle que soit la qualification de cette dernière. • Civ. 1re, 24 mars 1993 : *préc. note 20* • 26 mars 1995 : *RIDA juill. 1995, p. 327* • 9 janv. 1996 : *RTD com. 1997. 95, note Françon ; RIDA juill. 1996. 342 ; Ann. propr. ind. 1996. 108 ; RJDA 1996, n° 851.* – Pour une évolution de cette jurisprudence, V. notes 16 s. ss. art. L. 331-1. ♦ Une société n'a pas à faire la preuve de son droit d'auteur dès lors qu'il est constant qu'elle exploite commercialement les objets contrefaits. • Civ. 1re, 4 mai 1994 : *Bull. civ. I, n° 160.*

27. Exemples. Ont pu être reconnues œuvres collectives : le répertoire SIRENE exploité par l'INSEE. • CE 10 juill. 1996 : *RIDA oct. 1996, p. 207, note Kéréver ; JCP E 1997. I. 683, obs. Bougerol.* ♦ ... Un journal. • Paris, 25 oct. 1990 : *D. 1992. Somm. 14, obs. Colombet* • Paris, 10 mai 2000 : *JCP E 2000, p. 923 ; CCE 2000, n° 73, note Caron (1re esp.) ; JCP E 2001, p. 328, note Brochard ; RIDA janv. 2001, p. 314.* ♦ ... Le titre d'un journal. • Civ. 1re, 6 mai 1997 : *D. 1998. Somm. 190, obs. Colombet* • Lyon, 9 déc. 1999 : *D. 2000. AJ 62 ; RIDA avr. 2000, p. 357, note Varet ; JCP 2000. II. 10280, note Derieux.* ♦ ... La rubrique d'un magazine. • Paris, 15 oct. 2003 : *JCP E 2004. 563, note Singh.* ♦ ... Un ouvrage consacré à l'homéopathie. • Paris, 14 sept. 2011 : *Propr. intell. 2012, n° 42, p. 24, obs. A. Lucas.* ♦ ... Une encyclopédie. • Paris, 26 janv. 1970 : *D. 1970. 294, concl. Lecourtier* • TGI Paris, 4 janv. 1971 : *RIDA oct. 1971, p. 146* • Paris, 8 janv. 2010 : *Propr. intell. 2010, n° 35,* *p. 711, obs. Lucas.* ♦ ... Un dictionnaire. • Paris, 12 janv. 2000 : *RIDA oct. 2000, p. 280.* ♦ Confirmé par • Civ. 1re, 3 avr. 2002 : *Bull. civ. I, no 109 ; D. 2002. AJ 1551, obs. Daleau ; JCP E 2003. 278, no 3, obs. Chérigny.* ♦ A propos du dictionnaire « Le Petit Robert », V. • Paris, 21 mai 2002 : *RIDA janv. 2003, p. 263, obs. Kéréver.* ♦ Confirmé par • Civ. 1re, 16 nov. 2004 : *Bull. civ. I, no 275 ; RTD com. 2005. 81, obs. Pollaud-Dulian ; Légipresse 2005, II, p. 172, note Granchet ; RIDA avr. 2005, p. 167, note Kéréver.* ♦ Un dictionnaire qui est une version abrégée d'un autre dictionnaire paru quelques années auparavant est une œuvre collective, et, bien qu'il ait été totalement remanié, une autorisation des contributeurs n'est pas nécessaire. • TGI Paris, 7 nov. 2007 : *D. 2008. 2643, note Edelman .* ♦ ... Un logiciel • Civ. 1re, 3 juill. 1996 : *Bull. civ. I, no 294 ; D. 1997. 328, note Françon ; JCP 1996. IV. 2008.* ♦ ... Une œuvre multimédia. • Versailles, 18 nov. 1999 : *Légipresse 2000, no 170, p. 51, note Tafforeau ; CCE 2000, no 16, note Caron ; Expertises, févr. 2000, p. 30, obs. Gallot Le Lorier et Varet, p. 24-26.* • TGI Paris, 7 nov. 2007 : *D. 2008. 2643, note Edelman ..* ♦ ... Un CD-Rom dans le domaine immobilier. • Paris, 16 sept. 2011 : *Propr. intell. 2012, no 42, p. 23, obs. A. Lucas.* ♦ ... Un site internet. • Versailles, 25 mars 2004 : *RIDA juill. 2005, p. 307, obs. Kéréver.* ♦ ... Un parc de loisirs et d'attractions. • TGI Senlis, 3 juin 2003 : *RDPI mars 2004, no 157, p. 29.* ♦ ... Un slogan. • Dijon, 7 mars 2003 : *JCP E 2004. 1770, no 3, obs. Laporte-Legeais.* ♦ ... Des bijoux. • Paris, 15 janv. 2010 : *Propr. intell. 2010, no 35, p. 710, obs. Lucas.* ♦ ... Une création publicitaire. • Soc. 19 oct. 2010 : *CCE 2011, no 21, note Caron.* ♦ Pour des rejets de la qualification, à propos de la réunion et la divulgation dans un ouvrage des contributions des intervenants à un colloque scientifique dès lors que le contenu des interventions est totalement libre, que les auteurs sont identifiés et que les contributions ne se fondent pas dans un ensemble rendant impossible la restitution à chacun d'un droit distinct sur l'ensemble, V. • Versailles, 16 oct. 1997 : *Gaz. Pal. 1998. 1. Somm. 86 ; RIDA juill. 1998, p. 428.* ♦ Pour un refus de principe s'agissant de l'œuvre audiovisuelle, V. • Civ. 1re, 26 janv. 1994 : *RIDA oct. 1994, p. 433* • Paris, 16 mai 1994 : *RIDA oct. 1994, p. 474 ; JCP 1995. II. 22375, note Linant de Bellefonds.* ♦ ... Concernant un magazine, V. • Paris, 17 oct. 2012 : *Propr. intell. 2013, no 46, p. 48, obs. A. Lucas.*

Art. L. 113-3 **L'œuvre de collaboration est la propriété commune des coauteurs.**

Les coauteurs doivent exercer leurs droits d'un commun accord.

En cas de désaccord, il appartient à la juridiction civile de statuer.

Lorsque la participation de chacun des coauteurs relève de genres différents, chacun peut, sauf convention contraire, exploiter séparément sa contribution personnelle, sans toutefois porter préjudice à l'exploitation de l'œuvre commune. – *[L. no 57-298 du 11 mars 1957, art. 10.]*

BIBL. ► COMBES, *LPA 5 janv. 1999* (la bande dessinée comme œuvre de collaboration... divise). – JACQUIER, *CCE 2001. Étude 26* (le contrat forcé en droit d'auteur). – ROBIN, *Propr. intell. 2005, no 16, p. 323* (l'action en justice des coauteurs d'une œuvre de collaboration).

COMMENTAIRE

Cette disposition instaure le régime juridique de l'œuvre de collaboration en tirant certaines conséquences de sa nature.

Les décisions des auteurs relatives à son exploitation devront être prises à l'unanimité, conséquence de l'indivision qui régit l'œuvre.

Les risques de blocage existent ce qui explique le peu d'empressement des investisseurs pour cette catégorie d'œuvres. Conscient du danger, le législateur offre la possibilité de soumettre au juge, avant toute exploitation, le pouvoir de trancher en cas de désaccord entre coauteurs. En outre, la jurisprudence ne requiert l'accord des auteurs ou du juge que pour l'exploitation des œuvres. La défense en justice par un des coauteurs, seul, peut être faite plus aisément. Librement pour le droit moral, en appelant les autres coauteurs en la cause pour les droits patrimoniaux. Toutefois, lorsque l'œuvre contrefaisante est une œuvre de collaboration, l'appel en la cause de tous les auteurs de cette dernière est nécessaire, quelle que soit la nature du droit en cause.

Lorsque les apports respectifs sont individualisables, les différents auteurs peuvent exploiter leurs propres contributions séparément. ❑

A. PROPRIÉTÉ COMMUNE

1. « L'œuvre de collaboration est la propriété commune des coauteurs indépendamment de l'importance ou du mérite de leurs apports respectifs. » • Civ. 1re, 2 avr. 1996 : *RJDA 1996, no 987 ; D. 1996. IR 122 ; Gaz. Pal. 1997. Pan. 24.* ♦ ... Et la copropriété est « totale sur la totalité de l'œuvre et totale sur chacune des parties ». • Paris, 27 févr. 1918 : *Gaz. Pal. 1918. 1. 125.*

B. EXERCICE DES DROITS SUR L'ENSEMBLE DE L'ŒUVRE

1° UNANIMITÉ POUR LES ACTES D'EXPLOITATION

2. Tout acte d'exploitation de l'œuvre de collaboration exige le consentement de tous les coauteurs. • Civ. 1re, 19 déc. 1983 : *Bull. civ. I, n° 304* • 4 oct. 1988 : *D. 1989. 482, note Gautier ; D. 1989. Somm. 50, obs. Colombet ; RTD com. 1990. 32, obs. Françon ; RIDA juill. 1989, p. 251.* ♦ ... Ou, après le décès de ceux-ci, de leurs ayants droit. V. ainsi, pour un exemple d'absence d'accord de la veuve d'un artiste peintre décédé avant la publication de l'œuvre. • Civ. 1re, 19 mai 1976 : *RTD com. 1977. 324, obs. Desbois ; RIDA janv. 1977, p. 104.* – Et, sur renvoi • Amiens, 17 avr. 1978 : *D. 1978. 557, note Desbois.*

3. De la même façon tous les coauteurs doivent consentir à la résiliation éventuelle d'un contrat d'édition. • Paris, 16 déc. 1932 : *Gaz. Pal. 1933. 1. 368.*

4. Toute exploitation ne respectant pas le principe d'unanimité est une contrefaçon. • Civ. 1re, 19 mai 1976 : *préc. note 2.* ♦ Le dépôt d'une œuvre à la SACEM, effectué par l'un de ses coauteurs, sans le consentement des autres, et en méconnaissance de leurs droits, caractérise la contrefaçon dans sa matérialité et implique que, sauf preuve contraire, le délit a été commis sciemment. • Crim. 13 déc. 1995 : *D. 1997. 196, note Edelman ; RDPI, avr. 1996, p. 37.* ♦ De même, la vente d'une bande dessinée, autorisée par les titulaires des droits sur les dessins, sans le consentement de l'ayant droit de l'auteur du scénario de cette œuvre de collaboration, constitue une contrefaçon. • TGI Paris, 4 juin 1997 : *RIDA janv. 1998, p. 333.*

5. C'est à l'auteur qui veut exercer ses droits sur l'œuvre de collaboration qu'incombe l'obligation de signaler aux autres coauteurs l'opération qu'il envisage et de rechercher leur accord. • Civ. 1re, 30 janv. 1985 : *Bull. civ. I, n° 45.*

2° ACTIONS EN JUSTICE

6. L'œuvre de collaboration est la propriété commune des coauteurs qui doivent exercer leurs droits d'un commun accord, sauf à saisir la juridiction de leur différend. Doit être cassé l'arrêt qui prononce la résiliation de contrats de cession et d'édition de l'œuvre de collaboration à l'égard d'un seul des auteurs, le litige entre les coauteurs n'ayant pas été tranché. • Civ. 1re, 14 oct. 2015, n° 14-19.214 P : *Dalloz IP/IT 2016. 36, obs. Daleau ; JAC 2016, n° 531, p. 3 ; RTD com. 2016. 108, obs. Pollaud-Dulian ; CCE 2015, n° 96, note Caron ; Propr. intell. janv. 2016, n° 58, p. 61, note Bruguière ; JCP E 2016, n° 37, p. 49, note Guillemain* • 30 sept. 2015, n° 14-11.944 P : *D. 2015. 1951 ; Propr. intell. janv. 2016, n° 58, p. 38, obs. Bruguière ; JCP E 2016, n° 37, p. 48, note Laporte-Legeais.* ♦ Le coauteur d'une œuvre de collaboration qui agit en justice pour la défense de ses droits patrimoniaux est tenu, à peine d'irrecevabilité, de mettre en cause les autres auteurs de cette œuvre, dès lors que sa contribution ne peut être séparée de celle des coauteurs. • Civ. 1re, 10 mai 1995 : *D. 1996. 114, note Edelman ; RIDA oct. 1995, p. 285 et 247, obs. Kéréver* • 12 mai 2011 : *RTD com. 2011. 543, obs. Pollaud-Dulian ; Propr. intell. 2010, n° 40, p. 290, obs. A. Lucas.* ♦ Il n'en va pas de même lorsque est prétendue contrefaisante une œuvre de collaboration. • Paris, 4 juin 2004 : *Légipresse 2005. III, p. 5, note Robin.* ♦ Décision cassée : la recevabilité de l'action en contrefaçon dirigée à l'encontre d'une œuvre de collaboration, laquelle est la propriété commune des coauteurs, est subordonnée à la mise en cause de l'ensemble de ceux-ci, dès lors que leur contribution ne peut être séparée. • Civ. 1re, 5 juill. 2006 : *CCE 2007, n° 19, note Caron ; ibid. Chron. n° 6, § 1, obs. Montels ; JCP E 2007. 1263, note Sing et Detrie ; Légipresse 2007. III, p. 123, note Robin ; RIDA oct. 2006, p. 271, obs. Sirinelli.* – V. aussi, ne faisant aucune allusion au caractère séparable de la contribution. • Civ. 1re, 4 oct. 1988 : *préc. note 2.* ♦ V. aussi • Paris, 26 sept. 2008 : *CCE 2008. Chron. 4, § 1, obs. Daverat ; Propr. intell. 2008, n° 26, p. 99, obs. A. Lucas.* ♦ Cette règle ne fait cependant pas obstacle à la recevabilité de la constitution de la partie civile d'un coauteur. • Crim. 13 déc. 1995 : *préc. note 4.* ♦ V. également • Paris, 25 janv. 2006 : *Propr. intell. 2006, n° 19, p. 173, obs. Lucas* • 24 janv. 2007 : *Propr. intell. 2007, n° 23, p. 204, obs. Bruguière.*

7. Une cour d'appel ne peut pas, après avoir relevé que tous les coauteurs n'avaient pas été intimés, infirmer un jugement prononçant la résiliation des contrats d'édition et de cession du droit d'adaptation audiovisuelle. En ne relevant pas d'office l'irrecevabilité de l'appel eu égard au lien d'indivisibilité unissant ces coauteurs, les juges ont méconnu les art. 125, al. 1er et 553 C. pr. civ., ainsi que l'art. L. 113-3 CPI. • Civ. 1re, 8 févr. 2017, n° 15-26.133 P : *Dalloz IP/IT 2017. 222, obs. Petelin ; RLDI mars 2017. 16, obs. Costes.*

8. La recevabilité de l'action en contrefaçon n'est cependant pas subordonnée à un accord unanime puisqu'une « mise en cause » suffit, ce qui signifie qu'il suffit d'appeler les autres auteurs dans la cause. • TGI Paris, 9 mai 1990 : *Cah. dr. auteur, janv. 1991, p. 15 ; RIDA janv. 1991, p. 355.* ♦ ... Et que s'ils comparaissent, ces derniers ne manifestent pas leur opposition, ou n'assortissent leur défaut de comparution d'aucun motif d'opposition. • Civ. 1re, 5 déc. 1995 : *D. Affaires 1996. 154 ; D. 1996. IR 25 ; RTD com. 1996. 460, obs. Françon ; RDPI 1996, n° 65, p. 60 ; JCP 1996. IV. 254.* ♦ Les exigences de l'art. L. 113-3 sont respectées lorsque l'héritière du coauteur a été appelée en la cause et qu'elle a conclu pour qu'il lui soit donné acte qu'elle ne sollicitait pas sa mise hors de cause, afin que l'arrêt à intervenir lui soit commun. • Civ. 1re, 11 janv. 2000 : *Bull. civ. I, n° 6.* ♦ La recevabilité de l'action engagée par l'auteur de l'œuvre première, et dirigée exclusivement à l'encontre de l'exploitant d'une œuvre de collaboration arguée de contrefaçon, n'est pas subordonnée à la mise en cause de l'ensemble des coauteurs de celle-ci. • Civ. 1re, 11 déc. 2013 : *Dalloz actualité, 7 janv. 2014, obs. Daleau ; RIDA avr. ; 2014, p. 289, obs. Sirinelli ; CCE 2014, n° 24, note Caron.*

9. Ces solutions « ne sauraient s'appliquer au droit moral, lequel est attaché à la personne de chaque coauteur. (...) Dès lors, toute modification de l'œuvre portant atteinte au droit moral doit être autorisée par ses auteurs, et (...) chacun d'eux peut s'élever contre l'atteinte portée à son droit moral, quel que soit l'avis des autres coauteurs ». • TGI Paris, 24 mai 1989 : *RIDA janv. 1990, p. 353.* ♦ Aucune irrecevabilité de l'action d'un des coauteurs ne pourra être opposée lorsque la demande est fondée sur la seule violation du droit moral. • Civ. 1re, 4 oct. 1988 : *préc. note 2* (sol. impl.). ♦ Ainsi, l'action en contrefaçon intentée par deux des coauteurs sur trois est irrecevable en tant qu'elle intéresse l'atteinte aux droits patrimoniaux, mais elle est recevable en ce qu'elle concerne la violation du droit moral. • TGI Paris, 19 mai 1987 : *Cah. dr. auteur, janv. 1988, p. 15.*

3° POUVOIR DU JUGE

10. Le juge peut trancher un désaccord entre les coauteurs quant à l'exercice de leurs droits patrimoniaux, et permettre de passer outre le refus de l'un d'entre eux, sans qu'il y ait lieu de relever de la part de ce dernier un comportement notoirement abusif. • Civ. 1re, 24 nov. 1993 : *Bull. civ. I, n° 341 ; D. 1994. 405, 1re esp., note Edelman.*

11. Lorsqu'un auteur saisit en même temps le juge pénal sur le terrain de la contrefaçon et le juge civil pour trancher un différend entre coauteurs, le second doit surseoir à statuer en attendant le résultat définitif de la procédure pénale. • Civ. 1re, 7 avr. 1987 : *Bull. civ. I, n° 125.*

12. Si l'article (L. 113-3, al. 3) donne au juge le pouvoir de trancher un conflit entre les auteurs, cette disposition ne saurait servir à justifier *a posteriori* l'initiative de tiers qui ont réalisé l'édition d'une œuvre de collaboration sans le consentement des auteurs de l'œuvre ou à défaut d'une autorisation judiciaire préalable, comme la loi en fait obligation, la ratification rétroactive de l'édition litigieuse aboutirait en effet à priver de sanction la divulgation incriminée, alors que son caractère illicite découle clairement des dispositions de l'article (L 122-4) à défaut d'autorisation préalable de ceux qui ont collaboré à la création de l'œuvre ou de leurs ayants droit. • Amiens, 17 avr. 1978 : *préc. note 2.*

C. RÉPARTITION DES DROITS

13. Sur la répartition des droits entre coauteurs en cas de silence du contrat, posant un principe de partage égalitaire afin d'éviter de prendre en considération les mérites respectifs des différentes contributions, V. • TGI Paris, 27 févr. 1968 : *D. 1968. 375.* – V. aussi, admettant que c'est au juge d'apprécier « la part qui doit en équité revenir à chaque coauteur ». • Paris, 3 nov. 1956 : *Gaz. Pal. 1956. 2. 324.*

D. DROITS SUR CHAQUE CONTRIBUTION

14. Limites à l'exploitation séparée. L'exploitation séparée d'une contribution individuelle ne doit pas compromettre la carrière commerciale de l'œuvre de collaboration prise dans son ensemble. • TA Nice, 6 avr. 1966 : *RTD com. 1966. 943, obs. Desbois ; JCP 1966. II. 14884, note Boursigot.* ♦ Ainsi doit être condamnée la diffusion de la version anglaise d'une chanson italienne dans un marché aussi difficile et éphémère des chansons à la mode, dès lors que ces chansons s'adressaient « à un public identique et créaient, malgré la différence de langues qui, dans ce domaine musical et compte tenu de la nature de celles-ci, est de moindre importance, une concurrence non négligeable ». • TGI Paris, 6 mars 1991 : *RIDA juill. 1991, p. 263.*

15. Un coauteur ne peut, au prétexte de reprendre son propre apport, exploiter en réalité l'œuvre commune. • Paris, 11 déc. 1961 : *RTD com. 1962. 674, obs. Desbois.* ♦ Ainsi l'un des contributeurs d'un guide des carrières de l'industrie pharmaceutique ne peut publier à nouveau ce guide, amputé du seul chapitre rédigé par l'autre contributeur, sans l'accord de ce dernier. • Civ. 1re, 2 avr. 1996 : *RJDA 1996, n° 987 ; D. 1996. IR 122 ; Gaz. Pal. 1997. Pan. 24.*

16. Caractère distinct des contributions. Les contributions doivent bien être personnelles pour faire l'objet d'une exploitation séparée ; V. sur ce point, estimant que la création graphique d'une bande dessinée est une contribution également indivise, dépendante de l'histoire, et ne peut donc être exploitée qu'avec l'accord du scénariste. • Poitiers, 6 sept. 1989 : *D. 1991. Somm. 93, obs. Colombet ; Gaz. Pal. 1992. 1. Somm. 234.* ♦ Comp. estimant que le dessinateur qui a créé matériellement les planches dessinées originales avec les moyens de son art a seul la propriété des personnages. • Civ. 1re, 6 mai 1997 : *Bull. civ. I, n° 145 ; D. Affaires 1997. 738 ; D. 1998.*

80, note Edelman ; RIDA oct. 1997, p. 239 ; RJDA 1998, n° 124 ; JCP E 1997. Pan. 703 ; La vie judiciaire, 13 juill. 1997, p. 8. ♦ La communauté de création entre le parolier et le musicien commande de considérer que les paroles et la musique ne relèvent nullement de genres distincts mais bien du même genre, celui de la chanson. • Paris, 20 juin 2008 : *RTD com. 2008. 545, obs. Pollaud-Dulian ; Propr. intell. 2008, n° 29, p. 420, obs. Lucas.*

17. Le texte et les illustrations d'une œuvre peuvent être des contributions qui relèvent de genres différents. • TGI Paris, 21 juin 1989 : *Gaz. Pal. 1990. 1. Somm. 118.* ♦ L'auteur de personnages doit, en vue de leur exploitation, demander l'autorisation du graphiste, coauteur de ces personnages. • Versailles, 31 janv. 2002 : *RIDA oct. 2003, p. 273, obs. Kéréver.*

18. Il a pu être souverainement jugé qu'il existait une interdépendance des contrats d'édition conclus séparément par le parolier et le compositeur de la musique de chansons – œuvres communes indivisibles à la fois par leur nature et par la volonté des parties, paroles et musique étant indissociables – en sorte que la résiliation des contrats conclus par le compositeur devait entraîner la résiliation de ceux conclus par son coauteur. • Civ. 1re, 3 avr. 2001 : *JCP 2001. IV. 2021.*

19. L'auteur d'une musique écrite pour un film lui-même adapté d'un roman peut, sauf atteinte à l'œuvre commune, se livrer à l'exploitation autonome de son œuvre propre. • Civ. 1re, 14 janv. 2003 : *D. 2003. 1088, note Becquet ; CCE 2003, n° 36, note Caron ; Légipresse 2003, n° 203, III, p. 117, note Singh et Corman ; RIDA oct. 2003, p. 279, note Kéréver.*

Art. L. 113-4 L'œuvre composite est la propriété de l'auteur qui l'a réalisée, sous réserve des droits de l'auteur de l'œuvre préexistante. – *[L. n° 57-298 du 11 mars 1957, art. 12.]*

BIBL. ▸ Mallet-Poujol, Commercialisation des banques de données, *CNRS, éd. 1993.* – Singh, *RDPI 1998, n° 93, p. 29* (la délicate coexistence de l'œuvre préexistante et de l'œuvre composite ou dérivée). – Sirinelli, *D. 1993. Chron. 323* (l'auteur face à l'intégration de son œuvre dans une base de données doctrinale. De l'écrit à l'écran).

COMMENTAIRE

Cette disposition exprime clairement l'idée que le créateur de l'apport nouveau original d'une œuvre de seconde main est le seul auteur de cette dernière.

Mais, pour pouvoir disposer de cette création, il lui sera nécessaire de respecter les droits patrimoniaux (autorisation, rémunération) et moraux (divulgation, respect, paternité) du créateur de l'œuvre première.

La Cour de cassation (Civ. 1re, 15 mai 2015, n° 13-27.391 P) a cependant estimé que le juge qui imposait le respect des droits de l'auteur de l'œuvre première devait – en raison de la liberté artistique du créateur de l'œuvre seconde – justifier sa décision de condamnation de ce dernier lorsque celui-ci n'avait pas sollicité l'accord de l'auteur de l'œuvre première.

I. TITULARITÉ DES DROITS

1. L'auteur d'une œuvre première n'est pas auteur de l'œuvre dérivée ou composite qui l'incorpore ; ainsi, l'artiste paysagiste dont on filme la création picturale sur les rochers d'un désert ne peut revendiquer la qualité de coauteur du documentaire le prenant pour sujet, à défaut de preuve d'un apport personnel de sa part à la création intellectuelle de l'œuvre seconde. • Civ. 1re, 3 nov. 1988 : *RIDA oct. 1989, p. 299* (sol. impl.). ♦ En matière d'œuvre audiovisuelle, admettant l'auteur de l'œuvre d'où est tirée l'œuvre audiovisuelle au rang des coauteurs de l'œuvre dérivée, V. note 28 ss. art. L. 113-7.

II. ŒUVRE PRÉEXISTANTE

A. ACCORD DE L'AUTEUR

1° MOMENT

2. Il n'est pas nécessaire que l'accord soit recueilli avant la réalisation de l'œuvre composite, en sorte que le compositeur d'un nouvel arrangement musical d'une chanson n'est pas tenu d'obtenir l'autorisation de l'auteur de l'œuvre préexistante, dès lors qu'il n'élabore qu'un simple projet, dont la réalisation pouvait n'être pas poursuivie, l'enregistrement n'ayant été entendu que par quelques professionnels dans le but de solliciter des avis techniques. • Civ. 1re, 17 nov. 1981 : *Bull. civ. I, n° 339 ; D. 1983. IR 92, obs. Colombet.* ♦ Et, à propos de la maquette d'un magazine vidéo montrée à quelques professionnels, V. • TGI Paris, 7 déc. 1990 : *Légipresse 1992. II, p. 14.* ♦ Concernant le scénario d'une œuvre audiovisuelle, V. • Paris,12 mai 2004 : *CCE 2005, n° 1, obs. Caron ; JCP E 2004. 1478, note Singh ; Légipresse 2004, III, p. 201, note Varet ; Propr. intell. 2004, n° 13, p. 913, obs. Lucas ; RIDA oct. 2004, p. 235, note Kéréver.*

3. L'éditeur chargé de publier une œuvre composite est fondé à différer toute publication jusqu'à la justification de l'existence d'une autorisation émanant de l'auteur de l'œuvre première afin d'éviter d'engager sa responsabilité. • TGI Paris, 8 mai 1969 : *D. 1970. Somm. 7.*

2° *PORTÉE*

4. L'auteur de l'œuvre première, déterminant contractuellement le cadre de l'autorisation qu'il donne quant à son étendue, au lieu, à la durée et à la destination, est fondé à n'autoriser l'adaptation que pour un « medium » défini, sans pour autant pouvoir utiliser le principe d'interprétation restrictive des cessions dans le but de concurrencer déloyalement le cessionnaire. • Civ. 1re, 27 mai 1986 : *D. 1987. 210, note Gautier.*

5. Le titulaire des droits sur une œuvre composite ne peut exploiter celle-ci au-delà du terme qui avait été consenti par l'auteur de l'œuvre première lors de la cession des droits d'adaptation. • TGI Avignon, 8 nov. 1988 : *RIDA juill. 1989, p. 278, note Gautier.* – Confirmé par • Nîmes, 14 août 1991 : *Légipresse 1992, II, p. 135.* – Pourvoi rejeté par • Civ. 1re, 9 févr. 1994 : *Bull. civ. I, n° 57 ; D. 1994. 405, note Edelman (2e esp.) ; RIDA juill. 1994, p. 335, note Gautier.* ♦ Il ne peut donc pas utilement mettre en avant les règles du code civil ayant trait à l'accession mobilière pour échapper aux pouvoirs de l'auteur de l'œuvre première. • Paris, 13 janv. 1993 : *D. 1993. IR 90.* ♦ L'autorisation de reproduire un cliché ne permet pas l'exploitation contrefaisante de l'œuvre composite dans laquelle il se trouve déjà incorporé. • Civ. 1re, 3 déc. 2002 : *Bull. civ. I, n° 295 ; JCP E 2003. 172 ; Légipresse 2003, n° 199, I, p. 25 ; RDPI, mars 2003, n° 145, p. 14 ; RIDA oct. 2003, p. 265, note Kéréver.* ♦ Sur la portée de l'autorisation, V. • Civ. 1re, 16 mai 2012 : *RTD com. 2012. 763, obs. Pollaud-Dulian.*

6. Le titulaire du droit d'adaptation ne peut concéder plus de droits à un de ses cocontractants que ceux acquis de l'auteur de l'œuvre première. • Paris, 12 nov. 1986 : *RIDA janv. 1987, p. 247.*

7. En cas de réalisation d'une œuvre dérivée d'une œuvre composite, dans la mesure où les droits de l'auteur de l'œuvre première doivent être respectés, il convient de recueillir l'autorisation du dramaturge (ou de ses ayants droit), qui avait autorisé la composition d'un opéra tiré de son œuvre, pour l'utilisation des fragments de l'œuvre lyrique dans un film. • Civ. 1re, 22 juin 1959 : *D. 1960. 129, note Desbois.* – Rappr. • Civ. 1re, 3 juill. 1990 : *Bull. civ. I, n° 189 ; RTD com. 1991. 48, obs. Françon ; RIDA avr. 1991, p. 116.*

8. Seul l'auteur de l'œuvre préexistante (mobile photographié) a qualité pour se prévaloir de ce que son accord n'a pas été sollicité pour la réalisation de l'œuvre composite (photographie du mobile) en sorte que la personne poursuivie pour contrefaçon de l'œuvre deuxième (galerie ayant commercialisé la photo) ne peut mettre en avant ce moyen de défense. • Paris, 5 mai 2000 : *RIDA avr. 2001, p. 352.*

B. RÉMUNÉRATION

9. L'auteur d'une œuvre première a droit à une rémunération proportionnelle sur les recettes de l'exploitation de l'œuvre composite. • Paris, 10 mars 1970 : *D. 1971. 114, note P. L. ; RIDA juill. 1970, p. 139.* ♦ ... Cette rémunération prenant fin lorsque l'œuvre première n'est plus protégée. • Même arrêt. ♦ Sur la question du droit moral, V. art. L. 121-1.

III. ARTICULATION DES PRÉROGATIVES

10. L'auteur de l'œuvre préexistante et l'auteur de l'œuvre composite ont sur cette dernière des droits concurrents. • Civ. 1re, 22 juin 1959 : *D. 1960. 129, note Desbois.* ♦ Pour l'articulation du statut d'œuvre de collaboration et d'œuvre composite, V. note 19 ss. art. L. 113-2.

11. L'incorporation d'une œuvre de l'esprit dans une œuvre composite ne prive pas l'auteur de l'œuvre préexistante de son droit d'en poursuivre ou d'en reprendre librement l'exploitation. • Civ. 1re, 10 mars 1993 : *D. 1994. 90, note Edelman ; RIDA juill. 1993, p. 320, note Pollaud-Dulian ; JCP 1993. IV. 1233.* – Et, sur renvoi • Paris, 25 janv. 1995 : *D. 1995. IR 55.*

12. L'œuvre audiovisuelle tirée d'une œuvre préexistante est une œuvre seconde qui se trouve sous la dépendance de l'œuvre première en sorte que le créateur de l'œuvre première (auteur du roman d'où est tirée l'œuvre audiovisuelle) est titulaire d'un droit opposable à tous qui lui permet d'empêcher l'exploitation de l'œuvre dérivée au-delà du terme qui avait été consenti, sans qu'il soit possible de lui opposer les art. L. 113-3 (exercice des droits sur une œuvre de collaboration d'un commun accord) et L. 113-7. • Civ. 1re, 9 févr. 1994 : *préc. note 5.* ♦ Rappr., décidant que l'auteur du roman qui a cédé ses droits d'adaptation cinématographique n'est pas tenu de mettre en cause le réalisateur du film avant d'exercer ses droits. • TGI Paris, 6 janv. 1988 : *Cah. dr. auteur, oct. 1988, p. 23.*

13. Originalité de l'œuvre composite. Sur les éléments d'appréciation de l'originalité d'une œuvre composite qui réside soit dans l'agencement des éléments composant l'œuvre, soit dans l'apport s'il est original, V. • Civ. 1re, 15 févr. 2005 : *Bull. civ. I, n° 85 ; CCE 2005, n° 63, obs. Caron ; JCP 2005. 1139, n° 4, obs. Greffe.*

14. Liberté de création. Balance des intérêts, art. 10 Conv. EDH. En retenant que les droits sur des œuvres arguées de contrefaçon (tableaux reproduisant des photographies sans autorisation) ne sauraient, faute d'intérêt supérieur, l'emporter sur ceux des œuvres dont celles-ci sont dérivées, sauf à méconnaître le droit à la protection des droits d'autrui en matière de création artistique, sans « expliquer de façon concrète en quoi la recherche d'un juste équilibre entre ces droits commandait la condamnation » qu'ils ont prononcé, les juges ont privé leur décision de base légale au regard de l'art. 10, § 2, Conv. EDH. • Civ. 1re, 15 mai 2015, n° 13-27.391 P : *Dalloz actualité, 2 juin 2015, note Daleau ; D. 2015. 1672, note Bensamoun et Sirinelli ; RTD com. 2015. 515, note Pallaud-Dulian ; JAC 2015, n° 26, p. 6, note Treppoz ; LEPI juill. 2015, p. 1, obs. Lucas ; CCE 2015. Étude 17, note Vivant ; ibid., n° 55, note Caron ; ibid. 2017. Étude 7, note Zollinger ; Légipresse 2015. III. 474, note Varet ; Propr. intell. 2015, n° 56, p. 281, note Lucas ; ibid., p. 285, note Bruguière.* ♦ V. pour un juste équilibre entre la liberté de création du metteur en scène et la protection du droit moral du compositeur et de l'auteur du livret, • Civ. 1re, 22 juin 2017, *Dialogue des carmélites,* n° 15-28.467 P : *Dalloz IP/IT 2017. 536, note Daleau ; Légipresse 2017. 438, note Treppoz ; LEPI oct. 2017, p. 3, obs. Lucas.*

Art. L. 113-5 **L'œuvre collective est, sauf preuve contraire, la propriété de la personne physique ou morale sous le nom de laquelle elle est divulguée.**

Cette personne est investie des droits de l'auteur. – *[L. n° 57-298 du 11 mars 1957, art. 13.]*

BIBL. ▶ Derieux, *JCP 2001. I. 582* (le droit d'auteur des journalistes à l'épreuve d'internet). – Edelman, *D. 1998. Chron. 141* (œuvre collective : une définition introuvable). – Françon, *Essays in honour of Herman Cohen Jehoram, Kluwer 1998* (la notion de possession et la propriété intellectuelle en droit français). – Gaudrat, *RIDA oct. 2001, p. 71* (les démêlés intemporels d'un couple à succès : le créateur et l'investisseur). – Goutal, *RIDA janv. 1998, p. 65* (présomption de titularité des droits d'exploitation au profit des personnes morales). – Kessler-Michel, *thèse Paris-Sud, avr. 2001* (les présomptions et le droit d'auteur). – Picarda et de Haas, *CCE 2014. Étude 4* (échecs aux auteurs salariés). – Pollaud-Dulian, *RTD civ. 1999. 585* (de la prescription en droit d'auteur). – Sirinelli, *D. Affaires, supplément au n° 162 du 27 mai 1999* (le droit des journalistes, l'œuvre collective et les nouveaux médias). – Tafforeau, *CCE 2001. Étude 10* (de la possession d'un droit d'auteur par une personne morale).

COMMENTAIRE

Il s'agit sans doute d'un des régimes les plus complexes mis en œuvre par le code.

A priori, les solutions sont étonnantes mais simples. Étonnantes, car les droits patrimoniaux sur l'œuvre collective sont attribués à l'investisseur, le promoteur, et non aux créateurs personnes physiques (sauf pour l'exploitation séparée de leurs contributions individuelles quand elles sont individualisables, V. CPI, art. L. 121-8). Simples, car cette titularité unique devrait être envisagée comme un bloc qui offre au promoteur son retour sur investissement et lui permet d'éviter les difficiles acquisitions de droits de l'œuvre de collaboration (unanimité requise, V. art. L. 113-3).

En pratique, les choses sont plus complexes. Il arrive, d'abord, que certaines juridictions reconnaissent au promoteur un droit moral alors que celui-ci n'est pas créateur (la jurisprudence dominante est, toutefois, en sens contraire). Mais ensuite et surtout, la jurisprudence tend, au nom de la logique humaniste qui irrigue le code, à vider la titularité des droits du promoteur d'une partie de sa teneur. Les tribunaux répugnent à considérer que l'investisseur peut décider seul de l'exploitation de l'œuvre collective sous une forme dérivée, ou sur de nouveaux supports et, parfois, s'opposent même à la possibilité d'une seconde exploitation. Le régime de l'œuvre collective épuiserait ses effets lors de la première publication.

Cette situation peut contraindre les exploitants qui souhaitent une plus grande sécurité juridique à passer des contrats de cession là où la loi les investit normalement du monopole. ☐

A. TITULARITÉ DES DROITS DU MAÎTRE D'ŒUVRE SUR L'ENSEMBLE

1° DÉTERMINATION DU BÉNÉFICIAIRE

1. Pour bénéficier des droits, il n'est pas nécessaire que le maître d'œuvre ait édité, publié ou divulgué sous son propre nom l'œuvre en cause, il suffit qu'il ait demandé la création de l'œuvre collective et qu'il l'ait divulguée et exploitée. • Civ. 1re, 24 mars 1993 : *JCP 1993. II. 22085, note Greffe (1re esp.).* ♦ Comp., rappelant que la réunion et la divulgation dans un ouvrage des contributions des intervenants à un colloque scientifique ne confère à l'éditeur initiateur du colloque la propriété d'une œuvre collective, qu'autant que l'existence de celle-ci est caractérisée au sens de l'art. L. 113-2, al. 3, • Versailles, 16 oct. 1997 : *Gaz. Pal. 1998. 1. Somm. 86 ; RIDA oct. 1998, p. 428 ; BICC, 1er juin 1998, n° 473 ; RIDA avr. 1998, p. 428.* ♦ En l'absence de revendication du ou des auteurs, l'exploitation de l'œuvre fait présumer, à l'égard des tiers recherchés pour contrefaçon, que cette personne est titulaire sur l'œuvre, quelle que soit sa qualification, du droit de propriété intellectuelle de l'auteur. • Civ. 1re, 30 oct. 2007 : *RIDA avr. 2008, p. 387, note Sirinelli.* ♦ L'existence d'une revendication ne suffit pas, il faut que les juges du fond vérifient que la personne physique qui formule une telle revendication est bien l'auteur des œuvres. • Civ. 1re, 15 nov. 2010 : *Bull. civ. I, n° 183 ; Dalloz actualité, 9 déc. 2010, obs. Daleau ; D. 2010. AJ 2835 ; ibid. 2011. 2169, obs. Sirinelli ; RTD com. 2011. 103, obs. Pollaud-Dulian ; CCE 2011, n° 9, note Caron ; PIBD 2011. III. 44.* ♦ L'exploitation non équivoque d'une œuvre par une personne physique ou morale sous son nom, et en l'absence de revendication du ou des auteurs, fait présumer, à l'égard du tiers recherché pour contrefaçon, que cette personne est titulaire sur l'œuvre du droit de propriété incorporelle. • Civ. 1re, 4 mai 2012 : *Bull. civ. I, n° 98 ; Dalloz actualité, 21 mai 2012, obs. Daleau ; D. 2012. Pan. 2842, obs. Sirinelli ; CCE 2012, n° 73, note Caron ; Propr. ind. 2012, n° 74, note Greffe ; Propr. intell. 2012, n° 44, p. 326, obs. Bruguière.* ♦ Dans le même sens • Com. 10 juill. 2014, n° 13-16.465 : *Propr. ind. 2015, Chron. 5, obs. Greffe.*

2. *Personne morale.* La personne morale qui exploite sous son nom une œuvre à l'élaboration de laquelle ont contribué plusieurs participants est, jusqu'à preuve du contraire, présumée propriétaire d'une œuvre collective. • Civ. 1re, 24 mars 1993 : *préc. note 1 (1re esp.).* ♦ Comp. admettant que la personne morale qui exploite sous son nom une œuvre à l'élaboration de laquelle ont contribué plusieurs participants est, jusqu'à preuve du contraire, présumée titulaire du droit de propriété incorporelle sur l'œuvre, et ce quelle que soit la qualification de cette dernière. • Civ. 1re, 24 mars 1993 : *préc. note 1 (2e esp.)* • 9 janv. 1996 : *D. 1996. Somm. 285, obs. Burst ; RTD com. 1997. 95, note Françon ; RIDA juill. 1996. 342 ; Ann. propr. ind. 1996. 108 ; RJDA 1996, n° 851* • 3 avr. 2001 : *JCP E 2002. 1043, n° 4, obs. Greffe ; Propr. ind. 2002, n° 35, note Greffe ; RDPI mai 2002, n° 135, p. 16* • Civ. 1re, 28 oct. 2003 : *Bull. civ. I, n° 217 ; JCP E 2004. 10* • 16 nov. 2004 : *Bull. civ. I, n° 275 ; RTD com. 2005. 81, obs. Pollaud-Dulian ; Légipresse 2005, II, p. 172, note Granchet ; RIDA avr. 2005, p. 167, note Kéréver.* ♦ Il résulte de l'art. L. 113-5 qu'en l'absence de revendication de l'auteur, l'exploitation de l'œuvre par une personne morale sous son nom fait présumer, à l'égard des tiers recherchés pour contrefaçon, que cette personne est titulaire sur l'œuvre, qu'elle soit ou non collective, du droit de propriété incorporelle de l'auteur. • Crim. 24 févr. 2004 : *Bull. crim. n° 49 ; D. 2004. AJ 1086 ; JCP E 2004. 880, note Singh ; PIBD 2004. III. 425 ; Propr. intell. 2004, n° 13, p. 933, obs. De Candé ; RIDA juill. 2004, p. 197, note Kéréver* • Com. 20 juin 2006 : *Bull. civ. IV, n° 147 ; D. 2006. AJ 1894, obs. Daleau ; CCE 2006, n° 142, note Caron ; ibid. 2007. Chron. 8, obs. Kahn ; Propr. ind. 2006, n° 80, note Greffe ; Propr. intell. 2006, n° 21, p. 458, obs. De Candé ; ibid. 2007, n° 22, p. 31, obs. Bruguière.* ♦ V. dans la même affaire, • Com. 19 janv. 2010 : *Propr. ind. 2010, n° 32, note Caron.* ♦ La présomption peut jouer même lorsque l'œuvre en cause n'émane que d'un seul créateur. • Civ. 1re, 22 févr. 2000 : *D. 2001. Somm. 2635, obs. Sirinelli ; CCE 2001, n° 42, note Caron.* ♦ ... Cette présomption valant à l'égard des tiers contrefacteurs, cassation de l'arrêt qui, dans une instance en contrefaçon d'un logiciel, déboute une société pour défaut de preuve de sa qualité d'auteur du logiciel alors qu'il résultait de ses constatations que cette société exploitait ledit logiciel. • Civ. 1re, 3 juill. 1996 : *Bull. civ. I, n° 293 ; D. Affaires 1996. 1105 ; D. 1997. 328, note Françon ; ibid. 1998. Chron. 141, note Edelman ; RTD com. 1997. 267, obs. Françon ; RJDA 1996, n° 1412 ; RIDA janv. 1997, p. 317.* – V. aussi, affirmant qu'une société n'a pas à faire la preuve de son droit d'auteur dès lors qu'il est constant qu'elle exploite commercialement les objets contrefaits. • Civ. 1re, 4 mai 1994 : *Bull. civ. I, n° 160* • 13 oct. 1998 : *RIDA janv. 1999, p. 385.* ♦ La revendication devant une juridiction étrangère de droits d'auteur n'est pas exclusive du bénéfice de la présomption de titularité des droits patrimoniaux de la personne morale. • Civ. 1re, 28 nov. 2012 : *RTD com. 2012. 764, obs. Pollaud-Dulian ; CCE 2013, n° 11, note Caron ; PIBD 2012. III. 720 ; Propr. intell. 2013, n° 46, obs. A. Lucas ; RIDA avr. 2013, p. 339, note Sirinelli.* ♦ V. aussi notes 16 s. ss. art. L. 331-1.

3. La personne morale doit être considérée comme titulaire des droits mais non comme créatrice de l'œuvre collective. V., relevant « l'impropriété de terme » d'auteur à propos de la personne morale. • Civ. 1re, 8 déc. 1993 : *RIDA juill. 1994, p. 303.*

4. *Salariat.* En cas d'œuvre collective, créée grâce au rôle d'initiative et de direction d'une salariée, les droits relatifs à la création appartiennent à l'employeur, personne morale sous le nom de laquelle elle a été divulguée ; au sujet d'un livre catalogue, édité à l'occasion d'une exposition dans une galerie d'art, réunissant des textes de dix-sept auteurs précédés d'un texte d'introduction et dont la coordination des diverses contributions et l'animation de l'édition avaient été assurées par le conseiller artistique de la galerie, V. • Civ. 1re, 18 oct. 1994 : *RIDA avr. 1995, p. 305, note Latreille.* ♦ Indifférence du fait que le nom d'une salariée apparaisse en qualité de conceptrice et de directrice d'un dictionnaire dans la mesure où la réalisation de cet ouvrage collectif entrait dans les attributions de l'intéressée dont l'apport se fond dans l'ensemble en vue duquel l'ouvrage a été conçu. • Paris, 12 janv. 2000 : *D. 2001. 2067, note Fadeuilhe ; RIDA oct. 2000, p. 280.* ♦ Confirmé par : • Civ. 1re, 3 avr. 2002 : *Bull. civ. I, n° 109 ; D. 2002. AJ 1551, obs.*

Daleau ; JCP E 2003. 278, n° 3, obs. Chérigny ; RIDA oct. 2002, p. 199, obs. Kéréver. ♦ Sur la requalification en contrats de travail de contrats conclus avec les contributeurs d'une œuvre collective, V. • Paris, 22 mars 2006 : *Propr. intell. 2006, n° 21, p. 444, obs. Lucas.* ♦ La clause par laquelle les parties signataires d'un accord collectif s'engagent à renoncer à toute réclamation concernant la période antérieure à la date de signature de l'accord ne peut engager que les seules parties à l'accord et ne saurait interdire aux salariés de faire valoir en justice les droits qu'ils ont acquis par application de la loi. • Soc. 12 sept. 2007 : *CCE 2008, n° 1, note Caron.* ♦ La cession de l'œuvre créée par un salarié à son employeur ne résulte pas automatiquement de son contrat de travail. • Paris, 11 juin 2009 : *Propr. intell. 2010, n° 35, p. 708, obs. A. Lucas.* ♦ Pour un exemple d'irrecevabilité d'un salarié à agir à l'encontre de son ancien employeur concernant des modèles de bijoux, V. • Paris, 14 sept. 2012 : *D. 2013. Pan. 1930, obs. Lapousterle ; RTD com. 2012. 764, obs. Pollaud-Dulian ; Propr. ind. 2012. 83, note Greffe ; Propr. intell. 2012, n° 45, p. 397, obs. A. Lucas.* ♦ Est dépourvu d'agir contre son employeur le salarié contributeur à une œuvre collective. • Civ. 1re, 19 déc. 2013 : *CCE 2014, n° 14, note Caron ; Propr. ind. 2014, n° 23, note Greffe.*

2° CONSÉQUENCES

5. *Droits patrimoniaux.* La jurisprudence a été hésitante sur la portée de l'attribution légale au profit de l'investisseur. D'abord jugé que les auteurs des contributions ne peuvent donc participer aux résultats d'une autre édition que celle pour laquelle ils ont été rémunérés de façon forfaitaire. • Civ. 1re, 24 mai 1976 : *D. 1978. 223 (1re esp.), note Plaisant.* ♦ Puis décidé que le titulaire des droits sur l'œuvre collective doit justifier du consentement personnel des auteurs des contributions pour chaque moyen d'exploitation dans le cas où l'exploitation de l'œuvre collective implique celle de l'apport individuel. • Paris, 6 mars 1981 : *D. 1982. IR 46, obs. Colombet ; RTD com. 1982. 429, obs. Françon.* ♦ Il est désormais clairement reconnu le principe du droit des journalistes sur leur contribution. • TGI Paris, 14 avr. 1999 : *D. 1999. IR 131 ; JCP E 1999. 1481, obs. Grégoire ; Expertises 1999, p. 195 ; Gaz. Pal. 23 juill. 1999, p. 38, note Rojinsky.* – Conf. par • Paris, 10 mai 2000 : *JCP E 2000. 923 ; CCE 2000, n° 73, note Caron (1re esp.) ; JCP E 2001. 328, note Brochard ; RIDA janv. 2001, p. 314.* ♦ Le journaliste a donc droit à une rémunération indépendante de son salaire pour la reproduction de ses articles postérieure à la première publication. • Civ. 1re, 23 janv. 2001 : *Bull. civ. I, n° 12 ; CCE 2001. Étude 44, note Caron (1re esp.) ; JCP 2001. IV. 1486 ; JCP E 2001. 1050, obs. Caron (1re esp.)* • Civ. 1re, 27 avr. 2004 : *Bull. civ. I, n° 118 ; D. 2004. AJ 1671 ; RIDA oct. 2004, p. 235, note Kéréver.* ♦ Jugé qu'il ressort de la combinaison des art. L. 121-8 CPI et L. 761-9 C. trav. que le contrat de travail entre un journaliste et un organe de presse emporte cession des droits d'auteur pour une première publication, celle-ci pouvant être faite dans des revues présentées comme des hors-séries. • Paris, 8 sept. 2000 : *Juris-Data n° 2000-121728.* ♦ Sur ce que l'art. L. 761-9 C. trav. n'est pas applicable dans les relations entre un journaliste et une agence de photographies, V. • TGI Nanterre, 13 déc. 2000 : *CCE 2001, n° 13, note Caron.* ♦ V. aussi note 30, ss. art. L. 111-1.

6. *Droits moraux.* Bien que n'étant pas auteur à proprement parler, la personne morale investie des droits sur l'œuvre collective est titulaire de prérogatives de droit moral. • Civ. 1re, 8 déc. 1993 : *RIDA juill. 1994, p. 303.* ♦ Comp., estimant que le dispositif légal ne concerne que la propriété des droits pécuniaires sur l'œuvre collective. • Paris, 14 mars 1994 : *D. 1994. IR 11.* ♦ Le titulaire des droits sur l'œuvre peut librement la modifier et en éditer une nouvelle version. • TGI Paris, 7 nov. 2007 : *RLDI 2008/34, n° 1129, obs. Cazeau.*

B. DROITS SUR LES DIFFÉRENTES CONTRIBUTIONS

1° DROITS PATRIMONIAUX

7. Pour une application, V. • Paris, 27 mai 1992 : *RIDA oct. 1992, p. 157 ; D. 1993. Somm. 92, obs. Colombet.* ♦ Sur le droit de reproduction d'une agence de publicité ayant participé à l'élaboration d'une publicité qualifiée d'œuvre collective, V. • Versailles, 15 mai 1997 : *D. Affaires 1997. 1225.* ♦ Pour une extension de la solution au-delà du champ des œuvres créées par des journalistes, V. • Paris, 6 mars 1981 : *D. 1982. IR 46, obs. Colombet ; RTD com. 1982. 429, obs. Françon.* ♦ V. aussi notes 1 s. ss. art. L. 121-8.

8. *Consentement de l'auteur.* En conséquence, l'exploitation de la contribution individuelle est subordonnée au consentement de son auteur ; à propos d'exploitation séparée de photographies d'un journaliste, V. • Civ. 1re, 20 déc. 1982 : *JCP 1983. II. 20102, note Françon.* ♦ L'autorisation de reproduire un cliché ne permet pas l'exploitation contrefaisante de l'œuvre composite dans laquelle il se trouve déjà incorporé. • Civ. 1re, 3 déc. 2002 : *Bull. civ. I, n° 295 ; JCP E 2003. 172 ; Légipresse 2003, n° 199, I, p. 25 ; RDPI, mars 2003, n° 145, p. 14 ; RIDA oct. 2003, p. 265, note Kéréver.* ♦ A propos de plusieurs centaines d'articles d'un journaliste repris sur la version en ligne du journal, V. • TGI Paris, 14 nov. 2007 : *RLDI 2008/36, n° 1193, obs. Maffre-Baugé.*

9. Ces droits propres ont pour seule assiette les contributions individuelles elles-mêmes et ne peuvent faire concurrence aux droits sur l'œuvre collective prise dans son ensemble. • Paris, 18 avr.

1991 : *RIDA juill. 1992, p. 166.* ♦ Le droit du concepteur de faire état de sa contribution à une œuvre collective d'architecture n'emporte pas celui de la reproduire. • Rouen, 13 oct. 1997 : *D. Affaires 1998. 678, obs. B. P.*

2° DROITS MORAUX

10. Principe. La personne physique ou morale à l'initiative d'une œuvre collective est investie des droits de l'auteur sur cette œuvre et, notamment, des prérogatives du droit moral. • Civ. 1re, 22 mars 2012 : *Bull. civ. I, n° 70 ; Dalloz actualité, 4 avr. 2012, obs. Daleau ; D. 2012. 1246, note Latil ; ibid. Pan. 2843, obs. Sirinelli ; ibid. Pan. 1930, obs. Lapousterle ; Rev. sociétés 2012. 496, obs. Binctin ; RTD civ. 2012. 338, obs. Revet ; RTD com. 2012. 231, obs. Pouillaud-Dulian ; CCE 2012, n° 61, note Caron ; Légipresse 2012, n° 292, p. 377, note Varet ; PIBD 2012. III. 364 ; Propr. intell. 2012, n° 44, p. 329, obs. Bruguière.* ♦ Chaque contributeur est investi des prérogatives de droit moral sur son apport individuel. • Civ. 1re, 15 avr. 1986 : *Bull. civ. I, n° 89.* ♦ ... Et peut agir isolément pour la défense de celles-ci. • Paris, 14 mars 1994 : *D. 1994. IR 116.* ♦ Il peut « faire publiquement état de son rôle de créateur, la personne sous le nom de laquelle l'œuvre collective est divulguée étant seulement investie des droits de l'auteur en sa qualité de propriétaire ». • Civ. 1re, 15 avr. 1986 : *préc.* ♦ Ainsi, l'auteur de photographies individualisables insérées dans un catalogue a droit à la mention de son nom. • Versailles, 20 mai 1988 : *D. 1989. Somm. 44, obs. Colombet.*

11. Limites. Si l'auteur a le droit de protester contre des coupures ou modifications que son cocontractant fait subir à sa contribution, le droit au respect de l'intégrité est naturellement limité : par le souci d'atteindre une « nécessaire harmonisation de l'œuvre dans sa totalité ». • Civ. 1re, 8 oct. 1980 : *D. 1981. IR 85, obs. Colombet ; RTD com. 1981. 87, obs. Françon ; RIDA avr. 1981, p. 156.* ♦ ... Et par les contraintes liées à la fusion de la contribution de l'un avec celle des autres. • Civ. 1re, 16 déc. 1986 : *D. 1988. 173, note Edelman ; RIDA juill. 1987, p. 183.*

Art. L. 113-6 **Les auteurs des œuvres pseudonymes et anonymes jouissent sur celles-ci des droits reconnus par l'article L. 111-1.**

Ils sont représentés dans l'exercice de ces droits par l'éditeur ou le publicateur originaire, tant qu'ils n'ont pas fait connaître leur identité civile et justifié de leur qualité.

La déclaration prévue à l'alinéa précédent peut être faite par testament ; toutefois, sont maintenus les droits qui auraient pu être acquis par des tiers antérieurement.

Les dispositions des deuxième et troisième alinéas ne sont pas applicables lorsque le pseudonyme adopté par l'auteur ne laisse aucun doute sur son identité civile. – *[L. n° 57-298 du 11 mars 1957, art. 11.]*

BIBL. ▶ Bonet, *thèse Paris, 1966* (l'anonymat et le pseudonyme en matière de propriété littéraire et artistique).

COMMENTAIRE

Selon le texte, le recours à l'anonymat ou au pseudonyme est sans influence sur la protection de l'œuvre. Toutefois, si le créateur bénéficie bien des droits d'auteur, il sera pour leur exercice représenté par un mandataire tandis que le calcul de la durée de la protection de ces derniers sera opéré différemment (V. CPI, art. L. 123-3). ❑

A. ŒUVRES ANONYMES

1. Une œuvre divulguée comme révélée par la puissance supérieure doit être regardée comme anonyme, les droits étant exercés par l'éditeur. • TGI Paris, 13 nov. 1975 : *D. 1976. Somm. 59.*

1° VALIDITÉ DES CLAUSES

2. Sur la validité des clauses relatives à l'anonymat dès lors qu'il n'y a pas renonciation définitive aux prérogatives de droit moral, V., retenant la responsabilité du seul auteur apparent si le public peut croire que ce dernier est l'auteur unique de l'œuvre. • Paris, 18 déc. 1990 : *D. 1993. 442, note Edelman.* – Pourvoi rejeté par • Civ. 1re, 5 mai 1993 : *RIDA oct. 1993, p. 205.* ♦ Sur le sort des clauses relatives à la paternité, V. art. L. 121-1.

3. Sur la possibilité pour l'auteur de révoquer à tout moment sa décision d'anonymat, V. • Paris, 18 déc. 1990 : *préc. note 2.*

2° ABSENCE DE DOUTE SUR L'IDENTITÉ VÉRITABLE DE L'AUTEUR

4. Si, en faisant divulguer son roman sous ses seules initiales, G. Apollinaire a entendu donner à l'œuvre l'apparence d'un écrit anonyme, la transparence et le caractère formel de la précaution de convenance qu'il a adoptée, ajoutés aux révélations qu'il a aussitôt consenties dans les milieux littéraires, n'ont laissé aucun doute sur l'identité réelle de l'auteur dont la notoriété s'est depuis lors renforcée sans être jamais contestée. Les « Onze mille verges » de G. Apollinaire échappent ainsi au régime spécifique des œuvres anonymes de l'art. 11 de la loi du 11 mars 1957 (art.

L. 113-6) pour bénéficier de la protection générale accordée aux créations de l'esprit. • TGI Paris, 9 juill. 1980 : *RIDA oct. 1980, p. 147.*

B. ŒUVRES PSEUDONYMES

1° CHOIX DU PSEUDONYME

5. Il ne peut être reproché au fils d'un auteur décédé d'avoir publié un ouvrage sous un pseudonyme (Jean-Charles de Fontbrune) proche de celui utilisé par son père (Docteur de Fontbrune) dès lors qu'il est établi que le pseudonyme en cause fait partie intégrante du patrimoine familial (depuis le XVIIIe siècle), que l'utilisation critiquée n'a donné lieu par le passé à aucune protestation des héritiers de l'auteur et que le deuxième ouvrage ne porte pas atteinte au premier dont il se distingue nettement. • TGI Aix-en-Provence, 21 févr. 1985 : *RIDA oct. 1985, p. 157.* ♦ Sur la coexistence de deux pseudonymes similaires en l'absence de risque de confusion, V. • Paris, 13 févr. 2013 : *CCE 2013. 63, note Caron.*

2° LEVÉE DU PSEUDONYME

6. L'éditeur qui révèle la véritable identité de l'auteur qui écrit sous pseudonyme viole le droit moral de celui-ci et engage sa responsabilité. • Paris, 5 juill. 1979 : *D. 1980. 580, concl. Lévy ; Gaz. Pal. 1980. 1. 21 ; D. 1981. IR 87, obs. Colombet ; RTD com. 1980. 345, obs. Françon.*

7. L'auteur peut lever le masque longtemps après (trente-sept ans) la publication de l'ouvrage en apportant la preuve de sa paternité ; énonçant qu'attendu qu'en droit, la preuve de la qualité d'auteur peut se faire par tous moyens ; qu'en l'espèce, il y a lieu, pour dire qui de Robert Courau ou de Robert Denoël est l'auteur de l'œuvre, de peser les éléments de preuve respectivement présentés par les deux parties, en ce qui concerne d'abord la personnalité des deux auteurs possibles, puis leur attitude respective vis-à-vis de l'œuvre, ensuite l'œuvre elle-même dans sa substance matérielle et intellectuelle, et enfin la détention de documents ne pouvant se trouver actuellement qu'entre les mains de l'auteur ; qu'ainsi donc, autant est invraisemblable et en tout cas dénuée de toute preuve la prétention, au surplus tardive, de la veuve de Robert Denoël selon qui son mari aurait mis en avant un figurant « Robert Courau » pour signer avec le directeur de la propre maison d'édition de Denoël l'œuvre inavouable et continuer ensuite de jouer auprès de celui-ci le rôle d'auteur, autant est maintenant plausible et même établie par tout un ensemble d'éléments sérieux, précis et concordants, la revendication d'une œuvre présentée par un homme qui, à des titres universitaires et professionnels brillants, ajoutait celui d'écrivain et qui à la fin de sa vie ne courait plus aucun risque à réclamer la paternité d'une fredaine intellectuelle, V. • TGI Paris, 14 mars 1975 : *RIDA juill. 1975, p. 191.*

3° DÉFENSE DU PSEUDONYME

8. Le pseudonyme, s'il ne se transmet pas aux descendants d'un artiste, sauf accord de ce dernier, est en revanche susceptible d'être défendu contre les usurpations, mais aussi les emplois fautifs qu'en feraient des tiers, par ses héritiers et ses ayants cause, sans que ces derniers aient à justifier d'une autorisation particulière, non plus que de l'emploi, par eux-mêmes, du pseudonyme litigieux. • TGI Paris, 5 juill. 1995 : *D. 1996. 174, note Ravanas.*

Art. L. 113-7 Ont la qualité d'auteur d'une œuvre audiovisuelle la ou les personnes physiques qui réalisent la création intellectuelle de cette œuvre.

Sont présumés, sauf preuve contraire, coauteurs d'une œuvre audiovisuelle réalisée en collaboration :

1° L'auteur du scénario ;

2° L'auteur de l'adaptation ;

3° L'auteur du texte parlé ;

4° L'auteur des compositions musicales avec ou sans paroles spécialement réalisées pour l'œuvre ;

5° Le réalisateur.

Lorsque l'œuvre audiovisuelle est tirée d'une œuvre ou d'un scénario préexistants encore protégés, les auteurs de l'œuvre originaire sont assimilés aux auteurs de l'œuvre nouvelle. — *[L. n° 57-298 du 11 mars 1957, art. 14.]*

BIBL. ▶ BERNAULT, *D. 2001. Chron. 2188* (exégèse de l'article L. 112-2, 6°, du code de la propriété intellectuelle : la notion d'œuvre audiovisuelle en droit d'auteur). – DUPUY-BUSSON, *JCP 2004. I. 100* (qui est l'auteur d'une œuvre cinématographique ?). – GAVALDA, Droit de l'audiovisuel, *Lamy 1995.* – HUGON, Le régime juridique de l'œuvre audiovisuelle, *Litec 1993.* – KÉRÉVER, *Dr. auteur 1987. 251* (les œuvres audiovisuelles dans la loi française du 3 juill. 1985). – LYON-CAEN et LAVIGNE, Traité théorique et pratique du droit du cinéma, *LGDJ 1957.* – MONTELS, *J.-Cl. PLA, fasc. 1190* (titulaires du droit d'auteur. Œuvre audiovisuelle et œuvre radiophonique) ; *CCE 2012. Chron. 6* (un an de droit de l'audiovisuel). – NOGUIER et BRUGUIÈRE, *Légipresse 1992. II. 57* (les définitions de l'œuvre audiovisuelle). – ULMER, *Mélanges Plaisant, Sirey 1960, p. 191* (l'œuvre cinématographique et ses auteurs). – POLLAUD-DULIAN, *RIDA juill. 1996, p. 51* (les auteurs d'œuvres audiovisuelles). – Prades, *CCE 2004, n° 41* (suite de film : œuvre dérivée ou autonome ? Réflexions sur la nature juridique des droits dits de « sequel »). – Sirinelli, *Lamy Droit des médias et de la communication, étude 130.*

COMMENTAIRE

Ce texte pose des présomptions, simples, relatives à la qualité d'auteur en matière d'œuvres audiovisuelles. Six catégories de personnes en bénéficient en raison de leurs fonctions. La solution repose sur la vraisemblance. Si une vérité contraire peut être établie, ces personnes perdront cette qualité. Cette possibilité de preuve contraire n'est cependant pas admissible à propos de l'auteur de l'œuvre préexistante d'où est tirée l'œuvre audiovisuelle car cette personne est regardée comme auteur en raison d'une fiction juridique. A l'inverse des solutions américaines dans l'hypothèse d'une *« work made for hire »*, le producteur n'est pas investi de la qualité d'auteur. Certaines compensations lui ont cependant été accordées (V. CPI, art. L. 121-5, L. 121-6 et L. 132-23 s.).

La liste de l'article L. 113-7 n'est pas exclusive et il peut advenir qu'une personne ne remplissant pas l'une des fonctions énumérées puisse bénéficier de la qualité d'auteur. Il faut cependant qu'elle démontre en justice qu'elle a créé une forme originale contribuant au tout. La vérité oblige à dire que bien que le système soit officiellement ouvert, les cas d'admission en justice sont d'une très grande rareté.

Certains créateurs peuvent cependant se voir attribuer la qualté d'auteur sur leur apport personnel (costume, par exemple) sans être pour autant coauteurs de l'ensemble de l'œuvre audiovisuelle.

La jurisprudence estime que l'œuvre audiovisuelle créée par plusieurs personnes est nécessairement une œuvre de collaboration et non une œuvre collective.

Mais le créateur de l'œuvre préexistante ne peut se voir opposer par les autres coauteurs de l'œuvre audiovisuelle dérivée son propre statut de coauteur pour être soumis au régime de l'indivision sur l'œuvre première. Il ne peut ainsi se voir imposer le renouvellement de son contrat originaire par lequel il autorisait, pour un temps, l'exploitation de l'œuvre première au travers de l'œuvre deuxième (V. note 33). ❑

Plan des annotations

I. PRINCIPES nos 1 à 7
A. NOTION D'AUTEUR nos 1 à 4
1° APPLICATIONS nos 1 à 3
2° ÉLÉMENTS INDIFFÉRENTS n° 4
B. NATURE DE L'ŒUVRE nos 5 à 7
II. AUTEURS PRÉSUMÉS nos 8 à 33
A. L'AUTEUR DU SCÉNARIO nos 10 à 13
B. L'AUTEUR DE L'ADAPTATION nos 14 à 16
C. L'AUTEUR DU TEXTE PARLÉ nos 17 à 19
D. L'AUTEUR DE COMPOSITIONS MUSICALES nos 20 et 21
E. LE RÉALISATEUR nos 22 à 27
F. L'AUTEUR DE L'ŒUVRE D'OÙ EST TIRÉE L'ŒUVRE AUDIOVISUELLE nos 28 à 33
III. PERSONNES DEVANT PROUVER LEUR QUALITÉ D'AUTEUR nos 34 à 46
A. LE DIRECTEUR DE LA PHOTOGRAPHIE nos 35 et 36
B. LE PHOTOGRAPHE DE PLATEAU n° 37
C. LE CADREUR OU CAMERAMAN n° 38
D. L'ARCHITECTE DÉCORATEUR n° 39
E. L'ANIMATEUR DANS UN DESSIN ANIMÉ n° 40
F. LE RESTAURATEUR DE FILMS n° 41
G. LES COMÉDIENS nos 42 et 43
H. LE PRODUCTEUR n° 44
I. L'AUTEUR DE DOCUMENTS PUBLICITAIRES n° 45
J. LE CUISINIER PRÉSENTANT ET EXÉCUTANT UNE RECETTE DE CUISINE DANS LE CADRE D'UNE ÉMISSION n° 46

I. PRINCIPES

A. NOTION D'AUTEUR

1° APPLICATIONS

1. La seule utilisation par l'auteur d'éléments puisés dans l'expérience vécue par un tiers ne suffit pas à donner à cette personne la qualité de coauteur de l'œuvre, caractérisée par un apport spécifique de création intellectuelle qui ne se conçoit pas sans une forme déterminée, telle que l'écriture pour le scénario, ou une intervention directe dans le tournage du film, avec un pouvoir personnel de décision. • Paris, 16 janv. 1992 : *RIDA avr. 1992, p. 204 ; LPA 10 juill. 1992, obs. Gavalda.* ♦ La qualité de coauteur ne peut être reconnue à une personne qui a inspiré, par ses souvenirs, le scénario d'une œuvre audiovisuelle qu'elle a annoté d'observations minimes. • TGI Paris, 15 janv. 2003 : *CCE 2003, n° 22, note Caron ; Propr. intell. 2003, n° 7, p. 162, obs. Sirinelli.* ♦ Sur les principes généraux, V. art. L. 111-1.

2. Réalisation matérielle. La seule réalisation matérielle ne suffit pas à conférer la qualité d'auteur à celui qui ne fournit qu'une « banale prestation de services techniques » ; V., à propos du réalisateur d'une œuvre radiovisuelle. • Paris, 4 mars 1987 : *RIDA avr. 1987, p. 71 ; D. 1988. Somm. 204, obs. Colombet.* – Pourvoi rejeté par • Civ. 1re, 29 mars 1989 : *RIDA juill. 1989, p. 262.* ♦ L'ambiguïté de la formule portée sur le générique et les jaquettes (avec le concours de...) et le simple rôle de conseil, entremise et suggestion du demandeur ne peuvent suffire à lui faire bénéficier de la présomption de la qualité de coauteur. • Civ. 1re, 28 oct. 2003 : *Bull. civ. I, n° 218 ; RTD com. 2004. 270, obs. Pollaud-Dulian ; JCP E 2004. 11 ; Propr. intell. 2004, n° 11, p. 638, obs. Sirinelli.*

3. La qualité de coauteur ne sera reconnue qu'aux personnes dont la contribution s'est réalisée de façon originale dans l'univers des formes, ce qui exclut la personne qui a seulement effectué un travail de recensement et de compilation de documentation préparatoire à l'élaboration d'un scénario. • TGI Paris, 27 juin 1990 : *RIDA juill. 1991, p. 245, note Gaudrat.* – Dans la même affaire. • Paris, 2 juin 1992 : *RIDA janv. 1995, p. 205* • Civ. 1re, 5 oct. 1994 : *eod. loc.*

2° ÉLÉMENTS INDIFFÉRENTS

4. « La détermination de la qualité d'auteur d'une œuvre protégée relève exclusivement de la loi et non des règles posées par les sociétés d'auteurs en vue de la fixation du montant des redevances ; (en sorte) qu'après avoir, tant par motifs propres qu'adoptés, analysé avec précision le rôle joué par M. Rutman dans l'élaboration de l'œuvre litigieuse, la cour d'appel a souverainement déduit de ses constatations et appréciations de fait, qui établissent l'absence d'apport personnel et original du réalisateur, que celui-ci n'avait pas concouru à la création intellectuelle de l'œuvre. » • Civ. 1re, 29 mars 1989 : *RIDA juill. 1989, p. 262.* ♦ Rappr., énonçant que « attendu que la SACD ne saurait être considérée comme ayant qualité pour conférer ou refuser de conférer la qualité d'auteur à quiconque : que cette qualité s'induit d'éléments et de faits dont le juge conserve une entière liberté d'appréciation ». • Bourges, 1er juin 1965 : *D. 1966. 44, note Delpech.*

B. NATURE DE L'ŒUVRE

5. Œuvre de collaboration. Une œuvre audiovisuelle créée par plusieurs personnes est nécessairement une œuvre de collaboration ; V. à propos de l'émission de télévision Ramdam énonçant que, « du fait qu'il s'agit d'une œuvre audiovisuelle ne peut être une œuvre collective », puisque « l'art. L. 113-9, al. 1er, qui reprend en l'étendant aux œuvres audiovisuelles le texte de l'art. 14, al. 1er, de la loi du 11 mars 1957 pose le principe général selon lequel la ou les personnes physiques qui réalisent la création intellectuelle de ces œuvres ont la qualité d'auteur ; que par cette disposition claire le législateur (...) a entendu signifier que l'œuvre audiovisuelle ne pourrait jamais être une œuvre collective dans laquelle ceux qui contribuent à la réalisation ne sont pas des auteurs ; qu'il s'agissait en effet de rejeter une nouvelle fois la conception selon laquelle le producteur serait l'auteur unique de l'œuvre ; que cette disposition, à la différence de la présomption de l'al. 2 du même art. L. 113-7, n'est pas susceptible de preuve contraire ». • Paris, 16 mai 1994 : *JCP 1995. II. 22375, note Linant de Bellefonds ; RIDA oct. 1994, p. 474 et 303, obs. Kéréver.* – Dans le même sens • Paris, 17 janv. 1995 : *RIDA juill. 1995, p. 332* • Civ. 1re, 26 janv. 1994 : *D. 1994. IR 55 ; RIDA oct. 1994, p. 433* • TGI Strasbourg, 16 nov. 2001 : *D. 2002. AJ 405 ; CCE 2002, n° 2, note Caron ; RIDA janv. 2002, p. 463, note Kéréver ; JCP E 2002. 1334, n° 6, obs. Bougerol ; Légipresse 2002. III. 43.*

6. « L'auteur d'une œuvre de collaboration (audiovisuelle) qui prend l'initiative d'agir en justice pour la défense de ses droits patrimoniaux est tenu à peine d'irrecevabilité de sa demande de mettre en cause les autres auteurs de cette œuvre. » • TGI Créteil, 14 janv. 1992 : *RIDA juill. 1992, p. 197.*

7. Sur la distinction entre la forme et l'idée, V. notes 8 s. ss. art. L. 111-1. ♦ Pour des exemples d'œuvres audiovisuelles protégées, V. art. L. 112-2, 6°.

II. AUTEURS PRÉSUMÉS

8. Présomption simple. La liste des coauteurs de l'œuvre audiovisuelle figurant à l'art. L. 113-7 ne pose, pour les cinq premières catégories de personnes désignées, qu'une présomption simple de paternité qui peut être combattue par la preuve contraire ; pour l'échec d'une tentative de démonstration du caractère banal ou purement technique des prestations du réalisateur, V. • Paris, 29 sept. 1995 : *RIDA avr. 1996, p. 293 ; LPA 28 juill. 1997, obs. Gaudel.* ♦ *Adde*, pour un raisonnement implicite, rejetant cependant, faute de preuve suffisante, la démarche tentant de démontrer que le réalisateur figurant au générique n'avait été en réalité qu'un simple caméraman dont le seul apport personnel aurait consisté dans la sélection de certaines séquences et le montage de l'œuvre. • Paris, 9 oct. 1995 : *RIDA avr. 1996, p. 311.* ♦ Et, retenant que de simples allégations relatives au prétendu caractère purement technique de la prestation du réalisateur ne peuvent suffire pour renverser le jeu de la présomption. • Paris, 16 mai 1994 : *JCP 1995. II. 22375, note Linant de Bellefonds ; RIDA oct. 1994. 474 et 303, obs. Kéréver.*

9. L'énumération posant les présomptions n'était applicable avant le 1er janv. 1986 qu'aux seules œuvres cinématographiques, le réalisateur d'une émission télévisée devant apporter la preuve de sa qualité d'auteur. • Civ. 1re, 29 mars 1989 : *RIDA juill. 1989, p. 262.* ♦ V. aussi, notes 22 s. ♦ V. encore Dir. n° 2006/116 du 12 déc. 2006, art. 2, App., v° *Droit d'auteur.*

A. L'AUTEUR DU SCÉNARIO

10. N'est pas considérée comme une personne visée par la présomption de l'art. L. 113-7 celle qui a seulement effectué un travail de recensement et de compilation de documentation préparatoire à l'élaboration d'un scénario. • TGI Paris, 27 juin 1990 : *RIDA juill. 1991, p. 245, note Gaudrat.* – Dans la même affaire • Paris, 2 juin 1992 • Civ. 1re, 5 oct. 1994 : *RIDA janv. 1995, p. 205.* ♦ Il en va de même de celui qui a seulement fourni à un scénariste des éléments de sa vie personnelle à des fins d'utilisation dans un film, faute d'un « apport spécifique de création intellectuelle qui ne se conçoit pas sans une forme déterminée, telle que l'écriture pour le scénario ». • Paris, 16 janv. 1992 : *RIDA avr. 1992, p. 204 ; LPA 10 juill. 1992, obs. Gavalda.*

11. Par application des dispositions de l'art. L. 113-1, la qualité d'auteur du scénario d'un téléfilm appartient, sauf preuve contraire, à celui ou à ceux sous le nom duquel le scénario a été divulgué ; doit donc être cassé l'arrêt qui, bien qu'ayant constaté que le scénario avait été divulgué sous le nom de R.P. Bruckberger et d'Agostini, rejeta les demandes de ce dernier en paiement de sommes relatives à l'exploitation de l'œuvre, en sa qualité de coauteur du scénario aux motifs « qu'il appartient... à Agostini d'établir qu'il a apporté à l'élaboration du scénario une participation lui donnant effectivement la qualité de coauteur de cette œuvre à partir de laquelle Bernanos a lui-même écrit la sienne » sans préciser en quoi le concours apporté par Agostini ne pouvait pas caractériser la collaboration d'un coauteur. • Civ. 1re, 3 juill. 1990 : *RIDA avr. 1991, p. 116.* – Cassation de • Paris, 31 mai 1988 : *D. 1990. 235, note Edelman ; RIDA janv. 1989, p. 183.* – Et, sur renvoi, déboutant Agostini • Versailles, 18 mars 1992 : *RIDA juill. 1992, p. 180 ; LPA 1er déc. 1993, obs. Gavalda.*

12. S'agissant d'un scénario, il a été jugé que « l'art. L. 113-1 institue une présomption simple de la qualité d'auteur et ne s'oppose pas à ce que cette qualité soit également reconnue à une ou plusieurs personnes autres que celles sous le nom desquelles l'œuvre a été divulguée ». • Civ. 1re, 24 nov. 1993 : *RIDA avr. 1994, p. 216.* ♦ Sur la qualité de coauteur pour l'auteur du scénario originaire incorporé dans une œuvre nouvelle, V. • Civ. 1re, 12 mai 2011 : *RTD com. 2011. 543, obs. Pollaud-Dulian ; Propr. intell. 2010, n° 40, p. 290, obs. A. Lucas.* ♦ Rejet du pourvoi contre • Paris, 4 sept. 2009 : *Propr. intell. 2010, n° 34, p. 615, obs. A. Lucas.*

13. Un scénario peut être une œuvre composite, en sorte que les auteurs d'un scénario initial, remanié pour donner naissance à un scénario définitif sans collaboration des auteurs des deux textes, peuvent être considérés comme ayant concouru à la création du film réalisé à partir du scénario définitif. • Civ. 1re, 24 nov. 1993 : *préc. note 12.* ♦ Un scénario peut être protégé en soi, indépendamment de son utilisation pour élaborer une œuvre audiovisuelle. • TGI Paris, 5 avr. 1978 : *RIDA oct. 1978, p. 105.*

B. L'AUTEUR DE L'ADAPTATION

14. Restaurateur de la copie d'un film. Pour un refus de considérer le restaurateur de la copie d'un film comme un adaptateur, constatant que « Jacques Champreux ne peut valablement soutenir qu'en restaurant la copie de 1963 des "Vampires" il a réalisé une œuvre de création au sens du droit d'auteur ; que la création d'une œuvre nouvelle que ce soit une adaptation ou une œuvre composite suppose un apport original alors que la restauration implique la fidélité la plus stricte à l'image et à l'esprit de l'œuvre d'origine, sa reconstitution ; qu'aucune part n'est laissée à l'arbitraire, dès lors que précisément la restauration a pour but de faire revivre l'œuvre telle qu'elle était à l'origine ; que M. Champreux à la différence d'un adaptateur n'a pas cherché à modifier le plan, le montage, la composition de l'œuvre antécédente », V. • Paris, 5 oct. 1994 : *RIDA oct. 1995, p. 302 et 229, obs. Kéréver ; D. 1996. 53, obs. Edelman .*

15. L'adaptation télévisée d'une œuvre littéraire répond à une logique et des impératifs techniques propres qui peuvent exiger une recherche personnelle et originale de la part de l'adaptateur, l'adaptation pouvant également être différente de celle réalisée pour le cinéma. « La représentation d'une pièce de théatre à la télévision peut être aussi bien assurée par la diffusion d'une représentation théatrale filmée que sous une forme mieux adaptée à ce mode de communication et à ses contraintes grâce à des aménagements et procédés qui, lorsqu'ils sont empruntés au cinéma, sont employés d'une autre façon, de sorte que le spectacle conçu pour le public du petit écran ne présente pas les mêmes caractères que celui destiné à la projection en salle ; qu'au demeurant, certains des procédés utilisés dans le tournage des films de cinéma sont également d'un usage constant dans le cas de simples retransmissions théâtrales en direct et permettent de donner au téléspectateur, grâce par exemple à des changements de plan, des gros plans ou des mouvements de caméra, une perception de la pièce très différente de celle qu'il aurait eue à partir de la salle... ». • Paris, 31 mai 1988 : *préc. note 11.*

16. *Colorisation.* « La mise en œuvre d'un "procédé de colorisation" n'est en aucun cas assimilable à une adaptation laquelle se définit" comme une œuvre originale à la fois par l'expression et la composition" même si elle emprunte des éléments formels à l'œuvre préexistante ; (...) loin de répondre à ces critères, la colorisation ne consiste en effet qu'à modifier l'œuvre par l'adjonction d'un élément jusqu'alors étranger à la conception esthétique du créateur. » • Versailles, 19 déc. 1994 : *RIDA avr. 1995, p. 389.*

C. L'AUTEUR DU TEXTE PARLÉ

17. L'utilisation par un adaptateur de dialogues préexistants confère au créateur de ces textes, préalablement commandés pour être exploités sur les ondes et payés, la qualité de coauteur du film. • TGI Paris, 21 déc. 1972 : *RIDA avr. 1972, p. 191.*

18. En cas d'improvisation d'un acteur, ce dernier ne peut recevoir la qualité de coauteur du film au titre d'une participation au texte parlé lorsqu'il semble « n'avoir improvisé que dans le cadre préétabli d'un des rôles prévus dans le film réalisé selon les directives et les idées » du metteur en scène. • TGI Paris, 5 févr. 1981 : *RIDA juill. 1981, p. 229.* ♦ De même lorsque les dialogues du film ont été mis au point par le réalisateur avec le concours des comédiens lors du tournage « selon une technique utilisée (par le réalisateur) et revendiquée par lui comme moyen d'expression destiné à cerner au plus près la vérité des personnages, (...) leur mise en forme définitive lors du tournage est un procédé de création propre à l'auteur du film, qui demeure cependant seul responsable du choix définitif, même s'il fait intervenir les comédiens dans leur élaboration, au nom d'un choix esthétique et éthique destiné à obtenir plus de vérité dans la réalisation ». • Paris, 16 janv. 1992 : *RIDA avr. 1992, p. 204.* ♦ L'auteur des intertitres d'un film muet ne peut être assimilé à l'auteur du texte parlé. • Paris, 7 sept. 2011 : *Propr. intell. 2011, n° 42, p. 21, obs. A. Lucas.*

19. *Interview.* « La personne qui se prête à une interview filmée et consent à une utilisation de son image et de ses propos dans une œuvre cinématographique, ne peut prétendre à la qualité de coauteur faute d'avoir eu une initiative personnelle dans la conception intellectuelle de cette œuvre. » • TGI Paris, 10 juill. 1974 : *JCP 1974. II. 17831, note Lindon ; D. 1974. Somm. 134 ; RTD com. 1975. 514, obs. Desbois.* ♦ Comp., en appel, retenant que « la personne qui se prête à une interview conclut avec le réalisateur un contrat qui, sauf clause contraire, confère à ce dernier le droit d'utiliser librement et dans le style qui lui est propre les éléments sonores et visuels recueillis et d'opérer parmi eux un choix ». • Paris, 7 mai 1976 : *RTD com. 1977. 328, obs. Desbois.* ♦ Rappr. aussi • Paris, 29 sept. 1995 : *RIDA avr. 1996, p. 293 ; LPA 28 juill. 1997, obs. Gaudel.*

D. L'AUTEUR DE COMPOSITIONS MUSICALES

20. Lorsqu'une composition musicale préexistante a été incorporée à une œuvre cinématographique (...) son auteur n'a pas qualité de coauteur de ladite œuvre. • Paris, 14 mars 1962 : *Ann. propr. ind. 1962. 277.* ♦ Néanmoins ce créateur se trouve dans la situation d'une personne dont une œuvre est incorporée dans une œuvre composite en sorte qu'il lui est possible d'engager la responsabilité du producteur si le générique a été conçu de telle façon que le public puisse croire qu'une chanson représentée dans le film est l'œuvre de l'auteur de la musique du film. • Même arrêt. ♦ L'auteur d'œuvres musicales qui ont été incorporées dans l'œuvre audiovisuelle peut avoir la qualité de coauteur. • Civ. 1re, 22 mars 2012 : *Propr. intell. 2012, n° 44, p. 327, obs. A. Lucas.* ♦ Rejet du pourvoi contre. • Paris, 31 mars 2010 : *Propr. intell. 2010, n° 36, p. 848, obs. A. Lucas.*

21. Doit être reconnue la qualité de compositeur unique à l'auteur d'une œuvre musicale dès lors que celui-ci n'a pas donné mandat à un prétendu collaborateur afin de compléter ou d'arranger sa musique, ce dernier ayant pris seul l'initiative de s'immiscer dans l'œuvre et de substituer sa contribution personnelle sous forme d'arrangements. • Paris, 9 sept. 1989 : *Juris-Data n° 021039.*

E. LE RÉALISATEUR

22. *Définition.* Le réalisateur est la personne qui réalise l'œuvre audiovisuelle, donne des instructions aux différents techniciens, sélectionne les prises de vues et de son, dirige la préparation de l'œuvre, concourt à la conception de cette dernière en étroite collaboration avec le producteur, commande les opérations de montage, de mixage, « intervient au cœur même de l'œuvre, transforme en images le scénario, (...) veille au rythme des séquences ». • Paris, 14 juin 1950 : *JCP 1950. II. 5927 ; D. 1951. 9, note Desbois.* ♦ ... De ce fait, il jouit d'une place prédominante. • Paris, 20 janv. 1971 : *D. 1971. 307, concl. Lecourtier.* ♦ V. aussi art. L. 121-5.

23. Pour la jurisprudence antérieure à la loi de 1957, V. • T. civ. Seine, 27 janv. 1938 : *DH 1938. 207* • Paris, 14 juin 1950 : *D. 1951. 6, note Desbois ; JCP 1950. II. 5927.*

24. Justifie légalement sa décision la cour d'appel qui dénie souverainement la qualité d'auteur d'une œuvre audiovisuelle au réalisateur dès lors qu'elle constate que ce dernier n'est qu'un simple exécutant de la volonté du producteur. • Civ. 1re, 30 sept. 2003 : *CCE 2003, n° 116, note Caron ; Légipresse 2004. III. 35, note Simgh ; RIDA avr. 2004, p. 217, note Kéréver.* ♦ V. l'arrêt d'appel confirmé • Poitiers, 7 déc. 1999 : *CCE 2001, n° 72, note Caron.* ♦ V. rejetant cependant, faute de preuve suffisante, la démarche tentant de démontrer que le réalisateur figurant au générique n'avait été en réalité qu'un simple caméraman dont le seul apport personnel aurait consisté dans la sélection de certaines séquences et le montage de l'œuvre. • Paris, 9 oct. 1995 : *RIDA avr. 1996, p. 311.* ♦ La charge de la preuve de l'absence d'apport original pèse sur celui qui prétend renverser la présomption et ne peut résulter de simples allégations sur le caractère prétendument banal ou purement technique des prestations du réalisateur. • Paris, 29 sept. 1995 : *RIDA avr. 1996, p. 293 ; LPA 28 juill. 1997, obs. Gaudel.* ♦ Le réalisateur du film d'un spectacle de danse, œuvre dérivée de celui-ci, en est le coauteur. • Paris, 20 mars 2002 : *Propr. intell. 2002, n° 4, p. 52, obs. Sirinelli ; RIDA oct. 2002, p. 223, obs. Kéréver.* ♦ V. aussi • Paris, 17 sept. 2008 : *Propr. intell. 2009, n° 30, p. 51, obs. Lucas.* ♦ A propos de la qualité d'auteur reconnue au réalisateur d'une série d'émissions télévisées intitulée « Conversations avec un Président », V. • TGI Paris, 16 sept. 2003 : *Propr. intell. 2003, n° 9, p. 380, obs. Lucas.* ♦ Décision confirmée par • Paris, 29 sept. 2006 : *CCE 2007. Chron. 6, § 4, obs. Montels ; Propr. intell. 2007, n° 22, p. 83, obs. Lucas ; RIDA janv. 2007, p. 193, note Sirinelli.* ♦ Arrêt partiellement cassé par • Civ. 1re, 18 févr. 2009 : *RIDA avr. 2009, p. 287, note Sirinelli.* ♦ V. aussi • Paris, 12 oct. 2007 : *CCE 2008. Chron. 6, § 3, obs. Montels.* ♦ Le réalisateur principal d'une œuvre cinématographique ou audiovisuelle est considéré comme l'auteur ou l'un des auteurs. • CJUE 9 févr. 2012 : *D. 2012. Pan. 2641, obs. Sirinelli ; RTD com. 2012. 318, obs. Pollaud-Dulian ; RTD eur. 2012. 964, obs. Treppoz ; CCE 2012, n° 37, note Caron ; Propr. intell. 2012, n° 45, p. 425, obs. Bebanou ; RIDA avr. 2012, p. 381, note Sirinelli.*

25. Avant l'extension du domaine de la présomption opérée par la loi du 3 juill. 1985, la qualité d'auteur a été reconnue judiciairement à des réalisateurs : Pour des films documentaires sur les paysans, les paysages et les fromages destinés à la télévision. • TGI Paris, 28 avr. 1971 : *RIDA juill. 1971, p. 95.* ♦ ... Pour un téléfilm adapté de l'œuvre de Jules Verne (solution implicite découlant de la reconnaissance d'un droit moral au réalisateur). • TGI Paris, 2 mai 1975 : *RIDA oct. 1975, p. 152.* ♦ ... Pour l'élaboration d'un journal filmé, qui est une création en raison de la transcription de la réalité qui implique des choix, une sélection des sujets et des plans, un assemblage, une composition, un commentaire, un mode de présentation qui sont autant de manifestations de la personnalité du réalisateur. • TGI Paris, 23 oct. 1987 : *Images juridiques 1987, n° 4, p. 4.* ♦ Le raisonnement doit toutefois être conduit au regard des éléments de fait et non en fonction des règles posées par les sociétés d'auteurs en vue de la fixation du montant des redevances ; V., refusant la qualité au motif que les fonctions dans le cadre d'une émission télévisée ne témoignaient pas d'une créativité suffisante. • Civ. 1re, 29 mars 1989 : *RIDA juill. 1989, p. 262.*

26. Pour un exemple de refus concernant un réalisateur d'œuvre « radiovisuelle » qui avait assuré la mise en image avec enchaînement de plans et alternances de cadrages, au motif que celui-ci n'avait apporté qu'une simple « mise en œuvre technique », V. • Civ. 1re, 29 mars 1989 : *RIDA juill. 1989, p. 262.*

27. Il est indifférent que le réalisateur soit lié par un contrat de travail. • Soc. 29 nov. 1962 : *D. 1963. 205, note G.-L. C. ; RIDA oct. 1963, p. 132.* ♦ ... Ou un contrat de louage d'industrie ou d'entreprise. • Civ. 2e, 14 mai 1965 : *Gaz. Pal. 1965. 2. 280.*

F. L'AUTEUR DE L'ŒUVRE D'OÙ EST TIRÉE L'ŒUVRE AUDIOVISUELLE

28. « L'auteur de l'œuvre originale, bien qu'il n'ait pas contribué à la réalisation du film, bénéficie d'un statut identique à celui des auteurs du scénario, de l'adaptation, du texte parlé, de la composition musicale, et du réalisateur, lesquels ont la qualité de coauteur d'une œuvre réalisée en collaboration. » • TGI Paris, 6 janv. 1988 : *Cah. dr. auteur, oct 1988. 23.* ♦ La qualité de coauteur de l'œuvre audiovisuelle accordée à l'auteur de l'œuvre originale persiste au bénéfice des ayants droit pendant les 70 ans *post mortem.* • Paris, 18 déc. 2002 : *RDPI janv. 2004, n° 155, p. 9.* ♦ Rappr. rejetant la démarche d'une personnalité, qui en tant que sujet d'un reportage audiovisuel, tentait de faire admettre sa qualité d'auteur, au motif que celle-ci ne produisait pas en justice l'ouvrage d'où selon elle étaient tirés certains éléments du film. • Paris, 9 oct. 1995 : *RIDA avr. 1996, p. 311.*

29. ***« Bible » d'une série télévisée.*** Les dispositions de l'art. L. 113-7 peuvent s'appliquer à propos d'une « bible » décrivant notamment les sept personnages de base d'une série télévisée et qui a servi de guide contraignant à l'écriture des différents épisodes, dans la mesure où « il ressort de la lecture d'un certain nombre de scénarios à laquelle s'est livré le tribunal que les auteurs de scénarios ont repris les personnages de base préexistants, qu'ils ont écrit leur texte en reprenant leurs traits de caractères, psychologie, habitudes, milieu social, etc., qu'ils ne se sont pas totalement évadés de ces antécédents nécessaires pour donner aux personnages principaux des personnalités différentes », cette constatation étant de nature à justifier la perception d'un pourcentage des redevances versées par la SACD aux auteurs des 380 épisodes de la série « Voisin Voisine », les droits étant fixés, au titre de la « bible », à 20 % contre 50 % pour les auteurs de dialogues et 30 % pour les auteurs des scénarios. • TGI Paris, 23 sept. 1992 : *RIDA oct. 1993, p. 257.* ♦ Pour un rejet de l'action de la réalisatrice de l'épisode pilote d'une série télévisée qui souhaitait faire reconnaître sa qualité d'auteur de la « bible » de la série, V. • TGI Paris, 2 nov. 2006 : *CCE 2007. Chron. 6, § 5, obs. Montels.* ♦ V. aussi • Paris, 25 avr. 2007 : *CCE 2008. Chron. 6, § 4, obs. Montels.*

30. Lorsqu'une œuvre audiovisuelle se trouve tirée d'un simple récit non protégé par le droit d'auteur, le locuteur ne peut bénéficier de la fiction de l'art. L. 113-7 et être considéré comme coauteur du film. • Paris, 16 janv. 1992 : *RIDA avr. 1992, p. 204.*

31. Thème commun. L'auteur d'un roman ne peut prétendre qu'un film est une adaptation de sa création dès lors que les deux créations n'ont en commun qu'un thème ; V. à propos du film « Les visiteurs », rappelant que la transplantation d'un personnage de roman ou de film hors de son époque, et l'exploitation des situations qui résultent de l'inadaptation du héros à son nouvel environnement, relèvent d'une idée non protégeable par le droit d'auteur. • TGI Nanterre, 1er mars 1995 : *RIDA janv. 1996, p. 181, obs. Kéréver.*

32. Pour l'exigence d'un lien de « filiation » entre l'œuvre originaire et l'œuvre audiovisuelle, rejetant des prétentions relatives à la qualité de coauteur d'un artiste paysagiste dont on filme la création picturale sur les rochers d'un désert aux motifs que cette dernière demeurait « distincte et indépendante » du film et que « l'activité créatrice de l'artiste n'avait pour objet que la réalisation de son œuvre personnelle et non une collaboration au film destiné à en fixer l'image alors que le réalisateur du film avait assuré seul le plan de tournage, le tournage et le montage », V. • Paris, 4 févr. 1987 : *JCP 1987. I. 3312, n° 21, obs. Edelman.* – Et rejetant le pourvoi, au motif que l'artiste devait apporter la preuve d'un « apport personnel de sa part à la création intellectuelle du film lui-même ». • Civ. 1re, 3 nov. 1988 : *RIDA oct. 1989, p. 299.*

33. L'auteur de l'œuvre originaire conserve sur celle-ci (un roman) « un droit de propriété intellectuelle opposable à tous », en même temps qu'il devient l'un des coauteurs de l'œuvre nouvelle, et peut « user de ce droit en s'opposant à l'exploitation des œuvres dérivées au-delà du terme qui avait été consenti », sans que l'on puisse lui opposer le régime de l'œuvre de collaboration, cette deuxième qualité ne prévalant pas sur la première. • Civ. 1re, 9 févr. 1994 : ♔ *RIDA juill. 1994, p. 335, note Gautier ; RJDA 1994, n° 685.*

III. PERSONNES DEVANT PROUVER LEUR QUALITÉ D'AUTEUR

34. La liste des coauteurs de l'œuvre audiovisuelle figurant à l'art. L. 113-7 n'étant pas limitative, à l'inverse de celle des auteurs présumés, des personnes ne figurant pas dans l'énumération légale peuvent être admises à prouver leur qualité d'auteur. V. rejetant cependant la prétention, faute pour le demandeur de produire des pièces « établissant qu'il ait participé à la création intellectuelle du film », • Paris, 9 oct. 1995 : *RIDA avr. 1996, p. 311.*

A. LE DIRECTEUR DE LA PHOTOGRAPHIE

35. La qualité de coauteur du directeur de la photographie ne peut découler que de l'accomplissement d'actes distincts de ceux résultant de ses fonctions traditionnelles ; V. pour des preneurs de vues d'un documentaire sur les animaux. • Paris, 2 nov. 1981 : *D. 1983. Somm. 91, obs. Colombet.*

36. « Un directeur technique de la photographie, auxiliaire technique du réalisateur, quelle que soit sa compétence et la valeur artistique de ses prises de vue, ne peut revendiquer la qualité de coauteur de l'œuvre cinématographique toute entière que s'il s'est immiscé dans des secteurs autres que le sien propre tel que la rédaction du scénario ou la participation à la mise en scène. » • TGI Paris, 19 nov. 1979 : *D. 1981. Somm. 81, obs. Colombet.* ♦ Sur l'absence de reconnaissance de la qualité d'auteur au directeur de la photographie qui n'a pas apporté la preuve que sa contribution allait au-delà de la prestation technique, V. • TGI Paris, 8 févr. 2008 : *RIDA oct. 2008, p. 363, note Sirinelli.*

B. LE PHOTOGRAPHE DE PLATEAU

37. La qualité de coauteur de l'œuvre audiovisuelle a été refusée à un photographe de plateau faute de maîtrise dans le domaine du « choix artistique ». • Civ. 1re, 1er mars 1988 : *RIDA juill. 1988, p. 103 ; Bull. civ. I, n° 61.* ♦ Réalise une œuvre photographique le photographe qui effectue les opérations techniques propres à son activité, le choix de l'objectif, de la pellicule, de l'éclairage, le cadrage, le temps d'exposition, l'angle de prise de vue, tous éléments qui conditionnent la réussite de la photographie et dépendent exclusivement du métier et de l'intuition, voire du talent de l'opérateur. • Paris, 17 juin 1988 : *D. 1988. IR 206.* ♦ Les juges du fond ont pu justement estimer « qu'il s'agissait en réalité du travail d'un simple technicien chargé de fournir des "repères lors du montage du film" et des vues destinées à la promotion, mais en aucun cas d'un créateur » (le photographe n'ayant eu) « le choix ni du lieu ni du moment où la photo doit être prise, ni de l'élaboration du cadre ou de la composition, ni de la position des personnages ni des éclairages qui sont réalisés soit par les auteurs de l'œuvre cinématographique soit par d'autres techniciens ». • Même arrêt. – Rejet du pourvoi contre • Paris, 18 déc. 1985 : *D. 1986. Somm. 183, obs. Colombet.*

C. LE CADREUR OU CAMERAMAN

38. Pour un exemple de refus, au motif que « le cameraman filmait simultanément en continu ce que (le photographe) se contentait de fixer de façon statique ». • Civ. 1re, 1er mars 1988 : *préc. note 37.* – V. encore, constatant que le choix de l'image appartenait au réalisateur, le cameraman demeurant un simple technicien. • Paris, 2 nov. 1981 : *D. 1983. IR 91, obs. Colombet.*

D. L'ARCHITECTE DÉCORATEUR

39. La personne qui a collaboré au choix du décor d'une œuvre « radiovisuelle » et assuré la mise en image avec enchaînement de plans et alternances de cadrages, ne peut prétendre à la qualité d'auteur dans la mesure où elle n'a apporté qu'une simple « mise en œuvre technique ». • Civ. 1re, 29 mars 1989 : *RIDA juill. 1989, p. 262.* ♦ Comp. en matière théâtrale, estimant que le créateur des décors exécutés sur les instructions du metteur en scène ne peut revendiquer la qualité de coauteur de la pièce de théâtre même si on lui reconnaît un droit d'auteur sur le décor lui-même. • Paris, 11 mai 1965 : *D. 1967. 555, note Françon* • Civ. 1re, 5 mars 1968 : *D. 1968. 382.*

E. L'ANIMATEUR DANS UN DESSIN ANIMÉ

40. « On rencontre nécessairement des créateurs que l'on ne retrouve pas dans les films ordinaires. A côté du scénario, des dialogues, du découpage, de la musique et même des dessins, se placent des animateurs, dont l'œuvre créatrice consiste à donner aux dessins cette vie qui est la caractéristique des films animés. Ceux qui participent à cette animation ne peuvent, toutefois, sans distinction, être considérés comme des créateurs intellectuels ; (…) seuls peuvent prétendre à cette qualité ceux qui sont appelés par leur œuvre à donner la vie aux personnages campés ou non par eux à l'état statique. » • Paris, 18 avr. 1956 : *D. 1957. 108, note Desbois ; JCP 1956. II. 9597.*

F. LE RESTAURATEUR DE FILMS

41. Un restaurateur « ne peut valablement soutenir qu'en restaurant la copie de 1963 des "Vampires" il a réalisé une œuvre de création au sens du droit d'auteur ; (…) que si Champreux a indéniablement effectué un long travail de recherche et d'analyse pour reconstituer le film tel qu'il devait être selon lui à l'origine tout comme le restaurateur d'un tableau recherche les couleurs et les traits effacés, souillés ou détruits pour lui redonner son éclat premier, il n'en demeure pas moins qu'il ne peut revendiquer aucun droit d'auteur sur le résultat final ». • Paris, 5 oct. 1994 : *RIDA oct. 1995, p. 302 et 229, obs. Kéréver ; D. 1996. 53, obs. Edelman* . ♦ Précisant aussi « que la création d'une œuvre nouvelle que ce soit une adaptation ou une œuvre composite suppose un apport original alors que la restauration implique la fidélité la plus stricte à l'image et à l'esprit de l'œuvre d'origine, sa reconstitution ; qu'aucune part n'est laissée à l'arbitraire, dès lors que précisément la restauration a pour but de faire revivre l'œuvre telle qu'elle était à l'origine ; que M. Champreux à la différence d'un adaptateur n'a pas cherché à modifier le plan, le montage, la composition de l'œuvre antécédente ; que la rédaction des intertitres et plans d'insert et la détermination de leur emplacement proviennent non de son imagination mais selon sa conviction du choix de l'auteur lui-même ; que sa personnalité s'est manifestée dans l'orientation de ses recherches, dans ses supputations, mais qu'au terme de ses efforts le résultat lui échappe ; que le travail consistant à retrouver l'ordre dans lequel doivent s'enchaîner les différentes bobines du film est un travail de technicien et non une création originale ». • Même arrêt.

G. LES COMÉDIENS

42. Si plein de talent que soit l'interprète d'une œuvre radiophonique ou radiovisuelle, il ne saurait à ce titre revendiquer un droit de propriété artistique sur l'œuvre, dès lors qu'il ne l'a pas créée au sens de l'art. 18 de la loi du 11 mars 1957 (art. L. 113-8). • TGI Paris, 22 mars 1968 : *D. 1968. Somm. 118 ; JCP 1968. IV. 165.* ♦ Comp., à propos d'une opérette, affirmant que, dès lors que la prestation du comédien intervient dans un cadre structuré, « les suggestions, trouvailles ou remaniements (…) qu'il appartient à l'auteur d'accueillir ou de refuser, ne sauraient donner à cet interprète la qualité d'auteur ». • TGI Seine, 8 mars 1960 : *RIDA avr. 1960, p. 125.* ♦ Ne peut prétendre à la qualité de coauteur, l'acteur-enseignant qui, interrogé dans un documentaire, n'est pas sorti du rôle tel que décrit dans son contrat d'engagement et a été dirigé pendant le tournage par le réalisateur qui lui posait des questions et lui donnait des instructions sur le contenu et la forme de son intervention ainsi que sur la manière de se positionner devant la caméra. • Paris, 18 juin 2003 : *D. 2003. Somm. 2757, obs. Sirinelli* . ♦ Pour le refus de reconnaître la qualité d'auteur à un instituteur filmé dans un documentaire (« Être et avoir »), V. • Civ. 1re, 13 nov. 2008 : *Bull. civ. I, n° 259 ; Dalloz actualité, 25 nov. 2008, obs. Daleau ; D. 2008. AJ 3009 ; CCE 2009, n° 2, note Caron ; Propr. intell. 2009, n° 31, p. 161, obs. Lucas ; RIDA avr. 2009, p. 261, note Sirinelli.* ♦ Rejetant le pourvoi contre • Paris, 29 mars 2006 : *D. 2006. Pan. 2995, obs. Sirinelli ; CCE 2006, n° 77, note Caron ; Gaz. Pal. 27 avr. 2007, p. 27, note Marino ; RIDA janv. 2007, p. 185, note Sirinelli.* ♦ Confirmant • TGI Paris, 27 sept. 2004 : *D. 2005. 92, note Edelman* ; *RTD com. 2005. 79, obs. Pollaud-Dulian* ; *CCE 2004, n° 153, obs. Caron ; JCP E 2004. 1898, n° 1, obs. Lallement ; Légipresse 2005. II. 9, note Marino.*

43. Pour le refus de reconnaître la qualité d'auteur à des comédiens ayant participé à la mise au point de dialogues d'un film, V. • Paris, 16 janv. 1992 : *RIDA avr. 1992, p. 204.* ♦ Pour la reconnaissance d'un monopole d'une autre nature, attribuant des droits voisins aux artistes interprètes, V. art. L. 212-1 s.

H. LE PRODUCTEUR

44. Le producteur, pour des interventions autres que celles liées à la production, pourrait éventuellement recevoir la qualité d'auteur ; l'ancienne rédaction de l'art. 17, al. 2, de la loi du 11 mars 1957 (CPI, art. L. 132-23) prévoyait que « le producteur peut être l'auteur ou l'un des coauteurs de l'œuvre, s'il répond à la définition de l'art. 14 » (CPI, art. L. 113-7). V., admettant que l'on pouvait « reconnaître au producteur la qualité d'auteur si on a soin de ne pas le confondre avec un simple bailleur de fonds ». • Paris, 16 mars 1939 : *DH 1939. 263.* ♦ Comp., observant que cette reconnaissance irait « contre le droit coutumier ». • Civ. 10 nov. 1947 : *D. 1947. 529, rapp. Lerebours-Pigeonnière, note P. L.-P. ; JCP 1948. II. 4166, obs. Plaisant.* ♦ V. aussi art. L. 132-23 et L. 215-1.

I. L'AUTEUR DE DOCUMENTS PUBLICITAIRES

45. Le créateur d'une affiche de film ne peut être considéré comme coauteur de l'œuvre cinématographique. • Paris, 18 mars 1987 : *D. 1988. Somm. 209, obs. Colombet ; RIDA oct. 1987, p. 208.*

J. LE CUISINIER PRÉSENTANT ET EXÉCUTANT UNE RECETTE DE CUISINE DANS LE CADRE D'UNE ÉMISSION

46. Le chef cuisinier réalisant une composition culinaire dans une émission télévisée est fondé à revendiquer, comme le réalisateur de cette œuvre audiovisuelle, la qualité de coauteur de cette dernière « dans la mesure où il a concouru à la création intellectuelle de cette présentation, laquelle constitue la substance même de l'œuvre audiovisuelle qui la contient ». • Paris, 17 mars 1999 : *RIDA oct. 1999, p. 202 ; ibid., p. 121, obs. Kéréver ; CCE 1999, n° 23, note Caron ; RTD com. 2000. 91, obs. Françon* . – Cassation, au motif que la contribution du chef aux opérations intellectuelles de conception, tournage et montage de l'œuvre audiovisuelle n'est pas établie. • Civ. 1re, 5 févr. 2002 : *D. 2002. 2253, note Edelman* ; *CCE 2002, n° 35, note Caron ; JCP E 2002. 1334, n° 3, obs. Bougerol ; Légipresse 2002. III. 95 ; RIDA juill. 2002, p. 299, obs. Kéréver.*

Art. L. 113-8 **Ont la qualité d'auteur d'une œuvre radiophonique la ou les personnes physiques qui assurent la création intellectuelle de cette œuvre.**

Les dispositions du dernier alinéa de l'article L. 113-7 et celles de l'article L. 121-6 sont applicables aux œuvres radiophoniques. — *[L. n° 57-298 du 11 mars 1957, art. 18.]*

COMMENTAIRE

Disposition alignant le régime juridique (qualification en œuvres de collaboration, droit de faire achever un apport, fiction) des œuvres radiophoniques sur certaines (mais pas à propos des auteurs présumés) solutions de celui de l'œuvre audiovisuelle examiné à l'article précédent.

A. DOMAINE

1. Un radio-reportage, lorsqu'il constitue une création originale et personnelle doit, au même titre que les autres œuvres de l'esprit, être protégé contre les atteintes portées aux droits de son auteur. V. à propos d'une expédition spéléologique, • T. corr. Seine, 21 mai 1954 : *RIDA juill. 1954, p. 115 ; D. 1954. 624 ; Gaz. Pal. 1954. 2. 208.*

2. L'adaptation radiophonique d'un scénario de film constitue une œuvre distincte du scénario de film et de la nouvelle bien qu'elle en soit directement inspirée ou dérivée. • Paris, 7 juill. 1956 : *RIDA oct. 1956, p. 166.*

B. ÉTENDUE

3. En matière d'œuvre radiophonique, il importe surtout de rechercher s'il y a inspiration commune, si les auteurs ont chacun dans leur domaine respectif cherché à atteindre le même but, si l'œuvre réalisée forme ou non un tout, chacune de ses parties, littéraire ou musicale, ayant contribué aux impressions ressenties par l'auditeur et ayant concouru à former son opinion et son jugement sur le mérite de l'œuvre. • Paris, 7 juill. 1956 : *préc. note 2.*

C. AUTEURS

4. Le caractère indivisible de l'œuvre radiophonique ne permet pas à l'un des coauteurs une exploitation séparée de l'ensemble de l'œuvre, ni une transformation de cette œuvre dans le domaine radiophonique au mépris des droits de l'autre coauteur. • Paris, 7 juill. 1956 : *préc. note 2.* ♦ Sur les auteurs présumés, V. art. L. 113-7, al. 3.

Art. L. 113-9 *(L. nº 94-361 du 10 mai 1994, art. 2)* **« Sauf dispositions statutaires ou stipulations contraires, les droits patrimoniaux sur les logiciels et leur documentation créés par un ou plusieurs employés dans l'exercice de leurs fonctions ou d'après les instructions de leur employeur sont dévolus à l'employeur qui est seul habilité à les exercer. »**

Toute contestation sur l'application du présent article est soumise au tribunal de grande instance du siège social de l'employeur.

Les dispositions du premier alinéa du présent article sont également applicables aux agents de l'État, des collectivités publiques et des établissements publics à caractère administratif. — *[L. nº 85-660 du 3 juill. 1985, art. 45.]*

Sur les inventions des fonctionnaires et agents de l'État, V. Décr. nº 96-858 du 2 oct. 1996, App., vº Obtentions végétales.

BIBL. ▸ ABELLO et TASSI, *CCE 2011. Étude 8* (l'employé auteur de logiciel et les droits fondamentaux : une question prioritaire de constitutionnalité d'avenir ?). – COTTERAU, *Semaine sociale Lamy 1987, nº 343* (le logiciel d'employé) ; *Lamy Droit de l'informatique, Bull. 1986, J 3* (les notions d'« employé » et d'« exercice des fonctions »). – FIROUZ-ABADIE, *Gaz. Pal. 1997. 2. Doctr. 1321* (les agents publics et le droit d'auteur d'œuvres logicielles). – LUCAS, *J.-Cl. PLA, fasc. 1195* (titulaires du droit d'auteur. Logiciels).

COMMENTAIRE

Par dérogation au principe de la matière (V. CPI, art. L. 111-1), le créateur, salarié, d'un logiciel voit ses droits patrimoniaux dévolus à son employeur.

La règle ne s'applique que sur les parties d'un logiciel soumises au droit spécial issu de la directive de 1991, c'est-à-dire la forme programmée, plus la documentation, à l'exclusion des effets audiovisuels. Elle ne concerne que les logiciels créés après le 1er janvier 1986 et ne peut servir de justification à un prétendu transfert de droit moral.

Le contentieux judiciaire se concentre sur la détermination de la notion d'exercice des fonctions.

Ces règles s'appliquent aussi aux agents publics. ❑

A. GÉNÉRALITÉS

1. Des actes de possession, comme un dépôt auprès d'une officine privée et la divulgation du logiciel sous le nom de l'entreprise, font présumer que cette dernière est titulaire des droits sur l'œuvre. • Paris, 31 mai 1995 : *JCP E 1996. I. 559, nº 3, obs. Vivant et Le Stanc ; PIBD 1995. III. 405 ; JCP E 1995. Pan. 1219* (la solution s'impose d'autant plus en l'absence de revendication de la part de ceux qui ont réalisé le programme). ♦ V. Dir. nº 2009/24 du 23 avr. 2009, art. 2 et 3, App., vº *Droit d'auteur.*

1º NATURE DE L'APPORT

2. Un médecin qui fournit des « éléments nécessaires à la réalisation » d'un logiciel destiné à la gestion des cabinets médicaux, s'il n'intervient pas dans l'univers des formes, n'apporte que des éléments de connaissance ou un savoir-faire insusceptibles de conférer la qualité d'auteur (mais le fait que le logiciel ne puisse être considéré comme une œuvre de collaboration n'interdit pas aux parties de convenir d'une rémunération au profit du médecin pour sa contribution sur un fondement autre que le droit d'auteur). • Com. 23 oct. 1990 : *Bull. civ. IV, nº 245 ; DIT 1991/1, p. 38, note Gaudrat ; JCP E 1991. I. 41, nº 2, obs. Vivant et Lucas.*

2º LOGICIEL CRÉÉ PAR PLUSIEURS PERSONNES

3. *Œuvres de collaboration.* Pour un exemple de qualification en œuvre de collaboration, V. • Versailles, 21 avr. 1989 : *JCP E 1990. II. 15751, nº 2, obs. Vivant et Lucas.* ♦ V. aussi Dir. nº 2009/24 du 23 avr. 2009, art. 2 § 2, App., vº *Droit d'auteur.*

4. *Œuvre collective.* Bien que la loi du 10 mai 1994 ne l'ait pas expressément prévu, à l'inverse des dispositions de la Dir. nº 91/250 du 14 mai 1991, le logiciel peut être une œuvre collective au sens de l'art. L. 113-2, al. 3. • TGI Paris, 27 juin 1984 : *Gaz. Pal. 1985. 1. 66, note Bonneau* • 14 avr. 1986 : *JCP E 1986. I. 15791, obs. Vivant et Lucas.* ♦ Pour une admission large du concept d'œuvre collective en la matière, insistant sur la réunion de trois conditions (initiative prise par celui qui ensuite éditera et publiera ainsi que participation de plusieurs contributeurs), et retenant la qualification lorsqu'une personne commande, avec des consignes assez précises, l'écriture du logiciel à un créateur et celle de la documentation à un autre, V. • Versailles, 15 juin 1992 : *Expertises 1992, p. 350 et 342, note Benaroudj ; Cahiers Lamy, 1992, K, note Van Dorsselaere.* – Pourvoi rejeté par • Civ. 1re, 3 juill. 1996 : *Bull. civ. I, nº 294 ; D. Affaires 1996. 1137 ; D. 1996. IR 193 ; RJDA 1996, nº 1413.*

B. LOGICIEL CRÉÉ PAR UN EMPLOYÉ

1° APRÈS LE 1er JANV. 1986

5. Il doit être admis « qu'est réputée faite dans l'exercice de ses fonctions toute création de logiciel exécuté par un salarié et que les inventions de ce dernier dans l'exécution soit d'un contrat de travail comportant une mission inventive qui correspond à ses fonctions effectives, soit d'études et de recherches qui lui sont explicitement confiées, appartiennent à l'employeur ». • Versailles, 8 oct. 1990 : *Juris-Data no 049184.* ♦ Pour un exemple d'examen complet des conditions d'application du dispositif légal propre aux logiciels, V. • TGI Paris, 9 juin 1995 : *PIBD 1995. III. 476.*

6. Il est nécessaire que le créateur du logiciel ait bien la qualité d'employé au moment de la création ; tel est le cas de celui qui, employé par une société, avait « réfléchi » au logiciel avant d'être embauché et de passer au stade de la réalisation formelle. • TGI Paris, 14 avr. 1988 : *JCP E 1988. I. 15297, no 6, obs. Vivant et Lucas ; Expertises 1988, p. 197, obs. Lucas.* – Confirmé par la cour d'appel ajoutant que le créateur ne peut alors prétendre disposer de droits patrimoniaux propres. • Paris, 9 mars 1993 : *JCP E 1994. I. 357, no 3, obs. Vivant et Le Stanc.*

7. Un logiciel créé par un salarié en dehors de ses heures de travail à l'aide du matériel de l'employeur est la propriété de ce dernier puisqu'il a été élaboré avec son « concours ». • Nancy, 13 sept. 1994 : *JCP E 1996. I. 559, no 2, obs. Vivant et Le Stanc.*

8. Sur le sens à donner au terme « employé », tenu pour synonyme de celui, en apparence moins large, de « salarié », V. • TGI Versailles, 19 nov. 1991 : *Expertises 1992, p. 188 et 184, obs. Sirinelli.* – Et, sur appel • Versailles, 15 juin 1992 : *ibid., p. 350 et 342, note Benaroudj ; Cahiers Lamy, 1992, K, note Van Dorsselaere.* ♦ Ainsi, l'existence d'un contrat de commande n'entraîne aucune cession automatique des droits au profit de la personne qui a passé la commande. • Mêmes arrêts.

9. Des logiciels ont été attribués à l'employeur sur le seul constat que le salarié, en sa qualité de cadre de l'entreprise, était rémunéré forfaitairement, y compris pour le travail accompli à son domicile. • Paris, 29 oct. 1987 : *JCP E 1988. II. 15297, no 6, obs. Vivant et Lucas ; JCP 1989. I. 3376, no 22, obs. Edelman.* ♦ V., encore, tirant du dispositif légal une « présomption » en faveur de l'employeur. • Versailles, 8 oct. 1990 : *Juris-Data no 049184.* ♦ Et, affirmant l'existence d'une présomption d'attribution des droits à l'employeur : Rép. min. 26 oct. 1987, no 28470 : *JOAN, p. 5939 ; JCP N 1988. Prat. 512.*

10. Le salarié qui fait commercialiser son logiciel par des concurrents de la société qui l'emploie commet un acte de concurrence déloyale constitutif d'une faute lourde justifiant son licenciement. • Paris, 4 mai 1988 : *Bull. Lamy Droit de l'informatique, 1988, K, 23.*

2° AVANT LE 1er JANV. 1986

11. « La loi nouvelle, applicable au 1er janv. 1986, ne s'applique pas aux logiciels créés antérieurement », de telle sorte qu'elle ne peut rétroactivement dépouiller les auteurs de leurs prérogatives de droit patrimonial puisque sont seuls applicables les principes posés par l'art. L. 111-1, al. 3. • Bordeaux, 14 mai 1991 : *JCP E 1992. I. 141, no 5, obs. Lucas et Vivant.* ♦ Comp. attribuant les droits à l'employeur sur la seule observation que la création était « la contrepartie du salaire important (que le créateur) recevait ». • TGI Paris, 14 avr. 1988 : *Expertises, juin 1988, p. 190, obs. crit. Lucas* • 20 févr. 1986 : *Expertises 1986, p. 97.*

12. L'existence d'un contrat de travail conclu par l'auteur d'une œuvre de l'esprit n'emportant aucune dérogation à la jouissance de ses droits de propriété incorporelle, dont la transmission est subordonnée à la condition que le domaine d'exploitation des droits cédés soit délimité quant à son étendue et à sa destination, quant au lieu et quant à la durée, viole l'article L. 111-1 la cour d'appel qui admet une cession tacite des droits au profit de l'employeur. • Civ. 1re, 16 déc. 1992 : ⚖ *RIDA avr. 1993, p. 193, note Sirinelli ; JCP 1993. IV. 549 ; Expertises 1993, p. 118* • Com. 28 avr. 2004 : ⚖ *RIDA oct. 2004, p. 231, obs. Kéréver.* ♦ Sur le sort des logiciels réalisés par le salarié pour les besoins de l'entreprise, mais sans instruction de l'employeur, suggérant sans fondement légal que les droits ne pourraient être acquis à l'employeur que moyennant le versement d'une rémunération complémentaire, V. l'arrêt de renvoi dans l'affaire Pachot. • Amiens, 16 mai 1988 : *Expertises 1988, p. 193, obs. Lucas.*

Art. L. 113-10 *(L. no 2012-287 du 1er mars 2012, art. 2)* **L'œuvre orpheline est une œuvre protégée et divulguée, dont le titulaire des droits ne peut pas être identifié ou retrouvé, malgré des recherches diligentes, avérées et sérieuses.**

Lorsqu'une œuvre a plus d'un titulaire de droits et que l'un de ces titulaires a été identifié et retrouvé, elle n'est pas considérée comme orpheline.

COMMENTAIRE

Cette disposition issue de l'article 2 de la loi no 2012-287 du 1er mars 2012 (relative à l'exploitation des livres indisponibles du XXe siècle ; V. *infra* art. L. 134-1 s.) a été adoptée pour offrir une définition des œuvres orphelines, anticipant en cela sur la transposition de la directive européenne 2012/28/UE du Parlement européen et du Conseil du 25 octobre 2012 sur certaines utilisations autorisées des œuvres orphelines.

Le dispositif de gestion collective mis en place aux articles L. 134-1 et suivants du code de la propriété intellectuelle a vocation à s'appliquer également aux œuvres présumées orphelines, c'est-à-dire aux livres dont le ou les titulaires de droits n'auront pu être retrouvés mais qui font l'objet d'une rémunération pour leur exploitation. Les sommes dues pourraient servir à la recherche des ayants droit de ces œuvres. ☐

TITRE DEUXIÈME DROITS DES AUTEURS

COMMENTAIRE

Les droits d'auteur se décomposent en deux séries de prérogatives aux régimes bien distincts.

Les premiers empruntent une partie de leur régime aux droits de la personnalité tandis que les seconds peuvent, par nature, être cédés.

La tradition française est de placer les droits moraux avant les droits patrimoniaux.

La prééminence des droits moraux fait que les règles classiques de droit des contrats, même appliquées aux contrats d'exploitation des droits pécuniaires, peuvent connaître certains aménagements (V., par ex., l'impact de l'art. L. 121-2 CPI). ☐

CHAPITRE PREMIER DROITS MORAUX

COMMENTAIRE

La France a le régime sans doute le plus protecteur du monde en matière de droit moral.

Cela se manifeste tant par le contenu des prérogatives (quatre) reconnues aux auteurs que par les caractères, empruntés pour la plupart aux droits de la personnalité, conférés à ces droits (inaliénabilité, perpétuité...). L'ensemble porte la trace de ce que l'œuvre est le reflet de la personnalité de l'auteur et qu'il faut préserver à tout prix ce lien.

Avant la codification il était question, dans la loi, du « droit moral ». Depuis cette dernière, la législation traite des « droits moraux ». Ce passage au pluriel fait perdre de vue l'unité de fondement du droit moral et l'importance des règles communes mais s'explique par les petites différences de régime qui peuvent se rencontrer suivant les prérogatives. Ainsi, le sort *post mortem* de ces dernières est assez différent.

Sur le plan international, seule la convention de Berne prévoit la protection du droit moral mais dans une forme beaucoup moins complète que la loi française. ☐

Art. L. 121-1 **L'auteur jouit du droit au respect de son nom, de sa qualité et de son œuvre.**

Ce droit est attaché à sa personne.

Il est perpétuel, inaliénable et imprescriptible.

Il est transmissible à cause de mort aux héritiers de l'auteur.

L'exercice peut être conféré à un tiers en vertu de dispositions testamentaires. – *[L. nº 57-298 du 11 mars 1957, art. 6.]*

BIBL. ▶ Bécourt et Carneroli, *LPA 5 août 1998* (droit moral et droit de suite en droit comparé : observations et prospectives). – Bellini, *RIDA avr. 2005, p. 3* (*moral right and* droit moral : *a matter of paradigms*). – Boiron et Duchevet, *Légipresse 2002, nº 195, II, p. 121* (droit moral de l'auteur dans l'environnement numérique : la fin de la conception personnaliste ?). – Briatta, *Propr. ind. 2013. Étude 18* (l'incidence du droit moral dans l'exploitation des droits de propriété intellectuelle). – Bruguière, *Propr. intell. 2015, nº 54, p. 58* (réseaux sociaux, clauses relatives aux licences de propriété intellectuelle, clause abusive. Recommandation CCA nº 2014-02). – Cervetti, *CCE 2014. Étude 14* (la mutation économique du droit moral de l'auteur : enjeux et conséquences). – Chardin, *Cah. dr. auteur, nov. 1989, p. 1* (le droit moral du réalisateur sur l'œuvre audiovisuelle). – Daverat, *Gaz. Pal. 19 févr. 1989, p. 199* (la totémisation du droit moral : à propos de l'arrêt de la Cour de cassation du 28 mai 1991). – Derieux, *RIDA juill. 1989, p. 199* (œuvre de commande, liberté de création et droit moral de l'auteur). – Desbois,

RIDA avr. 1958, p. 121 (le droit moral). – Dietz, *Actes du colloque ALAI 1993* (principes légaux du droit moral de l'auteur dans les pays de droit civil). – Dreyer, *CCE 2007. Étude 20* (la protection pénale du droit moral de l'auteur). – Edelman, *D. 1982. Chron. 263* (le droit moral dans les œuvres artistiques). – Gaudrat, *J.-Cl. PLA, fasc. 1210* (droits moraux. Théorie générale du droit moral). – Gendreau, *RRJ 1988. I. 42* (genèse du droit moral dans les droits d'auteur français et anglais). – Ginsburg, *Cah. dr. auteur, déc. 1989. 13* (conflits de lois et droit moral). – Koumantos, *RIDA avr. 1999, p. 87* (faut-il avoir peur du droit moral ?). – Lesourd, *JCP 1967. I. 2067* (la violation du droit moral de l'auteur). – Matthyssens, *RIDA oct. 1980, p. 3* (le droit moral contre les faux monnayeurs du génie). – Mazeaud, *D. 1959. 133* (le droit moral des artistes sur leur œuvre et son incidence ; à propos de l'arrêt de la cour d'Orléans rendu dans l'affaire Bonnard). – Morillot, *Rev. crit. législ. et jur. 1872. 29* (de la personnalité du droit de publication qui appartient à un auteur vivant). – Morillot, *Rev. crit. législ. et jur. 1878, 111* (de la nature du droit d'auteur considéré à un point de vue général). – Nguyen Duc Long, *RIDA janv. 2000, p. 3* (intégrité et numérisation des œuvres de l'esprit). – Nouaros, Le droit moral de l'auteur, *thèse Paris 1935*. – Parisot, *RIDA avr. 1966, p. 93* (le droit moral de l'auteur dans la jurisprudence française depuis la loi du 11 mars 1957). – Parisot, *D. 1972. Chron. 71* (l'inaliénabilité du droit moral de l'auteur d'une œuvre littéraire ou artistique). – Piriou, *RIDA oct. 2001, p. 245* (le droit moral à l'épreuve des relations auteurs/personnes morales). – Plaisant, Hommage à Desbois, *Dalloz 1974. 63* (les conventions relatives au droit moral de l'auteur). – Pollaud-Dulian, *RIDA juill. 1990, p. 127* (le droit moral en France à travers la jurisprudence récente) ; *D. 1993. Chron. 97* (abus de droit et droit moral) ; *JCP 1994. I. 3780* (droit moral et droits de la personnalité) ; *RIDA janv. 2008, p. 102* (l'esprit de l'œuvre et le droit moral de l'auteur). – Radojkovic, *Dr. auteur 1965. 210* (de la nature du droit moral). – Sarraute, *Gaz. Pal. 1959. 2. 2* (la loi du 11 mars 1957 et le droit moral des artistes sur leurs œuvres) ; *ibid. 1957. 1. 11* (le droit moral du peintre sur son œuvre). – Silz, *RTD civ. 1933. 40* (la notion juridique de droit moral de l'auteur, son fondement, ses limites). – Sirinelli, Le droit moral de l'auteur et le droit commun des contrats, *thèse Paris 2, 1985*. – Stromholm, Le droit moral de l'auteur en droit allemand, français et scandinave, *Stockholm P.A., Nœrsted et Söners Förlag, t. 1, 1967, t. 2, 1973*. – Troller, *Bull. dr. auteur 1978. 44. 39* (étude comparative de droit d'auteur, droit moral). – Vaunois, *Mélanges Plaisant, Sirey 1960, p. 295* (l'évolution du droit moral). – Vieru, Le droit moral de l'auteur, *thèse Paris, 1939*. – Walravens, *RIDA juill. 2003, p. 3* (la protection de l'œuvre d'art et le droit moral de l'artiste).

▸ **Droit à la paternité :** Bonet, L'anonymat et le pseudonyme en matière de propriété littéraire et artistique, *thèse Paris, 1966*. – Fauchère, *RIDA oct. 1975, p. 89 ; RIDA janv. 1976, p. 3* (les faux en matière de peinture et d'art). – Frémond, *Cah. dr. auteur, avr. 1988, p. 11* (le droit au nom d'une œuvre artistique). – Gautier, *RIDA janv. 1989, p. 93* (l'œuvre écrite par autrui). – Grégoire, *J.-Classeur PLA, fasc. 1214* (droit au nom). – Raynard, *Cah. dr. entr. 1989, n° 2, p. 33* (le droit à la paternité de l'œuvre de l'esprit).

▸ **Droit au respect de l'œuvre :** Desurmont, L'incidence des droits d'auteur sur la propriété corporelle des œuvres d'art, *thèse Paris 2, 1974*. – Edelman, *D. 1990. 295* (entre copyright et droit d'auteur : l'intégrité de l'œuvre de l'esprit). – Giocanti, Le droit au respect de l'œuvre en droit français, *thèse Paris 2, 1989*. – Fabiani, *RIDA janv. 1964, p. 79* (le droit d'auteur à l'intégrité de son œuvre). – Françon, *Mélanges Chavanne, Litec 1990, p. 233* (le droit au respect et les œuvres audiovisuelles) *RIDA avr. 1971, p. 149* (des limitations que les droits de la personnalité apportent à la création littéraire et artistique). – Sarraute, *Gaz. Pal. 1962. 1. 21* (de l'adaptation cinématographique des œuvres littéraires). – Sénéchal, Origine et évolution du droit au respect de l'œuvre en droit français, *thèse Paris 2, 1989*.

▸ **Droit moral après la mort de l'auteur :** Blondel, La transmission à cause de mort des droits extrapatrimoniaux et des droits patrimoniaux à caractère personnel, *LGDJ 1969*. – Breton, *Études Hamel, Dalloz 1961. 19* (de la faculté, pour la Société des Gens de Lettres, d'ester en justice en vue de la protection du droit moral d'un auteur décédé). – Françon, *Mélanges Cabrillac, Litec, p. 167* (la protection du droit moral de l'auteur relatif à une œuvre tombée dans le domaine public). – Gobin, *Gaz. Pal. 1985. 1. 153* (la dévolution successorale du droit moral « post mortem »). – Hauert, *RIDA avr. 1959, p. 51* (contrôle et limite du droit moral). – Henaff, *LPA, 20 juill. 1999 ; 22 juill. 1999* (le droit moral de l'auteur décédé : menace pour la liberté d'expression et la création artistique). – Hovasse-Banget, La propriété littéraire et artistique en droit des successions, *thèse Rennes, 1990*. – Joubert, *RIDA janv. 1961, p. 69* (le droit moral sur les œuvres posthumes). – Lyon-Caen, *Mélanges Roubier, Dalloz 1961, p. 497* (une querelle juridique des anciens et des modernes). – Lindon, *D. 1973. 311* (du non-exercice immoral du droit moral).

COMMENTAIRE

Cet article énonce les deux premières prérogatives reconnues à l'auteur : le droit au respect de l'intégrité de l'œuvre et le droit d'attribution (ou droit à la paternité). Les règles françaises sont considérées comme étant des lois d'application impérative (notes 6, 72 et 73).

Par rapport à nombre de législations étrangères et à la Convention de Berne, ces prérogatives sont beaucoup plus protectrices des intérêts des auteurs. L'atteinte à la paternité ou à l'intégrité de l'œuvre ne suppose pas, en France, pour être sanctionnée, d'avoir pour conséquence de nuire à l'honneur ou à la réputation de l'auteur (comp. art. 6 *bis* de la Convention de Berne ou art. L. 121-7 CPI à propos du logiciel, ou encore art. L. 121-7-1 relatif aux agents publics).

Les caractères du droit moral sont énoncés aux alinéas 2 et 3. Ils sont empruntés au régime des droits de la personnalité (V. notes 1 s. et 64 s.) mais le droit est transmissible à cause de mort (al. 4). Son exercice est alors sujet à contrôle (V. art. L. 121-3, étendu au droit au respect de l'intégrité et de la paternité). Si ces prérogatives peuvent faire l'objet de dispositions testamentaires (al. 5), les conventions entre vifs qui ont pour objet le droit moral ne peuvent être translatives (al. 3 ; V. notes 29 s. et 61 s.). Les renonciations peuvent concerner le droit à la paternité mais sont révocables *ad nutum* (V. notes 27 s.). Celles concernant le droit au respect ne peuvent intervenir *a priori* (avant la modification ; V. notes 61 s.).

Le droit au respect de l'intégrité permet de s'opposer aux modifications de la forme (V. notes 43 s.) de l'œuvre (coupures, retouches, modifications, mutilations, adjonctions…) ainsi qu'à celles concernant l'esprit de la création (notes 49 s.) Bien que le droit au respect s'applique indifféremment à toutes les œuvres, les juges ne sont pas indifférents au genre de certaines d'entre elles. Les œuvres architecturales donnent lieu à des contentieux importants opposant deux droits présentés comme absolus, le droit du propriétaire du support matériel de l'œuvre et le droit au respect de l'architecte. La jurisprudence tente de trouver un équilibre et admet qu'en certaines circonstances le droit au respect puisse s'effacer devant certaines contraintes (V. notes 50 s.). Il est possible également de considérer que les œuvres utilitaires ou la « petite monnaie » du droit d'auteur soient protégées par les juges de manière moins absolue (V. note 57).

Le droit à la paternité comporte la faculté d'exiger que l'œuvre porte le nom de son véritable auteur et celle de s'opposer à ce que la création soit recouverte du nom d'une tierce personne. Il ne comprend normalement pas, en dépit de certaines hésitations jurisprudentielles, la faculté pour un auteur de s'opposer à ce que son nom figure sur une création n'émanant pas de lui (V. notes 22 s.).

Bien que le droit soit considéré comme absolu, l'auteur ne peut en abuser (V. notes 74 s.).

Le droit moral étant perpétuel, le droit de l'auteur au respect de son nom, de sa qualité et de son œuvre est transmissible à cause de mort à ses héritiers selon, non les règles spéciales de l'article L. 121-2, mais les règles ordinaires de dévolution successorale (V. notes 77 s.). Son exercice peut être soumis à un contrôle judiciaire en cas d'abus notoire dans son exercice (ou son non-exercice, V. notes 81 s.).

La protection est donc maintenue pour les œuvres tombées dans le domaine public mais, selon la Cour de cassation (V. note 78), la liberté de création s'oppose à ce qu'il soit possible d'interdire la réalisation d'une suite à une création de libre parcours sauf s'il est démontré que cette dernière est attentatoire au respect qui est dû à l'œuvre ou au nom de l'auteur. ❑

PLAN DES ANNOTATIONS

I. CONTENU nos 1 à 63

A. GÉNÉRALITÉS nos 1 à 5

B. DROIT À LA PATERNITÉ nos 6 à 32

1° ATTRIBUTS nos 6 à 26

a. Droit à l'apposition des noms, titres et qualités nos 7 à 21

1. Principes nos 7 à 14

2. Applications nos 15 à 21

b. Droit de contrôler l'utilisation des noms, titres et qualités nos 22 à 26

1. Œuvres de tiers faussement attribuées à l'auteur nos 22 à 25

2. Œuvres de l'auteur faussement attribuées à des tiers n° 26

2° CONVENTIONS RELATIVES À LA PATERNITÉ n°s 27 à 32

a. Anonymat et pseudonyme n°s 27 et 28

b. Renonciation au droit à la paternité ou transfert de celui-ci n°s 29 à 32

C. DROIT AU RESPECT DE L'ŒUVRE n°s 33 à 63

1° PRINCIPES n°s 33 à 42

2° APPLICATIONS n°s 43 à 60

a. Typologie des atteintes n°s 43 à 49

1. Atteintes à la forme de l'œuvre n°s 43 à 48

2. Atteintes à l'esprit de l'œuvre n° 49

b. Catégories d'œuvres n°s 50 à 60

1. Œuvres d'architecture n°s 50 à 54

2. Œuvres monumentales n°s 55 et 56

3. Œuvres d'arts appliqués n° 57

4. Bases de données n° 58

5. Œuvres dérivées n° 59

6. Œuvres musicales n° 60

3° CONVENTIONS RELATIVES AU DROIT AU RESPECT n°s 61 à 63

II. CARACTÈRES DU DROIT MORAL n°s 64 à 76

A. DROIT ATTACHÉ À LA PERSONNE DU CRÉATEUR n° 64

B. PERPÉTUITÉ n°s 65 et 66

C. INALIÉNABILITÉ n°s 67 à 70

D. INSAISISSABILITÉ n° 71

E. CARACTÈRE D'ORDRE PUBLIC n°s 72 et 73

F. CARACTÈRE ABSOLU n°s 74 à 76

III. SORT APRÈS LA MORT DE L'AUTEUR n°s 77 à 83

A. TITULAIRES **POST MORTEM** n°s 77 à 80

B. CONTRÔLE JUDICIAIRE n°s 81 à 83

I. CONTENU

A. GÉNÉRALITÉS

1. Le code de la propriété intellectuelle confère aux auteurs le droit exclusif de reproduire leurs œuvres ; ce droit recouvre toutes les formes de reproduction mais il est temporaire : il cesse soixante-dix ans après leur mort et les œuvres, qui appartiennent alors au domaine public, peuvent être reproduites librement. Cette liberté ne peut toutefois s'exercer que dans le respect du droit moral de l'auteur de ces œuvres, droit perpétuel, inaliénable et imprescriptible, attaché à la personne de l'auteur et transmissible à ses héritiers. Les attributs du droit moral de l'auteur sont définis par l'art. L. 121-1 CPI comme le droit au respect de son nom, de sa qualité et de son œuvre. Le fait que les droits patrimoniaux d'une œuvre soient arrivés à expiration n'autorise donc pas les tiers à en disposer sans restriction : il appartient à celui qui l'exploite de veiller au respect du nom de l'auteur et à l'intégrité de l'œuvre. Aux termes de l'art. L. 335-3 CPI, « Est un délit de contrefaçon toute reproduction (...) par quelque moyen que ce soit d'une œuvre de l'esprit en violation des droits de l'auteur ». La loi n'établissant aucune distinction entre droits patrimoniaux et extra-patrimoniaux, c'est la violation de l'ensemble des droits de l'auteur qui est ainsi réprimée. Il en résulte ainsi que l'atteinte au droit moral d'un auteur constitue le délit de contrefaçon. Ce délit correctionnel peut être poursuivi par le ministère public, même d'office ; aucune plainte n'est indispensable à la mise en mouvement des poursuites. • TGI Paris, 9 mai 1995 : *RIDA janv. 1996, p. 282.* ♦ V. aussi, pour le droit de divulgation, art. L. 121-2 et L. 121-3. – Et, pour les droits de retrait et de repentir, art. L. 121-4. ♦ V. encore, Convention de Berne du 9 sept. 1886, art. 6 *bis*, App., v° *Droit d'auteur.*

2. Droit de la personnalité. Le code précise les prérogatives morales qui sont celles de l'auteur (...), mais le droit moral de l'auteur (...) est entièrement étranger à la défense des autres droits de la personnalité protégés par la loi. • Civ. 1re, 10 mars 1993 : *D. 1994. 78, note Françon ; RTD com. 1994. 48, obs. Françon ; JCP 1993. II. 22161, note Raynard.* ♦ Un artiste ne peut prétendre à la protection de son nom patronymique au titre de l'art. L. 121-1, fût-il utilisé pour l'exercice de son activité artistique : ce nom, quelle que soit sa renommée prétendue, ne constitue pas en lui-même une œuvre de l'esprit. • Civ. 1re, 10 avr. 2013 : *Bull. civ. I, n° 72 ; Dalloz actualité, 13 mai 2013, obs. de Chassey ; D. 2013. AJ 992 ; CCE 2013, n° 73, note Caron ; RTD com. 2013. 285, obs. Pollaud-Dulian.*

3. Non-exploitation d'une œuvre. « La perte de notoriété résultant de la non-exploitation d'une œuvre de collaboration relève des droits patrimoniaux de l'auteur et non de la protection du droit moral de l'auteur sur son nom. » • Civ. 1re, 10 mai 1995 : *RIDA oct. 1995, p. 285 et 247, obs. Kéréver.* ♦ L'inexploitation d'une œuvre ne relève pas de la protection du droit moral de l'auteur. • Paris, 28 mai 2003 : *CCE 2003, n° 102, note Caron ; JCP E 2004. 1770, n° 7, obs. Laporte-Legeais ; Propr. intell. 2003, n° 9, p. 382, obs. Lucas.*

4. Cote d'un artiste. L'art. L. 121-1 ne peut être utilement mis en avant pour défendre la cote d'un peintre, ni être invoqué à l'encontre d'un marchand de tableaux ayant déprécié les toiles d'un artiste. • Civ. 1re, 3 déc. 1968 : *D. 1969. 73. concl. Lindon ; RTD com. 1969. 498, obs. Desbois ; RIDA avr. 1969, p. 135, concl. Lindon.*

5. Conventions. « Le droit moral de l'auteur sur son œuvre ne préexiste pas à celle-ci et (...) l'auteur peut, au préalable, légalement consentir par convention à limiter sa liberté de création et s'engager, en particulier, à obéir aux impératifs d'une commande faite à des fins publicitaires ou à rechercher, dans ce domaine ou dans un autre, l'accord de son cocontractant. » • Civ. 1re, 7 avr. 1987 : *Bull. civ. I, n° 124 ; D. 1988. 97 (2e esp.) ; RTD com. 1988. 224, obs. Françon et note Edelman ; RIDA oct. 1987, p. 197 ; RIDA juill. 1989, p. 199, Chron. Derieux.* ♦ Le non-respect d'une clause au contrat de commande de l'œuvre par laquelle l'acquéreur s'engageait à ne pas dissocier l'ensemble indivisible formé par l'œuvre cédée constitue une violation du droit moral de l'auteur qui doit être réparée par des dommages et intérêts. • Versailles, 28 janv. 1999 : *D. 1999. IR 89*.

B. DROIT À LA PATERNITÉ

1° ATTRIBUTS

6. Les règles françaises relatives à l'attribution de la qualité d'auteur et prévoyant que la personne qui est auteur du seul fait de sa création est investie du droit moral institué à son bénéfice sont des lois d'application impérative. • Civ. 1re, 28 mai 1991 : *Bull. civ. I, n° 172 ; D. 1993. 197, note Raynard ; RIDA juill. 1991, p. 197 et 161, obs. Kéréver ; JCP E 1991. II. 220, note Ginsburg et Sirinelli ; Gaz. Pal. 1989. 2. Pan. 741 ; Clunet 1992. 3, note Edelman.* ♦ Une personne ne peut prétendre à la protection de son nom patronymique en tant que tel, fût-il utilisé pour l'exercice de son activité artistique, ce nom, quelle que soit sa renommée prétendue, ne constituant pas, en lui-même, une œuvre de l'esprit. • Versailles, 25 févr. 2010 : *RTD com. 2011. 107, obs. Pollaud-Dulian ; CCE 2010. Étude 61, note Caron ; Propr. intell. 2010, n° 36, p. 845, obs. Bruguière ; RIDA oct. 2010, p. 353, note Sirinelli.* ♦ Sur la qualité d'auteur, V. aussi art. L. 113-1.

a. Droit à l'apposition des noms, titres et qualités

1. Principes

7. L'omission du nom de l'auteur sur des ouvrages, même diffusés en nombre restreint, cause au créateur un préjudice qui doit être réparé, la modestie de la diffusion n'ayant d'influence que sur la seule estimation de l'ampleur de la réparation due. • Paris, 4 mai 1983 : *Ann. propr. ind. 1983. 222* • Civ. 1re, 3 avr. 2007 : *Bull. civ. I, n° 135 ; D. 2007. AJ 1280, obs. Daleau ; RTD com. 2007. 541, obs. Pollaud-Dulian ; Propr. intell. 2007, n° 24, p. 332, obs. Bruguière.* ♦ Le nom de l'auteur d'un documentaire doit apparaître sur le générique de façon à ce qu'on puisse le lire (diffusion trop rapide du générique). • Paris, 4 avr. 2007 : *Propr. intell. 2007, n° 24, p. 315, obs. Bruguière.*

8. L'auteur a le droit d'être désigné par son patronyme et non par une vague allusion. • T. com. Seine, 2 avr. 1951 : *D. 1951. 343.*

9. Commet une faute l'éditeur qui supprime la mention de la qualité de l'auteur (directeur d'études de l'École pratique des hautes études) dans une traduction de l'ouvrage. • TGI Paris, 6 déc. 1976 : *RIDA janv. 1978, p. 160.*

10. Le créateur doit être mentionné en tant qu'auteur ; aussi, méconnaît le droit à la paternité d'un créateur celui qui, dans le générique d'un film projeté, fait apparaître un des auteurs comme simple technicien, cité parmi d'autres à propos des images de l'œuvre, et laisse ignorer au public que le documentaire proposé n'est qu'un « raccourci » d'un film plus long conçu et réalisé par l'intéressé. • Civ. 1re, 17 janv. 1995 : *RIDA juill. 1995, p. 147, obs. Kéréver.*

11. La notoriété de l'œuvre ne dispense pas l'agence de publicité qui la reproduit de faire figurer, en marge de la photographie, le nom du créateur ; à propos des colonnes de Buren, V. • TGI Paris, 21 févr. 1990 : *D. 1991. Somm. 95, obs. Colombet*.

12. Sur le droit de la femme divorcée à conserver comme nom de plume celui de son ex-mari sous lequel elle s'est fait connaître, V. • TGI Paris, 10 févr. 1981 : *D. 1981. 444, note Lindon.*

13. L'épouse d'un artiste, légataire universelle de ce dernier, qui avait contresigné l'engagement pris par son mari d'authentifier par sa signature des gravures reste tenue par cette obligation qui n'a pas un caractère purement personnel. • Civ. 1re, 26 janv. 1994, n° 91-17.731 P. ♦ Sur les obligations qui incombent à l'exploitant et à la quantification de la réparation due en cas de manquement à ces devoirs, V. App., v° *Usages professionnels,* code des usages en matière d'illustration photographique, art. 132.

14. L'auteur, personne physique, jouit d'un droit inaliénable au respect de son nom, de sa qualité et de son œuvre, de sorte que ni l'existence d'un contrat de travail, ni la propriété du support matériel de l'œuvre ne sont susceptibles de conférer à son employeur la jouissance de ce droit. • Civ. 1re, 16 nov. 2016, n° 15-22.723 : *Dalloz IP/IT 2017. 172, obs. Daleau ; RLDI déc. 2016. 17, obs. Costes ; LEPI mars 2017. 3, note Le Cam ; Propr. intell. 2017, n° 63, note Bruguière.*

2. Applications

15. *Architectes.* Un architecte peut exiger la mention de son nom : tant sur les plans d'œuvres architecturales originales dont il est l'auteur. • Crim. 16 août 1975 : *JCP CI, 1976. I. 5114.* ♦ ... Que sur les plans, œuvres dérivées, réalisés par d'autres architectes à partir des siens. • Civ. 1re, 5 juin 1984 : *Bull. civ. I, n° 184.* ♦ ... Que sur la construction elle-même. • Rennes, 22 nov. 1911 : *DP 1914. 2. 5* • Paris, 20 nov. 1996 : *RIDA juill. 1997, p. 321 ; JCP 1997. II. 22937, note Pollaud-Dulian.* ♦ Un architecte peut exiger la mention de son nom lors de la publication d'un reportage illustré de photographies représentant son œuvre. • Paris, 26 sept. 2001 : *Légipresse 2002. I. 53.* ♦ Il a été jugé qu'un architecte pouvait également demander la mention de son nom lors de la reproduction photographique de son bâtiment alors même que sa réalisation n'était pas protégée par le droit d'auteur. • TGI Paris, 13 nov. 1970 : *Gaz. Pal. 1971. 1. 352, note R. S.* ♦ Comp. • CE 6 mai 1988 : *RIDA janv. 1989, p. 179.*

16. Photographes. Méconnaît le droit au nom du photographe : le magazine qui omet le nom du créateur et ne mentionne que celui de l'agence de presse qui lui avait cédé le cliché. • TGI Paris, 26 juin 1985 : *D. 1986. Somm. 184, obs. Colombet* • Civ. 1re, 12 juill. 2006 : *Bull. civ. I, n° 399 ; D. 2006. AJ 2313, obs. Daleau ; Propr. intell. 2006, n° 21, p. 451, obs. Lucas.* ♦ V. aussi • Soc. 12 juill. 2007 : *RTD com. 2008. 88, obs. Pollaud-Dulian ; RIDA oct. 2007, p. 325, obs. Sirinelli* • Paris, 24 oct. 2007 : *RTD com. 2008. 88, obs. Pollaud-Dulian.* ♦ ... Ou la Fédération française de gymnastique qui utilise des photographies d'un tiers, pour illustrer l'une de ses revues, en faisant suivre la reproduction des œuvres de sa seule griffe (FFG). • Paris, 20 sept. 1994 : *RIDA avr. 1995, p. 367.* ♦ Le droit à la paternité est satisfait même lorsque la mention du nom se fait, non dans le voisinage immédiat de l'œuvre reproduite, mais en un endroit du catalogue qui contient la photographie en cause. • Versailles, 28 avr. 1988 : *D. 1988. IR 1965.* – Décision censurée, sur un autre point, par • Civ. 1re, 13 déc. 1989 : *Bull. civ. I, n° 391 ; D. 1991. Somm. 198, obs. Colombet ; JCP 1990. IV. 66 ; RIDA avr. 1990, p. 199 et 137, obs. Kéréver.* ♦ Le droit à la paternité est respecté lorsqu'une infobulle avec le nom de l'auteur apparaît lorsque le curseur se déplace sur la photographie affichée à l'écran. • Paris, 26 sept. 2007 : *RLDI 2007/36, n° 1198, obs. Auroux.* ♦ En revanche, des signatures groupées, qui ne permettent pas vraiment d'identifier l'auteur, ne sauraient être admises. • Paris, 18 févr. 1988 : *Cah. dr. auteur, mai 1988, p. 23.* ♦ S'agissant de la possibilité d'obtenir, sur le fondement de la responsabilité civile, de s'opposer à la mention d'une fausse paternité même à propos de créations non protégées, V. • Paris, 1er avr. 1957 : *D. 1957. 436 (2e esp.) ; JCP 1957. II. 10194, note Plaisant ; Ann. propr. ind. 1957. 253, note Gaultier.* ♦ Le respect auquel a droit l'auteur des photographies comprend le maintien de l'intégrité de l'œuvre, les tiers ne pouvant pas apporter de modifications, adjonctions ou suppressions aux éléments substantiels de la photographie. • Paris, 4 sept. 1998 : *JCP E 1998. Pan. 1526.* ♦ L'inscription du nom de l'auteur dans un encadré s'affichant lorsque l'on passe la souris dessus (dans une infobulle) suffit. • Paris, 26 sept. 2007 : *Propr. intell. 2008, n° 28, p. 326, obs. Bruguière.* ♦ En revanche, l'affichage du nom de l'auteur dans un lien hypertexte ne suffit pas. • TGI Paris, 6 juin 2008 : *Propr. intell. 2009, n° 30, p. 53, obs. Sirinelli.* ♦ L'employeur du photographe ne peut pas se prévaloir du préjudice qui résulte de l'absence de mention de son nom sur les reproductions contrefaisantes. • Civ. 1re, 16 nov. 2016, n° 15-22.723 : *V. note 14.*

17. Musiciens. Un compositeur de musique est en droit d'exiger la mention de son nom au générique d'un film. • TGI Seine, 1er déc. 1960 : *RIDA avr. 1961, p. 101.* ♦ ... Son droit moral étant opposable même au distributeur, qui ne peut utilement mettre en avant pour sa défense le fait que les usages de la profession ne donnent à l'exploitant aucun pouvoir de modification ou d'adjonction au générique. • TGI Paris, 21 févr. 1979 : *RIDA oct. 1979, p. 151.* ♦ Toutefois lorsque l'auteur d'une chanson accepte que celle-ci soit utilisée à des fins publicitaires, il renonce en même temps à son droit au nom lorsque le film ne comporte pas de générique. • Paris, 6 mars 1991 : *D. 1992. Somm. 75, obs. Hassler.* ♦ Les héritiers d'un compositeur ne peuvent exiger que la forme de la mention de son nom, dans le générique d'un film retraçant la vie d'un pianiste interprète, soit la même que celle accordée à l'auteur de la musique du film. • Paris, 12 juin 2002 : *RIDA avr. 2003, p. 285, obs. Kéréver.* ♦ En reproduisant, sans autorisation, pour le titre d'un concours, un des vers d'une chanson sans la mention du nom de l'auteur, un journal a porté atteinte à son droit moral (à propos du vers « Le soleil a rendez-vous avec la lune » de Charles Trénet). • Paris, 18 mars 2003 : *D. 2003. AJ 1295 ; CCE 2003, n° 69, note Caron ; Légipresse 2003, n° 205. III. 147, note Singh et Corman.*

18. Œuvres collectives. L'auteur d'une contribution à une œuvre collective, étant investi sur cette dernière des prérogatives de droit moral, est « fondé, notamment pour rétablir la vérité, à faire publiquement état de son rôle de créateur, la personne sous le nom de laquelle l'œuvre collective est divulguée étant seulement investie des droits de l'auteur en sa qualité de propriétaire ». • Civ. 1re, 15 avr. 1986 : *Bull. civ. I, n° 89 ; RIDA oct. 1986, p. 143 ; JCP 1986. IV. 174.*

19. Arts appliqués. En matière d'arts appliqués (carrosserie d'automobile), le droit à la paternité de l'œuvre peut être limité à la mention du nom de l'auteur sur les dessins et maquettes, l'auteur ne pouvant « prétendre être en droit d'exiger l'apposition de son nom sur les reproductions industrielles de son œuvre ». • Paris, 22 nov. 1983 : *D. 1985. Somm. 10, obs. Burst.* ♦ Comp., estimant que constitue une atteinte au droit au nom la reproduction et l'exploitation d'un dessin sur lequel la signature de l'auteur a été supprimée, et ce même dans le domaine des arts appliqués à l'industrie. • Paris, 5 nov. 1997 : *PIBD 1998. III. 121.* ♦ V., considérant que l'auteur, qui au cours de l'exploitation de dessins qu'il avait concédé ne s'est pas manifesté quant à la paternité de ses œuvres, n'est pas fondé à le faire une fois le contrat résilié. • TGI Strasbourg, 1er juill. 2003 : *PIBD 2004. III. 21 ; Propr. intell. 2004, n° 13, p. 935, obs. De Candé.*

20. Limite au droit à l'apposition du nom. Un auteur ne peut se plaindre de l'omission, par des exploitants, de sa signature sur une illustration qu'il a réalisée dès lors qu'il a lui-même omis, par inadvertance ou volontairement, de signer son œuvre et qu'il a attendu cinq ans pour manifester le désir de révéler sa paternité, « les utilisateurs de l'œuvre (n'ayant) pas l'obligation de se substituer à lui pour porter sur un dessin la signature qu'il n'y avait pas mise d'autant qu'une telle initiative aurait pu leur valoir le reproche de modifier l'œuvre ». • Paris, 22 janv. 1987 : *Cah. dr. auteur, janv. 1988, p. 15.* ♦ Sur la portée d'un usage selon lequel le nom de la personne qui aide une personnalité à écrire ses mémoires ne figure pas sur la page de couverture, V. • Paris,3 déc. 2003 : *Propr. intell. 2004, n° 10, p. 547, obs. Lucas.*

21. Les droits sur une œuvre anonyme peuvent être exercés par l'éditeur. • TGI Paris, 13 nov. 1975 : *D. 1976. Somm. 59.*

b. Droit de contrôler l'utilisation des noms, titres et qualités

1. Œuvres de tiers faussement attribuées à l'auteur

22. Le fait pour l'adaptateur d'un ballet de réaliser un pot-pourri à partir de pages de musique d'un compositeur et de laisser croire dans la présentation du disque à la seule paternité de ce dernier constitue une atteinte au droit à la paternité. • TGI Paris, 23 nov. 1988 : *JCP 1990. I. 3433, obs. Edelman ; Gaz. Pal. 1990. 1. Somm. 185.*

23. A propos de l'apposition du nom de l'artiste sur un buste élaboré à partir d'un plâtre qui n'était pas de Rodin, retenant que « l'attribution à Rodin par l'usurpation de son nom d'une œuvre qui n'est pas de lui constitue une atteinte au respect du nom du sculpteur et à l'identité artistique de son œuvre », V. • Paris, 23 mars 1992 : *RIDA janv. 1993, p. 181.* ♦ *Contra :* la mise en vente d'un tableau « portant une signature apocryphe de Maurice Utrillo » ne constitue pas une atteinte au droit moral dès lors que l'inauthenticité de la signature a été déclarée lors de la vente. • Civ. 1re, 18 juill. 2000 : *D. 2001. 541, note Dreyer ; JCP 2002. II. 10041, note Lefranc.* ♦ Les prérogatives attachées au droit moral de l'auteur dont sont investis les ayants droit ne leur confèrent pas un pouvoir discrétionnaire sur l'authentification de celle-ci. • Civ. 2e, 10 nov. 2005 : *CCE 2006, n° 20, note Caron ; Propr. intell. 2006, n° 19, p. 175, obs. Lucas.* ♦ Le titulaire du droit moral semble bien investi du pouvoir d'authentification des œuvres à défaut d'engagement contractuel vis-à-vis d'un expert. • Paris, 8 juin 2012 : *Propr. intell. 2012, n° 45, p. 403, obs. Bruguière.*

24. Copies d'œuvres. Sur la copie de tableaux avec reproduction de signatures, énonçant que « le droit de l'auteur au respect de son nom et de sa qualité est d'abord compris comme le droit pour l'auteur de faire reconnaître son œuvre comme étant de lui et par conséquent d'exiger que la mention de son nom figure sur l'œuvre ou soit automatiquement associée à celle-ci. Il permet aussi à l'auteur de s'opposer à ce que lui soit attribuée une œuvre qui n'émane pas de lui. Cela implique que soit évité tout risque de confusion entre l'œuvre originale et sa reproduction. Si les reproductions mécaniques de tableaux, par des procédés photographiques notamment, n'offrent guère de possibilités de confusion, il n'en est pas de même des copies de tableaux réalisées sur le même support et selon les mêmes procédés que l'œuvre originale. Le droit de copier l'œuvre n'emporte pas alors celui de copier la signature de son auteur : la signature est en effet la marque apposée par l'artiste au bas du tableau pour attester qu'il en est l'auteur et faire reconnaître l'originalité de son droit d'expression ; l'apposition de cette signature sur une copie qui, même si elle présente une certaine qualité, ne peut prétendre égaler l'inspiration originale et le génie de l'auteur, constitue donc nécessairement une atteinte à l'identité artistique de celui-ci ». • TGI Paris, 9 mai 1995 : *RIDA janv. 1996, p. 282.* ♦ « Dès lors que le copiste a respecté les dispositions légales en vigueur l'autorisant à reproduire selon une technique picturale l'œuvre considérée pourvu que ses dimensions fussent sensiblement différentes, obligation légale qui a été respectée, il n'y avait aucune violation du droit moral dans la reproduction de la signature qui fait incontestablement partie de l'œuvre elle-même ; qu'il convient d'ajouter qu'aucune disposition assortie de sanctions pénales n'interdit de reproduire par quelque technique que ce soit la signature d'un artiste dont l'œuvre est tombée dans le domaine public ; qu'il en serait différemment, sans doute, si cette apposition de signature entrait dans le cadre d'un plan frauduleux tendant à faire croire à l'acquéreur ou à l'acquéreur éventuel que l'œuvre soumise à son examen est une œuvre authentique. Considérant que tel n'est nullement le cas ; en effet, à partir du moment où il résulte de l'apposition qui figure au verso de l'œuvre qu'il s'agit d'une copie. » • Paris, 5 oct. 1995 : *RIDA avr. 1996, p. 303.* ♦ La reproduction de la signature de l'auteur sur la copie d'une œuvre d'art tombée dans le domaine public ne porte pas atteinte au droit moral de cet auteur lorsque aucune confusion n'est à craindre entre l'original et sa copie, le format de la toile étant différent et la mention « copie » apposée de manière indélébile au dos de celle-ci et sur la tranche. • Crim. 11 juin 1997 : *D. Affaires 1997. 1043 ; D. 1997. IR 200 ; RJDA 1997, n° 1431 ; RIDA janv. 1998, p. 295 ; JCP E 1997. Pan. 1152 ; JCP 1997. IV. 2110.*

25. Fraude en matière artistique. La loi du 9 févr. 1895 sur les fraudes en matière artistique punit d'une peine d'emprisonnement et d'une amende « ceux qui auront apposé frauduleusement un nom usurpé sur une œuvre de peinture, de sculpture, de dessin, de gravure ou de musique et ceux qui auront, frauduleusement et dans le but de tromper l'acheteur sur la personnalité de l'auteur, imité sa signature ou un signe adopté par lui » mais il n'est pas possible d'appliquer au simple acquéreur d'une œuvre non authentique la disposition qui prévoit la confiscation d'une fausse œuvre d'art et sa remise au plaignant, ou sa destruction sur le refus de celui-ci, prévue seulement comme peine accessoire applicable au faussaire, au marchand ou au commissionnaire. • TGI Paris, 16 déc. 1987 : *D. 1989. Somm. 45, obs. Colombet.* ♦ La mise en vente d'une toile « portant une signature apocryphe de Maurice Utrillo » ne constitue pas une infraction sanctionnée par la loi de 1895, l'élément de fraude faisant défaut lorsque l'inauthenticité de la signature a été signalée lors de la vente. • Civ. 1re, 18 juill. 2000 : *D. 2001. 541, note Dreyer.* ♦ Sur la mise sur le marché de centaines de faux dessins de Poulbot assortis de sa signature, V. • Paris, 28 févr. 2007 : *RTD com. 2007. 352, obs. Pollaud-Dulian.* ♦ V. aussi • Paris, 16 nov. 2012 : *V. note 43.*

2. Œuvres de l'auteur faussement attribuées à des tiers

26. Le droit à la paternité comporte, aussi, pour le créateur le droit de s'opposer aux usurpations, c'est-à-dire le droit d'éviter l'apposition sur sa propre création du nom d'un tiers qui n'est pas intervenu de façon originale dans la réalisation de l'œuvre. • Paris, 25 sept. 1987 : *D. 1988. Somm. 205, obs. Colombet ; RIDA janv. 1988, p. 104.* ♦ Pour une espèce où le maître de l'ouvrage se présentait à la presse comme ayant conçu et réalisé la restauration d'un immeuble, sans mentionner le nom de l'architecte, V. • Paris, 20 nov. 1996 : *RIDA juill. 1997, p. 321 ; JCP 1997. II. 22937, note Pollaud-Dulian.*

2° CONVENTIONS RELATIVES À LA PATERNITÉ

a. Anonymat et pseudonyme

27. Anonymat. Les clauses relatives à l'anonymat sont valables dès lors qu'il n'y a pas renonciation définitive aux prérogatives de droit moral, l'auteur disposant de la faculté de révoquer à tout moment sa décision. • Paris, 18 déc. 1990 : *D. 1993. 442, note Edelman.* – Pourvoi rejeté par • Civ. 1re, 5 mai 1993 : *RIDA oct. 1993, p. 205.*

28. Pseudonyme. Si l'auteur peut lever le masque, même plusieurs décennies après la publication de l'ouvrage, en apportant la preuve de sa paternité. • TGI Paris, 14 mars 1975 : *RIDA juill. 1975, p. 191.* ♦ ... L'éditeur ne peut méconnaître la convention relative à un pseudonyme et révéler la véritable identité de l'auteur sans l'accord de ce dernier. • Paris, 5 juill. 1979 : *D. 1980. 580, concl. Lévy ; RTD com. 1980. 345, obs. Françon ; Gaz. Pal. 1980. 1. 21 ; D. 1981. IR 87, obs. Colombet.* ♦ Sur l'anonymat et le pseudonyme, V. aussi art. L. 113-6.

b. Renonciation au droit à la paternité ou transfert de celui-ci

29. Abdication du droit moral. L'autorisation faite par l'auteur au cessionnaire de ne pas mentionner son nom sur les articles reproduisant ses œuvres n'emporte pas aliénation de son droit de paternité, dès lors qu'il conserve la faculté d'exiger la mention de son nom. • Civ. 1re, 13 févr. 2007 : *Bull. civ. I, n° 60 ; RTD com. 2007. 540, obs. Pollaud-Dulian ; CCE 2007, n° 53, note Caron ; Légipresse 2007. II. 187, obs. Alleaume ; Propr. ind. 2007, n° 52, note Greffe ; Propr. intell. 2007, n° 23, p. 207, obs. Bruguière ; RIDA avr. 2007, p. 275, note Sirinelli.* ♦ L'abdication de la dignité d'auteur et la contrepartie pécuniaire de cette déchéance, le « salaire de la résignation » pour reprendre l'expression de l'auteur en l'occurrence, sont non seulement illicites mais encore immorales et dès lors atteintes d'une nullité d'ordre public qu'il est loisible au juge de soulever d'office le cas échéant. • TGI Paris, 7 janv. 1969 : *RIDA avr. 1969, p. 166.* ♦ Le fait que le créateur soit un salarié ne change rien à la solution ; précisant la « persistance du droit moral » et proclamant le droit pour l'auteur de s'opposer à toute reproduction ne comportant pas sa signature, V. • Aix-en-Provence, 21 oct. 1965 : *D. 1966. 70, note Greffe ; JCP 1966. II. 14657, note Boursigot.*

30. La nullité de la clause doit être prononcée même si le contrat est soumis au droit américain qui n'interdit pas les clauses abdicatives puisque, selon l'art. L. 121-1, le droit moral est « un droit lié à la personne, perpétuel, inaliénable et imprescriptible ; que la solution proposée par le droit américain, qui en ignore l'existence, dans le domaine concerné, est donc fondamentalement opposée à la conception du droit français pour lequel il est l'un des attributs les plus importants, et le premier cité, du droit d'auteur ; qu'il s'ensuit qu'au regard de cette conception conforme à l'ordre juridique international consacré par la Convention Universelle des droits de l'Homme en vertu de laquelle "chacun a droit à la protection des intérêts moraux et matériels découlant de toute production scientifique, littéraire ou artistique dont il est l'auteur", la renonciation définitive à ce droit de la personnalité ne peut être admise et que Anne Bragance (l'auteur) est fondée à soulever l'exception d'ordre public ». • Paris, 1er févr. 1989 : *D. 1990. Somm. 52, obs. Colombet ; RIDA oct. 1989, p. 301, note Sirinelli ; Clunet, 1989. 1005, note Edelman.*

31. Les conventions portant abdication du droit

à la paternité ne peuvent avoir qu'un caractère précaire. • Civ. 1re, 4 avr. 1991 : *Bull. civ. I, n° 119 ; RIDA 1991, p. 125 ; JCP 1991. IV. 215.* ♦ Aussi, un auteur salarié peut exiger, même de nombreuses années après avoir réalisé une œuvre et après l'expiration de son contrat de travail, que son nom soit inscrit sur l'ouvrage. • Paris, 20 avr. 1989 : *D. 1989. IR 177 ; RIDA janv. 1990, p. 317.* ♦ De même, la personne chargée par une société d'édition de procéder à la réécriture d'ouvrages, et pouvant revendiquer la qualité de coauteur, ne saurait être considérée comme ayant définitivement renoncé au droit de voir son nom figurer au même titre, au même emplacement et dans les mêmes caractères et les mêmes dimensions que ceux de ses coauteurs. • Paris, 10 juin 1986 : *D. 1987. Somm. 153, obs. Colombet ; RIDA juill. 1987, p. 193.*

32. N'a pas de caractère purement potestatif et est valable la clause qui permet à un dialoguiste de se réserver le droit de retirer son nom du générique d'un film en cas de modifications apportées à sa contribution par le producteur. • Paris, 17 janv. 1970 : *RIDA avr. 1970, p. 154.*

C. DROIT AU RESPECT DE L'ŒUVRE

1° PRINCIPES

33. Droit absolu. « Considérant que le droit moral de l'auteur est attaché à la personne même de l'auteur, qu'il emporte le droit absolu au respect de l'œuvre quel que soit son mérite ou sa destination, et que la dénaturation substantielle de cette œuvre engage la responsabilité de son auteur. » • Paris, 10 avr. 1995 : *RIDA oct. 1995, p. 316.*

34. « Le droit moral de l'artiste comprend une face active qui lui permet de modifier, de remanier et même de détruire son œuvre, et aussi une face défensive qui lui donne le pouvoir de veiller à ce que celle-ci soit respectée, c'est-à-dire qu'elle ne soit ni altérée ni déformée. » • T. civ. Seine, 10 oct. 1951 : *Gaz. Pal. 1951. 2. 290.*

35. Titularité. « Le respect est dû à l'œuvre telle que l'auteur a voulu qu'elle soit ; (...) il n'appartient ni aux tiers ni au juge de porter un jugement de valeur sur la volonté de l'auteur ; (...) le titulaire du droit moral est seul maître de son exercice » ; ainsi, l'auteur peut exiger que sa pièce ne soit interprétée que par des hommes. • TGI Paris, 15 oct. 1992 : *RTD com. 1993. 98, obs. Françon ; RIDA janv. 1993, p. 225.* ♦ Comp. • Paris, 11 mai 1965 : *D. 1967. 555, note Françon.* – Et, sur pourvoi, exigeant pour condamner les initiatives que les adjonctions réalisées aient pour conséquence de donner une idée inexacte de l'œuvre, V. • Civ. 1re, 5 mars 1968 : *D. 1968. 382.*

36. L'œuvre ne peut être « ni altérée ni déformée dans sa forme ou dans son esprit ». • Paris, 28 juill. 1932 : *DP 1934. 2. 139, note Lepointe.* ♦ L'atteinte à l'intégrité d'une œuvre suppose que l'on soit en présence d'une forme originale. • Civ. 1re, 12 déc. 2006 : *Bull. civ. I, n° 551 ; RIDA avr. 2007, p. 171, note Sirinelli.* ♦ Seules constituent des exemplaires originaux les épreuves en bronze à tirage limité coulées à partir du modèle en plâtre ou en terre cuite réalisé par le sculpteur personnellement, de telle sorte que, dans leur exécution même, ces supports matériels de l'œuvre portent l'empreinte de la personnalité de leur auteur et se distinguent par là d'une simple reproduction. – Sur la notion d'exemplaire original et la violation au non de l'intégrité de l'œuvre, V. : • Civ. 1re, 4 mai 2012 : *Dalloz actualité, 24 mai 2012, obs. Daleau ; D. 2012. 1446, concl. Pagès ; ibid. 1452, note Zolynski ; CCE 2012, n° 90, note Caron ; Propr. intell. 2012, n° 42, p. 331, obs. A. Lucas.* – Et sur renvoi • Versailles, 19 févr. 2014 : *Légipresse 2014. 428, note Mercier.*

37. La propriété artistique comporte pour celui qui en est titulaire un droit qui n'a rien de pécuniaire mais qui attaché à la personne même de l'artiste permet à celui-ci, en cas de cession, d'exiger le respect de son œuvre dans son intégrité et dans ses détails. • Paris, 12 mars 1936 : *DH 1936. 256 ; Ann. propr. ind. 1937. 240 ; Gaz. Pal. 1936. 1. 941.*

38. L'auteur d'un dessin, malgré la cession de la propriété d'usage de son œuvre, conserve le droit absolu de s'opposer à toute altération, modification, correction ou addition, si minime qu'elle soit, susceptible d'en altérer le caractère et de dénaturer sa pensée. • Paris, 20 nov. 1935 : *DH 1936. 26 ; S. 1936. 2. 170, note Gény.*

39. Opposabilité. Le devoir de respect s'impose tant : Aux tiers ; ainsi, estimant à propos de la destruction de statues placées dans une église et considérées comme blasphématoires, que « des convictions personnelles, religieuses ou philosophiques, aussi respectables soient-elles, ne sont pas de nature à justifier la destruction de l'œuvre d'autrui », V. • Paris, 25 nov. 1980 : *RIDA avr. 1981, p. 162.* ♦ ... Qu'aux cessionnaires des droits patrimoniaux, • Paris, 20 nov. 1935 : *préc. note 38.* ♦ ... Ou aux propriétaires du support matériel de l'œuvre. • Civ. 1re, 6 juill. 1965 : *RIDA sept. 1965, p. 221 ; Gaz. Pal. 1965. 2. 126 ; JCP 1965. II. 14339, concl. Lindon ; Ann. propr. ind. 1966. 82.*

40. Le droit au respect s'impose également lors de la réalisation d'une œuvre dérivée en sorte que « l'éventuel droit moral du metteur en scène sur sa mise en scène trouve sa limite dans les droits de l'auteur de l'œuvre préexistante ». • TGI Paris, 15 oct. 1992 : *préc. note 35.*

41. Limites. Le droit au respect de l'œuvre ne saurait faire automatiquement obstacle aux demandes légitimes de personnes aux droits desquelles il serait porté atteinte par cette œuvre puisque « dans le conflit entre le droit de l'auteur au respect de son œuvre et le droit de l'interprète au respect de sa personnalité, il y a lieu de trancher dans le sens qui causera le moindre dommage ». • TGI Paris, réf., 14 mai 1974 : *D. 1974. 767.*

42. La rétention d'une œuvre n'est pas, en elle-même, une atteinte au respect dû à une œuvre d'art. • Civ. 1re, 4 juin 1971 : *D. 1971. 489, concl. Lindon.*

2° APPLICATIONS

a. Typologie des atteintes

1. Atteintes à la forme de l'œuvre

43. Mutilations, déformations.... Constituent des atteintes au droit moral et sont condamnés : La publication d'un livre avec suppression de certains passages. • Paris, 7 juin 1982 : *D. 1983. IR 97, note Colombet.* ♦ ... Le fait de faire disparaître le décor entourant un personnage. • TGI Paris, 26 juin 1985 : *D. 1986. Somm. 184, obs. Colombet.* ♦ ... « La suppression de la partie inférieure du dessin comportant le nom de la personne représentée et la signature de l'auteur. » • Paris, 31 oct. 1988 : *Cah. dr. auteur, avr. 1989, p. 22.* ♦ Sur l'altération d'une œuvre plastique, V. • Paris, 28 oct. 2011 : *Propr. intell. 2012, n° 42, p. 26, obs. A. Lucas.* ♦ Une reproduction qui n'est pas fidèle à l'œuvre originale ou maîtresse réalisée par l'artiste, comme c'est le cas en l'espèce du fait des déformations constatées, constitue une contrefaçon de l'œuvre de l'esprit portant atteinte au respect du nom de l'artiste et à l'intégrité artistique de son œuvre. • Paris, 16 nov. 2012 : *CCE 2013, n° 50, note Caron.*

44. Démantèlement. Portent atteinte au droit moral et sont condamnés : Le fractionnement d'une nature morte peinte sur un réfrigérateur. • Paris, 30 mai 1962 : *D. 1962. 570, note Desbois ; JCP 1963. II. 12989, note Savatier.* – Et, sur pourvoi, • Civ. 1re, 6 juill. 1965 : *préc. note 39.* ♦ ... Le démontage, sans préavis ni mise en demeure, des installations d'une exposition ainsi que la dispersion des éléments constitutifs de l'œuvre alors même que l'artiste n'a pas, après l'exposition, déménagé sa création à la date prévue ; ainsi, à propos d'une création constituée de rangées de cuvettes de W-C avec leurs réservoirs et couvercles ainsi que de grandes boîtes recouvertes de serviettes hygiéniques évoquant des cercueils, exposées dans la chapelle de la Salpêtrière. • Paris, 10 avr. 1995 : *préc. note 33.*

45. Retouches. Ne respectent pas le droit moral de l'auteur : Le fait de rhabiller la photo d'un mannequin nu avec des billets de banque. • TGI Paris, 14 mai 1987 : *Cah. dr. auteur, janv. 1988, p. 20.* ♦ ... Ou celui de recadrer une photographie. • Même jugement • Paris, 11 juin 1990 : *D. 1991. Somm. 89, obs. Colombet.*

46. Adjonctions. Viole le droit moral de l'auteur : l'adjonction de couleurs à un dessin publié en noir et blanc. • Crim. 3 mars 1898 : *Ann. propr. ind. 1899. 72 ; S. 1899. 1. 303.* ♦ Et, retenant que le portrait de Liszt est dénaturé « tant par l'adjonction de couleurs que par la suppression de la partie inférieure du dessin comportant le nom de la personne représentée et la signature de l'auteur », V. • Paris, 31 oct. 1988 : *Cah. dr. auteur, avr. 1989, p. 22.* ♦ V. encore, à propos d'un film : • Versailles, ch. réun., 19 déc. 1994 : *RIDA avr. 1995, p. 389, note Kéréver.* ♦ Viole également le droit moral de l'auteur : l'addition d'une préface. • Paris, 7 juin 1982 : *RIDA oct. 1982, p. 177 ; D. 1983. IR 97, obs. Colombet.* ♦ ... Ou d'une musique à un film muet. • Paris, 29 avr. 1959 : *D. 1959. 402 ; JCP 1959. II. 11134.* ♦ ... Ou la réalisation d'une construction nouvelle, ajoutée à un immeuble, et qui en rompt l'équilibre harmonieux. • Riom, 26 mai 1966 : *D. 1967. 171 ; JCP 1967. II. 15183, note Boursigot.* ♦ L'injonction par la cour d'appel d'insérer dans un catalogue raisonné un tableau dont l'auteur doute de son authenticité, ne porte pas atteinte à son droit moral. • Civ. 1re, 13 mars 2008 : *Bull. civ. I, n° 74 ; Propr. intell. 2008, n° 28, p. 323, obs. Lucas.* ♦ V. cependant, se fondant sur l'art. 10 CEDH et considérant que le refus de l'auteur d'un catalogue raisonné d'y insérer une œuvre, fût-elle authentique, ne peut, à défaut d'un texte spécial, être considéré comme fautif • Civ. 1re, 22 janv. 2014, n° 12-35.264 : *D. 2014. 276 ; RTD com. 2014. 129, Chron. F. Pollaud-Dulian.* ♦ L'architecte ne peut pas s'opposer, au nom de son droit moral, à l'édification d'un bâtiment mitoyen dont l'architecture s'affranchit de son projet initial. • Civ. 1re, 17 oct. 2012 : *Propr. intell. 2013, n° 46, p. 53, obs. Bruguière.*

47. Initiatives intempestives. Sont des modifications non autorisées portant atteinte au droit moral de l'auteur : Le fait pour une danseuse d'exécuter un pas de danse autre que celui conçu par le chorégraphe. • T. civ. Seine, 17 févr. 1926 : *Gaz. Pal. 1926. 1. 597.* ♦ ... Ou encore la juxtaposition, dans un placard publicitaire d'un parti politique, de deux extraits d'une chanson en un extrait unique présenté comme exact. • Paris, 21 juin 1988 : *D. 1990. Somm. 53, obs. Colombet ; LPA 21 févr. 1989 ; Cah. dr. auteur, sept. 1988, p. 17.* ♦ ... Ou le déplacement en appendice de tableaux chronologiques et du catalogue des principales revues et abréviations, ainsi que le remaniement de la bibliographie et des mentions de l'index d'un livre historique. • TGI Paris, 6 déc. 1976 : *RIDA janv. 1978, p. 160.* ♦ ... Ou la superposition d'un logo lors de la diffusion d'une œuvre à la télévision. • Paris, 25 oct. 1989 : *D. 1990. Somm. 54, obs. Colombet.* ♦ L'utilisation intempestive, sur une longue période, du titre d'un film pour désigner des services de messagerie affecte cette œuvre dans son entier, la banalisation et la dévalorisation de termes utilisés pour l'identifier portant atteinte à sa singularité. • Versailles, 19 mars 1998 : *Gaz. Pal. 10-11 févr. 1999. Somm. 24.* ♦ La distribution de la Comédie française, qui a fait le choix d'un acteur parlant parfaitement l'arabe et donc en situation de dire parfaitement les répliques écrites dans cette langue, ne peut en aucune manière constituer une atteinte au droit moral de l'auteur (à propos d'une pièce de François Koltès). • TGI Paris, 20 juin 2007 : *CCE 2007, n° 116, note Caron ; Gaz. Pal. 1er-3 juill. 2007, p. 9, note Amiel ; Légipresse 2007. III. 217, note Binctin ; Propr. intell. 2008, n° 26, p. 103, obs. Bruguière.*

48. Exécutions de mauvaise qualité. Porte atteinte au droit au respect la dénaturation d'une photo par une reproduction de médiocre qualité due au travail de photogravure et d'impression. • TGI Paris, 2 nov. 1988 : *Cah. dr. auteur, mars 1989, p. 19.*

2. Atteintes à l'esprit de l'œuvre

49. Méconnaissent le droit de l'auteur : la publication d'extraits d'un ouvrage pourtant autorisée mais déformant la « pensée générale » du créateur. • Paris, 10 oct. 1957 : *Gaz. Pal. 1958. 1. 27.* ♦ ... Une pièce qui reprend les personnages des aventures de Tintin, les replaçant dans des situations totalement différentes, et en « modifie l'image traditionnelle ». • Paris, 20 déc. 1990 : *D. 1991. 532, note Edelman* ; *RIDA janv. 1992, p. 295.* ♦ ... L'utilisation d'une œuvre musicale pour illustrer un film publicitaire ; ainsi, à propos de « La méditation de Thaïs », constatant « que la musique étant d'inspiration religieuse, et liée étroitement au sens des mots, sa transposition dans un cadre sans rapport avec son objet et au surplus à des fins commerciales détourne l'œuvre de la destination recherchée par son auteur et ainsi la dénature », V. • TGI Paris, 15 mai 1991 : *JCP 1992. II. 21919, note Daverat ; RIDA avr. 1992, p. 209.* ♦ V. aussi. • Paris, 19 mars 2010 : *Propr. intell. 2010, n° 36, p. 851, obs. Lucas.* ♦ ... L'incorporation d'une composition musicale dans un film publicitaire associé à une messagerie et une émission érotiques. • Paris, 7 avr. 1994 : *D. 1995. Somm. 56, obs. Colombet* . ♦ ... Une mise en scène contraire à l'esprit de la pièce. • TGI Paris, 27 nov. 1985 : *Gaz. Pal. 1986. 2. Somm. 369.* ♦ ... La modification de la présentation de la couverture d'une œuvre et l'ajout d'un sous-titre. • Paris, 5 sept. 1997 : *RIDA avr. 1998, p. 416.* ♦ ... La publication d'une œuvre sous un titre et une mise en garde choisis par l'éditeur qui amoindrissent les informations et le contenu de l'ouvrage. • Paris, 25 mars 1998 : *RIDA oct. 1998, p. 254.* ♦ ... Les apartés coupant l'extrait d'une œuvre musicale, non dépourvus d'une certaine dérision, même en dépit de leur vocation humoristique. • Paris, 18 sept. 2002 : *D. 2002. AJ 3208* ; *JCP E 2004. 561, n° 2, obs. Brochard.* ♦ ... L'utilisation de photographies d'œuvres d'art dans le cadre d'une campagne électorale. • Versailles, 20 déc. 2001 : *RIDA avr. 2002, p. 319, obs. Kéréver.* ♦ ... La reproduction d'un dessin d'Hergé dans un environnement étranger au héros mythique qu'incarne Tintin, dont est absente toute référence sexuelle et érotique. • Paris, 14 mars 2007 : *Propr. intell. 2007, n° 24, p. 314, obs. Bruguière.* ♦ La reproduction d'une œuvre sous une forme condensée porte atteinte au droit d'auteur. • Paris, 20 févr. 2008 : *Propr. intell. 2008, n° 28, p. 326, obs. A. Lucas.* ♦ L'utilisation d'une photographie détournant le contexte dans laquelle elle a été prise pour servir la promotion d'un film qui traite de la pornographie féministe porte atteinte au droit moral. • Paris, 17 juin 2011 : *Légipresse 2013, n° 301, p. 29, note Zollinger.*

b. Catégories d'œuvres

1. Œuvres d'architecture

50. « Il est (...) admis sans méconnaître la nature constitutionnelle du droit de propriété que l'art. 544 C. civ. ne peut justifier, en toute hypothèse, les atteintes à l'œuvre architecturale, protégée par les dispositions de la loi du 11 mars 1957, actuellement codifiée ; qu'il appartient aux titulaires des deux droits concurrents de les exercer, en toute bonne foi, dans le respect mutuel de leur droit respectif, l'architecte ne pouvant, en l'absence de droit, exiger un droit d'immixtion permanente ; que dans la réalité, un juste équilibre sera recherché en fonction de divers critères, notamment des mobiles qui ont déterminé le maître d'ouvrage à apporter des modifications à l'œuvre initiale, ainsi que des circonstances qui ont entouré ces modifications » ; retenant la responsabilité du maître de l'ouvrage pour non-respect d'une clause l'obligeant à rechercher une solution avec l'architecte, V. • TGI Paris, 25 mars 1993 : *RIDA juill. 1993, p. 354.*

51. L'architecte d'un immeuble d'habitation peut invoquer son droit moral pour s'opposer à la pose d'antennes paraboliques sur la façade de la construction dont « l'harmonie et l'esthétique seraient atteintes par ces adjonctions ». • Paris, 28 mars 1995 : *RIDA oct. 1995, p. 243, obs. Kéréver.* ♦ Comp., ayant estimé que la surélévation d'un bâtiment et la construction d'un restaurant sur le toit du théâtre des Champs-Elysées ne portait pas atteinte au droit moral de l'auteur de la partie sculptée de la façade en raison du caractère peu perceptible par le public des ajouts. • Paris, 11 juill. 1990 : *D. 1992. Somm. 17, obs. Colombet* ; *RIDA oct. 1990, p. 299.*

52. Si l'adjonction d'une construction nouvelle à un immeuble en rompt l'équilibre harmonieux, au point d'en constituer une dénaturation, elle porte atteinte au droit au respect. • Riom, 26 mai 1966 : *préc. note 46* • Civ. 1re, 11 juin 2009 : *Propr. intell. 2009. n° 32, p. 265, obs. A. Lucas ;*

RIDA oct. 2009, p. 325, note Sirinelli. ♦ ... Ou si des travaux de gros œuvre exécutés par une municipalité sans l'accord de l'architecte créateur dénaturent l'harmonie de l'ensemble. • Civ. 1re, 1er déc. 1987 : *Bull. civ. I, n° 319 ; D. 1989. Somm. 45, obs. Colombet ; JCP 1988. IV. 56 ; JCP 1989. I. 3376, obs. Edelman ; RIDA avr. 1988, p. 137.* ♦ ... Un équilibre doit cependant être recherché entre le respect du droit à l'intégrité de l'œuvre et la nature et la destination des ouvrages puisque « la vocation utilitaire du bâtiment commandé à un architecte interdit à celui-ci de prétendre imposer une intangibilité absolue de son œuvre, à laquelle son propriétaire est en droit d'apporter des modifications lorsque se révèle la nécessité de l'adapter à des besoins nouveaux » ; à propos d'un cloisonnement pour l'installation de deux salles de démonstration dans un foyer. • Civ. 1re, 7 janv. 1992 : *Bull. civ. I, n° 7 ; D. 1993. 522, note Edelman ; ibid. 88, obs. Colombet ; D. 1992. IR 46 ; RTD com. 1992. 376, obs. Françon ; RIDA avr. 1992, p. 194* • Civ. 1re, 11 juin 2009 : *CCE 2009, n° 75, note Caron.* ♦ V. aussi • TA Paris, 1er mars 2007 : *CCE 2007, n° 79, note Caron.* ♦ Concernant le réaménagement d'une « bibliothèque-discothèque-salle de réunion » pour répondre aux nécessités du service public, V. • CAA Paris, 1er oct. 2008 : *Propr. intell. 2009, n° 31, p. 165, obs. Lucas.* ♦ Sur les notions d'ensemble architectural et de bâtiment seul, V. • CAA Nancy, 29 juin 2000 : *JCP E 2003. 278, n° 4, obs. Grégoire.* ♦ Ne porte pas atteinte au droit moral de l'architecte l'édification d'un bâtiment mitoyen à celui qu'il a conçu et qui s'affranchissait du projet initial. • Civ. 1re, 17 oct. 2012 : *Bull. civ. I, n° 205 ; Dalloz actualité, 16 nov. 2012, obs. Allaeys ; D. 2012. AJ 2516 ; RTD com. 2012, p. 777, obs. Pollaud-Dulian ; Propr. intell. 2013, n° 46, p. 53, obs. Bruguière.*

53. « Dès lors qu'une œuvre a été édifiée au mépris des règles d'ordre public édictées tant par la législation sur la protection des sites que par le code de l'urbanisme, le droit moral de l'auteur ne saurait faire échec à l'exécution des mesures prévues par la loi en vue de mettre fin aux conséquences des infractions pénales constatées. » • Crim. 3 juin 1986 : *D. 1987. 301, note Edelman.* ♦ Cette limitation naturelle du droit au respect ne s'impose à l'auteur que si le propriétaire « établit la réalité des impératifs techniques ». • Civ. 1re, 1er déc. 1987 : *préc. note 52.* ♦ ... Et « il appartient (...) à l'autorité judiciaire d'apprécier si ces altérations de l'œuvre architecturale sont légitimées, eu égard à leur nature et à leur importance, par les circonstances qui ont contraint le propriétaire à y procéder ». • Civ. 1re, 7 janv. 1992 : *préc. note 52.* ♦ En se bornant à constater que la transformation du stade de la Beaujoire opérée par la ville de Nantes avait pour effet d'améliorer la sécurité de l'ouvrage sans rechercher si les travaux avaient été rendus strictement indispensables par des impératifs légitimés par les nécessités du service public, la cour a commis une erreur de droit. • CE 11 sept. 2006 : *D. 2007. 129, note Charret ; ibid. 2006. AJ 2398, obs. de Montecler ; JCP 2006. II. 10184, note Caron ; Légipresse 2007. II. 187, obs. Alleaume ; Propr. intell. 2006, n° 21, p. 450, obs. Lucas ; RLDI 2007/33. Comm. 10, obs. Bruguière ; RIDA janv. 2007, p. 209, note Sirinelli.* ♦ V. aussi • CE 13 juill. 2007 : *Propr. intell. 2008, n° 26, p. 108, obs. Bruguière.*

54. Il convient bien de distinguer entre « espace destiné à un usage commercial » et « œuvre à vocation artistique », « sans remettre en cause le droit du maître de l'ouvrage de choisir la décoration qu'il estime convenir à son fonds et à ses besoins fonctionnels ; (néanmoins), l'on doit admettre que ce choix ne doit pas se faire au mépris des obligations contractées envers l'architecte » ; retenant la responsabilité du maître de l'ouvrage pour non-respect d'une clause l'obligeant à rechercher une solution avec l'architecte, V. • TGI Paris, 25 mars 1993 : *préc. note 50.*

2. Œuvres monumentales

55. Certaines atteintes à l'intégrité d'une œuvre monumentale doivent être tolérées dès lors qu'elles sont advenues « sans intention malveillante ou dessein de nuire » et qu'elles ne sont que la conséquence de l'imprudence de l'artiste ; ainsi, à propos de la destruction de fresques réalisées sur les mœurs d'une chapelle sans accord entre l'artiste et le propriétaire, V. • Paris, 27 avr. 1934 : *DH 1934. 385.* ♦ Il en est de même lorsque l'œuvre porte atteinte à des règles d'urbanisme et « présente un danger réel pour le public » (ensemble ornemental en traverses de chemin de fer démantelé pour des raisons de sécurité). • TA Grenoble, 18 févr. 1976 : *RIDA janv. 1977, p. 117, note Françon ; RTD com. 1977. 120, obs. Desbois.* ♦ Le créateur d'une mosaïque en pâte de verre destinée à recouvrir le fond du bassin d'une fontaine monumentale ne peut s'opposer à une réfection rendue nécessaire par des désordres provoqués par des erreurs de conception et d'exécution. • Civ. 1re, 3 déc. 1991 : *D. 1992. IR 27 ; ibid. 1993. Somm. 88, obs. Colombet ; RIDA juill. 1992, p. 161.*

56. Au contraire, engage sa responsabilité le propriétaire qui fait enlever, d'un centre commercial, une œuvre sculpturale composée de tuyauteries au prétexte d'éventuels risques encourus par le public « alors qu'aucune circonstance de fait dûment justifiée, appréciable objectivement et assimilable à un cas de force majeure, ne l'y contraignait ». • Paris, 10 juill. 1975 : *D. 1977. 342, note Colombet ; RTD com. 1976. 359, obs. Desbois ; RTD civ. 1977. 740, obs. Nerson et Rubellin-Devichi ; RIDA janv. 1977, p. 118, note Françon.* ♦ Dans le même sens, retenant que « la commune qui a laissé dégrader par manque de surveillance et finalement supprimé sans tenter de la restaurer une fontaine monumentale qu'elle avait fait édifier, viole le droit moral du sculpteur et doit être condamnée au paiement de dommages-intérêts ». • Cons. Préf. Hérault, 9 déc. 1936 : *Ann. propr. ind. 1939. 295 ; Gaz. Pal. 1937. 347.* ♦ Il en est de même du propriétaire qui, bien que disposant du droit d'apporter des modifications à l'œuvre, en raison de la destination particulière de celle-ci impliquant à l'évidence un certain aléa quant à sa pérennité, détruit des éléments décoratifs d'un hôtel sans prendre la précaution de rechercher l'auteur et de discuter avec lui des moyens de sauvegarder au maximum sa création. • Paris, 24 juin 1994 : *D. 1995. Somm. 56, obs. Colombet* ⌀.

3. Œuvres d'arts appliqués

57. Certaines œuvres d'arts appliqués peuvent être modifiées pour « répondre à des impératifs techniques de fabrication » ; à propos d'une carrosserie d'automobile, V. • Paris, 22 nov. 1983 : *D. 1985. Somm. 10, obs. Burst.* ♦ L'usage des œuvres d'art appliqués dans un domaine éminemment commercial ne présentant pas la même intangibilité que les œuvres d'art pur, les modifications minimes faites par le cessionnaire d'une étiquette de fromage préemballé, dessin qui n'a pas de vocation artistique, ne constitue pas une atteinte au droit moral de son auteur. • TGI Nancy, 10 sept. 1998, *Molinard : RIDA janv. 1999, p. 431.* ♦ Mais, s'il peut être admis que la présentation d'une œuvre peut se trouver légèrement modifiée en raison d'impératifs techniques compte tenu du support sur lequel elle est présentée, on ne saurait admettre des modifications, tel un logo qui, sans transformer de façon substantielle l'œuvre, en altère l'expression. • Paris, 12 déc. 1988 : *RIDA juill. 1990, p. 333 ; Cah. dr. auteur, avr. 1989, p. 23 ; JCP 1989. I. 3376, obs. Edelman.*

4. Bases de données

58. Sur le droit au respect dans une base constituée d'extraits d'œuvres littéraires, estimant pour rejeter le grief d'altération de l'œuvre qu'un index « était, par nature, exclusif d'un exposé complet du contenu de l'œuvre », et « qu'aucune erreur n'avait été relevée dans les citations », V. • Cass., ass. plén., 30 oct. 1987 : *D. 1988. 21, concl. Cabannes ; D. 1988. Somm. 206, obs. Colombet ; RTD com. 1988. 57, obs. Françon ; JCP 1988. II. 20932, rapp. Nicot, obs. Huet ; RIDA janv. 1988, p. 78, concl. Cabannes.*

5. Œuvres dérivées

59. « La conclusion d'un contrat d'adaptation n'emporte aucune renonciation au droit au respect de l'œuvre, mais (...) l'adaptation au cinéma d'une œuvre littéraire implique qu'une certaine liberté soit reconnue à l'adaptateur ». Une cour d'appel a donc pu estimer « que l'œuvre adaptée respectait l'esprit de l'œuvre préexistante et que, bien que comportant un apport personnel de l'adaptateur, exigé par la transposition à l'écran, elle reproduisait fidèlement l'intrigue et le caractère du personnage principal ». • Civ. 1re, 12 juin 2001 : *Bull. civ. I, n° 171 ; Propr. intell., oct. 2001, p. 62, obs. A. Lucas.* ♦ En matière d'adaptation, une certaine liberté doit être reconnue à l'adaptateur qui peut introduire des changements nécessaires. • Paris, 31 mai 1988 : *D. 1990. 235, note Edelman* ⌀ *; RIDA janv. 1989, p. 183.* ♦ ... Notamment ceux « commandés par les impératifs imposés par la vie matérielle, industrielle et commerciale du cinéma ». • Paris, 2 juill. 1957 : *D. 1957. 698, note Lyon-Caen et Lavigne.* ♦ ... Mais sans que « les tendances et le caractère de l'œuvre puissent être altérés ». • Paris, 28 août 1910 : *Ann. propr. ind. 1910. 191.* ♦ ... Ou qu'il soit porté atteinte à l'esprit, le caractère et les lignes principales de l'architecture de l'œuvre première, la tâche de l'adaptateur consistant « à trouver, sans en dénaturer le caractère, une expression nouvelle de la substance d'une œuvre ». • Civ. 1re, 22 nov. 1966 : *D. 1967. 485, note Desbois ; Gaz. Pal. 1967. 1. 175 ; JCP 1968. II. 15331, note Plaisant.* ♦ Pour un exemple de dénaturation, concernant un roman construit autour d'une analyse de caractère et de rapports humains transformé en film où scènes de violence et d'action physique prédominent, V. • TGI Paris, 18 avr. 1979 : *RIDA oct. 1979, p. 175.* – Et, sur appel • Paris, 29 avr. 1982 : *RIDA oct. 1982, p. 172.* ♦ Si, en raison de la vocation d'un orgue installé dans un édifice destiné à accueillir des manifestations d'ordre culturel ou artistique, le créateur ou l'auteur d'une restructuration complète d'un tel instrument ne peut prétendre imposer l'intangibilité absolue de son œuvre ou de l'édifice qui l'accueille au maître de l'ouvrage, ce dernier n'est toutefois en droit d'apporter des modifications à ceux-ci que dans la mesure seulement où elles sont rendues strictement indispensables par des impératifs esthétiques, techniques ou de sécurité publique, légitimés par la destination de l'instrument ou dudit édifice ; dans ce cas, il incombe au maître de l'ouvrage de rechercher sinon le concours, du moins l'assentiment du facteur afin de trouver les solutions permettant d'effectuer ces modifications en altérant le moins possible le caractère original de l'œuvre. • CAA Nancy, 2 mai 1996, (2 arrêts) : *LPA 11 juin 1997 ; Gaz. Pal. 1997. Pan. 150 ; D. 1999. Somm. 81, obs. Edelman* ⌀. ♦ En cas d'adaptation cinématographique d'une œuvre à la fois indivisément graphique et littéraire (adaptation par voie d'animation du Petit Prince de Saint-Exupéry) l'auteur de l'œuvre seconde peut dessiner des personnages différents de ceux du romancier-dessinateur. • Civ. 1re, 12 juin 2001 : *Bull. civ. I, n° 171 ; Propr. intell., oct. 2001, p. 62, obs. A. Lucas.* ♦ Sur le contenu du droit au respect dans une œuvre audiovisuelle, V. art. L. 121-5 et L. 132-22. ♦ Sur l'ampleur du devoir de respect qui s'impose à l'éditeur, V. art. L. 132-11. ♦ Sur le devoir de respect qui s'impose en matière de logiciels, V. art. L. 121-7. ♦ Sur le droit moral sur les œuvres collectives, V. notes 3 s. ss. art. L. 113-5. ♦ Pour les œuvres de collaboration, V. note 1 ss. art. L. 113-3. ♦ Sur le droit moral des traducteurs, V. code des usages, App., v° *Propriété littéraire.*

6. Œuvres musicales

60. Le respect dû à l'œuvre en interdisant toute altération ou modification, qu'elle qu'en soit l'importance, le fait d'utiliser une œuvre musicale sous forme d'extraits pour illustrer une émission de type publicitaire constitue une atteinte au droit moral de l'auteur. • Civ. 1re, 24 févr. 1998 : *Bull. civ. I, n° 75 ; D. Affaires 1998. 539, obs. J.P-S ; D. 1998. 471, obs. Françon ; JCP E 1998, p. 636 ; Expertises, mai 1998, p. 128 ; RJDA 1998, n° 921 ; Gaz. Pal. 1998. Pan. 183 ; D. 1999. Somm. 64, obs. Colombet*. ♦ V. aussi • Civ. 1re, 12 juill. 2001 : *D. 2001. AJ 2896* • Paris, 14 déc. 2001 : *D. 2001. AJ 725* • Civ. 1re, 15 févr. 2005 : *Bull. civ. I, n° 83 ; RTD com. 2005. 319, obs. Pollaud-Dulian ; CCE 2005, n° 61, note Caron ; ibid. 2006. Chron. 3, § 3, obs. Daverat ; RIDA juill. 2005, p. 325, note Kéréver.* ♦ L'utilisation de l'extrait d'une œuvre musicale pour avertir de la diffusion d'un « flash météo » porte atteinte au droit moral de l'auteur. • Paris, 26 juin 2002 : *D. 2002. AJ 2334 ; JCP E 2004. 1898, n° 3, obs. Lefranc.* ♦ La sonorisation d'une pièce de théâtre, lors d'une des représentations, par la diffusion d'un extrait d'une chanson porte atteinte au droit moral de l'auteur. • TGI Paris, 14 févr. 2003 : *JCP E 2004. 1898, n° 8, obs. Couillaud ; LPA 19 janv. 2004, note Daverat ; RIDA juill. 2003, p. 220, obs. Kéréver.* ♦ Les apartés coupant l'extrait d'une œuvre musicale, non dépourvus d'une certaine dérision, portent nécessairement atteinte au droit moral, même en dépit de leur vocation humoristique. • Paris, 18 sept. 2002 : *D. 2002. AJ 3208*. ♦ La dissociation des paroles et de la musique dans un karaoké aboutit à la déstructuration de l'œuvre originale et porte atteinte au droit moral de l'auteur. • Paris, 29 mai 2002 : *CCE 2002, n° 124, note Caron.* ♦ Mais la technique du karaoké n'est pas, par elle-même, constitutive d'une atteinte au droit au respect. • Civ. 1re, 7 nov. 2006 : *Bull. civ. I, n° 462 ; D. 2006. 417, note Allaeys ; ibid. AJ 2913, obs. Daleau ; CCE 2006, n° 152, note Caron ; ibid. Chron. n° 4, § 4, obs. Daverat ; Légipresse 2007. III. 48, note Henry ; ibid. II. 186, obs. Alleaume ; Propr. intell. 2007, n° 22, p. 85, obs. Lucas ; RIDA janv. 2007, p. 225, note Sirinelli ; ibid. janv. 2008, p. 205, obs. Bénabou.* ♦ La reproduction d'œuvres musicales sous forme de sonneries téléphoniques porte atteinte au droit moral de l'auteur. • TGI Paris, 7 nov. 2003 : *Légipresse 2004. III. 38, note Hugot.* ♦ Confirmé par • Paris, 16 sept. 2005 : *CCE 2005, n° 170, note Caron* • Civ. 1re, 7 nov. 2006 : *préc.* ♦ Comp. en matière de droits voisins. • Soc. 8 févr. 2006 : *Bull. civ. V, n° 64 ; D. 2006. 1172, note Allaeys ; ibid. Pan. 3000, obs. Sirinelli ; ibid. AJ 579, obs. Daleau ; RTD com. 2006. 374, obs. Pollaud-Dulian ; CCE 2006. Étude 11, obs. Bourdarot ; ibid. n° 57, note Caron ; ibid. 2007. Chron. 4, obs. Daverat ; JCP 2006. II. 10078, note Azzi ; JCP E 2006, 1654, note Alleaume ; JCP S 2006, 1238, note Tahalle ; Légipresse 2006. III. 101, note Tafforeau ; ibid. II. 186, obs. Alleaume ; RIDA juill. 2006, p. 303, note Kéréver ; ibid. janv. 2008, p. 205, obs. Bénabou.* ♦ V. aussi • Civ. 1re, 2 avr. 2009 : *RTD com. 2009. 305, obs. Pollaud-Dulian ; CCE 2009, n° 52, note Caron ; Propr. intell. 2009, n° 32, p. 264, obs. Lucas ; RIDA avr. 2009, p. 261, note Sirinelli* • 24 sept. 2009 : *D. 2009. AJ 2486, obs. Daleau ; ibid. 1466, note Azzi ; RTD com. 2010. 109, obs. Pollaud-Dulian ; Propr. intell. 2010, n° 34 ; p. 617, obs. A. Lucas ; RIDA oct. 2009, p. 401, note Sirinelli* • Paris, 3 oct. 2015, n° 14/08900 : *D. 2015. 2548, note Dubarry ; Dalloz IP/IT 2016. 88, obs. Daleau ; RTD com. 2016. 96, obs. Pollaud-Dulian ; CCE 2016, n° 1, note Caron ; Propr. intell. janv. 2016, p. 42, note A. Lucas.* ♦ V. art. L. 212-2.

3° CONVENTIONS RELATIVES AU DROIT AU RESPECT

61. Un auteur ne peut consentir par avance à toute déformation ou mutilation. • TGI Seine, 27 mai 1959 : *RIDA juill. 1959, p. 148.* – Et, précisant que des auteurs « ne sauraient par avance renoncer en bloc et par blanc-seing à l'exercice de leur droit moral qui, incessible et insaisissable s'impose à tous aux contractants comme aux tiers », notamment afin de protéger l'œuvre « contre l'indifférence momentanée de l'auteur lui-même ». • Paris, 14 juin 1950 : *D. 1951. 9, note Desbois ; Gaz. Pal. 1950. 2. 78 ; Ann. propr. ind. 1950. 109.* ♦ V. cependant, admettant la validité de la clause du contrat par laquelle l'auteur et le compositeur d'une chanson autorisent le cessionnaire à utiliser leur œuvre à des fins publicitaires, y compris en y apportant toutes modifications utiles ou toutes adaptations. • Paris, 28 juin 2000 : *Propr. intell., oct. 2001, p. 62, obs. A Lucas ; RIDA janv. 2001, p. 326 ; JCP E 2003. 278, n° 5, obs. Brochard* (clause litigieuse autorisant le cessionnaire à négocier et définir les conditions de l'exploitation pour n'importe quel type de représentation, même non mentionné dans le contrat, « selon son jugement, qui ne pourra être contesté » et précisant que les cédants considéraient « ces décisions comme approuvées et ratifiées »). – Décision cassée. L'inaliénabilité du droit au respect de l'œuvre, principe d'ordre public, s'oppose à ce que l'auteur abandonne au cessionnaire, de façon préalable et générale, l'appréciation exclusive des utilisation, diffusion, adaptation, retrait, adjonction et changements auxquels il plairait à ce dernier de procéder.

• Civ. 1re, 28 janv. 2003 : *D. 2003. AJ 559, obs. Daleau ; JCP E 2003. 423 ; CCE 2003, n° 21, note Caron ; JCP E 2004. 561, n° 3, obs. Ratovo ; Légipresse 2003. III. 61, note Maffre-Bauger ; Propr. intell. 2003, n° 7, p. 165, obs. Sirinelli ; RDPI oct. 2003, n° 12, p. 46 ; RIDA avr. 2003, p. 281, obs. Kérever.* ♦ Et sur renvoi : la prohibition d'un abandon du droit moral par anticipation dans un contrat n'impose pas au cessionnaire de recueillir, avant toute modification, la permission expresse du cédant. Celui-ci, quoique tenu par la force obligatoire du contrat par lui librement passé, conserve cependant la faculté de faire cesser l'utilisation qui se révélerait abusive ou d'obtenir réparation à ce titre. • Paris, 15 déc. 2004 : *D. 2005. Pan. 1487, obs. Sirinelli ; ibid. 2886, note Edelman ; CCE 2005, n° 28, note Caron ; RIDA avr. 2005, p. 175, note Kérever.* ♦ Arrêt cassé : toute modification, quelle qu'en soit l'importance, apportée à une œuvre de l'esprit, porte atteinte au droit de son auteur au respect de celle-ci. • Civ. 1re, 5 déc. 2006 : *CCE 2007, n° 18, note Caron ; ibid. Chron. n° 4, § 3, obs. Daverat ; Légipresse 2007. III. 112, note Corone et Barassi ; Propr. intell. 2007, n° 23, p. 205, obs. Bruguière* • Civ. 1re, 6 mai 2003 : *Bull. civ. I, n° 110 ; RTD com. 2004. 267, obs. Pollaud-Dulian ; Légipresse 2003. III. 120 ; Propr. intell. 2003, n° 8, p. 298, obs. Sirinelli ; RIDA janv. 2007, p. 235, note Sirinelli.* ♦ L'exploitation d'une œuvre au sein d'une compilation, mode d'exercice du droit patrimonial cédé, n'est de nature à porter atteinte au droit moral de l'auteur, requérant alors son accord préalable, qu'autant qu'elle risque d'altérer l'œuvre ou de déconsidérer l'auteur. • Civ. 1re, 7 nov. 2006 : *Bull. civ. I, n° 462 ; D. 2006. 417, note Allaeys ; ibid. AJ 2913, obs. Daleau ; RTD com. 2007. 105, obs. Pollaud-Dulian ; CCE 2006, n° 152, note Caron ; ibid. Chron. n° 4, § 4, obs. Daverat ; Légipresse 2007. III. 48, note Henry ; ibid. II. 185, obs. Alleaume ; Propr. intell. 2007, n° 22, p. 85, obs. Lucas ; RIDA janv. 2007, p. 225, note Sirinelli* • Paris, 14 nov. 2007 : *RLDI 2008/36, n° 1202, note Costes.* ♦ Sur le sort de clauses relatives au droit moral d'internautes proposant des commentaires sur un site commercial, V. • TGI Paris, 28 oct. 2008 : *RIDA avr. 2009, p. 341, note Sirinelli.*

62. Jugé aussi à propos de clauses relatives à un film, réservant au producteur le droit d'apporter à l'œuvre des modifications, aussi bien lors des prises de vue que du montage ou en cours d'exploitation, que « toute clause du contrat autorisant la société productrice à passer outre au défaut d'accord du réalisateur (est) nulle comme contraire aux dispositions d'ordre public de la loi du 11 mars 1957 ». • Paris, 20 janv. 1971 : *D. 1971. 307, concl. Lecourtier ; RTD com. 1971. 1028, obs. Desbois.* – Pourvoi rejeté par • Civ. 1re, 7 févr. 1973 : *D. 1973. 363, note Edelman ; RTD com. 1973. 558, obs. Desbois ; Gaz. Pal. 1973. 1. 404, note Sarraute ; Ann. propr. ind. 1974. 37.*

63. « En se prévalant du caractère inaliénable du droit moral qu'il a sur son œuvre, l'auteur ne saurait s'attribuer le pouvoir de revenir sur des accords compatibles avec ce droit du moment où ils furent librement discutés et conclus ; en décider autrement rendrait impossible l'élaboration de toute œuvre dérivée » ; en l'espèce, l'auteur avait essayé par deux fois de réaliser, sous couvert du droit moral, une opération financière intéressante et a pu obtenir l'insertion d'un avertissement au générique. • Paris, 23 nov. 1970 : *RIDA juill. 1971, p. 74.* ♦ Avant la proclamation du principe d'inaliénabilité du droit moral, énonçant que « sans doute l'artiste peut renoncer en fait à l'exercice de son droit moral, mais cette renonciation ne peut être accueillie par les tribunaux que si elle résulte clairement des documents et circonstances de la cause », V. • Paris, 12 mars 1936 : *DH 1936. 256 ; Gaz. Pal. 1936. 1. 941.* ♦ Et, retenant qu'« attendu que sous réserve des limites que peut apporter au droit moral de l'auteur la nature des conventions conclues par lui au sujet de ses œuvres, limites auxquelles le moyen se réfère de façon inopérante en l'absence de tout accord intervenu à ce sujet, le respect dû à l'œuvre en interdit toute altération ou modification, quelle qu'en soit l'importance ». • Civ. 1re, 17 déc. 1991 : *Bull. civ. I, n° 360 ; D. 1993. Somm. 89, obs. Colombet ; Légipresse 1992. III. 129 ; RIDA avr. 1992, p. 190.*

II. CARACTÈRES DU DROIT MORAL

A. DROIT ATTACHÉ À LA PERSONNE DU CRÉATEUR

64. Si l'éditeur, qui n'est pas créateur mais simple cessionnaire des droits patrimoniaux, ne dispose pas du droit moral et n'a aucune qualité pour se plaindre d'une atteinte qui lui serait portée. • Paris, 23 nov. 1977 : *Ann. propr. ind. 1979. 68.* ♦ ... La loi ne fait aucune distinction permettant de refuser la protection du droit moral à la personne morale qui diffuse sous son nom une œuvre collective. • Paris, 18 avr. 1991 : *RIDA juill. 1992, p. 166.* ♦ ... Même s'il n'est pas possible de désigner cette dernière sous le vocable d'« auteur ». • Civ. 1re, 8 déc. 1993 : *Bull. civ. I, n° 361 ; RIDA juil. 1994, p. 303.*

B. PERPÉTUITÉ

65. Le caractère perpétuel de ce droit, qui est transmissible à cause de mort, ne peut être précisément sauvegardé que par le jeu, sans limitation de temps, de la dévolution successorale qui lui procure, de génération en génération, des dépositaires (...) héritiers *ab intestat* ou légataires universels, qui continuent la personne de l'auteur et recueillent l'héritage incluant ce droit sous réserve de l'utilisation éventuelle, par l'un de ces dépositaires, de la possibilité légale d'en conférer à un tiers le simple exercice par des dispositions testamentaires spéciales. • Versailles, 3 oct. 1990 : *RIDA avr. 1991, p. 148, note Gautier.* ♦ Sur la transmission du droit moral, V.aussi, notes 68 s.

66. Imprescriptibilité. Il convient de distinguer la prescription du droit lui-même qui est imprescriptible, de la prescription de l'action visant à sanctionner une atteinte à ce dernier, laquelle se prescrit selon les règles de droit commun. • Paris, 16 mai 2008 : *RTD com. 2008. 553, obs. Pollaud-Dulian ; Propr. intell. 2008, n° 29, p. 434, obs. Lucas.*

C. INALIÉNABILITÉ

67. « Le droit moral (...) destiné à assurer à l'auteur ce qu'il a de plus précieux, le respect de sa personnalité, est, par son essence même perpétuel et incessible. » • T. civ. Seine, 6 avr. 1949, *Pierre Blanchar et a. c/ Sté Éts Gaumont : JCP 1950. II. 5462, note Plaisant et Coste ; Gaz. Pal. 1949. 1. 249, concl. Gégout ; Dr. auteur 1949. 115, obs. Vaunois* • 7 avr. 1949 : *ibid.* – Confirmé par • Paris, 14 juin 1950 : *D. 1951. 9, note Desbois ; Gaz. Pal. 1950. 2. 78 ; Ann. propr. ind. 1950, p. 109.*

68. Sont atteintes de nullité : Les clauses de transfert ou de cession du droit moral ; le cessionnaire des droits patrimoniaux n'est pas titulaire du droit moral. • Paris, 23 nov. 1977 : *préc. note 64.* ♦ ... La clause attribuant à une personne, au mépris de la réalité, la paternité de la totalité des thèmes musicaux d'un film. • Civ. 1re, 4 avr. 1991 : *RIDA oct. 1991, p. 125.* ♦ ... Les clauses abdicatives ou renonciatives des prérogatives intellectuelles. • Paris, 20 janv. 1971 : *D. 1971. 307, concl. Lecourtier ; RTD com. 1971. 1028, obs. Desbois.* – Et, rejetant le pourvoi • Civ. 1re, 7 févr. 1973 : *D. 1973. 363, note Edelman ; RTD com. 1973. 558, obs. Desbois ; Gaz. Pal. 1973. 1. 404, note Sarraute ; Ann. propr. ind. 1974. 37.* – V. aussi • TGI Paris, 7 janv. 1969 : *préc. note 29.* ♦ Sur la solution applicable à un contrat soumis à la loi américaine, V. • Paris, 1er févr. 1989 : *D. 1990. Somm. 52, obs. Colombet ; RIDA oct. 1989, p. 301, note Sirinelli ; Clunet 1989, 1005, note Edelman.* ♦ En matière de droit de divulgation, retenant que « le peintre resté maître de son œuvre peut la parfaire, la modifier, la détruire ou même la garder inachevée s'il désespère de la rendre digne de lui ; (...) cette faculté incessible, attribut de son droit moral, s'exerce nonobstant toutes conventions contraires », V. • Paris, 19 mars 1947 : *D. 1949. 20, note Desbois ; Gaz. Pal. 1947. 1. 184 ; JCP 1947. II. 3563.* ♦ Pour des applications particulières en matière de droit à la paternité et de droit au respect, V. notes 29 s.

69. Les clauses relatives au transfert du droit moral sont nulles même lorsque l'auteur est salarié et nonobstant la cession des droits patrimoniaux à l'employeur. • Aix-en-Provence, 21 oct. 1965 : *D. 1966. 70, note Greffe ; JCP 1966. II. 14657, note Boursigot.* ♦ ... Ou lorsque le créateur a mis à la disposition de son cocontractant le support matériel de l'œuvre puisque l'auteur « en cédant (...) sa maquette (...) n'a pas aliéné son droit moral ; (...) ce droit est inaliénable ». • Paris, 27 nov. 1931 : *Gaz. Pal. 1932. 1. 131.* ♦ Sur la validité d'une transaction sur le droit moral, V. • Paris, 28 sept. 2011 : *Propr. intell. 2012, n° 42, p. 35, obs. Bruguière.*

70. Sur la validité d'une clause limitant la liberté créatrice, V. • Civ. 1re, 7 avr. 1987 : *préc. note 5.*

D. INSAISISSABILITÉ

71. Un manuscrit inédit ne peut être saisi par les créanciers d'un compositeur. • Paris, 11 janv. 1828 : *S. 1828-1830. 2. 5.* ♦ ... La pensée, alors même qu'elle est fixée par écrit, restant la propriété personnelle et exclusive de celui qui l'a produite, ce dernier étant seul en mesure de décider si elle a reçu sa forme définitive et si elle doit devenir publique à une époque quelconque. • Dijon, 18 févr. 1870 : *D. 1871. 2. 221 ; S. 1870. 2. 212.*

E. CARACTÈRE D'ORDRE PUBLIC

72. Il résulte de l'article (L. 121-1) que la personne qui en est l'auteur du seul fait de sa création est investie du droit moral institué à son bénéfice. Ces règles sont des lois d'application impérative. Viole ces textes la cour d'appel qui refuse aux héritiers d'un réalisateur américain la possibilité de s'opposer à la version colorisée d'un film au motif que la loi américaine et les contrats passés conclus entre le producteur et les réalisateurs dénient à ces derniers la qualité d'auteurs. • Civ. 1re, 28 mai 1991 : *préc. note 6.*

73. Dans l'hypothèse où le contrat serait soumis à la loi américaine n'interdisant pas les clauses abdicatives du droit à la paternité, il y a lieu de faire jouer l'exception d'ordre public permettant d'écarter la loi désignée par la règle de conflit et de lui substituer la solution française. • Paris, 1er févr. 1989 : *préc. note 30.*

F. CARACTÈRE ABSOLU

74. Il a été jugé « que l'exercice du droit moral par l'auteur de l'œuvre originale revêt un caractère discrétionnaire, de sorte que l'appréciation de la légitimité de cet exercice échappe au juge ». • Civ. 1re, 5 juin 1984 : *Bull. civ. I, n° 184 ; D. 1985. IR 312, obs. Colombet ; RIDA avr. 1985, p. 150 ; Gaz. Pal. 1984. Pan. 332 ; Ann. 1984, 153.* ♦ Estimant, à propos des reproches faits par un auteur lors de l'amputation de douze minutes réalisée dans une œuvre audiovisuelle, que « l'exercice du droit moral étant discrétionnaire et seul soumis à l'appréciation personnelle de l'auteur, le producteur n'est pas fondé à invoquer un quelconque abus d'exercice ». • TGI Paris, 23 mars 1994 : *RIDA avr. 1995, p. 401.*

75. Cependant, il est admis que le droit moral ne peut être exercé à des fins vexatoires, notamment à l'égard du conjoint du créateur. • Civ. 1re, 4 déc. 1956 : *Gaz. Pal. 1957. 1. 56.* ♦ ... Puisque « la mise en commun du monopole d'exploitation a lieu sans qu'elle puisse porter atteinte à la faculté de l'auteur, inhérente à sa personnalité, de faire ultérieurement subir des modifications à sa création ou même de la supprimer, pourvu qu'il n'agisse pas dans un but de vexation à l'égard de son conjoint ou des représentants de ce dernier ». • Civ. 1re, 14 mai 1945 : *JCP 1945. II. 2835, note R. C. ; D. 1945. 287, note Desbois ; S. 1945. 1. 101, note Batiffol.*

76. Le droit moral ne peut pas : être frauduleusement utilisé pour obtenir de meilleures conditions financières ; pour un exemple de contrôle de l'exercice du droit de retrait et de repentir, et condamnant l'abus du droit, V. • Civ. 1re, 14 mai 1991 : *D. 1992. Somm. 15, obs. Colombet ; JCP 1991. II. 21760, note Pollaud-Dulian ; RIDA janv. 1992, p. 272, note Sirinelli.* ♦ ... Ni être mis en avant pour faire échec à l'exécution des mesures prévues par la loi en vue de mettre fin aux conséquences d'infractions pénales constatées ; à propos d'une création édifiée au mépris des règles d'ordre public édictées par la législation sur la protection des sites et le code de l'urbanisme, V. • Crim. 3 juin 1986 : *D. 1987. 301, note Edelman.* ♦ V. aussi, art. L. 121-2 et L. 121-4.

III. SORT APRÈS LA MORT DE L'AUTEUR

A. TITULAIRES POST MORTEM

77. Loin d'être soumis à l'art. L. 121-2 qui régit exclusivement la divulgation des œuvres posthumes, « le droit de l'auteur au respect de son nom, de sa qualité et de son œuvre est transmissible à cause de mort à ses héritiers selon les règles ordinaires de la dévolution successorale » en vertu de l'art. L. 121-1. • Civ. 1re, 11 janv. 1989 : *Bull. civ. I, n° 9 ; D. 1989. 308, note Edelman ; D. 1990. Somm. 57, obs. Colombet ; RIDA juill. 1989, 256 ; JCP 1989. II. 21378, note Lucas.* – Et, sur renvoi • Versailles, 3 oct. 1990 : *D. 1991. IR 253 ; RIDA avr. 1991, p. 148, note Gautier.* – V. aussi • Paris, 11 juill. 1990 : *RIDA oct. 1990, p. 299.* ♦ La volonté de l'auteur de transmettre le droit moral sur son œuvre doit être exprimée selon les formes requises pour l'établissement des testaments ; le testament n'ayant pas été écrit de la main du testateur, la cour d'appel en a exactement déduit que ce testament était nul et qu'il ne pouvait avoir eu pour effet de transmettre le droit moral de l'auteur sur son œuvre. • Civ. 1re, 28 mai 2015, n° 14-14.506 P : *D. 2015. 1207 ; ibid. 2094, obs. Nicod ; Propr. intell. oct. 2015, n° 57, p. 414, note Lucas ; LEPI sept. 2015, p. 2, note Lebois ; AJ fam. 2015. 407, obs. Levillain.* ♦ Comp. • Paris, 20 déc. 1990 : *D. 1991. 532, note Edelman ; RIDA janv. 1992, p. 295.* – Pour la transmission du droit de divulgation, V. art. L. 121-2.

78. La suite d'une œuvre littéraire se rattache au droit d'adaptation. Sous réserve du respect du droit au nom et à l'intégrité de l'œuvre adaptée, la liberté de création s'oppose à ce que l'auteur de l'œuvre ou ses héritiers interdisent qu'une suite lui soit donnée à l'expiration du monopole d'exploitation dont ils ont bénéficié. • Civ. 1re, 30 janv. 2007 : *Bull. civ. I, n° 47 ; D. 2007. 920, note Choisy ; ibid. AJ 497, obs. Daleau ; RTD com. 2007. 354, obs. Pollaud-Dulian ; CCE 2007, n° 34, note Caron ; Gaz. Pal. 20 et 21 avr. 2007, p. 2, note Lancrenon ; Légipresse 2007. III. 100, note Émile-Zola-Place ; ibid. II. 185, obs. Alleaume ; LPA 19 juill. 2007, note Binctin ; Propr. intell. 2004, n° 23, p. 207, obs. Lucas ; RIDA avr. 2007, p. 249, obs. Sirinelli ; ibid. janv. 2008, p. 197, obs. Bénabou.* ♦ Cassation de : aucune suite ne saurait être donnée à une œuvre telle que « Les Misérables », à jamais achevée. Un éditeur a, en éditant et publiant « Cosette ou le temps des illusions » et « Marius ou Le Fugitif » et en les faisant passer pour la suite des « Misérables », porté atteinte au droit moral de Victor Hugo sur cette œuvre. • Paris, 31 mars 2004 : *D. 2004. 2028, note Edelman ; ibid. 2005. Pan. 1486, obs. Sirinelli ; RTD com. 2004. 474, obs. Pollaud-Dulian ; CCE 2004, n° 50, note Caron ; JCP E 2005. 1216, n° 1, obs. Grégoire ; Propr. intell. 2004, n° 12, p. 768, obs. Lucas ; RIDA oct. 2004, p. 261, note Keréver.* ♦ Décision infirmant • TGI Paris, 12 sept. 2001 : *RTD com. 2002. 475, obs. Françon ; CCE 2001, n° 29, note Caron ; Propr. intell. 2002, n° 3, p. 57, obs. Lucas.* ♦ Toujours dans cette affaire, la cour de renvoi a jugé que l'auteur de la suite des *Misérables* avait usé de sa liberté de création sans altérer l'esprit de l'œuvre d'origine. • Paris, 19 déc. 2008 : *CCE 2009, n° 22, note Caron ; ibid. Étude 14, obs. Lancrenon ; JCP 2009. II, n° 10038, note Caron ; Légipresse 2009. III. 29, note Allaeys ; RIDA avr. 2009, p. 311, note Sirinelli.* ♦ Le legs des droits d'auteur emporte transmission au légataire du droit moral ; admettant que la donation de ses « droits de propriété artistique » faite par Rodin à l'État, sous la condition de créer un musée, a eu pour effet de transférer le droit moral à cet établissement public national à caractère administratif, V. • Paris, 23 mars 1992 : *RIDA janv. 1993, p. 181.* ♦ La veuve qui, selon la loi suisse régissant la succession, partage l'exercice du droit moral avec les héritiers de l'auteur ne peut transmettre par testament le droit moral dont elle n'est pas seule titulaire. • Civ. 1re, 6 juill. 2000 : *Bull. civ. I, n° 211 ; JCP 2000. IV. 2486 ; JCP E 2002. Chron. 223, obs. H.-J. Lucas ; Rev. crit. DIP 2001. 329, note Bergé.* ♦ Le légataire universel a vocation à recevoir l'universalité héréditaire, et en particulier, à devenir titulaire, même en présence d'héritiers réservataires, du droit moral de l'auteur ; l'arrêt qui dénie à une veuve la qualité de titulaire de droit moral sur l'œuvre de son époux en retenant qu'aucune disposition du testament instituant l'épouse légataire universelle ne permet de considérer que le testateur a entendu l'investir du droit moral sur son œuvre doit être cassé. • Civ. 1re, 17 déc. 1996 : *Bull. civ. I, n° 461 ; D. Affaires 1997. 226 ; D. 1997. 445, note Ravanas ; D. 1997. IR 25 ; JCP 1997. II. 22888, note Beignier ; RIDA avr. 1997, p. 265 ; LPA 4 juin 1997, note Daverat.* ♦ Comp. estimant pour une succession ouverte avant l'entrée en vigueur de la loi de 1957, que le droit moral se transmettant suivant les règles ordinaires de la dévolution successorale, les héritiers réservataires ne pouvaient être exclus de la succession au motif qu'ils n'étaient pas mentionnés dans le testament olographe. • Paris, 2 oct. 1998 : *RIDA janv. 1999, p. 420.* ♦ Le cohéritier a qualité et intérêt légitime à agir seul en défense du droit au respect du nom, indépendamment du défaut d'exercice de l'option successorale. • Civ. 1re, 15 févr. 2005 : *Bull. civ. I, n° 84 ; RTD com. 2005. 316, obs. Pollaud-Dulian ; CCE 2005, n° 62, note Caron ; ibid. 2006. Chron. 3, § 3, obs. Daverat ; RIDA juill. 2005, p. 36, note Kéréver.* ♦ V. aussi • Paris, 31 janv. 2007 : *Propr. intell. 2007, n° 23, p. 210, obs. A. Lucas.*

79. Afin que puisse être respecté son caractère perpétuel, il faut admettre que le droit moral peut se transmettre à une deuxième génération d'héritiers et entendre par ce dernier terme non seulement les successeurs immédiats de l'auteur, mais également les propres héritiers de ceux-ci sans limitation dans la suite des dévolutions à cause de mort. • Paris, 14 juin 1972 : *RTD com. 1972. 362, obs. Desbois ; RIDA oct. 1972, p. 135* • Civ. 1re, 12 janv. 1970 : *D. 1970. 125.* ♦ Et, décidant que le légataire universel désigné par la veuve d'Utrillo devait être admis à défendre le droit au respect de l'artiste, V. • Civ. 1re, 11 janv. 1989 : *préc. note 77.*

80. La disposition testamentaire par laquelle la veuve d'un artiste, elle-même décédée, souhaite transmettre le droit moral à un tiers n'ayant pas été prise par l'artiste lui-même, elle ne saurait porter atteinte aux droits des héritiers de son époux, ni fonder l'exercice du droit moral par ce tiers désigné. • Paris, 23 sept. 1997 : *D. 1999. Somm. 65, obs. Colombet.*

B. CONTRÔLE JUDICIAIRE

81. Pour un exemple de refus de contrôle de l'exercice du droit moral sur le fondement de l'art. L. 121-3, « le droit litigieux ayant pour objet le respect de l'œuvre créée et non l'abus notoire dans l'usage ou le non-usage du droit de divulgation », • Paris, 11 juill. 1990 : *RIDA oct. 1990, p. 299.* ♦ Sur l'exigence d'un abus notoire, V. notes 1 s. ss. art. L. 121-3. ♦ Sur l'évaluation du préjudice liée au nombre d'actes de contrefaçon commis, V. • Crim. 18 janv. 2011 : *CCE 2011, n° 64, note Caron.*

82. Irrecevabilité. Est irrecevable à agir (sur le fondement de l'art. L. 331-1, al. 2) pour la défense du droit au respect de l'œuvre et pratiquer à ce titre une saisie-contrefaçon, l'organisme de défense professionnelle (Société des gens de lettres) qui n'a qualité pour agir que dans la limite des intérêts patrimoniaux que de tels organismes ont en charge. • Civ. 1re, 6 déc. 1966 (deux arrêts) : *JCP 1967. II. 14937, concl. Lindon ; D. 1967. 381, note Desbois.* ♦ Dans le même sens, au motif que la loi « n'autorise que les héritiers de l'auteur, à défaut de légataire, à exercer le droit au respect de l'œuvre », V. à propos de la tentative d'interdiction de diffusion de « Cosette ou le temps des désillusions » • TGI Paris, 12 sept. 2001 : *CCE 2001. Étude 29, note Caron.* ♦ En l'absence de dispositions testamentaires particulières lui conférant l'exercice du droit de protéger le musée Henri Langlois, une association constituée pour la défense de cette œuvre est irrecevable à se voir reconnaître la qualité de titulaire d'un droit moral distinct de celui des héritiers. • Paris, 2 oct. 1997 : *D. 1998. 312, note Edelman ; RIDA avr. 1998, p. 422 ; Légipresse 1997. I. 132.* ♦ Sur l'irrecevabilité de l'action d'une fondation créée à l'initiative de la veuve d'Alberto Giacometti, V. • Crim. 27 mars 2007 : *Propr. intell. 2008, n° 26, p. 105, obs. Lucas.*

83. Par interprétation *a contrario,* la Caisse nationale des lettres (Centre national des lettres depuis le Décr. n° 73-539 du 14 juin 1973), établissement public spécialisé ayant pour mission « d'assurer le respect des œuvres littéraires, quel que soit leur pays d'origine, après la mort de l'auteur et même après leur chute dans le domaine public », tire de celle-ci qualité pour agir à défaut d'héritier vivant et connu. • T. civ. Seine, 15 avr. 1964 : *D. 1964. 746, note Desbois ; Gaz. Pal. 1964. 2. 23, concl. Gulphe.* ♦ Comp., à propos d'une association, • TGI Reims, 9 janv. 1969 : *D. 1969. 569, note Desbois ; Gaz. Pal. 1969. 1. 257, note Sarraute ; RIDA oct. 1969, p. 153.* ♦ V. aussi notes ss. art. L. 121-3 et notes ss. art. L. 331-1.

Art. L. 121-2 **L'auteur a seul le droit de divulguer son œuvre. Sous réserve des dispositions de l'article L. 132-24, il détermine le procédé de divulgation et fixe les conditions de celle-ci.**

Après sa mort, le droit de divulgation de ses œuvres posthumes est exercé leur vie durant par le ou les exécuteurs testamentaires désignés par l'auteur. A leur défaut, ou après leur décès, et sauf volonté contraire de l'auteur, ce droit est exercé dans l'ordre suivant : par les descendants, par le conjoint contre lequel n'existe pas un jugement passé en force de chose jugée de séparation de corps ou qui n'a pas contracté un nou-

veau mariage, par les héritiers autres que les descendants qui recueillent tout ou partie de la succession et par les légataires universels ou donataires de l'universalité des biens à venir.

Ce droit peut s'exercer même après l'expiration du droit exclusif d'exploitation déterminé à l'article L. 123-1. – *[L. n° 57-298 du 11 mars 1957, art. 19.]*

Sur le droit de divulgation des agents publics, V. art. L. 121-7-1.

BIBL. ▶ GAUTIER, *D. 1991. Chron. 145* (la « solution Goncourt » : les fondations indirectes en droit d'auteur). – JOUBERT, *RIDA janv. 1961, p. 69* (le droit moral sur les œuvres posthumes). – LALIGANT, La divulgation des œuvres artistiques, littéraires et musicales en droit positif français, *LGDJ 1983*. – LANCRENON, *RIDA oct. 2009, p. 3* (épitomé d'une controverse sur le droit de divulgation de l'auteur). – LUCAS-SCHLOETTER, *J.-Cl. PLA, fasc. 1211* (droit de divulgation). – STROMHOLM, Hommages à Desbois, *Dalloz 1974, p. 73* (le refus de l'auteur de livrer une œuvre de l'esprit cédée avant son achèvement).

COMMENTAIRE

Le droit de divulgation permet à l'auteur de contrôler la carrière de son œuvre. Il maîtrise ainsi le principe même de sa communication au public mais également les modalités de cette dernière (al. 1er).

Le droit de divulgation s'épuiserait, selon la jurisprudence (Civ. 1re, 11 déc. 2013, nos 11-22.031 et 11-22.522 P : V. note 20), approuvé par la doctrine majoritaire, une fois sa première manifestation réalisée. C'est dire qu'une œuvre divulguée par l'auteur sans volonté expresse de sa part de limiter le champ de cette divulgation doit être considérée **comme communiquée au public pour tous les modes d'exploitation**.

Dès lors,

– tant que l'œuvre est protégée, le champ de l'exploitation concédée de la création sera déterminé par les contrats de cession des droits patrimoniaux ;

– lorsque l'œuvre est tombée dans le domaine public, les ayants droit ne peuvent plus – sauf dénaturation (donc atteinte au droit au respect) – en limiter les modes d'utilisation ou les champs d'exploitation.

Pour cette raison, un cocontractant de l'auteur ne peut obtenir l'exécution forcée en nature d'un contrat de commande (V. notes 5 et 6).

La question de savoir si le droit de divulgation est susceptible de s'épuiser par le premier usage qui en est fait est une question débattue en doctrine et non encore fermement tranchée par une jurisprudence hésitante (V. note 20). La thèse de l'épuisement est désormais majoritaire mais il reste à en déterminer la portée exacte.

Le droit de divulgation est transmissible à cause de mort mais la détermination de son titulaire *post mortem* obéit à d'autres règles que celles applicables au droit au respect et à la paternité (al. 2).

Par tempérament à cette disposition, l'article L. 121-7-1 subordonne l'exercice du droit de divulgation d'un agent public au respect des règles auxquelles est soumis cet agent ainsi qu'à celles régissant le bon fonctionnement et l'activité de la personne publique qui l'emploie. ❑

I. PRINCIPES

1. « La pensée, alors même qu'elle est fixée par écrit, reste la propriété personnelle et exclusive de celui qui l'a produite et elle ne prend la nature des biens régis par l'art. 2093 du code Napoléon que dans le cas où son auteur par un acte de volonté l'a dépouillée de son caractère intime pour la livrer à la publicité et la faire entrer dans le circuit commercial ; ainsi le manuscrit de l'auteur, resté en sa possession, demeure sa chose propre et nul autre que lui n'est juge de la question de savoir si le manuscrit représente sa pensée actuelle, s'il a reçu sa forme définitive et s'il doit devenir public à une époque quelconque. » • Dijon, 18 févr. 1870 : *DP 1871. 2. 221 ; S. 1870. 2. 212.* ♦ Ainsi les créanciers d'un compositeur musical ne peuvent saisir le manuscrit laissé à sa mort par le créateur puisqu'une « œuvre musicale n'a d'existence et n'est saisissable qu'autant qu'elle a reçu une publication de son auteur ». • Paris, 11 janv. 1828 : *S. 1828-1830. 2. 5.* ♦ Le droit moral de l'auteur sur son œuvre emporte celui de choisir non seulement le moment mais aussi les conditions de sa divulgation publique. • Civ. 1re, 21 nov. 2006 : *Bull. civ. I, n° 499 ; RTD* *com. 2007. 536, obs. Pollaud-Dulian ; Propr. intell. 2007, n° 22, p. 84, obs. A. Lucas ; RIDA janv. 2007, p. 437, note Sirinelli.*

2. « La possibilité pour tout organisateur d'exposition de ne pas accueillir les œuvres d'un artiste n'est pas en soi constitutive d'une atteinte au droit moral de l'auteur » puisqu'il n'existe pas de droit, pour un créateur, à la divulgation de son œuvre. • Paris, 10 avr. 1995 : *RIDA oct. 1995, p. 316.* ♦ Retenant néanmoins la responsabilité du cocontractant de l'auteur qui a, au terme d'une exposition, démantelé l'œuvre d'un artiste sans préavis ni mise en demeure, empêchant de la sorte définitivement cette dernière de présenter ses créations au public. • Même arrêt.

A. COMMUNICATION DE L'ŒUVRE AU PUBLIC

1° POUVOIR EXCLUSIF

3. Tout créateur dispose du droit de « rester juge de l'opportunité de (la) publication » de ses œuvres. • Lyon, 17 juill. 1845 : *DP 1845. 2. 128.* ♦ En revanche, le sculpteur qui a cédé son œuvre depuis plusieurs années afin d'exposition sur une place publique, ne peut invoquer son droit de divulgation pour s'opposer au déplacement de la statue. • T. com. Lyon, 28 avr. 1997 : *RIDA juill. 1997, p. 373.* ♦ La cession du droit de faire fondre ses sculptures n'emporte pas cession du droit de divulgation. • Paris, 4 juill. 2012 : *Propr. intell. 2013, n° 46, p. 49, obs. A. Lucas.* ♦ Sur la portée de la volonté exprimée par le titulaire *post mortem* du droit de divulgation, V. • Civ. 1re, 13 déc. 2012 : *Propr. intell. 2013, n° 46, p. 50, obs. A. Lucas.*

4. Viole le droit de divulgation de l'auteur : celui qui met en vente l'épreuve intermédiaire d'une œuvre, création inachevée, contre la volonté de son créateur. Ainsi « il y a contrefaçon par violation du droit moral de l'auteur lorsque la reproduction porte sur son œuvre que cet auteur estimait inachevée et insusceptible de divulgation ». • Paris, 17 févr. 1988 : *D. 1989. Somm. 50, obs. Colombet ; JCP 1989. I. 3376, obs. Edelman ; RIDA oct. 1989, p. 325.* ♦ ... L'acte de communication au public d'une œuvre que l'auteur a voulu conserver secrète. • Paris, 25 janv. 1968 : *Gaz. Pal. 1968. 1. 290.* ♦ ... La mise sur le marché d'une œuvre de jeunesse imparfaite et abandonnée par son auteur. • Crim. 13 déc. 1995 : *RIDA juill. 1996, p. 307 ; D. 1996. IR 42.* ♦ ... La diffusion de toiles inachevées que l'auteur ne voulait pas voir livrer au public. • Orléans, 17 mars 1965 : *D. 1965. Somm. 113 ; JCP 1965. II. 14156, note Boursigot.* ♦ ... Ou l'initiative qui a pour conséquence de remettre sur le marché une œuvre que l'auteur avait retirée. V., à propos de la reconstitution d'un film à partir de débris qui avaient été jetés, • Crim. 2 déc. 1964 : *Gaz. Pal. 1965. 1. 290 ; JCP 1965. II. 16069 ; RIDA oct. 1965, p. 101.* ♦ ... La production aux débats du manuscrit inédit d'un auteur et sa lecture partielle à l'audience. • Civ. 1re, 25 févr. 1997 : *Bull. civ. I, n° 73 ; GAPI, 1re éd., n° 11 ; D. Affaires 1997. 420 ; D. 1997. IR 93 ; JCP 1997. II. 22873, note Ravanas ; RIDA juill. 1997, p. 287 ; JCP E 1998, p. 1254, note Saint Grégoire.* ♦ ... La publication sans autorisation d'un texte inédit transmis « pour avis » à une revue. • TGI Paris, 11 sept. 2002 : *Légipresse 2003, n° 198, I, p. 6.* ♦ La commercialisation de lithographies signées par l'artiste mais non numérotées. • Paris, 7 févr. 2008 : *Propr. intell. 2008, n° 26, p. 101, obs. Lucas.* ♦ V. aussi, concernant la reconstitution par un tiers d'une œuvre détruite par son auteur, • Paris, 6 mars 1931 : *GAPI, 1re éd., n° 8 ; DP 1931. 2. 88.* ♦ Les dispositions de l'art. 2279 C. civ. ne permettent pas d'acquérir de droits incorporels. Le possesseur d'un tableau ne saurait priver l'auteur de son droit moral. • Paris, 10 sept. 2001 : *CCE 2002, n° 95, note Caron ; Propr. intell. 2002, n° 3, p. 56, obs. Lucas.* – Pourvoi rejeté par • Civ. 1re, 29 nov. 2005 : *Bull. civ. I, n° 457 ; D. 2006. Pan. 2006. 2996, obs. Sirinelli ; ibid. AJ 146, obs. Daleau ; CCE 2006, n° 19, note Caron ; Propr. intell. 2006, n° 19, p. 174, obs. Lucas ; RIDA avr. 2006, p. 225, note Kéréver.*

2° IMPOSSIBILITÉ D'OBTENIR UNE EXÉCUTION FORCÉE

5. En vertu de son droit de divulgation, un peintre à qui l'on a passé commande d'un tableau peut refuser de livrer la toile qu'il a pourtant estimé achevée. Toute exécution forcée en nature étant impossible, l'obligation se résoudra en dommages et intérêts. • Civ. 14 mars 1900 : *DP 1900. 1. 497, rapport Rau, concl. Desjardins, note Planiol ; S. 1900. 1. 489.* – Rappr. • Paris, 21 juin 1927 : *Ann. propr. ind. 1927. 365.* ♦ Comp., ayant estimé qu'un créateur, qui a manifesté clairement et en connaissance de cause sa volonté de mettre l'œuvre à la disposition de celui qui l'a commandée, ne peut plus la retenir et doit la remettre à celui qui la réclame. • T. civ. Seine, 28 juin 1924 : *Gaz. Pal. 1924. 2. 455.*

6. Un peintre peut récupérer des toiles qu'il juge inachevées et qu'il avait entreposées chez un marchand de tableaux puisque « à la différence de l'acquéreur qui achète en l'état où elle se trouve une production artistique dont le peintre entend se dessaisir définitivement bien qu'elle ne constitue qu'une ébauche, celui qui traite avec l'artiste pour une œuvre encore incomplète et que l'auteur, qui la conserve, se réserve de terminer conclut un contrat sur chose future dont la propriété, après exécution, ne peut être transférée que par la délivrance effectuée sans réserve ; que jusqu'à la livraison effective, le peintre reste maître de son œuvre peut la parfaire, la modifier, la détruire ou même la garder inachevée s'il désespère de la rendre digne de lui ; que cette faculté incessible, attribut de son droit moral, s'exerce nonobstant toutes conventions contraires, dont l'inexécution fautive ne saurait exposer l'auteur qui se ravise qu'à des dommages-intérêts ». • Paris, 19 mars 1947 : *D. 1949. 20, note Desbois ; Gaz. Pal. 1947. 1. 184 ; JCP 1947. II. 3563.*

3º DROIT ABSOLU

7. « L'exercice du droit moral par l'auteur de l'œuvre originale revêt un caractère discrétionnaire, de sorte que l'appréciation de la légitimité de cet exercice échappe au juge. » V., à propos de plans dressés par un architecte et utilisés sans son autorisation après rupture du contrat passé avec lui, • Civ. 1re, 5 juin 1984 : *Bull. civ. I, nº 184 ; D. 1985. IR 312, obs. Colombet ; RIDA avr. 1985, p. 150 ; Gaz. Pal. 1984. 2. Pan. 332 ; Ann. propr. ind. 1984. 153.* ♦ Comp. • Civ. 1re, 14 mai 1991 : *D. 1992. Somm. 15, obs. Colombet ; JCP 1991. II. 21760, note Pollaud-Dulian ; RIDA janv. 1992, p. 272, note Sirinelli.* ♦ Sur le contrôle de l'exercice du droit de retrait et de repentir, V. art. L. 121-1 et L. 121-4.

8. Néanmoins ce droit ne peut être exercé à des fins « vexatoires », notamment lors de la dissolution de la communauté légale, puisque si « la mise en commun de ces biens a lieu sans qu'elle puisse porter atteinte au droit moral de l'auteur, et spécialement à la faculté, inhérente à sa personnalité même, et qui lui appartient exclusivement, jusqu'à la réalisation du partage, de faire subir des modifications à sa création, de l'achever, et même de la supprimer », il est nécessaire que le créateur « n'agisse pas dans un but de vexation à l'égard de son conjoint ». • Civ. 1re, 14 mai 1945 : *D. 1945. 287, note Desbois ; S. 1945. 1. 101, note Batiffol ; JCP 1945. II. 2835, note R. C.* • 4 déc. 1956 : *Gaz. Pal. 1957. 1. 56.* ♦ La personne investie du droit de divulgation *post mortem* ne dispose pas d'un droit absolu mais doit exercer celui-ci au service des œuvres et de leur promotion conformément à la volonté de leur auteur telle qu'elle a pu s'exprimer de son vivant et telle qu'elle a pu en avoir connaissance. • Paris, 4 déc. 2009 : *CCE 2010, nº 60, note Caron ; JCP E 2010. 1062, note Laporte-Legeais ; RIDA juill. 2010, p. 293, note Sirinelli.*

9. L'exercice des prérogatives reconnues par la loi n'est pas en soi constitutif d'un abus de position dominante. • Civ. 1re, 30 janv. 1985 : *Ann. propr. ind. 1985. 156.* – Comp. • CJCE 6 avr. 1995 : *GAPI, 1re éd., nº 5 ; RIDA juill. 1995, p. 173.* ♦ Sur l'exercice des droits patrimoniaux, V. art. L. 122-1.

10. Le droit de divulgation présentant normalement les mêmes caractères lorsque la création en cause est une œuvre de collaboration (interview), l'autorisation de tous les coauteurs est nécessaire pour la communication au public de ce type d'œuvre. • Paris, 26 sept. 1988 : *D. 1988. IR 115 ; JCP 1990. I. 3433, obs. Edelman.* – V. aussi, art. L. 113-3.

B. PREUVE DE L'EXERCICE DU DROIT

11. La preuve de son consentement à la divulgation peut éventuellement résulter de situations de fait associées au dessaisissement à titre définitif de l'œuvre ; ou encore, pour un peintre, de l'apposition de son monogramme sur ses tableaux. • TGI Paris, 2 mai 1990 : *D. 1992. Somm. 14, obs. Colombet.* ♦ Cependant, l'abandon dans une salle d'une toile réalisée au cours de l'exposition au public d'un processus de réalisation d'une œuvre ne permet pas à lui seul, alors que la toile ne faisait l'objet d'aucune convention et n'est pas signée, d'induire la volonté du peintre de divulguer son œuvre. • Paris, 31 janv. 1995 : *Juris-Data nº 020044.*

12. Le caractère inachevé d'une œuvre qu'un artiste a l'intention de parfaire laisse présumer que l'auteur n'a pas entendu exercer son droit de divulgation. • Paris, 17 févr. 1988 : *préc. note 4.* ♦ Sur la preuve de l'absence de volonté de divulguer une œuvre inachevée, V. • Paris, 28 oct. 2011 : *Propr. intell. 2011, nº 42, p. 25, obs. A. Lucas.* ♦ Ni son enregistrement à titre privé par des auditeurs, ni sa présentation succincte dans l'annuaire du Collège de France, ni de brèves citations dans la presse, ne sauraient constituer la manifestation de volonté de divulguer un cours donné oralement. • TGI Paris, 20 nov. 1991 : *RIDA janv. 1992, p. 340, note Kéréver ; Légipresse 1992, III, p. 33.* – Solution non infirmée par • Paris, 24 nov. 1992 : *RIDA janv. 1993, p. 191 et 161, obs. Kéréver.*

13. L'autorisation de divulgation ne peut résulter implicitement de la permission accordée par les titulaires des droits moraux de consulter leurs fonds d'archives. • TGI Paris, 21 sept. 1994 : *RIDA janv. 1995, p. 253.*

14. Lorsque les auteurs de manuscrits privés ou leurs ayants droit ont déposé des documents aux Archives nationales pour assurer leur conservation, ce dépôt ne les prive pas du droit de décider de leur divulgation et l'accord passé avec l'administration n'emporte pas à lui seul autorisation de divulgation, en sorte qu'un historien qui utilise ces textes pour ses ouvrages sans avoir obtenu leur autorisation commet un acte de contrefaçon. • Civ 1re, 15 janv. 1969 : *D. 1969. 476.*

C. PROCÉDÉS ET CONDITIONS DE LA DIVULGATION

15. Pour l'admission implicite du principe selon lequel les créateurs sont susceptibles d'obtenir « réparation de l'atteinte à leur droit moral d'auteurs par une divulgation de leurs œuvres dans des conditions non autorisées par eux », V. • Civ. 1re, 13 déc. 1989 : *Bull. civ. I, nº 391 ; D. 1991. Somm. 198, obs. Colombet ; RIDA avr. 1990, p. 199 et 137, obs. Kéréver ; JCP 1990. IV. 66.*

16. Méconnaît le droit de divulgation de l'auteur celui qui publie sous forme de livre une œuvre cédée uniquement pour diffusion à la télévision. • TGI Paris, 22 janv. 1972 : *RIDA juill. 1972, p. 223.* ♦ ... Ou qui, inversement, diffuse à la télévision une photographie pour laquelle l'auteur n'avait donné d'autorisation qu'en vue d'une exploitation dans un hebdomadaire, puisque « l'auteur seul a le droit de divulguer son œuvre ; qu'il détermine lui-même le procédé de divulgation et fixe les conditions de celle-ci ». • Paris, 13 févr. 1981 : *RIDA avr. 1982, p. 126.*

17. « La forme orale prise par une conférence ne constitue pas une divulgation car celle-ci rencontre volontairement un nombre limité de personnes, alors que la publication de l'œuvre, en même temps qu'elle donne à celle-ci un caractère définitif, l'ouvre à un large public. » A propos de l'édition de conférences de Lacan sans son autorisation, V. • TGI Paris, 11 déc. 1985 : *D. 1987. Somm. 155, obs. Colombet.* ♦ Dans le même sens, sur la publication de cours que Roland Barthes avait souhaité voir conserver une forme purement orale, V. • Paris, 24 nov. 1992 : *RIDA janv. 1993, p. 191, obs. Kéréver.*

18. L'auteur d'un tableau destiné à être reproduit dans un ouvrage sera seul qualifié pour décider si la reproduction de sa création peut se faire sur papier « japon nacré » en huit couleurs ou sur un autre papier avec davantage de couleurs. • T. civ. Seine, 7 janv. 1959 : *RIDA avr. 1959, p. 53.*

19. Destination de l'œuvre. Méconnaît l'art. L. 121-2 et détourne une œuvre de sa destination celui qui utilise une œuvre musicale préexistante comme support sonore d'un nouveau film publicitaire associé à une messagerie et une émission érotiques. • Paris, 7 avr. 1994 : *D. 1995. Somm. 56, obs. Colombet* . ♦ L'adaptation d'une œuvre musicale pour une version karaoké implique un changement de destination qui requiert l'autorisation de son auteur. • TGI Créteil, 13 janv. 1998 : *Les Annonces de la Seine, suppl. du 27 avr. 1998.* ♦ ... Car elle engendre nécessairement une altération de l'œuvre originale, laquelle doit s'apprécier, dans sa valeur artistique et créative, comme un tout indissociable ; la dénaturation de l'œuvre cause un préjudice moral directement subi par les auteurs. • TGI Paris, 26 nov. 1997 : *RIDA avr. 1998, p. 457.*

D. ÉPUISEMENT DU DROIT DE DIVULGATION

20. La Cour de cassation semble avoir mis fin à la controverse doctrinale et aux hésitations jurisprudentielles en consacrant clairement la théorie de l'épuisement du droit de divulgation. • Civ. 1re, 11 déc. 2013, nos 11-22.031 et 11-22.522 P : *D. 2014. 2078, obs. Sirinelli ; RTD com. 2014. 115, Chron. Pollaud-Dulian ; ibid. 613, Chron. Gaudrat ; Dr. et patr. oct. 2014, p. 89 ; Légipresse 2014. 235, note Vercken ; CCE 2014. 30, no 15, note Caron ; RLDI févr. 2014. 10, note Castets-Renard ; Propr. intell. janv. 2014, no 50, p. 65, obs. Lucas.* ♦ V. auparavant, retenant que l'auteur des sketches d'une émission télévisée pour enfants n'a pas la possibilité de mettre en avant son droit de divulgation pour faire obstacle à l'exploitation des émissions au-delà de la durée de 10 ans assignée à la cession des droits patrimoniaux consentie à la société de télévision, • Paris, 14 févr. 2001 : *D. 2001. Somm. 2637, obs. Sirinelli ; Propr. intell. 2001, p. 60, obs. Lucas ; CCE 2001, no 25, note Caron.* ♦ Rappr. • Paris, 7 juin 2000 : *D. 2001, Somm. 2555, obs. Sirinelli* • 12 déc. 2001 : *JCP E 2002. 1806, note Laporte-Legeais* • Paris, 18 déc. 2002 : *JCP E 2004. 1898, no 2, obs. Haddadin.* ♦ Sur l'épuisement du droit de divulgation à la suite du dépôt du manuscrit dans une bibliothèque universitaire, V. • Toulouse, 10 mai 2007 : *Propr. intell. 2008, no 26, p. 102, obs. A. Lucas.* ♦ L'annonce publicitaire de la parution d'un ouvrage épuise le droit de divulgation. • Paris, 14 nov. 2008 : *Propr. intell. 2009, no 31, p. 164, obs. Bruguière.* ♦ V., en sens contraire, estimant que le droit de divulgation de l'auteur d'une préface, déjà licitement communiquée au public, renaît lorsque l'œuvre est réexploitée sous une nouvelle forme, • Paris, 23 juin 2000 : *Propr. intell. 2001, p. 60, obs. Lucas.*

II. SORT À LA MORT DE L'AUTEUR

A. TITULAIRES DU DROIT

21. L'œuvre refusée par un créateur de son vivant n'étant pas entrée dans son patrimoine, l'héritière de l'artiste ne dispose pas, de ce fait, des prérogatives des droits patrimoniaux mais jouit quand même du droit moral de s'opposer à la divulgation sous quelque forme que ce soit. • Limoges, 31 mai 1976 : *JCP 1978. II. 18783, note Boursigot.*

22. Personne morale. Le titulaire du droit de divulgation peut être une personne morale, telle une fondation. • Paris, 14 mars 1956 : *D. 1957. 132, note Savatier ; Gaz. Pal. 1956. 1. 289, concl. Béteille* • 23 mars 1992 : *RIDA janv. 1993, p. 181.*

23. Sur la transmission du droit de divulgation, à cause de mort, des premiers bénéficiaires *post mortem* à la « deuxième génération » d'héritiers, admettant la dévolution ; Attendu que dame U. est légataire universelle, et que l'art. L. 121-2 énumère les légataires universels parmi ceux qui peuvent exercer le droit de divulgation ; attendu que le légataire universel continue la personne du défunt comme un héritier *ab intestat* et qu'il possède les mêmes prérogatives que celui-ci aurait eues de son vivant. Attendu par suite que Edmond Lecomte, qui avait dans son patrimoine l'exercice du droit de divulgation sur les œuvres de son fils, l'a transmis à sa légataire universelle ; attendu en conséquence que dame U. a qualité pour s'opposer à la divulgation des lettres de R.-G. Lecomte, V. • TGI Reims, 9 janv. 1969 : *D. 1969. 569, note Desbois ; Gaz. Pal. 1969.*

I. 257, note Sarraute ; RIDA oct. 1969, p. 153. ♦ Rappr., cantonnant la règle de dévolution spéciale de l'art. L. 121-2 au seul droit de divulgation et rejetant, pour la transmission des autres prérogatives de droit moral, la limitation à la première génération fondée sur la prétendue condition de lien de parenté avec le créateur. • Civ. 1re, 11 janv. 1989 : *Bull. civ. I, n° 9 ; D. 1989. 308, note Edelman ; D. 1990. Somm. 57, obs. Colombet* ; *RIDA juill. 1989, p. 256 ; JCP 1989. II. 21378, note Lucas.* – Et, sur renvoi • Versailles, 3 oct. 1990 : *D. 1991. IR 253 ; RIDA avr. 1991, p. 148, note Gautier.* ♦ La dévolution du droit de suite doit être appréciée au regard de la loi en vigueur au jour du décès du testateur, puis au jour du décès subséquent du légataire. • Paris, 2 oct. 1998 : *RIDA janv. 1999, p. 420.* ♦ L'héritier qui prétend bénéficier du droit de suite sur l'œuvre d'un artiste doit se rattacher à celui-ci par une suite ininterrompue de dévolutions légales, à l'exclusion de toute transmission contractuelle, donc volontaire, de ce droit. • TGI Paris, 10 sept. 1998 : *BICC, 1er mars 1999, n° 282.* ♦ Sur l'exercice du droit de divulgation par un seul des titulaires, V. • Civ. 1re, 5 avr. 2012 : *Propr. intell. 2012, n° 44, p. 330, obs. A. Lucas.* ♦ V. aussi art. L. 121-1.

B. CONTENU

24. Sur l'affirmation que l'art. L. 121-2 « régit exclusivement la divulgation des œuvres posthumes », V. • Civ. 1re, 11 janv. 1989 : *préc. note 23.* – Et, sur renvoi, « considérant que l'art. L. 121-2 a pour objet le droit de divulgation des œuvres posthumes ; que ce droit est d'une nature particulière puisque, permettant de porter à la connaissance du public des œuvres non divulguées par l'auteur de son vivant, il donne à son titulaire la possibilité de suppléer la volonté non exprimée de cet auteur, ce qui explique qu'il ne soit dévolu qu'aux personnes désignées par l'auteur ou à défaut à celles bénéficiant, tels les successibles immédiats, d'une présomption de fidélité à sa pensée supposée connue d'eux, en sorte qu'un successible recueillant ce droit au décès de l'auteur ne peut le transmettre à ses propres successibles ; que par ailleurs, les œuvres posthumes objet de ce droit ont vocation à un épuisement qui correspond à la disparition, au décès des personnes mentionnées, de ses titulaires, sauf mise en œuvre des dispositions supplétives prévues à l'art. L. 121-3 », V. • Versailles, 3 oct. 1990 : *D. 1991. IR 253 ; RIDA avr. 1991, p. 148, note Gautier.* ♦ Sur la différence entre le sort des supports, entrés dans l'actif de communauté de l'ayant droit, et la transmission du droit de divulgation, V. • Paris, 3 févr. 2011 : *RTD com. 2011. 108, obs. Pollaud-Dulian* .

25. Le titulaire du droit de divulgation peut s'opposer à des publications que ni lui ni l'auteur de son vivant n'ont autorisées ; à propos de la reproduction par écrit de séminaires que Jacques Lacan n'avait diffusés que sous une forme orale, V. • TGI Paris, 11 déc. 1985 : *préc. note 17.* ♦ La personne qui prend l'initiative de publier, dans la biographie d'un écrivain, la transcription d'extraits inédits doit obtenir l'accord du titulaire des droits et ne peut justifier son initiative en mettant en avant la permission accordée par ce dernier de consulter un fonds d'archives ; l'autorisation émanant du simple détenteur du support matériel des œuvres ou l'accord de l'un des éditeurs, ces personnes n'étant pas titulaires des droits moraux, étant pareillement inefficaces. • TGI Paris, 21 sept. 1994 : *préc. note 13.* ♦ Le droit de divulgation *post mortem*, à exercer au service de l'œuvre, doit néanmoins s'accorder avec la personnalité et la volonté de l'auteur telle que révélée et exprimée de son vivant. • Civ. 1re, 3 nov. 2004 : *Bull. civ. I, n° 247 ; D. 2004. AJ 3223, obs. Allaeys* ; *RTD com. 2005. 86, obs. Pollaud-Dulian* ; *CCE 2004, n° 151, note Caron* • 25 mai 2005 : *Bull. civ. I, n° 229 ; D. 2005. AJ 1698, obs. Daleau* ; *RTD com. 2005. 727, obs. Pollaud-Dulian* ; *CCE 2005, n° 108, note Caron ; Propr. intell. 2005, n° 17, p. 435, obs. Lucas ; RIDA janv. 2006, p. 289, note Kéréver.*

26. Comme l'auteur de son vivant, le titulaire du droit moral (en l'espèce un neveu d'Antonin Artaud) dispose d'un droit de regard sur les conditions de la divulgation des œuvres ; rappelant également le principe de contrôle de l'exercice de ce droit, V. • TGI Paris, 6 juill. 1994 : *RIDA janv. 1995, p. 244 et 161, obs. Kéréver.* – Et, dans la même affaire • Paris, 19 déc. 1997 : *D. Affaires 1998. 342, obs. J.P.-S. ; RIDA avr. 1998, p. 433, note Caron ; D. 1999. Somm. 67, obs. Colombet* . ♦ Sur le contrôle de l'exercice de ce droit, V. aussi, art. L. 121-3.

27. Œuvres étrangères. Sur l'action intentée par l'héritier d'un musicien américain du fait de la commercialisation, en France, de disques réalisés à partir d'enregistrements pirates, V. • Paris, 28 avr. 1998 : *Légipresse 1999, I, p. 19.*

C. PORTÉE

28. Le droit de divulguer une œuvre, attribut du droit moral de l'auteur, emporte, par application des dispositions de l'art. L. 121-2, le droit de déterminer le procédé de divulgation et de fixer les conditions de celle-ci. • Civ. 1re, 25 mars 2010 : *Bull. civ. I, n° 75 ; AJ famille 2010. 235, obs. Vernières ; D. 2010. AJ 888, obs. Daleau* ; *ibid. 1603, note Allaeys* ; *ibid. 2011. Pan. 2174, obs. Sirinelli* ; *RTD civ. 2010. 348, obs. Revet* ; *RTD com. 2010. 303, obs. Pollaud-Dulian* ; *CCE 2010, n° 59, note Caron ; JCP E. 1602, note Laporte-Legeais ; JCP N 2010. 1190, note Dauchez ; Légipresse 2010, n° 273, p. 96, note Martin ; ibid. n° 278, p. 447, obs. Alleaume ; RIDA juill. 2010, p. 249, note Sirinelli.*

Art. L. 121-3 **En cas d'abus notoire dans l'usage ou le non-usage du droit de divulgation de la part des représentants de l'auteur décédé visés à l'article L. 121-2, le tribunal de grande instance peut ordonner toute mesure appropriée. Il en est de même s'il y a conflit entre lesdits représentants, s'il n'y a pas d'ayant droit connu ou en cas de vacance ou de déshérence.**

Le tribunal peut être saisi notamment par le ministre chargé de la culture. – *[L. n° 57-298 du 11 mars 1957, art. 20.]*

BIBL. ► CARON, *RIDA avr. 1998, p. 3* (abus de droit et droit d'auteur). – LINDON, *D. 1973. Chron. 311* (du non-exercice immoral du droit moral). – TRICOT-CHAMARD, *LPA 2011, 4 oct. 2011, n° 197, p. 3* (l'indivision et le sort du droit moral *post mortem*).

COMMENTAIRE

Cet article pose le principe de la possibilité d'une intervention judiciaire à propos de l'exercice *post mortem* du droit moral. Ce peut être le cas dans l'hypothèse d'une vacance ou d'une déshérence ou encore d'un conflit entre héritiers mais aussi et surtout en présence d'un abus notoire.

Les contentieux se concentrent sur cette dernière hypothèse. Les questions les plus délicates sont celles de savoir quand il y a abus notoire et qui peut agir pour la défense du droit moral.

La notoriété de l'abus (V. notes 1 à 6) s'entend de son caractère évident qui peut être mesuré par rapport à la pensée de l'auteur lorsque ce dernier l'aura exprimée. Dans le silence de l'auteur ou en cas de volonté sinueuse, le caractère notoirement abusif est plus délicat à établir. Quant aux personnes recevables à agir (al. 2), la jurisprudence (V. notes 8 à 11), d'abord restrictive, semble plus encline à admettre l'action de proches ou de ceux qui ont un « intérêt légitime ».

Les tribunaux ne font aucune distinction entre les prérogatives de droit moral et appliquent le texte au droit au respect de l'intégrité et au droit à la paternité alors même que le principe du contrôle n'est énoncé que pour le seul droit de divulgation.

A. CONTRÔLE JUDICIAIRE DE L'EXERCICE DU DROIT

1° NOTORIÉTÉ DE L'ABUS

1. La notoriété visée par l'art. L. 121-3 s'entend « d'un fait évident dont la réalité échappe à toute discussion » puisque « le contrôle aménagé (par ce texte) a pour but d'écarter les déviations qui auraient pour effet de substituer à la volonté du défunt concernant la divulgation *post mortem* de son œuvre les préférences de ses ayants cause, lesquels ne doivent être que les agents d'exécution de cette volonté. Attendu que ces déviations auxquelles le législateur entend mettre obstacle doivent s'apprécier par référence à une volonté clairement exprimée de l'auteur de s'opposer à une divulgation *post mortem* ; que c'est en ce sens que l'art. L. 121-3 ne retient que l'abus « notoire », la notoriété s'entendant d'un fait évident, dont la réalité échappe à toute discussion. Qu'il s'ensuit que si la volonté de l'auteur n'est pas incontestable mais laisse place au doute, l'art. L. 121-3 ne peut être mis en œuvre ». (...) Le tribunal ayant constaté « que la volonté de Montherlant quant à la divulgation *post mortem* de ses œuvres n'a pas été constante, mais qu'elle a emprunté des méandres et subi des variations », (...) il faut admettre que « la condition de "notoriété", impliquant l'évidence même de la volonté de l'écrivain quant à la divulgation après sa mort de son œuvre inédite, n'est pas remplie en l'espèce ». • TGI Paris, 1er déc. 1982 : *D. 1983. IR 94, obs. Colombet ; Gaz. Pal. 1983. 1. 97, note Frémond ; RIDA janv. 1983, p. 165, note Gautier.* ♦ L'auteur ayant clairement manifesté sa volonté de diffusion, le refus du titulaire du droit moral est notoirement abusif. • Civ. 1re, 24 oct. 2000 : *Bull. civ. I, n° 266 ; D. 2001. 918, note Caron ; JCP 2000. IV. 2829.* – V. aussi • Toulouse, 20 janv. 2001 : *CCE 2001, n° 71, note Caron.*

2. En matière d'abus dans le non-usage des droits patrimoniaux, énonçant que l'intervention judiciaire est limitée au cas d'abus notoire, condition non remplie par le seul constat qu'il n'existe aucun livre en France sur l'œuvre d'un peintre alors que la veuve de l'artiste prétend procéder à une politique sélective d'édition et met en avant l'accord qu'elle aurait donné à une maison d'édition étrangère, filiale d'un éditeur français, V. • Civ. 1re, 28 févr. 1989 : *Bull. civ. I, n° 101 ; D. 1989. 557, note Durrande ; RTD com. 1989. 460, obs. Françon ; JCP 1989. IV. 164 ; RIDA juill. 1989, p. 257, note Françon.* ♦ Et, sur renvoi, retenant que l'abus est caractérisé si l'on relève un doute sérieux sur l'existence ou l'exécution du contrat conclu pour l'exploitation de l'œuvre alors même que l'auteur avait, de son vivant, manifesté son souhait de voir son œuvre diffusée, qu'en l'espèce, « en portant atteinte à la diffusion en France des œuvres de son mari par une attitude qui n'est pas dans la ligne et ne peut s'inscrire que dans le respect des volontés de ce peintre, Madame Foujita a commis un abus manifeste dans le non-usage des droits d'exploitation de Foujita », V. • Rennes, 16 nov. 1990 : *D. 1991. IR 18* ; *RTD com. 1991. 594, obs. Françon* ; *JCP 1991. II. 21775, note Hovasse-Banget ; RIDA avr. 1991, p. 168 ; Cah. dr. auteur, janv. 1991, p. 10.* ♦ V. aussi art. L. 122-9.

2° USAGE DU DROIT DE DIVULGATION

3. Il n'y a pas abus notoire dans l'usage du droit de divulgation en cas de publication d'œuvres inédites lorsque « la volonté (de l'auteur) quant à la divulgation *post mortem* de ses œuvres n'a pas été constante, mais qu'elle a emprunté des méandres et subi des variations ». • TGI Paris, 1er déc. 1982 : *préc. note 1.*

3° NON-USAGE DU DROIT DE DIVULGATION

4. Si les héritiers de l'auteur (en l'espèce un neveu d'Antonin Artaud, titulaire du droit moral) jouissent bien d'un droit de regard sur les conditions de la divulgation d'œuvres pour lesquelles l'auteur a manifesté sans équivoque sa volonté de communication au public mais n'a pu prévoir les conditions de la diffusion, l'exercice de ce droit « ne revêt pas un caractère absolu et peut être sanctionné en cas d'abus notoire dans l'usage ou le non-usage » ; tel est le cas lorsque le titulaire du droit moral s'oppose à la parution d'un tome des œuvres complètes de l'auteur disparu sans proposer d'autres projets ou alternatives après avoir consulté les manuscrits et comparé les textes pendant trois ans, alors que la publication projetée n'a pas pour effet de livrer au public une œuvre tronquée ou dénaturée. • TGI Paris, 6 juill. 1994 : *RIDA janv. 1995, p. 244 et 161, obs. Kéréver.* – Et, dans la même affaire, • Paris, 19 déc. 1997 : *D. Affaires 1998. 342, obs. J.P.-S. ; RIDA avr. 1998, p. 433, note Caron ; D. 1999. Somm. 67, obs. Colombet* . – Pourvoi rejeté par • Civ. 1re, 24 oct. 2000 : *Bull. civ. I, n° 266 ; D. 2001. 918, note Caron* ; *JCP 2000. IV. 2829.* ♦ Le droit de divulgation *post mortem*, s'il doit s'exercer au service de l'œuvre, doit s'accorder avec la personnalité et à la volonté de l'auteur telle que révélée et exprimée de son vivant. • Civ. 1re, 3 nov. 2004 : *Bull. civ. I, n° 247 ; D. 2004. AJ 3223, obs. Allaeys* ; *RTD com. 2005. 86, obs. Pollaud-Dulian* ; *CCE 2004, n° 151, obs. Caron* • 25 mai 2005 : *Bull. civ. I, n° 229 ; D. 2005. AJ 1698, obs. Daleau* ; *RTD com. 2005. 727, obs. Pollaud-Dulian* ; *CCE 2005, n° 108, note Caron ; RIDA janv. 2006, p. 289, note Kéréver.* ♦ Le droit de divulgation *post-mortem* doit s'exercer au service de l'œuvre, en accord avec la volonté de l'auteur telle que révélée et exprimée de son vivant. • TGI Paris, 30 mars 2007 : *D. 2007. 2370, note Ickowicz* ; *CCE 2007, n° 92, note Caron.* ♦ La lenteur de l'exécution testamentaire n'est pas constitutive d'abus de droit. • Paris, 13 mars 2009 : *CCE 2009, n° 53, note Caron ; Propr. intell. 2009, n° 32, p. 263, obs. A. Lucas ; RIDA oct. 2009, p. 285, note Sirinelli.*

5. Ne commet pas d'abus dans le non-usage du droit de divulgation l'héritier d'un créateur qui s'oppose à la publication sous une forme écrite de cours donnés par un auteur qui avait clairement manifesté son attachement à la distinction entre la forme orale et la forme écrite, qui considérait comme indispensable de revoir très soigneusement le texte de ses interventions avant qu'elles soient publiées et qui avait déjà plusieurs fois expressément indiqué qu'il refusait toute publication en l'état. • Paris, 24 nov. 1992 : *RIDA janv. 1993, p. 191 et 161, obs. Kéréver.* – Confirmant • TGI Paris, 20 nov. 1991 : *RIDA janv. 1992, p. 330, note Kéréver ; Légipresse 1992, III, p. 33.*

6. Commet un abus notoire du droit de non-divulgation des œuvres l'héritière qui méconnaît le désir manifesté de son vivant par l'auteur de voir divulguer ce qu'il écrivait, sans qu'il soit possible à la titulaire du droit de justifier son refus en mettant en avant le caractère osé de certaines expressions de l'auteur, ainsi que « l'enrichissement du patrimoine littéraire national » souhaité par le ministère des Arts et Lettres. • TGI Reims, 9 janv. 1969 : *D. 1969. 569, note Desbois ; Gaz. Pal. 1969. 1. 257, note Sarraute ; RIDA oct. 1969, p. 153.* ♦ Rappr., sur le terrain des droits d'exploitation, estimant que constitue un abus le refus opposé par les héritiers d'un romancier à l'exploitation de l'œuvre cinématographique tirée d'une œuvre littéraire, après l'expiration d'un précédent contrat de cession, alors que ceux-ci ne mettaient en avant aucun motif légitime et avaient par le passé accepté voire recherché cette divulgation avant de la refuser. • Paris, 17 mars 1991 : *RIDA janv. 1992, p. 206, obs. Kéréver.*

7. Charge de la preuve. Inverse la charge de la preuve la cour d'appel qui pour dire abusif l'usage fait par l'exécuteur testamentaire de son droit de divulgation en refusant la publication des lettres échangées entre René Char et Tina Jolas, retient que lorsque la personne investie du droit de divulgation *post mortem*, qui ne dispose pas d'un droit absolu mais doit exercer celui-ci au service des œuvres et de leur promotion, conformément à la volonté de l'auteur, s'oppose à cette divulgation, il lui incombe de justifier de son refus en démontrant que l'auteur n'entendait pas divulguer l'œuvre en cause et que sa divulgation n'apporterait aucun éclairage utile à la compréhension et à la valorisation des œuvres déjà publiées. • Civ. 1re, 9 juin 2011 : *D. 2011. AJ 1679, obs. Daleau* ; *ibid. 2099, note Fabiani et Perrier* ; *CCE 2011, n° 75, note Caron ; RTD com. 2011. 546, obs. Pollaud-Dulian* ; *Légipresse 2011, n° 288, p. 614, note Massis ; RIDA juill. 2011, p. 317, note*

Sirinelli. ♦ V. la décision d'appel : • Paris, 4 déc. 2009 : *CCE 2010, n° 60, note Caron ; Propr. intell. 2010, n° 35, p. 713, obs. Bruguière.*

B. SAISINE DU TRIBUNAL

8. « Attendu qu'il résulte de l'emploi de l'adverbe « notamment » que le ministre de la Culture ainsi que les personnes désignées comme gardiennes du droit moral de l'auteur décédé par l'art. L. 121-2 n'ont pas une vocation exclusive à mettre en œuvre les mesures appropriées ; que, selon le droit commun de l'art. 31 C. pr. civ., auquel il n'est pas dérogé en la matière, l'action est également ouverte à tous ceux qui ont un "intérêt légitime" », V. • TGI Paris, 1er déc. 1982 : *préc. note 1.*

9. Une prétendue coauteur d'un vitrail qui, en réalité, « ne possède aucun droit sur l'œuvre litigieuse » et « n'a pas justifié d'un intérêt personnel quelconque » ne peut exercer l'action prévue par l'art. L. 121-3 afin de faire prévaloir sa propre appréciation sur celle des héritiers de l'auteur. • Civ. 1re, 13 avr. 1992 : *Bull. civ. I, n° 125 ; D. 1993. Somm. 88, obs. Colombet ; RIDA oct. 1992, p. 149.*

10. En revanche, un éditeur qui a eu avec l'auteur des relations de confiance et d'amitié est recevable à agir pour la défense du droit de divulgation puisqu'il a été jugé que, « en raison de l'ancienneté des relations qui ont existé entre Montherlant et la société des Editions Gallimard et plus particulièrement M. Claude Gallimard auquel il a personnellement confié pendant trente ans le soin d'éditer ou de rééditer l'ensemble de ses œuvres, témoignant ainsi de la confiance empreinte d'amitié qu'il lui accordait pour la défense de ses intérêts patrimoniaux et de ses intérêts moraux, le demandeur, qui indique en particulier agir pour continuer cette défense par-delà la mort de l'auteur, son ami, doit être considéré comme un de ces intéressés ayant vocation légitime à exercer l'action de l'art. L. 121-3 ». • TGI Paris, 1er déc. 1982 : *préc. note 1.*

11. Sur la recevabilité de l'intervention des organismes de défense professionnels, V. art. L. 121-1 et L. 331-1.

Art. L. 121-4 Nonobstant la cession de son droit d'exploitation, l'auteur, même postérieurement à la publication de son œuvre, jouit d'un droit de repentir ou de retrait vis-à-vis du cessionnaire. Il ne peut toutefois exercer ce droit qu'à charge d'indemniser préalablement le cessionnaire du préjudice que ce repentir ou ce retrait peut lui causer. Lorsque, postérieurement à l'exercice de son droit de repentir ou de retrait, l'auteur décide de faire publier son œuvre, il est tenu d'offrir par priorité ses droits d'exploitation au cessionnaire qu'il avait originairement choisi et aux conditions originairement déterminées. – *[L. n° 57-298 du 11 mars 1957, art. 32.]*

BIBL. ▶ IONASCO, *RIDA janv. 1975, p. 21* (le droit de repentir de l'auteur). – LUCAS, *J.-Cl. PLA, fasc. 1212* (le droit de retrait et de repentir). – SIRINELLI, Le droit moral de l'auteur et le droit commun des contrats, *thèse Paris II, 1985.*

COMMENTAIRE

Peu connu des législations étrangères, le droit de retrait et de repentir permet à l'auteur de revenir sur l'exécution d'une convention pourtant régulièrement conclue par lui. Il peut ainsi soit mettre un terme à l'exploitation, soit modifier l'œuvre.

Ce droit est enfermé dans un certain nombre de garanties. L'auteur doit préalablement indemniser son cocontractant et, en cas de contre-repentir, donner la préférence à celui-ci.

Le repentir ne peut reposer que sur des raisons d'ordre intellectuel et l'auteur ne pourrait utilement mettre en avant des considérations d'ordre matériel pour mettre un terme à l'exploitation en cours.

Il est majoritairement considéré que l'exercice de ce droit ne peut faire obstacle qu'à l'exécution de contrats d'exploitation et non s'appliquer aux contrats de cession du support matériel d'une œuvre mais il est possible de trouver des traces de l'opinion ou de solutions contraires.

Le droit de repentir ne permet pas au créateur d'effacer son nom de la toile qui le comporte.

Par tempérament à cette disposition, l'article L. 121-7-1 subordonne l'exercice du droit de retrait et de repentir d'un agent public à l'accord de l'autorité investie, sur ce dernier, du pouvoir hiérarchique.

A. NOTION

1. Le droit de repentir est le droit de modifier l'œuvre ; sur la possibilité de modifier une pièce de théatre en supprimant un rôle. • Soc. 8 mai 1980 : *RIDA janv. 1981, p. 148 ; RTD com. 1980. 549, obs. Françon.* ♦ Il se distingue du droit au respect de l'œuvre ; V. dans une espèce où l'auteur d'une pièce de théâtre en interdit les représentations pour dénaturation de son œuvre. • Paris, 27 sept. 1996, *Centre culturel Aragon-Triolet c/ Assoc. L'instant théâtre : D. 1997. 357, note Edelman ; RIDA avr. 1997, p. 270.* ♦ Le droit de retrait ou de repentir constitue l'un des attributs du droit moral de l'auteur et il ne peut être invoqué que pour défendre un scrupule d'auteur dont la pertinence n'est pas susceptible de contrôle, mais dont il appartient à la juridiction saisie de contrôler l'existence. • Poitiers, 29 juill. 2010 : *CCE 2011, n° 51, note Caron.*

2. Un artiste ne peut mettre en avant son droit de retrait ou repentir pour nier sa paternité ou retirer son nom de l'œuvre avant la publication de celle-ci ; pour une œuvre cinématographique, V. • Paris, 17 janv. 1970 : *RIDA avr. 1970, p. 155.*

B. DOMAINE

3. Pour un exemple d'exercice du droit de retrait et de repentir en matière d'œuvre de collaboration, V. • Bordeaux, 24 mai 1984 : *D. 1986. IR 181, obs. Colombet.*

4. Pour l'exclusion, sauf clause contraire, du droit de retrait et repentir en matière de logiciels, V. art. L. 121-7, 2°.

5. L'effacement du nom de l'auteur ne relève pas du droit de repentir. • Paris, 17 janv. 1970 : *préc. note 2.* ♦ Et ce procédé indirect, qui permet à un artiste de couper le lien entre l'œuvre et son créateur, engage la responsabilité de l'auteur vis-à-vis du propriétaire de la toile ainsi reniée. • Paris, 19 avr. 1961 : *JCP 1961. II. 12183, note Savatier ; RIDA janv. 1962, p. 119 ; Gaz. Pal. 1961. 2. 218.* ♦ Pour l'opposition du droit de retrait à une galerie qui exposait des œuvres et la récupération des toiles, V. • Paris, 6 juin 2000 : *Propr. intell. oct. 2001, p. 61, obs. crit. Lucas.*

C. RÉGIME

1° RAISONS

6. Un auteur ne peut mettre en avant l'insuffisance du taux retenu pour calculer ses droits patrimoniaux pour s'opposer, sur le terrain du droit de retrait et de repentir, prérogative de droit moral, à la réédition de ses albums de bandes dessinées. • Civ. 1re, 14 mai 1991 : *JCP 1991. II. 21760, note Pollaud-Dulian ; RIDA janv. 1992, p. 272, note Sirinelli ; D. 1992. Somm. 15, obs. Colombet.*

2° CONDITION PRÉALABLE

7. Le créateur désireux d'exercer son droit de repentir ou de retrait doit préalablement indemniser son cocontractant. • Bordeaux, 24 mai 1984 : *préc. note 3.* ♦ Pour un rejet de la demande au motif que l'auteur n'a pas fait de proposition précise d'indemnisation, se bornant à se référer à la valeur de vente publique des œuvres. • Paris, 6 juin 2000 : *Propr. intell., oct. 2001, p. 61, obs. Lucas.*

3° CONTRÔLE DES TRIBUNAUX

8. Les juges peuvent contrôler les raisons pour lesquelles une personne exerce son droit de retrait et de repentir et estimer que constitue un abus du droit moral le fait pour un auteur salarié, licencié par son employeur éditeur, de prétendre s'opposer à la réédition de ses bandes dessinées au prétexte d'un taux de rémunération insuffisant. • Civ. 1re, 14 mai 1991 : *préc. note 6.* ♦ Pour un rejet de la demande au motif que l'auteur, qui exprime son désaccord avec « les modalités d'exploitation et les conditions de présentation des œuvres », utilise abusivement le droit de repentir pour tenir en échec la force obligatoire du contrat. • Paris, 6 juin 2000 : *Propr. intell. oct. 2001, p. 61, obs. crit. A. Lucas.*

Art. L. 121-5 **L'œuvre audiovisuelle est réputée achevée lorsque la version définitive a été établie d'un commun accord entre, d'une part, le réalisateur ou, éventuellement, les coauteurs et, d'autre part, le producteur.**

Il est interdit de détruire la matrice de cette version.

Toute modification de cette version par addition, suppression ou changement d'un élément quelconque exige l'accord des personnes mentionnées au premier alinéa.

Tout transfert de l'œuvre audiovisuelle sur un autre type de support en vue d'un autre mode d'exploitation doit être précédé de la consultation du réalisateur.

Les droits propres des auteurs, tels qu'ils sont définis à l'article L. 121-1, ne peuvent être exercés par eux que sur l'œuvre audiovisuelle achevée. — *[L. n° 57-298 du 11 mars 1957, art. 16.]*

BIBL. ▶ CARON, *CCE 2009, n° 42, § 5* (zeste de droit moral dans la loi sur l'audiovisuel). – COLLOVA, *RIDA oct. 1990, p. 125* (les interruptions publicitaires lors de la diffusion de films à la télévision). – EDELMAN, *D. 1990. Chron. 295* (entre *copyright* et droit d'auteur : l'intégrité de l'œuvre de l'esprit). – FABIANI, *RIDA juill. 1988, p. 4* (introduction des spots publicitaires durant la projection télévisée d'œuvres cinématographiques par rapport à la protection du droit moral de l'auteur). – FRANÇON, *Mélanges Chavanne, Litec 1990, p. 233* (le droit au respect et les œuvres audiovisuelles). – GINSBURG et SIRINELLI, *RIDA oct. 1991, p. 3* (auteur, création et adaptation en droit international privé et en droit interne français, réflexions à partir de l'affaire Huston). – HUGON, Le régime juridique de l'œuvre audiovisuelle, *Litec 1993.* – HUGUET, *Dr. auteur 1964. 10* (le droit moral du compositeur de musique pendant l'élaboration du film). – KÉRÉVER, *Dr. auteur 1987. 251* (les œuvres audiovisuelles dans la loi française du 3 juill. 1985). – POLLAUD-DULIAN, *Cah. dr. auteur, déc. 1989, p. 1* (le coloriage des films noir et blanc et le droit moral des auteurs étrangers en France). – PUTTEMANS, Les journées du droit d'auteur, *Bruxelles Bruylant 1989, p. 303* (les auteurs sont-ils responsables de leurs actes ?). – SIMONART, Les journées du droit d'auteur, *Bruxelles Bruylant 1989, p. 341* (le coloriage des films). – SIRINELLI, *Lamy Droit des médias et de la communication. Étude 130 ; RIDA oct. 2009* (droit moral et œuvre audiovisuelle). – STROMHOLM, *Dr. auteur 1964. 132* (le droit moral des auteurs d'une œuvre cinématographique selon la loi française du 11 mars 1957).

COMMENTAIRE

Cette disposition rappelle le devoir de respect du droit moral en l'appliquant à l'œuvre audiovisuelle. Mais si les trois premiers alinéas de l'article vont bien en ce sens, les deux derniers apportent un léger infléchissement aux règles traditionnelles.

Ainsi, l'alinéa 4 ne subordonne le transfert de l'œuvre sur un autre support qu'à la consultation et non à l'accord du réalisateur (et non de tous les coauteurs).

Tandis que l'alinéa 5 admet que le droit moral des auteurs puisse être suspendu pendant la phase d'élaboration de l'œuvre. La solution est à lire en relation avec l'article L. 121-6 qui permet au producteur de faire achever un apport inachevé par un tiers.

Il y aurait donc bien deux phases distinctes dans l'opposabilité du droit moral, et l'articulation de l'ensemble fait que l'essentiel des débats ou risques de contentieux se manifestera au moment d'établir la version définitive (master) puisque le réalisateur aura alors un pouvoir de veto (V. notes 1 et 2) alors que le producteur aura disposé, en amont, d'une certaine marge de manœuvre. La jurisprudence ne paraît pas, sauf stipulation contractuelle en ce sens, accorder le même pouvoir aux autres coauteurs. Passé cette étape, le droit moral de l'auteur obéit aux règles traditionnelles (V. notes 3 s.). Bien que la loi n'exige qu'éventuellement l'accord des coauteurs autres que le réalisateur, la jurisprudence offre pleinement à ceux-ci la faculté de protester contre toute altération pendant cette phase d'exploitation.

L'auteur peut ainsi s'opposer à la présence de coupures publicitaires lors du passage de son œuvre à la télévision quand bien même la loi du 5 mars 2009 relative à la communication audiovisuelle et au nouveau service public de la télévision conférerait à certaines chaînes (sous certaines conditions) la faculté de pratiquer deux coupures. ❑

I. ÉTABLISSEMENT DE LA VERSION DÉFINITIVE

1. En dehors des exceptions prévues par la loi, un producteur ne peut procéder, sans le consentement des coauteurs, à l'établissement de la version définitive d'une œuvre audiovisuelle et à l'exploitation de celle-ci puisque, d'une part, « aucune disposition de la loi, dont l'art. (L. 121-5), al. 1er, indique que la première copie standard doit être établie d'un commun accord entre le réalisateur et le producteur, n'autorise celui-ci à achever le film sans l'accord du réalisateur qui, en vertu de son droit moral, peut s'opposer à la dénaturation de sa contribution, même si l'œuvre cinématographique est inachevée au sens de l'art. (L. 121-5) ». • Civ. 1re, 7 févr. 1973 : *D. 1973. 363, note Edelman ; RTD com. 1973. 558, obs. Desbois ; Gaz. Pal. 1973. 1. 404, note Sarraute ; Ann. propr. ind. 1974. 37.* ♦ Rejetant le pourvoi contre l'arrêt d'appel qui avait estimé qu'« aucune disposition de la loi n'autorise le producteur à achever son film sans l'accord du réalisateur, hors les hypothèses envisagées par l'art. L. 121-6, al. 1er, que l'auteur jouit du droit au respect de son œuvre du seul fait de sa réalisation, même inachevée, de sa conception, quand bien même ses droits ne pourraient s'exercer que sur l'œuvre achevée ; qu'il possède en vertu de son droit moral, le contrôle de l'utilisation de sa contribution déjà réalisée de l'œuvre afin de s'opposer à sa dénaturation ce qui interdit au producteur d'achever le film sans son accord », et que, d'autre part, « toute clause du contrat autorisant la société productrice à passer outre au défaut d'accord du réalisateur (est) nulle comme contraire aux dispositions d'ordre public de la loi du 11 mars 1957 », V. • Paris, 20 janv. 1971 : *D. 1971. 307, concl. Lecourtier ; RTD com. 1971. 1028, obs. Desbois.* ♦ Sur une application à la française du principe américain du « final cut ». • TGI Paris, réf., 16 mai 2006 : *CCE 2007. Chron. 6, § 10, obs. Montels ; Légipresse 2006, III, p. 157, note Renault.*

2. La possibilité de s'opposer à la réalisation de la version définitive devrait normalement être ouverte à tous les coauteurs. Elle a pu ainsi être mise en avant par le compositeur de la musique qui se plaignait des coupures faites dans sa création au cours du montage, la limitation du droit moral du coauteur imposée par l'art. L. 121-5, al. 2, devant trouver sa contrepartie dans la possibilité pour un coauteur de défendre son apport et d'obtenir que celui-ci soit respecté dans la mesure compatible avec l'œuvre d'ensemble. • Paris, 2 déc. 1963 : *D. 1964. 229, note Lyon-Caen ; Ann. propr. ind. 1964. 194 ; RTD com. 1964. 564, obs. Desbois.* ♦ Mais la jurisprudence se montre réticente à la reconnaissance de pareille faculté à tous les coauteurs : « Qu'en vertu de ce texte, la consultation des coauteurs de l'œuvre audiovisuelle, autres que le réalisateur, n'est pas obligatoirement requise pour l'établissement de la version définitive de l'œuvre ». Faute de parvenir à établir sa qualité de coréalisateur, l'un des coauteurs d'un documentaire n'avait donc pu s'opposer à l'établissement de la version définitive d'un documentaire. • Paris, 9 sept. 2005 : *CCE 2006, 76, note Caron ; ibid. 2006. Chron. 5, § 10, obs. Montels ; Propr. intell. 2006, n° 19, p. 176, obs. Lucas ; RTD com. 2005. 722, obs. Pollaud-Dulian.* ♦ Toutefois, en cas de non-établissement de la version définitive de l'œuvre du fait du producteur, les coauteurs dont l'accord n'est pas requis et qui ne disposent pas d'un droit à la divulgation de leur œuvre, peuvent solliciter des dommages-intérêts. • Civ. 1re, 24 sept. 2009 : *D. 2009. AJ 2425 ; ibid. 1466, note Azzi ; RTD com. 2010. 109, obs. Pollaud-Dulian ; Propr. intell. 2010, n° 34 ; p. 617, obs. A. Lucas ; RIDA oct. 2009, p. 353, note Sirinelli.* ♦ L'auteur d'une adaptation ne peut se prévaloir de droits propres que pour les éléments qui ne constituent pas une contrefaçon de l'œuvre du créateur adapté et ne peut imposer à ce dernier et au producteur une version qui n'avait pas recueilli leur agrément. • Paris, 12 nov. 1986 : *RIDA janv. 1987, p. 247 ; D. 1987. Somm. 369, obs. Hassler.* ♦ Sur le respect du droit moral lors de la restauration d'un film muet, V. • Paris, 7 sept. 2011 : *Propr. intell. 2012, n° 42, p. 26, obs. A. Lucas.*

II. INTERDICTION DE MODIFICATION DE L'ŒUVRE PENDANT LA PHASE D'EXPLOITATION

A. PRINCIPES

3. Le producteur de l'œuvre audiovisuelle ne peut porter atteinte au droit d'auteur, ni modifier une œuvre réputée achevée, lorsque la version définitive a été établie d'un commun accord entre le réalisateur, les coauteurs et le producteur. • Paris, 9 mars 1989 : *D. 1990. Somm. 55, obs. Colombet ; RIDA janv. 1990, p. 310.* – Pourvoi rejeté par • Civ. 1re, 9 avr. 1991 : *Bull. civ. I, n° 120 ; JCP 1991. IV. 215.* ♦ ... Toute modification de la version définitive nécessite un accord entre ces personnes, étant entendu que le producteur n'a pas de droit moral sur un film et doit obtenir l'autorisation de l'auteur pour chaque opération. • Paris, 16 juin 1989 : *D. 1990. Somm. 284, obs. Hassler.*

4. Le respect du droit moral s'impose tant au producteur qu'aux exploitants. • TGI Paris, 29 juin 1988 : *Cah. dr. auteur, juin 1988, p. 22 ; JCP 1989. I. 3373, obs. Edelman.* ♦ V. aussi art. L. 132-22. ♦ Sur l'atteinte au droit moral qui justifie la résiliation unilatérale du contrat de cession de droits, V. • Paris, 10 févr. 2010 : *CCE 2010, n° 108, note Caron.*

B. APPLICATIONS

1° ADJONCTIONS

5. Couleurs. La « colorisation » d'un film réalisé en noir et blanc et la diffusion de cette nouvelle version à la télévision effectuées sans l'accord du réalisateur de l'œuvre constituent des atteintes au droit moral de ce dernier. En l'espèce, « la "colorisation" du film sans l'autorisation et le contrôle des auteurs ou de leurs héritiers revenait à porter atteinte à l'activité créatrice de ces réalisateurs même si elle était de nature à satisfaire pour des raisons commerciales évidentes les attentes d'un certain public ; que la mise en œuvre de ce procédé sans l'accord des consorts Huston-Ben Maddow a constitué une atteinte au droit moral des auteurs tel qu'il est impérativement protégé par la loi française (...) ; que cette diffusion (à la télévision) constitue également une atteinte directe et certaine au droit moral dont la protection était requise ». • Versailles, 19 déc. 1994 : *RIDA avr. 1995, p. 389, note Kéréver.* ♦ « Il résulte de l'art. L. 111-4, al. 2 qu'aucune atteinte ne peut être portée à l'intégrité d'une œuvre littéraire et artistique, quel que soit l'État sur le territoire duquel cette œuvre a été divulguée pour la première fois », ce texte étant une loi d'application impérative. • Civ. 1re, 28 mai 1991 : *Bull. civ. I, n° 172 ; D. 1993. 197, note Raynard ; RIDA juill. 1991, p. 197 et 161, obs. Kéréver ; JCP 1991. II. 21731, note Françon ; JCP E 1991. II. 220, note Ginsburg et Sirinelli ; JDI 1992. 133, note Edelman.* – Cassation de • Paris, 6 juill. 1989 : *Gaz. Pal. 1989. 2. 74 ; Cah. dr. auteur, déc. 1989, p. 8.*

6. Bande-son. Le fait d'ajouter sans autorisation une musique à un film muet constitue une atteinte au droit moral. • Paris, 29 avr. 1959 : *D. 1959. 402, note Lyon-Caen et Lavigne ; RTD com. 1960. 350, obs. Desbois ; JCP 1959. II. 11134 ; Gaz. Pal. 1959. 1. 264, note Combaldieu.*

7. Logo. L'auteur jouit du droit au respect de son œuvre. Ce principe s'entend de façon particulièrement stricte quand il s'agit d'une œuvre audiovisuelle, aussi (...) La Cinq, en faisant figurer en permanence son logo sur les images du téléfilm « Yvette » lors de la diffusion sur son réseau, a commis au-delà de l'erreur qu'elle admet, une atteinte au droit moral des auteurs de l'œuvre qui pour certains n'avaient pas expressément autorisé cet ajout, et pour d'autres s'y étaient même opposés. Le droit moral de l'auteur est inaliénable. Son titulaire est seul maître de cet exercice et ne peut être présumé y avoir renoncé. La Cinq ne saurait dès lors tirer aucun argument de l'absence jusqu'à présent de plaintes de réalisateurs quant à l'incrustation du logo. La Cinq est une entreprise non de production mais d'exploitation d'œuvres audiovisuelles, elle doit en vertu de l'art. L. 132-22 assurer la représentation ou l'exécution publique de l'œuvre dans des conditions techniques propres à garantir le respect des droits intellectuels et moraux de l'auteur. Seule importe en conséquence l'image qu'elle distribue sur son réseau et qui doit être la reproduction fidèle, sans suppression ni ajout, sinon expressément autorisés, de l'œuvre telle que celle-ci lui a été remise. En conséquence la distinction entre les modifications intrinsèques qui seraient prohibées et celles extrinsèques apportées est inopérante. • TGI Paris, 29 juin 1988 : *RTD com. 1989. 70, obs. Françon ; RIDA oct. 1988, p. 328 ; Cah. dr. auteur, juin 1988, p. 22.* ♦ Rejetant aussi l'argument du logo « repère nécessaire » pour le téléspectateur. • Même jugement. – Confirmé par • Paris, 25 oct. 1989 : *D. 1990. Somm. 54, obs. Colombet* ✎. ♦ V. aussi • TGI Paris, 14 mars 1990 : *RIDA oct. 1990, p. 320.* – Confirmé par • Paris, 4 mars 1991 : *D. 1991. IR 95.*

8. Avertissement. Constitue une atteinte au droit moral de l'auteur l'initiative du producteur qui « apporte une modification à l'œuvre en insérant au générique, vingt ans après la réalisation du film, un avertissement qui a nécessairement pour conséquence d'opérer un déplacement de cette œuvre dans le temps pour en éclairer la portée et la signification à la lumière des événements historiques et politiques dont le Vietnam a été le théâtre au cours des années suivantes, (...) le texte incriminé ayant nécessairement une incidence sur l'œuvre audiovisuelle ». • Paris, 9 mars 1989 : *préc. note 3.* ♦ Ajoutant que « le générique présenté en tête du film, même s'il fait matériellement partie de l'œuvre, ne fait pas corps avec elle et ne peut être considéré comme une adjonction modifiant nécessairement, quel que soit son contenu, l'œuvre cinématographique de telle sorte qu'il ne puisse y être inséré sans l'assentiment des auteurs ». • Même arrêt.

2° SUPPRESSIONS

9. « La modification de la durée (d'un film) sans accord de l'auteur et plus encore nonobstant son opposition expresse, est aux termes de l'art. L. 335-3 CPI, constitutive d'acte de contrefaçon » ; ainsi, à propos d'une amputation de douze minutes d'une œuvre audiovisuelle, V. • TGI Paris, 23 mars 1994 : *RIDA avr. 1995, p. 401.* ♦ Accueillant les actions du réalisateur, du scénariste et du musicien qui protestaient contre des coupures car « en modifiant de façon unilatérale le film déjà monté et même projeté, la société Gaumont a manqué à ses engagements ». • Paris, 14 juin 1950 : *Ann. propr. ind. 1950. 109.* ♦ Et, condamnant la suppression de certaines interviews d'un reportage, V. • Paris, 4 mars 1991 : *D. 1992. Somm. 74, obs. Hassler* ✎.

3° MODALITÉS DE DIFFUSION

10. Respect de l'enchaînement voulu par l'auteur. La diffusion d'un feuilleton dans un ordre non prévu par les créateurs – plusieurs épisodes de la série diurne ayant été diffusés dans une série nocturne, destinée à un public dont le mode de vie et l'emploi du temps sont différents de ceux du public diurne –, constitue « pour le téléspectateur une rupture incontestable dans la continuité et l'harmonie d'un feuilleton dont les divers épisodes n'obéissent plus à un enchaînement logique et pour l'auteur une atteinte certaine à son droit moral auquel ne saurait être opposé le principe de la liberté de programmation ». • TGI Paris, 14 mars 1990 : *préc. note 7.* ♦ Doit être condamnée la diffusion d'un film avec omission d'une bobine. • TGI Paris, 14 mars 1990 : *D. 1991. Somm. 95, obs. Colombet* ✎.

11. Coupures publicitaires. Un diffuseur qui pratique des coupures publicitaires dans une œuvre audiovisuelle sans le consentement des auteurs rompt « la continuité esthétique et intellectuelle et (...) altère le rythme et l'harmonie » de la création et doit être condamné puisque « les dispositions de l'art. 73 de la loi du 30 sept. 1986 (...) qui (...) font obligation au service de communication de ne pas pratiquer plus d'une interruption publicitaire au cours de la diffusion d'une œuvre cinématographique ne concerne pas les relations dudit service avec les titulaires du droit moral lesquels ne peuvent l'exonérer de cette obligation légale ». • TGI Paris, 24 mai 1989 : *RIDA janv. 1990, p. 353.* – Confirmé par • Paris, 26 nov. 1990 : *Images juridiques, 15 janv. 1991, p. 2.* ♦ V. aussi • CE, réf., 19 nov. 2001 : *CCE 2002, n° 17, note Caron ; RIDA avr. 2002, p. 349, obs. Kérever ; RTD com. 2002. 474, obs. Françon* ✎.

12. Insertion dans une émission de télévision. Ne peut être accueillie la demande de déprogrammation fondée sur le droit moral et formulée par un réalisateur de film qui s'oppose à ce que son œuvre soit diffusée préalablement à un débat sur la foi à la télévision, dès lors que l'œuvre « est présentée sans amputation ni altération », le débat suivant la projection du film ne pouvant être assimilé à une préface ; à propos du film « Thérèse » projeté dans le cadre des « Dossiers de l'écran », V. • Paris, 16 mars 1989 : *D. 1989. Somm. 299, obs. Hassler ; D. 1989. IR 133 ; Gaz. Pal. 1989. 1. 439, note Bertin.*

III. LE DROIT MORAL PENDANT L'ÉLABORATION

13. Si, d'après l'art. L. 121-5, les droits moraux ne peuvent s'exercer que sur l'œuvre audiovisuelle achevée, cette limitation ne permet pas au détenteur du négatif d'en refuser l'accès à un coauteur souhaitant achever l'œuvre et exercer ainsi son droit moral de divulgation, pareil refus constituant un abus notoire du propriétaire du support empêchant l'exercice du droit de divulgation au sens de l'art. L. 111-3. « L'application de l'art. L. 121-5 CPI, dernier alinéa, (...) qui se rapporte aux conditions d'exercice des droits moraux des auteurs d'une œuvre audiovisuelle, ne saurait avoir pour objet ni pour effet d'éluder l'application du principe général de la responsabilité civile posé par l'art. 1382 C. civ. à l'encontre de celui dont la faute aurait empêché l'achèvement du film ». • Paris, 29 sept. 1995 : *RIDA avr. 1996, p. 293 ; LPA 28 juill. 1997, obs. Gaudel.* ♦ Le droit de divulgation d'une œuvre audiovisuelle est réservé au seul réalisateur en accord avec le producteur. • Paris, 9 sept. 2005 : *RTD com. 2005. 723, obs. Pollaud-Dulian ; CCE 2006, n° 76, note Caron ; Propr. intell. 2006, n° 19, p. 176, obs. Lucas.*

Loi n° 86-1067 du 30 septembre 1986,

Relative à la liberté de communication.

Art. 70 Les services de communication audiovisuelle qui diffusent des œuvres cinématographiques, et notamment les sociétés *(L. n° 2000-719 du 1er août 2000, art. 85)* « mentionnées à l'article 44 », contribuent au développement des activités cinématographiques nationales selon des modalités fixées par *(L. n° 2000-719 du 1er août 2000, art. 85)* « les cahiers des charges », les autorisations accordées en application des articles 30, *(L. n° 2000-719 du 1er août 2000, art. 85)* « 30-1 », 31 et 65 de la présente loi et les décrets prévus aux articles 33 et 43.

Les dispositions relatives à la diffusion des œuvres cinématographiques incluses dans les cahiers des charges, les autorisations et les décrets visés à l'alinéa précédent doivent préciser :

1° La fixation d'un nombre maximal annuel de diffusions et rediffusions d'œuvres cinématographiques de longue durée ;

2° L'obligation de consacrer dans ces diffusions, en particulier aux heures de grande écoute, des proportions au moins égales à 60 p. 100 à des œuvres européennes et des proportions au moins égales à 40 p. 100 à des œuvres d'expression originale française ;

3° La grille horaire de programmation des œuvres cinématographiques de longue durée ;

Les dispositions relatives à la diffusion des œuvres cinématographiques de longue durée sont identiques pour les services publics et privés de communication audiovisuelle diffusés en clair et dont le financement ne fait pas appel à une rémunération de la part des usagers.

BIBL. ▸ SIRINELLI, *RIDA oct. 2009, p. 375* (respect de l'intégrité de l'œuvre et coupures publicitaires).

Art. L. 121-6 Si l'un des auteurs refuse d'achever sa contribution à l'œuvre audiovisuelle ou se trouve dans l'impossibilité d'achever cette contribution par suite de force majeure, il ne pourra s'opposer à l'utilisation, en vue de l'achèvement de l'œuvre, de la partie de cette contribution déjà réalisée. Il aura, pour cette contribution, la qualité d'auteur et jouira des droits qui en découlent. – *[L. n° 57-298 du 11 mars 1957, art. 15, al. 1er.]*

COMMENTAIRE

Manifestation de la suspension du droit moral de l'auteur pendant la phase d'élaboration de l'œuvre, cet article offre au producteur la possibilité de faire achever la contribution d'un auteur – empêché ou récalcitrant – par un tiers. La règle est la reprise d'une solution prétorienne.

Toutefois, la version définitive devant être établie par un accord entre le producteur et le réalisateur – et éventuellement les autres coauteurs –, le metteur en scène disposera à cet instant d'un pouvoir d'opposition. Mais la jurisprudence paraît n'offrir pleinement cette possibilité qu'au seul réalisateur. Les autres coauteurs pourront cependant faire valoir leurs griefs en cas de dénaturation de l'œuvre (V. notes).

1. Il a été jugé que les différents contributeurs à une œuvre audiovisuelle « ne sauraient prétendre imposer leur volonté discrétionnaire » et que « l'intransigeance d'un seul, serait-il le créateur de la plus grande partie de l'œuvre, ne peut entraîner la ruine de l'œuvre commune, le prestige d'un coauteur ne pouvant conférer à ce dernier un droit moral de nature supérieure aux autres coauteurs et lui assurer une prééminence à l'égard de ceux-ci », • Paris, 18 avr. 1956 : *D. 1957. 108, note Desbois.* ♦ Et, dans la même affaire, que des créateurs « ont commis une faute qui autorisait la société défenderesse à terminer le film sans leur concours (...) », tels « Prévert en ne déférant pas à une sommation, et Grimault, en abandonnant à contretemps et sans raison majeure ses fonctions dans un travail (...) qu'il s'était engagé à mener à bonne fin ». • Civ. 1re, 13 avr. 1959 : *D. 1959. 325, note Lyon-Caen et Lavigne ; JCP 1959. II. 11144, note de Montéra ; RTD com. 1959. 898, obs. Desbois.* – Dans le même sens, V. • TGI Paris, 23 mars 2001, *(aff. Yamakasi) : CCE 2001, n° 73, note Caron.* ♦ Cependant, l'auteur qui n'a pas achevé sa contribution conserve le droit de s'opposer à une dénaturation de son apport. • Civ. 1re, 13 avr. 1959 : *préc.*

2. L'art. L. 121-6 ne visant que deux hypothèses, celles de l'interruption du travail du réalisateur par sa faute ou par la force majeure, un producteur ne peut mettre en avant cette disposition pour modifier unilatéralement le film, alors que le réalisateur a achevé sa contribution. • Paris, 20 janv. 1971 : *D. 1971. 307, concl. Lecourtier ; RTD com. 1971. 1028, obs. Desbois.* – Pourvoi rejeté par • Civ. 1re, 7 févr. 1973 : *D. 1973. 363, note Edelman ; RTD com. 1973. 558, obs. Desbois ; Gaz. Pal. 1973. 1. 404, note Sarraute ; Ann. propr. ind. 1974. 37.*

Art. L. 121-7 *(L. n° 94-361 du 10 mai 1994, art. 3)* **Sauf stipulation contraire plus favorable à l'auteur d'un logiciel, celui-ci ne peut :**

1° S'opposer à la modification du logiciel par le cessionnaire des droits mentionnés au 2° de l'article L. 122-6, lorsqu'elle n'est préjudiciable ni à son honneur ni à sa réputation ;

2° Exercer son droit de repentir ou de retrait.

BIBL. ► VIVANT, *JCP 1994. I. 3792* (logiciels 94 : tout un programme ?).

COMMENTAIRE

Par cette disposition relative aux seuls logiciels, le législateur français ramène, pour ce type d'œuvres, le niveau de la protection du droit moral au minimum imposé par la Convention de Berne. Une atteinte au droit au respect ne sera sanctionnée que si l'auteur prouve non seulement l'existence d'une modification non admise mais encore que cette dernière est préjudiciable à son honneur ou à sa réputation. Le droit de retrait ou de repentir est supprimé sauf, improbable, clause contraire. Le créateur ne peut pas non plus s'opposer à une modification corrective ou évolutive de son programme (V. CPI, art. L. 122-6-1).

Le texte ne dit rien d'un éventuel amenuisement du droit de divulgation alors même qu'il s'agit là de la seule prérogative qui aurait mérité un aménagement ou, à tout le moins, des éclaircissements, notamment en cas de création de salarié ou de contrat de commande. La doctrine estime que, en pareils cas, le droit de divulgation du créateur est positivement exercé dès lors qu'il réalise le programme pour lequel l'auteur est rémunéré. Ce n'est que dans certains cas exceptionnels que le créateur retrouverait la plénitude de cette prérogative de droit moral. Dans la mesure où cette solution, qui répond à une logique économique et à un besoin de sécurité, conduit à une curieuse inversion des principes, il aurait été préférable que le législateur la prévoie expressément.

Cet amenuisement du droit moral ne peut de toute façon concerner que les composantes du logiciel qui répondent à la nature de forme programmée (codes source ou objet, organigramme, matériel de conception préparatoire, interfaces logiques…) et non à celles soumises au droit commun (effets audiovisuels, interfaces graphiques, documentation…). ❑

1. Par interprétation *a contrario* de l'art. L. 121-7, *en matière de logiciel* le droit moral de l'auteur se réduit au droit au nom. • Douai, 1er juill. 1996 : *PIBD 1997. III. 129.*

2. Le dispositif légal ne vient limiter que les seules prérogatives de droit moral et non les droits patrimoniaux, de telle sorte que si le droit de procéder à l'adaptation du logiciel est ouvert au bénéficiaire d'un contrat de licence, il ne l'est pas à cette même personne pour le profit de son client. • Paris, 15 juin 1990 : *Bull. Lamy Droit de l'informatique, 1990.*

Art. L. 121-7-1 *(L. nº 2006-961 du 1er août 2006, art. 32)* **Le droit de divulgation reconnu à l'agent mentionné au troisième alinéa de l'article L. 111-1, qui a créé une œuvre de l'esprit dans l'exercice de ses fonctions ou d'après les instructions reçues, s'exerce dans le respect des règles auxquelles il est soumis en sa qualité d'agent et de celles qui régissent l'organisation, le fonctionnement et l'activité de la personne publique qui l'emploie.**

L'agent ne peut :

1° S'opposer à la modification de l'œuvre décidée dans l'intérêt du service par l'autorité investie du pouvoir hiérarchique, lorsque cette modification ne porte pas atteinte à son honneur ou à sa réputation ;

2° Exercer son droit de repentir et de retrait, sauf accord de l'autorité investie du pouvoir hiérarchique.

COMMENTAIRE

Cet article a été adopté par le législateur pour tempérer les effets de la reconnaissance de droits d'auteur à un agent public (art. L. 111-1, al. 3, CPI). En parallèle avec les dispositions retenues en matière de droits patrimoniaux (art. L. 131-3-1 CPI), il vise, à propos des créations réalisées dans le cadre de sa mission, à aménager la portée du droit moral, habituellement reconnu à un créateur (art. L. 121-1 à L. 121-4 CPI). Mais cette atténuation ne joue que dans les relations avec l'autorité investie du pouvoir hiérarchique en sorte qu'un tiers ne saurait en revendiquer le bénéfice.

En vertu de ce texte, trois des quatre prérogatives reconnues par la loi sont, dans le but de ne pas gêner le fonctionnement du service qui l'emploie, amoindries. Ainsi :

– l'exercice du droit de divulgation est subordonné au respect des règles auxquelles est soumis l'agent ainsi qu'à celles régissant le bon fonctionnement et l'activité de la personne publique qui l'emploie ;

– le droit au respect de l'intégrité de l'œuvre est réduit au minimum imposé par la Convention de Berne puisque l'auteur ne peut protester contre une modification que s'il prouve, outre l'altération de l'œuvre, que cette modification ne porte pas atteinte à son honneur ou à sa réputation ;

– l'exercice par l'auteur de son droit de repentir et de retrait est subordonné à l'accord de l'autorité investie, sur lui, du pouvoir hiérarchique.

Seul subsiste, en exercice plein, le droit à la paternité.

Art. L. 121-8 **L'auteur seul a le droit de réunir ses articles et ses discours en recueil et de les publier ou d'en autoriser la publication sous cette forme.**

(L. nº 2009-669 du 12 juin 2009, art. 20) **« Pour toutes les œuvres publiées dans un titre de presse au sens de l'article L. 132-35, l'auteur conserve, sauf stipulation contraire, le droit de faire reproduire et d'exploiter ses œuvres sous quelque forme que ce soit, sous réserve des droits cédés dans les conditions prévues à la section 6 du chapitre II du titre III du livre Ier.**

« Dans tous les cas, l'exercice par l'auteur de son droit suppose que cette reproduction ou cette exploitation ne soit pas de nature à faire concurrence à ce titre de presse. » *– V. C. trav., art. L. 7113-2.*

BIBL. ▶ ADER, *Légicom 1997, nº 15, p. 35* (cession des droits d'auteur des journalistes). – ALAI, *Actes du congrès de la mer Égée, 1983.* – BÉCOURT, GOMEZ, GUERDER, LOMBARD, SIRINELLI et WOUTS, *D. Affaires, suppl. au nº 162 du 27 mai 1999* (les droits des journalistes et les nouveaux médias). – DERIEUX, *Mélanges Françon, Dalloz 1995, p. 83* (journalisme et droit d'auteur) ; *JCP 2001. I. 582* (le droit d'auteur des journalistes à l'épreuve de l'internet). – EDELMAN, *D. 1998. 600, note ss. Bruxelles, 28 oct. 1998* (l'intérêt moral des journalistes). – GAUTIER, *Légipresse 1997. II. 122* (droits d'auteur des journalistes : le droit d'en parler). – LITI, *Expertises, déc. 1998, p. 373* (presse en ligne : la polémique). – MALLET-POUJOLS, *J.-Cl. PLA, fasc. 1229* (droit d'auteur des journalistes). – MELAS, *RIDA janv. 1984, p. 123* (le droit d'auteur des journalistes). – TRICOIRE et GRAVE, *Légipresse 1991. 11. 39* (le droit d'auteur des journalistes).

COMMENTAIRE

Écrite pour les œuvres de journalistes, cette disposition est appliquée à toutes les œuvres collectives. La solution s'applique que l'auteur soit ou non salarié (V. aussi C. trav., art. L. 7113-2).

Placé au sein du droit moral, vraisemblablement au titre du droit de divulgation, cet article concerne en réalité le sort des droits patrimoniaux relatifs aux apports individualisables des divers contributeurs. Les droits afférents à ces créations appartiennent, sous réserve d'une clause contraire, aux auteurs et non au promoteur de l'œuvre collective.

La jurisprudence a utilisé cette disposition pour limiter considérablement les droits que les promoteurs retiraient de la règle énoncée par l'article L. 113-5. Cela a engendré de nombreuses incertitudes qui ont conduit les organes de presse à passer des accords avec les journalistes afin d'organiser le transfert des droits à leur profit. Mais la validité de pareils accords devrait alors être soumise au respect des dispositions du code de la propriété intellectuelle relatives aux cessions de droits, ce qui change la perspective par rapport à une éventuelle attribution légale.

Cet article a été « toiletté » lors de l'intervention de la loi du 12 juin 2009. Le texte fait désormais référence à la nouvelle section 6 (« droits d'exploitation des œuvres des journalistes ») du chapitre 2 du titre 3 du livre 1er. En dépit de la cession automatique des droits d'exploitation des journalistes salariés au profit de l'employeur, en certains cas, les journalistes conservent ce que la profession appelle leur « droit de recueil ». Toutefois, les journalistes ne peuvent publier leurs compilations pendant une période d'actualité fixée par accord d'entreprise ou tout autre accord collectif (V. art. L. 132-37).

Par ailleurs, la loi nouvelle a substitué au terme « journal au recueil périodique » les mots « titres de presse » (sur la notion, V. art. L. 132-35).

Les solutions nouvelles issues de la loi du 12 juin 2009 ne concernent que les seules œuvres de journalistes salariés de la presse écrite. Il faut sans doute considérer que la jurisprudence antérieure demeure applicable aux autres œuvres collectives. ❑

1. Support. L'art. L. 121-8 est applicable tant à la presse écrite qu'à la presse parlée. • Crim. 30 janv. 1978 : *RIDA janv. 1979, p. 156.* ♦ ... Aux articles qu'aux illustrations et photographies : • TGI Paris, 25 janv. 1973 : *Gaz. Pal. 1973. 1. 412.* ♦ V., cependant, estimant que l'art. L. 761-9 C. trav. (subordonnant à une convention expresse « le droit de faire paraître dans plus d'un journal ou périodique les articles ou autres œuvres littéraires et artistiques » créées par des journalistes professionnels) n'est pas applicable dans les relations entre un journaliste et une agence de photographies. • TGI Nanterre, 13 déc. 2000 : *CCE 2001, n° 13, note Caron.*

2. Commande. Avant toute création de l'œuvre, le journaliste auquel il est passé commande peut limiter sa liberté créatrice et s'engager à se conformer aux impératifs de la commande. • Civ. 1re, 7 avr. 1987 : *Bull. civ. I, n° 124 ; D. 1988. 97, note Edelman ; RTD com. 1988. 225, obs. Françon ; RIDA oct. 1987, p. 197.*

3. Droit de reproduction. Une société ne peut publier dans d'autres revues ni réunir dans des ouvrages des articles publiés par des journalistes sans méconnaître le droit de reproduction appartenant à ces derniers. • Paris, 27 mai 1992 : *RIDA oct. 1992, p. 157.* ♦ L'existence d'un contrat de travail n'emporte aucune dérogation à la jouissance du droit de propriété intellectuelle de l'auteur, et qu'à défaut de convention expresse, conclue dans les conditions de la loi, l'auteur des photographies ne transmet pas à son employeur, du seul fait de la première publication rémunérée à titre de pige, le droit de reproduction de ses œuvres pour de nouvelles publications ou de cession à un tiers. • Versailles, 20 avr. 1995 : *Légipresse 1996, III, p. 140.* – Pourvoi rejeté par • Civ. 1re, 21 oct. 1997 : *Bull. civ. I, n° 285 ; D. Affaires 1997. 1395 ; D. 1997. IR 250 ; JCP E 1998. 1047, obs. Mousseron ; JCP 1997. IV. 2390 ; Légipresse 1998, I, p. 5 ; Dossiers Brevets 1998. I. 1* • 12 avr. 2005 : *Bull. civ. I, n° 183 ; D. 2005. AJ 1286, obs. Daleau*. ♦ A défaut de convention expresse avec les journalistes, la cession des droits sur leurs articles étant limitée à une première publication, l'éditeur titulaire des droits sur le journal ne peut autoriser la communication de l'œuvre sur internet. • TGI Strasbourg, réf., 3 févr. 1998 : *RIDA avr. 1998, p. 466 ; JCP 1998. II. 10044, note Derieux ; Expertises, mai 1998, p. 146 ; Légipresse 1998, I, p. 19 ; JCP E 1998, p. 1252, note Bougerol-Saint Grégoire.* ♦ Et, dans la même affaire. • Colmar, 15 sept. 1998 : *Gaz. Pal., 10-12 janv. 1999, p. 27 ; Légipresse 1998, III, p. 172, note Derieux ; RIDA janv. 1999, p. 410, note Kérever.* ♦ V. aussi • TGI Paris, 14 nov. 2007 : *RLDI 2008/36, n° 1193, obs. Maffre-Baugé.* ♦ En ce qui concerne les rapports de l'entreprise de presse et le journaliste, l'art. L. 761-9 C. trav. subordonne obligatoirement le droit de faire paraître, dans plus d'un journal ou périodique, les articles ou autres œuvres littéraires ou artistiques dont ce dernier est l'auteur, à une convention expresse précisant les conditions dans lesquelles la reproduction est autorisée. • TGI Paris, 14 avr. 1999 : *D. 1999. IR 132.* ♦ V. également, sur la mise en ligne de deux journaux télévisés. • TGI Strasbourg, 16 nov. 2001 : *D. 2002. AJ 405 ; CCE 2002, n° 2, note Caron ; JCP E 2002. 1334, n° 6, obs. Bougerol ; Légipresse 2002,* *n° 189, III, p. 43 ; RIDA janv. 2002, p. 463, note Kéréver.* ♦ Ainsi, la réitération, dans le même organe de presse, de la publication d'une photographie réalisée par un journaliste-pigiste, ne peut se faire sans solliciter d'autorisation de l'auteur et sans lui verser une rémunération nouvelle puisque « l'existence d'un contrat de travail n'emporte aucune dérogation à la jouissance des droits de propriété intellectuelle de l'auteur et qu'à défaut de convention expresse, conclue dans les conditions de la loi, l'auteur ne transmet pas à son employeur, du seul fait de la première publication, le droit de reproduction de son œuvre ». • Civ. 1re, 12 juin 2001 : ☖ *CCE 2001, n° 74, note Caron ; Propr. intell., oct. 2001, p. 56, obs. Lucas.* – Cassant, sous le visa combiné des art. L. 111-1, al. 3, CPI et L. 761-9 C. trav., l'arrêt qui avait cru pouvoir décider que par les dispositions de l'art. L. 716-9 C. trav., qui exigent une convention expresse pour la parution dans « plus d'un journal ou périodique », le législateur a entendu désigner l'organe de presse, et non les numéros ou éditions successives du même titre de presse ; il s'ensuit que la société de presse est en droit de publier à nouveau, dans le même journal, des clichés réalisés par un journaliste, sans son autorisation et sans rémunération nouvelle. • Versailles, 1er avr. 1999 : *RIDA oct. 1999, p. 206 ; D. Affaires, suppl. au n° 162 du 27 mai 1999, p. 24.* – V. aussi, dans la même affaire, le jugement selon lequel l'art. L. 121-8 visait seulement le droit conservé par l'auteur d'articles et de discours et non de photographies. • TGI Nanterre, 19 juin 1996 : *RIDA janv. 1997, p. 358 ; Légipresse 1996, III, p. 127.* ♦ Il avait été jugé auparavant que le dispositif légal ne prive pas le journal de ses propres droits d'utilisation, ces derniers n'étant pas affectés dans leur durée et ne présentant pas de caractère éphémère lié à la matière traitée. • Civ. 1re, 9 nov. 1983 : *JCP 1984. II. 20189, note Françon ; D. 1984. 297.* ♦ ... Ainsi, il avait été décidé qu'un journal conserve, après cessation des fonctions de l'auteur salarié, le droit d'utiliser les photographies réalisées pour le compte de l'entreprise de presse ou celui de les céder à des tiers. • Civ. 1re, 20 déc. 1982 : *JCP 1983. II. 20102, note Françon ; RTD com. 1982. 430, obs. Françon.* ♦ *Adde*, l'arrêt selon lequel il ressort de la combinaison des art. L. 121-8 CPI et L. 761-9 C. trav., que le contrat de travail entre un journaliste et un organe de presse emporte cession des droits d'auteur pour une première publication, celle-ci pouvant être faite dans des revues présentées comme des hors-séries. • Paris, 8 sept. 2000 : *inédit.* ♦ La cession des droits pour la première publication s'effectue au moment de la réalisation de la photographie par l'auteur salarié, peu important que la publication de cette photographie ait eu lieu après la rupture du contrat de travail. • Paris, 12 sept. 2003 : *CCE 2004, n° 13, note Caron.*

4. Recueil. Si la loi « n'a pas prévu la possibilité pour l'auteur de renoncer à son droit de réunir en recueil ses œuvres publiées dans les journaux, il n'est pas interdit à l'auteur de céder ses droits ». • Civ. 1re, 6 nov. 1979 : *D. 1980. 207 ; RTD com. 1980. 345, obs. crit. Françon.* ♦ L'auteur d'œuvres publiées dans un journal conserve, sauf stipulation contraire, le droit de les faire reproduire et de les exploiter, sous quelque forme que ce soit, en sorte que toute exploitation, sous une nouvelle forme, par la société éditrice du journal est soumise à son autorisation (rendue en application de l'anc. al. 2 de l'art. L. 121-8). • Civ. 1re, 3 juill. 2013 : ☖ *RIDA oct. 2013, p. 309, note Sirinelli.*

5. Discours politique. Pour une application aux discours politiques, V. • TGI Paris, 25 oct. 1995 : *RIDA janv. 1996, p. 294 et 203, obs. Kéréver.*

Art. L. 121-9 **Sous tous les régimes matrimoniaux et à peine de nullité de toutes clauses contraires portées au contrat de mariage, le droit de divulguer l'œuvre, de fixer les conditions de son exploitation et d'en défendre l'intégrité reste propre à l'époux auteur ou à celui des époux à qui de tels droits ont été transmis. Ce droit ne peut être apporté en dot, ni acquis par la communauté ou par une société d'acquêts.**

Les produits pécuniaires provenant de l'exploitation d'une œuvre de l'esprit ou de la cession totale ou partielle du droit d'exploitation sont soumis au droit commun des régimes matrimoniaux, uniquement lorsqu'ils ont été acquis pendant le mariage ; il en est de même des économies réalisées de ces chefs.

Les dispositions prévues à l'alinéa précédent ne s'appliquent pas lorsque le mariage a été célébré antérieurement au 12 mars 1958.

Les dispositions législatives relatives à la contribution des époux aux charges du ménage sont applicables aux produits pécuniaires visés au deuxième alinéa du présent article. – *[L. n° 57-298 du 11 mars 1957, art. 25.]*

BIBL. ► BINCTIN, *RIDA avr. 2012, p. 45* (le régime matrimonial de l'auteur). – CRIONNET, Les droits intellectuels et les régimes matrimoniaux en droit français, *LGDJ 1975.* – CONTAMINE-RAYNAUD, *D. 1971. Chron. 251* (de l'influence du droit moral des artistes mariés sous le régime de la communauté). – DIENER, *D. 1983. Chron. 201* (pour la cogestion des droits de propriété intellectuelle en régime de communauté légale). – PARISOT, *D. 1967. Chron. 189* (les droits d'auteur et l'œuvre d'art en régime de communauté). – PLAISANT, *Mélanges Voirin, LGDJ 1968,* *p. 654* (les droits intellectuels et les régimes matrimoniaux). – POLLAUD-DULIAN, *J.-Cl. PLA, fasc. 1225* (régimes matrimoniaux et successions).

COMMENTAIRE

Cet article contient les règles applicables à l'auteur marié. C'est à propos des questions de régimes matrimoniaux que la jurisprudence et la doctrine avaient dégagé la nature dualiste du droit d'auteur. Les solutions sont différentes suivant qu'il est tranché une question de droit moral ou des problèmes plus matériels.

Les difficultés ne se rencontrent que pour les régimes communautaires et non pour les régimes de séparation de biens qui connaissent une application pure et simple du droit commun.

Se pose également une question d'application de la loi dans le temps puisque l'article L. 121-9 ne s'applique que partiellement aux mariages contractés avant l'entrée en vigueur de la loi du 11 mars 1957.

Pour les mariages conclus postérieurement au 11 mars 1958, on ne peut déroger à ces règles par des clauses insérées dans le contrat de mariage.

Il y a lieu d'opérer une distinction entre, d'une part, les œuvres d'art à proprement parler et, d'autre part, les droits d'auteur afférents à ces œuvres d'art.

S'agissant des droits d'auteur, il faut croiser deux séries de paramètres et distinguer :
* d'une part, entre :
– le droit moral,
– le monopole d'exploitation, et
– les revenus perçus ;
* et, d'autre part, entre :
– la situation des époux mariés avant le 11 mars 1958, date d'entrée en vigueur de la loi du 11 mars 1957, et
– la situation des époux mariés après le 11 mars 1958.

Les époux mariés après le 11 mars 1958 voient leur situation tout entière régie par l'article L. 121-9. Les prérogatives de droit moral échappent par nature à l'empire des régimes matrimoniaux et restent personnelles à l'auteur. Le monopole d'exploitation « reste propre à l'époux auteur ». Les revenus « acquis » (c'est-à-dire « perçus », Paris, 22 avr. 1982, V. note 1) pendant le mariage du fait de l'exploitation de l'œuvre sont communs et à ce titre doivent être partagés à la dissolution. Les revenus perçus (ou exigibles suivant les approches) après la dissolution du mariage restent personnels parce que le monopole d'exploitation ne dépend pas de l'indivision post-communautaire.

Les époux mariés avant le 11 mars 1958 se voient appliquer l'article L. 121-9 (ancien art. 25 de la loi du 11 mars 1957) à partir du 11 mars 1958 (cf. al. 3).

Le droit moral reste personnel à l'époux-auteur quelle que soit la date de la création de l'œuvre. Les dispositions qui font du monopole d'exploitation un bien propre sont immédiatement applicables, il ne saurait y avoir d'effet rétroactif (Civ. 1re, 3 déc. 2002, note 1). Pour opérer le départ entre les œuvres qui se voient appliquer la loi nouvelle et celles qui restent soumises aux dispositions antérieures, la jurisprudence, après avoir retenu la date de création de l'œuvre, semble s'orienter vers celle de sa divulgation (Civ. 1re, 3 déc. 2002, préc.). S'agissant des œuvres divulguées après le 11 mars 1958, le monopole d'exploitation est considéré comme un propre tandis que les revenus ne tombent en communauté que pendant le mariage. Après la dissolution ils demeurent personnels à l'époux-auteur. S'agissant des œuvres divulguées avant le 11 mars 1958, le monopole d'exploitation est tombé en communauté comme bien meuble sous le régime de la communauté des meubles et acquêts. Lorsqu'ils sont produits par un monopole d'exploitation commun, les revenus doivent être partagés non seulement pendant le mariage mais aussi lorsqu'ils sont perçus après la dissolution, à titre de revenus d'un bien *de l'indivision* post-communautaire.

Concernant les supports matériels incorporant les œuvres, le législateur n'en a pas expressément réglé le sort. Il est généralement admis que les règles applicables aux droits ne sont pas étendues aux supports des œuvres. ❑

A. JURISPRUDENCE ACTUELLE

1. Le monopole d'exploitation reste propre à l'auteur mais les revenus acquis, c'est-à-dire perçus pendant le mariage du fait de l'exploitation de l'œuvre, sont communs et à ce titre doivent être partagés à la dissolution. • Paris, 22 avr. 1982 : *D. 1984. 397, note Ghestin ; JCP 1983. II. 19948, note Gobin ; RIDA juill. 1982, p. 176.* – Confirmant • TGI Paris, 4 juin 1980 : *RIDA oct. 1980, p. 144 ; D. 1982. IR 45, obs. Colombet ; RTD com. 1981. 80, obs. Françon.* ♦ Dans le même sens, concernant les mêmes parties • Paris, 17 mai 2006 : *Propr. intell. 2006, n° 21, p. 445, obs. Lucas.* ♦ Et en cassation • Civ. 1re, 19 nov. 2008 : *Propr. intell. 2009, n° 31, p. 163, obs. Lucas* • Paris, 14 mai 2010 : *RTD com. 2011. 111, obs. Pollaud-Dulian ; Propr. intell. 2011, n° 40, p. 287, obs. Bruguière.* ♦ Les dispositions de l'art. L. 121-9, al. 1er, issues de l'art. 25 de la loi du 11 mars 1957, qui font du monopole d'exploitation un bien propre, sont immédiatement applicables aux œuvres littéraires et artistiques divulguées après le 11 mars 1958, date d'entrée en vigueur de cette loi. • Civ. 1re, 3 déc. 2002 : *Bull. civ. I, n° 294 ; D. 2003. AJ 278, obs. Daleau ; ibid. Somm. 1867, obs. Revel ; CCE 2003, n° 67, note Caron ; JCP 2004. II. 10038, note Durrande ; Légipresse 2003, n° 199, III, p. 15, note Alleaume ; Propr. intell. 2003, n° 7, p. 161, obs. Lucas ; RIDA oct. 2003, p. 305, note Kéréver.* ♦ Cassant partiellement • Paris, 11 déc. 2000 : *JCP 2002. II. 10119, note Sauvage.* ♦ V. sur renvoi après l'arrêt de cassation du 3 déc. 2002. • Paris, 9 févr. 2005 : *RTD com. 2005. 313, obs. Pollaud-Dulian ; RIDA juill. 2005, p. 345, obs. Kéréver.* ♦ Conformément à la règle selon laquelle la propriété intellectuelle est indépendante de la propriété de l'objet matériel, le support matériel des œuvres entre en communauté de sorte que les tableaux litigieux devaient, en tant que biens corporels, être portés à l'actif de la communauté, peu important qu'ils n'aient pas été divulgués. • Civ. 1re, 12 mai 2011 : *CCE 2011, n° 82, note Caron ; JCP 2011, note A. Lucas.*

2. Les redevances concernant l'exploitation d'œuvres créées pendant le mariage et perçues avant la dissolution constituent des produits de l'industrie personnelle de l'époux, qui comme tels sont des acquêts. • Paris, 22 avr. 1982 : *préc. note 1.*

3. Il résulte des dispositions impératives de l'art. L. 121-9, al. 1er et 2, que le monopole d'exploitation de l'œuvre reste propre à l'époux auteur et que les produits pécuniaires provenant de l'exploitation d'une œuvre sont soumis au régime matrimonial adopté uniquement lorsqu'ils ont été acquis pendant le mariage. • TGI Bobigny, 9 déc. 1986 : *RIDA juill. 1987, p. 199.* ♦ Néanmoins, une convention visant à régler les conditions patrimoniales d'un divorce constituant une transaction, la masse communautaire déterminée dans l'acte répond non pas à l'application de la loi mais à la volonté des époux. • Paris, 1er mars 1988 : *D. 1989. Somm. 48, obs. Colombet.*

4. Les produits pécuniaires que constituent les redevances dues à l'auteur par la SACEM ne sont pas soumis aux dispositions de l'art. L. 121-9, al. 1er (ancien art. 25, al. 1er, de la loi n° 57-298 du 11 mars 1957) et l'auteur peut en disposer librement sans être tenu d'observer les formalités édictées par l'art. L. 131-3. • Civ. 1re, 18 oct. 1989 : *Bull. civ. I, n° 323 ; D. 1990. 505, note Gautier ; RIDA juill. 1990, p. 327 ; D. 1989. IR 277, obs. Colombet.*

B. JURISPRUDENCE RENDUE SOUS L'EMPIRE DE LA LOI DU 11 MARS 1957

1° SORT DU MONOPOLE D'EXPLOITATION

5. Sur l'inclusion du monopole d'exploitation dans la masse commune partageable sans que la mise en commun puisse porter atteinte à la faculté de l'auteur de faire subir ultérieurement des modifications à sa création ou même de la supprimer, pourvu qu'il n'agisse pas dans un but de vexation à l'égard de son conjoint ou des représentants de ce dernier, V., à propos de la dissolution d'une communauté réduite aux acquêts, • Civ. 25 juin 1902 : *DP 1903. 1. 5, concl. Baudoin et note Colinet ; S. 1902. 1. 305, note Lyon-Caen.* ♦ S'agissant du monopole d'exploitation dans un régime de communauté légale de meubles et d'acquêts, V. • Civ. 14 mai 1945 : *D. 1945. 285, note Desbois ; S. 1945. 1. 101, note Batiffol.* ♦ Cependant, pour l'admission du caractère propre du monopole lui-même dans le cas d'époux mariés avant l'entrée en vigueur de ladite loi, « au motif que l'art. 25, al. 3, de la loi du 11 mars 1957 ne renvoie qu'à l'al. 2 du même article (…) », V. • TGI Paris, 4 juin 1980 : *RIDA oct. 1980, p. 144 ; D. 1982. IR 45, obs. Colombet ; RTD com. 1981. 80, obs. Françon* • Paris, 22 avr. 1982 : *D. 1984. 397, note Ghestin.*

2° SORT DES ŒUVRES D'ART

6. Tout support d'une œuvre créée par un époux, avant ou après le mariage, même si elle n'a pas été divulguée du vivant de l'artiste, tombe en communauté, réserve faite d'un exercice, régulier et non abusif, du droit moral par l'époux créateur qui conserve le droit de modifier ses œuvres et dispose d'un droit d'attribution préférentielle sur les esquisses et les ébauches. • Civ. 1re, 4 déc. 1956 : *JCP 1959. II. 11141, note Weill ; RTD civ. 1957. 324, note Desbois et p. 390, Chron. Nerson.* ♦ La loi générale n'établit aucune distinction permettant d'écarter de son application l'œuvre picturale et les avantages pécuniaires attachés à sa vente ou à son exploitation, sous réserve toutefois des prérogatives morales de l'auteur. • Même arrêt. – Cassation de l'arrêt d'appel opérant une distinction qui excluait de la masse commune les œuvres présentant le caractère d'esquisses ou d'ébauches. • Paris, 19 janv. 1953 : *D. 1953. 405, note Desbois.* ♦ Comp. dans la même affaire, la cour de renvoi adopte une position différente : l'œuvre non divulguée ne peut être comprise dans le partage de communauté parce qu'inséparable de la personne de son auteur, elle est par sa nature même hors du commerce. • Orléans, 18 févr. 1959 : *D. 1959. 440, note Desbois ; D. 1959. Chron. 133, obs. H. Mazeaud.* ♦ L'œuvre non divulguée est hors commerce jusqu'au décès de l'artiste ; à son décès elle tombe directement dans la succession. • Paris, 24 mai 1969 : *RTD civ. 1970. 564, Chron. Nerson ; Gaz. Pal. 1969. 2. 240.* ♦ Arrêt cassé au motif que « la loi générale n'établit aucune distinction permettant d'écarter de son application l'œuvre picturale et les avantages pécuniaires attachés à sa vente ou à son exploitation lors de la dissolution de la communauté légale, la masse partageable doit comprendre toutes les œuvres de cette nature (non divulguées) ». • Civ. 1re, 4 juin 1971 : *D. 1971. 585, concl. Lindon ; JCP 1972. II. 17164, note Patarin ; RTD civ. 1972. 121, Chron. Nerson ; RTD com. 1972. 90, obs. Desbois.* ♦ Comp. dans le même sens. • Orléans, 13 nov. 1975 : *JCP 1976. II. 18365, note Boursigot ; RIDA avr. 1976, p. 122, note Desbois.*

CHAPITRE II DROITS PATRIMONIAUX

COMMENTAIRE

Les droits patrimoniaux accordés à l'auteur ne constituent pas une catégorie à proprement parler homogène. Pour l'essentiel les prérogatives pécuniaires sont constituées de droits exclusifs, droit de reproduction et droit de représentation, regroupés dans ce que l'on appelle le monopole d'exploitation.

La caractéristique des prérogatives composant ce monopole est qu'elles donnent à son titulaire le pouvoir de décider du principe de la communication de l'œuvre au public, des modalités et conditions de cette dernière, notamment celles ayant trait à la rémunération.

A côté de ce monopole existent de simples droits à rémunération. Tel est le cas du droit de suite (art. L. 122-8 CPI) qui permet seulement au créateur de percevoir un pourcentage sur le prix de revente de son œuvre. L'artiste ne dispose pas alors des mêmes pouvoirs que dans le cadre d'un droit exclusif. Il ne peut alors n'y s'opposer à la revente du support de l'œuvre ni fixer lui-même le pourcentage du prix qui lui reviendra.

Ce chapitre du code commence par exposer les règles générales à propos du contenu du monopole d'exploitation (art. L. 122-1 à L. 122-4 CPI). Puis en fixe, de façon exhaustive, les limites générales (exceptions de l'art. L. 122-5 CPI). Puis prend soin d'exposer le régime spécial propre aux créations logicielles (art. L. 122-6, 122-6-1 et 122-6-2 CPI) avant de poser le principe de cessibilité du monopole (art. L. 122-7 CPI).

La dernière partie de ce chapitre est plus hétéroclite. L'article L. 122-8 traite du droit de suite qui, comme on l'a vu, n'est pas un droit exclusif tandis que l'article L. 122-9 règle la question de l'abus notoire des droits d'exploitation et les articles L. 122-10 et suivants réglementent la reproduction par reprographie. ☐

Art. L. 122-1 **Le droit d'exploitation appartenant à l'auteur comprend le droit de représentation et le droit de reproduction.** — *[L. n° 57-298 du 11 mars 1957, art. 26.]*

BIBL. ▶ Dock, *RIDA janv. 1974, p. 127* (genèse et évolution de la notion de propriété littéraire).

COMMENTAIRE

Cet article peut n'apparaître que comme un texte d'annonce mais, en fait, par la mention des deux prérogatives (représentation et reproduction) qu'il présente et le regroupement en une seule catégorie qu'il opère, il est révélateur de toute la philosophie française du monopole d'exploitation. Et de l'économie de la discipline.

Au lieu de choisir la voie d'une méthode analytique (retenue par les législations anglo-saxonnes), décomposant les droits patrimoniaux en une myriade de prérogatives correspondant à autant d'actes particuliers, le législateur français a opté pour une démarche synthétique regroupant tous les modes d'utilisation des œuvres en deux grands droits énoncés de façon large.

La conséquence en est simple. Point n'est besoin que le législateur ait effectivement et précisément envisagé tel ou tel acte matériel relatif à une œuvre pour que pareil usage soit soumis à l'autorisation de l'ayant droit. Le champ du droit d'auteur est large et en perpétuelle expansion. L'arrivée de nouvelles techniques ne cause aucun besoin d'intervention législative pour que l'accord de l'auteur doive être sollicité. Tout acte d'utilisation d'une création entre dans le champ du droit de reproduction ou dans celui du droit de représentation. Éventuellement, même, dans les deux. Il n'existe aucun « vide » juridique.

Cette démarche offre aux tribunaux un important pouvoir d'adaptation et c'est ainsi que le juge des référés a pu soumettre au droit d'auteur la création d'un site web illustré d'œuvres ou bien l'offre en ligne, sur les réseaux, de créations protégées alors même que les utilisations numériques ne sont nulle part mentionnées.

Cette souplesse est délibérée. Elle est le fruit du recueil, par le législateur, de plus d'un siècle d'expérience des tribunaux.

Les solutions françaises correspondent à peu près aux solutions retenues dans d'autres systèmes juridiques reposant sur une autre approche ou d'autres dénominations.

Le caractère exclusif de ces droits fait, d'une part, que c'est l'auteur qui décide en toute souveraineté du principe et des modalités des exploitations projetées et, d'autre part, que c'est à l'auteur que doit revenir en principe le produit de ces exploitations de l'œuvre (réserve faite des modalités d'une cession).

Les droits composant le monopole d'exploitation sont donc cessibles (V. art. L. 122-7 et art. L. 131-1 s.).

Mais, en France, la première publication n'emporte normalement pas pour conséquence l'autorisation de publication postérieure. Tout dépend du contenu du premier accord. Le consentement de l'auteur doit naturellement être recherché par les tiers au premier contrat tandis qu'une nouvelle autorisation peut même être nécessaire pour le cocontractant de l'auteur.

Il existe de rares hypothèses de droit à rémunération, mais celles-ci sont le plus souvent destinées à compenser des pertes occasionnées par des usages que l'auteur ne peut, par tradition, interdire (par exemple, rémunération pour copie privée des art. L. 311-1 s. CPI).

La loi a prévu une possibilité, après la mort de l'auteur, de « forcer » le consentement du titulaire du droit (art. L. 122-9 CPI, envisageant l'hypothèse d'un abus notoire dans l'usage ou le non-usage du droit). Mais, sous la poussée de normes extérieures au droit d'auteur (droit de la concurrence, droits fondamentaux...), il semblerait que la jurisprudence paraisse envisager la possibilité de forcer aussi le consentement de l'ayant droit du vivant de l'auteur (par exemple, en cas d'abus de position dominante).

Les droits patrimoniaux sont temporaires (V. art. L. 123-1 s. CPI) et les différentes composantes du monopole d'exploitation sont indépendantes les unes des autres (V. art. L. 122-7 s. CPI), ce qui signifie que l'auteur a la possibilité d'effectuer une espèce de démembrement de son monopole. ❑

A. NATURE DU DROIT

1. Le monopole accordé au créateur puis à ses ayants droit consiste dans un « privilège exclusif d'une exploitation commerciale temporaire » et non dans un droit de propriété au sens du code civil. • Civ. 25 juill. 1887 : *DP 1888. 1. 5, note Sarrut, rapport Lepelletier ; S. 1888. 1. 17, note Lyon-Caen.*

B. CONTENU

2. Sur les droits d'exploitation *stricto sensu,* les droits de reproduction et de représentation ainsi que les droits dérivés. V. art. L. 122-2 s. ♦ Sur le droit de suite et le droit à rémunération, V. art. L. 122-8.

3. Sur les conséquences de la distinction des composantes du monopole et l'indépendance des droits de représentation et de reproduction, qui correspondent chacun à un mode particulier de communication de l'œuvre au public, appliquant les règles de l'art. L. 122-7 en précisant que la cession de l'un des droits à un exploitant n'emporte pas, sauf volonté contraire de l'auteur formellement exprimée, cession de l'autre, V. • Civ. 1re, 18 déc. 1979 : *Bull. civ. I, n° 326 ; RTD com. 1980. 80, obs. Françon ; JCP 1980. II. 19307, concl. Gulphe.*

4. L'indépendance des droits peut avoir pour conséquence qu'un même acte donne prise aux deux droits cumulativement, ce qui impose l'obtention de deux autorisations distinctes et donne lieu à deux rémunérations ; ainsi lorsqu'une interprétation publique de l'œuvre est enregistrée ou qu'un phonogramme réservé à la vente pour l'usage privé des acquéreurs est diffusé publiquement par une station de radio. • Paris, 27 avr. 1945 : *S. 1945. 2. 63 ; Gaz. Pal. 1945. 1. 193 ; JCP 1946. II. 3074, obs. Plaisant.*

5. Pour qu'il y ait représentation, il faut que l'œuvre « s'adresse directement à un public appelé à en jouir dans le temps même où elle se produit » ; ainsi, à propos d'enregistrements phonographiques soumis au droit de reproduction, V. • Cass. 10 nov. 1930 : *S. 1931. 1. 161, note Lagarde ; DP 1932. 1. 29, note Nast.*

6. Sur la notion de reproduction, avant la loi de 1957, retenant que « le droit de propriété d'un auteur s'étend à la reproduction de ses œuvres par un procédé mécanique notamment au moyen du cinématographe », V. • Req. 27 févr. 1918 : *S. 1918-1919. 1. 96.*

C. CARACTÈRES

1° CARACTÈRE EXCLUSIF

7. Pour l'affirmation de ce caractère, V. • Civ. 25 juill. 1887 : *préc. note 1.* ♦ Sur la mise en œuvre du principe dans les œuvres de collaboration instaurant un régime d'indivision, V. art. L. 113-3, al. 1er. ♦ Sur le fait que la reproduction d'une œuvre protégée sur une page Web met en cause le monopole de l'auteur, V. • TGI Paris, réf., 14 août 1996 : *D. 1996. 490, note Gautier ; RTD com. 1997. 97, note Françon ; JCP 1996. II. 22727 ; Expertises, sept. 1996, p. 292 ; RIDA janv. 1997, p. 361, note Caron.*

8. Sur la question de savoir si le titulaire de droit d'auteur peut être contraint d'accorder des licences à des concurrents (à propos du droit allemand) : • TPICE 26 oct. 2001 : *JCP E 2002. 952, note Caron ; CCE 2002, n° 67, note Caron.*

2° CARACTÈRE DISCRÉTIONNAIRE

9. « Le droit exclusif de reproduction fait partie des prérogatives de l'auteur de sorte qu'un refus de licence, alors même qu'il serait le fait d'une entreprise en position dominante, ne saurait constituer un abus de position dominante », l'exercice du droit exclusif ne pouvant donner lieu à un comportement abusif que dans « des circonstances exceptionnelles ». Ces circonstances paraissent réunies lorsqu'il y a refus, opposé par un radiodiffuseur, de fournir des « informations brutes » dont il est la seule source, en invoquant un droit national qui a pour effet de faire obstacle au lancement d'un produit nouveau, en l'espèce un guide complet et général des programmes TV susceptibles d'être reçus par la population, et pour lequel il existe une demande potentielle. • CJCE 6 avr. 1995 : *RIDA juill. 1995, p. 173.* ♦ Le refus d'octroyer une licence d'exploitation de droits d'auteur ne pourrait relever de l'interdiction de l'art. 86 [devenu art. 82] du Traité CE, que s'il concernait un produit ou un service qui se présente, soit comme essentiel pour l'exercice de l'activité en cause, en ce sens qu'il n'existe aucun substitut réel ou potentiel, soit comme un produit nouveau dont l'apparition est entravée, malgré une demande potentielle spécifique, constante et régulière de la part des consommateurs. • TPICE 12 juin 1997, *Tiercé Ladbroke*, n° T. 504/93 : *Rec. CJCE, II, p. 923 ; LPA 15 avr. 1998, p. 15, note Blasselle ; CCC 1997. 167 ; RIDA avr. 1998, p. 347.*

10. Pour un contrôle de l'exercice du droit par les ayants droit après la mort de l'auteur, faisant application de l'art. L. 122-9. • Civ. 1re, 28 févr. 1989 : *RIDA juill. 1989, p. 257, obs. Françon ; D. 1989. 557, obs. Durrande.* ♦ Pour des limites au caractère discrétionnaire des droits patrimoniaux, permettant le recours aux tribunaux pour vaincre la résistance des coauteurs d'une œuvre de collaboration qui s'opposeraient de façon abusive à l'exploitation de l'œuvre, V. art. L. 113-3, al. 3.

3° CARACTÈRE TEMPORAIRE

11. Sur la durée de la protection, V. art. L. 123-1. ♦ V. aussi, App., v° *Droit d'auteur*, Dir. n° 2006/116 du 12 déc. 2006.

4° CARACTÈRE CESSIBLE

12. Pour l'affirmation de ce caractère, V. art. L. 122-7. ♦ Sur l'encadrement légal des cessions de droits d'auteur, V. art. L. 131-1 s. ♦ Sur la nature incessible du droit de suite, V. art. L. 122-8.

Art. L. 122-2 La représentation consiste dans la communication de l'œuvre au public par un procédé quelconque, et notamment :

1° Par récitation publique, exécution lyrique, représentation dramatique, présentation publique, projection publique et transmission dans un lieu public de l'œuvre télédiffusée ;

2° Par télédiffusion.

La télédiffusion s'entend de la diffusion par tout procédé de télécommunication de sons, d'images, de documents, de données et de messages de toute nature.

Est assimilée à une représentation l'émission d'une œuvre vers un satellite. – *[L. n° 57-298 du 11 mars 1957, art. 27.]*

Sur les discussions engagées entre la SACEM et les principales organisations représentant le secteur de l'hôtellerie, tendant à étendre les protocoles d'accords existants à la télédiffusion des programmes de radio et de télévision dans les chambres d'hôtel, V. Rép. min. n° 19419, JOAN Q, 16 nov. 1998, p. 6267 ; Rép. min. n° 19540, JOAN Q, 16 nov. 1998, p. 6268.

BIBL. ▶ Abada, *Dr. auteur, 1989. 307* (la transmission par satellite et la distribution par câble et le droit d'auteur). – Desurmont, *RIDA oct. 1996, p. 55* (qualification juridique de la transmission numérique). – Duchemin, *RIDA avr. 1993, p. 15* (réflexions sur le droit d'exposition). – Edelman, *D. 1994. Chron. 209* (la télédistribution dans les chambres d'hôtel). – Freegard, *RIDA avr. 1988, p. 63* (radiodiffusion directe par satellite, conséquences pour le droit d'auteur). – Gaudrat, *RIDA avr. 1980, p. 17* (la protection de l'auteur, lors d'une retransmission spatiale de son œuvre) ; *Dr. informatique et télécoms 1989, n° 4, p. 9* (satellites de retransmission et aspects de droit d'auteur). – Kéréver, *RIDA juill. 1984, p. 27* (droit d'auteur et satellites spatiaux) ; *RIDA avr. 1991, p. 7* (droit d'auteur et développements techniques) ; *RIDA avr. 1993, p. 7* (droit d'exposition et historique du droit d'auteur) ; *Mélanges Françon, Dalloz 1995, p. 285* (les modifications apportées par la loi du 3 juill. 1985 au droit d'auteur sur la radiodiffusion : un problème d'interprétation ?). – Malaparte, *RIDA avr. 1958, p. 195* (le droit de représentation et le droit d'exécution). – Meralli, *Propr. intell. 2003, n° 9, p. 342* (à quand l'application du droit d'exposition ?). – Nabhan, *RIDA avr. 1993, p. 109* (le droit d'exposition des œuvres artistiques au Canada). – Rocchiccioli, *RIDA avr. 1991, p. 31* (points de vue sur la législation applicable aux nouveaux médias en France dans le domaine du droit d'auteur). – Ulmer, *RIDA juill. 1977, p. 3* (protection des auteurs lors de la transmission par satellite des programmes de radiodiffusion).

COMMENTAIRE

Premier des deux droits patrimoniaux exclusifs mentionnés par le code (suivant en cela la législation révolutionnaire), le droit de représentation est, par rapport au droit de reproduction, indépendant de la fabrication de nouveaux exemplaires de l'œuvre. Il consiste en la communication de l'œuvre au public par un procédé quelconque, autre que la diffusion d'exemplaires.

Cette communication peut s'effectuer directement par une interprétation ou une présentation au public ou de manière différée par la diffusion d'un enregistrement. Entre également dans le champ de ce droit l'acte consistant à rendre l'œuvre accessible au public. Dans la mesure où le texte est porteur d'une technique législative souple et d'une définition générale (marque de l'approche synthétique française ; V. obs. sur l'art. L. 122-1 CPI), le vecteur de communication est totalement indifférent.

Le droit de représentation n'est opposable à celui qui communique l'œuvre que si la communication envisagée est faite au public. Le concept de public est plus large que celui de « clientèle » (exemple, rue sonorisée). Le public peut, en outre, n'être que potentiel (salle de théâtre vide) ou virtuel (l'internet). Pour la Cour de justice de l'Union européenne, la notion de « public » vise un nombre indéterminé de destinataires et doit impliquer un nombre de personnes assez important potentiellement (effet cumulatif des destinataires, parallèlement ou successivement). Il est indifférent que les destinataires potentiels accèdent aux œuvres communiquées par le biais d'une connexion un-à-un. Le caractère lucratif de l'acte accompli n'est pas déterminant pour sa soumission au monopole de l'auteur.

La communication peut être « directe » ou « indirecte ».

La première correspond aux hypothèses de représentation qui existaient avant l'apparition de moyens techniques modernes : présentation publique (exposition d'un tableau) ou représentation faite par le moyen d'interprètes présents face au public (représentation dramatique…).

La communication « indirecte » au public met en œuvre les moyens modernes de diffusion, grâce à des supports matériels ou des vecteurs techniques : l'audition de phonogrammes et la projection de vidéogrammes, la télédiffusion (diffusions par radio, par télévision, par câbles (art. L. 132-20, 1°) et par satellite [V. art. L. 122-2-1 et L. 122-2-2, art. L. 132-20, 3°], *via* le réseau internet…, nouveaux procédés techniques permettant d'atteindre un public plus vaste). La création d'un hyperlien, pointant vers des œuvres protégées, peut être assujettie au droit d'auteur si l'acte accompli permet de toucher un public nouveau.

Il n'est pas impossible, en théorie, que la représentation donne lieu au paiement de plusieurs redevances (exemple d'un concert en présence d'un public dans une salle et retransmis à la radio ou à la télévision).

Les représentations peuvent être primaires ou secondaires. Dans ces derniers cas (transmission dans un lieu public d'une œuvre télédiffusée, retransmission par câble ou satellite, mise à disposition d'un récepteur dans une chambre d'hôtel, création d'un hyperlien pointant vers un site…), les actes en cause consistent à représenter, par une nouvelle initiative, une représentation initiale. La jurisprudence de la CJUE sur la question est complexe et controversée (V. not. notes ss. art. 3 Dir. n° 2001/29/CE du 22 mai 2001, App., v° *Propriété littéraire et artistique*). Selon les juges européens, cette nouvelle représentation doit être assujettie à une nouvelle autorisation (et susciter éventuellement le paiement d'une nouvelle redevance) lorsque la représentation secondaire emprunte de nouveaux moyens techniques ou, dans le cas contraire, touche un nouveau public. La doctrine dominante estime que cette dernière exigence méconnaît les règles de la convention de Berne.

Une part non négligeable des contentieux se concentre sur l'interprétation de la notion de « lieu accessible au public » dont dépend l'exigence d'une redevance (salle de concert, magasin, chambre d'hôtel…). ❑

A. NOTION DE COMMUNICATION AU PUBLIC

1. V. la jur. de la CJUE ss. art. 3 de la Dir. 2001/29/CE du 22 mai 2001, App., v° *Propriété littéraire et artistique*.

2. Composantes. La mise en œuvre du droit de représentation et son opposabilité à l'utilisateur d'une œuvre supposent la réunion de deux conditions : 1. L'acte matériel accompli, querellé, entre dans la qualification juridique de « communication » ; 2. Cet acte est destiné au public. • CJUE 7 mars 2013, *ITV Broadcasting Ltd c/ TV Catch Up Ltd : D. 2014. 2078, obs. Sirinelli ; ibid. 2013. 704 ; ibid. 2487, obs. Larrieu ; RTD com. 2013. 267, obs. Pollaud-Dulian* • 27 févr. 2014, *OSA c/ Lécebné lázne Mariánské Lázn : D. 2014. 607 ; ibid. 2078, obs. Sirinelli* .

3. Actes accomplis. La notion de « communication au public », qui ne connaît pas de définition exhaustive dans la Dir. 2001/29, doit être appréhendée de façon large, V. arrêts préc. note 2 ; *Adde* se référant au considérant 23 du texte européen : • CJUE 7 déc. 2006, *SGAE : Rec. I-11519 ; D. 2007. 1236, obs. Daleau , note Edelman ; RTD com. 2007. 85, obs. Pollaud-Dulian* et • 4 oct. 2011, *Premier League : Rec. I-9083 ; D. 2011. 2474 , et les obs. ; ibid. 2012. 704, obs. Centre de droit et d'économie du sport, Université de Limoges ; ibid. 2836, obs. Sirinelli ; RSC 2012. 315, Chron. Idot ; RTD com. 2011. 744, obs. Pollaud-Dulian ; RTD eur. 2011. 855, obs. Treppoz ; ibid. 2012. 229, obs. Sibony ; ibid. 446, obs. Blaise .* ♦ Sont ainsi soumis au monopole de l'auteur le fait : de diffuser des morceaux de musique dans l'entrée d'un magasin. • Paris, 2 avr. 1932 : *DH 1932. 323.* ♦ … Ou, pour un marchand de postes de radio, de diffuser des émissions dans la rue. • Rennes, 25 juill. 1939 : *Gaz. Pal. 1939. 2. 335.* – Comp. décidant, mais sous l'empire du droit antérieur à la L. du 11 mars 1957, que le fait pour un commerçant de faire entendre à des clients, à l'intérieur de son magasin et à titre d'essai, des disques destinés à la vente ne constitue pas un acte soumis à l'autorisation de l'auteur. • Cass. 6 oct. 1955 : *JCP 1956. II. 9418, note Plaisant ; D. 1955. 740.* ♦ Les juke-box permettent des exécutions publiques des œuvres qu'ils contiennent à l'initiative non du propriétaire des appareils mais du débitant de boissons qui, par la clientèle qu'il attire, rend possible la communication directe des œuvres au public. • Civ. 1re, 11 oct. 1983 : *RIDA janv. 1984, p. 198.* – Sur la diversité des actes entrant dans le champ du monopole, V. notes 9 s.

4. Public. Pour relever de la notion de « communication au public » au sens de l'art. 3, § 1, de la Dir. 2001/29, encore faut-il que les œuvres protégées soient effectivement communiquées à un « public ». • CJUE 7 mars 2013, *ITV Broadcasting Ltd c/ TV Catch Up Ltd : préc. note 2, pt 31.* ♦ La notion de public auquel se réfère l'art. 3, § 1, de la Dir. 2001/29 vise un nombre indéterminé de destinataires potentiels et implique, par ailleurs, un nombre de personnes assez important. En ce qui concerne plus particulièrement ce dernier critère, il convient de tenir compte de l'effet cumulatif qui résulte de la mise à disposition des œuvres auprès des destinataires potentiels. Dans ce contexte, est sans pertinence le point de savoir si les destinataires potentiels accèdent aux œuvres communiquées par le biais d'une connexion un-à-un. En effet, cette technique n'empêche pas un grand nombre de personnes d'avoir accès parallèlement à la même œuvre. • CJUE 7 mars 2013 : *préc., pts 32, 33 et 34.* ♦ Sur le caractère public de la présence d'une œuvre sur une page web, V. • TGI Paris, réf., 14 août 1996 : *D. 1996. 490, note Gautier ; RTD com. 1997. 97, note Françon ; JCP 1996. II. 22727 ; Expertises, sept. 1996, p. 292 ; RIDA janv. 1997, p. 361, note Caron.*

5. Nouveau public. Cette exigence est imposée (• CJUE 7 déc. 2006, *SGAE : préc. note 3, pt 40* • 4 oct. 2011, *Premier League : préc. note 3, pt 197* • 13 oct. 2011, *Airfield et Canal Digitaal : préc., pt 72*) lorsqu'en présence de deux actes successifs de représentation l'acte accompli en second est techniquement identique au premier. • CJUE 13 févr. 2014, *Svensson : D. 2014. 2078, obs. Sirinelli ; ibid. 2317, obs. Le Stanc ; RTD com. 2014. 600, obs. Pollaud-Dulian ; JCP E 2014, n° 1063, note Busseuil ; RIDA avr. 2014, p. 279, note Sirinelli.* Il est donc nécessaire pour soumettre le deuxième acte au droit d'auteur d'apporter la preuve de cet impact. ♦ En revanche, en présence de deux transmissions successives, l'exigence de « public nouveau » n'est pas requise pour juger de la mise en œuvre du droit d'auteur par le deuxième acte lorsque les deux transmissions sont effectuées dans des conditions techniques spécifiques, suivant un mode différent de transmission des œuvres protégées et chacune destinée à un public. • CJUE 7 mars 2013, *ITV Broadcasting Ltd c/ TV Catch Up Ltd : préc. note 2, pt 39.* ♦ Constitue un « public nouveau », un « public qui n'était pas pris en compte par les auteurs des œuvres protégées lorsqu'ils ont autorisé leur utilisation par la communication au public d'origine ». • CJUE 7 mars 2013 : *préc., pt 31.* ♦ Il y a nouveau public lorsqu'un établissement thermal met à disposition de ses clients dans leurs chambres un récepteur de télévision parce que l'établissement « est l'organisme qui intervient, en pleine connaissance des conséquences de son comportement, pour donner accès à l'œuvre protégée à ses patients. En l'absence de cette intervention, ces patients ne pourraient, en principe, jouir de l'œuvre diffusée ». • CJUE 27 févr. 2014, *OSA : préc. note 2, pt 32.*

6. Absence d'exigence de caractère lucratif. Le caractère lucratif ou gratuit de la représentation est indifférent puisque « aucun texte de loi ne restreint l'action dérivant du droit de propriété des auteurs au cas où c'est dans un but de lucre qu'a lieu la représentation de leurs œuvres ». • Cass. 1er avr. 1882 : *S. 1882. 1. 334.* – *Adde :* • Rennes, 20 juin 1932 : *Gaz. Pal. 1932. 2. 516.* – V. aussi • Civ. 1re, 1er mars 2005 : *D. 2005. AJ 955, obs. Allaeys ; CCE 2005, n° 80, note Caron ; ibid. 2006. Chron. 3, § 9, obs. Daverat ; JCP E 2005. 1216, n° 2, obs. Laporte-Legeais ; Légipresse 2005. II. 103, note Arfi ; Propr. intell. 2005, n° 15, p. 160, obs. Sirinelli ; RIDA juill. 2005, p. 309, note Kéréver.* ♦ Sur la question des antennes collectives, voir cependant l'art. L. 132-20 CPI. ♦ Si la CJUE a pu relever « que le caractère lucratif d'une "communication", au sens de l'article 3, paragraphe 1, de la Dir. 2001/29, n'est pas dénué de pertinence » (• 4 oct. 2011, *Football Association Premier League e.a. : préc. note 3, pt 204*), elle a également admis qu'un tel caractère n'était « pas nécessairement une condition indispensable qui détermine l'existence même d'une communication au public ». • CJUE 7 déc. 2006, *SGAE : préc. note 3, pt 44* • CJUE 7 mars 2013, *ITV Broadcasting Ltd c/ TV Catch Up Ltd : préc. note 2, pt 42.* ♦ La jurisprudence *Del Corso* (• CJUE 15 mars 2012, *Del Corso : D. 2012. 810 ; RTD com. 2012. 325, obs. Pollaud-Dulian ; RTD eur. 2012. 964, obs. Treppoz*) qui exonère un dentiste du paiement des redevances relatives à la radiodiffusion des phonogrammes au motif du caractère non lucratif de la communication au public, n'est pas applicable en matière de droit exclusif et ne peut être invoquée qu'en présence d'un droit à rémunération (rémunération équitable applicable en matière de droits voisins à la radiodiffusion des phonogrammes au terme de l'art. 8, § 2, de la directive 92/100). • CJUE 27 févr. 2014, *OSA : préc. note 2.*

7. Harmonisation. La directive 2001/29/CE, du 22 mai 2001, et, plus particulièrement, son art. 3, § 1, doivent être interprétés en ce sens qu'ils visent uniquement la communication à un public qui n'est pas présent au lieu d'origine de la communication à l'exclusion de toute communication d'une œuvre réalisée directement, dans un lieu ouvert au public, par toute forme publique d'exécution ou de présentation directe de l'œuvre. • CJUE 24 nov. 2011 : *D. 2012. Pan. 2843, obs. Sirinelli ; RTD com. 2012. 114, obs. Pollaud-Dulian ; CCE 2012, n° 27, note Caron ; Propr. intell. 2012, n° 42, p. 47, obs. Benabou.*

8. Caractère accessoire. Semblant infléchir le principe d'interprétation restrictive des exceptions, relevant que l'œuvre s'incorpore pour l'essentiel au sol de l'espace public (la place des Terreaux à Lyon), et retenant que la reproduction ou la représentation d'œuvres graphiques ou plastiques situées dans des lieux publics échappe au droit exclusif de l'auteur dès lors qu'elle présente un caractère accessoire, V. • Civ. 1re, 15 mars 2005 : *D. 2005. Pan. 1490, obs. Sirinelli ; ibid. AJ 1026, obs. Daleau ; ibid. 1645, note Allaeys ; RTD com. 2005. 306, obs. Pollaud-Dulian ; CCE 2005, n° 78, note Caron ; JCP 2005. II. 10072, note Lancrenon ; Légipresse 2005. III. 73, note Bruguière ; RIDA juill. 2005, p. 317, note Kéréver.* – Rejetant le pourvoi contre • Lyon, 20 mars 2003 : *D. 2003. Somm. 2759, obs. Sirinelli ; ibid. 3037, note Edelman ; CCE 2003, n° 81, note Caron ; Propr. intell. 2003, n° 9 p. 385, obs. Lucas.* – Réformant partiellement • TGI Lyon, 4 avr. 2001 : *D. 2002. 1417, note Edelman ; JCP 2001. II. 10563, note Pollaud-Dulian.* ♦ Rappr. Dir. 2001/29 du 22 mai 2001, art. 5.3 *h*, sur la société de l'information, App., v° *Droit d'auteur.* ♦ Pour des solutions identiques en matière de reproduction, V. aussi notes 70 et 71, ss. art. L. 122-5. ♦ *Adde :* ne relevant pas le caractère public du lieu de situation de l'œuvre représentée et retenant que l'utilisation, dans un film publicitaire, de la couverture d'un ouvrage représentant une photographie de paysage ne met pas en œuvre le droit de représentation dès lors que « l'apparition de la photographie dans le film (est) accessoire par rapport au sujet, qui (est) la présentation publicitaire de l'ouvrage » : • Civ. 1re, 12 juin 2001 : *D. 2001. AJ 2517, obs. Daleau ; Propr. intell., oct. 2001, p. 62, obs. Lucas ; RIDA avr. 2002, p. 329, obs. Kéréver.* ♦ V. aussi, par argument *a contrario* • Civ. 1re, 12 déc. 2000 : *D. 2001. 1530, note Dreyer ; CCE 2001, n° 14, note Caron ; Propr. intell., oct. 2001, p. 62, obs. Lucas.* ♦ Sur l'utilisation d'une photographie sur des offres d'abonnement, V. • Civ. 1re, 25 mai 2004 : *D. 2004. 1893, note Bouche ; JCP 2004. II. 10170, note Lucas ; Légipresse 2004. I. 138 ; Propr. intell. 2004, n° 12, p. 774, obs. Sirinelli.*

B. VARIÉTÉ DES REPRÉSENTATIONS

9. Quelle que soit la rédaction de son art. 28 (L. 122-3), qui traite de la reproduction de l'œuvre, l'art. 27 de la loi du 11 mars 1957 (L. 122-2) dispose que la représentation, qui consiste dans la communication directe de l'œuvre au public, peut notamment avoir lieu, non seulement par la transmission de l'œuvre radiodiffusée par le moyen d'un haut-parleur et éventuellement d'un écran de radio-télévision », mais aussi par la « diffusion, par quelque procédé que ce soit, des paroles, des sons et des images ». Il en résulte que la représentation implique seulement la présence d'un public, qu'elle peut se faire par la voie du disque, que les auditions successives d'un disque sont alors autant de représentations de l'œuvre, et que celui qui assure de telles auditions a la qualité d'entrepreneur de spectacles – exploitant d'une discothèque. • Civ. 1re, 23 juin 1987 : *D. 1987. IR 169.*

1° ART. L. 122-2, 1°

10. La représentation telle qu'elle est définie par l'art. 27 de la loi du 11 mars 1957 modifiée (L. 122-2) implique seulement la présence du public et peut consister en une communication de l'œuvre par un procédé quelconque et en particulier par le disque, de sorte que chaque audition du disque par le public constitue une représentation. • Civ. 1re, 1er mars 1988 : *JCP 1988. II. 21120, note Françon.*

11. « La diffusion publique d'une musique enregistrée sur phonogramme constituant une représentation, la cour d'appel a fait une exacte application de l'art. 31, al. 3, de la loi du 11 mars 1957 (L. 131-3) en retenant que, le droit d'auteur étant opposable à tous, une telle diffusion nécessitait une autorisation complémentaire assortie d'une redevance relevant du droit de reproduction mécanique, dès lors que les phonogrammes utilisés étaient exclusivement destinés à l'usage privé de leurs acquéreurs. » • Civ. 1re, 22 mars 1988 : *JCP 1988. II. 21120, note Françon.* – Rappr. • Crim. 25 janv. 1990 : *Bull. crim. n° 46 ; JCP 1990. IV. 156 ; D. 1990. IR 101 ; Gaz. Pal. 1990. 2. Somm. 516* • 31 mai 1990 : *RIDA oct. 1990, p. 267.*

12. Celui qui organise à son domicile de façon périodique des séances de projection d'œuvres cinématographiques et convie à ces représentations des tiers, « même s'il ne demandait pas de participation financière aux personnes amenées le plus souvent par des amis », commet un acte soumis au monopole de l'auteur. • T. corr. Paris, 24 janv. 1984 : *Gaz. Pal. 1984. 1. 240, note Marchi.*

13. Constitue une représentation l'apparition, même très brève (3 secondes), dans un film publicitaire d'images produites par un ludiciel. • Paris, 22 sept. 1988 : *D. 1988. IR 258.* ♦ La représentation télévisuelle, même fugace, de peintures murales réalisées dans un théâtre ne peut échapper au monopole de l'auteur. • Civ. 1re, 4 juill. 1995 : *GAPI, 1re éd., n° 12 ; Légicom, n° 8, p. 159, note Caron ; RIDA janv. 1996, p. 263.*

14. L'exposition d'œuvres photographiques ne peut se faire qu'avec le consentement de l'auteur en vertu du droit d'exposition publique, composante du droit de représentation. • Civ. 1re, 6 nov. 2002 : *CCE 2003, n° 2, note Caron ; JCP E 2004. 561, n° 4, obs. Alliou ; Légipresse 2003. III. 66, note Defaux ; RIDA avr. 2003, p. 293, obs. Kéréver ; RDPI, mars 2003, n° 145, p. 9.* – Confirmation de • Paris, 20 sept. 2000 : *Propr. intell., oct. 2001, p. 64, obs. Sirinelli ; CCE 2000, n° 112, note Caron.* ♦ *Adde*, s'agissant de l'exposition d'un tableau en vue de sa vente : • Civ. 1re, 18 juill. 2000 : *Bull. civ. I, n° 225 ; RIDA avr. 2001, p. 309 ; Propr. intell., oct. 2001, p. 64, obs. Sirinelli ; JCP 2000. IV. 2583.* ♦ La prohibition contractuelle de l'emploi publicitaire d'un cliché dont le droit de reproduction a été acquis pour illustrer la couverture d'un magazine ne s'étend pas, eu égard à la suite que l'usage donne à l'obligation d'après sa nature et sauf clause contraire expresse, à l'exposition publique de celle-là lorsqu'elle est faite pour la promotion des ventes de celui-ci. • Civ. 1re, 15 mai 2002 : *Bull. civ. I, n° 130 ; D. 2002. AJ 1908, obs. Daleau ; Ann. propr. ind. 2002. 480 ; JCP E 2002, n° 29, p. 1246, note Caron ; ibid. 2004. 561, n° 5, obs. Laporte-Legeais ; CCE 2002, n° 94, note Caron ; Légipresse 2002. III. 139, note Bigot ; Propr. intell. 2002, n° 4, p. 58, obs. Sirinelli ; RIDA janv. 2003, p. 289, obs. Kéréver ; RDPI nov. 2002, n° 141, p. 18, note Singh.* ♦ V. aussi • Paris, 8 sept. 2006 : *CCE 2007, n° 25, obs. Caron.*

15. Une nouvelle représentation de l'œuvre est réalisée par sa communication au public sous une forme altérée ou modifiée. • Crim. 3 sept. 2002 : *Bull. crim. n° 156 ; D. 2002. AJ 3015 ; CCE 2002, n° 150, note Caron ; Légipresse 2002. III. 206, note Alleaume ; RIDA janv. 2003, p. 291, obs. Kéréver.*

2° ÉMISSION D'UNE ŒUVRE VERS UN SATELLITE

16. Sur la question, V. art. L. 122-2-1 et L. 122-2-2, et les définitions données par la Dir. 93/83 du 27 sept. 1993, art. 1er, § 1 et 2, art. 2 s., App., v° *Droit d'auteur.*

3° RÉCEPTION D'UNE ŒUVRE TÉLÉDIFFUSÉE

17. Le fait de placer des récepteurs de télévision dans des salles de restaurant constitue, conformément à l'art. L. 122-2 et à l'art. 11 *bis* de la Convention de Berne, une réception publique d'une œuvre télédiffusée réalisant une représentation distincte puisque cette initiative implique « d'une part, un appel à une partie du public auquel ne s'adressait pas directement l'émission et, d'autre part, une transmission de l'œuvre à ce public spécial ». • Civ. 2 janv. 1946 : *D. 1946. 133* • 28 avr. 1947 : *D. 1948. 391, note Desbois.*

18. La « sonorisation » par télédiffusion d'œuvres musicales dans un magasin, lieu ouvert au public, constitue un acte de représentation. • TI Dijon, 13 avr. 1995 : *RIDA oct. 1995, p. 253, obs. Kéréver.*

19. Le fait que la réception soit privée n'exclut pas que l'émission soit publique et donc soumise au monopole de l'auteur. Tel est le cas lorsqu'un hôtelier prend l'initiative de diffuser dans les chambres de la musique préenregistrée. • Paris, 18 sept. 1974 : *D. 1975. Somm. 87 ; RIDA janv. 1975, p. 112.* ♦ ... Ou installe des antennes paraboliques pour donner la possibilité à sa clientèle de capter dans les chambres des programmes de télévision diffusés. • Civ. 1re, 6 avr. 1994 : *RIDA juill. 1994, p. 367, note Kéréver ; JCP 1994. II. 22273, note Galloux ; D. 1994. 450, note Gautier.* ♦ Cependant, la chambre d'hôtel étant assimilée à un lieu privé, il a été jugé que la réception d'une œuvre dans cette chambre avait été visée dans l'autorisation initiale de télédiffuser et ne mettait pas à nouveau en œuvre le monopole. • Paris, 13 mai 1970 : *Gaz. Pal. 1972. 2. 246.* – Et, sur pourvoi • Civ. 1re, 23 nov. 1971 : *D. 1972. 95, note R. L. ; RTD com. 1972. 373.* – Rappr. • Paris, 18 sept. 1974 : *RIDA janv. 1975, p. 112.* ♦ Pour la mise en œuvre du droit d'auteur par un hôtelier mettant à disposition de ses clients un téléviseur, V. note 25.

4° TÉLÉDIFFUSION

20. L'organisation par un hôtel de la diffusion dans les chambres de musique enregistrée ou disques ou bandes magnétiques acquis d'un fabricant constitue un acte de représentation. • Paris, 18 sept. 1974 : *D. 1975. Somm. 87 ; RIDA janv. 1975, p. 112.*

21. Sur la câblo-diffusion, V. art. L. 132-20, 1°. ♦ V. aussi les définitions données par la Dir. n° 93/83 du 27 sept. 1993, art. 1er, § 3, et art. 8, App., v° *Droit d'auteur.*

22. Sur la distribution par satellite, V. art. L. 132-20, 3°. ♦ V. aussi Dir. 93/83 du 27 sept. 1993, art. 1er § 1er, et 2, art. 2 s., App., v° *Droit d'auteur.* ♦ V. aussi Convention de Berne du 9 sept. 1886, art. 11, App., v° *Droit d'auteur.*

BIBL. Kéréver, *Rev. Union européenne de radiodiffusion 1972, p. 43* (mise en œuvre de la Convention de Bruxelles du 27 mai 1974) ; *RIDA janv. 1977, p. 57* (ambiguïtés de la Convention de Bruxelles du 27 mai 1974).

23. Les dispositions de l'art. 59 du traité sur la Communauté européenne [désormais art. 49] ne font pas obstacle à la possibilité pour un cessionnaire du droit de représentation d'un film dans un État membre d'interdire la représentation du film dans cet État, sans son autorisation, par voie de télédistribution, si cette œuvre est captée et transmise après avoir été diffusée dans un autre État membre par un tiers avec le consentement du titulaire originaire du droit. • CJCE 18 mars 1980, *Coditel 1 : RIDA juill. 1980, p. 156, note Françon ; Rec. CJCE 881.*

5° RENDRE ACCESSIBLE

24. Il y a bien communication au public de l'œuvre musicale diffusée pendant une période d'attente téléphonique. • Paris, 16 déc. 2009 : *Propr. intell. 2010, n° 35, p. 714, obs. Bruguière.*

6° MISES À DISPOSITION D'APPAREILS CAPTEURS DANS DES ÉTABLISSEMENTS

Ces actes sont considérés comme des représentations secondaires mettant en œuvre le droit d'auteur quelle que soit la nature de l'établissement accueillant des personnes.

25. Téléviseurs mis à disposition par un hôtelier. L'hôtelier qui met à disposition de ses clients un poste de télévision au moyen duquel est distribué le signal permettant la réception des programmes de télédiffusion se livre à un acte de communication au public. • Civ. 1re, 14 janv. 2010 : *Bull. civ. I, n° 9 ; D. 2010. AJ 265, obs. Daleau ; RTD com. 2010. 305, obs. Pollaud-Dulian ; CCE 2010, n° 22, note Caron ; Légipresse 2010, n° 278, p. 445, obs. Alleaume ; RIDA janv. 2010, p. 313, note Sirinelli.* ♦ L'hôtel qui offre à sa clientèle, grâce à des antennes paraboliques, la possibilité de capter dans les chambres des programmes de télévision diffusés par une société réalise un acte de communication constituant une représentation des œuvres télévisuelles dans la mesure où « l'ensemble des clients de l'hôtel, bien que chacun occupe à titre privé une chambre individuelle, constitue un public à qui la direction de l'établissement transmet les programmes de télévision, dans l'exercice et pour les besoins de son commerce » ; la Cour censure les arguments de la cour de Paris selon lesquels, d'une part, il n'était procédé à aucune retransmission nouvelle et autonome et, d'autre part, une chambre d'hôtel constituait un lieu exclusivement privé, non assimilable à un lieu accessible au public. • Civ. 1re, 6 avr. 1994 : *préc. note 19.* – Pourvoi formé contre • Paris, 10 janv. 1992 : *RIDA juill. 1992, p. 174, note Kéréver.* – Et sur renvoi, reprenant la motivation de la Cour de cassation, en ajoutant que l'hôtel « ne saurait prétendre que les droits relatifs à ces émissions ne seraient dus que dans la mesure où les sociétés CNN rapportera ent la preuve qu'elles ont été effectivement écoutées et suivies par les clients de l'hôtel, dès lors que le seul fait de procurer à ces clients la possibilité de les recevoir constitue la communication donnant lieu à la perception du droit de représentation ». • Paris, 20 sept. 1995 : *RIDA janv. 1996, p. 277 et 193, obs. Kéréver ; Gaz. Pal. 9 févr. 1996, concl. Gizardin.* ♦ Dans le même sens • Paris, 7 mars 2008 : *Propr. intell. 2008, n° 29, p. 423, obs. A. Lucas.* ♦ La distribution d'un signal au moyen d'appareils de télévision par un établissement hôtelier aux clients installés dans les chambres de cet établissement, quelle que soit la technique de transmission du signal utilisée, constitue un acte de communication au public au sens de l'art. 3, § 1, de la Dir. 2001/29 du 22 mai 2001. Le caractère privé des chambres d'un établissement hôtelier ne s'oppose pas à ce que la communication d'une œuvre opérée au moyen d'appareils de télévision constitue un acte de communication au public. • CJCE 7 déc. 2006 : *D. 2007. AJ 91, obs. Daleau ; RTD com. 2007. 85, obs. Pollaud-Dulian ; CCE 2007, n° 24, obs. Caron ; Légipresse 2007. II. 185, obs. Alleaume ; Propr. intell. 2007, n° 22, p. 86, obs. A. Lucas* (la CJUE affirmant clairement que le débat sur l'éventuel caractère privé de la chambre était « sans incidence » sur l'analyse et la solution tout en soulignant également l'existence d'un « public nouveau ».) ♦ *Adde :* • CJUE 15 mars 2012, *Phonographic Performance (Ireland) : D. 2012. 810 ; RTD com. 2012. 322, obs. Pollaud-Dulian*. ♦ « Toute intervention technique de l'hôtelier, sans considération de la configuration concrète de l'équipement installé dans son établissement, permettant aux clients de capter le signal dans sa chambre et accéder ainsi à l'œuvre radiodiffusée » suffit à mettre en œuvre le droit de communication au public • CJUE, ord., 18 mars 2010 : *Propr. intell. 2010, p. 867, obs. Benabou.*

26. Téléviseur mis à disposition par un établissement de soins. L'installation de postes de télévision dans les chambres des curistes d'un établissement thermal est bien un acte de communication dès lors que « l'exploitant d'un établissement thermal (...) permet à ses patients d'accéder aux œuvres radiodiffusées au moyen d'appareils de télévision ou de radio, en distribuant dans les chambres de celui-ci le signal reçu, porteur des œuvres protégées ». • CJUE 27 févr. 2014, *OSA : D. 2014. 607 ; ibid. 2078, obs. Sirinelli* .

7° CRÉATION D'UN LIEN HYPERTEXTE

27. Sans qu'il y ait lieu de distinguer suivant la nature du lien, « ne constitue pas un acte de communication au public, tel que visé à l'art. 3, § 1, de la Dir. 2001/29, la fourniture sur un site internet de liens cliquables vers des œuvres librement disponibles sur un autre site internet » • CJUE 13 févr. 2014, *Svensson : préc. note 5.* ♦ Car, si le fait de fournir des liens cliquables vers des œuvres protégées doit être qualifié de « mise à disposition » et, par conséquent, d'« acte de communication » au sens de la Dir. du 22 mai 2001, le droit d'auteur de l'ayant droit n'est cependant opposable au créateur du lien que si ce dernier permet de toucher un « nouveau public ». Or, en cas de « site ouvert », « le public ciblé par la communication initiale était l'ensemble des visiteurs potentiels du site concerné, car, sachant que l'accès aux œuvres sur ce site n'était soumis à aucune mesure restrictive, tous les internautes pouvaient donc y avoir accès librement ». • Même arrêt. ♦ V. aussi, ne sanctionnant pas l'accès donné au site de télévision de rattrapage de M6 et W9 (accès direct aux programmes des sociétés du groupe M6 sans être préalablement dirigés vers les pages d'accueil des sites M6 replay et W9 replay), • Civ. 1re, 31 oct. 2012 : *Propr. intell. 2013, n° 46, p. 55, obs. A. Lucas.* ♦ La création d'un lien hypertexte vers un site contenant des œuvres contrefaisantes peut constituer une violation du droit d'auteur ; sanctionnant, sous le visa des art. L. 335-3 et L. 335-4 CPI, la « mise à la disposition » gratuite de phonogrammes numérisés sans l'autorisation des artistes et des producteurs, V. • TGI Épinal, 24 oct. 2000 : *CCE 2000, n° 125, note Caron.* ♦ V. égal. • CJUE 8 sept. 2016, n° C-160/15 : *note 1 ss. art. 3 de la Dir. 2001/29/CE du 22 mai 2001.*

Art. L. 122-2-1 *(L. n° 97-283 du 27 mars 1997, art. 1er)* **Le droit de représentation d'une œuvre télédiffusée par satellite est régi par les dispositions du présent code dès lors que l'œuvre est émise vers le satellite à partir du territoire national.**

A compter du 1er janv. 2000, les clauses des contrats relatifs à la télédiffusion par satellite, sur le territoire de la Communauté européenne, d'œuvres ou d'éléments protégés par un droit voisin, conclu avant l'entrée en vigueur de la loi n° 97-283 du 27 mars 1997 [JO 28 mars], contraires aux dispositions des art. L. 122-2-1, L. 122-2-2 et L. 217-1, seront réputées non écrites (L. n° 97-283 du 27 mars 1997, art. 14).

COMMENTAIRE

Ce texte contient une règle de conflit de lois et soumet la représentation aux dispositions de la loi française dès lors que l'on est en présence de l'émission d'une œuvre vers un satellite depuis le territoire français.

L'article L. 122-2-2 rend la loi française applicable dans une autre situation.

Art. L. 122-2-2 *(L. nº 97-283 du 27 mars 1997, art. 1er)* **Est également régi par les dispositions du présent code le droit de représentation d'une œuvre télédiffusée par satellite émise à partir du territoire d'un État non membre de la Communauté européenne qui n'assure pas un niveau de protection des droits d'auteur équivalent à celui garanti par le présent code :**

1º Lorsque la liaison montante vers le satellite est effectuée à partir d'une station située sur le territoire national. Les droits prévus par le présent code peuvent alors être exercés à l'égard de l'exploitant de la station ;

2º Lorsque la liaison montante vers le satellite n'est pas effectuée à partir d'une station située dans un État membre de la Communauté européenne et lorsque l'émission est réalisée à la demande, pour le compte ou sous le contrôle d'une entreprise de communication audiovisuelle ayant son principal établissement sur le territoire national. Les droits prévus par le présent code peuvent alors être exercés à l'égard de l'entreprise de communication audiovisuelle. – *V. note ss. art. L. 122-2-1.*

COMMENTAIRE

Alors que le code de la propriété intellectuelle français ne s'applique normalement pas en cas de signaux reçus en France mais émis depuis un satellite qui les a reçus à partir d'un autre État membre de l'Union européenne (V. art. L. 122-2-1), le droit français retrouve son emprise si l'émission première provient d'un État non membre et n'assurant pas un niveau de protection équivalent à celui du code de la propriété intellectuelle. ❑

Art. L. 122-3 **La reproduction consiste dans la fixation matérielle de l'œuvre par tous procédés qui permettent de la communiquer au public d'une manière indirecte.**

Elle peut s'effectuer notamment par imprimerie, dessin, gravure, photographie, moulage et tout procédé des arts graphiques et plastiques, enregistrement mécanique, cinématographique ou magnétique.

Pour les œuvres d'architecture, la reproduction consiste également dans l'exécution répétée d'un plan ou d'un projet type. – *[L. nº 57-298 du 11 mars 1957, art. 28.]*

BIBL. ► BECOURT, *LPA 20 oct. 1997* (terminologie de la communication). – COHEN-JEHORAM, *Dr. auteur 1986. 373* (reproduction légale et illégale). – CRAIPEAU, Le droit de reproduction des œuvres de l'esprit dans l'environnement numérique, *thèse Nantes 2006*. – DESURMONT, *RIDA oct. 1988, p. 3* (le droit de l'auteur de contrôler la destination des exemplaires sur lesquels son œuvre se trouve reproduite). – DUSOLLIER, *Propr. intell. 2006, nº 20, p. 281* (le droit de destination : une espèce franco-belge vouée à la disparition). – EDELMAN, *D. 1992. Chron. 91* (la rue et le droit d'auteur). – GAUBIAC, *RIDA oct. 1984, p. 23 et janv. 1985, p. 107* (les nouveaux moyens techniques de reproduction et le droit d'auteur). – GENDREAU, *RIDA janv. 1994, p. 111* (le critère de fixation en droit d'auteur) ; *RIDA oct. 1998, p. 3* (droit de reproduction et l'internet). – GOTZEN, *Dr. auteur 1989. 230* (le droit de destination en Europe). – KOUMANTOS, *RIDA oct. 1978, p. 3* (le droit de reproduction et l'évolution de la technique). – LEBOIS, Le droit de location des auteurs et des titulaires de droits voisins, *LGDJ 2004 ; D. 2002. Chron. 2322* (le droit de location et la structure des droits patrimoniaux : la théorie du droit de destination bousculée). – MEHAUT, *Propr. intell. 2006, nº 20, p. 290* (*Google Livres* ou du bon usage de la contrefaçon). – ROUART, *RIDA oct. 1967 et janv. 1968, p. 285* (le droit de reproduction). – STROMHOLM, *Dr. auteur 1967. 279* (le droit de mise en circulation dans le droit d'auteur) ; *Cah. dr. auteur, févr. 1989, p. 1* (réflexions sur le droit de destination).

COMMENTAIRE

Pris au sens strict, le droit de reproduction est la faculté pour l'auteur d'autoriser ou d'interdire la fabrication d'une ou plusieurs copies (totales ou partielles) de son œuvre. Mais dans un sens plus large, le droit de reproduction englobe aussi la possibilité de contrôler le sort ou l'usage des exemplaires licitement reproduits en vertu de l'approche synthétique du droit français qui permet d'appréhender des actes non formellement visés par les textes.

Le droit de reproduction est donc, d'abord, le droit de fabriquer des copies, des exemplaires de l'œuvre. La liste des procédés (notes 4 s.) donnée par le code est purement indicative. Leur point commun est de mettre le public en contact indirect avec l'œuvre, la durée de la reproduction étant indifférente. Le consentement de l'auteur doit être expressément obtenu pour chacun de ces procédés.

Il y a reproduction au sens du code de la propriété intellectuelle même lorsqu'il y a passage dans une matière autre que celle dont est fait l'original, emprunt des techniques d'un art différent ou réalisation d'une œuvre dérivée (adaptation, traduction…). Ce qui importe, c'est que les traits caractéristiques de l'œuvre se retrouvent, en tout ou partie, dans le nouveau support ou la nouvelle création.

Par extension, et du fait de l'approche synthétique française, le droit de reproduction permet aussi à l'ayant droit de contrôler le sort des exemplaires reproduits alors même qu'aucun acte matériel de copie ne serait directement en cause. C'est ce qu'une partie de la doctrine appelle le droit de destination (notes 16 s.).

Il s'agit de la possibilité pour un auteur de contrôler l'utilisation secondaire d'une œuvre, ou de l'exemplaire reproduit, pour lesquels l'autorisation de reproduction a pourtant été régulièrement accordée.

De la sorte, est soumis à l'autorisation de l'auteur la location (V. note 21) ou le prêt d'une œuvre alors même que le législateur français n'a pas transposé la directive communautaire du 19 novembre 1992 concernant ces prérogatives (V. toutefois, art. L. 133-1 s. relatifs à la rémunération due au titre du prêt en bibliothèque).

Mais le régime de ces prérogatives innommées devra être conforme à ceux prévus par la directive du 19 novembre 1992 (droit exclusif, cessible, mais avec une garantie d'une rémunération équitable au titre de la location ; droit de prêt public avec garantie d'une rémunération équitable…).

Le droit de destination offre également à la SACEM la faculté de percevoir un droit complémentaire de reproduction mécanique (V. note 19).

S'agissant de la distribution à proprement parler des exemplaires, l'article L. 122-3-1 a transposé l'article 4 de la directive (CE) n° 2001/29 du 22 mai 2001 [V. App., v° *Droit d'auteur*] pour les hypothèses de distribution sujettes à épuisement (seulement en cas de première vente ou premier autre transfert de propriété dans la Communauté de cet objet par le titulaire du droit ou avec son consentement).

S'agissant des usages, un auteur peut choisir soit une destination négative, c'est-à-dire interdire certains usages des exemplaires reproduits ; soit une destination positive, c'est-à-dire préciser que les exemplaires doivent être utilisés à telle fin à l'exclusion de toute autre. Ces choix s'opéreraient au moment de l'exercice des autres prérogatives pécuniaires. ❑

A. NOTION DE REPRODUCTION

1. Notion. Il y a reproduction de l'œuvre dès lors qu'il y a communication au public des traits caractéristiques originaux de la création. • Civ. 1re, 16 juill. 1987 : *Bull. civ. I, n° 225 ; JCP 1987. IV. 311 ; RIDA janv. 1988, p. 94.* ♦ … Que la reproduction soit totale ou en format réduit. • Cass. ass. plén. 5 nov. 1993 : *D. 1994. 481, note Foyard ; RTD com. 1994. 50, obs. Françon ; RIDA janv. 1994, p. 320 ; JCP 1994. II. 22201, note Françon* (pour une œuvre picturale reproduite dans un catalogue) • TGI Paris, 6 juin 1986 : *RIDA oct. 1986, p. 161* (pour une partition). ♦ … Qu'elle soit accessoire ou fugace. • Civ. 1re, 15 oct. 1985 : *D. 1986. Somm. 186, obs. Colombet ; RIDA juill. 1986, p. 124* (pour l'utilisation d'une affiche comme décor d'un film publicitaire). ♦ Sur la question, V. cependant, Dir. (CE) du 22 mai 2001, art. 5-1, App., v° *Droit d'auteur.* ♦ … Ou encore partielle. • Crim. 16 juin 1955 : *D. 1955. 544 ; Dr. auteur 1956. 60* • Paris, 18 janv. 1989 : *Cah. dr. auteur, mars 1989, p. 16.* ♦ La numérisation d'une œuvre, technique consistant à traduire le signal analogique qu'elle constitue en un mode numérique ou binaire qui représentera l'information dans un symbole à deux valeurs 0 et 1 dont l'unité est le bit, constitue une reproduction de l'œuvre qui requiert en tant que telle lorsqu'il s'agit d'une œuvre originale l'autorisation préalable de l'auteur ou de ses ayants droit. • TGI Paris, réf., 5 mai 1997 : *RTD com. 1997. 457, note Françon ; RIDA oct. 1997, p. 265 ; JCP 1997. II. 22906, note Olivier ; Expertises, juin-juill. 1997, p. 219, note Lucas ; JCP E 1998, p. 1253, note Laporte-Legeais ; BICC 1er juin 1997, n° 93.* ♦ Le coloriage d'un dessin à l'origine réalisé au crayon en constitue la reproduction. • Pau, 10 oct. 2005 : *Propr. intell. 2006, n° 177, obs. Lucas.* ♦ Pour la prise en considération d'une reproduction partielle, V. art. L. 122-4 et L. 122-5.

2. La création de cinq émissions pilotes reproduisant des marionnettes, réalise la fixation matérielle de l'œuvre par un procédé permettant de la communiquer au public, au sens de l'art. L. 122-3, sans qu'il y ait lieu de s'attarder sur l'absence de diffusion de ces émissions, circonstance qui ne concerne que le seul droit de représentation. • Civ. 1re, 26 janv. 1994 : *RIDA oct.*

1994, p. 433 ; Bull. civ. I, n° 35. ♦ A propos de l'utilisation d'une affiche dans un film publicitaire vantant les mérites d'un détergent, décidant que son utilisation, mise en vente et diffusion dans le public, à la suite de l'autorisation de l'auteur de la reproduction d'un tableau pour sa réalisation comme élément de décor d'un film publicitaire, ne se ramène pas à la simple exposition de cette affiche, et constitue en soi, de la part de tiers, une nouvelle reproduction de l'œuvre du peintre qui, distincte de la reproduction déjà réalisée par l'affiche elle-même, intervient au surplus dans des circonstances appelant de plus fort le consentement de celui-ci, V. • Civ. 1re, 15 oct. 1985 : *préc. note 1.* ♦ La reproduction, pour illustrer un article sur l'assurance automobile, d'une photographie prise lors du tournage d'une œuvre audiovisuelle (photographie d'une scène du film Le Corniaud) porte atteinte aux droits du producteur dès lors que la photographie représente une scène du film dont le producteur a acquis le droit de reproduction sous quelque forme que ce soit. • Civ. 1re, 3 juin 1997 : *Bull. civ. I, n° 184 ; D. 1998. 166, note Daverat ; JCP E 1998, p. 1250, obs. Bougerol.*

3. *Logiciel.* Sur le concept de reproduction en matière de logiciels, V. art. L. 122-6, 1°. ♦ Sur les corollaires du droit de reproduction et l'existence de droits dits « dérivés », V. art. L. 122-4.

B. FIXATIONS MATÉRIELLES

4. *Champ d'application.* La liste des actes cités au texte n'étant pas limitative, constituent aussi des fixations soumises au droit de reproduction : une photocopie. • Civ. 1re, 7 mars 1984 : *Bull. civ. I, n° 90 ; RIDA juill. 1984, p. 151 ; JCP 1985. II. 20351, note Plaisant ; RTD com. 1984. 677, obs. Françon.* ♦ ... Les reproductions par sténographie ou en braille. • T. corr. Seine, 16 mai 1925 : *DH 1925. 422.* ♦ ... Les reproductions par scanner : Rép. min. n° 8301 : *JOAN 26 juin 1989, p. 2950 ; JCP 1989. IV. 300.* ♦ ... Ou encore la duplication de programmes d'ordinateur. • TGI Paris, 8 avr. 1987 : *Cah. dr. auteur, mars 1988, p. 20.* ♦ ... Ou encore l'installation d'une œuvre sur une page Web. • TGI Paris, réf., 14 août 1996 : *D. 1996. 490, note Gautier ; RTD com. 1997. 97, note Françon ; JCP 1996. II. 22727 ; Expertises, sept. 1996, p. 292 ; RIDA janv. 1997, p. 361, note Caron.* ♦ Sur la reproduction d'une statue par « surmoulage », V. • Paris, 27 oct. 2004 : *D. 2005. AJ 493, obs. Allaeys ; Propr. intell. 2005, n° 14, p. 52, obs. Lucas ; RIDA avr. 2005, p. 177, note Kéréver.*

5. *Application de la loi dans le temps.* Avant l'entrée en vigueur de la loi de 1957, était déjà considérée comme soumise au droit de reproduction la fixation : De films. • Req. 27 févr. 1918 : *S. 1918. 1. 19.* ♦ ... De phonogrammes. • Civ. 10 mai 1930 : *DP 1932. 1. 29, note Nast.* ♦ ... Ou de vidéogrammes. • Civ. 1re, 29 juin 1982 : *Bull. civ. I, n° 244 ; D. 1983. 33, note Edelman et Somm. 99, obs. Colombet.*

6. *Indifférence de la technique.* La technique de reproduction est indifférente en sorte qu'il n'y a pas lieu de distinguer si la publication d'éditoriaux radiophoniques se fait par la voie d'un support matériel imprimé ou par la radio. • Crim. 30 janv. 1978 : *Gaz. Pal. 1978. 2. 466 ; Bull. crim. n° 35.* ♦ Ou si la fixation de partitions musicales s'opère par voie de disques. • Paris, 1er févr. 1905 : *DP 1907. 2. 121, note Claro.*

7. *Karaoké.* La fixation des paroles d'une chanson à des fins de karaoké semble avoir divisé la jurisprudence. Certaines décisions estiment que cette utilisation met en œuvre le « droit de reproduction mécanique » ; relevant « que le droit de reproduction graphique détenu par les éditeurs ne peut porter que sur l'édition des paroles de chansons mises à la disposition directe du public sans intervention d'un quelconque procédé intermédiaire de lecture » ; qu'à l'inverse, la reproduction mécanique d'une œuvre à l'aide d'un procédé de fixation sur un quelconque support « nécessite », pour qu'elle soit accessible au public, « l'usage d'un appareil de lecture » ; « or, considérant en l'espèce, que le texte d'une chanson est introduit par voie d'enregistrement sur un quelconque support audiovisuel ou numérique afin d'être « indirectement » communiqué aux intéressés par l'intermédiaire d'un écran, lequel imprime les informations reçues à l'aide d'un appareil de lecture ; qu'il se déduit de cette constatation que la diffusion du texte des chansons (...) par le procédé du karaoké fait partie intégrante du droit de reproduction mécanique qui a été cédé à la SACEM/SDRM », V. • Paris, 14 mars 2001 : *D. 2001. Somm. 2556, obs. Sirinelli .* ♦ Cassé par • Com. 13 nov. 2003 : *Bull. civ. I, n° 230 ; D. 2004. AJ 2967, obs. Daleau ; RIDA avr. 2004, p. 271, note Kéréver.* ♦ Dans le même sens • Paris, 28 avr. 2000, *Chamaroff : RIDA janv. 2001, p. 307, obs. A. Kéréver, p. 235 ; CCE 2001, n° 36, note Caron* • 7 mai 2002 : *RIDA oct. 2002, p. 203, obs. Kéréver.* ♦ D'autres arrêts, cependant, retiennent la qualification de droit de reproduction graphique. • Paris, 28 avr. 2000, *Jacques Dutronc : CCE 2001, n° 36, note Caron* • Paris, 29 mai 2002 : *CCE 2002, n° 125, note Caron.* ♦ Estimant que la reproduction du texte des paroles de l'œuvre par apparition synchrone dans la musique sur écran n'est rien d'autre qu'une simple reproduction partielle de l'œuvre par moyen graphique utilisant un support technique différent du papier ; que ce droit constitue un droit de transcription graphique des paroles et de la musique, ensemble ou séparément, quel que soit le procédé technique d'écriture ; que privilégier une autre définition du contenu de ce droit (déjà limité dans son objet), qui s'appuierait sur le procédé de transcription et le type de support, aurait pour effet – eu égard aux nombreux procédés nouveaux générés par le progrès des techniques de communication et de diffusion –, de réduire à une peau de chagrin le seul droit de reproduction dévolu aux éditeurs dans le domaine de la musique, V. • TGI Paris, 26 nov. 1997 : *RIDA avr. 1998, p. 455 et p. 319, obs. Kéréver.* ♦ Comp., l'utilisation d'une œuvre musicale pour une version karaoké ne constitue pas une simple reproduction de l'œuvre, mais une adaptation nécessitant l'accord du titulaire du droit moral de l'œuvre. • TGI Créteil, 13 janv. 1998 : *Les Annonces de la Seine, suppl. du 27 avr. 1998.* ♦ *Contra* • Paris, 29 mai 2002 : *CCE 2002, n° 125, note Caron.* ♦ *Adde :* dans la mesure où la version karaoké constituerait une œuvre composite du fait de l'incorporation d'une création préexistante à l'œuvre nouvelle, le respect des droits d'adaptation et de synchronisation est également concerné ; retenant que l'utilisation de la chanson « ne peut être réalisée que sous réserve de l'autorisation de l'auteur de l'œuvre première et dans le respect de son droit moral ; (...) les dispositions de l'art. L. 122-4 CPI exige(ant) en outre le consentement de l'auteur en cas d'adaptation d'une œuvre », V. • Paris, 14 mars 2001 : *D. 2001. Somm. 2556, obs. Sirinelli.* ♦ Décision cassée : la Cour de cassation semble avoir tranché pour le droit de reproduction graphique en énonçant que la reproduction graphique du texte d'une œuvre protégée s'entend de la communication de celui-ci au public, quels que soient le support sur lequel il s'inscrit et les modes de transmission utilisés à cette fin. • Civ. 1re, 13 nov. 2003 : *Bull. civ. I, n° 230 ; D. 2003. AJ 2967, obs. Daleau ; Légipresse 2004, III, p. 170, note Bauer.*

8. La reproduction de l'œuvre peut prendre des formes autres qu'une fixation d'un exemplaire à l'identique, soit qu'il y ait transfert sur un autre support, soit qu'il y ait transformation du mode de transcription ; ainsi constituent des reproductions soumises à l'autorisation de l'auteur : L'édition d'un chapitre d'un livre dans un journal. • TGI Paris, 18 janv. 1989 : *Cah. dr. auteur, mars 1989, p. 16.* ♦ ... L'utilisation d'un dessin pour fabriquer un puzzle pour enfants. • T. corr. Seine, 28 févr. 1867 : *Ann. propr. ind. 1867. 61.* ♦ ... La reproduction d'une photographie dans un tableau. • Paris, 26 févr. 1969 : *JCP 1970. IV. 96.* ♦ ... Une fixation avec transformation du mode d'écriture. • T. corr. Seine, 16 mai 1925 : *DH 1925. 422 ; Gaz. Pal. 1925. 2. 402.* ♦ ... La transformation d'une œuvre (un vase) à deux dimensions en objet en trois dimensions. • Paris, 29 déc. 1904 : *Ann. propr. ind. 1905. 14.* ♦ ... Ou la fixation d'une œuvre tridimensionnelle (photos de sculptures) sur un support plan. • Paris, 16 févr. 1854 : *S. 1854. 2. 401.*

9. Le droit de reproduction est mis en œuvre lorsque, hors de la fabrication nouvelle d'exemplaires, il y a utilisation d'exemplaires préexistants ; V. à propos de la remise en circulation d'exemplaires retirés du commerce. • Crim. 20 oct. 1977 : *Bull. crim. n° 315 ; RTD com. 1978. 801, obs. Desbois ; RIDA avr. 1978, p. 115.*

C. FINALITÉ DE LA REPRODUCTION

10. But lucratif. Il importe peu que la reproduction ait été réalisée sans que soit poursuivi de but lucratif ; constitue ainsi une contrefaçon le fait de faire un don gracieux d'une copie d'une statue afin que celle-ci soit placée sur la tombe d'un ami dans son propre pays natal. • Paris, 24 févr. 1931 : *Ann. propr. ind. 1931. 171.*

11. Mise en circulation. Il n'est pas non plus exigé que les exemplaires soient mis en circulation dès lors que la reproduction a lieu dans le cadre d'une activité professionnelle en vue de communiquer l'œuvre au public ; à propos de l'enregistrement d'une mélodie par un publicitaire qui l'inclut dans un message radiodiffusé, V. • T. com. Seine, 18 janv. 1937 : *DP 1938. 2. 25, note Desbois.*

12. Exécution publique. La fixation de l'interprétation de l'œuvre relève du droit de reproduction, même si le support est destiné à une exécution publique. • Cass. 10 nov. 1930, *Halévy : DP 1931. 1. 29, note Nast ; S. 1931. 1. 169, note Lagarde.*

D. NOTION DE PUBLIC

13. La notion de public auquel l'œuvre reproduite sera communiquée pour constituer la contrefaçon est définie par l'article L. 122-5 qui spécifie les cas dans lesquels la communication n'est pas publique. • Paris, 1er oct. 1990 : *RIDA juill. 1991, p. 206, obs. Kéréver.* ♦ V. aussi notes 5 s. ss. art. L. 122-5.

E. REPRODUCTION DES ŒUVRES D'ARCHITECTURE

14. Plan. Au-delà de la reproduction à l'identique des plans eux-mêmes, constituent une violation du droit de reproduction : l'exécution matérielle du projet ou l'édification d'une œuvre architecturale par un entrepreneur qui utilise des plans contrefaits. • Civ. 1re, 15 févr. 1977 : *Bull. civ. I, n° 86 ; D. 1977. IR 247.* ♦ ... La réutilisation de plans, sans l'accord des architectes, pour l'édification d'un autre immeuble. • Civ. 1re, 12 nov. 1980 : *Bull. civ. I, n° 287.* ♦ ... Ou la construction, sans le consentement de l'architecte d'origine, d'une aile nouvelle à un bâtiment, à partir du plan de celui-ci. • Riom, 26 mai 1966 : *D. 1967. 171 ; RTD com. 1968. 721, obs. Desbois ; JCP 1967. II. 15183, note Boursigot.*

15. Actes de reproduction. Constituent des actes soumis au monopole de l'auteur : les reproductions graphique, photographique ou picturale d'immeubles, telle la reproduction des traits d'un immeuble dans un tableau. • TGI Paris, réf.,

17 mars 1970 : *RIDA janv. 1971, p. 182 ; Gaz. Pal. 1970. 2. 74* • Civ. 1re, 7 mars 2006 : *RIDA juill. 2006, p. 267, obs. Kéréver.* ♦ ... Et la publication à titre publicitaire dans une revue de la photographie d'une œuvre architecturale. • Paris, 19 juin 1979 : *Ann. propr. ind. 1981. 164 ; D. 1981. IR 83, obs. Colombet.* ♦ ... Dès lors que la reproduction de ces immeubles situés sur la voie publique constitue bien l'élément principal et non accessoire de la photo. • Paris, 19 juin 1979 : *D. 1979. Somm. 83, obs. Colombet* • Civ. 1re, 16 juill. 1987 : *Bull. civ. I, n° 225.* ♦ Sur les œuvres édifiées dans un lieu public, V. notes 70 s. ss. art. L. 122-5.

F. DROIT DE DESTINATION

16. Fondement. L'auteur dispose, conformément à l'art. L. 131-3 (qui permet de fixer le domaine du droit d'exploitation cédé quant à sa destination) de la possibilité de contrôler la distribution et l'usage des exemplaires de son œuvre par des tiers, quand bien même ces derniers les auraient obtenus licitement. • Civ. 1re, 1er mars 1988 : *JCP 1988. II. 21120, note Françon ; RTD com. 1988. 444, obs. Françon.* ♦ V. aussi • Civ. 1re, 22 mars 1988 : *Bull. civ. I, n° 88 ; RIDA oct. 1988, p. 295 ; RTD com. 1988. 444, obs. Françon.* ♦ Sur la reconnaissance de l'existence du droit de destination, V. art. L. 131-3, L. 332-1 et L. 335-3.

17. Opposabilité. Ce droit est « opposable à tous », de telle sorte que les limitations imposées par l'auteur seraient susceptibles de produire des effets vis-à-vis de tiers, indépendamment de toute publicité. • Civ. 1re, 22 mars 1988 : *préc. note 16.*

18. Sanction. Le non-respect de la destination d'une œuvre est une contrefaçon au sens civil et pénal. • Crim. 28 janv. 1888 : *DP 1888. 1. 400* • 20 oct. 1977 : *Bull. crim. n° 315 ; RTD com. 1978. 801, obs. Desbois ; RIDA avr. 1978, p. 115.* ♦ ... Tout comme le fait de remettre dans le circuit commercial des exemplaires destinés à être détruits tels des livres envoyés au pilon ou des films vendus à un récupérateur de composants chimiques. • Crim. 2 déc. 1964 : *Bull. crim. n° 320 ; D. 1965. 562 ; RTD com. 1965. 409, obs. Desbois ; JCP 1965. II. 14069, obs. Delpech ; Gaz. Pal. 1965. 1. 290.* ♦ V. art. L. 332-1 et L. 335-3.

1° DROIT DE FIXER LES UTILISATIONS SECONDAIRES DE L'ŒUVRE

19. Utilisation publique. Un auteur étant fondé à stipuler, en vertu de l'art. L. 131-3, que les disques dont il autorise la fabrication sont réservés à la vente pour l'usage privé des acquéreurs, toute utilisation publique de ces disques, par un acquéreur légitime, suppose une autorisation complémentaire assortie d'une redevance ; pour un exemple d'utilisation publique à la radio, V. • Paris, 27 avr. 1945 : *S. 1945. 2. 63 ; D. 1945. 125 ; JCP 1946. II. 3074, note Plaisant.* ♦ ... Et dans une discothèque, V., admettant à côté du droit de représentation, l'existence d'un « droit complémentaire de reproduction mécanique », • Civ. 1re, 22 mars 1988 : *préc. note 16.* ♦ Sur l'autorisation donnée par la SACEM « aux exploitants de discothèques d'étendre à une destination nouvelle le domaine d'exploitation du droit de reproduction cédé au nom des auteurs légitimes en contrepartie de la stipulation d'une redevance complémentaire au titre du droit de reproduction mécanique », V. • Civ. 1re, 19 avr. 1988 : *Bull. civ. I, n° 112 ; JCP 1988. II. 21120, note Françon.* ♦ V. aussi • CJCE 9 avr. 1987, *Basset : RTD com. 1987. 391, obs. Françon ; RIDA juill. 1987, p. 168, obs. Delmoly.*

20. Droit de destination. Le droit de destination permet de conserver le contrôle ou de s'opposer à certaines formes d'utilisations secondaires, comme : La diffusion, dans un magasin, d'affiches dont l'auteur avait autorisé la reproduction pour l'affichage public en vue de la promotion de films. • Paris, 18 mars 1987 : *D. 1988. Somm. 209, obs. Colombet ; RIDA oct. 1987, p. 208.* ♦ ... Ou la publication dans les journaux, pour illustrer un fait divers auquel est mêlée l'interprète d'un film, de photos de tournage du film dont les organes de presse n'avaient acquis le droit de reproduction qu'à des fins de promotion de l'œuvre cinématographique. • Civ. 1re, 5 mai 1976 : *RIDA oct. 1976, p. 168.* ♦ Sur la limitation de la portée de la cession du droit de reproduction au mode d'exploitation prévu au contrat, V. • Civ. 1re, 9 févr. 1994 : *RIDA oct. 1994, p. 443.*

2° DROIT DE LOCATION ET DE PRÊT

21. La CJCE a considéré que le droit de location d'une cassette vidéo reconnu au Danemark ne s'épuisait pas par la vente, par le titulaire, d'un exemplaire de l'œuvre dans un pays où ce droit n'existait pas. • CJCE 17 mai 1988 : *Rec. CJCE, p. 2605 ; RTD com. 1989. 73, obs. Françon ; RTD eur. 1988. 647, obs. Bonet ; JCP 1989. II. 21173, note Edelman ; RIDA juill. 1988, p. 84, obs. Delmoly.* ♦ Une personne titulaire d'un droit exclusif de location peut interdire dans un État membre la mise en location de copies d'une œuvre cinématographique alors même que la mise en location de ces copies aurait été autorisée sur le territoire d'un autre État membre. • CJCE 28 avr. 1998 : *RIDA oct. 1998, p. 211.* ♦ Dans le même sens. • CJCE 22 sept. 1998 : *D. 1999. 239, note Edelman ; JCP E 1998. Pan. 1622 ; RIDA janv. 1999, p. 301.* ♦ Le droit de location, qui procède de la faculté reconnue à l'auteur et à ses ayants droit de n'autoriser la reproduction de son œuvre qu'à des fins précises, constitue une prérogative du droit d'exploitation (à propos de la location sans autorisation de jeux vidéo). • Civ.

1re, 27 avr. 2004 : *Bull. civ. I, n° 117 ; D. 2005. Pan. 1488, obs. Sirinelli ; ibid. 2004. AJ 1528, obs. Daleau ; RTD com. 2004. 484, obs. Pollaud-Dulian ; CCE 2004, n° 84, note Caron ; JCP E 2004. 910 ; Propr. ind. 2004, n° 74, note Kamina ; Propr. intell. 2004, n° 12, p. 770, obs. Sirinelli.* ♦ Sur la reconnaissance expresse d'un droit de location et de prêt, V. Dir. n° 92/100 du 19 nov. 1992, App., v° *Droit d'auteur.* ♦ V. en matière de logiciels, art. L. 122-6, 3°, et aussi, Dir. n° 91/250 du 14 mai 1991, art. 4, point c, App., v° *Droit d'auteur.*

3° DROIT D'IMPORTATION

22. L'auteur d'un modèle protégé en France est en droit d'interdire l'importation d'exemplaires fabriqués licitement, mais sans son accord, en Italie où l'œuvre n'est pas protégée. • Civ. 1re, 20 févr. 1980 : *Rev. crit. DIP 1980. 779, note Françon ; RTD com. 1980. 545, obs. Françon.* ♦ ... Ou d'empêcher l'importation d'exemplaires au mépris d'un droit d'édition partagé. • TGI Paris, 3 déc. 1979 : *RIDA oct. 1980, p. 127 ; Gaz. Pal. 1980. 1. 442, note Marchi.* ♦ Est, de ce fait, illicite l'importation en France de disques acquis licitement à l'étranger si ne sont pas versées les redevances dues à la SDRM. • TGI Paris, 24 avr. 1980 : *RIDA oct. 1980, p. 135.* ♦ ... De même la commercialisation de partitions d'une œuvre musicale encore protégée en France, éditées et importées sans le consentement du titulaire du droit d'exploitation depuis des États où l'œuvre n'est plus protégée. • Paris, 17 janv. 1997 : *RIDA avr. 1997, p. 299 ; D. affaires 1997. 279 ; LPA 27 nov. 1998, note Ballif.* ♦ Comp. le principe d'épuisement du droit de distribution en matière de programmes d'ordinateur, art. L. 122-6, 3°.

G. OBLIGATION DE RESPECTER LE DROIT DU PROPRIÉTAIRE DE L'OBJET REPRODUIT

23. Propriété du bien corporel. Le propriétaire d'une chose ne dispose pas d'un droit exclusif sur l'image de celle-ci. Il peut toutefois s'opposer à l'utilisation de cette image par un tiers lorsqu'elle lui cause un trouble anormal. • Cass., ass. plén., 7 mai 2004 : *Bull. civ. n° 10 ; D. 2004. 1545, note Bruguière et Dreyer ; RTD com. 2004. 712, obs. Azéma.* ♦ Pour une application de ce principe, à propos de la reproduction de la Tour Montparnasse, V. • Paris, 11 janv. 2006 : *RTD com. 2006. 363, obs. Pollaud-Dulian.* ♦ Sur la jurisprudence antérieure, V. : Le propriétaire d'un bien corporel tient de l'art. 544 C. civ. le droit exclusif « d'exploiter son bien, sous quelque forme que ce soit », et l'exploitation du bien sous la forme de photographies porte atteinte à ce droit de jouissance. • Civ. 1re, 10 mars 1999 : *GAPI, 1re éd., n° 31 ; JCP 1999. II. 10078, note Gautier ; ibid. I. 175, n° 2, obs. Périnet-Marquet ; Defrénois 1999. 897, note Caron ; RIDA oct. 1999, p. 149, note Cornu.* ♦ Mais il appartient au propriétaire du bien qu'il établisse que « l'exploitation de la photographie par les titulaires du droit incorporel de son auteur » porte un « trouble certain » à son propre « droit d'usage ou de jouissance ». • Civ. 1re, 2 mai 2001 : *JCP 2001. II. 10553, note Caron ; D. 2001. 1973, note Gridel ; RTD civ. 2001. 618, obs. Revet ; Légipresse 2001, n° 183, III, p. 115, note Loiseau.* ♦ ... Ce qui sera le cas lors de la commercialisation de cartes postales représentant une péniche dès lors que cette péniche est le sujet principal de l'image. • Civ. 1re, 25 janv. 2000 : *GAPI, 1re éd. n° 31 ; JCP 2001. II. 10555, note A. Tenenbaum.* ♦ ... Mais pas dans le cas de l'exploitation publicitaire de photographies de volcans. • TGI Clermont-Ferrand, 23 janv. 2002 : *CCE 2002, n° 52, note Caron.*

Art. L. 122-3-1 *(L. n° 2006-961 du 1er août 2006, art. 4)* **Dès lors que la première vente d'un ou des exemplaires matériels d'une œuvre a été autorisée par l'auteur ou ses ayants droit sur le territoire d'un État membre de la Communauté européenne ou d'un autre État partie à l'accord sur l'Espace économique européen, la vente de ces exemplaires de cette œuvre ne peut plus être interdite dans les États membres de la Communauté européenne et les États parties à l'accord sur l'Espace économique européen.**

BIBL. ► LUCAS, *CCE 2006. Étude 25* (le droit de distribution et son épuisement).

COMMENTAIRE

Cette disposition a pour effet de transposer en droit français les solutions posées à l'article 4 de la directive (CE) n° 2001/29 du 22 mai 2001. Il s'agit de proclamer le principe, déjà connu, de l'épuisement du droit de distribution dans les espaces communautaire et économique européen. Le fait que la loi n'énonce pas clairement l'existence de pareille prérogative s'explique par la théorie du droit de destination (V. comm. ss. l'art. L. 122-3 CPI) issue de l'approche synthétique française du monopole d'exploitation. L'intérêt de ce nouvel article est cependant d'éviter les interprétations malencontreuses. D'une part, ces solutions ne s'appliquent qu'à la distribution d'exemplaires matériels d'œuvres. D'autre part, l'épuisement du droit ne concerne que le seul droit de distribution et non les autres prérogatives issues du droit de destination. Pour une construction identique en matière de droits voisins, voir CPI, article L. 211-6. ❑

Art. L. 122-4 Toute représentation ou reproduction intégrale ou partielle faite sans le consentement de l'auteur ou de ses ayants droit ou ayants cause est illicite. Il en est de même pour la traduction, l'adaptation ou la transformation, l'arrangement ou la reproduction par un art ou un procédé quelconque. – *[L. n° 57-298 du 11 mars 1957, art. 40.]*

BIBL. ► BERTRAND, *Cah. dr. auteur, mai, juin et juill. 1990, p. 17* (la protection de la composition en matière d'œuvres littéraires et audiovisuelles). – GAUTIER, *D. 1988. Chron. 152* (l'accession mobilière en matière d'œuvres de l'esprit).

COMMENTAIRE

Cette disposition énonce le principe selon lequel l'utilisation d'une œuvre sans autorisation de l'ayant droit est un acte de contrefaçon.

Le texte précise que cette solution s'applique que la reproduction ou la représentation soit totale ou partielle (V. note 3) ou que l'utilisation de l'œuvre se fasse sous une forme dérivée (adaptation [note 4], arrangement…). Le juge statuera en fonction des ressemblances (V. note 2), la bonne foi étant indifférente (V. note 8). ☐

1. Constitue une contrefaçon l'emprunt à une œuvre préexistante qui porte sur « le choix du sujet, la composition et le développement des scènes ». • Req. 27 juin 1910 : *DP 1910. 1. 296.* ♦ ... Le monopole de l'auteur étant attaché à la composition de cette œuvre. • TGI Paris, 16 mai 1973 : *RIDA oct. 1974, p. 166.* ♦ L'art. L. 122-4 n'impose, ni ne requiert, aucun autre acte que celui de la création de l'œuvre. • Paris, 12 mai 2004 : *CCE 2005, n° 1, note Caron ; Légipresse 2004, III, p. 201, note Varet ; Propr. intell. 2004, n° 13, p. 913, obs. A. Lucas ; RIDA oct. 2004, p. 235, note Kéréver.*

2. Ressemblances. L'existence de ressemblances, s'agissant de la forme de deux œuvres, peut suffire à établir la contrefaçon indépendamment de l'existence de différences. • Crim. 16 juin 1955 : *D. 1955. 554* • Civ. 1re, 13 avr. 1988 : *RIDA oct. 1988, p. 297.* ♦ L'appréciation de l'existence de ces ressemblances par le juge du fond est souveraine. • Mêmes arrêts. ♦ La Cour de cassation conserve, cependant, un pouvoir de contrôle de l'existence même de la recherche et du domaine de celle-ci. • Civ. 1re, 4 févr. 1992 : *RIDA avr. 1992, p. 196.* ♦ V. notes 15 s. ss. art. L. 335-2.

3. Reprise partielle. Une reprise partielle et contrefaisante d'une œuvre peut consister dans la reproduction ou la représentation d'une partie de la composition et/ou de l'expression de l'œuvre première. • Civ. 1re, 4 févr. 1992 : *RIDA avr. 1992, p. 196 et 174, note Kéréver ; D. 1992. 182, note Gautier ; Légipresse 1982, n° 97-111, p. 143.* – Et sur renvoi • Versailles, 15 déc. 1993 : *RIDA avr. 1994, p. 203.* ♦ ... Ainsi, la publication dans un journal d'une photographie de film sans l'autorisation du titulaire des droits d'exploitation de ce film constitue une contrefaçon. • Civ. 1re, 3 juin 1997 : *Bull. civ. I, n° 184 ; D. 1998. 166, note Daverat ; Légipresse 1997, I, p. 99 ; JCP E 1998, p. 1250, note Bougerol.* ♦ A été jugée contrefaisante l'adaptation de la biographie de l'artiste Séraphine Louis. • TGI Paris, 26 nov. 2010 : *Légipresse 2011, n° 280, p. 109, note Renault.* ♦ En revanche, n'a pas été jugé contrefaisant le film « Hors la loi » de Rachid Bouchareb. • TGI Paris, 16 nov. 2010 : *Légipresse 2011, n° 280, p. 109, note Renault.* ♦ La reprise de plusieurs passages d'une thèse de doctorat dans un ouvrage scientifique constitue une contrefaçon. • Paris, 28 avr. 2004 : *CCE 2004, n° 109, note Caron.*

4. Adaptation. Une adaptation, même originale, effectuée sans le consentement de l'auteur peut constituer une contrefaçon. • Paris, 23 mars 1978 : *RIDA juill. 1979, p. 127 ; Gaz. Pal. 1978. 2. Somm. 398* • TGI Paris, 21 mars 1997 : *Légipresse 1997, I, p. 83* • 7 mai 2002 : *Légipresse 2002, n° 195, I, p. 118* (à propos de l'adaptation radiophonique d'une œuvre littéraire). ♦ Ainsi, l'utilisation, à des fins publicitaires, de l'adaptation d'une œuvre musicale, dont ce n'était pas la vocation première, ne peut intervenir sans autorisation préalable des titulaires des droits moraux de l'auteur. • Paris, 25 juin 1996 : *RIDA janv. 1997, p. 337 ; RJDA 1997, n° 1565* • 12 sept. 2001 : *D. 2001. AJ 3048 ; CCE 2002, n° 40, note Le Stanc ; JCP E 2003. 278, n° 5, obs. Brochard.* ♦ Dans la mesure où la version karaoké est susceptible de constituer une œuvre composite du fait de l'incorporation d'une création préexistante à l'œuvre nouvelle, il convient de respecter le droit d'adaptation ; l'utilisation de la chanson « ne peut être réalisée que sous réserve de l'autorisation de l'auteur de l'œuvre première et dans le respect de son droit moral ; (...) les dispositions de l'art. L. 122-4 CPI exige(ant) en outre le consentement de l'auteur en cas d'adaptation d'une œuvre ». • Paris, 14 mars 2001 : *D. 2001. Somm. 2556, obs. Sirinelli.* ♦ Cassé par • Com. 13 nov. 2003 : *Bull. civ. I, n° 230 ; D. 2003. AJ 2967, obs. Daleau ; RIDA avr. 2003, p. 271, note Kéréver.*

5. Exceptions. La reproduction même intégrale du titre d'un article ou d'un journal ne porte pas atteinte au monopole accordé au créateur lorsque la reproduction a lieu pour constituer, à des fins documentaires, un index destiné à identifier les œuvres répertoriées ainsi désignées. • Cass., ass. plén., 30 oct. 1987 : *D. 1988. 21, concl. Cabannes ; ibid. Somm. 206, obs. Colombet ; RTD com. 1988. 57, obs. Françon ; JCP 1988. II. 20932, rapport Nicot, obs. Huet ; RIDA janv. 1988, p. 78, concl. Cabannes.* ♦ Comp., retenant que la publication d'œuvres littéraires dans des catalogues destinés à informer un public potentiel de lecteurs ne saurait avoir d'incidence sur l'exercice par leur auteur, de leur droit d'autoriser ou d'interdire la reproduction de leurs œuvres. • TGI Paris, 15 janv. 1997 : *RIDA juill. 1997, p. 359.*

6. Idées. Sur la distinction entre éléments formels, protégés par le droit d'auteur, et simples idées, pouvant être reprises librement, V. notes ss. art. L. 111-1 et L. 335-2. ♦ Pour une appréciation de la marge de liberté dont dispose une personne empruntant des éléments à une œuvre préexistante, V. notes ss. art. L. 335-2. ♦ Sur les hypothèses dans lesquelles l'étendue de la reproduction peut exceptionnellement être prise en considération pour échapper au monopole de l'auteur, V. art. L. 122-5.

7. Internet. La création d'un lien hypertexte vers un site contenant des œuvres contrefaisantes peut constituer une violation du droit d'auteur ; retenant « qu'en mettant à la disposition des utilisateurs du réseau internet, même à titre gratuit, des phonogrammes numérisés sans l'autorisation des artistes et des producteurs, X. s'est rendu coupable du délit de contrefaçon prévu par les art. L. 335-3 et L. 335-4 CPI ». • TGI Épinal, 24 oct. 2000 : *CCE 2000, n° 125, note Caron.*

8. Mauvaise foi. La contrefaçon est caractérisée, indépendamment de toute faute ou mauvaise foi, par la reproduction, la représentation ou l'exploitation d'une œuvre de l'esprit en violation des droits de propriété intellectuelle qui y sont attachés. • Civ. 1re, 29 mai 2001 : *D. 2001. AJ 1952 ; Propr. intell., oct. 2001, p. 71, obs. Sirinelli ; JCP E 2003. 278, n° 9, obs. Ratovo* (responsabilité de l'éditeur et du distributeur qui mettait en avant le fait qu'il s'était contenté de distribuer de bonne foi l'ouvrage litigieux).

9. Risque de confusion. L'existence d'un risque de confusion est indifférente à la caractérisation de la contrefaçon en droit d'auteur. • Civ. 1re, 15 mai 2015, n° 13-28.116 : *RTD com. 2015. 529, obs. Pollaud-Dulian ; LEPI juin 2015. 4, obs. Bernault ; CCE 2015. Chron. 8, obs. Kahn.*

Art. L. 122-5 **Lorsque l'œuvre a été divulguée, l'auteur ne peut interdire :**

1° Les représentations privées et gratuites effectuées exclusivement dans un cercle de famille ;

2° Les copies ou reproductions *(L. n° 2011-1898 du 20 déc. 2011, art. 1er)* **« réalisées à partir d'une source licite et » strictement réservées à l'usage privé du copiste et non destinées à une utilisation collective, à l'exception des copies des œuvres d'art destinées à être utilisées pour des fins identiques à celles pour lesquelles l'œuvre originale a été créée** *(L. n° 94-361 du 10 mai 1994, art. 5-II)* **« et des copies d'un logiciel autres que la copie de sauvegarde établie dans les conditions prévues au II de l'article L. 122-6-1 »** *(L. n° 98-536 du 1er juill. 1998, art. 2)* **« ainsi que des copies ou reproductions d'une base de données électronique » ;**

3° Sous réserve que soient indiqués clairement le nom de l'auteur et la source :

***a)* Les analyses et courtes citations justifiées par le caractère critique, polémique, pédagogique, scientifique ou d'information de l'œuvre à laquelle elles sont incorporées ;**

***b)* Les revues de presse ;**

***c)* La diffusion, même intégrale, par la voie de presse ou de télédiffusion, à titre d'information d'actualité, des discours destinés au public prononcés dans les assemblées politiques, administratives, judiciaires ou académiques, ainsi que dans les réunions publiques d'ordre politique et les cérémonies officielles ;**

(L. n° 97-283 du 27 mars 1997, art. 17) **« *d)* Les reproductions, intégrales ou partielles d'œuvres d'art graphiques ou plastiques destinées à figurer dans le catalogue d'une vente** *(L. n° 2000-642 du 10 juill. 2000)* **« judiciaire » effectuée en France pour les exemplaires** *(L. n° 2000-642 du 10 juill. 2000)* **« mis » à la disposition du public avant la vente dans le seul but de décrire les œuvres d'art mises en vente ; »**

(L. n° 2006-961 du 1er août 2006, art. 1er) **« *e)* La représentation ou la reproduction d'extraits d'œuvres, sous réserve des œuvres conçues à des fins** *(L. n° 2013-595 du 8 juill. 2013, art. 77)* **« pédagogiques et » des partitions de musique, à des fins exclusives d'illustration dans le cadre de l'enseignement et de la recherche** *(L. n° 2013-595 du 8 juill. 2013, art. 77)* **« , y compris pour l'élaboration et la diffusion de sujets d'examens ou de concours organisés dans la prolongation des enseignements », à l'exclusion de toute activité ludique ou récréative, dès lors que** *(L. n° 2013-595 du 8 juill. 2013, art. 77)* **« cette représentation ou cette reproduction est destinée, notamment au moyen d'un espace numérique de travail, à un public composé majoritairement d'élè-**

ves, d'étudiants, d'enseignants ou de chercheurs directement concernés par l'acte d'enseignement, de formation ou l'activité de recherche nécessitant cette représentation ou cette reproduction, qu'elle ne fait l'objet d'aucune publication ou diffusion à un tiers au public ainsi constitué », que l'utilisation de cette représentation ou cette reproduction ne donne lieu à aucune exploitation commerciale et qu'elle est compensée par une rémunération négociée sur une base forfaitaire sans préjudice de la cession du droit de reproduction par reprographie mentionnée à l'article L. 122-10 ; »

4° La parodie, le pastiche et la caricature, compte tenu des lois du genre ; – *[L. n° 57-298 du 11 mars 1957, art. 41.]*

(L. n° 98-536 du 1er juill. 1998, art. 3) **« 5° Les actes nécessaires à l'accès au contenu d'une base de données électronique pour les besoins et dans les limites de l'utilisation prévue par contrat ; »**

(L. n° 2006-961 du 1er août 2006, art. 1er) **« 6° La reproduction provisoire présentant un caractère transitoire ou accessoire, lorsqu'elle est une partie intégrante et essentielle d'un procédé technique et qu'elle a pour unique objet de permettre l'utilisation licite de l'œuvre ou sa transmission entre tiers par la voie d'un réseau faisant appel à un intermédiaire ; toutefois, cette reproduction provisoire qui ne peut porter que sur des œuvres autres que les logiciels et les bases de données ne doit pas avoir de valeur économique propre ; »**

(L. n° 2016-925 du 7 juill. 2016, art. 33-I-1°) **« 7° Dans les conditions prévues aux articles L. 122-5-1 et L. 122-5-2, la reproduction et la représentation par des personnes morales et par les établissements ouverts au public, tels que les bibliothèques, les archives, les centres de documentation et les espaces culturels multimédia, en vue d'une consultation strictement personnelle de l'œuvre par des personnes atteintes d'une ou de plusieurs déficiences des fonctions motrices, physiques, sensorielles, mentales, cognitives ou psychiques et empêchées, du fait de ces déficiences, d'accéder à l'œuvre dans la forme sous laquelle l'auteur la rend disponible au public ».** – *V. art. R. 122-13 ; App., v° Propriété littéraire et artistique, Dispositions communes : Dir. (UE) 2017/1564 du 13 sept. 2017 et Règl. (UE) 2017/1563 du 13 sept. 2017.*

(L. n° 2006-961 du 1er août 2006, art. 1er) **« 8°** *(L. n° 2009-669 du 13 juin 2009, art. 21)* **« La reproduction d'une œuvre et sa représentation effectuées à des fins de conservation ou destinées à préserver les conditions de sa consultation à des fins de recherche ou d'études privées par des particuliers, dans les locaux de l'établissement et sur des terminaux dédiés par des bibliothèques » accessibles au public, par des musées ou par des services d'archives, sous réserve que ceux-ci ne recherchent aucun avantage économique ou commercial ;**

« 9° La reproduction ou la représentation, intégrale ou partielle, d'une œuvre d'art graphique, plastique ou architecturale, par voie de presse écrite, audiovisuelle ou en ligne, dans un but exclusif d'information immédiate et en relation directe avec cette dernière, sous réserve d'indiquer clairement le nom de l'auteur.

« Le premier alinéa du présent 9° ne s'applique pas aux œuvres, notamment photographiques ou d'illustration, qui visent elles-mêmes à rendre compte de l'information ;

« Les reproductions ou représentations qui, notamment par leur nombre ou leur format, ne seraient pas en stricte proportion avec le but exclusif d'information immédiate poursuivi ou qui ne seraient pas en relation directe avec cette dernière donnent lieu à rémunération des auteurs sur la base des accords ou tarifs en vigueur dans les secteurs professionnels concernés » ;

(L. n° 2016-1321 du 7 oct. 2016, art. 38-1° et 39) **« 10° Les copies ou reproductions numériques réalisées à partir d'une source licite, en vue de l'exploration de textes et de données incluses ou associées aux écrits scientifiques pour les besoins de la recherche publique, à l'exclusion de toute finalité commerciale. Un décret fixe les conditions dans lesquelles l'exploration des textes et des données est mise en œuvre, ainsi que les modalités de conservation et de communication des fichiers produits au terme des activités de recherche pour lesquelles elles ont été produites ; ces fichiers constituent des données de la recherche ;**

« 11° Les reproductions et représentations d'œuvres architecturales et de sculptures, placées en permanence sur la voie publique, réalisées par des personnes physiques, à l'exclusion de tout usage à caractère commercial. »

(L. nº 2006-961 du 1er août 2006, art. 1er) **« Les exceptions énumérées par le présent article ne peuvent porter atteinte à l'exploitation normale de l'œuvre ni causer un préjudice injustifié aux intérêts légitimes de l'auteur.**

« Les modalités d'application du présent article, notamment les caractéristiques et les conditions de distribution des documents mentionnés au *d* du 3º, *(Abrogé par L. nº 2016-925 du 7 juill. 2016, art. 33-I-2º)* ***« l'autorité administrative mentionnée au 7º, ainsi que les conditions de désignation des organismes dépositaires et d'accès aux fichiers numériques mentionnés au troisième alinéa du 7º, »*** **sont précisées par décret en Conseil d'État. »**

Le 3e al. du 9º ne pouvant se rattacher à aucune autre exception, c'est par erreur que le législateur a placé les exceptions 10º et 11º après le deuxième alinéa du 9º (L. nº 2016-1321 du 7 oct. 2016, art. 38-1º et 39).

Les dispositions de l'art. 33 de la L. nº 2016-925 du 7 juill. 2016 sont applicables dans les îles Wallis-et-Futuna (L. préc., art. 115-III).

Les dispositions du e) du 3º s'appliquent depuis le 1er janv. 2009.

*Sur les droits des producteurs de bases de données, V. art. L. 342-1. – Sur la reproduction, à usage pédagogique, d'œuvres protégées, V. * Rép. min. nº 34095, JOAN Q, 25 mars 1996 ; D. Affaires 1996. 658 ; * Rép. min. nº 40684, JOAN Q, 9 sept. 1996 ; D. Affaires 1996. 1196.*

BIBL. ▶ BALLET, *Dalloz IP/IT 2016. 415* (*text & data mining*, l'impossible exception). – BOURGEOIS et COUSIN, *JCP E 2016. Étude 1654* (les apports de la loi pour une République numérique en matière de propriété intellectuelle). – BRUGUIÈRE, *Légipresse 2017. 19* (exploitation des images d'œuvres d'art plastiques et photographiques : les nouvelles dispositions des lois « Création » et « République numérique ») ; *Propr. intell. 2017, nº 62, p. 22* (exceptions – Loi pour une République numérique, art. 11, 30, 38 et 39). – CARON, *JCP 2013. Actu. 431, nº 16* (les exceptions au monopole : zone de turbulence du droit d'auteur). – COLIN, *CCE 2010. Étude 3* (la contractualisation des exceptions du droit d'auteur : oxymore ou pléonasme ?) ; *RIDA avr. 2010, p. 161* (devoir d'auteur). – EL KHOURY, Les exceptions au droit d'auteur. Étude de droit comparé, *thèse, Montpellier I, 2007.* – FRESNE, Les dérogations au droit de reproduction des auteurs en droit français, *thèse, Paris, 1973.* – GEIGER, *JCP 2005. I. 186* (l'avenir des exceptions au droit d'auteur). – GINSBURG et SIRINELLI, *JCP 1996. I. 3904* (les difficultés rencontrées lors de l'élaboration d'une œuvre multimédia). – LEBOIS, *Légipresse, 2015. 528* (les exceptions au droit d'auteur en matière publicitaire). – MARÉCHAL, *CCC 2015. Étude 18* (les exceptions au droit d'auteur sur les œuvres d'art). – RANOUIL, *CCE 2017. Chron. 4, nº 2*(l'exception de panorama consacrée par l'article 39 de la loi pour une République numérique). – TREPPOZ, *CCE 2010. Étude 14* (l'adaptation des exceptions du droit d'auteur au numérique : vers une recherche d'alignement). – Les exceptions au droit d'auteur. État des lieux et perspectives dans l'Union européenne, *Dalloz, coll. Thèmes et commentaires, 2012.* – ZOLLINGER, *CCE 2013. Étude 8* (droit d'auteur et liberté d'expression : le discours et la méthode).

▶ **Sur la conformité d'une exception nationale au « test des trois étapes » :** BRÉART, *LPA 8 août 2001, p. 20* (parlez-moi des droits intellectuels). – FRANÇON, *RTD com. 2001. 440* . – GAUBIAC, *CCE 2001. Étude 15* (les exceptions au droit d'auteur : un nouvel avenir). – GEIGER, *RLDI 2006, nº 15* (le test des trois étapes, un danger pour l'équilibre du droit d'auteur ?) ; *D. 2006. Dossier 2164* (la transposition du test des trois étapes en droit français). – GEIGER, GRIFFITHS et HILTY, *Propr. intell. 2008, nº 29, p. 399* (déclaration en vue d'une interprétation du « test des trois étapes » respectant les équilibres du droit d'auteur). – GINSBURG, *RIDA janv. 2001, p. 3 (Towards supranational copyright law ?).*

▶ **Sur les rapports entre exceptions et nouvelles techniques :** BUYDENS et DUSOLLIER, *CCE 2001. Étude 22* (les exceptions au droit d'auteur dans l'environnement numérique : évolutions dangereuses). – DUSSOLIER, Droit d'auteur et protection des œuvres dans l'univers numérique : droits et exceptions à la lumière des dispositifs de verrouillage des œuvres, *Bruxelles, Larcier, 2005.* – GAUTIER, *CCE 2001. Étude 25* (de la transposition des exceptions : à propos de la directive « droits d'auteur dans la société de l'information »). – KESSLER, *D. 2006. Dossier 2167* (le *peer to peer* dans la loi du 1er août 2006). – SARDAIN, *CCE 2004. Étude 12* (le public, le consommateur et les mesures techniques de protection). – SIRINELLI, *Rapp. général au Congrès de l'ALAI, New York, juin 2001, Publication ALAI, 2002* (l'étendue de l'interdiction de contournement des dispositifs techniques de protection des droits et les exceptions aux droit d'auteur et droits voisins). – STROWEL et THOUMSIN, *Propr. intell. 2005, nº 17, p. 428* (le P2P : un problème pressant en attente d'une réponse législative ?). – VARET, *Légicom 2004, nº 32, p. 5* (la qualification juridique de la distribution de musique en ligne).

▶ **Copies privées :** Astier, *RIDA avr. 1986, p. 113* (la loi du 3 juill. 1985 et la copie privée). – Binctin, *CCE 2017. Étude 6* (les apports de la loi « liberté de création » à la rémunération pour copie privée). – Collova, *RIDA janv. 1979, p. 77, et avr. 1979, p. 3* (reproduction sonore et visuelle pour l'usage personnel) ; *RIDA juill. 1991, p. 35* (à propos de la rémunération pour copie privée). – De Freitas, *RIDA janv. 1972, p. 31 (reproduction for private use and for educational and library purpose)*. – Desjeux, *Dr. auteur 1977. 242* (la reprographie et l'édition scientifique). – Desurmont, *CCE 2006. Étude 28* (le régime de la copie privée). – Dillenz, *Dr. auteur 1990. 196* (la rémunération pour copie privée et le principe du traitement national). – Dusollier, *CCE 2005, n° 38* (l'utilisation légitime de l'œuvre : un nouveau sésame pour le bénéfice des exceptions en droit d'auteur ?) ; *CCE 2006. Étude 29* (l'introuvable interface entre exceptions au droit d'auteur et mesures techniques de protection). – Duthil, *Expertises, janv. 1999, p. 407* (confusion en matière de copie privée). – Ficsor, *Légipresse avr. 1991, n° 80, p. 26* (l'enregistrement à domicile des œuvres. Reprographie et copie sonore et audiovisuelle). – Gaubiac, *RDPI 1986. 12* (la rémunération pour copie privée des phonogrammes et vidéogrammes selon la loi française du 3 juill. 1985) ; *CCE 2008. Étude 14* (dimension de la copie privée dans le monde numérique de la communication). – Gaubiac et Ginsburg, *CCE 2000. Étude 1* (l'avenir de la copie privée numérique en Europe). – Gaudrat et Sardain, *CCE 2005. Étude 37* (de la copie privée ou des limites au droit d'auteur). – Gautier, *D. 2006. Dossier 2155* (le droit d'auteur en général et la copie privée en particulier depuis la loi du 1er août 2006). – Geller, *RIDA juill. 1992, p. 3* (la reprographie et autres procédés permettant une utilisation de masse). – Goldsmith, *Légipresse 2007. II. 23* (l'exception de copie privée à la suite de la loi DADVSI du 1er août 2006). – Kéréver, *Dr. auteur 1978. 331* (les conventions internationales sur le droit d'auteur et la reprographie et la convention de Berne). – Kessler, *D. 2005. 2527* (le rôle des mesures techniques dans la lutte contre le téléchargement illicite). – Koutchoumow, *Dr. auteur 1977. 303* (les éditeurs face à la reprographie). – Latreille, *CCE 2010. Étude 21* (variations autour de la définition de copie privée). – Limperg, *RIDA oct. 1973, p. 121* (les problèmes de la reprographie des œuvres imprimées protégées par le droit d'auteur). – Lucas, *JCP 1990. I. 3438* (le droit d'auteur à l'épreuve de la reprographie) ; *Propr. ind. 2012, n° 43, p. 232* (les dits et les non-dits de la copie privée). – Lund, *RIDA janv. 1957, p. 137* (photocopie, droit d'auteur et usage privé). – Lundberg, *Dr. auteur 1979. 24* (la photocopie dans les bibliothèques scientifiques et la législation sur le droit d'auteur). – Masouyé, *Dr. auteur 1982. 81* (la copie privée, un nouveau mode d'exploitation des œuvres). – Mouron, *JAC nov. 2015, p. 38* (copie privée : la mémoire des téléphones portables dans la tourmente). Nabhan, *RIDA avr. 1991, p. 3* (quelques aspects des problèmes juridiques que pose la reproduction par vidéo : l'affaire *Betamax*). – Noguier, *Légicom 1994, p. 69* (le pillage de l'écrit, photocopies, télécopies et copies différées : la gestion collective obligatoire, une solution juridique ?). – Olivier, *JCP 1997. II. 22974* (Queneau *bis* ou les faux-semblants de l'usage privé ; note ss. TGI Paris, réf., 10 juin 1997). – Riedinger, *Cah. dr. auteur, déc. 1990, p. 1* (la photocopie à usage privé : une notion dépassée). – Vilmart, *JCP E 2005. 1052* (les droits du copiste, de Gutenberg à David Lynch. Réflexions sur Paris, 22 avr. 2005).

▶ **Courtes citations :** Casteels, *RIDA janv. 1954, p. 81* (les œuvres d'art et le droit de citation). – Ferret, Rivalan et Vichnievsky, *Légipresse 1998. II. 125* (sport et télévision : approche tactique de l'exception de citation). – Foyard, *RDPI, avr. 1994. 21* (la citation de l'œuvre artistique est-elle possible ?). – Frémond, *Cah. dr. auteur, janv. 1991, p. 1* (peut-on citer une photographie ?). – Gaubiac, *RIDA janv. 1997, p. 3* (liberté de citer une œuvre de l'esprit). – Huet, *D. 1984. Chron. 129* (la liberté documentaire et ses limites, ou les banques de données à l'épreuve du droit d'auteur). – Kaplun, *Légicom 1997, n° 13, p. 61* (internet : faut-il admettre l'existence d'un droit de citation en matière musicale ?). – Kéréver, *RIDA juill. 1988, p. 17* (les arrêts *Microfor*). – Recht, *RIDA oct. 1957, p. 85* (la pseudo-citation dans le domaine des arts plastiques et figuratifs). – Sirinelli, *D. 1993. Chron. 323* (l'auteur face à l'intégration de son œuvre dans une base de données doctrinale. De l'écrit à l'écran). – Vivant, *JCP 1989. I. 3372* (pour une compréhension nouvelle de la notion de courte citation en droit d'auteur).

▶ **Revues de presse :** Riedinger, *Gaz. Pal. 1990. 2. Doctr. 54* (de la licéité des revues de presse d'entreprise).

▶ **Diffusion des discours destinés au public :** Hamelin, *Gaz. Pal. 1956. 2. Doctr. 50* (l'avocat et sa plaidoirie).

▶ **Parodie, pastiche et caricature :** Berendom, *RDPI 1984. 76* (la parodie). – Camus, *Propr. intell. 2015, n° 56, p. 241* (la parodie de marque : un défi mondial pour les marques de luxe qui en sont une cible privilégiée). – Durrande, *Mélanges Françon, Dalloz 1995, p. 133* (la parodie, le pastiche et la caricature). – Françon, *Dr. auteur 1983. 302* (questions relatives aux parodies et productions similaires). – Léger, *Légipresse 2005. II. 75* (l'exception de parodie est-elle recevable en matière publicitaire ?). – SPITZ, *RIDA avr. 2005, p. 55* (droit d'auteur, *copyright* et parodie, ou le mythe de l'usage loyal).

▸ **Photographies d'œuvres d'art situées sur la voie publique :** DE GRANDMAISON, *LPA, 27 mars 1998* (le droit à l'image reste attaché à une demeure privée). – EDELMAN, *D. 1992. Chron. 91* (la rue et le droit). – KAYSER, *D. 1995. Chron. 291* (l'image des biens). – KOSTIC, *D. 1999. Chron. 503* (la représentation de l'œuvre d'un tiers dans une publicité).

▸ **Exceptions issues de la loi du 1er août 2006 :** ALLEAUME, *CCE 2006. Étude 27* (les exceptions de pédagogie et de recherche). – BERNAULT, *CCE 2010. Étude 6* (le droit d'auteur des enseignants). – BÉNABOU, *Propr. intell. 2007, nº 25, p. 423* (de l'efficacité de l'exception en elle-même à sa confrontation aux mesures techniques). – DESURMONT, *CCE 2006. Étude 28* (le régime de la copie privée). – DREIER, *Propr. intell. 2012, nº 43, p. 185* (musées, bibliothèques et archives : de la nécessité d'élargir les exceptions au droit d'auteur). – GALOPIN, Les exceptions à usage public en droit d'auteur, *IRPI/LexisNexis 2013*. – GAUTIER, *CCE 2006. Étude 26* (l'élargissement des exceptions aux droits exclusifs, contrebalancé par le « test des trois étapes »). – VARET, *Légipresse 2006. II. 145* (droit d'auteur : la nouvelle exception à fin d'information). – VIVANT, *D. 2006. Dossier 2159* (les exceptions nouvelles au lendemain de la loi du 1er août 2006).

COMMENTAIRE

Les exceptions – *stricto sensu* – au droit d'auteur sont, en droit français, en nombre limité. Certaines poursuivent des objectifs sociaux, d'autres ont des finalités moins solidement établies. Toutes doivent respecter des principes généraux et obéir à des régimes plus spécifiques, des conditions « internes ».

I. PRINCIPES GÉNÉRAUX

Les exceptions au droit d'auteur doivent répondre à plusieurs contraintes.

Il est de règle en droit français que la liste des limites au monopole est restrictive. Cela a deux séries de conséquences :

1. Il est interdit au juge d'admettre une exception dans une hypothèse non expressément visée à l'article L. 122-5 ;
2. Même lorsque l'acte envisagé entre dans le champ d'une des exceptions limitativement énumérées, il n'est possible d'échapper au droit d'auteur que si les conditions posées par le code sont toutes remplies, étant entendu que ces dernières, dans une approche *in favorem auctoris*, sont d'interprétation stricte.

Reste que la Cour de cassation contourne – exceptionnellement – le premier principe en admettant que des reproductions accessoires (V. notes 70 s.) puissent échapper au monopole. Pour ce faire, la cour régulatrice a d'abord décalé l'analyse vers l'amont. Le droit d'auteur serait inopposable non pas parce que l'utilisateur entend bénéficier d'une exception prétorienne (ce qui est impossible en raison de la liste fermée) mais parce que l'acte en cause n'entre pas, matériellement et juridiquement, dans le champ des droits accordés (affaire de la « place des Terreaux »). L'avenir de ce mouvement jurisprudentiel ayant été jugé incertain aux lendemains de la loi du 1er août 2006, la Cour de cassation est revenue à l'idée d'exception mais, faute de trouver une assise légale ferme, a admis, le 12 mai 2011 (V. note 75), une exception d'inclusion fortuite, enfant hypothétique des théories de l'arrière-plan ou de l'accessoire, au prétexte que le législateur l'avait envisagée mais sans la consacrer expressément. Cela étant, les juges paraissent – en dépit des reproches qui leur sont parfois adressés – maintenir l'exception d'accessoire.

À ces deux premières exigences s'ajoute le principe (avant-dernier alinéa de l'article) que toute exception doit respecter le « test en trois étapes » posé par la Convention de Berne (art. 9.2, pour le droit de reproduction), les accords ADPIC de l'OMC (art. 13), le traité OMPI du 20 décembre 1996 (art. 10) et la directive communautaire du 22 mai 2001. Selon ce principe toutes les exceptions retenues par le législateur français devront remplir les conditions de ce « *triple test* » :

– limitation à certains cas spéciaux ;
– obligation de ne pas porter atteinte à l'exploitation normale de l'objet protégé ;
– obligation de ne pas causer de préjudice injustifié aux ayants droit.

Cela signifie aussi que le juge français a le pouvoir de refuser, à l'utilisateur d'une œuvre, le bénéfice d'une exception alors même que les conditions « internes » à cette dernière seraient remplies (pour une application, V. note 14).

Le bénéfice de l'exception permet d'échapper à l'opposabilité des droits patrimoniaux mais non au respect du droit moral de l'auteur.

En dépit de la formule du code, la loi ne crée pas de façon générale de « droit à l'exception ». En présence de dispositifs techniques de protection des œuvres, la personne qui entend bénéficier de certaines exceptions devra rechercher un accord avec les ayants droit. De manière subsidiaire, la Haute Autorité pour la diffusion des œuvres et la protection des droits sur internet (HADOPI) (V. art. L. 331-6 s.) pourra être appelée à rechercher une solution de conciliation en respectant les droits des auteurs et en tenant compte des intérêts des utilisateurs d'œuvres (V. art. L. 331-8 s.).

II. RÉGIMES PARTICULIERS DES EXCEPTIONS

Toutes les exceptions ont en commun l'exigence de respecter les principes généraux énoncés et de ne pouvoir concerner que des œuvres qui ont déjà été divulguées... Pour le reste, elles doivent répondre à des conditions qui leur sont propres.

Il convient cependant d'observer que ce régime est dépendant de celui imposé par les autorités européennes. Ainsi, la Cour de justice de l'Union européenne (CJUE 1er décembre 2011, *Painer*, n° C-145/10, et CJUE 3 sept. 2014, n° C-201/13 : *V. notes 12 et 13 ss. art. 5 Dir. 2001/29/CE, App., v° Propriété littéraire et artistique*), voyant dans les exceptions prévues au texte des « notions autonomes du droit de l'Union », estime que quand une exception (même facultative) est retenue par un législateur national son régime doit être le même pour tous les États membres l'ayant accueillie ; c'est dire que le juge européen semble s'arroger, sous couvert d'interprétation de la directive, la possibilité de restituer à une exception nationale le champ et le régime envisagés par le texte de la directive. Cette interprétation s'impose au juge national.

La liste est dite fermée même si le nombre d'exceptions a sensiblement augmenté, en législation, du fait de la loi du 1er août 2006. Le juge s'impose un principe d'interprétation stricte qui le conduit non seulement au refus d'admettre des limites au monopole autres que celles expressément envisagées dans les textes mais encore au souci d'examiner de façon favorable aux auteurs la réunion des exigences permettant le bénéfice de ces exceptions. On peut s'interroger sur une accentuation du phénomène puisqu'il convient de remarquer que l'art législatif français a évolué et que la loi du 1er août 2006 envisage les nouvelles limites qu'elle a créées dans un luxe de détails.

Parmi les exceptions retenues, certaines permettent des reprises intégrales, d'autres seulement partielles. Certaines autorisent des emprunts tels quels tandis que d'autres exigent un apport personnel supplémentaire de l' « emprunteur ».

1° LA REPRÉSENTATION DANS LE CADRE DU CERCLE DE FAMILLE (art. L. 122-5, 1 ; V. notes 5 s.)

Exception particulière au droit de représentation, elle rend libre la représentation si deux conditions cumulatives sont remplies :
– la représentation privée doit être gratuite (ni perception d'un droit d'entrée, ni perception d'une participation aux frais de la représentation, ni poursuite – même indirecte – d'un but lucratif...) ;
– la représentation doit être effectuée exclusivement dans un « cercle de famille ». Cette notion volontairement floue ne permet pas d'exonérer du droit d'auteur de simples communautés de goûts, de croyances, d'intérêts ou d'activités. Le cercle de famille s'entend de celui des amis et des intimes. Mais l'exception devra être écartée s'il y a transfert de signaux vers une pluralité de lieux, susceptibles d'être, isolément, regardés comme privés. L'opération devant être alors appréhendée non du point de vue de celui qui reçoit (public) mais de celui qui émet.

2° LES COPIES PRIVÉES (notes 13 s.)

La copie privée est exempte de droits et d'autorisation sauf (copie interdite) lorsqu'elle concerne les logiciels ou les bases de données électroniques. Elle n'est cependant qu'une exception au monopole et non un droit de l'utilisateur.

La Cour de cassation a estimé que l'exception ne pouvait être utilement invoquée que lorsque copiste et usager de la copie étaient (V. notes 15 s.) une seule et même personne (plus la tolérance possible d'un usage familial). Reste à savoir comment identifier le copiste. La cour régulatrice en a retenu une approche économico-matérielle en matière de reprographie (est défini comme le copiste l'officine qui détient le matériel de copie, V. note 18). Mais, bien que cette solution ait fait jurisprudence, l'affirmation suivant laquelle l'arrêt fondateur de cette séquence jurisprudentielle ne serait qu'un arrêt d'espèce revient en doctrine de façon récurrente – l'influence du droit européen n'étant pas indifférente dans cette contestation. Il pourrait exister un glissement vers une définition intellectuelle du copiste (celui qui choisit le contenu à copier). La solution retenue par le législateur français le 7 juillet 2016 (L. n° 2016-925), à propos des copies réalisées via les services NPVR, témoigne de ce mouvement (V., *infra*, art. L. 311-4 et le comm. de l'art. L. 311-1).

La loi du 20 décembre 2011 a donné une assise textuelle aux solutions dégagées par la chambre criminelle de la Cour de cassation (V. notes 18 et 22) et le Conseil d'État suivant lesquelles la copie doit être réalisée à partir d'une source licite. La solution s'est imposée au niveau européen (CJUE 12 nov. 2015, *Hewlett-Packard c/ Reprobel*, n° C-572/13 : V. note 2 ss. art. L. 311-1).

La présence de moyens techniques de protection des œuvres, que les ayants droit ont le droit d'instaurer (et qu'il est interdit de contourner), risque de gêner certains utilisateurs qui aspirent au bénéfice de l'exception. La loi (V. art. L. 331-6 CPI) a créé une Autorité de régulation des mesures techniques, devenue la Haute Autorité pour la diffusion des œuvres et la protection des droits sur internet (HADOPI) afin de trouver des solutions équilibrées entre droits des auteurs et intérêts des utilisateurs. Mais cette autorité ne peut intervenir que de façon subsidiaire si aucun accord n'a pu être trouvé entre les protagonistes.

S'agissant des copies d'œuvres d'art (notes 24 s.), le législateur pose une exigence supplémentaire : la différence de fins entre la copie et l'original (cette dernière doit s'apprécier dans l'usage qui sera fait de la copie) ; mais, pour l'heure, les tribunaux n'ont guère eu l'occasion d'appliquer cette disposition.

S'agissant des logiciels (V. aussi CPI, art. L. 122-6-1), seule est autorisée la copie de sauvegarde, réalisée par la personne ayant obtenu « le droit d'utiliser le logiciel » et faite dans le seul but de parer à toute destruction matérielle, accidentelle du programme. La sauvegarde se limite à la reproduction d'un seul exemplaire. Elle est un « droit » pour l'utilisateur.

Cette faculté de réaliser une copie de sauvegarde n'est pas étendue aux bases de données électroniques (copie totalement soumise à autorisation).

Des modes de compensation sont prévus aux articles L. 331-1 et suivants, qui instaurent et réglementent le régime de la rémunération pour copie privée. Ils peuvent être dépendants de la présence ou non de dispositifs techniques de protection des œuvres.

3° LES ANALYSES ET COURTES CITATIONS (V. notes 29 s.)

La citation ne peut être admise que si, première condition, elle poursuit des fins didactiques (V. notes 44 s.). Ce qui veut dire qu'elle doit être incorporée à d'autres développements qui ont un but critique, polémique, pédagogique, scientifique ou d'information.

En outre, deuxième condition, la citation doit être courte. Cette brièveté est appréciée de façon absolue mais aussi par rapport à l'œuvre citée et par rapport à l'œuvre citante. Ainsi, la reproduction intégrale d'une œuvre en format réduit ou pendant une courte durée (V. note 29) ne peut être considérée comme une citation.

Enfin, troisième condition, la citation ne doit pas porter atteinte au droit moral de l'auteur de l'œuvre citée (paternité, intégrité, divulgation…, V. notes 37 s.).

La Cour de cassation a fait exception à ces exigences en une occasion (relative à des bases de données) mais la critique quasi unanime de cette solution fait de cette décision, pourtant rendue par l'assemblée plénière, un arrêt d'espèce (V. notes 36, 42, 45).

Cette solution n'a, pour l'heure, pas été à l'origine d'une séquence jurisprudentielle en ce sens. Il convient cependant d'observer que la Cour de justice (CJUE 1er déc. 2011, *Painer*, n° C-145/10) a précisé que la directive du 22 mai 2001 n'imposait pas que l'emprunt à une œuvre première soit destiné à prendre place dans une œuvre dérivée qui soit elle-même protégeable par le droit d'auteur.

Bien que le contraire soit parfois affirmé, la liberté de citation n'est pas cantonnée au seul genre littéraire (V. notes 46 s.). Mais il est vrai que, s'agissant des œuvres musicales ou artistiques, les conditions de brièveté ou de respect du droit moral sont souvent délicates à remplir en sorte que la jurisprudence en rejette souvent le bénéfice.

4° LES REVUES DE PRESSE

La jurisprudence (V. notes 56 s.) a précisé les contours laissés flous par le législateur de l'exception de revue de presse. L'exception concerne les œuvres de journalistes et la reproduction doit être faite pour inviter, par rapprochement ou contraste, le lecteur à une réflexion à propos d'un thème. La réciprocité doit toujours être possible ; l'emprunteur doit également pouvoir subir un emprunt : la condition exclut du champ de l'exception les panoramas de presse réalisés par les entreprises pour leurs cadres ou leurs clients.

5° DIFFUSION DE CERTAINS DISCOURS DESTINÉS AU PUBLIC

Cette exception permet une reprise importante d'une œuvre préexistante puisqu'elle peut concerner l'intégralité de la création en cause mais elle est théoriquement cantonnée à certains discours publics et est limitée par sa destination (« à titre d'information » et par « voie de la presse »). Le monopole concernant ces œuvres redevient opposable dès lors que les créations concernées quitte le champ de l'actualité.

6° LA REPRODUCTION D'ŒUVRES D'ART GRAPHIQUE OU PLASTIQUE DESTINÉES À FIGURER DANS LE CATALOGUE D'UNE VENTE JUDICIAIRE AUX ENCHÈRES PUBLIQUES

Cette exception (V. note 63) illustre le dialogue qui existe en la matière entre le législateur et le juge. Les tribunaux, tenus de respecter le principe d'interprétation restrictive des exceptions, ont toujours refusé d'admettre, de manière prétorienne, pareille limite au monopole, refusant de voir dans ces reproductions des courtes citations. Le législateur (loi du 27 mars 1997), sous la pression de certains groupes, est alors intervenu pour créer une exception spéciale et limitée à certains catalogues. La jurisprudence, fidèle à son approche générale *in favorem auctoris*, interprète la nouvelle disposition légale de manière restrictive.

7° EXCEPTION PÉDAGOGIQUE

Le monde de l'enseignement et de la recherche est susceptible d'être concerné par plusieurs limites envisagées par l'article L. 122-5. L'exception de citation, naturellement (n° 3), mais aussi celle (n° 12) de l'article L. 122-5, 8°, qui ne vise pourtant pas les établissements d'enseignement, ou encore celle posée au 3°, *e*).

Il s'agit, dans ce dernier cas, de la transposition de l'article 5. 3 *a*) de la directive du 22 mai 2001, mais l'exception, même remaniée par la loi du 8 juillet 2013 qui en a étendu le champ, demeure précisément circonscrite. Elle est limitée à l'utilisation d'extraits d'œuvres et ne joue pas pour certaines créations (celles « conçues à des fins pédagogiques », partitions de musique). On ne peut en revendiquer son bénéfice qu' « à des fins exclusives d'illustration dans le cadre de l'enseignement et de la recherche » (et non à des fins d'analyse) en visant un public « composé majoritairement d'élèves, d'étudiants, d'enseignants et de chercheurs directement concernés ». La paralysie du droit exclusif n'est plus opposable aux ayants droit si l'extrait est utilisé à des fins ludiques ou récréatives.

Elle ne peut autoriser une « exploitation commerciale » et doit être compensée sous la forme d'une rémunération.

8° LA LIBERTÉ DE PARODIE, DE PASTICHE ET DE CARICATURE

Même si la Cour de cassation (V. notes 64 s.) a entendu faire une application distributive des notions, le régime juridique est quasi identique suivant les hypothèses. Les contentieux n'y sont pas rares en raison de la susceptibilité de certains auteurs ou à cause de mobiles commerciaux inavoués de parodistes.

La liberté repose d'abord sur le constat que la personne qui reprend l'œuvre y apporte quelque chose de personnel. La parodie, le pastiche et la caricature sont des œuvres « transformatrices ». Elles ne sont en outre possibles que si le but poursuivi est, en principe, de faire sourire ou rire aux dépens d'autrui sans pour autant chercher à nuire à l'auteur. Reste, naturellement, à éviter le risque de confusion entre les œuvres.

Suivant la Cour de justice de l'Union européenne (CJUE, 3 sept. 2014, n° C-201/13 : V. note ss. art. 5 Dir. (CE) n° 2001/29, App., v° *Propriété litréraire et artistique*), la parodie est une « notion autonome du droit de l'Union », ce qui signifie qu'elle doit « être interprétée de manière uniforme sur le territoire de cette dernière ».

Le droit français devra se conformer aux précisions suivantes :

– La parodie « doit respecter un juste équilibre entre, d'une part, les intérêts et les droits des personnes visées et, d'autre part, la liberté d'expression de l'utilisateur d'une œuvre protégée se prévalant de l'exception pour parodie ».

– Le parodiste ne peut utiliser l'œuvre parodiée à des « fins discriminatoires » (œuvre parodiée pour faire passer un message d'exclusion).

– Il n'est pas nécessaire que la parodie soit une œuvre ayant sa propre originalité.

– Il n'est pas nécessaire que soit mentionnée la source de l'œuvre parodiée.

D'autres exceptions ne figurent pas dans la liste de l'article L. 122-5.

C'est d'abord le cas des limites fondées sur le souci de ne pas entraver une procédure et envisagées à l'article L. 331-4 du code. Dans la mesure où l'exception a sa source dans le droit communautaire et son siège dans le code de la propriété intellectuelle elle ne pose pas de problème.

Plus préoccupant est le cas de la reproduction d'œuvres d'art situées dans un lieu public.

Il s'agit d'une solution d'origine jurisprudentielle (V. notes 70 s.) utilisée avec beaucoup de prudence. Une œuvre d'art pourrait être librement reproduite lorsque cette reproduction est faite pour rendre compte d'une cérémonie ayant pour cadre un lieu public dans lequel figure cette création. Ou lorsqu'il s'agit de la reproduction en arrière-plan d'un monument dès lors que les traits fondamentaux de l'œuvre ne sont pas reproduits. Ou lorsque la reproduction est accessoire.

Il reste cependant que les tribunaux se montrent le plus souvent très respectueux de la règle interdisant d'admettre une exception sans texte. Toutefois, une approche excessivement fermée a parfois des conséquences paradoxales. Faute de pouvoir infléchir le monopole par des solutions issues du code, les juges sont de plus en plus sollicités sur le terrain de normes extérieures au droit d'auteur : droits fondamentaux, droit de la concurrence… Ces correctifs « externes » viennent parfois heurter frontalement les solutions de droit d'auteur et « rompre » l'équilibre recherché par le législateur de droit d'auteur. Ce faisant, de nouvelles zones de liberté, imprévisibles, semblent être offertes aux utilisateurs d'œuvres.

9° LES ACTES NÉCESSAIRES À L'ACCÈS AU CONTENU D'UNE BASE DE DONNÉES

L'ayant droit d'une base électronique ne peut interdire les actes (reproduction provisoire en mémoire vive, par exemple) que l'utilisateur légitime accomplit nécessairement en raison de la licence qu'il a obtenue.

10° REPRODUCTION PROVISOIRE, TRANSITOIRE OU ACCESSOIRE

Il n'existe pas d'exception générale concernant les reproductions provisoires mais une limite particulière, obligatoire, issue de la transposition de l'article 5.1 de la directive du 22 mai 2001 que l'on pourrait appeler « exception pour copie technique » (Rappr. art. 13 de la directive sur le commerce électronique du 8 juin 2000). La Cour de justice de l'Union européenne a, par trois fois (CJUE, 4 oct. 2011, *Premier League*, n° C-403/08 et, *Murphy*, n° C-429/08 : *D. 2011. 2474* , *et les obs.* ; ibid. 2012. 704, obs. Centre de droit et d'économie du sport, Université de Limoges ; ibid. 2836, obs. Sirinelli ; *RSC 2012. 315, Chron. Idot* ; *RTD com. 2011. 744, obs. Pollaud-Dulian* ; *RTD eur. 2011. 855, obs. Treppoz* ; *ibid. 2012. 229, obs. Sibony* ; *ibid. 446, obs. Blaise* ; CJUE, ord., 17 janv. 2012, *Infopaq 2*, n° C-302/10 ; CJUE 5 juin 2014, n° C-360/13 : V. note 1 ss. art. 5 Dir. n° 2001/29/CE, App., v° *Propriété littéraire et artistique*), livré l'interprétation à retenir de cette exception.

L'ayant droit ne peut s'opposer à des reproductions techniques nécessitées par les transmissions numériques :

– la copie volatile, c'est-à-dire celle effectuée dans les ordinateurs de routage lors de la circulation d'une œuvre (idée d'« acte nécessaire ») ;

– la copie provisoire, transitoire ou accessoire et constituant une partie intégrante et essentielle d'un procédé technique, ayant pour unique finalité de permettre une transmission dans un réseau entre tiers par un intermédiaire ou une utilisation licite d'une œuvre ou d'un objet protégé, dès lors qu'elles n'ont pas de signification économique indépendante. Le respect de cette dernière condition constituera la clé de voûte de cette construction. La jurisprudence européenne la met en liaison avec l'exigence du respect du test des trois étapes.

Sont ainsi concernés certains « caches » ou serveurs « proxy ». On peut cependant s'interroger sur la portée réelle de l'exception dans la mesure où sont exclus de son champ, par respect de l'acquis communautaire, les logiciels et les bases de données.

11° EXCEPTION EN FAVEUR DES HANDICAPÉS

Suivant cette exception, issue de la transposition de l'article 5, point 3. *b)*, de la directive n° 2001/29/CE du 22 mai 2001 (auquel il faut adjoindre les dispositions du traité de Marrakech du 27 juin 2013 visant à faciliter l'accès des aveugles, des déficients visuels et des personnes ayant d'autres difficultés de lecture des textes imprimés aux œuvres publiées), l'auteur ne peut interdire la reproduction et la représentation « en vue d'une consultation strictement personnelle de l'œuvre par des personnes atteintes d'une ou plusieurs déficiences des fonctions motrices, physiques, sensorielles, mentales, cognitives ou psychiques ». L'exception, non assortie d'une compensation, profite à des établissements ouverts au public dont l'activité professionnelle peut consister en des travaux de conception, réalisation et communication de supports au bénéfice des personnes handicapées. Le régime de cette exception est développé aux articles L. 122-5-1 et L. 122-5-2 (V. les comm. ss. ces art.).

12° EXCEPTION EN FAVEUR DES BIBLIOTHÈQUES, MUSÉES ET SERVICES D'ARCHIVES

Cette exception est la transposition en droit français de l'article 5. 2 *c)* de la directive du 22 mai 2001. Elle est passée, au cours du processus parlementaire, du néant à une limite au champ étroit puis élargi. Elle demeure cependant circonscrite par sa finalité (« à des fins de conservation ou destinée à préserver les conditions de sa consultation sur place par des bibliothèques accessibles au public ») et l'exigence de l'absence de recherche d'un « avantage économique ou commercial ».

Elle ne s'applique pas aux œuvres « soumises à des conditions en matière d'achat et de licence » en vertu d'une convention effectivement conclue (CJUE, 11 sept. 2014, n° C-117/13 : V. note 14 ss. art. 5 Dir. (CE) n° 2001/29, App., v° *Propriété littéraire et artistique*). La Cour de justice de l'Union européenne a donné une vision dynamique du dispositif contenu dans la directive.

13° UTILISATION, DANS UN BUT D'INFORMATION, D'UNE ŒUVRE D'ART GRAPHIQUE, PLASTIQUE OU ARCHITECTURALE

Cette disposition est susceptible d'être analysée comme transposant partiellement (champ cantonné aux seules œuvres graphiques, plastiques et architecturales) l'article 5. 3 *c)* de la directive du 22 mai 2001, sans remettre en cause la jurisprudence antérieure de la Cour de cassation. Elle est, dans une espèce de dialogue entre le législateur et le juge, la réponse du parlement aux nécessités apparues dans l'affaire *Utrillo* (Civ. 1re, 13 nov. 2003, V. note 2). Mais la limite au monopole ne concerne que les œuvres ainsi désignées elles-mêmes et non celles qui reproduisent ces créations puisque sont exclues du champ de l'exception, les « œuvres, notamment photographiques ou d'illustration, qui visent elles-mêmes à rendre compte de l'information ». Ainsi, si le monopole relatif à un bâtiment ne peut être opposé, celui relatif à la photographie reproduisant l'œuvre architecturale, l'est. Le bénéfice de l'exception est en outre cantonné par l'exigence que les reproductions ou représentations soient « par leur nombre ou leur format (...) en stricte proportion avec le but exclusif d'information immédiate poursuivi » (...) ou « en relation directe avec cette dernière ». Pour les utilisations ne respectant pas les conditions de l'exception, il y aurait lieu au paiement d'une rémunération sur la base des accords ou tarifs en vigueur dans les secteurs professionnels concernés (al. 3) sans que l'autorisation de l'ayant droit ne soit sollicitée. De façon assez étonnante, la loi met en place une espèce de licence légale sans l'accompagner d'un système de gestion collective obligatoire. En définitive, devront être réglés à l'avenir les contours des champs du droit exclusif, de l'exception (al. 1) et de cette espèce de licence légale innommée (al. 3). Reste posée la question des modalités de mise en œuvre de cette dernière.

14° « DATA MINING » OU « FOUILLE DE DONNÉES » (L. 122-5, 10°)

Dans le but de faciliter la « circulation du savoir », la loi n° n° 2016-1321 du 7 octobre 2016 pour une République numérique a instauré une exception au droit de propriété littéraire et artistique (V., à propos des bases de données, *infra*, le 5° de l'art. L. 342-3) au profit des chercheurs pour permettre la fouille de données et de textes (ou *text and data mining*, ci-après TDM). Il s'agit de la sorte, selon le vœu de la ministre chargée du numérique, de simplifier le travail des chercheurs grâce à des techniques numériques d'exploration innovantes.

Le TDM consiste à utiliser un logiciel pour analyser un « contenu » constitué de données ou œuvres protégées pour en extraire des éléments de connaissance. L'exception vise à permettre – opération préparatoire – la réunion d'œuvres en vue du travail de recherche et d'extraction.

En raison de cette limite à ses droits, l'auteur d'une œuvre scientifique divulguée ne pourra interdire :
– les copies ou reproductions numériques d'œuvres (sans limitation de volume ou de format : copies intégrales en nombre illimité),
– réalisées à partir d'une source licite,
– en vue de l'exploration de textes et de données incluses ou associées aux écrits scientifiques pour les besoins de la recherche publique,
– à l'exclusion de toute finalité commerciale.

L'exception s'intéresse au travail en amont (réunion et fouille), mais fort peu – dans sa forme légale – à l'aval (statut et sort des résultats de la fouille), si ce n'est pour bannir toute finalité commerciale.

Toutefois, un décret relatif aux modalités d'utilisation de l'activité du TDM (quelles seront les conditions de destruction des fichiers originaux réunis et celles relatives à la conservation et à la communication des fichiers établis par l'opération de TDM ?) est prévu afin de limiter les risques potentiels liés à ces opérations de fouille numérique.

Dans le même ordre d'idées, c'est dans le but d'éviter une dissémination massive de copies que l'exception est solidement encadrée d'exigences en restreignant la portée.

15° PANORAMA (L. 122-5, 11°)

La loi n° 2016-1321 du 7 octobre 2016 a créé une nouvelle limite aux droits (dénommée par la pratique « exception de panorama ») à propos des reproductions et représentations d'œuvres architecturales et de sculptures placées en permanence sur la voie publique.

L'exception est – contrairement au vœu des groupes d'intérêt à l'origine de la disposition et désireux d'une grande liberté d'utilisation pour de telles œuvres – encadrée par des exigences qui en limitent le champ :
– quant au but de l'utilisation : cette dernière doit être dénuée de tout caractère commercial ;
– quant aux personnes qui les accomplissent : la liberté n'est accordée qu'aux seules personnes physiques (ce qui exclut les sociétés mais aussi les associations [ex. Wikipédia]) ;
– quant aux œuvres concernées :
• il doit s'agit d'œuvres architecturales ou de sculptures,
• ces dernières ne doivent pas simplement avoir été situées sur la voie publique,
• elles doivent y avoir été placées de manière permanente.

De la sorte, le particulier qui poste ses photos de pareilles œuvres sur les réseaux sociaux ne devrait pas pouvoir être poursuivi.

16° DÉPÔT LÉGAL

La loi du 1er août 2006 (V. art. 39 s.) crée, dans le code du patrimoine, de nouvelles dispositions relatives au dépôt légal (V. ces dispositions App., *Propriété littéraire et artistique*). Il s'agit de déterminer les conditions dans lesquelles les organismes dépositaires peuvent effectuer les reproductions d'œuvres nécessaires à l'accomplissement de leur mission.

L'article L. 132-4 du code du patrimoine, dont l'application déborde le champ du droit d'auteur pour s'appliquer également aux droits voisins (V. art. L. 132-5) et au droit *sui generis* des producteurs de bases de données (V. art. L. 132-6), pose le principe que « les organismes dépositaires doivent se conformer à la législation sur a propriété intellectuelle ». Toutefois, afin que cette mission de conservation puisse être exécutée, l'article L. 132-4, 2°, du même code ajoute que l'ayant droit ne peut interdire aux organismes dépositaires « la reproduction d'une œuvre sur tout support et par tout procédé, lorsque cette reproduction est nécessaire à la collecte, à la conservation et à la consultation sur place ».

L'article L. 132-4 du code du patrimoine dispose également que l'auteur ne peut interdire aux organismes chargés du dépôt légal « la consultation de l'œuvre sur place par des chercheurs dûment accrédités par chaque organisme dépositaire sur des postes individuels de consultation dont l'usage leur est exclusivement réservé » (comp. art. 5, pt. 3, *n)* de la directive de 2001).

Plan des annotations

I. PRINCIPES COMMUNS nos 1 à 4

II. LES REPRÉSENTATIONS PRIVÉES ET GRATUITES EFFECTUÉES EXCLUSIVEMENT DANS UN CERCLE DE FAMILLE nos 5 à 12

A. NOTION DE CERCLE DE FAMILLE nos 5 à 10

B. GRATUITÉ nos 11 et 12

III. LES COPIES PRIVÉES nos 13 à 26

A. RÈGLES GÉNÉRALES nos 13 à 19

1° USAGE PRIVÉ DE LA COPIE nos 15 à 17

2° NOTION DE COPISTE n° 18

3° CARACTÈRE LICITE DE LA SOURCE n° 19

B. LA REPROGRAPHIE nos 20 et 21

C. COPIE DE PHONOGRAMMES ET DE VIDÉOGRAMMES nos 22 et 23

D. COPIE DES ŒUVRES D'ART nos 24 et 25

E. COPIE DE LOGICIELS n° 26

IV. LES ANALYSES nos 27 et 28

A. NOTION n° 27

B. RÉGIME n° 28

V. LES COURTES CITATIONS nos 29 à 55

A. CONDITIONS DE LA LIBERTÉ DE CITATION nos 29 à 45

1° BRIÈVETÉ nos 29 à 36

a. Reprise seulement partielle nos 29 à 31

b. Mesure de la reprise partielle nos 32 à 36

2° RESPECT DU DROIT MORAL nos 37 à 43

a. Droit à la paternité nos 37 à 39

b. Droit au respect de l'œuvre nos 40 à 42

c. Respect du droit de divulgation n° 43

3° FINALITÉ DE LA CITATION nos 44 et 45

B. DOMAINE DES CITATIONS nos 46 à 53

1° ŒUVRES LITTÉRAIRES n° 46

2° ŒUVRES MUSICALES nos 47 à 49

3° ŒUVRES ARTISTIQUES nos 50 à 53

C. CAS PARTICULIERS nos 54 et 55

1° BASES DE DONNÉES n° 54

2° MANIFESTATIONS OU COMPÉTITIONS SPORTIVES n° 55

VI. LES REVUES DE PRESSE nos 56 à 59

VII. LA DIFFUSION DES DISCOURS DESTINÉS AU PUBLIC nos 60 à 62

VII BIS. REPRODUCTION D'ŒUVRES DANS UN CATALOGUE DE VENTE JUDICIAIRE n° 63

VIII. LA PARODIE, LE PASTICHE ET LA CARICATURE nos 64 à 69

A. NOTION n° 64

B. LE RESPECT DES LOIS DU GENRE nos 65 à 68

C. DOMAINE DE LA PARODIE n° 69

IX. LES PHOTOGRAPHIES D'ŒUVRES D'ART SITUÉES SUR LA VOIE PUBLIQUE nos 70 et 71

X. ACTE NÉCESSAIRE À L'ACCOMPLISSEMENT D'UNE PROCÉDURE DU ENTREPRIS À DES FINS DE SÉCURITÉ PUBLIQUE n° 72

XI. EXCEPTIONS ISSUES DE LA LOI DU 1er AOÛT 2006 nos 73 à 75

I. PRINCIPES COMMUNS

1. Attendu qu'eu égard à son caractère exclusif et opposable à tous affirmé par l'art. L. 111-1, la jouissance du droit d'auteur ne saurait être battue en brèche par aucune (...) considération tirée de la vocation attribuée au monument, de l'origine des deniers ayant permis son financement ou encore du droit du public à l'information et à la culture. » • TGI Paris, 12 juill. 1990 : *RIDA janv. 1991, p. 359.*

2. Droit du public à l'information. Pour un rejet d'une exception fondée sur le Droit du public à l'information (art. 10, §1 Conv. EDH), soulignant que l'art. 1er du premier Protocole additionnel à la Conv. EDH, qui fait partie intégrante de la convention garantit le droit de toute personne au « respect de ses biens », ce qui inclut la propriété intellectuelle, V. • Civ. 1re, 13 nov. 2003 : *Bull. civ. I, n° 229 ; D. 2004. 200, note Bouche ; CCE 2004, n° 2, note Caron ; JCP 2004. II. 10000, note Caron ; ibid. II. 10080, note Geiger ; JCP E 2004. 1898, n° 13, obs. Zollinger ; Légipresse 2004. III. 23, note Varet ; Propr. ind. 2004, n° 8, note Kamina ; Propr. intell. 2004, n° 10, p. 549, obs. Lucas ; RIDA avr. 2004, p. 225, note Kéréver.* ♦ Rejetant le pourvoi contre • Paris, 30 mai 2001 : *D. 2001. 2504, note Caron ; JCP E 2003. 278, n° 12, obs. Zollinger ; Légipresse 2001. III. 137, note Varet ; Propr. intell., oct. 2001, p. 66, obs. Lucas ; RIDA janv. 2002, n° 191* (à propos d'une exposition présentée dans un journal télévisé). – Infirmant le jugement qui, sur le fondement de l'article 10.1 Conv. EDH avait estimé que « Toute partie a droit à la liberté d'expression. Ce droit comprend la liberté d'opinion et la liberté de recevoir ou de communiquer des informations ou des idées sans qu'il puisse y avoir ingérence d'autorités publiques et sans considération de frontière » et que « un fait dont le public doit être informé peut ainsi être traduit par des images qui sont nécessaires dans la mesure où elles fournissent un élément de connaissance ». • TGI Paris, 23 févr. 1999 : *D. 1999. 580, note Kamina ; RTD com. 2000. 96, obs. Françon.* ♦ V. aussi • CEDH 10 janv. 2013, *Ashby Donald c/ France : D. 2014. Pan. 2078, obs. Sirinelli ; D. 2013. AJ 172, obs. Manara ; ibid. Pan. 2489, obs. Tréfigny ; AJDA 2013. 1794, Chron. Burgorgue-Larsen ; RTD com. 2013. 274, obs. Pollaud-Dulian ; CCE 2013, n° 39, note Caron ; ibid. Étude 8, obs. Zollinger ; RIDA juill. 2013, p. 327, note Sirinelli* • CEDH 19 févr. 2013, *Neij et a. c/ Suède : D. 2013. Pan. 2489, obs. Tréfigny ; RTD com. 2013. 274, obs. Pollaud-Dulian ; CCE 2013, n° 63, note Caron ; RIDA juill. 2013, p. 327, note Sirinelli.* ♦ Sur l'admission de possibles exceptions légales pour présenter une exposition, V. App., v° *Droit d'auteur*, Dir. (CE) 22 mai 2001, art. 5.3 *j*), autorisant les États membres à prévoir une exception pour une « utilisation visant à annoncer des expositions publiques ou des ventes d'œuvres artistiques, dans la mesure nécessaire pour promouvoir l'événement en question, à l'exclusion de toute autre utilisation commerciale », et art. 5.3 *c*) permettant de faire céder le droit exclusif pour une « utilisation d'œuvres [...] afin de rendre compte d'événements d'actualité ». ♦ Une cour d'appel qui interprète l'art. L. 122-5 à la lumière des dispositions de la Dir. (CE) du 22 mai 2001, relatives à l'exception aux fins d'information, alors qu'elles n'étaient, au moment des faits, que facultatives et ne pouvaient servir au juge national de règle d'interprétation pour étendre la disposition de la loi nationale à un cas non prévu par celle-ci, viole, par fausse application, les textes précités. • Civ. 1re, 22 janv. 2009 : *D. 2009. AJ 428, obs. Daleau ; CCE 2009, n° 33, note Caron ; Légipresse 2009. II. 103, note Varet ; Propr. intell. 2009, n° 31, p. 167, obs. A. Lucas.*

3. Caractère accessoire. Semblant infléchir le principe d'interprétation restrictive des exceptions, relevant que l'œuvre s'incorpore pour l'essentiel au sol de l'espace public (la place des Terreaux à Lyon), et retenant que la reproduction ou la représentation d'œuvres graphiques ou plastiques situées dans des lieux publics échappe au droit exclusif de l'auteur dès lors qu'elle présente un caractère accessoire, V. • Civ. 1re, 15 mars 2005 : *D. 2005. Pan. 1490, obs. Sirinelli ; ibid. 1645, note Allaeys ; ibid. AJ 1026, obs. Daleau ; RTD com. 2005. 306, obs. Pollaud-Dulian ; CCE 2005, n° 78, note Caron ; JCP 2005. II. 10072, note Lancrenon ; Légipresse 2005. III. 73, note Bruguière ; RIDA juill. 2005, p. 317, note Kéréver.* – Rejetant le pourvoi contre • Lyon, 20 mars 2003 : *D. 2003. Somm. 2759, obs. Sirinelli ; ibid. 3037, note Edelman ; CCE 2003, n° 81, note Caron ; Propr. intell. 2003, n° 9, p. 385, obs. Lucas.* – Réformant partiellement • TGI Lyon, 4 avr. 2001 : *D. 2002. 1417, note Edelman ; JCP 2001. II. 10563, note Pollaud-Dulian.* ♦ V. aussi • Bordeaux, 13 juin 2006 : *Légipresse 2007. III. 5, note Maffre-Baugé ; CCE 2007. Chron. 6, § 7, obs. Montels.* ♦ *Adde*, ne relevant pas le caractère public du lieu de situation de l'œuvre représentée, et décidant que l'utilisation, dans un film publicitaire, de la couverture d'un ouvrage représentant une photographie de paysage ne met pas en œuvre le droit de représentation dès lors que « l'apparition de la photographie dans le film (est) accessoire par rapport au sujet, qui (est) la présentation publicitaire de l'ouvrage ». • Civ. 1re, 12 juin 2001 : *D. 2001. AJ 2517, obs. Daleau ; Propr. intell., oct. 2001, p. 62, obs. A. Lucas ; RIDA avr. 2002, p. 331, obs. Kéréver.* – V. aussi, par argument *a contrario* • Civ. 1re, 12 déc. 2000 : *D. 2001. 1530, note Dreyer ; CCE 2001, n° 14, note Caron ; Propr. intell., oct. 2001, p. 62, obs. Lucas.* ♦ Sur l'utilisation d'une photographie sur des offres d'abonnement, V. • Civ. 1re, 25 mai 2004 : *D. 2004. 1893, note Bouche ; JCP 2004. II. 10170, note Lucas ; Légipresse 2004. I. 138 ; Propr. intell. 2004, n° 12, p. 774, obs. Sirinelli.* ♦ La loi de 2006 n'a pas repris au titre des exceptions celle relative à « l'inclusion fortuite d'une œuvre ou d'un autre objet protégé dans un autre produit », ni « l'utilisation d'œuvres, telles que des réalisations architecturales ou des sculptures réalisées pour être placées en permanence dans des lieux publics ». Dès lors il n'est plus possible de retenir l'exception de l'accessoire telle qu'envisagée antérieurement par la Cour de cassation. • TGI Paris, 20 déc. 2006 : *RIDA janv. 2008, p. 283, note Sirinelli.* ♦ Décision confirmée par • Paris, 12 sept. 2008 : *CCE 2008. Étude 23, obs. Gautier ; Légipresse 2008. III. 238, note Boiron et*

Mirat ; Propr. intell. 2009, n° 30, p. 53, obs. Lucas ; ibid. p. 56, obs. Bruguière ; RIDA janv. 2009, p. 237, note Sirinelli. ♦ Pour des solutions identiques en matière de reproduction, V. aussi notes 70 et 64. ♦ Rappr. Dir. (CE) du 22 mai 2001, art. 5.3 h). – V. ce texte, App., v° *Droit d'auteur*. – Sur l'inclusion fortuite, V. note 74.

4. Divulgation préalable de l'œuvre. Les exceptions au monopole ne peuvent être opposables au titulaire des droits que pour autant que l'œuvre en cause a déjà été divulguée ; V. à propos d'un article rendant compte de chansons avant leur première diffusion, la preuve de la divulgation ne pouvant résulter du simple constat de l'existence d'autres comptes rendus de presse. • Civ. 2e, 8 juill. 1981 : *Bull. civ. II, n° 151 ; D. 1982. 65, note Lindon ; RIDA juill. 1982, p. 145 ; JCP 1982. II. 19830, note Langlade.* ♦ L'œuvre russe citée ayant été publiée en Russie, pays partie à la Convention de Genève, elle doit être considérée comme une œuvre divulguée au sens de l'art. L. 122-5. • TGI Paris, 10 mai 1996 : *RIDA oct. 1996, p. 315, note Kéréver ; JCP E 1996. Chron. 683, note Bougerol.* ♦ V. pour les droits voisins, art. L. 211-3. ♦ V. aussi Convention de Berne du 9 sept. 1886, art. 9, 2°, et 10, App., v° *Droit d'auteur*. ♦ V. encore, App., Accords ADPIC du 15 avr. 1994, art. 13. ♦ V. aussi, App., v° *Droit d'auteur*, Dir. (CE) 22 mai 2001, art. 5 et 6.4. ♦ Sur l'exigence de soumission des exceptions nationales au test des trois étapes, V. App., v° *Droit d'auteur*, Dir. (CE) du 22 mai 2001, art. 5.5, limitant les exceptions admissibles « à certains cas spéciaux qui ne portent pas atteinte à l'exploitation normale de l'œuvre ni ne cause un préjudice injustifié, aux intérêts légitimes du détenteur du droit ».

II. LES REPRÉSENTATIONS PRIVÉES ET GRATUITES EFFECTUÉES EXCLUSIVEMENT DANS UN CERCLE DE FAMILLE

A. NOTION DE CERCLE DE FAMILLE

5. Selon la loi, la publicité de l'œuvre commence dès que se rompt l'intimité du cercle familial ou d'amis constitué par la réunion des parents d'alliés ou de personnes ayant des relations habituelles. La clientèle d'une maison d'enfants ne peut être assimilée au « cercle de famille » prévu par l'article 41 de la loi du 11 mars 1957 (L. 122-5), alors que l'avantage procuré par les séances d'audition ou de télévision qui se déroulent dans une salle de jeux est la contrepartie partielle du paiement du prix global de pension et ce, au même titre que les autres éléments de confort à la clientèle. • Grenoble, 28 févr. 1968 : *D. 1969. Somm. 10 ; Ann. propr. ind. 1968. 230.* ♦ La notion de cercle de famille ne s'étend pas aux utilisateurs d'un logiciel de *peer to peer*. • Aix-en-Provence, 5 sept. 2007 : *CCE 2007, n° 130, note Caron ; ibid. 2008. Chron. 4, § 15, obs. Daverat ; JCP 2008. II, n° 10065, note Geiger ; Légipresse 2007. III. 250, note Visato ; Propr. intell. 2008, n° 26, p. 110 ; RIDA oct. 2007, p. 267, note Sirinelli ; ibid. janv. 2008, p. 229, Chron. Bénabou.* ♦ Le caractère événementiel ne saurait suffire à permettre d'assimiler l'assemblée ainsi réunie par la société Dior au cercle de famille au sens du code de la propriété intellectuelle, étant observé que la liberté d'organisation d'une soirée festive par une société commerciale ne saurait porter atteinte aux droits des auteurs, dont les œuvres sont utilisées à cette fin. • Paris, 8 févr. 2012 : *RTD com. 2012. 332, obs. Pollaud-Dulian* ⌀. ♦ Sur la contrefaçon d'œuvres *via* internet, V. ss. art. L. 335-3.

6. Il en va de même d'un cercle privé puisqu'il ne suffit pas que la séance ait un caractère privé, entendu au sens le plus étroit, pour que les auteurs n'aient aucun mot à dire ; encore faut-il que le caractère familial soit imprimé à la réunion ; que cette interprétation se base sur le fait que cette restriction est soulignée et mise en vedette par l'adjonction de l'adverbe « exclusivement ». • Douala, 3 mars 1967 : *RTD com. 1968. 346, obs. Desbois ; RIDA juill. 1968, p. 164, note Desbois.* ♦ A propos d'une réunion d'électeurs d'un village, V. • TI Marvejols, 13 juill. 1961 : *RTD com. 1961. 849, obs. Desbois.*

7. Ne constitue pas non plus un cercle de famille une amicale faisant appel à des agences de voyage qui acceptent n'importe quelle personne moyennant le paiement de l'adhésion intégré au prix du billet. • Civ. 1re, 14 juin 1972 : *D. 1972. 659 ; RTD com. 1973. 262, note Desbois.* ♦ Est soumise au droit de représentation la projection d'une œuvre audiovisuelle dans un autocar (Rép. min. n° 1766 : *JO 15 déc. 1988 ; Cah. dr. auteur, janv. 1989, p. 8*).

8. Appréciation stricte. Le cercle de famille est une notion qui doit s'entendre de façon restrictive et concerner les personnes parents ou amis très proches, qui sont unies de façon habituelle par des liens familiaux ou d'intimité, en sorte que celui qui organise à son domicile de façon périodique des séances de projection d'œuvres cinématographiques, sans le consentement des titulaires des droits, et convie à ces représentations des tiers, « même s'il ne demandait pas de participation financière aux personnes amenées le plus souvent par des amis », commet un acte de contrefaçon. • T. corr. Paris, 24 janv. 1984 : *Gaz. Pal. 1984. 1. 240, note Marchi.*

9. Le tenancier d'un café qui met ses locaux à la disposition d'amateurs, en vue de réunions publiques et, sans aliéner aucun droit sur les locaux, fournit à ces amateurs le moyen de donner des concerts publics se rend coupable du délit d'exécution musicale commis chez lui. • Douai, 8 juill. 1899 : *Ann. propr. ind. 1901. 76, note Vaunois.*

10. Chambre d'hôtel. Sur l'assimilation d'une

chambre d'hôtel à un lieu privé, V. • Paris, 13 mai 1970 : *Gaz. Pal. 1972. 2. 246.* – Approuvé par • Civ. 1re, 23 nov. 1971 : *D. 1972. 95, note R. L. ; RTD com. 1972. 373.* – Rappr. • Paris, 18 sept. 1974 : *RIDA janv. 1975, p. 112.* ♦ Et sur la mise en œuvre du droit de représentation en cas de diffusion dans les chambres d'hôtel, V. notes 2, 14 et 15 ss. art. L. 122-2 et note 2 ss. art. L. 132-20.

B. GRATUITÉ

11. Condition nécessaire, la gratuité de la représentation ne constitue pas à elle seule une condition suffisante pour bénéficier de l'exception puisque « dès lors (...) que le caractère familial est refusé à un cercle, la gratuité n'est pas une cause d'exonération des initiatives entreprises par celui-ci ». • Douala, 3 mars 1967 : *préc. note 6.* – *Adde* • T. corr. Paris, 24 janv. 1984 : *préc. note 8.*

12. N'entre pas dans le champ de l'exception la représentation publique financée ou organisée par un entrepreneur désintéressé. • T. civ. Nantes, 14 mars 1930 : *Gaz. Pal. 1930. 1. 729.*

III. LES COPIES PRIVÉES

A. RÈGLES GÉNÉRALES

13. La loi du 11 mars 1957 sur la propriété littéraire et artistique interdit la reproduction intégrale ou partielle d'une œuvre protégée faite sans le consentement du titulaire du droit d'auteur. A cette prohibition, la loi ne prévoit d'exception, dans son art. 41 (L. 122-5), qu'en faveur notamment des « reproductions strictement réservées à l'usage privé du copiste et non destinées à une utilisation collective ». Aux termes mêmes de ces dispositions, le caractère licite ou illicite de la reproduction d'une œuvre protégée résulte non du procédé technique en cause mais de l'utilisation privée ou collective qui en est faite. Tombent ainsi sous le coup de l'interdiction tant les modes traditionnels de reprographie sur support papier que les techniques contemporaines d'enregistrement et de reproduction par voie informatique dès lors qu'il en est fait un usage non conforme aux dispositions précitées de l'art. 41. (...) Il s'agit là d'une appréciation de pur fait qui ne saurait être portée qu'au vu d'éléments précis relatifs notamment à l'étendue de la diffusion des informations reproduites et aux conditions d'accès des informations. (Rép. min. : *JOAN 26 juin 1989, p. 2950 ; JCP E 1989. II. 15570*).

14. Mesures techniques de protection. L'exception de copie privée ne peut faire obstacle à l'insertion dans les supports sur lesquels est reproduite une œuvre protégée, de mesures techniques de protection destinées à en empêcher la copie, lorsque celle-ci aurait pour effet de porter atteinte à l'exploitation normale de l'œuvre, laquelle doit s'apprécier en tenant compte de l'incidence économique qu'une telle copie peut avoir dans le contexte de l'environnement numérique. • Civ. 1re, 28 févr. 2006 : *Bull. civ. I, no 126 ; D. 2006. Pan. 2997, obs. Sirinelli ; ibid. AJ 784, obs. Daleau ; RTD com. 2006. 370, obs. Pollaud-Dulian ; CCE 2006, no 56, note Caron ; JCP 2006. II. 10084, note Lucas ; Légipresse 2006. III. 71, note Benabou ; Propr. intell. 2006, no 19, p. 179, obs. Lucas ; RIDA juill. 2006, p. 269, note Kéréver ; ibid. janv. 2008, p. 221, Chron. Bénabou.* ♦ La cour d'appel de renvoi a jugé que « l'absence de mention relative à l'impossibilité de réaliser une copie privée ne saurait constituer une caractéristique essentielle d'un tel produit ». • Paris, 4 avr. 2007 : *D. 2007. Pan. 1992, obs. Le Stanc ; ibid. AJ 1209, obs. Daleau ; RTD com. 2007. 357, obs. Pollaud-Dulian ; CCE 2007, no 68, note Caron ; ibid. Chron. no 6, § 13, obs. Montels ; Légipresse 2007. II. 186, obs. Alleaume ; Propr. intell. 2007, no 24, p. 320, obs. Lucas ; RIDA juill. 2007, p. 237, note Sirinelli ; ibid. janv. 2008, p. 221, Chron. Bénabou.* ♦ Décision validée par la Cour de cassation. • Civ. 1re, 19 juin 2008 : *Bull. civ. I, no 150 ; D. 2008. AJ 1824, obs. Daleau ; RTD com. 2008. 551, obs. Pollaud-Dulian ; CCE 2008, no 102, note Caron ; RIDA juill. 2008, p. 215, note Sirinelli ; ibid. juill. 2008, étude Carre.* ♦ Dans cette affaire, V. l'arrêt cassé • Paris, 22 avr. 2005 : *D. 2005. 1573, note Castets-Renard ; RTD com. 2006. 102, obs. Pollaud-Dulian ; CCE 2005, no 98, note Caron ; ibid. Chron. no 26, note Goldsmith ; JCP 2005. 2, no 10126, note Geiger ; Légipresse 2005. II. 233, note Vivant et Vercken ; Propr. intell. 2005, no 16, p. 340, obs. A. Lucas et Sirinelli ; RIDA janv. 2006, p. 303, note Kéréver.* ♦ Infirmant • TGI Paris, 30 avr. 2004 : *RTD com. 2004. 486, obs. Pollaud-Dulian ; CCE 2004, no 85, note Caron ; JCP 2004. II. 10135, note Geiger ; JCP E 2004. 1101, note Maillard ; Légipresse 2004. III. 148, note Vivant et Vercken ; RIDA oct. 2004, p. 253, note Kéréver* • TGI Paris, 10 janv. 2006 : *CCE 2006, no 41, note Caron.* ♦ V. également • Versailles, 30 sept. 2004 : *Propr. intell. 2005, no 14, p. 60, obs. A. Lucas* • Paris, 20 juin 2007 : *D. 2007. AJ 2041, obs. Daleau .* ♦ A propos de la condamnation, sur le terrain du droit civil, d'une société de production pour avoir, par la mise en place de dispositifs techniques, rendu impossible la copie et limité l'écoute d'un CD à certains lecteurs, V. • TGI Nanterre, réf., 2 sept. 2003 : *D. 2003. Somm. 2824, obs. Le Stanc ; CCE 2003, no 108, note Grynbaum ; Expertises 2003, p. 358 ; JCP E 2004. 1770, no 10, obs. Pignatari ; Propr. intell. 2003, no 9, p. 389, obs. Sirinelli ; ibid. p. 464, obs. Bruguière et Vivant.* ♦ Confirmé par • Versailles, 15 avr. 2005 : *CCE 2005, no 173, note Chabert ; ibid. 2006. Chron. 3, § 8, obs. Daverat ; Propr. intell. 2005, no 16, p. 340, obs. A. Lucas.*

1o USAGE PRIVÉ DE LA COPIE

15. La copie doit être réservée à l'usage privé du copiste, c'est-à-dire une utilisation personnelle ou familiale, ce qui exclut du champ de l'exception : la mise en ligne d'une œuvre sur internet, peu important qu'il n'y ait eu aucun acte d'émission de la part du copiste, l'autorisation de prendre copie étant implicitement contenue dans le droit de visiter ses pages privées. • TGI Paris, réf., 5 mai 1997, *Queneau : RIDA oct. 1997, p. 265 ; JCP 1997. II. 22906, note Olivier ; Expertises, juin-juill. 1997, p. 219.* ♦ ... Les copies destinées à l'usage interne mais collectif d'un groupe. A propos de la fourniture du rapport annuel d'une société aux actionnaires, reproduisant la présentation originale du « Figaro-économie », retenant que « quand bien même cela n'aurait pas été sous forme de publication de presse ou d'édition » (...) car « si le document fourni aux actionnaires de SAVAM peut être considéré comme destiné à l'usage du copiste, cet usage est collectif », V. • Paris, 1er oct. 1990 : *RIDA juill. 1991, p. 206, obs. Kéréver.* ♦ V. toutefois, retenant la qualification d'usage privé pour un réseau interne réservé à l'usage d'un groupe de chercheurs. • TGI Paris, réf., 10 juin 1997 : *D. Affaires 1997. 1156 ; D. 1998. 621, note Edelman* ; *JCP 1997. II. 22974, obs. Olivier ; Expertises, août 1997, p. 283.*

16. Usage professionnel. L'usage professionnel de la copie n'est pas un usage privé et impose le consentement des ayants droit. • Civ. 1re, 20 janv. 1969 : *Gaz. Pal. 1969. 1. 217* • T. com. Seine, 18 janv. 1937 : *DP 1938. 2. 25, note Desbois.* ♦ Comp., tolérant la reproduction d'une chanson par voie d'arrangement et préparant un éventuel usage collectif parce que l'audition avait été restreinte à un petit cercle de professionnels, assimilé au cercle domestique, pour obtenir un avis technique. • Civ. 1re, 17 nov. 1981 : *Bull. civ. I, no 339 ; D. 1983. Somm. 85, obs. Colombet.* ♦ Sur la réalisation de copies dans un cadre préparatoire à une exposition, V. • Paris, 25 févr. 2004 : *Propr. intell. 2004, no 13, p. 917, obs. Lucas.*

17. Pour un indice, entre autres, du caractère non privé de la copie tiré du nombre de copies réalisées, relevant la réalisation de « dizaines de photocopies correspondant à plusieurs exemplaires d'un même chapitre d'un ouvrage », V. • Paris, 8 oct. 1982 : *RIDA janv. 1983, p. 138 ; RTD com. 1983. 434, obs. Françon.*

2o NOTION DE COPISTE

18. La personne qui met à la disposition du public les moyens de reproduire des œuvres doit être considérée comme copiste ; ainsi, une officine de reprographie (« Rannou-graphie ») qui permet la reproduction en nombre d'importantes parties d'un ouvrage ou la reproduction d'ouvrages entiers, sans informer les utilisateurs des règles du droit des auteurs, dès lors qu'elle a assuré l'alimentation en papier et en courant électrique, ainsi que d'une manière générale, le bon fonctionnement de la machine, placée dans son propre local et maintenue de la sorte sous sa surveillance, sa direction et son contrôle a rempli pendant toute l'opération de reproduction de l'ouvrage apporté par le client, le rôle de copiste au sens de l'art. L. 122-5, 2o, sans qu'il y ait lieu de distinguer entre le cas où la mise en place des pages à photocopier et la manœuvre du bouton marche-arrêt ont été effectuées, exceptionnellement ou non, par l'entrepreneur lui-même ou l'un de ses préposés, en sorte que les copies obtenues n'étaient nullement réservées à l'usage de l'entrepreneur copiste qui a tiré de l'opération un bénéfice analogue à celui d'un éditeur et ne peut en définitive se prévaloir de l'exception apportée par l'article précité au monopole d'exploitation accordé par la loi à l'auteur et, par suite, à l'éditeur. • Paris, 8 oct. 1982 : *préc. note 17.* – Pourvoi rejeté par • Civ. 1re, 7 mars 1984 : *Bull. civ. I, no 90 ; RIDA juill. 1984, p. 151 ; JCP 1985. II. 20351, note Plaisant ; RTD com. 1984. 677, obs. Françon.* ♦ Dans le même sens, précisant : que l'avis apposé dans les locaux de la société de photocopie fonctionnant en libre service, qui énonce que les copies sont effectuées sous la responsabilité des clients, ne dégage pas la responsabilité de celle-ci. • Paris, 25 juin 1997 : *D. Affaires 1997. 936 ; RJDA 1997, no 1561 ; JCP E 1997. Pan. 1348.* ♦ ... Et que le nombre de copies réalisées par le client est indifférent. • Toulouse, 25 mai 1997 : *RIDA janv. 1998, p. 323.* ♦ Comp. admettant une approche fondée sur « l'intervention intellectuelle » selon laquelle le copiste est « celui qui a choisi le contenu de la copie en fonction de l'usage que, seul, il sait devoir en faire et qui, plus précisément, par l'effet de sa seule volonté, déclenche le processus de réalisation matérielle de la reproduction, dans les limites déterminées par lui et en fonction de l'usage envisagé par lui ». • TGI Paris, 28 janv. 1974 : *D. 1974. 337, note Desbois ; JCP 1975. II. 18163, note Françon ; RIDA avr. 1974, p. 121.* – Dans la même affaire, V. • Civ. 1re, 19 juin 1975 : *RTD com. 1975. 847, obs. Desbois.*

3o CARACTÈRE LICITE DE LA SOURCE

19. En dépit du silence des textes sur la question, la jurisprudence paraît considérer que le bénéfice de l'exception de copie privée suppose que la matrice à partir de laquelle la copie est faite doit elle-même être un exemplaire acquis licitement. • Crim. 30 mai 2006 : *D. 2006. Pan. 2997, obs. Sirinelli ; ibid. 2676, note Dreyer ; ibid. AJ 1684, obs. Daleau ; CCE 2006, no 118, note Caron ; ibid. 2007. Chron. 7, § 11, obs. Daverat ; JCP 2006. II. 10124, note Caron ; RIDA oct. 2006, p. 237, obs. Sirinelli ; ibid. janv. 2008, p. 221, Chron. Bénabou ; RLDI 2006, no 497, obs. Costes ; ibid., juill.-août 2006, p. 77, obs. Singh et Debiesse ; ibid. p. 80, note Bensamoun* (mais la chambre criminelle s'est contentée de reprocher à la cour d'appel, au visa de l'art. 593 C. pr. pén., de ne pas avoir justifié sa décision alors que la question lui était posée). ♦ *Adde* : annulant la décision du 20 juill. 2006 de la « commission copie privée » au motif que la rémunération pour copie privée « ne peut prendre en considération que les copies licites réalisées dans les conditions prévues par les art. L. 122-5 et L. 311-1 CPI préc., et notamment les copies réalisées à partir d'une source acquise licitement ». • CE 11 juill. 2008 : *D. 2008. AJ 2075, obs. Lavric ; CCE 2008, n° 112, note Caron ; Propr. intell. 2008, n° 29, p. 428, obs. Lucas ; RIDA juill. 2008, p. 223, obs. Sirinelli,* ♦ La solution n'est pas douteuse en matière de copie de sauvegarde d'un logiciel en raison de la lettre de l'art. L. 122-6, II, CPI exigeant expressément qu'elle soit réalisée par « la personne ayant le droit d'utiliser le logiciel », ce qui a pu conduire à affirmer que « l'illégalité de la source corrompt toutes les utilisations ultérieures ». • Paris, 20 sept. 2005 : *CCE 2006, n° 23, note Caron.* ♦ S'agissant de la licéité de la source de la copie de sauvegarde d'un logiciel, V. également • Crim. 13 mai 2014 : *D. 2014. 2317, obs. Le Stanc ; RTD com. 2014. 603, note Pollaud-Dulian ; CCE 2014, n° 61, obs. Caron ; LEPI juill. 2014, p. 3, obs. Chatry ; RIDA oct. 2014, p. 441, note Sirinelli.*

B. LA REPROGRAPHIE

20. Copiste. Copiste et usager doivent être une seule et même personne. • Civ. 1re, 7 mars 1984 : *Bull. civ. I, n° 90 ; RTD com. 1984. 677, obs. Françon ; RIDA juill. 1984, p. 151 ; JCP 1985. II. 20351, note Plaisant.* ♦ *Adde* rappelant que l'usage privé du copiste (officine) exclut *a priori* tout usage commercial, c'est-à-dire toute diffusion réalisée par le copiste moyennant une contrepartie financière et précisant que le fait que le client n'a réalisé de copie qu'en un seul exemplaire est indifférent. • Toulouse, 25 mai 1997 : *RIDA janv. 1998, p. 323.* ♦ Les photocopies à usage collectif, ne rentrent pas dans le champ de l'exception de copie privée. • TGI Aix-en-Provence, 20 mai 1996 : *Légipresse 1996. III. 95.* ♦ *Adde.* • TGI Paris, 11 mai 2000 : *RIDA avr. 2001, p. 379* (reprographies de partitions destinées à l'usage collectif du Conservatoire de Toulouse). ♦ V. aussi, art. L. 122-10 à L. 122-12.

21. Taxe. L'institution d'une taxe de 3 % sur les appareils de reprographie fabriqués ou importés en France, par la loi de finances pour 1976 a été jugée compatible avec le Traité de Rome. • CJCE 3 févr. 1981 : *RIDA juill. 1981, p. 192.* ♦ La présence de cette taxe ne changeant pas l'existence et l'application des principes de droit d'auteur ; constatant qu'il n'est nullement établi que l'éditeur ait tiré un avantage de nature à compenser même partiellement le préjudice par lui subi, V. • Paris, 8 oct. 1982 : *RIDA janv. 1983, p. 138 ; RTD com. 1983. 434, obs. Françon.*

C. COPIE DE PHONOGRAMMES ET DE VIDÉOGRAMMES

22. Copie numérique. Sont considérés comme contrefacteurs les intermédiaires incitant à la copie numérique de CD audios. • TGI Valence, 2 juill. 1999 : *CCE 1999, n° 5, note Caron ; Expertises 1999, p. 356 ; RIDA janv. 2000, p. 348.* ♦ *Adde*, à propos de fichiers musicaux au format MP 3. • TGI Montpellier, 24 sept. 1999 : *CCE 2000, n° 19, note Caron.* ♦ Sur l'insertion d'un système proche de la licence légale, instaurant droit à rémunération pour copie privée, V. art. L. 311-1. ♦ Le service (« magnétoscope virtuel ») qui permet à son utilisateur la réalisation d'une copie est illicite quel que soit le montage technologique. • TGI Paris, réf., 6 août 2008 : *D. 2008. AJ 2224, obs. Manara ; Légipresse 2008. III. 214, note Spitz ; Propr. intell. 2008, n° 29, p. 427, obs. Bruguière ; RIDA juill. 2008, p. 249, note Sirinelli.* ♦ V. la même affaire jugée sur le fond (même solution) • TGI Paris, 25 nov. 2008 : *RTD com. 2009. 312, obs. Pollaud-Dulian ; RIDA janv. 2009, p. 219, note Sirinelli ; RIPIA 2009/1, n° 235, p. 8.* ♦ L'acte d'impression d'un extrait composé de onze mots, qui est effectué au cours d'un procédé d'acquisition de données, ne remplit pas la condition relative au caractère transitoire énoncée à l'art. 5, § 1, de la directive n° 2001/29. Ce procédé ne peut être réalisé sans le consentement des titulaires des droits d'auteur concernés. • CJCE 16 juill. 2009 : *RTD com. 2009. 312, obs. Pollaud-Dulian ; CCE 2009, n° 97, note Caron ; JCP 2009. 272. note Marino ; Propr. intell. 2009, n° 31, p. 185, obs. Benabou.*

23. Pair à pair. Sur la condamnation d'internautes qui, via le système du « pair à pair », mettent à disposition leur propre stock d'œuvres archivées sur leur disque dur et en reproduisent d'autres, sans l'autorisation de leur auteur, V. • TGI Vannes, ch. corr., 29 avr. 2004 : *CCE 2004, n° 86, note Caron ; Légipresse 2004. III. 180, note Robin ; RIDA juill. 2004, p. 227, obs. Kéréver ; Propr. intell. 2004, n° 12, p. 779, obs. Sirinelli* • TGI Pontoise, 2 févr. 2005 : *JCP 2005. 1216, n° 4, obs. Pignatari ; Légipresse 2005. III. 159, note Quéruel* • TGI Bayonne, 15 nov. 2005 : *D. 2006. Pan. 787, obs. Le Stanc ; Propr. intell. 2006, n° 19, p. 178, obs. A. Lucas.* ♦ Confirmé par • Versailles, 16 mars 2007 : *D. 2007. Pan. 1991, obs. Le Stanc ; RTD com. 2007. 548, obs. Pollaud-Dulian ; CCE 2007, n° 91, note Caron ; ibid. 2008. Chron. 4, § 19, obs. Daverat ; RIDA juill. 2007, p. 263, note Sirinelli* • Paris, 27 avr. 2007 : *RIDA juill. 2007, p. 273, note Sirinelli.* ♦ V. le jugement qui a relaxé le prévenu poursuivi de contrefaçon pour avoir téléchargé et gravé des films, la preuve d'un usage autre que strictement privé n'étant pas apportée. • TGI Rodez, 13 oct. 2004 : *D. 2004. 3132, note Larrieu ; CCE 2004, n° 152, note Caron ; Propr. intell. 2005,* *n° 14, p. 56, obs. Sirinelli.* ♦ Confirmé par • Montpellier, 10 mars 2005 : *D. 2005. 1294, note Kessler* ; *ibid. Pan. 1489, obs. Sirinelli ; JCP 2005. 1216, n° 4, obs. Pignatari ; Légipresse 2005. III. 120, note Wekstein ; RIDA juill. 2005, p. 365, note Kéréver.* ♦ Cassé par • Crim. 30 mai 2006 : *D. 2006. Pan. 2997, obs. Sirinelli* ; *ibid. 2676, note Dreyer* ; *ibid. AJ 1684, obs. Daleau ; CCE 2006, n° 118, note Caron ; ibid. 2007. Chron. 7, § 11, obs. Daverat ; JCP 2006. II. 10124, note Caron ; RIDA oct. 2006, p. 237, obs. Sirinelli ; ibid. janv. 2008, p. 221, Chron. Bénabou.* ♦ Et sur renvoi • Aix-en-Provence, 5 sept. 2007 : *RTD com. 2008. 301, obs. Pollaud-Dulian* ; *JCP 2008. II. 10065, note Geiger ; RIDA oct. 2007, p. 267, note Sirinelli.*

D. COPIE DES ŒUVRES D'ART

24. Sur la détermination du champ d'application de l'exception après la loi du 11 mars 1957, à propos de la reproduction de La Géode sous forme de carte postale, V. • Paris, 23 oct. 1990 : *D. 1990. IR 298.* ♦ L'exception de l'art. L. 122-5, 3°, d) ne concerne que les ventes judiciaires et non les ventes volontaires. • TGI Paris, 24 juin 2010 : *Propr. ind. 2010, n° 61, note Greffe.*

25. *Application de la loi dans le temps.* Sur la jurisprudence antérieure à la loi du 11 mars 1957, V. • T. corr. Seine, 15 janv. 1836 : *Gaz. trib. 21 janv. 1836* • 17 avr. 1885 : *Ann. propr. ind. 1889. 146.*

E. COPIE DE LOGICIELS

26. *Jeu vidéo.* Sont considérés comme contrefacteurs les intermédiaires incitant à la copie numérique de jeux vidéo. • TGI Valence, 2 juill. 1999 : *RIDA janv. 2000, p. 348 ; CCE 1999, n° 5, note Caron ; Expertises 1999, p. 356.* ♦ Sur cette question, V. art. L. 122-6-1.

IV. LES ANALYSES

A. NOTION

27. Une analyse comporte un résumé servant de support à une discussion, faite par le rédacteur de l'article, des sources de l'auteur, du plan de l'œuvre et de ses éléments essentiels, ainsi que de sa méthode d'exposition, étant généralement accompagnée d'un commentaire critique, en sorte que la relation du contenu de l'œuvre analysée n'y est pas faite pour elle-même mais dans le but de servir de base à des appréciations personnelles de l'analyste. • TGI Paris, 25 avr. 1968 : *D. 1968. 740 ; RTD com. 1970. 120, obs. Desbois.*

B. RÉGIME

28. La liberté d'analyse passe normalement par l'exigence d'intégration dans une œuvre ayant sa propre identité en raison de développements personnels. • TGI Paris, 25 avr. 1968 : *préc. note 27.* ♦ Néanmoins a pu être jugée licite l'analyse purement signalétique réalisée dans un but documentaire, exclusive d'un exposé substantiel de l'œuvre, et ne permettant pas de se dispenser de recourir à cette œuvre elle-même, sans s'attarder sur la recherche de l'existence d'une véritable œuvre seconde. • Civ. 1re, 9 nov. 1983, *Microfor : JCP 1984. II. 20189, note Françon ; D. 1984. IR 290, obs. Colombet ; Gaz. Pal. 1984. 1. 177, note Plaisant ; DIT 1984/1, p. 20, note Mignot.*

V. LES COURTES CITATIONS

A. CONDITIONS DE LA LIBERTÉ DE CITATION

1° BRIÈVETÉ

a. Reprise seulement partielle

29. *Reprise intégrale.* La représentation intégrale d'une œuvre, quel que soit son format ne peut s'analyser en une courte citation. • Cass., ass. plén., 5 nov. 1993 : *D. 1994. 481, note Foyard* ; *RTD com. 1994. 50, obs. Françon* ; *RIDA janv. 1994, p. 320 ; JCP 1994. II. 22201, note Françon* (pour une œuvre picturale reproduite dans un catalogue) • Civ. 1re, 4 juill. 1995 : *GAPI, 1re éd., Dalloz, n° 12 ; Légicom, n° 8, p. 159, note Caron ; RIDA janv. 1996, p. 263.* ♦ Il en va de même d'une reproduction intégrale mais en format réduit. • Civ. 1re, 10 févr. 1998 : *D. Affaires 1998. 430, obs. J.P.-S. ; JCP E 1998. Pan. 539 ; Légipresse 1998. I. 68* • 25 janv. 2005 : *Bull. civ. I, n° 44 ; D. 2005. AJ 956, obs. Allaeys* ; *RIDA avr. 2005, p. 157, note Kéréver* • 7 nov. 2006 : *Bull. civ. I, n° 463 ; RTD com. 2007. 91, obs. Pollaud-Dulian* ; *Légipresse 2007. III. 80, note Bouvel ; Propr. intell. 2007, n° 22, p. 91, obs. Bruguière ; RIDA janv. 2007, p. 247, note Sirinelli.* ♦ V. sur renvoi après cassation • Paris, 12 oct. 2007 : *RTD com. 2008. 79, obs. Pollaud-Dulian* ; *CCE 2007, n° 35, note Caron ; Légipresse 2007. III. 258, note Varet.* ♦ V. aussi • Paris, 14 mars 2007 : *Propr. intell. 2007, n° 24, p. 318, obs. A. Lucas* • Paris, 21 mars 2008 : *RTD com. 2008. 549, obs. Pollaud-Dulian* ; *Propr. intell. 2008, n° 28, p. 327, obs. Bruguière.* ♦ *A contrario*, à propos d'une photographie, V. • Paris, 2 févr. 2005 : *CCE 2005, n° 79, note Caron ; JCP E 2005. 1216, n° 3, obs. Zollinger ; Légipresse 2005, III, p. 131, note Bouvel.* ♦ Comp. note 70. ♦ ... Ou d'un tableau filmé lors d'un reportage consacré à l'actualité judiciaire. • Bordeaux, 13 juin 2006 : *Propr. intell. 2007, n° 24, p. 319, obs. A. Lucas.* ♦ ...Ou encore, à propos d'illustrations d'une méthode d'enseignement apparues dans un documentaire (« Être et avoir »). • Paris, 12 sept. 2008 : *RLDI 2008/43, n° 1429, note Khalvadjian.* ♦ ... Ou encore, à propos de reproductions de dessins comme fond d'un décor de publicité. • Paris, 7 avr. 2010 : *Légipresse 2010. III. 448, obs. Alleaume ; LEPI, juin*

2010, p. 3, obs. Herpe ; Propr. intell. 2010, n° 36, p. 852, obs. Lucas. ♦ V. aussi, Convention de Berne du 9 sept. 1886, art. 9, 2°, et art. 10, 1° et 3°, App., v° *Droit d'auteur.*

30. La solution s'applique même en cas de reproduction de la seule préface d'un livre effectuée dans le but d'appuyer un commentaire favorable à l'ouvrage publié dans un journal. • Paris, 29 oct. 1990 : *Légipresse 1991. III. 95.*

31. Fait justificatif. Ne peut constituer un fait justificatif de l'ampleur de l'emprun, le souci de démonstration convaincante dans la mesure où, pour étayer son commentaire plus que laconique même s'il est révélateur, la société demanderesse pouvait se limiter à un extrait plus bref de l'œuvre sans risquer d'en donner une idée fausse ; s'agissant d'une chanson, « La danse des canards », reproduite intégralement dans le but proclamé de mieux en démontrer l'inanité des paroles, alors que s'il est légitime pour illustrer un propos ou appuyer une démonstration, de reproduire certains fragments d'une œuvre s'y rapportant, en revanche, il ne saurait être admis de reproduire intégralement une œuvre, V. • TGI Paris, 6 juin 1986 : *RIDA oct. 1986, p. 161.*

b. Mesure de la reprise partielle

32. Appréciation. La brièveté s'apprécie en fonction des dimensions des œuvres citées et citantes, ainsi qu'en fonction de l'obligation de ne pas dénaturer l'œuvre à laquelle l'emprunt est fait. • TGI Seine, 17 juin 1964 : *RTD com. 1964. 783, obs. Desbois ; JCP 1964. II. 3787* • Paris, 22 sept. 1988 : *D. 1988. IR 258* • TGI Paris, 14 sept. 1994 : *RIDA avr. 1995, p. 407.* ♦ Cette appréciation ne relève pas de la compétence du juge des référés. • TGI Paris, réf., 16 sept. 1998 : *Légipresse 1999. I. 18.*

33. Quantité. Dans la comparaison entre l'œuvre citante et l'œuvre citée, les citations ne peuvent représenter un quart de l'œuvre deuxième qui les intègre. A propos de 343 citations de discours du général de Gaulle regroupées dans les 86 premières pages d'un livre de 320 pages et qui évoquaient davantage un recueil d'extraits ou une anthologie, V. • TGI Paris, 6 juill. 1972, *Passeron : D. 1972. 628, note Pactet.*

34. Un extrait de film de 17 minutes et 36 secondes inclus dans une émission de 58 minutes ne peut s'analyser en une brève citation. • TGI Paris, 14 sept. 1994 : *préc. note 32.* – Rappr. • Civ. 1re, 4 juill. 1995 : *préc. note 29.* ♦ Est une contrefaçon la représentation sans autorisation de l'auteur, dans un film publicitaire sur des ordinateurs, d'images produites par un logiciel de jeu. En effet, l'art. 41-3° de la loi du 11 mars 1957 (L. 122-5, 3°) sur les courtes citations permises instituant une exception au principe posé par l'art. 1er (loi du 11 mars 1957), il doit être interprété restrictivement, le contrefacteur ne saurait en bénéficier dès lors que... la représentation des images représente en durée (3 secondes) un dixième de la durée totale de l'œuvre publicitaire, sans que le nom de l'auteur ni la source ne soient mentionnés. • Paris, 22 sept. 1988 : *D. 1988. IR 258.* ♦ En revanche, la reproduction, d'une durée inférieure à une minute, d'extraits d'un spectacle de rue filmé peut s'analyser en une courte citation. • TGI Paris, 2 oct. 2001 : *Légipresse 2002. I. 23.* ♦ Dans le cas d'une bande dessinée, même si les dessins sont accompagnés de texte, il s'agit essentiellement d'une œuvre graphique dont seule une reproduction, totale ou partielle, peut traduire les formes et l'esthétique. L'exigence de brièveté, qui doit caractériser la citation, ne peut s'appliquer aux vignettes des aventures de Tintin, qui, individualisées, sont des œuvres graphiques à part entière. • Versailles, 17 sept. 2009 : *RTD com. 2010. 114, obs. Pollaud-Dulian.* ♦ Rejet du pourvoi par • Civ. 1re, 26 mai 2011 : *RTD com. 2012. 120, obs. Pollaud-Dulian ; RIDA juill. 2011, p. 275, note Sirinelli.*

35. V. cependant, pour l'admission de la reproduction de la presque totalité d'une chanson faisant partie d'une comédie musicale, au motif que pour en dénoncer l'esprit et en révéler le style et l'inspiration, sans courir le risque d'en donner une idée fausse, il convenait d'éviter d'en livrer un extrait trop court, • Civ. 1re, 22 mai 1979 : *D. 1979. 632.* – Comp. • TGI Paris, 6 juin 1986 : *préc. note 31.*

36. Base de données. Pour une analyse plus économique que juridique reposant sur le caractère non substituable, à l'œuvre citée (journaux), de l'œuvre citante (base de données) et admettant la liberté de constitution d'une base informative, pratiquement constituée de seules citations, parce que celle-ci ne détournait pas les usagers de la consultation des œuvres sources, V. • Cass., ass. plén., 30 oct. 1987, *Microfor c/ Le Monde : D. 1988. 21, concl. Cabannes ; ibid. Somm. 206 ; RTD com. 1988. 57, obs. Françon ; JCP 1988. II. 20932, rapport Nicot, obs. Huet ; JCP E 1988. II. 15093, n° 4, obs. Vivant et Lucas ; RIDA janv. 1988, p. 78, concl. Cabannes.*

2° RESPECT DU DROIT MORAL

a. Droit à la paternité

37. A propos de la reprise dans une œuvre télévisuelle, pendant une minute, d'éléments de dialogues figurant dans un ouvrage de librairie, retenant que le fait d'évoquer un dialogue entre les mêmes personnages qui prononcent les mêmes paroles, sans faire référence à l'auteur de la citation est constitutif d'une contrefaçon. • TGI Paris, 5 janv. 1983 : *RIDA avr. 1983, p. 210.* ♦ Pour la mention de la source de l'emprunt, V. • Paris, 19 févr. 1987 : *RIDA oct. 1987, p. 201.* ♦ Et pour un enregistrement sans indication d'extraits de disque, V. • Paris, 17 nov. 1981 : *Gaz. Pal. 1982. 1. Somm. 100* • 22 sept. 1988 : *préc. note 32.*

38. La reproduction servile de phrases entières et du plan d'une œuvre, sans utilisation de guillemets et en ne mentionnant l'auteur que dans la bibliographie, est une contrefaçon. • Paris, 24 oct. 1984 : *D. 1985. Somm. 312, obs. Colombet.* ♦ *Adde* relevant, pour constater la contrefaçon, que « les passages reproduits se confondent avec l'ensemble du texte, (... que) rien ne permet de les identifier comme de simples citations en l'absence de tous guillemets (... et que) si à la fin de l'ouvrage, il est fait référence à deux livres (de l'auteur cité), il n'est nullement mentionné que des extraits de ses ouvrages aient été reproduits dans le corps du texte ». • TGI Paris, 11 févr. 1988 : *Cah. dr. auteur, oct. 1988, p. 17.*

39. En cas d'emprunt à une traduction, il convient de citer tant le nom de l'auteur traduit que celui du traducteur. • Paris, 26 avr. 1969 : *RTD com. 1969. 978, obs. Desbois.*

b. Droit au respect de l'œuvre

40. La citation peut porter atteinte au droit moral de l'auteur, lorsqu'elle est inexacte ou donne une idée dénaturante de l'œuvre. • TGI Paris, 6 juin 1986 : *préc. note 31.* ♦ Il y a atteinte au droit moral de l'auteur lorsque, par le retrait des citations multiples de son œuvre, l'œuvre seconde perd son originalité. • Paris, 5 déc. 1997 : *D. 1999. Somm. 65, obs. Colombet* .

41. Porte atteinte tant à l'esprit de l'œuvre qu'à sa forme, le fait pour un parti politique de publier un placard publicitaire comportant la citation d'un vers déformé d'une chanson de Jacques Brel, suivie de slogans politiques étrangers à la pensée de son auteur et à l'univers de son œuvre. • Paris, 21 juin 1988 : *RIDA oct. 1988, p. 304.*

42. En matière de bases de données informatives, qui s'attache surtout au fait que les citations sont dépourvues d'inexactitudes matérielles pour juger du respect au droit moral en matière de bases de données informatives, V. • Cass., ass. plén., 30 oct. 1987, *Microfor c/ Le Monde : préc. note 36.*

c. Respect du droit de divulgation

43. Est considérée comme divulguée l'œuvre citée publiée en Russie et en langue russe et d'où sont extraites les citations alors même que son auteur n'avait pas autorisé sa traduction en langue française. • TGI Paris, 10 mai 1996 : *RIDA oct. 1996, p. 315, note Kéréver.*

3° FINALITÉ DE LA CITATION

44. Principe. Il est de principe que les citations ne sont licites que si elles servent à éclairer ou étayer une discussion, un développement ou une argumentation formant la matière principale de l'ouvrage lui-même. • TGI Paris, 11 févr. 1988 : *Cah. dr. auteur, oct. 1988, p. 17* • TGI Marseille, 26 juin 1979 : *D. 1981. 62, note Cas et Ferrier.* ♦ C'est ainsi que l'installation d'un poème sur une page web ne peut bénéficier de l'exception de citation dès lors qu'il n'est pas destiné à être incorporé à une autre œuvre à laquelle il apporterait un élément pédagogique, scientifique ou d'information ; V. le jugement appelé à rejeter le jeu de l'exception de courte citation mis en avant par la personne qui avait installé des poèmes sur un site : Mais attendu que le procédé qu'il a employé et qui a consisté à découper l'œuvre qui a été numérisée dans son intégralité en une succession de poèmes, chacun des visiteurs de ses pages privées ne pouvant visualiser à la fois que l'un des poèmes parmi les cent mille milliards qui sont proposés, ne relève pas de la courte citation au sens que lui donne l'art. L. 122-5, 3° CPI. • TGI Paris, réf., 5 mai 1997 : *JCP 1997. II. 22906, note Olivier.* ♦ De même, ne peut constituer une citation l'utilisation d'une œuvre musicale (chants sacrés) aux fins d'illustration sonore de la pièce de théâtre ne se justifiant par aucun caractère critique, polémique, pédagogique, scientifique ou d'information de l'œuvre à laquelle elle est incorporée. • Paris, 7 juin 2000 : *D. 2001. Somm. 2555, obs. Sirinelli* . ♦ Sur l'utilisation d'extraits de phonogrammes sur un site internet, V. • TGI Paris, 15 mai 2002 : *CCE 2002, n° 114, note Caron ; Expertises 2002, p. 353, note Harvey.* ♦ Sur la reproduction intégrale d'un logo et de l'image d'un trophée, œuvres protégées, sous couvert du « droit à l'information », V. • Civ. 1re, 2 oct. 2007 : *RTD com. 2008. 78, obs. Pollaud-Dulian ; CCE 2008. Étude 3, note Porrachia ; Propr. intell. 2008, n° 26, p. 112, obs. Bruguière ; RIDA oct. 2007, p. 339, obs. Sirinelli.* ♦ Rejetant le pourvoi contre • Paris, 9 mars 2005 : *Propr. intell. 2005, n° 16, p. 337, obs. Lucas.*

45. Base de données. En matière de bases de données informatives, la Cour considère que « lorsqu'elle a un caractère d'information, la nature de l'œuvre seconde peut être constituée sans commentaire ou développement personnel de son auteur par la réunion elle-même de courtes citations empruntées à des œuvres préexistantes ». • Civ. 1re, 9 nov. 1983 : *JCP 1984. II. 20189, note Françon.* ♦ Dans le même sens • Cass., ass. plén., 30 oct. 1987 : *préc. note 36.* – Censurant la décision qui résistait en faisant observer que si l'on supprimait les citations, « il ne subsistait de l'ouvrage litigieux qu'une table des matières sans matière et quelques banales indications devenues sans objet, ce qui ne saurait en aucun cas passer pour une œuvre à caractère pédagogique, scientifique ou d'information ». • Paris, 18 déc. 1985 : *D. 1986. IR 184, obs. Colombet ; RTD com. 1986. 247, obs. Françon ; RIDA juil. 1986, p. 147.* – Et, sur nouveau renvoi, V. • Lyon, 12 juin 1989 : *D. 1989. IR 234.*

B. DOMAINE DES CITATIONS

1° ŒUVRES LITTÉRAIRES

46. Pour la reconnaissance du droit de citation dans ce domaine, V. par exemple • Cass., ass. plén., 30 oct. 1987 : *préc. note 36.*

2° ŒUVRES MUSICALES

47. Principe. Sur le principe, retenant que « le texte de l'art. L. 122-5, 3° constitue une disposition exceptionnelle puisqu'il aboutit à une expropriation partielle de l'auteur pour cause d'utilité privée, (...) et (...) doit donc être interprété d'une manière restrictive, c'est-à-dire en le limitant à la citation littéraire », V. • TGI Paris, 30 sept. 1983 : *D. 1984. Somm. 290, obs. Colombet.* ♦ Dans le même sens, retenant que l'exception de l'art. L. 122-5, ayant trait aux courtes citations en matière littéraire, portant dérogation au principe de nécessité de l'autorisation préalable de l'auteur avant toute reproduction, n'est pas transposable en matière musicale, pour diverses raisons, dont une essentielle : l'impossible mention du nom de la source et du nom de l'auteur, condition *sine qua non* de la dispense du consentement de l'auteur. • TGI Paris, 10 mai 1996 : *RIDA oct. 1996, p. 324.*

48. Partition. Sur les éventuelles conditions de la citation d'une partition dans une œuvre littéraire, V. • TGI Paris, 6 juin 1986 : *préc. note 31.* – Comp. • Civ. 1re, 22 mai 1979 : *préc. note 35.* ♦ Un recueil de solfège reproduisant des extraits d'œuvres musicales qui ne remplissent pas la condition de brièveté et ne sont pas incorporés dans une œuvre seconde ne bénéficie pas de l'exception de citation. • Paris, 22 mai 2002 : *Propr. intell. 2003, n° 6, p. 44, obs. Lucas.*

49. Exceptions. Sur la possibilité de citer une œuvre musicale dans une autre œuvre musicale, V. cependant, à propos de deux mesures de « Carmen » reproduites dans une chanson « Couchés dans le foin », relevant toutefois le caractère parodique de l'œuvre seconde. • T. com. Seine, 26 juin 1934 : *Gaz. Pal. 1934. 2. 594 ; Dr. auteur 1935. 81.*

3° ŒUVRES ARTISTIQUES

50. Principe. Sur le principe de liberté de citation, Comp. • Crim. 19 mars 1926 : *DP 1927. 1. 25* • TGI Paris, 14 sept. 1994 : *préc. note 32.* – Et, retenant que le texte de l'art. L. 122-5, 3° constitue une disposition exceptionnelle puisqu'il aboutit à une expropriation partielle de l'auteur pour cause d'utilité privée, sensible particulièrement en matière d'arts graphiques ou plastiques dans la mesure où elle permettrait la reproduction intégrale d'une œuvre, (...) ce texte doit donc être interprété d'une manière restrictive, c'est-à-dire en le limitant à la citation littéraire. • TGI Paris, 30 sept. 1983 : *préc. note 47.*

51. Exception. Pour des tentatives de contournement du monopole par une reproduction en réduction des œuvres assimilée abusivement à une citation, admettant la licéité de la citation, dans un livre, des œuvres du sculpteur sous la forme de très petites illustrations au motif que ces dernières, presque microscopiques, faisaient corps avec le texte dans lequel elles étaient insérées, ne pouvaient en être séparées, étaient inutilisables et sans aucune valeur en dehors de l'ouvrage auquel elles étaient incorporées. • Crim. 19 mars 1926 : *DP 1927. 1. 25, note Nast.* ♦ Comp. refusant, à juste titre, la liberté de reproduction (« reproduction intégrale, qui ne pouvait s'analyser en une courte citation »), dans un ouvrage consacré à l'argenterie et l'horlogerie, de seize dessins de poinçons tirés d'un autre ouvrage. • Civ. 1re, 13 avr. 1988 : *Bull. civ. I, n° 96 ; D. 1989. Somm. 48, obs. Colombet.*

52. La représentation télévisuelle, même fugace, de peintures murales réalisées dans un théâtre ne peut échapper au monopole de l'auteur dans la mesure où la représentation intégrale d'une œuvre, quelles que soient sa forme et sa durée, ne peut s'analyser en une courte citation. • Civ. 1re, 4 juill. 1995 : *préc. note 29* • Civ. 1re, 13 nov. 2003 : *préc. note 2.* ♦ Comp., retenant, pour écarter l'atteinte au droit de reproduction, qu'après avoir visionné du film publicitaire incriminé, il apparaît que la reproduction de l'œuvre est trop imprécise et ne permet ni de la distinguer des autres, ni d'en communiquer les caractéristiques. • TGI Paris, 28 mai 1997 : *RIDA janv. 1998, p. 329.*

53. Pour une admission implicite de la liberté de citation dans le domaine audiovisuel, fondant le rejet de l'exception sur le seul constat de l'absence de brièveté de l'emprunt et non sur une exclusion de principe, V. • TGI Paris, 14 sept. 1994 : *préc. note 32.*

C. CAS PARTICULIERS

1° BASES DE DONNÉES

54. Sur ce régime, comp., à propos de l'affaire Microfor. • TGI Paris, 20 févr. 1980 : *D. 1982. IR 44, obs. Colombet ; RTD com. 1981. 83, obs. Françon ; RIDA avr. 1981, p. 185* • Paris, 2 juin 1981 : *D. 1983. IR 96, obs. Colombet ; RTD com. 1982. 433, obs. Françon ; Gaz. Pal. 1982. 1. 22, note Plaisant.* – Cassation par • Civ. 1re, 9 nov. 1983 : *D. 1984. IR 290, obs. Colombet ; JCP 1984. II. 20189, note Françon ; Gaz. Pal. 1984. 1. 177, note Plaisant.* – Et, sur renvoi • Paris, 18 déc. 1985 : *D. 1986. IR 184, obs. Colombet ; RTD com. 1986. 247, obs. Françon ; RIDA juill. 1986, p. 147.* – Nouvelle cassation par • Cass., ass. plén., 30 oct. 1987 : *D. 1988. 21, concl. Cabannes ; ibid. Somm. 206, obs. Colombet ; RTD com. 1988. 57, obs. Françon ; JCP 1988. II. 20932, rapport Nicot, obs. Huet ; JCP E 1988. I. 15093, n° 4, obs. Vivant et Lucas ; RIDA janv. 1988, p. 78, concl. Cabannes.* –

Sur renvoi • Lyon, 12 juin 1989 : *D. 1989. IR 234.* ♦ Sur les droits des producteurs, V. art. L. 342-1.

2° MANIFESTATIONS OU COMPÉTITIONS SPORTIVES

55. La loi n° 92-653 du 13 juill. 1992 sur l'audiovisuel, art. 18-2, al. 2 *(JO 16 juill.)* dispose : « Le vendeur ou l'acquéreur (du droit d'exploitation d'une manifestation ou d'une compétition sportive) ne peuvent s'opposer à la diffusion par d'autres services de communication, de brefs extraits librement choisis par le service qui les diffuse. » En vertu du droit du public à l'information, le refus du cessionnaire du droit de retransmission d'une manifestation sportive constitue un trouble manifestement illicite. • Civ. 1re, 6 févr. 1996 : *Bull. civ. I, n° 70 ; JCP 1997. 4046, note Galloux ; JCP E 1997. Chron. 683, note Bougerol ; RJDA 1996, n° 1130.*

VI. LES REVUES DE PRESSE

56. Principe. L'art. L. 122-5, 3°, qui déroge au droit commun de la protection des auteurs, ne peut recevoir qu'une interprétation stricte. • Paris, 25 mars 1982 : *D. 1983. Somm. 97, obs. Colombet ; RIDA oct. 1982, p. 170.*

57. Notion. La revue de presse suppose nécessairement la présentation conjointe et par voie comparative de divers commentaires émanant de journalistes différents et concernant un même thème ou un même événement. • Crim. 30 janv. 1978 : *RIDA janv. 1980, p. 146 ; RTD com. 1979. 456, obs. Françon ; D. 1979. 583, note Le Calvez.* – *Adde* • Paris, 25 mars 1982 : *préc. note 56* • TGI Seine, 17 juin 1964 : *préc. note 32.* ♦ ... Ce qui exclut du champ de la liberté de reproduction les œuvres ne relevant pas de l'actualité, comme par exemple les créations de caractère non éphémère. • TGI Seine, 17 juin 1964 : *eod. loc.* ♦ A propos d'une revue de presse en ligne qui diffuse les liens hypertextes des articles publiés, V. • TGI Nancy, 6 déc. 2010 : *RTD com. 2011. 346, obs. Pollaud-Dulian.*

58. Anthologie. Un journal composé uniquement d'extraits d'autres journaux constitue une anthologie et ne peut profiter de l'exception de revue de presse ; imposant une possibilité de réciprocité entre les organes de presse en constatant que l'organe de presse en cause mettait « les autres journaux dans l'impossibilité de tirer de sa publication le moindre élément original pouvant alimenter une éventuelle revue de presse concurrente », V. • Paris, 25 mars 1982 : *préc. note 56.*

59. Droit moral. L'éventuelle liberté du point de vue des droits patrimoniaux n'exclut pas l'obligation de respect du droit moral et notamment la mention de l'auteur et de la source. • Paris, 25 mars 1982 : *préc. note 56.*

VII. LA DIFFUSION DES DISCOURS DESTINÉS AU PUBLIC

60. Principe. L'art. L. 122-5 exige que la diffusion des discours soit faite à titre « d'informations d'actualité » ; (...) cette exception à la protection dont bénéficient les auteurs doit être interprétée restrictivement. • TGI Paris, 25 oct. 1995 : *RIDA janv. 1996, p. 294 et 203, obs. Kéréver.*

61. Discours politique. Une société ne peut, dans une brochure datée du mois de juin 1995, publier des discours prononcés par un président de la République de 1991 à 1995, cette reproduction intégrale de ces discours ne pouvant se justifier à titre « d'information d'actualité » en raison du temps écoulé depuis leur prononcé et la diversité des sujets abordés dans ces textes. • TGI Paris, 25 oct. 1995 : *préc. note 60.* ♦ Dans le même sens, à propos de la publication d'un discours d'un dirigeant communiste dans un livre longtemps après son prononcé et après la mort de l'auteur, retenant que l'exception prévue par les dispositions de l'art. 41-3 de la loi du 11 mars 1957 (art. L. 122-5) pour les discours prononcés dans les assemblées politiques, ne concerne que la diffusion des discours par voie de la presse et de la radiodiffusion à titre d'information ou d'actualité. En dehors de ces conditions d'actualité, l'auteur du discours conserve la plénitude de ses droits et notamment la protection de son œuvre par application des dispositions de l'article 40 de la loi (art. L. 122-4). • TGI Paris, 28 mai 1986 : *D. 1987. IR 151, obs. Colombet.* ♦ V. encore, à propos d'enregistrement sur disques de discours d'André Malraux. • TGI Paris, 3 avr. 1973 : *D. 1973. Somm. 140 ; Gaz. Pal. 1973. 2. 540, concl. Montanier ; RIDA juill. 1973, p. 106.*

62. Plaidoirie. Par extension, les mêmes solutions sont applicables aux plaidoiries qui peuvent être librement reproduites par les journaux pour rendre compte d'un procès qui vient d'avoir lieu. • Paris, 25 sept. 1956 : *JCP 1956. II. 9560, concl. R. Lindon.*

VII BIS. REPRODUCTION D'ŒUVRES DANS UN CATALOGUE DE VENTE JUDICIAIRE

63. L'art. 47 de la loi du 10 juill. 2000 qui limite le champ d'application de l'art. L. 122-5, 3°, *d)*, aux seules ventes judiciaires et non plus à l'ensemble des ventes publiques est d'application immédiate. Sur des catalogues, dans lesquels sont reproduites des œuvres sans l'autorisation de leur auteur, édité et diffusé par une société de commissaires-priseurs, V. • TGI Paris, 21 mars 2003 : *CCE 2003, n° 45, note Caron ; Légipresse 2003. III. 121.* ♦ La loi du 10 juill. 2000 ne porte pas plus atteinte aux art. 28 et 30 du Traité CE qu'au droit constitutionnel de propriété. • Paris, 20 oct. 2004 : *Propr. intell. 2005, n° 14, p. 59, obs. Lucas.* ♦ Pour un refus d'application de l'art.

L. 122-5, 3°, *d*, V. • Paris, 7 févr. 2007 : *Propr. intell. 2008, n° 26, p. 111, obs. A. Lucas.*

VIII. LA PARODIE, LE PASTICHE ET LA CARICATURE

A. NOTION

64. La Cour de cassation a précisé à propos de la parodie et la caricature qu'il est dans les lois du genre de la première, qui se distingue en cela du pastiche, de permettre l'identification immédiate de l'œuvre parodiée et dans celles de la seconde de se moquer d'un personnage par l'intermédiaire de l'œuvre caricaturée dont il est l'auteur ; qu'il ne saurait, dès lors, être interdit au chansonnier imitateur qui prend la voix de l'auteur interprète d'une chanson et se livre à une parodie et même à une caricature, de reproduire la musique originale de sorte que l'œuvre parodiée est immédiatement identifiée, tandis que le travestissement des seules paroles suffit à réaliser celui de cette œuvre prise dans son ensemble et à empêcher toute confusion, ni de se moquer, le cas échéant avec insolence, des travers de celui qui est imité. • Civ. 1re, 12 janv. 1988 : *Bull. civ. I, n° 5 ; D. 1988. Somm. 207, obs. Colombet ; RTD com. 1988. 227, obs. Françon ; RIDA juill. 1988, p. 98, note Françon.*

B. LE RESPECT DES LOIS DU GENRE

65. *Intention humoristique.* C'est la poursuite d'une intention humoristique qui permet à la parodie d'échapper au monopole de l'auteur. • T. com. Seine, 26 juin 1934 : *préc. note 49* • Paris, 17 oct. 1980 : *D. 1982. Somm. 42, obs. Colombet* • 15 oct. 1985 : *RIDA juill. 1986, p. 152* • TGI Paris, 1er avr. 1987 : *Cah. dr. auteur, janv. 1988, p. 16.* ♦ V. aussi • TGI Paris, 24 mars 2000 : *Légipresse 2000. I. 71* (personnage de dessin animé pour enfant reproduit sur un site sadomasochiste). ♦ ... Ce qui pourrait rendre illicite l'adaptation du texte d'une chanson dans le seul but de rendre hommage à un artiste décédé. • TGI Paris, 7 oct. 1992 : *RTD com. 1993. 96, obs. Françon ; RIDA janv. 1993, p. 222.* – Jugement infirmé par la cour d'appel qui admet aussi un pastiche « tendre et mélancolique », dès lors qu'il n'existe aucun risque de confusion. • Paris, 11 mai 1993 : *RIDA juill. 1993, p. 340.* ♦ Le pastiche, imitation de manière et de style permise par la loi, existe lorsque se produit par une telle imitation, un effet de dérision, de contradiction inattendue ou de brocard, le piquant qui en résulte conférant dans la forme à l'imitation un caractère humoristique parfaitement compatible avec une intention de fond étrangère à tout humour. • Versailles, 17 mars 1994 : *D. 1995. Somm. 56, obs. Colombet ; RIDA avr. 1995, p. 350.* ♦ Un simple « clin d'œil » en direction du public ne suffit pas toujours dans la mesure où la « volonté ludique » de l'auteur de l'œuvre seconde et la recherche de la « complicité amusée » sont des « motifs inopérants » ; ainsi, à propos de « La bicyclette bleue » et d'« Autant en emporte le vent ». • Civ. 1re, 4 févr. 1992 : *RIDA avr. 1992, p. 196 ; D. 1992. 182, note Gautier.* ♦ La reproduction sur deux sites des éléments graphiques et photographiques issus d'un magazine et d'un site internet afin d'assurer la promotion du logiciel d'exploitation Linux ne saurait bénéficier de l'exception de parodie qui « suppose l'intention d'amuser sans nuire » ; en outre, « il ne peut y avoir parodie s'il existe un risque de confusion avec l'œuvre originale ». • TGI Paris, 13 févr. 2001 : *Propr. intell., oct. 2001, n° 1, p. 66, obs. Sirinelli* • 6 déc. 2002 : *Légipresse 2003. I. 26.* ♦ Le détournement de la photographie d'un homme politique destiné uniquement à dénoncer le tragique d'une situation politique totalitaire ne peut bénéficier de l'exception de parodie. • TGI Paris, réf., 18 juill. 2003 : *Légipresse 2003, n° 205. I. 138.* ♦ V. aussi • Paris, 13 oct. 2006 : *RTD com. 2007. 358, obs. Pollaud-Dulian ; Propr. intell. 2007, n° 22, p. 91, obs. Bruguière.* ♦ Pour une acception étroite de l'intention humoristique à propos l'utilisation sur un site internet d'un célèbre personnage de bande dessinée, V. • TGI Paris, réf., 11 juin 2004 : *Propr. intell. 2005, n° 14, p. 55, obs. A. Lucas.* ♦ Le but des auteurs d'une émission télévisée en reprenant des éléments caractéristiques d'une autre émission n'a pas été la seule poursuite d'une intention humoristique mais un but parasitaire. • TGI Paris, 5 mars 2008 : *CCE 2008. Chron. 6, § 19, obs. Montels ; Propr. intell. 2008, n° 28, p. 327, obs. Bruguière ; RIDA juill. 2008, p. 233, note Sirinelli.*

66. *But critique.* Le but critique poursuivi peut également rendre légitime la caricature ou la parodie, comme par exemple : La volonté de relever l'absence de sexe et de violence dans l'univers des personnages des « Peanuts ». • TGI Paris, 19 janv. 1977 : *RIDA avr. 1977, p. 167.* ♦ ... Le désir de railler l'ambition de Charles Trenet de rentrer à l'Académie française. • Civ. 1re, 12 janv. 1988 : *préc. note 64.* ♦ ... Sans toutefois que cela traduise une volonté de nuire à l'auteur de l'œuvre première. • Versailles, 17 mars 1994 : *préc. note 65.*

67. *Risque de confusion.* La parodie doit éviter tout risque de confusion avec les œuvres de l'auteur parodié, ce qui sera le cas lorsque l'auteur de la parodie obtient un effet humoristique absent de l'œuvre originale. • Versailles, 17 mars 1994 : *préc. note 65* • TGI Paris, 9 janv. 1970 : *RTD com. 1972. 383, obs. Desbois ; JCP 1971. II. 16645, note Françon* • T. com. Seine, 26 juin 1934 : *préc. note 49.* ♦ De même lorsque l'œuvre parodiée sera connue d'une large fraction du public ; ont été considérés comme tels : les personnages des « Peanuts ». • TGI Paris, 19 janv. 1977 : *préc. note 66.* ♦ ... Tarzan. • TGI Paris, 5 janv. 1978 : *RIDA avr. 1978, p. 119.* ♦ ... Une chanson de Michel Sardou. • TGI Paris,

14 mai 1992 : *RIDA oct. 1992, p. 174.* ♦ ... La chanson « Douce France » de Charles Trenet. • Civ. 1re, 12 janv. 1988 : *préc. note 64.* ♦ Cela sera aussi le cas d'un hommage à un artiste décédé à la condition de faire clairement comprendre au public qu'il n'est pas en présence de cette œuvre elle-même, notamment en permettant l'identification immédiate de l'œuvre parodiée par la reproduction de sa phrase titre « Les feuilles mortes se ramassent à la pelle » et par la mention « d'après Prévert » apposée à la suite de sa signature. • Paris, 11 mai 1993 : *préc. note 65.* ♦ Il ne peut y avoir exception de parodie ou de caricature lorsque l'œuvre première est utilisée telle quelle. • TGI Paris, 9 janv. 1970 : *préc.* • TGI Paris, 13 févr. 2002 : *Légipresse 2002. I. 71* • 5 juill. 2002 : *Légipresse 2002. I. 120.* ♦ ... Ou sans travestissement. • Civ. 1re, 27 mars 1990 : *Bull. civ. II, n° 75.* ♦ ... Ou sans distanciation comique. • Paris, 17 janv. 2003 : *Légipresse 2003. I. 99 ; Propr. intell. 2003, n° 7, p. 169, obs. A. Lucas ; RDPI 2004, n° 155, p. 12.*

68. Le but de la parodie ne doit pas être de nuire à autrui. • Versailles, 17 mars 1994 : *préc. note 65.* ♦ La caricature ne doit pas porter atteinte à la personne de l'auteur. • Paris, 15 oct. 1985 : *préc. note 65.* ♦ ... Ni avoir pour conséquence la révélation de faits relatifs à la vie privée de la personne parodiée ou constituer une insulte ou une calomnie. • Civ. 1re, 12 janv. 1988 : *préc. note 64.*

C. DOMAINE DE LA PARODIE

69. On peut se livrer à la parodie, au pastiche ou à la caricature : d'une œuvre littéraire, comme les paroles d'une chanson. • Paris, 11 mai 1993 : *préc. note 65.* ♦ ... D'une chanson. • Civ. 1re, 12 janv. 1988 : *préc. note 64.* ♦ ... D'imageries publicitaires, telle une campagne de promotion de cigarettes. • Versailles, 17 mars 1994 : *préc. note 65.* ♦ ... De photographies par le biais d'un photomontage pour une émission de télévision. • Paris, 1er févr. 2006 : *RIDA oct. 2006, p. 376.* ♦ ... D'une œuvre d'art à propos de la parodie d'un tableau de Magritte dans un journal érotique, V. • TGI Paris, 1er avr. 1987 : *préc. note 65.* ♦ ... De personnages célèbres, tel Tarzan. • TGI Paris, 5 janv. 1978 : *préc. note 67.* ♦ ... Ou les Peanuts. • 19 janv. 1977 : *préc. note 67.* ♦ ... Ou même d'un dessin qui constitue par ailleurs le signe distinctif d'une marque. • Riom, 15 sept. 1994 : *D. 1995. 429, note Edelman.* ♦ ... Ou encore d'un magazine lui-même parodique. • TGI Paris, 18 mars 2005 : *Propr. intell. 2005, n° 16, p. 339, obs. Lucas ; D. 2006. Pan. 2609, obs. Galloux.* ♦ ... D'une bande dessinée (Tintin). • Paris, 18 févr. 2011 : *CCE 2012, n° 1, note Caron ; Propr. intell. 2011, n° 39, p. 187, obs. A. Lucas.* ♦ ... D'un quotidien (*Le Monde*). • Paris, 25 janv. 2012 : *Légipresse 2012, n° 294, p. 304, note Pierrat.* ♦ Sauf s'il s'agit d'exploiter, à des fins commerciales, la notoriété de cette marque. • Paris, 9 sept. 1998 : *D. Affaires 1999. 1960, obs. B.P. ; RIPIA 1999. 50.* ♦ V. aussi, refusant d'appliquer l'exception de parodie. • TGI Paris, 21 mars 2000 : *CCE 2000, n° 88, note Caron.* ♦ V. aussi, à propos de la reproduction de photographies de mode : • Paris, 18 sept. 2013 : *Légipresse 2014, n° 313, p. 103, note Khalvadjian.*

IX. LES PHOTOGRAPHIES D'ŒUVRES D'ART SITUÉES SUR LA VOIE PUBLIQUE

70. Le principe d'interprétation restrictive des exceptions est rappelé par la Cour de cassation. • Civ. 1re, 3 mars 1992 : *RIDA janv. 1994, p. 313.* ♦ Néanmoins, la liberté de reproduction d'œuvres situées sur la voie publique a pu être admise : lorsque le monument en cause se trouve dans le décor d'une manifestation publique ou d'une cérémonie ; ainsi, pour la reproduction sur cartes postales d'une cérémonie où figure un monument. • T. civ. Mirecourt, 10 juill. 1924 : *DH 1924. 680.* ♦ ... Et/ou lorsque l'œuvre reproduite n'apparaît que de manière accessoire par rapport au sujet principal représenté ou traité, comme par exemple : une fresque servant de toile de fond à la scène d'un film. • TGI Nanterre, 12 nov. 1997 : *D. 1999, Somm. 119, obs. Hassler et Lapp.* ♦ ... Une fresque murale constituant un élément du paysage de la ville de Marseille librement offert au public. • Paris, 14 sept. 1999 : *D. 1999. AJ 54 ; CCE 2000, n° 30, note Caron (1er arrêt) ; RIDA 1999, n° 1401.* ♦ *Adde*, relevant que l'œuvre s'incorpore pour l'essentiel au sol de l'espace public, à propos de la place des Terreaux à Lyon. • TGI Lyon, 4 avr. 2001 : *JCP 2001. II. 10563, note Pollaud-Dulian.* – Réformé partiellement par • Lyon, 20 mars 2003 : *D. 2003. Somm. 2759, obs. Sirinelli ; ibid. 3037, note Edelman ; CCE 2003, n° 81, note Caron ; Propr. intell. 2003, n° 9, p. 376, obs. Lucas.* ♦ Rappr. Dir. (CE) 22 mai 2001, art. 5.3 *h*). – V. ce texte, App., v° *Droit d'auteur.* ♦ Au sujet de la contrefaçon de sculptures de Maillol situées dans le jardin des Tuileries, « filmées intégralement et en gros plan ce qui ne s'imposait pas compte tenu du sujet traité », V. • Civ. 1re, 4 juill. 1995 : *Légicom, n° 8, p. 154, note Caron ; RIDA janv. 1996, p. 259* • Versailles, 15 janv. 1998 : *D. Affaires 1998. 539, obs. J.P.-S. ; JCP E 1999. Pan. 201 ; BICC, sept. 1998, n° 985.* ♦ Comp. ne relevant pas le caractère public du lieu de situation de l'œuvre représentée, et retenant que l'apparition dans un film publicitaire, de la couverture d'un ouvrage représentant une photographie de paysage est accessoire par rapport au sujet, qui est la présentation publicitaire de l'ouvrage et ne met pas en œuvre le droit d'auteur. • Civ. 1re, 12 juin 2001 : *Propr. intell. 2001, p. 62, obs. A. Lucas.* – V. aussi, concernant la Grande Arche et excluant comme justificatif à la liberté de reproduction la vocation attribuée au monument, l'origine des deniers ayant permis son financement ou encore le droit du public à l'information et à la culture. • TGI Paris, 12 juill. 1990 : *RIDA janv. 1991, p. 359.* – V. encore, à propos d'une contrefaçon de La Géode, « objet essentiel de la reproduction ». • Paris, 23 oct. 1990 : *JCP 1991. II. 21682, note Lucas ; RIDA oct. 1991, p. 134 ; Ann. propr. ind. 1992. 70.* ♦ ... Ou lorsque ne sont pas communiqués les « traits caractéristiques originaux » de l'œuvre ; ainsi pour les clichés d'un véhicule automobile dans le site de la Défense avec en arrière-plan une infime partie d'une fontaine monumentale, V. • Paris, 30 mai 1985 : *Ann. propr. ind. 1986. 124.* – Pourvoi rejeté par • Civ. 1re, 16 juill. 1987 : *Bull. civ. I, n° 225 ; JCP 1987. IV. 311 ; RIDA janv. 1988, p. 94.*

71. De même, dans les cas où l'œuvre en cause est le sujet même d'un événement d'actualité sur la voie publique, le créateur ne peut s'opposer à une reproduction dans le cadre d'un compte rendu, comme la photographie pour les journaux ou une séquence animée d'images pour la télévision dans un but d'information immédiate ; s'agissant de l'emballage du Pont-Neuf par Christo, œuvre d'art éphémère située sur la voie publique, V. • Paris, 13 mars 1986 : *D. 1987. Somm. 150, obs. Colombet.* ♦ La solution ne peut être étendue à la reproduction dans un livre ni à l'édition de cartes postales qui ne poursuivent pas la finalité d'information d'actualité et constituent une concurrence anormale pour le créateur ; à propos d'un spectacle constitué d'effets lumineux et sonores réalisant une « animation » de la tour Eiffel, mettant en avant le monopole accordé à l'auteur, abstraction faite de l'événement public à l'occasion duquel cette œuvre lui avait été commandée, V. • Civ. 1re, 3 mars 1992 : ⛫ *préc. note 70.* ♦ Comp. cependant, estimant que « La marseillaise » de Jean-Paul Goude, créée pour le Bicentenaire de la Révolution française constituait un signe rituel de commémoration, mais aussi un événement, c'est-à-dire un fait historique non susceptible d'appropriation ou d'exclusivité. • TGI Paris, 21 févr. 1990 : *RIDA oct. 1990, p. 307, note Kéréver.*

X. ACTE NÉCESSAIRE À L'ACCOMPLISSEMENT D'UNE PROCÉDURE OU ENTREPRIS À DES FINS DE SÉCURITÉ PUBLIQUE

72. Sur la question, V. art. L. 331-4.

XI. EXCEPTIONS ISSUES DE LA LOI DU 1er AOÛT 2006

73. Exception pédagogique. La rémunération compensant l'exception pédagogique a fait l'objet de deux accords conclus le 4 déc. 2009. *LEPI, mai 2010, p. 2, obs. Bernault.*

74. Exception d'information. Une société de presse qui reproduit sur son site la photographie d'une personne publique ne peut bénéficier de l'exception d'information, celle-ci étant réservée aux œuvres d'art graphique, plastique ou architectural. • TGI Paris, 6 juin 2008 : *Propr. intell. 2009, n° 30, p. 59, obs. Lucas ; Légipresse 2009. II. 170, obs. Alleaume.* ♦ L'exception d'information ne peut justifier la reproduction sans autorisation de photographies de plateau. • TGI Paris, 28 mai 2009 : *Légipresse 2009. II. 170, obs. Alleaume.* ♦ L'exception d'information ne concerne pas les œuvres photographiques. • Paris, 26 mars 2010 : *CCE 2010, n° 107, note Caron ; Légipresse 2010. III. 448, obs. Alleaume.*

75. Inclusion fortuite. Une cour d'appel qui relève que, telles que figurant dans le film documentaire litigieux et dans le bonus des DVD, les illustrations en cause ne sont que balayées par la caméra et vues de manière fugitive, que plus fréquemment elles sont à l'arrière-plan, les personnages des élèves et du maître étant seuls mis en valeur, qu'elles ne sont à aucun moment présentées dans leur utilisation par le maître et font corps au décor dont elles constituent un élément habituel, apparaissant par brèves séquences mais n'étant jamais représentées pour elles-mêmes, en déduit exactement qu'une telle présentation de l'œuvre litigieuse était accessoire au sujet traité résidant dans la représentation documentaire de la vie et des relations entre maître et enfants d'une classe unique de campagne, de sorte qu'elle devait être regardée comme l'inclusion fortuite d'une œuvre, constitutive d'une limitation au monopole d'auteur, au sens de la Dir. n° 2001/29 CE du 22 mai 2001, telle que le législateur a, selon les travaux préparatoires, entendu la transposer en considération du droit positif. • Civ. 1re, 12 mai 2011 : ⛫ *D. 2011. AJ 1409, obs. Daleau* ✎ *; D. 2011. 1875, note Castets-Renard* ✎ *; RTD com. 2011. 553, obs. Pollaud-Dulian* ✎ *; CCE 2011, n° 62, note Caron ; JCP 2011. 814, note Vivant ; Légipresse 2011. III. 627, note Renault ; RIDA juill. 2011, p. 341, note Sirinelli.*

Art. L. 122-5-1 *(L. n° 2016-925 du 7 juill. 2016, art. 33-II)* **La reproduction et la représentation mentionnées au 7° de l'article L. 122-5 sont assurées, à des fins non lucratives et dans la mesure requise par le handicap, dans les conditions suivantes :**

1° La reproduction et la représentation sont assurées par des personnes morales ou des établissements figurant sur une liste arrêtée conjointement par les ministres chargés de la culture et des personnes handicapées. La liste de ces personnes morales et de ces établissements est établie au vu de leur activité professionnelle effective de conception, de réalisation ou de communication de documents adaptés au bénéfice des personnes physiques mentionnées au 7° du même article L. 122-5 et par référence à leur

objet social, à l'importance des effectifs de leurs membres ou de leurs usagers, aux moyens matériels et humains dont ils disposent et aux services qu'ils rendent. — *Sur cette liste, V. Arr. du 27 juin 2017 (JO 6 juill.).*

2° La reproduction et la représentation peuvent également porter sur toute œuvre dont le fichier numérique est déposé par l'éditeur, dans un format facilitant la production de documents adaptés, auprès de la Bibliothèque nationale de France qui le met à la disposition des personnes morales et des établissements figurant sur la liste mentionnée au 1° du présent article et agréés à cet effet.

Pour l'application du présent 2° :

a) L'agrément est accordé conjointement par les ministres chargés de la culture et des personnes handicapées à ceux, parmi les personnes morales et établissements mentionnés au 1°, qui présentent des garanties et des capacités de sécurisation et de confidentialité des fichiers susceptibles d'être mis à leur disposition puis transmis par eux aux personnes bénéficiaires de la reproduction ou de la représentation ;

b) Ce dépôt est obligatoire pour les éditeurs :

— en ce qui concerne les livres scolaires, pour ceux dont le dépôt légal ou la publication sous forme de livre numérique, au sens de la loi n° 2011-590 du 26 mai 2011 relative au prix du livre numérique, sont postérieurs au 1er janvier 2016, au plus tard le jour de leur mise à la disposition du public ;

— pour les autres œuvres, sur demande d'une des personnes morales et des établissements mentionnés au même 1° formulée dans les dix ans suivant le dépôt légal des œuvres imprimées quand celui-ci est postérieur au 4 août 2006 ou dès lors que des œuvres sont publiées sous forme de livre numérique, au sens de la loi n° 2011-590 du 26 mai 2011 précitée ;

c) Le ministre chargé de la culture arrête la liste des formats mentionnés au premier alinéa du présent 2°, après avis de la Bibliothèque nationale de France, des personnes morales et des établissements mentionnés au présent 2° et des organisations représentatives des titulaires de droit d'auteur et des personnes handicapées concernées ;

d) La Bibliothèque nationale de France conserve sans limitation de durée les fichiers déposés par les éditeurs. Elle garantit la confidentialité de ces fichiers et la sécurisation de leur accès ;

e) Les personnes morales et les établissements agréés en application du premier alinéa du présent 2° détruisent les fichiers mis à leur disposition une fois effectué le travail de conception, de réalisation et de communication de documents adaptés au bénéfice des personnes physiques mentionnées au 7° de l'article L. 122-5 ;

f) Les fichiers des documents adaptés sous forme numérique sont transmis à la Bibliothèque nationale de France par les personnes morales et les établissements mentionnés au 1° du présent article qui les ont réalisés. La Bibliothèque nationale de France les met à la disposition des autres personnes morales et établissements. Elle procède à une sélection des fichiers qu'elle conserve. Elle rend compte de cette activité de sélection et de conservation dans un rapport annuel rendu public ;

g) La mise à disposition de documents adaptés est autorisée entre les personnes morales et les établissements mentionnés au même 1°.

Les modalités d'application du présent article, notamment les modalités d'établissement de la liste mentionnée audit 1° et de l'agrément prévu au présent 2°, les caractéristiques des livres scolaires mentionnés au *b* du même 2°, les critères de la sélection prévue au *f* dudit 2° ainsi que les conditions d'accès aux fichiers numériques mentionnés au premier alinéa et au *f* du même 2° sont précisées par décret en Conseil d'État. — *V. art. R. 122-13 s.*

Les dispositions de l'art. 33 de la L. n° 2016-925 du 7 juill. 2016 sont applicables dans les îles Wallis-et-Futuna (L. préc., art. 115-III).

V. Dir. (UE) 2017/1564 du 13 sept. 2017 sur certaines utilisations autorisées de certaines œuvres et d'autres objets protégés par le droit d'auteur et les droits voisins en faveur des aveugles, des déficients visuels et des personnes ayant d'autres difficultés de lecture des textes imprimés et modifiant la Dir. 2001/29/CE sur l'harmonisation de certains aspects du droit d'auteur et des droits voisins dans la société de l'information, App., v° Propriété littéraire et artistique, Dispositions communes.

V. Règl. (UE) 2017/1563 du 13 sept. 2017 relatif à l'échange transfrontalier, entre l'Union et des pays tiers, d'exemplaires en format accessible de certaines œuvres et d'autres objets protégés par le droit d'auteur et les droits voisins en faveur des aveugles, des déficients visuels et des personnes ayant d'autres difficultés de lecture des textes imprimés, App., v° Propriété littéraire et artistique, Dispositions communes.

COMMENTAIRE

La réforme du 7 juillet 2016 a modifié le dispositif relatif à l'exception en faveur des personnes handicapées en y ajoutant deux – longs – articles venant compléter le principe énoncé à l'article L. 122-5, 7° (V. cet art.). L'idée générale est de leur venir en aide tout en imposant des moyens de sécuriser le système afin d'éviter que les fichiers réalisés à cette fin ne puissent être détournés ou piratés.

L'article L. 122-5-1 nouveau explicite les conditions dans lesquelles sont réalisées la reproduction et la représentation en distinguant deux catégories d'établissements bénéficiaires.

La loi (al. 1°) prévoit que les initiatives sont assurées par des personnes morales ou des établissements figurant sur une liste « officielle ».

Elle ajoute (2°) que la reproduction et la représentation peuvent également porter sur toute œuvre dont le fichier numérique est déposé (de manière obligatoire) par l'éditeur, dans un format facilitant la production de documents adaptés, auprès de la Bibliothèque nationale de France qui le met à la disposition des personnes et établissements agréés.

S'ensuit une réglementation très minutieuse à propos des livres scolaires ou autres ouvrages (*b*) ; la liste des formats homologués (*c*) ; la conservation (*d*) ou la destruction de fichiers (*e*). Ou encore la transmission à la BNF des documents adaptés (*f*) ainsi que leur possible mise à disposition (*g*).

Cette disposition a été complétée par un décret en Conseil d'État (V. art. R. 122-13 s.).

Art. L. 122-5-2 *(L. n° 2016-925 du 7 juill. 2016, art. 33-II)* **Les personnes morales et les établissements agréés en application du 2° de l'article L. 122-5-1 peuvent, en outre, être autorisés, conjointement par les ministres chargés de la culture et des personnes handicapées, à recevoir et à mettre les documents adaptés à la disposition d'un organisme sans but lucratif établi dans un autre État, en vue de leur consultation par des personnes atteintes d'une déficience qui les empêche de lire, si une exception au droit d'auteur autorisant une telle consultation et répondant aux conditions fixées à l'avant-dernier alinéa de l'article L. 122-5 est consacrée par la législation de cet État.**

On entend par organisme, au sens du premier alinéa du présent article, toute personne morale ou tout établissement autorisé ou reconnu par un État pour exercer une activité professionnelle effective de conception, de réalisation et de communication de documents adaptés au bénéfice des personnes physiques atteintes d'une déficience qui les empêche de lire.

Une convention entre ces organismes précise les conditions de mise à disposition des documents adaptés ainsi que les mesures prises par l'organisme sans but lucratif destinataire de ces documents afin de garantir que ceux-ci ne sont consultés que par les personnes physiques atteintes d'une déficience qui les empêche de lire.

Les personnes morales et les établissements mentionnés autorisés en application du premier alinéa rendent compte chaque année, dans un rapport aux ministres chargés de la culture et des personnes handicapées, de la mise en œuvre des conventions conclues en application du troisième alinéa.

Les modalités d'application du présent article sont précisées par décret en Conseil d'État. – *V. art. R. 122-13 s.*

V. notes ss. art. L. 122-5-1.

COMMENTAIRE

Ce texte, issu de la loi n° 2016-925 du 7 juillet 2016 relative à la liberté de la création, à l'architecture et au patrimoine, a trait à la possibilité pour les établissements agréés en application de l'article L. 122-5-1, 2° (V. *supra*), d'être autorisés, conjointement par les ministres concernés, à échanger des documents adaptés avec un organisme sans but lucratif établi dans un autre État, pour autant qu'une exception autorisant une telle consultation – et répondant aux conditions fixées à l'article L. 122-5 – soit consacrée par la législation de cet État.

Cette disposition a été complétée par un décret en Conseil d'État (V. art. R. 122-13 s.).

Art. L. 122-6 *(L. nº 94-361 du 10 mai 1994, art. 4)* **Sous réserve des dispositions de l'article L. 122-6-1, le droit d'exploitation appartenant à l'auteur d'un logiciel comprend le droit d'effectuer et d'autoriser :**

1° La reproduction permanente ou provisoire d'un logiciel en tout ou partie par tout moyen et sous toute forme. Dans la mesure où le chargement, l'affichage, l'exécution, la transmission ou le stockage de ce logiciel nécessitent une reproduction, ces actes ne sont possibles qu'avec l'autorisation de l'auteur ;

2° La traduction, l'adaptation, l'arrangement ou toute autre modification d'un logiciel et la reproduction du logiciel en résultant ;

3° La mise sur le marché à titre onéreux ou gratuit, y compris la location, du ou des exemplaires d'un logiciel par tout procédé. Toutefois, la première vente d'un exemplaire d'un logiciel dans le territoire d'un État membre de la Communauté européenne ou d'un État partie à l'accord sur l'Espace économique européen par l'auteur ou avec son consentement épuise le droit de mise sur le marché de cet exemplaire dans tous les États membres à l'exception du droit d'autoriser la location ultérieure d'un exemplaire.

Sur l'imposition des droits d'auteurs issus de l'exploitation d'un logiciel, V. Rép. min. nº 14324, JO Sénat 4 juill. 1996 ; D. Affaires 1996. 1041. – Sur les droits des producteurs de bases de données, V. art. L. 341-1 s.

BIBL. ► CARON, *D. 2003. Chron. 1556* (les licences de logiciels dits « libres » à l'épreuve du droit d'auteur français). – COURTOIS, *Gaz. Pal. 1992. 2. 616*. – DEKEIER, *JCP 1991. I. 3536* (la directive du 14 mai 1991). – DREYER, *Expertises févr. 1999, p. 26* (le logiciel : une nouvelle œuvre collective). – FOUTEL, *RLDI 2011/77, nº 2577* (licences libres en secteur industriel sensible : un usage stratégique). – FRANÇON, *RTD com. 1994. 496* (loi du 10 mai 1994 portant mise en œuvre de la directive CEE du 14 mai 1991). – GAUTIER, *D. 1997. Chron. 176*. – GRYNBAUM, *D. 2006. Chron. 655* (une illustration de la faute lucrative : le « piratage » de logiciels). – HUET, *D. 1990. Chron. 99* (le « *reverse engineering* », ou ingénierie inverse, et l'accès aux interfaces dans la protection des logiciels en Europe ; questions de droit d'auteur et de droit de la concurrence) ; *D. 1992. Chron. 221* (l'Europe des logiciels : le principe de la protection par le droit d'auteur) ; *ibid. Chron. 315* (l'Europe des logiciels : les droits des utilisateurs). – LEDIEU, *CCE 2003. Étude 27* (et si la licence de logiciel était une location ?). – LE GOFFIC, *RLDI 2011/77, nº 2576* (licences libres et *copyleft* : la contractualisation du droit d'auteur). – MONELLI, *JCP 1994, nº 24, Actualités* (la protection juridique des programmes d'ordinateur. Aperçu rapide sur la loi nº 94-361 du 10 mai 1994). – PELLEGRINI et CANEVET, Droit des logiciels, *PUF 2013*. – PICHAUD, *CCC 1999. Chron. p. 4* (informatique et droit de la concurrence). – SARDAIN, *CCE 2002. Étude 24* (le droit d'auteur à l'épreuve du logiciel : l'exemple du droit de décompilation). – VAN DORSSELAERE, *Cahiers informatiques Lamy 1994, juill.-août, p. 9* (la loi du 10 mai 1994 sur la protection des logiciels). – VIVANT, *JCP 1985. I. 3208 ; JCP E 1985. II. 14265* (le logiciel au Pays des Merveilles) ; *ibid. E 1991. I. 94* (le programme d'ordinateur au Pays des Muses) ; *JCP 1994. I. 3792* (logiciel 94 : tout un programme ?).

COMMENTAIRE

Cet article, propre aux logiciels, rompt avec l'approche synthétique à la française. Cela n'est pas étonnant dans la mesure où il transpose dans le code de la propriété intellectuelle les dispositions de la directive 91/250/CE du 14 mai 1991 (codifiée par Dir. 2009/24/CE du 23 avr. 2009, V. ce texte App., vº *Propriété littéraire et artistique*) et que, par précaution, le législateur français a opté pour une technique du copier/coller plutôt que de récrire les solutions.

Sur le fond, le texte n'apporte pas de grandes innovations. Il se contente, en les énumérant expressément, de décliner les différentes composantes, généralement implicites, du droit de reproduction (V. CPI, art. L. 122-3). L'alinéa 1er prévoit toutes sortes de copies en fonction de l'état de la technique. Le deuxième alinéa a trait aux droits dérivés. Le troisième concerne ce que la doctrine française fait traditionnellement entrer dans le champ du droit de destination.

Cette dernière disposition mérite cependant attention par rapport au droit commun : le droit de prêt n'y est pas mentionné tandis que le droit de mise sur le marché, suivant un principe communautaire, s'épuise par la première vente sur le territoire d'un État membre de l'espace économique européen.

On remarquera que si ces différentes prérogatives correspondent à des actes d'« utilisation » des logiciels, le droit de représentation n'est pas expressément reconnu. Cela ne signifie pas que l'auteur en est privé. Par simple application du droit commun, la jurisprudence soumet le téléchargement d'un programme à l'autorisation de l'ayant droit.

La jurisprudence européenne a fait cependant une application controversée de la théorie de l'épuisement du droit de distribution. Si cette théorie suppose, pour son application, un « transfert de propriété » de l'objet (CJCE 17 avr. 2008, n° C-456/06 : V. note 5), donc, normalement, une circulation d'exemplaires matériels, tangibles de l'œuvre, la Cour de justice l'a, malgré tout, appliquée à un programme d'ordinateur à propos de la (sous-)cession d'une licence de logiciel (qualifiée, il est vrai de « vente » par les juges européens) téléchargé via les réseaux numériques (CJUE 3 juill. 2012, *UsedSoft*, n° C-128/11 : V. note ss. art. 4 Dir. (CE) n° 2009/24 du 23 avr. 2009, App., v° *Propriété littéraire et artistique*). ❑

1. *Application de la loi dans le temps.* Pour la reconnaissance, avant l'entrée en vigueur de la loi du 10 mai 1994, d'un droit de destination, condamnant l'utilisation, dans les locaux d'un employeur, d'un programme de comptabilité pour lequel un salarié avait acquis un droit d'utilisation chez lui, V. • TGI Paris, 27 mars 1987 : *Expertises 1987. 195.* ♦ V. aussi, Dir. n° 91/250 du 14 mai 1991, art. 4, App., v° *Droit d'auteur.*

2. L'interdiction de reproduire, communiquer et distribuer un logiciel, dont la propriété est attribuée à une société, est fondée lorsque l'œuvre est collective. • Civ. 1re, 13 janv. 1998, *Sté Codat : Gaz. Pal. 20-21 janv. 1999, obs. I. Matthyssens.*

3. *Cession du droit d'exploitation.* Sur la résiliation d'un contrat de cession du droit d'exploitation d'un logiciel aux torts de l'éditeur, V. • TGI Paris, 23 oct. 1996 : *PIBD 1997. III. 224.*

4. *Distribution sur internet.* Sur les sanctions prononcées à l'encontre d'une société ayant distribué sans autorisation des reproductions et représentations d'un logiciel sur le site Web qu'elle exploite, utilisant internet comme moyen de publication des décisions judiciaires, V. • T. com. Paris, réf., 3 mars 1997 : *D. Affaires 1997. 674 ; D. 1997. IR 118 ; RTD com. 1997, p. 458, obs. Françon ; JCP 1997. 22840, note Olivier et Barbry ; LPA 27 juin 1997, obs. Daverat ; Légipresse 1997, III, p. 86, note Caron.*

5. *Épuisement du droit.* L'épuisement de droit de mise sur le marché signifie qu'après première mise sur le marché, l'auteur de logiciels ne peut plus, sauf accords contractuels, imposer de conditions de commercialisation sur le fondement de son droit d'auteur. • T. com. Créteil, 12 nov. 1996 : *D. Affaires 1997. 189 ; RIDA avr. 1997, p. 310.* ♦ ... Un tel lien contractuel ne pouvant être constitué par les conditions d'exploitation qui sont destinées par définition aux utilisateurs et figurent sur les emballages des logiciels vendus au public. • Même jugement. ♦ V. également • Paris, 19 janv. 2005 : *Propr. ind. 2005, n° 82, note Schmidt-Szalewski.* ♦ La règle de l'épuisement du droit ne permet pas à l'acquéreur d'un logiciel de faire commerce par l'achat de matériel ancien, de la cession des certificats d'authenticité qu'il y extrait et de la copie sur disque dur destinée à être utilisée sur un équipement différent. • Douai, 26 janv. 2009 : *Propr. intell. 2009, n° 32, p. 268, obs. A. Lucas ; RLDI juin 2009. 50, note Trézéguet.* ♦ La règle de l'épuisement du droit de distribution peut être appliquée à une mise à disposition dématérialisée d'un programme. • CJCE 17 avr. 2008, n° C-456/06 : *V. note 1 ss. art. 4 Dir. 2001/29/CE du 22 mai 2001, App., v° Propriété littéraire et artistique.*

6. *Épuisement international.* Est un délit de contrefaçon la violation du droit d'auteur d'un logiciel d'effectuer ou d'autoriser la mise sur le marché du ou des exemplaires de ce logiciel. • Crim. 16 déc. 2003 : *Bull. crim. n° 247 ; D. 2004. AJ 214 ; CCE 2004, n° 26, note Caron ; PIBD 2004. III. 341 ; Propr. intell. 2004, n° 26, obs. Schmidt-Szalewski ; RIDA avr. 2004, p. 251, obs. Kéréver.*

7. *Utilisation du logiciel.* La transmission de l'utilisation du logiciel en cause à une autre société du même groupe que celle qui avait obtenu un droit d'exploitation de celui-ci, et ce, en présence d'un contrat interdisant toute cession de la convention, est illicite. • Montpellier, 5 juill. 2000 : *JCP E 2002. 888, n° 1, obs. Vivant, Mallet-Poujol et Bruguière ; Propr. intell. 2002, n° 5, p. 51, obs. Lucas.* ♦ Les moyens de nature à détourner les systèmes anti-piratage, atteinte aux prérogatives légales de l'auteur, constituent une contrefaçon (en l'espèce, « pirate » a été condamné à une peine de prison ferme). • TGI Bastia, 17 janv. 2006 : *D. 2006. AJ 653, obs. Daleau .*

Art. L. 122-6-1 *(L. n° 94-361 du 10 mai 1994, art. 5-I)* **I. — Les actes prévus aux 1° et 2° de l'article L. 122-6 ne sont pas soumis à l'autorisation de l'auteur lorsqu'ils**

sont nécessaires pour permettre l'utilisation du logiciel, conformément à sa destination, par la personne ayant le droit de l'utiliser, y compris pour corriger des erreurs.

Toutefois, l'auteur est habilité à se réserver par contrat le droit de corriger les erreurs et de déterminer les modalités particulières auxquelles seront soumis les actes prévus aux 1° et 2° de l'article L. 122-6, nécessaires pour permettre l'utilisation du logiciel, conformément à sa destination, par la personne ayant le droit de l'utiliser.

II. – La personne ayant le droit d'utiliser le logiciel peut faire une copie de sauvegarde lorsque celle-ci est nécessaire pour préserver l'utilisation du logiciel.

III. – La personne ayant le droit d'utiliser le logiciel peut sans l'autorisation de l'auteur observer, étudier ou tester le fonctionnement *(L. n° 2013-1168 du 18 déc. 2013, art. 25)* **« ou la sécurité » de ce logiciel afin de déterminer les idées et principes qui sont à la base de n'importe quel élément du logiciel lorsqu'elle effectue toute opération de chargement, d'affichage, d'exécution, de transmission ou de stockage du logiciel qu'elle est en droit d'effectuer.**

IV. – La reproduction du code du logiciel ou la traduction de la forme de ce code n'est pas soumise à l'autorisation de l'auteur lorsque la reproduction ou la traduction au sens du 1° ou du 2° de l'article L. 122-6 est indispensable pour obtenir les informations nécessaires à l'interopérabilité d'un logiciel créé de façon indépendante avec d'autres logiciels, sous réserve que soient réunies les conditions suivantes :

1° Ces actes sont accomplis par la personne ayant le droit d'utiliser un exemplaire du logiciel ou pour son compte par une personne habilitée à cette fin ;

2° Les informations nécessaires à l'interopérabilité n'ont pas déjà été rendues facilement et rapidement accessibles aux personnes mentionnées au 1° ci-dessus ;

3° Et ces actes sont limités aux parties du logiciel d'origine nécessaires à cette interopérabilité.

Les informations ainsi obtenues ne peuvent être :

1° Ni utilisées à des fins autres que la réalisation de l'interopérabilité du logiciel créé de façon indépendante ;

2° Ni communiquées à des tiers sauf si cela est nécessaire à l'interopérabilité du logiciel créé de façon indépendante ;

3° Ni utilisées pour la mise au point, la production ou la commercialisation d'un logiciel dont l'expression est substantiellement similaire ou pour tout autre acte portant atteinte au droit d'auteur.

V. – Le présent article ne saurait être interprété comme permettant de porter atteinte à l'exploitation normale du logiciel ou de causer un préjudice injustifié aux intérêts légitimes de l'auteur.

Toute stipulation contraire aux dispositions prévues aux II, III et IV du présent article est nulle et non avenue.

BIBL. ▶ BELLOIR, *Expertises, juin 1998, p. 190* (la décompilation d'une disquette est-elle illicite ?). – CHALLINE, *D. 1997. Chron. 162* (l'informatique et le régime des sources). – LINANT DE BELLEFONDS, *JCP 1998. I. 118* (le droit de décompilation des logiciels : une aubaine pour les cloneurs ?).

COMMENTAIRE

Dans cette disposition extraordinairement technique et complexe, le législateur envisage les limites aux droits des auteurs en matière de logiciels. Ainsi, la personne ayant obtenu le droit d'utiliser le programme peut, sans autorisation de l'auteur et sous réserve que soit respecté le test en trois étapes (V. art. L. 122-5), légitimement accomplir les actes suivants :

– les actes « nécessaires » pour l'utilisation du programme comme, par exemple, le chargement du programme en mémoire vive de l'ordinateur (point I). La marge de manœuvre ainsi concédée à l'utilisateur légitime peut même légitimer la correction du programme pour en permettre une utilisation conforme à sa destination.

– la réalisation d'une copie de sauvegarde (notes 1 à 3), présentée comme un droit de l'utilisateur (point II). L'auteur, de ce fait, ne peut interdire, par la voie contractuelle, cet acte de reproduction mais peut « emplir l'utilisateur de ses droits » en lui remettant une sauvegarde en même temps que l'original (V. note 4).

– l'étude ou test du fonctionnement d'un logiciel afin d'en céterminer les idées et principes de base (point III),

– la décompilation (« retour » du code objet au code source) du programme à des fins d'interopérabilité, c'est-à-dire afin de permettre le fonctionnement du programme avec d'autres (point IV ; note 5), à condition que :

– les sources n'aient pas été spontanément fournies par le titulaire des droits d'auteur,

– l'acte de décompilation soit limité aux parties du programme nécessaires à cette interopérabilité,

– les informations obtenues ne soient pas réutilisées sous leur forme initiale.

Cette limite part du postulat qu'un logiciel est une œuvre qui, à la différence d'autres, ne peut vivre en autarcie. Il faut donc organiser l'interopérabilité des programmes entre eux en permettant aux interfaces logiques de se reconnaître et « communiquer ». Pour cela, l'accès au code source est nécessaire. Or ce dernier est hors d'atteinte d'un utilisateur légitime, techniquement par l'opération de compilation qui a eu lieu en amont, et juridiquement par l'interdiction de copie, même privée. L'exception est donc justifiée par le but de permettre le retour aux sources par l'intermédiaire d'actes de reproduction que le législateur encadre. L'exception est limitée à l'hypothèse expressément envisagée par le code (interopérabilité) en sorte que le donné légal ne peut permettre de légitimer des décompilations ayant pour but de réaliser une maintenance corrective ou évolutive.

La Cour de justice a, à partir des années 2010, plusieurs fois été conduite à préciser le sens des dispositions européennes à l'origine de ce texte (V. notes 8 s. et Dir. nº 2009/24/CE du 23 avr. 2009, App., vº *Propriété littéraire et artistique*). ❑

1. Copie de sauvegarde. Toute copie qui ne correspond pas à la notion de sauvegarde est illicite. • Paris, 11 oct. 1988 : *Cahier Droit de l'informatique, Lamy, mars 1989. 19.* ♦ Il incombe au prévenu d'apporter la preuve que la copie a été réalisée à des fins de sauvegarde. • Crim. 4 janv. 1991 : *Expertises 1991. 150, obs. Weber.* ♦ La copie de sauvegarde n'est licite que si la source est licite. • Paris, 20 sept. 2005 : *CCE 2006, nº 23, note Caron.* ♦ V. également, • Crim. 13 mai 2014 : *CCE 2014, nº 61, obs. Caron ; LEPI juill. 2014, p. 3, obs. Chatry.*

2. Auteur de la copie. Le droit de réaliser une copie de sauvegarde ne peut bénéficier qu'à l'utilisateur légitime du programme. • TGI Évry, 12 déc. 1991 : *Expertises 1992. 236.* ♦ Ce dernier ne peut réaliser de copie qu'en un seul exemplaire. • Paris, 20 oct. 1988 : *JCP 1989. II. 21188, note Linant de Bellefonds ; JCP E 1990. II. 15751, obs. Vivant et Lucas ; DIT 1989/1, 61, note Gaudrat ; Cah. dr. auteur, juin 1989. 20 ; Cahier Droit de l'informatique, mars 1989, obs. Croze.* – Pourvoi rejeté par • Com. 22 mai 1991 : *Bull. civ. IV, nº 172 ; JCP 1992. II. 21792, note Huet ; JCP E 1992. I. 141, obs. Vivant et Lucas ; Expertises, 1991. 233, obs. Linant de Bellefonds.*

3. Salarié. Un ancien salarié ne peut conserver, après son départ de l'entreprise, la copie d'un logiciel qu'il aurait dû installer chez un client. • TGI Paris, 8 janv. 1993 : *PIBD 1993. III. 249.*

4. La remise d'un double avec l'original interdit tout droit à copie de sauvegarde, puisque « dès lors qu'il a reçu du vendeur une copie de sauvegarde (…) l'acheteur est rempli de ses droits ». • Com. 22 mai 1991 : *préc. note 2.* ♦ V. Dir. nº 2009/24 du 23 avr. 2009, App., vº *Droit d'auteur.*

5. Interopérabilité. L'interdiction de l'art. L. 122-6-1, IV, vise les logiciels en tant que tels et non pas ceux qui ne sont que l'accessoire d'un élément plus complexe. Il n'y a pas contrefaçon du logiciel lorsque les ressemblances sont « purement fonctionnelles » et que l'ingénierie inverse pratiquée par le défendeur est justifiée, au regard de l'art. L. 122-6-1-IV, par la recherche de l'interopérabilité avec un modèle de disquette. • Paris, 12 déc. 1997 : *Expertises 1998, p. 192* • 12 déc. 1997 : *D. 1998. IR 38 ; D. Affaires 1998. 384, obs. J.P.-S. ; Expertises, juin 1998, p. 190 ; PIBD 1998. III. 391.* ♦ L'auteur de la décompilation qui n'agit pas à des fins d'interopérabilité et met à la disposition des tiers les informations protégées est coupable de contrefaçon. • Paris, 21 févr. 2006 : *Propr. ind. 2006, nº 8, note Schmidt-Szalewski* • Caen, ch. corr., 18 mars 2015, *S.O. c/ Skype Ltd et a. : RLDI juin 2015. 28, note Duponchelle ; ibid. mai 2015. 22, obs. de Romanet.* ♦ Selon la définition de la Dir. (CE) nº 91/250 du 14 mai 1991, désormais codifiée par la Dir. (CE) nº 2009/24 du 23 avr. 2009, l'interopérabilité est la capacité d'échanger des informations et d'utiliser mutuellement les informations échangées. Dès lors, la cour d'appel a, à bon droit, énoncé que les opérations de migrations de données, réalisées par M. X… et la société Alphapi, habilités à cette fin par les huissiers de justice titulaires de la licence d'utilisation du logiciel « H. Open », pour récupérer les fichiers de ce programme, s'inscrivaient dans les strictes nécessités de l'interopérabilité autorisée par l'art. L. 122-6-1, IV, qui prévoit la nullité de toute stipulation contraire. • Civ. 1re, 20 oct. 2011 : *D. 2011. AJ 2595 ; CCE 2012, nº 2, note Caron ; RIDA juill. 2012, p. 301, note Sirinelli.*

6. Est considéré comme contrefacteur l'intermédiaire (commerçant mettant à la disposition de sa clientèle des appareils de reproduction) incitant à la copie numérique de jeux vidéo. • TGI Valence, 2 juill. 1999 : *RIDA janv. 2000, p. 348 ; CCE 1999, nº 5, note Caron ; Expertises 1999, p. 356.*

7. En intervenant sur un logiciel développé par une autre société sans s'assurer de la réalité et de l'étendue du droit d'utilisation dont le client était investi, la société de maintenance des systèmes informatiques a, en procédant à des modifications du logiciel, engagé sa responsabilité. • TGI Paris, 20 déc. 2002 : *PIBD 2003. III. 373.*

8. ***Maintenance.*** Sur la qualification d'atteinte au droit de l'auteur du logiciel en cas de réalisation de modifications du programme dans un objectif de maintenance évolutive, V. • Trib. UE 16 déc. 2010, n° T-19/07 : *RIDA janv. 2011, p. 243, note Sirinelli* (mais la CJUE a annulé cette décision car le tribunal aurait dû décliner sa compétence et inviter les parties à saisir les juridictions nationales compétentes. • CJUE 18 avr. 2013, n° C-103/11 P.) ♦ En revanche, dans le cadre d'une maintenance corrective, V. • Caen, 28 oct. 2010 : *RIDA janv. 2011, p. 281, note Sirinelli.*

9. ***Étude ou test du fonctionnement d'un logiciel (L. 122-6-1-III).*** Par interprétation de l'art. 5. 3 de la Dir., la CJUE estime que cela doit permettre à une société – utilisatrice légitime – de développer – grâce à cette étude – un logiciel « alternatif » et de pénétrer ainsi sur le marché occupé par le premier programme. Toute stipulation contraire dans la licence est nulle. • CJUE, gr. ch., 2 mai 2012, n° C-406/10 : *V. note 1 ss. art. 1er Dir. 2009/24/CE du 23 avr. 2009, App., v° Propriété littéraire et artistique.*

Art. L. 122-6-2 *(L. n° 94-361 du 10 mai 1994, art. 5-I)* **Toute publicité ou notice d'utilisation relative aux moyens permettant la suppression ou la neutralisation de tout dispositif technique protégeant un logiciel doit mentionner que l'utilisation illicite de ces moyens est passible des sanctions prévues en cas de contrefaçon.**

Un décret en Conseil d'État fixera les conditions d'application du présent article. – *V. art. R. 335-2.*

BIBL. ► Sardain, *D. 2004. Chron. 330* (du déplombage aux logiciels *peer to peer* : l'histoire sans fin ?).

COMMENTAIRE

Cette disposition, en sanctionnant certains actes de « publicité », incrimine, indirectement mais sans ambiguïté, les actes de « déplombage » d'un programme (Comp. art. 7 de la directive 2009/24 du 23 avr. 2009, App., v° *Droit d'auteur*). ☐

Même avant l'intervention de la loi du 10 mai 1994, il était illicite de proposer un logiciel permettant de déplomber un programme et de réaliser des copies, dès lors que l'utilisateur légitime de ce programme avait reçu du titulaire des droits une copie de sauvegarde même si cette dernière était unique et protégée. • Com. 22 mai 1991 : *Bull. civ. IV, n° 172 ; JCP 1992. II. 21792, note Huet ; JCP E 1992. I. 141, obs. Vivant et Lucas ; Expertises, 1991. 233, obs. Linant de Bellefonds.* ♦ Le développement et la mise à disposition du public, sans l'autorisation du titulaire des droits sur un CD-Rom, d'un programme informatique désactivant les systèmes de protection du logiciel est une contrefaçon. • Paris, 17 juin 2005 : *CCE 2006, n° 3, note Caron.*

Art. L. 122-7 Le droit de représentation et le droit de reproduction sont cessibles à titre gratuit ou à titre onéreux.

La cession du droit de représentation n'emporte pas celle du droit de reproduction.

La cession du droit de reproduction n'emporte pas celle du droit de représentation.

Lorsqu'un contrat comporte cession totale de l'un des deux droits visés au présent article, la portée en est limitée aux modes d'exploitation prévus au contrat. – *[L. n° 57-298 du 11 mars 1957, art. 30.] – V. aussi art. L. 131-3.*

BIBL. ► Colombet, *Mélanges Françon, Dalloz 1995, p. 63* (la portée des autorisations d'exploitation en matière de contrats relatifs au droit d'auteur).

COMMENTAIRE

Ce texte énonce le principe selon lequel les droits composant le monopole d'exploitation sont cessibles.

Les droits peuvent ainsi être cédés ou concédés ensemble ou séparément. L'opération peut porter sur toute la durée de la protection ou être limitée dans le temps.

Ces droits étant indépendants l'un de l'autre et démembrables, la cession de certaines des composantes de ces droits n'emporte pas cession des autres. Toute cession doit être interprétée de façon restrictive.

Les conditions de validité des transferts sont détaillées aux articles L. 131-1 et suivants. ☐

A. INDÉPENDANCE DES DROITS D'EXPLOITATION

1. La distinction des composantes du monopole et l'indépendance des droits de représentation et de reproduction impliquent que les juges du fond doivent refuser de reconnaître que le créateur d'un emblème qui avait autorisé une banque à le reproduire « pour son utilisation à titre de marque et de publicité sous toutes ses formes » l'avait dans le même temps autorisée à utiliser sa création dans les émissions de télévision, dès lors que l'accord signé « s'il comporte la cession du droit de reproduction de l'emblème pour la publicité sous toutes ses formes ne contient aucune cession du droit de représentation de celui-ci même à des fins publicitaires et que la diffusion par la télévision correspond à l'exercice du droit de représentation ». • Civ. 1re, 18 déc. 1979 : *Bull. civ. I, n° 326 ; JCP 1980. II. 19307, concl. Gulphe ; RTD com. 1980. 80, obs. Françon.*

2. L'exécution de portraits destinés à servir de décor à une pièce de théâtre et l'autorisation de les représenter donnée à cette fin n'emportent pas autorisation de les reproduire dans un film qui constitue la réalisation cinématographique de l'œuvre dramatique (« Le portrait de Dorian Gray »). • Paris, 23 sept. 1981 : *RIDA juill. 1982, p. 159.*

3. La cession du droit de reproduction d'une chaise longue (fabrication du siège selon le modèle protégé) ne peut entraîner renonciation au droit de représentation, « une telle cession ou renonciation ne pouvant être qu'expresse », en sorte que l'utilisation, même sous une forme fragmentaire, de ce meuble dans un film publicitaire constituera une contrefaçon. • TGI Nanterre, 17 juin 1992 : *RIDA oct. 1992, p. 180.*

4. La clause de cession « tous droits compris » est par sa généralité inopérante et ne peut être considérée comme transférant l'intégralité des droits d'exploitation, notamment le droit de représentation. • Civ. 1re, 9 oct. 1991 : *Bull. civ. I, n° 253 ; D. 1993. Somm. 91, obs. Colombet ; RIDA janv. 1992, p. 292 ; JCP 1991. IV. 429.* ♦ Comp., pour les œuvres audiovisuelles, art. L. 132-24.

B. MODES D'EXPLOITATION VISÉS

5. Principe d'interprétation stricte. Les contrats portant sur les droits d'auteur sont gouvernés par le principe d'interprétation stricte, d'où il découle que l'auteur est supposé s'être réservé tout droit ou mode d'exploitation non expressément inclus dans un contrat de cession. • Versailles, 13 févr. 1992 : *D. 1993. 402, note Edelman.* ♦ Comp., estimant que la cession du droit d'utiliser des pictogrammes constituant des signes distinctifs d'identification des produits est présumée, du fait de la nature et de l'objet de ces créations, résulter de leur seule fourniture au client lorsqu'elle n'est pas accompagnée d'une réserve expresse et précise permettant au client de connaître l'exacte consistance de ce qui lui est fourni ; à défaut, le créateur ne peut prétendre qu'en continuant à reproduire les pictogrammes sur des documents publicitaires, après la rupture de leurs relations contractuelles, son client a commis une contrefaçon. • Versailles, 20 nov. 1997 : *Les Annonces de la Seine, 18 mai 1998 ; Gaz. Pal. 10-11 févr. 1999. Somm. 25.* ♦ Sur la nullité d'une clause de cession des droits patrimoniaux de l'auteur d'une œuvre d'architecture pour absence de mention relative aux modalités financières de la cession, V. • Versailles, 15 nov. 2001 : *Légipresse 2002, n° 190, I, p. 37 ; RIDA oct. 2003, p. 291, obs. Kéréver.* ♦ La prohibition contractuelle de l'emploi publicitaire d'un cliché dont le droit de reproduction a été acquis pour illustrer la couverture d'un magazine ne s'étend pas, eu égard à la suite que l'usage donne à l'obligation d'après sa nature et sauf clause contraire expresse, à l'exposition publique de celle-là lorsqu'elle est faite pour la promotion des ventes de celui-ci. • Civ. 1re, 15 mai 2002 : *Bull. civ. I, n° 130 ; D. 2002. AJ 1908, obs. Daleau ; Ann. propr. ind. 2002. 480 ; JCP E 2002. 1121, note Caron ; ibid. 2004. 561, n° 5, obs. Laporte-Legeais ; Légipresse 2002, n° 194, III, p. 139, note Bigot ; Propr. intell. 2002, n° 4, p. 58, obs. Sirinelli ; RIDA janv. 2003, p. 287, obs. Kéréver ; RDPI 2002, n° 141, p. 18, note Singh.* ♦ La cession de ses droits par l'auteur est limitée aux modes d'exploitation prévus au contrat. • Civ. 1re, 15 févr. 2005 : *Bull. civ. I, n° 83 ; RTD com. 2005. 495, obs. Pollaud-Dulian ; CCE 2005, n° 61, note Caron ; RIDA juill. 2005, p. 415.* ♦ Et sur renvoi • Paris, 15 févr. 2008 : *Propr. intell. 2008, n° 28, p. 332, obs. A. Lucas.* ♦ V. aussi • Paris, 8 sept. 2006 : *CCE 2007, n° 25, obs. Caron* • Paris, 17 janv. 2007 : *Propr. intell. 2007, n° 23, p. 216, obs. A. Lucas.*

6. L'auteur qui a autorisé la traduction de son œuvre en une langue déterminée et pour une aire géographique déterminée conserve le droit de traiter avec d'autres traducteurs pour d'autres domaines. • TGI Seine, 31 mars 1966 : *D. 1966. Somm. 97.*

7. L'auteur ne peut se voir imposer des modes d'exploitation non prévus au contrat à propos d'un dramaturge qui « loin de consentir à un dessaisissement total de ses droits sur son œuvre (...) avait conclu un accord strictement limité, à une époque où ne pouvait être prévue une utilisation cinématographique de l'opéra ». • Civ. 1re, 29 juin 1959 : *D. 1960. 129, note Desbois.*

8. L'auteur peut s'opposer à une exploitation de son œuvre dans le cadre d'une destination non prévue au contrat, comme par exemple l'utilisation, par un journal pour illustrer un fait divers, de clichés conçus pour la publicité d'un film. • Civ. 1re, 5 mai 1976 : *RIDA oct. 1976, p. 168.*

C. CARACTÈRE GRATUIT OU ONÉREUX DE LA CESSION

9. *Cession à titre gratuit.* L'auteur est libre, si, du moins, il a une claire conscience de ce qu'il cède à titre gratuit, de renoncer à percevoir des droits patrimoniaux sur l'exploitation de son œuvre (à propos d'un contrat d'édition). • Paris, 25 nov. 2005 : *CCE 2006, n° 40, note Caron ; Propr. intell. 2006, n° 19, p. 183, obs. Lucas.*

Art. L. 122-7-1 (*L. n° 2006-961 du 1er août 2006, art. 1er*) **L'auteur est libre de mettre ses œuvres gratuitement à la disposition du public, sous réserve des droits des éventuels coauteurs et de ceux des tiers ainsi que dans le respect des conventions qu'il a conclues.**

COMMENTAIRE

Disposition rappelant le principe énoncé à l'article précédent et l'appliquant manifestement à l'univers des réseaux. Selon la lettre même de cette disposition et les travaux parlementaires, cet article ne saurait être interprété comme permettant de méconnaître les droits d'autres personnes (cessionnaires antérieurs ou coauteurs) ou de s'affranchir des règles classiques relatives à la rémunération. Dès lors que la mise à la disposition n'est plus faite gracieusement, les règles protectrices des auteurs retrouvent leur empire. ❑

Art. L. 122-8 (*L. n° 2006-961 du 1er août 2006, art. 48*) **Les auteurs d'œuvres originales graphiques et plastiques ressortissants d'un État membre de la Communauté européenne ou d'un État partie à l'accord sur l'Espace économique européen bénéficient d'un droit de suite, qui est un droit inaliénable de participation au produit de toute vente d'une œuvre après la première cession opérée par l'auteur ou par ses ayants droit, lorsque intervient en tant que vendeur, acheteur ou intermédiaire un professionnel du marché de l'art. Par dérogation, ce droit ne s'applique pas lorsque le vendeur a acquis l'œuvre directement de l'auteur moins de trois ans avant cette vente et que le prix de vente ne dépasse pas 10 000 €.**

On entend par œuvres originales au sens du présent article les œuvres créées par l'artiste lui-même et les exemplaires exécutés en quantité limitée par l'artiste lui-même ou sous sa responsabilité.

Le droit de suite est à la charge du vendeur. La responsabilité de son paiement incombe au professionnel intervenant dans la vente et, si la cession s'opère entre deux professionnels, au vendeur.

Les professionnels du marché de l'art visés au premier alinéa doivent délivrer à l'auteur ou (*Ord. n° 2016-1823 du 22 déc. 2016, art. 2-1°*) **« à un organisme de gestion collective » du droit de suite toute information nécessaire à la liquidation des sommes dues au titre du droit de suite pendant une période de trois ans à compter de la vente.**

Les auteurs non ressortissants d'un État membre de la Communauté européenne ou d'un État partie à l'accord sur l'Espace économique européen et leurs ayants droit sont admis au bénéfice de la protection prévue au présent article si la législation de l'État dont ils sont ressortissants admet la protection du droit de suite des auteurs des États membres et de leurs ayants droit.

Un décret en Conseil d'État précise les conditions d'application du présent article et notamment le montant et les modalités de calcul du droit à percevoir, ainsi que le prix de vente au-dessus duquel les ventes sont soumises à ce droit. Il précise également les conditions dans lesquelles les auteurs non ressortissants d'un État membre de la Communauté européenne ou d'un État partie à l'accord sur l'Espace économique européen qui ont leur résidence habituelle en France et ont participé à la vie de l'art en France pendant au moins cinq ans peuvent demander à bénéficier de la protection prévue au présent article.

V. Dir. (CE) n° 2001/84 du 27 sept. 2001 relative au droit de suite au profit de l'auteur d'une œuvre originale, App., v° Droit d'auteur. — V. art. R. 122-2 s.

Les dispositions de l'Ord. n° 2016-1823 du 22 déc. 2016 sont applicables dans les îles Wallis-et-Futuna (Ord. préc., art. 6).

BIBL. ▶ CAMPANA-REYMOND DE GENTILE, *Defrénois 1974, art. 30628* (la transmission héréditaire du droit de suite...). – COHEN, Le droit de suite selon la loi du 11 mars 1957, *thèse Paris 1959*. – COUTOT, *JCP N 1977. I. 1* (le droit de suite après la mort de l'auteur). – DEBLANC et PIGNATARI, *CCE 2012. Étude 7* (la charge du droit de suite ou l'art de contourner la loi). – L. DUCHEMIN, Le droit de suite des artistes, *Sirey 1948 ; RIDA oct. 1969, p. 89* (le droit de suite aux artistes). – W. Duchemin, *RIDA juill. 1974, p. 5* (le droit de suite) ; *ibid. janv. 2002, p. 3* (la directive communautaire sur le droit de suite). – Gendreau, *Propr. intell. 2015, n° 56, p. 261* (les pays de *copyright* et le droit de suite). – Hovasse-Banget, La propriété littéraire et artistique en droit des successions, *thèse Rennes 1990.* – Lindon, *JCP 1976. I. 2729* (pauvre droit de suite). – De Pierredon-Fawcett, Le droit de suite... étude de droit comparé, *thèse Paris XI, 1984.* – Plaisant, *Dr. auteur 1969. 157* (le droit de suite). – Pollaud-Dulian, *CCE 2006. Étude 35* (*l'aggiornamento* communautaire du droit de suite). – Ulmer, *Hommage Desbois, Dalloz 1974, p. 89* (le droit de suite et sa réglementation dans la Convention de Berne).

COMMENTAIRE

Le droit de suite repose sur une logique différente de celle des droits de reproduction et représentation (monopole d'exploitation). Il ne consiste pas en un droit d'autoriser ou d'interdire mais dans la possibilité de toucher un pourcentage lors de certaines reventes du support matériel de certaines œuvres.

Le droit de suite a connu au 1er août 2006 (loi) puis au 1er juin 2007 (décret) une réforme d'ampleur. Son régime est assez minutieusement réglementé par l'article L. 121-8 et certains articles de la partie réglementaire (avant la réforme du 1er août 2006, art. R. 122-1 à R. 122-11) du code de la propriété intellectuelle.

Le nouvel article L. 122-8, issu de la loi du 1er août 2006, transpose la directive communautaire du 27 septembre 2001 dont le but est de généraliser le principe du droit de suite dans les États membres (V. App., v° *Propriété littéraire et artistique*).

Par rapport au précédent régime, il convient de noter :
– aucun changement quant à la dévolution successorale de la prérogative ;
– le maintien du caractère inaliénable du droit ;
– un élargissement de son champ d'application :
– quant aux éléments concernés (précision levant la controverse à propos des exemplaires exécutés en quantité limitée) ;
– quant aux opérations visées : « toute vente d'une œuvre après la première cession (...) lorsque intervient (...) un professionnel du marché de l'art » alors que faute de décret d'application, le régime issu de la loi du 11 mars 1957 ne touchait effectivement que les ventes réalisées dans le cadre d'enchères publiques.
– une modification des taux applicables (fixés par décret V. art. R. 122-1 s.).

Le droit de suite s'applique aux œuvres graphiques et plastiques, normalement conçues en un exemplaire. Mais, avant même la réforme du 1er août 2006 il était admis qu'il puisse aussi concerner des œuvres réalisées en plusieurs exemplaires (estampes, lithographies, photographies, objets en bronze... V. notes 2 s.), si ces différents exemplaires portent l'empreinte de la personnalité de l'auteur (modèle conçu par l'artiste ou réalisé selon ses instructions...). La pratique essayait de réglementer la situation en limitant le nombre d'exemplaires concernés (par exemple : circulaire du 14 février 1958 de la Chambre nationale des commissaires-priseurs limitant à 25 ou 75, selon les cas, le nombre d'exemplaires). La loi vise désormais expressément les « exemplaires exécutés en quantité limitée par l'artiste lui-même ou sous sa responsabilité ».

Le droit de suite est mis en œuvre à l'occasion de la vente d'une œuvre, « lorsque intervient en tant que vendeur, acheteur ou intermédiaire un professionnel du marché de l'art ». Avant la réforme du 1er août 2006, il n'était effectif qu'à l'occasion de ventes aux enchères publiques car s'agissant des ventes se produisant « par l'intermédiaire d'un commerçant », l'adoption attendue d'un décret d'application en Conseil d'État n'est jamais intervenue La passivité des autorités françaises dans ce domaine a été condamnée par un arrêt du Conseil d'État (V. note 6).

L'auteur (s'il a fait une déclaration d'intention insérée au *Journal officiel*) touchera, pendant toute la durée du monopole, un prélèvement, à la charge du vendeur, dont le pourcentage est fixé (V. art. R. 122-5 s.) par décret (V. ci-dessous, jusqu'à la réforme du 1er août 2006, le montant était de 3 % sur le prix de vente), pour toutes les ventes successives de l'œuvre (dès lors que celles-ci dépassent le montant de 750 €) même s'il n'y a pas eu de plus-value ou si la revente s'est effectuée à perte. Ce droit ne s'applique pas lorsque le vendeur a acquis l'œuvre directement de l'auteur moins de trois ans avant cette vente.

Le taux du droit de suite a été modifié et reprend fidèlement ceux prévus par la directive : le pourcentage sera ainsi plus élevé qu'auparavant pour les œuvres les moins chères (4 % pour les œuvres de moins de 50 000 €). Il est ensuite dégressif, par tranches de prix (3 % pour la tranche du prix de vente comprise entre 50 000,01 et 200 000 € ; 1 % pour la tranche du prix de vente comprise entre 200 000,01 et 350 000 € ; 0,5 % pour la tranche du prix de vente comprise entre 350 000,01 et 500 000 € ; 0,25 % pour la tranche du prix de vente dépassant 500 000 €). Enfin, les textes imposent un montant maximal du droit de suite de 12 500 € (ce qui, en pratique, « plafonne » les droits pour les œuvres vendues plus de 2 millions d'euros).

Le bénéficiaire du droit de suite est normalement le créateur lui-même puisque ce droit est inaliénable. C'est dire que contrairement aux prérogatives patrimoniales relevant du monopole d'exploitation, le droit de suite ne peut être cédé. L'auteur ne peut non plus y renoncer. Il peut toutefois donner mandat à une société d'auteurs (ADAGP, par ex.) pour percevoir le montant du droit de suite auprès des professionnels du marché de l'art. A la mort du créateur, le droit de suite ne peut bénéficier qu'aux héritiers *ab intestat* (V. CPI, art. L. 123-7). ❑

A. FINALITÉ DU DROIT DE SUITE

1. Le législateur « a institué essentiellement un droit de suite dans le but d'associer l'artiste à un bénéfice d'une éventuelle plus-value de son œuvre et ainsi compenser le faible prix auquel il l'a aliénée à une époque où il ne connaissait le plus souvent aucune notoriété et non dans le but de compenser le faible rendement du droit de reproduction de l'œuvre ». • Paris, 28 janv. 1991 : *D. 1992. Somm. 17, obs. Colombet* ; *RIDA oct. 1991, p. 141.* – Arrêt cassé par • Civ. 1re, 13 oct. 1993 : *D. 1994. 138, note Edelman* ; *D. 1994. Somm. 93, obs. Colombet* ; *RIDA juill. 1994, p. 271.*

B. ŒUVRES VISÉES

1° TYPES D'ŒUVRES

2. Dès lors qu'ils peuvent, chacun, être regardés comme « un exemplaire original d'une œuvre d'art graphique ou plastique ». • Civ. 1re, 13 oct. 1993 : *préc. note 1.* ♦ ... Sont susceptibles d'être soumis au droit de suite : un meuble, un panneau et un objet décoratifs ou une œuvre d'art réalisée dans l'atelier d'un ébéniste. • Même arrêt. ♦ ... Des épreuves en bronze à tirage limité coulées à partir de moules de sculpture ; V., à propos de l'affaire Rodin. • Civ. 1re, 18 mars 1986 : *RTD com. 1987. 56, obs. Françon* ; *RIDA juill. 1986, p. 138, concl. Gulphe.* ♦ ... A condition qu'ils présentent les dimensions exactes des modèles créés par l'artiste. • Orléans, 8 févr. 1990 : *RIDA janv. 1991, p. 333, note Gaudel.* – Et, sur pourvoi • Civ. 1re, 5 nov. 1991 : *Bull. civ. I, n° 303* ; *D. 1992. 361, note Edelman* ; *D. 1993. Somm. 89, obs. Colombet*.

3. Pour les manuscrits, V. Circ. n° 1817 du 14 févr. 1958 de la Chambre nationale des commissaires-priseurs, art. 3, qui dispose : « Les textes originaux d'œuvres littéraires et musicales ne sont pas des œuvres graphiques et ne donnent jamais naissance au droit de suite. » – Le considérant n° 18 de la Dir. du 27 sept. 2001 (V. App., v° *Droit d'auteur*) précise « que l'harmonisation découlant de la présente directive ne s'applique pas aux manuscrits originaux des écrivains et compositeurs ». ♦ V. aussi, Convention de Berne du 9 sept. 1886, art. 14 *ter*, App., v° *Droit d'auteur.* ♦ Pour les estampes et les tapisseries, V. accords des 28 nov. 1957 et 15 janv. 1958 passés entre les représentants des commissaires-priseurs et des auteurs.

2° NOTION D'ORIGINAL

4. « Constitue un exemplaire original d'une œuvre d'art graphique ou plastique, l'objet qui peut être considéré comme émanant de la main de l'artiste ou qui a été réalisé selon ses instructions et sous son contrôle, de telle sorte que, dans son exécution même, ce support matériel porte la marque de la personnalité de son créateur et qu'il se distingue par là d'une simple reproduction. » • Civ. 1re, 13 oct. 1993 : *préc. note 1.* ♦ ... Sans qu'il y ait lieu de s'attacher à la seule « fabrication manuelle » par l'artiste pour juger du bénéfice du droit de suite. • Même arrêt.

5. Le concept d'original est distinct de celui d'unité, de sorte qu'il peut exister plusieurs originaux d'une même création dès lors qu'il ne s'agit pas de simples exemplaires de reproduction. • Civ. 1re, 5 nov. 1991 : *préc. note 2* • 13 oct. 1993 : *préc. note 1.* ♦ Ainsi, « même s'il est vrai que le modèle en plâtre ou en terre cuite est seul réalisé par le sculpteur personnellement, les épreuves en bronze à tirage limité coulées à partir de ce modèle dont elles tiennent entièrement leur originalité, n'en doivent pas moins être considérées comme l'œuvre elle-même émanant de la main de l'artiste, (...) le fait que le tirage limité des épreuves en bronze soit postérieur au décès du sculpteur n'a aucune influence sur le caractère d'œuvre originale et de création personnelle ». • Civ. 1re, 18 mars 1986 : *préc. note 2.* – Censurant la cour d'appel qui exigeait « sinon la main, du moins l'œil du sculpteur lui-même qui seul aura qualité pour décider si l'œuvre achevée représente sa création personnelle ». • Versailles, 5 mars 1984 : *D. 1986. Somm. 187, obs. Colombet.* ♦ Il est cependant nécessaire que ces objets présentent des dimensions identiques à « celles voulues par l'artiste, ces dimensions et proportions participant directement de l'œuvre ». • Orléans, 8 févr. 1990 : *préc. note 2.* ♦ ... Faute de quoi les épreuves ne peuvent être qualifiées « d'exemplaires originaux de l'œuvre conçue par l'artiste dès lors que n'étant pas directement et en tous points identiques à celles qu'il avait personnellement agréées elles ne constituaient que des reproductions dont la compétence du musée Rodin, titulaire du droit moral de l'auteur, garantissait seulement la qualité exceptionnelle et la fidélité à l'œuvre originale ». • Civ. 1re, 5 nov. 1991 : *préc. note 2.*

C. VENTES DONNANT LIEU AU DROIT DE SUITE

6. Dans le cas de ventes réalisées par l'intermédiaire d'un commerçant, le droit de suite étant inapplicable faute d'intervention d'un décret en Conseil d'État prévu par la loi, la responsabilité de l'État peut être engagée puisqu'« en l'absence d'une modification législative de l'art. 42 de la loi de 1957 (L. 122-8), le gouvernement avait l'obligation d'assurer la pleine application de cet article en prenant, dans un délai raisonnable, les dispositions réglementaires nécessitant sa mise en œuvre », sans qu'il y ait pour autant versement de dommages-intérêts en raison de l'impossibilité de calculer le préjudice. • CE 9 avr. 1993 : *D. 1993. IR 146 ; RTD com. 1993. 511, obs. Françon.*

7. Sur la recevabilité d'une clause transférant la charge du droit de suite du vendeur à l'acheteur, V. • Paris, 12 déc. 2012 : *D. 2012. AJ 174, obs. Émile-Zola-Place.*

D. BÉNÉFICIAIRES DU DROIT DE SUITE

8. Sur les bénéficiaires après la mort de l'auteur, V. notes 1 s. ss. art. L. 123-7.

9. *Contractualisation du droit de suite.* Une société de vente volontaire peut faire peser par contrat la charge du droit de suite sur l'acheteur. • Civ. 1re, 3 juin 2015, nº 13-12.675 P : *D. 2015. 1272, obs. Noual ; ibid. 1631, note Azzi ; RLDI oct. 2015. 9, note Cervetti.* ♦ V. égal. l'arrêt d'appel... • Paris, 12 déc. 2012 : *D. 2013. 174, obs. Émile-Zola-Place ; Propr. intell. avr. 2013, nº 47, p. 191, obs. Lucas.* ♦ ... Puis la décision de la Cour de cassation saisissant la CJUE sur l'interprétation de l'art. 1er de la Dir. 2001/84/CE du 27 sept. 2001 relative au droit de suite au profit de l'auteur d'une œuvre d'art originale : • Civ. 1re, 22 janv. 2014, nº 13-12.675 P : *RTD com. 2014. 136, note Pollaud-Dulian ; Propr. intell. avr. 2014, nº 51, p. 170, note Bruguière.* ♦ ... Et la réponse de la CJUE : • CJUE 26 févr. 2015, nº C-41/14 : *cité note 2 ss. art. 1er Dir. 2001/84/CE du 27 sept. 2001, App., vº Propriété littéraire et artistique.* ♦ V. déjà, sur la recevabilité de l'action relative à la nullité de clauses contraires à l'organisation du droit de suite • TGI Paris, 27 sept. 2011 : *D. 2011. 2740, Point de vue Bruguière ; RTD com. 2012. 334, obs. Pollaud-Dulian.*

Art. L. 122-9 **En cas d'abus notoire dans l'usage ou le non-usage des droits d'exploitation de la part des représentants de l'auteur décédé visés à l'article L. 121-2, le tribunal de grande instance peut ordonner toute mesure appropriée. Il en est de même s'il y a conflit entre lesdits représentants, s'il n'y a pas d'ayant droit connu ou en cas de vacance ou de déshérence.**

Le tribunal peut être saisi notamment par le ministre chargé de la culture. – *[L. nº 57-298 du 11 mars 1957, art. 20.]*

BIBL. ▶ JACQUIER, *CCE 2001, nº 26* (le contrat forcé en droit d'auteur).

COMMENTAIRE

Originellement envisagé pour régler des difficultés liées à des hypothèses de déshérence ou de vacance, ce texte permet aussi d'arbitrer judiciairement un conflit entre ayants droit ou de contrôler l'exercice *post mortem* du monopole.

Dans cette dernière fonction, il sera possible de passer outre l'opinion des héritiers de l'auteur mais, dans la mesure où cette décision conduira à la conclusion d'un contrat « forcé », l'intervention judiciaire doit demeurer exceptionnelle et se limiter aux cas d'abus notoires. Caractériser l'abus des droits patrimoniaux n'est pas simple et il faut tenir compte tant de l'opinion exprimée par l'auteur de son vivant que des règles et usages relatifs à l'exploitation envisagée. L'exigence légale du caractère « notoire » (traduit en jurisprudence par le terme « manifeste », V. note 1) de l'abus devrait éviter les remises en cause trop fréquentes des choix des héritiers sous peine de priver le monopole d'un de ses caractères, l'exclusivité.

Dans la mise en œuvre de cette disposition, s'il est possible de raisonner en parallèle avec la solution mise en place à l'article L. 121-2 à propos du droit moral, il faut également faire abstraction de cette référence, due à une maladresse lors de la codification, s'agissant des personnes contrôlées, puisque cet article vise les héritiers du droit de divulgation qui ne sont pas nécessairement les mêmes que ceux du monopole d'exploitation. ❑

1. L'abus dans le refus d'exploitation des droits doit être caractérisé par les juges du fond ; tel n'est pas le cas lorsque la titulaire des droits a déjà conclu un contrat d'exploitation avec un cocontractant étranger. • Civ. 1re, 28 févr. 1989 : *Bull. civ. I, n° 101 ; D. 1989. 57, note Durrande.* ♦ ... Mais en l'absence d'exploitation française, alors que l'artiste tenait indiscutablement au rayonnement de son œuvre, et « en portant atteinte à la diffusion en France des œuvres de son mari par une attitude qui n'est pas dans la ligne et ne peut s'inscrire que dans le respect des volontés de ce peintre, Mme Foujita a commis un abus manifeste dans le non-usage des droits d'exploitation de Foujita ». – Sur renvoi • Rennes, 16 nov. 1990 : *RTD com. 1991. 594, obs. Françon* ✐. ♦ Le titulaire *post mortem* peut se voir reprocher un abus dans l'exercice de son droit soit qu'il en fasse un mauvais usage, soit qu'il refuse d'en user Il s'évince de l'ensemble des éléments soumis à la Cour que la Fondation Alberto et Annette Giacometti ne peut reprocher aux intimés coïndivisaires de faire obstacle à l'édition de 98 fontes qu'elle entend voir réaliser en abusant de leur droit de reproduction. • Paris, 11 janv. 2013 : *RTD com. 2013. 280, obs. Pollaud-Dulian* ✐ *; CCE 2013, n° 41, note Caron ; Légipresse 2013, n° 304, p. 241, note Lucas-Schloetter ; Propr. intell. 2013, n° 47, p. 188, obs. A. Lucas.*

2. Sur la distinction avec le domaine de l'art. L. 113-3, al. 3, V. • Civ. 1re, 24 nov. 1993 : *RIDA avr. 1994, p. 216.*

Art. L. 122-10 *(L. n° 95-4 du 3 janv. 1995, art. 1er)* **La publication d'une œuvre emporte cession du droit de reproduction par reprographie à** *(Ord. n° 2016-1823 du 22 déc. 2016, art. 2-2°)* **« un organisme de gestion collective régi par le titre II du livre III et agréé à cet effet par le ministre chargé de la culture. Les organismes agréés peuvent seuls » conclure toute convention avec les utilisateurs aux fins de gestion du droit ainsi cédé, sous réserve, pour les stipulations autorisant les copies aux fins de vente, de location, de publicité ou de promotion, de l'accord de l'auteur ou de ses ayants droit. A défaut de désignation par l'auteur ou son ayant droit à la date de la publication de l'œuvre,** *(Ord. n° 2016-1823 du 22 déc. 2016, art. 2-2°)* **« un des organismes agréés est réputé » cessionnaire de ce droit.**

La reprographie s'entend de la reproduction sous forme de copie sur papier ou support assimilé par une technique photographique ou d'effet équivalent permettant une lecture directe.

Les dispositions du premier alinéa ne font pas obstacle au droit de l'auteur ou de ses ayants droit de réaliser des copies aux fins de vente, de location, de publicité ou de promotion.

Nonobstant toute stipulation contraire, les dispositions du présent article s'appliquent à toutes les œuvres protégées quelle que soit la date de leur publication. – *V. art. R. 322-1 s.*

Sur le régime antérieur à la L. n° 95-4 du 3 janv. 1995, V. le protocole d'accord du 16 mars 1993 entre le ministère de la Culture et le Centre français du droit de copie (Légipresse, mai 1993, n° 101, p. 50).

Les dispositions de l'Ord. n° 2016-1823 du 22 déc. 2016 sont applicables dans les îles Wallis-et-Futuna (Ord. préc., art. 6).

BIBL. ▶ Loi du 3 janv. 1995 : Bécourt, *ALD 1995. 59* (commentaire de la loi du 3 janv. 1995). – Bertrand, *RDPI 1997, n° 81, p. 11* (loi du 3 janv. 1995 sur le droit de reprographie : une loi scélérate dans son principe et son application). – Boiron, *CCE 2004, n° 42* (le droit de reproduction par reprographie : les copies à des fins de commerce dix ans après la loi du 3 janvier 1995). – Françon, *RTD com. 1995. 121* ✐. – Lucas, *JCP 1995. Actu. 6.* – Masseron, *Légicom 1997, n° 14, p. 43* (gestion collective du droit de reproduction par reprographie, mise en œuvre de la loi du 3 janv. 1995). – Noguier, *Gaz. Pal. 1995. 1205* (loi du 3 janv. 1995 relative à la gestion collective obligatoire du droit de reproduction privé à usage collectif).

▶ Reprographie : Noguier, *Légicom janv. 1994, p. 69, et janv.-mars 1995. – V. aussi Bibl. ss. art. L. 122-5.*

COMMENTAIRE

Les articles L. 122-10 et suivants sont issus d'une loi spéciale adoptée le 3 janvier 1995 pour régler certains aspects de la reproduction d'œuvres par la voie de la reprographie.

La reprographie est définie à l'alinéa 2 de l'article L. 122-10.

Le statut des copies est le suivant :
– lorsque la copie est obtenue grâce au matériel de reprographie de l'usager pour son usage privé, on est en présence d'une copie privée. L'hypothèse s'inscrit dans le cadre de l'article L. 122-5, 2°.
– lorsque la reprographie est effectuée sur du matériel dont l'usager de la copie n'est ni propriétaire, ni gardien, la Cour de cassation refuse le bénéfice de l'exception de copie privée (Civ. 1re, 7 mai 1984 ; *RIDA juillet 1984, p. 152*).

Les dispositions des articles L. 122-10 et suivants règlent les hypothèses d'usage collectif non commercial (exemple, reproduction d'œuvres dans les fiches de travaux dirigés distribués aux étudiants dans une université). Elles ne concernent pas la copie privée qui demeure libre.

Ces articles instaurent un système de gestion collective obligatoire dont l'économie est la suivante :
1° La publication d'une œuvre emporte cession du droit de reproduction par reprographie à une société de gestion collective agréée par le ministère de la Culture (aujourd'hui, le CFC ; V. aussi art. R. 322-1 s.).
2° Cette cession est automatique même si l'ayant droit n'est pas membre d'une société de gestion.
3° La société :
– est chargée de la perception, elle passe des accords avec ceux qui effectuent les actes de reproduction,
– effectue ensuite une répartition entre les ayants droit,
– a, en cas de méconnaissance du droit, le pouvoir d'agir en justice.
4° L'utilisateur qui a respecté les règles sus-énoncées ne peut pas être poursuivi par les ayants droit.
5° En cas d'usage collectif commercial (utilisation des photocopies à des fins de vente, de location, de publicité ou de promotion), il faut, en plus, recueillir l'accord de l'ayant droit (système mixte).

1. Copie privée. Pour un examen du régime des reprographies à usage exclusif du copiste, V. notes 15 s. ss. art. L. 122-5.

2. Taxe. L'institution d'une taxe de 3 % sur les appareils de reprographie fabriqués ou importés en France, par la loi de finances pour 1976, a été jugée compatible avec le Traité de Rome. • CJCE 3 févr. 1981 : *RIDA juill. 1981, p. 192.* ♦ ... Et sans influence sur le respect des principes de droit d'auteur. • Paris, 8 oct. 1982 : *RTD com. 1983. 434, obs. Françon ; RIDA janv. 1983, p. 138.*

3. Usage commercial. La cession légale du droit de reproduction par reprographie au bénéfice d'une société de gestion collective n'emporte pas le droit d'utiliser l'œuvre à des fins commerciales. Les juges approuvent l'arrêt qui pour condamner une société et le Centre français d'exploitation du droit de copie pour contrefaçon, retient qu'en reproduisant et en offrant à la vente plusieurs articles précédemment publiés dans diverses revues spécialisées et en permettant cette exploitation, sans avoir recueilli l'accord de leur auteur ou de ses ayants droit, les intéressés ont porté atteinte aux droits patrimoniaux de l'auteur. • Civ. 1re, 11 déc. 2013, n° 11-22.031 P : *Dalloz actualité, 14 janv. 2014, obs. Daleau ; D. 2014. 8 ; RTD com. 2014. 613, note Gaudrat ; RIDA avr. 2014, p. 301, obs. Sirinelli ; CCE 2014, n° 15, note Caron ; Légipresse 2014, n° 315, p. 235, note Vercken (approuvant l'arrêt).* ♦ Commet un acte de contrefaçon la société qui, à des fins commerciales, permet aux utilisateurs de sa base de données d'obtenir l'envoi des copies d'articles de presse référencés dans cette base. • TGI Paris, 20 sept. 2002 : *Légipresse 2003, n° 198, III, p. 10, note Pierrat ; Propr. intell. 2003, n° 6, p. 43, obs. Lucas.* ♦ Confirmé par • Paris, 24 mars 2004 : *Légipresse 2004, III, p. 129, note Vercken ; RIDA juill. 2004, p. 231, note Kéréver ; Propr. intell. 2004, n° 12, p. 772, obs. Lucas.*

Art. L. 122-11 *(L. n° 95-4 du 3 janv. 1995, art. 1er)* **Les conventions mentionnées à l'article L. 122-10 peuvent prévoir une rémunération forfaitaire dans les cas définis aux 1° à 3° de l'article L. 131-4.**

Art. L. 122-12 *(L. n° 95-4 du 3 janv. 1995, art. 1er)* **L'agrément** *(Ord. n° 2016-1823 du 22 déc. 2016, art. 2-3°)* **« des organismes mentionnés » au premier alinéa de l'article L. 122-10 est délivré en considération :**
– de la diversité *(Ord. n° 2016-1823 du 22 déc. 2016, art. 2-3°)* **« des membres » ;**
– de la qualification professionnelle des dirigeants ;
– des moyens humains et matériels qu'ils proposent de mettre en œuvre pour assurer la gestion du droit de reproduction par reprographie ;
– du caractère équitable des modalités prévues pour la répartition des sommes perçues.
Un décret en Conseil d'État fixe les modalités de la délivrance et du retrait de cet agrément ainsi que du choix *(Ord. n° 2016-1823 du 22 déc. 2016, art. 2-3°)* **« des organismes » cessionnaires en application de la dernière phrase du premier alinéa de l'article L. 122-10.** – *V. art. R. 322-1 à R. 322-4.*

Les dispositions de l'Ord. n° 2016-1823 du 22 déc. 2016 sont applicables dans les îles Wallis-et-Futuna (Ord. préc., art. 6).

CHAPITRE III DURÉE DE LA PROTECTION

COMMENTAIRE

Pour des raisons évidentes d'équilibre entre les intérêts particuliers et l'intérêt général, les œuvres divulguées tombent dans le domaine public, passé un certain délai. C'est dire que leur utilisation n'est en principe plus soumise à autorisation ni à rémunération.

Mais cette chute dans le patrimoine commun de l'humanité ne peut se faire totalement au mépris des intérêts des créateurs. Pour cette raison le droit moral est déclaré perpétuel (V. art. L. 121-1 et L. 121-2).

Le chapitre qui s'ouvre a pour objet premier de fixer la durée des droits patrimoniaux. Un principe général (art. L. 123-1) est posé : une œuvre est protégée pendant toute la vie de son créateur plus 70 ans à compter de la mort de ce dernier. Cette solution connaît naturellement des aménagements en fonction de la nature (art. L. 123-2 s.) ou des caractéristiques (art. L. 123-8 s.) de certaines créations.

Nombre de solutions résultent d'une directive communautaire du 29 octobre 1993 dont le but a été d'harmoniser la durée de protection au sein de l'Union. La durée retenue est supérieure à celle que la Convention de Berne impose comme minimum (50 ans *post mortem*). L'Europe communautaire n'est pas la seule à prévoir une protection plus longue puisque d'autres États retiennent aussi cette solution. Les États-Unis, par exemple, connaissent également la règle des 70 ans *post mortem*. Mais le calcul de la chute dans le domaine public y est plus complexe en raison de questions de droit transitoire et de différences suivant l'origine de l'œuvre.

Le présent chapitre n'a pas pour seul objet de fixer ces limites temporelles, il doit répondre aussi à des interrogations relatives au sort des droits avant que le monopole ne s'éteigne (les art. L. 123-6 et L. 123-7 désignent les héritiers). Enfin, il tranche la question des œuvres dites posthumes (art. L. 123-4).

L'une des difficultés majeures subsistante en dépit de l'harmonisation communautaire concerne les prorogations de guerre (art. L. 123-8 et L. 123-9). ❑

Art. L. 123-1 **L'auteur jouit, sa vie durant, du droit exclusif d'exploiter son œuvre sous quelque forme que ce soit et d'en tirer un profit pécuniaire.** – *[L. n° 57-298 du 11 mars 1957, art. 21.]*

(L. n° 97-283 du 27 mars 1997) **« Au décès de l'auteur, ce droit persiste au bénéfice de ses ayants droit pendant l'année civile en cours et les soixante-dix années qui suivent. »**

La L. n° 97-283 du 27 mars 1997 a transposé en droit interne les Dir. (CE) nos 93/83 du 27 sept. 1993 et 93/98 du 29 oct. 1993. — Sur l'entrée en vigueur rétroactive de ces dispositions, V. art. 16 de la loi, ss. art. L. 123-12.

Sur les importantes dispositions transitoires de la L. n° 97-283 du 27 mars 1997, V. art. 13 de la loi ss. art. L. 132-30 ; art. 14 ss. art. L. 217-2 et art. 16 ss. art. L. 123-12.

BIBL. ► CASTELAIN, *RIDA avr. 1958, p. 375* (la durée de la protection). - CHOISY, Le domaine public en droit d'auteur, *thèse Paris II, 2001.* - COLOMBET, *D. 1987. Chron. 145* (l'énigme de l'art. 21, § 2, de la loi du 11 mars 1957, mod. par la loi du 3 juill. 1985). – DESURMONT, *RIDA juill. 1986, p. 41* (l'allongement de la durée de la protection des œuvres musicales). – D'ORMESSON-KERSAINT, *RIDA avr. 1983, p. 73* (la protection des œuvres du domaine public). – GASTER, *RIDA avr. 1996, p. 3* (document de travail des services de la Commission européenne sur les suites de l'arrêt dit « *Phil Collins* » de la CJCE). – MOUCET, *Dr. auteur 1970. 208* (les problèmes du domaine public payant). – PLAISANT, *Mélanges Françon, Dalloz 1995, p. 35* (la durée du droit pécuniaire de l'auteur et son évolution). – STONAJOVIC, *RIDA oct. 1984, p. 3* (durée de la protection du droit d'auteur : situation et tendances actuelles).

▸ **Loi du 27 mars 1997 :** BALLIF, *LPA 27 nov. 1998* (importation contrefaisante d'œuvres musicales et durée de protection du droit d'auteur). – POLLAUD-DULIAN, *JCP E 1997. I. 666* (brèves réflexions sur la loi n° 97-283 du 27 mars 1997 ; durée de protection des droits d'auteur et dispositions diverses) ; *RIDA avr. 1998, p. 83* (la durée du droit d'auteur).

COMMENTAIRE

La règle générale (70 ans *post mortem*) posée par cet article est plus protectrice que celle qu'impose, comme minimum, la Convention de Berne (50 ans *post mortem*).

Ainsi, pour un auteur mort le 12 octobre 2005 (le délai court du 1er janvier 2006), l'œuvre ne tombera, normalement, dans le domaine public que le 1er janvier 2076.

L'Union européenne a choisi, par commodité et comme le texte international lui en laissait la possibilité, une harmonisation par le haut. Le passage, en 1997 (loi du 27 mars 1997), d'une solution de 50 à 70 ans *post mortem* a cependant suscité quelques difficultés de droit transitoire qui sont exposées (V. art. 13 de la loi ss. art. L. 132-30 et art. 16 ss. art. L. 123-12.).

Les œuvres tombées (en vertu du précédent calcul) dans le domaine public avant le 1er juillet 1995 (date limite de transposition de la directive communautaire) mais qui étaient encore protégées dans au moins un État membre (Allemagne, par exemple) sont « rappelées » à la protection.

Ces créations bénéficieront donc du nouveau mode de calcul (soixante-dix ans *post mortem*) mais :
– les actes licitement accomplis par des tiers avant la renaissance du monopole ne sont, normalement, pas touchés par cette résurrection,
– les actes accomplis sans autorisation par des tiers entre le 1er juillet 1995 (date limite de transposition de la directive communautaire) et le 28 mars 1997 (date effective de transposition) ne peuvent donner lieu à des poursuites pénales.

Ce délai ne peut être interrompu par des événements autres que ceux prévus par le législateur et le fait pour un auteur de ne pas utiliser son monopole pendant un certain temps n'entraîne pas disparition des droits patrimoniaux (notes 4 et 5).

L'alinéa 2 désigne comme bénéficiaires les ayants droit. La disposition est à lire en parallèle avec l'article L. 123-6 (droits du conjoint survivant à propos du monopole) et l'article L. 123-7 (droit de suite).

A. GÉNÉRALITÉS

1. Pour l'application dans le temps de la règle de la comparaison des délais instituée par la Convention universelle, V. • Civ. 1re, 15 déc. 1975 : *JCP 1976. II. 18394, note Françon.*

2. Sur le point de départ du délai, V. App., v° *Droit d'auteur,* Convention de Berne du 9 sept. 1886, art. 7-5, et Dir. n° 93/98 du 29 oct. 1993, art. 8.

3. *Durée de protection.* L'interdiction de discrimination prévue à l'art. 12 du traité CE s'oppose à ce que la durée de protection accordée par la réglementation d'un État membre soit inférieure à celle accordée aux œuvres de ses propres ressortissants (à propos de la loi allemande). • CJCE 6 juin 2002 : *GAPI, 1re éd., n° 2 ; D. 2002. AJ 2334 ; RTD com. 2002. 676, obs. Françon ; CCE 2002, n° 72, note Kamina ; JCP E 2003. 1508, n° 8, obs. H.-J. Lucas ; Légipresse 2002, n° 197, III, p. 201, note Kamina ; Propr. intell. 2002, n° 4, p. 62, obs. Lucas ; ibid. 2003, n° 6, p. 24, obs. Pollaud-Dulian ; RIDA oct. 2002, p. 261, obs. Kéréver.* ♦ A propos de la « renaissance » de la protection des droits, V. • TGI Paris, 27 juin 2001 : *RIDA janv. 2002, p. 317, obs. Kéréver* • Paris, 30 sept. 2002 : *JCP E 2003. 1508, n° 9, obs. H.-J. Lucas ; RIDA janv. 2003, p. 371.*

B. CARACTÈRES

4. Le délai ne peut être interrompu même en cas de force majeure puisque aucun événement, aucune interruption, autres que ceux prévus par le législateur ne sauraient modifier ce délai légalement fixé ; concernant des poèmes de Baudelaire jugés impubliables pendant un temps, V. • Civ. 1re, 5 juill. 1967 : *Bull. civ. I, no 252 ; RTD com. 1968. 60.*

5. Le fait pour un auteur de ne pas utiliser son monopole pendant un certain temps n'entraîne pas disparition des droits patrimoniaux. • Civ. 1re, 13 nov. 1973 : *Bull. civ. I, no 302 ; D. 1974. 533, note Colombet ; Gaz. Pal. 1974. 1. 93 ; JCP 1975. II. 18029, note Manigne.* ♦ Cependant, si l'auteur a négligé de réclamer le paiement de ses droits d'auteur, il est irrecevable à le faire pour ceux qui lui sont dus depuis plus de 30 ans avant sa réclamation, le délai de prescription courant du jour où l'édition a été épuisée et/ou retirée du catalogue de l'éditeur. • Paris, 15 déc. 1999 : *RTD com. 2000. 366, obs. Françon.* ♦ Comp., retenant la date à laquelle l'auteur a eu connaissance des faits de contrefaçon, • Paris, 18 févr. 2000 : *RTD com. 2000 367, obs. Françon.*

Art. L. 123-2 Pour les œuvres de collaboration, l'année civile prise en considération est celle de la mort du dernier vivant des collaborateurs. — *[L. no 57-298 du 11 mars 1957, art. 21, al. 3.]*

(L. no 97-283 du 27 mars 1997, art. 6) **« Pour les œuvres audiovisuelles, l'année civile prise en considération est celle de la mort du dernier vivant des collaborateurs suivants : l'auteur du scénario, l'auteur du texte parlé, l'auteur des compositions musicales avec ou sans paroles spécialement réalisées pour l'œuvre, le réalisateur principal. »**

Sur l'entrée en vigueur rétroactive de ces dispositions, issues du titre II de la L. no 97-283 du 27 mars 1997 portant transposition des Dir. (CE) nos 93/83 du 27 sept. 1993 et 93/98 du 29 oct. 1993, V. art. 16 de la loi, ss. art. L. 123-12.

COMMENTAIRE

Pour les œuvres de collaboration qui comportent plusieurs créateurs, le point de départ du délai de 70 ans est le 1er janvier de l'année civile qui suit le jour du décès du dernier des coauteurs. La survie d'un seul collaborateur ou son décès ultérieur profite donc aux ayants droit de tous les autres.

Cet article envisage un mode de calcul plus précis pour les œuvres audiovisuelles, reconnaissant implicitement la nature d'œuvres de collaboration de cette catégorie de création.

Le code, depuis 1997, désigne, limitativement, les personnes susceptibles d'être prises en considération pour déterminer la durée de la protection. Sont retenues les dates de décès des auteurs du scénario, du texte parlé, des compositions musicales avec ou sans paroles spécialement réalisées pour œuvre, et du réalisateur principal. Toutefois, en vertu de l'article 16 de la loi de transposition (V. ss. art. L. 123-12), l'application de ces solutions ne peut avoir pour effet d'abréger la durée de protection des droits d'auteur et des droits voisins qui ont commencé à courir avant le 1er juillet 1995. Or les œuvres audiovisuelles étaient précédemment soumises à une règle à la fois moins protectrice (50 ans *post mortem*) et plus protectrice (date de mort de n'importe lequel des auteurs même non figurant dans la liste limitative de l'actuel art. L. 123-2). ❑

Pour des exemples d'application de la solution énoncée par l'art. L. 123-2 avant même l'adoption de la loi du 11 mars 1957, V. • Civ. 7 avr. 1925 : *DP 1926. 1. 33, note Nast* • Civ. 6 juill. 1927 : *D. 1927. 431 ; Gaz. Pal. 1927. 2. 563.*

Art. L. 123-3 *(L. no 97-283 du 27 mars 1997, art. 7)* **Pour les œuvres pseudonymes, anonymes ou collectives, la durée du droit exclusif est de soixante-dix années à compter du 1er janvier de l'année civile suivant celle où l'œuvre a été publiée. La date de publication est déterminée par tout mode de preuve de droit commun, et notamment par le dépôt légal.**

Au cas où une œuvre pseudonyme, anonyme ou collective est publiée de manière échelonnée, le délai court à compter du 1er janvier de l'année civile qui suit la date à laquelle chaque élément a été publié.

Lorsque le ou les auteurs d'œuvres anonymes ou pseudonymes se sont fait connaître, la durée du droit exclusif est celle prévue aux articles L. 123-1 ou L. 123-2.

Les dispositions du premier et du deuxième alinéa ne sont applicables qu'aux œuvres pseudonymes, anonymes ou collectives publiées pendant les soixante-dix années suivant l'année de leur création.

Toutefois, lorsqu'une œuvre pseudonyme, anonyme ou collective est divulguée à l'expiration de la période mentionnée à l'alinéa précédent, son propriétaire, par succession ou à d'autres titres, qui en effectue ou fait effectuer la publication jouit d'un droit exclusif de vingt-cinq années à compter du 1er janvier de l'année civile suivant celle de la publication.

Sur l'entrée en vigueur rétroactive de ces dispositions, issues du titre II de cette L. nº 97-283 du 27 mars 1997 portant transposition des Dir. (CE) nos 93/83 du 27 sept. 1993 et 93/98 du 29 oct. 1993, V. art. 16 de la loi, ss. art. L. 123-12.

COMMENTAIRE

La dérogation à la règle générale est ici un peu différente puisque le point de départ de la durée de 70 ans est déconnecté de la mort de l'un ou l'autre des créateurs. Le délai court à compter du 1er janvier de l'année civile suivant celle où l'œuvre a été publiée.

Les œuvres concernées sont :
– les œuvres anonymes ou pseudonymes pour lesquelles le masque n'a pas été levé (dans le cas contraire il y aurait retour au droit commun) ;
– les œuvres collectives (définies, à l'art. L. 113-5 CPI).

Mais en cas de publication échelonnée (encyclopédie par exemple), la durée de protection de chacun des fragments est autonome : 70 ans à compter du 1er janvier de l'année civile qui suit le jour de publication de chacun d'entre eux. ❑

1. Pour un retour au calcul de droit commun en présence d'un anonymat transparent, retenant que « si, en faisant divulguer son roman sous ses seules initiales, G. Apollinaire a entendu donner à l'œuvre (« Les onze mille verges ») l'apparence d'un écrit anonyme, la transparence et le caractère formel de la précaution de convenance qu'il a adoptée, ajoutés aux révélations qu'il a aussitôt consenties dans les milieux littéraires, n'ont laissé aucun doute sur l'identité réelle de l'auteur dont la notoriété s'est depuis lors renforcée sans être jamais contestée ; qu'ainsi l'œuvre échappe au régime spécifique des œuvres anonymes pour bénéficier de la protection générale accordée aux créations de l'esprit ». • TGI Paris, 9 juill. 1980 : *RIDA oct. 1980, p. 147.*

2. Les refontes successives d'une œuvre collective, qui ont donné naissance à de nouvelles œuvres collectives dérivées des précédentes, indivisiblement fondues avec elles, bénéficient de la même durée de protection que l'œuvre initiale. • T. com. Paris, réf., 5 janv. 1998 : *D. Affaires 1998. 163 ; JCP E 1998. Pan. 251 ; RIDA avr. 1998, p. 474, note Latreille.*

Art. L. 123-4 *(L. nº 97-283 du 27 mars 1997, art. 8)* **« Pour les œuvres posthumes, la durée du droit exclusif est celle prévue à l'article L. 123-1. Pour les œuvres posthumes divulguées après l'expiration de cette période, la durée du droit exclusif est de vingt-cinq années à compter du 1er janvier de l'année civile suivant celle de la publication. »**

Le droit d'exploitation des œuvres posthumes appartient aux ayants droit de l'auteur si l'œuvre est divulguée au cours de la période prévue à l'article L. 123-1.

Si la divulgation est effectuée à l'expiration de cette période, il appartient aux propriétaires, par succession ou à d'autres titres, de l'œuvre, qui effectuent ou font effectuer la publication.

Les œuvres posthumes doivent faire l'objet d'une publication séparée, sauf dans le cas où elles ne constituent qu'un fragment d'une œuvre précédemment publiée. Elles ne peuvent être jointes à des œuvres du même auteur précédemment publiées que si les ayants droit de l'auteur jouissent encore sur celles-ci du droit d'exploitation. – *[L. nº 57-298 du 11 mars 1957, art. 23.]*

La L. nº 97-283 du 27 mars 1997 a transposé les Dir. (CE) nos 93/83 du 27 sept. 1993 et 93/98 du 29 oct. 1993 ; sur l'entrée en vigueur rétroactive de ces dispositions, V. art. 16 de cette loi, ss. art. L. 123-12.

BIBL. ▶ HOVASSE-BANGET, La propriété littéraire et artistique en droit de successions, *thèse Rennes, 1990.* – JOUBERT, *RIDA avr. 1963, p. 47* (les conditions d'application des œuvres posthumes).

COMMENTAIRE

Cet article, au régime complexe, règle le sort des œuvres dites posthumes, c'est-à-dire restées inédites et publiées seulement après la mort du créateur, quand bien même, selon la jurisprudence, l'auteur serait mort avant la création du droit d'auteur (1791-1793).

N'entrent dans le champ de cette disposition que les œuvres pour lesquelles l'auteur n'a, de son vivant, manifesté à leur propos aucune volonté (ni négative ni positive).

Le régime des œuvres posthumes diffère suivant la date de publication de la création : avant ou après la révolution du monopole concernant l'ensemble des œuvres de l'auteur concerné. La première catégorie est désormais (réforme de 1997) soumise au droit commun du droit d'auteur tandis que la seconde connaît un régime spécial.

1 – S'agissant de l'œuvre posthume publiée entre le décès de l'auteur et la chute de l'ensemble de l'œuvre de celui-ci dans le domaine public, il y a application du droit commun tant en ce qui concerne la durée de protection que les titulaires puisque les droits pécuniaires échoient aux ayants droit désignés par les articles L. 123-1 et L. 123-6.

2 – En revanche, concernant l'œuvre posthume publiée alors que les œuvres divulguées du vivant de l'auteur sont normalement déjà tombées dans le domaine public, le droit naît de l'acte de diffusion de l'œuvre dans le public et le monopole est attribué à la personne qui effectue la publication.

La difficulté la plus fréquemment rencontrée en jurisprudence est alors de savoir qui est cette personne. La loi désigne le propriétaire du support matériel de l'œuvre (par exemple, le propriétaire du manuscrit ou de la toile dans lesquels l'œuvre est incorporée) et non les ayants droit de l'article L. 123-1. Mais des conflits peuvent surgir en présence d'une pluralité de supports. En cas de conflit entre le propriétaire de l'original et un détenteur d'une copie, le droit appartiendra au premier. En présence uniquement de copies, c'est le premier détenteur à prendre l'initiative de la publication qui sera titulaire du droit.

Ce monopole s'apparentant davantage à une espèce de droit voisin qu'au droit d'auteur, la loi du 27 mars 1997 en a réduit la durée de la protection à vingt-cinq années à compter du 1er janvier de l'année civile suivant celle de la publication. ❑

1. Titulaire. Après expiration du délai légal suivant l'année de décès de l'auteur, les propriétaires du support matériel de ses œuvres posthumes non divulguées, sont investis des droits patrimoniaux, et il leur appartient d'en effectuer la publication, à l'exclusion des détenteurs de copies de l'œuvre, établies et transmises sans intention de transmettre le droit d'exploitation. • Civ. 1re, 9 nov. 1993 : *Bull. civ. I, no 319 ; D. 1994. 155, note Françon ; RTD com. 1994. 52, obs. Françon ; RIDA janv. 1994, p. 322, concl. Le Foyer de Costil et note Gautier ; JCP 1994. II. 22190, note Edelman.* ♦ Les propriétaires d'un manuscrit sont donc fondés à agir en contrefaçon contre un tiers propriétaire d'une copie de l'œuvre qui en publie des extraits sans leur autorisation. • Amiens, ch. réun., 1er avr. 1996 : *RIDA juill. 1997, p. 298, note Varet.* ♦ Des chercheurs qui ont découvert une grotte ornée de plus de 500 signes, peintures et dessins préhistoriques ne peuvent invoquer le bénéfice de l'art. L. 123-4 dès lors que « le propriétaire de l'œuvre » est l'État français du fait de l'expropriation faite à son profit. • Nîmes, 13 oct. 2001 : *RIDA janv. 2003, p. 267, obs. Kéréver.*

2. Contenu. La reconnaissance légale de droits d'auteur en faveur de celui qui divulgue une œuvre posthume n'entraîne aucune obligation de mentionner son nom sur les éditions ou les reproductions de l'œuvre. • Paris, 22 nov. 1990 : *RIDA avr. 1991, p. 129 ; JCP 1991. II. 21736, note Gautreau.*

3. Durée. Pour une application des prorogations de guerre concernant les délais relatifs à la guerre de 1914-1918 (loi du 3 févr. 1919), V. • Paris, 10 mars 1970 : *D. 1971. 114, note P. L. ; RTD com. 1971. 100, obs. Desbois.*

4. Œuvres concernées. La disposition légale ne s'applique qu'aux œuvres qui ne sont pas divulguées à la mort de leur auteur, quelle que soit leur date de création, antérieure ou postérieure à la création du droit d'auteur. • TGI Paris, 12 sept. 2007 : *RIDA oct. 2007, p. 211, note Sirinelli.* ♦ Sont considérées comme divulguées des fresques préhistoriques puisque la grotte, d'une surface de plusieurs centaines de mètres carrés, était un lieu fréquenté lors de l'accomplissement de rites et portait les traces d'activités humaines qui s'y étaient exercées pendant des milliers d'années et que les fresques en cause, réalisées à des époques distinctes, sur une période de près de 5 000 ans, étaient accessibles. • Civ. 1re, 30 nov. 2016, *Chauvet,* no 15-17.301 : *CCE 2017, no 11, obs. Caron ; LEPI févr. 2017. 2, note Bernault ; Propr. intell. 2017, no 63, p. 45, note Bruguière.*

Art. L. 123-5 *Abrogé par L. no 94-361 du 10 mai 1994, art. 9.*

Art. L. 123-6 Pendant la période prévue à l'article L. 123-1, le conjoint survivant, contre lequel n'existe pas un jugement passé en force de chose jugée de séparation de corps, bénéficie, quel que soit le régime matrimonial et indépendamment des droits *(L. no 2001-1135 du 3 déc. 2001)* **« qu'il tient des articles 756 à 757-3 et 764 à 766 » du**

code civil sur les autres biens de la succession, de l'usufruit du droit d'exploitation dont l'auteur n'aura pas disposé. Toutefois, si l'auteur laisse des héritiers à réserve, cet usufruit est réduit au profit des héritiers, suivant les proportions et distinctions établies par *(L. nº 2006-728 du 23 juin 2006)* **« l'article 913 » du code civil.**

Ce droit s'éteint au cas où le conjoint contracte un nouveau mariage. – *[L. nº 57-298 du 11 mars 1957, art. 24.]*

BIBL. ▶ CARON, *Droit et patrimoine mai 2005, p. 90* (brèves observations sur l'usufruit en droit de la propriété intellectuelle). – HOVASSE-BANGET, La propriété littéraire et artistique en droit de successions, *thèse Rennes, 1990*. – LARONZE, *Propr. intell. 2008, nº 26, p. 6* (pour une suppression de l'usufruit du conjoint survivant de l'auteur).

COMMENTAIRE

Ce texte concerne les droits du conjoint survivant tandis que l'article L. 123-1 désignait les ayants droit. L'articulation des dispositions se ferait de la façon suivante.

Les ayants droit sont :
* soit les personnes désignées par le droit commun des successions, c'est-à-dire :
– les héritiers, en fonction des règles de dévolution *ab intestat*, (art. 731 s. C. civ.) ;
– les légataires, en fonction de dispositions testamentaires précises.
* soit les cessionnaires des droits d'auteurs, c'est-à-dire les personnes à qui l'auteur avait, de son vivant, cédé tout ou partie du monopole par contrat et dont les héritiers devront respecter les droits.

Le conjoint survivant bénéficie d'un usufruit spécial, s'il n'existe pas contre lui, au jour du décès, de jugement de séparation de corps passé en force de chose jugée, et sous réserve des droits cédés par l'auteur lui-même à des tiers.

Il pourra, s'il le désire, profiter toute sa vie du droit d'exploitation appartenant à l'auteur avant sa mort. Mais l'usufruit est spécial en ce qu'il est indépendant de l'usufruit de l'article 757 du code civil qui porte sur tous les biens du défunt. Ainsi, le conjoint peut aussi bien cumuler les deux usufruits que d'accepter l'un tout en refusant l'autre.

Le conjoint survivant pourra percevoir les fruits, c'est-à-dire les revenus issus du droit d'auteur et conclure, seul, des contrats d'exploitation. Ces actes seront, sauf abus (art. L. 122-9 CPI ou art. 618 C. civ.), opposables au nu-propriétaire.

Suivant la doctrine majoritaire, l'usufruit du conjoint survivant peut être réduit pour des raisons de quotité disponible (art. 913 et 914 C. civ.) mais la détermination de la masse à prendre en considération pour apprécier l'éventuelle atteinte à la réserve suscite des débats. La pratique notariale paraît retenir une solution consistant en une réduction qui s'opérerait directement sur l'usufruit spécial et non en contemplation de la totalité des biens dépendant de la succession. Toutefois, on peut se demander si la référence faite par l'article L. 123-6 à une éventuelle réduction de l'usufruit spécial (pour atteinte à la réserve héréditaire) a encore une portée après que la loi du 13 juillet 1963 a étendu la quotité disponible spéciale entre époux à l'usufruit de la totalité de la succession. ❑

1. Si l'auteur peut retirer le bénéfice de l'usufruit spécial en donnant ou léguant ses droits d'auteur, encore faut-il que la disposition à titre gratuit ait été valablement consentie. • Paris, 8 janv. 1926 : *D. 1926. 88.*

2. Le conjoint survivant, qui peut excercer ses droits concurremment avec ses droits successoraux, a l'obligation de contribuer au paiement, dans la mesure et la proportion de l'émolument procuré, des dettes contractées par l'auteur disparu, dans les conditions prévues à l'art. 612 C. civ. • T. civ. Seine, 28 févr. 1900 : *DP 1903. 2. 489, note Boistel.*

3. Les contrats conclus par l'usufruitier (conjoint survivant) s'imposent aux propriétaires ou usufruitiers successifs qui doivent en subir les effets à la cessation de l'usufruit. • Civ. 1re, 6 juill. 2000 : *CCE 2001, nº 99, note Caron.*

4. Lorsqu'en application de l'art. 1094-1 C. civ. le conjoint survivant est donataire de l'usufruit de la totalité des biens de la succession, l'usufruit du droit d'exploitation dont il bénéficie en application de l'article L. 123-6 n'est pas réductible • Com. 8 juill. 2015, nº 14-18.850 P : *D. 2015. 1540 ; RLDI oct. 2015, nº 57, p. 416, note Lucas ; LEPI oct. 2015. 2, obs. Lucas ; JCP 2016, nº 15, p. 47, note Delayen ; AJ fam. 2015. 503, obs. Ferré-André.*

Art. L. 123-7 *(L. nº 2016-925 du 7 juill. 2016, art. 31-I)* **I. — Après le décès de l'auteur, le droit de suite mentionné à l'article L. 122-8 subsiste au profit de ses héri-**

tiers et, pour l'usufruit prévu à l'article L. 123-6, de son conjoint, pendant l'année civile en cours et les soixante-dix années suivantes.

Sous réserve des droits des descendants et du conjoint survivant non divorcé, l'auteur peut transmettre le droit de suite par legs.

En l'absence d'héritier et de legs du droit de suite, ce dernier revient au légataire universel ou, à défaut, au détenteur du droit moral.

II. — En l'absence d'ayant droit connu, ou en cas de vacance ou de déshérence, le tribunal de grande instance peut confier le bénéfice du droit de suite à *(Ord. nº 2016-1823 du 22 déc. 2016, art. 2-4º)* **« un organisme de gestion collective régi par le titre II du livre III de la présente partie, agréé » à cet effet par arrêté du ministre chargé de la culture. Le tribunal peut être saisi par le ministre chargé de la culture ou par** *(Ord. nº 2016-1823 du 22 déc. 2016, art. 2-4º)* **« l'organisme agréé ».**

Les sommes perçues par *(Ord. nº 2016-1823 du 22 déc. 2016, art. 2-4º)* **« l'organisme agréé » sont affectées à la prise en charge d'une fraction des cotisations dues par les auteurs des arts graphiques et plastiques au titre de la retraite complémentaire.**

La gestion du droit de suite prévue au premier alinéa du présent II prend fin lorsqu'un ayant droit justifiant de sa qualité se fait connaître auprès de *(Ord. nº 2016-1823 du 22 déc. 2016, art. 2-4º)* **« l'organisme agréé ».**

III. — L'agrément *(Ord. nº 2016-1823 du 22 déc. 2016, art. 2-4º)* **« des organismes » prévu au II est délivré en considération :**

1º De la diversité *(Ord. nº 2016-1823 du 22 déc. 2016, art. 2-4º)* **« des membres » ;**

2º De la qualification professionnelle des dirigeants ;

3º De l'importance de leur répertoire et de la représentation des auteurs d'œuvres originales graphiques et plastiques bénéficiaires du droit de suite, au sens de l'article L. 122-8, au sein des organes dirigeants ;

4º Des moyens humains et matériels qu'ils proposent de mettre en œuvre pour permettre la prise en charge du droit de suite prévue au deuxième alinéa du II du présent article.

IV. — Les modalités d'application du présent article, notamment de la délivrance et du retrait de l'agrément prévu au II, sont précisées par décret en Conseil d'État. — *V. art. R. 329-1 s.*

Les dispositions de l'art. L. 123-7, dans sa rédaction résultant du I de la L. nº 2016-925 du 7 juill. 2016, sont applicables aux successions ouvertes à compter du 8 juill. 2016. Elles sont également applicables aux successions ouvertes avant le 8 juill. 2016, y compris celles qui auraient été réglées à cette date, lorsqu'il n'existe aucun héritier régulièrement investi du droit de suite en application des règles de transmission en vigueur au jour du décès (L. préc., art. 31-II).

Les dispositions issues de l'art. 31 de la L. nº 2016-925 du 7 juill. 2016 et de l'Ord. nº 2016-1823 du 22 déc. 2016 sont applicables dans les îles Wallis-et-Futuna (L. préc., art. 115-III ; Ord. préc., art. 6).

COMMENTAIRE

La loi nº 2016-925 du 7 juillet 2016 a changé les règles de transmission *post mortem* du droit de suite.

Désormais, un auteur peut – en dépit de l'inaliénabilité proclamée du droit de suite – léguer ce droit, alors que, jusqu'à présent, ce dernier était automatiquement dévolu aux seuls héritiers légaux. Une personne physique, un musée, une fondation, une association pourront disposer de ce droit à rémunération dès lors que l'artiste l'aura prévu de son vivant.

Dans la mesure où la loi n'apporte aucune distinction, le droit de suite peut être légué à titre particulier comme être compris dans un legs à titre universel (V. le régime spécifique prévu par l'al. 3).

Bien que la règle posée soit sujette à interprétation, le legs du droit de suite paraît possible en présence de descendants ou, à défaut, du conjoint survivant, mais il ne doit pas affecter la réserve héréditaire.

En dépit de la formule légale (« *auteur* »), il est loisible d'estimer que les ayants droit de l'auteur – ainsi que les ayants droit subséquents – disposent à leur tour de la possibilité de léguer le droit de suite.

Rien ne semble interdire que l'auteur puisse désigner un légataire différent pour chacune de ses œuvres même si la situation créée sera en pratique peu heureuse.

En l'absence d'héritier et de legs du droit de suite, cette prérogative reviendra aux légataires universels ou, à défaut, au détenteur du droit moral.

En l'absence d'ayant droit connu, ou en cas de vacance ou de déshérence, le tribunal de grande instance pourra confier le bénéfice du droit de suite à un organisme de gestion collective agréé à cet effet par arrêté du ministre de la Culture et de la Communication. Si un ayant droit se manifeste, cette gestion collective légale prend fin.

Les héritiers *ab intestat* sont ceux du droit commun des successions (V. notes 3 s.), puisque la jurisprudence a abandonné la condition, autrefois exigée, d'appartenance à la famille de l'auteur.

Le conjoint survivant bénéficie de l'usufruit spécial de l'article L. 123-6.

Les contentieux les plus complexes étaient provoqués par des questions d'application de la loi dans le temps et d'articulation des régimes successifs (V. note 3).

L'article 31-II de la loi du 7 juillet 2016 règle les questions d'application de la loi dans le temps s'agissant des solutions issues de cette loi (V. note ss. art. L. 123-7). ❑

Ancien art. L. 123-7 ***Après le décès de l'auteur, le droit de suite mentionné à l'article L. 122-8 subsiste au profit de ses héritiers et, pour l'usufruit prévu à l'article L. 123-6, de son conjoint, à l'exclusion de tous légataires et ayants cause, pendant l'année civile en cours et les*** (L. n° 97-283 du 27 mars 1997, art. 9) ***« soixante-dix » années suivantes.*** – [L. n° 57-298 du 11 mars 1957, art. 42, al. 2.] – Sur l'entrée en vigueur rétroactive des dispositions issues de la L. n° 97-283 du 27 mars 1997, V. art. 16 de la loi, ss. art. L. 123-12.

BIBL. ▶ Azzi, *Propr. intell. 2012, n° 44, p. 288* (la loi applicable à la dévolution successorale du droit de suite). – Mandel, *D. 2012. Chron. 1078* (droit de suite et marché de l'art : des relations complexes et en perpétuelle évolution).

Jurisprudence antérieure à la loi n° 2016-925 du 7 juillet 2016

A. EXCLUSION DES LÉGATAIRES

1. *Donation à cause de mort.* L'épouse d'un artiste-peintre ayant bénéficié de la part de celui-ci d'une libéralité à cause de mort, la cour d'appel a pu en déduire, par combinaison des dispositions de la loi du 20 mai 1920 et de celles de la loi du 14 juill. 1866, qu'elle s'était trouvée investie du droit de suite au décès de son mari et qu'elle avait ainsi primé, dans l'ordre de la dévolution successorale, sur tous les autres successibles. • Civ. 1re, 5 oct. 1994 : *Bull. civ. I, n° 275 ; JCP 1994. IV. 2423.*

B. NOTION D'HÉRITIERS

2. *Successeur légal.* Le terme héritiers s'entend des successeurs légaux de l'auteur de l'œuvre dans l'ordre de la dévolution successorale, même en présence de dispositions testamentaires contraires. • Civ. 1re, 9 févr. 1972 : *D. 1972. 289, concl. et note R. Lindon ; RTD com. 1973. 258, obs. Desbois.* ♦ Et, jugé sur renvoi, que le droit de suite se trouve incorporé au patrimoine de son titulaire, aux héritiers duquel il est susceptible d'être transmis par voie de succession ; le droit de suite litigieux n'est pas né à l'occasion de la vente du tableau, mais faisait partie dès auparavant du patrimoine de Michel Monnet qui en était le titulaire. • Orléans, 13 juin 1974 : *D. 1975. 194, note Lindon ; JCP 1974. II. 17879, note Boursigot.* ♦ Sur les droits successoraux de l'adopté, V. C. civ., art. 368. – **C. civ.**

3. *Absence de distinction.* Seul les héritiers légaux de l'artiste, et ceux qui leur succèdent en cette même qualité, ont titre à recueillir le droit de suite sur son œuvre. • Civ. 1re, 3 déc. 2002 : *Bull. civ. I, n° 296 ; CCE 2003, n° 12, note Caron ; JPC 2004. II. 10037, note Durrande ; Propr. intell. 2003, n° 6, p. 45, obs. Sirinelli ; RIDA oct. 2003, p. 301, note Kéréver.* ♦ V. sur renvoi après l'arrêt de cassation du 3 déc. 2002. • Paris, 9 févr. 2005 : *RTD com. 2005. 313, obs. Pollaud-Dulian.* ♦ L'art. L. 123-7 (ancien art. 42, loi du 11 mars 1957) n'établit aucune distinction entre les héritiers légaux et les héritiers subséquents, au profit desquels subsiste le droit de suite. • Civ. 1re, 11 janv. 1989, *Braque : D. 1989. 308, note Edelman ; RIDA juill. 1989, p. 252, note Durrande ; RTD civ. 1989. 365, obs. Patarin ; D. 1990. Somm. 51, obs. Colombet ; JCP 1989. II. 21378, note Lucas.* ♦ Comp. antérieurement à cet arrêt, le bénéfice du droit de suite était refusé à certains héritiers ; pour un exemple de refus à une héritière n'appartenant pas à la famille de l'artiste et ne pouvant pas être considérée comme héritière de celui-ci au sens de l'art. L. 123-7 (anc. art. 42, loi du 11 mars 1957). • Paris, 26 mai 1975 : *D. 1976. 156, note Desbois ; RTD com. 1975. 844, note Desbois ; RIDA juill. 1976, p. 131, note Stanton.* – Rejet du pourvoi par • Civ. 1re, 19 oct. 1977 : *D. 1978. 109, note*

Desbois ; RIDA juill. 1978, p. 172 ; JCP 1978. II. 18815, note Lindon ; RTD com. 1978. 109, note Desbois. ♦ ... Ou subordonné à la double condition que son bénéficiaire, d'une part soit dans l'ordre de la dévolution successorale le successeur légal de l'auteur, directement ou par l'intermédiaire d'autres successeurs légaux, et d'autre part qu'il ait un lien de parenté avec l'artiste. • Paris, 15 oct. 1986 : *RIDA avr. 1989, p. 144.*

4. La Cour de cassation estimant que le terme héritiers s'entend des successeurs légaux de l'auteur de l'œuvre dans l'ordre de la dévolution successorale, doit être censuré l'arrêt qui énonçait que le droit de suite attaché à la personne de son titulaire s'éteint à son décès lorsqu'il n'existe pas d'autres héritiers. • Civ. 1re, 9 févr. 1972 : *préc. note 2.* – Cassation de • Paris, 7 janv. 1970 : *D. 1970. 548, note Plaisant ; RTD com. 1970. 703, obs. Desbois.* ♦ Le droit de participation au produit de chaque vente de ses œuvres originales dont l'auteur d'œuvres graphiques ou plastiques est investi par l'art. 42 de la loi du 11 mars 1957 se transmet à ses héritiers et, après eux, à leurs propres héritiers, à l'exclusion de tous légataires, de sorte que les seuls titulaires de ce droit sont les personnes qui se rattachent à l'artiste par une suite de dévolutions légales. • Civ. 1re, 11 janv. 1989 : *D. 1989. 308, note Edelman ; ibid. 1990. Somm. 51, obs. Colombet* ; *JCP 1989. II. 21378, note Lucas ; RIDA juill. 1989, p. 252, note Durrande ; RTD civ. 1989. 365, obs. Patarin.*

5. Adoption. A défaut d'existence de descendants de l'auteur, le sort des biens se trouvant dans la succession de sa fille adoptive doit être réglé conformément à l'art. 368-1, al. 2, C. civ. (droit de retour) selon lequel le surplus de biens de l'adopté se divise par moitié entre la famille de l'adoptant et celle d'origine ; le droit de suite se transmet, avec la totalité de la succession, à la ligne encore pourvue. • Paris, 26 sept. 1989 : *D. 1989. IR 264 ; RIDA juill. 1990, p. 348, note Gautier.*

6. Acceptation de la succession. Pour bénéficier du droit de suite, il faut avoir accepté la succession. • T. civ. Seine, 5 févr. 1937 : *DP 1937. 2. 41, note Escarra.*

Art. L. 123-8 Les droits accordés par la loi du 14 juillet 1866 sur les droits des héritiers et des ayants cause des auteurs aux héritiers et autres ayants cause des auteurs, compositeurs ou artistes sont prorogés d'un temps égal à celui qui s'est écoulé entre le 2 août 1914 et la fin de l'année suivant le jour de la signature du traité de paix pour toutes les œuvres publiées avant cette dernière date et non tombées dans le domaine public le 3 février 1919. – [*L. 3 févr. 1919, art. 1er.*]

BIBL. ► DURRANDE, *D. 1998. Chron. 417* (brèves observations sur les prorogations de guerre après la loi du 27 mars 1997). – LANCRENON, *CCE 2007. Étude 17* (impression, soleil couchant... pour les prorogations de guerre). – MASSOUYE, *RIDA avr. 1954, p. 49 ; RIDA juill. 1954, p. 81 ; RIDA oct. 1955, p. 83 ; RIDA avr. 1957, p. 109 ; RIDA juill. 1958, p. 59* (les prorogations de guerre). – VARET, *RDPI 1997, n° 79, p. 15* (l'allongement de la durée du droit d'auteur : la question de la renaissance des droits et celle des prorogations de guerre).

COMMENTAIRE

Le droit français comporte des dispositions prises après chacun des deux grands conflits mondiaux. L'article L. 123-8 concerne la Première Guerre mondiale, l'article L. 123-9, la Seconde.

Le but de ces dispositions spéciales est de pallier les pertes que les difficultés d'exploitation dues aux situations de guerre ont occasionnées à l'auteur. Pour ce faire, le législateur allonge la durée du droit d'auteur d'un délai correspondant approximativement aux durées des guerres.

Ces textes sont porteurs de séries de difficultés d'ampleur différente. Certaines sont dues à des imprécisions particulières (interprétation de la formule « fin de l'année suivant le jour de la signature du Traité de paix », V. note 2), d'autres plus fondamentales ont trait à la conciliation de pareils dispositifs avec le but d'harmonisation poursuivi par l'Union européenne.

En effet, bien que le législateur n'ait pas abrogé ces dispositions, lors de l'intégration de la directive communautaire du 29 octobre 1993, la Cour de cassation, en contemplation des textes communautaires, a décidé que, sous réserve de certains droits acquis, la durée de protection ne saurait excéder celle de la directive communautaire. En conséquence :

– par principe, le délai de protection est limité à 70 ans *post mortem* ;

– mais dans certains cas exceptionnels (respect des droits acquis), les prorogations de guerre peuvent encore être prises en considération ; par exemple, dans les cas où, au 1er juillet 1995, une période de protection plus longue a commencé à courir.

Sur un plan purement pratique, il sera nécessaire de faire le raisonnement suivant. Quelle était la situation de l'œuvre concernée au 1er juillet 1995 ? En prenant en considération les expectatives, les ayants droit pouvaient-il espérer, à cette date-là, en fonction de l'ancien mode de calcul, une durée de protection supérieure aux 70 ans *post mortem* envisagés par la directive ? En cas de réponse négative, c'est cette protection maximale de 70 ans *post mortem* qui devra alors s'appliquer sans que puisse être revendiqué le bénéfice des prorogations de guerre. En cas de réponse positive, sur le fondement de la théorie des droits acquis, ces prorogations pourront être appliquées.

Le calcul se fera donc en tenant compte de plusieurs paramètres :
– date et circonstances (mort pour la France ou non : art. L. 123-10) de la mort de l'auteur ;
– date de publication de l'œuvre en cause (la création entre-t-elle dans le cadre des art. L. 123-8 et L. 123-9 ?) ;
– quelle était la situation de l'œuvre à la date du 1er juillet 1995 (date à laquelle la directive aurait dû être transposée) ?

Par exemple :
– pour une œuvre picturale ou littéraire : 50 ans à compter de la mort de l'auteur, plus éventuellement 30 ans si ce dernier est mort pour la France, plus les éventuelles prorogations de guerre. Si ce total excède les 70 ans prévus par la directive, il y a lieu d'appliquer la durée de protection la plus longue (le dispositif français antérieur conserve alors toute sa portée). Dans le cas contraire, c'est la nouvelle durée de 70 ans qui s'applique (les prorogations de guerre étant définitivement absorbées par ce nouveau délai augmenté de 20 ans par rapport aux solutions antérieures).
– dans le cas d'une œuvre musicale, le calcul se fera en tenant naturellement compte du délai de la loi de 1985 (70 ans) et non de celui envisagé par la loi de 1957 (50 ans). C'est dire que s'il s'agit d'une œuvre concernée par les prorogations de guerre, ces dernières trouveront à s'appliquer puisque les ayants droit pouvaient déjà, à la date du 1er juillet 1995, compter sur une durée de protection supérieure à 70 ans. ❑

1. Champ d'application. La prorogation s'applique au droit de suite comme au monopole. • Paris, 5 mars 1974 : *RTD com. 1975, obs. Desbois ; RIDA juill. 1974, p. 131* • Versailles, 5 mars 1984 : *D. 1986. IR 187, obs. Colombet.* ♦ ... Que l'auteur soit mort avant ou après la loi de prorogation. • Même arrêt.

2. Étendue de la prorogation. Sur l'interprétation de la formule « fin de l'année suivant le jour de la signature du traité de paix », V., retenant une prorogation de 6 ans et 152 jours. • T. com. Seine, 31 mai 1939 : *Gaz. Pal. 1939. 2. 208* • Paris, 5 déc. 1956 : *D. 1958. 500, note Desbois ; JCP 1957. II. 9728, concl. Lindon ; Gaz. Pal. 1957. 1. 27.* – V. aussi, retenant une prorogation de 6 ans et 83 jours. • T. civ. Seine, 19 janv. 1949 : *Gaz. Pal. 1949. 1. 67, concl. Gegout ; JCP 1949. II. 5064, note Plaisant* • Versailles, 5 mars 1984 : *préc. note 1.*

3. Droit communautaire. La période de 70 ans retenue pour l'harmonisation de la durée de protection des droits d'auteur au sein de la Communauté européenne couvre les prolongations pour fait de guerre, hormis les cas où, au 1er juillet 1995, une période de protection plus longue avait commencé à courir, laquelle est alors seule applicable. • Civ. 1re, 27 févr. 2007 (2 arrêts) : *Bull. civ. I, nos 86 et 87 ; D. 2007. 1925, note Edelman ; ibid. AJ 806, obs. Daleau ; RTD com. 2007. 360, obs. Pollaud-Dulian ; CCE 2007, no 52, note Caron ; Légipresse 2007, III, p. 117, note Choisy ; ibid., II, p. 185, obs. Alleaume ; Propr. intell. 2007, no 23, p. 212, obs. Lucas ; RIDA avr. 2007, p. 287, note Sirinelli ; ibid. janv. 2008, p. 211, Chron. Bénabou.* ♦ V. la décision de renvoi • Paris, 30 janv. 2009 : *Propr. intell. 2009, no 32, p. 270, obs. A. Lucas.* ♦ V. en appel : en vertu de la directive du 29 oct. 1993, la durée de protection est de 70 ans. Lorsqu'une durée de protection plus longue a déjà commencé à courir dans un État membre au 1er juillet 1995 elle n'est pas raccourcie. Les œuvres protégées dans un État membre, tombées dans le domaine public avant cette date, renaissent et les tiers ayant accompli des actes d'exploitation entre le moment où les œuvres sont tombées dans le domaine public et celui qui les voit renaître bénéficient de droits acquis (à propos des œuvres de Claude Monet) • Paris, 16 janv. 2004 : *D. 2005. Pan. 1493, obs. Sirinelli ; RTD com. 2004. 479, obs. Pollaud-Dulian ; JCP E 2005. 1139, no 6, obs. Greffe ; Légipresse 2004, II, p. 55, note Choisy ; Propr. ind. 2004, no 45, note Kamina ; Propr. intell. 2004, no 11, p. 641, obs. A. Lucas ; RIDA juill. 2004, p. 201, note Kerever.* ♦ ... Et la décision de première instance. • TGI Paris, 27 juin 2001 : *CCE 2002, no 53, note Caron ; Propr. ind. 2002, no 9, note Kamina ; Propr. intell. 2002, no 4, p. 56, obs. A. Lucas.* ♦ Le cumul des prorogations ne contrevient pas à l'objectif d'harmonisation de la directive qui rappelle que le respect des droits acquis constitue l'un des principes généraux du droit protégé par l'ordre juridique communautaire. • Paris, 12 oct. 2005 :

Propr. ind. 2006, n° 39, obs. Greffe ; RIDA janv. 2006, p. 315, note Kéréver. ♦ Sur la compatibilité de l'art. L. 123-8 avec la directive CE n° 93-98 du 29 oct. 1993, V. ss. l'art. 1er de ce texte, App., v° *Droit d'auteur.*

Art. L. 123-9 Les droits accordés par la loi du 14 juillet 1866 précitée et l'article L. 123-8 aux héritiers et ayants cause des auteurs, compositeurs ou artistes sont prorogés d'un temps égal à celui qui s'est écoulé entre le 3 septembre 1939 et le 1er janvier 1948, pour toutes les œuvres publiées avant cette date et non tombées dans le domaine public à la date du 13 août 1941. – *[L. n° 51-1119 du 21 sept. 1951, art. 1er.]*

Sur les conséquences de la L. n° 97-283 du 27 mars 1997, portant transposition de la Dir. (CE) n° 93/98 du 29 oct. 1993 relative à l'harmonisation de la durée du droit d'auteur et de certains droits voisins, sur les droits des éditeurs, V. Rép. min. n° 13943, JOAN Q, 6 juill. 1998, p. 3746 ; PIBD 1998. I. 85.

COMMENTAIRE

Disposition identique à la précédente, mais concernant la Seconde Guerre mondiale, l'article L. 123-9 est sujet aux mêmes difficultés d'application relatives à la conciliation de sa solution avec l'objectif d'harmonisation poursuivi par la directive communautaire du 29 octobre 1993 (V. comm. ss. art. L. 123-8).

Dans les cas où cela demeurera possible, son bénéfice peut être combiné avec celui de l'article L. 123-8 (V. note 2).

1. Les textes de lois de prorogation étant de portée générale, les allongements de la durée de la protection peuvent bénéficier aux cessionnaires des droits. • Civ. 1re, 15 avr. 1986 : *RIDA oct. 1986, p. 146* • 21 juin 1961 : *Bull. civ. I, n° 332 ; RIDA oct. 1961, p. 108 ; JCP 1961. IV. 118.*

2. Les deux prorogations peuvent se cumuler ; V., à propos des œuvres de Gounod. • Paris, 5 déc. 1956 : *D. 1958. 500, note Desbois ; JCP 1957. II. 9728, concl. Lindon ; Gaz. Pal. 1957. 1. 27.* – Pourvoi rejeté par • Civ. 1re, 21 juin 1961 : *préc. note 1.*

3. Droit communautaire. La période de 70 ans retenue pour l'harmonisation de la durée de protection des droits d'auteur au sein de la Communauté européenne couvre les prolongations pour fait de guerre, hormis les cas où au 1er juillet 1995, une période de protection plus longue avait commencé à courir, laquelle est alors seule applicable. • Civ. 1re, 27 févr. 2007 (2 arrêts) : *Bull. civ. I, n° 86 et 87 ; D. 2007. 1925, note Edelman ; ibid. AJ 806, obs. Daleau ; RTD com. 2007. 360, obs. Pollaud-Dulian ; CCE 2007, n° 52, note Caron ; Légipresse 2007, III, p. 117, note Choisy ; Propr. intell. 2007, n° 23, p. 212, obs. A. Lucas ; RIDA avr. 2007, p. 287, note Sirinelli ; ibid. janv. 2008, p. 211, Chron. Bénabou.* ♦ V. la décision de renvoi • Paris, 30 janv. 2009 : *Propr. intell. 2009, n° 32, p. 270, obs. A. Lucas.* ♦ Sur la compatibilité de l'art. L. 123-9 avec la directive CE n° 93-98 du 29 oct. 1993, V. ss. l'art. 1er de ce texte, App., v° *Droit d'auteur.*

Art. L. 123-10 Les droits mentionnés à l'article précédent sont prorogés, en outre, d'une durée de trente ans lorsque l'auteur, le compositeur ou l'artiste est mort pour la France, ainsi qu'il résulte de l'acte de décès.

Au cas où l'acte de décès ne doit être ni dressé ni transcrit en France, un arrêté du ministre chargé de la culture peut étendre aux héritiers ou autres ayants cause du défunt le bénéfice de la prorogation supplémentaire de trente ans ; cet arrêté, pris après avis des autorités visées à l'article 1er de l'ordonnance n° 45-2717 du 2 novembre 1945, ne pourra intervenir que dans les cas où la mention "mort pour la France" aurait dû figurer sur l'acte de décès si celui-ci avait été dressé en France. – *[L. n° 51-1119 du 21 sept. 1951, art. 2.]*

COMMENTAIRE

Troisième disposition destinée à tirer des conséquences de faits de guerre, l'article L. 123-10 ne le fait pas aveuglément mais au cas par cas en prenant en considération le sort des créateurs. Les œuvres d'un auteur mort pour la France peuvent ainsi bénéficier d'un surcroît de 30 années de protection (sans compter les prorogations de guerre ; pour la conciliation de cette solution avec l'objectif d'harmonisation poursuivi par la directive communautaire du 29 oct. 1993, V. comm. ss. art. L. 123-8).

Sur la possibilité pour le cessionnaire des droits de bénéficier de l'extension de la durée de la protection, V. • Civ 1re, 21 juin 1961 : *Bull. civ. I, n° 332 ; RIDA oct. 1961, p. 108 ; JCP 1961. IV. 118.*

Art. L. 123-11 **Lorsque les droits prorogés par l'effet de l'article L. 123-10 ont été cédés à titre onéreux, les cédants ou leurs ayants droit pourront, dans un délai de trois ans à compter du 25 septembre 1951, demander au cessionnaire ou à ses ayants droit une révision des conditions de la cession en compensation des avantages résultant de la prorogation.** – *[L. n° 51-1119 du 21 sept. 1951, art. 3.]*

Art. L. 123-12 *(L. n° 97-283 du 27 mars 1997, art. 10)* **Lorsque le pays d'origine de l'œuvre, au sens de l'acte de Paris de la convention de Berne, est un pays tiers à la Communauté européenne et que l'auteur n'est pas un ressortissant d'un État membre de la Communauté, la durée de protection est celle accordée dans le pays d'origine de l'œuvre sans que cette durée puisse excéder celle prévue à l'article L. 123-1.**

Sur l'entrée en vigueur rétroactive des dispositions issues de la L. n° 97-283 du 27 mars 1997, V. art. 16 de ladite loi.

Le pays d'origine de l'œuvre, l'Allemagne, étant membre de la Communauté européenne, il convient de retenir la durée de protection *post mortem* prévue à l'art. L. 123-12 (à propos du concerto n° 3 pour piano et orchestre de S. Rachmaninov). • Paris, 22 mai 2002 : *Propr. intell. 2003, n° 6, p. 45, obs. A. Lucas.*

Loi n° 97-283 du 27 mars 1997,

Portant transposition dans le code de la propriété intellectuelle des directives du Conseil des Communautés européennes nos 93/83 du 27 septembre 1993 et 93/98 du 29 octobre 1993.

Le titre II de la présente loi modifie ou complète le CPI en ses art. L. 123-1, L. 123-2, L. 123-3, L. 123-4, L. 123-7 anc., L. 123-12 et L. 211-5.

Art. 16 I. — Les dispositions du titre II de la présente loi *[V. note ci-dessus]* sont applicables à compter du 1er juillet 1995. Toutefois, ne peuvent donner lieu à des poursuites pénales que les infractions à ces dispositions commises postérieurement à la date de publication de la présente loi.

II. — L'application des dispositions du titre II de la présente loi *[V. note ci-dessus]* ne peut avoir pour effet d'abréger la durée de protection des droits d'auteur et des droits voisins qui ont commencé à courir avant le 1er juillet 1995.

III. — Les dispositions du titre II de la présente loi *[V. note ci-dessus]* n'ont pour effet de faire renaître des droits sur des œuvres, prestations, fixations ou programmes tombés dans le domaine public avant le 1er juillet 1995 que s'ils étaient encore protégés à cette date dans au moins un autre État membre de la Communauté européenne. Dans ce cas :

— les titulaires de ces droits ne peuvent les opposer aux actes d'exploitation accomplis licitement avant la date d'entrée en vigueur de la présente loi ;

— les titulaires de ces droits ne peuvent s'opposer à l'exploitation d'une œuvre, d'une interprétation, d'un phonogramme, d'un vidéogramme ou d'un programme pendant un an à compter de la date d'entrée en vigueur de la présente loi si l'exploitation en a été licitement engagée avant cette date ;

— les titulaires de ces droits ne peuvent s'opposer, pendant un an à compter de la date d'entrée en vigueur de la présente loi, à la poursuite de l'exploitation d'une œuvre, d'une prestation, d'une fixation ou d'un programme licitement créés avant cette date à partir de l'œuvre, de la prestation, de la fixation ou du programme sur lesquels ces droits ont recommencé à courir. A l'issue de ce délai, ils ne peuvent faire valoir que leurs droits patrimoniaux, pour la détermination desquels, en cas de difficulté, il est fait application de l'article L. 122-9 du code de la propriété intellectuelle. Le défaut de versement de la rémunération résultant du présent alinéa est puni de l'amende prévue à l'article L. 335-4 du même code ;

— les titulaires de ces droits ne peuvent s'opposer à la réalisation d'une œuvre audiovisuelle qui a fait l'objet, antérieurement à l'entrée en vigueur de la présente loi, d'un contrat d'adaptation enregistré au registre public de la cinématographie. En cas de difficulté pour la détermination des droits patrimoniaux liés à l'œuvre adaptée ou pour le versement de la rémunération, il sera fait application des articles L. 122-9 et L. 335-4 du code de la propriété intellectuelle.

IV. — La prolongation à compter du 1er juillet 1995 des droits d'exploitation faisant l'objet, à cette même date, d'un contrat d'édition n'emporte pas prorogation de ce contrat si sa durée n'est déterminée que par référence à la durée légale de la propriété littéraire et artistique.

Toutefois, à peine de nullité de la cession, l'auteur ne peut céder à un autre éditeur les droits correspondant à cette prolongation sans en avoir au préalable proposé l'acquisition, aux mêmes conditions, à l'éditeur cessionnaire au 1er juillet 1995.

Cette proposition est faite par écrit. Elle est réputée avoir été refusée si l'éditeur n'a pas fait connaître sa décision par écrit dans un délai de deux mois.

Sur les mesures de sauvegarde des droits des tiers, V. • CJCE 29 juin 1999 : *RTD com. 2000. 91, obs. Françon* .

TITRE TROISIÈME EXPLOITATION DES DROITS

COMMENTAIRE

Ce titre troisième traite de la mise en œuvre contractuelle des droits d'auteur.

Il est composé d'un chapitre premier qui impose des règles générales (en plus du droit commun des contrats) encadrant tous les contrats relatifs au droit d'auteur (art. L. 131-1 s.).

Il contient également un chapitre II qui prévoit des dispositions particulières propres à certains contrats spéciaux de droit d'auteur (art. L. 132-1 s.).

En dépit de quelques concessions à une logique économique, cette réglementation est dans l'ensemble instaurée pour assurer une meilleure protection des intérêts de l'auteur, partie réputée plus faible.

Cet encadrement, qui n'existe pas, loin s'en faut !, dans tous les pays se fait par deux techniques : la limitation de la liberté contractuelle et l'imposition d'un certain nombre d'obligations.

En l'absence de disposition expresse de la loi prévoyant son application immédiate et à défaut de considérations d'ordre public particulièrement impératives, les contrats demeurent soumis à la loi en vigueur au jour de leur conclusion.

CHAPITRE PREMIER DISPOSITIONS GÉNÉRALES

COMMENTAIRE

Il est extrêmement rare, même avec l'essor des réseaux numériques, de voir un auteur prendre le parti d'assurer seul la diffusion de son œuvre. Le recours à un intermédiaire étant nécessaire, la conclusion d'un contrat s'impose. A cet instant, le créateur, en position de faiblesse par rapport à l'exploitant, a besoin de voir son consentement éclairé. Le législateur a donc décidé d'imposer un certain formalisme (art. L. 131-2 et L. 131-3). Il lui a semblé également nécessaire de brider la liberté contractuelle de l'auteur, dans le désir de le protéger, éventuellement contre lui-même.

Ainsi, bien que le contrat soit naturellement un mode d'anticipation, la loi limite ou encadre la possibilité d'appréhender l'avenir. Cela se manifeste tant à l'article L. 131-6 (relatif aux modes imprévus ou imprévisibles) qu'à l'article L. 131-1 à propos des œuvres non encore créées (prohibition des cessions globales d'œuvres futures). La rémunération due à l'auteur doit par principe être proportionnelle (art. L. 131-4) et les forfaits, dans les rares cas où ils sont admis, ne peuvent être lésionnaires (art. L. 131-5). Le créateur bénéficiant sur ces redevances d'un privilège (art. L. 131-8).

Les contrats de droit d'auteur sont fortement marqués d'un *intuitus personae* dont la jurisprudence tire un certain nombre de conséquences. Le consentement personnel de l'auteur est toujours requis (principe tiré de l'art. L. 132-7, al. 1er, pourtant propre au contrat d'édition mais étendu, pour des raisons de respect du droit moral, à tous les contrats).

Même si la pratique parle souvent de « cession », la propriété incorporelle ne peut jamais être cédée en bloc puisque le droit moral est indisponible tandis que le droit de suite est inaliénable.

L'opération en cause, qui ne concerne que le seul monopole d'exploitation composé des droits de représentation et reproduction, sous une forme identique ou dérivée, de l'œuvre, a souvent trait à un droit d'usage de ces droits. Lorsque le contrat ne prévoit pas d'exclusivité pour le cocontractant de l'auteur, la pratique désigne l'opération sous les termes « licence » ou « concession » ; mais la vérité oblige à dire que le plus grand flou règne en la matière.

La jurisprudence renforce le mouvement de protection voulu par le législateur. Les tribunaux se livrent presque toujours à une interprétation du contrat favorable au créateur. Tout ce qui n'est pas expressément cédé est conservé par l'auteur et toute cession expresse s'interprète de façon restrictive (V. obs. sur art. L. 131-3). Le rappel de l'exigence d'une cession n'incombe nullement à l'auteur, fût-ce dans le cadre d'un contrat de commande (Civ. 1re, 3 avr. 2007 : *CCE 2007, n° 80, note Caron ; RIDA juill. 2007, p. 351, note Sirinelli ; V. ss. art. L. 111-1, note 34*).

Ce régime spécial mis en place par le législateur ne s'applique pas qu'aux contrats conclus après l'entrée en vigueur de la loi du 11 mars 1957. ❑

Art. L. 131-1 La cession globale des œuvres futures est nulle. — *[L. n° 57-298 du 11 mars 1957, art. 33.]*

BIBL. ▸ **Contrats d'exploitation :** Azzi, *RIDA oct. 2007, p. 3* (les contrats d'exploitation des droits de propriété littéraire et artistique en droit international privé : état des questions) ; *ibid. juill. 2013, p. 91* (la cession à titre gratuit du droit d'auteur). – Bories, *CCE 2008. Étude 18* (le formalisme dans les contrats d'auteur) ; Le formalisme dans les contrats d'auteur, *PU Aix-Marseille, 2010.* – Bruguière (ss la dir. de), *Dalloz, 2013* (les contrats de propriété intellectuelle). – Cervetti, *RIDA oct. 2013, p. 111* (du bon usage de la contractualisation en droit de la propriété littéraire et artistique). – Cruquenaire, L'interprétation des contrats en droit d'auteur, *Larcier, coll. Création, information, communication, 2007.* – De Sainte Marie, *RTD com. 2013. 669* (l'objet des cessions de droits d'auteur : l'interprétation des contrats entre droit commun et droit spécial). – Derieux, *RIDA juill. 1989, p. 199* (œuvre de commande, liberté de création et droit moral de l'auteur). – Françon, *D. 1976. Chron. 55* (la liberté contractuelle dans le domaine du droit d'auteur). – Gaudrat, *RTD com. 2009. 323* (les modèles d'exploitation du droit d'auteur). – Gobin, *LPA, n° 58, p. 37* (les contrats de droit d'auteur à l'épreuve des législations française et européenne sur la propriété intellectuelle). – Huguet, L'ordre public et les contrats d'exploitation du droit d'auteur, *LGDJ 1962.* – Josselin, *Bull. dr. auteur 1992, n° 4, p. 6* (la notion de contrat d'exploitation du droit d'auteur, approche de droit comparé) ; Les contrats d'exploitation du droit de la propriété littéraire et artistique, *GLN 1995, éd. Joly.* – Khalvadjian, Le contrat d'auteur outil d'anticipation. Pour l'équilibre des droits dans le temps, *PU Aix-Marseille, 2008.* – Markellou, Les contrats d'exploitation de droit d'auteur en droit comparé (Allemagne, France, Grèce), *Thèse Montpellier I, 2009.* – Raimond, La qualification du contrat d'auteur, *Coll. IRPI-Litec, 2009.* – Reimer, *RIDA avr. 1977, p. 3* (remarques de droit comparé sur la liberté des contrats en matière de droit d'auteur). – Sergent, *CCE 2012. Prat. 19* (les contrats de cession des droits patrimoniaux relatifs aux fonds photographiques). – Singh et Corman, *LPA 19 nov. 2003* (contrat de commande d'œuvre : incertitudes sur les conditions et forme de la cession des droits d'auteur). – Sirinelli, Le droit moral de l'auteur et le droit commun des contrats, *thèse Paris II, 1985.* – Vercken, *Propr. intell. 2003, n° 9, p. 366* (pratique et rédaction des clauses résolutoires dans les contrats de cession de droit d'auteur) ; *Propr. intell. 2011, n° 40, p. 344* (la clause de cession de droits d'auteur).

▸ **Cession globale d'œuvres futures :** Desurmont, L'incidence des droits d'auteur sur la propriété corporelle des œuvres d'art en droit interne français, *thèse Paris II, 1974.* – Kayser, *Mélanges Audinet, Dalloz 1968, p. 130* (un conflit de la liberté des conventions et de la liberté de l'auteur : le contrat dit de mécénat). – Vergnaud, Les contrats conclus entre les artistes et les marchands de tableaux, *thèse Paris, 1957, Bordeaux, 1958.*

▸ **Œuvres audiovisuelles :** Chardin, *D. 1997. Chron. 202* (le contrat de commande d'œuvre audiovisuelle). – Montels, Contrats de l'audiovisuel, *Litec, Professionnels, 2007.*

▸ **Contrat des fournisseurs de services de réseaux sociaux :** Bruguière, *Propr. intell. 2015, n° 54, p. 58* (réseaux sociaux, clauses relatives aux licences de propriété intellectuelle, clause abusive. Recommandation CCA n° 2014-02).

COMMENTAIRE

Selon ce texte, un auteur ne peut céder les droits d'exploitation (qu'il s'agisse de l'ensemble du monopole ou de l'un de ses démembrements) relatifs à des œuvres non encore déterminées ou déterminables au jour du contrat. La prohibition ne concerne donc que les œuvres à venir non encore identifiées (par exemple, par leurs titres ou par l'exposé de l'idée de leurs thèmes et contenus).

La règle étant destinée à protéger les auteurs contre un engagement irréfléchi, la prohibition ne se limite cependant pas à une cession globale de l'ensemble de l'œuvre mais concerne aussi la cession qui ne porterait que sur deux seules œuvres à venir.

Toutefois, la disposition est parfois regardée comme une gêne, notamment dans les conventions conclues entre un employeur et un salarié. Elle oblige alors à la multiplication de contrats de cession, au coup par coup, alors même que les parties sont en relation permanente et que l'auteur est rémunéré pour créer. La jurisprudence admet alors parfois, de façon exceptionnelle et en raison de circonstances propres à l'espèce, que « la prévision d'une cession automatique de droits de propriété littéraire et artistique au fur et à mesure d'éventuels travaux n'est pas constitutive de la cession globale d'œuvres futures » (V. note 4). Mais de tels contournements du principe demeurent très rares. La possibilité d'aménager la règle ainsi posée a été examinée en Conseil supérieur de la propriété littéraire et artistique mais toute idée de réforme a pour le moment été repoussée en raison de l'opposition ferme des représentants des auteurs.

Le code prévoit cependant, d'ores et déjà, deux séries d'exceptions, de portée différente, à la règle. Chacune concerne un contrat spécial. La première est le pacte de préférence en matière de contrat d'édition (V. art. L. 132-4). La seconde est le contrat général de représentation (V. art. L. 132-18, al. 2).

La prohibition de l'article L. 131-1 ne concerne que les droits afférents à des œuvres et non la cession des œuvres incorporées dans leurs supports matériels (par exemple, tableaux ; V. notes 6 s.). ❑

A. PORTÉE

1. L'accord de collaboration rédactionnelle par lequel un auteur s'est engagé à réécrire des ouvrages, dits autobiographiques, indéterminés au jour de la conclusion du contrat est soumis à la prohibition des cessions globales d'œuvres futures. • Paris, 10 juin 1986 : *RIDA juill. 1987, p. 193.* ♦ Les créations publicitaires litigieuses présentant un caractère collectif, le directeur artistique qui y apporte son concours ne jouit d'aucun droit personnel sur ces œuvres et ne peut invoquer l'art. L. 131-1. • Soc. 19 oct. 2010 : *CCE 2011, n° 21, note Caron.*

2. L'art. L. 131-1 « ne fait aucune distinction entre celles (les œuvres) dont le cédant est l'auteur et celles qu'il a lui-même acquises de leurs créateurs ». • Paris, 6 mai 1980 : *RTD com. 1980. 551, obs. Françon ; RIDA janv. 1981, p. 157.*

3. La prohibition ne s'applique pas lorsque les circonstances permettent d'individualiser avec précision les œuvres en cause, comme c'est le cas dans l'hypothèse où la cession a trait à des histoires mettant en scène le même personnage principal, la faculté étant laissée à l'auteur de cesser sa collaboration au journal qui le publie à condition d'achever l'histoire en cours. • Civ. 1re, 6 nov. 1979 : *D. 1980. IR 207.*

4. N'est pas contraire à l'art. L. 131-1 la prévision, dans un contrat entre un annonceur et un agent de publicité, « d'une cession automatique des droits de propriété littéraire et artistique au fur et à mesure de l'exploitation ou du règlement éventuel des travaux, ni celle du transfert des seuls engagements en cours à l'agent successeur », avec tous les droits et charges y afférents. • Civ. 1re, 4 févr. 1986 : *Bull. civ. I, n° 12 ; RTD com. 1987. 198, obs. Françon ; RIDA juill. 1986, p. 128 ; JCP 1987. I. 3312, n° 26, obs. Edelman ; JCP 1987. II. 20872, note Plaisant.* ♦ De même, il a pu être estimé que « la prévision d'une cession automatique de droits de propriété littéraire et artistique au fur et à mesure d'éventuels travaux n'est pas constitutive de la cession globale d'œuvres futures ». • Lyon, 28 nov. 1991 : *Gaz. Pal. 1992. 1. 275, note Forgeron.* ♦ La cession de plus de deux œuvres futures est licite lorsque l'auteur n'a cédé à l'éditeur que le droit de publier « des » œuvres et non pas « les » œuvres dont il serait l'auteur. • TGI Paris, 6 déc. 2002 : *Légipresse 2003, n° 202, III, p. 88, note Alleaume.*

5. Pour des tempéraments légaux à la règle, V. art. L. 132-4, autorisant les pactes de préférence, et art. L. 132-18, réglementant le contrat dit de représentation générale.

B. CAS PARTICULIER DES CESSIONS D'ŒUVRES D'ART

6. L'art. L. 131-1 ne saurait être invoqué à propos de contrats dits de mécénat ou lors de la cession de supports matériels d'œuvres puisque « la loi du 11 mars 1957 réglementant les droits de propriété incorporelle des auteurs ne paraît pas s'appliquer au droit de propriété sur l'œuvre matérielle ». • Nîmes, 4 juill. 1966 : *RTD com. 1968. 709, obs. Desbois ; JCP 1967. II. 14961, concl. Champeil* • Civ. 1re, 19 janv. 1970 : *D. 1970. 483 ; RTD com. 1972. 103, obs. Desbois ; RIDA oct. 1970, p. 61.* ♦ Comp. • Aix-en-Provence, 23 févr. 1965 : *D. 1966. 166, note Savatier ; Gaz. Pal. 1965.*

1. 316 ; RTD com. 1965. 849, obs. Desbois ; Gaz. Pal. 1965. 1. Doctr. 92. ♦ Sur l'application de l'art. L. 131-3 à la cession des droits patrimoniaux sur l'intégralité des œuvres d'un peintre, V. art. L. 131-3, note 16.

7. Même si « la cession de ses œuvres par un peintre est licite dès lors qu'elle est limitée dans le temps et ne s'accompagne pas d'exigences incompatibles avec le droit moral de l'artiste ». • Civ. 1re, 19 janv. 1970 : *préc. note 6.* ♦ ... Ont été annulées les conventions qui entravaient « la liberté créatrice de l'artiste, lequel ne pouvait se soumettre à sa seule inspiration mais devait chercher un rendement déterminé, ce qui était de nature à compromettre gravement la qualité de son œuvre, sa réputation et son avenir ». • Aix-en-Provence, 23 févr. 1965 : *préc. note 6.*

8. A propos de l'engagement d'un artiste devant produire au minimum vingt toiles par mois, ce rythme de production intensif devant se poursuivre pendant dix ans à la seule volonté du marchand après une période de trois mois, la cour retient que « si l'engagement que prend un artiste de fournir périodiquement pendant une certaine durée un nombre déterminé de ses œuvres n'a en soi rien d'illicite, un tel engagement ne saurait être maintenu lorsque la partie envers laquelle il a été pris et qui avait elle-même l'obligation d'aider l'artiste à développer son talent lui a fait des conditions de travail telles qu'elles constituent au contraire une entrave à ce développement ». • Paris, 15 nov. 1966 : *RTD com. 1967. 155, obs. Desbois ; Gaz. Pal. 1967. 1. 17, note Sarraute.*

Art. L. 131-2 Les contrats de représentation, d'édition et de production audiovisuelle définis au présent titre doivent être constatés par écrit. Il en est de même des autorisations gratuites d'exécution.

(L. n° 2016-925 du 7 juill. 2016, art. 7) **« Les contrats par lesquels sont transmis des droits d'auteur doivent être constatés par écrit. »**

Dans tous les autres cas, les dispositions des *(Ord. n° 2016-131 du 10 févr. 2016, art. 6-XIV, en vigueur le 1er oct. 2016)* **« articles 1359 à 1362 » du code civil sont applicables.** – *[L. n° 57-298 du 11 mars 1957, art. 31, al. 1er et 2.]*

Les dispositions de l'art. 7 de la L. n° 2016-925 du 7 juill. 2016 sont applicables dans les îles Wallis-et-Futuna (L. préc., art. 115-III).

BIBL. ▶ DURRANDE, *RIDA avr. 1995, p. 3* (l'arrêt « Perrier », un prétexte pour s'attarder sur les sous-cessions en droit d'auteur).

COMMENTAIRE

La loi du 7 juillet 2016 a modifié la règle posée à l'article L. 131-2 en généralisant la portée de l'exigence d'un écrit, autrefois cantonnée à quatre séries de conventions.

Pour les contrats conclus avant la réforme, la jurisprudence avait posé les solutions suivantes (qui devraient être maintenues pour les conventions antérieures) :

1° L'existence d'un écrit n'est exigible que pour les seuls quatre contrats spéciaux nommés (contrats de représentation, d'édition et de production audiovisuelle, autorisations gratuites d'exécution). La règle n'étant pour la Cour de cassation qu'une simple règle de preuve et non de forme. Par voie de conséquence, et pour les opérations visées, l'exploitant, pour prouver l'existence de ses droits contre l'auteur, doit produire un écrit (al. 1er). A défaut (al. 2), il ne pourra avoir recours aux modes de preuve prévus par les articles 1341, 1347 et 1348 du code civil (nouv. art. 1359 à 1362). C'est dire que lui sont interdits les recours aux témoignages ou présomptions autorisés en droit commun (notes 1 à 5). La seule possibilité ouverte résidait dans le recours au serment décisoire ou l'aveu judiciaire (V. notes 6 et 7).

2° Pour tous les autres contrats, l'exigence d'un écrit et l'exclusion du droit commun n'étant pas énoncées (V. note 8), ces conventions étaient donc soumises (V. note 9) aux articles 1341, 1347 et 1348 du code civil (nouv. art. 1359 à 1362), sauf celles concernant les droits d'adaptation audiovisuelle qui connaissent un régime formaliste particulier, énoncé par l'alinéa 3 de l'article L. 131-3 (écrit particulier exigé, semble-t-il, *ad solemnitatem*).

3° La règle de l'exigence d'un écrit étant posée pour défendre les intérêts des auteurs, elle n'était opposable qu'au seul exploitant et pour les relations de ce dernier avec le créateur. L'auteur, quant à lui, pouvait invoquer l'application du droit commun (notes 10 et 11) de la preuve (C. com., art. L. 110-3). Enfin, les règles énoncées à l'article L. 131-3 ne régissaient pas les contrats conclus entre cessionnaires et sous-exploitants.

Le législateur a généralisé l'exigence d'un écrit par la loi du 7 juillet 2016 en l'étendant à tout contrat par lequel « sont transmis des droits d'auteur ».

C'est dire que le régime général est celui qui est évoqué dans les points 1° et 3° présentés ci-dessus (écrit exigé *ad probationem* pour le contractant de l'auteur ; liberté de preuve pour l'auteur et dans les relations entre exploitants).

La disposition nouvelle souffre cependant d'une malfaçon législative. En effet, la généralisation de la règle à tous les contrats aurait dû entraîner automatiquement la disparition de l'alinéa 1er à portée restrictive comme celle de l'alinéa 3 (nouvelle numérotation) qui renvoie au droit commun dans les autres cas. Mais lesquels désormais ?

Ce maintien de l'ancien alinéa 2 (devenu 3) signifie-t-il que l'extension proposée n'est pas aussi générale qu'on le croyait ? Faut-il considérer que seules les conventions opérant une réelle « transmission » des droits sont ainsi concernées par l'exigence d'un écrit, ce qui exclurait par exemple les licences ? Cette solution étonnerait, puisque, généralement, le code de la propriété intellectuelle vise indifféremment les « cessions » même lorsque l'on est plutôt en présence d'une concession. ❑

A. NATURE DE LA RÈGLE

Jurisprudence antérieure à la loi du 7 juill. 2016.

1. La constatation écrite du contrat d'édition prescrite par l'art. L. 131-2 al. 1er, n'a pas été requise pour la validité du contrat, mais pour sa preuve. » • Civ. 1re, 12 avr. 1976 : *Bull. civ. I, n° 123 ; D. 1976. IR 195 ; RTD com. 1978. 103 ; RIDA oct. 1976, p. 164* • 20 nov. 1979 : *Bull. civ. I, n° 289 ; D. 1981. IR 86, obs. Colombet.* ♦ Cette solution était déjà applicable aux contrats conclus avant la loi du 11 mars 1957 ; en ce sens, précisant que « l'arrêt attaqué décide à bon droit que les décrets de 1791 et 1793 n'avaient point fait échec au principe du consensualisme et que la mention y figurant d'un consentement écrit de l'auteur ne subordonnait pas la validité d'une cession de droits à l'emploi d'une forme écrite, et encore moins à l'emploi de celle que le code civil devait plus tard envisager pour la preuve des conventions synallagmatiques, mais n'avait trait qu'à une simple condition de preuve, V. • Civ. 28 mai 1963 : *D. 1963. 677 ; Gaz. Pal. 1963. 2. 99 ; JCP 1963. II. 13347, note Malaurie.*

B. CONTENU

1° EXIGENCE D'UN ÉCRIT

2. Une société éditrice de disques commet une contrefaçon en éditant des enregistrements d'un guitariste gitan en l'absence de l'écrit par lequel le contrat d'édition doit être constaté suivant l'art. L. 131-2. Sont insuffisantes pour faire la preuve d'un tel contrat les présomptions tirées de ce que le guitariste s'est prêté aux opérations d'enregistrement, du fait qu'il ait reçu de l'argent pour cet enregistrement et qu'il ait consenti à des séances de poses photographiques. • Paris, 1er juill. 1968 : *D. 1968. 719.* ♦ Comp. note 11.

3. La cession des droits de reproduction de photographies devant être écrite et expresse, un éditeur ne peut valablement soutenir qu'il résulte de la simple mention du nom du photographe dans un encart, qu'il a consenti à la publication en cause et qu'il a perçu des droits d'auteur à ce titre, ni se prévaloir de l'absence de toute réaction du photographe pendant dix ans, dès lors que la tolérance n'est pas constitutive de droits. • Paris, 26 juin 1996 : *RIDA oct. 1997. 250.* ♦ Les contrats de cession des droits d'édition et de cession des droits d'adaptation, établis et adressés aux auteurs n'ayant été ni signés ni retournés par eux, une cour d'appel ayant déduit des circonstances qu'ils avaient consentis à ces exploitations viole par refus d'application les art. L. 131-2, L. 131-3 et L. 132-7. • Civ. 1re, 13 nov. 2014 : *D. 2015. 410, note Étienney-de Sainte Marie ; RTD com. 2015. 291, obs. Pollaud-Dulian ; Légipresse 2015. 100, note Varet ; LEPI janv. 2015, n° 1, p. 4, obs. Le Cam.*

4. Sur la possibilité de produire des lettres missives, V. par exemple : rejetant une lettre dont le paragraphe principal était rédigé au conditionnel et ne constituait qu'une simple offre de services d'un agent de publicité ; sans référence particulière à l'utilisation des œuvres en cause. • Paris, 2 mai 1979 : *JCP 1979. II. 19110 (1er arrêt), note Leduc.* ♦ ... Ne retenant pas une missive ne comportant pas les délimitations du droit de reproduction imposées par l'art. L. 131-3. • Paris, 25 févr. 1983 : *Gaz. Pal. 1983. 2. Somm. 346.* ♦ ... Écartant la lettre d'un auteur ne contenant pas de précisions relatives à la rémunération de l'artiste, au nombre d'exemplaires ou à la durée de cession des droits. • Civ. 1re, 20 nov. 1979 : *Bull. civ. I, n° 289.* ♦ ... Ignorant une lettre de l'éditeur faisant état d'une offre de publication aux auteurs d'un ouvrage parce qu'elle n'a pas été suivie d'un document provenant des auteurs spécifiant leur accord. • TGI Paris, 29 avr. 1987 : *Cah. dr. auteur, janv. 1988, p. 13.* ♦ ... Admettant une lettre de l'auteur, même sans date certaine et non contresignée par l'éditeur. • Paris, 16 déc. 1988 : *Cah. dr. auteur, juill.-août 1989, p. 22.* ♦ ... Recherchant dans un courrier antérieur à un contrat ambigu des éléments susceptibles de préciser le sens des engagements pris. • Civ. 1re, 18 févr. 1986 : *D. 1987. Somm. 157, obs. Colombet.*

5. Sur la possibilité d'avoir recours à un échange de télégrammes, V. art. L. 131-3, al. 2.

2° DÉROGATION AU DROIT COMMUN

6. « Considérant, d'une part, que le contrat d'édition par lequel l'éditeur est tenu d'effectuer ou de faire effectuer la fabrication selon les conditions, dans la forme et suivant les modes d'expression prévus au contrat, doit être constaté par écrit, les dispositions des art. 1341 à 1348 C. civ. étant en ce cas inapplicables ; que ne change rien à la règle la nature du contrat liant les parties ; (... l'auteur) aurait-il travaillé à la commande, comme le soutient en ses écritures l'intimée, ou aurait-il été salarié, comme l'appelant lui-même le fait plaider (...) ; que l'exigence d'une preuve écrite en cas de cession des attributs patrimoniaux du droit d'auteur ne cesse donc pas d'être requise dans les relations litigieuses ; que le seul substitut à la preuve écrite est l'aveu judiciaire. » • Paris, 6 mars 1981 : *RIDA juill. 1982, p. 152* • TGI Paris, 16 mai 1968 : *D. 1968. 72.*

7. Pour un exemple admettant l'aveu extrajudiciaire, pourvu qu'il ne soit pas verbal, retenant que « sauf exceptions touchant à l'ordre public, l'aveu est admissible en toutes matières, même pour détruire les actes authentiques, spécialement quand la preuve testimoniale n'est pas reçue comme c'est le cas en matière d'édition au regard de l'art. L. 131-2 ; l'art. 1355 C. civ. n'écarte l'aveu extrajudiciaire que si celui-ci est purement verbal ; il en ressort *a contrario* que l'aveu extrajudiciaire écrit, exprès ou tacite, par exécution scripturale non équivoque est susceptible de prouver l'existence d'un contrat d'édition allégué par l'éditeur à l'encontre de l'auteur, sous réserve évidemment que cet aveu mentionne ou implique nécessairement les éléments substantiels visés à l'art. L. 131-3, quant à l'identification et au domaine d'exploitation des droits cédés, au lieu d'exécution et à la durée du contrat ». En l'espèce, le fait pour l'auteur de corriger l'épreuve, de donner le bon à tirer, de retirer des exemplaires de l'ouvrage, d'en dédicacer un certain nombre et de rédiger la prière d'insérer après avoir eu connaissance des conditions pratiques de publication valait consentement, l'auteur ayant manifesté sa volonté de se plier aux obligations découlant normalement du contrat d'édition même si l'instrument de ce dernier n'était envoyé pour signature à celui-ci que postérieurement à ces faits. • TGI Paris, 28 févr. 1973 : *RTD com. 1975. 99, obs. Desbois ; RIDA avr. 1974, p. 88.* ♦ V. aussi, rejetant finalement ce mode de preuve parce qu'en l'espèce la démarche invoquée (la remise du document) parut équivoque. • TGI Paris, 12 janv. 1974 : *RTD com. 1976. 96, obs. Desbois ; RIDA juill. 1975, p. 189.* ♦ Rappr., énonçant que « la cour d'appel, tout en relevant qu'il n'y avait pas eu d'acte de cession au profit de (la société de l'exploitant) a considéré que (l'auteur), animateur de cette société familiale avait cédé à celle-ci le droit de reproduire le modèle qu'il avait créé, en la laissant le divulguer sous son nom ». • Com. 20 janv. 1980 : *RTD com. 1980. 545, obs. Françon ; PIBD 1980. III. 119 ; JCP 1981. II. 19619.* ♦ Et, à propos de l'exécution d'une commande sans discussion pendant quinze années, V. • Civ. 1re, 27 mai 1986 : *Bull. civ. I, n° 143 ; D. 1987. Somm. 154, obs. Colombet.*

C. DOMAINE

1° OPÉRATIONS VISÉES

8. L'art. L. 131-2 ne s'applique qu'aux seuls contrats visés par le texte. • Civ. 1re, 12 nov. 1980 : *Bull. civ. I, n° 288 ; RIDA oct. 1981, p. 192* • Paris, 6 mai 1980 : *RTD com. 1980. 551, obs. Françon ; RIDA janv. 1981, p. 157.* ♦ Sur la validité de la cession en connaissance de la destination des œuvres exploitées, V. • Paris, 29 juin 2011 : *Propr. ind. 2011. 84, note Greffe.*

9. La preuve des autres contrats obéit aux règles de droit commun posées par les art. 1341 à 1348 C. civ. ; le recours à la preuve testimoniale à l'encontre d'un écrit est exclu. • Civ. 1re, 9 févr. 1994 : *RIDA oct. 1994, p. 443.* ♦ Tel est le cas : des conventions de louage d'ouvrage. • Civ. 1re, 12 avr. 1976 : *préc. note 1* (sol. impl.). ♦ ... Des accords entre auteurs. • Paris, 10 mai 1973 : *D. 1973. 548, concl. Cabannes ; RTD com. 1973. 796, obs. Desbois ; JCP 1973. II. 17476, concl. Cabannes.* ♦ ... De ceux passés entre coauteurs d'une œuvre de collaboration. • Paris, 26 janv. 1983, *Commere c/ Lanauve de Tartas : inédit.* ♦ ... Des conventions liant une personne morale aux auteurs des différentes contributions incorporées à une œuvre collective. • Paris, 4 mars 1982 : *D. 1983. IR 92, obs. Colombet.* ♦ ... Du contrat de cession des droits de reproduction. • Civ. 1re, 9 févr. 1994 : *préc. note 9* • Paris, 6 mai 1980 : *préc. note 8* • 23 sept. 1981 : *RIDA juill. 1982, p. 159* • Civ. 1re, 12 nov. 1980 : *RTD com. 1981. 748, obs. Françon ; RIDA oct. 1981, p. 192* • TGI Paris, 21 mars 1985 : *RIDA juill. 1985, p. 187.* ♦ ... Du contrat de compte à demi. • Paris, 12 juill. 1984, *Dakeyo c/ Silasta : inédit.* ♦ ... Des accords d'adaptation non visés au texte. • Paris, 10 mai 1973 : *préc. note 9.*

2° PERSONNES CONCERNÉES

10. Il serait contraire à l'économie de la loi comme à l'esprit desdites dispositions (art. L. 131-2, al. 1er et 2) d'en opposer la rigueur à l'auteur alors qu'elles n'ont pas d'autre raison d'être que d'assurer précisément la sauvegarde des intérêts de celui-ci supposé peu au fait de la pratique des contrats. • Paris, 17 juin 1976 : *RTD com. 1978. 105, obs. Desbois* • TGI Paris, 25 mars 1972 : *RIDA juill. 1972, p. 232* • Aix-en-Provence, 4 mai 1980 : *RIDA janv. 1981, p. 161.*

11. Dès lors, dans les contrats conclus entre un auteur et un exploitant qui s'analysent en des actes mixtes, l'auteur dispose de la liberté de preuve, offerte par l'art. 109 C. com., que la convention entre dans le champ de l'art. L. 131-2, V. ainsi • Civ. 1re, 12 avr. 1976 : *préc. note 1* • TGI Paris, 27 févr. 1968 : *D. 1968. 375* • 25 mars 1971 : *RIDA juill. 1972, p. 232* (recours à la « preuve indicielle »). ♦ ... Ou qu'elle n'y entre pas. • Paris, 6 mai 1980 : *préc. note 8.*

Art. L. 131-3 La transmission des droits de l'auteur est subordonnée à la condition que chacun des droits cédés fasse l'objet d'une mention distincte dans l'acte de cession et que le domaine d'exploitation des droits cédés soit délimité quant à son étendue et à sa destination, quant au lieu et quant à la durée.

Lorsque des circonstances spéciales l'exigent, le contrat peut être valablement conclu par échange de télégrammes, à condition que le domaine d'exploitation des droits cédés soit délimité conformément aux termes du premier alinéa du présent article.

Les cessions portant sur les droits d'adaptation audiovisuelle doivent faire l'objet d'un contrat écrit sur un document distinct du contrat relatif à l'édition proprement dite de l'œuvre imprimée.

Le bénéficiaire de la cession s'engage par ce contrat à rechercher une exploitation du droit cédé conformément aux usages de la profession et à verser à l'auteur, en cas d'adaptation, une rémunération proportionnelle aux recettes perçues. – *[L. n° 57-298 du 11 mars 1957, art. 31, al. 3 et 4.]*

BIBL. ► BORIES, Le formalisme dans les contrats d'auteur - Contribution à l'édification d'un droit d'auteur économique, *PUAM, 2010.* - BRUGUIÈRE, *Propr. intell. 2015, n° 54, p. 58* (réseaux sociaux, clauses relatives aux licences de propriété intellectuelle. Recommandation CCA n° 2014-02). - COLOMBET, *Mélanges Françon, Dalloz 1995, p. 63* (la portée des autorisations d'exploitation en matière de contrats relatifs au droit d'auteur). - DURRANDE, *RIDA avr. 1995, p. 3* (l'arrêt *Perrier*, un prétexte pour s'attarder sur les sous-cessions en droit d'auteur). - GAUTIER, *D. 1988. Chron. 152* (l'accession mobilière en matière d'œuvres de l'esprit : vers une nouvelle querelle des Proculéiens et des Sabiniens). - GUILLEMAIN, Les chaînes de contrats en droit d'auteur, *Thèse Poitiers, 2011.* - VERCKEN, *Propr. intell. 2011, n° 40, p. 344* (contrat de droit d'auteur - la clause de cession de droits d'auteur).

COMMENTAIRE

Cette disposition impose un certain nombre de mentions obligatoires. Les droits cédés doivent être limitativement énumérés. L'article est révélateur de la philosophie générale du droit d'auteur français. Alors que les droits sont accordés de façon large au créateur, ce dernier ne peut s'en dépouiller en agissant avec la même généralité. Toute clause large de cession doit être réputée sans effet (V. notes 4 à 6). Et, en raison du principe d'interprétation restrictive (V. notes 3 et 8), tout ce qui n'est pas expressément cédé est retenu par lui.

Alors que, pour des raisons pratiques, toutes les opérations conclues par un auteur devraient être soumises aux exigences de l'article L. 131-3, alinéa 1er, la Cour de cassation a décidé (V. note 16) que le dispositif légal ne concernait que les seuls contrats énumérés à l'article L. 131-2 (contrats de représentation, d'édition et de production audiovisuelle ainsi que les autorisations gratuites d'exécution). Pour les conventions ainsi visées, le législateur prend soin d'énoncer les mentions exigées. Le domaine de la cession relative à chacun des droits doit être précisé à un quadruple point de vue. En premier lieu, par la détermination des modes d'exploitation autorisés (« étendue » ; V. notes 9 à 12). L'interprétation restrictive se fera par référence aux modes énumérés par le législateur aux articles L. 122-2 et L. 122-3 du code de la propriété intellectuelle et en tenant compte des modes qui apparaissent comme autonomes sur le plan technique ou économique. Mais aussi par des mentions obligatoires ayant trait à la destination (V. note 13), au lieu de l'exploitation (territoires couverts par l'autorisation) et à la durée (V. notes 14 et 15). L'inobservation de ces conditions expressément posées est sanctionnée par une nullité relative dont seuls les auteurs peuvent se prévaloir (V. note 17).

Cette limitation jurisprudentielle du formalisme imposé par l'article L. 131-3 aux seules conventions expressément visées à l'article L. 131-2 a été très largement critiquée. Il faut estimer que cette solution prétorienne sera abandonnée après la modification législative du 7 juillet 2016, créant un nouvel alinéa généralisant à tous les contrats de transmission des droits d'auteur l'exigence d'un écrit (V., *supra*, le comm. de l'art. L. 131-2). Les mentions obligatoires de l'article L. 131-3 devraient donc être imposées à tout contrat de cession conclu par un auteur.

L'application de ces principes, destinés à protéger les intérêts des auteurs, est cantonnée par la Cour de cassation (V. note 16) aux seuls contrats où l'une des parties est l'auteur. En ne soumettant pas les conventions que peuvent conclure les cessionnaires avec des sous-exploitants à ces exigences, la jurisprudence perd cependant de vue le fait que les contrats conclus en aval peuvent avoir des incidences sur la situation de l'auteur, en amont. En dépit du principe d'interprétation restrictive, il arrive, parfois, que le juge, par application du droit commun des contrats (C. civ., art. 1135), s'en remette aux usages, dans les conventions entre ayants droit, pour déterminer l'étendue des possibilités d'utilisation de l'œuvre offertes au cessionnaire (Civ. 1re, 15 mai 2002, *CCE 2002, no 94, note Caron*).

S'agissant des droits d'adaptation audiovisuelle (al. 3 et 4), l'exigence d'un contrat écrit, distinct de la convention relative à l'édition de l'œuvre imprimée, est d'ordre public (V. note 18).

A. PRINCIPE

1. Il importe peu que l'auteur ait accepté « le principe de la reproduction » de ses œuvres et perçu un pourcentage sur certaines ventes dès lors qu'il n'existe aucun contrat de cession respectant le formalisme de l'art. L. 131-3. • Civ. 1re, 28 nov. 2000 : *Bull. civ. I, no 308 ; JCP 2001. IV. 1145 ; RIDA avr. 2001, p. 315.* ♦ *Adde*, précisant que la cession des droits d'exploitation et d'adaptation de logiciels ne peut se déduire de présomptions. • Civ. 1re, 1er déc. 1999 : *RTD com. 2000. 364, obs. Françon ; RIDA juill. 2000, p. 397 ; CCE 2000, no 55, note J.-C. Galloux.* ♦ Les contrats de cession des droits d'édition et de cession des droits d'adaptation, établis et adressés aux auteurs n'ayant été ni signés ni retournés par eux, une cour d'appel ayant déduit des circonstances qu'ils avaient consentis à ces exploitations viole par refus d'application les art. L. 131-2, L. 131-3 et L. 132-7. • Civ. 1re, 13 nov. 2014 : *D. 2014. 2341 ; LEPI janv. 2015, no 1, p. 4, obs. Le Cam.* ♦ V., cependant, faisant, pour admettre la cession, référence à l'existence d'un contrat-cadre et à l'engagement de l'auteur de conclure un contrat particulier (par l'intermédiaire de la SACD) qui précisera l'étendue et la durée de la cession ainsi que la rémunération de l'auteur. • Civ. 1re, 25 janv. 2000 : *RIDA oct. 2000, p. 267.* ♦ Les dispositions de l'art. L. 131-3 ne régissent que les contrats consentis par l'auteur dans l'exercice de son droit d'exploitation et non ceux que peuvent conclure les cessionnaires avec les sous-exploitants. • Com. 5 nov. 2002 : *CCE 2003, no 1, note Caron ; PIBD 2003. III. 160 ; Propr. ind. 2002, no 5, note Kamina ; RDPI 2003, no 145, p. 48.* ♦ Une convention de stage ne saurait être interprétée comme un contrat de cession de droits d'auteur. • Paris, 7 oct. 2005 : *RTD com. 2006. 86, obs. Pollaud-Dulian ; CCE 2005, no 180, note Caron ; Légipresse 2006, III, p. 27, note Derieux.* ♦ Lorsque l'auteur de l'œuvre n'émet aucune revendication, la personne morale qui exploite cette œuvre n'est nullement tenue de prouver la réalité de la cession, laquelle est indépendante de la présomption dont bénéficie la personne commercialisant l'œuvre sans équivoque. • Paris, 19 avr. 2013 : *RIDA avr. 2013, p. 387, note Sirinelli.*

2. Fiscalité. La cession à des tiers, par les auteurs d'œuvres de l'esprit, des droits de représentation ou de reproduction qu'ils détiennent sur celles-ci est soumise au taux réduit de TVA, prévu à l'art. 279 g) du CGI, alors même que les conditions posées par l'art. L. 131-3 du CPI ne seraient pas remplies. • CE 27 janv. 2017, no 390660 : *Lebon Propr. intell. 2017, no 63, p. 18, note A. Lucas.*

B. DROITS CÉDÉS

3. Interprétation stricte. Comme aux termes de l'art. L. 122-7, la cession du droit de reproduction n'emporte pas celle du droit de représentation, et qu'aux termes de l'art. L. 131-3, la transmission des droits de l'auteur est subordonnée à la condition que chacun des droits cédés fasse l'objet d'une mention distincte dans l'acte de cession, l'accord passé (à propos d'un logo) entre l'auteur et le Groupe bancaire, s'il comportait la cession du « droit de reproduction » de l'emblème pour la publicité sous toutes ses formes, ne contenait aucune cession du droit de représentation, même à des fins publicitaires, et la diffusion par la télévision correspond à l'exercice du droit de représentation. • Civ. 1re, 18 déc. 1979 : *Bull. civ. I, no 326 ; RTD com. 1980. 80, obs. Françon ; JCP 1980. II. 19307, concl. Gulphe ; Ann. propr. ind. 1981. 169.* – Dans le même sens • Civ. 1re, 9 oct. 1991 : *D. 1993. Somm. 91, obs. Colombet ; RIDA janv. 1992, p. 293.* ♦ V., cependant, ayant admis que les juges du second degré ont pu décider, dans les circonstances de l'espèce, que le droit de reproduction se confondait avec le droit de représentation ». • Civ. 1re, 14 juin 2000 : *RIDA janv. 2001, p. 265* (utilisation de toiles d'un peintre dans un film publicitaire). ♦ Sur l'appréciation particulièrement extensive de la notion de cession (fixation unilatérale et *a posteriori* des termes de la cession), V. • CAA Paris, 2 nov. 2009 : *RTD com. 2010. 119, obs. Pollaud-Dulian*.

C. MENTIONS OBLIGATOIRES

4. Cession totale et illimitée. Ne sont pas valables les contrats comportant une cession totale et illimitée des droits de reproduction, sans rémunération ultérieure, puisque la transmission des droits de l'auteur (étant) subordonnée à la condition que dans l'acte de cession le domaine d'exploitation des droits cédés soit délimité quant à son étendue et à sa destination, quant au lieu et quant à la durée (...), en décidant que les contrats conclus entre les parties en 1979 et 1981 comportaient une cession totale et illimitée des droits de reproduction dont étaient titulaires MM. Leprêtre et de Nève, alors qu'elle avait constaté que les photographies litigieuses étaient destinées à illustrer le catalogue de ces deux années, sans que soit prévue aucune rémunération en cas d'édition ultérieure avec réutilisation des clichés, la cour d'appel a violé les dispositions impératives (de l'art. L. 131-3). • Civ. 1re, 13 déc. 1989 : *Bull. civ. I, n° 391 ; RIDA avr. 1990, p. 199 et 137, obs. Kéréver ; JCP 1990. IV. 66.* – Dans le même sens • Civ. 1re, 21 févr. 1989 : *RIDA avr. 1990, p. 137, obs. Kéréver.*

5. Cession générale. Ne peut pas être admise une cession générale par une clause trop imprécise ; ainsi à propos de la clause « tous droits compris », la Cour de cassation, visant les art. L. 122-7 et L. 131-3, rappelle « que, selon le premier de ces textes, lorsqu'un contrat emporte cession du droit de représentation ou du droit de reproduction, la portée en est limitée aux modes d'exploitation prévus au contrat ; qu'aux termes du second, la transmission des droits de l'auteur est subordonnée à la condition que leur domaine d'exploitation soit délimité quant à son étendue et à sa destination, quant au lieu et quant à la durée ; attendu qu'après avoir énoncé que la clause de cession "tous droits compris" comprenait nécessairement le droit de représentation du film "Le fruit nu", l'arrêt retient, malgré l'absence de toute autre précision conventionnelle, "que la société Joker a acquis l'intégralité des droits d'exploitation des créations réalisées par la société Robert et Partners" ; qu'en donnant ainsi une portée illimitée à une clause que sa généralité rendait inopérante, la cour d'appel a violé les textes susvisés ». • Civ. 1re, 9 oct. 1991 : *D. 1993. Somm. 91, obs. Colombet ; RIDA janv. 1992, p. 293.* ♦ Doit être cassé l'arrêt qui donne effet à une clause que la généralité de ses termes rend inopérante quand à la destination de l'œuvre (à propos de la cession d'une photographie). • Civ. 1re, 12 juill. 2006 : *Bull. civ. I, n° 399 ; D. 2006. AJ 2313, obs. Daleau ; RTD com. 2007. 92, obs. Pollaud-Dulian ; Légipresse 2007, II, p. 187, obs. Alleaume ; Propr. intell. 2006, n° 21, p. 446, obs. Lucas.*

6. La transmission des droits de l'auteur (étant) subordonnée à la condition que chacun des droits cédés fasse l'objet d'une mention distincte dans l'acte de cession et que leur domaine d'exploitation soit délimité (...), il n'est pas possible de se fonder sur une correspondance échangée entre les parties pour en déduire que l'auteur avait, en connaissance de la forme d'exploitation pratiquée par l'éditeur en exécution de l'art. 6, al. 2, du contrat, expressément et par écrit accepté le principe de la cession des albums à la société France-Loisirs (...) alors qu'il ne résultait ni du contrat ni de la lettre de M. Bourgeon visée par la cour d'appel, que celui-ci ait donné son accord exprès à la cession de ses droits à la société France-Loisirs pour le type d'exploitation réalisé par cette société, avec une délimitation du domaine d'exploitation quant à son étendue et à sa destination ainsi qu'à sa durée. • Civ. 1re, 26 janv. 1994 : *Bull. civ. I, n° 34 ; RIDA juill. 1994, p. 309 ; JCP 1994. IV. 846.* ♦ Dans le même sens • Paris, 3 avr. 2002 : *RIDA oct. 2002, p. 229, obs. Kéréver.* ♦ Sur les moyens de preuve de l'étendue de la cession, V. • Civ. 1re, 19 févr. 2002 : *Propr. intell. 2002, n° 5, p. 53, obs. Lucas ; RIDA juill. 2002, p. 323, obs. Kéréver.*

7. « La réalité d'une convention de cession de droits d'auteur ne peut être admise que si elle résulte d'éléments précis ne pouvant laisser aucun doute à ce sujet... Cette exigence très stricte est imposée par les nécessités de la protection du droit d'auteur, lequel est étroitement lié à la personnalité du créateur de l'œuvre de sorte que ce dernier ne peut être dépossédé que s'il y a consenti et seulement dans les limites de son acceptation. » • Paris, 2 mai 1975 : *JCP 1979. II. 19110.* ♦ V. cependant, estimant que dès lors que par une convention de louage d'ouvrage, dont l'exécution pendant quinze ans n'a donné lieu à aucune contestation, la régie Renault a confié à un auteur, moyennant rémunération de son temps de travail, la réalisation de dessins dont il savait dès l'origine qu'ils n'étaient commandés que pour être reproduits, les juges du fond peuvent décider que, dans une telle espèce, la facturation des objets livrés emporte nécessairement cession du droit de reproduction : • Civ. 1re, 27 mai 1986 : *Bull. civ. I, n° 143 ; D. 1987. Somm. 154, obs. Colombet.* ♦ L'exigence des clauses relatives à la durée et l'étendue des droits cédés s'impose même lorsque la cession de droit d'auteur est faite à titre gratuit. • Civ. 1re, 23 janv. 2001 : *GAPI, 1re éd., n° 14 ; CCE 2001, n° 34, note Caron.* ♦ Sur le formalisme de la cession de droits d'auteur, V. • Paris, 4 oct. 2006 : *Propr. intell. 2007, n° 22, p. 96, obs. Bruguière.* ♦ V. aussi, à propos d'illustrations d'ouvrages • Paris, 17 oct. 2012 : *Propr. intell. 2013, n° 46, p. 57, obs. Bruguière.* ♦ ... Ou encore : concernant des sculptures. • Paris, 4 juill. 2012 : *Propr. intell. 2013, n° 46, p. 60, obs. Bruguière.* ♦ ... Des logiciels. • Montpellier, 23 oct. 2012 : *Propr. intell. 2013, n° 46, p. 60, obs. Bruguière.*

D. INTERPRÉTATION DU CONTRAT

8. Interprétation stricte. « Les contrats portant sur les droits d'auteur sont gouvernés par le principe d'interprétation stricte, d'où il découle que l'auteur est supposé s'être réservé tout droit ou mode d'exploitation non expressément inclus dans un contrat de cession. » • Versailles, 13 févr. 1992 : *D. 1993. 402, note Edelman*. ♦ L'acte par lequel un auteur déclare déléguer ses droits à un éditeur pour la reproduction de certaines de ses œuvres n'est pas une donation, mais un acte de cession de droits d'auteur à titre gratuit, dont la validité est subordonnée au respect des prescriptions de l'art. L. 131-3. • Paris, 1er juill. 1998 : *RIDA janv. 1999, p. 390*. ♦ La prohibition contractuelle de l'emploi publicitaire d'un cliché dont le droit de reproduction a été acquis pour illustrer la couverture d'un magazine ne s'étend pas, eu égard à la suite que l'usage donne à l'obligation d'après sa nature et sauf clause contraire expresse, à l'exposition publique de celle-là lorsqu'elle est faite pour la promotion des ventes de celui-ci. • Civ. 1re, 15 mai 2002 : *Bull. civ. I, n° 130 ; D. 2002. AJ 1908, obs. Daleau ; CCE 2002, n° 84, note Caron ; JCP E 2002. 1121, note Caron ; Légipresse 2002, n° 194, III, p. 139, note Bigot ; Propr. intell. 2002, n° 4, p. 58, obs. Sirinelli ; RIDA janv. 2003, p. 287, obs. Kéréver ; RDPI 2002, n° 141, p. 18, note Singh*. ♦ V. aussi • Paris, 8 sept. 2006 : *CCE 2007, n° 25, obs. Caron*. ♦ La cession de ses droits par l'auteur est limitée aux modes d'exploitation prévus. – Sur l'exploitation publicitaire non prévue au contrat, V. aussi art. L. 122-7.

1° *ÉTENDUE DE LA CESSION*

9. Les contrats devant être interprétés de façon restrictive, l'autorisation donnée en vue d'une adaptation d'une pièce de théâtre à l'opéra ne peut être considérée comme valant aussi cession des droits d'adaptation cinématographique. • Civ. 22 juin 1959 : *D. 1960. 129, note Desbois*.

10. Photographies. De même, un photographe qui a limité, par contrat, les droits d'utilisation de ses photographies à 2 000 exemplaires d'un livre-cadeau peut s'opposer tant à la vente en librairie, à 5 300 exemplaires, qu'à l'utilisation d'une de ses photographies pour illustrer des cartons d'invitation et des dossiers de presse, dès lors que l'échange de courriers supplémentaires qu'il avait eu ne pouvait être regardé que « comme une offre qui devait être suivie de propositions et non pas comme un accord définitif non susceptible d'être remis en cause ». • Paris, 10 juin 1993 : *RIDA oct. 1993, p. 242*. ♦ Comp. précisant d'une part que le fait pour un photographe d'avoir autorisé la reproduction de ses œuvres pour l'édition de cartes postales, n'entraîne pas, automatiquement, accord pour la reproduction à des fins d'illustration de prospectus et d'annonces publicitaires et, d'autre part, que c'est à l'exploitant qu'il appartient de prouver l'étendue des droits cédés. • Civ. 1re, 4 févr. 1975 : *D. 1975. IR 94 ; RIDA juill. 1975, p. 180*. ♦ La cession du droit de reproduire des photographies pour illustrer une encyclopédie n'emporte pas le droit de les utiliser pour la version cédérom de cet ouvrage. • Paris, 12 déc. 2001 : *D. 2002. AJ 725 ; JCP E 2002. 888, n° 5, obs. Vivant, Mallet-Poujol et Bruguière ; ibid. 2003. 1508, n° 11, obs. Zollinger ; Légipresse 2002, n° 191, I, p. 54 ; Propr. intell. 2002, n° 5, p. 43, obs. Lucas*. ♦ L'autorisation de reproduire des photographies sur des pochettes de disques n'emporte pas cession des droits de reproduction sur des jaquettes de cassettes. • Paris, 28 mai 2003 : *CCE 2003, n° 103, note Caron*. ♦ Sur l'interprétation d'un devis qui se borne à déterminer « le domaine d'exploitation » de photographies, V. • Paris, 14 mai 2002 : *Propr. intell. 2002, n° 7, p. 172, obs. Lucas*. ♦ V. aussi • Paris, 9 mai 2007 : *Légipresse 2007, II, p. 185, obs. Alleaume*. ♦ L'autorisation d'exploiter des photographies sous la forme de catalogues et de publicités sur les lieux de vente n'emporte pas la reproduction sur des panneaux d'affichage et sur les kiosques à journaux ainsi que dans des magazines de mode. • Paris, 24 oct. 2007 : *RTD com. 2008. 82, obs. Pollaud-Dulian*. La cession des droits pour la reproduction de photographies sur un dépliant n'emporte pas celle du droit de les reproduire sur des sets de table et autres objets destinés à des boutiques de souvenirs. • Civ. 1re, 30 sept. 2010 : *Dalloz actualité, 11 oct. 2010, obs. Daleau ; D. 2010. AJ 2360 ; CCE 2010, n° 119, note Caron*. ♦ Sur l'interprétation du contrat de cession de photographies de Che Guevara « à condition que les utilisations soient respectueuses des idéaux de Che Guevara et de son propre engagement [le photographe] au service de ce dernier », V. • Com. 12 juill. 2011 : *RTD com. 2012. 116, obs. Pollaud-Dulian*. ♦ Sur la portée de la cession des droits des reproduction de photographies quant à leur numérisation et à leur mise en ligne, V. • Civ. 1re, 30 mai 2012 : *Bull. civ. I, n° 116 ; Dalloz actualité, 19 juin 2012, obs. Daleau ; D. 2012. AJ 1798, note Alleaume ; CCE 2012, n° 89, note Caron ; Légipresse 2012, n° 299, p. 641, note Varet*.

11. Toutefois, un illustrateur de livres pour enfants peut céder, d'une part, à un éditeur le droit de publier une édition avec textes et dessins et, d'autre part, à un autre éditeur une édition des seuls dessins dans un autre format et sur un papier de qualité très différente. • Civ. 1re, 3 mars 1982 : *Bull. civ. I, n° 98 ; D. 1983. Somm. 98, obs. Colombet*. ♦ Lorsqu'au terme d'un protocole d'accord, l'auteur d'une œuvre, sous l'intitulé « cession des droits d'exploitation », cède à l'éditeur le droit d'exploitation graphique en toutes les langues et pour tous les pays de ladite œuvre (en l'espèce 25 albums d'Astérix le Gaulois), cette cession de droit d'édition graphique confère à l'éditeur cessionnaire le droit de la reproduire à titre exclusif sous forme d'albums. • Paris, 3 juill. 1996 : *Gaz. Pal. 1996. 1. Somm. 19*. – Pourvoi rejeté par • Civ. 1re, 12 nov. 1998 : *RIDA avr. 1999, p. 347*. ♦ Le photographe, qui a cédé des clichés pour illustrer des couvertures d'un magazine, ne peut reprocher à la société de presse de reproduire ces couvertures sur un site qui promeut le magazine pour ses 20 ans. • Paris, 28 févr. 2007 : *RTD com. 2007. 362, obs. Pollaud-Dulian ; Propr. intell. 2007, n° 24, p. 327, obs. A. Lucas ; RIDA avr. 2007, p. 221, note Sirinelli.* ♦ La société à laquelle a été consentie la cession des droits de reproduction des meubles représentés dans les photographies litigieuses est cessionnaire non pas d'un « droit d'exploitation » mais du seul droit de fabrication des meubles énumérés au contrat conclu avec les ayants droit des auteurs. • Civ. 1re, 12 juin 2012 : *Bull. civ. I, n° 131 ; D. 2012. AJ 1608 ; Propr. ind. 2012, n° 82, note Greffe ; Propr. intell. 2012, n° 44, p. 337, obs. A. Lucas ; ibid. p. 341, obs. A. Lucas ; RTD com. 2012. 550, obs. Pollaud-Dulian.*

12. Œuvre audiovisuelle. L'autorisation de reproduction d'un film cinématographique en formats 35 mm et 16 mm ne vaut pas accord pour la reproduction sur bandes magnétiques. • Civ. 1re, 29 juin 1982 : *Bull. civ. I, n° 244 ; D. 1983. 33, note Edelman ; ibid. Somm. 99, obs. Colombet ; RTD com. 1983. 435, obs. Françon.* ♦ V. cependant, en matière audiovisuelle une décision qui, après avoir constaté que le contrat de production relevait de l'art. 17 de la loi du 11 mars 1957 dans sa rédaction antérieure à la loi du 3 juill. 1985, qui pose une présomption simple laissant place à la possibilité d'une clause contraire absente du contrat en cause qui mentionne seulement une cession des droits d'auteur « à titre exclusif et définitif », précise que « le terme "définitif" ne peut s'appliquer qu'aux droits cédés et non pas à la cession elle-même qui, en tant que vente, ne peut être provisoire. La cession de droits sans clause implique qu'il n'existe aucune limitation ni en étendue des droits ni en durée de la cession ». • Douai, 13 avr. 1992 : *RIDA juill. 1992, p. 186.* – Dans la même affaire, en cassation • Civ. 1re, 29 juin 1994 : *RIDA janv. 1995, p. 197.* ♦ La cession des droits d'auteur relatifs à la conception graphique d'un site internet d'achat en groupe étant limitée à l'exploitation de ce site, constitue un acte de contrefaçon le fait de reproduire ces œuvres graphiques lors de la campagne publicitaire à la télévision ou au cinéma et destinée au lancement du site. • TGI Paris, réf., 18 juill. 2000 : *CCE 2001, n° 3, note Caron.* ♦ V. aussi art. L. 132-24.

2° DESTINATION DE L'ŒUVRE

13. A propos de l'utilisation de la chanson « Ne me quitte pas » dans un spot télévisuel publicitaire : attendu qu'au regard de l'art. 31 de la loi du 11 mars 1957, la généralité des termes de la cession visant uniquement le droit de reproduction « quelle que soit la destination » ne peut pas implicitement viser les droits d'exploitation de l'œuvre à des fins publicitaires, s'entendant des droits de reproduction et de représentation ; (...) que l'éditeur, en concédant au sous-éditeur brésilien plus de droits que ceux qu'il détenait par contrat du 14 sept. 1959, a outrepassé ses droits (...). Attendu de plus que l'éditeur se devait à chaque utilisation nouvelle à des fins commerciales d'obtenir l'autorisation de l'auteur ou de ses ayants droit afin de leur permettre d'exercer leur droit de faire respecter l'œuvre dans son intégrité. • TGI Paris, 5 févr. 1992 : *RIDA juill. 1992, p. 205.* ♦ Sur la question, V. notes 16 s. ss. art. L. 122-3.

3° DURÉE DE LA CESSION

14. Il ne saurait être valablement soutenu qu'en l'absence de précision sur la durée, une cession aurait été consentie pour la durée légale de protection, la limitation ainsi alléguée ne pouvant être déduite des stipulations d'un article du contrat prévoyant la faculté pour les auteurs de disposer de leur œuvre si, deux ans après l'épuisement de l'ouvrage il n'a pas été procédé à sa réimpression, la date à laquelle le premier tirage sera épuisé étant, par définition, indéterminée. Aucune clause du contrat ne limitant dans le temps de façon directe ou indirecte la cession des droits d'édition, il s'ensuit que le contrat d'édition n'a pu produire aucun effet. • Paris, 28 nov. 1984 : *D. 1985. IR 316, obs. Colombet.* ♦ V. aussi cassant l'arrêt d'appel qui avait cru pouvoir estimer que « c'est en vain que M. Joffe et la SACD soutiennent que toute cession de droits d'auteur doit, en application de l'art. 31, § 3, de la loi du 11 mars 1957 (art. L. 131-3 CPI) et des usages de la profession, prévoir une durée limitée d'exploitation ; en effet, si de nombreuses conventions de cession de droits d'auteur comportent une clause en limitant la durée, il en existe (contemporaines du contrat en cause ou postérieures) qui ne contiennent pas de telles clauses. (...) – En l'espèce, dans la mesure où les parties, contractant librement, n'ont prévu aucune délimitation du domaine d'exploitation des droits cédés, la cession ne peut comporter d'autre limite que celle des droits eux-mêmes, c'est-à-dire celle de leur protection légale durant la vie du dernier des coauteurs et les 50 années suivant son décès ». • Civ. 1re, 29 juin 1994 : *préc. note 12* • Douai, 13 avr. 1992 : *préc. note 12.* ♦ Ne satisfait pas aux exigences légales la clause prévoyant que l'autorisation de reproduire est illimitée quant à sa durée. • Paris, 22 oct. 2003 : *CCE 2004, n° 13, note Caron ; Propr. intell. 2004, n° 10 p. 556, obs. Lucas.*

15. Le titulaire d'une autorisation d'exploitation d'un téléfilm, limitée contractuellement à 10 ans, ne peut, à l'expiration de ce délai, continuer à procéder à l'exploitation commerciale de l'œuvre audiovisuelle sans l'autorisation du romancier dont le téléfilm constitue une adaptation ; il est impossible d'opposer à l'auteur du roman les art. L. 113-3 et L. 113-7 pour vaincre sa résistance. • Civ. 1re, 9 févr. 1994 : *RIDA juill. 1994, p. 335, note Gautier.* – V. aussi • Civ. 1re, 13 déc. 1989 : *préc. note 4.*

E. PORTÉE

16. Les dispositions de l'art. L. 131-3 régissent les seuls contrats consentis par l'auteur dans l'exercice de son droit d'exploitation, et non ceux que peuvent conclure les cessionnaires avec des sous-exploitants (... et) sont donc inapplicables (...) dans les rapports de l'agent de publicité, société commerciale cessionnaire du droit patrimonial de l'auteur et de la société Perrier, son client. • Civ. 1re, 13 oct. 1993 : *GAPI, 1re éd., no 14 ; D. 1994. 166, note Gautier ; ibid. Somm. 280, obs. Hassler ; RTD com. 1994. 272, obs. Françon ; RIDA avr. 1994, p. 210.* – V. aussi • Paris, 17 avr. 1996 : *D. 1996. IR 168* . ♦ Les dispositions de l'art. L. 131-3 s'appliquent aux actes de cession à titre gratuit. • Paris, 1er juill. 1998 : *D. 1998. IR 203 ; RIDA janv. 1999, p. 390.* – Pourvoi rejeté par • Civ. 1re, 23 janv. 2001 : *JCP 2001. IV. 1485 ; CCE 2001, no 34.* ♦ Sur l'application de l'art. L. 131-3 à un contrat par lequel le dirigeant d'une galerie s'engage à acheter la totalité du travail d'un artiste qui, en contrepartie, cède « ses droits patrimoniaux sur l'intégralité de ses œuvres », V. • Paris, 26 juin 2002 : *Propr. intell. 2003, no 7, p. 175, obs. Lucas.* ♦ La cession du droit d'auteur sur un modèle n'est soumise à aucune forme (décision d'espèce). • Civ. 1re, 21 nov. 2006 : *D. 2006. AJ 316, obs. Allaeys ; RTD com. 2007. 363, obs. Pollaud-Dulian ; CCE 2007, no 3, note Caron ; ibid. Chron. no 8, obs. Kahn ; Légipresse 2007. II. 187, obs. Alleaume ; PIBD 2007. III. 123 ; Propr. intell. 2007, no 22, p. 93, obs. Lucas ; RIDA janv. 2007, p. 265, note Sirinelli.* ♦ Rejetant le pourvoi contre • Paris, 16 févr. 2005 : *D. 2005. AJ 2523, obs. Allaeys ; CCE 2005, no 169, note Caron ; RIDA juill. 2005, p. 323, note Kéréver.* ♦ Sur le formalisme de la cession des droits d'un enseignant salarié, V. • Crim. 22 sept. 2009 : *RTD com. 2010. 117, obs. Pollaud-Dulian ; CCE 2010, no 13, note Caron ; Propr. intell. 2010, no 34, p. 618 et 623, obs. A. Lucas ; RIDA juill. 2010, p. 323, note Sirinelli.* ♦ Le principe du formalisme de l'art. L. 131-3 ne peut être opposé par une société cessionnaire des droits à son propre commanditaire. • Paris, 18 nov. 2009 : *RIDA janv. 2010, p. 405, note Sirinelli.*

17. L'inobservation des conditions posées par l'art. L. 131-3 étant sanctionnée par une nullité relative, seuls les auteurs peuvent se prévaloir de la nullité d'une cession de leurs droits. • Paris, 20 déc. 1989 : *D. 1990. IR. 32* . ♦ Une société étrangère à l'acte ne peut donc se prévaloir de ces dispositions. • Paris, 7 oct. 1998 : *PIBD 1999. III. 16 ; RIPIA 1998. 460.* ♦ Seul l'auteur peut contester la recevabilité de l'action en contrefaçon engagée par une personne morale, cessionnaire de certains droits patrimoniaux. En effet, sans avoir à prouver son titre, toute personne qui exploite une œuvre a qualité et intérêt pour poursuivre en contrefaçon un tiers qui ne revendique aucun droit sur elle. Le principe d'interprétation stricte ne gouverne que les rapports de l'auteur et du cessionnaire. • Civ. 1re, 19 oct. 2004 : *CCE 2005, no 27, obs. Caron.* ♦ La nullité d'une clause qui ne prévoit aucune rémunération pour l'auteur emporte la nullité du contrat de cession. • Civ. 1re, 1er déc. 2011 : *Propr. intell. 2012, no 42, p. 33, obs. Bruguière.*

F. DROITS D'ADAPTATION AUDIOVISUELLE

18. L'exigence d'un contrat écrit sur un document, distinct du contrat relatif à l'édition proprement dite de l'œuvre imprimée, est d'ordre public et s'impose aux parties qui ne peuvent y déroger. • Paris, 14 mai 1997 : *D. 1998. Somm. 194, obs. Colombet* . ♦ Le contrat met à la charge du cessionnaire une obligation de moyens renforcée qui doit justifier des démarches entreprises dans le but de parvenir à la réalisation du film en vue duquel les droits lui ont été cédés et des raisons pour lesquelles il n'y est pas parvenu. • TGI Paris, 16 mars 2006 : *RIDA juill. 2006, p. 293, note Kéréver.*

Art. L. 131-3-1 *(L. no 2006-961 du 1er août 2006, art. 33)* **Dans la mesure strictement nécessaire à l'accomplissement d'une mission de service public, le droit d'exploitation d'une œuvre créée par un agent de l'État dans l'exercice de ses fonctions ou d'après les instructions reçues est, dès la création, cédé de plein droit à l'État.**

Pour l'exploitation commerciale de l'œuvre mentionnée au premier alinéa, l'État ne dispose envers l'agent auteur que d'un droit de préférence. Cette disposition n'est pas applicable dans le cas d'activités de recherche scientifique d'un établissement public à caractère scientifique et technologique ou d'un établissement public à caractère scientifique, culturel et professionnel, lorsque ces activités font l'objet d'un contrat avec une personne morale de droit privé.

COMMENTAIRE

Commentaire commun aux articles L. 131-3-1, L. 131-3-2 et L. 131-3-3

Les articles L. 131-3-1 et suivants viennent tempérer le principe de « neutralité » du statut de fonctionnaire ou d'agent public posé par l'article L. 111-1 du code de la propriété intellectuelle.

Si les droits patrimoniaux de ces agents naissent bien sur la tête de ces derniers, le code en organise un transfert automatique dans certaines circonstances. Pour cela, il faut que l'œuvre ait été créée par l'agent dans l'exercice de ses fonctions ou d'après les instructions qu'il a reçues. Cette cession, dont le bénéficiaire est l'État (art. L. 131-3-1) ou une collectivité (art. L. 131-3-2), s'effectue dès la création de l'œuvre, mais n'opère que dans la mesure strictement nécessaire à l'accomplissement d'une mission de service public.

En revanche, en cas d'exploitation commerciale de l'œuvre, la personne publique concernée ne dispose, envers l'agent auteur, que d'un droit de préférence.

Suivant l'article L. 131-3-3, un décret en Conseil d'État fixe les modalités d'application de ces diverses solutions. Notamment, les conditions dans lesquelles un agent peut être intéressé aux produits tirés de l'exploitation de l'œuvre, tant dans l'hypothèse d'une exploitation commerciale que dans celle où la personne publique qui l'emploie, cessionnaire du droit d'exploitation, a retiré un avantage d'une exploitation non commerciale.

Cependant, afin de préserver leur liberté scientifique, certains agents, par exemple les universitaires, ne peuvent se voir opposer ces diverses solutions. Il y a alors retour au droit commun. ❑

Art. L. 131-3-2 *(L. nº 2006-961 du 1er août 2006, art. 33)* **Les dispositions de l'article L. 131-3-1 s'appliquent aux collectivités territoriales, aux établissements publics à caractère administratif, aux autorités administratives indépendantes dotées de la personnalité morale et à la Banque de France à propos des œuvres créées par leurs agents dans l'exercice de leurs fonctions ou d'après les instructions reçues.**

Art. L. 131-3-3 *(L. nº 2006-961 du 1er août 2006, art. 33)* **Un décret en Conseil d'État fixe les modalités d'application des articles L. 131-3-1 et L. 131-3-2. Il définit en particulier les conditions dans lesquelles un agent, auteur d'une œuvre, peut être intéressé aux produits tirés de son exploitation quand la personne publique qui l'emploie, cessionnaire du droit d'exploitation, a retiré un avantage d'une exploitation non commerciale de cette œuvre ou d'une exploitation commerciale dans le cas prévu par la dernière phrase du dernier alinéa de l'article L. 131-3-1.**

Art. L. 131-4 **La cession par l'auteur de ses droits sur son œuvre peut être totale ou partielle. Elle doit comporter au profit de l'auteur la participation proportionnelle aux recettes provenant de la vente ou de l'exploitation.**

Toutefois, la rémunération de l'auteur peut être évaluée forfaitairement dans les cas suivants :

1° La base de calcul de la participation proportionnelle ne peut être pratiquement déterminée ;

2° Les moyens de contrôler l'application de la participation font défaut ;

3° Les frais des opérations de calcul et de contrôle seraient hors de proportion avec les résultats à atteindre ;

4° La nature ou les conditions de l'exploitation rendent impossible l'application de la règle de la rémunération proportionnelle, soit que la contribution de l'auteur ne constitue pas l'un des éléments essentiels de la création intellectuelle de l'œuvre, soit que l'utilisation de l'œuvre ne présente qu'un caractère accessoire par rapport à l'objet exploité ;

5° *(L. nº 94-361 du 10 mai 1994, art. 6)* **« En cas de cession des droits portant sur un logiciel » ;**

6° Dans les autres cas prévus au présent code.

Est également licite la conversion entre les parties, à la demande de l'auteur, des droits provenant des contrats en vigueur en annuités forfaitaires pour des durées à déterminer entre les parties. – *[L. nº 57-298 du 11 mars 1957, art. 35 ; L. nº 85-660 du 3 juill. 1985, art. 49.]*

BIBL. ▶ ALLAEYS, *Propr. intell. 2007, nº 24, p. 269* (hypothèses de forfait en droit d'auteur). – BÉCOURT, *D. Affaires, suppl. au nº 162 du 27 mai 1999* (la problématique de la rémunération des journalistes dans les nouveaux médias). – DUTHIL, *Expertises, janv. 1999, p. 406* (première vente aux enchères de droit d'auteur de logiciels). – FENOLL-TROUSSEAU, *CCE 2001, nº 6* (la rémunération des auteurs sur internet). – GAUBIAC, *Mélanges Françon, Dalloz 1995, p. 163* (l'assiette de la rémunération proportionnelle selon la loi française sur le droit d'auteur). – GAULLIER et

Vercken, *Propr. intell. 2006, nº 19, p. 155* (rémunération proportionnelle des auteurs : atténuations et remises en cause du principe de l'assiette « prix public hors taxes »). – Hassler et Lilti, *Expertises, juin 1998, p. 168* (diffusion sur internet : deux points de vue sur le mode de rémunération). – De Gaulle, *RIDA janv. 1996, p. 69* (la notion de redevance en droit d'auteur). – Lucas, *D. 1992. Chron. 269* (l'assiette de la rémunération proportionnelle due par l'éditeur). – Vercken et Vivant, *Cah. dr. entr. 2000, nº 2, p. 18* (le contrat pour la mise en ligne d'œuvres protégées : figures anciennes et pistes nouvelles).

COMMENTAIRE

Dès lors que le transfert de droits n'a pas été conçu comme une libéralité (V. art. L. 122-7 pour une cession à titre gratuit), une rémunération est due à l'auteur. Cette dernière doit en principe être proportionnelle (al. 1er) mais peut, en certains cas, être forfaitaire (al. 2 s.).

Si le principe de rémunération proportionnelle est posé par une règle d'ordre public à l'alinéa 1er (notes 1 à 6), la loi ne se préoccupe pas du taux de cette rémunération. Les tribunaux ont, cependant, toujours la possibilité d'annuler pour « vileté » du prix les pourcentages dérisoires (V. note 12). Cette recherche se fera en fonction des circonstances de l'espèce (nombre d'intervenants dans l'œuvre, nature de l'œuvre, modes d'exploitation, usages...). En outre, une clause imprécise est nulle (V. note 11) puisque la simple reprise de l'expression des articles L. 131-4 et L. 132-25 sans mention du montant de la rémunération équivaut à une cession des droits d'auteur sans contrepartie ce qui la rend contraire tant aux principes généraux du droit civil (C. civ., art. 1108, 1131 et 1583) qu'aux prescriptions particulières du code de la propriété intellectuelle.

La majorité des contentieux s'est concentrée sur la question de l'assiette de la rémunération. L'idée générale est que celle-ci doit être la plus favorable possible à l'auteur. Donc la plus proche possible du prix payé par le public. Ainsi pour l'édition, selon une jurisprudence constante (notes 7 à 9), le pourcentage doit nécessairement être calculé sur le prix de vente au public (hors taxes). Les tribunaux se montrent extrêmement vigilants sur les déductions imposées par les exploitants et tendant à diminuer l'assiette sur laquelle est assise la rémunération proportionnelle. Il arrive cependant que les juges tiennent compte des usages pour apprécier la validité de la clause ou tempérer la portée de son annulation (Paris, 28 févr. 2003, *cité note 8*).

Les clauses méconnaissant tant le principe de rémunération proportionnelle que les règles gouvernant la détermination de l'assiette sont entachées de nullité relative. Les difficultés rencontrées par les auteurs dans la mise en œuvre de leurs droits concernent soit l'incidence de la nullité de la clause sur le contrat, soit le point de départ du délai de prescription.

Les alinéas 2 et suivants prévoient, limitativement, les hypothèses pour lesquelles un recours au forfait est possible (*adde*, art. L. 132-6, pour le contrat d'édition). Il reste cependant que la loi n'offre qu'une faculté et que les parties demeurent libres de convenir d'un mode de rémunération calculé sur les recettes d'exploitation de l'ouvrage.

Dans les cas de forfaits (notes 13 s.), la rémunération de l'auteur est alors limitée à une somme fixe et définitive, normalement indépendante du succès de l'œuvre (V. cep. art. L. 131-5).

En certains cas (dont la liste est donnée à l'al. 2), le recours au forfait peut être retenu dès la conclusion du contrat. Ces hypothèses tiennent pour l'essentiel à des difficultés, d'ordre pratique, de mise en œuvre de la rémunération proportionnelle. Mais il peut aussi y avoir substitution d'un forfait à la rémunération proportionnelle en cours d'exécution d'un contrat (al. 3 de l'art. L. 131-4). La conversion, conventionnelle, ne peut être demandée que par l'auteur et ne peut être définitive.

Aux hypothèses de recours au forfait prévues par le code la jurisprudence ajoute le cas de l'œuvre collective (V. note 15).

Le recours au forfait doit être considéré comme admissible même si l'œuvre, fruit de l'apport créatif d'un journaliste salarié pendant le temps du contrat de travail, n'est exploitée qu'après la cessation du contrat de travail (Soc. 12 juill. 2007 : *RIDA oct. 2007, obs. Sirinelli).*

A. RÉMUNÉRATION PROPORTIONNELLE

1° PRINCIPES

1. L'art. L. 131-4 qui énonce que la cession par l'auteur de ses droits sur son œuvre doit comporter à son profit la participation proportionnelle aux recettes provenant de la vente ou de l'exploitation est d'ordre public et s'impose aux parties à un contrat de cession de droits d'auteur. (...) La loi limite la liberté contractuelle des parties à la fixation du taux de la participation proportionnelle ; c'est en vain que l'exploitant fait référence à la théorie générale des contrats pour tenter de contourner la règle. • Paris, 9 oct. 1995 : *RIDA avr. 1996, p. 311.*

2. Portée. « La clause de rémunération étant un élément essentiel du contrat et déterminant du consentement de l'auteur, c'est à juste titre que le tribunal a en conséquence décidé que la nullité de cette clause emportait celle du contrat. » • Paris, 9 oct. 1995 : *préc. note 1* • TGI Paris, 30 nov. 1999 : *CCE 2001, n° 87, note Caron ; RIDA juill. 2000, p. 435.* ♦ La nullité d'une clause qui *[ne]* prévoit aucune rémunération pour l'auteur emporte la nullité du contrat de cession. • Civ. 1re, 1er déc. 2011 : *Propr. intell. 2012, n° 42, p. 33, obs. Bruguière.* ♦ Sur la nullité d'une clause de cession des droits patrimoniaux de l'auteur d'une œuvre d'architecture pour absence de mention relative aux modalités financières de la cession • Versailles, 15 nov. 2001 : *Légipresse 2002, n° 190, I, p. 37 ; RIDA oct. 2003, p. 291, obs. Kéréver.* ♦ Est nulle la clause prévoyant une rémunération apparemment proportionnelle, mais avec un taux nul pour une première tranche d'exemplaires vendus (0 % sur le premier mille). • Paris, 25 juin 2003 : *RIDA janv. 2004, p. 181, note Kéréver.* ♦ Les dispositions impératives de l'art. L. 131-4 ont été prises dans le seul intérêt patrimonial de l'auteur, de sorte que leur violation ne donne lieu qu'à une nullité relative du contrat, soumise à la prescription de l'art. 1304 C. civ. • Civ. 1re, 11 févr. 1997 : *Bull. civ. I, n° 54 ; D. Affaires 1997. 387 ; D. 1997. IR 65 ; RJDA 1997, n° 854 ; RIDA juill. 1997, p. 279* (admettant que la fin de non-recevoir tirée de la prescription pouvait être invoquée pour la première fois en appel). ♦ Dans le même sens, déclarant irrecevable, car prescrite, la demande tendant à remettre en cause la rémunération contractuellement prévue, la première lettre de protestation avait été envoyée près de dix ans après la passation du contrat, et retenant qu'« il est de droit constant que le non-respect du principe légal de la rémunération proportionnelle ouvre à l'auteur une action en nullité, laquelle, si elle est retenue, ouvre droit pour l'auteur, non pas à la rémunération à partir de l'assiette élargie mais à l'attribution de dommages-intérêts ; (...) que ladite nullité est une nullité relative, prescrite au terme de cinq années dont le point de départ court à compter du contrat », V. • Versailles, 22 juin 2000 : *D. 2001. Somm. 2634, obs. Sirinelli.* ♦ Sur la prescription quinquennale de l'action qui invoque la nullité du contrat appliquant un « taux zéro » sur les 25 000 premiers exemplaires vendus, V. • Civ. 1re, 4 janv. 2005 : *RIDA juill. 2005, p. 351, obs. Kéréver.* ♦ Demeure au profit du créateur le bénéfice de l'exception de nullité qui est perpétuelle. • Civ. 1re, 11 févr. 1997 : *préc.* ♦ Sur le point de départ de l'action en nullité relative, V. • Civ. 1re, 28 févr. 2008 : *CCE 2008, n° 52, note Caron ; Propr. intell. 2008, n° 28, p. 333, obs. Bruguière.* ♦ La résiliation du contrat de collaboration n'emporte pas extinction du droit à rémunération au titre de l'exploitation de l'œuvre litigieuse. • Civ. 1re, 9 juin 2011 : *RTD com. 2011. 548, obs. Pollaud-Dulian.*

3. Nullité relative. L'exigence d'une rémunération proportionnelle a un caractère impératif, mais afin que le dispositif de l'art. L. 131-4 ne se retourne contre le véritable intérêt des auteurs et dans le but d'éviter que la nullité puisse être demandée par des cessionnaires mécontents d'avoir promis un forfait trop élevé, la nullité encourue en cas de non-respect d'une participation proportionnelle doit être regardée comme une nullité relative que seul l'auteur peut invoquer. • Paris, 25 oct. 1994 : *D. 1995. IR 24.* – Dans le même sens • Civ. 1re, 6 févr. 1973 : *Bull. civ. I, n° 47 ; Gaz. Pal. 1973. 1. 406* • 13 févr. 2007 : *Bull. civ. I, n° 60 ; RTD com. 2007. 543, obs. Pollaud-Dulian ; CCE 2007, n° 53, note Caron ; Propr. intell. 2007, n° 23, p. 207, obs. Bruguière ; Propr. ind. 2007, n° 52, note Greffe ; RIDA avr. 2007, p. 275, note Sirinelli.*

4. Tiers au contrat. La règle de l'art. L. 131-4 étant protectrice de l'auteur, des tiers au contrat de cession sont irrecevables à se prévaloir de l'inobservation de ces dispositions. • Paris, 15 nov. 1990 : *RIDA juill. 1991, p. 213.* – Et sur pourvoi • Civ. 1re, 13 oct. 1993 : *GAPI, 1re éd., n° 14 ; D. 1994. 166, note Gautier ; ibid. Somm. 280, obs. Hassler ; RTD com. 1994. 272, obs. Françon ; RIDA avr. 1994, p. 210.* ♦ La règle de la rémunération proportionnelle ne s'impose pas entre cessionnaire et sous-cessionnaire. • Paris, 16 janv. 2004 : *Propr. intell. 2005, n° 14, p. 64, obs. A. Lucas.*

5. Le cessionnaire ne peut prendre prétexte de la cession qu'il a lui-même consentie pour se soustraire à l'exigence de versement d'une rémunération proportionnelle à l'auteur. • TGI Paris, 2 juin 1988 : *RIDA janv. 1989, p. 194.*

6. Application de la loi dans le temps. La règle posée à l'art. L. 131-4 ne s'applique pas aux contrats conclus avant le 11 mars 1958. • Paris, 21 mars 1965 : *RTD com. 1966. 342, obs. Desbois.* ♦ Et, admettant que les parties étaient libres d'aménager les modalités de la rémunération. • Civ. 1re, 30 oct. 1967 : *D. 1968. Somm. 25 ; RIDA avr. 1968, p. 109 ; Gaz. Pal. 1968. 1. 23.*

2° ASSIETTE DE LA RÉMUNÉRATION

7. Prix de vente au public. « Il résulte des dispositions impératives de l'art. L. 131-4 CPI (art. 35 de la loi du 11 mars 1957), que la participation de l'auteur aux recettes doit être calculée en fonction du prix de vente au public » ; doit donc être rejetée une interprétation faisant référence « aux ventes réalisées par le cessionnaire des droits » et à une participation calculée sur les seules recettes encaissées par l'éditeur. • Civ. 1re, 9 oct. 1984 : *Bull. civ. I, n° 252 ; D. 1985. IR 316, obs. Colombet ; RIDA juill. 1985, p. 144.* ♦ Doit être annulée la rémunération calculée en pourcentage des prix catalogue mais diminuée de 20 % selon le prix de la reliure. • Civ. 1re, 20 janv. 2004 : *RIDA avr. 2004, p. 251, obs. Kéréver.* ♦ Le prix public s'entend d'un prix hors taxes. • Civ. 1re, 16 juill. 1998 : *Bull. civ. I, n° 256 ; D. Affaires 1998. 1911, obs. B. P. ; RIPIA 1999. 19.* ♦ Pour une application à la publication d'un ouvrage de droit constitutionnel, constatant l'illicéité de la clause prévoyant le calcul en fonction des recettes hors taxes de l'éditeur et admettant la sanction par l'attribution de dommages-intérêts ainsi que l'obligation pour l'éditeur de se conformer, à l'avenir, à la règle légale impérative, V. • Civ. 1re, 9 janv. 1996 : *D. 1996. IR 42 ; RIDA juill. 1996, p. 331.* ♦ V. aussi • Paris, 21 mars 2008 : *RTD com. 2008. 551, obs. Pollaud-Dulian.*

8. L'obligation de faire référence au « prix de vente au public » s'applique également s'agissant de bandes dessinées, pour lesquelles on ne peut retenir le prix convenu avec le distributeur, ni utilement invoquer les dispositions de l'art. L. 132-6 qui autorisent un accord formellement exprimé par l'auteur pour une rémunération forfaitaire dans des cas particuliers. • Civ. 1re, 26 janv. 1994 : *Bull. civ. I, n° 34 ; RIDA juill. 1994, p. 309 ; JCP 1994. IV. 846.* ♦ ... Aussi, fait « une exacte application de cette règle, la cour d'appel (qui) a estimé que la clause fixant la rémunération de M. Bourgeon était nulle car elle prévoyait une déduction de 20 % représentant les frais de prospection et d'agent littéraire – qui devaient demeurer à la charge de l'éditeur – ce qui revenait à calculer cette rémunération sur une "assiette intermédiaire", entre le prix de vente au public et celui perçu par l'éditeur, et non sur le seul prix de vente au public, conformément au texte ». • Civ. 1re, 7 juin 1995 : *Bull. civ. I, n° 244 ; RIDA janv. 1996, p. 223 ; JCP 1996. II. 22581, note Françon.* ♦ Dans le même sens, cassation de l'arrêt qui retient que, pour les traductions en langue étrangère des albums d'Astérix, la rémunération proportionnelle des auteurs, fixée par contrat à « 50 % des sommes nettes revenant à l'éditeur après déduction de la rémunération payée à un agent intermédiaire », doit s'entendre de 50 % de la part du chiffre d'affaires, tiré de la vente au public et versé à l'éditeur par l'utilisateur des droits à l'étranger. • Civ. 1re, 15 oct. 1996 : *Bull. civ. I, n° 356 ; D. Affaires 1996. 1396 ; RJDA 1997, n° 291 ; RIDA janv. 1997, p. 321 ; Légipresse 1997. I. 5 ; JCP E 1997. 683, obs. Lucas.* ♦ V. aussi, admettant, pour l'exploitation d'un personnage de roman, qu'il est loisible aux parties d'exclure expressément les exemplaires dits « de passe » du calcul des redevances, même si cela est contraire aux usages, • Civ. 1re, 5 mai 1993 : *RIDA oct. 1993, p. 205.* ♦ Ou encore • Paris, 12 févr. 2003 : *cité note 12.* ♦ La clause qui exclut de l'assiette de la rémunération les exemplaires distribués à prix réduit ou à titre gratuit dans l'intérêt de la publicité à donner à l'ouvrage est nulle. • Caen, 4 juin 2002 : *RIDA juill. 2003, p. 231, obs. Kéréver.* ♦ La clause selon laquelle la rémunération est calculée en pourcentage des « recettes nettes part producteur » est nulle. • Paris, 28 févr. 2003 : *RIDA janv. 2004, p. 183, note Kéréver.* ♦ La clause selon laquelle la rémunération est calculée sur le chiffre d'affaires de l'éditeur est nulle. • Paris, 22 mars 2006 : *D. 2006. Pan. 2998, obs. Sirinelli ; RIDA juill. 2006, p. 285, note Kéréver.* ♦ ... *Idem* pour les clauses qui opèrent des déductions pour les exemplaires vendus hors d'Europe ou les éditions cartonnées ou reliées. • Paris, 30 nov. 2007 : *RTD com. 2008. 313, obs. Pollaud-Dulian.* ♦ Dès lors que la rémunération de l'auteur demeure sur le prix public de vente hors taxes de l'ouvrage et reste fixée en fonction d'un taux déterminé ou parfaitement déterminable et que la liberté laissée à l'éditeur d'exploiter l'œuvre en format réduit ou en poche n'est pas contraire à l'art. 1174 C. civ. • Paris, 6 juin 2012 : *Propr. intell. 2012, n° 45, p. 406, obs. A. Lucas.*

9. Œuvre audiovisuelle. En matière audiovisuelle, les dispositions des art. L. 131-4 et L. 132-25 commandent « de façon impérative de prévoir que le contrat de réalisateur en date du 20 juin 1991 détermine la rémunération de (l'auteur) de façon proportionnelle au prix de vente public des cassettes et non pas par un pourcentage sur les sommes résultant de leur vente et versées par TF1 Entreprises à la société SF2. Cette dernière se doit donc de se conformer à ces règles spéciales d'ordre public, sans pouvoir en aucune façon y déroger par des clauses contractuelles qui doivent être réputées non écrites ». • TGI Nanterre, 27 avr. 1994 : *RIDA janv. 1995, p. 235.* ♦ Le principe de la rémunération proportionnelle sur un prix public hors taxe s'applique à l'exploitation de l'œuvre audiovisuelle sous forme de vidéocassettes. • Civ. 1re, 16 juill. 1998 : *D. Affaires 1998. 1911, obs. B. P. ; RIPIA 1999. 19.* ♦ V. aussi art. L. 132-25. ♦ Pour un exemple de rémunération assise sur les « recettes nettes producteur », V. • Paris, 23 juin 2004 : *Propr. intell. 2005, n° 14, p. 65, obs. A. Lucas.*

10. La méthode de quantification par sondage de la diffusion des œuvres en discothèques adoptée par la SACEM, fondée sur des écoutes réalisées pendant quatre heures continues, en alternance hebdomadaire sur plusieurs échantillons représentatifs et constants, définis par un institut spécialisé en matière de relevés de données, permet de garantir à chaque auteur-compositeur la perception d'un montant s'approchant, sur plusieurs années, au plus près de sa part exacte dans la diffusion des œuvres. • Civ. 1re, 28 oct. 2015, n° 14-22.600 : *Propr. intell. janv. 2016, n° 58, p. 64, note Bernault.*

3° MONTANT DU POURCENTAGE

11. La simple « reprise de l'expression des art. L. 131-4 et L. 132-25 sans précision sur le montant de la rémunération équivaut à une cession des droits d'auteur sans contrepartie et est donc contraire tant aux principes généraux du droit civil (art. 1108, 1131 et 1583 C. civ.) qu'aux prescriptions particulières » du code de la propriété intellectuelle. • TGI Paris, 9 mai 1990 : *RIDA janv. 1991, p. 355 ; Cah. dr. auteur, janv. 1991, p. 15.*

12. Même à propos de « tirages ultérieurs » de l'œuvre, un « pourcentage de 2,5 % pour la rédactrice de la quasi-totalité des textes ne peut apparaître comme sérieux et s'apparente nécessairement à une fraude à la loi ». • TGI Paris, 16 mai 1969 : *D. 1969. 630 ; RIDA janv. 1970, p. 213, note Schmidt.* ♦ Est nulle la clause du contrat d'édition qui prévoit que « le prix de cession du droit d'édition » est « de 0 % pour le premier mille » d'exemplaires vendus, « 7 % pour les deux mille suivants et 10 % à partir de trois mille » ; le fait que l'édition d'ouvrages en sciences humaines est « risquée », étant totalement indifférent puisque d'autres constructions contractuelles sont offertes par le code aux parties. • TGI Paris, 30 nov. 1999 : *CCE 2001, n° 87, note Caron ; RIDA juill. 2000, p. 435* (condamnation de l'éditeur à payer une somme de 7 % pour les 2000 premiers ouvrages vendus). ♦ La clause prévoyant que les redevances de droit d'auteur ne porte pas sur les exemplaires dits « de passe, dont le nombre est fixé à 8 % de ventes annuelles », doit être déclarée nulle. • Paris, 12 févr. 2003 : *RIDA juill. 2003, p. 231, obs. Kéréver.*

B. RECOURS AU FORFAIT

1° HYPOTHÈSES

a. Art. L. 131-4, al. 2, 1°

13. Pour les hypothèses propres au contrat d'édition, V. aussi art. L. 132-6.

14. Le recours au forfait est admis lorsque la base de calcul de la rémunération proportionnelle ne peut être pratiquement déterminée, ce qui est le cas quand la communication au public d'une œuvre s'effectue sans qu'aucun prix n'ait été directement payé par ce dernier, comme par exemple dans l'hypothèse d'une distribution gratuite de brochures publicitaires. • TGI Paris, 16 déc. 1980 : *RIDA juill. 1981, p. 223.*

15. Les œuvres collectives appartiennent à la catégorie pour la rémunération desquelles l'art. L. 131-4, al. 2-1°, écarte la participation proportionnelle aux recettes pour le motif que la base de calcul de celle-ci ne peut être pratiquement déterminée... • TGI Paris, 4 janv. 1971 : *RIDA oct. 1971, p. 146, note Desbois* • Paris, 9 févr. 2005 : *RTD com. 2005. 498, obs. Pollaud-Dulian ; CCE 2005, n° 99, note Caron ; Propr. intell. 2005, n° 15, p. 159, obs. Bruguière.* ♦ Arrêt cassé partiellement : la rémunération proportionnelle ne s'applique pas au collaborateur d'une œuvre collective. • Civ. 1re, 21 nov. 2006 : *Bull. civ. I, n° 507 ; D. 2006. AJ 26, obs. Daleau ; RTD com. 2007. 89, obs. Pollaud-Dulian ; CCE 2007, n° 2, note Caron ; Légipresse 2007, II, p. 187, obs. Alleaume ; Propr. intell. 2007, n° 22, p. 97, obs. Bruguière ; RIDA janv. 2007, p. 281, note Sirinelli.* ♦ Sur l'application d'un régime forfaitaire à des discothèques réalisant un chiffre d'affaires inférieur à 1 000 000 de francs, V. • Com. 7 janv. 2004 : *Bull. civ. IV, n° 3 ; JCP E 2004. 1898, n° 9, obs. Grégoire.*

16. Des conditions de type forfaitaire, comme la fraction de la recette réalisée, peuvent être imposées à une discothèque par la SACEM en raison de l'impossibilité de calculer la part effective de la musique dans les recettes réalisées par ce type d'établissement, « l'art. L. 131-4 autorisant la rémunération forfaitaire de l'auteur lorsque la base de calcul de la rémunération proportionnelle aux recettes tirées de la seule exploitation de ses œuvres ne peut être pratiquement déterminée, (...) les conditions – de type forfaitaire – auxquelles l'entrepreneur de spectacles se voit conférer par la SACEM la faculté d'user ou de ne pas user des œuvres (de son) répertoire peuvent consister (...) en une redevance calculée indépendamment de l'utilisation effective que fait l'usager de ce répertoire, voire en dehors de toute utilisation et sur le montant, y compris la TVA, de prestations étrangères à la diffusion des œuvres du répertoire considéré ». • Civ. 1re, 16 avr. 1985 : *Bull. civ. I, n° 116 ; RTD com. 1985. 520, obs. Françon ; RIDA juill. 1985, p. 147.*

b. Art. L. 131-4, al. 2, 4°

17. La loi autorise expressément le recours au forfait « lorsque l'œuvre ne présente qu'un caractère accessoire par rapport à l'objet exploité, ce qui est le cas pour les décors et la mise en scène » d'un opéra, en l'espèce l'opéra de Bizet « Carmen », surtout lorsque cet établissement (l'Opéra de Paris) ne présente pas le même spectacle pendant très longtemps, « de sorte que le metteur en scène, alors qu'il ignore le nombre des représentations, peut estimer que le forfait est plus favorable qu'une participation proportionnelle aux recettes ». • T. civ. Seine, 2 nov. 1965 : *RTD com. 1966. 599, obs. Desbois ; RIDA*

1967, n° 53, p. 30 ; JCP 1966. II. 14577, note Boursigot.

2° CARACTÈRE FACULTATIF

18. Si par application de l'art. 36 § 3 de la loi du 11 mars 1957 (art. L. 132-6), la rémunération de tels auteurs, dans le cas d'une encyclopédie, fait généralement l'objet d'une rémunération forfaitaire, il reste que les parties demeurent libres de convenir d'un mode de rémunération calculé sur les recettes d'exploitation de l'ouvrage. • TGI Paris, 13 déc. 1978 : *RIDA juill. 1979, p. 149.*

Art. L. 131-5 **En cas de cession du droit d'exploitation, lorsque l'auteur aura subi un préjudice de plus de sept douzièmes dû à une lésion ou à une prévision insuffisante des produits de l'œuvre, il pourra provoquer la révision des conditions de prix du contrat.**

Cette demande ne pourra être formée que dans le cas où l'œuvre aura été cédée moyennant une rémunération forfaitaire.

La lésion sera appréciée en considération de l'ensemble de l'exploitation par le cessionnaire des œuvres de l'auteur qui se prétend lésé. — *[L. n° 57-298 du 11 mars 1957, art. 37.]*

BIBL. ▶ Dreyer, *RDPI 1997, n° 76, p. 44* (lésion et rémunération forfaitaire de l'auteur). – Frémond, *Cah. dr. auteur, janv. 1989, p. 4* (la lésion en matière de droit d'auteur). – Gautier, *D. 1990. Chron. 130* (le contrat bouleversé : de l'imprévisibilité en droit des propriétés littéraire et artistique). – Maréchal, *RIDA juill. 2008, p. 31* (la lésion et l'imprévision en droit d'auteur). – Mathyssens, *RIDA oct. 1959, p. 73* (sanction de la lésion dans les contrats relatifs au droit d'auteur). – Oberthur, *RIDA oct. 1985, p. 45* (la révision du prix de cession du droit d'auteur en publicité).

COMMENTAIRE

Cette disposition a pour objet le caractère « juste » de la rémunération due à l'auteur. Elle concerne les seuls forfaits et non la rémunération proportionnelle. S'agissant de cette dernière, le juge peut seulement annuler un taux dérisoire (nullité pour absence d'objet) ou des clauses prévoyant une assiette peu favorable à l'auteur (V. art. L. 131-4 CPI).

La technique de la lésion appliquée à la rémunération forfaitaire permet d'obtenir révision du forfait et non l'anéantissement du contrat. L'auteur doit pouvoir obtenir un rééquilibrage du contrat sans encourir le risque de perdre le bénéfice de celui-ci. Cette révision interviendra chaque fois que la rémunération de l'auteur apparaîtra comme étant inférieure aux 5/12 de ce qu'elle aurait dû être pour constituer un juste prix. Le déséquilibre peut apparaître non seulement au moment de la formation du contrat (lésion appréciée le plus souvent par rapport aux usages de la profession ; notes 1 et 2) mais aussi en cours d'exécution. Le mode de calcul peut être assez délicat (notes 3 à 5).

L'action ne peut concerner les contrats conclus avant le 11 mars 1958 (V. note 6).

1. Appréciation de l'action en rescision pour lésion. L'action en rescision pour lésion se distingue de l'action fondée sur une précision insuffisante des produits de l'œuvre, ce qui signifie que même s'il est mentionné au texte que la lésion sera appréciée en considération de l'ensemble de l'exploitation par le cessionnaire des œuvres de l'auteur qui se prétend lésé, « cette appréciation ne peut se faire qu'en se replaçant au moment de la conclusion du contrat et donc indépendamment du profit effectivement retiré ultérieurement par le cessionnaire de l'exploitation convenue ; qu'en décider autrement serait dénaturer la notion de lésion ». La cour d'appel constate également que la loi « n'impose nullement aux juridictions de se référer aux produits de l'œuvre » et (...) « qu'il importe de rechercher, par référence aux usages professionnels et en fonction des modalités d'exploitation de l'œuvre que (l'auteur) avait autorisées, si un préjudice de plus de sept douzièmes a été subi », en tenant compte de barèmes. • Versailles, 9 juin 1986 : *D. 1987. Somm. 156, obs. Colombet ; Gaz. Pal. 1986. 2. 630, note Frémont ; RIDA janv. 1987, p. 243, note Oberthür.*

2. Usages professionnels. Pour des références au code des usages professionnels pour fixer la rémunération des auteurs, V. • Paris, 15 mai 1987 : *RIDA janv. 1988, p. 111.* ♦ ... Retenant les usages professionnels pour le type d'œuvre considéré. • TGI Seine, 21 déc. 1965 : *D. 1966. 569.* ♦ ... Précisant, pour quantifier le préjudice subi par un auteur, que « les barèmes du code des usages (...) ne sont (...) qu'indicatifs et ne sauraient s'imposer à la cour ». • Paris, 9 déc. 1992 : *RIDA avr. 1994, p. 228.* ♦ Comp. • Paris, 10 juin 1993 : *RIDA oct. 1993, p. 242.*

3. Forfait. Ne peut être retenu le mode qui « reviendrait à substituer au forfait une rémunération proportionnelle alors que l'art. L. 131-5 n'impose nullement de se référer au chiffre d'affaires et aux bénéfices réalisés par le cessionnaire et qu'au contraire le législateur a de toute évidence entendu que la réparation demeure dans le cadre du forfait ». • Paris, 9 déc. 1992 : *préc. note 2.*

4. La lésion peut être déduite du pourcentage (en raison des dispositions de l'art. L. 132-25) normal qu'aurait dû percevoir l'auteur, en lieu et place du forfait perçu, représentant une somme très inférieure à celle qu'aurait procurée la rémunération proportionnelle légale. • TGI Nanterre, 6 avr. 1994 : *RIDA janv. 1995, p. 229 et 179, obs. Kéréver.* – Confirmé sur ce point par • Versailles, 23 mai 1996 : *RIDA oct. 1996, p. 290 ; Légipresse 1997, II, p. 4.* ♦ Une cour d'appel, après avoir constaté que l'œuvre musicale, d'une durée de quelques secondes, n'était utilisée que de façon accessoire par la société défenderesse comme identifiant sonore pour son réseau de téléphonie mobile, retient exactement qu'une telle utilisation n'engendre aucun produit au profit de la société défenderesse et en déduit à bon droit que le forfait en contrepartie duquel l'œuvre avait été cédée n'est pas soumis à révision. • Civ. 1re, 14 juin 2007 : *Bull. civ. I, n° 234 ; D. 2007. 2578, note Lefranc ; ibid. AJ 1883, obs. Daleau ; RTD com. 2008. 82, obs. Pollaud-Dulian ; CCE 2007, n° 104, note Caron ; ibid. Chron. n° 4, § 6, obs. Daverat ; Légipresse 2007, II, p. 187, obs. Alleaume ; Propr. intell. 2008, n° 26, p. 119, obs. A. Lucas ; RIDA juill. 2007, p. 363, obs. Sirinelli.* ♦ Sur la preuve, V. • Paris, 26 sept. 2007 : *RTD com. 2008. 82, obs. Pollaud-Dulian.*

5. Pour d'autres applications : relevant que les parties pouvaient, dès la conclusion du contrat, connaître l'ampleur de la diffusion de l'œuvre. • Paris, 3 avr. 1990 : *D. 1991. Somm. 98, obs. Colombet.* ♦ ... Précisant que le texte « vise expressément les recettes réalisées par le cessionnaire de l'auteur, ce qui exclut le cocontractant du cessionnaire ». • TGI Paris, 2 juin 1988 : *RIDA janv. 1989, p. 194.*

6. L'action en révision ne peut être applicable aux contrats conclus avant le 11 mars 1958. • Civ. 1re, 30 oct. 1967 : *D. 1968. Somm. 25.*

7. Prescription. La mise en œuvre de l'art. L. 131-5 n'étant soumise à aucun délai spécifique, les règles de droit commun qui soumettent à la prescription décennale les obligations nées du commerce entre commerçants et non-commerçants doivent recevoir application. • Paris, 20 déc. 2005 : *RTD com. 2007. 366, obs. Pollaud-Dulian ; Propr. intell. 2007, n° 23, p. 217, obs. A. Lucas.*

Art. L. 131-6 La clause d'une cession qui tend à conférer le droit d'exploiter l'œuvre sous une forme non prévisible ou non prévue à la date du contrat doit être expresse et stipuler une participation corrélative aux profits d'exploitation. – *[L. n° 57-298 du 11 mars 1957, art. 39.]*

BIBL. ► Gautier, *D. 1990. Chron. 130* (le contrat bouleversé : de l'imprévisibilité en droit des propriétés littéraire et artistique). – Goutal, *D. 1997. Chron. 357* (multimédias et réseaux : l'influence des technologies numériques sur les pratiques contractuelles en droit d'auteur). – Wouts, *D. Affaires, supplément au n° 162 du 27 mai 1999* (la presse et l'enjeu des nouvelles technologies).

COMMENTAIRE

Bien que le contrat soit un mode d'anticipation, il est difficile de prévoir ce que peut être l'avenir. L'article L. 131-6 a pour objet de permettre ce saut dans l'inconnu tout en évitant les engagements inconsidérés des auteurs, notamment quant aux futurs modes d'utilisation des œuvres.

Cette disposition tente de trouver un équilibre entre le principe d'interprétation restrictive des contrats et le souci de permettre d'englober dans l'acte de cession des droits qui ne peuvent y être énumérés un à un puisque concernant les droits relatifs à des nouveaux moyens de diffusion, inconnus au jour de conclusion du contrat (« forme non prévisible ») ou déjà existants mais légitimement ignorés des parties (« forme non prévue »).

Pareille cession serait donc juridiquement possible, grâce à l'économie de l'article L. 131-6 mais naturellement conditionnée à l'existence d'une clause expresse prévoyant, en outre, une rémunération proportionnelle (« participation corrélative aux profits d'exploitation »). En pratique, le respect de cette dernière exigence sera bien délicat puisque, par hypothèse, on ne sait rien de ces modes futurs. ❑

1. Le DVD constitue un support vidéo au même titre que la cassette vidéo. • Paris, 9 févr. 2007 : *Propr. intell. 2007, n° 24, p. 326, obs. A. Lucas.*

2. Pour une application à la diffusion des œuvres sur internet, V. • Colmar, 15 sept. 1998 : *Légipresse 1998, III, p. 172, note Derieux ; RIDA janv. 1999, p. 410, note Kéréver* • TGI Paris, 14 avr. 1999 : *D. Affaires, supplément au n° 162 du 27 mai 1999* • Versailles, 1er avr. 1999 : *eod. loc.* • Lyon, 9 déc. 1999 : *RIDA avr. 2000, p. 357* • Paris, 10 mai 2000 : *D. 2000. AJ 355 ; CCE 2000, n° 73, note Caron ; JCP 2000. II. 10430, note Derieux.*

Art. L. 131-7 **En cas de cession partielle, l'ayant cause est substitué à l'auteur dans l'exercice des droits cédés, dans les conditions, les limites et pour la durée prévues au contrat, et à charge de rendre compte.** – *[L. n° 57-298 du 11 mars 1957, art. 39.]*

Sur l'obligation de rendre compte, V. art. L. 132-13, L. 132-21 et L. 132-28.

Art. L. 131-8 **En vue du paiement des redevances et rémunérations qui leur sont dues pour les trois dernières années à l'occasion de la cession, de l'exploitation ou de l'utilisation de leurs œuvres, telles qu'elles sont définies à l'article L. 112-2 du présent code, les auteurs, compositeurs et artistes bénéficient du privilège prévu au 4° de l'article** *(Ord. n° 2006-346 du 23 mars 2006, art. 54)* **« 2331 » et à l'article** *(Ord. n° 2006-346 du 23 mars 2006, art. 54)* **« 2375 » du code civil.** – *[L. n° 57-298 du 11 mars 1957, art. 58 et 63-6.]*

COMMENTAIRE

Aux termes de cette disposition, les auteurs-créanciers bénéficient, pour leurs redevances d'origine contractuelle des trois dernières années, d'un privilège (sur les meubles et les immeubles de l'exploitant) qui les place au même rang que les salariés (notes 1 et 2). Ne sont pas concernés par cette mesure les dommages et intérêts destinés à réparer le préjudice causé par des actes de contrefaçon (V. note 3).

Le même régime est applicable aux ayants cause des auteurs ou peut être demandé par ceux-ci au profit de ces derniers (notes 4 et 5).

Une solution de faveur existe aussi au profit de l'auteur débiteur puisque la rémunération du créateur est pour partie insaisissable (art. L. 332-2 CPI).

A. ASSIETTE

1. En visant expressément et de façon générale les redevances dues à l'occasion de la cession, de l'exploitation et de l'utilisation des œuvres dans le domaine spécifique de la propriété littéraire et artistique, l'art. L. 131-8 ne limite pas sa portée au seul cas des dettes éditoriales mais l'étend à toutes les redevances d'origine contractuelle. • Civ. 1re, 1er mars 1988 : *Bull. civ. I, n° 60 ; D. 1989. Somm. 50, obs. Colombet ; RIDA juill. 1989, p. 104 ; JCP 1988. IV. 105.*

2. L'exercice du privilège a pu être retenu à propos de sommes provenant de l'exercice du droit de représentation, en cas de faillite d'un gérant de discothèque. • Civ. 1re, 1er mars 1988 : *préc. note 1.* ♦ ... Ou d'un exploitant de salle de cinéma. • T. com. Toulon, 10 déc. 1962 : *Gaz. Pal. 1963. 1. 153.* ♦ ... Mais avec le même rang que celui des salariés sous réserve du « superprivilège ». • T. com. Nancy, 19 oct. 1964 : *JCP 1965. II. 14050, note Delpech.*

3. Le privilège ne s'applique qu'aux « seules redevances et rémunérations dues aux auteurs, à l'exclusion des dommages-intérêts destinés à réparer le préjudice qui leur a été causé par des actes de contrefaçon ». • Civ. 1re, 24 mars 1993 : *Bull. civ. I, n° 125 ; D. 1994. Somm. 94, obs. Colombet ; RIDA juill. 1993, p. 334 ; JCP 1993. II. 22167, note Fourgoux ; RDPI 1993. 31.*

B. BÉNÉFICIAIRES

4. Le privilège de l'art. L. 131-8 bénéficie également aux ayants cause de l'auteur. • Civ. 1re, 28 mai 1991 : *Bull. civ. I, n° 171.* ♦ ... Ainsi qu'aux distributeurs de films qui agissent en qualité de commissionnaires de producteurs, pour le recouvrement des créances de ces derniers. • Civ. 1re, 11 avr. 1995 : *Bull. civ. I, n° 166 ; RIDA juill. 1995, p. 157.*

5. La SACEM, qui est habilitée à ester en justice pour la défense des intérêts de ses membres en vertu de l'art. L. 321-1, al. 2, a qualité pour réclamer l'application du privilège au profit de ces derniers. • Civ. 1re, 1er mars 1988 : *préc. note 1.*

Art. L. 131-9 *(L. n° 2006-961 du 1er août 2006, art. 11)* **Le contrat mentionne la faculté pour le producteur de recourir aux mesures techniques prévues à l'article L. 331-5 ainsi qu'aux informations sous forme électronique prévues à l'article** *(L. n° 2009-669 du 12 juin 2009, art. 3)* **« L. 331-11 » en précisant les objectifs poursuivis pour chaque mode d'exploitation, de même que les conditions dans lesquelles l'auteur peut avoir accès aux caractéristiques essentielles desdites mesures techniques ou informations sous forme électronique auxquelles le producteur a effectivement recours pour assurer l'exploitation de l'œuvre.**

Ces dispositions s'appliquent aux contrats conclus à compter de l'entrée en vigueur de la L. n° 2006-961 du 1er août 2006 (JO 3 août).

COMMENTAIRE

L'effet de cette nouvelle disposition, issue de la loi du 1er août 2006, est qu'il ne paraît plus possible de rédiger un contrat portant sur un contenu protégé par le droit d'auteur ou les droits voisins (V. art. L. 212-10 CPI), sans que soit prévue une mention de l'existence de mesures techniques et de leurs conséquences (sur les modes d'exploitation ou l'accès aux informations et caractéristiques relatives à ces mesures). Rien n'est dit, cependant, des conséquences de l'inobservation de la règle. ❑

CHAPITRE II DISPOSITIONS PARTICULIÈRES À CERTAINS CONTRATS

COMMENTAIRE

Le code de la propriété intellectuelle réglemente cinq contrats spéciaux. Quatre contrats nommés régissent les transferts de droits alors que le cinquième (art. L. 132-34), envisage davantage le droit des sûretés en réglementant le nantissement du droit d'exploitation des logiciels.

Tous les contrats relatifs aux droits d'auteur doivent respecter tant les règles générales exposées au chapitre I que les principes de la théorie générale du contrat.

Le législateur a cependant jugé utile de réglementer de façon plus précise certaines opérations :

– section I : les règles propres au contrat d'édition,
– section II : les règles propres au contrat de représentation,
– section III : les règles propres au contrat de production audiovisuelle,
– section IV : les règles propres au contrat relatif à une œuvre de commande utilisée pour la publicité,
– section V : le contrat de nantissement de logiciels.

Les deux premières conventions étaient déjà réglementées précisément par la loi de 1957. Les deux autres corps de dispositions relatifs aux transferts de droits sont issus de la loi du 3 juillet 1985. Le contrat de nantissement de logiciels, lui, n'a été créé qu'en 1994. C'est dire que la réglementation spéciale est en progression constante. Il n'est pas impossible que le législateur entende encore recueillir, à l'avenir, le fruit de l'expérience de la pratique et les solutions dégagées par la jurisprudence. Une réglementation propre aux transferts de droits en matière de multimédia pourrait ainsi un jour être proposée dans le code de la propriété intellectuelle. Ou un cadre propre aux licences de logiciels… Mais, à la vérité, c'est souvent la nécessité qui fait loi : étendre harmonieusement certaines solutions (contrat de production audiovisuelle), répondre aux revendications d'auteurs peu satisfaits des solutions relatives à leur rémunération (contrat relatif à une œuvre de commande utilisée pour la publicité), donner une meilleure assise aux investissements dans le secteur de l'informatique (contrat de nantissement de logiciels).

Quoi qu'il en soit, si les quatre premiers contrats nommés par le code de la propriété intellectuelle ne sont pas les seules opérations relatives aux droits d'auteur ou aux activités de création et si d'autres conventions, innomées, se développent pour répondre aux besoins des industries culturelles (contrats informatique, contrats dits de « mécénat », contrats de commande, etc.), il n'existe naturellement pas de « vide juridique ». Le droit commun des contrats, les règles générales exposées en chapitre Ier, voire, certaines des solutions exposées dans le chapitre II, par analogie, sont susceptibles de s'appliquer. Le juge ayant toujours un pouvoir créateur mais dans le respect de l'esprit général de protection des intérêts des auteurs qui irrigue toute la discipline.

Reste que, en l'absence de disposition expresse de la loi prévoyant l'application immédiate des dispositions spéciales et à défaut de considérations d'ordre public particulièrement impératives, les différentes conventions demeurent soumises à la loi en vigueur au jour de leur conclusion. ❑

SECTION PREMIÈRE CONTRAT D'ÉDITION

BIBL. ► BERBERIANT, *Jurisart. 2014, n° 19, p. 6* (le numérique change tout). – BURKHART, *JAC 2016, n° 34, p. 44* (contrat d'édition : une réforme sous l'angle du numérique). – BRUGUIÈRE, *Propr. intell. 2015, n° 54, p. 61* (les dispositions relatives au contrat d'édition du livre numérique sont enfin dans le Code de la propriété intellectuelle). – Emile-Zola-Place, *Légipresse 2015. 148* (livre numérique : un nouveau contrat d'édition pour de nouveaux équilibres). – Georges, *CCE 2014. Entretien 10* (la réforme des règles du contrat d'édition dans le secteur du livre à l'ère du numérique : vers un meilleur équilibre dans la relation auteur/éditeur). – Kerjean, *CCE 2015. 11* (commentaire de l'ordonnance du 12 novembre 2014) ; *ibid. 2016. Prat. 13* (livre numérique. L'intérêt renforcé des avant-contrats depuis la réforme du droit de l'édition). – Près, *RLDI mars 2015. 39* (le nouveau contrat d'édition numérique). – Sirinelli et de Carvalho, *D. 2015. 498* (réforme du contrat d'édition. Commentaire de l'ordonnance du 12 novembre 2014).

COMMENTAIRE

La loi n° 2014-779 du 8 juillet 2014 a, par son article 2, autorisé le Gouvernement à « prendre par ordonnance toute mesure de nature législative propre à modifier les dispositions du code de la propriété intellectuelle relatives au contrat d'édition en conséquence de l'accord-cadre du 21 mars 2013 entre le Conseil permanent des écrivains et le Syndicat national de l'édition sur le contrat d'édition dans le secteur du livre à l'ère du numérique ». En application de ce texte a été prise l'ordonnance n° 2014-1348 du 12 novembre 2014 modifiant les dispositions du code de la propriété intellectuelle relatives au contrat d'édition. La loi n° 2016-925 du 7 juillet 2016 a ratifié l'ordonnance du 12 novembre 2014 (art. 107, I).

Cette ordonnance poursuit un quadruple objectif :

1. Étendre et adapter les dispositions générales relatives aux contrats d'édition à l'édition numérique ;

2. Préciser les règles particulières applicables à l'édition d'un livre sous forme imprimée et sous forme numérique ;

3. Organiser le renvoi, pour les modalités d'application de ces dispositions nouvelles, à des accords entre les organisations professionnelles représentatives du secteur du livre en vue de leur extension à l'ensemble des auteurs et éditeurs du secteur par arrêté du ministre chargé de la culture ;

4. Préciser l'application dans le temps de ces dispositions.

L'architecture de la réforme obéit ainsi à une logique nouvelle. La loi exprime les grands principes qu'il convient de respecter tout en renvoyant, pour certaines des modalités des règles retenues, aux solutions énoncées dans un « accord » conclu entre les organisations représentatives du secteur.

La méthode vise à concilier souplesse et vigueur. Ainsi, il sera aisément permis d'adapter, à l'avenir, certaines des normes aux situations nouvelles (possibilité offerte de revoir le contenu de l'accord) tout en conférant l'autorité de la loi aux dispositions retenues consensuellement.

La réforme mise en place par l'ordonnance du 12 novembre 2014 restructure la section I du chapitre II du titre III du livre Ier de la première partie du code de la propriété intellectuelle. La construction peut être ainsi résumée :

– Il est créé une sous-section 1 intitulée : « Dispositions générales » et comprenant les articles L. 132-1 à L. 132-17. Cette subdivision est constituée de dispositions antérieures (sous réserve de quelques modifications) réinsérées dans une partie devenant le droit commun du contrat d'édition applicable à toutes les œuvres quelle que soit leur nature.

– Il est créé une sous-section 2 intitulée : « Dispositions particulières applicables à l'édition d'un livre ». Il s'agit en quelque sorte du droit spécial du contrat d'édition propre à la seule édition d'un livre.

Le régime juridique du secteur est alors exposé en deux temps :

– un paragraphe 1er énonce les « Dispositions communes à l'édition d'un livre sous une forme imprimée et sous une forme numérique »,

– tandis qu'un paragraphe 2 prévoit des « Dispositions particulières à l'édition d'un livre sous une forme numérique » (droit encore plus spécial ou sein d'un contrat spécial).

Cette construction ménage la possibilité pour le législateur d'ajouter à l'avenir de nouvelles subdivisions, relatives aux contrats d'édition portant sur des œuvres d'une autre nature. Il suffit d'insérer une sous-section 3 prévoyant le régime spécifique propre à certaines œuvres. Ces dernières recevant alors l'application du jeu combiné du droit commun du contrat d'édition (sous-section 1) et des dispositions propres prévues dans la subdivision qui leur est consacrée (sous-section 3). Et ainsi de suite, pour les œuvres de différentes natures si le besoin d'un statut particulier se fait sentir.

La loi du 7 juillet 2016 – qui a accentué les obligations pesant sur l'éditeur par la stipulation de délais en matière de paiement de la rémunération de l'auteur et à propos de la résiliation pour violation de l'obligation de reddition de comptes – a prévu (art. 8) la remise dans les six mois, par le gouvernement au Parlement, d'un rapport sur la mise en œuvre de l'ordonnance et du code des usages étendu par l'arrêté du 10 décembre 2014. Ce rapport doit faire un bilan « des discussions ultérieures entre les organisations représentatives des éditeurs et les titulaires de droits d'auteur » et s'interroger sur l'opportunité de créer une instance de dialogue permanente dans le secteur du livre. ❑

SOUS-SECTION 1 **DISPOSITIONS GÉNÉRALES** *(Ord. n° 2014-1348 du 12 nov. 2014, art. 2, en vigueur le 1er déc. 2014).*

COMMENTAIRE

Cette première sous-section constitue en quelque sorte le droit commun du contrat d'édition. Les règles qui y sont contenues sont appelées à s'appliquer quelle que soit la nature de l'œuvre (livre, musique, logiciel...) qui fait l'objet de l'édition. Mais, suivant la qualification retenue (livre, par exemple), le régime juridique applicable peut être complété par des dispositions spéciales prévues dans des subdivisions particulières (pour l'heure, sous-section 2, propre aux livres).

Ce droit commun est constitué des articles L. 132-1 à L. 132-17.

Les solutions retenues sont pour l'essentiel celles qui étaient déjà existantes avant la réforme mise en place par l'ordonnance du 12 novembre 2014.

Les auteurs et les professionnels de l'édition, rédacteurs de la réforme, ont cependant souhaité modifier la définition du contrat d'édition en disposant expressément que cette convention couvre à la fois l'édition en nombre des exemplaires d'une œuvre mais également celle consistant en une forme numérique (« ou de la réaliser ou faire réaliser sous une forme numérique »).

D'autres ajustements ont été réalisés, destinés à faire glisser certaines dispositions particulières propres au livre en sous-section 2 (subdivision consacrée à ces œuvres, art. L. 132-17-1 à L. 132-17-4) et à formuler des principes – dégagés de la prise en considération de la nature de l'œuvre – susceptibles de s'appliquer à tous les secteurs de l'édition.

Ces modifications formelles sont la conséquence indirecte de ce que le contrat d'édition avait été, en 1957, réglementé essentiellement en contemplation des œuvres littéraires.

Ainsi, l'exigence d'une rémunération « juste et équitable » à propos de la commercialisation ou de la diffusion d'un livre numérique – qui figurait à l'article L. 132-5, alinéa 2 – a été déplacée (l'exigence se retrouve désormais à l'article L. 132-17-6).

Les articles L. 132-9 et L. 132-11 connaissent des retouches pour que soit ajusté le contenu des obligations exprimées à un objet susceptible d'apparaître sous une forme numérique, tandis que l'article L. 132-17 a été reconstruit. ❑

Art. L. 132-1 Le contrat d'édition est le contrat par lequel l'auteur d'une œuvre de l'esprit ou ses ayants droit cèdent à des conditions déterminées à une personne appelée éditeur le droit de fabriquer ou de faire fabriquer en nombre des exemplaires de l'œuvre *(Ord. n° 2014-1348 du 12 nov. 2014, art. 3, en vigueur le 1er déc. 2014)* **« ou de la réaliser ou faire réaliser sous une forme numérique », à charge pour elle d'en assurer la publication et la diffusion.** — *[L. n° 57-298 du 11 mars 1957, art. 48.]*

L'Ord. n° 2014-1348 du 12 nov. 2014 est applicable dans les îles Wallis-et-Futuna (Ord. préc., art. 13).

BIBL. ► BOUARD, *CCE 2004. Étude 9* (l'évolution des droits reconnus à l'auteur et à son éditeur : vers un déplacement du centre de gravité). – CLARCK, *Bull. dr. auteur, 1992, n° 4, p. 17* (les contrats entre auteurs et éditeurs). – FERNAY, *RIDA avr. 1958, p. 257* (la cession et le contrat d'édition). – GENIN, L'éditeur, *Librairies Techniques 1960*. – HAZIOT, *Légipresse 2012, n° 299, p. 623* (la disgrâce judiciaire de l'auteur littéraire). – LAUTERBOURG, Du contrat d'édition et de la nature juridique du droit de l'éditeur, *Sirey 1915*. – PIERRAT, Le droit d'auteur et l'édition, *Éd. du cercle de la librairie, 2013* ; Le droit du livre, *Éd. du cercle de la librairie, 2006*. – RAULT, Le contrat d'édition, *Sirey 1927*. – RENAULT, *Légipresse 1998. II. 109* (le droit de l'édition est-il applicable à internet ?). – Skowron-Galvez, *Légipresse 2006. II. 101* (la relation entre l'auteur et son agent littéraire). – Stojanovic, *RIDA 1967, n° 52, p. 79* (du contrat d'édition).

▶ **Édition électronique :** Clarck, *Cah. dr. auteur, mai 1988, p. 257* (l'édition électronique et le droit). – Frochot, *Strasbourg ADIT, sept. 1994, p. 34* (droit de reproduction et édition électronique : quel contexte légal pour le document électronique ?). – Mallet-Poujol et Vivant, *Strasbourg ADIT, sept. 1994, p. 66* (l'édition électronique à la lumière du droit : quel contexte légal pour le document électronique ?). – Tilliet, *publication OMPI n° 731 (F), Genève, 1994, p. 138* (l'édition à l'ère du numérique : acquisition et cession des droits électroniques : symposium mondial sur l'impact des technologies numériques sur l'avenir du droit d'auteur et des droits voisins).

▶ **Édition musicale :** Bert, L'édition musicale, *IRMA, 2006*. – Bouvery, Les contrats de musique, *IRMA, 2006*. – Lefranc, *D. 2001. Chron. 1082* (brèves réflexions sur l'édition musicale).

COMMENTAIRE

De la définition du contrat d'édition, il ressort que celui-ci est caractérisé par le fait que cette opération a pour objet le transfert du droit de reproduction mais avec l'obligation pour l'éditeur d'exploiter l'œuvre.

L'« édition » ne doit pas être comprise dans son acception historique et concerne désormais, au-delà du livre sous format papier, d'autres œuvres ou supports : les disques ou phonogrammes, les films, le multimédia, les bandes magnétiques (édition vidéo), les cédéroms (édition numérique), etc.

Les dispositions suivantes sont applicables au contrat d'édition mais non au contrat dit à compte d'auteur (art. L. 132-2 CPI) ou au contrat à compte et demi (V. art. L. 132-3). ❑

A. NOTION

1. « Le contrat d'édition est, d'une manière générale, un contrat de participation où l'auteur et l'éditeur mettent en commun, l'un le produit de son talent littéraire, artistique ou scientifique, l'autre ses capitaux et son potentiel commercial, à l'effet de publier, c'est-à-dire de vendre une ou plusieurs œuvres déterminées. » • T. com. Seine, 21 juin 1937 : *Gaz. Pal. 1937. 2. 583.*

2. Une commande de documents destinés à des fins internes à une entreprise (ou à son seul réseau commercial interne) ne constitue pas un contrat d'édition. • Paris, 4 mars 1980 : *Gaz. Pal. 1980. 2. 536, note R. S.* ♦ Le contrat par lequel un artiste est engagé par une société en qualité d'artiste-interprète pour enregistrer ses interprétations et compositions, et à céder à ses droits sur les œuvres qu'il compose constitue à la fois un contrat de travail et un contrat d'édition. • Paris, 17 sept. 1997 : *D. 1999. Somm. 68, obs. Colombet.*

B. NATURE

3. Le contrat d'édition est un acte mixte, civil s'agissant de l'auteur et commercial en ce qui concerne l'éditeur. • Civ. 1re, 12 avr. 1976 : *Bull. civ. I, n° 123 ; D. 1976. IR 195 ; RTD com. 1978. 103 ; RIDA oct. 1976, p. 164.* ♦ Sur la durée d'un contrat d'édition verbal, V. • TGI Paris, 9 juill. 2008 : *Légipresse 2008, III, p. 191, note Choisy.*

C. DOMAINE

4. Les dispositions relatives au contrat d'édition s'appliquent aux œuvres autres que littéraires comme : les œuvres musicales. • Civ. 1re, 29 juin 1971 : *Bull. civ. I, n° 219 ; D. 1971. Somm. 190 ; RIDA oct. 1971, p. 136 ; JCP 1971. IV. 216* • Paris, 5 mars 1981 : *RIDA oct. 1981, p. 193* • 24 nov. 1987 : *Cah. dr. auteur, mars 1988, p. 14* • 28 oct. 1992 : *D. 1994. Somm. 93, obs. Colombet* • 2 févr. 1993 : *eod. loc.* ♦ ... Des créations des arts plastiques ; à propos d'un sac, V. • TGI Paris, 7 mars 1991 : *PIBD 1991. III. 467.* ♦ ... Et, concernant la fabrication d'une chaise longue, V. • TGI Nanterre, 17 juin 1992 : *RIDA oct. 1992, p. 180.*

D. APPLICATION DE LA LOI DANS LE TEMPS

5. En l'absence de disposition expresse de la loi prévoyant son application immédiate et à défaut de considérations d'ordre public particulièrement impératives, les contrats d'édition demeurent soumis à la loi en vigueur au jour de leur conclusion ; rejetant le pourvoi contre un arrêt qui avait refusé d'appliquer les dispositions de la loi de 1957, relatives aux obligations d'exploitation de l'œuvre et de reddition de compte, à un contrat conclu antérieurement, V. • Civ. 1re, 4 déc. 2001 : *D. 2002. AJ 646 ; JCP 2002. IV. 1104 ; Légipresse 2002, n° 189, I, p. 23 ; Propr. intell. 2002, n° 3, p. 61, obs. Lucas ; RIDA avr. 2002, p. 340, obs. Kéréver.* ♦ Il résulte de l'art. 1er du décret des 19-24 juillet 1793 que la stipulation d'une vente pleine et entière, sans aucune réserve, de la propriété d'une œuvre littéraire transmet à l'acquéreur la pleine et absolue propriété de l'œuvre ainsi que l'ensemble des droits patrimoniaux de l'auteur. • Civ. 1re, 25 mai 2005 : *Bull. civ. I, n° 230 ; D. 2006. 661, note Edelman ; ibid. 2005. AJ 1699 ; RTD com. 2005. 494, obs. Pollaud-Dulian ; CCE 2005, n° 109, note Caron ; Légipresse 2005, III, p. 223, note Maffre-Baugé ; Propr. intell. 2005, n° 16, p. 345, obs. A. Lucas ; RIDA janv. 2006, p. 323, note Kérever.* ♦ Il est de principe que, en l'absence de disposition expresse de la loi prévoyant son application immédiate, les contrats demeurent soumis à la loi en vigueur lors de leur conclusion. Dès lors, la règle de l'interprétation stricte des cessions de droits d'auteur n'ayant été posée que par la loi du 11 mars 1957, il convient d'apprécier la portée des cessions antérieures par référence au droit commun des contrats et de la réglementation applicable à la date de leur conclusion. • Paris, 11 oct. 2006 : *RIDA janv. 2007, p. 261, note Sirinelli.*

Art. L. 132-2 **Ne constitue pas un contrat d'édition, au sens de l'article L. 132-1, le contrat dit à compte d'auteur.**

Par un tel contrat, l'auteur ou ses ayants droit versent à l'éditeur une rémunération convenue, à charge par ce dernier de fabriquer en nombre, dans la forme et suivant les modes d'expression déterminés au contrat, des exemplaires de l'œuvre *(Ord. n° 2014-1348 du 12 nov. 2014, art. 3, en vigueur le 1er déc. 2014)* **« ou de la réaliser ou faire réaliser sous une forme numérique » et d'en assurer la publication et la diffusion.**

Ce contrat constitue un louage d'ouvrage régi par la convention, les usages et les dispositions des articles 1787 et suivants du code civil. — *[L. n° 57-298 du 11 mars 1957, art. 49.]*

V. note ss. art. L. 132-1.

BIBL. ▶ SCHILLING-RANCAZ, Les éditions à compte d'auteur, *thèse Paris II, 1985.*

COMMENTAIRE

Les contrats d'édition et de compte d'auteur ont en commun la reproduction de l'œuvre en un certain nombre d'exemplaires mais le contrat à compte d'auteur n'est en fait qu'un simple louage d'ouvrage et non une opération réalisant une cession de droits.

Ainsi dans le contrat dit « à compte d'auteur » :

1° C'est l'auteur qui paie son cocontractant pour la réalisation des exemplaires ;

2° Les exemplaires réalisés appartiennent à l'auteur ;

3° C'est l'auteur qui assume les risques de l'exploitation : pertes et profits seront à sa charge ;

4° Le cocontractant de l'auteur n'a acquis aucun droit sur l'œuvre. Il ne peut, par exemple, agir en contrefaçon. ❑

A. ÉCONOMIE GÉNÉRALE DU CONTRAT

1. Par ce contrat, c'est l'auteur, et non l'éditeur, qui supporte les risques de l'opération. • Paris, 18 oct. 1966 : *Ann. propr. ind. 1967. 93* • 14 avr. 1977 : *RIDA juill. 1977, p. 152 ; Gaz. Pal. 1967. 1. 225.*

2. La seule référence aux dispositions de l'art. L. 132-2 dans le contrat est caractéristique de la nature de celui-ci. • Paris, 15 juin 1983 : *D. 1983. IR 513, obs. Colombet ; RTD com. 1984. 679, obs. Françon ; RIDA juill. 1984, p. 153.*

3. L'exécution du contrat peut engager envers les tiers la responsabilité de l'entrepreneur, quitte à ce que celui-ci appelle en garantie le maître de l'ouvrage, c'est-à-dire l'auteur. • Paris, 18 oct. 1966 : *préc. note 1.* ♦ A été qualifié de contrat à compte d'auteur le contrat selon lequel l'éditeur a accepté de prendre en charge les frais de préparation et de fabrication de l'ouvrage, de remettre aux coauteurs une dizaine d'exemplaires à charge de lui en reverser le prix pour le dédommager de ses frais et de vendre lui-même auprès du secteur classique des libraires et des grandes surfaces quelques exemplaires. • Civ. 1re, 5 avr. 2012 : *Propr. intell. 2012, n° 44, p. 343, obs. A. Lucas.*

B. OBLIGATIONS À LA CHARGE DU COCONTRACTANT DE L'AUTEUR

1° DIFFUSION DE L'ŒUVRE

4. Commet une faute la société qui prive l'œuvre de diffusion. • Paris, 12 sept. 1990 : *D. 1991. Somm. 97, obs. Colombet ; Cah. dr. auteur, mai-juin 1991, p. 11.* ♦ ... Ou qui n'assure pas correctement la diffusion de l'ouvrage dans des délais conformes aux usages de la profession. • Paris, 15 juin 1983 : *préc. note 2.*

5. Il en va de même en cas de fabrication d'exemplaires en nombre insuffisant. • Paris, 4 juill. 1978 : *Gaz. Pal. 1978. 2. Somm. 471.*

2° PUBLICITÉ

6. Pour des exemples de condamnation : pour manquement au service de presse. • Paris, 15 juin 1983 : *préc. note 2.* ♦ ... Pour une publicité tardive. • Paris, 12 sept. 1990 : *préc. note 4.* ♦ Comp., pour le refus de prononcer la résolution du contrat en dépit de l'absence d'envoi des « prière d'insérer » aux libraires et de la tardiveté des annonces dans la presse et à la télévision, • TGI Paris, 4 déc. 1974 : *RIDA oct. 1975, p. 147.*

3° INFORMATION ET CONSEIL

7. Une société qui conclut un tel contrat s'engage à jouer le rôle d'un véritable « maître d'œuvre » et a une obligation d'information et de conseil. • Paris, 14 avr. 1976 : *RIDA juill. 1977, p. 152 ; Gaz. Pal. 1976. 2. 706.* ♦ ... Notamment pour certains aspects techniques de l'édition, comme la présence d'une table des matières. • TGI Paris, 21 mai 1980 : *Gaz. Pal. 1981. 1. Somm. 100.* ♦ ... Ou les fautes d'orthographe. • Paris, 4 févr. 1988 : *D. 1989. Somm. 49, obs. Colombet.*

8. L'auteur doit cependant être de lui-même conscient des risques inhérents à ce type d'opération. • Paris, 4 déc. 1989 : *D. 1990. IR 8 ; RTD civ. 1990. 468, obs. Mestre* • 12 sept. 1990 : *préc. note 4.*

Art. L. 132-3 Ne constitue pas un contrat d'édition, au sens de l'article L. 132-1, le contrat dit de compte à demi.

Par un tel contrat, l'auteur ou ses ayants droit chargent un éditeur de fabriquer, à ses frais et en nombre, des exemplaires de l'œuvre *(Ord. n° 2014-1348 du 12 nov. 2014, art. 3, en vigueur le 1er déc. 2014)* **« ou de la réaliser ou faire réaliser sous une forme numérique », dans la forme et suivant les modes d'expression déterminés au contrat, et d'en assurer la publication et la diffusion, moyennant l'engagement réciproquement contracté de partager les bénéfices et les pertes d'exploitation, dans la proportion prévue.**

Ce contrat constitue une société en participation. Il est régi, sous réserve des dispositions prévues aux articles 1871 et suivants du code civil, par la convention et les usages. — *[L. n° 57-298 du 11 mars 1957, art. 50.]*

V. note ss. art. L. 132-1.

COMMENTAIRE

Dans ce contrat, l'éditeur assure les frais de la publication mais les bénéfices et pertes seront partagés avec l'auteur (différence d'avec le contrat d'édition dans lequel on ne partage pas les pertes). Il s'agit d'une association en participation (V. C. civ., art. 1871). Dans la mesure où il n'y a pas cession du droit d'auteur, ce contrat (comme celui à compte d'auteur) n'est pas soumis aux règles du code de la propriété intellectuelle.

Art. L. 132-4 Est licite la stipulation par laquelle l'auteur s'engage à accorder un droit de préférence à un éditeur pour l'édition de ses œuvres futures de genres nettement déterminés.

Ce droit est limité pour chaque genre à cinq ouvrages nouveaux à compter du jour de la signature du contrat d'édition conclu pour la première œuvre ou à la production de l'auteur réalisée dans un délai de cinq années à compter du même jour.

L'éditeur doit exercer le droit qui lui est reconnu en faisant connaître par écrit sa décision à l'auteur, dans le délai de trois mois à dater du jour de la remise par celui-ci de chaque manuscrit définitif.

Lorsque l'éditeur bénéficiant du droit de préférence aura refusé successivement deux ouvrages nouveaux présentés par l'auteur dans le genre déterminé au contrat, l'auteur pourra reprendre immédiatement et de plein droit sa liberté quant aux œuvres futures qu'il produira dans ce genre. Il devra toutefois, au cas où il aurait reçu *[pour]* **ses œuvres futures des avances du premier éditeur, effectuer préalablement le remboursement de celles-ci.** — *[L. n° 57-298 du 11 mars 1957, art. 34.]*

BIBL. ► R. LINDON, *D. 1968. Chron. 55* (le droit de préférence des éditeurs). – ROUX, *Légipresse. II. 84* (la pratique du contrat ou pacte de préférence).

COMMENTAIRE

Cette disposition constitue une exception, propre au contrat d'édition, au principe de prohibition de la cession globale des œuvres futures (art. L. 131-1 CPI). Le pacte de préférence est une promesse faite par l'auteur de céder tout ou partie de ses droits sur un certain nombre d'œuvres, d'un genre défini, pendant une certaine durée, à un éditeur à qui il appartient d'en exiger l'exécution ou non (V. note 1).

Pour être valable, le pacte doit contenir une référence précise au genre des œuvres concernées (exemple : « essais » ; notes 5 à 10). L'éditeur a un droit de préférence sur la production future de son cocontractant, mais, selon l'alinéa 2, l'accord ne peut excéder une double limite (V. note 11) :

– en volume : un maximum de cinq ouvrages nouveaux, même si plusieurs genres sont prévus (notes 12 à 14) ;

– en durée : la production de l'auteur pendant les cinq ans qui suivent la conclusion du contrat d'édition (notes 15 et 16).

L'existence du droit de préférence de l'éditeur est naturellement dépendante de l'existence et de la validité du contrat d'édition dans lequel le pacte est inséré (V. note 2).

L'auteur doit réellement mettre l'éditeur en mesure d'exercer son droit de préférence (V. note 18) tandis que l'éditeur ne peut se réserver le droit d'opposer plus de deux refus successifs (V. note 19). ❑

I. GÉNÉRALITÉS

A. NOTION

1. Le droit de préférence est « une promesse faite par l'auteur de céder tout ou partie de ses droits sur un certain nombre d'œuvres, d'un genre défini, pendant une certaine durée, à un éditeur à qui il appartient d'en exiger l'exécution ou non ». • TGI Paris, 12 janv. 1988 : *RIDA juill. 1988, p. 16, note Gautier.* ♦ Il est « destiné à limiter les risques financiers pris par un éditeur en publiant un auteur encore peu connu ». • Paris, 22 janv. 1992 : *D. 1993. Somm. 93, obs. Colombet* ; *D. 1995. 128, note Gaumont-Prat.*

B. EXISTENCE DU PACTE

2. L'existence d'un droit de préférence inséré dans un contrat d'édition est dépendante de l'existence de ce dernier, en sorte que la disparition du contrat d'édition pour cause de résiliation entraîne nécessairement celle du pacte qui lui est intimement lié et forme avec lui un tout indivisible. • Paris, 24 nov. 1987 : *RIDA janv. 1988, p. 96 ; Cah. dr. auteur, mars 1988, p. 14.*

C. DOMAINE

3. Les pactes de préférence peuvent concerner des œuvres littéraires ou des œuvres musicales ; à propos de chansons du groupe Indochine, V. • Paris, 24 nov. 1987 : *préc. note 2.* ♦ ... Ou des œuvres audiovisuelles. • Paris, 28 nov. 1985 : *D. 1986. IR 188, obs. Colombet.*

4. Pour la validité d'un droit de préférence accordé avant l'intervention de la loi du 11 mars 1957. • T. civ. Seine, 15 déc. 1953 : *Gaz. Pal. 1954. 1. 80, concl. Mazet.*

II. CONDITIONS DE VALIDITÉ

A. ŒUVRES FUTURES DE GENRES NETTEMENT DÉTERMINÉS

1° PORTÉE DE L'EXIGENCE

5. Le contrat est nul si aucun genre n'est indiqué. • TGI Paris, 9 juill. 1975 : *RIDA janv. 1976, p. 128.* ♦ La seule référence à « un film de long métrage cinématographique ou télévisuel » ne permet pas de rattacher l'œuvre future à un genre déterminé. • Paris, 12 sept. 2001 : *RIDA juill. 2002, p. 316, obs. Kéréver.*

6. Le pacte de préférence doit s'interpréter restrictivement. • Paris, 6 sept. 1999 : *RIDA avr. 2000, p. 344 ; D. 1999. AJ 35, note J. F.* ♦ Le genre des ouvrages désignés dans le pacte peut être différent de celui de l'œuvre qui fait l'objet du contrat d'édition. • Paris, 8 juill. 1972 : *RIDA janv. 1973, p. 141 ; D. 1972. 624, concl. Cabannes ; JCP 1973. II. 17466, note Lorentz.* ♦ La précision énonçant que les ouvrages objet du pacte sont des « romans ou récits constitutifs d'ouvrages de fiction » répond aux exigences relatives à la détermination du genre auquel s'applique le pacte. • Paris, 27 mars 1998 : *RIDA oct. 1998, p. 259.* ♦ La musique de variétés correspond à un genre musical au regard de l'art. L. 132-4, dont relèvent notamment le rock ainsi que le hard rock en tant que sous-catégories. • Paris, 6 sept. 1999 : *préc.* ♦ Ainsi, la seule préférence « au prochain scenario » de l'auteur ou des auteurs ne renseigne en rien sur le genre du scénario ainsi défini et ne permet aucunement de rattacher l'œuvre future à un genre nettement déterminé. • Paris, 6 févr. 2013 : *Légipresse 2013, n° 305, p. 299, note Colombet et Colombier.*

7. Il y a possibilité d'incorporer dans le pacte

une pluralité de genres. • Paris, 22 janv. 1992 : *préc. note 1* • 8 juill. 1972 : *préc. note 6.*

8. « Il ne saurait être soutenu (...) que le droit de préférence que peut se faire consentir un éditeur serait limité à un maximum de cinq ouvrages quel que soit le nombre de genres stipulés dans le pacte. Doit être, au contraire, déclarée valable la clause prévoyant un droit de préférence au profit de l'éditeur pour cinq recueils de poésie, cinq romans et cinq essais. » • Paris, 5 juill. 1979 : *D. 1980. 550, concl. Lévy ; D. 1981. IR 87, obs. crit. Colombet ; RTD com. 1980. 344, obs. Françon ; Gaz. Pal. 1980. 1. 21.*

2° RÉFÉRENCES JUGÉES NULLES

9. N'ont pas été admises les clauses visant sans plus de précision : le genre « sciences humaines », car cette expression générale comprend des disciplines aussi diverses que la médecine, l'histoire, la géographie, la littérature, etc. • Civ. 1re, 5 févr. 1980 : *Bull. civ. I, n° 45 ; RTD com. 1980. 344, obs. Françon ; D. 1980. IR 272 ; JCP 1980. IV. 157.* ♦ ... Les ouvrages « futurs du même genre », lorsque le genre de l'ouvrage objet du contrat n'est pas identifiable par son seul titre. • TGI Paris, 7 mars 1986 : *RIDA janv. 1987, p. 252 ; D. 1988. Somm. 208, obs. Colombet.* ♦ ... Les activités de l'auteur. • Même jugement. ♦ ... Le genre des « œuvres de l'auteur », c'est-à-dire, des œuvres déjà publiées par le créateur, car il ne peut y avoir de « spécificité implicite ». • TGI Paris, 1er juill. 1971 : *RTD com. 1971. 95, obs. Desbois ; RIDA janv. 1972, p. 147 ; Gaz. Pal. 1971. 2. 703.* – Confirmé par • Paris, 8 juill. 1972 : *D. 1972. 624, concl. Cabannes ; RIDA janv. 1973, p. 141 ; JCP 1973. II. 17466, note Lorentz.*

3° RÉFÉRENCE JUGÉE VALABLE

10. Le genre « essai » a pu être considéré comme suffisamment déterminé. • TGI Paris, 23 avr. 1971 : *D. 1972. 17, note R. L. ; RTD com. 1971. 1017, obs. Desbois ; RIDA oct. 1972, p. 157.*

B. LIMITATION QUANT AU NOMBRE D'OUVRAGES OU À LA DURÉE

11. Ne peut être admis le pacte de préférence qui ne comporte aucune limitation quant à sa durée et quant au nombre d'ouvrages. • Paris, 26 sept. 1978 : *D. 1980. 146, note Plaisant ; RIDA janv. 1979, p. 173.*

1° NOMBRE D'OUVRAGES

12. Il y a lieu de suivre l'intention des parties dès lors que le nombre des ouvrages concernés n'excède pas le plafond imposé par la loi par genre. • Paris, 22 janv. 1992 : *préc. note 1.*

13. Ne peut être admis le pacte qui accorde à un éditeur de musique un droit de préférence sur la moitié en nombre des chansons que composera un groupe de musiciens pendant deux ans et prive les auteurs de la possibilité de reprendre leur liberté au cas où l'éditeur aurait refusé successivement deux œuvres. • Civ. 1re, 15 déc. 1975 : *RIDA juill. 1976, p. 129 ; D. 1976. IR 85.*

14. Le pacte de préférence peut porter sur cinq ouvrages nouveaux en sus de celui qui fait l'objet du contrat d'édition comportant le pacte. • Paris, 30 juin 1975 : *RTD com. 1976. 511, obs. Desbois.*

2° DURÉE DU DROIT

15. Est nul un pacte de préférence conclu pour une durée de six ans. • Paris, 17 sept. 1997 : *D. 1999. Somm. 68, obs. Colombet.* ♦ Ne peut être admis un pacte qui engage les parties pour une durée de trois ans, avec reconduction pour une nouvelle période de trois ans, même en présence d'une clause permettant à l'auteur de dénoncer l'opération six mois avant l'expiration de la première période, car cette faculté suppose un acte positif du créateur. • TGI Paris, 18 juin 1971 : *RIDA oct. 1971, p. 154.* ♦ Les dispositions de l'art. L. 132-4, al. 2, posent des conditions alternatives, et non cumulatives, de durée du pacte. • Paris, 27 mars 1998 : *RIDA oct. 1998, p. 259.*

16. N'est pas valable un second contrat qui augmente, au-delà des cinq années autorisées par la loi, la durée d'un pacte de préférence contenu dans un premier contrat ; pour une espèce où le second contrat, conclu le même jour, avait été fait au profit d'un tiers avec rétrocession au profit du premier éditeur, V. • Paris, 29 janv. 1991 : *RIDA juill. 1991, p. 219, note Gautier* • TGI Paris, 1er juill. 1971 : *préc. note 9.* ♦ « S'il n'est pas interdit pour un éditeur de conclure successivement plusieurs pactes de préférence dans les limites de l'art. L. 132-4, l'exercice du droit qu'il peut ainsi se réserver doit nécessairement conduire à la conclusion de nouveaux contrats d'édition portant sur les œuvres par lui retenues. » • Paris, 7 mai 1991 : *Légipresse 1991. III. 89.*

III. EXERCICE DU PACTE DE PRÉFÉRENCE

17. Si la levée de l'option par l'éditeur entraîne bien une cession, le « pacte de préférence (...) diffère d'un contrat de cession soumis aux dispositions impératives de l'art. L. 131-3 en ce qui concerne le contenu des droits cédés et l'étendue de cette cession » ; faisant cependant référence, pour les modalités de cette cession, au renvoi à un contrat type annexé, V. • TGI Paris, 12 janv. 1988 : *préc. note 1.*

18. L'auteur doit réellement mettre l'éditeur en mesure d'exercer son droit de préférence, aussi ne peut être admis le comportement de celui qui, « en adressant à son éditeur deux ouvrages qui, même eu égard à ses précédents écrits, se présentent sous une forme difficilement abordable pour le lecteur, a voulu se libérer du droit de préférence dont bénéficie l'éditeur dans des conditions qu'il pouvait prévoir inacceptables pour celui-ci ». • Paris, 22 janv. 1992 : *préc. note 1* (l'auteur ayant envoyé un « roman polyphonique » et « roman dodécaphonique » et les juges ayant relevé une série de circonstances révélant la mauvaise foi du créateur).

19. Inversement, est nulle la clause par laquelle l'éditeur se réserve le droit d'opposer plus de deux refus successifs. • Civ. 1re, 15 déc. 1975 : *préc. note 13.* ♦ Il en va de même de la clause par laquelle l'éditeur s'accorde, en cas de refus d'une œuvre, la possibilité d'autoriser la cession à un tiers, car, « aggravant la situation de l'auteur, (elle) contrevient aux dispositions d'ordre public ». • TGI Paris, 18 juin 1971 : *préc. note 15.*

20. Un contrat d'édition ne peut être résilié aux torts de l'éditeur si la preuve n'est pas rapportée que ce dernier n'a pas exercé le droit de préférence dans le délai prévu. • TGI Paris, 27 juin 1984 : *RIDA oct. 1984, p. 224.*

IV. SANCTIONS

A. PACTE IRRÉGULIER

21. Un pacte de préférence méconnaissant les conditions imposées par la loi est atteint de nullité relative ; V. par exemple. • TGI Paris, 18 juin 1971 : *préc. note 15.* ♦ Et, relevant que l'art. L. 132-4 contient des « dispositions d'ordre public » ; en sorte qu'un auteur peut obtenir l'annulation des contrats d'édition conclus en raison d'une croyance erronée en l'existence d'un pacte de préférence régulier et des obligations que celui-ci prévoyait. • TGI Paris, 12 janv. 1988 : *préc. note 1.* ♦ Cependant la nullité d'un deuxième accord, visant à prolonger frauduleusement la durée d'un pacte de préférence, n'entraîne pas la nullité de la première convention. • Paris, 29 janv. 1991 : *préc. note 16.*

B. VIOLATION D'UN PACTE RÉGULIER

22. Engagent leur responsabilité l'auteur et l'éditeur qui, en connaissance de cause, concluent un contrat d'édition au mépris du pacte liant ce créateur à un premier éditeur. • Civ. 2e, 13 avr. 1972 : *RIDA oct. 1972, p. 134.* ♦ Si un éditeur peut sembler de bonne foi au moment de conclure un contrat d'édition, il engage néanmoins sa responsabilité lorsque, mis ultérieurement au courant de l'existence du pacte liant l'auteur, il fait néanmoins paraître l'édition litigieuse. • Angers, 3 mai 1950 : *D. 1950. 584 ; JCP 1951. IV. 27.*

23. L'auteur qui viole un pacte de préférence conclu avec un éditeur a pu être regardé comme contrefacteur de sa propre œuvre, dès lors que le premier éditeur avec lequel il est lié a levé l'option. • TGI Paris, 23 avr. 1971 : *préc. note 10.*

Art. L. 132-5 Le contrat peut prévoir soit une rémunération proportionnelle aux produits d'exploitation, soit, dans les cas prévus aux articles L. 131-4 et L. 132-6, une rémunération forfaitaire.

(Abrogé par Ord. nº 2014-1348 du 12 nov. 2014, art. 4, à compter du 1er déc. 2014) (L. nº 2011-590 du 26 mai 2011, art. 6) ***« Le contrat d'édition garantit aux auteurs, lors de la commercialisation ou de la diffusion d'un livre numérique, que la rémunération résultant de l'exploitation de ce livre est juste et équitable. L'éditeur rend compte à l'auteur du calcul de cette rémunération de façon explicite et transparente. »***

V. note ss. art. L. 132-1.

Sur l'exigence d'une rémunération juste et équitable à propos de la commercialisation ou de la diffusion d'un livre numérique, V. art. L. 132-17-6.

BIBL. ▶ BARTHEZ, *Légipresse 2015. 162* (la rémunération des auteurs de l'écrit). – CANDELA-SORIANO, *Revue du droit de l'Union européenne 2000/2, p. 361* (le traité CE et la fixation des prix dans le secteur du livre). – GAUBIAC, *Mélanges Françon, Dalloz 1995, p. 163* (l'assiette de la rémunération proportionnelle selon la loi française sur le droit d'auteur). – LUCAS, *D. 1992. Chron. 269* (l'assiette de la rémunération proportionnelle due par l'éditeur). – RIOU, *LPA 27 nov. 1996, p. 19* (le prix du livre et la jurisprudence de la CJCE).

COMMENTAIRE

Cette disposition met en œuvre, en matière d'édition, le principe général énoncé à l'article L. 131-4. La rémunération doit être par principe, constituée d'un pourcentage appliqué sur le prix le plus proche possible de celui acquitté par le public (hors taxes). Ce principe est d'ordre public (V. note 1). Mais si l'assiette de la rémunération a pour base le prix de vente au public, la fixation de ce prix appartient à l'éditeur (V. note 5).

Sont nulles (notes 2 à 4) les clauses aboutissant à calculer la rémunération de l'auteur sur une assiette intermédiaire entre le prix de vente au public et le prix perçu par l'éditeur ou déduisant les frais de prospection et d'agent littéraire qui doivent normalement rester à la charge de l'éditeur ou celles prenant pour base le prix « distributeur » ou encore celles laissant la possibilité à l'éditeur de déduire de la masse de calcul les sommes par lui versées à un tiers ou à un service de son entreprise pour la négociation des droits. Il n'est pas rare qu'en pratique (édition multimédia, par exemple) l'assiette « prix de vente au public » soit délicate à déterminer mais les tribunaux n'en continuent pas moins de l'imposer comme référence, s'en remettant aux analyses d'experts ou exigeant qu'il soit procédé à des sondages pour établir un prix moyen. Il n'est pas possible de mettre en avant les règles du droit de la concurrence pour échapper à cette exigence.

La loi n'impose rien en matière de taux mais les tribunaux ont la possibilité d'écarter ceux qui ne paraîtraient pas « sérieux » (notes 6 et 7).

Dans la mesure de la liberté laissée par les textes, il est parfois possible de combiner rémunération proportionnelle et forfait (V. note 11).

La sanction de l'inobservation de ces règles est la nullité relative (V. note 14). ❑

A. RÉMUNÉRATION PROPORTIONNELLE

1° ASSIETTE

1. « Considérant que l'art. (L. 131-4) qui énonce que la cession par l'auteur de ses droits sur son œuvre doit comporter à son profit la participation proportionnelle aux recettes provenant de la vente ou de l'exploitation est d'ordre public et s'impose aux parties à un contrat d'édition ; que par l'emploi du verbe « devoir », le législateur a voulu qu'il ne puisse être dérogé par la voie contractuelle à un tel mode de calcul ; considérant certes que le législateur n'a pas défini ce qu'il entendait par « recettes provenant de la vente ou de l'exploitation » ; mais considérant que les recettes doivent s'entendre du prix auquel les libraires, acheteurs ou simples dépositaires, vendent les volumes dans le public, abstraction faite des remises qui leur sont consenties et des taxes ; considérant qu'une telle assiette est la seule qui puisse être connue aisément pour assurer les droits de l'auteur et correspond aux usages en la matière ; que la référence aux recettes brutes de la vente répond à la volonté du législateur de 1957 qui a voulu protéger les auteurs et éviter qu'ils supportent les frais d'exploitation des ouvrages et ne constitue nullement une application rétroactive de la loi Lang de 1981 à des contrats conclus pour l'un en 1979 et l'autre en 1984 ». • Paris, 7 juill. 1992 : *RIDA oct. 1992, p. 166*. – Et, sur pourvoi • Civ. 1re, 9 janv. 1996 : ♔ *D. 1996. IR 42* ✎ ; *RIDA juill. 1996, p. 331*.

2. Sont susceptibles d'être annulées les clauses : aboutissant à calculer la rémunération de l'auteur sur une assiette intermédiaire entre le prix de vente au public et le prix perçu par l'éditeur ou déduisant les frais de prospection et d'agent littéraire qui doivent normalement rester à la charge de l'éditeur. • Civ. 1re, 7 juin 1995 : ♔ *RIDA janv. 1996, p. 223 ; JCP 1996. II. 22581, note Françon.* ♦ ... Prenant pour base le prix « distributeur ». • Civ. 1re, 26 janv. 1994 : ♔ *Bull. civ. I, n° 34 ; RIDA juill. 1994, p. 309 ; JCP 1994. IV. 846.* ♦ ... Laissant la possibilité à l'éditeur de déduire de la masse de calcul les sommes par lui versées à un tiers ou à un service de son entreprise pour la négociation des droits dérivés. • Paris, 5 avr. 1993 : *D. 1993. IR 157.* ♦ V. aussi notes 7 et 9 ss. art. L. 131-4. ♦ V., sanctionnant le fait pour l'éditeur d'avoir procédé auprès de ses filiales étrangères à des prélèvements au titre d'honoraires éditoriaux et de frais d'assistance technique ne correspondant à aucune prestation effective. • Civ. 1re, 11 janv. 2000 : ♔ *JCP 2000. IV. 1321 ; Bull. civ. I, n° 6.* – Rejetant le pourvoi contre • Paris, 9 sept. 1998 : *RIDA janv. 1999, p. 396 ; JCP 1999. II. 10181, note A. Lucas ; JCP E 1999. 320, obs. H.-J. Lucas.*

3. La rémunération proportionnelle se calcule sur un prix public hors taxes. • Civ. 1re, 16 juill. 1998 : ♔ *D. Affaires 1998. 1911, obs. B. P. ; RIPIA 1999. 19.*

4. Sur la nullité de la clause excluant de l'assiette de la rémunération les exemplaires dits « de passe ». • Civ. 1re, 7 juin 1995 : ♔ *préc. note 2.*

5. Si l'assiette de la rémunération a pour base le prix de vente au public, la fixation de ce prix appartient à l'éditeur ; V. cependant, constatant qu'un prix trop élevé peut être un obstacle au succès et pourrait constituer un manquement à l'obligation de publication. • Paris, 27 nov. 1976 : *D. 1977. IR 280.* ♦ Sur le fait que les principes du traité CE ne s'opposent pas à l'application d'une législation nationale qui oblige les éditeurs à imposer aux libraires un prix fixe du livre à la revente (loi « Lang »), V. • CJCE 3 oct. 2000 : ♔ *D. 2000. IR 266* ✎.

2° MONTANT

6. Un « pourcentage de 2,5 % pour la rédactrice de la quasi-totalité des textes ne peut apparaître comme sérieux et s'apparente nécessairement à une fraude à la loi » ; V. à propos, pourtant, de « tirages ultérieurs » de l'œuvre. • TGI Paris, 16 mai 1969 : *D. 1969. 630 ; RIDA janv. 1970, p. 213, note Schmidt.* ♦ Pour la nullité d'une clause du contrat d'édition prévoyant que « le prix de cession du droit d'édition » est « de 0 % pour le premier mille » d'exemplaires vendus, « 7 % pour les deux mille suivants et

10 % à partir de trois mille », précisant le fait que l'édition d'ouvrages en sciences humaines est « risquée », étant totalement indifférent puisque d'autres constructions contractuelles sont offertes par le code aux parties, V. • TGI Paris, 30 nov. 1999 : *CCE 2001, n° 87, note Caron ; RIDA juill. 2000, p. 435.*

7. Si le montant des pourcentages varie, dans les faits, suivant les modes d'exploitation concernés, rien n'empêche de retenir une redevance unique puisque les dispositions légales « n'interdisent nullement aux parties de stipuler (...) la cession du droit de reproduire l'œuvre par procédé graphique aussi bien que par enregistrement sur disques, et de prévoir une redevance globale s'appliquant à l'ensemble de cette cession ; que l'édition d'un "livre-disque" constituant, par exemplaire, un seul acte d'exploitation par utilisation concomitante des deux modes prévus au contrat, la cour d'appel, qui a pris soin de vérifier que les usages n'étaient pas en sens contraire, a légalement justifié sa décision ». • Civ. 1re, 4 janv. 1983 : *Bull. civ. I, n° 6 ; RIDA oct. 1983, p. 241.*

B. RÉMUNÉRATION FORFAITAIRE

1° CAS

8. Sur les hypothèses ouvrant la possibilité d'un recours à une rémunération forfaitaire, V. notes 14 s. ss. art. L. 131-4 et art. L. 132-6.

2° MONTANT

9. Sur la révision judiciaire du forfait, V. art. L. 131-5.

3° ARTICULATION AVEC LES RÉMUNÉRATIONS PROPORTIONNELLES

10. Même dans les cas où la loi l'autorise, le recours au forfait reste facultatif et « les parties demeurent libres de convenir d'un mode de rémunération calculé sur les recettes d'exploitation de l'ouvrage ». • TGI Paris, 13 déc. 1978 : *RIDA juill. 1979, p. 149.*

11. Dans la mesure de la liberté laissée par les textes, il est parfois possible de combiner rémunération proportionnelle et forfait ; ainsi, une clause fixant un plancher de 15 000 exemplaires pour l'application du pourcentage est valable, dans la mesure où la disposition ne s'analyse pas comme une condition purement potestative. • Paris, 6 déc. 1969 : *JCP 1971. II. 16796, note Ghestin.* ♦ *Contra,* prononçant la nullité de la clause ne faisant intervenir la proportionnalité qu'à partir du 2 000e exemplaire vendu au motif que ce seuil ne pouvait être atteint compte tenu des tirages contractuels et effectifs, ce qui rendait la rémunération proportionnelle illusoire. • Paris, 19 juin 1991 : *RIDA janv. 1992, p. 209.* ♦ V. aussi, admettant la clause prévoyant une rémunération forfaitaire en sus. • Civ. 1re, 6 févr. 1973 : *Bull. civ. I, n° 47 ; RIDA oct. 1973, p. 194.*

C. PAIEMENT PAR L'ÉDITEUR

12. La prescription relative à l'action en paiement ouverte à l'auteur ne court qu'à partir du moment où le créateur connaît les modalités de calcul de sa créance, ce qui n'est pas le cas lorsque les relevés de compte ne permettent pas de déterminer quel était le taux de redevance appliqué. • Paris, 23 sept. 1993 : *Gaz. Pal. 1994. 1. Somm. 383.*

13. L'éditeur ne saurait se soustraire à ses engagements même s'il a un différend avec l'auteur à qui il reproche une reproduction illicite. • Paris, 20 mai 1981 : *Gaz. Pal. 1982. 1. Somm. 99.*

D. SANCTIONS

14. La nullité qui sanctionne l'inobservation des règles de l'art. L. 132-5 est une nullité relative en sorte que l'acte irrégulier peut être confirmé par l'auteur ; ainsi le créateur qui a « perçu sans aucune observation entre 1958 et 1967 une somme de plus de 46 millions d'anciens francs en exécution des accords passés le 17 juill. 1958, (a) confirmé ces accords en pleine connaissance de cause (...) rendant (...) l'action en nullité (...) irrecevable ». • Civ. 1re, 6 févr. 1973 : *préc. note 11.*

Art. L. 132-6 En ce qui concerne l'édition de librairie, la rémunération de l'auteur peut faire l'objet d'une rémunération forfaitaire pour la première édition, avec l'accord formellement exprimé de l'auteur, dans les cas suivants :

1° Ouvrages scientifiques ou techniques ;
2° Anthologies et encyclopédies ;
3° Préfaces, annotations, introductions, présentations ;
4° Illustrations d'un ouvrage ;
5° Éditions de luxe à tirage limité ;
6° Livres de prières ;
7° A la demande du traducteur pour les traductions ;
8° Éditions populaires à bon marché ;
9° Albums bon marché pour enfants.

Peuvent également faire l'objet d'une rémunération forfaitaire les cessions de droits à ou par une personne ou une entreprise établie à l'étranger.

En ce qui concerne les œuvres de l'esprit publiées dans les journaux et recueils périodiques de tout ordre et par les agences de presse, la rémunération de l'auteur, lié à l'entreprise d'information par un contrat de louage d'ouvrage ou de services, peut également être fixée forfaitairement. – *[L. n° 57-298 du 11 mars 1957, art. 36, al. 1er, 2 et 3.]*

Sur la rémunération des journalistes professionnels, V. C. trav., art. L. 7113-1. – ***C. trav.***

COMMENTAIRE

Cette disposition prévoit des possibilités de recours à une rémunération forfaitaire en allant au-delà des hypothèses envisagées à l'article L. 121-4. Mais l'admission de pareille modalité suppose l'accord formellement exprimé de l'auteur et est limitée à la première édition.

S'agissant de la situation des journalistes professionnels, qui a fait l'objet de nombreux contentieux, la lecture des articles L. 131-4 et L. 132-6 doit être complétée par celle des articles L. 7113-1 et suivants du code du travail.

A. ÉDITION DE LIBRAIRIE

1° CONDITIONS

1. Sur l'exigence d'« accord formellement exprimé de l'auteur », commune à toutes les hypothèses visées, V., rejetant le forfait faute de preuve indiscutable de cet accord. • Civ. 1re, 26 janv. 1994 : *Bull. civ. I, n° 34 ; RIDA juill. 1994, p. 309 ; JCP 1994. IV. 846.* ♦ Sur l'exigence particulière, en matière de traduction, d'une demande de forfait émanant de l'auteur lui-même, V. • TGI Paris, 21 juin 1973 : *RIDA oct. 1973, p. 210.*

2. Sur le fait que le forfait choisi devrait être limité à la première édition, estimant que l'accord de l'auteur visé dans l'art. L. 132-6 dans le cas d'une encyclopédie ne concerne pas le principe même du forfait, mais la limitation de la rémunération forfaitaire à la première édition d'où il suit *a contrario* qu'en l'absence d'une telle convention formellement restrictive, le forfait sera dû pour chacune des éditions ultérieures. • TGI Paris, 4 janv. 1971 : *RIDA oct. 1971, p. 146, note Desbois.* ♦ V. aussi, retenant qu'« attendu certes que pour cette seconde édition, une rémunération forfaitaire n'était pas autorisée par les art. L. 131-4 et L. 132-6 ; mais attendu que les dispositions de ces textes étant édictées dans l'intérêt de l'auteur, leur violation n'entraîne qu'une nullité relative qui peut être couverte par la confirmation des accords effectués par cet auteur en pleine connaissance de cause ». • TGI Paris, 21 nov. 1978 : *RIDA juill. 1979, p. 144.* ♦ V. encore, censurant, sur le terrain de l'art. L. 131-3, une décision ayant admis une cession totale des droits alors que n'était prévue « aucune rémunération en cas d'édition ultérieure ». • Civ. 1re, 13 déc. 1989 : *Bull. civ. I, n° 391 ; RIDA avr. 1990, p. 199 ; JCP 1990. IV. 66.* ♦ Comp. estimant que, l'œuvre en cause étant une œuvre collective (une encyclopédie) et le promoteur se trouvant investi des droits de l'auteur, l'un des contributeurs « ne pouvait, pour réclamer des rémunérations supplémentaires qui n'étaient pas prévues dans le contrat, invoquer les dispositions de la loi (...) permettant dans certains cas la rémunération forfaitaire de l'auteur ». • Civ. 1re, 24 mai 1976 : *Bull. civ. I, n° 193 ; D. 1978. 223, note Plaisant ; RIDA janv. 1977, p. 105.* ♦ L'éditeur ne peut opposer le code des usages en matière d'illustrations photographiques pour procéder à une nouvelle édition d'un ouvrage de photographies sans solliciter l'autorisation préalable de son auteur. • Paris, 5 mai 2006 : *Propr. intell. 2006, n° 21, p. 447, obs. A. Lucas.*

2° APPLICATIONS

3. Ouvrages scientifiques et techniques. A propos de l'ouvrage intitulé « Principes généraux du droit » constitué de deux cours polycopiés, V. • TGI Paris, 21 nov. 1978 : *préc. note 2.*

4. Encyclopédies. Le principe vaut en matière d'œuvre encyclopédique, mais en pratique les parties peuvent choisir une rémunération proportionnelle ; V. à propos de l'« Encyclopedia Universalis ». • TGI Paris, 13 déc. 1978 : *RIDA juill. 1979, p. 149.*

5. Illustrations. A propos de l'illustration en pointe sèche destinée à l'édition de luxe d'un ouvrage sur Léonard de Vinci, V. • TGI Paris, 10 déc. 1976 : *RIDA janv. 1978, p. 164.* ♦ ... Et d'un ouvrage du domaine public, en l'espèce les « Fables de La Fontaine », V. • TGI Seine, 21 déc. 1965 : *RIDA 1967, n° 53, p. 32.*

6. Traductions. Sur l'exigence d'une demande de rémunération forfaitaire émanant du traducteur, le simple accord de ce dernier ne suffisant pas, V. • TGI Paris, 21 juin 1973 : *préc. note 1.* ♦ Sur la nécessité d'un accord exprès, V. • Paris, 3 nov. 2010 : *Propr. intell. 2011, n° 39, p. 192, obs. A. Lucas.*

7. Éditions populaires. Pour une application de la rémunération forfaitaire limitée à la première édition, d'albums bon marché pour les enfants, en l'espèce « L'histoire de France en bandes dessinées », V. • Paris, 6 mars 1981 : *RIDA juill. 1982, p. 152.* ♦ Et constatant que les conditions de la rémunération forfaitaire n'étaient pas réunies. • Civ. 1re, 26 janv. 1994 : *préc. note 1.*

B. CESSIONS DE DROITS

8. Pour l'admission, en droit français, d'une rémunération forfaitaire insérée dans un contrat régi par la loi américaine, V. • Paris, 1er févr. 1989 : *RIDA oct. 1989, p. 301, note Sirinelli.*

C. ŒUVRES PUBLIÉES DANS LES JOURNAUX OU RECUEILS PÉRIODIQUES

9. En vertu de l'art. L. 132-6, al. 3, la rémunération du photographe dont les œuvres sont destinées à être publiées dans un journal ou un recueil périodique, par l'entreprise d'information qui l'emploie, peut être fixée forfaitairement et consister soit pour le tout en un salaire soit, en sus du salaire, en une indemnité qui peut, elle-même, notamment correspondre à titre particulier à l'abandon du droit de répétition. • Civ. 1re, 27 mai 1986 : *RIDA avr. 1987, p. 62* • Soc. 12 juill. 2007 : *RTD com. 2008. 82, obs. Pollaud-Dulian ; CCE 2007, n° 118, note Caron ; Légipresse 2008, III, p. 25, note Alleaume ; RIDA oct. 2007, p. 255, note Sirinelli.* ♦ V. notes ss. art. L. 121-8.

10. Le texte est applicable tant à la presse parlée qu'à la presse écrite. • Paris, 5 juin 1975 : *D. 1976. 74, note Lindon.*

11. Pour un exemple de forfait en cas de publication dans un recueil périodique, en l'espèce « L'histoire de la Seconde Guerre mondiale », V. • TGI Paris, 21 juin 1973 : *préc. note 1.*

Art. L. 132-7 Le consentement personnel et donné par écrit de l'auteur est obligatoire.

Sans préjudice des dispositions qui régissent les contrats passés par les mineurs et les majeurs en curatelle, le consentement est même exigé lorsqu'il s'agit d'un auteur légalement incapable, sauf si celui-ci est dans l'impossibilité physique de donner son consentement.

Les dispositions de l'alinéa précédent ne sont pas applicables lorsque le contrat d'édition est souscrit par les ayants droit de l'auteur. – *[L. n° 57-298 du 11 mars 1957, art. 53.]*

BIBL. ▶ Gautier, *Mélanges Françon, Dalloz 1995* (le mandat en droit d'auteur).

COMMENTAIRE

Disposition propre au contrat d'édition mais énonçant un principe appliqué par la jurisprudence à tous les contrats de droit d'auteur dans la mesure où l'auteur engage sa personnalité au travers de son œuvre dans pareille opération.

Sur l'exigence d'un écrit en général à titre de preuve, voir les notes 3 à 5 et l'article L. 131-2, alinéa 1er.

Sur les mentions obligatoires de cet écrit, voir aussi l'article L. 131-3.

Quant à l'intervention personnelle de l'auteur, elle pose la question de l'admission d'un mandat. Ce dernier est naturellement possible pour les questions relatives aux droits patrimoniaux.

L'intervention personnelle de l'auteur est toujours nécessaire pour la conclusion d'un contrat dès lors que le droit moral (notamment le droit de divulgation) est en cause. Cela devrait exclure le recours à un mandat général pour toutes les questions mettant en cause le droit moral, sauf dans l'hypothèse des œuvres plurales lorsque l'accord quant à la divulgation de l'œuvre ne fait pas de doute (notes 1 et 2).

Lorsque l'auteur est un mineur ou un incapable (al. 2), il faudra que l'exploitant obtienne les consentements tant de l'incapable que de son représentant. Faute d'accord de l'auteur, le contrat est nul. En l'absence d'autorisation du représentant du créateur, s'agissant de la défense des intérêts matériels, le contrat ne serait annulé que s'il est lésionnaire.

En cas de créateur hors d'état, faute de discernement, de manifester son accord, il y aurait lieu de solliciter l'accord du juge des tutelles (en plus de l'avis du représentant).

A. CONSENTEMENT PERSONNEL

1. Chaque fois que la conclusion d'un contrat d'édition est susceptible de mettre également en œuvre le droit de divulgation, il convient de respecter les règles afférentes à cette prérogative, et notamment le fait que « l'exercice de son droit moral par l'auteur d'une œuvre originale revêt un caractère discrétionnaire, de sorte que l'appréciation de la légitimité de cet exercice échappe au juge » ; V., retenant qu'il est impossible de tirer parti d'événements, telle l'existence d'un contrat conclu antérieurement entre le créateur et un adaptateur mais rompu aux torts des deux parties. • Civ. 1re, 5 juin 1984 : *RIDA avr. 1985, p. 150.* ♦ Sur un éventuel abus du droit moral, V. art. L. 121-1.

2. Tout acte d'exploitation d'une œuvre de collaboration exigeant le consentement de tous les coauteurs. • Paris, 6 déc. 1993 : *RIDA juill. 1994, p. 382* • Civ. 1re, 19 déc. 1983 : *Bull. civ. I, n° 304* • 4 oct. 1988 : *D. 1989. 482, note Gautier.* ♦ ... C'est à l'auteur qui veut exercer ses droits sur l'œuvre de collaboration qu'incombe l'obligation de signaler aux autres coauteurs l'opération qu'il envisage et de rechercher leur accord. • Civ. 1re, 30 janv. 1985 : *Bull. civ. I, n° 45.* ♦ Cependant, bien que le consentement personnel de chacun des coauteurs soit exigé, il est possible que l'un des coauteurs puisse être le mandataire des autres créateurs dans leurs rapports avec l'éditeur, à la condition que le consentement des mandants quant à la divulgation de l'œuvre ne puisse faire de doute. • Paris, 26 janv. 1983, *Commère c/ Lanauve de Tartas : inédit.*

B. CONSENTEMENT ÉCRIT

3. La constatation écrite du contrat d'édition prescrite par la loi n'a pas été requise pour la validité du contrat, mais pour sa preuve. • Civ. 1re, 12 avr. 1976 : *Bull. civ. I, n° 123 ; D. 1976. IR 195 ; RTD com. 1978. 103 ; RIDA oct. 1976, p. 164.* ♦ V. aussi • Paris, 17 oct. 2012 : *Propr. intell. 2013, n° 46, p. 63, obs. A. Lucas.*

4. Sur l'exigence d'un écrit en général, V. art. L. 131-2, al. 1er. ♦ Sur les mentions obligatoires, V. aussi art. L. 131-3.

5. Un auteur peut exiger de l'éditeur le respect des engagements pris par ce dernier lors d'une offre expressément faite et acceptée même si le contrat définitif n'en a pas repris tous les termes. • Civ. 1re, 18 févr. 1986 : *Bull. civ. I, n° 31 ; D. 1987. Somm. 157, obs. Colombet ; Gaz. Pal. 1986. 1. Pan. 109.*

C. CONTRAT SOUSCRIT PAR UN AYANT DROIT DE L'AUTEUR

6. Il a pu être admis, sur le fondement de la gestion d'affaires, que l'éditeur pouvait, en cas d'urgence, prendre l'initiative de céder des droits de traduction à un tiers sans en référer à l'auteur. • TGI Paris, 5 févr. 1977 : *RIDA janv. 1978, p. 190.* ♦ Sur l'action directe offerte à l'auteur, contre le sous-cessionnaire, pour faire respecter son droit moral, V. • TGI Paris, 15 févr. 1984 : *D. 1984. IR 291, obs. Colombet ; RIDA avr. 1984, p. 178.* ♦ Pour les obligations demeurant à la charge de l'éditeur qui reste « ducroire » pour l'intégralité de la rémunération à propos de photographies, V. • Paris, 6 mai 1987 : *Gaz. Pal. 1987. 2. 468, note Frémond.* ♦ Concernant la cession du contrat d'édition, V. art. L. 132-16. ♦ V. aussi, notes 1 s. ss. art. L. 131-3.

Art. L. 132-8 L'auteur doit garantir à l'éditeur l'exercice paisible et, sauf convention contraire, exclusif du droit cédé.

Il est tenu de faire respecter ce droit et de le défendre contre toutes atteintes qui lui seraient portées. — *[L. n° 57-298 du 11 mars 1957, art. 54.]*

COMMENTAIRE

Ce texte prévoit l'application en droit d'auteur des principes énoncés par l'article 1625 du code civil. L'exclusivité peut cependant être conventionnellement écartée.

L'auteur doit garantir l'éditeur contre son fait personnel et contre les troubles de droit du fait des tiers.

S'agissant de la garantie du fait personnel, l'auteur est tenu d'une garantie d'éviction (notes 1 et 2), d'une garantie du trouble causé par les erreurs contenues dans l'ouvrage (V. note 3) ou pour une condamnation solidaire pour diffamation (V. note 4). Il doit aussi garantir l'acquisition régulière des droits relatifs aux œuvres préexistantes incorporées à la sienne (V. note 5).

Sur la portée de la garantie d'exclusivité suivant les hypothèses, voir les notes 6 et suivantes.

L'exclusivité qui s'attache, en l'absence de disposition contraire, à la cession d'un droit d'éditions, interdit la réalisation d'ouvrages reproduisant, fût-ce partiellement, les œuvres concernées (V. notes 6 à 8). Mais l'obligation de garantie d'exclusivité n'impose pas à l'auteur l'interdiction absolue de reprendre le même sujet ; seulement celle d'éviter de faire concurrence (notes 9 à 11).

A. GARANTIE D'EXERCICE PAISIBLE DU DROIT

1. La règle posée par l'art. L. 132-8 n'est qu'une application particulière du principe général de la garantie d'éviction due par le cédant d'un droit de propriété corporel ou incorporel, en sorte que lorsqu'un logo, réalisé dans le cadre d'un contrat de commande, contrefait des marques existantes, le graphiste concepteur « est tenu de garantir son client du préjudice qu'il lui a causé par cette impossibilité, imputable à son fait, d'exploiter les droits qu'il lui a cédés ». • Civ. 1re, 19 juin 1990 : *Bull. civ. I, n° 177 ; D. 1990. IR 177.*

2. Un éditeur est fondé à demander réparation à un auteur du préjudice que celui-ci a causé en manquant à son obligation de lui garantir une jouissance paisible des droits cédés. En l'espèce, l'art. 8 du contrat d'édition prévoyait que l'auteur des livres garantissait à l'éditeur la jouissance entière et libre de toute servitude de ces droits et la jouissance du droit de publication en librairie contre tous troubles, revendications ou évictions. L'auteur a manqué à cette obligation contractuelle en n'avisant pas l'éditeur du contenu de la transaction qu'il avait signée avec un tiers et par laquelle il s'engageait à supprimer divers passages du livre en cause, édité à l'époque par une autre maison d'édition disparue depuis lors. • Paris, 21 janv. 1988 : *Cah. dr. auteur, juin 1988, p. 19.*

3. L'auteur doit garantir l'éditeur du trouble causé par les erreurs contenues dans l'ouvrage publié ; à propos des inexactitudes contenues dans un ouvrage de vulgarisation sur les plantes comestibles, V. • TGI Paris, 28 mai 1986 : *RTD civ. 1987. 552, obs. Huet.* ♦ Il doit également, dans le cadre d'une interview, garantie de l'authenticité de l'entretien, en sorte qu'en cas de doute l'éditeur serait susceptible d'obtenir l'annulation du contrat pour erreur sur la substance. • Versailles, 15 mars 1988 : *D. 1989. Somm. 49, obs. Colombet.*

4. L'auteur doit garantie en cas de condamnation solidaire auteur-éditeur pour diffamation. • TGI Paris, 27 janv. 1977 : *RIDA janv. 1978, p. 183.* ♦ L'éditeur d'un journal est même parfois fondé à refuser la publication d'un roman qui serait de nature à porter atteinte à l'honneur des personnes désignées. • Paris, 2 déc. 1897 : *Ann. propr. ind. 1899. 61.*

5. L'auteur doit garantir l'acquisition régulière des droits relatifs aux œuvres préexistantes incorporées à la sienne. • TGI Paris, 8 mai 1969 : *D. 1970. Somm. 7 ; RIDA juill. 1969, p. 120.* ♦ Rappr., contraignant le coauteur d'une œuvre composite, également auteur de l'œuvre première, à faire diligence pour déterminer l'éditeur cessionnaire des droits sur cette œuvre à autoriser la représentation de l'œuvre deuxième. • TGI Paris, 20 sept. 1971 : *Gaz. Pal. 1972. 1. 35.* ♦ Le défaut d'autorisation de reproduction d'une œuvre destinée à être incorporée à une autre constitue une contrefaçon dont l'auteur peut être tenu responsable. • Paris, 25 mars 1998 : *D. Affaires 1998. 806, obs. J.-P. S.*

B. GARANTIE D'EXCLUSIVITÉ DU DROIT

6. Identité d'objet de la publication. L'éditeur bénéficiaire d'une cession exclusive peut se retourner contre l'auteur qui, à propos de la même œuvre, a consenti une autre cession à un tiers. • Angers, 3 mai 1950 : *D. 1950. 584 ; Ann. propr. ind. 1950. 213.* ♦ ... Ce dernier pouvant être également poursuivi dès lors qu'il a conclu en connaissance de cause. • TGI Seine, 7 mai 1963 : *Gaz. Pal. 1963. 2. 298.*

7. Engage sa responsabilité, l'auteur qui publie dans une revue une part importante de l'œuvre qu'il a déjà cédée à un éditeur dans le cadre d'une publication sous forme d'ouvrage. • Paris, 10 déc. 1908 : *DP 1911. 2. 399.* ♦ L'exclusivité qui s'attache, en l'absence de disposition contraire à la cession d'un droit d'édition graphique, interdit, sauf autorisation de l'éditeur, la réalisation, même à des fins publicitaires, d'album reproduisant, fût-ce partiellement, les œuvres concernées. • Paris, 3 juill. 1996 : *Gaz. Pal. 1996. 1. Somm. 19.*

8. Œuvres dérivées. L'auteur qui a cédé les droits d'adaptation cinématographique de son œuvre à un premier producteur, porte atteinte aux droits de son cocontractant en cédant à un autre producteur le droit de réaliser une œuvre audiovisuelle à partir de la comédie musicale de la même œuvre. • Civ. 1re, 27 mai 1986 : *D. 1987. 209, note Gautier.*

9. Œuvres voisines. L'auteur ne peut nuire au succès de l'éditeur en décidant, après publication d'une méthode d'enseignement chez un éditeur, de l'édition d'une seconde chez un autre exploitant ; V., relevant, en outre, des actes de dénigrement du premier ouvrage par l'auteur et faisant également référence à une obligation de non-concurrence. • Paris, 26 sept. 1978 : *D. 1980. 147, note Plaisant.*

10. Cette obligation n'impose pas à l'auteur l'interdiction absolue de reprendre le même sujet puisqu'on « risquerait d'enchaîner l'art en interdisant au sculpteur ou au peintre la reproduction des mêmes sujets ou des mêmes types alors qu'il en varierait d'ailleurs l'expression, les attributs et les formes caractéristiques ». • Paris, 3 mai 1878 : *D. 1879. 2. 11 ; S. 1878. 2. 204 ; Ann. propr. ind. 1978. 167.*

11. Il est également possible à l'auteur de faire publier deux ouvrages sur un même sujet dès lors qu'ils s'adressent à des publics différents ; admettant la cession des droits relatifs à des dessins pour enfants, d'une part, à un éditeur visant un public d'enfants sachant lire et, d'autre part, à un autre exploitant dans le cadre d'une publication destinée à des enfants plus jeunes, intéressés par les seuls dessins publiés sous un autre format, V. • Civ. 1re, 3 mars 1982 : *Bull. civ. I, n° 98 ; D. 1983. Somm. 98, obs. Colombet.* ♦ ... Et cela même si les titres servant à les désigner sont identiques. • T. civ. Seine, 16 juill. 1873 : *Rec. Pataille. 319.* ♦ Comp., cependant, condamnant un club qui, après avoir fait éditer un guide comportant une carte au 1/20000, avait contribué à la publication d'une autre carte au 1/50000, retirant ainsi tout intérêt au guide et à la carte précédents qu'il avait de surcroît refusé de mettre à jour. • Aix-en-Provence, 24 avr. 1984 : *Arrêts civils et commerciaux de la cour d'appel d'Aix-en-Provence, 1984, n° 1, p. 4.*

Art. L. 132-9 L'auteur doit mettre l'éditeur en mesure de fabriquer et de diffuser les exemplaires de l'œuvre *(Ord. n° 2014-1348 du 12 nov. 2014, art. 5-1°, en vigueur le 1er déc. 2014)* **« ou de réaliser l'œuvre sous une forme numérique ».**

Il doit remettre à l'éditeur, dans le délai prévu au contrat, l'objet de l'édition en une forme qui permette *(Ord. n° 2014-1348 du 12 nov. 2014, art. 5-2°, en vigueur le 1er déc. 2014)* **« la fabrication ou la réalisation de l'œuvre sous une forme numérique ».**

Sauf convention contraire ou impossibilités d'ordre technique, l'objet de l'édition fournie par l'auteur reste la propriété de celui-ci. *(Ord. n° 2014-1348 du 12 nov. 2014, art. 5-3°, en vigueur le 1er déc. 2014)* **« L'éditeur en est responsable pendant le délai d'un an après l'achèvement de la fabrication ou de la réalisation sous une forme numérique. »** — *[L. n° 57-298 du 11 mars 1957, art. 55.]*

V. note ss. art. L. 132-1.

COMMENTAIRE

Deuxième article ayant trait aux obligations de l'auteur, cette disposition met à la charge du créateur une obligation (que le bon sens imposerait de toute façon) de remettre l'objet (manuscrit, par exemple) nécessaire à la fabrication des exemplaires. C'est la bonne exécution de ce devoir qui impose, ensuite, l'exécution par l'éditeur de ses propres engagements (fabrication et diffusion des exemplaires).

Cette obligation :

– doit être exécutée dans un certain délai, fixé par accord ou par référence aux usages (V. notes 1 à 5) ;

– n'est réellement exécutée que lorsque l'objet fourni est véritablement utilisable (V. notes 6 et 7) ;

– comporte le devoir de corriger les épreuves et de ne pas modifier l'objet en cours de fabrication (V. notes 8 et 9).

La remise de l'objet de l'édition par l'auteur constituant un dépôt, pèse sur l'éditeur une obligation de restitution (al. 3 ; V. notes 10 à 12).

A. MISE À DISPOSITION

1° DÉLAIS

1. Faute de stipulation précise, le juge pourra se référer aux usages existants qui peuvent laisser une certaine souplesse. • TGI Paris, 8 oct. 1976 : *RIDA juill. 1977, p. 171.*

2. Commet une faute pouvant entraîner la résiliation du contrat à ses torts, l'auteur qui remet le premier manuscrit de la traduction de quatre ouvrages avec plusieurs mois de retard et dont on sait qu'il ne sera pas en mesure de respecter les délais prévus contractuellement. • Paris, 25 févr. 1987 : *D. 1988. Somm. 208, obs. Colombet.* ♦ Et, pour d'autres hypothèses de torts imputables à l'auteur. • Civ. 1re, 14 nov. 1978 : *Gaz. Pal. 1979. 1. Somm. 100* • Paris, 8 juill. 1983 : *Gaz. Pal. 1983. 2. Somm. 426.* ♦ Et encore, avant l'entrée en vigueur de la loi de 1957, V. • Paris, 14 févr. 1908 : *Ann. propr. ind. 1908. 264* • 26 avr. 1938 : *S. 1939. 2. 17.*

3. En cas de résolution du contrat à ses torts, l'auteur peut être tenu de restituer les avances perçues. • TGI Paris, 30 mai 1973 : *D. 1973. IR 211.* ♦ V. aussi, à propos d'une clause contractuelle prévoyant la restitution de l'avance perçue par l'auteur en cas de retard de l'auteur dans la remise du manuscrit. • Versailles, 20 juin 1997 : *D. 1998. Somm. 194, obs. Colombet.*

4. Il est indifférent, pour juger du retard de l'auteur, de constater que l'éditeur n'a pas immédiatement protesté. • Paris, 25 févr. 1987 : *préc. note 2.* ♦ ... Sauf si le contrat avait prévu « une mise en demeure par lettre recommandée », surtout si l'éditeur « ne prétend pas avoir mis l'auteur en demeure de produire son texte ». • Paris, 25 sept. 1989 : *Légipresse 1990, III, p. 73.* ♦ ... V. toutefois, tenant compte de l'ancienneté des relations liant les parties pour admettre la validité d'une prorogation de délais accordée oralement à l'auteur, et la résolution du contrat aux torts de l'éditeur pour non-respect des stipulations contractuelles. • Paris, 30 oct. 1996 : *RIDA avr. 1997, p. 288.*

5. La résolution du contrat peut également être prononcée aux torts réciproques en cas de manquements de la part de l'éditeur. • Civ. 1re, 5 nov. 1975 : *Bull. civ. I, n° 316.*

2° FORME DE L'OBJET DE L'ÉDITION

6. *Remise initiale.* L'auteur devant livrer l'objet de l'édition dans une forme propre à permettre une fabrication normale, c'est-à-dire en état d'être publié. • TGI Paris, 8 oct. 1976 : *RIDA* *juill. 1977, p. 171* • 1er juin 1978 : *RIDA oct. 1978, p. 118* • Paris, 29 mars 1878 : *DP 1878. 2. 137* • 14 févr. 1908 : *préc. note 2.* ♦ ... Il n'est pas possible à l'auteur de présenter son manuscrit selon des formes inhabituelles et non conformes aux usages. • Civ. 1re, 13 mars 1990 : *JCP 1990. IV. 184.*

7. L'éditeur ne peut contractuellement se réserver le droit de demander une nouvelle rédaction de l'œuvre avant sa publication au prétexte que l'objet de l'édition ne conviendrait pas bien au public et aux buts visés. • Paris, 25 avr. 1989 : *D. 1990. Somm. 58, obs. Colombet* ; *RIDA janv. 1990, p. 314* (annulant la clause purement potestative sur le fondement de l'art. 1174 du C. civ.).

8. Correction des épreuves. L'auteur ayant l'obligation d'effectuer les corrections nécessaires. • Civ. 1re, 12 oct. 1977 : *Bull. civ. I, n° 363* ; *D. 1978. IR 68* ; *Gaz. Pal. 1977. 2. Somm. 359* • TGI Paris, 1er juin 1978 : *RIDA oct. 1978, p. 118.* ♦ ... L'éditeur doit le mettre en mesure de corriger les épreuves. • TGI Paris, 5 févr. 1977 : *RIDA janv. 1978, p. 190.* ♦ ... Et ne peut lui refuser la possibilité d'opérer des modifications de faible importance dès lors que ces dernières ne grèvent pas exagérément le prix de revient. • T. civ. Seine, 15 juill. 1874 : *Ann. propr. ind. 1875. 184.* ♦ Il est loisible aux parties de fixer dans le contrat d'édition la marge de manœuvre dont dispose l'auteur. • Civ. 1re, 14 nov. 1978 : *préc. note 2.*

9. Signature du bon à tirer. L'auteur a l'obligation de signer le bon à tirer après avoir effectivement procédé aux vérifications nécessaires à la détection des erreurs. • Civ. 1re, 12 oct. 1977 : *préc. note 8.* ♦ ... L'éditeur qui publie l'œuvre sans mettre le créateur en mesure d'apposer son seing engage sa responsabilité. • Angers, 22 oct. 1938 : *Gaz. Pal. 1939. 1. 44.* ♦ ... Sauf s'il parvient à démontrer d'une autre façon la réalité de l'accord du créateur. • Paris, 6 mars 1959 : *D. 1959. 109, note P. C.*

B. SORT DE L'OBJET DE L'ÉDITION

10. L'article L. 132-9, al. 3, « n'opère pas un renversement de la charge de la preuve après l'expiration du délai d'un an suivant « l'achèvement de la fabrication » mais décharge l'éditeur de toute responsabilité pour perte de l'objet de l'édition lorsque ce délai est expiré ». • Civ. 1re, 29 mars 1973 : *D. 1973. 693, note Lindon* ; *JCP 1974. II. 17617, note M.A.* ; *Gaz. Pal. 1973. 2. 507.*

11. La remise de l'objet de l'édition par l'auteur constituant un dépôt, pèse sur l'éditeur une obligation de restitution. • Lyon, 28 janv. 1954 : *Ann. propr. ind. 1955, p. 205.* ♦ ... Mais seulement une fois écoulé le temps nécessaire à la fabrication. • Paris, 12 févr. 1980 : *RIDA janv. 1981, p. 152.* ♦ Cependant, « les éléments de composition fabriqués par l'éditeur sont sa propriété et non celle de l'auteur qui ne peut donc en faire profiter un autre éditeur » après la résiliation du contrat en cause ; à propos de « bromures », V. • Paris, 9 nov. 1988 : *Cah. dr. auteur, avr. 1989, p. 12* ; *D. 1990. Somm. 57, obs. Colombet*.

12. Les manuscrits reçus et non publiés doivent normalement être restitués à l'auteur. • Paris, 14 févr. 1908 : *préc. note 2.* ♦ ... Sauf clause contraire. • T. civ. Seine, 21 févr. 1923 : *Ann. propr. ind. 1923. 328.*

Art. L. 132-10 Le contrat d'édition doit indiquer le nombre minimum d'exemplaires constituant le premier tirage. Toutefois, cette obligation ne s'applique pas aux contrats prévoyant un minimum de droits d'auteur garantis par l'éditeur. – *[L. n° 57-298 du 11 mars 1957, art. 51.]*

1. La stipulation d'un minimum de droits d'auteur garanti par l'éditeur, si elle dégage celui-ci de l'obligation de préciser au contrat le nombre d'exemplaires devant constituer la première édition, ne le libère pas pour autant de l'engagement qu'il a pu prendre, comme en l'espèce, de réaliser une première reproduction en un nombre déterminé d'exemplaires. • Civ. 1re, 29 juin 1971 : *Bull. civ. I, n° 219* ; *RIDA oct. 1971, p. 136* ; *D. 1971. Somm. 190* ; *JCP 1971. I. 216.* ♦ Un éditeur manque à ses obligations contractuelles en réduisant le nombre d'exemplaires du premier tirage convenu contractuellement. • Paris, 14 mai 1997 : *D. 1998. Somm. 194, obs. Colombet*.

2. Est nul un contrat d'édition d'œuvres musicales qui ne précise pas le nombre minimum de disques constituant le premier tirage. • Paris, 17 sept. 1997 : *D. 1999. Somm. 68, obs. Colombet*.

Art. L. 132-11 L'éditeur est tenu d'effectuer ou de faire effectuer la fabrication *(Ord. n° 2014-1348 du 12 nov. 2014, art. 6-1°, en vigueur le 1er déc. 2014)* **« ou la réalisation sous une forme numérique » selon les conditions, dans la forme et suivant les modes d'expression prévus au contrat.**

Il ne peut, sans autorisation écrite de l'auteur, apporter à l'œuvre aucune modification.

Il doit, sauf convention contraire, faire figurer sur chacun des exemplaires *(Ord. n° 2014-1348 du 12 nov. 2014, art. 6-2°, en vigueur le 1er déc. 2014)* **« ou sur l'œuvre réalisée sous une forme numérique » le nom, le pseudonyme ou la marque de l'auteur.**

A défaut de convention spéciale, l'éditeur doit réaliser l'édition dans un délai fixé par les usages de la profession.

En cas de contrat à durée déterminée, les droits du cessionnaire s'éteignent de plein droit à l'expiration du délai sans qu'il soit besoin de mise en demeure.

L'éditeur pourra toutefois procéder, pendant trois ans après cette expiration, à l'écoulement, au prix normal, des exemplaires restant en stock, à moins que l'auteur ne préfère acheter ces exemplaires moyennant un prix qui sera fixé à dire d'experts à défaut d'accord amiable, sans que cette faculté reconnue au premier éditeur interdise à l'auteur de faire procéder à une nouvelle édition dans un délai de trente mois. – *[L. n° 57-298 du 11 mars 1957, art. 52, al. 2, art. 56.]*

V. note ss. art. L. 132-1.

COMMENTAIRE

Disposition ayant trait à l'obligation de publication qui pèse sur l'éditeur et qui se décompose, en pratique, en un certain nombre de devoirs.

1 – Devoir de fabrication des ouvrages (al. 1er ; notes 2 à 8)

Pèse sur l'éditeur une obligation de résultat de réaliser les exemplaires en respectant le nombre minimum indiqué dans le contrat (premier tirage) ainsi que de mettre en vente les exemplaires.

2 – Devoir de respect du droit moral (al. 2 et 3 ; notes 9 à 20)

Il y a là simple application d'obligations (respecter la paternité de l'auteur ainsi que l'esprit et l'intégrité de l'œuvre) que, de toute façon, l'article L. 121-1 impose de façon générale. Le fait pour l'éditeur d'être cessionnaire des droits patrimoniaux ne change rien à l'analyse.

3 – Devoir de publier dans un certain délai (al. 4 ; notes 21 à 23)

Le délai peut être fixé par les parties dans le contrat ou, en l'absence d'accord, par référence aux usages.

4 – Sort des exemplaire en stock (al. 5, note 24)

La jurisprudence ajoute à ces obligations un devoir de loyauté, qu'elle rattache parfois au respect du droit moral, et qui a trait à la politique éditoriale de l'éditeur.

Un éditeur ne pourrait publier un auteur et en même temps éditer des œuvres extrêmement critiques à l'égard de cet auteur (V. note 9). Il lui est cependant loisible de publier l'ouvrage d'un autre auteur sur un sujet proche ou identique de celui traité par le premier auteur publié dès lors qu'il ne privilégie pas un auteur par rapport à l'autre (V. note 16 ; art. L. 132-12 CPI). ❑

A. DÉFINITION

1. Définition. Le contrat d'édition « est une convention par laquelle l'auteur confie son patrimoine matériel et intellectuel à gérer et à exploiter et son art à protéger ; il n'est pas permis à l'éditeur de disposer arbitrairement de ce patrimoine et de le gérer comme s'il en était le maître ». • Paris, 7 nov. 1951 : *D. 1951. 759 ; Gaz. Pal. 1952. 1. 80 ; Ann. propr. ind. 1952. 309.*

B. FABRICATION DES OUVRAGES

2. La fabrication doit se faire en respectant les stipulations contractuelles ayant trait, par exemple, au nombre de volumes ; prononçant la condamnation d'une publication fractionnée d'un ouvrage en douze fascicules alors qu'avait été prévu un volume unique, V. • TGI Paris, 5 juin 1987 : *Cah. dr. auteur, janv. 1988, p. 14.*

3. L'auteur est fondé à protester en dehors même de conditions établissant le dommage qu'il subit. • Paris, 6 juin 1979 : *D. 1981. IR 85, obs. Colombet ; JCP 1980. IV. 232.*

4. Il a pu être jugé, « au vu des contrats intervenus, qu'en l'espèce les éditeurs avaient contracté une obligation déterminée d'assurer la diffusion des œuvres par disques et non pas une simple obligation de moyens. » • Civ. 1re, 29 juin 1971 : *Bull. civ. I, n° 219 ; D. 1971. Somm. 190 ; RIDA oct. 1971, p. 136 ; JCP 1971. I. 21.*

5. En l'absence de stipulations précises, il sera fait référence aux usages, l'éditeur ayant le pouvoir de déterminer le prix de vente à condition que le caractère élevé de ce dernier ne nuise pas à la carrière de l'œuvre. • Paris, 27 nov. 1976 : *D. 1977. IR 280.*

6. L'éditeur a l'obligation, accessoire, sous peine de voir le contrat d'édition résilié à ses torts, de corriger les fautes d'orthographe par lui-même ou par l'intermédiaire de l'imprimeur à sa demande. • Paris, 4 févr. 1988 : *D. 1989. Somm. 49, obs. Colombet.*

7. La clause par laquelle l'éditeur « se réserve le droit d'apprécier, lors de la remise du manuscrit si l'œuvre convient bien au public et aux buts visés » et qui, dans la négative, permet d'imposer des modifications, voire une nouvelle rédaction, est purement potestative et nulle par application de l'art. 1174 C. civ. ; prononçant ainsi l'annulation de tout le contrat, V. • Paris, 25 avr. 1989 : *D. 1990. Somm. 58, obs. Colombet* ; *RIDA janv. 1990, p. 314.*

8. Sur la place du « bon à tirer », V. • Civ. 1re, 12 oct. 1977 : *Bull. civ. I, n° 363 ; D. 1978. IR 68 ; Gaz. Pal. 1977. 2. Somm. 359* • TGI Paris, 10 oct. 1971 : *JCP 1971. IV. 182.*

C. RESPECT DU DROIT À L'INTÉGRITÉ DE L'ŒUVRE

9. « L'auteur impose à un éditeur (...) l'obligation (...) de veiller à la protection du patrimoine moral et intellectuel et de l'image qu'il entend donner de lui-même au travers de son œuvre » ; ainsi, engage sa responsabilité l'éditeur britannique, cessionnaire des droits de traduction de Camus, qui publie également un ouvrage violemment critique sur l'écrivain français. • TGI Paris, 15 févr. 1984 : *D. 1984. IR 291, obs. Colombet ; RIDA avr. 1984, p. 178.*

10. Méconnaît le droit au respect de l'intégrité de l'œuvre l'éditeur qui a enlevé deux passages de l'ouvrage, dont il avait obtenu le droit de traduction, pour les rejeter en fin de volume, sans que puisse être mis en avant, à titre de fait justificatif, le caractère raciste incontestable des fragments et les dispositions de la loi du 29 juill. 1881 réprimant la discrimination raciale ; précisant que l'exploitant aurait dû solliciter l'autorisation d'effectuer le changement approprié ou demander au tribunal l'annulation du contrat, V. • Paris, 7 juin 1982 : *D. 1983. IR 97, obs. Colombet ; RIDA oct. 1982, p. 177.*

11. De la même façon, l'exploitant ne peut supprimer des passages ou expressions qu'il juge d'une crudité excessive ou de nature à choquer le lecteur. • Seine, 18 déc. 1894 : *Rec. Pataille, 1898. 35.* ♦ Ou retoucher, dans des mémoires, des passages relatifs à la cour des tsars. • Paris, 18 juill. 1932 : *DP 1934. II. 139.* ♦ ... Au prétexte qu'il pourrait engager sa responsabilité alors même qu'il aurait eu préalablement le loisir de lire plus attentivement le manuscrit avant d'accepter de le publier. • Paris, 7 juin 1982 : *préc. note 10.* ♦ Comp. • Paris, 17 janv. 1977 : *Gaz. Pal. 1977. 1. Somm. 211* • Civ. 1re, 14 nov. 1978 : *ibid. 1979. 1. Somm. 100.*

12. Constitue aussi une atteinte à l'intégrité de l'œuvre, entraînant la résiliation du contrat aux torts de l'éditeur, l'adjonction d'une préface : que celle-ci discrédite l'œuvre ou le créateur, au prétexte de la recherche d'une prétendue vérité scientifique ; à propos d'un texte présentant l'auteur en disant « nous connaissions sa beauté (...) nous connaîtrons désormais sa laideur hideuse », V. • Paris, 7 juin 1982 : *préc. note 10.* ♦ ... Ou qu'elle soit, au contraire, élogieuse. • TGI Paris, 25 nov. 1987 : *D. 1989. Somm. 46, obs. Colombet ; JCP 1988. II. 21062, note Edelman.*

13. La publication et la diffusion en librairie d'un ouvrage sans que l'éditeur ait adressé les épreuves à l'auteur et obtenu de lui le « bon à tirer » méconnaissent les dispositions de l'art. L. 132-11 et portent une « grave atteinte aux droits moraux » du créateur. • Paris, 13 févr. 1995 : *D. 1995. Somm. 288, obs. Colombet.*

14. Commet également une faute l'éditeur qui publie à l'insu de l'auteur un condensé de l'ouvrage et réduit le format des photographies dans de mauvaises conditions techniques ; rejetant l'argument de l'exploitant mettant en avant le fait qu'il désirait faciliter la lecture de l'ouvrage principal, V. • Paris, 6 juin 1979 : *D. 1981. IR 85, obs. Colombet ; JCP 1980. IV. 232.* ♦ Dans le même sens • Paris, 16 janv. 2008 : *RTD com. 2008. 318, obs. Pollaud-Dulian.*

15. Sur le pouvoir de l'éditeur de faire actualiser un ouvrage en cas de réédition, V. • Paris, 25 oct. 1991 : *D. 1993. Somm. 93, obs. Colombet* ; *Légipresse 1993. III. 73, note Noguier.*

16. Sur l'équilibre à rechercher en présence d'une contribution à une œuvre collective qui doit s'insérer harmonieusement à l'ensemble de l'ouvrage, V. • Civ. 1re, 8 oct. 1980 : *D. 1981. IR 86, obs. Colombet.*

D. RESPECT DU DROIT À LA PATERNITÉ

17. La mention d'un nom d'auteur attribué faussement par le magazine en marge de la photographie constitue une atteinte au droit du seul et légitime propriétaire du cliché car il ne peut pas de ce fait bénéficier de la notoriété provenant de sa divulgation. • TGI, Paris, 26 juin 1985 : *D. 1986. Somm. 184, obs. Colombet.* ♦ L'éditeur doit mentionner les noms de tous les coauteurs, sur les ouvrages comme sur les jaquettes. • TGI Paris, 28 juin 1983 *RIDA oct. 1984, p. 251.*

18. Le droit à la paternité s'étend aux titres de l'auteur. • Paris, 12 mars 1910 : *Ann. propr. ind. 1910. 212.*

19. Sur le recours à un pseudonyme ou le choix de l'anonymat, sanctionnant l'éditeur qui révèle l'identité de celui qui a choisi le masque d'un pseudonyme, V. • Paris, 5 juill. 1979 : *D. 1980. 580, concl. Lévy ; D. 1981. IR 84, obs. Colombet.* ♦ V. aussi, art. L. 113-6.

20. Sur le droit à la paternité en général, et la question des conventions d'anonymat imposé et les contrats dits « de nègre », en particulier, V. art. L. 121-1.

E. DÉLAI DE RÉALISATION DE L'ÉDITION

21. Hors stipulations contractuelles, il convient de s'en remettre aux usages, en sorte que généralement un délai de quelques mois n'est pas considéré comme trop long ; ainsi, un délai de huit mois a été jugé « absolument normal » s'agissant d'un contrat à compte d'auteur. • Paris, 15 juin 1983 : *D. 1983. IR 513, obs. Colombet ; RTD com. 1984. 679, obs. Françon ; RIDA juill. 1984, p. 121.* ♦ A l'inverse d'une attente de quelques années, qu'elle soit de cinq ans. • TGI Toulouse, 16 sept. 1976 : *RIDA janv. 1977, p. 127.* ♦ ... Ou d'une vingtaine d'années ; à propos de la publication d'une « Histoire de la France » d'Anatole France, V. • T. civ. Seine, 4 déc. 1911 : *Ann. propr. ind. 1912. 98.*

22. Les délais peuvent varier suivant le genre de la collection et il y a lieu d'être plus tolérant s'agissant d'ouvrages de luxe s'adressant à une clientèle très exigeante. • TGI Paris, 5 juill. 1971 : *RIDA janv. 1972, p. 150.* ♦ Comp. estimant cependant trop long un délai de sept ans. • T. com. Seine, 6 janv. 1966 : *D. 1966. 619.*

23. Les juges peuvent également tenir compte du caractère de l'œuvre ; V., évoquant les « difficultés considérables » résultant de la « nature ésotérique » de l'œuvre. • TGI Paris, 14 nov. 1973 : *RIDA avr. 1974, p. 111.*

F. SORT DES EXEMPLAIRES EN STOCK

24. Sur les possibilités de vendre, non « au prix normal » mais en solde, les exemplaires, V. retenant la responsabilité de l'éditeur prenant l'initiative d'une telle vente à l'insu des participants à l'œuvre collective. • Paris, 12 déc. 1989 : *Cah. dr. auteur, mars 1990, p. 5.* ♦ Et, sur le respect du droit de préemption reconnu au créateur, V. • TGI Paris, 8 janv. 1970 : *D. 1970. Somm. 180.* ♦ V. aussi, art. L. 132-15, en cas de procédure collective. ♦ Sur l'écoulement du stock par l'éditeur après résiliation du contrat, V. • Paris, 25 juin 2004 : *RTD com. 2004. 725, obs. Pollaud-Dulian* ✎.

Art. L. 132-12 **L'éditeur est tenu d'assurer à l'œuvre une exploitation permanente et suivie et une diffusion commerciale, conformément aux usages de la profession.** – *[L. nº 57-298 du 11 mars 1957, art. 57.]*

BIBL. ▸ Desbois, *RIDA oct. 1968, p. 163* (l'obligation de publication et de diffusion des éditeurs de musique). – Kerjean, *CCE 2012. Prat. 15* (l'obligation d'exploitation dans le contrat d'édition à l'épreuve du numérique).

COMMENTAIRE

Il résulte de cette disposition que :

– l'éditeur s'oblige à assurer, dans un délai raisonnable, la diffusion de cette œuvre avec une publicité suffisante et à l'exploiter d'une façon permanente et suivie, répondant aux exigences notoires de la profession, pour lui donner toutes ses chances de succès auprès du public (V. note 2) ;

– l'obligation d'exploiter est une obligation de résultat en sorte que l'éditeur ne peut pour y échapper mettre en avant un changement de goût du public (V. note 4) ;
– l'éditeur ne peut décider arbitrairement d'interrompre la diffusion de l'ouvrage (V. note 3) ;

– l'éditeur doit savoir gérer ses stocks (notes 6 et 7) ;

– dans l'hypothèse d'un contrat conclu pour un nombre d'éditions successives indéterminé, l'éditeur ne peut refuser de procéder à un nouveau tirage, lorsque la première édition est épuisée, sur les rééditions (notes 13 s.) ;

– l'éditeur commet une faute si deux demandes de livraison d'exemplaires, à lui adressées, ne sont pas satisfaites dans les trois mois (art. L. 132-17) ;

– l'éditeur peut prendre la décision d'interrompre la diffusion en cas d'insuccès de l'œuvre, par exemple, lorsque la vente ne parvient pas à passer le seuil des 5% d'exemplaires tirés.

L'éditeur a l'obligation d'exécuter le contrat dans l'intérêt commun des parties dès lors que le contrat d'édition est une convention par laquelle l'auteur confie ses droits patrimoniaux et moraux à gérer et à exploiter et son art à protéger à un éditeur qui ne peut en disposer arbitrairement en gérant le patrimoine qui lui est confié comme s'il en était le maître (V. note 18). La jurisprudence en tire la conclusion de l'existence d'un certain nombre d'obligations non formellement exprimées mais adventices (promotion de l'ouvrage, note 11 ; prix de vente, note 12...).

Sur les solutions relatives à l'édition musicale et la prise en considération d'usages, Voir notes 8 et suivantes. ☐

I. APPLICATION DANS LE TEMPS

1. En l'absence de disposition expresse de la loi prévoyant son application immédiate et à défaut de considérations d'ordre public particulièrement impératives, les contrats d'édition demeurent soumis à la loi en vigueur au jour de leur conclusion ; rejetant le pourvoi contre un arrêt qui avait refusé d'appliquer les dispositions de la loi de 1957, relatives aux obligations d'exploitation de l'œuvre et de reddition de compte, à un contrat conclu antérieurement, V. • Civ. 1re, 4 déc. 2001 : *D. 2002. AJ 646 ; CCE 2002, no 38, note Caron ; JCP 2002. IV. 1104 ; JCP E 2004. 561, no 8, obs. Chérigny ; Légipresse 2002, no 189, I, p. 23 ; Propr. intell. 2002, no 3, p. 61, obs. Lucas ; RIDA avr. 2002, p. 340, obs. Kéréver.* ♦ Comp., la règle de l'art. L. 132-12 s'applique même aux contrats conclus avant le 11 mars 1958. • TGI Paris, 29 avr. 1988 : *RIDA oct. 1988, p. 324.*

II. CONTENU DE L'OBLIGATION

A. OBLIGATIONS PRINCIPALES

1o PRINCIPE

2. « En contrepartie de la cession exclusive et permanente que l'auteur lui consent sur ses droits sur son œuvre, et de l'interdiction qui en résulte pour celui-ci de les exercer personnellement, l'éditeur s'oblige à assurer dans un délai raisonnable la diffusion de cette œuvre avec une publicité suffisante et à l'exploiter d'une façon permanente et suivie, répondant aux exigences notoires de la profession, pour lui donner toutes ses chances de succès auprès du public ». • Paris, 23 déc. 1969 : *D. 1970. 119.* – V. aussi • Paris, 3 déc. 1969 : *D. 1969. Somm. 46* • 7 nov. 1951 : *D. 1951. 759 ; Ann. propr. ind. 1952. 309.* ♦ Sur la charge de la preuve, V. • Paris, 24 oct. 2003 : *JCP E 2004. 1898, no 6, obs. Ratovo ; Propr. intell. 2004, no 10, p. 559, obs. Lucas.*

3. Mise en vente. L'obligation de publier comportant celle de mettre en vente, il est interdit à l'éditeur de suspendre cette opération sans l'accord de l'auteur. • T. civ. Seine, 30 nov. 1925 : *DH 1926. 29.* ♦ ... Sauf contrariété de l'œuvre à l'ordre public et aux bonnes mœurs. • Req. 25 oct. 1909 : *DP 1911. 1. 423 ; S. 1913. 1. 273.* – Comp. • Bourges, 4 mai 1954 : *Ann. propr. ind. 1954. 157 ; Dr. auteur 1955. 123.* ♦ L'éditeur, responsable « d'entraves ou de retards dans la mise en vente d'ouvrages » ... porte atteinte au droit moral des auteurs. • Paris, 29 avr. 1982, *Hermann c/ Assoc. des collaborateurs de Nicolas Bourbaki : inédit.*

4. Obligation de résultat. L'obligation d'exploiter étant une obligation déterminée ou de résultat. • Civ. 1re, 29 juin 1971 : *Bull. civ. I, no 219 ; D. 1971. Somm. 190 ; RIDA oct. 1971, p. 136 ; JCP 1971. IV. 216.* ♦ ... L'éditeur ne peut pour y échapper mettre en avant un changement de goût du public ; « cette évolution ne peut constituer un événement imprévisible et irrésistible pour des sociétés qui s'étaient engagées à réaliser des enregistrements sonores ». • Civ. 1re, 18 oct. 1977 : *RIDA juill. 1978, p. 170.* ♦ La clause qui stipule que si l'éditeur, qui s'engage à publier un roman dans un délai de 18 mois, ne satisfait pas à cette obligation, le contrat se terminera de plein droit et tous les droits consentis par l'auteur à l'éditeur seront restitués à l'auteur, ne peut être alléguée par l'éditeur. • TGI Paris, 29 janv. 2003 : *Légipresse 2003, no 201, I, p. 61.*

5. Délai. Si aucun délai n'a été prévu dans le contrat, il appartient aux juges de fixer ce délai et, même s'il importe, dans l'intérêt des deux parties, de réserver un maximum de possibilités favorables quant au choix de la date, Noël par exemple, il est certain que l'éditeur doit publier dans un délai raisonnable ce qui n'est pas le cas dans l'hypothèse d'une longue période de quatre ans. • Alger, 2 juin 1951 : *Ann. propr. ind. 1951. 312.*

6. Stock. L'obligation d'exploitation permanente contraint l'éditeur à avoir des exemplaires disponibles à la vente qu'il doit exploiter et diffuser, « l'état des stocks devant permettre à l'éditeur de répondre à toutes les demandes des libraires et de leurs clients, faute de quoi, il y a atteinte aux droits de l'auteur ». • Paris, 7 mai 1985 : *RIDA juill. 1985, p. 166.* – V. aussi • Paris, 8 juill. 1953 : *Gaz. Pal. 1953. 2. 197.*

7. L'éditeur doit avoir à l'esprit toutes les circonstances qui seraient de nature à gêner l'exploitation pour anticiper sur ces difficultés ; ainsi il doit éviter que « de nombreux points de vente dans les zones de forte fréquentation estivale ne manquent du livre ... même si la distribution des ouvrages imprimés est rendue difficile en période de vacances par l'impossibilité de procéder à des envois d'office en raison de la fermeture saisonnière de certains libraires, et qu'ainsi le choix initial du nombre d'exemplaires mis en place ne peut être corrigé durant les congés d'été ; ... aussi en ne procédant pas dès le mois de juin 1986 à la mise en place des 20 000 exemplaires à laquelle il était tenu, l'éditeur a tout à la fois manqué à ses obligations contractuelles et privé de cohérence et d'efficacité le mode de distribution qu'il avait lui-même choisi ». – V., constatant aussi que « le lancement publicitaire aux effets nécessairement éphémères n'a pas été immédiatement accompagné d'une diffusion qualitative suffisante du livre », • Paris, 25 sept. 1989 : *Légipresse 1990. III. p. 73.* ♦ Sur le respect de l'obligation d'exploitation par l'éditeur d'ouvrages de Françoise Sagan, V. • Paris, 31 oct. 2012 : *Propr. intell. 2013, no 46, p. 64, obs. A. Lucas.*

2o ÉDITION D'ŒUVRES MUSICALES

8. Pour un rappel des principes d'exploitation permanente et de diffusion commerciale conforme aux usages en matière musicale, V. • Paris, 2 févr. 1993 : *D. 1994. Somm. 93, obs. Colombet*. ♦ Et, énonçant que « les éditeurs de musique qui se réservent le droit exclusif d'utiliser les modes de diffusion tels que l'enregistrement sonore, lesquels n'entrent pas dans leur domaine habituel d'activité s'obligent en contrepartie de l'avantage que procure cette activité et eu égard au caractère spécifique du contrat, à assurer la diffusion de l'œuvre par l'emploi de ces procédés ; que pour dégager leur responsabilité, il leur appartient d'établir que des obstacles dont ils ne pouvaient normalement triompher les ont empêchés d'assurer une telle diffusion », V. • Civ. 1re, 29 juin 1971 : *préc. note 4*. – V. encore, dans la même affaire, • Paris, 23 déc. 1969 : *préc. note 2* • TGI Seine, 11 mai 1968 : *RTD com. 1968. 1053, obs. Desbois*.

9. Usages. Pour la prise en considération d'usages imposant aux éditeurs de musique, de mettre en vente au moins une édition phonographique intégrale des œuvres, V., constatant la défaillance, après sommation, dans la vente sur disque ou cassette de l'une au moins des deux versions françaises connues d'une opérette. • Paris, 5 mars 1981 : *RIDA oct. 1981, p. 193*.

10. Exploitation graphique. L'obligation peut aussi porter sur l'exploitation graphique d'œuvres musicales à l'étranger. • Paris, 24 nov. 1987 : *Cah. dr. auteur, mars 1988, p. 14*. ♦ Comp., considérant, d'une part, que le défaut d'édition graphique n'est pas une faute suffisamment grave pour fonder la résiliation des contrats et, d'autre part, que la résiliation du contrat d'enregistrement liant producteur et interprète n'emporte pas résiliation du contrat d'édition qui n'a pas le même objet. • Paris, 6 juin 1997 : *D. 1998. Somm. 193, obs. Colombet*. ♦ L'exploitation ne saurait se limiter à la seule exploitation graphique, laquelle ne revêt plus qu'un caractère accessoire et secondaire en raison de l'évolution de l'édition musicale et du développement de l'exploitation de ces œuvres sous forme de phonogramme ou tout autre support. La société cessionnaire a pour obligation d'effectuer les diligences requises pour faire vivre l'œuvre tant que celle-ci peut être exploitée. • Paris, 13 mars 2002 : *D. 2002. AJ 2054 ; CCE 2002, n° 82, note Caron ; RIDA oct. 2002, p. 217, obs. Kéréver*. ♦ V. aussi • Civ. 1re, 13 juin 2006 : *Bull. civ. I, n° 306 ; D. 2006. Pan. 2999, obs. Sirinelli ; ibid. AJ 1819, obs. Daleau ; RTD com. 2006. 593, obs. Pollaud-Dulian ; CCE 2007, n° 20, note Caron ; ibid. Chron. n° 4, § 5, obs. Daverat ; Légipresse 2006, II, p. 238, note Roux ; RIDA oct. 2006, p. 339, obs. Sirinelli*. ♦ Et sur renvoi • Paris, 28 mars 2008 : *RTD com. 2008. 315, obs. Pollaud-Dulian*.

B. OBLIGATIONS ADVENTICES

11. Promotion de l'ouvrage. L'éditeur est tenu d'assurer la promotion de l'ouvrage en sorte qu'il engagera sa responsabilité s'il effectue la publicité promise sur une chaîne de télévision (Télé Monte-Carlo) autre que celle (Télé Luxembourg) prévue au contrat. • Paris, 24 mai 1982 : *Gaz. Pal. 1983. 1. Somm. 133*. ♦ V. aussi, à propos de l'insuffisance du travail du service de presse auprès des revues professionnelles. • Paris, 14 mai 1997 : *D. 1998. Somm. 194, obs. Colombet*.

12. Prix de vente. Méconnaît indirectement son obligation d'exploitation, l'éditeur qui fixe un prix de vente excessif susceptible de nuire à la diffusion de l'œuvre. • Paris, 27 nov. 1976 : *D. 1977. IR 280*.

13. Rééditions. La faculté en est offerte à l'éditeur : soit par contrat ; V. ainsi, obligeant l'exploitant à se conformer aux stipulations de la convention imposant un délai maximal de deux ans au terme duquel, faute de réédition, les droits reviennent à l'auteur. • Paris, 28 nov. 1984 : *D. 1985. IR 316, obs. Colombet*. ♦ ... Soit en l'absence de clause expresse. • Paris, 8 août 1871 : *DP 1872. 2. 165*. ♦ ... Réserve faite du respect des usages. • Civ. 1re, 18 mai 1976 : *Bull. civ. I, n° 176 ; RIDA janv. 1977, p. 102 ; JCP 1976. IV. 229*. ♦ Sur la perte du droit de réédition, opposable à un éditeur ayant cessé d'assurer l'exploitation de l'ouvrage et ne procédant à la réédition que plus de vingt ans après la première édition, alors que celle-ci est depuis longtemps épuisée, V. • Paris, 25 oct. 1991 : *D. 1993. Somm. 93, obs. Colombet ; Légipresse 1993, III, p. 73, note Noguier*.

14. Il va de soi que, lorsque les relations contractuelles initiales ont pris fin, l'éditeur est tenu de solliciter une nouvelle autorisation des auteurs. • Paris, 21 nov. 1994 : *RIDA avr. 1995, p. 374*.

15. Sur une éventuelle obligation de rééditer, retenant que « l'éditeur a l'obligation d'éditer l'œuvre qui lui a été confiée et d'avoir toujours des exemplaires en vente pour assurer l'exploitation et la diffusion de l'œuvre dont il est l'éditeur, faute de quoi il commet des fautes de nature à faire prononcer la résiliation du contrat d'édition ; il ne lui est pas permis d'attendre qu'une édition soit épuisée pour en réaliser la réimpression et ce afin d'assurer la permanence de la vente de l'œuvre ; il a l'obligation de livrer une œuvre au public de manière régulière aussi longtemps qu'elle est susceptible de plaire à ce public. Étant démontré que l'éditeur a volontairement maintenu des stocks d'exemplaires anormalement bas, voire inexistants et s'est abstenu de rééditer l'ouvrage et de le diffuser auprès du public de manière continue et suivie, c'est à bon droit que le contrat est résilié à ses torts exclusifs », V. • TGI Paris, 10 nov. 1983 : *D. 1985. Somm. 316, obs. Colombet*. ♦ V. aussi, notes 1 s. ss. art. L. 132-17.

III. AUTRES OBLIGATIONS

16. Si la conclusion du contrat d'édition n'emporte pas, en l'absence de stipulation particulière d'exclusivité, l'interdiction pour l'éditeur de publier un autre ouvrage sur le même sujet. • Civ. 1re, 5 janv. 1970 : *D. 1970. 281, note Breton ; JCP 1970. II. 16273, note D. L. ; RIDA juill. 1970, p. 130* (à propos d'un ouvrage sur Picasso). ♦ ... L'éditeur ne peut privilégier un ouvrage au détriment de l'autre ; ainsi, à propos de la relance de l'exploitation d'une encyclopédie, achetée à forfait à un éditeur suédois et devenue libre de droits à l'égard de celui-ci, sensiblement moins coûteuse pour l'éditeur que celle de personnes qui avaient totalement créé leur propre encyclopédie, retenant que « s'il ne saurait être fait grief à Bordas d'avoir recherché des économies, ce souci de rentabilité ne peut être tenu pour légitime dès lors qu'il a été poursuivi au détriment des consorts Caratini, dont l'éditeur se devait de préserver aussi les intérêts ». • Paris, 26 juin 1991 : *Gaz. Pal. 1992. 2. 566, note Frémond.* ♦ Sur les clauses de secret, V. • Paris, 14 févr. 1997 : *JCP 1998. II. 10 000, obs. Fages.*

17. La direction d'une firme phonographique peut toujours, même en l'absence de toute stipulation expresse, refuser d'éditer une œuvre contenant le dénigrement d'un autre artiste, en particulier quand celui-ci est en relation d'affaires avec elle. • TGI Paris, 3 janv. 1968 : *RTD com. 1970. 130, obs. Desbois ; RIDA avr. 1968, p. 126.*

18. Intérêt commun des parties. L'éditeur a l'obligation d'exécuter le contrat dans l'intérêt commun des parties dès lors que le contrat d'édition est une convention par laquelle l'auteur confie ses droits patrimoniaux et moraux à gérer et à exploiter et son art à protéger à un éditeur qui ne peut en disposer arbitrairement en gérant le patrimoine qui lui est confié comme s'il en était le maître. • Paris, 12 févr. 2003 : *CCE 2003, no 57, note Caron ; JCP E 2004. 1770, no 8, obs. Guillemain ; RIDA juill. 2003, p. 241, obs. Kéréver.*

IV. SANCTION

19. Résiliation. Pour des exemples de résiliation : aux torts de l'éditeur. • Paris, 9 nov. 1988 : *D. 1990. Somm. 57, obs. Colombet* • 7 mai 1985 : *RIDA juill. 1985, p. 166* • TGI Seine, 17 juin 1966 : *D. 1966. 769 ; JCP 1966. IV. 141.* ♦ ... D'un contrat portant sur trois tomes d'un ouvrage pour cause de non-réimpression des tomes épuisés, V. • Paris, 5 mars 1981 : *préc. note 9* • 24 nov. 1987 : *Cah. dr. auteur, mars 1988, p. 14.*

20. Dommages-intérêts. La résiliation peut être assortie de dommages et intérêts destinés à compenser la perte de redevances que l'auteur « aurait pu légitimement retirer d'une exploitation normale de ses œuvres ». • TGI Paris, 29 avr. 1988 : *préc. note 1.*

Art. L. 132-13 **L'éditeur est tenu de rendre compte.**

L'auteur pourra, à défaut de modalités spéciales prévues au contrat, exiger au moins une fois l'an la production par l'éditeur d'un état mentionnant le nombre d'exemplaires fabriqués en cours d'exercice et précisant la date et l'importance des tirages et le nombre des exemplaires en stock.

Sauf usage ou conventions contraires, cet état mentionnera également le nombre des exemplaires vendus par l'éditeur, celui des exemplaires inutilisables ou détruits par cas fortuit ou force majeure, ainsi que le montant des redevances dues ou versées à l'auteur. – *[L. no 57-298 du 11 mars 1957, art. 59.]*

BIBL. ▸ KERJEAN, *CCE 2010, Prat. 8* (liberté contractuelle et clause de reddition de comptes dans le contrat d'édition).

COMMENTAIRE

L'obligation de rendre des comptes est de l'essence du contrat d'édition. Elle s'impose quelle que soit la forme, proportionnelle ou forfaitaire (V. note 3), de la rémunération. Et subsiste en cas de sous-cession (V. note 2).

Elle consiste dans le devoir, au moins une fois par an (V. note 4), de présenter des comptes, c'est-à-dire, le nombre d'exemplaires fabriqués et vendus, ainsi que le montant des redevances dues ou versées.

L'auteur peut obtenir du tribunal qu'il nomme un expert pour faire vérifier les comptes (art. L. 132-14).

L'inexécution de l'obligation peut être sanctionnée par la résiliation du contrat (notes 6 et 7) ou par l'attribution de dommages et intérêts. ❑

1. Application de la loi dans le temps. En l'absence de disposition expresse de la loi prévoyant son application immédiate et à défaut de considérations d'ordre public particulièrement impératives, les contrats d'édition demeurent soumis à la loi en vigueur au jour de leur conclusion ; rejetant le pourvoi contre un arrêt qui avait refusé d'appliquer les dispositions de la loi de 1957, relatives aux obligations d'exploitation de l'œuvre et de reddition de compte, à un contrat conclu antérieurement, V. • Civ. 1re, 4 déc. 2001 : *D. 2002. AJ 646* ; *JCP 2002. IV. 1104 ; CCE 2002, n° 38, obs. Caron ; JCP E 2004. 561, n° 8, obs. Chérigny ; Légipresse 2002, n° 189, I, p. 23 ; Propr. intell. 2002, n° 3, p. 61, obs. Lucas ; RIDA avr. 2002, p. 340, obs. Kéréver.*

2. Obligation de l'éditeur. L'obligation de reddition de compte existe même lorsque l'éditeur a cédé les droits d'exploitation de l'œuvre pour une édition hors de France. • Civ. 1re, 9 févr. 1994 : *Bull. civ. I, n° 56* • Paris, 9 sept. 1998 : *D. Affaires 1998. 1647, obs. B.P. ; RIDA janv. 1999, p. 396 ; Annonces de la Seine, 15 mars 1999 ; RJDA 1999, n° 237 ; JCP 1999. II. 10181, note A. Lucas.* ♦ Elle doit être exécutée indépendamment des carences d'un sous-cessionnaire. • Civ. 1re, 24 nov. 1993 : *RIDA juill. 1994, p. 293.*

3. L'obligation de rendre compte est applicable même en présence d'une rémunération forfaitaire et quelle que soit l'importance ou la modicité des sommes en cause. • T. civ. Seine, 18 mai 1920 : *Gaz. Pal. 1920. 2. 63.*

4. Délai. Si l'éditeur est tenu de rendre compte au moins une fois par an. • Paris, 23 sept. 1993 : *Gaz. Pal. 1994. 1. Somm. 383.* ♦ ... Rien n'empêche les parties de prévoir contractuellement une communication trimestrielle des comptes, en sorte que méconnaît l'obligation de reddition de compte celui qui ne respecte pas le délai ainsi fixé. • Paris, 28 sept. 1988 : *Cah. dr. auteur 1988, n° 10, p. 20.*

5. L'éditeur qui fait parvenir des états incomplets et dépourvus de justifications ne respecte pas son obligation et devra supporter les frais de l'expertise rendue nécessaire pour établir des comptes précis. • Paris, 28 sept. 1988 : *préc. note 4.*

6. Sanction. L'inexécution de l'obligation peut être sanctionnée : Par la résiliation ; sur l'existence d'un manquement qui a causé un préjudice certain à l'auteur, d'une particulière gravité, dans la mesure où celui-ci n'a jamais pu remarquer la faiblesse de la diffusion de l'œuvre, V. • TI Paris, 2 juin 1981 : *RIDA oct. 1981, p. 216* • Paris, 9 nov. 1988 : *D. 1990. Somm. 57, obs. Colombet* ; *Cah. dr. auteur, avr. 1989, p. 12* • TGI Paris, 4 févr. 2003 : *Légipresse 2003, n° 202, I, p. 79.* ♦ V. aussi, pour une sanction justifiée par un concours de manquements. • Civ. 1re, 24 nov. 1993 : *RIDA juill. 1994, p. 293.* ♦ ... Ou par l'attribution de dommages-intérêts ; pour un cas où l'auteur avait déjà perçu une avance représentant les trois quarts des sommes dues au jour de l'assignation, V. • TGI Paris, 9 nov. 1976 : *RIDA juill. 1977, p. 179* • Paris, 19 oct. 1979 : *RIDA avr. 1980, p. 160* • 21 janv. 1988 : *Cah. dr. auteur, juin 1988, p. 19.*

7. Si une maison de disques commet bien une faute en ne transmettant pas de relevés de comptes pendant quatre ans, l'auteur ne saurait obtenir la résiliation du contrat de cession dès lors que sa réclamation paraîtra tardive (et qu'il ne justifie d'aucun préjudice). • Paris, 29 janv. 1991 : *RIDA juill. 1991, p. 219, note crit. Gautier.*

Art. L. 132-14 L'éditeur est tenu de fournir à l'auteur toutes justifications propres à établir l'exactitude de ses comptes.

Faute par l'éditeur de fournir les justifications nécessaires, il y sera contraint par le juge. – *[L. n° 57-298 du 11 mars 1957, art. 60.]*

1. Expertise. Lorsque l'éditeur ne remplit pas son obligation d'établir les relevés annuels et de les présenter à l'auteur, le tribunal peut ordonner, lors d'un litige, une expertise aux fins de rechercher le montant des droits d'auteur et des droits annexes revenant à l'auteur. • Paris, 21 janv. 1988 : *Cah. dr. auteur, juin 1988, p. 19.* ♦ A propos d'états incomplets et dépourvus de justifications, condamnant l'éditeur à supporter les frais de l'expertise rendue nécessaire pour établir des comptes précis, V. • Paris, 28 sept. 1988 : *Cah. dr. auteur 1988, n° 10, p. 20.* ♦ V. aussi C. pr. civ., art. 138 s. – **C. pr. civ.**

2. Sanction. Le non-respect, par l'éditeur, des obligations légales de l'art. L. 132-14 est sanctionné par la résiliation judiciaire du contrat d'édition à ses torts. • Paris, 10 déc. 2003 : *Légipresse 2004. I. 42.*

Art. L. 132-15 *(L. n° 2005-845 du 26 juill. 2005, art. 165)* **« La procédure de sauvegarde ou de redressement** *[ou la liquidation]* **judiciaire » de l'éditeur n'entraîne pas la résiliation du contrat.**

Lorsque l'activité est poursuivie en application des articles L. 621-22 et suivants du code de commerce, toutes les obligations de l'éditeur à l'égard de l'auteur doivent être respectées.

En cas de cession de l'entreprise d'édition *(L. n° 2005-845 du 26 juill. 2005, art. 165)* **« en application des articles L. 621-83 et suivants du code de commerce précité », l'acquéreur est tenu des obligations du cédant.**

Lorsque l'activité de l'entreprise a cessé depuis plus de trois mois ou lorsque la liquidation judiciaire est prononcée, l'auteur peut demander la résiliation du contrat.

Le liquidateur ne peut procéder à la vente en solde des exemplaires fabriqués ni à leur réalisation dans les conditions prévues aux articles L. 622-17 et L. 622-18 du code de commerce précité que quinze jours après avoir averti l'auteur de son intention, par lettre recommandée avec demande d'accusé de réception.

L'auteur possède, sur tout ou partie des exemplaires, un droit de préemption. A défaut d'accord, le prix de rachat sera fixé à dire d'expert. – *[L. n° 57-298 du 11 mars 1957, art. 61.]*

BIBL. ▶ POLLAUD-DULIAN, *Mélanges Françon, Dalloz 1995, p. 365* (les droits intellectuels dans la tourmente des procédures collectives).

COMMENTAIRE

Les articles L. 132-15 et suivants ont trait au sort du contrat d'édition.

Dans les relations avec l'auteur ce contrat a souvent, pour l'éditeur, un caractère d'*intuitus personae*, au moins lorsque l'œuvre est inachevée. Dans l'autre versant, il est incontestable que la personne de l'éditeur est déterminante pour l'auteur. Le législateur en a tiré un certain nombre de conséquences :

– à l'article L. 132-15, en cas de procédures collectives ;
– à l'article L. 132-16, en cas de cession du contrat, indépendamment ou non de celle du fonds de commerce de l'éditeur ;
– à l'article L. 132-17, s'agissant de la fin du contrat d'édition.

La résiliation prévue par l'art. L. 132-15 al. 4 n'est pas une résiliation de plein droit du fait de la liquidation de l'éditeur mais une faculté offerte à l'auteur qui ne pourra pas se voir opposer la cession des droits d'édition réalisée sans qu'il en ait été avisé ; à défaut d'accord, la résiliation doit être judiciairement prononcée et ne peut avoir d'effet qu'à compter du jour de la demande formée par l'auteur. • TGI Paris, 5 janv. 1996 : *RIDA oct. 1996, p. 304.*

Art. L. 132-16 **L'éditeur ne peut transmettre, à titre gratuit ou onéreux, ou par voie d'apport en société, le bénéfice du contrat d'édition à des tiers, indépendamment de son fonds de commerce, sans avoir préalablement obtenu l'autorisation de l'auteur.**

En cas d'aliénation du fonds de commerce, si celle-ci est de nature à compromettre gravement les intérêts matériels ou moraux de l'auteur, celui-ci est fondé à obtenir réparation même par voie de résiliation du contrat.

Lorsque le fonds de commerce d'édition était exploité en société ou dépendait d'une indivision, l'attribution du fonds à l'un des ex-associés ou à l'un des co-indivisaires en conséquence de la liquidation ou du partage ne sera, en aucun cas, considérée comme une cession. – *[L. n° 57-298 du 11 mars 1957, art. 62.]*

BIBL. ▶ CHAVAGNON, *Légipresse 2008. II. 27* (le transfert du contrat d'édition).

A. CESSION INDÉPENDANTE DE L'ALIÉNATION DU FONDS DE COMMERCE

1. Opposabilité. La cession d'un contrat d'édition réalisée sans l'autorisation de l'auteur ne lui est pas opposable et le contrat d'édition peut être résolu sur le fondement de l'art. 1184 C. civ. • TGI Paris, 22 mai 1987 : *Cah. dr. auteur, janv. 1988, p. 13.* ♦ Commet un acte de contrefaçon l'éditeur français qui, sur le fondement d'une clause autorisant les sous-éditions, cède des droits sur des photographies à un sous-éditeur nippon sans en informer l'auteur. • Paris, 15 déc. 1999 : *RIDA juill. 2000, p. 415.*

2. Nullité. Les dispositions impératives de l'art. L. 132-16 ayant été prises dans le seul intérêt patrimonial des auteurs, leur violation ne donne lieu qu'à une nullité relative dont l'action se prescrit par cinq ans à compter de la découverte du vice. • Civ. 1re, 30 janv. 2007 : *Bull. civ. I, n° 46 ; D. 2007. AJ 586, obs. Daleau ; RTD com. 2007. 544, obs. Pollaud-Dulian ; CCE 2008. Chron. 4, § 5, obs. Daverat ; Propr. intell. 2007, n° 23, p. 219, obs. A. Lucas ; RIDA avr. 2007, p. 243, note Sirinelli.* ♦ La clause d'un contrat d'édition par laquelle l'auteur d'un ouvrage réserve la faculté à l'éditeur de transférer à des tiers les droits cédés par ledit contrat est nulle. En effet, l'auteur, seul juge du respect de ses droits moraux et patrimoniaux, ne peut renoncer à la protection que lui assure l'art. L. 132-16 en autorisant, lors de la signature d'un contrat d'édition et de façon générale, la cession du bénéfice du contrat au profit du cessionnaire dont le choix incomberait exclusivement à l'éditeur, sans aucun contrôle de sa part. Les dispositions de l'art. L. 132-16, ayant pour but la protection des intérêts pécuniaires et moraux de l'auteur, sont impératives : toute clause contraire doit être réputée non écrite. • TGI Paris, 7 nov. 1988 : *Cah. dr. auteur, févr. 1989, p. 9.*

3. Doit être annulé un contrat d'édition passé entre un auteur et une entité appelée « groupe » de sociétés, dans la mesure où la pratique a pour effet de contourner les dispositions de l'art. L. 132-16 qui interdit la transmission isolée à un tiers, sans le consentement de l'auteur, du contrat d'édition, alors que chaque société du « groupe » peut se voir, le cas échéant, attribuer le contrat. • TGI Paris, 7 mai 1986 : *D. 1988. Somm. 208, obs. Colombet ; RIDA janv. 1987, p. 252.* ♦ Sur le sort de la licence à la suite de la « prise de contrôle » du licencié, V. • Paris, 1er déc. 2010 : *Propr. intell. 2011, n° 39, p. 188, obs. A. Lucas.*

4. L'expression « en toute propriété » figurant dans un contrat, pour caractériser la cession de droits, ne permet pas au cocontractant de l'auteur de confier l'édition à un autre éditeur sans l'autorisation de l'auteur. • Civ. 1re, 26 janv. 1994 : *Bull. civ. I, n° 34 ; RIDA juill. 1994, p. 309* • Paris, 17 juin 1993 : *RIDA oct. 1993, p. 252.* ♦ Sur la possible ratification *a posteriori* par l'ayant droit en cas de consentement préalable de l'auteur, V. • Paris, 31 oct. 2012 : *Propr. intell. 2013, n° 46, p. 63, obs. A. Lucas.*

B. CESSION LIÉE À L'ALIÉNATION DU FONDS DE COMMERCE

5. Sur le rappel que l'accord préalable de l'auteur n'est pas nécessaire en cas de transmission du contrat consécutive à l'aliénation du fonds de commerce, V. • TGI Paris, 7 mai 1996 : *RIDA oct. 1996, p. 304.* ♦ L'art. L. 132-16 ne prévoyant la résiliation du contrat d'édition que si la cession du fonds est de nature à compromettre gravement les intérêts matériels ou moraux de l'auteur, le créateur qui ne prouve pas que ses intérêts sont gravement compromis ne peut obtenir la résiliation de son contrat et cela même si l'accord initial précise que les droits étaient cédés à titre exclusif au premier éditeur. • Paris, 28 oct. 1982 : *D. 1983. IR 513, obs. Colombet ; RIDA janv. 1983, p. 142.* – V. encore • Paris, 17 mai 1989 : *D. 1989. IR 143 ; Cah. dr. auteur, févr. 1990, p. 21.* ♦ La cession d'une branche d'activité n'équivaut pas à la cession du fonds de commerce lorsque l'éditeur poursuit son activité avec un autre nom commercial dans le même établissement principal. • TGI Paris, 1er févr. 2006 : *D. 2006. Pan. 2991, obs. Sirinelli ; Propr. intell. 2006, n° 19, p. 184, obs. Lucas.* ♦ Décision infirmée par : • Paris, 21 févr. 2007 : *RTD com. 2007. 365, obs. Pollaud-Dulian ; Propr. intell. 2007, n° 24, p. 325, obs. Bruguière ; RIDA avr. 2007, p. 217, note Sirinelli.*

6. L'auteur ne parvient pas à démontrer la réalité du risque d'atteinte à ses intérêts en cas de refus du cessionnaire de voir utiliser une chanson inscrite à son catalogue à des fins publicitaires, alors que l'éditeur veut seulement préserver son actif. • Paris, 17 mai 1989 : *D. 1989. IR 183 ; Cah. dr. auteur, févr. 1990, p. 21.*

Art. L. 132-17 *(Ord. n° 2014-1348 du 12 nov. 2014, art. 7, en vigueur le 1er déc. 2014)* **« Le contrat d'édition prend fin, sans préjudice des cas prévus par le droit commun, par les articles précédents de la présente sous-section ou par les articles de la sous-section 2, lorsque :**

« 1° L'éditeur procède à la destruction totale des exemplaires ;

« 2° L'éditeur, sur mise en demeure de l'auteur lui impartissant un délai convenable, n'a pas procédé à la publication de l'œuvre ou, en cas d'épuisement, à sa réédition. Dans ce cas, la résiliation a lieu de plein droit. L'édition est considérée comme épuisée si deux demandes de livraison d'exemplaires adressées à l'éditeur ne sont pas satisfaites dans les trois mois. »

En cas de mort de l'auteur, si l'œuvre est inachevée, le contrat est résolu en ce qui concerne la partie de l'œuvre non terminée, sauf accord entre l'éditeur et les ayants droit de l'auteur. — *[L. n° 57-298 du 11 mars 1957, art. 63.]*

V. note ss. art. L. 132-1.

1. Réédition. Dans le silence du contrat, il a pu être jugé que l'éditeur est seul maître de l'opportunité d'un nouveau tirage à condition que sa décision de ne pas réimprimer ne soit pas motivée par sa volonté fautive de paralyser la diffusion de l'œuvre et de priver ainsi l'auteur ou son ayant droit de la publicité que celui-ci souhaite normalement donner à sa création en traitant avec l'éditeur. • Paris, 12 févr. 1980 : *D. 1982. IR 47, obs. crit. Colombet ; RIDA janv. 1981, p. 152.* ♦ *Comp., imposant à l'éditeur d'avoir toujours* des exemplaires en vente, ce qui signifie l'obligation de lancer l'édition suivante, avant même que la précédente ne soit totalement épuisée. • TGI Paris, 10 nov. 1983 : *D. 1985. IR 315, obs. Colombet.*

2. En tout état de cause, un éditeur n'est pas tenu de rééditer l'œuvre lorsqu'il peut démontrer la désaffection du public. • TGI Paris, 26 nov. 1975 : *RIDA janv. 1976, p. 145.* ♦ ... Et retenant que « l'éditeur ne pouvait être tenu de republier les œuvres en question, dès lors qu'elles n'étaient plus susceptibles de plaire au public ». • Paris, 12 févr. 1980 : *préc. note 1.*

3. Mise en demeure. La volonté fautive de l'éditeur n'est pas démontrée dès lors qu'il n'a jamais reçu de mise en demeure ni même de sollicitation expresse d'un nouveau tirage. • Paris, 12 févr. 1980 : *préc. note 1* • Civ. 1re, 3 févr. 2004 : *JCP E 2004. 494 ; Propr. intell. 2004, n° 11, p. 642, obs. Lucas.*

4. Preuve. La preuve de l'épuisement de l'édition doit résulter de demandes de livraisons adressées à l'éditeur lui-même et non à des libraires. • TGI Paris, 10 nov. 1983 : *préc. note 1.*

5. Sur la distinction entre « l'absence d'exploitation permanente et suivie » visée à l'art. L. 132-12 et « l'absence de distribution par épuisement des exemplaires » au sens de l'art. L. 132-17, V. • Paris, 12 févr. 1980 : *D. 1982. IR 47, obs. Colombet.*

6. Mise au pilon. La mise au pilon d'exemplaires ne peut être faite sans le consentement de l'auteur, en sorte que commet une faute l'éditeur qui détruit les ouvrages « sans nécessité pour la sauvegarde de ses propres intérêts », alors qu'il « ne lui appartient pas de les mettre purement et simplement au pilon, ou en réserve, en en refusant la vente et d'infliger ainsi à l'auteur une vexation et un préjudice ». • T. civ. Seine, 30 nov. 1925 : *DH 1926. 29.* ♦ Et, faisant référence au discrédit qui est ainsi jeté sur l'ensemble de l'œuvre. • Paris, 6 févr. 1981 : *D. 1982. IR 47, obs. Colombet* • 8 juin 1970 : *D. 1970. Somm. 180.*

SOUS-SECTION 2 DISPOSITIONS PARTICULIÈRES APPLICABLES À L'ÉDITION D'UN LIVRE

(Ord. nº 2014-1348 du 12 nov. 2014, art. 8, en vigueur le 1er déc. 2014)

L'Ord. nº 2014-1348 du 12 nov. 2014 est applicable dans les îles Wallis-et-Futuna (Ord. préc., art. 13). Elle a été ratifiée par la L. nº 2016-925 du 7 juill. 2016 (L. préc., art. 107). Dans un délai de six mois à compter du 7 juill. 2016, le Gouvernement remet au Parlement un rapport sur la mise en œuvre de l'Ord. précitée ainsi que sur le code des usages étendu par l'Arr. du 10 déc. 2014 pris en application de l'art. L. 132-17-8. Ce rapport présente également les résultats des discussions ultérieures entre les organisations représentatives des éditeurs et les titulaires de droits d'auteur et s'interroge sur l'opportunité de mettre en place une instance de dialogue permanente dans le secteur du livre (L. préc., art. 8).

COMMENTAIRE

Les dispositions qui suivent sont propres au seul livre.

Certaines, énoncées dans un premier paragraphe (art. L. 132-17-1 à L. 132-17-4), s'appliquent que l'ouvrage ait été édité sous une forme papier ou numérique.

D'autres, exposées dans un paragraphe deuxième (art. L. 132-17-5 à L. 132-17-7), visent à réglementer plus particulièrement l'édition numérique d'un livre.

Originellement, la réforme n'avait été envisagée que pour cette dernière hypothèse. Il est apparu cependant que certaines des règles communes devaient être précisées ou complétées. Nombre de solutions antérieures trouvent encore à s'appliquer mais certaines solutions nouvelles apparaissent.

Articulation de deux corps de règles : loi et « accord »

Le dispositif légal est complété de règles (« modalités d'application ») issues d'un « accord » entre organisations professionnelles représentatives (paragraphe 3 ; V. ss. art. L. 132-17-8, accord du 1er déc. 2014. Formellement, la source des normes ainsi retenues n'est pas la loi mais ces dispositions puisent leur autorité dans la délégation qui est ainsi faite expressément par le législateur aux professionnels du secteur au point que le contenu de l'accord peut être rendu obligatoire à l'ensemble des acteurs de la profession par un arrêté du ministre chargé de la culture.

En l'absence d'accord, ces modalités d'application sont fixées par décret en Conseil d'État.

L'ensemble constitue ainsi le nouveau statut de l'édition d'un livre. Il convient donc de lire le dispositif mis en place en tenant compte tant du donné légal que de dispositions auxquelles il est renvoyé en paragraphe 3.

Cela concerne les modalités d'application des dispositions énumérées à l'art. L. 132-17-8 (V., sous chacun des articles, l'exposé des solutions retenues du fait de cette articulation) relatives :

– aux conditions de cession des droits d'exploitation de l'édition numérique d'un livre ;

– au deuxième alinéa de l'article L. 132-11 lorsqu'elles s'appliquent à l'édition d'un livre sous une forme numérique ;

– à l'exploitation permanente et suivie d'un livre édité sous une forme imprimée et sous une forme numérique (art. L. 132-17-2) ;
– à la reddition des comptes afin de préciser la forme de cette reddition, les délais de paiement des droits, les règles applicables à leur versement à l'auteur ainsi que les modalités d'information de celui-ci (art. L. 132-17-3) ;
– aux dérogations à certaines modalités de résiliation du contrat d'édition d'un livre (art. L. 132-17-4, II) ;
– à la réalisation de l'édition d'un livre sous une forme numérique (art. L. 132-17-5) ;
– au calcul de la rémunération de l'auteur provenant de la commercialisation et de la diffusion d'un livre édité sous une forme numérique, en l'absence de prix de vente à l'unité (art. L. 132-17-6) ;
– et au réexamen des conditions économiques de la cession des droits d'exploitation d'un livre sous forme numérique, notamment la périodicité de ce réexamen, son objet et son régime ainsi que les modalités de règlement des différends (art. L. 132-17-7).

Application de la loi dans le temps

Le chapitre II de l'ordonnance du 12 novembre 2014 organise l'application des règles nouvelles dans le temps ainsi que leur effet sur les contrats conclus avant leur entrée en vigueur.

L'ordonnance est entrée en vigueur le 1er décembre 2014. Les solutions nouvelles s'appliquent intégralement aux contrats conclus postérieurement à l'entrée en vigueur de la loi. Elles ont également certains effets sur les contrats antérieurement conclus.

Par principe, la loi ne peut avoir d'effet rétroactif. Cette absence de rétroactivité a deux conséquences. D'une part la loi nouvelle ne s'applique pas aux effets passés des contrats antérieurs, et d'autre part elle ne permet pas de remettre en cause les conditions de formation d'un contrat antérieur.

Mais la loi nouvelle peut être d'application immédiate. C'est envisager les effets futurs (postérieurs à l'entrée en vigueur de la loi) des contrats en cours (conclus antérieurement à la loi nouvelle).

La ventilation des solutions nouvelles est la suivante :
– certaines d'entre elles sont réservées aux seuls contrats postérieurement conclus, telle la « clause de fin d'exploitation » (art. L. 132-17-4) ;
– d'autres sont d'application immédiate mais peuvent voir le moment de leur application aux contrats en cours légèrement différé. Il s'agit des dispositions relatives à la rémunération de l'auteur sur la base de tous les revenus d'exploitation numérique, à la reddition des comptes régulière et complète, au recueil de l'adhésion expresse de l'auteur pour toute modification de l'œuvre (Ord. n° 2014-1348, art. 11) ainsi que celles concernant le réexamen des conditions économiques (art. L. 132-17-8-II, 8° ; Ord. préc., art. 12) et l'obligation de publication numérique (Ord. préc., art. 9).
– certaines, enfin, sont subordonnées à la conclusion d'un avenant : obligation de forme découlant de l'article L. 132-17-1 (partie distincte du contrat relative à la cession des droits numériques ; Ord. préc., art. 10).

§ 1er DISPOSITIONS COMMUNES À L'ÉDITION D'UN LIVRE SOUS UNE FORME IMPRIMÉE ET SOUS UNE FORME NUMÉRIQUE

COMMENTAIRE

Les solutions ici exposées constituent à la fois le droit commun de l'édition d'un livre – que celle-ci soit opérée sous une forme imprimée ou numérique – et un corps de règles complétant et aménageant les normes générales applicables à toute édition, quel que soit le genre de l'œuvre éditée.

D'autres règles parachèvent cette construction (V. *infra*, paragraphe 2, art. L. 132-17-5 s.), mais sont particulières à la seule édition d'un livre numérique.

Les solutions propres à l'édition d'un livre sont le fruit de la combinaison du dispositif légal et du contenu de l'accord conclu entre les professionnels et auquel renvoie le paragraphe 3 (art. L. 132-17-8 ; V. *supra*, comm. ss. la ss-sect. 2).

Cette construction vise à concilier le respect de l'unité de l'œuvre et la spécificité des modes d'exploitation.

Quatre séries de règles sont ici à retenir.

Le contrat d'édition doit, à peine de nullité, comporter deux parties distinctes déterminant, d'une part, les conditions relatives à la cession des droits liés à l'exploitation imprimée de l'œuvre et, d'autre part, les conditions liées à l'exploitation numérique de l'œuvre (art. L. 132-17-1).

L'obligation de reddition des comptes pesant sur l'éditeur a été renforcée : les contours en sont mieux précisés et des sanctions fortes sont prévues (art. L. 132-17-3). L'obligation a été adaptée aux spécificités de l'édition numérique (art. L. 132-17-3 et accord interprofessionnel).

L'étendue de l'obligation pesant sur l'éditeur en matière d'exploitation permanente et suivie et de diffusion commerciale des œuvres éditées sous une forme imprimée est mieux déterminée par des critères précis permettant d'apprécier son respect par l'éditeur et des sanctions en cas d'inexécution (art. L. 132-17-2 et accord interprofessionnel). Il en va de même en matière d'exploitation permanente et suivie et de diffusion commerciale du livre numérique (art. L. 132-17-2 et accord interprofessionnel).

Il est possible à l'éditeur comme à l'auteur de mettre fin à l'ensemble du contrat lorsqu'il est constaté un défaut d'activité économique (art. L. 132-17-4). ☐

Art. L. 132-17-1 Lorsque le contrat d'édition a pour objet l'édition d'un livre à la fois sous une forme imprimée et sous une forme numérique, les conditions relatives à la cession des droits d'exploitation sous une forme numérique sont déterminées dans une partie distincte du contrat, à peine de nullité de la cession de ces droits.

V. note ss. la sous-sect. 2.

Les contrats d'édition d'un livre conclus avant le 1er déc. 2014 sont mis en conformité avec le présent art., lorsque ces contrats font l'objet d'un avenant portant cession de droits d'exploitation (Ord. nº 2014-1348 du 12 nov. 2014, art. 10, rectif. L. nº 2016-925 du 7 juill. 2016, art. 107-II).

COMMENTAIRE

A la suite d'une demande des éditeurs, et alors que les auteurs entendaient imposer la conclusion de deux contrats distincts, a été privilégiée la piste d'un contrat unique chaque fois que l'auteur entend céder ses droits relatifs à l'édition d'un livre sous une forme imprimée et sous une forme numérique.

En pareille hypothèse, ce contrat unique doit – sous peine de nullité – comporter deux parties distinctes : l'une pour l'édition sous forme imprimée, l'autre pour l'édition sous forme numérique.

En cas d'inexécution de l'obligation d'exploitation permanente, le sort du contrat d'édition n'est pas globalement affecté par l'anéantissement éventuel de l'une des parties de cette convention en raison du manquement de l'éditeur.

Toutefois, il est certaines causes d'anéantissement qui sont susceptibles d'affecter l'ensemble du contrat (V. *infra*).

Droit transitoire

S'agissant de l'application des dispositions de l'article L. 132-17-1 aux contrats conclus avant le 1er décembre 2014, voir la note sous cet article. ☐

Art. L. 132-17-2 I. — L'éditeur est tenu d'assurer une exploitation permanente et suivie du livre édité sous une forme imprimée ou sous une forme numérique. — *Ces obligations sont applicables aux contrats d'édition d'un livre conclus avant le 1er déc. 2014 dans un délai de trois mois à compter de l'entrée en vigueur de l'arrêté du ministre chargé de la culture mentionné au I de l'art. L. 132-17-8 ou, en l'absence de cet arrêté, du décret du Conseil d'État mentionné au III du même art. (Décr. nº 2014-1348 du 12 nov. 2014, art. 11-1º).*

II. — La cession des droits d'exploitation sous une forme imprimée est résiliée de plein droit lorsque, après une mise en demeure de l'auteur adressée par lettre recommandée avec demande d'avis de réception, l'éditeur ne satisfait pas dans un délai de six mois à compter de cette réception aux obligations qui lui incombent à ce titre.

Cette résiliation n'a pas d'effet sur la partie distincte du contrat d'édition relative à la cession des droits d'exploitation du livre sous une forme numérique.

III. — La cession des droits d'exploitation sous une forme numérique est résiliée de plein droit lorsque, après une mise en demeure de l'auteur adressée par lettre recom-

mandée avec demande d'avis de réception, l'éditeur ne satisfait pas dans un délai de six mois à compter de cette réception, aux obligations qui lui incombent à ce titre.

Cette résiliation n'a d'effet que sur la partie distincte du contrat d'édition relative à la cession des droits d'exploitation du livre sous une forme numérique.

IV. — Les résiliations prévues aux II et III sont sans effet sur les contrats d'adaptation audiovisuelle prévus à l'article L. 131-3.

V. note ss. la sous-sect. 2.

COMMENTAIRE

La réforme du 12 novembre 2014 a été l'occasion de mieux préciser les contours de l'obligation d'exploitation permanente et suivie grâce à l'articulation du dispositif légal et de l'accord interprofessionnel.

En cas d'inexécution de cette obligation par l'éditeur, l'auteur peut obtenir (dénonciation après mise en demeure) la résiliation de plein droit de la partie du contrat pour laquelle le manquement est constaté.

Cette résiliation n'a pas d'effet sur la partie du contrat d'édition (imprimée ou numérique) non concernée par le manquement.

Ces diverses résiliations sont sans effet sur les contrats d'adaptation audiovisuelle prévus à l'article L. 131-3.

Suivant l'accord interprofessionnel conclu entre les auteurs et les éditeurs, l'éditeur est ainsi tenu, dans le cadre de l'édition sous une **forme imprimée**, de :
– présenter l'ouvrage sur les catalogues,
– indiquer sa disponibilité dans les bases de données,
– rendre disponible l'ouvrage dans une qualité respectueuse de l'œuvre,
– livrer les commandes des libraires dans des délais raisonnables.

Il est cependant loisible à l'éditeur de procéder à des impressions à la demande sans que cela puisse être considéré comme un manquement à l'obligation d'exploitation permanente et suivie.

Il est impossible, pour l'édition sous une **forme numérique**, de continuer à raisonner en termes d'épuisement (deux demandes de livraison d'exemplaires non satisfaites par l'éditeur dans les 3 mois). Aussi, les rédacteurs de l'accord interprofessionnel ont prévu des solutions particulières en ce qui concerne tant les contours de l'obligation d'exploitation permanente et suivie que la sanction d'un manquement en la matière.

A compter des dates de publication applicables, l'éditeur est tenu :
– d'exploiter l'œuvre dans sa totalité sous une forme numérique ;
– de la présenter à son catalogue numérique ;
– de la rendre accessible dans un format technique exploitable en tenant compte des formats usuels du marché et de leur évolution, et dans au moins un format non propriétaire ;
– de la rendre accessible à la vente, dans un format numérique non propriétaire, sur un ou plusieurs sites en ligne, selon le modèle commercial en vigueur dans le secteur éditorial considéré.

La sanction en cas d'inexécution de ces obligations est la résiliation de plein droit de la partie du contrat ayant trait au numérique.

Droit transitoire

S'agissant de l'application des dispositions de l'article L. 132-17-2 aux contrats conclus avant le 1er décembre 2014, voir la note au I de cet article. ❑

Art. L. 132-17-3 **I. — L'éditeur est tenu pour chaque livre de rendre compte à l'auteur du calcul de sa rémunération de façon explicite et transparente.**

A cette fin, l'éditeur adresse à l'auteur, ou met à sa disposition par un procédé de communication électronique, un état des comptes mentionnant :

1° Lorsque le livre est édité sous une forme imprimée, le nombre d'exemplaires fabriqués en cours d'exercice, le nombre des exemplaires en stock en début et en fin d'exercice, le nombre des exemplaires vendus par l'éditeur, le nombre des exemplaires hors droits et détruits au cours de l'exercice ;

2° Lorsque le livre est édité sous une forme numérique, les revenus issus de la vente à l'unité et de chacun des autres modes d'exploitation du livre ;

3° Dans tous les cas, la liste des cessions de droits réalisées au cours de l'exercice, le montant des redevances correspondantes dues ou versées à l'auteur ainsi que les assiettes et les taux des différentes rémunérations prévues au contrat d'édition.

Une partie spécifique de cet état des comptes est consacrée à l'exploitation du livre sous une forme numérique.

La reddition des comptes est effectuée au moins une fois par an, à la date prévue au contrat ou, en l'absence de date, au plus tard six mois après l'arrêté des comptes.

II. – Si l'éditeur n'a pas satisfait à son obligation de reddition des comptes selon les modalités et dans les délais prévus au I, l'auteur dispose d'un délai de six mois pour mettre en demeure l'éditeur d'y procéder.

Lorsque cette mise en demeure n'est pas suivie d'effet dans un délai de trois mois, le contrat est résilié de plein droit.

III. – Lorsque l'éditeur n'a satisfait, durant deux exercices successifs, à son obligation de reddition des comptes que sur mise en demeure de l'auteur, le contrat est résilié de plein droit *(L. n° 2016-925 du 7 juill. 2016, art. 107-III-1°)* **« trois mois après » la seconde mise en demeure.**

IV. – L'éditeur reste tenu, même en l'absence de mise en demeure par l'auteur, de respecter ses obligations légales et contractuelles de reddition des comptes.

V. note ss. la sous-sect. 2.

Les dispositions de l'art. 107 de la L. n° 2016-925 du 7 juill. 2016 sont applicables dans les îles Wallis-et-Futuna (L. préc., art. 115-III).

Les dispositions de l'art. L. 132-17-3 sont applicables aux contrats d'édition d'un livre conclus avant le 1er déc. 2014. Les dispositions des al. II et al. VI de cet art. sont applicables à compter de l'exercice débutant après l'entrée en vigueur de l'arrêté du ministre chargé de la culture mentionné au I de l'art. L. 132-17-8 ou, en l'absence de cet arrêté, du décret en Conseil d'État mentionné au III du même art. (Ord. n° 2014-1348 du 12 nov. 2014, art. 11-2°).

COMMENTAIRE

L'ordonnance du 12 novembre 2014 a mieux précisé les contours de l'obligation de reddition de comptes.

En raison de l'importance de cette obligation, le législateur a renforcé les devoirs pesant sur l'éditeur et offert aux auteurs des facilités de « sortie » du contrat en cas d'inexécution de cette obligation.

La loi précise expressément – tant en matière d'édition imprimée que d'édition numérique – les diverses informations que l'éditeur doit fournir.

En cas de défaut d'exécution, l'auteur peut mettre l'éditeur en demeure d'exécuter son obligation de reddition et obtenir, en cas de défaut persistant, la résiliation unilatérale du contrat de plein droit.

En cas de simple retard dans la reddition de comptes, et dans l'hypothèse de deux retards successifs, l'auteur peut également obtenir la résiliation unilatérale du contrat de plein droit (trois mois après la seconde mise en demeure).

Droit transitoire

S'agissant de l'application des dispositions de l'article L. 132-17-3 aux contrats d'édition d'un livre conclus avant le 1er décembre 2014, voir la note sous cet article. ❑

Art. L. 132-17-3-1 *(L. n° 2016-925 du 7 juill. 2016, art. 107-III-2°)* **L'éditeur procède au paiement des droits au plus tard six mois après l'arrêté des comptes, sauf convention contraire précisée par l'accord rendu obligatoire mentionné à l'article L. 132-17-8.**

Si l'éditeur n'a pas satisfait à son obligation de paiement des droits dans les délais prévus au premier alinéa du présent article, l'auteur dispose d'un délai de douze mois pour mettre en demeure l'éditeur d'y procéder.

Lorsque cette mise en demeure n'est pas suivie d'effet dans un délai de trois mois, le contrat est résilié de plein droit.

Ces dispositions sont applicables aux contrats d'édition d'un livre conclus avant l'entrée en vigueur de la L. n° 2016-925 du 7 juill. 2016 (L. préc., art. 107-IV). Elles sont applicables dans les îles Wallis-et-Futuna (L. préc., art. 115-III).

COMMENTAIRE

L'ordonnance du 12 novembre 2014 a renforcé les exigences de transparence relatives à la reddition de comptes (V. art. L. 132-17-3) et, par voie de conséquence, la réalité de la rémunération due aux auteurs. La loi du 7 juillet 2016 a voulu en assurer l'effectivité en précisant les contours du régime du versement de cette rémunération.

Pour ce faire, le législateur a créé une nouvelle disposition :

– imposant un délai de six mois, après l'arrêté des comptes, pour le versement effectif des sommes dues (al. 1er),

– et prévoyant une hypothèse de résiliation de plein droit du contrat en cas d'inexécution de ce devoir (al. 2 et 3) lorsque la mise en demeure intervenue dans les 12 mois suivant l'échéance normale n'a pas été suivie d'effet dans un délai de trois mois.

Art. L. 132-17-4 I. — **Le contrat d'édition prend fin à l'initiative de l'auteur ou de l'éditeur, si, pendant deux années consécutives au-delà d'un délai de quatre ans après la publication de l'œuvre, les états de comptes ne font apparaître de droits versés, ou crédités en compensation d'un à-valoir, au titre d'aucune des opérations suivantes :**

1° Vente à l'unité du livre dans son intégralité sous une forme imprimée, à l'exception de la vente issue de systèmes de distribution réservés à des abonnés ou à des adhérents ;

2° Vente ou de l'accès *[Vente ou accès]* **payant à l'unité du livre dans son intégralité sous une forme numérique ;**

3° Consultation numérique payante du livre disponible dans son intégralité, pour les secteurs éditoriaux reposant essentiellement sur ce modèle de mise à disposition ;

4° Traductions intégrales du livre sous une forme imprimée ou sous une forme numérique.

La résiliation est notifiée à l'autre partie par lettre recommandée avec demande d'avis de réception dans un délai de douze mois suivant la date limite d'envoi de l'état des comptes par l'éditeur ou de sa mise à disposition de l'auteur par un procédé de communication électronique.

Le délai de préavis applicable à la résiliation est de trois mois. A l'expiration du délai de préavis, le contrat est résilié de plein droit.

II. — Les dispositions du I ne sont pas applicables à certaines modalités d'exploitation d'un livre précisées par l'accord rendu obligatoire mentionné à l'article L. 132-17-8.

V. note ss. la sous-sect. 2.

COMMENTAIRE

La réforme du 12 novembre 2014 a créé une solution entièrement nouvelle permettant de mettre un terme au contrat sur la prise en considération objective de l'absence d'exploitation de l'ouvrage, déduite d'une absence de revenus.

Cette hypothèse est appelée « fin d'exploitation » (les négociateurs l'appelaient, entre eux, la cause d'« électroencéphalogramme plat »).

Elle s'applique dès lors qu'un défaut d'activité économique dans la vie d'un livre est constaté pendant une certaine durée.

Ce défaut existe dès lors que les critères suivants sont réunis : une absence de revenus (la loi énumère les postes économiques à prendre en considération) quatre ans après la publication du livre pendant deux années successives.

Le contrat est résilié de plein droit.

§ 2 DISPOSITIONS PARTICULIÈRES À L'ÉDITION D'UN LIVRE SOUS UNE FORME NUMÉRIQUE

COMMENTAIRE

Les rédacteurs de la réforme du 12 novembre 2014 ont eu à cœur d'élaborer des règles plus adaptées à l'environnement numérique mais ont été également conscients de l'évolutivité des techniques et de l'économie de ce secteur émergent.

Ils ont ainsi élaboré quelques solutions nouvelles tout en prenant bien soin de ne pas figer les situations. Ce souci se manifeste, d'une part, par le rôle important délégué à l'accord interprofessionnel et, d'autre part, par la possibilité offerte régulièrement aux parties au contrat d'en revoir éventuellement l'économie.

Les traits marquants du régime du contrat d'édition sous forme numérique peuvent être ainsi résumés :

– une obligation de publication adaptée ;

– une obligation d'exploitation permanente et suivie adaptée (pour son exposé, V., *supra*, comm. relatif à l'article L. 132-17-2) ;

– un respect du droit moral renforcé : un « bon à diffuser » numérique, distinct du « bon à tirer », peut être exigé pour les livres imprimés contenant des illustrations et pour l'apport de modifications ou des enrichissements autres que ceux nécessaires à l'exploitation numérique ;

– des règles relatives à la rémunération davantage précisées ;

– l'existence d'une clause de réexamen des conditions économiques du contrat. ❑

Art. L. 132-17-5 L'éditeur réalise l'édition d'un livre sous une forme numérique dans les conditions fixées par l'accord rendu obligatoire mentionné à l'article L. 132-17-8.

Lorsque l'éditeur n'a pas procédé à cette réalisation, la cession des droits d'exploitation sous une forme numérique est résiliée de plein droit.

V. note ss. la sous-sect. 2.

A compter du 1er déc. 2016, l'auteur qui a cédé les droits d'exploitation d'un livre sous une forme numérique avant le 1er déc. 2014 peut mettre en demeure l'éditeur de procéder à la réalisation de l'édition de ce livre sous une forme numérique. Si la mise en demeure, à laquelle l'auteur procède par lettre recommandée avec avis de réception, n'est pas suivie d'effet dans un délai de trois mois à compter de cette réception, la cession des droits d'exploitation sous une forme numérique est résiliée de plein droit (Ord. no 2014-1348 du 12 nov. 2014, art. 9).

COMMENTAIRE

Le législateur a entendu adopter, à l'occasion de la réforme du 12 novembre 2014, des règles nouvelles en matière d'obligation de publication pour l'édition numérique. Elles sont issues de l'articulation du texte de la loi et des dispositions de l'accord interprofessionnel.

Contours de l'obligation de publication

L'éditeur est tenu de publier le livre :

– dans un délai de quinze mois à compter de la remise du manuscrit définitif de l'œuvre par l'auteur,

– ou dans un délai de trois ans à compter de la signature du contrat d'édition.

Cette disposition ne doit pas avoir pour effet d'obliger l'éditeur à publier l'œuvre sous une forme numérique avant sa parution sous une forme imprimée.

Sanctions en cas de manquement

A défaut de publication dans ce délai, l'auteur peut, suivant des modalités différentes dues à l'écoulement du temps, obtenir la résiliation de plein droit des droits d'exploitation numérique.

Droit transitoire

Sur l'application des dispositions de l'article L. 132-17-5 aux contrats conclus avant le 1er décembre 2014, voir la note sous cet article. ❑

Art. L. 132-17-6 Le contrat d'édition garantit à l'auteur une rémunération juste et équitable sur l'ensemble des recettes provenant de la commercialisation et de la diffusion d'un livre édité sous une forme numérique.

En cas de vente à l'unité, la participation proportionnelle aux recettes au profit de l'auteur est calculée en fonction du prix de vente au public hors taxes.

Dans les cas où le modèle économique mis en œuvre par l'éditeur pour l'exploitation de l'édition sous une forme numérique repose en tout ou partie sur la publicité ou sur toutes autres recettes liées indirectement au livre, une rémunération est due à l'auteur à ce titre.

Dans les cas prévus de recours à un forfait, ce dernier ne saurait être versé à l'auteur en contrepartie de la cession de l'ensemble de ses droits d'exploitation sous une forme numérique et pour tous les modes d'exploitation numérique du livre. Dans les cas de contributions à caractère accessoire ou non essentiel mentionnés au 4° de l'article L. 131-4, une telle cession est possible.

Le forfait ne peut être justifié que pour une opération déterminée et toute nouvelle opération permettant le recours à un forfait s'accompagne de sa renégociation.

V. note ss. la sous-sect. 2.

Les dispositions de l'art. L. 132-17-6 sont applicables aux contrats d'édition d'un livre conclus avant le 1er déc. 2014 à compter du 1er mars 2015. Pour les modalités de calcul de la rémunération provenant de la commercialisation et de la diffusion numérique d'un livre, en l'absence de prix de vente à l'unité figurant dans les contrats, ce délai court à compter de l'entrée en vigueur de l'arrêté du ministre chargé de la culture mentionné au I de l'art. L. 132-17-8 ou, en l'absence de cet arrêté, du décret en Conseil d'État mentionné au III de cet art. (Ord. nº 2014-1348 du 12 nov. 2014, art. 11-3º).

COMMENTAIRE

Cette disposition instaure de nouvelles règles relatives à la rémunération. Ces règles sont à combiner avec celles issues de l'accord interprofessionnel.

Du fait de l'articulation de ces différentes normes, le contrat d'édition devant prévoir au profit de l'auteur une rémunération sur l'ensemble des recettes provenant de la commercialisation et de la diffusion numériques de son œuvre, les parties doivent :
– Tenir compte des modalités nouvelles (abonnements, bouquets…) ;
– Respecter le principe du caractère « juste et équitable » de la rémunération ;
– Prendre en considération l'ensemble des revenus liés à l'exploitation ou l'existence de l'œuvre ;
– Respecter le principe d'une rémunération proportionnelle.

Toutefois, un recours au forfait est possible.

Droit transitoire

S'agissant de l'application des dispositions de l'article L. 132-17-6 aux contrats conclus avant le 1er décembre 2014, voir la note sous cet article. ❑

Art. L. 132-17-7 Le contrat d'édition comporte une clause de réexamen des conditions économiques de la cession des droits d'exploitation du livre sous une forme numérique.

V. note ss. la sous-sect. 2.

COMMENTAIRE

Il s'agit là, sans doute, de l'une des solutions les plus novatrices de la réforme du 12 novembre 2014 (dispositions légales complétées par l'accord interprofessionnel).

Afin de ne pas figer les constructions contractuelles alors même que les données techniques sont extrêmement mouvantes et que l'économie du secteur n'est pas encore fixée, les rédacteurs de la réforme ont voulu offrir aux parties au contrat la possibilité, encadrée, de demander la révision des conditions économiques de la partie de la convention conclue concernant l'édition sous forme numérique.

Ainsi :
– le contrat d'édition doit comporter une clause de réexamen de plein droit des conditions économiques de la cession des droits d'exploitation numérique ;
– le réexamen des conditions économiques du contrat doit porter notamment sur l'adéquation de la rémunération de l'auteur, qu'elle soit proportionnelle ou forfaitaire, à l'évolution des modèles économiques de diffusion numérique de l'éditeur ou du secteur.

Procédure

L'auteur et l'éditeur peuvent chacun demander un réexamen au terme d'un délai de quatre ans à compter de la signature du contrat et pour une durée de deux ans.

Passé ce délai de six ans et pour une durée de neuf ans, l'auteur et l'éditeur peuvent chacun introduire deux demandes de réexamen.

Au-delà de cette période de quinze ans, la demande de réexamen a lieu uniquement en cas de modification substantielle de l'économie du secteur entraînant un déséquilibre du contrat depuis sa signature ou sa dernière modification.

Dans tous les cas, l'autre partie au contrat dispose d'un délai maximal de trois mois pour faire droit à la demande de réexamen.

Effets

L'auteur et l'éditeur négocient de bonne foi les conditions de rémunération de l'auteur.

En cas de refus de réexamen ou de désaccord, l'une ou l'autre des parties peut saisir une commission de conciliation, composée à parité de représentants des auteurs et des éditeurs, dont l'avis est rendu dans les quatre mois suivant la saisine.

La commission rend un avis qui ne lie pas les parties. La consultation de la commission n'est pas un préalable obligatoire à la saisine d'un juge. ❑

§ 3 ACCORD ENTRE ORGANISATIONS PROFESSIONNELLES

COMMENTAIRE

Par ce paragraphe, le législateur renvoie à certaines solutions retenues par des organisations représentatives du secteur du livre, leur attribuant ainsi la même autorité que celle qui est attachée aux dispositions d'origine légale.

Cette construction vise à conférer aux solutions applicables une certaine souplesse, de sorte qu'il serait possible d'assister à une évolution de la norme sans avoir à changer le dispositif légal.

L'idée est aussi que les solutions ainsi retenues, d'origine, seront mieux connues et mieux appliquées.

Dans les hypothèses où un accord ne pourrait être trouvé entre ces organisations représentatives, les modalités d'application seraient fixées par décret en Conseil d'État. Mais, témoignant de la volonté de privilégier les solutions consensuelles, il est prévu que si un accord pourrait être conclu après l'édiction de ce décret, les dispositions de celui-ci cesseraient de produire leurs effets à la date de l'entrée en vigueur de l'arrêté rendant obligatoire l'accord à l'ensemble des auteurs et des éditeurs du secteur du livre.

Toutefois, il est réservé la possibilité pour le ministre chargé de la culture de mettre fin au caractère obligatoire de l'accord pour l'ensemble des auteurs et des éditeurs du secteur du livre en raison d'un changement dans les circonstances de fait ou de droit ou pour un motif d'intérêt général. ❑

Art. L. 132-17-8 I. — Lorsque les organisations professionnelles représentatives des auteurs et des éditeurs du secteur du livre concluent un accord portant sur toutes les dispositions mentionnées au II, cet accord peut être rendu obligatoire à l'ensemble des auteurs et des éditeurs de ce secteur par arrêté du ministre chargé de la culture. — V., *ci-dessous, Arr. du 10 déc. 2014 (JO 28 déc.).*

II. — L'accord mentionné au I fixe les modalités d'application des dispositions :

1° Relatives aux conditions de cession des droits d'exploitation de l'édition numérique d'un livre ;

2° Du deuxième alinéa de l'article L. 132-11 lorsqu'elles s'appliquent à l'édition d'un livre sous une forme numérique ; — *Ces dispositions sont applicables aux contrats d'édition d'un livre conclus avant le 1er déc. 2014 pour toute édition sous une forme numérique postérieure à l'entrée en vigueur de l'arrêté du ministre chargé de la culture mentionné au I du présent art. ou, en l'absence de cet arrêté, du décret en Conseil d'État mentionné au III de cet art. (Ord. n° 2014-1348 du 12 nov. 2014, art. 11-4°).*

3° De l'article L. 132-17-2 relatives à l'exploitation permanente et suivie d'un livre édité sous une forme imprimée et sous une forme numérique ;

(L. n° 2016-925 du 7 juill. 2016, art. 107-III-3°) **« 4° De l'article L. 132-17-3 relatives à la reddition des comptes afin de préciser la forme de cette reddition, les règles applicables au versement des droits à l'auteur ainsi que les modalités d'information de celui-ci ; »**

5° Du II de l'article L. 132-17-4 relatives aux dérogations à certaines modalités de résiliation du contrat d'édition d'un livre ;

6° De l'article L. 132-17-5 relatives à la réalisation de l'édition d'un livre sous une forme numérique ;

7° De l'article L. 132-17-6 relatives au calcul de la rémunération de l'auteur provenant de la commercialisation et de la diffusion d'un livre édité sous une forme numérique, en l'absence de prix de vente à l'unité ;

8° De l'article L. 132-17-7 relatives au réexamen des conditions économiques de la cession des droits d'exploitation d'un livre sous forme numérique, notamment la périodicité de ce réexamen, son objet et son régime ainsi que les modalités de règlement des différends ; *– Le réexamen des conditions économiques d'un contrat est applicable aux cessions des droits d'exploitation de l'édition sous une forme numérique d'un livre conclues avant le 1er déc. 2014, dans un délai de trois mois à compter de l'entrée en vigueur de l'arrêté du ministre chargé de la culture mentionné au I du présent art. ou, en l'absence de cet arrêté, du décret en Conseil d'État mentionné au III de cet art. (Ord. n° 2014-1348 du 12 nov. 2014, art. 12).*

(L. n° 2016-925 du 7 juill. 2016, art. 107-III-3°) **« 9° De l'article L. 132-17-3-1 relatives au délai de paiement des droits et aux dérogations contractuelles à ce délai. »**

III. – En l'absence d'un accord rendu obligatoire en vertu du I, les modalités d'application mentionnées au II sont fixées par décret en Conseil d'État.

Lorsqu'un accord est conclu après l'édiction de ce décret, les dispositions de celui-ci cessent de produire leurs effets à la date de l'entrée en vigueur de l'arrêté rendant obligatoire l'accord à l'ensemble des auteurs et des éditeurs du secteur du livre.

Le ministre chargé de la culture peut mettre fin au caractère obligatoire de l'accord pour l'ensemble des auteurs et des éditeurs du secteur du livre, en raison d'un changement dans les circonstances de fait ou de droit ou pour un motif d'intérêt général.

V. note ss. la sous-sect. 2.

Les dispositions de l'art. 107 de la L. n° 2016-925 du 7 juill. 2016 sont applicables dans les îles Wallis-et-Futuna (L. préc., art. 115-III).

Arrêté du 10 décembre 2014,

Pris en application de l'article L. 132-17-8 du code de la propriété intellectuelle et portant extension de l'accord du 1er décembre 2014 entre le Conseil permanent des écrivains et le Syndicat national de l'édition sur le contrat d'édition dans le secteur du livre (JO 28 déc.).

Art. 1er Sont rendues obligatoires, pour tous les auteurs et tous les éditeurs du secteur du livre, les dispositions de l'accord du 1er décembre 2014 entre le Conseil permanent des écrivains et le Syndicat national de l'édition sur le contrat d'édition dans le secteur du livre, annexé au présent arrêté.

Art. 2 Les stipulations de l'accord susvisé sont rendues obligatoires à compter de la date de publication du présent arrêté pour la durée restant à courir et aux conditions prévues par ledit accord.

ANNEXE

Accord entre le Conseil permanent des écrivains et le Syndicat national de l'édition sur le contrat d'édition dans le secteur du livre

Pour l'application de l'article L. 132-17-8 du code de la propriété intellectuelle, les organisations professionnelles représentatives des auteurs et des éditeurs adoptent conjointement sous l'égide du ministre chargé de la culture le présent accord, également appelé code des usages.

Cet accord est conclu pour une durée indéterminée à compter de sa signature par le Syndicat national de l'édition et le Conseil permanent des écrivains.

Afin de permettre l'anticipation des évolutions induites par les technologies numériques, l'adaptation aux évolutions des usages professionnels ou pour régler toute difficulté née de l'application de cet accord, les parties signataires engagent une discussion sur sa révision, sous l'égide du ministère chargé de la culture, tous les cinq ans à compter de sa signature.

Les parties peuvent conjointement convenir que ces discussions sont engagées, sous l'égide du ministère de la culture, dans un délai inférieur à cinq ans.

Tout nouvel accord résultant de ces discussions sera soumis au ministre chargé de la culture afin d'être rendu obligatoire par arrêté à l'ensemble des auteurs et des éditeurs du secteur du livre.

1. Conditions relatives à la cession des droits d'exploitation numérique

Par application du 1° du II de l'article L. 132-17-8 et de l'article L. 132-17-1 du code de la propriété intellectuelle, le contrat d'édition détermine notamment, par une partie obligatoirement distincte :

1. la durée de la cession du droit d'exploitation numérique ;
2. les conditions de réexamen de la rémunération de l'auteur au titre de l'exploitation numérique ;
3. les formes d'exploitation numérique et/ou électronique envisagées et autorisées ;
4. les modalités, proportionnelles et/ou forfaitaires, de rémunération de l'auteur ainsi que le mode de calcul retenu ;
5. les conditions de signature du bon à diffuser numérique ;
6. la périodicité et les formes des redditions de comptes ;
7. les conditions de reprise du droit d'exploitation numérique.

2. Le bon à diffuser numérique

Par application du 2° du II de l'article L. 132-17-8 et du deuxième alinéa de l'article L. 132-11 du code de la propriété intellectuelle, le bon à tirer des épreuves papier vaut bon à diffuser du livre numérique homothétique, sauf pour les livres imprimés contenant des illustrations, pour lesquels un bon à diffuser numérique est nécessaire.

Un bon à diffuser numérique est en tout état de cause nécessaire dès lors que l'éditeur apporte aux épreuves papier des modifications ou des enrichissements autres que ceux nécessaires à l'exploitation numérique.

3. Obligation de publication de l'œuvre sous forme numérique

Par application du 6° du II de l'article L. 132-17-8 et de l'article L. 132-17-5 du code de la propriété intellectuelle, l'éditeur est tenu de publier le livre numérique dans un délai de quinze mois à compter de la remise par l'auteur de l'objet de l'édition en une forme qui permette la publication, ou, à défaut d'élément probant quant à la date de cette remise, dans un délai de trois ans à compter de la signature du contrat d'édition.

Toutefois, cette disposition ne doit pas avoir pour effet d'obliger l'éditeur à publier l'œuvre sous une forme numérique avant sa parution sous une forme imprimée.

L'auteur met en demeure l'éditeur de publier l'œuvre en lui impartissant un délai de trois mois :

— soit à l'expiration du délai de quinze mois à compter de la remise par l'auteur de l'objet de l'édition en une forme qui permette la publication,

— soit, à défaut d'élément probant quant à la date de cette remise, à l'expiration du délai de trois ans à compter de la signature du contrat d'édition.

A défaut de publication dans le délai de trois mois imparti par la mise en demeure, la résiliation de la cession des droits d'exploitation numérique par l'auteur a lieu de plein droit.

L'auteur n'est pas tenu de procéder à cette mise en demeure pour reprendre ses droits d'exploitation numérique lorsque l'éditeur n'a pas procédé à la publication numérique de l'œuvre dans un délai :

— de deux ans et trois mois à compter de la remise par l'auteur de l'objet de l'édition en une forme qui permette la publication ou,

— à défaut d'élément probant quant à la date de cette remise, de quatre ans à compter de la signature du contrat d'édition.

Dans ces hypothèses, la résiliation de la cession des droits d'exploitation numérique a également lieu de plein droit (sur simple notification de l'auteur).

4. Exploitation permanente et suivie

Par application de l'article L. 132-12, du 3° du II de l'article L. 132-17-8 et de l'article L. 132-17-2 du code de la propriété intellectuelle, afin d'assurer l'exploitation permanente et suivie de l'édition imprimée et numérique de l'œuvre, l'éditeur est tenu d'assurer une diffusion active de l'ouvrage pour lui donner toutes ses chances de succès auprès du public. A cet effet, il devra, à compter de la publication de l'œuvre :

4.1. Pour une édition imprimée

— présenter l'ouvrage sur ses catalogues papier et numérique ;
— présenter l'ouvrage comme disponible dans au moins une des principales bases de données interprofessionnelles répertoriant les œuvres disponibles commercialement ;
— rendre disponible l'ouvrage dans une qualité respectueuse de l'œuvre et conforme aux règles de l'art quel que soit le circuit de diffusion ;
— satisfaire dans les meilleurs délais les commandes de l'ouvrage.

4.2. Pour une édition sous forme numérique

— exploiter l'œuvre dans sa totalité sous une forme numérique ;
— la présenter à son catalogue numérique ;
— la rendre accessible dans un format technique exploitable en tenant compte des formats usuels du marché et de leur évolution, et dans au moins un format non propriétaire ;
— la rendre accessible à la vente, dans un format numérique non propriétaire, sur un ou plusieurs sites en ligne, selon le modèle commercial en vigueur dans le secteur éditorial considéré.

L'auteur reprend les droits d'exploitation numérique de la dernière version de l'œuvre approuvée par lui sans qu'il soit besoin de nouvelle mise en demeure. Les apports d'autres auteurs distincts de l'œuvre (illustrations, préface, appareil critique...) restent la propriété de ces auteurs ou de l'éditeur cessionnaire.

5. Modalités de calcul de la rémunération provenant de la commercialisation et de la diffusion numériques en l'absence de prix de vente à l'unité

Par application du 7° du II de l'article L. 132-17-8 et de l'article L. 132-17-6 du code de la propriété intellectuelle, dans les cas où il n'y a pas de prix de vente à l'unité (bouquets, abonnements, etc.), l'auteur sera rémunéré sur la base du prix payé par le public au prorata des consultations et des téléchargements de l'œuvre. Les modalités de calcul du prix public de vente servant de base à la rémunération, lorsqu'il fait l'objet d'une reconstitution par l'éditeur, seront communiquées à l'auteur, sur simple demande de celui-ci. Dans l'hypothèse où l'éditeur ne serait pas en mesure d'effectuer ce calcul, l'auteur sera rémunéré sur les recettes encaissées par l'éditeur au prorata des consultations et des téléchargements de l'œuvre.

6. Clause de réexamen des conditions économiques de la cession des droits d'exploitation numérique

Par application du 8° du II de l'article L. 132-17-8 et de l'article L. 132-17-7 du code de la propriété intellectuelle, le contrat d'édition doit comporter une clause de réexamen de plein droit des conditions économiques de la cession des droits d'exploitation numérique.

L'auteur et l'éditeur peuvent chacun demander un réexamen au terme d'un délai de quatre ans à compter de la signature du contrat et pour une durée de deux ans.

Lorsque la cession des droits d'exploitation de l'édition sous une forme numérique a été conclue avant le 1er décembre 2014, l'auteur et l'éditeur peuvent chacun demander un réexamen pendant une durée de deux ans au terme d'un délai de quatre ans à compter de la fin du délai de trois mois suivant l'entrée en vigueur de l'arrêté du ministre chargé de la culture mentionné au I de l'article L. 132-17-8 du code de la propriété intellectuelle ou, en l'absence de cet arrêté, du décret en Conseil d'État mentionné au III du même article.

Passé ces délais de six ans et pour une durée de neuf ans, l'auteur et l'éditeur peuvent chacun introduire deux demandes de réexamen.

Au-delà de cette période de quinze ans, la demande de réexamen a lieu uniquement en cas de modification substantielle de l'économie du secteur entraînant un déséquilibre du contrat depuis sa signature ou sa dernière modification.

L'auteur et l'éditeur peuvent convenir de délais inférieurs à ceux mentionnés aux quatre alinéas précédents.

Dans tous les cas, l'autre partie dispose d'un délai maximum *[maximal]* de trois mois pour faire droit à la demande de réexamen.

Le réexamen des conditions économiques du contrat doit porter notamment sur l'adéquation de la rémunération de l'auteur, qu'elle soit proportionnelle ou forfaitaire, à l'évolution des modèles économiques de diffusion numérique de l'éditeur ou du secteur.

L'auteur et l'éditeur négocient de bonne foi les conditions de rémunération de l'auteur.

En cas de refus de réexamen ou de désaccord, l'une ou l'autre des parties peut saisir une commission de conciliation, composée à parité de représentants des auteurs et des éditeurs, dont l'avis est rendu dans les quatre mois suivant la saisine.

La commission rend un avis qui ne lie pas les parties. La consultation de la commission n'est pas un préalable obligatoire à la saisine d'un juge.

7. La reddition des comptes

Par application du 4° du II de l'article L. 132-17-8 et de l'article L. 132-17-3 du code de la propriété intellectuelle, une reddition de comptes doit être établie par ouvrage, y compris dans le cas où l'éditeur exploite plusieurs ouvrages d'un même auteur. L'obligation de rendre compte s'impose à l'éditeur pour l'ensemble des ventes réalisées, quel que soit le circuit de diffusion (France, export, opérations spéciales...).

Dans les cas prévus à l'article L. 132-6 du code de la propriété intellectuelle, les redditions de comptes indiquent le nombre d'exemplaires constituant le premier tirage.

Les relevés de comptes sont adressés ou mis à disposition de l'auteur dans un espace dédié. La mise à disposition de la reddition des comptes sur un espace dédié par l'éditeur nécessite l'accord préalable de l'auteur. L'éditeur est tenu d'informer l'auteur de la disponibilité de la reddition des comptes sur l'espace dédié.

L'envoi ou la mise à disposition des relevés de comptes doivent intervenir dans un délai maximum *[maximal]* de six (6) mois à compter de la date d'arrêté des comptes prévue au contrat.

Le paiement des droits intervient dans un délai maximum *[maximal]* de six (6) mois à compter de la date d'arrêté des comptes prévue au contrat. Toutefois, il est loisible aux parties de décider ensemble, en connaissance de cause et au vu du relevé de comptes, de différer le paiement de tout ou partie des sommes dues.

Les informations propres aux droits numériques mentionnent, d'une part, les revenus issus de la vente à l'unité, et, d'autre part, les revenus issus des autres modes d'exploitation de l'œuvre, ainsi que les modalités de calcul de ces revenus en précisant l'assiette et le taux de rémunération. Ces autres modes d'exploitation devront chacun être spécifiquement identifiés par une ligne distincte.

L'éditeur est tenu de fournir à l'auteur une information sur la disponibilité de l'ouvrage en impression unitaire à la demande.

8. Dérogation à l'application de la clause de fin d'exploitation pour certaines modalités d'exploitation

Par application du 5° du II de l'article L. 132-17-8 et du II de l'article L. 132-17-4 du code de la propriété intellectuelle, la clause de fin d'exploitation ne peut pas être mise en œuvre si l'œuvre est incluse en intégralité dans un recueil d'œuvres du même auteur ou d'auteurs différents si l'auteur a donné son accord et si la vente à l'unité de ce recueil dans son intégralité, en version imprimée ou numérique, a donné lieu au versement ou au crédit de droits pendant la période considérée.

Accord interprofessionnel du 29 juin 2017,

Relatif à la provision pour retours et à la compensation intertitres en matière d'édition d'un livre.

Préambule.

Le dialogue entre le Conseil permanent des écrivains et le Syndicat national de l'édition sur les pratiques professionnelles dans le domaine de l'édition d'un livre a conduit à la signature de l'accord-cadre du 21 mars 2013, transcrit pour une partie dans la loi par l'ordonnance du 12 novembre 2014 et repris pour l'autre dans l'accord CPE-SNE du 1er décembre 2014, ce dernier ayant été étendu à toute la profession par l'arrêté du 10 décembre 2014. Dans la continuité de ce dialogue, ces deux instances professionnelles sont convenues de signer le présent accord qui vise à encadrer les pratiques de la provision pour retours et de la compensation intertitres.

Le Conseil permanent des écrivains et le Syndicat national de l'édition appellent de leurs vœux l'extension des règles prévues au présent accord à l'ensemble des auteurs et des éditeurs du secteur de l'écrit.

I *La provision pour retours.*

Lorsque les parties conviennent du principe d'une provision pour retours, celui-ci est prévu au contrat d'édition. Dans ce cas, le contrat d'édition détermine le taux et l'assiette de la provision ou, à défaut, le principe de calcul du montant de la provision à venir.

La provision pour retours reflète la vie commerciale d'un ouvrage, telle qu'elle peut être anticipée par l'éditeur au regard de son secteur éditorial, de son catalogue ou de son marché de référence.

Le montant de la provision pour retours, portée au débit du compte du livre, et ses modalités de calcul sont clairement indiqués dans l'état des comptes adressé à l'auteur.

La provision ainsi constituée est intégralement reportée au crédit du compte de ce livre lors de la reddition de comptes suivante. Une nouvelle provision est, le cas échéant, constituée.

Aucune provision pour retours ne peut être constituée au-delà des trois premières redditions de comptes annuelles suivant la publication.

Une nouvelle provision pour retours d'un an peut toutefois être constituée en cas de remise en place significative à l'initiative de l'éditeur. Cette nouvelle provision ne porte que sur les exemplaires objets de la remise en place. Son montant et ses modalités de calcul sont clairement indiqués dans l'état des comptes.

Ces nouvelles dispositions concernent tous les contrats d'édition. Toutefois, afin de permettre aux éditeurs de régulariser la situation au regard des contrats signés avant l'accord, ces derniers disposent d'un délai maximum de trois ans, à compter de la signature du présent accord, pour se mettre en conformité.

II *La compensation intertitres.*

Les droits issus de l'exploitation de plusieurs titres d'un même auteur régis par des contrats d'édition distincts ne peuvent pas être compensés entre eux. Par exception, un ou plusieurs à-valoir non couverts portant sur un ou plusieurs titres peuvent être compensés avec les droits issus de l'exploitation d'un ou plusieurs autres titres, sous réserve de faire l'objet d'une convention séparée des contrats d'édition avec l'accord formellement exprimé de l'auteur. Cette compensation ne peut empêcher le versement par l'éditeur de l'intégralité de l'à-valoir prévu à chaque contrat d'édition.

Cette nouvelle disposition ne concerne que les contrats signés postérieurement à la date de signature du présent accord.

SECTION II CONTRAT DE REPRÉSENTATION

Art. L. 132-18 Le contrat de représentation est celui par lequel l'auteur d'une œuvre de l'esprit et ses ayants droit autorisent une personne physique ou morale à représenter ladite œuvre à des conditions qu'ils déterminent. Est dit contrat général de représentation le contrat par lequel un organisme professionnel d'auteurs confère à un entrepreneur de spectacles la faculté de représenter, pendant la durée du contrat, les œuvres actuelles ou futures, constituant le répertoire dudit organisme aux conditions déterminées par l'auteur ou ses ayants droit.

Dans le cas prévu à l'alinéa précédent, il peut être dérogé aux dispositions de l'article L. 131-1. – *[L. n° 57-298 du 11 mars 1957, art. 43.]*

BIBL. ▶ DE GAULLE, *RIDA janv. 1993, p. 59* (de la nature des relations juridiques entre les producteurs et les organismes de spectacles vivants). – LAPORTE, *JCP 1991. I. 3540* (le contrat d'achat de droits de diffusion télévisuelle). – MAGNIEN, L'entreprise de spectacles et les contrats du spectacle, *Masson 1995*. – MATHYSSENS, *RIDA janv. 1975, p. 3* (l'obligation de représentation des titulaires de droits exclusifs). – MONTELS, *CCE 2001, n° 17* (la protection du professionnel par le droit spécial des contrats d'auteur : l'exemple des contrats de représentation des œuvres audiovisuelles). – SCHMIDT, Le contrat de représentation, *LGDJ 1971*.

COMMENTAIRE

Cette disposition :

– donne (al. 1er) une définition quasi tautologique du droit de représentation ;

– admet (al. 2 ; notes 5 s.) une exception au principe de prohibition de la cession globale des œuvres futures à propos du contrat général de représentation. D'abord, parce qu'il autorise une cession d'œuvres futures dans les rapports entre l'auteur et une société d'auteurs. Ensuite, parce qu'il permet cette même cession dans les rapports entre sociétés d'auteurs et entrepreneurs de spectacles. La jurisprudence semble avoir élargi la dérogation au principe en admettant son application au droit de reproduction. ❑

A. GÉNÉRALITÉS

1. Le contractant de l'ayant droit doit être la personne qui prend la responsabilité de la représentation ; ainsi est « entrepreneur de spectacles » le débitant de boissons dont l'établissement accueille un « juke-box » qui assure la communication directe des œuvres à un public constitué de personnes pénétrant dans la salle. • Civ. 11 oct. 1983 : *Bull. civ. I, nº 224 ; RIDA janv. 1984, p. 198.* ♦ N'ont pas cette qualité les propriétaire ou exploitant de la machine. • Civ. 11 oct. 1983 : *eod. loc.* ♦ Sur la notion de représentation, V. art. L. 122-2.

2. En l'absence de toute stipulation précise sur ce point, le contrat de représentation n'implique aucune obligation d'exploitation à la charge du cessionnaire. • Com. 19 juin 1990 : *D. 1991. 436, note Gautier*. ♦ Toutefois, dans une affaire où l'ORTF avait contracté l'obligation de procéder à la radiodiffusion sonore et visuelle d'une œuvre, retenant que « si, aux termes de l'art. L. 132-18, le contrat de représentation est défini comme une autorisation accordée à l'entrepreneur de spectacles de représenter l'œuvre, il n'est pas interdit aux parties de stipuler une obligation de représentation », V. • Civ. 1re, 3 avr. 1974 : *RIDA juill. 1974, p. 124.*

3. Faute de stipulation expresse, le cessionnaire des droits de représentation d'un film pour les seules salles de spectacles, ne peut céder à la télévision des droits qu'il n'a pas acquis. • TGI Seine, 30 mars 1966 : *RIDA 1967, nº 53, p. 35.* ♦ Sur la forme et le contenu du contrat de représentation, V. art. L. 122-7, L. 131-2 et L. 131-3.

4. Commet un acte de contrefaçon, le directeur de cinéma qui dépasse les limites de l'autorisation qui lui a été accordée pour un cinéma et une période bien déterminée, alors qu'il ne justifie pas de sa bonne foi, n'ayant pas indiqué sur le relevé des recettes les lieux de projection du film. • Bordeaux, 11 févr. 1930 : *Gaz. Pal. 1930. 1. 742.*

B. CONTRAT GÉNÉRAL DE REPRÉSENTATION

5. Le contrat général de représentation consenti par un organisme professionnel d'auteurs à un entrepreneur de spectacles conférant à celui-ci la faculté de représenter les œuvres actuelles et futures constituant le répertoire de cet organisme et ce aux conditions déterminées par l'auteur ou ses ayants droit... et l'art. L. 131-4 autorisant la rémunération forfaitaire de l'auteur lorsque la base de calcul de sa participation proportionnelle aux recettes tirées de la seule exploitation de ses œuvres ne peut être pratiquement déterminée (...), la cour d'appel en a déduit à bon droit que les conditions – de type forfaitaire – auxquelles l'entrepreneur de spectacles se voit conférer par la SACEM « la faculté d'user ou de ne pas user de son répertoire » peuvent consister, sans que ladite SACEM abuse de sa position dominante, en une redevance calculée « indépendamment de l'utilisation effective que fait l'usager de ce répertoire, voire en dehors de toute utilisation, et sur le montant, y compris la TVA, de prestations étrangères à la diffusion des œuvres du répertoire considéré ». • Civ. 1re, 16 avr. 1985 : *Bull. civ. I, nº 116 ; RIDA juill. 1987, p. 188.* ♦ V. aussi, concernant la SACD, • TGI Paris, 28 janv. 1987 : *RIDA avr. 1987, p. 77.*

6. Un accord de représentation réciproque conclu par une société de perception et de répartition des droits avec une de ses homologues étrangères n'est pas en lui-même restrictif de la concurrence ; sur la question de la conformité du contrat général de représentation avec les art. 85 et 86 [désormais 81 et 82] du Traité de Rome, V. note 6 ss. art. L. 321-2.

7. Sur les litiges ayant opposé la SACEM aux discothèques et la conformité de ces pratiques avec les art. 85 et 86 [désormais 81 et 82] du Traité de Rome, V. note 7 ss. art. L. 321-2.

8. N'est pas contraire à l'art. 86 [désormais 82] du Traité de Rome le comportement d'une société nationale de gestion de droits d'auteur qui perçoit, en raison de l'exécution publique de supports de sons, une redevance dite « droit complémentaire de reproduction mécanique », qui s'ajoute au droit de représentation, même lorsqu'un tel droit complémentaire n'est pas prévu dans l'État membre où ces supports ont été régulièrement mis sur le marché. • CJCE 9 avr. 1987 : *RIDA juill. 1987, p. 168, note Demoly ; JCP 1987. I. 3312, nº 32, obs Edelman.* ♦ V. aussi, note 9 ss. art. L. 321-2.

9. L'action en nullité du contrat général de représentation relève de la compétence de la juridiction civile. • Com. 5 nov. 1985 : *Bull. civ. IV, nº 263.* ♦ Sur l'incompétence du juge des référés, V. • Civ. 1re, 10 févr. 1987 : *Bull. civ. I, nº 51.*

Art. L. 132-19 Le contrat de représentation est conclu pour une durée limitée ou pour un nombre déterminé de communications au public.

Sauf stipulation expresse de droits exclusifs, il ne confère à l'entrepreneur de spectacles aucun monopole d'exploitation.

La validité des droits exclusifs accordés par un auteur dramatique ne peut excéder cinq années ; l'interruption des représentations au cours de deux années consécutives y met fin de plein droit.

L'entrepreneur de spectacles ne peut transférer le bénéfice de son contrat sans l'assentiment formel et donné par écrit de l'auteur ou de son représentant. – *[L. n° 57-298 du 11 mars 1957, art. 44.]*

COMMENTAIRE

La cession opérée par ce contrat n'est pas en principe exclusive (al. 2) mais son étendue doit toujours être expressément précisée (al. 1er) dans sa durée ou dans le nombre de représentations autorisées.

En cas d'exclusivité – expressément accordée par voie conventionnelle, la durée de la cession ne peut excéder cinq ans (al. 3).

En raison de l'*intuitu personae*, l'entrepreneur de spectacles ne peut transférer le bénéfice de son contrat sans l'assentiment formel et écrit de l'auteur (art. L. 132-19, al. 4).

Bien que la loi soit muette sur la question, il va de soi que l'auteur est tenu de garantir à l'exploitant l'exercice paisible du droit cédé (comp. art. L. 131-8).

Sur l'obligation de commencer la représentation dans les délais impartis, invoquant le fait du prince, V. • Paris, 29 déc. 1835 : *S. 1836. 2. 82.* Et, à propos d'une affaire dans laquelle le concessionnaire des droits-télévision, pour une durée courant à compter du premier acte d'exploitation, a pu rester inactif pendant vingt ans sans perdre ses droits au prétexte qu'il s'agissait d'un terme suspensif de son obligation, V. • Com. 19 juin 1990 : *D. 1991. 436, note crit. Gautier.*

Art. L. 132-20 **Sauf stipulation contraire :**

1° L'autorisation de télédiffuser une œuvre par voie hertzienne ne comprend pas la distribution par câble de cette télédiffusion, à moins qu'elle ne soit faite en simultané et intégralement par l'organisme bénéficiaire de cette autorisation et sans extension de la zone géographique contractuellement prévue ;

2° L'autorisation de télédiffuser l'œuvre ne vaut pas autorisation de communiquer la télédiffusion de cette œuvre dans un lieu accessible au public ;

3° L'autorisation de télédiffuser l'œuvre par voie hertzienne ne comprend pas son émission vers un satellite permettant la réception de cette œuvre par l'intermédiaire d'organismes tiers, à moins que les auteurs ou leurs ayants droit aient contractuellement autorisé ces organismes à communiquer l'œuvre au public ; dans ce cas, l'organisme d'émission est exonéré du paiement de toute rémunération ;

(L. n° 2006-961 du 1er août 2006, art. 30) **« 4° L'autorisation de télédiffuser une œuvre par voie hertzienne comprend la distribution à des fins non commerciales de cette télédiffusion sur les réseaux internes aux immeubles ou ensembles d'immeubles collectifs à usage d'habitation installés par leurs propriétaires ou copropriétaires, ou par les mandataires de ces derniers, à seule fin de permettre le raccordement de chaque logement de ces mêmes immeubles ou ensembles d'immeubles collectifs à usage d'habitation à des dispositifs collectifs de réception des télédiffusions par voie hertzienne normalement reçues dans la zone. »**

BIBL. ▶ ABADA, *Dr. auteur 1989. 307* (la transmission par satellite et la distribution par câble et le droit d'auteur). – BÉCOURT, *LPA 1988, n° 26, p. 19* (le droit d'auteur dans les communications par satellites). – DELIYANNI, Le droit de représentation des auteurs face à la télévision transfrontière, *LGDJ 1993.* – EDELMAN, *D. 1994. Chron. 209* (la télédistribution dans les chambres d'hôtel). – FREEGARD, *RIDA avr. 1988, p. 63* (radiodiffusion directe par satellite, conséquences pour le droit d'auteur). – GAUDEL, Colloque IRPI, Droits d'auteur et droits voisins, *Litec 1986* (la distribution par câble et la diffusion par satellite des œuvres de l'esprit). – GAUDRAT, *RIDA avr. 1980, p. 17* (la protection de l'auteur, lors d'une retransmission spatiale de son œuvre) ; *DIT 1989/4, p. 9* (satellites de retransmission et aspects de droit d'auteur). – JURISCOPE 1989, *Cah. dr. auteur, janv. 1990, p. 1* (compte rendu du Colloque « Europe, satellites et droits d'auteur » organisé par l'Université de Poitiers). – KÉRÉVER, *RIDA juill. 1984, p. 27* (droit d'auteur et satellites spatiaux) ; *RIDA avr. 1991, p. 7* (droit d'auteur et développements techniques) ; *RIDA avr.*

1993, p. 7 (droit d'exposition et historique du droit d'auteur) ; *Mélanges Françon, Dalloz 1995, p. 285* (les modifications apportées par la loi du 3 juill. 1985 au droit d'auteur sur la radiodiffusion : un problème d'interprétation ?). – ROCCHICCIOLI, *RIDA avr. 1991, p. 31* (points de vue sur la législation applicable aux nouveaux médias en France dans le domaine du droit d'auteur). – ULMER, *RIDA juill. 1977, p. 3* (protection des auteurs lors de la transmission par satellite des programmes de radiodiffusion).

COMMENTAIRE

Commentaire commun aux articles L. 132-20, L. 132-20-1 et L. 132-20-2

Ces dispositions mettent sur pied une construction complexe réalisant une articulation entre la télédiffusion par voie hertzienne, la distribution par câble et l'émission vers un satellite.

Le régime de la distribution par câble peut être décomposé en trois règles :

1 – Lorsque l'organisme de diffusion par câble couvre déjà, licitement, par réseau hertzien la même zone géographique, la télédiffusion par câble est libre pour lui si elle simultanée et intégrale (cette diffusion n'atteint pas un nouveau public).

2 – Au rebours, une nouvelle autorisation est nécessaire si fait défaut l'une des cinq conditions suivantes :
– couverture première par réseau hertzien ;
– identité de diffuseur ;
– identité de zone ;
– caractère simultané ;
– identité des programmes.

3 – Le droit d'autoriser la retransmission par câble, simultanée, intégrale et sans changement, sur le territoire national, d'une œuvre télédiffusée à partir d'un État membre de la Communauté européenne ne peut être exercé que par une société de perception et de répartition des droits (sauf si le titulaire du droit cède ou a cédé celui-ci à une entreprise de communication audiovisuelle).

La loi du 1er août 2006 a ajouté un 4° à l'article L. 132-20 dans le but proclamé de briser une jurisprudence de la Cour de cassation (Civ. 1re, 1er mars 2005, *Bull. civ. I, n° 105 et 106 ; CCE 2005, n° 80, note Caron ; JCP 2005. II. 10053, note. Caron*), qui avait estimé que la retransmission de signaux télédiffusés repris au moyen d'une antenne collective au sein d'un ensemble d'habitations constitue une représentation distincte de la diffusion d'origine nécessitant l'autorisation des ayants droit. Cette distribution est désormais considérée comme comprise dans l'autorisation de télédiffuser par voie hertzienne. Pour l'extension de cette solution aux droits voisins, V. art. L. 216-2. ❑

A. CÂBLO-DIFFUSION (ART. L. 132-20, 1°)

1. « L'installation de réseaux câblés dans le but de résorber des zones d'ombre a pour objet d'offrir une retransmission intégrale et simultanée des programmes des chaînes de télévision par voie hertzienne sans extension de la zone de couverture initiale de la chaîne. Cependant, si l'exploitant du réseau câblé n'est pas l'organisme bénéficiaire de l'autorisation de télédiffuser, ou si la distribution par câble n'est pas prévue dans le contrat de cession des droits de représentation, la SACEM est uniquement fondée à réclamer une rémunération. En 1987, les accords intervenus entre la SACEM et les câblo-distributeurs ont fixé cette rémunération à vingt centimes par abonné et par chaîne, en ce qui concerne les télévisions françaises ». V.* Rép. min., *JO 14 mars 1988, p. 1151.*

B. ART. L. 132-20, 2°

2. Sur les diffusions dans les chambres d'hôtel, estimant à propos d'un hôtelier que « le seul fait de procurer à ses clients la possibilité de recevoir des émissions grâce à des antennes paraboliques constitue la communication donnant lieu à la perception du droit de représentation », V. • Paris, 20 sept. 1995 : *RIDA janv. 1996, p. 277 et 193, obs. Kéréver ; Gaz. Pal. 9 févr. 1996, concl. Gizardin.* ♦ V. aussi notes 2 et 14 s. ss. art. L. 122-2.

Art. L. 132-20-1 *(L. n° 97-283 du 27 mars 1997, art. 2)* **I. A compter de la date d'entrée en vigueur de la loi n° 97-283 du 27 mars 1997** *[JO 28 mars]*, **le droit d'autoriser la retransmission par câble, simultanée, intégrale et sans changement, sur le territoire national, d'une œuvre télédiffusée à partir d'un État membre de la Communauté européenne ne peut être exercé que par** *(Ord. n° 2016-1823 du 22 déc. 2016, art. 2-5°)*

« un organisme de gestion collective. Si cet organisme est régi par le titre II du livre III, il doit être agréé » à cet effet par le ministre chargé de la culture.

Si le titulaire du droit n'en a pas déjà confié la gestion à *(Ord. nº 2016-1823 du 22 déc. 2016, art. 2-5º)* **« l'un de ces organismes, il désigne celui » qu'il charge de l'exercer. Il notifie par écrit cette désignation à** *(Ord. nº 2016-1823 du 22 déc. 2016, art. 2-5º)* **« l'organisme », qui ne peut refuser.**

Le contrat autorisant la télédiffusion d'une œuvre sur le territoire national mentionne *(Ord. nº 2016-1823 du 22 déc. 2016, art. 2-5º)* **« l'organisme chargé » d'exercer le droit d'autoriser sa retransmission par câble, simultanée, intégrale et sans changement, dans les États membres de la Communauté européenne.**

L'agrément prévu au premier alinéa est délivré en considération :

1º De la qualification professionnelle des dirigeants *(Ord. nº 2016-1823 du 22 déc. 2016, art. 2-5º)* **« des organismes et des moyens que ceux-ci » peuvent mettre en œuvre pour assurer le recouvrement des droits définis au premier alinéa et l'exploitation de leur répertoire ;**

2º De l'importance de leur répertoire ;

3º De leur respect des obligations que leur imposent les dispositions du titre II du livre III.

Un décret en Conseil d'État fixe les conditions de délivrance et de retrait de l'agrément. Il fixe également, dans le cas prévu au deuxième alinéa, les modalités de désignation de *(Ord. nº 2016-1823 du 22 déc. 2016, art. 2-5º)* **« l'organisme chargé » de la gestion du droit de retransmission.** — *V. art. R. 324-1 s.*

II. Par dérogation au I, le titulaire du droit peut céder celui-ci à une entreprise de communication audiovisuelle.

Les dispositions du I ne s'appliquent pas aux droits dont est cessionnaire une entreprise de communication audiovisuelle.

Ces dispositions sont applicables à l'autorisation de retransmission simultanée, intégrale et sans changement, par les services de diffusion multiplexée sur canal micro-ondes, d'œuvres ou d'éléments protégés par un droit voisin télédiffusés à partir d'un État membre de la Communauté européenne (L. nº 97-283 du 27 mars 1997, art. 15).

Art. L. 132-20-2 *(L. nº 97-283 du 27 mars 1997, art. 2)* **Des médiateurs sont institués afin de favoriser, sans préjudice du droit des parties de saisir le juge, la résolution des litiges relatifs à l'octroi de l'autorisation de retransmission, simultanée, intégrale et sans changement, d'une œuvre par câble.**

A défaut d'accord amiable, le Médiateur peut proposer aux parties la solution qui lui paraît appropriée, que celles-ci sont réputées avoir acceptée faute d'avoir exprimé leur opposition par écrit dans un délai de trois mois.

Un décret en Conseil d'État précise les conditions d'application du présent article et les modalités de désignation des médiateurs. — *V. art. R. 324-1.*

Sur l'application de ces dispositions, V. note ss. art. L. 132-20-1.

Art. L. 132-21 L'entrepreneur de spectacles est tenu de déclarer à l'auteur ou à ses représentants le programme exact des représentations ou exécutions publiques et de leur fournir un état justifié de ses recettes. Il doit acquitter aux échéances prévues, entre les mains de l'auteur ou de ses représentants, le montant des redevances stipulées.

Toutefois, les communes, pour l'organisation de leurs fêtes locales et publiques, et les sociétés d'éducation populaire, agréées par l'autorité administrative, pour les séances organisées par elles dans le cadre de leurs activités, doivent bénéficier d'une réduction de ces redevances. — *[L. nº 57-298 du 11 mars 1957, art. 46.]*

Sur le contrôle exercé par les agents assermentés désignés par le Centre national du cinéma et de l'image animée ou les sociétés d'auteurs, V. art. L. 331-2.

COMMENTAIRE

S'agissant des droits pécuniaires, l'exploitant est tenu d'une reddition des comptes et doit tant déclarer à l'auteur le programme exact des représentations que fournir un état justifié de ses recettes.

Il doit, naturellement, s'acquitter du paiement des redevances, lesquelles, par principe, doivent être proportionnelles.

Art. L. 132-22 L'entrepreneur de spectacles doit assurer la représentation ou l'exécution publique dans des conditions techniques propres à garantir le respect des droits intellectuels et moraux de l'auteur. – *[L. n° 57-298 du 11 mars 1957, art. 47.]*

COMMENTAIRE

Cette disposition rappelle le devoir de respect du droit moral de l'auteur auquel l'exploitant serait de toute façon soumis par application des articles L. 121-1 et suivants.

L'auteur peut ainsi s'opposer à l'incrustation d'un logo (V. note 2) lors de la diffusion de l'œuvre, à une coupure publicitaire (V. note 3) nonobstant les dispositions de l'article 73 de la loi du 30 septembre 1986 ou encore à la diffusion d'une version « colorisée » d'un film (V. note 4). ❑

A. REPRÉSENTATION THÉÂTRALE

1. Si « le metteur en scène est celui qui, par son art personnel, apporte à l'œuvre de l'auteur une vie scénique sans toutefois en trahir l'esprit (et) jouit donc, pour accomplir sa mission, d'une liberté certaine, la mise en scène pouvant ne pas être réaliste mais exprimer symboliquement la manière dont le texte et les personnages sont perçus, (... il n'en reste pas moins) que cette liberté qui a pour corollaire l'invention scénique et favorise la pérennité de l'œuvre dramatique à travers les époques et les sociétés, a cependant pour limite le droit moral de l'auteur ; (...) il appartient donc au metteur en scène d'être fidèle au texte et de conserver la conception de l'auteur en projetant l'esprit de celui-ci dans l'œuvre scénique ». Un théâtre peut donc être condamné pour avoir laissé jouer une pièce que l'auteur présentait comme une farce, avec une mise en scène qui en faisait une critique du goulag psychiatrique. • TGI Paris, 27 nov. 1985 : *RIDA juill. 1986, p. 166, note Françon ; Gaz. Pal. 1986. 2. Somm. 369.* ♦ Et, précisant que le metteur en scène ne peut méconnaître les choix clairement exprimés par S. Beckett qui refusait que l'on confie à des femmes les rôles principaux de sa pièce « En attendant Godot ». • TGI Paris, 15 oct. 1992 : *RTD com. 1993. 98, obs. Françon* ⌀ *; RIDA janv. 1993, p. 225.*

B. REPRÉSENTATION TÉLÉVISUELLE

2. Incrustation d'un logo. Constitue une atteinte au droit au respect de l'intégrité de l'œuvre la diffusion d'une création audiovisuelle avec l'incrustation du logo de l'entreprise de communication audiovisuelle contre la volonté de son auteur. • TGI Paris, 29 juin 1988 : *RIDA oct. 1988, p. 328 ; JCP 1989. I. 3373, obs. Edelman ; Cah. dr. auteur, juin 1988, p. 23* • Paris, 25 oct. 1989 : *D. 1990. Somm. 54, obs. Colombet* ⌀.

3. Coupure publicitaire. Un diffuseur ne peut pratiquer des coupures publicitaires dans une œuvre audiovisuelle sans le consentement des auteurs puisque « les dispositions de l'art. 73 de la loi du 30 sept. 1986 (...) qui (...) font obligation au service de communication de ne pas pratiquer plus d'une interruption publicitaire au cours de la diffusion d'une œuvre cinématographique ne concernent pas les relations dudit service avec les titulaires du droit moral lesquels ne peuvent l'exonérer de cette obligation légale ; pour sa part, le télédiffuseur ne peut leur opposer ces dispositions pour limiter l'étendue du droit moral (...) en procédant à ces modifications dans les modalités de représentation d'un film conçu pour être visionné sans intermède ni coupure, TF1 en a rompu la continuité esthétique et intellectuelle et en a ainsi altéré le rythme et l'harmonie ». • TGI Paris, 24 mai 1989 : *RIDA janv. 1990, p. 353.* – Confirmé par • Paris, 26 nov. 1990 : *Images juridiques, 15 janv. 1991, p. 2.*

4. Diffusion d'une version « colorisée » d'un film. Sur l'interdiction faite à une société de télévision de diffuser une version en couleurs d'un film tourné, en raison du choix esthétique délibéré du réalisateur, en noir et blanc, V. • Versailles, 19 déc. 1994 : *RIDA avr. 1995, p. 389.*

SECTION III CONTRAT DE PRODUCTION AUDIOVISUELLE

RÉP. COM. v° *Nantissement*, par Albiges et Picod.

BIBL. ▶ Ad Van Loo, *Légipresse 1997, II, p. 119* (production audiovisuelle internationale : disparités des cadres juridiques nationaux). – Bitoun, *Lamy Droit des médias et de la communication, étude 384.* – Gavalda, Droit de l'audiovisuel, *Lamy 1995.* – Gerstner, *Légicom 2003, n° 29, p. 65* (le marché de la production audiovisuelle et le régime français des droits d'auteur et droits voisins). – Hassler et Nedelec, Guide pratique des contrats de l'audiovisuel, *Litec 1992.* – Hugon, Le régime juridique de l'œuvre audiovisuelle, *Litec 1993.* – Florentin et Bouvier-Ravon, *Cah. dr. auteur, nov. 1988, p. 1* (la publicité des contrats de production cinématographique et audiovisuelle). – Françon, Colloque IRPI, Droits d'auteur et droits voisins, *Litec 1986, p. 87* (le contrat de production audiovisuelle) ; *RIDA janv. 1986, p. 71* (le contrat de production audiovisuelle). – Kamina, *J.-Cl. PLA, fasc. 1340* (contrat de production audiovisuelle). – Montels, *LPA 8 août 1997* (autant en emporte le refus de vente : la distribution cinématographique depuis la loi du 1er juill. 1996) ; *CCE 2003, n° 18* (pratique des contrats audiovisuels). – Parisot, *D. 1992. Chron. 75* (la présomption de cession des droits d'auteur dans le contrat de production audiovisuelle : réalité ou mythe ?). – Plaisant, *LPA 16 janv. 1987, p. 14* (le contrat de production audiovisuelle). – Prades, *CCE 2004, n° 41* (suite de film : œuvre dérivée ou autonome ? Réflexions sur la nature juridique des droits dits de « sequel »).

COMMENTAIRE

Le code ne prend pas soin de donner une définition de ce contrat. Pour partie inspirée du régime du contrat d'édition (s'agissant, notamment, des obligations imposées à l'auteur, V. art. L. 132-26 CPI), l'économie de cette convention tente de réaliser un équilibre entre la garantie des droits des créateurs et le souci de rassurer certains investisseurs. Elle étend à toutes les œuvres audiovisuelles et à tous les modes d'exploitation des solutions conçues avant 1985 pour les seules œuvres cinématographiques.

Concession à une logique économique, cette section prévoit un cas de présomption de cession des droits patrimoniaux au profit du producteur (art. L. 132-24 CPI). Mais, inspirée par l'approche humaniste de la discipline et nombre de dispositions présentes dans cette subdivision, la jurisprudence tend à minimiser la portée de ce texte.

Art. L. 132-23 Le producteur de l'œuvre audiovisuelle est la personne physique ou morale qui prend l'initiative et la responsabilité de la réalisation de l'œuvre. – *[L. n° 57-298 du 11 mars 1957, art. 17.]*

COMMENTAIRE

Loin de donner les traits caractéristiques de l'opération permettant de qualifier une convention de contrat de production audiovisuelle, l'article L. 132-24 se contente de fournir une définition du producteur, l'une des deux catégories de personnes, parties au contrat.

Le producteur est celui qui, au-delà du seul financement, assure le rôle d'impulsion, de direction et de coordination. Il s'agit de la personne qui est investie de l'ensemble des responsabilités financières comme commerciales et artistiques.

Ce contrat qui unit le producteur à un ou plusieurs auteurs a pour objet la production d'une œuvre audiovisuelle, telle que définie à l'article L. 112-2, et tend à transférer au premier les droits de représentation et de reproduction relatifs à cette création.

1. Le terme « producteur » utilisé dans l'art. L. 132-23 est un terme générique qui s'applique tout autant au producteur isolé qu'aux coproducteurs qui se trouvent associés dans la réalisation de l'œuvre dont ils prennent le risque, selon des modalités définies par eux. • Civ. 1re, 16 juill. 1997 : *D. Affaires 1997. 1192 ; Bull. civ. I, n° 248 ; RIDA janv. 1998, p. 311 ; RJDA 1998, n° 125 ; JCP E 1997. Pan. 1093 ; Légipresse 1998, I, p. 69.* ♦ Doit être considérée comme producteur au sens de ce texte la société qui, soit directement par son pouvoir de contrôle permanent, soit par l'intermédiaire de son mandataire missionné à cet effet, participe activement à l'initiative et à la responsabilité de la réalisation de l'œuvre. • Paris, 31 janv. 1995 : *RIDA juill. 1995, p. 339* . – Pourvoi rejeté par : • Civ. 1re, 16 juill. 1997 : *préc.*

2. Le producteur est donc celui qui assure le rôle d'impulsion, de direction et de coordination ; V. constatant, avant l'entrée en vigueur de la loi du 3 juill. 1985, que le fait de financer un court métrage et d'être tenu informé des phases de son élaboration ne suffisait pas à conférer la qualité de producteur, • Paris, 22 juill. 1981 : *D. 1983. IR 94, obs. Colombet.* ♦ Dans le même sens et affirmant qu'il ne suffit pas d'avoir participé au financement pour avoir la qualité de producteur, V. • Paris, 25 juin 1999 : *RIDA janv. 2000, p. 263, obs. Kérever.* ♦ Il s'agit de la personne qui est investie de l'ensemble des responsabilités, financières comme commerciales et artistiques. • CE 19 juin 1957 : *Lebon, p. 406.* ♦ V. aussi • Civ. 1re, 14 nov. 2012 : *Propr. intell. 2013, n° 46, p. 65, obs. A. Lucas.* ♦ Les sociétés qui n'ont participé ni au *remake* d'un film, ni au risque en découlant, n'ont pas cette qualité ; elles ne sont donc pas recevables à agir en contrefaçon du film en cause. • Paris, 8 avr. 1998 : *D. Affaires 1998. 848, obs. J.-P. S. ; D. 1999. Somm. 121, obs. Hassler et Lapp* . – Pourvoi rejeté par : • Civ. 1re, 3 avr. 2001 : *RIDA oct. 2001, p. 395 ; RJDA 2001, n° 1050 ; JCP E 2002. 1334, n° 4, obs. Bougerol.* ♦ Le coauteur d'émissions diffusées sur internet n'a pas, en l'absence d'accord sur les termes de la coproduction, la qualité de coproducteur. • TGI Paris, 17 mai 2002 : *Légipresse 2002, n° 194, p. 103.*

Art. L. 132-24 Le contrat qui lie le producteur aux auteurs d'une œuvre audiovisuelle, autres que l'auteur de la composition musicale avec ou sans paroles, emporte,

sauf clause contraire et sans préjudice des droits reconnus à l'auteur par les dispositions des articles L. 111-3, L. 121-4, L. 121-5, L. 122-1 à L. 122-7, L. 123-7, L. 131-2 à L. 131-7, L. 132-4 et L. 132-7, cession au profit du producteur des droits exclusifs d'exploitation de l'œuvre audiovisuelle.

Le contrat de production audiovisuelle n'emporte pas cession au producteur des droits graphiques et théâtraux sur l'œuvre.

Ce contrat prévoit la liste des éléments ayant servi à la réalisation de l'œuvre qui sont conservés ainsi que les modalités de cette conservation. — *[L. n° 57-298 du 11 mars 1957, art. 63-1.]*

COMMENTAIRE

Cette disposition, clé de voûte de la construction, pose une présomption de cession, sauf clause contraire assez improbable, de certains des droits d'auteur au profit du producteur. Elle ne s'applique qu'aux seuls contrats conclus après le 1er janvier 1986. S'agissant des conventions conclues avant cette date mais après le 11 mars 1958, ne sont concernées par la présomption que les seules œuvres cinématographiques à propos des seuls droits exclusifs d'exploitation cinématographique (V. note 3 ; *adde* note 6 pour la durée). Les contrats antérieurs au 11 mars 1957 ne connaissent aucun mécanisme de ce type et le sort des droits est réglé par les stipulations contractuelles.

En vertu de l'article L. 132-24, la cession est présumée totale pour toutes les œuvres audiovisuelles et vaut pour tous les modes d'exploitation (exploitation dans les salles mais aussi à la télévision, par cassettes-vidéo ou DVD ou sous d'autres formes) et pour le monde entier, pour la durée des droits (V. note 5).

Cependant, la question de la rémunération (V. art. L. 132-25 CPI) fait que ces modes devront, le plus souvent, être énumérés dans le contrat. D'autant que la présomption de cession ne peut jouer si fait défaut l'écrit exigé par l'article L. 131-2, auquel renvoie le texte, et si la mention distincte à laquelle l'article L. 131-3 subordonne la transmission des droits de l'auteur est inexistante (V. note 1). Ces observations liées au constat que certains droits restent en dehors du champ de la présomption de cession : ceux ayant trait aux œuvres musicales (V. al. 1er), les droits graphiques et théâtraux sur l'œuvre (V. al. 2 et note 4), les droits d'exploitation séparée des différents apports (V. art. L. 113-3 ; comp. art. L. 132-29 CPI) font que d'aucuns doutent de l'utilité pratique de pareille disposition légale.

L'alinéa 3 de l'article L. 132-24 met aussi à la charge du producteur une obligation de conservation des éléments de l'œuvre. L'obligation ne se limite pas à la conservation de la seule matrice de la version définitive (ou copie standard ; art. L. 121-5, al. 2, CPI). Le plus souvent un accord intervient entre auteurs et producteur pour savoir ce qui devra être conservé parmi les décors et accessoires.

A. CONDITIONS

1. La présomption de cession prévue par l'art. L. 132-24 ne peut jouer si « fait défaut l'écrit exigé par l'art. L. 131-2 (...), auquel renvoie le texte précité, et si la mention distincte à laquelle l'art. L. 131-3 (...) subordonne la transmission des droits de l'auteur est (...) inexistante ». • Paris, 17 janv. 1995 : *RIDA juill. 1995, p. 332.* ♦ Constatant également qu'il est impossible, en raison des dispositions de l'art. L. 111-1, d'invoquer une cession implicite des droits par un salarié. • Même arrêt. ♦ Sur la présomption de cession même en l'absence de contrat écrit et de clause spécifique de cession, V. • Soc. 3 mars 2004 : *D. 2004. 2494, note Piotraut et Dechristé ; RTD com. 2004. 726, obs. Pollaud-Dulian ; JCP 2005. 1216, n° 6, obs. Bougerol ; Propr. intell. 2004, n° 13, p. 917, obs. A. Lucas.* ♦ Sur la présomption de cession au niveau européen, V. • CJUE 9 févr. 2012 : *D. 2012. Pan. 2641, obs. Sirinelli ; RTD com. 2012. 318, obs. Pollaud-Dulian ; RTD eur. 2012. 964, obs. Treppoz ; CCE 2012, n° 37, note Caron ; RIDA avr. 2012, p. 381, note Sirinelli.*

B. PERSONNES CONCERNÉES

2. La présomption de cession ne peut concerner que les contributions de personnes susceptibles d'être regardées comme coauteurs de l'œuvre audiovisuelle, ce qui n'est pas le cas du créateur de l'affiche d'un film. • Paris, 18 mars 1987 : *D. 1988. Somm. 209, obs. Colombet ; RIDA oct. 1987, p. 208.*

C. ÉTENDUE DE LA CESSION

1° DROITS EN CAUSE

3. La présomption de cession qui profite au producteur ne concerne, pour les contrats conclus avant le 1er janv. 1986, que les seuls droits d'exploitation cinématographique et non les droits d'exploitation télévisuelle et vidéographique ; et « si, aux termes de l'art. 17, al. 3 (de la loi du 11 mars 1957, dans sa rédaction antérieure à la loi du 3 juill. 1985, applicable en la cause), le contrat qui lie le producteur à l'auteur d'une œuvre cinématographique emporte cession au profit du producteur des droits exclusifs d'exploitation cinématographique de l'œuvre, il résulte de l'art. 31, al. 3, (de la même loi) que la cession des droits d'exploitation autres que cinématographiques doit être déterminée dans le temps ». • Civ. 1re, 29 juin 1994 : *RIDA janv. 1995, p. 197* • Civ. 1re, 6 mai 1997 : *RIDA oct. 1997, p. 231.* ♦ La qualité de producteur partie à un contrat de production audiovisuelle ne confère pas au radiodiffuseur producteur des journaux télévisés le droit de faire diffuser ces journaux sur internet sans l'autorisation des journalistes auteurs des articles. • Colmar, 15 sept. 1998 : *Légipresse 1998, III, p. 172, note Derieux ; RIDA janv. 1999, p. 410, note Kéréver.* ♦ Rappr., s'agissant de la mise en ligne de deux journaux télévisés. • TGI Strasbourg, 16 nov. 2001 : *D. 2002. AJ 405 ; CCE 2002, no 2, note Caron ; RIDA janv. 2002, p. 463, note Kéréver ; JCP E 2002. 1334, no 6, obs. Bougerol ; Légipresse 2002, no 189, III, p. 43.*

4. Les droits graphiques sont « les droits d'adaptation pour réaliser une œuvre destinée à l'édition, telle une bande dessinée ». V. * Rép. min., *JO Sénat 11 févr. 1988, p. 198.* ♦ La reproduction, pour illustrer un article sur l'assurance automobile, d'une photographie prise lors du tournage d'une œuvre audiovisuelle (photographie d'une scène du film « Le Corniaud ») porte atteinte aux droits du producteur dès lors que la photographie représente une scène du film dont le producteur a acquis le droit de reproduction sous quelque forme que ce soit. • Civ. 1re, 3 juin 1997 : *D. 1998. 166, note Daverat ; JCP E 1998. 1250, obs. Bougerol ; Bull. civ. I, no 184.*

2o DURÉE

5. La cession légale au profit du producteur des droits d'exploitation de l'œuvre comporte nécessairement la même durée que celle des droits eux-mêmes. • Civ. 1re, 5 nov. 1991 : *Bull. civ. I, no 291 ; D. 1992. IR 3 ; JCP 1992. IV. 107.* ♦ Énonçant qu'« en l'absence de clause contraire dans le contrat de production, la société (productrice) se trouvait investie par l'effet de la loi et sans limitation de durée des droits d'exploitation », V. • Civ. 1re, 22 mars 1988 : *Bull. civ. I, no 87 ; RIDA juill. 1988, p. 106, note Kéréver ; RTD com. 1988. 629, obs. Françon ; JCP 1988. IV. 200.* ♦ V. aussi • Paris, 15 déc. 2006 : *Propr. intell. 2007, no 23, p. 214, obs. A. Lucas.*

6. Jugé, sous l'empire des textes antérieurs à la réforme du 3 juill. 1985 que « la cession des droits d'exploitation autres que cinématographiques doit être déterminée dans le temps ». • Civ. 1re, 29 juin 1994 : *préc. note 3.* – Censurant • Douai, 13 avr. 1992 : *RIDA juill. 1992, p. 186.*

7. A l'expiration du contrat liant les coauteurs au producteur, les droits d'exploitation reviennent aux différents coauteurs. • Paris, 7 juin 1995 : *RIDA janv. 1996, p. 270.* ♦ Dès lors engage sa responsabilité celui des coauteurs qui, après cette date, cède seul à un tiers, les droits d'exploitation vidéographique. • Même arrêt. ♦ La résiliation des contrats de cession de droits d'auteur n'a pas pour effet d'anéantir les contrats d'exploitation conclus antérieurement. • Civ. 1re, 29 mai 2013 : *Bull. civ. I, no 112 ; Dalloz actualité, 15 juill. 2013, obs. Allaeys ; D. 2013. AJ 1406 .*

Art. L. 132-25 **La rémunération des auteurs est due pour chaque mode d'exploitation.**

Sous réserve des dispositions de l'article L. 131-4, lorsque le public paie un prix pour recevoir communication d'une œuvre audiovisuelle déterminée et individualisable, la rémunération est proportionnelle à ce prix, compte tenu des tarifs dégressifs éventuels accordés par le distributeur à l'exploitant ; elle est versée aux auteurs par le producteur. — *[L. no 57-298 du 11 mars 1957, art. 63-2.]*

Dern. al. *abrogé par L. no 2016-925 du 7 juill. 2016, art. 24-1o.*

Les dispositions de l'art. 24 de la L. no 2016-925 du 7 juill. 2016 sont applicables dans les îles Wallis-et-Futuna (L. préc., art. 115-III).

COMMENTAIRE

La rémunération à verser à l'auteur est :

1° due pour chaque mode d'exploitation (V. note 2) dans le respect des règles générales applicables à la question (sur le démembrement du monopole d'exploitation, V. art. L. 122-1 s. CPI) ;

2° proportionnelle (V. note 3) ;

3° calculée, si possible, à partir du prix, hors taxes, payé par le public (notes 3 s.).

L'essentiel des contentieux porte sur la détermination de cette assiette. Si cette dernière est soumise aux principes généraux (V. art. L. 131-4 CPI), la mise en œuvre de ces derniers est parfois délicate.

En vertu de la fin de l'alinéa 2 de la disposition, c'est au producteur que revient la tâche d'effectuer le paiement des sommes dues aux auteurs. Ces derniers bénéficient du privilège édicté à l'article L. 132-8.

Les dispositions de la loi du 1er août 2006 visant à rendre obligatoires certains accords, ont été abrogées par la loi du 7 juillet 2016 (art. L. 132-5, dern. al.). Il s'agissait de contraindre tous les utilisateurs d'œuvres protégées d'un secteur d'activité à appliquer les accords, relatifs à la rémunération des auteurs, conclus par leurs organisations professionnelles avec les organismes représentant les auteurs au titre des droits que ces organismes sont habilités à exercer. ❑

1. Le droit d'exploitation d'un film comprend le droit de représentation et le droit de reproduction. • Civ. 1re, 29 juin 1982 : *D. 1983. 33, note Edelman ; D. 1983. IR 99, obs. Colombet ; RTD com. 1983. 436, obs. Françon.*

2. Les art. L. 132-25 et L. 131-4 qui prévoient une rémunération de l'auteur d'une œuvre audiovisuelle sous la forme d'une participation proportionnelle aux recettes provenant de la vente ou de l'exploitation, sans distinguer selon le mode d'exploitation, s'appliquent à l'exploitation de l'œuvre sous forme de vidéogrammes. • Civ. 1re, 16 juill. 1998 : *D. Affaires 1998. 1911, obs. B. P. ; RIPIA 1999. 19.*

3. La rémunération proportionnelle de l'auteur d'une œuvre audiovisuelle doit être calculée sur un prix hors taxes. • Civ. 1re, 16 juill. 1998 : *préc. note 2.* ♦ L'art. L. 131-4 CPI, comme l'art. L. 132-25 du même code, prévoient la rémunération de l'auteur d'une œuvre audiovisuelle sous la forme d'une participation proportionnelle aux recettes provenant de la vente ou de l'exploitation, sans distinguer selon le mode d'exploitation, de sorte que ces dispositions impératives sont applicables à l'exploitation sous forme de vidéogrammes ; que dès lors une telle rémunération ne peut, fût-ce pour la période antérieure à l'entrée en vigueur de la loi du 3 juillet 1985, être calculée, comme le proposent les sociétés EDIF, Vauban Productions et Canal Plus Image International, sur la base des recettes nettes part producteur ; qu'il convient donc de fixer la rémunération litigieuse à un pourcentage du prix de vente hors taxes au public des vidéogrammes du film « Le jour se lève », la cour retenant, en outre, à propos de la rémunération de l'un des coauteurs de l'œuvre une estimation d'un expert précisant que « le pourcentage visé (...) s'établirait dans le cas présent à 1 % ou 1,2 %, ce qui est assez cohérent avec la grille « FER, 4 TON » de la SDRM basée elle sur le prix de gros HT. • Paris, 18 janv. 2000 : *D. 2000. AJ 203.* ♦ V. aussi, art. L. 131-4.

4. « La reprise de l'expression des art. L. 131-4 et L. 132-25 sans précision sur le montant de la rémunération équivaut à une cession des droits d'auteur sans contrepartie et est donc contraire tant aux principes généraux du droit civil (art. 1108, 1131 et 1583 C. civ.) qu'aux prescriptions particulières (de la loi sur le droit d'auteur). » • TGI Paris, 9 mai 1990 : *RIDA janv. 1991, p. 355 ; Cah. dr. auteur, janv. 1991, p. 15.*

5. Est nulle la clause qui n'envisage de rémunération proportionnelle que dans l'hypothèse où la recette nette producteur serait supérieure à 200 000 F. • Paris, 19 oct. 1998 : *RIDA avr. 1999, p. 359 et p. 291, comm. Kéréver.* ♦ Sur la dénaturation d'une clause de rémunération, V. • Civ. 1re, 4 nov. 2011 : *D. 2011. AJ 2791.*

6. Sur le fondement des solutions admises avant l'intervention de la loi du 3 juill. 1985, retenant la « recette salle ». • TGI Paris, 16 nov. 1988 : *RIDA juill. 1989, p. 275.*

Arrêté du 7 février 2011,

Pris en application de l'article L. 132-25 du code de la propriété intellectuelle et portant extension du protocole d'accord du 16 décembre 2010 relatif à la transparence dans la filière cinématographique.

Art. 1er Sont rendues obligatoires, pour toute entreprise de production d'œuvres cinématographiques, les stipulations du protocole d'accord du 16 décembre 2010 relatif à la transparence dans la filière cinématographique, à l'exclusion des articles 6 et 7 de ce protocole d'accord, qui ne relèvent pas du code de la propriété intellectuelle.

Art. 2 Les stipulations du protocole d'accord mentionné à l'article 1er sont rendues obligatoires à dater de la publication du présent arrêté pour la durée et dans les conditions prévues à l'article 8 dudit protocole d'accord.

Art. 3 Le secrétaire général au ministère de la culture et de la communication et le président du Centre national du cinéma et de l'image animée sont chargés, chacun en ce qui le concerne, de l'exécution du présent arrêté, qui sera publié, ainsi que le protocole d'accord du 16 décembre 2010 relatif à la transparence dans la filière cinématographique qui y est annexé, au *Journal officiel* de la République française.

ANNEXE

PROTOCOLE D'ACCORD RELATIF À LA TRANSPARENCE DANS LA FILIÈRE CINÉMATOGRAPHIQUE

Entre :

La Société civile des auteurs réalisateurs producteurs (ARP), 7, avenue de Clichy, 75017 Paris, représentée par son vice-président, M. Pierre Jolivet ;

La Guilde des scénaristes français (La Guilde), 23, rue du Buisson-Saint-Louis, 75010 Paris, représentée par son coprésident cinéma, M. Olivier Lorelle ;

La Société des auteurs et compositeurs dramatiques (SACD), 11 *bis*, rue Ballu, 75009 Paris, représentée par son directeur général, M. Pascal Rogard ;

La Société civile des auteurs multimédia (SCAM), 5, avenue Vélasquez, 75008 Paris, représentée par son directeur général, M. Hervé Rony ;

La Société civile des éditeurs de langue française (SCELF), 15, rue de Buci, 75006 Paris, représentée par son président, M. Claude de Saint-Vincent ;

La Société des réalisateurs de films (SRF), 14, rue Alexandre-Parodi, 75010 Paris, représentée par son coprésident, M. Fabrice Genestal,

D'une part et :

Le Syndicat français des agents artistiques et littéraires (SFAAL), 20, avenue Rapp, 75007 Paris, représenté par sa présidente, Mme Elisabeth Tanner ;

L'Association des producteurs de cinéma (APC), 37, rue Etienne-Marcel, 75001 Paris, représentée par sa présidente, Mme Anne-Dominique Toussaint ;

L'Association des producteurs indépendants (API), 15, rue de Berri, 75008 Paris, représentée par M. Alain Sussfeld ;

Le Syndicat des producteurs indépendants (SPI), 1 *bis*, rue du Havre, 75008 Paris, représenté par sa présidente, Mme Marie Masmonteil.

Préambule

La qualité de la relation qui unit auteurs et producteurs constitue depuis toujours l'une des conditions essentielles de la vitalité de la création cinématographique.

Cette relation, qui se traduit notamment, dans le respect des principes édictés par le code de la propriété intellectuelle, par des contrats individuels librement négociés, se doit de reposer sur la confiance entre les parties, la transparence des données et la lisibilité des engagements réciproques.

Dans un contexte aujourd'hui marqué par des bouleversements technologiques majeurs dans les modes d'exploitation des œuvres cinématographiques (salles, services de télévision, vidéo à la demande, DVD, exportation) et par une complexité croissante des plans de financement, des modes de répartition des recettes et des modalités de rémunération des ayants droit, le rapport de M. René Bonnell relatif au droit des auteurs dans le domaine cinématographique *[Rapport de M. René Bonnell à la directrice générale du CNC, « Le Droit des auteurs dans le domaine cinématographique : coûts, recettes et transparence », décembre 2008.]* a formulé des recommandations destinées à clarifier la situation et invité les parties intéressées à se rapprocher pour trouver un accord dans le cadre d'une négociation interprofessionnelle.

Les organisations professionnelles signataires du présent accord ont ainsi engagé un dialogue avec la volonté commune de rechercher la plus grande transparence dans les relations qui unissent les différents acteurs de la filière cinématographique.

A cette occasion, soucieuses de préserver et d'encourager la création cinématographique *[Rapport de M. René Bonnell à la directrice générale du CNC, « Le Droit des auteurs dans le domaine cinématographique : coûts, recettes et transparence », décembre 2008.]*, les parties signataires ont entendu réaffirmer leur attachement indéfectible à la liberté contractuelle et aux principes et aux règles qui fondent la rémunération des auteurs pour ce qui concerne la gestion individuelle.

Elles se sont aussi accordées sur la nécessité de simplifier, de clarifier et d'harmoniser, par la voie d'un accord interprofessionnel applicable à tous les contrats de production conclus entre auteurs et producteurs, les notions clés qui président à la définition des coûts, des recettes et des modalités d'amortissement des œuvres cinématographiques.

Elles ont ainsi voulu assurer une plus grande lisibilité du partage des recettes générées par les différents vecteurs de valorisation des œuvres cinématographiques.

Art. 1er *Objet.*

Le présent accord est applicable aux seules œuvres cinématographiques de long métrage, en considération de l'économie qui leur est propre.

Il a pour objet de définir et de rendre transparent, par un référentiel professionnel commun, un coût uniforme de l'œuvre cinématographique et d'encadrer les sommes et les recettes prises en compte dans l'amortissement de ce coût opposable aux auteurs. A cet effet, il arrête le mode de calcul du coût du film et son mode d'amortissement devant être retenus dans la rédaction des clauses et pour l'exécution des contrats de production audiovisuelle conclus entre auteurs et producteurs.

Les dispositions du présent accord sont sans préjudice de l'application des dispositions du code de la propriété intellectuelle, et notamment celles figurant aux articles L. 131-4 et L. 132-25 relatives à la rémunération proportionnelle des auteurs.

De même, le présent accord n'a pour objet ni d'imposer ni de présupposer le principe d'une rémunération additionnelle après amortissement du coût du film au bénéfice de l'auteur. Une telle rémunération additionnelle ne pourrait que relever d'un accord contractuel de gré à gré, négocié entre le producteur et l'auteur dans le cadre de leur liberté contractuelle.

Dans le cas où une rémunération complémentaire après amortissement du coût du film serait prévue par un tel contrat, son assiette sera celle qui est définie par les dispositions de l'article 5 du présent accord.

Art. 2 *Coût du film.*

Les parties s'entendent sur la définition du coût du film opposable aux auteurs en vue de l'application des contrats de production audiovisuelle.

Le "coût de l'œuvre cinématographique", arrêté quatre mois après la sortie du film en salle et certifié par un commissaire aux comptes ou un expert-comptable indépendant, comprend toutes les dépenses hors taxes à la charge du producteur à l'occasion de la préparation, du tournage et de la postproduction de l'œuvre objet du contrat, dans la mesure où ces dépenses ne sont pas déduites des recettes nettes.

Ce coût comprend :

1. Les avances ou *minima* garantis consentis aux auteurs, réalisateurs, éditeurs, titulaires de droits voisins et tout autre ayant droit en contrepartie de l'acquisition ou autorisation relative aux droits d'auteur et/ou aux droits voisins et, le cas échéant, au droit de la personnalité et, plus généralement, le montant des sommes payées aux différents co-auteurs, consultants éventuels et à tous ayants droit ainsi qu'à leurs agents éventuels (y compris licence Dolby, SRD et DTS) ;

2. Le coût de préparation et de production de l'œuvre cinématographique, du (des) film(s)-annonce(s), des teasers et "promo-réels", du making of et des bonus, dans la mesure où il serait à la charge du producteur, y compris le coût du négatif original image et son de l'ensemble du matériel de livraison du film aux différents partenaires contribuant à son financement ainsi que le coût d'acquisition du complément de programme s'il n'est pas fourni par le distributeur ;

3. Toutes les dépenses dues à des tiers (charges sociales et taxes annexes non récupérables et toutes charges et cotisations sociales exclusivement liées ou générées par la production du film comprises) pour collaboration ou prestations relatives à la production de l'œuvre cinématographique, et notamment la rémunération des techniciens, comédiens, du producteur exécutif ou associé (à la condition qu'il ne fasse pas partie du personnel permanent du producteur ou d'une société contrôlée par celui-ci au sens de l'article L. 233-3 du code de commerce), y compris sous forme différée (mais à l'exclusion de tout intéressement aux recettes de l'œuvre cinématographique après amortissement du coût du film dans les conditions prévues à l'article 3 du présent accord) jusqu'à la clôture du coût de l'œuvre cinématographique ;

4. Les dépenses de toute nature nécessaires à l'accomplissement des obligations du producteur et de ses coproducteurs étrangers (distributeurs, diffuseurs, éditeurs vidéographiques, vendeurs à l'étranger, festivals, etc.) y compris notamment les frais de fabrication, les frais de livraison de tout matériel, toutes les dépenses relatives à la première copie standard, à la copie échantillon, aux fichiers numériques, aux interpositifs, internégatifs, masters vidéo, aux encodages et à la version internationale sonore de l'œuvre cinématographique et du (des) film(s)-annonce(s) ainsi que les dépenses relatives à la version audio décrite et aux versions françaises et étrangères dans la mesure où elles seraient à la charge du producteur (y compris les versions doublées et sous-titrées) ;

5. Les dépenses de toute nature liées à la production et à la réalisation de la bande originale de l'œuvre cinématographique, qui comprennent les frais de création de la musique originale la composant et le coût d'établissement du master phonographique et/ou numérique, incluant notamment toutes rémunérations des auteurs et compositeurs de la musique originale, les frais d'enregistrement et de mixage de la musique originale et/ou les coûts d'acquisition des droits de reproduction et d'exploitation de musique, notamment préexistantes ;

6. La publicité faite en cours de production de l'œuvre cinématographique (notamment attaché de presse pendant le tournage) à l'exclusion de la publicité effectuée pour le lancement de celle-ci à l'occasion de la sortie dans les divers pays d'exploitation ;

7. La TVA non récupérable, les taxes exigibles lors de la sortie de l'œuvre cinématographique, en application des textes en vigueur, et toutes autres taxes et cotisations à l'occasion de la production à la charge du producteur et non récupérables, y compris celles qui pourraient être instituées à l'avenir, dont les critères de calcul sont directement liés aux paramètres de production et de préfinancement de l'œuvre cinématographique (CA de préfinancement, masse salariale, taxes et cotisations sur la valeur ajoutée des entreprises s'ils sont liés ou générés par la production du film etc.) ;

8. Les montants TTC des assurances, notamment des assurances de préproduction et de production, négatif, responsabilité civile, décors, accessoires etc. et, le cas échéant, de garantie de bonne fin et/ou d'erreurs et omissions ainsi que les coûts des sinistres demeurant à la charge du producteur après déduction des indemnités d'assurance versées par les assureurs ;

9. Tous les frais d'inscription aux registres du cinéma et de l'audiovisuel concernant l'œuvre cinématographique et les contrats y afférents ;

10. Tous frais juridiques, judiciaires, comptables, de contentieux et d'audit et honoraires liés à la production du film (mais à l'exclusion de tous frais liés à des prestations de production et de recherche de financement), à l'exclusion de ceux résultant d'un comportement fautif avéré et exclusif du producteur et jugé tel par une décision de justice définitive ayant autorité de la chose jugée en dernier ressort ; ces frais seront intégrés au coût du film jusqu'à la date de clôture de celui-ci, les frais et honoraires postérieurs à la date de clôture étant traités conformément à l'article 3.1 ci-après ;

11. La rémunération du producteur délégué (en cela compris la rémunération du producteur exécutif ou associé s'il fait partie du personnel permanent du producteur ou d'une société contrôlée par celui-ci au sens de l'article L. 233-3 du code de commerce), toutes charges sociales comprises (patronales et salariales), dans la limite de 5 % du coût du film hors ladite rémunération du producteur délégué et hors frais généraux et frais financiers ;

12. Les frais généraux dans la limite de 7 % du coût du film, hors lesdits frais généraux et hors rémunérations du producteur délégué et frais financiers ;

13. Dans la limite de 5 % du coût du film, y compris la rémunération du producteur et les frais généraux, les frais financiers forfaitisés selon le mode de calcul suivant : 100 % du coût du film (y compris la rémunération producteur et les frais généraux) × 18 mois × (taux EURIBOR 3 mois + 3 %) ; le taux de l'EURIBOR 3 mois retenu sera la moyenne des taux de l'EURIBOR 3 mois publiés entre la date de la demande d'agrément des investissements et la date de la demande d'agrément de la production ; toutefois, pour les films d'un coût inférieur à 3 M €, les frais financiers réels, y compris une provision pour les quatre mois qui suivent la demande d'agrément, tels qu'ils s'établissent quatre mois après la sortie du film en salle, seront calculés et retenus précisément dans le calcul du coût définitif du film. Si les frais financiers ainsi décomptés sont supérieurs à 5 %, le plafond mentionné ci-dessus ne s'appliquera pas.

Il est précisé, en tant que de besoin, que les frais de production précités s'entendent nets des remises, rabais, ristournes, avoirs et autres avantages financiers, accordés par les fournisseurs et autres prestataires de services au producteur au titre du film.

Art. 3 *Amortissement du coût du film.*

3.1. Seront prises en compte pour le calcul de l'amortissement :

a) Les sommes et recettes suivantes :

— les "recettes nettes part producteur" telles qu'elles sont définies à l'article 3.2 ci-après ;

— à l'exclusion d'une franchise de 50 000 €, 75 % des sommes calculées et inscrites au compte du producteur (et des coproducteurs éventuels) au titre du soutien financier automatique dans les conditions prévues par l'article 3.3 ci-après ;

— le montant du crédit d'impôt accordé au producteur au regard de l'œuvre cinématographique et de ses caractéristiques dans les conditions prévues par les articles 220 *sexies*, 220 F et 223 O du code général des impôts et des textes pris pour leur application ;

— toutes les aides non remboursables ayant participé au financement de l'œuvre cinématographique, à l'exception du soutien financier automatique investi pour la production de l'œuvre et versé par le CNC ;

— les placements de produits ainsi que les partenariats publicitaires ou autres opérations de même nature donnant lieu à encaissement d'un paiement, et ce pour la part revenant au producteur et sous déduction des commissions d'intermédiaires et de tous frais justifiés mis à la charge du producteur ;

— les dommages et intérêts dans le cadre d'une procédure directement liée à la production et/ou à l'exploitation du film, les dépenses et les sinistres remboursés, et ce pour leur part revenant au producteur et sous déduction des frais, honoraires et dépens juridiques et judiciaires et autres frais justifiés afférents.

b) Seront déduits des sommes et recettes ci-dessus énumérées :

— les rémunérations sous forme différée, quels qu'en soient la nature et le bénéficiaire, dont le montant serait exigible postérieurement à la date de clôture du coût de l'œuvre cinématographique ; ceci à l'exception d'un éventuel intéressement aux recettes du film (notamment sous forme de pourcentage complémentaire de recettes et/ou sous forme de somme forfaitaire) qui serait accordé à quiconque après amortissement du coût du film et qui ne serait pas réglé sous forme de salaire ;

— les frais juridiques et judiciaires et honoraires, ainsi que le coût des redressements fiscaux ou sociaux, liés à la production et à l'exploitation du film et générés postérieurement à la date de clôture du coût de l'œuvre cinématographique, à l'exclusion de ceux résultant d'un comportement fautif avéré du producteur et jugé tel par une décision de justice définitive ayant autorité de la chose jugée en dernier ressort.

3.2. Définition des "recettes nettes part producteur".

Les parties s'entendent sur une définition des "recettes nettes part producteur" servant de base de calcul à l'amortissement du coût de l'œuvre cinématographique.

D'une manière générale, l'expression "recettes nettes part producteur" s'entend de l'ensemble des recettes hors taxes, quelles qu'en soient la nature ou la provenance, réalisées et encaissées à raison de l'exploitation du film et de tout ou partie de ses éléments dans le monde entier, en tous formats, en toutes langues, sous tous titres, par tous modes, moyens, procédés connus ou à découvrir, sous déduction des commissions visées ci-après et des seuls frais justifiés entraînés par l'exploitation et définitivement mis à la charge du producteur.

Les préventes, à-valoir et *minima* garantis seront intégralement reportés comme recettes nettes part producteur.

L'expression "recettes nettes part producteur" s'entend plus particulièrement de la manière qui suit.

I. Exploitation en France

A. *Exploitation cinématographique*

a) Dans les salles du secteur commercial :

Les "recettes nettes part producteur" s'entendent des sommes effectivement versées par les exploitants de salles au titre de l'exploitation cinématographique du film dans les salles du secteur commercial, déduction faite :

1. De la commission de distribution au taux effectivement appliqué par le distributeur mais qui ne saurait excéder 25 % des recettes brutes distributeur en l'absence de minimum garanti ni excéder 35 % dans le cas où le distributeur aurait versé un minimum garanti ;

2. De la part éventuellement attribuée au court métrage dont le prix ou le pourcentage lui sera attribué selon les prix ou pourcentages en usage dans la profession et à la condition que ce court métrage ne soit pas fourni par le producteur, auquel cas les recettes seraient celles du programme complet ;

3. Du montant de la publicité de lancement et de soutien faite au moment de la première sortie du film en exclusivité en France et à l'occasion des éventuelles reprises ;

4. Du prix des copies du film et du film-annonce, des frais de distribution numérique ("virtual print fees", KDM, etc.) si la charge en incombe contractuellement au producteur, ainsi que du montant de la TVA sur les copies dans la mesure où ce montant ne serait pas récupérable ;

5. Du montant des taxes sur le chiffre d'affaires à la charge du producteur, calculé sur la "recette distributeur" attribuée au grand film, ou éventuellement au programme complet ;

6. Du montant de la cotisation due au Centre national du cinéma et de l'image animée (CNC) au titre de l'exploitation du film dans les territoires dont il s'agit ;

7. Des frais juridiques et autres relatifs à l'exploitation du film ;

8. De tous les autres frais justifiés, sur justificatifs comptables, mis à la charge du producteur à condition qu'il s'agisse de frais usuels, conformes aux politiques habituelles de distribution et liés, notamment, aux évolutions économiques ou techniques propres à ladite exploitation.

b) Dans le secteur non commercial :

Les "recettes nettes part producteur" sont constituées par les montants hors taxes encaissés par le producteur (ou versés à un tiers comme un établissement de crédit par délégation ou cession du producteur) ou par toute personne négociant, aux*[au]* lieu et place du producteur, les droits d'exploitation du film dans le secteur non commercial, déduction faite, s'il y a lieu et sur justification, des frais hors taxes ci-après :

— commission de distribution, au taux effectivement appliqué par le distributeur mais qui ne saurait excéder 30 % ;

— prix des copies nécessaires à l'exploitation, si la charge en incombe contractuellement au producteur ;

— cotisations dues au CNC au titre de l'exploitation du film ;

— de tous les autres frais justifiés, sur justificatifs comptables, mis à la charge du producteur à condition qu'il s'agisse de frais usuels, conformes aux politiques habituelles de frais de distribution et liés, notamment, aux évolutions économiques ou techniques propres à ladite exploitation.

B. *Exploitation sous forme de vidéogrammes destinés à l'usage privé du public*

Les "recettes nettes part producteur" s'entendent des montants hors taxes encaissés par le producteur (ou versés à un tiers comme un établissement de crédit par délégation ou cession du producteur) ou par toute personne (ci-après "agent de vente") négociant, en lieu et place du producteur, auprès d'un acquéreur les droits d'exploitation du film sous forme de vidéogrammes destinés à la vente ou à la location pour l'usage privé du public, déduction faite, s'il y a lieu et sur justification, des frais hors taxes ci-après :

— commission de vente desdits droits à un acquéreur, au taux effectivement appliqué par l'agent de vente et qui ne saurait excéder 15 %, étant entendu qu'aucune commission ne sera prélevée sur les à-valoir ou *minima* garantis versé par l'acquéreur des droits et servant au financement du film ni sur les éventuels compléments de ces à-valoir ou minima garantis qui pourraient être versés ultérieurement ; la commission de vente de 15 % sera prélevée par le producteur en l'absence d'agent de vente ;

— prix de la copie nécessaire au transfert et à la duplication du film sur support vidéo ou autre, les frais afférant aux éventuels bonus fabriqués pour les besoins de cette exploitation et tous les éléments exigés par l'éditeur, si la charge en incombe contractuellement au producteur ;

— les redevances dues à la SDRM si elles doivent être réglées directement à celle-ci par le producteur ;

— cotisations dues au CNC au titre de l'exploitation du film ;

— tous les autres frais justifiés, sur justificatifs comptables, mis à la charge du producteur, à condition qu'il s'agisse de frais usuels, conformes aux politiques habituelles de frais de distribution et liés, notamment, aux évolutions économiques ou techniques propres à ladite exploitation.

Il est précisé que :

— si les sommes versées le sont par un éditeur vidéographique du film au producteur sous forme de royautés, les "recettes nettes part producteur" s'entendraient du montant hors taxes desdites royautés encaissées par le producteur ou son agent de vente, déduction faite, s'il y a lieu, et sur justification, des frais susvisés dans le cas uniquement où ils seraient laissés à la charge du producteur et non de l'éditeur. De plus, la commission de vente du producteur ou de son agent de vente ne sera opposable que lorsque le film est passé au stade de l'exploitation dite "catalogue", c'est-à-dire à l'expiration du contrat d'édition vidéographique initial ;

— et si l'éditeur vidéographique du film est le producteur ou une société du groupe d'appartenance du producteur, la commission de vente ne sera pas prélevée.

C. *Exploitation sous forme de vidéo à la demande à l'acte ou de paiement à la séance*

Les "recettes nettes part producteur" s'entendent des montants hors taxes encaissés par le producteur (ou versés à un tiers comme un établissement de crédit par délégation ou cession du producteur) ou par toute personne négociant, en lieu et place du producteur, les droits d'exploitation du film sous forme de paiement à la séance et de vidéo à la demande, déduction faite, s'il y a lieu et sur justification, des frais hors taxe ci-après :

— commission de vente, dont le taux ne saurait excéder :

— 30 % jusqu'à 100 000 euros de chiffre d'affaires net hors taxes encaissé par le producteur ou toute personne négociant en ses lieu et place (ci-après le "CA net HT") ;

— 20 % entre 101 000 et 200 000 euros de CA net HT ;

— 15 % entre 201 000 et 300 000 euros de CA net HT, sachant qu'au-delà de 300 001 euros de CA net HT la commission ne sera pas dégressive comme indiqué ci-dessus mais sera fixée à 15 % et applicable au premier euro de CA net HT.

En l'absence de mandataire, la commission ci-dessus sera prélevée par le producteur.

— prix du matériel technique et publicitaire de livraison aux opérateurs Và D et PPV ainsi que des frais de publicité et de promotion, si la charge en incombe contractuellement au producteur du film ;

— cotisations dues au CNC au titre de l'exploitation du film ;

— tous les autres frais justifiés, sur justificatifs comptables, mis à la charge du producteur, à condition qu'il s'agisse de frais usuels, conformes aux politiques habituelles de frais de distribution et liés, notamment, aux évolutions économiques ou techniques propres à ladite exploitation.

Il est précisé que :

— si l'opérateur du service de paiement à la séance ou de vidéo à la demande est le producteur ou une société du groupe d'appartenance du producteur, aucune commission de vente ne sera prélevée ;

— aucune commission ne sera prélevée sur les à-valoir ou *minima* garantis versés par le mandataire et servant au financement du film.

D. *Exploitation télévisuelle*

Les "recettes nettes part producteur" sont constituées par les montants hors taxes effectivement versés par chaque service de télévision (télévision hertzienne, câble, satellite etc.) pour l'acquisition des droits de diffusion du film, déduction faite, s'il y a lieu et sur justification, des frais hors taxes ci-après :

— commission de vente, dont le taux ne saurait excéder :

— 15 % pour les ventes n'excédant pas un prix hors taxes de 50 000 € et pour la "catch up TV" ;

— 10 % pour toutes autres ventes,

étant entendu qu'aucune commission ne sera prélevée sur les cessions servant au financement du film, ni sur les éventuels compléments qui pourraient être versés ultérieurement, notamment le complément Canal Plus, sachant qu'une commission de 15 % pour les ventes n'excédant pas un prix hors taxes de 50 000 € et pour la "catch up TV" et 10 % pour toutes autres ventes sera prélevée par le producteur en l'absence de mandataire ;

— prix des copies nécessaires à l'exploitation, et de tous éléments exigés par les services de télévision, si la charge en incombe contractuellement au producteur ;

— cotisations dues au CNC au titre de l'exploitation du film ;

— tous les autres frais justifiés, sur justificatifs comptables, mis à la charge du producteur, à condition qu'il s'agisse de frais usuels, conformes aux politiques habituelles de frais de distribution et liés, notamment, aux évolutions économiques ou techniques propres à ladite exploitation.

Dans le cas où le producteur concèderait globalement à un tiers, pour un temps déterminé, les droits d'exploitation télévisuelle du film et que ladite concession laisserait, en accord avec le producteur, la charge de la rémunération des auteurs audit tiers avec la faculté pour ce tiers de traiter pour son propre compte avec les services de télévision établis en France et/ou dans tout ou partie des pays d'expression française, il appartiendra au producteur de faire prendre en charge par son concessionnaire le paiement de la rémunération due à l'auteur, telle que définie ci-dessus.

E. *Exploitation sous forme de vidéo à la demande par abonnement*

Les "recettes nettes part producteur" s'entendent des montants hors taxes encaissés par le producteur (ou versés à un tiers comme un établissement de crédit par délégation ou cession du producteur) ou par toute personne négociant, en lieu et place du producteur, les droits d'exploitation du film sous forme de vidéo à la demande par abonnement, céduction faite, s'il y a lieu et sur justification, des frais hors taxe ci-après :

— commission de vente, dont le taux ne saurait excéder :

— 30 % jusqu'à 100 000 euros de chiffre d'affaires net hors taxes encaissé par le producteur ou toute personne négociant en ses lieu et place (ci-après le "CA net HT") ;

— 20 % entre 101 000 et 200 000 euros de CA net HT ;

— 15 % entre 201 000 et 300 000 euros de CA net HT, sachant qu'au-delà de 300 001 euros de CA net HT la commission ne sera pas dégressive comme indiqué ci-dessus mais sera fixée à 15 % et applicable au premier euro de CA net HT.

En l'absence d'agent de vente, la commission ci-dessus sera prélevée par le producteur ;

— prix du matériel technique et publicitaire de livraison aux opérateurs VàD par abonnement ainsi que des frais de publicité et de promotion, si la charge en incombe contractuellement au producteur du film ;

— cotisations dues au CNC au titre de l'exploitation du film ;

— tous les autres frais justifiés, sur justificatifs comptables, mis à la charge du producteur, à condition qu'il s'agisse de frais usuels, conformes aux politiques habituelles de frais de distribution et liés, notamment, aux évolutions économiques ou techniques propres à ladite exploitation.

Il est précisé que :

— si l'opérateur du service de vidéo à la demande par abonnement est le producteur ou une société du groupe d'appartenance du producteur, aucune commission de vente ne sera prélevée ;

— aucune commission ne sera prélevée sur les à-valoir ou minima garantis versés par le mandataire et servant au financement du film.

II. Exploitation à l'étranger

A. *Vente forfaitaire et/ou au pourcentage*

Les "recettes nettes part producteur" sont constituées par les sommes hors taxes effectivement versées par les acquéreurs ou distributeurs à l'étranger au producteur (ou versées à un tiers comme un établissement de crédit par délégation ou cession du producteur) ou à toute personne négociant en lieu et place du producteur, sous forme de forfait, d'avance et/ou de *minima* garantis ainsi que les sommes versées par les distributeurs au-delà desdites avances et *minima* garantis, sous déduction :

— de la commission du vendeur à l'étranger, dont le taux ne saurait excéder 25 %, sous-commission incluse, sachant qu'une commission de 25 % sera prélevée par le producteur en l'absence de mandataire ;

— du coût HT du tirage des copies, contretypes et sous-titrage, de matériel publicitaire nécessaire à l'exploitation du film dans les territoires concédés, des frais de douane, transport de copies, matériel et des frais divers, y compris frais liés à la promotion du film à l'étranger et d'assurance erreurs et omissions, sur présentation de justificatifs, à condition que ces frais soient définitivement à la charge du producteur ;

— des cotisations dues au CNC au titre de l'exploitation du film ;

— des redevances dues à la SACEM et toute société d'auteurs et d'artistes sur les pays non statutaires dans la mesure où l'exploitation ne les paye pas ;

— de tous les autres frais justifiés, sur justificatifs comptables, mis à la charge du producteur à condition qu'il s'agisse de frais usuels, conformes aux politiques habituelles de frais de distribution et liés, notamment, aux évolutions économiques ou techniques propres à ladite exploitation.

B. *Coproduction franco-étrangère*

Si le film est produit en coproduction franco-étrangère, le montant de la participation du coproducteur étranger (et toutes les sommes qui seraient versées au producteur en complément) sera considéré comme recettes nettes part producteur forfaitaires pour les pays dont les droits d'exploitation appartiennent exclusivement à ce coproducteur étranger en application des accords internationaux de coproduction ainsi que pour la part de recettes à revenir à ce dernier dans les territoires qui ne lui sont pas réservés exclusivement mais font l'objet d'un partage entre les coproducteurs, en application des accords de coproduction.

En conséquence, les recettes provenant de l'exploitation dans lesdits territoires réservés et partagés et attribuées au coproducteur étranger ne seront pas décomptées à l'effet des présentes. Ainsi, à titre d'exemple, si le coproducteur étranger se voit octroyer une part de recettes de 30 % dans le reste du monde (hors territoires réservés), les 70 % restant seront seuls considérés comme des recettes nettes part producteurs.

III. Autres exploitations en tous pays (hors musique)

Les "recettes nettes part producteur" s'entendent des montants hors taxes encaissés par le producteur (ou versés à un tiers comme un établissement de crédit par délégation ou cession du producteur) et/ou par toute personne ou société négociant, en lieu et place du producteur, les autres droits d'exploitation du film, et de chacune des exploitations secondaires et "merchandising", ainsi que les droits de "remake", "prequel", "sequel" et "spin off", déduction faite d'éventuelles commissions de vente ou de distribution, dans la limite d'un taux de 20 %, ainsi que des frais justifiés, sur justificatifs comptables, et définitivement pris en charge par le producteur pour lesdites exploitations ainsi que les rémunérations des ayants droit propres à ces exploitations spécifiques, le cas échéant. Une commission de 20 % sera prélevée par le producteur en l'absence de mandataire.

IV. Exploitation de la musique du film en tous pays

Toutes sommes encaissées par le producteur (ou versées à un tiers comme un établissement de crédit par délégation ou cession du producteur) et/ou par toute personne ou société négociant pour son compte les droits d'exploitation susvisés du film portant sur les œuvres musicales figurant dans le film (droits SACEM/SDRM) aussi bien que les droits portant sur les enregistrements correspondants (redevances phonographiques, droits voisins, toutes utilisations secondaires) seront, pour leur montant hors taxe, considérées comme "recettes nettes part producteur", déduction faite d'éventuelles commissions de vente ou de distribution, dans la limite d'un taux de 20 %, ainsi que des frais justifiés, sur justificatifs comptables, et définitivement pris en charge par le producteur pour lesdites exploitations ainsi que les rémunérations des ayants droit propres à ces exploitations spécifiques, le cas échéant. Une commission de 20 % sera prélevée par le producteur en l'absence de mandataire.

Il est précisé que les sommes ci-dessus s'entendent aussi bien de celles perçues par le producteur en sa qualité de propriétaire des enregistrements que de celles reversées au producteur par des tiers détenteurs de droits relatifs aux œuvres et/ou enregistrements.

Il est précisé, en tant que de besoin, que :

— les frais d'exploitation visés au présent article s'entendent nets des remises, rabais, ristournes, avoirs et autres avantages financiers, accordés par les fournisseurs et autres prestataires de services au producteur au titre du film ;

— dans le respect des conditions mentionnées au cinquième alinéa de l'article 3.1 (a) du présent accord, le bénéfice des opérations d'échange de marchandises, partenariats, parrainages, "sponsoring" devra être répercuté sur les comptes d'exploitation pour l'établissement des comptes définitifs.

3.3. Prise en compte du soutien financier producteur et du crédit d'impôt dans le calcul de l'amortissement.

Les sommes calculées et inscrites au compte du producteur (et des coproducteurs éventuels) au titre du soutien financier automatique généré par l'exploitation de l'œuvre cinématographique ainsi que le crédit d'impôt ne pourront pas être considérés comme recettes, même de manière indirecte par la voie d'un mécanisme, quel qu'il soit, d'" équivalent comptable". En particulier, ils n'entreront pas dans les "recettes nettes part producteur" mentionnées à l'article 3.2 ci-dessus ni ne pourront servir de base de calcul à la rémunération complémentaire de l'auteur, après amortissement du coût du film, lorsqu'une telle rémunération est prévue.

Toutefois, il est convenu entre les parties que le crédit d'impôt et, après prise en compte des déductions visées au deuxième alinéa de l'article 3.1 *(a)* et sous réserve du précédent paragraphe et dans la limite de l'amortissement, les sommes calculées et inscrites au compte du producteur (et des coproducteurs éventuels) au titre du soutien financier automatique afférent à l'œuvre, seront pris en compte dans le calcul de l'amortissement du coût de l'œuvre cinématographique, suivant des modalités qui seront déterminées de gré à gré dans le contrat à intervenir entre l'auteur et le producteur pour le film dont il s'agit.

Art. 4 *Information des auteurs.* Soucieuses de créer les conditions d'une transparence pérenne entre producteurs et auteurs, les parties conviennent de systématiser la communication de divers éléments à chaque auteur.

Ainsi, les organisations signataires décident d'organiser la communication d'un document clair et transparent, établi par le producteur à l'attention de chaque coauteur, au plus tard deux mois après l'arrêté du coût définitif du film tel que précisé à l'article 2.

Cette nouvelle obligation, distincte de l'obligation légale et contractuelle obligeant déjà le producteur à rendre des comptes réguliers aux auteurs, devra expressément faire mention des trois éléments distincts décrits ci-après dans un document unique les regroupant.

1. Le producteur s'engage à communiquer à l'auteur le coût définitif de l'œuvre cinématographique opposable à l'auteur tel qu'il est calculé à l'article 2. Le calcul final fera clairement apparaître le "coût amortissable" de l'œuvre cinématographique ainsi défini.

2. Le producteur s'engage, sur la base de ce coût amortissable, à produire le solde du coût de l'œuvre cinématographique restant à amortir, conformément aux conditions des dispositions de l'article 3 du présent accord.

3. Le producteur s'engage, sur la base des éléments que fourniront ses mandataires, y compris ses distributeurs, à produire le montant et la nature des coûts d'édition opposables aux auteurs.

Afin de faciliter la lecture et la tenue de ces nouveaux éléments à communiquer, les parties proposeront au CNC, dans les six mois suivant la signature du présent accord, un bordereau type à l'usage de chaque producteur.

Art. 5 Étant rappelé, conformément aux dispositions de l'article 1er du présent accord, que le principe et les modalités d'une rémunération complémentaire après amortissement du coût de l'œuvre cinématographique sont laissés, au cas par cas, à l'entière liberté contractuelle entre auteurs et producteurs, il est précisé que, dans le cas où une telle rémunération complémentaire serait stipulée dans les contrats de cession entre auteurs et producteurs signés à compter de l'entrée en vigueur du présent accord, cette rémunération complémentaire aura pour assiette les "recettes nettes part producteur" telles qu'elles sont définies à l'article 3.2.

Conformément à la réglementation en vigueur, il est rappelé que les sommes calculées et inscrites au compte du producteur et des coproducteurs éventuels au titre du soutien financier et du crédit d'impôt ne peuvent être considérés comme recettes. En particulier, elles n'entreront pas dans les "recettes nettes part producteur" visées à l'article 3.2 ci-dessus. Leur montant ne pourra servir ni de base ni d'assiette à la rémunération complémentaire éventuelle de l'auteur après amortissement du coût de l'œuvre cinématographique.

Art. 6 *Audits.* Les parties signataires décident de mettre en place une procédure de contrôle aléatoire de l'ensemble du coût des œuvres cinématographiques et des recettes qu'elles génèrent.

A cet effet, chaque année, dix œuvres cinématographiques seront choisies par tirage au sort parmi la liste des œuvres d'initiative française agréées par le CNC durant l'année civile écoulée. Les œuvres figurant sur cette liste seront réparties en cinq groupes selon les catégories budgétaires suivantes : coût inférieur à 3 M€ ; entre 3 M€ et 7 M€ ; entre 7 M€ et 10 M€ ; entre 10 M€ et 12 M€ ; supérieur à 12 M€. Le tirage au sort sera ensuite réparti entre ces cinq groupes à raison de deux films par groupe.

Les dix œuvres ainsi tirées au sort feront l'objet d'un audit comptable approfondi, chez le producteur et ses mandataires, de leur coût opposable aux auteurs et des recettes qu'elles auront générées.

Ces audits seront réalisés en s'appuyant exclusivement sur les principes et les règles spécifiques posées par le présent accord, à partir :

— d'une part, du coût contractuellement opposable aux auteurs calculé en vertu du présent protocole et dont le montant sera transmis aux auteurs conformément aux dispositions de l'article 4.1 ;

— et d'autre part, des décomptes établis au 30 juin de l'année du tirage au sort.

Les organisations professionnelles signataires informeront leurs adhérents des dispositions du présent accord relatives à la communication aux auditeurs, avec un préavis raisonnable, de toutes les données comptables relatives aux œuvres sélectionnées et, de manière générale, l'ensemble des informations nécessaires à la conduite de leur mission telle que définie ci-dessus. Les auditeurs informeront le CNC des difficultés rencontrées dans l'exercice de leur mission.

Le tirage au sort des dix œuvres sera effectué par la commission de suivi du présent protocole, prévue à l'article 7.

Le premier tirage au sort interviendra durant le premier trimestre suivant la fin de la première année civile d'application du présent accord. Il portera sur les œuvres d'initiative française agréées durant cette même année. Les tirages ultérieurs interviendront avant le 31 mars de chaque année et concerneront tous les films agréés pendant l'année antérieure.

Les audits seront réalisés, sous l'égide du CNC qui en assurera la prise en charge financière, par des sociétés indépendantes de tout lien capitalistique ou d'affaires avec le ou les producteurs concernés et reconnues pour leur compétence dans l'économie du cinéma.

Les conclusions des audits seront communiquées au CNC ainsi qu'aux auteurs, ayants droit et producteurs du film.

Le CNC transmettra chaque année aux membres de la commission de suivi un rapport de synthèse sur les principaux résultats des contrôles opérés.

Art. 7 *Commission de suivi.* Une commission de suivi, composée d'un représentant de chacune des organisations signataires et du CNC, est chargée de suivre l'application du présent accord et de relever les éventuelles difficultés qu'elle soulèverait.

Elle se réunit durant le premier trimestre de chaque année civile.

A l'occasion de cette réunion, la commission examine et propose les aménagements qui pourraient s'avérer nécessaires, notamment du fait des évolutions du secteur. Elle analyse et valide la nature des nouveaux frais de distribution qui seraient, le cas échéant, mis à la charge des producteurs en raison de ces évolutions, en particulier du fait du processus de numérisation en cours dans le domaine cinématographique.

Art. 8 *Entrée en vigueur et durée.* Le présent accord entrera en vigueur le 1er janvier 2011, pour une durée de trois ans. Il se poursuivra ensuite par tacite reconduction et par périodes de trois ans, sauf dénonciation par l'une quelconque des parties par lettre recommandée avec accusé de réception adressée aux autres parties au plus tard six mois avant l'expiration de la période en cours.

Les dispositions du présent accord s'appliqueront aux contrats de production signés entre auteurs et producteurs à compter de sa date d'entrée en vigueur.

Dans la limite de son objet, tel qu'il est défini à l'article 1er, les parties demandent l'extension, dès sa signature, du présent accord au ministre chargé de la culture en application des dispositions de l'article L. 132-25 du code de la propriété intellectuelle.

Arrêté du 6 mai 2013,

Pris en application de l'article L. 132-25 du code de la propriété intellectuelle et portant extension du protocole d'accord du 20 décembre 2012 relatif aux pratiques contractuelles entre auteurs scénaristes et producteurs de fiction.

Vu le protocole d'accord du 20 déc. 2012 relatif aux pratiques contractuelles entre auteurs scénaristes et producteurs de fiction,

Art. 1er Sont rendues obligatoires, pour toute entreprise de production d'œuvres audiovisuelles, les stipulations *(Abrogé par Arr. du 9 juill. 2013) « des articles 5 (b), 6.2 et 7 »* du protocole d'accord du 20 décembre 2012 relatif aux pratiques contractuelles entre auteurs scénaristes et producteurs de fiction *(Abrogé par Arr. du 9 juill. 2013) «, en tant qu'elles portent sur la rémunération des auteurs ».*

Art. 2 Les stipulations du protocole d'accord mentionné à l'article 1er sont rendues obligatoires à dater de la publication du présent arrêté pour la durée prévue à l'article 9 dudit protocole d'accord.

Art. 3 Le secrétaire général au ministère de la culture et de la communication et le président du Centre national du cinéma et de l'image animée sont chargés, chacun en ce qui le concerne, de l'exécution du présent arrêté, qui sera publié ainsi que le protocole d'accord du 20 décembre 2012 relatif aux pratiques contractuelles entre auteurs scénaristes et producteurs de fiction qui y est annexé au *Journal officiel* de la République française.

ANNEXE

Protocole d'accord sur les pratiques contractuelles entre auteurs scénaristes et producteurs de fiction

Entre les soussignés :

L'Union syndicale de la production audiovisuelle, syndicat professionnel, dont le siège est à Paris (75017), 5, rue Cernuschi, représentée par Jean-Pierre Guérin, président, ci-après l'USPA ;

Le Syndicat des producteurs indépendants, dont le siège est à Paris (75010), 40, rue Louis-Blanc, représenté par Bénédicte Lesage, présidente, ci-après le SPI ;

La Guilde française des scénaristes, syndicat professionnel, dont le siège social est à Paris (75003), 59, rue Meslay, représenté par Jean-André Yerlès, président, ci-après la Guilde ; et

La Société des auteurs et compositeurs dramatiques, dont le siège social est à Paris (75009), 11 *bis*, rue Ballu, représentée par Pascal Rogard, directeur général, ci-après la SACD ;

Étant rappelé ce qui suit :

Les auteurs scénaristes et les producteurs ont décidé de se rapprocher afin d'établir un protocole d'accord destiné à améliorer les pratiques contractuelles qui régissent leurs relations et à assurer un objectif de transparence mutuelle pour ce qui concerne les œuvres de fiction destinées à une première exploitation en télévision ou sur internet, à l'exclusion des séries de format court produites sous la forme d'épisodes d'une durée respective inférieure ou égale à cinq minutes.

Dans cet esprit, les parties sont convenues d'encadrer certaines stipulations contractuelles et d'établir à cet égard un cadre minimum que les producteurs et les auteurs scénaristes s'engagent à respecter.

Ce protocole d'accord entrera en vigueur à la date de sa signature. Il complète le protocole d'accord USPA-UGS du 28 mai 2001 concernant les relations entre scénaristes et producteurs de télévision.

Les signataires demanderont l'extension à l'ensemble de la profession du présent protocole au ministre chargé de la culture, en application des dispositions de l'article L. 132-25, troisième alinéa, du code de la propriété intellectuelle, et ce pour le secteur d'activité visé au premier paragraphe de ce préambule.

Art. 1er *Présentation des projets aux diffuseurs.* Les producteurs ne peuvent présenter aux diffuseurs que des projets ayant fait l'objet d'un contrat de cession de droits et de commande ou d'option rémunérée.

La prise d'une option par le producteur ne peut porter que sur un texte déjà écrit.

En cas de signature d'une option précédente (ou d'un contrat de cession) arrivée à terme sans être levée, l'auteur a l'obligation d'informer le producteur de toute option (ou cession) précédemment accordée par lui sur le même projet, en précisant le producteur et, éventuellement, le ou les diffuseurs impliqués, s'il en a été informé.

Art. 2 *Commande d'écriture.* En dehors de toute prise d'option rémunérée, toute commande d'écriture de scénario à un auteur par un producteur, au-delà du stade du pitch *[Pitch : description sommaire des intentions du scénario, ne dépassant pas deux pages, permettant le début du développement et l'établissement d'un contrat entre le scénariste et le producteur.]*, doit donner lieu à la signature d'un contrat de cession de droits et de commande rémunéré, sauf accord dérogatoire agréé conjointement par l'auteur et le producteur. Cette stipulation s'applique également dans les cas où il n'y aurait pas encore eu présentation du projet à un diffuseur ni commande du diffuseur.

Art. 3 *Apport du sujet.* Les parties (auteur et producteur) devront préciser dans le préambule du premier contrat d'auteur relatif à un projet, tel que mentionné sur la fiche généalogique de l'écriture visée ci-après (FGE), laquelle des deux a apporté le sujet de l'œuvre audiovisuelle objet du contrat. Cette détermination résulte du seul accord des parties tel qu'il figure audit préambule.

La mention relative à la paternité du sujet devra également figurer dans la FGE annexée aux contrats suivants éventuels.

A ce titre, pour pouvoir justifier de la qualité de coauteur de la bible, et sous réserve de l'établissement du contrat correspondant, le sujet de l'œuvre audiovisuelle doit en tout état de cause comprendre le thème de l'histoire ainsi que les principales caractéristiques des personnages et des situations, complétés le cas échéant d'un exemple de dialogues.

Il est précisé que le gérant ou l'associé d'une société de production ne peut revendiquer la qualité de coauteur du texte d'une œuvre audiovisuelle que s'il a effectivement contribué à sa coécriture. Au-delà du contrat signé avec la société dont il est gérant ou dans laquelle il est associé, il devra s'assurer de disposer matériellement de sa contribution écrite, ou d'un document permettant à tout le moins d'établir sa collaboration.

Art. 4 *Fiche généalogique de l'écriture (FGE).* Les producteurs comme les auteurs ont l'obligation d'introduire en annexe de leurs contrats, au moment de leur signature, un historique exhaustif du projet concerné et de le tenir à jour le cas échéant par notification ou par avenant au contrat.

Cet historique engage à la fois la responsabilité des producteurs (liste des auteurs dont la contribution à une œuvre a été retenue et conditions opposables *[aux.]* autres auteurs) et des auteurs (obligation de signaler les contrats et options précédents ainsi que les coauteurs ayant déjà collaboré sur le projet).

Pour l'établissement de la FGE, les parties aux contrats sont tenues de fournir des informations exactes et exhaustives et, le cas échéant, actualisées. Toute FGE établie en méconnaissance de cette obligation engage la responsabilité de la personne à qui le manquement est imputable, que ce soit le producteur ou l'auteur. Les contrats doivent définir les conditions de cette responsabilité.

Dans le cas où un auteur ou un producteur n'aurait pas signalé la collaboration antérieure sur le même projet d'un autre ou d'autres auteurs dont les contributions artistiques auraient été conservées et qu'il n'existerait pas de contrat initial de cession entre le producteur et ce ou ces auteurs non signalés, le responsable de cette omission devra assumer le coût du/des contrat(s) de cession qui devra/devront être impérativement régularisé(s) selon les usages en vigueur avec le ou les auteurs concernés.

En outre, dans le cas où le/les auteur(s) dont le/les nom(s) a/ont été omis dans la FGE obtiendrai(en)t de figurer au bulletin de déclaration de l'œuvre à la SACD, il est convenu que la part de droits à leur revenir à ce titre serait prise en charge :

— sur la part de droits SACD de l'auteur ou des auteurs scénariste(s) figurant sur la FGE, lorsqu'il(s) est/sont à l'origine de l'omission, étant précisé que si cette part s'avérait insuffisante, ledit ou lesdits auteurs scénaristes seraient tenus de verser le complément ;

— par le producteur lorsqu'il est à l'origine de l'omission, de telle sorte que la part de droits SACD due aux auteurs scénaristes omis dans la FGE ne vienne pas en déduction de celle des autres auteurs scénaristes figurant au bulletin de déclaration de l'œuvre à la SACD ; dans ce cas, le producteur devra rembourser à due concurrence les auteurs figurant sur la FGE dont les droits SACD auront été réduits du fait de son omission.

Les stipulations des deux paragraphes précédents sont sans préjudice de toute condamnation prononcée par une juridiction. Elles ne modifient pas les règles en vigueur à la SACD concernant l'établissement et l'application des bulletins de déclaration ainsi que la répartition et le versement des droits.

Art. 5 *Respect des échéances dues. a)* L'auteur scénariste est tenu de respecter la première étape de remise de texte fixée dans le contrat, sauf si des modifications lui ont été demandées par le producteur ou le diffuseur en cours d'écriture.

Après chacune des réponses du diffuseur sur chaque étape ultérieure, les dates des échéances de remise de texte sont ensuite arrêtées d'un commun accord entre le producteur et l'auteur et confirmées à l'auteur par courrier électronique, les dates de paiement correspondantes étant décalées d'autant.

En cas notamment de non-respect par l'auteur des délais contractuellement convenus selon les stipulations prévues ci-dessus pour la remise de tout ou partie de ses travaux et quinze jours après rappel à l'auteur par lettre recommandée avec accusé de réception du non-respect par ce dernier desdits délais restée sans effet, le producteur est libre de lui adjoindre ou de lui substituer un ou plusieurs coauteurs de son choix, sans préjudice de tous dommages et intérêts éventuels.

Dans cette hypothèse, l'auteur ne pourra se prévaloir de l'application des stipulations de l'article 6 ci-après.

b) Le producteur devra s'acquitter du paiement des échéances prévues au contrat dans un délai maximal de trente jours à compter de la survenance de l'événement. Au-delà de ce délai et sans mise en demeure préalable, le producteur devra s'acquitter d'intérêts de pénalités de retard calculés rétroactivement à compter de la date d'exigibilité ci-dessus définie, sur le montant de l'échéance à payer et sur la base du taux d'intérêt légal majoré au minimum du montant prévu par l'article L. 441-6 du code de commerce.

Art. 6 *Contrat et substitution d'auteur.* 6.1. Le contrat de cession de droits d'auteur relatif à la commande de l'écriture d'un scénario doit porter sur l'ensemble des travaux d'écriture jusqu'à la version dialoguée définitive, les parties contractantes étant libres d'aménager des étapes à l'intérieur de ce contrat.

Toutefois, cette règle ne s'applique pas :

— à un ou des auteurs qui se voient confier spécifiquement l'écriture des dialogues, ou réécrivent ou modifient un scénario lorsqu'un contrat global antérieur a été signé avec le ou les auteurs précédents ;

— dans le cadre de l'organisation spécifique d'ateliers d'écriture structurés.

6.2. Dans le cas visé à l'alinéa 1 du paragraphe 6.1 ci-dessus, lorsque l'exécution, la collaboration d'un auteur, autre que l'auteur-créateur de l'œuvre (unitaire ou série), est interrompue du fait de la non-acceptation des travaux de l'auteur par le producteur, ce dernier peut poursuivre l'écriture, avec un ou plusieurs autres auteurs, en utilisant le travail de ce premier auteur, sous réserve :

— d'avoir payé au premier auteur toutes les échéances correspondant à des étapes exécutées par lui ;

— d'avoir indemnisé le premier auteur, sous la forme d'un pourcentage du montant total des rémunérations qui lui auront été versées au moment de l'interruption de son contrat, déterminé comme suit :

20 % si l'interruption intervient au stade du synopsis remis ;

15 % si l'interruption intervient au stade du séquencier remis ;

10 % si l'interruption intervient au stade de la version dialoguée remise.

Le producteur sera tenu de notifier, par écrit, à l'auteur la non-acceptation des travaux afin de mettre en œuvre les stipulations du paragraphe 6.2 ci-dessus.

Art. 7 *Forfait et à-valoir.* La rémunération initiale de l'auteur prévue au contrat doit être constituée d'au moins 30 % de prime d'inédit.

Art. 8 *Recours à la médiation et à l'arbitrage.* Les parties au présent accord s'engagent à encourager une issue amiable à tous différends qui pourraient survenir entre des auteurs et des producteurs. Elles s'engagent à privilégier le recours à la médiation, voire à l'arbitrage, organisé par l'AMAPA, selon les règles fixées par cette association.

A cette fin, elles conseillent à leurs membres d'insérer *in extenso* dans les contrats de production audiovisuelle la clause compromissoire suivante :

"Tout différend qui viendrait à se produire, en suite ou à l'occasion du contrat concernant notamment sa validité, son interprétation ou/et son exécution, sera réglé par voie de médiation et, s'il y a lieu, d'arbitrage, conformément aux règlements de l'Association de médiation et d'arbitrage des professionnels de l'audiovisuel (AMAPA) que les parties déclarent accepter, en leur qualité de professionnels.

"Les parties acceptent d'ores et déjà qu'il soit fait application des règlements de médiation et d'arbitrage de l'AMAPA dans leur rédaction à la date du litige.

"Il est rappelé que les arbitres choisis statueront en amiables compositeurs, c'est-à-dire en équité par application des usages professionnels.

"Les parties se réservent expressément la faculté de faire appel de la décision des arbitres et déclarent pour cela faire attribution de compétence à la cour d'appe de Paris."

Plus généralement, les parties aux présentes incitent leurs membres respectifs à répondre positivement, même en l'absence d'une telle clause, à toute invitation par l'AMAPA à régler le différend dont elle serait saisie.

Art. 9 *Durée du protocole.* Le présent protocole est conclu pour une période de trois ans à compter de sa signature.

Il pourra être renouvelé ultérieurement par tacite reconduction pour des périodes successives de cinq ans, sauf dénonciation par l'une ou l'autre des parties, par lettre recommandée avec accusé de réception, au plus tard trois mois avant l'expiration de la période en cours.

Art. 10 *Négociations ultérieures.* Les parties conviennent de leur intention commune de considérer le présent protocole comme la première étape d'une négociation plus large destinée à aboutir à un accord ayant notamment pour objet ;

— de stabiliser les relations entre les auteurs et les producteurs d'œuvres de fiction ; et

— d'accompagner l'industrialisation de la production française de séries afin de renforcer son attractivité et sa compétitivité.

A cette fin, les parties conviennent de faire leurs meilleurs efforts pour aboutir à la conclusion d'un protocole additionnel, au plus tard à l'expiration d'un délai d'un an à compter de la signature du présent protocole.

Art. 11 *Comité de suivi.* Un comité de suivi constitué de trois représentants de chaque signataire est mis en place. Il se réunira au moins trois fois par an pour apprécier la bonne mise en œuvre du présent protocole.

Art. L. 132-25-1 *(L. nº 2016-925 du 7 juill. 2016, art. 24-2º)* **Les accords relatifs à la rémunération des auteurs, ainsi que ceux traitant des pratiques contractuelles ou des usages professionnels entre auteurs et producteurs, conclus entre les organismes professionnels d'auteurs ou** *(Ord. nº 2016-1823 du 22 déc. 2016, art. 2-6º)* **« les organismes de gestion collective mentionnés » au titre II du livre III de la présente partie, les organisations professionnelles représentatives des producteurs et, le cas échéant, les organisations représentatives d'autres secteurs d'activité peuvent être étendus à l'ensemble des intéressés par arrêté du ministre chargé de la culture.**

Les dispositions de la L. nº 2016-925 du 7 juill. 2016 et de l'Ord. nº 2016-1823 du 22 déc. 2016 sont applicables dans les îles Wallis-et-Futuna (L. préc., art. 115-III ; Ord. préc., art. 6).

V. Accord du 6 juill. 2017 entre auteurs et producteurs d'œuvres audiovisuelles relatif à la transparence des relations auteurs-producteurs et à la rémunération des auteurs (Arr. d'extension du 7 juill. 2017, JO 12 juill.).

Art. L. 132-26 **L'auteur garantit au producteur l'exercice paisible des droits cédés.** – *[L. nº 57-298 du 11 mars 1957, art. 63-4.]*

COMMENTAIRE

L'obligation de garantie ici posée a la même portée que celle posée en matière de contrat d'édition (V. art. L. 132-8 CPI).

1. L'auteur d'une pièce de théâtre ayant cédé les droits d'adaptation cinématographique de son œuvre à un premier producteur, mais en se réservant le droit de tirer de sa pièce une comédie musicale, engage sa responsabilité au titre de la garantie d'éviction en autorisant un autre producteur à tirer de cette comédie musicale un deuxième film. • Civ. 1re, 27 mai 1986 : *D. 1987. 209, note crit. Gautier.* ♦ V. aussi, en matière de contrat d'édition, art. L. 132-8.

2. Le réalisateur d'un documentaire doit, par application de l'art. L. 132-26, garantir le producteur du trouble de jouissance résultant du caractère reconstitué de certaines scènes. • Paris, 14 mai 2002 : *D. 2002. AJ 2535.*

Art. L. 132-27 *(L. nº 2016-925 du 7 juill. 2016, art. 38)* **Le producteur est tenu de rechercher une exploitation suivie de l'œuvre audiovisuelle, conforme aux usages de la profession.**

Le champ et les conditions de mise en œuvre de cette obligation ainsi que, le cas échéant, les dispositions convenues entre le producteur et ses cessionnaires ou mandataires sont définis par voie d'accord professionnel conclu entre, d'une part, les organismes professionnels d'auteurs ou *(Ord. nº 2016-1823 du 22 déc. 2016, art. 2-6º)* **« les organismes de gestion collective mentionnés » au titre II du livre III de la présente partie et, d'autre part, les organisations représentatives des producteurs d'œuvres audiovisuelles, les organisations représentatives des éditeurs de services de communication audiovisuelle ou un ensemble d'éditeurs de services de communication audiovisuelle représentatifs ainsi que, le cas échéant, un ensemble d'éditeurs de services de**

communication au public en ligne représentatifs et les organisations représentatives d'autres secteurs d'activité. L'accord peut être rendu obligatoire pour l'ensemble des intéressés des secteurs d'activité concernés par arrêté du ministre chargé de la culture. A défaut d'accord professionnel rendu obligatoire dans le délai de trois mois à compter de la promulgation de la loi n° 2016-925 du 7 juillet 2016 relative à la liberté de la création, à l'architecture et au patrimoine, le champ et les conditions de mise en œuvre de cette obligation sont fixés par décret en Conseil d'État.

Les dispositions issues de la L. n° 2016-925 du 7 juill. 2016 et de l'Ord. n° 2016-1823 du 22 déc. 2016 sont applicables dans les îles Wallis-et-Futuna (L. préc., art. 115-III ; Ord. préc., art. 6).

BIBL. ▶ MONTELS, *CCE 2017. Prat. 1* (la clause d'obligation de recherche d'une « exploitation suivie » dans les contrats de l'audiovisuel).

COMMENTAIRE

Lors de l'adoption de la loi du 7 juillet 2016, le législateur a entendu renforcer l'obligation d'exploitation qui pèse sur le producteur d'une œuvre audiovisuelle. Si le référent est toujours à trouver dans « les usages de la profession » (al. 1er), ces derniers doivent nécessairement évoluer en raison de la révolution numérique. La réforme vise à faire apparaître désormais clairement ces usages légitimement attendus, de sorte que l'exploitation, à défaut d'être « permanente » (comp. l'art. L. 132-12 en matière d'édition), soit effectivement « suivie » (adjectif ajouté par la loi afin de renforcer l'obligation à la charge du producteur).

Il s'agit donc de fixer les contours du devoir incombant au producteur en prenant en considération la teneur d'accords conclus entre professionnels, quitte à en étendre la portée à l'ensemble du secteur par la voie d'un arrêté (la loi du 7 juillet 2016 s'inspire, ici, totalement de la démarche suivie par l'ordonnance du 12 novembre 2014 en matière de contrat). A défaut d'accord, un décret en Conseil d'État déterminera ce qui peut et doit être attendu d'un producteur.

Le but de cette disposition est d'aller au-delà des efforts relatifs à l'exploitation en salles (assez vite achevée) ou des passages à la télévision pour, notamment, contraindre à une exploitation via les réseaux numériques (al. 2).

Ce devoir a cependant la nature de ce qu'il est convenu d'appeler une « obligation de moyens ».

Les premières négociations professionnelles – associant l'ensemble des acteurs concernés sous l'égide du Centre national du cinéma et de l'image animée (CNC) – ont abouti, en octobre 2016, à un accord visant une meilleure accessibilité des œuvres ainsi que l'enrichissement de l'offre légale en France, notamment pour les services en ligne, en tenant compte des réalités de leurs conditions de production et de diffusion (V. *infra* Arr. du 7 oct. 2016 pris en application de l'art. L. 132-27 et portant extension de l'accord du 3 oct. 2016 sur l'obligation de recherche d'exploitation suivie relative aux œuvres cinématographiques et audiovisuelles). ❑

Arrêté du 7 octobre 2016,

Pris en application de l'article L. 132-27 du code de la propriété intellectuelle et portant extension de l'accord du 3 octobre 2016 sur l'obligation de recherche d'exploitation suivie relative aux œuvres cinématographiques et audiovisuelles.

Art. 1er Sont rendues obligatoires, pour toute entreprise de production d'œuvres cinématographiques, toute entreprise de production d'œuvres audiovisuelles ainsi que toute entreprise cessionnaire ou mandataire de droits d'exploitation d'œuvres cinématographiques ou audiovisuelles les stipulations du préambule et des articles I à IX de l'accord professionnel du 3 octobre 2016 sur l'obligation de recherche d'exploitation suivie relative aux œuvres cinématographiques et audiovisuelles.

Art. 2 Les stipulations de l'accord professionnel du 3 octobre 2016 mentionnées à l'article 1er sont rendues obligatoires à dater de la publication *[20 oct.]* du présent arrêté pour la durée et dans les conditions prévues à l'article VIII dudit accord.

ANNEXE

Accord sur l'obligation de recherche d'exploitation suivie relative aux œuvres cinématographiques et audiovisuelles

Pour l'application de l' article L. 132-27 du code de la propriété intellectuelle, les parties signataires du présent accord,

Considérant que la loi du 7 juillet 2016 relative à la liberté de création, à l'architecture et au patrimoine a prévu une obligation de recherche d'exploitation suivie des œuvres audiovisuelles et renvoyé à la négociation interprofessionnelle la définition de son champ et des conditions de sa mise en œuvre,

Considérant que la concertation entre les organisations représentatives des auteurs et l'ensemble des secteurs d'activité concernés, menée sous l'égide du Centre national du cinéma et de l'image animée, a permis de confronter les vues de l'ensemble des acteurs,

Considérant que l'ensemble des ayants droit, dont les auteurs, est concerné par l'obligation de recherche d'exploitation suivie prévue à l'article L. 132-27 du CPI, le producteur a la faculté de recourir à la coopération de ceux-ci,

Adoptent les dispositions qui suivent :

PRÉAMBULE

L'application du présent accord est sans préjudice :

(i) De l'application des règles relatives à la chronologie des médias ;

(ii) De la liberté d'un producteur et/ou d'un distributeur de consentir des exclusivités d'exploitation sur une œuvre en France et/ou à l'étranger ;

(iii) De la liberté d'un diffuseur d'acquérir les droits de diffusion et de diffuser les œuvres de son choix, dans le respect de sa liberté et responsabilité éditoriales.

I Champ d'application

Les œuvres couvertes par le présent accord sont les œuvres françaises cinématographiques et les œuvres françaises audiovisuelles patrimoniales pour lesquelles un contrat de production audiovisuelle est régi par le droit français.

Pour le présent accord, on entend par œuvres françaises les œuvres dont le producteur délégué est de nationalité française et dont la majorité du financement provient de personnes physiques ou morales de nationalité française et :

— par œuvres cinématographiques : les œuvres cinématographiques de longue durée ayant obtenu un visa d'exploitation définitif et les œuvres cinématographiques de courte durée ayant bénéficié des aides financières du CNC ou d'une collectivité territoriale et

— par œuvres audiovisuelles patrimoniales : les œuvres non cinématographiques appartenant aux genres de la fiction, de l'animation, du documentaire de création ou de l'adaptation audiovisuelle de spectacle vivant ayant bénéficié des aides financières du Centre national du cinéma et de l'image animée ou d'une collectivité territoriale.

II Obligations du producteur

1 CONSERVATION ET MISE AUX NORMES TECHNIQUES

Le producteur conserve en bon état les éléments ayant servi à la réalisation de l'œuvre dont la liste et les modalités de conservation figurent au contrat de production audiovisuelle, conformément à l'article L132-24 du code de la propriété intellectuelle.

Le producteur fait ses meilleurs efforts pour rendre l'œuvre disponible, dans des délais raisonnables en réponse à des demandes de cessionnaires ou mandataires potentiels, dans des formats et supports adaptés aux modes d'exploitation ciblés, en tenant compte des usages du marché et des évolutions technologiques.

La conservation pérenne des œuvres est un enjeu important à l'heure du numérique. Les parties concernées se réuniront, postérieurement à la signature du présent accord, pour échanger sur les bonnes pratiques en la matière et sur la prise en charge *in fine* des coûts afférents.

2 DROITS

Les producteurs et les auteurs s'engagent à négocier de bonne foi, le cas échéant avec le concours des sociétés d'auteurs signataires du présent accord, afin de favoriser le renouvellement et/ou la renégociation des contrats conclus pour une durée limitée, dans des conditions permettant que les droits d'auteur et les droits voisins du droit d'auteur sur l'œuvre ne soient pas dissociés artificiellement à des fins spéculatives.

3 MISE EN ŒUVRE DE L'OBLIGATION DE RECHERCHE D'EXPLOITATION SUIVIE

L'obligation de recherche d'exploitation suivie est une obligation de moyens, qui appelle du producteur ses meilleurs efforts, dans les limites de l'article VI, pour permettre à l'œuvre d'être exploitée en France et/ou à l'étranger.

A cette fin, le producteur fait notamment ses meilleurs efforts pour, selon les cas :

— trouver des distributeurs ; ou

— trouver des opérateurs, ci-après dénommés "diffuseurs", pour exploiter l'œuvre, quel que soit le mode et le procédé d'exploitation, existant ou à venir, et notamment, sans que cette liste soit limitative :

— en salles de spectacles cinématographiques ;

— sur un service de télévision à vocation nationale ou locale ;

— sous forme de vidéogrammes destinés à l'usage privé du public ;

— sur un service de média audiovisuel à la demande (SMAD), quel qu'il soit ;

— sur un service de communication en ligne,

— ou dans les réseaux non commerciaux et institutionnels (médiathèques, cinémathèques, festivals, ciné-clubs...) ; ou

— réaliser l'exploitation lui-même.

Le producteur veille à la bonne exécution des contrats qu'il noue avec les distributeurs et/ou les diffuseurs.

4 INFORMATION DE L'AUTEUR

Conformément à l' article L. 132-28 du code de la propriété intellectuelle, le producteur fournit au moins une fois par an à l'auteur, ou, à défaut, à son représentant expressément mandaté, un état des recettes provenant de l'exploitation de l'œuvre selon chaque mode d'exploitation.

A la demande écrite de l'auteur ou, à défaut, de son représentant expressément mandaté, le producteur fournit les informations relatives aux efforts qu'il a engagés et aux éventuels motifs qui l'empêchent de remplir son obligation de recherche d'exploitation suivie des œuvres.

III Engagements des distributeurs et des diffuseurs

Les diffuseurs concourent, par leurs acquisitions, à l'exploitation, et les distributeurs font leurs meilleurs efforts pour permettre au producteur de remplir son obligat on de recherche d'exploitation suivie de l'œuvre.

A la demande écrite du producteur, les distributeurs fournissent les informations relatives aux exploitations effectuées ou, à défaut, aux démarches qu'ils ont entreprises à cette fin, afin de permettre au producteur de répondre aux demandes d'information de l'auteur.

A la demande écrite du producteur ou du distributeur, les diffuseurs fournissent les informations relatives aux diffusions ou mises à disposition du public effectuées.

IV Engagements des sociétés d'auteurs

Les sociétés d'auteurs signataires du présent accord s'engagent, chacune pour le répertoire qui la concerne, à poursuivre leur action tendant à permettre l'identification des auteurs ou de leurs ayants droit et, lorsqu'elles sont parties prenantes à la renégociation des contrats, à poursuivre leurs actions tendant à :

— favoriser l'accord entre les producteurs et les auteurs, ou leurs ayants droit,

— mettre en œuvre les moyens pour remédier aux difficultés de renégociation des contrats de production audiovisuelle, notamment en cas de succession vacante ou en cas de déshérence ;

— coopérer avec les producteurs afin que les droits des auteurs ne soient pas acquis par des tiers dans des conditions essentiellement spéculatives et de nature à bloquer l'exploitation des œuvres.

V Présomption

Les dispositions qui suivent s'appliquent sans préjudice de la faculté pour le producteur, à la demande de l'auteur ou, à défaut, de son représentant, dans les conditions prévues à l'article II. 4) et dans les limites de l'article VI, de prouver par tout moyen l'accomplissement de son obligation de recherche d'exploitation suivie énoncée à l'article II.

a) Pendant un premier délai de cinq ans à compter de la 1re exploitation (sortie en salle ou 1re diffusion télévisuelle), l'obligation de recherche d'exploitation suivie est présumée respectée par le producteur si l'œuvre a fait l'objet d'une exploitation au cours des trois dernières années dans l'un des modes d'exploitation suivants :

1. En salles de spectacles cinématographiques en France, ou
2. Sur un service de télévision conventionné par le CSA, ou soumis à un cahier des charges, ou mentionné aux articles 45 et 45-2 de la loi n° 86-1067 du 30 septembre 1986 relative à la liberté de communication, et, le cas échéant, sur son service de télévision de rattrapage, ou sur un service de télévision en langue française, destiné au public français, diffusé depuis l'étranger et accessible sur tout le territoire, ou
3. Sur un ou plusieurs services de médias audiovisuels à la demande (SMAD) accessibles en France ou dans un ou plusieurs pays de l'Espace économique européen dont la population cumulée est supérieure à 60 millions de personnes (service à l'acte, par abonnement, en téléchargement définitif...), à l'exclusion de services de télévision de rattrapage, par sa disponibilité pendant une période cumulée sur ce ou ces différents services d'au moins six mois consécutifs ou non, ou
4. Sur un ou plusieurs services de communication au public en ligne accessibles en France, par sa disponibilité pendant une période de présence cumulée sur ce ou ces différents services d'au moins six mois consécutifs ou non, ou
5. Sous forme de vidéogrammes destinés à l'usage privé du public dans une édition disponible en France.

A l'expiration de ce premier délai de cinq ans, la période de trois ans prévue au paragraphe précédent est portée à cinq ans.

b) L'obligation est également présumée respectée par le producteur si l'œuvre fait l'objet de contrats de mandat ou de cession de droits en cours d'exécution en vue d'une exploitation dans deux modes parmi ceux précités *[incluant les droits confiés à l'Agence du court[-]métrage, pour les œuvres cinématographiques de courte durée]*. Dans ce cas, l'exigence relative à la durée d'exploitation de six mois s'agissant des SMAD et des services de communication au public en ligne ne s'applique pas. A l'expiration d'un délai de cinq ans à compter de la première exploitation de l'œuvre, un mode parmi les deux peut viser l'étranger, étant entendu qu'un même mode visant la France et l'étranger compte pour deux modes.

Toutefois, un contrat de cession de droits pour un seul mode visant la France suffit s'agissant :

— des œuvres cinématographiques exploitées pour la première fois en salles il y a plus de huit ans ;

— des œuvres cinématographiques de courte durée ;

— des œuvres audiovisuelles.

c) S'agissant des œuvres cinématographiques de courte durée et des œuvres cinématographiques muettes ainsi que des œuvres audiovisuelles relevant du documentaire de création ou de la captation de spectacle vivant diffusées pour la première fois à la télévision il y a plus de quinze ans les dispositions du présent article s'appliquent également dans le cas d'une exploitation dans des réseaux non commerciaux en France et/ou à l'étranger (médiathèques, festivals, cinémathèques, ciné-clubs...).

VI Limites de l'obligation

Le producteur ne peut être considéré comme ayant manqué à son obligation de rechercher une exploitation suivie lorsqu'il est confronté notamment à l'une des situations suivantes :

— obstacles juridiques liés notamment à l'impossibilité de renégocier les droits d'exploitation (ex. : refus de renégocier d'un ayant droit, impossibilité d'identifier ou de localiser un ayant droit malgré les démarches du producteur) ;

— difficultés techniques liées notamment à l'indisponibilité du matériel pour des raisons objectivement justifiées ;

— bilan coûts/recettes potentielles défavorable : notamment lorsque les efforts à réaliser sont sans perspectives de rentabilité, en dépit des soutiens financiers que le producteur est susceptible d'obtenir. Les parties conviennent de se réunir sur ce sujet dans l'année qui suit la signature de cet accord, conformément à l'avant-dernier alinéa du IX ;

— difficultés commerciales : notamment en l'absence de demande pour l'œuvre malgré les démarches du producteur auprès des distributeurs et des diffuseurs pour lui trouver un public.

VII Médiation

En vue de faciliter le règlement des difficultés et différends susceptibles de survenir à l'occasion de l'application du présent accord, les parties recommandent le recours à l'AMAPA, sur saisine de l'auteur ou du producteur, ou à toute autre structure de médiation retenue d'un commun accord entre l'auteur et le producteur, sous réserve que la structure intègre la dimension numérique de la recherche d'exploitation suivie des œuvres.

Les organisations signataires s'engagent à inciter leurs membres à recourir à la médiation, afin d'accompagner la mise en œuvre de l'obligation.

La médiation est ouverte aux auteurs et producteurs. Les distributeurs et diffuseurs peuvent être sollicités en tant que de besoin.

VIII Entrée en vigueur — durée — extension

Le présent accord prend effet à la date d'entrée en vigueur de l'arrêté d'extension. Il est conclu pour une durée de trois ans tacitement reconductible par périodes de trois ans.

Les parties demandent l'extension, dès sa signature, du présent accord au ministre chargé de la culture en application des dispositions de l'article L. 132-27 du code de la propriété intellectuelle.

Il peut être dénoncé par chacun des signataires de l'accord. Cette dénonciation est signifiée aux autres parties, dans le respect d'un préavis de trois mois avant l'expiration de la période en cours, par lettre recommandée avec accusé de réception précisant les motifs pour lesquels cette dénonciation intervient.

Le présent accord s'applique aux œuvres couvertes par des contrats en cours. Toutefois, pour les œuvres ayant fait l'objet d'une première exploitation préalablement à la date d'entrée en vigueur du présent accord, les producteurs disposent d'un délai de vingt-quatre mois à compter de l'entrée en vigueur de l'accord pour achever le processus de mise en œuvre de l'obligation de recherche d'exploitation suivie.

IX Suivi

Les parties conviennent de la nécessité de la mise en place d'un Observatoire de l'exploitation des œuvres audiovisuelles, afin d'accompagner la mise en œuvre de l'accord et d'évaluer ses effets sur l'exploitation des œuvres. Elles sollicitent le CNC pour en assurer la création et organiser sa mise en œuvre. L'observatoire sera chargé d'étudier notamment les questions suivantes :

— conservation et mise aux normes techniques des œuvres ;

— exploitation effective des œuvres entrant dans le champ de l'accord ;

— diversité et renouvellement de ces œuvres sur les différents modes d'exploitation, notamment en termes d'ancienneté, de genre et d'auteurs.

Sans préjudice de l'entrée en vigueur de l'accord, concernant les possibilités de restauration et de numérisation des œuvres audiovisuelles patrimoniales produites dans le passé, les parties concernées conviennent de se réunir afin de dresser, dans l'année qui suit l'entrée en vigueur de cet accord, un bilan macroéconomique général des coûts et des recettes potentielles de ces œuvres au regard, notamment, du volume d'œuvres concernées et de l'état des possibilités techniques offertes aujourd'hui aux producteurs par les industries techniques.

Dix-huit mois après l'entrée en vigueur du présent accord, les parties se réuniront pour faire un premier bilan de sa mise en œuvre.

Fait à Paris, le 3 octobre 2016.

Ancien art. L. 132-27 ***Le producteur est tenu d'assurer à l'œuvre audiovisuelle une exploitation conforme aux usages de la profession.***

(L. n° 2009-669 du 12 juin 2009, art. 1er) ***« Les organisations représentatives des producteurs, les organisations professionnelles d'auteurs et les sociétés de perception et de répartition des droits mentionnées au titre II du livre III peuvent établir conjointement un recueil des usages de la profession. »***

BIBL. ▶ SINGH et MARINETTI, *Légipresse 2005. II. 16* (l'obligation du producteur d'assurer la réalisation d'une œuvre audiovisuelle).

1. L'obligation d'exploitation mise à la charge du producteur par l'art. L. 132-27, et susceptible d'être étendue à toute personne venant aux droits du producteur, n'est qu'une obligation de moyens. • TGI Créteil, 14 janv. 1992 : *RIDA juill. 1992, p. 197.* ♦ Sur l'obligation d'exploiter la bande originale d'un film sur CD, V. • Paris, 6 juill. 2007 : *CCE 2008. Chron. 6, § 11, obs. Montels.*

2. Dans l'exécution de l'obligation d'exploitation, il doit être tenu compte des usages de la profession et, s'agissant de l'INA, du nombre très important d'œuvres conservées par cet organisme, de la préférence des sociétés de programmes pour la diffusion d'œuvres nouvelles plutôt que d'œuvres d'archives et de la nécessité de procéder à la restauration d'œuvres anciennes. • TGI Créteil, 14 janv. 1992 : *préc. note 1.*

3. Engage sa responsabilité le distributeur qui n'a fait aucune tentative de cession de droits à une chaîne de télévision. • Paris, 8 juin 1999 : *RIDA janv. 2000, p. 311.*

4. Une chaîne de télévision qui a acquis les droits de retransmission télévisée d'une pièce de théâtre doit prendre toutes les mesures nécessaires pour procéder à son enregistrement. • Paris, 14 mai 1990 : *D. 1990. Somm. 358, obs. Hassler* ✎. ♦ ... Tandis que l'INA doit prendre toute mesure utile pour permettre une première diffusion d'une œuvre, en assurer la conservation et la tenir à la disposition de tout utilisateur éventuel pour décider d'une rediffusion si la demande existe, à l'exclusion de tout démarchage actif. • Paris, 22 oct. 1992 : *RIDA juill. 1993, p. 285, résumé par Kéréver.*

Art. L. 132-28 Le producteur fournit, au moins une fois par an, à l'auteur et aux coauteurs un état des recettes provenant de l'exploitation de l'œuvre selon chaque mode d'exploitation.

A leur demande, il leur fournit toute justification propre à établir l'exactitude des comptes, notamment la copie des contrats par lesquels il cède à des tiers tout ou partie des droits dont il dispose. – *[L. n° 57-298 du 11 mars 1957, art. 63-3.]*

(L. n° 2016-925 du 7 juill. 2016, art. 25) **« Toute cession du bénéfice d'un contrat de production audiovisuelle à un tiers ne peut intervenir qu'après une information préalable des coauteurs par le cédant dans un délai minimal d'un mois avant la date effective de la cession. Tout contrat de production audiovisuelle fait mention de l'obligation prévue au présent alinéa. »**

Sur la transparence des comptes de production et d'exploitation des œuvres audiovisuelles, V. CCIA, art. L. 251-1 s., 1er accord du 19 févr. 2016 et avenant n° 1 (Arr. du 7 juill. 2017, JO 12 juill.).

Sur la transparence des comptes de productions et d'exploitation des œuvres cinématographiques de longue durée, V. CCIA, art. L. 213-24 s., accord professionnel du 6 juill. 2017 (Arr. d' extension du 6 juill. 2017, JO 8 juill.) et avenant (Arr. d'extension du 6 juill. 2017, JO 12 juill.).

COMMENTAIRE

L'article L. 132-28 pose, comme en matière d'édition (art. L. 132-13 et L. 132-17-3) mais de façon moins détaillée, une obligation de rendre compte.

L'alinéa 2 contraint le producteur à fournir aux auteurs « la copie des contrats par lesquels il cède à des tiers tout ou partie des droits dont il dispose ». Obligation qui a fait l'objet de vifs débats au Parlement.

L'alinéa 3, créé par la loi du 7 juillet 2016, impose au cessionnaire des droits l'obligation d'informer les auteurs d'une œuvre audiovisuelle de toute cession à un tiers du bénéfice du contrat de production de cette œuvre. La disposition nouvelle vise à éradiquer l'état d'ignorance dans lequel se trouvent en pratique les créateurs. Dans ce but, le contrat de production doit faire mention de cette obligation, que le producteur doit remplir au moins un mois avant la cession de contrat projetée. ❑

Art. L. 132-29 Sauf convention contraire, chacun des auteurs de l'œuvre audiovisuelle peut disposer librement de la partie de l'œuvre qui constitue sa contribution personnelle en vue de son exploitation dans un genre différent et dans les limites fixées par l'article L. 113-3. – *[L. n° 57-298 du 11 mars 1957, art. 15, al. 2.] – V. art. L. 113-3, al. 4.*

COMMENTAIRE

Application dans le domaine de l'œuvre audiovisuelle et avec une rédaction légèrement différente (« exploitation dans un genre différent ») de l'article L. 113-3, alinéa 4 (« Lorsque la participation de chacun des coauteurs relève de genres différents »), ayant trait aux œuvres de collaboration. ❑

L'auteur d'une musique écrite pour un film lui-même adapté d'un roman peut, sauf atteinte à l'œuvre commune, se livrer à l'exploitation autonome de son œuvre propre. • Civ. 1re, 14 janv. 2003 : ⚖ *D. 2003. 1088, note Becquet* ; *CCE 2003, n° 36, note Caron ; Légipresse 2003, n° 203, III, p. 117, note Singh et Corman ; RIDA oct. 2003, p. 279, note Kéréver.*

Art. L. 132-30 *(L. n° 2005-845 du 26 juill. 2005, art. 165)* **« La procédure de sauvegarde ou de redressement** *[ou la liquidation.]* **judiciaire » du producteur n'entraîne pas la résiliation du contrat de production audiovisuelle.**

Lorsque la réalisation ou l'exploitation de l'œuvre est continuée en application des articles L. 621-22 et suivants du code de commerce, l'administrateur est tenu au respect de toutes les obligations du producteur, notamment à l'égard des coauteurs.

En cas de cession de tout ou partie de l'entreprise ou de liquidation, l'administrateur, le débiteur, le liquidateur, selon le cas, est tenu d'établir un lot distinct pour chaque œuvre audiovisuelle pouvant faire l'objet d'une cession ou d'une vente aux enchères. Il a l'obligation d'aviser, à peine de nullité, chacun des auteurs et des coproducteurs de l'œuvre par lettre recommandée, un mois avant toute décision sur la cession ou toute procédure de licitation. L'acquéreur est, de même, tenu aux obligations du cédant.

L'auteur et les coauteurs possèdent un droit de préemption sur l'œuvre, sauf si l'un des coproducteurs se déclare acquéreur. A défaut d'accord, le prix d'achat est fixé à dire d'expert.

Lorsque l'activité de l'entreprise a cessé depuis plus de trois mois ou lorsque la liquidation est prononcée, l'auteur et les coauteurs peuvent demander la résiliation du contrat de production audiovisuelle. – *[L. nº 57-298 du 11 mars 1957, art. 63-7.]*

BIBL. ▸ MAGNIEN, Colloque faillite et entreprise audiovisuelle, *Juriscope 1992, EJT 1993* (propriété littéraire et artistique et « faillite »). – POLLAUD-DULIAN, *Mélanges Françon, Dalloz 1995, p. 365* (les droits intellectuels dans la tourmente des procédures collectives).

COMMENTAIRE

Cette disposition envisage les conséquences de l'existence de procédures collectives.

Suivant les alinéas 1 et 2, le redressement judiciaire du producteur est sans conséquence sur le contrat de production audiovisuelle. Il n'entraîne pas la résiliation de ce contrat et, en cas de poursuite de l'exploitation, l'administrateur est tenu au respect de toutes les obligations du producteur.

En revanche, en cas de cession de tout ou partie de l'entreprise ou de liquidation, il doit être établi des lots distincts pour chaque œuvre audiovisuelle pouvant faire l'objet d'une cession ; ce qui fait obstacle à la cession globale de plusieurs œuvres (V. note 1).

En cas de liquidation de l'entreprise l'auteur a la faculté de demander et d'obtenir la résiliation du contrat de production (V. note 3). Sur la combinaison de ce droit et de celui qui est accordé par l'article L. 132-30, V. note 4.

L'auteur qui exerce la faculté de résiliation ne recouvre que les droits qu'il a personnellement cédés au producteur, sans qu'il puisse être porté atteinte aux droits des autres coauteurs (V. note 5).

1. Pour une application de la règle, obligeant le mandataire liquidateur à établir un lot distinct pour chaque œuvre pouvant faire l'objet d'une cession ou d'une vente aux enchères, et faisant obstacle à la cession globale de plusieurs œuvres, V. • Civ. 1re, 16 juill. 1997 : *D. Affaires 1997. 1192 ; Bull. civ. I, nº 248 ; RJDA 1998, nº 125 ; RIDA janv. 1998, p. 311 ; Légipresse 1998, I, p. 61 ; JCP E 1999, Chron. 317.* ♦ Sur la vente des films avant l'établissement de l'arrêté définitif des comptes, V. • Civ. 1re, 30 mai 2012 : *Propr. intell. 2012, nº 44, p. 342, obs. A. Lucas.* ♦ Subordonner l'apurement des comptes d'auteur à la vente aux enchères publiques de trois films a pour conséquence, comme cela a été démontré, de livrer les auteurs à la volonté du ou des seuls producteurs qui leur interdisent de faire valoir leurs droits sur le fondement des dispositions de l'art. L. 132-30. • Paris, 9 mars 2012 : *Propr. intell. 2012, nº 45, p. 408, obs. A. Lucas.*

2. Sur l'obligation pour le mandataire liquidateur d'informer, avant toute décision sur la cession ou toute procédure de licitation, le coproducteur, énonçant qu'il ne peut être fait de distinction entre producteur d'une part et coproducteur d'autre part puisque, par son importance et la lourdeur de la charge qu'il représente, le financement des œuvres cinématographiques « contraint celui qui s'y consacre de recourir à l'adjonction d'un ou plusieurs coproducteurs dans le cadre de conventions dites de « coproduction » destinées à partager, entre l'ensemble des partenaires à la production, la qualité de « producteur » avec les prérogatives qui en résultent notamment quant à la titularité des droits corporels et incorporels du film, et/ou à des financements extérieurs par des tiers, notamment par la commercialisation ou la prévente de droits, par l'obtention de crédits fournisseurs, de concours bancaires, ou d'aides et primes diverses », V. • Paris, 31 janv. 1995 : *RIDA juill. 1995, p. 338.* – Pourvoi rejeté par : • Civ. 1re, 16 juill. 1997 : *préc. note 1.*

3. « Le législateur a entendu, du seul fait de la liquidation judiciaire de l'entreprise de production, offrir à l'auteur la possibilité de reprendre la maîtrise de ses droits d'auteur en résiliant le contrat de production, (...) cette disposition dérogatoire du droit commun de la loi du 25 janv. 1985 instituant un statut protecteur des intérêts de l'auteur. » • TGI Paris, 5 juin 1991 : *RIDA janv. 1992, p. 330, note Pascal.* – Confirmé par : • Paris, 1er mars 1996 : *RIDA oct. 1996, p. 261, note Gautier.* ♦ La loi « ne subordonne à aucune autre condition que la mise en liquidation de l'entreprise la faculté de l'auteur de demander et d'obtenir la résiliation du contrat de production ». • Même arrêt.

4. L'existence d'un droit de préemption reconnu à l'auteur ne prive pas celui-ci du droit que lui accordent les dispositions de l'art. 132-30, dès lors que l'exercice de ces deux droits n'est pas incompatible, (... puisque) le droit de demander la résiliation permet à l'auteur de retrouver l'exercice des seuls droits qu'il a personnellement cédés, tandis que le droit de préemption l'autorise à acquérir le support matériel du film et les droits cédés par d'éventuels coauteurs. • TGI Paris, 5 juin 1991 : *préc. note 3.* ♦ Dans le silence de la loi, rien ne permet de dire que le droit de préemption du coproducteur prime sur le droit de résiliation de l'auteur. • Versailles, 6 sept. 2001 : *Légipresse 2002, n° 189, I, p. 22.*

5. Effets de la résiliation. L'auteur qui exerce la faculté de résiliation ne peut recouvrer que l'exercice des droits qu'il a personnellement cédés au producteur mis en liquidation, sans qu'il puisse être porté atteinte aux droits des autres coauteurs. • Paris, 1er mars 1996 : *RIDA oct. 1996, p. 261, note Gautier.*

Loi n° 97-283 du 27 mars 1997,

Portant transposition dans le code de la propriété intellectuelle des directives du Conseil des Communautés européennes n°s 93/83 du 27 septembre 1993 et 93/98 du 29 octobre 1993.

Art. 13 Lorsqu'un contrat de coproduction d'une œuvre audiovisuelle, conclu avant l'entrée en vigueur de la présente loi entre un ou plusieurs coproducteurs établis en France et un ou plusieurs coproducteurs établis dans un autre État, prévoit expressément un régime de répartition des droits d'exploitation par zones géographiques sans distinguer le régime applicable à la télédiffusion par satellite des dispositions applicables aux autres moyens d'exploitation, et dans le cas où une telle télédiffusion par satellite porterait atteinte à l'exclusivité, notamment linguistique, de l'un des coproducteurs ou de ses ayants droit sur un territoire déterminé, l'autorisation par l'un des coproducteurs ou ses ayants droit de télédiffuser l'œuvre par satellite est subordonnée au consentement préalable du bénéficiaire de cette exclusivité, qu'il soit coproducteur ou ayant droit.

SECTION IV CONTRAT DE COMMANDE POUR LA PUBLICITÉ

BIBL. ▶ Bertrand, *RDPI déc. 1993, p. 25* (les droits des annonceurs et des agences sur les créations publicitaires réalisées dans le cadre de contrats de commande...). – Bigot, *Lamy Droit des médias et de la communication, 2000, étude 609* ; Droit de la création publicitaire, *LGDJ 1997.* – Bonet, Actes du colloque publicité et droit d'auteur, *IRPI Librairies techniques 1990.* – Bonet et Desjeux, *JCP 1987. I. 3283* (le droit de la publicité dans l'art. 14 de la loi du 3 juill. 1985). – Bonet et Escande, *JCP 1994. I. 3783* (propriété littéraire ou artistique et publicité : des personnages en quête de droits d'auteur). – Critiani, *Légicom 1997, n° 13, p. 49* (production phonographique et édition musicale pour la publicité). – Denoix De Saint-Marc, Le contrat de commande en droit d'auteur français, *Litec 1999* (préface Françon). – De Gaulle, *RJDA, 1994, n° 1, p. 3* (cession de droit d'auteur entre agence de publicité et annonceur : un nouveau pas vers la normalisation ?). – Durrande, *D. 1986. Chron. 280* (la cession du droit d'exploitation des œuvres publicitaires de commande). – P. et F. Greffe, La publicité et la loi, *Litec 1995.* – Corone, L'agence de publicité, *thèse Paris, 1991.* – Marcellin, *RDPI 1985. 16* (le nouveau régime des œuvres de commande en matière publicitaire) ; *Cah. dr. auteur, avr. 1988, p. 1* (la cession des œuvres publicitaires). – Oberthur, *RIDA avr. 1986, p. 7* (l'art. 14 et les œuvres de commande utilisées pour la publicité). – Parent, *Cah. dr. auteur, mars 1989, p. 1* (la cession des droits d'auteur sur une campagne publicitaire) ; *ibid. mars 1989, p. 7* (la rémunération des auteurs en publicité) ; *ibid., juin 1989, p. 1* (comment devenir propriétaire des droits d'auteur sur une campagne publicitaire). – Parent, Le droit d'auteur sur les créations publicitaires, *Eyrolles 1989.* – Plaisant, Les créations publicitaires, Droit d'auteur et droits voisins, *Litec 1986, p. 101.* – Reichenbach, *Cah. dr. auteur, oct. 1989, p. 3* (la cession des droits sur une campagne publicitaire). – Veyssière et Corone, *D. Affaires 1998. 131* (publicité et musique ; de l'œuvre préexistante à l'œuvre de commande : une note sur des accords majeurs).

COMMENTAIRE

Création de la loi de 1985, ce régime propre à la commande d'une œuvre publicitaire suscite de nombreuses difficultés de mise en œuvre.

L'idée de base est d'encadrer les contrats entre les agences et les créateurs qu'elles emploient par un système d'accords collectifs. L'article L. 132-31 prévoit, en outre, une cession automatique, au producteur, des droits qui auraient dû appartenir en théorie aux créateurs.

Mais une première difficulté naît de ce que la détermination des personnes concernées par la construction paraît mal réalisée. ☐

Art. L. 132-31 Dans le cas d'une œuvre de commande utilisée pour la publicité, le contrat entre le producteur et l'auteur entraîne, sauf clause contraire, cession au producteur des droits d'exploitation de l'œuvre, dès lors que ce contrat précise la rémunération distincte due pour chaque mode d'exploitation de l'œuvre en fonction notamment de la zone géographique, de la durée de l'exploitation, de l'importance du tirage et de la nature du support.

Un accord entre les organisations représentatives d'auteurs et les organisations représentatives des producteurs en publicité fixe les éléments de base entrant dans la composition des rémunérations correspondant aux différentes utilisations des œuvres.

La durée de l'accord est comprise entre un et cinq ans. — *V. Décis. 23 févr. 1987 de la commission créée par l'art. 14 de la L. n° 85-660 du 3 juill. 1985 [CPI, art. L. 132-33] modifiée relative aux droits d'auteur et aux droits des artistes-interprètes, des producteurs de phonogrammes et de vidéogrammes et des entreprises de communication audiovisuelle, App., v° Propriété littéraire et artistique, III. Droits voisins.*

Ses stipulations peuvent être rendues obligatoires pour l'ensemble des intéressés par décret. — *[L. n° 85-660 du 3 juill. 1985, art. 14, al. 1er à 4.]*

COMMENTAIRE

Commentaire commun aux articles L. 132-31, L. 132-32 et L. 132-33

1. – Le contrat de commande concerné est celui par lequel un producteur finance et utilisera l'œuvre à créer, le cas échéant exprime ses exigences et commande la réalisation de l'œuvre publicitaire (V. note 2).

2. – Pour que la cession prévue par le législateur s'opère, il faut d'abord un contrat entre l'auteur de l'œuvre publicitaire et le producteur. Ce qui suppose que soit réglée la question de l'identification des parties concernées.

Selon la Cour de cassation, l'« auteur » ne peut être que le créateur, c'est-à-dire la personne physique qui est intervenue de façon originale dans l'univers des formes. Cela exclut le simple titulaire des droits d'auteur (cessionnaire ou promoteur d'une œuvre collective). Le bénéficiaire de la cession (« producteur ») peut, suivant les cas, être l'annonceur ou l'agence de publicité.

3. – La cession automatique des droits au producteur ne joue qu'en présence d'une œuvre publicitaire commandée, ce qui exclut tant les « œuvres préexistantes » au contrat que celles servant à d'autres formes de communication commerciale (V. note 3).

4. – La cession ne concerne que les seuls droits pécuniaires, mais avec une portée qui reste à déterminer. Elle est subordonnée à l'existence de mentions relatives aux rémunérations distinctes dues à l'auteur pour chaque mode d'exploitation de l'œuvre (V. note 1).

5. – Le calcul de la rémunération de l'auteur s'opère par un système hybride à mi-chemin entre la rémunération forfaitaire et la rémunération proportionnelle (al. 2 de l'art. L. 132-31, art. L. 132-32 et L. 132-33).

L'accord collectif qui fixe les éléments de base entrant dans la composition de la rémunération est passé entre les organisations représentatives d'auteurs et les organisations représentatives des producteurs. Il ne fixe pas les rémunérations elles-mêmes mais les bases de celles-ci.

A défaut d'accord, une commission spéciale présidée par un magistrat a été chargée d'arbitrer ces problèmes. Cette commission a rendu une décision le 23 février 1987. ☐

A. GÉNÉRALITÉS

1. Conditions. Le contrat de commande pour la publicité n'emporte cession à l'annonceur des droits d'exploitation sur l'œuvre que si le contrat précise la rémunération distincte due à l'auteur pour chaque mode d'exploitation de l'œuvre, à défaut de quoi l'agence conserverait les droits d'exploitation de l'œuvre postérieurement à la rupture du contrat. • Agen, 12 nov. 1991 :

Légipresse 1992, n° 1, p. 49. ♦ Pour décider que les droits d'exploitation des photographies destinées à la publicité avaient été cédés, la cour d'appel a retenu que la commande des prises de vue précisait que les documents et négatifs devraient être remis, ce qui impliquait cette cession ; qu'en outre, le prix forfaitaire payé au photographe prenait en compte l'exploitation des clichés ; par ces seuls motifs, (...) la cour d'appel a légalement justifié sa décision au regard de l'art. L. 132-31 CPI, seul texte applicable, qui établit une présomption de cession au producteur des droits d'exploitation de l'œuvre de commande utilisée pour la publicité et dont il résulte que lorsque toute rémunération proportionnelle est impossible, la rémunération de l'auteur ne peut être que forfaitaire. • Civ. 1re, 20 mars 2001 : *Propr. intell. oct. 2001, p. 69, obs. Lucas ; CCE 2001, n° 101, note Le Stanc ; JCP E 2003. 278, n° 7, obs. Laporte-Legeais* (à propos de photographies destinées à un catalogue de cuisine). ♦ Les dispositions relatives au contrat d'entreprise sont inapplicables au contrat de commande pour la publicité ; dès lors, le transfert des droits de propriété du support matériel de l'œuvre au maître de l'ouvrage ne peuvent résulter que d'une convention expresse se traduisant par une rémunération distincte de celle de l'effort créatif et de celle de la cession des droits patrimoniaux. • TGI Nanterre, 28 janv. 1998 : *Légipresse 1998, I, p. 23 ; BICC, 15 juill. 1998, n° 855.*

2. Domaine. L'art. L. 132-31 ne s'applique pas aux rapports entre l'annonceur et l'agence de publicité, ces dispositions régissant les seuls contrats consentis par l'auteur, personne physique, dans l'exercice de son droit d'exploitation et non ceux que peuvent conclure, avec des sous-exploitants, les cessionnaires ou les personnes investies par la loi sur les œuvres collectives de ce droit. • Civ. 1re, 8 déc. 2009 : *Bull. civ. I, n° 239 ; D. 2010. AJ 89, obs. Daleau ; ibid. 2011. Pan. 2175, obs. Sirinelli ; RTD com. 2010. 118, obs. Pollaud-Dulian ; CCE 2010, n° 12, note Caron ; Propr. intell. 2010, n° 34, p. 625, obs. A. Lucas ; RIDA janv. 2010, p. 375, note Sirinelli.* ♦ Une cour a cru pouvoir estimer que, si l'art. 31 de la loi du 11 mars 1957 (actuels art. L. 131-2 et L. 131-3) ne s'applique qu'à des contrats particuliers (représentation, édition, production audiovisuelle), « à l'inverse, l'art. 14 de la loi du 3 juill. 1985 (actuel art. L. 132-31) s'applique aux contrats de commande, c'est-à-dire à ceux par lesquels (...) un producteur finance et utilisera l'œuvre à créer, le cas échéant exprime ses exigences (...) et commande la réalisation de l'œuvre publicitaire ; que la loi ne fait aucune distinction qui permettrait de refuser la protection de l'art. 14 au créateur qui accepte et exécute la commande quand il s'agit d'un atelier graphique exploité sous forme de société, et non d'une personne physique ; qu'on peut d'ailleurs relever, à cet égard, que l'art. 14 de la loi du 3 juill. 1985 ne prévoit qu'une application particulière du principe selon lequel toute la cession des droits d'auteur s'interprète étroitement, principe nécessaire à la protection effective de l'auteur, que celui-ci soit une personne physique ou une personne morale. » • Paris, 18 avr. 1991 : *RIDA juill. 1992, p. 166.* ♦ V. cependant sur pourvoi, notant « l'impropriété de terme » d'auteur à propos de la personne morale : • Civ. 1re, 8 déc. 1993 : *RIDA juill. 1994, p. 303.* ♦ Dans le même sens, V. encore, précisant à propos de l'art. 14 (actuel art. L. 132-31) qu' « il est certain qu'il était dans l'esprit du législateur destiné à régler les litiges entre agences de publicité et créateurs personnes physiques » et admettant qu'à défaut d'un contrat précis entre l'agence et l'annonceur, il faut se référer au contrat type de 1961 pour décider que l'annonceur est automatiquement cessionnaire des droits d'auteur sur la création publicitaire. • T. com. Paris, 6 nov. 1987 : *JCP E 1991. II. 147.* – Jugement confirmé par la cour d'appel qui ne s'est cependant pas prononcée sur l'application de l'art. 14. • Paris, 16 mars 1989 : *JCP E 1991. II. 147.* – Arrêt cassé sur le fondement des dispositions de l'art. L. 131-3 et non celles de l'art. L. 132-31 par • Civ. 1re, 17 juill. 1990 : *JCP E 1991. II. 147, obs. Hassler.*

3. « Les dispositions de l'art. L. 131-3 régissent les seuls contrats consentis par l'auteur dans l'exercice de son droit d'exploitation, et non ceux que peuvent conclure les cessionnaires avec des sous-exploitants (...) et sont donc inapplicables (...) dans les rapports de l'agent de publicité, société commerciale cessionnaire du droit patrimonial de l'auteur et de la société Perrier, son client. » • Civ. 1re, 13 oct. 1993 : *D. 1994. 166, note Gautier ; D. 1994. Somm. 280, obs. Hassler ; RTD com. 1994. 272, obs. Françon ; RIDA avr. 1994, p. 210.* ♦ Dès lors, la réalité et l'étendue de la cession opérée entre une agence et un annonceur, non concernés par les dispositions de l'art. L. 132-31, peuvent être appréciées « au regard du droit commun régissant les relations contractuelles en cause ». • Civ. 1re, 8 déc 2009 : *préc. note 2.* ♦ L'art. L. 132-31 ne concerne que les œuvres de commande pour la publicité et ne peut donc être invoqué lorsque la création en cause est destinée, d'un commun accord des parties, à constituer un élément d'identification d'une entreprise et de ses produits. • Paris, 7 juill. 1995 : *D. Affaires 1995. 71 ; Gaz. Pal. 30 mai 1996, p. 19.* ♦ Ne constitue pas un contrat de commande pour la publicité mais un contrat de commande assorti d'une cession limitée aux utilisations constatées, le contrat qui a pour objet des photographies dont les supports s'adressent au cercle restreint des salariés (dans un journal interne), et ne sont accompagnées ni de message de réclame ou de promotion, ni d'adresse, ni de liste de points de vente. • Civ. 1re, 25 févr. 2003 : *Bull. civ. I, n° 54 ; JCP E 2003. 642 ; Légipresse 2003, n° 201, I, p. 60.*

4. Sur l'effet relatif du contrat de commande

pour la publicité, V. • Civ. 1re, 19 févr. 2002 : ☎ *Légipresse 2002, n° 194, I, p. 102.*

B. CONTRAT TYPE

5. L'art. IV du contrat type du 19 sept. 1961 stipule : « l'exploitation par l'agent, pour le compte de l'annonceur, de tous ses travaux de création publicitaire ou leur règlement implique la cession automatique à l'annonceur de tous les droits de reproduction résultant notamment de la propriété littéraire et artistique tels qu'ils sont définis par la législation en vigueur » ; énonçant qu' « en présence d'un contrat écrit, l'application du contrat type de 1961 ne se présume pas », V. • T. com. Paris, 25 avr. 1994 : *JCP 1994. I. 3783, n° 37, Chron. Bonet et Escande.* ♦ V. le contrat type, App., v° *Usages professionnels.*

6. Lorsque, faute de conventions particulières entre les deux parties, une société peut se prévaloir des dispositions du contrat type établi le 19 sept. 1961 entre annonceurs et agents de publicité, il faut admettre que n'est pas contraire à l'art. L. 131-1 la prévision « d'une cession automatique des droits de propriété littéraire et artistique au fur et à mesure de l'exploitation ou du règlement éventuel des travaux, ni celle du transfert des seuls engagements en cours à l'agent successeur », avec tous les droits et charges y afférents. • Civ. 1re, 4 févr. 1986 : *Bull. civ. I, n° 12 ; RIDA juill. 1986, p. 128 ; RTD com. 1987. 198, obs. Françon ; JCP 1987. I. 3312, n° 26, obs. Edelman ; JCP 1987. II. 20872, note Plaisant ; Ann. propr. ind. 1986. 297.* ♦ Comp., sanctionnant sur le fondement de l'art. L. 132-31 la cour d'appel qui a considéré qu'il y avait « cession automatique » des droits d'auteur à la société ayant commandé une campagne publicitaire, alors que les parties n'avaient pas repris les stipulations du contrat type, • Civ. 1re, 17 juill. 1990 : ☎ *JCP 1990. IV. 35.*

7. Lorsque les dispositions du contrat type ne s'appliquent pas, « le client d'une agence de publicité ne peut réutiliser les créations graphiques de celle-ci que s'ils sont convenus entre eux de la cession des droits de propriété intellectuelle ». • Com. 6 nov. 1990 : ☎ *RIDA juill. 1991, p. 194 ; JCP E 1991. II. 147, note Hassler.*

Art. L. 132-32 *et* L. 132-33 *Abrogés par L. n° 2011-525 du 17 mai 2011, art. 67.*

SECTION V CONTRAT DE NANTISSEMENT DU DROIT D'EXPLOITATION DES LOGICIELS

(L. n° 94-361 du 10 mai 1994, art. 7)

BIBL. ▸ Ouvrages. – Marial, Droit des sûretés réelles sur propriétés intellectuelles, *P.U. Aix-Marseille, 2007.* – Vivant, Le Stanc *et a.*, Droit de l'informatique, *Lamy 2002.*

▸ Articles. – Croze, *JCP 1996, n° 13, Actualités* (le nantissement du droit d'exploitation des logiciels). – Delaval, *Gaz. Pal. 1994. 2. Doctr. 1176* (le contrat de nantissement du droit d'exploitation des logiciels). – Lucas, *J.-Cl. PLA, fasc. 1360* (nantissement de logiciel). – Martial-Braz, *RLDI avr. 2013. 51* (sûretés réelles et droit d'auteur : l'impossible union ?). – Vivant, *Mél. Cabrillac, Dalloz-Litec 1999, p. 405* (l'immatériel en sûreté).

Art. L. 132-34 **Sans préjudice des dispositions de la loi du 17 mars 1909 *[C. com., art. L. 141-5 s.]* relative à la vente et au nantissement des fonds de commerce, le droit d'exploitation de l'auteur d'un logiciel défini à l'article L. 122-6 peut faire l'objet d'un nantissement dans les conditions suivantes :**

— Le contrat de nantissement est, à peine de nullité, constaté par un écrit.

— Le nantissement est inscrit, à peine d'inopposabilité, sur un registre spécial tenu par l'Institut national de la propriété industrielle. L'inscription indique précisément l'assiette de la sûreté et notamment les codes source et les documents de fonctionnement.

— Le rang des inscriptions est déterminé par l'ordre dans lequel elles sont requises.

— Les inscriptions de nantissement sont, sauf renouvellement préalable, périmées à l'expiration d'une durée de cinq ans.

— Un décret en Conseil d'État fixera les conditions d'application du présent article. – *V. art. R. 132-8 à R. 132-17.*

Pour l'application des dispositions du présent livre aux territoires d'outre-mer et à la collectivité territoriale de Mayotte, V. art. L. 811-1 et L. 811-2.

SECTION VI DROIT D'EXPLOITATION DES ŒUVRES DES JOURNALISTES

(L. n° 2009-669 du 12 juin 2009, art. 20)

BIBL. GÉN. ▸ Alleaume, *Légipresse 2009. II. 121* (droit d'auteur des journalistes : la révolution en marche). – Derieux, *RLDI juill. 2009. 96* (loi du 12 juin 2009. Restriction des droits des journalistes). – Drai, *CCE 2009. Étude 18* (la réforme du droit d'auteur des journalistes par la loi n° 2009-669 du 12 juin 2009). – Hassler, *RLDI août-sept. 2009, p. 74* (« loi Hadopi » et la cession légale des droits d'auteur des journalistes). – Lantz, Dubail, Bérar-Quélin et Jannet, *Légipresse 2008. II. 55* (vers une réforme du droit d'auteur dans la presse écrite). – Mouron, *Légipresse 2011, n° 280, p. 90* (droit d'auteur des journalistes et pluralisme de la presse écrite).

COMMENTAIRE

Issues de l'article 20 de la loi dite « Hadopi I », du 12 juin 2009, les dispositions contenues dans cette section VI concernent le sort des droits d'auteur des journalistes salariés.

Rompant avec la solution traditionnelle, l'article L. 132-36 prévoit, sauf stipulation contraire, une cession automatique et exclusive des droits relatifs aux œuvres créées par les salariés dans l'exercice de leurs fonctions. L'employeur n'a donc pas à demander l'accord du journaliste pour la réutilisation de la contribution (œuvre protégée) de ce dernier lorsque deux conditions sont remplies :

– l'une, temporelle : le journaliste doit avoir été salarié pendant la durée concernée (celle de la création de l'œuvre) ;

– l'autre, spatiale : la réexploitation envisagée doit se faire au sein du « titre de presse », ou au sein du même groupe.

La loi ne précise pas l'étendue temporelle de la cession et renvoie pour fixation des contours aux accords collectifs. Cela peut dépendre (art. L. 132-37, al. 2) :

– de la périodicité du titre (une publication classique sur papier ne connaîtra pas le même sort qu'un article destiné à l'internet),

– de la nature du contenu concerné (sport, politique, etc.).

Trois hypothèses sont à distinguer :

– lorsque l'exploitation se fait au sein du même titre (« 1er cercle » ; V. art. L. 132-35), pendant la période prévue à l'article L. 132-27, le salaire est la contrepartie du transfert ; au-delà de cette période, la réexploitation est rémunérée, sous forme de droits d'auteur ou de salaire, dans des conditions déterminées par l'accord d'entreprise ou tout autre accord collectif (art. L. 132-28) ;

– lorsque l'exploitation se fait dans un autre titre mais dans la même famille de presse (« 2e cercle » ; art. L. 132-39), l'auteur a droit à une rémunération complémentaire qui peut être versée sous forme de salaire ou de droits d'auteur ;

– lorsque l'exploitation se fait à l'extérieur du titre et du groupe (« 3e cercle » ; art. L. 132-40), un accord individuel est nécessaire pour toute réexploitation (maintien de la solution antérieure).

Sont concernés tous les journalistes professionnels à l'exception des pigistes de l'« image fixe » (V. art. L. 132-41).

Ces dispositions ne changent pas :

– les solutions relatives au droit moral (inaliénable ; V. art. L. 121-1 et L. 132-40) ;

– le droit pour les salariés de recueillir leurs contributions individuelles (V. art. L. 121-8, maintenu mais toiletté).

La notion de « titre de presse » qui permet de cerner le « premier cercle » bénéficiant de la cession automatique des droits d'auteur au profit de l'employeur est définie à l'article L. 132-25.

Il s'agit en quelque sorte de l'organe auquel les journalistes collaborent. Cela peut concerner le journal papier plus un site internet et quelques autres déclinaisons.

Le titre de presse est donc envisagé dans sa pluralité de supports (quels que soient les modes de diffusion et de consultation).

Sont ainsi concernés non seulement le journal sur support papier mais aussi le site internet du titre (art. L. 132-35, al. 3) ; ainsi (art. L. 132-35, al. 2, *in fine*) que tout autre site internet, tiers mais contrôlé éditorialement par le directeur de la publication et figurant sur un espace dévolu.

Le « deuxième cercle » est la « même famille cohérente de presse ».

La notion de « famille » est définie par l'appartenance à une même société (approche en quelque sorte capitalistique de la famille, art. L. 132-39).

Le terme « cohérente » renvoie au champ disciplinaire en tenant compte tant du public visé (jeunes, femmes, etc.) que de la ligne éditoriale.

Problèmes d'application dans l'entreprise. S'il n'existe pas d'accord collectif, seule une exportation monosupport est admise. La rémunération peut être globale et forfaitaire.

Application de la loi dans le temps

Pour certaines questions l'application de la loi est conditionnée à l'existence d'un accord d'entreprise préexistant (V., alors, l'art. L. 132-37). Ce qui n'est pas le cas en d'autres hypothèses (V. par ex. l'art. L. 132-40).

La loi prévoit des dispositions de droit transitoire.

Pendant trois ans, les accords antérieurs continueront à s'appliquer, qu'ils soient individuels et collectifs. ❑

Art. L. 132-35 On entend par titre de presse, au sens de la présente section, l'organe de presse à l'élaboration duquel le journaliste professionnel a contribué, ainsi que l'ensemble des déclinaisons du titre, quels qu'en soient le support, les modes de diffusion et de consultation. Sont exclus les services de communication audiovisuelle au sens de l'article 2 de la loi n° 86-1067 du 30 septembre 1986 relative à la liberté de communication.

Est assimilée à la publication dans le titre de presse la diffusion de tout ou partie de son contenu par un service de communication au public en ligne ou par tout autre service, édité par un tiers, dès lors que cette diffusion est faite sous le contrôle éditorial du directeur de la publication dont le contenu diffusé est issu ou dès lors qu'elle figure dans un espace dédié au titre de presse dont le contenu diffusé est extrait.

Est également assimilée à la publication dans le titre de presse la diffusion de tout ou partie de son contenu par un service de communication au public en ligne édité par l'entreprise de presse ou par le groupe auquel elle appartient ou édité sous leur responsabilité, la mention dudit titre de presse devant impérativement figurer. *– V. C. trav., art. L. 7111-5-1, L. 7113-2.*

Art. L. 132-36 *(L. n° 2011-525 du 17 mai 2011, art. 65)* **« Par dérogation à l'article L. 131-1 et » sous réserve des dispositions de l'article L. 121-8, la convention liant un journaliste professionnel ou assimilé au sens des articles L. 7111-3 et suivants du code du travail, qui contribue, de manière permanente ou occasionnelle, à l'élaboration d'un titre de presse, et l'employeur emporte, sauf stipulation contraire, cession à titre exclusif à l'employeur des droits d'exploitation des œuvres du journaliste réalisées dans le cadre de ce titre, qu'elles soient ou non publiées.**

Art. L. 132-37 L'exploitation de l'œuvre du journaliste sur différents supports, dans le cadre du titre de presse défini à l'article L. 132-35 du présent code, a pour seule contrepartie le salaire, pendant une période fixée par un accord d'entreprise ou, à défaut, par tout autre accord collectif, au sens des articles L. 2222-1 et suivants du code du travail.

Cette période est déterminée en prenant notamment en considération la périodicité du titre de presse et la nature de son contenu. *– V. C. trav., art. L. 7113-3.*

Durant les trois ans suivant la publication de la L. n° 2009-669 du 12 juin 2009, les accords relatifs à l'exploitation sur différents supports des œuvres des journalistes signés avant son entrée en vigueur continuent de s'appliquer jusqu'à leur date d'échéance, sauf cas de dénonciation par l'une des parties. Dans les entreprises de presse où de tels accords n'ont pas été conclus à la date d'entrée en vigueur de la loi du 12 juin 2009, les accords mentionnés à l'art. L. 132-37 fixent notamment le montant des rémunérations dues aux journalistes professionnels en application des art. L. 132-38 à L. 132-40, pour la période comprise entre l'entrée en vigueur de ladite loi et l'entrée en vigueur de ces accords (L. préc., art. 20-IV).

La loi du 12 juin 2009 n'exige pas, pour recevoir application, que l'accord collectif chargé d'en préciser les contours lui soit postérieur. • TGI Paris, 9 déc. 2011 : *Légipresse 2012, n° 292, p. 179, note Gras.*

Art. L. 132-38 L'exploitation de l'œuvre dans le titre de presse, au-delà de la période prévue à l'article L. 132-37, est rémunérée, *(L. n° 2011-525 du 17 mai 2011, art. 65)*

« à titre de rémunération complémentaire » sous forme de droits d'auteur ou de salaire, dans des conditions déterminées par l'accord d'entreprise ou, à défaut, par tout autre accord collectif.

Art. L. 132-39 **Lorsque la société éditrice ou la société qui la contrôle, au sens de l'article L. 233-16 du code de commerce, édite plusieurs titres de presse, un accord d'entreprise peut prévoir la diffusion de l'œuvre par d'autres titres de cette société ou du groupe auquel elle appartient, à condition que ces titres et le titre de presse initial appartiennent à une même famille cohérente de presse. Cet accord définit la notion de famille cohérente de presse ou fixe la liste de chacun des titres de presse concernés.**

L'exploitation de l'œuvre du journaliste au sein de la famille cohérente de presse doit comporter des mentions qui permettent une identification dudit journaliste et, si l'accord le prévoit, du titre de presse dans lequel l'œuvre a été initialement publiée.

Ces exploitations hors du titre de presse tel que défini à l'article L. 132-35 du présent code donnent lieu à rémunération *(L. nº 2011-525 du 17 mai 2011, art. 65)* **« complémentaire », sous forme de droits d'auteur ou de salaire, dans des conditions déterminées par l'accord d'entreprise mentionné au premier alinéa du présent article.**

Un accord d'entreprise est nécessaire pour pouvoir exploiter des articles de presse au sein d'une même famille cohérente de presse. • Paris, 18 oct. 2013 : *CCE 2014. 3, note Caron.*

Art. L. 132-40 **Toute cession de l'œuvre en vue de son exploitation hors du titre de presse initial ou d'une famille cohérente de presse est soumise à l'accord exprès et préalable de son auteur exprimé à titre individuel ou dans un accord collectif, sans préjudice, dans ce deuxième cas, de l'exercice de son droit moral par le journaliste.**

Ces exploitations donnent lieu à rémunération sous forme de droits d'auteur, dans des conditions déterminées par l'accord individuel ou collectif.

Art. L. 132-41 **Lorsque l'auteur d'une image fixe est un journaliste professionnel qui tire le principal de ses revenus de l'exploitation de telles œuvres et qui collabore de manière occasionnelle à l'élaboration d'un titre de presse, la cession des droits d'exploitation telle que prévue à l'article L. 132-36 ne s'applique que si cette œuvre a été commandée par l'entreprise de presse.**

Les conditions dans lesquelles le second alinéa de l'article L. 121-8 s'applique aux œuvres cédées en application du premier alinéa du présent article sont précisées par un accord collectif ou individuel.

Art. L. 132-42 **Les droits d'auteur mentionnés aux articles L. 132-38 et suivants n'ont pas le caractère de salaire. Ils sont déterminés conformément aux articles L. 131-4 et L. 132-6.**

Art. L. 132-42-1 *(L. nº 2012-387 du 22 mars 2012, art. 98)* **Par dérogation à l'article L. 2232-24 du code du travail, dans les entreprises non assujetties à l'obligation d'organiser les élections prévues au livre III de la deuxième partie du même code, les accords mentionnés aux articles L. 132-37 à L. 132-41, L. 132-43 et L. 132-44 du présent code peuvent être négociés et conclus, dans les conditions prévues aux articles L. 2232-25 et L. 2232-26 du code du travail, par un ou plusieurs journalistes professionnels au sens des articles L. 7111-3 à L. 7111-5 du même code collaborant de manière régulière à l'entreprise de presse et mandatés par une ou plusieurs organisations syndicales de journalistes professionnels représentatives mentionnées à l'article L. 132-44 du présent code. Ces accords sont approuvés à la majorité des suffrages exprimés par les seuls journalistes professionnels au sens des articles L. 7111-3 à L. 7111-5 du code du travail collaborant de manière régulière à l'entreprise de presse, dans les conditions prévues à l'article L. 2232-27 du même code.**

Art. L. 132-43 **Les accords collectifs peuvent prévoir de confier la gestion des droits mentionnés aux articles L. 132-38 et suivants à** *(Ord. nº 2016-1823 du 22 déc. 2016, art. 2-7º)* **« un ou plusieurs organismes de gestion collective régis par le titre II du livre III ».**

Les dispositions de l'Ord. nº 2016-1823 du 22 déc. 2016 sont applicables dans les îles Wallis-et-Futuna (Ord. préc., art. 6).

Art. L. 132-44 Il est créé une commission, présidée par un représentant de l'État, et composée, en outre, pour moitié de représentants des organisations professionnelles de presse représentatives et pour moitié de représentants des organisations syndicales de journalistes professionnels représentatives.

Le représentant de l'État est nommé parmi les membres de la Cour de cassation, du Conseil d'État ou de la Cour des comptes, par arrêté du ministre chargé de la communication.

(L. nº 2012-387 du 22 mars 2012, art. 98) « Par dérogation au dernier alinéa de l'article L. 2232-21 et à l'article L. 2232-22 du code du travail, la commission se prononce, en lieu et place de la commission paritaire de branche, sur la validité des accords relatifs aux droits d'auteur des journalistes conclus dans les conditions prévues à l'article L. 2232-21 du même code, dans les deux mois qui suivent leur transmission ; à défaut, les accords sont réputés avoir été validés. La commission contrôle que ces accords collectifs n'enfreignent pas les dispositions législatives, réglementaires ou conventionnelles applicables. »

A défaut de conclusion d'un accord d'entreprise dans un délai de six mois à compter de la publication de la loi nº 2009-669 du 12 juin 2009 favorisant la diffusion et la protection de la création sur internet, et en l'absence de tout autre accord collectif applicable, l'une des parties à la négociation de l'accord d'entreprise peut saisir la commission aux fins de déterminer les modes et bases de la rémunération due en contrepartie des droits d'exploitation. La demande peut également porter sur l'identification des titres composant une famille cohérente de presse au sein du groupe, en application de l'article L. 132-39.

(L. nº 2011-525 du 17 mai 2011, art. 65) « En l'absence d'engagement de négociation, sont considérés comme des parties à la négociation de l'accord d'entreprise l'employeur et le délégué syndical. En l'absence de délégué syndical, peuvent saisir la commission :

« – les institutions représentatives du personnel ;

« – à défaut, tout salarié mandaté par une organisation syndicale de journalistes professionnels au sens de l'article L. 7111-3 du code du travail ;

« – à défaut, tout journaliste professionnel au sens du même article L. 7111-3 collaborant de manière régulière à l'entreprise de presse. »

Pour les accords d'entreprise conclus pour une durée déterminée qui arrivent à échéance ou pour ceux qui sont dénoncés par l'une des parties, la commission peut être saisie dans les mêmes conditions et sur les mêmes questions qu'au précédent alinéa, à défaut de la conclusion d'un nouvel accord d'entreprise dans les six mois suivant la date d'expiration de l'accord à durée déterminée ou à défaut de la conclusion d'un accord de substitution dans les délais prévus à l'article L. 2261-10 du code du travail à la suite de la dénonciation du précédent accord.

La commission recherche avec les parties une solution de compromis afin de parvenir à un accord. Elle s'appuie, à cet effet, sur les accords existants pertinents au regard de la forme de presse considérée. Elle rend sa décision dans un délai de deux mois à compter de sa saisine.

La commission se détermine à la majorité de ses membres présents. En cas de partage des voix, le président a voix prépondérante.

Les décisions de la commission sont exécutoires si, dans un délai d'un mois, son président n'a pas demandé une seconde délibération. Elles sont notifiées aux parties et au ministre chargé de la communication, qui en assure la publicité.

L'intervention de la décision de la commission ne fait pas obstacle à ce que s'engage dans les entreprises de presse concernées une nouvelle négociation collective. L'accord collectif issu de cette négociation se substitue à la décision de la commission, après son dépôt par la partie la plus diligente auprès de l'autorité administrative, conformément à l'article L. 2231-6 du code du travail.

Un décret en Conseil d'État fixe les conditions d'application du présent article et notamment la composition, les modalités de saisine et de fonctionnement de la commission ainsi que les voies de recours juridictionnel contre ses décisions *[Dispositions déclarées non conformes à la Constitution par la Déc. du Cons. const. nº 2011-629 DC du 12 mai 2011].*

V. art. R. 132-18 s.

Art. L. 132-45 **L'article L. 132-41 s'applique à compter de l'entrée en vigueur d'un accord de branche déterminant le salaire minimum des journalistes professionnels qui tirent le principal de leurs revenus de l'exploitation d'images fixes et qui collaborent de manière occasionnelle à l'élaboration d'un titre de presse. Cet accord prend en compte le caractère exclusif ou non de la cession.**

A défaut d'accord dans un délai de deux ans à compter de la publication de la loi n° 2009-669 du 12 juin 2009 favorisant la diffusion et la protection de la création sur internet, un décret fixe les conditions de détermination de ce salaire minimum. – *V. art. D. 132-28 et D. 132-29.*

CHAPITRE III RÉMUNÉRATION AU TITRE DU PRÊT EN BIBLIOTHÈQUE

(L. n° 2003-517 du 18 juin 2003, art. 1er)

BIBL. GÉN. ▶ Le droit de prêt dans le monde, *Dalloz, coll. Thèmes et commentaires - Actes, 2008.* – ALLEAUME, *Propr. intell. 2004, n° 12, p. 718* (le droit de prêt public). – CARON, *CCE 2003, n° 23* (le nouveau prêt public des œuvres en droit d'auteur). – GAUTIER, *D. 2003. 1747* (« le prêt public de nos livres » : loi du 18 juin 2003 relative à la rémunération au titre du prêt en bibliothèque et renforçant la protection sociale des auteurs). – MARIÉ, *Légipresse 2003, II, p. 135* (une œuvre inachevée : le droit de prêt en bibliothèque). – PIRIOU, *Légipresse 2003, II, p. 91* (rémunération au titre du prêt en bibliothèque : projet d'équilibre et de « paix culturelle ») ; *CCE 2008. Étude 1* (les réalités du droit de prêt du livre dans le monde). – RENEAUD, *RIDA janv. 2004, p. 65* (la loi du 18 juin 2003 : une nouvelle réglementation du prêt public des œuvres dans les bibliothèques).

Art. L. 133-1 **Lorsqu'une œuvre a fait l'objet d'un contrat d'édition en vue de sa publication et de sa diffusion sous forme de livre, l'auteur ne peut s'opposer au prêt d'exemplaires de cette édition par une bibliothèque accueillant du public.**

Ce prêt ouvre droit à rémunération au profit de l'auteur selon les modalités prévues à l'article L. 133-4. – *Entrée en vigueur le 1er août 2003.*

L'art. 5, § 1, de la Dir. 2006/115/CE, s'oppose à une législation qui institue un système selon lequel la rémunération due aux auteurs en cas de prêt public est calculée exclusivement en fonction du nombre d'emprunteurs inscrits dans les établissements publics, sur la base d'une somme forfaitaire fixée par emprunteur et par an. • CJUE 30 juin 2011, n° C-271/10 : *CCE 2011, n° 100, note Caron.* ♦ Sur le prêt d'un livre électronique, V. • CJUE 10 nov. 2016, n° C-174/15 : *V. note ss. art. 6 de la Dir. n° 2006/115/CE du 12 déc. 2016, App., v° Propriété littéraire et artistique, II. Droit d'auteur.*

Art. L. 133-2 **La rémunération prévue par l'article L. 133-1 est perçue par** *(Ord. n° 2016-1823 du 22 déc. 2016, art. 2-7°)* **« un ou plusieurs organismes de gestion collective régis par le titre II du livre III et agréés » à cet effet par le ministre chargé de la culture.**

L'agrément prévu au premier alinéa est délivré en considération :

– de la diversité des *(Ord. n° 2016-1823 du 22 déc. 2016, art. 2-7°)* **« membres » ;**

– de la qualification professionnelle des dirigeants ;

– des moyens que *(Ord. n° 2016-1823 du 22 déc. 2016, art. 2-7°)* **« l'organisme » propose de mettre en œuvre pour assurer la perception et la répartition de la rémunération au titre du prêt en bibliothèque ;**

– de la représentation équitable des auteurs et des éditeurs parmi ses *(Ord. n° 2016-1823 du 22 déc. 2016, art. 2-7°)* **« membres » et au sein de ses organes dirigeants.**

Un décret en Conseil d'État fixe les conditions de délivrance et de retrait de cet agrément. – *Entrée en vigueur le 1er août 2003.*

Art. L. 133-3 **La rémunération prévue au second alinéa de l'article L. 133-1 comprend deux parts.**

La première part, à la charge de l'État, est assise sur une contribution forfaitaire par usager inscrit dans les bibliothèques accueillant du public pour le prêt, à l'exception des bibliothèques scolaires. Un décret fixe le montant de cette contribution, qui peut être différent pour les bibliothèques des établissements d'enseignement supérieur, ainsi que les modalités de détermination du nombre d'usagers inscrits à prendre en compte pour le calcul de cette part.

La seconde part est assise sur le prix public de vente hors taxes des livres achetés, pour leurs bibliothèques accueillant du public pour le prêt, par les personnes morales mentionnées au troisième alinéa (2°) de l'article 3 de la loi n° 81-766 du 10 août 1981 relative au prix du livre ; elle est versée par les fournisseurs qui réalisent ces ventes. Le taux de cette rémunération est de 6 % du prix public de vente.

La L. n° 2003-503 du 18 juin 2003 entre en vigueur le 1er août 2003. Toutefois jusqu'au 1er août 2004, le taux de rémunération prévue au troisième alinéa de l'art. L. 133-3 CPI est fixé à 3 %. Durant ce délai, le prix effectif de vente mentionné au premier alinéa de l'art. 3 de la L. n° 81-766 du 10 août 1981 relative au prix du livre, ci-dessous, peut être compris entre 88 % et 100 % du prix de vente au public fixé par l'éditeur ou l'importateur.

Loi n° 81-766 du 10 août 1981, *relative au prix du livre.* **Art. 3** *(L. n° 2003-517 du 18 juin 2003, art. 4)* Par dérogation aux dispositions du quatrième alinéa de l'article 1er *[selon lequel les détaillants doivent pratiquer un prix effectif de vente au public compris entre 95 % et 100 % du prix fixé par l'éditeur ou l'importateur.]* et sous réserve des dispositions du dernier alinéa, le prix effectif de vente des livres peut être compris entre 91 % et 100 % du prix de vente au public lorsque l'achat est réalisé :

1° Pour leurs besoins propres, excluant la revente, par l'État, les collectivités territoriales, les établissements d'enseignement, de formation professionnelle ou de recherche, les syndicats représentatifs ou les comités d'entreprise ;

2° Pour l'enrichissement des collections des bibliothèques accueillant du public, par les personnes morales gérant ces bibliothèques. Le prix effectif inclut le montant de la rémunération au titre du prêt en bibliothèque assise sur le prix public de vente des livres prévue à l'article L. 133-3 du code de la propriété intellectuelle. — *Les dispositions de l'art. L. 133-3, al. 3, ci-dessus et de l'art. 3, al. 1er à 3, de la loi du 10 août 1981 ne s'appliquent pas aux marchés publics dont l'avis d'appel public à la concurrence a été envoyé à la publication avant le 1er août 2003. Les marchés publics en cours d'exécution au 1er août 2003 et les marchés publics dont l'avis d'appel public à la concurrence a été envoyé à la publication avant cette même date doivent être résiliés au plus tard au 1er août 2004 dès lors qu'ils comportent des dispositions non conformes à l'art. 3, al. 1er à 3, de la loi du 10 août 1981.*

Le prix effectif de vente des livres scolaires peut être fixé librement dès lors que l'achat est effectué par une association facilitant l'acquisition de livres scolaires par ses membres ou, pour leurs besoins propres, excluant la revente, par l'État, une collectivité territoriale ou un établissement d'enseignement.

....

Art. 8-1 *(L. n° 2014-344 du 17 mars 2014, art. 142)* Des agents relevant du ministre chargé de la culture peuvent procéder aux enquêtes nécessaires à l'application de la présente loi. Ces agents sont désignés par le ministre chargé de la culture et prêtent serment dans les conditions prévues par décret en Conseil d'État. — *V. Décr. n° 2015-519 du 11 mai 2015 (JO 12 mai).*

Art. 8-2 *(L. n° 2014-344 du 17 mars 2014, art. 142)* Les enquêtes donnent lieu à l'établissement de procès-verbaux et, le cas échéant, de rapports.

Les procès-verbaux sont transmis au procureur de la République. Un double en est laissé aux parties intéressées. Ils font foi jusqu'à preuve contraire.

Art. 8-3 *(L. n° 2014-344 du 17 mars 2014, art. 142)* Les agents mentionnés à l'article 8-1 peuvent accéder à tous locaux, terrains ou moyens de transport à usage professionnel, demander la communication des livres, factures et tous autres documents professionnels et en obtenir ou prendre copie par tous moyens et sur tous supports, recueillir sur convocation ou sur place les renseignements et justifications.

Ils peuvent, sans se voir opposer le secret professionnel, accéder à tout document ou élément d'information détenu par les services et établissements de l'État et des autres collectivités publiques.

Ils peuvent demander au ministre chargé de la culture de désigner un expert pour procéder à toute expertise contradictoire nécessaire.

Art. 8-4 *(L. n° 2014-344 du 17 mars 2014, art. 142)* Pour le contrôle de la vente de livres par un service de communication au public en ligne, les agents mentionnés à l'article 8-1 peuvent faire usage d'un nom d'emprunt. Un décret en Conseil d'État précise les conditions dans lesquelles ils procèdent à leurs constatations.

Art. 8-5 *(L. nº 2014-344 du 17 mars 2014, art. 142)* Est puni d'un emprisonnement de six mois et d'une amende de 7 500 € le fait pour quiconque de s'opposer, de quelque façon que ce soit, à l'exercice des fonctions dont les agents mentionnés à l'article 8-1 sont chargés en application de la présente loi.

Art. 8-6 *(L. nº 2014-344 du 17 mars 2014, art. 142)* Les agents habilités à constater les infractions à la présente loi peuvent, après une procédure contradictoire, enjoindre au professionnel, en lui impartissant un délai raisonnable, de se conformer à ces obligations ou de cesser tout agissement illicite.

Art. 8-7 *(L. nº 2014-344 du 17 mars 2014, art. 142)* Pour l'application de la présente loi, le ministre chargé de la culture ou son représentant peut, devant les juridictions civiles ou pénales, déposer des conclusions et les développer oralement à l'audience. Il peut également produire les procès-verbaux et les rapports d'enquête.

Directive (CE) nº 2006/112 du 28 novembre 2006,

Relative au système commun de taxe sur la valeur ajoutée.

Art. 96 Les États membres appliquent un taux normal de TVA fixé par chaque État membre à un pourcentage de la base d'imposition qui est le même pour les livraisons de biens et pour les prestations de services.

....

Art. 98 1. Les États membres peuvent appliquer soit un, soit deux taux réduits.

2. Les taux réduits s'appliquent uniquement aux livraisons de biens et aux prestations de services des catégories figurant à l'annexe III.

(Dir. nº 2008/8/CE du 12 févr. 2008, art. 2-2, en vigueur le 1er janv. 2010) « Les taux réduits ne sont pas applicables aux services fournis par voie électronique. »

3. En appliquant les taux réduits prévus au paragraphe 1 aux catégories qui se réfèrent à des biens, les États membres peuvent recourir à la nomenclature combinée pour délimiter avec précision la catégorie concernée.

TVA. Manquement d'État. En appliquant un taux réduit de TVA à la fourniture de livres numériques ou électroniques, la République française a manqué aux obligations qui lui incombent en vertu des art. 96 et 98 de la Dir. (CE) nº 2006/112/CE du 28 nov. 2006, lus en combinaison avec les annexes II et III de ladite directive et le Règl. d'exécution (UE) nº 282/2011 du 15 mars 2011, portant mesures d'exécution de la Dir. nº 2006/112. • CJUE 15 mars 2015, nº C-479/13 : *D. 2015. 566, et les obs ; RLDI mai 2015. 10, note Sauron ; ibid. avr. 2015. 52, note Costes ; JCP 2015, nº 339, note Berlin ; Jurisart avr. 2015.11, obs. Verjat.*

Loi nº 2011-590 du 26 mai 2011,

Relative au prix du livre numérique.

BIBL. ► La révolution du livre numérique, ouvrage collectif, *Odile Jacob, coll. Penser la société, 2011.* – ALLEAUME, *Légipresse 2011, nº 286, p. 505* (loi relative au prix du livre numérique : trop d'ambition dans sa portée, pas assez sur son objet). – ENGEL, « La conformité des offres d'abonnement avec accès illimité à la loi du 26 mai 2011 relative au prix du libre numérique », *avis du médiateur du livre, la Doc. fr., 9 févr. 2015.* – KERJEAN, *CCE 2011. Étude 15* (loi sur le prix du livre numérique. Vers une nouvelle exception culturelle française). – POLLAUD-DULIAN, *RTD com. 2011. 557* (loi nº 2011-590 du 26 mai 2011 relative au prix du livre numérique).

Art. 1er La présente loi s'applique au livre numérique lorsqu'il est une œuvre de l'esprit créée par un ou plusieurs auteurs et qu'il est à la fois commercialisé sous sa forme numérique et publié sous forme imprimée ou qu'il est, par son contenu et sa composition, susceptible d'être imprimé, à l'exception des éléments accessoires propres à l'édition numérique.

Un décret précise les caractéristiques des livres entrant dans le champ d'application de la présente loi.

Art. 2 Toute personne établie en France qui édite un livre numérique dans le but de sa diffusion commerciale en France est tenue de fixer un prix de vente au public pour tout type d'offre à l'unité ou groupée. Ce prix est porté à la connaissance du public.

Ce prix peut différer en fonction du contenu de l'offre et de ses modalités d'accès ou d'usage.

Le premier alinéa ne s'applique pas aux livres numériques, tels que définis à l'article 1er, lorsque ceux-ci sont intégrés dans des offres proposées sous la forme de licences d'utilisation et associant à ces livres numériques des contenus d'une autre nature et des fonctionnalités. Ces licences bénéficiant de l'exception définie au présent alinéa doivent être destinées à un usage collectif et proposées dans un but professionnel, de recherche ou d'enseignement supérieur dans le strict cadre des institutions publiques ou privées qui en font l'acquisition pour leurs besoins propres, excluant la revente.

Un décret fixe les conditions et modalités d'application du présent article.

Art. 3 Le prix de vente, fixé dans les conditions déterminées à l'article 2, s'impose aux personnes proposant des offres de livres numériques aux acheteurs situés en France.

Art. 4 Les ventes à primes de livres numériques ne sont autorisées, sous réserve des dispositions de l'article L. 121-35 *[nouv. art. L. 121-19]* du code de la consommation, que si elles sont proposées par l'éditeur, tel que défini à l'article 2, simultanément et dans les mêmes conditions à l'ensemble des personnes mentionnées à l'article 3.

Art. 5 Pour définir la remise commerciale sur les prix publics qu'il accorde aux personnes proposant des offres de livres numériques aux acheteurs situés en France, l'éditeur, tel que défini à l'article 2, tient compte, dans ses conditions de vente, de l'importance des services qualitatifs rendus par ces derniers en faveur de la promotion et de la diffusion du livre numérique par des actions d'animation, de médiation et de conseil auprès du public.

....

Art. 7 Un décret en Conseil d'État détermine les peines d'amende contraventionnelle applicables en cas d'infraction aux dispositions de la présente loi.

Art. 7-1 *(L. n° 2014-344 du 17 mars 2014, art. 143-I)* Les agents mentionnés à l'article 8-1 de la loi n° 81-766 du 10 août 1981 relative au prix du livre sont habilités à rechercher et à constater les infractions à la présente loi et disposent à cet effet des pouvoirs prévus aux articles 8-2 à 8-7 de la loi n° 81-766 du 10 août 1981 précitée. — *V. Décr. n° 2015-519 du 11 mai 2015 (JO 12 mai).*

Art. 8 Un comité de suivi composé de deux députés et deux sénateurs, désignés par les commissions chargées des affaires culturelles auxquelles ils appartiennent, est chargé de suivre la mise en œuvre de la présente loi. Après consultation du comité de suivi et avant le 31 juillet de chaque année, le Gouvernement présente au Parlement un rapport annuel sur l'application de la présente loi au vu de l'évolution du marché du livre numérique comportant une étude d'impact sur l'ensemble de la filière.

Ce rapport vérifie notamment si l'application d'un prix fixe au commerce du livre numérique profite au lecteur en suscitant le développement d'une offre légale abondante, diversifiée et attractive, et favorise une rémunération juste et équitable de la création et des auteurs, permettant d'atteindre l'objectif de diversité culturelle poursuivi par la présente loi.

Art. 9 La présente loi est applicable en Nouvelle-Calédonie.

Décret n° 2011-1499 du 10 novembre 2011,

Pris en application de la loi n° 2011-590 du 26 mai 2011 relative au prix du livre numérique.

Art. 1er Les éléments accessoires propres à l'édition numérique mentionnés au premier alinéa de l'article 1er de la loi du 26 mai 2011 susvisée s'entendent des variations typographiques et de composition, des modalités d'accès aux illustrations et au texte telles que le moteur de recherche associé, les modalités de défilement ou de feuilletage des éléments contenus, ainsi que des ajouts de textes ou de données relevant de genres différents, notamment sons, musiques, images animées ou fixes, limités en nombre et en importance, complémentaires du livre et destinés à en faciliter la compréhension.

Art. 2 Au sens du deuxième alinéa de l'article 2 de la loi du 26 mai 2011 susvisée :

— le contenu d'une offre peut être composé de tout ou partie d'un ou plusieurs livres numériques ainsi que de fonctionnalités associées ;

— les modalités d'accès au livre numérique s'entendent des conditions dans lesquelles un livre numérique est mis à disposition sur un support d'enregistrement amovible ou sur un réseau de communication au public en ligne, notamment par téléchargement ou diffusion en flux (*"streaming"*) ;

— les modalités d'usage du livre numérique se rapportent notamment au caractère privé ou collectif de cet usage, à la durée de mise à disposition du livre numérique, à la faculté d'impression, de copie et de transfert du livre numérique sur divers supports de lecture.

Art. 3 L'éditeur tel que mentionné à l'article 2 de la loi du 26 mai 2011 susvisée est tenu de faire connaître à toute personne qui propose des offres de livres numériques le prix ou les barèmes de prix de ces offres. Ces barèmes doivent permettre d'identifier les différents critères pris en compte pour déterminer le prix d'une offre. Ces critères se rapportent au contenu de l'offre et aux modalités d'accès et d'usage mentionnés à l'article 2.

A cette fin, l'éditeur mentionné à l'alinéa précédent fait figurer dans une base de données rendue accessible aux personnes qui proposent des offres de livres numériques la description de chaque offre et la mention du prix ou des barèmes qui lui sont associés.

Lorsque le livre numérique est commercialisé sur un support d'enregistrement amovible, l'éditeur indique le prix de vente sur ce support.

Art. 4 Le prix de vente au public d'une offre de livre numérique, communiqué par l'éditeur dans les conditions prévues à l'article 3, doit être porté à la connaissance des personnes auxquelles cette offre est destinée de manière non équivoque, visible et lisible.

Dans le cas d'un usage individuel de l'offre, l'information sur le prix de vente fait apparaître la somme totale toutes taxes comprises qui doit être effectivement payée par le consommateur. Dans le cas d'un usage collectif de l'offre, le prix est fixé en application du barème établi par l'éditeur.

La personne qui propose une offre de livre numérique sur son site de vente en ligne y indique le prix ou le barème.

Loi n° 2014-344 du 17 mars 2014,

Relative à la consommation.

Art. 144 I. — Sans préjudice de l'action publique et à l'exception des conflits relevant des procédures d'arbitrage professionnelles, sont soumis à une conciliation préalable :

1° Les litiges relatifs à l'application de la loi n° 81-766 du 10 août 1981 relative au prix du livre ;

2° Les litiges relatifs à l'application de la loi n° 2011-590 du 26 mai 2011 relative au prix du livre numérique.

Cette conciliation est mise en œuvre par le médiateur du livre.

Sans préjudice du droit des parties de saisir le juge, le médiateur du livre peut également être saisi des litiges opposant des éditeurs privés à un éditeur public au sujet de ses pratiques éditoriales.

II. — Le médiateur du livre peut être saisi par tout détaillant, toute personne qui édite des livres, en diffuse ou en distribue auprès des détaillants, par toute organisation professionnelle ou syndicale concernée, par les prestataires techniques auxquels ces personnes recourent ou par le ministre intéressé. Il peut également se saisir d'office de toute affaire entrant dans sa compétence.

Pour l'examen de chaque affaire, le médiateur du livre invite les parties à lui fournir toutes les informations qu'il estime nécessaires, sans que puisse lui être opposé le secret des affaires, et peut entendre toute personne dont l'audition lui paraît utile.

Cette démarche de conciliation s'exerce dans le respect de la compétence de l'Autorité de la concurrence et du ministre chargé de l'économie. Lorsque les faits relevés par le médiateur du livre apparaissent constitutifs de pratiques anticoncurrentielles mentionnées aux articles L. 420-1 et suivants du code de commerce, le médiateur du livre saisit l'Autorité de la concurrence.

Dans le respect de la liberté de négociation commerciale des parties, le médiateur du livre favorise ou suscite toute solution de conciliation. Lorsque le médiateur constate un accord entre les parties, il rédige un procès-verbal précisant les mesures à prendre pour le mettre en œuvre. Il peut rendre public le procès-verbal de conciliation, sous réserve des informations couvertes par le secret des affaires.

Si aucun accord n'a pu être trouvé entre les parties, le médiateur peut adresser aux parties une recommandation précisant les mesures qui lui paraissent de nature à mettre fin à la situation litigieuse.

En cas d'échec de la conciliation, le médiateur du livre peut, dans les domaines relevant de sa compétence, saisir la juridiction compétente pour lui demander d'ordonner la cessation des pratiques contraires aux lois n° 81-766 du 10 août 1981 et n° 2011-590 du 26 mai 2011 précitées.

Si les faits dont il a connaissance sont susceptibles de recevoir une qualification pénale, le médiateur du livre informe le ministère public.

Le médiateur du livre peut formuler des préconisations afin de faire évoluer les dispositions normatives relevant de son champ de compétences.

Le médiateur du livre adresse chaque année un rapport sur ses activités au ministre chargé de la culture. *(L. n° 2016-925 du 7 juill. 2016, art. 16)* « Ce rapport est public. Une copie en est adressée aux présidents des commissions permanentes parlementaires chargées de la culture. »

Un décret en Conseil d'État précise les conditions d'application du présent article, notamment les modalités de désignation du médiateur. — *V. Décr. n° 2014-936 du 19 août 2014 (JO 22 août).*

Art. L. 133-4 La rémunération au titre du prêt en bibliothèque est répartie dans les conditions suivantes :

1° Une première part est répartie à parts égales entre les auteurs et leurs éditeurs à raison du nombre d'exemplaires des livres achetés chaque année, pour leurs bibliothèques accueillant du public pour le prêt, par les personnes morales mentionnées au troisième alinéa (2°) de l'article 3 de la loi n° 81-766 du 10 août 1981 précitée, déterminé sur la base des informations que ces personnes et leurs fournisseurs communiquent *(Ord. n° 2016-1823 du 22 déc. 2016, art. 2-9°)* **« à l'organisme ou aux organismes mentionnés » à l'article L. 133-2 ;**

2° Une seconde part, qui ne peut excéder la moitié du total, est affectée à la prise en charge d'une fraction des cotisations dues au titre de la retraite complémentaire par les personnes visées *(L. n° 2009-526 du 12 mai 2009, art. 45)* **« aux troisième et quatrième alinéas » de l'article L. 382-12 du code de la sécurité sociale.** — *Entrée en vigueur le 1er août 2003.*

CHAPITRE IV DISPOSITIONS PARTICULIÈRES RELATIVES À L'EXPLOITATION NUMÉRIQUE DES LIVRES INDISPONIBLES

(L. n° 2012-287 du 1er mars 2012)

Les dispositions du chap. IV entrent en vigueur à compter de la publication du Décr. pris pour son application, et au plus tard six mois après la promulgation de la L. n° 2012-287 du 1er mars 2012 (L. préc., art. 4).

Le Cons. const. a déclaré conformes à la Const. les art. L. 134-1 à L. 134-8 CPI (Cons. const. 28 févr. 2014, n° 2013-370 QPC : D. 2014. Actu. 542).

La CJUE a jugé que la législation française était contraire au droit de l'Union (V. note 2 ss. art. L. 134-1).

BIBL. ▶ CARON, *CCE 2012, n° 120* (ce que dit la loi sur les livres indisponibles). – DERIEUX, *RLDI nov. 2012, n° 2929* (le régime juridique de l'exploitation numérique des livres indisponibles du XXe siècle : cheval de Troie de Google ?). – ÉMILE-ZOLA-PLACE, *Légipresse 2012, n° 295, p. 355* (l'exploitation numérique des livres indisponibles du XXe siècle : une gestion collective d'un genre nouveau). – MEURIS, *CCE 2012. Alerte 31* (la recherche d'un compromis définitif autour des livres indisponibles du XXe siècle). – A. LUCAS, *Propr. intell. 2012, n° 44, p. 346 ; ibid. n° 45, p. 411* (loi n° 2012-287 du 1er mars 2012 relative à l'exploitation numérique des livres indisponibles du XXe siècle). – MACREZ, *D. 2012. Chron. 749* (l'exploitation numérique des livres indisponibles : que reste-t-il du droit d'auteur ?). – PIRIOU, *CCE 2012. Étude 14* (« œuvres orphelines » : approche d'un nouveau statut juridique européen et français). – POLLAUD-DULIAN, *RTD com. 2012. 337* (loi n° 2012-287 du 1er mars 2012 relative à l'exploitation numérique des livres indisponibles du XXe siècle).

COMMENTAIRE

Les articles L. 134-1 et suivants sont issus de la loi n° 2012-287 du 1er mars 2012. Conformément à l'article 4 de ce texte, les dispositions contenues dans ce chapitre entrent en vigueur à compter de la publication du décret d'application et, au plus tard, six mois après la promulgation de cette loi.

Il faut comprendre les objectifs (I) de cette loi avant d'en analyser l'économie générale (II) et constater que le législateur – qui a cherché à rendre plus facilement accessibles les « œuvres indisponibles » en créant un système de gestion collective à leur propos – a entendu aussi rassurer les titulaires originels de droits (III).

I. OBJECTIFS DES ARTICLES L. 134-1 ET SUIVANTS

La loi du 1er mars 2012 a pour but de rendre accessible au public le patrimoine imprimé français du XXe siècle et, plus précisément, les livres dits « indisponibles » (définis à l'article L. 134-1). Elle tend à créer et rendre publique une base de données de ces livres sous la responsabilité de la Bibliothèque nationale de France (BNF) avec l'aide du Centre national du livre (CNL). Ce texte présente la double caractéristique d'avoir été voté à l'unanimité (sort que peu de lois relatives au droit d'auteur ont connu depuis un quart de siècle) alors qu'il suscite la perplexité (quand il ne s'agit pas d'hostilité) de la majorité de la doctrine. Son but affiché est de rendre disponibles numériquement des livres publiés en France qui ne font plus l'objet d'une diffusion commerciale par un éditeur ni d'une publication sous une forme imprimée ou numérique.

Élaboré à la suite du protocole d'accord signé le 1er février 2011 entre le Syndicat national de l'édition, la Société des gens de lettres, le ministère de la culture et de la communication, le Commissariat général à l'investissement et la Bibliothèque nationale de France (BNF), ce dispositif a donc pour objet premier la numérisation du patrimoine littéraire français ainsi rendu accessible aux lecteurs et pour objectif indirect de prendre de vitesse la société Google dans la numérisation licite des œuvres de l'esprit.

Sont concernés par le dispositif ainsi créé les ouvrages publiés en France avant le 1er janvier 2001 pour lesquels est constatée une absence de publication ou de diffusion commerciale sur tous supports (V,. *infra*, comm. ss. l'art. L. 134-1). A cet égard, il convient d'observer qu'il ne faut pas confondre livre indisponible et livre épuisé au sens des articles L. 132-12 et L. 132-17 du code de la propriété intellectuelle. Il y a lieu également de distinguer le livre indisponible de l' « œuvre orpheline » (objet de la directive n° 2012/28/UE du 25 octobre 2012, V. App., v° *Droit d'auteur*), définie à l'article L. 113-10 comme étant une œuvre protégée et divulguée, dont le titulaire des droits ne peut être identifié ou retrouvé, malgré des recherches diligentes, avérées et sérieuses. Il est vrai cependant qu'une œuvre peut être à la fois orpheline et indisponible.

Le régime de la construction mis en place par la loi du 1er mars 2012 est simple à exposer dans ses grands axes : les droits d'exploitation (reproduction et représentation numériques) afférents aux œuvres dites indisponibles sont soumis à une gestion collective, sauf si les auteurs ou leurs éditeurs s'y opposent et s'entendent pour publier le livre sous forme imprimée ou numérique dans des délais fixés par la loi. En contrepartie de l'exploitation proposée par la loi du 1er mars 2012, l'auteur et l'éditeur recevront une rémunération équitable de la ou des sociétés de gestion collective agréées par le ministère de la Culture.

Au-delà de cette apparente simplicité, le régime mis en place – qui paraît parfois s'écarter des canons du droit d'auteur – est assez complexe notamment en raison de l'entrelacs de délais qu'il prévoit afin de ménager les intérêts des différents acteurs concernés par cette nouvelle mise à disposition du public.

II. ÉCONOMIE GÉNÉRALE

La loi prévoit (art. L. 134-2) que la Bibliothèque nationale de France (BNF) recense dans une base de données l'ensemble des œuvres concernées (art. L. 134-1), dont l'exploitation sera gérée par une « société de perception et de répartition des droits » (SPRD) (art. L. 134-3). L'initiative de l'inscription dans la base peut être le fait de toute personne sans même que cette dernière ait à démontrer un intérêt quelconque, mais la liste des œuvres en cause devra faire l'objet d'une publicité (prévue par le décret d'application) indispensable à l'information des auteurs avant toute numérisation. L'objectif est de laisser ainsi aux auteurs ou ayants droit la faculté de s'opposer (art. L. 134-4) à l'inscription de leur œuvre en tant que livre indisponible dans la base de données. Une opposition de l'éditeur originel doit entraîner une exploitation de sa part. On observera, ici, comme une inversion des principes du droit d'auteur par la place qui est laissée à une espèce de système d'*« opt-out »*.

A défaut d'opposition, une SPRD, paritaire auteurs/éditeurs, prendra des initiatives susceptibles de rendre accessible sous forme numérique une œuvre considérée comme indisponible et répartira équitablement les revenus issus de la commercialisation de ces œuvres aux éditeurs et aux auteurs. La SPRD n'est pas propriétaire des droits mais gère l'exercice d'une partie du droit exclusif. Dans ce cadre, elle accordera des licences à un ou plusieurs éditeurs. Les livres concernés feront ainsi l'objet d'une numérisation par la BNF et d'une exploitation par l'éditeur d'origine ou un tiers.

En cas d'inscription d'un livre dit indisponible dans la base de données de la Bibliothèque nationale de France, plusieurs *scenarii* peuvent se présenter :

1. Une opposition au système de gestion collective se manifeste :

1.1. l'opposition est le fait de l'auteur :

Sa volonté est suivie. Il n'est, alors lui-même, tenu d'aucune obligation d'exploitation ;

1.2. l'opposition résulte de l'éditeur originel :

Sa volonté est suivie. Il est alors tenu, personnellement, d'une obligation de publication.

2. Il n'existe pas d'opposition à la gestion collective de la part de l'auteur ou de l'éditeur originel :

2.1. l'éditeur originel dispose d'un droit de priorité (art. L. 134-5 CPI) pour la publication numérique :

S'il manifeste sa volonté d'en profiter, il bénéfice alors d'une licence d'exploitation, exclusive, pour dix ans renouvelables tacitement.

2.2. en l'absence d'une manifestation de volonté de l'éditeur originel, l'exploitation numérique peut être confiée à un ou plusieurs éditeurs tiers :

Aux termes de l'article L. 134-3, I, la SPRD peut autoriser un ou plusieurs éditeurs dits numériques – à titre non exclusif et pour une durée limitée à cinq ans, renouvelable – la reproduction et la représentation du livre sous forme numérique, moyennant une rémunération.

III. GARANTIES ACCORDÉES AUX TITULAIRES ORIGINELS DE DROITS

A. GARANTIES EN FAVEUR DES AUTEURS

La loi du 1er mars 2012 a été présentée comme susceptible de dépouiller les auteurs de leurs droits au prétexte que les œuvres concernées ne seraient plus exploitées mais le dispositif nouveau a tenté de ménager les intérêts des auteurs par un certain nombre de mesures :

1° Garanties générales :

– le dispositif mis en place n'est pas la création d'un système de gestion collective obligatoire puisqu'il est loisible à l'auteur de ne pas entrer dans le système en se manifestant dans une période de six mois à compter de la publication de la liste des œuvres concernées et cela sans obligation corrélative d'exploitation de sa part ; en outre, même s'il a accepté d'entrer dans le système, lui sont conservées des possibilités d'en sortir ;

– l'auteur peut choisir de rester dans le système en raison de l'assurance d'une nouvelle diffusion de ses livres et de l'espoir d'une rémunération (à hauteur de 50 % minimum sur les droits recouvrés par la SPRD) alors qu'il ne percevait plus aucune rémunération de droit d'auteur sur l'œuvre concernée ;

– l'auteur conserve le droit de sortir à tout moment du dispositif s'il juge que l'exploitation numérique des œuvres porte atteinte à son honneur ou à sa réputation (art. L. 134-4, I, *in fine*), et cela sans indemnisation de sa part ;

– l'éventuelle exploitation numérique poursuivie grâce au dispositif est sans influence (art. L. 134-2, al. 3) sur les possibilités offertes à l'auteur pour la récupération de ses droits (article L. 132-17) sur le livre imprimé en cas d'épuisement (V. aussi, art. L. 134-5, *in fine*, CPI proclamant la neutralité du dispositif) ;

– le dispositif est sans incidence sur le droit moral de l'auteur (ce qui permet, par exemple, à l'auteur de s'opposer aux « snippets » ou « entrefilets »).

2º Garanties accordées à l'auteur qui a récupéré ses droits pour l'exploitation « papier »

En pareil cas, l'auteur :

– quand il a fait le choix de rester dans le dispositif, récupère 100 % des droits d'auteur issus de l'exploitation de l'œuvre par la SPRD ;

– peut s'opposer à une exploitation exclusive par l'éditeur d'origine ;

– peut à tout moment sortir du dispositif et conserve toute liberté sur les modalités d'exploitation de ses œuvres, par lui-même ou par un tiers.

3º Garanties accordées à l'auteur qui détient ses droits numériques

Cet auteur peut sortir à tout moment du dispositif et garder toute sa liberté sur les modalités d'exploitation de ses œuvres même lorsqu'un éditeur détient les droits pour l'exploitation « papier ».

B. GARANTIES EN FAVEUR DE L'ÉDITEUR ORIGINEL DE L'OUVRAGE SOUS FORMAT PAPIER

Possibilité de manifester son opposition au système nouveau (art. L. 314-4 CPI) dans les six mois suivant l'inscription du livre dans la base de données ;

Droit de sortie (art. L. 314-6) dans l'hypothèse d'une titularité des droits numériques avérée ;

Droit de priorité (art. L. 314-5) : dix ans, renouvelable, à titre exclusif ;

Contreparties : obligations d'exploitation :

– dans les deux ans, dans l'hypothèse d'une opposition de sa part ;

– dans les dix-huit mois en cas de « sortie » ;

– dans les trois ans dans le cas d'exercice de son droit de priorité.

Art. L. 134-1 *(L. nº 2012-287 du 1er mars 2012)* **On entend par livre indisponible au sens du présent chapitre un livre publié en France avant le 1er janvier 2001 qui ne fait plus l'objet d'une diffusion commerciale par un éditeur et qui ne fait pas actuellement l'objet d'une publication sous une forme imprimée ou numérique.**

COMMENTAIRE

Confondant l'œuvre et son support (« livre »), l'article L. 134-1 fixe le champ d'application des dispositions envisageant le recours au système de gestion collective :

– limite quant à la nature des œuvres concernées : les seules œuvres littéraires ;

– limite dans le temps : le livre concerné doit avoir été « publié en France avant le 1er janvier 2001 », c'est-à-dire, dans l'esprit du législateur, une œuvre non tombée dans le domaine public mais publiée à une date où les contrats de cession des droits des auteurs aux éditeurs ne comportaient généralement pas de mention d'une possible exploitation sous forme numérique ;

– limite quant à son statut : « indisponible », c'est-à-dire dont l'exploitation n'est plus assurée par l'éditeur. Le fait que le livre puisse être trouvé d'occasion ne change rien au statut de « livre indisponible ».

1. Constitutionnalité. Les art. L. 134-1 à L. 134-8 CPI, issus de l'art. 1er de la loi nº 2012-287 du 1er mars 2012 relative à l'exploitation numérique des livres indisponibles du XXe siècle, sont conformes à la Constitution. • Cons. const. 28 févr. 2014, nº 2013-370 QPC : *D. 2014. 542 ; CCI 2014. Étude 6, obs. Bruguière ; RLDI avr. 2014, nº 3424, note Derieux ; Propr. intell. 2014, nº 51, p. 169, obs. Lucas.*

2. Non-conformité au droit de l'Union. Si la Dir. (CE) nº 2001/29 du 22 mai 2001 sur l'harmonisation de certains aspects du droit d'auteur et des droits voisins dans la société de l'information ne s'oppose pas à ce qu'une réglementation nationale poursuive un objectif tel que l'exploitation numérique de livres indisponibles dans l'intérêt culturel des consommateurs et de la société dans son ensemble, la poursuite de cet objectif et de cet intérêt ne saurait justifier une dérogation non prévue par le législateur de l'Union à la protection assurée aux auteurs par cette directive. Les art. 2, ss. a), et 3, § 1, de cette Dir. s'opposent à ce qu'une réglementation nationale, telle que celle en cause au principal (CPI, art. L. 134-1 à L. 134-9), confie à une société agréée de perception et de répartition de droits d'auteurs l'exercice du droit d'autoriser la reproduction et la communication au public, sous une forme numérique, de livres dits « indisponibles », au sens de la législation française. • CJUE 16 nov. 2016, *Soulier et Doke*, n° C-301/15 : *D. 2017. 84, note Macrez ; Dalloz IP/IT 2017. 108, obs. Benabou ; RLDI déc. 2016. 12, note Derieux ; Légipresse 2017. 96, note Boiron et Le Doré ; Propr. intell. 2017, n° 62, p. 30, note Bruguière ; LEPI janv. 2017. 2, obs. Bernault ; Rev. UE 2017. 78, étude El Badawi*. – V. notes ss. art. L. 134-4 et L. 134-6. ♦ Sur l'annulation des art. R. 134-5 à R. 134-10 CPI, V. • CE 7 juin 2017, n° 368208 : *V. note ss. art. R. 134-5.*

Art. L. 134-2 *(L. n° 2012-287 du 1er mars 2012)* **Il est créé une base de données publique, mise à disposition en accès libre et gratuit par un service de communication au public en ligne, qui répertorie les livres indisponibles. La Bibliothèque nationale de France veille à sa mise en œuvre, à son actualisation et à l'inscription des mentions prévues aux articles L. 134-4, L. 134-5 et L. 134-6.**

Toute personne peut demander à la Bibliothèque nationale de France l'inscription d'un livre indisponible dans la base de données.

L'inscription d'un livre dans la base de données ne préjuge pas de l'application des articles L. 132-12 et L. 132-17.

En application du II de l'art. 21 de la L. n° 2000-321 du 12 avr. 2000, le silence gardé par l'administration pendant douze mois vaut décision de rejet pour la demande d'inscription dans la base de données publique mentionnée à l'art. L. 134-2 (Décr. n° 2014-1304 du 23 oct. 2014, art. 1er et 2, applicable aux demandes présentées à compter du 12 nov. 2014).

Art. L. 134-3 *(L. n° 2012-287 du 1er mars 2012)* **I. — Lorsqu'un livre est inscrit dans la base de données mentionnée à l'article L. 134-2 depuis plus de six mois, le droit d'autoriser sa reproduction et sa représentation sous une forme numérique est exercé par** *(Ord. n° 2016-1823 du 22 déc. 2016, art. 2-10°)* **« un organisme de gestion collective régi par le titre II du livre III de la présente partie, agréé » à cet effet par le ministre chargé de la culture.**

Sauf dans le cas prévu au troisième alinéa de l'article L. 134-5, la reproduction et la représentation du livre sous une forme numérique sont autorisées, moyennant une rémunération, à titre non exclusif et pour une durée limitée à cinq ans, renouvelable.

II. — *(Ord. n° 2016-1823 du 22 déc. 2016, art. 2-10°)* **« Les organismes agréés ont qualité pour ester en justice pour la défense des droits dont ils » ont la charge.**

III. — L'agrément prévu au I est délivré en considération :

1° De la diversité des *(Ord. n° 2016-1823 du 22 déc. 2016, art. 2-10°)* **« membres » de** *(Ord. n° 2016-1823 du 22 déc. 2016, art. 2-10°)* **« l'organisme » ;**

2° De la représentation paritaire des auteurs et des éditeurs parmi les *(Ord. n° 2016-1823 du 22 déc. 2016, art. 2-10°)* **« membres » et au sein des organes dirigeants ;**

3° De la qualification professionnelle des dirigeants de *(Ord. n° 2016-1823 du 22 déc. 2016, art. 2-10°)* **« l'organisme » ;**

4° Des moyens que *(Ord. n° 2016-1823 du 22 déc. 2016, art. 2-10°)* **« l'organisme » propose de mettre en œuvre pour assurer la perception des droits et leur répartition ;**

5° Du caractère équitable des règles de répartition des sommes perçues entre les ayants droit, qu'ils soient ou non parties au contrat d'édition. Le montant des sommes perçues par le ou les auteurs du livre ne peut être inférieur au montant des sommes perçues par l'éditeur ;

6° Des moyens probants que *(Ord. n° 2016-1823 du 22 déc. 2016, art. 2-10°)* **« l'organisme » propose de mettre en œuvre afin d'identifier et de retrouver les titulaires de droits aux fins de répartir les sommes perçues ;**

7° Des moyens que *(Ord. n° 2016-1823 du 22 déc. 2016, art. 2-10°)* **« l'organisme » propose de mettre en œuvre pour développer des relations contractuelles permettant d'assurer la plus grande disponibilité possible des œuvres ;**

8° Des moyens que *(Ord. n° 2016-1823 du 22 déc. 2016, art. 2-10°)* « l'organisme » propose de mettre en œuvre pour veiller à la défense des intérêts légitimes des ayants droit non parties au contrat d'édition.

IV. — *(Ord. n° 2016-1823 du 22 déc. 2016, art. 2-10°)* « Les organismes agréés remettent chaque année à la commission de contrôle des organismes de gestion mentionnée à l'article L. 327-1 » un rapport rendant compte des moyens mis en œuvre et des résultats obtenus dans la recherche des titulaires de droits, qu'ils soient ou non parties au contrat d'édition.

La commission peut formuler toute observation ou recommandation d'amélioration des moyens mis en œuvre afin d'identifier et de retrouver les titulaires de droits.

La commission est tenue informée, dans le délai qu'elle fixe, des suites données à ses observations et recommandations.

La commission rend compte annuellement au Parlement, au Gouvernement et à l'assemblée générale *(Ord. n° 2016-1823 du 22 déc. 2016, art. 2-10°)* « des organismes agréés », selon des modalités qu'elle détermine, des observations et recommandations qu'elle a formulées et des suites qui leur ont été données.

Les dispositions de l'Ord. n° 2016-1823 du 22 déc. 2016 sont applicables dans les îles Wallis-et-Futuna (Ord. préc., art. 6).

Art. L. 134-4 *(L. n° 2012-287 du 1er mars 2012)* I. — L'auteur d'un livre indisponible ou l'éditeur disposant du droit de reproduction sous une forme imprimée de ce livre peut s'opposer à l'exercice du droit d'autorisation mentionné au premier alinéa du I de l'article L. 134-3 par *(Ord. n° 2016-1823 du 22 déc. 2016, art. 2-11°)* « un organisme de gestion collective agréé ». Cette opposition est notifiée par écrit à l'organisme mentionné au premier alinéa de l'article L. 134-2 au plus tard six mois après l'inscription du livre concerné dans la base de données mentionnée au même alinéa.

Mention de cette opposition est faite dans la base de données mentionnée au même article L. 134-2.

Après l'expiration du délai mentionné au premier alinéa du présent I, l'auteur d'un livre indisponible peut s'opposer à l'exercice du droit de reproduction ou de représentation de ce livre s'il juge que la reproduction ou la représentation de ce livre est susceptible de nuire à son honneur ou à sa réputation. Ce droit est exercé sans indemnisation.

II. — L'éditeur ayant notifié son opposition dans les conditions prévues au premier alinéa du I du présent article est tenu d'exploiter dans les deux ans suivant cette notification le livre indisponible concerné. Il doit apporter par tout moyen la preuve de l'exploitation effective du livre *(Ord. n° 2016-1823 du 22 déc. 2016, art. 2-11°)* « à l'organisme agréé » en application de l'article L. 134-3. A défaut d'exploitation du livre dans le délai imparti, la mention de l'opposition est supprimée dans la base de données mentionnée à l'article L. 134-2 et le droit d'autoriser sa reproduction et sa représentation sous une forme numérique est exercé dans les conditions prévues au second alinéa du I de l'article L. 134-3.

La preuve de l'exploitation effective du livre, apportée par l'éditeur dans les conditions prévues au premier alinéa du présent II, ne préjuge pas de l'application des articles L. 132-12 et L. 132-17.

Les dispositions de l'Ord. n° 2016-1823 du 22 déc. 2016 sont applicables dans les îles Wallis-et-Futuna (Ord. préc., art. 6).

Les conditions d'exercice du droit d'opposition prévues à l'art. L. 134-4 ne sont pas conformes aux dispositions des art. 2, ss. a), et 3, § 1 Dir. (CE) n° 2001/29 du 22 mai 2001 sur l'harmonisation de certains aspects du droit d'auteur et des droits voisins dans la société de l'information. Il ne ressort pas de la décision de renvoi que la réglementation nationale en cause comporte un mécanisme garantissant l'information effective et individualisée des auteurs. Il n'est donc pas exclu que certains d'entre eux n'aient en réalité pas même connaissance de l'utilisation envisagée de leurs œuvres, et donc qu'ils ne soient pas en mesure de prendre position, dans un sens ou dans un autre, sur celle-ci. Dans ces conditions, une simple absence d'opposition de leur part ne peut pas être regardée comme l'expression de leur consentement implicite à cette utilisation. • CJUE 16 nov. 2016, n° C-301/15 : *V. note 2 ss. art. L. 134-1.*

Art. L. 134-5 *(L. n° 2012-287 du 1er mars 2012)* **A défaut d'opposition notifiée par l'auteur ou l'éditeur à l'expiration du délai prévu au I de l'article L. 134-4,** *(Ord. n° 2016-1823 du 22 déc. 2016, art. 2-12°)* **« l'organisme de gestion collective » propose une autorisation de reproduction et de représentation sous une forme numérique d'un livre indisponible à l'éditeur disposant du droit de reproduction de ce livre sous une forme imprimée.**

Cette proposition est formulée par écrit. Elle est réputée avoir été refusée si l'éditeur n'a pas notifié sa décision par écrit dans un délai de deux mois à *(Ord. n° 2016-1823 du 22 déc. 2016, art. 2-12°)* **« l'organisme de gestion collective ».**

L'autorisation d'exploitation mentionnée au premier alinéa est délivrée par *(Ord. n° 2016-1823 du 22 déc. 2016, art. 2-12°)* **« l'organisme de gestion collective » à titre exclusif pour une durée de dix ans tacitement renouvelable** *(Abrogé par L. n° 2015-195 du 20 févr. 2015, art. 3-I) « , sauf dans le cas mentionné à l'article L. 134-8 ».*

Mention de l'acceptation de l'éditeur est faite dans la base de données mentionnée à l'article L. 134-2.

A défaut d'opposition de l'auteur apportant par tout moyen la preuve que cet éditeur ne dispose pas du droit de reproduction d'un livre sous une forme imprimée, l'éditeur ayant notifié sa décision d'acceptation est tenu d'exploiter, dans les trois ans suivant cette notification, le livre indisponible concerné. Il doit apporter à *(Ord. n° 2016-1823 du 22 déc. 2016, art. 2-12°)* **« cet organisme », par tout moyen la preuve de l'exploitation effective du livre.**

A défaut d'acceptation de la proposition mentionnée au premier alinéa ou d'exploitation de l'œuvre dans le délai prévu au cinquième alinéa du présent article, la reproduction et la représentation du livre sous une forme numérique sont autorisées par *(Ord. n° 2016-1823 du 22 déc. 2016, art. 2-12°)* **« l'organisme de gestion collective » dans les conditions prévues au second alinéa du I de l'article L. 134-3.**

L'utilisateur auquel *(Ord. n° 2016-1823 du 22 déc. 2016, art. 2-12°)* **« un organisme de gestion collective » a accordé une autorisation d'exploitation dans les conditions prévues au même second alinéa est considéré comme éditeur de livre numérique au sens de l'article 2 de la loi n° 2011-590 du 26 mai 2011 relative au prix du livre numérique.**

L'exploitation de l'œuvre dans les conditions prévues au présent article ne préjuge pas de l'application des articles L. 132-12 et L. 132-17.

Les dispositions de l'Ord. n° 2016-1823 du 22 déc. 2016 sont applicables dans les îles Wallis-et-Futuna (Ord. préc., art. 6).

Art. L. 134-6 *(L. n° 2012-287 du 1er mars 2012)* **L'auteur et l'éditeur disposant du droit de reproduction sous une forme imprimée d'un livre indisponible notifient conjointement à tout moment à** *(Ord. n° 2016-1823 du 22 déc. 2016, art. 2-13°)* **« l'organisme de gestion collective mentionné » à l'article L. 134-3 leur décision de lui retirer le droit d'autoriser la reproduction et la représentation dudit livre sous forme numérique.**

L'auteur d'un livre indisponible peut décider à tout moment de retirer à *(Ord. n° 2016-1823 du 22 déc. 2016, art. 2-13°)* **« l'organisme de gestion collective mentionné » au même article L. 134-3 le droit d'autoriser la reproduction et la représentation du livre sous une forme numérique s'il apporte la preuve qu'il est le seul titulaire des droits définis audit article L. 134-3. Il lui notifie cette décision.**

Mention des notifications prévues aux deux premiers alinéas du présent article est faite dans la base de données mentionnée à l'article L. 134-2.

L'éditeur ayant notifié sa décision dans les conditions prévues au premier alinéa est tenu d'exploiter le livre concerné dans les dix-huit mois suivant cette notification. Il doit apporter à *(Ord. n° 2016-1823 du 22 déc. 2016, art. 2-13°)* **« l'organisme de gestion collective », par tout moyen, la preuve de l'exploitation effective du livre.**

(Ord. n° 2016-1823 du 22 déc. 2016, art. 2-13°) **« L'organisme informe tous les utilisateurs auxquels il » a accordé une autorisation d'exploitation du livre concerné des décisions mentionnées aux deux premiers alinéas du présent article. Les ayants droit ne peuvent s'opposer à la poursuite de l'exploitation dudit livre engagée avant la notification pendant la durée restant à courir de l'autorisation mentionnée au second ali-**

néa du I de l'article L. 134-3 ou au troisième alinéa de l'article L. 134-5, à concurrence de cinq ans maximum et à titre non exclusif.

Les dispositions de l'Ord. n° 2016-1823 du 22 déc. 2016 sont applicables dans les îles Wallis-et-Futuna (Ord. préc., art. 6).

Premièrement, il découle de la Dir. (CE) n° 2001/29 que lorsque l'auteur décide de mettre fin pour l'avenir à l'exploitation de son œuvre sous une forme numérique, ce droit doit pouvoir être exercé sans devoir dépendre, dans certains cas, de la volonté concordante de personnes autres que celles qu'il a préalablement autorisées à procéder à une telle exploitation numérique, et donc de l'accord de l'éditeur ne détenant que les droits d'exploitation de l'œuvre sous une forme imprimée. Deuxièmement, il résulte de l'art. 5, § 2, de la Conv. de Berne que la jouissance et l'exercice des droits de reproduction et de communication au public attribués aux auteurs, correspondant à ceux prévus à l'art. 2, ss. a), et à l'art. 3, § 1, de la Dir. (CE) n° 2001/29, ne peuvent être assujettis à aucune formalité. Par conséquent, l'auteur d'une œuvre doit pouvoir mettre fin à l'exercice, par un tiers, des droits d'exploitation sous forme numérique qu'il détient sur cette œuvre sans devoir se soumettre au préalable, dans certaines hypothèses, à une formalité consistant à prouver que d'autres personnes ne sont pas titulaires d'autres droits sur ladite œuvre, tels que ceux portant sur son exploitation sous forme imprimée. • CJUE 16 nov. 2016, n° C-301/15 : *V. note 2 ss. art. L. 134-1.*

Art. L. 134-7 *(L. n° 2012-287 du 1er mars 2012)* **Les modalités d'application du présent chapitre, notamment les modalités d'accès à la base de données prévue à l'article L. 134-2, la nature ainsi que le format des données collectées et les mesures de publicité les plus appropriées pour garantir la meilleure information possible des ayants droit, les conditions de délivrance et de retrait de l'agrément des** *(Ord. n° 2016-1823 du 22 déc. 2016, art. 2-14°)* **« organismes de gestion collective » prévu à l'article L. 134-3, sont précisées par décret en Conseil d'État.**

Les dispositions de l'Ord. n° 2016-1823 du 22 déc. 2016 sont applicables dans les îles Wallis-et-Futuna (Ord. préc., art. 6).

Art. L. 134-8 *Abrogé par L. n° 2015-195 du 20 févr. 2015, art. 3-II.*

Art. L. 134-9 *(L. n° 2012-287 du 1er mars 2012)* **Par dérogation aux dispositions des trois premiers alinéas de** *(Ord. n° 2016-1823 du 22 déc. 2016, art. 2-15°)* **« l'article L. 324-17, les organismes agréés » mentionnées** *[mentionnés]* **à l'article L. 134-3 utilisent à des actions d'aide à la création, à des actions de formation des auteurs de l'écrit et à des actions de promotion de la lecture publique mises en œuvre par les bibliothèques les sommes perçues au titre de l'exploitation des livres indisponibles et qui n'ont pu être réparties parce que leurs destinataires n'ont pu être identifiés ou retrouvés avant l'expiration du délai prévu au dernier alinéa de l'article L. 321-1.**

Le montant et l'utilisation de ces sommes font l'objet, chaque année, d'un rapport des *(Ord. n° 2016-1823 du 22 déc. 2016, art. 2-15°)* **« organismes de gestion collective » au ministre chargé de la culture.**

Les dispositions de l'Ord. n° 2016-1823 du 22 déc. 2016 sont applicables dans les îles Wallis-et-Futuna (Ord. préc., art. 6).

CHAPITRE V DISPOSITIONS PARTICULIÈRES RELATIVES À CERTAINES UTILISATIONS D'ŒUVRES ORPHELINES

(L. n° 2015-195 du 20 févr. 2015, art. 4)

Art. L. 135-1 Sont soumises au présent chapitre :

1° Les œuvres orphelines, au sens de l'article L. 113-10, qui ont été initialement publiées ou radiodiffusées dans un État membre de l'Union européenne et qui appartiennent à l'une des catégories suivantes :

***a)* Les œuvres publiées sous la forme de livres, revues, journaux, magazines ou autres écrits faisant partie des collections des bibliothèques accessibles au public, des musées, des services d'archives, des institutions dépositaires du patrimoine cinématographique ou sonore ou des établissements d'enseignement, à l'exception des photographies et des images fixes qui existent en tant qu'œuvres indépendantes ;**

b) Les œuvres audiovisuelles ou sonores faisant partie de ces collections ou qui ont été produites par des organismes de radiodiffusion de service public avant le 1er janvier 2003 et qui font partie de leurs archives.

Le fait pour un organisme mentionné aux *a* et *b* de rendre une œuvre accessible au public, avec l'accord des titulaires de droits, est assimilé à la publication ou à la radiodiffusion mentionnées au premier alinéa du présent 1°, sous réserve qu'il soit raisonnable de supposer que les titulaires de droits ne s'opposeraient pas aux utilisations de l'œuvre orpheline prévues à l'article L. 135-2 ;

2° Toute œuvre considérée comme orpheline dans un autre État membre en application de l'article 2 de la directive 2012/28/UE du Parlement européen et du Conseil, du 25 octobre 2012, sur certaines utilisations autorisées des œuvres orphelines.

BIBL. ▸ **Loi n° 2015-195 du 20 févr. 2015 portant diverses dispositions d'adaptation au droit de l'Union européenne dans les domaines de la propriété littéraire et artistique et du patrimoine culturel** – BRUGUIÈRE, *Propr. intell. 2015, n° 56, p. 291.* – GALOPIN, *JAC 2015, n° 27, p. 27*. –POLLAUD-DULIAN, *RTD com. 2015. 298*.

Art. L. 135-2 Les organismes mentionnés au 1° de l'article L. 135-1 ne peuvent utiliser les œuvres mentionnées à ce même article que dans le cadre de leurs missions culturelles, éducatives et de recherche et à condition de ne poursuivre aucun but lucratif et de ne percevoir, le cas échéant et pour une durée ne pouvant excéder sept ans, que les recettes couvrant les frais découlant directement de la numérisation et de la mise à la disposition du public des œuvres orphelines qu'ils utilisent. Ils mentionnent le nom des titulaires de droits identifiés, respectent le droit moral de ces derniers et communiquent les informations prévues au 2° de l'article L. 135-3 ou à l'article L. 135-4. Cette utilisation est faite selon les modalités suivantes :

1° Mise à la disposition du public d'une œuvre orpheline de manière que chacun puisse y avoir accès de sa propre initiative ;

2° Reproduction d'une œuvre orpheline à des fins de numérisation, de mise à disposition, d'indexation, de catalogage, de préservation ou de restauration.

Art. L. 135-3 Un organisme mentionné au 1° de l'article L. 135-1 ne peut faire application de l'article L. 135-2 qu'après avoir :

1° Procédé à des recherches diligentes, avérées et sérieuses des titulaires de droits, en application du premier alinéa de l'article L. 113-10, dans l'État membre de l'Union européenne où a eu lieu la première publication ou, à défaut de celle-ci, la première radiodiffusion de l'œuvre. Ces recherches comportent la consultation des sources appropriées pour chaque catégorie d'œuvres. Lorsque l'œuvre n'a fait l'objet ni d'une publication, ni d'une radiodiffusion mais a été rendue accessible au public dans les conditions définies au dernier alinéa du 1° de l'article L. 135-1, ces recherches sont effectuées dans l'État membre où est établi l'organisme qui a rendu l'œuvre accessible au public. Pour les œuvres audiovisuelles, les recherches sont effectuées dans l'État membre où le producteur a son siège ou sa résidence habituelle ; — *V. art. R. 135-1 s.*

2° Communiqué le résultat des recherches mentionnées au 1°, ainsi que l'utilisation envisagée de l'œuvre orpheline, au ministre chargé de la culture, ou à l'organisme désigné à cette fin par celui-ci, qui le transmet sans délai à l'Office de l'harmonisation dans le marché intérieur mentionné au paragraphe 6 de l'article 3 de la directive 2012/28/UE du Parlement européen et du Conseil, du 25 octobre 2012, précitée aux fins de l'inscription de ces informations dans la base de données établie par cet office à cet effet. — *V. art. R. 135-2.*

Art. L. 135-4 Lorsqu'une œuvre orpheline est déjà inscrite dans la base de données mentionnée au 2° de l'article L. 135-3, l'organisme n'est pas tenu de procéder aux recherches mentionnées au même article. Il doit indiquer, dans les conditions prévues audit article, l'utilisation de l'œuvre orpheline qu'il envisage. — *V. art. R. 135-3.*

Art. L. 135-5 Lorsque les recherches diligentes, avérées et sérieuses mentionnées à l'article L. 135-3 ont permis d'identifier et de retrouver le ou les titulaires des droits sur une œuvre, celle-ci cesse d'être orpheline.

Lorsqu'une œuvre a plus d'un titulaire de droits et que tous ses titulaires n'ont pu être identifiés et retrouvés, l'utilisation de l'œuvre prévue à l'article L. 135-2 est subordonnée à l'autorisation du ou des titulaires identifiés et retrouvés.

Art. L. 135-6 **Lorsqu'un titulaire de droits sur une œuvre orpheline justifie de ses droits auprès d'un organisme mentionné à l'article L. 135-3, ce dernier ne peut poursuivre l'utilisation de l'œuvre qu'avec l'autorisation du titulaire de droits.**

L'organisme verse au titulaire de droits une compensation équitable du préjudice que celui-ci a subi du fait de cette utilisation. Cette compensation est fixée par accord entre l'organisme et le titulaire de droits. Elle peut tenir compte, lorsqu'ils existent, des accords ou tarifs en vigueur dans les secteurs professionnels concernés.

Le titulaire de droits peut se faire connaître à tout moment, nonobstant toute stipulation contraire.

L'organisme auprès duquel le titulaire de droits justifie de ses droits informe sans délai le ministre chargé de la culture, ou l'organisme désigné à cette fin par celui-ci, qui transmet cette information à l'Office de l'harmonisation dans le marché intérieur mentionné au 2° de l'article L. 135-3. – *V. art. R. 135-4.*

Art. L. 135-7 **Un décret en Conseil d'État définit les modalités d'application du présent chapitre, notamment les sources d'informations appropriées pour chaque catégorie d'œuvres qui doivent être consultées au titre des recherches prévues au 1° de l'article L. 135-3.** – *V. art. R. 135-1 s.*

CHAPITRE VI DISPOSITIONS APPLICABLES À LA RECHERCHE ET AU RÉFÉRENCEMENT DES ŒUVRES D'ART PLASTIQUES, GRAPHIQUES OU PHOTOGRAPHIQUES

(L. n° 2016-925 du 7 juill. 2016, art. 30, en vigueur le 1er janv. 2017)

COMMENTAIRE

Ce chapitre, issu de la loi n° 2016-925 du 7 juillet 2016, traite des effets de la recherche et du référencement des œuvres d'art plastiques, graphiques et photographiques et vise à assurer une rémunération aux ayants droit dont les images sont utilisées par certains moteurs de recherche (murs d'images, par exemple). L'idée est celle d'un « meilleur partage de la valeur » défendue pas les autorités européennes.

Les prestataires concernés (définis à l'art. L. 136-1) offrent un service en ligne de recherche d'images, par le biais d'un référencement de pareilles œuvres, que les internautes peuvent matériellement consulter, voire réutiliser, sans avoir à solliciter l'accord des titulaires de droits.

Jusqu'à cette intervention législative, les demandes des ayants droit restaient vaines car les prestataires concernés revendiquaient le bénéfice du statut d'hébergeur qui met en place un régime d'irresponsabilité conditionnée. Sur le fondement de ce système – issu de la transposition de l'article 14 de la directive 2000/31/CE du 8 juin 2000 relative au commerce électronique – le moteur de recherche pouvait se contenter de n'être que simplement réactif et limiter son intervention au – prompt – retrait du contenu signalé illicite après sa mise en connaissance. C'est dire qu'une rémunération pour pareils usages paraissait hors d'atteinte sauf à attendre des juges une qualification de l'activité querellée qui mettrait de côté le statut d'hébergeur (comme l'avait été celui de « caching »).

La loi nouvelle vise à changer cette situation.

Les quatre articles présents dans ce chapitre organisent un système de rémunération pour la représentation ou mise à disposition et la reproduction des œuvres graphiques, photographiques ou des arts plastiques grâce à un mécanisme de gestion collective obligatoire.

Le facteur déclenchant de pareil système est la mise en ligne à partir d'un service de communication au public en ligne de ces œuvres art. (L. 136-2, I), qui entraîne la « mise en gestion » (art. L. 136-2, II) du droit d'obtenir une rémunération auprès d'une société de gestion collective agréée (art. L. 136-3), laquelle est désignée par l'auteur ou, à défaut de pareille désignation, réputée telle selon des modalités non encore précisées.

La rémunération due (art. L. 136-4) est alors calculée selon les principes généraux du droit d'auteur : principe de la rémunération proportionnelle assorti d'exceptions, en certains cas limitativement énumérés, permettant le recours à un forfait (V. *supra* art.

L. 131-4). Le barème sera établi conventionnellement par des accords entre sociétés de gestion collective et organisations représentant les services de référencement d'images.

Cette construction a été critiquée au motif qu'elle méconnaîtrait la jurisprudence de la CJUE (13 févr. 2014, *Svensson*, n° C-466/12 ; 8 sept. 2016, *GS Media*, n° C-160/15 ; 21 oct. 2014, *Bestwater*, n° C-348/13 : V. note 5 ss. art. L. 122-2 et note 1 ss. art. 3 Dir. n° 2001/29/CE du 22 mai 2001, App., v° *Propriété littéraire et artistique*) qui conditionne l'opposabilité du droit d'auteur lors de la confection d'hyperliens au fait que le contenu visé n'aurait pas été librement accessible (abonnement, code, mesures de protection techniques…). Mais, outre le fait que cette jurisprudence est critiquée pour sa non-conformité à la convention de Berne, rien n'indique qu'un mur d'images se limite à des hyperliens. Les œuvres concernées sont techniquement reproduites dans un service du moteur. Quant au statut d'hébergeur, il est lui-même critiqué au motif que ce ne sont pas les ayants droit qui viennent stocker les œuvres chez le prestataire mais ce dernier qui, loin de jouer un rôle passif, va les chercher sur les sites recensés. L'application du statut d'hébergeur est donc très loin d'être certaine et les autorités européennes militent elles-mêmes pour des réajustements normatifs visant tant à limiter le champ de certains statuts spéciaux qu'à accroître les obligations de certains hébergeurs (V. consid. 38 et art. 13 de la proposition de directive du 14 sept. 2016 sur le droit d'auteur dans le marché unique numérique). ❑

Art. L. 136-1 On entend par service automatisé de référencement d'images, au sens du présent chapitre, tout service de communication au public en ligne dans le cadre duquel sont reproduites et mises à la disposition du public, à des fins d'indexation et de référencement, des œuvres d'art plastiques, graphiques ou photographiques collectées de manière automatisée à partir de services de communication au public en ligne.

BIBL. ▶ Bruguière, *Légipresse 2017. 19* (exploitation des images d'œuvres d'art plastiques et photographiques : les nouvelles dispositions des lois « Création » et « République numérique »).

Art. L. 136-2 I. — La publication d'une œuvre d'art plastique, graphique ou photographique à partir d'un service de communication au public en ligne emporte la mise en gestion, au profit *(Ord. n° 2016-1823 du 22 déc. 2016, art. 2-16°)* **« d'un ou** *[de]* **plusieurs organismes de gestion collective régis par le titre II du livre III de la présente partie et agréés » à cet effet par le ministre chargé de la culture, du droit de reproduire et de représenter cette œuvre dans le cadre de services automatisés de référencement d'images. A défaut de désignation par l'auteur ou par son ayant droit à la date de publication de l'œuvre,** *(Ord. n° 2016-1823 du 22 déc. 2016, art. 2-16°)* **« un des organismes agréés est réputé » gestionnaire de ce droit.**

II. — *(Ord. n° 2016-1823 du 22 déc. 2016, art. 2-16°)* **« Les organismes agréés sont seuls habilités » à conclure toute convention avec les exploitants de services automatisés de référencement d'images aux fins d'autoriser la reproduction et la représentation des œuvres d'art plastiques, graphiques ou photographiques dans le cadre de ces services et de percevoir les rémunérations correspondantes fixées selon les modalités prévues à l'article L. 136-4. Les conventions conclues avec ces exploitants prévoient les modalités selon lesquelles ils s'acquittent de leurs obligations de fournir** *(Ord. n° 2016-1823 du 22 déc. 2016, art. 2-16°)* **« aux organismes agréés » le relevé des exploitations des œuvres et toutes informations nécessaires à la répartition des sommes perçues aux auteurs ou à leurs ayants droit.**

Les dispositions de l'Ord. n° 2016-1823 du 22 déc. 2016 sont applicables dans les îles Wallis-et-Futuna (Ord. préc., art. 6).

Art. L. 136-3 L'agrément prévu au I de l'article L. 136-2 est délivré en considération :

1° De la diversité des associés ;

2° De la qualification professionnelle des dirigeants ;

3° Des moyens humains et matériels qu'ils proposent de mettre en œuvre pour assurer la gestion des droits de reproduction et de représentation des œuvres d'art plastiques, graphiques ou photographiques par des services automatisés de référencement d'images.

Un décret en Conseil d'État fixe les modalités de la délivrance et du retrait de cet agrément.

Art. L. 136-4 **I. – La rémunération due au titre de la reproduction et de la représentation des œuvres d'art plastiques, graphiques ou photographiques par des services automatisés de référencement d'images est assise sur les recettes de l'exploitation ou, à défaut, évaluée forfaitairement dans les cas prévus à l'article L. 131-4.**

Le barème et les modalités de versement de cette rémunération sont fixés par voie de convention entre les *(Ord. nº 2016-1823 du 22 déc. 2016, art. 2-17º)* **« organismes agréés » pour la gestion des droits des œuvres d'art plastiques, graphiques ou photographiques et les organisations représentant les exploitants des services automatisés de référencement d'images.**

La durée de ces conventions est limitée à cinq ans.

II. – A défaut d'accord conclu dans les six mois suivant la publication du décret en Conseil d'État prévu à l'article L. 136-3, ou si aucun accord n'est intervenu à la date d'expiration d'un précédent accord, le barème de la rémunération et ses modalités de versement sont arrêtés par une commission présidée par un représentant de l'État et composée, en nombre égal, d'une part, de représentants des *(Ord. nº 2016-1823 du 22 déc. 2016, art. 2-17º)* **« organismes agréés » conformément au même article L. 136-3 et, d'autre part, des représentants des exploitants des services automatisés de référencement d'images.**

Les organisations amenées à désigner les représentants membres de la commission, ainsi que le nombre de personnes que chacune est appelée à désigner, sont déterminés par arrêté du ministre chargé de la culture.

La commission se détermine à la majorité des membres présents. En cas de partage des voix, le président a voix prépondérante.

Les décisions de la commission sont publiées au *Journal officiel*.

Les dispositions de l'Ord. nº 2016-1823 du 22 déc. 2016 sont applicables dans les îles Wallis-et-Futuna (Ord. préc., art. 6).

LIVRE DEUXIÈME LES DROITS VOISINS DU DROIT D'AUTEUR

RÉP. EUR. v° *Droit d'auteur (Droits voisins)*, par Castets-Renard.

COMMENTAIRE

L'histoire des droits voisins, parfois également appelés « droits connexes », est récente, notamment en comparaison de celle des droits d'auteur. Leur reconnaissance légale date de la loi du 3 juillet 1985.

Il s'agit de l'attribution de droits à des personnes qui ne sont pas des créatrices mais qui vivent dans le voisinage de la création. On parle parfois, sans que cela soit péjoratif, d'« auxiliaires » de la création intellectuelle. Pourtant, l'expression de « droits voisins » est plus ancienne puisque la jurisprudence l'utilisait déjà, avant 1985, pour désigner les droits qu'elle accordait aux artistes-interprètes (affaires : *Furtwängler, Orane Demazis, SPEDIDAM*...).

La consécration légale a permis, d'une part, de lever les ambiguïtés de la construction jurisprudentielle et, d'autre part, d'opérer la ratification par la France des plus importantes conventions internationales relatives aux droits voisins :

– la convention de Genève de 1971 relative aux droits des producteurs de phonogrammes ;

– la convention de Rome de 1961 relative aux droits des artistes-interprètes, des producteurs de phonogrammes et des organismes de radiodiffusion (ratifiée, avec deux réserves, en 1986 et entrée en vigueur en France en 1991).

Enfin, certaines solutions s'imposent désormais en vertu de l'obligation de transposition de directives communautaires, notamment celles du 19 novembre 1992 et 22 mai 2001.

La loi du 3 juillet 1985, qui a assuré la consécration légale des droits voisins, était d'application immédiate mais non rétroactive.

Cela signifie que ses dispositions s'appliquent aux prestations ou communications faites avant 1985 (mais non tombées dans le domaine public en vertu du délai de 50 ans) et utilisées à partir du 1er janvier 1986 mais qu'il n'est pas possible de toucher de droits pour des utilisations faites antérieurement à 1986.

Les prestations fournies par les auxiliaires désignés par le législateur n'ont pas toutes la même nature puisque si les artistes-interprètes mettent leur personnalité au service de l'œuvre, les autres auxiliaires (producteurs de phonogrammes ou de vidéogrammes, entreprises de communication audiovisuelle) jouent un rôle qui est essentiellement du domaine technique, de l'organisation et du risque financier.

La durée de protection des droits voisins est plus courte que celle des droits d'auteur, en raison des différences concernant tant le point de départ du délai (nullement lié à la mort d'une personne) que de la durée de ce délai (50 ans pour le secteur audiovisuel [mais 70 ans pour le secteur de la musique depuis la loi n° 2015-195 du 20 février 2015] au lieu de 70). Cette brièveté ne doit cependant pas induire l'utilisateur de la prestation en erreur. Ce n'est pas parce qu'une œuvre est dans le domaine public du point de vue du droit d'auteur que l'interprétation ou le phonogramme relatifs à cette création sont nécessairement de libre accès (exemple, interprétation, fixée il y a à peine dix ans, d'une œuvre créée par un auteur mort au XIXe siècle).

Le législateur a complété sa construction par la loi du 7 juillet 2016. Alors que le dispositif légal concernait jusqu'alors essentiellement la détermination du contour des droits, il est apparu nécessaire d'imposer des règles permettant un « meilleur partage de la valeur ». Pour cette raison, certaines dispositions ont été adoptées pour encadrer les relations contractuelles, notamment, entre producteurs et artistes-interprètes. ☐

TITRE UNIQUE

CHAPITRE PREMIER DISPOSITIONS GÉNÉRALES

BIBL. GÉN. ▶ Azzi, Recherche sur la loi applicable aux droits voisins du droit d'auteur en droit international privé, *LGDJ, 2005*. – Barbry et Atellian, *Légicom 1997, n° 13, p. 5* (droits d'auteur et droits voisins en matière musicale : panorama général). – Bertrand, Le droit d'auteur et les droits voisins, *2e éd. Dalloz 1999*. – Bruguière, *Propr. intell. 2012, n° 43, p. 161* (les droits voisins de la propriété littéraire et artistique). – Cohen-Jehoram, *RIDA avr. 1990, p. 80* (rapports entre le droit d'auteur et les droits voisins). – Colombet, Droit d'auteur et droits voisins, colloque de l'IRPI, *Paris, 21 et 22 nov. 1985, Litec 1986, p. 125*. – Desbois, *Mélanges Savatier Dalloz 1965, p. 249* (les droits dits « voisins du droit d'auteur »). – Dietz, *RIDA oct. 1988, p. 23* (mutation du droit d'auteur ; changement de paradigme en matière de droit d'auteur). – Doutrelepont, Les journées du droit d'auteur, *Faculté de droit de l'Université libre de Bruxelles, Bruylant 1989, p. 1* (la notion de droits voisins, analyse en droit comparé). – Huet, *D. 2012. Point de vue 2813* (remarques complémentaires sur le point de départ dans le temps de la protection du droit voisin des interprètes). – Sillard-Malphettes, *Cah. dr. auteur, déc. 1988, p. 1* (les droits voisins du droit d'auteur dans les pays de la CEE). – Simson et Legrand, *Le marché mondial de la gestion des droits voisins*, ADAMI, juin 2015. – Tafforeau, *RIDA juill. 2013, p. 5* (la musique en ligne et les droits voisins : essai de bilan, une décennie après l'entrée en vigueur de la directive DADVSI du 22 mai 2001). – Troller, *Dr. auteur, 1956. 21* (les droits prétendument voisins). – Vivant, Colloque mondial de l'OMPI sur l'avenir du droit d'auteur et des droits voisins, *Le Louvre, Paris, 1994, Publications OMPI, 1994* (les notions d'œuvre, d'originalité et de droits voisins du point de vue des traditions du droit civil).

COMMENTAIRE

Les droits sont dits « voisins du droit d'auteur » parce qu'ils sont proches de ceux des créateurs mais ne leur sont pas identiques.

Bien qu'ils ne constituent pas une catégorie homogène, il existe quelques dispositions générales à leur propos. ❑

Art. L. 211-1 Les droits voisins ne portent pas atteinte aux droits des auteurs. En conséquence, aucune disposition du présent titre ne doit être interprétée de manière à limiter l'exercice du droit d'auteur par ses titulaires. — *[L. nº 85-660 du 3 juill. 1985, art. 15, al. 1er.]*

COMMENTAIRE

Cette disposition règle une question d'articulation des droits voisins avec les droits d'auteur : les premiers ne peuvent porter atteinte aux seconds, ni en limiter l'exercice.

Le principe également énoncé par des textes internationaux ou communautaires signifie qu'il existe une suprématie du droit moral de l'auteur sur les droits voisins mais un respect mutuel (une égalité) en ce qui concerne les droits pécuniaires. ❑

1. L'atteinte à la prestation de l'artiste-interprète ne peut justifier l'adoption de mesures susceptibles de nuire aux intérêts spirituels des auteurs d'un film. • TGI Paris, 10 janv. 1990 : *D. 1991. 206, note Edelman ; D. 1991. Somm. 99, obs. Colombet ; RIDA juill. 1990, p. 368.* ♦ ... Ainsi, après avoir constaté qu'il y avait atteinte au droit moral d'un chef d'orchestre par l'adjonction de bruits à une interprétation, un tribunal est fondé à refuser la suppression des bruits incongrus en cause et à limiter la réparation à l'insertion d'un avertissement juste après le générique, par souci de ne pas modifier l'œuvre audiovisuelle et de ne pas porter atteinte au droit moral du réalisateur. • Même jugement. ♦ L'exploitation d'une vidéocassette comportant des extraits d'interprétations ne doit pas être interdite malgré le désaccord de l'artiste-interprète car elle entraînerait une atteinte trop grave aux droits des auteurs. • TGI Paris, 20 sept. 1994 : *Légipresse 1994. IR 123.*

2. Le producteur de phonogrammes ne peut, en l'absence d'exclusivité, empêcher un auteur-compositeur d'enregistrer une nouvelle chanson sur la même musique. • Versailles, 13 févr. 1992 : *RIDA janv. 1994, p. 342.*

3. « La modification d'une œuvre audiovisuelle achevée, si elle implique l'accord des personnes visées au premier alinéa de l'art. L. 121-5 [CPI], à savoir, d'une part, le réalisateur ou, éventuellement, les coauteurs et, d'autre part, le producteur, n'est pas subordonnée à l'autorisation de l'artiste-interprète. » • Paris, 21 sept. 1999 : *JCP E 2000. II. 1093, note Pollaud-Dulian ; Légipresse 1999. III. 154.*

Art. L. 211-2 Outre toute personne justifiant d'un intérêt pour agir, le ministre chargé de la culture peut saisir l'autorité judiciaire, notamment s'il n'y a pas d'ayant droit connu, ou en cas de vacance ou déshérence. — *[L. nº 85-660 du 3 juill. 1985, art. 15, al. 2.]*

Art. L. 211-3 Les bénéficiaires des droits ouverts au présent titre ne peuvent interdire :

1º Les représentations privées et gratuites effectuées exclusivement dans un cercle de famille ;

2° Les reproductions *(L. n° 2011-1898 du 20 déc. 2011, art. 1er)* « réalisées à partir d'une source licite, » strictement réservées à l'usage privé de la personne qui les réalise et non destinées à une utilisation collective ;

3° Sous réserve d'éléments suffisants d'identification de la source :

— les analyses et courtes citations justifiées par le *[les]* caractères critique, polémique, pédagogique, scientifique ou d'information de l'œuvre à laquelle elles sont incorporées ;

— les revues de presse ;

— la diffusion, même intégrale, à titre d'information d'actualité, des discours destinés au public dans les assemblées politiques, administratives, judiciaires ou académiques, ainsi que dans les réunions publiques d'ordre politique et les cérémonies officielles ;

(L. n° 2006-961 du 1er août 2006, art. 2) « — la communication au public ou la reproduction d'extraits d'objets protégés par un droit voisin, sous réserve des objets conçus à des fins pédagogiques, à des fins exclusives d'illustration dans le cadre de l'enseignement et de la recherche, à l'exclusion de toute activité ludique ou récréative, dès lors que le public auquel cette communication ou cette reproduction est destinée est composé majoritairement d'élèves, d'étudiants, d'enseignants ou de chercheurs directement concernés, que l'utilisation de cette communication ou cette reproduction ne donne lieu à aucune exploitation commerciale et qu'elle est compensée par une rémunération négociée sur une base forfaitaire ; »

4° La parodie, le pastiche et la caricature, compte tenu des lois du genre ;

(L. n° 2006-961 du 1er août 2006, art. 2) « 5° La reproduction provisoire présentant un caractère transitoire ou accessoire, lorsqu'elle est une partie intégrante et essentielle d'un procédé technique et qu'elle a pour unique objet de permettre l'utilisation licite de l'objet protégé par un droit voisin ou sa transmission entre tiers par la voie d'un réseau faisant appel à un intermédiaire ; toutefois, cette reproduction provisoire ne doit pas avoir de valeur économique propre ;

« 6° La reproduction et la communication au public d'une interprétation, d'un phonogramme, d'un vidéogramme ou d'un programme dans les conditions définies *(L. n° 2016-925 du 7 juill. 2016, art. 36)* « au 7° de l'article L. 122-5, au 1° de l'article L. 122-5-1 et à l'article L. 122-5-2 » ;

« 7° Les actes de reproduction *(L. n° 2009-669 du 12 juin 2009, art. 21)* « et de représentation » d'une interprétation, d'un phonogramme, d'un vidéogramme ou d'un programme réalisés à des fins de conservation ou destinés à préserver les conditions de sa consultation *(L. n° 2009-669 du 12 juin 2009, art. 21)* « à des fins de recherche ou d'études privées par des particuliers, dans les locaux de l'établissement et sur des terminaux dédiés », effectués par des bibliothèques accessibles au public, par des musées ou par des services d'archives, sous réserve que ceux-ci ne recherchent aucun avantage économique ou commercial.

« Les exceptions énumérées par le présent article ne peuvent porter atteinte à l'exploitation normale de l'interprétation, du phonogramme, du vidéogramme ou du programme ni causer un préjudice injustifié aux intérêts légitimes de l'artiste-interprète, du producteur ou de l'entreprise de communication audiovisuelle. »

Les dispositions du dernier al. du 3° sont entrées en vigueur le 1er janv. 2009.

Les dispositions de l'art. 36 de la L. n° 2016-925 du 7 juill. 2016 sont applicables dans les îles Wallis-et-Futuna (L. préc., art. 115-III).

BIBL. ▶ Brunet, *JAC 2015, n° 22, p. 18* (le droit de caricature, une expression libre en question). – Pignatari, *JAC 2015, n° 25, p. 37* (l'exception de parodie).

COMMENTAIRE

Cette disposition assortit les droits voisins des mêmes exceptions que celles consacrées par l'article L. 122-5 du code de la propriété intellectuelle à propos des droits d'auteur. C'est-à-dire tant les limites antérieures à l'adoption de la loi du 1er août 2006 que celles issues de cette réforme :

S'agissant des exceptions antérieures à la loi du 1er août 2006 :

– liberté des représentations effectuées gratuitement dans le cercle de famille ;

– liberté des reproductions strictement réservées à l'usage privé du copiste (V. note 5), assorties des mêmes mesures de compensation ou de rémunération pour copie privée (V. art. L. 311-1 CPI) ;

– liberté des analyses et courtes citations (V. notes 1 à 4) ;
– liberté des revues de presse ;
– liberté des parodies, pastiches et caricatures ;
– ainsi que les « actes nécessaires à l'accomplissement d'une procédure juridictionnelle ou administrative » (art. L. 331-4 CPI).

S'agissant des exceptions issues de la loi du 1er août 2006 :
– certaines utilisations à des fins pédagogiques ou de recherche (à compter du 1er janvier 2009) ne donnant lieu à aucune exploitation commerciale dès lors qu'est prévue une compensation ;
– certaines reproductions provisoires présentant un caractère transitoire ou accessoire, lorsqu'elles sont une partie intégrante et essentielle d'un procédé technique ;
– certaines utilisations accomplies par des établissements ouverts au public dont l'activité professionnelle peut consister en des travaux de conception, réalisation et communication de supports au bénéfice de certaines personnes handicapées ;
– certains actes de reproduction réalisés à des fins de conservation ou de consultation, effectués par des bibliothèques, des musées ou des services d'archives.

Toutes ces exceptions ne sont admissibles que pour autant qu'elles respectent le test des trois étapes (art. 5. 5 de la Dir. (CE) n° 2001/29 du 22 mai 2001, V. App., v° *Propriété littéraire et artistique (dispositions communes)*. ❑

1. Citation. La liberté de citation ne peut s'épanouir que dans le respect des conditions posées par la loi et notamment : Celles relatives à l'indication de la source, et à la poursuite de fins didactiques. • T. com. Paris, 26 janv. 1993 : *D. 1993. 404, note Edelman (V. note 5).* ♦ Encore faut-il, pour que l'exigence de mention de la source soit remplie, que l'utilisation d'extraits d'émissions de France 2 se fasse avec l'insertion du logo de la chaîne. • Paris, 31 mars 1999 : *RIDA janv. 2000, p. 294 ; CCE 2000, n° 6, note Caron.* ♦ Ne peut constituer une citation l'utilisation d'une œuvre musicale (chants sacrés) « aux fins d'illustration sonore de la pièce de théâtre ne se justifiant par aucun caractère critique, polémique pédagogique, scientifique ou d'information de l'œuvre à laquelle elle est incorporée. » • Paris, 7 juin 2000 : *D. 2001. Somm. 2555, obs. Sirinelli* ✐. – *Adde* • T. com. Paris, 8 janv. 1999 : *RIDA oct. 1999, p. 218, note Caron ; JCP E 2000. 79, obs. Lefranc.* ♦... Celles concernant la durée. • Paris, 15 juin 1989 : *RIDA janv. 1990, p. 3, note Gautier et p. 293, obs. Kéréver ; RTD com. 1990. 210, obs. Françon* ✐ *; D. 1990. Somm. 293, obs. Hassler* ✐ • TGI Paris, 15 mai 2002 : *RIDA oct. 2002, p. 251, obs. Kéréver* • Paris, 10 déc. 2003 : *JCP 2004. 1770, n° 9, obs. Lefranc ; Propr. intell. 2004, n° 10, p. 154, obs. Sirinelli.* ♦ Ainsi, s'agissant de créations musicales diffusées par kiosque téléphonique sous forme d'extraits de chansons, considérant qu'il s'agissait d'une communication au public et d'une atteinte aux droits du producteur de phonogrammes, en l'absence d'éléments permettant d'identifier la source et en l'absence de justification par un objectif critique, polémique, pédagogique, V. • T. com. Paris, 26 janv. 1993 : *préc.* ♦ Concernant la citation d'émissions de télévision (extraits d'images de rencontres de football), il a pu être estimé, même s'il est délicat de fixer de manière intangible la limite de durée des courtes citations, qu'une citation de trois minutes et dix secondes dépassait à l'évidence la limite des courtes citations et constituait un abus de la liberté de citer. • Paris, 15 juin 1989 : *préc.* ♦ La citation d'extraits d'une émission de télévision dans des documentaires doit indiquer clairement leur source. • Paris, 10 avr. 2009 : *Dalloz actualité, 2 juin 2009, obs. Daleau ; RTD com. 2009, p. 712, obs. Pollaud-Dulian* ✐ *; Propr. intell. 2009, p. 274, obs. A. Lucas.*

2. La reproduction, d'une durée inférieure à une minute, d'extraits de la prestation d'un artiste à l'occasion d'un spectacle de rue filmé peut s'analyser en une courte citation. • TGI Paris, 2 oct. 2001 : *Légipresse 2002, I, p. 23.*

3. Le titulaire de la contribution citée ne dispose pas du droit de choisir les éléments pouvant faire l'objet d'une citation. Ce choix appartient naturellement à celui qui réalise la deuxième œuvre. • Paris, 15 juin 1989 : *préc. note 1.*

4. S'agissant d'une actrice, la liberté de citation ne peut s'exercer que sur sa prestation et non sur son image. • TGI Paris, 11 mai 1998 : *D. 1999. Somm. 120, obs. Hassler et Lapp* ✐ (publication de photos extraites d'un film et représentant l'actrice pour illustrer un reportage sur l'artiste et non sur le film).

5. Copie privée. Le dispositif technique de protection d'un DVD ne réalise pas une violation des art. L. 122-5 et L. 211-3 CPI. • TGI Paris, 30 avr. 2004 : *RTD com. 2004. 486, obs. Pollaud-Dulian* ✐ *; CCE 2004, n° 85, note Caron ; JCP 2004. II. 10135, note Geiger ; JCP E 2005. 1101, note Maillard ; Légipresse 2004, III, p. 148, note Vivant et Vercken ; RIDA oct. 2004, p. 253, note Kéréver.* ♦ Décision infirmée par • Paris, 22 avr. 2005 : *D. 2005. 1573, note Castets-Renard* ✐ *; RTD com. 2006. 102, obs. Pollaud-Dulian* ✐ *; CCE 2005, n° 98, note Caron ; ibid. Chron. n° 26, note Goldsmith ; Légipresse*

2005, III, p. 233, note Vivant et Vercken ; Propr. intell. 2005, n° 16, p. 340, obs. A. Lucas et Sirinelli ; RIDA janv. 2006, p. 303, note Kéréver. ♦ V. également • Versailles, 30 sept. 2004 : *Propr. intell. 2005, n° 14, p. 60, obs. A. Lucas.*

Art. L. 211-4 *(L. n° 2015-195 du 20 févr. 2015, art. 1er)* **I. — La durée des droits patrimoniaux des artistes-interprètes est de cinquante années à compter du 1er janvier de l'année civile suivant celle de l'interprétation.**

Toutefois, si, durant cette période, une fixation de l'interprétation dans un vidéogramme ou un phonogramme fait l'objet d'une mise à la disposition du public, par des exemplaires matériels, ou d'une communication au public, les droits patrimoniaux de l'artiste-interprète expirent :

1° Pour une interprétation fixée dans un vidéogramme, cinquante ans après le 1er janvier de l'année civile suivant le premier de ces faits ;

2° Pour une interprétation fixée dans un phonogramme, soixante-dix ans après le 1er janvier de l'année civile qui suit le premier de ces faits.

II. — La durée des droits patrimoniaux des producteurs de phonogrammes est de cinquante années à compter du 1er janvier de l'année civile suivant celle de la première fixation d'une séquence de son.

Toutefois, si, durant cette période, un phonogramme fait l'objet d'une mise à la disposition du public par des exemplaires matériels ou d'une communication au public, les droits patrimoniaux du producteur de phonogrammes expirent soixante-dix ans après le 1er janvier de l'année civile suivant la mise à la disposition du public de ce phonogramme ou, à défaut, sa première communication au public. L'artiste-interprète peut exercer le droit de résiliation mentionné aux articles L. 212-3-1 et L. 212-3-2.

III. — La durée des droits patrimoniaux des producteurs de vidéogrammes est de cinquante années à compter du 1er janvier de l'année civile suivant celle de la première fixation d'une séquence d'images, sonorisées ou non.

Toutefois, si, durant cette période, un vidéogramme fait l'objet d'une mise à la disposition du public par des exemplaires matériels ou d'une communication au public, les droits patrimoniaux du producteur de vidéogrammes expirent cinquante ans après le 1er janvier de l'année civile suivant le premier de ces faits.

IV. — La durée des droits patrimoniaux des entreprises de communication audiovisuelle est de cinquante années à compter du 1er janvier de l'année civile suivant celle de la première communication au public des programmes mentionnés à l'article L. 216-1.

Les art. 1er et 2 de la L. n° 2015-195 du 20 févr. 2015 s'appliquent à compter du 1er nov. 2013. Ils n'ont pas pour effet de faire renaître des droits sur des fixations ou des phonogrammes dont la durée de protection a expiré avant le 1er nov. 2013 (L. préc., art. 8-I).

En l'absence d'indication contraire claire dans le contrat, l'autorisation écrite donnée avant le 1er nov. 2013 en application de l'art. L. 212-3 continue de produire ses effets au-delà des cinquante premières années du délai de soixante-dix ans prévu au 2° du I de l'art. L. 211-4 (L. préc., art. 8-II).

L'autorisation écrite donnée avant le 1er nov. 2013 en application de l'art. L. 212-3 et prévoyant une rémunération proportionnelle peut être renégociée au bénéfice des artistes-interprètes au-delà des cinquante premières années du délai de soixante-dix ans prévu au 2° du I de l'art. L. 211-4 (L. préc., art. 8-III).

Ne peuvent donner lieu à poursuites pénales que les infractions aux art. 1er et 2 de la L. n° 2015-195 du 20 févr. 2015 commises après la publication de ladite loi (L. préc., art. 8-IV).

Les art. 1er, 2 et 8 de la L. n° 2015-195 du 20 févr. 2015 sont applicables dans les îles Wallis-et-Futuna (L. préc., art. 9).

BIBL. ▶ POLLAUD-DULAND, *RTD com. 2015. 298* (loi n° 2015-195 du 20 févr. 2015 portant diverses dispositions d'adaptation au droit de l'Union européenne dans les domaines de la propriété littéraire et artistique et du patrimoine culturel).

Ancien art. L. 211-4 (L. n° 2006-961 du 1er août 2006, art. 7) ***La durée des droits patrimoniaux objets du présent titre est de cinquante années à compter du 1er janvier de l'année civile suivant celle :***

1° De l'interprétation pour les artistes-interprètes. Toutefois, si une fixation de l'interprétation fait l'objet d'une mise à disposition du public, par des exemplaires matériels, ou d'une communi-

cation au public pendant la période définie au premier alinéa, les droits patrimoniaux de l'artiste-interprète n'expirent que cinquante ans après le 1er janvier de l'année civile suivant le premier de ces faits ;

2° De la première fixation d'une séquence de son pour les producteurs de phonogrammes. Toutefois, si un phonogramme fait l'objet, par des exemplaires matériels, d'une mise à disposition du public pendant la période définie au premier alinéa, les droits patrimoniaux du producteur du phonogramme n'expirent que cinquante ans après le 1er janvier de l'année civile suivant ce fait. En l'absence de mise à disposition du public, ses droits expirent cinquante ans après le 1er janvier de l'année civile suivant la première communication au public ;

3° De la première fixation d'une séquence d'images sonorisées ou non pour les producteurs de vidéogrammes. Toutefois, si un vidéogramme fait l'objet, par des exemplaires matériels, d'une mise à disposition du public ou d'une communication au public pendant la période définie au premier alinéa, les droits patrimoniaux du producteur du vidéogramme n'expirent que cinquante ans après le 1er janvier de l'année civile suivant le premier de ces faits ;

4° De la première communication au public des programmes mentionnés à l'article L. 216-1 pour des entreprises de communication audiovisuelle.

Selon l'art. 50 de la L. n° 2006-961 du 1er août 2006, ces dispositions n'ont pas pour effet de protéger une interprétation, un phonogramme ou un vidéogramme dont la durée de protection a expiré au 22 déc. 2002.

V. aussi art. 17-2 du Traité OMPI du 20 déc. 1996, App., v° Droits voisins.

BIBL. ▶ GEIGER, *D. 2008. 2880* (vers une propriété éternelle ?). – GEIGER, PASSA et VIVANT, *Propr. intell. 2009, n° 31, p. 146* (la proposition de directive sur l'extension de la durée de certains droits voisins : une remise en cause injustifiée du domaine public). – HUET, *D. 2012. Point de vue 1491* (le domaine public en droit voisin du droit d'auteur s'agissant d'interprétation d'œuvres de l'esprit).

1. Sur la liberté d'action des États membres, la Dir. (CE) du 29 oct. 1993 sur la durée de protection laissant les États membres libres d'apprécier les modalités des mesures destinées à protéger les droits acquis des tiers sous réserve « qu'elles n'aient pas pour conséquence d'empêcher, d'une manière générale, l'application des nouvelles durées de protection à la date prévue par la directive », V. • CJCE 29 juin 1999 : *D. 2000. 277, note Edelman ; RTD com. 2000. 91, obs. Françon.*

2. Si le droit moral de l'artiste-interprète est imprescriptible et son droit patrimonial ouvert pendant cinquante ans, les actions en paiement des créances nées des atteintes qui sont portées à l'un ou à l'autre sont soumises à la prescription du droit commun. • Civ. 1re, 3 juill. 2013 : *Bull. civ. I, n° 147 ; CCE 2014. Chron. 9, obs. Tafforeau ; ibid. 2013. 112, note Caron ; RIDA juill. 2013. 299, note Sirinelli.*

Art. L. 211-5 *(L. n° 97-283 du 27 mars 1997, art. 11)* **Sous réserve des dispositions des conventions internationales auxquelles la France est partie, les titulaires de droits voisins qui ne sont pas ressortissants d'un État membre de la Communauté européenne bénéficient de la durée de protection prévue dans le pays dont ils sont ressortissants sans que cette durée puisse excéder celle prévue à l'article L. 211-4.**

Sur l'entrée en vigueur rétroactive de ces dispositions issues du titre II de la L. n° 97-283 du 27 mars 1997, V. art. 16 de la loi, ss. art. L. 123-12.

COMMENTAIRE

Ce texte prévoit que si la protection est la même pour les Français et pour les ressortissants des États membres de la Communauté européenne conformément à l'article 12 CE (ex-art. 6 du traité de Rome), les titulaires de droits voisins qui ne sont pas ressortissants d'un État membre de la Communauté européenne bénéficient, sous réserve des dispositions des conventions internationales auxquelles la France est partie, de la durée de protection prévue dans le pays dont ils sont ressortissants sans que cette durée puisse excéder celle retenue par la loi française.

La loi du 27 mars 1997, texte de transposition de la directive communautaire, a prévu toute une série de mesures transitoires.

Art. L. 211-6 *(L. n° 2006-961 du 1er août 2006, art. 4)* **Dès lors que la première vente d'un ou des exemplaires matériels d'une fixation protégée par un droit voisin a été autorisée par le titulaire du droit ou ses ayants droit sur le territoire d'un État membre de la Communauté européenne ou d'un autre État partie à l'accord sur**

l'Espace économique européen, la vente de ces exemplaires de cette fixation ne peut plus être interdite dans les États membres de la Communauté européenne et les États parties à l'accord sur l'Espace économique européen.

COMMENTAIRE

Cette disposition a pour effet de transposer en droit français les solutions posées à l'article 4 de la directive du 22 mai 2001 et constitue, dans le champ des droits voisins, le pendant de l'article L. 122-3-1 relatif aux droits d'auteur. Elle a pour but de proclamer le principe, déjà connu, de l'épuisement du droit de distribution dans les espaces communautaire et économique européen. Ces solutions ne s'appliquent qu'à la distribution d'exemplaires matériels d'œuvres. ☐

Art. L. 211-7 *(L. n° 2015-195 du 20 févr. 2015, art. 5)* **Le chapitre V du titre III du livre Ier est applicable aux droits voisins.**

CHAPITRE II DROITS DES ARTISTES-INTERPRÈTES

RÉP. TRAV. v° *Artistes - mannequins - spectacles,* par DAUGAREILH et MARTIN.

BIBL. GÉN. ► BERTRAND, *RDPI 1996, n° 68, p. 11* (droit des artistes-interprètes en droit anglais et en droit américain). – CASTELAIN, *RIDA avr. 1986, p. 47* (droits des artistes-interprètes). – DAVERAT, L'artiste-interprète, *thèse Bordeaux 1, 1990 ; D. 1991. Chron. 93* (l'impuissance et la gloire ; remarques sur l'évolution contemporaine du droit des artistes-interprètes). – CORONE, *Legicom 1995, n° 9, p. 3* (définition du mannequin : méli-mélo drame en quête d'interprétation). – DERIEUX, *Légipresse, juill.-août 1991, II, p. 55* (droit des artistes-interprètes, mythes ou réalité). – DESBOIS, *Études offertes à Kayser, Presses universitaires d'Aix Marseille 1979, p. 352* (la protection des artistes-interprètes ou exécutants en France). – GAUDEL, *RIDA janv. 1980, p. 95* (les éternels excommuniés, la situation des artistes-interprètes en France) ; *Mélanges Françon, Dalloz 1995, p. 175* (les caractéristiques de la redevance versée aux artistes-interprètes au titre des droits voisins) ; *Lamy Droit des médias et de la communication, étude 139.* – GUÉGUEN, Les droits des artistes-interprètes et exécutants sur leurs prestations en droit français, *thèse Paris 2, 1986.* – GUILLOUX, Guide de la négociation des contrats d'artistes, *ADAMI, 2005.* – KURST, Bases légales des droits des artistes-interprètes sur l'utilisation de leurs prestations dans les secteurs de la production sonore et audiovisuelle des États membres de l'Union européenne, *ADAMI, 2e éd. 1994.* – MATHYSSENS, *Gaz. Pal. 14-15 janv. 2000, p. 11* (statut légal du comédien de doublage). – MAURY, *Propr. intell. 2012, n° 42, p. 9* (le traitement fiscal des revenus des artistes-interprètes, entre influence du code du travail et respect des usages professionnels). – MILLE, *Propr. intell. 2006, n° 18, p. 35* (« qui a les droits ? » Ou l'avenir du catalogue suite à la rupture du contrat conclu entre un artiste et son producteur). – PESSINA-DASSONVILLE, *Propr. intell. 2005, n° 17, p. 414* (la titularité des droits de propriété intellectuelle des artistes-interprètes : salariés de droit privé et agents publics). – SERNA, *D. 2002. Chron. 2106* (qualité et contrat d'engagement d'un artiste-interprète) ; *D. 2005. Chron. 575* (espace juridique de l'artiste-interprète au sein de l'espace audiovisuel). – TAFFOREAU, Le droit voisin de l'interprète d'œuvres musicales en droit français, *thèse Paris, 1994.* – TREMBLAY, Nouvelles technologies et propriété, *Actes du colloque de Montréal, 9-10 nov. 1989, Litec 1991* (le droit des artistes-interprètes ou exécutants). – VINCENT, *Cah. dr. auteur, sept. 1988, p. 1* (le droit des artistes-interprètes, un nouveau droit de propriété intellectuelle méconnu et peu respecté). – VIVANT, MALLET-POUJOL et BRUGUIÈRE (ss. la dir. de), Quels droits pour les artistes du spectacle ?, *Dalloz, coll. La propriété intellectuelle autrement, 2009.*

COMMENTAIRE

Le législateur a – par l'article 10 de la loi du 7 juillet 2016 – complété le régime applicable aux artistes-interprètes en prévoyant un certain nombre de dispositions encadrant leurs relations contractuelles avec les producteurs et en subdivisant le chapitre qui leur est consacré en trois sections :

– section I « Dispositions communes » ;

– section II « Contrats conclus entre un artiste-interprète et un producteur de vidéogrammes » ;

– section III « Contrats conclus entre un artiste-interprète et un producteur de phonogrammes ». ☐

SECTION PREMIÈRE **DISPOSITIONS COMMUNES** *(L. n° 2016-925 du 7 juill. 2016, art. 9-2°).*

Art. L. 212-1 **A l'exclusion de l'artiste de complément, considéré comme tel par les usages professionnels, l'artiste-interprète ou exécutant est la personne qui représente, chante, récite, déclame, joue ou exécute de toute autre manière une œuvre littéraire ou artistique, un numéro de variétés, de cirque ou de marionnettes.** – *[L. n° 85-660 du 3 juill. 1985, art. 16.]*

Pour une définition de l'artiste de spectacle, V. C. trav., art. L. 7121-2. – Sur l'activité de mannequin, V. C. trav., art. L. 7123-2. – ***C. trav.***

V. Décr. n° 2017-1046 du 10 mai 2017 instituant un dispositif de soutien à l'emploi dans le secteur de l'édition phonographique (JO 11 mai).

BIBL. ► SICAKYUZ, *Gaz. Pal. 24-26 janv. 1999* (sois belle et tais-toi ! le mannequin selon la loi et la jurisprudence). – VEYSSIÈRE, *Gaz. Pal. 1996. 1. Doctr. 528* (comédiens et mannequins de films publicitaires).

COMMENTAIRE

Cet article désigne les bénéficiaires de droits en donnant une définition de l'artiste-interprète. La logique du système veut que la qualité d'artiste-interprète soit réservée à une personne physique qui est au service d'une œuvre, ce qui paraît exclure les sportifs et nombre de mannequins (V. note 3).

En complément de la loi, ce sont les usages qui fixent, en chaque matière, la frontière entre les bénéficiaires des droits voisins et les exclus. Ils varient naturellement suivant le domaine d'intervention.

En l'absence de données objectives, les tribunaux se montrent assez souples et admettent l'accès à la protection dès qu'ils constatent que le rôle de l'artiste n'est pas accessoire ou tout à fait secondaire dans une représentation, voire qu'il porte trace d'une contribution « personnelle » (notes 1 et 2).

1. Artiste de complément. Au-delà des usages professionnels qui peuvent varier d'un secteur à l'autre ou ne pas toujours donner de définitions opérationnelles, il a été jugé qu'il ne fallait pas s'en tenir aux indications données par le contrat de travail ou le bulletin de paie et considérer que l'artiste de complément se distingue de l'artiste-interprète dans une œuvre déterminée non seulement par le caractère complémentaire ou accessoire de son rôle, mais surtout par la considération que sa personnalité ne transparaît pas dans sa prestation, à la différence de l'artiste-interprète qui s'investit plus complètement et rend ainsi son interprétation plus originale. • Paris, 18 févr. 1993 : *D. 1993. 397, note Wekstein-Steg* ; *RIDA oct. 1993, p. 214.*

2. Prestation. L'importance de la prestation est aussi un critère fondamental dans la qualification, en sorte qu'il a pu être considéré qu'un acteur ne peut être regardé comme un artiste de complément dès lors que son rôle dans le film est indispensable. • Paris, 26 nov. 1986 : *Juris-Data n° 028705.* ♦ ... Ou que sa prestation a une certaine durée. • Paris, 11 mai 1994 : *D. 1995. 185, note Ravanas*. ♦ Mais la brièveté de l'intervention n'est pas toujours déterminante, notamment en matière publicitaire, et il y a lieu de tenir également compte du script et du film lui-même qui peuvent faire apparaître que le personnage joué n'est pas un simple rôle de figuration. • Civ. 1re, 6 juill. 1999 : *D. 2000. 209, concl. Sainte-Rose* (sol. impl.). – Sur pourvoi contre • Paris, 31 mai 1996 : *Juris-Data n° 23442.* ♦ La charge de la preuve repose sur l'artiste. • TGI Paris, 30 nov. 1988 : *D. 1990. Somm. 52, obs. Colombet*. ♦ La qualification de l'artiste ne doit normalement pas dépendre de la notoriété de la personne, de son talent, mais de la seule prestation réellement effectuée. • Civ. 1re, 6 juill. 1999 : *préc.* ♦ V., cependant, retenant la qualification d'artiste-interprète pour une seule personne tenant un rôle secondaire mais dont l'engagement avait été justifié par son timbre de voix et sa renommée. • Versailles, 9 avr. 1998 : *Gaz. Pal. 25-26 nov. 1998, Somm. 21.* ♦ Sur la qualité d'artiste-interprète attribuée à une personne employée pour une « voix off », V. • Paris, 10 oct. 2003 : *RIDA avr. 2004, p. 263, note Kéréver* ; *Propr. intell. 2004, n° 10, p. 560, obs. A. Lucas.* ♦ Sur le rejet de protection de la « voix », doublure d'un personnage publicitaire, V. • Versailles, 9 oct. 2008 : *Propr. intell. 2009, n° 31, p. 173, obs. A. Lucas.* ♦ La qualité d'artiste-intéprète ne peut être retenue à un praticien d'arts martiaux qui enchaîne des positions techniques et codifiées qui ne relèvent pas de la chorégraphie. • Paris, 14 déc. 2007 : *RTD com. 2008. 322, obs. Pollaud-Dulian*. ♦ L'instituteur filmé dans le cadre de l'exercice de sa profession ne peut revendiquer la qualité d'artiste-interprète. • Civ. 1re, 23 nov. 2008 : *Bull. civ. I, n° 259* ; *Dalloz actualité, 25 nov. 2008, obs. Daleau* ;

D. 2008. AJ 3009 ; *CCE 2009, n° 2, note Caron ; Propr. intell. 2009, n° 31, p. 161, obs. Lucas ; ibid. p. 172, obs. Lucas ; RIDA avr. 2009, note Sirinelli.* ♦ Il convient d'examiner si les prestations exécutées par les musiciens, au-delà de leur caractère accessoire par rapport à celle de la chanteuse, présentent un caractère personnel, étant observé que l'originalité d'une interprétation n'est pas une condition de sa protection par les art. L. 212-1 s. CPI, seul important son caractère personnel. • Paris, 25 sept. 2009 : *Propr. intell. 2010, n° 34, p. 638, obs. Lucas ; RTD com. 2010. 127, obs. Pollaud-Dulian* . ♦ La personne qui ne peut rapporter la preuve de l'utilisation d'un quelconque instrument ne peut revendiquer la qualité d'artiste-interprète. A propos de *jingles* réalisés à l'aide d'un ordinateur. • TGI Paris, 16 sept. 2003 : *D. 2003. Somm. 2758, obs. Sirinelli* . ♦ Décision confirmée par : • Paris, 29 sept. 2006 : *Propr. intell. 2007, n° 22, p. 83, obs. Lucas.* ♦ On ne saurait méconnaître, *a priori*, l'apport des techniques informatiques tant dans le domaine de la création que de l'interprétation, de sorte qu'il appartient à celui qui revendique la qualité d'artiste-interprète, mettant en œuvre ces techniques, de justifier la nature de la prestation pour permettre à la cour d'exercer son pouvoir d'appréciation. • Paris, 3 mai 2006 : *RTD com. 2007. 104, obs. Pollaud-Dulian* ; *Propr. intell. 2006, n° 21, p. 452, obs. Lucas.*

3. Mannequin. La qualité de mannequin est en soi indifférente à la qualification pour laquelle il convient de ne retenir que les caractéristiques de la prestation fournie. • Paris, 11 mai 1994 : *préc. note 2* • Paris, 21 janv. 2005 : *JCP 2005. 1216, n° 8, obs. Lefranc.* ♦ … La notion d'interprétation étant celle qui caractérise l'artiste, à la différence du mannequin. • Paris, 21 janv. 1995 : *RJS 1995. 297, n° 448.* ♦ Lorsqu'un artiste-interprète se livre, dans le cadre du tournage d'un film publicitaire, à une prestation répondant à la définition de l'art. L. 121-1, qui ne se réduit pas à la seule utilisation de son image, il ne se produit pas en qualité de mannequin au sens de l'art. L. 763-1 C. trav. • CE 17 mars 1997 : *D. 1997. 467, concl. Maugüé* • 23 févr. 1998 : *JCP E 1998, n° 14, p. 544.* ♦ Sur la définition et le statut du mannequin, V. L. n° 90-603 du 12 juill. 1990 *(JO 13 juill.)* relative aux agences de mannequins et à la protection des adultes et des enfants exerçant l'activité de mannequin, étendant ce statut en dehors de la mode et de la haute couture, notamment pour les publicités audiovisuelles.

4. Émission de téléréalité. Sur l'absence de reconnaissance de la qualité d'artiste-interprète au sens de l'art. L. 212-1 à des participants d'une émission de télé-réalité, V. • Civ. 1re, 24 avr. 2013 : *Bull. civ. I, n° 83 ; Dalloz actualité, 29 avr. 2013, obs. Cherqui ; D. 2013. AJ 1131* ; *CCE 2013, n° 75, note Caron ; Gaz. Pal. 19-20 juin 2013, p. 13, note Prieur ; JCP 2013. 731, note Daverat ; Légipresse 2013, n° 307, p. 418, note Querzola.*

Art. L. 212-2 L'artiste-interprète a le droit au respect de son nom, de sa qualité et de son interprétation.

Ce droit inaliénable et imprescriptible est attaché à sa personne.

Il est transmissible à ses héritiers pour la protection de l'interprétation et de la mémoire du défunt. — *[L. n° 85-660 du 3 juill. 1985, art. 17.]*

BIBL. ▸ AZZI, *Propr. intell. 2008, n° 28, p. 278* (le droit moral de l'artiste-interprète). – BOURDAROT, *CCE 2006. Étude 11.* – EDELMAN, *D. 1999. Chron. 240* (enquête sur le droit moral des artistes-interprètes) ; *D. 2006. Chron. 1168* (nouvelle enquête sur le droit moral des artistes-interprètes). – PESSINA-DASSONVILLE, *RLDI févr. 2007. 57* (le droit moral de l'artiste et les compilations) ; *ibid. déc. 2009. 6* (des effets d'aubaine à l'abus de compilation, il n'y a qu'un pas !).

COMMENTAIRE

Cette disposition reconnaît un droit moral aux artistes-interprètes. Ces derniers sont les seuls titulaires de droits voisins à en être bénéficiaires.

Par rapport au droit moral du créateur (art. L. 121-1 s. CPI), il faut remarquer :

– que les caractères (notes 6) du droit moral sont assez proches de ceux que l'on accorde au droit moral de l'auteur. La perpétuité, cependant, n'y est pas formellement énoncée ;

– que, s'agissant des prérogatives accordées, la protection est moins forte et moins complète puisque seuls sont expressément attribués à l'artiste-interprète le droit au respect de la paternité (V. note 7) et le droit au respect de l'intégrité (notes 1 à 5). Toutefois, si le droit de divulgation n'est pas clairement énoncé, certaines décisions de justice paraissent l'admettre (V. note 8) ;

– que, en revanche, il n'est nulle part question de la reconnaissance d'un droit de repentir et de retrait.

A. CONTENU

1° DROIT AU RESPECT

1. *Principe.* Le respect dû à l'interprétation de l'artiste en interdit toute altération ou dénaturation. • Soc. 8 févr. 2006 : *cité note 6.* ♦ Sur la limite tirée de l'exception de parodie fondée sur la liberté d'expression, V. • Paris, 21 sept. 2012 : *Propr. intell. 2013, n° 46, p. 66, obs. A. Lucas.*

2. Sur la conciliation avec le droit moral des auteurs, énonçant que la défense de la prestation d'un artiste-interprète ne peut justifier l'adoption de mesures susceptibles de nuire aux intérêts spirituels des auteurs d'un film, V. • TGI Paris, 10 janv. 1990 : *préc. note 1.* ♦ Sur le cumul de l'action portant sur l'atteinte au droit moral et au droit à l'image, V. • Paris, 14 janv. 2004 : *CCE 2004, n° 87, note Caron ; JCP E 2005. 1216, n° 10, obs. Couillaud.*

3. *Charge de la preuve.* Il appartient à l'artiste-interprète de prouver que les coupures opérées lors de l'établissement de la version définitive du film « portent une atteinte essentielle à son droit au respect de son interprétation, manifestée par la dénaturation de celle-ci ». • Paris, 21 sept. 1999 : *RIDA janv. 2000, p. 329 ; CCE 1999, n° 43, note Caron ; JCP 2000. II. 10357 ; JCP E 2000. 1093, note Pollaud-Dulian.*

4. Avant l'adoption de la loi du 3 juill. 1985, la défense de la qualité des prestations des artistes-interprètes se faisait par référence à la théorie des droits de la personnalité, ce qui permettait, par exemple, à une cantatrice de s'opposer à la divulgation d'un enregistrement non conforme à ses exigences artistiques. • TGI Paris, 19 mai 1982 : *RIDA oct. 1982, p. 198* • 27 sept. 1976 : *RIDA avr. 1977, p. 156* • Amiens, 13 déc. 1971 : *Gaz. Pal. 1972. 1. 460.*

5. *Applications.* L'utilisation de l'extrait d'une œuvre pour avertir de la diffusion d'un « flash météo » nécessite d'évidence l'autorisation préalable de l'artiste-interprète. • Paris, 26 juin 2002 : *D. 2002. AJ 2334 ; JCP E 2004. 1898, n° 3, obs. Lefranc.* ♦ Sur la modification des dialogues d'une des scènes d'une œuvre cinématographique dans un film publicitaire, V. • Paris, 28 avr. 2003 : *CCE 2003, n° 83, note Caron.* ♦ Sur l'utilisation d'une interprétation de danse dans un spot publicitaire, V. • TGI Paris, 4 juin 2008 : *Légipresse 2008, III, p. 233, note Bruguière.* ♦ La superposition d'un bruitage à l'interprétation d'un chef d'orchestre peut, dans certaines circonstances, porter atteinte au droit au respect de celle-ci. • TGI Paris, 10 janv. 1990 : *D. 1991. 206, note Edelman ; ibid. Somm. 99, obs. Colombet ; RIDA juill. 1990, p. 368.* ♦ Néanmoins, si un chef d'orchestre peut se plaindre de l'adjonction de bruits incongrus (crachats, halètements, jet d'urine...) qui ne sont pas imposés par les nécessités propres au cinéma, il doit admettre des variations du volume sonore et prendre en considération l'essence de l'art cinématographique qui commande de marier le son et l'image et de privilégier tel ou tel élément. • Même jugement. ♦ Sur la reproduction d'une interprétation avec du souffle et des grésillements, V. • TGI Paris, 22 mars 2006 : *CCE 2007. Chron. 4, § 7, obs. Daverat.*

6. *Inaliénabilité.* Il résulte de l'art. L. 212-2 que l'inaliénabilité du droit au respect qu'il institue, principe d'ordre public, s'oppose à ce que l'artiste abandonne au cessionnaire, de façon préalable et générale, l'appréciation exclusive des utilisation, diffusion, adaptation, retrait, adjonction et changement qu'il déciderait de réaliser (à propos de compilations d'œuvres musicales). • Soc. 10 juill. 2002, n° 99-44.224 P : *GAPI, 1re éd., n° 16 ; D. 2002. AJ 2672, obs. Daleau ; CCE 2002, n° 139, note Caron ; JCP E 2002. 1642, note Caron ; Légipresse 2002, n° 195, III, p. 174, note Maffre-Baugé ; Propr. intell. 2003, n° 6, p. 50, obs. Sirinelli ; RIDA janv. 2003, p. 239, obs. Kéréver.* ♦ Et, sur renvoi après cassation, V. • Versailles, 7 avr. 2004 : *D. 2005. Pan. 1487, obs. Sirinelli ; RTD com. 2004. 735, obs. Pollaud-Dulian ; CCE 2004, n° 100, obs. Caron ; Propr. intell. 2004, n° 13, p. 927, obs. Lucas ; RIDA oct. 2004, p. 265, obs. Kéréver.* ♦ Toujours à propos de compilations, V. • Paris, 3 mai 2006 : *CCE 2007. Chron. 4, obs. Daverat ; RIDA oct. 2006, p. 313, obs. Sirinelli.* • Paris, 2 juin 2015, n° 13/22149 : *LEPI oct. 2015, p. 3, obs. Bernault.* ♦ Le respect dû à l'interprétation de l'artiste en interdit toute altération ou dénaturation (cassation après renvoi de l'arrêt du 7 avr. 2004). • Soc. 8 févr. 2006 : *Bull. civ. V, n° 64 ; D. 2006. 1172, note Allaeys ; ibid. Pan. 3000, obs. Sirinelli ; ibid. AJ 579, obs. Daleau ; RTD com. 2006. 374, obs. Pollaud-Dulian ; CCE 2006. Étude 11, obs. Bourdarot ; ibid. n° 57, note Caron ; ibid. 2007. Chron. 4, obs. Daverat ; JCP 2006. II. 10078, note Azzi ; JCP E 2006, 1654, note Alleaume ; JCP S 2006, 1238, note Tahalle ; Légipresse 2006, III, p. 101, note Tafforeau ; RIDA juill. 2006, p. 303, note Kéréver* • Paris, 3 mai 2006 : *CCE 2007. Chron. 4, § 9, obs. Daverat.* ♦ V. aussi • Civ. 1re, 24 sept. 2009 : *D. 2009. AJ 2486, obs. Daleau ; RTD com. 2010. 129, obs. Pollaud-Dulian ; CCE 2009, n° 98, note Caron ; Légipresse 2010, III. 11, note Daverat ; Propr. intell. 2010, n° 34, p. 639, obs. Bruguière ; RIDA oct. 2009, p. 311, note Sirinelli.* ♦ Comp., en matière de droit d'auteur. • Civ. 1re, 5 déc. 2006 : *CCE 2007, n° 18, note Caron ; ibid. Chron. n° 4, § 3, obs. Daverat ; Légipresse 2007, III, p. 112, note Corone et Barassi ; RIDA janv. 2007, p. 235, note Sirinelli.* ♦ Toujours à propos d'une compilation d'œuvres musicales, V. • Paris, 14 nov. 2007 : *CCE 2008. Chron. 4, § 3, obs. Daverat ; RLDI 2008/36, n° 1202, note Costes ; RIDA avr. 2008, p. 375, obs. Sirinelli.* ♦ L'inaliénabilité « n'interdit pas de stipuler librement dans un contrat une autorisation spéciale de l'artiste-interprète ».

• Paris, 2 juin 2015, n° 13/22149 : *préc.* ♦ La prohibition d'un abandon du droit moral par anticipation dans un contrat n'impose pas au cessionnaire de recueillir, avant toute modification, la permission expresse du cédant. Celui-ci, quoique tenu par la force obligatoire du contrat par lui librement passé, conserve cependant la faculté de faire cesser l'utilisation qui se révélerait abusive ou d'obtenir réparation à ce titre. • Paris, 15 déc. 2004 : *D. 2005. Pan. 1487, obs. Sirinelli ; ibid. 2886, note Edelman ; CCE 2005, n° 28, note Caron ; RIDA avr. 2005, p. 175, note Kéréver.*

2° PATERNITÉ

7. S'agissant de la dénomination d'un groupe d'artistes (paternité indivise de l'appellation *Gipsy Kings*), les membres du « groupe d'origine », qui « assurent la permanence du projet artistique », conservent le droit d'user de la dénomination collective. • Civ. 1re, 25 janv. 2000 : *JCP 2000. IV. 1451 ; D. 2000. 299, concl. Sainte-Rose.* ♦ Le droit au respect du nom de l'artiste-interprète s'entend comme le droit de voir attacher son nom à son interprétation, ce qui implique que son nom ne soit ni altéré, ni modifié, ni déformé. • Versailles, 4 avr. 2002 : *RIDA juill. 2003, p. 217, obs. Kéréver.* ♦ L'omission de la mention du nom d'un comédien-jongleur dans un ouvrage reproduisant des photographies du spectacle, dans lequel il tient un rôle indispensable, porte atteinte à son droit à la paternité. • TGI Paris, réf., 22 mai 2002 : *Légipresse 2002, n° 195, I, p. 115.* ♦ V. aussi, concernant l'omission dans un ouvrage consacré à un metteur en scène du nom d'un des comédiens qui a joué un rôle prépondérant dans l'un des spectacles recensés. • TGI Paris, réf., 22 mai 2002 : *RIDA janv. 2003, p. 317, obs. Kéréver.*

3° DIVULGATION

8. Les dispositions de l'art. L. 212-2 limitent les prérogatives du droit moral de l'artiste-interprète au seul respect de son nom, de sa qualité et de son interprétation et celles transmises à ces héritiers à la seule protection de cette interprétation et à la mémoire du défunt. Le moyen qui tend à voir reconnaître tant à l'artiste qu'à son héritier un droit moral de divulgation sur les interprétations réalisées n'est pas fondé. • Civ. 1re, 27 nov. 2008 : *Bull. civ. I, n° 274 ; D. 2009. AJ 18 ; RTD com. 2009. 318, obs. Pollaud-Dulian ; CCE 2009, n° 13, note Caron ; LPA, n° 133, p. 12, note Borges ; Propr. intell. 2009, n° 31, p. 174, obs. Bruguière ; RIDA avr. 2009, p. 379, note Sirinelli ; RIPIA 2009/1, n° 235, p. 19.* ♦ Rejetant le pourvoi contre • Paris, 16 juin 1993 : *D. 1994. 218, note Edelman* • Paris, 2 mars 2005 : *Propr. intell. 2005, n° 16, p. 346, obs. A. Lucas.* ♦ Toute exploitation faite à l'insu de l'artiste-interprète viole son droit moral. • Paris, 29 avr. 1998 : *RIDA oct. 1998, p. 263.* ♦ Rappr., condamnant l'utilisation d'un extrait de chants sacrés, tiré d'un phonogramme, pour illustrer, à titre de bande son, une pièce de théâtre au motif qu'il appartient à l'interprète seul « de déterminer les conditions dans lesquelles il entend que son œuvre soit exploitée ; qu'il ne peut être dénié à Sœur Marie Keyrouz la faculté de définir les limites dans lesquelles elle entend que ses œuvres dont elle est également l'interprète soient communiquées au public ; que l'interdiction d'utiliser ces dernières dans le cadre d'un spectacle théâtral, fût-il de qualité et unanimement salué par la critique, y compris par la presse catholique, pour la réserver exclusivement aux manifestations sacrées, au sens religieux où l'intéressée l'entend, relève du pouvoir discrétionnaire qui lui est reconnu ; que ce pouvoir ne permet nullement, comme le souligne pertinemment l'intimée, à l'utilisateur de l'œuvre de contrôler les conditions dans lesquelles l'interprète s'est effectivement forgé une opinion ; que la mesure du serment décisoire est, en l'espèce, aussi inopportune qu'injustifiée et procède d'une immixtion intolérable et abusive dans l'exercice d'un pouvoir discrétionnaire reconnu à l'auteur par la loi ». • Paris, 7 juin 2000 : *D. 2001. Somm. 2555, obs. Sirinelli.* – Comp. • TGI Aix-en-Provence, 13 déc. 1990 : *Gaz. Pal. 1993. 1. Somm. 63.*

B. SORT À LA MORT DE L'ARTISTE-INTERPRÈTE

9. Transmission. La dévolution du droit au respect de l'interprétation et de la mémoire de l'artiste est fondée sur le principe de la continuation du défunt ; dès lors, le requérant ne saurait exercer ce droit dans son intérêt personnel pour faire respecter l'image qu'il souhaite donner de lui-même, mais uniquement dans le seul intérêt de l'interprète disparu. • TGI Paris, 23 avr. 1997 : *RIDA juill. 1997, p. 366 ; LPA 22 avr. 1998, note Daverat ; Légipresse 1997, III, p. 175.* ♦ Sur l'action de la veuve d'un comédien concernant la modification des dialogues d'une scène d'une œuvre cinématographique dans un film publicitaire, V. • Paris, 28 avr. 2003 : *préc. note 5.*

10. Domaine public. Sur l'exercice par l'artiste-interprète, de son vivant, d'une action fondée sur le droit moral pour des œuvres tombées dans le domaine public, V. • Paris, 6 juin 2007 : *CCE 2008, n° 18, note Caron* • 14 nov. 2007 : *préc.*

Art. L. 212-3 **Sont soumises à l'autorisation écrite de l'artiste-interprète la fixation de sa prestation, sa reproduction et sa communication au public, ainsi que toute utilisation séparée du son et de l'image de la prestation lorsque celle-ci a été fixée à la fois pour le son et l'image.**

Cette autorisation et les rémunérations auxquelles elle donne lieu sont régies par les dispositions des articles L. 762-1 *[C. trav., art. L. 7121-2 à 7121-4 et L. 7121-6 et L. 7121-7.]* **et L. 762-2** *[C. trav., art. L. 7121-8.]* **du code du travail, sous réserve des dispositions de l'article L. 212-6 du présent code.** – *[L. n° 85-660 du 3 juill. 1985, art. 18.]*

BIBL. ▶ FÉLIX, *Légicom 2004, n° 32, p. 65* (le contrat de travail de l'artiste-interprète : un cadre à (ré)inventer).

COMMENTAIRE

Le législateur français n'a pas retenu, s'agissant des droits voisins, la méthode synthétique qui était la sienne en matière de droit d'auteur. Les règles relatives aux droits patrimoniaux ont leur siège en de nombreuses dispositions, ces dernières étant souvent assez précises et détaillées.

Très schématiquement, l'article L. 212-3 attribue des prérogatives permettant de contrôler les actes de reproduction et de communication au public (représentation). Ces opérations sont soumises à l'autorisation écrite de l'artiste-interprète.

Suivant les situations, la rémunération perçue aura ou non le caractère d'un salaire (al. 2).

Si le droit de location ou le droit de prêt ne sont pas expressément reconnus par le code, leur bénéfice doit être assuré en vertu de la directive communautaire du 19 novembre 1992. Les autorités françaises estiment que cela est fait par la théorie du droit de destination (V. en droit d'auteur, obs. sur l'art. L. 122-3).

En cas d'interprétation fixée sur un phonogramme, l'artiste-interprète doit subir, en certaines hypothèses, un système dit de licence obligatoire (V. art. L. 214-1).

Le dernier alinéa du II de l'article 49 de la loi n° 86-1067 du 30 septembre 1986 contient des dispositions particulières relatives aux conditions d'exploitation des prestations des artistes-interprètes issues d'archives (V. note 11). Cette dérogation, limitée, au régime des droits exclusifs a été instituée afin de faciliter la conclusion par l'INA des accords nécessaires à l'exploitation de ses archives. Déférée au Conseil constitutionnel, elle n'a pas été censurée par ce dernier au motif qu'elle « n'a pas pour objet de transposer la directive du 22 mai susvisée » (n° 72, p. 11546). ❑

1. Principe de spécialité. La cession de ses droits par l'artiste est soumise à un principe de spécialité en sorte que l'autorisation de fixer ne vaut pas autorisation de reproduire ou de communiquer au public, et cela même si les artistes connaissaient l'utilisation de la fixation. • Paris, 10 nov. 1992 : *RIDA avr. 1994, p. 223 ; D. 1993. 418* ✎ • 2 avr. 1993 : *RIDA oct. 1993, p. 197, obs. Kéréver* • 23 juin 1994 : *RIDA janv. 1995, p. 223* • 9 mai 2005 : *RTD com. 2006. 376, obs. Pollaud-Dulian* ✎. ♦ ... La règle étant d'ordre public. • Même arrêt. ♦ L'autorisation donnée par l'artiste-interprète pour l'utilisation de sa prestation pour une bande son ne vaut pas pour la réalisation d'un clip. • Paris, 20 févr. 1998 : *D. Affaires 1998. 627, obs. J.P.-S.* – Pourvoi rejeté par • Civ. 6 mars 2001 : *Bull. civ. I, n° 58 ; GAPI, 1re éd., n° 16 ; D. 2001. 1868, note Edelman* ✎ *; CCE 2001, n° 44, note Caron ; JCP 2002. II. 10014, note Pollaud-Dulian.* ♦ La diffusion de vidéos musiques par les sociétés Canal + et M6 avec l'accord du producteur mais sans l'autorisation des artistes-interprètes des phonogrammes quant à la sonorisation méconnaît les dispositions de l'art. L. 212-3 et cause un préjudice « constitué non seulement par la privation de la rémunération afférente à l'autorisation, en méconnaissance de laquelle la prestation de chacun des artistes-interprètes a été reproduite et diffusée, mais aussi par la violation de la prérogative que constitue la faculté de donner cette autorisation » ; ni les « feuilles de présence » signées par les artistes-interprètes lors des séances d'enregistrement de phonogrammes du commerce qui portent la mention « destination phonogrammes aux fins de commerce », ni les protocoles d'accord professionnels auxquels se réfèrent les feuilles de séance, n'emportent autorisation écrite de reproduire en vidéomusique les prestations fixées sur phonogrammes du commerce. • Paris, 11 janv. 2000 : *RIDA janv. 2001, p. 287 et p. 230, obs. Kéréver.* ♦ La qualification juridique de phonogramme est indépendante de l'existence ou non d'un support tangible, les autorisations données par les artistes-interprètes sous la forme de « phonogrammes publiés à des fins de commerce » incluant la mise à disposition du public par voie de téléchargement payant. • Civ. 1re, 11 sept. 2013 : *Bull. civ. I, n° 173 ; Dalloz actualité, 19 sept. 2013, obs. Émile-Zola-Place ; D. 2013. 2388, note Querzola* ✎ *; CCE 2013, n° 100, note Caron ; JCP 2013. 1071, note Binctin ; Légipresse 2013. 604,* note Tafforeau.

2. Contrat d'enregistrement exclusif. Sauf disposition contraire résultant de l'accord des parties, la résiliation, d'un commun accord, du contrat d'enregistrement exclusif, n'y met fin que pour l'avenir de sorte qu'elle n'a pas pour effet d'anéantir rétroactivement les cessions antérieurement intervenues sur les enregistrements réalisés en cours de contrat. Une cour d'appel décide exactement que le producteur reste cessionnaire des droits voisins de l'artiste-interprète sur les enregistrements réalisés, rejette à bon droit la demande de restitution des bandes mères et décide que la clause 4.4 relative à la durée de l'exclusivité ainsi que la clause catalogue devaient recevoir application. • Soc. 20 déc. 2006 : *D. 2007. 555, note Blanc-Jouvan ; ibid. AJ 316, obs. Daleau ; CCE 2007, n° 35, note Caron ; JCP 2006. II. 10104, note Treppoz ; Légipresse 2007, III, p. 94, note Tafforeau ; ibid. II, p. 188, obs. Alleaume ; Propr. intell. 2007, n° 23, p. 225, obs. Lucas.* ♦ Rejetant le pourvoi contre : les parties à un contrat d'enregistrement restent tenues, en cas de résiliation amiable, de leurs engagements si elles n'ont pas exprimé leur volonté d'y mettre fin (à propos, notamment, de la restitution des bandes mères) : • Paris, 12 avr. 2005 : *D. 2005. 2690, note Wekstein ; CCE 2006. Chron. 3, § 11, obs. Daverat ; Légipresse 2005, III, p. 136, note Tafforeau.* ♦ La résiliation du contrat d'enregistrement exclusif prononcée par un arrêt irrévocable n'y met fin que pour l'avenir et n'a pour effet d'anéantir rétroactivement les cessions antérieurement intervenues sur les enregistrements réalisés au cours du contrat. • Civ. 1re, 5 juill. 2006 : *Bull. civ. I, n° 361 ; D. 2006. 2404, note Naccach ; CCE 2007, n° 35, note Caron ; ibid. Chron. n° 4, § 13, obs. Daverat ; Propr. intell. 2006, n° 21, p. 451, obs. Lucas ; RIDA oct. 2006, p. 297, obs. Sirinelli.* ♦ Chaque artiste participant à une interprétation est fondé à exercer son droit d'autoriser la fixation de son interprétation individuellement, alors même que l'interprétation est le fait de plusieurs instrumentistes. • TGI Paris, 13 mai 1994 : *RIDA oct. 1994, p. 499.* ♦ ... L'art. L. 113-3 selon lequel les droits des coauteurs d'une œuvre de collaboration doivent s'exercer d'un commun accord étant inapplicable. • Même jugement. ♦ Est soumise à l'autorisation de l'artiste la réalisation filmée, puis éditée, de sa prestation faite dans le cadre d'un festival. • TGI Paris, 14 nov. 2007 : *CCE 2008. Chron. 4, § 8, obs. Daverat.* ♦ Une cour d'appel juge à bon droit que des enregistrements qui n'avaient pu être réalisés par la société Europe 1 qu'à des fins de radiodiffusion étaient exclusifs de toute exploitation sous forme de phonogrammes, l'expiration des contrats d'enregistrement exclusif, même après le décès des artistes, n'ayant pu avoir pour effet, à défaut de convention contraire, d'anéantir les clauses d'exclusivité qui y étaient inscrites et qui continuent à régir la situation juridique des parties pour tous les enregistrements réalisés pendant la période contractuelle. • Civ. 1re, 11 févr. 2010 : *RTD com. 2010. 316, obs. Pollaud-Dulian ; LEPI, mai 2010, p. 3, obs. Pessina Dassonville.*

3. Application de la loi dans le temps. La diffusion d'un film réalisé avant 1985 est soumise à l'autorisation écrite de l'artiste-interprète, dès lors qu'il n'est pas établi qu'à l'époque de la réalisation de l'œuvre, il avait expressément cédé ses droits sur toutes les diffusions à venir. • Paris, 13 mai 1998 : *D. Affaires 1998. 1135.* ♦ L'utilisation des prestations d'artistes-interprètes sans leur autorisation ne peut leur ouvrir droit qu'à des dommages-intérêts compensatoires et non au paiement de rémunérations qui ne pourraient être dues qu'en contrepartie de l'exécution de stipulations contractuelles. • Paris, 23 juin 1994 : *préc. note 1.* – Sur l'application de la loi de 1985, V. • Paris, 21 sept. 2011 : *Propr. intell. 2012, n° 42, p. 3, obs. A. Lucas.*

4. Production audiovisuelle. Si les contrats de production audiovisuelle sont soumis aux dispositions spécifiques des art. L. 212-4 à L. 212-9, il n'en reste pas moins que, si la prestation en cause a été fixée en vertu d'accords qui n'ont pas été directement conclus entre l'interprète et le producteur, ce sont les dispositions de l'art. L. 212-3 qui s'appliquent. • Civ. 1re, 16 juill. 1992 : *D. 1993. 220, note Daverat ; RIDA, janv. 1993, p. 177.* ♦ De même, l'art. L. 212-3 s'applique lorsqu'il est procédé à toute utilisation séparée du son et de l'image alors que la prestation a été fixée à la fois pour le son et pour l'image. • Paris, 6 mai 1994 : *D. 1994. 219, note Edelman .* ♦ La publication sous la forme de phonogrammes du commerce de la bande originale d'un film sans l'autorisation des interprètes et sans rémunération de ceux-ci, viole l'art. L. 212-3. • TGI Paris, 1er juin 1988 : *Cah. dr. auteur, sept. 1988, p. 24.* ♦ La fixation d'une œuvre musicale alors même qu'elle a été interprétée en vue de la réalisation de la bande originale d'un film ne saurait lui conférer la qualification d'œuvre audiovisuelle, l'art. L. 212-3 trouve donc à s'appliquer. • Paris, 19 janv. 2007 : *CCE 2008. Chron. 4, § 10, obs. Daverat ; Propr. intell. 2007, n° 23, p. 223, obs. A. Lucas.* ♦ Ne participe pas à la réalisation d'une œuvre audiovisuelle le musicien dont la prestation est enregistrée pour être incorporée à la bande originale d'une œuvre audiovisuelle. • Civ. 1re, 29 mai 2013 : *Dalloz actualité, 13 juin 2013, obs. Émile-Zola-Place ; D. 2013. AJ 1346 ; CCE 2013, n° 87, note Caron ; RIDA juill. 2013, p. 261, note Sirinelli.*

5. L'utilisation de séquences enregistrées pour un film dans le cadre d'un téléfilm diffusé sans l'accord des artistes-interprètes, et tiré en partie du film mais d'une durée bien supérieure à celui-ci, génère, pour les interprètes, un préjudice constitué par la perte du gain que ces derniers auraient obtenu en donnant leur autorisation à ce qui constitue une œuvre nouvelle et distincte. • Paris, 18 déc. 1989 : *D. 1990. Somm. 353, obs. Hassler ; ibid. 1991. Somm. 100, obs. Colombet ; JCP 1990. I. 3478, obs. Edelman, n° 27.*

6. Fonctionnaire. L'appartenance à la fonction publique des musiciens d'un orchestre dépendant d'une collectivité territoriale ne prive pas ces derniers du bénéfice de l'art. L. 212-3, de sorte que l'autorité gestionnaire doit recueillir l'accord de chaque musicien préalablement à l'application individuelle du statut régulièrement élaboré par l'autorité administrative, notamment par l'émargement d'une feuille de présence. • TA Nantes, 7 févr. 1995 : *RIDA juill. 1995, p. 358 et 159, obs. Kéréver.* ♦ V., cependant, ayant admis que l'acceptation d'une mission de service public implique pour l'artiste-interprète un abandon de tout droit d'artiste-interprète sur ses prestations qu'il réalise et une cession de ses droits patrimoniaux à la personne publique : • TGI Toulouse, 15 juin 2000 : *CCE 2002, n° 96, note Caron.* ♦ Le statut d'agent public ne peut faire obstacle au droit d'autoriser de l'artiste-interprète que dans les strictes limites de la mission de service public à laquelle l'agent participe. • Civ. 1re, 1er mars 2005 : *Bull. civ. I, n° 107 ; D. 2005. AJ 1353, note Allaeys ; AJDA 2005. 1905, note Bruguière ; RTD com. 2006. 302, obs. Pollaud-Dulian ; CCE 2005, n° 64, obs. Caron ; ibid. 2006. Chron. 3, § 9, obs. Daverat ; JCP 2005. 1216, n° 9, obs. Le Mestre ; ibid. 2006. I. 103, n° 5, obs. Caron ; Propr. intell. 2005, n° 15, p. 160, obs. Sirinelli ; RIDA juill. 2005, p. 371, note Kéréver.*

7. Salarié. En vertu de l'art. L. 212-3, et malgré le renvoi fait aux art. L. 762-1 et L. 762-2 C. trav., l'existence d'un contrat de travail n'emporte pas dérogation à la jouissance des droits de propriété intellectuelle ; dès lors, l'autorisation de l'artiste-interprète est exigée pour chaque utilisation de sa prestation. La réalisation d'un vidéogramme à partir d'un phonogramme est soumise à l'autorisation de l'artiste-interprète. • Civ. 1re, 6 mars 2001 : *Bull. civ. I, n° 58 ; D. 2001. 1868, note Edelman ; CCE 2001, n° 44, note Caron ; JCP 2001. 1050, note Caron ; JCP 2002. II. 10014, note Pollaud-Dulian.* ♦ L'art. L. 762-1 C. trav., qui présume que le contrat passé pour s'assurer le concours d'un artiste-interprète est un contrat de travail, dispense d'établir la subordination de l'artiste et n'exige pas que le contrat conclu soit passé directement avec lui, ni que la rémunération soit versée directement par l'entrepreneur de spectacles. • Soc. 25 janv. 1990 : *Bull. civ. V, n° 36 ; D. 1992. 161, note Daverat .* ♦ La présomption de salariat s'applique aussi bien aux artistes français qu'aux artistes étrangers. • Soc. 1er avr. 1993 : *RIDA oct. 1993, p. 197, obs. Kéréver* • Soc. 14 nov. 1991 : *D. 1991. IR 285.* ♦ Et cette présomption n'est pas détruite par la preuve que l'artiste-interprète conserve la liberté d'expression de son art. • Pau, 25 avr. 1991 : *Juris-Data n° 044846.* ♦ L'art. L. 762-1 C. trav. dispose que tout contrat par lequel une personne physique ou morale s'assure, moyennant rémunération, le concours d'un artiste du spectacle en vue de sa production, est présumé être un contrat de travail. Il en résulte qu'un litige portant sur la perception d'une rémunération supplémentaire relève de la compétence exclusive du conseil de prud'hommes. • Paris, 13 mai 1992 : *Légipresse 1992, III, p. 140.* ♦ Il résulte des dispositions combinées des art. L. 212-3 CPI et L. 762-2 C. trav. qu'un artiste-interprète a vocation à percevoir un salaire lorsqu'il participe à un concert en public ou à l'enregistrement d'un disque, ou d'une bande musicale, et des royalties, ou redevances lorsque l'enregistrement auquel il a participé est passé en public. • Paris, 31 janv. 1997 : *D. 1997. IR 58* • Soc. 21 juin 2004 : *D. 2004. AJ 2304 ; Légipresse 2004, I, p. 134 ; Propr. intell. 2004, n° 13, p. 926, obs. A. Lucas.* ♦ Les redevances versées à l'artiste-interprète, qui sont fonction du seul produit de l'exploitation de l'enregistrement et ne sont pas considérées comme des salaires, rémunèrent les droits voisins qu'il a cédés au producteur et continuent à lui être versées après la rupture du contrat d'enregistrement. • Soc. 1er juill. 2009 : *D. 2009. AJ 1894, obs. Daleau ; RTD com. 2009, p. 723, obs. Pollaud-Dulian ; CCE 2009, n° 87, note Caron ; Légipresse 2009, II, p. 187 ; note Pessina Dassonville.* ♦ La cour d'appel qui, par application d'une clause contractuelle, effectue une compensation entre les indemnités allouées à l'artiste-interprète et le solde débiteur de son compte de redevances, alors que le salarié ne pouvait renoncer par avance aux dispositions d'ordre public limitant les cas de compensation entre le montant du salaire et les sommes qui seraient dues à l'employeur, viole les art. L. 3251-2 et L. 7121-8 C. trav. • Soc. 18 juill. 2015, n° 13-25.681 P : *D. 2015. 2054, note Naccach ; JCP E 2016, n° 37, p. 50, note Mouneau-Lallement.* ♦ V. aussi • Soc. 18 juill. 2015, n° 13-27.526. ♦ Sur la nature de la rémunération versée à l'artiste-interprète, V. égal. art. L. 212-6. ♦ Sur la légalité de certaines dispositions de la convention collective nationale de l'édition phonographique, V. : • Civ. 1re, 15 mars 2017, nos 14-29.179, 14-29.973, 15-10.891, 15-17.450 P : *D. 2017. 645 .*

8. Droit à l'image. La publication, par un magazine, de photographies d'une actrice nue, extraites de films auxquels elle a participé, constitue une violation de son droit à l'image, protégé par l'art. L. 212-3. • TGI Paris, 11 mai 1998 : *D. 1999. Somm. 120, obs. Hassler et Lapp .*

9. Droit international privé. L'utilisation de la prestation de l'artiste et la production de la vidéomusique, œuvre nouvelle, dès lors qu'elles ont été faites en France, sont soumises à la loi française et non à la loi du pays d'origine de l'œuvre, ce dont il résulte la nécessité d'une autorisation écrite. • Civ. 1re, 9 déc. 2003, n° 01-10.264 P : *D. 2004. AJ 144 ; JCP E 2004. 1898, n° 12, obs. H.-J. Lucas ; RIDA avr. 2004, p. 267, note Kerever ; Propr. intell. 2004, n° 12, p. 783,* *obs. Lucas* • Crim. 14 déc. 2010, n° 10-80.088 : *D. 2011. 1055, note Dreyer ; RTD com. 2011. 356, obs. Pollaud-Dulian*. ♦ La règle de conflit de lois applicable à la détermination du titulaire initial des droits d'artiste-interprète désigne la loi du pays où la protection est réclamée. • Civ. 1re, 19 juin 2013, n° 12-18.032 P : *Dalloz actualité, 5 juill. 2013, obs. Allaeys ; D. 2013. AJ 1619 ; Propr. intell. 2013, n° 49, p. 406, obs. A. Lucas ; RIDA oct. 2013, p. 399, note Sirinelli.* ♦ Dans le même sens : • Civ. 1re, 18 févr. 2015, n° 11-11.054 P : *D. 2015. 1056, obs. Gaudemet-Tallon et Jault-Seseke ; Propr. intell. 2015, n° 56, p. 302, note A. Lucas.*

10. Intérêt à agir. Sur la recevabilité de l'action de la SPEDIDAM contre une société qui exploite sous forme de vidéogrammes des enregistrements de musique interprétés par un orchestre, V. • TGI Paris, 5 nov. 2008 : *RIDA avr. 2009, p. 395, note Sirinelli.* ♦ Une société de perception et de répartition des droits ne peut pas agir dans l'intérêt individuel d'artistes-interprètes non membres. La loi nouvelle exigeant l'autorisation écrite de l'interprète pour l'exploitation secondaire de sa prestation ne s'applique pas aux enregistrements fixés avant son entrée en vigueur dans le cadre d'accords collectifs organisant ces exploitations. • Civ. 1re, 19 févr. 2013, n° 11-21.310 P : *Dalloz actualité, 4 mars 2013, obs. Allaeys ; D. 2013. 809, note Querzola ; RTD com. 2013. 303, obs. Pollaud-Dulian ; CCE 2013, n° 51, note Caron ; JCP 2013. 336, note Caron ; Légipresse 2013, n° 305, p. 295, note Binctin ; Propr. intell. 2013, n° 47, p. 202, obs. Bruguière ; RIDA juill. 2013, p. 291, note Sirinelli.*

11. INA. Sur l'articulation entre l'art. L. 212-3 et le régime dérogatoire permettant à l'INA d'exercer les droits d'exploitation des archives audiovisuelles des sociétés nationales de programme dans le respect des droits moraux et patrimoniaux des titulaires de droits d'auteur ou de droits voisins du droit d'auteur, et de leurs ayants droit (art. 49 de la L. n° 86-1067 du 30 sept. 1986 dans sa rédaction issue de l'art. 44 de la L. n° 2006-961 du 1er août 2006), V. • Civ. 1re, 14 oct. 2015, n° 14-19.917 P : *D. 2015. 2544, note Querzola ; Dalloz IP/IT 2016. 38, obs. Azzi ; CCE 2016. Étude 3 note Tafforeau ; LEPI janv. 2016, p. 4, note Bernault ; Gaz. Pal. 9 févr. 2016, p. 32, note Marino ; Légipresse 2015. 664, note Meuris-Guerrero.* ♦ Et sur renvoi, • Versailles, 10 mars 2017, n° 15/07483 : *CCE 2017. Étude 11, n° 7, obs. Tafforeau.*

12. Convention collective nationale. Sur l'interprétation de la CCN de l'édition phonographique quant à la cession de ses droits par l'artiste-interprète, V. • Civ. 1re, 15 mars 2017, n° 14-29.179 P : *Dalloz IP/IT 2017. 393, note Tafforeau ; JAC 2017, n° 48, p. 40, note Aumeran et Burkhart*.

Art. L. 212-3-1 *(L. n° 2015-195 du 20 févr. 2015, art. 2)* **I. — Au-delà des cinquante premières années du délai de soixante-dix ans prévu au 2° du I de l'article L. 211-4, l'artiste-interprète peut notifier son intention de résilier l'autorisation donnée en application de l'article L. 212-3 à un producteur de phonogrammes lorsque celui-ci n'offre pas à la vente des exemplaires du phonogramme en quantité suffisante ou ne le met pas à la disposition du public de manière que chacun puisse y avoir accès de sa propre initiative.**

II. — Si, au cours des douze mois suivant la notification prévue au I du présent article, le producteur de phonogrammes n'offre pas à la vente des exemplaires du phonogramme en quantité suffisante et ne le met pas à la disposition du public de manière que chacun puisse y avoir accès de sa propre initiative, l'artiste-interprète peut exercer son droit de résiliation de l'autorisation. L'artiste-interprète ne peut renoncer à ce droit.

III. — Les modalités d'exercice du droit de résiliation sont définies par décret en Conseil d'État. — *V. art. R. 212-8.*

Sur l'entrée en vigueur de ces dispositions, V. notes ss. art. L. 211-4.

BIBL. ► POLLAUD-DULAND, *RTD com. 2015. 298* (loi n° 2015-195 du 20 févr. 2015 portant diverses dispositions d'adaptation au droit de l'Union européenne dans les domaines de la propriété littéraire et artistique et du patrimoine culturel).

Art. L. 212-3-2 *(L. n° 2015-195 du 20 févr. 2015, art. 2)* **Lorsqu'un phonogramme contient la fixation des prestations de plusieurs artistes-interprètes, ceux-ci exercent le droit de résiliation mentionné à l'article L. 212-3-1 d'un commun accord.**

En cas de désaccord, il appartient à la juridiction civile de statuer.

Sur l'entrée en vigueur de ces dispositions, V. notes ss. art. L. 211-4.

Art. L. 212-3-3 *(L. n° 2015-195 du 20 févr. 2015, art. 2)* **I. — Si l'autorisation donnée en application de l'article L. 212-3 prévoit une rémunération forfaitaire, le producteur de phonogrammes verse à l'artiste-interprète, en contrepartie de l'exploitation du pho-**

nogramme contenant la fixation autorisée, une rémunération annuelle supplémentaire pour chaque année complète au-delà des cinquante premières années du délai de soixante-dix ans prévu au 2° du I de l'article L. 211-4. L'artiste-interprète ne peut renoncer à ce droit.

Toutefois, le producteur de phonogrammes qui occupe moins de dix personnes et dont le chiffre d'affaires annuel ou le total du bilan annuel n'excède pas deux millions d'euros n'est pas tenu, pour l'exercice en question, au versement de la rémunération mentionnée au premier alinéa du présent I dans l'hypothèse où les frais des opérations de calcul et de contrôle seraient hors de proportion avec le montant de la rémunération à verser.

II. – Le montant global de la rémunération annuelle supplémentaire mentionnée au I du présent article est fixé à 20 % de l'ensemble des recettes perçues par le producteur de phonogrammes au cours de l'année précédant celle du paiement de ladite rémunération annuelle pour la reproduction, la mise à la disposition du public par la vente ou l'échange, ou la mise à disposition du phonogramme de manière que chacun puisse y avoir accès de sa propre initiative, à l'exclusion des rémunérations prévues aux articles L. 214-1 et L. 311-1.

III. – Le producteur de phonogrammes fournit, à la demande de l'artiste-interprète ou *(Ord. n° 2016-1823 du 22 déc. 2016, art. 2-18°)* « d'un organisme de gestion collective mentionné au IV et chargé » de percevoir la rémunération annuelle supplémentaire de l'artiste-interprète, un état des recettes provenant de l'exploitation du phonogramme selon chaque mode d'exploitation mentionné au II.

Il fournit, dans les mêmes conditions, toute justification propre à établir l'exactitude des comptes.

IV. – La rémunération annuelle supplémentaire prévue aux I et II est perçue par *(Ord. n° 2016-1823 du 22 déc. 2016, art. 2-18°)* « un ou plusieurs organismes de gestion collective régis par le titre II du livre III et agréés » à cet effet par le ministre chargé de la culture.

L'agrément prévu au premier alinéa du présent IV est délivré en considération :

1° De la qualification professionnelle des dirigeants des *(Ord. n° 2016-1823 du 22 déc. 2016, art. 2-18°)* « organismes » ;

2° Des moyens humains et matériels que ces *(Ord. n° 2016-1823 du 22 déc. 2016, art. 2-18°)* « organismes » proposent de mettre en œuvre pour assurer la perception et la répartition de la rémunération prévue aux mêmes I et II, tant auprès de leurs membres qu'auprès des artistes-interprètes qui ne sont pas leurs membres ;

3° De l'importance de leur répertoire et de la représentation des artistes-interprètes bénéficiaires de la rémunération prévue auxdits I et II au sein des organes dirigeants ;

4° De leur respect des obligations prévues au titre II du livre III.

Un décret en Conseil d'État fixe les modalités de délivrance et de retrait de cet agrément. – *V. art. R. 328-1 s.*

Sur l'entrée en vigueur de ces dispositions, V. notes ss. art. L. 211-4.

Les dispositions de l'Ord. n° 2016-1823 du 22 déc. 2016 sont applicables dans les îles Wallis-et-Futuna (Ord. préc., art. 6).

Art. L. 212-3-4 *(L. n° 2015-195 du 20 févr. 2015, art. 2)* Si l'autorisation donnée en application de l'article L. 212-3 prévoit une rémunération proportionnelle, le producteur de phonogrammes ne peut retrancher les avances ou les déductions définies contractuellement de la rémunération due à l'artiste-interprète en contrepartie de l'exploitation du phonogramme contenant la fixation autorisée après les cinquante premières années du délai de soixante-dix ans prévu au 2° du I de l'article L. 211-4.

Sur l'entrée en vigueur de ces dispositions, V. notes ss. art. L. 211-4.

Art. L. 212-3-5 Les artistes-interprètes ne peuvent interdire la reproduction et la communication publique de leur prestation si elle est accessoire à un événement constituant le sujet principal d'une séquence d'une œuvre ou d'un document audiovisuel. – *[L. n° 85-660 du 3 juill. 1985, art. 29, al. 2.]*

L'art. L. 212-3-5 a été renuméroté par la L. n° 2016-925 du 7 juill. 2016, il s'agit de l'anc. art. L. 212-10 (L. préc., art. 9-1°).

COMMENTAIRE

Cette disposition permet une limite aux droits de l'artiste-interprète plus large que celle fondée sur la liberté de citation puisque, justifiée par le droit du public à l'information, elle peut autoriser un emprunt plus important, comme la télédiffusion, dans une émission d'actualité, de l'extrait d'un film qui vient de sortir en salles. ❑

1. La reproduction d'une chanson (« les petits bistrots ») pour servir de fond sonore au générique d'une œuvre documentaire télévisuelle sur les bistrots parisiens ne peut être rendue légitime par le seul jeu de l'art. L. 212-10 CPI « qui ne pose d'exception aux droits des artistes interprètes que pour le droit du public à l'information ». • TGI Paris, 26 nov. 1997 : *RIDA juill. 1998, p. 284.*

2. Les dispositions de l'art. L. 212-10 ne sont pas applicables à l'utilisation d'un extrait de chants sacrés, tiré d'un phonogramme, pour illustrer, à titre de bande son, une pièce de théâtre ; l'interprétation en cause, qui préexistait à la pièce de théâtre dans la mise en scène qui en a été donnée ne constitue nullement un « accessoire » de cette pièce pour laquelle elle n'a pas été enregistrée, mais constitue une œuvre à part entière que le metteur en scène ne pouvait intégrer à son œuvre théâtrale qu'en sollicitant l'autorisation de l'artiste interprète concerné. • Paris, 7 juin 2000 : *D. 2001. Somm. 2555, obs. Sirinelli* ✎. ♦ L'art. L. 212-10 n'est pas applicable s'agissant de la seconde utilisation d'une interprétation à des fins publicitaires. • TGI Paris, 3 juin 2008 : *Légipresse 2008, III, p. 233, note Bruguière.*

Art. L. 212-3-6 *(L. n° 2006-961 du 1er août 2006, art. 11)* **Les dispositions de l'article L. 131-9 sont applicables aux contrats valant autorisation d'exploitation en application des articles L. 212-3 et L. 212-4, entre les producteurs et les artistes-interprètes.**

L'art. L. 212-3-6 a été renuméroté par la L. n° 2016-925 du 7 juill. 2016, il s'agit de l'anc. art. L. 212-11 (L. préc., art. 9-1°).

Ces dispositions s'appliquent aux contrats conclus à compter de l'entrée en vigueur de la L. n° 2006-961 du 1er août 2006 (JO 3 août).

COMMENTAIRE

Disposition porteuse dans le champ des droits voisins, en symétrie de l'article L. 131-9 du code de la propriété intellectuelle, d'une solution imposant, dans les contrats entre producteurs et artistes-interprètes, la mention de la faculté pour le premier de recourir à des mesures techniques. ❑

SECTION II CONTRATS CONCLUS ENTRE UN ARTISTE-INTERPRÈTE ET UN PRODUCTEUR DE VIDÉOGRAMMES *(L. n° 2016-925 du 7 juill. 2016, art. 9-3°).*

Art. L. 212-4 La signature du contrat conclu entre un artiste-interprète et un producteur pour la réalisation d'une œuvre audiovisuelle vaut autorisation de fixer, reproduire et communiquer au public la prestation de l'artiste-interprète.

Ce contrat fixe une rémunération distincte pour chaque mode d'exploitation de l'œuvre. – *[L. n° 85-660 du 3 juill. 1985, art. 19, al. 1er et 2.]*

Sur la qualification de la rémunération de l'artiste-interprète, V. C. trav., art. L. 7121-8. – ***C. trav.***

BIBL. ▸ Debarnot, *CCE 2012. Prat. 3* (de la rémunération des artistes-interprètes pour une émission de télévision, au titre de l'exploitation de leurs prestations en VOD). – Klotz, *CCE 2010. Prat. 9* (la rémunération de l'artiste-interprète de cinéma).

COMMENTAIRE

Suivant ce texte, comme en droit d'auteur (art. L. 132-24 CPI), en cas de conclusion d'un contrat relatif à la production d'une œuvre audiovisuelle, le producteur bénéficie d'une présomption de cession des droits d'interprétation. Aucune possibilité d'une clause contraire n'est cependant mentionnée par le législateur.

Une rémunération distincte doit être prévue pour chaque mode d'exploitation. Il en résulte qu'une clause de rémunération globale est nulle (V. note 4). La rémunération de l'artiste-interprète au titre de la cession de ses droits sur l'œuvre doit être distincte de la rémunération de sa prestation artistique.

La présomption de cession est limitée à l'exploitation de l'œuvre audiovisuelle en tant que telle. Toute exploitation séparée du son ou de l'image est soumise au droit commun, c'est-à-dire à une autorisation expresse.

Le dernier alinéa du II de l'article 49 de la loi n° 86-1067 du 30 septembre 1986 contient des dispositions particulières relatives aux conditions d'exploitation des prestations des artistes-interprètes issues d'archives. ❑

1. L'art. L. 212-4 est applicable aux contrats antérieurs au 1er janvier 1986. • Civ. 1re, 16 juill. 1992 : *RIDA janv. 1993, p. 177 ; D. 1993. 220, note Daverat*. ♦ V. art. L. 212-7.

2. Sur la détermination du domaine de l'art. L. 212-4 et son articulation avec les principes posés par l'art. L. 212-3, V. notes 4 et 5 ss. art. L. 212-3.

3. La présomption de cession n'est pas applicable : au contrat relatif à un spectacle vivant et non à la réalisation d'une œuvre audiovisuelle. • Paris, 16 juin 1993 : *D. 1994. 218, note Edelman*. ♦ ... Aux contrats pour lesquels les artistes-interprètes n'ont été ni parties ni représentés. • Civ. 1re, 16 juill. 1992 : *préc. note 1*. ♦ ... A l'œuvre multimédia tirée d'une œuvre audiovisuelle. • TGI Paris, 26 mars 2003 : *Légipresse 2003, n° 205, I, p. 131*. ♦ ... Aux contrats conclus par la Comédie-Française avec un producteur pour l'exploitation de prestations d'un ancien pensionnaire, la Comédie-Française n'ayant pas ici la qualité de producteur. • Civ. 1re, 10 oct. 2012 : *RTD com. 2012. 782, obs. Pollaud-Dulian*.

4. Le contrat conclu entre un artiste-interprète et un producteur vaut présomption de cession des droits de l'artiste-interprète pour la fixation, la reproduction et la communication de sa prestation, mais doit fixer une rémunération distincte pour chaque mode d'exploitation de l'œuvre. Il en résulte que la rémunération de l'artiste-interprète au titre de la cession de ses droits sur l'œuvre doit être distincte de la rémunération de sa prestation artistique. Une clause de rémunération globale est nulle. • Soc. 10 févr. 1998 : *D. 1998. IR 73 ; GAPI, 1re éd., n° 15 ; JCP E 1999. 1494, note Laporte-Legeais ; Légipresse 1998, III, p. 101, note Veyssière.*

5. La simple feuille de présence signée par l'artiste-interprète, qui ne porte aucune autre mention que la date de diffusion et ne comporte aucune clause d'aucune autre sorte, ne présente pas la nature d'un contrat au sens de l'art. L. 212-4. • Paris, 18 sept. 2002 : *D. 2002. AJ 3208 ; JCP E 2004. 561, n° 2, obs. Bochard* • Paris, 9 mai 2005 : *RTD com. 2006. 376, obs. Pollaud-Dulian*.

6. Catch-up tv. L'accord selon lequel les artistes-interprètes autorisent la mise à disposition en VOD de leur prestation pendant les sept jours qui suivent la diffusion, la rémunération étant comprise dans le salaire initial, ne contrevient pas aux dispositions de l'art. L. 212-4. • Paris, 31 mars 2010 : *Propr. intell. 2010, n° 36, p. 859, obs. Bruguière.*

Art. L. 212-5 Lorsque ni le contrat ni une convention collective ne mentionnent de rémunération pour un ou plusieurs modes d'exploitation, le niveau de celle-ci est fixé par référence à des barèmes établis par voie d'accords spécifiques conclus, dans chaque secteur d'activité, entre les organisations de salariés et d'employeurs représentatives de la profession. – *[L. n° 85-660 du 3 juill. 1985, art. 19, al. 3.]*

BIBL. ▶ DE TISSOT, *Les Annonces de la Seine, 4 juin 1998* (quelques observations sur les problèmes juridiques posés par la rémunération des artistes-interprètes).

Art. L. 212-6 Les dispositions de l'article L. 762-2 *[C. trav., art. L. 7121-8.]* **du code du travail ne s'appliquent qu'à la fraction de la rémunération versée en application du contrat excédant les bases fixées par la convention collective ou l'accord spécifique.** – *[L. n° 85-660 du 3 juill. 1985, art. 19, al. 4.]*

La rémunération due pour un mode d'exploitation non prévu au contrat doit être déterminée par référence aux barèmes établis par les organisations représentatives de la profession. • Paris, 10 juill. 1990 : *RIDA janv. 1991, p. 315*. ♦ Un artiste-interprète a vocation à percevoir un salaire lorsqu'il participe à un concert en public ou à l'enregistrement d'un disque, ou d'une bande musicale, et des royalties, ou redevances lorsque l'enregistrement auquel il a participé est passé en public. • Paris, 31 janv. 1997 : *D. 1997. IR 58* • Soc. 21 juin 2004 : *D. 2004. AJ 2304 ; Légipresse 2004, I, p. 134 ; Propr. intell. 2004, n° 13, p. 926, obs. Lucas.*

Art. L. 212-7 Les contrats passés antérieurement au 1er janvier 1986 entre un artiste-interprète et un producteur d'œuvre audiovisuelle ou leurs cessionnaires sont soumis aux dispositions qui précèdent, en ce qui concerne les modes d'exploitation qu'ils excluaient. La rémunération correspondante n'a pas le caractère de salaire. – *Dernière phrase abrogée par L. n° 2006-961 du 1er août 2006, art. 8. [L. n° 85-660 du 3 juill. 1985, art. 19, al. 5.]*

Pour une application extensive de ce texte lorsque le mode d'exploitation n'était pas prévu par le contrat, V. • Paris, 13 mai 1998 : *D. Affaires 1998. 135* • 10 juill. 1990 : *RIDA janv. 1991, p. 315 ; ibid., p. 297, obs. Kérever,* approuvé sur ce point par • Civ. 1re, 16 juill. 1992 : *RIDA janv. 1993, p. 177 ; D. 1993. 220, note Daverat.* – *Adde* • Civ. 1re, 2 mars 1999 : *Bull. civ. I, no 71 ; D. 1999. IR 89 : JCP 1999. IV. 1798.*

Art. L. 212-8 Les stipulations des conventions ou accords mentionnés aux articles précédents peuvent être rendues obligatoires à l'intérieur de chaque secteur d'activité pour l'ensemble des intéressés par arrêté du ministre compétent. – *[L. no 85-660 du 3 juill. 1985, art. 20, al. 1er.]*

L'accord spécifique du 7 juin 1990 concernant les artistes-interprètes engagés pour la réalisation d'une œuvre cinématographique a été rendu obligatoire pour toute entreprise de production d'une œuvre cinématographique par l' Arr. du 17 oct. 1990. – V. ces textes App., vo Droits voisins.

Arrêté du 19 mars 2010,

Pris en application de l'article L. 212-8 du code de la propriété intellectuelle.

Art. 1er Sont rendues obligatoires les stipulations de la convention du 6 janvier 2005 relative aux droits des artistes-interprètes dans leur activité de doublage, ensemble l'avenant no 1 du 13 janvier 2010 la prorogeant jusqu'au 30 juin 2010, à l'exclusion de la partie initiale de l'annexe 6 de cette convention précédant le "1° Dispositions générales" qui ne relève pas du code de la propriété intellectuelle.

Art. 2 Les stipulations de la convention et de l'avenant mentionnés à l'article 1er sont rendues obligatoires à dater de la publication du présent arrêté pour la durée prévue par ledit avenant.

Art. 3 La convention et l'avenant mentionnés à l'article 1er peuvent être consultés au siège du Centre national du cinéma et de l'image animée.

Arrêté du 27 mars 2013,

Pris en application de l'article L. 212-8 du code de la propriété intellectuelle.

Vu l'accord du 11 juill. 2012 relatif à la rémunération des artistes-interprètes des films français sortis en salle du 1er janv. 1961 au 1er déc. 1990,

Art. 1er Sont rendues obligatoires, pour tout producteur ou toute entreprise détentrice des droits des producteurs d'une œuvre cinématographique, les stipulations de l'accord du 11 juillet 2012 relatif à la rémunération des artistes-interprètes des films français sortis en salle du 1er janvier 1961 au 1er décembre 1990.

Art. 2 Les stipulations de l'accord mentionné à l'article 1er sont rendues obligatoires à dater de la publication du présent arrêté pour la durée prévue par ledit accord.

Art. 3 Le secrétaire général au ministère de la culture et de la communication et le président du Centre national du cinéma et de l'image animée sont chargés, chacun en ce qui le concerne, de l'exécution du présent arrêté, qui sera publié ainsi que l'accord mentionné à l'article 1er qui y est annexé au *Journal officiel* de la République française.

ANNEXE

ACCORD RELATIF À LA RÉMUNÉRATION DES ARTISTES-INTERPRÈTES DES FILMS FRANÇAIS SORTIS EN SALLE DU 1ER JANVIER 1961 AU 1ER DÉCEMBRE 1990

Arrêté du 23 avril 2014,

Pris en application de l'article L. 212-8 du code de la propriété intellectuelle.

Art. 1er Sont rendues obligatoires les stipulations de l'accord du 24 octobre 2011 de prorogation de la convention DAD-R.

Sont également rendues obligatoires les stipulations du protocole relatif aux accords collectifs du doublage, à l'exception du 2 du A et du 2 du B du I, ainsi que les stipulations de l'accord sur les flux financiers dans le secteur du doublage, signés concomitamment à l'accord du 24 octobre 2011 de prorogation de la convention DAD-R.

Art. 2 Les stipulations des accords et du protocole mentionnées à l'article 1er sont rendues obligatoires à dater de la publication du présent arrêté pour la durée prévue par l'accord du 24 octobre 2011 de prorogation de la convention DAD-R.

Art. 3 Les accords et le protocole mentionnés à l'article 1er peuvent être consultés au siège du Centre national du cinéma et de l'image animée.

Art. 4 L'arrêté du 19 mars 2012 pris en application de l'article L. 212-8 du code de la propriété intellectuelle est abrogé.

Art. L. 212-9 A défaut d'accord conclu dans les termes des articles L. 212-4 à L. 212-7 soit avant le 4 janvier 1986, soit à la date d'expiration du précédent accord, les modes et les bases de rémunération des artistes-interprètes sont déterminés, pour chaque secteur d'activité, par une commission présidée par un magistrat de l'ordre judiciaire désigné par le premier président de la Cour de cassation et composée, en outre, d'un membre du Conseil d'État, désigné par le vice-président du Conseil d'État, d'une personnalité qualifiée désignée par le ministre chargé de la culture et, en nombre égal, de représentants des organisations de salariés et de représentants des organisations d'employeurs. — *V. art. R. 212-1 à R. 212-7. — V. aussi, Arr. du 14 janv. 1986 , App., vº Droits voisins.*

La commission se détermine à la majorité des membres présents. En cas de partage des voix, le président a voix prépondérante. La commission se prononce dans les trois mois suivant l'expiration du délai fixé au premier alinéa du présent article.

Sa décision a effet pour une durée de trois ans, sauf accord des intéressés intervenu avant ce terme. — *[L. nº 85-660 du 3 juill. 1985, art. 20, al. 2 à 5.] — V. Décis. 26 mars 1986 et Arr. du 17 oct. 1990, App., vº Droits voisins.*

SECTION III CONTRATS CONCLUS ENTRE UN ARTISTE-INTERPRÈTE ET UN PRODUCTEUR DE PHONOGRAMMES

(L. nº 2016-925 du 7 juill. 2016, art. 10 et 110-I, en vigueur le 1er nov. 2016)

BIBL. ▶ Varet et Maury, *Légipresse 2016. 523* (les contrats de production phonographiques à l'aune de la loi « création et patrimoine » du 7 juillet 2016).

COMMENTAIRE

Cette section, propre aux contrats conclus entre un artiste interprète et un producteur de phonogrammes, comprend trois grandes séries d'innovations prévues par la loi du 7 juillet 2016.

– Une consécration (art. L. 212-10) de la jurisprudence de la Cour de cassation suivant laquelle le contrat de travail (ou le contrat de commande) de l'artiste-interprète est sans conséquence sur la titularité des droits voisins.

– La reprise (art. L. 212-11, L. 212-13, L. 212-14 et L. 212-15) du principe de « spécialité des cessions » énoncé à l'article L. 131-3 du code en matière de droits d'auteur ;

– Des précisions en matière de rémunération de l'artiste-interprète (adossée à une obligation de rendre compte pesant sur le producteur de phonogrammes).

Le législateur n'a cependant pas prévu :

– d'obligation d'exploiter la prestation fixée de l'artiste-interprète à la charge du producteur (V., cependant, nouvel art. L. 212-12, pour la preuve d'un abus notoire dans le non-usage des droits d'exploitation) ;

– le principe d'une rémunération proportionnelle au profit de l'artiste-interprète. ❑

Art. L. 212-10 L'existence ou la conclusion d'un contrat de louage d'ouvrage ou de service avec un producteur de phonogrammes n'emporte pas dérogation à la jouissance des droits reconnus à l'artiste-interprète par les articles L. 212-2 et L. 212-3, sous réserve des exceptions prévues au présent code.

Les dispositions de la L. nº 2016-925 du 7 juill. 2016 sont applicables dans les îles Wallis-et-Futuna (L. préc., art. 115-III).

COMMENTAIRE

Cette disposition, issue de la loi du 7 juillet 2016, étend – en consacrant la solution déjà dégagée par les tribunaux (V. Civ. 1re, 6 mars 2001, n° 98-15.502 : *D. 2001. 1868, note Edelman* ; *ibid. 1541, obs. Poisson* ; *CCE 2001, n° 44, note Caron ; JCP 2002. II. 10014, note Pollaud-Dulian*) – la solution énoncée en matière de droit d'auteur (art. L. 111-1, al. 3) et proclamant l'indifférence d'un contrat de travail et celle d'un contrat de commande sur le sort de la titularité des droits.

Sauf exception particulière, les droits naissent et demeurent – sauf cession contractuelle expresse – sur la tête de l'artiste-interprète.

Art. L. 212-11 La cession des droits de l'artiste-interprète mentionnés au présent code est subordonnée à la condition que chacun des droits cédés fasse l'objet d'une mention distincte dans le contrat conclu avec le producteur de phonogrammes et que le domaine d'exploitation de ces droits soit délimité quant à son étendue et à sa destination, quant au lieu et quant à la durée.

Toute clause qui tend à conférer le droit d'exploiter la prestation de l'artiste-interprète sous une forme non prévisible ou non prévue à la date de signature est expresse et stipule, au bénéfice des artistes-interprètes dont les contrats prévoient le paiement direct par le producteur d'une rémunération proportionnelle aux recettes de l'exploitation, une participation corrélative auxdites recettes.

Lorsque l'artiste-interprète cède à un producteur de phonogrammes une créance sur les rémunérations provenant d'exploitations à venir de sa prestation en contrepartie d'une avance consentie par ce dernier, cette cession ne peut porter sur les rémunérations mentionnées aux articles L. 214-1 et L. 311-1. Toute clause contraire est nulle.

La cession au producteur de phonogrammes de droits de l'artiste-interprète autres que ceux mentionnés au présent code est subordonnée à la condition que chacun des droits cédés fasse l'objet d'une mention expresse distincte dans le contrat.

V. note ss. art. L. 212-10.

COMMENTAIRE

Cette disposition, issue de la loi n° 2016-925 du 7 juillet 2016, est destinée à encadrer les conventions conclues entre un artiste-interprète et un producteur de phonogrammes, en reprenant certaines des règles déjà imposées en matière de droit d'auteur.

Le premier principe est la reprise de la solution posée en matière de droit d'auteur à l'article L. 131-3 : chacun des droits cédés par l'artiste-interprète doit faire l'objet d'une mention distincte dans le contrat conclu tandis que le domaine d'exploitation de ces droits doit être délimité d'un quadruple point de vue : quant à son étendue et à sa destination, quant au lieu et quant à la durée.

Le deuxième principe concerne la cession de droits d'exploitation sous une forme non prévisible ou non prévue à la date du contrat. Il s'agit, tout comme en matière de droit d'auteur (art. L. 131-6), d'appréhender un avenir inconnu. Pour garantir les intérêts des artistes-interprètes, pareille cession est subordonnée à l'existence d'une clause expresse qui stipule une participation corrélative aux recettes lorsque le contrat qui comporte une telle clause prévoit une rémunération proportionnelle (ce que la loi n impose pas en matière de droits voisins).

Le troisième alinéa de l'article L. 212-11 prohibe la cession par l'artiste-interprète à son producteur de phonogrammes des rémunérations découlant aussi bien de la licence légale de phonogrammes du commerce (art. L. 214-1) que de la copie privée (art. L. 311-1) de phonogrammes et vidéogrammes (droits à rémunération) consentie en contrepartie des avances sur droits voisins octroyées par le producteur (rappr. CJUE 9 févr. 2012, *Martin Luksan c/ P. van der Let*, n° C-277/10 : *V. note 24 ss. art. L. 113-7*).

Le dernier alinéa est une innovation totale encadrant la cession de droits autres que ceux de propriété littéraire et artistique mais non négligeables pour un artiste-interprète : droit sur son image et droit sur sa voix dans les hypothèses où celles-ci ne sont pas constitutives d'une prestation objet d'un droit voisin. Il s'agit là de ce que la pratique appelait contrats dits « 360° » et qui permettent – par la maîtrise des éléments qui ont fait l'objet ces dernières décennies d'une patrimonialisation importante – la confection de produits dits dérivés.

Art. L. 212-12 **En cas d'abus notoire dans le non-usage par un producteur de phonogrammes des droits d'exploitation qui lui ont été cédés, la juridiction civile compétente peut ordonner toute mesure appropriée.**

V. note ss. art. L. 212-10.

COMMENTAIRE

Le législateur, lors de l'adoption de la loi du 7 juillet 2016, n'a pas imposé au producteur d'obligation d'exploitation de la prestation.

Toutefois, il a prévu que le juge puisse être saisi si le producteur commet un abus notoire dans le non-usage des droits d'exploitation qui lui ont été cédés. La charge de la preuve de cet abus pesant sur l'artiste-interprète (exploitation nulle ou très insuffisante ?).

Art. L. 212-13 **Le contrat conclu entre l'artiste-interprète et le producteur de phonogrammes fixe une rémunération minimale garantie en contrepartie de l'autorisation de fixation, rémunérée sous forme de salaire, de la prestation de l'artiste-interprète.**

Chaque mode d'exploitation du phonogramme incorporant la prestation de l'artiste-interprète prévu au contrat fait l'objet d'une rémunération distincte.

Sont regardées comme des modes d'exploitation distincts la mise à disposition du phonogramme sous une forme physique et sa mise à disposition par voie électronique.

V. note ss. art. L. 212-10.

COMMENTAIRE

Cette disposition a trait à la rémunération due à l'artiste-interprète.

Celui-ci peut percevoir :
– Un salaire (contrat de travail) dont l'objet est l'enregistrement de sa prestation ;
– Un autre salaire (apport de la loi du 7 juillet 2016), pour la fixation de sa prestation ;
– Une rémunération (redevance) distincte pour chaque mode d'exploitation du phonogramme incorporant la prestation de l'artiste-interprète prévu au contrat.

Cela bannit tout forfait global, même pour un artiste d'ensemble.

La notion de modes d'exploitation est explicitée au troisième alinéa de l'article.

On observera que, contrairement à la solution existante en matière de droits d'auteur, la loi n'a pas imposé le principe d'une rémunération proportionnelle.

Art. L. 212-14 **I. — La mise à disposition d'un phonogramme de manière que chacun puisse y avoir accès de sa propre initiative, dans le cadre des diffusions en flux, fait l'objet d'une garantie de rémunération minimale.**

II. — Les modalités de la garantie de rémunération minimale prévue au I et son niveau sont établis par un accord collectif de travail conclu entre les organisations représentatives des artistes-interprètes et les organisations représentatives des producteurs de phonogrammes.

Cet accord peut être rendu obligatoire par arrêté du ministre chargé du travail.

III. — A défaut d'accord collectif dans un délai de douze mois à compter de la promulgation de la loi nº 2016-925 du 7 juillet 2016 relative à la liberté de la création, à l'architecture et au patrimoine, la garantie de rémunération minimale versée par le producteur aux artistes-interprètes prévue au I est fixée de manière à associer justement les artistes-interprètes à l'exploitation des phonogrammes, par une commission présidée par un représentant de l'État et composée, en outre, pour moitié, de personnes désignées par les organisations représentant les artistes-interprètes et, pour moitié, de personnes désignées par les organisations représentant les producteurs de phonogrammes.

V. note ss. art. L. 212-10.

Art. L. 212-15 **Lorsque le contrat conclu entre un artiste-interprète et un producteur de phonogrammes prévoit le paiement direct par le producteur d'une rémunération qui est fonction des recettes de l'exploitation, le producteur de phonogrammes rend compte semestriellement à l'artiste-interprète du calcul de sa rémunération, de façon explicite et transparente.**

A la demande de l'artiste-interprète, le producteur de phonogrammes fournit à un expert-comptable mandaté par l'artiste-interprète toutes justifications propres à établir l'exactitude de ses comptes.

L'art. L. 212-15 est applicable aux contrats en cours à la date de son entrée en vigueur, le 1er nov. 2016 (L. n° 2016-925 du 7 juill. 2016, art. 110-II). Il est applicable dans les îles Wallis-et-Futuna (L. préc., art. 115-III).

COMMENTAIRE

Il est imposé au producteur de phonogrammes une obligation de rendre compte du calcul de la rémunération de l'artiste-interprète « de façon explicite et transparente » avec, si l'artiste-interprète le demande, fourniture à un expert-comptable mandaté de toutes justifications propres à établir l'exactitude de ses comptes.

Lorsque le contrat prévoit le paiement direct par le producteur d'une rémunération qui est fonction des recettes de l'exploitation, la reddition de compte est effectuée semestriellement. ❑

CHAPITRE III DROITS DES PRODUCTEURS DE PHONOGRAMMES

BIBL. GÉN. ▶ CHESNAIS, *RIDA avr. 1986, p. 67* (producteur de phonogrammes et vidéogrammes et entreprises de communication audiovisuelle) ; *Cah. dr. auteur, avr. 1989, p. 6* (la reproduction des phonogrammes du commerce aux fins de communication au public, et notamment de radiodiffusion). – DISERENS, La location de vidéogrammes et de phonogrammes en droit comparé, *Genève Droz, 1986.* – NORDEMANN, VINCK et HERTIN, Droit d'auteur international et droits voisins dans les pays de langue allemande et les États membres de la CEE, *Bruxelles Bruylant, 1983.*

Art. L. 213-1 Le producteur de phonogrammes est la personne, physique ou morale, qui a l'initiative et la responsabilité de la première fixation d'une séquence de son.

L'autorisation du producteur de phonogrammes est requise avant toute reproduction, mise à la disposition du public par la vente, l'échange ou le louage, ou communication au public de son phonogramme autres que celles mentionnées à l'article L. 214-1. – *[L. n° 85-660 du 3 juill. 1985, art. 21.]*

V. Décr. n° 2016-1422 du 21 oct. 2016 instituant une aide à l'innovation et à la transition numérique de la musique enregistrée (JO 22 oct.).

BIBL. ▶ MILLE, *Propr. intell. 2006, n° 18, p. 35* (« Qui a les droits ? » ou l'avenir du catalogue suite à la rupture du contrat conclu entre un artiste et son producteur).

COMMENTAIRE

Le producteur d'un phonogramme est la personne qui, d'une part, prend l'initiative de son enregistrement et de sa fixation et, d'autre part, en assume les risques financiers (V. note 1). La seule intervention matérielle est insuffisante pour conférer la qualité de producteur.

Le phonogramme doit être constitué d'une « séquence » de sons, ce qui implique une certaine continuité. Il peut contenir autre chose qu'une œuvre de l'esprit comme, par exemple, la fixation de chants d'oiseaux.

Les droits de producteurs de phonogrammes, consistent seulement en des prérogatives patrimoniales.

Les producteurs de phonogrammes disposent non seulement du droit exclusif d'autoriser ou d'interdire la reproduction directe ou indirecte de leurs phonogrammes mais aussi de celui de contrôler toute communication de l'œuvre au public (V. notes 3 et 4), qu'elle prenne la forme d'une vente, d'un échange ou d'un louage, ainsi que toute représentation publique de l'œuvre.

L'exercice de ces prérogatives est naturellement soumis au respect des règles du droit de la concurrence (V. notes 5 s.).

Dans certains cas d'utilisation secondaire des phonogrammes publiés à des fins de commerce (V. art. L. 214-1, al. 1er), le titulaire du droit ne peut plus s'opposer à l'utilisation du phonogramme et n'a plus droit qu'à une rémunération appelée « licence légale ».

L'article 36 de la loi du 1er août 2006 a créé un « crédit d'impôt » pour dépenses de production d'œuvres phonographiques (4° de la section V du chapitre II du titre Ier de la première partie du livre Ier du code général des impôts). ❑

A. BÉNÉFICIAIRES DES DROITS

1. *Qualité de producteur.* En l'absence de toute revendication émanant de la personne physique ou morale qui a pris l'initiative et la responsabilité de la première fixation d'une séquence de sons, ou de ses ayants droit, l'exploitation publique, paisible et non équivoque d'un enregistrement par une personne physique ou morale sous son nom est de nature à faire présumer à l'égard des tiers recherchés pour contrefaçon que celle-ci est titulaire sur l'enregistrement des droits prévus à l'art. L. 213-1. • Civ. 1re, 14 nov. 2012 : *Bull. civ. I, n° 242 ; Dalloz actualité, 23 nov. 2012, obs. Émile-Zola-Place ; D. 2013. 402, note Azzi ; Légipresse 2013, n° 302, p. 89, note Querzola ; RTD com. 2013. 306, obs. Pollaud-Dulian ; Propr. intell. 2013, n° 46, p. 65, obs. Bruguière ; RIDA avr. 2013, p. 397, note Sirinelli.* ♦ N'est pas un producteur de phonogrammes celui dont le rôle consiste seulement à trouver l'idée et le thème d'une émission, à choisir les œuvres musicales appropriées puis à faire réaliser l'émission radiophonique et à la présenter, sans avoir aucune initiative ni responsabilité dans l'activité de production. • TGI Aix-en-Provence, 13 déc. 1990 : *Gaz. Pal. 1993. 1. Somm. 63.* ♦ Le producteur d'un phonogramme est la personne qui, d'une part prend l'initiative de son enregistrement et de sa fixation et, d'autre part, en assume les risques financiers. Dès lors, un simple producteur exécutif ne peut prétendre à la qualité de producteur. • TGI Paris, 16 sept. 2003 : *D. 2003. Somm. 2758, obs. Sirinelli*. ♦ Décision confirmée par : • Paris, 29 sept. 2006 : *Propr. intell. 2007, n° 22, p. 83, obs. A. Lucas.* ♦ V. aussi • Civ. 1re, 28 juin 2012 : *Propr. intell. 2012, n° 44, p. 348, obs. A. Lucas.* ♦ Sur l'interprétation de la qualité de producteur au regard de l'art. 5 de la Convention de Genève du 29 oct. 1971, V. • Paris, 6 juin 2003 : *RIDA. avr. 2004, p. 259, note Kéréver.* ♦ La fixation d'un phonogramme intervient à la date de la réalisation d'un support intangible destiné à être reproduit en nombre. • TGI Paris, 19 févr. 2010 : *LEPI, juin 2010, p. 3, obs. Lefranc.*

2. L'autorisation du producteur de phonogrammes est requise quelle que soit sa nationalité ; le vendeur français qui importe des phonogrammes directement des États-Unis, sans avoir l'autorisation du producteur américain, viole l'art. L. 213-1. • Rouen, 30 janv. 1997 : *RIDA juill. 1997, p. 327.*

B. CONTENU DES DROITS

3. *Communication au public.* La diffusion de créations musicales, par kiosque téléphonique sous forme d'extraits de chansons, constitue une atteinte aux droits du producteur de phonogrammes en ce qu'elle est une communication au public, même en l'absence de réunion simultanée de plusieurs personnes en un même lieu. • T. com. Paris, 26 janv. 1993, *SA Polygram : Juris-Data n° 40094 ; D. 1993. 404, note Edelman (V. note 6).* ♦ La communication en ligne par internet sont des actes de communication au public de phonogrammes à partir d'exemplaires numérisés, c'est-à-dire reproduits. • TGI Paris, 15 mai 2002 : *RIDA oct. 2002, p. 251, obs. Kéréver.* ♦ Le fait, pour des diffuseurs de musique, de proposer sur leur site internet des extraits musicaux est une communication au public nécessitant l'autorisation préalable du producteur. • Paris, 10 déc. 2003 : *Propr. intell. 2004, n° 10, p. 554, obs. Sirinelli.* ♦ En mettant à disposition, en vue de son téléchargement, une œuvre musicale, sans autorisation pendant une période non couverte par contrat, l'exploitant d'une plateforme musicale viole les droits voisins de la société de production. • T. com. Paris, 23 juin 2006 : *D. 2006. AJ 2101, obs. Manara*.

4. La réalisation par un radiodiffuseur d'un « duo virtuel » entre deux artistes – opération qui consiste en la superposition des phonogrammes réalisée une seule fois et dans la fixation du fruit de ce travail, stockée dans le disque dur de l'ordinateur et utilisée lors de chaque radiodiffusion – est soumise au droit exclusif du producteur, l'art. L. 214-1, qui prévoit une exception au principe de l'autorisation préalable du producteur de phonogrammes, devant être interprété restrictivement. • Paris, 29 sept. 1999 : *RIDA juill. 2000, p. 347, obs. Kéréver.* ♦ Même si un texte fait l'objet d'un enregistrement, sa reproduction écrite n'est, par nature, pas faite sur un support contenant des sons, de sorte que l'autorisation préalable du producteur n'est pas requise pour un contrat concernant l'édition de l'œuvre. • Paris, 5 oct. 2007 : *RTD com. 2008. 89, obs. Pollaud-Dulian*.

5. Les art. L. 213-1 et L. 215-1, en ce qu'ils reconnaissent un droit de contrôle sur certaines formes de commercialisation postérieures à la première mise en circulation des exemplaires, dérogent aux règles habituellement applicables à des produits mis librement dans le commerce et ont pour objet de permettre au producteur d'exercer un contrôle sur les différents modes d'exploitation des phonogrammes (Rép. min. : *JOAN, 8 sept. 1986, p. 3024*). ♦ Le refus d'un producteur d'autoriser la reproduction d'extraits de ses phonogrammes, contre paiement d'une rémunération pour qu'un autre puisse éditer un phonogramme de ces extraits dans un but pédagogique, ne peut « s'analyser en un abus de position dominante, car le fait pour une entreprise qui détient une part très importante du marché des productions de disques, de refuser, contre une rémunération appropriée, l'utilisation de ses enregistrements, ne constitue nullement un abus de position dominante, mais une simple prérogative des droits que la loi lui accorde. Qu'à la différence de l'arrêt *Magill* qui concernait des informations relatives aux programmes de télévision qualifiées « d'informations brutes » par la CJCE, lesquelles ne peuvent donc faire l'objet d'une rétention, les enregistrements fixés sur phonogrammes ne sont pas de simples enregistrements en l'état, mais sont le fruit d'un long travail préparatoire ». • T. com. Paris, 8 janv. 1999 : *RIDA oct. 1999, p. 218, note Caron, comm. Kéréver, p. 111 et 148.* ♦ « La société EMI France ne détient pas une position dominante sur le marché du disque ou du disque « pop » ; que le marché des disques des « Beatles » n'est pas, contrairement à ce que soutient Karcol, un marché pertinent au regard du droit de la concurrence, qu'il ne peut exister un marché limité à l'œuvre d'un seul artiste ou auteur ou d'un seul groupe musical ; qu'au surplus le groupe EMI et la société EMI France, fabricants de supports de son, titulaires d'un droit voisin du droit d'auteur, ne pourraient être regardés comme possédant une position dominante, au sens de l'article 85 du Traité CEE, du seul fait qu'ils exercent leur droit exclusif de mettre en circulation les phonogrammes protégés ». • Paris, 12 mars 1999 : *RIDA oct. 1999, p. 198.*

6. Les dispositions de l'art. L. 213-1 ne sont pas contraires à l'art. 10 de la Convention de Rome du 26 oct. 1961 qui ne porte que sur le droit accordé aux producteurs d'autoriser ou d'interdire la reproduction de phonogrammes. • Crim. 13 déc. 1990 : ♔ *Bull. crim. n° 434 ; D. 1991. IR 72.* ♦ V. ce texte, App., v° *Droits voisins.*

7. Le droit d'autoriser la location de phonogrammes étant inhérent à la protection du droit d'auteur au sens de l'art. 36 [devenu art. 30] du Traité de Rome, les restrictions à la libre circulation des phonogrammes qui peuvent résulter de la législation en cause ne sont pas incompatibles avec le Traité. • Crim. 2 févr. 1994 : ♔ *RIDA avr. 1994, p. 321.* ♦ La protection des producteurs de phonogrammes instituée par la loi française qui prévoit des droits autres que ceux mentionnés par la Convention de Rome du 26 oct. 1961 n'est pas contraire à ladite Convention qui autorise les États parties à instaurer une protection plus poussée des droits des producteurs. • Même arrêt. ♦ V. aussi Dir. n° 92/100 du 19 nov. 1992, art. 7, App., v° *Droit d'auteur.*

8. *Droit de destination.* En mettant en vente sur le marché de l'occasion des phonogrammes qui étaient remis à des professionnels à titre de promotion, et interdits à la vente, le commerçant a porté atteinte aux droits de destination des producteurs. • Paris, 29 juin 2007 : ♔ *RTD com. 2008. 91, obs. Pollaud-Dulian* ✎ *; CCE 2007, n° 131, note Caron ; ibid. Chron. n° 4, § 9, obs. Daverat ; Propr. intell. 2008, n° 26, p. 121, obs. Lucas.*

9. *Droit moral.* Sur la reconnaissance d'un droit moral au producteur, V. • TGI Paris, 2 mai 2007 : *RIDA oct. 2007, obs. Sirinelli.* ♦ Infirmé par • Paris, 5 oct. 2007 : *RTD com. 2008. 89, obs. Pollaud-Dulian* ✎.

Art. L. 213-2 *(L. n° 2016-925 du 7 juill. 2016, art. 11)* **Le contrat conclu par le producteur d'un phonogramme avec un éditeur de services de communication au public par voie électronique mettant à disposition des œuvres musicales fixe les conditions de l'exploitation des phonogrammes de manière objective et équitable. Ces conditions ne peuvent comporter de clauses discriminatoires non justifiées par des contreparties réelles.**

CHAPITRE IV **DISPOSITIONS COMMUNES AUX ARTISTES-INTERPRÈTES ET AUX PRODUCTEURS DE PHONOGRAMMES**

BIBL. ▸ BUFFET DELMAS D'AUTANE et VIALA, *D. 2002. Chron. 3195* ✎ (évolution récente du droit français de la reproduction de phonogrammes du commerce préalablement à leur radiodiffusion).

Art. L. 214-1 Lorsqu'un phonogramme a été publié à des fins de commerce, l'artiste-interprète et le producteur ne peuvent s'opposer :

1° A sa communication directe dans un lieu public, dès lors qu'il n'est pas utilisé dans un spectacle ;

2° *(L. n° 2006-961 du 1er août 2006, art. 5)* **« A sa radiodiffusion et à sa câblodistribution simultanée et intégrale, ainsi qu'à sa reproduction strictement réservée à ces fins, effectuée par ou pour le compte d'entreprises de communication audiovisuelle en vue de sonoriser leurs programmes propres diffusés sur leur antenne ainsi que sur celles des entreprises de communication audiovisuelle qui acquittent la rémunération équitable.**

« Dans tous les autres cas, il incombe aux producteurs desdits programmes de se conformer au droit exclusif des titulaires de droits voisins prévu aux articles L. 212-3 et L. 213-1. »

Ces utilisations des phonogrammes publiés à des fins de commerce, quel que soit le lieu de fixation de ces phonogrammes, ouvrent droit à rémunération au profit des artistes-interprètes et des producteurs.

Cette rémunération est versée par les personnes qui utilisent les phonogrammes publiés à des fins de commerce dans les conditions mentionnées aux 1° *(L. nº 2016-925 du 7 juill. 2016, art. 13-1º)* **« , 2° et 3° » du présent article.**

Elle est assise sur les recettes de l'exploitation ou, à défaut, évaluée forfaitairement dans les cas prévus à l'article L. 131-4.

Elle est répartie par moitié entre les artistes-interprètes et les producteurs de phonogrammes ;

(L. nº 2016-925 du 7 juill. 2016, art. 13-1º) **« 3° A sa communication au public par un service de radio, au sens de l'article 2 de la loi nº 86-1067 du 30 septembre 1986 relative à la liberté de communication, à l'exclusion des services de radio dont le programme principal est dédié majoritairement à un artiste-interprète, à un même auteur, à un même compositeur ou est issu d'un même phonogramme.**

« Dans tous les autres cas, il incombe aux services de communication au public en ligne de se conformer au droit exclusif des titulaires de droits voisins dans les conditions prévues aux articles L. 212-3, L. 213-1 et L. 213-2. Il en va ainsi des services ayant mis en place des fonctionnalités permettant à un utilisateur d'influencer le contenu du programme ou la séquence de sa communication. » – *[L. nº 85-660 du 3 juill. 1985, art. 22.]*

Les dispositions de l'art. 13 de la L. nº 2016-925 du 7 juill. 2016 sont applicables dans les îles Wallis-et-Futuna (L. préc., art. 115-III).

BIBL. ▶ BINCTIN et BISMUTH, *Légipresse 2004, II, p. 23* (l'application de l'article L. 214-1 du code de la propriété intellectuelle aux diffusions télévisuelles). – GOLDSMITH, *Légicom 2004, nº 32, p. 41* (le champ de la licence légale de l'article L. 214-1 du code de la propriété intellectuelle). – WEKSTEIN, *D. 2006. Dossier 2189* (droits voisins, licence légale et loi du 1er août 2006).

COMMENTAIRE

Cet article crée une limite aux droits exclusifs de l'artiste-interprète et du producteur de phonogrammes en instituant un système de licence légale qui supprime l'exigence du consentement des titulaires des droits pour n'accorder qu'un droit à une rémunération en cas d'utilisation par un tiers de la prestation ou la production.

Ces personnes, lorsqu'elles ont déjà publié un phonogramme « à des fins de commerce », ne peuvent plus s'opposer aux initiatives suivantes :

– certaines communications directes du phonogramme dans un lieu public (ce que la doctrine appelait autrefois la sonorisation « au moyen d'un appareil lecteur ») ;

– la radiodiffusion du phonogramme, comme la distribution par câble, simultanée et intégrale, de cette radiodiffusion.

Dans les faits, ce sont les tribunaux qui fixent, au cas par cas, la ligne de partage entre droit exclusif et licence légale. Les contentieux sont très nombreux car les lignes de frontières entre droit exclusif (le principe, V. note 3) et licence légale (l'exception) sont assez floues, les enjeux matériels très importants et les antagonismes très fortement marqués.

La loi du 1er août 2006 a proposé une nouvelle rédaction de l'article L. 214-1, dans le respect des engagements internationaux de la France (convention de Rome du 26 octobre 1961, directives du 29 octobre 1993 et du 22 mai 2001), afin d'élargir le champ d'application de la licence légale.

Avant cette réforme, suivant une jurisprudence évolutive, la licence légale ne pouvait pas concerner :

– les phonogrammes inclus dans des vidéogrammes (vidéos-clips, note 6) ;

– les actes de reproduction même réalisés en vue d'une radiodiffusion (V. note 3) ;

– l'incorporation dans le générique d'une émission télévisuelle de l'enregistrement d'une chanson obtenue par la reproduction d'un phonogramme du commerce (note 3).

– la reproduction d'un phonogramme pour réaliser l'enregistrement d'un phonogramme sonore destiné à la radiodiffusion (réalisation d'un « duo virtuel » reproduit dans le disque dur d'un l'ordinateur (V. note 3) ;

Cette loi ne remet pas tout en cause et il est vrai que les solutions peuvent encore évoluer au gré des transformations techniques ou économiques ou encore en fonction de la place laissée à l'utilisateur (interactivité). Le but du législateur a néanmoins été de soumettre les reproductions préalables à la licence légale.

La loi du 7 juillet 2016 a ajouté un nouveau cas de licence légale visant certaines diffusions via les webradios (radios émettant par le vecteur des réseaux numériques) non interactives.

Cette adjonction a été faite en vertu du principe de « neutralité technologique » qui conduit à traiter de la même façon la radio hertzienne et la « webradio » fournissant le même service.

Les situations peuvent cependant ne pas être identiques. Ne sont ainsi pas concernés par ce régime de licence légale – et sont donc soumis à celui du droit exclusif :
– Les services délinéarisés (« services ayant mis en place des fonctionnalités permettant à un utilisateur d'influencer le contenu du programme ou la séquence de sa communication ») ;
– Les diffusions de phonogrammes via des webradios très spécialisées :
• consacrées principalement à un même artiste ou à un même auteur,
• ou au programme principal issu d'un même phonogramme.

1. La publication sous la forme de phonogrammes destinés au commerce de la bande originale d'un film sans l'autorisation des interprètes et sans rémunération de ces derniers, viole l'art. L. 212-3. • TGI Paris, 1er juin 1988 : *Cah. dr. auteur, sept. 1988, p. 24.*

2. CCN. Sur la légalité de certaines dispositions de la convention collective nationale de l'édition phonographique, V. : • Civ. 1re, 15 mars 2017, *nos 14-29.179, 14-29.973, 15-10.891, 15-17.450 P.*

3. Reproduction. La licence prévue par l'art. L. 214-1 ne s'applique pas à des actes de reproduction même réalisés en vue d'une radiodiffusion. • Paris, 7 avr. 1994 : *RIDA avr. 1995, p. 354 et 285, comm. Kéréver.* ♦ A propos de l'incorporation dans le générique d'une émission télévisuelle de l'enregistrement d'une chanson obtenue par la reproduction d'un phonogramme du commerce, V. • Paris, 26 oct. 1999 : *RIDA avr. 2000, p. 352.* – Pourvoi rejeté par • Civ. 1re, 29 janv. 2002 : *D. 2002. AJ 1279, obs. Poisson ; CCE 2002, no 36, note Caron ; JCP E 2003. 278, no 8, obs. H.-J. Lucas ; Légipresse 2002, no 190, III, p. 45, note Alleaume ; RIDA juill. 2002, p. 352, obs. Kéréver* • Versailles, 17 janv. 2002 : *JCP E 2003. 1508, no 5, obs. Kouhi ; Légipresse 2002, no 190, III, p. 45, note Alleaume.* ♦ A propos de la réalisation numérisée et la diffusion, par une radio, d'un duo virtuel, V. • Paris, 16 janv. 2002 : *CCE 2002, no 69, obs. Caron ; Légipresse 2002, no 191, III, p. 72, note Roux ; RIDA juill. 2002, p. 421, note Kéréver.* ♦ L'art. L. 214-1, qui prévoit une exception au principe de l'autorisation préalable du producteur de phonogrammes, doit être interprété restrictivement, cet article ne visant que la radiodiffusion ainsi que la distribution par câble simultanée et intégrale et ne reprenant pas la faculté ouverte par l'art. 15-c) de la Conv. de Rome de prévoir une exception à la protection garantie par la Convention lorsqu'il y a fixation éphémère par un organisme de radiodiffusion par ses propres moyens et pour ses propres émissions, il s'ensuit que la reproduction d'un phonogramme pour réaliser l'enregistrement d'un phonogramme sonore destiné à la radiodiffusion reste soumise au droit d'autorisation de son producteur ; condamnant la réalisation sans autorisation d'un « duo virtuel » entre deux artistes et sa reproduction dans le disque dur d'un ordinateur, V. • Paris, 29 sept. 1999 : *RIDA juill. 2000, p. 402, obs. Kéréver, p. 347.*

4. Diffusion par câble et satellite. La diffusion radio-numérique par câble, de programmes musicaux offerts aux abonnés d'un réseau serait soumise au système de la licence légale dite de rémunération équitable. • TGI Paris, réf., 26 oct. 1993 : *RIDA juill. 1994, p. 395.* ♦ V. L. no 93-924 du 20 juill. 1993, App., vo *Droits voisins.* ♦ V. aussi notes 1 s. ss. art. L. 214-4. – Comp. art. L. 213-1. ♦ Sur l'applicabilité de l'art. L. 214-1 à la câblo-distribution, V. • Paris, 27 sept. 2002 : *RIDA janv. 2003, p. 295, obs. Kéréver ; CCE 2002, no 152, note Caron ; JCP E 2003. 1508, no 6, obs. Grégoire ; Propr. intell. 2003, no 6, p. 49, obs. Lucas.* ♦ La diffusion de phonogrammes publiés à des fins de commerce par satellite ne constitue pas un acte de reproduction indépendant au sens de l'art. L. 213-1. • Paris, 29 mai 2002 : *CCE 2002, no 152, note Caron.* ♦ La radiodiffusion désigne outre la transmission sans fil de sons ou d'images et sons ou de représentation de ceux-ci aux fins de réception par le public, la transmission par satellite de signaux dont les moyens de décryptage lui sont fournis par l'organisme de radiodiffusion avec ou sans son consentement. Constitue une radiodiffusion le service dépourvu d'interactivité qui offre la possibilité à l'abonné de sélectionner au sein du programme choisi par lui tel phonogramme qu'il voudrait entendre. • Civ. 1re, 14 juin 2005 : *Bull. civ. I, no 263 ; D. 2005. 1869, concl. Sainte-Rose ; CCE 2005, no 132, note Caron ; ibid. 2006. Chron. 3, § 3, obs. Daverat ; JCP 2006. II. 10009, note Azzi ; Légipresse 2005, III, p. 227 ; Propr. intell. 2005, no 17, p. 438, obs. Lucas ; RIDA janv. 2006, p. 325, note Kéréver ; RJDA 2005. 1035, Chron. Bouche.* ♦ La radiodiffusion par satellite d'un phonogramme publié à des fins de commerce n'est susceptible de constituer une communication au public à laquelle l'artiste-interprète et le producteur ne peuvent s'opposer qu'à la condition que les signaux provenant du satellite soient destinés à être captés directement et individuellement par le public ou une catégorie de public. Ne sont pas destinés à être captés individuellement et directement par le public ou une catégorie de public les signaux émis par une société proposant un service de sonorisation dès lors que la diffusion des programmes musicaux était assurée, au sein de leurs magasins, par les clients de la société. • Civ. 1re, 14 déc. 2016, n° 15-21.396 P : *RTD com. 2017. 98, obs. Pollaud-Dulian ; Propr. intell. 2017, n° 63, p. 55, note Bernault ; RLDI 2017. 16, obs. Costes ; JCP E 2017, Chron. 6, n° 17, obs. Daverat ; LEPI mars 2017. 4, note Bernault.*

5. Diffusion par les webradios. QPC. L'extension du régime de la licence légale aux services de radio par internet non interactifs est conforme à la Constitution (art. L. 214-1, 3° issu de la L. n° 2016-925 du 7 juill. 2016 relative à la liberté de la création, à l'architecture et au patrimoine). • Cons. const., 4 août 2017, n° 2017-649 QPC : *D. 2017. 1654 , et les obs. ; CCE 2017. Étude 11, n° 9, obs. Tafforeau.*

6. Vidéogramme. L'art. L. 214-1 devant s'interpréter strictement, la licence légale ne peut concerner des phonogrammes inclus dans des vidéogrammes (vidéos-clips). • Civ. 1re, 16 nov. 2004 : *Bull. civ. I, n° 274 ; D. 2005. AJ 144, obs. Allaeys ; ibid. 2005. Pan. 1493, obs. Sirinelli ; RTD com. 2005. 87, obs. Pollaud-Dulian ; Légipresse 2005, III, p. 19, note Alleaume ; Propr. intell. 2006, n° 15, p. 176, obs. Sirinelli ; RIDA avr. 2005, p. 205, note Kéréver.* – Rejetant le pourvoi contre • Paris, 9 mai 2001 : *CCE 2001, n° 86, note Caron.* – Infirmant • TGI Paris, 4 oct. 1996 : *Légipresse 1997, I, p. 81.* ♦ L'autorisation du producteur d'un phonogramme publié à des fins de commerce est nécessaire à l'incorporation licite de celui-ci dans un autre support. • Civ. 1re, 19 nov. 2002 : *RIDA avr. 2003, p. 325, obs. Kéréver.* ♦ Cassant • Paris, 28 juin 2002 : *RIDA janv. 2003, p. 313, obs. Kéréver.* ♦ Infirmant : • TGI Paris, 14 janv. 1998 : *RIDA avr. 1999, p. 389.* ♦ Sur l'application de la loi française concernant des diffusions de phonogrammes par satellite à partir du territoire français, V. • Paris, 3 oct. 2001 : *JCP E 2004. 521, n° 10, obs. Lucas.* ♦ Affaire renvoyée par la Cour de cassation devant la Cour de justice des Communautés européennes. • Civ. 1re, 17 févr. 2004, n° 01-17.569 : *Dalloz jurisprudence.* ♦ ... Qui s'est prononcée en 2005 : « Dans le cas d'une radiodiffusion telle que celle en cause au principal, la directive 93/83/CEE du Conseil, du 27 sept. 1993, relative à la coordination de certaines règles du droit d'auteur et des droits voisins du droit d'auteur applicables à la radiodiffusion par satellite et à la retransmission par câble, ne s'oppose pas à ce que la redevance pour l'utilisation de phonogrammes soit régie non seulement par la loi de l'État membre sur le territoire duquel est établie la société émettrice, mais également par la législation de l'État membre dans lequel se situe, pour des raisons techniques, l'émetteur terrestre diffusant ces émissions en direction du premier État ». • CJCE 14 juill. 2005 : *RTD com. 2005. 728, obs. Pollaud-Dulian ; CCE 2006. Chron. 3, § 7, obs. Daverat ; Légipresse 2006, III, p. 63, note Maffre-Baugé ; Propr. intell. 2005, n° 17, p. 440, obs. Lucas.* ♦ V. enfin : l'existence d'une diffusion sur le territoire étranger (Allemagne) dans lequel l'émetteur terrestre est situé ne réduit pas l'audience, potentielle ou effective, dans le pays (la France) destinataire des émissions. Dès lors, le diffuseur ne peut déduire de la rémunération équitable due et versée à la SPRE le montant de celle qu'elle acquitte auprès de la GVL allemande. Des actes d'exploitation étant accomplis sur le territoire de chacun des deux États membres, la rémunération équitable est intégralement due sur le territoire de ces deux États. • Civ. 1re, 5 déc. 2006 : *Propr. intell. 2007, n° 23, p. 225, obs. Lucas ; RIDA janv. 2007, p. 289, note Sirinelli.*

7. Intérêt à agir. Si l'action oblique de société de gestion collective (SPEDIDAM, ADAMI, SCPP, SPPF, SNAM) contre une chaîne de télévision est recevable en raison de l'inaction ou de la négligence du débiteur (SPRE), l'action ne peut être accueillie que pour autant que la créance est certaine, liquide et exigible. Tel n'est pas le cas lorsque la demande est fondée sur la licence légale de l'art. L. 214-1 alors que l'on est dans le domaine du droit exclusif (vidéo-clip). • Paris, 9 mai 2001 : *CCE 2001, n° 86, note Caron.*

8. Débiteur de la rémunération équitable. L'organisateur de soirées événementielles et la société exploitant le lieu de ces soirées, en tant qu'utilisateurs des phonogrammes, sont débiteurs de la rémunération équitable. • Paris, 12 oct. 2012 : *Propr. intell. 2013, n° 46, p. 67, obs. A. Lucas.*

Art. L. 214-2 Sous réserve des conventions internationales, les droits à rémunération reconnus par les dispositions de l'article L. 214-1 sont répartis entre les artistes-interprètes et les producteurs de phonogrammes pour les phonogrammes fixés pour la première fois *(L. n° 2006-961 du 1er août 2006, art. 46)* **« dans un État membre de la Communauté européenne ».** – *[L. n° 85-660 du 3 juill. 1985, art. 28.]*

Le droit d'auteur et les droits voisins entrant dans le domaine du traité de Rome du 25 mars 1957, au sens de l'art. 7, al. 1er [abrogé par le Traité d'Amsterdam du 2 oct. 1997], le principe général de non-discrimination posé par cet article est, par conséquent, applicable à ces droits ce qui, d'une part, interdit à un État membre d'exclure les auteurs et les artistes-interprètes ou exécutants des autres États membres, et leurs ayants droit, du droit qui est reconnu par sa législation à ses ressortissants nationaux, d'interdire la commercialisation, sur le territoire national, d'un phonogramme fabriqué sans leur consentement, lorsque la prestation a été exécutée en dehors du territoire national, et d'autre part implique que le principe de non-discrimination peut être directement invoqué devant le juge national par un auteur ou par un artiste d'un autre État membre, ou par leurs ayants droit, pour demander le bénéfice de la protection réservée aux auteurs et artistes nationaux. • CJCE 20 oct. 1993, nos C-92/92 et C-326/92, *Phil Collins c/ Imtrat Handelsgesellschaft mbh et a. : Rec. I-5145 ; Europe 1993, n° 488 ; GAPI, 1re éd., n° 2 ; Rev. aff. eur. 1994, n° 1, p. 99, obs. Blaise et Robin ; JCP 1994. I. 3748, n° 10, chron. Boutard-Labarde.*

Art. L. 214-3 Le barème de rémunération et les modalités de versement de la rémunération sont établis par des accords spécifiques à chaque branche d'activité entre les organisations représentatives des artistes-interprètes, des producteurs de phonogrammes et des personnes utilisant les phonogrammes dans les conditions prévues aux 1° *(L. n° 2016-925 du 7 juill. 2016, art. 13-2°)* **« , 2° et 3° » de l'article L. 214-1.**

Ces accords doivent préciser les modalités selon lesquelles les personnes utilisant les phonogrammes dans ces mêmes conditions s'acquittent de leur obligation de fournir aux *(Ord. n° 2016-1823 du 22 déc. 2016, art. 2-14°)* **« organismes de gestion collective » le programme exact des utilisations auxquelles elles procèdent et tous les éléments documentaires indispensables à la répartition des droits.**

Les stipulations de ces accords peuvent être rendues obligatoires pour l'ensemble des intéressés par arrêté du ministre chargé de la culture.

La durée de ces accords est comprise entre un et cinq ans. – *[L. n° 85-660 du 3 juill. 1985, art. 23.]*

V. note ss. art. L. 214-1.

Les dispositions de l'Ord. n° 2016-1823 du 22 déc. 2016 sont applicables dans les îles Wallis-et-Futuna (Ord. préc., art. 6).

1. La rémunération équitable est légalement due dès lors qu'il y a utilisation de phonogrammes sur le territoire français, la loi et le barème ne faisant intervenir, pour le calcul de la rémunération équitable, aucun critère tiré de la nationalité desdits phonogrammes. • Paris, 2 avr. 1996 : *RIDA janv. 1997, p. 328.*

2. V. notes 1 et 3 ss. art. L. 214-4.

Art. L. 214-4 A défaut d'accord intervenu avant le 30 juin 1986, ou si aucun accord n'est intervenu à l'expiration du précédent accord, le barème de rémunération et des modalités de versement de la rémunération sont arrêtés par *(Ord. n° 2004-637 du 1er juill. 2004, art. 4)* **« une commission présidée par un représentant de l'État et composée », en nombre égal, d'une part, de membres désignés par les organisations représentant les bénéficiaires du droit à rémunération, d'autre part, de membres désignés par les organisations représentant les personnes qui, dans la branche d'activité concernée, utilisent les phonogrammes dans les conditions prévues aux 1°** *(L. n° 2016-925 du 7 juill. 2016, art. 13-2°)* **« , 2° et 3° » de l'article L. 214-1.** – *V. art. R. 214-1 à R. 214-7.*

Les organisations appelées à désigner les membres de la commission ainsi que le nombre de personnes que chacune est appelée à désigner sont déterminés par arrêté du ministre chargé de la culture.

La commission se détermine à la majorité de ses membres présents. En cas de partage des voix, le président a voix prépondérante.

Les délibérations de la commission sont exécutoires si, dans un délai d'un mois, son président n'a pas demandé une seconde délibération.

Les décisions de la commission sont publiées au *Journal officiel* de la République française. – *[L. n° 85-660 du 3 juill. 1985, art. 24.] – V. Décis. 9 sept. 1987, Décis. 22 déc. 1993, Décis. 22 oct. 2001, 30 nov. 2001, 15 oct. 2007, 17 sept. 2008 et 5 janv. 2010, App., v° Droits voisins.*

V. note ss. art. L. 214-1.

Sur la composition de la commission prévue à l'art. L. 214-4, V. Arr. du 16 févr. 2009 (JO 24 févr.).

Sur la composition de la commission prévue à l'art. L. 214-4 dans la formation spécialisée des services de radio sur internet, V. Arr. du 13 févr. 2017 (JO 23 févr.).

1. A la demande de l'Union pour la défense des radios locales privées (UDRLP), le Conseil d'État avait annulé les art. 2 et 4 d'une décision rendue par la commission le 9 sept. 1987, relatifs à l'assiette, au taux et aux modalités de versement de la rémunération prévue au profit des artistes-interprètes et des producteurs (V. Décis. 9 sept. 1987, App., v° *Droits voisins*), au motif qu'elle avait écarté l'application à Europe 1 et à la CLT des règles qu'elle imposait aux autres stations périphériques ou aux services locaux de radiodiffusion et n'avait pas fixé les règles applicables aux radios de chaque branche concernée. • CE 14 mai 1993 : *D. 1993. IR 165 ; RIDA juill. 1993, p. 313, obs. Kéréver ; Lebon, p. 156*. ♦ V. cependant, App., v° *Droits voisins,* L. n° 93-924 du 20 juill. 1993 qui a rétabli les dispositions des deux articles annulés pour la période du 1er janv. 1988 au 31 déc. 1993 et Décis. 22 déc. 1993 de la commission créée par l'art. L. 214-4 qui a remplacé, à dater du 1er janv. 1994, les deux articles annulés, ainsi que Décis. 28 juin 1996 modifiant Décis. 9 sept. 1987 préc.

2. Le Conseil d'État a jugé que les dispositions relatives aux discothèques, prévues par l'art. 5 de la décision rendue par la commission le 9 sept. 1987, ne sont pas entachées d'illégalité au regard des dispositions de la loi n° 85-660 du 3 juill. 1985 et ne sont pas contraires aux règles instituées par le Traité de Rome. • CE 27 sept. 1993 : *JCP 1993. IV. 2576, note Rouault.* ♦ Le montant et les modalités de versement de la rémunération équitable étant fixés par décision de la commission administrative qui a habilité le SPRE à les percevoir, une discothèque ne saurait valablement les contester et mettre en cause la légitimité de la société de perception. • Reims, 29 mai 1996 : *JCP E 1997. Pan. 341.*

3. Les décisions de la commission administrative peuvent recevoir légalement application au-delà de la cinquième année (durée de validité des accords inter-professionnels de l'art. L. 214-3). • Civ. 1re, 9 janv. 2002 : *RIDA janv. 2003, p. 317, obs. Kéréver.* ♦ Le délai maximum de cinq ans se trouve réservé aux seuls barèmes établis pas les accords collectifs. Il en résulte que la décision du 9 sept. 1987 est applicable jusqu'à ce qu'il soit autrement statué, c'est-à-dire jusqu'au 28 juin 1996, date à laquelle la commission a énoncé expressément qu'elle modifiait la décision du 9 sept. 1987. • Bastia, 15 juin 2005 : *RIDA janv. 2006, p. 337, note Kéréver.*

Art. L. 214-5 **La rémunération prévue à l'article L. 214-1 est perçue pour le compte des ayants droit et répartie entre ceux-ci par un ou plusieurs organismes mentionnés au titre II du livre III.** — *[L. n° 85-660 du 3 juill. 1985, art. 25.]*

Art. L. 214-6 *(L. n° 2016-925 du 7 juill. 2016, art. 14)* **I. — Sans préjudice du droit des parties de saisir le juge, le médiateur de la musique est chargé d'une mission de conciliation pour tout litige relatif à l'interprétation ou à l'exécution :**

1° De tout accord entre les artistes-interprètes dont l'interprétation est fixée dans un phonogramme, les producteurs de phonogrammes et les éditeurs de services de communication au public en ligne mettant à disposition des œuvres musicales ;

2° D'un engagement contractuel entre un artiste-interprète et un producteur de phonogrammes ;

3° D'un engagement contractuel entre un producteur de phonogrammes et un éditeur de services de communication au public en ligne mettant à disposition des œuvres musicales ;

4° D'un engagement contractuel entre un producteur de phonogrammes et un producteur de spectacles.

Dans le cadre de sa mission, le médiateur peut être saisi par tout artiste-interprète, par tout producteur de phonogrammes, par tout producteur de spectacles ou par tout éditeur de services de communication au public en ligne mettant à disposition des œuvres musicales. Il peut également être saisi par leurs mandataires ou par toute organisation professionnelle ou syndicale intéressée, ainsi que par le ministre chargé de la culture.

Pour l'exercice de sa mission, il invite les parties à lui fournir toutes les informations qu'il estime nécessaires, sans que puisse lui être opposé le secret des affaires, et peut entendre toute personne dont l'audition lui paraît utile.

Le médiateur de la musique exerce sa mission dans le respect des compétences de l'Autorité de la concurrence. Lorsque les faits relevés par le médiateur apparaissent constitutifs de pratiques anticoncurrentielles mentionnées aux articles L. 420-1 à L. 420-7 du code de commerce, le médiateur saisit l'Autorité de la concurrence. Cette saisine peut être introduite dans le cadre d'une procédure d'urgence, conformément à l'article L. 464-1 du même code. Le médiateur peut également saisir pour avis l'Autorité de la concurrence de toute question de concurrence en application de l'article L. 462-1 dudit code. L'Autorité de la concurrence peut consulter le médiateur sur

toute question relevant de sa compétence et lui communiquer, à cette fin, toute saisine entrant dans le champ de cette compétence.

Lorsque le litige dont il est saisi relève du champ de compétence d'une autre instance de conciliation créée par une convention ou un accord collectif de travail, le médiateur saisit cette instance pour avis. Il se déclare incompétent si cette instance lui en fait la demande.

Le médiateur de la musique favorise ou suscite toute solution de conciliation aux litiges qui lui sont soumis. Lorsqu'il constate un accord entre les parties, il rédige un procès-verbal de conciliation précisant les mesures à prendre pour le mettre en œuvre. A défaut d'accord entre les parties, le médiateur peut émettre une recommandation proposant des mesures tendant à mettre fin au litige. Il peut rendre publique la décision de conciliation ou la recommandation, sous réserve des informations couvertes par le secret des affaires.

II. — Le médiateur de la musique peut faire au ministre chargé de la culture toute proposition que lui paraît appeler l'accomplissement de ses missions. Il met en œuvre toute mesure de nature à favoriser l'adoption de codes des usages entre les organismes professionnels et les *(Ord. n° 2016-1823 du 22 déc. 2016, art. 2-14°)* **« organismes de gestion collective » représentant les artistes-interprètes et les producteurs de phonogrammes, entre les producteurs de phonogrammes et les producteurs de spectacles ou entre les producteurs de phonogrammes et les éditeurs de services de communication au public en ligne mettant à disposition des œuvres musicales.**

Le médiateur de la musique adresse chaque année un rapport sur son activité au ministre chargé de la culture. Ce rapport est public. Une copie en est adressée aux présidents des commissions permanentes de l'Assemblée nationale et du Sénat chargées de la culture.

III. — Un décret en Conseil d'État précise les conditions d'application du présent article. — *V. art. R. 214-8 à R. 214-18.*

Les dispositions de la L. n° 2016-925 du 7 juill. 2016 et de l'Ord. n° 2016-1823 du 22 déc. 2016 sont applicables dans les îles Wallis-et-Futuna (L. préc., art. 115-III ; Ord. préc., art. 6).

BIBL. ▶ BUFFET DELMAS D'AUTANE et VIALA, *D. 2002. Chron. 3195* (évolution récente du droit français de la reproduction de phonogrammes du commerce préalablement à leur radiodiffusion).

COMMENTAIRE

La loi du 7 juillet 2016 a institué un médiateur de la musique chargé de trois séries de missions :

– une mission de conciliation dans les divers litiges relatifs aux contrats dans lesquels un producteur de phonogrammes est partie ;

– une faculté de proposition, notamment pour « favoriser l'adoption de codes des usages » (II) entre professionnels ;

– l'élaboration d'un rapport (public) annuel au ministre de la Culture.

S'agissant de la première mission, le législateur prévoit les hypothèses de saisine (al. 1) et les personnes pouvant avoir recours au médiateur (al. 2).

Le dispositif légal règle l'articulation de cette mission avec celles d'autres instances (al. 5) et notamment le respect des compétences de l'Autorité de la concurrence (al. 4).

Le médiateur peut exiger des informations des parties (al. 3).

Si la médiation aboutit à un accord, le médiateur rédige un procès-verbal de conciliation précisant les mesures à prendre pour le mettre en œuvre. A défaut d'accord, il peut émettre une recommandation proposant des mesures tendant à mettre fin au litige (al. 6). ❑

Décret n° 2017-345 du 17 mars 2017,

Relatif aux conditions d'indemnisation du médiateur de la musique.

Art. 1er Dans la limite des crédits ouverts au budget du ministère chargé de la culture au titre du médiateur de la musique institué à l'article L. 214-6 du code de la propriété intellectuelle, une indemnité peut être allouée au médiateur de la musique.

Art. 2 L'indemnité allouée au médiateur de la musique a un caractère forfaitaire et mensuel. Son montant est fixé par arrêté conjoint du ministre chargé du budget, du ministre chargé de la fonction publique et du ministre chargé de la culture. – *Son montant est fixé à 2 010 euros brut (Arr. du 20 mars 2017, JO 21 mars).*

CHAPITRE V DROITS DES PRODUCTEURS DE VIDÉOGRAMMES

BIBL. GÉN. ► CHESNAIS, *RIDA avr. 1986, p. 67* (producteur de phonogrammes et vidéogrammes et entreprises de communication audiovisuelle). – GAUDEL, *RIDA avr. 1973, p. 3* (les vidéogrammes à la recherche de leur identité). – TOURNIER, *RIDA janv. 1972, p. 5* (droit d'auteur et redevances en matière de vidéogrammes).

Art. L. 215-1 Le producteur de vidéogrammes est la personne, physique ou morale, qui a l'initiative et la responsabilité de la première fixation d'une séquence d'images sonorisée ou non.

L'autorisation du producteur de vidéogrammes est requise avant toute reproduction, mise à la disposition du public par la vente, l'échange ou le louage, ou communication au public de son vidéogramme.

Les droits reconnus au producteur d'un vidéogramme en vertu de l'alinéa précédent, les droits d'auteur et les droits des artistes-interprètes dont il disposerait sur l'œuvre fixée sur ce vidéogramme ne peuvent faire l'objet de cessions séparées. – *[L. nº 85-660 du 3 juill. 1985, art. 26.]*

COMMENTAIRE

Le producteur est la personne qui soit directement, soit par son pouvoir de contrôle permanent, soit par l'intermédiaire de son mandataire mandaté à cet effet, participe activement à l'initiative et à la responsabilité de la réalisation de la première fixation d'une séquence d'images sonorisées ou non. Comme en matière de phonogrammes, ne peuvent recevoir la qualification de producteur que ceux qui jouent un rôle impulsif.

Le vidéogramme se distingue de l'œuvre audiovisuelle (droit d'auteur) en ce que la séquence d'images n'a pas à être animée.

Les producteurs de vidéogrammes ne disposent pas de prérogatives de droit moral mais se sont vu attribuer un droit patrimonial exclusif d'autoriser ou d'interdire la reproduction directe ou indirecte de leur production. Ils ne subissent pas de système de licence légale.

1. Producteur. « Doit être considérée comme producteur (...) la société qui soit directement, soit par son pouvoir de contrôle permanent, soit par l'intermédiaire de son mandataire mandaté à cet effet, participe activement à l'initiative et à la responsabilité de la réalisation de l'œuvre ». • Paris, 31 janv. 1995 : *RIDA juill. 1995, p. 339.* ♦ Le terme « producteur » est un terme générique qui s'applique tout autant au producteur isolé qu'aux coproducteurs qui se trouvent associés dans la réalisation de l'œuvre dont ils prennent le risque selon les modalités définies par eux. • Civ. 1re, 16 juill. 1997 : *Bull. civ. I, nº 248.*

2. Les dispositions de l'art. L. 215-5 ne créent pas de présomption de cession des droits des artistes-interprètes en faveur du producteur de disques et ne sauraient déroger aux dispositions de l'art. L. 212-3. • Paris, 20 févr. 1998 : *D. Affaires 1998. 627, obs. J.P.-S.*

3. Vidéogramme. Les DVD entrent dans la catégorie des vidéogrammes. • Paris, 16 janv. 2004 : *CCE 2004, nº 38, note Caron ; Gaz. Pal. 2004. 1. 59, obs. Berland et Geraldini-Martins ; JCP E 2005. 1216, nº 5, obs. Guillemain ; Légipresse 2004, III, p. 219, note Renault ; Propr. intell. 2005, nº 14, p. 63, obs. A. Lucas* • Paris, 26 avr. 2006 : *D. 2006. Pan. 2998, obs. Sirinelli ; CCE 2006, nº 109, obs. Caron ; Propr. intell. 2006, nº 21, p. 449, obs. A. Lucas.*

CHAPITRE VI DROITS DES ENTREPRISES DE COMMUNICATION AUDIOVISUELLE

BIBL. GÉN. ► CHESNAIS, *RIDA avr. 1986, p. 67* (producteur de phonogrammes et vidéogrammes et entreprises de communication audiovisuelle). – MONTELS, *RIDA janv. 2003, p. 109* (droit de la propriété littéraire et artistique et droit public de la communication audiovisuelle : du domaine séparé au domaine partagé). – PARISOT, *D. 1993. Chron. 171* (les relations entre le droit public de la communication audiovisuelle et la propriété littéraire et artistique : de l'interaction à l'interférence). – TANCRÈDE, *Les Annonces de la Seine, 3 mai 1999* (les aspects juridiques de la retransmission des grands événements sportifs en Europe). – Théoph le et Philipp, *Cah. dr. entr. 1992, n° 5, p. 30* (football et droits de retransmission télévisée en France : les limites de l'exclusivité). – Vercken, *Images juridiques, n° 24, 15 oct. 1988, p. 4* (la protection des émissions de télévision).

Art. L. 216-1 Sont soumises à l'autorisation de l'entreprise de communication audiovisuelle la reproduction de ses programmes, ainsi que leur mise à la disposition du public par vente, louage ou échange, leur télédiffusion et leur communication au public dans un lieu accessible à celui-ci moyennant paiement d'un droit d'entrée.

Sont dénommées entreprises de communication audiovisuelle les organismes qui exploitent un service de communication audiovisuelle au sens de la loi n° 86-1067 du 30 septembre 1986 relative à la liberté de communication, quel que soit le régime applicable à ce service. – *[L. n° 85-660 du 3 juill. 1985, art. 27.]*

COMMENTAIRE

Cette disposition concerne des entreprises qui mettent à la disposition du public ou de catégories de public, par un procédé de télécommunication, des sons, des images, des documents ou données de toute nature qui n'ont pas le caractère de correspondance privée.

1. « La concession à un diffuseur du droit de retransmettre en direct et intégralement une compétition sportive ne peut, en vertu du droit du public à l'information, faire obstacle à la communication de l'événement au public, sous la forme de brefs extraits ne portant pas atteinte au droit d'exclusivité du diffuseur, de sorte que le refus de ce dernier de laisser l'accès au circuit constitue un trouble manifestement illicite. » • Civ. 1re, 6 févr. 1996 : *D. 1996. IR 82 ; D. Affaires 1996. 425 ; RJDA 1996, n° 1130, p. 807.*

2. Il résulte de l'arrêt « C-More Entertainment AB » du 26 mars 2015 (n° C-279/13 : V. note ss. art. 3 de la Dir. 2001/29/CE du 22 mai 2001) que la notion de « communication à un public nouveau » par le biais de liens profonds telle que définie par l'arrêt « Nils Svensson » et l'ordonnance « BestWater International GmbH » (CJUE 12 févr. 2014, n° C-466, et 21 oct. 2014, n° C-348/13 : V. note ss. art. 3 de la Dir. 2001/29/CE du 22 mai 2001) ne s'applique pas à la protection des droits voisins des entreprises de communication audiovisuelle et d'autre part que le législateur français peut reconnaître aux titulaires de ces droits voisins, une protection non expressément visée par la Dir. 2001/29/CE. Ainsi, en vertu des dispositions de l'art. L. 216-1 CPI, interprété à la lumière de l'article 3, § 2, de la Dir. 2001/29/CE, une entreprise de communication audiovisuelle bénéficie du droit exclusif d'autoriser la mise à la disposition du public en ligne et à la demande de ses programmes, y compris par le recours à des liens profonds par la technique de la « transclusion ». • Paris, pôle 5, ch. 1, 2 févr. 2016, n° 14/20444 : *Dalloz IP/IT 2016. 196, obs. Dormont ; Légipresse 2016. 360, note Douville.*

Art. L. 216-2 *(L. n° 2006-961 du 1er août 2006, art. 30)* **L'autorisation de télédiffuser par voie hertzienne la prestation d'un artiste-interprète, un phonogramme, un vidéogramme ou les programmes d'une entreprise de communication audiovisuelle comprend la distribution à des fins non commerciales de cette télédiffusion sur les réseaux internes aux immeubles ou ensembles d'immeubles collectifs à usage d'habitation installés par leurs propriétaires ou copropriétaires, ou par les mandataires de ces derniers, à seule fin de permettre le raccordement de chaque logement de ces mêmes immeubles ou ensembles d'immeubles collectifs à usage d'habitation à des dispositifs collectifs de réception des télédiffusions par voie hertzienne normalement reçues dans la zone.**

COMMENTAIRE

Cette disposition, issue de la loi du 1er août 2006, vise à imposer la solution selon laquelle la retransmission de signaux télédiffusés repris au moyen d'une antenne collective au sein d'un ensemble d'habitations doit être considérée comme comprise dans l'autorisation de télédiffuser par voie hertzienne. Elle brise une solution contraire de la Cour de cassation (Civ. 1re, 1er mars 2005, *Bull. civ. I, n° 105 et 106 ; CCE 2005, n° 80, note Caron ; JCP 2005. II. 10053, note Caron*) soumettant pareil acte à l'autorisation des ayants droit. En même sens dans le champ du droit d'auteur, V. CPI, art. L. 132-20.

CHAPITRE VII DISPOSITIONS APPLICABLES À LA TÉLÉDIFFUSION PAR SATELLITE ET À LA RETRANSMISSION PAR CÂBLE

(L. n° 97-283 du 27 mars 1997)

Art. L. 217-1 **Les droits voisins du droit d'auteur correspondant à la télédiffusion par satellite de la prestation d'un artiste-interprète, d'un phonogramme, d'un vidéogramme ou des programmes d'une entreprise de communication audiovisuelle sont régis par les dispositions du présent code dès lors que cette télédiffusion est réalisée dans les conditions définies aux articles L. 122-2-1 et L. 122-2-2.**

Dans les cas prévus à l'article L. 122-2-2, ces droits peuvent être exercés à l'égard des personnes visées au 1° ou au 2° de cet article.

Sur l'entrée en vigueur de ces dispositions, V. L. n° 97-283 du 27 mars 1997, art. 14, ss. L. 217-2.

Art. L. 217-2 **I. — Lorsqu'il est prévu par le présent code, le droit d'autoriser la retransmission par câble, simultanée, intégrale et sans changement, sur le territoire national, de la prestation d'un artiste-interprète, d'un phonogramme ou d'un vidéogramme télédiffusés à partir d'un État membre de la Communauté européenne ne peut être exercé, à compter de la date d'entrée en vigueur de la loi n° 97-283 du 27 mars 1997** *[JO 28 mars]*, **que par** *(Ord. n° 2016-1823 du 22 déc. 2016, art. 2-19°)* **« un organisme de gestion collective. Si cet organisme est régi par le titre II du livre III, il doit être agréé » à cet effet par le ministre chargé de la culture.**

Si le titulaire du droit n'en a pas confié la gestion à *(Ord. n° 2016-1823 du 22 déc. 2016, art. 2-19°)* **« l'un de ces organismes, il désigne celui » qu'il charge de l'exercer. Il notifie par écrit cette désignation à** *(Ord. n° 2016-1823 du 22 déc. 2016, art. 2-19°)* **« l'organisme », qui ne peut refuser.**

Le contrat autorisant la télédiffusion sur le territoire national de la prestation d'un artiste-interprète, d'un phonogramme ou d'un vidéogramme mentionne *(Ord. n° 2016-1823 du 22 déc. 2016, art. 2-19°)* **« l'organisme chargé », le cas échéant, d'exercer le droit d'autoriser sa retransmission par câble, simultanée, intégrale et sans changement, dans les États membres de la Communauté européenne.**

L'agrément prévu au premier alinéa est délivré en considération des critères énumérés à l'article L. 132-20-1.

Un décret en Conseil d'État fixe les conditions de délivrance et de retrait de l'agrément. Il fixe également, dans le cas prévu au deuxième alinéa, les modalités de désignation de *(Ord. n° 2016-1823 du 22 déc. 2016, art. 2-19°)* **« l'organisme chargé » de la gestion du droit de retransmission.** *— V. art. R. 323-1 s.*

II. — Par dérogation au I, le titulaire du droit peut céder celui-ci à une entreprise de communication audiovisuelle.

Les dispositions du I ne sont pas applicables aux droits dont est cessionnaire une entreprise de communication audiovisuelle.

Ces dispositions sont applicables à l'autorisation de retransmission simultanée, intégrale et sans changement, par les services de diffusion multiplexée sur canal micro-ondes, d'œuvres ou d'éléments protégés par un droit voisin télédiffusés à partir d'un État membre de la Communauté européenne (L. n° 97-283 du 27 mars 1997, art. 15).

Les dispositions de l'Ord. n° 2016-1823 du 22 déc. 2016 sont applicables dans les îles Wallis-et-Futuna (Ord. préc., art. 6).

Loi n° 97-283 du 27 mars 1997, *portant transposition dans le code de la propriété intellectuelle des directives du Conseil des Communautés européennes n°s 93/83 du 27 septembre 1993 et 93/98 du 29 octobre 1993.* **Art. 14** A compter du 1er janvier 2000, seront réputées non écrites, si elles sont contraires aux dispositions des articles L. 122-2-1, L. 122-2-2 et L. 217-1 du code de la propriété intellectuelle, les clauses des contrats relatifs à la télédiffusion par satellite, sur le territoire de la Communauté européenne, d'œuvres ou d'éléments protégés par un droit voisin, et qui auront été conclus avant la date d'entrée en vigueur de la présente loi.

Art. L. 217-3 **Des médiateurs sont institués afin de favoriser, sans préjudice du droit des parties de saisir le juge, la résolution des litiges relatifs à l'octroi de l'autorisation, lorsqu'elle est exigée, de retransmission par câble, simultanée, intégrale et sans changement, d'un élément protégé par un des droits définis au présent titre.**

A défaut d'accord amiable, le Médiateur peut proposer aux parties la solution qui lui paraît appropriée, que celles-ci sont réputées avoir acceptée faute d'avoir exprimé leur opposition par écrit dans un délai de trois mois.

Un décret en Conseil d'État précise les conditions d'application du présent article et les modalités de désignation des médiateurs. – *V. art. R. 324-1 s.*

Sur l'application de ces dispositions, V. note ss. art. L. 217-2.

Pour l'application des dispositions du présent livre aux territoires d'outre-mer et à la collectivité territoriale de Mayotte, V. L. n° 97-283 du 27 mars 1997, art. 19 (JO 28 mars) et art. L. 811-1 et L. 811-2.

LIVRE TROISIÈME DISPOSITIONS GÉNÉRALES RELATIVES AU DROIT D'AUTEUR, AUX DROITS VOISINS ET DROITS DES PRODUCTEURS DE BASES DE DONNÉES *(L. nº 98-536 du 1er juill. 1998).*

TITRE PREMIER RÉMUNÉRATION POUR COPIE PRIVÉE

BIBL. GÉN. ▸ ALLEAUME, *Légipresse 2012, nº 291, p. 120* (la loi nº 2011-1898 du 20 décembre 2011 relative à la rémunération pour copie privée). – ASTIER, *RIDA avr. 1986, p. 113* (la loi du 3 juill. 1985 et la copie privée). – BENABOU, *Légipresse 2011, nº 287, p. 537 ; ibid. nº 288, p. 603* (que reste-t-il de la rémunération pour copie privée ?). – BINCTIN, *CCE 2017. Étude 1* (les apports de la loi « Liberté de création » à la réumunération pour copie privée). – CARON, *CCE 2001, nº 109* (les nouveaux horizons de la rémunération pour copie privée) ; *ibid., nº 110* (numérique et rémunération pour copie privée) ; *D. 2001. Chron. 3421* (les clairs-obscurs de la rémunération pour copie privée) ; *CCE 2012, Étude nº 13* (un nouveau cadre légal pour la rémunération pour copie privée). – CHABERT, *CCE 2004, nº 36* (deux raisons de rééexaminer la rémunération pour copie privée au regard des engagements internationaux français). – COLLOVA, *RIDA juill. 1991, p. 35* (à propos de la rémunération pour copie privée). – DILLENZ, *Dr. auteur 1990. 196* (la rémunération pour copie privée et le principe du traitement national). – GAUBIAC, *RDPI, 1986, nº 7, p. 12* (la rémunération pour copie privée des phonogrammes et vidéogrammes selon la loi française du 3 juillet 1985). – LUCAS-SCHLOETTER, *Légipresse 2013. Chron. 597 ; ibid. 661* (la rémunération pour copie privée dans la tourmente). – POLLAUD-DULIAN, *RTD com. 2012. 124* (rémunération pour copie privée : supports non destinés à un usage privé). – VIVANT, *INPI 1991, p. 45* (domaine public et copie privée : droits d'auteur et patrimoine culturel).

CHAPITRE UNIQUE

Art. L. 311-1 **Les auteurs et les artistes-interprètes des œuvres fixées sur phonogrammes ou vidéogrammes, ainsi que les producteurs de ces phonogrammes ou vidéogrammes, ont droit à une rémunération au titre de la reproduction desdites œuvres,** *(L. nº 2011-1898 du 20 déc. 2011, art. 1er)* **« réalisée à partir d'une source licite » dans les conditions mentionnées au 2° de l'article L. 122-5 et au 2° de l'article L. 211-3.** – *[L. nº 85-660 du 3 juill. 1985, art. 31.]*

(L. nº 2001-624 du 17 juill. 2001) **« Cette rémunération est également due aux auteurs et aux éditeurs des œuvres fixées sur tout autre support, au titre de leur reproduction réalisée** *(L. nº 2011-1898 du 20 déc. 2011, art. 1er)* **« à partir d'une source licite », dans les conditions prévues au 2° de l'article L. 122-5, sur un support d'enregistrement numérique. »**

V. Décis. nº 1 du 4 janv. 2001, Décis. nº 3 du 4 juill. 2002, Décis. nº 4 du 10 juin 2003, Décis. nº 5 du 6 juin 2005, Décis. nº 6 du 22 nov. 2005, Décis. nº 7 du 20 juill. 2006, Décis. nº 8 du 9 juill. 2007, Décis. nº 9 du 11 déc. 2007, Décis. nº 10 du 27 févr. 2008, Décis. nº 11 du 17 déc. 2008 et Décis. nº 15 du 14 déc. 2012, de la commission « copie privée », App., vº Droits voisins.

V. Avis du Conseil d'État saisi par la ministre de la culture et de la communication du 10 oct. 2000 (nº 365310, Rapport public 2001, p. 198).

Sur la liste des appareils soumis à redevance, V. Arr. du 16 mars 1993 (JO 26 mars).

Sur la tendance à l'adaptation des règles générales de rémunération des auteurs aux différentes catégories d'utilisateurs d'œuvres musicales, V. Rép. min. nº 14103, JOAN 22 juin 1998, p. 3399.

V. également Dir. nº 2001/29 du 22 mai 2001 sur l'harmonisation de certains aspects du droit d'auteur et des droits voisins dans la société de l'information, not. art. 2, 5 et la jur. citée, App., vº Propriété littéraire et artistique (dispositions communes).

BIBL. ▸ BINCTIN, *CCE 2008. Étude 21* (pour une application stricte de la rémunération pour copie privée). – LUCAS-SHLOETTER, *RIDA janv. 2015, p. 3* (les éditeurs peuvent-ils percevoir la rémunération pour copie privée ?).

COMMENTAIRE

La rémunération pour copie privée (art. L. 311-1 s.) est destinée à compenser les pertes subies par les ayants droit du fait de la liberté de copie dont les contours ne cessent d'être mis en cause (V. *supra* art. L. 122-5).

Une commission *ad hoc* est instituée, chargée, en vertu de l'article L. 311-5, de désigner les supports éligibles à la rémunération pour copie privée et le montant des sommes à prélever sur le matériel. Sa liberté d'intervention est encadrée.

La compensation est une obligation de résultat pour tous les États ayant retenu l'exception (facultative) de copie privée. Pour cette raison, en cas d'annulation, par le juge administratif, des décisions prises par la commission *ad hoc*, il appartient au juge judiciaire de procéder à l'évaluation de cette compensation, calculée sur la base du critère du préjudice causé aux ayants droit par l'introduction de l'exception de copie privée (Civ. 1re, 17 mars 2016 : *V. note 6*).

A des fins de transparence (art. L. 311-5),

– les membres de cette commission doivent faire une déclaration d'intérêts,

– la commission doit publier son règlement intérieur,

– trois représentants (experts) des ministres chargés de la culture, de l'industrie et de la consommation y siègent avec une voix consultative.

S'agissant des **redevables**, la loi du 1er mars 2012 est venue modifier le système français à la suite d'une décision de la Cour de justice de l'Union européenne dans l'affaire « Padawan » (CJUE 21 oct. 2010, n° C-467/08) ainsi que d'une décision du Conseil d'État (CE 17 juin 2011, *Canal + distribution et a.*, n° 324816). Il résultait de ces décisions que, contrairement à ce que le code de la propriété intellectuelle permettait (système dit « de mutualisation »), l'achat de supports d'enregistrement par une entreprise à des fins professionnelles ne pouvait être assujetti à la redevance pour copie privée.

Toutefois, le Conseil d'État avait également estimé que l'annulation de la décision (n° 11 du 17 déc. 2008) de la commission prévue à l'article L. 311-5 n'était pas rétroactive et qu'elle ne devait s'appliquer que dans un délai de six mois à compter de son arrêt, laissant ainsi à la commission chargée de la copie privée le temps de modifier la rémunération prévue en tenant compte des griefs manifestés.

Profitant de ce délai, le législateur a adopté la loi n° 2011-1898 du 20 décembre 2011 (validée par le Cons. const. dans une Décis. du 20 juill. 2012) opérant une réforme (partielle) du système de compensation pour copie privée.

Ce texte exclut de l'éligibilité à la rémunération pour copie privée les supports acquis à des fins professionnelles, tout en mettant en place un système assez complexe visant à remédier au risque d'une interruption ou d'une remise en cause des versements effectivement dus au titre de la copie privée d'œuvres ainsi qu'aux effets d'aubaine liés à la décision du Conseil d'État du 17 juin 2011.

La loi prévoit en outre de garantir la pérennité des actions d'aide à la création, à la diffusion du spectacle vivant et à la formation des artistes financées par l'intermédiaire de la rémunération pour copie privée ou encore d'informer l'acquéreur d'un support d'enregistrement sur le montant de la rémunération pour copie privée auquel il est assujetti (V. aussi art. L. 321-9).

S'agissant des **bénéficiaires**, la Cour de justice a précisé :

– que, s'il est loisible aux États membres de prévoir une présomption – non irréfragable – de cession du monopole d'exploitation au profit du producteur alors que les droits doivent naître sur la tête du réalisateur (et d'autres coauteurs), ce dernier, regardé comme titulaire originaire, doit bénéficier des droits à rémunération, dont la compensation pour copie privée pour laquelle les législateurs nationaux ne peuvent prévoir de présomption de cession (CJUE 9 févr. 2012, *Martin Luksan c/ Petrus van der Let*, n° C-277/10 : *D. 2012. Pan. 2641, obs. Sirinelli ; RTD com. 2012. 318, obs. Pollaud-Dulian ; RTD eur. 2012. 964, obs. Treppoz ; CCE 2012, n° 37, note Caron ; Propr. intell. 2012, n° 45, p. 425, obs. Bebanou ; RIDA avr. 2012, p. 381, note Sirinelli*).

– qu'une législation nationale qui autorise un État membre à attribuer une partie de la compensation équitable revenant aux titulaires de droits aux éditeurs des œuvres créées par les auteurs, sans obligation pour ces éditeurs de faire bénéficier, même indirectement, ces auteurs de la partie de la compensation dont ils sont privés, n'est pas conforme au droit européen (CJUE, 12 nov. 2015, *Hewlett-Packard c/ Reprobel*, n° C 572/13 : *Dalloz IP/IT 2016. 30, obs. Benabou ; RTD com. 2016. 114, obs. Pollaud-Dulian ; CCE 2016, n° 10, note Caron ; ibid. Étude 9, note Binctin ; LEPI 2016, n° 1, p. 1, note Bernault ; RLDI déc. 2015, note Costes Propr. intell. janv. 2016, n° 58, p. 52, note Bernault).*

S'agissant des **copies** :
– seules les copies licites peuvent faire l'objet d'une compensation (CJUE, 12 nov. 2015, *Hewlett-Packard c/ Reprobel*, n° C 572/13 : *préc.*) ;
– la loi n° 2016-925 du 7 juillet 2016 a fait entrer les services d'enregistrement numérique à distance proposés par les éditeurs et distributeurs de service de télévision, les NPVR (pour *network personal video recorder*), dans le champ de cette exception.

Il s'agit de prendre le relais des compensations perçues à propos des copies de programmes télévisés et radiophoniques jusqu'alors réalisées sur des supports physiques (box) dès lors que les téléspectateurs pourront désormais copier ces œuvres dans le *cloud* (idée d'une continuité technologique).

Ne sont ici concernées que les reproductions à usage privé fournies sur demande par le service de radio ou télévision ou son distributeur qui diffuse « linéairement » l'œuvre dans un programme. Et, dans le but de ne pas impacter les services de télévision de rattrapage et les offres de vidéo à la demande, la mesure ne joue qu'à propos des seules reproductions fournies sur une demande de l'utilisateur faite avant ou pendant la diffusion.

Cette innovation indique qu'il est possible d'admettre une conception intellectuelle de la notion de « copiste », puisque le service fera la copie à la demande du téléspectateur (V. *supra* art. 122-5).

La loi du 7 juillet 2016 a également toiletté le régime de la compensation pour copie privée sur deux points :
– l'article L. 311-8 est complété par un II *bis*, qui précise que la rémunération pour copie privée n'est pas due, non plus, par les personnes qui procèdent à l'exportation ou à la livraison intracommunautaire des supports d'enregistrement mis en circulation en France, afin de permettre aux exportateurs d'être exonérés sur la base d'une convention signée avec Copie France ou d'obtenir directement auprès de la société le remboursement de la rémunération pour copie privée ;
– la loi française prévoyant – conformément au droit européen (CJUE 11 juill. 2013, *Amazon c/ Austro-Mechana*, n° C-521/11 : *D. 2013. 2209, note Castets-Renard* ; *RTD com. 2013. 719, obs. Pollaud-Dulian*) – que 25 % des sommes ainsi collectées peuvent être affectés à des fins socio-culturelles et non pas à la réparation directe du préjudice subi par les ayants droit, le législateur a élargi la liste des activités susceptibles d'être aidées par cette manne en ajoutant aux actions d'aide au spectacle vivant et de formation des artistes le développement de l'éducation artistique et culturelle (V., à ce propos, le 9° de l'art. 3 de la L. du 7 juill. 2016).

La question de la rémunération pour copie privée est donc en grande partie hors de portée de la seule volonté des législateurs nationaux. La marge de manœuvre de ces derniers est très réduite. D'une part, parce qu'ils doivent en prévoir l'existence dès lors qu'ils admettent la présence d'une exception pour copie privée et, d'autre part, parce qu'il ne leur est pas possible de prévoir une présomption de cession, au profit du producteur, symétrique à celle qui peut exister pour certains droits patrimoniaux.

1. Droit européen. La perception d'une redevance pour copie privée n'est pas contraire au traité de Rome, d'une part parce que la Commission des Communautés européennes a admis que la pratique de la reproduction privée pouvait occasionner des pertes pour les titulaires du droit d'auteur en substituant à la vente des supports enregistrés et donc la faculté pour les États de percevoir une redevance dans ce cas ; et d'autre part, parce que la redevance pour copie privée relève de l'objet spécifique du droit d'auteur et bénéficie, de ce fait, de l'exception prévue par l'art. 36 [devenu art. 30] du Traité de Rome. • Com. 4 janv. 1994 : *RIDA avr. 1994, p. 220.* ♦ Même considérée comme participant simplement du statut légal de protection des droits de propriété intellectuelle, la redevance pour copie privée n'est pas contraire aux art. 30 s., 85 s., et 92 [devenus art. 28, 81 et 87] du Traité de Rome. • Paris, 12 déc. 1988 : *RIDA juill. 1989, p. 266 ; JCP 1990. I. 3433, n° 36 ; Légipresse n° 80, avr. 1991, p. 3.* ♦ Depuis l'adoption de la Dir. (CE) n° 2001/29 du 22 mai 2001, elle est (sous la désignation « compensation pour copie privée ») même devenue obligatoire.

2. Source licite. La rémunération pour copie privée ne peut prendre en considération que les copies réalisées à partir d'une source acquise licitement (annulation de la décision du 20 juill. 2006 de la commission copie privée à compter de la date de notification au ministère de la culture de la décision du Conseil d'État, sous réserve des actions contentieuses engagées à la date de la décision contre des actes pris sur son fondement). • CE 11 juill. 2008 : *D. 2008. AJ 2075, obs. Lavric ; CCE 2008, n° 112, note Caron ; Propr. intell. 2008, n° 29, p. 428, obs. Lucas ; RIDA juill. 2008, p. 223, note Sirinelli.* ♦ L'exigence d'une source licite est imposée par les autorités européennes. • CJUE 12 nov. 2015, *Hewlett-Packard c/ Reprobel*, n° C-572/13 : *Dalloz IP/IT 2016. 30, obs. Benabou ; RTD com. 2016. 114, obs. Pollaud-Dulian ; CCE 2016, n° 10, note Caron ; ibid. Étude 9, note Binctin ; LEPI 2016, n° 1, p. 1, note Bernault ; RLDI déc. 2015, note Costes ; Propr. intell. janv. 2016, n° 58, p. 52, note Bernault.*

3. *Enrichissment sans cause.* Les redevances pour copie privée ne génèrent pas un enrichissement sans cause puisque la cause est dans la loi, elle-même conforme à l'art. 9 de la Convention de Berne du 9 sept. 1886. • TGI Paris, 17 janv. 1990 : *RIDA avr. 1990, p. 231.* – V. la convention, App., v° *Droit d'auteur.*

4. *Défaut de paiement.* Le défaut de paiement de rémunération pour copie privée, souverainement constaté par la chambre d'accusation, est constitutif d'une infraction délictuelle. • Crim. 19 août 1998 : *RIDA janv. 1999, p. 379.*

5. *Caractère alimentaire.* La redevance pour copie privée, en ce qu'elle est destinée à compenser la perte résultant pour les titulaires du droit d'auteur de la pratique de la reproduction privée se substituant la vente de supports enregistrés a, à l'évidence, par nature un caractère alimentaire. • Paris, 23 nov. 2007 : *RTD com. 2008. 319, obs. Pollaud-Dulian.*

6. *Évaluation par le juge judiciaire.* L'annulation, par le juge administratif, des décisions prises par la commission prévue à l'art. L. 311-5 ne saurait priver les titulaires du droit de reproduction d'une compensation équitable due au titre des copies licites réalisées à partir des supports d'enregistrement mis en circulation. Dès lors, il appartenait bien au juge judiciaire de procéder à l'évaluation de cette compensation, calculée sur la base du critère du préjudice causé aux ayants droit par l'introduction de l'exception de copie privée. • Civ. 1re, 17 mars 2016, n° 15-10.895 P : *Dalloz IP/IT 2016. 252, obs. Crédeville ; CCE 2016, n° 38, note Caron ; ibid. Chron. 11, n° 15, obs. Tafforeau ; LEPI mai 2016, p. 2, obs. Bernault ; Légipresse 2016. 355, note Boiron et de Dreuzy* • Com. 17 mars 2016, n° 15-10.896. ♦ V. pour une évaluation par le juge judiciaire : • Paris, pôle 5, ch. 2, 24 juin 2016, *SAS Acer Computer France c/ Sté Copie France*, n° 12/12697 • Paris, pôle 5, ch. 2, 1er juill. 2016, *Groupe Canal+ c/ Sté Copie France*, n° 15/09628.

7. *Exemption en cas de préjudice minime.* Si les États membres ont bien l'obligation d'instaurer une compensation pour copie privée dès lors que l'exception existe dans leur législation, l'art. 5, § 2, ss. b), de la Dir. 2001/29, lue à la lumière du considérant 35 de celle-ci, doit être interprété en ce sens qu'il permet aux États membres de prévoir, dans certains cas, une exemption de paiement de la compensation équitable au titre de cette exception, à condition que le préjudice causé aux titulaires de droits, dans ces cas, soit minime. Il relève de la compétence de ces États de fixer le seuil d'un tel préjudice, étant entendu que ce seuil doit notamment être appliqué en conformité avec le principe d'égalité de traitement. • CJUE 5 mars 2015, *Copydan Båndkopi c/ Nokia Danemark*, n° C-463/12 : *RTD com. 2016. 114, obs. Pollaud-Dulian ; RLDI avr. 2015. 19, note Coste ; CCE 2015, n° 30, note Caron ; Europe 2015, n° 200, note Simon ; LEPI mai 2015, p. 2, note Bernault ; Propr. intell. 2015, n° 56, p. 288, note Bernault ; JAC nov. 2015, p. 38, note Mourron.*

8. *Effets de la présence de mesures techniques de protection.* La mise en œuvre de mesures techniques visées à l'art. 6 de la Dir. 2001/29 pour les dispositifs utilisés pour reproduire des œuvres protégées, tels que les DVD, les CD, les lecteurs MP3 ou les ordinateurs, n'est pas susceptible d'avoir une incidence sur l'obligation de compensation équitable au titre de l'exception au droit de reproduction pour les reproductions à titre privé effectuées à partir de tels dispositifs. Cependant, cette mise en œuvre est susceptible d'avoir une incidence sur le niveau concret de cette compensation. • CJUE 5 mars 2015, n° C-463/12 : *préc. note 7.*

Art. L. 311-2 **Sous réserve des conventions internationales, le droit à rémunération mentionné** *(L. n° 2001-624 du 17 juill. 2001)* **« à l'article L. 214-1 et au premier alinéa de l'article L. 311-1 » est réparti entre les auteurs, les artistes-interprètes, producteurs de phonogrammes ou de vidéogrammes pour les phonogrammes et vidéogrammes fixés pour la première fois** *(L. n° 2006-961 du 1er août 2006, art. 46)* **« dans un État membre de la Communauté européenne ».** – *[L. n° 85-660 du 3 juill. 1985, art. 28.]*

BIBL. ▸ LUCAS, *CCE mars 2005. Étude 11* (brèves remarques sur la réserve des conventions internationales appliquée à la rémunération pour copie privée).

1. *Attributaires originels.* Une législation nationale qui autorise un État membre à attribuer une partie de la compensation équitable, revenant aux titulaires de droits, aux éditeurs des œuvres créées par les auteurs, sans obligation pour ces éditeurs de faire bénéficier, même indirectement, ces auteurs de la partie de la compensation dont ils sont privés, n'est pas conforme au droit européen. • CJUE 12 nov. 2015, *Hewlett-Packard c/ Reprobel*, n° C-572/13 : *V. note 2 ss. art. L. 311-1.*

2. Affectation d'une partie de la compensation à des fins socio-culturelles. Il n'est pas contraire au droit européen que la moitié (en France, 25 %) des recettes perçues au titre de ladite compensation ou redevance soit versée non pas directement aux ayants droit de cette même compensation, mais à des établissements sociaux et culturels institués au bénéfice de ces ayants droit, pour autant que ces établissements sociaux et culturels bénéficient effectivement auxdits ayants droit et que les modalités de fonctionnement desdits établissements ne sont pas discriminatoires. • CJUE 11 juill. 2013, *Amazon c/ Austro-Mechana*, n° C-521/11 : *V. note 4 ss. art. 5 de la Dir. (CE) n° 2001/29 du 22 mai 2001, App., v° Propriétaire littéraire et artistique, dispositions communes.*

Art. L. 311-3 **La rémunération pour copie privée est, dans les conditions ci-après définies, évaluée selon le mode forfaitaire prévu au deuxième alinéa de l'article L. 131-4.** — *[L. n° 85-660 du 3 juill. 1985, art. 32.]*

Art. L. 311-4 *(L. n° 92-677 du 17 juill. 1992, art. 119)* **« La rémunération prévue à l'article L. 311-3 est versée par le fabricant, l'importateur ou la personne qui réalise des acquisitions intracommunautaires, au sens du 3° du I de l'article 256 *bis* du code général des impôts, de supports d'enregistrement utilisables pour la reproduction à usage privé d'œuvres, lors de la mise en circulation en France de ces supports ».**

(L. n° 2016-925 du 7 juill. 2016, art. 15-1°) **« Cette rémunération est également versée par l'éditeur d'un service de radio ou de télévision ou son distributeur, au sens de la loi n° 86-1067 du 30 septembre 1986 relative à la liberté de communication, qui fournit à une personne physique, par voie d'accès à distance, la reproduction à usage privé d'œuvres à partir d'un programme diffusé de manière linéaire par cet éditeur ou son distributeur, sous réserve que cette reproduction soit demandée par cette personne physique avant la diffusion du programme ou au cours de celle-ci pour la partie restante. »**

Le montant de la rémunération est fonction du type de support et de la durée *(L. n° 2011-1898 du 20 déc. 2011, art. 2)* **« ou de la capacité » d'enregistrement qu'il permet** *(L. n° 2016-925 du 7 juill. 2016, art. 15-1°)* **« ou, dans le cas mentionné au deuxième alinéa du présent article, du nombre d'utilisateurs du service de stockage proposé par l'éditeur ou le distributeur du service de radio ou de télévision et des capacités de stockage mises à disposition par cet éditeur ou ce distributeur ».**

(L. n° 2011-1898 du 20 déc. 2011, art. 2) **« Ce montant est également fonction de l'usage de chaque type de support** *(L. n° 2016-925 du 7 juill. 2016, art. 15-1°)* **« et, dans le cas mentionné au même deuxième alinéa, des capacités de stockage mises à disposition par un éditeur ou un distributeur d'un service de radio ou de télévision ». Cet usage est apprécié sur le fondement d'enquêtes.**

« Toutefois, lorsque des éléments objectifs permettent d'établir qu'un support *(L. n° 2016-925 du 7 juill. 2016, art. 15-1°)* **« ou une capacité de stockage mise à disposition par un éditeur ou un distributeur de service de radio ou de télévision » peut être utilisé pour la reproduction à usage privé d'œuvres et doit, en conséquence, donner lieu au versement de la rémunération, le montant de cette rémunération peut être déterminé par application des seuls critères mentionnés au** *(L. n° 2016-925 du 7 juill. 2016, art. 15-1°)* **« troisième » alinéa, pour une durée qui ne peut excéder un an à compter de cet assujettissement.**

« Le montant de la rémunération » *(L. n° 2006-961 du 1er août 2006, art. 9)* **« tient compte du degré d'utilisation des mesures techniques définies à l'article L. 331-5 et de leur incidence sur les usages relevant de l'exception pour copie privée. Il ne peut porter rémunération des actes de copie privée ayant déjà donné lieu à compensation financière. »**

Dans l'art. L. 311-4, al. 1er, les mots « fixées sur des phonogrammes ou des vidéogrammes » ont été supprimés par l'art. 15 de la loi n° 2001-624 du 17 juill. 2001 (JO 18 juill.).

Les dispositions de l'art. 15 de la L. n° 2016-925 du 7 juill. 2016 sont applicables dans les îles Wallis-et-Futuna (L. préc., art. 115-III).

BIBL. ► GROSSLERNER et JEAN, *Légipresse 2016. 462* (les services d'enregistrement de programmes dans le Cloud et l'exception de copie privée. Le NDVR encadré par la loi Création).

1. Champ d'application. Il suffit que les supports d'enregistrement soient utilisables pour la reproduction à usage privé de phonogrammes ou de vidéogrammes pour que soit exigible, lors de leur mise en circulation en France, le paiement dû au titre de la copie privée par le fabricant, l'importateur ou la personne qui réalise des acquisitions intracommunautaires. • Crim. 18 déc. 2001 : *D. 2002. AJ 646 ; Légipresse 2002, nº 190, III, p. 62 ; CCE 2002, nº 37, note Caron ; RIDA avr. 2002, p. 377, obs. Kéréver.*

2. Concurrence déloyale. Le cyber-commerçant de supports d'enregistrement situé à l'étranger doit informer le consommateur final français que le prix affiché doit être augmenté de la rémunération pour copie privée qu'il doit acquitter. • T. com. Bobigny, 15 sept. 2005 : *CCE 2005, nº 168, note Caron.* ♦ Jugement réformé : le cyber-commerçant n'est soumis ni à la redevance pour copie privée ni à une obligation d'information envers le consommateur final. • Paris, 22 mars 2007 : *CCE 2007, nº 70, note Caron.* ♦ Arrêt cassé : en considérant ainsi que l'absence de toute mention rappelant au consommateur français son impérieuse obligation de payer la rémunération pour copie privée, dont il est redevable, n'était pas fautive, tout en constatant que cette rémunération n'était pas sans incidence sur le prix de vente des produits en cause, ce dont le consommateur devait être tenu informé, la cour d'appel n'a pas tiré les conséquences légales de ses propres constatations. • Civ. 1re, 27 nov. 2008 : *Propr. intell. 2009, nº 31, p. 170, obs. Bruguière.*

Art. L. 311-4-1 *(L. nº 2011-1898 du 20 déc. 2011, art. 3)* **Le montant de la rémunération prévue à l'article L. 311-3 propre à chaque support est porté à la connaissance de l'acquéreur lors de la mise en vente des supports d'enregistrement mentionnés à l'article L. 311-4. Une notice explicative relative à cette rémunération et à ses finalités, qui peut être intégrée au support de façon dématérialisée, est également portée à sa connaissance. Cette notice mentionne la possibilité de conclure des conventions d'exonération ou d'obtenir le remboursement de la rémunération pour copie privée dans les conditions prévues à l'article L. 311-8.**

Les manquements au présent article sont recherchés et constatés par les agents mentionnés *(Ord. nº 2016-301 du 14 mars 2016, art. 14-1º, en vigueur le 1er juill. 2016)* **« aux articles L. 511-3 et L. 511-21 du code de la consommation », dans les conditions** *(Ord. nº 2016-301 du 14 mars 2016, art. 14-1º, en vigueur le 1er juill. 2016)* **« prévues à l'article L. 511-5 » du code de la consommation. Ces manquements sont sanctionnés par une amende administrative dont le montant ne peut être supérieur à 3 000 €.**

Les conditions d'application du présent article sont définies par décret en Conseil d'État. – *V. art. R. 311-9.*

Arrêté du 24 janvier 2014,

Relatif à la notice prévue à l'article L. 311-4-1 du code de la propriété intellectuelle.

(mod. par Arr. du 3 févr. 2015)

Art. 1er Le contenu de la notice mentionnée à l'article L. 311-4-1 du code de la propriété intellectuelle est conforme à l'annexe du présent arrêté. L'adresse URL du site de communication au public en ligne auprès duquel la notice peut être consultée et téléchargée est : http ://www.copieprivee.culture.gouv.fr.

ANNEXE

La rémunération pour copie privée

Le code de la propriété intellectuelle (CPI) prévoit que toute reproduction d'une œuvre de l'esprit, œuvre musicale, audiovisuelle, littéraire ou des arts visuels, est subordonnée à l'autorisation préalable de l'auteur et/ou des titulaires de droits voisins (artistes-interprètes, producteurs).

La loi a toutefois assorti ce droit de reproduction d'un certain nombre d'exceptions dont l'exception dite "de copie privée" qui accorde à l'acquéreur légitime d'une œuvre la faculté de la copier sur un support d'enregistrement pour son usage personnel.

Le développement des technologies, notamment numériques, a bouleversé l'équilibre entre les intérêts des titulaires de droits et ceux des consommateurs. La multiplication des copies permise par les lecteurs de cassettes, puis par les magnétoscopes et désormais par une gamme étendue d'appareils et de supports numériques qui se sont substitués aux matériels analogiques a considérablement accru le manque à gagner des auteurs et des autres ayants droit. C'est la raison pour laquelle la loi a instauré une rémunération juste et équitable visant à compenser financièrement le préjudice subi par les auteurs et les titulaires de droits voisins.

La rémunération pour copie privée est fixée forfaitairement pour chaque support, en fonction de la durée ou de la capacité d'enregistrement qu'il permet et de son usage, par une commission administrative indépendante, dite "commission sur la rémunération pour copie privée" (cf. http ://www.copieprivee.culture.gouv.fr).

La rémunération pour copie privée est collectée par la société Copie France auprès des fabricants et des importateurs de supports d'enregistrement vierges, lors de la mise en circulation de ces supports sur le marché français. Cette rémunération est ensuite répercutée par les fabricants et les distributeurs sur le prix payé par les acquéreurs des supports.

Cette ressource représente aujourd'hui une part capitale du financement de la création française et contribue à la promotion d'une plus grande diversité culturelle. En effet, 25 % des sommes collectées au titre de la copie privée sont affectés à des actions d'aides à la création, à la diffusion du spectacle vivant et à des actions de formation d'artistes.

L'exonération et le remboursement de la rémunération pour copie privée

L'article L. 311-8 du CPI énumère limitativement les personnes qui peuvent être exonérées ou obtenir un remboursement de la rémunération pour copie privée. Parmi celles-ci figurent les personnes qui acquièrent, notamment à des fins professionnelles, un support d'enregistrement dont les conditions d'utilisation ne permettent pas de présumer un usage à des fins de copie privée.

Sont ainsi prévus au profit des professionnels :

— un système d'exonération sur le fondement d'une convention conclue avec la société Copie France (formulaire disponible à l'adresse suivante : exoneration@copiefrance.fr) ;

— et, à défaut d'une telle convention, un système de remboursement sur le fondement d'une demande adressée à la société Copie France (formulaires disponibles à l'adresse suivante : remboursement@copiefrance.fr) et comprenant les pièces suivantes :

1° S'il s'agit d'une personne physique, ses nom, prénom, adresse et coordonnées téléphoniques et, le cas échéant, une copie de sa carte professionnelle en cours de validité et délivrée par l'autorité chargée de la régulation de cette profession ;

2° S'il s'agit d'une personne morale, sa dénomination, sa raison sociale ou son sigle, l'adresse de son siège social et les coordonnées téléphoniques de la personne physique à contacter ;

3° Un extrait K *bis* ou un extrait D1 au répertoire des métiers, datant de moins de trois mois ou, à défaut, le numéro d'immatriculation au registre du commerce ou le numéro d'immatriculation au Centre de formalité des entreprises (CFE) ou le numéro d'immatriculation au registre des métiers ou le numéro d'immatriculation au registre de l'agriculture ou un numéro d'immatriculation INSEE (SIREN, SIRET ou NAF) et, s'il s'agit d'une personne morale, ses statuts comportant les dernières mises à jour ;

4° Une déclaration sur l'honneur, *(Abrogé par Arr. du 3 févr. 2015) « établie selon le modèle annexé au présent arrêté, »* précisant l'usage professionnel qui va être fait du support acquis, notamment s'il fera l'objet d'une utilisation collective ou s'il sera mis à disposition des utilisateurs à titre individuel, et aux termes de laquelle les conditions d'utilisation dudit support ne permettent pas de présumer un usage à des fins de copie privée ;

5° Tout document, notamment règlement intérieur, note d'information, charte, affiche, permettant d'établir que sont portés à la connaissance de l'utilisateur dudit support :

— le rappel que ledit support est mis à disposition de l'utilisateur dans le cadre de l'activité professionnelle ;

— le rappel que l'usage du support à des fins de copie privée pour la reproduction d'œuvres littéraires et artistiques est assujetti à la rémunération pour copie privée et que tout usage de ce type est impérativement signalé au responsable hiérarchique ;

6° Une facture en nom propre comportant, outre les mentions obligatoires à toute facture, les caractéristiques du support d'enregistrement (pour chaque type de support acheté : marque, capacité de stockage et quantités achetées) et le montant de la rémunération pour copie privée acquittée lors de l'achat.

Toute nouvelle demande de remboursement comporte les justificatifs mentionnés aux 1°, 2° et 6° et, uniquement si des éléments nouveaux le justifient, ceux mentionnés aux 3° à 5°.

Art. L. 311-5 **Les types de support, les taux de rémunération et les modalités de versement de celle-ci sont déterminés par une commission présidée par un représentant de l'État et composée, en outre, pour moitié, de personnes désignées par les organisations représentant les bénéficiaires du droit à rémunération, pour un quart, de personnes désignées par les organisations représentant les fabricants ou importateurs des supports mentionnés au premier alinéa** *(L. n° 2011-1898 du 20 déc. 2011, art. 3)* **« de l'article L. 311-4 » et, pour un quart, de personnes désignées par les organisations représentant les consommateurs.** *(L. n° 2016-925 du 7 juill. 2016, art. 17)* **« Trois**

représentants des ministres chargés de la culture, de l'industrie et de la consommation participent aux travaux de la commission, avec voix consultative. Le président et les membres de la commission transmettent au président de la Haute Autorité pour la transparence de la vie publique, dans un délai de deux mois suivant leur nomination, une déclaration d'intérêts telle que prévue au III de l'article 4 de la loi n° 2013-907 du 11 octobre 2013 relative à la transparence de la vie publique.

« Le règlement intérieur de la commission et ses modifications font l'objet d'une publication au *Journal officiel*. » — *V. Décis. du 11 oct. 2016 (JO 30 nov.)*

Les comptes rendus des réunions de la commission sont rendus publics, selon des modalités fixées par décret. La commission publie un rapport annuel, transmis au Parlement.

Les délibérations de la commission sont exécutoires si, dans un délai d'un mois, son président n'a pas demandé une seconde délibération.

Les décisions de la commission sont publiées au *Journal officiel* de la République française. — *[L. n° 85-660 du 3 juill. 1985, art. 34.] — V. Décis. du 30 juin 1986, n° 1 du 4 janv. 2001, n° 3 du 4 juill. 2002, n° 4 du 10 juin 2003, n° 5 du 6 juin 2005, n° 6 du 22 nov. 2005, n° 7 du 20 juill. 2006, n° 8 du 9 juill. 2007, n° 9 du 11 déc. 2007, n° 10 du 27 févr. 2008, n° 11 du 17 déc. 2008, n° 12 du 20 sept. 2010, n° 13 du 13 janv. 2011 et du 9 févr. 2012, n° 15 du 14 déc. 2012, n° 16 du 19 juin 2017, App., v° Droits voisins.*

Le Conseil constitutionnel a, dans sa décision n° 2009-216 L du 9 avr. 2009, considéré que le deuxième alinéa de l'art. L. 311-5 et les deux premières phrases de son troisième alinéa ont le caractère réglementaire. Le Décr. n° 2009-744 du 19 juin 2009 a supprimé le deuxième alinéa et les deux premières phrases du troisième alinéa de l'art. L. 311-5. — V. art. R. 311-2 (V. Caron, CCE 2009, n° 54).

Les dispositions de l'art. 17 de L. n° 2016-925 du 7 juill. 2016 sont applicables dans les îles Wallis-et-Futuna (L. préc., art. 115-III).

BIBL. ▸ Rapports : Rogemont (rapp.), Bilan et perspectives de trente ans de copie privée, *Ass. nat., comm. des affaires culturelles, rapp. n° 2978, juill. 2015.* – Maugüé, Feuille de route pour la relance de la Commission de la copie privée, juin 2015 *(disponible sur le site http ://www.culturecommunication.gouv.fr).*

1. Constitutionnalité. Le Conseil constitutionnel a déclaré conforme à la Constitution l'art. 6, I, de la L. n° 2011-1898 du 20 déc. 2011 qui dispose : « I. – Jusqu'à l'entrée en vigueur de la plus proche décision de la commission prévue à l'article L. 311-5 du code de la propriété intellectuelle et au plus tard jusqu'au dernier jour du douzième mois suivant la promulgation de la présente loi, sont applicables à la rémunération pour copie privée les règles, telles que modifiées par les dispositions de l'article L. 311-8 du même code dans sa rédaction issue de la présente loi, qui sont prévues par la décision n° 11 du 17 décembre 2008 de la commission précitée, publiée au *Journal officiel* du 21 décembre 2008, dans sa rédaction issue des décisions n° 12 du 20 septembre 2010, publiée au *Journal officiel* du 26 octobre 2010, et n° 13 du 12 janvier 2011, publiée au *Journal officiel* du 28 janvier 2011 ». • Cons. const. 20 juill. 2012 : *D. 2012. Pan. 2547, obs. Sirinelli ; RIDA janv. 2013, p. 355, note Sirinelli.* ♦ Sur le renvoi au Cons. const. relatif au II de l'art. 6 de la L. n° 2011-1898 du 20 déc. 2011, V. • Civ. 1re, 17 oct. 2012 : *D. 2012. AJ 2517 ; RTD com. 2012. 781, obs. Pollaud-Dulian.* ♦ Le paragraphe II de l'art. 6 de la L. n° 2011-1898 du 20 déc. 2011 relative à la rémunération pour copie privée est contraire à la Const. • Cons. const. 15 janv. 2013 : *D. 2013. AJ 176 ; RIDA janv. 2013, p. 321, note Sirinelli.*

2. Concurrence. La commission instituée par l'art. L. 311-5 n'a pas le caractère d'une association d'entreprises dont les décisions auraient pour objet, ou pour effet, de fausser la concurrence sur le marché des supports d'enregistrement. • CE 19 mars 1997 : *D. 1997. IR 173 ; JCP E 1997. Pan. 1130, obs. Rouault.*

3. Compensation équitable. Sur l'interprétation de la notion de « compensation équitable » au sens du droit communautaire, V. • CJUE 21 oct. 2010 : *D. 2010. AJ 2646, obs. Daleau ; ibid. 2011. Pan. 2170, obs. Sirinelli ; RTD com. 2010. 710, obs. Pollaud-Dulian ; CCE 2011. Étude 1, obs. Binctin ; ibid. n° 2, note Caron ; Légipresse 2011, n° 280, p. 95, note Benabou ; RIDA janv. 2011, p. 299, note Sirinelli.* ♦ V. aussi • CJUE 16 juin 2011 : *D. 2011. 1816, note Niilo Jaaskinen ; RTD com. 2011. 551 ; Propr. intell. 2011, n° 40, p. 316, obs. Bénabou.* – V. égal. Dir. (CE) n° 2001/29, art. 5, App., v° *Propriété littéraire et artistique.*

4. Annulation des décisions. Sur le rejet, par le Conseil d'État dans un arrêt du 22 nov. 2002, de la demande d'annulation de la décision de la commission de l'art. L. 311-5 CPI du 4 janv. 2001, V. cette décision, App., v° *Droits voisins.* ♦ Sur l'annulation de la décision de la commission « copie privée » du 17 déc. 2008 par le Conseil d'État, V. • CE 17 juin 2011 : *Dalloz actualité,*

7 juill. 2011, obs. Daleau ; LPA 16 nov. 2011, n° 228, note Troianiello ; Propr. intell. 2011, n° 41, p. 401, obs. A. Lucas ; RDLI 2011/73. 2442, note Bouchet-Le Mappian. ♦ Sur l'annulation de la décision n° 8 du 9 juillet 2007, V. • CE 9 juill. 2007, *n°s 310195, 310547 : CCE 2011. Chron. 9, obs. Tafforeau ; ibid. 2012. Chron. 4, obs. Daverat ; AJDA 2011. 854, note Bui-Xuan ; ibid. 2010. 2460.* ♦ Sur l'annulation de la décision n° 10 du 27 févr. 2008, V. • CE 17 déc. 2010, n° 315832. ♦ Sur la restitution des sommes versées sur la base de factures émises selon un barème issu des décisions annulées, V. • TGI Paris, 15 mai 2012 : *Propr. intell. 2012, n° 44, p. 338, obs. A. Lucas ; RIDA janv. 2013, p. 277, note Sirinelli.* • TGI Paris, 22 mai 2015, *n°s 11/7896, 11/7897, 11/7898 : LEPI oct. 2015, n° 155, p. 3, obs. Lebois.* ♦ Sur la fixation du montant de la rémunération due par le juge judiciaire suite à l'annulation des décisions de la Commission de l'art. L. 311-5, V. note 6 ss. art. L. 311-1.

Arrêté du 18 novembre 2015,

Portant nomination à la commission prévue à l'article L. 311-5 du code de la propriété intellectuelle.

Art. 1er La commission prévue à l' article L. 311-5 du code de la propriété intellectuelle comprend des représentants des fabricants et importateurs de supports, des organisations de consommateurs et des bénéficiaires du droit à rémunération, désignés comme suit :

1. *Fabricants et importateurs de supports*

Alliance française des industries du numérique (AFNUM) : 2.
Fédération du e-commerce et de la vente à distance (FEVAD) : 1.
Fédération française des télécoms (FFT) : 1.
Syndicat des entreprises de commerce international de matériel audio, vidéo et informatique grand public (SECIMAVI) : 1.
Syndicat de l'industrie des technologies de l'information (SFIB) : 1.

2. *Organisations des consommateurs*

Association de défense, d'éducation et d'information du consommateur (ADEIC) : 1.
(Arr. du 2 mars 2016) « Confédération syndicale des familles (CSF) » : 1.
(Arr. du 24 avr. 2017, art. 1er) « Association pour l'information et la défense des consommateurs salariés (INDECOSA-CGT) » : 1.
Familles de France (FF) : 1.
Familles Rurales (FR) : 1.
Union nationale des associations familiales (UNAF) : 1.

3. *Bénéficiaires du droit à rémunération*

Société pour la perception de la rémunération pour copie privée audiovisuelle et sonore (Copie France) : 10.
Société française des intérêts des auteurs de l'écrit (SOFIA) : 1.
Société des arts visuels associés (AVA) : 1.

Art. L. 311-6 *(L. n° 2016-925 du 7 juill. 2016, art. 18-I)* **I. — La rémunération prévue à l'article L. 311-1 est perçue pour le compte des ayants droit par un ou plusieurs organismes** *(Ord. n° 2016-1823 du 22 déc. 2016, art. 2-20°)* **« de gestion collective » mentionnés au titre II du présent livre, agréés à cet effet par le ministre chargé de la culture.**

L'agrément est délivré pour cinq années en considération :

1° De la qualification professionnelle des dirigeants de l'organisme ;

2° Des moyens que l'organisme propose de mettre en œuvre pour assurer la perception des droits ;

3° De la diversité des associés de *(Ord. n° 2016-1823 du 22 déc. 2016, art. 2-20°)* **« l'organisme ».**

II. — La rémunération prévue à l'article L. 311-1 est répartie entre les ayants droit par les organismes mentionnés au I du présent article, à raison des reproductions privées dont chaque œuvre fait l'objet.

III. — Une part ne pouvant excéder 1 % des sommes provenant de la rémunération pour copie privée est affectée par ces organismes au financement des enquêtes d'usage

réalisées, en application du quatrième alinéa de l'article L. 311-4, par la commission mentionnée à l'article L. 311-5, qui en rédige les cahiers des charges préalables.

Les dispositions du I de l'art. L. 311-6 entrent en vigueur le 1er janv. 2017 (L. nº 2016-925 du 7 juill. 2016, art. 18-II).

Les dispositions de la L. nº 2016-925 du 7 juill. 2016 et de l'Ord. nº 2016-1823 du 22 déc. 2016 sont applicables dans les îles Wallis-et-Futuna (L. préc., art. 115-III ; Ord. préc., art. 6).

Ancien art. L. 311-6 ***La rémunération prévue à l'article L. 311-1 est perçue pour le compte des ayants droit par un ou plusieurs organismes mentionnés au titre II du présent livre.***

Elle est répartie entre les ayants droit par les organismes mentionnés à l'alinéa précédent, à raison des reproductions privées dont chaque œuvre fait l'objet. — [L. nº 85-660 du 3 juill. 1985, art. 35.]

Pour un exemple de perception des redevances pour copie privée collectées par des sociétés civiles constituées en application de la L. nº 85-660 du 3 juill. 1985, telles la Société pour la rémunération de la copie privée sonore (SORESCOP), et la Société pour la rémunération de la copie privée audiovisuelle (Copie-France) respectivement chargées, dans leur domaine, de percevoir et de répartir entre les ayants droit les versements perçus, V. • Paris, 12 déc. 1988 : *RIDA juill. 1989, p. 266.*

Art. L. 311-7 La rémunération pour copie privée des phonogrammes bénéficie, pour moitié, aux *(L. nº 95-4 du 3 janv. 1995, art. 2)* **« auteurs au sens du présent code », pour un quart, aux artistes-interprètes et, pour un quart, aux producteurs.**

La rémunération pour copie privée des vidéogrammes bénéficie à parts égales aux *(L. nº 95-4 du 3 janv. 1995, art. 2)* **« auteurs au sens du présent code », aux artistes-interprètes et aux producteurs.** — *[L. nº 85-660 du 3 juill. 1985, art. 36.]*

(L. nº 2001-624 du 17 juill. 2001) **« La rémunération pour copie privée des œuvres visées au second alinéa de l'article L. 311-1 bénéficie à parts égales aux auteurs et aux éditeurs. »**

Art. L. 311-8 *(L. nº 2011-1898 du 20 déc. 2011, art. 4)* **« I. — La rémunération pour copie privée n'est pas due lorsque le support d'enregistrement est acquis pour leur propre usage ou production par : »**

1º Les entreprises de communication audiovisuelle ;

2º Les producteurs de phonogrammes ou de vidéogrammes et les personnes qui assurent, pour le compte des producteurs de phonogrammes ou de vidéogrammes, la reproduction de ceux-ci ;

(L. nº 2001-624 du 17 juill. 2001) **« 2º *bis* Les éditeurs d'œuvres publiées sur des supports numériques ; »**

3º Les personnes morales ou organismes, dont la liste est arrêtée par le ministre chargé de la culture, qui utilisent les supports d'enregistrement à des fins d'aide aux handicapés visuels ou auditifs. — *[L. nº 85-660 du 3 juill. 1985, art. 37.]*

(L. nº 2011-1898 du 20 déc. 2011, art. 4) **« II. — La rémunération pour copie privée n'est pas due non plus pour les supports d'enregistrement acquis notamment à des fins professionnelles dont les conditions d'utilisation ne permettent pas de présumer un usage à des fins de copie privée.**

(L. nº 2016-925 du 7 juill. 2016, art. 19-1º) **« II *bis*. — La rémunération pour copie privée n'est pas due non plus par les personnes qui procèdent à l'exportation ou à la livraison intracommunautaire de supports d'enregistrement mis en circulation en France. »**

(L. nº 2011-1898 du 20 déc. 2011, art. 4) **« III. — Une convention constatant l'exonération et en fixant les modalités peut être conclue entre les personnes bénéficiaires des** *(L. nº 2016-925 du 7 juill. 2016, art. 19-2º)* **« I, II ou II *bis* » et l'un des organismes mentionnés au** *(L. nº 2016-925 du 7 juill. 2016, art. 19-2º)* **« I » de l'article L. 311-6. En cas de refus de l'un des organismes de conclure une convention, ce dernier doit préciser les motifs de ce refus.**

« A défaut de conclusion d'une convention, ces personnes ont droit au remboursement de la rémunération sur production de justificatifs déterminés par les ministres chargés de la culture et de l'économie. »

Les dispositions de l'art. 19 de la L. n° 2016-925 du 7 juill. 2016 sont applicables dans les îles Wallis-et-Futuna (L. préc., art. 115-III).

Jusqu'à l'entrée en vigueur de la plus proche décision de la commission prévue à l'art. L. 311-5 et au plus tard jusqu'au dernier jour du douzième mois suivant la promulgation de la L. n° 2011-1898 du 20 déc. 2011, sont applicables à la rémunération pour copie privée les règles, telles que modifiées par les dispositions de l'art. L. 311-8 dans sa rédaction issue de la loi précitée, qui sont prévues par la Décis. n° 11 du 17 déc. 2008 de la commission précitée (JO 21 déc.), dans sa rédaction issue des Décis. n° 12 du 20 sept. 2010 (JO 26 oct.) et n° 13 du 12 janv. 2011 (JO 28 janv.). Les rémunérations perçues ou réclamées en application de la Décis. n° 11 du 17 déc. 2008 de la commission prévue à l'art. L. 311-5 au titre des supports autres que ceux acquis notamment à des fins professionnelles dont les conditions d'utilisation ne permettent pas de présumer un usage à des fins de copie privée, qui ont fait l'objet d'une action contentieuse introduite avant le 18 juin 2011 et n'ont pas donné lieu, à la date de promulgation de la L. n° 2011-1898 du 20 déc. 2011, à une décision de justice passée en force de chose jugée sont validées en tant qu'elles seraient contestées par les moyens par lesquels le Conseil d'État a, par sa Décis. du 17 juin 2011, annulé cette décision de la commission ou par des moyens tirés de ce que ces rémunérations seraient privées de base légale par suite de cette annulation (L. préc., art. 6-I et II). Le Cons. const. a déclaré, dans sa Décis. n° 2012-263 QPC du 20 juill. 2012, que le I de l'art. 6 de la L. n° 2011-1898 du 20 déc. 2011 relative à la rémunération pour copie privée est conforme à la Constitution. Le Cons. const. a déclaré, dans sa Décis. n° 2012-287 QPC du 15 janv. 2013, que le paragraphe II de l'art. 6 de la L. n° 2011-1898 du 20 déc. 2011 relative à la rémunération pour copie privée est contraire à la Constitution.

Les demandes de remboursement formées par les personnes bénéficiaires du II de l'art. L. 311-8, dans sa rédaction issue de la L. n° 2011-1898 du 20 déc. 2011, s'appliquent aux supports d'enregistrement acquis postérieurement à la promulgation de ladite loi (L. préc., art. 7).

La liste des personnes morales qui utilisent les supports d'enregistrement à des fins d'aide aux handicapés et qui ont droit au remboursement de la redevance pour copie privée a été fixée par Arr. du 23 sept. 1986 (JO 14 oct.), complété par Arr. du 23 nov. 1987 (JO 5 déc.) et Arr. du 14 nov. 1988 (JO 21 déc.).

BIBL. ► BINCTIN, *CCE 2017. Étude 6* (les apports de la loi « Liberté de création » à la rémunération pour copie privée).

Arrêté du 20 décembre 2011,

Relatif au remboursement de la rémunération pour copie privée.

Art. 1er Le dossier de la demande de remboursement présentée en application du III de l'article L. 311-8 du code de la propriété intellectuelle par la personne qui acquiert, notamment à des fins professionnelles, un support d'enregistrement dont les conditions d'utilisation ne permettent pas de présumer un usage à des fins de copie privée comprend :

1° S'il s'agit d'une personne physique, ses nom, prénom, adresse et coordonnées téléphoniques et, le cas échéant, une copie de sa carte professionnelle en cours de validité et délivrée par l'autorité chargée de la régulation de cette profession ;

2° S'il s'agit d'une personne morale, sa dénomination, sa raison sociale ou son sigle, *(Abrogé par Arr. du 19 déc. 2014) « ses statuts comportant les dernières mises à jour,* » l'adresse de son siège social et les coordonnées téléphoniques de la personne physique à contacter ;

3° Un extrait K *bis* ou un extrait D1 au répertoire des métiers, datant de moins de trois mois ou, à défaut, le numéro d'immatriculation au registre du commerce ou le numéro d'immatriculation au centre de formalité des entreprises (CFE) ou le numéro d'immatriculation au registre des métiers ou le numéro d'immatriculation au registre de l'agriculture ou un numéro d'immatriculation INSEE (SIREN, SIRET ou NAF) *(Arr. du 19 déc. 2014)* « et, s'il s'agit d'une personne morale, ses statuts comportant les dernières mises à jour » ;

4° Une déclaration sur l'honneur, établie selon le modèle annexé au présent arrêté, précisant l'usage professionnel qui va être fait du support acquis, et notamment s'il fera l'objet d'une utilisation collective ou s'il sera mis à disposition des utilisateurs à titre individuel, et aux termes de laquelle les conditions d'utilisation dudit support ne permettent pas de présumer un usage à des fins de copie privée ;

5° Tout document, notamment règlement intérieur, note d'information, charte, affiche, permettant d'établir que sont portés à la connaissance de l'utilisateur dudit support :

— le rappel que ledit support est mis à disposition de l'utilisateur dans le cadre de l'activité professionnelle ;

— le rappel que l'usage du support à des fins de copie privée pour la reproduction d'œuvres littéraires et artistiques est assujetti à la rémunération pour copie privée et que tout usage de ce type est impérativement signalé au responsable hiérarchique.

6° Une facture en nom propre comportant, outre les mentions obligatoires à toute facture, les caractéristiques du support d'enregistrement (pour chaque type de support acheté : marque, capacité de stockage et quantités achetées) et le montant de la rémunération pour copie privée acquittée lors de l'achat.

(Arr. du 19 déc. 2014) « Toute nouvelle demande de remboursement présentée ultérieurement au dépôt du dossier mentionné au premier alinéa comporte les justificatifs mentionnés aux 1°, 2° et 6° et, uniquement si des éléments nouveaux le justifient, ceux mentionnés aux 3° à 5°. »

ANNEXE

DÉCLARATION SUR L'HONNEUR

Je, soussigné (nom, prénoms)
Demeurant au
Coordonnées téléphoniques et électroniques :
Et, le cas échéant, agissant en qualité de
De la personne morale
Coordonnées téléphoniques et électroniques de la personne à contacter :
Certifie sur l'honneur (*) que les supports d'enregistrement pour lesquels la demande de remboursement de la rémunération pour copie privée versée prévue à l'article L. 311-1 du code de la propriété intellectuelle est effectuée :

— répondent à des conditions d'utilisation ne permettant pas de présumer un usage à des fins de copie privée ;

— seront utilisés à des fins notamment professionnelles, pour l'usage propre de la personne morale et pour l'activité professionnelle suivante :

Ces supports seront :
◆ utilisés de manière collective ;
◆ mis à disposition des personnels à titre individuel.
Fait à, le
Signature

(*) Article 441-1 du code pénal : « Constitue un faux toute altération frauduleuse de la vérité, de nature à causer un préjudice et accomplie par quelque moyen que ce soit, dans un écrit ou tout autre support d'expression de la pensée qui a pour objet ou qui peut avoir pour effet d'établir la preuve d'un droit ou d'un fait ayant des conséquences juridiques. Le faux et l'usage de faux sont punis de trois ans d'emprisonnement et de 45 000 euros d'amende. »

TITRE DEUXIÈME GESTION DES DROITS D'AUTEUR ET DES DROITS VOISINS PAR UN ORGANISME

(Ord. n° 2016-1823 du 22 déc. 2016, art. 1er)

Les organismes de gestion collective informent les titulaires de droits qui leur ont déjà donné leur consentement à la gestion de leurs droits patrimoniaux au 23 déc. 2016 des nouveaux droits institués à leur profit par le chap. II du titre II du livre III et par l'art. L. 324-4, dans leur rédaction issue de l'Ord. n° 2016-1823 du 22 déc. 2016, dans les trois mois à compter de la modification de leurs statuts (Ord. préc., art. 5-I).

BIBL. ▸ BERNAULT, *Propr. intell. 2017, n° 63, p. 49*. – BROUSSOLLE, *LPA 2017, n° 84, p. 7*. – PASTOR, *JAC 2017, n° 43, p. 6*.

COMMENTAIRE

Afin de mieux défendre ou de mieux faire exploiter leurs droits, les auteurs et les titulaires de droits voisins se regroupent dans des organismes de gestion collective de leurs droits (sociétés de perception et de répartition des droits). Par transposition de la directive 2014/26/UE du Parlement européen et du Conseil du 26 février 2014 (V. ce texte, App., v° *Propriété littéraire et artistique, I – Dispositions communes*), l'ordonnance n° 2016-1823 du 22 décembre 2016 (par habilitation donnée par l'art. 94 de L. n° 2016-925 du 7 juill. 2016) a créé un nouveau statut concernant la gestion collective des droits d'auteur et des droits voisins et l'octroi de licences multiterritoriales de droits sur des œuvres musicales en vue de leur utilisation en ligne dans le marché intérieur.

Le but des autorités européennes était de moderniser le cadre juridique de ces organismes, par la réalisation de trois objectifs principaux :
– renforcer la transparence et la gouvernance de ces organismes,
– fluidifier l'octroi d'autorisations d'exploitation multiterritoriales de droits en ligne sur les œuvres musicales,
– diversifier les mécanismes de règlement des différends entre les organismes de gestion collective, les titulaires de droits et les utilisateurs, afin de leur permettre de disposer de procédures de traitement des litiges efficaces et rapides.

Cet encadrement n'ôte naturellement pas toute marge de liberté aux titulaires de droits. Il leur est toujours loisible, lorsque la loi n'impose rien, de faire le choix d'une gestion individuelle plutôt que celui de la gestion collective, tout comme ils demeurent libres d'apporter ou de retirer du répertoire de l'organisme de gestion leurs œuvres ou éléments protégés.

L'une des innovations de ce nouveau régime est d'introduire la notion de gestion indépendante de ces droits par des entités intervenant sur le marché des droits de propriété intellectuelle, dont les activités sont encadrées par la mise en place de certaines des obligations à respecter.

Le nouveau statut instauré reprend certaines solutions anciennes en les complétant par un dispositif d'une ampleur jusqu'alors inconnue : pas moins de 84 dispositions (au lieu de 13 jusqu'alors) ! La construction légale reçoit alors une nouvelle articulation (huit chapitres au lieu d'une seule subdivision) et un nouvel intitulé « Gestion des droits d'auteur et des droits voisins par un organisme » puisque le champ de l'activité de gestion collective de droits d'auteur et de droits voisins est désormais ouvert à tous types d'organismes de gestion collective, quelle que soit leur forme juridique.

CHAPITRE PREMIER **DISPOSITIONS GÉNÉRALES**

COMMENTAIRE

Ce premier chapitre envisage, en reprenant les définitions posées à l'article 3 de la directive 2014/26/UE du 26 février 2004 (V. App., v° *Propriété littéraire et artistique, I – Dispositions communes*), les deux types d'organismes qui ont pour objet principal de gérer les droits de propriété littéraire et artistique :
– ceux « de gestion collective » (définis à l'art. L. 321-1)
– les « organismes de gestion indépendants » (définis à l'art. L. 321-6).

Ces organismes, se distinguant par les modalités et le but de cette gestion, sont envisagés dans deux sections distinctes.

Les organismes de gestion collective, catégorie à laquelle appartiennent les sociétés de perception et de répartition des droits, doivent satisfaire au moins l'une des deux conditions suivantes :
– être contrôlés par leurs membres titulaires de droits ;
– et/ou être à but non lucratif (à l'inverse des organismes de gestion indépendants).

En revanche, les organismes de gestion indépendants sont toujours à but lucratif et ne sont pas contrôlés, directement ou indirectement, par les titulaires de droits qu'ils gèrent. Le 16e considérant de la directive 2014/26/UE du 26 février 2014 dresse une liste des personnes non susceptibles de recevoir cette qualification.

Reprenant une solution antérieure à la réforme, l'article L. 321-2 rappelle que les organismes de gestion collective ont qualité pour ester en justice pour la défense des droits dont ils ont statutairement la charge en y ajoutant qu'ils ont qualité pour défendre les intérêts matériels et moraux de leurs membres. Ils ont aussi qualité pour siéger au sein des organes compétents pour délibérer en matière de protection sociale, prévoyance et formation des titulaires de droits qu'ils représentent, sous réserve des règles applicables à la représentation des syndicats professionnels conformément aux dispositions du code du travail.

L'article L. 321-3 modernise le fonctionnement de ces organismes en envisageant expressément les communications et les votes par voie électronique,

L'article L. 321-5, précise qu'ils sont également susceptibles d'être soumis aux règles régissant la forme juridique sous laquelle ils sont constitués.

Par souci d'assurer une gestion des droits efficace et transparente, dans l'intérêt des titulaires de droits et dans le but de prévenir toute distorsion de concurrence entre ces deux catégories, la loi française (art. L. 321-6) impose aux organismes indépendants certaines des obligations prévues (V. *supra*) pour les organismes de gestion collective.

L'article L. 321-4 impose l'application de certaines dispositions de la directive aux organismes de gestion collective établis hors de l'Union européenne mais gérant en France les droits d'exploitation d'œuvres ou d'autres objets protégés. L'article L. 321-6 adopte une approche symétrique à propos des organismes de gestion indépendants dans la même situation. ❑

SECTION I ORGANISMES DE GESTION COLLECTIVE

Art. L. 321-1 I. – Les organismes de gestion collective sont des personnes morales constituées sous toute forme juridique dont l'objet principal consiste à gérer le droit d'auteur ou les droits voisins de celui-ci pour le compte de plusieurs titulaires de ces droits, tels que définis aux livres Ier et II du présent code, à leur profit collectif, soit en vertu de dispositions légales, soit en exécution d'un contrat.

Ces organismes doivent :

1° Soit être contrôlés par leurs membres titulaires de droits mentionnés au premier alinéa ;

2° Soit être à but non lucratif.

Ils agissent au mieux des intérêts des titulaires de droits qu'ils représentent et ne peuvent leur imposer des obligations qui ne sont pas objectivement nécessaires pour protéger leurs droits et leurs intérêts ou pour assurer une gestion efficace de leurs droits.

II. – Les organismes de gestion collective peuvent mener des actions de promotion de la culture et fournir des services sociaux, culturels et éducatifs dans l'intérêt des titulaires de droits qu'ils représentent et du public.

Ces dispositions sont applicables dans les îles Wallis-et-Futuna (Ord. n° 2016-1823 du 22 déc. 2016, art. 6).

Art. L. 321-2 Les organismes de gestion collective régulièrement constitués ont qualité pour ester en justice pour la défense des droits dont ils ont statutairement la charge et pour défendre les intérêts matériels et moraux de leurs membres, notamment dans le cadre des accords professionnels les concernant.

Ils ont également qualité pour siéger au sein des organes compétents pour délibérer en matière de protection sociale, prévoyance et formation des titulaires de droits qu'ils représentent, sous réserve des règles applicables à la représentation des syndicats professionnels conformément aux dispositions du code du travail.

V. note ss. art. L. 321-1.

Art. L. 321-3 Les organismes de gestion collective permettent à leurs membres et aux autres titulaires de droits dont ils gèrent les droits patrimoniaux de communiquer avec eux par voie électronique, notamment pour l'exercice des droits qui leur sont reconnus au titre du présent code, notamment en matière d'information, de participation aux décisions collectives et pour le contrôle de l'organisme.

V. note ss. art. L. 321-1.

Art. L. 321-4 Les organismes de gestion collective établis en France sont soumis aux dispositions du présent titre.

Les organismes de gestion collective établis hors de l'Union européenne gérant les droits d'exploitation en France d'œuvres ou autres objets protégés, sont soumis aux dispositions des premier, deuxième et quatrième alinéas de l'article L. 324-6, des articles L. 324-7, L. 324-8, L. 324-12 à L. 324-14, du second alinéa de l'article L. 326-2, des articles L. 326-3 et L. 326-4.

Ils sont soumis au contrôle de la commission de contrôle des organismes de gestion des droits d'auteurs et des droits voisins au titre du 2° de l'article L. 327-1. La médiation prévue au a du 3° de l'article L. 327-1 leur est également applicable.

Les organismes de gestion collective établis hors de l'Union européenne gérant les droits d'exploitation en France d'œuvres musicales protégées sont en outre soumis aux dispositions des articles L. 325-1, L. 325-2, L. 325-5 à L. 325-7.

V. note ss. art. L. 321-1.

Art. L. 321-5 Les organismes de gestion collective sont régis par les dispositions propres à la forme juridique sous laquelle ils sont constitués, sous réserve des dispositions du présent titre.

V. note ss. art. L. 321-1.

SECTION II ORGANISMES DE GESTION INDÉPENDANTS

Art. L. 321-6 Un organisme de gestion indépendant est une personne morale à but lucratif dont l'objet principal consiste à gérer le droit d'auteur ou les droits voisins de celui-ci pour le compte de plusieurs titulaires de droits, au profit collectif de ces derniers, qui n'est pas contrôlée, directement ou indirectement, par ces titulaires de droits.

Les organismes de gestion indépendants établis en France sont soumis aux dispositions du second alinéa de l'article L. 322-1, des premier, deuxième et quatrième alinéas de l'article L. 324-6, des articles L. 324-7, L. 324-8, L. 324-12 à L. 324-14, du second alinéa de l'article L. 326-2, des articles L. 326-3, L. 326-4 et L. 328-1. Ils sont soumis au contrôle de la commission de contrôle des organismes de gestion des droits d'auteur et des droits voisins au titre des 1° et 2° de l'article L. 327-1. La médiation prévue au a du 3° de l'article L. 327-1 leur est également applicable.

Les organismes de gestion indépendants établis en France gérant les droits d'exploitation d'œuvres musicales protégées sont en outre soumis aux dispositions des articles L. 325-1, L. 325-2, L. 325-5 à L. 325-7. La médiation prévue au *b* du 3° de l'article L. 327-1 leur est également applicable.

Les organismes de gestion indépendants établis hors de l'Union européenne gérant les droits d'exploitation en France d'œuvres ou autres objets protégés, sont soumis aux dispositions des premier, deuxième et quatrième alinéas de l'article L. 324-6, des articles L. 324-7, L. 324-8, L. 324-12 à L. 324-14, du second alinéa de l'article L. 326-2, de l'article L. 326-3 et de l'article L. 326-4. Ils sont soumis au contrôle de la commission de contrôle des organismes de gestion des droits d'auteur et des droits voisins au titre du 2° de l'article L. 327-1. La médiation prévue au *a* du 3° de l'article L. 327-1 leur est également applicable.

Les organismes de gestion indépendants établis hors de l'Union européenne gérant les droits d'exploitation en France d'œuvres musicales protégées sont en outre soumis aux dispositions des articles L. 325-1, L. 325-2, L. 325-5 à L. 325-7.

V. note ss. art. L. 321-1.

V. art. R. 321-2.

CHAPITRE II AUTORISATION DE GESTION DES DROITS

COMMENTAIRE

Ce chapitre II fixe les droits des titulaires de droits et les obligations qui s'imposent aux organismes de gestion collective dans le cadre des autorisations de gestion des droits qui leur sont octroyées – ou retirées – par ces titulaires de droits.

Les art. L. 322-1 à L. 322-2 imposent aux organismes de gestion collective une obligation d'information des titulaires de droits à propos de certains droits dont ils bénéficient avant même que ces titulaires ne leur en confient la gestion.

La première section de ce chapitre II traite de l' « entrée » en gestion en envisageant les conditions et les effets de l'autorisation de gestion des droits tandis que la seconde régit la « sortie » de cette gestion par résiliation de l'autorisation de gestion des droits. ❑

Art. L. 322-1 Les organismes de gestion collective informent les titulaires de droits qui souhaitent leur confier la gestion de ceux-ci des droits dont ils bénéficient en application des articles L. 322-3 à L. 322-7 et L. 324-4 ainsi que des modalités d'exercice du droit prévu par ce dernier, avant d'obtenir leur consentement pour cette gestion.

Ils sont également tenus de leur fournir, préalablement à leur consentement, des informations concernant les frais de gestion et les autres déductions effectuées sur les revenus mentionnés au a de l'article L. 324-9.

Ces dispositions sont applicables dans les îles Wallis-et-Futuna (Ord. n° 2016-1823 du 22 déc. 2016, art. 6).

Les organismes de gestion collective informent les titulaires de droits, qui leur ont déjà donné leur consentement à la gestion de leurs droits patrimoniaux à la date de publication de l'Ord. n° 2016-1823 du 22 déc. 2016 (JO 23 déc.), des nouveaux droits institués à leur profit par le chap. II du tit. II du livre III et par l'art. L. 324-4 dans leur rédaction issue de l'Ord. préc., dans les trois mois à compter de la modification de leurs statuts (Ord. préc., art. 5-I).

Art. L. 322-2 L'obligation d'information prévue à l'article L. 322-1 ainsi que les droits qu'il mentionne sont portés à la connaissance de tout titulaire de droit dans un document de référence aisément accessible.

V. note ss. art. L. 321-1.

SECTION I CONDITIONS ET EFFETS DE L'AUTORISATION DE GESTION DES DROITS

COMMENTAIRE

Cette section I organise les conditions dans lesquelles les organismes sont tenus d'accepter l'autorisation de gestion que leur confient les titulaires de droits. Si le fractionnement des droits est normalement possible, il est loisible aux organismes, en certains cas, d'imposer un apport de droits indissociables pour des raisons d'« efficience » (V. Dir. n° 2014/26/UE du 26 févr. 2014, consid. 19, App., v° *Propriété littéraire et artistique, I – Dispositions communes*).

Art. L. 322-3 L'autorisation de gestion des droits par l'organisme de gestion collective porte, au choix du titulaire, sur tout ou partie des droits, catégories de droits, types d'œuvres ou autres objets protégés et territoires définis par les statuts ou le règlement général de l'organisme. L'étendue de cette autorisation est précisée dans un document auquel le titulaire de droits a donné son consentement, y compris par voie électronique.

La liberté de définir l'étendue des droits que leur titulaire autorise un organisme à gérer ne fait pas obstacle à ce que l'organisme fixe, compte tenu de son objet social, de son activité et de ses moyens, les cas dans lesquels un apport de droits indissociables peut être imposé en vue d'en garantir une gestion efficiente.

V. note ss. art. L. 321-1.

Art. L. 322-4 Les organismes de gestion collective sont tenus d'accepter la gestion des droits dans les conditions prévues à l'article L. 322-3 dès lors que cette gestion relève de leur domaine d'activité.

Les conditions qu'ils fixent reposent sur des critères publics, objectifs, transparents et non discriminatoires.

Le refus d'un organisme d'accéder à une demande de gestion de droits patrimoniaux doit être écrit et énoncer les motifs de droit et de fait de la décision.

V. note ss. art. L. 321-1.

SECTION II RÉSILIATION DE L'AUTORISATION DE GESTION DES DROITS

COMMENTAIRE

Les articles L. 322-5 à L. 322-7 ont trait aux conditions qui entourent la résiliation de l'autorisation de gestion des droits par le titulaire de droits (délai de préavis), tout en précisant les droits auxquels ce dernier peut encore prétendre après la prise d'effet de la résiliation.

Ces divers principes ne trouvent pas à s'appliquer lorsque les droits en cause sont gérés par des organismes de gestion collective dans le cadre des dispositifs de gestion collective obligatoire ou de compensation (art. L. 322-8 reprenant les précisions des consid. 12 et

13 de la Dir. 2014/26/UE du 26 févr. 2016, V. App., v° *Propriété littéraire et artistique, I – Dispositions communes*).

Art. L. 322-5 **Un titulaire de droits peut résilier à tout moment, en tout ou partie, dans les limites arrêtées par l'organisme et mentionnées au second alinéa de l'article L. 322-3, l'autorisation qu'il a donnée à l'organisme de gestion collective de gérer ses droits patrimoniaux.**

V. note ss. art. L. 321-1.

Art. L. 322-6 **L'organisme de gestion collective fixe et rend publiques les modalités de la résiliation, en particulier le délai de préavis, qui ne peut excéder six mois.**

Il peut cependant prévoir que la résiliation ne prend effet qu'à la fin de l'exercice social.

La résiliation ne peut pas être subordonnée à la condition de confier la gestion des droits en cause à un autre organisme de gestion collective.

V. note ss. art. L. 321-1.

Art. L. 322-7 **Si des sommes sont dues à un titulaire de droits pour des actes d'exploitation exécutés avant que sa demande de résiliation totale ou partielle n'ait pris effet, ou dans le cadre d'une autorisation d'exploitation octroyée avant cette date d'effet, il conserve les droits que lui confèrent les dispositions des troisième et quatrième alinéas de l'article L. 324-10, des I et II de l'article L. 324-12, des articles L. 324-14, L. 324-18, L. 325-7, des I et II de l'article L. 326-3 et des articles L. 326-4 et L. 328-1.**

V. note ss. art. L. 321-1.

Art. L. 322-8 **Les dispositions du présent chapitre ne sont pas applicables lorsque les droits en cause sont gérés par l'organisme en application des dispositions des articles L. 122-10, L. 132-20-1, L. 133-2, L. 134-3, L. 214-5, L. 217-2 et L. 311-6.**

V. note ss. art. L. 321-1.

CHAPITRE III ORGANISATION DES ORGANISMES DE GESTION COLLECTIVE

COMMENTAIRE

Le législateur pose les principes de participation effective et de représentation équilibrée des différentes catégories de membres dans le processus de décision des organismes de gestion collective, en précisant que les règles mettant en œuvre ces principes dans les documents statutaires de ces organismes.

Le code de la propriété intellectuelle prévoit minutieusement tout un corps de règles ayant trait :

– à l'adhésion des membres (sect. I),

– aux décisions collectives des membres (sect. II),

– aux organes de gestion, d'administration et de direction des organismes de gestion collective (sect. III),

– aux organes de surveillance (sect. IV).

Art. L. 323-1 **Les statuts des organismes de gestion collective prévoient des règles permettant la participation effective de leurs membres à leur processus de décision et assurent, au sein de ce dernier, une représentation équilibrée des différentes catégories de membres.**

Lorsque les droits et règles garantissant aux membres et aux tiers l'exercice de ces droits ou leur information ne figurent pas dans les statuts, ils sont régis par un règlement général de l'organisme adopté par l'assemblée générale des membres.

V. note ss. art. L. 321-1.

SECTION I ADHÉSION DES MEMBRES

COMMENTAIRE

Les organismes de gestion collective doivent tenir à jour le registre de leurs membres, ce qui permettra la bonne gestion des droits de ces derniers.

Art. L. 323-2 Ne peuvent être membres d'un organisme de gestion collective que les titulaires de droits mentionnés au premier alinéa de l'article L. 321-1 et, le cas échéant, des entités regroupant des titulaires de droits, notamment des organismes de gestion collective.

Les conditions d'adhésion à l'organisme de gestion collective et de refus éventuel de celui-ci sont soumises aux règles définies aux articles L. 322-3 et L. 322-4.

V. note ss. art. L. 321-1.

Art. L. 323-3 Les organismes de gestion collective tiennent à jour les registres de leurs membres.

V. note ss. art. L. 321-1.

SECTION II DÉCISIONS COLLECTIVES DES MEMBRES

COMMENTAIRE

Le législateur a fixé les règles applicables aux décisions collectives des membres d'un organisme de gestion collective (art. L. 323-6 et L. 323-7). I organise les compétences de l'assemblée générale ainsi que sa faculté de délégation de certains de ses pouvoirs à l'organe de surveillance (V. *infra*, sect. IV).

Cette assemblée statue ainsi (art. L. 323-6), notamment, sur :
– la politique générale de répartition des droits ;
– la politique générale d'utilisation des irrépartissables ;
– la politique générale d'investissement ;
– la politique générale des déductions.

Elle doit examiner les performances générales des personnes susceptibles d'être nommées (ou révoquées) dans les organes, et détient un pouvoir d'approbation tant de la rémunération que des autres avantages dont bénéficient ces personnes.

Les articles L. 323-8 et L. 323-9 :
– fixe les règles applicables à la participation des membres à l'assemblée générale (droit de vote et désignation de mandataires) ;
– et règle aussi la situation d'un organisme de gestion collective qui ne disposerait pas, en raison de sa forme juridique, d'une assemblée générale de ses membres (art. L. 323-10).

Art. L. 323-4 Les décisions collectives des membres sont prises conformément aux dispositions particulières à la forme juridique adoptée par l organisme de gestion collective, sous réserve des dispositions de la présente section.

V. note ss. art. L. 321-1.

Art. L. 323-5 L'assemblée générale des membres est réunie au moins une fois par an.
— V. note ss. art. L. 321-1. — V. art. R. 321-4.

Art. L. 323-6 L'assemblée générale adopte les statuts et le règlement général, décide de toute modification à y apporter et fixe dans l'un de ces instruments les conditions d'adhésion à l'organisme de gestion collective.

Lorsque l'organisme est doté d'un conseil d'administration ou d'un conseil de surveillance, ou de tout autre organe collégial d'administration autre que celui composé des dirigeants de l'organisme, l'assemblée générale nomme et révoque ses membres dans les conditions fixées par la loi et par les statuts. Elle approuve leur rémunération et les autres avantages dont ils bénéficient.

L'assemblée générale nomme et révoque le commissaire aux comptes.

L'assemblée générale statue également sur :

1° La politique générale de répartition des sommes dues aux titulaires de droits ;

2° La politique générale d'utilisation des sommes qui ne peuvent être réparties ;

3° La politique générale d'investissement des revenus provenant de l'exploitation des droits et des recettes résultant de cet investissement ;

4° La politique générale des déductions effectuées sur ces revenus et recettes ;

5° L'utilisation, durant l'exercice précédent, des sommes qui n'ont pu être réparties ;

6° La politique de gestion des risques ;

7° L'approbation de toute acquisition, vente d'immeubles ou hypothèque sur ceux-ci ;

8° L'approbation des opérations de fusion ou d'alliance, de la création de filiales, et de l'acquisition d'autres entités ou de participations ou de droits dans d'autres entités ;

9° L'approbation des opérations d'emprunt, d'octroi de prêts ou de constitution de garanties d'emprunts.

Elle approuve le rapport annuel de transparence mentionné à l'article L. 326-1.

V. note ss. art. L. 321-1.

Art. L. 323-7 L'assemblée générale des membres peut déléguer tout ou partie des pouvoirs énumérés aux 6°, 7°, 8° et 9° de l'article L. 323-6 à l'organe de surveillance prévu à l'article L. 323-14 dans des conditions qu'elle détermine. L'organe de surveillance ne peut déléguer ces compétences.

V. note ss. art. L. 321-1.

Art. L. 323-8 Tous les membres d'un organisme de gestion collective ont le droit de participer et de voter à l'assemblée générale dans les conditions fixées par la loi et par les statuts et le règlement général.

Ils peuvent voter par voie électronique. Leur participation et l'exercice de leur droit de vote à l'assemblée générale ne peuvent être restreints par les statuts ou le règlement général qu'en fonction de la durée de leur adhésion ou du montant des revenus qu'ils ont reçu ou qui leur sont dus au titre de l'exploitation de leurs droits, sous réserve que ces critères, qui peuvent être cumulés, soient définis et appliqués de manière équitable et proportionnée.

V. note ss. art. L. 321-1.

Art. L. 323-9 Les membres de l'organisme de gestion collective peuvent donner mandat à un autre membre à l'effet de les représenter à l'assemblée générale et de voter en leur nom, à condition que cette désignation ne crée pas de conflit d'intérêts, en particulier lorsque le mandant et le mandataire relèvent de catégories différentes de titulaires de droits au sein de l'organisme.

Chaque mandat est valable pour une seule assemblée générale. Le mandataire jouit des mêmes droits que ceux dont le membre qui l'a désigné aurait bénéficié lors de l'assemblée générale. Le mandataire vote conformément aux instructions de vote données, le cas échéant, par le membre qui l'a désigné.

Les statuts et le règlement général peuvent prévoir des restrictions concernant la désignation des mandataires et l'exercice des droits de vote des membres qu'ils représentent, et notamment limiter le nombre de mandats dont dispose un mandataire, sous réserve que celles-ci ne compromettent pas la participation appropriée et effective des membres au processus de décision de l'organisme.

V. note ss. art. L. 321-1.

Art. L. 323-10 Lorsque l'organisme de gestion collective ne dispose pas, en raison de sa forme juridique, d'une assemblée générale de ses membres, les compétences de celle-ci, prévues à l'article L. 323-6, sont exercées par l'organe de surveillance prévu à l'article L. 323-14. Les règles prévues aux articles L. 323-5, L. 323-8 et L. 323-9 s'appliquent alors à cet organe.

Si l'ensemble des membres de l'organe sont des personnes morales représentant des titulaires de droit, les statuts peuvent en outre prévoir que tout ou partie des pouvoirs de l'assemblée générale sont exercés par un organe réunissant ces personnes morales.

V. note ss. art. L. 321-1.

SECTION III ORGANES DE GESTION, D'ADMINISTRATION ET DE DIRECTION

COMMENTAIRE

Le législateur exige des organismes de gestion collective – sans imposer de procédure type particulière – la mise en place de procédures administratives et comptables assurant un contrôle interne effectif des membres de leur organe d'administration et de leurs représentants légaux (art. L. 323-11), notamment pour assurer la prévention et le traitement des conflits d'intérêts (art. L. 323-12).

En dépit de la liberté qu'elle entend laisser aux organismes, la loi impose l'établissement d'une déclaration d'intérêts, individuelle et annuelle, disponible pour les membres de l'assemblée générale (art. L. 323-13).

Art. L. 323-11 Les statuts ou le règlement général des organismes de gestion collective prévoient les procédures administratives et comptables assurant un contrôle interne effectif des membres de l'organe d'administration et des représentants légaux.

V. note ss. art. L. 321-1.

Art. L. 323-12 Les statuts ou le règlement général des organismes prévoient des procédures assurant la prévention et le traitement des conflits d'intérêts qui pourraient survenir dans l'exercice des fonctions des membres des organes de gestion, d'administration et de direction, de manière à éviter qu'ils ne portent atteinte aux intérêts collectifs des titulaires de droits qu'ils représentent.

V. note ss. art. L. 321-1.

Art. L. 323-13 Les procédures mentionnées à l'article L. 323-12 prévoient notamment l'établissement d'une déclaration individuelle annuelle par chacun des membres, personnes physiques, du conseil d'administration, ou du conseil de surveillance et du directoire lorsque l'organisme en est doté, ainsi que par chacun des représentants légaux, précisant :

1° Tout intérêt qu'il détient dans l'organisme de gestion collective ;

2° Toute rémunération qu'il a perçue lors de l'exercice précédent de l'organisme, y compris sous la forme de prestations de retraite, d'avantages en nature ou de tout autre avantage ;

3° Tout revenu qu'il a perçu, lors de l'exercice précédent, de l'organisme en tant que titulaire de droits ;

4° Tout conflit réel ou potentiel entre ses intérêts personnels et ceux de l'organisme ou entre ses obligations envers celui-ci et celles qu'il a envers toute autre personne physique ou morale.

Cette déclaration est tenue à la disposition des membres de l'assemblée générale pendant un délai de deux mois avant la réunion annuelle de cette assemblée au siège de l'organisme de gestion collective. Les conditions de sa consultation doivent assurer le respect de la vie privée, de la protection des données personnelles et du secret des affaires.

Les statuts ou le règlement général déterminent les sanctions applicables à la personne qui omet de transmettre sa déclaration complète à l'organisme dans les délais qu'ils fixent ou qui mentionne des informations erronées dans ce document. Ces sanctions doivent être graduelles et proportionnées.

V. note ss. art. L. 321-1.

SECTION IV ORGANE DE SURVEILLANCE

COMMENTAIRE

L'article L. 323-14 impose la création, au sein des organismes de gestion collective, d'un organe collégial (établissant un rapport à l'assemblée générale) ayant pour mission :

– la surveillance des activités des organes de gestion, d'administration et de direction de ces organismes (contrôle des activités et de l'accomplissement des missions du conseil d'administration et du directeur général),

– l'exercice de certaines compétences qui lui seraient déléguées par l'assemblée générale des membres de l'organisme (V. *supra*, art. L. 323-7),

– l'émission d'un avis sur les refus opposés par l'organisme de gestion collective aux demandes de communication de documents présentées par ses membres (art. L. 326-5 et R. 321-20).

Cet organe de surveillance est ainsi conduit à contrôler les ressources et les charges et à vérifier la comptabilité générale de l'organisme de gestion. ❑

Art. L. 323-14 **Les statuts des organismes de gestion collective instituent un organe collégial de surveillance des activités des organes de gestion, d'administration et de direction.**

Cet organe est le conseil de surveillance lorsque l'organisme en est doté. Les dispositions du deuxième alinéa de l'article L. 225-68 du code de commerce ne s'appliquent que si l'assemblée générale a fait usage de la faculté de déléguer que lui reconnaît l'article L. 323-7.

Cet organe ne peut être un comité composé d'administrateurs du conseil d'administration ne prenant pas part à la gestion d'un organisme que lorsque celui-ci a adopté la forme d'une association dont les statuts n'attribuent pas au conseil d'administration des pouvoirs de gestion de l'association.

Il se réunit au moins une fois par semestre. Il a pour mission :

1° De contrôler l'activité des organes de gestion, d'administration et de direction, notamment la mise en œuvre des décisions de l'assemblée générale, en particulier s'agissant des politiques générales énumérées aux points *a* à *d* du quatrième alinéa de l'article L. 323-6 ;

2° D'exercer les compétences qui lui sont déléguées par l'assemblée générale, notamment dans les cas prévus par l'article L. 323-7 ;

3° D'émettre un avis sur les refus opposés par l'organisme de gestion collective aux demandes de communication de documents présentées par ses membres en application de l'article L. 326-5.

Il rend compte, au moins une fois par an, de l'exercice de ses missions à l'assemblée générale.

V. note ss. art. L. 321-1.

Art. L. 323-15 **Les membres de l'organe de surveillance sont élus par l'assemblée générale.**

Les règles statutaires régissant leur désignation assurent une représentation équilibrée des différentes catégories de membres de l'assemblée générale au sein de l'organe de surveillance. Elles peuvent autoriser l'élection de personnes physiques qui ne sont pas membres de l'organisme, sous réserve que ces derniers demeurent majoritaires au regard du nombre de droits de vote détenus ou du nombre de personnes siégeant au sein de l'organe de surveillance.

Aucun membre de cet organe ne peut être salarié ni appartenir aux organes de gestion, d'administration ou de direction de l'organisme de gestion collective.

V. note ss. art. L. 321-1.

CHAPITRE IV GESTION DES DROITS

COMMENTAIRE

Ce chapitre IV détermine les règles applicables à la gestion des droits patrimoniaux des titulaires de droits par les organismes de gestion collective. Étant entendu :

– que, dans un but informatif, les modalités de gestion de ces droits doivent figurer dans les statuts ou le règlement général des organismes de gestion collective afin d'assurer l'information des titulaires de droits ;

– et qu'il existe un principe général d'égalité de traitement (tarifs applicables, frais de gestion, conditions de perception et de répartition des revenus).

Le législateur prenant soin de préciser plus en détail :

– les règles applicables à l'octroi d'autorisations d'exploitation et à la perception des revenus issus de l'exploitation des droits (sect. I) ;

– les règles applicables à la gestion des revenus issus de l'exploitation des droits (sect. I et II). ❑

Art. L. 324-1 **Les modalités de gestion par l'organisme des droits patrimoniaux qui lui sont confiés sont fixées soit par les statuts, soit par le règlement général, conformément aux dispositions du présent chapitre.**

V. note ss. art. L. 321-1.

Art. L. 324-2 **Les organismes de gestion collective respectent le principe d'égalité de traitement dans la gestion des droits patrimoniaux de l'ensemble des titulaires de droits qu'ils représentent, y compris dans le cas où cette gestion s'exerce au titre d'un accord de représentation.**

V. note ss. art. L. 321-1.

SECTION I OCTROI DES AUTORISATIONS D'EXPLOITATION ET PERCEPTION DES REVENUS ISSUS DE L'EXPLOITATION DES DROITS

COMMENTAIRE

Le régime mis en place mêle solutions nouvelles (imposées par les art. 5.3, 16 et 17 de la Dir. 2014/26/UE du 26 févr. 2014, V. App., vº *Propriété littéraire et artistique, I – Dispositions communes*) et solutions antérieures à la loi nouvelle.

Au titre des solutions antérieures :
– l'article L. 324-3 reprend l'ancien article L. 321-2 (V. cet art. et sa juris. ss. art. L. 328-2) en précisant que les contrats conclus par les organismes de gestion collective avec les utilisateurs sont des actes civils ;
– l'article L. 324-5 reprend la solution de l'ancien article L. 321-10 offrant aux organismes de gestion collective la possibilité de conclure des contrats généraux d'intérêt commun avec les utilisateurs de leur répertoire ;
– le troisième alinéa de l'article L. 324-6 reprend l'obligation pour les organismes de gestion collective de prévoir des tarifs préférentiels au profit d'associations d'intérêt général qui organisent des manifestations ne donnant pas lieu à entrée payante (anc. art. L. 321-8).

Les solutions nouvelles réglementent très précisément l'octroi des autorisations d'exploitation et la perception des revenus issus de l'exploitation des droits :
– l'article L. 324-4 offre, aux titulaires de droits, la faculté d'octroyer à des tiers des autorisations d'exploitation pour des utilisations non commerciales de leurs œuvres, ces autorisations pouvant être fractionnées (leurs conditions d'octroi sont fixées par les statuts ou le règlement général des organismes) ;
– l'article L. 324-6 pose le principe d'objectivité, de transparence et de non-discrimination dans l'octroi des autorisations d'exploitation par les organismes de gestion collective. Qualités auxquelles il convient d'ajouter un devoir de bonne foi dans la négociation (résultant tant de l'art. 1112 C. civ. que de l'art. 16.1 de la Dir. 2014/26/UE du 26 févr. 2014) ;
– les articles L. 324-7 et L. 324-8 imposent un devoir de communication et d'échanges d'informations entre les organismes de gestion collective et les utilisateurs. ❑

Art. L. 324-3 **Les contrats conclus par les organismes de gestion collective avec les utilisateurs de tout ou partie de leur répertoire sont des actes civils.**

V. note ss. art. L. 321-1.

Art. L. 324-4 **Les statuts ou le règlement général fixent les conditions dans lesquelles les titulaires de droits peuvent octroyer à des tiers des autorisations d'exploitation pour des utilisations non commerciales de droits ou catégories de droits dont ils ont confié la gestion à l'organisme, portant sur certains types d'œuvres ou d'autres objets protégés de leur choix.**

V. note ss. art. L. 321-1.

Art. L. 324-5 **Les organismes de gestion collective des droits des producteurs de phonogrammes et de vidéogrammes et des artistes-interprètes ont la faculté, dans la limite des mandats qui leur sont donnés soit par tout ou partie des membres, soit par des organismes étrangers ayant le même objet, d'exercer collectivement les droits prévus aux articles L. 213-1 et L. 215-1 en concluant des contrats généraux d'intérêt com-**

mun avec les utilisateurs de phonogrammes ou de vidéogrammes dans le but d'améliorer la diffusion de ceux-ci ou de promouvoir le progrès technique ou économique.

V. note ss. art. L. 321-1.

Art. L. 324-6 **Les conditions d'octroi par les organismes de gestion collective des autorisations d'exploitation des droits sont fondées sur des critères objectifs, transparents et non discriminatoires.**

Le montant des rémunérations demandées par les organismes pour l'exploitation des droits est raisonnable et garantit que les titulaires de droits qu'ils représentent perçoivent une rémunération appropriée pour ces exploitations. Il tient compte, notamment, de la valeur économique des droits exploités, qu'il s'agisse de droits exclusifs ou de droits à rémunération, de la nature et de l'étendue de l'utilisation des œuvres et autres objets protégés sur lesquels portent ces droits, et de la valeur économique du service fourni par l'organisme de gestion collective.

Les statuts ou le règlement général des organismes doivent prévoir les conditions dans lesquelles les associations ayant un but d'intérêt général bénéficient, pour leurs manifestations ne donnant pas lieu à entrée payante, d'une réduction sur le montant des droits d'auteur et des droits voisins de ceux-ci qu'elles auraient à verser.

Lorsque des autorisations d'exploitation sont octroyées par les organismes de gestion collective à un utilisateur fournissant un nouveau type de service en ligne mis à la disposition du public de l'Union européenne depuis moins de trois ans, les conditions d'octroi de ces autorisations ne sauraient constituer des précédents pour déterminer les conditions d'octroi d'autres autorisations d'exploitation. Le délai de trois ans court à compter du premier contrat concernant le service considéré.

V. note ss. art. L. 321-1.

Art. L. 324-7 **Les organismes de gestion collective permettent aux utilisateurs de communiquer avec eux par voie électronique.**

Ils répondent dans un délai raisonnable aux demandes des utilisateurs et les informent des conditions d'octroi des autorisations d'exploitation, des critères qu'ils mettent en œuvre pour fixer le montant de la rémunération due et des informations qui leur sont nécessaires pour pouvoir proposer une autorisation d'exploitation.

Après réception de ces informations, l'organisme, dans un délai raisonnable, propose une autorisation d'exploitation ou adresse à l'utilisateur une réponse motivée expliquant les raisons pour lesquelles il n'entend pas octroyer l'autorisation sollicitée.

V. note ss. art. L. 321-1.

Art. L. 324-8 **Lorsqu'une autorisation d'exploitation est octroyée, l'utilisateur est tenu de communiquer à l'organisme de gestion collective, dans un format et dans un délai convenus entre les parties ou préétablis, les informations pertinentes sur l'utilisation qu'il a faite des droits, de telle sorte que l'organisme soit en mesure d'assurer la perception et la répartition des revenus provenant de l'exploitation de ces droits.**

Pour définir le format à respecter pour la communication de ces informations, les organismes et les utilisateurs prennent en considération, dans la mesure du possible, les normes sectorielles volontaires, en particulier les identifiants standard des œuvres et autres objets protégés. A défaut d'accord entre les parties dans un délai raisonnable, ces informations sont celles définies par un arrêté du ministre chargé de la culture pour le secteur d'activité concerné.

V. note ss. art. L. 321-1.

SECTION II GESTION DES REVENUS ISSUS DE L'EXPLOITATION DES DROITS

COMMENTAIRE

Le régime de la gestion des revenus est issu tant de la transposition des articles 11 à 13 et 15 de la directive 2014/26/UE du 26 février 2014 (V. App., v° *Propriété littéraire et artistique, I – Dispositions communes*) que de la reprise de certaines des solutions antérieures à la réforme.

Ce statut impose :

– l'obligation, pour les organismes de gestion collective, de réaliser une stricte séparation dans leurs documents comptables entre les revenus provenant de l'exploitation des droits et les actifs propres éventuels de ces organismes (art. L. 324-9) ;

– l'obligation d'affecter les revenus provenant de l'exploitation des droits à leur répartition parmi les titulaires de droits (art. L. 324-10, al. 1er), déduction faite de certaines sommes, correspondant notamment aux frais de gestion, sous certaines limites (al. 25 de l'art. L. 324-10, par ex., coûts justifiés) ;

– des règles encadrant l'investissement des revenus provenant de l'exploitation des droits (art. L. 324-11) ;

– un cadre très précis quant aux délais de répartition des droits (art. L. 324-12 transposant l'art. 13.1 de la Dir. 2014/26/UE préc.) ;

– les obligations (art. L. 324-13, L. 324-14 et L. 324-15) applicables aux organismes de gestion collective à propos des sommes qui ne peuvent être réparties ou versées dans le délai de neuf mois imparti (phases successives pour identifier et localiser les titulaires de droits ; présentation séparée dans les comptes ; informations accessibles en ligne) ;

– le cadre des actions culturelles (art. L. 324-17), toutes fondées sur des critères équitables (art. L. 324-18, transposant l'art. 12.4 de la Dir. 2014/26/UE préc.). ☐

Art. L. 324-9 Les organismes de gestion collective établissent des comptes annuels comportant un bilan, un compte de résultat et une annexe, conformément à un règlement de l'autorité des normes comptables et de manière à séparer :

1° Les revenus provenant de l'exploitation des droits et toute recette ou actif résultant de l'investissement de ces revenus ;

2° Leurs actifs propres éventuels et les revenus tirés de ceux-ci ou d'autres activités, ainsi que les sommes qu'ils perçoivent au titre de leurs frais de gestion.

Les règles comptables communes aux organismes de gestion collective sont fixées par l'Autorité des normes comptables.

V. note ss. art. L. 321-1.

Art. L. 324-10 Les organismes de gestion collective ne sont pas autorisés à utiliser les revenus mentionnés au 1° de l'article L. 324-9 à des fins autres que leur répartition aux titulaires de droits.

Toutefois, ils peuvent déduire des revenus à répartir certaines sommes, correspondant notamment à leurs frais de gestion, dans les conditions fixées dans le cadre de la politique générale définie par l'assemblée générale des membres.

Ces déductions doivent être justifiées au regard des services rendus aux titulaires de droits.

Les sommes déduites au titre des frais de gestion ne peuvent excéder les coûts justifiés supportés par l'organisme pour la gestion des droits patrimoniaux qui lui est confiée.

Lorsque les revenus et les recettes mentionnés au 1° de l'article L. 324-9 sont perçus par l'organisme au titre d'un accord de représentation, seuls les montants correspondant aux frais de gestion peuvent être déduits de ces revenus, à moins que la personne morale partie à l'accord de représentation n'autorise expressément d'autres déductions.

V. note ss. art. L. 321-1.

Art. L. 324-11 Les organismes de gestion collective investissent les revenus provenant de l'exploitation des droits et les recettes résultant de l'investissement de ces revenus conformément à la politique générale d'investissement et de gestion des risques définie par l'assemblée générale, et aux règles suivantes :

1° S'il existe un quelconque risque de conflit d'intérêts, les organismes de gestion collective veillent à ce que l'investissement serve le seul intérêt des titulaires de droits ;

2° Les actifs sont investis de manière à garantir la sécurité, la qualité, la liquidité et la rentabilité de l'ensemble du portefeuille ;

3° Les actifs sont correctement diversifiés afin d'éviter une dépendance excessive à l'égard d'un actif particulier et l'accumulation de risques dans l'ensemble du portefeuille.

V. note ss. art. L. 321-1.

Art. L. 324-12 I. – Les organismes de gestion collective versent les sommes dues aux titulaires de droits au plus tard neuf mois à compter de la fin de l'exercice au cours duquel les revenus provenant de l'exploitation des droits ont été perçus.

Il ne peut être dérogé à ce délai que pour un motif légitime, notamment le manque d'information permettant l'identification ou la localisation des titulaires de droits bénéficiaires.

II. – Lorsque ces sommes sont versées à un organisme de gestion collective ou un organisme de gestion indépendant représentant le titulaire de droits, un contrat conclu entre ces différents organismes précise le délai dont dispose chacun d'entre eux pour que le titulaire de droits perçoive les sommes qui lui sont dues dans le délai mentionné au I. A défaut de contrat, l'organisme collecteur dispose d'un délai d'un mois à compter de la fin de l'exercice pour verser les sommes dues à l'organisme qui est son membre. Celui-ci doit ensuite verser les sommes dues au titulaire de droits dans le délai fixé au I restant à courir.

Lorsque des organismes de gestion collective ou des organismes de gestion indépendants membres les uns des autres interviennent successivement dans la répartition de ces sommes, un contrat conclu entre eux fixe le délai s'appliquant à chacune des parties, sans que le délai total ne puisse excéder celui prévu au I. A défaut de contrat, l'organisme collecteur dispose d'un délai d'un mois à compter de la fin de l'exercice pour verser les sommes dues et le délai restant à courir est réparti à égalité entre les autres organismes.

III. – Les organismes de gestion collective versent les sommes dues en application d'un accord de représentation dans les conditions prévues au I. Ces sommes doivent ensuite être versées aux titulaires de droits dans un délai de six mois à compter de leur réception, sauf dans le cas prévu au deuxième alinéa du I.

V. note ss. art. L. 321-1.

Art. L. 324-13 Lorsque les sommes dues à des titulaires de droits ne peuvent pas être réparties ou versées dans les délais fixés à l'article L. 324-12 pour les motifs prévus au second alinéa du I de cet article, ces sommes font l'objet d'une gestion et d'une présentation séparées dans les comptes de l'organisme.

V. note ss. art. L. 321-1.

Art. L. 324-14 Les organismes de gestion collective prennent les mesures nécessaires pour identifier et localiser les titulaires de droits. En particulier, au plus tard trois mois après l'échéance du délai fixé au I de l'article L. 324-12, ils rendent facilement accessibles en ligne aux titulaires de droits qu'ils représentent, aux entités représentant ceux-ci lorsqu'elles sont membres de l'organisme de gestion collective, et aux organismes de gestion collective avec lesquels ils ont conclu des accords de représentation, la liste des œuvres et autres objets protégés pour lesquels un ou plusieurs titulaires de droits n'ont pas été identifiés ou localisés. Les éléments d'information relatifs aux œuvres ou autres objets protégés en cause devant être portés à la connaissance de ces personnes, sont déterminés par décret en Conseil d'État. – *V. art. R. 321-5.*

Les organismes vérifient également les registres mentionnés à l'article L. 323-3 ainsi que ceux qui sont pertinents et facilement accessibles.

Si les mesures prévues par les alinéas qui précèdent ne permettent pas d'identifier et de localiser les titulaires de droits, les organismes mettent ces informations à la disposition du public par un service en ligne, au plus tard un an après l'expiration du délai de trois mois prévu au premier alinéa.

V. note ss. art. L. 321-1.

Art. L. 324-15 Si les sommes dues à des titulaires de droits ne peuvent pas être réparties dans un délai de trois ans à compter de la fin de l'exercice au cours duquel ont été perçus les revenus provenant de l'exploitation des droits, et sous réserve que l'organisme de gestion collective ait pris toutes les mesures prévues à l'article L. 324-14 pour identifier et localiser les bénéficiaires, ces sommes sont réputées relever des sommes qui ne peuvent être réparties.

V. note ss. art. L. 321-1.

Art. L. 324-16 **Les actions en paiement des droits perçus par les organismes de gestion collective se prescrivent par cinq ans à compter de la date de leur perception, ce délai étant suspendu pendant les délais de versement prévus à l'article L. 324-12 au plus ou, si elle intervient avant, jusqu'à la date de leur mise en paiement. La date de répartition ou de mise en paiement est portée à la connaissance de tout titulaire de droit dans un document de référence aisément accessible.**

V. note ss. art. L. 321-1.

Art. L. 324-17 **Les organismes de gestion collective utilisent à des actions d'aide à la création, à la diffusion du spectacle vivant, au développement de l'éducation artistique et culturelle et à des actions de formation des artistes :**

1° 25 % des sommes provenant de la rémunération pour copie privée ;

2° La totalité des sommes perçues en application des articles L. 122-10, L. 132-20-1, L. 214-1, L. 217-2 et L. 311-1 et qui n'ont pu être réparties soit en application des conventions internationales auxquelles la France est partie, soit parce que leurs destinataires n'ont pas pu être identifiés ou retrouvés avant l'expiration du délai prévu à l'article L. 324-16.

Ils peuvent utiliser à ces actions tout ou partie des sommes visées au 2° à compter de la fin de la troisième année suivant la date de leur mise en répartition, sans préjudice des demandes de paiement des droits non prescrits.

La répartition des sommes correspondantes, qui ne peut bénéficier à une seule personne, est soumise à un vote de l'assemblée générale de l'organisme de gestion collective, qui se prononce à la majorité des deux tiers. A défaut d'une telle majorité, une nouvelle assemblée générale, convoquée spécialement à cet effet, statue à la majorité simple.

L'aide au développement de l'éducation artistique et culturelle s'entend des concours apportés par des auteurs ou des artistes-interprètes aux actions mentionnées au 9° de l'article 3 de la loi n° 2016-925 du 7 juillet 2016 relative à la liberté de la création, à l'architecture et au patrimoine.

V. note ss. art. L. 321-1.

V. art. R. 321-6 et R. 321-7.

Art. L. 324-18 **Les conditions d'accès aux actions mentionnées à l'article L. 324-17 et aux prestations des organismes de gestion collective financées à l'aide des sommes mentionnées au deuxième alinéa de l'article L. 324-10 sont fondées sur des critères équitables.**

V. note ss. art. L. 321-1.

CHAPITRE V AUTORISATIONS D'EXPLOITATION MULTITERRITORIALES DE DROITS EN LIGNE SUR LES ŒUVRES MUSICALES

COMMENTAIRE

Le secteur de la musique a toujours été très attaché, pour la gestion collective des droits d'auteur, au système de la territorialité. Historiquement, chaque société d'auteurs confiait à ses homologues un mandat de gestion pour leur seul territoire d'exercice (accord de représentation). Cette solution n'avait pas du tout la faveur des autorités européennes.

Ces dernières ont voulu créer un cadre facilitant « l'agrégation volontaire des répertoires musicaux et des droits », de manière à réduire « le nombre de licences nécessaire à un utilisateur pour fournir un service multirépertoire multiterritorial » (Dir. 2014/26/UE du 26 févr. 2014, art. 23 à 32, V. App., v° *Propriété littéraire et artistique, I – Dispositions communes*). Il s'est agi de favoriser l'éclosion de pratiques plus efficaces en matière d'octroi de licences en cas d'utilisation transfrontalière.

D'où la mise en place d'un dispositif imposant des conditions élémentaires d'octroi d'autorisations d'exploitation multiterritoriales de droits en ligne (définies à l'art. L. 325-1) données au titre du droit d'auteur sur le territoire de plus d'un État membre de l'Union européenne. Tout organisme de gestion collective qui propose ce type d'autorisation est tenu de représenter le répertoire d'autres organismes ne remplissant pas les conditions pour les octroyer (art. L. 325-3). Les conditions dans lesquelles les organismes de gestion collective peuvent octroyer des autorisations d'exploitation couvrant le territoire de plus d'un État membre de l'Union européenne ainsi que l'obligation pour les prestataires de services en ligne de présenter aux organismes de gestion collective des relevés d'exploitation précis sont énoncées à l'article L. 325-2.

Seules les sociétés d'auteurs aptes à satisfaire certaines conditions d'efficience et de transparence peuvent délivrer des licences multiterritoires pour l'exploitation de musique en ligne :
– traiter les données nécessaires à la gestion des licences,
– identifier avec précision les droits gérés,
– facturer, puis répartir avec exactitude et sans retard les sommes dues aux ayants droit.

L'article L. 325-4 prévoit la possibilité, les conditions et les conséquences de la résiliation de son autorisation par le titulaire de droits ayant préalablement autorisé un organisme de gestion collective d'accorder des autorisations d'exploitation multiterritoriales.

Les conséquences de la construction nouvellement mise en place sont les suivantes :
– obligation de *« must carry »* à la charge des sociétés d'auteurs qui remplissent les conditions définies par la directive (obligation de gérer les répertoires des sociétés qui ne satisfont pas à ces conditions) ;
– possibilité pour les ayants droit dont la société d'appartenance ne peut ou ne veut délivrer d'autorisations multiterritoriales de confier leurs droits à une société d'auteurs habilitée.

Les litiges relatifs aux autorisations d'exploitation multiterritoriales peuvent être portés devant un juge ou un médiateur (art. L. 325-5).

L'article L. 325-6 aménage un régime spécifique pour l'octroi des autorisations d'exploitation multiterritoriales au profit des radiodiffuseurs dans le cadre de la reprise en ligne de leurs émissions, qu'elle soit simultanée ou postérieure, ainsi que pour la diffusion de contenus présentant un caractère accessoire à la première diffusion des programmes télévisés qu'ils proposent. ❑

Art. L. 325-1 **Constitue une autorisation d'exploitation multiterritoriale de droits en ligne sur une œuvre musicale au sens du présent code une autorisation d'exploitation d'une œuvre musicale, octroyée au titre du droit d'auteur, à un prestataire de services en ligne sur le territoire de plus d'un État membre de l'Union européenne.**

V. note ss. art. L. 321-1.

Art. L. 325-2 **I. — Les organismes de gestion collective peuvent, dans des conditions fixées par décret en Conseil d'État, octroyer des autorisations d'exploitation multiterritoriales de droits en ligne sur des œuvres musicales sous réserve qu'ils disposent des moyens leur permettant de traiter par voie électronique les données nécessaires à la gestion de ces autorisations.** — *V. art. R. 321-8 s.*

II. — Les prestataires de services en ligne sont tenus de rendre compte avec exactitude de l'utilisation effective des droits qui leur sont octroyés dans le cadre de ces autorisations.

V. note ss. art. L. 321-1.

Art. L. 325-3 **Lorsqu'un organisme de gestion collective est en capacité d'octroyer des autorisations d'exploitation multiterritoriales de droits en ligne sur des œuvres musicales conformément aux dispositions du présent chapitre, il ne peut refuser le mandat de gestion de telles autorisations que décide de lui confier un autre organisme qui ne propose pas ce type d'autorisations sur les œuvres musicales de son propre répertoire.**

Toutefois, l'organisme sollicité n'est tenu d'accepter ce mandat que s'il octroie déjà ou propose déjà l'octroi d'autorisations d'exploitation multiterritoriales pour la même catégorie de droits en ligne que ceux objets de la demande, sur des œuvres musicales figurant dans le répertoire d'un ou de plusieurs autres organismes.

V. note ss. art. L. 321-1.

V. art. R. 321-12 et R. 321-13.

Art. L. 325-4 *(Ord. nº 2016-1823 du 22 déc. 2016, art. 1er, en vigueur le 10 avr. 2017)* **Les titulaires de droits qui ont autorisé un organisme de gestion collective à octroyer**

des autorisations d'exploitation multiterritoriales de droits en ligne sur des œuvres musicales peuvent résilier cette autorisation dans le cas où cet organisme n'octroierait pas ou ne proposerait pas l'octroi de telles autorisations d'exploitation sur ces œuvres et n'aurait pas permis à un autre organisme de gestion collective d'en octroyer pour son compte. Une telle résiliation n'affecte pas les autres autorisations qu'ils ont données à l'organisme pour la gestion de leurs droits d'auteur.

Ils peuvent alors octroyer eux-mêmes des autorisations d'exploitation multiterritoriales pour leurs droits en ligne sur des œuvres musicales ou le faire par l'intermédiaire d'un tiers auquel ils accordent l'autorisation ou de tout autre organisme de gestion collective qui respecte les dispositions du présent chapitre.

V. note ss. art. L. 321-1.

V. Dir. 2014/26/UE du 26 févr. 2014, art. 31, V. App., v° Propriété littéraire et artistique, I – Dispositions communes.

Art. L. 325-5 Sans préjudice du droit des parties de saisir le juge, les litiges relatifs aux autorisations d'exploitation multiterritoriales de droits en ligne sur les œuvres musicales peuvent être soumis au médiateur mentionné à l'article L. 327-6 dans les conditions prévues au chapitre VII du présent titre.

V. note ss. art. L. 321-1.

Art. L. 325-6 Les dispositions du présent chapitre ne s'appliquent pas aux organismes de gestion collective lorsqu'ils octroient une autorisation d'exploitation multiterritoriale de droits en ligne sur des œuvres musicales aux entreprises de communication audiovisuelle pour la communication au public ou la mise à la disposition du public :

1° Simultanée ou postérieure des programmes de radio ou de télévision télédiffusés par l'entreprise de communication audiovisuelle ;

2° Des contenus, y compris les prévisualisations, produits par l'entreprise de communication audiovisuelle ou pour son compte, présentant un caractère accessoire à la première diffusion de ses programmes télédiffusés venant ainsi compléter ou prolonger son offre de programmes.

V. note ss. art. L. 321-1.

Art. L. 325-7 Les dispositions de l'article L. 324-12 ne sont pas applicables aux revenus issus de l'octroi d'autorisations d'exploitation multiterritoriales de droits en ligne sur les œuvres musicales.

V. note ss. art. L. 321-1.

CHAPITRE VI TRANSPARENCE ET PROCÉDURES DE CONTRÔLE

SECTION I TRANSPARENCE ET OBLIGATIONS D'INFORMATION

COMMENTAIRE

Cette première section, relative à la transparence et aux obligations d'information, transpose les articles 18 à 22 de la directive 2014/26/UE du 26 février 2014 (V. App., v° *Propriété littéraire et artistique, I – Dispositions communes*).

Les organismes de gestion collective ont, selon l'article L. 326-1, l'obligation d'élaborer et de rendre public un rapport de transparence annuel, comportant un rapport spécial relatif à l'utilisation des sommes (25 % de la rémunération pour copie privée, « irrépartissables »…) déduites aux fins de fourniture de services sociaux, culturels ou éducatifs, provenant de la gestion de droits gérés en licence légale ou en gestion collective obligatoire. Pèse sur eux le devoir de recenser sur une base de données électronique unique le montant, l'utilisation et le nom des bénéficiaires des actions culturelles (art. L. 326-2).

Le législateur (art. L. 326-2) prévoit ainsi les divers éléments objets de l'obligation de transparence :

– jusqu'à préciser les conditions dans lesquelles les organismes de gestion doivent mettre à disposition de chacun des titulaires de droits les informations relatives à la gestion des revenus retirés des exploitations (art. L. 326-3) ;

– ou à détailler l'obligation de répondre aux demandes de renseignement individuelles portant sur le répertoire qu'ils représentent, les types de droits qu'ils gèrent et les territoires couverts et en préciser les conditions (art. L. 326-4).

L'article L. 326-5 réaménage le droit de communication prévu à l'ancien article L. 321-5 (V. cet art. et sa juris., titre II anc. ss. art. L. 328-1). Il maintient la possibilité d'accès aux documents dans un délai de deux mois précédant les assemblées ou décisions collectives tout en élargissant son champ afin qu'elle s'applique, quelle que soit la forme juridique de l'organisme, tandis que l'article L. 326-6 reprend, en l'étendant à l'ensemble des organismes, quelle que soit leur forme juridique, l'ancienne possibilité pour tout groupement représentatif de membres de demander en justice la désignation d'un ou de plusieurs experts aux fins d'élaborer un rapport sur des opérations de gestion.

La transparence, vis-à-vis des utilisateurs, dans les conditions d'octroi des autorisations doit faire apparaître :

– des critères objectifs et non discriminatoires ;

– une rémunération raisonnable tenant compte, notamment de la valeur économique des droits exploités, de la nature et de l'utilisation des œuvres et de la valeur économique du service fourni.

Art. L. 326-1 **Les organismes de gestion collective établissent un rapport de transparence annuel, comportant un rapport spécial portant sur l'utilisation des sommes déduites aux fins de fourniture de services sociaux, culturels ou éducatifs, notamment en application de l'article L. 324-17.**

Ces rapports sont rendus publics et adressés au ministre chargé de la culture et à la commission de contrôle des organismes de gestion des droits d'auteur et des droits voisins, au plus tard dans les huit mois suivant la fin de chaque exercice sur lequel ils portent. — *V. art. R. 321-14.*

V. note ss. art. L. 321-1.

Le rapport de transparence annuel prévu à l'art. L. 326-1 est établi pour le premier exercice clos après la publication de l'Ord. n° 2016-1823 du 22 déc. 2016 (JO 23 déc.) et qui a pu être entièrement tenu comptablement conformément aux exigences de ladite ord. (Ord. préc., art. 5-III).

Art. L. 326-2 **Les organismes de gestion collective établissent et gèrent une base de données électronique unique recensant, avec le nom de leurs bénéficiaires, le montant et l'utilisation des sommes mentionnées à l'article L. 324-17. Cette base est régulièrement mise à jour et mise à disposition gratuitement, sur un service de communication au public en ligne, dans un format ouvert et librement réutilisable.**

Les organismes de gestion collective, sans préjudice de leurs autres obligations légales de publicité, publient également, sur leur site internet, des informations actualisées, précisées par décret en Conseil d'État, et notamment leurs statut, le règlement général, des contrats types et des tarifs standard, la liste des membres de leurs organes de gestion, d'administration et de direction, la politique de distribution des sommes dues aux titulaires de droit, la liste des accords de représentation et de leurs signataires, la politique de gestion des sommes non distribuables, les procédures de traitement des contestations et litiges. — *V. art. R. 321-15.*

V. note ss. art. L. 321-1.

Art. L. 326-3 **I. — Les organismes mettent au moins une fois par an, selon des modalités définies par les statuts ou le règlement général, à la disposition de chacun des titulaires de droits auquel ils ont réparti ou versé des revenus provenant de l'exploitation de leurs droits au cours de l'exercice précédent, des informations relatives à la gestion de ceux-ci déterminées par décret en Conseil d'État.**

II. — Lorsque les revenus provenant de l'exploitation des droits sont répartis ou versés aux titulaires de droits par une personne morale membre de l'organisme, à laquelle celui-ci a attribué les revenus, l'organisme lui communique les informations mentionnées au I sauf si cette personne morale dispose déjà de ces informations.

Cette personne morale est tenue de mettre à la disposition des titulaires de droits qu'elle représente les informations mentionnées au I, dans les mêmes conditions.

III. – Lorsque l'organisme de gestion collective est lié à un autre par un accord de représentation, il met à sa disposition, au moins une fois par an et par voie électronique, au titre des revenus provenant de l'exploitation des droits qu'il lui a attribués ou versés au cours de l'exercice précédent, les informations relatives à la gestion des droits définies par décret en Conseil d'État. – *V. art. R. 321-16.*

V. note ss. art. L. 321-1.

Art. L. 326-4 En réponse à une demande dûment justifiée, les organismes de gestion collective communiquent, par voie électronique et dans un délai n'excédant pas un mois, aux titulaires de droits gérés par l'organisme à quelque titre que ce soit, aux organismes pour le compte desquels ils gèrent des droits au titre d'un accord de représentation et aux utilisateurs, les informations suivantes :

1° Les œuvres ou autres objets protégés qu'ils représentent, les droits qu'ils gèrent, directement ou dans le cadre d'accords de représentation, et les territoires couverts ;

2° Si, en raison du champ d'activité de l'organisme, ces œuvres ou autres objets protégés ne peuvent être déterminés, les types d'œuvres ou d'autres objets protégés qu'ils représentent, les droits qu'ils gèrent et les territoires couverts.

Ils peuvent demander le paiement de frais d'un montant strictement proportionné au coût de la fourniture de ces informations.

Ils sont dispensés de répondre aux demandes individuelles lorsqu'ils mettent ces informations à la disposition du public sur leur site internet.

V. note ss. art. L. 321-1.

Art. L. 326-5 Les conditions dans lesquelles les membres des organismes de gestion collective peuvent obtenir, dans le respect des secrets protégés par la loi, communication de documents ou informations, y compris à caractère nominatif relatifs à l'assemblée ou à l'exercice en cours, dans un délai fixé par les statuts ou le règlement général, qui ne peut être inférieur à deux mois avant l'assemblée générale mentionnée à l'article L. 323-5, sont fixées par décret en Conseil d'État. – *V. art. R. 321-18 et R. 321-20.*

V. note ss. art. L. 321-1.

Art. L. 326-6 Un dixième au moins des membres de l'organisme peut demander en justice la désignation d'un ou *[de]* plusieurs experts chargés de présenter un rapport sur une ou plusieurs opérations de gestion.

Pour le calcul du nombre de membres mentionnés au premier alinéa, les membres d'une entité représentant des titulaires de droit elle-même membre de l'organisme sont regardés comme des membres de l'organisme.

Le ministère public et le comité d'entreprise sont habilités à agir aux mêmes fins.

Le rapport est adressé au demandeur, aux commissaires aux comptes, à l'organe de surveillance, au ministre chargé de la culture, à la commission de l'article L. 327-1, ainsi que, lorsque l'organisme en comporte un, au conseil d'administration et au comité d'entreprise. Ce rapport est annexé à celui établi par les commissaires aux comptes en vue de la première assemblée générale ; il reçoit la même publicité.

V. note ss. art. L. 321-1.

SECTION II CONTRÔLE PAR LES COMMISSAIRES AUX COMPTES

COMMENTAIRE

Les dispositions relatives au contrôle par les commissaires aux comptes des organismes de gestion collective transposent l'obligation prévue à l'article 8.8 de la directive 2014/26/UE du 26 février 2014 (V. App., vº *Propriété littéraire et artistique, I – Dispositions communes*) en reprenant, à l'article L. 326-7, le devoir autrefois énoncé à l'ancien article L. 321-4 (nomination d'un ou de plusieurs commissaires aux comptes).

La vérification par le commissaire aux comptes de la sincérité des comptes et de leur concordance avec les documents comptables présentés est éroncée à l'article L. 326-8 (Dir. 2014/26/UE préc., art. 22.4). ❑

Art. L. 326-7 Les organismes de gestion collective sont tenus de nommer un ou plusieurs commissaires aux comptes.

V. note ss. art. L. 321-1.

Art. L. 326-8 **Le commissaire aux comptes vérifie la sincérité et la concordance avec les documents comptables de l'organisme des informations contenues dans le rapport de transparence annuel prévu à l'article L. 326-1 et dans la base de données prévue au premier alinéa de l'article L. 326-2. Il établit à cet effet un rapport spécial.**

V. note ss. art. L. 321-1.

SECTION III CONTRÔLE PAR LE MINISTRE CHARGÉ DE LA CULTURE

COMMENTAIRE

Sont précisés, dans cette section III reprenant le contenu des anciens articles L. 321-3, L. 321-11 et L. 321-12, le champ et les modalités du contrôle des organismes de gestion collective par le ministère de la Culture, autorité compétente au sens de l'article 36.1 de la directive 2014/26/UE du 26 février 2014 (V. App., v° *Propriété littéraire et artistique, I – Dispositions communes*).

L'article L. 326-9 organise les modalités du contrôle, par le ministre chargé de la culture, des projets de statuts et de règlements généraux des organismes de gestion collective, préalablement à leur constitution.

Par rapport au précédent dispositif, l'article L. 326-10 impose que le contrôle porte également sur les modifications du règlement général ainsi que de la politique générale de répartition des sommes dues aux titulaires de droits (Dir. 2014/26/UE préc., art. 36.1).

Lorsque les organismes de gestion collective ne se conforment pas aux observations dudit ministre tendant à leur mise en conformité à la réglementation qui leur est applicable, celui-ci peut saisir la commission de contrôle (art. L. 326-11), et non plus comme autrefois le tribunal de grande instance.

Art. L. 326-9 **Les projets de statuts et de règlements généraux des organismes de gestion collective sont adressés, préalablement à la constitution de ceux-ci, au ministre chargé de la culture selon les modalités définies par décret en Conseil d'État.**

Dans les deux mois de leur réception, le ministre peut saisir le tribunal de grande instance au cas où des motifs réels et sérieux s'opposeraient à la constitution d'un de ces organismes.

Le tribunal apprécie la qualification professionnelle des fondateurs de ces organismes, les moyens humains et matériels qu'ils proposent de mettre en œuvre pour assurer le recouvrement des droits et l'exploitation de leur répertoire ainsi que la conformité de leurs statuts et de leur règlement général à la réglementation en vigueur. – *V. art. R. 321-22.*

V. note ss. art. L. 321-1.

Art. L. 326-10 **L'organisme de gestion collective communique ses comptes annuels au ministre chargé de la culture et porte à sa connaissance, deux mois au moins avant son examen par l'assemblée générale, tout projet de modification de ses statuts, de son règlement général ou de sa politique générale de répartition des sommes dues aux titulaires de droits.** – *V. art. R. 321-23.*

V. note ss. art. L. 321-1.

Art. L. 326-11 **Le ministre chargé de la culture peut, à tout moment, saisir la commission de contrôle des organismes de gestion des droits d'auteur et des droits voisins lorsque ses observations tendant à la mise en conformité à la réglementation en vigueur des dispositions des statuts, du règlement général ou d'une décision des organes sociaux n'ont pas été suivies d'effet dans un délai de deux mois à compter de leur transmission, ou de six mois si une décision de l'assemblée des membres est nécessaire.**

V. note ss. art. L. 321-1.

Art. L. 326-12 **L'organisme de gestion collective communique au ministre chargé de la culture, à la demande de celui-ci, tout document relatif à la perception et à la répartition des revenus provenant de l'exploitation des droits, dans le respect de la vie privée, du secret des affaires et de la protection des données personnelles.**

Le ministre chargé de la culture ou son représentant peut recueillir, sur pièces et sur place, les renseignements mentionnés au présent article.

V. note ss. art. L. 321-1.

Art. L. 326-13 Le ministre chargé de la culture peut saisir le tribunal compétent au cas où des motifs réels et sérieux justifieraient la dissolution d'un organisme de gestion collective.

V. note ss. art. L. 321-1.

CHAPITRE VII COMMISSION DE CONTRÔLE DES ORGANISMES DE GESTION DES DROITS D'AUTEUR ET DES DROITS VOISINS

COMMENTAIRE

Le chapitre VII transpose certaines des dispositions prévues par la directive 2014/26/UE du 26 février 2014 dans son titre IV intitulé « Mesures d'exécution » (V. App., v° *Propriété littéraire et artistique, I – Dispositions communes*).

L'article L. 327-1 précise les missions dont est chargée la commission de contrôle.

L'article L. 328-1 impose aux organismes de gestion collective la mise en place de procédures de règlement internes afin de répondre aux plaintes émanant de leurs associés ou des utilisateurs.

Le droit français remplit déjà l'exigence imposée par la directive de prévoir que les litiges entre les organismes de gestion collective et les utilisateurs, relatifs aux conditions d'octroi de licences ou à la rupture de contrat, soient soumis à un tribunal indépendant et impartial disposant d'une expertise dans le domaine du droit de la propriété intellectuelle en désignant la compétence spécifique de certains tribunaux de grande instance (CPI, art. L. 331-1 ; Dir. 2014/26/UE, préc., art. 35).

La mission de contrôle permanent est maintenue et les dispositions de l'article L. 321-13, dans leur rédaction antérieure à la présente ordonnance (V. ss. art. L. 328-2), sont reprises dans différents articles.

Deux types de procédures nouvelles relèvent de la commission permanente de contrôle (collège de contrôle et collège des sanctions) :
– le règlement extrajudiciaire pour les litiges relatifs à l'octroi de licences multiterritoriales (mission de médiation) ;
– la notification à une autorité compétente, habilitée à infliger des sanctions, de toutes les activités ou des circonstances constitutives d'une infraction aux dispositions nationales transposant la directive.

Le présent chapitre envisage :
– les missions et à la composition de la commission de contrôle (sect. I) ;
– les règles de fonctionnement de la commission (sect. II) ;
– les règles de procédure (sect. III) présentées en deux temps (règles générales/règles propres à la procédure de sanction) ;
– les voies de recours contre les décisions du collège des sanctions de la commission de contrôle (sect. IV). ❑

SECTION I MISSIONS ET COMPOSITION

Art. L. 327-1 Il est institué une commission de contrôle des organismes de gestion des droits d'auteur et des droits voisins qui assure :

1° Une mission permanente de contrôle des comptes et de la gestion des organismes de gestion collective et des organismes de gestion indépendants mentionnés au premier alinéa de l'article L. 321-4 et au deuxième alinéa de l'article L. 321-6 ainsi que de leurs filiales et des organismes contrôlés par elles ;

2° Une mission de contrôle du respect des dispositions du présent titre par les organismes de gestion collective et leurs filiales, sans préjudice du contrôle exercé sur les organismes établis en France par le ministre en charge de la culture en application des articles L. 326-9 à L. 326-13, ainsi que du respect par les organismes de gestion indé-

pendants et leurs filiales des dispositions qui leur sont applicables conformément aux deuxième, troisième, quatrième et cinquième alinéas de l'article L. 321-6 ; — *V. art. R. 321-31.*

3° Une mission de médiation entre les organismes de gestion collective ainsi que les organismes de gestion indépendants et :

a) Les prestataires de services en ligne, pour les litiges relatifs à l'octroi d'autorisations d'exploitation ;

b) Les titulaires de droits, les prestataires de services en ligne ou les autres organismes de gestion collective, pour les litiges relatifs aux autorisations d'exploitation multiterritoriales de droits en ligne sur les œuvres musicales.

V. note ss. art. L. 321-1.

Les membres de la commission permanente de contrôle prévue à l'art. L. 321-13, dans sa rédaction antérieure à la publication de l'Ord. n° 2016-1823 du 22 déc. 2016 (V. ss. art. L. 328-2), continuent d'exercer leur mandat en cours au sein de la commission prévue à l'art. L. 327-1, comme membres du collège de contrôle, pour la durée du mandat restant à courir (Ord. préc., art. 5-IV).

Art. L. 327-2 La commission de contrôle est composée d'un collège de contrôle et d'un collège des sanctions.

Sauf disposition législative contraire, les missions confiées à la commission sont exercées par le collège de contrôle.

V. note ss. art. L. 321-1.

Art. L. 327-3 Le collège de contrôle est composé de cinq membres nommés par décret :

1° Un conseiller maître à la Cour des comptes, président, désigné par le premier président de la Cour des comptes ;

2° Un conseiller d'État, président suppléant, désigné par le vice-président du Conseil d'État ;

3° Un conseiller à la Cour de cassation, désigné par le premier président de la Cour de cassation ;

4° Un membre de l'inspection générale des finances, désigné par le ministre chargé des finances ;

5° Un membre de l'inspection générale de l'administration des affaires culturelles, désigné par le ministre chargé de la culture.

Le président du collège de contrôle préside la commission.

Pour l'accomplissement des missions qui sont confiées au collège de contrôle, le président du collège a qualité pour agir en justice.

Il informe le procureur de la République de tout fait qu'il constate dans l'exercice de ses missions susceptible de constituer une infraction pénale.

V. note ss. art. L. 321-1.

Art. L. 327-4 Le collège des sanctions est composé de trois membres nommés par décret :

1° Un conseiller d'État, président, désigné par le vice-président du Conseil d'État ;

2° Un conseiller maître à la Cour des comptes, président suppléant, désigné par le premier président de la Cour des comptes ;

3° Un conseiller à la Cour de cassation, désigné par le premier président de la Cour de cassation.

Des membres suppléants sont désignés dans les mêmes conditions. Le membre titulaire et son suppléant sont de sexe différent.

Les fonctions de membre du collège des sanctions sont incompatibles avec celles de membre du collège de contrôle.

V. note ss. art. L. 321-1.

Art. L. 327-5 La durée du mandat des membres des deux collèges est de cinq ans, renouvelable une fois.

Pour chacun des deux collèges, l'écart entre le nombre de femmes et d'hommes parmi les membres nommés ne peut être supérieur à un.

En cas de vacance d'un siège de membre dans l'un des collèges pour quelque cause que ce soit, constatée par son président, il est procédé à son remplacement par une personne de même sexe pour la durée du mandat restant à courir. Ce mandat n'est pas pris en compte pour l'application du premier alinéa.

V. note ss. art. L. 321-1.

Art. L. 327-6 Un médiateur chargé d'assurer la mission prévue au 3° de l'article L. 327-1 est nommé par le président de la commission au sein du collège de contrôle et après avis du collège de contrôle, pour une durée de trois ans renouvelable.

Il peut être saisi sur requête conjointe ou par l'une des parties au litige, par le ministre chargé de la culture ou par le président du collège de contrôle. – *V. art. R. 321-26.*

Les effets de la saisine du médiateur en matière de prescription de l'action civile et administrative obéissent aux dispositions de l'article 2238 du code civil.

Le médiateur coopère avec ses homologues étrangers en vue du règlement extrajudiciaire des litiges transfrontaliers.

V. note ss. art. L. 321-1.

SECTION II RÈGLES DE FONCTIONNEMENT

Art. L. 327-7 La commission de contrôle siège dans les locaux de la Cour des comptes, qui assure son secrétariat.

V. note ss. art. L. 321-1.

Art. L. 327-8 Les décisions de chaque collège sont prises à la majorité des voix. En cas de partage égal de celles-ci, la voix du président du collège est prépondérante.

Chaque collège adopte un règlement intérieur.

V. note ss. art. L. 321-1.

Art. L. 327-9 Les membres de chacun des deux collèges et le médiateur remplissent une déclaration d'intérêt conforme au modèle de l'annexe 3 de l'article 2 du décret 23 décembre 2013 relatif aux déclarations de situation patrimoniale et déclarations d'intérêts adressées à la Haute Autorité pour la transparence de la vie publique et doivent notamment informer leur président des intérêts qu'ils ont détenus au cours des deux années précédant leur nomination, qu'ils détiennent ou viennent à détenir au sein d'un organisme de gestion collective ou d'un organisme de gestion indépendant, de leurs filiales ou des organismes contrôlés par elles.

Ces informations, ainsi que celles concernant les présidents des collèges, sont tenues à la disposition des membres de la commission de contrôle, dans un délai de deux mois suivant la nomination des membres des deux collèges.

Aucun membre de la commission de contrôle ne peut délibérer dans une affaire dans laquelle il a ou a eu un intérêt au cours des deux années précédant la délibération.

V. note ss. art. L. 321-1.

Art. L. 327-10 I. – Pour l'exercice de ses missions, la commission de contrôle peut se faire assister de rapporteurs désignés parmi les membres du Conseil d'État et du corps des conseillers de tribunaux administratifs et cours administratives d'appel, les magistrats de la Cour de cassation et des cours et tribunaux, les magistrats de la Cour des comptes et des chambres régionales des comptes, les membres de l'Inspection générale des finances et de l'Inspection générale des affaires culturelles et les membres du corps des administrateurs civils.

Elle peut en outre faire appel au concours d'experts et bénéficier de la mise à disposition d'agents publics désignés par son président.

II. – Les rapporteurs et agents de la commission sont habilités par son président dans des conditions fixées par décret en Conseil d'État pour exercer, après avoir prêté serment, les attributions mentionnées à l'article L. 327-11. Cette habilitation ne dispense pas de l'application des dispositions définissant les procédures autorisant l'accès aux secrets protégés par la loi. – *V. art. R. 321-25.*

V. note ss. art. L. 321-1.

SECTION III PROCÉDURE

SOUS-SECTION 1 RÈGLES GÉNÉRALES DE PROCÉDURE

Art. L. 327-11 I. – Pour l'exercice des missions prévues à l'article L. 327-1, les représentants légaux des organismes de gestion collective, des organismes de gestion indépendants, de leurs filiales et organismes contrôlés par elles, sont tenus de prêter leur concours au collège de contrôle, de lui communiquer tous documents et de répondre à toute demande d'information nécessaire à l'exercice de ses missions. Pour les opérations faisant appel à l'informatique, le droit de communication implique l'accès aux logiciels et aux données, ainsi que le droit d'en demander la transcription par tout traitement approprié dans des documents directement utilisables pour les besoins du contrôle.

II. – Le collège de contrôle peut demander aux commissaires aux comptes des organismes de gestion collective et des organismes de gestion indépendants tous renseignements sur les organismes qu'ils contrôlent. Les commissaires aux comptes sont alors déliés du secret professionnel à l'égard des membres, rapporteurs et agents de la commission.

III. – Le collège de contrôle et le médiateur peuvent convoquer et entendre les représentants légaux et les membres de l'organisme de gestion objet du contrôle, de ses filiales et des organismes contrôlés par elles, les autres organismes de gestion collective et de gestion indépendants, notamment ceux liés par un accord de représentation avec l'organisme en cause, les représentants des utilisateurs du répertoire de celui-ci ainsi que toute personne dont l'avis est jugé utile.

Les représentants légaux des organismes de gestion collective et des organismes de gestion indépendants peuvent demander à être entendus par le collège de contrôle.

Toute personne entendue a le droit de se faire assister d'un conseil de son choix.

IV. – Le fait, pour tout dirigeant d'un organisme objet d'un contrôle, de faire obstacle de quelque manière que ce soit à l'exercice des missions des membres, rapporteurs ou agents du collège de contrôle mentionnés aux articles L. 327-3 et L. 327-10 est puni d'un an d'emprisonnement et de 15 000 € d'amende.

V. note ss. art. L. 321-1.

V. art. R. 321-28.

Art. L. 327-12 La commission de contrôle présente un rapport annuel au Parlement et au Gouvernement. Ce rapport est rendu public. Cette publication est portée par les organismes de gestion collective et les organismes de gestion indépendants à la connaissance des membres de leur assemblée générale. – *V. note ss. art. L. 321-1. – V. art. R. 321-30 et R. 321-45.*

SOUS-SECTION 2 PROCÉDURE DE SANCTION

Art. L. 327-13 I. – Lorsqu'il est saisi par toute personne intéressée, par le ministre chargé de la culture ou par l'autorité compétente d'un autre État membre de l'Union européenne, de faits susceptibles de constituer un manquement aux dispositions du présent titre, ou lorsqu'il constate de tels faits dans l'exercice de sa mission de contrôle, le collège de contrôle procède à une enquête et établit un rapport sur la base duquel il peut mettre en demeure l'organisme de gestion de se conformer aux dispositions du présent titre, dans un délai qu'il détermine. Il peut décider de l'ouverture d'une procédure de sanction si l'organisme ne se conforme pas à la mise en demeure dans le délai fixé.

II. – Lorsqu'il est saisi par l'autorité compétente d'un autre État membre de l'Union européenne, le collège de contrôle lui adresse une réponse motivée dans un délai de trois mois.

Il peut demander à l'autorité compétente des informations sur un organisme de gestion collective ou un organisme de gestion indépendant établi dans un autre État membre exerçant son activité en France et, le cas échéant, la saisir de faits susceptibles de constituer un manquement par cet organisme aux règles de cet État relatives aux organismes de gestion collective ou organismes de gestion indépendants.

III. – Les saisines manifestement abusives, notamment par leur nombre, leur caractère répétitif ou systématique, peuvent être rejetées sans enquête ni rapport par le président du collège de contrôle.

IV. – En cas d'ouverture d'une procédure de sanction, le collège de contrôle notifie les griefs à l'organisme concerné et transmet cette notification et son rapport d'enquête au collège des sanctions. Toutefois, celui-ci ne peut être saisi de faits remontant à plus de trois ans s'il n'a été fait pendant ce délai aucun acte tendant à leur recherche, à leur constatation ou à leur sanction.

Il peut également saisir le tribunal compétent pour demander l'annulation des dispositions des statuts, du règlement général ou d'une décision des organes sociaux non conformes à la réglementation.

V. note ss. art. L. 321-1.

V. art. R. 321-26.

Art. L. 327-14 **I. – Un membre du collège de contrôle est convoqué à l'audience. Il y assiste sans voix délibérative. Il peut présenter des observations au soutien des griefs notifiés et proposer une sanction.**

Le collège des sanctions peut entendre tout rapporteur ou agent de la commission de contrôle.

Aucune sanction ne peut être prononcée sans que le représentant légal de l'organisme en cause ait été entendu ou, à défaut, dûment appelé.

II. – Le collège des sanctions statue par décision motivée.

Sur la base du rapport d'enquête transmis par le collège de contrôle et après une procédure contradictoire, il peut prononcer une ou plusieurs sanctions à l'encontre de l'organisme de gestion qui ne respecte pas les dispositions du présent titre.

III. – Les sanctions applicables à l'encontre de l'organisme en cause sont :

1° L'avertissement ;

2° L'injonction assortie éventuellement d'une astreinte d'adopter, dans un délai déterminé, une ou plusieurs décisions permettant à l'organisme de se conformer à des dispositions législatives ou réglementaires ;

3° Le retrait d'agrément, lorsque l'organisme est agréé par le ministre chargé de la culture en application des dispositions du présent code ;

4° Une sanction pécuniaire, dont le montant, qui ne peut être supérieur à 3 % du chiffre d'affaires ou des recettes hors taxes de l'organisme, dans la limite de 300 000 €, est fixé en fonction de la gravité des manquements commis et en relation avec les avantages ou les profits éventuellement tirés de ces manquements ; ce maximum est porté à 5 %, dans la limite de 500 000 €, en cas de nouvelle violation de la même obligation dans les cinq années suivant celle où la première violation de l'obligation a été sanctionnée ;

5° La publication de la sanction, précisant l'identité de l'organisme en cause et la nature du manquement, dans un journal de diffusion nationale.

La liquidation de l'astreinte est prononcée, d'office, à titre provisoire ou définitif, par le collège des sanctions. Son montant total ne peut excéder le plafond fixé au *d* pour les sanctions pécuniaires. Les sommes sont versées au budget de la commission.

Les astreintes et sanctions pécuniaires sont recouvrées comme les créances de l'État étrangères à l'impôt et au domaine.

V. note ss. art. L. 321-1.

SECTION IV **VOIES DE RECOURS**

Art. L. 327-15 **Les décisions prononcées par le collège des sanctions peuvent faire l'objet d'un recours devant la cour d'appel de Paris par l'organisme sanctionné ou par le président du collège de contrôle.**

Ce recours n'a pas d'effet suspensif, sauf si la juridiction, saisie d'une demande de sursis à exécution, en décide autrement. Dans ce cas, la juridiction saisie peut ordonner qu'il soit sursis à l'exécution de la décision contestée si celle-ci est susceptible d'entraîner des conséquences manifestement excessives.

V. note ss. art. L. 321-1.

V. art. R. 321-46 et R. 321-47.

CHAPITRE VIII DISPOSITIONS DIVERSES

Art. L. 328-1 Les organismes de gestion des droits d'auteurs *[auteur]* et des droits voisins sont tenus de statuer par une décision écrite et motivée dans un délai n'excédant pas deux mois sur les contestations relatives aux conditions, aux effets et à la résiliation de l'autorisation de gestion des droits ainsi qu'à la gestion de ceux-ci, qui leur sont adressées par leurs membres, par les autres organismes pour lesquels ils gèrent des droits au titre d'un accord de représentation et par les titulaires de droits qui ne sont pas leurs membres mais qui ont une relation juridique directe avec eux par l'effet de la loi ou par voie de cession, de licence ou de tout autre accord contractuel.

Le délai prévu à l'alinéa précédent peut être prolongé pour un motif légitime, notamment lorsque l'organisme ne dispose pas des documents ou des informations nécessaires au traitement de la demande dont il est saisi.

La communication de ces contestations aux organismes est sans préjudice du droit des personnes mentionnées au premier alinéa de saisir le juge.

V. note ss. art. L. 321-1.

V. art. R. 321-48.

COMMENTAIRE

L'article L. 328-1 transpose la partie de la directive 2014/26/UE du 26 février 2014 relative aux mécanismes de règlement interne des contestations au sein des organismes de gestion des droits d'auteur et des droits voisins (art. 33, V. App., v° *Propriété littéraire et artistique, I – Dispositions communes*).

Art. L. 328-2 Un décret en Conseil d'État précise les modalités d'application du présent titre. — *V. art. R. 321-1 s.* — *V. note ss. art. L. 321-1.*

TITRE DEUXIÈME *[ANCIEN]* SOCIÉTÉS DE PERCEPTION ET DE RÉPARTITION DES DROITS

RÉP. SOCIÉTÉS v° *Sociétés civiles de perception et de répartition des droits d'auteur et droits voisins,* par BOUCHE.

BIBL. GÉN. ▶ BERTRAND, *RDPI 1993, n° 47, p. 31* (le conflit SACEM/discothèques : « une guerre judiciaire pleine de précédents »...). – BINCTIN, *Légipresse 2009, II, p. 52* (la qualité à agir des SPRD pour les non-membres). – BONY, *Légicom 1997, n° 13, p. 55* (la SACEM et les diffuseurs). – BRUGUIÈRE, *JCP E 2009, p. 1471* (la recevabilité de l'action des SPRD à agir en contrefaçon pour des créateurs non-membres). – COHEN-JEHORAM, *Dr. auteur 1990. 224* (principes fondamentaux des sociétés de droit d'auteur). – Commission permanente de contrôle des sociétés de perception et de répartition des droits, Rapport annuel 2010, *La Documentation française, 2011.* – DAVIES, *Dr. auteur 1989. 85* (la gestion collective des droits et l'intérêt général) ; *ibid. 1989. 327* (gestion collective des droits d'auteur et des droits voisins). – DESURMONT, *Mélanges Françon, Dalloz 1995, p. 97* (réflexions sur le devenir de la gestion collective des droits d'auteur) ; *RIDA avr. 1989, p. 117* (la SACEM et le droit de la concurrence) ; *Lamy Droit des médias et de la communication, Étude 148.* – DIRINGER, Gestion collective des droits d'auteur et droit de la concurrence, *PU Aix-Marseille, 2011.* – FICSOR, *Dr. auteur 1985. 296* (développements et objectifs de la gestion collective des droits des auteurs). – FOUILLAND, *CCE 2008. Étude 2* (l'apport de droits d'auteur à une société de gestion collective). – FREEGARD, *Dr. auteur 1985. 383* (gestion collective : relations entre les sociétés d'auteurs et les utilisateurs d'œuvres). – KARNELL, *RIDA juill. 1993, p. 2* (droits individuels dans le cadre d'un commerce de gros ?). – KERNOCHAN, *RIDA janv. 1987, p. 180* (conditions impératives d'une gestion économique et efficace des droits d'auteur). – NÉRISSON, La légitimité de la gestion collective des droits des auteurs en France et en Allemagne, *Thèse Paris I, 2011.* – ROUART, *Mélanges Françon, Dalloz 1995, p. 387* (gestion collective des œuvres théâtrales et des œuvres audiovisuelles de fiction). – TOURNIER, *RIDA avr. 1989, p. 3* (le conflit SACEM/discothèques : une guerre judiciaire sans précédent). – VERCKEN, *Légipresse 2002, n° 194, II, p. 103* (la pratique des clauses relatives à la gestion collective dans les contrats individuels portant sur les droits d'auteur).

CHAPITRE UNIQUE *[ANCIEN]*

Ancien art. L. 321-1 ***Les sociétés de perception et de répartition des droits d'auteur et des droits des artistes-interprètes et des producteurs de phonogrammes et de vidéogrammes sont constituées sous forme de sociétés civiles.***

Les associés doivent être des auteurs, des artistes-interprètes, des producteurs de phonogrammes ou de vidéogrammes, des éditeurs, ou leurs ayants droit. Ces sociétés civiles régulièrement constituées ont qualité pour ester en justice pour la défense des droits dont elles ont statutairement la charge. — [L. n° 85-660 du 3 juill. 1985, art. 38, al. 1er et 2.]

(L. n° 97-283 du 27 mars 1997, art. 4) ***« Les actions en paiement des droits perçus par ces sociétés civiles se prescrivent par*** (L. n° 2014-315 du 11 mars 2014, art. 16) ***« cinq » ans à compter de la date de leur perception, ce délai étant suspendu jusqu'à la date de leur mise en répartition. »***

Sur le rôle des sociétés de perception et de répartition des droits, s'agissant de l'utilisation des œuvres audiovisuelles dans les établissements d'enseignement, V. L. n° 94-88 du 1er févr. 1994, art. 2 (JO 2 févr.).

BIBL. ▶ FRANÇON, *D. 1998. 23* (y a-t-il un droit d'agir en contrefaçon pour les adhérents de la SACEM ? ; note ss. Civ. 1re, 24 févr. 1998). - PIERRAT, *Expertises, juill. 1999, p. 208* (sofia ou l'alliance des lettres et du multimédia).

I. RÉGIME

1. Si, selon l'art. L. 321-1, les sociétés de perception et de répartition des droits des artistes-interprètes sont constituées sous forme de sociétés civiles, elles sont soumises, notamment en raison du nombre de leurs associés, à une réglementation spécifique qui, se substituant aux dispositions générales régissant les sociétés civiles, doit seule recevoir application. • Paris, 20 févr. 1990 : *RIDA juill. 1990, p. 365 ; D. 1991. Somm. 100, obs. Colombet*.

II. NATURE DES RELATIONS ENTRETENUES PAR LES SOCIÉTÉS

A. RELATIONS SOCIÉTÉS-AUTEURS

2. Un apport en gérance peut être qualifié de mandat de nature particulière en ce que le mandant est en même temps associé de la société mandataire. • Paris, 6 mars 1933 : *S. 1935. 1. 116, note Geny ; Gaz. Pal. 1933. 958.*

3. Un apport de droits d'auteur doit être analysé, non comme un apport en société, mais comme une cession à titre onéreux de nature particulière. • Civ. 1re, 7 févr. 1989, *SACEM c/ SA La Brocherie : inédit* • Crim. 18 nov. 1986 : *RIDA avr. 1989, p. 186* • Civ. 1re, 6 déc. 1988 : *ibid., p. 228* • 18 oct. 1989 : *D. 1990. 505, note Gautier ; RIDA juill. 1990, p. 32.* ♦ ... Encore que l'on puisse opérer une distinction entre les droits dont une société serait titulaire en tant que cessionnaire et ceux dont d'autres sociétés d'auteurs lui confient la gestion. • Civ. 1re, 6 déc. 1988 : *RIDA avr. 1989, p. 228.*

4. Cette nature particulière et la possibilité de retrait laissée aux adhérents font que l'acte d'adhésion à une société d'auteur n'est pas considéré comme un acte de disposition. • Civ. 1re, 4 avr. 1991 : *Bull. civ. I, n° 115 ; D. 1992. 261, note Gautier ; RIDA oct. 1991, p. 127 ; RTD civ. 1992. 160, obs. Patarin ; JCP 1991. IV. 214.*

5. Action en justice de l'adhérent. Sur l'échec du recours en responsabilité d'un adhérent de la SACEM en raison de la carence de la société, V. • Paris, 23 juin 2004 : *JCP E 2005. 1216, n° 11, obs. Kemje Bate Tazefack.*

B. RELATIONS SOCIÉTÉS-UTILISATEURS

6. V. notes 1 s. ss. art. L. 321-2.

III. ACTION EN JUSTICE

A. QUALITÉ POUR AGIR

7. La qualité pour agir d'une société de perception et de répartition des droits est limitée à la défense d'intérêts dont la société a statutairement la charge, ce qui rend la SPEDIDAM recevable à agir en réparation du préjudice du fait de l'atteinte à l'intérêt collectif de la profession constituée par une violation de l'art. L. 212-3. • Paris, 23 juin 1994 : *RIDA janv. 1995, p. 223* • Paris, 25 oct. 2006 : *CCE 2007. Chron. 4, obs. Daverat ; Propr. intell. 2007, n° 22, p. 98, obs. A. Lucas.* – Et, pour un examen détaillé des statuts de la SPEDIDAM, V. • Paris, 27 févr. 1990 : *D. 1991. 300, note Wekstein*. ♦ La date de l'acte de l'adhésion à la SPEDIDAM par rapport aux enregistrements n'a aucune incidence. • Paris, 25 sept. 2009 : *Propr. intell. 2010, n° 34, p. 632, obs. A. Lucas ; RTD com. 2010. 127, obs. Pollaud-Dulian*. ♦ L'action de la SPEDIDAM est recevable même aux noms d'artistes-interprètes qui ne lui ont pas cédé leurs droits ni donné mandat. • TGI Paris, 15 janv. 2010 : *LEPI, mai 2010, p. 3, obs. Tafforeau ; Propr. intell. 2010, n° 35, p. 727, obs. Bruguière.* ♦ En l'absence d'adhésion obligatoire l'art. L. 321-1 ne peut s'interpréter comme donnant une habilitation légale à la SPEDIDAM pour la défense des intérêts individuels de tous les artistes-interprètes mais uniquement pour la défense des intérêts individuels de ses membres qui lui ont fait apport de leurs droits et la SPEDIDAM ne peut être admise à se prétendre titulaire d'un monopole sur la défense des droits individuels des artistes-interprètes. • Paris, 18 mai 2011 : *Légipresse 2011, n° 287, p. 555, note Binctin ; Propr. intell. 2011, n° 40, p. 309, obs. Bruguière.* ♦ Cette décision a fait l'objet d'un pourvoi qui a été rejeté : il résulte de l'art. L. 321-1 que, quels que soient ses statuts, une société de perception et de répartition des droits des artistes-interprètes ne peut être admise à ester en justice pour défendre les droits individuels d'un artiste-interprète qu'à la condition qu'elle ait reçu de celui-ci pouvoir d'exercer une telle action. • Civ. 1re, 19 févr. 2013 : *Bull. civ. I, n° 20 ; Dalloz actualité, 4 mars 2013, obs. Allaeys ; D. 2013. 809, note Querzola ; CCE 2013, n° 51, note Caron ; JCP 2013. 336, note Caron ; Légipresse 2013, n° 305, p. 295, note Binctin ; Propr. intell. 2013, n° 47, p. 202, obs. Bruguière*. V. aussi • Civ. 1re, 16 mai 2013 : *Bull. civ. I, n° 103 ; Dalloz actualité, 4 mars 2013, obs. Allaeys ; D. 2013. 809, note Querzola ; CCE 2013, n° 88, note Caron ; RIDA juill. 2013, p. 293, note Sirinelli* • 11 sept. 2013 : *CCE 2013. 113, note Caron.* ♦ Le Centre français d'exploitation du droit de copie est recevable à agir en contrefaçon pour reproduction illicite d'œuvres. • Paris, 25 juin 1997 : *D. Affaires 1997. 936 ; RJDA 1997, n° 1561 ; JCP E 1997. Pan. 1348.* ♦ ... Et, dès lors qu'il agit en défense de l'un de ses membres, l'argument selon lequel les faits incriminés sont antérieurs à la loi du 3 janv. 1995 est inopérant à la recevabilité de son action. • Toulouse, 25 mai 1997, *CFC : RIDA janv. 1998, p. 232.* ♦ Les sociétés de perception et de répartition des droits ont qualité à agir pour la défense des droits dont elles ont statutairement la charge. • Paris, 11 janv. 2000 : *Légipresse 2000, n° 172, I, p. 73 ; RIDA 2001, n° 187, obs. Kéréver.* ♦ L'absence d'adhésion de certains artistes ne rend pas la société de gestion collective irrecevable à agir pour la défense de leurs droits dans la mesure où ses statuts ne limitent pas son objet à la défense de ses seuls adhérents. • Paris, 14 nov. 2008 : *Propr. intell. 2009, n° 31, p. 177, obs. Bruguière.* ♦ L'apport-cession consenti à une société de gestion collective ne prive pas l'adhérent d'agir en contrefaçon. • Paris, 19 mars 2010 : *Propr. intell. 2010, n° 36, p. 855, obs. A. Lucas.* ♦ Une société de gestion collective ne peut agir pour défendre les droits individuels d'un artiste-interprète qu'à condition qu'elle ait reçu de celui-ci pouvoir d'exercer une telle action. • Civ. 1re, 29 mai 2013 : *Dalloz actualité, 13 juin 2013, obs. Émile-Zola-Place ; D. 2013. AJ 1346* .

8. Il résulte de l'art. 126 C. pr. civ. que, dans le cas où la situation donnant lieu à fin de non-recevoir est susceptible d'être régularisée, l'irrecevabilité doit être écartée si la cause a disparu au moment où le juge statue, en sorte que la qualité à agir d'une société de perception et de répartition des droits doit être appréciée en considération de ses statuts actuels et non de ceux qui existaient au jour de l'introduction de la demande. • Paris, 27 févr. 1990 : *D. 1991. 300, note Wekstein* .

B. DÉFENSE DES DROITS

1° DROITS PATRIMONIAUX

9. Une société de perception et de répartition des droits peut exercer l'action en contrefaçon ou en saisie-contrefaçon. • Civ. 1re, 22 mars 1988 : *RIDA avr. 1989, p. 210* • 28 juin 1988 : *ibid., p. 220.* ♦ ... Et agir en justice en réparation du préjudice causé à ses membres et à ceux des sociétés étrangères qu'elle représente en qualité de partie civile. • Crim. 25 oct. 1988 : *RIDA janv. 1989, p. 174.* ♦... Quel que soit le caractère contractuel ou délictuel de l'action exercée. • Civ. 1re, 6 déc. 1988 : *RIDA avr. 1989, p. 228.* ♦ ... Sur la recevabilité de l'action de la SDRM devant le juge des référés en condamnation du producteur des jeux vidéo au paiement d'une indemnité à raison de l'utilisation non autorisée d'œuvres de son répertoire, V. • TGI Paris, réf., 24 juin 1997 : *RIDA oct. 1997, p. 271.* ♦ Une société de perception et de répartition des droits ne peut mettre en œuvre des traitements de données personnelles pour constater la contrefaçon. • TGI Saint-Brieuc, 6 sept. 2007 : *RIDA janv. 2008, p. 241, Chron. Bénabou.*

10. La SPADEM tirait de ses statuts la qualité pour demander en justice le paiement des sommes dues au titre du droit de suite lorsqu'elle a reçu mandat de l'auteur ou de ses ayants droit ; la règle « En France, nul ne plaide par procureur » lui faisant seulement interdiction d'agir en son nom personnel pour revendiquer des droits dont elle n'est pas elle-même titulaire. • Paris, 15 oct. 1986 : *RIDA, avr. 1988, p. 144.* ♦ En application de l'art. 1er des statuts de la SACEM, l'auteur, ayant, par son adhésion, fait apport de l'exercice de ses droits patrimoniaux, est dès lors irrecevable, sauf carence de cette société, à agir personnellement en défense de ceux-ci. • Civ. 1re, 13 nov. 2014, n° 13-22.401 P : *D. 2014. 410, note Étienney-de Sainte Marie ; Propr. intell. 2015, n° 54, p. 64, note Bruguière ; LEPI janv. 2015, n° 1, p. 4, obs. Le Cam ; CCE 2015, n° 2, obs. Caron.* ♦ V. auparavant jugeant que les auteurs et éditeurs ayant adhéré à la SACEM conservaient malgré tout l'exercice de leurs droits sur l'œuvre, dont ils pouvaient demander la protection, notamment par l'action en contrefaçon. • Civ. 1re, 24 févr. 1998 : *Bull. civ. I, n° 75 ; D. 1998. 471, note Françon ; D. Affaires 1998. 539, obs. J.P.S. ; RTD com. 1998. 592, obs. Françon* .

2° DROITS MORAUX

11. La Société des gens de lettres (SGDL) n'a pu exercer elle-même le droit moral de l'un de ses anciens membres dans la mesure où, d'une part, la loi (du 11 mai 1957, art. 65) ne lui permet de défendre que les droits de ses adhérents actuels et, d'autre part, que ses statuts lui donnent pour mission de défendre la langue et la pensée françaises. Il s'agit là d'un intérêt national dépassant le cadre des intérêts professionnels ; V. à propos des « Liaisons dangereuses ». • Civ. 1re, 6 déc. 1966 (1re esp.) : *D. 1967. 381, note Desbois ; RTD com. 1967. 505, obs. Desbois ; JCP 1967. II. 14937, concl. Lindon ; Gaz. Pal. 1967. 1. 98.* ♦ De la même façon, l'action exercée par la SGDL pour le respect du droit à l'intégrité de l'œuvre de Paul Féval n'a pas été admise dans la mesure où le litige ne mettait pas en jeu la défense des intérêts de la profession d'écrivain mais l'exercice particulier du droit moral d'un auteur. • Civ. 1re, 16 avr. 1975 : *Bull. civ. I, n° 134.* ♦ Comp. la possibilité d'agir, en l'absence d'héritiers de l'auteur, offerte au Centre national des lettres, qui a dans ses statuts « la mission d'assurer le respect des œuvres littéraires, quel que soit leur pays d'origine, après la mort de l'auteur et même leur chute dans le domaine public ». • TGI Paris, 15 avr. 1964 : *D. 1964. 746, note Desbois ; Gaz. Pal. 1964. 2. 23, concl. Gulphe.* ♦ V. aussi art. L. 121-3.

IV. COMPÉTENCE DES JURIDICTIONS CIVILES

12. V. note 1 ss. art. L. 321-2.

Ancien art. L. 321-2 ***Les contrats conclus par les sociétés civiles d'auteurs ou de titulaires de droits voisins, en exécution de leur objet, avec les utilisateurs de tout ou partie de leur répertoire sont des actes civils.*** — [L. n° 85-660 du 3 juill. 1985, art. 42.]

Sur le tarif général adopté par la Commission du Centre français du droit de copie, applicable à compter du 1er janv. 2014, V. CFC, note d'information nov. 2013-1, p. 5 (www.cfcopies.com).

BIBL. ▶ TOURNIER, *RIDA oct. 1996, p. 91* (l'avenir des sociétés d'auteur).

A. NATURE DU CONTRAT

1. La nature civile du contrat s'explique par l'absence d'intention spéculative et a pour conséquence la soumission des litiges aux tribunaux civils. • Com. 5 nov. 1985 : *Bull. civ. IV, n° 263 ; RIDA juill. 1986, p. 125 ; JCP 1986. IV. 31* • Civ. 1re, 10 févr. 1987 : *Bull. civ. I, n° 49.*

2. La solution était admise avant même l'entrée en vigueur de la loi du 3 juill. 1985 : pour la SACD. • Civ. 1re, 8 déc. 1913 : *Gaz. Pal. 17 janv. 1914* • Com. 5 nov. 1985 : *RIDA juill. 1986, p. 125 ; JCP 1986. IV. 31.* ♦ ... Et pour la SACEM. • Civ. 1re, 10 févr. 1987 : *JCP 1987. IV. 131.*

B. DROIT DE LA CONCURRENCE

1° DROIT INTERNE

3. Si une société d'auteurs (la SDRM) exerce par délégation des auteurs le droit discrétionnaire dont ceux-ci disposent sur leurs œuvres, il faut constater qu'elle n'en n'est pas moins une entreprise qui effectue de nombreuses activités de services pour la gestion du patrimoine d'autrui et que, dans cette gestion, elle agit de façon autonome et parfois exclusive, ce qui implique qu'en tant que prestataire de services elle relève des dispositions de l'Ord. n° 86-1243 du 1er déc. 1986 [C. com., art. L. 410-2 s.] sur les pratiques anticoncurrentielles. • Com. 5 nov. 1991 : *D. 1993. 63, note Daverat ; RIDA avr. 1992, p. 179, note Françon.*

2° DROIT COMMUNAUTAIRE

4. Les sociétés de perception et de répartition des droits sont bien des entreprises au sens des art. 85 et 86 [devenus art. 81 et 82] du Traité de Rome du 25 mars 1957, même lorsqu'elles interviennent en tant que mandataires, en sorte qu'elles jouissent le plus souvent d'un monopole de fait constitutif de position dominante. A propos de la SACEM, V. • Civ. 1re, 6 déc. 1988 : *RIDA avr. 1989, p. 228.*

5. On ne saurait mettre en avant le caractère propre de la propriété littéraire et artistique pour obtenir l'immunité des sociétés d'auteurs dans l'hypothèse où l'exploitation de cette position dominante serait abusive. • CJCE 21 mars 1974 : *Rec. CJCE 313* • 25 oct. 1979 : *ibid. 3275 ; RIDA janv. 1980, p. 136* • Civ. 1re, 6 déc. 1988 : *RIDA avr. 1989, p. 228* • 10 mars 1987 : *RIDA juill. 1987, p. 188 ; Bull. civ. I, n° 89 ; D. 1987. IR 68 ; JCP 1987. IV. 173.*

6. Un accord de représentation réciproque conclu par une société de perception et de répartition des droits avec une de ses homologues étrangères n'est pas en lui-même restrictif de la concurrence dès lors : Qu'il n'interdit pas aux utilisateurs établis à l'étranger d'accéder directement aux répertoires des sociétés. • CJCE 13 juill. 1989 : *RTD com. 1990. 766, obs. Bonet ; RIDA oct. 1989, p. 289.* ♦ ... Qu'il n'aboutit pas dans la pratique à reconstituer une exclusivité de fait. • Paris, 16 mai 1990 : *Gaz. Pal. 1990. 2. 505, note Marchi.* ♦ Comp., admettant la validité de l'accord sur la seule observation que les mandats réciproques ont un effet contraire au cloisonnement du marché dénoncé. • Civ. 1re, 10 mars 1987 : *RIDA juill. 1987, p. 188 ; Bull. civ. I, n° 89 ; D. 1987. IR 68 ; JCP 1987. IV. 173* • 8 nov. 1989 : *RIDA juill. 1990, p. 328* • 16 avr. 1985 : *RIDA juill. 1985, p. 147 ; Bull. civ. I, n° 116 ; RTD com. 1985. 520, obs. Françon.*

7. Le refus de donner une autorisation limitée à une partie du territoire n'est pas en soi une entente prohibée ou un abus de position dominante, notamment en raison des difficultés pratiques qu'entraînerait la solution contraire permettant le découpage du répertoire global en sous-ensembles commercialisables ; en conséquence les clauses forfaitaires qui consistent pour la SACEM à exiger le paiement d'une seule redevance pour l'utilisation de l'ensemble de son répertoire, quels que soient le nombre ou le type d'œuvres musicales effectivement utilisées par les discothèques, ne sont pas par elles-mêmes illicites. • CJCE 13 juill. 1989 : *préc. note 6.*

8. L'existence de réductions consenties par les sociétés de perception et de répartition des droits à certaines catégories d'utilisateurs du répertoire en exécution de protocoles d'accords avec des organisations représentatives n'est pas contraire à l'art. 86 [devenu art. 82] du Traité de Rome du 25 mars 1957 et aux art. 8 et 36 de l'ord. du 1er déc. 1986 dès lors que l'accord contient des avantages réciproques. • Civ. 1re, 16 avr. 1985 : *RIDA juill. 1985, p. 147 ; Bull. civ. I, n° 116 ; RTD com. 1985. 520, obs. Françon.*

9. Redevance. Après enquête comparative réalisée sur une base homogène, une différence très sensible, de l'ordre du multiple, entre le taux de redevance pratiqué par une société de gestion collective (SACEM) et ceux pratiqués par d'autres sociétés des États membres doit être regardée comme abusive sauf à être justifiée par des divergences objectives entre la situation en France et celle dans les autres États membres. • CJCE 13 juill. 1989 : *préc. note 6.*

10. Il incombe normalement aux personnes qui contestent le montant de la redevance de démontrer, sur le fondement d'une étude comparative à base homogène, que ces redevances sont sensiblement plus élevées que celles pratiquées dans les autres États membres du Marché commun. • Civ. 1re, 29 janv. 1991 : ♔ *RIDA avr. 1991, p. 120.* ♦ ... Et aux juges du fond d'apprécier si la société de gestion n'était pas en mesure de justifier la différence de tarifs en mettant en avant des différences objectives et pertinentes dans la gestion des droits suivant les États. • Crim. 25 janv. 1990 : ♔ *Gaz. Pal. 1990. 2. Somm. 516.* ♦ Il a cependant été jugé qu'en l'absence d'éléments permettant d'apprécier la licéité des pratiques de la société il y a lieu, en application de l'art. 26 de l'ord. du 1er déc. 1986, de saisir le Conseil de la concurrence pour avis. • Paris, 16 mai 1990 : *préc. note 6.* ♦ Et, déduisant l'abus du seul fait que la SACEM pratique des tarifs supérieurs à ceux pratiqués dans les autres États membres. • Cons. conc., avis, 20 avr. 1993. ♦ Comp., énonçant que le seul fait que la redevance soit supérieure était insuffisant pour caractériser un comportement abusif. • Civ. 1re, 6 déc. 1988 : *RIDA avr. 1989, p. 228.* ♦ Le fait de subordonner la réduction de la redevance des droits d'auteur à l'adhésion à un syndicat professionnel ne constitue pas une entrave illégitime à la liberté de chacun d'adhérer ou non à un syndicat, dès lors qu'aucune obligation d'affiliation ne s'ensuit. • Civ. 1re, 17 sept. 2003 : ♔ *Bull. civ. I, n° 178 ; CCE 2003, n° 104, note Caron ; RIDA janv. 2004, p. 203, note Kérever.*

Ancien art. L. 321-3 ***Les projets de statuts et de règlements généraux des sociétés de perception et de répartition des droits sont adressés au ministre chargé de la culture.***

Dans (L. n° 2006-961 du 1er août 2006, art. 34) ***« les deux mois » de leur réception, le ministre peut saisir le tribunal de grande instance au cas où des motifs réels et sérieux s'opposeraient à la constitution d'une de ces sociétés.***

Le tribunal apprécie la qualification professionnelle des fondateurs de ces sociétés, les moyens humains et matériels qu'ils proposent de mettre en œuvre pour assurer le recouvrement des droits et l'exploitation de leur répertoire (L. n° 2006-961 du 1er août 2006, art. 34) ***« ainsi que la conformité de leurs statuts et de leur règlement général à la réglementation en vigueur.***

« Le ministre chargé de la culture peut, à tout moment, saisir le tribunal de grande instance pour demander l'annulation des dispositions des statuts, du règlement général ou d'une décision des organes sociaux non conformes à la réglementation en vigueur dès lors que ses observations tendant à la mise en conformité de ces dispositions ou cette décision n'ont pas été suivies d'effet dans un délai de deux mois à compter de leur transmission, ou de six mois si une décision de l'assemblée des associés est nécessaire. » — [L. n° 85-660 du 3 juill. 1985, art. 39-II.] — V. art. R. 321-1 à R. 321-7.

Ancien art. L. 321-4 ***Les sociétés de perception et de répartition des droits sont tenues de nommer au moins un commissaire aux comptes et un suppléant, choisis sur la liste mentionnée à l'article L. 225-219 du code de commerce et qui exercent leurs fonctions dans les conditions prévues par ladite loi, sous réserve des règles qui leur sont propres. Les dispositions de l'article L. 242-27 du code de commerce précité sont applicables.***

Les dispositions de l'article L. 612-3 du code de commerce sont applicables. — [L. n° 85-660 du 3 juill. 1985, art. 39-I.]

Ancien art. L. 321-5 (L. n° 2000-719 du 1er août 2000) ***Le droit à la communication prévu par l'article 1855 du code civil s'applique aux sociétés civiles de répartition des droits, sans pour autant qu'un associé puisse obtenir communication du montant des droits répartis individuellement à tout autre ayant droit que lui-même. Un décret en Conseil d'État détermine les modalités d'exercice de ce droit.*** — V. art. R. 321-2 s.

1. En énumérant quatre séries de documents dont les associés des sociétés de perception sont en droit d'obtenir communication, l'anc. art. L. 321-5, qui transpose aux sociétés de perception et de répartition des droits les règles édictées par l'art. 168 de la loi n° 66-537 du 24 juill.

1966 sur les sociétés commerciales, a pour objet de déroger par ces dispositions particulières à celles de l'art. 1855 C. civ. • Civ. 1re, 9 oct. 1991 : *Bull. civ. I, n° 263 ; RIDA janv. 1992, p. 291.*

2. Annulation du décret d'application. Sur l'annulation des trois premiers alinéas de l'art. R. 321-6-2, V. note ss. cet art.

Ancien art. L. 321-6 ***Tout groupement d'associés représentant au moins un dixième du nombre de ceux-ci peut demander en justice la désignation d'un ou plusieurs experts chargés de présenter un rapport sur une ou plusieurs opérations de gestion.***

Le ministère public et le comité d'entreprise sont habilités à agir aux mêmes fins.

Le rapport est adressé au demandeur, au ministère public, au comité d'entreprise, aux commissaires aux comptes et au conseil d'administration. Ce rapport est annexé à celui établi par les commissaires aux comptes en vue de la première assemblée générale ; il reçoit la même publicité. — [L. n° 85-660 du 3 juill. 1985, art. 39-IV.]

Ancien art. L. 321-7 ***Les sociétés de perception et de répartition des droits doivent tenir à la disposition des utilisateurs éventuels le répertoire complet des auteurs et compositeurs français et étrangers qu'elles représentent.*** — [L. n° 85-660 du 3 juill. 1985, art. 38, al. 4.] — V. art. R. 321-7.

Les sociétés n'ont, en vertu de l'art. L. 321-7, que l'obligation de communiquer la liste des auteurs dont elles gèrent le patrimoine, et non celle des œuvres dont elles assurent la gestion. • Civ. 1re, 2 déc. 1992 : *RIDA janv. 1993, p. 179.* ♦ Sur le respect des exigences de l'art. L. 321-7, V. • Civ. 1re, 8 juin 2004 : *RIDA oct. 2005, p. 251, note Kéréver*

Ancien art. L. 321-8 ***Les statuts des sociétés de perception et de répartition des droits doivent prévoir les conditions dans lesquelles les associations ayant un but d'intérêt général bénéficieront, pour leurs manifestations ne donnant pas lieu à entrée payante, d'une réduction sur le montant des droits d'auteur et des droits des artistes-interprètes et des producteurs de phonogrammes qu'elles auraient à verser.*** — [L. n° 85-660 du 3 juill. 1985, art. 38, al. 3.]

Sur la dispense de paiement des droits d'auteur pour les organismes à but caritatif et non lucratif, V. Rép. min. n° 941, JO Sénat 21 août 1997, p. 2159.

Ancien art. L. 321-9 (L. n° 97-283 du 27 mars 1997, art. 4) ***« Ces sociétés utilisent à des actions d'aide à la création, à la diffusion du spectacle vivant*** (L. n° 2016-925 du 7 juill. 2016, art. 20-1°) ***« , au développement de l'éducation artistique et culturelle » et à des actions de formation des artistes :***

« 1° 25 % des sommes provenant de la rémunération pour copie privée ;

« 2° La totalité des sommes perçues en application des articles L. 122-10, L. 132-20-1, L. 214-1, L. 217-2 et L. 311-1 (L. n° 2000-719 du 1er août 2000) ***« et qui n'ont pu être réparties soit en application des conventions internationales auxquelles la France est partie, soit parce que leurs destinataires n'ont pas pu être identifiés ou retrouvés avant l'expiration du délai prévu au dernier alinéa de l'article L. 321-1 ».***

« Elles peuvent utiliser à ces actions tout ou partie des sommes visées au 2° à compter de la fin de la cinquième année suivant la date de leur mise en répartition » (Abrogé par L. n° 2014-315 du 11 mars 2014) ***« , sans préjudice des demandes de paiement des droits non prescrits ». La répartition des sommes correspondantes, qui ne peut bénéficier à un organisme unique, est soumise à un vote de l'assemblée générale de la société, qui se prononce à la majorité des deux tiers. A défaut d'une telle majorité, une nouvelle assemblée générale, convoquée spécialement à cet effet, statue à la majorité simple.*** — [L. n° 85-660 du 3 juill. 1985, art. 38, al. 5, 6 et 7.]

(L. n° 2016-925 du 7 juill. 2016, art. 20-2°) ***« Les sociétés de perception et de répartition des droits établissent et gèrent une base de données électronique unique recensant, avec le nom de leurs bénéficiaires, le montant et l'utilisation de ces sommes. Cette base est régulièrement mise à jour et mise à disposition gratuitement, sur un service de communication au public en ligne, dans un format ouvert et librement réutilisable. Le commissaire aux comptes vérifie la sincérité et la concordance avec les documents comptables de la société des informations contenues dans cette base de données. »*** (L. n° 97-283 du 27 mars 1997, art. 4) ***« Il établit à cet effet un rapport spécial. »***

(L. n° 2016-925 du 7 juill. 2016, art. 20-3°) ***« L'aide au développement de l'éducation artistique et culturelle s'entend des concours apportés par des auteurs ou des artistes-interprètes aux actions mentionnées au 9° de l'article 3 de la loi n° 2016-925 du 7 juillet 2016 relative à la liberté de la création, à l'architecture et au patrimoine. »*** — V. art. R. 321-8.

Les dispositions de l'art. 20 de la L. n° 2016-925 du 7 juill. 2016 sont applicables dans les îles Wallis-et-Futuna (L. préc., art. 115-III).

BIBL. ▸ FRANÇON, *RTD com. 1997. 265* (loi du 27 mars 1997). – LATREILLE, *Légipresse 1999. III. 97* (notion de sommes « non répartissables »).

Les dispositions de l'art. L. 321-9 ne font pas obstacle à ce que les sommes énoncées soient apportées à des manifestations qui présentent un spectacle vivant à titre principal ou subsidiaire, dès lors qu'elles ne sont apportées qu'au titre du spectacle et dans la limite de son coût. • CE 31 mars 2003 : *CCE 2003, n° 58, note Caron.*

Ancien art. L. 321-10 *Les sociétés de perception et de répartition des droits des producteurs de phonogrammes et de vidéogrammes et des artistes-interprètes ont la faculté, dans la limite des mandats qui leur sont donnés soit par tout ou partie des associés, soit par des organismes étrangers ayant le même objet, d'exercer collectivement les droits prévus aux articles L. 213-1 et L. 215-1 en concluant des contrats généraux d'intérêt commun avec les utilisateurs de phonogrammes ou de vidéogrammes dans le but d'améliorer la diffusion de ceux-ci ou de promouvoir le progrès technique ou économique.* — [L. n° 85-660 du 3 juill. 1985, art. 43.]

BIBL. ▸ KÉRÉVER, *RIDA avr. 1999, p. 407* (contrats généraux d'intérêt commun et qualification juridique des vidéomusiques).

Pour un exemple d'application de l'art. L. 321-10 et d'articulation avec l'art. L. 321-3, exigeant que des sociétés d'artistes soient parties au contrat général, V. • TGI Paris, 24 juin 1992 : *RIDA janv. 1993, p. 199.*

Ancien art. L. 321-11 *Sans préjudice des dispositions générales applicables aux sociétés civiles, la demande de dissolution d'une société de perception et de répartition des droits peut être présentée au tribunal par le ministre chargé de la culture.*

En cas de violation de la loi, le tribunal peut interdire à une société d'exercer ses activités de recouvrement dans un secteur d'activité ou pour un mode d'exploitation. — [L. n° 85-660 du 3 juill. 1985, art. 40.]

Ancien art. L. 321-12 *La société de perception et de répartition des droits communique ses comptes annuels au ministre chargé de la culture et porte à sa connaissance, deux mois au moins avant son examen par l'assemblée générale, tout projet de modification de ses statuts ou des règles de perception et de répartition des droits.*

Elle adresse au ministre chargé de la culture, à la demande de celui-ci, tout document relatif à la perception et à la répartition des droits ainsi que la copie des conventions passées avec les tiers.

Le ministre chargé de la culture ou son représentant peut recueillir, sur pièces et sur place, les renseignements mentionnés au présent article. — [L. n° 85-660 du 3 juill. 1985, art. 41.]

(L. n° 2006-961 du 1er août 2006, art. 35) *« Les règles comptables communes aux sociétés de perception et de répartition des droits sont établies dans les conditions fixées par l'Autorité des normes comptables. »* — V. art. R. 321-8.

Ancien art. L. 321-13 (L. n° 2000-719 du 1er août 2000) *I. — Il est institué une commission permanente de contrôle des sociétés de perception et de répartition des droits composée de cinq membres nommés par décret pour une durée de cinq ans :*

— un conseiller maître à la Cour des comptes, président, désigné par le premier président de la Cour des comptes ;

— un conseiller d'État, désigné par le vice-président du Conseil d'État ;

— un conseiller à la Cour de cassation, désigné par le premier président de la Cour de cassation ;

— un membre de l'inspection générale des finances, désigné par le ministre chargé des finances ;

— un membre de l'inspection générale de l'administration des affaires culturelles, désigné par le ministre chargé de la culture ;

La commission peut se faire assister de rapporteurs désignés parmi les membres du Conseil d'État et du corps des conseillers de tribunaux administratifs et cours administratives d'appel, les magistrats de la Cour de cassation et des cours et tribunaux, les magistrats de la Cour des comptes et des chambres régionales des comptes, les membres de l'Inspection générale des finances et les membres du corps des administrateurs civils. Elle peut en outre bénéficier de la mise à disposition de fonctionnaires et faire appel au concours d'experts désignés par son président.

II. — La commission contrôle les comptes et la gestion des sociétés de perception et de répartition des droits ainsi que ceux de leurs filiales et des organismes qu'elles contrôlent.

A cet effet, les dirigeants de ces sociétés, filiales et organismes sont tenus de lui prêter leur concours, de lui communiquer tous documents et de répondre à toute demande d'information nécessaire à l'exercice de sa mission. Pour les opérations faisant appel à l'informatique, le droit

de communication implique l'accès aux logiciels et aux données, ainsi que le droit d'en demander la transcription par tout traitement approprié dans des documents directement utilisables pour les besoins du contrôle.

La commission peut demander aux commissaires aux comptes des sociétés de perception et de répartition des droits tous renseignements sur les sociétés qu'ils contrôlent. Les commissaires aux comptes sont alors déliés du secret professionnel à l'égard des membres de la commission.

Elle peut effectuer sur pièces et sur place le contrôle des sociétés et organismes mentionnés au premier alinéa du présent paragraphe.

III. — La commission de contrôle des sociétés de perception et de répartition des droits présente un rapport annuel au Parlement, au Gouvernement et aux assemblées générales des sociétés de perception et de répartition des droits.

IV. — Le fait, pour tout dirigeant d'une société ou d'un organisme soumis au contrôle de la commission de contrôle des sociétés de perception et de répartition des droits, de ne pas répondre aux demandes d'information de la commission, de faire obstacle de quelque manière que ce soit à l'exercice de sa mission ou de lui communiquer sciemment des renseignements inexacts est puni d'un an d'emprisonnement et de 15 000 € d'amende.

V. — La commission siège dans les locaux de la Cour des comptes, qui assure son secrétariat.

VI. — Un décret en Conseil d'État fixe l'organisation et le fonctionnement de la commission, ainsi que les procédures applicables devant elle. — V. art. R. 325-1 s.

TITRE TROISIÈME PRÉVENTION, PROCÉDURES ET SANCTIONS

(L. n° 2009-669 du 12 juin 2009, art. 4).

CHAPITRE PREMIER DISPOSITIONS GÉNÉRALES

BIBL. GÉN. ▶ Boissard et Chazal, *CCE 2016. Prat. 16* (l'allégation de concurrence déloyale ou parasitisme subsidiaire au grief de contrefaçon de droit d'auteur). – Buffet, Delmas et Morelli, *Propr. ind. 2008. Étude 24* (de quelques évolutions importantes en matière de preuve de la contrefaçon). – De Guardia, *Gaz. Pal. 1992. 1. Chron. 50* (l'administration des douanes et les contrefaçons). – De Cande et Blancard, *CCE 2012. Prat. 12* (de la saisie-contrefaçon et des requêtes). – Desurmont, *RIDA avr. 1986, p. 287* (garanties et sanctions). – Fourlon, *LPA 21 juin 2011, p. 8* (l'évaluation du préjudice en matière de contrefaçon). – Lucas-Schloetter, *CCE 2011. Étude 3* (la contrefaçon artistique : état des lieux). – Nawrocki, *Dr. auteur 1963. 304* (le plagiat et le droit d'auteur). – Maréchal, *RTD com. 2012. 245* (l'évaluation des dommages-intérêts en matière de contrefaçon). – Oppetit, Arbitrage et propriété intellectuelle, *IRPI, Litec 1994*. – Piotraut, *RFDA 1997. 105* (les droits de propriété littéraire et artistique à l'épreuve des juridictions administratives).

COMMENTAIRE

La loi du 1er août 2006 a opéré une reconstruction du chapitre premier. Jadis consacré aux seules « dispositions générales », ce chapitre, en plus des mesures alors prévues et regroupées dorénavant dans une section I intitulée « Dispositions communes », comprend désormais une section II, intitulée « Mesures techniques de protection et d'information », qui regroupe les dispositions issues de la transposition de la directive du 22 mai 2001 et ayant trait à ces questions. Les lois n° 2009-669 du 12 juin 2009 (dite « loi création et internet ») et n° 2009-1311 du 28 octobre 2009 (dite « loi relative à la protection pénale de la propriété littéraire et artistique sur internet »), destinées à favoriser la diffusion et la protection de la création sur internet, ont créé une section 3 relative à la Haute Autorité pour la diffusion des œuvres et la protection des droits sur internet (HADOPI ; sur le rôle et le fonctionnement de cette Haute Autorité, V. le comm., *infra*).

SECTION PREMIÈRE DISPOSITIONS COMMUNES *(L. n° 2007-1544 du 29 oct. 2007, art. 30).*

Art. L. 331-1 *(L. n° 2011-525 du 17 mai 2011, art. 196)* **« Les actions civiles et les demandes relatives à la propriété littéraire et artistique, y compris lorsqu'elles portent également sur une question connexe de concurrence déloyale, sont exclusivement portées devant des tribunaux de grande instance, déterminés par voie réglementaire. »**

Les organismes de défense professionnelle régulièrement constitués ont qualité pour ester en justice pour la défense des intérêts dont ils ont statutairement la charge. — *[L. n° 57-298 du 11 mars 1957, art. 64 et 65, al. 2.]*

(L. nº 2007-1544 du 29 oct. 2007, art. 31) **« Le bénéficiaire valablement investi à titre exclusif, conformément aux dispositions du livre II, d'un droit exclusif d'exploitation appartenant à un producteur de phonogrammes ou de vidéogrammes peut, sauf stipulation contraire du contrat de licence, exercer l'action en justice au titre de ce droit. L'exercice de l'action est notifié au producteur. »**

(L. nº 2011-525 du 17 mai 2011, art. 196) **« Les dispositions qui précèdent ne font pas obstacle au recours à l'arbitrage, dans les conditions prévues aux articles 2059 et 2060 du code civil. »**

BIBL. ▶ Bruguière et Deprez, *JCP E 2008, p. 426* (compétence des TGI en matière de propriété littéraire et artistique). – Bruguière, *Propr. intell. 2009, nº 30, p. 65* (prescription des actions en contrefaçon depuis la loi du 17 juin 2008) ; *ibid. 2011, nº 40, p. 305* (loi de simplification et d'amélioration du droit du 17 mai 2011 – compétence de l'arbitre). – Bruguière et Gilelet, *JCP E 2011. 1663* (litiges en propriété intellectuelle. L'apport de la loi de simplification et d'amélioration de la qualité du droit du 17 mai 2011). – De Hass, *Propr. intell. 2011, nº 40, p. 278* (la compétence juridictionnelle pour ordonner une saisie-contrefaçon). – Émile-Zola-Place, *Légipresse 2011, nº 286, p. 471* (réformes du CPI : questions de compétence(s) et d'incompétence(s)). – Goutal, *RIDA janv. 1998, p. 65 s., not. p. 71* (présomption de titularité des droits d'exploitation : la Cour de cassation maintient sa jurisprudence). – Françon, La notion de possession et la propriété intellectuelle en droit français, *Essays in honour of Herman Cohen-Jehoram, Kluwer 1998*. – Pollaud-Dulian, *RTD civ. 1999. 585* (de la prescription en droit d'auteur). – Taffoureau, *CCE 2001. Étude 10* (de la possession d'un droit d'auteur par une personne morale). – Kessler-Michel, Les présomptions et le droit d'auteur, *thèse Paris-Sud, 2001*.

COMMENTAIRE

Cette disposition traite de règles de compétence et a reçu d'importantes modifications de fond du fait tant de la loi nº 2007-1544 du 29 octobre 2007 que de celle (nº 2008-776) du 4 août 2008 dite « loi de modernisation de l'économie ». Les débats nés de l'intervention de ces textes sont sans doute à l'origine de la nouvelle rédaction donnée à cette disposition légale par la loi nº 2011-525 du 17 mai 2011 de simplification et d'amélioration de la qualité du droit. Il faut cependant garder présent à l'esprit que la rédaction nouvelle a été envisagée dans le seul but de réaliser des « harmonisations rédactionnelles dans le code de la propriété intellectuelle ». Il faut déduire de ce dernier objectif la volonté de légiférer à droit constant. Reste que le Tribunal des conflits estime désormais que les juridictions administratives ne peuvent connaître de contentieux de propriété littéraire et artistique.

RÈGLES DE COMPÉTENCE

PRINCIPES

Les actions peuvent être portées devant les juridictions civiles ou répressives (même si le texte nouveau ne fait plus référence à ces dernières).

A propos des premières, le législateur a prévu une compétence exclusive de certains tribunaux de grande instance. S'agissant de la « compétence matérielle », la loi du 29 octobre 2007 a ajouté un article L. 211-10 au code de l'organisation judiciaire ainsi rédigé : « Des tribunaux de grande instance spécialement désignés connaissent des actions en matière de propriété littéraire et artistique, de dessins et modèles, de brevets d'invention, de certificats d'utilité, de certificats complémentaires de protection, de topographie de produits semi-conducteurs, d'obtentions végétales et de marques, dans les cas et conditions prévus par le code de la propriété intellectuelle. »

La volonté du législateur a été d'écarter la compétence des **tribunaux de commerce** au profit de celle de certains tribunaux de grande instance. La même solution devrait s'appliquer, contrairement à la jurisprudence antérieure (Soc. 21 mai 2008 : *V. note 6*), aux **conseils de prud'hommes** qui perdent leur compétence dans les litiges, relatifs à une question de propriété littéraire et artistique, opposant un salarié à un employeur. La compétence exclusive de certains tribunaux de grande instance ne s'applique que si sont concernées par le litige des dispositions du code de la propriété intellectuelle ou lorsque la concurrence déloyale (ou le parasitisme) intervient, de façon connexe (demande subsidiaire ou fondée sur un fait distinct). Lorsque le conflit concerne des dispositions de droit commun même avec, en arrière-plan, la propriété intellectuelle, il y a retour aux règles habituelles de compétence.

La compétence du **juge administratif** était traditionnellement admise. Elle était, depuis la réforme du 17 mai 2011, contestée. Si la loi nouvelle n'exclut pas expressément cette compétence, la nouvelle rédaction de l'article L. 331-1 est désormais semblable à celle de l'article L. 512-3-1. Le Tribunal des conflits interprète désormais ces deux dispositions comme excluant la compétence du juge administratif (T. confl. 7 juill. 2014, n° 3955 : *note 1*).

Le dernier alinéa de la disposition légale prévoit la possibilité du recours à **l'arbitrage** (V. *infra*).

COMPÉTENCE TERRITORIALE

S'agissant de la compétence strictement territoriale, les tribunaux de grande instance exclusivement compétents pour connaître des actions en matière de propriété littéraire et artistique sont énumérés limitativement à l'article D. 211-6-1 et au tableau VI annexé du code l'organisation judiciaire :

Siège et ressort des tribunaux de grande instance et des tribunaux de première instance compétents pour connaître des actions en matière de propriété littéraire et artistique, de dessins et modèles, de marques et d'indications géographiques (annexe de l'article D. 211-6-1 COJ)

SIÈGE	RESSORT
Bordeaux	Ressort des cours d'appel d'Agen, Bordeaux, Limoges, Pau et Toulouse.
Lille	Ressort des cours d'appel d'Amiens, Douai, Reims et Rouen.
Lyon	Ressort des cours d'appel de Chambéry, Grenoble, Lyon et Riom.
Marseille	Ressort des cours d'appel d'Aix-en-Provence, Bastia, Montpellier et Nîmes.
Nanterre	Ressort de la cour d'appel de Versailles.
Nancy	Ressort des cours d'appel de Besançon, Dijon, Metz et Nancy.
Paris	Ressort des cours d'appel de Bourges, Paris, Orléans, Nouméa, Papeete, Saint-Denis et des tribunaux supérieurs d'appel de Mamoudzou et Saint-Pierre.
Rennes	Ressort des cours d'appel d'Angers, Caen, Poitiers et Rennes.
Strasbourg	Ressort de la cour d'appel de Colmar.
Fort-de-France	Ressort des cours d'appel de Basse-Terre, *(Décr. n° 2011-1878 du 14 déc. 2011)* « Cayenne » et Fort-de-France.

Nota : Conformément au décret n° 2010-1369 du 12 novembre 2010, article 3, le tribunal de grande instance de Nancy demeure compétent pour statuer sur les procédures du ressort de la cour d'appel de Colmar introduites antérieurement à la date d'entrée en vigueur dudit décret.

Une juridiction saisie avant l'entrée en vigueur du principe de spécialisation demeure compétente pour statuer sur cette demande.

ARBITRAGE

La précision (al. 4) de l'arbitrabilité des litiges de propriété littéraire et artistique est une nouveauté rédactionnelle due à la loi du 17 mai 2011. Comme il est indiqué dans les travaux préparatoires (Assemblée nationale, 2e lecture, rapport fait au nom de la commission des lois, n° 3112) de cette loi, l'intervention législative a eu pour but de réaliser une « harmonisation rédactionnelle » dans le code de la propriété intellectuelle car, jusqu'alors, cette faculté de recours à l'arbitrage n'était expressément prévue qu'en matière de marques (CPI, art. L. 716-4) et de brevets (CPI, art. L. 615-17).

L'article L. 331-1 ne renvoie pas expressément à l'article 2061 du code civil mais il est possible d'admettre le recours à une convention arbitrale tant sous la forme d'un compromis (faculté pour les parties de décider d'avoir recours à un arbitrage alors que le conflit est déjà apparu) que dans le cadre d'une clause compromissoire (accord antérieur à la naissance d'un litige), dès lors que (conséquence de la loi du 15 mai 2001), dans ce dernier cas, l'auteur peut être considéré comme exerçant une « activité professionnelle ».

La convention d'arbitrage ne peut toutefois être admise qu'à propos des droits dont les parties « ont la libre disposition » (C. civ., art. 2059). Elle est exclue « dans toutes les matières qui intéressent l'ordre public » (C. civ., art. 2060). Ce qui pose la question de l'arbitrabilité des questions relevant du droit moral, réputé (V. *supra*, CPI, art. L. 121-1) indisponible. Demeure, cependant, sans doute ouverte la possibilité d'arbitrer les conséquences de la violation du droit moral comme les modalités de sa réparation.

DROIT D'AGIR

La loi ouvre le droit d'agir aux licenciés en cas de violation du monopole appartenant originellement aux producteurs de phonogrammes et de vidéogrammes (al. 3).

De façon générale, si le demandeur doit normalement prouver sa titularité des droits violés (V. notes 10 s.), les tribunaux (V. note 16) admettent, en l'absence de revendication du ou des auteurs, le bénéfice d'une présomption au profit de ceux qui procédaient à l'exploitation de l'œuvre. ❑

A. RÈGLES DE COMPÉTENCE

1. *Principes.* L'art. L. 331-1 n'exclut naturellement pas la compétence des juridictions répressives. Une évolution s'est fait jour s'agissant des juridictions administratives. Alors que la compétence de ces dernières était admise jusqu'à l'intervention de la loi du 17 mai 2011, traditionnellement admise • T. confl. 15 oct. 1973 : *JCP 1974. II. 17663, concl. Braibant et note Françon ; RIDA avr. 1974, p. 52 ; RTD com. 1974. 280, obs. Desbois* • 6 janv. 1975 : *D. 1975. 702, note Plouvin ; JCP 1976. II. 18283, note Moderne ; RTD com. 1975. 846, obs. Desbois* • CE 27 avr. 2011 : *JCP 2011. 872, note Antippas ; Propr. intell. 2011, n° 40, p. 306, obs. Bruguière ; RIDA oct. 2011, p. 186, note Sirinelli* ♦ Le Tribunal des conflits estime désormais que, compte tenu des dispositions de l'art. L. 331-1, « par dérogation aux principes gouvernant la responsabilité des personnes publiques, la recherche d'une responsabilité fondée sur la méconnaissance par ces dernières de droits en matière de propriété littéraire et artistique relève, depuis l'entrée en vigueur de la loi du 17 mai 2011, de la compétence des juridictions de l'ordre judiciaire, sous réserve qu'une décision juridictionnelle ne soit pas déjà intervenue sur le fond devant les juridictions de l'ordre administratif ». • T. confl. 7 juill. 2014 : *Lebon ; AJDA 2014. 1463 ; D. 2014. 1543, obs. Pastor ; RTD com. 2014. 611, obs. Pollaud-Dulian ; CCE 2014, n° 76, obs. Caron ; LEPI 2014. 145, obs. Lefranc.* ♦ Dans le même sens • CE 6 mars 2015, n° 373637 : *JCP 2015. Doctr. 484, n° 65, obs. Bictin.* ♦ Pour une solution identique en matière de dessins et modèles, V. • T. confl. 2 mai 2011, *Sté d'équipements industriels urbains : cité note 1 ss. art. L. 521-3-1.*

2. *Compétence judiciaire.* En matière de litige portant sur l'étendue du privilège de l'art. 63 du code de l'industrie cinématographique, V. • T. confl. 1er mars 1993 : *RIDA juill. 1993, p. 308.* ♦ Sur la responsabilité des services de La Poste dans la reproduction non autorisée d'une œuvre d'art, soumise aux juridictions de l'ordre judiciaire en raison de la non-mise en cause de la prérogative de puissance publique, • T. confl. 22 nov. 1993 : *Bull. civ., n° 20 ; D. 1994. IR 27 ; JCP 1994. IV. 70.* ♦ A propos du Centre national de la recherche scientifique (CNRS), V. • Civ. 1re, 19 févr. 1975 : *D. 1975. 534, note Desbois ; JCP 1975. II. 18163 (1re esp.), note Françon ; RTD com. 1975. 847, obs. Desbois.*

3. *Saisie-contrefaçon.* Sur la compétence en matière de saisie-contrefaçon, V. • CE 15 avr. 1988 : *RIDA janv. 1989, p. 178* • Paris, 19 juin 1974 : *RIDA oct. 1974, p. 158.*

4. *Référé.* Sur la compétence du juge des référés, en tant que juge de l'urgence, V. • TGI Paris, réf., 25 sept. 1985 : *RDPI 1986. 141.* ♦ ... Sur le séquestre partiel de sommes encaissées lors d'une exploitation, V. • Paris, 12 déc. 1989 : *RIDA avr. 1990, p. 211.* ♦ ... Concernant un livre reproduisant des passages d'une autre œuvre sans en citer l'auteur (en l'espèce, indifférence de l'urgence et prise en considération d'un trouble manifestement illicite). • TGI Paris, réf., 25 sept. 1985 : *D. 1985. IR 167.* ♦ ... Sur la qualité d'auteur. • Paris, 19 oct. 1987 : *Cah. dr. auteur, avr. 1988, p. 19.* ♦ Pour une illustration d'une décision du juge des référés condamnant à d'importants dommages et intérêts (200 000 € au total) un styliste pour avoir, dans une campagne de publicité, utilisé une technique empruntée à un autre artiste, V. • TGI Paris, réf., 28 mars 2007 : *D. 2007. 2448, note Tricoire.*

5. Tribunal de commerce. Les tribunaux de commerce pouvaient se voir soumettre le contentieux de la propriété littéraire et artistique. • Paris, 24 oct. 1912 : *S. 1913. 2. 133* • Versailles, 16 juin 1988 : *RIDA oct. 1989, p. 341.* ♦ Un doute sur le maintien de cette solution était né au lendemain de la loi du 29 oct. 2007 : retenant l'incompétence des tribunaux de commerce, V. • T. com. Lille, réf., 20 déc. 2007 : *CCE 2008, n° 50, note Caron.* ♦ La loi du 29 oct. 2007 ne faisant que compléter l'art. L. 331-1 en ajoutant un alinéa, il a pu être estimé qu'il existait toujours une compétence possible de tous les tribunaux de commerce, alors même que certains tribunaux de grande instance pourront désormais connaître de ce contentieux. • T. com. Paris, 3 juill. 2008 : *D. 2008. AJ 2076 ; CCE 2008, n° 101, note Caron ; Propr. intell. 2008, n° 29, p. 430, obs. Bruguière ; ibid. p. 453, obs. De Haas* • 23 oct. 2008 : *CCE 2009, n° 3, note Caron* • 20 nov. 2008 : *RIDA oct. 2008, p. 413, obs. Sirinelli.* ♦ Comp. pour les litiges avec les sociétés de perception et de répartition des droits, note 1 ss. art. L. 321-2. ♦ Ce doute est définitivement levé depuis le Décr. n° 2009-1205 du 9 oct. 2009. Les TGI compétents sont énumérés limitativement à l'art. D. 211-6-1 et au tableau VI annexé du COJ.

6. Conseil de prud'hommes. Jurisprudence rendue sous l'empire de la législation applicable avant l'entrée en vigueur des lois du 29 oct. 2007 et du 4 août 2008. Une cour d'appel, ayant constaté qu'une contestation portant sur des droits de propriété intellectuelle qui opposait un photographe à son employeur était née à l'occasion du contrat de travail, a exactement décidé que le conseil de prud'hommes était compétent pour en connaître, fût-elle fondée sur le code de la propriété intellectuelle. • Com. 21 mai 2008 : *Bull. civ. IV, n° 112 ; D. 2008. AJ 1629 ; RDT 2008. 472, obs. Grumbach et Serverin ; RTD com. 2008. 555, obs. Pollaud-Dulian ; CCE 2008, n° 86, note Caron ; JCP E 2008, 1428, note Blanc-Jouvan ; Légipresse 2008, III, p. 104, note Maffre-Baugé ; Propr. intell. 2008, n° 29, p. 433, obs. Bruguière ; RIDA oct. 2008, p. 391, note Sirinelli.* ♦ V. aussi • Paris, 15 févr. 2008 : *Propr. intell. 2008, n° 28, p. 334, obs. Bruguière.* ♦ Sur le rejet de l'exception de compétence au profit du conseil des prud'hommes, V. • TGI Paris, 26 nov. 2008 : *CCE 2009, n° 3, note Caron.*

7. Conseil de prud'hommes. Jurisprudence nouvelle. Est compétent le conseil des prud'hommes pour connaître d'un différend né à l'occasion du contrat de travail d'un artiste-interprète salarié. • Soc. 27 oct. 2009 : *CCE 200, n° 14, note Caron ; Propr. intell. 2010, n° 34, p. 627, obs. Bruguière.*

8. Compétence exclusive du tribunal de grande instance. Depuis le 31 oct. 2007, les tribunaux de grande instance sont compétents pour connaître de façon exclusive des actions visées par les art. L. 331-1, L. 521-3-2 et L. 716-3, peu important que le décret désignant les tribunaux appelés à connaître de ces actions n'ait toujours pas été publié dès lors que chaque tribunal de grande instance demeure compétent pour en connaître dans son ressort jusqu'à publication du décret. • Paris, 11 févr. 2009 : *CCE 2009, n° 34, obs. Caron ; Légipresse 2009, III, p. 56 ; Propr. ind. 2009, n° 35, note Kern ; Propr. intell. 2009, n° 31, p. 176, obs. Bruguière* • T. com. Paris, 29 janv. 2009 : *CCE 2009, n° 34, obs. Caron.* ♦ Les juges du fond doivent rechercher si les prétentions portent sur l'application du droit des marques ou du droit d'auteur. • Com. 23 nov. 2010 : *CCE 2011, n° 10, note Caron.* ♦ L'entrée en vigueur des dispositions du premier alinéa de l'article L. 331-1 du code de la propriété intellectuelle, dans leur rédaction issue de l'article 135 de la loi n° 2008-776 du 4 août 2008, relatives à la compétence exclusive du tribunal de grande instance, n'était pas subordonnée à l'existence d'un décret d'application, un tel acte n'étant nécessaire que pour déterminer les tribunaux de grande instance spécialisés objets du quatrième alinéa. Une cour d'appel qui constate que la demande relative aux droits d'auteur a été formée le 29 janv. 2009, après l'entrée en vigueur de la loi du 4 août 2008, décide exactement que celle-ci relevait de la compétence exclusive du TGI. • Civ. 1re, 9 janv. 2013 : *Bull. civ. I, n° 2.* ♦ Pour la répartition des compétences entre tribunaux de grande instance, V. l'art. D. 211-6-1 et le tableau VI annexé du COJ.

9. Le tribunal compétent *ratione loci* est désigné conformément aux règles de droit commun. • Paris, 12 juin 1961 : *D. 1961. 464.* ♦ Le tribunal du lieu où est accessible le service télématique qui a servi de vecteur à la contrefaçon (marque) est compétent même si le fait dommageable s'est également produit sur l'ensemble du territoire national. • Com. 7 mars 2000 : *JCP 2000. IV. 1739 ; D. 2000. AJ 251, note Poisson ; CCE 2000, n° 75 (1re esp.), note Caron.* ♦ V. aussi • Paris, 26 mars 2008 : *RTD com. 2008. 556, obs. Pollaud-Dulian.* ♦ Pour la répartition des compétences entre tribunaux de grande instance, V. Décr. n° 2009-1205 du 29 oct. 2009 (art. R. 411-19 et D. 411-19). ♦ Les clauses attributives de juridiction sont nulles dans l'ordre interne dès lors que l'une des parties n'est pas commerçante. • TGI Paris, 16 avr. 1986 : *RIDA oct. 1986, p. 157.* ♦ V. aussi C. pr. civ., art. 42 et 46. – **C. pr. civ.**

B. QUALITÉ POUR ESTER EN JUSTICE

10. Preuve de la titularité des droits. Le demandeur à l'action doit prouver sa qualité de titulaire des droits. • Paris, 20 déc. 1989 : *D. 1991. Somm. 187, obs. Colombet .* ♦ ... Mais les tribunaux admettent aisément le jeu de présomptions. • Civ. 1re, 19 févr. 1991 : *JCP 1991. IV. 149 ; Bull. civ. I, n° 67 (2e arrêt).* ♦ Et, pour l'arrêt « fondateur », d'une présomption dégagée de toute qualification fondée sur la nature de l'œuvre en cause, V. • Civ. 1re, 24 mars 1993 : *GAPI 2004. n° 10 ; RTD com. 1995. 418, obs. Françon*. ♦ Une société n'a pas à faire la preuve de son droit d'auteur dès lors qu'il est constant qu'elle exploite commercialement les objets contrefaits. • Civ. 1re, 4 mai 1994 : *Bull. civ. I, n° 160.* ♦ La simple autorisation de reproduire une œuvre délivrée par le titulaire des droits d'auteur n'investit pas son bénéficiaire de ces droits, de sorte qu'en se fondant sur ces seuls motifs impropres à justifier la qualité à agir en contrefaçon de la société en cause, la cour a violé les art. L. 111-1 et L. 331-1 du CPI. • Civ. 1re, 22 janv. 2009 : *RTD com. 2009. 307, obs. Pollaud-Dulian ; CCE 2009, n° 32, note Caron ; Propr. intell. 2009, n° 31, p. 168, obs. A. Lucas.* ♦ Sur le régime de ces présomptions, V. note 16.

11. Cession et licence des droits. L'auteur qui a cédé ses droits patrimoniaux n'a plus qualité pour ester en justice sur ce fondement. • Crim. 19 mars 1926 : *Gaz. Pal. 1926. 1. 688.* ♦ ... Sauf clause contraire qui lui en laisse la possibilité. • Paris, 10 mars 1983 : *Gaz. Pal. 1983. 2. 365, note Oser.* ♦ ... Ou pour les droits patrimoniaux qui n'étaient pas compris dans la cession. • Paris, 13 juin 1988 : *D. 1990. Somm. 187, obs. Burst*. ♦ ... L'action pour la défense de ses droits moraux restant naturellement ouverte. • TGI Paris, 21 janv. 1977 : *Gaz. Pal. 1977. 2. 439, note R.S. ; RTD com. 1977. 110, obs. Desbois.* ♦ Même sur le terrain des droits patrimoniaux, les auteurs et éditeurs qui ont adhéré à la SACEM n'en conservent pas moins l'exercice de leurs droits sur l'œuvre, dont ils peuvent demander la protection, notamment par l'action en contrefaçon. • Civ. 1re, 24 févr. 1998 : *Bull. civ. I, n° 75 ; D. 1998. 471, note Françon ; D. Affaires 1998. 539, obs. J. P.-S. ; RTD com. 1998. 592, obs. Françon*. ♦ L'auteur qui a fait l'apport de la propriété de ses droits à la SACEM est irrecevable à agir au seul titre d'une atteinte à ses droits patrimoniaux d'auteur. • Versailles, 15 févr. 2007 : *CCE 2008. Chron. 6, § 9, obs. Montels.* ♦ V. aussi • TGI Paris, 15 avr. 2008 : *CCE 2008. Chron. 6, § 9, obs. Montels.* ♦ Sur la recevabilité à agir en contrefaçon du sous-licencié et l'application dans le temps de la loi du 29 octobre 2007, V. • Civ. 1re, 20 mars 2013 : *CCE 2013, n° 65, note Caron ; RIDA juill. 2013, p. 297, note Sirinelli.*

12. Le titulaire du droit d'exploitation, droit patrimonial de l'auteur, est recevable à invoquer la contrefaçon quand bien même les autres droits de l'auteur sont réservés. • TGI Nanterre, 23 mars 1992 : *Expertises, janv. 1993, p. 33, obs. Bluche ; JCP E 1993. I. 246, n° 9, obs. Lucas et Vivant.*

13. Distributeur exclusif. Une société qui est le distributeur exclusif des œuvres pour la France ne peut agir en contrefaçon si elle ne justifie d'aucune cession du droit de reproduction ou d'exploitation de l'œuvre protégée. • Paris, 21 févr. 1990 : *Cah. dr. auteur, janv. 1991, p. 22 ; Ann. propr. ind. 1990. 68.*

14. Sur la recevabilité de l'intervention à l'instance, intentée par un ami de l'auteur décédé tant en son nom personnel que comme dirigeant d'une maison d'éditions, de l'Association de défense professionnelle des auteurs biographes, V. • TGI Paris, 1er déc. 1982 : *RIDA janv. 1983, p. 165, note Gautier.* ♦ Sur la qualité pour ester en justice des sociétés de perception et de répartition des droits, V. notes 7 s. ss. art. L. 321-1.

15. APP. S'agissant de la qualité pour ester en justice pour la défense des intérêts des créateurs de logiciels reconnue à l'Agence pour la protection des programmes, V. • TGI Vienne, 6 févr. 1990 : *Expertises, août 1990, n° 130, p. 293.* ♦ Sur la nullité des procès-verbaux des agents de l'APP constatant la reproduction de marques, domaine qui ne relève par de leur compétence, V. • Paris, 31 oct. 2007 : *RLDI 36/2008, n° 1196, obs. Proust.*

16. Présomption de titularité des droits. En l'absence de revendication du ou des auteurs, l'exploitation de l'œuvre par une personne morale sous son nom fait présumer, à l'égard des tiers recherchés pour contrefaçon, que cette personne est titulaire, sur l'œuvre, qu'elle soit, ou non, collective, du droit de propriété incorporelle de l'auteur. • Civ. 1re, 22 févr. 2000 : *D. 2001. Somm. 2635, obs. Sirinelli ; CCE 2001, n° 42, note Caron* • Crim. 24 févr. 2004 : *Bull. crim. n° 49 ; D. 2004. AJ 1086 ; JCP E 2004. 880, note Singh ; PIBD 2004. III. 424 ; Propr. intell. 2004, n° 13, p. 933, obs. De Candé ; RIDA juill. 2004, p. 197, note Kéréver.* ♦ Cette solution s'impose soit parce qu'une œuvre « plurale » peut être présumée être une œuvre collective (art. L. 113-5 CPI). • Civ. 1re, 19 févr. 1991 : *JCP 1991. IV. 149 ; Bull. civ. I, n° 67 (2e arrêt)* • Civ. 1re, 22 oct. 1991 : *RIDA avr. 1992, p. 184 ; Bull. civ. I, n° 276 ; D. 1993. Somm. 85, obs. Colombet ; JCP 1991. IV. 453.* ♦ ... Soit parce que, plus simplement, il y a lieu de faire jouer cette présomption de titularité indépendamment de toute qualification de l'œuvre. – V., sous le visa de l'art. L. 113-1 • Civ. 1re, 24 mars 1993 : *RTD com. 1995. 418, obs. Françon ; JCP 1993. II. 22085 (2e esp.), note Greffe ; RIDA 1993, n° 158, p. 200 et 91, obs. Kéréver.* ♦ ... Ou, sous le visa de l'art. L. 113-5 mais sans qu'il y ait de lien avec la qualification d'œuvre collective. • Civ. 1re, 22 févr. 2000 : *D. 2001. Somm. 2635, obs. Sirinelli ; CCE 2001, n° 42, note Caron.* – Comp., faisant également référence à l'art. L. 113-5 sans faire allusion à l'œuvre collective mais ne contenant pas la formule exprimant expressément l'indifférence de la qualification de l'œuvre • Civ. 1re, 3 juill. 1996 : *D. 1997. 328, note Françon ; RTD com. 1997. 267, obs. Françon ; DIT 1997/1, p. 31, obs. Huet .* ♦ Dans le même sens, également à propos d'un logiciel,

V. • Civ. 1re, 27 juin 2000, n° 12307 F-D. ♦ La présomption peut jouer même lorsque l'œuvre en cause n'émane que d'un seul créateur. • Civ. 1re, 22 févr. 2000 : *D. 2001. Somm. 2635, obs. Sirinelli ; CCE 2001, n° 42, note Caron.* ♦ La mise en œuvre de cette présomption peut être subordonnée à la preuve « d'actes de possession » de la part de la personne morale agissante. • Civ. 1re, 24 mars 1993 : *RTD com. 1995. 418, obs. Françon ; JCP 1993. II. 22085 (2e esp.), note Greffe ; RIDA 1993, n° 158, p. 200 et p. 91, obs. Kéréver* • Civ. 1re, 11 mai 1999 : *CCE 1999, n° 1 (2e esp.), note Caron* • Com. 7 avr. 1998 : *D. Affaires 1998. 1054, obs. B.P.* • Civ. 1re, 3 avr. 2001 : *D. 2001. Somm. 2636, obs. Sirinelli .* ♦ V., cependant, ne s'y attachant pas : • Civ. 1re, 22 févr. 2000 : *préc.* • Civ. 1re, 3 juill. 1996 : *D. 1997. 328, note Françon ; RTD com. 1997. 267, obs. Françon ; DIT 1997/1, p. 31, obs. Huet.* ♦ ... Ou encore • Civ. 1re, 13 oct. 1998 : *RIDA janv. 1999, p. 385 et p. 311, obs. Kéréver ; RTD com. 1999. 393, obs. Françon .* ♦ Si la personne qui entend bénéficier de la présomption doit rapporter la preuve d'actes d'exploitation de sa part... • Com. 26 oct. 2010 : *RTD com. 2011. 103, obs. F. Pollaud-Dulian* • Civ. 1re, 6 janv. 2011 : *D. 2011. AJ 237, obs. Daleau ; ibid. 1121, note Da Silva ; ibid. Pan. 216, obs. Sirinelli ; RTD com. 2011. 103, obs. Pollaud-Dulian .* ♦ ... La présomption n'est pas applicable lorsque le prétendu contrefacteur et la personne qui entend agir en contrefaçon se fournissaient auprès du même fabricant, chinois, et commercialisaient, concomitamment, les mêmes œuvres sur le marché français, « sans qu'il soit justifié par l'une d'entre elles d'instructions précises adressées à la société chinoise pour leur fabrication » : • Civ. 1re, 6 janv. 2011 : *préc.* (« la cour d'appel a pu en déduire que, dans de telles circonstances, la société (demanderesse) ne pouvait se prévaloir d'actes d'exploitation propres à justifier l'application de la présomption de titularité des droits »). ♦ Bien qu'il ne s'agisse que d'une présomption simple, « il est sans intérêt que (l'auteur) ait cédé (tardivement) ses droits à Bille Tornade et que cette cession ne comporte pas au profit de l'auteur la participation aux recettes provenant de la vente ou de l'exploitation ». • Civ. 1re, 3 avr. 2001 : *D. 2001. Somm. 2636, obs. Sirinelli .* ♦ On sait également que cette présomption ne saurait jouer dans ce qu'il est possible d'appeler les « relations internes », c'est-à-dire dans les rapports entre la personne morale exploitante et l'auteur. Elle est inopposable au véritable créateur de l'œuvre. Mais lorsque l'auteur apparaît aux côtés de la personne qui est poursuivie pour des faits contrefaisants, les juges du fond, pour déclarer la présomption inopposable doivent « vérifier que la personne physique qui (formule) une telle revendication était bien l'auteur des œuvres litigieuses ». • Civ. 1re, 15 nov. 2010 : *D. 2010. AJ 2835 ; ibid. Pan. 216, obs. Sirinelli ; RTD com. 2011. 103, obs. Pollaud-Dulian .*

C. PRESCRIPTION

17. L'action en contrefaçon se prescrit selon les délais de droit commun prévus par l'art. 2070 C. civ. et l'art. 189 *bis* C. com. • Paris, 26 juin 1996 : *RIDA oct. 1997, p. 250.* ♦ En matière d'édition, le point de départ de la prescription se situe, non au jour de la publication de l'ouvrage support des reproductions contrefaisantes attesté par le dépôt légal, mais à la date à laquelle celui auquel la prescription est opposée a eu la révélation du délit. • Même arrêt.

18. *Point de départ.* En application de l'art. 2270-1 C. civ., le point de départ du délai de dix ans court à compter de la réalisation du dommage, ou de la date à laquelle il est révélé à la victime si celle-ci établit qu'elle n'en avait pas précédemment connaissance (à propos d'une affaire de contrefaçon de photographies). • Paris, 7 avr. 2006 : *CCE 2006, n° 141, note Caron.*

Art. L. 331-1-1 *(L. n° 2007-1544 du 29 oct. 2007, art. 32)* **Si le demandeur justifie de circonstances de nature à compromettre le recouvrement des dommages et intérêts, la juridiction peut ordonner la saisie conservatoire des biens mobiliers et immobiliers du prétendu auteur de l'atteinte aux droits, notamment le blocage de ses comptes bancaires et autres avoirs, conformément au droit commun. Pour déterminer les biens susceptibles de faire l'objet de la saisie, elle peut ordonner la communication des documents bancaires, financiers, comptables ou commerciaux ou l'accès aux informations pertinentes.**

Art. L. 331-1-2 *(L. n° 2007-1544 du 29 oct. 2007, art. 32)* **Si la demande lui est faite, la juridiction saisie** *(L. n° 2014-315 du 11 mars 2014, art. 3)* **« au fond ou en référé » d'une procédure civile prévue aux livres Ier, II et III de la première partie peut ordonner, au besoin sous astreinte, afin de déterminer l'origine et les réseaux de distribution des marchandises et services qui portent** *(L. n° 2014-315 du 11 mars 2014, art. 3)* **« prétendument » atteinte aux droits du demandeur, la production de tous documents ou informations détenus par le défendeur ou par toute personne qui a été trouvée en possession de telles marchandises ou fournissant de tels services ou a été signalée comme intervenant dans la production, la fabrication ou la distribution de ces marchandises ou la fourniture de ces services.**

La production de documents ou d'informations peut être ordonnée s'il n'existe pas d'empêchement légitime.

Al. 3 à 5 abrogés par L. n° 2014-315 du 11 mars 2014, art. 3.

COMMENTAIRE

Voir le commentaire sous l'article L. 521-5.

Sur la compétence du juge des référés, V. • TGI Paris, réf., 12 déc. 2007 : *Propr. intell. 2008, n° 29, p. 457, obs. De Haas* • 18 août 2008 : *eod. loc.* ♦ Le juge de la mise en état peut ordonner la production de pièces dans le cadre du droit d'information prévu par les art. L. 331-1-2, L. 521-5, L. 615-5-2 ou L. 716-7-1 sans attendre que le juge du fond ait reconnu la contrefaçon. • Paris, 17 févr. 2010 : *PIBD 2010. III.449.*

Art. L. 331-1-3 *(L. n° 2014-315 du 11 mars 2014, art. 2)* **Pour fixer les dommages et intérêts, la juridiction prend en considération distinctement :**

1° Les conséquences économiques négatives de l'atteinte aux droits, dont le manque à gagner et la perte subis par la partie lésée ;

2° Le préjudice moral causé à cette dernière ;

3° Et les bénéfices réalisés par l'auteur de l'atteinte aux droits, y compris les économies d'investissements intellectuels, matériels et promotionnels que celui-ci a retirées de l'atteinte aux droits.

Toutefois, la juridiction peut, à titre d'alternative et sur demande de la partie lésée, allouer à titre de dommages et intérêts une somme forfaitaire. Cette somme est supérieure au montant des redevances ou droits qui auraient été dus si l'auteur de l'atteinte avait demandé l'autorisation d'utiliser le droit auquel il a porté atteinte. Cette somme n'est pas exclusive de l'indemnisation du préjudice moral causé à la partie lésée.

COMMENTAIRE

Voir le commentaire sous l'article L. 521-7.

1. V. jur. ss. art. 13 de la Dir. (CE) n° 2004/48 du 29 avr. 2004, App., v° *Dispositions générales.*

Jurisprudence rendue sous l'empire de l'art. L. 331-1-3 dans sa rédaction antérieure à la loi n° 2014-315 du 11 mars 2014.

2. Doit être rejetée la prétention d'une société qui n'explique pas en quoi l'art. L. 331-1-3, prenant en compte des éléments objectifs pour fixer des dommages et intérêts, à savoir les conséquences négatives, dont le manque à gagner et, notamment, le préjudice moral, instaurerait des dommages et intérêts punitifs. • TGI Paris, 8 juin 2010 : *RTD com. 2011. 115, obs. Pollaud-Dulian* ; *PIBD 2010. III. 755.*

3. Le refus de la réparation sous prétexte de la contrariété de la position des parties est interdit. • Crim. 21 févr. 2012 : *Propr. intell. 2012, n° 44, p. 350, obs. Bruguière.*

Art. L. 331-1-4 *(L. n° 2007-1544 du 29 oct. 2007, art. 32)* **En cas de condamnation civile pour contrefaçon, atteinte à un droit voisin du droit d'auteur ou aux droits du producteur de bases de données, la juridiction peut ordonner, à la demande de la partie lésée, que les objets réalisés ou fabriqués portant atteinte à ces droits, les supports utilisés pour recueillir les données extraites illégalement de la base de données et les matériaux ou instruments ayant principalement servi à leur réalisation ou fabrication soient rappelés des circuits commerciaux, écartés définitivement de ces circuits, détruits ou confisqués au profit de la partie lésée.**

La juridiction peut aussi ordonner toute mesure appropriée de publicité du jugement, notamment son affichage ou sa publication intégrale ou par extraits dans les journaux ou sur les services de communication au public en ligne qu'elle désigne, selon les modalités qu'elle précise.

Les mesures mentionnées aux deux premiers alinéas sont ordonnées aux frais de l'auteur de l'atteinte aux droits.

La juridiction peut également ordonner la confiscation de tout ou partie des recettes procurées par la contrefaçon, l'atteinte à un droit voisin du droit d'auteur ou aux droits du producteur de bases de données, qui seront remises à la partie lésée ou à ses ayants droit.

COMMENTAIRE

Cette disposition prévoit un certain nombre de mesures complémentaires, susceptibles d'accompagner les sanctions.

Ainsi, un tribunal peut ordonner des « mesures correctives » permettant que les produits contrefaisants ainsi que les matériaux et les instruments ayant servi à leur création soient rappelés des circuits commerciaux, écartés de ces derniers, détruits ou confisqués au profit de la partie lésée.

Peuvent aussi être prononcées des mesures de publicité telle la publication (sur support papier ou en ligne), intégrale ou partielle, du jugement de condamnation.

Ces diverses mesures étaient déjà prises, sans texte spécial, par les tribunaux. La réforme du 29 octobre 2007 lève cependant tout doute sur la possibilité reconnue à la juridiction saisie d'ordonner la confiscation de tout ou partie des recettes procurées par la contrefaçon afin qu'elles soient remises à la partie lésée ou à ses ayants droit. ❑

Art. L. 331-2 Outre les procès-verbaux des officiers ou agents de police judiciaire, la preuve de la matérialité de toute infraction aux dispositions des livres Ier, II et III du présent code, peut résulter des constatations d'agents assermentés désignés selon les cas par le *(Ord. nº 2009-901 du 24 juill. 2009)* **« Centre national du cinéma et de l'image animée »,** *(L. nº 2007-1544 du 29 oct. 2007, art. 33)* **« par les organismes de défense professionnelle visés à l'article L. 331-1 » et par** *(Ord. nº 2016-1823 du 22 déc. 2016, art. 2-21º)* **« les organismes de gestion collective mentionnés » au titre II du présent livre. Ces agents sont agréés par le ministre chargé de la culture dans les conditions prévues par un décret en Conseil d'État.** – *[L. nº 57-298 du 11 mars 1957, art. 75.] – V. art. R. 331-1.*

Les dispositions de l'Ord. nº 2016-1823 du 22 déc. 2016 sont applicables dans les îles Wallis-et-Futuna (Ord. préc., art. 6).

L'art. L. 331-2 n'exclut pas le recours à d'autres modes de preuve. • Crim. 5 sept. 1989 : *RIDA avr. 1990, p. 201 ; RTD com. 1990. 388, note Françon* ♦ ... Et notamment à des constats d'huissier. • TGI Saint-Denis de la Réunion, 9 sept. 1986 : *D. 1987. 121, note Gavalda.* ♦ ... Ou des attestations. • Crim. 5 sept. 1989 : *préc.* ♦ Les constatations visuelles effectuées sur internet par un agent assermenté qui, sans recourir à un traitement préalable de surveillance automatisé, utilise un appareillage informatique et un logiciel de pair à pair, pour accéder manuellement, aux fins de téléchargement, ne constituent pas un traitement de données à caractère personnel. • Crim. 13 janv. 2009 : *D. 2009. AJ 497, obs. Daleau ; ibid. Pan. 2825, obs. Garé ; RTD com. 2010. 310, obs. Pollaud-Dulian ; CCE 2009, nº 31, note Caron ; Légipresse 2009, II, p. 98, note Derieux.* ♦ Sur renvoi après cassation, V. • Paris, 1er févr. 2010 : *RTD com. 2010. 310, obs. Pollaud-Dulian.*

Art. L. 331-3 *(L. nº 2016-925 du 7 juill. 2016, art. 39-I)* **Le Centre national du cinéma et de l'image animée peut porter plainte et se constituer partie civile devant le juge d'instruction à raison des faits constitutifs du délit de contrefaçon, au sens de l'article L. 335-3 du présent code, d'œuvres audiovisuelles qui emportent pour lui un préjudice quant aux ressources qui lui sont affectées en application des articles L. 115-1 à L. 116-5 du code du cinéma et de l'image animée pour l'accomplissement de ses missions prévues à l'article L. 111-2 du même code.**

Il peut également exercer les droits reconnus à la partie civile en ce qui concerne le délit de contrefaçon, au sens de l'article L. 335-3 du présent code, d'œuvres audiovisuelles et le délit prévu à l'article L. 335-4 s'agissant des droits des artistes-interprètes d'œuvres audiovisuelles et des producteurs de vidéogrammes, lorsque l'action publique a été mise en mouvement par le ministère public ou la partie lésée.

Les dispositions de l'art. 39 de la L. nº 2016-925 du 7 juill. 2016 sont applicables dans les îles Wallis-et-Futuna (L. préc., art. 115-III).

COMMENTAIRE

La loi du 7 juillet 2016 a inséré un nouvel alinéa en tête de l'article L. 331-3, repoussant le dispositif ancien en deuxième alinéa.

Le Centre national du cinéma et de l'image animée dispose ainsi désormais de la possibilité de porter plainte et de se constituer partie civile à raison de certains actes de contrefaçon (visés à l'art. L. 335-3) dès lors que le délit de contrefaçon emporte pour lui un préjudice quant aux ressources qui lui sont affectées pour accomplir ses missions (al. 1er).

Il peut également exercer les droits reconnus à la partie civile lorsque l'action publique a été mise en mouvement par le ministère public ou la partie lésée (al. 2).

Il est à noter que le CNC pourra également, sur le fondement de l'article L. 336-2 (V. *infra*), engager une action en cessation devant le tribunal de grande instance en cas de violation du droit d'auteur. □

Art. L. 331-4 *(L. n° 98-536 du 1er juill. 1998, art. 6)* **Les droits mentionnés dans la première partie du présent code ne peuvent faire échec aux actes nécessaires à l'accomplissement d'une procédure** *(L. n° 2006-961 du 1er août 2006, art. 6)* **« parlementaire de contrôle », juridictionnelle ou administrative prévue par la loi, ou entrepris à des fins de sécurité publique.**

Les dispositions de l'art. L. 331-4 ne dispensent pas le demandeur de saisir le juge de la mise en état avant de produire et donc de divulguer un choix tiré de la correspondance en litige. • Paris, 4 déc. 2009 : *RIDA juill. 2010, p. 293, note Sirinelli.* ♦ Un média ne peut utiliser, de sa propre initiative, une œuvre protégée en invoquant un motif de sécurité publique. Si le média peut contribuer ponctuellement à la réalisation d'un tel objectif, c'est à la condition que la publication de la personne recherchée s'insère dans le contexte d'une décision prise par les autorités nationales compétentes et visant à assurer la sécurité publique. • CJUE 1er déc. 2011 : *Dalloz actualité, 5 déc. 2011, obs. Daleau ; D. 2012. 471, note Marial-Braz ; RTD com. 2012. 109, obs. Pollaud-Dulian ; CCE 2012, n° 26, note Caron ; Légipresse 2012, n° 292, p. 161, note Antippas ; Propr. intell. 2011, n° 42, p. 30, obs. A. Lucas ; RLDI mars 2012, p. 14, obs. Dahan et Bouffier ; RIDA avr. 2012, p. 325, note Sirinelli.*

SECTION II MESURES TECHNIQUES DE PROTECTION ET D'INFORMATION *(L. n° 2006-961 du 1er août 2006, art. 12).*

BIBL. ► CAPRIOLI, *CCE 2006. Étude 30* (mesures techniques de protection et d'information des droits d'auteur). – DUSOLLIER, Droit d'auteur et protection des œuvres dans l'environnement numérique, *Larcier, 2005 ; CCE 2006. Étude 29* (l'introuvable interface entre exceptions au droit d'auteur et mesures techniques de protection). – FERLA et LERICHE, *Légipresse 2008, II, p. 61* (tous les chemins mènent à l'interopérabilité). – LATREILLE et MAILLARD : *J.-Cl. PLA, Fasc. 1660 ; D. 2006. Dossier 2171* (le cadre légal des mesures techniques de protection et d'information). – LUCAS, *Propr. intell. 2006, n° 20, p. 4* (commentaire de la loi du 1er août 2006). – SIRINELLI, Rapport général, *Congrès ALAI de New York, 2001, p. 415* (l'étendue de l'interdiction de contournement des dispositifs techniques de protection des droits et les exceptions aux droits d'auteur et droits voisins). – VERCKEN, *RLDI, octobre 2006.* – WERRA, *RIDA juill. 2001, p. 67* (le régime juridique des mesures techniques de protection des œuvres selon les Traités de l'OMPI, le *Digital Millennium Copyright Act*, les directives européennes et d'autres législations (Japon, Australie).

COMMENTAIRE

Cette nouvelle section, issue de la transposition, par la loi du 1er août 2006, de la directive communautaire du 22 mai 2001, traite du sort des mesures techniques d'information et de protection relatives aux œuvres et aux éléments protégés par des droits voisins. Les mesures de protection comprennent indifféremment, même s'il est d'usage de les distinguer, à l'instar du Digital Millennium Copyright Act américain de 1998, les mesures relatives à l'accès à l'œuvre et celles relatives à l'utilisation de celle-ci.

Les solutions, issues du donné communautaire et inspirées de celles du traité de l'Organisation mondiale de la propriété intellectuelle (OMPI) du 20 décembre 1996, envisagent la protection juridique de ces mesures techniques et sanctionnent les actes, personnels ou préparatoires, de contournement de ces dispositifs.

C'est dire que les ayants droit ont non seulement la possibilité de recourir à des dispositifs techniques d'information ou de protection des œuvres mais qu'ils peuvent en outre compter (art. 6.1 de la directive de 2001) sur le prononcé de sanctions pénales (art. L. 335-3-1 et L. 335-4-1 CPI) lorsque sont accomplis des actes qui rendraient inefficaces ces mesures techniques.

Les dispositions nouvelles, insérées dans une section spécialement créée pour les accueillir, sont d'une facture inhabituelle pour le code de la propriété intellectuelle français : longues, détaillées et extrêmement techniques. Cela est la conséquence du souci de transposer fidèlement des solutions complexes et un des effets de la technicité de l'objet concerné. Ce souci de fidélité au texte communautaire n'a pas empêché le législateur français d'aller au-delà des exigences issues tant des traités OMPI que de la directive et de proposer des solutions nouvelles. Tel est le cas, par exemple en matière d'interopérabilité.

La construction de la directive que la loi française du 1er août 2006 a transposée est la suivante :

1. **Mesures techniques d'identification** (art. 7 de la directive, transposé aux art. L. 331-22 s.).

Certains dispositifs techniques sont destinés à fournir :
– des éléments d'information permettant d'identifier l'œuvre ou le titulaire de droits ;
– des informations sur les conditions et modalités d'utilisation de ces éléments. La directive n'impose pas le recours à ces dispositifs ; ni même, en cas d'utilisation spontanée, de « standards » ou de normes.

Il s'agit seulement de veiller à assurer la protection de ces mesures en sanctionnant toute personne qui, sans y être habilitée :
– supprimerait ou modifierait toute information relative au régime des droits se présentant sous forme électronique ;
– ou livrerait au public des objets protégés pour lesquels des informations ont été supprimées ou modifiées sans autorisation.

2. **Mesures techniques de protection des droits** (art. 6 de la directive, transposé aux art. L. 331-5 s.)

Les textes internationaux et communautaires imposent aux États membres l'édiction de mesures destinées à sanctionner les actes de contournement de ces dispositifs qui régulent techniquement l'accès à l'œuvre ou l'utilisation de cette dernière.

Le droit vient donc à son tour au secours de la technique qui tente d'assurer l'effectivité de la propriété intellectuelle.

La directive impose de sanctionner :
– les actes de contournement personnels des dispositifs techniques ;
– les actes dits « préparatoires » (fabrication, importation, distribution, vente, location, publicité en vue de la vente ou de la location, possession à des fins commerciales de dispositifs, produits ou composants ou la prestation de services permettant le contournement).

Face au risque de voir cette construction créer une « surréservation » au profit des ayants droit, l'article 6.4 de la directive tente de maintenir le bénéfice de certaines exceptions :
– en incitant à l'adoption d'initiatives volontaires (remise de « clés », insertion de DRM laissant la possibilité de certains usages, ou mise à la disposition d'œuvres non protégées...) ;
– à défaut, en contraignant les États à prendre des « mesures appropriées ». La loi du 1er août 2006 a transposé assez fidèlement cette construction en y ajoutant certaines solutions, étant entendu que le régime mis en place laisse, en application de l'article 1.2 de la directive de 2001, « intactes et n'affecte en aucune façon les dispositions communautaires existantes » concernant certaines difficultés déjà tranchées par d'autres directives (dont naturellement, celle de 1991 relative aux programmes d'ordinateur).

Hors cette section du code, il est indiqué que, la décision d'avoir recours aux MTP étant prise par le titulaire de droit de propriété intellectuelle sur l'œuvre, le contrat passé avec les ayants droit doit mentionner la faculté pour le producteur de recourir aux diverses mesures techniques en précisant les objectifs poursuivis pour chaque mode d'exploitation, de même que les conditions dans lesquelles l'ayant droit peut avoir accès aux caractéristiques essentielles de ces mesures techniques ou informations sous forme électronique auxquelles le producteur a effectivement recours pour assurer l'exploitation de l'œuvre (art. L. 131-9 pour les droits d'auteur ; art. L. 212-10 pour les droits voisins). ❑

Art. L. 331-5 *(L. nº 2006-961 du 1er août 2006, art. 13)* **Les mesures techniques efficaces destinées à empêcher ou à limiter les utilisations non autorisées par les titulaires d'un droit d'auteur ou d'un droit voisin du droit d'auteur d'une œuvre, autre qu'un logiciel, d'une interprétation, d'un phonogramme, d'un vidéogramme ou d'un programme sont protégées dans les conditions prévues au présent titre.**

On entend par mesure technique au sens du premier alinéa toute technologie, dispositif, composant qui, dans le cadre normal de son fonctionnement, accomplit la fonction prévue par cet alinéa. Ces mesures techniques sont réputées efficaces lorsqu'une utilisation visée au même alinéa est contrôlée par les titulaires de droits grâce à l'application d'un code d'accès, d'un procédé de protection tel que le cryptage, le brouillage ou toute autre transformation de l'objet de la protection ou d'un mécanisme de contrôle de la copie qui atteint cet objectif de protection.

Un protocole, un format, une méthode de cryptage, de brouillage ou de transformation ne constitue pas en tant que tel une mesure technique au sens du présent article.

Les mesures techniques ne doivent pas avoir pour effet d'empêcher la mise en œuvre effective de l'interopérabilité, dans le respect du droit d'auteur. Les fournisseurs de mesures techniques donnent l'accès aux informations essentielles à l'interopérabilité dans les conditions définies *(L. nº 2009-669 du 13 juin 2009, art. 2)* **« au 1° de l'article »** *(L. nº 2009-1311 du 28 oct. 2009, art. 12)* **« L. 331-31 » et à l'article** *(L. nº 2009-1311 du 28 oct. 2009, art. 12)* **« L. 331-32 ».**

Les dispositions du présent chapitre ne remettent pas en cause la protection juridique résultant des articles 79-1 à 79-6 et de l'article 95 de la loi nº 86-1067 du 30 septembre 1986 relative à la liberté de communication.

Les mesures techniques ne peuvent s'opposer au libre usage de l'œuvre ou de l'objet protégé dans les limites des droits prévus par le présent code, ainsi que de ceux accordés par les détenteurs de droits.

Les dispositions du présent article s'appliquent sans préjudice des dispositions de l'article L. 122-6-1 du présent code.

Selon la réserve d'interprétation émise par le Conseil constitutionnel dans sa décision du 27 juill. 2006 (nº 2006-540 DC), la référence, dans l'art. L. 331-5, al. 4, faite au respect « du droit d'auteur » doit s'entendre comme renvoyant également au respect des droits voisins (V. la décision in extenso, App., Propriété littéraire et artistique, Dispositions communes).

BIBL. ▶ BRUGUIÈRE, *CCE 2007. Étude 3* (le droit à l'interopérabilité).

COMMENTAIRE

L'article L. 331-5 définit les mesures techniques de protection concernées (s'agissant des mesures d'identification, V. art. L. 331-11 CPI). Ces dernières, qu'elles aient trait à l'accès à l'œuvre ou soient relatives à l'utilisation de celle-ci, permettent à l'ayant droit de recouvrer une maîtrise effective de son objet protégé.

Elles ne sont cependant protégeables que pour autant qu'elles s'appliquent à un objet encore protégé par le droit d'auteur ou les droits voisins. Ce n'est pas à dire qu'il est interdit de mettre des MTP sur des éléments non couverts par un droit de propriété littéraire et artistique mais seulement de constater que l'ayant droit ne peut, en ce dernier cas, revendiquer le bénéfice des mesures juridiques de protection sanctionnant des actes de contournement.

En outre, ne méritent la protection que les mesures techniques « efficaces » (al. 2).

L'efficacité paraît présumée et s'apprécie par rapport au cadre normal de fonctionnement de la mesure technique. Suivant les travaux parlementaires, il s'agit moins de se fonder sur les « résultats de la méthode » que de se livrer à une appréciation relative « à l'objet et à la manière objective dont la mesure de protection est conçue ».

La précision, apportée à l'alinéa 3, selon laquelle « un protocole, un format, une méthode de cryptage, de brouillage ou de transformation ne constitue pas en tant que tel une mesure technique » a, suivant les travaux parlementaires, pour but d'éviter que la protection ainsi accordée n'ait pour conséquence de permette d'exercer un « contrôle sur l'ensemble des programmes informatiques les mettant en œuvre ». Elle a également pour but de « préserver la notion d'interopérabilité ».

L'alinéa 5 exclut du champ de ce dispositif les mesures de protection des programmes cryptés des chaînes de télévision.

Les actes personnels ou préparatoires de contournement peuvent entraîner le prononcé de sanctions pénales mais ces dernières sont moins lourdes que celles relatives à la contrefaçon (art. L. 335-3-1 CPI). En revanche, l'ayant droit dont les intérêts sont méconnus peut pleinement revendiquer le bénéfice de la procédure de saisie-contrefaçon (art. L. 332-1 CPI).

Art. L. 331-6 *(L. n° 2006-961 du 1er août 2006, art. 16)* **Le bénéfice de l'exception pour copie privée et des exceptions mentionnées** *(L. n° 2009-669 du 12 juin 2009, art. 2)* **« au 2° de l'article** *(L. n° 2009-1311 du 28 oct. 2009, art. 12)* **« L. 331-31 » est garanti par les dispositions des articles L. 331-7 à L. 331-10. »** *(L. n° 2009-1311 du 28 oct. 2009, art. 12)* **« L. 331-33 à L. 331-35 et L. 331-37 ».**

L'art. L. 331-6 a été renuméroté par la L. n° 2009-669 du 12 juin 2009, 1er al. de l'anc. art. L. 331-8 (L. préc., art. 2-L).

Art. L. 331-7 *(L. n° 2006-961 du 1er août 2006, art. 16)* **Les titulaires de droits qui recourent aux mesures techniques de protection définies à l'article L. 331-5 peuvent leur assigner pour objectif de limiter le nombre de copies. Ils prennent cependant les dispositions utiles pour que leur mise en œuvre ne prive pas les bénéficiaires des exceptions visées** *(L. n° 2009-669 du 12 juin 2009, art. 2)* **« au 2° de l'article »** *(L. n° 2009-1311 du 28 oct. 2009, art. 12)* **« L. 331-31 » de leur exercice effectif. Ils s'efforcent de définir ces mesures en concertation avec les associations agréées de consommateurs et les autres parties intéressées.**

Les dispositions du présent article peuvent, dans la mesure où la technique le permet, subordonner le bénéfice effectif de ces exceptions à un accès licite à une œuvre ou à un phonogramme, à un vidéogramme ou à un programme et veiller à ce qu'elles n'aient pas pour effet de porter atteinte à son exploitation normale ni de causer un préjudice injustifié aux intérêts légitimes du titulaire de droits sur l'œuvre ou l'objet protégé.

L'art. L. 331-7 a été renuméroté par la L. n° 2009-669 du 12 juin 2009, il s'agit de l'anc. art. L. 331-9 (L. préc., art. 2-L).

Art. L. 331-8 *(L. n° 2006-961 du 1er août 2006, art. 16)* **Les titulaires de droits ne sont cependant pas tenus de prendre les dispositions de l'article** *(L. n° 2009-669 du 13 juin 2009, art. 2)* **« L. 331-7 » lorsque l'œuvre ou un autre objet protégé par un droit voisin est mis à disposition du public selon des dispositions contractuelles convenues entre les parties, de manière que chacun puisse y avoir accès de l'endroit et au moment qu'il choisit.**

L'art. L. 331-8 a été renuméroté par la L. n° 2009-669 du 12 juin 2009, il s'agit de l'anc. art. L. 331-10 (L. préc., art. 2-L).

Art. L. 331-9 *(L. n° 2006-961 du 1er août 2006, art. 16)* **Les éditeurs et les distributeurs de services de télévision ne peuvent recourir à des mesures techniques qui auraient pour effet de priver le public du bénéfice de l'exception pour copie privée, y compris sur un support et dans un format numérique, dans les conditions mentionnées au 2° de l'article L. 122-5 et au 2° de l'article L. 211-3.**

Le Conseil supérieur de l'audiovisuel veille au respect des obligations du premier alinéa dans les conditions définies par les articles 42 et 48-1 de la loi n° 86-1067 du 30 septembre 1986 relative à la liberté de communication.

(L. n° 2016-925 du 7 juill. 2016, art. 15-2°) **« Lorsqu'un distributeur d'un service de radio ou de télévision met à disposition un service de stockage mentionné au deuxième alinéa de l'article L. 311-4, une convention conclue avec l'éditeur de ce service de radio ou de télévision définit préalablement les fonctionnalités de ce service de stockage.**

« Le Conseil supérieur de l'audiovisuel peut être saisi par un éditeur ou un distributeur des services de tout différend relatif à la conclusion ou à l'exécution de la convention mentionnée à l'avant-dernier alinéa du présent article et rendre une décision dans les conditions définies à l'article 17-1 de la loi n° 86-1067 du 30 septembre 1986 précitée. »

L'art. L. 331-9 a été renuméroté par la L. n° 2009-669 du 12 juin 2009, il s'agit de l'anc. art. L. 331-11 (L. préc., art. 2-L).

Les dispositions de l'art. 15 de la L. n° 2016-925 du 7 juill. 2016 sont applicables dans les îles Wallis-et-Futuna (L. préc., art. 115-III).

V. Avis de la HADOPI n° 2014-1 du 11 sept. 2014, ss. art. L. 331-36.

Art. L. 331-10 *(L. n° 2006-961 du 1er août 2006, art. 16)* **Les conditions d'accès à la lecture d'une œuvre, d'un vidéogramme, d'un programme ou d'un phonogramme et les limitations susceptibles d'être apportées au bénéfice de l'exception pour copie privée mentionnée au 2° de l'article L. 122-5 et au 2° de l'article L. 211-3 par la mise en œuvre d'une mesure technique de protection doivent être portées à la connaissance de l'utilisateur.**

L'art. L. 331-10 a été renuméroté par la L. n° 2009-669 du 12 juin 2009, il s'agit de l'anc. art. L. 331-12 (L. préc., art. 2-L).

Art. L. 331-11 *(L. n° 2006-961 du 1er août 2006, art. 18)* **Les informations sous forme électronique concernant le régime des droits afférents à une œuvre, autre qu'un logiciel, une interprétation, un phonogramme, un vidéogramme ou un programme, sont protégées dans les conditions prévues au présent titre, lorsque l'un des éléments d'information, numéros ou codes est joint à la reproduction ou apparaît en relation avec la communication au public de l'œuvre, de l'interprétation, du phonogramme, du vidéogramme ou du programme qu'il concerne.**

On entend par information sous forme électronique toute information fournie par un titulaire de droits qui permet d'identifier une œuvre, une interprétation, un phonogramme, un vidéogramme, un programme ou un titulaire de droit, toute information sur les conditions et modalités d'utilisation d'une œuvre, d'une interprétation, d'un phonogramme, d'un vidéogramme ou d'un programme, ainsi que tout numéro ou code représentant tout ou partie de ces informations.

L'art. L. 331-11 a été renuméroté par la L. n° 2009-669 du 12 juin 2009, il s'agit de l'anc. art. L. 331-22 (L. préc., art. 2-L).

COMMENTAIRE

Cet article, relatif aux mesures techniques d'information, transpose fidèlement l'article 7 de la directive du 22 mai 2001 et est à rapprocher de l'article 12 du traité de l'OMPI du 20 décembre 1996 sur le droit d'auteur.

L'alinéa 2, définit l'information sur le régime des droits comme étant celle qui « permet d'identifier une œuvre » ou encore celle qui porte « sur les conditions et modalités d'utilisation d'une œuvre », en incluant « tout numéro ou code représentant tout ou partie de ces informations ».

L'information sur le régime des droits n'est protégée que si elle se présente sous forme électronique. Elle n'est pas protégée pour elle-même mais uniquement dans sa fonction d'information sur le régime des droits.

Son contournement peut entraîner le prononcé de sanctions pénales (art. L. 335-3-2 CPI) et l'ayant droit peut revendiquer le bénéfice de la procédure de saisie-contrefaçon (art. L. 332-1 CPI).

SECTION III HAUTE AUTORITÉ POUR LA DIFFUSION DES ŒUVRES ET LA PROTECTION DES DROITS SUR INTERNET

(L. n° 2009-669 du 12 juin 2009, art. 5)

BIBL. ▸ HADOPI, Rapports annuels 2010-2011, 2011-2012, 2012-2013, 2013-2014, 2014-2015, www.hadopi.fr.

COMMENTAIRE

Les lois n° 2009-669 du 12 juin 2009 (dite « loi création et internet ») et n° 2009-1311 du 28 octobre 2009 (relative à la protection pénale de la propriété littéraire et artistique sur internet) ont créé une autorité administrative indépendante, dénommée HADOPI, aux diverses compétences.

Cette Haute Autorité est composée d'un collège et d'une commission de protection des droits (art. L. 331-15). La composition du collège est prévue à l'article L. 331-16 tandis que celle de la commission de protection des droits est régie par l'article L. 331-17.

Le collège de la HADOPI se voit d'abord confier les missions qui avaient été auparavant (loi du 1er août 2006) données à l'Autorité de régulation des mesures techniques (V., par ex., art. L. 331-31 et L. 331-32 en matière d'interopérabilité ou L. 331-34 s. en matière de garantie des exceptions). Le collège a en outre (art. L. 331-13) une mission d'encouragement au développement de l'offre légale (V. *infra*, sous-section 2, art. L. 331-23) et d'observation de l'utilisation licite et illicite des œuvres ainsi qu'une tâche de régulation et de veille dans le domaine des mesures techniques de protection et d'identification des œuvres et des objets protégés par un droit d'auteur ou par un droit voisin.

Les missions de la commission de protection des droits sont exposées aux articles L. 331-24 et suivants (V., *infra*, sous-section 3). Elles consistent, essentiellement, en la mise en place d'un système dit de « réponse graduée » en cas d'atteinte aux droits de propriété littéraire et artistique. ❑

SOUS-SECTION 1 COMPÉTENCES, COMPOSITION ET ORGANISATION

Art. L. 331-12 **La Haute Autorité pour la diffusion des œuvres et la protection des droits sur internet est une autorité publique indépendante.** *(Abrogé par L. n° 2017-55 du 20 janv. 2017, art. 47-1°)* ***« A ce titre, elle est dotée de la personnalité morale. »***

La L. n° 2017-55 du 20 janv. 2017 est applicable dans les îles Wallis-et-Futuna, en Polynésie française, en Nouvelle-Calédonie et dans les Terres australes et antarctiques françaises (L. préc., art. 1er, 55 et annexe).

BIBL. ▶ HERVÉ et BOUCHOUX, Rapport d'information n° 600 du 8 juill. 2015 fait au nom de la commission de la culture, de l'éducation et de la communication (disponible sur le site www.senat.fr).

Art. L. 331-13 **La Haute Autorité assure :**

1° Une mission d'encouragement au développement de l'offre légale et d'observation de l'utilisation licite et illicite des œuvres et des objets auxquels est attaché un droit d'auteur ou un droit voisin sur les réseaux de communications électroniques utilisés pour la fourniture de services de communication au public en ligne ;

2° Une mission de protection de ces œuvres et objets à l'égard des atteintes à ces droits commises sur les réseaux de communications électroniques utilisés pour la fourniture de services de communication au public en ligne ;

3° Une mission de régulation et de veille dans le domaine des mesures techniques de protection et d'identification des œuvres et des objets protégés par un droit d'auteur ou par un droit voisin.

Au titre de ces missions, la Haute Autorité peut recommander toute modification législative ou réglementaire. Elle peut être consultée par le Gouvernement sur tout projet de loi ou de décret intéressant la protection des droits de propriété littéraire et artistique. Elle peut également être consultée par le Gouvernement ou par les commissions parlementaires sur toute question relative à ses domaines de compétence.

Art. L. 331-14 **La Haute Autorité remet chaque année au Gouvernement et au Parlement un rapport rendant compte** *(Abrogé par L. n° 2017-55 du 20 janv. 2017, art. 47-2°)* ***« de son activité, de l'exécution de ses missions et de ses moyens, et »*** **du respect de leurs obligations et engagements par les professionnels des différents secteurs concernés. Ce rapport est rendu public.**

V. note ss. art. L. 331-12.

Art. L. 331-15 **La Haute Autorité est composée d'un collège et d'une commission de protection des droits. Le président du collège est le président de la Haute Autorité.**

Sauf disposition législative contraire, les missions confiées à la Haute Autorité sont exercées par le collège.

Dans l'exercice de leurs attributions, les membres du collège et de la commission de protection des droits ne reçoivent d'instruction d'aucune autorité. – *V. art. R. 331-2 s.*

Art. L. 331-16 **Le collège de la Haute Autorité est composé de neuf membres, dont le président, nommés pour une durée de six ans par décret :**

1° Un membre en activité du Conseil d'État désigné par le vice-président du Conseil d'État ;

2° Un membre en activité de la Cour de cassation désigné par le premier président de la Cour de cassation ;

3° Un membre en activité de la Cour des comptes désigné par le premier président de la Cour des comptes ;

4° Un membre du Conseil supérieur de la propriété littéraire et artistique désigné par le président du Conseil supérieur de la propriété littéraire et artistique ;

5° Trois personnalités qualifiées, désignées sur proposition conjointe des ministres chargés des communications électroniques, de la consommation et de la culture ;

6° Deux personnalités qualifiées, désignées respectivement par le président de l'Assemblée nationale et par le président du Sénat.

Le président du collège est élu par les membres parmi les personnes mentionnées aux 1°, 2° et 3°.

Pour les membres désignés en application des 1° à 4°, des membres suppléants sont désignés dans les mêmes conditions.

(L. n° 2017-55 du 20 janv. 2017, art. 47-3°) **« Selon des modalités fixées par décret en Conseil d'État, le collège est renouvelé partiellement tous les trois ans. »**

(Ord. n° 2015-948 du 31 juill. 2015, art. 19-I-1°-a, en vigueur le 23 déc. 2021) **« Lors de chaque renouvellement, le membre titulaire succédant à une femme est un homme et celui succédant à un homme, une femme.**

« Le membre titulaire et son suppléant sont de sexe différent. » — *V. ci-dessous Ord. n° 2015-948 du 31 juillet 2015, art. 19-II.*

(L. n° 2017-55 du 20 janv. 2017, art. 47-3°) **« Le mandat des membres n'est pas renouvelable.**

« Le président exerce ses fonctions à temps plein. »

V. note ss. art. L. 331-12.

Ordonnance n° 2015-948 du 31 juillet 2015,

Relative à l'égal accès des femmes et des hommes au sein des autorités administratives indépendantes et des autorités publiques indépendantes.

Art. 19 *[...]* II. — L'article L. 331-16 du code de la propriété intellectuelle, dans sa rédaction issue du 1° du I du présent article, entre en vigueur à compter du renouvellement des membres dont le mandat arrive à échéance le 23 décembre 2021.

A titre transitoire, les renouvellements des membres de la Haute Autorité pour la diffusion des œuvres et la protection des droits sur internet qui interviennent postérieurement à la publication de la présente ordonnance suivent les règles suivantes :

1° Les trois membres titulaires dont le mandat arrive à échéance le 23 décembre 2015 sont remplacés par deux femmes et un homme ;

2° Les trois membres titulaires dont le mandat arrive à échéance le 23 décembre 2017 sont remplacés par deux femmes et un homme ;

3° Les trois membres titulaires dont le mandat arrive à échéance le 23 décembre 2019 sont remplacés par une femme et deux hommes ;

4° Les membres titulaires et les membres suppléants sont de sexe différent.

Un tirage au sort, dont les modalités sont fixées par décret, détermine si le membre devant être nommé par chacune des autorités investies du pouvoir de nomination lors de chacun des renouvellements mentionnés aux 1° à 3° est un homme ou une femme.

Art. L. 331-17 **La commission de protection des droits est chargée de prendre les mesures prévues à l'article** *(L. n° 2009-1311 du 28 oct. 2009, art. 12)* **« L. 331-25 »** *[Dispositions résultant de la décision du Conseil constitutionnel n° 2009-580 DC du 10 juin 2009.]*.

Elle est composée de trois membres, dont le président, nommés pour une durée de six ans par décret :

1° Un membre en activité du Conseil d'État désigné par le vice-président du Conseil d'État ;

2° Un membre en activité de la Cour de cassation désigné par le premier président de la Cour de cassation ;

3° Un membre en activité de la Cour des comptes désigné par le premier président de la Cour des comptes.

Des membres suppléants sont nommés dans les mêmes conditions.

(Ord. n° 2015-948 du 31 juill. 2015, art. 19-I-2°-a) « Lors de chaque renouvellement, le membre titulaire succédant à une femme est un homme et celui succédant à un homme, une femme.

« Le membre titulaire et son suppléant sont de sexe différent. »

En cas de vacance d'un siège de membre de la commission de protection des droits, pour quelque cause que ce soit, il est procédé à la nomination, dans les conditions prévues au présent article, d'un nouveau membre *(Ord. n° 2015-948 du 31 juill. 2015, art. 19-I-2°-b)* « de même sexe » pour la durée du mandat restant à courir.

Le mandat des membres n'est ni révocable, ni renouvelable.

Sauf démission, il ne peut être mis fin aux fonctions d'un membre qu'en cas d'empêchement constaté par la commission dans les conditions qu'elle définit.

Les fonctions de membre du collège et de membre de la commission de protection des droits sont incompatibles.

Les dispositions de l'Ord. n° 2015-948 du 31 juill. 2015 s'appliquent aux nominations postérieures à sa publication (Ord. préc., art. 20, JO 2 août).

Art. L. 331-18 I. — Les fonctions de membre et de secrétaire général de la Haute Autorité sont incompatibles avec le fait d'exercer ou d'avoir exercé, au cours des trois dernières années :

1° Les fonctions de dirigeant, de salarié ou de conseiller *(Ord. n° 2016-1823 du 22 déc. 2016, art. 2-22°)* « d'un organisme de gestion collective régi » par le titre II du présent livre ;

2° Les fonctions de dirigeant, de salarié ou de conseiller d'une entreprise exerçant une activité de production de phonogrammes ou de vidéogrammes ou d'édition d'œuvres protégées par un droit d'auteur ou des droits voisins ;

3° Les fonctions de dirigeant, de salarié ou de conseiller d'une entreprise de communication audiovisuelle ;

4° Les fonctions de dirigeant, de salarié ou de conseiller d'une entreprise offrant des services de mise à disposition d'œuvres ou d'objets protégés par un droit d'auteur ou des droits voisins ;

5° Les fonctions de dirigeant, de salarié ou de conseiller d'une entreprise dont l'activité est d'offrir un accès à des services de communication au public en ligne.

II. — Après la cessation de leurs fonctions, les membres de la Haute Autorité et son secrétaire général sont soumis aux dispositions de l'article 432-13 du code pénal.

Les membres de la Haute Autorité et son secrétaire général ne peuvent, directement ou indirectement, détenir d'intérêts dans *(Ord. n° 2016-1823 du 22 déc. 2016, art. 2-22°)* « un organisme ou *[une]* entreprise mentionné » au I du présent article.

***Derniers al.** abrogés par L. n° 2017-55 du 20 janv. 2017, art. 47-4°.*

Les dispositions de l'Ord. n° 2016-1823 du 22 déc. 2016 sont applicables dans les îles Wallis-et-Futuna (Ord. préc., art. 6).

V. note s. art. L. 331-12.

Art. L. 331-19 *(L. n° 2009-669 du 12 juin 2009, art. 5 ; L. n° 2017-55 du 20 janv. 2017, art. 47-5°)* Un secrétaire général est chargé du fonctionnement et de la coordination des services sous l'autorité du président.

Les rapporteurs chargés de l'instruction de dossiers auprès de la Haute Autorité sont nommés par le président.

La Haute Autorité peut faire appel à des experts. Elle peut également solliciter, en tant que de besoin, l'avis d'autorités administratives, d'organismes extérieurs ou d'associations représentatives des utilisateurs des réseaux de communications électroniques, et elle peut être consultée pour avis par ces mêmes autorités ou organismes.

V. note ss. art. L. 331-12.

Art. L. 331-20 Les décisions du collège et de la commission de protection des droits sont prises à la majorité des voix. Au sein du collège, la voix du président est prépondérante en cas de partage égal des voix.

Art. L. 331-21 Pour l'exercice, par la commission de protection des droits, de ses attributions, la Haute Autorité dispose d'agents publics assermentés habilités par le président de la Haute Autorité dans des conditions fixées par un décret en Conseil d'État. Cette habilitation ne dispense pas de l'application des dispositions définissant les procédures autorisant l'accès aux secrets protégés par la loi.

Les membres de la commission de protection des droits et les agents mentionnés au premier alinéa reçoivent les saisines adressées à ladite commission dans les conditions prévues à l'article L. 331-24. Ils procèdent à l'examen des faits *[Dispositions déclarées non conformes à la Constitution par la décision du Conseil constitutionnel nº 2009-580 DC du 10 juin 2009.]*.

Ils peuvent, pour les nécessités de la procédure, obtenir tous documents, quel qu'en soit le support, y compris les données conservées et traitées par les opérateurs de communications électroniques en application de l'article L. 34-1 du code des postes et des communications électroniques et les prestataires mentionnés aux 1 et 2 du I de l'article 6 de la loi nº 2004-575 du 21 juin 2004 pour la confiance dans l'économie numérique.

Ils peuvent également obtenir copie des documents mentionnés à l'alinéa précédent.

Ils peuvent, notamment, obtenir des opérateurs de communications électroniques l'identité, l'adresse postale, l'adresse électronique et les coordonnées téléphoniques de l'abonné dont l'accès à des services de communication au public en ligne a été utilisé à des fins de reproduction, de représentation, de mise à disposition ou de communication au public d'œuvres ou d'objets protégés sans l'autorisation des titulaires des droits prévus aux livres Ier et II lorsqu'elle est requise.

Art. L. 331-21-1 *(L. nº 2009-1311 du 28 oct. 2009, art. 1er)* Les membres de la commission de protection des droits, ainsi que ses agents habilités et assermentés devant l'autorité judiciaire mentionnés à l'article L. 331-21, peuvent constater les faits susceptibles de constituer des infractions prévues au présent titre lorsqu'elles sont punies de la peine complémentaire de suspension de l'accès à un service de communication au public en ligne mentionnée aux articles L. 335-7 et L. 335-7-1.

Ils peuvent en outre recueillir les observations des personnes concernées. Il est fait mention de ce droit dans la lettre de convocation.

Lorsque les personnes concernées demandent à être entendues, ils les convoquent et les entendent. Toute personne entendue a le droit de se faire assister d'un conseil de son choix.

(L. nº 2016-731 du 3 juin 2016, art. 83-VI) « Conformément à l'article 28 du code de procédure pénale, l'article 61-1 du même code est applicable lorsqu'il est procédé à l'audition d'une personne à l'égard de laquelle il existe des raisons plausibles de soupçonner qu'elle a commis ou tenté de commettre une infraction. »

Une copie du procès-verbal d'audition est remise à la personne concernée.

Art. L. 331-22 Les membres et les agents publics de la Haute Autorité sont astreints au secret professionnel pour les faits, actes ou renseignements dont ils ont pu avoir connaissance en raison de leurs fonctions, dans les conditions prévues à l'article 413-10 du code pénal et, sous réserve de ce qui est nécessaire à l'établissement des avis, des recommandations et des rapports, à l'article 226-13 du même code.

Dans les conditions prévues par l'article 17-1 de la loi nº 95-73 du 21 janvier 1995 d'orientation et de programmation relative à la sécurité, les décisions d'habilitation des agents mentionnés à l'article L. 331-21 du présent code sont précédées d'enquêtes administratives destinées à vérifier que leur comportement n'est pas incompatible avec l'exercice de leurs fonctions ou missions.

Dernier al. abrogé par L. nº 2009-1311 du 28 oct. 2009, art. 2.

SOUS-SECTION 2 MISSION D'ENCOURAGEMENT AU DÉVELOPPEMENT DE L'OFFRE LÉGALE ET D'OBSERVATION DE L'UTILISATION LICITE ET ILLICITE D'ŒUVRES ET D'OBJETS PROTÉGÉS PAR UN DROIT D'AUTEUR OU PAR UN DROIT VOISIN SUR LES RÉSEAUX DE COMMUNICATIONS ÉLECTRONIQUES

BIBL. ▶ Tilliet, *RIDA janv. 2010, p. 5* (les dispositions relatives à l'encouragement de l'offre légale et à la lutte contre la contrefaçon sur les réseaux de communications au public en ligne dans les lois des 12 juin et 28 octobre 2009).

Art. L. 331-23 **Au titre de sa mission d'encouragement au développement de l'offre légale, qu'elle soit ou non commerciale, et d'observation de l'utilisation, qu'elle soit licite ou illicite, des œuvres et des objets protégés par un droit d'auteur ou par un droit voisin sur les réseaux de communications électroniques, la Haute Autorité publie chaque année des indicateurs dont la liste est fixée par décret. Elle rend compte du développement de l'offre légale dans le rapport mentionné à l'article L. 331-14.**

Dans des conditions fixées par décret en Conseil d'État, la Haute Autorité attribue aux offres proposées par des personnes dont l'activité est d'offrir un service de communication au public en ligne un label permettant aux usagers de ce service d'identifier clairement le caractère légal de ces offres. Cette labellisation est revue périodiquement.

La Haute Autorité veille à la mise en place, à la mise en valeur et à l'actualisation d'un portail de référencement de ces mêmes offres.

Elle évalue, en outre, les expérimentations conduites dans le domaine des technologies de reconnaissance des contenus et de filtrage par les concepteurs de ces technologies, les titulaires de droits sur les œuvres et objets protégés et les personnes dont l'activité est d'offrir un service de communication au public en ligne. Elle rend compte des principales évolutions constatées en la matière, notamment pour ce qui regarde l'efficacité de telles technologies, dans son rapport annuel prévu à l'article L. 331-14.

Elle identifie et étudie les modalités techniques permettant l'usage illicite des œuvres et des objets protégés par un droit d'auteur ou par un droit voisin sur les réseaux de communications électroniques. Dans le cadre du rapport prévu à l'article L. 331-14, elle propose, le cas échéant, des solutions visant à y remédier.

V. art. R. 331-47 s.

SOUS-SECTION 3 MISSION DE PROTECTION DES ŒUVRES ET OBJETS AUXQUELS EST ATTACHÉ UN DROIT D'AUTEUR OU UN DROIT VOISIN

Art. L. 331-24 **La commission de protection des droits agit sur saisine d'agents assermentés et agréés dans les conditions définies à l'article L. 331-2 qui sont désignés par :**

– les organismes de défense professionnelle régulièrement constitués ;

– les *(Ord. n° 2016-1823 du 22 déc. 2016, art. 2-14°)* **« organismes de gestion collective » ;**

– le Centre national du cinéma et de l'image animée.

La commission de protection des droits peut également agir sur la base d'informations qui lui sont transmises par le procureur de la République.

Elle ne peut être saisie de faits remontant à plus de six mois.

Les dispositions de l'Ord. n° 2016-1823 du 22 déc. 2016 sont applicables dans les îles Wallis-et-Futuna (Ord. préc., art. 6).

Art. L. 331-25 **Lorsqu'elle est saisie de faits susceptibles de constituer un manquement à l'obligation définie à l'article L. 336-3, la commission de protection des droits peut envoyer à l'abonné, sous son timbre et pour son compte, par la voie électronique et par l'intermédiaire de la personne dont l'activité est d'offrir un accès à des services de communication au public en ligne ayant conclu un contrat avec l'abonné, une recommandation lui rappelant les dispositions de l'article L. 336-3, lui enjoignant de respecter l'obligation qu'elles définissent** *[Dispositions déclarées non conformes à la Constitution par la décision du Conseil constitutionnel n° 2009-580 DC du 10 juin 2009.] (L. n° 2009-1311 du 28 oct. 2009, art. 3)* **« et l'avertissant des sanctions encourues en application des articles L. 335-7 et L. 335-7-1 ». Cette recommandation contient également une information de l'abonné sur l'offre légale de contenus culturels en ligne, sur l'existence de moyens de sécurisation permettant de prévenir les manquements à l'obligation définie à l'article L. 336-3 ainsi que sur les dangers pour le renouvellement de la création artistique et pour l'écon omie du secteur culturel des pratiques ne respectant pas le droit d'auteur et les droits voisins.**

En cas de renouvellement, dans un délai de six mois à compter de l'envoi de la recommandation visée au premier alinéa, de faits susceptibles de constituer un manquement à l'obligation définie à l'article L. 336-3, la commission peut adresser une nouvelle recommandation comportant les mêmes informations que la précédente par

la voie électronique dans les conditions prévues au premier alinéa. Elle *(L. n° 2009-1311 du 28 oct. 2009, art. 3)* « doit » assortir cette recommandation d'une lettre remise contre signature ou de tout autre moyen propre à établir la preuve de la date *(L. n° 2009-1311 du 28 oct. 2009, art. 3)* « de présentation » de cette recommandation.

Les recommandations adressées sur le fondement du présent article mentionnent la date et l'heure auxquelles les faits susceptibles de constituer un manquement à l'obligation définie à l'article L. 336-3 ont été constatés. En revanche, elles ne divulguent pas le contenu des œuvres ou objets protégés concernés par ce manquement. Elles indiquent les coordonnées téléphoniques, postales et électroniques où leur destinataire peut adresser, s'il le souhaite, des observations à la commission de protection des droits et obtenir, s'il en formule la demande expresse, des précisions sur le contenu des œuvres ou objets protégés concernés par le manquement qui lui est reproché.

L'art. L. 331-25, renuméroté par la L. n° 2009-1311 du 28 oct. 2009, est l'ancien art. L. 331-26. Sur la contravention de négligence caractérisée, V. art. R. 335-5.

Art. L. 331-26 Après consultation des concepteurs de moyens de sécurisation destinés à prévenir l'utilisation illicite de l'accès à un service de communication au public en ligne, des personnes dont l'activité est d'offrir l'accès à un tel service ainsi que *(Ord. n° 2016-1823 du 22 déc. 2016, art. 23°)* « des organismes de gestion collective régis » par le titre II du présent livre et des organismes de défense professionnelle régulièrement constitués, la Haute Autorité rend publiques les spécifications fonctionnelles pertinentes que ces moyens doivent présenter *[Dispositions déclarées non conformes à la Constitution par la décision du Conseil constitutionnel n° 2009-580 DC du 10 juin 2009.]*.

Au terme d'une procédure d'évaluation certifiée prenant en compte leur conformité aux spécifications visées au premier alinéa et leur efficacité, la Haute Autorité établit une liste labellisant les moyens de sécurisation *[Dispositions déclarées non conformes à la Constitution par la décision du Conseil constitutionnel n° 2009-580 DC du 10 juin 2009.]*. Cette labellisation est périodiquement revue.

Un décret en Conseil d'État précise la procédure d'évaluation et de labellisation de ces moyens de sécurisation.

L'art. L. 331-26, renuméroté par la L. n° 2009-1311 du 28 oct. 2009, est l'ancien art. L. 331-32.

Art. L. 331-27 Les personnes dont l'activité est d'offrir un accès à des services de communication au public en ligne font figurer, dans les contrats conclus avec leurs abonnés, la mention claire et lisible des dispositions de l'article L. 336-3 et des mesures qui peuvent être prises par la commission de protection des droits *[Dispositions déclarées non conformes à la Constitution par la décision du Conseil constitutionnel n° 2009-580 DC du 10 juin 2009.]*. Elles font également figurer, dans les contrats conclus avec leurs abonnés, les sanctions pénales et civiles encourues en cas de violation des droits d'auteur et des droits voisins *(L. n° 2009-1311 du 28 oct. 2009, art. 3)* « et en application de l'article L. 335-7-1 ».

En outre, les personnes visées au premier alinéa du présent article informent leurs nouveaux abonnés et les personnes reconduisant leur contrat d'abonnement sur l'offre légale de contenus culturels en ligne, sur l'existence de moyens de sécurisation permettant de prévenir les manquements à l'obligation définie à l'article L. 336-3 ainsi que sur les dangers pour le renouvellement de la création artistique et pour l'économie du secteur culturel des pratiques ne respectant pas le droit d'auteur et les droits voisins.

L'art. L. 331-27, renuméroté par la L. n° 2009-1311 du 28 oct. 2009, est l'ancien art. L. 331-35.

Art. L. 331-28 La commission de protection des droits peut conserver les données techniques mises à sa disposition pendant la durée nécessaire à l'exercice des compétences qui lui sont confiées à la présente sous-section *[Dispositions déclarées non conformes à la Constitution par la décision du Conseil constitutionnel n° 2009-580 DC du 10 juin 2009.]*.

(L. n° 2009-1311 du 28 oct. 2009, art. 4) « La personne dont l'activité est d'offrir un accès à des services de communication au public en ligne est tenue d'informer la commission de protection des droits de la date à laquelle elle a débuté la suspension ; la commission procède à l'effacement des données à caractère personnel relatives à l'abonné dès le terme de la période de suspension. »

L'art. L. 331-28, renuméroté par la L. n° 2009-1311 du 28 oct. 2009, est l'ancien art. L. 331-36.

Art. L. 331-29 **Est autorisée la création, par la Haute Autorité, d'un traitement automatisé de données à caractère personnel portant sur les personnes faisant l'objet d'une procédure dans le cadre de la présente sous-section.**

Ce traitement a pour finalité la mise en œuvre, par la commission de protection des droits, des mesures prévues à la présente sous-section *(L. nº 2009-1311 du 28 oct. 2009, art. 5)* **« , de tous les actes de procédure afférents et des modalités de l'information des organismes de défense professionnelle et des** *(Ord. nº 2016-1823 du 22 déc. 2016, art. 2-14º)* **« organismes de gestion collective » des éventuelles saisines de l'autorité judiciaire ainsi que des notifications prévues au cinquième alinéa de l'article L. 335-7 »** *[Dispositions déclarées non conformes à la Constitution par la décision du Conseil constitutionnel nº 2009-580 DC du 10 juin 2009.]*.

Un décret en Conseil d'État, pris après avis de la Commission nationale de l'informatique et des libertés, fixe les modalités d'application du présent article. Il précise notamment :

— les catégories de données enregistrées et leur durée de conservation ;

— les destinataires habilités à recevoir communication de ces données, notamment les personnes dont l'activité est d'offrir un accès à des services de communication au public en ligne ;

— les conditions dans lesquelles les personnes intéressées peuvent exercer, auprès de la Haute Autorité, leur droit d'accès aux données les concernant conformément à la loi nº 78-17 du 6 janvier 1978 relative à l'informatique, aux fichiers et aux libertés.

L'art. L. 331-29, renuméroté par la L. nº 2009-1311 du 28 oct. 2009, est l'ancien art. L. 331-37.

Les dispositions de l'Ord. nº 2016-1823 du 22 déc. 2016 sont applicables dans les îles Wallis-et-Futuna (Ord. préc., art. 6).

Décret nº 2010-236 du 5 mars 2010,

Relatif au traitement automatisé de données à caractère personnel autorisé par l'article L. 331-29 du code de la propriété intellectuelle dénommé « Système de gestion des mesures pour la protection des œuvres sur internet ».

Sur la légalité du Décr. nº 2010-236 du 5 mars 2010, V. CE 26 déc. 2013, nº 349171 : RTD com. 2014. 121, chron. F. Pollaud-Dulian.

Art. 1er *(Décr. nº 2011-264 du 11 mars 2011)* Le traitement de données à caractère personnel dénommé "Système de gestion des mesures pour la protection des œuvres sur internet" a pour finalité la mise en œuvre, par la commission de protection des droits de la Haute Autorité pour la diffusion des œuvres et la protection des droits sur internet :

1º Des mesures prévues par le livre III de la partie législative du code de la propriété intellectuelle (titre III, chapitre Ier, section III, sous-section 3) et le livre III de la partie réglementaire du même code (titre III, chapitre Ier, section II, sous-section 2) ;

2º Des saisines du procureur de la République de faits susceptibles de constituer des infractions prévues aux articles L. 335-2, L. 335-3, L. 335-4 et R. 335-5 du même code ainsi que de l'information des organismes de défense professionnelle et des *(Décr. nº 2017-924 du 6 mai 2017, art. 5)* « organismes de gestion collective » de ces saisines ;

3º Des mesures de notification des peines prévues aux articles L. 335-7 et L. 335-7-1 du même code.

Art. 2 Les données à caractère personnel et informations enregistrées dans le traitement prévu à l'article 1er figurent en annexe au présent décret.

Art. 3 Les données à caractère personnel et informations mentionnées à l'article 2 sont effacées :

1º Deux mois après la date de réception par la commission de protection des droits des données prévues au 1º de l'annexe dans le cas où n'est pas envoyée à l'abonné, dans ce délai, la recommandation prévue au premier alinéa de l'article L. 331-25 du code de la propriété intellectuelle ;

2º Quatorze mois après la date de l'envoi d'une recommandation prévue au premier alinéa de l'article L. 331-25 du code de la propriété intellectuelle dans le cas où n'est pas intervenue, dans ce délai, la présentation au même abonné d'une nouvelle recommandation prévue au deuxième alinéa du même article ;

3° *(Décr. n° 2011-264 du 11 mars 2011)* « Vingt et un » mois après la date de présentation de la lettre remise contre signature ou de tout autre moyen propre à établir la preuve de la date de présentation de la recommandation prévue au deuxième alinéa de l'article L. 331-25 du code de la propriété intellectuelle *(Décr. n° 2011-264 du 11 mars 2011)* « si la commission n'a pas transmis au parquet territorialement compétent une procédure en application de l'article R. 331-43 du code de la propriété intellectuelle ;

« 4° Un an après la date de la transmission de la délibération constatant l'infraction au procureur de la République, si celui-ci n'a pas fait connaître les suites données à la procédure ou s'il a fait connaître, dans ce délai, qu'il n'engage pas de poursuites ;

« 5° Dès que le procureur de la République fait connaître à la commission que la juridiction n'a pas prononcé de peine de suspension de l'accès à un service de communication en ligne, ou, au plus tard, un an après la date de la saisine de la juridiction communiquée par le procureur de la République à la commission ;

« 6° Dès que le casier judiciaire a été informé de l'exécution de la peine de suspension de l'accès à internet, conformément aux dispositions de l'article L. 331-28 du code de la propriété intellectuelle, ou au plus tard deux ans à compter de la date de la décision judiciaire définitive. »

Art. 4 I. — Ont directement accès aux données à caractère personnel et aux informations mentionnées à l'annexe au présent décret les agents publics assermentés habilités par le président de la Haute Autorité en application de l'article L. 331-21 du code de la propriété intellectuelle et les membres de la commission de protection des droits mentionnée à l'article 1er.

II. — Les opérateurs de communications électroniques et les prestataires mentionnés au 2° de l'annexe au présent décret sont destinataires :

— des données techniques nécessaires à l'identification de l'abonné ;

— des recommandations prévues à l'article L. 331-25 du code de la propriété intellectuelle en vue de leur envoi par voie électronique à leurs abonnés ;

(Décr. n° 2011-264 du 11 mars 2011) « — des éléments nécessaires à la mise en œuvre des peines complémentaires de suspension de l'accès à un service de communication au public en ligne portées à la connaissance de la commission de protection des droits par le procureur de la République.

« III. — Les organismes de défense professionnelle et les *(Décr. n° 2017-924 du 6 mai 2017, art. 5)* « organismes de gestion collective » sont destinataires d'une information relative à la saisine du procureur de la République.

« IV. — Les autorités judiciaires sont destinataires des procès-verbaux de constatation de faits susceptibles de constituer des infractions prévues aux articles L. 335-2, L. 335-3, L. 335-4, L. 335-7, R. 331-37, R. 331-38 et R. 335-5 du code de la propriété intellectuelle.

« Le casier judiciaire automatisé est informé de l'exécution de la peine de suspension. »

Art. 5 Les consultations du traitement automatisé font l'objet d'un enregistrement comprenant l'identifiant du consultant, la date, l'heure et l'objet de la consultation. Ces informations sont conservées pendant un délai d'un an.

Art. 6 Les droits d'accès et de rectification*[,]* prévus aux articles 39 et 40 de la loi du 6 janvier 1978, s'exercent auprès du président de la commission de protection des droits de la Haute Autorité.

Art. 7 Le droit d'opposition prévu à l'article 38 de la loi du 6 janvier 1978 susvisé ne s'applique pas au présent traitement.

Art. 8 Le présent traitement fait l'objet d'une interconnexion avec :

1° D'une part, les traitements automatisés de données à caractère personnel mis en œuvre par les organismes de défense professionnelle régulièrement constitués, les *(Décr. n° 2017-924 du 6 mai 2017, art. 5)* « organismes de gestion collective », le Centre national du cinéma et de l'image animée, pour la collecte des données et informations mentionnées au 1° de l'annexe au présent décret ;

2° D'autre part, les traitements mis en œuvre par les opérateurs de communications électroniques et les prestataires mentionnés au 2° de l'annexe au présent décret pour la collecte des données et informations mentionnées à ce même alinéa. Cette interconnexion est effectuée selon des modalités définies par une convention conclue avec les opérateurs et prestataires concernés ou, à défaut, par un arrêté conjoint du ministre chargé de la culture et du ministre chargé des communications électroniques.

Les interconnexions prévues aux 1° et 2° sont effectuées selon des modalités assurant la sécurité, l'intégrité et le suivi des données et informations conservées.

Art. 9 Le présent décret est applicable sur l'ensemble du territoire de la République, à l'exception de la Polynésie française.

ANNEXE

Les données à caractère personnel et informations enregistrées dans le traitement dénommé "Système de gestion des mesures pour la protection des œuvres sur internet" sont les suivantes :

1° Données à caractère personnel et informations provenant des organismes de défense professionnelle régulièrement constitués, des sociétés de perception et de répartition des droits, du Centre national du cinéma et de l'image animée *(Décr. n° 2011-264 du 11 mars 2011)* « ainsi que celles provenant du procureur de la République » :

Quant aux faits susceptibles de constituer un manquement à l'obligation définie à l'article L. 336-3 du code de la propriété intellectuelle :

Date et heure des faits ;

Adresse IP des abonnés concernés ;

Protocole pair à pair utilisé ;

Pseudonyme utilisé par l'abonné ;

Informations relatives aux œuvres ou objets protégés concernés par les faits ;

Nom du fichier tel que présent sur le poste de l'abonné (le cas échéant) ;

Fournisseur d'accès à internet auprès duquel l'accès a été souscrit *(Décr. n° 2010-1057 du 3 sept. 2010)* « ou ayant fourni la ressource technique IP ».

Quant aux agents assermentés et agréés dans les conditions définies à l'article L. 331-2 du code de la propriété intellectuelle :

Nom de famille, prénoms ;

Date et durée de l'agrément, date de l'assermentation ;

Organismes (de défense professionnelle régulièrement constitués, sociétés de perception et de répartition des droits ou Centre national du cinéma et de l'image animée) ayant procédé à la désignation de l'agent.

2° Données à caractère personnel et informations relatives à l'abonné recueillies auprès des opérateurs de communications électroniques en application de l'article L. 34-1 du code des postes et communications électroniques et des prestataires mentionnés aux 1 et 2 du I de l'article 6 de la loi du 21 juin 2004 pour la confiance dans l'économie numérique :

Nom de famille, prénoms ;

Adresse postale et adresses électroniques ;

Coordonnées téléphoniques ;

Adresse de l'installation téléphonique de l'abonné ;

(Décr. n° 2010-1057 du 3 sept. 2010) « Fournisseur d'accès à internet, utilisant les ressources techniques du fournisseur d'accès mentionné au 1°, auprès duquel l'abonné a souscrit son contrat ; numéro de dossier ; »

(Décr. n° 2011-264 du 11 mars 2011) « — date du début de la suspension de l'accès à un service de communication au public en ligne. »

3° Recommandations par voie électronique et recommandations par lettre remise contre signature ou par tout autre moyen propre à établir la preuve de la date de présentation prévues à l'article L. 331-25 du code de la propriété intellectuelle ainsi que courriers et observations des abonnés destinataires des recommandations.

(Décr. n° 2011-264 du 11 mars 2011) « 4° Saisines du procureur de la République relatives aux faits susceptibles de constituer des infractions prévues aux articles L. 335-2, L. 335-3, L. 335-4, L. 335-7, R. 331-37, R. 331-38 et R. 335-5 du code de la propriété intellectuelle ainsi que les courriers d'information des organismes de défense professionnelle et des sociétés de perception et de répartition des droits ;

« 5° Décisions de justice exécutoires comportant des peines complémentaires de suspension de l'accès à un service de communication en ligne et leur notification aux opérateurs de communications électroniques, en application de l'article R. 331-46 du code de la propriété intellectuelle. »

Art. L. 331-30 **Un décret en Conseil d'État fixe les règles applicables à la procédure et à l'instruction des dossiers devant le collège et la commission de protection des droits de la Haute Autorité.**

[Dispositions déclarées non conformes à la Constitution par la décision du Conseil constitutionnel n° 2009-580 DC du 10 juin 2009.]

L'art. L. 331-30, renuméroté par la L. n° 2009-1311 du 28 oct. 2009, est l'ancien art. L. 331-38.

SOUS-SECTION 4 MISSION DE RÉGULATION ET DE VEILLE DANS LE DOMAINE DES MESURES TECHNIQUES DE PROTECTION ET D'IDENTIFICATION DES ŒUVRES ET DES OBJETS PROTÉGÉS PAR UN DROIT D'AUTEUR OU UN DROIT VOISIN

Art. L. 331-31 Au titre de sa mission de régulation et de veille dans les domaines des mesures techniques de protection et d'identification des œuvres et des objets protégés par le droit d'auteur ou par les droits voisins, la Haute Autorité exerce les fonctions suivantes :

1° Elle veille à ce que les mesures techniques visées à l'article L. 331-5 n'aient pas pour conséquence, du fait de leur incompatibilité mutuelle ou de leur incapacité d'interopérer, d'entraîner dans l'utilisation d'une œuvre des limitations supplémentaires et indépendantes de celles expressément décidées par le titulaire d'un droit d'auteur sur une œuvre autre qu'un logiciel ou par le titulaire d'un droit voisin sur une interprétation, un phonogramme, un vidéogramme ou un programme ;

2° Elle veille à ce que la mise en œuvre des mesures techniques de protection n'ait pas pour effet de priver les bénéficiaires des exceptions définies aux :

– 2°, *e* du 3° à compter du 1er janvier 2009, 7° et 8° de l'article L. 122-5 ;

– 2°, dernier alinéa du 3° à compter du 1er janvier 2009, 6° et 7° de l'article L. 211-3 ;

– 3° et, à compter du 1er janvier 2009, 4° de l'article L. 342-3 ;

– et à l'article L. 331-4.

Elle veille également à ce que la mise en œuvre des mesures techniques de protection n'ait pas pour effet de priver les personnes bénéficiaires de l'exception de reproduction à des fins de collecte, de conservation et de consultation sur place mentionnée au 2° de l'article L. 132-4 et aux articles L. 132-5 et L. 132-6 du code du patrimoine.

Sous réserve des articles L. 331-7 à L. 331-10, *(L. n° 2009-1311 du 28 oct. 2009, art. 12)* « L. 331-33 à L. 331-35 et L. 331-37 » du présent code, la Haute Autorité détermine les modalités d'exercice des exceptions précitées et fixe notamment le nombre minimal de copies autorisées dans le cadre de l'exception pour copie privée, en fonction du type d'œuvre ou d'objet protégé, des divers modes de communication au public et des possibilités offertes par les techniques de protection disponibles.

L'art. L. 331-31, renuméroté par la L. n° 2009-1311 du 28 oct. 2009, est l'ancien art. L. 331-39.

Art. L. 331-32 *(L. n° 2006-961 du 1er août 2006, art. 14)* Tout éditeur de logiciel, tout fabricant de système technique et tout exploitant de service peut, en cas de refus d'accès aux informations essentielles à l'interopérabilité, demander à *(L. n° 2009-669 du 12 juin 2009, art. 2)* « la Haute Autorité » de garantir l'interopérabilité des systèmes et des services existants, dans le respect des droits des parties, et d'obtenir du titulaire des droits sur la mesure technique les informations essentielles à cette interopérabilité. A compter de sa saisine, *(L. n° 2009-669 du 12 juin 2009, art. 2)* « la Haute Autorité » dispose d'un délai de deux mois pour rendre sa décision.

On entend par informations essentielles à l'interopérabilité la documentation technique et les interfaces de programmation nécessaires pour permettre à un dispositif technique d'accéder, y compris dans un standard ouvert au sens de l'article 4 de la loi n° 2004-575 du 21 juin 2004 pour la confiance dans l'économie numérique, à une œuvre ou à un objet protégé par une mesure technique et aux informations sous forme électronique jointes, dans le respect des conditions d'utilisation de l'œuvre ou de l'objet protégé qui ont été définies à l'origine.

Le titulaire des droits sur la mesure technique ne peut imposer au bénéficiaire de renoncer à la publication du code source et de la documentation technique de son logiciel indépendant et interopérant que s'il apporte la preuve que celle-ci aurait pour effet de porter gravement atteinte à la sécurité et à l'efficacité de ladite mesure technique.

(L. n° 2009-669 du 12 juin 2009, art. 2) « La Haute Autorité » peut accepter des engagements proposés par les parties et de nature à mettre un terme aux pratiques

contraires à l'interopérabilité. A défaut d'un accord entre les parties et après avoir mis les intéressés à même de présenter leurs observations, elle rend une décision motivée de rejet de la demande ou émet une injonction prescrivant, au besoin sous astreinte, les conditions dans lesquelles le demandeur peut obtenir l'accès aux informations essentielles à l'interopérabilité et les engagements qu'il doit respecter pour garantir l'efficacité et l'intégrité de la mesure technique, ainsi que les conditions d'accès et d'usage du contenu protégé. L'astreinte prononcée par *(L. n° 2009-669 du 12 juin 2009, art. 2)* « la Haute Autorité » est liquidée par cette dernière.

(L. n° 2009-669 du 12 juin 2009, art. 2) « La Haute Autorité » a le pouvoir d'infliger une sanction pécuniaire applicable soit en cas d'inexécution de ses injonctions, soit en cas de non-respect des engagements qu'elle a acceptés. Chaque sanction pécuniaire est proportionnée à l'importance du dommage causé aux intéressés, à la situation de l'organisme ou de l'entreprise sanctionné et à l'éventuelle réitération des pratiques contraires à l'interopérabilité. Elle est déterminée individuellement et de façon motivée. Son montant maximum s'élève à 5 % du montant du chiffre d'affaires mondial hors taxes le plus élevé réalisé au cours d'un des exercices clos depuis l'exercice précédant celui au cours duquel les pratiques contraires à l'interopérabilité ont été mises en œuvre dans le cas d'une entreprise et à 1,5 million d'euros dans les autres cas.

Les décisions de *(L. n° 2009-669 du 12 juin 2009, art. 2)* « la Haute Autorité » sont rendues publiques dans le respect des secrets protégés par la loi. Elles sont notifiées aux parties qui peuvent introduire un recours devant la cour d'appel de Paris. Le recours a un effet suspensif.

Le président de *(L. n° 2009-669 du 12 juin 2009, art. 2)* « la Haute Autorité » saisit l'Autorité de la concurrence des abus de position dominante et des pratiques entravant le libre exercice de la concurrence dont il pourrait avoir connaissance dans le secteur des mesures techniques. Cette saisine peut être introduite dans le cadre d'une procédure d'urgence, dans les conditions prévues à l'article L. 464-1 du code de commerce. Le président de *(L. n° 2009-669 du 12 juin 2009, art. 2)* « la Haute Autorité » peut également le saisir, pour avis, de toute autre question relevant de sa compétence. L'Autorité de la concurrence communique à *(L. n° 2009-669 du 12 juin 2009, art. 2)* « la Haute Autorité » toute saisine entrant dans le champ de compétence de celle-ci et recueille son avis sur les pratiques dont il est saisi dans le secteur des mesures techniques mentionnées à l'article L. 331-5 du présent code.

L'art. L. 331-32, renuméroté par la L. n° 2009-1311 du 28 oct. 2009, est l'ancien art. L. 331-40.

Selon la réserve d'interprétation émise par le Conseil constitutionnel dans sa décision du 27 juill. 2006 (n° 2006-540 DC), la disposition selon laquelle l'Autorité de régulation des mesures techniques [désormais la Haute Autorité pour la diffusion des œuvres et la protection des droits sur internet.] a pour mission de garantir l' « interopérabilité » des systèmes et services existants « dans le respect des droits des parties » doit s'entendre comme étant applicable tant aux titulaires d'un droit d'auteur ou d'un droit voisin ayant recours aux mesures techniques de protection qu'aux titulaires de droits sur les mesures techniques de protection, elles-mêmes. A défaut de consentement de ces derniers à la communication des informations essentielles à l' « interopérabilité, cette communication devra entraîner leur indemnisation. Dans le cas contraire, ne seraient pas respectées les dispositions de l'article 17 de la déclaration des droits de l'homme sur le droit de propriété (V. la décision in extenso, App., v° Propriété littéraire et artistique, Dispositions communes).

Art. L. 331-33 *(L. n° 2006-961 du 1er août 2006, art. 16)* Toute personne bénéficiaire des exceptions mentionnées *(L. n° 2009-669 du 12 juin 2009, art. 2)* « au 2° de l'article » *(L. n° 2009-1311 du 28 oct. 2009, art. 12)* « L. 331-31 » ou toute personne morale agréée qui la représente peut saisir *(L. n° 2009-669 du 12 juin 2009, art. 2)* « la Haute Autorité » de tout différend portant sur les restrictions que les mesures techniques de protection définies à l'article L. 331-5 apportent au bénéfice desdites exceptions.

L'art. L. 331-33, renuméroté par la L. n° 2009-1311 du 28 oct. 2009, est l'ancien art. L. 331-41.

Art. L. 331-34 *(L. n° 2006-961 du 1er août 2006, art. 16)* Les personnes morales et les établissements ouverts au public visés au 7° de l'article L. 122-5 qui réalisent des reproductions ou des représentations d'une œuvre ou d'un objet protégé adaptées aux personnes handicapées peuvent saisir *(L. n° 2009-669 du 12 juin 2009, art. 2)* « la

Haute Autorité » de tout différend portant sur la transmission des textes imprimés sous la forme d'un fichier numérique.

L'art. L. 331-34, renuméroté par la L. n° 2009-1311 du 28 oct. 2009, est l'ancien art. L. 331-42.

Art. L. 331-35 *(L. n° 2006-961 du 1er août 2006, art. 16)* **Dans le respect des droits des parties,** *(L. n° 2009-669 du 12 juin 2009, art. 2)* **« la Haute Autorité » favorise ou suscite une solution de conciliation. Lorsqu'elle dresse un procès-verbal de conciliation, celui-ci a force exécutoire ; il fait l'objet d'un dépôt au greffe du tribunal d'instance.**

A défaut de conciliation dans un délai de deux mois à compter de sa saisine, *(L. n° 2009-669 du 12 juin 2009, art. 2)* **« la Haute Autorité », après avoir mis les intéressés à même de présenter leurs observations, rend une décision motivée de rejet de la demande ou émet une injonction prescrivant, au besoin sous astreinte, les mesures propres à assurer le bénéfice effectif de l'exception. L'astreinte prononcée par** *(L. n° 2009-669 du 12 juin 2009, art. 2)* **« la Haute Autorité » est liquidée par cette dernière.**

Ces décisions ainsi que le procès-verbal de conciliation sont rendus publics dans le respect des secrets protégés par la loi. Elles sont notifiées aux parties qui peuvent introduire un recours devant la cour d'appel de Paris. Le recours a un effet suspensif.

L'art. L. 331-35, renuméroté par la L. n° 2009-1311 du 28 oct. 2009, est l'ancien art. L. 331-43.

Art. L. 331-36 *(L. n° 2009-669 du 12 juin 2009, art. 2)* **La Haute Autorité peut être saisie pour avis par l'une des personnes visées à l'article** *(L. n° 2009-1311 du 28 oct. 2009, art. 12)* **« L. 331-32 » de toute question relative à l'interopérabilité des mesures techniques.**

Elle peut également être saisie pour avis, par une personne bénéficiaire de l'une des exceptions mentionnées au 2° de l'article *(L. n° 2009-1311 du 28 oct. 2009, art. 12)* **« L. 331-31 » ou par la personne morale agréée qui la représente, de toute question relative à la mise en œuvre effective de cette exception.**

L'art. L. 331-36, renuméroté par la L. n° 2009-1311 du 28 oct. 2009, est l'ancien art. L. 331-44.

Avis n° 2013-2 de l'HADOPI,

Rendu sur saisine de l'association VideoLAN.

Considérant ce qui suit :

Sur la question posée à la Haute Autorité :

1. L'association VideoLAN pose à la Haute Autorité la question suivante : "De quelle manière l'association VideoLAN, éditrice du logiciel libre VLC media player, peut-elle mettre à disposition des utilisateurs une version du logiciel VLC media player permettant la lecture de l'ensemble des disques couramment regroupés sous l'appellation "Blu-Ray" et comportant des mesures techniques de protection (MTP), dans le respect de ses statuts et de l'esprit du logiciel ?".

2. Le logiciel VLC media player est un logiciel dit "libre", dont le code source est accessible et modifiable par ses utilisateurs selon les termes de sa licence. L'objet de ce logiciel est la lecture de fichiers multimédias, dans le plus grand nombre possible de formats. Il permet également l'enregistrement des fichiers lus, même s'il est techniquement possible de désactiver cette fonction pour certains formats de fichiers.

Sur le cadre juridique applicable à l'interopérabilité des mesures techniques de protection :

3. La directive européenne du 22 mai 2001 sur l'harmonisation du droit d'auteur et des droits voisins définit, en son article 6, les "mesures techniques" de protection comme "toute technologie, dispositif ou composant qui, dans le cadre normal de son fonctionnement, est destiné à empêcher ou à limiter, en ce qui concerne les œuvres ou autres objets protégés, les actes non autorisés par le titulaire d'un droit d'auteur ou d'un droit voisin du droit d'auteur (...). Les mesures techniques sont réputées efficaces lorsque l'utilisation d'une œuvre protégée, ou celle d'un autre objet protégé, est contrôlé *[contrôlée]* par les titulaires du droit grâce à l'application d'un code d'accès ou d'un procédé de protection tel que le cryptage, le brouillage ou toute autre transformation de l'œuvre ou

de l'objet protégé*[,]* ou d'un mécanisme de contrôle de copie qui atteint cet objectif de protection."

4. L'article L. 331-5 du code de la propriété intellectuelle, qui transpose ces dispositions en droit interne, reprend la même définition des mesures techniques et de leur efficacité. Il dispose en outre qu'un "protocole, un format, une méthode de cryptage, de brouillage ou de transformation ne constitue pas en tant que tel une mesure technique".

5. L'article 6 précité de la directive du 22 mai 2001 fait obligation aux États membres de prévoir une protection juridique appropriée « contre le contournement de toute mesure technique efficace, que la personne effectue en sachant, ou en ayant des raisons valables de penser, qu'elle poursuit cet objectif ». Conformément à cette obligation, l'article R. 335-3 du code de la propriété prévoit qu'est « puni de l'amende prévue pour les contraventions de la quatrième classe le fait : /1° De détenir en vue d'un usage personnel ou d'utiliser une application technologique, un dispositif ou un composant conçus *[conçu]* ou spécialement adaptés *[adapté]* pour porter atteinte à une mesure technique efficace mentionnée à l'article L. 331-5 du présent code qui protège une œuvre, une interprétation, un phonogramme, un vidéogramme, un programme ou une base de données ; /2° De recourir à un service conçu ou spécialement adapté pour porter l'atteinte visée à l'alinéa précédent ». Sont exclus du champ de cette contravention les actes de contournement des mesures techniques de protection qui ne portent pas préjudice aux titulaires de droits et qui sont accomplis à des fins de sécurité informatique ou de recherche scientifique en cryptographie.

6. Il est toutefois également prévu que ces mesures techniques ne doivent pas être à l'origine de contraintes excessives pour l'utilisateur de l'œuvre ou de l'objet protégé. Le considérant 48 de la directive européenne du 22 mai 2001 prévoit ainsi que la protection juridique des mesures techniques ne doit pas "empêcher le fonctionnement normal des équipements électroniques et leur développement technique". L'article L. 331-5 précité dispose également que "les mesures techniques ne peuvent s'opposer au libre usage de l'œuvre ou de l'objet protégé dans les limites des droits prévus par le présent code, ainsi que de ceux accordés par les détenteurs de droits".

7. Le même article dispose par ailleurs que : « les mesures techniques ne doivent pas avoir pour effet d'empêcher la mise en œuvre effective de l'interopérabilité, dans le respect du droit d'auteur ». La notion d'interopérabilité n'a pas été définie par le législateur, ainsi que l'a rappelé le Conseil constitutionnel dans sa décision n° 2006-540 OC du 27 juillet 2006, ni par le pouvoir réglementaire. Elle doit toutefois s'entendre en l'espèce, à la lumière des travaux parlementaires à la loi n° 2006-961 du 1er août 2006 relative au droit d'auteur et aux droits voisins dans la société de l'information dite DADVSI, comme la capacité d'un logiciel ou système technique à fonctionner avec d'autres logiciels ou systèmes techniques, existants ou futurs, sans restriction d'accès ou de mise en œuvre. Il ressort de ces travaux que les parlementaires ont entendu, en prévoyant cette capacité, permettre aux utilisateurs de lire les œuvres dont ils ont fait acquisition sur le lecteur de leur choix. A cet égard, l'interopérabilité apparaît ainsi comme une condition de libre usage des œuvres par les utilisateurs.

8. A droit constant, plusieurs voies de droit sont ouvertes aux éditeurs de logiciels pour permettre le développement de systèmes interopérables, au bénéfice des utilisateurs : la voie contractuelle (acquisition de licences auprès des titulaires de droits sur les mesures techniques), les exceptions aux droits d'auteur prévues à l'article L. 122-6-1 du code de la propriété intellectuelle ainsi que le règlement des différends devant l'HADOPI permis par l'article L. 331-32 du même code. Cette dernière voie est ouverte dans le cas où l'éditeur du logiciel se heurte à un refus de la part du titulaire des mesures techniques de protection de lui donner accès aux "informations essentielles à l'interopérabilité".

9. Au titre de ce règlement des différends, l'HADOPI a notamment pour compétence de définir les conditions dans lesquelles le demandeur d'un règ ement de différends peut obtenir l'accès à ces informations essentielles à l'interopérabilité, étant précisé que le législateur a limité ces informations à "la documentation technique" et aux "interfaces de programmation nécessaires pour permettre à un dispositif technique d'accéder, y compris dans un standard ouvert au sens de l'article 4 de la loi n° 2004-575 du 21 juin 2004 pour la confiance dans l'économie numérique, à une œuvre ou un objet protégé par une

mesure technique et aux informations sous forme électronique jointes, dans le respect des conditions d'utilisation de l'œuvre ou de l'objet protégé qui ont été définies à l'origine".

10. Sur le fondement de l'article L. 331-36 de ce code, la Haute Autorité peut par ailleurs être saisie par tout éditeur de logiciel, tout fabricant de système technique et tout exploitant de service de toute question relative à l'interopérabilité des mesures techniques de protection. La Haute Autorité est donc compétente pour connaître de la question posée par l'association VideoLAN. Elle rappelle toutefois que sa compétence ne porte pas sur les mesures techniques protégeant les logiciels, qui sont exclues du champ d'application de l'article L. 331-5 du code de la propriété intellectuelle. Le présent avis porte donc sur les disques "Blu-Ray" dont le contenu protégé est une œuvre ou un objet autre qu'un logiciel.

Sur la recevabilité de la demande d'avis :

11. La création du logiciel VLC media player résulte du travail de nombreux contributeurs, collaborant, sous la conduite de l'association VideoLAN, dans le cadre d'une licence de logiciel libre de type "GPL". L'association VideoLAN ne peut dès lors être considérée comme le concepteur du logiciel VLC media player. Elle en assure toutefois la compilation, le versionnage officiel ainsi que la mise en ligne des différentes versions et peut, à ce titre, être regardée comme "éditrice" de ce logiciel au sens et pour l'application des articles L. 331-32 et L. 331-36 du code de la propriété intellectuelle.

12. La demande répond en outre aux autres conditions de recevabilité posées par le code de la propriété intellectuelle.

Sur la technologie "Blu-Ray" et les mesures techniques de protection auxquelles elle recourt :

13. La dénomination "Blu-Ray" désigne un format de disque numérique ainsi qu'une technologie permettant le stockage et la restitution de contenus audiovisuels en haute définition. La gestion de cette technologie est confiée à une structure associative regroupant notamment des constructeurs de matériels et des éditeurs de logiciels et de contenus.

14. La protection des œuvres distribuées sur support "Blu-Ray" repose sur une première mesure technique, dite "AACS", dont les droits sont détenus par un consortium du même nom. Cette mesure technique consiste en l'application d'un algorithme de chiffrement sur le contenu du disque Blu-Ray. Le contenu ainsi protégé ne peut être déchiffré que grâce à des clefs de lecture, qui sont intégrées au lecteur matériel/et ou logiciel "Blu-Ray" détenu par l'utilisateur.

15. La protection des œuvres distribuées sur support "Blu-Ray" peut être complétée par une seconde mesure technique, facultative, dénommée "BD+", dont le titulaire de droits est également un consortium éponyme. Cette mesure technique consiste en une "machine virtuelle", dont l'objet est de permettre un contrôle continu, au cours du processus de lecture du disque, de l'authenticité du lecteur.

16. La délivrance, tant des clefs de déchiffrement mises en œuvre par la mesure technique "AACS" que des spécifications techniques de fonctionnement de la machine virtuelle "BD+", est subordonnée à l'acquisition de licences auprès de titulaires de droits sur ces mesures techniques. Un lecteur authentique est ainsi un lecteur développé par un constructeur qui, s'étant acquitté du paiement des licences nécessaires, respecte les termes de ces licences. Chaque lecteur authentique est doté d'une clef d'identification, soit individuelle s'agissant des lecteurs dits « de salon », soit par version s'agissant des lecteurs logiciels, ces clefs étant révocables par les titulaires de droits sur les mesures techniques.

17. S'ils restreignent la lecture des disques Blu-Ray à certains lecteurs, il ressort de l'instruction préalable au présent avis que les dispositifs "AACS" et "BD+" ont pour objet principal de prévenir les copies non autorisées des contenus des Blu-Ray, et sont des mesures techniques de protection efficaces au sens de l'article L. 331-5 du code la propriété intellectuelle.

Sur la mission de la Haute Autorité :

18. Il résulte des dispositions de l'article L. 331-31 du code de la propriété intellectuelle qu'il appartient à la Haute Autorité de rechercher un équilibre entre la protection des

œuvres et leur libre usage. Ainsi qu'il a été dit, le libre usage d'une œuvre inclut notamment sa lecture par un utilisateur dans le cadre du fonctionnement normal de ses équipements.

19. Au titre de cet équilibre, il apparaît que les mesures techniques de protection ne peuvent avoir pour effet de subordonner la lecture autorisée d'un vidéogramme à l'usage d'un lecteur particulier, dès lors que d'autres lecteurs seraient susceptibles de remplir les conditions exigées par les titulaires de droits en matière de protection des œuvres.

20. A cet égard, si la Haute Autorité doit veiller à ce qu'il ne soit pas porté gravement atteinte à la sécurité et à l'efficacité des mesures techniques, c'est en tant seulement que celles-ci sont la garantie *in fine* d'une protection des œuvres.

21. Par ailleurs, il résulte des dispositions de l'article L. 331-32 du code de la propriété intellectuelle relatives aux logiciels libres, que le législateur n'a pas estimé que la publication du code source d'un logiciel tiers interopérant avec une mesure technique de protection porterait nécessairement gravement atteinte à la sécurité et l'efficacité de cette mesure technique.

22. La gravité de l'atteinte à la sécurité et à l'efficacité de la protection offerte par la mesure technique doit s'apprécier au vu du degré de protection global de l'œuvre concernée, c'est-à-dire pour l'ensemble des supports et formats dans lesquels elle est distribuée. Sa disponibilité dans des formats et sur des supports moins protégés serait de nature à minimiser cette atteinte.

Sur les exceptions aux droits d'auteur dites d'"ingénierie inverse" et de "décompilation" :

23. Cette saisine soulève la question de savoir dans quelle mesure un éditeur de logiciels peut bénéficier d'exceptions aux droits d'auteur pour mettre au point un lecteur en logiciel libre permettant de contourner légalement des mesures techniques de protection.

24. L'article L. 331-5 du code de la propriété intellectuelle prévoyant la protection des mesures techniques s'applique sans préjudice de l'application de l'article L. 122-6-1 du même code, qui définit plusieurs catégories d'exceptions au droit d'auteur et aux droits voisins.

25. Le III de l'article L. 122-6-1 dispose en premier lieu que "la personne ayant le droit d'utiliser le logiciel peut sans l'autorisation de l'auteur observer, étudier ou tester le fonctionnement de ce logiciel afin de déterminer les idées et principes qui sont à la base de n'importe quel élément du logiciel lorsqu'elle effectue toute opération de chargement, d'affichage, d'exécution, de transmission ou de stockage du logiciel qu'elle est en droit d'effectuer". Il s'agit de l'exception, dite d'"ingénierie inverse"*[,]* sur la portée de laquelle l'association VideoLAN interroge indirectement la Haute Autorité.

26. Le bénéfice de cette exception se limite à l'étude des idées et principes qui soustendent le fonctionnement d'un logiciel. Cette exception ne saurait dès lors couvrir l'ensemble des opérations nécessaires à l'élaboration d'un logiciel permettant d'assurer l'interopérabilité d'une mesure technique de protection particulière.

27. En outre, cette exception porte exclusivement sur des logiciels. Elle ne saurait ainsi concerner les parties non logicielles des mesures techniques de protection considérées. En particulier, les secrets, au nombre desquels figurent les clés de chiffrement, ne constituent pas par eux-mêmes des instructions de commandes informatiques et ne peuvent être considérés comme des éléments de logiciel.

28. L'exception de décompilation sur la portée de laquelle l'association interroge également indirectement la Haute Autorité est prévue au IV de l'article L. 122-6-1 du code de la propriété intellectuelle. Ce texte dispose que : "la reproduction du code du logiciel ou la traduction de la forme de ce code n'est pas soumise à l'autorisation de l'auteur lorsque la reproduction ou la traduction au sens du 1° ou du 2° de l'article L. 122-6 est indispensable pour obtenir les informations nécessaires à l'interopérabilité d'un logiciel créé de façon indépendante avec d'autres logiciels, sous réserve que soient réunies les conditions suivantes :

1° Ces actes sont accomplis par la personne ayant le droit d'utiliser un exemplaire du logiciel ou pour son compte par une personne habilitée à cette fin ;

2° Les informations nécessaires à l'interopérabilité n'ont pas déjà été rendues facilement et rapidement accessibles aux personnes mentionnées au 1° ci-dessus ;

3° Et ces actes sont limités aux parties du logiciel d'origine nécessaires à cette interopérabilité.

Les informations ainsi obtenues ne peuvent être ;

1° Ni utilisés *[utilisées]* à des fins autres que la réalisation de l'interopérabilité du logiciel créé de façon indépendante,

2° Ni communiquées à des tiers sauf si cela est nécessaire à l'interopérabilité du logiciel créé de façon indépendante,

3° Ni utilisés *[utilisées]* pour la mise au point, la production ou la commercialisation d'un logiciel dont l'expression est substantiellement similaire ou pour tout autre acte portant atteinte au droit d'auteur". L'association Video LAN interroge également la Haute Autorité sur la portée de cette seconde exception, dite de "décompilation".

29. L'association VideoLAN, dès lors qu'elle aurait acquis un disque Blu-Ray protégé par les mesures techniques concernées et un lecteur authentique, disposerait d'un "droit d'utiliser un exemplaire du logiciel" au sens du 1° de l'article précité.

30. Le champ de cette exception de "décompilation" est plus étendu que celui de l'exception d'"ingénierie inverse" en ce qu'il ne se limite pas à l'étude des idées et principes de fonctionnement. Toutefois, cette exception ne concerne également que les composantes logicielles des mesures techniques de protection. Elle ne peut par ailleurs être mise en œuvre que si les informations nécessaires à l'interopérabilité n'ont pas été spontanément mises à disposition par leurs titulaires de droits.

31. Le 3° du IV de l'article L. 122-6-1 fait obstacle au recours à la décompilation d'un logiciel en vue de la réalisation d'un logiciel qui lui soit directement substituable. Ainsi que l'a jugé la cour d'appel de Paris dans un arrêt du 12 décembre 1997, cette interdiction ne vise toutefois que les logiciels en tant que tels et non pas lorsqu'ils ne sont que l'accessoire d'un élément plus complexe, à l'image d'une mesure technique de protection incorporée à un logiciel de lecture multimédia.

32. En revanche, il résulte tant du 3° du IV de l'article L. 122-6-1 que du V du même article que la mise en œuvre de cette exception ne peut conduire à porter atteinte à l'efficacité d'une mesure technique de protection logicielle protégée par un droit d'auteur et notamment à concevoir des applications destinées principalement à porter atteinte à pareille mesure technique de protection efficace.

33. Il résulte de ce qui précède que l'association VideoLAN ne peut se fonder ni sur l'exception d'"ingénierie inverse", ni sur l'exception de "décompilation" prévues à l'article L. 122-6-1 du code de la propriété intellectuelle pour mettre à la disposition des utilisateurs un logiciel contournant, sans autorisation des titulaires de droit concernés, l'intégralité des mesures techniques protégeant les disques "Blu-Ray".

Sur le règlement des différends :

34. Il résulte de l'instruction que l'association VideoLAN n'a pas entrepris de solliciter, auprès des titulaires de droits sur les mesures techniques de protection "AACS" et "BD+", les informations essentielles à l'interopérabilité de ces mesures. Si toutefois elle se voyait opposer, à l'issue d'une telle demande, un refus, elle serait recevable à saisir la Haute Autorité dans le cadre d'une procédure de règlement des différends sur le fondement de l'article L. 331-32 du code de la propriété intellectuelle.

35. Au titre de cet article, l'association VideoLAN pourrait demander à la Haute Autorité "de garantir l'interopérabilité des systèmes et des services existants, dans le respect des droits des parties, et d'obtenir du titulaire des droits sur la mesure technique les informations essentielles à cette interopérabilité. (...) On entend par informations essentielles à l'interopérabilité la documentation technique et les interfaces de programmation nécessaires pour permettre à un dispositif technique d'accéder, y compris dans un standard ouvert au sein de l'article 4 de la loi n° 2004-575 du 21 juin 2004 pour la confiance dans l'économie numérique, à une œuvre ou à un objet protégé par une mesure technique (...)". En vertu de la jurisprudence du Conseil constitutionnel, la

communication de ces informations ne pourrait intervenir que contre le versement d'une indemnité appropriée (décision n° 2006-540 OC du 27 juillet 2006).

36. Sur la question de savoir si des informations telles que les secrets mis en œuvre par une mesure technique de protection sont au nombre des informations essentielles à l'interopérabilité dont l'HADOPI peut exiger la communication par les titulaires de droits, la Haute Autorité estime qu'il y a lieu d'interpréter la notion de "documentation technique" à la lumière des travaux parlementaires ayant conduit à l'adoption des dispositions de la loi n° 2006-961 du 1er août 2006 codifiées à l'article L. 331-32. A cet égard, elle relève que cette loi est intervenue dans un contexte technologique différent de celui du présent avis, mais que la volonté du législateur ayant présidé à son adoption était de permettre l'interopérabilité effective entre logiciels et systèmes techniques afin d'assurer l'accès aux contenus protégés par toute mesure technique de protection. En vue de préserver cet effet utile et de permettre à l'HADOPI d'accomplir sa mission, fixée par l'article L. 331-31, de veiller à l'interopérabilité des mesures techniques, la Haute Autorité estime que des secrets, dès lors qu'ils conditionnent l'accès aux contenus par le logiciel ou le système interopérant, doivent nécessairement être regardés comme formant partie de la documentation technique dont l'HADOPI est susceptible d'enjoindre la communication au titre de l'article L. 331-32 précité.

37. Cette interopérabilité devant s'exercer au bénéfice des utilisateurs, l'HADOPI recommande en outre au législateur d'étendre aux associations agréées de consommateurs la possibilité de saisir la Haute Autorité sur le fondement de l'article L. 331-36 pour toute demande d'avis relative à l'interopérabilité.

38. Dans le cadre d'une procédure de règlement des différencs, l'association VideoLAN ne pourrait être contrainte de renoncer à la publication de son code source que si les titulaires de droit sur les mesures techniques AACS et BD+ étaient en mesure de démontrer que cette publication porterait gravement atteinte à la sécurité et à l'efficacité de cette mesure.

39. Dans ce cadre, il convient de rappeler que l'efficacité d'une méthode de chiffrement algorithmique est réputée résider dans le secret et non dans les spécifications techniques de la méthode. Il peut toutefois en aller différemment d'une mesure technique de protection consistant en l'authentification continue du lecteur ou de l'utilisation et reposant non sur une méthode de chiffrement, mais sur un processus itératif d'échange d'informations entre support de l'œuvre et matériel ou logiciel de lecture. dont l'efficacité peut, le cas échéant, tenir à la confidentialité des spécifications techniques.

Rend l'avis suivant :

La Haute Autorité a pour mission de rechercher un équilibre entre la protection légitime des œuvres et leur libre usage par l'utilisateur. A cet égard, elle relève que si les titulaires de droits peuvent définir des exigences en matière de protection des œuvres contre les usages non autorisés, ils ne peuvent subordonner la lecture autorisée d'un vidéogramme à l'emploi d'un lecteur particulier, dès lors que d'autres lecteurs seraient susceptibles de remplir les conditions définies par les titulaires de droits, notamment en matière de protection contre la copie.

S'agissant de l'interopérabilité entre le logiciel VLC et la technologie "Blu-Ray", la Haute Autorité considère que l'association VideoLAN ne peut ni au titre de l'exception d'"ingénierie inverse", ni au titre de l'exception de "décompilation", obtenir les secrets des mesures techniques de protection AACS et BD+ apposées sur les disques Blu-Ray, ces secrets ne pouvant être considérés comme une composante logicielle.

L'association pourrait en revanche, en cas de rejet d'une demande préalable par les titulaires de droit sur les mesures techniques de protection apposées sur ces disques, saisir la Haute Autorité d'une demande sur le fondement de l'article L. 331-32 du code de propriété intellectuelle. Dans ce cadre, il ressort de la volonté du législateur, sauf à la priver de son effet utile, de permettre une interopérabilité effective, garantissant l'accès aux œuvres protégées par des mesures techniques, que l'association pourrait obtenir la communication – sous réserve de l'indemnisation appropriée – de toute information nécessaire à l'interopérabilité, y compris les secrets mis en œuvre par les mesures techniques de protection. Il ne pourrait être fait obstacle à la publication, par transposition dans le code source du logiciel VLC, des informations ainsi obtenues que si les titulaires de droits sur les mesures techniques de protection concernées apportaient la preuve qu'il serait ce faisant porté gravement atteinte à la sécurité et à l'efficacité de ces mesures.

Afin de mieux réaliser l'objectif d'interopérabilité poursuivi par le législateur lors de l'adoption de la loi DADVSI de 2006, la Haute Autorité recommande une modification des dispositions de l'article L. 331-36 du code de propriété intellectuelle, consistant à étendre aux associations agréées de consommateurs la possibilité de saisir la Haute Autorité pour toute demande d'avis relative à l'interopérabilité.

Le présent avis sera transmis au ministre de la culture et de la communication.

Le secrétaire général de la Haute Autorité pour la diffusion des œuvres et la protection des droits sur internet est chargé de le notifier à l'association VideoLAN et d'informer le groupement AACS et le groupement BD+.

Le présent avis fera l'objet d'une publication en application de l'article R. 331-74 du code de la propriété intellectuelle.

Avis n° 2014-1 du 11 septembre 2014 de l'HADOPI,

Relatif à l'exception de copie privée des programmes télévisés.

BIBL. ► MEURIS, *CCE 2014. Alerte 75* (interopérabilité et conservation des copies, l'invitation de l'HADOPI).

Le collège de la Haute Autorité pour la diffusion des œuvres et la protection des droits sur internet,

Considérant ce qui suit :

1. La Haute Autorité pour la diffusion des œuvres et la protection des droits sur internet (HADOPI) a été saisie le 2 mai 2013 d'une demande d'avis relative à l'exception de copie privée des programmes télévisés reçus en ADSL par l'intermédiaire du fournisseur d'accès à internet (ci-après « FAI » et « télévision par ADSL »). L'auteur de la saisine se plaint de ce que l'enregistrement des programmes en format numérique n'est possible qu'à partir de l'enregistreur *[en anglais personal video recorder (PVR)]* intégré au matériel fourni par le FAI et que les copies sont soumises à des restrictions d'usage au moyen de mesures techniques de protection. L'auteur de la saisine s'interroge sur la licéité de ces restrictions à la faculté de copie privée et demande en substance au collège :

– si un FAI est en droit d'apposer des mesures techniques de protection restreignant les facultés de copie privée des programmes, qu'ils soient reçus par « flux IP » ou par « flux TNT », qu'il s'agisse de chaînes gratuites ou de chaînes payantes

– comment assurer l'interopérabilité des enregistrements réalisés, y compris en cas de changement de fournisseur.

2. Le 14 février 2014, l'HADOPI a été saisie d'une demande d'avis relative à l'exception de copie privée des programmes télévisés reçus par satellite, au moyen d'un récepteur satellite acquis dans le commerce. L'auteur de la saisine se plaint de restrictions analogues dans l'usage des copies réalisées à partir de l'enregistreur intégré à son récepteur satellite et interroge la Haute Autorité sur la légalité de ces mesures techniques de protection qui constituent, selon lui, « *une atteinte au droit de la copie privée* ».

3. Ces deux saisines posent des questions similaires relatives au contenu de l'exception de copie privée et aux restrictions qui peuvent y être légalement apportées. Elles rejoignent des interrogations déjà signalées à l'HADOPI par les professionnels du secteur de la télévision dans le cadre de son chantier « Exceptions au droit d'auteur et aux droits voisins ».

4. Le collège de l'HADOPI, qui est investi d'une mission de régulation des mesures techniques de protection définie par les articles L. 331-31 et suivants du code de la propriété intellectuelle, constate que les auteurs de la saisine sont des bénéficiaires de l'exception de copie privée définie au 2° des articles L. 122-5 et L. 211-3 du code de la propriété intellectuelle et peuvent, à ce titre, la saisir, en application de l'article L. 331-36 du même code, de « *toute question relative à la mise en œuvre effective de cette exception* ». Les saisines répondent aux conditions de recevabilité posées, notamment, par l'article R. 331-56 du code de la propriété intellectuelle. Le collège décide de les joindre pour y répondre par un même avis.

Sur le cadre juridique de l'exception de copie privée des programmes télévisés

L'exception de copie privée instituée par le législateur français

5. Le législateur français a institué une exception dite de copie privée, définie par l'article L. 122-5 du code de la propriété intellectuelle, aux termes duquel « *l'auteur ne peut interdire : (...) 2° les copies ou reproductions strictement réservées à l'usage privé du copiste et non destinées à une utilisation collective* » ; la même exception est prévue à l'article L. 211-3 du même code pour les droits voisins.

6. Le législateur français a, en outre, dans le but de maintenir la faculté historique de copie privée des programmes télévisés, y compris sur support numérique, prévu à l'article L. 331-9 du code de la propriété intellectuelle, dans sa rédaction issue de l'article 2 de la loi n° 2009-669 du 12 juin 2009, que « *Les éditeurs et les distributeurs de services de télévision ne peuvent recourir à des mesures techniques qui auraient pour effet de priver le public du bénéfice de l'exception pour copie privée, y compris sur un support et dans un format numérique, dans les conditions mentionnées au 2° de l'article L. 122-5 et au 2° de l'article L. 211-3* ».

7. En contrepartie de l'exception de copie privée, le législateur a introduit, par la loi n° 85-660 du 3 juillet 1985, une rémunération à raison des copies privées réalisées à partir des phonogrammes et des vidéogrammes, qui vient compenser le préjudice subi par les ayants droit. Conformément au droit européen, qui connaît également l'exception de copie privée, le montant de cette rémunération doit tenir compte « *du degré d'utilisation des mesures techniques de protection (...) et de leur incidence sur les usages relevant de l'exception pour copie privée* » [*article L. 311-4 in fine du CPI*]. En effet, les dispositions de l'article 6 de la directive 2001/29/CE protègent la faculté des ayants droit d'utiliser des mesures techniques de protections destinées « *à empêcher ou à limiter (...) les actes non autorisés par le titulaire d'un droit d'auteur ou d'un droit voisin* ».

Les limitations de la faculté de copie privée des œuvres en application du « test en trois étapes »

8. Les stipulations de l'article 9 de la convention de Berne pour la protection des œuvres littéraires et artistiques prévoient que les parties à cette convention ne peuvent porter atteinte au droit exclusif d'autoriser la reproduction des œuvres que dans des « *cas spéciaux* » et pourvu que la reproduction licite sans autorisation « *ne porte pas atteinte à l'exploitation normale de l'œuvre ni ne cause un préjudice injustifié aux intérêts légitimes de l'auteur* ». Ce principe, dit du « *test en trois étapes* », est rappelé aux articles L. 122-5 et L. 211-3 du code de la propriété intellectuelle. Il s'ensuit qu'ainsi que le jugent le Conseil constitutionnel (n° 2006-540 DC du 27 juillet 2006) et la Cour de cassation (Civ. 1re, 28 février 2006, nos 05-15.824 et 05-16.002) l'auteur peut limiter voire interdire la copie privée de son œuvre par des mesures techniques de protection, lorsque ces copies causeraient un préjudice injustifié ou une atteinte à l'exploitation normale de l'œuvre, laquelle « *s'apprécie au regard des risques inhérents au nouvel environnement numérique* ». Dans sa décision n° 2006-540 DC du 27 juillet 2006, le Conseil constitutionnel a estimé qu'il est permis de recourir à des mesures techniques « *limitant le bénéfice de l'exception à une copie unique, voire faisant obstacle à toute copie, dans les cas particuliers où une telle solution serait commandée par la nécessité d'assurer l'exploitation normale de l'œuvre ou par celle de prévenir un préjudice injustifié à leurs intérêts légitimes* ». Par ailleurs, l'article L. 331-7 du code de propriété intellectuelle précise que les ayants droit peuvent recourir à des mesures techniques qui ont pour « *objectif de limiter le nombre de copies* », à condition de ne pas priver les bénéficiaires de l'exception de copie privée.

Sur les possibilités actuelles de copie privée des programmes télévisés reçus par ADSL et satellite, et leur variété

9. Les programmes audiovisuels peuvent être diffusés selon plusieurs technologies. La copie de ces programmes elle-même peut être analogique ou numérique. Il en résulte une grande variété des possibilités de copie privée selon le mode de communication du contenu envisagé et le type de copie. Par ailleurs, les services reposant sur un accès à distance à l'œuvre se développent.

10. S'agissant de la copie privée numérique, les descriptions des auteurs des deux saisines, complétées des éléments recueillis lors de l'instruction, montrent que la faculté de

copie des programmes télévisés reçus par ADSL et satellite est limitée par diverses mesures techniques de protection. Ces mesures varient d'un équipement à l'autre et d'un fournisseur à l'autre et résultent généralement de demandes des ayants droit. Les principales restrictions à la copie privée numérique sont les suivantes :

– le téléspectateur ne peut généralement enregistrer le programme que sur l'enregistreur intégré à son récepteur ou éventuellement sur un disque externe pour augmenter la capacité de stockage de l'enregistreur ;

– les copies numériques ne peuvent généralement être lues qu'à partir du matériel qui les a réalisées ou en relation avec lui ; ces enregistrements ne sont pas interopérables avec d'autres systèmes de lecture ; il en résulte également que le changement de fournisseur, voire parfois le simple remplacement du récepteur, implique la perte de tous les enregistrements réalisés.

11. Ainsi, il résulte de l'instruction qu'il est toujours possible de réaliser au moins une copie numérique des programmes télévisés reçus par ADSL ou satellite mais que ces copies font le plus souvent l'objet d'importantes restrictions d'usage qui limitent l'interopérabilité et la conservation des fichiers.

12. Lors de l'instruction de la saisine, il est apparu que certains FAI autorisent la réalisation d'une copie analogique et non protégée du programme télévisé. Toutefois, la réalisation d'une copie analogique présente des contraintes de réalisation particulières et le résultat est de moindre qualité par rapport à la copie numérique.

13. Enfin, il faut signaler que les programmes des chaînes gratuites de la TNT reçues par le biais de décodeurs TNT sont non protégés et donc copiables sans restriction sur les enregistreurs commercialisés à cet effet. Ainsi, l'auteur de la première saisine interroge le collège sur la possibilité pour un FAI de crypter l'ensemble des chaînes, y compris les chaînes gratuites et les chaînes reçues par l'entrée TNT du boîtier fourni par le FAI, dans un contexte où les chaînes gratuites peuvent être librement copiables sur la TNT reçue avec un récepteur acheté dans le commerce.

14. L'examen des questions posées par les saisines nécessite, d'une part, de rechercher les qualités que le législateur a voulu attacher à la copie privée et, d'autre part, de garder à l'esprit que ce contenu doit rester compatible au « test en trois étapes ». En d'autres termes, l'exception de copie privée ne doit pas, dans les faits, porter atteinte à l'exploitation normale de l'œuvre, ni causer un préjudice injustifié aux auteurs et doit rester à l'intérieur d'un cas spécial. Par conséquent, les restrictions à la copie qui seraient imposées par le souci d'assurer la compatibilité de la copie privée au test des trois étapes seraient légitimes.

Sur les qualités de la copie privée de programmes audiovisuels

15. Le collège relève que le législateur a institué un unique régime de la copie privée pour l'ensemble des œuvres concernées, quel que soit leur support, sans poser de limites en termes de conservation ou d'interopérabilité, à condition que la copie soit strictement réservée à l'usage privé du copiste. L'article L. 331-5 du code de la propriété intellectuelle dispose que les mesures techniques « ne doivent pas avoir pour effet d'empêcher la mise en œuvre effective de l'interopérabilité, dans le respect du droit d'auteur » et « ne peuvent s'opposer au libre usage de l'œuvre » dans les limites instituées par le droit de la propriété littéraire et artistique. Par ailleurs, cet usage fait l'objet, dans les conditions prévues à l'article L. 311-1 du même code, d'une rémunération qui doit compenser le préjudice subi par les ayants droit.

16. S'agissant de la copie privée des programmes télévisés, les travaux préparatoires de l'article L. 331-9 du code de la propriété intellectuelle cité ci-dessus montrent que le législateur a entendu garantir, dans la mesure du possible, une continuité entre les copies analogiques et les copies numériques. Or, la faculté de réaliser des copies analogiques au moyen de magnétoscopes n'était pas limitée par des mesures techniques de protection, ni s'agissant du nombre de programmes copiables, ni s'agissant de la faculté de conserver ces copies et de les lire sur d'autres magnétoscopes. Il convient d'éviter que le passage au numérique entraîne une rétrogradation du libre usage des copies par le public dès lors que cet usage demeure strictement privé, même si l'impact de cette rétrogradation est limité par la différence de qualité entre copie analogique et copie numérique. Avec le développement des nouvelles technologies et la multiplication des terminaux de lec-

ture, y compris au sein d'un même foyer, l'objectif du consommateur est d'accéder à l'œuvre à partir de tous ses supports. Le respect de la volonté du législateur implique, dès lors, de ne pas limiter la possibilité de lecture des copies privées sur différents supports tant que cette copie reste protégée contre les utilisations non autorisées.

17. Il résulte de l'ensemble de ces éléments que, selon le collège, la faculté de copie privée accordée par le législateur implique la possibilité de réaliser une copie interopérable et conservable, sous la réserve de ce qui suit.

Sur la licéité des restrictions d'usage des copies privées des programmes télévisés

18. Le risque d'une atteinte à l'exploitation normale des œuvres télédiffusées doit s'apprécier en prenant en compte le contexte des technologies numériques et des modes d'exploitation de ces œuvres. Ainsi que le collège l'avait relevé dans son avis n° 2013/1, l'essor des technologies de codage numérique et des traitements de données modifie la nature des copies réalisées, qui peuvent être parfaitement semblables à l'original (y compris en qualité haute définition), en nombre potentiellement illimité et facilement modifiables. Le régime de l'exception de copie privée, dont il résulte de l'application du « test en trois étapes » qu'il repose sur un équilibre entre les droits des auteurs et les facultés d'usage des consommateurs, est donc affecté par ces changements technologiques. En outre, les nouvelles technologies de la communication permettant un partage illimité des œuvres grâce au réseau internet, le préjudice causé par l'utilisation illégale d'une copie privée sur ce réseau peut s'avérer considérable pour les ayants droit. Le législateur, qui a spécifiquement protégé les copies numériques des programmes télévisés, a également, par la loi n° 2009-669 du 12 juin 2009, entendu lutter contre la contrefaçon sur internet d'œuvres sous format numérique et protéger l'offre légale d'œuvres culturelles sur internet.

19. Si l'on peut objecter que les œuvres cinématographiques ne sont diffusées à la télévision, en application de la chronologie des médias, qu'à un moment où l'œuvre a déjà fait l'objet d'une exploitation importante et où les études de l'HADOPI montrent qu'elle fait déjà, dans la plupart des cas, l'objet d'une contrefaçon sur internet, ce n'est pas le cas de beaucoup d'œuvres diffusées pour la première fois à la télévision : téléfilms, émissions sportives ou de divertissement, certaines séries télévisées, journaux,... Les artistes, producteurs et diffuseurs soutiennent que le partage illicite de copies de ces programmes détourne une partie de l'audience, à la fois en direct et pour la télévision de rattrapage, privant d'autant de ressources d'abonnement ou de publicité les bénéficiaires de l'exploitation de l'œuvre. Pour les ayants droit, le partage de la copie réalisée lors de la première diffusion d'une œuvre à la télévision française peut, en outre, avoir des répercussions sur la profitabilité d'autres actes d'exploitation de la même œuvre. On constate également un développement de chaînes de télévision illégales sur internet qui retransmettent tout ou partie du flux linéaire diffusé par les chaînes légales. Il résulte de l'instruction que les ayants droit étrangers demandent, pour ces motifs, à ce que la faculté de copie privée de leurs œuvres diffusées à la télévision française soit limitée et qu'un refus pourrait avoir des conséquences sur la disponibilité de certaines œuvres en France.

20. Le collège estime donc que ce risque de préjudice d'exploitation est de nature à justifier, à la demande des ayants droit, les restrictions d'usage des copies privées nécessaires à sa prévention. Il y a toutefois lieu de vérifier que les restrictions d'usage imposées ne vont pas, en l'état de l'art des techniques, au-delà de ce qui est nécessaire.

21. L'auteur de la première saisine interroge également le collège sur l'existence d'une obligation de différencier la protection selon les chaînes et selon les modes de réception ainsi que sur la pratique de certains opérateurs de crypter l'enregistrement des copies lorsque les ayants droit ne l'ont pas demandé. Il résulte de l'instruction et des principes dégagés ci-dessus, d'une part, qu'en pratique, sauf à adopter un comportement discriminatoire, un FAI peut protéger, en conséquence indirecte d'une demande des ayants droit, l'ensemble des flux qui transitent par son récepteur, quelle que soit leur origine, d'autre part, qu'en principe, la protection devrait varier en fonction des chaînes et même en fonction des programmes d'une même chaîne, selon les demandes des ayants droit et du risque d'exploitation prévisible.

22. Toutefois, les obligations légales dérivées de l'exception de copie privée doivent tenir compte des contraintes techniques afin de respecter un équilibre entre les différents

droits et libertés en présence. Dans le cas présent, lorsqu'il est démontré que des contraintes techniques conduisent, pour ne pas porter une atteinte disproportionnée à certains droits et libertés, à un choix binaire qui consiste soit à renoncer à toute protection soit à protéger l'ensemble des œuvres dont certaines n'ont pas fait l'objet d'une demande de protection, il peut être admis que l'ensemble des œuvres soit protégé. Cette extension de la protection peut, en effet, être justifiable, en l'état de l'art technique, par le souci d'éviter une « atteinte à l'exploitation normale » des œuvres pour lesquelles la protection est demandée. Il appartient aux acteurs du secteur de la télévision d'appliquer ces principes, en différenciant les protections lorsque cela est techniquement possible et ne représente pas une contrainte disproportionnée.

Sur la nécessité de garantir une certaine interopérabilité des copies privées et une faculté de conservation

23. Lorsqu'ils imposent au téléspectateur des restrictions d'usage des copies privées des programmes télévisés, les ayants droit ne doivent pas aller au-delà de ce qui, en l'état de l'art technique et dans le respect des droits des tiers, est nécessaire à la prévention du préjudice d'exploitation invoqué : au-delà, ces restrictions sont contraires à la volonté du législateur, dans un contexte où, par ailleurs, le consommateur paye une rémunération pour copie privée. A cet égard, et en l'état de l'instruction, le collège estime que la démonstration n'est pas faite de la nécessité du niveau des restrictions d'usage constatées. Au contraire, il lui semble possible de développer des mesures techniques de protection qui protègent les exploitants d'actes illégaux de partage sur internet des copies numériques tout en garantissant, d'une part, une certaine interopérabilité des copies avec les principaux supports de lecture situés dans le foyer ou à l'extérieur, dès lors que cela demeure pour un usage privé et, d'autre part, la conservation des copies, y compris en cas de changement de fournisseur.

24. Le collège relève d'ailleurs que certains systèmes de vente d'œuvres musicales ou cinématographiques par téléchargement définitif sur internet offrent des conditions d'interopérabilité et de conservation supérieures à celles constatées pour la télévision par ADSL ou par satellite. Il semble donc possible de protéger les œuvres en restreignant moins l'usage des copies.

25. Dans l'hypothèse où la généralisation d'un tel système ou d'un système similaire s'avérerait moins protecteur contre les usages non autorisés que les pratiques et restrictions actuelles, cela ne serait pas de nature à justifier, par ce seul motif, des restrictions supplémentaires. Il suffit, pour qu'il n'y ait plus de risque d'atteinte à « l'exploitation normale de l'œuvre », que la protection soit efficace pour le plus grand nombre.

26. Les dispositions des articles L. 122-5 et L. 211-3 du code de la propriété intellectuelle impliquent donc que soit davantage préservée la faculté légale de réalisation d'une copie privée interopérable et conservable. Cependant, le collège souligne :

– En premier lieu, que la mise à disposition, pour les téléspectateurs qui le souhaitent, d'un dispositif technique permettant la réalisation de telles copies n'a pas à être gratuite lorsqu'elle requiert l'utilisation de moyens de copie additionnels (enregistreur, support de copie) commercialisés dans le respect du droit de la concurrence ;

– En second lieu, qu'il ne saurait être attendu des opérateurs, qui ont agi dans l'incertitude des exigences à tirer des articles L. 122-5, L. 211-3 et L. 331-9 du code de la propriété intellectuelle, un renouvellement du parc de récepteurs existants. Il leur appartient de mettre en place le système de leur choix pour assurer la conservation et l'interopérabilité des copies. Il est par ailleurs essentiel que, en application de l'article L. 331-10 du code de la propriété intellectuelle, une information précise soit donnée sur les possibilités d'usage des copies réalisables avec chaque matériel.

27. En revanche, si, à l'issue d'un délai raisonnable, il n'est pas proposé aux téléspectateurs une faculté de copie privée conforme aux principes dégagés ci-dessus, le collège rappelle que le législateur a institué, à l'article L. 331-32 du code de la propriété intellectuelle, un dispositif spécifique permettant à certains professionnels tiers d'obtenir les informations leur permettant de concevoir et de commercialiser un système permettant la lecture des fichiers de copie privée sur d'autres supports. Le collège a interprété ce dispositif dans son avis n° 2013/2 pour lui donner tout son effet utile.

Rend l'avis suivant :

L'exception de copie privée des programmes télévisés, telle qu'elle résulte des articles L. 122-5, L. 211-3, et L. 331-9 du code de la propriété intellectuelle, et pour laquelle est acquittée une rémunération compensant le préjudice subi par les ayants droit, protège la faculté pour les téléspectateurs de réaliser, pour leur usage privé, des copies numériques interopérables et conservables y compris en cas de changement de matériel ou de distributeur de services télévisés.

Les restrictions apportées à cette faculté à la demande des ayants droit ne sont légales que lorsqu'elles ont pour objectif de conserver la compatibilité de la copie privée avec les exigences posées par le test en trois étapes issu de la convention de Berne et rappelé aux articles L. 122-5 et L. 211-3 du code de la propriété intellectuelle, en particulier lorsque le risque de contrefaçon des copies privées est important et de nature à porter atteinte à l'exploitation normale de l'œuvre. Ces restrictions, mises en œuvre au moyen de mesures techniques de protection, ne doivent pas excéder ce qui est, en l'état de l'art, nécessaire pour limiter ce risque à un niveau compatible avec l'exploitation normale de l'œuvre.

En outre, ces restrictions doivent, en principe, être différenciées selon les risques en cause et selon les demandes des ayants droit. Une absence de différenciation doit être justifiée par des difficultés techniques telles que la différenciation des protections constituerait une contrainte disproportionnée qui porterait atteinte à d'autres droits ou libertés garantis.

Au regard de ces principes, des limitations privant les copies de toute interopérabilité avec d'autres lecteurs que l'enregistreur ayant réalisé la copie, et empêchant la conservation des copies en cas de changement de fournisseur, apparaissent excessives.

La Haute Autorité invite donc les opérateurs de télévision par ADSL ou satellite à proposer aux téléspectateurs, dans un délai raisonnable, une faculté de copie privée des programmes télévisés qui leur permette de réaliser des copies durablement conservables et disposant d'une interopérabilité suffisante pour l'usage privé du copiste.

La Haute Autorité souligne également qu'il est essentiel que, en application de l'article L. 331-10 du code de la propriété intellectuelle, une information précise soit donnée sur les possibilités d'usage des copies réalisables avec chaque matériel.

Le présent avis sera transmis au ministre de la Culture et de la Communication.

Le secrétaire général de la Haute Autorité pour la diffusion des œuvres et la protection des droits sur internet est chargé de le notifier aux personnes qui ont saisi le Collège.

Le présent avis fera l'objet d'une publication en application de l'article R. 331-74 du code de la propriété intellectuelle.

Art. L. 331-37 *(L. n° 2006-961 du 1er août 2006, art. 16)* **Un décret en Conseil d'État précise les conditions d'application de la présente** *(L. n° 2009-669 du 12 juin 2009, art. 2)* **« sous-section ». Il prévoit les modalités d'information des utilisateurs d'une œuvre, d'un vidéogramme, d'un programme ou d'un phonogramme mentionnées à l'article** *(L. n° 2009-669 du 12 juin 2009, art. 2)* **« L. 331-10 ».**

L'art. L. 331-37, renuméroté par la L. n° 2009-1311 du 28 oct. 2009, est l'ancien art. L. 331-45.

CHAPITRE II SAISIE-CONTREFAÇON

BIBL. GÉN. ▶ Bertrand, *RDPI, oct. 1993, p. 11* (la preuve de la saisie-contrefaçon). – Binctin et Lucas, *RIDA janv. 2014, n° 239* (le droit comparé de la saisie-contrefaçon en droit d'auteur France/Canada). – Dorol, *Propr. ind. 2017. Étude 5* (le constat d'achat sur internet). – Rocchicioli, La saisie-contrefaçon en matière de propriété littéraire et artistique, *thèse Paris, 1964 ; sept. 1965, p. 79, et janv. 1966, p. 53* (la saisie-contrefaçon, institution juridique autonome). – Véron et a., Saisie-contrefaçon, *Dalloz Référence, 3e éd., 2012*. – Zajdela, *Propr. ind. 2016. Étude 18* (la preuve en matière de contrefaçon : constat d'achat ou saisie-contrefaçon ?).

COMMENTAIRE

Par-delà les dispositions figurant dans ce chapitre, toute une série de mesures tendent à protéger l'auteur en tentant de prévenir le dommage.

Les textes internationaux récents laissent un rôle important aux mesures techniques de protection ou de gestion des œuvres. La directive du 22 mai 2001 l'envisage en ses articles 6 et 7 transposés par la loi du 1er août 2006 (V. art. L. 331-5 s. et note introductive au titre). L'idée est que la technique peut venir au secours des ayants droit et assurer l'effectivité du droit d'auteur en régulant l'accès aux œuvres ou leur utilisation.

Malgré ces solutions, une atteinte peut être portée aux droits de propriété littéraire et artistique par des tiers. Le présent chapitre a pour objet de permettre la preuve de l'atteinte et de tenter de limiter, voire de faire cesser, le mal. Pour cela, le législateur a minutieusement réglementé le régime de mesures assez radicales que constituent les saisies.

La construction législative concerne les moyens de lutter tant contre l'utilisation non autorisée d'œuvres protégées que contre les exemplaires, produits, appareils, dispositifs, composants ou moyens portant atteinte aux mesures techniques de protection et d'information mentionnées respectivement aux articles L. 331-5 et L. 331-22.

Mais l'adoption de règles spéciales n'interdit pas le recours aux moyens du droit commun. La voie du référé ou l'établissement de constatations conformes à l'article 202 du code de procédure civile (un témoignage, une facture détaillée, des constats…) demeurent ouverts. La Cour de cassation admet tous autres modes de preuve, dès lors qu'ils sont obtenus loyalement et sans fraude, puis contradictoirement débattus entre les parties (Crim. 5 sept. 1989, *RTD com. 1990. 388, obs. Françon*).

Le régime des saisies envisagées par le code de la propriété intellectuelle n'est pas exactement le même selon que l'œuvre en cause est (art. L. 332-4) ou n'est pas (art. L. 332-1 s.) un logiciel ou une base de données.

Des voies de recours sont prévues par l'article L. 332-2, tandis que l'article L. 332-3 envisage les suites de la saisie.

Art. L. 332-1 *(L. nº 2014-315 du 11 mars 2014, art. 4)* **Tout auteur d'une œuvre protégée par le livre Ier de la présente partie, ses ayants droit ou ses ayants cause peuvent agir en contrefaçon. A cet effet, ces personnes sont en droit de faire procéder par tous huissiers, le cas échéant assistés par des experts désignés par le demandeur, sur ordonnance rendue sur requête par la juridiction civile compétente, soit à la description détaillée, avec ou sans prélèvement d'échantillons, soit à la saisie réelle des œuvres prétendument contrefaisantes ainsi que de tout document s'y rapportant. L'ordonnance peut autoriser la saisie réelle de tout document se rapportant aux œuvres prétendument contrefaisantes en l'absence de ces dernières.**

La juridiction peut ordonner la description détaillée ou la saisie réelle des matériels et instruments utilisés pour produire ou distribuer illicitement les œuvres.

A cet effet, la juridiction peut ordonner :

1° La saisie des exemplaires constituant une reproduction illicite d'une œuvre de l'esprit protégée par le livre Ier de la présente partie ou de tout exemplaire, produit, appareil, dispositif, composant ou moyen portant atteinte aux mesures techniques et aux informations mentionnées, respectivement, aux articles L. 331-5 et L. 331-11 ;

2° La saisie, quels que soient le jour et l'heure, des exemplaires constituant une reproduction illicite de l'œuvre, déjà fabriqués ou en cours de fabrication, ou des exemplaires, produits, appareils, dispositifs, composants ou moyens, fabriqués ou en cours de fabrication, portant atteinte aux mesures techniques et aux informations mentionnées, respectivement, aux articles L. 331-5 et L. 331-11, des recettes réalisées, ainsi que des exemplaires illicitement utilisés ;

3° La saisie des recettes provenant de toute reproduction, représentation ou diffusion, par quelque moyen que ce soit, d'une œuvre de l'esprit, effectuée en violation des droits de l'auteur ou provenant d'une atteinte aux mesures techniques et aux informations mentionnées, respectivement, aux articles L. 331-5 et L. 331-11 ;

4° La saisie réelle des œuvres illicites ou produits soupçonnés de porter atteinte à un droit d'auteur ou leur remise entre les mains d'un tiers afin d'empêcher leur introduction ou leur circulation dans les circuits commerciaux.

La juridiction civile compétente peut également ordonner :

***a)* La suspension ou la prorogation des représentations ou des exécutions publiques en cours ou déjà annoncées ;**

***b)* La suspension de toute fabrication en cours tendant à la reproduction illicite d'une œuvre ou à la réalisation d'une atteinte aux mesures techniques et aux informations mentionnées, respectivement, aux articles L. 331-5 et L. 331-11.**

Elle peut subordonner l'exécution des mesures qu'elle ordonne à la constitution par le demandeur de garanties destinées à assurer l'indemnisation éventuelle du défendeur si l'action en contrefaçon est ultérieurement jugée non fondée ou la saisie annulée.

Elle peut, dans les mêmes formes, ordonner les mesures prévues au présent article à la demande des titulaires de droits voisins définis au livre II de la présente partie.

BIBL. ▸ FABIANI, *Gaz. Pal. 20 et 21 déc. 2006, p.* 13 (la saisie-contrefaçon).

COMMENTAIRE

Voir le commentaire sous l'article L. 521-4.

Jurisprudence antérieure à la loi du 11 mars 2014

A. GÉNÉRALITÉS

1. La saisie-contrefaçon a autant un caractère réel que probatoire. • Paris, 24 juin 1952 : *Gaz. Pal. 1952. 2. 120* • 9 nov. 1988 : *Cah. dr. auteur, avr. 1989, p. 18.* ♦ ... Dont la voie n'est pas exclusive des moyens de droit commun. • TGI Seine, réf., 20 oct. 1962 : *Gaz. Pal. 1962. 2. 265 ; RTD com. 1963. 323, obs. Desbois.*

2. La notion de lieu visée dans l'art. L. 332-1 désigne le ressort de compétence territoriale du commissaire et non sa résidence administrative ; le commissaire de police affecté à la direction centrale de la police judiciaire est, dès lors, compétent pour effectuer une saisie-contrefaçon sur l'ensemble du territoire national. • Crim. 19 mars 1997 : *Bull. crim. n° 113 ; D. Affaires 1997. 867 ; RIDA janv. 1998, p. 275.* ♦ L'arrêt qui retient que lorsqu'aucun commissaire de police n'a sa résidence dans la commune où doit être pratiquée la saisie, le juge d'instance est compétent, à l'exclusion d'un commissaire de police dépendant d'un service régional, encourt la cassation. • Civ. 1re, 10 févr. 1998 : *Bull. civ. I, n° 56 ; D. 1998. IR 78 ; D. Affaires 1998. 431.* ♦ La compétence du commissaire de police ou du juge d'instance n'empêche pas un président de tribunal de grande instance d'ordonner une saisie-contrefaçon par voie d'huissier. • Com. 4 janv. 1984 : *Bull. civ. IV, n° 6 ; JCP 1984. IV. 77.* ♦ Un ingénieur-conseil en propriété industrielle peut valablement assister un commissaire de police lors d'une saisie-contrefaçon. • Versailles, 15 févr. 2001 : *JCP E 2002. 1043, n° 7, obs. Greffe ; Propr. ind. 2002, n° 8, note Greffe.*

3. Compétence. Lorsque l'action au fond ressortit à la compétence de la juridiction administrative, il n'appartient qu'à celle-ci, après qu'elle a statué au fond, de statuer également sur les conclusions autres que celles tendant à la mise en œuvre, avant toute action au fond, des mesures prévues par l'art. L. 332-1 CPI. • CE 27 avr. 2011 : *D. 2011. AJ 1217, obs. de Montecler* .

4. Aucun texte n'interdit au demandeur en saisie-contrefaçon de faire précéder sa demande de saisie d'une assignation au fond, l'obligation légale faite au saisissant d'assigner au fond dans le délai de trente jours de la saisie ayant pour but de faire obstacle à une atteinte délibérée aux droits d'autrui. • Com. 21 mars 1995 : *inédit.* ♦ Le demandeur n'est pas obligé d'agir sur le fond dans un délai de 15 jours. • Paris, 23 févr. 2008 : *Propr. intell. 2008, n° 28, p. 337, obs. A. Lucas.*

B. DOMAINE

5. La saisie-contrefaçon d'un tableau exposé en vue de sa vente doit être autorisée par le président du tribunal de grande instance. • Civ. 1re, 18 juill. 2000 : *JCP 2000. IV. 2583 ; Bull. civ. I, n° 225 ; RIDA 2001, n° 188, p. 309.* ♦ La voie est ouverte en cas de violation du droit d'adaptation. • Paris, 23 mars 1978 : *RIDA juill. 1979, p. 127 ; Gaz. Pal. 1978. 2. Somm. 398.* ♦ Mais elle est discutée en matière d'atteinte au droit moral ; pour une motivation favorable, V. • Civ. 1re, 22 janv. 1957 : *D. 1957. 162 ; JCP 1957. II. 9907, note Seignolle ; Gaz. Pal. 1957. 1. 223.* ♦ Et, dans le sens contraire, V. • Paris, 29 avr. 1959 : *D. 1959. 402, note Lyon-Caen et Lavigne.*

6. L'action peut porter sur les recettes réalisées. • Civ. 1re, 10 févr. 1987 : *Bull. civ. I, n° 49* (sol. impl.). ♦ ... Mais non, en matière cinématographique, sur la part des recettes devant être affectée aux frais de l'exploitation du film et au remboursement des avances ayant fait l'objet de nantissement ou de délégation. • Paris, 26 nov. 1966 : *Gaz. Pal. 1967. 1. 175, note Sarraute et Gorline.* ♦ L'art. L. 332-1 n'interdit pas au commissaire de police de placer sous scellés des documents comptables se rapportant directement à la saisie-contrefaçon lorsqu'ils lui ont été directement remis par la personne objet de la saisie. • Crim. 19 mars 1997 : *préc. note 2.* ♦ V. aussi • Paris, 22 févr. 2008 : *Propr. intell. 2008, n° 29, p. 452, obs. De Haas.*

7. Saisie irrégulière. En l'absence de saisie des modèles litigieux, ou de toutes preuves matérielles, qui peuvent justifier le droit de procéder à l'audition spontanée des personnes qui se trouvent sur les lieux de la saisie, la consignation de déclarations constitue une irrégularité de procédure justifiant la demande de nullité de la saisie. • Paris, 7 oct. 1998 : *PIBD 1999. III. 16.* ♦ Est régulière la saisie de plus d'exemplaires que le nombre prévu dans l'ordonnance. • Paris, 28 oct. 2005 : *Propr. intell. 2006, n° 21, p. 464, obs. De Candé.* ♦ L'huissier instrumentaire qui a introduit dans les locaux les modèles prétendument contrefaisants pour recueillir les déclarations spontanées des personnes présentes a excédé ses pouvoirs. • Civ. 1re, 2 avr. 2009, n° 08-10.656 P : *D. 2009. AJ 1086 ; RTD com. 2009. 306, obs. Pollaud-Dulian* . ♦ V. aussi • Com. 7 juill. 2009, n° 08-18.598 P : *Dalloz actualité,*

6 nov. 2009, obs. Daleau ; D. 2009. AJ 2036 . ♦ Doivent être annulés les procès-verbaux établis par un huissier de justice qui, d'une part, avait effectué ses opérations avec l'assistance d'un tiers, sans indiquer ses qualités ni les liens de dépendance qu'il pouvait avoir vis-à-vis du requérant, et d'autre part, bien qu'aucun objet prétendument contrefaisant ni aucune facture n'aient été découverts sur les lieux, avait recueilli les déclarations du directeur du site quant aux actes argués de contrefaçon. • Civ. 1re, 9 avr. 2015, nº 14-11.853 P : *Dalloz actualité, 7 mai 2005, note Daleau ; D. 2015. 1662, obs. Galloux et Lapousterle* ; *Propr. intell. 2015, nº 56, p. 294, note Lucas ; ibid, nº 57, p. 469, note de Candé ; LEPI juin 2015, p. 7, note Lefranc.*

8. Internet. La résiliation d'une convention permettant l'accès à internet ne ressort pas de la compétence du juge des requêtes ni du juge des référés. Il est plus adapté de demander la suspension du service de communication. • TGI Paris, réf., 8 oct. 2004 : *CCE 2004, nº 154, note Caron.*

C. PERSONNES RECEVABLES À AGIR

9. V. notes 10 s. ss. art. L. 331-1.

Art. L. 332-1-1 *(L. nº 2014-315 du 11 mars 2014, art. 4)* **La juridiction peut ordonner, d'office ou à la demande de toute personne ayant qualité pour agir en contrefaçon, toutes les mesures d'instruction légalement admissibles, même si une saisie-contrefaçon n'a pas préalablement été ordonnée dans les conditions prévues à l'article L. 332-1.**

COMMENTAIRE

Voir le commentaire sous l'article L. 521-4-1.

Art. L. 332-2 *(L. nº 2007-1544 du 29 oct. 2007, art. 35)* **« Dans un délai fixé par voie réglementaire, le saisi » ou le tiers saisi peuvent demander au président du tribunal de grande instance de prononcer la mainlevée de la saisie ou d'en cantonner les effets, ou encore d'autoriser la reprise de la fabrication ou celle des représentations ou exécutions publiques, sous l'autorité d'un administrateur constitué séquestre, pour le compte de qui il appartiendra, des produits de cette fabrication ou de cette exploitation.**

Le président du tribunal de grande instance statuant en référé peut, s'il fait droit à la demande du saisi ou du tiers saisi, ordonner à la charge du demandeur la consignation d'une somme affectée à la garantie des dommages et intérêts auxquels l'auteur pourrait prétendre. – *[L. nº 57-298 du 11 mars 1957, art. 67.]*

JURISPRUDENCE RENDUE SOUS L'EMPIRE DE LA LOI ANCIENNE

A. MAINLEVÉE DE LA SAISIE-CONTREFAÇON

1. Le saisi ou le tiers saisi peut demander au président du tribunal de grande instance statuant en référé la mainlevée de la saisie-contrefaçon dans le délai de trente jours, sans que la saisine du juge du fond ne les prive de cette faculté. • Civ. 1re, 11 janv. 1977 : *Bull. civ. I, nº 22 ; Gaz. Pal. 1977. 1. Somm. 77.* ♦ Sur la qualité de saisi et de tiers saisi, V. • TGI Paris, 5 mars 1997 : *PIBD 1997. III. 417.* ♦ A l'expiration du délai de l'art. L. 332-2, pour demander la mainlevée de la mesure de saisie, la contestation relative à la validité de la requête au vu de laquelle a été autorisée la saisie-contrefaçon relève du pouvoir exclusif de la juridiction saisie au fond de l'action en contrefaçon. • Civ. 1re, 6 mai 2010 : *D. 2010. AJ 1276* ; *CCE 2010, nº 71, note Caron.*

2. La notification au saisi n'est pas une condition posée par la loi ; doit être déclarée comme tardive la demande de mainlevée formée par le saisi, relative à une saisie réalisée hors sa présence, plus de trente jours après la date du procès-verbal. • Civ. 1re, 21 mai 1990 : *Bull. civ. I, nº 116 ; D. 1990. IR 145 ; D. 1991. Somm. 99, obs. Colombet* ; *RTD com. 1990. 388, obs. Françon* .

3. Le juge peut refuser la mainlevée de la saisie, cette dernière ayant pour objet de faire cesser un trouble manifestement illicite. • Paris, 27 févr. 1989 : *Cah. dr. auteur, mai 1991, p. 222.*

4. Le caractère de confiscation qui s'attache à la saisie-contrefaçon postule que la propriété de l'objet saisi ne soit pas discutable. • Paris, 16 mai 1989 : *Cah. dr. auteur, juin 1989, p. 8.*

B. GARANTIES OFFERTES AU SAISISSANT

5. Les mesures prévues à l'art. L. 332-2, al. 2, sont laissées à l'appréciation du président. • Paris, 9 nov. 1988 : *Cah. dr. auteur, avr. 1989, p. 18* • 23 mars 1978 : *RIDA juill. 1979, p. 127 ; Gaz. Pal. 1978. 2. Somm. 398* • 16 mai 1989 : *Cah. dr. auteur, juin 1989, p. 8.*

6. Sur un exemple de désignation d'un séquestre qui détiendra le produit de l'exploitation pour le compte de qui il appartiendra, V. • Civ. 1re, 5 janv. 1965 : *JCP 1965. II. 14038, concl. Lindon.* ♦... Comp. sur la possibilité pour l'ayant droit d'obtenir des mesures conservatoires sur le fondement de l'art. 809 C. pr. civ. • TGI Paris, réf., 9 mars 1981 : *RIDA juill. 1981, p. 234.*

7. Pour un exemple de consignation, V. • TGI Seine, réf., 11 déc. 1962 : *RTD com. 1963. 325, obs. Desbois ; Gaz. Pal. 1963. 1. 89.* ♦ ... Et un cas de consignation partielle. • Paris, 12 déc. 1989 : *RIDA avr. 1990, p. 211.*

8. A propos de la constitution obligatoire d'une caution bancaire d'un montant de 300 000 F, en plus d'une consignation de 250 000 F, dans le cas d'une contrefaçon de film, V. • Paris, 23 mars 1978 : *RIDA juill. 1979, p. 127 ; Gaz. Pal. 1978. 2. Somm. 398.*

C. RESPONSABILITÉ

9. Les conditions dans lesquelles le commissaire de police commande le déroulement des opérations ne peuvent engager la responsabilité du saisissant. • Com. 30 juin 1992 : *JCP 1992. IV. 2551.*

10. Après avoir décidé qu'une saisie-contrefaçon effectuée était nulle, en raison de l'absence de dépôt du modèle argué de contrefaçon, une cour d'appel, qui a relevé que le saisissant n'ignorait pas qu'il n'avait pas procédé à un tel dépôt et qu'il avait fait une publicité sur le lieu de l'exposition pour informer le public de l'existence de la saisie-contrefaçon, a pu décider que le procédé était déloyal et causait un préjudice à celui qui en subissait les conséquences. • Com. 10 janv. 1995 : *JCP 1995. IV. 607.*

Art. L. 332-3 *(L. n° 2014-315 du 11 mars 2014, art. 5)* **A défaut pour le saisissant, dans un délai fixé par voie réglementaire, soit de s'être pourvu au fond, par la voie civile ou pénale, soit d'avoir déposé une plainte devant le procureur de la République, l'intégralité de la saisie, y compris la description, est annulée à la demande du saisi ou du tiers saisi, sans que celui-ci ait à motiver sa demande et sans préjudice des dommages et intérêts qui peuvent être réclamés.**

BIBL. ▶ DREYER, *D. 2015. 1164* (propriétés intellectuelles : prendre (enfin) le droit pénal au sérieux).

Jurisprudence antérieure à la loi du 11 mars 2014

1. La délivrance d'une assignation au fond, postérieurement à une assignation en référé, n'interrompt pas le cours de la procédure de l'art. L. 332-3 et le juge du fond, en ordonnant une mainlevée de saisie-contrefaçon, ne préjudicie pas au principal. • Civ. 1re, 2 juill. 1981 : *D. 1982. IR 48, obs. Colombet.*

2. L'art. L. 332-3 ne dérogeant pas à l'art. 2246 C. civ., la saisie d'un tribunal incompétent interrompt le délai de 30 jours. • Com. 18 mai 1993, n° 91-13.203 : *D. 1994. 56.*

3. Le défaut de saisine de la juridiction compétente dans le délai de trente jours ouvre au juge des référés la simple faculté d'ordonner la mainlevée de la saisie-contrefaçon. • Pau, 13 mai 1992 : *JCP 1993. IV. 891.* ♦ ... Sans que ce texte édicte une quelconque caducité. • Civ. 1re, 23 janv. 1996, n° 94-10.041. ♦ Le délai de 30 jours n'est pas requis à peine de nullité du procès-verbal. • Paris, 6 juill. 1994 : *D. 1994. IR 226* • Dijon, 12 janv. 1990 : *RIPIA 1991. 31.*

4. Les opérations de saisie-contrefaçon s'étant déroulées avant l'entrée en vigueur de la loi n° 2014-315 du 11 mars 2014, c'est à bon droit que la cour d'appel a fait application des dispositions nationales alors en vigueur, qui conféraient au juge des référés, en pareil cas, la simple faculté d'ordonner la mainlevée de la saisie. • Civ. 1re, 6 avr. 2016, n° 15-12.376 : *Propr. intell. 2016, n° 60, p. 340, note Bernault ; Dalloz IP/IT 2016. 426, obs. Daleau ; LEPI 2016, n° 6, p. 7, obs. Lefranc.*

Art. L. 332-4 *(L. n° 2014-315 du 11 mars 2014, art. 4)* **La contrefaçon de logiciels et de bases de données peut être prouvée par tout moyen.**

A cet effet, toute personne ayant qualité pour agir en contrefaçon est en droit de faire procéder en tout lieu et par tous huissiers, le cas échéant assistés d'experts désignés par le demandeur, en vertu d'une ordonnance rendue sur requête par la juridiction civile compétente, soit à la description détaillée, avec ou sans prélèvement d'échantillons, soit à la saisie réelle du logiciel ou de la base de données prétendument contrefaisants ainsi que de tout document s'y rapportant. La saisie-description peut se concrétiser par une copie des logiciels ou des bases de données prétendument contrefaisants.

La juridiction peut ordonner, aux mêmes fins probatoires, la description détaillée ou la saisie réelle des matériels et instruments utilisés pour produire ou distribuer un logiciel ou une base de données prétendument contrefaisants, ainsi que de tout document s'y rapportant.

L'ordonnance peut autoriser la saisie réelle de tout document se rapportant aux logiciels, bases de données, matériels et instruments mentionnés aux deuxième et troisième alinéas en l'absence de ces derniers.

La juridiction peut subordonner l'exécution des mesures qu'elle ordonne à la constitution par le demandeur de garanties destinées à assurer l'indemnisation éventuelle du défendeur si l'action en contrefaçon est ultérieurement jugée non fondée ou la saisie annulée.

A défaut pour le demandeur, dans un délai fixé par voie réglementaire, soit de s'être pourvu au fond, par la voie civile ou pénale, soit d'avoir déposé une plainte devant le procureur de la République, l'intégralité de la saisie, y compris la description, est annulée à la demande du saisi ou du tiers saisi, sans que celui-ci ait à motiver sa demande et sans préjudice des dommages et intérêts qui peuvent être réclamés.

BIBL. ▶ FABIANI, *Gaz. Pal. 20 et 21 déc. 2006, p. 13* (la saisie-contrefaçon). – NUSS, *Propr. ind. 2005. Étude 26* (du choix de l'expert qui assiste l'huissier instrumentaire en matière de saisie-contrefaçon).

COMMENTAIRE

Voir le commentaire sous l'article L. 521-4.

Jurisprudence antérieure à la loi du 11 mars 2014.

1. Compétence. L'art. L. 332-4 ne dérogeant à l'art. L. 332-1 que s'agissant de la compétence reconnue aux commissaires de police et aux juges d'instance, et non quant aux pouvoirs accordés au président du tribunal de grande instance, la mainlevée de la saisie réelle, qui aurait eu pour conséquence de neutraliser un concurrent du saisissant dont la faute n'était pas encore établie, a pu être accordée. • Paris, 23 avr. 1990 : *D. 1991. Somm. 94, obs. Colombet ; JCP E 1990. II. 15920, n° 3, obs. Lucas et Vivant.*

2. Validité. L'art. L. 332-4 ne mentionne comme condition de validité de la saisie-contrefaçon que l'obligation d'assigner ou de citer dans le délai de quinzaine à compter de la saisie. • TGI Paris, 5 févr. 1997 : *RDPI 1997, n° 75, p. 53.* ♦ Toutefois, la saisie-contrefaçon est déclarée nulle lorsque l'huissier instrumentaire a outrepassé sa mission et causé grief aux sociétés défenderesses. • TGI Paris, 8 janv. 1997 : *PIBD 1997. III. 352.* ♦ De même doit être annulée la saisie-contrefaçon accomplie en violation des prescriptions de l'ordonnance exigeant la désignation d'un expert en dehors des salariés. • Civ. 1re, 2 déc. 1997 : *Bull. civ. I, n° 347 ; D. Affaires 1998. 168 ; RJDA 1998, n° 808 ; JCP E 1998. Pan. 155.* ♦ Doit être annulée la saisie-contrefaçon en l'absence de délivrance de l'assignation au fond dans le délai de 15 jours. • Civ. 1re, 26 mai 2011 : *D. 2011. AJ 1554.*

3. En l'absence d'indication du type de saisie, la saisie pratiquée est une saisie réelle qui sera nulle si elle est pratiquée sans autorisation judiciaire. • TGI Bobigny, 9 nov. 1988 : *Dr. inf. et télec. 1989/1, p. 67, obs. Toubol.* ♦ Pour une distinction entre saisie-description et saisie réelle, V. • Rouen, 1er juin 1992 : *Expertises, nov. 1992, p. 393, obs. Saint-Jouan.* ♦ Sur la nature de la saisie-contrefaçon (mesure probatoire), V. • Civ. 1re, 25 nov. 2003 : *Expertises, avr. 2004, p. 155, note Bernault.*

4. Domaine. Un fichier supportant des données informatiques reproduites en violation de l'art. L. 122-4, sans l'autorisation de leur auteur, peut faire l'objet de la saisie-contrefaçon prévue par l'art. L. 332-4 dans la mesure où ils ne peuvent être accessibles que par la mise en œuvre d'un système et d'un matériel informatique complexe. • Paris, 15 janv. 1997 : *PIBD 1997. III. 517.* ♦ Un cédérom étant une œuvre multimédia, et non une œuvre logicielle, l'art. L. 332-4 lui est inapplicable. • TGI Nanterre, 26 nov. 1997, *CUC Software : PIBD 1998. III. 212 ; Les Annonces de la Seine, 27 avr. 1998, p. 4, obs. Haas et de Tissot.* ♦ Pour une base de données, V. • T. com. Paris, 7 mai 1999 : *ibid. 19 juill. 1999, p. 6, obs. Haas et de Tissot.*

5. Expert. Dans le silence de l'ordonnance, le choix de l'expert, qui assiste l'huissier ou le commissaire de police, est libre. • Paris, 23 sept. 1997 : *D. Affaires 1997. 1261.* ♦ Mais le droit à un procès équitable consacré par l'art. 6-1° de la Conv. EDH exige que l'expert soit indépendant des parties. • Civ. 1re, 6 juill. 2000 : *JCP 2000. II. 10440, note H.C. ; JCP E 2001. 33, note H.C. ; CCE 2000, n° 98, note Caron ; Bull. civ. I, n° 210 ; D. 2001. 370 (2e esp.), note Véron ; JCP E 2002. 1334, n° 10, obs. Zollinger.* ♦ L'expert ne peut se croire valablement investi d'une mission d'analyse à laquelle il a procédé de façon non contradictoire. • Paris, 5 nov. 2002 : *Ann. propr. ind. 2003. 193 ; CCE 2003, n° 46, note Caron.*

6. Délai. L'obligation d'assigner dans le délai de la loi ne s'impose pas à l'égard des contrefacteurs entre les mains desquels la saisie n'a pas été pratiquée, ces derniers pouvant être valablement appelés en cause après expiration du délai légal. • Paris, 26 janv. 1996 : *Gaz. Pal. 1996. 1. Somm. 19.*

7. Mainlevée. Le délai de l'art. L. 332-2 s'applique à la saisie-contrefaçon de logiciels. • Civ. 1re, 19 mai 1998 : *Procédures, août-sept. 1998, p. 19, note Croze.*

8. Application de la loi dans le temps. L'art. L. 332-4, dans sa rédaction antérieure à la loi du 1er juillet 1998, n'est pas applicable à une procédure n'ayant pas pour objet la contrefaçon d'un logiciel dont la protection serait recherchée, mais celle d'écrits figurant dans un ouvrage publié. • Civ. 1re, 20 janv. 2004 : *Bull. civ. I, n° 22 ; D. 2005. Pan. 1484, obs. Sirinelli ; JCP E 2004. 1170, n° 11, obs. Sardain ; Légipresse 2004, III, p. 79, note Maffre-Baugé ; Propr. intell. 2004, n° 11, p. 647, obs. Sirinelli ; RIDA avr. 2004, p. 215, note Kéréver.*

CHAPITRE III SAISIE DES PRODUITS D'EXPLOITATION *(Décr. n° 2012-783 du 30 mai 2012, art. 7).*

RÉP. PROC. CIV. v° *Saisie*, par DAVERAT.

Art. L. 333-1 Lorsque les produits d'exploitation revenant à l'auteur d'une œuvre de l'esprit ont fait l'objet d'une *(Ord. n° 2011-1895 du 19 déc. 2011, art. 3-14°)* **« saisie », le président du tribunal de grande instance peut ordonner le versement à l'auteur, à titre alimentaire, d'une certaine somme ou d'une quotité déterminée des sommes saisies.** — *[L. n° 57-298 du 11 mars 1957, art. 69.]*

1. La saisie ne peut porter que sur des sommes liquides et exigibles. • Civ. 2e, 24 juin 1987 : *D. 1988. 357, note Ancel et Rondeau-Rivier ; RTD civ. 1988. 751, obs. Mestre.*

2. L'art. L. 333-3, instituant une limitation des saisies-arrêts, laisse subsister le principe de l'insaisissabilité des droits d'auteur à caractère alimentaire. • TGI Paris, réf., 4 mai 1982 : *D. 1983. IR 432.*

Art. L. 333-2 Sont insaisissables, dans la mesure où elles ont un caractère alimentaire, les sommes dues, en raison de l'exploitation pécuniaire ou de la cession des droits de propriété littéraire ou artistique, à tous auteurs, compositeurs ou artistes ainsi qu'à leur conjoint survivant contre lequel n'existe pas un jugement de séparation de corps passé en force de chose jugée, ou à leurs enfants mineurs pris en leur qualité d'ayants cause. — *[L. n° 57-803 du 19 juill. 1957, art. 1er.]*

COMMENTAIRE

La rémunération de l'auteur-débiteur est pour partie insaisissable :
– l'article L. 333-2 en pose le principe ;
– l'article L. 333-3 en fixe les modalités (la saisie ne peut porter que sur 1/5 des redevances jusqu'à un certain seuil).

Selon l'article L. 333-4, le principe d'insaisissabilité partielle n'est pas opposable en cas de dettes « d'aliments » de l'auteur.

Art. L. 333-3 La proportion insaisissable de ces sommes ne pourra, en aucun cas, être inférieure aux quatre cinquièmes, lorsqu'elles sont au plus égales annuellement au palier de ressources le plus élevé prévu en application du chapitre V du titre IV du livre Ier du code du travail. — *[L. n° 57-803 du 19 juill. 1957, art. 2.]*

L'art. L. 333-3 fixant seulement un minimum d'insaisissabilité, le juge peut, même au-delà de ce seuil, limiter les effets d'une saisie-arrêt sur toutes les redevances constituant des droits d'auteur et présentant un caractère alimentaire. • Versailles, 21 mai 1985 : *RIDA oct. 1985, p. 155.*

Art. L. 333-4 Les dispositions du présent chapitre ne font pas obstacle aux *(Ord. n° 2011-1895 du 19 déc. 2011, art. 3-14°)* **« saisies pratiquées en vue du recouvrement des créances d'aliments prévues par les dispositions du code civil ».** — *[L. n° 57-803 du 19 juill. 1957, art. 3.]*

CHAPITRE IV DROIT DE SUITE

Art. L. 334-1 En cas de violation des dispositions de l'article L. 122-8, l'acquéreur et les officiers ministériels peuvent être condamnés solidairement, au profit des bénéficiaires du droit de suite, à des dommages-intérêts. — *[L. n° 57-298 du 11 mars 1957, art. 76.]*

CHAPITRE V DISPOSITIONS PÉNALES

Sur l'application de la L. n° 2007-1544 du 29 oct. 2007 de lutte contre la contrefaçon, V. la circulaire du ministre de la justice du 11 avr. 2008, CRIM 08-10/G3, App., v° Dispositions générales.

Sur l'ensemble des dispositions pénales issues de la L. n° 2006-961 du 1er août 2006, V. la circulaire du garde des Sceaux du 3 janv. 2007, CRIM 2007 – 1/G3-030107, App., v° Dispositions générales.

COMMENTAIRE

Ce chapitre envisage les infractions, leurs modes de preuve et leurs sanctions. On les désigne généralement sous le nom de contrefaçon, mais il s'agit en réalité d'infractions diverses, consistant en la violation des droits de reproduction ou de représentation, du droit moral ou du droit de suite (pas de sanctions pénales dans cette dernière hypothèse). Le non-paiement de la rémunération pour copie privée connaît un régime un peu différent (art. L. 335-4, al. 3 : amende correctionnelle). Les violations des mesures techniques de protection (art. L. 331-5 CPI) ou d'identification (art. L. 331-22 CPI) ne sont pas assimilables à des actes de contrefaçon. Après hésitations, le législateur a créé des incriminations autonomes auxquelles répondent des sanctions graduées (art. L. 335-3-1, L. 335-3-2, L. 335-4-1 L. 335-4-2 CPI). Enfin, l'article L. 335-2-1 du code de la propriété intellectuelle punit de peines semblables à celles encourues en cas de contrefaçon certaines des personnes qui facilitent, sur les réseaux, les échanges illicites d'éléments protégés.

La contrefaçon est un acte d'utilisation non autorisée de l'œuvre. En cas de reprise partielle de cette dernière, elle s'apprécie en fonction de ressemblances entre les œuvres.

La simple tentative n'est pas punissable.

L'élément moral, s'agissant de la contrefaçon prise au sens strict, consiste en l'intention coupable. Cette intention (mauvaise foi) est présumée. A supposer qu'elle parvienne à prouver sa bonne foi (c'est-à-dire son erreur excusable), la personne poursuivie n'échappe alors qu'aux sanctions pénales, l'action en réparation restant ouverte. La Cour de cassation paraît cependant admettre que l'auteur de l'œuvre incriminée puisse échapper à tout grief en cas de rencontre fortuite ou de similitudes procédant de réminiscences résultant d'une source d'inspiration commune (Civ. 1re, 16 mai 2006, *CCE 2006, n° 104, note Caron ; RIDA oct. 2006, p. 321, obs. Sirinelli*). Un mouvement jurisprudentiel naissant semble, en outre, exiger, pour que le prétendu contrefacteur puisse être condamné, la preuve que ce dernier ait pu avoir préalablement accès à l'œuvre contrefaite.

Le débit, l'importation et l'exportation d'objets contrefaisants (et non plus « contrefaits »), depuis la réforme du 29 octobre 2007 sont des délits assimilés à la contrefaçon par l'article L. 335-2, alinéa 3, mais la jurisprudence admet que la mauvaise foi n'est pas présumée en la matière.

L'action fondée sur la violation d'un droit d'auteur appartient au titulaire du droit. Cela peut-être l'auteur, le promoteur de l'œuvre collective, attributaire originel des droits patrimoniaux (art. L. 113-5 CPI), l'employeur de l'auteur d'un logiciel (art. L. 113-9 CPI) auquel sont dévolus les droits patrimoniaux sur la forme programmée, le cessionnaire des droits patrimoniaux dès lors qu'il ne les a pas lui même transférés à un tiers. En revanche, le titulaire d'un simple contrat de licence ou de distribution, même exclusif, ne sera pas, en principe, recevable à exercer une action en violation des droits d'auteur (demeure une éventuelle action en responsabilité civile fondée sur l'article 1382 du code civil, pour des faits distincts de ceux de la contrefaçon). Toutefois, selon l'article L. 331-1, le bénéficiaire valablement investi à titre exclusif, conformément aux dispositions du livre II, d'un droit exclusif d'exploitation appartenant à un producteur de phonogrammes ou de vidéogrammes peut, sauf stipulation contraire du contrat de licence, exercer l'action en justice au titre de ce droit. L'exercice de l'action est notifié au producteur.

Afin de faciliter la lutte contre la contrefaçon, la jurisprudence a posé, indépendamment de toute qualification de l'œuvre mais à la condition d'une absence de revendication des auteurs de cette création, l'existence d'une présomption de titularité au profit de la personne morale qui exploite une œuvre sous son nom et accomplit des actes de possession ou de divulgation.

Les sociétés de perception et de répartition des droits d'auteur (SPRD), régulièrement constituées, peuvent agir en justice pour la défense des droits patrimoniaux dont elles ont statutairement la charge (CPI, art. L. 321-1).

Les organismes de défense professionnelle régulièrement constitués ont qualité pour agir en justice pour la défense des intérêts, matériels et moraux, de leurs adhérents dont ils ont statutairement la charge (C. trav., art. L. 331-1 et L. 411-11).

Il existe des peines principales et des peines complémentaires (art. L. 335-5 s.). ❑

Art. L. 335-1 *(L. nº 2006-961 du 1er août 2006, art. 20)* **Les officiers de police judiciaire compétents peuvent procéder, dès la constatation des infractions prévues aux articles L. 335-4 à L. 335-4-2, à la saisie des phonogrammes et vidéogrammes reproduits illicitement, des exemplaires et objets fabriqués ou importés illicitement, de tout exemplaire, produit, appareil, dispositif, composant ou moyen portant atteinte aux mesures techniques et aux informations mentionnées respectivement aux articles L. 331-5 et** *(L. nº 2009-669 du 12 juin 2009, art. 3)* **« L. 331-11 » ainsi qu'à la saisie des matériels spécialement installés en vue de tels agissements.**

Sur l'ensemble des dispositions pénales issues de la L. nº 2006-961 du 1er août 2006, V. la circulaire du garde des Sceaux du 3 janv. 2007, CRIM 2007 – 1/G3-030107.

Art. L. 335-2 Toute édition d'écrits, de composition musicale, de dessin, de peinture ou de toute autre production, imprimée ou gravée en entier ou en partie, au mépris des lois et règlements relatifs à la propriété des auteurs, est une contrefaçon et toute contrefaçon est un délit.

La contrefaçon en France d'ouvrages publiés en France ou à l'étranger est punie de *(L. nº 2004-204 du 9 mars 2004, art. 34-I)* **« trois ans d'emprisonnement et de 300 000 € d'amende. »**

Seront punis des mêmes peines le débit, l'exportation *(L. nº 2014-315 du 11 mars 2014, art. 6)* **« , l'importation, le transbordement ou la détention aux fins précitées » des ouvrages** *(L. nº 2007-1544 du 29 oct. 2007, art. 41)* **« contrefaisants ».**

(L. nº 2004-204 du 9 mars 2004, art. 34-I) **« Lorsque les délits prévus par le présent article ont été commis en bande organisée, les peines sont portées à** *(L. nº 2016-731 du 3 juin 2016, art. 44)* **« sept ans d'emprisonnement et à 750 000 euros d'amende** *[ancienne rédaction : cinq ans d'emprisonnement et à 500 000 euros d'amende]* **». »** – *[L. nº 57-298 du 11 mars 1957, art. 70.]*

Selon l'art. 495-12º du C. pr. pén. la procédure simplifiée de l'ordonnance pénale est applicable : « [Aux] délits de contrefaçon prévus aux articles L. 335-2, L. 335-3 et L. 335-4 du code de la propriété intellectuelle, lorsqu'ils sont commis au moyen d'un service de communication au public en ligne ».

BIBL. ▶ Beaudonnet, *Rapport annuel de la Cour de cassation pour 2003, p. 199* (la jurisprudence récente de la Chambre criminelle en matière de contrefaçon). – Bouzat, *RIDA juill. 1972, p. 171* (la présomption de mauvaise foi en matière de contrefaçon de propriété littéraire et artistique). – Castelain et Rouanet de Vigne-Lavit, *RIDA juill. 1969, p. 3* (musique et contrefaçon). – Cordier, *CCE 2006. Chron. 37* (les recours en garantie du distributeur contrefacteur : bilan et perspectives). – Daverat, *JCP 1995. I. 3827* (libres propos sur les critères de la contrefaçon des œuvres littéraires et artistiques). – Despujol, *LPA 16 janv. 1998* (musique de variété et contrefaçon au regard des nouvelles techniques d'enregistrement et de diffusion). – Dock, *RIDA juill. 1970, p. 3* (les sanctions pénales des infractions au droit d'auteur commises à l'étranger). – Gavin, *RIDA avr. 1961, p. 3* (vers une sanction pénale du droit moral). – Gautier, *Propr. intell. 2002, nº 3, p. 28* (l'indifférence de la bonne foi dans le procès civil pour contrefaçon). – Laurens, *RIDA avr. 1960, p. 5* (la contrefaçon en matière de chansons). – Massot, Les sanctions de la contrefaçon, *IRPI 2005, nº 6*. – Passa, *Propr. intell. 2004, nº 10, p. 513* (les divergences dans la définition de l'acte de contrefaçon dans les différentes branches du droit de la propriété intellectuelle. Plaidoyer pour une clarification). – Quoy, *RIDA juill. 1999, p. 3, not. nº 19, p. 83* (responsabilité en matière de contrefaçon par reproduction). – Ragueneau, *Expertises, mai 1998, p. 149* (condamnation pour contrefaçon sur internet). – Rony, *Légipresse 1999, II, p. 31* (piratage, musique et copie numérique : un mariage à risque). – Verrechia, *Légicom 1997, nº 13, p. 67* (le piratage phonographique).

I. GÉNÉRALITÉS

1. La contrefaçon doit être entendue de façon large : elle est constituée par l'atteinte portée aux droits de l'auteur, tels qu'ils sont définis par la loi. • Crim. 6 juin 1991 : *Bull. crim. nº 240 ; D. 1993. Somm. 86, obs. Colombet ; JCP 1991. IV. 357* • Paris, 23 mars 1992 : *RIDA janv. 1993, p. 181 et 164, obs. Kéréver* • Crim. 2 févr. 1977 : *Bull. crim. nº 41 ; D. 1977. IR 137 ; RIDA juill. 1977, p. 139* • Crim. 29 janv. 2002 : *D. 2002. AJ 1352*. ♦ L'action en contrefaçon, protectrice d'un droit privatif d'auteur, implique la reconnaissance de l'originalité de l'œuvre, qui suppose une création et une recherche d'ordre esthétique reflétant la personnalité de son auteur. • Versailles, 11 déc. 1997 : *D. 1999. Somm. 63, obs. Colombet*. ♦ Cassation de l'arrêt qui retient la contrefaçon au motif que l'écrit litigieux est la copie servile d'un document appartenant au défendeur, sans rechercher si l'écrit ainsi copié était une œuvre de l'esprit au sens du droit de la propriété littéraire et artistique. • Civ. 1re, 11 févr. 1997 : *Bull. civ. I, n° 55 ; D. Affaires 1997, p. 353 ; D. 1997. IR 65 ; ibid. 1998. Somm. 190, obs. Colombet ; RIDA juill. 1997, p. 283.* ♦ Dans le même sens, cassation de l'arrêt qui rejette l'action en contrefaçon d'une carte d'itinéraires de randonnées sans rechercher si l'établissement des itinéraires de randonnées ne constituait pas une œuvre protégeable. • Civ. 1re, 30 juin 1998 : *D. 1998. IR 191.* ♦ Manque de base légale l'arrêt qui, pour déclarer le prévenu coupable de contrefaçon, se borne à énoncer qu'il a conçu des prospectus commerciaux reproduisant servilement une plaquette publicitaire, création originale précédemment divulguée, sans préciser en quoi l'écrit copié comporterait un apport intellectuel de l'auteur caractérisant son originalité. • Crim. 7 oct. 1998 : *BICC, févr. 1999, n° 166 ; RIDA avr. 1999, p. 327.* ♦ Sur la recherche de l'originalité œuvre par œuvre dans une affaire de contrefaçon de plusieurs éléments d'un site internet, V. • Crim. 4 nov. 2008 : *CCE 2009, n° 11, note Caron ; RIDA janv. 2009, p. 203, note Sirinelli.*

2. Éléments constitutifs. Elle peut être réalisée par une adaptation, même originale. • Paris, 23 mars 1978 : *RIDA juill. 1979, p. 127 ; Gaz. Pal. 1978. 2. Somm. 398* • TGI Paris, 7 mai 2002 : *Légipresse 2002, n° 195, I, p. 118* (à propos de l'adaptation radiophonique d'une œuvre littéraire). ♦ Cassation de l'arrêt qui, pour confirmer le jugement qui a prononcé la relaxe du prévenu du délit de contrefaçon, retient qu'en l'absence de reproduction, représentation ou diffusion des sculptures litigieuses, l'élément matériel fait défaut, alors qu'une nouvelle représentation de l'œuvre est réalisée par sa communication au public sous une forme altérée ou modifiée. • Crim. 3 sept. 2002 : *Bull. crim. n° 156 ; D. 2002. AJ 3015 ; RTD com. 2003. 85, obs. Françon ; CCE 2002, n° 150, note Caron ; Légipresse 2002, n° 197, III, p. 206, note Alleaume ; RIDA janv. 2003, p. 291, obs. Kéréver.* ♦ Sur la condamnation d'internautes qui, via le système du *peer to peer*, mettent à disposition leur propre stock d'œuvres enregistrées sur leur disque dur et en reproduisent d'autres, sans l'autorisation de leur auteur, V. • TGI Vannes, ch. corr., 29 avr. 2004 : *CCE 2004, n° 86, note Caron ; Légipresse 2004, III, p. 180, note Robin ; RIDA juill. 2004, p. 227, obs. Kéréver ; Propr. intell. 2004, n° 12, p. 779, obs. Sirinelli* • TGI Pontoise, 2 févr. 2005 : *Légipresse 2005, III, p. 159, note Quéruel.* ♦ Confirmé par • Versailles, 16 mars 2007 : *D. 2007. Pan. 1991, obs. Le Stanc ; RTD com. 2007. 548, obs. Pollaud-Dulian ; CCE 2007, n° 91, note Caron ; RIDA juill. 2007, p. 269, note Sirinelli* • TGI Bayonne, 15 nov. 2005 : *D. 2006. Pan. 787, obs. Le Stanc ; Propr. intell. 2006, n° 19, p. 178, obs. A. Lucas* • Paris, 27 avr. 2007 : *RIDA juill. 2007, p. 273, note Sirinelli.* ♦ La société Google qui a permis le téléchargement sans autorisation d'une œuvre à partir du site Google vidéo France est coupable de contrefaçon. • T. com. Paris, 20 févr. 2008 : *RLDI 2008/36, n° 1197, note Costes.* ♦ V., *a contrario*, le jugement qui a relaxé le prévenu poursuivi de contrefaçon pour avoir téléchargé et gravé des films, la preuve d'un usage autre que strictement privé n'étant pas apportée. • TGI Rodez, 13 oct. 2004 : *D. 2004. 3132, note Larrieu ; CCE 2004, n° 152, obs. Caron ; Propr. intell. 2005, n° 14, p. 56, obs. Sirinelli.* ♦ Confirmé par • Montpellier, 10 mars 2005 : *D. 2005. 1294, note Kessler ; ibid. Pan. 1489, obs. Sirinelli ; Légipresse 2005, III, p. 120, note Wekstein ; RIDA juill. 2005, p. 365, note Kéréver.* ♦ Cassé par • Crim. 30 mai 2006 : *D. 2006. Pan. 2997, obs. Sirinelli ; ibid. 2676, note Dreyer ; ibid. AJ 1684, obs. Daleau ; CCE 2006, n° 118, note Caron ; ibid. 2007. Chron. 4, § 11, obs. Daverat ; JCP 2006. II. 10124, note Caron ; RIDA oct. 2006, p. 237, obs. Sirinelli.* ♦ Le fait dommageable est caractérisé dès lors qu'il existe un lien suffisant, substantiel ou significatif entre les faits délictueux et le dommage allégué sur le territoire français. • Paris, 9 nov. 2007 : *D. 2008. AJ 8, obs. Manara ; ibid. Pan. 1507, obs. Courbe et Jault-Seseke ; RTD com. 2008. 95, obs. Gaudrat ; ibid. 310, obs. Pollaud-Dulian ; JCP 2008. II. 10016, note Chabert.*

3. Sur la qualité pour agir, V. notes 10 s. ss. art. L. 331-1.

4. Prescription. Sur le point de départ du délai de prescription de dix ans de l'action civile, V. • Paris, 25 janv. 2006 : *D. 2006. Pan. 2999, obs. Sirinelli ; Propr. intell. 2006, n° 19, p. 184, obs. Lucas* • Paris, 30 mai 2008 : *Propr. intell. 2008, n° 29, p. 434, obs. Lucas.*

A. DÉLIT CIVIL

5. La contrefaçon est caractérisée, indépendamment de toute faute ou mauvaise foi, par la reproduction, la représentation ou l'exploitation d'une œuvre de l'esprit en violation des droits de propriété intellectuelle qui y sont attachés. • Civ. 1re, 29 mai 2001 : *D. 2001. AJ 1952 ; Propr. intell., oct. 2001, p. 71, obs. Sirinelli ; JCP E 2003. 278, n° 9, obs. Ratovo ; CCE 2002, n° 81, note Caron* (responsabilité de l'éditeur et du distributeur qui mettait en avant le fait qu'il s'était contenté de distribuer de bonne foi l'ouvrage litigieux). ♦ Dans le même sens • Civ. 1re, 16 févr. 1999 : *RIDA juill. 1999, p. 303.*

6. La mauvaise foi des personnes qui ont participé à une contrefaçon n'est pas une condition à l'action civile exercée par l'auteur en vue d'obtenir réparation de la perte pécuniaire que lui a causée l'usurpation de son droit de propriété intellectuelle. • Civ. 1re, 27 févr. 1973 : *Bull. civ. I, n° 72* • 6 juin 1990 : *Bull. civ. I, n° 144 ; D. 1990. IR 171* • 15 oct. 1996 : *D. Affaires 1997. 80 ; D. 1996. IR 250 ; RJDA 1997, n° 290*

• Civ. 1re, 3 déc. 2002 : ♔ *Bull. civ. I, n° 292 ; JCP E 2003. 1508, n° 7, obs. Sardain ; Légipresse 2003, n° 199, I, p. 25 ; Propr. intell. 2003, n° 6, p. 54, obs. Sirinelli.* ♦ En l'absence de mauvaise foi, la bonne foi ayant été démontrée, une action en responsabilité délictuelle reste ouverte. • Cass. 7 déc. 1900 : *DP 1901. 1. 339.*

B. DÉLIT PÉNAL

1° PRINCIPES

7. Les délits prévus par les art. L. 335-2 et L. 335-3 sont des infractions intentionnelles. • Crim. 1er févr. 1912 : *Gaz. Pal. 1912. 1. 437* • 20 avr. 1934 : *ibid. 1934. 1. 971* • 28 févr. 1956 : *JCP 1956. II. 9520* • 12 févr. 1969 : *D. 1969. 296* • 1er juin 1994 : ♔ *RIDA janv. 1995, p. 163, obs. Kéréver.* ♦ En sorte que le délit de contrefaçon est soumis comme les autres délits à la double condition de l'existence d'un fait matériel et de l'intention coupable de son auteur. • Mêmes arrêts.

2° ÉLÉMENT MORAL

a. Présomption de mauvaise foi

8. Si le délit de contrefaçon suppose l'existence d'une intention coupable, la bonne foi de l'inculpé ne se présume pas. • Cass. 11 avr. 1889 : *Bull. crim. n° 150* • Crim. 1er févr. 1912 : *Gaz. Pal. 1912. 1. 437* • Civ. 1re, 25 mars 1957 : *D. 1957. Somm. 22 ; Gaz. Pal. 1957. 2. 154* • Crim. 28 févr. 1956 : *JCP 1956. II. 9520* • 24 janv. 1961 : *JCP 1961. IV. 35* • Paris, 8 oct. 1964 : *Gaz. Pal. 1965. 1. 14.*

9. L'intention coupable est présumée dès que la matérialité des faits est établie. • T. corr. Nice, 25 nov. 1957 : *JCP 1958. II. 10532* • Crim. 5 mai 1981 : *RIDA janv. 1982, p. 179 ; D. 1982. IR 48, obs. Colombet.* ♦ Il appartient au contrefacteur, en cette matière spéciale, d'administrer la preuve contraire de sa bonne foi. • Cass. 11 avr. 1889 : *Bull. crim. n° 150* • Crim. 1er févr. 1912 : *Gaz. Pal. 1912. 1. 437* • 12 févr. 1969 : *D. 1969. 296.* ♦ ... Et du fait qu'il n'a pas agi sciemment, ni commis de faute, d'imprudence ou de négligence. • Com. 18 oct. 1994 : ♔ *RDPI 1996, n° 64, p. 59.*

b. Preuve de la bonne foi

10. La preuve de la bonne foi n'est pas établie : par la seule démonstration de l'absence d'idée de lucre ; à propos d'œuvres musicales diffusées au cours d'offices religieux, V. • Rennes, 20 juin 1932 : *S. 1936. 2. 121, note Lagarde.* ♦ ... Ni par celle de l'absence de profit réalisé. • Crim. 4 mai 1961 : *Bull. crim. n° 236 ; Ann. propr. ind. 1961. 33* • 19 mars 1957 : *Bull. crim., n° 260.* ♦ ... Ni par le retrait immédiat de la vente des objets incriminés. • Paris, 15 juin 1981 : *D. 1983. IR 99, obs. Colombet.* ♦ ... Mais par la preuve d'une erreur excusable. • Paris, 17 mai 1975 : *RTD com. 1977. 503, obs. Desbois ; Gaz. Pal. 1977. 1. 15, note R. B.*

11. Une erreur de droit ou dans l'interprétation de la loi ne saurait constituer une excuse légale. • Crim. 1er mai 1940 : *DH 1941. 116.* ♦ ... Il en va autrement de l'erreur de fait excusable ou provoquée par des manœuvres frauduleuses. • Crim. 18 juin 1847 : *DP 1847. 1. 682* • 30 mars 1944 : *Bull. crim. n° 90 ; D. 1945. 247, note Desbois ; JCP 1944 II. 2731, obs. R. L. ; Gaz. Pal. 1944. 2. 47.* ♦ Ainsi, il ne peut être fait grief à un éditeur de n'avoir pas procédé à des vérifications de sources pour un ouvrage dont la publication lui était demandée par une société spécialisée dans le domaine particulier du sujet traité et auquel un prix portant le nom de cette société avait été attribué, après examen par un jury. • Paris, 17 mai 1975 : *préc. note 10.* ♦ Toutefois, pour une erreur sur la titularité des droits relatifs à une œuvre collective, V. • Paris, 14 janv. 1991 : *JCP 1991. IV. 207.*

12. En revanche, il y a lieu de se montrer plus sévère à l'égard de professionnels qui ne peuvent se méprendre, par exemple, sur la provenance d'un thème mélodique parfaitement reconnaissable pour tout auditeur averti. • TGI Paris, 10 févr. 1971 : *RIDA avr. 1971, p. 24.* ♦ ... Ni se réfugier derrière le fait qu'il s'agit d'une commande. • Crim. 28 févr. 1956 : *JCP 1956. II. 9520.* – Et, sur renvoi • Angers, 22 nov. 1956 : *RTD com. 1957. 481, obs. Desbois ; JCP 1957. II. 9699, note Delpech.* ♦ A propos d'une entreprise qui avait pressé un disque contrefaisant, V. • Civ. 1re, 1er juill. 1970 : *D. 1970. 734, note Edelman ; RTD com. 1971. 706, obs. Desbois.* ♦ Et d'un fabricant de porte-clés qui a édité un modèle de porte-clés sans s'assurer qu'il ne s'agissait pas d'un modèle protégé par la loi, V. • Paris, 3 oct. 1957 : *D. 1957. 638, note P. G.* ♦ Le prévenu, amateur d'art, qui n'a jamais pu produire le bordereau d'achat des toiles qu'il prétendait avoir acquises lors de ventes publiques, aurait du s'apercevoir que la signature était contrefaite. • Paris, 5 déc. 2003 : *RIDA avr. 2006, p. 239, note Kéréver.*

13. L'ordre donné par des supérieurs hiérarchiques, s'il est illicite, ne saurait constituer une excuse et devrait seulement entraîner l'inculpation des supérieurs. • Crim. 4 mai 1961 : *Bull. crim. n° 236 ; Ann. propr. ind. 1961. 334.* ♦ Comp., pour des agents subalternes ou de simples exécutants dont la responsabilité n'a pas été retenue. • Civ. 1re, 20 mai 1980 : *Bull. civ. I, n° 154.* ♦ Ou encore, pour une photo contrefaisante remise à l'un des prévenus par un représentant de l'autorité publique qui lui a assuré détenir l'autorisation de l'auteur, V. • Crim. 1er juin 1994 : ♔ *RIDA janv. 1995, p. 163, obs. Kéréver.*

14. Appréciation. La bonne foi est appréciée par les juges du fond ; le contrôle de cette notion échappe à la Cour de cassation. • Crim.

30 mars 1944 : *Bull. crim. n° 90 ; D. 1945. 247, note Desbois ; JCP 1944. II. 2731, obs. R. L. ; Gaz. Pal. 1944. 2. 47* • 1er févr. 1912 : *Gaz. Pal. 1912. 1. 437.*

C. APPRÉCIATION DES RESSEMBLANCES

1° PRINCIPES

15. Pour apprécier l'existence de la contrefaçon, le juge doit se fonder sur les ressemblances et non sur les différences. • Crim. 16 juin 1955 : *D. 1955. 554* • Civ. 1re, 13 avr. 1988 : *RIDA oct. 1988, p. 297* • Com. 18 oct. 1994 : *RDPI 1996, n° 64, p. 59.* ♦ Les juges peuvent retenir la contrefaçon après avoir relevé que les erreurs contenues dans l'œuvre originale se retrouvent dans l'ouvrage incriminé. • Paris, 23 janv. 1998 : *D. 1999. Somm. 63, obs. Colombet.*

16. L'appréciation de l'existence de ces ressemblances par le juge du fond est souveraine. • Crim. 16 juin 1955 : *préc. note 15* • Civ. 1re, 13 avr. 1988 : *préc. note 15.* ♦ Une cour d'appel estime souverainement que des similitudes inévitables, s'agissant de la transcription d'informations de caractère administratif, ne reproduisent pas les caractéristiques qui donne à un guide son caractère original. • Civ. 1re, 2 déc. 1997 : *Bull. civ. I, n° 346.* ♦ La Cour de cassation conserve, cependant, un pouvoir de contrôle de l'existence même de la recherche et du domaine des ressemblances. • Civ. 1re, 4 févr. 1992 : *GAPI, 1re éd., n° 30 ; D. 1992. 182, note Gautier ; Légipresse 1992, n° 97-111, p. 143 ; RIDA avr. 1992, p. 196.* ♦ L'existence d'un risque de confusion entre les œuvres en cause est indifférente dans l'appréciation de la contrefaçon. • Paris, 16 mai 2008 : *Propr. intell. 2008, n° 29, p. 426, obs. Lucas* • 4 juill. 2008 : *ibid.*

2° APPLICATIONS

a. Œuvres littéraires

17. Les juges du fond doivent rechercher si, par leur composition ou leur expression, les scènes et dialogues de deux œuvres littéraires (« Autant en emporte le vent » et « La bicyclette bleue »), qui décrivent et mettent en œuvre des rapports comparables entre les personnages en présence, ne comportent pas de ressemblances telles que dans le second roman ces épisodes constituent des reproductions ou des adaptations de ceux du premier dont elles sont la reprise. • Civ. 1re, 4 févr. 1992 : *GAPI, 1re éd., n° 30 ; D. 1992. 182, note Gautier ; Légipresse 1992, n° 97-111, p. 143 ; RIDA avr. 1992, p. 196 et 174, comm. Kéréver.* ♦ Et, sur renvoi, estimant que si les personnages, rapports, scènes et situations décrits dans l'œuvre seconde s'apparentent aux éléments correspondants de l'œuvre première, il n'y aurait pour autant ressemblances dans la composition et l'expression constitutives de reproduction et d'adaptation qu'à la condition qu'elles affectent les caractéristiques de la création romanesque qui, selon qu'elle s'exprime ou non de façon originale dans l'œuvre seconde, supprime ou laisse subsister les ressemblances génératrices de contrefaçon. La création romanesque se caractérisant par l'articulation deux à deux de trois éléments qui sont *a)* la forme et le style, *b)* les personnages en situation, et *c)* l'intrigue, ne constituent pas une contrefaçon les similitudes rencontrées dans l'exploitation d'une même idée générale comme celle que les pulsions humaines entretiennent un rapport dialectique avec les bouleversements historiques que vivent les personnages, V. • Versailles, 15 déc. 1993 : *RIDA avr. 1994, p. 203.* ♦ Sur la contrefaçon d'une biographie, V. • Paris, 19 févr. 2003 : *Légipresse 2003, n° 202, I, p. 79.* ♦ Sur la contrefaçon d'une œuvre historique, V. • Paris, 5 nov. 2010 : *Propr. intell. 2011, n° 39, p. 185, obs. A. Lucas.*

18. Les mots et expressions faisant partie du domaine public, ils sont insusceptibles d'appropriation et leur reprise ne peut fonder une action en contrefaçon ; l'auteur d'un lexique de termes cajuns (ou cadjins) ne peut pas avoir de monopole sur les matériaux linguistiques ou culturels par lui recensés, ni revendiquer de droit sur l'orthographe de certains des mots qu'il a collectés. • Paris, 14 janv. 1992 : *RIDA avr. 1992, p. 198* confirmant • TGI Paris, 16 janv. 1991, *Vautrin : RIDA avr. 1991, p. 180 ; Cah. dr. auteur, avr. 1991, p. 12.* ♦ En revanche, la nomenclature d'un dictionnaire résulte du choix effectué par ses auteurs des mots et des noms qui y figurent et caractérisent l'originalité de sa création et de ses refontes ; les nomenclatures du « Maxidico », qui procèdent par soustraction de mots et de noms propres, constituent une contrefaçon de celles du « Petit Larousse » illustré. • T. com. Paris, réf., 5 janv. 1998 : *D. Affaires 1998. 163, obs. E. P. ; JCP E 1998. Pan. 251 ; RIDA avr. 1998, p. 474, note Latreille.*

b. Spectacles

19. Pièces de théâtre. Pour retenir l'existence de la contrefaçon entre deux pièces de théâtre, il est nécessaire d'apporter la preuve d'un emprunt de l'expression particulière et originale de la première œuvre dans la composition de l'œuvre postérieure ou celle de similitudes répétées et incontestables dans la composition des deux œuvres, un développement ou un ordonnancement des idées identiques, l'emprunt de l'expression particulière et originale donnée à la première œuvre. • Versailles, 13 mai 1980 : *RIDA juill. 1980, p. 171.* ♦ L'existence de contrefaçon ne peut pas être déduite du fait de l'existence de ressemblances peu nombreuses et non décelables à une première lecture ou lorsque les éléments communs aux deux œuvres, isolés dans chacun des deux textes, n'ont aucun caractère essentiel ou ne recèlent aucune originalité. • Même arrêt.

20. Chorégraphies. La réalité de la contrefaçon dépend du nombre et du caractère significatif des ressemblances entre les deux œuvres ; la reprise de la combinaison des éléments protégeables (mouvement, ailes, accessoires technologiques, signification symbolique, puissance évocatrice) réalise la contrefaçon, aucune différence significative n'étant constatée entre les deux chorégraphies. • Bruxelles, 19 sept. 1998 : *RIDA janv. 1999, p. 372.*

c. Ouvrages historiques

21. La similitude de cadre historique ne peut constituer un élément de contrefaçon puisqu'il est bien certain que chaque historien est en droit de traiter un sujet déjà traité par d'autres et que son récit présentera obligatoirement avec les récits précédents des similitudes tendant aux faits relatés eux-mêmes qui, sauf sources nouvelles, ne peuvent qu'être semblables sous peine de trahir la vérité ; ainsi, des œuvres successives traitant du même sujet historique, si elles présentent nécessairement de nombreuses similitudes, se différencieront tant en raison du talent propre de l'auteur que de ses commentaires, que de la mise en œuvre des sources communes et de l'éclairage particulier qu'il aura su donner au sujet. • Paris, 9 mars 1964 : *Ann. propr. ind. 1965. 240.*

d. Ouvrages scientifiques

22. S'agissant du plan d'un ouvrage de vulgarisation médicale, il n'y a pas contrefaçon dès lors que les seules similitudes existantes sont celles imposées normalement par le sujet, lui-même dénué de toute originalité. • TGI Paris, 19 avr. 1989 : *RIDA oct. 1989, p. 360.* ♦ Le propre d'un ouvrage de caractère scientifique, surtout quand il a un objet de vulgarisation auprès du grand public, est de faire la somme des connaissances actualisées sur le sujet traité, il emprunte donc nécessairement sa matière à des ouvrages antérieurs qu'il doit évidemment respecter dans ce qui constitue l'apport original de ses prédécesseurs, étant observé que dans ce domaine, l'auteur ne jouissant pas de la même liberté d'expression que l'auteur d'une œuvre de fiction, la contrefaçon ne pourra résulter que de la reprise d'une formulation propre à l'auteur de l'ouvrage antérieur et originale eu égard à la matière traitée. • Paris, 14 févr. 1990 : *RIDA juill. 1990, p. 357.* ♦ L'auteur d'un ouvrage de vulgarisation scientifique peut, sans encourir le reproche de reproduction systématique, d'appropriation de travaux et recherches, utiliser le langage propre à la matière traitée, énumérer et décrire de manière identique à celle des ouvrages précédents, dans un domaine où toute précision a son importance, les caractéristiques, les propriétés des produits thérapeutiques, les formules de traitements et leurs applications ; à propos d'un ouvrage consacré à la phytothérapie, V. • Paris, 22 janv. 1982 : *RIDA juill. 1982, p. 164.*

e. Œuvres musicales

23. Il y a contrefaçon lorsque, à l'audition des enregistrements superposés des deux œuvres, les différences entre deux chansons sont si faibles que l'on a l'impression d'entendre une seule chanson (en l'espèce « Feelings »). • Paris, 19 nov. 1985 : *RIDA juill. 1986, p. 155.* ♦ La recherche se fera par examen des ressemblances dans l'analyse verticale, c'est-à-dire harmonique, et l'analyse horizontale, c'est-à-dire mélodique et rythmique, en sorte que l'analogie des mélodies et des similitudes dans la conduite harmonique et la forme, notamment lorsqu'elles portent sur l'intégralité du refrain et sur le pont caractéristique, constituent des actes de contrefaçon. • Même arrêt. ♦ Mais à raison de la simplicité de la mélodie et des sources communes du rythme de deux œuvres, une rencontre fortuite peut expliquer les ressemblances entre ces œuvres. • Paris, 25 avr. 1972 : *RIDA juill. 1972, p. 221.* ♦ Le succès de l'action en contrefaçon n'est pas subordonné à l'établissement des circonstances précises de l'accès à l'œuvre contrefaite dès lors qu'à l'examen des ouvrages en cause apparaissent des ressemblances si nombreuses et si significatives qu'elles sont de nature à convaincre qu'il y a eu imitation de l'œuvre première, la charge de la preuve pesant alors sur le défendeur auquel incombe, pour faire échec au grief de contrefaçon, de démontrer l'impossibilité où il s'est trouvé de contrefaire, faute de la connaître l'œuvre d'autrui, et le caractere fortuit des rencontres entre les ouvrages en comparaison, pour impressionnantes qu'elles soient. • Paris, 3 déc. 1987 : *RIDA janv. 1988, p. 113.* – Infirmant • TGI Paris, 13 déc. 1984 : *RIDA avr. 1985, p. 179.* – Pourvoi rejeté par • Civ. 1re, 11 oct. 1989 : *RIDA juill. 1990, p. 325.* ♦ Il n'y a pas contrefaçon à reprendre une cellule mélodique utilisée dans deux mesures lorsque cette cellule est dénuée d'originalité car appartenant à un fonds commun que l'on retrouve dans différentes formes de musique et à différentes époques. • Paris, 30 nov. 1979 : *RIDA janv. 1979, p. 150.* ♦ V. aussi • Paris, 13 mai 2002 : *RIDA oct. 2002, p. 237, obs. Kéréver.*

f. Œuvres d'art

24. En matière artistique, il peut y avoir contrefaçon même en dehors d'une copie quasi servile ; ainsi, si un artiste a le droit de s'inspirer d'une idée et d'adapter un sujet déjà traité par un autre, il ne peut toutefois pas porter atteinte à ce qui caractérise l'expression particulière et originale que le premier artiste a donné à sa pensée. V. s'agissant de reproduction de cartes représentant des têtes de corsaires. • Rennes, 19 déc. 1963 : *Ann. propr. ind. 1968. 212.* ♦ Il y a contrefaçon surtout lorsque les différences pouvant exister révèlent plus la préoccupation d'échapper à la loi pénale que de constituer une œuvre nouvelle. • Même arrêt. ♦ A propos de la fonte en bronze d'un buste faussement attribué à Rodin, V. • Paris, 23 mars 1992 : *RIDA janv. 1993, p. 181 et p. 164, obs. Kéréver.* ♦ Sur la représentation d'œuvres d'art faussement attribuées à un auteur et la non-recevabilité de l'action civile du propriétaire des objets, V. • Crim. 8 mars 2011 : *RTD com. 2011. 547, obs. Pollaud-Dulian ; Propr. intell. 2011, n° 40, p. 293, obs. A. Lucas.*

g. Œuvres architecturales

25. La reproduction photographique à des fins publicitaires et à un grand nombre d'exemplaires d'une œuvre architecturale faisant partie d'un ensemble immobilier, à l'exclusion du cadre architectural ou naturel qui l'entoure, est constitutive d'un acte de contrefaçon, le fait d'édifier ou de placer sur la voie publique une œuvre n'impliquant en lui-même aucun acte d'abandon des droits d'auteur. • Paris, 19 juin 1979 : *RIDA juill. 1981, p. 208.* ♦ Cependant, V. aussi, notes 70 s. ss. art. L. 122-5.

h. Dessins et modèles

26. Une cour d'appel a légalement justifié sa décision en retenant que les caractéristiques protégées d'un modèle déposé avaient été servilement copiées (l'aspect d'ensemble d'un blouson et plus particulièrement la forme du col), et n'a pas à répondre aux conclusions inopérantes faisant état des différences existant entre le modèle protégé et le modèle argué de contrefaçon, dès lors que la contrefaçon s'apprécie en fonction des ressemblances et non des différences. • Com. 18 oct. 1994 : *RDPI 1996, n° 64, p. 59.* ♦ La contrefaçon d'un modèle s'apprécie d'après les ressemblances mais celles-ci sont inopérantes lorsqu'elles proviennent d'un emprunt au domaine public ; justifie sa décision la cour d'appel qui écarte le grief de contrefaçon après avoir constaté que les bijoux dont la protection par le droit d'auteur était revendiquée n'étaient pas originaux car ils puisaient leur inspiration dans des modèles qui étaient de réalisation courante depuis la plus haute antiquité et relève également que des bijoux identiques étaient depuis longtemps dans le domaine public. • Com. 18 nov. 1997 : *PIBD 1998. III. 87.* ♦ Et, rappelant, à propos d'un modèle de chaussure, que la contrefaçon ne peut être retenue quand les seules ressemblances entre les deux modèles relèvent de la reprise d'un genre et non de la reproduction des traits spécifiques du modèle opposé. • Paris, 26 févr. 1997 : *PIBD 1997. III. 313.*

i. Photographies

27. Les difficultés à identifier les titulaires de droits sur des photographies et l'intérêt culturel des clichés en cause ne sauraient dispenser des efforts à accomplir pour obtenir les autorisations nécessaires à la reproduction des œuvres. • Paris, 31 oct. 2000 : *CCE 2001, n° 76, note Caron.* ♦ Les ressemblances entre les deux photographies consistant en la simple reprise d'un thème, la contrefaçon ne peut être établie. • Paris, 24 janv. 2007 : *RIDA avr. 2007, p. 231, note Sirinelli.*

j. Œuvre audiovisuelle

28. Les ressemblances entre les personnages tenant simplement au fait de leur description détaillée dans la « bible » d'un dessin animé, il n'y a pas contrefaçon dès lors que la personnalité de l'auteur se retrouve dans chacun des personnages. • Civ. 1re, 14 juin 2007 : *CCE 2008. Chron. 6, § 4, obs. Montels ; RIDA oct. 2007, p. 197, note Sirinelli.*

II. LE DÉBIT D'OUVRAGES CONTREFAISANTS

29. L'expression de débit d'œuvre contrefaisante doit s'entendre de toute diffusion de cette œuvre dans le public par un moyen quelconque de nature à léser les intérêts du propriétaire, et notamment la vente ou la location. • Crim. 28 janv. 1888 : *DP 1888. 1. 400.* ♦ Sur la contrefaçon, par importation et débit d'un logiciel de jeu, V. • TGI Paris, 12 déc. 1997 : *Expertises août-sept. 1998, p. 272.*

30. Les peines de la contrefaçon sont applicables : à la diffusion de la marchandise contrefaisante par sa mise en vente ou son offre de vente, même si le défendeur n'a pas participé à la reproduction du modèle contrefait. • Crim. 27 mai 1986 : *RIDA juill. 1987, p. 181.* ♦ ... Au référencement de produits contrefaits car la centrale qui les sélectionne joue un rôle essentiel dans leur commercialisation. • Com. 27 févr. 1996 : *Dossiers brevets 1996. III. 1.*

31. Le vendeur, non expert en écriture, débitant d'une lithographie faussement attribuée à Nicolas de Staël n'avait pas à mettre en doute l'authenticité de la dédicace et de la signature du peintre sur la lithographie et peut donc voir sa bonne foi reconnue. • Paris, 17 févr. 1988 : *D. 1989. Somm. 50, obs. Colombet ; RIDA oct. 1989, p. 325 ; JCP 1989. I. 3376, n° 1, obs. Edelman.* – Comp. • Crim. 5 mai 1981 : *D. 1982. IR. 48, obs. Colombet ; RIDA janv. 1982, p. 179.* ♦ En revanche, un professionnel de l'achat et de la vente de partitions musicales ne pouvant pas ignorer la protection des œuvres musicales, commet un délit de contrefaçon en commercialisant, sans payer de droits d'auteur, des partitions de Fauré ne provenant pas du titulaire des droits d'exploitation. • Paris, 17 janv. 1997 : *D. Affaires 1997. 279 ; RIDA avr. 1997, p. 299 ; LPA 27 nov. 1998, note Ballif.*

III. L'IMPORTATION ET L'EXPORTATION D'OUVRAGES CONTREFAISANTS

32. Le délit de contrefaçon prévu par l'art. L. 335-2 doit être réputé commis sur le territoire français dès lors que l'atteinte portée au droit a eu lieu et a été constatée en France, même si les marchandises ou produits révélant la contrefaçon ont été fabriqués ailleurs et n'ont fait que circuler sur le territoire français où ils ont été introduits. • Crim. 7 oct. 1985 : *D. 1986. IR. 188, obs. Colombet ; RIDA, oct. 1986, p. 136.* ♦ Dans le même sens : • Dijon, 12 janv. 1990 : *RIPIA 1990. 31.* – Et sur pourvoi • Crim. 6 juin 1991 : *Bull. crim., n° 240 ; D. 1993. Somm. 86, obs. Colombet ; JCP 1991. IV. 357.*

33. Il appartient à l'importateur de démontrer qu'il a pris toutes les informations lui permettant d'éviter le risque de contrefaçon d'un modèle ou d'un dessin préexistant, de sorte que doit être cassé l'arrêt de la cour d'appel qui énonce que la mauvaise foi de l'importateur et du vendeur doit être prouvée et qu'elle n'était pas établie puisque le dépôt du dessin en cause n'avait fait l'objet d'aucune publicité à l'INPI. • Com. 16 juin 1992 : *RIDA janv. 1993, p. 176 ; JCP 1992. IV. 2390.*

34. La simple détention d'ouvrage contrefaisant dans un magasin est un élément constitutif du délit de contrefaçon et non de la tentative. • Paris, 11 janv. 1937 : *Ann. propr. ind. 1938. 277.*

IV. ACTION EN CONTREFAÇON ET ACTION EN CONCURRENCE DÉLOYALE

35. L'action en concurrence déloyale qui trouve son fondement dans les art. 1382 et 1383 C. civ. a pour objet d'assurer la protection de celui qui ne peut se prévaloir d'un droit privatif ; aussi doit être cassé l'arrêt qui a refusé d'accueillir l'action en concurrence déloyale d'un éditeur contre un concurrent ayant réalisé l'impression d'un ouvrage par des procédés de copie servile à des prix de revient inférieurs, au motif que l'œuvre reproduite n'était pas protégée par le droit d'auteur. • Com. 18 janv. 1982 : *RIDA juill. 1982, p. 150.*

36. Les actions en contrefaçon et en concurrence déloyale ayant des fondements différents, il n'est pas possible de déduire l'absence de concurrence déloyale de l'absence de contrefaçon ; aussi viole l'art. 1382 C. civ. la cour d'appel qui, pour rejeter la demande fondée sur la concurrence déloyale, retient que les actes de concurrence déloyale alléguée se fondant sur la diffusion de modèles argués de contrefaçon dans un même quartier et à des prix inférieurs, la demande n'a plus de fondement dès lors que la contrefaçon n'est pas établie. • Com. 14 nov. 1995 : *PIBD 1996. III. 75 ; RIPIA 1996. 243.* ♦ Pour une espèce où les « agissements déloyaux » de sociétés tiers qui mettent une société auteur d'un logiciel dans l'impossibilité de le vendre révèlent l'existence d'un comportement fautif, et non une faute de concurrence déloyale, V. • Com. 4 mars 1997 : *PIBD 1997. III. 381.*

37. Si la reprise d'éléments factuels d'articles publiés par un organe de presse n'est pas constitutive par elle-même d'une contrefaçon desdits articles, l'appropriation systématique, persistante et importante de ces informations factuelles outrepasse la liberté de circulation de l'information et de la réalisation d'un fonds documentaire et constitue une concurrence parasitaire. • TGI Paris, 14 sept. 1994 : *RIDA juill. 1995, p. 353.*

38. Si le fait pour une société d'édition d'avoir fait des économies de travail et d'avoir produit à frais réduits un dictionnaire d'informatique anglais-français contrefaisant est une conséquence immédiate de la contrefaçon et ne se distingue pas du préjudice que cette dernière cause, la présentation de ce dictionnaire d'informatique sous une forme prétendument révisée et mise à jour, dans une matière aussi évolutive, constitue en revanche une tromperie de la clientèle et une manœuvre de concurrence déloyale au regard des éditions publiées par les sociétés concurrentes. • Paris, 21 mars 1989 : *RIDA oct. 1989, p. 333.*

V. ACTIONS INTERNATIONALES

39. Les juridictions françaises sont compétentes pour connaître de tout acte de contrefaçon dont un des éléments constitutifs a été accompli en France ; sur l'introduction à un poste frontière français de pièces contrefaisantes, fabriquées en Espagne et destinées à une société belge, V. • Crim. 7 oct. 1985 : *D. 1986. IR 188, obs. Colombet ; RIDA oct. 1986, p. 136.* – Dans le même sens • Dijon, 12 janv. 1990 : *RIPIA 1990. 31.* – Et sur pourvoi • Crim. 6 juin 1991 : *Bull. crim. n° 240 ; D. 1993. Somm. 86, obs. Colombet ; JCP 1991. IV. 357* • 2 févr. 1977 : *Bull. crim. n° 41 ; D. 1977. IR 137 ; RIDA juill. 1977, p. 139.* ♦ Et à propos du numéro d'un illusionniste américain contrefait dans le cadre d'une émission de variétés françaises, V. • TGI Paris, 20 déc. 1996 : *RIDA juill. 1997, p. 351 ; JCP E 1998, p. 1251, note Bougerol.* ♦ Le juge pénal français est compétent pour connaître d'une action en contrefaçon du fait d'une reproduction illicite sur un site internet étranger. • Paris, 25 sept. 2007 : *CCE 2008, n° 6, obs. Caron.*

40. Le fait générateur et le lieu de réalisation du dommage étant situés en France, l'action en concurrence déloyale intentée par un éditeur américain du fait de la diffusion en France de revues concurrentes relève de la loi française. • Civ. 1re, 14 janv. 1997 : *RIDA janv. 1998, p. 269.* ♦ Le lieu de réalisation du dommage ne vise pas le lieu où la victime prétend avoir subi un préjudice patrimonial consécutif à un dommage initial survenu ou subi par elle dans un autre état. • Paris, 8 févr. 2002 : *Ann. propr. ind. 2002. 331 ; PIBD 2002. III. 454 ; RIDA juill. 2002, p. 343, obs. Kéréver.* ♦ Sur la compétence du juge pénal français concernant l'atteinte au droit d'auteur sur un site internet étranger, V. • Crim. 9 sept. 2008 : *CCE 2008, nº 126, note Caron ; Propr. intell. 2009, nº 30, p. 67, obs. Lucas ; RIDA oct. 2008, p. 425, note Sirinelli* • Crim. 29 nov. 2011 : *D. 2011. AJ 2994* ◆ V. *a contrario* • TGI Paris, 3 sept. 2008 : *Propr. intell. 2009, nº 30, p. 68, obs. A. Lucas.*

Art. L. 335-2-1 *(L. nº 2006-961 du 1er août 2006, art. 21)* **Est puni de trois ans d'emprisonnement et de 300 000 € d'amende le fait :**

1º D'éditer, de mettre à la disposition du public ou de communiquer au public, sciemment et sous quelque forme que ce soit, un logiciel manifestement destiné à la mise à disposition du public non autorisée d'œuvres ou d'objets protégés ;

2º D'inciter sciemment, y compris à travers une annonce publicitaire, à l'usage d'un logiciel mentionné au 1º.

[Dispositions déclarées non conformes à la Constitution par la décision du Conseil constitutionnel nº 2006-540 DC du 27 juill. 2006.]

L'alinéa qui a été déclaré non conforme par le Conseil constitutionnel disposait : « Les dispositions du présent article ne sont pas applicables aux logiciels destinés au travail collaboratif, à la recherche ou à l'échange de fichiers ou d'objets non soumis à la rémunération du droit d'auteur » (V. la décision in extenso, App., vº Propriété littéraire et artistique, Dispositions communes).

Sur l'ensemble des dispositions pénales issues de la L. nº 2006-961 du 1er août 2006, V. la circulaire du garde des Sceaux du 3 janv. 2007, CRIM 2007 — 1/G3-030107.

BIBL. ▸ GAUBIAC, *CCE 2006. Étude 34* (La responsabilité des fournisseurs de logiciels dans la diffusion illégale des œuvres et autres prestations protégées).

COMMENTAIRE

Le but de cette disposition est de tenter de tarir les actes de contrefaçon accomplis par des utilisateurs d'œuvres en prenant le problème en amont. Elle s'inscrit dans une logique à laquelle participent aussi les articles L. 336-1 et L. 336-2 du code de la propriété intellectuelle (insérés dans un chapitre VI, intitulé « prévention des actes de téléchargement »). Il s'agit en quelque sorte du « volet pénal » de cette construction.

Cette disposition, est inspirée des solutions *Grokster* aux États-Unis et *Kazaa* en Australie, qui ont admis la condamnation des éditeurs de logiciels dont le modèle économique est celui de la facilitation ou de l'incitation à la contrefaçon.

Sans préjudice d'une éventuelle application des textes applicables à la complicité par fourniture de moyens, il permet le prononcé de sanctions pénales contre les personnes qui mettent « sciemment » à la disposition du public des programmes destinés « manifestement » à des échanges illicites. Les sanctions sont identiques à celles prévues en cas de contrefaçon.

Le 2º étend les mêmes solutions aux personnes qui incitent « sciemment » à l'usage de tels programmes.

(Sur la question, V. les travaux de la commission « distribution des œuvres en ligne » du Conseil supérieur de la propriété intellectuelle, App., vº *Propriété littéraire et artistique, Dispositions communes.*)

Tout service de communication au public en ligne d'œuvres protégées sans avoir obtenu les autorisations requises et toute mise à disposition d'un logiciel ayant cette finalité entrent dans les prévisions des art. L. 335-4 et L. 335-2-1. L'hébergeur ne peut bénéficier de l'exonération de responsabilité pénale prévue par l'art. 6, I, 3 de la loi du 21 juin 2004 s'il avait effectivement connaissance de l'activité illicite ou si, dès le moment où il en a eu connaissance, il n'a pas agi promptement pour retirer les informations stockées ou en rendre l'accès indisponible. • Crim. 25 sept. 2012 : *Dalloz actualité, 30 oct. 2012, obs. Astaix ; Légipresse 2013, nº 302, p. 97, note Varet ; Propr. intell. 2012, nº 46, p. 80, obs. A. Lucas.* ◆ La mise à disposition, en connaissance de cause, d'un logiciel destiné à permettre la mise à disposition de phonogrammes en *streaming* sans autorisation des titulaires de droit, donc destiné à une activité contrefaisante, est répréhensible (en l'espèce : 9 mois d'emprisonnement avec sursis et 10 000 € d'amende pour chaque prévenu). • Paris, 22 mars 2011 : *RTD com. 2011. 354, obs. Pollaud-Dulian ; RIDA janv. 2012, p. 185.*

Art. L. 335-3 **Est également un délit de contrefaçon toute reproduction, représentation ou diffusion, par quelque moyen que ce soit, d'une œuvre de l'esprit en violation des droits de l'auteur, tels qu'ils sont définis et réglementés par la loi.** — *[L. nº 57-298 du 11 mars 1957, art. 71.]*

(L. nº 94-361 du 10 mai 1994, art. 8) **« Est également un délit de contrefaçon la violation de l'un des droits de l'auteur d'un logiciel définis à l'article L. 122-6. »**

(L. nº 2009-669 du 12 juin 2009, art. 8) **« Est également un délit de contrefaçon toute captation totale ou partielle d'une œuvre cinématographique ou audiovisuelle en salle de spectacle cinématographique. »**

V. note ss. art. L. 335-2.

BIBL. ▶ BERGUIG, *CCE 2003, nº 16* (l'émulation et la contrefaçon des ludiciels). – BIGOT, *CCE 2006. Chron. 38* (détecter et matérialiser la contrefaçon d'un logiciel). – CORMAN, FLOURENS et ULMANN, *Propr. intell. 2008, nº 28, p. 299* (contrefaçon de défilés de mode sur internet). – FRANÇON, *Mélanges offerts à Jean-Jacques Burst, éd. Litec 1997* (les sanctions pénales de la violation du droit moral). – HUET, *RIDA janv. 2012, p. 3* (le droit français des contrefaçons en architecture, urbain et paysage [cloisons et métamorphoses]). – LEFRANC, *Propr. intell. 2009, nº 30, p. 19* (la contrefaçon en droit d'auteur). – OLIVIER, *JCP E 1997. II. 1035* (sanction de la reproduction d'un logiciel sans autorisation sur internet ; à propos de T. com. Paris, 3 mars 1997). – POGGI, *Expertises, févr. 1999, p. 29* (contrefaçon logicielle non caractérisée et expertise sans codes-sources écartée). – QUOY, *RIDA juill. 1999, p. 3, not. nº 19, p. 83* (responsabilité en matière de contrefaçon par reproduction). – RAGUENEAU, *Expertises, mai 1998, p. 149* (condamnation pour contrefaçon sur internet). – ROTHHAHN et RAMBAUD, *Expertises 2002, p. 221* (contrefaçon de logiciel et territorialité). – SIRINELLI, *RIDA janv. 2012, p. 185* (échanges de pair à pair non autorisés d'œuvres protégées).

A. DROIT DE REPRODUCTION

1. Sur la notion de reproduction, V. art. L. 122-3.

2. La contrefaçon d'une œuvre de l'esprit résulte de sa seule reproduction et ne peut être écartée que lorsque celui qui la conteste démontre que les similitudes existant entre les deux œuvres procèdent d'une rencontre fortuite ou de réminiscences notamment d'une source d'inspiration commune. • Civ. 1re, 2 oct. 2013 : *Bull. civ. I, nº 197 ; D. 2014. Pan. 2088, obs. Sirinelli ; D. 2013. 2499, note Latil ; CCE 2013. 111, note Caron ; Légipresse 2014, nº 312, p. 32, note Varet* • 16 mai 2006 : *Bull. civ. I, nº 246 ; D. 2006. Pan. 2999, obs. Sirinelli ; ibid. AJ 1532, obs. Daleau ; RTD com. 2006. 593, obs. Pollaud-Dulian ; CCE 2006, nº 104, note Caron ; ibid. 2007. Étude 6, note Henaff ; ibid. Chron. nº 4, § 15, obs. Daverat ; RIDA oct. 2006, p. 285, obs. Sirinelli.* ♦ Il incombe à celui qui, poursuivi en contrefaçon, soutient que les similitudes constatées entre l'œuvre dont il déclare être l'auteur et celle qui lui est opposée procèdent d'une rencontre fortuite ou de réminiscences issues d'une source d'inspiration commune, et d'en justifier par la production de tous éléments utiles. • Civ. 1re, 3 nov. 2016, nos 15-24.407, 15-25.200 P : *RTD com. 2017. 91, obs. Pollaud-Dulian ; Propr. intell. 2017, nº 63, p. 57, note Bruguière ; RLDI déc. 2016. 16, obs. Costes.* ♦ La reproduction même imparfaite des caractéristiques essentielles d'un modèle en constitue la contrefaçon. • Com. 12 nov. 1992 : *RDPI, oct. 1993, p. 74.* ♦ La reproduction par une société sur son site internet d'une œuvre diffusée par l'auteur sur son propre site constitue en soi une contrefaçon, puisqu'il y a atteinte au droit exclusif d'exploitation de l'auteur. • T. com. Nanterre, 27 janv. 1998 : *D. Affaires 1998. 584, obs. J. P.-S. ; D. 1998. IR 102 ; Revue Lamy, mai 1998, nº 312 ; LPA 19 août 1998, p. 15, obs. Malaurie-Vignal ; Expertises, mai 1998, p. 149 ; Dr. et patr., janv. 1999, p. 89, obs. Caprioli.* ♦ La diffusion sur internet, sans utorisation, de photographies réalisées lors d'un défilé de mode constitue une contrefaçon des modèles présentés. • Paris, 17 janv. 2007 : *D. 2007. AJ 439, obs. Manara.* – Confirmé par • Crim. 5 févr. 2008 : *Bull. crim. nº 28 ; D. 2008. AJ 611 ; AJ Pénal 2008. 236, obs. Royer ; RTD com. 2008. 320, obs. Pollaud-Dulian ; CCE 2008, nº 33, note Caron ; ibid. Chron. nº 8, obs. Kahn ; Propr. intell. 2008, nº 27, p. 221, obs. Bruguière ; RIDA avr. 2008, p. 323, note Sirinelli* ♦ Semblant infléchir le principe d'interprétation restrictive des exceptions, relevant que l'œuvre s'incorpore pour l'essentiel au sol de l'espace public (la place des Terreaux à Lyon), et retenant que la reproduction ou la représentation d'œuvres graphiques ou plastiques situées dans des lieux publics échappe au droit exclusif de l'auteur dès lors qu'elle présente un caractère accessoire et échappe au grief de contrefaçon, V. • Civ. 1re, 15 mars 2005 : *Bull. civ. I, nº 134 ; D. 2005. Pan. 1490, obs. Sirinelli ; ibid. 1645, note Allaeys ; ibid. AJ 1026, obs. Daleau ; RTD com. 2005. 306, obs. Pollaud-Dulian ; CCE 2005, nº 78, note Caron ; JCP 2005. II. 10072, note Lancrenon ; Légipresse 2005. 2003. 73, note Bruguière ; RIDA juill. 2005, p. 317, note Kéréver.* – Rejetant le pourvoi contre • Lyon, 20 mars 2003 : *D. 2003. Somm. 2759, obs. Sirinelli ; ibid. 3037, note Edelman ; CCE 2003, nº 81, note Caron ; Propr. intell. 2003, nº 9, p. 385, obs. Lucas.* – Réformant partiellement • TGI Lyon, 4 avr. 2001 : *D. 2002. 1417, note Edelman ; JCP 2001. II. 10563, note Pollaud-Dulian.* ♦ La reproduction d'une œuvre d'art conceptuel sur une photographie est une contrefaçon (à propos de l'affaire « *Paradis* »). • Civ. 1re, 13 nov. 2008 : *Bull. civ. I, nº 258 ; D. 2008. AJ 2933, obs. Daleau ; ibid 2009. 263, note*

Edelman ; *ibid. 2009. 266, note Treppoz* ; *RTD com. 2009. 121, obs. Pollaud-Dulian* ; *CCE 2009, n° 1, note Caron* ; *ibid. Étude 20, obs. Cauvin* ; *Légipresse 2009. II. 168, obs. Alleaume* ; *Propr. intell. 2009, n° 31, p. 157, obs. Bruguière* ; *RIDA janv. 2009, p. 195, note Sirinelli.* ♦ Rejetant le pourvoi contre • Paris, 28 juin 2006 : *D. 2006. 2610, note Edelman* ; *ibid. Pan. 2992, obs. Sirinelli* ; *CCE 2006, n° 120, note Caron* ; *RIDA oct. 2006, p. 383.* ♦ Confirmant • TGI Paris, 23 nov. 2005 : *D. 2006. 1051, note Treppoz* ; *RIDA juill. 2006, p. 255, note Kéréver.*

3. La réalisation d'un seul exemplaire peut constituer le délit de contrefaçon. • Paris, 23 nov. 1963 : *JCP 1963. II. 13235, note Delpech.* ♦ ... Dès lors qu'il ne s'agit pas d'une copie à usage privé, V. art. L. 122-5. ♦ La reproduction, sans autorisation, de photographies issues de la base de données d'une agence de presse accessible *via* internet constitue une contrefaçon. • TGI Paris, 3 mai 2002 : *Légipresse 2002, n° 192, I, p. 72.* ♦ V. aussi, • Versailles, 11 avr. 2002 : *Légipresse, n° 193, I, p. 87.* ♦ Sur l'application de la théorie de l'apparence pour débouter l'ayant droit de l'auteur qui agissait contre une association qui a fait procéder à la reproduction d'œuvres de ce dernier, V. (à propos des statuettes de César). • Paris, 19 déc. 2007 : *D. 2008. AJ 544* ; *RIDA avr. 2008, p. 393, obs. Sirinelli.* ♦ Celui qui a reproduit sans autorisation, dans sa thèse de droit, 87 pages rédigées par une autre personne et 148 pages de schémas et bibliographies rédigées par cette dernière, a été condamné à 2 ans de prison avec sursis et 20 000 € de dommages et intérêts. • Crim. 15 juin 2010 : *CCE 2010, n° 95, note Caron* ; *Légipresse 2010, n° 278, p. 452, obs. Alleaume.* ♦ Sur la contrefaçon d'une thèse en droit d'auteur, V. • CAA Douai, 3 juill. 2012 : *CCE 2012, n° 121, note Caron.* ♦ Une reproduction qui n'est pas fidèle à l'œuvre originale ou maîtresse réalisée par l'artiste, comme c'est le cas en l'espèce du fait des déformations constatées, constitue une contrefaçon de l'œuvre de l'esprit portant atteinte au respect du nom de l'artiste et à l'intégrité artistique de son œuvre. • Paris, 16 nov. 2012 : *CCE 2013, n° 50, note Caron.*

4. Information du public. Le droit à l'information du public consacré par l'art. 10 Conv. EDH trouve ses limites dans le respect des autres droits identiquement protégés. Il en est ainsi des droits de propriété intellectuelle, biens au sens de l'art. 1er du premier protocole additionnel. • Civ. 1re, 2 oct. 2007 : *RTD com. 2008. 78, obs. Pollaud-Dulian* ; *CCE 2008, n° 2, note Caron* ; *Propr. intell. 2008, n° 26, p. 112, obs. Bruguière* ; *RIDA oct. 2007, p. 339, obs. Sirinelli.*

5. Liberté d'expression. En retenant que les droits sur des œuvres arguées de contrefaçon (tableaux reproduisant des photographies sans autorisation) ne sauraient, faute d'intérêt supérieur, l'emporter sur ceux des œuvres dont celles-ci sont dérivées, sauf à méconnaître le droit à la protection des droits d'autrui en matière de création artistique, sans « expliquer de façon concrète en quoi la recherche d'un juste équilibre entre ces droits commandait la condamnation » qu'ils ont prononcée, les juges ont privé leur décision de base légale au regard de l'art. 10, § 2, Conv. EDH. • Civ. 1re, 15 mai 2015, n° 13-27.391 P : *Dalloz actualité, 2 juin 2015, note Daleau* ; *D. 2015. 1672, note Bensamoun et Sirinelli* ; *RTD com. 2015. 515, note Pallaud-Dulian* ; *JAC 2015, n° 26, p. 6, note Treppoz* ; *LEPI juill. 2015, p. 1, obs. Lucas* ; *CCE 2015. Étude 17, Vivant* ; *ibid., n° 55, note Caron* ; *ibid. 2017. Étude 7, note Zollinger. Légipresse 2015. III. 474, note Varet* ; *Propr. intell. 2015, n° 56, p. 281, note Lucas* ; *ibid., p. 285, note Bruguière.*

6. Numérique. La numérisation de livres consistant à scanner l'intégralité des ouvrages, elle constitue une reproduction de l'œuvre qui requiert l'autorisation de l'auteur (à propos du service « Google recherche livres »). • TGI Paris, 18 déc. 2009 : *CCE 2010 Étude 11, obs. Piriou* ; *JCP 2010. 247, note Lucas* ; *Propr. intell. 2010, n° 34, p. 645, obs. RIDA avr. 2010, p. 293, note Sirinelli.* ♦ La numérisation d'une œuvre sans autorisation de son auteur constitue une contrefaçon, sauf lorsqu'elle est faite pour un usage strictement privé. • TGI Paris, réf., 5 mai 1997 : *RIDA oct. 1997, p. 265* ; *JCP 1997. II. 22906, note Olivier* ; *Expertises, juin-juill. 1997, p. 219.* ♦ Ainsi, la numérisation sans autorisation d'une œuvre littéraire destinée à être diffusée sur un réseau interne en principe inaccessible aux tiers ne constitue pas un acte de contrefaçon. • TGI Paris, 24 juin 1997 : *D. Affaires 1997. 1156* ; *Expertises, août 1997, p. 283.*

7. Publicité. La publication, dans un journal et en vue d'assurer la publicité d'une œuvre, de deux pages de l'introduction de ce livre qui en compte cent trente sept, ne constitue pas une contrefaçon de la part de l'auteur. • Civ. 1re, 10 févr. 1976 : *RIDA oct. 1976, p. 163.* ♦ En revanche, la publication d'œuvres littéraires faite sans l'autorisation de leurs auteurs dans des catalogues destinés à informer un public potentiel de lecteurs constitue une contrefaçon. • TGI Paris, 15 janv. 1997 : *RIDA juill. 1997, p. 359.* ♦ De même, la reproduction sous une forme non autorisée, sur des documents publicitaires, d'un dessin protégé par le droit d'auteur, et constituant l'élément figuratif d'une marque, constitue une contrefaçon. • Douai, 28 sept. 1998, *Michelin* : *PIBD 1998. III. 565.* ♦ La reproduction, sans autorisation, d'une œuvre artistique sur une affiche publicitaire constitue une contrefaçon. • Paris, 13 févr. 2002 : *RIDA juill. 2002, p. 325, obs. Kéréver.* ♦ La reproduction, sans autorisation, d'un personnage d'une œuvre audiovisuelle dans un film publicitaire est une contrefaçon. • Paris, 8 sept. 2004 : *D. 2004. AJ 2574, obs. Daleau* ; *CCE 2004, n° 136, obs. Caron* ; *Légipresse 2005, III, p. 25, note Varet* ; *Propr. intell. 2005, n° 14, p. 70,* *obs. Sirinelli.* – Infirmant • TGI Paris, 30 mars 2004 : *RIDA juill. 2004, p. 223, obs. Kéréver.*

8. Preuve. Sur la preuve de l'antériorité de l'œuvre contrefaite, V. • Paris, 26 oct. 2007 : *Propr. intell. 2008, n° 26, p. 114, obs. Lucas.* ♦ En l'absence de preuve du droit de l'auteur sur une œuvre précisément identifiée, le tribunal ne peut constater l'existence d'une contrefaçon qui suppose nécessairement la comparaison d'une œuvre identifiée avec sa reproduction, sa représentation ou sa diffusion (à propos de la reproduction de vidéos d'un humoriste sur un site contributif). • TGI Paris, 18 déc. 2007 : *RIDA janv. 2008, p. 313, note Sirinelli.* ♦ V. aussi. • TGI Paris, 15 avr. 2008 : *RIDA avr. 2008, p. 409, obs. Sirinelli.* ♦ Pour qu'il y ait contrefaçon, il faut que le défendeur ait été en mesure d'accéder à l'œuvre arguée de contrefaçon. • Paris, 30 janv. 2008 : *Propr. intell. 2008, n° 28, p. 329, obs. A. Lucas.*

9. Remise sur le marché. Est une reproduction illicite la simple remise dans le circuit commercial d'exemplaires que le titulaire du droit avait retirés du circuit. • Crim. 2 déc. 1964 : *D. 1965. 562 ; RTD com. 1965. 409, obs. Desbois ; JCP 1965. II. 14069 ; Gaz. Pal. 1965. 1. 290* • Crim. 20 oct. 1977 : *RTD com. 1978. 801, obs. Desbois ; RIDA avr. 1978, p. 115.* ♦ L'utilisation frauduleuse de copies de films cinématographiques mises au rebut constitue une nouvelle édition d'une œuvre de l'esprit. • Même arrêt. ♦ V. cependant, se référant plutôt au droit de représentation. • Crim. 17 mai 1973 : *RTD com. 1975. 310, obs. Desbois ; JCP 1973. II. 17521, note Delpech ; Gaz. Pal. 1973. 2. 556, note R.S.*

10. La composition de l'ouvrage contrefait, « matrice » pour l'impression, doit être regardée comme un acte préparatoire, non punissable en lui-même. • Paris, 5 août 1884 : *DP 1893. 2. 177.*

11. Dessin et modèle. En revanche, la contrefaçon existe dès lors qu'au-delà de la simple tentative les modèles se trouvent reproduits en tout ou en partie. • Crim. 21 mars 1914 : *Bull. crim., n° 304.* ♦ ... Même si l'ouvrage n'est pas entièrement imprimé. • Crim. 2 juill. 1807 : *S. 1807. 1. 465.* ♦ Une décoratrice chargée de l'aménagement intérieur d'un hôtel, qui réalise des dessins reproduisant des meubles réalisés par une autre personne est contrefactrice, au même titre que celle qui fabrique les meubles à partir de ses dessins. • Com. 16 févr. 1999 : *Bull. civ. IV, n° 56 ; D. Affaires 1999. 676 ; D. 1999. IR 77 ; JCP E 1999. Pan. 650.*

B. DROIT DE REPRÉSENTATION

12. Phonogramme. La diffusion publique de phonogrammes dans une discothèque sans autorisation de la SACEM constitue une contrefaçon. • Crim. 5 mai 1981 : *RIDA janv. 1982, p. 179 ; D. 1982. IR 48, obs. Colombet* • 24 mars 1987 : *RIDA avr. 1989, p. 193* • 25 oct. 1988 : *RIDA janv. 1989, p. 174.* ♦ Sur la notion de droit de représentation, V. aussi, art. L. 122-2. ♦ Le délit de contrefaçon est constitué à l'égard d'un gérant de discothèque qui a diffusé des phonogrammes en public sans autorisation, dès lors que la discothèque détenait la liste des auteurs et compositeurs représentés par la SACEM, ce qui est la seule exigence de l'art. L. 321-7. • Civ. 1re, 2 déc. 1992 : *RIDA janv. 1993, p. 179.*

13. Œuvre audiovisuelle. La projection, dans une discothèque, de films enregistrés sur vidéocassettes constitue une contrefaçon. • TGI Albi, 24 janv. 1985 : *Gaz. Pal. 1985. 1. 289, note Marchi.* ♦ La représentation d'un chemin de table dans un film publicitaire, dont les éléments qui composent le dessin sont identifiables, constitue une contrefaçon dans la mesure où l'apparition dudit chemin ne tient pas une place accessoire. • Paris 7 avr. 2010 : *Légipresse 2010, n° 275, p. 221, note Philippe.*

14. Sonorisation. La sonorisation d'un magasin au moyen d'un appareil récepteur constitue un acte de représentation. • TI Dijon, 13 avr. 1995 : *RIDA oct. 1995, p. 253, obs. Kéréver.*

15. Programme de télévision. La distribution de programmes de télévision dans des chambres d'hôtel constitue une atteinte au droit de représentation. • Civ. 1re, 6 avr. 1994 : *RIDA juill. 1994, p. 367, note Kéréver.*

16. Internet. Le créateur de liens hypertextes permettant l'accès à d'autres sites offrant des fichiers musicaux illicites présentés sous le format MP3 commet un acte de contrefaçon puisque « en mettant à la disposition des utilisateurs du réseau internet, même à titre gratuit, des phonogrammes numérisés sans l'autorisation des artistes et des producteurs, (il) s'est rendu coupable du délit de contrefaçon prévu par les articles L. 335-3 et L. 335-4 du code de la propriété intellectuelle ». • TGI Épinal, 24 oct. 2000 : *CCE 2000, n° 125, note Caron* (soulignant que les avertissements qui ont été donnés à deux reprises par la SCPP reprenaient la législation française régissant la matière et insistaient en particulier sur l'illicéité de liens permettant de parvenir à des MP3 eux-mêmes illicites). – Rappr. • TGI Saint-Étienne, 6 déc. 1999 : *RIDA avr. 2000, p. 389* • TGI Paris, 24 mars 2000 : *Expertises 2000, p. 129.*

17. Preuve. La preuve de la matérialité d'une exécution ou d'une diffusion non autorisée d'œuvres musicales faisant partie du répertoire de la SACEM résulte des constatations d'un agent désigné par l'organisme professionnel, agréé par le ministre chargé des Arts et Lettres et assermenté dans les conditions prévues par un règlement d'administration publique. • Crim. 5 mai 1981 : *RIDA janv. 1982, p. 179 ; D. 1982. IR 48, obs. Colombet* • 24 mars 1987 : *RIDA avr. 1989, p. 193*

• 25 oct. 1988 : *RIDA janv. 1989, p. 174.* ♦ V. aussi art. L. 331-2.

C. DROIT MORAL

18. La formule « en violation des droits de l'auteur tels qu'ils sont définis par les règlements et les lois » figurant dans l'art. L. 335-3 vise tous les droits de l'auteur sans exception ni réserve. • Paris, 25 janv. 1968 : *RTD com. 1968. 344, obs. Desbois ; RIDA juill. 1968, p. 174.* ♦ ... Dès lors, « caractérise la contrefaçon par diffusion (...), la mise sur le marché de l'art d'une œuvre originale, même abandonnée par son auteur, lorsqu'elle est faite en violation du droit moral de divulgation ». • Crim. 13 déc. 1995 : *D. 1996. IR 42 ; RIDA juill. 1996, p. 307* • Paris, 14 avr. 1960 : *D. 1960. 535, note Desbois ; RTD com. 1960. 588, obs. Desbois ; JCP 1960. II. 11569* • 23 nov. 1982 : *D. 1983. Somm. 512, obs. Colombet.* ♦ En revanche, aucune disposition assortie de dispositions pénales n'interdisant la reproduction de la signature d'un artiste dont l'œuvre est tombée dans le domaine public, la copie de la signature qui fait partie du tableau dont la reproduction est licite, ne méconnaît pas le droit moral de l'auteur. • Crim. 11 juin 1997 : *D. Affaires 1997. 1043 ; D. 1997. IR 200 ; RJDA 1997, n° 1431 ; RIDA janv. 1998, p. 295 ; JCP E 1997. Pan. 1152 ; JCP 1997. IV. 2110.*

19. Un défendeur à une action en contrefaçon ne peut soutenir que la reproduction n'est source de contrefaçon que dans la mesure où elle a été réalisée en violation du droit patrimonial de reproduction et non du droit moral puisqu'il y a contrefaçon par violation du droit moral de l'auteur de l'œuvre lorsque la reproduction porte sur son œuvre que cet auteur estimait inachevée et insusceptible de divulgation. • Paris, 17 févr. 1988 : *D. 1989. Somm. 50, obs. Colombet ; RIDA oct. 1989, p. 325 ; JCP 1989. I. 3376, n° 1, obs. Edelman.*

20. Un professeur ne communiquant qu'une relation orale de sa pensée et de ses recherches personnelles ne saurait se voir imposer contre son gré la reproduction de ses paroles ; il s'ensuit que la divulgation illicite d'un extrait du cours oral inédit de Roland Barthes, sous une forme différente de celle de sa conception, porte atteinte au respect de cette œuvre et constitue également une contrefaçon à l'origine du préjudice moral subi par le demandeur, à l'exclusion de tout préjudice patrimonial. • TGI Paris, 20 nov. 1991 : *RIDA janv. 1992, p. 340.*

D. DROIT DE DESTINATION

21. La simple remise dans le circuit commercial d'exemplaires que le titulaire du droit avait retirés du circuit en vue de leur destruction est un acte de contrefaçon. • Crim. 2 déc. 1964 : *D. 1965. 562 ; RTD com. 1965. 409, obs. Desbois ; JCP 1965. II. 14069 ; Gaz. Pal. 1965. 1. 290* • 20 oct. 1977 : *RTD com. 1978. 801, obs. Desbois ; RIDA avr. 1978, p. 115.* ♦ ... De même l'utilisation frauduleuse de copies de films cinématographiques mises au rebut constituant une nouvelle édition d'une œuvre de l'esprit. • Même arrêt. ♦ V. aussi, notes 16 s. ss. art. L. 122-3.

22. La vente à un éditeur, par un directeur de théâtre, d'une partition qu'il n'avait été autorisé à réaliser que pour l'usage de son théâtre, est un changement de destination constitutif du délit de débit d'ouvrage contrefaisant. • Crim. 28 janv. 1888 : *DP 1888. 1. 400.*

E. DROITS SUR LOGICIELS

23. Condition préalable. Originalité. Les parties qui n'ont pas apporté la preuve de l'originalité du logiciel, condition de fond préalable de l'action en contrefaçon, doivent être déboutées de leurs demandes. • Paris, 24 mars 2015, n° 12/10217. – V. également notes 69 s. ss. art. L. 112-2.

24. Reproduction. La contrefaçon de logiciel est constituée dès qu'il y a reproduction, par le programme incriminé, de la forme dans laquelle le thème de base est exprimé et des caractéristiques qui sont de nature à donner au programme une physionomie propre ; pour une application, V. • Douai, 1er juill. 1996 : *PIBD 1997. III. 129.*

25. Commercialisation. Une société qui développe et commercialise un logiciel sans droit ni autorisation de l'un de ses coauteurs, porte atteinte à son droit moral, et commet des actes de contrefaçon. • Paris, 11 déc. 1996 : *PIBD 1997. III. 349.* ♦ Le contrat de cession d'un logiciel protégé par l'art. L. 112-2 devant s'interpréter comme autorisant la société cessionnaire à utiliser une copie du logiciel, mais uniquement pour en surveiller le bon fonctionnement ou l'améliorer, l'exploitation à des fins commerciales de ce logiciel de boîte à lettre dans le cadre d'autres messageries en constitue une contrefaçon. • Paris, 11 févr. 1998 : *PIBD 1998. III. 358.* ♦ La vente d'un logiciel sans licence, alors que le contrat de concession du droit d'exploitation l'impose, constitue une contrefaçon. • Paris, 30 avr. 1998 : *Expertises, janv. 1999, p. 441, obs. Boulvard* • Limoges, 17 mars 2010 : *D. Pan. 2010. 1969, obs. Le Stanc.*

26. Sur les sanctions prononcées à l'encontre d'une société ayant distribué sans autorisation des reproductions et représentations d'un logiciel sur le site web qu'elle exploite, utilisant internet comme moyen de publication des décisions judiciaires, V. • T. com. Paris, réf., 3 mars 1997 : *D. Affaires 1997. 674 ; D. 1997. IR 118 ; JCP 1997. 22840, note Olivier et Barbry ; LPA 27 juin 1997, obs. Daverat ; Légipresse 1997, III, p. 86, note Caron.* ♦ Les moyens de nature à détourner les systèmes anti-piratage, atteinte aux prérogatives légales de l'auteur, constituent une contrefaçon (à propos de la condamnation du « pirate » à une peine de prison ferme). • TGI Bastia, 17 janv. 2006 : *D. 2006. AJ 653, obs. Daleau*.

27. Épuisement international. Constitue une contrefaçon la violation du droit d'auteur d'un logiciel d'effectuer ou d'autoriser la mise sur le marché du ou des exemplaires de ce logiciel. • Crim. 16 déc. 2003 : *Bull. crim. n° 247 ; D. 2004. AJ 214 ; CCE 2004, n° 26, note Caron ; PIBD 2004. III. 341 ; Propr. ind. 2004, n° 26, note Schmidt-Szalewski ; RIDA avr. 2004, p. 251, obs. Kéréver.*

28. Mesure technique de protection. Le développement et la mise à disposition du public, sans l'autorisation du titulaire des droits sur un CD-Rom, d'un programme informatique désactivant les systèmes de protection du logiciel est une contrefaçon. • Paris, 17 juin 2005 : *CCE 2006, n° 3, note Caron.*

Art. L. 335-3-1 *(L. n° 2006-961 du 1er août 2006, art. 22)* **I. — Est puni de 3 750 € d'amende le fait de porter atteinte sciemment, à des fins autres que la recherche, à une mesure technique efficace telle que définie à l'article L. 331-5, afin d'altérer la protection d'une œuvre par un décodage, un décryptage ou toute autre intervention personnelle destinée à contourner, neutraliser ou supprimer un mécanisme de protection ou de contrôle, lorsque cette atteinte est réalisée par d'autres moyens que l'utilisation d'une application technologique, d'un dispositif ou d'un composant existant mentionné au II.**

II. — Est puni de six mois d'emprisonnement et de 30 000 € d'amende le fait de procurer ou proposer sciemment à autrui, directement ou indirectement, des moyens conçus ou spécialement adaptés pour porter atteinte à une mesure technique efficace telle que définie à l'article L. 331-5, par l'un des procédés suivants :

1° En fabriquant ou en important une application technologique, un dispositif ou un composant, à des fins autres que la recherche ;

2° En détenant en vue de la vente, du prêt ou de la location, en offrant à ces mêmes fins ou en mettant à disposition du public sous quelque forme que ce soit une application technologique, un dispositif ou un composant ;

3° En fournissant un service à cette fin ;

4° En incitant à l'usage ou en commandant, concevant, organisant, reproduisant, distribuant ou diffusant une publicité en faveur de l'un des procédés visés aux 1° à 3°.

III. — Ces dispositions ne sont pas applicables aux actes réalisés à des fins *[Dispositions déclarées non conformes à la Constitution par la décision du Conseil constitutionnel n° 2006-540 DC du 27 juill. 2006.]* **de sécurité informatique, dans les limites des droits prévus par le présent code.**

Aucune définition claire et précise de la notion d'« interopérabilité » n'ayant été donnée par le législateur, le Conseil constitutionnel a déclaré le mot « interopérabilité » non conforme à la Constitution (V. la décision n° 2006-540 DC du 27 juill. 2006 in extenso, App., v° Propriété littéraire et artistique, Dispositions communes).

Sur l'ensemble des dispositions pénales issues de la L. n° 2006-961 du 1er août 2006, V. la circulaire du garde des Sceaux du 3 janv. 2007, CRIM 2007 — 1/G3-030107.

COMMENTAIRE

L'article L. 335-3-1 sanctionne tant les actes personnels (I) que les actes préparatoires (II) de contournement ou de neutralisation d'une mesure technique, efficace, de protection, sauf s'ils sont accomplis à des fins de recherche.

L'acte doit avoir été commis « sciemment » (comp. article 6.1 de la directive de 2001 « en sachant, ou en ayant des raisons valables de penser, qu'elle poursuit cet objectif »).

Le législateur ayant renoncé à voir dans ces actes de contournement ou de neutralisation des actes de contrefaçon, les sanctions sont moins sévères et varient suivant les types d'actes.

Voir, s'agissant des éléments protégés par un droit voisin, l'article L. 335-4-1 du code de la propriété intellectuelle.

Art. L. 335-3-2 *(L. n° 2006-961 du 1er août 2006, art. 22)* **I. — Est puni de 3 750 € d'amende le fait de supprimer ou de modifier, sciemment et à des fins autres que la**

recherche, tout élément d'information visé à l'article *(L. n° 2009-669 du 12 juin 2009, art. 3)* **« L. 331-11 », par une intervention personnelle ne nécessitant pas l'usage d'une application technologique, d'un dispositif ou d'un composant existant, conçus ou spécialement adaptés à cette fin, dans le but de porter atteinte à un droit d'auteur, de dissimuler ou de faciliter une telle atteinte.**

II. – Est puni de six mois d'emprisonnement et de 30 000 € d'amende le fait de procurer ou proposer sciemment à autrui, directement ou indirectement, des moyens conçus ou spécialement adaptés pour supprimer ou modifier, même partiellement, un élément d'information visé à l'article *(L. n° 2009-669 du 12 juin 2009, art. 3)* **« L. 331-11 », dans le but de porter atteinte à un droit d'auteur, de dissimuler ou de faciliter une telle atteinte, par l'un des procédés suivants :**

1° En fabriquant ou en important une application technologique, un dispositif ou un composant, à des fins autres que la recherche ;

2° En détenant en vue de la vente, du prêt ou de la location, en offrant à ces mêmes fins ou en mettant à disposition du public sous quelque forme que ce soit une application technologique, un dispositif ou un composant ;

3° En fournissant un service à cette fin ;

4° En incitant à l'usage ou en commandant, concevant, organisant, reproduisant, distribuant ou diffusant une publicité en faveur de l'un des procédés visés aux 1° à 3°.

III. – Est puni de six mois d'emprisonnement et de 30 000 € d'amende le fait, sciemment, d'importer, de distribuer, de mettre à disposition du public sous quelque forme que ce soit ou de communiquer au public, directement ou indirectement, une œuvre dont un élément d'information mentionné à l'article *(L. n° 2009-669 du 12 juin 2009, art. 3)* **« L. 331-11 » a été supprimé ou modifié dans le but de porter atteinte à un droit d'auteur, de dissimuler ou de faciliter une telle atteinte.**

IV. – Ces dispositions ne sont pas applicables aux actes réalisés à des fins de recherche *[Dispositions déclarées non conformes à la Constitution par la décision du Conseil constitutionnel n° 2006-540 DC du 27 juill. 2006.]* **ou de sécurité informatique, dans les limites des droits prévus par le présent code.**

Aucune définition claire et précise de la notion d'« interopérabilité » n'ayant été donnée par le législateur, le Conseil constitutionnel a déclaré le mot « interopérabilité » non conforme à la Constitution (V. la décision n° 2006-540 DC du 27 juill. 2006 in extenso, App., v° Propriété littéraire et artistique, Dispositions communes).

Sur l'ensemble des dispositions pénales issues de la L. n° 2006-961 du 1er août 2006, V. la circulaire du garde des Sceaux du 3 janv. 2007, CRIM 2007 – 1/G3-030107.

COMMENTAIRE

Cette disposition est la transposition de l'article 7.1 *a)* de la directive du 22 mai 2001. Elle sanctionne tant les actes personnels que préparatoires de suppression ou de modification, accomplis en connaissance de cause, de « tout élément d'information » visé à l'article L. 331-22, dès lors que cette suppression ou cette modification a pour « but de porter atteinte à un droit d'auteur, de dissimuler ou de faciliter une telle atteinte ». Une atteinte « purement objective » à un élément d'information ne peut donc être sanctionnée pénalement.

Les actes visés sont plus larges que ceux envisagés à l'article L. 335-3-1 puisque la mise à disposition du public de l'œuvre dont la mesure technique a été neutralisée est érigée en infraction.

Voir, s'agissant des éléments protégés par un droit voisin, l'article L. 335-4-2 du code de la propriété intellectuelle. ❑

Art. L. 335-4 **Est punie de** *(L. n° 2004-204 du 9 mars 2004, art. 34, II)* **« trois ans d'emprisonnement et de 300 000 euros d'amende » toute fixation, reproduction, communication ou mise à disposition du public, à titre onéreux ou gratuit, ou toute télédiffusion d'une prestation, d'un phonogramme, d'un vidéogramme ou d'un programme, réalisée** *[réalisé]* **sans l'autorisation, lorsqu'elle est exigée, de l'artiste-interprète, du producteur de phonogrammes ou de vidéogrammes ou de l'entreprise de communication audiovisuelle.**

(L. n° 2014-315 du 11 mars 2014, art. 6) **« Sont punis »** des mêmes peines *(L. n° 2014-315 du 11 mars 2014, art. 6)* **« l'importation, l'exportation, le transbordement**

ou la détention aux fins précitées » de phonogrammes ou de vidéogrammes réalisée sans l'autorisation du producteur ou de l'artiste-interprète, lorsqu'elle est exigée.

Est puni de la peine d'amende prévue au premier alinéa le défaut de versement de la rémunération due à l'auteur, à l'artiste-interprète ou au producteur de phonogrammes ou de vidéogrammes au titre de la copie privée ou de la communication publique ainsi que de la télédiffusion des phonogrammes. — *[L. n° 57-298 du 11 mars 1957, art. 71.]*

(L. n° 2003-517 du 18 juin 2003, art. 1er) **« Est puni de la peine d'amende prévue au premier alinéa le défaut de versement du prélèvement mentionné au troisième alinéa de l'article L. 133-3. »**

(L. n° 2004-204 du 9 mars 2004, art. 34-II) **« Lorsque les délits prévus au présent article ont été commis en bande organisée, les peines sont portées à** *(L. n° 2016-731 du 3 juin 2016, art. 44)* **« sept ans d'emprisonnement et à 750 000 euros d'amende** *[ancienne rédaction : cinq ans d'emprisonnement et à 500 000 euros d'amende]* **». »**

V. note ss. art. L. 335-2.

BIBL. ► SIRINELLI, *Lamy Droit des médias et de la communication. Étude 521* (personnes responsables). – STROWEL, *Propr. intell. 2012, n° 43, p. 261* (la lutte contre le téléchargement illicite : en attendant le succès de l'offre illicite).

1. Comme en matière de contrefaçon, l'existence de l'élément intentionnel résulte de la matérialité du délit, sauf preuve par le prévenu de sa bonne foi. • Crim. 13 déc. 1995 : *D. 1997. 196, note Edelman ; RDPI, avr. 1996, p. 37.* ♦ Dans la mesure où l'art. L. 335-4 sanctionne la reproduction ou la mise à disposition du public, à titre gratuit ou onéreux, d'un phonogramme ou d'un vidéogramme sans l'autorisation, lorsqu'elle est exigée, de l'artiste-interprète ou du producteur de phonogrammes, une personne qui poursuit une activité de loueur de phonogrammes sans avoir réuni aucune de ces autorisations doit être condamnée. • T. corr. Pau, 30 mars 1988 : *RIDA juill. 1988, p. 113, note Gaubiac.* ♦ L'importation et la vente en France de disques fabriqués à l'étranger à partir d'enregistrements clandestins sont constitutives de délits définis par l'art. L. 335-4. • Crim. 28 oct. 1998 : *RIDA avr. 1999, p. 335.*

2. Internet. Sur la création de liens hypertextes permettant l'accès à d'autres sites offrant des fichiers musicaux illicites présentés sous le format MP3, retenant qu'« en mettant à la disposition des utilisateurs du réseau internet, même à titre gratuit, des phonogrammes numérisés sans l'autorisation des artistes et des producteurs, (le créateur de liens) s'est rendu coupable du délit de contrefaçon prévu par les art. L. 335-3 et L. 335-4 CPI », et soulignant que les avertissements qui ont été donnés à deux reprises par la SCPP reprenaient la législation française régissant la matière et insistaient en particulier sur l'illicéité de liens permettant de parvenir à des MP3 eux-mêmes illicites, V. • TGI Épinal, 24 oct. 2000 : *CCE 2000, n° 125, note Caron.* – Rappr. • TGI Saint-Étienne, 6 déc. 1999 : *RIDA avr. 2000, p. 389* • TGI Paris, 24 mars 2000 : *Expertises 2000, p. 129.* ♦ Sur la condamnation d'internautes qui, via les réseaux de *peer to peer*, téléchargent et mettent à disposition sans autorisation des œuvres protégées, V. note 2 ss. art. L. 335-2. ♦ Concernant la mise en œuvre d'une riposte graduée face aux comportements délictueux des personnes qui mettent à disposition ou téléchargent des œuvres par l'intermédiaire de réseaux de *peer to peer*, V. • CE 23 mai 2007 : *AJDA 2007. 1413, concl. Vérot ; D. 2007. AJ 1605, obs. Daleau ; RTD com. 2007. 544, obs. Pollaud-Dulian ; CCE 2007, n° 90, note Caron ; ibid. 2008. Chron. 4, § 20, obs. Daverat ; Gaz. Pal. 4 août 2007, p. 31, note Amegee ; Légipresse 2004, II, p. 141, note Frayssinet ; Propr. intell. 2007, n° 24, p. 334, obs. Bruguière ; RIDA juill. 2007, p. 291, note Sirinelli ; ibid. janv. 2008, p. 237, Chron. Bénabou.*

3. Prescription. Conformément au droit commun, les infractions aux droits voisins se prescrivent par trois ans ; s'agissant de la mise à la disposition du public par vente, le délai court à compter du dernier jour du dernier acte de débit. • TGI Paris, 27 févr. 1990 : *RIDA oct. 1990, p. 316.*

4. Qualité pour agir. Une société de gestion collective est recevable à agir lorsque est en cause une atteinte à l'intérêt général des titulaires des droits. • Paris, 10 juill. 1990 : *RIDA janv. 1991, p. 315.*

5. La qualité pour agir d'une société de perception et de répartition des droits est limitée à la défense d'intérêts dont la société a statutairement la charge, ce qui rend la SPEDIDAM recevable à agir en réparation du préjudice du fait de l'atteinte à l'intérêt collectif de la profession constituée par une violation de l'art. L. 212-3. • Paris, 23 juin 1994 : *RIDA janv. 1995, p. 223.* ♦ Pour un examen détaillé des statuts de la SPEDIDAM, V. • Paris, 27 févr. 1990 : *D. 1991. 300, note Wekstein.*

6. L'ADAMI, qui a, en vertu de la loi, qualité pour ester en justice pour la défense des droits dont elle a statutairement la charge, tire de ses statuts la qualité pour agir en justice afin d'assurer la défense des droits individuels de ses membres et des intérêts et des droits de la généralité de ses associés, ainsi que la qualité pour diligenter toute procédure d'intérêt général notamment dans le cadre de la protection et de la défense des ayants droit. Par suite l'ADAMI, à qui a été confiée une mission de service public dans l'intérêt de l'ensemble de la profession, a pu adopter des statuts lui confiant la défense des intérêts collectifs de la profession d'artistes, y compris les artistes qui ne sont pas associés. • TGI Paris, 24 juin 1992 : *RIDA janv. 1993, p. 199.* ♦ L'ADAMI est recevable à agir dès lors qu'il est reproché aux défendeurs la violation des droits voisins du droit d'auteur (livre II du présent code). • Même jugement. – V. aussi, pour la SPEDIDAM : • Paris, 27 févr. 1990 : *D. 1991. 300, note Wekstein* ✎.

7. Rémunération pour copie privée. Sur la condamnation pour non-versement de la rémunération pour copie privée, même après avoir obtenu des délais de paiement, V. • Crim. 15 juin 2004 : *Bull. crim. n° 160 ; CCE 2004, n° 113, obs. Caron ; RIDA oct. 2004, p. 267, obs. Kérever.* ♦ Sur l'obligation, pour des commerçants étrangers de supports numériques proposés sur internet, d'informer le consommateur français du paiement de la rémunération pour copie privée, V. • T. com. Bobigny, 15 sept. 2005 : *V. note 2 ss. art. L. 311-4.*

Art. L. 335-4-1 *(L. n° 2006-961 du 1er août 2006, art. 23)* **I. — Est puni de 3 750 € d'amende le fait de porter atteinte sciemment, à des fins autres que la recherche, à une mesure technique efficace telle que définie à l'article L. 331-5, afin d'altérer la protection d'une interprétation, d'un phonogramme, d'un vidéogramme ou d'un programme par un décodage, un décryptage ou toute autre intervention personnelle destinée à contourner, neutraliser ou supprimer un mécanisme de protection ou de contrôle, lorsque cette atteinte est réalisée par d'autres moyens que l'utilisation d'une application technologique, d'un dispositif ou d'un composant existant mentionné au II.**

II. — Est puni de six mois d'emprisonnement et de 30 000 € d'amende le fait de procurer ou proposer sciemment à autrui, directement ou indirectement, des moyens conçus ou spécialement adaptés pour porter atteinte à une mesure technique efficace telle que définie à l'article L. 331-5, par l'un des procédés suivants :

1° En fabriquant ou en important une application technologique, un dispositif ou un composant, à des fins autres que la recherche ;

2° En détenant en vue de la vente, du prêt ou de la location, en offrant à ces mêmes fins ou en mettant à disposition du public sous quelque forme que ce soit une application technologique, un dispositif ou un composant ;

3° En fournissant un service à cette fin ;

4° En incitant à l'usage ou en commandant, concevant, organisant, reproduisant, distribuant ou diffusant une publicité en faveur de l'un des procédés visés aux 1° à 3°.

III. — Ces dispositions ne sont pas applicables aux actes réalisés à des fins *[Dispositions déclarées non conformes à la Constitution par la décision du Conseil constitutionnel n° 2006-540 DC du 27 juill. 2006.]* **de sécurité informatique, dans les limites des droits prévus par le présent code.**

Aucune définition claire et précise de la notion d'« interopérabilité » n'ayant été donnée par le législateur, le Conseil constitutionnel a déclaré le mot « interopérabilité » non conforme à la Constitution (V. la décision n° 2006-540 DC du 27 juill. 2006 in extenso, App. Propriété littéraire et artistique, Dispositions communes).

Sur l'ensemble des dispositions pénales issues de la L. n° 2006-961 du 1er août 2006, V. la circulaire du garde des Sceaux du 3 janv. 2007, CRIM 2007 — 1/G3-030107.

Art. L. 335-4-2 *(L. n° 2006-961 du 1er août 2006, art. 23)* **I. — Est puni de 3 750 € d'amende le fait de supprimer ou de modifier, sciemment et à des fins autres que la recherche, tout élément d'information visé à l'article** *(L. n° 2009-669 du 12 juin 2009, art. 3)* **« L. 331-11 », par une intervention personnelle ne nécessitant pas l'usage d'une application technologique, d'un dispositif ou d'un composant existant, conçus ou spécialement adaptés à cette fin, dans le but de porter atteinte à un droit voisin du droit d'auteur, de dissimuler ou de faciliter une telle atteinte.**

II. — Est puni de six mois d'emprisonnement et de 30 000 € d'amende le fait de procurer ou proposer sciemment à autrui, directement ou indirectement, des moyens conçus ou spécialement adaptés pour supprimer ou modifier, même partiellement, un élément d'information visé à l'article *(L. n° 2009-669 du 12 juin 2009, art. 3)* **« L. 331-11 », dans le but de porter atteinte à un droit voisin du droit d'auteur, de dissimuler ou de faciliter une telle atteinte, par l'un des procédés suivants :**

1° En fabriquant ou en important une application technologique, un dispositif ou un composant, à des fins autres que la recherche ;

2° En détenant en vue de la vente, du prêt ou de la location, en offrant à ces mêmes fins ou en mettant à disposition du public sous quelque forme que ce soit une application technologique, un dispositif ou un composant ;

3° En fournissant un service à cette fin ;

4° En incitant à l'usage ou en commandant, concevant, organisant, reproduisant, distribuant ou diffusant une publicité en faveur de l'un des procédés visés aux 1° à 3°.

III. – Est puni de six mois d'emprisonnement et de 30 000 € d'amende le fait, sciemment, d'importer, de distribuer, de mettre à disposition du public sous quelque forme que ce soit ou de communiquer au public, directement ou indirectement, une interprétation, un phonogramme, un vidéogramme ou un programme, dont un élément d'information mentionné à l'article *(L. n° 2009-669 du 12 juin 2009, art. 3)* **« L. 331-11 » a été supprimé ou modifié dans le but de porter atteinte à un droit voisin du droit d'auteur, de dissimuler ou de faciliter une telle atteinte.**

IV. – Ces dispositions ne sont pas applicables aux actes réalisés à des fins *[Dispositions déclarées non conformes à la Constitution par la décision du Conseil constitutionnel n° 2006-540 DC du 27 juill. 2006.]* **de sécurité informatique, dans les limites des droits prévus par le présent code.**

Aucune définition claire et précise de la notion d'« interopérabilité » n'ayant été donnée par le législateur, le Conseil constitutionnel a déclaré le mot « interopérabilité » non conforme à la Constitution (V. la décision n° 2006-540 DC du 27 juill. 2006 in extenso, App. Propriété littéraire et artistique, Dispositions communes).

Sur l'ensemble des dispositions pénales issues de la L. n° 2006-961 du 1er août 2006, V. la circulaire du garde des Sceaux du 3 janv. 2007, CRIM 2007 – 1/G3-030107.

Art. L. 335-5 *(L. n° 94-102 du 5 févr. 1994, art. 3)* **Dans le cas de condamnation fondée sur l'une des infractions définies aux** *(L. n° 2006-961 du 1er août 2006, art. 26)* **« articles L. 335-2 à L. 335-4-2 », le tribunal peut ordonner la fermeture totale ou partielle, définitive ou temporaire, pour une durée au plus de cinq ans, de l'établissement ayant servi à commettre l'infraction.**

La fermeture temporaire ne peut entraîner ni rupture ni suspension du contrat de travail, ni aucun préjudice pécuniaire à l'encontre des salariés concernés. Lorsque la fermeture définitive entraîne le licenciement du personnel, elle donne lieu, en dehors de l'indemnité de préavis et de l'indemnité de licenciement, aux dommages et intérêts, prévus aux articles L. 122-14-4 *[C. trav., art. L. 1235-2 à L. 1235-4, L. 1235-11 à L. 1235-13.]* **et L. 122-14-5** *[C. trav., art. L. 1235-5.]* **du code du travail en cas de rupture de contrat de travail. Le non-paiement de ces indemnités est puni de six mois d'emprisonnement et de 3750 € d'amende.**

Sur l'ensemble des dispositions pénales issues de la L. n° 2006-961 du 1er août 2006, V. la circulaire du garde des Sceaux du 3 janv. 2007, CRIM 2007 – 1/G3-030107.

Art. L. 335-6 *(L. n° 2007-1544 du 29 oct. 2007, art. 38)* **Les personnes physiques coupables de l'une des infractions prévues aux articles L. 335-2 à L. 335-4-2 peuvent en outre être condamnées, à leurs frais, à retirer des circuits commerciaux les objets jugés contrefaisants et toute chose qui a servi ou était destinée à commettre l'infraction.**

La juridiction peut prononcer la confiscation de tout ou partie des recettes procurées par l'infraction ainsi que celle de tous les phonogrammes, vidéogrammes, objets et exemplaires contrefaisants ou reproduits illicitement ainsi que du matériel spécialement installé en vue de la réalisation du délit.

Elle peut ordonner la destruction, aux frais du condamné, ou la remise à la partie lésée des objets et choses retirés des circuits commerciaux ou confisqués, sans préjudice de tous dommages et intérêts.

Elle peut également ordonner, aux frais du condamné, l'affichage du jugement ou la diffusion du jugement prononçant la condamnation, dans les conditions prévues à l'article 131-35 du code pénal.

Ancien art. L. 335-6 (L. n° 2006-961 du 1er août 2006, art. 26) ***« En cas de condamnation pour l'un des délits prévus et réprimés au présent chapitre, » le tribunal peut prononcer la confiscation de tout ou partie des recettes procurées par l'infraction ainsi que celle de tous les phonogrammes,***

vidéogrammes, objets et exemplaires contrefaisants ou reproduits illicitement et du matériel spécialement installé en vue de la réalisation du délit.

Il peut également ordonner, aux frais du condamné, l'affichage du jugement prononçant la condamnation dans les conditions et sous les peines prévues à l'article 51 du code pénal [C. pén., art. 131-35.], ***ainsi que sa publication intégrale ou par extraits dans les journaux*** (L. n° 2004-575 du 21 juin 2004, art. 8) ***« sur les services de communication au public en ligne » qu'il désigne, sans que les frais de cette publication puissent excéder le montant maximum de l'amende encourue.*** — [L. n° 57-298 du 11 mars 1957, art. 73.]

Sur l'ensemble des dispositions pénales issues de la L. n° 2006-961 du 1er août 2006, V. la circulaire du garde des Sceaux du 3 janv. 2007, CRIM 2007 — 1/G3-030107.

1. Confiscation des recettes. Au sens de l'art. L. 335-6, les recettes dont la confiscation est prescrite en vue d'indemniser la victime doivent s'entendre du profit retiré de la contrefaçon ; dès lors, doit être cassé l'arrêt de cour d'appel qui a ordonné la confiscation du produit total de la vente des marchandises contrefaisantes. • Cass. ch. mixte, 5 nov. 1976 : *D. 1977. 221, note X. L. ; RIDA juill. 1977, p. 138 ; RTD com. 1976. 728, obs. Desbois.*

2. La mesure de confiscation est à la fois une mesure de sûreté et une réparation civile. • Paris, 3 mars 1988 : *Cah. dr. auteur, juin 1988, p. 28.* ♦ ... Qui peut être prononcée par les juridictions civiles, même en dehors de toute sanction pénale. • Civ. 8 févr. 1910 : *DP 1914. 1. 245.*

3. Confiscation du matériel de contrefaçon. La confiscation du matériel utilisé pour réaliser la contrefaçon n'est possible que si ce dernier a été spécialement installé en vue de la réalisation du délit. • T. civ. Seine, 15 févr. 1952 : *Gaz. Pal. 1952. 1. 164.*

4. Confiscation de l'œuvre contrefaisante. La confiscation de l'œuvre contrefaisante, prévue par l'art. L. 335-6, ne peut être prononcée que lorsque la responsabilité du contrefacteur a été retenue à l'issue de l'action en contrefaçon. • Paris, 12 sept. 1997 : *D. 1999. Somm. 68, obs. Colombet* . ♦ En cas de non-lieu du chef de contrefaçon ou fraude en matière artistique, s'il est établi que les œuvres constituent des faux, la juridiction d'instruction ne peut qu'ordonner leur remise au plaignant ou leur confiscation. • Crim. 24 avr. 2001 : *CCE 2002, n° 54, note Caron.*

5. Peine complémentaire. La peine complémentaire de diffusion de la décision, qui ne figure pas parmi les peines complémentaires applicables à tout délit énumérées à l'art. 131-6 C. pén., ne peut être prononcée en matière de contrefaçon. • Grenoble, 18 janv. 2001 : *Expertises 2001, p. 188.*

6. Destruction des objets saisis. Méconnaît les dispositions de l'art. L. 335-6 la cour d'appel qui ordonne la destruction des objets contrefaisants saisis. • Crim. 19 avr. 2005 : *D. 2005. AJ 1416, obs. Daleau ; CCE 2005, n° 110, note Caron.*

Art. L. 335-7

Art. L. 335-7 *(L. n° 2009-1311 du 28 oct. 2009, art. 7)* **Lorsque l'infraction est commise au moyen d'un service de communication au public en ligne, les personnes coupables des infractions prévues aux articles L. 335-2, L. 335-3 et L. 335-4 peuvent en outre être condamnées à la peine complémentaire de suspension de l'accès à un service de communication au public en ligne pour une durée maximale d'un an, assortie de l'interdiction de souscrire pendant la même période un autre contrat portant sur un service de même nature auprès de tout opérateur.**

Lorsque ce service est acheté selon des offres commerciales composites incluant d'autres types de services, tels que services de téléphonie ou de télévision, les décisions de suspension ne s'appliquent pas à ces services.

La suspension de l'accès n'affecte pas, par elle-même, le versement du prix de l'abonnement au fournisseur du service. L'article L. 121-84 *[nouv. art. L. 224-9 et L. 224-33]* **du code de la consommation n'est pas applicable au cours de la période de suspension.**

Les frais d'une éventuelle résiliation de l'abonnement au cours de la période de suspension sont supportés par l'abonné.

Lorsque la décision est exécutoire, la peine complémentaire prévue au présent article est portée à la connaissance de la Haute Autorité pour la diffusion des œuvres et la protection des droits sur internet, qui la notifie à la personne dont l'activité est d'offrir un accès à des services de communication au public en ligne afin qu'elle mette en œuvre, dans un délai de quinze jours au plus à compter de la notification, la suspension à l'égard de l'abonné concerné.

Le fait, pour la personne dont l'activité est d'offrir un accès à des services de communication au public en ligne, de ne pas mettre en œuvre la peine de suspension qui lui a été notifiée est puni d'une amende maximale de 5 000 €.

Le 3° de l'article 777 du code de procédure pénale n'est pas applicable à la peine complémentaire prévue par le présent article.

Jurisprudence rendue sous l'empire de l'ancien art. L. 335-7.

A. PRÉJUDICE

1° PREUVE

1. L'action civile est, conformément au droit commun mais à la différence de l'action pénale, subordonnée à la preuve d'un préjudice subi par le demandeur ; V. admettant toutefois que la SPADEM, à défaut d'obtenir des dommages-intérêts, peut obtenir paiement des droits de reproduction relatifs aux œuvres reproduites sans autorisation. • Paris, 27 oct. 1992 : *RIDA avr. 1993, p. 229.* ♦ V. cependant pour l'admission d'une présomption relative à l'existence d'un préjudice né automatiquement des seuls actes de contrefaçon. • Paris, 1er oct. 1990 : *RIDA juill. 1991, p. 206, note Kérever.*

2° NATURE

2. L'utilisation de séquences enregistrées pour un film dans le cadre d'un téléfilm diffusé sans l'accord des artistes-interprètes et tiré en partie du film mais d'une durée bien supérieure à celui-ci, génère, pour les interprètes, un préjudice constitué d'une part par la perte du gain que ces derniers auraient obtenu en donnant leur autorisation à ce qui constitue une œuvre nouvelle et distincte, d'autre part du gain qu'ils auraient obtenu en participant à de nouveaux tournages et enfin par l'atteinte à l'image professionnelle. • Paris, 18 déc. 1989 : *JCP 1990. I. 3478, n° 27, obs. Edelman ; D. 1990. Somm. 353, obs. Hassler* ; *D. 1991. Somm. 100, obs. Colombet.*

3. Le préjudice peut être moral, notamment en cas d'atteinte aux prérogatives d'ordre spirituel, comme le droit à la paternité. • TGI Paris, 13 nov. 1970 : *D. 1971. Somm. 84* • 25 avr. 1969 : *RIDA juill. 1970, p. 153.* ♦ ... Ou du fait de voir vendre les modèles contrefaits dans une maison de second ordre. • Paris, 21 déc. 1960 : *Ann. propr. ind. 1961. 313.*

3° ÉVALUATION

4. Les juges du fond ont en la matière un pouvoir souverain. • Crim. 15 mars 1962 : *Bull. crim., n° 135.* ♦ ... Et ne sont même pas tenus de préciser les éléments qui leur ont permis de déterminer le quantum de la réparation due. • Civ. 1re, 28 févr. 1962 : *Bull. civ. I, n° 131.*

5. L'évaluation du gain manqué se fera par référence au chiffre d affaires dont a été privée la victime, notamment par comparaison avec le chiffre d'affaires réalisé par le contrefacteur. • Com. 24 mars 1992 : *Bull. civ. IV, n° 126.* ♦ ... Ce chiffre ne constituant pas un plafond. • Dijon, 9 avr. 1992 : *D. 1993. Somm. 94, obs. Colombet.* ♦ Sur l'appréciation du préjudice subi par un artiste-interprète du fait de la commercialisation de l'enregistrement de son concert, V. • Civ. 1re, 8 janv. 2002 : *Légipresse 2002, n° 191, I, p. 54.*

6. Les juges du fond, dans la recherche du profit que le prévenu aurait retiré d'une exploitation licite, ne sont pas liés par les dispositions de l'art. L. 131-4 (rémunération forfaitaire) et le contrefacteur n'est pas recevable à les opposer au titulaire des droits d'auteur. • Civ. 1re, 29 nov. 1989 : *RIDA avr. 1990, p. 206.*

7. Les juges du fond ne peuvent refuser d'inclure dans le préjudice indemnisable la contrepartie de la redevance complémentaire demandée au titre de chaque représentation à partir d'un phonogramme et fondée sur le droit de reproduction mécanique sans méconnaître le principe de réparation intégrale du préjudice. • Crim. 20 juin 1990 : *RIDA oct. 1990, p. 274.*

B. MODE DE RÉPARATION

1° CONFISCATION

8. La confiscation doit être prise en compte dans le calcul des dommages-intérêts dus. • Paris, 25 janv. 1968 : *RIDA juill. 1968, p. 174 ; RTD com. 1968. 344, obs. Desbois.* ♦ ... Mais peut ne pas suffire à indemniser intégralement l'ayant droit qui pourra compter sur un surplus par les voies ordinaires. • Com. 21 nov. 1972 : *Bull. civ. IV, n° 297 ; JCP 1973. IV. 7.*

2° AVERTISSEMENT

9. Si l'atteinte (bruits incongrus introduits dans la bande-son d'un film par le réalisateur) à l'interprétation d'un grand chef utilisée dans un film ne saurait justifier des mesures (suppression d'éléments visuels et sonores du film) qui porteraient à leur tour atteinte aux droits moraux des auteurs du film, il est possible d'ordonner l'insertion d'un avertissement qui succède immédiatement au générique. • TGI Paris, 10 janv. 1990 : *D. 1991. 206, note Edelman ; D. 1991. Somm. 99, obs. Colombet ; RIDA juill. 1990, p. 368.*

10. Le juge peut ordonner l'apposition de mentions sur des pochettes de disques. • TGI Paris, réf., 30 mars 1989 : *Cah. dr. auteur, avr. 1989, p. 15.*

Art. L. 335-7-1 *(L. n° 2009-1311 du 28 oct. 2009, art. 8)* **Pour les contraventions de la cinquième classe prévues par le présent code, lorsque le règlement le prévoit, la peine complémentaire définie à l'article L. 335-7 peut être prononcée selon les mêmes modalités, en cas de négligence caractérisée, à l'encontre du titulaire de l'accès à un**

service de communication au public en ligne auquel la commission de protection des droits, en application de l'article L. 331-25, a préalablement adressé, par voie d'une lettre remise contre signature ou de tout autre moyen propre à établir la preuve de la date de présentation, une recommandation l'invitant à mettre en œuvre un moyen de sécurisation de son accès à internet.

La négligence caractérisée s'apprécie sur la base des faits commis au plus tard un an après la présentation de la recommandation mentionnée à l'alinéa précédent.

Dans ce cas, la durée maximale de la suspension est d'un mois.

Le fait pour la personne condamnée à la peine complémentaire prévue par le présent article de ne pas respecter l'interdiction de souscrire un autre contrat d'abonnement à un service de communication au public en ligne pendant la durée de la suspension est puni d'une amende d'un montant maximal de 3 750 €.

Art. L. 335-7-2 *(L. n° 2009-1311 du 28 oct. 2009, art. 9)* **Pour prononcer la peine de suspension prévue aux articles L. 335-7 et L. 335-7-1 et en déterminer la durée, la juridiction prend en compte les circonstances et la gravité de l'infraction ainsi que la personnalité de son auteur, et notamment l'activité professionnelle ou sociale de celui-ci, ainsi que sa situation socio-économique. La durée de la peine prononcée doit concilier la protection des droits de la propriété intellectuelle et le respect du droit de s'exprimer et de communiquer librement, notamment depuis son domicile.**

Art. L. 335-8 *(L. n° 2009-526 du 12 mai 2009, art. 125)* **« Les personnes morales déclarées responsables pénalement, dans les conditions prévues par l'article 121-2 du code pénal, des infractions définies aux articles L. 335-2 à L. 335-4-2 encourent, outre l'amende suivant les modalités prévues par l'article 131-38 du code pénal, les peines prévues par l'article 131-39 du même code. »**

(L. n° 2007-1544 du 29 oct. 2007, art. 38) **« L'interdiction mentionnée au 2° de l'article 131-39 du même code porte sur l'activité dans l'exercice ou à l'occasion de l'exercice de laquelle l'infraction a été commise.**

« Les personnes morales déclarées pénalement responsables peuvent en outre être condamnées, à leurs frais, à retirer des circuits commerciaux les objets jugés contrefaisants et toute chose qui a servi ou était destinée à commettre l'infraction.

« La juridiction peut ordonner la destruction aux frais du condamné ou la remise à la partie lésée des objets et choses retirés des circuits commerciaux ou confisqués, sans préjudice de tous dommages et intérêts. »

COMMENTAIRE

La loi du 29 octobre 2007 a ajouté la possibilité pour le juge de prononcer, à l'encontre des personnes morales, les sanctions également prévues à l'article L. 335-6 à propos des personnes physiques. Soit :

– le retrait des circuits commerciaux, aux frais de la personne condamnée, des produits contrefaisants et de toute chose qui a servi ou était destinée à commettre l'infraction ;

– la destruction, aux frais du condamné, ou la remise à la partie lésée des objets et choses retirés des circuits commerciaux ou confisqués, sans préjudice de tous dommages et intérêts.

Ancien art. L. 335-8 (L. n° 92-1336 du 16 déc. 1992, art. 203) ***Les personnes morales peuvent être déclarées responsables pénalement dans les conditions prévues par l'article 121-2 du code pénal des*** (L. n° 2006-961 du 1er août 2006, art. 26) ***« délits prévus et réprimés au présent chapitre ».***

Les peines encourues par les personnes morales sont :

1° L'amende, suivant les modalités prévues par l'article 131-38 ;

2° Les peines mentionnées à l'article 131-39.

L'interdiction mentionnée au 2° de l'article 131-39 porte sur l'activité dans l'exercice ou à l'occasion de l'exercice de laquelle l'infraction a été commise.

Sur l'ensemble des dispositions pénales issues de la L. n° 2006-961 du 1er août 2006, V. la circulaire du garde des Sceaux du 3 janv. 2007, CRIM 2007 — 1/G3-030107.

Les dirigeants de personnes morales peuvent engager leur responsabilité civile s'ils ont commis des fautes personnelles ; ainsi, au sujet d'une décision de diffuser dans une discothèque des œuvres musicales sans autorisation des titulaires de droits, V. • Civ. 1re, 2 déc. 1992 : *RIDA janv. 1993, p. 179.*

Art. L. 335-9 (*L. n° 2009-526 du 12 mai 2009, art. 122-XII*) **« Si l'auteur de l'un des délits prévus et réprimés par le présent chapitre est ou a été lié » par convention avec la partie lésée, les peines encourues sont portées au double.**

Sur l'ensemble des dispositions pénales issues de la L. n° 2006-961 du 1er août 2006, V. la circulaire du garde des Sceaux du 3 janv. 2007, CRIM 2007 – 1/G3-030107.

CHAPITRE V *BIS* LA RETENUE

(*L. n° 2014-315 du 11 mars 2014, art. 7*)

COMMENTAIRE

Pour ce chapitre, voir le commentaire sous l'article L. 521-14.

Art. L. 335-10 **En dehors des cas prévus par la réglementation de l'Union européenne, l'administration des douanes peut, sur demande écrite du titulaire d'un droit d'auteur ou d'un droit voisin, assortie des justifications de son droit, retenir dans le cadre de ses contrôles les marchandises que celui-ci prétend constituer une contrefaçon.**

Cette retenue est immédiatement notifiée au demandeur et au détenteur. Le procureur de la République est également informé de ladite mesure par l'administration des douanes.

Lors de la notification mentionnée à la première phrase du deuxième alinéa du présent article, la nature et la quantité réelle ou estimée ainsi que des images des marchandises sont communiquées au titulaire du droit d'auteur ou du droit voisin, par dérogation à l'article 59 *bis* du code des douanes. Ces informations peuvent également être communiquées avant la mise en œuvre de la mesure prévue au présent article.

Sous réserve des procédures prévues aux articles L. 335-14 et L. 335-15 du présent code, la mesure de retenue est levée de plein droit à défaut pour le demandeur, dans le délai de dix jours ouvrables, ou de trois jours ouvrables pour les denrées périssables, à compter de la notification de la retenue des marchandises, de justifier auprès de l'administration des douanes soit de mesures conservatoires décidées par la juridiction civile compétente, soit de s'être pourvu par la voie civile ou la voie correctionnelle et d'avoir constitué les garanties destinées à l'indemnisation éventuelle du détenteur des marchandises au cas où la contrefaçon ne serait pas ultérieurement reconnue, soit d'avoir déposé une plainte auprès du procureur de la République. L'administration des douanes peut proroger le délai de dix jours ouvrables prévu au présent alinéa de dix jours ouvrables maximum sur requête dûment motivée du demandeur. En cas de prorogation du délai, le procureur de la République et le détenteur des marchandises en sont informés.

Les frais liés à la mesure de retenue ou aux mesures conservatoires prononcées par la juridiction civile compétente sont à la charge du demandeur.

Aux fins de l'engagement des actions en justice mentionnées au quatrième alinéa du présent article, le demandeur peut obtenir de l'administration des douanes communication des nom et adresse de l'expéditeur, de l'importateur, du destinataire et du déclarant des marchandises retenues ou de leur détenteur, ainsi que des images de ces marchandises et des informations sur leur quantité, leur origine, leur provenance et leur destination, par dérogation à l'article 59 *bis* du code des douanes.

La retenue mentionnée au premier alinéa du présent article ne porte pas :

1° Sur les marchandises de statut communautaire, légalement fabriquées ou mises en libre pratique dans un État membre de l'Union européenne et destinées, après avoir emprunté le territoire douanier défini à l'article 1er du code des douanes, à être mises sur le marché d'un autre État membre de l'Union européenne pour y être légalement commercialisées ;

2° Sur les marchandises de statut communautaire, légalement fabriquées ou mises en libre pratique dans un autre État membre de l'Union européenne, dans lequel elles ont été placées sous le régime du transit, et qui sont destinées, après avoir transité sur le territoire douanier défini au même article 1er, à être exportées vers un État non membre de l'Union européenne.

Pour l'application des art. L. 335-10 à L. 335-18, V. art. R. 335-6 s.

Sur les mesures communautaires de lutte contre la circulation des marchandises pirates, V. Règl. (CE) n° 608/2013 du 12 juin 2013 concernant le contrôle, par les autorités douanières, du respect des droits de propriété intellectuelle et abrogeant le Règl. (CE) nº 1383/2003 du 22 juill. 2013 à compter du 1er janv. 2014, App., vº Propriété industrielle.

Pour l'application des dispositions du présent livre aux territoires d'outre-mer et à la collectivité territoriale de Mayotte, V. art. L. 811-1 et L. 811-2.

Sur l'amnistie des délits commis à l'occasion de conflits relatifs aux problèmes de l'enseignement ou de délits relatifs à la reproduction d'œuvres ou à l'usage de logiciels à des fins pédagogiques et sans but lucratif, commis avant le 17 mai 2002 et passibles de moins de dix ans d'emprisonnement, V. L. nº 2002-1062 du 6 août 2002, art. 1er et 3-3º (JO 9 août). — **C. pén.**

BIBL. ▶ DREYER, *D. 2015. 1164* (propriétés intellectuelles : prendre (enfin) le droit pénal au sérieux).

Ancien art. L. 335-10 (Abrogé par L. nº 2014-315 du 11 mars 2014, art. 7) (L. nº 94-102 du 5 févr. 1994, art. 5) ***L'administration des douanes peut, sur demande écrite du titulaire d'un droit d'auteur ou d'un droit voisin, assortie de justifications de son droit dans les conditions prévues par décret en Conseil d'État, retenir dans le cadre de ses contrôles les marchandises que celui-ci prétend constituer une contrefaçon de ce droit.*** — V. art. R. 335-1.

Le procureur de la République, le demandeur, ainsi que le déclarant ou le détenteur des marchandises sont informés sans délai, par les services douaniers, de la retenue à laquelle ces derniers ont procédé.

La mesure de retenue est levée de plein droit à défaut pour le demandeur, dans le délai de dix jours ouvrables à compter de la notification de la retenue des marchandises, de justifier auprès des services douaniers :

— soit des mesures conservatoires prévues par l'article L. 332-1 ;

— soit de s'être pourvu par la voie civile ou la voie correctionnelle et d'avoir constitué les garanties requises pour couvrir sa responsabilité éventuelle au cas où la contrefaçon ne serait pas ultérieurement reconnue.

Aux fins de l'engagement des actions en justice visées à l'alinéa précédent, le demandeur peut obtenir de l'administration des douanes communication des noms et adresses de l'expéditeur, de l'importateur et du destinataire des marchandises retenues, ou de leur détenteur, ainsi que de leur quantité, nonobstant les dispositions de l'article 59 bis du code des douanes, relatif au secret professionnel auquel sont tenus les agents de l'administration des douanes.

(L. nº 2003-706 du 1er août 2003, art. 84) ***« La retenue mentionnée au premier alinéa ne porte pas sur les marchandises de statut communautaire, légalement fabriquées ou mises en libre pratique dans un État membre de la Communauté européenne et destinées, après avoir emprunté le territoire douanier tel que défini à l'article 1er du code des douanes, à être mises sur le marché d'un autre État membre de la Communauté européenne, pour y être légalement commercialisées. »***

Les dispositions du code de la propriété intellectuelle qui permettent de retenir des contrefaçons en douane sont contraires au principe de libre circulation des marchandises dès lors que ces dernières (pièces détachées automobiles), légalement fabriquées dans un État membre de la Communauté européenne, sont destinées, après avoir transité sur le territoire français, à être mises licitement sur le marché d'un autre État membre. • CJCE 26 sept. 2000 : *D. 2000. AJ 440 ; CCE 2001, nº 1, obs. Caron ; Dossiers Brevets 2000. IV. 1 ; PIBD 2001. III. 18 ; RTD eur. 2002. 375, obs. Bonet*. ♦ L'art. 28 du Traité CE s'oppose à la mise en œuvre, en application d'une législation d'un État membre en matière de propriété intellectuelle, des procédures de retenue des autorités douanières dirigées contre les marchandises légalement fabriquées dans un autre État membre et destinées, après avoir transité par le territoire du premier État membre, à être mises sur le marché d'un pays tiers. L'opération de transit ne constituant pas une mise sur le marché, une mesure de retenue en douane, telle que celle opérée par l'administration des Douanes, ne saurait être justifiée par des raisons de protection de la propriété industrielle et commerciale. • CJCE 23 oct. 2003, *Administration des Douanes : Propr. ind. 2004, nº 23, note Folliart-Monguiral ; ibid. 2004, nº 24, obs. Kamina ; RTD eur. 2004. 133, obs. Bonet*. ♦ Décision reprise par la Cour de cassation, V. • Com. 31 mars 2004 : *Bull. civ. IV, nº 66 ; D. 2004. AJ 1239, note Daleau ; PIBD 2004. III. 414 ; Propr. intell. 2004, nº 13, p. 940, obs. De Haas* • 21 sept. 2004 : *Bull. crim. nº 215 ; D. 2004. AJ 2856, note Allaeys ; Propr. ind. 2004, nº 100, note Kamina ; Propr. intell. 2005, nº 17, p. 456, obs. De Candé ; RIDA janv. 2005, p. 193, note Kérever.* ♦ L'enveloppe Soleau peut servir de fondement à la requête en saisie-contrefaçon. • Civ. 1re, 20 oct. 2011 : *Propr. intell. 2012, nº 42, p. 39, obs. A. Lucas.*

Art. L. 335-11 **En l'absence de demande écrite du titulaire d'un droit d'auteur ou d'un droit voisin et en dehors des cas prévus par la réglementation de l'Union euro-**

péenne, l'administration des douanes peut, dans le cadre de ses contrôles, retenir des marchandises susceptibles de porter atteinte à un droit d'auteur ou à un droit voisin.

Cette retenue est immédiatement notifiée au titulaire du droit d'auteur ou du droit voisin. Le procureur de la République est également informé de ladite mesure par l'administration des douanes.

Lors de la notification mentionnée à la première phrase du deuxième alinéa du présent article, la nature et la quantité réelle ou estimée ainsi que des images des marchandises sont communiquées au titulaire du droit d'auteur ou du droit voisin, par dérogation à l'article 59 *bis* du code des douanes. Ces informations peuvent également être communiquées avant la mise en œuvre de la mesure prévue au présent article.

La mesure de retenue est levée de plein droit si l'administration des douanes n'a pas reçu du titulaire du droit d'auteur ou du droit voisin la demande prévue à l'article L. 335-10 du présent code, déposée dans un délai de quatre jours ouvrables à compter de la notification de la retenue mentionnée à la première phrase du deuxième alinéa du présent article.

Si la demande a été reçue conformément au quatrième alinéa du présent article, le délai de dix jours ouvrables mentionné au quatrième alinéa de l'article L. 335-10 commence à courir à compter de l'acceptation de cette demande par l'administration des douanes.

Le présent article n'est pas applicable aux marchandises périssables.

V. 1re note ss. art. L. 335-10.

Art. L. 335-12 **I. — Lorsque la retenue prévue par la réglementation de l'Union européenne et portant sur des marchandises soupçonnées de constituer une contrefaçon d'un droit d'auteur ou d'un droit voisin est mise en œuvre avant qu'une demande du titulaire du droit ait été déposée ou acceptée, les agents des douanes peuvent, par dérogation à l'article 59 *bis* du code des douanes, informer ce titulaire de la mise en œuvre de cette mesure. Ils peuvent également lui communiquer des informations portant sur la quantité des *[de]* marchandises et leur nature.**

Lorsque la retenue prévue par la réglementation de l'Union européenne et portant sur des marchandises soupçonnées de constituer une contrefaçon d'un droit d'auteur ou d'un droit voisin est mise en œuvre après qu'une demande du titulaire du droit a été acceptée, les agents des douanes peuvent également communiquer à ce titulaire les informations prévues par cette réglementation, nécessaires pour déterminer s'il y a eu violation de son droit.

II. — Les frais générés par la mise en œuvre de la retenue mentionnée au I sont à la charge du titulaire du droit d'auteur ou du droit voisin.

V. 1re note ss. art. L. 335-10.

Art. L. 335-13 **Pendant le délai de la retenue mentionnée à l'article L. 335-10 et au second alinéa du I de l'article L. 335-12, le titulaire du droit d'auteur ou du droit voisin peut, à sa demande ou à la demande de l'administration des douanes, inspecter les marchandises retenues.**

Lors du contrôle des marchandises mises en retenue, l'administration des douanes peut prélever des échantillons. A la demande du titulaire du droit d'auteur ou du droit voisin, ces échantillons peuvent lui être remis aux seules fins d'analyse et en vue de faciliter les actions qu'il peut être amené à engager par la voie civile ou pénale.

V. 1re note ss. art. L. 335-10.

Art. L. 335-14 **I. — Lorsque la retenue portant sur des marchandises soupçonnées de constituer une contrefaçon de droit d'auteur ou de droit voisin est mise en œuvre après qu'une demande mentionnée à l'article L. 335-10 a été acceptée, les marchandises soupçonnées de porter atteinte à un droit d'auteur ou *[à]* un droit voisin enregistré peuvent être détruites sous le contrôle des agents des douanes dès lors que les conditions suivantes sont remplies :**

1° Le demandeur a confirmé par écrit et par une expertise détaillée aux autorités douanières, dans un délai de dix jours ouvrables, ou de trois jours ouvrables pour les denrées périssables, à partir de la notification de la retenue, le caractère contrefaisant des marchandises ;

2° Le demandeur a confirmé par écrit aux autorités douanières, dans un délai de dix jours ouvrables, ou de trois jours ouvrables pour les denrées périssables, à partir de la notification de la retenue, qu'il consent à la destruction, sous sa responsabilité, des marchandises ;

3° Le détenteur des marchandises a confirmé par écrit aux autorités douanières, dans un délai de dix jours ouvrables, ou de trois jours ouvrables pour les denrées périssables, à partir de la notification de la retenue, qu'il consent à la destruction des marchandises.

II. – Si le détenteur des marchandises n'a, dans le délai mentionné au 3° du I, ni confirmé qu'il consent à la destruction des marchandises, ni informé l'administration des douanes qu'il s'oppose à leur destruction, il est réputé avoir consenti à cette destruction.

III. – Lorsque le détenteur des marchandises n'a pas confirmé par écrit qu'il consent à leur destruction et qu'il n'est pas réputé avoir consenti à la destruction des marchandises dans les délais prévus, l'administration des douanes en informe immédiatement le demandeur, lequel, dans un délai de dix jours ouvrables, ou de trois jours ouvrables pour les denrées périssables, à partir de la notification de la retenue, prend les mesures mentionnées au quatrième alinéa de l'article L. 335-10. Le délai de dix jours peut être prorogé de dix jours ouvrables maximum sur requête dûment motivée du demandeur. En cas de prorogation du délai, le procureur de la République et le détenteur des marchandises en sont informés.

Si les conditions prévues au I du présent article ne sont pas réunies et si le demandeur n'a pas justifié auprès de l'administration des douanes qu'il a pris les mesures mentionnées au quatrième alinéa de l'article L. 335-10, la mesure de retenue est levée de plein droit.

IV. – Dans le cadre de la communication d'informations prévues au troisième alinéa des articles L. 335-10 et L. 335-11, les autorités douanières informent le demandeur de l'existence de la procédure prévue au présent article. Les informations prévues au sixième alinéa de l'article L. 335-10 peuvent également être communiquées au demandeur aux fins de mise en œuvre de la présente mesure.

V. 1re note ss. art. L. 335-10.

Arrêté du 29 juin 2015, *précisant la définition des denrées périssables dans le cadre du placement en retenue de marchandises présumées contrefaisantes par l'administration des douanes (JO 4 août).* **Art. 1er** La définition de la denrée périssable au sens des articles L. 335-14 et suivants, L. 521-14 et suivants, L. 614-36 et suivants, L. 623-36 et suivants, L. 716-8 et suivants, L. 722-9 et suivants et de l'article R. 335-14, à laquelle renvoient les articles R. 523-1, R. 614-36, R. 623-60, R. 716-6 et R. 722-7 du code de la propriété intellectuelle est identique à celle de l'article 2.20) du règlement *[(CE) n° 608/2013 du 12 juin 2013]* susvisé.

Règlement (UE) n° 608/2013 du Parlement européen et du Conseil du 12 juin 2013, *concernant le contrôle, par les autorités douanières, du respect des droits de propriété intellectuelle et abrogeant le règlement (CE) n° 1383/2003 du Conseil.* **Art. 2** *Définitions.* Aux fins du présent règlement, on entend par : (...) 20) "denrée périssable" : toute marchandise dont les autorités douanières estiment qu'elle se détériore si elle est conservée jusqu'à vingt jours à compter de la date de suspension de la mainlevée ou de retenue ; (...)

Art. L. 335-15 **I. – Lorsque la retenue portant sur des marchandises soupçonnées de constituer une contrefaçon de droit d'auteur ou de droit voisin est mise en œuvre après qu'une demande mentionnée à l'article L. 335-10 a été acceptée, les marchandises transportées en petits envois peuvent être détruites sous le contrôle des agents des douanes lorsque le demandeur a, dans sa demande, sollicité le recours à la procédure prévue au présent article.**

II. – La notification mentionnée à la première phrase du deuxième alinéa de l'article L. 335-10 est faite dans un délai d'un jour ouvrable à compter de la date de la mise

en retenue. Elle mentionne l'intention de l'administration des douanes de détruire ou non les marchandises et indique que :

1° Le détenteur des marchandises dispose d'un délai de dix jours ouvrables à compter de la notification de la retenue pour faire connaître à l'administration des douanes ses observations ;

2° Les marchandises concernées peuvent être détruites lorsque, dans un délai de dix jours ouvrables à partir de leur mise en retenue, le détenteur des marchandises a confirmé à l'administration des douanes qu'il consent à cette destruction. En cas de silence du détenteur des marchandises à l'issue de ce délai, le détenteur est réputé avoir consenti à leur destruction.

L'administration des douanes communique au demandeur, sur requête de celui-ci, les informations relatives à la quantité réelle ou estimée des marchandises détruites et à leur nature.

III. – Lorsque le détenteur des marchandises n'a pas confirmé par écrit qu'il consent à leur destruction ou lorsqu'il n'est pas réputé avoir consenti à leur destruction, l'administration des douanes en informe immédiatement le demandeur et lui communique la quantité, la nature ainsi que des images des marchandises.

IV. – La mesure de retenue est levée de plein droit à défaut pour le demandeur, dans le délai de dix jours ouvrables à compter de l'information prévue au III du présent article, de justifier auprès de l'administration des douanes qu'il a pris les mesures mentionnées au quatrième alinéa de l'article L. 335-10.

En vue de prendre ces mesures, le demandeur peut obtenir de l'administration des douanes communication des nom et adresse de l'expéditeur, de l'importateur, du destinataire et du détenteur des marchandises retenues ainsi que de leur quantité, leur origine, leur provenance et leur destination, par dérogation à l'article 59 *bis* du code des douanes.

V. – La définition des petits envois mentionnés au I du présent article est précisée par arrêté du ministre chargé des douanes.

VI. – Le présent article n'est pas applicable aux denrées périssables.

Sur les dispositions réglementaires applicables, V. 1re note ss. art. L. 335-10.

Sur la définition des denrées périssables, V. Arr. du 29 juin 2015 (JO 4 août) ss. art. L. 335-14.

Art. L. 335-16 Lorsque le demandeur utilise les informations qui lui sont communiquées par l'administration des douanes, par dérogation à l'article 59 *bis* du code des douanes, à d'autres fins que celles prévues au présent chapitre, l'administration des douanes abroge, suspend ou refuse de renouveler ladite demande.

V. 1re note ss. art. L. 335-10.

Art. L. 335-17 En vue de prononcer les mesures prévues aux articles L. 335-10 à L. 335-13, les agents des douanes appliquent les pouvoirs qui leur sont dévolus par le code des douanes.

V. 1re note ss. art. L. 335-10.

Art. L. 335-18 Un décret en Conseil d'État fixe :

1° Les conditions d'application des mesures prévues aux articles L. 335-10 à L. 335-16 ;

2° Les conditions dans lesquelles a lieu la destruction des marchandises susceptibles de porter atteinte à un droit d'auteur ou à un droit voisin prévue par la réglementation européenne en vigueur ainsi que les conditions du prélèvement d'échantillons préalable à ladite destruction.

V. notes ss. art. L. 335-10.

CHAPITRE VI PRÉVENTION DU TÉLÉCHARGEMENT ET DE LA MISE À DISPOSITION ILLICITES D'ŒUVRES ET D'OBJETS PROTÉGÉS PAR UN DROIT D'AUTEUR OU UN DROIT VOISIN *(L. n° 2009-669 du 12 juin 2009, art. 9).*

(L. n° 2006-961 du 1er août 2006, art. 27)

COMMENTAIRE

Ce chapitre, issu de la loi du 1er août 2006, vise à éviter les actes de contrefaçon accomplis par les internautes, notamment à l'occasion d'échanges non autorisés de fichiers d'éléments protégés. Il s'inscrit dans une logique préventive. Il a pour but des actions de sensibilisation et créé des contraintes à l'égard de personnes autres que les internautes, qui fournissent à ces derniers les moyens d'actes illicites.

La première voie (art. L. 336-1) consiste à permettre d'imposer, en référé, à un éditeur de logiciel, toutes mesures nécessaires à la protection du droit de propriété littéraire et artistique.

La deuxième (art. L. 336-2) contraint les fournisseurs d'accès à internet à adresser à leurs abonnés des messages de sensibilisation aux dangers du téléchargement et de la mise à disposition illicites d'éléments protégés. ☐

Art. L. 336-1 *(L. n° 2006-961 du 1er août 2006, art. 27)* **Lorsqu'un logiciel est principalement utilisé pour la mise à disposition illicite d'œuvres ou d'objets protégés par un droit de propriété littéraire et artistique, le président du tribunal de grande instance, statuant en référé, peut ordonner sous astreinte toutes mesures nécessaires à la protection de ce droit et conformes à l'état de l'art.**

Les mesures ainsi ordonnées ne peuvent avoir pour effet de dénaturer les caractéristiques essentielles ou la destination initiale du logiciel.

L'article L. 332-4 est applicable aux logiciels mentionnés au présent article.

COMMENTAIRE

Parfois présentée comme le « volet civil » de la lutte contre le téléchargement illicite (rappr. art. L. 335-2-1 CPI pour le volet dit pénal), cette disposition permet au juge des référés d'ordonner, sous astreinte, toutes mesures nécessaires à la protection des droits de propriété littéraire et artistique pourvu qu'elles soient conformes à l'état de l'art.

Le juge ne peut le faire que si le logiciel en cause est « principalement » utilisé pour la mise à disposition illicite d'éléments protégés par un droit de propriété littéraire et artistique. Peuvent être concernés les logiciels à usage « dévoyé », c'est-à-dire conçus pour un certain nombre d'usages mais détournés de ces fonctionnalités pour être majoritairement utilisés à des fins d'échanges illicites.

Les mesures ordonnées peuvent éventuellement consister en l'implémentation de dispositifs (par exemple, procédés de filtrage…) qui permettraient d'éviter ou de rendre plus difficiles les actes illicites. Elles ne doivent cependant pas avoir des effets disproportionnés comme une dénaturation des caractéristiques essentielles du logiciel ou l'impossibilité de répondre à sa destination initiale.

Si la responsabilité des personnes concernées devait être engagée, cela ne pourrait être qu'*a posteriori*, une fois que le dialogue entre elle et le juge se soit instauré et après que le ce dernier ait pris une décision restée sans effet. ☐

Les directives communautaires relatives à la société de l'information, au respect des droits de propriété intellectuelle et au traitement des données à caractère personnel n'imposent pas aux États membres l'obligation de communiquer des données à caractère personnel en vue d'assurer la protection effective du droit d'auteur dans le cadre d'une procédure civile. Toutefois, le droit communautaire exige de ces États que, lors de la transposition de ces directives, ils veillent à se fonder sur une interprétation de celles-ci qui permette d'assurer un juste équilibre entre les différents droits fondamentaux protégés par l'ordre juridique communautaire (décision rendue à propos d'un logiciel de *peer to peer*). • CJCE 29 janv. 2008 : *D. 2008. AJ 480, obs. Daleau ; RTD com. 2008. 302, obs. Pollaud-Dulian ; CCE 2008, n° 32, note Caron ; JCP 2008. II. 10099, note Derieux ; Légipresse 2008, III, p. 57, note Lesueur.*

Art. L. 336-2 *(L. nº 2009-669 du 12 juin 2009, art. 10)* **En présence d'une atteinte à un droit d'auteur ou à un droit voisin occasionnée par le contenu d'un service de communication au public en ligne, le tribunal de grande instance, statuant le cas échéant en la forme des référés, peut ordonner à la demande des titulaires de droits sur les œuvres et objets protégés, de leurs ayants droit,** *(Ord. nº 2016-1823 du 22 déc. 2016, art. 2-24º)* **« des organismes de gestion collective régis par le titre II du livre III » ou des organismes de défense professionnelle visés à l'article L. 331-1, toutes mesures propres à prévenir ou à faire cesser une telle atteinte à un droit d'auteur ou un droit voisin, à l'encontre de toute personne susceptible de contribuer à y remédier.** *(L. nº 2016-925 du 7 juill. 2016, art. 40-I)* **« La demande peut également être effectuée par le Centre national du cinéma et de l'image animée. »**

Les dispositions de la L. nº 2016-925 du 7 juill. 2016 et de l'Ord. nº 2016-1823 du 22 déc. 2016 sont applicables dans les îles Wallis-et-Futuna (L. préc., art. 115-III ; Ord. préc., art. 6).

La suggestion de sites ne constitue pas, en elle-même, une atteinte au droit d'auteur. • Paris, 3 mai 2011 : *D. 2011. AJ 1341, obs. Manara ; ibid. 2363, note Larrieu ; CCE 2011, nº 63, note Caron ; RIDA avr. 2011, p. 363, note Sirinelli.* ♦ Arrêt cassé • Civ. 1re, 12 juill. 2012 : *Bull. civ. I, nº 168 ; ibid. nº 166 ; D. 2012. AJ 1880, obs. Manara ; ibid. 2070, concl. Petit ; ibid. 2075, note Castets-Renard ; ibid. Pan. 2844, obs. Sirinelli ; RTD com. 2012, p. 771, obs. Pollaud-Dulian ; CCE 2012, nº 91, note Caron ; Gaz. Pal. 2012, nºs 207 à 209, p. 7, note Le Goffic ; Légipresse 2012, nº 298, p. 560, note Alleaume ; ibid., p. 567, note Allaeys ; RIDA oct. 2012, p. 413, note Sirinelli ; Propr. intell. 2012, nº 45, p. 413, obs. Bruguière ; ibid., p. 416, obs. A. Lucas.* ♦ Sur l'obligation imposée à cinq fournisseurs d'accès à internet de bloquer des sites de *streaming*, V. • TGI Paris, 28 nov. 2013 : *Propr. intell. 2014, nº 50, p. 91, obs. Bruguière ; Gaz. Pal. 2014, nº 64, p. 22, obs. Marino ; Légipresse 2014, nº 314, p. 158, note Alleaume.* ♦ ... Jugement confirmé en appel s'agissant de la légalité des mesures de blocage mais infirmé s'agissant de la charge de leur coût : • Paris, 15 mars 2016, nº 14/01359 : *Dalloz IP/IT 2016. 372, obs. Le Goffic ; Gaz. Pal. 2016, nº 24, p. 25, obs. Marino.* ♦ ... Et en cassation, considérant que les intermédiaires techniques sont tenus de supporter le coût des mesures de blocages et du déréférencement sauf si une mesure particulière devait s'avérer disproportionnée, eu égard à sa complexité, à son coût et à sa durée, au point de compromettre, à terme, la viabilité du modèle économique des intermédiaires : • Civ. 1re, 6 juill. 2017, nº 16-17.217 : *D. 2017. 2016, note Le Goffic ; LEPI sept. 2017, p. 1, obs. Bernault.* ♦ V. également : • TGI Paris, 4 déc. 2014 : *D. 2015. 2214, obs. Tréfigny ; JAC nº 21/2015, p. 13, note Scaramozzino ; Gaz. Pal. 2015. 18 note Marino ; RLDI févr. 2015. 26, note Grynbaum.*

Art. L. 336-3 *(L. nº 2009-669 du 12 juin 2009, art. 11)* **La personne titulaire de l'accès à des services de communication au public en ligne a l'obligation de veiller à ce que cet accès ne fasse pas l'objet d'une utilisation à des fins de reproduction, de représentation, de mise à disposition ou de communication au public d'œuvres ou d'objets protégés par un droit d'auteur ou par un droit voisin sans l'autorisation des titulaires des droits prévus aux livres Ier et II lorsqu'elle est requise.**

[Dispositions déclarées non conformes à la Constitution par la décision du Conseil constitutionnel nº 2009-580 DC du 10 juin 2009].

Le manquement de la personne titulaire de l'accès à l'obligation définie au premier alinéa n'a pas pour effet d'engager la responsabilité pénale de l'intéressé *(L. nº 2009-1311 du 28 oct. 2009, art. 10)* **« , sous réserve des articles L. 335-7 et L. 335-7-1 ».**

Ne justifie pas sa décision la cour d'appel qui, sans répondre aux conclusions de la partie civile qui faisait valoir que le contrat d'édition du 17 mars 1946, produit à cet effet et visé aux conclusions, qui emportait cession, sans limitation, pour tous les ouvrages portant cette mention, de la propriété pleine et entière, telle qu'elle est et pourra être définie par les lois sur la propriété littéraire, impliquait celle de son droit d'exploitation, pour la durée légale de protection, sous une forme non prévisible ou non prévue, y compris celle de son exploitation numérique. • Crim. 12 mars 2013 : *CCE 2013, nº 74, note Caron ; RTD com. 2013. 287, obs. Pollaud-Dulian.*

Code des postes et des communications électroniques

Art. L. 34-1 ....

III. — Pour les besoins de la recherche, de la constatation et de la poursuite des infractions pénales *(L. nº 2009-669 du 12 juin 2009, art. 14)* « ou d'un manquement à l'obligation définie à l'article L. 336-3 du code de la propriété intellectuelle », *(L. nº 2013-1168 du 18 déc. 2013, art. 24-II)* « ou pour les besoins de la prévention des atteintes aux systèmes de traitement automatisé de données prévues et réprimées par les articles 323-1 à 323-3-1 du code pénal » et dans le seul but de permettre, en tant que de besoin, la mise à disposition de l'autorité judiciaire *(L. nº 2009-669 du 12 juin 2009, art. 14)* « ou de la haute autorité mentionnée à l'article L. 331-12 du code de la propriété intellectuelle » *(L. nº 2013-1168 du 18 déc. 2013, art. 24-II)* « ou de l'autorité nationale de sécurité des systèmes d'information mentionnée à l'article L. 2321-1 du code de la défense » d'informations, il peut être différé pour une durée maximale d'un an aux opérations tendant à effacer ou à rendre anonymes certaines catégories de données techniques. Un décret en Conseil d'État, pris après avis de la Commission nationale de l'informatique et des libertés, détermine, *(L. nº 2004-669 du 9 juill. 2004, art. 10-II)* « dans les limites fixées par le *(Ord. nº 2011-1012 du 24 août 2011, art. 7-4º)* « VI », » ces catégories de données et la durée de leur conservation, selon l'activité des opérateurs et la nature des communications ainsi que les modalités de compensation, le cas échéant, des surcoûts identifiables et spécifiques des prestations assurées à ce titre, à la demande de l'État, par les opérateurs.

....

Les dispositions de la L. nº 2004-669 du 9 juill. 2009 sont applicables à Mayotte, en Nouvelle-Calédonie, en Polynésie française, dans les îles Wallis-et-Futuna et dans les Terres australes et antarctiques françaises (L. préc., art. 140-I à III).

Les I, II, III, IV et V deviennent respectivement les II, III, IV, V et VI (Ord. nº 2011-1012 du 24 août 2011, art. 7-Iº).

Les dispositions de l'Ord. nº 2011-1012 du 24 août 2011 sont applicables en Nouvelle-Calédonie, en Polynésie française et dans les îles Wallis-et-Futuna (Ord. préc., art. 7-8º).

Sans préjudice des dispositions de la L. nº 2013-1168 du 18 déc. 2013 qui s'y appliquent de plein droit, la présente loi s'applique sur l'ensemble du territoire de la République (L. préc., art. 57).

Indemnisation des FAI. La décision implicite par laquelle le Premier ministre a refusé de prendre les mesures réglementaires qu'implique nécessairement l'application de l'art. 14 de la L. du 12 juin 2009, codifié au III de l'art. L. 34-1 du CPCE, est annulée. Il est enjoint au Premier ministre de prendre les mesures réglementaires qu'implique nécessairement l'application de ces art. dans le délai de six mois à compter de la notification de la présente décision, sous astreinte de 100 euros par jour de retard. • CE, 23 déc. 2015, nº 383110 : *Dalloz IP/IT 2016. 150, obs. Henrard ; JS 2016, nº 160, p. 3 ; RJ éco. sport 2000, nº 54, p. 7 ; Rev. jur. éco. du Sport 2000, nº 54, p. 7 ; RLDI févr. 2016. 13, obs. Costes ; Légipresse 2016. 256 ; LEPI 2016, nº 3, p. 3, note Bernault.* ♦ En l'espèce, la HADOPI avait refusé de procéder au payement des factures adressées par le requérant qui, entre septembre 2010 et novembre 2015, avait traité plus de 2 400 000 demandes d'indentification d'adresses IP. Le Conseil d'État confirme que le délai raisonnable pour prendre le décret nécessaire à l'application de l'art. 34-III du CPCE était dépassé dans des conditions qui présentaient un caractère fautif. Il condamne l'État à versé au requérant 900 000 euros au titre des prestations fournies pour la période visée. • CE, 4 avr. 2016, nº 383110.

Art. L. 336-4 *(L. nº 2009-669 du 12 juin 2009, art. 11)* **Les caractéristiques essentielles de l'utilisation autorisée d'une œuvre ou d'un objet protégé, mis à disposition par un service de communication au public en ligne, sont portées à la connaissance de l'utilisateur d'une manière facilement accessible, conformément à l'article L. 331-10 du présent code et à l'article L. 111-1 du code de la consommation.**

TITRE QUATRIÈME DROITS DES PRODUCTEURS DE BASES DE DONNÉES

(L. nº 98-536 du 1er juill. 1998)

Les dispositions du présent livre sont applicables, à compter du 1er janv. 1998, à l'exception des dispositions pénales des art. L. 343-1 à L. 343-4 (L. nº 98-536 du 1er juill. 1998, art. 8).

Les bases de données dont la fabrication a été achevée depuis le 1er janv. 1983, et qui satisfont aux conditions des art. L. 341-1 à L. 342-5 du présent code, bénéficient d'une protection de 15 ans à compter du 1er janv. 1998 (L. nº 98-536 du 1er juill. 1998, art. 8).

Ces dispositions sont applicables dans les territoires d'outre-mer et dans la collectivité territoriale de Mayotte (L. nº 98-536 du 1er juill. 1998, art. 9).

BIBL. GÉN. ▶ Bécourt, *Gaz. Pal. 1998. 2. Doctr. 1045* (bases de données). – Bitan, Droit des créations immatérielles (logiciels, bases de données, autres œuvres du Web 2.0)), *Lamy, Axe droit, 2010*. – Bruning, *Expertises, déc. 1998, p. 380* (transposition de la directive base de données en France et en Allemagne : l'esprit du texte a-t-il été respecté ?). – Choisy, *ADI 1983, spéc. p. 35 s.* (banques de données, aspects contractuels). – Derclaye, *Propr. intell. 2007, nº 22, p. 19* (droits de propriété intellectuelle sur l'information et pouvoir de marché : comparaison entre les protections européenne et américaine des bases de données). – Gaudrat, *RTD com. 1999. 86* (champ de la protection par le droit *sui generis*). – Edelman, *D. 2000. Chron. 89* (les bases de données ou le triomphe des droits voisins). – Gaudrat, *RTD com. 1998. 600* ; *ibid. 1999. 86* ; *ibid. 1999. 411*(commentaire de la loi du 1er juillet 1998). – Kabre, *RIDA avr. 2009, p. 3* (droit des bases de données et pays en développement). – Koumantos, *RIDA janv. 1997, p. 79* (les bases de données dans la directive communautaire). – A. Lucas et Vivant, Les nouvelles technologies de l'information, Recension technique et première analyse de leur impact sur la propriété littéraire et artistique, *IDATE, 1993*. – A. Lucas, La protection des banques de données, Rapport général au Congrès de l'ALAI, *éd. Yvon Blais Inc., Québec, sept. 1989* ; Droit d'auteur et numérique, *Litec, 1998*. – Mallet-Poujol, *DIT 1996, nº 1, p. 6* (la directive concernant la protection juridique des bases de données : une gageure) ; La création multimédia et le droit, *Litec, 2000*. – Meyrueis-Pebeyre, *Propr. ind. 2006. Étude 19* (actualité de la protection des bases de données – 2005). – Pierrat, *Légipresse 1998, II, p. 120* (le nouveau droit des bases de données). – Pollaud-Dulian, *D. Affaires 1996. 539* (brèves remarques sur la directive du 11 mars 1996 concernant la protection juridique des bases de données). – Sirinelli, *Lamy Droit des médias et de la communication, étude 136*. – Vivant, *D. 1995. 197* (recueils, bases, banques de données, compilations, collections... : l'introuvable notion ?). – Vivant et a., Lamy Droit du numérique, 2013. – Strowel et Triaille, Le droit d'auteur, du logiciel au multimédia, *Story-Scientia et Bruylant, 1997*. – Warusfel, *Propr. intell. 2004, nº 13, p. 896* (la protection des bases de données en question : un autre débat sur la propriété intellectuelle européenne).

COMMENTAIRE

Il s'agit de l'attribution d'un droit spécial (parfois désigné sous les termes de « droit *sui generis* des producteurs de bases de données ») propre aux bases de données et issu d'une directive communautaire nº 96/9 du 11 mars 1995 (V. ce texte, App., vº *Propriété littéraire et artistique, dispositions communes*). Complémentaire du droit d'auteur (art. L. 112-3) et inspiré du droit de catalogue danois, ce droit consiste en une action offerte aux producteurs afin de lutter, sous réserve de la réunion de certaines conditions, contre des actes de parasitisme (sans pour autant empêcher une autre action sur le terrain de la concurrence déloyale ou du parasitisme).

Alors que les sanctions ont l'énergie de celles de la contrefaçon (art. L. 343-1 s.), les exigences pour en bénéficier sont beaucoup plus souples que celles du droit d'auteur (art. L. 341-1 s.). Le droit est accordé, sur le fondement d'une logique économique, à tout producteur de l'Union européenne (art. L. 341-2 ; *adde* l'alinéa 2 pour certains producteurs extérieurs à l'Union) qui aurait consacré à la base un investissement substantiel. Il permet de s'opposer aux extractions ou réutilisations de parties substantielles de la base (art. L. 342-1 s.).

Plus court dans son principe (quinze ans à compter de l'achèvement de la base, art. L. 342-5) que le droit d'auteur, il peut en réalité être, en pratique, perpétuel puisque le délai est prorogé à chaque nouvel investissement substantiel. ❑

CHAPITRE PREMIER CHAMP D'APPLICATION

Art. L. 341-1 *(L. nº 98-536 du 1er juill. 1998, art. 5)* **Le producteur d'une base de données, entendu comme la personne qui prend l'initiative et le risque des investissements correspondants, bénéficie d'une protection du contenu de la base lorsque la constitution, la vérification ou la présentation de celui-ci atteste d'un investissement financier, matériel ou humain substantiel.**

Cette protection est indépendante et s'exerce sans préjudice de celles résultant du droit d'auteur ou d'un autre droit sur la base de données ou un de ses éléments constitutifs.

COMMENTAIRE

La notion de base de données est définie à l'article L. 112-3. Suivant cette disposition, le droit *sui generis* peut s'appliquer aussi aux bases non électroniques, par exemple un catalogue d'exposition sur papier (V. note 1).

Pour bénéficier de la protection du droit *sui generis*, le producteur de la base (V. note 3) doit établir la réalité d'un investissement substantiel, apprécié de manière quantitative et/ou qualitative, soit dans l'obtention, soit dans la constitution, soit dans la vérification, soit dans la présentation du contenu de la base.

Les investissements peuvent être financiers, matériels ou humains mais, selon la CJCE (V. note 4), ne peuvent être pris en considération les seuls moyens mis en œuvre pour la création des éléments constitutifs du contenu d'une base de données. L'investissement doit être distinct de celui mis en œuvre pour l'activité principale de l'entreprise.

Pour être retenu, l'investissement doit avoir un caractère substantiel. Il peut consister dans un travail de vérification et de mise à jour du contenu des bases (notes 5 et 6).

Un producteur de bases de données dont l'action sur le terrain du droit *sui generis* n'a pu aboutir (absence d'investissement substantiel) peut invoquer la concurrence parasitaire dès lors que les faits invoqués à ce titre sont distincts de ceux argués de contrefaçon (V. note 6 ss. art. L. 342-1).

A. NOTION DE BASES DE DONNÉES

1. Sur la notion de base de données, V. art. L. 112-3. ♦ Sur l'application aux bases non électroniques, à propos de catalogues d'exposition sur papier, V. • Paris, 12 sept. 2001 : *CCE 2001, nº 121, note Caron ; JCP 2002. II. 10 000, note Pollaud-Dulian ; JCP E 2002. 888, nº 4, obs. Vivant, Mallet-Poujol et Bruguière.* ♦ Sur la protection par le droit d'auteur, V. notes ss. art. L. 112-3.

B. NOTION DE PRODUCTEUR

2. Constatant la volonté de constituer une base et l'engagement des moyens nécessaires à la réalisation du projet, V. • Paris, 12 sept. 2001 : *préc. note 1.* ♦ V. aussi, App., vº *Dispositions communes*, considérant nº 41 de la Dir. (CE) nº 96/9 du 11 mars 1996. ♦ Pour l'application à une personne morale, V. • T. com. Paris, 7 mai 1999 : *inédit.* – Rappr. art. L. 341-2, 2º, CPI utilisant le terme « société ».

C. CONDITIONS DE LA PROTECTION

1º SUR LA NOTION D'INVESTISSEMENT

3. Charge de la preuve. Il appartient au producteur d'établir la réalité d'un investissement soit dans l'obtention, soit dans la constitution, soit dans la vérification, soit dans la présentation du « contenu de la base » sans qu'il y ait lieu de distinguer à quel stade et à quelle activité l'investissement a été affecté. • T. com. Paris, 18 juin 1999 : *D. 2000. 105, note Goldstein ; CCE 1999, nº 21 (2e esp.), note Caron ; JCP E 2000. 1377, obs. Gablin.*

4. Notion d'investissement. Constituent des investissements les efforts commerciaux, la publicité et la promotion de catalogues, la mobilisation de personnels (production des contrats de travail) ou la mise à la disposition de prestations informatiques, la vérification des informations et leur mise à jour permanente, des opérations de marketing téléphonique, les efforts déployés pour la présentation et le soin apporté à une réalisation destinée à faire des produits de qualité. • Paris, 12 sept. 2001 : *CCE 2001, nº 121, note Caron ; JCP 2002. II. 10000, note Pollaud-Dulian* (relevant, donc, des investissements humains – contrats de travail versés aux débats –, matériel – matériel informatique IBM – et financier – contrats de sous-traitance pour la mise à jour des informations –, etc.). ♦ La notion d'investissement doit s'entendre comme désignant les moyens consacrés à la recherche d'éléments existants et à leur rassemblement dans la base de données. Elle ne comprend pas les moyens mis en œuvre pour la création des éléments constitutifs du contenu d'une base de données. • CJCE 9 nov. 2004 : *D. 2005. Pan. 1495, obs. Sirinelli ; RTD com. 2005. 90, obs. Pollaud-Dulian ; CCE 2005, nº 2, note Caron ; JCP 2005. 1216, nº 14, obs. Sardain ;*

Légipresse 2005, III. 85, note Mallet-Poujol ; Propr. ind. 2005, n° 7, note Kamina ; Propr. intell. 2005, n° 14, p. 99, obs. Lemarchand et Rambaud. ♦ Sur la nécessité d'identifier précisément l'objet de l'investissement, V. • Paris, 28 févr. 2007 : *Propr. intell. 2007, n° 24, p. 331, obs. Lucas.* ♦ V. aussi • Com. 5 mars 2009 : *D. 2009. AJ 948, obs. Daleau ; RTD com. 2009, p. 724, obs. Pollaud-Dulian ; CCE 2009, n° 43, note Caron ; Propr. intell. 2009, n° 32, p. 275, obs. Lucas ; RIDA juill. 2009, p. 343, note Sirinelli.* ♦ La notion d'investissement n'exige pas la présence d'un risque (à propos d'une base de données sur des courses hippiques). • TGI Paris, 20 juin 2007 : *RTD com. 2008. 92, obs. Pollaud-Dulian .* ♦ Le site de mise en relation de particuliers pour lequel la preuve de l'investissement traduisant une démarche personnelle n'est pas constitutif d'une base de données. • Paris, 21 nov. 2008 : *Propr. intell. 2009, n° 31, p. 175, obs. Lucas ; RIDA juill. 2009, p. 359, note Sirinelli.* ♦ France Télécom peut interdire l'extraction de parties substantielles de l'annuaire qui sont enrichies d'autres informations dont plus de la moitié viennent de la société France Télécom. • Com. 23 mars 2010 : *D. 2010. Pan. 1971, obs. Larrieu ; RTD com. 2010. 317, obs. Pollaud-Dulian ; CCE 2010, n° 84, note Caron ; Légipresse 2010, n° 278, p. 450, obs. Alleaume ; LEPI, juin 2010, p. 4, obs. Bernault ; Propr. ind. 2010, n° 43, note Bouche ; Propr. intell. 2010, n° 36, p. 856, obs. Bruguière.*

2° SUR LE CARACTÈRE SUBSTANTIEL DE L'INVESTISSEMENT

5. Reconnaissance du caractère substantiel. Pour la reconnaissance du caractère substantiel de l'investissement du producteur, et retenant pour l'application du droit *sui generis* à des catalogues sur papier d'exposants – outre le travail de vérification et de mise à jour du contenu des bases d'exposants, le nombre des exposants en cause par salon la nécessité de l'actualisation annuelle – le coût des interventions d'une société de travail d'intérim (332 000 F), celui de catalogues (944 645 F ou 425 206 F) ou le nombre de personnes travaillant à temps complet sur le projet, V. • Paris, 12 sept. 2001 : *préc. note 1.* – Confirmant • TGI Paris, 22 juin 1999 : *PIBD 1999. III. 494 ; CCE 1999, n° 21 (1re esp.), note Caron.* ♦ V. aussi, constatant à partir d'un rapport d'expert, que le producteur justifie d'un investissement substantiel pour la constitution de sa base de données, renouvelée de façon progressive depuis sa création, à savoir 1991 avec un investissement, sur le plan financier, évalué à 53 658 000 F au total, dont 12 317 000 F pour l'année 2000, sur le plan matériel à 8 773 000 F au total, dont 3 956 000 F pour l'année 2000, et sur le plan humain à 22 083 000 F, dont 1 959 000 F pour l'année 2000, relevant que la « base est mise à jour en temps réel, tous les jours jusqu'à 22 heures, ce qui occupe quatre salariés à temps plein, et ce même si les informations sont données par les cabinets de recrutement » ; soulignant, aussi, le caractère qualitativement important de cet investissement « en raison des efforts de promotion effectués, de la chaîne de traitement des données qui permet la numérisation des offres, du travail de classement et de tri qui permet de valoriser la base et de la rendre plus facilement exploitable, et de la présentation de cette base à travers un site performant, esthétique et ergonomique ». • TGI Paris, 5 sept. 2001 : *CCE 2002, n° 16, note Caron ; RIDA avr. 2002, p. 381, obs. Kerever.* ♦ Sur le caractère substantiel de l'investissement du producteur d'une base de données regroupant des informations sur les exposants de divers salons et foires, V. • Paris, 20 mars 2002 : *Ann. propr. ind. 2002. 356 ; PIBD 2002. III. 331.* ♦ A propos d'un annuaire d'adresses électroniques des salariés d'une société, V. • TGI Paris, 25 avr. 2003 : *D. 2003. Somm. 2819, obs. Le Stanc ; Légipresse 2003, I, p. 150.* ♦ En présence d'un investissement substantiel, un producteur de base de données peut disposer du droit de s'opposer à une extraction substantielle des contenus de sa base (à propos d'une base de données mondiales relative au marché des œuvres d'art). • T. com. Paris, 18 juin 2003 : *D. 2003. Somm. 2756, obs. Sirinelli ; ibid. 2820, obs. Le Stanc ; Ann. propr. ind. 2003. 367 ; CCE 2003, n° 106, note Caron* • T. com. Paris, 8 déc. 2006 : *D. 2007. Pan. 1992, obs. Le Stanc .*

6. Absence de caractère substantiel. Pour un refus de la protection par le droit *sui generis*, niant l'existence d'un investissement substantiel dans le cas d'une revue d'annonces légales et de marchés publics au motif que « s'il n'est pas douteux que la publication des annonces adressées au « Moniteur » procède de l'audience qu'a acquise depuis des décennies cette revue dans le secteur professionnel du bâtiment et des travaux publics, Groupe Moniteur ne justifie pas d'investissements substantiels dans leur obtention, leur vérification et leur présentation ; qu'elle ne démontre pas engager de frais de promotion auprès des annonceurs, ne vérifie pas les annonces, ne peut pas se prévaloir d'un travail onéreux de formalisation ; que tout (...) conduit en réalité à estimer que la publication de ces annonces, même si elle implique des charges, n'est pas au premier chef un objet d'investissements, à plus forte raison d'investissements substantiels, mais au contraire, grâce à la perception de frais d'insertion, une activité lucrative et profitable en elle-même », V. • Paris, 18 juin 1999 : *Expertises 1999, p. 390 ; CCE 1999, n° 21 (3e arrêt), note Caron ; RIDA janv. 2000, p. 316 ; JCP E 2000. 1377, obs. Gablin.* ♦ Justifie légalement sa décision une cour d'appel qui après avoir qualifié de base de données les informations relatives aux vols, horaires, disponibilités et tarifs réunies par une compagnie aérienne en un ensemble de données, organisées et structurées de manière à pouvoir être facilement consultées et utilisées par les internautes, a exclu du champ de l'investissement entrant dans la constitution, la vérification ou la présentation du contenu de ladite base, tant le coût des logiciels destinés à assurer le fonctionnement du système de gestion commerciale que les dépenses relatives à l'application informatique de la billetterie. • Com. 10 févr. 2015, n° 12-26.023 P : *D. 2015. 908, note Lancrenon ; ibid. 2217, obs. Larrieu ; RTD com. 2015. 294, obs. Pollaud-Dulian ; RIDA avr. 2015, p. 249, note Sirinelli ; LEPI juin 2015, p. 4, note Le Cam.*

Art. L. 341-2 *(L. n° 98-536 du 1er juill. 1998, art. 5)* **Sont admis au bénéfice du présent titre :**

1° Les producteurs de bases de données, ressortissants d'un État membre de la Communauté européenne ou d'un État partie à l'accord sur l'Espace économique européen, ou qui ont dans un tel État leur résidence habituelle ;

2° Les sociétés ou entreprises constituées en conformité avec la législation d'un État membre et ayant leur siège statutaire, leur administration centrale ou leur établissement principal à l'intérieur de la Communauté ou d'un État partie à l'accord sur l'Espace économique européen ; néanmoins, si une telle société ou entreprise n'a que son siège statutaire sur le territoire d'un tel État, ses activités doivent avoir un lien réel et continu avec l'économie de l'un d'entre eux.

Les producteurs de bases de données qui ne satisfont pas aux conditions mentionnées ci-dessus sont admis à la protection prévue par le présent titre lorsqu'un accord particulier a été conclu avec l'État dont ils sont ressortissants par le Conseil de la Communauté européenne.

COMMENTAIRE

Le droit *sui generis* appartient non au créateur du contenu, mais au producteur de la base si :

- ce dernier est ressortissant d'un État membre de l'Union européenne ;
- ou d'un État partie à l'accord sur l'Espace économique européen ;
- ou d'un État disposant avec l'Union d'un accord de réciprocité.

CHAPITRE II ÉTENDUE DE LA PROTECTION

Art. L. 342-1 *(L. n° 98-536 du 1er juill. 1998, art. 5)* **Le producteur de bases de données a le droit d'interdire :**

1° L'extraction, par transfert permanent ou temporaire de la totalité ou d'une partie qualitativement ou quantitativement substantielle du contenu d'une base de données sur un autre support, par tout moyen et sous toute forme que ce soit ;

2° La réutilisation, par la mise à la disposition du public de la totalité ou d'une partie qualitativement ou quantitativement substantielle du contenu de la base, quelle qu'en soit la forme.

Ces droits peuvent être transmis ou cédés ou faire l'objet d'une licence.

Le prêt public n'est pas un acte d'extraction ou de réutilisation.

COMMENTAIRE

Le producteur peut interdire l'extraction et la réutilisation de la totalité (V. note 3) ou d'une partie substantielle (V. note 4) du contenu de la base. Les notions d'extraction et de réutilisation doivent être interprétées comme se référant à tout acte non autorisé d'appropriation et de diffusion au public de tout ou partie du contenu d'une base de données. Suivant la Cour de justice des Communautés européennes (CJCE 9 nov. 2004), ces notions ne supposent pas un accès direct à la base de données (V. note 1).

Selon la même juridiction (CJCE 9 oct. 2008), la reprise d'éléments d'une base de données protégée dans une autre base de données à l'issue d'une consultation de la première base sur écran et d'une appréciation individuelle des éléments contenus dans celle-ci est susceptible de constituer une « extraction », pour autant que cette opération corresponde au transfert d'une partie substantielle, évaluée de façon qualitative ou quantitative, du contenu de la base de données protégée (V. note 1).

Le producteur peut interdire aussi des extraits non quantitativement mais qualitativement substantiels (V. note 5).

Le droit *sui generis* ne peut être efficacement opposé que sous réserve du respect des règles du droit de la concurrence (V. note 6).

1. Notion. Les notions d'extraction et de réutilisation doivent être interprétées comme se référant à tout acte non autorisé d'appropriation et de diffusion au public de tout ou partie du contenu d'une base de données. Ces notions ne supposent pas un accès direct à la base de données. • CJCE 9 nov. 2004 : *D. 2005. Pan. 1495, obs. Sirinelli ; RTD com. 2005. 90, obs. Pollaud-Dulian ; CCE 2005, n° 2, note Caron ; JCP E 2005. 1216, n° 14, obs. Sardain ; Légipresse 2005. III. 85, note Mallet-Poujol ; Propr. ind. 2005, n° 7, note Kamina ; Propr. intell. 2005, n° 14, p. 99, obs. Lemarchand et Rambaud.* ♦ Sur la notion du « droit d'interdire » du producteur de base de données, V. • Versailles, 18 nov. 2004 : *RIDA avr. 2005, p. 209, note Kérével.* ♦ La reprise d'éléments d'une base de données protégée dans une autre base de données à l'issue d'une consultation de la première base sur écran et d'une appréciation individuelle des éléments contenus dans celle-ci est susceptible de constituer une « extraction », au sens de l'art. 7 de la Dir. 96/9/CE du Parlement européen et du Conseil du 11 mars 1996, concernant la protection juridique des bases de données, pour autant que – ce qu'il appartient à la juridiction de renvoi de vérifier – cette opération corresponde au transfert d'une partie substantielle, évaluée de façon qualitative ou quantitative, du contenu de la base de données protégée ou à des transferts de parties non substantielles qui, par leur caractère répété et systématique, auraient conduit à reconstituer une partie substantielle de ce contenu. • CJCE 9 oct. 2008 : *Dalloz actualité, 22 oct. 2008, obs. Daleau ; CCE 2009, n° 24, note Caron ; Propr. intell. 2009, n° 30, p. 77, obs. Bénabou ; RIDA janv. 2009, p. 265, note Caron.* ♦ L'indexation par un moteur de recherche n'est pas une extraction. • TGI Paris, 1er févr. 2011 : *Propr. ind. 2011. 44, note Larrieu.*

2. QPC. Rejet. Les dispositions de l'art. L. 342-1 se bornent à tirer les conséquences nécessaires des dispositions précises et inconditionnelles de la Dir. 96/9/CE du 11 mars 1996 concernant la protection juridique des bases de données, sans mettre en cause une règle ou un principe inhérent à l'identité constitutionnelle de la France ; dès lors, il n'y a pas lieu de transmettre au Conseil constitutionnel la question prioritaire de constitutionnalité soulevée. • CE 14 sept. 2015, n° 389806 : *D. 2015. 2214, obs. Le Stanc.* – V. égal. l'arrêt de la cour d'appel rappelant que l'art. 11 de la L. du 17 juill. 1978 « permet aux services culturels de fixer les conditions dans lesquelles les informations qu'ils détiennent dans l'exercice de leur mission peuvent être réutilisées, sous réserve de ne pas porter atteinte au droit à l'accès aux documents administratifs reconnu aux administrés » avant de préciser qu'« un service culturel producteur d'une base de données peut interdire la réutilisation de la totalité ou d'une partie substantielle du contenu de cette base de données en faisant état des droits que lui confère l'art. L. 342-1 du CPI ». • CAA Bordeaux, 26 févr. 2015, n° 13BX00856 : *AJDA 2015. 1078 ; Propr. intell. avr. 2015, n° 55, p. 209, note Bruguière.*

A. EXTRACTION OU RÉUTILISATION D'UNE PARTIE QUANTITATIVEMENT SUBSTANTIELLE

3. Pour la condamnation d'une reprise intégrale, accordant 100 millions de francs à France Télécom pour le pillage de son annuaire par un service télématique ANNU dit « d'annuaire inversé », V. • T. com. Paris, 18 juin 1999 : *D. 2000. 105, note Goldstein ; CCE 1999, n° 21 (2e esp.), note Caron ; JCP E 2000. 1377, obs. Gablin. – Adde* • Paris, 12 sept. 2001 : *CCE 2001, n° 121, note Caron ; JCP 2002. II. 10000, note Pollaud-Dulian.* ♦ V. aussi, App., v° *Dispositions communes*, considérant n° 42 de la Dir. (CE) n° 96/9 du 11 mars 1996. ♦ L'extraction de mille adresses URL complètes, à l'octet près, et de neuf cent soixante-quatorze noms de domaines de la « liste blanche », caractérise ainsi l'extraction d'une partie substantielle de la base de données, sans l'autorisation du titulaire des droits. • Civ. 1re, 13 mai 2014, n° 12-25.900 P : *D. 2014. Actu. 115 ; RTD com. 2014. 595, note Pollaud-Dulian ; RIDA avr. 2015, p. 249, note Sirinelli ; BRDA 2014, n° 15, p. 8 ; LEPI, juill. 2014, n° 105.*

4. Pour un emprunt non quantitativement, V. • T. com. Nanterre 16 mai 2000 : *CCE 2000, n° 85, note Caron.*

B. EXTRACTION OU RÉUTILISATION D'UNE PARTIE QUALITATIVEMENT SUBSTANTIELLE

5. A propos d'une base de données d'offres d'emplois, constatant « que si le contenu de l'offre lui-même n'est pas reproduit, de sorte que le volume d'informations extrait par la société KELJOB est évalué par l'expert dont elle a sollicité l'avis à moins de 12 % du volume représenté par les offres, il demeure que les éléments extraits sont qualitativement substantiels ; qu'ils portent notamment sur les informations dites de sélection et de référencement qui font la valeur de la base de données » (extraction des éléments essentiels que sont pour chaque offre l'intitulé du poste, le secteur d'activité concerné, la zone géographique, la date de parution sur le site ainsi que l'adresse URL). • TGI Paris, 5 sept. 2001 : *CCE 2002, n° 16, note Caron ; RIDA avr. 2002, p. 381, obs. Kérével.* ♦ Pour une approche du caractère substantiel de l'extraction en fonction de l'utilisation qui en est faite, retenant l'enrichissement de son fonds par un concurrent,

• T. com. Nanterre, 16 mai 2000 : *CCE 2000, n° 85, note Caron* • TGI Paris, 20 juin 2007 : *RTD com. 2008. 92, obs. Pollaud-Dulian*. ♦ A propos de l'accès, grâce à un moteur de recherche, à des informations d'une base de données concernant une annonce immobilière et à l'annonce elle-même, V. • TGI Paris, 14 nov. 2001 : *PIBD 2002. III. 255.* ♦ La reprise des nom, adresse, numéro de téléphone et fax des entreprises exposantes regroupées dans une base de données sur les sociétés participant à divers foires et salons est une extraction qualitativement et quantitativement substantielle. • Paris, 20 mars 2003 : *PIBD 2003. III. 331.* ♦ Ne peuvent être tenues comme qualitativement substantielles les extractions qui ont enrichi une base de données concurrente, en l'absence de toute autre circonstance, telle que le caractère particulièrement stratégique ou d'actualité des données concernées (infirmation du jugement précité). • Versailles, 11 avr. 2002 : *CCE 2002, n° 98, note Caron ; Expertises 2002, p. 317, note Grienbaum ; JCP 2002. 1334, n° 7, obs. Gablin ; Légipresse 2002, III, n° 196, note Tellier-Laniewski ; PIBD 2002. III. 557 ; Propr. ind. 2003, n° 24, note Schmidt-Szalewski ; RIDA oct. 2002, p. 247, obs. Kérever.*

C. CONCURRENCE DÉLOYALE ET AGISSEMENTS PARASITAIRES

6. Un producteur de bases de données dont l'action sur le terrain du droit *sui generis* n'a pu aboutir (absence d'investissement substantiel) peut invoquer la concurrence parasitaire dès lors que les faits invoqués à ce titre sont distincts de ceux argués de contrefaçon. • Paris, 18 juin 1999 : *RIDA janv. 2000, p. 316 ; Expertises 1999, p. 390 ; CCE 1999, n° 21 (3e esp.), note Caron ; JCP E 2000. 1377, obs. Gablin.* ♦ Rappr., au-delà de l'atteinte au droit *sui generis,* relevant que le comportement du défendeur s'apparente à un « piratage », en ce qu'il a permis de « profiter, à peu de frais, des investissements du demandeur ». • T. com. Paris, 18 juin 1999 : *préc. note 3.* ♦ Le titulaire d'un droit de propriété intellectuelle sur une base de données, ne peut, lorsque cette base constitue une « ressource essentielle » pour les opérateurs exerçant une activité concurrentielle, subordonner l'accès à cette base au « paiement de prix excessifs ». • Com. 4 déc. 2001 : *CCE 2002, n° 38, note Caron ; JCP E 2004. 561, n° 8, obs. Chérigny ; Légipresse 2002, n° 189, I, p. 23 ; Propr. intell. 2002, n° 3, p. 61, obs. Lucas ; RIDA avr. 2003, p. 309, obs. Kérever.* ♦ Sur la suite de cette affaire, V. • Paris, 30 sept. 2008 : *Propr. intell. 2009, n° 30, p. 62, obs. A. Lucas.* ♦ Si l'État peut percevoir des « droits privatifs » à l'occasion de la « communication » de données publiques en vue de leur commercialisation lorsque cette communication peut être regardée, au sens des lois sur la propriété littéraire et artistique, comme une œuvre de l'esprit, ces droits ne peuvent faire obstacle, par leur caractère excessif, à l'activité concurrentielle d'autres opérateurs économiques lorsque ces données constituent pour ces derniers une ressource essentielle pour élaborer un produit ou assurer une prestation qui diffèrent de ceux fournis par l'État. Dans un tel cas, la perception de droits privatifs constitue un abus de position dominante. • CE 29 juill. 2002 : *JCP E 2004. 561, n° 8, obs. Chérigny ; Propr. ind. 2004, n° 18, note Schmidt-Szalewski ; Propr. intell. 2003, n° 6, p. 57, obs. A. Lucas.*

Art. L. 342-2 *(L. n° 98-536 du 1er juill. 1998, art. 5)* **Le producteur peut également interdire l'extraction ou la réutilisation répétée et systématique de parties qualitativement ou quantitativement non substantielles du contenu de la base lorsque ces opérations excèdent manifestement les conditions d'utilisation normale de la base de données.**

COMMENTAIRE

Si le producteur peut interdire l'extraction ou la réutilisation de parties non substantielles de la base, de tels actes, s'ils sont systématiques ou répétés, peuvent engager la responsabilité de leurs auteurs.

Suivant la Cour de justice des Communautés européennes (CJCE 9 oct. 2008), la reprise d'éléments d'une base de données protégée dans une autre base de données à l'issue d'une consultation de la première base sur écran et d'une appréciation individuelle des éléments contenus dans celle-ci est susceptible de constituer une « extraction », pour autant que cette opération corresponde à des transferts de parties non substantielles qui, par leur caractère répété et systématique, auraient conduit à reconstituer une partie substantielle de ce contenu. ☐

Sur la notion d'extraction, V. • CJCE 9 oct. 2008 : *Dalloz actualité, 22 oct. 2008, obs. Daleau ; CCE 2009, n° 24, note Caron ; Propr. intell. 2009, n° 30, p. 77, obs. Bénabou ; RIDA janv. 2009, p. 265, note Sirinelli.*

Art. L. 342-3 *(L. n° 98-536 du 1er juill. 1998, art. 5)* **Lorsqu'une base de données est mise à la disposition du public par le titulaire des droits, celui-ci ne peut interdire :**

1° L'extraction ou la réutilisation d'une partie non substantielle, appréciée de façon qualitative ou quantitative, du contenu de la base, par la personne qui y a licitement accès ;

2° L'extraction à des fins privées d'une partie qualitativement ou quantitativement substantielle du contenu d'une base de données non électronique sous réserve du respect des droits d'auteur ou des droits voisins sur les œuvres ou éléments incorporés dans la base ;

(L. n° 2006-961 du 1er août 2006, art. 3) **« 3° L'extraction et la réutilisation d'une base de données dans les conditions définies** *(L. n° 2016-925 du 7 juill. 2016, art. 37)* **« au 7° de l'article L. 122-5, au 1° de l'article L. 122-5-1 et à l'article L. 122-5-2 » ;**

« 4° L'extraction et la réutilisation d'une partie substantielle, appréciée de façon qualitative ou quantitative, du contenu de la base, sous réserve des bases de données conçues à des fins pédagogiques et des bases de données réalisées pour une édition numérique de l'écrit, à des fins exclusives d'illustration dans le cadre de l'enseignement et de la recherche, à l'exclusion de toute activité ludique ou récréative, dès lors que le public auquel cette extraction et cette réutilisation sont destinées est composé majoritairement d'élèves, d'étudiants, d'enseignants ou de chercheurs directement concernés, que la source est indiquée, que l'utilisation de cette extraction et cette réutilisation ne donne lieu à aucune exploitation commerciale et qu'elle est compensée par une rémunération négociée sur une base forfaitaire ; »

(L. n° 2016-1321 du 7 oct. 2016, art. 38-2°) **« 5° Les copies ou reproductions numériques de la base réalisées par une personne qui y a licitement accès, en vue de fouilles de textes et de données incluses ou associées aux écrits scientifiques dans un cadre de recherche, à l'exclusion de toute finalité commerciale. La conservation et la communication des copies techniques issues des traitements, au terme des activités de recherche pour lesquelles elles ont été produites, sont assurées par des organismes désignés par décret. Les autres copies ou reproductions sont détruites. »**

Toute clause contraire au 1° ci-dessus est nulle.

(L. n° 2006-961 du 1er août 2006, art. 3) **« Les exceptions énumérées par le présent article ne peuvent porter atteinte à l'exploitation normale de la base de données ni causer un préjudice injustifié aux intérêts légitimes du producteur de la base. »**

Les dispositions du 4° s'appliquent depuis le 1er janv. 2009.

Les dispositions l'art. 37 de la L. n° 2016-925 du 7 juill. 2016 sont applicables dans les îles Wallis-et-Futuna (L. préc., art. 115-III).

BIBL. ▶ BALLET, *Dalloz IP/IT 2016. 415* (*text & data mining*, l'impossible exception). – BOURGEOIS et COUSIN, *JCP E 2016. Étude 1654* (les apports de la loi pour une République numérique en matière de propriété intellectuelle).

COMMENTAIRE

Commentaire commun aux articles L. 342-3, L. 342-3-1 et L. 342-4

Le producteur ne peut interdire :
– l'extraction à des fins privées du contenu d'une base de données non électronique (art. L. 342-3, al. 1er, 2) ;
– l'extraction ou la réutilisation, par l'utilisateur légitime, de parties non substantielles, solution d'ordre public (art. L. 342-3, al. 1er, 1° et al. 2) ;
– la revente des exemplaires matériels licitement reproduits de la base (épuisement du droit de distribution) ; mais le droit de contrôler les transmissions en ligne de la base ne s'épuise pas (art. L. 342-4).

Depuis la loi du 1er août 2006, il ne peut non plus s'opposer à :
– certaines reproductions provisoires présentant un caractère transitoire ou accessoire, mais lorsqu'elles sont une partie intégrante et essentielle d'un procédé technique ;
– certaines utilisations accomplies par des établissements ouverts au public dont l'activité professionnelle peut consister en des travaux de conception, réalisation et communication de supports » au bénéfice de certaines personnes handicapées (art. L. 342-3, 3°) ;
– et, à compter du 1er janvier 2009, certaines utilisations à des fins pédagogiques ou de recherche ne donnant lieu à aucune exploitation commerciale (art. L. 342-3, 4°).

Toutes ces exceptions ne sont admissibles que pour autant qu'elles respectent le test des trois étapes (art. 5.5 de la directive du 22 mai 2001).

Suivant l'article L. 342-3-1, les producteurs de bases de données qui recourent à des mesures techniques de protection doivent prendre les dispositions utiles pour que leur mise en œuvre ne prive pas les bénéficiaires des exceptions définies à l'article L. 342-3 de leur bénéfice effectif, suivant les conditions prévues aux articles L. 331-8 et suivants. Tout différend relatif à la faculté de bénéficier de ces exceptions est soumis à la Haute Autorité pour la diffusion des œuvres et la protection des droits sur internet (HADOPI) instituée par les articles L. 331-12 et suivants.

Sur la fouille de textes et de données (art. L. 342-3, 5°), voir le commentaire sous l'article L. 122-5. ❑

Art. L. 342-3-1 *(L. nº 2006-961 du 1er août 2006, art. 29)* **Les mesures techniques efficaces au sens de l'article L. 331-5 qui sont propres à empêcher ou à limiter les utilisations d'une base de données que le producteur n'a pas autorisées en application de l'article L. 342-1 bénéficient de la protection prévue à l'article L. 335-4-1.**

Les producteurs de bases de données qui recourent aux mesures techniques de protection mentionnées au premier alinéa prennent cependant les dispositions utiles pour que leur mise en œuvre ne prive pas les bénéficiaires des exceptions définies à l'article L. 342-3 de leur bénéfice effectif, suivant les conditions prévues *(L. nº 2009-669 du 12 juin 2009, art. 12)* **« au 2° de l'article** *(L. nº 2009-1311 du 28 oct. 2009, art. 12)* **« L. 331-31 » et aux articles L. 331-7 à L. 331-10,** *(L. nº 2009-1311 du 28 oct. 2009, art. 12)* **« L. 331-33 à L. 331-35 et L. 331-37 ».**

Tout différend relatif à la faculté de bénéficier des exceptions définies à l'article L. 342-3 qui implique une mesure technique visée au premier alinéa du présent article est soumis à *(L. nº 2009-669 du 12 juin 2009, art. 12)* **« la Haute Autorité pour la diffusion des œuvres et la protection des droits sur internet prévue à l'article L. 331-12 ».**

COMMENTAIRE

Cette disposition tend à régler la délicate question du maintien du bénéfice de certaines exceptions à propos d'œuvres protégées par des mesures techniques (MTP), dont le contournement est interdit. La Haute Autorité pour la diffusion des œuvres et la protection des droits sur internet (HADOPI) prévue aux articles L. 331-12 et suivants a vocation, de façon subsidiaire, à régler les éventuels différends, si aucune solution n'est proposée par les intéressés. La procédure (art. L. 331-6 s.) est identique à celle applicable à toutes les catégories d'objets couverts par un droit de propriété littéraire et artistique. ❑

Art. L. 342-3-2 *(L. nº 2006-961 du 1er août 2006, art. 29)* **Les informations sous forme électronique relatives au régime des droits du producteur d'une base de données, au sens de l'article** *(L. nº 2009-669 du 12 juin 2009, art. 3)* **« L. 331-11 », bénéficient de la protection prévue à l'article L. 335-4-2.**

Art. L. 342-4 *(L. nº 98-536 du 1er juill. 1998, art. 5)* **La première vente d'une copie matérielle d'une base de données dans le territoire d'un État membre de la Communauté européenne ou d'un État partie à l'accord sur l'Espace économique européen, par le titulaire du droit ou avec son consentement, épuise le droit de contrôler la revente de cette copie matérielle dans tous les États membres.**

Toutefois, la transmission en ligne d'une base de données n'épuise pas le droit du producteur de contrôler la revente dans tous les États membres d'une copie matérielle de cette base ou d'une partie de celle-ci.

Art. L. 342-5 *(L. nº 98-536 du 1er juill. 1998, art. 5)* **Les droits prévus à l'article L. 342-1 prennent effet à compter de l'achèvement de la fabrication de la base de données. Ils expirent quinze ans après le 1er janvier de l'année civile qui suit celle de cet achèvement.**

Lorsqu'une base de données a fait l'objet d'une mise à la disposition du public avant l'expiration de la période prévue à l'alinéa précédent, les droits expirent quinze ans après le 1er janvier de l'année civile suivant celle de cette première mise à disposition.

Toutefois, dans le cas où une base de données protégée fait l'objet d'un nouvel investissement substantiel, sa protection expire quinze ans après le 1er janvier de l'année civile suivant celle de ce nouvel investissement.

COMMENTAIRE

Si la durée normale de protection est de quinze ans à compter de l'achèvement de la base (al. 1er) ou de sa mise à la disposition du public (al. 2), un renouvellement est possible après tout nouvel investissement substantiel (al. 3), même réalisé progressivement. La protection peut ainsi être perpétuelle. ❑

CHAPITRE III **PROCÉDURES ET SANCTIONS** *(L. nº 2007-1544 du 29 oct. 2007, art. 39).*

Sur l'application de la L. nº 2007-1544 du 29 oct. 2007 de lutte contre la contrefaçon, V. la circulaire du ministre de la Justice du 11 avr. 2008, CRIM 08-10/G3, App., vº Dispositions générales.

COMMENTAIRE

La loi du 29 octobre 2007 a profondément modifié le contenu de ce chapitre, ajoutant un volet « procédures » au dispositif, amendé, relatif aux sanctions.

L'idée, sur le premier terrain, est d'introduire une procédure, probatoire, de saisie-contrefaçon (art. L. 343-1) et d'offrir une voie rapide en référé (art. L. 343-2). La voie de la requête peut être empruntée « lorsque les circonstances exigent que ces mesures ne soient pas prises contradictoirement », l'efficacité recherchée primant sur le débat contradictoire.

La preuve de la matérialité des infractions peut également résulter (art. L. 343-3) des constatations d'agents assermentés désignés par les organismes professionnels de producteurs.

Les sanctions, quant à elles, sont alourdies (V., not., l'art. L. 343-5 s'agissant des personnes physiques et l'art. L. 343-6 à propos des personnes morales). ❑

Art. L. 343-1 *(L. nº 2007-1544 du 29 oct. 2007, art. 39)* **L'atteinte aux droits du producteur de bases de données peut être prouvée par tous moyens.**

A cet effet, toute personne ayant qualité pour agir en vertu du présent titre est en droit de faire procéder par tous huissiers, assistés par des experts désignés par le demandeur, sur ordonnance rendue sur requête par la juridiction civile compétente, soit à la description détaillée, avec ou sans prélèvement d'échantillons, des supports ou produits portant prétendument atteinte aux droits du producteur de bases de données, soit à la saisie réelle de ces supports ou produits ainsi que de tout document s'y rapportant.

La juridiction peut ordonner, aux mêmes fins probatoires, *(L nº 2014-315 du 11 mars 2014, art. 4)* **« la description détaillée ou » la saisie réelle des matériels et instruments utilisés pour produire ou distribuer les supports ou produits portant prétendument atteinte aux droits du producteur de bases de données** *(L. nº 2014-315 du 11 mars 2014, art. 4)* **« , ainsi que de tout document s'y rapportant.**

« L'ordonnance peut autoriser la saisie réelle de tout document se rapportant aux supports, produits, matériels et instruments mentionnés aux deuxième et troisième alinéas en l'absence de ces derniers.

« La juridiction » peut subordonner l'exécution des mesures qu'elle ordonne à la constitution par le demandeur de garanties destinées à assurer l'indemnisation éventuelle du défendeur si l'action engagée en vertu du présent titre est ultérieurement jugée non fondée ou si la mainlevée de la saisie est prononcée.

La mainlevée de la saisie peut être prononcée selon les modalités prévues par les articles L. 332-2 et L. 332-3.

BIBL. ▶ BITAN, *CCE 2008. Étude 7* (la saisie-contrefaçon de logiciels et de bases de données à l'aune de la loi du 29 octobre 2007 relative à la lutte contre la contrefaçon).

COMMENTAIRE

Si la contrefaçon peut naturellement être prouvée par tous moyens (al. 1er), l'article L. 343-1 introduit la procédure de la saisie-contrefaçon dans un domaine où elle n'existait pas jusqu'alors.

Cette saisie-contrefaçon, ordonnée par la voie de la requête, peut avoir pour objet (al. 2) une description détaillée, avec ou sans prélèvements d'échantillons des supports ou produits contrefaisants, ou une saisie réelle de ces supports ou produits ainsi que de tout document s'y rapportant.

Le texte (al. 3) prévoit en outre la possibilité de saisir les matériels et instruments utilisés pour produire ou distribuer les marchandises de contrefaçon.

Le juge peut toutefois (al. 5) subordonner l'exécution de ces mesures à la constitution par le demandeur de garanties.

Voir également le commentaire sous l'article L. 521-4.

Art. L. 343-1-1 *(L. n° 2014-315 du 11 mars 2014, art. 4)* **La juridiction peut ordonner, d'office ou à la demande de toute personne ayant qualité pour agir en contrefaçon, toutes les mesures d'instruction légalement admissibles, même si une saisie-contrefaçon n'a pas préalablement été ordonnée dans les conditions prévues à l'article L. 343-1.**

COMMENTAIRE

Voir le commentaire sous l'article L. 521-4-1.

Art. L. 343-2 *(L. n° 2007-1544 du 29 oct. 2007, art. 39)* **Toute personne ayant qualité pour agir dans le cas d'une atteinte aux droits du producteur de bases de données peut saisir en référé la juridiction civile compétente afin de voir ordonner, au besoin sous astreinte, à l'encontre du prétendu auteur de cette atteinte ou des intermédiaires dont il utilise les services, toute mesure urgente destinée à prévenir une atteinte aux droits du producteur de bases de données ou à empêcher la poursuite d'actes portant prétendument atteinte à ceux-ci. La juridiction civile compétente peut également ordonner toutes mesures urgentes sur requête lorsque les circonstances exigent que ces mesures ne soient pas prises contradictoirement, notamment lorsque tout retard serait de nature à causer un préjudice irréparable au demandeur. Saisie en référé ou sur requête, la juridiction ne peut ordonner les mesures demandées que si les éléments de preuve, raisonnablement accessibles au demandeur, rendent vraisemblable qu'il est porté atteinte à ses droits ou qu'une telle atteinte est imminente.**

La juridiction peut interdire la poursuite des actes portant prétendument atteinte aux droits du producteur de bases de données, la subordonner à la constitution de garanties destinées à assurer l'indemnisation éventuelle du préjudice subi par le demandeur ou ordonner la saisie ou la remise entre les mains d'un tiers des produits soupçonnés de porter atteinte aux droits conférés par le titre, pour empêcher leur introduction ou leur circulation dans les circuits commerciaux.

Elle peut également accorder au demandeur une provision lorsque l'existence de son préjudice n'est pas sérieusement contestable.

Saisie en référé ou sur requête, la juridiction peut subordonner l'exécution des mesures qu'elle ordonne à la constitution par le demandeur de garanties destinées à assurer l'indemnisation éventuelle du défendeur si l'action engagée en vertu du présent titre est ultérieurement jugée non fondée ou les mesures annulées.

(L. n° 2014-315 du 11 mars 2014, art. 11) **« Lorsque les mesures prises pour faire cesser une atteinte aux droits du producteur de bases de données sont ordonnées avant l'engagement d'une action au fond, le demandeur doit, dans un délai fixé par voie réglementaire, soit se pourvoir par la voie civile ou pénale, soit déposer une plainte auprès du procureur de la République. » A défaut, sur demande du défendeur et sans que celui-ci ait à motiver sa demande, les mesures ordonnées sont annulées, sans préjudice des dommages et intérêts qui peuvent être réclamés.**

Art. L. 343-3 *(L. n° 2007-1544 du 29 oct. 2007, art. 39)* **Outre les procès-verbaux des officiers ou agents de police judiciaire, la preuve de la matérialité des infractions définies au présent chapitre peut résulter des constatations d'agents assermentés désignés par les organismes professionnels de producteurs. Ces agents sont agréés par le ministre chargé de la culture dans les mêmes conditions que celles prévues pour les agents visés à l'article L. 331-2.**

Art. L. 343-4 *(L. n° 2007-1544 du 29 oct. 2007, art. 39)* **Est puni de trois ans d'emprisonnement et de 300 000 euros d'amende le fait de porter atteinte aux droits du producteur d'une base de données tels que définis à l'article L. 342-1. Lorsque le**

délit a été commis en bande organisée, les peines sont portées à *(L. nº 2016-731 du 3 juin 2016, art. 44)* **« sept ans d'emprisonnement et à 750 000 euros d'amende** *[ancienne rédaction : cinq ans d'emprisonnement et à 500 000 euros d'amende]* **».**

Art. L. 343-5 *(L. nº 2007-1544 du 29 oct. 2007, art. 40)* **Les personnes physiques coupables de l'un des délits prévus au présent chapitre peuvent en outre être condamnées, à leurs frais, à retirer des circuits commerciaux les objets jugés contrefaisants et toute chose qui a servi ou était destinée à commettre l'infraction.**

La juridiction peut ordonner la destruction aux frais du condamné ou la remise à la partie lésée des objets et choses retirés des circuits commerciaux ou confisqués, sans préjudice de tous dommages et intérêts.

Elle peut également ordonner, aux frais du condamné, l'affichage ou la diffusion du jugement prononçant la condamnation, dans les conditions et sous les peines prévues à l'article 131-35 du code pénal.

Art. L. 343-6 *(L. nº 2009-526 du 12 mai 2009, art. 125)* **« Les personnes morales déclarées responsables pénalement, dans les conditions prévues par l'article 121-2 du code pénal, des infractions définies au présent chapitre encourent, outre l'amende suivant les modalités prévues par l'article 131-38 du code pénal, les peines prévues par l'article 131-39 du même code. »**

(L. nº 2007-1544 du 29 oct. 2007, art. 40) **« L'interdiction mentionnée au 2° de l'article 131-39 du même code porte sur l'activité dans l'exercice ou à l'occasion de l'exercice de laquelle l'infraction a été commise.**

« La juridiction peut ordonner la destruction aux frais du condamné ou la remise à la partie lésée des objets et choses retirés des circuits commerciaux ou confisqués, sans préjudice de tous dommages et intérêts. »

Art. L. 343-7 *(L. nº 2007-1544 du 29 oct. 2007, art. 40)* **En cas de récidive des infractions définies à l'article L. 343-4 ou si le délinquant est ou a été lié à la partie lésée par convention, les peines encourues sont portées au double.**

Les coupables peuvent, en outre, être privés pour un temps qui n'excédera pas cinq ans du droit d'élection et d'éligibilité pour les tribunaux de commerce, les chambres de commerce et d'industrie territoriales et les chambres de métiers, ainsi que pour les conseils de prud'hommes.

DEUXIÈME PARTIE LA PROPRIÉTÉ INDUSTRIELLE

BIBL. GÉN. ▸ **Ouvrages**

Azéma et Galloux, Droit de la propriété industrielle, *Dalloz, Précis, 7ᵉ éd., 2012.* – Bernault et Clavier, Dictionnaire de droit de la propriété intellectuelle, *Ellipses, 2ᵉ éd., 2015.* – Binctin, Droit de la propriété intellectuelle, *LGDJ, coll. Manuels, 2ᵉ éd., 2012.* – Bouchet-Le Mappian, Propriété intellectuelle et droit de propriété, *PU Rennes, 2013.* – Bronzo, Propriété intellectuelle et droits fondamentaux, *L'Harmattan 2006.* – Bruguière, Droit des propriétés intellectuelles, *Ellipses, 2ᵉ éd., 2011* ; La propriété intellectuelle, entre autres droits, *Dalloz, coll. Thèmes et commentaires, 2009.* – Bruguière, Mallet-Poujol et Robin (sous la direction de), Propriété intellectuelle et droit commun, *PU Aix-Marseille, 2007.* – Butin, Le juge en droit de la propriété intellectuelle – Étude sur l'influence de la prévisibilité des décisions de justice dans l'évitement du procès, *thèse Paris II, 2010.* – Caron, *Propr. ind. 2015. Étude 13* (trois remarques sur l'impression contrefaisante en trois dimensions). – Colloque du Centre Paul-Roubier, Quel droit de la propriété industrielle pour le 3ᵉ millénaire ?, *Litec, 2001.* – Colloque IRPI, La fiscalité de la propriété industrielle, *Litec, 1989.* – Frison-Roche et Abello, Droit et économie de la propriété intellectuelle, *LGDJ, 2005.* – Gauchet, *Propr. intell., avr. 2014, nᵒ 51, p. 206* (Polynésie française : quid des droits de propriété industrielle ?). – Gaumont-Prat, Droit de la propriété industrielle, *LexisNexis, 2013.* – IRPI, colloque, Approche stratégique de la propriété industrielle, *LexisNexis, 2011.* – Laronze, L'usufruit des droits de propriété intellectuelle, *PU Aix-Marseille, 2007.* – le Tourneau, Le parasitisme, *Litec, 1998.* – Marino, Droit de la propriété intellectuelle, *PUF, 2013* ; Droit de la propriété industrielle, *Dalloz, 8ᵉ éd., 2013.* – Passa, Droit de la propriété industrielle, *tome 1, LGDJ, 2ᵉ éd., 2009* ; *tome 2, LGDJ, 2013* ; Contrefaçon et concurrence déloyale, *Litec, 1997.* – Mélanges Françon, *Dalloz, 1995.* – Pollaud-Dulian, La propriété industrielle, *Economica, 2010.* – Roubier, Le droit de la propriété industrielle, *Sirey 1952-54.* – Schmidt-Szalewski (mélanges en l'honneur de), Le droit de la propriété intellectuelle dans un monde globalisé, *LexisNexis, 2014.* – Stérin et Druez-Marie, Le guide de la propriété intellectuelle, *Delmas, 2009.* – Tafforeau, Droit de la propriété intellectuelle, *Gualino éditeur, coll. Manuels, 3ᵉ éd., 2012.* – Visse-Causse, Droit de la propriété intellectuelle, *Gualino, coll. Mémentos LMD, 2015.* – Vivant (ouvrage collectif sous la direction de), Les grands arrêts de la propriété intellectuelle, *Dalloz, 2ᵉ éd., 2015* ; Propriété intellectuelle et mondialisation. La propriété intellectuelle est-elle une marchandise ?, *Dalloz, 2004.* – De Werra, La résolution des litiges de propriété intellectuelle, Schulthess-Bruylant, *LGDJ, 2010.* – La jurisprudence des chambres de recours de l'OEB, *OEB, 7ᵉ éd., sept. 2013.*

▸ **Articles**

Actes du colloque organisé par l'IRPI, 19 juin 2015, *Propr. intell. oct. 2015, nᵒ 57, p. 346 s.* (l'impression 3D, un nouveau défi pour la propriété intellectuelle). – Azzi, *D. 2008. Dossier. 700* (la loi du 29 octobre 2007 contre la contrefaçon) ; *CCE 2012, Étude nᵒ 4* (les obstacles à l'arbitrage en droit de la propriété industrielle au lendemain de la loi du 17 mai 2011). – Basire, *Propr. ind. 2014. Focus. 51* (les dommages et intérêts alloués dans le cadre des actions en contrefaçon). – Bruguière et Dumont, *CCE 2010. Étude 10* (la question prioritaire de constitutionnalité dans le droit de la propriété intellectuelle). – Bruguière (sous la direction de), L'articulation des droits de propriété intellectuelle, *Dalloz, coll. Thèmes et commentaires, 2011.* – Bruguière et Gilelet, *JCP E 2011. 1663* (litiges en propriété intellectuelle. L'apport de la loi de simplification et d'amélioration de la qualité du droit du 17 mai 2011). – Bourdon, *D. 2008. Dossier. 729* (le droit pénal est-il un instrument efficace face à la criminalisation croissante de la contrefaçon ?). – Bernault, *D. 2003. Chron. 957* (la protection des formes fonctionnelles par le droit de la propriété intellectuelle : le critère de la forme séparable de la fonction). – Galloux, *D. 2008. Dossier. 711* (les mesures probatoires, provisoires et conservatoires). – Gaudemet-Tallon, *D. 2008. Dossier. 735* (droit international privé de la contrefaçon : aspects actuels). – Gautier, *D. 2008. Dossier. 727* (fonction normative de la responsabilité : le contrefacteur peut être condamné à verser au créancier une indemnité contractuelle par équivalent). – Geller, *Propr. intell. 2006, nᵒ 18, p. 4* (la dissolution de la propriété intellectuelle). – IRPI Actes du Colloque, Arbitrage et propriété intellectuelle, *Litec 1994* ; L'avenir de la propriété intellectuelle, *Litec 1993.* – Juglar, *JCP E 2016, nᵒ 1209* (la procédure pénale au service de la propriété intellectuelle). – Logeais, *Propr. intell. 2011, nᵒ 41, p. 336* (les droits de propriété intellectuelle dans le bain des procédures collectives : relevé au fil de l'eau). – de Nijs, *Propr. ind. 2017. Étude 6* (sondages et évaluation des préjudices en matière de propriété intellectuelle). – Malaurie-Vignal, *Propr. ind. 2017. Étude 14* (contrefaçon et concurrence déloyale : pour en finir avec les incertitudes sur la notion de fait distinct). – Passa, *Propr. intell. 2011, nᵒ 39, p. 157* (contrefaçon des titres communautaires et compétence internationale en cas de pluralité de défendeurs). – Piatti, *RTD com. 2006. 1* (commerce électronique et propriétés intellectuelles). – Piotraut, *RLDI oct. 2014. 77* (les droits de la propriété intellectuelle à l'épreuve de la santé publique). –

Tirard, *Propr. intell. 2006, n° 21, p. 429* (optimisation fiscale et propriété industrielle). – Vivant, *D. 2009, Chron. 1839* (prendre la contrefaçon au sérieux) ; *D. 2011. Chron. 2351* (propriété intellectuelle, *lex protectionis* et loi réelle) ; *Propr. intell. 2012, n° 43, p. 269* (objet juridique, objet social. Réflexion sur la propriété intellectuelle).

▸ Loi du 29 octobre 2007 de lutte contre la contrefaçon

Azéma et Galloux, *RTD com. 2008. 278* (la loi du 29 octobre 2007 de lutte contre la contrefaçon). – Azzi, *D. 2008. Dossier. 700* (la loi du 29 octobre 2007 contre la contrefaçon). – Béteille et Yung, *Rapport d'information, Sénat, n° 296 (2010-2011)* (Lutte contre la contrefaçon : premier bilan de la loi du 29 octobre 2007). – Bourdon, *D. 2008. Dossier 729* (le droit pénal est-il un instrument efficace face à la criminalisation croissante de la contrefaçon ?). – Bruguière, *JCP E 2008. Actu. 565* (de l'art et de la manière de bien faire les lois et de bien penser la compétence des juges en matière de propriété intellectuelle. L'occasion manquée de la loi du 29 octobre 2007). – Caron, *CCE 2007. Étude 30 ; JCP E 2007, p. 2419* (la loi du 29 octobre 2007 dite « de lutte contre la contrefaçon ») ; *ibid. 2008, p. 397* (la propriété intellectuelle dans la loi de modernisation de l'économie). – Couste et Guilbot, *Propr. ind. 2007. Étude 25* (réforme de l'indemnisation du préjudice de contrefaçon en France : du jardin à la française à l'Eldorado américain ?). – De Candé et Marchais, *Propr. intell. 2008, n° 26, p. 52* (la loi n° 2007-1549 du 29 octobre 2007 de lutte contre la contrefaçon : une harmonisation bienvenue des moyens de lutte contre la contrefaçon). – Galloux, *D. 2008. Dossier 711* (les mesures probatoires, provisoires et conservatoires). – Gasnier, *Propr. ind. 2007. Étude 25* (quelques brèves observations à propos de la loi de lutte contre la contrefaçon). – Gaudemet-Tallon, *D. 2008. Dossier 735* (droit international privé de la contrefaçon : aspects actuels). – Gautier, *D. 2008. Dossier 727* (fonction normative de la responsabilité : le contrefacteur peut être condamné à verser au créancier une indemnité contractuelle par équivalent). – Henry, *CCE 2009. Étude 2* (les nouvelles méthodes d'évaluation du préjudice en matière de contrefaçon). – Hoffman Attias et Pajot, *Gaz. Pal. 23 au 27 mai 2008, p. 12* (la mise en œuvre de la loi du 29 octobre 2007 relative à la lutte contre la contrefaçon). – Lécuyer, *Gaz. Pal. 23 au 27 mai 2008, p. 12* (l'indemnisation du préjudice en matière de contrefaçon). – Mandel, *Propr. ind. 2009. Étude 4* (le nouvel arsenal de lutte contre la contrefaçon). – May, *Propr. ind. 2008. Étude 4* (améliorer l'indemnisation de la contrefaçon : la loi ne suffira pas). – Pollaud-Dulian, *RTD com. 2008. 70* (loi n° 2007-1544 du 29 octobre 2007 de lutte contre la contrefaçon). – Stasiak, *CCE 2009. Étude 1* (les sanctions de la contrefaçon).

▸ Loi du 11 mars 2014 renforçant la lutte contre la contrefaçon

Azéma, *RLDA mai 2014. 18* (la loi renforçant la lutte contre la contrefaçon). – Azéma et Galloux, *RTD com. 2014. 579* (les lois n° 2014-315 du 11 mars 2014 renforçant la lutte contre la contrefaçon et n° 2014-344 du 17 mars 2014, relative à la consommation). – Binctin, *JCP 2014. Actu. 416* (la loi renforçant la lutte contre la contrefaçon). – Buffet Delmas et Fabre, *Propr. ind. 2014. Étude 12* (nouveautés, clarifications, carences et incertitude du dispositif de lutte contre la contrefaçon tel que renforcé par la loi n° 2014-315 du 11 mars 2014). – Coste, *RLDI avr. 2014. 15* (renforcement de la lutte contre la contrefaçon). – Dahan et Roblin, *RLDI juin 2014. 8* (une nouvelle loi pour renforcer la lutte contre la contrefaçon : zoom sur le droit à l'information). – Dhenne, *D. 2014. Chron. 1164* (la loi n° 2014-315 du 11 mars 2014 renforçant la lutte contre la contrefaçon). – Galloux, *Propr. intell. 2014, n° 52, p. 242* (la loi n° 2014-315 du 11 mars 2014 renforçant la lutte contre la contrefaçon : vers la saturation ?). – Le Goffic, *Propr. ind. 2014. Focus 32* (les apports de la loi du 17 mars 2014 au code de la propriété intellectuelle). – Maréchal, *CCE 2014. Étude 11* (la loi n° 2014-315 du 11 mars 2014 renforçant la lutte contre la contrefaçon). – Ouaniche, *JCP E 2014, 1194* (renforcement du dispositif législatif dans l'évaluation du préjudice en cas de contrefaçon). – Yung, *CCE 2014. Entretien 4* (loi du 11 mars 2014 renforçant la lutte contre la contrefaçon).

Sur la protection constitutionnelle de la propriété industrielle, V. Cons. const. 15 janv. 1992, n° 91-303 : RFD const. 1992. 303, obs. Guyon.

LIVRE QUATRIÈME ORGANISATION ADMINISTRATIVE ET PROFESSIONNELLE

TITRE PREMIER INSTITUTIONS

CHAPITRE PREMIER L'INSTITUT NATIONAL DE LA PROPRIÉTÉ INDUSTRIELLE

Art. L. 411-1 **L'Institut national de la propriété industrielle est un établissement public doté de la personnalité civile et de l'autonomie financière, placé auprès du ministre** *(Ord. nº 2008-1301 du 11 déc. 2008)* **« chargé de la propriété industrielle ».**

Cet établissement a pour mission :

1º De centraliser et diffuser toute information nécessaire pour la protection des innovations et pour l'enregistrement des entreprises, ainsi que d'engager toute action de sensibilisation et de formation dans ces domaines ;

2º D'appliquer les lois et règlements en matière de propriété industrielle *(L. nº 2010-658 du 15 juin 2010, art. 3)* **« et de registre du commerce et des sociétés » ; à cet effet, l'Institut pourvoit, notamment, à la réception des dépôts de demandes des titres de propriété industrielle ou annexes à la propriété industrielle, à leur examen et à leur délivrance ou enregistrement et à la surveillance de leur maintien ; il centralise le registre du commerce et des sociétés** *(L. nº 2015-990 du 6 août 2015, art. 60-II, en vigueur le 1er mars 2016)* **« , notamment sur la base de données informatiques transmises par les greffiers de tribunal de commerce, et le** ***Bulletin officiel des annonces civiles et commerciales*** **; il assure la diffusion des informations techniques, commerciales et financières contenues dans les titres de propriété industrielle ; il assure la diffusion et la mise à la disposition gratuite du public, à des fins de réutilisation, des informations techniques, commerciales et financières qui sont contenues dans le registre national du commerce et des sociétés et dans les instruments centralisés de publicité légale, selon des modalités fixées par décret ; il statue sur les demandes d'homologation ou de modification des cahiers des charges des indications géographiques définies à l'article L. 721-2 ; »**

3º De prendre toute initiative en vue d'une adaptation permanente du droit national et international aux besoins des innovateurs et des entreprises ; à ce titre, il propose au ministre chargé de la propriété industrielle toute réforme qu'il estime utile en ces matières ; il participe à l'élaboration des accords internationaux ainsi qu'à la représentation de la France dans les organisations internationales compétentes. — *[L. nº 51-444 du 19 avr. 1951, art. 1er.]*

Sur la création du site web INPI (www.inpi.fr), V. Décis. Dir. INPI nº 99-71 du 5 mars 1999 (PIBD 1999, I, p. 68). Sur le dépôt par télécopie des demandes de brevet, de certificat d'utilité, d'enregistrement de marques, de déclarations de renouvellement de marques et de dépôt de dessins et modèles ainsi que des pièces annexes, V. Décis. Dir. INPI nº 2014-67 du 22 avr. 2014.

Les dispositions de l'art. 60 de la L. nº 2015-990 du 6 août 2015 entrent en vigueur à la même date que le premier arrêté fixant les tarifs des prestations des greffiers des tribunaux de commerce en application de l'art. 50 de ladite loi, et au plus tard à l'expiration du douzième mois suivant la promulgation de la même loi (L. préc., art. 60-IV). L'arr. du 26 févr. 2016 (JO 28 févr.) est entré en vigueur le 1er mars 2016. Elles sont applicables à Wallis-et-Futuna (L. préc., art. 60-III).

COMMENTAIRE

L'Institut national a naturellement pour rôle de procéder à la délivrance des titres de propriété industrielle après une instruction des demandes plus ou moins approfondie selon les régimes.

De façon progressive, les formalités de dépôt des requêtes en délivrance des titres comme les procédures de communication avec l'INPI sont simplifiées. La transmission électronique se généralise et, désormais, le directeur de l'INPI peut décider de l'évolution de ces procédures pour une adaptation plus souple aux évolutions techniques (Décr. nº 2014-650 du 20 juin 2014 mod. not. les art. R. 512-1, R. 512-2, R. 514-5-1, R. 612-1, R. 614-1, R. 614-21, R. 614-28, R. 618-6, R. 622-1, R. 712-1 et R. 718-5).

Le décret n° 2012-928 et l'arrêté du 31 juillet 2012 relatifs au registre du commerce et des sociétés ont aussi simplifié les formalités effectuées dans ce registre confié à la gestion de l'INPI. Ils permettent la déclaration du nom de domaine du site internet de l'organisme.

Une deuxième fonction tient à la mise à disposition d'une information large à l'attention du public. La publicité concerne non seulement les demandes ou les titres de propriété industrielle, mais aussi toutes les formes d'activités professionnelles en France puisque l'INPI tient les différents registres.

Le décret n° 2014-917 du 19 août 2014 (*JO 21 août*) organise la mise à disposition du public et la réexploitation des informations détenues par l'INPI (V. art. D. 411-1-3).

L'INPI remplit une troisième mission incitative. Il délivre des prestations personnalisées pour aider toutes personnes intéressées. Il dispense des programmes de sensibilisation et de formation. Depuis peu, il établit des prédiagnostics à destination des PME afin de déterminer les enjeux de la propriété industrielle et de les aider à mettre en œuvre les solutions.

La présence territoriale de l'INPI est assurée par son siège parisien, quinze implantations régionales, trente permanences et quatre représentations internationales. L'Institut intensifie son effort en direction des techniques de l'information et de la communication. Le site internet de l'INPI (www.inpi.fr) offre désormais un accès libre et gratuit à toutes les bases de données. Les recherches sur les marques peuvent remonter à 1981 ou 1996 pour les marques communautaires. Les recherches sur les dessins ou modèles sont possible dès 1910 pour les demandes françaises et 1979 pour les demandes internationales. Concernant les brevets, il renvoie au service Esp@cenet (fr.espacenet.com) qui fédère les bases de données européennes et met à disposition plus de 70 millions de demandes de titre remontant selon l'origine jusqu'à 1978.

L'Office de l'Union européenne pour la propriété intellectuelle (EUIPO) propose un outil similaire pour les marques : TMview (*tmview.europa.eu*). En revanche, l'office de l'Union européenne n'offre un accès qu'aux demandes de dessins ou modèles communautaires (*oami.europa.eu/RCDOnline*). Depuis 2005 ou 2006, sont accessibles les fac-similés des bulletins officiels publiant les demandes de titres de brevets, marques et dessins ou modèles. L'OHMI propose aussi une base de décisions de justice en propriété industrielle.

A côté de l'INPI, organisme permanent, est institué par l'article R. 413-1 un organe consultatif appelé « Conseil supérieur de la propriété industrielle ».

Le décret n° 2014-650 du 20 juin 2014, précité, a modifié l'article R. 411-3 du présent code en ajoutant de nouveaux membres au conseil d'administration de l'INPI. ☐

1. La diffusion par l'INPI, par le biais d'un serveur qu'il gère, d'une information erronée, est constitutive d'une faute civile de nature à engager sa responsabilité délictuelle. • TGI Bar-le-Duc, 16 janv. 1996 : *D. Affaires 1997. 317 ; RJDA 1997, n° 1284.*

2. Le serveur minitel Euridile géré par l'INPI, constituant un service public à caractère industriel et commercial, les actions qui tendent à la réparation des préjudices causés aux tiers par son fonctionnement relèvent de la compétence des juridictions de l'ordre judiciaire. • TGI Bar-le-Duc, 16 janv. 1996 : *préc. note 1.*

Code de commerce

Art. L. 123-6 Le registre du commerce et des sociétés est tenu par le greffier de chaque tribunal de commerce, sous la surveillance du président ou d'un juge commis à cet effet, qui sont compétents pour toutes contestations entre l'assujetti et le greffier *(Ord. n° 2016-1635 du 1er déc. 2016, art. 16)* « et pour autoriser l'accès au document relatif au bénéficiaire effectif mentionné à l'article L. 561-46 du code monétaire et financier ». — *[Décr. n° 84-406 du 30 mai 1984, art. 4, al. 1er.]*

(L. n° 2015-990 du 6 août 2015, art. 60-I-1°) « Le greffier transmet à l'Institut national de la propriété industrielle, par voie électronique et sans frais, un document valant original des inscriptions effectuées au greffe et des actes et pièces qui y sont déposés, dans un délai et selon des modalités fixées *[fixés]* par décret.

« Il lui transmet également, par voie électronique, sans frais ni délai, les résultats des retraitements des informations contenues dans les inscriptions, actes et pièces mentionnés au deuxième alinéa, dans un format informatique ouvert de nature à favoriser leur interopérabilité et leur réutilisation, au sens *(Ord. n° 2016-307 du 17 mars 2016, art. 4)* « du titre II du livre III du code des relations entre le public et l'administration *[art. L. 321-1 s.]* », et à assurer leur compatibilité avec le registre national dont l'Institut national de la propriété industrielle assure la centralisation dans le cadre de sa mission prévue au 2° de l'article L. 411-1 du code de la propriété intellectuelle. Le décret mentionné au deuxième alinéa du présent article précise également les modalités de cette transmission, notamment le format des données informatiques. »

(L. n° 2012-1270 du 20 nov. 2012, art. 31) « Dans les départements d'outre-mer et dans les collectivités d'outre-mer de Saint-Martin et de Saint-Barthélemy, le ministre de la justice peut déléguer, lorsque le fonctionnement normal des registres du commerce et des sociétés est compromis, par convention, leur gestion matérielle à la chambre de commerce et d'industrie de ces départements ou à la chambre consulaire interprofessionnelle à Saint-Martin ou à la chambre économique multiprofessionnelle à Saint-Barthélemy. Le greffe reste compétent pour le contrôle des actes et des extraits du registre ainsi que pour toute contestation entre l'assujetti et la chambre compétente. La durée maximale de la convention est de vingt-quatre mois, renouvelable dans les mêmes conditions. »

(L. n° 2015-990 du 6 août 2015, art. 60-I-2°) « Par dérogation à l'avant-dernier alinéa et à titre expérimental pour une durée n'excédant pas trois ans, dans les départements d'outre-mer de la Guadeloupe, de la Martinique et de La Réunion, la gestion matérielle des registres du commerce et des sociétés est déléguée à la chambre de commerce et d'industrie compétente. Cette délégation de gestion s'opère dans les conditions déterminées au même alinéa. Pour le bon déroulement de l'expérimentation, la convention mentionnée audit alinéa porte sur toute sa durée. Les expérimentations débutent le 1er janvier 2016 au plus tard. Un rapport est remis, au terme de la deuxième année, sur les conditions d'exécution de la délégation. »

L'art. L. 123-6, dans sa rédaction résultant du 1° du I de l'art. 60 de la L. n° 2015-990 du 6 août 2015, est applicable à Wallis-et-Futuna. Le même art. L. 123-6, dans sa rédaction résultant du I de l'art. 60 préc., entre en vigueur à la même date que le premier arrêté fixant les tarifs des prestations des greffiers des tribunaux de commerce en application de l'art. 50 de ladite loi (V. art. L. 444-3), et au plus tard à l'expiration du douzième mois suivant la promulgation de la même loi (L. préc., art. 60-III et IV).

Art. L. 411-2 Les recettes de l'Institut se composent de toutes redevances établies dans les conditions prévues à l'article 5 de l'ordonnance n° 59-2 du 2 janvier 1959 portant loi organique relative aux lois de finances et perçues en matière de propriété industrielle et en matière du registre du commerce et des métiers et de dépôt des actes de sociétés, ainsi que des recettes accessoires. Ces recettes doivent obligatoirement équilibrer toutes les charges de l'établissement.

Le contrôle de l'exécution du budget de l'Institut s'exerce *a posteriori* selon des modalités fixées par décret en Conseil d'État. – *[L. n° 51-444 du 19 avr. 1951, art. 1er.]*

COMMENTAIRE

L'équilibre financier de l'INPI est rendu possible par la diversité des redevances versées pour l'obtention et le maintien en vigueur des titres. En effet, si le paiement des demandeurs pour l'instruction des dossiers correspond à un service réel rendu par l'office, les sommes régulièrement versées pour conserver ou prolonger le titre contribuent au financement de l'ensemble des missions de l'Institut national.

Art. L. 411-3 L'organisation administrative et financière de l'Institut est fixée par décret en Conseil d'État. – *[L. n° 51-444 du 19 avr. 1951, art. 2.] – V. art. R. 411-1 s. – Sur l'organigramme de l'INPI, V. Décis. Dir. INPI n° 97-375 du 28 juill. 1997 (PIBD 1997. I. 61).*

Art. L. 411-4 Le directeur de l'Institut national de la propriété industrielle prend les décisions prévues par le présent code à l'occasion de la délivrance, du rejet ou du maintien des titres de propriété industrielle *(L. n° 2014-344 du 17 mars 2014, art. 73)* **« , ainsi qu'à l'occasion de l'homologation, du rejet ou de la modification du cahier des charges des indications géographiques définies à l'article L. 721-2 ou du retrait de cette homologation ».**

Dans l'exercice de cette compétence, il n'est pas soumis à l'autorité de tutelle. Les cours d'appel désignées par voie réglementaire connaissent directement des recours formés contre ses décisions. Il y est statué, le ministère public et le directeur de l'Institut national de la propriété industrielle entendus. Le pourvoi en cassation est ouvert

tant au demandeur qu'au directeur de l'Institut national de la propriété industrielle. – *V. art. R. 411-19 s.*

BIBL. ▸ MÉCHIN, *Propr. intell. 2008, n° 29, p. 403* (recours contre les décisions du directeur général de l'INPI : les apports de la jurisprudence récente).

COMMENTAIRE

Toutes les décisions de l'INPI sont rendues par son directeur. Ces actes juridiques ne sont pas de nature administrative. Qu'il s'agisse du rejet d'une demande de titre, d'une décision sur une opposition à l'enregistrement d'une marque ou encore du refus d'une réduction de taxe ou de restauration en cas de paiement tardif, les recours contre le directeur de l'INPI sont jugés par les cours d'appel. Le justiciable ne bénéficie donc pas d'un double degré de juridiction (V. art. L. 411-4, note 2). Les juridictions territorialement compétentes sont désignées à l'article D. 411-19-1. ❑

1. *Nature des décisions.* Sur la nature juridique des décisions du directeur de l'INPI, V. • Com. 6 juin 1984 : *PIBD 1985. III. 85 ; RTD com. 1985. 751, obs. Chavanne et Azéma ; RDPI 1985. 35, note Marcellin.* ♦ La délivrance d'un titre de propriété industrielle par le directeur de l'INPI constitue un acte administratif individuel. Dès lors, la faculté qui lui est donnée de former un pourvoi en cassation satisfait aux exigences d'un procès équitable. • Com. 31 janv. 2006 : *Bull. civ. IV, n° 26 ; D. 2006. AJ 581 ; CCE 2006, n° 59, note Caron.*

2. *Compétence.* La compétence judiciaire ne se limite pas aux seuls recours contre les décisions du directeur général de l'INPI ayant une incidence directe sur la délivrance ou le maintien des titres, elle s'étend aussi aux conséquences dommageables des fautes qu'il aurait pu commettre à l'occasion de l'exercice de ses attributions • Com. 11 mars 2014 : *Dalloz actualité, 20 mars 2014, obs. Daleau ; D. 2014. Actu. 718 ; PIBD 2014. III. 321 ; Propr. ind. 2014, n° 37, obs. Raynard.* ♦ V. en matière de brevets : • Com. 29 nov. 2011 : *Bull. civ. IV, n° 193 ; D. 2011. AJ 2995 ; Propr. ind. 2012, n° 36, note Vigand* • Com. 13 mai 1997 : *Bull. civ. IV, n° 130 ; PIBD 1997. III. 423 ; D. 1997. Somm. 336, obs. Schmidt ; RJDA 1997, n° 1436 ; JCP E 1997. Pan. 723 ; RDPI 1997, n° 77, p. 14 ; Quot. jur. n° 47, 12 juin 1997 ; Dossiers Brevets 1998. I. 4* • T. confl. 5 juin 2000, *Peyrinet : JCP 2001. II. 10490, concl. Arrighi de Casanova ; Propr. intell. 2001, n° 1, p. 92, obs. Passa.* ♦ L'art. L. 411-4 CPI, qui confère à la cour d'appel une compétence en premier et dernier ressort, déroge expressément au principe du double degré de juridiction : • Com. 11 mars 2014 : *préc.* ♦ V. aussi • Paris, pôle 5, ch. 1, 14 juin 2016, n° 2014/01156 : *PIBD 2016. III. 597.* ♦ La compétence judiciaire s'étend aux actions en responsabilité visant à la réparation d'éventuelles fautes de l'INPI, y compris si cette action est intentée par un tiers au recours en annulation. • Civ. 1re, 3 nov. 2016, n° 15-24.189 P : *PIBD 2016. III. 902 ; Dalloz IP/IT 2017. 114, note Pollaud-Dulian ; Propr. intell. 2017, n° 63, p. 104, note Warusfel.* ♦ La dérogation expresse au principe du double degré de juridiction ne viole ni un principe général du droit, ni le droit à un procès équitable au sens de l'art. 6, § 1, de la Conv. EDH. • Civ. 1re, 3 nov. 2016 : *préc.*

3. Tout tiers à qui une décision du directeur de l'INPI fait grief peut former un recours en annulation contre cette décision. • Paris, 13 déc. 1979 : *PIBD 1980. III. 25.* ♦ Le point de départ du délai de ce recours est la date de publication de la décision au *BOPI*, peu important que l'auteur du recours ait pu auparavant en avoir connaissance. • Com. 19 févr. 1991 : *Bull. civ. IV, n° 77 ; PIBD 1991. III. 392 ; Dossiers Brevets 1991. IV. 4.* ♦ Le recours visant à contester l'effectivité de la limitation de la portée d'une revendication réécrite est irrecevable faute d'intérêt à agir du demandeur. • Paris, 30 mars 2011 : *Propr. ind. 2011. 69, note Py.*

4. *Recours en restauration de brevet.* Il n'appartient pas à la cour de statuer sur un recours en restauration de droits en se substituant au directeur de l'INPI, qui en a seul pouvoir au regard des dispositions de l'art. L. 613-22. S'agissant d'un contentieux de nature administrative, la cour ne peut qu'annuler les décisions du directeur de l'INPI, ces décisions étant des actes administratifs individuels, ou les déclarer bien fondées, mais pas les réviser. Le juge, saisi de l'annulation d'une décision relative à un acte administratif individuel, se doit de vérifier non seulement si les conditions de forme ont été respectées, mais également si la décision a été rendue à la suite d'une erreur de fait, sans qu'il soit nécessaire que cette erreur soit imputable à l'administration. • Paris, 9 juin 1994 : *PIBD 1994. III. 499.*

5. *Demande de réduction des taxes.* La cour d'appel ne peut qu'annuler la décision de délivrance, rejet ou maintien des titres de propriété industrielle ou la déclarer bien fondée ; il ne lui appartient pas de statuer sur une demande de réduction des redevances. • Paris, 13 oct. 1994 : *PIBD 1995. III. 23.*

6. Sur les pouvoirs du directeur de l'INPI saisi d'une demande revendiquant la priorité fondée sur l'art. 8 du Traité PCT, V. • Nancy, 24 juin 2002 : *Propr. ind. 2003, n° 85, note Vigand.*

7. Participation du directeur de l'INPI aux débats. La participation du directeur de l'INPI aux débats suivis devant une cour d'appel saisie d'un recours contre une décision qu'il a rendue résultant de l'art. L. 411-4, une société n'est pas recevable à invoquer l'art. 6 Conv. EDH. • Com. 17 juin 2003 : *Bull. civ. IV, n° 102 ; R., p. 423 ; PIBD 2004. III. 72* • Com. 26 nov. 2003 : *Bull. civ. IV, n° 180 ; R., p. 423 ; D. 2004. AJ 143, obs. Daleau ; CCE 2004, n° 4, note Caron ; PIBD 2004. III. 129* • Com. 18 févr. 2004 : *PIBD 2004. III. 360* • Com. 31 janv. 2006 : *préc. note 1.*

Art. L. 411-5 **Les décisions de rejet mentionnées au premier alinéa de l'article L. 411-4 sont motivées.**

Il en est de même des décisions acceptant une opposition présentée en vertu de l'article L. 712-4 ou une demande de relevé de déchéance en matière de marques de fabrique, de commerce ou de service.

Elles sont notifiées au demandeur dans les formes et délais prévus par voie réglementaire. — *V. art. R. 613-52 et R. 712-13 s.*

Une cour d'appel, statuant sur recours contre une décision rendue dans une procédure d'opposition à enregistrement d'une marque, ne peut qu'annuler la décision ou la déclarer bien fondée. • Paris, 29 oct. 1997 : *PIBD 1998. III. 14.*

CHAPITRE II L'INSTANCE NATIONALE DES OBTENTIONS VÉGÉTALES

(L. n° 2011-1843 du 8 déc. 2011, art. 1er)

Art. L. 412-1 **Un groupement d'intérêt public comprenant notamment l'État et l'Institut national de la recherche agronomique assure les fonctions d'instance nationale des obtentions végétales. A ce titre, il est chargé :**

1° D'appliquer les lois et règlements en matière de protection des obtentions végétales et, notamment, de délivrer le certificat mentionné à l'article L. 623-4 ;

2° D'apporter son appui à l'État pour l'élaboration de la réglementation nationale et des accords internationaux relatifs aux variétés végétales.

Le responsable au sein du groupement d'intérêt public des missions relevant de l'instance nationale des obtentions végétales est nommé par le ministre chargé de l'agriculture. Il prend les décisions prévues au présent code à l'occasion de la délivrance, du rejet ou du maintien des certificats d'obtention végétale. Il exerce ses fonctions indépendamment de toute autorité hiérarchique ou de tutelle.

COMMENTAIRE

Le décret n° 2014-731 du 27 juin 2014 (JO 29 juin) crée l'Instance nationale des obtentions végétales (INOV) en remplacement du Comité de la protection des obtentions végétales. L'INOV est un office de propriété industrielle sous la forme d'un groupement d'intérêt public entre l'État et l'INRA. Il demeure hébergé par le Groupe d'étude et de contrôle des variétés et des semences (GEVES). ❑

TITRE DEUXIÈME QUALIFICATION EN PROPRIÉTÉ INDUSTRIELLE

CHAPITRE PREMIER INSCRIPTION SUR LA LISTE DES PERSONNES QUALIFIÉES EN MATIÈRE DE PROPRIÉTÉ INDUSTRIELLE

Art. L. 421-1 **Il est dressé annuellement par le directeur de l'Institut national de la propriété industrielle une liste des personnes qualifiées en propriété industrielle.**

Cette liste est publiée.

Les personnes inscrites sur la liste précitée peuvent exercer à titre de salarié d'une entreprise ou à titre libéral individuellement ou en groupe ou à titre de salarié d'une autre personne exerçant à titre libéral.

Les personnes figurant, à la date du 26 novembre 1990, sur la liste des personnes qualifiées en brevets d'invention sont de plein droit inscrites sur la liste visée au premier alinéa, sous réserve qu'elles répondent aux conditions de moralité prévues à l'article L. 421-2. — *[L. n° 90-1052 du 26 nov. 1990, art. 33.]*

COMMENTAIRE

Les personnes qualifiées sont environ au nombre de 1 800. A l'issue d'un examen, elles ont accès à la profession de conseil, mais peuvent aussi exercer leur spécialité dans le cadre d'une autre structure, par exemple une entreprise industrielle. Elles ne sont pas à confondre avec les personnes dont le diplôme juridique ou le diplôme délivré par le Centre d'études internationales de la propriété industrielle (CEIPI, rattaché à l'université Robert-Schuman de Strasbourg) donne simplement accès au stage requis pour passer l'examen de qualification.

Lorsqu'elles deviennent conseillers en propriété industrielle, elles exercent en profession libérale. A ce titre, elles facturent leurs prestations librement. Ces honoraires viennent s'ajouter le cas échéant aux redevances de procédure ou de maintien en vigueur des titres. ❑

Art. L. 421-2 Nul ne peut être inscrit sur la liste prévue à l'article précédent s'il n'est pas de bonne moralité et s'il ne remplit pas les conditions de diplôme et pratique professionnelle prescrites.

L'inscription est assortie d'une mention de spécialisation en fonction des diplômes détenus et de la pratique professionnelle acquise. — *[L. n° 90-1052 du 26 nov. 1990, art. 34.] — V. art. R. 421-1 s.*

COMMENTAIRE

La spécialisation scinde assez radicalement la profession en deux catégories précisées par l'article R. 421-4 : les conseils **brevets d'invention** et les conseils **marques, dessins et modèles**. Sauf exception, juristes de formation pour les uns et ingénieurs ou diplômés en sciences pour les autres, ils passent un examen différent. Il est toutefois possible de cumuler les deux spécialités.

Cette dichotomie se vérifie dans la pratique professionnelle puisque l'article L. 422-4 impose une corrélation entre la spécialisation et les actes accomplis.

Il est à noter qu'il existe un examen européen de qualification spécial qui permet d'accéder au titre de mandataire agréé par l'Office européen des brevets. Seuls ces derniers peuvent représenter un déposant étranger effectuant une demande de brevet européen auprès de l'Office français (V. art. R. 614-5 CPI). ❑

CHAPITRE II CONDITIONS D'EXERCICE DE LA PROFESSION DE CONSEIL EN PROPRIÉTÉ INDUSTRIELLE

BIBL. ▶ THIVILLIER, *Dr. et patr., n° 86, oct. 2000, p. 94* (la responsabilité des conseils en propriété industrielle).

Art. L. 422-1 Le conseil en propriété industrielle a pour profession d'offrir, à titre habituel et rémunéré, ses services au public pour conseiller, assister ou représenter les tiers en vue de l'obtention, du maintien, de l'exploitation ou de la défense des droits de propriété industrielle, droits annexes et droits portant sur toutes questions connexes.

Les services visés à l'alinéa précédent incluent les consultations juridiques et la rédaction d'actes sous seing privé.

Nul n'est autorisé à faire usage du titre de conseil en propriété industrielle, d'un titre équivalent ou susceptible de prêter à confusion, s'il n'est inscrit sur la liste des conseils en propriété industrielle établie par le directeur de l'Institut national de la propriété industrielle.

Toute violation des dispositions du précédent alinéa sera punie des peines encourues pour le délit d'usurpation de titre prévu par l'article 433-17 du code pénal.

Nul ne peut être inscrit sur la liste des conseils en propriété industrielle s'il n'est inscrit sur la liste prévue à l'article L. 421-1 et s'il n'exerce sa profession dans les conditions prévues à l'article L. 422-6.

L'inscription est assortie d'une mention de spécialisation en fonction des diplômes détenus et de la pratique professionnelle acquise. — *[L. n° 90-1052 du 26 nov. 1990, art. 35].*

V. art. R. 422-1 s.

COMMENTAIRE

La profession de conseil en propriété industrielle est réglementée. Environ sept cents personnes exercent en France sous ce statut.

Le rôle du conseil s'étend tout au long de la vie du titre. Il intervient dans tous les domaines de la propriété industrielle. Dans un premier temps, il conseille son client sur la stratégie à adopter et les types de titres à demander ou le choix des extensions de protection à l'étranger. Il assiste son client dans la rédaction des demandes. Cette opération complexe et délicate requiert un savoir-faire particulier. Il peut aussi représenter son client devant l'Office. Ce mandat en principe facultatif est imposé lorsque le demandeur est domicilié hors du territoire de l'Union européenne. Cette règle vaut pour les dessins et modèles (art. R. 512-2 CPI), pour les brevets (art. R. 612-2 CPI) et pour les marques (art. R. 712-2 CPI). L'étendue du monopole est donc très faible.

En aval, il peut assurer la gestion du portefeuille de titres et ainsi procéder aux renouvellements ou maintiens en vigueur de la protection. Il prodiguera aussi des conseils de nature juridique et participera à la négociation et à la rédaction des cessions ou licences de titres. □

Usurpation de titre. La présentation d'un service de dépôt probatoire en ligne qualifié d'« expert en propriété intellectuelle » relève de l'usurpation du titre de conseil en propriété industrielle. Ce comportement est sanctionné sur la base de l'art. L. 422-1. • TGI Paris, 3e ch., 4 mars 2011 : *PIBD 2011. III. 380.*

Art. L. 422-2 Les personnes ayant droit au titre de conseil en brevets d'invention à la date d'entrée en vigueur de la loi n° 90-1052 du 26 novembre 1990 relative à la propriété industrielle *[publiée au JO 28 nov.]* **sont de plein droit inscrites sur la liste prévue à l'article L. 422-1.** – *[L. n° 90-1052 du 26 nov. 1990, art. 42.]*

COMMENTAIRE

L'article ci-dessus est une disposition transitoire liée à la mise en œuvre de la loi de 1990 créant la profession de conseil en propriété industrielle. La nouvelle profession réglementée a absorbé et élargi la compétence des conseils en brevets d'invention. □

Art. L. 422-3 Toute société exerçant les activités mentionnées à l'article L. 422-1 à la date d'entrée en vigueur de la loi n° 90-1052 du 26 novembre 1990 précitée peut demander son inscription sur la liste des conseils en propriété industrielle.

Dans ce cas, la condition prévue au *b* de l'article L. 422-7 n'est pas applicable.

A peine de forclusion, la demande doit être présentée, au plus tard, deux ans après l'entrée en vigueur de la loi n° 90-1052 du 26 novembre 1990 précitée. – *[L. n° 90-1052 du 26 nov. 1990, art. 44.]*

COMMENTAIRE

L'article ci-dessus est une disposition transitoire liée à la mise en œuvre de la loi de 1990 créant la profession de conseil en propriété industrielle. Il permet sous certaines conditions à des personnes morales offrant les prestations de services des conseils à la date d'entrée en vigueur de la loi d'embrasser ce nouveau statut. □

Art. L. 422-4 Les personnes qui souhaitent se faire représenter dans les procédures devant l'Institut national de la propriété industrielle ne peuvent le faire, pour les actes où la technicité de la matière l'impose, que par l'intermédiaire de conseils en propriété industrielle dont la spécialisation, déterminée en application du dernier alinéa de l'article L. 422-1, est en rapport avec l'acte. – *[L. n° 90-1052 du 26 nov. 1990, art. 36.]*

(Ord. n° 2001-670 du 25 juill. 2001) **« Les dispositions de l'alinéa précédent ne font pas obstacle à la faculté de recourir aux services d'un avocat ou à ceux d'une entreprise ou d'un établissement public auxquels le demandeur est contractuellement lié ou à ceux d'une organisation professionnelle spécialisée ou à ceux d'un professionnel établi sur le territoire d'un État membre de la Communauté européenne ou d'un État partie à l'accord sur l'Espace économique européen intervenant à titre occasionnel et habilité à représenter les personnes devant le service central de la propriété industrielle de cet État. »**

COMMENTAIRE

L'article L. 422-4 nous apporte une double confirmation. D'une part, il rappelle l'importance de la spécialisation du conseil prévue à l'article L. 421-2. D'autre part, il minore encore les cas dans lesquels l'intervention d'un conseil dûment patenté est imposée. En effet, dans les situations où la représentation est facultative, le demandeur peut mandater un professionnel autre qu'un conseil sans tenir compte d'une quelconque spécialisation. Les qualités de ces intervenants sont énumérées par le présent article. ❑

La technicité des actes, condition de l'exclusivité des conseils en propriété industrielle et des avocats, est vérifiée pour toutes les procédures et recours. En la matière, la compétence du mandataire ne peut être reconnue de manière générale et sans limitation de durée. • Paris, pôle 5, ch. 2, 24 mars 2017, n° 2016/08441 : *PIBD 2017. III. 282.*

Art. L. 422-5 **Toute personne exerçant les activités mentionnées au premier alinéa de l'article L. 422-1 au 26 novembre 1990 peut, par dérogation aux dispositions de l'article L. 422-4, représenter les personnes mentionnées au premier alinéa de cet article dans les cas prévus par cet alinéa, sous réserve d'être inscrite sur une liste spéciale établie par le directeur de l'Institut national de la propriété industrielle.**

L'inscription est de droit, sous la réserve prévue au dernier alinéa du présent article, à la condition que la personne l'ait demandée par une déclaration auprès du directeur de l'Institut.

A peine de forclusion, la déclaration doit être formulée, au plus tard, deux ans après l'entrée en vigueur de la loi n° 90-1052 du 26 novembre 1990 précitée.

Nul ne peut être inscrit sur la liste prévue au premier alinéa s'il n'est pas de bonne moralité. – *[L. n° 90-1052 du 26 nov. 1990, art. 43.]*

COMMENTAIRE

Cette disposition est identique à celle de l'article L. 422-3 mais concerne les personnes physiques. ❑

Art. L. 422-6 **Le conseil en propriété industrielle exerce sa profession soit à titre individuel ou en groupe, soit en qualité de salarié** *(Ord. n° 2016-394 du 31 mars 2016, art. 6-1°, en vigueur le 8 mai 2017)* **« d'une personne physique ou morale exerçant la profession de » conseil en propriété industrielle.** – *[L. n° 90-1052 du 26 nov. 1990, art. 37.]. – Sur la date d'entrée en vigueur des dispositions issues de l'Ord. n° 2016-394 du 31 mars 2016 : V. cette Ord., art. 13 (JO 1er avr.) et le Décr. n° 2017-797 du 5 mai 2017, art. 2 (JO 7 mai).*

Art. L. 422-7 **Les professionnels inscrits sur la liste prévue à l'article L. 422-1 ou ceux établis sur le territoire d'un État membre de l'Union européenne ou d'un État partie à l'accord sur l'Espace économique européen et habilités à représenter en matière de propriété industrielle des personnes devant le service central de propriété industrielle de leur État sont admis à constituer, pour exercer leur profession, des sociétés civiles professionnelles, des sociétés d'exercice libéral ou toute société constituée sous une autre forme. Dans ce dernier cas, il est nécessaire que :**

1° Le président du conseil d'administration, les directeurs généraux, les membres du directoire, le directeur général unique et le ou les gérants ainsi que la majorité des membres du conseil d'administration ou du conseil de surveillance aient la qualité des personnes visées au premier alinéa ;

2° *Abrogé par Ord. n° 2016-394 du 31 mars 2016, art. 6-2°, à compter du 2 avr. 2016.*

3° L'admission de tout nouvel associé est subordonnée à l'agrément préalable, selon le cas, du conseil d'administration, du conseil de surveillance ou du ou des gérants.

Les deux premiers alinéas de l'article L. 225-22 et les articles L. 225-44 et L. 225-85 du code de commerce ne sont applicables respectivement ni aux membres du conseil d'administration ni aux membres du conseil de surveillance des sociétés de conseils en propriété industrielle.

Lorsque la profession de conseil en propriété industrielle est exercée par une société, il y a lieu, outre l'inscription des conseils en propriété industrielle personnes physiques, à l'inscription de la société dans une section spéciale de la liste prévue à l'article L. 422-1.

COMMENTAIRE

L'article L. 422-7 a été modifié de façon à ouvrir l'exercice de la profession à tous les professionnels européens.

Par ailleurs, le rapport Darrois sur les professions du droit de mars 2009 avait évoqué la fusion des professions de conseil en propriété industrielle et d'avocat. Le projet de loi qui en a résulté n'a maintenu que la suppression de l'incompatibilité entre ces deux professions réglementées. Prenant acte de l'hostilité majoritaire des intéressés, la loi n° 2011-331 du 28 mars 2011 de modernisation des professions judiciaires ou juridiques et certaines professions réglementées est encore en deçà. Elle permet simplement une « interprofessionnalité de nature capitalistique » en ajoutant un article 31-2 à la loi n° 90-1258 du 31 décembre 1990 relative à l'exercice sous forme de sociétés des professions libérales soumises à un statut législatif ou réglementaire ou dont le titre est protégé et aux sociétés de participations financières de professions libérales. En d'autres termes, le capital d'une société d'avocats et de conseil en propriété industrielle pourra être détenu par le même groupement. ❑

Art. L. 422-7-1 *(Ord. n° 2016-394 du 31 mars 2016, art. 6-3°, en vigueur le 8 mai 2017)* **Le conseil en propriété industrielle peut exercer sa profession dans le cadre d'une société pluri-professionnelle d'exercice, prévue au titre IV *bis* de la loi n° 90-1258 du 31 décembre 1990 relative à l'exercice sous forme de sociétés des professions libérales soumises à un statut législatif ou réglementaire ou dont le titre est protégé et aux sociétés de participations financières de professions libérales, ayant pour objet l'exercice en commun de la profession de conseil en propriété industrielle et d'une ou *[de]* plusieurs autres professions prévues à ce titre.**

La société comprend, parmi ses associés, une personne physique qui remplit les conditions requises pour exercer la profession.

Au moins un membre de la profession de conseil en propriété industrielle exerçant au sein de la société, en qualité d'associé ou de salarié, doit être membre du conseil d'administration ou du conseil de surveillance de la société.

Le dernier alinéa de l'article L. 422-7 est applicable.

Sur la date d'entrée en vigueur des dispositions issues de l'Ord. n° 2016-394 du 31 mars 2016 : V. cette Ord., art. 13 (JO 1er avr.) et le Décr. n° 2017-797 du 5 mai 2017, art. 2 (JO 7 mai).

Art. L. 422-8 **Tout conseil en propriété industrielle doit justifier d'une assurance garantissant sa responsabilité civile professionnelle à raison des négligences et fautes commises dans l'exercice de ses fonctions, ainsi que d'une garantie spécialement affectée au remboursement des fonds, effets ou valeurs reçus.** – *[L. n° 90-1052 du 26 nov. 1990, art. 39.]*

COMMENTAIRE

Les articles L. 422-6 à L. 422-8 définissent les modalités d exercice de la profession de conseil. Cette activité s'inscrit clairement parmi les professions libérales et en reprend l'essentiel des règles dont notamment la nature principalement civile des différentes formes possibles de groupement. Si l'activité est exercée dans le cadre d'une société commerciale, la loi impose des conditions strictes visant à garantir le respect des règles déontologiques.

Les conseils engagent leur responsabilité vis-à-vis de leurs clients, ce qui justifie une obligation d'assurance. ❑

L'assureur doit garantir les fautes commises par son client dans la gestion du portefeuille de titres (non-paiement de taxes et annuités dans les délais, ayant entraîné la déchéance de brevets) jugées involontaires et aléatoires. • TGI Paris, 3e ch., sect. 1, 3 avr. 2014 : *PIBD 2014. III. 677.* ♦ La responsabilité professionnelle du CPI n'est pas engagée par le seul fait qu'il n'a pas reproduit dans la description une caractéristique mentionnée par l'inventeur sans instruction particulière. Il ne peut non plus lui être reproché de ne pas avoir procédé automatiquement à une recherche d'antériorité. • TGI 3e ch., sect. 2, 12 févr. 2016, n° 2012/09373 : *PIBD 2016. III 742 ; PIBD 2016. III. 822.* ♦ En revanche, le conseil est responsable lorsqu'il écarte explicitement le risque de contrefaçon et que son client est condamné ultérieurement de ce chef. Le préjudice n'est pourtant pas systématiquement équivalent aux dommages-intérêts dus par le client dans la mesure où ce dernier a pu néanmoins tirer avantage de la contrefaçon. • Com., 28 sept. 2016, n° 15-18.904 : *D. 2016. 2061, obs. Carval ; Dalloz IP/IT 2017. 46, obs. Daoud et Péronne ; RTD civ. 2016. 847, obs. Barbier ; PIBD 2016. III. 825.* ♦ Sur la responsabilité du conseil pour avoir, d'une part, omis d'informer son client de la décision de déchéance intervenue sur son brevet et, d'autre part, adresser une lettre à son client pour mettre fin à son mandat sans s'être assuré que ce dernier l'avait reçue, V. • Paris, 2 juill. 2003 : *Propr. intell. 2003, n° 9, p. 411, obs. Galloux.* ♦ Jugeant que le conseil a un devoir de mise en garde et qu'il engage sa responsabilité pour ne pas avoir, au regard des rapports de recherche et des objections des examinateurs, averti son client, inventeur non familier de ces procédures, du risque important de rejet de ses demandes, V. • Toulouse, 5 déc. 2012 : *PIBD 2013. III. 937.*

Art. L. 422-9 **Il est institué une compagnie nationale des conseils en propriété industrielle, organisme doté de la personnalité morale, placé auprès de l'Institut national de la propriété industrielle aux fins de représenter les conseils en propriété industrielle auprès des pouvoirs publics,** *(L. n° 2015-990 du 6 août 2015, art. 174)* **« de promouvoir l'accès à leurs prestations sur l'ensemble du territoire, » de défendre leurs intérêts professionnels et de veiller au respect des règles de déontologie.** – *[L. n° 90-1052 du 26 nov. 1990, art. 40.] – V. art. R. 422-8 à R. 422-11.*

BIBL. ▶ MAROLLÉ, *Propr. ind. 2015. Étude 7* (exercice de la profession de conseil en propriété industrielle et déontologie).

COMMENTAIRE

La Compagnie nationale des conseils en propriété industrielle (CNCPI) fédère obligatoirement l'ensemble des conseils et joue le rôle d'un ordre professionnel. Elle est l'interlocuteur privilégié de la profession auprès des pouvoirs publics. Les décisions sont prises par son président assisté d'un bureau. La désignation de ces organes est encadrée par l'article R. 422-10. La compagnie a défini un règlement intérieur approuvé par arrêté le 29 juillet 1994. Ce règlement établit les règles de fonctionnement interne. ❑

Art. L. 422-10 **Toute personne physique ou morale exerçant la profession de conseil en propriété industrielle qui se rend coupable soit d'une infraction aux règles du présent titre ou des textes pris pour son application, soit de faits contraires à la probité, à l'honneur ou à la délicatesse, même s'ils sont extraprofessionnels, peut faire l'objet de l'une des mesures disciplinaires suivantes : avertissement, blâme, radiation temporaire ou définitive.**

Les sanctions sont prononcées par la chambre de discipline de la Compagnie nationale des conseils en propriété industrielle présidée par un magistrat de l'ordre judiciaire. – *[L. n° 90-1052 du 26 nov. 1990, art. 41.] – V. art. R. 422-56 à R. 422-63.*

L'art. 6 Conv. EDH s'applique à la procédure suivie devant la chambre de discipline. • CE 17 mai 1999 : *JCP E 1999. IV, n° 2762.*

Art. L. 422-10-1 *(L. n° 2014-315 du 11 mars 2014, art. 17)* **La formation continue est obligatoire pour les conseils en propriété industrielle inscrits sur la liste mentionnée au troisième alinéa de l'article L. 422-1.**

La Compagnie nationale des conseils en propriété industrielle contrôle le respect de cette obligation.

Un décret en Conseil d'État détermine la nature et la durée des activités susceptibles d'être validées au titre de l'obligation de formation continue, ainsi que les modalités de son contrôle. – *V. art. R. 422-55-1 et, ss. cet art., Arr. du 25 avr. 2016 relatif à la formation professionnelle continue des conseils en propriété industrielle.*

COMMENTAIRE

Depuis la loi du 12 mars 2014, les conseils en propriété industrielle sont assujettis à des obligations de formation continue sur le modèle des avocats. ❑

Art. L. 422-11 *(L. n° 2004-130 du 11 févr. 2004, art. 27)* **En toute matière et pour tous les services mentionnés à l'article L. 422-1, le conseil en propriété industrielle observe le secret professionnel. Ce secret s'étend aux consultations adressées ou destinées à son client, aux correspondances professionnelles échangées avec son client, un confrère ou un avocat, aux notes d'entretien et, plus généralement, à toutes les pièces du dossier.**

Ces dispositions sont applicables à Mayotte (Ord. n° 2006-639 du 1er juin 2006, art. 4).

COMMENTAIRE

L'article L. 422-11 astreint les conseils à un secret professionnel absolu. Depuis la loi n° 2004-130 du 11 février 2004, l'étendue de leurs obligations en la matière est similaire à celle des avocats.

Le cadre déontologique de la profession est complété par les devoirs énoncés aux articles R. 422-52 à R. 422-54. Il est aussi rappelé dans le règlement intérieur de la CNCPI. Il met en avant l'indépendance professionnelle et interdit donc tout conflit d'intérêt. Il énonce un principe de dignité et de probité.

La loi donne compétence à la CNCPI pour instruire et sanctionner les comportements contraires aux obligations précitées par l'intermédiaire d'une chambre de discipline (V. art. L. 422-10).

Le secret professionnel est absolu comme pour les avocats. Le courrier envoyé par le conseil à l'avocat de la partie adverse doit être écarté des débats. • Paris, pôle 1, ch. 3, 24 nov. 2015, n° 2014/16359 : *PIBD 2016. III. 5.*

Art. L. 422-12 *(L. n° 2004-130 du 11 févr. 2004, art. 27)* **La profession de conseil en propriété industrielle est incompatible :**

1° Avec toute activité de caractère commercial, qu'elle soit exercée directement ou par personne interposée ;

2° Avec la qualité d'associé dans une société en nom collectif, d'associé commandité dans une société en commandite simple ou par actions, de gérant d'une société à responsabilité limitée, de président du conseil d'administration, membre du directoire, directeur général ou directeur général délégué d'une société anonyme, de président ou dirigeant d'une société par actions simplifiée, de gérant d'une société civile, à moins que ces sociétés n'aient pour objet l'exercice de la profession de conseil en propriété industrielle *(Ord. n° 2016-394 du 31 mars 2016, art. 6, en vigueur le 8 mai 2017)* **« ou d'une profession prévue au titre IV *bis* de la loi n° 90-1258 du 31 décembre 1990 précitée » ou la gestion d'intérêts professionnels connexes ou d'intérêts familiaux ;**

3° Avec la qualité de membre du conseil de surveillance ou d'administrateur d'une société commerciale, lorsque le conseil en propriété industrielle a moins de sept années d'exercice professionnel et n'a pas obtenu préalablement une dispense dans des conditions prévues par décret en Conseil d'État.

Ces dispositions sont applicables à Mayotte (Ord. n° 2006-639 du 1er juin 2006, art. 4). Les conseils en propriété industrielle qui exercent à Mayotte, à la date de publication de l'Ord. du 1er juin 2006 (JO 2 juin), l'une des activités mentionnées aux art. L. 422-12 et L. 422-13 peuvent la poursuivre pendant une durée maximum de cinq années, sous réserve d'en faire la déclaration à l'Institut national de la propriété industrielle dans les six mois suivant la publication de l'Ord. préc. (Ord. préc, art. 16).

Sur la date d'entrée en vigueur des dispositions issues de l'Ord. n° 2016-394 du 31 mars 2016 : V. cette Ord., art. 13 (JO 1er avr.) et le Décr. n° 2017-797 du 5 mai 2017, art. 2 (JO 7 mai).

Art. L. 422-13 *(L. n° 2004-130 du 11 févr. 2004, art. 27)* **La profession de conseil en propriété industrielle est incompatible avec l'exercice de toute autre profession, sous réserve de dispositions législatives ou réglementaires particulières.**

Elle est toutefois compatible avec les fonctions d'enseignement, ainsi qu'avec celles d'arbitre, de médiateur, de conciliateur ou d'expert judiciaire.

V. note ss. art. L. 422-12.

COMMENTAIRE

Les articles L. 422-12 et L. 422-13 sont issus de la loi du 11 février 2004. Ils définissent les activités incompatibles avec le statut de conseil en propriété industrielle. Ces incompatibilités sont proches de celles des autres professions libérales auxiliaires de justice. Il n'est pas possible aujourd'hui d'être conseil en titre au service d'une entreprise, ce qui n'empêche évidemment pas les sociétés commerciales de recruter parmi les personnes inscrites sur la liste d'aptitude.

Il existe aujourd'hui des tentatives de rapprochement, notamment avec les avocats. Il s'agit en réalité de faciliter des coopérations, par exemple par le biais de structures communes, plus que de modifier le champ des compétences respectives.

L'article 80 de la loi n° 2004-130 du 11 février 2004 prévoit une solution transitoire. Les personnes visées par les cas d'incompatibilité lors de l'entrée en vigueur de la loi peuvent poursuivre leur activité de conseil jusqu'en février 2009 si elles en ont fait la demande à l'INPI. ❑

CHAPITRE III DISPOSITIONS DIVERSES

Art. L. 423-1 *(L. n° 2015-990 du 6 août 2015, art. 173-I-1°)* **Les conseils en propriété industrielle sont autorisés, dans les conditions fixées par décret en Conseil d'État, à recourir à la publicité ainsi qu'à la sollicitation personnalisée. La sollicitation personnalisée est accompagnée de la communication d'informations générales sur le droit de la propriété industrielle.** — *V. art. R. 422-53 et R. 423-2.*

Loi n° 71-1130 du 31 décembre 1971,

Portant réforme de certaines professions judiciaires et juridiques (JO 5 janv.).

Art. 66-4 *(L. n° 90-1259 du 31 déc. 1990, art. 26, en vigueur le 1er janv. 1992)* Sera puni des peines prévues aux articles L. 242-5 à L. 242-9 du code de la consommation » quiconque se sera livré au démarchage en vue de donner des consultations ou de rédiger des actes en matière juridique. Toute publicité aux mêmes fins est subordonnée au respect de conditions fixées par le décret visé à l'article 66-6. — *V. **C. avocat**, Décr. n° 72-785 du 25 août 1972, Décr. n° 2005-790 du 12 juill. 2005, art. 15, et RIN, art. 10-1. — V. **C. consom.**, art. L. 121-23.*

(L. n° 2016-1547 du 18 nov. 2016, art. 3) « Toutefois, le premier alinéa du présent article n'est pas applicable :

« 1° Aux avocats soumis en toutes matières à l'article 3 *bis* de la présente loi *(Ord. n° 2016-1809 du 22 déc. 2016, art. 25-2°)* « et aux professionnels autorisés à exercer partiellement l'activité d'avocat en application du titre V » ;

« 2° Aux conseils en propriété industrielle, soumis à l'article L. 423-1 du code de la propriété intellectuelle ;

« 3° Aux huissiers de justice, aux notaires, aux commissaires-priseurs judiciaires, aux avocats au Conseil d'État et à la Cour de cassation, aux commissaires aux comptes et aux experts-comptables, soumis à l'article 3 de la loi n° 2016-1547 du 18 novembre 2016 de modernisation de la justice du XXIe siècle et au décret en Conseil d'État mentionné au III du même article 3. »

Art. L. 423-2 **Des décrets en Conseil d'État fixent les conditions d'application du présent titre.**

Ils précisent notamment :

***a)* Les conditions d'application du chapitre Ier ;**

***b)* Les conditions d'application de l'article L. 422-1 ;**

***c)* Les conditions d'application de l'article L. 422-4 ;**

***d)* Les conditions d'application de l'article L. 422-5 ;**

***e)* Les conditions dans lesquelles il peut être dérogé à l'obligation mentionnée au b de l'article L. 422-7 afin de permettre le regroupement interprofessionnel avec d'autres prestataires de services intervenant dans le processus d'innovation ;**

(Ord. n° 2016-394 du 31 mars 2016, art. 6, en vigueur le 8 mai 2017) **« *f)* Les conditions d'application du dernier alinéa de l'article L. 422-7 et de l'article L. 422-7-1, notamment les modalités d'application des règles de discipline prévues à l'article L. 422-10 ;**

« *g)* » Les règles de déontologie applicables aux conseils en propriété industrielle ;

(Ord. n° 2016-394 du 31 mars 2016, art. 6, en vigueur le 8 mai 2017) **« *h)* L'organisation et les modalités de fonctionnement de la Compagnie nationale des conseils en propriété industrielle ainsi que les modalités de fixation du montant des cotisations qu'elle perçoit de ses membres. »**

Sur la date d'entrée en vigueur des dispositions issues de l'Ord. n° 2016-394 du 31 mars 2016 : V. cette Ord., art. 13 (JO 1er avr.) et le Décr. n° 2017-797 du 5 mai 2017, art. 2 (JO 7 mai).

Pour l'application des dispositions du présent livre aux territoires d'outre-mer et à Mayotte, V. art. L. 811-1 et L. 811-2.

LIVRE CINQUIÈME LES DESSINS ET MODÈLES

RÉP. COM. v° *Dessins et modèles,* par PASSA.

RÉP. EUR. v° *Dessins et modèles,* par BONET.

BIBL. GÉN. ▶ BERNAULT, *D. 2003. Chron. 957* (la protection des formes fonctionnelles par le droit de la propriété intellectuelle : le critère de la forme séparable de la fonction). – COHEN, La protection internationale des dessins et modèles, *Economica 1999 ;* Le droit des dessins et modèles. Droit français, droit communautaire et droit international, *Economica, 3e éd. 2009.* – DREYFUS et THOMAS, Marque, dessins et modèles, *Delmas, 2e éd., 2006.* – FRANÇON et PÉROT-MOREL, Les dessins et modèles en question – le droit et la pratique, *Litec 1986.* – GARNIER, *RIDA avr. 2004, p. 3* (la protection juridique des créations du « design »). – F. GREFFE, *JCP E 1997. I. 655.* – P. et F. GREFFE, Traité des dessins et modèles, *9e éd., LexisNexis 2014.* – HASSLER, *Propr. ind. 2006. Étude 17* (la jurisprudence des dessins et modèles en 2005). – JUGLAR, *JCP E 2016, n° 1209* (la procédure pénale au service de la propriété intellectuelle). – LALANNE-GOEET et DE CANDÉ, Dessins et modèles de l'entreprise. Protection et défense, *2e éd., Delmas 1998.* – MARTIAL-BRAZ, J.-cl. com., fasc. 676 *(dessins et modèles).* – POLLAUD-DULIAN, Les mystères de la forme fonctionnelle, *Études offertes à Jacques Béguin, Litec 2005.* – SCHOUSBO, *As if made for each other – intellectual property rights and protection of compatible products, IIC vol. 29, n° 5, août 1998, p. 510* (résumé en français *in PIBD 1999. I. 1).* – VIVANT (ouvrage collectif sous la direction de), Les grands arrêts de la propriété intellectuelle, *Dalloz, 2e éd., 2015.*

▶ **Nouvelle législation :** DE CANDÉ, *Propr. intell. 2002, n° 3, p. 16* (la protection en France des dessins et modèles déposés depuis l'ordonnance n° 2001-670 du 25 juillet 2001). – GASNIER, *Propr. ind. 2009. Chron. 3* (un an [2008] de droit des dessins ou modèles) ; *Propr. ind. 2011. Chron. 4* (un an [2010] de droit des dessins ou modèles). – GASNIER, DONAUD et WATHELET, *Propr. ind. 2012. Chron. 4* (un an [2011] de droit des dessins et modèles) ; *Propr. ind. 2010. Chron. 4* (un an [2009] de droit des dessins et modèles). – P. et F. GREFFE, Traité des dessins et modèles, *8e éd., Litec 2008.* – GREFFE, *JCP E 2001. 1900* (l'ord. 25 juill. 2001 : une harmonisation limitée et inutile). – HUMBLOT, *JCP E 2003. 902* (nouveauté, caractère propre : un fauteuil pour deux. Regard critique sur les critères « objectifs » de la protection des dessins et modèles). – KAMINA, *D. 2001. Chron. 3258* (le nouveau droit des dessins et modèles). – MARTINI-BERTHON, *Propr. ind. 2010. Étude 15* (la reconstitution de monopole à l'expiration des droits de dessins et modèles est-elle légitime ?). – PIATTI, *Propr. ind. 2004. Chron. 20* (autonomisation du droit français des dessins et modèles ?). – PEROT-MOREL, *Propr. ind. 2005. Chron. 9* (à propos du maintien de l'unité de l'art dans le nouveau droit des dessins et modèles). – POLLAUD-DULIAN, *JCP 2001 Actualité, p. 1921* (l'ordonnance du 25 juill. 2001 et la réforme du droit des dessins et modèles). – RAYNARD, *Propr. ind. 2002. Chron. 2* (du nouveau droit français des dessins et modèles : de l'influence de l'ordonnance du 25 juillet 2001 sur le principe de l'unité de l'art) ; *Propr. ind. 2003. Chron. 6* (à propos de l'application dans le temps de l'ordonnance du 25 juillet 2001 réformant le droit français des dessins et modèles).

▶ **Droit comparé :** GALLEGO, *Propr. intell. 2007, n° 22, p. 53* (le dessin ou modèle espagnol, de Cuba à l'Union européenne : évolutions et singularités).

COMMENTAIRE

Les industriels cherchent à individualiser leurs produits notamment en leur conférant une apparence attractive aussi appelée *design*. Cette tendance gagne aujourd'hui tous les secteurs et représente un coût certain. Les dessins et modèles qui en sont à la base requièrent donc une protection juridique permettant à la fois d'assurer une concurrence loyale et de favoriser l'investissement.

Cette protection organisée par ce livre V du code de la propriété intellectuelle accorde une réservation privative sur des créations esthétiques. Celles-ci traduisent l'aspect extérieur donné à un produit. Elles correspondent à un dessin lorsque le graphisme est bidimensionnel ; ou à un modèle en présence d'une représentation tridimensionnelle.

Un tel principe est garanti par des accords internationaux auxquels la France est partie. Outre les différents instruments communautaires, la protection est prévue par la Convention de l'Union de Paris de 1883 (art. 5 *quinquies*, App., v° *Propriété industrielle*) ou encore par les Accords ADPIC (art. 25, App., v° *Dispositions générales*). ❑

TITRE PREMIER CONDITIONS ET MODALITÉS DE LA PROTECTION

(Ord. n° 2001-670 du 25 juill. 2001)

Les dispositions du titre Ier du livre V sont issues de l'Ord. n° 2001-670 du 25 juill. 2001 qui a transposé en droit interne la Dir. (CE) n° 98/71 du 13 oct. 1998 relative à la protection juridique des dessins et modèles (V. ce texte App., v° Dessins et modèles). — V. l'ancienne rédaction du titre Ier, ss. art. L. 515-1.

COMMENTAIRE

Le présent titre décrit la mise en œuvre de la **voie nationale**. Jusqu'alors issu de la loi du 14 juillet 1909, le régime a été remanié par l'ordonnance du 25 juillet 2001 transposant une directive CE du 13 octobre 1998 (V. App., v° *Propriété industrielle, Dessins et modèles*). Certaines notes obsolètes sous l'empire de la loi nouvelle ont néanmoins été maintenues en raison du mécanisme transitoire prévu notamment aux articles L. 513-1, alinéa 2, et R. 514-6. Les anciennes dispositions sont en effet potentiellement applicables jusqu'au 30 septembre 2026, date à laquelle auront pris fin les effets de tous les dépôts effectués sous l'empire de la loi précédente.

Pour l'essentiel, la protection est moins avantageuse puisque les conditions d'accès ont été durcies, les causes de nullité accrues et la durée du monopole raccourcie. Cette évolution renforce donc l'attrait du droit d'auteur prévu par le titre I de ce même code. La délicate question du cumul sera évoquée sous l'article L. 513-2.

Depuis l'application en 2003 du règlement CE n° 6/2002 du 12 décembre 2001 (V. App., v° *Propriété industrielle, Dessins et modèles*), **deux voies communautaires** sont directement applicables dans chaque État membre : les dessins ou modèles nouveaux et présentant un caractère individuel sont protégés vingt-cinq ans maximum s'ils ont fait l'objet d'une procédure d'enregistrement à l'Office de l'Union européenne pour la propriété intellectuelle (EUIPO), ou trois ans dans le cas contraire. En 2011, l'EUIPO a enregistré 21 000 dépôts couvrant 78 000 dessins ou modèles.

L'arrangement de La Haye du 6 novembre 1925 (V. App., v° *Propriété industrielle, Dessins et modèles*) organise une **voie internationale**. Celle-ci facilite l'obtention d'une protection dans les États signataires désignés par le truchement d'une demande unique effectuée auprès de l'Organisation mondiale de la propriété intellectuelle (OMPI). En 2014, l'OMPI a enregistré 15 000 demandes (source OMPI, http ://www.wipo.int/edocs/pubdocs/en/wipo_pub_943_2014.pdf).

Les États-Unis et le Japon ont désormais rejoint le « système de La Haye ». Leur participation au dispositif est effective depuis le 13 mai 2015.

En dehors de l'Union européenne, où l'harmonisation est très aboutie, certains pays proposent des solutions de protection variées. Aux États-Unis comme en Chine, par exemple, la forme d'un produit peut sous certaines conditions être couverte par un brevet d'utilité ou *utility patent* (à ne pas confondre avec le certificat d'utilité de l'art. L. 611-2, 2e). Dans ces mêmes pays, il existe aussi un brevet de modèle ou *design patent* bénéficiant de critères d'accès plus ouverts. ❑

CHAPITRE PREMIER CHAMP D'APPLICATION

COMMENTAIRE

Le régime actuel est issu des dispositions de l'ordonnance du 25 juillet 2001. Il convient d'appliquer la règle de non-rétroactivité des lois pour apprécier le principe de la protection d'un dessin ou d'un modèle. En conséquence, quelle que soit la date de la décision judiciaire ou de l'introduction de l'instance, la loi codifiée du 14 juillet 1909 demeure applicable aux créations enregistrées avant juillet 2001, date d'entrée en vigueur de la loi nouvelle.

Pour ce qui concerne la sanction de la divulgation préalable à l'enregistrement (art. L. 511-6) et la durée des droits (art. L. 513-1), le texte énonce des mesures transitoires et retient la date du 1er octobre 2001 comme charnière.

En revanche, l'appréciation de la contrefaçon reste subordonnée au texte en vigueur lors de la naissance du litige. ❑

SECTION PREMIÈRE OBJET DE LA PROTECTION

COMMENTAIRE

De très nombreux produits manufacturés utilisés dans la vie courante sont protégés comme dessin ou modèle. Par ordre décroissant du nombre d'enregistrements, on citera notamment : les meubles et articles d'ameublement, l'habillement, les emballages, les équipements de la maison (sanitaire, plomberie, éclairage). Parmi les secteurs concernés, se trouvent encore les accessoires de mode et les bijoux, les jouets et jeux, les objets décoratifs et l'art de la table, les véhicules. ❑

Art. L. 511-1 *(Ord. nº 2001-670 du 25 juill. 2001)* **Peut être protégée à titre de dessin ou modèle l'apparence d'un produit, ou d'une partie de produit, caractérisée en particulier par ses lignes, ses contours, ses couleurs, sa forme, sa texture ou ses matériaux. Ces caractéristiques peuvent être celles du produit lui-même ou de son ornementation.**

Est regardé comme un produit tout objet industriel ou artisanal, notamment les pièces conçues pour être assemblées en un produit complexe, les emballages, les présentations, les symboles graphiques et les caractères typographiques, à l'exclusion toutefois des programmes d'ordinateur.

BIBL. ▶ BONET, *Propr. intell. 2003, nº 6, p. 4* (la protection par le droit des dessins et modèles des éléments participant à l'esthétique extérieure des véhicules automobiles, en application des dispositions de l'ordonnance nº 2001-670 du 25 juillet 2001 réformant le code de la propriété intellectuelle).

COMMENTAIRE

L'objet protégeable tel que défini au présent article est globalement conforme au droit positif résultant de l'ancien article L. 511-3, alinéa 1er.

Le droit d'auteur organisé au livre I du présent code peut s'appliquer à des objets de même nature. Les incidences du cumul de protection sont décrites sous l'article L. 513-2.

Alinéa 1er

L'objet de la protection est une apparence, c'est-à-dire l'aspect extérieur. Elle doit être déterminée par une configuration précise produite par une forme, une figure ou un assemblage de lignes et/ou de couleurs même irrégulières. Il en résulte l'exclusion de la protection d'une idée ou d'un genre dont la mise en œuvre aboutit à des formes variées. De la même façon, l'aspect est indéterminé s'il est obtenu de façon aléatoire ou est la conséquence directe d'un procédé de fabrication.

En revanche, les différents éléments susceptibles de caractériser cet effet sont donnés à titre indicatif. La distinction historique entre les dessins et les modèles a disparu. L'enregistrement d'un dessin couvre sa reproduction tridimensionnelle, et inversement. Plus encore, si l'ornementation constitue un exemple de forme protégeable, le caractère ornemental n'est pas une condition nécessaire (Directive de 1998, considérant 14, V. App., vº *Propriété industrielle, Dessins et modèles*). Contrairement au droit des marques (art. L. 711-1 *c* CPI), une nuance de couleur ne peut constituer à elle seule une apparence protégeable.

Alinéa 2

L'apparence doit être concrétisée à travers un objet industriel ou artisanal ou à travers une partie d'un tel objet. La protection est donc conditionnée à l'existence d'un produit. Il en résulte que des dessins qui ne correspondent ni à tout ou partie d'un objet ni même à son ornementation sont exclus de la protection. Ainsi en est-il de l'aménagement ou la décoration intérieure d'un espace, fût-il industriel, alors que ces créations répondaient aux exigences de l'ancienne rédaction.

Le produit visé doit pouvoir être manufacturé, ce qui n'est pas le cas des œuvres d'art pur réalisées manuellement en exemplaire unique.

Le présent article accueille favorablement les éléments ou les pièces de produits complexes. En raison des enjeux en termes de concurrence et de marché, cette question a été débattue à l'occasion de l'adoption de la directive de 1998. Le principe connaît cependant deux tempéraments : absence de protection pour les pièces invisibles (art. L. 511-5) et les pièces de raccordement (art. L. 511-8).

Le dispositif exclut expressément les logiciels régis par le droit d'auteur conformément à une directive spéciale de 1991 (V. App., vº *Propriété industrielle, Dessins et modèles*).

La précision est sans grande portée car, si un programme d'ordinateur peut produire des formes, ces effets audiovisuels ou autres interfaces graphiques constituent des objets distincts. ❑

1. Application de la loi dans le temps. Au regard de la jurisprudence rendue depuis l'ordonnance de 2001, l'application dans le temps de ces nouvelles dispositions pose quelques problèmes d'interprétation • Paris, 13 sept. 2002 : *PIBD 2002, n° 757. III. 85 ; Propr. intell. 2003, n° 9, p. 395, obs. De Candé et De Haas.* ♦ Certaines décisions appliquent l'ordonnance de 2001 à des modèles déposés avant son entrée en vigueur. • Paris, 11 mars 2003 : *Propr. intell. 2003, n° 9, p. 395, obs. De Candé et De Haas* • Paris, 25 févr. 2004 : *Propr. intell. 2004, n° 13, p. 932, obs. De Candé.* ♦ Contrairement à d'autres qui refusent d'appliquer l'ordonnance de 2001 à des modèles déposés avant son entrée en vigueur. • Paris, 9 mai 2003 : *Propr. intell. 2003, n° 9, p. 395, obs. De Candé et De Haas* • Paris, 11 févr. 2004 : *Propr. intell. 2004, n° 13, p. 932, obs. De Candé.* ♦ Pour des exemples de décisions jonglant entre les dispositions anciennes et la loi nouvelle, V. • TGI Paris, 21 janv. 2005 : *PIBD 2005, n° 806. III. 247 ; Propr. intell. 2005, n° 17, p. 446, obs. De Candé* • Paris, 15 juin 2005 : *Propr. intell. 2005, n° 17, p. 446, obs. De Candé.* ♦ La Cour de cassation a tranché : la validité du droit attaché à un dépôt de modèle s'apprécie à la date à laquelle est né ce droit, la loi nouvelle ne régissant que les faits de contrefaçon commis après son entrée en vigueur. • Com. 4 juill. 2006 : *Bull. civ. IV, n° 160 ; D. 2007. Pan. 2060, obs. Galloux ; ibid. 2006. AJ 1957, obs. Daleau ; RTD com. 2007. 68, obs. Galloux ; CCE 2006, n° 151, note Caron ; ibid. 2007. Chron. 8, obs. Kahn ; Propr. ind. 2006, n° 89, obs. Gasnier ; Propr. intell. 2006, n° 21, p. 453, obs. De Candé* • Com. 6 févr. 2007 : *Propr. intell. 2007, n° 25, p. 467, obs. De Candé.* ♦ Sur la rétroactivité *in mitius* de la loi pénale en matière d'appréciation de la contrefaçon d'un modèle, V. • Crim. 5 oct. 2010 : *RTD com. 2011. 100, obs. Pollaud-Dulian.*

2. Création protégeable. Sur la protection d'une gamme de modèles de topiaires, V. • TGI Paris, 20 janv. 2004 : *D. 2005. Pan. 1709, obs. Galloux ; PIBD 2004, n° 789. III. 397.* ♦ Le modèle protégé peut être l'apparence d'un produit composé à la fois d'un contenant et d'un contenu. • Paris, pôle 5, ch. 1, 7 avr. 2015, n° 2014/07503 : *PIBD. 2015. III. 397.*

3. Caractère apparent. A défaut d'apparence, la création ne peut être protégée. • TGI Paris, 19 oct. 2005 : *D. 2006. Pan. 2607, obs. Galloux ; PIBD 2006. III. 62.* ♦ Le caractère apparent doit s'apprécier lors de son offre à la vente et non pas à l'occasion de son utilisation. • Paris, 4 mars 2005 : *D. 2006. Pan. 2607, obs. Galloux ; PIBD 2006. III. 437.* ♦ Le caractère apparent s'apprécie en fonction de l'état dans lequel l'objet est offert au public. Ainsi, un modèle de douille incorporé dans des véhicules vendus au public ne peut bénéficier de la protection légale. • Lyon, 12 sept. 1996 : *PIBD 1996. III. 600 ; JCP E 1997.,Étude 655, n° 6, obs. Greffe.*

Jurisprudence antérieure à l'ordonnance de 2001 (ancien art. L. 511-3).

4. Idées. Les idées sont de libre parcours, seule la forme peut être protégée. • Com. 16 juin 1992 : *PIBD 1992. III. 597* • Civ. 1re, 8 nov. 1983 : *Ann. propr. ind. 1984. 62* • Paris, 12 sept. 1989 : *D. 1992. Somm. 312, obs. Burst.* ♦ Pour n'être pas dépourvue d'intérêt et avoir eu un succès commercial, l'idée commerciale d'utiliser des mannequins de Père Noël pour décorer les façades en fin d'année, ne peut être le siège d'un droit privatif, notamment sur le terrain des dessins et modèles. • Versailles, 7 sept. 2000 : *PIBD 2000. III. 598.* ♦ Le fait d'utiliser une coupelle en céramique déjà protégée pour contenir un fromage n'est que l'idée, insusceptible de protection, consistant à donner une destination nouvelle à un modèle connu. • Grenoble, 12 sept. 2002 : *JCP E 2003. 1291, n° 1, obs. Greffe.*

5. Genre. Le droit sur un dessin ou modèle ne saurait couvrir un genre. • Paris, 13 déc. 1994 : *PIBD 1995. III. 132* • 14 nov. 1994 : *ibid., p. 96* • 8 janv. 1992 : *D. 1993. Somm. 299, obs. Burst* • 5 févr. 1990 : *Ann. propr. ind. 1992. 91* • Rouen, 5 janv. 1995 : *PIBD 1995. III. 198.* ♦ Une société ne peut prétendre à la protection d'un genre, celui des rôtissoires ayant au moins 3 faces vitrées quel que soit par ailleurs leur aspect. • TGI Paris, 17 mars 1999 : *PIBD 1999. III. 489.* ♦ Il n'y a pas d'originalité dans la simple reprise de la tendance de la mode du moment dans un vêtement banal. • Paris, 6 oct. 1994 : *PIBD 1995. III. 18.* ♦ Un vêtement réalisé selon la technique de tissus, que d'aucuns appellent patchwork, ne peut être protégé. • Paris, 18 sept. 2002 : *Propr. ind. 2003, n° 53, note Greffe.*

6. Interprétation personnelle. Une variation originale sur un thème connu est protégeable. • Civ. 1re, 23 mai 1995 : *RIDA oct. 1995, p. 299.* ♦ Sans prétendre à un droit sur la culotte à la française, la chemise à jabot ou le spencer, ce qui couvrirait un genre, un créateur est fondé à revendiquer des droits sur l'interprétation personnelle qu'il en a donnée et sur l'association de plusieurs éléments. • TGI Paris, 27 juin 1985 : *PIBD 1985. III. 324 ; RTD com. 1986. 83, obs. Chavanne et Azéma.* ♦ Est susceptible de protection un dessin qui, bien que puisant son inspiration dans des éléments de la nature, n'en porte pas moins la marque de l'interprétation personnelle de son auteur. • Paris, 21 mars 1995 : *PIBD 1995. III. 314* • 19 nov. 1987 : *Ann. propr. ind. 1988. 105.* ♦ De même est protégeable une statuette représentant le personnage de la Vierge de Lourdes reprenant des données traditionnelles de la description de la vierge, ces éléments connus étant présentés de manière originale et personnelle par leur auteur. • Pau, 12 nov. 1998 : *JCP E 1999. 601.*

7. Déclinaisons d'un modèle. Le fait d'avoir déposé une multiplicité de modèles aux caractéristiques proches ne constitue pas la recherche de la protection d'un genre, le déposant ayant la faculté de déposer plusieurs variantes d'un même objet dès lors que la protection conférée ne s'attache qu'aux seules caractéristiques qui donnent à l'objet sa physionomie propre. • Paris, 18 janv. 1995 : *PIBD 1995. III. 227.*

8. Couleur. Une couleur ne saurait faire l'objet d'une appropriation ; le simple choix d'une couleur ne saurait être considéré comme une création et ne confère aucun caractère de nouveauté. • TGI Bobigny, 15 déc. 1992 : *PIBD 1993. III. 274* • Com. 22 janv. 1973 : *D. 1973. 216, note X. L.*

9. Combinaison d'éléments du domaine public. Ne donne pas de base légale à sa décision la cour d'appel qui refuse la protection à un modèle, sans rechercher si la combinaison d'éléments ne présentant pas de nouveauté et d'originalité est elle-même nouvelle et originale. • Com. 4 oct. 1994 : *Bull. civ. IV, n° 272 ; PIBD 1995. III. 16 ; JCP E 1994. Pan. 1280* • Civ. 1re, 4 mai 1994 : *RIDA janv. 1995, p. 201.* – Et sur renvoi • Aix-en-Provence, 12 févr. 1999 : *PIBD 1999. III. 265.* ♦ Un modèle peut être protégé même s'il n'inclut que des éléments du domaine public, dès lors que leur réunion est originale et porte la marque de la personnalité de l'auteur et qu'aucune antériorité de toutes pièces ne peut être opposée. • Paris, 20 sept. 1995 : *PIBD 1996. III. 24* • Versailles, 5 janv. 1995 : *PIBD 1995. III. 203* • Paris, 25 mai 1994 : *PIBD 1994. III. 462* • 13 déc. 1994 : *PIBD 1995. III. 132* • 24 nov. 1994 : *PIBD 1995. III. 98* • 8 janv. 1992 : *D. 1993. Somm. 299, obs. Burst* • 17 sept. 1991 : *D. 1992. Somm. 312, obs. Burst* • Paris, 15 mars 2000 : *PIBD 2000. III. 529.* ♦ Pour un modèle de robe, V. • Paris, 12 mars 1997 : *PIBD 1997. III. 377.* ♦ Un modèle peut être protégé par le livre V du CPI même si certains de ses éléments sont dans le domaine public, s'il en fait une combinaison qui présente une configuration propre et nouvelle, témoignant d'un effort de création. • Com. 27 févr. 2001 : *PIBD 2001. III. 351.* ♦ Il en va de même d'un modèle qui est l'adaptation originale d'une veste traditionnelle. • Paris, 1er oct. 1992 : *D. 1993. Somm. 299, obs. Burst.* ♦ Les éléments du modèle appartenant au domaine public, est seule protégeable la combinaison de ces éléments, ainsi que leur traitement particulier. • TGI Paris, 6 juin 2000 : *PIBD 2000. III. 531.*

Art. L. 511-2 *(Ord. n° 2001-670 du 25 juill. 2001)* **Seul peut être protégé le dessin ou modèle qui est nouveau et présente un caractère propre.**

COMMENTAIRE

Pour bénéficier de la protection, l'objet défini à l'article L. 511-1 doit encore répondre à deux conditions de fond cumulatives et respecter un certain formalisme exigé par les articles L. 512-1 et suivants.

D'abord, la nouveauté permet d'écarter les formes préexistantes, antériorisées par une forme identique, c'est-à-dire les copies serviles. Ensuite, le caractère propre fait obstacle aux imitations, aux formes similaires, par trop inspirées ou involontairement ressemblantes.

Le seul changement de destination ou de matière ne confère pas un caractère nouveau. Contrairement au droit des signes distinctifs (V. art. L. 713-1 CPI), le présent dispositif ignore tout principe de spécialité qui permettrait d'accueillir une forme connue mais transposée dans un secteur ou pour des produits inédits. En revanche, une réalisation inspirée d'un sujet du domaine public est protégeable. L'apparence est aussi nouvelle en présence d'une combinaison nouvelle d'éléments ornementaux connus.

La démarche logique adoptée se rapproche de celle des brevets d'invention où la nouveauté est complétée par une exigence supplémentaire de distanciation par rapport à l'état de l'art : l'activité inventive (V. art. L. 611-14 CPI). Si le caractère propre est d'appréciation plus relative, il ne requiert aucunement de caractère esthétique (V. considérant 14 de la directive de 1998, App., v° *Propriété industrielle, Dessins et modèles*).

En tout état de cause, il appartient aux juges du fond de justifier que la forme répond aux exigences légales. Ces dernières sont d'ailleurs proches de l'ancien article L. 511-3, alinéa 1er, visant les effets extérieurs « donnant une physionomie propre et nouvelle ». L'interprétation jurisprudentielle de la loi de 1909 est donc globalement transposable.

Une question de fond demeure néanmoins. Si, comme l'expliquent MM. Greffe (V. bibliographie générale), le cumul est total avec le droit d'auteur, il en résulte une [con]fusion des conditions énoncées par le présent article avec celle d'originalité. Il ressort de l'examen des décisions que, la plupart d'entre elles statuant concurremment sur la protection des titres I et IV, les juges mélangent allégrement les critères. Il arrive fort heureusement de plus en plus souvent qu'une application rigoureuse du texte et de l'esprit du droit d'auteur comme du droit des dessins et modèles aboutisse à admettre la protection exclusivement sur le second terrain. On observe en la matière une évolution de la jurisprudence qui laisse présager un abandon de l'admission mécanique du cumul de protection (V. notes 4 et 6). ❑

1. Nouveauté. Le modèle doit être nouveau, c'est-à-dire qu'il ne peut lui être opposé d'antériorité de toute pièce, et doit posséder un caractère propre. • Paris, 28 nov. 2001 : *GAPI, 1re éd., no 17 ; JCP E 2002. 1043, no 5, obs. Greffe ; PIBD 2002. III. 216 ; Propr. ind. 2002, no 7, note Greffe* • Paris, 16 janv. 2002 : *JCP E 2002. 1043, no 5, obs. Greffe ; Propr. ind. 2002, no 7, note Greffe* • Com. 31 mars 2004 : *JCP E 2004. 974, no 6, obs. Greffe* • Paris, 14 mai 2008 : *Propr. intell. 2008, no 29, p. 443, obs. De Candé.*

2. Caractère propre. Le caractère propre résulte d'une impression globale différente des modèles divulgués antérieurement. • Paris, 16 janv. 2002 : *JCP E 2002. 1043, no 6, obs. Greffe ; Propr. ind. 2002, no 7, note Greffe* • Paris, 1er févr. 2005 : *D. 2006. Pan. 2607, obs. Galloux ; PIBD 2006. III. 298.* ♦ Sur l'absence de protection d'un couteau pour défaut de caractère propre, V. • Paris, 6 avr. 2005 : *D. 2006. Pan. 2607, obs. Galloux ; PIBD 2005. III. 479.* ♦ Les juges du fond ne peuvent se limiter à constater la nouveauté d'un modèle sans vérifier qu'il présente aussi un caractère propre. • Com. 6 sept. 2016, no 14-15.286 : *PIBD 2016. III. 822.* ♦ Les juges du fond ne peuvent se limiter à constater la nouveauté d'un modèle sans vérifier qu'il présente aussi un caractère propre. • Com. 6 sept. 2016, no 14-15.286 : *PIBD 2016 1058. III. 822 ; Propr. ind. 2016, no 88, obs. Gasnier ; RTD com. 2016. 735 et 755, obs. Pollaud-Dulian.*

3. Appréciation du caractère propre. Le caractère propre s'apprécie en référence au critère de l'observateur averti. • TGI Paris, 9 févr. 2006 : *D. 2006. Pan. 2607, obs. Galloux ; PIBD 2006. III. 384.* ♦ Pour une assimilation du caractère propre à l'effort créateur, V. • Paris, 7 avr. 2006 : *Propr. intell. 2006, no 21, p. 455, obs. De Candé.* ♦ Jugé que l'activité créatrice démontrée par un modèle de patte de tissu intégrée sur une poche de vêtement n'est pas suffisante pour révéler la personnalité de l'auteur et donc bénéficier du droit d'auteur. En revanche, la création présente une physionomie propre qui procure une impression visuelle d'ensemble distincte de celle procurée par les dispositifs comparables. Le titre de propriété industrielle est donc parfaitement valable. • Paris, 8 juin 2011 : *PIBD 2011. III. 625.* ♦ Un modèle de chemise est bien protégé par le livre V alors que le droit d'auteur lui est refusé. • Paris, 31 mai 2013, *SAS Jules c/ SAS The Kooples Production : Propr. ind. 2014. Chron. 4.*

4. Originalité. Ne donne pas de base légale à sa décision la cour d'appel qui retient que les modèles déposés présentent le caractère de nouveauté requis et qu'il n'y a pas lieu de rechercher s'ils constituent des créations originales, l'action en contrefaçon étant fondée exclusivement sur les dispositions du livre V du code de la propriété intellectuelle, sans rechercher si les modèles exprimaient la personnalité de l'auteur et résultaient d'un effort de création (décision rendue sous l'empire de la loi ancienne mais transposable à la loi nouvelle). • Com. 6 mai 2003 : *Bull. civ. IV, no 68 ; D. 2003. AJ 1567 ; JCP E 2003. 1005 ; PIBD 2003. III. 424 ; Propr. ind. 2003, no 64, note Kamina ; ibid. no 81, note Greffe.* ♦ Sur la condition d'effort créateur exigée tant au titre du livre I que du livre V du code de la propriété intellectuelle (concernant des modèles de bagues), V. aussi • Paris, 3 oct. 2003 : *PIBD 2003, no 103, obs. Kamina ; RDPI avr. 2004, no 158, p. 12.* ♦ Le caractère relatif de l'originalité n'est pas exclusif de l'empreinte de la personnalité. • Civ. 1re, 17 févr. 2004 : *D. 2005. Pan. 1710, obs. Galloux ; PIBD 2004, no 785. III. 273.* ♦ L'originalité peut résider dans la reprise d'éléments du domaine public. V. à propos d'un modèle de statuette associant de manière inhabituelle des dieux égyptiens et certains hiéroglyphes. • Paris, 27 oct. 2004 : *D. 2005. Pan. 1710, obs. Galloux ; PIBD 2004. no 799, III. 31* • 31 mars 2004 : *D. 2005. Pan. 1710, obs. Galloux ; PIBD 2004. no 790, III. 425.* ♦ Sur l'absence de reconnaissance d'originalité à un vêtement qui reprend les tendances de la mode en n'y apportant que des éléments techniques : • Paris, 6 févr. 2004 : *D. 2005. Pan. 1710, obs. Galloux ; PIBD 2004, no 791, III, p. 461.* ♦ Décision dans le même sens à propos d'une griffe pour poche de vêtement. • Paris, 8 juin 2011 : *JCP E 2011, p. 31-33* ♦ La reprise à l'identique d'éléments du domaine public empêche la reconnaissance de la moindre originalité. • Paris, 17 mars 2004 : *D. 2005. Pan. 1710, obs. Galloux ; PIBD 2004, no 790, III, p. 428.* ♦ Des meubles reprenant des éléments de style classique ne démontrent pas d'effort créatif, mais sont néanmoins nouveaux et présentent un caractère propre à même d'entraîner leur protection en application du livre V. • Paris, 29 nov. 2013 : *PIBD 2014. III. 171.* ♦ La démonstration d'un effort créatif n'est pas nécessaire. • Paris, pôle 5, ch. 1, 7 avr. 2015, no 2014/07503 : *PIBD 2015. III. 397.*

5. La combinaison d'éléments du domaine public ne fait pas obstacle à la protection du modèle. • Com. 22 mars 2005 : *D. 2006. Pan. 2606, obs. Galloux ; Propr. ind. 2006, no 19, obs. Greffe* • Paris, 1er févr. 2006 : *CCE 2006. Chron.*

8, § 2, obs. Kahn ; PIBD 2006. III. 298. ♦ Sur l'appréciation de l'originalité d'un modèle composé d'éléments appartenant au domaine public, V. • Com. 6 févr. 2007 : *Propr. ind. 2007, n° 53, note Gasnier.* ♦ Les éléments fonctionnels doivent être exclus de la combinaison. • Com. 28 nov. 2006 : *Propr. ind. 2007, n° 44, note Greffe.* ♦ La nullité du titre se démontre en contemplation d'un « modèle exclusif de nouveauté et de caractère propre » et non par seule référence à une gamme de produits (en l'occurrence des chariots de golf). • Com. 20 sept. 2016, n° 15-10.939 : *PIBD 2016. III. 861.*

6. L'action en contrefaçon de dessins et modèles – en l'occurrence un titre communautaire – se distingue de celle fondée sur le droit d'auteur notamment en ce que cette dernière vise à défendre aussi le droit moral. En conséquence, une demande fondée sur le livre I en appel est considérée comme une prétention nouvelle et, à ce titre, n'est pas recevable. • Paris, 24 juin 2011 : *Propr. ind. 2012. n° 17, obs. Gasnier.*

Art. L. 511-3 *(Ord. n° 2001-670 du 25 juill. 2001)* **Un dessin ou modèle est regardé comme nouveau si, à la date de dépôt de la demande d'enregistrement ou à la date de la priorité revendiquée, aucun dessin ou modèle identique n'a été divulgué. Des dessins ou modèles sont considérés comme identiques lorsque leurs caractéristiques ne diffèrent que par des détails insignifiants.**

BIBL. ▸ PIATTI, *Propr. ind. 2015. Étude 12* (la nouveauté en droit des dessins et modèles. Retour sur un concept « relatif ») ; *Propr. ind. 2016. Étude 4* (protection des créations de mode : question(s) de temps !).

COMMENTAIRE

Désormais, la forme réclamant la protection doit être vierge de toute divulgation antérieure au jour de l'enregistrement de la demande de protection, comme pour l'invention brevetable aux termes de l'article L. 611-11. La nouveauté retenue est donc non seulement objective, mais encore quasi absolue. En dehors des tempéraments prévus à l'article L. 511-6, les formes identiques créées en tout temps et en tout lieu détruisent la nouveauté sous réserve que la divulgation antérieure soit démontrée.

De surcroît, l'antériorité peut provenir d'une création seulement quasi identique. En la matière, il est intéressant de noter que la proximité des objets se démontre faute de différences suffisantes. Ce critère se retrouve au moment de définir l'étendue de la protection, et donc logiquement pour apprécier la contrefaçon (V. art. L. 513-5).

La nouveauté doit émaner de la physionomie d'ensemble de l'objet et non tel ou tel élément pris isolément. Les adaptations de formes antérieures peuvent être nouvelles mais paradoxalement, seront des contrefaçons si ces dernières sont encore protégées et que, conformément à l'article L. 513-5, l'impression visuelle d'ensemble n'est pas différente.

La nouveauté limite la divulgation avant l'enregistrement et donc la mise en œuvre de l'exploitation ou de la promotion du produit, y compris de la part du créateur. Il devient fort heureusement impossible d'utiliser le livre V afin de prolonger la protection de 70 ans *post mortem auctoris* possiblement offerte par le droit d'auteur.

Nonobstant une définition légale purement objective, certaines décisions entretiennent encore la confusion avec l'appréciation subjective retenue en droit d'auteur imposant par exemple un caractère original ou un effort de création, ou encore l'empreinte de la personnalité de l'auteur.

1. Sur l'application du cumul de protection avec le droit d'auteur consacré par le principe de l'unité de l'art, se reporter utilement aux notes ss. art. L. 513-2.

2. Nouveauté. Un emblème appartenant au fonds commun de la franc-maçonnerie ne remplit pas la condition de nouveauté. • Paris, 21 mai 2002 : *CCE 2002, n° 124, note Caron ; RIDA janv. 2003, p. 257, obs. Kéréver ; Propr. ind. 2002, n° 2, note Raynard ; ibid. 2003, n° 6, obs. Kamina.* ♦ Doit être annulé le modèle dont les caractéristiques ont été divulguées par des brevets antérieurs, qui ne répond qu'à des modalités d'ordre fonctionnel et est dépourvu de caractère esthétique ou de fantaisie. • Paris, 8 oct. 2003 : *RDPI avr. 2004, n° 158, p. 15.* ♦ Le juge doit rechercher si un catalogue antérieur ne prive pas de nouveauté le modèle protégé. Il n'incombe pas au seul défendeur de démontrer l'antériorité du modèle qu'il exploite. • Com. 19 janv. 2016, n° 14-21.364 : *D. 2016. 1677, obs. Galloux ; PIBD 2016. III. 213.*

3. Appréciation. Il convient de rechercher si le modèle en cause est nouveau, c'est-à-dire s'il ne peut lui être opposé d'antériorité de toute pièce. • Paris, 25 févr. 2004 : *D. 2005. Pan. 1710, obs. Galloux ; PIBD 2004, n° 788. III. 369.* ♦ Un modèle antérieur reproduit sur un catalogue peut ne pas constituer une antériorité de toutes pièces et, par voie de conséquence, permettre une action sur le terrain du livre V du CPI, tout en privant le modèle d'originalité, interdisant ainsi la mise en œuvre du droit d'auteur. • Civ. 1re, 5 avr. 2012 : *D. 2013. Pan. 1929, obs. Galloux* ; *PIBD 2012. III. 523.* ♦ Le modèle est antériorisé par la reprise de toutes les pièces de la combinaison du modèle antérieur, exclusive d'un effort de création, nonobstant quelques différences de détail relevées. • Com. 24 juin 2014, *Weston : PIBD. 2014. III. 751 ; Propr. intell. 2014, n° 53, p. 429, obs. de Candé.* ♦ L'identité à un modèle antérieurement divulgué s'apprécie au regard de tous les éléments du modèle litigieux « pris dans leur combinaison ». • Com. 20 sept. 2016, n° 15-10.939 : *PIBD 2016. III. 861.*

Jurisprudence antérieure à l'ordonnance de 2001 (ancien art. L. 511-3)

4. ***Nouveauté – originalité.*** Le droit d'auteur et le droit des dessins et modèles protègent la création de tout objet industriel se différenciant de ses similaires par un ou plusieurs effets extérieurs lui donnant une physionomie propre et nouvelle, alors même que le mérite de cette création serait faible, dès lors qu'en la réalisant, son auteur l'a marquée de l'empreinte de sa personnalité. • Paris, 17 mars 1988 : *PIBD 1988. III. 467 ; RTD com. 1989. 230, obs. Chavanne et Azéma* • Com. 13 févr. 1996 : *PIBD 1996. III. 320 ; D. 1998. 290, note Greffe* • 4 juill. 1995 : *PIBD 1995. III. 505* • Civ. 1re, 8 déc. 1987 : *Ann. propr. ind. 1988. 190.* ♦ En retenant que les différences présentées par le modèle litigieux avec les antériorités étaient à peine perceptibles, ce dont il résultait qu'il n'était que la copie de ce qui existait déjà et ne traduisait aucun effort de création, une cour d'appel qui en a déduit que, faute d'être marqué de l'empreinte de la personnalité de son auteur, il n'était pas nouveau, a pu décider qu'il ne pouvait pas bénéficier de la protection de la loi du 14 juill. 1909. • Com. 13 févr. 1996 : *PIBD 1996. III. 320.* ♦ En constatant que, tant par sa configuration distincte que par ses effets extérieurs, le modèle présente le caractère de nouveauté exigé par l'art. L. 511-3, al. 1er, sans rechercher, comme il le lui était demandé, si le modèle exprimait la personnalité de l'auteur et résultait d'un effort de création, la cour d'appel n'a pas donné de base légale à sa décision. • Com. 3 mai 2000 : *GAPI, 1re éd., n° 17 ; D. 2001. AJ 237, obs. Greffe* ; *PIBD 2000. III. 418* • 17 juill. 2001 : *Propr. intell. 2002, n° 3, p. 65, obs. De Candé ; RDPI 2002, n° 139, p. 33* • 28 janv. 2003 : *Propr. ind. 2003, n° 32, note Kamina* • 6 mai 2003 : *Bull. civ. IV, n° 68 ; D. 2003. AJ 1567* ; *JCP E 2003. 1005 ; PIBD 2003. III. 424 ; Propr. ind. 2003, n° 64, note Kamina ; ibid. n° 81, obs. Greffe ; Propr. intell. 2003, n° 9, p. 396, obs. De Candé et De Haas* • Com. 28 févr. 2008 : *PIBD 2008. III. 291 ; Propr. intell. 2008, n° 29, p. 442, obs. De Candé.* ♦ Pour qu'un modèle soit nouveau au regard de la loi, il ne suffit pas que sa forme n'ait pas été préalablement divulguée ; il doit également constituer une création, c'est-à-dire présenter un caractère original, décoratif ou ornemental, témoignant de l'effort personnel ou de l'interprétation personnelle de son auteur. • Paris, 11 sept. 1996 : *RDPI 1996, n° 69, p. 21 ; JCP E 1997. 979, note Cohen.* ♦ A propos de l'absence de protection d'une forme connue dans des domaines indissociables (pâtisserie et chocolaterie), V. • TGI Paris, 31 oct. 2007 : *Propr. intell. 2008, n° 29, p. 444, obs. De Candé.* ♦ *Contra* : les modèles présentant le caractère de nouveauté, il n'y a pas lieu de rechercher s'ils constituent des créations originales dès lors que l'action en contrefaçon est exclusivement fondée sur les dispositions du livre V. • Paris, 6 sept. 2000 : *PIBD 2000. III. 597.* ♦ Il faut en outre que le modèle déposé ne soit pas une atteinte à l'ordre public ; un modèle de billet de banque ne peut faire l'objet d'un dépôt. • Paris, 3 avr. 1998 : *PIBD 1998. III. 389.* ♦ L'originalité ne peut se déduire de la nouveauté. • Com. 20 févr. 2007 : *Propr. ind. 2007, n° 43, note Gasnier.* ♦ Sur la loi applicable, V. • Paris, 11 janv. 2008 : *Propr. intell. 2008, n° 29, p. 441, obs. De Candé.* ♦ Un modèle de brouette est jugé nouveau mais pas original au sens du droit d'auteur. • TGI Paris, 3e ch., sect. 1, 17 mars 2016, n° 2014/16797 : *PIBD 1053. III. 589.*

5. La nouveauté du modèle s'apprécie non pas en fonction de l'usage que peut en faire le consommateur mais au vu de ce qui est représenté sur le dépôt. • Paris, 24 oct. 1997 : *PIBD 1998. III. 88.* ♦ La forme arrondie d'un miroir et les éléments nouveaux qui lui sont apportés, dont un pied de forme pyramidale, confèrent à un modèle de miroir lumineux un caractère d'originalité et de créativité justifiant sa protection. • Com. 24 févr. 1998 : *RDPI 1998, n° 40, p. 48.*

6. ***Originalité.*** Le dessin ou modèle doit présenter une originalité créatrice, empreinte de la personnalité du créateur. • Paris, 26 févr. 1992 : *D. 1993. Somm. 299, obs. Burst* • 1er oct. 1992 : *eod. loc.* ♦ L'art. L. 511-3 protège les créations ; l'originalité requise peut résulter dans le choix de la forme et de l'emplacement d'un élément de fermeture d'un moule et l'aspect d'ensemble personnalisé qui en résulte. • Paris, 2 déc. 1991 : *PIBD 1992. III. 238.* ♦ L'adoption d'une forme géométrique est protégeable dès lors qu'elle ne répond à aucune exigence fonctionnelle et que, par ses proportions, son volume et la combinaison de ses lignes, le modèle revêt une physionomie propre et témoigne d'un effort de création personnelle portant l'empreinte de l'auteur. • Paris, 15 mai 1990 : *D. 1992. Somm. 311, obs. Burst* • Paris, 22 juin 2005 : *D. 2006. Pan. 2606, obs. Galloux* ; *PIBD 2005. III. 645.* ♦ Ne peut être protégé le modèle résultant uniquement de contraintes fonctionnelles. • Paris, 28 sept. 2005 : *D. 2006. Pan. 2606, obs. Galloux* ; *PIBD 2006. III. 746* • TGI Paris, 6 oct. 2009 : *RTD com. 2009. 108, obs. Pollaud-Dulian*. ♦ L'originalité d'une œuvre de l'esprit peut être caractérisée par la marque d'une entreprise. • Com. 15 juin 2010 : *CCE 2010, n° 120, note Caron ; Propr. ind. 2011. 8, note Greffe.*

7. Les juges du fond apprécient souverainement l'originalité du modèle. • Com. 6 mars 1990 : *Bull. civ. IV, n° 63* • 16 juin 1992 : *PIBD 1992. III. 597.*

8. C'est sans inverser la charge de la preuve qu'une cour d'appel estime souverainement qu'un sac créé par une société traduisait, par la combinaison de ses éléments caractéristiques, un effort personnel de création et un souci de recherche esthétique qui caractérisaient son originalité. • Civ. 1re, 10 mai 1995 : *Bull. civ. I, n° 203 ; RIDA oct. 1995, p. 291.* ♦ L'originalité ou la nouveauté requises pour bénéficier de la protection ne se réduisent pas à la simple preuve d'absence d'antériorités. • Paris, 17 janv. 1997 ; *PIBD 1997. III. 217 ; RDPI 1997, n° 73, p. 35 ; JCP E 1997. I, n° 655, obs. Greffe.*

9. Par le choix des éléments les composant, leur disposition, et par les proportions adoptées, chacun des modèles revêt une physionomie propre et témoigne d'un effort personnel de création portant l'empreinte de l'auteur. • Paris, 10 mai 1995 : *PIBD 1995. III. 386.* ♦ En matière de mode (dont il est communément affirmé qu'il s'agit d'un éternel recommencement), la personnalité du créateur s'exprime de manière d'autant plus forte que celui-ci décline sur un mode qui lui est personnel les éléments marquants d'une période révolue, pour conférer à l'ensemble un aspect original et nouveau qui, tout en revêtant les tendances générales de la mode du moment, lui permettent de se démarquer des modèles de ses concurrents. • Paris, 10 avr. 1996 : *Gaz. Pal. 1996. 1. Somm. 21.* ♦ N'est pas nouveau un modèle qui ne se distingue pas de ses homologues par une configuration distincte. • Paris, 10 janv. 2001 : *PIBD 2001. III. 324.* ♦ Sur l'appréciation de l'effort de création au regard d'éléments du domaine public, V. • Paris, 18 févr. 2005 : *JCP E 2005. 1139, n° 3, obs. Greffe.*

10. Effet extérieur donnant une physionomie propre. Le modèle, bien que réalisé grâce à la technique des machines à plisser, présente un effet extérieur spécifique (notamment par le choix des dimensions) indépendant de la technique et qui confère au modèle sa physionomie propre, une apparence « cotte de mailles » caractérisée par ses proportions particulières. • Paris, 2 juill. 1999 : *PIBD 1999. III. 550.*

11. Mérite. Si le mérite de la création n'est pas un critère de la protection, la loi ne protège un modèle qu'autant que son auteur a marqué ce modèle de l'empreinte de sa personnalité, et a fait œuvre originale. • Paris, 7 juin 1995 : *PIBD 1995. III. 43* • 15 mai 1990 : *D. 1992. Somm. 311, obs. Burst* • 15 mars 2000 : *PIBD 2000. III. 529* • 14 oct. 1998 : *PIBD 1999. III. 52.*

12. Indifférence de la divulgation. V. note 2 ss. art. L. 511-6.

13. Dépôt tardif. Dès lors qu'un modèle n'a été déposé que longtemps après la mort de son créateur et que le délai de protection par le droit d'auteur était alors expiré, ce modèle est tombé dans le domaine public et ne peut plus être protégé ni par le livre 1er du CPI, ni par le livre V. • Com. 19 oct. 1999 : *PIBD 2000. III. 48 ; RTD com. 2000. 85, obs. Galloux.*

14. Charge de la preuve. C'est à celui qui conteste la nouveauté qu'il incombe de prouver l'existence d'une antériorité. • Com. 16 janv. 2001 : *PIBD 2001. III. 322* • Aix-en-Provence, 19 févr. 1993 : *PIBD 1993. III. 329.*

15. Principe. Seule une antériorité de toutes pièces détruit la nouveauté du dessin ou du modèle. • Paris, 8 janv. 1992 : *D. 1993. Somm. 299, obs. Burst* • 17 sept. 1991 : *D. 1992. Somm. 312, obs. Burst* • TGI Paris, 18 déc. 1991 : *PIBD 1992. III. 187* • Paris, 15 mai 1990 : *D. 1992. Somm. 311, obs. Burst.* ♦ ... Peu important que le premier modèle appartienne au même titulaire que le second. • Com. 27 mai 1997 : *Bull. civ. IV, n° 154 ; PIBD 1997. III. 474 ; RJDA 1997, n° 1430 ; Gaz. Pal. 1998. Pan. 53 ; JCP E 1997. Pan. 794.*

16. Conditions. Pour être pertinente, une antériorité doit être de toutes pièces, c'est-à-dire présenter toutes les caractéristiques du modèle, avoir un contenu et une date certaine. • Com. 21 mars 1995 : *PIBD 1995. III. 313* • Paris, 4 oct. 1995 : *PIBD 1996. III. 27* • 31 mars 1995 : *PIBD 1995. III. 333* • 23 janv. 1995 : *ibid., p. 231* • Aix-en-Provence, 15 déc. 2000 : *PIBD 2001. III. 224.* ♦ Un modèle ne constitue pas une antériorité de toutes pièces dès lors qu'il ne présente pas toutes les caractéristiques dans une même combinaison. • Paris, 20 sept. 1995 : *PIBD 1996. III. 24.*

17. Date d'appréciation. Le dépôt n'étant que déclaratif de droits, lorsque le titulaire du dessin prouve qu'il a acquis les droits sur ce dessin avant la date du dépôt, il revient aux prétendus contrefacteurs de prouver l'existence d'antériorités avant cette date. • Com. 8 nov. 1994 : *PIBD 1995. III. 73* • Paris, 4 oct. 1995 : *PIBD 1996. III. 27* • TGI Paris, 4 nov. 2000 : *PIBD 2001. III. 228.*

18. Protection au titre du seul droit d'auteur. Le critère de nouveauté est indépendant de l'application de l'art. L. 112-1 qui protège toute œuvre de l'esprit, un objet nouveau pouvant cependant ne pas révéler un effort créatif et ne présenter aucune originalité. • Paris, 10 mars 1995 : *PIBD 1995. III. 297.* ♦ C'est dans l'exercice souverain de leur pouvoir d'appréciation que les juges du fond se prononcent sur le caractère d'originalité entraînant la protection légale, indépendamment de la notion d'antériorité inopérante dans le cadre de la propriété littéraire et artistique. • Civ. 1re, 23 févr. 1994 : *Bull. civ. I, n° 79* • Civ. 1re, 11 févr. 1997 : *D. 1998. 290, obs. Greffe.*

Art. L. 511-4 *(Ord. n° 2001-670 du 25 juill. 2001)* **Un dessin ou modèle a un caractère propre lorsque l'impression visuelle d'ensemble qu'il suscite chez l'observateur averti diffère de celle produite par tout dessin ou modèle divulgué avant la date de dépôt de la demande d'enregistrement ou avant la date de priorité revendiquée.**

Pour l'appréciation du caractère propre, il est tenu compte de la liberté laissée au créateur dans la réalisation du dessin ou modèle.

BIBL. ▶ Binctin, *Propr. ind. 2013. Étude 7* (l'apparence en droit des dessins et modèles : le critère de caractère individuel). – Piatti, *Propr. ind. 2016. Étude 4* (protection des créations de mode : question(s) de temps !).

COMMENTAIRE

L'absence d'antériorité de la forme n'est pas suffisante, elle doit révéler un caractère propre. Cette condition a été opportunément substituée à celle de caractère individuel employée par la directive 98/71 de 1998 (art. 5, V. App., v° *Propriété industrielle, Dessins et modèles*). En effet, elle évite la recherche d'un lien subjectif avec l'individu créateur retenue en droit d'auteur et permet un recentrage sur le dessin ou le modèle comparé avec l'état de l'art : le caractère propre n'est pas l'originalité.

Il doit exister une « différence claire entre l'impression globale qu'il produit sur un utilisateur averti qui le regarde et celle produite par le patrimoine des dessins ou modèles, compte tenu de la nature du produit (...) » (directive de 1998, considérant 12, V. App., v° *Propriété industrielle, Dessins et modèles*). L'état antérieur de l'art servant de référence à la comparaison a la même étendue que celui retenu pour apprécier la nouveauté. On peut en conséquence se demander si cette dernière condition ne se trouve pas en pratique vidée de sa substance car absorbée par celle de caractère propre.

L'impression de déjà-vu résultant d'une trop faible variation par rapport à une forme antérieure détruit donc le caractère propre. Ce dernier a pour fonction de mettre en avant l'aptitude à la différenciation du créateur. En ce sens, l'alinéa 2 invite à pondérer le jugement en fonction du degré de liberté de création qui dépend des contraintes techniques ou commerciales et peut donc varier considérablement selon les secteurs. La saturation de l'état de l'art ne limite pas la liberté du créateur mais peut faciliter l'appréciation du caractère propre dans la mesure où l'observateur averti se référera à un niveau de détail plus fin que dans les autres secteurs.

Le résultat de la comparaison varie évidemment selon les individus. Il est donc nécessaire de définir une référence standard : l'**observateur averti**, selon la lettre du texte. La directive, quant à elle, préfère l'expression d'« utilisateur averti » (art. 5 et 9, V. App., v° *Propriété industrielle, Dessins et modèles*). Dans la mesure où l'utilisateur ne se réduit pas au consommateur final, on peut légitimement considérer ces notions comme substituables. La personne de référence retenue doit être d'une vigilance particulière sans qu'il s'agisse forcément d'un professionnel, ni *a fortiori* d'un homme de l'art. En revanche, la compétence et l'expérience requises distinguent notre « étalon » du public retenu en droit des marques (V. art. L. 711-4 et L. 713-3), généralement assimilé aux consommateurs d'attention moyenne. En effet, un degré trop faible d'exigence concernant l'observateur aboutirait à dénier le caractère propre à la plupart des créations, compromettant ainsi leur protection.

La référence à l'impression procurée à l'observateur averti n'est pas limitée à la définition du caractère propre. Le même critère est utilisé à l'article L. 513-5 pour apprécier l'étendue de la protection. ❑

1. Caractère propre. La combinaison du modèle en cause (un rasoir) confère à l'ensemble un caractère propre dès lors que s'en dégage une impression globale qui lui permet de se démarquer d'autres rasoirs du même type. • Paris, 6 mars 2002 : *JCP E 2003. 1291, n° 9, obs. Greffe.* ♦ Sur l'appréciation du caractère propre d'une table d'appoint, V. • TGI Paris, 15 févr. 2002 : *JCP E 2003. 1291, n° 10, obs. Greffe.* ♦ ... D'une jupe-culotte. • Paris, 22 janv. 2003 : *JCP E 2003. 1291, n° 14, obs. Greffe.* ♦ Les représentations de femmes égyptiennes sur des radiateurs sont dépourvues de caractères propres car ressortissent au fonds commun en la matière et constituent une simple variation ou adaptation de formes antérieures universellement connues. • Paris, 2e ch., pôle 5, 9 nov. 2012 : *PIBD 2013. III. 843.* ♦ Les différences démontrées par le titulaire de droit (en l'espèce, le positionnement aléatoire de strass sur un modèle miniature de tour Eiffel) ne produisent pas une impression d'ensemble différente pour un observateur averti, révélant ainsi l'absence de caractère propre. • Com. 9 juin 2015, n° 14-15.379 : *D. 2015. 1662, obs. Galloux et Lapousterl* ; *PIBD 2015. III. 532.* ♦ La preuve du caractère individuel « ne peut se borner à une comparaison analytique d'une énumération de similitudes et de différences » mais peut s'étendre aux « éléments effectivement protégés, sans tenir compte des caractéristiques exclues de la protection ». • Trib. UE, 7 nov. 2013 : *Propr. ind. 2014. Chron. 4.* ♦ Jugé aussi que le caractère individuel d'un dessin ou modèle communautaire non enregistré est vérifié (ou non) par l'observation d'un ou de plusieurs dessins ou modèles antérieurs, pris individuellement. La cour considère par ailleurs que le caractère individuel d'un dessin ou modèle communautaire non enregistré n'a pas à être prouvé par son titulaire qui agit en contrefaçon. • CJUE 19 avr. 2014, *Karen Millen Fashions Ltd c/ Dunnes Stores, Dunnes Stores Ltd : PIBD 2014. III. 704 ; Propr. ind. 2014, n° 51, note Marino (à propos des concl. avoc. gén. du 2 avr. 2014) ; Propr. ind. 2015, n° 38, note Marino* . ♦ Le caractère propre est établi par comparaison avec les modèles divulgués, en tous leurs éléments pris dans leur combinaison. Il ne peut ressortir uniquement de la conviction qu'aurait l'observateur averti d'une absence de copie ou d'imitation. • Com. 24 mai 2017, n° 14-24.699 : *PIBD 2017. III. 588.*

2. *Observateur averti.* L'observateur averti, qui n'est pas un homme de l'art, doit s'entendre d'un utilisateur doté non d'une attention moyenne mais d'une vigilance particulière, que ce soit en raison de son expérience personnelle ou de sa connaissance étendue du secteur considéré. • TGI Paris, 15 févr. 2002 : *JCP E 2003. 1291, n° 20, obs. Greffe ; Propr. ind. 2002, n° 80, note Greffe* • Douai, 11 mars 2004 : *D. 2005. Pan. 1711, obs. Galloux ; PIBD 2004, n° 792, III, p. 487* • TGI Paris, 9 févr. 2006 : *RTD com. 2007. 72, obs. Galloux* ; *PIBD 2007. III. 384.* ♦ La notion d'utilisateur averti n'impose pas que ce dernier soit à même de distinguer les formes arbitraires de celles dictées par la fonction. • Trib. UE 31 juill. 2007 : *décision n° T-123/08.* ♦ L'observateur averti n'est pas le consommateur potentiel du produit litigieux mais une personne particulièrement vigilante en raison de son expérience personnelle ou de sa connaissance importante du secteur. • Com. 3 avr. 2013 : *PIBD 2013. III. 1206 ; CCE 2013. Chron. 8, obs. Kahn ; Propr. ind. 2014. Chron. 4, obs. Gasnier.* ♦ Le niveau de détail auquel se réfère l'observateur averti peut être plus fin lorsque le dessin ou le modèle appartient à un secteur où l'état de l'art est proche de la saturation. • Trib. UE 12 mars 2014, *Tubes Radiators Srl c/ OHMI et Antrax : D. 2014. Pan. 2207, obs. Lapousterle* ; *Propr. ind. 2014, n° 31, note Gasnier.* ♦ L'utilisateur averti de jouets est constitué par les enfants et de façon plus générale, par le grand public qui ont vocation à les utiliser. • Paris, 1re ch. pôle 5,26 janv. 2016, n° 2015/00320 : *PIBD 2016. III. 214.* ♦ Dans le même sens, tout en précisant que, s'agissant de matériel numérique le rôle de l'adulte est à prendre en considération. • Paris, 1re ch. pôle 5, 27 juin 2017, n° 2016/09142 : *PIBD 2017. III. 674.* ♦ L'observateur averti est celui dont l'expérience personnelle ou la large connaissance du secteur en cause lui confère une vigilance particulière. Il n'est pas le simple consommateur du produit en cause (en l'espèce le touriste potentiel client d'un flacon à bonbons en forme de tour Eiffel). • Com. 29 mars 2017, n° 15-20.785 : *PIBD 2017. III. 452.*

3. *Impression visuelle d'ensemble.* Par un raisonnement sur le terrain du règlement UE de 2002 transposable en droit français, l'évaluation par l'observateur averti ne se réduit pas à une comparaison directe entre les dessins ou modèles. L'impression visuelle peut relever d'un souvenir imparfait des deux modèles dans la mémoire de l'observateur averti. • CJUE 18 oct. 2012 : *PIBD 2013. III. 924.* ♦ Un modèle banal reprenant une tendance à la mode peut produire une impression visuelle différente chez l'observateur averti. • Paris, pôle 5, ch. 2, 16 sept. 2016, n° 15/11045 : *Propr. ind. 2017, n° 6, note Greffe.*

Art. L. 511-5 *(Ord. n° 2001-670 du 25 juill. 2001)* **Le dessin ou modèle d'une pièce d'un produit complexe n'est regardé comme nouveau et présentant un caractère propre que dans la mesure où :**

***a)* La pièce, une fois incorporée dans le produit complexe, reste visible lors d'une utilisation normale de ce produit par l'utilisateur final, à l'exception de l'entretien, du service ou de la réparation ;**

***b)* Les caractéristiques visibles de la pièce remplissent en tant que telles les conditions de nouveauté et de caractère propre.**

Est considéré comme produit complexe un produit composé de pièces multiples qui peuvent être remplacées.

BIBL. ▸ OSTOJSKI, *AJCA 2014. 273* (mouvements contraires dans la propriété intellectuelle automobile).

COMMENTAIRE

Un produit est complexe dès lors qu'il est composé de plusieurs pièces et que sa maintenance est possible en substituant telle ou telle de ces pièces alors appelées pièces détachées. Pour éviter une mainmise abusive de certains industriels sur les marchés dérivés de leurs produits, notamment dans le secteur automobile, la protection de ces formes est subordonnée à deux conditions cumulatives :

– d'abord, la forme doit apparaître en situation d'une utilisation normale. La pièce est alors placée suffisamment à l'extérieur, et non incorporée à l'intérieur, de façon qu'elle soit visible par l'utilisateur final, particulier ou professionnel, ce qui exclut les opérations de démontage à des fins d'entretien ou de réparation. Cette condition peut se révéler superflue dans la mesure où tout dessin ou modèle n'est protégé qu'en raison de son apparence (V. art. L. 511-1).

– ensuite, la pièce prise isolément doit naturellement répondre aux conditions de fond énoncées par l'article L. 511-2.

Ces tempéraments ne constituent donc pas vraiment un régime dérogatoire et de surcroît ne s'appliquent qu'aux produits complexes *stricto sensu*. Les éléments de quincaillerie, les matériaux de construction ne sont pas visés même si *in fine* ils disparaissent de la vue une fois trouvée leur place définitive.

Pour faciliter la concurrence, les instances de l'Union européenne ainsi que de nombreux pays limitent la protection des pièces détachées à celle dite « de première monte ». Les pièces de rechange sont écartées en application de ce qui est appelé la « clause de réparation ». L'Autorité de la concurrence recommande l'adoption d'un tel principe (avis n° 12-A-21 du 8 oct. 2012 relatif au fonctionnement concurrentiel des secteurs de la réparation et de l'entretien de véhicules et de la fabrication et de la distribution de pièces de rechange).

1. Principe. Il résulte des dispositions de l'art. L. 511-5 qu'est susceptible de protection le dessin ou modèle d'une pièce apparente d'un produit complexe. • Crim. 9 sept. 2003 : *Bull. crim. n° 154 ; D. 2005. Pan. 1709, obs. Galloux ; PIBD 2003. III. 620.* ♦ La directive n'interdit pas la protection des pièces détachées, notamment dans le domaine de l'automobile. En conséquence, la demande d'une question préjudicielle à la CJUE n'avait pas à être retenue par la cour d'appel. • Crim. 30 avr. 2014 : *RTD com. 2014. 711, obs. Bouloc ; PIBD. 2014. III. 574.* ♦ La visibilité de la forme est une condition supplémentaire dont le respect ne vise que les pièces de produits complexes. • Paris, pôle 5, ch. 1, 10 nov. 2015, n° 14/09804 : *Propr. ind. 2016, n° 71, note Marin ; D. 2016. 1673, obs. Galloux et Lapousterle.*

2. Appréciation. La validité d'un modèle doit s'apprécier non à l'occasion de son utilisation, mais de son offre à la vente, pour les acquéreurs d'un objet dans lequel ce modèle peut être placé. • Paris, 4 mars 2005 : *JCP E 2005. 1139, n° 1, obs. Greffe ; Propr. ind. 2005, n° 79, note Greffe ; Propr. intell. 2005, n° 17, p. 449, obs. De Candé.* ♦ Un modèle qui n'est pas visible en condition d'utilisation ne peut bénéficier de la protection. • TGI Paris, 13 mars 2009 : *PIBD 2009. III. 1289 ; Propr. ind. 2009, n° 66, note Greffe.* ♦ Le dessin ou modèle d'une pièce d'un produit complexe n'est regardé comme nouveau et présentant un caractère propre que dans la mesure où la pièce, une fois incorporée dans le produit complexe, reste visible lors d'une utilisation normale du produit par l'utilisateur final, à l'exception de l'entretien, du service et de la réparation. • Com. 9 mars 2010 : *Bull. civ. IV, n° 47 ; D. 2010. AJ 764 ; RTD com. 2010, p. 301, obs. Pollaud-Dulian ; PIBD 2010. III. 289 ; Propr. ind. 2010, n° 51, note Gasnier.* ♦ V. aussi • Crim. 5 oct. 2010 : *RTD com. 2011. 100, obs. Pollaud-Dulian.* ♦ Il a ainsi été jugé, sur le fondement de l'art. 4 (2) du Règl. (CE) n° 6/2002, que l'apparence du fourrage contenu à l'intérieur du biscuit est exclue de l'appréciation du caractère propre, le consommateur n'ayant pas pour habitude de briser le biscuit : la vue de coupe du biscuit ne peut être considérée comme un élément visible. • OHMI 2 août 2012 : *Propr. ind. 2013, n° 6, note Gasnier* • Trib. UE 9 sept. 2014, *Biscuits Poult SAS c/ OHMI : Propr. ind. 2014, n° 73, note Gasnier ; ibid. Chron. 10, n° 3, obs. Greffe et Kapyrina ; ibid., n° 23, obs. Greffe ; LEPI nov. 2014, n° 156, p. 4, obs. Chatry ; JCP G 2015. Doctr. 484, obs. Binctin ; PIBD 2015. III. 31.* ♦ L'exigence de visibilité générale ne peut être interprétée dans le sens restrictif prévu par le Régl. (CE) n° 6/2002 (et le CPI) concernant les produits complexes. • Trib. UE 28 janv. 2015, n° T-41/14 : *Propr. ind. 2015. Chron. 10, n° 3 ; ibid., n° 24, obs. Gasnier ; PIBD 2015. III. 211.*

Art. L. 511-6 *(Ord. n° 2001-670 du 25 juill. 2001)* **Un dessin ou modèle est réputé avoir été divulgué s'il a été rendu accessible au public par une publication, un usage, ou tout autre moyen. Il n'y a pas divulgation lorsque le dessin ou modèle n'a pu être raisonnablement connu, selon la pratique courante des affaires dans le secteur intéressé, par des professionnels agissant dans la Communauté européenne, avant la date du dépôt de la demande d'enregistrement ou avant la date de priorité revendiquée.**

Toutefois, le dessin ou modèle n'est pas réputé avoir été divulgué au public du seul fait qu'il a été divulgué à un tiers sous condition, explicite ou implicite, de secret.

Lorsqu'elle a eu lieu dans les douze mois précédant la date du dépôt de la demande ou la date de priorité revendiquée, la divulgation n'est pas prise en considération :

***a)* Si le dessin ou modèle a été divulgué par le créateur ou son ayant cause, ou par un tiers à partir d'informations fournies ou d'actes accomplis par le créateur ou son ayant cause ;**

***b)* Ou si le dessin ou modèle a été divulgué à la suite d'un comportement abusif à l'encontre du créateur ou de son ayant cause.**

Le délai de douze mois prévu au présent article n'est pas applicable lorsque la divulgation est intervenue avant le 1er octobre 2001.

COMMENTAIRE

Le présent article renforce l'exigence de nouveauté en adoptant une définition très large de la divulgation. Cette dernière est proche de celle retenue en matière de brevet (V. CPI, art. L. 611-11) notamment en ce que la notion de public est accueillante tandis que les moyens de la divulgation sont indifférents.

Néanmoins, la même disposition vient aussitôt tempérer le caractère absolu de la nouveauté telle qu'exigée par l'article L. 511-3 par trois précisions :

– d'abord, pour réduire le risque d'opposer des antériorités à des créateurs manifestement de bonne foi, l'état de l'art servant de référence est triplement circonscrit : le dessin ou modèle préexistant doit avoir pu être « raisonnablement connu » ; exister ou avoir existé sur le territoire de l'Union européenne ; appartenir au même secteur d'activité que celui du déposant. Il est donc théoriquement possible d'obtenir la réservation d'une forme oubliée ou exotique appartenant au domaine public. Néanmoins, le risque est limité car il incombe au nouveau déposant de démontrer les faits négatifs permettant d'écarter l'antériorité. De surcroît, l'objet « renaissant » doit encore revêtir le caractère propre exigé par l'article L. 511-4, ce qui s'avérera difficile si l'existant auquel se réfère l'observateur averti est plus large que ce qui est accessible au public en vertu du présent article. L'application de ce premier tempérament est donc particulièrement ardue ;

– ensuite, la divulgation sous le sceau du secret n'est pas destructrice de nouveauté. Aucune précision n'est donnée sur l'origine de la confidentialité. Il ne semble donc pas qu'une convention *ad hoc* expresse soit requise ;

– enfin, la disposition établit un « délai de grâce » d'un an dans deux cas. Si l'enregistrement est effectué moins de douze mois avant qu'un accès au public n'ait été permis à la suite d'un abus ou d'une fraude à l'égard du créateur, l'antériorité est réputée inexistante. Ce tempérament couvre donc en partie la situation précédemment évoquée de la violation d'une obligation de confidentialité. Plus encore, si la communication émane du créateur même ou de ses ayants cause, ces derniers bénéficient d'une immunité pour la même période, avantage qui a toujours été refusé en Europe à l'inventeur. Les créateurs de dessins et modèles peuvent donc exploiter sereinement sans précipiter l'enregistrement. Ce délai de grâce pose un problème de compatibilité avec le délai de priorité unioniste visé au même article, d'une durée de six mois à compter du premier dépôt (Conv. de Paris, art. 4 c 1, V. App., v° *Propriété industrielle, Droit international*). Entre six et douze mois après la divulgation, un créateur pourrait se voir refuser d'étendre sa protection au-delà de l'Union européenne.

Cette absence de divulgation n'était pas une condition requise sous l'empire de l'ancien article L. 511-6. En conséquence, les communications antérieures au 1er octobre 2001 ne constituent pas des antériorités. Par ailleurs, et quelle que soit la période en cause, le créateur d'une forme dépourvue de nouveauté au sens du livre V, peut revendiquer la protection du droit d'auteur sans aucune formalité pour peu que l'objet soit reconnu original. ❑

La proximité rédactionnelle avec l'art. 7 du Règl. (CE) n° 6/2002 du 12 déc. 2001 sur les dessins ou modèles communautaires justifie de se référer utilement aux notes sous cet art., V. App., v° Propriété industrielle, VII Dessins et modèles.

1. L'antériorité du modèle communautaire peut être rapportée par l'existence d'un brevet américain qui, en vertu de la législation américaine, peut aussi protéger l'apparence du produit (en l'occurrence un parapluie). La divulgation peut être retenue bien qu'extérieure au territoire de l'Union européenne et en l'absence de production du produit et il appartenait au déposant, compte tenu de la technicité du produit, d'étendre ses recherches aux brevets. Les milieux spécialisés pouvaient ainsi raisonnablement avoir connaissance des caractéristiques du modèle *(solution potentiellement transposable à l'art. L. 511-6 en raison de la proximité rédactionnelle de l'art. 7 du Règl. (CE) n° 6/2002 du 12 déc. 2001, visé en l'espèce).* • Trib. UE 21 mai 2015, n^os^ T-22/13 et T-23/13 : *PIBD 2015. III. 500 ; D. 2016. 1674, obs. Galloux ; Propr. ind. 2015, n° 54, note Marino* • Trib. UE7^e^ ch., 15 oct. 2015, n° T-251/14 : *Propr. ind. 2017. Chron. 5, n° 8, obs. Greffe.* ♦ Une antériorité de toutes pièces ne peut être rapportée par la réception d'un produit similaire en provenance de l'étranger plusieurs jours après le dépôt du modèle. • Paris, 2e ch., pôle 5, 27 mars 2015, n° 2012/03021 : *PIBD 2015. III. 428.* ♦ V. note ss. art. 7 du Règl. (CE) n° 6/2002 du 12 déc. 2001, App. v° *Propriété industrielle, VII, dessins et modèles.*

Jurisprudence antérieure à l'ordonnance de 2001 (ancien art. L. 511-6)

2. La divulgation antérieure au dépôt est sans effet sur les droits du déposant. • Paris, 25 juin 1987 : *PIBD 1988. III. 402* • 22 sept. 2000 : *PIBD 2001. III. 64 ; Propr. ind. 2002, n° 2, note Raynard.* ♦ Sur l'auto-divulgation, V. • Paris, 7 nov. 2008 : *PIBD 2008. III. 53 ; Propr. ind. 2008, n° 28, note Gasnier* • 28 mai 2008 : *Propr. intell. 2008, n° 29, p. 443, obs. De Candé* • Com. 9 mars 2010 : *LEPI, juin 2010, p. 4, obs. Bernault.*

3. Ne donne pas de base légale à sa décision la cour d'appel qui, pour prononcer la nullité d'un modèle déposé en raison du défaut de nouveauté, et pour rejeter la demande en contrefaçon, énonce que le modèle revendiqué n'a été déposé que postérieurement à la commercialisation de l'objet argué de contrefaçon, sans rechercher si le demandeur n'avait pas divulgué et commercialisé le modèle sous son nom à une date plus lointaine et si, dès lors, la nouveauté ne pouvait pas remonter à la date de la divulgation antérieure au dépôt mais émanant du déposant. • Com. 19 déc. 1989 : *Bull. civ. IV, n° 319 ; D. 1992. Somm. 314, obs. Burst ; RTD com. 1989. 202 ; JCP E 1990. Pan. 19553.*

4. Le tempérament à la nouveauté en cas de divulgation par le déposant avant la mise en œuvre de la loi nouvelle ne s'applique pas aux demandes d'enregistrement communautaires. • OHMI 4 sept. 2009 : *Décis. n° R-1276/2008.*

5. Un modèle antériorisé par une divulgation du créateur lui-même est néanmoins protégeable comme dessins et modèles communautaires non enregistrés (V. art. 1er du Règl. (CE) n° 6/2002 du 12 déc. 2001, App., v° *Dessins et modèles, droit européen*). En revanche, ce statut requiert que le titulaire possible démontre le caractère individuel de l'apparence (ce qui n'est pas le cas en l'espèce). • Paris, pôle 5, ch. 1, 28 juin 2016, n° 14/17051 : *PIBD 2016. III. 678.*

Art. L. 511-7 *(Ord. n° 2001-670 du 25 juill. 2001)* **Les dessins ou modèles contraires à l'ordre public ou aux bonnes mœurs ne sont pas protégés.**

COMMENTAIRE

La réforme de 2001 a rehaussé l'obligation de conformité de la forme à l'ordre public et aux bonnes mœurs. Elle devient une condition de fond et plus simplement une cause de rejet de l'enregistrement énoncée par l'ancien article L. 512-2. Ainsi, tous principaux régimes de propriété industrielle (V. art. L. 611-17 et L. 711-3 CPI) partagent cette condition en la même forme, ce qui les distinguent de la propriété littéraire et artistique qui ne connaît pas ce critère. En pratique, l'évolution est purement formelle et les cas de nullité demeureront exceptionnels (dessin d'un billet de banque par exemple).

Est rejetée pour contrariété à l'ordre public la demande d'enregistrement du dessin d'une Marianne de profil portant un bonnet phrygien à cocarde tricolore en raison du risque de confusion avec des activités exercées ou garanties par la République Française. • Paris, 2e ch. pôle 5, 13 oct. 2017, n° 2016/23487 : *PIBD 2017. III. 790.*

Art. L. 511-8 *(Ord. n° 2001-670 du 25 juill. 2001)* **N'est pas susceptible de protection :**

1° L'apparence dont les caractéristiques sont exclusivement imposées par la fonction technique du produit ;

2° L'apparence d'un produit dont la forme et la dimension exactes doivent être nécessairement reproduites pour qu'il puisse être mécaniquement associé à un autre produit par une mise en contact, un raccordement, un placement à l'intérieur ou à l'extérieur dans des conditions permettant à chacun de ces produits de remplir sa fonction.

Toutefois, un dessin ou modèle qui a pour objet de permettre des assemblages ou connexions multiples à des produits qui sont interchangeables au sein d'un ensemble conçu de façon modulaire peut être protégé.

COMMENTAIRE

1° Après avoir énoncé un critère de visibilité à l'article L. 511-5, la loi impose encore une forme arbitraire. La protection offerte par le livre V n'est pas applicable aux objets dont l'apparence est la conséquence pure et simple des choix techniques. En conséquence, sont protégeables les formes à vocation ornementale, mais aussi les formes conjuguant recherche esthétique et fonction technique constituant l'essentiel du *design* industriel. Le critère traditionnel dit de la « multiplicité des formes », selon lequel la protection est possible dès lors que le produit peut revêtir une apparence différente tout en produisant le même résultat fonctionnel, est délaissé par la jurisprudence (V. note 4). Au raisonnement *a contrario* est préféré un examen *in concreto* : le critère dit « des contours », qui vise à apprécier la forme à protéger selon le degré d'asservissement à la fonction recherchée. Les cas d'exclusion sont néanmoins rares et il suffira pour échapper à la nullité d'assortir une forme fonctionnelle d'éléments « inutiles ». En effet, l'apport ornement peut être protégé pour lui-même en application de l'article L. 511-1 s'il n'est pas involontairement le résultat de formes fonctionnelles, notamment en raison de leur assemblage. De surcroît, en cas de litige, il incombera au défendeur de rapporter le caractère indissociable. Plus encore, l'examen doit être distributif : l'apparence d'un produit peut être partiellement conditionnée par sa fonction et comprendre partiellement des formes dissociées.

On observera que l'exclusion retenue par le présent article n est pas propre aux dessins et modèles. En effet, une formule identique est utilisée à l'article L. 711-2 en matière de marque, lui-même issu de la directive 98/71 de 1998 (art. 3-1 e, V. Dir. 2008/95/CE, art. 3-1 e, App., v° *Propriété industrielle, Marques*).

En tout état de cause, les conditions de nouveauté et de caractère propre continuent de s'appliquer. Il est douteux que l'on puisse trouver une forme purement fonctionnelle répondant à ces exigences, sauf à ce que le résultat technique soit totalement inédit.

L'ancien article L. 511-3, issu de la loi de 1909, établissait un critère général de distinction par une référence explicite à la brevetabilité. Il marquait ainsi la frontière entre l'invention brevetable, d'une part, et la forme protégeable par le droit d'auteur ou le droit des dessins et modèles, d'autre part. Le texte actuel a abandonné heureusement cette référence, source de confusion. En effet, une forme fonctionnelle n'est pas pour autant toujours brevetable. A rebours, l'apparence d'un produit brevetable peut constituer un modèle protégeable. Une application cumulative est donc possible mais ne portera pas en réalité sur les mêmes objets : solution technique pour le brevet, forme et/ou décoration pour le dessin ou modèle. Il n'empêche que le présent article peut être regardé en contrepoint de l'article L. 611-10 qui exclut de la brevetabilité les créations esthétiques. Pour des raisons économiques, la loi n° 2011-2012 du 29 décembre 2011 relative au renforcement de la sécurité sanitaire du médicament et des produits de santé (CSP, art. L. 5121-10-3) facilite l'activité des génériqueurs en neutralisant les droits sur l'apparence ou la texture du médicament dont le brevet est dans le domaine public. Indépendamment de toute application du critère de la multiplicité des formes, il s'agit d'une exception nouvelle non pas à l'accès mais à la mise en œuvre du titre sur un modèle.

2° Les modèles d'interconnexion sont exclus de la protection. Il s'agit en effet de produits ou de parties de produits qui sont visibles lors d'un usage normal mais ont pour fonction d'être mécaniquement raccordés à d'autres. Cette exception, transposée de la directive de 1998 (art. 7.2, V. App., v° *Propriété industrielle, Marques*), dépasse le cas des pièces de rechange régi par l'article L. 511-5. Elle permet de libéraliser le marché des produits adaptables ou compatibles dits encore interchangeables ou interopérables. Mais cette liberté de copie, qui devrait *in fine* profiter au consommateur, ne s'applique pas si la forme en question est brevetée. Par ailleurs, le produit comporte en général des éléments distincts de la pièce d'interconnexion, qui, eux, demeurent protégeables en vertu de la directive de 1998 (considérant 14). Cette exception, dont on comprend l'intention dans un cadre communautaire de liberté du commerce et de l'industrie, a peu d'intérêt car la forme du raccord mécanique est fréquemment dictée par sa fonction d'emboitement. A rebours, il est peu compatible avec l'extension de la protection à des formes non-ornementales.

L'évolution communautaire des formes dites *« must fit »* sera évoquée sous l'article L. 513-7.

Le présent article organise *in fine* une exception à l'exception en présence d'éléments d'un ensemble modulaire. Ce tempérament permet de protéger les créations industrielles conçues dès l'origine comme système évolutif grâce à des pièces combinables ou interchangeables. Cette caractéristique représente pour eux l'essentiel de leur atout commercial. Autoriser la libre concurrence sur les pièces serait ainsi fatal pour les concepteurs. La disposition vise les jeux de construction. C'est pourquoi elle est dénommée « *clause Lego®* ». Elle concerne aussi le mobilier, les accessoires de rangement ou les échafaudages. Comme le produit modulaire est essentiellement destiné à l'interconnexion et que cette dernière est souvent imposée par sa fonction technique, il est raisonnable de considérer que le cas permet d'échapper à l'exclusion du 1° comme à celle du 2°. □

1. Concours de protection sur un même objet. Un dispositif technique peut être brevetable tandis que son aspect dissociable de sa fonction technique peut recevoir la protection du présent livre V et/ou du livre I. • Paris, 6 juill. 1994 : *PIBD 1994. III. 587* • Paris, 23 juin 1995 : *PIBD 1995. III. 475.* ♦ Concernant une brosse pour l'application de mascara sur les cils, V. • Paris, 25 avr. 2003 : *RDPI oct. 2003, n° 152, p. 15.*

2. Forme dissociable. Le livre V s'applique aux éléments fonctionnels non indissociables de la forme et du résultat utilitaire recherché, et dont la combinaison confère au modèle une originalité révélant l'effort créatif de l'auteur. • Com. 7 avr. 1998, n° 96-15.048 P : *PIBD 1998. III. 388.* ♦ Les surpiqûres sur plusieurs parties d'un vêtement, réalisées au moyen d'un fil de couleur contrastant avec celles du tissu servant pour le pantalon, lui donnent un caractère décoratif et ornemental, exclusif de toute fonction utilitaire dans la mesure où les différentes parties du pantalon sont reliées entre elles par des coutures invisibles. • Com. 13 déc. 1994, n° 92-21.204 : *PIBD 1995. III. 165.* ♦ Est protégeable par le livre V un modèle de manteau, dès lors que la combinaison du col-écharpe et des plis droits verticaux sur le devant du modèle protégé est originale et que, bien qu'étant opportune et fonctionnelle, elle n'est pas imposée par des impératifs techniques. • Com. 21 mars 1995, n° 93-14.237 : *PIBD 1995. III. 313 ; RIDA oct. 1995, p. 281.* ♦ Protection accordée à la forme d'un cardigan dont le caractère fonctionnel est complété par un aspect décoratif non nécessaire et séparable le caractérisant. • Com. 7 avr. 1998, n° 96-11.258 : *RDPI 1998, n° 88, p. 48.* ♦ V. aussi, retenant la protection de l'apport ornemental, • Paris, pôle 5, ch. 1, 30 juin 2015, n° 14/05098 : *PIBD 2016. III. 179 ; Propr. ind. 2016, n° 80, note Greffe.* ♦ La forme est protégée par le livre V dès lors qu'elle n'est pas asservie à la fonction recherchée. • Paris, 6 nov. 2009, n° 08/21238 : *PIBD 2010. III. 158* (application à une valise) • Paris, pôle 5, ch. 1, 30 juin 2015, n° 14/05098 : *PIBD 2016. III. 179, Propr. ind. 2016, n° 80, note Greffe* (application à un stand d'exposition protégé au titre du droit d'auteur). ♦ L'apparence d'un équipement informatique n'est pas imposée par le résultat technique recherché et notamment par les contraintes d'assemblage des composants électroniques ; le positionnement des boutons ou l'utilisation d'un boîtier en plastique noir ne relève pas non plus de contraintes. • Paris, 2e ch., pôle 5, 27 mars 2015, n° 2012/03021 : *PIBD 2015. III. 428.*

3. Forme indissociable. Une forme ne peut être exclue de l'appréciation de la protection à accorder à un modèle que si elle est dictée par la fonction qu'elle exerce. • Com. 23 juin 1987 : *Bull. civ. IV, n° 156 ; Ann. propr. ind. 1988. 193* • 21 oct. 1980 : *Bull. civ. IV, n° 343* • 22 déc. 1980 : *ibid., n° 438* • 11 févr. 1992 : *ibid., n° 66* • 22 janv. 1973 : *D. 1973. 216, note X. L.* • Civ. 1re, 28 nov. 2000 : *PIBD 2001. III. 247.* ♦ Un modèle de pavé aux contours arrondis et décrit par cotation mathématique présente un caractère technique et fonctionnel inséparable de sa forme. • Com. 7 déc. 1993, n° 91-20.838 P : *Ann. propr. ind. 1995. 95 ; JCP E 1994. Pan. 277.* ♦ Ne peut être protégée la forme dont toutes les caractéristiques sont fonctionnelles et n'ont pas un but exclusif d'ornement, mais sont la reproduction de figures d'un brevet tombé dans le domaine public. • Paris, 8 janv. 1990 : *D. 1992. Somm. 311, obs. Burst*. ♦ L'effet de transparence procédant du choix du tissu et du réglage de la machine utilisée pour sa réalisation n'est pas protégé dès lors qu'il n'est pas démontré que les choix opérés ne résultaient pas des seules contraintes techniques. • Paris, 4 oct. 1995 : *PIBD 1996. III. 27.* ♦ Pourvoi rejeté par • Com. 21 oct. 1997, n° 95-15.524 : *PIBD 1998. III. 21.* ♦ Un verre à dégustation, brevetable en raison de sa fonction utilitaire s'inscrivant dans un processus inventif, ne peut être protégé comme modèle. • Dijon, 8 août 1991 : *PIBD 1992. III. 58.* ♦ Les caractéristiques fonctionnelles d'un modèle ne sont pas protégeables, peu importe que ces caractéristiques soient de nature esthétique. • Paris, 20 mai 2009 : *Propr. ind. 2009, n° 67, note Greffe.* ♦ V. aussi • Com. 9 juin 2009, n° 08-13.727. ♦ Sur l'absence de protection d'un modèle de mannequin estimant que sa forme a été dictée par sa fonction, V. • Paris, 30 nov. 2011 : *Propr. ind. 2012, n° 41, note Greffe* • Paris, 6 nov. 2009, n° 09/00799 : *JCP E 2010, n° 1903, p. 22, note Greffe ; PIBD 2010. III. 158.* ♦ L'apparence d'un leurre de pêche ne peut être protégeable, non car il combine des caractéristiques banales, mais car ces dernières résultent de la destination visée. • Com., 15 mars 2017, n° 15-21.268 : *PIBD 2017. III. 386.*

4. Critère de la multiplicité des formes. Application du critère : protection en présence de la possibilité d'une forme alternative produisant la même fonction, V. • Aix-en-Provence, 19 févr.

1993 : *PIBD 1993. III. 329* • Paris, 22 juin 1993 : *Ann. propr. ind. 1994. 102* • 25 juin 1987 : *PIBD 1988, III. 402.* • Paris, 4 mars 2005 : *Propr. intell. 2005, n° 17, p. 119, obs. de Candé* • Paris, 9 févr. 2005 : *JCP E 2005. 1139, n° 2, obs. Greffe ; Propr. ind. 2005, n° 101, obs. Greffe* • Paris, 7 avr. 2006 : *Propr. ind. 2006, n° 78, note Gasnier ; Propr. intell. 2006, n° 21, p. 456, obs. de Candé.* ♦ Rejet du critère : il importe peu que la stabilité d'un présentoir puisse être obtenue par d'autres moyens, dès lors que la forme sur laquelle un droit privatif est revendiqué est inséparable du résultat technique. • Paris, 1er févr. 1990 : *Ann. propr. ind. 1992. 77.* ♦ En retenant que le renforcement du cadre du modèle de vélo et sa triangulation monotube étaient inséparables du résultat technique, alors même que ce renforcement pouvait être obtenu par d'autres formes, la cour d'appel a pu décider que cette forme n'était pas protégeable. • Com. 20 oct. 1998 : *PIBD 1999. III. 51.* ♦ La forme des éléments caractéristiques d'un modèle de cintre ne répondant pas à un souci esthétique, mais à un impératif utilitaire précis (tendre et soutenir la partie repliée du tissu), même s'il existe d'autres formes procurant le même résultat, la découpe du corps du cintre ne saurait, à elle seule, conférer à ce modèle une forme ornementale lui donnant une physionomie propre. • Paris, 31 mai 2000 : *PIBD 2000. III. 448.* ♦ A propos de l'emballage plastique isotherme d'une bûche glacée, V. • Paris, 3 avr. 2002 : *Propr. ind. 2002, n° 22, note Barthélemy.* ♦ Ne peut être enregistrée la brique Lego au motif que les éléments la composant sont fonctionnels, peu important que le résultat obtenu puisse être atteint par d'autres formes employant la même solution technique. • CJUE 14 sept. 2010, n° C-48/09 : *Propr. ind. 2011. 25, note Greffe.* ♦ Le caractère strictement fonctionnel du modèle n'est pas écarté par l'existence d'autres formes procurant la même fonction. • Paris, pôle 5, ch. 1, 10 nov. 2015, n° 14/09804 : *Propr. ind. 2016, n° 71, note Marin ; D. 2016. 1673, obs. Galloux et Lapousterle.* ♦ V. note ss. art. 8 du Règl. (CE) n° 6/2002 du Conseil du 12 déc. 2001, App., v° *Propriété industrielle, VII. Dessins et modèles.*

SECTION II **BÉNÉFICE DE LA PROTECTION**

Art. L. 511-9 *(Ord. n° 2001-670 du 25 juill. 2001)* **La protection du dessin ou modèle conférée par les dispositions du présent livre s'acquiert par l'enregistrement. Elle est accordée au créateur ou à son ayant cause.**

L'auteur de la demande d'enregistrement est, sauf preuve contraire, regardé comme le bénéficiaire de cette protection.

V. anciens art. L. 511-2 et L. 511-5, ss. art. L. 515-1.

COMMENTAIRE

La présente disposition consacre un changement important dans l'esprit du régime. Ce dernier rejoint les autres droits de propriété industrielle en subordonnant l'acquisition du droit à l'accomplissement de formalités. Ainsi, sur le terrain du livre V, l'acte juridique d'enregistrement devient constitutif de droits. Contrairement à la situation antérieure de l'ancien article L. 511-2, la protection n'est plus acquise par le seul fait juridique de création et les formalités ne sont plus simplement déclaratives de droits. Ainsi, sauf à bénéficier du délai de grâce de l'article L. 511-5, le respect des conditions de fond de l'article L. 511-2 s'apprécie au jour de la demande et non à la date de création. Le risque d'enregistrement valable d'une création antérieure non divulguée par un tiers est néanmoins sensiblement minoré en présence d'une fraude (art. L. 511-6, L. 511-10 ou L. 512-4 b) ou d'un droit d'auteur (art. L. 512-4 d). De ces limitations, M. M. Greffe déduisent que le dépôt crée une présomption simple de propriété et demeure donc déclaratif (V. bibliographie générale). Cette analyse s'explique par leur conception absolue du cumul avec le droit d'auteur (V. ss. art. L. 513-2).

Les formalités à accomplir pour effectuer valablement l'enregistrement sont détaillées aux articles L. 512-1 et L. 512-2.

En revanche, pour ce qui concerne la titularité, la réforme n'offre aucune controverse possible. La formule ancienne a été conservée. Comme en droit d'auteur, le propriétaire est le créateur, c'est-à-dire celui dont émane la forme. Là encore, et pour des raisons pratiques, le déposant, personne physique ou morale, jouit d'une présomption simple de titularité (comp. art. L. 113-1 qui établit une présomption semblable au profit de celui qui divulgue sous son nom l'œuvre de l'esprit). Ce mécanisme particulièrement important est utile en matière de créations industrielles où le rattachement personnel à un auteur personne physique est assez exceptionnel. Il pourrait en résulter une difficulté en raison du concours de protection avec le droit d'auteur, beaucoup plus attaché à la qualité d'auteur du créateur personne physique. La solution à ce problème consiste pour l'employeur à arguer de la qualification d'œuvre collective du dessin ou modèle litigieux telle qu'elle résulte de l'art. L. 113-2, alinéa 3. Par ailleurs, le règlement n° 6/2002 sur les dessins ou modèles communautaires énonce le principe d'une propriété de l'employeur (art. 14) en des termes proches de ceux employés par l'art. L. 113-9 du présent code en matière de logiciel. Cette disposition supplétive autorise la possibilité de règle nationale contraire : ce qui est le cas en France, du moins en théorie.

On notera de surcroît que la lettre de la loi assimile les ayants cause aux créateurs. Les héritiers, légataires, et surtout les cessionnaires bénéficient pleinement des droits sans avoir à justifier l'origine de la transmission. Un complément d'information sur les modalités de cession est donné sous l'article L. 513-2. □

1. Présomption réfragable. Sur la preuve contraire de nature à renverser la présomption posée par l'art. L. 511-9, V. • TGI Paris, 27 juin 2003 : *PIBD 2004. III. 16.* ♦ A défaut d'enregistrement, une protection comme dessin ou modèle communautaire non enregistré est possible. Elle peut être revendiquée devant une juridiction nationale spécialisée. Les conditions de fond communes aux dessins et modèles enregistrés s'appliquent. En outre, une première divulgation au public sur le territoire de l'Union européenne est exigée. La présente décision juge que la divulgation doit être le fait du créateur et de son ayant droit, ce qui n'était pas le cas du distributeur revendiquant la protection. • TGI Paris, 28 nov. 2008 : *PIBD 2009. III. 985.* ♦ La présomption de titularité des droits d'exploitation, dont peut se prévaloir à l'égard des tiers poursuivis en contrefaçon la personne qui commercialise sous son nom un objet protégé par le droit d'auteur, suppose, pour être utilement invoquée, que soit rapportée la preuve d'actes d'exploitation. • Civ. 1re, 6 janv. 2011 : *D. 2011. AJ 237, obs. Daleau*. ♦ La titularité est reconnue dès lors que l'intéressé rapporte la date de première divulgation au public et indique le ou les éléments conférant un caractère individuel à son dessin ou modèle. Il n'a pas à prouver la nouveauté ni le caractère individuel. • CJUE 19 juin 2014, *Karen Millen Fashions Ltd c/ Dunnes Stores, Dunnes Stores Ltd : D. 2014. Pan. 2207, obs. Galloux ; PIBD 2014. III. 704 ; Propr. ind. 2015, n° 38, note Marino ; Propr. ind. 2014, n° 51, note Marino* (à propos des concl. avoc. gén. du 2 avr. 2014). Ce faisant, cette décision quant à la charge de la preuve rend plus attractif le régime des dessins et modèles communautaires non enregistrés.

2. Personne morale. Le dépôt lui-même d'un dessin ou modèle par une société fait présumer qu'elle est titulaire des droits d'auteur sur cette création. • Com. 17 juin 2003 : *D. 2005. Pan. 1711, obs. Passa.* ♦ La personne morale qui exploite un modèle est, en l'absence de revendication de la part de la personne physique créatrice, réputée titulaire des droits patrimoniaux. • Com. 3 avr. 2001 : *JCP E 2002. 1043, n° 4, obs. Greffe ; Propr. ind. 2002, n° 35, note Greffe ; RDPI mai 2002, n° 135, p. 16.* ♦ Cette présomption perdure en cas de reconnaissance d'un créateur, dès lors que celui-ci n'est pas partie à l'instance et ne fait aucune revendication. • Paris, 21 janv. 2005 : *PIBD 2005. III. 285.* ♦ On ne peut déduire la qualité d'auteur du seul fait, pour une personne physique, d'agir aux côtés de la personne morale titulaire des droits patrimoniaux. • Paris, 14 déc. 2005 : *Propr. intell. 2006, n° 21, p. 458, obs. De Haas.* ♦ La présomption de titularité ne s'applique pas aux dessins et modèles communautaires non enregistrés, ce qui rend particulièrement difficile l'articulation avec la présomption du droit d'auteur accordée à celui qui divulgue l'œuvre (L. 113-1 et L. 113-5) • TGI Paris, 29 janv. 2010 : *Propr. intell. 2010, n° 37, p. 1003, obs. de Candé.* ♦ Contra • Paris, 19 nov. 2010 : *Propr. ind. 2012, n° 4.*

Jurisprudence antérieure à l'ordonnance de 2001 (ancien art. L. 511-2)

3. Pseudonyme. V., par exemple. • TGI Paris, 18 oct. 1995 : *PIBD 1996. III. 56.*

4. Après avoir décrit un modèle d'abri de jardin, déposé par deux personnes, comme constitué d'un assemblage tubulaire, œuvre de la première, et d'un velum extensible breveté, fourni par la seconde, d'où il résultait qu'en application de l'art. L. 511-3, al. 2, ce velum ne pouvait être protégé que par la loi sur les brevets, et retenu, par une appréciation souveraine, que l'originalité du modèle déposé résidait essentiellement dans l'agencement de la structure tubulaire, le matériau de couverture pouvant être remplacé par un autre matériau équivalent sans pour autant modifier la configuration d'ensemble, une cour d'appel ne méconnaît pas les droits du fournisseur du velum en décidant que seul l'auteur de l'assemblage tubulaire est le créateur du modèle. • Com. 6 mars 1990 : *Bull. civ. IV, n° 63.*

5. Personne morale. Si une personne morale ne peut être investie à titre originaire des droits d'auteur que dans le cas d'une œuvre collective. • Civ. 1re, 19 févr. 1991 : *Ann. propr. ind. 1992. 320.* ♦ ... Elle peut cependant se prévaloir des dispositions de la loi sur le droit d'auteur, si elle prouve sa qualité de cessionnaire des droits du créateur salarié. • Paris, 1er mars 1993 : *PIBD 1993. III. 400.* ♦ En l'absence de revendication de la part des auteurs, fussent-ils identifiés, une personne morale est présumée, à l'encontre des tiers poursuivis en contrefaçon, être titulaire du droit de propriété incorporelle de l'auteur. • Com. 23 sept. 2008 : *CCE 2008, n° 135, note Caron ; Propr. ind. 2009, n° 6, obs. Gasnier.*

6. Salarié. L'existence d'un contrat de travail

conclu par l'auteur d'une œuvre de l'esprit n'emporte aucune dérogation à la jouissance de ses droits de propriété incorporelle. • Civ. 1re, 16 déc. 1992 : *RIDA avr. 1993, p. 156, note Sirinelli* • Crim. 11 avr. 1975 : *D. 1975. 759, note Desbois ; JCP 1976. II. 18348, note Plaisant.* ♦ La qualité de salarié n'implique pas nécessairement la cession de ses droits d'auteur sur ses œuvres à l'employeur. • Paris, 13 févr. 1985 : *PIBD 1986. III. 105 ; JCP E 1987. I. 16055, n° 63, Chron. Burst et Mousseron* • 13 juin 1988 : *D. 1990. Somm. 187, obs. Burst*.

7. Les salariés qui ont cédé leurs droits sur un modèle conservent leur droit moral et peuvent agir en contrefaçon sur ce fondement. • Paris, 15 févr. 1994 : *PIBD 1994. III. 279* • 13 juin 1988 : *D. 1990. Somm. 187, obs. Burst*. ♦ V. notes 30 s. ss. art. L. 111-1 et notes ss. art. L. 121-1.

8. Œuvre de collaboration. Pour qualifier un modèle d'œuvre collective, il ne suffit pas de relever qu'il a été créé et divulgué à l'initiative d'une société et que les participations des personnes physiques se sont fondues dans un ensemble sans qu'il soit possible de déterminer le rôle et la part de chacune, il faut établir que chacun des créateurs ne pouvait se prévaloir de droits indivis sur l'ensemble de l'œuvre. • Civ. 1re, 17 mai 1978 : *Bull. civ. I, n° 193 ; D. 1978. 661, note Desbois ; RIDA janv. 1979, p. 155.* ♦ A violé l'art. L. 113-2 la cour d'appel qui a qualifié d'œuvre collective un modèle de bagages créé sur l'initiative d'une société avec la collaboration d'un tiers et a considéré que chacune des parties avait sur cette œuvre un même droit de divulgation sans avoir à rendre compte à l'autre de l'utilisation de ce droit indivis, alors que l'existence de droits indivis sur l'ensemble de l'œuvre exclut le caractère collectif de celle-ci. • Civ. 1re, 6 nov. 1979 : *Bull. civ. I, n° 272 ; D. 1980. 163 ; D. 1981. IR 82, obs. Colombet* • Com. 7 avr. 1987 : *PIBD 1987. III. 343 ; RTD com. 1987. 506, obs. Chavanne et Azéma* • Civ. 1re, 18 oct. 1994 : *RIDA avr. 1995, p. 307, note Latreille.* ♦ Un accord portant partage par tiers des droits sur une création exclut toute autre interprétation que celle d'une œuvre de collaboration et est en contradiction avec la notion de direction et de prééminence de l'un sur les autres qu'implique l'œuvre collective. • Paris, 11 juill. 1991 : *PIBD 1991. III. 54.* ♦ *Contra :* une communauté d'inspiration et un concert entre les membres de l'équipe n'excluent pas nécessairement l'existence d'une œuvre collective. • Civ. 1re, 21 oct. 1980 : *D. 1981. IR 82, obs. Colombet.*

9. Une œuvre de collaboration est la propriété commune des coauteurs. • TGI Paris, 18 mars 1992 : *PIBD 1992. III. 446* • Paris, 7 oct. 1993 : *PIBD 1994. III. 122.*

10. Une personne morale ne peut être coauteur d'une œuvre de collaboration. • Paris, 10 mars 1988 : *D. 1990. 187, note Burst*. ♦ V. note 1 ss. art. L. 113-2.

11. Œuvre collective. La simple existence au sein de l'entreprise d'un service de création ne suffisant pas à établir le caractère collectif de l'œuvre, il faut rechercher si chacune des personnes physiques qui sont intervenues dans l'élaboration de l'œuvre ne peut se prévaloir d'un droit indivis sur l'ensemble réalisé. • Paris, 5 avr. 1990 : *D. 1992. Somm. 312, obs. Burst* • 26 avr. 1990 : *eod. loc.* • Civ. 1re, 10 févr. 1991 : *Ann. propr. ind. 1992. 320* • Com. 7 avr. 1987 : *ibid. 1988. 100* • Paris, 21 avr. 1981 : *ibid. 1989. 124.* ♦ *Contra :* • Paris, 18 janv. 1989 : *PIBD 1989. III. 396* • 26 sept. 1983 : *D. 1990. Somm. 186, obs. Burst*. ♦ Une cour d'appel, ayant souverainement relevé que l'ouvrage dans son ensemble ne résultait pas d'un travail créatif concerté et conduit en commun par plusieurs auteurs et que la coordination des diverses contributions était œuvre d'un salarié de l'éditeur, a exactement retenu de l'absence de toute coopération entre les divers auteurs et du rôle d'initiative et de direction joué par le salarié de l'éditeur que les auteurs ne pouvaient pas se prévaloir d'un droit indivis sur l'ensemble et que l'œuvre devait être qualifiée de collective, dont les droits appartenaient à la société sous le nom de laquelle elle a été divulguée. • Civ. 1re, 18 oct. 1994 : *RIDA avr. 1995, p. 307, note Latreille* • Paris, 17 mai 1993 : *PIBD 1993. III. 567* • Crim. 6 juin 1991 : *PIBD 1991. III. 695* • Civ. 1re, 22 oct. 1991 : *Ann. propr. ind. 1992. 321.* ♦ Des modèles de bijoux sont qualifiés d'œuvre collective en raison : (1) de la participation d'autres contributeurs ; (2) du pouvoir d'initiative de l'employeur sur la création ; (3) de son contrôle sur le processus jusqu'au produit finalisé en fournissant à l'équipe créatrice des directives et des instructions esthétiques afin d'harmoniser les différentes contributions en respectant le style et en appliquant les codes de la maison ; (4) de l'intégration du contributeur dans un long processus créatif : lancement d'un thème de collection, réalisation d'un dessin, d'une maquette, d'un prototype et d'un modèle commercialisé ou non par l'employeur. • Paris, 14 sept. 2012 : *PIBD 2013. III. 720 ; Propr. ind. 2012, n° 83, note Greffe.* ♦ V. note 25 ss. art. L. 113-2.

12. Œuvre de commande. Ne saurait prétendre à la qualité d'auteur la personne qui a commandé la fabrication d'une trousse d'écolier d'un modèle courant, pour laquelle cette personne s'est bornée à émettre une idée non protégeable. • Paris, 9 mai 1985 : *Ann. propr. ind. 1986. 300.* ♦ V. aussi • Com. 25 avr. 2006 : *RTD com. 2007. 74, obs. Galloux* ; *PIBD 2006. III. 478.*

13. Le déposant bénéficie d'une présomption de titularité du modèle déposé, jusqu'à preuve contraire. • Com. 23 mars 1999 : *PIBD 1999. III. 261* • Paris, 14 déc. 1994 : *PIBD 1995. III. 167* • 13 oct. 1994 : *PIBD 1995. III. 46* • 13 mai 1987 : *RIDA avr. 1988, p. 155* • 20 avr. 1988 : *Ann. propr.*

ind. 1989. 159 • TGI Paris, 18 déc. 1991 : *PIBD 1992. III. 187* • 6 sept. 2000 : *PIBD 2000. III. 597.*

14. La présomption joue, que le déposant soit une personne physique ou une personne morale. • Paris, 20 avr. 1988 : *PIBD 1988. III. 405 ; RTD com. 1988. 625, obs. Chavanne et Azéma* • 18 déc. 1986 : *PIBD 1987. III. 238 ; Ann. propr. ind. 1987. 235 ; RTD com. 1987. 506, obs. Chavanne et Azéma* • 9 oct. 1996 : *PIBD 1997. III. 71.*

15. Encourt la cassation l'arrêt qui exige qu'une société fasse la preuve de la création du modèle déposé par ses soins, alors que, du fait du dépôt effectué par elle, cette société bénéficiait de la présomption établie par l'art. L. 511-2. • Com. 15 mars 1994 : *PIBD 1994. III. 335.* ♦ Une société qui exploite un modèle est recevable à agir en contrefaçon, dès lors que, d'une part, sur le terrain du droit d'auteur, les actes de commercialisation effectués par une personne morale font présumer qu'elle est titulaire de droits sur l'œuvre, en l'absence de revendication des auteurs ; d'autre part, sur le terrain du livre V du CPI, le premier déposant étant présumé jusqu'à preuve contraire être le créateur du modèle et avoir le droit exclusif de l'exploiter. • Paris, 3 mars 1999 : *PIBD 1999. III. 526* • Civ. 1re, 3 avr. 2001 : *PIBD 2001. III. 479.*

16. Le dépôt d'un modèle n'étant pas constitutif de droits mais simplement déclaratif, la validité dudit modèle doit s'apprécier au jour de sa création ; les divulgations qu'en aurait faites l'auteur, avant la date du dépôt, ne sont pas susceptibles d'en détruire la nouveauté. • Paris, 4 oct. 1995 : *PIBD 1996. III. 27* • 21 mars 1995 : *PIBD 1995. III. 314.*

17. *Dépôt frauduleux.* V. note 2 ss. art. L. 512-1.

18. Sur le terrain du droit d'auteur, V. notes ss. art. L. 113-5 et ss. art. L. 331-1.

Art. L. 511-10 *(Ord. n° 2001-670 du 25 juill. 2001)* **Si un dessin ou modèle a été déposé en fraude des droits d'un tiers ou en violation d'une obligation légale ou conventionnelle, la personne qui estime avoir un droit sur le dessin ou modèle peut en revendiquer en justice la propriété.**

L'action en revendication de propriété se prescrit par *(L. n° 2014-315 du 11 mars 2014, art. 16)* **« cinq » ans à compter de la publication de l'enregistrement du dessin ou modèle ou, en cas de mauvaise foi, au moment de la publication de l'enregistrement ou de l'acquisition du dessin ou modèle, à compter de l'expiration de la période de protection.**

COMMENTAIRE

L'ouverture d'une action en revendication au profit du titulaire de droit est le corollaire du rôle donné à l'enregistrement et de la présomption dont bénéficie celui qui en est à l'origine. Elle permet de réattribuer la propriété à son titulaire légitime. Cette faculté se retrouve ainsi en des termes proches et avec une même prescription par cinq ans pour les autres régimes de propriété industrielle (V. art. L. 611-8, L. 622-3, L. 712-6 CPI). Sous l'empire de la loi de 2007, le délai de prescription avait été réduit à trois ans. En cas de succès, l'action judiciaire consacrera une translation des droits sur la forme du défendeur déposant au demandeur. La date de l'enregistrement demeure le point de départ de la période de protection.

L'action en revendication permet de limiter les cas d'enregistrement frauduleux par un tiers ayant prématurément pris connaissance de la création. À cette occasion, un cessionnaire déposant, employeur par exemple, pourrait être amené à justifier du bien-fondé de sa titularité. Cette situation est plus délicate. Dans le silence du livre V, la cession devrait pouvoir être prouvée par tous moyens. En revanche, la probabilité d'un cumul avec le droit d'auteur incite à respecter le formalisme exigé par le livre I (art. L. 131-1 s.), à moins d'invoquer le bénéfice de l'œuvre collective (art. L. 113-5). ❑

1. *Application de la loi dans le temps.* L'art. L. 511-10 étant immédiatement applicable, il s'applique à des dépôts antérieurs à l'ordonnance de 2001. • Paris, 2 juin 2006 : *D. 2006. Pan. 2608, obs. Galloux ; RTD com. 2007. 74, obs. Galloux ; PIBD 2006. III. 549.*

2. A propos, dans une affaire de dépôt frauduleux, du transfert du dépôt au nom du créateur, V. • TGI Strasbourg, 1er juill. 2003 : *D. 2005. Pan. 1712, obs. Galloux ; PIBD 2004, n° 777, III. 21.*

Jurisprudence antérieure à l'ordonnance de 2001 (ancien art. L. 511-5)

3. *Dépôt frauduleux.* Le dépôt frauduleusement opéré du modèle exploité par un tiers afin d'empêcher celui-ci de l'exploiter est un acte de concurrence déloyale. • Paris, 10 janv. 2001 : *PIBD 2001. III. 324.*

4. *Description.* Si peut être protégée à titre de dessin ou modèle l'apparence d'un produit, ou d'une partie de produit, caractérisée en particulier par ses lignes, ses contours, ses couleurs, sa forme, sa texture ou ses matériaux, encore faut-il que celui qui revendique à son profit les dispositions de l'art. L. 511-10 décrive précisément les objets qu'il revendique afin de les comparer à ceux qui ont fait l'objet du dépôt considéré comme frauduleux pour se les voir attribuer. • Paris, 23 mars 2012 : *D. 2013. Pan. 1931, obs. Galloux ; Propr. intell. 2012, n° 45, p. 438, obs. De Haas.*

Art. L. 511-11 *(Ord. n° 2001-670 du 25 juill. 2001)* **Sous réserve des dispositions des conventions internationales auxquelles la France est partie, l'étranger qui n'est ni établi ni domicilié sur le territoire d'un État membre de la Communauté européenne ou d'un État partie à l'accord sur l'Espace économique européen bénéficie des dispositions du présent livre à condition que son pays accorde la réciprocité de la protection aux dessins ou modèles français.**

V. ancien art. L. 511-4, ss. art. L. 515-1.

COMMENTAIRE

Le présent article entérine le principe communautaire de non-discrimination. Ainsi, le bénéfice du livre V est accordé à toutes personnes domiciliées dans un État membre de l'Union européenne ou partie à l'Espace économique européen alors que l'ancien article L. 511-4 visait les personnes françaises ou domiciliées ou établies en France.

Pour les autres, le texte applique la réciprocité, adaptant ainsi le niveau de protection en France en fonction des droits accordés aux français dans le pays étranger. La mise en œuvre d'un tel principe est très largement théorique. En effet, par application de la Convention de Paris de 1883, tous les ressortissants des pays membres de l'Union, soit la totalité des pays industrialisés, sont assimilés à des nationaux (V. art. 3, App., v° *Propriété industrielle, Droit international*).

La règle du traitement national fait naître une protection strictement territoriale. Si l'enregistrement est demandé en France, la loi française s'appliquera aux conditions de fond et de forme d'accès au monopole, à l'étendue de ce dernier et à la mise en œuvre des droits. En revanche, la loi d'autonomie demeure compétente pour régir la transmission des droits.

La Convention de Berne sur le droit d'auteur prévoit une solution pour pallier l'uniformité des législations nationales en matière de cumul de protection. L'article 2, § 7 (V. App., v° *Propriété littéraire et artistique*) permet aux États qui appliquent le droit d'auteur aux dessins et modèles de refuser ce dernier si l'autre pays unioniste n'offre qu'un régime *ad hoc*. En l'absence de toute protection spéciale, ils sont néanmoins contraints d'appliquer le droit d'auteur. Ce mécanisme discriminant n'est pas applicable au sein de l'Union européenne, et ce, même si la mise en œuvre du cumul de protection est très variable d'un État membre à l'autre.

Jurisprudence antérieure à l'ordonnance de 2001 (ancien art. L. 511-4)

1. Justifie sa décision une cour d'appel qui, pour déclarer une société suédoise irrecevable pour défaut de qualité à agir en France en contrefaçon pour la reproduction de dessins, retient que, selon le droit suédois applicable à l'espèce pour la définition de la titularité du droit d'auteur, il appartenait à cette société de démontrer que ces dessins étaient l'œuvre de ses employés qui lui avaient cédé leurs droits. • Civ. 1re, 7 avr. 1998 : *RIPIA 1998. 477.*

2. Sur la question, V. encore • Paris, 14 mars 1991 : *JDI 1992. 148, note Pollaud-Dulian ; RIDA juill. 1991, p. 231 ; JCP 1992. II. 21780, note Ginsburg ; Ann. propr. ind. 1991. 82* • 11 janv. 1990 : *PIBD 1990. III. 438 ; RTD com. 1990. 382, obs. Chavanne et Azéma* • Lyon, 12 oct. 1971 : *Rev. crit. DIP 1972. 482, note Françon ; JCP 1972. II. 16971, note Pérot-Morel ; PIBD 1971. III. 382 ; RTD com. 1972. 81, obs. Chavanne et Azéma.* ♦ V. aussi, art. 2, al. 5 de la Convention de Berne du 9 sept. 1886 pour la protection des œuvres littéraires et artistiques, App., v° *Droit d'auteur.*

CHAPITRE II ENREGISTREMENT D'UN DESSIN OU MODÈLE

SECTION PREMIÈRE DEMANDE D'ENREGISTREMENT

COMMENTAIRE

La procédure d'enregistrement organisée par le livre V conditionne la naissance des droits offerts par le même livre sur le dessin ou le modèle. Elle doit être clairement distinguée des nombreux systèmes de dépôt facultatif accessible à la plupart des créations de forme et permettant au mieux de faciliter la preuve de l'antériorité en cas de litige. Ces dépôts effectués auprès d'organismes privés sont sans effet sur la protection d'une création par le livre V. De la même façon, elle n'est pas liée aux obligations de dépôt légal de certaines créations auprès d'organismes officiels. Elle n'est pas en lien avec le mécanisme de l'enveloppe spéciale dite Soleau, pourtant lui aussi offert par l'INPI. Ce service ne constitue pas un titre de propriété industrielle. Il permet simplement de se préconstituer la preuve et de donner date certaine à une création quelconque, même si à l'origine les dessins et modèles étaient particulièrement visés. Ce dépôt bon marché (15 € selon l'arrêté du 2 août 2005) défini par l'article R. 511-6 est peu formaliste. En effet, l'enveloppe peut contenir toutes sortes d'éléments souples et ne dépassant pas cinq millimètres. Elle est archivée pour une durée de cinq ans prorogeable une fois pour une même période. Un des volets est remis au déposant.

L'enregistrement assure à la création une sorte d'extrait de naissance qui facilite les transactions même si sa validité est fragile puisque l'examen de recevabilité est très succinct et n'interdit pas des actions en nullité (V. art. L. 511-4).

Depuis le 6 mars 2002, et hors bénéfice possible du droit d'auteur, les dessins et modèles non enregistrés jouissent d'une protection en vertu du règlement communautaire 6/2002 de 2001 (V. App., v° *Propriété industrielle, Dessins et modèles*). Une simple divulgation dans l'Union européenne suffit à établir un droit pendant trois ans, période suffisante pour la plupart des industries tributaires de la mode et renouvelant donc fréquemment leur gamme. Cette protection est offerte à toute personne, physique ou morale, indépendamment de sa nationalité ou de son domicile. Les conditions de fond sont identiques à celles d'un dessin ou modèle enregistré selon la procédure nationale ou communautaire. Par ailleurs, le titulaire de droit peut procéder ultérieurement à un enregistrement pour augmenter la durée de protection.

Sur la mise en œuvre des droits, voir note 1 sous l'article L. 511-4. □

Art. L. 512-1 *(Ord. n° 2001-670 du 25 juill. 2001)* **La demande d'enregistrement est déposée, à peine de nullité, à l'Institut national de la propriété industrielle lorsque le déposant a son domicile ou son siège social à Paris ou hors de France.**

Lorsque le déposant a son domicile ou son siège social en France en dehors de Paris, il peut, à son choix, déposer la demande d'enregistrement à l'Institut national de la propriété industrielle ou au greffe du tribunal de commerce ou, en l'absence de tribunal de commerce, au greffe de la juridiction statuant en matière commerciale.

Lorsque la demande d'enregistrement est déposée au greffe d'un tribunal, celui-ci la transmet à l'Institut national de la propriété industrielle. – *V. art. R. 512-1 s.*

V. ancien art. L. 512-1, ss. art. L. 515-1.

COMMENTAIRE

L'enregistrement est réalisé auprès de l'INPI, dont l'organisation est régie par les articles L. 411-1 et suivants du code de la propriété intellectuelle. L'existence de ce système de dépôt central est prévue par la convention de Paris (art. 12, V. App., v° *Propriété industrielle, Dispositions internationales*). Les modalités du dépôt sont précisées par les articles R. 512-1 à R. 512-19.

Chaque enregistrement peut porter sur un ou plusieurs dessins ou modèles. Ces créations sont caractérisées par un nombre variable de reproductions qui ne peut être supérieur à cent. On compte environ 6 000 demandes par an, essentiellement des déposants français correspondant à plus de 70 000 dessins ou modèles différents, soit en moyenne plus de 10 items par dépôt. 400 000 dessins ou modèles sont ainsi en cours de protection par notre voie nationale, sans compter les dépôts simplifiés. Le recours à la voie nationale est en baisse régulière en raison du succès croissant de la voie « communautaire ».

Le déposant reçoit un récépissé mentionnant la date et le lieu du dépôt, récépissé qui ne doit pas être confondu avec le certificat d'identité, que le déposant peut demander par application de l'article R. 512-19. Chaque dépôt se voit attribuer un numéro national.

Le coût de la protection est modeste (Arr. du 24 avr. 2008, ss. art. R. 411-17) : 38 € pour la demande initiale auxquels s'ajoutent des frais de 22 ou 45 € par reproduction, selon la nature de celle-ci.

Pour faciliter la procédure, le greffe du tribunal de commerce, ou à défaut du tribunal de grande instance, peut servir d'intermédiaire. Cette voie devient marginale puisque l'INPI a développé des délégations régionales et, surtout, la demande peut être effectuée par correspondance ou par télétransmission.

En cas de pluralité de déposants, leur représentation par un mandataire dûment habilité est nécessaire. Il en est de même pour les personnes domiciliées hors de l'Union européenne ou de l'Espace économique européen, qui pourront alors s'adresser à un conseil en propriété industrielle. ❑

Jurisprudence antérieure à l'ordonnance de 2001 (ancien art. L. 512-1)

1. Aucune disposition du livre V n'ouvrant la possibilité d'action en justice pour demander la nullité d'un dessin ou modèle déposé, la nullité du dépôt d'un dessin ou modèle ne pourra être demandée que dans une demande reconventionnelle, en réponse à une action en contrefaçon. • TGI Nanterre, 7 oct. 1997 : *RIPIA 1998. 170* • TGI Paris, 15 mai 1998 : *PIBD 1998. III. 498.*

2. Dépôt frauduleux. Le dépôt d'un modèle par une personne qui n'en est pas l'auteur, en fraude des droits de la société dont les employés ont créé le modèle et qui l'exploite depuis plusieurs années doit être annulé. • TGI Paris, 25 mai 1999 : *PIBD 1999. III. 487.*

3. A défaut de « démarche créative originale », un meuble ne jouit pas du droit d'auteur, mais de la protection des dessins et modèles communautaires non enregistrés contre une reprise quasi servile de la combinaison des éléments qui le caractérisent. • Paris, pôle 5, ch. 1, 21 juin 2016, nº 15/00425 : *PIBD 2016. III. 863.* – V. aussi note 5 ss. art. L. 511-6.

Art. L. 512-2 *(Ord. nº 2001-670 du 25 juill. 2001)* **La demande d'enregistrement est présentée dans les formes et conditions prévues par le présent livre.**

Elle comporte, à peine d'irrecevabilité, l'identification du déposant et une reproduction des dessins ou modèles dont la protection est demandée.

La demande d'enregistrement est rejetée s'il apparaît :

a) Qu'elle n'est pas présentée dans les conditions et formes prescrites ;

b) Que sa publication est de nature à porter atteinte à l'ordre public ou aux bonnes mœurs.

Le rejet ne peut être prononcé sans que le déposant ait été préalablement invité, selon le cas, soit à régulariser la demande, soit à présenter ses observations.

Pour les dessins ou modèles relevant d'industries qui renouvellent fréquemment la forme et le décor de leurs produits, le dépôt peut être effectué sous une forme simplifiée dans des conditions fixées par décret en Conseil d'État. La déchéance des droits issus d'un tel dépôt est prononcée lorsque celui-ci n'a pas été, au plus tard six mois avant la date prévue pour sa publication, rendu conforme aux prescriptions générales fixées par ce décret.

V. ancien art. L. 512-2, ss. art. L. 515-1.

COMMENTAIRE

Les reproductions graphiques ou photographiques doivent correspondre aux exigences de l'article R. 512-3, 2°. Elles constituent l'élément principal de la demande d'enregistrement. Elles permettront de définir les caractéristiques de la forme et influent donc directement sur l'étendue de la protection. Une description ou une légende peut venir s'y ajouter mais sont sans valeur juridique.

Pour faciliter les recherches, les dessins et modèles sont soumis à une classification administrative internationale. Ce système de classification internationale établi par la convention de Locarno le 8 octobre 1968 comprend 32 classes thématiques révisées périodiquement et la 11ᵉ version est applicable depuis le 1ᵉʳ janvier 2017 (http ://www.wipo.int/classifications/locarno/fr). L'affectation ne relève pas du déposant et n'a aucune incidence sur la teneur de la protection. En revanche, depuis le décret nº 2004-199 du 25 février 2004 (V. ss. art. R. 512-3), un même dépôt ne peut contenir des dessins ou modèles ne relevant que d'une seule classe. A défaut, le déposant doit procéder à plusieurs demandes.

Certaines créations peuvent bénéficier depuis 1994 d'une demande sous forme simplifiée lorsque le renouvellement fréquent des collections le justifie. Les contraintes de présentation sont alors allégées selon les formes de l'article R. 512-3. Ces dépôts représentent près de 20 % des demandes mais portent sur près de 75 % des dessins et modèles.

Pour obtenir une protection durable, le déposant doit compléter sa demande dans un délai de trente mois (6 mois avant le terme de trois ans d'après l'art. R. 512-11). Dans les faits, très peu rejoignent le régime de droit commun et le taux d'ajournement est très élevé. Mais pendant ce délai de trois ans, la protection est acquise malgré le dépôt incomplet. Cette simplification de la procédure est d'ailleurs expressément demandée par les accords ADPIC (art. 25.2, App., v° *Dispositions générales*). A celle-ci viennent s'ajouter d'autres tempéraments reconnaissant des registres spécifiques (V. art. L. 514-2). ❑

Jurisprudence antérieure à l'ordonnance de 2001 (anciens art. L. 511-5 et L. 512-2)

1. L'INPI n'examine pas la conformité de la demande aux conditions de forme. Contrairement au droit des brevets, il n'existe pas d'instruction malgré le caractère acquisitif de droits de l'enregistrement. Parmi ces exigences, se retrouvent pour une seconde fois la conformité à l'ordre public et aux bonnes mœurs (V. art. L. 511-7). En cas de rejet qui prend la forme d'une décision du directeur de l'INPI, le déposant peut interjeter appel devant le juge judiciaire. Cette voie de recours est commune à toute la propriété industrielle (art. L. 411-4 et R. 411-19 s.).

Les demandes conformes sont publiées automatiquement au *Bulletin officiel de la propriété industrielle* (art. R. 512-10). Le déposant a la faculté de demander que la publication soit différée à trois ans pour lui permettre de limiter le risque de contrefaçon pendant la phase préparatoire à l'exploitation commerciale. Il peut y renoncer à tout moment. A l'issue de cette procédure, l'INPI peut délivrer un certificat d'identité à toute personne intéressée.

2. Objet protégé. Le dépôt protège l'objet tel qu'il est représenté ou photographié, et non la description qui l'accompagne. • Paris, 26 mai 1994 : *PIBD 1994. III. 487.* ♦ La forme s'apprécie dans ce qu'elle a de caractéristique à l'examen du dépôt, sans qu'il y ait à prendre en considération la légende qui, sans valeur juridique, n'entraîne aucune limitation des caractéristiques protégeables. • Paris, 4 févr. 1991 : *Ann. propr. ind. 1991. 96.* ♦ Pour caractériser le modèle, il convient de se reporter au seul certificat de dépôt, c'est-à-dire à la reproduction qui y est annexée, à l'exclusion de la légende qui l'accompagne, laquelle n'est qu'une explication facultative, dépourvue de tout effet juridique. • Paris, 27 nov. 1995 : *PIBD 1996. III. 103.*

3. Dépôt imprécis. Le dépôt trop imprécis est inopposable mais, en l'absence de texte, ne peut pas être annulé. • Colmar, 13 mai 1994 : *PIBD 1994. III. 464.*

4. Dépôt international. Il ressort de l'art. 7-1-*a)* de l'Arrangement de La Haye du 6 nov. 1925, que la publicité donnée aux dessins et modèles internationaux se substitue à celle requise par la loi française et qu'elle ouvre droit à la protection de ces dessins et modèles sur le territoire français sans autre formalité. • Com. 17 juill. 2001 : *PIBD 2001. III. 547* • Paris, 23 janv. 1995 : *PIBD 1995. III. 231* • TGI Paris, 1er déc. 1994 : *PIBD 1995. III. 137.* ♦ V. Arrangement de La Haye du 6 nov. 1925, App., v° *Dessins et modèles.*

5. Le modèle déposé s'apprécie par l'examen du dépôt, sans qu'il y ait lieu de prendre en considération la légende qui a pu l'accompagner et qui, sans valeur juridique, ne comporte aucune limitation des caractéristiques protégées. • Paris, 4 avr. 1991 : *Ann. propr. ind. 1992. 340 ; RTD com. 1993. 506, obs. Azéma* • 27 nov. 1995 : *PIBD 1996. III. 103.*

6. La reproduction du modèle à fournir au moment de son dépôt est destinée à permettre l'information des tiers et à leur rendre opposables les caractéristiques particulières conférées au modèle dont la protection est demandée par le déposant. • Paris, 3 déc. 1997 : *PIBD 1998. III. 207* • Paris, 6 déc. 2005 : *D. 2006. Pan. 2608, obs. Galloux ; RTD com. 2007. 75, obs. Galloux ; PIBD 2006. III. 479.*

Art. L. 512-3 *(Ord. n° 2001-670 du 25 juill. 2001)* **Le déposant ou titulaire d'un dépôt qui n'a pas respecté les délais prescrits peut, s'il justifie d'une excuse légitime, être relevé des déchéances qu'il a pu encourir.**

V. ancien art. L. 512-3, ss. art. L. 515-1.

V. art. R. 512-12 à R. 512-12-2.

COMMENTAIRE

La rigidité de la procédure administrative et de ses délais est tempérée par l'admission de retard dûment motivé. La prise en compte d'une excuse légitime existe aussi en matière de brevet d'invention (V. CPI, art. L. 613-22). Lorsqu'elle affecte une redevance, cette dernière est majorée de la moitié. ❑

Jurisprudence antérieure à l'ordonnance de 2001 (ancien art. L. 512-3)

La requête formée par le déposant d'un modèle en annulation de la décision du directeur de l'INPI lui refusant la revendication d'un droit de priorité constitue une demande de relevé de déchéance s'il invoque une excuse légitime ; la demande en relevé de déchéance, relevant de la compétence exclusive du directeur de l'INPI prévue par l'art. R. 512-12, est irrecevable devant la cour d'appel. • Paris, 28 mai 1997 : *PIBD 1997. III. 516.*

SECTION II **NULLITÉ D'UN ENREGISTREMENT**

Art. L. 512-4 *(Ord. nº 2001-670 du 25 juill. 2001)* **L'enregistrement d'un dessin ou modèle est déclaré nul par décision de justice :**

a) **S'il n'est pas conforme aux dispositions des articles L. 511-1 à L. 511-8 ;**

b) **Si son titulaire ne pouvait bénéficier de la protection prévue à l'article L. 511-9 ;**

c) **Si le dessin ou modèle méconnaît des droits attachés à un dessin ou modèle antérieur qui a fait l'objet d'une divulgation au public après la date de présentation de la demande d'enregistrement ou, si une priorité est revendiquée, après la date de priorité, et qui est protégé depuis une date antérieure par l'enregistrement d'un dessin ou modèle communautaire, d'un dessin ou modèle français ou international désignant la France, ou par une demande d'enregistrement de tels dessins ou modèles ;**

d) **S'il porte atteinte au droit d'auteur d'un tiers ;**

e) **S'il est fait usage dans ce dessin ou modèle d'un signe distinctif antérieur protégé, sans l'autorisation de son titulaire.**

Les motifs de nullité prévus aux *b, c, d* et *e* ne peuvent être invoqués que par la personne investie du droit qu'elle oppose.

Le ministère public peut engager d'office une action en nullité d'un dessin ou modèle, quelles que soient les causes de nullité.

COMMENTAIRE

Le présent article dresse une liste de circonstances par lesquelles tout intéressé peut demander en justice la nullité du dessin ou du modèle conformément aux prescriptions de l'article 11 de la directive 98/71 de 1998 (V. App., vº *Propriété industrielle, Dessins ou modèles*). Cet inventaire comprend naturellement la violation de l'une des conditions de fond *(a)*. Il dresse aussi la liste des droits antérieurs opposables *(b-c-d-e)* et rappelle ainsi l'article L. 711-4 relevant les situations d'indisponibilité d'un signe distinctif.

Le texte prévoit une nullité absolue dans le premier cas et une nullité relative pour les autres qui limitera donc le droit d'agir au titulaire spolié.

La délicate période comprise entre le dépôt de la demande et la publication *(c)*, et qui peut aller jusqu'à trois ans en cas de procédure simplifiée, est prise en compte : le nouvel enregistrement, même réalisé de bonne foi, risque la nullité, y compris pour défendre une protection communautaire ou internationale visant la France.

La référence au droit d'auteur *(d)* permet au créateur qui aurait choisi uniquement ce mode de protection d'empêcher l'enregistrement d'une forme identique, même non divulguée, par un tiers sans pour autant lui donner accès au régime du livre V (sauf mise en œuvre des tempéraments à la nouveauté de l'art. L. 511-6). Concernant le conflit avec un signe distinctif protégé en vertu du livre VII, on observera que le principe de spécialité ne s'applique pas, ce qui est de nature à multiplier les situations de nullités. Par ailleurs, la réciproque est vérifiée puisque la marque qui porte atteinte à un dessin ou modèle protégé est nulle (art. L. 711-4, *f*).

Sous l'empire de la loi ancienne, le dépôt demeurait valable malgré la divulgation antérieure de la forme. De surcroît, aucune procédure de nullité n'existait. Une telle demande ne pouvait qu'émaner du défendeur en contrefaçon à titre de demande reconventionnelle.

1. Portée de la nullité. La nullité du modèle a pour conséquence la résolution du contrat de licence. • Paris, 27 mars 2002 : *Propr. intell. 2003, nº 9, p. 400, obs. De Candé et De Haas.*

2. Un tiers titulaire d'un droit d'auteur antérieur à la date de dépôt d'un dessin ou modèle peut solliciter sa nullité. • Paris, 3 mai 2006 : *Propr. ind. 2006, nº 100, note Gasnier.* ♦ Sur l'atteinte aux droits d'un coauteur, V. • Com. 28 sept. 2010 : *Bull. civ. IV, nº 143 ; D. 2010. AJ 1361 ; RTD com. 2011. 107, obs. Pollaud-Dulian ; PIBD 2011. III. 720.*

3. Concurrence déloyale. La nullité d'un modèle ne rend pas irrecevable les demandes fondées sur l'art. 1382 C. civ. au titre de la concurrence déloyale ou des agissements parasitaires. • Com. 14 déc. 2010 : *PIBD 2011. III. 150.*

4. Le titulaire d'une marque figurative antérieure peut demander la nullité du titre de dessin ou modèle pour défaut de nouveauté ou de caractère individuel : « l'enregistrement international de marque nº 369072 constituait la preuve de l'existence et de l'antériorité de la divulgation au public du dessin ou modèle à l'encontre du dessin ou modèle contesté » • Trib. UE 7 nov. 2013, *Félin bondissant : Propr. ind. 2014. Chron. 4, obs. Gasnier.*

5. Lorsque le titulaire des droits intervient dans

une action pour obtenir réparation d'actes de contrefaçon, la contestation en défense de la validité du titre s'analyse comme une demande reconventionnelle à titre subsidiaire et autorise le juge à ordonner la nullité du titre de dessin ou modèle. • Com. 3 mars 2015, n° 13-25.969 : *PIBD 2015. III. 332.*

Art. L. 512-5 *(Ord. n° 2001-670 du 25 juill. 2001)* **Si les motifs de nullité n'affectent le dessin ou modèle qu'en partie, l'enregistrement peut être maintenu sous une forme modifiée à condition que, sous cette forme, le dessin ou modèle réponde aux critères d'octroi de la protection et que son identité soit conservée.**

COMMENTAIRE

Le présent article permet que la nullité de certains éléments d'une demande n'affecte pas celle-ci dans son ensemble. Il offre la possibilité de réduire la portée de l'enregistrement à la manière des demandes divisionnaires rendues possibles en matière de brevet par l'article L. 612-4. Évidemment, la forme « réduite » est protégeable pour autant qu'elle demeure en lien étroit avec la précédente et qu'elle réponde par elle-même aux conditions de fond.

Art. L. 512-6 *(Ord. n° 2001-670 du 25 juill. 2001)* **La décision judiciaire prononçant la nullité totale ou partielle d'un dessin ou modèle a un effet absolu. Elle est inscrite au registre national mentionné à l'article L. 513-3.**

COMMENTAIRE

Par principe, une décision de justice ne produit ses effets qu'entre les parties. Pour être opposable aux tiers, il était nécessaire de prévoir une procédure leur permettant d'en prendre connaissance. L'effet absolu est conféré par l'inscription de la décision d'annulation au Registre national des dessins et modèles en tant qu'acte affectant l'existence ou la portée du dépôt (art. R. 512-13). L'annulation pourra alors servir à dédouaner un licencié négligeant ou un pseudo-contrefacteur.

L'inscription ne s'applique qu'aux décisions définitives, c'est-à-dire à celles pour lesquelles les parties ont épuisé toutes les voies de recours. De surcroît, la lettre de l'article R. 512-14 semble subordonner la procédure à une demande expresse de l'une des parties ou du greffier. Même nuancée, la publicité de la nullité aligne le droit des dessins et modèles sur les autres régimes de propriété industrielle. Le nouvel article met fin à l'insécurité juridique résultant d'une interprétation variable de la loi ancienne.

CHAPITRE III DROITS CONFÉRÉS PAR L'ENREGISTREMENT

Art. L. 513-1 *(Ord. n° 2001-670 du 25 juill. 2001)* **L'enregistrement produit ses effets, à compter de la date de dépôt de la demande, pour une période de cinq ans, qui peut être prorogée par périodes de cinq ans jusqu'à un maximum de vingt-cinq ans.**

Les dessins ou modèles déposés avant le 1er octobre 2001 restent protégés, sans prorogation possible, pour une période de vingt-cinq ans à compter de leur date de dépôt. Les dessins ou modèles dont la protection a été prorogée, avant le 1er octobre 2001, pour une nouvelle période de vingt-cinq ans restent protégés jusqu'à l'expiration de cette période.

BIBL. ▸ MARTINI-BERTHON, *Propr. ind. 2010. Étude 11* (la reconstitution de monopole à l'expiration des droits de dessins et modèles est-elle légitime ?). – PIATTI, *Propr. ind. 2016. Étude 4* (protection des créations de mode : question(s) de temps !)

COMMENTAIRE

La durée de protection est désormais harmonisée au sein de l'Union européenne. Les dessins et modèles sont protégés au maximum vingt-cinq ans divisés en périodes de cinq ans. Chaque prorogation de la protection au-delà de cinq ans coûte 50 € (arr. du 2 août 2005, ss. art. R. 411-17) et doit être demandée au moins six mois avant l'expiration de la période précédente (art. R. 513-1). En cas de retard, le tempérament de l'article L. 512-3 peut s'appliquer et pour faciliter la gestion du portefeuille de dessins et modèles, une première prorogation peut intervenir avec la demande initiale, portant ainsi la période de base à dix ans.

La réforme de 2001 a opéré une réduction de moitié (période de vingt-cinq ans renouvelable une fois) renforçant ainsi l'attrait pour le droit d'auteur (période de soixante-dix ans à compter de la communication ou de la mort de l'auteur, V. art. L. 123-1 s.).

Par ailleurs, et sous réserve des conditions de fond et de forme exigées par le livre VII du présent code, et sauf à opérer un détournement manifeste de la loi, le propriétaire d'un dessin ou modèle suffisamment distinctif de ses produits peut l'enregistrer à titre de marque, bénéficiant ainsi d'une durée de protection illimitée tant que le signe est exploité et le titre renouvelé.

Par application des dispositions de droit transitoire de l'alinéa 2, ce nouveau régime coexiste avec ceux des lois du 14 juillet 1909 puis du 26 novembre 1990 offrant une protection maximale de cinquante ans et dont les effets expireront en 2026. En revanche, pour les enregistrements soumis à l'ancien régime mais dont la période initiale de protection expire après 2001, aucun renouvellement n'est plus possible.

Les dessins et modèles en vigueur sur le territoire français actuellement comprennent ceux enregistrés par la voie nationale et en cours de validité, soit environ 400 000, mais encore les enregistrements internationaux désignant la France et en cours de validité, soit environ 150 000 ; et les dessins et modèles communautaires enregistrés et en cours de validité, soit environ 145 000 (source DMF Jouve d'avril 2006). ❑

Jurisprudence antérieure à l'ordonnance de 2001 (ancien art. L. 513-1)

Sur la prorogation du dépôt, V. • Com. 13 juin 1995 : *Bull. civ. IV, n° 176.* ♦ L'exigence de prorogation après cinq ans ne concerne que le dépôt secret et non pas le dépôt fait avec publicité. • Douai, 11 mars 2004 : *D. 2005. Pan. 1713, obs. Galloux ; PIBD 2004, n° 792, III. 487.*

Art. L. 513-2 *(Ord. n° 2001-670 du 25 juill. 2001)* **Sans préjudice des droits résultant de l'application d'autres dispositions législatives, notamment des livres Ier et III du présent code, l'enregistrement d'un dessin ou modèle confère à son titulaire un droit de propriété qu'il peut céder ou concéder.**

V. ancien art. L. 511-1, ss. art. L. 515-1.

BIBL. ▶ ABELLO, La licence, instrument de régulation des droits de propriété intellectuelle, *LGDJ, 2008*. – BERNAULT, *Propr. ind. 2015. Étude 23* (droit d'auteur et droit des dessins et modèles : l'émancipation ?). – LE LABOURIER, *Dr. et patr., avr. 2006, p. 85* (les hypothèses de cumul de protections : le cas particulier des dessins et modèles). – PÉROT-MOREL, *Propr. ind. 2005. Chron. 8* (à propos du maintien de l'unité de l'art dans le nouveau droit des dessins et modèles).

COMMENTAIRE

Les enseignements de ce présent article sont doubles : d'abord, il réaffirme la faculté traditionnelle de cumuler la protection du livre V avec celle du droit d'auteur ; ensuite, il énonce de façon lapidaire la faculté de transférer tout ou partie de la propriété.

Le principe du cumul est garanti par la directive 98/71 de 1998 mais chaque État demeure libre de définir les conditions de son application (art. 17, V. App., v° *Propriété industrielle, Dessins ou modèles*). En France, il est un effet de la théorie de l'unité de l'art reprise aujourd'hui à l'article L. 112-1. En effet, en raison de la difficulté à définir un critère objectif permettant de distinguer l'art pur de l'art appliqué, la loi du 11 mars 1902 précisa que le droit d'auteur appartenait aussi « aux sculpteurs et dessinateurs d'ornements, quels que soient le mérite et la destination de l'œuvre, et ce sans condition de dépôt ». De surcroît, l'article L. 112-2, 10°, et 14°, mentionne expressément parmi les objets protégeables les œuvres des arts appliqués ainsi que les créations des industries saisonnières de l'habillement et de la parure. La loi française est ainsi en conformité avec la Convention de Berne (art. 2.1, V. App., v° *Propriété littéraire et artistique, Droit d'auteur*) et même la Convention universelle de Genève 1955 (art. 4, al. 3 et 4). Elle est le seul pays de l'Union européenne à ouvrir autant la faculté de cumul.

Mais les conditions d'accès aux deux régimes ne sont pas identiques, le droit d'auteur retenant un critère d'originalité. D'ailleurs, la loi nouvelle devrait favoriser une application distributive car certaines créations originales divulguées ou invisibles pourraient trouver asile au sein du droit d'auteur tandis que des formes peu esthétiques seraient cantonnées à la protection du livre V. De la même façon, la réduction de la durée de protection du livre V devrait inciter les créations les plus personnelles à revendiquer le droit d'auteur.

Pourtant, à l'aune de la jurisprudence et telle que théorisé par MM. Greffe (V. bibliographie générale), le cumul aurait un caractère absolu dans la mesure où le degré de créativité requis serait strictement identique entre les deux régimes. Le droit des dessins et modèles n'aurait alors pour fonction que de faciliter la preuve d'un droit d'auteur sur les créations utilitaires.

Les notions de cession et de concession de licence ont été introduites par la réforme dans le livre V. Elles sont aussi évoquées à l'article R. 512-15, alinéa 1er.

La cession est assimilée à une vente car elle emporte substitution du cessionnaire dans les droits du titulaire de l'enregistrement. Elle peut se réduire à certains dessins ou modèles au sein d'un même enregistrement. Le dessin ou le modèle peut de la même façon constituer un apport en société.

La concession ou licence est une forme de louage de chose puisqu'elle ne confère qu'une autorisation d'exploitation plus ou moins étendue. La licence peut être exclusive ou non. Dans le premier cas, le donneur de licence peut encore choisir de conserver à son profit un droit d'exploitation.

La forme écrite de la convention ni *a fortiori* d'autres conditions formalistes ne sont imposées. Pourtant, seul l'établissement d'un écrit permettra la publicité du contrat offerte par l'article R. 512-15 et requise pour son opposabilité aux tiers.

Ces contrats organisent généralement une garantie d'éviction : le cessionnaire ou licencié est ainsi assuré de la possession paisible de la création notamment lors d'une action en contrefaçon, en revendication par un tiers ou en nullité.

La validité et le maintien en vigueur du titre est le plus souvent une condition dirimante de la convention. Ainsi, malgré la consécration du consensualisme, la clause interdisant au cocontractant de contester la validité de l'enregistrement ne peut être admise. Dans le même esprit, le licencié ne peut être obligé de poursuivre le versement des redevances une fois la création dans le domaine public.

Sur le plan des règles communautaires de concurrence, on observera qu'aucun règlement d'exemption par catégorie n'existe en matière de dessins et modèles qui pourront néanmoins être concernés par celui applicable aux catégories d'accord de transfert de technologie (Règl. (CE) nº 772/2004 du 27 avr. 2004, V. App., vº *Propriété industrielle, Dispositions générales*). ❑

Jurisprudence antérieure à l'ordonnance de 2001 (anciens art. L. 511-1 et L. 511-2)

1. *Droit exclusif.* Le bénéfice d'un droit exclusif accordé par la loi, droit dont la substance consiste à pouvoir empêcher la fabrication et la vente des produits par des tiers non autorisés, ne peut être regardé comme une méthode abusive d'élimination de la concurrence. • CJCE 5 oct. 1988, *Renault : Rec. CJCE 6039* • 5 oct. 1988, *Volvo : ibid. 6211 ; RTD eur. 1990. 720, note Bonet* .

2. *Unité de l'art.* La protection étant indépendante du mérite ou de la destination, l'auteur d'un modèle non déposé peut invoquer la protection par la loi sur le droit d'auteur, dès lors que la création est originale. • Paris, 3 mars 1993 : *PIBD 1994. III. 433* • 15 déc. 1993 : *ibid. p. 220* • 13 mai 1987 : *RIDA avr. 1988, p. 155* • 27 mai 1987 : *Ann. propr. ind. 1988. 310.* ♦ Si la protection par le droit des dessins et modèles ne commence qu'à partir du dépôt, la protection n'en est pas moins accordée pour la période antérieure sur le fondement du droit d'auteur. • Paris, 7 mai 1984 : *Ann. propr. ind. 1984. 152.* ♦ Le caractère utilitaire d'une carte des vins n'exclut pas qu'elle puisse recevoir protection par le droit d'auteur *si* elle est *originale*. • Paris, 26 mars 1991 : *RIDA oct. 1991, p. 148 ; D. 1992. 462, note Tricoire* . ♦ La protection s'étend à toute œuvre procédant d'une création intellectuelle originale, indépendamment de toute considération d'ordre esthétique ou artistique. • Civ. 1re, 15 avr. 1982 : *RIDA oct. 1982, p. 159.* ♦ Le titulaire d'un dessin ou modèle déposé peut cumuler la protection par le droit d'auteur et par le droit des dessins et modèles. • Paris, 6 juill. 1994 : *PIBD 1994. III. 586* • 18 juin 1992 : *PIBD 1992. III. 631.* ♦ Le demandeur peut invoquer la loi sur le droit d'auteur pour la première fois en appel, dès lors qu'il ne modifie pas sa demande en contrefaçon de son modèle, mais se borne à appuyer ladite demande sur un fondement juridique nouveau. • Paris, 30 juin 1992 : *PIBD 1992. III. 634.* ♦ Le juge peut requalifier les faits dès lors que les prévenus ont été mis en mesure de s'expliquer sur la qualification de contrefaçon d'une œuvre de l'esprit. • Crim. 23 janv. 2001 : *PIBD 2001. III. 481.* ♦ Pour une illustration d'une décision qui refuse le cumul des protections, V. • Paris, 8 juin 2011 : *JCP E 2011. 1707, note Greffe.* ♦ V. art. L. 112-1. ♦ Les caractéristiques protégées sont à rechercher dans les photographies contenues dans le dépôt et non dans le produit tel que commercialisé. • Paris, pôle 5, ch. 1, 26 janv. 2016, nº 2015/00320 : *PIBD 2016. III. 214.*

3. *Domaine public.* Le modèle non déposé qui est tombé dans le domaine public par l'écoulement du délai de protection du droit d'auteur ne peut plus être protégé ni par le droit d'auteur, ni par le droit des dessins et modèles. • Com. 19 oct. 1999 : *PIBD 2000. III. 48 ; RTD com. 2000. 85, obs. crit. Galloux* .

4. *Consistance de l'objet protégé.* Chaque élément d'une carrosserie exprime une part de la pensée du créateur de l'ensemble de la carrosserie et la protection légale qui s'attache au tout s'attache également à chacun de ses éléments constitutifs ; il est inopérant d'assimiler un élément de carrosserie à une pièce détachée ayant seulement une fonction technique, car si une aile ou un capot répondent à un besoin technique, ils participent aussi à l'esthétique générale du modèle puisque, pour une fonction déterminée, il existe autant de formes que l'imagination des créateurs est susceptible d'en concevoir. • Crim. 6 juin 1991 : *PIBD 1991. III. 695 ; D. 1993. Somm. 86, obs. Colombet*. ♦ La protection porte uniquement sur les éléments du modèle dessinés en traits pleins et ne s'étend pas aux parties représentées en pointillés servant simplement à mieux comprendre l'objet. • Paris, pôle 5, ch. 1, 10 nov. 2015, n° 14/09804 : *Propr. ind. 2016, n° 71, note Marino ; D. 2016. 1673, obs. Galloux et Lapousterle*.

5. La protection ne peut s'étendre à un objet d'un aspect distinct et reconnaissable différent de celui du modèle déposé, sauf à protéger un genre. • Paris, 27 oct. 1993 : *Ann. propr. ind. 1995. 98* • 22 juin 1993 : *ibid. 1994. 102.*

6. Indépendance du droit sur le dessin ou modèle par rapport au support matériel. La cession de l'objet matériel n'emporte pas, en soi, cession des droits d'exploitation de l'œuvre. • Civ. 1re, 11 oct. 1983 : *Ann. propr. ind. 1984. 67 ; RIDA janv. 1984, p. 196* • Paris, 13 mai 1987 : *RIDA avr. 1988, p. 155* • 29 sept. 1988 : *D. 1990. Somm. 187, obs. Burst* • 10 juill. 1986 : *Ann. propr. ind. 1987. 228.*

7. Idées. Le droit protège non les idées, mais les créations de forme. • Paris, 14 mai 1990 : *RIDA oct. 1990, p. 286* • Versailles, 16 déc. 1993 : *PIBD 1994. III. 222.* ♦ Dès lors qu'il n'est pas établi qu'il ait mis à exécution son idée par la réalisation de dessins, un créateur ne peut avoir la qualité d'auteur des dessins qui constituent la caractéristique du modèle qu'il soutient avoir créé. • TGI Paris, 27 juin 1997 : *PIBD 1997. III. 661.*

8. Formes de la cession. Si la cession (ou la concession) de ses droits patrimoniaux par l'auteur obéit à des conditions de forme, le contrefacteur, tiers à ce contrat, ne peut se prévaloir du non-respect de ces dispositions. • TGI Paris, 7 déc. 1994 : *PIBD 1995. III. 139* • 4 nov. 1992 : *PIBD 1993. III. 180* • Paris, 16 juin 1995 : *PIBD 1995. III. 436* • 14 oct. 1992 : *Ann. propr. ind. 1994. 101* • Com. 6 nov. 1990 : *Bull. civ. IV, n° 263.*

9. A l'égard de tiers, la cession des droits d'auteur se prouve par tous moyens, notamment par une attestation écrite émanant de l'auteur. • Paris, 30 sept. 1993 : *PIBD 1994. III. 99.* ♦ Sur la délimitation des droits cédés, V. art. L. 131-1 s.

10. Sous-cession. Les dispositions de l'art. L. 131-3 régissent les seuls contrats consentis par l'auteur dans l'exercice de son droit d'exploitation et non ceux que peuvent conclure les cessionnaires des droits d'exploitation. • Civ. 1re, 13 oct. 1993 : *RIDA avr. 1994, p. 210 ; D. 1994. 166, note Gautier ; Ann. propr. ind. 1993. 167 ; RTD com. 1994. 272, obs. Françon*.

11. Droit moral. La cession ne couvre que les droits d'exploitation, le droit moral, incessible, restant au créateur. • T. com. Paris, 22 sept. 1993 : *PIBD 1993. III. 720* • TGI Paris, 2 juill. 1992 : *PIBD 1992. III. 671.* ♦ Le créateur qui a cédé ses droits d'exploitation peut opérer une saisie-contrefaçon en invoquant son droit moral. • Paris, 17 mai 1993 : *PIBD 1993. III. 567* • TGI Paris, 10 juill. 1991 : *PIBD 1991. III. 722.* ♦ Le droit moral, quelle que soit la qualification donnée au modèle, reste aux auteurs. • Paris, 13 janv. 1996 : *PIBD 1996. III. 233.*

12. Contrat de commande. Est annulé pour dol le contrat de commande d'un modèle original, dès lors que le styliste a, en fait, copié servilement un motif préexistant. • Paris, 20 sept. 1995 : *PIBD 1996. III. 41.* ♦ Dans une espèce où, par une convention de louage d'ouvrage dont l'exécution pendant 15 ans n'a donné lieu à aucune contestation de la part de l'auteur, une société avait confié à celui-ci, moyennant rémunération de son temps de travail, la réalisation de dessins dont l'auteur savait dès l'origine, par cette convention elle-même, qu'ils ne lui étaient commandés que pour être reproduits, la facturation des objets livrés emporte nécessairement cession du droit de reproduction et vaut manifestation expresse et écrite de la volonté. • Civ. 1re, 27 mai 1986 : *RIDA avr. 1987, p. 61.*

13. Licence et droit de la concurrence. Le refus d'accorder une licence pour la fourniture d'éléments de carrosserie couverts par un droit de modèle n'est pas constitutif d'un abus de position dominante. • CJCE 5 oct. 1988, *Renault : Rec. CJCE 6039* • 5 oct. 1988, *Volvo : ibid. 6211 ; RTD eur. 1990. 720, note Bonet*.

Jurisprudence postérieure à l'ordonnance de 2001.

14. Cumul de protections. Si la protection tirée de l'enregistrement d'un dessin ou modèle est accordée par l'art. L. 513-2 sans préjudice des droits résultant de l'application des livres I et III CPI relatifs au droit d'auteur, les art. 17 de la Dir. (CE) du 13 oct. 1998 et L. 513-2 précité imposent non pas un cumul total ou de plein droit de ces diverses protections mais autorisent seulement un tel cumul lorsque les possibilités respectives des différentes protections sont satisfaites. • Crim. 13 déc. 2011 : *D. 2013. Pan. 1929, obs. Galloux.* ♦ V. aussi • Paris, 25 janv. 2012 : *D. 2013. Pan. 1929, obs. Galloux.* ♦ Dans le même sens • Crim. 26 nov. 2013 : *PIBD 2014.III. 122.* ♦ Les critères d'indemnisation sont identiques entre les régimes. En cas de cumul de protection, le préjudice est unique si les faits générateurs sont identiques. • TGI Paris, 3e ch., sect. 1, 29 sept. 2016, n° 14/18124 : *PIBD 2016. III. 932 ;*

Propr. ind. 2017, n° 13, obs. Gasnier. ♦ Comp. : • TGI Paris, 3e ch., sect. 1, 30 mars 2017, n° 2015/05884 : *PIBD 2017. 1078. III. 625,* qui reconnaît néanmoins la variation de l'assiette et du quantum en fonction du régime de protection et impose un examen différencié pour chaque droit.

Art. L. 513-3 *(Ord. n° 2001-670 du 25 juill. 2001)* **Tout acte modifiant ou transmettant les droits attachés à un dessin ou modèle déposé n'est opposable aux tiers que s'il a été inscrit au registre national des dessins et modèles.**

(L. n° 2008-776 du 4 août 2008, art. 133-I) **« Toutefois, avant son inscription, un acte est opposable aux tiers qui ont acquis des droits après la date de cet acte mais qui avaient connaissance de celui-ci lors de l'acquisition de ces droits.**

« Le licencié, partie à un contrat de licence non inscrit sur le registre national ou international des dessins et modèles, est également recevable à intervenir dans l'instance en contrefaçon engagée par le propriétaire du dessin ou modèle afin d'obtenir la réparation du préjudice qui lui est propre. »

V. ancien art. L. 512-4, ss. art. L. 515-1.

COMMENTAIRE

L'effet relatif des conventions est annihilé par une procédure de publicité. Le registre public existe depuis la loi du 26 novembre 1990. Son fonctionnement est détaillé aux articles R. 512-13 à R. 512-15. Il constitue un genre de « registre d'état civil » de l'objet protégé et la situation qu'il constate est opposable aux tiers.

En conséquence, un cessionnaire ne peut agir en contrefaçon que si le transfert de propriété a été publié. De même, en présence de plusieurs cessionnaires, le propriétaire sera le premier à avoir inscrit le contrat, sauf s'il est de mauvaise foi. En revanche, le licencié comme le distributeur exclusif ne peuvent agir en contrefaçon car ces derniers ne disposent pas d'un droit sur l'enregistrement mais simplement d'un droit de créance contre le propriétaire de la création. ❑

1. L'acquisition de titres par une cession d'actifs comprenant un fonds de commerce n'est opposable qu'à compter de son inscription aux différents registres des dessins et modèles. La publicité du fonds de commerce au *BODACC* n'est pas suffisante. • Paris, 25 janv. 2013, n° 2011/02279 : *PIBD 2013. III. 1124.* ♦ Conformément à la jurisprudence antérieure à 2001, l'opposabilité au tiers d'une transmission de droits (notamment dans le cadre d'une action en contrefaçon) n'est possible qu'à compter de l'inscription de l'acte au registre. • Paris, 25 janv. 2013, *Splash-Toys SAS c/ Smoby Toys : préc.*

2. Sur l'action en contrefaçon du dessin ou du modèle communautaire enregistré, objet de la licence, même en l'absence d'inscription de cette dernière au registre, V. • CJUE 22 juin 2016, n° C-419/15 : *cité ss. art. 33 du Règl. (CE) n° 6/2002 du 12 déc. 2001, App., v° Dessins et modèles, droit européen.*

Jurisprudence antérieure à l'ordonnance de 2001 (anciens art. L. 511-2 et L. 512-4)

3. Sur l'opposabilité aux tiers des actes sur dessins et modèles déposés, V. art. L. 512-4.

4. Lorsque la société titulaire de modèles a fait l'objet d'une fusion-absorption, la société absorbante qui n'a pas inscrit l'acte au Registre national des dessins et modèles est irrecevable à agir en contrefaçon. Elle ne peut pas non plus opposer des droits en défense aux demandes reconventionnelles en nullité des mêmes modèles, sur lesquelles il ne saurait, en l'état, être statué. • Paris, 18 déc. 1998 : *PIBD 1999. III. 151* • 11 déc. 1998 : *PIBD 1999. III. 155.*

5. Sur l'annulation d'une saisie-contrefaçon demandée par un cessionnaire non inscrit au registre national, V. • Paris, 28 mars 2001 : *PIBD 2001. III. 508.* ♦ Le cessionnaire est recevable à agir en contrefaçon dès lors que l'inscription au registre (des titres de l'Union européenne) est antérieure à la cessation des actes de contrefaçon consécutive à l'ordonnance de référé. Le fait que l'acquisition des objets contrefaisants à titre probatoire ait été réalisée antérieurement à l'inscription est indifférent. • Com. 25 nov. 2014, n° 13-15.166 : *PIBD 2015. III. 35 ; Propr. ind. 2015, n° 16, note Gasnier.* ♦ A défaut d'inscription, le licencié peut obtenir réparation par la voie incidente de l'intervention volontaire. Il ne peut pas agir en contrefaçon conjointement au déposant par voie principale. • Paris, pôle 5, ch. 1, 12 janv. 2016, n° 2014/14431 : *PIBD 2016. III. 174.*

6. Les décisions prononçant l'annulation d'un modèle ont autorité relative de la chose jugée et ne sont pas de celles qui peuvent être inscrites au registre des dessins et modèles. • Com. 22 oct. 2002, n° 00-19.156 : *Propr. ind. 2003, n° 55, note Kamina.*

Art. L. 513-4 *(Ord. n° 2001-670 du 25 juill. 2001)* **Sont interdits, à défaut du consentement du propriétaire du dessin ou modèle, la fabrication, l'offre, la mise sur le mar-**

ché, l'importation, l'exportation, *(L. nº 2014-315 du 11 mars 2014, art. 6)* **« le transbordement, » l'utilisation, ou la détention à ces fins, d'un produit incorporant le dessin ou modèle.**

V. ancien art. L. 511-1 ss. art. L. 515-1.

COMMENTAIRE

La présente disposition définit par la négative l'étendue des droits patrimoniaux du titulaire. Les actes que ce dernier peut interdire, ou doit autoriser, mais qu'il peut évidemment exercer lui-même (première et plus naturelle de ses facultés) couvrent les prérogatives classiques du propriétaire. En effet, la qualité de propriétaire lui est déjà reconnue à l'article L. 513-2.

Ainsi, l'article dresse l'inventaire chronologique des différents actes d'exploitation, du producteur à l'utilisateur en passant par les phases de mise sur le marché. Dans un souci d'exhaustivité, est aussi visée l'utilisation dont on peine à imaginer une mise en œuvre distincte de la détention ou de la fabrication.

Pour ce qui concerne la forme de l'autorisation, le texte est silencieux et, compte tenu du caractère professionnel de la plupart de ses autorisations, le consensualisme devrait être à l'honneur ainsi qu'observé à l'article L. 513-2. Il est nécessaire néanmoins de tenir compte, en cas de cumul de protection, que le droit d'auteur ne connaît pas la même souplesse (V. not. art. L. 131-3).

La loi nº 2014-315 du 11 mars 2014 renforçant la lutte contre la contrefaçon a étendu la liste des actes prohibés en y ajoutant le transbordement, défini comme « marchandises de provenance et de destination extra-communautaires qui transitent en Europe » (exposé des motifs) désormais assimilé à un transit interne. Cette évolution permet d'appréhender le cas des marchandises qui ne sont ni en provenance ni à destination de l'Union européenne mais en simple transit. Cette disposition est par ailleurs harmonisée pour tous les régimes de propriété intellectuelle. ❑

La reproduction d'un flacon de parfum sur un site internet et dans une annonce publicitaire sans l'autorisation du titulaire des droits sur le modèle n'est pas une contrefaçon. • Paris, 18 avr. 2008 : *Propr. intell. 2008, nº 29, p. 448, obs. De Candé.* ♦ V. également, sur la mise en place d'un habillage mural avec des panneaux de décoration intérieure contrefaisants. • Paris, 28 mai 2008 : *Propr. intell. 2008, nº 29, p. 448, obs. De Candé.*

Art. L. 513-5 *(Ord. nº 2001-670 du 25 juill. 2001)* **La protection conférée par l'enregistrement d'un dessin ou modèle s'étend à tout dessin ou modèle qui ne produit pas sur l'observateur averti une impression visuelle d'ensemble différente.**

BIBL. ▶ De Candé, *Propr. ind. 2010. Étude 5* (les critères d'appréciation de la portée de la protection du modèle).

COMMENTAIRE

Les prérogatives conférées s'appliquent sur la forme protégée dont le présent article, reprenant l'article 9, § 1, de la directive 98/71 de 1998 (V. App., vº *Propriété industrielle, Dessins ou modèles*), donne une définition extensive. Le monopole couvre non seulement les créations identiques mais encore celles suffisamment ressemblantes telles que l'observateur averti ne les distingue pas globalement. La formule utilisée correspond à celle permettant d'apprécier, à l'opposé, la présence d'un caractère propre, condition de fond impérative énoncée par l'article L. 511-4. La protection couvre donc l'aspect d'un produit qui peut légèrement différer tant qu'une personne chevronnée le considère semblable. Bien que l'article 9, § 2, de la directive de 1998 n'ait pas été repris, il semble cohérent que, comme à l'article L. 511-4 *in fine*, le degré de liberté du créateur ait une influence sur l'impression visuelle.

La protection du livre V n'impose pas d'être en présence d'une copie servile. Des formes similaires, même élaborées en toute indépendance sont contrefaisantes, contrairement aux dessins et modèles communautaires non enregistrés (art. 19, § 2, Règl. du 12 déc. 2001, V. App., vº *Propriété industrielle, Dessins ou modèles*). La contrefaçon pourra donc s'apprécier, non en fonction du critère traditionnel de ressemblance, mais en raison d'une absence de différence d'ensemble. Le raisonnement ressemble à celui du droit des marques qui étend la protection à l'imitation (art. L. 713-3) mais impose alors un risque de confusion, critère inconnu du livre V, et de surcroît écarté par la Cour de cassation (V. Com. 26 mars 2008, ci-dessous). Par ailleurs, l'apparence est ici protégée de façon abstraite sans tenir compte du secteur pour lequel le produit est destiné. Aucun principe de spécialité si important pour les signes distinctifs (art. L. 713-1) n'est appliqué. ❑

Ayant relevé que les produits litigieux reproduisaient les caractéristiques essentielles du modèle déposé et engendraient la même impression d'ensemble, une cour d'appel, qui n'était pas tenue de procéder à une recherche inopérante portant sur l'éventualité d'un risque de confusion, a, de ces seules constatations, exactement déduit l'existence d'une contrefaçon. • Com. 26 mars 2008 : *Bull. civ. IV, n° 66 ; D. 2008. AJ 1143 ; PIBD 2008. III. 349 ; Propr. ind. 2008, n° 44, note Greffe ; Propr. intell. 2008, n° 29, p. 447, obs. De Candé.* ♦ Comp. : • Com. 24 mai 2017, n° 15-21.286 : *PIBD. 2017. III. 559,* qui censure partiellement la décision qui, considérant les différences entre les modèles insignifiantes, reconnaît la contrefaçon tout en déniant des actes de concurrence déloyale au motif que les différences de caractéristiques écartaient le risque de confusion et produisaient une impression visuelle d'ensemble différente. ♦ Sur l'appréciation par l'observateur averti, V. • Versailles, 18 déc. 2008 : *PIBD 2009. III. 841 ; Propr. ind. 2009, n° 40, note Gasnier.*

Art. L. 513-6 *(Ord. n° 2001-670 du 25 juill. 2001)* **Les droits conférés par l'enregistrement d'un dessin ou modèle ne s'exercent pas à l'égard :**

***a)* D'actes accomplis à titre privé et à des fins non commerciales ;**

***b)* D'actes accomplis à des fins expérimentales ;**

***c)* D'actes de reproduction à des fins d'illustration ou d'enseignement, si ces actes mentionnent l'enregistrement et le nom du titulaire des droits, sont conformes à des pratiques commerciales loyales et ne portent pas préjudice à l'exploitation normale du dessin ou modèle.**

COMMENTAIRE

Les exceptions au monopole envisagées au présent article ne sont pas d'une grande portée. On notera la clarté de l'exergue qui détermine de véritables exclusions du champ de la protection, éludant ainsi les controverses en matière de droit d'auteur (art. L. 122-5).

Les cas du *a)* et du *b)* existent à l'identique en droit des brevets (V. CPI, art. L. 613-5). L'usage privé permis est conditionné à la condition supplémentaire de finalité non commerciale. Quant aux pratiques expérimentales, l'intérêt de l'ingénierie à rebours est limité en matière de dessin ou modèle mais pourrait survenir de façon incidente.

Concernant l'exception à des fins d'illustration et d'enseignement *c)*, elle existe aussi depuis la réforme d'août 2006 en droit d'auteur mais avec des conditions plus restrictives (V. CPI, art. L. 122-5, 3°, *e)*. L'intérêt d'une telle liberté en matière de dessins et modèles industriels est réellement très limité. Par ailleurs, sa mise en œuvre pourrait être encore réduite en cas de cumul de protection. En effet, globalement, les exceptions du droit d'auteur sont très encadrées.

En revanche, aucune exception n'est prévue au profit de l'utilisation antérieure de bonne foi. Il n'existe pas comme en matière de brevet un droit de possession personnelle antérieure autorisant le créateur d'une invention demeurée secrète à poursuivre son exploitation pour son propre compte (V. CPI, art. L. 613-7). Pourtant ce tempérament a été retenu par le règlement communautaire du 12 décembre 2001 (art. 22, V. App., v° *Propriété industrielle, Dessins et modèles*) et semble juste en présence d'un régime où le dépôt est acquisitif de droits. Son intérêt est en réalité beaucoup moins prononcé car le créateur antérieur bénéficie de nombreuses possibilités pour demander la nullité de l'enregistrement (V. CPI, art. L. 512-4). ❑

Les conditions de mise en œuvre des exceptions sont interprétées strictement. En l'absence de mention du nom du titulaire, l'exception à des fins d'illustration ou d'enseignement n'est pas applicable. La reproduction est donc illicite. • TGI Paris, 3ᵉ ch. sect. 4, 10 oct. 2013, *Piganiol Sas c/ L'Oréal, Publicis Conseil, SA Art. Department Europe et Sophie Glasser (États-Unis) : PIBD 2013. III. 40.* ♦ Sur les conditions d'application de l'exception à des fins d'illustration, V. note ss. art. 20 du Règl. (CE) n° 6/2002 du 12 déc. 2001 sur les dessins ou modèles communautaires, App., v° *Propriété industrielle, VII Dessins et modèles.*

Art. L. 513-7 *(Ord. n° 2001-670 du 25 juill. 2001)* **Les droits conférés par l'enregistrement d'un dessin ou modèle ne s'exercent pas :**

a) **Sur des équipements installés à bord de navires ou d'aéronefs immatriculés dans un autre pays lorsqu'ils pénètrent temporairement sur le territoire français ;**

b) **Lors de l'importation en France de pièces détachées et d'accessoires pour la réparation de ces navires ou aéronefs ou à l'occasion de cette réparation.**

COMMENTAIRE

La présente disposition consacre la spécificité en droit international du statut des bateaux ou avions étrangers stationnés provisoirement sur le sol national. Son impact sur la teneur du monopole est insignifiant.

En revanche, elle réitère la question cruciale de la protection des pièces de réparation déjà évoquée aux articles L. 511-5 et L. 511-8. En effet, la loi française demeure sur le sujet encore très favorable aux titulaires de droits définissant par voie d'exception la liberté des concurrents. En revanche, le règlement communautaire est beaucoup plus libéral puisqu'il exclut globalement le monopole dès lors que le dessin ou modèle « constitue une pièce d'un produit complexe » et est utilisé « dans le but de permettre la réparation de ce produit complexe en vue de lui rendre son apparence initiale » (art. 110, § 1, Règl. (CE) du 12 déc. 2001, V. App., v° *Propriété industrielle, Dessins et modèles*). Cette question dite *clause must fit* est sensible et ne recueille pas le consensus au sein de l'Union européenne. Il est pourtant probable que la France ait à modifier sa législation à l'issue de la prochaine révision de la directive. ❑

Art. L. 513-8 *(Ord. n° 2001-670 du 25 juill. 2001)* **Les droits conférés par l'enregistrement d'un dessin ou modèle ne s'étendent pas aux actes portant sur un produit incorporant ce dessin ou modèle, lorsque ce produit a été commercialisé dans la Communauté européenne ou dans l'Espace économique européen par le propriétaire du dessin ou modèle ou avec son consentement.**

COMMENTAIRE

L'épuisement du droit de distribution est un principe communautaire qui permet la coexistence entre les règles de propriété intellectuelle et la libre circulation des marchandises au sein de l'Union européenne. Reconnu depuis longtemps par la jurisprudence, il est aujourd'hui consacré sous une forme identique pour tous les droits de propriété intellectuelle. Le titulaire de droits qui a autorisé la commercialisation d'un produit sur le territoire européen ne peut interdire aucune commercialisation de ce produit sur ce même territoire, y compris les importations parallèles dans son propre État. Le cessionnaire ou licencié peut œuvrer dans toute l'Europe. Néanmoins, un produit licitement fabriqué dans un État membre en l'absence de protection constitue une contrefaçon s'il est exporté sur des territoires lui ayant reconnu un droit de propriété intellectuelle.

La règle de l'épuisement impose *a fortiori* aussi la liberté du transit des marchandises au sein de l'Union européenne.

En revanche, qu'il s'agisse de la commercialisation ou du seul transit, la règle de l'épuisement demeure encore communautaire et ne s'étend pas aux pays tiers. ❑

CHAPITRE IV **DISPOSITIONS DIVERSES**

Art. L. 514-1 *(Ord. n° 2001-670 du 25 juill. 2001)* **Des décrets en Conseil d'État fixent, en tant que de besoin, les conditions d'application du présent livre.**

COMMENTAIRE

En raison notamment du formalisme lié à la procédure d'enregistrement et de publication, la mise en œuvre du droit des dessins et modèles est précisée par une quarantaine de dispositions réglementaires (V. art. R. 511-1 à R. 521-1-1). ❑

Art. L. 514-2 *(Ord. n° 2001-670 du 25 juill. 2001)* **Des dispositions réglementaires propres à certaines industries peuvent prescrire les mesures nécessaires pour permettre aux industriels de faire constater leur priorité d'emploi d'un dessin ou modèle, notamment par la tenue de registres privés soumis au visa de l'Institut national de la propriété industrielle.**

COMMENTAIRE

En dehors de la procédure de dépôt simplifiée de l'article L. 512-2, certains professionnels ont la possibilité d'inscrire leur créations sur un registre spécial visé préalablement par l'INPI et dont la mise en œuvre est régie par les articles R. 511-1 à R. 511-6. En cas de conflit, ce dernier, s'il a été constitué dans des conditions conformes au décret, pourra démontrer la date de création. Les secteurs qui bénéficient de cet avantage sont notamment la gravure, la bijouterie, les arts de la table, le textile d'habillement ou d'ameublement. Cette procédure ne permet pas de bénéficier de la protection du livre V sans procéder à un enregistrement dans les conditions du droit commun. En revanche, elle permettra de démontrer une priorité et de permettre ainsi l'annulation du dépôt postérieur tel que prévu par l'article L. 512-4 c. ☐

CHAPITRE V DESSINS OU MODÈLES COMMUNAUTAIRES

Art. L. 515-1 *(L. n° 2007-1544 du 29 oct. 2007, art. 1er)* **Toute atteinte aux droits définis par l'article 19 du règlement (CE) n° 6/2002 du Conseil, du 12 décembre 2001, sur les dessins ou modèles communautaires constitue une contrefaçon engageant la responsabilité civile de son auteur.**

Sur l'application de la L. n° 2007-1544 du 29 oct. 2007 de lutte contre la contrefaçon, V. la circulaire du ministre de la justice du 11 avr. 2008, CRIM 08-10/G3, App., v° Dispositions générales.

COMMENTAIRE

Pour ce qui concerne le régime du contentieux, les dessins et modèles communautaires sont totalement assimilés à ceux protégés par la voie nationale. La teneur du présent article est d'ailleurs répétée à l'article L. 522-1. Avec une seconde disposition, il constitue un très bref chapitre ajouté en 2007 et consacré aux contentieux des dessins et modèles communautaires.

En la matière deux particularités doivent être relevées.

En premier lieu, pour désigner les juridictions compétentes, l'article L. 522-2 renvoie à un décret. Il s'agit en l'occurrence du décret n° 2008-522 du 2 juin 2008 portant refonte de la partie réglementaire du code de l'organisation judiciaire *(JO 4 juin 2008, p. 9184)*. Son article 5 crée un article R. 211-7 au code de l'organisation judiciaire qui attribue au **tribunal de grande instance de Paris** le contentieux des marques et dessins et modèles communautaires. Son article 6 ajoute donc un article R. 522-1 au présent code qui introduit cette précision dans le chapitre consacré aux dessins et modèles communautaires.

La cour d'appel de Paris est compétente en deuxième instance (*PIBD 2014. I. 120*).

En second lieu, consacré par le règlement CE n° 6/2002 du 12 décembre 2001, le dessin ou modèle communautaire non enregistré (art. 1er, V. App., v° *Propriété industrielle*) est lui aussi concerné par les solutions du titre deuxième. En l'absence de dépôt, sa protection court à compter de sa divulgation au public pour la première fois dans la Communauté européenne (art. 11 Règl. (CE) préc., V. App., v° *Propriété industrielle*). En conséquence, pour mettre en œuvre les différentes procédures et notamment la saisie, il incombe au demandeur de rapporter cette divulgation et, s'il n'est pas le créateur, de prouver le transfert de droits à son profit en application des règles de l'article 14 de ce règlement.

Sur la mise en œuvre des droits, voir note 1 sous l'article L. 511-4. ☐

Le tribunal de grande instance de Paris siégeant comme tribunal des dessins ou modèles communautaires est compétent pour statuer sur une action en revendication d'un dessin ou modèle communautaire. • TGI Paris, ord., 17 janv. 2013, *Cash Systèmes Industries SAS c/ Innoval SAS : PIBD 2013. III. 1087.* ♦ En application de l'art. 6, § 1, du Règl. 44/2001/CE du 22 déc. 2000 concernant la compétence judiciaire, la reconnaissance et l'exécution des décisions en matière civile et commerciale, une action en contrefaçon d'un modèle communautaire contre diverses société étrangères agissant sur le territoire de l'Union européenne et caractérisant une même situation de fait et de droit peut être portée devant la juridiction française, au risque de solutions inconciliables si elles étaient jugées séparément. L'argument du haut degré d'harmonisation de la matière n'est pas retenu. • Com. 5 avr. 2016, n° 1322.491 : *D. 2016. 846* ; *Dalloz IP/IT 2016. 305, obs. Azzi* ; *RJES 2000, n° 54, p. 7* ; *Jurisport 2000, n° 54, p. 7* ; *PIBD 2016. III. 442.*

TITRE PREMIER *[ANCIEN]* ACQUISITION DES DROITS

CHAPITRE PREMIER *[ANCIEN]* DROITS ET ŒUVRES PROTÉGÉES

Ancien art. L. 511-1 ***Tout créateur d'un dessin ou modèle et ses ayants cause ont le droit exclusif d'exploiter, vendre ou faire vendre ce dessin ou modèle dans les conditions prévues par le présent livre, sans préjudice des droits qu'ils tiendraient d'autres dispositions légales et notamment des livres Ier et III.*** — [L. 14 juill. 1909, art. 1er.] — V. art. L. 112-2.

V. notes ss. art. L. 513-2.

Ancien art. L. 511-2 ***La propriété d'un dessin ou modèle appartient à celui qui l'a créé ou à ses ayants droit ; mais le premier déposant dudit dessin ou modèle est présumé, jusqu'à preuve contraire, en être le créateur.*** — [L. 14 juill. 1909, art. 3, al. 2.]

BIBL. ► PÉROT-MOREL, *Mélanges Françon, Dalloz 1995, p. 337* (les limites de l'autonomie de la volonté dans les contrats relatifs aux dessins et modèles industriels). - MOUSSERON et SCHMIDT, *Mélanges Mathély 1990, p. 273* (créations d'employés).

I. TITULARITÉ

V. notes ss. art. L. 511-9.

II. PRÉSOMPTION DE TITULARITÉ ET DÉPÔT

V. notes ss. art. L. 511-9.

III. CESSIONS DE DROITS

V. notes ss. art. L. 511-9.

IV. OPPOSABILITÉ AUX TIERS

V. notes ss. art. L. 513-3.

Ancien art. L. 511-3 ***Les dispositions du présent livre sont applicables à tout dessin nouveau, à toute forme plastique nouvelle, à tout objet industriel qui se différencie de ses similaires, soit par une configuration distincte et reconnaissable lui conférant un caractère de nouveauté, soit par un ou plusieurs effets extérieurs lui donnant une physionomie propre et nouvelle.***

Mais, si le même objet peut être considéré à la fois comme un dessin ou modèle nouveau et comme une invention brevetable et si les éléments constitutifs de la nouveauté du dessin ou modèle sont inséparables de ceux de l'invention, ledit objet ne peut être protégé que conformément aux dispositions du livre VI. — [L. 14 juill. 1909, art. 2.]

BIBL. ► PÉROT-MOREL, *RTD com. 1976. 23* (l'application respective du régime de protection des dessins et modèles et des inventions brevetables) ; *JCP 1966. I. 2045* (les difficultés d'application de l'art. 2 al. 2 de la loi du 14 juill. 1909).

I. NOUVEAUTÉ ET ORIGINALITÉ

A. PRINCIPES

V. notes ss. art. L. 511-3.

B. ANTÉRIORITÉS

V. notes ss. art. L. 511-3.

C. DOMAINE PUBLIC

V. notes ss. art. L. 511-3.

II. FORME ET FONCTION TECHNIQUE

A. DISSOCIABILITÉ

V. notes ss. art. L 511-8.

B. INDISSOCIABILITÉ

V. notes ss. art. L 511-8.

III. RÈGLES COMMUNES

V. notes ss. art. L 511-8.

Ancien art. L. 511-4 ***Le bénéfice du présent livre s'applique aux dessins et modèles dont les auteurs ou leurs ayants cause sont français ou domiciliés en France, ou ont en France des établissements industriels ou commerciaux, ou sont, par leur nationalité, leur domicile ou leurs établissements industriels ou commerciaux, ressortissants d'un État qui assure la réciprocité, par sa législation intérieure ou ses conventions diplomatiques, pour les dessins et modèles français.*** — [L. 14 juill. 1909, art. 13.]

V. notes ss. art. L. 511-11.

Ancien art. L. 511-5 *Les dessins ou modèles régulièrement déposés jouissent seuls du bénéfice du présent livre.* — [L. 14 juill. 1909, art. 3, al. 1er.] — V. art. L. 512-1.

V. notes ss. art. L. 511-10 et L. 512-2.

Ancien art. L. 511-6 *La publicité donnée à un dessin ou modèle, antérieurement à son dépôt, par une mise en vente ou par tout autre moyen, n'entraîne la déchéance ni du droit de propriété ni de la protection spéciale accordée par le présent livre.* — [L. 14 juill. 1909, art. 3, al. 3.]

V. notes ss. art. L. 511-10 et L. 512-2.

Ancien art. L. 511-7 *Des mesures réglementaires spéciales à certaines industries pourront prescrire les mesures nécessaires pour permettre aux industriels de faire constater leur priorité d'emploi d'un dessin ou modèle, notamment par la tenue de registres privés soumis au visa de l'Institut national de la propriété industrielle.* — [L. 14 juill. 1909, art. 4.] — V. art. R. 511-1 s.

CHAPITRE II *[ANCIEN]* FORMALITÉS DE DÉPÔT

Ancien art. L. 512-1 *Le dépôt est effectué, sous peine de nullité, à l'Institut national de la propriété industrielle lorsque le domicile du déposant est situé à Paris ou hors de France. Il est effectué à l'Institut national de la propriété industrielle ou au greffe du tribunal de commerce du domicile du déposant, à son choix, lorsque ce domicile est situé en dehors de Paris.*

Lorsque le dépôt est effectué au greffe du tribunal de commerce, celui-ci procède à l'enregistrement et transmet les objets déposés à l'Institut national de la propriété industrielle. — [L. 14 juill. 1909, art. 5.] — V. art. R. 512-1 s.

V. notes ss. art. L. 512-1.

Ancien art. L. 512-2 *Le dépôt est présenté dans les formes et conditions prévues par le présent livre.*

Il comporte, à peine d'irrecevabilité, l'identification du déposant et une reproduction du ou des dessins ou modèles concernés.

Le dépôt est rejeté s'il apparaît à l'examen :

1. Qu'il n'est pas présenté dans les conditions et formes prescrites.

2. Que sa publication est susceptible de porter atteinte aux bonnes mœurs ou à l'ordre public.

Toutefois, le rejet ne peut être prononcé sans que le déposant ait été préalablement invité, selon le cas, soit à régulariser le dépôt, soit à présenter ses observations. — [L. 14 juill. 1909, art. 6.]

(L. n° 94-102 du 5 févr. 1994, art. 21) « *Pour les dessins et modèles relevant d'industries qui renouvellent fréquemment la forme et le décor de leurs produits, le dépôt peut être effectué sous une forme simplifiée dans les conditions fixées par décret en Conseil d'État.* — V. art. R. 512-4, R. 512-10 et R. 512-11.

« *La déchéance des droits issus d'un tel dépôt est prononcée lorsqu'il n'a pas été, au plus tard six mois avant la date prévue pour sa publication, rendu conforme aux prescriptions générales fixées par le décret prévu à l'alinéa précédent.* »

Sur les recours exercés devant la cour d'appel contre les décisions du directeur de l'INPI, V. art. L. 411-4 et R. 411-19 s.

V. notes ss. art. L. 512-2.

Ancien art. L. 512-3 *Le déposant ou titulaire d'un dépôt qui n'a pas respecté les délais prescrits peut, s'il justifie d'une excuse légitime, être relevé des déchéances qu'il a pu encourir.* — [L. 14 juill. 1909, art. 9.] — V. art. R. 512-12.

V. notes ss. art. L. 512-3.

Ancien art. L. 512-4 *Tout acte modifiant ou transmettant les droits attachés à un dessin ou modèle déposé n'est opposable aux tiers que s'il a été inscrit dans un registre public dit Registre national des dessins et modèles.* — [L. 14 juill. 1909, art. 8.] — V. art. R. 512-13 s.

V. notes ss. art. L. 513-3.

CHAPITRE III *[ANCIEN]* DURÉE DE LA PROTECTION

Ancien art. L. 513-1 *La durée de la protection prévue par le présent livre est de vingt-cinq ans à compter de la date de dépôt.*

Elle peut être prorogée pour une période supplémentaire de vingt-cinq ans sur déclaration du titulaire. — [L. 14 juill. 1909, art. 7.] — V. art. R. 513-1 et R. 513-2.

V. notes ss. art. L. 513-1.

CHAPITRE IV *[ANCIEN]* DISPOSITIONS COMMUNES

Ancien art. L. 514-1 *Des décrets en Conseil d'État fixent, en tant que de besoin, les conditions d'application du présent livre.* — [L. 14 juill. 1909, art. 15.] — V. art. R. 511-1 s.

TITRE DEUXIÈME CONTENTIEUX

BIBL. ► BUFFET DELMAS et MORELLI, *Propr. ind. 2008. Étude 24* (de quelques évolutions importantes en matière de preuve de la contrefaçon). – PASSA, Contrefaçon et concurrence déloyale, *éd. Litec 1997.*

CHAPITRE PREMIER CONTENTIEUX DES DESSINS OU MODÈLES NATIONAUX (*L. nº 2007-1544 du 29 oct. 2007, art. 2*).

Sur l'application de la L. nº 2007-1544 du 29 oct. 2007 de lutte contre la contrefaçon, V. la circulaire du ministre de la justice du 11 avr. 2008, CRIM 08-10/G3, App., vº Dispositions générales.

COMMENTAIRE

Transposant une directive de 2004, la loi d'octobre 2007 a profondément modifié les différentes procédures en lien avec la contrefaçon. Même si les dispositions concernant ces différentes actions demeurent ventilées à travers les livres du code de la propriété intellectuelle, un effort d'harmonisation a néanmoins été fait entre les différents régimes. Pour renforcer la lutte contre la contrefaçon, la loi du 11 mars 2014 a finalement unifié les règles à travers tous les régimes. Cette proximité des textes justifie que la plupart des commentaires des articles suivants s'appliquent aussi à leur pendant dans tous les livres du code. ☐

Art. L. 521-1 (*L. nº 2007-1544 du 29 oct. 2007, art. 3*) **Toute atteinte portée aux droits du propriétaire d'un dessin ou modèle, tels qu'ils sont définis aux articles L. 513-4 à L. 513-8, constitue une contrefaçon engageant la responsabilité civile de son auteur.**

Les faits postérieurs au dépôt, mais antérieurs à la publication de l'enregistrement du dessin ou modèle, ne peuvent être considérés comme ayant porté atteinte aux droits qui y sont attachés.

Toutefois, lorsqu'une copie de la demande d'enregistrement a été notifiée à une personne, la responsabilité de celle-ci peut être recherchée pour des faits postérieurs à cette notification même s'ils sont antérieurs à la publication de l'enregistrement.

BIBL. ► MARÉCHAL, *RTD com. 2012. 245* (l'évaluation des dommages-intérêts en matière de contrefaçon). – RODA, Les conséquences civiles de la contrefaçon des droits de la propriété industrielle, *LexisNexis/CEIPI, 2011.*

COMMENTAIRE

Le présent article est révélateur de l'évolution du régime et de l'importance donnée à l'enregistrement puis à la publication de la forme, gage de la sécurité juridique. La contrefaçon, du moins sur le fondement du livre V, ne peut concerner que des actes d'exploitation non autorisés postérieurs à la publication. Dans le cas de faits intervenus entre l'enregistrement et la publication, la responsabilité de leur auteur requiert que sa mauvaise foi soit rapportée. Depuis la réforme de 2007, la solution a été harmonisée. Seule la notification d'une copie de la demande d'enregistrement permet de rapporter cette preuve. La marge de manœuvre de l'ayant droit est donc plus réduite que sous l'empire de l'ancien article L. 521-2.

En revanche, pour les actes postérieurs, l'exploitant est présumé de mauvaise foi devant les juridictions pénales comme civiles. La présomption est simple mais le défendeur professionnel ne pourra écarter sa responsabilité car il est censé vérifier l'origine et le statut des produits qu'il exploite ou met sur le marché. ☐

Ancien art. L. 521-1 *La partie lésée peut, même avant la publicité du dépôt, faire procéder par tous huissiers à la description détaillée, avec ou sans saisie, des objets ou instruments incriminés, en*

vertu d'une ordonnance rendue par le président du tribunal de grande instance dans le ressort duquel les opérations devront être effectuées, sur simple requête et production du certificat de dépôt.

Le président a la faculté d'autoriser le requérant à se faire assister d'un officier de police ou du juge du tribunal d'instance du canton et d'imposer au requérant un cautionnement que celui-ci est tenu de consigner avant de faire procéder à l'opération : ce cautionnement est toujours imposé à l'étranger qui requiert la saisie.

Copie est laissée aux détenteurs des objets décrits tant de l'ordonnance que de l'acte constatant le dépôt du cautionnement, le tout à peine de nullité et de dommages-intérêts contre l'huissier.

A défaut par le requérant de s'être pourvu soit par la voie civile, soit par la voie correctionnelle, dans le délai de quinzaine, la description ou saisie est nulle de plein droit, sans préjudice des dommages-intérêts. – [L. 14 juill. 1909, art. 12.]

BIBL. ▸ BEAUDONNET, *Rapport annuel de la Cour de cassation pour 2003, p. 199* (la jurisprudence récente de la chambre criminelle en matière de contrefaçon). – FABIANI, *Gaz. Pal. 20 et 21 déc. 2006, p. 13* (la saisie-contrefaçon). – MATHÉLY, *Ann. propr. ind. 1997. 3.* – NUSS, *Propr. ind. 2005. Étude 26* (du choix de l'expert qui assiste l'huissier instrumentaire en matière de saisie-contrefaçon). – VÉRON et a., La saisie-contrefaçon, *Dalloz, 13e éd., 2012.*

Voir aussi notes ss. art. L. 613-3.

1. Conditions de validité. Si la contrefaçon d'un modèle peut être constatée et sanctionnée sur le fondement des lois du 14 juill. 1909 (CPI, Livre V) et 11 mars 1957 (CPI, Livre Ier), les mesures autorisant une saisie-contrefaçon prévues par ces deux lois se distinguent par leurs modalités et leur finalité ; en effet, la saisie-contrefaçon de l'art. L. 521-1 ne concerne que les dessins et modèles ayant fait l'objet d'un dépôt et, si le modèle n'a pas été déposé, la saisie est nulle. • Com. 10 janv. 1995 : *Bull. civ. IV, no 9 ; PIBD 1995. III. 226.* ♦ Le régime applicable à une saisie est déterminé par les textes visés dans l'ordonnance l'autorisant, indépendamment de ceux sur lesquels le demandeur a fondé sa requête. • Paris, 26 mars 1997 : *PIBD 1997. III. 477.* ♦ La procédure prévue par l'art. L. 521-1 est régulièrement engagée lorsqu'au moment de la requête en saisie-contrefaçon, il n'est pas contesté que le demandeur était bien titulaire de modèles déposés ; il est indifférent qu'il ait, par la suite, entendu invoquer la protection fondée sur le droit d'auteur puisqu'en vertu de la théorie de l'unité de l'art, les deux protections peuvent se cumuler. • TGI Paris, 20 mars 1998 : *PIBD 1998. III. 443.* ♦ En cas de cession non publiée, V. • Paris, 28 mars 2001 : *PIBD 2001. III. 508.* ♦ Ne peut être mise en cause la validité de la saisie-contrefaçon au cours de laquelle ont été saisis des documents comptables. • Paris, 6 févr. 2004 : *D. 2005. Pan. 1714, obs. Galloux ; Propr. ind. 2004, no 99, note Greffe* • 8 sept. 2004 : *Propr. ind. 2005, no 9, note Greffe* • Douai, 22 nov. 2005 : *RTD com. 2007. 76, obs. Galloux ; Propr. intell. 2006, no 21, p. 465, obs. De Haas* • Versailles, 25 nov. 2005 : *Propr. intell. 2006, no 21, p. 465, obs. De Haas.*

2. Viole l'art. 654 C. pr. civ. l'arrêt qui annule une saisie-contrefaçon en retenant que l'acte de signification de l'ordonnance de saisie a été remis à une personne qualifiée à tort de gérant de la société et la saisie opérée dans un établissement d'une autre société, alors qu'il résulte de l'acte de signification que la copie a été remise à une personne qui s'est déclarée gérant de la société à l'huissier et que la saisie a été opérée au lieu désigné par l'ordonnance l'autorisant. • Civ. 2e, 29 mai 1991 : *Ann. propr. ind. 1992. 89.* ♦ Le défaut de la mention des voies de recours sur l'acte de signification est un vice de forme. • Com. 14 janv. 2003 : *Propr. intell. 2004, no 13, p. 938, obs. De Haas.* ♦ *V. a contrario* • Paris, 12 janv. 2005 : *D. 2006. Pan. 2608, obs. Galloux ; Propr. intell. 2005, no 17, p. 459, obs. De Haas.* ♦ Les énonciations du procès-verbal doivent permettre de distinguer entre les constatations de l'huissier et les déclarations de l'expert qui a pu l'assister dans ses opérations. • Paris, 20 mai 2005 : *D. 2006. Pan. 2608, obs. Galloux ; PIBD 2006. III. 493.* ♦ Sur l'indépendance de l'expert qui assiste l'huissier, V. • Rennes, 10 janv. 2006 : *PIBD 2006. III. 200 ; Propr. intell. 2006, no 21, p. 464, obs. De Haas.*

3. La saisie pratiquée par une personne sans qualité pour agir en contrefaçon et sans autorisation du juge est atteinte d'une nullité de fond. • TGI Paris, 19 janv. 1996 : *PIBD 1996. III. 262.*

4. Cautionnement préalable obligatoire. L'irrégularité tenant à l'absence de remise d'une copie de l'acte constatant le dépôt du cautionnement ayant mis le saisi dans l'impossibilité d'invoquer le non-respect de l'ordonnance autorisant la saisie, dont une copie incomplète lui était remise (ne comportant pas l'indication du montant du cautionnement préalable obligatoire), et des dispositions légales fait grief, le cautionnement n'ayant pas été consigné, et la saisie-contrefaçon doit être annulée. • TGI Paris, 16 déc. 1993 : *PIBD 1994. III. 223.*

5. Délai pour assigner. Il ne saurait être déduit du texte de l'art. L. 521-1 que le requérant a obligation de remettre, dans le délai de quinzaine de la saisie, une copie de l'assignation au greffe du tribunal, il lui suffit de faire délivrer une assignation dans ce délai ; en effet, si le législateur avait entendu exiger du saisissant qu'il place son assignation au greffe dans le délai de quinzaine, dans les conditions de l'art. 757 C. pr. civ., il aurait employé le terme « saisi », comme il l'a fait en matière de référé-interdiction en matière de marques (CPI, art. L. 716-6) et brevets (CPI, art. L. 615-3). • Paris, 8 avr. 1998 : *PIBD 1998. III. 419.* ♦ A défaut pour le requérant de s'être pourvu sous quinzaine, la description ou saisie est nulle de plein droit ; une assignation délivrée dans le délai étant suffisante, même si la copie de l'assignation n'a pas été remise au greffe du tribunal de commerce. • Paris, 26 mai 1994 : *PIBD 1994. III. 487.* ♦ La saisie est nulle, sans qu'il y ait à distinguer entre saisie réelle et saisie description, lorsque l'assignation a été faite dans le délai mais devant une juridiction incompétente *ratione materiae*. • Paris, 9 avr. 1999 : *PIBD 2000. III. 298* [comp. V. notes ss. art. L. 615-5]. ♦ Mais aucun texte ne prévoit, en matière de propriété littéraire et artistique, un délai impératif à compter de la saisie-contrefaçon pour saisir au fond le tribunal. • Paris, 10 janv. 1996 : *PIBD 1996. III. 201.* ♦ Même dans le cas où plusieurs saisies sont autorisées par une même ordonnance, chacune d'entre elles constitue une saisie-contrefaçon distincte faisant courir le délai imposé au requérant pour se pourvoir au fond. • Com. 3 juin 2003 : *Bull. civ. IV, n° 91 ; R., p. 424 ; JCP E 2004. 974, n° 11, obs. Greffe ; PIBD 2003. III. 556 ; Propr. ind. 2003, n° 70, note Kamina ; Propr. intell. 2003, n° 9, p. 403, obs. De Candé et De Haas.* ♦ V. aussi • Com. 21 janv. 2004 : *Propr. intell. 2004, n° 13, p. 939, obs. De Haas.*

6. Caractère facultatif. La saisie-contrefaçon ne constitue nullement un préalable obligatoire à l'action en contrefaçon. • Paris, 13 déc. 1995 : *PIBD 1996. III. 129.*

7. Unité de l'art. V. • Versailles, 15 févr. 2001 : *PIBD 2001. III. 516.* – Sur la saisie-contrefaçon spéciale au droit d'auteur, V. notes ss. art. L. 332-1 s.

8. Demande reconventionnelle. La multiplicité des saisies-contrefaçons opérées par le demandeur en contrefaçon et la baisse des ventes concernant le modèle argué de contrefaçon en résultant caractérisent une faute justifiant le versement de dommages-intérêts, sans qu'il soit nécessaire de rechercher l'existence d'un procédé déloyal. • Com. 27 janv. 1998 : *PIBD 1998. III. 235.*

9. Saisie irrégulière. En saisissant un modèle de lunette d'une autre référence que celle visée dans la requête, l'huissier a outrepassé ses pouvoirs ; il s'ensuit une irrégularité de fond affectant la validité de la saisie qui reste toutefois valable pour un autre modèle saisi et visé dans l'ordonnance. • Paris, 23 sept. 1998 : *PIBD 1998. III. 587.* ♦ Pour des hypothèses où l'huissier outrepasse parfois ses pouvoirs, sans pour autant que la saisie soit déclarée irrégulière, V. • Paris, 25 mai 2005 : *PIBD 2005, n° 814, III. 485 ; Propr. intell. 2005, n° 17, p. 458, obs. De Haas* • Paris, 2 juill. 2004 : *PIBD 2005, n° 812, III. 123 ; Propr. intell. 2005, n° 17, p. 458, obs. De Haas.* ♦ La saisie réalisée sur la demande du directeur général d'une société qui n'a pas le pouvoir de la représenter en justice est irrégulière. • Com. 3 juin 2008 : *Propr. intell. 2008, n° 29, p. 458, obs. De Haas.* ♦ Sur la nullité de la procédure pour défaut de nom du magistrat, V. • Paris, 23 mai 2008 : *Propr. intell. 2008, n° 29, p. 458, obs. De Haas.*

10. Identification de l'huissier. Dans les actes établis par une SCP d'huissiers, doivent figurer, à peine de nullité, en vertu de l'art. 648 (3°) C. pr. civ., les nom, prénoms, qualité d'associé et signature de l'huissier qui a instrumenté, ainsi que la mention et l'adresse de la société dont il est membre. • Com. 20 oct. 1998 : *PIBD 1999. III. 131.* ♦ Constitue une irrégularité de fond l'absence d'identification de l'huissier qui a instrumenté, même si le procès-verbal indique la dénomination de la SCP à laquelle il appartient. • TGI Paris, 17 mars 1999 : *PIBD 1999. III. 489.* ♦ *Contra :* L'omission des nom, prénoms et signature de l'huissier membre d'une SCP sur l'original de la signification de l'ordonnance autorisant la saisie n'est qu'un vice de forme qui ne cause pas grief et n'entraîne pas la nullité de l'acte. • TGI Paris, 30 sept. 1998 : *PIBD 1999. III. 133.*

11. Sur la remise de copie et l'épuisement de l'ordonnance, V. • Paris, 28 févr. 2001 : *PIBD 2001. III. 512 ; JCP E 2002. 1043, n° 8, obs. Greffe.*

12. Responsabilité du saisissant. Toute personne qui procède à une saisie-contrefaçon le fait à ses risques et périls et doit dès lors répondre de tous les dommages qui pourraient s'ensuivre si, bien que fondée, elle a lieu dans des conditions abusives ou s'il y a été procédé sur un titre de propriété industrielle qui se révèle être sans valeur. • Com. 19 oct. 1999 : *PIBD 2000. III. 49.*

13. Saisie abusive. Constitue un comportement abusif la saisie de mauvaise foi d'un modèle non contrefaisant dans le cabinet d'un professeur de médecine, entièrement étranger au différend entre les deux sociétés en cause. • Paris, 10 janv. 2001 : *PIBD 2001. III. 324* • 20 juin 2008 : *Propr. intell. 2008, n° 29, p. 452, obs. De Haas.*

14. Rôle du juge des référés. Compte tenu de la nature nécessairement provisoire de ses décisions, il n'appartient pas au juge des référés de se prononcer sur la régularité des opérations de saisie-contrefaçon pour valider ou annuler celles-ci ; en revanche, il doit rechercher si les faits de contrefaçon incriminés, dont la saisie-contrefaçon n'est qu'un moyen de preuve parmi d'autres, constituent un trouble manifestement illicite ou exposant le demandeur à un dommage imminent, au sens de l'art. 873 C. pr. civ., avant d'apprécier si, par son intervention, il peut y mettre fin ou en prévenir la réalisation. • Paris, 6 déc. 1999 : *PIBD 2000. III. 124.*

15. Personne morale. Une personne morale

n'est coupable du délit de contrefaçon qu'à condition de déterminer que l'organe ou le représentant a bien agi pour le compte de cette dernière. • Crim. 1er avr. 2014 : *D. 2014. 826* ; *PIBD. 2014. III. 475* ; *AJ pénal 2014. 356, obs. Gallo*.

Art. L. 521-2 *(L. n° 2007-1544 du 29 oct. 2007, art. 3)* **L'action civile en contrefaçon est exercée par le propriétaire du dessin ou modèle.**

Toutefois, le bénéficiaire d'un droit exclusif d'exploitation peut, sauf stipulation contraire du contrat de licence, exercer l'action en contrefaçon si, après mise en demeure, le propriétaire du dessin ou modèle n'exerce pas cette action.

Toute partie à un contrat de licence est recevable à intervenir dans l'instance en contrefaçon engagée par une autre partie afin d'obtenir la réparation du préjudice qui lui est propre.

COMMENTAIRE

La présente disposition étend aux dessins et modèles une solution existante pour les brevets (V. précisions complémentaires ss. art. L. 615-2 CPI), les obtentions végétales et les marques.

Le licencié exclusif est présumé pouvoir agir en contrefaçon comme le propriétaire est autorisé à le faire. Mais cette prérogative est destinée à suppléer la carence de ce dernier : le licencié doit donc rapporter une mise en demeure restée infructueuse du propriétaire.

Cette possibilité, déjà admise par la jurisprudence, s'étend aux procédures accessoires et notamment à la saisie. En revanche, le licencié non exclusif demeure empêché de prendre l'initiative de l'action, ce qui ne l'interdit pas d'être partie à la procédure et d'obtenir réparation de son préjudice (al. 3).

Ancien art. L. 521-2 ***Les faits antérieurs au dépôt ne donnent lieu à aucune action dérivant du présent livre.***

Les faits postérieurs au dépôt, mais antérieurs à sa publicité, ne peuvent donner lieu, en vertu de l'article L. 521-4, à une action, même au civil, qu'à la charge par la partie lésée d'établir la mauvaise foi de l'inculpé.

Aucune action, pénale ou civile, ne peut être intentée, en vertu du même article, avant que le dépôt n'ait été rendu public.

Lorsque les faits sont postérieurs à la publicité du dépôt, leurs auteurs peuvent exciper de leur bonne foi, mais à la condition d'en rapporter la preuve. — [L. 14 juill. 1909, art. 11, al. 1er à 4.]

PLAN DES ANNOTATIONS

I. RÔLE DU DÉPÔT nos 1 à 6
II. COMPÉTENCE nos 7 à 9
III. QUALITÉ POUR AGIR nos 10 à 15
IV. ASSIGNATION n° 16
V. ACTES DE CONTREFAÇON nos 17 à 39
A. APPRÉCIATION nos 17 à 27
B. MOYENS DE DÉFENSE nos 28 à 39
VI. SANCTIONS nos 40 à 51
A. RÉPARATIONS nos 40 à 48
B. RECOURS EN GARANTIE n° 49
C. CONFISCATIONS n° 50
D. PROCÉDURE ABUSIVE n° 51
VII. ACTION EN CONCURRENCE DÉLOYALE nos 52 à 64
VIII. NULLITÉ DU CONTRAT nos 65 et 66
IX. IMPUTABILITÉ n° 67

I. RÔLE DU DÉPÔT

1. L'action en contrefaçon est recevable postérieurement à la publicité du dépôt du modèle. • Paris, 23 juin 1995 : *PIBD 1995. III. 474* • 18 juin 1992 : *PIBD 1992. III. 631* • 15 avr. 1992 : *ibid., p. 539.* ♦ L'action en contrefaçon, fondée sur les dispositions spécifiques aux dessins et modèles, suppose que la publicité du dépôt ait été opérée. Si la publicité a été effectuée au jour où le juge statue, l'irrecevabilité doit être écartée sur le fondement de l'art. 126 C. pr. civ. • Paris, 14 déc. 1994 : *PIBD 1995. III. 167* ; *RTD com. 1995. 774, obs. Azéma*.

2. *Contra* : l'action en contrefaçon est irrecevable sur le fondement du Livre V du présent code, lorsque la publication du dépôt est postérieure à l'assignation introductive d'instance même si elle est réalisée au jour où le juge statue, mais il reste possible d'invoquer le droit d'auteur. • Paris, 6 oct. 1994 : *PIBD 1995. III. 18* ; *RTD com. 1995. 774, obs. Azéma*.

3. En tout état de cause, le rejet de l'action en contrefaçon d'un modèle déposé est fondé lorsque les juges estiment que le modèle revendiqué est dépourvu d'originalité et de nouveauté tant en ce qui concerne chacun des éléments revendiqués qu'en ce qui concerne la forme générale. • Com. 27 janv. 1998 : *PIBD 1998. III. 232.*

4. Mauvaise foi. Les faits postérieurs au dépôt, mais antérieurs à sa publicité, ne peuvent donner lieu à une action en contrefaçon qu'à la charge pour la partie lésée d'établir la mauvaise foi de son adversaire. • Com. 24 janv. 1995 : *Bull. civ. IV, n° 20 ; PIBD 1995. III. 258* • Paris, 14 déc. 1994 : *PIBD 1995. III. 167 ; RTD com. 1995. 775, obs. Azéma* • 12 nov. 1992 : *PIBD 1993. III. 138* • TGI Paris, 7 avr. 1995 : *PIBD 1995. III. 389.*

5. Dépôt international. Il résulte, tant des dispositions de la loi française que de celles de l'Arrangement de La Haye que la preuve de ce que la publicité d'un dépôt a été effectué est faite par la délivrance d'un certificat d'identité ; il s'ensuit que l'action fondée sur un certificat d'identité international est recevable, sans qu'il soit besoin de formalité supplémentaire. • Paris, 7 juill. 1994 : *PIBD 1994. III. 550.* ♦ Comp. estimant que la seule publication d'un dépôt au Bulletin international de l'OMPI n'est pas suffisante pour exercer l'action de l'art. L. 521-2, dès lors qu'il n'y a pas eu publication de ce dépôt par l'INPI. • Nîmes, 14 mai 1998 : *PIBD 1998. III. 496.* ♦ Sur la recevabilité d'une action intentée par une société allemande sur la base du droit d'auteur protégeant un modèle de parapluie déposé à l'OMPI mais non encore publié, V. • Paris, 10 juin 1998 : *D. Affaires 1998. 1704, obs. B. P. ; PIBD 1998. III. 473.*

6. Publicité du dépôt. Aucune action ne peut être intentée avant que le dépôt n'ait été rendu public. Toutefois, dans le cas où un dépôt a été effectué sous la forme secrète et où le déposant n'a pas ultérieurement requis la publication, il faut considérer le dépôt comme publié, par application de l'art. 4-3 de l'Arrangement de La Haye du 6 nov. 1925, dès lors que le modèle a fait l'objet d'une demande internationale sans indication de secret, qui a donné lieu à enregistrement et publication. • Versailles, 29 oct. 1998 : *PIBD 1999. III. 552* • Nîmes, 14 mai 1998 : *PIBD 1998. III. 496.*

II. COMPÉTENCE

7. Vente en ligne. Le juge français est incompétent dès lors que le modèle de couteau litigieux n'est pas proposé par un site français ; que des sites étrangers l'offrant à la vente sont rédigés dans une langue étrangère et limitent les possibilités de livraison à des territoires autres que la France ; et que les produits contrefaits ne visent donc pas le public français. • Com. 12 févr. 2013 : *PIBD 2013. III. 1181.*

8. Connexité. Lorsqu'une action en contrefaçon de modèle est connexe à une demande en contrefaçon d'une marque, le tribunal de grande instance a compétence exclusive même si toutes les parties sont des commerçants. • TGI Paris, 10 sept. 1992 : *PIBD 1992. III. 676.*

9. Mesures d'urgence. En l'absence de procédure d'urgence spéciale, des mesures d'urgence peuvent être demandées au juge des référés sur le fondement des art. 872 et 873 C. pr. civ. • Paris, 26 janv. 1995 : *PIBD 1995. III. 277 ; RTD com. 1995. 774, obs. Azéma*. ♦ Sur les limites des pouvoirs du juge des référés, V. • Paris, 5 févr. 1987 : *Ann. propr. ind. 1988. 304* • Grenoble, 19 avr. 2000 : *PIBD 2000. III. 378.*

III. QUALITÉ POUR AGIR

10. Seul l'auteur ou le cessionnaire des droits, c'est-à-dire le propriétaire des droits patrimoniaux d'un modèle, bénéficie de la protection accordée par la loi et peut agir en contrefaçon de ce modèle. • Com. 12 juill. 1993 : *Bull. civ. IV, n° 294 ; D. 1994. Somm. 78, obs. Izorche ; PIBD 1993. III. 686* • 24 mars 1992 : *PIBD 1992. III. 379.* ♦ Sauf clause spéciale dans l'acte de cession, le cessionnaire ne pourra toutefois agir que sur des faits postérieurs à la cession. • TGI Paris, 12 mars 1997 : *PIBD 1997. III. 413.*

11. Ne sont pas recevables à agir en contrefaçon : un distributeur exclusif, qui peut cependant agir sur le fondement de la concurrence déloyale. • Paris, 23 mai 1995 : *PIBD 1995. III. 402* • 4 juin 1992 : *PIBD 1992. III. 598.* ♦ ... Le licencié, même exclusif. • Com. 12 juill. 1993 : *préc. note 10* • 10 mai 1994 : *PIBD 1994. III. 436.* ♦ ... Une filiale du titulaire du droit. • Douai, 8 juill. 1993 : *PIBD 1993. III. 665 ; Ann. propr. ind. 1995. 213.*

12. Sur les liens entre la recevabilité de l'action du cessionnaire et l'inscription au registre, V. note 5 ss. art. L. 513-3.

13. Intervention. Le licencié peut intervenir à l'action en contrefaçon. • TGI Paris, 15 févr. 1991 : *PIBD 1991. III. 464.*

14. Preuve. Sur la preuve de la qualité, V. • Paris, 16 juin 1995 : *PIBD 1995. III. 436.* ♦ S'agissant d'un modèle non déposé, il appartient à celui qui invoque des droits de création de prouver la date et la consistance de la création. • TGI Paris, 15 janv. 1992 : *PIBD 1992. III. 212.* ♦ En application de l'art. 201 C. pr. civ., le demandeur ne peut se délivrer à lui-même une attestation pour établir sa qualité d'auteur. • Paris, 18 sept. 1996 : *PIBD 1996. III. 620.* ♦ A propos de l'Enveloppe Soleau, V. • Paris, 23 avr. 1992 : *PIBD 1992. III. 563.*

15. Présomption en faveur des personnes morales. En l'absence de toute revendication de la part de la ou des personnes physiques ayant réalisé la création, les actes de commercialisation sont des actes de possession de nature à faire présumer, à l'égard des tiers contrefacteurs, que la société qui exploite l'œuvre est titulaire sur cette œuvre, quelle que soit sa qualification, du droit de propriété incorporelle de l'auteur. • Civ. 1re, 24 mars 1993 : *Bull. civ. I, n° 126 ; RIDA oct. 1993, p. 200 ; RTD com. 1995. 418, note Françon ; JCP 1993. II. 22085, note Greffe* • 31 janv. 1995 : *Bull. civ. I, n° 63 ; D. 1995. IR 65* • 13 oct. 1998, *SARL FCE : Bull. civ. I, n° 293 ; D. Affaires 1998. 1784 ; JCP 1998. IV. 3316* • Com. 7 avr. 1998 : *D. Affaires 1998. 1054, obs. B.P. ; PIBD 1998. III. 387 ; RJDA 1998, n° 920 ; JCP E 1998. IV. 2275.* ♦ Cette présomption est une présomption simple susceptible de preuve contraire. • Paris, 18 sept. 1996 : *PIBD 1996. III. 622.* ♦ Comp. justifie sa décision la cour d'appel qui déclare l'action d'une société en contrefaçon mal fondée en estimant qu'elle ne justifiait pas que les modèles dont elle revendiquait la protection résultant d'un dépôt à l'INPI étaient ceux qui avaient effectivement fait l'objet de ce dépôt. • Com. 16 juin 1998 : *PIBD 1998. III. 470.* ♦ N'ayant pas déterminé les parts respectives de création des différentes personnes qui, ayant concouru à l'élaboration de l'œuvre litigieuse, auraient pu éventuellement prétendre à la qualité de coauteurs, d'où s'ensuivait l'impossibilité d'attribuer à aucune d'entre elles un droit indivis sur l'ensemble créé, divulgué et exploité sous la direction et le nom d'une société, la cour d'appel, en refusant à celle-ci, jusqu'à preuve contraire, la qualité de propriétaire d'une œuvre collective et le droit d'agir contre les contrefacteurs, a violé les art. L. 113-1, al. 3, et L. 113-5. • Civ. 24 mars 1993 : *RIDA oct. 1993, p. 203 ; JCP 1993. II. 22085, note Greffe.* ♦ Dès lors qu'il est constant qu'une société exploite des objets, il importe seulement, pour apprécier l'existence de leur contrefaçon, de rechercher si, abstraction faite de la variété des modèles constitués des mêmes composants, la combinaison de ces éléments présente une originalité caractérisant une œuvre de l'esprit au sens de l'art. L. 111-1. • Civ. 1re, 4 mai 1994 : *Bull. civ. I, n° 160.*

IV. ASSIGNATION

16. Sur la validité de l'assignation, V. • Civ. 1re, 5 avr. 2012 : *Bull. civ. I, n° 83 ; D. 2012. AJ 1005* .

V. ACTES DE CONTREFAÇON

A. APPRÉCIATION

17. Reproduction des caractéristiques du dessin ou modèle. Retient à juste titre la contrefaçon la cour d'appel qui, après avoir décrit le modèle déposé en nature et relevé ses dimensions bien définies ainsi que ses effets extérieurs et avoir procédé à la comparaison de ces caractéristiques avec celles des antériorités invoquées, constate la nouveauté de ce modèle et sa reproduction par les objets litigieux soit servilement, soit quasi servilement. • Com. 18 déc. 1990 : *Bull. civ. IV, n° 327.* ♦ En statuant sans comparer les modèles protégés et les produits litigieux pour constater l'existence de ressemblances entre eux et en se prononçant par un motif général sur l'existence d'une copie quasi servile, une cour d'appel ne donne pas de base légale à sa décision. • Com. 13 févr. 1996 : *PIBD 1996. III. 321.* – Cassant • Paris, 2 déc. 1993 : *PIBD 1994. III. 191.* ♦ En revanche, motive sa décision la cour d'appel, qui accueille une demande en contrefaçon après comparaison des modèles protégés et des modèles contrefaisants et constate que les seconds étaient la copie servile des premiers. • Com. 7 avr. 1998 : *D. Affaires 1998. 1054, obs. B. P. ; PIBD 1998. III. 387 ; RJDA 1998, n° 920 ; JCP E 1998. IV. 2275.* ♦ Commettent une contrefaçon la décoratrice qui reproduit des meubles créés par un tiers et la société hôtelière qui fait fabriquer les meubles d'après les dessins commandés à cette décoratrice. • Com. 16 févr. 1999 : *PIBD 1999. III. 390.* – Rejetant le pourvoi contre • Paris, 7 févr. 1996 : *PIBD 1996. III. 290.* ♦ Sur la contrefaçon du dessin stylisé d'une jeune femme, V. • Paris, 30 sept. 2002 : *D. 2002. AJ 3080 ; JCP E 2004. 561, n° 9, obs. Haddadin ; Légipresse 2003, n° 198, I, p. 7.* ♦ Sont coupables de contrefaçon les prévenus qui ont détenu et commercialisé en France, sans l'autorisation du titulaire de modèles, des pièces de carrosserie d'automobile reproduisant les caractéristiques de ces modèles. • Crim. 9 sept. 2003 : *Bull. crim. n° 154 ; PIBD 2003. III. 620.* ♦ La preuve de la contrefaçon peut être apportée par le biais d'un « constat d'achat ». • Paris, 20 avr. 2005 : *JCP E 2005. 1139, n° 7, obs. Greffe.* ♦ Sur l'appréciation de la contrefaçon intervenue sous l'empire de l'ordonnance de 2001 avec les critères d'appréciation de la loi de 1909, V. • Versailles, 4 oct. 2007 : *PIBD 2008. III. 21 ; Propr. intell. 2008, n° 29, p. 441, obs. De Candé.*

18. Exposition au public. Au regard du droit d'auteur, l'hôtelier qui installe des meubles contrefaits dans son hall commet un acte de contrefaçon par représentation (exposition) publique. • Paris, 24 févr. 1999 : *PIBD 1999. III. 338.* – V. dans le même sens • TGI Paris, 2 mars 1999 : *PIBD 1999. III. 340.* ♦ La simple présentation des modèles litigieux par une brochure dans un salon professionnel caractérise la contrefaçon dans la mesure où une reproduction est portée à la connaissance du public ; peu importe que la production de ces modèles soit demeurée à l'état de projet. • Paris, 19 sept. 2012 : *PIBD 2013. III. 765.*

19. Représentation. Si les apparitions à l'écran de chaises protégées par le droit d'auteur étaient rapides, leur présence dans le film était délibérée et répétée, excluant qu'elles puissent être considérées comme simplement accessoires, de sorte qu'il s'agissait d'une représentation des œuvres constitutives d'une contrefaçon. • Civ. 1re, 12 déc. 2000 : *D. 2001. AJ 1530, obs.*

Dreyer ; *PIBD 2001. III. 454.* ♦ A propos d'une affiche publicitaire représentant, de manière accessoire, un modèle déposé, V. • Paris, 22 févr. 2002 : *Légipresse 2002, n° 193, I, p. 87 ; Propr. ind. 2002, n° 48, note Kamina.*

20. Différences. Si la contrefaçon s'apprécie selon les ressemblances et non d'après les différences, l'infraction ne peut être retenue lorsque ces ressemblances sont la conséquence d'une destination ou d'une fonction commune des modèles. • Paris, 6 déc. 1999 : *PIBD 2000. III. 124.* ♦ Le graphisme étant considéré comme une particularité substantielle des modèles d'articles de mode, la différence de graphisme exclut le risque de contrefaçon. • Douai, 26 mai 1997 : *PIBD 1997. III. 510.* ♦ Des différences mineures ou de détail ne sont pas significatives, lorsque la reproduction des caractéristiques essentielles du modèle confère à l'objet contrefaisant la même impression d'ensemble. • Paris, 20 sept. 1995 : *PIBD 1996. III. 24* • 24 nov. 1994 : *PIBD 1995. III. 98* • Com. 6 nov. 1990 : *Bull. civ. IV, n° 263.* ♦ La contrefaçon est établie dès lors que les objets critiqués présentent toutes les caractéristiques originales du modèle protégé ; il importe peu à cet égard qu'ils soient réalisés dans des coloris différents et un tissu d'une texture différente, alors que, le modèle étant constitué par une forme esthétique, la reproduction des mêmes coloris et du même matériau ne peut que caractériser des faits distincts de concurrence déloyale. • Paris, 27 févr. 1989 : *D. 1990. Somm. 188, obs. Burst* . ♦ V. aussi, retenant que la reproduction effectuée sans autorisation suffit à caractériser le grief de contrefaçon, sans qu'il y ait lieu de lui opposer les différences qui ne constituent que des dissemblances dans les détails accessoires, tenant à une légère différence de taille du modèle, mais laissent apparaître la volonté de copier et de provoquer une confusion entre les œuvres. • Paris, 17 sept. 1997 : *PIBD 1997. III. 658.* ♦ La contrefaçon est exclue lorsque les différences entre les deux modèles sont prépondérantes et excluent toute ressemblance d'ensemble et que les caractéristiques essentielles du modèle ne sont pas reprises. • Paris, 15 janv. 1999 : *PIBD 1999. III. 181.*

21. Risque de confusion. La constatation d'une contrefaçon ne postule pas que les œuvres doivent se ressembler et encore moins se confondre, la possibilité de confusion constituant une circonstance aggravante de la contrefaçon et non point un de ses éléments constitutifs ; il suffit pour retenir le grief de contrefaçon qu'il y ait reproduction ou imitation illicite de telle ou telle partie originale. La destination différente des objets qui reproduisent l'œuvre est indifférente, de même que le procédé de réalisation, la protection s'appliquant à la création et à la technique. • Paris, 14 mai 1990 : *RIDA oct. 1990, p. 286 ; Ann. propr. ind. 1991. 154.* ♦ La contrefaçon, qui doit s'apprécier en fonction des ressemblances, ne nécessite pas, pour être établie, qu'un risque de confusion puisse s'instaurer entre les deux modèles ; elle est établie dès lors que les caractéristiques du modèle contrefait se retrouvent dans le modèle argué de contrefaçon. • Paris, 23 janv. 1995 : *PIBD 1995. III. 231* • Paris, 21 sept. 2012 : *PIBD 2012. III. 804.* ♦ Pour une acceptation du risque de confusion comme condition requise pour retenir la contrefaçon, V. • Paris, 11 févr. 2004 : *PIBD 2004. III. 308 ; Propr. intell. 2004, n° 13, p. 940, obs. De Candé.* – Dans le même sens • Paris, 4 févr. 2005 : *PIBD 2005. 808. 322 ; Propr. intell. 2005, n° 17, p. 454, obs. De Candé* • Com. 3 mars 2006 : *D. 2006. Pan. 2609, obs. Galloux* ; *PIBD 2006. III. 404.* ♦ Le risque de confusion s'appréciant au regard du consommateur auquel le produit est destiné, une cour d'appel, en retenant, après comparaison des produits en litige, que l'impression d'ensemble qui se dégageait de l'examen des modèles excluait tout risque de confusion dans l'esprit de la clientèle de professionnels auxquels ils étaient destinés justifie légalement sa décision de rejeter les demandes en contrefaçon. • Com. 19 sept. 2006 : *Bull. civ. IV, n° 188 ; D. 2007. Pan. 2064, obs. Galloux* ; *ibid. 2006. AJ 2462, obs. Daleau* ; *CCE 2007, n° 21, note Caron ; Propr. ind. 2007, n° 13, note Gasnier.* ♦ Le risque de confusion s'apprécie en référence au « consommateur d'attention moyenne ». • Paris, 14 déc. 2005 : *Propr. intell. 2006, n° 21, p. 459, obs. De Candé* • 15 févr. 2006 : *Propr. intell. 2006, n° 21, p. 459, obs. De Candé.* ♦ Sur l'invocation du critère surabondant du risque de confusion pour qualifier l'acte contrefaisant, V. • Paris, 9 sept. 2009 : *PIBD 2009. III. 1447.* ♦ L'impression d'ensemble produite sur le consommateur est une notion étrangère au droit d'auteur. • Paris, 8 oct. 2010 : *RTD com. 2011. 114, obs. Pollaud-Dulian* .

22. Faute. Dès lors que la contrefaçon est établie, les juges du fond n'ont pas à rechercher l'existence d'une faute. • Civ. 1re, 10 mai 1995 : *Bull. civ. I, n° 203 ; RIDA oct. 1995, p. 291* • Paris, 8 déc. 1988 : *Ann. propr. ind. 1989. 179.*

23. Appréciation par les ressemblances. La contrefaçon s'apprécie par les ressemblances et non par les différences. • Paris, 15 janv. 1999 : *PIBD 1999. III. 177* • Versailles, 5 janv. 1995 : *PIBD 1995. III. 203* • Paris, 16 mars 1992 : *PIBD 1992. III. 474* • 28 nov. 1985 : *Ann. propr. ind. 1986. 306.* ♦ La contrefaçon s'apprécie par les ressemblances, à condition que celles-ci ne proviennent pas d'un emprunt au domaine public. • Com. 18 nov. 1997 : *D. 1998. 291, note Greffe* ; *JCP E 1997. I. n° 655, obs. Greffe.* ♦ Il y a contrefaçon lorsque les ressemblances entre les modèles en présence ne proviennent pas d'une communauté d'origine dans le style, la mode ou le choix du sujet, mais s'appliquent à des éléments déterminés, constitutifs de nouveauté. • Paris, 9 oct. 1996 : *PIBD 1997. III. 71.* ♦ Justifie sa décision la cour d'appel qui ayant comparé les dessins et recherché les ressemblances, a estimé qu'il n'y avait pas contrefaçon car ces dessins présentaient un aspect d'ensemble distinct. • Com. 27 mars 2001 : *PIBD 2001. III. 453.*

24. *Ressemblances non pertinentes.* Toutefois, la contrefaçon d'un modèle ne peut pas être retenue lorsque les seules ressemblances entre deux modèles relèvent de la reprise du genre et non de la reproduction des caractéristiques du modèle invoqué. • Paris, 8 janv. 1992 : *D. 1993. Somm. 300, obs. Burst* • 9 avr. 1992 : *PIBD 1992. III. 503.* ♦ Il en va de même lorsque les caractéristiques esthétiques du modèle ne sont pas reproduites mais seulement les caractéristiques techniques inséparables du résultat technique qui n'ouvrent pas droit à protection. • Paris, 12 mai 1992 : *PIBD 1992. III. 565* (pourvoi rejeté par • Com. 10 mai 1994 : *PIBD 1994. III. 435*) • 30 janv. 2001 : *PIBD 2001. III. 319* .

25. *Atteinte au droit moral.* Sur la dénaturation du dessin et l'absence d'indication du nom des auteurs, V. • TGI Paris, 18 oct. 1995 : *PIBD 1996. III. 56* • Com. 12 déc. 2000 : *PIBD 2001. III. 454.* ♦ Le droit de publier son œuvre sous son nom constitue une prérogative essentielle conférée par la loi ; aussi une société ne peut pas invoquer les usages dans le domaine des parfums et cosmétiques, pour s'exonérer du respect de cette prérogative. • Paris, 31 oct. 2000 : *PIBD 2001. III. 68.*

26. *Transit intracommunautaire.* L'introduction sur le territoire est réalisée même dans le cas où les objets contrefaits sont en simple transit en France. • T. com. Bayonne, 11 juin 1993 : *PIBD 1993. III. 633.* ♦ En mettant en œuvre, sur le fondement du code de la propriété intellectuelle, des procédures de retenue par les autorités douanières dirigées contre des marchandises légalement fabriquées dans un État membre de la Communauté européenne et destinées, après avoir transité par le territoire français, à être mises sur le marché d'un autre État membre, où elles peuvent être légalement commercialisées, la République française a manqué aux obligations qui lui incombent en vertu de l'art. 28 du traité CE (ancien art. 28) ; le transit intracommunautaire ne relève donc pas de l'objet spécifique du droit de propriété industrielle sur les dessins et modèles. • CJCE 26 sept. 2000 : *D. 2000. AJ 440* ; *CCE 2001, n° 1, obs. Caron ; Dossiers Brevets 2000. IV. 1 ; PIBD 2001. III. 18 ; RTD eur. 2002. 375, obs. Bonet* . ♦ Le transit ne relève pas de l'objet spécifique du droit des dessins et modèles dans l'État membre de la Communauté européenne où il s'effectue dès lors que les marchandises, légalement fabriquées dans un état membre, sont destinées, après avoir transité sur le territoire français, à être mises sur le marché d'un autre état membre, où elles peuvent être légalement commercialisées. • Crim. 3 sept. 2002 : *D. 2002. AJ 3144* ; *CCE 2002, n° 153, note Caron ; PIBD 2003. III. 164 ; Propr. ind. 2003, n° 21, note Kamina ; Propr. intell. 2003, n° 6, p. 52, obs. Lucas.* ♦ L'art. 28 du Traité CE s'oppose à la mise en œuvre, en application d'une législation d'un État membre en matière de propriété intellectuelle, des procédures de retenue des autorités douanières dirigées contre les marchandises légalement fabriquées dans un autre État membre et destinées, après avoir transité par le territoire du premier État membre, à être mises sur le marché d'un pays tiers. L'opération de transit ne constituant pas une mise sur le marché, une mesure de retenue en douane, telle que celle opérée par l'administration des Douanes, ne saurait être justifiée par des raisons de protection de la propriété industrielle et commerciale. • CJCE 23 oct. 2003 : *PIBD 2004. III. 192 ; Propr. ind. 2004, n° 23, note Folliart-Monguiral ; ibid. 2004, n° 24, note Kamina.* ♦ Décision reprise par la Cour de cassation, V. • Com. 31 mars 2004 : *Bull. civ. IV, n° 66 ; D. 2004. AJ 1239, obs. Daleau* ; *PIBD 2004. III. 414 ; Propr. intell. 2004, n° 13, p. 940, obs. De Haas* • 21 sept. 2004 : *Bull. crim. n° 215 ; D. 2004. AJ 2856, obs. Allaeys* ; *Propr. ind. 2004, n° 100, note Kamina ; Propr. intell. 2005, n° 17, p. 456, obs. De Candé ; RIDA janv. 2005, p. 193, note Kérever.* ♦ Sur le transit de marchandises fabriquées en dehors de l'Union européenne destinées au marché d'un État membre, V. • Crim. 2 déc. 2003 : *Bull. crim. n° 228 ; RTD com. 2004. 715, obs. Galloux* ; *Propr. ind. 2004, n° 25, note Kamina ; PIBD 2004. III. 204 ; Propr. intell. 2004, n° 13, p. 940, obs. De Haas.*

27. *Distribution et importation.* La responsabilité d'un distributeur exclusif peut être retenue puisqu'il contribue à la mise dans le commerce d'objets contrefaisant un modèle protégé. • Com. 16 déc. 1997 : *PIBD 1998. III. 180.* ♦ Le délit de contrefaçon est commis sur le territoire français dès lors que l'atteinte aux droits du propriétaire d'un modèle a eu lieu, et a été constatée en France, même si les marchandises ou produits révélant la contrefaçon ont été fabriqués ailleurs, et n'ont fait que circuler sur le territoire français où ils ont été introduits. • Pau, 14 oct. 1998 : *D. 1999. Somm. 126, obs. Mousseron* ; *Dossiers Brevets 1998. IV. 8.*

B. MOYENS DE DÉFENSE

28. *Reproductions nécessaires.* Ne donne pas de base légale à sa décision une cour d'appel qui déboute une société de son action en contrefaçon au motif que les ressemblances entre les produits résulteraient de leur identité d'utilisation, sans constater que les différences entre les modèles déposés par cette société et les produits argués de contrefaçon excluaient tout risque de confusion entre eux, alors qu'il ne résulte pas de l'arrêt que la ressemblance entre les premiers et les seconds était inséparable du résultat industriel. • Com. 11 févr. 1992 : *Bull. civ. IV, n° 66 ; PIBD 1992. III. 378.* ♦ Si la contrefaçon s'apprécie selon les ressemblances et non d'après les différences, il n'en demeure pas moins que la contrefaçon d'un modèle de jouet ne peut être retenue lorsque les ressemblances existant entre les modèles sont justifiées par des impératifs tenant à l'obligation de reproduire le plus exactement possible le matériel de la SNCF. • Paris, 3 avr. 1995 : *PIBD 1995. III. 363.* – Pourvoi rejeté par • Civ. 1re, 17 juin 1997 : *RIDA oct. 1997, p. 247.* ♦ Il n'y a pas contrefaçon lorsque les similitudes entre deux modèles ne portent que sur des éléments fonctionnels ou qui sont dans le domaine public, alors que leur aspect général diffère et que leurs éléments originaux qui donnent son esthétique au modèle ne sont pas reproduits. • Versailles, 27 mai 1999 : *PIBD 1999. III. 391.*

29. Publicité. C'est à bon droit qu'une cour d'appel retient qu'une société ne contrefait pas des dessins en les faisant paraître, dans des conditions normales, dans un catalogue publicitaire destiné à la promotion des vêtements sur lesquels ils figurent et avec lesquels ils forment un tout indissociable. • Com. 27 oct. 1992 : *Bull. civ. IV, n° 323 ; RIDA avr. 1993, p. 190.* ♦ Un revendeur peut, à titre de démonstration, présenter dans sa vitrine ou sur des affiches publicitaires une maquette construite avec des éléments de construction conformément aux instructions du catalogue du fabricant, titulaire de droits d'auteur sur la maquette, le consentement de l'auteur pour la reproduction de l'œuvre résultant nécessairement des relations commerciales existant entre les parties. • Com. 1er déc. 1987 : *Bull. civ. IV, n° 259 ; RIDA avr. 1988, p. 140* • Lyon, 15 mai 2004 : *JCP E 2004. 974, n° 9, obs. Greffe.*

30. Usage privé. L'utilisation de mobiliers argués de contrefaçon, aurait-elle été réservée à la mise en valeur des vérandas présentées sur un stand d'exposition, revêt le caractère d'une exploitation commerciale et ne peut être tenue pour un simple usage privatif. • Paris, 27 mai 1993 : *PIBD 1993. III. 569.*

31. Bonne foi. La mauvaise foi des personnes qui ont participé à une contrefaçon n'est pas une condition de l'action civile exercée par l'auteur en vue d'obtenir réparation de la perte pécuniaire que lui a causée l'usurpation de son droit de propriété intellectuelle. • Civ. 1re, 6 juin 1990 : *Bull. civ. I, n° 144* • 5 mars 1991 : *ibid., n° 85* • 27 févr. 1973 : *ibid., n° 72* • 3 avr. 2001 : *PIBD 2001. III. 480* • Com. 16 févr. 1999 : *PIBD 1999. III. 390* • Paris, 24 févr. 1999 : *PIBD 1999. III. 338.* ♦ Les professionnels doivent vérifier, avant de fabriquer ou de commercialiser des dessins, s'il n'existe pas de droit sur ces dessins et ne peuvent donc pas exciper de leur bonne foi. • Paris, 7 juill. 1994 : *PIBD 1994. III. 550.* ♦ De même, un professionnel allemand particulièrement averti d'un secteur précis de la distribution doit vérifier, avant de les exporter en France, que ces modèles n'y bénéficient pas d'une protection au titre du droit des modèles. • Paris, 3 déc. 1997 : *PIBD 1998. III. 207.* ♦ Sur la responsabilité du sous-traitant qui a reproduit un objet manufacturé, V. • Bordeaux, 5 avr. 2001 : *JCP E 2003. 1291, n° 26, obs. Greffe.*

32. Au regard du droit civil, l'exploitation d'un produit qui comporte la reproduction d'une œuvre originale constitue à elle seule une contrefaçon ; en important et en vendant des vêtements confectionnés dans le tissu reproduisant le dessin contrefaisant, une société se rend coupable de contrefaçon et ne saurait, en conséquence, exciper d'une prétendue bonne foi pour échapper à sa responsabilité. • Paris, 21 mars 1995 : *PIBD 1995. III. 314* • 10 mai 1995 : *ibid., p. 386* • 18 janv. 1995 : *ibid., p. 227.* ♦ La présomption de mauvaise foi pèse : Sur l'importateur, auquel il incombe de prouver qu'il a pris toutes les informations lui permettant d'éviter le risque de contrefaçon d'un dessin ou modèle préexistant. • Com. 16 juin 1992 : *Bull. civ. IV, n° 236 ; RIDA avr. 1993, p. 190 ; RJ com., févr. 1993, p. 89, obs. Burst ; RTD com. 1993. 506, obs. Azéma* • Civ. 1re, 5 mars 1991 : *Bull. civ. I, n° 85.* ♦ ... Sur le revendeur qui, en tant que professionnel, doit exiger de l'importateur toutes informations sur l'étendue de ses droits. • Civ. 1re, 6 juin 1990 : *Bull. civ. I, n° 144* • Paris, 10 mars 1994 : *PIBD 1994. III. 362* • 22 oct. 1992 : *PIBD 1993. III. 104.* ♦ La seule qualité de professionnel de la personne poursuivie ou encore la seule commercialisation des modèles contrefaisants ne suffit pas à établir l'existence de la mauvaise foi. • Paris, 4 mars 2005 : *JCP E 2005. 1139, n° 9, obs. Greffe.*

33. Preuve de la bonne foi. La cour d'appel qui a retenu que le modèle protégé n'était pas commercialisé de manière notoire, qu'il n'avait fait l'objet que de publicités limitées, que sa création n'avait été divulguée que par la publication du dépôt et que les saisies-contrefaçons effectuées chez d'autres commerçants ne suffisaient pas à démontrer que le défendeur en ait eu connaissance, a pu décider que le défendeur (distributeur) ne pouvait pas connaître après la date de publication du modèle litigieux son existence et pouvait ainsi justifier avoir commercialisé de bonne foi les produits contrefaisants. • Com. 10 mai 1994 : *PIBD 1994. III. 436.* ♦ Sur l'inversement de la charge de la preuve, V. • Com. 2 juill. 2002 : *JCP E 2003. 1291, n° 25, obs. Greffe ; PIBD 2003. III. 163.*

34. Épuisement du droit. La protection des dessins et modèles relève de la protection de la propriété industrielle et commerciale au sens de l'art. 36 [désormais art. 30] du Traité de Rome. Le titulaire d'un droit à un modèle, acquis en vertu de la législation d'un État membre, peut s'opposer à l'importation de produits en provenance d'un autre État membre et ayant un aspect identique au modèle deposé, à condition que les produits litigieux aient été mis en circulation dans cet autre État membre sans l'intervention ou le consentement du titulaire du droit ou d'une personne unie à ce titulaire par un lien de dépendance juridique ou économique, qu'il n'existe entre les personnes en cause aucune sorte d'entente restrictive de concurrence et que les droits respectifs des titulaires du modèle dans différents États membres aient été créés indépendamment les uns des autres. • CJCE 14 sept. 1982, *Keurkoop c/ Nancy Kean Gifts : Rec. CJCE 2853 ; RTD eur. 1984. 316, note Bonet* • 5 oct. 1988 : *Rec. CJCE 6039 et 6211 ; RTD eur. 1990. 720, note G. Bonet*.

35. L'exception à la libre circulation des marchandises à l'intérieur du marché commun, prévue à l'art. 36 [désormais art. 30] du Traité de Rome au profit des droits de propriété industrielle et commerciale, comprend les droits d'auteur et s'applique lorsque le produit en cause (en l'espèce un modèle de fauteuil) n'a pas été mis dans le commerce par le titulaire du droit exclusif ou avec son consentement, fût-ce licitement dans un État membre où le droit n'est pas protégé. • Com. 16 janv. 1990 : *Bull. civ. IV, n° 14* • 20 févr. 1980 : *PIBD 1980, III, p. 119 ; RTD com. 1980. 545, obs. Françon.* – Rejet du pourvoi contre • Lyon, 7 juin 1977 : *JCP 1978. II. 18954, note Burst et Kovar ; Rev. crit. DIP 1978. 561, note Françon ; RTD com. 1978. 720, obs. Chavanne et Azéma* • Paris, 7 oct. 1993 : *PIBD 1994. III. 122.*

36. Objet spécifique. Relève de l'objet spécifique du droit de propriété sur les dessins et modèles, la faculté d'empêcher les tiers de fabriquer et de vendre ou d'importer, sans le consentement du titulaire du droit, des produits incorporant le dessin ou le modèle, actes qui impliquent une utilisation par le tiers de l'apparence du produit que le droit sur les dessins ou modèles vise à protéger. En revanche, le transit intracommunautaire n'implique aucune utilisation de cette apparence et ne relève donc pas de l'objet spécifique du droit de propriété industrielle et commerciale sur les dessins et modèles. • CJCE 26 sept. 2000, n° C-23/99 : *PIBD 2001. III. 18.*

37. État de nécessité. L'état de nécessité n'est pas caractérisé dès lors que le prévenu disposait d'autres solutions que la commission d'un délit de contrefaçon pour pallier les simples difficultés commerciales de son entreprise que pouvait créer une défaillance de son fournisseur, à supposer qu'elle soit démontrée. • Crim. 11 févr. 1986 : *JCP E 1986. I. 15335.*

38. Tolérance. La renonciation à un droit ne peut être tacite ; la tolérance du titulaire de droits d'auteur à l'égard d'un contrefacteur ne lui fait pas perdre ses droits. • Paris, 17 févr. 1994 : *PIBD 1994. III. 308.*

39. Constitue un acte déloyal l'information donnée au client d'un concurrent d'une poursuite en contrefaçon non encore reconnue fondée par une décision judiciaire. • Paris, 25 avr. 1989 : *Ann. propr. ind. 1990. 186.*

VI. SANCTIONS

A. RÉPARATIONS

40. Principe. BIBL. Mandel, *Gaz. Pal. 1996. 1. 600.* ♦ L'indemnisation ne saurait excéder le montant de la perte subie et du gain manqué. • Paris, 26 févr. 1992 : *D. 1993. Somm. 300, obs. Burst*. ♦ La diffusion d'une copie servile, en banalisant le modèle et en l'avilissant, porte atteinte à l'image de marque de son titulaire et au droit moral de son auteur. • Paris, 28 févr. 1996 : *PIBD 1996. III. 357* • Com. 22 oct. 2002 : *Bull. civ. IV, n° 152 ; Propr. intell. 2003, n° 6, p. 85, obs. Passa ; RDPI nov. 2003, n° 153, p. 46.* ♦ La seule atteinte aux droits exclusifs cause un préjudice. • Com. 25 avr. 2001 : *PIBD 2001. III. 451.*

41. Masse contrefaisante. Si le titulaire du modèle contrefait avait la capacité de produire la masse contrefaisante, le gain manqué est constitué par les bénéfices perdus relatifs aux objets contrefaits, en tenant compte de la marge du titulaire et de la baisse de cette marge causée par la présence des objets contrefaits sur le marché. La perte subie correspond à l'atteinte au monopole et à la dépréciation des modèles. • T. com. Bobigny, 27 janv. 1993 : *D. 1993. Somm. 300, obs. Burst* • Paris, 20 oct. 1995 : *PIBD 1996. III. 43* • 10 mai 1995 : *PIBD 1995. III. 386.* ♦ La masse contrefaisante doit être considérée dans sa totalité mais peut être divisée en deux parties, la première étant déterminée en fonction de la distinctivité du modèle, de l'état du marché et de la concurrence et à laquelle on applique un coefficient lié au bénéfice perdu et, la seconde, donnant lieu à une redevance indemnitaire. • Paris, 30 nov. 2001 : *JCP E 2002. 1043, n° 3, obs. Greffe ; Propr. ind. 2002, n° 21, note Greffe* • 21 déc. 2001 : *JCP E 2002. 1043, n° 3, obs. Greffe.*

42. Assiette. Même si le titulaire d'un modèle n'occupe qu'une part limitée du marché, le contrefacteur lui a pris des ventes en mettant sur le marché un produit qui, bien que techniquement différent, présentait le même aspect avec une qualité moindre qui permettait de le vendre à moindre coût ; il y a lieu d'évaluer les ventes manquées à 20 % de la masse contrefaisante. S'agissant d'un produit nouveau et haut de gamme, c'est le résultat net courant avant impôts qui doit servir de base de calcul et non le résultat net comptable applicable à toutes les productions de l'entreprise dans leur ensemble. Pour les 80 % restants, il convient d'appliquer au chiffre d'affaires un taux de redevance indemnitaire. • Paris, 21 févr. 1991 : *Ann. propr. ind. 1992. 331.*

43. Lorsque le titulaire est, compte tenu de l'importance de son exploitation, largement en mesure de répondre à la demande, le contrefacteur doit être condamné à payer les bénéfices perdus sur la totalité de la masse contrefaisante, compte tenu de l'interchangeabilité des produits et du fait que le contrefacteur a eu recours aux mêmes distributeurs que le titulaire du modèle. • Paris, 22 mai 1986 : *Ann. propr. ind. 1987. 239.*

44. Abattements. Si l'aspect esthétique est déterminant dans le choix de la clientèle pour des objets purement décoratifs, il n'en est pas de même pour des fauteuils ou des tables qui sont avant tout des objets fonctionnels, ce qui amène à réduire la marge bénéficiaire du titulaire du droit pour calculer son indemnité. • Paris, 20 oct. 1993 : *PIBD 1994. III. 125* • 23 juin 1988 : *Ann. propr. ind. 1989. 180.* ♦ Pour d'autres abattements, V. • Paris, 15 févr. 1990 : *Ann. propr. ind. 1992. 92* • 13 juin 1991 : *Ann. propr. ind. 1991. 93.*

45. Avilissement du modèle. La qualité inférieure des contrefaçons doit être prise en compte pour l'évaluation du préjudice, car elle contribue à déprécier le modèle copié. • Paris, 15 mai 1990 : *D. 1992. Somm. 312, obs. Burst* • 27 févr. 1989 : *D. 1990. Somm. 188, obs. Burst* • 25 sept. 1995 : *PIBD 1996. III. 24.*

46. Les juges du fond justifient légalement leur décision en retenant au titre du préjudice subi à la fois la perte de parts de marché et l'atteinte au prestige de la marque, entraînant une diminution de la valeur patrimoniale de la création litigieuse. • Civ. 1re, 10 mai 1995 : *Bull. civ. I, n° 203* • Paris, 12 févr. 1999 : *PIBD 1999. III. 363.*

47. Une cour d'appel peut retenir que l'exploitation illicite ayant porté atteinte aux droits d'auteur du créateur a nui, dans l'esprit du public, à la réputation de son activité créatrice pour constater l'étendue et la nature du préjudice réparable qu'elle évalue ensuite souverainement. • Civ. 1re, 5 mars 1991 : *Bull. civ. I, n° 85.*

48. Modèle inexploité. Si le modèle n'est pas exploité, sa contrefaçon cause néanmoins un préjudice et le titulaire peut demander une redevance indemnitaire au contrefacteur. • Paris, 20 mars 1995 : *Ann. propr. ind. 1995. 219* • 3 mars 1988 : *Ann. propr. ind. 1989. 180.*

B. RECOURS EN GARANTIE

49. Dès lors qu'il est souverainement relevé qu'une société a, en connaissance de cause, mis en vente des produits contrefaisants, elle n'est pas fondée à obtenir la garantie de son vendeur du fait de l'éviction qu'elle subit. • Civ. 1re, 10 mai 1995 : *Bull. civ. I, n° 203 ; RIDA oct. 1995, p. 291* • Com. 4 févr. 2004 : *D. 2005. Pan. 1714, obs. Galloux ; PIBD 2004. III. 233 ; Propr. intell. 2004, n° 13, p. 942, obs. De Candé.* ♦ Nul ne peut se garantir contre sa propre faute. • Paris, 7 janv. 1992 : *PIBD 1992. III. 299* • 26 avr. 1994 : *PIBD 1994. III. 412.* ♦ L'entreprise distributrice qui a fait fabriquer, en connaissance de cause, des contrefaçons par une autre société, ne peut pas obtenir la garantie de celle-ci. • Paris, 22 sept. 2000 : *PIBD 2001. III. 64.* ♦ *Contra* • Paris, 26 févr. 1992 : *PIBD 1992. III. 406* • TGI Paris, 18 oct. 1995 : *PIBD 1996. III. 56* • Paris, 28 mars 2001 : *JCP E 2002. 1043, n° 2, obs. Greffe.* ♦ L'auteur lié par un contrat de créateur à la société condamnée pour commercialisation d'un modèle contrefaisant lui doit garantie des conséquences du caractère contrefaisant de son modèle. • Com. 27 janv. 1998 : *PIBD 1998. III. 234.* ♦ Sur le recours en garantie du distributeur professionnel « non spécialiste », V. • Paris, 31 mars 2004 : *Propr. intell. 2004, n° 13, p. 970, obs. Passa.* ♦ Le contrefacteur n'est pas fondé à appeler en garantie ni le fabricant ni l'agent commercial, le rôle de ces derniers ne comprenant pas l'examen du modèle litigieux au regard des règles de propriété intellectuelle. • Com. 17 mars 2009, n° 07-21.517 : *Dalloz jurisprudence.*

C. CONFISCATIONS

50. V. note ss. art. L. 521-3.

D. PROCÉDURE ABUSIVE

51. Une société qui en a assigné vainement une autre, deux fois en un an, pour des motifs similaires, un tel comportement révèle la volonté de perturber les activités d'un concurrent et cause à ce dernier un trouble commercial qui doit être réparé. • Paris, 2 déc. 1998 : *PIBD 1999. III. 96.* ♦ N'agit pas de façon abusive le titulaire d'un modèle contrefait qui poursuit un architecte concepteur de cafétérias qui a commandé et fourni les objets contrefaisants, sans poursuivre le fabricant ; car la victime d'une contrefaçon peut poursuivre tous ceux qui ont participé aux faits délictueux, sans avoir l'obligation de poursuivre le fabricant. • Paris, 15 janv. 1999 : *PIBD 1999. III. 177.*

VII. ACTION EN CONCURRENCE DÉLOYALE

52. Distinction des deux actions. L'action en concurrence déloyale et l'action en contrefaçon procèdent de causes distinctes. • Lyon, 26 oct. 1989 : *D. 1992. Somm. 313, obs. Burst.* ♦ La notion d'antériorité étant inopérante lorsque l'action est exclusivement fondée sur la concurrence déloyale, la demande ne peut être rejetée à ce seul motif. • Paris, 29 avr. 1998 : *PIBD 1998. III. 437.*

53. Les juges du fond ne peuvent se contenter de relever des ressemblances entre les produits, mais doivent constater l'existence d'une faute caractérisant la concurrence déloyale. • Com. 8 nov. 1994 : *PIBD 1995. III. 73.*

54. Domaine public. Le simple fait de copier la prestation d'autrui ne constitue pas comme tel un acte de concurrence fautif, le principe étant qu'une prestation qui ne fait pas ou ne fait plus l'objet de droits de propriété intellectuelle peut être librement reproduite. • Paris, 18 oct. 2000 : *D. 2001. AJ 850, obs. Passa*. ♦ Les modèles non protégeables peuvent être reproduits librement, sauf à prouver, que les tiers auraient réalisé un surmoulage et créé un risque de confusion. Si un modèle protégé est reproduit de façon quasi servile, cet élément doit être pris en compte dans l'appréciation du préjudice subi du fait de la contrefaçon mais ne constitue pas en soi un acte de concurrence déloyale. • Paris, 15 déc. 2000 : *PIBD 2001. III. 189* • 12 févr. 1999 : *PIBD 1999. III. 36*.

55. Les faits invoqués à l'appui de la demande en concurrence déloyale doivent être distincts des faits de contrefaçon. • Paris, 10 mai 1995 : *PIBD 1995. III. 386* • Paris, 2 juill. 2004 : *Propr. intell. 2004, n° 13, p. 968, obs. Passa*.

56. Les actions en contrefaçon et en concurrence déloyale ayant un fondement différent, il n'est pas possible de déduire l'absence de concurrence déloyale de l'absence de contrefaçon. • Com. 14 nov. 1995 : *PIBD 1996. III. 75 ; RIPIA 1996. 243*. ♦ L'acte de contrefaçon ne constitue pas en soi un acte de concurrence déloyale à l'égard du distributeur exclusif. • Com. 31 mars 2004 : *PIBD 2004. III. 392 ; Propr. intell. 2004, n° 12, p. 797, obs. Passa*.

57. Risque de confusion. La concurrence déloyale peut être caractérisée par la création d'une confusion possible dans l'esprit des clients, appréciée souverainement par les juges du fond. • Com. 25 nov. 1986 : *Bull. civ. IV, n° 218* • 4 janv. 1984 : *ibid. n° 8*. ♦ L'existence du risque de confusion s'apprécie par rapport à la clientèle à laquelle le produit est destiné ; un produit étant destiné à des professionnels, ce risque ne s'apprécie pas en fonction de consommateurs moyennement informés ou attentifs. • Com. 23 mars 1999 : *PIBD 1999. III. 263*.

58. En l'absence de droit privatif, on ne peut interdire à un concurrent de fabriquer et commercialiser des produits identiques, dès lors que cette commercialisation est exempte de toute confusion ; l'indication de l'origine du produit, suffisamment apparente, exclut tout risque de confusion. • Paris, 4 oct. 1995 : *PIBD 1996. III. 27*.

59. Il y a concurrence déloyale lorsque l'on bénéficie de l'effort effectué par un concurrent et crée un risque de confusion dans l'esprit de la clientèle sur l'origine des produits, en reproduisant un modèle sans y apporter de modification, sans avoir procédé aux recherches et sans posséder le matériel nécessaire pour sa création. • Com. 24 janv. 1995 : *Bull. civ. IV, n° 20 ; PIBD 1995. III. 258*. ♦ ... De même lorsque les similitudes créent un risque de confusion dans l'esprit de la clientèle et traduisent la volonté, après la rupture des relations commerciales, de mettre rapidement sur le marché des produits concurrents en utilisant fautivement le savoir-faire d'autrui. • Com. 8 nov. 1994 : *PIBD 1995. III. 74* • Rouen, 5 janv. 1995 : *ibid., 1995, III, p. 198*. ♦ Il y a concurrence déloyale quand les similitudes entre deux modèles créent un risque certain de confusion pour l'acheteur d'attention moyenne, tandis que les quelques différences secondaires et la présence des marques du contrefacteur sont insuffisantes pour l'éviter, eu égard, à l'aspect général quasi identique des deux modèles. • Paris, 8 déc. 1999 : *PIBD 2000. III. 153*. ♦ Inversement, il n'y a pas concurrence déloyale si les différences existant entre deux modèles excluent toute confusion. • Com. 16 janv. 2001 : *PIBD 2001. III. 323*. ♦ Une société qui se met dans le sillage d'un concurrent et profite ainsi de ses efforts financiers et commerciaux pour diffuser ses propres produits commet des agissements constitutifs de concurrence déloyale. • Com. 8 juill. 1997 : *PIBD 1997. III. 625*.

60. Idées. Une idée n'est pas, en soi, protégeable ; pour qu'une protection soit possible par l'action en concurrence déloyale, il faut qu'il y ait un risque de confusion entre les deux réalisations issues de cette idée et qu'elle ne soit pas liée au produit réalisé si étroitement qu'elle ne puisse en être écartée. • Paris, 16 déc. 1993 : *PIBD 1994. III. 222*.

61. Copie servile. Constitue un acte de concurrence déloyale la copie servile dont résulte un risque de confusion dans l'esprit de la clientèle. • Com. 4 juill. 1995 : *PIBD 1995. III. 473* • 29 nov. 1994 : *ibid., p. 95* • Com. 14 déc. 1999 : *PIBD 2000. III. 179* • Paris, 1er févr. 1990 : *Ann. propr. ind. 1992. 77* • 24 oct. 1997 : *PIBD 1998. III. 88* • Com.14 janv. 2003 : *Propr. intell. 2004, n° 13, p. 943, obs. De Candé*. ♦ En réalisant une copie servile par surmoulage, le contrefacteur a pu économiser les recherches et mises au point nécessaires et produire à moindre prix les articles offerts à la même clientèle, ce qui a entraîné un risque de confusion chez cette dernière, faits distincts de la contrefaçon qui caractérisent la concurrence déloyale. • Paris, 13 oct. 1994 : *PIBD 1995. III. 46*. ♦ Si le surmoulage ne constitue pas en soi un acte de concurrence distinct, mais une simple circonstance aggravante de la contrefaçon, il n'en demeure pas moins que l'utilisation qui pourrait en être faite, dès lors que la contrefaçon ne serait pas établie, est susceptible de constituer en soi un acte de concurrence déloyale autonome, s'il est démontré que ce surmoulage a permis au concurrent de mettre sur le marché un produit de substitution à des coûts moindres. • Paris, 19 déc. 1995 : *PIBD 1996. III. 198*. ♦ Il y a concurrence déloyale lorsque la servilité de la copie fait apparaître la volonté de créer une confusion dans l'esprit de la clientèle et que les produits commercialisés le sont à des prix très inférieurs aux produits conformes au modèle protégé et comportent des finitions de moins bonne qualité, ce qui a pour effet de porter atteinte à l'image du produit original.

• Com. 4 juill. 1995 : PIBD 1995. III. 505 • Civ. 1re, 5 nov. 1991 : Ann. propr. ind. 1992. 330. ♦ La cour d'appel a caractérisé la concurrence déloyale en relevant qu'une société avait reproduit un vêtement par surmoulage pour le vendre dans son important réseau à un prix inférieur. • Com. 22 févr. 2000 : *PIBD 2001. III. 13.*

62. Prix inférieurs. Il y a concurrence déloyale lorsque les produits imités pour entretenir une confusion totale dans l'esprit de la clientèle avec les produits originaux sont vendus à un prix très inférieur, le préjudice étant alors distinct de celui qui résulte de la contrefaçon. • Com. 21 avr. 1992 : *PIBD 1992. III. 562 ; D. 1993. Somm. 300, obs. Burst* • Civ. 1re, 5 nov. 1991 : *Ann. propr. ind. 1992. 330* • Versailles, 1er mars 1990 : *D. 1992. Somm. 312, obs. Burst* • Paris, 23 nov. 1989 : *Ann. propr. ind. 1990. Somm. 188, obs. Burst* • Lyon, 26 oct. 1989 : *Ann. propr. ind. 1992. Somm. 313, obs. Burst.* ♦ ... Mais, en l'absence de droit privatif, la pratique de prix inférieurs n'est pas critiquable dès lors qu'elle ne révèle aucune manœuvre prohibée et n'est que l'expression de la libre concurrence. • Paris, 8 févr. 1995 : *PIBD 1995. III. 295.* – Pourvoi rejeté par • Com. 21 oct. 1997 : *PIBD 1998. III. 21.* ♦ La pratique de prix inférieurs procède du principe de liberté du commerce et de l'industrie et ne constitue pas, en soi, un acte de concurrence déloyale. • Com. 27 mars 2001 : *PIBD 2001. III. 453* • Paris, 31 janv. 1996 : *PIBD 1996. III. 233* • 12 févr. 1999 : *PIBD 1999. III. 362* • 24 nov. 1999 : *PIBD 2000. III. 149.* ♦ Si la vente à un prix inférieur d'un produit similaire à ceux d'un concurrent n'est pas en soi, déloyale, elle le devient dès lors qu'elle est le résultat d'agissements parasitaires. • Com. 14 déc. 1999 : *PIBD 2000. III. 179.*

63. Concurrence parasitaire. En l'absence de contrefaçon, il y a concurrence parasitaire lorsque d'anciens salariés profitent des travaux d'élaboration du modèle de leur employeur pour concevoir leur propre modèle à moindres frais et le commercialiser rapidement auprès de la même clientèle à un prix inférieur. • T. com. Paris, 6 févr. 1989 : *D. 1992. Somm. 313, obs. Burst.* ♦ Le fait de présenter des modèles contrefaits dans un catalogue de façon similaire dans une gamme de produits aux formes similaires traduit le désir de s'installer dans le sillage d'autrui pour tirer, sans coût complémentaire, bénéfice de l'effort développé par celui-ci pour commercialiser son œuvre et révèle un comportement parasitaire. • Paris, 23 janv. 1995 : *PIBD 1995. III. 231.* ♦ Ayant relevé que le modèle incriminé n'était pas la copie servile de l'autre et même qu'ils n'étaient pas interchangeables, ce dont il résultait, pour ces produits différents dans leur conception, l'absence d'un comportement parasitaire, la cour a justifié sa décision. • Com. 30 janv. 2001 : *PIBD 2001. III. 319.*

64. Préjudice. Il s'infère nécessairement des actes déloyaux, l'existence d'un préjudice, fût-il seulement moral. • Com. 25 avr. 2001 : *PIBD 2001. III. 451.* ♦ Les préjudices résultant d'une contrefaçon, d'une part, et de faits distincts de concurrence déloyale, d'autre part, fussent-ils de même nature, ne constituent pas un même préjudice. • Com. 28 nov. 2006 : *Bull. civ. IV, n° 233 ; D. 2007. Pan. 2065, obs. Galloux ; Propr. intell. 2007, n° 22, p. 120, obs. Passa* • 23 janv. 2007 : *PIBD 2007. III. 258.*

VIII. NULLITÉ DU CONTRAT

65. La marchandise contrefaite ne peut faire l'objet d'une vente. • Com. 24 sept. 2003 : *Bull. civ. IV, n° 147 ; D. 2003. 2683, note Caron ; ibid. Somm. 2762, obs. Sirinelli ; ibid. 2005. Pan. 1715, obs. Galloux ; RTD civ. 2003. 703, obs. Mestre et Fages ; ibid. 2004. 117, obs. Revet ; RTD com. 2004. 285, obs. Pollaud-Dulian ; CCE 2004, n° 31, note Caron ; JCP E 2004. 974, n° 13, obs. Greffe ; PIBD 2004. III. 13 ; Propr. ind. 2003, n° 93, note Kamina ; Propr. intell. 2004, n° 13, p. 942, obs. De Candé.*

66. En s'engageant, fût-ce moralement, à ne pas copier les produits commercialisés, la société accusée de contrefaçon a exprimé la volonté non équivoque de s'obliger envers la société concurrente titulaire des droits. • Com. 23 janv. 2007 : *CCE 2007, n° 54, note Caron.*

IX. IMPUTABILITÉ

67. Un professionnel averti, dont le siège est proche de celui de la victime d'une contrefaçon ne saurait valablement prétendre avoir ignoré les modèles de celle-ci et se devait, en tout état de cause de vérifier si les produits par lui acquis ne correspondaient pas à ces derniers. • Paris, 9 oct. 1996 : *PIBD 1997. III. 71.* ♦ Le grief de contrefaçon ne pouvant s'appliquer qu'aux sociétés qui, en France, reproduisent, fabriquent, importent, distribuent ou commercialisent des modèles contrefaisants, la société qui les fabriquait à l'étranger, en vertu d'une licence, sans les exporter, ni les commercialiser en France doit être mise hors de cause. • Paris, 3 déc. 1997 : *PIBD 1998. III. 207.* ♦ La victime d'une contrefaçon n'a pas l'obligation de poursuivre le fabricant supposé des objets contrefaisants mais peut assigner toute personne ayant participé à ces actes délictueux. • Paris, 15 janv. 1999 : *PIBD 1999. III. 177.*

Art. L. 521-3 *(L. n° 2007-1544 du 29 oct. 2007, art. 3)* **L'action civile en contrefaçon se prescrit par** *(L. n° 2014-315 du 11 mars 2014, art. 16)* **« cinq » ans à compter des faits qui en sont la cause.**

COMMENTAIRE

L'article L. 521-3 aligne le délai de prescription préexistant en matière de brevets, d'obtentions végétales et de marques. Ainsi, sa rédaction est strictement identique à celle des articles L. 615-8, L. 623-29 et L. 716-5. De la même manière, la disposition consacre un rapprochement heureux entre la prescription de l'action en contrefaçon et de l'action en revendication ouverte par l'article L. 511-10.

Sous l'empire de la loi ancienne, et à défaut de disposition particulière, il convenait d'appliquer la prescription décennale de droit commun énoncée par les articles 2270-1 du code civil ou L. 110-4 du code de commerce. La loi de 2007 avait déjà réduit la prescription à trois ans. Dans l'intérêt des ayants droit, le délai est désormais remonté à cinq ans.

Comme cette mesure réduit les prérogatives des ayants droit, elle n'est applicable que pour l'avenir, c'est-à-dire qu'elle ne concerne que les actions engagées depuis le 31 octobre 2007 et dont les faits litigieux remontent à plus de dix ans.

Chaque fait de contrefaçon est considéré comme un délit distinct et fait donc courir un délai de prescription propre.

L'harmonisation opérée avec les autres droits de propriété industrielle éloigne encore un peu plus le droit des dessins et modèles du droit d'auteur qui reste soumis à une prescription décennale. Cette différence de traitement n'est pas sans poser de difficulté lorsque, par application de la théorie de l'unité de l'art, un dessin ou modèle est protégé cumulativement par les dispositions de livres I et V du code de la propriété intellectuelle (V. art. L. 513-2 et comm. ss. cet art.). Le titulaire d'un titre sur un dessin ou modèle, forclos pour son action sur ce terrain, sera plus que jamais tenté de fonder ses demandes sur le droit d'auteur, y compris en appel d'une décision de rejet. On conviendra que cette incidence ne participe pas d'un mouvement de cohérence des propriétés intellectuelles. ❑

Ancien art. L. 521-3 ***La confiscation, au profit de la partie lésée, des objets portant atteinte aux droits garantis par le présent livre est prononcée même en cas de relaxe.***

Le tribunal, en cas de condamnation, peut en outre prononcer la confiscation des instruments ayant servi spécialement à la fabrication des objets incriminés. – [L. 14 juill. 1909, art. 11, al. 5 et 6.] – V. art. L. 335-7.

La confiscation doit être limitée aux objets portant atteinte au droit garanti, ce qui n'inclut pas les recettes perçues par le contrefacteur ; elle ne saurait excéder le montant des indemnités allouées à la victime. • Paris, 3 mars 1988 : *Ann. propr. ind. 1989. 180.*

Art. L. 521-3-1 *(L. n° 2011-525 du 17 mai 2011, art. 196)* **Les actions civiles et les demandes relatives aux dessins et modèles, y compris lorsqu'elles portent également sur une question connexe de concurrence déloyale, sont exclusivement portées devant des tribunaux de grande instance, déterminés par voie réglementaire.**

Les dispositions qui précèdent ne font pas obstacle au recours à l'arbitrage, dans les conditions prévues aux articles 2059 et 2060 du code civil.

COMMENTAIRE

La loi pour la modernisation de l'économie (dite loi « LME »), promulguée le 4 août 2008, a précisé la loi de 2007 en matière d'attribution aux tribunaux de grande instance du contentieux des dessins et modèles, mais aussi des marques, des indications géographiques et de la propriété littéraire et artistique. Le principe avait été entériné à l'article L. 211-10 du code de l'organisation judiciaire. Mais l'article 135 de la loi LME met fin à toute ambiguïté en attribuant l'exclusivité du contentieux à la juridiction civile de droit commun. De cette façon, elle harmonise tous les régimes de propriété intellectuelle qui dorénavant appliquent le système préexistant en matière de brevet (V. art. L. 615-17). Le contentieux de la contrefaçon, opposant souvent des commerçants ou des sociétés commerciales, échappe désormais aux tribunaux de commerce. La présente disposition précise même que l'action en concurrence déloyale suit la même voie si la demande est classiquement fondée sur les deux terrains.

La liste des tribunaux de grande instance compétents et de leurs ressorts respectifs a été établie par le décret n° 2010-1369 du 12 novembre 2010. Elle prend la forme d'une liste annexée à l'article D. 211-6 du code de l'organisation judiciaire reproduit dans le présent code sous l'article L. 331-1.

Dans cette attente, il semble judicieux d'appliquer les règles traditionnelles pour déterminer la localisation de la juridiction compétente. ❑

Ancien art. L. 521-3-1 (L. n° 2007-1544 du 29 oct. 2007, art. 3) ***Les tribunaux de grande instance appelés à connaître des actions et des demandes en matière de dessins et modèles, y compris lorsque ces actions et demandes portent à la fois sur une question de dessins et modèles et sur une question connexe de concurrence déloyale, sont déterminés par la voie réglementaire.***

1. Compétence judiciaire. Le Tribunal des conflits reconnaît la compétence des juridictions de l'ordre judiciaire en présence d'une action en contrefaçon de dessins et modèles exercée contre une commune. • T. confl. 2 mai 2011 : *Propr. ind. 2011, n° 50, note Sarcelet ; Propr. intell. 2011, n° 40, p. 189, note Sirinelli ; RIDA oct. 2011, p. 189, note Sirinelli.*

2. Compétence spécialisée. Admettant la compétence du TGI de Paris, V. • Montpellier, 27 mars 2012 : *D. 2013. Pan. 1925, obs. Galloux.* ♦ *A contrario* • Caen, 6 déc. 2012 : *PIBD 2013. III. 1036.*

Art. L. 521-4 *(L. n° 2007-1544 du 29 oct. 2007, art. 3)* **La contrefaçon peut être prouvée par tous moyens.**

A cet effet, toute personne ayant qualité pour agir en contrefaçon est en droit de faire procéder en tout lieu et par tous huissiers, *(L. n° 2014-315 du 11 mars 2014, art. 4)* **« le cas échéant » assistés d'experts désignés par le demandeur, en vertu d'une ordonnance rendue sur requête par la juridiction civile compétente, soit à la description détaillée, avec ou sans prélèvement d'échantillons, soit à la saisie réelle des objets prétendus contrefaisants ainsi que de tout document s'y rapportant.** *(L. n° 2014-315 du 11 mars 2014, art. 4)* **« L'ordonnance peut autoriser la saisie réelle de tout document se rapportant aux objets prétendus contrefaisants en l'absence de ces derniers. »**

La juridiction peut ordonner, aux mêmes fins probatoires, *(L. n° 2014-315 du 11 mars 2014, art. 4)* **« la description détaillée ou » la saisie réelle des matériels et instruments utilisés pour produire ou distribuer les objets prétendus contrefaisants.**

Elle peut subordonner l'exécution des mesures qu'elle ordonne à la constitution par le demandeur de garanties destinées à assurer l'indemnisation éventuelle du défendeur si l'action en contrefaçon est ultérieurement jugée non fondée ou la saisie annulée.

A défaut pour le demandeur de s'être pourvu au fond, par la voie civile ou pénale, dans un délai fixé par voie réglementaire, l'intégralité de la saisie, y compris la description, est annulée à la demande du saisi, sans que celui-ci ait à motiver sa demande et sans préjudice des dommages et intérêts qui peuvent être réclamés.

BIBL. ▶ DOROL, *Propr. ind. 2017. Étude 5* (le constat d'achat sur internet). – DE HASS, *Propr. intell. 2011, n° 40, p. 278* (la compétence juridictionnelle pour ordonner une saisie-contrefaçon). – ZAJDELA, *Propr. ind. 2016. Étude 18* (la preuve en matière de contrefaçon : constat d'achat ou saisie-contrefaçon ?).

COMMENTAIRE

La loi du 11 mars 2014 a harmonisé la procédure de saisie au sein de tous les livres du code de la propriété intellectuelle. Les commentaires sont ainsi transposables *mutatis mutandis* aux articles L. 332-1, L. 332-4, L. 343-1, L. 615-5, L. 623-27-1, L. 716-7 et L. 722-4.

Les titulaires de droits dont les créations sont régulièrement enregistrées par les voies nationale, internationale ou communautaire jouissent d'une procédure préalable permettant de faciliter la preuve de la contrefaçon et/ou de faire cesser le préjudice et/ou de simplifier la confiscation des objets litigieux et leur remise en nature à la victime si elle est prononcée en vertu de l'article L. 521-3. La mise en œuvre de cette procédure prend la forme d'une ordonnance du président du tribunal de grande instance.

La demande peut intervenir avant même que la création ait été publiée. Elle peut prendre deux formes selon la gravité des faits. La première consiste en la **description des produits litigieux**, mais aussi des matériels et instruments utilisés. Cette saisie descriptive ne prive pas le saisi des objets mais leurs caractéristiques sont détaillées par l'huissier dans son procès-verbal. La seconde consiste à compléter la description par un **enlèvement des prétendues contrefaçons et/ou des documents y afférents** et leur dépôt au greffe du tribunal. Cette saisie réelle permet d'immobiliser les objets et cause donc un préjudice certain au contrefacteur présumé. En conséquence, son étendue doit être strictement limitée et variera selon le degré de certitude de la contrefaçon. De surcroît, l'ordonnance de saisie peut prévoir une caution versée par le requérant. Cette précaution, appelée dorénavant « garantie » et plus « consignation », est imposée lorsque ce dernier réside hors de l'Union européenne.

Depuis la réforme de 2007, la saisie peut s'étendre aux matériels et instruments permettant de produire ou distribuer les contrefaçons. Surtout, il est désormais possible d'emporter ou de copier des documents commerciaux ou comptables, facilitant ainsi grandement la preuve du comportement litigieux.

Les conditions de mise en œuvre de cette procédure demeurent souples et dépendent de l'appréciation du juge. La directive est en ce sens plus sévère puisque son article 7, paragraphe 1er, exige du saisissant qu'il rapporte « des éléments de preuve raisonnablement accessibles pour étayer ses allégations ». Il est heureux que cette exigence n'ait pas été reprise par le législateur français. En effet, l'obtention de preuves est précisément l'une des fonctions de la saisie-contrefaçon. Si elles devenaient préalables, ce type de procédures perdrait de son intérêt.

La saisie ne requiert pas de notification préalable à l'intéressé mais une copie de la requête et de l'ordonnance lui est transmise lors de l'opération. A défaut, et faute de précision dans le présent article, seule la nullité relative de la saisie est encourue. Le requérant n'est soumis à aucun délai entre le jour de l'ordonnance de saisie et son exécution mais ne peut procéder à plusieurs opérations de saisie en vertu de la même ordonnance. Le requérant est libre de solliciter l'huissier de son choix. De la même façon, l'assistance d'un expert est à la discrétion du saisissant. La présence de cet homme de l'art s'avère même obligatoire en pratique. Très naturellement, il devrait s'agir le plus souvent d'un conseil en propriété industrielle en relation habituelle avec le saisissant.

Toute modification des prescriptions de l'ordonnance doit être demandée par les intéressés par voie de référé.

La saisie est une mesure provisoire qui ne statue pas sur le fond du litige et ne peut vérifier l'existence de la contrefaçon. Le requérant doit donc, à peine de nullité de la saisie, faire délivrer au saisi une assignation dans un délai raisonnable à compter de la date de la saisie (et non de la date de l'ordonnance). Ce délai a été fixé par le décret n° 2008-624 du 27 juin 2008. Désormais, l'article R. 521-1 reprenant la formule de l'article 7, paragraphe 3, de la directive, impose au saisissant d'agir dans les « vingt jours ouvrables ou trente et un jours civils si ce délai est plus long ». Il est à noter que la loi du 11 mars 2014 a au livre I du présent code ajouté un article L. 332-4 rendant dorénavant identiques les effets de la nullité à tous les régimes.

L'annulation de la saisie et du procès-verbal de saisie pour dépassement du délai ou autre raison est un moyen de défense courant. Elle n'est pas automatique mais s'applique systématiquement lorsque le saisi en fait la demande. Elle n'entraîne pas l'échec de la procédure au fond mais conduit seulement à écarter des débats les informations consignées dans le procès-verbal : la matérialité de la contrefaçon peut être établie par tous moyens.

Le cumul de protection permettra le cas échéant au titulaire de droits sur un dessin ou modèle de bénéficier d'une procédure simplifiée pratiquée par le commissaire de police ou le juge d'instance et spécifique au droit d'auteur (V. CPI, art. L. 332-1).

Le constat d'achat est une procédure distincte de la saisie. Il n'a pas à se conformer aux conditions des articles L. 521-4, alinéa 2 (ou art. L. 615-5, al. 2, en matière de brevets) et, notamment, ne requiert pas l'autorisation du juge. En revanche, il peut être qualifié de saisie-contrefaçon déguisée si l'huissier ne se limite pas à une description sommaire, le cas échéant accompagnée de photographies. Ce constat est aussi différent du simple « témoin » (art. 202 du C. pr. civ. et L. 142-1 CPCE). – Pour une étude d'ensemble sur la pratique, Dorol, *Propr. ind. 2015. Étude 17* (le tiers acheteur dans le constat d'achat). ❑

Voir aussi notes ss. art. L. 615-5.

1. Caractère limité des actes autorisés par l'ordonnance. Sous peine de nullité de la procédure, l'huissier est tenu au strict respect de l'ordonnance. Il ne peut prendre l'initiative de recueillir des témoignages. • Civ. 1re, 2 avr. 2009 : *Dalloz actualité, 28 avr. 2009, obs. Daleau ; PIBD 2009. III. 1077.* ♦ Il ne peut non plus apporter un modèle litigieux. • Com. 29 sept. 2009, n° 08-20.486. ♦ Afin d'établir la consistance de la déclaration, et en l'absence sur place du modèle litigieux, le juge peut valablement autoriser l'huissier à en produire un exemplaire afin de recueillir les témoignages des personnes présentes [Décis. fondée sur le Liv. I (art. L. 332-1) sûrement extensible au Liv. V compte tenu de la similitude des rédactions]. • Com. 11 mai 2017, n° 16-14.213 : *PIBD 2017. III. 534.*

2. Constat sur internet. Le constat d'huissier est annulé car ce dernier a outrepassé ses pouvoirs en s'engageant dans une démarche active d'achat et de livraison auprès d'un site de commerce électronique, ses demandes ayant été satisfaites par la mise en œuvre d'un traitement automatique. • Civ. 1re, 20 mars 2014 : *D. 2014. 784 ; PIBD 2014. III. 475 ; Prop. ind. 2014. Étude 24.*

3. Délai raisonnable. Le délai raisonnable pour appréhender l'étendue des pouvoirs conférés à l'huissier instrumentaire et la portée de ses droits ne peut être déterminé que si ce dernier inscrit au procès-verbal l'heure de la signification de l'ordonnance et de la requête et celle du début des opérations de saisie. • Paris, 13 févr. 2013, *SARL Davimar c/ SARL Quai 71 : Propr. intell. 2013, n° 47, p. 199, obs. A. Lucas ; CCE 2013. Chron. 8, obs. Kahn.* ♦ Un délai de dix minutes entre la signification de l'ordonnance et l'opération de saisie est « exclusif de la notion d'immédiateté invoquée et constitue un délai raisonnable pour ce faire ». La saisie-contrefaçon est donc régulière. • Paris, 8 févr. 2013, *SARL Ash Distribution c/ SA Christian Dior Couture et SAS Sodilog : PIBD 2013. III. 1144 ; Propr. intell. 2013, n° 47, p. 199, obs. A. Lucas ; CCE 2013. Chron. 8, obs. Kahn.*

4. QPC. La question prioritaire de constitutionnalité portant sur la conformité de l'al. 2 est jugée fantaisiste et ne sera pas transmise à la Cour de cassation. • TGI Paris, 3e ch., sect. 2, 5 déc. 2014, n° 2013/02595 : *PIBD 2015. III. 17.*

Art. L. 521-4-1 *(L. n° 2014-315 du 11 mars 2014, art. 4)* **La juridiction peut ordonner, d'office ou à la demande de toute personne ayant qualité pour agir en contrefaçon, toutes les mesures d'instruction légalement admissibles, même si une saisie-contrefaçon n'a pas préalablement été ordonnée dans les conditions prévues à l'article L. 521-4.**

COMMENTAIRE

Cette disposition a été ajoutée par la loi du 11 mars 2014. Elle s'applique uniformément au sein de la propriété intellectuelle : articles L. 332-1-1 (droits d'auteur), L. 343-1-1 (bases de données), L. 521-4-1 (dessins et modèles), L. 615-5-1-1 (brevets), L. 623-27-1-1 (certificats d'obtention végétale), L. 716-7-1 A (marques) et L. 722-4-1 (indications géographiques). Elle vient compléter les outils à la disposition du juge qui, indépendamment de toute procédure de saisie-contrefaçon, peut éclairer sa décision en ordonnant toutes mesures d'instruction complémentaires. Elles devraient essentiellement viser la production d'éléments de preuve détenus par les parties.

Art. L. 521-5 *(L. n° 2007-1544 du 29 oct. 2007, art. 3)* **Si la demande lui en est faite, la juridiction saisie** *(L. n° 2014-315 du 11 mars 2014, art. 3)* **« au fond ou en référé » d'une procédure civile prévue au présent titre peut ordonner, au besoin sous astreinte, afin de déterminer l'origine et les réseaux de distribution des produits** *(L. n° 2014-315 du 11 mars 2014, art. 3)* **« argués de contrefaçon » qui portent atteinte aux droits du demandeur, la production de tous documents ou informations détenus par le défendeur ou par toute personne qui a été trouvée en possession de produits** *(L. n° 2014-315 du 11 mars 2014, art. 3)* **« argués de contrefaçon » ou qui fournit des services utilisés dans** *(L. n° 2014-315 du 11 mars 2014, art. 3)* **« de prétendues activités » de contrefaçon ou encore qui a été signalée comme intervenant dans la production, la fabrication ou la distribution de ces produits ou la fourniture de ces services.**

La production de documents ou d'informations peut être ordonnée s'il n'existe pas d'empêchement légitime.

Al. abrogés par L. n° 2014-315 du 11 mars 2014, art. 3.

COMMENTAIRE

Cet article détaille le droit d'information (et non le droit à l'information). Il s'agit de l'une des innovations majeure de la réforme de 2007 qui s'applique uniformément et dans les mêmes termes à tous les droits de propriété intellectuelle (V. art. L. 331-1-2 pour le droit d'auteur, les droits voisins et le droit du producteur de bases de données ; art. L. 615-5-2 pour les brevets ; art. L. 622-7 pour les produits semi-conducteurs ; art. L. 623-27-2 pour les obtentions végétales, art. L. 716-7-1 pour les marques ; art. L. 722-5 pour les indications géographiques).

Si le code de procédure civile offrait la possibilité de demander des informations grâce à l'action *ad exhibendum* (art. 11 et 138 à 142 not.), le cadre présenté par la disposition est beaucoup plus précis. Il appartient ainsi au juge, dans une procédure au fond comme de référé, d'ordonner la délivrance d'informations à la demande de l'ayant droit (ce qui exclut que la mesure soit ordonnée d'office).

La loi du 11 mars 2014 ne définit plus la nature des documents ou informations, renforçant ainsi le pouvoir d'appréciation du juge. Néanmoins, reprenant la directive, le présent article crée un tempérament en cas « d'empêchement légitime » à la communication (al. 2) qui peut être allégué pour des raisons de protection de la vie privée, d'engagement de confidentialité ou de secret professionnel. Cette notion est déjà connue en procédure civile (V. not. art. 141 et 145 C. pr. civ. ou les « motifs légitimes » prévus à l'art. 10 C. civ.). En dehors de ces cas, la communication des informations demandées est obligatoire et l'intéressé engage sa responsabilité s'il ignore l'astreinte prononcée par le juge.

En revanche, la définition de « l'informateur » est très large. Il peut s'agir évidemment du **présumé contrefacteur**. Cette procédure est inspirée du mécanisme de *discovery* très utilisé notamment aux États-Unis. Il peut s'agir aussi de **tiers au litige** et notamment de toute personne privée ou publique impliquée dans leur diffusion, jusqu'aux détenteurs de produits contrefaisants. Plus encore, la présence d'une contrefaçon à l'échelle commerciale, caractérisée par la volonté d'obtenir un avantage économique ou commercial, condition préalable prévue par la directive, n'a, en définitive, pas été retenue par le législateur français. ☐

1. Définition. Le droit d'information est la procédure contradictoire permettant « d'ordonner au défendeur de produire des informations et éléments, de nature commerciale ou comptable, susceptibles de permettre au titulaire du dessin ou modèle, qui a rapporté par ailleurs la preuve de la contrefaçon alléguée, de déterminer l'origine et l'étendue de la contrefaçon et de parfaire ses demandes ». • Com. 8 oct. 2013, *Maisons du monde SAS c/ Home Spirit [venant aux droits de la SA Canapé du Nord] : Bull. civ. IV, n° 149 ; D. 2013. 2397 ; PIBD 2013. III. 1614 ; Propr. ind. 2014, Chron. 4, obs. Plasmans.*

2. Compétence. La saisie visée par le présent article est de la compétence du juge du fond, solution éminemment protectrice des droits de la défense qui vide d'une partie de son intérêt cette faculté nouvelle offerte par la directive de 2004. • Paris, 2 déc. 2011, n° 10/06235 : *Dalloz jurisprudence.* ♦ *Contra*, offrant cette faculté au juge de la mise en état. • Paris, 17 févr. 2010 : *PIBD 2010. III. 449.*

3. Cassation pour violation, par refus d'application, de l'arrêt qui, pour rejeter la demande en rétractation de l'ordonnance ayant autorisé une seconde saisie-contrefaçon, retient que les dispositions de l'art. L. 521-5 n'ont pas pour objet de démontrer l'étendue de la contrefaçon reprochée au défendeur et sont sans utilité dans la procédure en cours. • Com. 8 oct. 2013 : *préc. note 1.*

Art. L. 521-6 *(L. n° 2007-1544 du 29 oct. 2007, art. 3)* **Toute personne ayant qualité pour agir en contrefaçon peut saisir en référé la juridiction civile compétente afin de voir ordonner, au besoin sous astreinte, à l'encontre du prétendu contrefacteur ou des intermédiaires dont il** *[elle]* **utilise les services, toute mesure destinée à prévenir une atteinte imminente aux droits conférés par le titre ou à empêcher la poursuite d'actes argués de contrefaçon. La juridiction civile compétente peut également ordonner toutes mesures urgentes sur requête lorsque les circonstances exigent que ces mesures ne soient pas prises contradictoirement, notamment lorsque tout retard serait de nature à causer un préjudice irréparable au demandeur. Saisie en référé ou sur requête, la juridiction ne peut ordonner les mesures demandées que si les éléments de preuve, raisonnablement accessibles au demandeur, rendent vraisemblable qu'il est porté atteinte à ses droits ou qu'une telle atteinte est imminente.**

La juridiction peut interdire la poursuite des actes argués de contrefaçon, la subordonner à la constitution de garanties destinées à assurer l'indemnisation éventuelle du demandeur ou ordonner la saisie ou la remise entre les mains d'un tiers des produits soupçonnés de porter atteinte aux droits conférés par le titre, pour empêcher leur introduction ou leur circulation dans les circuits commerciaux. Si le demandeur justifie de circonstances de nature à compromettre le recouvrement des dommages et intérêts, la juridiction peut ordonner la saisie conservatoire des biens mobiliers et immobiliers du prétendu contrefacteur, y compris le blocage de ses comptes bancaires et autres

avoirs, conformément au droit commun. Pour déterminer les biens susceptibles de faire l'objet de la saisie, elle peut ordonner la communication des documents bancaires, financiers, comptables ou commerciaux ou l'accès aux informations pertinentes.

Elle peut également accorder au demandeur une provision lorsque l'existence de son préjudice n'est pas sérieusement contestable.

Saisie en référé ou sur requête, la juridiction peut subordonner l'exécution des mesures qu'elle ordonne à la constitution par le demandeur de garanties destinées à assurer l'indemnisation éventuelle du défendeur si l'action en contrefaçon est ultérieurement jugée non fondée ou les mesures annulées.

(L. n° 2014-315 du 11 mars 2014, art. 11) **« Lorsque les mesures prises pour faire cesser une atteinte aux droits sont ordonnées avant l'engagement d'une action au fond, le demandeur doit, dans un délai fixé par voie réglementaire, soit se pourvoir par la voie civile ou pénale, soit déposer une plainte auprès du procureur de la République. » A défaut, sur demande du défendeur et sans que celui-ci ait à motiver sa demande, les mesures ordonnées sont annulées, sans préjudice des dommages et intérêts qui peuvent être réclamés.**

BIBL. ► DREYER, *D. 2015. 1164* (propriétés intellectuelles : prendre (enfin) le droit pénal au sérieux). – GALLOUX, *Propr. ind. 2013. Étude 3* (quelques précisions relatives aux mesures provisoires en matière de contrefaçon).

Ancien art. L. 521-6 (L. n° 94-102 du 5 févr. 1994, art. 8) ***En cas de récidive des infractions aux droits garantis par le présent livre, ou si le délinquant est ou a été lié par convention avec la partie lésée, les peines encourues sont portées au double.***

Les coupables peuvent, en outre, être privés pendant un temps qui n'excédera pas cinq ans du droit d'élection et d'éligibilité pour les tribunaux de commerce, les chambres de commerce et d'industrie et les chambres de métiers, ainsi que pour les conseils de prud'hommes.

Cet art. a été renuméroté et est devenu l'art. L. 521-13.

COMMENTAIRE

La réforme de 2007 instaure un régime complet et efficace de mesures provisoires transposant ainsi fidèlement la directive (art. 9) elle-même inspirée de l'article 50 des accords ADPIC (V. App., v° *Dispositions générales*). Ces dispositions sont identiques pour toutes les propriétés industrielles (V. CPI, art. L. 615-3 pour les brevets ; art. L. 622-7 pour les produits semi-conducteurs ; art. L. 623-27 pour les obtentions végétales, art. L. 716-6 pour les marques ; art. L. 722-3 pour les indications géographiques) et le droit du producteur de bases de données (V. CPI, art. L. 343-2).

Il existait bien des procédures d'urgences spécifiques sous l'empire de la loi ancienne mais elles étaient réservées aux brevets et aux marques et surtout leurs mises en œuvre étaient aléatoires (procédure obligatoirement contradictoire, appréciation du caractère sérieux de l'action au fond). Aujourd'hui, la procédure *ex parte* est généralisée et simplifiée. Il n'est plus nécessaire d'attendre la procédure au fond et risquer ainsi que le contrefacteur organise son insolvabilité. Il s'agit d'une forme spécifique des mesures conservatoires offertes par le droit commun des procédures d'exécution (V. art. 67 s., L. n° 91-650 du 9 juill. 1991) lorsqu'il existe des « circonstances susceptibles de menacer le recouvrement » de la condamnation. Comme la procédure de l'article L. 521-5, elle est applicable même si la contrefaçon n'est pas réalisée à une échelle commerciale dans les limites du respect du principe de proportionnalité des mesures prises par le juge.

En revanche, le demandeur doit avoir qualité pour agir en contrefaçon. En conséquence, comme le précise l'article 9 de la directive, le juge ne peut s'affranchir d'un examen préalable de l'existence des droits et de leur titularité sans pour autant statuer sur la validité du titre.

De surcroît, le demandeur doit convaincre le juge du bien-fondé de sa demande. Mais la preuve est assortie d'un double tempérament. Il s'agit d'éléments « raisonnablement accessibles » démontrant que l'atteinte est « vraisemblable », voire simplement « imminente » (la condition de « dommage imminent » est aussi énoncée par l'art. 809 C. pr. civ.). Une atteinte future mais dépourvue d'ambiguïté est suffisante. Il faudra attendre que les juges se positionnent sur ces notions nouvelles en propriété intellectuelle, matière qui traditionnellement ne réprime pas la seule tentative. Cette souplesse est bien compréhensible : il s'agit évidemment d'éviter que cette procédure ne soit privée de sa substance en requérant préalablement une condamnation au fond.

Les mesures provisoires peuvent être demandées selon deux voies.

La première, contradictoire, est celle du **référé**. L'expression « en référé » a remplacé l'ancienne formule « en la forme des référés » (V. CPI, art. L. 615-3 et L. 716-6 anciens). La procédure est donc encadrée par les articles 484 à 492 du code de procédure civile.

La seconde est celle de la **requête** et constitue là une nouveauté de la réforme. Le principe du contradictoire étant ainsi abandonné au profit de l'efficacité, des circonstances particulières sont exigées comme le prévoit aussi l'article 812 du code de procédure civile et notamment qu'à défaut de cette procédure d'urgence, l'ayant droit subisse un « préjudice irréparable ». La demande par requête doit conserver un caractère exceptionnel. A défaut, elle doit être rejetée et le demandeur devra alors se diriger vers le référé.

Les mesures provisoires peuvent être de nature variée (interdiction, confiscation, saisie conservatoire…). Elles peuvent avoir pour finalité de constituer une **provision** sur l'indemnisation future du titulaire de droits. Il est généralement considéré, qu'en la matière, les règles résultant de l'interprétation de l'article 809, alinéa 2, du code de procédure civile ont vocation à s'appliquer. Compte tenu de la gravité des conséquences pour le prétendu contrefacteur, le juge peut exiger du demandeur des garanties visant à indemniser le premier du préjudice causé si la contrefaçon n'était pas avérée. D'ailleurs, le titulaire de droits est évidemment obligé d'agir au fond dans le même délai que celui prévu à l'article L. 521-4 (V. comm. ss. cet article). Depuis la loi du 11 mars 2014, un simple dépôt de plainte suffit à remplir cette obligation.

L'efficacité de ces mesures provisoires devrait inciter les concurrents à minorer les risques de contrefaçon, par exemple en engageant plus facilement une action en nullité ou en déchéance en présence de titres « contestables » ou encore à recourir à la déclaration de non-contrefaçon prévue à l'article L. 615-9 en matière de brevet. ❑

Art. L. 521-7 *(L. nº 2014-315 du 11 mars 2014, art. 2)* **Pour fixer les dommages et intérêts, la juridiction prend en considération distinctement :**

1º Les conséquences économiques négatives de la contrefaçon, dont le manque à gagner et la perte subis par la partie lésée ;

2º Le préjudice moral causé à cette dernière ;

3º Et les bénéfices réalisés par le contrefacteur, y compris les économies d'investissements intellectuels, matériels et promotionnels que celui-ci a retirées de la contrefaçon.

Toutefois, la juridiction peut, à titre d'alternative et sur demande de la partie lésée, allouer à titre de dommages et intérêts une somme forfaitaire. Cette somme est supérieure au montant des redevances ou droits qui auraient été dus si le contrefacteur avait demandé l'autorisation d'utiliser le droit auquel il a porté atteinte. Cette somme n'est pas exclusive de l'indemnisation du préjudice moral causé à la partie lésée.

COMMENTAIRE

Le présent article fixe les règles d'indemnisation du préjudice. En l'occurrence, la disposition est strictement identique pour tous les régimes de propriété intellectuelle, qu'il s'agisse de propriété industrielle (V. CPI, art. L. 615-7, L. 622-7, L. 623-28, L. 716-4), mais aussi de propriété littéraire et artistique (V. CPI, art. L. 331-1-3). La réforme en la matière est la bienvenue, car les indemnisations accordées par le juge français sont considérées comme assez faibles, incitant les victimes à préférer le cas échéant d'autres juridictions, aux États-Unis ou aux Pays-Bas, par exemple.

Classiquement, la disposition prévoit le payement des « conséquences économiques négatives ». Il s'agit en effet d'un rappel des règles de droit commun de la responsabilité civile. Le préjudice comprend la perte subie, mais aussi le manque à gagner et la perte de chance. La perte subie est liée aux frais de conception et autres incidences directes sur *le* niveau d'activité et de profit du titulaire. Le préjudice est notamment accru si les faits de contrefaçon ont entraîné une dépréciation du modèle ainsi banalisé ou vendu à vil prix.

Plus intéressante est la mention expresse du préjudice moral. Si, sous l'empire de la loi ancienne, ce chef de réparation était déjà possible sous réserve de rapporter des éléments de preuve circonstanciés, il est heureux que ce préjudice soit rappelé, notamment lorsqu'il concerne des personnes morales.

Depuis la réforme de 2007, la victime est autorisée à demander la confiscation des bénéfices issus de la contrefaçon. Il s'agit là d'un régime de responsabilité *sui generis* puisque le droit commun se limite à réparer le seul préjudice évalué à l'aune de la victime. Même si la directive se défendait de vouloir introduire un système de dommages-intérêts punitifs, cette mesure est dissuasive pour les contrefacteurs qui sont désormais assurés de perdre de l'argent dans cette entreprise illicite : la faute lucrative est désormais écartée. D'ailleurs, les accords ADPIC prônent la dissuasion en appelant de leurs vœux des sanctions indemnitaires de la contrefaçon (art. 41). Cette évolution a une autre conséquence en droit français. Elle renforce la distinction entre les actions menées sur le terrain des droits de la propriété intellectuelle et celles mettant en œuvre l'article 1382 du code civil (concurrence déloyale, parasitisme économique) ; ces dernières se cantonnant à une appréciation traditionnelle du préjudice.

La loi du 11 mars 2014 renforce encore le droit des victimes en assimilant, d'une part, les économies d'investissement de toute nature réalisées par le contrefacteur aux bénéfices réalisés et, d'autre part, en imposant au juge de statuer distinctement sur les trois chefs de préjudice préalablement exposés.

Les nouvelles dispositions devraient permettre l'accroissement du quantum des condamnations et limiter la pratique de localisation du litige calculée en fonction du niveau des dommages-intérêts.

La réforme de 2007 a consacré aussi la possibilité d'une redevance indemnitaire qui correspond en quelque sorte à une indemnité de principe. Suivant la directive, le législateur français s'écarte encore plus de nos principes de réparation. Ce forfait est calculé sur la base du prix de la licence conventionnelle que le contrefacteur aurait dû payer. L'indemnité doit excéder le montant de cette licence (le projet de directive prévoyait le double), ce qui peut remettre en cause le caractère forfaitaire de l'indemnité. La victime recourra utilement à cette procédure simplifiée si elle ne peut démontrer facilement l'étendue de son préjudice (par exemple parce qu'elle n'exploite pas encore l'objet protégé), ou si elle souhaite engager (ou maintenir) des relations contractuelles avec l'ex-contrefacteur.

La condamnation forfaitaire pour contrefaçon issue de l'art. 13 de la Dir. 2004/48/CE et transposée par les art. L. 521-7, L. 615-7, L. 622-7, L. 623-28, n'exclut pas la réparation du préjudice moral. • CJUE 17 mars 2016, n° C-99/15 : *Dalloz IP/IT 2016. 352, obs. Maréchal ; RLDI avr. 2016. 13, obs. Costes ; CCE 2016, n° 67, note Caron ; Propr. intell. 2016, n° 60, p. 346, note Bruguière.* ♦ La condamnation forfaitaire pour contrefaçon issue de l'art. 13 de la Dir. 2004/48/CE et transposée par les art. L. 521-7, L. 615-7, L. 622-7, L. 623-28 n'exclut pas la réparation du préjudice moral. • CJUE 17 mars 2016, n° C-99/15 : *Dalloz IP/IT 2016. 352, obs. Maréchal ; RLDI avr. 2016. 13, obs. Costes ; CCE 2016, n° 67, note Caron ; Propr. intell. 2016, n° 60, p. 346, note Bruguière.* ♦ Les dommages-intérêts forfaitaires peuvent atteindre deux fois le prix d'une licence fictive. • CJUE 25 janv. 2017, n° C-367/15 : *CCE 2017, n° 30, obs. Caron ; Propr. ind. 2017. Étude 15, note Gisclard.* ♦ La confiscation des bénéfices du contrefacteur est exclue en l'absence d'exploitation du brevet par la société demanderesse, qui peut néanmoins opter pour la redevance indemnitaire. Il n'est pas tenu compte des actes d'exploitation au sein du même groupe de sociétés. • Paris, Pôle 5, ch. 2, 9 déc. 2016, n° 16/02891 : *Propr. ind.2017, n° 29, obs. Raynard.* ♦ Concernant le calcul de l'indemnisation en présence d'un cumul de protection entre le droit des dessins & modèles et le droit d'auteur, V. note 14 ss art. L. 513-2.

Ancien art. L. 521-7 (L. n° 94-102 du 5 févr. 1994, art. 8) ***L'administration des douanes peut, sur demande écrite du propriétaire d'un dessin ou modèle déposé, retenir dans le cadre de ses contrôles les marchandises que celui-ci prétend constituer une contrefaçon desdits dessins ou modèles.***

Le procureur de la République, le demandeur, ainsi que le déclarant ou le détenteur des marchandises sont informés sans délai, par les services douaniers, de la retenue à laquelle ces derniers ont procédé.

La mesure de retenue est levée de plein droit à défaut pour le demandeur, dans le délai de dix jours ouvrables à compter de la notification de la retenue des marchandises, de justifier auprès des services douaniers :

— soit de mesures conservatoires décidées par le président du tribunal de grande instance ;

— soit de s'être pourvu par la voie civile ou la voie correctionnelle et d'avoir constitué les garanties requises pour couvrir sa responsabilité éventuelle au cas où la contrefaçon ne serait pas ultérieurement reconnue.

Aux fins de l'engagement des actions en justice visées à l'alinéa précédent, le demandeur peut obtenir de l'administration des douanes communication des noms et adresses de l'expéditeur, de l'importateur, du destinataire des marchandises retenues ou de leur détenteur, ainsi que de leur quantité, nonobstant les dispositions de l'article 59 bis du code des douanes, relatif au secret professionnel auquel sont tenus les agents de l'administration des douanes. — V. art. R. 521-1.

(L. n° 2003-706 du 1er août 2003, art. 84) ***« La retenue mentionnée au premier alinéa ne porte pas sur les marchandises de statut communautaire, légalement fabriquées ou mises en libre pratique dans un État membre de la Communauté européenne et destinées, après avoir emprunté le territoire douanier tel que défini à l'article 1er du code des douanes, à être mises sur le marché d'un autre État membre de la Communauté européenne, pour y être légalement commercialisées. »***

Le transit intracommunautaire ne relève pas de l'objet spécifique du droit de propriété industrielle sur les dessins ou modèles. En mettant en œuvre, sur le fondement du CPI, des procédures de retenue en douane dirigées contre des marchandises légalement fabriquées dans un État membre de la Communauté européenne et destinées, après avoir transité par le territoire français, à être mises sur le marché d'un autre État membre, où elles peuvent être légalement commercialisées, la République française a manqué aux obligations qui lui incombent en vertu de l'art. 28 du traité CE [ancien art. 28]. • CJCE 26 sept. 2000 : *D. 2000. AJ 440 ; CCE 2001, n° 1, obs. Caron ; Dossiers Brevets 2000. IV. 1 ; PIBD 2001. III. 18 ; RTD eur. 2002. 375, obs. Bonet*. ♦ Le transit ne relève pas de l'objet spécifique du droit des dessins et modèles dans l'État membre de la Communauté européenne où il s'effectue dès lors que les marchandises, légalement fabriquées dans un état membre, sont destinées, après avoir transité sur le territoire français, à être mises sur le marché d'un autre état membre, où elles peuvent être légalement commercialisées. • Crim. 3 sept. 2002 : *D. 2002. AJ 3144 ; CCE 2002, n° 153, note Caron ; PIBD 2003. III. 164 ; Propr. ind. 2003, n° 21, note Kamina ; Propr. intell. 2003, n° 6, p. 52, obs. Lucas ; ibid., n° 9, p. 405, obs. De Haas.* ♦ Sur le transit de marchandises fabriquées en dehors de l'Union européenne destinées au marché d'un État membre, V. • Crim. 2 déc. 2003 : *Bull. crim. n° 228 ; RTD com. 2004. 715, obs. Galloux ; Propr. ind. 2004, n° 25, note Kamina ; PIBD 2004. III. 204 ; Propr. intell. 2004, n° 13, p. 940, obs. De Haas.* ♦ L'art. 28 du Traité CE s'oppose à la mise en œuvre, en application d'une législation d'un État membre en matière de propriété intellectuelle, des procédures de retenue des autorités douanières dirigées contre les marchandises légalement fabriquées dans un autre État membre et destinées, après avoir transité par le territoire du premier État membre, à être mises sur le marché d'un pays tiers. L'opération de transit ne constituant pas une mise sur le marché, une mesure de retenue en douane, telle que celle opérée par l'administration des Douanes, ne saurait être justifiée par des raisons de protection de la propriété industrielle et commerciale. • CJCE 23 oct. 2003 : *PIBD 2004. III. 192 ; Propr. ind. 2004, n° 23, note Folliart-Monguiral ; ibid. 2004, n° 24, obs. Kamina.* ♦ Décision reprise par la Cour de cassation, V. • Com. 31 mars 2004 : *Bull. civ. IV, n° 66 ; D. 2004. AJ 1239, obs. Daleau ; PIBD 2004. III. 414 ; Propr. intell. 2004, n° 13, p. 940, obs. De Haas* • 21 sept. 2004 : *Bull. crim. n° 215 ; D. 2004. AJ 2856, obs. Allaeys ; Propr. ind. 2004, n° 100, note Kamina ; Propr. intell. 2005, n° 17, p. 456, obs. De Candé ; RIDA janv. 2005, p. 193, note Kéréver.* ♦ V. • Crim. 2 déc. 2003 : *préc.*

Art. L. 521-8 *(L. n° 2007-1544 du 29 oct. 2007, art. 3)* **En cas de condamnation civile pour contrefaçon, la juridiction peut ordonner, à la demande de la partie lésée, que les produits reconnus comme produits contrefaisants, les matériaux et instruments ayant principalement servi à leur création ou fabrication soient rappelés des circuits commerciaux, écartés définitivement de ces circuits, détruits ou confisqués au profit de la partie lésée.**

La juridiction peut aussi ordonner toute mesure appropriée de publicité du jugement, notamment son affichage ou sa publication intégrale ou par extraits dans les journaux ou sur les services de communication au public en ligne qu'elle désigne, selon les modalités qu'elle précise.

Les mesures mentionnées aux deux premiers alinéas sont ordonnées aux frais du contrefacteur.

COMMENTAIRE

Au-delà des condamnations financières, le contrefacteur encourt diverses mesures correctives qui ont pour vocation de faire disparaître les traces matérielles de la contrefaçon tout en prévenant sa récidive, et accessoirement en apportant un complément d'indemnisation à la victime. Emportant la cessation du préjudice, elles sont un gage d'efficacité de l'action en contrefaçon. Désormais, ces mesures sont harmonisées pour toutes les propriétés intellectuelles (V. CPI, art. L. 331-1-4 pour le droit d'auteur, les droits voisins et le droit du producteur de bases de données ; art. L. 615-7-1 pour les brevets ; art. L. 622-7 pour les produits semi-conducteurs ; art. L. 623-28-1 pour les obtentions végétales ; art. L. 716-15 pour les marques ; art. L. 722-7 pour les indications géographiques).

La loi du 29 octobre 2007 a maintenu la sanction par confiscation à la fois sur le plan civil (art. L. 521-8) et pénal (art. L. 521-11).

En complément, le juge a la faculté de prononcer la confiscation du matériel destiné à la réalisation des objets contrefaisants. Il ne s'agit que d'une possibilité et elle est subordonnée à une condamnation. A la demande expresse du titulaire de droits, le contrefacteur peut être condamné à restituer à ses frais toutes les marchandises contrefaisantes ainsi que les matériaux ou instruments ayant permis de les fabriquer. Concernant ces derniers, on observera qu'en matière de dessins ou modèles, la plupart des outils sont eux-mêmes des objets contrefaisants car ils reproduisent déjà la forme. Issue du droit néerlandais, cette mesure permet « d'apurer » les circuits commerciaux. Il s'ensuit une remise à la victime, ou, mesure hautement symbolique, une destruction de ces objets telle que celle préconisée par les accords ADPIC (art. 46, V. App., v° *Dispositions générales*).

Confortant cette volonté de visibilité, le présent article consacre les mesures de publicité de la condamnation. Ces peines complémentaires, connues jusqu'alors en matière de droit pénal du droit d'auteur ou de droit des marques, sont généralisées. De surcroît, même si le législateur français n'a pas traduit l'opération de « grande ampleur » retenue par la directive (art. 15), il a prévu le recours à la publication « en ligne », c'est-à-dire *via* internet. ❑

Art. L. 521-9 *(L. n° 2007-1544 du 29 oct. 2007, art. 3)* **Les officiers de police judiciaire peuvent procéder, dès la constatation des infractions prévues au premier alinéa de l'article L. 521-10, à la saisie des produits fabriqués, importés, détenus, mis en vente, livrés ou fournis illicitement et des matériels ou instruments spécialement installés en vue de tels agissements.**

COMMENTAIRE

La saisie organisée par la présente disposition n'est pas une procédure préalable. Son origine comme son étendue sont très différentes de celles visées à l'article L. 521-4. En effet, il s'agit d'une sanction qui requiert que les faits de contrefaçon soient avérés. Elle peut donc porter sur de très nombreux objets et matériels en lien avec l'infraction et sur tous les stocks. ❑

Art. L. 521-10 *(L. n° 2007-1544 du 29 oct. 2007, art. 3)* **Toute atteinte portée sciemment aux droits garantis par le présent livre est punie de trois ans d'emprisonnement et de 300 000 euros d'amende. Lorsque le délit a été commis en bande organisée ou** *(L. n° 2011-267 du 14 mars 2011, art. 3)* **« sur un réseau de communication au public en ligne ou » lorsque les faits portent sur des marchandises dangereuses pour la santé, la sécurité de l'homme ou l'animal, les peines sont portées à** *(L. n° 2016-731 du 3 juin 2016, art. 44)* **« sept ans d'emprisonnement et à 750 000 euros d'amende** *[ancienne rédaction : cinq ans d'emprisonnement et à 500 000 euros d'amende]* **».**

En outre, la juridiction peut ordonner la fermeture totale ou partielle, définitive ou temporaire, pour une durée au plus de cinq ans, de l'établissement ayant servi à commettre l'infraction.

La fermeture temporaire ne peut entraîner ni rupture, ni suspension du contrat de travail, ni aucun préjudice pécuniaire à l'encontre des salariés concernés. Lorsque la fermeture définitive entraîne le licenciement du personnel, elle donne lieu, en dehors de l'indemnité de préavis et de l'indemnité de licenciement, aux indemnités prévues aux articles L. 122-14-4 *[C. trav., art. L. 1235-2 à L. 1235-4, L. 1235-11 à L. 1235-13]* **et L. 122-14-5** *[C. trav., art. L. 1235-5]* **du code du travail en cas de rupture de contrat de travail. Le non-paiement de ces indemnités est puni de six mois d'emprisonnement et de 3 750 € d'amende.**

COMMENTAIRE

La contrefaçon est définie en des termes très généraux. Les atteintes volontaires dont il s'agit s'interprètent à la lumière des articles L. 513-4 et L. 513-5 qui définissent la teneur du monopole. Elle est simultanément un fait juridique qui peut se prouver par tous moyens et un délit passible de sanctions civiles et pénales. L'ayant droit est donc susceptible de demander au ministère public d'engager des poursuites. Dans cette hypothèse, il peut se constituer partie civile afin d'être indemnisé de son préjudice. S'il préfère disjoindre les deux procédures, il oblige la juridiction civile à surseoir à statuer conformément à l'article 4 du code pénal.

La contrefaçon est avérée même si le préjudice a pu être évité grâce à la procédure de saisie par exemple. Elle est retenue en présence de copie servile de tout ou partie de la forme, notamment par surmoulage, mais aussi en cas d'imitation notamment en présence d'un changement de genre ou de matière. L'article L. 513-5 étend d'ailleurs expressément le monopole aux formes procurant une même impression visuelle.

Le fait matériel de la contrefaçon permet de présumer la mauvaise foi de son auteur sans qu'il soit nécessaire de démontrer que celui-ci connaissait l'objet protégé. Pour dégager sa responsabilité, il devra démontrer son absence de faute, y compris par imprudence ou négligence. La passivité ou la tolérance passée du titulaire de droits est sans incidence. Le créateur est contrefacteur s'il poursuit l'exploitation malgré la cession de la création. Le fabricant sous-traitant est responsable s'il a réalisé la commande à partir d'un objet manufacturé, mais peut s'exonérer dans le cas d'ordres sous formes différentes. En tout état de cause, les intermédiaires peuvent se retourner contre leurs fournisseurs et les clauses de garantie sont licites.

Le contrefacteur est à même de se défendre en contestant le bien-fondé de la protection. A cette fin, il peut par exemple produire des antériorités. Ces dernières sont qualifiées de « toutes pièces » dans la mesure où elles sont identiques ou quasi identiques à la forme litigieuse.

Les condamnations pénales sont rares car la voie répressive est peu utilisée par les victimes et le ministère public ne prend pas l'initiative. Les sanctions encourues ont été alourdies par la loi n° 2004-204 du 9 mars 2004 notamment en présence de criminalité organisée. Les peines plafond sont harmonisées pour l'ensemble des atteintes aux droits de propriété intellectuelle. Les tribunaux répressifs peuvent prononcer des peines complémentaires telles que la fermeture temporaire puis définitive de l'établissement ou des sanctions relevant de l'article L. 521-12.

En matière de dessins et modèles, la publication de la décision n'est pas organisée par le présent article car elle est prévue avec les mesures correctrices de l'article L. 521-8 à la disposition du juge pénal comme civil. En revanche, tel n'est pas le cas pour le brevet où une section est consacrée aux actions répressives et aux peines complémentaires, dont la publication fait l'objet d'un article L. 615-14-2.

La réforme de 2007 a tenu compte de la piètre qualité de certains produits contrefaisants dont la mise sur le marché s'avère dangereuse pour la santé ou la sécurité. En effet, le commerce électronique facilite considérablement la distribution de ces contrefaçons bon marché et il était opportun de réagir. La disposition concerne évidemment les produits pharmaceutiques ou cosmétiques, mais aussi certains produits alimentaires pour l'homme ou l'animal, ou encore des jouets, des équipements électriques ou des pièces détachées, notamment dans le domaine automobile. Ce facteur aggravant augmente le *quantum* de la peine plafond des deux tiers, comme c'est le cas en matière de criminalité organisée. Ce nouveau dispositif à l'attention du juge répressif n'émane pas de la directive. Il est disponible en matière de propriété industrielle mais n'a pas été prévu pour la propriété littéraire et artistique.

La loi d'orientation et de programmation pour la performance de la sécurité intérieure n° 2011-267 du 14 mars 2011, dite « LOPPSI II », a pris en compte le risque de violation des droits de propriété intellectuelle par le truchement du commerce électronique. En conséquence, le *quantum* des peines prévu en matière de criminalité est désormais étendu au « cyber-contrefacteur ». Le même ajout a été fait à l'article L. 615-14 en matière de brevet, à l'article L. 623-32 pour les obtentions végétales et, évidemment, aux articles L. 716-9 et L. 716-10 concernant les marques. ❑

Art. L. 521-11 *(L. n° 2007-1544 du 29 oct. 2007, art. 4)* **Les personnes physiques coupables du délit prévu au premier alinéa de l'article L. 521-10 peuvent en outre être**

condamnées, à leurs frais, à retirer des circuits commerciaux les objets jugés contrefaisants et toute chose qui a servi ou était destinée à commettre l'infraction.

La juridiction peut ordonner la destruction aux frais du condamné ou la remise à la partie lésée des objets et choses retirés des circuits commerciaux ou confisqués, sans préjudice de tous dommages et intérêts.

Elle peut également ordonner, aux frais du condamné, l'affichage du jugement ou la diffusion du jugement prononçant la condamnation, dans les conditions prévues à l'article 131-35 du code pénal.

COMMENTAIRE

Le juge pénal dispose dorénavant d'un ensemble de peines complémentaires identiques à celles octroyées au juge civil par l'article L. 521-8 en matière de dessins et modèles ou l'article L. 615-7-1 en présence d'une contrefaçon de brevet. Nous renvoyons donc à ces articles pour un commentaire détaillé de la disposition.

De manière générale, ces mesures s'inscrivent dans le cadre de la transposition d'une directive qui est essentiellement tournée vers la contrefaçon civile. Il s'agit donc des prémices qui traduisent une volonté des institutions européennes de renforcer l'arsenal répressif en matière de contrefaçon quel que soit le régime de propriété intellectuelle en cause. Des avancées significatives ont été obtenues sur ce terrain puisque l'assemblée plénière du Parlement européen a adopté le 25 avril 2007 la proposition modifiée de directive du Parlement européen et du Conseil relative aux **mesures pénales visant à assurer le respect des droits de propriété intellectuelle**. Cette norme à venir est destinée à compléter la directive 2004/48/CE du 29 avril 2004 par une harmonisation indispensable des mesures pénales des différents États membres. ❑

V. le comm. ss. l'art. L. 521-8.

Art. L. 521-12 *(L. nº 2009-526 du 12 mai 2009, art. 125-XVIII)* **« Les personnes morales déclarées responsables pénalement, dans les conditions prévues par l'article 121-2 du code pénal, de l'infraction définie au premier alinéa de l'article L. 521-10 encourent, outre l'amende suivant les modalités prévues par l'article 131-38 du code pénal, les peines prévues par l'article 131-39 du même code. »**

(L. nº 2007-1544 du 29 oct. 2007, art. 4) **« L'interdiction mentionnée au 2º de l'article 131-39 du même code porte sur l'activité dans l'exercice ou à l'occasion de l'exercice de laquelle l'infraction a été commise.**

« Les personnes morales déclarées pénalement responsables peuvent en outre être condamnées, à leurs frais, à retirer des circuits commerciaux les objets jugés contrefaisants et toute chose qui a servi ou était destinée à commettre l'infraction.

« La juridiction peut ordonner la destruction aux frais du condamné ou la remise à la partie lésée des objets et choses retirés des circuits commerciaux ou confisqués, sans préjudice de tous dommages et intérêts. »

COMMENTAIRE

Le présent article est rédigé de façon identique à l'article L. 615-14-3 concernant les brevets. A défaut de peine d'emprisonnement, les amendes maximales applicables aux personnes morales sont le quintuple de celles prévues pour les personnes physiques.

Par ailleurs, les peines complémentaires sont celles encourues par les personnes physiques. Pour un commentaire détaillé de ces mesures, nous renvoyons aux articles L. 521-8 et L. 521-11. ❑

Art. L. 521-13 *(L. nº 2007-1544 du 29 oct. 2007, art. 2)* **En cas de récidive des infractions aux droits garantis par le présent livre, ou si le délinquant est ou a été lié par convention avec la partie lésée, les peines encourues sont portées au double.**

Les coupables peuvent, en outre, être privés pendant un temps qui n'excédera pas cinq ans du droit d'élection et d'éligibilité pour les tribunaux de commerce, les chambres de commerce et d'industrie territoriales et les chambres de métiers, ainsi que pour les conseils de prud'hommes.

COMMENTAIRE

Le présent article est rédigé de façon strictement identique pour les brevets à l'article L. 615-14-1.

Il consacre classiquement le doublement des peines maximales en cas de récidive. Plus intéressant, ces peines augmentées sont aussi appliquées si la contrefaçon est réalisée à l'occasion de liens contractuels. Le licencié ou cessionnaire qui a trompé la confiance de son partenaire voit son comportement à juste titre accompagné d'un facteur aggravant.

En plus des mesures correctrices énoncées par les dispositions ci-dessous, des interdictions diverses peuvent être prononcées à titre de peines complémentaires. Elles sont considérées comme des sanctions pénales et donc réservées au juge répressif. Le contrefacteur commerçant peut se voir privé de ses droits électoraux et d'éligibilité aux tribunaux de commerce, chambres de commerce et conseils de prud'hommes pour cinq ans au plus. ❑

CHAPITRE PREMIER *BIS* LA RETENUE *(L. nº 2014-315 du 11 mars 2014, art. 7).*

Art. L. 521-14 *(L. nº 2007-1544 du 29 oct. 2007, art. 5)* **En dehors des cas prévus par la réglementation communautaire en vigueur, l'administration des douanes peut, sur demande écrite du propriétaire d'un dessin ou d'un modèle déposé ou du bénéficiaire d'un droit exclusif d'exploitation, assortie des justifications de son droit, retenir dans le cadre de ses contrôles les marchandises que celui-ci prétend constituer une contrefaçon.**

(L. nº 2014-315 du 11 mars 2014, art. 7) **« Cette retenue est immédiatement notifiée au demandeur et au détenteur. Le procureur de la République est également informé de ladite mesure par l'administration des douanes.**

« Lors de la notification mentionnée à la première phrase du deuxième alinéa du présent article, la nature, la quantité réelle ou estimée ainsi que des images des marchandises sont communiquées au propriétaire du droit ou au bénéficiaire du droit exclusif d'exploitation, par dérogation à l'article 59 *bis* du code des douanes. Ces informations peuvent également être communiquées avant la mise en œuvre de la mesure de retenue prévue par le présent article.

« Sous réserve des procédures prévues aux articles L. 521-17-1 et L. 521-17-2, » la mesure de retenue est levée de plein droit à défaut, pour le demandeur, dans le délai de dix jours ouvrables ou de trois jours ouvrables s'il s'agit de denrées périssables, à compter de la notification de la retenue des marchandises, de justifier auprès des services douaniers, soit de mesures conservatoires décidées par la juridiction civile compétente, soit de s'être pourvu par la voie civile ou la voie correctionnelle et d'avoir constitué les garanties destinées à l'indemnisation éventuelle du détenteur des marchandises au cas où la contrefaçon ne serait pas ultérieurement reconnue *(L. nº 2014-315 du 11 mars 2014, art. 11)* **« , soit d'avoir déposé une plainte auprès du procureur de la République ».** *(L. nº 2014-315 du 11 mars 2014, art. 7)* **« L'administration des douanes peut proroger le délai de dix jours, prévu au présent alinéa, de dix jours ouvrables maximum sur requête dûment motivée du demandeur. En cas de prorogation du délai, le procureur de la République et le détenteur des marchandises en sont informés. »**

Les frais liés à la mesure de retenue ou aux mesures conservatoires prononcées par la juridiction civile compétente sont à la charge du demandeur *(L. nº 2014-315 du 11 mars 2014, art. 7)* **« , sous réserve des procédures prévues aux articles L. 521-18 et L. 521-19 ».**

Aux fins de l'engagement des actions en justice visées au quatrième alinéa, le demandeur peut obtenir de l'administration des douanes communication des nom et adresse de l'expéditeur, de l'importateur, du destinataire des marchandises retenues ou de leur détenteur, ainsi que *(L. nº 2014-315 du 11 mars 2014, art. 7)* **« des images de ces marchandises et des informations sur leur quantité, leur origine, leur provenance et leur destination » par dérogation à l'article 59 *bis* du code des douanes, relatif au secret professionnel auquel sont tenus les agents de l'administration des douanes.**

La retenue mentionnée au premier alinéa ne porte pas :

– sur les marchandises de statut communautaire, légalement fabriquées ou mises en libre pratique dans un État membre de la Communauté européenne et destinées, après avoir emprunté le territoire douanier tel que défini à l'article 1er du code des douanes,

à être mises sur le marché d'un autre État membre de la Communauté européenne pour y être légalement commercialisées ;

– sur les marchandises de statut communautaire, légalement fabriquées ou légalement mises en libre pratique dans un autre État membre de la Communauté européenne, dans lequel elles ont été placées sous le régime du transit et qui sont destinées, après avoir transité sur le territoire douanier tel que défini à l'article 1er du code des douanes, à être exportées vers un État non membre de la Communauté européenne.

Pour l'application des art. L. 521-14 à L. 521-19, V. art. R. 523-1.

Sur la définition des denrées périssables, V. Arr. du 29 juin 2015 (JO 4 août) ss. art. L. 335-14.

BIBL. ▶ DREYER, *D. 2015. 1164* (propriétés intellectuelles : prendre (enfin) le droit pénal au sérieux).

COMMENTAIRE

Les articles L. 521-14 à L. 521-19 décrivent la procédure nationale de retenue en douane alignée par la loi du 11 mars 2014 sur celle issue du règlement de l'Union européenne (V. Règl. (CE) n° 1383/2003 du 22 juill. 2003 complété par Règl. (CE) n° 1891/2004 du 21 oct. 2004). Le présent commentaire vaut pour ces différents articles. Ce dispositif préexistant en matière de dessins et modèles et de marques (art. L. 716-8 à L. 716-8-5) été étendu à l'ensemble des titres du code de la propriété intellectuelle (V. art. L. 335-10 à L. 335-15 pour le droit d'auteur, L. 614-32 à L. 614-39 pour le brevet, L. 623-36 à L. 623-44 pour les obtentions végétales et L. 722-9 à L. 722-17 pour les indications géographiques).

Il s'agit d'une procédure administrative extrajudiciaire. L'intervention de l'administration des douanes est aussi facilitée par différentes dispositions du code des douanes lui permettant d'investiguer en pratiquant notamment des « coups d'achat », en obtenant des services postaux et des prestataires de fret express des informations sur les marchandises litigieuses et en accédant à leurs locaux, ou en infiltrant des réseaux de trafiquants (art. 63 s.).

Ces mesures concernent les marchandises en provenance de pays hors Union Européenne ou, depuis la loi de 2007, celles dites « tiers–tiers ». Elles ne visent pas les échanges intracommunautaires ou les marchandises fabriquées dans l'Union européenne à destination de pays tiers pour ne pas entraver la libre circulation des marchandises sur le territoire de l'Union.

Sur demande écrite et circonstanciée de l'ayant droit, l'administration peut retenir les marchandises pour une durée illimitée. Néanmoins, dans un délai de dix jours, prorogeable pour une même durée (ou trois jours pour les produits périssables), le demandeur doit avoir saisi la justice au fond ou pour obtenir des mesures conservatoires afin que la retenue soit maintenue. La poursuite de la procédure est désormais facilitée par la transmission immédiate d'informations sur les marchandises (description, quantité, photographies).

Mais les douanes ont aussi le droit de retenir de leur propre chef des marchandises douteuses : procédure dite *ex officio*. Le titulaire des droits, une fois informé de cette procédure, a quatre jours pour formaliser sa demande de retenue dans les mêmes conditions que s'il avait été à l'origine de la retenue. La retenue se prolonge alors pendant dix jours à compter de l'acceptation de sa demande.

L'ayant droit est toujours autorisé à inspecter la marchandise suspecte. Plus encore, il est autorisé à prélever un échantillon qu'il pourra produire devant le juge pour preuve du bien-fondé de son action en contrefaçon ou de toute autre demande conservatoire.

Une procédure simplifiée de destruction peut être mise en œuvre. Le consentement du détenteur des marchandises litigieuses est par exemple présumé au-delà d'un certain délai. Dans le même esprit, et pour mieux lutter contre certaines pratiques du commerce électronique, les « petits envois » peuvent être détruits à l'initiative des douanes.

Cette procédure inquisitoire, généralement réservée au juge répressif, est un signe tangible du renforcement de la lutte anti-contrefaçon. La loi du 11 mars 2014 accroît encore les prérogatives des ayants droit et de l'administration des douanes. Le risque d'un détournement de ces procédures à des fins déloyales ou d'espionnage économique a été pris en compte : outre la constitution de garanties afin d'indemniser le propriétaire des marchandises si ses soupçons s'avéraient infondés, la collaboration des douanes est exclue s'il est avéré que le demandeur détourne les informations ainsi obtenues.

Art. L. 521-15 *(L. n° 2007-1544 du 29 oct. 2007, art. 5)* **En l'absence de demande écrite du propriétaire d'un dessin ou d'un modèle déposé ou du bénéficiaire d'un droit exclusif d'exploitation et en dehors des cas prévus par la réglementation communautaire en vigueur, l'administration des douanes peut, dans le cadre de ses contrôles, retenir une marchandise susceptible de porter atteinte à un dessin ou un modèle déposé ou à un droit exclusif d'exploitation.**

Cette retenue est immédiatement notifiée au propriétaire du dessin ou du modèle déposé ou au bénéficiaire du droit exclusif d'exploitation. Le procureur de la République est également informé de ladite mesure.

(L. n° 2014-315 du 11 mars 2014, art. 7) **« Lors de la notification mentionnée à la première phrase du deuxième alinéa du présent article, la nature et la quantité réelle ou estimée ainsi que des images des marchandises sont communiquées au propriétaire du droit ou au bénéficiaire du droit exclusif d'exploitation, par dérogation à l'article 59 *bis* du code des douanes. Ces informations peuvent également être communiquées avant la mise en œuvre de la mesure de retenue prévue au présent article.**

« La mesure de retenue est levée de plein droit si l'administration des douanes n'a pas reçu du propriétaire du dessin ou du modèle déposé ou du bénéficiaire d'un droit exclusif d'exploitation la demande prévue à l'article L. 521-14 du présent code, déposée dans un délai de quatre jours ouvrables à compter de la notification de la retenue mentionnée au deuxième alinéa du présent article.

« Si la demande a été reçue conformément au quatrième alinéa du présent article, le délai de dix jours ouvrables mentionné au quatrième alinéa de l'article L. 521-14 commence à courir à compter de l'acceptation de cette demande par l'administration des douanes.

« Le présent article n'est pas applicable aux marchandises périssables. »

V. notes ss. art. L. 521-14.

Art. L. 521-16 *(L. n° 2007-1544 du 29 oct. 2007, art. 5)* **I. — Lorsque la retenue portant sur des marchandises soupçonnées de constituer une contrefaçon d'un dessin ou d'un modèle déposé, prévue par la réglementation communautaire en vigueur, est mise en œuvre avant qu'une demande d'intervention du propriétaire du dessin ou du modèle déposé ou du bénéficiaire du droit exclusif d'exploitation ait été déposée ou acceptée, les agents des douanes peuvent, par dérogation à l'article 59 *bis* du code des douanes, informer ce propriétaire ou ce bénéficiaire du droit exclusif d'exploitation de la mise en œuvre de cette mesure. Ils peuvent également lui communiquer des informations portant sur la quantité des marchandises et leur nature.**

Lorsque la retenue portant sur des marchandises soupçonnées de constituer une contrefaçon de dessin ou modèle, prévue par la réglementation communautaire en vigueur, est mise en œuvre après qu'une demande d'intervention du propriétaire du dessin ou du modèle déposé ou du bénéficiaire d'un droit exclusif d'exploitation a été acceptée, les agents des douanes peuvent également communiquer à ce propriétaire ou à ce bénéficiaire les informations prévues par cette réglementation communautaire, nécessaires pour déterminer s'il y a eu violation de son droit.

II. — Les frais générés par la mise en œuvre d'une retenue prévue par la réglementation communautaire en vigueur sont à la charge du propriétaire du dessin ou du modèle déposé ou du bénéficiaire du droit exclusif d'exploitation.

V. notes ss. art. L. 521-14.

Art. L. 521-17 *(L. n° 2007-1544 du 29 oct. 2007, art. 5)* **Pendant le délai de la retenue visée** *(L. n° 2014-315 du 11 mars 2014, art. 7)* **« à l'article L. 521-14 et au second alinéa du I de l'article L. 521-16 », le propriétaire du dessin ou du modèle déposé ou le bénéficiaire du droit exclusif d'exploitation peut, à sa demande ou à la demande de l'administration des douanes, inspecter les marchandises retenues.**

Lors du contrôle des marchandises mises en retenue, l'administration des douanes peut prélever des échantillons. A la demande du propriétaire du dessin ou du modèle

déposé ou du bénéficiaire du droit exclusif d'exploitation, ces échantillons peuvent lui être remis aux seules fins d'analyse et en vue de faciliter les actions qu'il peut être amené à engager par la voie civile ou pénale.

V. notes ss. art. L. 521-14.

Art. L. 521-17-1 *(L. nº 2014-315 du 11 mars 2014, art. 7)* I. — Lorsque la retenue portant sur des marchandises soupçonnées de constituer une contrefaçon d'un dessin et modèle déposé est mise en œuvre après qu'une demande mentionnée à l'article L. 521-14 a été acceptée, les marchandises soupçonnées de porter atteinte à un dessin et modèle déposé peuvent être détruites sous le contrôle des agents des douanes dès lors que les conditions suivantes sont remplies :

1º Le demandeur a confirmé par écrit et par une expertise détaillée aux autorités douanières, dans un délai de dix jours ouvrables, ou de trois jours ouvrables pour les denrées périssables, à partir de la notification de la retenue, le caractère contrefaisant des marchandises ;

2º Le demandeur a confirmé par écrit aux autorités douanières, dans un délai de dix jours ouvrables, ou de trois jours ouvrables pour les denrées périssables, à partir de la notification de la retenue, qu'il consent à la destruction, sous sa responsabilité, des marchandises ;

3º Le détenteur des marchandises a confirmé par écrit aux autorités douanières, dans un délai de dix jours ouvrables, ou de trois jours ouvrables pour les denrées périssables, à partir de la notification de la retenue, qu'il consent à la destruction des marchandises.

II. — Si le détenteur des marchandises n'a, dans le délai mentionné au 3º du I, ni confirmé qu'il consent à la destruction des marchandises, ni informé l'administration des douanes qu'il s'oppose à leur destruction, il est réputé avoir consenti à cette destruction.

III. — Lorsque le détenteur des marchandises n'a pas confirmé par écrit qu'il consent à leur destruction et qu'il n'est pas réputé avoir consenti à la destruction des marchandises dans les délais prévus, l'administration des douanes en informe immédiatement le demandeur lequel, dans un délai de dix jours ouvrables, ou de trois jours ouvrables pour les denrées périssables, à partir de la notification de la retenue, prend les mesures mentionnées au quatrième alinéa de l'article L. 521-14. Le délai de dix jours peut être prorogé de dix jours ouvrables maximum sur requête dûment motivée du demandeur. En cas de prorogation du délai, le procureur de la République et le détenteur des marchandises en sont informés.

Si les conditions prévues au I du présent article ne sont pas réunies et si le demandeur n'a pas justifié auprès de l'administration des douanes qu'il a pris les mesures mentionnées au quatrième alinéa de l'article L. 521-14, la mesure de retenue est levée de plein droit.

IV. — Dans le cadre de la communication d'informations prévues au troisième alinéa des articles L. 521-14 et L. 521-15, les autorités douanières informent le demandeur de l'existence de la procédure prévue au présent article. Les informations prévues au sixième alinéa de l'article L. 521-14 peuvent également être communiquées au demandeur aux fins de mise en œuvre de la présente mesure.

V. notes ss. art. L. 521-14.

Art. L. 521-17-2 *(L. nº 2014-315 du 11 mars 2014, art. 7)* I. — Lorsque la retenue portant sur des marchandises soupçonnées de constituer une contrefaçon d'un dessin et modèle déposé est mise en œuvre après qu'une demande mentionnée à l'article L. 521-14 a été acceptée, les marchandises transportées en petits envois peuvent être détruites sous le contrôle des agents des douanes lorsque le demandeur a, dans sa demande, sollicité le recours à la procédure prévue au présent article.

II. — La notification mentionnée à la première phrase du deuxième alinéa de l'article L. 521-14 est faite dans un délai d'un jour ouvrable à compter de la date de la mise en retenue. Elle mentionne l'intention de l'administration des douanes de détruire ou non les marchandises et indique que :

1º Le détenteur des marchandises dispose d'un délai de dix jours ouvrables à compter de la notification de la retenue pour faire connaître à l'administration des douanes ses observations ;

2° Les marchandises concernées peuvent être détruites lorsque, dans un délai de dix jours ouvrables à partir de leur mise en retenue, le détenteur des marchandises a confirmé à l'administration des douanes qu'il consent à cette destruction. En cas de silence du détenteur des marchandises à l'issue de ce délai, le détenteur est réputé avoir consenti à leur destruction.

L'administration des douanes communique au demandeur, sur requête de celui-ci, les informations relatives à la quantité réelle ou estimée des marchandises détruites et à leur nature.

III. — Lorsque le détenteur des marchandises n'a pas confirmé par écrit qu'il consent à leur destruction ou lorsqu'il n'est pas réputé avoir consenti à leur destruction, l'administration des douanes en informe immédiatement le demandeur et lui communique la quantité, la nature ainsi que des images des marchandises.

IV. — La mesure de retenue est levée de plein droit à défaut pour le demandeur, dans le délai de dix jours ouvrables à compter de l'information prévue au III du présent article, de justifier auprès de l'administration des douanes qu'il a pris les mesures mentionnées au quatrième alinéa de l'article L. 521-14.

En vue de prendre ces mesures, le demandeur peut obtenir de l'administration des douanes communication des nom et adresse de l'expéditeur, de l'importateur, du destinataire et du détenteur des marchandises retenues, ainsi que de leur quantité, leur origine, leur provenance et leur destination, par dérogation à l'article 59 *bis* du code des douanes.

V. — La définition des petits envois mentionnés au I du présent article est précisée par arrêté du ministre chargé des douanes.

VI. — Le présent article n'est pas applicable aux denrées périssables.

V. notes ss. art. L. 521-14.

Art. L. 521-17-3 *(L. nº 2014-315 du 11 mars 2014, art. 7)* **Lorsque le demandeur utilise les informations qui lui sont communiquées par l'administration des douanes, par dérogation à l'article 59 *bis* du code des douanes, à d'autres fins que celles prévues au présent chapitre, l'administration des douanes abroge, suspend ou refuse de renouveler ladite demande.**

V. notes ss. art. L. 521-14.

Art. L. 521-18 *(L. nº 2007-1544 du 29 oct. 2007, art. 5)* **En vue de prononcer les mesures prévues aux articles L. 521-14 à** *(L. nº 2014-315 du 11 mars 2014, art. 7)* **« L. 521-17-3 », les agents des douanes appliquent les pouvoirs qui leur sont dévolus par le code des douanes.**

V. notes ss. art. L. 521-14.

Art. L. 521-19 *(L. nº 2014-315 du 11 mars 2014, art. 7)* **Un décret en Conseil d'État fixe :**

1° Les conditions d'application des mesures prévues aux articles L. 521-14 à L. 521-17-3 ;

2° Les conditions dans lesquelles a lieu la destruction des marchandises susceptibles de constituer une contrefaçon d'un dessin ou modèle, prévue par la réglementation de l'Union européenne, ainsi que les conditions du prélèvement d'échantillons préalable à ladite destruction.

V. notes ss. art. L. 521-14.

CHAPITRE II CONTENTIEUX DES DESSINS OU MODÈLES COMMUNAUTAIRES

(L. nº 2007-1544 du 29 oct. 2007, art. 6)

Sur l'application de la L. nº 2007-1544 du 29 oct. 2007 de lutte contre la contrefaçon, V. la circulaire du ministre de la justice du 11 avr. 2008, CRIM 08-10/G3, App., vº Dispositions générales.

Art. L. 522-1 *(L. nº 2014-31 du 11 mars 2014, art. 7)* **« Les chapitres Ier et Ier *bis* » du présent titre sont applicables aux atteintes portées aux droits du propriétaire d'un dessin ou modèle communautaire.**

COMMENTAIRE

Voir le commentaire sous l'article L. 515-1.

1. *Compétence matérielle.* En visant l'art. 80 et non l'art. 81 du Règl. (CE) du 12 déc. 2001, la disposition ne limite pas la compétence du TGI de Paris à la compétence minimale proposée par le règlement : contrefaçon et nullité des dessins ou modèles communautaires. Sa compétence lui permet de statuer aussi sur l'action en revendication. • TGI Paris, ord., 17 janv. 2013 : *PIBD 2013. III. 1087.*

2. *Saisine.* Le tribunal saisi d'une demande en contrefaçon ne peut statuer sur la nullité du modèle communautaire s'il n'a pas été saisi par le biais d'une demande reconventionnelle en ce sens. • Paris, 4 oct. 2013 : *PIBD 2013. III. 995 ; Propr. ind. 2014, n° 14, note Gasnier.*

Art. L. 522-2 Un décret en Conseil d'État détermine le siège et le ressort des juridictions de première instance et d'appel qui sont compétentes pour connaître des actions et des demandes prévues à l'article 80 du règlement (CE) n° 6/2002 du Conseil, du 12 décembre 2001, sur les dessins ou modèles communautaires, y compris lorsque ces actions et demandes portent à la fois sur une question de dessins ou modèles et sur une question connexe de concurrence déloyale.

Pour l'application des dispositions du présent livre aux territoires d'outre-mer et à Mayotte, V. art. L. 811-1 et L. 811-2.

COMMENTAIRE

Voir le commentaire sous l'article L. 515-1.

L'extension de la compétence des TGI en présence d'actions portant sur des dessins et modèles communautaires ne s'applique qu'aux questions connexes de concurrence déloyale. • Com. 6 sept. 2016, n° 15-16.108 P : *Dalloz actualité, 26 sept. 2016, note Daleau ; CCE 2016, n° 79, note Caron ; PIBD 2016. III. 823.*

LIVRE SIXIÈME PROTECTION DES INVENTIONS ET DES CONNAISSANCES TECHNIQUES

COMMENTAIRE

Pour stimuler l'innovation, vecteur de progrès, le code de la propriété intellectuelle, comme la plupart des législations et des textes internationaux (V. not. accords ADPIC et Convention de l'Union de Paris de 1883, App., v° *Propriété industrielle, Dispositions générales*), reconnaît des droits privatifs temporaires sur des créations ou obtentions qui répondent à certains critères. Ces protections s'acquièrent toutes par l'accomplissement de formalités et aboutissent à une publication rendant la connaissance intellectuellement accessible au tiers, y compris aux concurrents.

Ces conditions strictes sont justifiées par le caractère dérogatoire du monopole qui entrave la circulation des connaissances et restreint donc la liberté du commerce et de l'industrie.

A défaut de pouvoir ou de vouloir obtenir un titre de propriété industrielle, le détenteur de l'information peut encore en organiser le secret total à son profit ou la transmettre par voie contractuelle (contrat de savoir-faire, transfert de technologie). Le code de la propriété intellectuelle sanctionne d'ailleurs par renvoi à d'autres dispositions la violation du secret de fabrique (V. art. L. 621-1).

TITRE PREMIER BREVETS D'INVENTION

RÉP. COM. v° *Brevets d'invention*, par SCHMIDT-SZALEWSKI.

RÉP. EUR. v° *Brevet*, par SCHMIDT-SZALEWSKI et RODÀ.

RÉP. INTERNAT. v° *Brevet d'invention*, par DERRUPÉ.

BIBL. GÉN. ▸ CORBEL, LE BAS et CHEVREUIL, Les nouvelles fonctions du brevet : approches économique et managériale, *Economica, 2011*. – FOYER et VIVANT, Le droit des brevets, *PUF 1991*. – MORIN, Le régime international des brevets (1994-2004) : entre le multilatéralisme et le bilatéralisme américain, *thèse Montpellier I, 2006*. – MOUSSERON, Traité des brevets, *Litec 1994*. – POLLAUD-DULIAN, Droit de la propriété industrielle, *Montchrestien 1999*. – IRPI (colloque), Les inventions biotechnologiques, *Litec 1999*. – VIVANT et BRUGUIÈRE, *Propr. intell. 2003, n° 8, p. 286* (réinventer l'invention ?). – VIVANT (ouvrage collectif sous la direction de), Les grands arrêts de la propriété intellectuelle, *Dalloz, 2ᵉ éd., 2015* ; Le droit des brevets, *Connaissance du droit Dalloz, 2ᵉ éd. 2005*.

▸ **Droit comparé :** LEROUX et BOURGUET, *Propr. intell. 2007, n° 22, p. 65* (contentieux de brevet en Europe et aux États-Unis : forces et faiblesses du système juridictionnel). – FENG, *Propr. intell. oct. 2015, n° 57, p. 480* (la brevetabilité des programmes d'ordinateur et des méthodes commerciales mises en œuvre par ordinateur en droit chinois). – KERBER, *Propr. intell. janv. 2016, n° 58, p. 10* (offre d'utilisation en Europe d'un procédé breveté : divergences et convergences). – LOWÉ GNINTEDEM, Droit des brevets dans l'espace OAPI, *PUAM, 2014*.

▸ **Articles :** ABELLO et DUBOS, *Propr. intell. 2014, n° 52, p. 228* (l'innovation Act HR 3309. La lutte contre les *Patent trolls* aux États-Unis). – ARHEL, *Propr. ind. 2010. Étude 14* (contribution du droit des brevets à la protection de l'environnement) ; *Propr. ind. 2011. Étude 11* (choix du régime de l'épuisement des droits de brevet : une flexibilité susceptible d'être limitée par le titulaire du brevet). – AZÉMA, *Propr. ind. 2010, Dossier n° 1, art. n° 7* (l'abus dans l'obtention du droit de brevet : l'exemple des médicaments génériques). – BINCTIN, *Propr. intell. 2011, n° 40, p. 270* (le projet de brevet européen à effet unitaire : en attendant le brevet de l'Union ?). – CARON, *CCE 2013. Étude 12* (l'efficacité des licences dites « FRAND » ou l'indispensable conciliation entre la normalisation et le droit des brevets d'invention grâce à la stipulation pour autrui). – CHRISTIAËN, *Propr. ind. 2017. Étude 8* (existerait-il une « période de non-droit » d'agir en contrefaçon de brevet ?). – DE VISSCHER, *Propr. ind. 2012. Étude 8* (juridiction européenne des brevets : il est urgent d'examiner une autre approche, plus réaliste et plus équitable). – DHENNE, *Propr. intell. 2015, n° 56, p. 253* (la notion de caractère technique en droit des brevets). – EDWARD GELLER, *Propr. intell. 2004, n° 10, p. 503* (le brevet international : une utopie ?). – GALLOUX, *Propr. intell. 2011, n° 39, p. 233* (le système unifié de règlement des litiges en matière de brevet : la position des avocats généraux du 2 juillet 2010 et de la Cour dans son avis 1/09 du 8 mars 2011) ; *D. 2013. Chron. 520* (le brevet européen à effet unitaire unifié : un *volapük* juridique intégré ?). – GRYNFOGEL, *RJDA 2016. 341* (une illustration de la confrontation entre concurrence et propriété intellectuelle : les licences FRAND). – HUMBLOT, *RLDI sept. 2016. 47* (brève exploration d'un droit *sui generis* : le droit au brevet). – JUGLAR, *JCP E 2016, n° 1209* (la procédure pénale au service de la propriété intellectuelle). – LÉONARD, *Propr. ind. 2017. Étude 2* (l'abus de droit dans le contentieux des brevets). – LE STANC, *Propr. ind. 2010, Dossier n° 1, n° 8* (l'abus dans l'exercice du droit des brevets : les « patents trolls »). – MALAURIE-VIGNAL, *D. 2012. Chron. 2325* (brevets dormants, brevets assassins, pratiques de hold-up : que peut faire le droit ?). – SCHMIDT-SZALEWSKI, *Propr. ind. 2002. Chron. 3* (l'adaptation du droit des brevets aux nouvelles technologies). – SCHREPEL, *Propr. ind. 2017. Étude 13* (réflexion sur la durée optimale des brevets : un régime au service de l'innovation). – ULLRICH, *Propr. intell. 2011, n° 39, p. 164* (pools de brevets : problèmes et implications politiques). – VÉRON et BOUCHÉ, *Propr. intell. 2014, n° 53, p. 332* (la saisie-contrefaçon devant la juridiction unifiée du brevet). – VIVANT et BRUGUIÈRE, *Propr. intell. 2003, n° 8, p. 286* (réinventer l'invention ?).

COMMENTAIRE

Le droit résultant du brevet sur une invention est géographiquement limité au pays ou à la région de délivrance du titre de propriété industrielle. Les chapitres I à III qui suivent décrivent la voie nationale française. Ce système coexiste avec des voies dites internationales exposées au chapitre IV. Ces dernières ne permettent pas aujourd'hui l'octroi d'un titre supranational mais facilitent plus ou moins l'obtention de la protection dans une pluralité de pays.

Les demandes de titres français par la voie nationale sont en légère baisse et au nombre de 16 200 en 2015, dont 15 % par des étrangers. Statistiquement, deux demandes sur trois aboutissent à la délivrance d'un brevet. Plus de 80 % de ces demandes sont désormais réalisées par voie électronique.

La voie européenne a attiré environ 160 000 demandes en 2015 (soit près de 5 % de croissance globale en un an et près de 280 000 titres enregistrés) et l'OEB (Office européen des brevets) a délivré près de 65 000 brevets (source http ://www.epo.org/about-us/annual-reports-statistics/annual-report/2014_fr.html). Ce nombre est en baisse en raison de la mise en œuvre d'une nouvelle politique de transparence de l'OEB qui vise notamment à transmettre les rapports de recherche dans les six mois à compter du dépôt (*Early Certainty from Search* : http ://www.epo.org/news-issues/news/2014/20140703_fr.html). La France est désignée par la quasi-totalité de ces demandes, mais seules 6 % d'entre elles sont d'origine française (mais 8 % des délivrances totales). La France arrive ainsi en quatrième position devant le Japon, l'Allemagne et surtout les États-Unis avec plus du quart des demandes. La Chine confirme sa percée en se plaçant au huitième rang. Les demandes les plus nombreuses concernent les technologies médicales.

Un peu plus d'une sur deux sera consacrée par un brevet européen. L'INPI gère environ 200 000 titres en vigueur (correspondant à des annuités payées) : un quart sont des titres nationaux et trois quarts des titres européens. La voie internationale par la procédure dite PCT recense 205 000 demandes pour 2014 (ce nombre est stable après une augmentation de 5 % en 2013), dont 28 % proviennent de l'Union européenne (source OMPI, http ://www.wipo.int/edocs/pubdocs/en/wipo_pub_943_2014.pdf).

En 2014, près 10 millions de brevets sont en vigueur dans le monde, dont le quart aux États-Unis. Il a été délivré dans le monde plus de 1 million de brevets et 2,5 millions de demandes ont été enregistrées (dont le quart en Chine). Cette croissance continuelle est essentiellement due à l'office chinois (28% des dépôts), puis aux offices américain (23 %) et japonais (15 %). Puis viennent la Corée (8 %) et l'OEB (6 %).

Les déposants chinois sont aujourd'hui les plus présents (560 000 demandes), devant les Japonais (486 000), les Américains (460 000), les Coréens (203 000), les Allemands (179 000), les Français (67 000) et les Anglais (50 000) – (source OMPI). ❑

CHAPITRE PREMIER CHAMP D'APPLICATION

SECTION PREMIÈRE GÉNÉRALITÉS

Art. L. 611-1 Toute invention peut faire l'objet d'un titre de propriété industrielle délivré par le directeur de l'Institut national de la propriété industrielle qui confère à son titulaire ou à ses ayants cause un droit exclusif d'exploitation.

La délivrance du titre donne lieu à la diffusion légale prévue à l'article L. 612-21.

(L. nº 96-1106 du 18 déc. 1996) **« Sous réserve des dispositions des conventions internationales auxquelles la France est partie, » les étrangers dont le domicile ou l'établissement est situé en dehors du territoire où le présent titre est applicable jouissent du bénéfice du présent titre, sous la condition que les Français bénéficient de la réciprocité de protection dans les pays dont lesdits étrangers sont ressortissants.** – *[L. nº 68-1 du 2 janv. 1968, art. 1er et 5, al. 1er.] – V. Convention de Paris du 20 mars 1883, sur la protection de la propriété industrielle, et l'Accord ADPIC, art. 27 s., App., vº Dispositions générales.*

(L. nº 2008-518 du 3 juin 2008, art. 22-I) **« Sauf stipulation contraire d'un engagement international auquel la France est partie, les dispositions du présent article s'appliquent aux inventions réalisées ou utilisées dans l'espace extra-atmosphérique y compris sur les corps célestes ou dans ou sur des objets spatiaux placés sous juridiction nationale en application de l'article VIII du traité du 27 janvier 1967 sur les principes régissant les activités des États en matière d'exploration et d'utilisation de l'espace extra-atmosphérique, y compris la Lune et les autres corps célestes. »**

COMMENTAIRE

Le brevet est un titre délivré par l'INPI au nom de l'État français qui confère à son titulaire, le breveté, un droit de propriété sur un objet immatériel et, plus précisément, une création industrielle constituant une invention ; c'est-à-dire un ensemble de connaissances caractérisant généralement une solution technique à un problème technique. Le contour de l'invention est d'ailleurs principalement déterminé par le déposant lui-même au moyen des revendications (V. art. L. 612-6).

La loi ne donne aucune définition de l'invention. En revanche, l'article L. 611-10 énonce les connaissances qui sont exclues et précise des conditions de fond dites de brevetabilité. Le régime est fortement formaliste puisque les prérogatives sur l'invention, opposables à tous, n'existent qu'à l'issue d'une démarche volontaire aboutissant à la délivrance du titre. En outre, le droit porte sur l'invention et non sur l'inventeur. La personne du créateur s'efface devant une nécessité pragmatique d'objectivation de la protection. Sur ces deux points, le brevet se distingue fortement de la propriété littéraire et artistique.

Par ailleurs, le régime du brevet est ancré dans un principe de territorialité lié à son mécanisme d'attribution : un brevet français ne protège son titulaire que pour des actes exercés sur le territoire national.

L'alinéa 2 rappelle la vocation documentaire du brevet. En effet, l'avantage relatif consenti au breveté a pour contrepartie la publicité de la connaissance qui vient ainsi enrichir l'état de la technique et favoriser d'autres progrès. Cette même fonction sociale se retrouvera dans les possibilités de sanctionner un défaut d'exploitation (art. L. 613-11 s.).

L'alinéa 3 détermine les conditions de protection des étrangers. L'analyse est proche de celle de l'article L. 511-11 sur les dessins et modèles au commentaire duquel nous renvoyons. La règle de la réciprocité, y compris à l'égard des européens, ainsi énoncée est sans réelle incidence compte tenu des diverses conventions en vigueur qui imposent le principe du traitement national ou de l'assimilation.

Les autres procédures de dépôt auprès d'organismes privés ou publics (par exemple l'enveloppe Soleau pour l'INPI, V. comm. introductif du chapitre II du livre V) ne sont pas constitutives de droits. Au mieux, en cas de litige, elles peuvent être retenues comme date certaine de la création par le juge. L'offre de services s'est considérablement développée en la matière en proposant des procédures en ligne d'enregistrement. Le prestataire qui entretiendrait volontairement la confusion avec l'acquisition d'un droit privatif engage sa responsabilité (V. note 5).

1. L'invention, alors que le brevet n'est pas encore demandé, est un bien incorporel qui a une valeur patrimoniale ; l'inventeur peut donc céder son invention à titre gratuit ou onéreux. • Paris, 30 janv. 1990 : *Ann. propr. ind. 1991. 39.*

2. Savoir-faire. V. notes 8 s. ss. art. L. 621-1.

3. Sécurité sociale. Une activité inventive, fût-elle accessoire et occasionnelle, qui s'est caractérisée par la découverte d'un procédé, la prise d'un brevet et l'exploitation, même indirecte, de celui-ci, constitue une activité non salariée dont les revenus, quel qu'en soit le montant, doivent être soumis à la cotisation personnelle d'allocations familiales des travailleurs indépendants. • Soc. 20 oct. 1994 : *Bull. civ. V, nº 289.*

4. Marché public. Sur la dérogation à l'obligation de mise en concurrence lorsqu'une entreprise est seule détentrice des droits d'exploitation d'un brevet, V. • CAA Douai, 30 oct. 2002 : *Propr. intell. 2003, nº 9, p. 412, obs. Warusfel.*

5. Un service de dépôt probatoire payant d'invention délivrant un « acte déclaratif de qualité d'auteur » relève de pratiques commerciales trompeuses au sens de l'art. L. 121-1 C. consomm. dans la mesure où il laisse entendre au client que, grâce au droit d'auteur, sa prestation protège la création technique. Cette déclaration pourrait au contraire produire l'effet opposé en constituant une antériorité détruisant la nouveauté de l'invention et interdisant en conséquence l'accès à la protection par le brevet. • TGI Paris, 4 mars 2011 : *PIBD 2011. III, p. 380.*

Code de la recherche

Art. L. 533-1 I. — Les agents de l'État et des personnes publiques investies d'une mission de recherche, auteurs, dans le cadre de recherches financées par des dotations de l'État et des collectivités territoriales ou par des subventions d'agences de financement nationales, d'une invention dans les conditions prévues au 1 de l'article L. 611-7 du code de la propriété intellectuelle en font immédiatement déclaration auprès de la personne publique employeur dont ils relèvent.

II. — Lorsqu'elles sont susceptibles d'un développement économique, ces inventions donnent lieu à un dépôt en vue de l'acquisition d'un titre de propriété industrielle, tel qu'il est défini aux articles L. 611-1 et L. 611-2 du même code.

III. — Les personnes publiques employeurs des personnels mentionnés au I valorisent l'invention objet du titre de propriété industrielle, acquis en application du II, dans les conditions prévues par le code de la propriété intellectuelle, auprès d'entreprises qui prévoient une exploitation de l'invention au moins en partie sous la forme d'une production industrielle ou de la création de services, de préférence sur le territoire de l'Union européenne et, parmi ces entreprises, de préférence auprès des petites et moyennes entreprises et industries et des entreprises de taille intermédiaire.

IV. — Les personnes publiques investies d'une mission de recherche autres que l'État, mentionnées au I, informent leur ministère de tutelle des titres de propriété industrielle acquis et des conditions de leur exploitation en application des II et III.

V. — Afin de simplifier et d'accélérer le transfert d'un titre de propriété industrielle acquis en application du II, en cas de copropriété publique constatée au dépôt de l'invention, un mandataire unique chargé de la gestion, de l'exploitation et de la négociation du titre est désigné par les déposants avant sa publication. Un décret fixe les missions et le mode de désignation du mandataire.

VI. — Sauf excuses légitimes, après cinq ans à compter de la date du transfert sans exploitation par l'entreprise de l'invention objet d'un titre de propriété industrielle acquis en application du II, la cession est nulle et la propriété du titre revient intégralement à la personne publique qui l'a cédé. Les restitutions et compensations sont réglées par le code civil.

Sur le mode de désignation et les missions du mandataire prévus par cet art., V. Décr. nº 2014-1518 du 16 déc. 2014 (JO 18 déc.).

Art. L. 533-2 Dans le cadre des objectifs définis à l'article L. 112-1, les établissements publics à caractère scientifique et technologique peuvent assurer par convention des prestations de service, gérer des contrats de recherche, exploiter des brevets et licences et commercialiser les produits de leurs activités.

En vue de la valorisation des résultats de la recherche dans leurs domaines d'activité, ils peuvent, par convention et pour une durée limitée, avec information de l'instance scientifique compétente, fournir à des entreprises ou à des personnes physiques des moyens de fonctionnement, notamment en mettant à leur disposition des locaux, des équipements et des matériels. Un décret fixe les conditions d'application du présent alinéa.

Les activités mentionnées au présent article peuvent être gérées par des services d'activités industrielles et commerciales, dont le régime financier et comptable est défini par décret. Pour le fonctionnement de ces services et la réalisation de ces activités, les établissements peuvent recruter, dans des conditions définies, en tant que de besoin, par décret en Conseil d'État, des agents non titulaires par des contrats de droit public à durée déterminée ou indéterminée.

Art. L. 533-3 Les établissements publics à caractère scientifique et technologique peuvent également confier par convention les activités mentionnées à l'article L. 533-2 à des entités de droit privé. Ces conventions sont approuvées par leur autorité de tutelle.

Il est tenu compte notamment :

1° De la capacité financière et des moyens de gestion de l'entité ;

2° De l'adéquation de l'action de l'entité avec la politique de l'établissement public ;
3° De l'équilibre des droits et obligations entre l'entité et l'établissement public.
La convention mentionnée au premier alinéa peut prévoir l'attribution ou la mise à disposition de moyens matériels et financiers par l'une à l'autre des parties.

Art. L. 533-4 *(L. n° 2016-1321 du 7 oct. 2016, art. 30)* I. — Lorsqu'un écrit scientifique issu d'une activité de recherche financée au moins pour moitié par des dotations de l'État, des collectivités territoriales ou des établissements publics, par des subventions d'agences de financement nationales ou par des fonds de l'Union européenne est publié dans un périodique paraissant au moins une fois par an, son auteur dispose, même après avoir accordé des droits exclusifs à un éditeur, du droit de mettre à disposition gratuitement dans un format ouvert, par voie numérique, sous réserve de l'accord des éventuels coauteurs, la version finale de son manuscrit acceptée pour publication, dès lors que l'éditeur met lui-même celle-ci gratuitement à disposition par voie numérique ou, à défaut, à l'expiration d'un délai courant à compter de la date de la première publication. Ce délai est au maximum de six mois pour une publication dans le domaine des sciences, de la technique et de la médecine et de douze mois dans celui des sciences humaines et sociales.

La version mise à disposition en application du premier alinéa ne peut faire l'objet d'une exploitation dans le cadre d'une activité d'édition à caractère commercial.

II. — Dès lors que les données issues d'une activité de recherche financée au moins pour moitié par des dotations de l'État, des collectivités territoriales, des établissements publics, des subventions d'agences de financement nationales ou par des fonds de l'Union européenne ne sont pas protégées par un droit spécifique ou une réglementation particulière et qu'elles ont été rendues publiques par le chercheur, l'établissement ou l'organisme de recherche, leur réutilisation est libre.

III. — L'éditeur d'un écrit scientifique mentionné au I ne peut limiter la réutilisation des données de la recherche rendues publiques dans le cadre de sa publication.

IV. — Les dispositions du présent article sont d'ordre public et toute clause contraire à celles-ci est réputée non écrite.

Art. L. 611-2 **Les titres de propriété industrielle protégeant les inventions sont :**

1° Les brevets d'invention, délivrés pour une durée de vingt ans à compter du jour du dépôt de la demande ;

2° Les certificats d'utilité, délivrés pour une durée de six ans à compter du jour du dépôt de la demande ;

3° Les certificats complémentaires de protection rattachés à un brevet dans les conditions prévues à l'article L. 611-3, prenant effet au terme légal du brevet auquel ils se rattachent pour une durée ne pouvant excéder sept ans à compter de ce terme et dix-sept ans à compter de la délivrance de l'autorisation de mise sur le marché mentionnée à ce même article.

Les dispositions du présent livre concernant les brevets sont applicables aux certificats d'utilité à l'exception de celles prévues aux articles L. 612-14, L. 612-15 et au premier alinéa de l'article L. 612-17. Elles le sont également aux certificats complémentaires de protection à l'exception de celles prévues aux articles L. 611-12, L. 612-1 à L. 612-10, L. 612-12 à L. 612-15, L. 612-17, L. 612-20, L. 613-1 et L. 613-25. – *[L. n° 68-1du 2 janv. 1968, art. 3.]*

Sur le rapprochement des régimes juridiques de protection des inventions par le modèle d'utilité, V. avis du Comité économique et social sur la proposition de directive du Parlement européen et du Conseil (JOCE C 235, 27 juill. 1998).

Concernant les médicaments génériques, l'art. L. 5121-10 du CSP énonce : « Pour une spécialité générique définie au 5° de l'article L. 5121-1, l'autorisation de mise sur le marché peut être délivrée avant l'expiration des droits de propriété intellectuelle qui s'attachent à la spécialité de référence concernée (...). Toutefois, la commercialisation de cette spécialité générique ne peut intervenir qu'après l'expiration des droits (...) ».

BIBL. ▶ ARMENGAUD et BERTHET-MAILLOLS, *Propr. intell. 2008, n° 26, p. 11* (les certificats complémentaires de protection : dernières évolutions). – GAULTIER, *Propr. intell. 2008, n° 26, p. 22* (le raisonnement juridique à l'épreuve des certificats complémentaires de protection français). – GUERRE et TRIPOZ, *Gaz. Pal. 20 et 21 déc. 2006* (le certificat complémentaire de protection au cœur de la tourmente entre médicament princeps et médicament générique). – REQUENA, *Propr. intell. 2005, n° 16, p. 313* (les certificats complémentaires de protection pour les médicaments.

Plus de dix ans de pratique de l'INPI). – Schmitt, *Propr. ind. 2011. Étude 13* (un CCP peut-il être obtenu quand la spécialité de l'AMM de référence porte sur une composition de plusieurs principes actifs qui ne sont pas tous revendiqués clairement au brevet de base ?).

COMMENTAIRE

La date retenue pour le point de départ de la protection est le jour du dépôt de la demande de titre et non la date de délivrance de ce dernier ou, comme en propriété littéraire et artistique, la date de communication au public ou la mort du créateur. La durée de vingt ans est un maximum en matière de brevet. En effet, compte tenu du caractère dérogatoire du monopole sur l'invention, le breveté est incité à l'abandon du titre par une obligation de renouvellement annuel marquée par le paiement de redevances, qui plus est progressives dans le temps. La gestion du portefeuille de titres requiert donc une attention toute particulière. Elle peut être confiée à un conseil en propriété industrielle.

De manière assez surprenante, le titre premier sur le brevet d'invention organise à la marge la protection par d'autres titres : *le certificat complémentaire de protection*, qui sera expliqué à l'article L. 611-3, et le *certificat d'utilité*.

Le certificat d'utilité, encore appelé « modèle d'utilité » dans certains pays, est une sorte de « petit brevet ». En France, il est octroyé aux inventions qui répondent aux mêmes conditions de fond que le brevet (V. art. L. 611-10 s.). En revanche, la procédure est plus simple, plus rapide et moins coûteuse car l'instruction de la demande ne se fonde pas sur un rapport de recherche destiné à découvrir d'éventuelles antériorités. On comprendra dès lors que sa fiabilité soit moindre. En conséquence, sa durée est limitée à six ans, et il ne pourra être statué sur un acte de contrefaçon sans production d'un rapport de recherche réalisé *a posteriori* (V. art. L. 615-6).

Le déposant opte pour un tel titre lors de la demande initiale ou par la suite tant que le rapport de recherche n'est pas établi (sur la procédure de transformation volontaire ou automatique, V. art. L. 612-15, R. 612-55 et R. 612-56). Dans les faits, l'option pour le certificat d'utilité dès le stade du dépôt est assez rare : l'INPI a recensé moins de 500 demandes en 2012.

Il est à noter que de grandes divergences existent au sein de l'Union européenne quant aux régimes du certificat d'utilité ou assimilés. Néanmoins, la tentative d'harmonisation (proposition de directive du Parlement européen et du Conseil relative au rapprochement des régimes juridiques de protection des inventions par le modèle d'utilité E1006 – COM (97) 691 final du 12/12/1997) n'a pas abouti sûrement en raison du caractère confidentiel de ce titre (428 demandes en 2012 pour la France selon les chiffres clés 2013 INPI/OPI). ❑

1. Durée du brevet. Le titulaire d'un brevet est fondé à demander la protection de l'invention brevetée jusqu'à la date d'expiration de son titre. • Lyon, 2 juill. 1998 : *PIBD 1998. III. 575 ; RDPI 1998, n° 89, p. 24.*

2. Certificat d'utilité et brevet. Si le certificat d'utilité est un titre de propriété industrielle, l'emploi du terme « brevet » dans un document publicitaire, qui laisse croire que la durée de protection du dispositif présenté est longue, est une inexactitude fautive, constitutive d'un acte de concurrence déloyale. • Com. 24 oct. 2000 : *PIBD 2001. III. 99.*

3. Certificat complémentaire de protection. Un CCP délivré sous l'empire de la loi du 25 juin 1990 sur la base d'un certificat d'addition doit être considéré comme valable. • TGI Paris, 28 mars 2000 : *D. 2002. Somm. 1192, obs. Galloux*. ♦ Sur le calcul de la durée de protection du CCP, V. • Com. 8 mars 2005 : *V. note 9 ss. art. L. 611-3.*

Art. L. 611-3 Tout propriétaire d'un brevet d'invention produisant ses effets en France et ayant pour objet un médicament, un procédé d'obtention d'un médicament, un produit nécessaire à l'obtention de ce médicament ou un procédé de fabrication d'un tel produit peut, lorsque ceux-ci sont utilisés pour la réalisation d'une spécialité pharmaceutique faisant l'objet d'une autorisation de mise sur le marché conformément aux articles L. 601 ou L. 617-1 du code de la santé publique, et à compter de sa délivrance, obtenir, dans les formes et conditions fixées par le présent livre et précisées par décret en Conseil d'État, un certificat complémentaire de protection pour celles des parties du brevet correspondant à cette autorisation. – *[L. n° 68-1 du 2 janv. 1968, art. 3 bis] – V. art. R. 617-1 et R. 617-2. – V. App., v° Brevets, Règl. (CE) n° 469/2009 du*

6 mai 2009, concernant la création d'un certificat complémentaire de protection pour les médicaments, qui s'est substitué aux dispositions de la loi française depuis le 2 janv. 1993. — Sur les dispositions transitoires, V. aussi Décr. n° 79-822 du 19 sept. 1979, art. 119-1 (JO 23 sept.).

Sur le contenu de l'autorisation de mise sur le marché, délivrée par le directeur général de l'Agence du médicament, V. CSP, art. R. 5121-21. — **CSP**.

BIBL. ▸ Armengaud et Berthet-Maillols, *Propr. intell. 2009, n° 31, p. 132* (du mauvais usage du droit des brevets en matière pharmaceutique, selon le rapport préliminaire de la Commission européenne). *ibid. 2006, n° 20, p. 243* (médicaments génériques et « princeps » : un nouvel équilibre). – Azema, *Propr. ind. 2010, Dossier n° 7* (l'abus dans l'obtention du droit de brevet : l'exemple des médicaments génériques). – Bloch et Schmitt, *Gaz. Pal. 1993. 2. Doctr. 1280* (le certificat complémentaire de protection institué par le règlement du 18 juin 1992) ; *Gaz. Pal. 1994. 2. Doctr. 1320* (premières décisions relatives au certificat complémentaire de protection rattaché à un brevet). – Galloux, *JCP E 1996. I. 609* (certificat complémentaire de protection pour les produits phytopharmaceutiques) ; *RTD com. 2011. 532* (la portée d'un certificat complémentaire de protection). – Gaumont-Prat, *Propr. ind. 2014, Chron. 6, p. 23* (médicament et CCP). – Marino, *Propr. ind. 2011. Étude 15* (le devenir des brevets dans le secteur des médicaments en Europe). – May et Liens, *Prop. ind. 2014, Études 16* (brevets pharmaceutiques : approche pratique du contentieux des mesures d'interdiction provisoire). – Passa, *Propr. intell. 2006, n° 18, p. 45* (entre droit des brevets et droit de la santé publique : tentatives judiciaires pour faire interdire les médicaments génériques).

COMMENTAIRE

Pour des raisons de sécurité, la commercialisation de procédés ou produits brevetés en lien avec la santé requiert une autorisation de mise sur le marché (AMM) dépendant d'essais cliniques qui peuvent durer longtemps. En conséquence, le breveté perd plusieurs années d'exploitation. C'est pourquoi il peut demander à bénéficier d'une compensation sous la forme d'un certificat complémentaire lui permettant de prolonger le monopole au terme du brevet. L'INPI a reçu 80 demandes de certificats complémentaires en 2012.

Depuis le 1er janvier 1993, le régime du règlement communautaire n° 1768/92 du 18 juin 1992, codifié par le règlement n° 469/2009 du 6 mai 2009 (V. App., v° *Propriété industrielle, Brevets*), s'est substitué à la loi française (pour les règles de droit transitoire, V. note 3). La prorogation de protection est maintenant limitée à cinq ans sachant que la durée totale de protection ne peut excéder quinze ans. La double limite de sept ans ou dix-sept ans à compter de l'AMM, de l'article L. 611-2 ne s'applique plus désormais. Le certificat complémentaire est soumis à une taxe annuelle. Il est lié à l'AMM si bien que le retrait de celle-ci éteint le nouveau titre (art. L. 613-28).

Depuis 1997, les produits phytosanitaires peuvent bénéficier du certificat complémentaire (Règl. n° 1610/96 du 23 juill. 1996 concernant la création d'un certificat complémentaire de protection pour les produits phytopharmaceutiques). Par ailleurs, un autre texte communautaire est venu étendre la durée du certificat de six mois pour les médicaments à usage pédiatrique (art. 36, Règl. (CE) n° 1901/2006 du 12 déc. 2006).

Cette protection spécifique à l'industrie pharmaceutique se distingue d'un mécanisme autonome de réservation des données pharmacologiques, généralement d'une durée de dix ans, en lien avec la commercialisation de médicaments génériques (art. L. 5121-10-1 CSP issu de la loi n° 2007-248 du 26 févr. 2007 portant diverses dispositions d'adaptation au droit communautaire dans le domaine du médicament transposant la directive n° 2004/27/CE). ❑

1. Étendue de la protection. Lorsque cinq demandes de certificats complémentaires de protection (CCP) sont déposées sur la base du même brevet en référence à cinq autorisations de mise sur le marché (AMM) obtenues pour des spécialités différentes comprenant le même principe actif, un seul CCP sera délivré, car la protection conférée par le CCP n'est pas limitée par la spécialité, objet de l'AMM, mais par les revendications qui déterminent l'objet (art. L. 612-6) et l'étendue (art. L. 611-2) de la protection, dispositions applicables au certificat complémentaire de protection en vertu de l'art. L. 611-2 : « en application de l'art. L. 611-2, la protection conférée par le certificat s'étend à toute utilisation en tant que médicament, du produit protégé par le brevet et couvert par l'AMM ». • Paris, 7 juill. 1994 : *PIBD 1994. III. 559.* ♦ Quand un CCP a été obtenu sur la base d'une AMM visant un produit précis, son titulaire ne peut obtenir un autre CCP se référant à une autre AMM pour un produit distinct mais couvert par les mêmes revendications. • Paris, 29 juin 2001 : *PIBD 2001. III. 525.* ♦ Même s'il permet d'améliorer les effets du principe actif, l'adjuvant ne répond pas à la définition du produit de l'art. 1, *b*, du Règl. (CE)

469/2009. • CJUE 14 nov. 2013 : *PIBD 2014. III. 47.* ♦ Un certificat complémentaire ne peut être délivré pour un vaccin dont le principe actif a déjà fait l'objet d'un certificat sur la base d'une autre AMM. Il s'agit du même produit en dépit de différences de formes et de procédé de fabrication. • Paris, pôle 5, ch. 1, 12 avr. 2016, n° 2015/12234 : *PIBD 2016. III. 451.*

2. Changement d'AMM. L'abrogation de l'AMM par décision ministérielle et son remplacement par une nouvelle AMM n'est pas susceptible de donner un nouveau point de départ au délai de 17 ans pour la protection du CCP, dès lors qu'il est constant qu'il s'agit du même médicament. • Paris, 26 mars 1999 : *PIBD 1999. III. 325* • TGI Rennes, 19 mars 2001 : *PIBD 2001. III. 365.*

3. Application du Règl. (CE) n° 1768/92 dans le temps. Les demandes déposées entre le 2 juill. 1992 et le 2 janv. 1993 restent soumises à la loi française, et non au Règl. (CE) du 18 juin 1992. • Paris, 7 déc. 1992 : *PIBD 1993. III. 122 ; Ann. propr. ind. 1993. 79 ; RTD com. 1993. 504, obs. Azéma* . ♦ Toutefois, pour toute demande postérieure au 2 juill. 1992 et encore en cours d'examen à la date d'entrée en vigueur du Règl. (CE) n° 1768/92 du 18 juin 1992, c'est ce dernier qui s'applique. • Com. 21 mai 1996 : *D. Affaires 1996. 752 ; PIBD 1996. III. 449* • Paris, 29 mars 1996 : *ibid. 1996, III, p. 363.*

4. Sur l'ancien brevet spécial de médicament, V. • Paris, 25 oct. 1990 : *Ann. propr. ind. 1990. 205, obs. crit. Mathély.*

5. Contrairement au Règl. (CE) n° 1768/92 du 18 juin 1992, l'art. L. 611-3 ne précise pas que l'AMM doit être la première obtenue ; il s'ensuit que la validité d'un certificat complémentaire de protection délivré selon la loi n° 90-510 du 25 juin 1990 *(JO 27 juin)* ne peut pas être contestée du seul fait qu'il fait qu'il est basé sur une AMM qui n'est pas la première accordée à la molécule concernée. • TGI Paris, 30 janv. 1998 : *D. 1999. Somm. 132, obs. Galloux* ; *PIBD 1998. III. 245 ; Dossiers Brevets 1998. I. 3* • 18 févr. 1998 : *Le Figaro, 26 févr. 1998 ; D. 1999. Somm. 132, obs. Galloux* .

6. Étendue de la protection par le CCP. Selon le Règl. (CE) n° 1768/92, le CCP ne couvre pas seulement le produit sous la forme concrète indiquée dans l'AMM mais couvre le produit en tant que médicament sous toutes les formes relevant de la protection du brevet de base. En revanche, la protection conférée par le CPP ne peut pas excéder l'étendue de la protection conférée par le brevet de base. • CJCE 16 sept. 1999, n° C-392/97, *Farmitalia Carlo Erba : Rec. CJCE I, p. 5553 ; RTD com. 2000. 354, obs. Galloux* ; *RTD com. 2000. 528, obs. Luby* ; *PIBD 2000. III. 99.* ♦ Un générique peut contrefaire le CCP protégeant le principe actif de la même façon que le brevet de base, même si, dans le médicament litigieux, celui-ci est associé à un autre principe actif. • Com. 15 janv. 2013, n° 11-26.632 : *PIBD 2013. III. 1005.* ♦ Une composition pharmaceutique brevetée ne peut être l'objet d'un CCP si le principe actif breveté antérieurement a déjà bénéficié du même dispositif. • Com. 26 nov. 2013, n° 12-23.775 P : *D. 2013. 2844* ; *PIBD 2014. III. 52.* ♦ Dans le même sens • CJUE 12 mars 2015, n° C-577/13 : *PIBD 2015. III. 287 ; Propr. ind. 2016. Chron. 6, note Gaumont-Prat.* ♦ En application du Règl. (CE) n° 1768/92 du 18 juin 1992 (art. 1er et 3), un principe actif peut bénéficier d'un CCP s'il est démontré qu'il est en liaison covalente avec d'autres principes actifs composant le médicament. En revanche, un principe actif dont l'effet thérapeutique est distinct de ceux couverts par une AMM ne peut prétendre à un CCP. • CJUE 15 janv. 2015, n° C-631/13 : *PIBD 2015. III. 513 ; Propr. ind. 2016. Chron. 6, note Gaumont-Prat.*

7. Exigence d'une AMM en cours de validité. L'octroi d'un CCP est subordonné à la condition que le médicament ait obtenu, dans l'État membre dans lequel est présentée la demande et à la date de cette demande, une AMM en cours de validité. • CJCE 12 juin 1997, n° C-110/95, *Yamanouch Pharmaceutical : Rec. CJCE II, p. 3251 ; D. 1999. Somm. 133, obs. J.-C. Galloux* .

8. Pluralité de brevets de base. Si un médicament dépend de plusieurs brevets de base, chaque titulaire d'un brevet de base peut demander un CCP. • CJCE 23 janv. 1997, n° C-181/95, *Biagen Inc. c/ SA Smithline Beecham Biologicals : Rec. CJCE I, p. 357 ; D. 1997. Somm. 338, obs. Galloux* .

9. Point de départ de la protection. En présence d'une succession d'AMM concernant la même spécialité pharmaceutique, il convient de prendre en considération pour le calcul du point de départ de la protection par un CCP, l'AMM en vigueur au moment de la délivrance du titre. • TGI Paris, 28 mars 2000 : *D. 2002. Somm. 1192, obs. Galloux* . ♦ Une cour d'appel fait une exacte application des art. L. 611-2 et L. 611-3 CPI en retenant que la validité d'un CCP avait expiré 17 années après la délivrance de la première AMM d'un médicament, dont le renouvellement automatique postérieur, pour un produit identique et les mêmes conditionnements, n'avait eu qu'un caractère administratif, sans provoquer d'interruption des ventes justifiant une suspension du cours de la vie du brevet. • Com. 8 mars 2005 : *Bull. civ. IV, n° 46 ; Propr. ind. 2005. Chron. 15, note Berthet-Maillols.* ♦ La durée de protection ne peut excéder 17 ans à compter de la délivrance de la première AMM de la spécialité pharmaceutique pour laquelle est utilisé le médicament ou le procédé d'obtention d'un médicament objet du brevet. • Com. 3 avr. 2007 : *Bull. civ. IV, n° 103 ; D. 2007. 2272, note Galloux* ; *ibid. AJ 1279, obs. Daleau* ; *RTD com. 2007. 523, obs. Galloux* ; *Propr. intell. 2007, n° 24, p. 345, obs. Galloux.* ♦ L'art. 13, §

1, du Règl. 469/2009/CE retient pour le calcul de la durée du certificat complémentaire de protection la date de la notification de la décision portant autorisation de mise sur le marché à son destinataire. • CJUE 6 oct. 2015, *Seattle Genetics Inc.*, n° C-471/14 : *Gaz. Pal. 9 févr. 2016, p. 33, note Marino ; PIBD 2015. III. 779 ; Propr. ind. 2016. Chron. 6, note Gaumont-Prat.*

10. Médicament générique. Sur la commercialisation de médicaments génériques en violation des droits de propriété intellectuelle attachés au médicament de référence, V. • CE 12 déc. 2008 : *Propr. ind. 2009, n° 60, note Ciaudo* • 6 mars 2009 : *ibid.* ♦ V. aussi comm. ss. art. L. 613-5.

Art. L. 611-4 (Abrogé par Ord. n° 2008-1301 du 11 déc. 2008) ***Les demandes de brevet et brevets déposés avant le 1er juillet 1979 restent soumis aux règles applicables à la date de leur dépôt.***

Toutefois, les dispositions du présent livre sont applicables à l'exercice des droits résultant de ces brevets et demandes de brevet, ainsi qu'à la poursuite de l'instruction des demandes de brevet pour lesquelles le premier projet d'avis documentaire n'a pas été établi avant le 1er juillet 1979. — [L. n° 78-742 du 13 juill. 1978, art. 45.] — V. L. n° 68-1 du 2 janv. 1968, dans sa rédaction antérieure à la réforme opérée par la loi du 13 juill. 1978, App., v° Brevets.

COMMENTAIRE

Cette disposition statuait sur l'application transitoire de la réforme du 13 juillet 1978 destinée à rendre conforme la législation française à la Convention sur le brevet européen (V. App., v° *Propriété industrielle, Brevets*). Elle a été logiquement abrogée, puisque non seulement les derniers brevets concernés ont disparu en 1999, mais encore les actions les concernant sont désormais prescrites.

Art. L. 611-5 Les certificats d'addition demandés antérieurement à l'entrée en vigueur de la loi n° 90-1052 du 26 novembre 1990 relative à la propriété industrielle restent soumis aux règles applicables à la date de leur demande.

Toutefois, l'exercice des droits en résultant est régi par les dispositions du présent livre. — *[L. n° 90-1052 du 26 nov. 1990, art. 54 bis.] — V. titre VII de la L. n° 68-1 du 2 janv. 1968, dans sa rédaction antérieure à la loi du 26 nov. 1990, App., v° Brevets.*

COMMENTAIRE

Le certificat d'addition était un titre accessoire accordé à une invention liée à un brevet existant par au moins une revendication. Il a été supprimé par la loi de 1990 (plus exactement à partir du décret n° 93-1142 du 5 oct. 1993) sans préjudice pour les certificats obtenus précédemment qui expireront avec le brevet principal auquel ils se rattachent.

Même si l'expression « brevet de perfectionnement » a été abandonnée par la loi n° 2004-800 du 6 août 2004, une invention demeure brevetable même si son exploitation dépend d'un brevet antérieur en vigueur (V. art. L. 613-15).

SECTION II **DROIT AU TITRE**

Art. L. 611-6 Le droit au titre de propriété industrielle mentionné à l'article L. 611-1 appartient à l'inventeur ou à son ayant cause.

Si plusieurs personnes ont réalisé l'invention indépendamment l'une de l'autre, le droit au titre de propriété industrielle appartient à celle qui justifie de la date de dépôt la plus ancienne.

Dans la procédure devant le directeur de l'Institut national de la propriété industrielle, le demandeur est réputé avoir droit au titre de propriété industrielle. — *[L. n° 68-1 du 2 janv. 1968, art. 1er bis.] — V. art. R. 612-1 s.*

Sur les conditions de dépôt de demande de brevet pour un inventeur individuel, V. Rép. min. n° 1653, JO Sénat 5 sept. 1996, p. 2288 ; D. Affaires 1996. 1230.

BIBL. ▸ BRONZO, *Propr. ind. 2013. Étude 5* (le droit moral de l'inventeur). - MARTIN, *RDPI 1997, n° 76, p. 19* (la protection initiale à l'étranger d'inventions faites en France est-elle légale ?).

COMMENTAIRE

La loi attribue, comme en matière de dessins et modèles (V. comm. ss. art. L. 511-9), la propriété de l'invention à la personne qui en est à l'origine ou à celle qui détient les droits de cette dernière aux termes de conventions diverses. Mais, pour éviter d'imposer la preuve de cette situation lors du dépôt de la demande, l'alinéa 3 de la disposition institue une présomption au profit du déposant. Celui-ci est indifféremment une ou plusieurs personnes physiques ou morales (plus de 80 % des demandes en pratique). Les cas de copropriété sont fréquents et leur exercice est régi par les articles L. 613-29 et suivants. Le dépôt peut être effectué par le titulaire de droits lui-même ou un mandataire (V. art. R. 612-2).

L'article L. 611-8 ouvre néanmoins une possibilité de contestation du titulaire légitime par le biais de l'action en revendication. Quoi qu'il en soit, le défaut de qualité du déposant n'est ni une cause de rejet de la demande ni *a fortiori* un motif de nullité du brevet. D'ailleurs, le formulaire de dépôt distingue bien l'identification du déposant de celle de l'inventeur.

En cas d'invention concomitante, l'alinéa 2 accorde le droit au premier déposant *(first to file)* et non au premier inventeur *(first to invent)* déterminé dans certains pays, et notamment aux États-Unis, à l'issue d'une procédure complexe dite d'interférence.

Ce principe a longtemps constitué une différence importante entre les systèmes européens et ceux des États-Unis où la recherche du premier inventeur était facteur d'insécurité juridique et nécessitait la mise en œuvre d'une procédure complexe dite « d'interférence ». La loi nouvelle *America Invents Act* (AIA) du 16 septembre 2011 établit le système original de l'inventeur – premier déposant ou *first-inventor-to-file*. Le paragraphe ancien 102 (g) de l'article 35 du code des États-Unis (USC), qui fondait le principe de l'attribution du brevet au premier inventeur, a été supprimé. En cas de recherches collaboratives, l'antériorité et la paternité de l'invention seront facilitées par la tenue de cahiers de laboratoire ou *lab notebooks*. La valeur probatoire de ces documents peut être expressément reconnue par les conventions de recherche. Les pouvoirs publics cherchent à promouvoir cette pratique (V. Robin, *Propr. ind. 2011. Étude. 16*). ❑

1. Droit de priorité unioniste. La société qui a été créée pour l'exploitation des brevets de son président et qui en a déposé un régulièrement, dépôt qui constitue une première demande, bénéficie du droit de priorité que l'art. 4 de la Convention de Paris du 20 mars 1883 accorde. Dès lors que le président n'apporte pas la preuve de la cession à son profit de ce droit de priorité, la personne morale qui est l'attributaire de la demande de brevet français est en droit de revendiquer la propriété des brevets européen et américain qui, en fraude de ses droits, ont été déposés par l'inventeur. • Com. 18 janv. 1994 : *Bull. civ. IV, n° 23.*

2. Contrat de commande de recherche. Le contrat par lequel une société charge un ingénieur-conseil de la mise au point d'une technique moyennant des honoraires et une prime constitue un contrat d'entreprise. Le contrat d'entreprise n'exige pas l'accord préalable des parties sur le montant exact de la rémunération qui n'est pas un élément essentiel de la validité du contrat. Dans le silence ou l'obscurité des conventions, il appartient au juge de fixer la rémunération compte tenu des éléments de la cause. • Lyon, 23 mai 1990 : *Ann. propr. ind. 1990. 65.* ♦ L'industriel qui a passé la commande d'une invention est fondé à revendiquer la propriété du brevet déposé par l'ingénieur commandité et sa demande s'étend aux brevets étrangers correspondants. • Lyon, 25 juin 1985 : *Ann. propr. ind. 1986. 173 ; D. 1986. Somm. 137, obs. Mousseron et Schmidt.* ♦ Le litige concernant l'indemnisation du préjudice causé à un chercheur par le non-dépôt de demande de brevet par son partenaire industriel ne relève pas de l'art. L. 615-17. • Paris, 19 juin 1986 : *Ann. propr. ind. 1987. 79.* ♦ Le brevet est affecté au seul inventeur. • Paris, 12 oct. 2012 : *D. 2013. Pan. 377, obs. Raynard.*

3. Stage. L'étudiant stagiaire qui réalise une invention au cours de son stage est titulaire des droits sur le brevet déposé. • Com. 25 avr. 2006 : *Bull. civ. IV, n° 96 ; D. 2006. AJ 1287, obs. Daleau ; ibid. 2007. Pan. 337, obs. Raynard ; CCE 2006, n° 91, note Caron ; JCP E 2006, n° 2586, obs. Reinhard ; PIBD 2006. III. 459 ; Propr. ind. 2006, n° 62, note Raynard.* – Cassant • Paris, 10 sept. 2004 : *D. 2004. AJ 2576.* ♦ Il n'appartient pas aux tribunaux de l'ordre judiciaire d'apprécier la légalité du règlement intérieur du CNRS : la cour doit surseoir à statuer sur la prétention du stagiaire qui conteste la légalité du règlement intérieur au bénéfice des juridictions administratives. • Paris, 12 sept. 2007 : *Propr. ind. 2007, n° 94, note Raynard ; Propr. intell. 2008, n° 26, p. 136, obs. Warusfel.* ♦ Les étudiants non rémunérés qui ont la qualité d'usagers du service public de l'enseignement supérieur ne pouvaientt être régis par les dispositions de l'art. L. 611-7 du CPI. • CE 22 févr. 2010 : *Propr. intell. 2011, n° 39, p. 246, obs. Warusfel.* – V. ss. art. L. 611-7, note 16. ♦ La renonciation aux droits sur l'invention avant qu'ils soient acquis est licite mais suspecte lorsque le titulaire est dans une situation d'infériorité comme l'est le stagiaire. L'établissement est néanmoins fautif de ne pas avoir informé le stagiaire qu'il ne demandait pas de brevet, le privant ainsi de toute démarche possible pour valoriser son invention. • TGI Paris, 3e ch., sect. 4, 16 janv. 2014 : *PIBD. 2014. III. 446.*

4. Le règlement intérieur d'un laboratoire public ne peut déposséder les inventeurs non salariés de leur droit à un titre de propriété industrielle. • TA Paris, 11 juill. 2008 : *AJDA 2008. 2350, obs. Dreyfus* ; *D. 2009. Pan. 455, obs. Raynard* ; *CCE 2009. Étude 13, obs. Le Roy* ; *PIBD 2008. III. 521* ; *Propr. intell. 2008, n° 29, p. 481.* ♦ V. ss. art. L. 611-7, note 2.

5. Quantification des apports. Tous les coinventeurs bénéficient de la qualité d'inventeur pour l'établissement de la requête en délivrance. Les différences de degré dans les apports respectifs sont indifférentes. • Paris, 2e ch., pôle 5, 21 déc. 2012 : *PIBD 2013. III. 1006.*

Art. L. 611-7 Si l'inventeur est un salarié, le droit au titre de propriété industrielle, à défaut de stipulation contractuelle plus favorable au salarié, est défini selon les dispositions ci-après :

1. Les inventions faites par le salarié dans l'exécution soit d'un contrat de travail comportant une mission inventive qui correspond à ses fonctions effectives, soit d'études et de recherches qui lui sont explicitement confiées, appartiennent à l'employeur. *(L. n° 2015-990 du 6 août 2015, art. 175-1°)* **« L'employeur informe le salarié auteur d'une telle invention lorsque cette dernière fait l'objet du dépôt d'une demande de titre de propriété industrielle et lors de la délivrance, le cas échéant, de ce titre. » Les conditions dans lesquelles le salarié, auteur d'une** *(L. n° 2015-990 du 6 août 2015, art. 175-2°)* **« invention appartenant à l'employeur », bénéficie d'une rémunération supplémentaire sont déterminées par les conventions collectives, les accords d'entreprise et les contrats individuels de travail.** – *V. C. trav., art. L. 2261-22.* – ***C. trav.***

Si l'employeur n'est pas soumis à une convention collective de branche, tout litige relatif à la rémunération supplémentaire est soumis à la commission de conciliation instituée par l'article L. 615-21 ou au tribunal de grande instance.

2. Toutes les autres inventions appartiennent au salarié. Toutefois, lorsqu'une invention est faite par un salarié *(L. n° 94-102 du 5 févr. 1994, art. 22)* **« soit dans le cours de l'exécution de ses fonctions », soit dans le domaine des activités de l'entreprise, soit par la connaissance ou l'utilisation des techniques ou de moyens spécifiques à l'entreprise, ou de données procurées par elle, l'employeur a le droit, dans des conditions et délais fixés par décret en Conseil d'État, de se faire attribuer la propriété ou la jouissance de tout ou partie des droits attachés au brevet protégeant l'invention de son salarié.** – *V. art. R. 611-7.*

Le salarié doit en obtenir un juste prix qui, à défaut d'accord entre les parties, est fixé par la commission de conciliation instituée par l'article L. 615-21 ou par le tribunal de grande instance : ceux-ci prendront en considération tous éléments qui pourront leur être fournis notamment par l'employeur et par le salarié, pour calculer le juste prix tant en fonction des apports initiaux de l'un et de l'autre que de l'utilité industrielle et commerciale de l'invention.

3. Le salarié auteur d'une invention en informe son employeur qui en accuse réception selon des modalités et des délais fixés par voie réglementaire. – *V. art. R. 611-2.*

Le salarié et l'employeur doivent se communiquer tous renseignements utiles sur l'invention en cause. Ils doivent s'abstenir de toute divulgation de nature à compromettre en tout ou en partie l'exercice des droits conférés par le présent livre.

Tout accord entre le salarié et son employeur ayant pour objet une invention de salarié doit, à peine de nullité, être constaté par écrit.

4. Les modalités d'application du présent article sont fixées par décret en Conseil d'État. – *V. art. R. 611-1 s.*

5. Les dispositions du présent article sont également applicables aux agents de l'État, des collectivités publiques et de toutes autres personnes morales de droit public, selon des modalités qui sont fixées par décret en Conseil d'État. – *[L. n° 68-1 du 2 janv. 1968, art. 1er ter.]* – *V. art. R. 611-11 s.*

RÉP. TRAV. v° *Inventions de salariés*, par OLLIER.

BIBL. ▶ ASPI, colloque, Les inventions de salariés, *Échanges ASPI n° 59, janv. 2000.* – BONET, *Études Roblot, LGDJ 1974, p. 115* (la protection des inventions de salariés et son application par la commission paritaire de conciliation). – GRÉHANT, *Propr. ind. 2006. Étude 13* (rémunération des inventeurs salariés : un point de vue industriel). – LANGLAIS et SUELVES, *Propr. ind. 2014. Étude 9* (rémunération supplémentaire et juste prix des inventions salariés – année 2013) ; *ibid. 2015. Étude 6* (année 2014) ; *ibid. 2016. Étude 5* (année 2015). – LE QUÉRÉ, *Dr. et patr. avr. 2006, p. 78* (la protection de l'inventeur salarié). – MARTIN, *RDPI 1998, n° 89, p. 5* (rémunération de salarié : un tournant ?) ; Droit des inventions de salariés, *Litec, 2e éd., 2002 ; RDPI 2002, n° 137, p. 9* (évolution récente du régime des inventions de salariés en France) ; *RDPI 2004, n° 159, p. 29* (la rémunération des inventions de salariés : comment la déterminer ?) ; *Propr. ind. 2005. Chron. 20* (rémunération supplémentaire d'invention de salarié : vers un délai de prescription trentenaire ?) ; *Propr. ind. 2006. Étude 2* (les rémunérations d'inventions de mission du secteur privé : une loi pour réduire les distorsions avec le secteur public). - MARTIN et ABELLO, *Propr. ind. 2009. Étude 2* (la rémunération supplémentaire d'invention de salarié selon la loi du 26 novembre 1990 non obligatoire ?). - MOUSSERON, *RTD com. 1980, p. 185* (les inventions de salariés) ; Les inventions de salariés, *Litec 1995*. - MOUSSERON et SCHMIDT, *Mélanges Mathély, Litec 1990, p. 273* (les créations d'employés). - VERNERET et BERNAUD, *Propr. intell. 2007, n° 23, p. 184* (inventions de salariés : de la difficulté de concilier les intérêts des entreprises et ceux des salariés). - VITAL, DURAND et CHAZAUD, *JCP E 2003. 277* (quels droits sur les contributions intellectuelles des salariés ?).

COMMENTAIRE

La plupart des inventions sont élaborées dans le cadre des relations professionnelles. L'article L. 611-6 permet à l'employeur de déposer une demande de brevet sur les inventions de ses employés. Mais, n'étant pas titulaire originaire des droits, il ne pourra donc échapper à toute action en revendication qu'en présence d'une invention de mission au sens du 1°. Cette dernière est caractérisée lorsqu'une fonction inventive est confiée à l'employé par sa hiérarchie, soit de manière permanente inscrite dans le contrat de travail, soit ponctuellement dans le cadre d'un projet particulier organisé par un document quelconque. L'employeur manifeste sa volonté en engageant une procédure d'attribution selon les modalités de l'article R. 611-7. Sauf si l'employeur souhaite que l'invention demeure secrète, l'attribution peut plus simplement consister à entreprendre les démarches en vue de l'obtention d'un titre.

Malgré l'attribution légale, il est conseillé à l'employeur de se ménager la preuve de sa titularité s'il envisage d'étendre son brevet à des pays qui ne connaissent pas un tel mécanisme d'attribution légale.

En contrepartie, le salarié recevra une gratification appelée « rémunération supplémentaire » fixée en principe par avance par l'un des documents cités. Son absence ou son insuffisance ne remet pas en cause l'attribution des droits à l'employeur. Il ne s'agit pas d'une redevance de propriété intellectuelle, puisque aucun transfert de droits n'a lieu. Cette rémunération est d'ordre public depuis la loi du 26 novembre 1990. Les dispositions conventionnelles contraires sont nulles. Elle revêt la nature d'une créance salariale soumise à la prescription quinquennale de l'article 2224 du code civil. En cas de contestation du principe ou du montant de cette rémunération, est prévue une commission paritaire de conciliation créée auprès de l'INPI et présidée par un magistrat : la Commission nationale des inventions de salariés (V. art. L. 615-21). Ladite commission ou le juge en évalue le montant en tenant compte des éléments d'appréciation connus (et notamment le degré d'exploitation de l'invention) au moment où ils en ont connaissance et spécialement de l'exploitation de l'invention. *A contrario*, les situations d'inventions hors mission consacrent le droit au titre du salarié. Néanmoins, lorsque les conditions d'élaboration de l'invention révèlent un lien avec l'entreprise tel que décrit à l'alinéa 2, l'employeur a la faculté d'imposer au salarié le transfert de tout ou partie de ses droits. Le droit d'attribution peut être revendiqué pendant un délai de quatre mois (CPI, art. R. 611-7). Le contrat prévoit une contrepartie financière équitable qui peut tenir compte des retombées bénéfiques pour l'entreprise. A défaut d'accord, la commission de conciliation précitée ou le juge judiciaire seront saisis. Ce régime est celui dit « de l'invention hors mission attribuable ».

Les informations nécessaires au classement des inventions sont portées à la connaissance de l'employeur dans les conditions de l'article R. 611-2. Si ce dernier ne réagit pas dans un délai de deux mois, il est réputé avaliser le classement du salarié (CPI, art. R. 611-6). La procédure de notification est immédiate et concerne toutes les inventions du salarié. Le salarié propose une qualification qui pourra être ou non approuvée par l'entreprise. Tous litiges en matière de classement sont portés devant la commission paritaire précitée ou le juge judiciaire.

Dans le souci d'améliorer la réciprocité de l'information, la loi n° 2015-990 du 6 août 2015, dite loi « Macron », impose désormais à l'employeur d'informer son salarié inventeur des demandes et obtentions de titres sur l'invention.

Au 5°, le texte prévoit l'assimilation des agents publics aux salariés de droit privé. Si le principe d'attribution à la collectivité territoriale ou à l'établissement public est identique, en revanche, les fonctionnaires bénéficient d'un système d'incitation financière plus intéressant par le truchement d'une prime d'intéressement correspondant, jusqu'à un certain plafond, à la moitié des redevances perçues par la personne publique (V. art. R. 611-11 s.). On observera qu'un mécanisme strictement identique est prévu en matière d'obtention végétale ou de création de logiciel, mais n'a pas été inséré dans le code (Décr. n° 96-858 du 2 oct. 1996, V. App., v° *Propriété industrielle, Obtentions végétales*).

Lorsque les agents publics appartiennent à des établissements différents, un mandat de gestion est accordé à l'un d'entre eux dans les conditions énoncées par le nouvel art. R. 611-13 (Décr. n° 2009-645 du 9 juin 2009).

Une proposition de loi enregistrée à la présidence du Sénat le 4 juin 2010 (n° 524) envisage de réformer le droit des inventions de salariés afin qu'il devienne plus incitatif pour ces derniers. Elle fusionnerait des inventions de mission et hors mission attribuables dans une catégorie nouvelle : l'invention de service. Elle instaurerait une rémunération en deux temps : une somme forfaitaire un an après la déclaration puis un complément de rémunération au regard du bilan d'exploitation de l'invention. ❑

A. INVENTIONS DE SALARIÉS

V. aussi notes ss. art. L. 615-21 – et, partie réglementaire, art. R. 611-1 à R. 611-10.

1. *Application de la loi dans le temps.* La demande d'un salarié relative à des inventions antérieures à 1978 relève de la juridiction prud'homale. • Soc. 25 févr. 1988 : *Ann. propr. ind. 1988. 157* • Paris, 7 juin 1989 : *ibid. 1989. 71* • 4 déc. 1985 : *D. 1986. Somm. 133, obs. Mousseron et Schmidt.* ♦ Et la loi du 19 juill. 1978 ne leur est pas applicable. • TGI Paris, 1er sept. 1999 : *PIBD 2000. III. 225.* ♦ Les inventions de salariés réalisées avant le 1er juill. 1979 sont soumises aux principes dégagés par la jurisprudence. • Paris, 16 janv. 2002 : *D. 2002. AJ 1352 ; Propr. ind. 2002, n° 29, note Raynard.* ♦ Le droit à rémunération supplémentaire, pour un salarié investi d'une mission inventive, prenant naissance à la date de réalisation de l'invention brevetable et non à celle du dépôt ou de la délivrance d'un brevet, c'est la loi en vigueur à la première de ces dates qui doit seule s'appliquer pour déterminer la mise en œuvre de ce droit. • Com. 20 sept. 2011 : *D. 2011. AJ 2401, obs. Daleau ; PIBD 2011. III. 691 ; Propr. ind. 2012, n° 37, note Chiariny-Daudet.*

2. *Qualité de salarié.* Doit être cassé l'arrêt qui, pour rejeter la demande du président-directeur général révoqué d'une société en paiement d'une redevance pour l'exploitation d'une invention dont il se prétend l'auteur, après avoir constaté la qualité de président du conseil d'administration de l'intéressé et les recherches qu'il avait personnellement menées, décide une application analogique de l'art. L. 611-7. Sauf stipulation contractuelle, le champ d'application de ce texte est limité aux inventions réalisées par des salariés et l'art. L. 611-6 énonce que le droit au titre de propriété industrielle appartient à l'inventeur. • Com. 21 juin 1988 : *RTD com. 1988. 621, obs. Chavanne et Azéma ; Ann. propr. ind. 1989. 54.* ♦ L'étudiant-stagiaire qui réalise une invention au cours de son stage est titulaire des droits sur le brevet déposé. • Com. 25 avr. 2006, *, Puech : Bull. civ. IV, n° 96 ; D. 2006. AJ 1288, obs. Daleau ; ibid. 2007. Pan. 337, obs. Raynard ; CCE 2006, n° 91, note Caron ; JCP E 2006, n° 2586, obs. Reinhard ; PIBD 2006. III. 459 ; Propr. ind. 2006, n° 62, note Raynard ; Propr. intell. 2006, n° 20, p. 349, obs. Warusfel.* – Cassant • Paris, 10 sept. 2004 : *D. 2004. AJ 2576 .* ♦ Et, dans la même affaire, le Conseil d'État considéra que le directeur du laboratoire, en édictant que les brevets correspondant aux inventions réalisées par les étudiants au sein du laboratoire seraient la propriété du CNRS, ne tient d'aucun texte le pouvoir d'édicter une telle règle. • CE 22 févr. 2010 : *Dalloz actualité, 5 mars 2010, obs. de Montecler ; D. 2011. Pan. 330, obs. Raynard ; CCE 2010, n° 46, obs. Caron ; LEPI, mai 2010, p. 5, obs. Clavier.* ♦ La revendication injustifiée du CNRS a causé un préjudice moral et matériel au doctorant qui est bien fondé à en demander réparation : perte de chance de valoriser son invention, pressions qui ont occasionné la démission de son poste, déconsidération dans son milieu professionnel. • Paris, 2e ch., pôle 5 29 mai 2013, *Centre national de la recherche scientifique c/ Michel Puech : PIBD 2013, n° 987, III, p. 1277 ; Propr. ind. 2013, n° 65, note Raynard.*

3. Sur la date de réalisation de l'invention, V. • TGI Paris, 4 nov. 1993 : *PIBD 1994. III. 74 ; Dossiers Brevets 1994. II. 4 ; JCP E 1995. I. 471, n° 16, obs. Burst et Mousseron.*

4. Le régime des inventions de salariés s'applique aux inventions réalisées quelles que soient les extensions à l'étranger du brevet français initial. • TGI Paris, 15 déc. 1999 : *D. 2002. Somm. 1190, obs. Galloux .* ♦ En l'absence de dépôt de brevet, les anciens salariés sont libres d'utiliser dans de nouvelles fonctions le savoir-faire (brevetable) acquis par eux au sein de leur ancienne entreprise dès lors qu'ils ne commettent aucun détournement de secret de fabrication. • Paris, 5 mai 2004 : *D. 2005. Pan. 962, obs. Raynard ; PIBD 2004. III. 636 ; Propr. ind. 2005, n° 15, obs. Schmidt-Szalewski.*

5. Employeurs successifs appartenant à un même groupe. Un salarié ayant travaillé depuis 1985 pour plusieurs sociétés appartenant à un même groupe faisait valoir ses droits au titre de l'art. L. 611-7 contre son employeur actuel. Pour déclarer irrecevable sa demande au titre d'un brevet déposé en 1987 et de ses extensions, la cour d'appel retient qu'il n'est pas établi que cet employeur venait bien aux droits de la société dans laquelle il était salarié en 1987. En se déterminant ainsi sans s'expliquer sur l'existence d'un transfert du secteur dans lequel ce salarié exerçait, la cour d'appel a privé sa décision de base légale. • Com. 9 déc. 2014, n° 13-16.559 P : *Dalloz actualité, 7 janv. 2015, note Daleau.*

6. Invention de mission. La juridiction appelée à se prononcer sur la propriété d'un brevet, lorsque l'inventeur est un salarié, doit examiner si se trouve remplie l'une ou l'autre des conditions prévues à l'art. L. 611-7, en recherchant si l'invention a été faite par le salarié dans l'exécution soit d'un contrat de travail comportant une mission inventive qui corresponde à ses fonctions effectives, soit d'études ou de recherches qui lui ont été explicitement confiées. • Com. 18 déc. 1986, n° 85-14.621 P : *Ann. propr. ind. 1987. 63* • 15 nov. 1994, n° 92-21.447 : *PIBD 1995. III. 54.* – Rejet du pourvoi contre • Paris, 15 oct. 1992 : *GAPI, 1re éd., n° 23 ; PIBD 1993. III. 4* • Com. 10 mai 1989 : *Bull. civ. IV, n° 149.* ♦ Dès lors qu'il est établi qu'une entreprise a sollicité la réflexion de plusieurs salariés, pour rechercher une solution à un problème technique, et que les demandeurs, dont la tâche habituelle n'est pas de participer à un travail de recherche, avaient eux-mêmes reconnu que le travail leur avait été demandé par leur chef d'atelier, il peut en être déduit que l'invention revendiquée relevait d'une mission explicite de recherche donnée par l'entreprise. • Com. 13 janv. 1998, n° 95-20.791 : *D. Affaires 1998. 258 ; D. 1998. IR 55 ; JCP 1998. IV. 1438 ; Dossiers Brevets 1998. I. 7.* ♦ Est une invention de mission, celle qui est réalisée par un ingénieur affecté à un département ayant une mission d'études impliquant recherches et expérimentations, mission nécessitant de vaincre des obstacles énumérés par une note de service et revêtant ainsi un caractère inventif. • Paris, 17 déc. 1997 : *PIBD 1998. III. 160 ; Dossiers Brevets 1998. II. 3.* – Pourvoi rejeté par • Com. 21 nov. 2000, n° 98-12.680 : *GAPI, 1re éd., n° 23 ; PIBD 2001. III. 128 ; Propr. ind. 2002, n° 28, note Raynard* • Paris, 21 sept. 2007 : *PIDB 2007, III. 691.* ♦ Dès lors qu'un directeur marketing n'est à l'origine que de l'idée technique et marketing de l'invention mais aucunement de sa faisabilité technique, sa part dans l'invention doit être limitée à une invention de mission. • TGI Paris, 16 oct. 2001 : *PIBD 2002. III. 265 ; RDPI 2002, n° 136, p. 39.* ♦ L'invention, qui découle de l'exécution des études et recherches qui ont été confiées au salarié, appartient à l'employeur peu important que son domaine d'application dépasse le domaine d'activité de celui-ci. • TGI Paris, 1er févr. 2006 : *D. 2007. Pan. 338, obs. Raynard ; PIBD 2006. III. 317 ; Propr. intell. 2006, n° 20, p. 347, obs. Galloux* • Paris, 15 déc. 2006 : *RTD com. 2007. 523, obs. Galloux ; PIBD 2007. III. 153.* ♦ La qualification d'invention de mission ne découle pas de la volonté des parties mais de considérations objectives. • TGI Paris, 22 sept. 2009, n° 08/04603 : *RTD com. 2010. 101, obs. Galloux .* ♦ L'existence d'une mission inventive peut se déduire des termes de la fiche annuelle d'évaluation du chef de service inventeur. • Paris, 11 avr. 2012 : *PIBD 2012. III. 454.* ♦ Le développement de l'invention grâce à l'affectation de moyens financiers spécifiques par l'employeur permet de présumer une invention de mission. • Même jugement. ♦ L'invention est de mission dès lors que l'employeur a explicitement confié au salarié le soin de donner l'orientation et d'assurer le suivi de la recherche et du développement dans le domaine concerné par l'invention et lui a donné pour objectif la valorisation des résultats dans des études opérationnelles. • Com. 10 sept. 2013, n° 12-22.617 : *PIBD 2013. III. 1499.* ♦ Un salarié qui a participé effectivement à une mission inventive même occasionnelle, sur une longue période et avec une succession de participants, est jugé co-inventeur et corolairement redevable d'une rémunération complémentaire. • Paris, 28 mars 2014 : *PIBD 2014. III. 361.*

7. Le brevet est l'aboutissement d'actions très précisément voulues par l'employeur aux fins d'innovation et dont le chef de son service technique avait la responsabilité, son poste élevé et ses compétences reconnues dispensant son employeur de lui assigner expressément dans un contrat de travail une mission inventive, dont son comportement avait dès le début de l'emploi manifesté qu'il l'avait parfaitement intégrée dans ses fonctions. L'invention n'a pas été réalisée hors mission, mais par obligation fonctionnelle et avec le concours des moyens fournis par l'employeur ; elle est de plein droit la propriété de l'employeur. • Paris, 7 févr. 1991 : *Ann. propr. ind. 1992. 300 ; PIBD 1991. III. 394* • 15 oct. 1992 : *ibid. 1994. 75* • TGI Paris, 17 févr. 1989 : *Dossiers Brevets 1989. V. 5 ; PIBD 1989, III, p. 318.*

8. Rémunération supplémentaire. Aucun texte légal ou conventionnel applicable en l'espèce n'imposant que la rémunération supplémentaire due au salarié doive être fixée en fonction de son salaire, c'est à bon droit qu'une cour d'appel, qui n'a pas fixé le montant de cette rémunération uniquement sur l'intérêt économique de l'invention, s'est fondée sur la définition, l'intérêt scientifique et les difficultés de mise au point de l'invention, ainsi que sur l'importance de la contribution personnelle de l'employé. • Com. 21 nov. 2000 : *Bull. civ. IV, n° 179 ; D. 2002. Somm. 1188, obs. Raynard ;*

Ann. propr. ind. 2001. 3, obs. Mathély ; Dossiers Brevets 2000. III. 2 ; JCP E 2001, p. 275, obs. Galloux ; PIBD 2001. III. 101 ; RIPIA 2001, n° 203, p. 50. – Rejet du pourvoi contre • Paris, 19 déc. 1997 : *PIBD 1998. III. 157.* – Sur cette question, V. aussi • TGI Paris, 7 mai 1998 : *Dossiers Brevets 1998. II. 5 ; RDPI 1998, n° 89, p. 48* • TGI Paris, 30 sept. 2003 : *RTD com. 2004. 300, obs. Galloux* • 9 mars 2004 : *PIBD 2004. III. 321* • Paris, 28 avr. 2004 : *Propr. intell. 2004, n° 12, p. 791, obs. Galloux, Gutmann et Warusfel* • Paris, 13 mai 2005 : *Propr. ind. 2005, n° 63, note Raynard* • Com. 18 déc. 2007 : *D. 2008. 1386, note Boizard ; ibid. 2009. Pan. 453, obs. Raynard ; CCE 2008, n° 35, note Caron ; Propr. ind. 2008, n° 18, note Raynard* • Paris, 14 avr. 2010 : *LEPI, juin 2010, p. 5, obs. Boutin.* ♦ Sur le refus du versement d'une rémunération supplémentaire lorsque le procédé exploité diffère de celui inventé par le salarié, V. • Paris, 20 janv. 2006 : *RTD com. 2006. 351, obs. Galloux ; Propr. ind. 2007, n° 37, note Vigand ; Propr. intell. 2006, n° 20, p. 348, obs. Galloux.* ♦ Doit être réputée non écrite la convention collective qui impose au salarié, pour l'obtention de la rémunération supplémentaire, d'apporter la preuve que son invention présente un intérêt exceptionnel pour l'entreprise. • Lyon,14 nov. 2002 : *Propr. ind. 2004, n° 69, note Raynard.* ♦ Un salarié ne peut se prévaloir d'un avantage individuellement acquis sur les modalités de calcul de la rémunération supplémentaire non incluses dans son contrat de travail mais résultant exclusivement des stipulations d'un accord d'entreprise qui s'applique à la date fixée par un nouvel accord, lequel a valeur normative, s'impose à tous et régit les situations en cours. • Com. 22 févr. 2005 : *Bull. civ. IV, n° 29 ; D. 2007. Pan. 337, obs. Raynard ; JCP E 2005. 964, note Girard et Fleurance ; PIBD 2005. III. 253 ; Propr. ind. 2005, n° 53, note Vigand.* ♦ Sur l'appréciation d'une « transaction » entre le salarié et l'employeur relative à l'attribution d'une rémunération supplémentaire pour « tous les brevets réalisés au cours de sa carrière dans la société », V. • Paris, 14 déc. 2005 : *D. 2007. Pan. 337, obs. Raynard ; Propr. intell. 2006, n° 19, p. 204, obs. Warusfel.* ♦ Lorsque l'invention de mission est antérieure à la conclusion du contrat de travail et correspond à un apport en nature, elle ne peut donner lieu à une rémunération supplémentaire. • Com. 2 juin 2010 : *CCE 2011, n° 1, note Caron ; Propr. ind. 2010, n° 56, note Boizard.* ♦ La clause de la convention collective (en l'occurrence celle de l'industrie pharmaceutique) qui conditionne la rémunération supplémentaire à (1) la délivrance d'un brevet, (2) un intérêt exceptionnel pour l'entreprise présenté par l'invention, est réputée non écrite car l'application de l'article L. 611-7 est d'ordre public. • Com. 12 févr. 2013 : *D. 2013. Pan. 1379, obs. Raynard ; PIBD 2013. III. 1129 ; Propr. ind. 2013, n° 40, note Raynard.* ♦ *A contrario,* l'intérêt exceptionnel peut être exigé pour des inventions antérieures à la loi du 26 novembre 1990 ; ainsi en est-il lorsque l'invention a été décrite par l'inventeur dans une enveloppe Soleau déposée en février 1990. • Paris, 6 déc. 2013 : *PIBD 2014. III. 276.* ♦ Le paiement de la rémunération complémentaire est lié à l'intérêt économique du brevet. Cet intérêt est vérifié lorsque le titre est maintenu en vigueur pour faire barrage à la concurrence, indépendamment de toute exploitation. • TGI Paris, 3ᵉ ch., sect. 3, 24 oct. 2014, n° 2013/05568 : *PIBD 2015. III. 4.* ♦ La rémunération supplémentaire s'apprécie au regard notamment du caractère personnel et essentiel de la contribution du salarié, de la durée des recherches et de l'ampleur des tests effectués pour mettre au point le dispositif innovant. ♦ • Paris, pôle 5, ch. 130 juin 2015, n° 2013/10097 : *PIBD 2015. III. 577.* ♦ La rémunération supplémentaire est due, même en présence de brevets de barrage non exploités, directement par l'employeur. Leur intérêt économique est démontré par le maintien en vigueur et l'extension à l'étranger. • Paris, pôle 5, ch. 2, 30 oct. 2015, n° 2014/23487 : *PIBD 2016. III. 57.* ♦ L'abandon d'une demande de brevet français au profit d'un brevet européen ne fonde pas le rejet d'une demande de rémunération supplémentaire. • Com. 15 sept. 2015, n° 14-14.587 : *PIBD 2016. III. 782.* ♦ La condition d'intérêt exceptionnel des brevets prévu par la convention collective nationale de l'industrie pharmaceutique permet de faire échec à la demande en paiement faute de preuve contraire. • Com. 15 sept. 2015 : *préc.* ♦ L'action en paiement est irrecevable en présence d'une transaction comprenant une clause de renonciation à toute action à l'encontre de l'employeur, même si des circonstances pouvant influencer la rémunération sont apparues après celle-ci. • TGI Paris, 3ᵉ ch., sect. 1, 17 déc. 2015, n° 2015/00741 : *PIBD 2016. III. 314.*

9. *Prescription.* La prescription quinquennale ne peut commencer qu'à compter du moment où la créance devient déterminable, c'est-à-dire notamment à compter de la notification par une des parties au contrat de travail à l'autre de l'évaluation qu'elle croit pouvoir en faire ou, à défaut, de la perte de tout monopole d'exploitation par l'employeur ou encore de la cessation d'exploitation de l'invention si cette dernière est postérieure à l'expiration du brevet. • TGI Paris, 5 avr. 2006 : *D. 2007. Pan. 338, obs. Raynard ; PIBD 2006. III. 493 ; Propr. ind. 2006, n° 91, note Raynard.* ♦ V. aussi • TGI Paris, 15 déc. 2009 : *RTD com. 2010. 101, obs. Galloux.* ♦ Le délai de prescription court même lorsque la détermination de la créance ou son montant est l'objet même du litige. • Paris, 8 déc. 2010 : *préc.* ♦ *Contra* entre les mêmes parties, mais sur d'autres inventions. • TGI Paris, 28 avr. 2011 : *PIBD 2011. III. 522.* Sur la prescription quinquennale de la rémunération supplémentaire, V. • Paris, 28 avr. 2004 : *préc.* • Soc. 26 janv. 2012 : *D. 2012. Pan. 1378, obs.*

Raynard ; *PIBD 2012. III. 145.* ♦ La créance du salarié sur son employeur n'est certaine et déterminable qu'au moment où le premier dispose des éléments nécessaires au calcul de la rémunération supplémentaire qui lui était due. • Com. 22 févr. 2005 : *Propr. ind. 2005, n° 53, note Vigand.* ♦ Le caractère déterminable ne peut se déduire de la seule connaissance de l'exploitation industrielle effective des inventions et de leur intérêt économique pour l'employeur. • Com. 12 juin 2012 : *D. 2012. Pan. 1378, obs. Raynard* ; *PIBD 2012. III. 257 ; Propr. ind. 2012, n° 78, note Raynard.* ♦ La créance n'est pas déterminable si l'inventeur n'a pas accès spontanément aux informations liées à l'exploitation du brevet en raison de ses fonctions. • TGI Paris, 3e ch., sect. 3, 24 oct. 2014, n° 2013/05568 : *PIBD 2015. III. 4.* ♦ En présence d'une invention attribuable, le juste prix n'est pas une créance salariale (contrairement à la rémunération supplémentaire reçue pour une invention liée au contrat de travail), mais une créance commerciale si l'employeur est commerçant. Les actions sont prescrites par 5 ans si le droit d'attribution a été exercé après l'entrée en vigueur de la loi n° 2008-561 du 17 juin 2008 ; avant cette date, la prescription décennale s'applique. • Paris, 21 févr. 2014 : *PIBD 2014. III. 323 ; Propr. ind. 2014, n° 56.* ♦ L'action en paiement du juste prix est de nature personnelle et mobilière et se prescrit par cinq ans, en application de l'art. L. 110-4 C. com., à compter de l'information du salarié du dépôt de la demande de brevet portant sur son invention. • TGI Paris, 3e ch., sect. 2, 18 déc. 2015, n° 14/08230 : *PIBD 2016. III. 276 ; Propr. ind. 2016, n° 34, note Raynard.*

10. Invention hors mission. Il n'y a pas invention de mission, dès lors qu'il n'est pas établi que l'inventeur, ingénieur de production, ait reçu une mission de recherche, ni dirigé un service de recherche, que son activité inventive n'a pas empiété sur le domaine d'activité de l'entreprise, qu'il n'a pas utilisé les moyens techniques de l'entreprise et qu'il ne s'est pas consacré à ses recherches pendant son temps de travail. • Lyon, 4 nov. 1981 : *PIBD 1982, III, p. 17.* ♦ Si le salarié était désigné comme responsable recherche développement dans les indications figurant sur le bulletin de salaire, il n'est pas prouvé qu'un tel service ait été mis en place dans cette société de taille très réduite, ni que la désignation correspondait à une réelle attribution, l'essentiel du travail du salarié étant de la maintenance et non la recherche d'un nouveau produit (au moment du dépôt de la demande de brevet le salarié qui avait une parfaite connaissance de la technique en cause avant même la création de la société, avait déjà été licencié par cette dernière, qui ne peut revendiquer le brevet). • Lyon, 18 nov. 1999 : *PIBD 2000. II. 65.* ♦ Sur l'appréciation des critères de classement de l'invention hors mission, V. • TGI Strasbourg, 1er déc. 2003 : *D. 2005. Pan. 693, obs. Raynard ; PIBD 2004. III. 125.*

11. Invention hors mission attribuable. Pour la qualification d'inventions entrant dans le domaine d'activité de l'entreprise : V. • Paris, 17 oct. 1989 : *RTD com. 1990. 200, obs. Chavanne et Azéma* ; *Ann. propr. ind. 1992. 291 ; PIBD 1990. III. 94* • Aix-en-Provence, 14 avr. 1987 : *Dossiers Brevets 1987. IV. 5 ; RDPI 1987 n° 11, p. 81.* ♦ Dès lors que le salarié n'a été investi par écrit d'aucune mission inventive, il convient uniquement, pour définir la nature de l'invention relevant du domaine d'activité de l'entreprise, de déterminer si le salarié était investi d'une mission inventive générale ou ponctuelle avant le dépôt de la demande de brevet par la société. • Paris, 23 oct. 1996 : *PIBD 1996. III. 85 ; Dossiers Brevets 1997. I. 1 ; Gaz. Pal. 29-30 juill. 1998, p. 32, note de Roquefeuil ; RDPI 1997, n° 80, p. 33.* ♦ En raison des fonctions purement administratives de l'inventeur et du fait que son invention a pu être mise au point grâce aux moyens de son employeur, il s'agit d'une invention hors mission attribuable. • TGI Marseille, 12 mai 1998 : *PIBD 1999. III. 65.* ♦ L'employeur qui a manifesté son intérêt pour une invention hors mission attribuable en déposant une demande de brevet et en optant pour l'attribution ne peut pas invoquer la nullité du brevet. • Paris, 17 oct. 1989 : *RTD com. 1990. 200, obs. Chavanne et Azéma* ; *Ann. propr. ind. 1992. 291 ; PIBD 1990. III. 94.* ♦ S'agissant d'une invention hors mission attribuable, l'employeur peut renoncer à son droit et le brevet est alors rétrocédé à l'inventeur sans rétroactivité. • Paris, 5 avr. 1990 : *Ann. propr. ind. 1991. 121 ; PIBD 1990. III. 447.* ♦ Sur l'invention hors mission attribuable au directeur du conseil d'administration, V. • TGI Paris, 3 oct. 2007 : *PIBD 2007, II, p. 726.*

12. Juste prix. Le juste prix vise à rémunérer la levée d'option par l'employeur d'une invention et pas d'un brevet. L'appréciation du juste prix doit être faite au moment où se produit l'attribution de l'invention à l'employeur par la levée de l'option et en tenant compte à cette date des perspectives normalement espérées alors, ainsi que de la part du salarié dans la conception de l'invention et de la participation de l'entreprise pour la fourniture des moyens nécessaires à sa réalisation. • Paris, 17 oct. 1989 : *RTD com. 1990. 200, obs. Chavanne et Azéma* ; *Ann. propr. ind. 1992. 291 ; PIBD 1990. III. 94* • 23 oct. 1996 : *D. 1997. Somm. 333, obs. Mousseron* ; *Dossiers Brevets 1997. I. 3* • Paris, 18 oct. 2000 : *PIBD 2001. III. 51* • TGI Marseille, 12 mai 1998 : *PIBD 1999. III. 65.* ♦ Étant précisé qu'il n'est pas tenu compte du chiffre d'affaires réalisé par l'exploitation de l'invention, ce dernier dépendant des diligences de l'entreprise et non du salarié. • TGI Paris, 3e ch., sect. 1, 30 mars 2017, n° 2016-06011 : *PIBD 2017. III. 467.* ♦ La détermination contentieuse du juste prix relève de la compétence du juge des brevets et non du conseil de prud'hommes. • Versailles, 6 oct. 1989 : *Dossiers*

Brevets 1989. V. 6 ; RTD com. 1990. 201, obs. Chavanne et Azéma . ♦ La révocation du brevet européen couvrant l'invention du salarié doit être prise en compte dans la fixation du juste prix si elle entraîne des conséquences au niveau du brevet français. • TGI Lyon, 10 mars 1997 : *D. 1997. Somm. 333, obs. Mousseron* ; *Dossiers Brevets 1997. I. 5 ; PIBD 1997. III. 395.* ♦ Sur le calcul de la rémunération supplémentaire, tenant compte des perspectives ouvertes pour l'entreprise, V • Paris, 19 déc. 1997 : *Dossiers Brevets 1998. II. 4 ; PIDB 1998 III. 157 ; RDPI 1998, n° 89, p. 9, note Martin.* ♦ La détermination du juste prix ne doit tenir compte que des éléments ayant un rapport direct avec l'invention brevetée. On ne tiendra donc pas compte des avantages dont le salarié a bénéficié lors de son licenciement, ni des accords passés avec lui à propos d'un brevet postérieur, ni des produits similaires mis sur le marché après son départ. En revanche, l'employeur est fondé à invoquer ses compétences techniques, son savoir-faire et ses investissements qui ont servi à réaliser le produit breveté, ainsi que le caractère peu innovant de l'invention. • Paris, 18 oct. 2000 : *PIDB 2001, III, p. 51.* ♦ Le juste prix ne peut être fixé au vu d'un pourcentage du chiffre d'affaires et de marges brutes actuels, réalisés plus de douze ans après l'attribution de l'invention en cause. • TGI Paris, 11 mars 2003 : *RTD com. 2004. 300, obs. Galloux ; PIBD 2003. III. 382* ; *Propr. ind. 2003, n° 87, note Raynard.* ♦ Lorsque le juste prix est déterminé par rapport à la valeur d'exploitation, l'employeur a l'obligation d'exploiter. En effet, si l'employeur estime que le brevet n'a aucune valeur, il a le choix de ne pas exercer sa faculté d'attribution. • Paris, 10 mai 2002 : *D. 2002. AJ 2262* ; *PIBD 2002. III. 361 ; Propr. ind. 2003, n° 75, note Raynard ; Propr. intell. 2002, n° 5, p. 73, obs. Warusfel.* ♦ Sur l'appréciation du juste prix, V. • TGI Paris, 28 mars 2008 : *D. 2009. Pan. 456, obs. Raynard* ; *PIBD 2008. III. 333.* ♦ Pour prétendre à l'attribution du juste prix, encore faut-il démontrer son indépendance dans la réalisation de l'invention et sa diligence dans la procédure de dépôt de brevet. • Com. 3 juin 2008 : *D. 2009. Pan. 453, obs. Raynard* ; *Propr. ind. 2008, n° 74, note Boizard.* ♦ L'évaluation du juste prix au jour où l'employeur exerce son droit d'attribution ne fait pas obstacle à ce que des éléments postérieurs soient retenus s'ils permettent d'apprécier les perspectives de développement de l'invention. • Com. 9 juill. 2013, *Sollac – Arcelor Mittal c/ X. : Bull. civ. IV, n° 121 ; D. 2013. 2745, note Maréchal* ; *PIBD 2013. III. 1415 ; Propr. ind. 2013, n° 9, note Raynard.* ♦ Le juste prix tient compte des perspectives de développement de l'invention vérifiées postérieurement à la levée d'option par l'employeur mais aussi de l'implication de l'entreprise dans les moyens fournis, y compris l'expertise commerciale. • TGI Paris, 3e ch., sect. 2, 25 mars 2016, n° 2014/02647 : *PIBD 2016. III. 453.* ♦ L'employeur ne peut s'exonérer du paiement du juste prix en arguant de la faiblesse du brevet obtenu (manque d'activité inventive, titre non renouvelé) et de l'échec commercial du produit. Il a en effet profité du brevet en communiquant auprès de clients et en dissuadant la concurrence. • TGI Paris, 3e ch., sect. 1, 31 mars 2016, n° 2015/07035 : *PIBD 2016. III. 652.*

13. *Action en paiement.* V. note 6 ss. art. L. 615-17 et note ss. art. R. 611-9. ♦ A défaut d'application d'une convention internationale ou d'un règlement de l'Union européenne (puisque l'employeur est monégasque), les juridictions françaises sont compétentes pour connaître des actions d'un inventeur salarié (en l'espèce concernant le paiement de la rémunération complémentaire) contre son ancien employeur étranger, dans la mesure où il n'est pas démontré que le premier ait renoncé au bénéfice de l'art. 14 C. civ. La décision ne se prononce pas sur la loi applicable. La référence dans la lettre d'embauche à une convention collective française pourrait néanmoins plaider en faveur du code de la propriété intellectuelle français. • Civ. 1re, 10 juin 2015, n° 14-15.180 : *PIBD 2015. III. 518 ; Propr. ind. 2015, n° 64, note Raynard.*

14. *Preuve.* Dès lors qu'il ne justifie pas avoir confié aux salariés défendeurs une mission conforme à leurs compétences respectives, ou des études et recherches précises dans le domaine de l'invention dont il s'agit, le demandeur en revendication n'est pas fondé dans son action car il ne rapporte pas la preuve lui incombant. • Paris, 11 sept. 1996 : *Ann. propr. ind. 1997. 136 ; Dossiers Brevets 1996. III. 2.*

15. *Obligation de révélation.* L'obligation de révélation ne se limite pas aux inventions que le salarié juge de son fait brevetables. • Paris, 12 sept. 2003 : *D. 2005. Pan. 962, obs. Raynard ; RTD com. 2004. 300, obs. Galloux* ; *PIBD 2004. III. 97.* ♦ L'absence de déclaration d'une invention par un salarié est un manquement à ses obligations, mais ne qualifie pas une faute grave empêchant la poursuite du contrat. • Soc. 15 janv. 2015, n° 13-14.811 : *PIBD 2015. III. 183.* ♦ Si le salarié est soumis à une obligation de déclaration de l'invention, le classement erroné ne démontre pas la mauvaise foi du déclarant en raison de la complexité du droit des brevets. • Nancy, 2e ch. soc., 2 oct. 2015, n° 2014/01428 : *PIBD 2016. III. 1.*

B. INVENTIONS DE FONCTIONNAIRES

V. partie réglementaire, art. R. 611-11 à 614-1.

16. S'agissant d'un enseignant chercheur ayant une mission inventive, par application des art. R. 611-11 s., l'invention est propriété de l'université employeur. • TGI Paris, 3 déc. 1993 : *D. 1996. Somm. 18, obs. Mousseron et Schmidt* ; *Dossiers Brevets 1994. I. 4 ; JCP E 1995. I. 471, n° 15, obs. Burst et Mousseron ; PIBD 1994. III. 141.* ♦

Sur la classification d'invention de mission d'une invention réalisée par un ingénieur du CNET, V. • Paris, 17 déc. 1997 : *Dossiers Brevets 1998. II. 3 ; PIBD 1998. III. 160.* – Pourvoi rejeté par • Com. 21 nov. 2000 : *PIBD 2001. III. 128.* ♦ L'étudiant-stagiaire qui réalise une invention au cours de son stage est titulaire des droits sur le brevet déposé. • Com. 25 avr. 2006 : *préc. note 2.* ♦ Concernant la compétence juridictionnelle en matière d'invention des agents publics, V. note 6 ss. art. L. 615-17.

C. ATTRIBUTION DES DROITS

17. Une société est fondée à réclamer, en sa qualité d'employeur concepteur, l'attribution d'un brevet déposé par son ancien salarié, dès lors que le processus d'invention était en cours lorsque le salarié a quitté la société, ce qui lui a permis de l'achever et de faire déposer le brevet sous un prête-nom. • Lyon, 16 janv. 1997 : *D. 1997. Somm. 333, obs. Mousseron ; Dossiers Brevets 1997. I. 4 ; PIBD 1997. III. 235 ; RDPI 1997, n° 81, p. 21.* ♦ Ayant constaté que l'exercice du droit d'attribution a suivi la signature d'un acte de cession entre le salarié et l'employeur, une cour d'appel décide exactement que cette convention a force obligatoire et ne peut être unilatéralement dénoncée par l'employeur. • Com. 18 févr. 2004 : *D. 2005. Pan. 963, obs. Raynard ; PIBD 2004. III. 313.*

18. Le retrait d'une demande de brevet après que le tribunal ait retenu la qualification d'invention hors mission attribuable constitue une faute du salarié puisque cette renonciation fait tomber l'invention dans le domaine public et prive l'employeur d'une chance d'obtention d'un titre de propriété industrielle sur celle-ci. • Bordeaux, 29 janv. 1996 : *PIBD 1997. III. 485 ; Dossiers Brevets 1997. II. 3.*

Art. L. 611-8 Si un titre de propriété industrielle a été demandé soit pour une invention soustraite à l'inventeur ou à ses ayants cause, soit en violation d'une obligation légale ou conventionnelle, la personne lésée peut revendiquer la propriété de la demande ou du titre délivré.

L'action en revendication se prescrit par *(L. n° 2014-315 du 11 mars 2014, art. 16)* **« cinq » ans à compter de la publication de la délivrance du titre de propriété industrielle.**

Toutefois, en cas de mauvaise foi au moment de la délivrance ou de l'acquisition du titre, le délai de prescription est de *(L. n° 2014-315 du 11 mars 2014, art. 16)* **« cinq » ans à compter de l'expiration du titre.** – *[L. n° 68-1 du 2 janv. 1968, art. 2.] – V. art. R. 611-18 s.*

BIBL. ► BORIES, *Propr. ind. 2009. Étude 5* (quelques observations sur l'action en revendication de propriété de brevets d'invention).

COMMENTAIRE

En substance, le présent article est strictement identique à l'article L. 511-10 organisant l'action en revendication en matière de dessins et modèles. En plus des commentaires reproduits sous ce dernier article, il est nécessaire de préciser que l'action en revendication est de la compétence des tribunaux de grande instance spécialisés en matière de brevet (V. art. D. 631-2). Elle prospère au profit de la personne qui a le droit au titre et qui peut être distincte de l'inventeur (V. art. L. 611-6). Il est indifférent que le défendeur soit ayant cause de bonne foi. Son effet est rétroactif : le titre appartient au demandeur depuis son origine ce qui entraîne l'annulation des actes de disposition par le primo déposant et, le cas échéant, la restitution des redevances.

1. Présomption de propriété. Le demandeur du brevet et inventeur déclaré dans la demande est présumé être propriétaire dudit brevet (« Foi est due au titre ») et il appartient au demandeur en revendication de démontrer soit qu'il s'agit d'une invention soustraite au véritable inventeur, soit d'une demande déposée en violation d'une obligation légale ou conventionnelle. • Paris, 24 mai 1994 : *PIBD 1994. III. 496.* ♦ Le succès d'une action en revendication d'un titre de propriété industrielle n'est pas subordonné au fait que le revendiquant ait déposé lui-même le titre. • Com. 18 juin 1996 : *D. Affaires 1996. 1040 ; D. 1997. Somm. 337, obs. Schmidt ; RJDA 1996, n° 1563 ; Ann. propr. ind. 1996. 175 ; RDPI 1996, n° 67, p. 42 ; Dossiers Brevets 1996. II. 1.* ♦ Pour établir la soustraction d'invention, le demandeur doit démontrer à la fois qu'il détient une invention qui renferme déjà les éléments techniques ayant ultérieurement permis le dépôt du brevet par un tiers et que cette invention lui a été soustraite par des procédés déloyaux. • Colmar, 25 mars 2003 : *Propr. ind. 2003, n° 73, note Raynard.* – Pourvoi rejeté par • Com. 22 mars 2005 : *Propr. ind. 2005, n° 95, obs. Raynard.*

2. Invention de salarié. L'employeur, demandeur à l'action en revendication d'un brevet déposé par son ancien salarié, doit établir que l'invention a été réalisée dans le cadre du contrat de travail et correspondait à une mission inventive.

• Lyon, 18 nov. 1999 : *Ann. propr. ind. 2000. 156.* ♦ Sur l'inaction du co-inventeur, seul fondement pour déclarer l'action prescrite, sans rechercher la mauvaise foi au moment de la délivrance du titre, V. • Bordeaux, 10 juin 2011 : *Propr. ind. 2011. 68, note Vigand.*

3. On peut revendiquer aussi bien le brevet français que les brevets étrangers couvrant l'invention usurpée. • TGI Paris, 5 juill. 1995 : *PIBD 1995. III. 557.* ♦ V. note 1 ss. art. L. 611-6.

4. Brevets étrangers réflexes. Sur la soustraction d'invention, V. • TGI Strasbourg, 7 déc. 1988 : *RTD com. 1989. 227, obs. Chavanne et Azéma ; PIBD 1989, III, p. 109.*

5. Violation d'une obligation. Relevant d'un côté que la composition et le procédé de fabrication d'un produit étaient un secret de fabrique que l'expert judiciaire n'a pas pu réussir à analyser et que le laboratoire spécialisé auquel il a recouru n'y est parvenu qu'en utilisant un des échantillons d'étalonnage fournis par la société DRT, et, d'un autre côté, que la société DRT a pris toutes les précautions utiles pour protéger le secret de ladite formule, la cour d'appel qui en déduit que la société Saint-Marc n'avait pu se procurer cette formule, ayant fait l'objet du dépôt du brevet, attribué à deux de ses préposés, qu'au moyen des relations étroites de confiance ayant existé entre les deux sociétés pendant de longues années, a pu décider, par une décision motivée, que la propriété de ce brevet devait être transférée à la société DRT. • Com. 21 févr. 1995 : ☎ *Bull. civ. IV n° 50 ; PIBD 1995. III. 237.* ♦ Si la violation de l'obligation pesant sur un salarié d'informer son employeur de toutes ses inventions ne suffit pas à fonder en elle-même l'action en revendication de l'invention, la méconnaissance du droit de l'employeur à se voir attribuer la jouissance de tout ou partie des droits attachés au brevet portant sur une invention hors mission attribuable constitue la violation d'une obligation légale légitimant l'action en revendication d'une société contre son ancien salarié inventeur. • Paris, 12 mars 1997 : *PIBD 1997. III. 282 ; Dossiers Brevets 1997. III. 5 ; RJDA 1998, n° 360 ; RDPI 1997, n° 81, p. 21.* ♦ Concernant le non-respect de contrats de collaboration réservant au revendiquant la propriété des résultats brevetables et d'accords de secret permettant l'échange d'informations, V. • Paris, 24 mars 2006 : *Propr. intell. 2006, n° 20, p. 350, obs. Galloux.*

6. Appropriation partielle. Le manquement à l'obligation de déposer en commun une demande de brevet est sanctionné par l'action en revendication, applicable non seulement en cas d'appropriation frauduleuse totale, mais aussi en cas d'appropriation frauduleuse partielle. • Paris, 15 mai 1996 : *D. 1996. IR 165 ; PIBD 1996. III. 459 ; Dossiers Brevets 1997. II. 5.*

7. Contrat de commande. Sur l'action en revendication du donneur d'ordre. V. • Paris, 17 mai 1995 : *PIBD 1995. III. 347.* – Pourvoi rejeté par • Com. 3 juin 1998 : ☎ *PIBD 1998. III. 531 ; RDPI 1998, n° 89, p. 46 ; Dossiers Brevets 1999. I. 7.* ♦ Il appartient au revendiquant d'établir la mauvaise foi du déposant, qui ne saurait résulter seulement du dépôt, mais de manœuvres frauduleuses distinctes. • TGI Paris, 5 juill. 1995 : *PIBD 1995. III. 557.*

8. Copropriété. Si la copropriété d'un brevet autorise chacun des copropriétaires à exploiter l'invention à son profit et à concéder une licence non exclusive, sauf à indemniser équitablement les autres copropriétaires dans les conditions de l'art. L. 613-29, elle ne lui permet pas d'accorder une licence exclusive ou de céder le titre sans l'accord de tous les copropriétaires ou, à défaut, sans autorisation de justice. • Paris, 15 mai 1996 : *D. 1996. IR 165 ; PIBD 1996. III. 459 ; Dossiers Brevets 1997. II. 5.*

9. A propos de la prescription au bénéfice de l'employeur qui a déposé de bonne foi une invention appartenant à un employé, V. • TGI Paris, 4 nov. 1993 : *PIBD 1994. III. 74* • 25 févr. 1993 : *PIBD 1993. III. 417.*

10. Revendication et licence. Une clause du contrat de licence réservant la propriété des perfectionnements au breveté, ce dernier peut valablement revendiquer le brevet déposé par le licencié sur un perfectionnement. • Com. 26 oct. 1993 : ☎ *PIBD 1994. III. 19.* ♦ Le dépôt d'une demande de brevet par un licencié au mépris d'une clause du contrat de licence prévoyant la cession au concédant de ses inventions de perfectionnement ouvre une action en revendication de brevet. • TGI Rennes, 22 sept. 1997 : *PIBD 1997. III. 603 ; Dossiers Brevets 1998. I. 8.* ♦ Lorsqu'une action en revendication d'un brevet aboutit : le demandeur étant réputé être propriétaire du brevet depuis la date à laquelle la demande de brevet a été déposée, il est en droit de poursuivre en contrefaçon tout tiers exploitant ce brevet sans son autorisation à partir du moment où l'apparence de propriété a cessé, sauf à démontrer que le tiers a agi de mauvaise foi. • Paris, 12 mars 1997 : *PIBD 1997. III. 282 ; Dossiers Brevets 1997. III. 5 ; RJDA 1997, n° 360 ; RDPI 1997, n° 81, p. 21.* ♦ ... Le contrat de licence antérieurement conclu perd son objet et doit être résilié à la date du transfert de propriété du brevet, aux torts exclusifs du donneur de licence ; ce dernier ayant, avant cette date, pu valablement, en sa qualité de propriétaire apparent, concéder des droits sur le brevet. • TGI Paris, 14 déc. 1994 : *PIBD 1995. III. 183.*

11. Action en revendication. A compter de la publication du jugement faisant droit à l'action en revendication, le licencié a cessé d'être un exploitant de bonne foi et ne peut donc plus se prévaloir de la théorie de l'apparence. • Com. 7 févr. 1995 : ☎ *Dossiers Brevets 1995. I. 4 ; RTD com. 1996. 266, obs. Azéma* ✎. ♦ L'action en revendication d'un brevet d'invention contre une personne en procédure de redressement judiciaire est soumise au délai de 3 mois imposé par l'art. 115 de la loi du 25 janv. 1985. • Com. 22 oct. 1996 : *D. Affaires 1996. 1324 ; PIBD 1997. III. 77.* ♦ C'est à bon droit qu'une cour d'appel retient que la prescription de l'action en revendication de la propriété d'un brevet ne pouvait courir qu'à compter de la date de notification de l'arrêt ayant confirmé le jugement du tribunal qui avait transféré la propriété du brevet litigieux au défendeur. • Com. 8 juill. 1997 : *Bull. civ. IV, n° 219 ; PIBD 1997. III. 521 ; JCP E 1997. Pan. 1015 ; JCP 1997. IV. 1920.* ♦ Ayant relevé que l'autorité de la chose jugée attachée à l'arrêt qui transférait la propriété du brevet litigieux portait sur l'interprétation d'une clause du contrat de concession de licence, et non sur la validité dudit contrat au regard de la validité du brevet concédé, la cour d'appel a pu en déduire que la demande en restitution de brevet, fondée exclusivement sur la validité du brevet concédé par le contrat de licence et, par voie de conséquence sur la validité de ladite convention, ne portait pas atteinte à l'autorité de la chose jugée. • Même arrêt ♦ Le juge français est compétent pour connaître d'une action en revendication d'un brevet PCT revendiquant une priorité américaine et propriété d'une société américaine. • TGI Paris, 3 févr. 2004 : *D. 2005. Pan. 693, obs. Raynard ; PIBD 2004. III. 250 ; Propr. ind. 2005, n° 13, note Vigand.* ♦ Le possesseur, même de bonne foi, doit restituer les fruits (sommes perçues du fait de l'exploitation d'un brevet) au propriétaire qui revendique la chose à compter du jour de la demande. • Com. 28 avr. 2004 : *D. 2005. Pan. 964, obs. Raynard ; PIBD 2004. III. 432.* ♦ V. aussi • Com. 4 déc. 2007 : *D. 2009. Pan. 456, obs. Raynard ; PIBD 2008. III. 104.* ♦ Sur le refus d'application du régime de l'action en revendication propre aux brevets à un certificat d'obtention végétale, V. • Com. 14 déc. 2004 : *Bull. civ. IV, n° 223 ; D. 2005. Pan. 964, obs. Raynard ; ibid. 2004. AJ 714, obs. Allaeys ; Propr. ind. 2005, n° 51, obs. Schmidt-Szalewski.* ♦ L'exercice de l'action en revendication ne peut être interdit au titulaire d'un brevet antérieur. • Paris, 19 mai 2006 : *Propr. intell. 2006, n° 20, p. 350, obs. Galloux.* ♦ Eu égard à la nécessité de solidarité des prescriptions, la prescription de l'action en revendication d'un brevet français entraîne celle de l'action en revendication du brevet européen. • Colmar, 11 sept. 2012 : *Propr. ind. 2013, n° 8, note Vigand. Contra*, le délai de prescription court à compter de la publication de la délivrance du brevet européen et non de celle du brevet français dans la mesure où le titre européen désignant la France s'est substitué totalement au titre national. • Com. 7 janv. 2014 : *Dalloz actualité, 22 janv. 2014, obs. Daleau ; D. 2014. AJ 141 ; PIBD 2014. III. 137 ; Propr. ind. 2014, n° 26, obs. Raynard.* ♦ La saisine de la CNIS suspend le délai de l'action en revendication par l'inventeur salarié. • TGI Paris, 3e ch., sect. 2, 4 déc. 2015, n° 2013/11700 : *PIBD 2016. III. 233.*

12. Mauvaise foi. En constatant que le contrat passé entre le déposant et l'employeur de l'inventeur était un contrat de recherche que l'inventeur ne pouvait ignorer, la cour d'appel a répondu au moyen fondé sur la mauvaise foi du déposant et pu en déduire que l'action en revendication était prescrite. • Com. 24 févr. 1998 : *PIBD 1998. III. 263 ; Dossiers Brevets 1999. I. 6.* ♦ En cas de mauvaise foi au moment de la délivrance ou de l'acquisition du titre, le délai de prescription de trois ans commence à courir à compter de l'expiration du titre. • TGI Paris, 9 févr. 2012 : *Propr. ind. 2012, n° 43, note Raynard.*

Art. L. 611-9 **L'inventeur, salarié ou non, est mentionné comme tel dans le brevet ; il peut également s'opposer à cette mention.** – *[L. n° 68-1 du 2 janv. 1968, art. 4.] – V. art. R. 611-16 s. et R. 612-10, 3°.*

COMMENTAIRE

La désignation de l'auteur de l'invention est indépendante de celle du titulaire du monopole présumé être le demandeur du titre. Cette disposition consacre un droit moral *a minima* des inventeurs personnes physiques. Comme le droit à la paternité en matière de droit d'auteur (V. CPI, art. L. 121-1), celui-ci peut être exercé positivement ou négativement. La mention de l'auteur est limitée à la demande et au titre ce qui peut être intéressant pour la notoriété de l'inventeur compte tenu de la généralisation des recherches sur bases de données électroniques. Elle ne s'étend pas aux produits commercialisés ou aux documents y afférant. Elle n'a aucune incidence patrimoniale.

Le défaut de désignation de l'inventeur ou la désignation en cette qualité de personnes qui ne seraient pas les véritables inventeurs n'est pas une cause de nullité du brevet. • Bordeaux, 15 févr. 1999 : *PIBD 1999. III. 403.*

SECTION III INVENTIONS BREVETABLES

BIBL. GÉN. ▶ Pollaud-Dulian, La brevetabilité des inventions. – Étude comparative France – OEB, *Litec 1997.* – IRPI, colloque, Les inventions biotechnologiques : protection et exploitation, *Litec*

1999. – TARDIEU-GUIGUES, *Propr. ind. 2016. Étude 3* (réflexion sur la loi française relative à la biodiversité). – VALANCOGNE, L'invention, *Litec 1968.*

Art. L. 611-10 1. Sont brevetables *(L. nº 2008-776 du 4 août 2008, art. 132-I)* **« , dans tous les domaines technologiques, » les inventions nouvelles impliquant une activité inventive et susceptibles d'application industrielle.**

2. Ne sont pas considérées comme des inventions au sens du premier alinéa du présent article notamment :

***a*) Les découvertes ainsi que les théories scientifiques et les méthodes mathématiques ;**

***b*) Les créations esthétiques ;**

***c*) Les plans, principes et méthodes dans l'exercice d'activités intellectuelles, en matière de jeu ou dans le domaine des activités économiques, ainsi que les programmes d'ordinateurs ;**

***d*) Les présentations d'informations.**

3. Les dispositions du 2 du présent article n'excluent la brevetabilité des éléments énumérés auxdites dispositions que dans la mesure où la demande de brevet ou le brevet ne concerne que l'un de ces éléments considéré en tant que tel. – *[L. nº 68-1 du 2 janv. 1968, art. 6 (1 à 3).] — V. aussi Convention de Munich du 5 oct. 1973, App., vº Brevets.*

(L. nº 2004-1338 du 8 déc. 2004) **« 4. Sous réserve des dispositions des articles** *(L. nº 2008-776 du 4 août 2008, art. 132-I)* **« L. 611-16 à » L. 611-19, sont brevetables aux conditions prévues au 1 les inventions portant sur un produit constitué en totalité ou en partie de matière biologique, ou sur un procédé permettant de produire, de traiter ou d'utiliser de la matière biologique.**

« Est regardée comme matière biologique la matière qui contient des informations génétiques et peut se reproduire ou être reproduite dans un système biologique. »

BIBL. ► CARON, *RIDA avr. 2000, p. 3* (réflexions sur la coexistence du droit d'auteur et du droit des brevets sur un même logiciel) ; *CCE 2002, nº 20* (l'Europe timide des brevets de logiciels). – Commission spéciale Q132 de l'AIPPI, *Propr. ind. 2007. Étude 2* (protection par brevet des inventions associées à des logiciels d'ordinateur). – GAUDRAT, *RTD com. 2005. 323* (l'invention informatique : un débat difficile et contourné). – GUINIER, *Expertises déc. 2002, p. 421* (le système de brevet de logiciel. Moyen de protection d'une invention ou arme d'élimination ?). – GUTMAN, *Propr. intell. 2005, nº 17, p. 392* (les substances d'origine naturelle : de la découverte à l'invention brevetable). – HILTY et GEIGER, *Propr. intell. 2005, nº 16, p. 296* (breveter le logiciel ? Une analyse juridique et socio-économique). – HÖSSLE, *MITT, nº 7, juill. 2000, p. 331 ; Résumé au PIBD 2001, II, p. 28* (patentierung von Geschäfts methoden : brevetabilité des méthodes commerciales). – LE STANC, *Propr. ind. 2002. Chron. 2* (droit d'auteur et droit de brevet sur le logiciel). – LIENS et MAY, *Propr. ind. 2011. Étude 5* (le caractère technique et l'éléphant). – LIOTARD *Propr. intell. 2004, nº 11, p. 615* (les brevets sur les méthodes commerciales : état des lieux et perspectives économiques). – NAUMANN, *JCP E 2000, p. 1853* (la brevetabilité des méthodes commerciales en Europe). – OLIVA, Breveter l'humain ?, *L'Harmattan, 2006.* – SCHMITT, *Propr. ind. 2005. Chron. 18* (le dépôt de brevet avec dépôt de matière biologique instauré par la loi du 8 décembre 2004, une voie strictement nationale ?). – THIBON, *Propr. ind. 2008. Étude 25* (les avatars d'un brevet de *Business method* en France et en Europe). – VIVANT, *Propr. intell. 2003, nº 6, p. 34* (la brevetabilité des programmes d'ordinateur : faux problème juridique ? Vrai problème social ?). – VIVANT et BRUGUIÈRE, *Propr. intell. 2003, nº 8, p. 286* (réinventer le vivant). – WARUSFEL, *Propr. intell. 2011, nº 39, p. 243* (brevetabilité des logiciels et compétence au sein de l'OEB : leçons de l'avis G3/08).

COMMENTAIRE

La présente disposition dresse une liste de connaissances ou de créations qui ne sont pas des inventions, définissant ainsi par la négative les objets potentiellement brevetables. Pour ceux qui échappent à ces exclusions, elle énonce trois critères requis cumulativement pour que l'invention soit brevetable. Ces conditions de fond sont la nouveauté, l'activité inventive et l'application industrielle. Elles seront étudiées avec les articles qui précisent chaque notion ; à savoir respectivement les articles L. 611-11, L. 611-14 et L. 611-15. On observera néanmoins que toutes ces conditions ne sont pas vérifiées uniformément avant la délivrance du titre, ce qui crée une insécurité juridique certaine pour le breveté.

En amont de la brevetabilité, se pose la question de la définition de l'invention. La loi nationale comme les conventions internationales sont silencieuses sur ce point. Depuis 2008, l'article ci-dessus se réfère à un « domaine technologique » en complément de l'exigence d'une application industrielle. Par ailleurs, ce même code (V. art. L. 612-16) comme le règlement d'exécution CBE (règle 43) impose aux revendications d'indiquer les « caractéristiques techniques de l'invention ». Il est donc légitime de considérer l'invention comme une création à caractère technique, ou encore comme une solution à un problème technique (V. aussi comm. ss. art. L. 611-1).

De manière peu logique, l'article ci-dessus décrit d'abord les conditions de brevetabilité pour énoncer ensuite les « non-inventions ». La nature d'invention est déniée lorsque le titre porte sur l'objet considéré isolément (paragraphe 3 de l'article), ce qui permet néanmoins sa présence au sein d'une invention plus étoffée, ou en amont d'inventer des produits ou des procédés liés, ou encore de breveter des applications particulières. Sans entrer dans le détail et en remarquant que l'énumération légale n'est pas fermée, l'origine de ces exclusions tient au défaut de création, en tant que résultat d'une intervention humaine (découvertes), au caractère abstrait ou défaut d'application (théories scientifiques et méthodes mathématiques, d'où une éviction embarrassante des résultats de la recherche fondamentale) ou à l'absence de caractère ou d'effet technique (méthodes à incidence économique dites *business methods*, présentations d'informations, créations esthétiques). Concernant cette dernière hypothèse, le régime du brevet corrobore le principe du non-cumul des protections avec le droit des dessins et modèles et *a fortiori* avec le droit d'auteur (V. comm. ss. art. L. 511-8).

Les brevets sur les méthodes d'affaires ont augmenté de 600 % entre 1998 et 2009 au plan mondial (source cabinet Thomson Reuters). Les États-Unis, qui ne connaissent pas de critère technique, en sont les grands bénéficiaires. Néanmoins, un rapprochement des pratiques demeure attendu. La Cour suprême des États-Unis (28 juin 2010, *Bilski v. Kappos*) dénie en effet le brevet à une procédure commerciale informatisée. Mais elle n'exclut pas pour autant la brevetabilité de toutes les méthodes dans le domaine économique, considérant que le critère dit « machine ou transformation » est utile mais non exclusif.

Les programmes d'ordinateur sont aussi exclus en partie pour cette raison alors qu'ils constituent des formes d'œuvres de langage protégées par le droit d'auteur (V. CPI, art. L. 112-2, 13°). Leur brevetabilité est expressément interdite par la Convention sur le brevet européen (art. 52. 2° *c*, V. App., v° *Propriété industrielle, Brevets*) mais pas en application des accords ADPIC (V. App., v° *Dispositions générales*). Compte tenu des enjeux économiques, la plupart des offices accordent plus ou moins ouvertement des brevets sur des inventions logicielles en tant que succession d'opérations logiques décrivant un procédé qui peut avoir une application technique. Le Parlement européen a néanmoins rejeté en juillet 2005 la proposition de directive sur la brevetabilité des inventions mises en œuvre par ordinateur (Bruxelles 20.02.2002, COM (2002) 92 final).

Une tentative de clarification sur la question a échoué. En effet, le président de l'OEB a saisi sur ce point la grande chambre des recours. Dans un avis G3/08 du 12 mai 2010 (http ://www.epo.org/news-issues/issues/computers/eba_fr.html), cette instance refuse de statuer. Si l'on peut regretter cette frilosité, la décision de plus de cinquante pages est néanmoins une très bonne synthèse du problème.

Au paragraphe 4 est affirmé un principe de brevetabilité des inventions portant sur de la matière biologique. Compte tenu des questions éthiques et d'ordre public soulevées par cette possibilité, de nombreuses restrictions sont prévues notamment lorsque l'invention porte sur du « matériel humain ». Ces tempéraments sont principalement énoncés aux articles L. 612-17 à 612-19. ☐

A. PRINCIPES GÉNÉRAUX

1. Invention. Bien que le mot « technique » ne soit pas utilisé à l'art. 52 de la Convention de Munich du 5 oct. 1973 (CBE), il convient d'interpréter le mot « invention » comme recouvrant un élément revendiqué devant avoir un caractère technique et donc être susceptible d'application industrielle. Une revendication qui, considérée dans son ensemble, porte essentiellement sur un objet relevant du domaine des activités économiques n'a pas de caractère technique. En conséquence, l'objet revendiqué n'est pas une invention au sens de l'art. 52, § 1, de la CBE. • OEB, Gr. ch. recours, 19 mars 1992, T. 854/90 : *JO OEB nov. 1992. 669 ; PIBD 1994. III. 53 ; JCP E 1995. I. 471, n° 8, obs. Burst et Mousseron.*

2. Nécessité d'un résultat technique. Pour qu'une invention soit brevetable, il suffit qu'elle procure un résultat technique immédiat dans l'ordre industriel, même si ce résultat est faible et imparfait et que les techniciens considèrent cette invention comme sans intérêt au point de vue commercial. • TGI Paris, 25 avr. 1985 : *PIBD 1985, III, p. 246.* ♦ V. aussi • TGI Paris, 1er févr. 2008 : *Propr. intell. 2008, n° 29, p. 468, obs. Galloux.*

3. Activité inventive. V. ss. art. L. 611-14.

4. Non-brevetabilité du résultat. La revendication se borne à revendiquer l'effet d'optique obtenu qui est le mode particulier de contrôle de l'authenticité de documents envisagé et ce résultat qui ne saurait être l'objet d'un monopole, n'est pas une invention brevetable. • TGI Paris, 14 avr. 1999 : *PIBD 1999. III. 405.* ♦ Seuls sont brevetables les moyens permettant d'arriver au résultat recherché, mais pas le résultat lui-même (comme la limpidité et la stérilité d'un collyre). • TGI Paris, 15 juin 1999 : *PIBD 2000. III. 157.*

5. Caractère distinct des critères de brevetabilité. « En matière de validité de brevet, la notion d'activité inventive doit être appréciée distinctement de la notion de nouveauté ». • Com. 6 mars 1979 : *Bull. civ. IV, n° 88 ; PIBD 1979, III, p. 252.*

6. Interprétation restrictive des exclusions. Les dispositions de l'art. L. 611-10, 2, posant des exceptions, doivent être interprétées de façon restrictive. • Paris, 15 juin 1981 : *PIBD 1981, III, p. 175* • 7 juin 1982 : *PIBD 1982, III, p. 175* • OEB, Gr. ch. recours, 27 mars 1986, T. 144/83 : *JO OEB sept. 1986. 30 ; PIBD 1986, III, p. 410.*

B. DOMAINE DE LA BREVETABILITÉ

7. Découvertes. Un produit naturel, quelque intéressante que puisse être sa découverte et de quelque utilité qu'il puisse être dans l'industrie, ne saurait, en dehors de toutes méthodes industrielles d'application de procédés industriels nouveaux, faire l'objet d'un brevet. • T. civ. Seine, 16 juill. 1921 : *Ann. propr. ind. 1922. 346* • Paris, 22 juin 1922 : *eod. loc.* ♦ L'occupation sélective d'un récepteur ne peut à elle seule être considérée comme une application thérapeutique ; tant qu'elle n'a pas trouvé d'application pratique sous la forme d'un traitement défini et réel d'une pathologie, la découverte selon laquelle une substance se lie de façon sélective à un récepteur, même si elle constitue un apport important sur le plan scientifique, ne constitue pas une contribution d'ordre technique par rapport à l'état de la technique permettant d'y voir une invention brevetable. • OEB ch. rec. tech., 14 juin 2000, T. 241/95 : *D. 2002. Somm. 1188, obs. Galloux* ; *JO OEB févr. 2001. 103.*

8. Dessins et modèles. V. notes 2 s. ss. art. L. 511-3.

9. Plans, principes et méthodes. Sur la brevetabilité d'une invention portant sur la structure de bâtiments industriels permettant un raccourcissement de tous les circuits et une optimisation des flux d'informations et de produits, V. • Paris, 13 déc. 1990 : *PIBD 1991. III. 126 ; RTD com. 1992. 177, note Azéma* (annulant • INPI, décis. Dir., 29 juin 1990 : *PIBD 1991. III. 195).* ♦ Sur la brevetabilité d'une invention dont la solution technique n'est pas réaliste. • Aix-en-Provence, 30 janv. 2003 : *RTD com. 2004. 302, obs. Galloux* .

10. Caractère industriel. V. ss. art. L. 611-15.

11. Méthode pédagogique. Constitue une méthode d'enseignement ou de travail intellectuel le fait de présenter leçons et commentaires respectivement sur des pages adjacentes d'un manuel et de prévoir les notes en marge des leçons et en regard des paragraphes qu'elles concernent, de même que prévoir que chaque page de commentaires du manuel présente des textes et/ou des illustrations relatifs à des notions générales concernant la leçon de la page adjacente ; de telles méthodes pédagogiques ne sont pas brevetables. • TGI Paris, 21 sept. 1984 : *PIBD 1985, III, p. 47* • OEB ch. rec. tech., 3 juill. 1990, T. 603/89 : *JO OEB mai 1992. 230 ; PIBD 1992. III. 428.*

12. Méthode intellectuelle dans le domaine des activités économiques. Une méthode consistant essentiellement à déterminer si une carte présentée pour la première fois à une machine doit ensuite être reconnue par cette machine comme une carte autorisée est une méthode dans le domaine des activités économiques, même si certaines étapes comportent une composante technique, qui n'en font pas pour autant une méthode technique. La véritable nature de l'invention reste la même qu'elle soit ou non présentée en termes techniques. Il ne s'agit donc pas d'une invention au sens de l'art. 52 de la CBE. • OEB ch. rec. tech., 19 mars 1992, T. 854/90 : *PIBD 1994. III. 53 ; JO OEB nov. 1993. 669 ; JCP E 1995. I. 471, n° 8, obs. Burst et Mousseron.* ♦ Le procédé revendiqué et les interfaces permettant l'activation des commandes et le paiement d'articles visualisés à l'aide de logiciels sur une image photographique, dès lors que ces articles étaient définitivement sélectionnés sur le réseau informatique, concernaient une méthode de vente à distance ou d'aide à la vente basée sur une présentation d'informations d'ordre esthétique à un client potentiel, recherchant une vision de sa personne ; cette méthode, relevant du domaine économique n'est pas une invention. • Paris, 21 mars 2001 : *CCE 2001, n° 124, note Caron ; PIBD 2001. III. 397.* ♦ Sur un procédé de commande électronique de produits auprès d'un centre de vente, V. • Paris, 10 janv. 2003 : *RTD com. 2004. 302, obs. Galloux* ; *Ann. propr. ind. 2003. 76 ; CCE 2003, n° 23, note Caron ; PIBD 2003. III. 145 ; Propr. ind. 2003, n° 28, obs. Chrétien ; Propr. intell. 2003, n° 7, p. 191, obs. Warusfel ; RDPI oct. 2003, n° 152, p. 13.* ♦ Une méthode de traitement et de gestion dans le temps de données susceptibles de servir sur un site de courtage en ligne n'est pas brevetable. • Rennes,7 oct. 2003 : *JCP E 2004. 562, note Caron.* ♦ A propos d'une méthode pour préparer une demande d'enregistrement de marque, V. • Paris, 9 sept. 2005 : *Propr. intell. 2006, n° 19, p. 202, obs. Warusfel.* ♦ Est non brevetable une méthode mise en œuvre par ordinateur visant à optimiser la charge des véhicules de transport de marchandises en organisant la rencontre de l'offre et de la demande. • Paris, pôle

5, ch. 2, 26 févr. 2016, nº 2015/01962 : *PIBD 2016. III. 274.*

13. Principe d'exclusion des programmes d'ordinateur. V. • Paris, 22 mai 1973 : *PIBD 1973, III, p. 197* • 21 mars 2003 : *CCE 2001, nº 124, note Caron.*

14. Procédés incluant un programme d'ordinateur. Si les programmes d'ordinateurs sont en principe exclus du domaine de brevetabilité, un procédé ne peut être privé de brevetabilité pour le seul motif qu'une ou plusieurs de ses étapes sont réalisées par un ordinateur devant être commandé par un programme. • Paris, 15 juin 1981 : *PIBD 1981, III, p. 175.*

15. Programmes et méthodes. Ne peut constituer un exposé des caractéristiques techniques de l'invention prétendue, l'exposé d'une méthode par la mise en œuvre de logiciels et de traitement de données qui ne sont que des recommandations sur le mode opératoire du logiciel et ne détaille que les résultats et possibilités offerts, sans mentionner les caractéristiques techniques du traitement lui-même. • Paris, 21 mars 2001 : *PIBD 2001. III. 397 ; RDPI mai 2001, nº 123, p. 38.* ♦ Les codes de commande figurant dans un texte sous forme de données numériques doivent être considérés comme des caractéristiques techniques du système de traitement de texte auxquels ils appartiennent. La transformation de ces codes en d'autres codes de commande appartenant à un autre système de traitement de texte constitue une méthode à caractère technique. Dans le cas de la mise en œuvre par un ordinateur programmé de façon appropriée d'une méthode de transformation d'un texte présenté sous forme de données numériques, méthode dans laquelle un document de départ, dans une première version comportant une pluralité de codes de commande à l'entrée est transformé dans une seconde version comportant une pluralité de codes de commande à la sortie compatibles, les étapes de ladite méthode constituent l'algorythme sur lequel se fonde le programme d'ordinateur, plutôt qu'un programme d'ordinateur en tant que tel, et ce programme doit être considéré comme étant le moyen technique qui permet la mise en œuvre de ladite méthode (d'ordre technique). • OEB ch. rec. tech., 15 avr. 1993, T. 110/90 : *JO OEB nº 8. 557 ; PIBD 1995. III. 6 ; JCP E 1995. I. 471, nº 9, obs. Burst et Mousseron.* ♦ Un produit « programme d'ordinateur » n'est pas exclu de la brevetabilité en application de l'art. 52 de la CBE, si sa mise en œuvre sur un ordinateur produit un effet technique supplémentaire, allant au-delà des interactions physiques « normales » entre logiciel et ordinateur. • OEB ch. rec. tech., 1er juill. 1998 : *JO OEB oct. 1999, p. 609 ; PIBD 2000. III. 187.* ♦ Dans le même sens • OEB ch. rec. tech., 15 avr. 1993, T. 163/85 : *JO OEB 1990. 379 ; PIBD 1990. III. 604* • 15 avr. 1993, T. 208/84 *Vicom : JO OEB 1987. 14 ; PIBD 1987, III, p. 134 et 250.* ♦ Le brevet sur un moteur de recherche est nul pour défaut de caractère technique tant de la structure de l'invention (mots-clés qualifiés de « concepts abstraits ») que de son résultat (sélection dynamique des mots-clés non décrite techniquement). • Paris, 2e ch., pôle 5, 16 déc. 2016, nº 2014/06444 : *PIBD 2017. III. 74 ; Propr. ind. 2017. Étude 20, note Dhenne.*

16. Présentation d'informations. Le calendrier, objet de la demande de brevet, ne peut se définir comme une présentation d'informations. Aucune information ou renseignement n'y est en effet donné, le calendrier étant au contraire, selon un agencement particulier, destiné à recevoir des annotations. On ne saurait donc assimiler une présentation d'informations à la possibilité, pour un corps industriel, de recevoir une information sous forme d'annotations. • Paris, 7 juin 1982 : *PIBD 1982, III, p. 175 ; RTD com. 1982. 417, obs. Chavanne et Azéma* • OEB ch. rec. tech., 25 avr. 1989, T. 119/88 : *JO OEB sept. 1990. 395 ; PIBD 1990. III. 645.*

17. Œuvre révélée. La demande tendant à reconnaître la qualité d'inventeur à la personne qui a révélé une œuvre ne peut être accueillie. • Paris, 28 juin 2001 : *CCE 2002, nº 138, note Caron.*

Art. L. 611-11 **Une invention est considérée comme nouvelle si elle n'est pas comprise dans l'état de la technique.**

L'état de la technique est constitué par tout ce qui a été rendu accessible au public avant la date de dépôt de la demande de brevet par une description écrite ou orale, un usage ou tout autre moyen.

Est également considéré comme compris dans l'état de la technique le contenu de demandes de brevet français et de demandes de brevet européen ou international désignant la France, telles qu'elles ont été déposées, qui ont une date de dépôt antérieure à celle mentionnée au second alinéa du présent article et qui n'ont été publiées qu'à cette date ou qu'à une date postérieure.

(L. nº 2008-776 du 4 août 2008, art. 132-II) **« Les deuxième et troisième alinéas n'excluent pas la brevetabilité d'une substance ou composition comprise dans l'état de la technique pour la mise en œuvre des méthodes visées à l'article L. 611-16, à condition que son utilisation pour l'une quelconque de ces méthodes ne soit pas comprise dans l'état de la technique.**

« Les deuxième et troisième alinéas n'excluent pas non plus la brevetabilité d'une substance ou composition visée au quatrième alinéa pour toute utilisation spécifique dans toute méthode visée à l'article L. 611-16, à condition que cette utilisation ne soit pas comprise dans l'état de la technique. » – *[L. n° 68-1 du 2 janv. 1968, art. 8.]*

BIBL. ▸ Casalonga et Dossmann, *JCP E 1987. II. 14898* (la protection par le brevet d'invention de l'application thérapeutique et du produit pharmaceutique). – Guintrand De Peyre, *RDPI 1998, n° 91, p. 7* (jurisprudence française en matière d'accessibilité au public à l'état de la technique). – May et Da Costa, *Propr. ind. 2016. Étude 13* (brevets de seconde application thérapeutique : une protection efficace contre l'arrivée sur le marché des génériques ?). – Stenger, *RDPI 2004, n° 159, p. 41* (le régime de l'antériorité tenant dans une demande de brevet antérieure non encore publiée). – Oasting, *Patent world n° 110, mars 1999, p. 22 (résumé en français in PIBD 1999, II, p. 121 ; Second medical use claims : recent developments).* – Vivant, *JCP E 1989. II. 15541* (brevetabilité de la seconde application thérapeutique).

COMMENTAIRE

La nouveauté est le propre de ce qui n'existait pas avant d'être révélé. Elle est consubstantielle à l'invention dont le caractère innovant justifie pour l'essentiel l'avantage octroyé au déposant en tant qu'il enrichit le patrimoine technique.

La nouveauté est un critère objectif qui est rempli lorsque l'invention est absente de l'état de la technique au moment où sa protection est demandée. La nouveauté requise est absolue : elle fait fi de toutes limites spatio-temporelles. Elle est détruite par toute information susceptible d'être connue sans violer une obligation de secret des collaborateurs, des partenaires ou de l'administration. La définition de l'art antérieur est donc extrêmement large. L'indifférence de la localisation de l'antériorité est désormais la règle aux États-Unis depuis l'*America Invents Act* du 16 septembre 2011. La forme de la divulgation (écrite ou orale, notoriété du support…) est indifférente tout comme le degré d'érudition de l'inventeur ou sa bonne foi. Le brevet a une fonction documentaire et la procédure permet de collecter une masse d'informations permettant d'apprécier globalement l'état de la technique. Conformément à la Convention de l'Union de Paris de 1883 (art. 8, § 3, et art. 10 *in fine*, App., v° *Propriété industrielle, Dispositions générales*), l'alinéa 2 ajoute même fictivement à ces connaissances « antériorisantes » les demandes non publiées. Pour pallier cet inconvénient, le déposant doit invoquer le délai de priorité évoqué à l'article L. 611-12. La nouveauté ne résulte pourtant pas uniquement du rapport que l'invention entretient avec les demandes ou titres précédents.

La nouveauté s'établit par comparaison entre la connaissance apportée par l'invention revendiquée et celle existante. Cette quête d'antériorités au sein de l'état de la technique est l'objet du rapport de recherche dont la teneur déterminera la délivrance du titre à l'issue de l'instruction menée par l'INPI (V. art. L. 612-13 s.). La découverte d'antériorités partielles pourra limiter l'étendue des revendications et donc la portée du titre. Par la suite, nonobstant le résultat de l'examen officiel, toute personne contestant en justice la nouveauté de l'invention devra rapporter la preuve de ses allégations et produire une antériorité de toutes pièces : l'accès à la connaissance aurait dû permettre à elle seule la réalisation de l'invention. Une vague proximité ou de nécessaires combinaisons sont insuffisantes.

La nouveauté se traduit aussi par une interdiction de divulgation de l'invention avant le dépôt de la demande de brevet. Il en découle une contrainte temporaire de secret pesant sur tous les détenteurs de la connaissance. Cette composante de la nouveauté est analysée sous l'article L. 611-13 qui, à la marge, aménage sa rigueur.

La nouveauté peut résulter de l'application nouvelle de moyens connus même si cette qualification n'est plus expressément mentionnée dans la loi (V. notes 1 s.). L'application nouvelle doit être distinguée de l'emploi nouveau dont la brevetabilité était exclue sous l'empire de la loi de 1844.

L'alinéa 4 précise que les produits connus permettant de mettre en œuvre des méthodes médicales, elles-mêmes exclues de la brevetabilité aux termes de l'article L. 611-16, sont brevetables si leur utilisation dans ces circonstances est innovante. Il s'agit en réalité d'étendre à la santé le principe de protection des applications nouvelles de moyens connus. En revanche, la loi exige l'absence d'usage antérieur dans le domaine, ce qui semble exclure la brevetabilité de ce que l'on appelle communément une « deuxième application thérapeutique » *stricto sensu* (V. note 6). Difficilement compréhensible, cette discrimination est, dans les faits, peu retenue par les juridictions. ❑

I. OBJET DE LA NOUVEAUTÉ

1. Application nouvelle. L'invention est nouvelle lorsque le moyen décrit par un brevet antérieur n'est pas appliqué au même objet, mais à un domaine totalement différent. • Paris, 19 oct. 1994 : *PIBD 1995. III. 25.* ♦ Un moyen connu est nouveau lorsqu'il n'a pas déjà reçu l'application revendiquée. • Nancy, 7 nov. 1991 : *Ann. propr. ind. 1992. 40.* ♦ Comp. • OEB, Gr. ch. recours, 11 déc. 1989, G. 6/88 : *JO OEB avr. 1990. 114 ; PIBD 1990. III. 386.*

2. Fonction et forme du moyen. La fonction du moyen n'étant pas nouvelle, la revendication d'un brevet ne peut protéger le moyen que dans la forme particulière qui lui est propre. • Paris, 4 mai 1993 : *Ann. propr. ind. 1994. 66.*

3. Éléments indifférents. Pour apprécier la nouveauté du brevet au sens de la loi du 2 janv. 1968, il n'y a pas lieu de rechercher si le moyen décrit dans l'antériorité constituerait ou non l'équivalent de celui qu'enseigne le brevet ou si les deux dispositifs fourniraient ou non un résultat industriel identique. • Paris, 6 mars 1975 : *PIBD 1975, III, p. 418.* ♦ Le raisonnement par équivalence n'est pas admis dans le cadre de l'appréciation de la nouveauté. • TGI Paris, 5 oct. 1999 : *PIBD 2000. III. 247.*

4. Combinaison nouvelle de moyens connus. Il y a combinaison et non juxtaposition lorsque les moyens coopèrent à la production d'un résultat commun distinct de la somme des effets techniques procurés par chacun d'eux. • Paris, 18 nov. 1998 : *PIBD 1999. III. 213.* ♦ L'existence d'une combinaison, brevetable si elle est nouvelle et inventive, implique la reconnaissance d'une fonction propre obtenue par le groupement de moyens et caractérisée par la production d'un effet technique distinct de la somme des effets techniques de ses composants. Il n'en va pas de même, lorsque les moyens sont simplement juxtaposés, chacun d'eux pouvant être supprimé, sans que le résultat des autres s'en trouve affecté et aucun résultat commun distinct de la somme des résultats produits par chacun des moyens n'étant décrit. • Paris, 1er déc. 1993 : *D. 1996. Somm. 17, obs. Mousseron et Schmidt* ✎ ; *PIBD 1994. III. 1.* ♦ Le dispositif couvrant une simple juxtaposition de moyens connus n'est pas brevetable. • Com. 26 mars 2002 : *Propr. ind. 2002, n° 85, note Raynard* • Paris, 25 janv. 2005 : *PIBD 2005. III. 226 ; Propr. ind. 2005, n° 96, obs. Vigand.* ♦ L'amélioration du coulissement d'une échelle télescopique résultant de la présence distincte d'une seconde bague et d'un collier, l'invention ne peut être assimilée à une combinaison de moyens nécessitant la reconnaissance d'une fonction propre, obtenue par le groupement de moyens et caractérisée par la production d'un effet technique distinct de la somme des effets techniques de ses composants. • Com. 23 juin 2015, ☎ n° 13-25.082 : *PIBD 2015. III. 538.*

5. Application nouvelle de moyens connus. L'invention n'est pas nouvelle au regard de la loi du 5 juill. 1844 si l'application de façon nouvelle de moyens connus procure le même résultat que dans ses applications antérieures, les moyens continuant de jouer le rôle propre et distinct qui était le leur dans les antériorités sans obtenir des résultats différents de celui qu'ils y avaient. • Com. 4 oct. 1994 : ☎ *Bull. civ. IV, n° 269 ; PIBD 1995. III. 1.* ♦ Une revendication portant sur l'utilisation d'une substance connue pour un usage non médical jusque-là inconnu peut être considérée comme nouvelle ; toutefois, un effet technique nouvellement découvert ne confère pas un caractère de nouveauté à une revendication portant sur l'utilisation d'une substance connue pour un usage non médical connu, si l'effet technique nouvellement découvert sous-tend déjà l'utilisation connue de la substance connue. • OEB ch. rec. tech., 19 janv. 1999, T. 892/94 : *JO OEB janv. 2000, p. 1.*

6. Seconde application thérapeutique. Brevetabilité reconnue depuis la loi du 4 août 2008, V. art. L. 611-11, al. 4. ♦ Un brevet européen peut être délivré sur la base de revendications ayant pour objet l'application d'une substance ou d'une composition pour obtenir un médicament destiné à une utilisation thérapeutique déterminée nouvelle et comportant un caractère inventif. • OEB, gr. ch. recours, 5 déc. 1994 : *JO OEB mars 1985. 68 ; D. 1986. Somm. 137, obs. Mousseron et Schmidt ; RTD com. 1985. 298, obs. Chavanne et Azéma ; PIBD 1985, III, p. 146.* ♦ Si une revendication porte sur une autre application thérapeutique d'un médicament et que la pathologie à traiter est définie en termes fonctionnels, par exemple en tant que pathologie qui peut être soignée grâce à l'occupation sélective d'un récepteur particulier, cette revendication ne peut être jugée suffisamment claire que si l'homme du métier est en mesure de déterminer les pathologies couvertes par la définition fonctionnelle et donc comprises dans le champ de la revendication, grâce aux indications sous forme de tests expérimentaux ou de critères pouvant être testés qu'il peut trouver dans des documents de brevets ou dans ses connaissances générales de base. • OEB, ch. rec. tech., 14 juin 2000 : *T. 241/95 : D. 2002. Somm. 1188, obs. Galloux* ✎ ; *JO OEB févr. 2001, p. 103.*

II. ÉTAT DE LA TECHNIQUE

A. ANTÉRIORITÉS

7. Nécessité d'une antériorité de toutes pièces. Pour être comprise dans l'état de la technique et être privée de nouveauté, l'invention doit s'y trouver tout entière, dans une seule antériorité au caractère certain, avec les éléments qui la constituent dans la même forme, le même agencement, le même fonctionnement en vue du même résultat technique. • Com. 12 mars 1996 :

PIBD 1996. III. 273 ; Ann. propr. ind. 1996. 173 ; Dossiers Brevets 1996. II. 3 • 6 juin 2001 : *PIBD 2001. III. 427 ; Propr. ind. 2002, n° 15, note Raynard* • TGI Paris, 16 juin 2000 : *PIBD 2000. III. 602* • Paris, 6 janv. 2006 : *PIBD 2006. III. 160 ; Propr. ind. 2007, n° 9, note Vigand.* ♦ Une invention est nouvelle lorsque, par rapport à l'antériorité qui est opposée, elle comporte des moyens différents en termes de fonction et de résultat, et enseigne ainsi une fonction totalement nouvelle. • Lyon, 13 janv. 2000 : *PIBD 2000. III. 183.* ♦ Seule une antériorité globale ou de toutes pièces détruit la nouveauté. • Bordeaux, 1er janv. 1990 : *Ann. propr. ind. 1990. 107* • Paris, 23 janv. 1990 : *ibid. 1991. 120* • Com. 19 févr. 1991 : *PIBD 1991. III. 295.*

8. Teneur de l'antériorité. Une antériorité opposée à un brevet ne peut être retenue que pour ce qu'elle décrit ; les juges du fond ne se bornent donc pas à se référer aux revendications du brevet antérieur, mais se fondent sur les exemples donnés par la description pour écarter cette antériorité. • Com. 18 févr. 1986 : *Bull. civ. IV, n° 17 ; Ann. propr. ind. 1987. 245.* ♦ L'antériorité invoquée doit permettre à l'homme du métier de réaliser l'invention. • Com. 18 déc. 2001 : *PIBD 2002. III. 101.*

9. Antériorité certaine. Le brevet est un titre présumé valable et le doute sur l'existence ou la portée de l'antériorité doit profiter au breveté. L'antériorité doit donc être certaine, dans la consistance de ce qu'elle divulgue et dans sa date. • Com. 12 mars 1996 : *préc. note 7* • Paris, 18 févr. 1986 : *Ann. propr. ind. 1987. 113* • 6 juill. 1993 : *Dossiers Brevets 1993. IV. 5 ; JCP E 1995. I. 471, n° 11, obs. Burst et Mousseron ; PIBD 1993. III. 669.*

10. Une antériorité doit présenter des garanties de certitude quant à sa date ; on doit tenir pour connu le moyen que le breveté, dans la description, reconnaît être divulgué et qu'il a inclus dans le préambule de la revendication. • Paris, 5 mai 1988 : *Ann. propr. ind. 1988. 281.* ♦ La date précise du document est sans importance dès lors qu'elle est très proche de celle du dépôt de la demande. • Com. 20 févr. 2007 : *Propr. intell. 2007, avr. 2007, n° 23, p. 231, obs. Galloux.*

11. Foi est due au titre. V. ss. art. L. 613-25.

B. ACCESSIBILITÉ AU PUBLIC

12. Au sens de l'art. L. 611-11, le public s'entend de toute personne non tenue au secret ; dès lors, l'envoi par fax à un sous-traitant, non tenu au secret, du schéma d'un dispositif divulguant les moyens de l'invention avant la date de dépôt du brevet en constitue une divulgation destructrice de nouveauté. • TGI Paris, 4 mars 1998 : *PIBD 1998. III. 429.* ♦ La composition chimique d'un produit fait partie de l'état de la technique dès lors que ce produit en tant que tel est accessible au public et qu'il peut être analysé et reproduit par l'homme du métier, indépendamment de la question de savoir s'il est possible de déceler des raisons particulières pour analyser cette composition. C'est le fait qu'il est possible d'accéder directement et clairement à une information donnée qui rend celle-ci accessible, qu'il y ait ou non des raisons conduisant à la rechercher. • OEB ch. rec. tech., 18 déc. 1992 : *D. 1993. Somm. 376, obs. Mousseron et Schmidt ; PIBD 1993. III. 451.* ♦ La communication par une entreprise à une autre d'un devis comportant les éléments caractéristiques de l'invention et sans indication de confidentialité entraîne la perte de la nouveauté. • Com. 19 mai 1987 : *PIBD 1990. III. 252 ; Ann. propr. ind. 1988. 11* • TGI Paris, 15 oct. 1987 : *D. 1990. Somm. 150, obs. Mousseron et Schmidt ; PIBD 1988. III. 301* ♦ La commercialisation de sacs enliassés selon la combinaison revendiquée avant le dépôt du brevet détruit sa nouveauté. • Paris, 25 oct. 2000 : *PIBD 2001. III. 75.* ♦ Le détenteur de l'information n'est pas « du public » s'il est en relation avec l'inventeur, comme le sont l'industriel qui a financé une thèse et *a fortiori* le directeur de cette thèse. Ces derniers sont considérés comme assujettis à une obligation implicite de secret. • OEB, ch. rec. tech., 25 oct. 2011, *n° T-1057/09.*

13. Accessibilité. La cour d'appel, après avoir énoncé à bon droit que la divulgation suppose que l'information mise à la disposition du public doit permettre à l'homme du métier d'exécuter cette invention, a, par une appréciation souveraine des documents tendant à démontrer que l'invention avait été divulguée avant la date du dépôt, pu retenir qu'ils ne fournissaient pas les informations d'ordre technique nécessaires à la réalisation de l'invention. • Com. 4 janv. 1994 : *Dossiers Brevets 1994. II. 1 ; JCP E 1995. I. 471, n° 12, obs. Burst et Mousseron ; PIBD 1994. III. 195.* ♦ Il n'est pas nécessaire que l'homme du métier ait effectivement connu l'information en cause, ni qu'il y ait eu une probabilité qu'il l'ait effectivement connu, mais bien que le public ait été en mesure d'en prendre connaissance. • Paris, 20 mai 1998 : *PIBD 1998. III. 501.*

C. DIVULGATION

14. Divulgation sur les réseaux numériques. Un document présent sur les réseaux numériques n'est antériorisant que s'il jouit d'un « accès direct et non ambigu » rapporté par l'existence d'une adresse URL identifiée par les moteurs de recherche publics et un maintien suffisant dans le temps. Dans des circonstances normales, les courriers électroniques ne répondent pas à ces exigences. • OEB, ch. rec. tech., 12 mars 2012, T2/09 et T1553/06 : *Propr. ind. 2012. 63, note Vigand.*

15. Certitude. La divulgation doit être certaine dans son objet et dans sa date ; le brevet étant présumé valable, le doute en ce qui concerne la divulgation et sa date profite au breveté. • Paris, 6 juill. 1993 : *RTD com. 1995. 771, obs. Azéma* ; *Ann. propr. ind. 1994. 78* • TGI Paris, 7 avr. 1995 : *PIBD 1995. III. 369* • Com. 12 déc. 1995 : *Bull. civ. IV, n° 291* • Paris, 28 mai 1999 : *PIBD 1999. III. 501* • TGI Paris, 1er sept. 1999 : *PIBD 2000. III. 57.*

16. Objet de la divulgation. La divulgation d'une invention suppose que sa révélation ait porté sur les éléments constitutifs de l'invention et les moyens de la reproduire. • Paris, 26 oct. 1988 : *PIBD 1989, III, p. 71 ; Ann. propr. ind. 1990. 5* • Com. 4 janv. 1994 : *PIBD 1994. III. 195* • Paris, 27 nov. 2002 : *Ann. propr. ind. 2003. 30 ; Propr. intell. 2003, n° 7, p. 194, obs. Warusfel.* ♦ Une photographie dans un catalogue ne permettant pas d'identifier l'objet du brevet ne constitue pas une antériorité opposable. • Paris, 18 sept. 1996 : *Ann. propr. ind. 1997. 43.* ♦ Il en va de même d'un aérosol médical dont l'examen ne permet ni de comprendre le procédé breveté ni de le reproduire. • TGI Paris, 1er sept. 1999 : *PIBD 2000. III. 57.*

17. Revendications. Une revendication dont les caractéristiques ont été divulguées avant le dépôt d'un brevet est nulle ; d'une part, un article paru dans une revue établit que le public, et notamment les personnalités ayant assisté à la présentation du prototype pouvaient, par le simple examen de l'appareil et la démonstration de son fonctionnement, retrouver les éléments de la revendication et les moyens de la reproduire ; d'autre part il est établi par une facturation et par un constat d'huissier, auquel sont annexées des photographies, qu'en septembre 1982, la société M. a livré à une société un exemplaire de l'appareil présentant les caractéristiques de la revendication. • Paris, 10 mai 1994 : *PIBD 1994. III. 467.*

18. Clause de confidentialité. Pour qu'il y ait accord de confidentialité excluant toute divulgation au public, il n'est pas nécessaire de conclure un acte écrit. La teneur d'un entretien d'affaires n'est pas réputée rendue accessible au sens de l'art. 54 (2) de la CBE, s'il y a un accord entre les parties sur sa confidentialité et qu'il n'est pas prouvé qu'elle ait été rompue. Un tel accord peut être conclu à l'occasion d'un entretien d'affaires dans le cadre d'un projet technique commun, si l'on peut admettre que les parties ont des intérêts similaires et si une réserve de confidentialité a été émise oralement et découle d'une mention imprimée sur des dessins. • OEB ch. rec. tech., 23 juill. 1993, T. 830/90 : *JO OEB n° 10, oct. 1994. 713 ; PIBD 1995. III. 63.* ♦ Pour une décision sévère : considérant que la divulgation par un partenaire dans le cadre de relations commerciales établies n'est pas implicitement couverte par un accord de confidentialité, objet d'une interprétation stricte, V. • Paris, 12 déc. 2012 : *PIBD 2013. III. 1056 ; Propr. ind. 2013. Chron. 9, n° 5, obs. Py.* ♦ ... Rejetant le moyen alléguant de la confidentialité au motif que la mention de propriété et les formules d'usage sur les documents ne constituent pas une clause de confidentialité, V. • Com. 17 mars 2015, n° 13-15.862 : *PIBD 2016. III. 335 ; Propr. ind. 2015. Chron. 11, n° 2, obs. Py.*

19. Effectivité de la confidentialité. Le caractère confidentiel de la communication d'une invention à une unité de recherche médicale tenue à la confidentialité étant établi, l'invention ne peut pas être considérée comme rendue accessible au public. • Paris, 18 janv. 1990 : *RTD com. 1990. 378, obs. Chavanne et Azéma* ; *Ann. propr. ind. 1991. 33 ; PIBD 1990. III. 252.*

20. Ineffectivité de la clause de confidentialité. La mention de confidentialité sur des documents est sans effet si la divulgation résulte par ailleurs de faits de l espèce. En l'absence d'autres éléments, elle permet de prouver l'obligation de secret pesant sur les destinataires de l'information, sans pour autant être indispensable pour cela, car une telle obligation peut résulter de la loi ou des relations contractuelles. Elle ne permet pas d'écarter la divulgation établie. • Paris, 26 janv. 1993 : *RDPI 1993, n° 45. 51* • 4 févr. 1993 : *RTD com. 1993. 503, obs. Azéma* ; *PIBD 1993. III. 341* • Com. 7 oct. 2008 : *Propr. ind. 2009, n° 19, note Boizard.*

21. Essais. Malgré le caractère confidentiel du résultat d'essais prévu dans des documents, il y a nullité en raison de l'absence totale de discrétion dans la réalisation des essais, dont le matériel a été divulgué à des tiers. • Paris, 16 janv. 1992 : *RTD com. 1992. 805, obs. Azéma* ; *PIBD 1992. III. 326.*

22. Les essais relatifs à un aérosol médical n'en constituent pas la divulgation quand cette invention a été communiquée uniquement aux médecins chargés d'effectuer des essais thérapeutiques et aux patients qui ont accepté de se soumettre à ces essais, car les uns et les autres sont les agents nécessaires des expérimentations. • TGI Paris, 1er sept. 1999 : *PIBD 2000. III. 57.* ♦ La publication au *Journal officiel* de l'autorisation de mise sur le marché d'un produit pharmaceutique, accompagnée d'indications sommaires sur la composition du produit, ne rend pas l'invention publique avant le dépôt de la demande de brevet, le dossier de composition et de fabrication restant aux mains de l'administration. • Paris, 16 janv. 1998 : *PIBD 1998. III. 239.*

23. Charge de la preuve. Si, avant le dépôt de la demande de brevet, X... a dû effectuer des applications cliniques dans plusieurs centres spécialisés, il appartient à celui qui soutient qu'il y a eu divulgation de démontrer que ceux qui l'ont assisté dans ces applications n'étaient pas tenus au secret. • TGI Paris, 29 oct. 1992 : *PIBD 1993. III. 84.* ♦ La communication d'éléments essentiels destructeurs de nouveauté est déduite de l'existence de factures entre le demandeur et un sous-traitant, faute pour le premier de démontrer l'existence d'une obligation de confidentialité, fût-elle orale. • Toulouse, 26 janv. 2011 : *PIBD 2011. III. 240.*

24. Droit de priorité. Pour la priorité internationale, V. art. L. 611-12 et notes 1 s. ss. L. 612-7. ♦ ... La priorité interne, V. note ss. art. L. 612-3.

III. PROHIBITION DE LA DOUBLE BREVETABILITÉ

25. Le contenu d'un brevet antérieur non publié peut être opposé au titre du défaut de nouveauté. • Paris, 22 nov. 1988 : *Ann. propr. ind. 1989. 193* • Com. 3 janv. 1985 : *ibid. 1985. 67, obs. Mathély* • Paris, 9 mars 1993 : *PIBD 1993. III. 441.*

26. Est considéré comme compris dans l'état de la technique le contenu de demandes de brevet français et de demandes de brevet européen ou internationales désignant la France, telles qu'elles ont été déposées, qui ont une date de dépôt antérieure à celle mentionnée à l'art. L. 611-11, al. 2, et qui n'ont été publiées qu'à cette date ou qu'à une date ultérieure en application de l'art. 139, al. 2, de la CBE ; la demande de brevet français est traitée, du point de vue des droits antérieurs, par rapport au brevet européen, de la même manière que si ce brevet européen était un brevet national. • TGI Paris, 9 nov. 1994 : *PIBD 1995. III. 111.* ♦ La demande de brevet étranger n'est opposable que s'il est établi qu'elle a fait l'objet, avant le dépôt de la demande de brevet français, d'une extension visant la France. • Paris, 18 sept. 1996 : *Ann. propr. ind. 1997. 43.*

27. Après avoir énoncé que la date dont bénéficiaient deux brevets n'était pas celle du dépôt en France, mais celle de la priorité américaine revendiquée par l'un et l'autre, et constaté que cette priorité avait la même date, sans que l'on puisse préciser l'heure, la cour d'appel en a justement déduit que l'un des brevets ne pouvait être opposé à l'autre comme antériorité. • Com. 19 janv. 1988 : *Bull. civ. IV, n° 34 ; RTD com. 1988. 431, obs. Chavanne et Azéma ; Ann. propr. ind. 1989. 52.*

Art. L. 611-12 **Si un premier dépôt a été effectué dans un État qui ne fait pas partie de l'Union de Paris** *(L. n° 96-1106 du 18 déc. 1996)* **« ou de l'Organisation mondiale du commerce », un droit de priorité attaché à ce dépôt ayant des effets équivalents à ceux prévus par la convention de Paris ne peut être accordé dans les mêmes conditions que dans la mesure où cet État accorde, sur la base d'un premier dépôt d'une demande de brevet français ou d'une demande internationale ou de brevet européen désignant la France, un droit de priorité équivalent.** — *[L. n° 68-1 du 2 janv. 1968, art. 5, al. 2.]*

COMMENTAIRE

La présente disposition crée une entorse majeure à la condition de nouveauté absolue mais parfaitement justifiée par la légitimité pour le déposant de pouvoir étendre son titre à l'étranger. Ce mécanisme dit de priorité permet de déposer successivement des demandes dans différents pays sans que les démarches antérieures ne détruisent la nouveauté de l'invention. Il est l'un des principes fondateurs de la Convention de l'Union de Paris dont l'article 4 détermine la durée à un an. La priorité unioniste s'applique aujourd'hui dans la plupart des pays et bénéficie donc à la quasi-totalité des déposants (171 ratifications en 2007) d'autant qu'elle est aussi imposée dans le cadre de l'Organisation mondiale du commerce conformément à l'article 2 des Accords ADPIC (V. App., v° *Dispositions générales*). A défaut, et sous réserve de réciprocité, la loi reconnaît une possibilité de priorité internationale.

Ce droit doit être invoqué lors de chaque nouvelle demande suivant le premier dépôt. Les conditions de son exercice sont prévues à l'article L. 612-7.

La priorité ne lie pas l'office concerné qui appliquera à cette demande ses propres critères d'examen. De la même façon, si le titre est délivré, les droits conférés par chaque État demeurent totalement indépendants. En revanche, et c'est une conséquence primordiale de la priorité, le brevet prend rétroactivement effet au jour de la première demande (ce qui réduit d'autant la durée de protection). ❑

Art. L. 611-13 **Pour l'application de l'article L. 611-11, une divulgation de l'invention n'est pas prise en considération dans les deux cas suivants :**

— si elle a lieu dans les six mois précédant la date du dépôt de la demande de brevet ;

— si elle résulte de la publication, après la date de ce dépôt, d'une demande de brevet antérieure et si, dans l'un ou l'autre cas, elle résulte directement ou indirectement :

***a*) D'un abus évident à l'égard de l'inventeur ou de son prédécesseur en droit ;**

***b*) Du fait que l'invention ait été présentée par eux dans une exposition officielle ou officiellement reconnue au sens de la convention révisée concernant les expositions internationales signée à Paris le 22 novembre 1928.**

Toutefois, dans ce dernier cas, l'exposition de l'invention doit avoir été déclarée lors du dépôt et une justification produite dans les délais et conditions fixés par voie réglementaire. — *[L. n° 68-1 du 2 janv. 1968, art. 9.] — V. art. R. 612-22.*

COMMENTAIRE

La disposition ci-dessus prévoit des cas d'inopposabilité d'antériorité au déposant qui, faisant échec au critère de nouveauté absolue, auraient pu empêcher l'obtention ou le maintien du brevet. Seule une lecture attentive de l'article, qui articule deux conditions alternatives cumulées avec deux autres, permet d'apprécier la faiblesse de sa portée. Contrairement à certaines législations, et notamment celle des États-Unis, les pays européens refusent fermement que le déposant bénéficie par principe d'un « délai de grâce » maintenant la nouveauté de l'invention malgré la communication personnelle des inventeurs ou ayants droit (dispositif du « premier à publier » qui est maintenu douze mois par la réforme de l'*America Invents Act* du 16 septembre 2011, et même étendu aux demandes internationales à partir de la date de priorité). En Europe, ce « droit à l'oubli » n'est possible qu'en cas de divulgation manifestement abusive telle que découlant par exemple de l'espionnage industriel ou de la violation d'une obligation de confidentialité. La disposition prévoit aussi les cas des présentations lors d'expositions officielles mais les conditions d'application de la Convention de 1928 sont telles (durée de trois semaines à six mois, caractère non périodique, invitation des participants par voie diplomatique, exclusion des congrès scientifiques ; V. aussi note 2) que l'hypothèse est largement marginale.

De surcroît, « l'excuse » ne vaut si elle répond à l'une ou l'autre des conditions suivantes : soit le demandeur a agi promptement en déposant la demande de brevet litigieuse dans un délai de six mois après la divulgation ; soit l'antériorité résulte d'une publication postérieure à la demande du déposant lésé et néanmoins prise en compte en vertu de l'alinéa 2 de l'article L. 611-11. ☐

1. Abus évident. A propos du cumul de l'immunité tirée de la priorité unioniste et de celle qui résulte de l'abus, la question s'est posée de savoir si la période d'immunité contre l'abus peut remonter à six mois avant la date du dépôt qui sert de support à la priorité unioniste, ou si elle s'apprécie par rapport à la date de la demande française ; le délai d'immunisation de l'art. L. 611-13 prend effet à compter de la date de la demande originaire dont le brevet français invoque la priorité. • Paris, 16 janv. 1992 : *D. 1993. Somm. 375, obs. crit. Mousseron et Schmidt* ; *Dossiers Brevets 1993. II. 3.*

2. Sur le rôle de la présence d'un engagement de confidentialité à l'égard du déposant, V. *supra*, ss. art. L. 611-11, notes 18 et 19.

3. Exposition officielle. La présentation de l'invention dans une exposition constitue une divulgation quand l'exposition ne résulte pas d'un abus caractérisé à l'égard du demandeur et quand elle a été faite à la Foire internationale de Milan qui n'entre pas dans la catégorie des expositions visées par la Convention de 1928 concernant les expositions internationales, comme n'étant pas une manifestation, quelle que soit sa dénomination, à laquelle les pays étrangers sont invités par la voie diplomatique, qui a une durée d'au moins trois semaines et qui n'est pas soumise à la périodicité. • Paris, 19 mars 1987 : *Ann. propr. ind. 1987. 67 ; RTD com. 1987. 501, obs. Chavanne et Azéma.*

Art. L. 611-14 Une invention est considérée comme impliquant une activité inventive si, pour un homme du métier, elle ne découle pas d'une manière évidente de l'état de la technique. Si l'état de la technique comprend des documents mentionnés au troisième alinéa de l'article L. 611-11, ils ne sont pas pris en considération pour l'appréciation de l'activité inventive. — *[L. n° 68-1 du 2 janv. 1968, art. 10.]*

BIBL. ▶ MATHÉLY, *Ann. propr. ind. 1997. 116* (validité d'une revendication dépendante et contrefaçon partielle).

COMMENTAIRE

L'activité inventive est la condition de brevetabilité la plus difficile à apprécier puisque, contrairement à la nouveauté, elle est fondée sur un jugement subjectif : celui de l'homme du métier. De prime abord, il peut paraître redondant d'exiger qu'une invention soit le fruit d'un effort inventif. Pourtant, l'inventeur est obligé de dépasser suffisamment l'état de la technique pour mériter le brevet. Il doit avoir pris ses distances de manière que l'invention revendiquée n'apparaisse pas comme évidente aux yeux de l'homme du métier. L'appréciation repose donc sur la qualité de notre « étalon ». Entre l'ouvrier spécialisé et le Prix Nobel, l'homme du métier est un technicien moyen qui, dans sa pratique professionnelle, a rencontré le problème que l'invention se propose de résoudre.

Le texte précise par ailleurs que le jugement fictif de l'homme du métier ne prend pas en compte les demandes de brevet non publiées contrairement à l'appréciation de la nouveauté (V. art. L. 611-11, al. 3). Il doit se placer rétroactivement au jour de la demande. En revanche, il peut se servir de toutes ses connaissances même issues de pratiques antérieures éparses. Si, compte tenu de ces circonstances, il n'est pas spontanément en mesure d'imaginer la solution à l'origine de l'invention, notamment en ce qu'elle a vaincu un préjugé, alors celle-ci est le résultat d'une activité inventive. Parfois, la non-évidence sera affirmée pour certaines revendications et pas pour d'autres : l'étendue du brevet pourra en être modifiée.

Compte tenu des difficultés, la procédure d'examen française ne statue pas *a priori* sur l'activité inventive, laissant ce soin au juge en cas d'action en nullité. Le brevet français se distingue en ce sens du titre européen. Ce dernier s'avère donc juridiquement plus sûr. ❑

Plan des annotations

I. PRINCIPES nos 1 à 5

II. ÉTAT DE LA TECHNIQUE nos 6 à 10

III. HOMME DU MÉTIER nos 11 à 20

A. DÉTERMINATION DE L'HOMME DU MÉTIER nos 11 à 13

B. ÉTENDUE DES CONNAISSANCES DE L'HOMME DU MÉTIER nos 14 et 15

C. DÉMARCHE DE L'HOMME DU MÉTIER nos 16 à 20

IV. NON-ÉVIDENCE nos 21 à 41

A. RECHERCHE DE L'ACTIVITÉ INVENTIVE nos 21 à 35

B. INDICES DE LA NON-ÉVIDENCE nos 36 à 41

V. VALIDITÉ DES REVENDICATIONS DÉPENDANTES nos 42 à 45

A. VALIDITÉ DE LA REVENDICATION PRINCIPALE nos 42 et 43

B. ANNULATION DE LA REVENDICATION PRINCIPALE nos 44 et 45

I. PRINCIPES

1. Appréciation séparée. La notion d'activité inventive doit être appréciée distinctement de celle de nouveauté. • Com. 6 mars 1979 : *Bull. civ. IV, n° 88 ; PIBD 1979, III, p. 252* • 9 déc. 1981 : *PIBD 1982, III, p. 60.* ♦ Selon la jurisprudence constante des chambres des recours de l'OEB, l'activité inventive s'apprécie de façon objective en utilisant l'approche problème-solution. Cette approche consiste à identifier d'abord l'état de la technique le plus proche, puis, partant de cet état, à identifier le problème technique que l'invention se propose de résoudre, à examiner ensuite si ce problème a bien été résolu par la solution revendiquée, sinon, à reformuler un problème technique moins ambitieux et, enfin, à examiner si la solution revendiquée s'imposait à l'évidence à l'homme du métier au vu de l'état de la technique pertinent. • OEB, ch. rec. tech., 10 juin 2008 : *inédit.*

2. Une invention simple n'est pas pour autant dépourvue d'activité inventive. • Nancy, 7 nov. 1991 : *Ann. propr. ind. 1992. 40.*

3. Obligation de motiver. L'évidence pour l'homme du métier relève de l'appréciation souveraine des juges du fond. • Com. 9 mars 1993 : ⚖ *PIBD 1993. III. 412* • 12 déc. 1995 : ⚖ *Bull. civ. IV, n° 292 ; GAPI, 1re éd., n° 21 ; Dossiers Brevets 1996. II. 2 ; JCP E 1996. II. 844, obs. Mousseron et Hagels.* ♦ ... Mais les juges doivent motiver leur appréciation et ne peuvent se borner, sur l'activité inventive, à une affirmation générale. • Com. 21 mars 1989 : *Bull. civ. IV, n° 91 ; Ann. propr. ind. 1989. 69, obs. Mathély* • 4 nov. 1987 : *Bull. civ. IV, n° 218 ; RTD com. 1988. 430, obs. Chavanne et Azéma ; Ann. propr. ind. 1988. 9* • 24 avr. 1990 : *Ann. propr. ind. 1990. 231* • 15 juin 1993 : ⚖ *ibid. 1993. 92* ✎.

4. Foi est due au titre. Pour l'application du principe, V. • Paris, 29 mai 1992 : *Ann. propr. ind. 1994. 73.*

5. Méthode d'appréciation. L'appréciation de l'activité inventive conduit à examiner les moyens constitutifs de l'invention, dans leur forme, la fonction qu'ils exercent dans l'application qui en est faite, et en considération de la nouveauté restante telle qu'elle résulte de la comparaison avec les antériorités invoquées. • Paris, 14 avr. 1995 : *PIBD 1995. III. 321.* – Pourvoi rejeté sur ce point par • Com. 2 déc. 1997 : ⚖ *PIBD 1998. III. 97.* ♦ Témoigne d'une activité inventive un moyen déjà divulgué dans un autre brevet mais dans une fonction différente non évidente pour l'homme du métier. • Com. 13 juin 1995 : ⚖ *PIBD 1995. III. 391.*

II. ÉTAT DE LA TECHNIQUE

6. Comparaison nécessaire. Ne donne pas de base légale à sa décision la cour d'appel qui se borne, sur l'activité inventive, à une affirmation générale, sans comparer les éléments caractéristiques de l'invention à l'état de la technique à la date du dépôt de brevet. • Com. 15 juin 1993 : *Bull. civ. IV, n° 241 ; RJDA 1993. 8-9, n° 755. 661* • 21 mars 1989 : *ibid., n° 91.* ♦ Pour apprécier l'activité inventive, il faut comparer le brevet avec l'ensemble des antériorités prises isolément ou en combinaison, constituant l'ensemble de l'état de la technique ; la combinaison revendiquée témoigne d'une activité inventive si l'homme du métier ne pouvait pas, avec ses seules connaissances et par de simples opérations d'exécution, réaliser la combinaison revendiquée à partir des enseignements de l'état de la technique. • Com. 15 nov. 1994 : *Ann. propr. ind. 1996. 52 ; PIBD 1995. III. 51.* – Rejet du pourvoi contre • Paris, 1er déc. 1992 : *PIBD 1993. III. 220.* ♦ L'affirmation d'une évidence, non étayée par la production de documents établissant la réalité de l'état de la technique au regard de laquelle la revendication n'aurait pas eu d'activité inventive, ne constitue pas un moyen apte à remettre en cause la validité d'un brevet. • Com. 18 mai 1999 : *PIBD 1999. III. 473.*

7. Demande antérieure non publiée. Une demande de brevet antérieure non publiée peut être opposée pour apprécier la nouveauté de l'invention (art. L. 611-11), mais non l'activité inventive. • Com. 3 janv. 1985 : *Ann. propr. ind. 1985. 67, obs. Mathély.*

8. État de la technique composite. L'état de la technique est constitué par l'enseignement total résultant des divulgations antérieures. • Paris, 14 avr. 1999 : *PIBD 1999. III. 376.* ♦ « Le moyen de nullité invoqué étant le défaut d'activité inventive et non le défaut de nouveauté, il ne faut pas prendre chaque antériorité séparément (…) mais rechercher si l'homme du métier y trouvait les enseignements lui permettant de réaliser l'invention revendiquée ». • Paris, 9 nov. 1994 : *PIBD 1995. III. 57.* ♦ Une antériorité doit être prise telle quelle ; on ne doit ni la compléter, ni y ajouter d'autres éléments comme l'analyse de la revendication au vu de rapports techniques que les parties ont chacune fait établir. • TGI Paris, 30 nov. 1994 : *PIBD 1995. III. 147.*

9. Lorsque n'est pas en cause la portée de la protection accordée par le premier brevet, mais le domaine de l'état de la technique antérieure au second brevet, ce n'est pas seulement la partie caractérisante mais la combinaison du préambule et de la partie caractérisante qu'il faut prendre en compte. • Com. 4 nov. 1987 : *Bull. civ. IV, n° 218 ; RTD com. 1988. 431, obs. Chavanne et Azéma ; Ann. propr. ind. 1988. 9.*

10. Reproductibilité. Un produit rendu accessible au public n'est pas reproductible et ne fait donc pas partie de l'état de la technique si l'homme du métier n'est pas en mesure d'établir que le produit une fois reproduit est identique au produit disponible dans le commerce, parce que les caractéristiques intrinsèques et extrinsèques du produit dans le commerce ne peuvent être déterminées et risquent de se modifier lors de la reproduction. • OEB ch. rec. tech., 30 mars 1999, T. 977/93 : *JO OEB févr. 2001, p. 84.*

III. HOMME DU MÉTIER

A. DÉTERMINATION DE L'HOMME DU MÉTIER

11. L'homme du métier est celui du domaine technique auquel se rattache l'invention. • Paris, 29 janv. 1991 : *RTD com. 1992. 178, obs. Azéma ; Dossiers Brevets 1991. II. 2.* ♦ Dans le cadre d'une approche « problème-solution » pour définir l'homme du métier compétent, en fonction duquel sera jugée la non-évidence de la solution retenue, est le problème technique qu'il s'est proposé de résoudre à partir de la divulgation de l'état de la technique le plus proche. • OEB ch. rec. tech., 21 sept. 1995 : *GAPI, 1re éd., n° 19 ; PIBD 1997. III. 266.* ♦ L'appréciation de l'homme du métier ne peut pas procéder de définitions négatives mais doit positivement rechercher celui qui agit dans le domaine technique où se pose le problème que l'invention se propose de résoudre. • Com. 20 nov. 2012 : *PIBD 2012. III. 857.*

12. L'homme du métier n'est pas l'utilisateur, mais le constructeur des objets en cause. • Paris, 25 oct. 1990 : *Ann. propr. ind. 1990. 250.*

13. L'homme du métier peut être défini comme « équipe de plusieurs professionnels d'une même spécialité ». • TGI Paris, 3e ch., sect. 3, 5 déc. 2014, n° 2012/13507 : *PIBD 2015. III. 143* • Paris, pôle 5, ch. 2, 20 mars 2015, n° 2013/00552 : *PIBD 2015. III. 435.* ♦ ... Ou de spécialités différentes. • Paris, pôle 5, ch. 1, 12 janv. 2016, n° 2013/13050 : *PIBD 2016. III. 143.*

B. ÉTENDUE DES CONNAISSANCES DE L'HOMME DU MÉTIER

14. Connaissances normales. Viole la loi la cour d'appel qui décide que l'homme du métier défini comme le spécialiste d'un type de machine spécifique, a une connaissance générale des machines voisines et de l'outillage au sens large et doit consulter, le cas échéant, un spécialiste de l'outillage, « alors que l'homme du métier est celui qui possède les connaissances normales de la technique en cause et est capable, à l'aide de ses seules connaissances professionnelles, de concevoir la solution du problème que propose de résoudre l'invention ». • Com. 17 oct. 1995 : *Bull. civ. IV, n° 232 ; Ann. propr. ind. 1996. 1, obs. Mathély ; PIBD 1996. III. 34.* – Et, sur renvoi • Douai, 16 mars 1998 : *PIBD 1998. III. 289.* ♦ L'homme du métier est celui qui possède les qualités moyennes et des connaissances normales. • Paris, 22 févr. 2008 : *PIBD 2008. III. 244 ; Propr. intell. 2008, n° 29, p. 470, obs. Galloux* • Bordeaux, 15 avr. 2008 : *PIBD 2008. III. 421 ; Propr. intell. 2008, n° 29, p. 470, obs. Galloux.* ♦ L'homme du métier, qui est un technicien qualifié dans la fabrication des cuves rotatives notamment pour le tannage des cuirs, possède aussi des connaissances ordinaires de mécanique lui permettant de comprendre l'équivalence de deux dispositifs. • Paris, 22 mars 1989 : *Ann. propr. ind. 1990. 100.* ♦ L'homme du métier qui fabrique des couches-culottes se fixant par fermetures adhésives possède, dans ses connaissances normales, notamment la technique du système de fermeture par adhésif ; le problème à résoudre étant d'opérer le décollage et le recollage d'une attache adhésive sans déchirer la zone de fixation, la solution du problème imposait de connaître la technique des adhésifs au sens large. • Paris, 14 nov. 1991 : *Ann. propr. ind. 1992. 157, obs. Mathély.* ♦ Pour déterminer l'activité inventive d'un dispositif visant une échelle télescopique, une invention antérieure concernant un mât télescopique ne peut être écartée au motif que l'homme du métier posséderait des connaissances professionnelles distinctes, les domaines étant voisins. • Com. 23 juin 2015, ☎ n° 13-25.082 : *PIBD 2015. III. 538.*

15. Limites. Si l'homme du métier en cosmétologie ne peut méconnaître les principes essentiels de la dermatologie, ses connaissances ne s'étendent pas aux dernières communications et recherches dans le domaine de la cancérologie, qui ne sont pas encore des données acquises et incontestables de la science. • TGI Paris, 16 nov. 1994 : *PIBD 1995. III. 115.* ♦ L'homme du métier ne possède pas de connaissances professionnelles relevant d'une autre spécialité que la sienne. • Com. 26 févr. 2008 : ☎ *PIBD 2008. III. 269 ; Propr. ind. 2008, n° 94, note Vigand ; Propr. intell. 2008, n° 29, p. 470, obs. Galloux.*

C. DÉMARCHE DE L'HOMME DU MÉTIER

16. « Considérant que l'homme du métier, qui possède une connaissance normale de la technique des ressorts à gaz, ne peut ignorer que si on remplit le dispositif Seckerson avec un gaz, comme cela est prévu dans ledit brevet, la deuxième tige de piston cesse d'être nécessaire, et que si cette deuxième tige est supprimée, les ressorts 55 et 56 n'ont plus lieu d'être ; considérant que l'homme du métier a vu des enseignements divulgués par le brevet Seckerson, en déduit d'évidence, avec ses seules connaissances techniques, qu'il peut procéder à trois suppressions simultanées du brevet Seckerson pour arriver aux caractéristiques essentielles du dispositif ; ces trois suppressions simultanées, qui aboutissent à une légère amélioration du résultat, sont de simples opérations d'exécution dépourvues d'activité inventive ; d'où s'ensuit la nullité de la revendication ». • Paris, 16 déc. 1993 : *PIBD 1994. III. 173.* ♦ Le problème posé de la réalisation d'une combinaison de pilote étanche à l'eau et résistant au feu était déjà connu : l'utilisation à cette fin d'un tissu étanche et anti-feu était déjà connue, et l'étanchéification d'une couture par une bande thermosoudée était connue par une demande de brevet ; dès lors, avec ces enseignements, il était évident pour l'homme du métier, à savoir l'ingénieur en matériel et vêtements de survie qui cherchait à réaliser une combinaison à la fois étanche à l'eau et au feu, de combiner l'enseignement du brevet anglais antérieur pour rendre les coutures étanches à l'eau et résistantes au feu, avec l'utilisation de matériaux existant sur le marché public et déjà utilisés pour résoudre ce genre de problème. • TGI Paris, 18 janv. 2000 : *PIBD 2000. III. 130.*

17. Dès lors qu'un brevet antérieur enseignait la forme du moyen dans un autre domaine et qu'un autre brevet antérieur décrivait un dispositif destiné à résoudre le même problème que l'invention, l'homme du métier, c'est-à-dire le spécialiste de la fabrication des raquettes compétent en matière de problèmes vibratoires, pouvait, par ses seules connaissances et sans faire preuve d'activité inventive, concevoir qu'il suffisait d'appliquer ce moyen pour obtenir une raquette de tennis amortissant les vibrations. • Paris, 19 oct. 1994 : *PIBD 1995. III. 25.*

18. L'homme du métier, à savoir le technicien qualifié dans la fabrication des organes de travail pour les machines agricoles devant circuler sur les routes, connaissait les problèmes de sécurité et d'encombrement posés par le transport des machines de fenaison et pouvait à partir de trois grandes antériorités et par ses seules connaissances concevoir l'invention ; l'utilisation de la structure décrite procède de simples opérations d'exécution pour l'homme du métier et ne révèle aucune activité inventive. Une caractéristique qui ne constitue qu'un simple détail de construction, un mode d'assemblage courant et banal pour l'homme du métier ne révèle aucune activité inventive. • Paris, 9 nov. 1994 : *PIBD 1995. III. 57.*

19. Une revendication couvrant une caractéristique d'un procédé et appareil de nettoyage selon laquelle le dispositif de ventilation a un débit compris dans une plage donnée et cette plage se trouvant antériorisée par un prospectus, qui divulgue, dans une même application, un débit qui est inclus dans la plage revendiquée, l'homme du métier, en présence de ce document, pouvait à l'aide de ses seules connaissances et sans faire preuve d'activité inventive, savoir qu'il était possible d'augmenter ou de réduire ce débit, en fonction notamment du volume à nettoyer. • Paris, 10 mai 1994 : *PIBD 1994. III. 467.*

20. L'absence d'activité inventive n'exclut pas la recherche d'améliorations effectuées naturellement par l'homme du métier à partir de ses connaissances. • Paris, pôle 5, ch. 1, 13 janv. 2015, n° 12/22214 : *Propr. intell. 2015, n° 56, p. 329, note Warusfel ; PIBD 2015. III. 219.*

IV. NON-ÉVIDENCE

A. RECHERCHE DE L'ACTIVITÉ INVENTIVE

21. Simples opérations d'exécution. Il est évident pour l'homme du métier d'utiliser, par de simples opérations d'exécution, un élément d'un type connu pour lui faire remplir la même fonction dans une application équivalente. • Paris, 5 mai 1988 : *Ann. propr. ind. 1988. 281.* ♦ En déduisant de ses constatations, hors de toute dénaturation, que le système breveté (piste de roulage) se compose de plaques métalliques pouvant supporter le passage d'engins et que la forme rectangulaire des plaques et le caractère souple du moyen de liaison relèvent de la simple mesure d'exécution évidente pour l'homme de métier, la cour a fondé sa décision d'annulation du brevet. • Com. 5 mai 1998, *Poustoly : PIBD 1998. III. 397.*

22. Les opérations d'adaptation des enseignements de trois antériorités ne relevant pour l'homme du métier que d'un travail d'exécution exclusif de toute activité inventive, une revendication doit être annulée pour défaut d'activité inventive lorsque son seul élément nouveau est un dispositif dont les fonctions ne coopèrent pas pour résoudre le problème technique posé par le brevet, qu'il est tout à fait secondaire par rapport à l'invention et ne peut lui conférer une quelconque activité inventive dans le cadre du problème technique énoncé. • TGI Paris, 8 nov. 1993 : *PIBD 1994. III. 108.*

23. Fonction et forme du moyen connues. N'impliquent pas d'activité inventive : la reprise d'un moyen connu dans sa forme et sa fonction. • Com. 13 déc. 1994 : *Ann. propr. ind. 1996. 8 ; PIBD 1995. III. 141.* ♦ ... La revendication d'une forme d'exécution d'un moyen général connu, sans modification de la fonction ; ni le choix des formes voulues pour l'exécution d'une revendication précédente ou l'emploi d'un matériau connu. • Paris, 29 mai 1992 : *Ann. propr. ind. 1994. 73.* ♦ ... Le simple transfert d'industrie. • Paris, 16 mars 1989 : *Ann. propr. ind. 1990. 113.* ♦ Le défaut d'activité inventive est retenu en présence de l'emploi d'un moyen connu (l'acétate de benzyle) pour ses propriétés décapantes considérées comme inhérentes au composé lui-même. • Paris, 2 févr. 2011 : *Propr. ind. 2011. Étude 14, obs. Schaffner, Georges et Rétoré.*

24. Facilité d'usage. Une revendication portant sur un procédé de mise en œuvre d'une revendication basée sur l'invention en l'exprimant en termes opératoires est inventive et ne consacre pas un simple mode de pose ; si l'utilisateur était apte à découvrir, dès le premier usage, le mode de pose de la borne, il ne résulte pas de cette facilité d'usage que les éléments décrits par les revendications du brevet ne procèdent pas d'une activité inventive, dès lors que l'invention permettait cette facilité d'usage. • Com. 13 déc. 1994 : *PIBD 1995. III. 141 ; Ann. propr. ind. 1996. 8.*

25. Simple changement de matière. V. • Paris, 19 sept. 1985 : *RTD com. 1986. 239, obs. Chavanne et Azéma ; PI3D 1986, III, p. 4.* ♦ Il n'y a pas d'activité inventive à choisir l'un ou l'autre des matériaux connus, dès lors qu'ils sont présentés comme équivalents, ni à utiliser un moyen connu dans sa fonction, ce qui n'est qu'une simple opération d'exécution. • Paris, 27 mai 1993 : *Ann. propr. ind. 1994. 72.*

26. Mode de réalisation particulier d'un moyen. Il y a activité inventive dès lors que, même si l'homme du métier connaissait le système et pouvait concevoir de disposer le moyen d'une certaine manière, rien dans l'état de la technique ne pouvait lui suggérer de le réaliser de la manière décrite. • Paris, 12 févr. 1991 : *PIBD 1997. III. 397.* – Et, dans la même affaire • Com. 9 mars 1993 : *préc. note 3.*

27. Modification de l'ordre d'exécution d'opérations. Il n'y a pas d'activité inventive à modifier l'ordre d'opérations connues, lorsque cette modification relève de la simple exécution. • Paris, 25 oct. 2000 : *PIBD 2001. III. 73.*

28. Multiplication. Une simple multiplication sans coopération d'un dispositif non brevetable ne requiert pas d'activité inventive. • Paris, 22 févr. 1995 : *PIBD 1995. III. 263.*

29. Combinaison et juxtaposition de moyens connus. Une combinaison de moyens nécessite la coopération de ces moyens en vue d'un résultat distinct de la simple addition des moyens juxtaposés ; ainsi, c'est à bon droit qu'un arrêt prononce la nullité d'un brevet pour défaut de nouveauté de la revendication 1 et pour défaut d'activité inventive des revendications 2 à 6, dès lors qu'il relève que ces revendications, loin de former une combinaison, ne constituent qu'une simple juxtaposition de moyens. • Com. 4 mai 1993 : *Ann. propr. ind. 1993. 101.* ♦ La combinaison de moyens connus applicables au même domaine technique ne suffit pas à caractériser l'absence d'activité inventive. • Com. 20 mai 2005 : *RTD com. 2006. 350, obs. Galloux.*

30. Il y a activité inventive lorsque les revendications combinées coopèrent entre elles. • Com. 13 déc. 1994 : *PIBD 1995. III. 141 ; Ann. propr. ind. 1996. 8.*

31. Lorsqu'une revendication porte sur des moyens non pas combinés mais seulement juxtaposés, chacun des moyens produisant un résultat qui lui est propre sans interférence fonctionnelle, il s'agit d'une revendication complexe, qui doit être appréciée pour chacun des moyens séparément, d'une part pour la validité, d'autre part pour la contrefaçon, une seule des caractéristiques pouvant être contrefaite. • Paris, 24 janv. 1991 : *Ann. propr. ind. 1991. 45, obs. Mathély.*

32. Dès lors qu'elle retient une invention de

combinaison, une cour d'appel, appréciant l'activité inventive par rapport à cette combinaison, n'est pas tenue de se prononcer séparément sur chacun de ses éléments. • Com. 15 févr. 1983 : *Bull. civ. IV, n° 59.*

33. La cour qui retient que les antériorités invoquées ne décrivaient pas la combinaison d'une douille d'un emploi simple et d'un élément de fixation permettant de supporter le poids d'un homme, que cette combinaison décrivait un moyen nouveau et ne découlait pas pour l'homme du métier du secteur considéré d'une manière évidente de l'état antérieur de la technique constitué par les brevets invoqués au titre de l'antériorité, a légalement justifié sa décision. • Com. 18 oct. 1994 : *PIBD 1995. III. 5.*

34. Les divers éléments pris séparément étant divulgués, la combinaison de ces éléments qui tendait, pour une même application industrielle, au même résultat, apparaît comme découlant de manière évidente de l'état de la technique. • Bordeaux, 15 janv. 1990 : *Ann. propr. ind. 1990. 107.* ♦ Même à supposer que le spécialiste des aérosols ait tenté de s'inspirer des brevets invoqués ensemble ou séparément, même en les combinant il n'y aurait pas trouvé les éléments nécessaires pour parvenir, sans faire preuve d'activité inventive, à l'invention brevetée. • TGI Paris, 16 juin 2000 : *PIBD 2000. III. 605.*

35. Invention de sélection. Sur la brevetabilité, V. • Com. 26 avr. 1994 : *PIBD 1994. III. 417.* ♦ Pour l'homme du métier connaissant une antériorité, il n'était pas possible, en utilisant ses seules connaissances et par de simples opérations d'exécution, de réaliser l'application sélective du composé revendiqué dans les cultures de blé ; au contraire, il aurait été dissuadé de tenter une opération de sélection d'un composé au sein de cette famille pour traiter des cultures de blé, ces composés étant susceptibles de tuer le blé puisqu'ils tuaient d'autres monocotylédones. • TGI Paris, 25 avr. 1985 : *Dossiers Brevets 1985. VI. 6 ; PIBD 1985, III, p. 246.* – Dans la même affaire, V. aussi • Paris, 15 févr. 1984 : *PIBD 1984, III, p. 154* • 19 oct. 1979 : *PIBD 1980, III, p. 48 ; Dossiers Brevets 1979. IV. 1.*

B. INDICES DE LA NON-ÉVIDENCE

36. Problème non posé dans l'état technique. Le problème à résoudre n'ayant pas été posé dans l'art antérieur, l'homme du métier n'était pas à même, avec ses seules connaissances et sans faire œuvre inventive, d'appliquer à résoudre ce problème des moyens différents et employés *jusque-là* à d'autres fins. L'évidence suppose en effet une connaissance claire et distincte du problème et des moyens de le résoudre. • Paris, 22 mars 1990 : *PIBD 1990. III. 411* • 9 mars 1993 : *PIBD 1993. III. 441* • 13 mars 1984 : *D. 1986. Somm. 136, obs. Mousseron et Schmid ; Dossiers Brevets 1985. I. 1* • Paris, 18 nov. 1998 : *PIBD 1999. III. 223.*

37. Problème déjà posé. Même en connaissant par un brevet antérieur le besoin d'un connecteur sûr, facile à connecter et déconnecter, il n'était pas évident pour l'homme du métier à l'aide de ses seules connaissances professionnelles, par le jeu de simples opérations d'exécution, de découvrir une telle adaptation de l'état de la technique. • TGI Paris, 30 nov. 1994 : *PIBD 1995. III. 147.* ♦ V. aussi • Paris, 1er mars 2006 : *Propr. ind. 2006, n° 90, note Vigand.*

38. Préjugé vaincu. Exerce, en la motivant, son appréciation souveraine de l'activité inventive, la cour d'appel qui constate que, pour définir et entreprendre la réalisation d'un produit, il a fallu aller outre un préjugé conduisant les chercheurs sur une autre voie. • Com. 19 déc. 2000 : *PIBD 2001. III. 277.* ♦ Le préjugé vaincu est nécessairement d'ordre technique et ne peut résulter de considérations économiques conduisant à supprimer certaines fonctions techniques simples. • TGI Lyon, 15 janv. 1998 : *PIBD 1998. III. 216.* ♦ Les antériorités ne suggéraient nullement à l'homme du métier d'utiliser l'AZT pour un traitement thérapeutique, notamment du SIDA ou d'une infection rétrovirale humaine, car elles concernaient un rétrovirus animal et de nature très différente du virus du SIDA ; en outre, l'homme du métier était dissuadé d'utiliser cette substance comme traitement chez l'homme, car des travaux antérieurs avaient révélé la toxicité de l'AZT pour les cellules saines et son absence d'activité contre trois virus. • Paris, 15 sept. 2000 : *PIBD 2001. III. 429.* – Confirmation partielle de • TGI Paris, 25 mars 1998 : *RTD com. 1999. 859, obs. Azéma ; PIBD 1998. III. 402.* ♦ Sur la question, V. encore • Com. 12 déc. 1995 : *Bull. civ. IV, n° 292 ; Dossiers Brevets 1996. II. 2* • Paris, 19 déc. 1995 : *PIBD 1996. III. 147* • 9 mars 1993 : *PIBD 1993. III. 441* • 13 mars 1984 : *D. 1986. Somm. 136, obs. Mousseron et Schmidt* • TGI Paris, 25 avr. 1985 : *RTD com. 1986. 79, obs. Chavanne et Azéma ; PIBD 1985, III, p. 246.*

39. Absence de préjugé à vaincre. L'homme du métier connaissait deux brevets antérieurs. Il pouvait, par de simples opérations d'exécution exclusives de toute activité inventive, réaliser leur combinaison pour obtenir l'invention, sans vaincre aucun préjugé. • Paris, 3 nov. 1993 : *PIBD 1994. III. 45* • 6 nov. 1984 : *RTD com. 1985. 510, obs. Chavanne et Azéma ; PIBD 1985, III, p. 86.* ♦ En l'absence de tout préjugé technique, l'idée de réaliser un distributeur automatique de billets pouvant accepter tous les types de cartes d'accès ne saurait être considérée comme impliquant une activité inventive. • OEB ch. rec. tech., 19 mars 1992, T. 854/90 : *JO OEB nov. 1993. 669 ; PIBD 1994. III. 53.*

40. Temps écoulé pour réaliser l'invention. L'activité inventive peut parfois être déduite du temps écoulé entre l'apparition des moyens et leur combinaison. • Paris, 29 mars 1984 : *D. 1986. Somm. 136, obs. Mousseron et Schmidt ; RTD com. 1985. 750, obs. Chavanne et Azéma ; Ann. propr. ind. 1984. 14, note crit. Mathély ; PIBD 1984, III, p. 165* • 28 nov. 1984 : *PIBD 1985, III, p. 119* • 4 juin 1985 : *RDPI 1985. 21* • TGI Paris, 7 nov. 1984 : *D. 1986. Somm. 136, obs. Mousseron et Schmidt ; PIBD 1985, III, p. 95.*

41. Pour d'autres indices, V. aussi • OEB ch. rec. tech., 25 févr. 1985, T. 106/84 : *JO OEB mai 1985. 132 ; PIBD 1985, III, p. 218.*

V. VALIDITÉ DES REVENDICATIONS DÉPENDANTES

A. VALIDITÉ DE LA REVENDICATION PRINCIPALE

42. En déduisant de constatations et appréciations souveraines que les revendications dépendantes de la revendication principale, dont elle avait constaté la validité, participaient de l'activité inventive de cette dernière et étaient, pour cette raison, valables, la cour d'appel, qui n'avait pas à rechercher si la combinaison de ces revendications dépendantes avec la revendication principale était valable, a légalement justifié sa décision. • Com. 4 janv. 1994 : *D. 1996. Somm. 18, obs. Mousseron et Schmidt ; RTD com. 1994. 493, obs. Azéma ; Dossiers Brevets 1994. I. 1 ; JCP E 1995. I. 471, n° 14, obs. Burst et Mousseron ; PIBD 1994. III. 167.* – Rejet du pourvoi contre • Paris, 21 nov. 1991 : *PIBD 1992. III. 63.* ♦ En retenant que les revendications dépendantes, combinées avec la revendication principale, coopéraient en vue d'un résultat commun, la cour d'appel a pu décider qu'elles étaient valables. • Com. 12 mars 1996 : *Ann. propr. ind. 1996. 173 ; Dossiers Brevets 1996. II. 3 ; PIBD 1996. III. 273* • 12 déc. 1995 : *Bull. civ. IV, n° 292 ; JCP E 1996. III. 844 ; Dossiers Brevets 1996. II. 2.* ♦ La revendication qui est liée à une autre revendication, dont elle est une variante d'exécution, est elle-même valable dès lors que la revendication principale est déclarée valable. • Paris, 1er mars 1996 : *PIBD 1996. III. 275* • 13 mars 1996 : *ibid., p. 305 ; Dossiers Brevets 1996. II. 5* • 29 nov. 1995 : *RTD com. 1996. 266, obs. Azéma ; Ann. propr. ind. 1997. 116, note Mathély ; PIBD 1996. III. 111* • 6 oct. 2000 : *PIBD 2001. III. 161* • TGI Paris, 16 juin 2000 : *PIBD, III, p. 605.* ♦ Dès lors que les revendications dépendantes sont toutes directement et expressément liées à la revendication principale, dont elles précisent les modalités d'exécution, l'absence éventuelle de nouveauté ou d'activité inventive de leurs caractéristiques additionnelles prises en elles-mêmes est inopérante, la validité des revendications dépendantes s'inférant de celle de la revendication principale. • Paris, 28 févr. 1997 : *PIBD 1997. III. 287 ; Dossiers Brevets 1997. IV. 1.* ♦ Une cour d'appel qui constate la validité de la revendication principale en déduit à bon droit la validité des revendications dépendantes. • Com. 8 avr. 2008 : *PIBD 2008. III. 388 ; Propr. intell. 2008, n° 29, p. 473, obs. Warusfel.*

43. La cour d'appel qui a relevé que les revendications litigieuses recouvraient les caractéristiques de la revendication 1 et a procédé à une analyse concrète pour constater qu'elles étaient directement et expressément liées à cette dernière dont elles précisaient les modalités d'exécution et qui a retenu que ces revendications, en combinaison avec la revendication 1, présentaient une activité inventive, a légalement justifié sa décision. • Com. 26 avr. 1994 : *JCP E 1995. I. 471, n° 14, obs. Burst et Mousseron ; PIBD 1994. III. 391* • Paris, 17 mars 1994 : *PIBD 1994. III. 344.*

B. ANNULATION DE LA REVENDICATION PRINCIPALE

44. Lorsque la revendication principale est annulée, les revendications qui en dépendaient doivent être tenues pour indépendantes et leur validité appréciée solément, en tant que telle. • Paris, 29 nov. 1995 : *PIBD 1996. III. 89* • Com. 22 janv. 1991 : *GAPI, 1re éd., n° 21 ; PIBD 1991. III. 259.* ♦ La recherche de l'activité inventive est à faire dans chacune des sous-revendications ; lorsque la revendication première est annulée pour défaut de nouveauté ou d'activité inventive, la revendication seconde est à apprécier dans son application à un moyen qui est réputé appartenir au domaine public. • Paris, 25 mai 1989 : *RTD com. 1992. 179, obs. Azéma ; PIBD 1989, III, p. 467* • 22 mars 1989 : *Ann. propr. ind. 1990. 100.* ♦ V. aussi • TGI Paris, 12 mars 2004 : *Propr. ind. 2004, n° 77, note Vigand.* ♦ *Contra,* estimant que l'annulation d'une revendication principale pour défaut d'activité inventive entraîne l'annulation des revendications dépendantes, • Lyon, 6 janv. 1997 : *Dossiers Brevets 1997. I. 1 ; PIBD 1997. III. 291.*

45. Est nulle une revendication dépendant d'une revendication elle-même nulle, dès lors que la revendication dépendante couvre un dispositif qui relève pour l'homme du métier de simples opérations d'exécution et découlant à l'évidence de l'état de la technique. • TGI Paris, 9 nov. 1994 : *PIBD 1995. III. 111* • 5 nov. 1993 : *PIBD 1994. III. 78.*

Art. L. 611-15 Une invention est considérée comme susceptible d'application industrielle si son objet peut être fabriqué ou utilisé dans tout genre d'industrie, y compris l'agriculture. – *[L. n° 68-1 du 2 janv. 1968, art. 11.]*

COMMENTAIRE

La condition d'application industrielle est aisée à remplir. Il suffit que le procédé ou le produit puisse être mis en œuvre par ou pour l'industrie, ce qui est acquis dès lors que l'invention présente un caractère technique. La notion d'industrie est de surcroît appréciée très largement et couvre toutes les activités humaines organisées. Elle comprend aussi expressément l'agriculture. Tous les produits répondent au critère dès lors que leur fabrication peut être manufacturée. Tous les procédés aussi dès que leur mise en œuvre a une signification économique et dépasse donc la sphère privée.

1. *Application industrielle.* La loi ne tenant compte ni du résultat de l'usage de l'invention brevetée, ni de la qualité de ce résultat, il s'ensuit qu'un résultat imparfait, ou même un résultat constituant une régression, ne conduit pas, au sens de la loi, à un défaut d'application industrielle. • TGI Paris, 11 mars 1998 : *PIBD 1998. III. 398* • 16 juin 2000 : *PIBD 2000. III. 605* • 15 déc. 1998 : *PIBD 1999. III. 237.* ♦ La condition d'application industrielle est remplie dès lors que l'objet de l'invention peut être fabriqué, sans que l'atteinte de résultat soit exigée. • Paris 17 oct. 2007 : *PIBD 2007. III. 720.* ♦ Des entreprises dont l'objet consiste à embellir le corps humain ou animal, comme par exemple les instituts de beauté, font partie de l'industrie au sens de l'art. 57 de la CBE, puisque la notion même d'industrie implique l'exercice ininterrompu et indépendant d'une activité avec un but lucratif. • OEB, ch. rec. tech., 27 mars 1986, T. 144/83 : *JO OEB sept. 1986. 301 ; PIBD 1986, III, p. 410.* ♦ Sur l'exigence du caractère industriel, V. • Paris, 12 sept. 2007 : *Propr. intell. 2007, n° 29, p. 468, obs. Galloux.*

2. Sont brevetables les inventions susceptibles d'application industrielle, et non pas de résultat industriel ; la condition est remplie indépendamment de la qualité de l'objet et du résultat industriel. • TGI Paris, 8 avr. 1994 : *PIBD 1994. III. 399.* ♦ Un plasmide exprimant l'hormone de croissance humaine, dont la description du brevet détaille un mode de réalisation et met en évidence la possibilité d'exprimer une hormone biologiquement active, est susceptible d'être fabriqué et utilisé dans l'industrie. • Com. 19 déc. 2000 : *PIBD 2001. III. 277.* – Rejet du pourvoi contre • Paris, 30 mai 1997 : *PIBD 1997. III. 489.* ♦ Une méthode contraceptive destinée à être mise en œuvre dans un cadre privé et intime n'est pas susceptible d'application industrielle. • OEB, ch. rec. tech., 9 nov. 1994, T. 74/93 : *JO OEB 1995. 712.*

Art. L. 611-16 *(L. n° 2008-776 du 4 août 2008, art. 132-III)* **« Ne sont pas brevetables » les méthodes de traitement chirurgical ou thérapeutique du corps humain ou animal et les méthodes de diagnostic appliquées au corps humain ou animal. Cette disposition ne s'applique pas aux produits, notamment aux substances ou compositions, pour la mise en œuvre d'une de ces méthodes.** – *[L. n° 68-1 du 2 janv. 1968, art. 6 (4).]*

BIBL. ▶ SCHATZ, *Ann. propr. ind. 1997. 95* (brevetabilité des inventions en matière de génie génétique).

COMMENTAIRE

Le présent article apporte un tempérament à l'appréciation large de l'application industrielle résultant de l'article L. 611-15. Pour des raisons éthiques et de santé publique, la loi écarte fictivement le respect de cette condition pour les méthodes de soin sur l'homme et l'animal. Dans le domaine médical, l'intérêt collectif est préféré à celui des innovateurs car, aujourd'hui, il est patent que ce secteur n'est plus hors commerce. En revanche, l'exclusion ne s'applique pas aux produits et notamment aux médicaments. Cette brevetabilité, qui semble logique eu égard aux investissements nécessaires et aux enjeux d'une recherche dynamique, n'est pourtant admise que depuis une ordonnance du 4 février 1959.

1. *Méthode de traitement thérapeutique.* Une méthode de traitement chirurgical ou thérapeutique consiste dans un ensemble de démarches raisonnées, suivies et reliées entre elles, émanant de l'homme du métier destinées à parvenir à la découverte des moyens de prévenir, de traiter, de soulager, de dissiper ou d'atténuer les symptômes d'un trouble résultant d'une affection ou d'un dysfonctionnement du corps humain ou animal, ou de le guérir. • Paris, 29 oct. 1997, *Biolase : PIBD 1998. III. 29 ; RDPI 1997, n° 80, p. 29.* ♦ Une invention ayant pour objet un dispositif et un procédé pour faciliter la circulation sanguine extra-corporelle d'un être vivant n'est pas une méthode de traitement thérapeutique. En effet, une méthode thérapeutique ou chirurgicale est caractérisée par le fait qu'elle tend à guérir ou prévenir des maladies. En l'espèce, le procédé revendiqué est seulement destiné à faciliter le prélèvement du sang du donneur ; il est inopérant que ce prélèvement soit ou non effectué par un médecin ou sous sa surveillance et, pendant le prélèvement, le donneur n'est pas sous traitement. Peu importe l'utilisation qui peut être faite du plasma prélevé pour le traitement d'un tiers. • Paris, 24 sept. 1984 : *Ann. propr. ind. 1985. 111, note Mathély ; PIBD 1984, III, p. 253 ; RTD com. 1985. 105, obs. Chavanne et Azéma.* ♦ Peut être reconnue comme invention brevetable la nouvelle posologie d'un médicament connu dans le cadre d'un même usage thérapeutique. • OEB, gr. ch., 19 févr. 2010 : *Propr. ind. 2010, n° 36, note Casalonga et Dossmann ; Propr. intell. 2010, n° 35, p. 737, obs. Galloux.*

2. Méthode contraceptive. Une méthode de contrôle du cycle menstruel et de la grossesse chez la femme ne couvre pas une méthode thérapeutique, puisqu'il s'agit de raccourcir le cycle ou de prévenir la grossesse ou de provoquer son interruption. En effet, l'invention ne porte pas sur une simple méthode de traitement, c'est-à-dire sur la découverte abstraite du moyen de guérir ou de prévenir ; elle porte sur des compositions pharmaceutiques et les conditions d'application de ces compositions. • Paris, 24 sept. 1984 : *PIBD 1984, III, p. 251 ; Ann. propr. ind. 1985. 111 ; RTD com. 1985. 105. obs. Chavanne et Azéma.* – Comp. • OEB ch. rec. tech., 5 mai 1996, T. 24/91 : *JO OEB 1995. 512* • 11 janv. 1994, T. 890/92 : *JO OEB 1995. 113* • 9 nov. 1994, T. 74/93 : *JO OEB 1995. 712.*

3. Procédé applicable industriellement. Une invention ayant pour objet un procédé de lutte contre les parasites des animaux à sang chaud ne se borne pas à formuler des principes abstraits mais en fait une application concrète et pratique. Cette invention ne constitue pas une méthode de traitement thérapeutique, mais un procédé applicable industriellement ; en effet, ce procédé se situe dans le domaine hygiénique, car il permet, en détruisant leurs parasites, d'améliorer les conditions d'élevage et la croissance des animaux. • Paris, 24 sept. 1984 : *PIBD 1984, III, p. 252 ; Ann. propr. ind. 1985. 103, obs. Mathély ; RTD com. 1985. 105, obs. Chavanne et Azéma.* ♦ *Contra* • 1er oct. 1981 : *PIBD 1981, III, p. 238.*

4. Effet esthétique simultané. Le fait qu'un produit chimique a simultanément un effet esthétique et un effet thérapeutique lorsqu'il est utilisé pour le traitement du corps humain ou animal n'exclut pas le traitement esthétique de la brevetabilité. • OEB ch. rec. tech., 27 mars 1986, T. 144/83 : *JO OEB sept. 1986. 301 ; PIBD 1986, III, p. 410.* ♦ Même en présence d'un effet esthétique, une méthode de traitement n'est pas brevetable lorsqu'elle a nécessairement un effet thérapeutique. • Com. 17 juin 2003 : *Bull. civ. IV, n° 100 ; D. 2003. ibid. 2959, note Schmidt ; AJ 1912, obs. Daleau ; Ann. propr. ind. 2003. 285 ; JCP E 2003, n° 1226 ; PIBD 2003. III. 470 ; Propr. intell. 2003, n° 9, p. 409, obs. Galloux.* – Cassant • Paris, 31 janv. 2001 : *RDPI 2001, n° 124, p. 14 ; Ann. propr. ind. 2001. 42. – Contra* • OEB ch. rec. tech., 13 nov. 1999, T. 290/86 : *JO OEB 1992, p. 414 ; PIBD 1992. III. 655.*

5. Lorsque, dans un brevet européen concernant un complexe pour la protection de la peau contre le rayonnement solaire, les propriétés revendiquées ne sont que le résultat de l'action anti-inflammatoire du complexe appliqué par voie topique et que la protection contre le rayonnement solaire ne peut résulter que de son pouvoir anti-inflammatoire, la revendication qui vise l'utilisation cosmétique de ce complexe protège une méthode de traitement thérapeutique du corps humain et n'est donc pas brevetable par application de l'art. 52-4 de la CBE. • TGI Paris, 16 nov. 1994 : *PIBD 1995. III. 115.* – Et, dans la même affaire • Paris, 24 avr. 1998 : *Dossiers Brevets 1998. II. 2.*

6. Méthode de traitement chirurgical ou de diagnostic. Une demande revendiquant un procédé et un dispositif implantable d'acquisition d'informations relatives au rythme cardiaque n'a pas pour objet une méthode chirurgicale ou de diagnostic appliquée directement au corps humain, mais un simple procédé d'acquisition de données à partir desquelles l'art du médecin sera ensuite d'établir son diagnostic. • Paris, 26 mai 1983 : *Ann. propr. ind. 1985. 116 ; PIBD 1983, III, p. 64.*

7. La présence d'une étape chirurgicale dans une méthode à plusieurs étapes destinées au traitement du corps humain ou animal confère normalement un caractère chirurgical à cette méthode. Toutefois, une méthode qui comprend une étape chirurgicale appliquée à un animal de laboratoire vivant et, en outre, une étape consistant à sacrifier ledit animal ne peut être considérée, dans son ensemble, comme une méthode de traitement chirurgical de l'animal au sens de l'art. 52-4 de la CBE. • OEB, ch. rec. tech., 30 juill. 1993, T. 182/90 : *JO OEB sept. 1994. 641 ; PIBD 1995. III. 64.* ♦ Le fait qu'une mesure réalisée sur le corps humain doive être effectuée ou supervisée par un praticien ne constitue pas le seul critère pour apprécier si l'étape d'un procédé est exclue de la brevetabilité ; l'objectif et l'effet inévitable de cette étape sont beaucoup plus importants. Si l'objet revendiqué se borne à faire fonctionner un appareil en vue de mettre en œuvre une méthode dont l'objectif technique est de faciliter le flux sanguin vers un point d'extraction du sang, le procédé n'a pas d'objectif ni d'effet thérapeutique. • OEB ch. rec. tech., 11 juin 1997, T. 329/94 : *JO OEB mai 1998, p. 241 ; Dossiers Brevets 1999. I. 3.*

8. Brevets de produits. La revendication ayant pour objet un produit, l'AZT, pour la mise en œuvre d'une méthode de traitement thérapeutique, le traitement d'une infection rétrovirale humaine est une revendication valable, portant non sur une méthode de traitement du corps humain, mais sur un produit pour la mise en œuvre d'une telle méthode, dont aucune application n'était connue. • TGI Paris, 25 mars 1998 : *PIBD 1998. III. 402.*

Art. L. 611-17 *(L. nº 2004-800 du 6 août 2004, art. 17)* **Ne sont pas brevetables les inventions dont l'exploitation commerciale serait contraire à la dignité de la personne humaine, à l'ordre public ou aux bonnes mœurs, cette contrariété ne pouvant résulter du seul fait que cette exploitation est interdite par une disposition législative ou réglementaire.** — *V. Dir. (CE) nº 98/44 du 6 juill. 1998 relative à la protection des inventions biotechnologiques, App., vº Brevets. — V. aussi CBE, art. 53 (b), App., vº Brevets.*

BIBL. ▶ Buffet Delmas D'Autane et Doat, *Propr. ind. 2004. Chron. 8* (la protection des plantes : entre brevet et certificat d'obtention végétale). – Chemtob-Conce, La brevetabilité des inventions biotechnologiques appliquées à l'homme, *Paris, Éd. Tec & Doc, 3ᵉ éd., 2006*. – Galloux, *JCP 1990. I. 3430* (vers la brevetabilité des animaux chimères en droit français) ; *JCP 1995. I. 3872* (brevetabilité des éléments et des produits du corps humain ou les obscurités d'une loi grand public). – Gaumont-Prat, *Propr. ind. 2002. Chron. 12* (les inventions biotechnologiques d'origine humaine et le brevet). – Gutmann, *RDPI sept. 2000, p. 11* (la protection juridique des inventions biotechnologiques dérivées d'éléments isolés à partir du corps humain ou autrement produits par des procédés techniques) ; *Propr. intell. 2003, nº 9, p. 348* (le brevet, l'éthique : au piège du langage ?). – Hirsch, *Gaz. Pal. 20-21 mai 1998* (la brevetabilité dans le domaine du vivant). – Hirsch et Mortreux, *Gaz. Pal. 22-23 janv. 1999* (les inventions biotechnologiques : la voie étroite de la brevetabilité). – IRPI, Les inventions biotechnologiques : protection et exploitation, *Litec 1999*. – Lambert, *D. 2005. Chron. 2005* (le brevet et la personne). – Mathieu, *D. 2001. Chron. 13* (la directive européenne relative à la brevetabilité des inventions biotechnologiques ; le droit français et les normes internationales). – Roberts, *PIBD 1997, II, p. 36* (obtention de brevets relatifs à des plantes à travers le monde). – Tafforeau, *Propr. ind. 2005. Chron. 7* (la brevetabilité du génome humain). – Tellier-Lionieswski, *Gaz. Pal. 20-21 janv. 1999* (la protection des inventions biotechnologiques après l'adoption de la directive européenne). – Velardocchio, *Dr. patr., oct. 2000, p. 68* (la brevetabilité du vivant).

COMMENTAIRE

Le brevet étant un titre délivré au nom de l'État, il est compréhensible que la compatibilité de l'invention avec le fonctionnement de la société soit requise. Cette exigence est présente dans tous les régimes de propriété industrielle (pour les dessins et modèles, V. comm. ss. art. L. 511-7). Elle fait l'objet d'un contrôle *a priori* lors de l'instruction de la demande et peut motiver un rejet (V. art. L. 612-12).

Sa portée pratique est néanmoins faible. En présence d'une invention portant sur un produit, l'exclusion est exceptionnelle car elle devrait porter sur son application. Pour ce qui concerne les bonnes mœurs, la société évolue vers plus de permissivité. Par ailleurs, l'interdiction ou la réglementation de certains produits comme les substances dangereuses, l'armement ou encore certains appareils de télécommunication n'empêchent pas leur brevetabilité. ☐

1. Notions d'ordre public et bonnes mœurs. V. • Paris, 7 mars 1969 : *PIBD 1969, III, p. 261* • 11 mars 1982 : *Dossiers Brevets 1983. I. 1.* – Comp. • OEB ch. rec. tech., 21 févr. 1995, T. 356/93 : *GAPI, 1ʳᵉ éd., nº 7 ; JO OEB août 1995. 545 ; PIBD 1995. III. 561.* ♦ S'agissant de la brevetabilité d'un animal manipulé génétiquement, il faut « peser soigneusement, d'une part, les graves réserves qu'appellent la souffrance endurée par les animaux et les risques éventuels pour l'environnement, et, d'autre part, les avantages de l'invention, à savoir son utilité pour l'humanité ». • OEB ch. rec. tech., 3 oct. 1990, T. 19/90 : *JO OEB déc. 1990. 476 ; PIBD 1991. III. 96.*

2. Corps humain. Comp. • OEB div. opp., 8 déc. 1994, *Relaxine : GAPI, 1ʳᵉ éd., nº 18 ; D. 1996. 44, obs. Galloux ; JO OEB 1995/6. 388.*

Art. L. 611-18 *(L. nº 2004-800 du 6 août 2004, art. 17)* **Le corps humain, aux différents stades de sa constitution et de son développement, ainsi que la simple découverte d'un de ses éléments, y compris la séquence totale ou partielle d'un gène, ne peuvent constituer des inventions brevetables.**

Seule une invention constituant l'application technique d'une fonction d'un élément du corps humain peut être protégée par brevet. Cette protection ne couvre l'élément du corps humain que dans la mesure nécessaire à la réalisation et à l'exploitation de cette application particulière. Celle-ci doit être concrètement et précisément exposée dans la demande de brevet.

Ne sont notamment pas brevetables :

***a)* Les procédés de clonage des êtres humains ;**

***b)* Les procédés de modification de l'identité génétique de l'être humain ;**

c) **Les utilisations d'embryons humains à des fins industrielles ou commerciales ;**

d) **Les séquences totales ou partielles d'un gène prises en tant que telles.**

BIBL. ▶ Galloux et Gutmann, *Propr. intell. 2004, n° 13, p. 871* (la protection des inventions biotechnologiques selon la loi du 6 août 2004 : du génie génétique à la tératogénie juridique ?). – Galloux, *JCP 2004. II. 10167* (l'article 17 de la loi bioéthique relatif à la question de la brevetabilité du corps humain n'est pas contraire à la Constitution). – Gaumont-Prat, *Propr. ind. Chron. 6* (médicaments issus des biotechnologies et brevetabilité).

COMMENTAIRE

Le présent article transpose la directive du 6 juillet 1998 sur la protection des inventions biotechnologiques (V. App., v° *Propriété industrielle, Brevets*). La loi dite « bioéthique » du 6 août 2004 énonce le principe de non-brevetabilité du corps humain, y compris du décryptage du génome qui en tout état de cause s'apparente plus à une découverte qu'à une invention. Elle interdit le clonage ou la modification génétique d'êtres humains de même que l'activité marchande autour des embryons. Ces pratiques (*a-b-c* de l'alinéa 3) portent par ailleurs atteinte à la dignité humaine, ce qui en exclut déjà la brevetabilité au sens de l'article L. 611-17.

En revanche, la loi française est plus sévère que la directive qui reconnaît la brevetabilité d'éléments isolés et notamment des cellules (art. 5. 2). L'alinéa 2 se concentre sur l'application spécifique de l'élément qui seule est protégeable. À titre incident, l'élément lui-même est brevetable lorsqu'il est explicitement mis en œuvre dans l'application.

Concernant le génome, le texte national prend aussi ses distances. Alors que la directive accepte la protection de ses éléments, les séquences, le *d)* de l'alinéa 2 privilégie l'application et exclut donc le brevet d'un gène en tant que tel. ❑

Constitue un embryon tout ovule humain dès le stade de la fécondation, tout ovule humain non fécondé dans lequel le noyau d'une cellule humaine mature a été implanté et tout ovule humain non fécondé qui, par voie de parthénogenèse, a été induit à se diviser et à se développer. Seule l'utilisation à des fins thérapeutiques ou de diagnostic peut faire l'objet d'un brevet, excluant l'utilisation à des fins de recherche scientifique. Cette définition large consacre l'obligation de l'Union européenne de protéger activement la dignité et l'intégrité de tout embryon humain. • CJUE 18 oct. 2011 : *D. 2011. AJ 2597, obs. Daleau ; Propr. ind. 2012, n° 2, note Chemtob Concé ; ibid. Étude 15, note Malherbe et Galloux.* ♦ Cette même décision est très sévère puisqu'elle écarte toute brevetabilité dès lors que seul l'enseignement technique, objet de la demande, impose l'utilisation et *a fortiori* la destruction d'embryons. L'OEB semble défendre la même position interprétant l'art. 53 *a)* CBE, y compris en analysant la demande au-delà des seules revendications. • OEB, gr. ch. recours, 4 févr. 2014, *n° T2221/10.*

Art. L. 611-19 *(L. n° 2004-1338 du 8 déc. 2004)* **I. — Ne sont pas brevetables :**

1° Les races animales ;

2° Les variétés végétales telles que définies à l'article 5 du règlement (CE) n° 2100/94 du Conseil, du 27 juillet 1994, instituant un régime de protection communautaire des obtentions végétales ;

3° Les procédés essentiellement biologiques pour l'obtention des végétaux et des animaux ; sont considérés comme tels les procédés qui font exclusivement appel à des phénomènes naturels comme le croisement ou la sélection ;

(L. n° 2016-1087 du 8 août 2016, art. 9) **« 3°** ***bis*** **Les produits exclusivement obtenus par des procédés essentiellement biologiques définis au 3°, y compris les éléments qui constituent ces produits et les informations génétiques qu'ils contiennent ; »**

4° Les procédés de modification de l'identité génétique des animaux de nature à provoquer chez eux des souffrances sans utilité médicale substantielle pour l'homme ou l'animal, ainsi que les animaux issus de tels procédés.

II. — Nonobstant les dispositions du I, les inventions portant sur des végétaux ou des animaux sont brevetables si la faisabilité technique de l'invention n'est pas limitée à une variété végétale ou à une race animale déterminées.

III. — Les dispositions du 3° du I n'affectent pas la brevetabilité d'inventions ayant pour objet un procédé technique, notamment microbiologique, ou un produit obtenu par un tel procédé ; est regardé comme un procédé microbiologique tout procédé utilisant ou produisant une matière biologique ou comportant une intervention sur une telle matière.

BIBL. ▶ BORGES, *Propr. ind. 2017. Étude 26* (les nouvelles règles de brevetabilité des végétaux à la lumière des modifications du règlement intérieur du règlement d'exécution de la Convention sur le brevet européen). – GALLOUX, *Propr. intell. 2007, n° 24, p. 300* (cellules souches humaines et brevetabilité).

COMMENTAIRE

Le présent article comporte quatre exclusions suivies de deux tempéraments. Des textes tels que la loi n° 76-629 du 10 juillet 1976 relative à la protection de la nature prohibent certains comportements. En l'occurrence, il s'agit simplement de limiter l'accès au brevet dont la vocation est essentiellement incitative.

Concernant les **animaux**, qui ont en commun avec l'homme sensibilité et mouvement, l'éthique interdit non seulement la protection des modifications génétiques entraînant des souffrances inutiles (ce qui rend *a contrario* possible un brevet sur un animal transgénique, I, 4°), mais encore celle portant plus généralement sur une race (I, 1°). Ce principe pénalise les innovations en matière d'élevage : absence de monopole sur les résultats à laquelle s'ajoute l'exclusion de la brevetabilité des procédés dès lors qu'ils utilisent un processus naturel (I, 3°). En tout état de cause, ces pratiques sont le plus souvent dépourvues d'activité inventive.

Concernant les **végétaux**, la règle est évidemment beaucoup plus souple. En effet, les variétés sont protégeables par un titre spécifique délivré par un comité spécial distinct de l'INPI, objet d'un chapitre du présent code (V. art. L. 623-1 s.). La Convention de Paris du 2 décembre 1961 pour la protection des obtentions végétales (V. App., v° *Propriété industrielle, Obtentions végétales*), ratifiée par la France en 1971, impose une protection sous forme de brevet ou de titre *sui generis* tout en excluant le cumul pour une même variété (art. 2). L'Union européenne a opté pour la voie spécifique par un règlement n° 2100/1994 du 27 juillet 1994 (V. App., v° *Propriété industrielle, Obtentions végétales*). L'Office *ad hoc* a accordé près de 30 000 titres dont plus de la moitié concerne des végétaux d'ornementation. La procédure nationale coexiste donc avec un système européen dont la définition de l'objet, plus détaillée que celle de l'article L. 623-1, sert de référence à l'exclusion de la brevetabilité (I, 1°). Depuis la loi n° 2011-1843 du 8 décembre 2011, l'article L. 623-1 définit désormais la variété végétale, ce qui facilite ainsi la compréhension du champ de l'exclusion. Si le résultat obtenu est potentiellement protégé, les procédés sont confrontés à la limite déjà observée pour les animaux : exclusion des méthodes biologiques. Pour les végétaux comme pour les animaux, il est précisé que la prohibition ne s'étend pas aux procédés qui mettent en œuvre ou permettent d'obtenir de la matière biologique, c'est-à-dire essentiellement en présence de microbiologie (III).

Une décision de la Grande Chambre des recours de l'OEB de mars 2015 (V. note 3) perturbe la distribution entre brevet et obtentions végétales en autorisant la brevetabilité d'une variété de tomate et de brocoli obtenues à partir de procédés essentiellement biologiques malgré la lettre de l'article 53-b) de la CBE et de la disposition commentée. Les juges considèrent que l'exclusion des procédés conventionnels (croisement et sélection) ne s'étend pas aux produits qui en sont issus qui respecteraient les conditions de brevetabilité. Le séquençage génétique permet en effet à présent de développer de nouvelles variétés sans recourir à la transgénèse et d'identifier ainsi le gène brevetable. Depuis cette décision quatre brevets ont été accordés par l'OEB sur des plantes potagères non OGM. Le brevet offre un monopole d'exploitation plus étendu que le certificat d'obtention végétale. En conséquence, cette évolution de la politique de l'OEB est critiquée (V. Résol. non législative du Parlement européen à destination de la Commission européenne du 17 déc. 2015 ; Avis de la Comm. UE du 3 nov. 2016). L'OEB a pris en compte ces observations et a modifié le 29 juin 2017 les règles 27 et 28 du règlement d'exécution de convention de Munich permettant d'écarter expressément la brevetabilité de telles obtentions végétales. ❑

1. Obtentions végétales. Seules les obtentions végétales qui relèvent du régime spécial organisé au chapitre III du titre II du présent code sont exclues de la brevetabilité. ♦ Comp. la jurisprudence de l'Office européen des brevets : la notion de variété végétale visée à l'art. 53 *b)* de la Convention sur le brevet européen fait référence à tout ensemble végétal d'un taxon botanique du rang le plus bas connu, qui possède au moins un caractère transmissible le distinguant d'autres ensembles végétaux, et qui est suffisamment homogène et stable dans ses caractères importants. • OEB, ch. rec. tech., 21 févr. 1995, T. 356/93 : *GAPI, 1re éd., n° 7 ; JO OEB août 1995. 545 ; PIBD 1995. III. 561.* ♦ Si des semences hybrides et les plantes qui en sont issues présentent un caractère instable sur l'ensemble de la population d'une génération, il n'est pas possible de les considérer comme des variétés végétales au sens de l'art. 53 *b)* de la Convention sur le brevet européen ; l'exclusion de la brevetabilité ne s'applique donc pas. • OEB, ch. rec. tech., 16 nov. 1988, T. 320/87, *plantes hybrides Lubrizol : JO OEB mars 1990. 71 ; PIBD 1990. III. 326.* ♦ Une revendication dans laquelle une variété végétale spécifique n'est pas individuellement revendiquée n'est pas exclue de la brevetabilité par l'art. 53 de la CBE, même si elle peut couvrir des variétés végétales. L'exception de l'art. 53 (b) s'applique aux variétés végétales, quelle que soit la manière dont elles sont produites ; en conséquence, les variétés végétales contenant des gènes introduits chez l'un de leurs ancêtres par recombinaison génétique sont exclues de la brevetabilité. • OEB, gr. ch. recours, 20 déc. 1999, Décis. G 01/98 : *D. 2001. Somm. 1353, obs. Galloux ; RTD com. 2000. 83, obs. Azéma et Galloux ; JO OEB mars 2000, p. 111.* ♦ V. art. L. 623-1 s.

2. Races animales. Toute exception à la règle générale de brevetabilité des inventions nouvelles doit être interprétée limitativement. L'exception à la brevetabilité prévue à l'art. 53 *b)* de la CBE vise certaines catégories d'animaux, mais non les animaux en tant que tels. • OEB ch. rec. tech., 3 oct. 1990, T. 19/90 : *cité note 1 ss. art. L. 611-17.* – Annulant la décision de la division d'examen • OEB, 14 juill. 1989 : *JO OEB nov. 1989. 451 ; PIBD 1990. III. 12.*

3. Procédés essentiellement biologiques d'obtention de végétaux ou d'animaux. Ne constitue pas un procédé essentiellement biologique au sens de l'art. 53 *b)* de la CBE un procédé concernant l'obtention d'animaux transgéniques par incorporation au niveau des chromosomes dans leur génome d'une séquence oncogène activée, l'oncogène étant inséré par un moyen transgénique dans un vecteur qui est ensuite micro-injecté à un stade embryonnaire précoce. • OEB, ch. rec. tech., 3 oct. 1990, T. 19/90 : *cité note 1 ss. art. L. 611-17.* ♦ Comp. • OEB, ch. rec. tech., 21 févr. 1995, T. 356/93 : *préc. note 1.* ♦ Le brevet est néanmoins possible lorsque le procédé comprend une étape additionnelle visant à introduire ou modifier techniquement un caractère dans le génome. • OEB, gr. ch., 9 déc. 2010 : *G 2/07 et G 1/08.* ♦ V. également • OEB, gr. ch. recours, 25 mars 2015, nos G/12 et G 2/13 : *Propr. intell. 2015, n° 56, p. 321, note Galloux (V. comm. du présent art., supra).* ♦ V. aussi Dir. 98/44/CE du 6 juill. 1998, App., v° *Brevets.*

4. Éthique et brevet. V. • Comité consultatif nat. éthique, avis, 8 juin 2000, n° 65 : *D. 2001. Somm. 1354, obs. crit. Galloux.*

Art. L. 611-20 *Inséré par L. n° 2004-800 du 6 août 2004, art. 17 ; abrogé par L. n° 2004-1338 du 8 déc. 2004.*

COMMENTAIRE

Cette disposition prévoyait l'exclusion de la brevetabilité des obtentions végétales protégées par le régime spécifique. Elle n'a plus lieu d'être depuis que la loi du 8 décembre 2004 a introduit une prohibition générale à l'article L. 611-19.

CHAPITRE II DÉPÔT ET INSTRUCTION DES DEMANDES

SECTION PREMIÈRE DÉPÔT DES DEMANDES

Art. L. 612-1 La demande de brevet est présentée dans les formes et conditions prévues par le présent chapitre *(L. n° 94-102 du 5 févr. 1994, art. 23)* **« et précisées par voie réglementaire ».** – *[L. n° 68-1 du 2 janv. 1968, art. 12.] – V. art. R. 612-1 s., R. 612-50 et R. 612-70 s. – Pour une demande de brevet découlant de l'utilisation de ressources génétiques et de connaissances traditionnelles associées aux ressources génétiques, V. aussi C. envir., art. L. 412-18. –* ***C. envir.***

COMMENTAIRE

Le droit sur l'invention requiert l'obtention d'un titre. La délivrance du brevet repose donc sur l'examen d'une demande formellement organisée. Seul le dépôt de cette demande, sous réserve des résultats de l'instruction, est constitutif de droit.

Plus encore, la teneur et la présentation des documents exigés sont essentielles et tout écart peut justifier un rejet de la demande par application de l'article L. 612-12, 1°. La demande rend exigible une redevance de dépôt qui doit être acquittée dans le délai d'un mois. Elle est aujourd'hui de 35 € ou 25 € lorsque le dépôt s'effectue par voie électronique. A cette contribution viendra s'ajouter une participation aux frais d'établissement du rapport de recherche (sauf si la demande vise l'obtention d un certificat d'utilité, V. art.

L. 611-2). Cette redevance est de 500 €. Dans le but d'encourager les dépôts, une réduction de 25 % est appliquée aux personnes physiques et aux petites structures. ❑

Art. L. 612-2 *(Ord. nº 2008-1301 du 11 déc. 2008)* **La date de dépôt de la demande de brevet est celle à laquelle le demandeur a produit les documents qui contiennent :**

a) Une indication selon laquelle un brevet est demandé ;

b) Les informations permettant d'identifier ou de communiquer avec le demandeur ;

c) Une description, même si celle-ci n'est pas conforme aux autres exigences du présent titre, ou un renvoi à une demande déposée antérieurement dans les conditions fixées par voie réglementaire.

Ancien art. L. 612-2 ***La date de dépôt de la demande de brevet est celle à laquelle le demandeur a produit les documents qui contiennent :***

a) Une déclaration selon laquelle un brevet est demandé ;

b) L'identification du demandeur ;

c) Une description et une ou plusieurs revendications, même si la description et les revendications ne sont pas conformes aux autres exigences du présent titre. — [L. nº 68-1 du 2 janv. 1968, art. 13.] — V. art. R. 612-8.

COMMENTAIRE

Le texte réglementaire visé *in fine* de l'article est le décret nº 2008-1472 du 30 décembre 2008.

La demande est datée du jour où les informations principales sur l'invention sont transmises à l'INPI. Nous observerons qu'une certaine souplesse est néanmoins possible puisque des compléments ou corrections peuvent être apportés à la demande initiale.

Cette disposition est particulièrement importante car, en cas de délivrance du titre, la protection rétroagit au jour du dépôt de la demande selon l'article L. 613-1. Par ailleurs, les conditions de brevetabilité des articles L. 611-10 et suivants seront appréciées à cette même date. Il est donc impensable de réaliser une demande à titre conservatoire sur une invention en devenir.

Outre le formulaire administratif appelé requête en délivrance, la substance de l'invention est traditionnellement représentée par le binôme description-revendication. Ces pièces seront examinées plus en détails respectivement aux articles L. 612-5 et L. 612-6. L'absence de ces deux pièces peut être régularisée dans le délai d'un mois. Cette tolérance ne permet pas d'« antidater » l'invention puisque la date retenue *in fine* est celle du dépôt complémentaire (V. art. R. 612-8, al. 3).

En revanche, le défaut de conformité des pièces est admis, offrant ainsi au déposant la possibilité d'affiner sa demande dans les conditions énoncées aux articles L. 612-3, L. 612-4 et L. 612-13.

Grâce à l'ordonnance du 11 décembre 2008, le texte est désormais en conformité avec le Patent Law Treaty (V. App., vº *Propriété industrielle, Brevets*) qui assouplit les règles de dépôt des demandes. Désormais seule une description est formellement exigée pour l'attribution d'une date de dépôt. Les revendications peuvent être fournies ultérieurement. Cette ouverture demeurent assez théorique car les revendications sont dans la plupart des cas indispensables pour déceler l'existence même d'une invention.

Autre mesure simplificatrice : le déposant pourra se fonder uniquement sur une demande antérieure dans le respect des conditions énoncées par l'article R. 612-8. L'idée de la réforme est de faciliter au maximum l'obtention d'une date de dépôt afin de limiter la perte de la nouveauté de l'invention. Dans cette optique, on observera de surcroît que l'article R. 612-8 étend le délai de régularisation à deux mois. En revanche, lorsque les documents fournis ultérieurement visent à rendre conforme la description, la date de dépôt (et donc de la protection) est légitimement déplacée à la date de cette régularisation (art. R. 612-9).

De la même façon, les descriptions et revendications peuvent être fournies en langue étrangère au moment du dépôt et ce, sans condition de réciprocité, mais sous réserve de produire une traduction dans les deux mois (art. R. 612-21).

Par ailleurs, il est demandé au déposant de fournir un abrégé du contenu technique de l'invention. Cette pièce constitue le contenu de la publication au *Bulletin officiel*. Exigée par l'article R. 612-3, cette formalité ne conditionne pas la recevabilité de la demande. ❑

La date de dépôt d'une demande de brevet régularisée est, même après recours en restauration, celle à laquelle la demande a été complétée. • Paris, 12 déc. 2001 : *D. 2002. AJ 960* ; *PIBD 2002. III. 179* ; *Propr. ind. 2002, n° 16, note Raynard.*

Art. L. 612-3 Lorsque deux demandes de brevet sont successivement déposées par le même inventeur ou son ayant cause dans un délai de douze mois au plus, le demandeur peut requérir que la seconde demande bénéficie de la date de dépôt de la première pour les éléments communs aux deux demandes.

La requête n'est pas recevable lorsque le bénéfice du droit de priorité attaché à un précédent dépôt étranger a déjà été requis pour l'une ou l'autre des deux demandes. Elle n'est pas non plus recevable lorsque la première demande bénéficie déjà, par application des dispositions du premier alinéa, de plusieurs dates de dépôt dont l'une antérieure de plus de douze mois.

La délivrance du brevet bénéficiant d'une date de dépôt antérieure en application du présent article emporte cessation des effets attachés au premier dépôt pour ces mêmes éléments. — *[L. n° 68-1 du 2 janv. 1968, art. 13 bis.]*

BIBL. ► FOYER, *JCP 1992. I. 3590* (le mirage de la priorité interne).

COMMENTAIRE

Le présent article décrit un mécanisme couramment désigné de priorité interne. Sur requête expresse du déposant lors d'une nouvelle demande de brevet, la protection de l'invention prendra effet au jour de la première demande liée alors que celle-ci devient caduque. Le bénéfice de la priorité porte donc sur la naissance du droit (V. art. R. 612-25).

L'avantage de ce mécanisme est en réalité très relatif. D'abord, cette jonction est soumise à une condition de délai et donne lieu à un examen rétroactif de la nouveauté. Ensuite, les nouvelles revendications, si elles ne sont pas antériorisées, seront protégées uniquement à compter de la date de la seconde demande. Enfin, le mécanisme n'est pas cumulable avec la règle de la priorité unioniste de l'article L. 612-7 évoquée sous l'article L. 611-12.

Priorité interne. Sur l'application immédiate de la loi, V. • Paris, 29 mai 1992 : *D. 1993. Somm. 377, obs. Schmidt et Mousseron* ; *PIBD 1992. III. 609* ; *Dossiers Brevets 1992-III-I* • INPI, communiqué Dir., 28 juill. 1992 : *PIBD 1992. I. 65.*

Art. L. 612-4 La demande de brevet ne peut concerner qu'une invention ou une pluralité d'inventions liées entre elles de telle sorte qu'elles ne forment qu'un seul concept inventif général.

Toute demande qui ne satisfait pas aux dispositions de l'alinéa précédent doit être divisée dans le délai prescrit ; les demandes divisionnaires bénéficient de la date de dépôt et, le cas échéant, de la date de priorité de la demande initiale. — *[L. n° 68-1 du 2 janv. 1968, art. 14.] — V. art. R. 612-19, R. 612-33 à R. 612-35 et R. 612-48.*

COMMENTAIRE

Le brevet peut conférer un monopole étendu si l'invention est accompagnée de plusieurs revendications valables. Nul n'est obligé de regrouper les inventions relevant d'un même concept en une seule demande. En conséquence, selon la culture, la stratégie ou les moyens financiers du déposant, un même monopole pourra résulter d'un nombre très variable de brevets.

En revanche, le choix du déposant est encadré par un principe d'unité de l'invention. En effet, ne serait-ce que pour des raisons de classification et de recherche sur les brevets, la demande est limitée à un seul concept inventif. Cette condition n'exclut pas une forme d'intégration verticale puisque, sous réserve des limites apportées par les articles R. 612-18 et R. 612-19, une même demande peut porter simultanément sur un produit, une application, un procédé éventuellement associé à un dispositif permettant de la mettre en œuvre.

En présence de revendications disparates, le déposant transforme son dépôt de sa propre initiative ou enjoint par l'INPI et opère une ou plusieurs demandes divisionnaires. A défaut, le déposant encourt le rejet de la demande par application de l'article L. 612-

12, alinéa 1er, 2° et 3°. Cette procédure complexe est réglementée par les articles R. 612-33 à R. 612-35.

1. Unité de l'invention. Une invention ayant pour objet des produits intermédiaires nouveaux et des produits finals nouveaux présente une unité si les produits intermédiaires préparés dans le but d'obtenir les produits finals ont, du fait qu'ils produisent un élément essentiel dans la structure des produits finals, un lien technique suffisamment étroit avec ceux-ci et même si les produits intermédiaires font partie de deux groupes de composés ayant des structures de base différente. • OEB ch. rec. tech., 11 mai 1992, T. 470/91 : *JO OEB nov. 1993. 680 ; PIBD 1994. III. 83.*

2. Demande divisionnaire. V. note ss. art. L. 612-12 et note 11 ss. L. 613-25.

3. La complexité d'un brevet n'est pas une cause de nullité du titre. • TGI Paris, 18 déc. 1979 : *PIBD 1980. III. 38.*

Art. L. 612-5 L'invention doit être exposée dans la demande de brevet de façon suffisamment claire et complète pour qu'un homme du métier puisse l'exécuter.

(L. n° 2004-1338 du 8 déc. 2004) **« Lorsqu'une invention impliquant une matière biologique à laquelle le public n'a pas accès ne peut être décrite de manière à permettre à l'homme du métier d'exécuter cette invention, sa description n'est jugée suffisante que si la matière biologique a fait l'objet d'un dépôt auprès d'un organisme habilité. Les conditions d'accès du public à ce dépôt sont fixées par décret en Conseil d'État. »** – *[L. n° 68-1 du 2 janv. 1968, art. 14 bis.] – V. art. R. 612-14 et R. 612-15.*

COMMENTAIRE

La description de l'invention entretient un lien étroit avec les revendications qu'elle permet de fonder. Avec les dessins facultatifs qui l'accompagnent, elle est appréciée dans sa globalité (V. art. L. 613-2).

Son contenu est précisé par l'article R. 612-13. Elle comporte notamment un état de la technique préexistant, un exposé du problème technique et de la solution apportée ainsi qu'un mode de réalisation. Ce dernier permet d'apprécier l'application industrielle.

La description répond à un impératif de clarté et d'exhaustivité. La description doit non seulement permettre à l'homme du métier de comprendre l'invention, mais encore le mettre en mesure de l'exécuter. A défaut, la demande risque le rejet par application de l'article L. 612-12, 6°, ou encore la nullité en vertu de l'article L. 613-25, *b*).

La notion d'homme du métier renvoie à celle utilisée pour apprécier l'activité inventive (V. art. L. 611-14). Si ce dernier possède des connaissances certaines, il n'est pas censé maîtriser intégralement l'état de la technique.

1. Description insuffisante. Une revendication portant sur un dispositif caractérisé en ce que des cliquets sont des languettes ou « queues de rat » élastiques en saillie sur le trajet de charges doit être annulée, dès lors que la structure des languettes n'est pas décrite et qu'il n'est pas démontré que les termes employés permettaient à l'homme du métier de comprendre et réaliser l'invention. • Paris, 22 févr. 1995 : *PIBD 1995. III. 263.* ♦ Compter sur des événements aléatoires pour pouvoir reproduire une invention revient à exiger un effort déraisonnable de l'homme du métier, s'il n'est pas prouvé que ces événements aléatoires se produisent effectivement et peuvent être constatés assez fréquemment pour que la reproductibilité de l'invention soit garantie. • OEB ch. rec. tech., 21 mai 1999, T. 727/95 : *JO OEB, janv. 2001, p. 1.* ♦ Dès lors que l'homme du métier est à même d'adapter les données pour parvenir au résultat exposé, la description peut être considérée comme suffisante. • Com. 22 mars 2005 : *Propr. ind. 2005, n° 71, note Raynard.* ♦ La description est insuffisante si elle ne permet pas à l'homme du métier considéré de réaliser l'objet de l'invention à l'aide de ses seules connaissances professionnelles et par le jeu de simples opérations d'exécution l'homme du métier doit trouver dans la description les moyens de parvenir, sans difficulté excessive, au résultat prévu dans l'ensemble du domaine couvert par l'invention. • TGI Paris, 15 juin 1999 : *PIBD 2000. III. 80.* ♦ Il y a insuffisance de description lorsque celle-ci ne fournit pas l'indication de certaines conditions techniques indispensables à la réalisation de l'invention par un homme du métier. • Paris, 20 mai 2005 : *Propr. intell. 2005, n° 17, p. 462, obs. Warusfel.* ♦ A propos de l'insuffisance de la description d'une invention consistant en un « kit mains libres », V. • TGI Paris, 17 nov. 2005 : *Propr. intell. 2006, n° 20, p. 346, obs. Galloux.* ♦ Dans le même sens, concernant un additif acidifiant, V. • Rennes, 10 janv. 2006 : *Propr. intell. 2006, n° 20, p. 346, obs. Galloux.* ♦ La description suffisante est celle qui permet à l'homme du métier, qui lit le brevet, de réaliser l'invention avec ses connaissances professionnelles normales théoriques et pratiques, auxquelles s'ajoutent celles qui sont citées dans le brevet. Mais l'homme du métier n'est pas présumé connaître l'ensemble de l'état antérieur de la technique et doit trouver, dans la description, les moyens de parvenir sans difficulté excessive au résultat prévu dans l'ensemble du domaine couvert par la revendication. • Paris, 29 nov. 1995 : *PIBD 1996. III. 89.* ♦ Dès lors que l'homme du métier est à même d'adapter les données pour parvenir au résultat exposé, la description peut être considérée comme suffisante. • Com. 22 mars 2005 : *Propr. ind. 2005, n° 71, note Raynard.* ♦ A été déclarée suffisante la description faisant état d'un élément qui n'existe plus sur le marché (la description faisait référence à une marque qui n'est plus commercialisée). • Paris, 6 janv. 2006 : *PIBD 2006. III. 241 ; Propr. intell. 2006, n° 20, p. 346, obs. Galloux.* ♦ La description est suffisante lorsque le brevet permet à l'homme du métier, avec ses seules connaissances, de mettre en œuvre l'invention. Une imperfection du résultat n'affecte pas la validité du titre. • TGI Paris, 25 avr. 1985 : *PIBD 1985, III, p. 246.* ♦ Une description est suffisante dès lors qu'elle détermine les moyens de l'invention et ses conditions d'application ; une description ambiguë n'est pas suffisante puisqu'elle ne permet pas à l'homme du métier d'exécuter l'invention. • TGI Paris, 28 oct. 1992 : *PIBD 1993. III. 78.* ♦ La revendication d'un brevet est suffisamment décrite quand l'homme du métier, réduit à appliquer le texte de la description et les dessins qui servent à la faire comprendre et à dissiper toute équivoque, est conduit nécessairement à réaliser l'invention telle qu'elle est revendiquée. • Paris, 16 mars 1989 : *Ann. propr. ind. 1990. 113.* ♦ En l'espèce, la description et les dessins exposent l'invention de manière suffisamment claire et complète pour que l'homme du métier soit nécessairement écarté du choix que semble proposer la lettre de la revendication principale, la seule et unique interprétation techniquement possible conduisant à estimer que l'expression « mélange de gaz et/ou de liquide » signifie seulement « de gaz, et de gaz et de liquide ». Dès lors, c'est à tort que les premiers juges ont annulé totalement la revendication numéro un pour insuffisance de description et absence de résultat industriel, alors que deux des modes de réalisation revendiqués permettaient, sans ajouter à la description, d'obtenir le résultat industriel recherché. • Paris, 16 déc. 1993 : *PIBD 1994. III. 173.* ♦ Un brevet est nul dès lors qu'il existe entre la description et les dessins d'une part et la revendication d'autre part, des contradictions telles qu'elles ne permettent pas à l'homme du métier d'exécuter l'invention. • Com. 5 mars 1991 : *Ann. propr. ind. 1993. 105 ; PIBD 1991. III. 469 ; Dossiers Brevets 1992. II. 2.* ♦ V. notes 1 s. ss. art. L. 613-2. ♦ Les dessins joints à la description mais qui ne présentent aucun caractère obligatoire, s'ils permettent, en l'éclairant, d'interpréter celle-ci, ne peuvent en aucun cas se substituer à elle ou pallier ses carences, hormis le cas où la forme de l'agencement des éléments constitutifs de l'invention ne peuvent être décrits par des mots et à condition, dans ce cas précis, qu'il y soit fait référence. • Paris, 26 juin 2002 : *PIBD 2003. III. 175 ; Propr. ind. 2003, n° 98, note Vigand* • Com. 20 mars 2007 : *Bull. civ. I, n° 89 ; D. 2007. AJ 1807, obs. Daleau ; RTD com. 2007. 522, obs. Galloux* • TGI Paris, 3e ch., 3 avr. 2014 : *PIBD 2014. III. 597 ; Propr. ind. oct. 2014, n° 69, note Vigand.*

2. Portée. Aux termes de l'art. L. 612-5, une invention doit être exposée dans la demande de façon suffisamment claire et précise pour qu'un homme du métier puisse l'exécuter. En exigeant des précisions sur l'action d'un médicament sur les mécanismes physiologiques des êtres vivants et des expériences de laboratoire de nature à en vérifier l'effet thérapeutique, la cour d'appel ajoute à la description de l'invention l'exigence d'un résultat, en violation de l'art. L. 612-5. • Com. 16 juin 1992 : *Ann. propr. ind. 1993. 99 ; RJDA 1993/2, n° 177, p. 146.*

3. Sur la distinction à opérer entre la nullité pour défaut de description et la nullité pour défaut d'activité inventive. • Com. 15 févr. 1983 : *Bull. civ. IV, n° 60.*

4. Palliatifs. L'insuffisance de description doit être écartée, dès lors que l'homme du métier trouve dans la description complétée par les dessins ou dans ses connaissances professionnelles normales, les éléments de réalisation du moyen. • TGI Paris, 2 nov. 1994 : *PIBD 1995. III. 107.*

5. Description et exemple. La présence d'un ou de plusieurs exemples n'est pas obligatoire. Néanmoins, l'absence d'exemple peut être interprétée comme manifestant l'insuffisance de la description empêchant l'homme du métier de parvenir à l'invention. • Paris, 3e ch., sect. 4, 13 févr. 2014 : *PIBD 2014. III. 541.*

Art. L. 612-6 Les revendications définissent l'objet de la protection demandée. Elles doivent être claires et concises et se fonder sur la description. – *[L. n° 68-1 du 2 janv. 1968, art. 14 ter.] – V. art. R. 612-12 s.*

COMMENTAIRE

Les revendications constituent la pièce maîtresse de la demande puisqu'elles consistent pour le déposant à définir l'étendue de ses droits futurs en déclinant les solutions nouvelles et non évidentes présentes dans l'invention. A rebours, ces éléments serviront de base pour déceler les antériorités, sanctionnant ainsi le déposant par trop prétentieux. En effet, les revendications doivent permettre l'établissement du rapport de recherche tel que prévu à l'article L. 612-14.

L'énoncé des revendications s'appuie sur la description au terme de l'article L. 613-25, *c)*.

Une ou plusieurs revendications sont admises. Elles peuvent même être indépendantes à partir du moment où elles sont liées au même concept inventif tel qu'exigé par l'article L. 612-4. La rédaction est soumise aux conditions de forme de l'article L. 612-17. Elle respecte une structure précise, avec notamment une décomposition en sous-revendications et la mise en exergue de la partie « caractérisante » qui permet de vérifier l'apport inventif.

Néanmoins, le degré de détail n'est pas précisé et l'exigence de clarté peut se heurter à celle de concision. Il est ainsi possible de décrire la revendication en termes de moyens à mettre en œuvre ou, plus simplement, en terme d'apport fonctionnel. ☐

A. DÉFINITION DE L'OBJET DE LA PROTECTION

1. Titre. La portée du brevet s'apprécie d'après les revendications qu'il contient et non d'après son titre. • Com. 9 mars 1993 : *PIBD 1993. III. 413.*

2. Fonction et forme des moyens. Un breveté ne peut revendiquer un moyen qui ne figure ni dans la description, ni dans les revendications. Les moyens d'une invention ne sont pas déterminés par l'utilisation qui pourra être faite de leur résultat, mais par leur forme, leur fonction, c'est-à-dire l'effet premier qu'ils produisent, et par leur application. • Paris, 5 mai 1988 : *Ann. propr. ind. 1988. 281.* ♦ V. aussi • Com. 4 déc. 1990 : *Ann. propr. ind. 1990. 233, obs. Mathély.* – Rejet du pourvoi contre • Paris, 1er déc. 1988 : *Ann. propr. ind. 1988. 292.*

3. Moyen général. Il n'est pas permis de revendiquer ce qui n'est pas décrit mais la revendication n'est pas tenue de se limiter à la forme de réalisation décrite ; si le moyen décrit est nouveau dans sa forme et sa fonction, la demande peut revendiquer le moyen général lui-même, protégeant aussi les formes équivalentes conduisant au même effet technique ; encore faut-il que ce moyen général soit revendiqué. • Paris, 11 oct. 1990 : *Ann. propr. ind. 1990. 235, obs. Mathély.* ♦ Comp. après avoir retenu que la description d'une revendication, qui étendait la protection du brevet à des machines ne comportant pas un élément essentiel de l'invention, était insuffisante, la cour d'appel a pu décider que cette revendication était dépourvue d'activité inventive dès lors que l'homme du métier pouvait, sans faire œuvre inventive, réaliser le dispositif de la revendication qui y était décrit. • Com. 13 mai 1997 : *PIBD 1997. III. 424 ; Dossiers Brevets 1997. II. 1.* ♦ V. aussi notes 2 s. ss. art. L. 613-2.

4. Clarté. La pratique qui consisterait, dans le libellé d'une revendication, à faire usage d'un terme équivoque et non précis, en renvoyant son interprétation à une référence implicite mais nécessaire à la description, est prohibée, le principe étant que la revendication doit être autosuffisante. • OEB ch. rec. tech., 26 oct. 2000, T. 1129/97 : *JO OEB, juin 2001, p. 273.*

B. RÉGIME DES REVENDICATIONS

5. Structure des revendications. V. notes ss. art. R. 612-16.

6. Modification. V. note 1 ss. art. L. 612-13.

7. Interprétation des revendications. L'art. L. 612-6 « ne conduit ni à une interprétation littérale des revendications, selon laquelle la description et les dessins ne serviraient qu'à en dissiper les ambiguïtés, ni à une lecture extensive fondée sur une supputation de ce que le breveté aurait entendu protéger ; il doit être interprété comme définissant, entre ces extrêmes, une position qui assure à la fois une protection équitable au demandeur et un degré raisonnable de certitude aux tiers ». • Paris, 1er mars 1996 : *PIBD 1996. III. 274.* ♦ V. notes 7 s. ss. art. L. 613-2.

C. NÉCESSITÉ D'UN SUPPORT DANS LA DESCRIPTION

8. Les revendications doivent se fonder sur la description. Est nulle la revendication qui n'est pas supportée par la description. • Com. 4 janv. 1994 : *PIBD 1994. III. 171* • Paris, 3 nov. 1993 : *ibid., 1994, III, p. 45.* ♦ V. ss. art. L. 613-2.

9. Il n'est pas nécessaire que la revendication reprenne à l'identique les termes de la description. • Com. 26 oct. 1993 : *Ann. propr. ind. 1993. 102.*

Art. L. 612-7 **1. Le demandeur d'un brevet qui veut se prévaloir de la priorité d'un dépôt antérieur est tenu de produire une déclaration de priorité et** *(Ord. n° 2008-1301 du 11 déc. 2008)* **« de justifier de l'existence » de la demande antérieure dans les conditions et délais fixés par voie réglementaire.** – *V. art. R. 612-24.*

2. Des priorités multiples peuvent être revendiquées pour une demande de brevet, même si elles proviennent d'États différents. Le cas échéant, des priorités multiples peuvent être revendiquées pour une même revendication. Si des priorités multiples sont revendiquées, les délais qui ont pour point de départ la date de priorité sont calculés à compter de la date de la priorité la plus ancienne.

3. Lorsqu'une ou plusieurs priorités sont revendiquées pour la demande de brevet, le droit de priorité ne couvre que les éléments de la demande dont la priorité est revendiquée.

4. Si certains éléments de l'invention pour lesquels la priorité est revendiquée ne figurent pas parmi les revendications formulées dans la demande antérieure, il suffit, pour que la priorité puisse être accordée, que l'ensemble des pièces de la demande antérieure révèle d'une façon précise lesdits éléments.

5. Pour l'effet du droit de priorité, la date de priorité est considérée comme celle du dépôt de la demande de brevet pour l'application des deuxième et troisième alinéas de l'article L. 611-11. – *[L. n° 68-1 du 2 janv. 1968, art. 15.] – V. CUP, art. 4, App., v° Dispositions générales.*

COMMENTAIRE

Le texte réglementaire visé *in fine* du 1 de l'article est le décret n° 2008-1472 du 30 déc. 2008.

Le mécanisme de la priorité unioniste est évoqué sous l'article L. 611-12. Il est distinct de celui, dit de priorité interne, décrit sous l'article L. 612-3.

La priorité internationale permet de conserver fictivement un an maximum le caractère nouveau d'une invention malgré le dépôt dans un ou plusieurs autres pays (priorité multiple) éventuellement suivi d'une publicité, y compris par voie d'exploitation (art. 4B de la CUP, V. App., *v° Propriété industrielle, Dispositions générales*). Les antériorités postérieures à la première demande ne sont pas prises en compte (5°). Les modalités de mise en œuvre du mécanisme sont définies aux articles R. 612-24 et R. 612-25.

Les effets de la priorité unioniste sont tempérés. Elle offre l'accès au brevet sans toutefois permettre la mise en œuvre des droits avant la demande nationale. En outre, si les demandes successives divergent, la priorité sera partielle et ne portera pas sur les nouvelles revendications. De surcroît, par application du principe d'indépendance des droits, l'État n'est pas lié par la procédure antérieure auprès d'un autre État.

L'ordonnance du 11 décembre 2008, conforme au *Patent Law Treaty* (V. App., *v° Propriété industrielle, Brevets*), facilite la prise en compte de la date de priorité. A terme, le justificatif pourra consister en la simple référence d'enregistrement dans une base de données internationale. Actuellement, il est encore nécessaire de produire une copie officielle de la demande étrangère dans le délai de seize mois à compter de la date de priorité revendiquée (art. R. 612-24). ❑

1. Droit de priorité unioniste. Sur la nouveauté de l'invention fondée sur la priorité unioniste, V. • Com. 18 janv. 1994 : *JCP E 1994. Pan. 423.*

2. Propriété du droit de priorité. Le droit de priorité unioniste n'est pas l'accessoire de la demande qui lui donne naissance. La cession de la demande de brevet n'entraîne pas celle du droit de priorité, sauf stipulation contraire. • Paris, 11 mai 1987 : *D. 1988. Somm. 347, obs. Mousseron et Schmidt ; Ann. propr. ind. 1987. 198, obs. Magnin.* – Confirmant • TGI Paris, 25 avr. 1984 : *PIBD 1984, III, p. 241 ; RTD com. 1985. 107, obs. Chavanne et Azéma.* ♦ La mention « avec tous les droits y attachés sans aucune réserve ni exception » figurant dans le contrat de cession ne vaut pas stipulation expresse de cession du droit de priorité qui constitue un droit distinct et indépendant de la demande de brevet. • Com. 18 juin 1996 : *D. Affaires 1996. 1040 ; D. 1997. Somm. 337, obs. Schmidt ; RJDA 1996, n° 1563 ; Ann. propr. ind. 1996. 175 ; RDPI 1996, n° 67, p. 42 ; Dossiers Brevets 1996. II. 1.*

3. Revendication des brevets déposés en fraude. Il résulte de l'art. 4 de la Convention de Paris du 20 mars 1883 que le droit de priorité naît d'une première demande régulièrement effectuée dans l'un des pays membres de l'Union. Dès lors que le dépôt d'un brevet en France constitue une première demande et est effectué régulièrement, l'auteur de ce dépôt est l'attributaire de la demande de brevet français et est en droit de revendiquer la propriété de brevets européen et américain, dont les demandes ont été déposées, en fraude de ses droits, par un tiers qui n'était pas cessionnaire de ce droit de priorité. • Com. 18 janv. 1994 : *Bull. civ. IV, n° 23.* – Rejet du pourvoi contre • Paris, 30 janv. 1991 : *Ann. propr. ind. 1991. 39.*

4. Autonomie du droit de priorité. Le droit de priorité subsiste même si la demande nationale est ensuite abandonnée, retirée ou rejetée ; il est distinct de la demande qui l'a engendré, il n'est pas cédé avec celle-ci sauf stipulation expresse. • Paris, 11 mai 1987 : *D. 1988. Somm. 347, obs. Mousseron et Schmidt ; Ann. propr. ind. 1987. 198, obs. Magnin.*

5. Déclaration de priorité. Une rectification de la déclaration de priorité peut être admise lorsqu'elle ne lèse pas les intérêts des tiers ; tel est le cas lorsqu'elle intervient avant la publication de la demande ou lorsque l'erreur est manifeste au vu de la demande publiée. • OEB ch. rec. jur., 1er déc. 1992, J. 3/91 : *JO OEB 1994. 349 ; JCP E 1995. I. 471, n° 10, obs. Burst et Mousseron* • 1er déc. 1992, J. 6/91 : *JO OEB 1994. 349.*

*6. **Calcul du délai.*** L'art. 4 de la CUP visant expressément la réception des demandes et non leur envoi, on ne peut soutenir que l'art. R. 612-1 CPI, en ce qu'il fait référence à la date de réception des pièces à l'INPI, limite les droits du déposant tels qu'instaurés par l'art. 4 de la CUP ; l'art. L. 612-16 CPI excluant expressément de son champ d'application le délai de priorité unioniste, on ne peut se prévaloir, à titre d'excuse légitime, d'un retard de la Poste. • Paris, 14 oct. 1998 : *PIBD 1999. III. 191.*

7. Sur la priorité d'un dépôt dans un pays non unioniste, V. art. L. 611-12. ♦ Sur la priorité interne, V. note ss. art. L. 612-3. ♦ Sur l'exclusion du recours en restauration, V. art. L. 612-16.

SECTION II **INSTRUCTION DES DEMANDES**

BIBL. ▸ Wuylens, Défense nationale et brevet d'invention, *éd. Cédat, 1999.*

Art. L. 612-8 Le ministre chargé de la défense est habilité à prendre connaissance auprès de l'Institut national de la propriété industrielle, à titre confidentiel, des demandes de brevet. – *[L. n° 68-1 du 2 janv. 1968, art. 24.]*

COMMENTAIRE

La mise en œuvre de l'instruction d'une demande de brevet avec tous ses effets, et notamment la publicité, est soumise à l'autorisation préalable du ministère de la Défense. Cette condition n'est d'ailleurs pas limitée à la procédure nationale. Le déposant ne peut échapper à cette formalité en réalisant sa demande hors de France (instruction interministérielle 9062/DN/CAB du 13 févr. 1973). Les inventions intéressant la défense nationale sont définies très largement et ne sont pas réduites à l'armement. La sélection des inventions concernées est réalisée *in situ* par des ingénieurs délégués par le ministère dans le cadre de la procédure établie par l'article R. 612-26. ❑

Art. L. 612-9 Les inventions faisant l'objet de demandes de brevet ne peuvent être divulguées et exploitées librement aussi longtemps qu'une autorisation n'a été accordée à cet effet. – *V. art. R. 612-27.*

Pendant cette période, les demandes de brevet ne peuvent être rendues publiques, aucune copie conforme de la demande de brevet ne peut être délivrée sauf autorisation, et les procédures prévues aux articles L. 612-14, L. 612-15 et au 1° de l'article L. 612-21 ne peuvent être engagées.

Sous réserve de l'article L. 612-10, l'autorisation prévue au premier alinéa du présent article peut être accordée à tout moment. Elle est acquise de plein droit au terme d'un délai de cinq mois à compter du jour du dépôt de la demande de brevet. – *V. art. R. 612-28 et R. 612-30.*

Les autorisations prévues aux premier et deuxième alinéas du présent article sont accordées par le ministre chargé de la propriété industrielle sur avis du ministre chargé de la défense. – *[L. n° 68-1 du 2 janv. 1968, art. 25.]*

COMMENTAIRE

L'autorisation de la défense nationale concerne toutes les inventions qui doivent attendre d'être libérées pour pouvoir être exploitées ou simplement divulguées, même en renonçant à l'obtention d'un titre. Cet accord intervient en moyenne dans les quinze jours à l'initiative des services de la défense nationale ou sur demande du déposant. A défaut, l'alinéa 3 prévoit une autorisation tacite au terme de cinq mois. ❑

Art. L. 612-10 Avant le terme du délai prévu au deuxième alinéa de l'article L. 612-9, les interdictions édictées à l'alinéa premier dudit article peuvent être prorogées, sur réquisition du ministre chargé de la défense, pour une durée d'un an renouvelable. Les interdictions prorogées peuvent être levées à tout moment, sous la même condition.

La prorogation des interdictions édictées en vertu du présent article ouvre droit à une indemnité au profit du titulaire de la demande de brevet, dans la mesure du préjudice subi. A défaut d'accord amiable, cette indemnité est fixée par le tribunal de grande instance. A tous les degrés de juridiction, les débats ont lieu en chambre du conseil.

Une demande de révision de l'indemnité prévue à l'alinéa précédent peut être introduite par le titulaire du brevet à l'expiration du délai d'un an qui suit la date du jugement définitif fixant le montant de l'indemnité.

Le titulaire du brevet doit apporter la preuve que le préjudice qu'il subit est supérieur à l'estimation du tribunal. – *[L. nº 68-1 du 2 janv. 1968, art. 26 et 27.] – V. art. R. 612-28 et R. 612-30.*

COMMENTAIRE

Dans un premier temps, les inventions intéressant la défense nationale sont mises en attente avant décision finale. Cette prorogation de l'examen concerne environ 1 500 demandes par an. En définitive, seule une vingtaine de demandes seront retenues et donc « classifiées ». Dans les faits, l'indemnité d'immobilisation n'est jamais réclamée car les inventions en cause sont le plus souvent l'objet d'une convention de coopération entre le déposant et la défense nationale.

Art. L. 612-11 Le directeur de l'Institut national de la propriété industrielle examine la conformité des demandes de brevet avec les dispositions législatives et réglementaires mentionnées à l'article L. 612-12. – *[L. nº 68-1 du 2 janv. 1968, art. 67, al. 1er.] – V. art. R. 612-37.*

COMMENTAIRE

L'objectif de l'instruction par l'INPI est de se prononcer sur la recevabilité de la demande. Les critères étudiés sont ceux dont l'absence de conformité justifie le rejet du dépôt. Ils sont énumérés à l'article L. 612-12. La nature de l'examen des demandes est abordée dans le commentaire de cet article.

Art. L. 612-12 Est rejetée, en tout ou partie, toute demande de brevet :

1º Qui ne satisfait pas aux conditions visées à l'article L. 612-1 ;

2º Qui n'a pas été divisée conformément à l'article L. 612-4 ;

3º Qui porte sur une demande divisionnaire dont l'objet s'étend au-delà du contenu de la description de la demande initiale ;

4º *(L. nº 2004-1338 du 8 déc. 2004, art. 132-IV)* **« Qui a pour objet une invention manifestement non brevetable en application des articles** *(L. nº 2008-776 du 4 août 2008)* **« L. 611-16 à » L. 611-19 ; »**

5º Dont l'objet ne peut manifestement être considéré comme une invention au sens de l'article L. 611-10, deuxième paragraphe *(Abrogé par L. nº 2008-776 du 4 août 2008, art. 132-IV)* ***« ou comme une invention susceptible d'application industrielle au sens de l'article L. 611-16 »*** **;**

6º Dont la description ou les revendications ne permettent pas d'appliquer les dispositions de l'article L. 612-14 ;

7º Qui n'a pas été modifiée, après mise en demeure, alors que l'absence de nouveauté résultait manifestement du rapport de recherche ;

8º Dont les revendications ne se fondent pas sur la description ;

9º *(L. nº 94-102 du 5 févr. 1994, art. 24)* **« Lorsque le demandeur n'a pas, s'il y a lieu, présenté d'observations ni déposé de nouvelles revendications au cours de la procédure d'établissement du rapport de recherche prévu à l'article L. 612-14. »** – *V. art. R. 612-49 et R. 612-51.*

Si les motifs de rejet n'affectent la demande de brevet qu'en partie, seules les revendications correspondantes sont rejetées.

(L. nº 2004-1338 du 8 déc. 2004) **« En cas de non-conformité partielle de la demande aux dispositions des articles L. 611-17** *(L. nº 2008-776 du 4 août 2008, art. 132-IV)* **« , L. 611-18, L. 611-19 (4º du I) » ou L. 612-1, il est procédé d'office à la suppression des parties correspondantes de la description et des dessins. »** – *[L. nº 68-1 du 2 janv. 1968, art. 16.]*

COMMENTAIRE

Le présent article énonce les causes de rejet de la demande par l'INPI, c'est-à-dire en amont de la délivrance du titre. La procédure française opère un glissement progressif, notamment sous l'influence des pratiques européennes, vers un système dit de « délivrance contrôlée ».

L'INPI joue donc un rôle qui dépasse une simple fonction d'enregistrement.

L'Institut national vérifie la régularité formelle. Il sanctionne à la fois l'absence de respect des formalités et de leur présentation : concept inventif non divisé, division aboutissant à élargir les contours de l'invention, lacunes dans la rédaction de la description ou des revendications, ou dans l'articulation entre ces deux documents, sont autant de motifs de rejet.

L'INPI juge aussi le respect des conditions de fond. Il rejette les demandes qui ne portent pas sur des inventions au sens de l'article L. 611-10, 2°, et notamment les logiciels en tant que tels, les méthodes commerciales ou les créations esthétiques. Il exclut les inventions contraires à l'ordre public, aux bonnes mœurs ou à l'éthique, y compris sur les animaux ou sur les méthodes de soins.

Concernant la nouveauté, le rejet n'est possible que si l'antériorité résulte « manifestement » du rapport de recherche. Étant entendu que, dans cette situation, le demandeur n'a pas modifié sa demande après réception du rapport de recherche préliminaire, faculté offerte par les articles R. 612-57 à R. 612-60. Un rapport de recherche simplement réservé ou même favorable ne lie pas le juge qui pourra le cas échéant prononcer la nullité du titre. En revanche, et contrairement à la procédure européenne, l'INPI n'évalue pas directement le niveau d'activité inventive.

Un motif de rejet laisse néanmoins la possibilité d'une admission partielle après « toilettage » des revendications contestables et de la description associée.

La recevabilité de la demande n'exclut pas qu'une action en nullité puisse prospérer. Les motifs de nullité de l'article L. 613-25 sont plus étendus, mais reprennent pour l'essentiel les cas de rejet de l'article L. 612-12, permettant ainsi de pallier d'éventuels défauts d'attention de l'INPI. ❑

Demande divisionnaire. *A contrario,* la demande divisionnaire peut reprendre des caractéristiques de la description qui ne sont pas revendiquées dans la demande de base. • TGI Paris, 30 nov. 1994 : *PIBD 1995. III. 147.* ♦ V. art. L. 613-25, *c*). ♦ La CBE n'interdit pas la présence, dans une demande divisionnaire, d'une revendication indépendante liée à une revendication indépendante contenue dans la demande initiale de telle sorte que la demande initiale incluait toutes les caractéristiques de la revendication divisionnaire combinées à une autre caractéristique supplémentaire. • OEB ch. rec. tech., 12 mai 2000, T. 587/98 : *JO OEB nov. 2000, p. 497.*

Art. L. 612-13 **Du jour du dépôt de la demande et jusqu'au jour où la recherche documentaire préalable au rapport prévu** *(L. n° 94-102 du 5 févr. 1994, art. 25)* **« à l'article L. 612-14 » a été commencée, le demandeur peut déposer de nouvelles revendications.**

La faculté de déposer de nouvelles revendications est ouverte au demandeur d'un certificat d'utilité jusqu'au jour de la délivrance de ce titre.

Du jour de la publication de la demande de brevet en application du 1° de l'article L. 612-21 et dans un délai fixé par voie réglementaire, tout tiers peut adresser à l'Institut national de la propriété industrielle des observations écrites sur la brevetabilité, au sens des articles L. 611-11 et L. 611-14, de l'invention objet de ladite demande. L'Institut national de la propriété industrielle notifie ces observations au demandeur qui, dans un délai fixé par voie réglementaire, peut présenter des observations en réponse et déposer de nouvelles revendications. – *[L. n° 68-1 du 2 janv. 1968, art. 18.] – V. art. R. 612-63 et R. 612-64.*

COMMENTAIRE

Cet article offre au déposant différents moyens d'améliorer la rédaction de sa demande lui permettant d'affiner dans le temps les contours de son invention.

L'alinéa 1er autorise d'abord le déposant à modifier lui-même les revendications jusqu'au début de la recherche en vue de la rédaction du rapport qui, très logiquement, fige la demande. Ensuite, le déposant peut modifier sa demande pour tenir compte des conclusions du rapport de recherche préliminaire ou des observations formulées par des tiers dans le cadre de la procédure prévue à l'alinéa 3 (V. art. R. 612-58 à R. 612-61 et R. 612-64).

Les modifications viseront généralement à réduire le périmètre des revendications en raison de la découverte d'antériorités. Il est aussi possible d'étendre ce dernier, mais dans ce cas, les extensions ne sont pas protégées rétroactivement : seule leur publication les rend opposables aux tiers.

Enfin, en cours d'examen, l'INPI peut aussi solliciter le demandeur afin de corriger des éléments susceptibles d'entraîner le rejet (V. art. R. 612-49 à R. 612-51).

L'information des tiers s'effectue par la publication de la demande, soit dix-huit mois après le dépôt tel que mentionné à l'article L. 612-21. Il est alors prévu par l'alinéa 2 une procédure permettant à tout intéressé de transmettre des critiques à l'égard de la demande. Cette notification ne lie pas l'Office ni n'ouvre un complément d'instruction. Elle concerne le demandeur qui a la faculté de se justifier. Elle est donc sensiblement différente de la procédure d'opposition prévue par la procédure de brevet européen (CBE, art. 99 s., *App., v° Propriété industrielle, Brevets*) ou la procédure nationale en matière de marque (V. CPI, art. L. 712-4). Ces observations écrites n'ont aucune conséquence directe sur la poursuite de la procédure et la délivrance du titre. La faculté offerte par l'alinéa 3 est donc rarement mise en œuvre. ❑

1. Modification des revendications. Faculté de modifier la revendication jusqu'à la délivrance à condition que la revendication soit supportée par la description. • TGI Paris, 6 juill. 1994 : *PIBD 1994. III. 561.* ♦ Les caractéristiques qui ont été exposées uniquement dans un autre document indiqué dans la description peuvent être introduites ultérieurement par une modification dans les revendications de la demande et présentées comme des caractéristiques essentielles de l'invention pour lesquelles la protection est demandée. • OEB ch. rec. tech., 21 janv. 1992, T. 689/90 : *JO OEB 1993. 616 ; JCP E 1995. I. 471, obs. Burst et Mousseron.*

2. Opposabilité. Des revendications, dont l'objet est étendu pendant la procédure de délivrance, ne sont opposables aux tiers qu'à compter de la publication de la délivrance du brevet. • Paris, 21 juin 1990 : *Ann. propr. ind. 1992. 306.*

Art. L. 612-14 Sous réserve des dispositions prévues à l'article L. 612-15 et si elle a reçu une date de dépôt, la demande de brevet donne lieu à l'établissement d'un rapport de recherche sur les éléments de l'état de la technique qui peuvent être pris en considération pour apprécier, au sens des articles L. 611-11 et L. 611-14, la brevetabilité de l'invention.

Ce rapport est établi dans des conditions fixées par décret. – *[L. n° 68-1 du 2 janv. 1968, art. 19.] – V. art. R. 612-53 s.*

COMMENTAIRE

Anciennement appelé avis documentaire, le rapport de recherche a vocation à détailler et notifier tous les documents antériorisant l'invention et donc susceptibles d'affecter la nouveauté. L'assiette de la recherche est constituée de toutes les sources disponibles : bases de données brevets, publications scientifiques y compris sur internet…

Les documents trouvés sont placés dans une catégorie représentée par une lettre (X, Y, A, O, P, T, E, D, L). Cette notation définit le degré de proximité entre l'information préexistante et l'une ou plusieurs des revendications. La présence d'un document pertinent remet à lui seul en cause la nouveauté et impose une modification de la demande sous peine de rejet.

L'INPI sous-traite cette opération au service de l'Office européen des brevets situé à La Haye. Une partie du coût reste à la charge de l'office national qui a choisi de limiter les redevances de procédure.

Dans un premier temps, un rapport de recherche préliminaire est rédigé environ dix mois après le dépôt de la demande. Le demandeur est invité à réagir dans un délai de trois mois en apportant des observations ou en modifiant ses revendications (V. art. R. 612-58). Il est dans son intérêt d'être diligent car, en cas d'antériorité manifeste non corrigée, l'INPI pourra rejeter de la demande comme énoncé par l'article L. 612-12, 7°.

Passé cette période, le rapport, éventuellement corrigé pour tenir compte des changements apportés par le demandeur, devient définitif. ❑

Art. L. 612-15 *(Ord. n° 2008-1301 du 11 déc. 2008)* **Le demandeur peut transformer sa demande de brevet en demande de certificat d'utilité dans des conditions fixées par voie réglementaire.**

Les demandes de brevets pour lesquelles a été demandé le bénéfice de l'établissement différé du rapport de recherche préliminaire sans que ce dernier n'ait été requis à la date d'entrée en vigueur de l'ordonnance du 11 déc. 2008 restent soumises aux dispositions de l'art. L. 612-15 tel que rédigé lors du dépôt de ces demandes.

COMMENTAIRE

Le texte réglementaire visé est le décret n° 2008-1472 du 30 décembre 2008.

Depuis l'ordonnance du 11 décembre 2008, le déposant ne bénéficie plus de la faculté de retarder la rédaction du rapport de recherche jusqu'au jour de la publication de la demande, soit dix-huit mois. Cette possibilité était peu utilisée dans la mesure où la valeur de l'invention, déduite de la recherche d'antériorité, était connue trop tard pour que le déposant puisse se prévaloir du délai de priorité unioniste (V. CPI, art. L. 612-3 et son comm.). De surcroît, le coût du rapport de recherche a beaucoup baissé ces dernières années et ne constitue plus un obstacle (V. CPI, art. L. 612-14, et tarif ss. art. R. 411-17).

Le rapport de recherche préliminaire est désormais transmis au demandeur dans les neuf mois qui suivent le dépôt, moyennant une taxe à acquitter dans le délai d'un mois.

Cette réforme interdit donc désormais la transformation automatique de la demande de brevet en demande de certificat d'utilité à défaut de paiement de la redevance (sur la notion, V. comm. ss. art. L. 611-2). L'option pour ce « petit brevet » demeure possible lors du dépôt de la demande ou par une requête écrite en transformation dans les dix-huit mois à compter du dépôt ou de la date de priorité revendiquée (art. R. 612-55). ❑

Ancien art. L. 612-15 ***Le demandeur peut requérir que l'établissement du rapport de recherche soit différé pendant un délai de dix-huit mois ; ce délai court du dépôt de la demande de brevet ou de la date de priorité si une priorité a été revendiquée. Le demandeur peut renoncer à cette requête à tout moment ; il doit le faire avant d'exercer une action en contrefaçon ou de procéder à la notification prévue au premier alinéa de l'article L. 615-4. A partir de la publication prévue au 1° de l'article L. 612-21, tout tiers peut requérir l'établissement du rapport de recherche.***

Le demandeur peut à tout moment transformer sa demande de brevet en demande de certificat d'utilité. Au terme du délai prévu à l'alinéa précédent, si le rapport de recherche n'a pas été requis, cette transformation est prononcée d'office dans des conditions fixées par voie réglementaire. — [L. n° 68-1 du 2 janv. 1968, art. 20.] — V. art. R. 611-19 et R. 612-53 s.

Art. L. 612-16 *(Ord. n° 2008-1301 du 11 déc. 2008)* **Le demandeur qui n'a pas respecté un délai à l'égard de l'Institut national de la propriété industrielle peut présenter un recours en vue d'être restauré dans ses droits s'il justifie d'une excuse légitime et si l'inobservation de ce délai a pour conséquence directe le rejet de la demande de brevet ou d'une requête, la déchéance de la demande de brevet ou du brevet ou la perte de tout autre droit.**

Le recours doit être présenté au directeur de l'Institut national de la propriété industrielle dans un délai de deux mois à compter de la cessation de l'empêchement. L'acte non accompli doit l'être dans ce délai. Le recours n'est recevable que dans un délai d'un an à compter de l'expiration du délai non observé.

Lorsque le recours se rapporte au défaut de paiement d'une redevance de maintien en vigueur, le délai non observé s'entend du délai de grâce prévu au second alinéa de l'article L. 612-19 et la restauration n'est accordée par le directeur de l'Institut national de la propriété industrielle qu'à la condition que les redevances de maintien en vigueur échues au jour de la restauration aient été acquittées dans le délai prescrit par voie réglementaire.

Les dispositions du présent article ne sont applicables ni aux délais prévus aux deuxième et troisième alinéas, à l'article L. 612-16-1 et aux délais de présentation et de correction d'une déclaration de priorité prescrits par voie réglementaire, ni au délai de priorité institué par l'article 4 de la convention de Paris pour la protection de la propriété industrielle.

V. art. R. 613-52 et R. 613-52-2.

COMMENTAIRE

La loi offre encore au demandeur une procédure de *restitutio in integrum* ou recours en restitution. Ce mécanisme a pour objet d'éviter qu'un retard du fait du déposant en cours de procédure n'entraîne une perte de droits, et principalement un rejet de la demande. Ce recours s'applique tant aux demandes nationales qu'aux demandes de brevets européens désignant le France.

L'intéressé doit rapporter une excuse légitime. Elle est appréciée assez largement et comprend toutes les causes étrangères au déposant (procédure gratuite) mais aussi certaines erreurs (procédure payante : 150 €).

Appliquant le Patent Law Treaty (V. App., v° *Propriété industrielle, Brevets*), l'ordonnance du 11 décembre 2008 fusionne la procédure prévue à l'article L. 613-22 (désormais abrogé) avec celle de la présente disposition. Désormais, tous les recours en restauration, y compris après une décision de déchéance pour défaut de paiement d'une annuité, sont enfermés dans un double délai (deux mois à compter de la cessation de l'empêchement et un an à compter du manquement). □

Le délai de demande en restauration ne court pas si la décision de déchéance a été irrégulièrement notifiée. Le recours en restauration tel que modifié par l'Ord. du 11 déc. 2008 suit le principe selon lequel « les voies de recours dont une décision est susceptible sont déterminées par la loi en vigueur au jour où elle a été rendue ». • Com. 12 avr. 2016, n° 14-17.437 : *Dalloz IP/IT 2016. 365, obs. Pollaud-Dulian ; PIBD 2016. III. 450 ; Propr. intell. 2016, n° 52, p. 28, note Raynard (spéc. sur la question de droit transitoire posée aussi par la décision).* ♦ L'excuse légitime et la cessation de l'empêchement sont appréciées au regard du titulaire des droits. Le délai de 2 mois ne court qu'à compter de la connaissance de la déchéance par ce dernier, peu importe que le mandataire en ait été informé. • Paris, 1re ch., pôle 5, 25 avr. 2017, n° 2016/11489 : *PIBD 2017. III. 461.*

Ancien art. L. 612-16 ***Le demandeur qui n'a pas respecté un délai à l'égard de l'Institut national de la propriété industrielle peut présenter un recours en vue d'être restauré dans ses droits s'il justifie d'une excuse légitime et si l'empêchement a pour conséquence directe le rejet de la demande de brevet ou d'une requête, la perte de tout autre droit ou celle d'un moyen de recours.***

Le recours doit être présenté au directeur de l'Institut national de la propriété industrielle dans un délai de deux mois à compter de la cessation de l'empêchement. L'acte non accompli doit l'être dans ce délai. Le recours n'est recevable que dans un délai d'un an à compter de l'expiration du délai non observé.

Les dispositions du présent article ne sont applicables ni aux délais prévus aux articles L. 612-15, L. 612-19 et L. 613-22 ni au délai de priorité institué par l'article 4 de la Convention de Paris pour la protection de la propriété industrielle. — [L. n° 68-1 du 2 janv. 1968, art. 20 bis.] — V. art. R. 613-52.

1. Nature du délai de recours en restauration. Prévu pour assurer la sécurité et la protection des tiers et leur permettre de calculer sans risque la date de son expiration, dès lors qu'ils ont la possibilité de connaître son point de départ par les bulletins officiels, le délai est un délai préfix insusceptible d'être suspendu. • Paris, 28 sept. 1994 : *PIBD 1994. III. 591 ; RJDA 1995/1 n° 86. 68 ; RTD com. 1995. 414, obs. Azéma* • Com. 15 avr. 1986 : *Bull. civ. IV, n° 60.*

2. Excuse légitime. V. par exemple • Paris, 28 juin 1984 : *Ann. propr. ind. 1985. 154* • 28 sept. 1994 : *PIBD 1994. III. 592.* ♦ Dans le cas d'un recours en restauration, l'empêchement doit s'apprécier à l'égard de la personne du demandeur à la restauration du brevet et non du mandataire. • Com. 18 févr. 1986 : *Bull. civ. IV, n° 19 ; PIBD 1986, III, p. 172 ; Ann. propr. ind. 1987. 77 ; RTD com. 1987. 44, obs. Chavanne* • 18 févr. 1986 : *PIBD 1986, III, p. 152.* ♦ Et, précisant qu'en cas de transmission partielle des droits attachés à une demande de brevet, le pouvoir de représentation du mandataire constitué par le demandeur originel s'étendant, sauf révocation expresse, à la réception de toutes les notifications, le cessionnaire ne saurait faire valoir qu'elles n'ont fait courir aucun délai à son encontre. • Aix-en-Provence, 9 janv. 1997 : *PIBD 1997. III. 201.* ♦ Le caractère d'excuse légitime ne résultant pas de la nature même de l'événement, le lien de causalité entre le non-paiement et les circonstances particulières doit être établi pour que la décision en restauration des droits soit fondée. • Paris, 5 juill. 1996 : *RTD com. 1997. 446, obs. Azéma ; PIBD 1996. III. 604 ; RDPI 1996, n° 70, p. 29.* ♦ En l'absence de volonté établie du breveté d'abandonner son droit, la faute d'un mandataire convenablement choisi constitue l'excuse légitime permettant la restauration d'un brevet déchu faute de paiement des annuités en temps utile. • Com 19 févr. 1985 : *PIBD 1985, III, p. 197 ; D. 1986. Somm. 133, obs. Mousseron et Schmidt* • Com. 15 juin 1999 : *PIBD 1999. III. 401.* – Rejetant le pourvoi contre • Paris, 12 mars 1997 : *PIBD 1997. III. 319.* – V. aussi • Paris, 5 oct. 1987 : *Ann. propr. ind. 1988. 301* • 22 janv. 1987 : *ibid. 302* • 14 janv. 1987 : *ibid. 159* • 8 juin 1988 : *RTD com. 1989. 228, obs. Chavanne et Azéma.* ♦ ... Il n'en va pas de même lorsque le choix d'un mandataire non qualifié apparaît fautif. • Com. 26 janv. 1976 : *PIBD 1976, III, p. 178.* ♦ La désorganisation des services de l'entreprise à la suite d'une tentative de cambriolage constitue une excuse légitime. • Lyon, 5 nov. 1998 : *PIBD 1999. III. 220.*

3. Point de départ du délai. Le délai de restauration prévu par l'art. L. 612-16 a pour point de départ la date d'expiration du délai non observé et non la date à laquelle l'INPI informe le breveté que le délai n'a pas été respecté, puisque aucun texte n'oblige l'INPI à informer personnellement le breveté ou son conseil de l'inobservation du délai. • Paris, 28 sept. 1994 : *préc. note 1.*

4. Recours contre la décision de restauration. On ne peut assimiler au dépôt effectif d'un recours la simple annonce d'un tel dépôt. • Paris, 1er juin 1994 : *PIBD 1994. III. 497.* ♦ La décision du directeur de l'INPI statuant sur un recours en restauration est inscrite au RNB et mentionnée au *BOPI* ; seule la seconde de ces publications fait courir le délai de recours ouvert contre une telle décision aux personnes autres que celles auxquelles elle est notifiée. • Com. 19 févr. 1991 : *Bull. civ. IV, n° 77 ; PIBD 1991. III. 392 ; RJDA 1991/3. 177, concl. Raynaud* • Paris, 10 mai 1990 : *Ann. propr. ind. 1991. 126.* ♦ Les dispositions de l'art. 643 C. pr. civ. ne sont pas applicables aux recours présentés devant le directeur général de l'INPI sur le fondement de l'art. L. 612-16 CPI. • Com. 14 mai 2013 : *Bull. civ. IV, n° 79 ; Dalloz actualité, 6 juin 2013, obs. Daleau ; D. 2013. AJ 1269*

5. Exclusion en matière de priorité unioniste. • Paris, 14 oct. 1998 : *PIBD 1999. III. 191.*

6. Restauration. La restauration des droits est effective à compter de la date de la régularisation de la demande de brevet. • Com. 24 sept. 2003 : *PIBD 2004. III. 117.* ♦ V. aussi ss. art. L. 612-22.

Art. L. 612-16-1 *(Ord. n° 2008-1301 du 11 déc. 2008)* **Le demandeur qui n'a pas respecté le délai de priorité institué par l'article 4 de la convention de Paris pour la protection de la propriété industrielle à l'égard de l'Institut national de la propriété industrielle peut présenter un recours en vue d'être restauré dans son droit s'il justifie d'une excuse légitime.**

La demande de brevet, déposée plus d'un an après la demande antérieure dont elle revendique la priorité, doit l'être dans le délai de deux mois à compter de l'expiration du délai de priorité.

Le recours doit également être présenté auprès du directeur général de l'INPI dans le délai de deux mois à compter de l'expiration du délai de priorité. Toutefois, le recours n'est pas recevable s'il est présenté après l'achèvement des préparatifs techniques de publication de la demande de brevet.

V. note ss. art. L. 612-16.

COMMENTAIRE

Depuis l'ordonnance du 11 décembre 2008 se conformant au Patent Law Treaty (V. App., v° *Propriété industrielle, Brevets*), la procédure de *restitutio in integrum* définie à l'article L. 612-16 concerne aussi les retards dans la mise en œuvre du délai de priorité unioniste (sur la notion, V. art. 4 de la Convention de l'Union de Paris, App., v° *Propriété industrielle, Dispositions générales*, et art. L. 612-3 et son comm.). La requête est recevable si elle est introduite dans les deux mois à compter de l'expiration du délai de priorité et si le déposant justifie d'un empêchement légitime.

Art. L. 612-17 **Après l'accomplissement de la procédure prévue** *(Ord. n° 2008-1301 du 11 déc. 2008)* **« à l'article L. 612-14 », le brevet est délivré.**

Tous les titres délivrés comprennent la description, s'il y a lieu les dessins, les revendications et, s'il s'agit d'un brevet, le rapport de recherche. – *[L. n° 68-1 du 2 janv. 1968, art. 21.]*

COMMENTAIRE

Au terme de la procédure et en l'absence de rejet de la demande pour l'un des motifs prévus à l'article L. 612-12, le titre est délivré par décision du directeur de l'INPI : l'invention est brevetée.

La délivrance est évidemment subordonnée à l'établissement (et au contenu) du rapport de recherche visé à l'article L. 612-14. La réalisation de celui-ci ne pouvant plus être différée depuis l'ordonnance de décembre 2008, la référence à l'article L. 612-15 a disparu (sur la question, V. comm. sous ladite disposition).

Il est édité et délivré un fascicule brevet qui requiert le paiement d'une redevance de 85 €. Un exemplaire est remis au bénéficiaire. Tous les éléments de l'invention utilisés pour la procédure sont reproduits, y compris le rapport de recherche définitif.

Ces documents ne sont pas publiés au *BOPI*, qui indique simplement la délivrance du titre par référence au numéro d'enregistrement de la demande et à la date du bulletin dans lequel l'abrégé de la demande est reproduit. Les textes complets sont consultables à l'INPI ou par l'intermédiaire de différentes bases de données comme esp@cenet (service proposé par l'Office européen des brevets).

Art. L. 612-18 Lorsque le fonctionnement normal des communications est interrompu, un décret qui prendra effet à compter du jour de l'interruption peut suspendre les délais à l'égard de l'Institut national de la propriété industrielle pendant toute la durée de cette interruption. — *[L. nº 68-1 du 2 janv. 1968, art. 70 bis.]*

COMMENTAIRE

Le présent article crée la possibilité de prévoir par décret des prorogations du délai pour l'accomplissement des formalités de dépôt. Les circonstances justifiant ce tempérament sont liées à une interruption des communications, et notamment la grève des services postaux. De telles dispositions ont été prises en 1989 (décret nº 89-204) et 1996 (décret nº 96-460).

Décret nº 89-204 du 4 avril 1989, *portant suspension, en matière de brevets d'invention, des délais prescrits à l'égard de l'Institut national de la propriété industrielle.*

Art. 1er Les délais prescrits à l'égard de l'Institut national de la propriété industrielle, en matière de brevets d'invention, sont suspendus lorsque l'interruption du fonctionnement normal d'un centre de tri postal intervenue entre le 12 octobre 1988 et le 31 décembre 1988 a entraîné un retard faisant obstacle à l'accomplissement d'une formalité.

La suspension est acquise pour la durée d'interruption du fonctionnement normal du centre de tri.

Art. 2 La suspension est constatée dans chaque cas par décision du directeur général de l'Institut national de la propriété industrielle sur requête du titulaire du brevet ou de la demande de brevet, dûment justifiée, formulée dans un délai de deux mois à compter de la publication du présent décret.

La décision du directeur général de l'institut est rendue, et susceptible de recours, dans les conditions prévues aux articles 67 et suivants de la loi nº 68-1 du 2 janvier 1968 sur les brevets d'invention *[CPI, art. L. 411-4 et L. 411-5]* et 109 et suivants du décret nº 79-822 du 19 septembre 1979 *[abrogés par Décr. nº 92-251 du 17 mars 1992 ; V. désormais CPI, art. R. 411-19 à R. 411-26]*.

Décret nº 96-460 du 23 mai 1996, *portant suspension, en matière de brevets d'invention, des délais prescrits à l'égard de l'Institut national de la propriété industrielle.*

Art. 1er Les délais prescrits à l'égard de l'Institut national de la propriété industrielle, en matière de brevets d'invention, sont suspendus pour la période du 24 novembre 1995 au 17 décembre 1995.

Art. 2 La suspension est constatée, sur requête du titulaire du brevet ou de la demande de brevet, après vérification des dates applicables, par le directeur général de l'Institut national de la propriété industrielle. La requête doit être formulée dans un délai de trois mois à compter de la publication du présent décret *[JO 30 mai]*.

Art. L. 612-19 Toute demande de brevet ou tout brevet donne lieu au paiement de redevances annuelles qui doivent être acquittées au plus tard au jour fixé par décret pris en Conseil d'État.

Lorsque le paiement d'une redevance annuelle n'a pas été effectué à la date prévue à l'alinéa précédent, ladite redevance peut être valablement versée dans un délai *(Ord. nº 2008-1301 du 11 déc. 2008)* **« de grâce » de six mois moyennant le paiement d'un supplément dans le même délai.** — *[L. nº 68-1 du 2 janv. 1968, art. 41.] — V. art. R. 612-72, R. 613-46, R. 613-47 et R. 613-63 s.*

COMMENTAIRE

Le demandeur paye pour les frais de procédure. Le breveté continue de payer pour conserver son titre. Les redevances de maintien en vigueur succèdent à celles de procédure évoquées sous l'article L. 612-1. Ces sommes permettent notamment à l'INPI de jouir d'une autonomie financière.

Le versement d'une annualité procède d'un caractère dissuasif et oblige les titulaires à la plus grande vigilance, d'où l'importance d'une gestion rigoureuse du portefeuille de titres qui peut être confiée à un conseil en propriété industrielle (V. CPI, art. L. 422-1). Les exigences quant au versement des échéances sont précisées à l'article R. 613-46. La loi tolère néanmoins un retard de six mois au plus moyennant une majoration de 50 % (al. 2).

La dissuasion est encore renforcée par la progressivité de la redevance par tranches de cinq ans : de 35 € pour chacune des cinq premières années à 600 € pour chacune des cinq dernières.

L'article L. 613-22 place le défaut de paiement des redevances de maintien en vigueur parmi les motifs de perte des droits. En pratique, les droits sont en général abandonnés de cette façon sans attendre l'expiration du monopole ni résulter d'une renonciation expresse. ❑

Art. L. 612-20 *(L. nº 2005-842 du 26 juill. 2005, art. 22)* **Le montant des redevances perçues à l'occasion du dépôt, de l'examen et de la délivrance du brevet ainsi que de son maintien en vigueur peut être réduit lorsque le demandeur appartient à l'une des catégories suivantes :**

— personne physique ;

— petite ou moyenne entreprise ;

— organisme à but non lucratif du secteur de l'enseignement ou de la recherche.

Le bénéfice de la réduction est acquis sur simple déclaration. Toute fausse déclaration est constatée, à tout moment et à l'issue d'une procédure contradictoire, par une décision du directeur de l'Institut national de la propriété industrielle prise dans les conditions prévues à l'article L. 411-4. Cette décision est assortie d'une amende administrative dont le montant ne peut excéder dix fois le montant des redevances qui étaient dues et dont le produit est versé à l'Institut national de la propriété industrielle.

Les modalités d'application du présent article sont fixées par décret en Conseil d'État.

COMMENTAIRE

Le présent article institue des tarifs préférentiels. Ces derniers s'appliquent à l'ensemble des redevances de procédure et à celles de maintien en vigueur jusqu'à la septième annuité. Elles visent à la fois à tenir compte du degré de fortune du déposant et à promouvoir le brevet, notamment auprès des personnes physiques. A l'heure actuelle la réduction est de 25 %. Les modalités permettant de bénéficier des tarifs préférentiels sont définies à l'article R. 612-63 et suivants.

Les PME concernées sont celles de moins de 250 salariés, dont le chiffre d'affaires est inférieur à 50 millions d'euros et dont le capital n'est pas détenu à plus de 25 % par une entité ne remplissant pas ces premières conditions.

L'OSEO propose par ailleurs un service d'accompagnement au premier dépôt par une PME. Cette offre, intitulée « prestation technologique réseau » (PTR), peut prendre en charge jusqu'à 75 % du coût. ❑

SECTION III DIFFUSION LÉGALE DES INVENTIONS

Art. L. 612-21 L'Institut national de la propriété industrielle assure la publication, dans les conditions définies par décret en Conseil d'État, par mention au *Bulletin officiel de la propriété industrielle*, par mise à la disposition du public du texte intégral ou par diffusion grâce à une banque de données ou à la distribution du support informatique :

1º Du dossier de toute demande d'un brevet ou d'un certificat d'utilité au terme d'un délai de dix-huit mois à compter de sa date de dépôt ou à compter de la date de priorité si une priorité a été revendiquée, ou, sur simple requête du demandeur, avant l'expiration de ce délai ;

2º De toute demande d'un certificat complémentaire de protection, en annexe à la demande du brevet auquel le certificat se rattache, ou si cette dernière demande a déjà été publiée, dès son dépôt, avec l'indication dans ce cas du brevet auquel le certificat se rattache ;

3º De tout acte de procédure subséquent ;

4º De toute délivrance de l'un de ces titres ;

5° Des actes mentionnés à l'article L. 613-9 ;

6° De la date de l'autorisation mentionnée à l'article L. 611-3 avec l'indication du brevet correspondant. – *[L. n° 68-1 du 2 janv. 1968, art. 66 bis.] – V. art. R. 612-74 à R. 612-76.*

COMMENTAIRE

Les missions de l'Institut national sont définies à l'article L. 411-1, 2°. Parmi celles-ci figure la tâche d'organiser la publicité des inventions. La publication confère au brevet sa fonction documentaire. En participant à accroître l'état de la technique, la publicité est un effet, mais aussi une raison d'être du brevet fondé sur un principe de réciprocité. Par ailleurs, la publicité joue un rôle sur la mise en œuvre des droits puisque l'article L. 615-4 limite la qualification de contrefaçon des actes commis avant publication.

La publication s'effectue en deux temps.

D'abord un résumé de la demande, appelé « abrégé », est diffusé au *Bulletin officiel de la propriété industrielle*, édition Brevets d'invention, publié à un rythme hebdomadaire. Depuis janvier 2005, il est accessible gratuitement par téléchargement sur le site de l'INPI.

Ensuite, ce même périodique fait état de la délivrance du titre dans le mois qui la suit (V. art. R. 612-74). L'accès à la demande complète, et *a fortiori* au fascicule brevet, est possible dans les locaux de l'INPI ou par les moyens énoncés dans le commentaire de l'article L. 612-17. ❑

Inscription au Registre national des brevets. Sur le rôle de l'INPI, V. • Paris, 29 mai 1986 : *PIBD 1986, III, p. 352 ; RTD com. 1987. 44, obs. Chavanne et Azéma* • 21 mai 1976 : *D. 1976. 254, concl. Franck.*

Art. L. 612-22 Les dispositions de l'article L. 612-21 sont applicables aux demandes de brevet européen et brevets européens. – *[L. n° 77-683 du 30 juin 1977, art. 16 bis.]*

COMMENTAIRE

L'INPI est partie prenante de la procédure de délivrance des brevets européens. Son rôle est précisé aux articles L. 614-1 et suivants. Parmi ses fonctions, il assure la diffusion de l'information concernant les demandes européennes au besoin en traduisant les abrégés (V. art. L. 614-8). ❑

Décisions de déchéance et de restauration. Les tiers doivent pouvoir s'assurer que toute personne qui leur propose ses droits sur un brevet a bien les qualités pour le faire. Ces dispositions s'appliquent aux brevets européens concernant la France, selon l'art. L. 612-22. Admettre un requérant à solliciter, sans avoir fait publier son titre d'acquisition, la restauration du droit dont il se dit propriétaire sur un brevet, reviendrait à lui permettre de se présenter, à l'égard des tiers, comme le breveté ayant obtenu la restauration, alors qu'apparemment, c'est une autre personne qui est le breveté, et d'éluder ainsi une formalité essentielle pour la protection de la sécurité juridique due aux tiers. C'est donc à bon droit que le directeur de l'INPI a rejeté, comme irrecevable, la demande en restauration au motif que le requérant n'avait pas fait inscrire ses droits au RNB ou au Registre européen. • Paris, 18 mai 1994 : *PIBD 1994. III. 471 ; Ann. propr. ind. 1996. 56.*

Art. L. 612-23 Il est délivré par l'Institut national de la propriété industrielle, à la requête de toute personne intéressée ou sur réquisition de toute autorité administrative, un avis documentaire citant les éléments de l'état de la technique pouvant être pris en considération pour apprécier, au sens des articles L. 611-11 et L. 611-14, la brevetabilité de l'invention. – *[L. n° 68-1 du 2 janv. 1968, art. 67 bis, al. 1er.] – V. art. R. 613-60 à R. 613-62.*

COMMENTAIRE

L'avis documentaire est une prestation fournie à la demande par l'INPI depuis 1990. Il en coûtera 500 €. Il consiste en une expertise administrative sur la brevetabilité utilisant les informations révélées par le rapport de recherche. Il s'agit d'un éclairage du « client » qui ne lie pas l'office même s'il est établi dans le cadre d'une procédure contradictoire. Fort logiquement, les demandes d'avis sont donc notifiées au déposant (V. art. R. 613-61, II).

Ce document ne doit pas être confondu avec le rapport de recherche exigé par l'article L. 612-15, dont les conclusions peuvent entraîner le rejet de la demande. L'avis documentaire ne joue aucun rôle direct sur la procédure d'instruction de la demande. Il peut d'ailleurs être demandé après la délivrance du titre ou sur une demande de brevet européen désignant la France.

Sa fonction est de permettre au tiers de vérifier la valeur d'un titre ou d'une demande, objet d'un contrat dont il est partie. Il aidera aussi l'industriel à mesurer l'effet de l'invention d'un concurrent sur sa propre activité. ❑

1. L'avis documentaire n'est qu'un acte de simple information du déposant et des tiers et ne préjuge pas de la validité du brevet. • TGI Paris, 25 avr. 1985 : *PIBD 1985. III. 375.*

2. L'avis documentaire n'est pas une décision du directeur de l'INPI mais seulement un élément d'information destiné à faciliter l'opinion de toute personne intéressée sur la validité et la portée de brevet, il ne peut pas être attaqué par la voie du recours prévu à l'art. L. 411-4. • Com. 27 mai 1997 : *PIBD 1997. III. 545.*

CHAPITRE III **DROITS ATTACHÉS AUX BREVETS**

SECTION PREMIÈRE **DROIT EXCLUSIF D'EXPLOITATION**

Art. L. 613-1 Le droit exclusif d'exploitation mentionné à l'article L. 611-1 prend effet à compter du dépôt de la demande. – *[L. nº 68-1 du 2 janv. 1968, art. 23.]*

COMMENTAIRE

L'obtention du brevet entraîne une application rétroactive du monopole. La protection naît au jour de la demande. Cette date servira aussi de point de départ du délai de protection précisé à l'article L. 611-2, soit vingt ans pour un brevet d'invention sous réserve du paiement des annuités de maintien en vigueur. Cette disposition est heureuse car le titre est délivré après trois ans en moyenne. L'invention portant sur une innovation, il est indispensable que le déposant puisse la commercialiser au plus tôt.

En revanche, la vigueur de la disposition est légitimement tempérée par l'article L. 615-4. En effet, avant que l'invention ne soit rendue publique, soit, par principe, dix-huit mois après le dépôt selon l'article L. 612-21, les violations du monopole ne sont pas opposables. Il serait en effet paradoxal de condamner pour contrefaçon une personne qui n'avait aucun moyen de connaître l'existence du monopole. Pour limiter cet écueil, le déposant peut anticiper la publication. Mais il se prive alors d'un délai précieux pour préparer l'exploitation de l'invention en toute discrétion. ❑

Art. L. 613-2 L'étendue de la protection conférée par le brevet est déterminée par *(L. nº 2008-776 du 4 août 2008, art. 132-V)* **« les » revendications. Toutefois, la description et les dessins servent à interpréter les revendications.**

Si l'objet du brevet porte sur un procédé, la protection conférée par le brevet s'étend aux produits obtenus directement par ce procédé. – *[L. nº 68-1 du 2 janv. 1968, art. 28.]*

COMMENTAIRE

Par les revendications, le déposant définit lui-même l'étendue du monopole demandé. L'adéquation entre protection et revendication se retrouve en des termes identiques dans la convention de Munich (V. art. 69 CBE, App., vº *Propriété industrielle, Brevets*). L'élaboration et la formulation de ces dernières revêtent donc une importance capitale exposée avec le commentaire de l'article L. 612-6. La teneur des droits conférés au breveté est corrélée par la définition des actes interdits et donc les cas de contrefaçon. Ces derniers sont limitativement déterminés à l'article L. 615-1.

La description et les dessins facultatifs dont elle fait état (V. comm. ss. art. L. 612-5) peuvent être utilisés pour éclairer les revendications. Mais, en tout état de cause, ces dernières demeurent autonomes. L'arrêté du 19 septembre 1979 (texte reproduit ss. art. R. 618-5) interdit d'ailleurs les renvois entre la description et les revendications. La mise en forme de la description, et plus encore des dessins, répond aux prescriptions de l'arrêté précité. Il est à noter que les dessins sont des pièces annexes et ne sont pas inclus dans la requête en délivrance. Ils ne sont pris en compte que s'ils sont transmis dans le mois qui suit le dépôt de la demande (V. art. R. 612-9). ❑

A. PORTÉE DU BREVET

1. La cour d'appel n'a pas méconnu la loi du brevet en retenant, pour en apprécier la portée, non le titre, mais la revendication qui y était contenue telle qu'elle résultait du brevet définitivement délivré. • Com. 9 mars 1993 : *PIBD 1993. III. 412.*

2. Les limites de la protection sont fixées par la caractéristique technique en combinaison avec le préambule de la revendication. • Com. 4 nov. 1987 : *Bull. civ. IV, n° 219 ; JCP E 1988. II. 15327, obs. Martin ; Ann. propr. ind. 1988. 3, obs. Mathély ; RTD com. 1988. 429, obs. Chavanne et Azéma.*

3. Dessins. Les dessins peuvent compléter la description, mais ne peuvent la remplacer. • Com. 26 mai 1964 : *Ann. propr. ind. 1964. 103* • Paris, 15 mai 1985 : *PIBD 1985, III, p. 259 ; RTD com. 1986. 80, obs. Chavanne et Azéma.* ♦ L'étendue de la protection est déterminée par les revendications qui doivent se fonder sur la description. On ne peut pas revendiquer ce qui n'est pas décrit. Les dessins, n'ayant qu'un rôle de complément, ne peuvent se substituer à la description que dans le cas où la forme ou l'agencement des éléments constitutifs de l'invention ne peuvent être décrits par des mots et si le texte indique qu'ils sont représentés par une figure à laquelle il renvoie. • Paris, 22 nov. 1988 : *Ann. propr. ind. 1989. 193* • Com. 7 avr. 1965 : *ibid. 1965. 22* • 26 mai 1964 : *ibid. 1964. 109.*

4. Description insuffisante. V. notes 3 s. ss. art. L. 613-25.

B. INTERPRÉTATION DES REVENDICATIONS

5. Pour interpréter des revendications, il ne faut pas s'en tenir à leur lettre, mais rechercher leur sens exact en se servant de la description et des dessins. • Com. 7 déc. 1982 : *Ann. propr. ind. 1985. 67, obs. Mathély* • 6 nov. 1984 : *eod. loc.* • 3 janv. 1985 : *ibid.* • Paris, 11 oct. 1990 : *Ann. propr. ind. 1990. 235, obs. Mathély* • 19 nov. 1999 : *PIBD 2000. III. 305* • 9 juin 2000 : *GAPI, 1re éd., n° 30 ; PIBD 2000. III. 465.* ♦ La teneur de la revendication doit s'apprécier au regard de la description et des dessins, peu important les maladresses de rédaction. • Paris, 13 mars 1996 : *PIBD 1996. III. 305.*

6. Dénaturation. Sous prétexte d'interprétation, on ne saurait ajouter à la description, qui est intangible, et à la revendication, qui ne peut se référer qu'à ce qui est décrit. • Paris, 22 mars 1990 : *Ann. propr. ind. 1991. 120.* ♦ Viole l'art. 1134 C. civ. la cour d'appel qui, pour admettre la validité d'une revendication, lui ajoute une caractéristique, ce qui dénature le brevet. • Com. 23 mars 1999 : *PIBD 1999. III. 436.* ♦ ... Ou qui interprète faussement la portée d'une revendication pour apprécier l'activité inventive. • Com. 19 oct. 1999 : *Ann. propr. ind. 2000. 3.* ♦ Pour un exemple d'appréciation du juge du fond après cassation pour dénaturation de la description d'un brevet, V. • Douai, 2 sept. 2004 : *Propr. intell. 2005, n° 17, p. 465, obs. Warusfel.*

7. Recours à la description. Une cour d'appel n'ajoute pas aux revendications en les interprétant à l'aide de la description. • Com. 18 févr. 1986 : *Bull. civ. IV, n° 18 ; Ann. propr. ind. 1987. 65.*

8. Revendications ambiguës. Doit être annulée la revendication dont l'ambiguïté ne permet pas de lui donner un sens certain par rapport à la description avec laquelle elle entre en contradiction. • Com. 8 déc. 1992 : *Ann. propr. ind. 1993. 112.* ♦ On peut se référer à la description pour expliquer un texte qui serait obscur ou ambigu, ou pour lui donner sa pleine signification. Mais il n'est pas permis d'apporter, par l'interprétation, un élément que la revendication ne contient pas. Interpréter n'est pas ajouter. Le breveté ayant choisi de formuler sa revendication de manière à lui conférer le maximum d'extension, sous peine de porter atteinte à la sécurité des tiers, il ne saurait aujourd'hui ajouter à sa revendication, ni en restreindre la portée, pour échapper à une action en nullité. • Paris, 10 mai 1994 : *PIBD 1994. III. 467.*

9. Revendication complexe. Lorsqu'une revendication porte sur des moyens non pas combinés mais seulement juxtaposés, chacun des moyens produisant un résultat qui lui est propre, sans interférence fonctionnelle, il s'agit d'une revendication complexe, qui doit être appréciée pour chacun des moyens séparément, d'une part pour la validité, d'autre part pour la contrefaçon, une seule des caractéristiques pouvant être contrefaite. • Paris, 24 janv. 1991 : *Ann. propr. ind. 1991. 45, obs. Mathély* • Com. 9 mai 1990 : *PIBD 1990. III. 505 ; Ann. propr. ind. 1991. 107.* ♦ *Contra :* on ne saurait, dès lors qu'une revendication se réfère à une revendication antérieure, se livrer à une interprétation du caractère réel ou simplement formel et donc négligeable d'un tel rattachement sans introduire sur la portée du brevet une incertitude que la loi entend exclure en imposant la forme actuelle de rédaction comportant l'énoncé de revendications précises. Le rattachement d'une revendication à une autre, selon laquelle l'objet protégé doit être réalisé ne comportant dans son énoncé aucune ambiguïté, la revendication dépendante doit être comprise comme incorporant la caractéristique de la revendication principale. • Paris, 19 avr. 1989 : *Ann. propr. ind. 1990. 114.*

10. Sur les revendications dépendantes, V. notes 43 s. ss. art. L. 611-14. ♦ Sur la contrefaçon partielle, V. note 12 ss. art. L. 615-1.

11. Élément essentiel de la revendication. Il y a contrefaçon lorsque tous les éléments essentiels de la revendication sont repris soit à l'identique soit par équivalent. • Com. 24 sept. 2002 : *PIBD 2002. III. 33* • 31 mars 2004 : *D. 2005. Pan.*

965, obs. Raynard ; *PIBD 2004. III. 373* ; *Propr. ind. 2005, n° 2, obs. Vigand.* ♦ Une caractéristique introduite dans la revendication en réponse au rapport de recherche est un élément essentiel. • Paris, 24 sept. 2003 : *Propr. ind. 2004, n° 38, note Vigand.* ♦ V. notes 19 s. ss. art. L. 615-1.

12. *Brevet de procédé.* Sur la protection de l'association de deux principes actifs alors que seul le premier est visé dans les revendications d'un brevet de procédé, V. • Paris, 9 avr. 2008 : *Propr. intell. 2008, n° 29, p. 470, obs. Galloux.*

Art. L. 613-2-1 *(L. n° 2004-800 du 6 août 2004, art. 17)* **La portée d'une revendication couvrant une séquence génique est limitée à la partie de cette séquence directement liée à la fonction spécifique concrètement exposée dans la description.**

Les droits créés par la délivrance d'un brevet incluant une séquence génique ne peuvent être invoqués à l'encontre d'une revendication ultérieure portant sur la même séquence si cette revendication satisfait elle-même aux conditions de l'article L. 611-18 et qu'elle expose une autre application particulière de cette séquence.

Art. L. 613-2-2 *(L. n° 2004-1338 du 8 déc. 2004)* **Sous réserve des dispositions des articles L. 613-2-1 et L. 611-18, la protection conférée par un brevet à un produit contenant une information génétique ou consistant en une information génétique s'étend à toute matière dans laquelle le produit est incorporé et dans laquelle l'information génétique est contenue et exerce la fonction indiquée.**

(L. n° 2014-1170 du 13 oct. 2014, art. 57) **« Cette protection ne s'applique pas en cas de présence fortuite ou accidentelle d'une information génétique brevetée dans des semences, des matériels de multiplication des végétaux, des plants et plantes ou parties de plantes. »**

Par interprétation de l'art. 9 de la directive n° 98/44 transposé fidèlement par l'article L. 613-2-2, la CJUE dénie à la firme Monsanto le droit d'agir en contrefaçon d'un brevet sur du soja transgénique, dans la mesure où cette invention n'est pas protégée en Argentine, pays depuis lequel le tourteau de soja est importé et que le gène breveté n'est plus actif dans le produit final. • CJUE 6 juill. 2010 : *PIBD 2010. III. 653.*

Art. L. 613-2-3 *(L. n° 2004-1338 du 8 déc. 2004)* **La protection conférée par un brevet relatif à une matière biologique dotée, du fait de l'invention, de propriétés déterminées s'étend à toute matière biologique obtenue à partir de cette matière biologique par reproduction ou multiplication et dotée de ces mêmes propriétés.**

La protection conférée par un brevet relatif à un procédé permettant de produire une matière biologique dotée, du fait de l'invention, de propriétés déterminées s'étend à la matière biologique directement obtenue par ce procédé et à toute autre matière biologique obtenue, à partir de cette dernière, par reproduction ou multiplication et dotée de ces mêmes propriétés.

(L. n° 2016-1087 du 8 août 2016, art. 10) **« La protection conférée par un brevet relatif à une matière biologique dotée, du fait de l'invention, de propriétés déterminées ne s'étend pas aux matières biologiques dotées de ces propriétés déterminées, obtenues indépendamment de la matière biologique brevetée et par procédé essentiellement biologique, ni aux matières biologiques obtenues à partir de ces dernières, par reproduction ou multiplication. »**

La vente de couples reproducteurs de souris transgéniques brevetés s'analyse en sous-licence, prohibée en l'espèce, dans la mesure où elle permet la réalisation du produit breveté. • TGI Paris, 29 juin 2010 : *PIBD 2010. III. 669.*

Art. L. 613-2-4 *(L. n° 2004-1338 du 8 déc. 2004)* **La protection visée aux articles L. 613-2-2 et L. 613-2-3 ne s'étend pas à la matière biologique obtenue par reproduction ou multiplication d'une matière biologique mise sur le marché sur le territoire d'un État membre de la Communauté européenne ou d'un État partie à l'accord sur l'Espace économique européen par le titulaire du brevet ou avec son consentement, lorsque la reproduction ou la multiplication résulte nécessairement de l'utilisation pour laquelle la matière biologique a été mise sur le marché, dès lors que la matière obtenue n'est pas utilisée ensuite pour d'autres reproductions ou multiplications.**

COMMENTAIRE

Les quatre articles qui précèdent sont issus de la loi bioéthique de 2004. Ils ont pour vocation la prise en compte des propriétés spécifiques à la matière biologique et à l'information génétique dans la détermination de l'étendue de la protection.

Deux d'entre eux (art. L. 613-2-1 et L. 613-2-4) vont dans le sens d'une restriction du monopole. Le premier limite la protection d'une séquence génétique à l'information strictement nécessaire à la mise en œuvre de la fonction concrète revendiquée. En effet, l'article L. 611-18 issu de la même loi cantonne la protection d'un élément du corps humain à l'application technique de sa fonction. Le second exclut le monopole sur la fabrication d'une matière biologique consécutive à un usage normal de cette dernière. De surcroît, pour ce qui concerne la matière biologique, l'article L. 613-5-3 exclut du monopole tous les actes dont la finalité est de développer de nouvelles variétés végétales.

Les deux autres (art. L. 613-2-2 et L. 613-2-3) au contraire reconnaissent une forme d'extension de protection aux produits incorporant un produit ou une information génétique exerçant la même fonction. Il en est de même pour la matière biologique réalisée à partir d'une matière biologique brevetée et dans laquelle on retrouve les mêmes propriétés. □

Art. L. 613-3 Sont interdites, à défaut de consentement du propriétaire du brevet :

***a)* La fabrication, l'offre, la mise dans le commerce, l'utilisation** *(L. nº 2014-315 du 11 mars 2014, art. 6)* **« , l'importation, l'exportation, le transbordement » ou la détention aux fins précitées du produit objet du brevet ;**

***b)* L'utilisation d'un procédé objet du brevet ou, lorsque le tiers sait ou lorsque les circonstances rendent évident que l'utilisation du procédé est interdite sans le consentement du propriétaire du brevet, l'offre de son utilisation sur le territoire français ;**

***c)* L'offre, la mise dans le commerce** *(L. nº 2014-315 du 11 mars 2014, art. 6)* **« , l'utilisation, l'importation, l'exportation, le transbordement » ou la détention aux fins précitées du produit obtenu directement par le procédé objet du brevet.** – *[L. nº 68-1 du 2 janv. 1968, art. 29.]*

COMMENTAIRE

Le monopole se traduit par le droit d'autoriser ou d'interdire certains actes. L'étendue des droits correspond aux actes pour lesquels le breveté doit donner son consentement ou, en inversant le raisonnement, à ceux qui sont interdits à défaut d'accord. Si le brevet n'a pas été étendu à l'étranger, seuls les actes réalisés sur le sol français sont illicites. L'importation de produits brevetés mais fabriqués librement dans un pays est couverte pas le monopole. Les comportements illicites sont définis de façon à couvrir tous les types d'exploitation d'un **produit breveté**, qu'ils requièrent ou non la reproduction de l'invention. Toute la chaîne est visée, de la fabrication à la simple détention. On observera qu'à ce stade la loi ne pose aucune condition de connaissance du caractère illicite ni de fins lucratives. Néanmoins, les comportements autres que la fabrication et l'importation ne sont contrefaisants qu'en présence d'un élément moral (V. art. L. 615-1, al. 3).

Concernant le **procédé breveté**, tous les comportements prohibés se traduisent par sa mise en œuvre. La disposition ajoute néanmoins deux précisions dans des sens divergents. La première est restrictive puisqu'elle impose la présence d'un élément intentionnel : la personne ne pouvait ignorer le caractère illicite de l'utilisation. La seconde est extensive, puisque l'article réitère *in fine* l'attraction dans le giron du monopole des produits découlant directement du procédé (V. comm. ss. art. L. 613-2, al. 2).

Concernant l'apport de la loi du 11 mars 2014, le lecteur voudra bien se référer au commentaire sous l'article L. 513-4. □

1. Caractérisation de l'offre. Si la demande d'autorisation de mise sur le marché est un préalable à la commercialisation d'un produit pharmaceutique, elle ne constitue pas pour autant un acte de contrefaçon ; dès lors qu'elle n'est que la manifestation de l'intention du requérant de commercialiser le produit considéré, elle ne peut donc caractériser l'offre de ce produit à tout contractant intéressé. • TGI Paris, réf., 4 juill. 1997 : *PIBD 1997. III. 527.*

2. Mise dans le commerce. La mise dans le commerce ne se limite pas à l'offre de vente *stricto sensu,* mais doit être entendue comme toute opération matérielle tendant à mettre un produit en circulation, comme la simple diffusion de catalogues publicitaires. • TGI Paris, 19 sept. 1997 : *PIBD 1998. III. 4.* ♦ L'offre de fourniture d'un médicament pour le traitement ou la prophylaxie des infections rétrovirales humaines, et plus particulièrement du sida, dans la fabrication duquel l'AZT est utilisé, contrefait le brevet portant sur l'utilisation thérapeutique de ce procédé antiviral, même si ce médicament n'est pas fabriqué sur le territoire français. • TGI Paris, 25 mars 1998 : *PIBD 1998. III. 402.*

3. Importation temporaire. L'importation temporaire en France et l'offre dans une exposition, de documents publicitaires présentant le produit contrefait, à d'éventuels acquéreurs, pour le marché intérieur ou à l'exportation constituent une contrefaçon, et ce, quand bien même le règlement de l'exposition interdirait les ventes sur place, rien n'empêchant les visiteurs de passer ultérieurement commande à l'exposant. • Paris, 19 nov. 1997 : *Dossiers Brevets 1997. IV. 3, PIBD 1998. III. 69.* – Pourvoi rejeté par • Com. 30 janv. 2001 : *PIBD 2001. III. 329.*

4. Médicaments génériques. Si les dispositions de l'art. L. 613-3 CPI combinées avec celles de l'art. L. 5121-1 (5°) CSP n'interdisent pas, par principe, l'inscription dans un groupe générique, d'une spécialité de références encore protégée par un des titres prévus par les art. L. 611-2 et L. 611-3 CPI, elles imposent à l'autorité administrative, avant de procéder à l'inscription dans le groupe de référence, de s'assurer que les droits attachés au titre de propriété intellectuelle ont été concédés en application de l'art. L. 613-8 CPI. • CE 31 mai 2000 : *RTD com. 2000. 644, obs. Azéma et Galloux ; LPA 8 sept. 2000, note Burtin et Viala.* ♦ V. notes ci-dessus. – V. aussi, art. L. 716-10.

5. Contrefaçon par équivalent. Deux moyens (invention de combinaison de moyens) sont équivalents lorsqu'ils remplissent la même fonction pour conduire au même résultat et ce, malgré des modes de réalisation différents, étant précisé que l'ensemble des effets techniques produits par les moyens en cause doit être de même nature, de qualité et d'efficacité identiques. • TGI Paris, 17 mai 2006 : *D. 2007. Pan. 340, obs. Raynard ; PIBD 2006. III. 570.* ♦ Le perfectionnement du modèle breveté et l'équivalence de moyens sont écartés dès lors qu'il est démontré que le produit litigieux est plus cher à produire car comprenant nécessairement une pièce en métal et non en plastique. • Com. 8 déc. 2015, n° 14-13.751 : *PIBD 2016. III. 55.* ♦ La différence des effets techniques premiers envisagés dans le détail (en l'espèce la qualité du perçage de parois par une vis) démontrent l'absence d'équivalence des moyens. • Com. 8 juin 2017, n° 15-24.372 : *PIBD 2017. III. 589.*

Art. L. 613-4 1. Est également interdite, à défaut de consentement du propriétaire du brevet, la livraison ou l'offre de livraison, sur le territoire français, à une personne autre que celles habilitées à exploiter l'invention brevetée, des moyens de mise en œuvre, sur ce territoire, de cette invention se rapportant à un élément essentiel de celle-ci, lorsque le tiers sait ou lorsque les circonstances rendent évident que ces moyens sont aptes et destinés à cette mise en œuvre.

2. Les dispositions du 1 ne sont pas applicables lorsque les moyens de mise en œuvre sont des produits qui se trouvent couramment dans le commerce, sauf si le tiers incite la personne à qui il livre à commettre des actes interdits par l'article L. 613-3.

3. Ne sont pas considérées comme personnes habilitées à exploiter l'invention, au sens du 1, celles qui accomplissent les actes visés aux *a*, *b* et *c* de l'article L. 613-5. – *[L. n° 68-1 du 2 janv. 1968, art. 29 bis.3]*

BIBL. ▶ BUFFET DELMAS D'AUTANE et CORDIER, *Propr. ind. 2002. Chron. 13* (la contrefaçon de brevet d'invention par fourniture de moyens : étude comparée des régimes français, anglais, italien, espagnol et hollandais).

COMMENTAIRE

Le monopole sur l'invention permet au breveté de s'opposer à la fourniture de moyens en vue de réaliser l'invention, autrement dit de façon plus imagée, la mise à disposition d'un « kit » (même incomplet puisque le texte vise un « élément essentiel »). Le champ d'application est très large pour quatre raisons :

– si elle concerne principalement les produits, par renvoi à l'article L. 613-3, *b*), l'offre d'utilisation d'un moyen breveté, à travers la fourniture d'une machine par exemple, est aussi interdite ;

– la disposition vise non seulement la fourniture mais s'étend aussi à l'offre de fourniture et vise donc le démarchage ou certaines communications publicitaires ;

– plus encore, la simple incitation à violer le monopole accompagnant la livraison de produits courants est interdite ;

– la prohibition s'applique aussi aux moyens fournis à des personnes qui bénéficient à titre dérogatoire d'une possibilité de mettre en œuvre l'invention sans autorisation (V. art. L. 613-5).

En revanche, l'ensemble du dispositif est subordonné au caractère intentionnel des actes. L'élément moral est d'ailleurs libellé en des termes identiques à ceux retenus en cas d'utilisation d'un procédé breveté (V. art. L. 613-3, *b*). Par ailleurs, la mise à disposition de matériaux courants est autorisée même si par combinaison ils pourraient permettre de contourner le monopole… permettant ainsi de maintenir dans la légalité les grandes surfaces de bricolage !

Les mesures provisoires peuvent concerner « des intermédiaires dont (le prétendu contrefacteur) utilise les services ». Ces personnes ne sont pas des contrefacteurs, ce qui permet d'ailleurs d'aller les rechercher au-delà du cercle des contrefacteurs par fourniture de moyens au sens de l'article L. 613-4 du code de la propriété intellectuelle. Ce peuvent être notamment : un transporteur, un courtier, un commissionnaire, des prestataires de l'internet mais aussi un conseil, etc. Bien qu'elles ne soient pas des contrefacteurs, l'assignation au fond de ces personnes est nécessaire aux fins de validité des opérations provisoires les concernant. La prise de mesures provisoires contre les intermédiaires n'est formellement visée qu'au titre du référé : il faut en déduire que ces personnes ne peuvent être concernées par des mesures provisoires ordonnées dans le cadre d'une ordonnance sur requête dès lors que le législateur a voulu nettement séparer les conditions d'obtention de mesures provisoires par voie de requête et par voie de référé. ❑

1. Fourniture de moyens. Le donneur d'ordre n'est pas responsable des actes personnels accomplis par le sous-traitant et ne peut, en principe, se voir reprocher une fourniture de moyens en vue de la contrefaçon. • TGI Paris, 26 sept. 1986 : *PIBD 1987, III, p. 25 ; D. 1988. Somm. 349, obs. Mousseron et Schmidt.* ♦ Ne commet pas de contrefaçon par fourniture de moyens le fabriquant de cartouches déminéralisantes d'un fer à repasser, ces cartouches ne constituant pas un moyen de mise en œuvre de l'invention se rapportant à un élément essentiel de celle-ci. • Lyon, 19 sept. 2002 : *PIBD 2003. III. 281 ; Propr. ind. 2003, n° 47, note Raynard ; RDPI 2003, n° 150, p. 9, obs. Cottin et Romet.* ♦ L'offre à la vente de convecteurs propres à recevoir le dispositif contrefaisant ne constitue pas la fourniture de moyens de mise en œuvre de l'invention dès lors que le brevet donnant lieu à l'action en contrefaçon ne couvre qu'un dispositif de programmation et non les convecteurs sur lesquels il peut être adapté. • Com. 28 avr. 2004, n° 03-15.415 P : *JCP E 2004. 907 ; PIBD 2004. III. 467.* ♦ V. également • Paris, 21 oct. 2005 : *D. 2007. Pan. 340, obs. Raynard ; PIBD 2005. III. 43.* ♦ Sur une affaire de contrefaçon par fourniture de moyens d'un brevet en matière de biologie moléculaire, V. • TGI Paris, 7 févr. 2007 : *Propr. ind. 2007, n° 36, note Raynard.* ♦ Le brevet protège uniquement l'agencement de moyens en vue d'un résultat commun (distributeur et rouleau de papier toilette). La livraison ou l'offre de livraison d'un seul des moyens (le papier toilette) n'est pas constitutive d'une contrefaçon par fourniture de moyens. • Paris, pôle 5, ch. 1, 25 nov. 2014, n° 2013/13513 : *PIBD 2015. III. 101.* ♦ Mais la fourniture d'un seul moyen est illicite dès lors qu'elle se rapporte à un élément essentiel de l'invention et qu'elle est réalisée en connaissance de cause. La qualification de « consommable » du moyen fourni est inopérante. Cassation de l'arrêt préc. par • Com. 8 juin 2017, n° 15-29.378 : *PIBD 2017. III. 561.* ♦ Les conditions de la contrefaçon par fourniture de moyens sont d'interprétations strictes. La fourniture d'un terminal de paiement ne reproduit pas l'invention consistant à un procédé de sécurisation des transactions, peu importe la possible reproduction littérale ou par équivalent des revendications du brevet au sein de normes. • TGI Paris, 3e ch., sect. 1, 14 avr. 2016, n° 2014/11998 : *PIBD 2016. III. 609.* ♦ La contrefaçon par fourniture de moyens est caractérisée dès lors qu'un équipement (un broyeur de végétaux en l'espèce) est accompagné d'une documentation incitant l'utilisateur à faire l'acquisition d'accessoires ; le dispositif ainsi complété violant le brevet litigieux. • Paris, pôle 5, ch. 1, 17 mai 2016, n° 2014/10335 : *PIBD 2016. III. 489.*

2. Territorialité. Les actes non visés par l'art. L. 613-4 ne peuvent être considérés comme contrefaisants ; il en résulte que ne constitue pas un acte de contrefaçon en France « la livraison ou l'offre de livraison sur le territoire français des moyens de mise en œuvre » à l'étranger d'une invention. • TGI Paris, 27 juin 1997 : *PIBD 1997. III. 581.* – Confirmé par • Paris, 19 janv. 2000 : *PIBD 2000. III. 303 ; Ann. propr. ind. 2000. 176.* ♦ La fourniture de plans et de la notice ayant permis d'installer, sur un navire en construction en France, un système mettant en œuvre le procédé couvert par le brevet ne satisfait pas aux conditions d'application de l'art. 5 *ter*-1° de la Convention d'Union de Paris et constitue donc un acte de contrefaçon. • Com. 12 févr. 2008, n° 05-15.124 : *Propr. ind. 2008, n° 38, note Boizard.* ♦ La commercialisation d'un connecteur permettant d'assembler un dispositif d'essuie-glace breveté par un tiers constitue un acte de contrefaçon par fourniture de moyens. • Paris, 1re ch., pôle 5, 14 avr. 2015, n° 2013/15800 : *Propr. intell. 2015, n° 56, p. 332, note Warusfel ; PIBD 2015. III. 405.*

Art. L. 613-5 **Les droits conférés par le brevet ne s'étendent pas :**

_a_) Aux actes accomplis dans un cadre privé et à des fins non commerciales ;

_b_) Aux actes accomplis à titre expérimental qui portent sur l'objet de l'invention brevetée ;

_c_) A la préparation de médicaments faite extemporanément et par unité dans les officines de pharmacie, sur ordonnance médicale, ni aux actes concernant les médicaments ainsi préparés ; – *[L. n° 68-1 du 2 janv. 1968, art. 30.]*

(L. n° 2007-248 du 26 févr. 2007, art. 10) **« _d_) Aux études et essais requis en vue de l'obtention d'une autorisation de mise sur le marché pour un médicament, ainsi qu'aux actes nécessaires à leur réalisation et à l'obtention de l'autorisation ; »**

(L. n° 2011-2012 du 29 déc. 2011, art. 29-X) **« _d bis_) Aux actes nécessaires à l'obtention du visa de publicité mentionné à l'article L. 5122-9 du code de la santé publique ; »**

(L. n° 2008-518 du 3 juin 2008, art. 22-II) **« _e_) Aux objets destinés à être lancés dans l'espace extra-atmosphérique introduits sur le territoire français. »**

On entend par « préparation magistrale » tout médicament préparé extemporanément en pharmacie selon une prescription destinée à un malade déterminé (CSP, art. L. 5121-1, 1°).

BIBL. ▶ ARMENGAUD et BERTHET-MAILLOLS, *Propr. intell. 2007, n° 23, p. 146* (la loi du 27 févr. 2007 transposant la directive 2004/27/CE ou le coup de pouce donné aux génériques). – VÉRON, *RDPI, janv. 2000, n° 107, p. 17* (contrefaçon de brevet, usage expérimental et essais cliniques, situation législative et jurisprudentielle dans les principaux pays industriels).

COMMENTAIRE

Compte tenu de son caractère dérogatoire, le monopole du breveté est soumis à de nombreux tempéraments de façon à ne pas paralyser toute activité commerciale ou concurrentielle. Classiquement, la mise en œuvre de l'objet protégé dans la sphère privée est libre (V. CPI, art. L. 122-5 pour le droit d'auteur ou L. 513-6 en matière de dessins et modèles). Cette frontière du monopole est justifiée à la fois par une difficulté de contrôle des comportements privés et par une faible signification économique de ces pratiques. En matière de brevet, l'absence de finalité commerciale est une condition explicite quoique généralement redondante avec le caractère privé. En revanche, l'absence de finalité lucrative n'est pas, à elle seule, un motif permettant d'écarter le monopole.

Néanmoins, même s'ils ont une portée indirectement commerciale, la reproduction du produit ou la mise en œuvre du procédé sont possibles dans un cadre professionnel lorsque la finalité est expérimentale. Tant que le résultat n'est pas commercialisé, toute personne peut réaliser des tests et des essais notamment pour mieux comprendre l'invention et pouvoir par exemple l'améliorer, ou la contourner. Cette tolérance est indéniablement justifiée par une volonté de dynamiser l'innovation et de ne pas trop entraver la concurrence. En cas d'invention de perfectionnement, une solution juridique particulière est définie à l'article L. 613-15 de façon à garantir l'intérêt légitime de tous les protagonistes (V. comm. ss. cet art.). A la fois pour des raisons de santé publique et compte tenu du préjudice minime pour le breveté, les préparations médicales à la demande et en faible quantité de produits brevetés sont autorisées si elles sont réalisées sur prescription et en officine.

Depuis 2007, une nouvelle exception est venue compléter le dispositif afin de faciliter la commercialisation de médicaments génériques dont le développement est considéré comme une solution pour réduire les dépenses d'assurance maladie. En effet, il est désormais possible de débuter la procédure en vue de l'obtention d'une autorisation de mise sur le marché impliquant, notamment, des essais cliniques sans attendre l'expiration du monopole.

1. La présentation à la presse et à des collectivités territoriales d'un projet portant sur un système de transport urbain électrique dans le seul but de recueillir les réactions et suggestions des utilisateurs potentiels sur un tel type de transport ne saurait être considérée comme un acte de contrefaçon du brevet portant sur ce projet. • TGI Paris, 2 juill. 1997 : *PIBD 1997. III. 575 ; Dossiers Brevets 1998. I. 6.*

2. Actes accomplis à titre expérimental. Des essais de bioéquivalence d'un médicament en phase 3, nécessaires à l'obtention d'une AMM bénéficient de l'exception de l'art. L. 613-5. • TGI Paris, 20 févr. 2001 : *PIBD 2001. III. 530.*

Art. L. 613-5-1 *(L. nº 2004-1338 du 8 déc. 2004)* **Par dérogation aux dispositions des articles L. 613-2-2 et L. 613-2-3, la vente ou tout autre acte de commercialisation de matériel de reproduction végétal par le titulaire du brevet, ou avec son consentement, à un agriculteur à des fins d'exploitation agricole implique pour celui-ci l'autorisation d'utiliser le produit de sa récolte pour la reproduction ou la multiplication par lui-même sur sa propre exploitation.**

Les conditions de cette utilisation sont celles qui sont prévues par l'article 14 du règlement (CE) nº 2100/94 du Conseil du 27 juillet 1994 instituant un régime de protection communautaire des obtentions végétales.

Art. L. 613-5-2 *(L. nº 2004-1338 du 8 déc. 2004)* **Par dérogation aux dispositions des articles L. 613-2-2 et L. 613-2-3, la vente ou tout autre acte de commercialisation d'animaux d'élevage ou d'un matériel de reproduction animal par le titulaire du brevet, ou avec son consentement, à un agriculteur implique pour celui-ci l'autorisation d'utiliser, le cas échéant moyennant rémunération, le bétail protégé pour un usage agricole. Cette autorisation emporte la mise à disposition de l'animal ou du matériel de reproduction animal pour la poursuite de son activité agricole, mais exclut la vente dans le cadre d'une activité commerciale de reproduction.**

COMMENTAIRE

Les articles L. 613-5-1 et L. 613-5-2 consacrent une limite des droits dite « privilège de l'agriculteur ou de l'éleveur ». Il s'agit d'un compromis entre le monopole du breveté et les lois de la nature sur la reproduction des végétaux et animaux. Très concrètement, ces professionnels ont la faculté de conserver une partie de leur récolte pour réensemencer leurs terres. De la même façon, ils peuvent faire reproduire leurs animaux d'élevage pour leurs propres besoins. En revanche, la tolérance ne vaut que pour un usage personnel et interdit donc toute activité commerciale autour de la vente de semences, de matériel de reproduction ou d'animaux destinés à la reproduction.

Ces entorses au monopole sont d'une portée réduite en matière de brevet car les races animales comme les obtentions végétales sont exclues de la brevetabilité par application de l'article L. 611-19, 1° et 2° (V. comm. ss. cet art.). En revanche, l'exception pourra porter sur des organismes génétiquement modifiés, à condition qu'ils soient naturellement reproductibles. □

Art. L. 613-5-3 *(L. nº 2004-1338 du 8 déc. 2004)* **Les droits conférés par les articles L. 613-2-2 et L. 613-2-3 ne s'étendent pas aux actes accomplis en vue de créer ou de découvrir et de développer d'autres variétés végétales.**

COMMENTAIRE

Voir le commentaire sous l'article L. 613-2-4.

Art. L. 613-6 Les droits conférés par le brevet ne s'étendent pas aux actes concernant le produit couvert par ce brevet, accomplis sur le territoire français, après que ce produit a été mis dans le commerce en France *(L. nº 93-1420 du 31 déc. 1993, art. 5-I)* **« ou sur le territoire d'un État partie à l'accord sur l'Espace économique européen » par le propriétaire du brevet ou avec son consentement exprès.** — *[L. nº 68-1 du 2 janv. 1968, art. 30 bis.]*

BIBL. ► BURST et KOVAR, *Cah. dr. ent. 1997, nº 5, p. 1* (deux à zéro : dans l'arrêt *Merck* du 5 déc. 1996 la CJCE confirme sa jurisprudence relative à l'épuisement du droit de brevet). – PASSA, *Dr. patr. oct. 2000, p. 73* (le brevet d'invention face aux règles communautaires de libre concurrence et de libre circulation des marchandises).

COMMENTAIRE

Le principe de l'épuisement du droit de distribution sur le territoire de l'Union européenne est expressément reconnu par le code de la propriété intellectuelle pour l'ensemble des régimes, y compris ceux de la propriété littéraire et artistique. L'énoncé de ce tempérament au monopole présente une forme très semblable. Cette règle est commentée à propos des dessins et modèles sous l'article L. 513-8. □

1. Principe de l'épuisement du droit. En faveur d'une reconnaissance prétorienne de l'épuisement communautaire, V. • CJCE 31 oct. 1974, *Centrafarm c/ Sterling Drug*, n° 15/74 : *Rec. 1161* • CJCE 31 oct. 1974, *Centrafarm c/ Sterling Drug*, n° 15/74 : *Rec. 1161* • 14 juill. 1981, *Merck c/ Stephan : ibid. 2063 ; GAPI, 1re éd., n° 3 ; RTD eur. 1982. 185, note Bonet.* ♦ La règle de l'épuisement des droits est subordonnée à la commercialisation dans le pays où s'applique le brevet, soit en France pour un brevet français, et ce, par le breveté lui-même ou avec son consentement. • Paris, 17 janv. 1996 : *PIBD 1996. III. 178.* ♦ Si la mise sur le marché communautaire, par le breveté ou avec son consentement, de produits mettant en œuvre l'invention, implique l'épuisement de ses droits au regard de chacun de ces produits, elle n'a pas pour effet d'épuiser son droit de brevet lui-même, qui demeure opposable à tout opérateur procédant, sans autorisation de sa part, à la mise sur ce marché de produits utilisant cette invention. • Com. 25 avr. 2006 : *D. 2007. Pan. 341, obs. Raynard ; PIBD 2006. III. 460.*

2. Notion de mise en circulation. La dérogation au principe de libre circulation n'est pas justifiée lorsque le produit a été mis en circulation sur le marché d'un État membre par le titulaire des droits de propriété industrielle ou avec son consentement. L'acte de mise en circulation supposant une réelle mise sur le marché à la disposition de la clientèle, la vente par une société mère à sa filiale ne peut pas constituer une mise dans le commerce. • TGI Paris, 9 nov. 1993 : *D. 1996. Somm. 19, obs. Mousseron et Schmidt ; Dossiers Brevets 1994, III, 7 ; PIBD 1994. III. 111 ; RTD com. 1995. 413, obs. Azéma .*

3. Origine extracommunautaire. Le consentement du breveté reste nécessaire pour l'importation des produits fabriqués dans un pays où son brevet n'est pas protégé. • TGI Strasbourg, 20 nov. 1989 : *PIBD 1990. III. 105.* ♦ Le produit litigieux ayant été mis en circulation en Turquie et au Maroc puis en Allemagne, il n'est pas prouvé que l'écoulement sur le marché allemand ait été fait avec l'accord du titulaire des droits, le vendeur s'étant approvisionné auprès d'un tiers. On ne saurait déduire un consentement tacite de l'absence de clause restrictive d'exportation. Si la commercialisation a eu lieu dans un pays tiers, le titulaire du droit de propriété industrielle peut s'opposer à l'importation dans les États membres. Les accords douaniers avec les États tiers, bien que supprimant les restrictions aux échanges, n'ont pas la même finalité que le traité CE ; seule cette finalité, à savoir l'instauration d'un marché unique, est de nature à justifier une atteinte aux droits de propriété industrielle. • TGI Paris, 9 nov. 1993 : *PIBD 1994. III. 111.* ♦ L'importateur de produits brevetés depuis les États-Unis ne peut invoquer l'épuisement du droit dès lors qu'il n'apporte pas la preuve qui lui incombe que le breveté a, de manière certaine et non équivoque, mis ceux-ci dans le commerce en France ou autorisé leur diffusion. • Paris, 17 janv. 1996 : *PIBD 1996. III. 178* • 27 oct. 1999 : *Ann. propr. ind. 2000. 29.*

4. Exigence du consentement à la première mise en circulation. Les art. 30 et 36 [devenus art. 28 et 30] du traité CE ne font pas obstacle à l'application de la législation d'un État membre qui donne au titulaire d'un brevet le pouvoir d'empêcher la commercialisation, dans cet État, d'un produit qui a été fabriqué dans un autre État membre par le bénéficiaire d'une licence obligatoire portant sur un brevet parallèle détenu par ce même titulaire. • CJCE 9 juill. 1985, *Pharmon c/ Hœchst*, n° 19/84 : *Rec. 2281 ; RTD eur. 1986. 281 et 293, note Bonet ; D. 1986. Somm. 134, obs. Mousseron et Schmidt.* ♦ Les mêmes textes font, en revanche, obstacle à l'application d'une législation nationale qui accorde au titulaire d'un brevet relatif à un produit pharmaceutique du droit de s'opposer à l'importation par un tiers de ce produit en provenance d'un autre État membre lorsque le titulaire a commercialisé pour la première fois dans cet État après l'adhésion de ce dernier à la Communauté européenne, mais à une date à laquelle le produit ne pouvait pas être protégé par un brevet dans cet État, à moins que le titulaire du brevet ne puisse apporter la preuve qu'il est soumis à une obligation juridique réelle et actuelle de commercialiser le produit dans ledit État membre. • CJCE 5 déc. 1996, *Merck*, n° C 267/95 : *RTD com. 1997, p. 447, obs. Azéma ; PIBD 1997. III. 169 ; D. 1997. Somm. 355, obs. Schmidt ; Dossiers Brevets 1997. III. 3.*

5. Preuve. Il appartient à celui qui se prévaut de l'épuisement du droit attaché au brevet de rapporter la preuve que les produits qu'il importe ont été régulièrement mis sur le marché de l'EEE par le titulaire du brevet ou à tout le moins avec son consentement. • Paris, 18 sept. 2003 : *Propr. ind. 2004, n° 2, note Raynard.*

6. Sur l'interdiction de la discrimination entre contrefaçon par fabrication et par importation, V. • CJCE 3 mars 1988, *Allen and Hanburys*, n° 434/85 : *Rec. 1245 ; RTD eur. 1988. 633, note Bonet.*

Art. L. 613-7 Toute personne qui, de bonne foi, à la date de dépôt ou de priorité d'un brevet, était, sur le territoire où le présent livre est applicable[,] en possession de l'invention objet du brevet a le droit, à titre personnel, d'exploiter l'invention malgré l'existence du brevet. – *[L. n° 68-1 du 2 janv. 1968, art. 31.]*

(L. nº 96-1106 du 18 déc. 1996) **« Le droit reconnu par le présent article ne peut être transmis qu'avec le fonds de commerce, l'entreprise ou la partie de l'entreprise auquel il est attaché. »**

BIBL. ▸ BUSCHE, *GRUR 1999, p. 645* (*Das Vorbenutzungsrecht in Rahmen das deutschen und europäischen Patentrechts* ; résumé français *in PIBD 2000. II. 45*).

COMMENTAIRE

L'exception de possession personnelle est un correctif de la priorité donnée au premier déposant sur le premier inventeur dans nos systèmes européens. En effet, pour des raisons stratégiques, une invention peut être exploitée durablement en entourant sa mise en œuvre d'obligations de confidentialité (essentiellement des inventions de procédés car, en présence d'un produit, l'ingénierie à rebours empêche le maintien du monopole de fait). Il est encore possible que cette invention, qui n'est pas entrée dans l'état de la technique, soit l'objet d'un brevet délivré valablement à un tiers de bonne foi. Le premier inventeur devient alors contrefacteur. C'est pourquoi la loi lui permet de poursuivre l'exploitation de son invention pour son propre compte (al. 1). Il lui est interdit de céder ou concéder cette prérogative sauf comme accessoire de l'ensemble de son activité (al. 2). ❑

1. Exception de possession personnelle antérieure. Pour bénéficier de l'exception de l'art. L. 613-7, encore faut-il que cette possession soit établie et au moins caractérisée par une pleine connaissance de la technique brevetée. • Paris, 13 mars 1996 : *PIBD 1996. III. 299 ; Ann. propr. ind. 1997. 29 ; Dossiers Brevets 1996. III. 3* • 27 oct. 1999 : *Ann. propr. ind. 2000. 151* • TGI Paris, 9 mars 2001 : *PIBD 2001. III. 495.* ♦ Le dépôt d'une enveloppe Soleau permet de constituer la preuve de l'invention. • Crim. 20 mai 2005 : *RTD com. 2006. 350, obs. Galloux* .

2. Possession personnelle hors de France. Une possession antérieure ne saurait conférer aucun droit dès lors qu'elle a été réalisée hors de France. • Paris, 18 févr. 1986 : *Ann. propr. ind. 1987. 113.*

3. Preuve. Le droit de possession personnelle antérieure peut être justifié par un constat d'huissier établissant la preuve de la mise en œuvre de l'invention dans les locaux d'un tiers. • TGI Paris, 3e ch., sect. 2, 13 mai 2016, nº 15/12435 : *PIBD 2016. III. 740.*

SECTION II TRANSMISSION ET PERTE DES DROITS

Art. L. 613-8 **Les droits attachés à une demande de brevet ou à un brevet sont transmissibles en totalité ou en partie.**

Ils peuvent faire l'objet, en totalité ou en partie, d'une concession de licence d'exploitation, exclusive ou non exclusive.

Les droits conférés par la demande de brevet ou le brevet peuvent être invoqués à l'encontre d'un licencié qui enfreint l'une des limites de sa licence imposées en vertu de l'alinéa précédent.

Sous réserve du cas prévu à l'article L. 611-8, une transmission des droits visés au premier alinéa ne porte pas atteinte aux droits acquis par des tiers avant la date de transmission.

Les actes comportant une transmission ou une licence, visés aux deux premiers alinéas, sont constatés par écrit, à peine de nullité. — *[L. nº 68-1 du 2 janv. 1968, art. 43.]*

BIBL. ▸ ABELLO, La licence, instrument de régulation des droits de propriété intellectuelle, *LGDJ, 2008*. – BONET, *RTD eur. 1996. II. 305* (le nouveau règlement d'exemption par catégorie d'accords de transferts de technologie). – GRYNFOGEL, *RJDA 2016. 341* (une illustration de la confrontation entre concurrence et propriété intellectuelle : les licences FRAND). – LE STANC, *Propr. ind. 2010, Dossier nº 8* (l'abus dans l'exercice du droit des brevets : les *patent trolls*). – REINHARD, *Mélanges Chavanne, Litec 1990, p. 297* (apport en société des droits de propriété industrielle). – SALVAGE-GERSET, *JCP CI 1978. II. 12781* (le gage des brevets d'invention). – VILMART, *Gaz. Pal. 8 avr. 1995* (le projet de règlement du 30 sept. 1994 concernant l'application de l'art. 85 § 3 à des accords de coopération technologique).

COMMENTAIRE

Les droits sur l'invention naissent à compter de la demande. Le titre, dont la délivrance prend plusieurs années, vient constater le droit. En conséquence, l'ayant droit peut effectuer des actes de disposition de l'invention fondés uniquement sur la demande. La sécurité juridique n'est jamais totale puisqu'un brevet délivré peut encore être frappé de nullité (V. art. L. 613-25). Elle croît néanmoins avec l'avancement de la procédure et donc avec diminution des risques de rejet. Il est alors légitime pour le cessionnaire ou le licencié de se garantir contre un tel évènement qui viendrait ruiner l'économie de la convention. A défaut, le contrat peut encore être annulé pour défaut d'objet en cas de rejet ou annulation. La nullité peut être soulevée par le cocontractant. Le cédant ou donneur de licence de bonne foi peut introduire valablement dans le contrat une clause de non-contestation qui viendra limiter ce risque. De la même manière, la garantie générale d'éviction au profit du cessionnaire peut être écartée par les contrats entre professionnels si la cause n'a pas pour origine un fait personnel du cédant.

Les cocontractants jouissent d'une grande liberté sur le fond. Tous les démembrements sont envisageables. Sont encore possibles l'échange de brevets, leur apport en société ou encore leur nantissement (art. R. 613-55). Ces conventions sont conformes aux règles communautaires de la concurrence. La solution est confirmée par un règlement d'exemption de la Commission (nº 240/96 du 31 janv. 1996, *JOCE, L 31, 9 févr. 1996*).

La **cession** correspond à un transfert de propriété. Elle est généralement assimilée à une vente et entraîne l'application du titre sixième du code civil. La cession peut être partielle, limitée à certaines applications ou certains territoires par exemple. La contrepartie est libre. S'il s'agit d'un prix, il peut être forfaitaire ou proportionnel. En revanche, le cessionnaire devient responsable du maintien en vigueur du titre et doit payer les annuités.

La **licence** ou concession de licence est une forme de location. Elle confère au bénéficiaire une autorisation totale ou limitée d'exploitation. Le droit d'exploitation peut être simple ou exclusif. La contrepartie peut résulter d'un échange (licences croisées) ou prendre la forme d'une redevance. Cette dernière est fixe ou proportionnelle (*royalties*) avec ou sans minimum, ou combine les deux modes. C'est notamment pour des raisons de rémunération que le licencié supporte une obligation générale d'exploitation évidemment renforcée en cas d'exclusivité. Ce devoir peut être valablement tempéré par clause de sauvegarde. La mise en œuvre de l'invention peut requérir un transfert de savoir-faire ou une assistance technique qui devront être prévus par la convention. De la même façon, si la licence expire avant la fin du monopole, il est important d'organiser contractuellement les modalités d'extinction (sort des stocks par exemple). En effet, le licencié qui outrepasse les droits concédés commet un acte de contrefaçon (al. 3).

Les conditions de forme sont limitées à l'exigence d'un écrit *ad validitatem* (al. 5). Mais la nullité est relative et peut donc être soulevée par les seules parties.

Le consensualisme de la licence peut être encadré en présence d'un brevet essentiel lié à une norme. Pour favoriser la concurrence, l'organisme de normalisation peut ainsi imposer des conditions « raisonnables et non discriminatoires » dites aussi FRAND pour *Fair, Reasonable and Non-Discriminatory* (la Commission européenne a par exemple renoncé à sanctionner Samsung sous réserve que la société se soumette aux conditions FRAND contrôlées par un tribunal ou un arbitre, V. *PIBD 2014. I. 69*).

Une pratique contraire à la philosophie du brevet se développe depuis plusieurs années : des entreprises *ad hoc*, communément appelées *patent trolls*, se créent autour d'une activité très lucrative. Il s'agit pour elles de se constituer des portefeuilles de brevets à vil prix (titres non exploités, procédure de liquidation…) puis de rechercher de potentiels contrefacteurs avant de les contraindre, sous la menace d'une action en contrefaçon, à accepter des licences aux redevances élevées. Cette activité n'est pas illicite en soi. La gestion conjointe de brevets regroupés au sein d'une seule structure et le développement des entités non exploitantes (NPE pour *Non Practicing Entity*) permettent une meilleure valorisation par exemple des résultats de la recherche publique (cf. la création de France Brevets).

I. CONTRAT DE CESSION

1. Sur l'autonomie du droit de priorité, V. note 4 ss. art. L. 612-7.

2. Savoir-faire. Un brevet étant un titre qui se suffit à lui-même et doit permettre à un homme du métier d'exécuter l'invention au vu des descriptions et des indications données dans celui-ci, le breveté, lors de la cession, n'est pas tenu, en l'absence de stipulations distinctes, de céder son savoir-faire. • TGI Paris, 27 nov. 1986 : *PIBD 1987, III, p. 130 ; D. 1988. Somm. 354, obs. Mousseron et Schmidt ; RTD com. 1988. 622, obs. Chavanne et Azéma.*

3. Évaluation. La valeur d'un brevet lors de son acquisition, qui dépend des profits que l'acquéreur peut escompter de son exploitation, ne peut être déterminée rétrospectivement en se fondant sur l'évolution du chiffre d'affaires réalisé par la société ; elle doit être appréciée en fonction des perspectives de profit que, à la date d'acquisition, la société pouvait raisonnablement espérer réaliser. • CE 12 janv. 1990 : *JCP E 1991. II. 105, obs. D.F.* ♦ La cession de 50% d'un brevet à un 1 € ne peut être annulée pour vil prix dans la mesure où le cessionnaire est apporteur en industrie et renonce à l'exclusivité de la licence antérieure dont il bénéficiait. • Aix-en-Provence, 1re ch. A, 7 juin 2016, nº 14/22101 : *PIBD 2016. III. 793.*

4. Fraude. Justifie légalement sa décision la cour d'appel qui, pour accueillir la demande en paiement des redevances pour cession d'un brevet d'invention, constate que le contrat de cession du brevet a été exécuté pendant des années, que la société cessionnaire a elle-même participé à l'opération de cession dans laquelle le cédant n'a été qu'un prête-nom, qu'elle en a bénéficié largement et qu'elle est donc malvenue à invoquer la nullité de la cession pour fraude. • Com. 6 nov. 1990, nº 88-15.927 P *D. 1993. Somm. 379, obs. Mousseron et Schmidt.*

5. Vice caché. L'art. 1641 C. civ. doit recevoir application dans le cas d'une cession de brevet portant sur un médicament, dont certaines applications sont ultérieurement interdites par l'administration ; en effet, le cessionnaire, au moment de la convention, était dans l'ignorance des risques anormalement élevés entraînés par l'usage du médicament. Il s'agit bien d'un vice caché et la cession doit être résolue. • Paris, 29 oct. 1987 : *Ann. propr. ind. 1988. 300.*

6. Concurrence déloyale. S'agissant de la cession d'un procédé à charge pour le cessionnaire d'en assurer l'exploitation exclusive sous la protection d'un brevet et de verser au cédant un pourcentage des ventes, en déposant un brevet portant sur le même domaine technique que le procédé objet du contrat et sur un procédé très voisin et en participant à des études dans le même domaine pendant la durée du contrat, le cédant s'est livré à des manœuvres déloyales provoquant un détournement partiel de clientèle, justifiant la résiliation du contrat à ses torts exclusifs. • TGI Paris, 8 juin 1994 : *PIBD 1994. III. 524.*

7. Résiliation du contrat de cession. Un contrat de cession de brevet ne peut pas faire l'objet d'une résolution au sens de l'art. 1183 C. civ. puisque le cessionnaire a pu jouir de façon irréversible de l'exploitation du brevet. Les redevances, prix de cette exploitation irréversible, ne peuvent donc être restituées. • Versailles, 14 déc. 1990 : *Ann. propr. ind. 1992. 199.*

8. Avant-contrat. En l'absence de motifs légitimes de rupture de pourparlers engagés en vue de l'exploitation du brevet, les auteurs de la rupture doivent être condamnés à réparer le préjudice subi par le breveté, résultant de l'immobilisation en pure perte du procédé breveté pendant ces quatre années, sans pouvoir négocier avec un autre partenaire, et de la divulgation de son savoir-faire. • Com. 7 avr. 1998 : *D. 1999. Somm. 127, obs. Schmidt-Szalewski.* ♦ Celui qui a reçu une certaine somme en vue de la cession d'un brevet, sans fournir la contrepartie, doit la restituer. • Com. 30 nov. 1999 : *D. 2002. Somm. 1196, obs. Schmidt-Szalewski.*

9. Nullité. L'exigence d'un écrit prévue par l'art. L. 613-8 est sanctionnée par la nullité relative du contrat. • TGI Paris, 27 juin 2003 : *PIBD 2003. III. 567 ; Propr. ind. 2004, nº 37, note Raynard.* ♦ La cession dépourvue de prix, même publiée, est frappée de nullité absolue. • Paris, 10 oct. 2003 : *Propr. ind. 2005, nº 1, note Raynard.*

II. CONTRAT DE LICENCE

A. QUALIFICATION

10. La licence de brevet est assimilable à un contrat de louage. • Paris, 21 oct. 1999 : *D. 2002. Somm. 1195, obs. Schmidt-Szalewski ; PIBD 2000. III. 181.*

11. Licence FRAND. (V. définition dans le comm. du présent art.) Le titulaire d'un brevet essentiel consentant à une licence FRAND n'est pas pour autant privé d'agir en contrefaçon et n'abuse pas de sa position dominante, au sens de l'art. 102 TFUE, dès lors qu'il a averti préalablement le contrefacteur présumé, a argumenté sa position et a fait une offre de licence demeurée infructueuse. • CJUE 16 juill. 2015, nº C-170/13 : *D. 2015. 2482, note Roda ; Propr. ind. 2015. Étude 20, note Passa ; ibid. Chron. 11, nº 21, obs. Py ; RTD eur. 2015. 826, obs. Idot ; ibid. 865, obs. Treppoz ; PIBD 2015. III. 567.*

B. NULLITÉ

12. Défaut d'objet. L'impossibilité de réalisation ne constitue pas seulement un vice technique de l'invention mais coïncide avec le défaut de caractère essentiel ; le licencié peut donc demander l'annulation du contrat pour défaut d'objet. • Civ. 3e, 24 juin 1975 : *D. 1976. 193, note Schmidt.* ♦ L'abandon de deux des trois brevets donnés en licence ne vide pas le contrat de sa substance. • Com. 9 mars 2010 : *D. 2011. Pan. 332, obs. Raynard ; LEPI, juin 2010, p. 5, obs. Clavier ; PIBD 2010. III. 265.*

13. Dol. Pour un exemple de nullité pour dol par dissimulation d'une caractéristique essentielle du brevet, V. • Paris, 4 févr. 1986 : *Ann. propr. ind. 1987. 113.*

14. Défaut de cause. Un contrat de licence exclusive d'exploitation d'un procédé et de formules de médicament doit être annulé pour défaut de cause et d'objet, dès lors qu'il tendait à concéder un droit de propriété industrielle sur des procédés et formules qui ne pouvaient pas être protégés, car ils n'étaient pas brevetés et étaient connus dans le domaine public à la date du contrat. • Com. 20 oct. 1999 : *PIBD 1999. III. 499.* ♦ S'agissant de la communication d'une invention en amont d'une procédure de délivrance, l'obligation du cédant est jugée sans cause en présence d'une invention revêtant un certain potentiel d'exploitation cédée pour 200 €. La clause prévoyant un complément de prix de 18 600 € en cas d'obtention d'un brevet européen est nulle, car assortie d'une condition purement potestative. • Paris, 11e ch., pôle 5, 21 avr. 2017, n° 2015/12226 : *PIBD 2017. III. 504.* ♦ V. aussi • Com. 28 mai 2013, n° 12-16.861 : *PIBD 2013. III. 1388 ; Propr. ind. 2015, n° 9, obs. Raynard.*

C. GARANTIES

15. *Valeur commerciale.* La garantie du concédant couvre la faisabilité mais non la valeur commerciale ; l'exploitation économique d'une invention appartient au licencié à qui en incombe le risque. C'est donc au licencié, débiteur d'une obligation d'exploiter l'invention à plein et au maximum de ses moyens et de ses facultés, d'apporter la preuve de l'impossibilité d'exploitation, et non au breveté de prouver le caractère techniquement et commercialement exploitable. • Paris, 30 janv. 1991 : *PIBD 1991. III. 302 ; Ann. propr. ind. 1992. 313.* – Confirmant • TGI Paris, 1er mars 1989 : *Ann. propr. ind. 1989, III, p. 375.* ♦ En l'absence de clause contractuelle, le concédant de licence ne garantit pas la valeur industrielle et commerciale de l'invention. • Paris, 27 mai 1993 : *PIBD 1993. III. 580 ; Dossiers Brevets 1993. IV. 7 ; D. 1996. Somm. 20, obs. Mousseron et Schmidt.* ♦ L'impossibilité d'exploiter doit être constituée par des difficultés insurmontables, la charge et la difficulté de mise au point industrielle constituant normalement une obligation et un risque incombant au licencié. • TGI Paris, 9 avr. 2010 : *D. 2011. Pan. 331, obs. Raynard ; PIBD 2010. III. 513.* ♦ Sur le risque d'exploitation perçu comme un aléa, V. • Com. 29 juin 2010 : *D. 2011. Pan. 332, obs. Raynard ; PIBD 2010. III. 660 ; Propr. ind. 2011. 21, note Vigand.*

16. *Vices de conception.* Les vices de conception entrent dans la catégorie des vices matériels portant sur l'invention elle-même dont le concédant doit garantie au licencié ; doit également être garantie la réalisation technique de l'invention. • Com. 11 juill. 1988 : *Bull. civ. IV, n° 235 ; Ann. propr. ind. 1989. 55 ; PIBD 1988, III, p. 578 ; RTD com. 1988. 623, obs. Chavanne et Burst.* ♦ Le caractère non résorbable de la prothèse concédée constitue un vice caché. Mais pour qu'une action estimatoire puisse prospérer, encore faut-il que le vice empêche l'usage auquel la chose est destinée. • TGI Paris, 15 oct. 1993 : *D. 1994. 554, note Piotraut ; PIBD 1994. III. 23.*

17. *Clause aux risques et périls.* Les juges du fond ont pu considérer que le contrat n'avait pas un caractère aléatoire, ce caractère, à défaut de stipulation contraire, ne pouvant résulter que de la valeur commerciale de l'invention, mais non de la validité juridique du brevet. Les dispositions restrictives de garantie prévues par un contrat n'étant pas équivalentes à la clause « aux risques et périls » de l'acheteur au sens de l'art. 1629 C. civ., ne dérogent pas au principe selon lequel le cédant doit garantir l'existence juridique du brevet. • Com. 3 mai 1978 : *D. 1979. 247, note Burst.* ♦ Sur la validité de la clause limitant la garantie due par le donneur de licence à l'existence du brevet et excluant celle de la validité et mettant l'exploitation aux risques et périls du licencié, V. • TGI Paris, 14 déc. 1994 : *PIBD 1995. III. 183* • Com. 11 mars 1986 : *Bull. civ. IV, n° 43 ; Ann. propr. ind. 1986. 266 ; Dossiers Brevets 1986. IV. 6 ; RTD com. 1987. 45, obs. Chavanne et Azéma* • 3 mai 1978 : *préc.*

18. *Autres clauses.* Sur la sanction de l'inexécution de la clause imposant au licencié exclusif un minimum de redevances garanti, V. • Com. 1er févr. 1994 : *Ann. propr. ind. 1995. 84, note Mathély ; Dossiers Brevets 1994. III. 8, obs. Mousseron ; RTD com. 1995. 772, note Azéma* • TGI Paris, 4 mai 1994 : *RDPI 1994. 53 ; RTD com. 1995. 772, obs. Azéma.* ♦ La clause prévoyant que les perfectionnements au brevet appartiendront au concédant n'étant pas illicite en droit français, sa violation par le licencié fonde la demande du breveté en résiliation du contrat de licence. • TGI Paris, 20 mars 1996 : *PIBD 1996. III. 365 ; Dossiers Brevets 1997. II. 7.* ♦ La violation de la clause réservant la propriété des perfectionnements au breveté fonde également son action en revendication du brevet de perfectionnement déposé par le licencié et, dès lors qu'elle aboutit, son action en contrefaçon contre le licencié. • Com. 26 oct. 1993 : *PIBD 1994. III. 19* • 16 déc. 1997 : *PIBD 1998. III. 215.* ♦ Le concédant d'une licence de brevet doit une garantie d'éviction au licencié. • Aix-en-Provence, 27 nov. 2005 : *RTD com. 2006. 353, obs. Galloux ; Propr. intell. 2006, n° 20, p. 352, obs. Galloux.*

19. *Concurrence déloyale.* Commet une faute le concédant de licence qui démarche la clientèle du licencié. • Paris, 26 oct. 1987 : *D. 1988. Somm. 348, obs. Mousseron et Schmidt.* ♦ Dans le silence du contrat, le concédant d'un contrat de licence exclusive d'exploitation, peut se livrer à une activité concurrente de celle de son licencié. • Com. 26 févr. 2002 : *Propr. ind. 2003, n° 8, note Raynard.*

D. RÉSILIATION

20. *Effet.* La licence de brevet étant à exécution successive, le contrat, sauf s'il n'a reçu aucun commencement d'exécution ni produit aucun effet, ne se trouve résolu que pour la période à partir de laquelle l'un des constructants n'a plus rempli ses obligations. • Paris, 21 oct. 1999 : *PIBD 2000. III. 181.*

21. Procédure collective. Une clause d'un acte de licence de brevet qui stipule que le donneur de licence pourra résilier de plein droit la licence en cas d'ouverture d'une procédure collective est nulle comme contraire à l'art. 37 de la loi du 25 janv. 1985. Le plan ayant été résolu par jugement et le redressement judiciaire converti en liquidation judiciaire, le donneur de licence n'était pas, pour ce seul fait, en droit de résilier la concession de licence, la liquidation judiciaire étant assimilable au redressement pour l'application de l'art. 37 de la loi. • Paris, 24 mai 1994 : *PIBD 1994. III. 496.*

22. Nullité du brevet. La nullité du brevet entraîne de plein droit la résiliation du contrat de licence exclusive. • Lyon, 12 janv. 1989 : *Ann. propr. ind. 1989. 45.* ♦ Le licencié n'est pas fondé à demander la restitution des redevances au motif que le brevet a été annulé, alors qu'il a joui du brevet et pu exploiter le procédé breveté sans être troublé par les tiers. • Paris, 17 janv. 2001 : *Ann. propr. ind. 2001. 42.* ♦ Est conforme à l'art. 101 TFUE le maintien des redevances malgré l'annulation du brevet objet dans la mesure où le licencié avait eu les moyens de dénoncer l'accord et que celui-ci peut être aussi fondé sur un « jugement d'ordre commercial sur la valeur attribuée aux possibilités d'exploitation ». • CJUE 7 juill. 2016, n° C-567/14 : *D. 2016. 1564, et les obs. ; Dalloz IP/IT 2016. 485, obs. Maréchal ; Propr. ind. 2016. Étude 19, note Passa ; PIBD 2016. III. 690.* ♦ Comp. considérant que la nullité du titre prive le contrat de licence de sa contrepartie et conditionne la restitution des sommes perçues à l'absence de clause contraire ou de réalisation des « avantages [...] escomptés en contractant », • TGI Paris, 3ᵉ ch., sect. 1, 12 janv. 2017, n° 15/09231 : *PIBD 2017. 1068. III. 202 ; Propr. ind. 2017, n° 41, obs. Raynard.*

23. Cession de brevet. La cession des brevets n'a pas, par elle-même, pour effet de mettre un terme aux licences concédées, la transmission des droits attachés à un brevet ne portant pas, suivant les prescriptions de l'art. L. 613-8, atteinte aux droits acquis par les tiers avant la date de transmission. • Paris, 26 sept. 1994 : *PIBD 1994. III. 595.*

24. Compétence juridictionnelle. V. notes 1 s. ss. art. L. 615-17.

E. CONTREFAÇON PAR LE COCONTRACTANT

25. Commet une contrefaçon, le licencié qui autorisé à modifier la répartition des modules de matelas brevetés pour les adapter aux besoins de la clientèle, et non à les remplacer par des modules fournis par des tiers, a modifié et commercialisé les objets brevetés sans respecter les conditions de l'autorisation qui lui avait été donnée. • Com. 10 oct. 2000 : *PIBD 2001. III. 1 ; RDPI nov. 2000, n° 117, p. 33.*

III. AUTRES CONVENTIONS

26. Convention de non-opposition. En présence d'un contrat aux termes duquel le titulaire d'un brevet s'engage à ne pas opposer son brevet à celui d'un tiers, ce dernier s'engageant, pour sa part, en cas d'exploitation de sa propre invention, à rémunérer éventuellement la coopération intellectuelle du premier, mais sans prendre aucun engagement positif d'exploitation, la cour d'appel n'a fait qu'appliquer les termes clairs et précis du contrat en le qualifiant, non de licence d'exploitation de brevet, mais de convention de non-opposition. • Com. 5 janv. 1983 : *Bull. civ. IV, n° 1 ; JCP E 1984. I. 14261 ; JCP 1984. II. 20182, obs. Vivant.*

27. Convention de coopération. V. • Com. 6 mai 1996 : *PIBD 1996. III. 429.*

IV. DROIT DE LA CONCURRENCE

28. Abus de position dominante. Abuse de la position dominante qu'elle occupe dans le Marché commun en matière d'emballages cartonnés stérilisés la société qui acquiert une société concurrente titulaire d'une licence exclusive sur la seule technologie permettant le remplissage automatique des cartons, empêchant ainsi l'arrivée de nouveaux concurrents sur le marché en refusant de leur concéder une sous-licence. Cet abus dure depuis le transfert de la licence jusqu'au jour où la société renonce à son exclusivité. • CE 26 juill. 1988, *Tetra Pak : D. 1990. Somm. 156, obs. Mousseron et Schmidt.* ♦ Le titulaire d'un brevet essentiel à une norme technique ne viole pas l'art. 102 TFUE, sa position dominante étant démentie par une offre à tout tiers de licence dite FRAND (sur la notion, V. comm. ss. art. L. 613-8). Le contrefacteur peut, en conséquence, être légitimement poursuivi. ♦ • CJUE 16 juill. 2015, *Huawei Technologies,* n° C-170/13 : *préc. note 11.*

29. Licence. Il n'y a pas d'abus de position dominante dans le fait d'exiger des taux de redevances qui croissent avec l'âge du brevet, ni à offrir aux candidats à la licence des options faisant varier « cash » et « royalties ». • Cons. conc. 8 déc. 1992 : *BOCC 15 janv. 1993 ; RTD com. 1994. 45, obs. Azéma ; D. 1993. Somm. 381, obs. Mousseron et Schmidt.*

30. Clauses de non-contestation. Une clause de non-contestation dans un accord de licence de brevet peut avoir un caractère restrictif de la concurrence au sens de l'art. 85, § 1, [devenu 81] du Traité CE. Il n'en va pas ainsi lorsque la licence a été concédée à titre gratuit ou encore lorsque la licence a été concédée à titre onéreux mais porte sur un procédé techniquement dépassé auquel ne recourrait pas l'entreprise qui a accepté l'obligation de non-contestation. • CJCE 27 sept. 1986, *Bayer c/ Sullhofer*, n° 65/86 : *Rec. 5249 ; RTD eur. 1990. 713, obs. Bonet*. ♦ *Contra* • Com. 11 mars 1986 : *Bull. civ. IV, n° 43 ; Ann. propr. ind. 1986. 266.*

31. ***Pratiques anticoncurrentielles.*** Le conseil admet la licéité d'une entente sur le prix entre entreprises codistributrices de produits brevetés, en l'espèce inhérente aux accords de codistribution. • Cons. conc. 5 mai 1992 : *BOCC 30 mai 1992 ; RTD com. 1992. 806, obs. Azéma ; D. 1993. Somm. 381, obs. Mousseron et Schmidt*.

32. ***Exemption par catégorie d'accords de licences de brevets.*** A propos d'un accord mixte de licence de brevet et de savoir-faire, jugé licite l'échelonnement sur 50 ans de la rémunération pour alléger les coûts de fabrication du licencié et la fin du brevet ; l'échelonnement sur une longue période du paiement des redevances constitue pour les licenciés une facilité de paiement, l'assiette de la redevance sur les quantités vendues n'étant qu'une application de l'usage commercial en la matière. • Paris, 22 mai 1990 : *PIBD 1990. III. 598 ; D. 1993. Somm. 378, obs. Mousseron et Schmidt*.

V. NANTISSEMENT DU BREVET

33. Sur la question, V. • Req. 1er août 1927 : *Ann. propr. ind. 1927. 257.*

Art. L. 613-9 **Tous les actes transmettant ou modifiant les droits attachés à une demande de brevet ou à un brevet doivent, pour être opposables aux tiers, être inscrits sur un registre, dit registre national des brevets, tenu par l'Institut national de la propriété industrielle.**

Toutefois, avant son inscription, un acte est opposable aux tiers qui ont acquis des droits après la date de cet acte, mais qui avaient connaissance de celui-ci lors de l'acquisition de ces droits.

(L. n° 2008-776 du 4 août 2008, art. 133-II) **« Le licencié, partie à un contrat de licence non inscrit sur le registre national des brevets, est également recevable à intervenir dans l'instance en contrefaçon engagée par le propriétaire du brevet afin d'obtenir la réparation du préjudice qui lui est propre. »** – *V. art. R. 613-53 s.*

BIBL. ▸ CHRISTIAËN, *Propr. ind. 2017. Étude 8* (existerait-il une « période de non-droit » d'agir en contrefaçon de brevet ?). – GUIDICELLI, *Dossiers Brevets 2000. III. 1* (le défaut d'inscription du cessionnaire du brevet : un obstacle insurmontable à l'exercice de l'action en contrefaçon ?). – LE STANC, *Propr. ind. 2009. Repère 2* (action du licencié contre les tiers contrefacteurs). – MARTIN, *RDPI 1998. 15* (les cessions et licences de brevet d'invention sont-elles opposables aux tiers avant leur publication ?).

COMMENTAIRE

L'alinéa 4 de l'article L. 613-8 rend les actes de disposition sur les brevets ou les demandes inopposables aux tiers avant leur date en dehors des cas d'action en revendication (V. art. L. 611-8). Après la transaction, l'opposabilité est encore subordonnée à une publication au Registre national des brevets, sauf en cas de mauvaise foi (al. 2). Cet « état civil » des titres est distinct du *BOPI*, utilisé pour la publicité des demandes (V. comm. ss. art. L. 612-21). Les formalités de publication sont précisées aux articles R. 613-54 à R. 613-59.

Le cessionnaire ou licencié légitime est celui qui peut se prévaloir de la date de publication la plus ancienne, indépendamment de celle de l'opération. Les mêmes règles existent pour les dessins et modèles (V. CPI, art. L. 513-3) et pour les marques (V. CPI, art. L. 714-7). ❑

1. Doivent être annulés les actes (notamment une saisie-contrefaçon, un jugement, la nomination d'un expert...) antérieurs à l'inscription du transfert du droit sur un brevet, comme dressés ou rendus au profit d'une personne dépourvue du droit d'agir. • Paris, 9 mars 2001 : *PIBD 2001. III. 394.*

2. ***Moment.*** L'inscription peut intervenir à tout moment, même après l'assignation en contrefaçon. • TGI Paris, 3 déc. 1986 : *PIBD 1987, III, p. 173.* ♦ V. aussi art. 126 C. pr. civ. – **C. pr. civ.** ♦ La cession étant intervenue après la délivrance du brevet européen et expiration du délai d'opposition, c'est à bon droit qu'une cour d'appel retient que l'inscription au Registre national des brevets, seule possible, rend cette cession opposable aux tiers. • Com. 15 sept. 2009 : *Dalloz actualité, 2 oct. 2009, obs. Daleau ; D. 2009. AJ 2279*.

3. ***Contrats.*** A propos : d'un contrat de licence, V. • TGI Paris, 8 déc. 1988 : *PIBD 1989, III, p. 163* • TGI Rennes, 14 févr. 2000 : *PIBD 2000. III. 383.* ♦ ... D'un contrat de distribution exclusive des produits brevetés. • Paris, 26 mars 1986 : *PIBD 1989, II, p. 163.* ♦ ... D'un contrat de cession de fonds de commerce du licencié exclusif.

• Paris, 30 avr. 1997 : *PIBD 1997. III. 461.* ♦ ... De contrats de cession, de licence et de sous-licence. • TGI Paris, 5 juill. 2000 : *PIBD 2000. III. 611.* ♦ Viole l'art. L. 613-9 la cour d'appel qui condamne une société à verser au licencié des dommages-intérêts pour contrefaçon du brevet sans répondre aux conclusions faisant valoir que les faits reprochés sont antérieurs à la date à laquelle le contrat de licence a été inscrit au registre national des brevets, ce dont il résultait que c'était seulement à compter de cette date que les droits étaient opposables aux tiers. • Com. 10 juill. 2007 : *Bull. civ. IV, n° 185.*

4. Sur l'action en contrefaçon, V. notes 4 s. ss. art. L. 615-2.

5. Portée. L'inscription d'un acte de cession des droits attachés à un brevet n'est pas une condition de validité de la cession. • Com. 18 déc. 2001 : *PIBD 2002. III. 99.*

6. Sur la qualité du demandeur aux formalités d'inscription au Registre national des brevets, il a été jugé qu'est nulle la demande de transcription déposée en mai 2000 par la société absorbée qui n'avait plus d'existence légale depuis 1991 et non pas un représentant de celle-ci. • Com. 14 mars 2006 : *D. 2007. Pan. 338, obs. Raynard ; Propr. ind. 2006, n° 51, note Raynard.* ♦ Est irrégulière l'inscription réalisée par le conseil en propriété industrielle de la société absorbée et dissoute alors que le traité de la fusion-absorption désignait nommément le représentant *post-mortem* de celle-ci. • Paris, 19 déc. 2007 : *Propr. ind. 2008, n° 73, note Raynard.*

7. Licencié. Sur la recevabilité de l'intervention aux côtés du breveté du licencié non inscrit, pour demander réparation des actes commis à compter de l'entrée en vigueur de la loi du 4 août 2008, V. • TGI Paris, 3 mars 2010 : *D. 2011. Pan. 335, obs. Raynard ; Propr. ind. 2010, n° 35, note Raynard.*

Art. L. 613-10 *Abrogé par L. n° 2005-842 du 26 juill. 2005, art. 22.*

Art. L. 613-11 **Toute personne de droit public ou privé peut, à l'expiration d'un délai de trois ans après la délivrance d'un brevet, ou de quatre ans à compter de la date du dépôt de la demande, obtenir une licence obligatoire de ce brevet, dans les conditions prévues aux articles suivants, si au moment de la requête, et sauf excuses légitimes, le propriétaire du brevet ou son ayant cause :**

***a*) N'a pas commencé à exploiter ou fait des préparatifs effectifs et sérieux pour exploiter l'invention objet du brevet sur le territoire d'un État membre de la Communauté économique européenne** *(L. n° 93-1420 du 31 déc. 1993, art. 1er)* **« ou d'un autre État partie à l'accord sur l'Espace économique européen » ;**

***b*) N'a pas commercialisé le produit objet du brevet en quantité suffisante pour satisfaire aux besoins du marché français.** – *[L. n° 68-1 du 2 janv. 1968, art. 32.]*

(L. n° 93-1420 du 31 déc. 1993, art. 5-II) **« Il en est de même lorsque l'exploitation prévue au *a* ci-dessus ou la commercialisation prévue au *b* ci-dessus a été abandonnée depuis plus de trois ans. »**

(L. n° 96-1106 du 18 déc. 1996) **« Pour l'application du présent article, l'importation de produits objets de brevets fabriqués dans un État partie à l'accord instituant l'Organisation mondiale du commerce est considérée comme une exploitation de ce brevet. »**

Sur le régime de licences obligatoires élaboré dans le cadre de l'OMC, V. Accord ADPIC, art. 31, App., v° Dispositions générales.

COMMENTAIRE

Voir le commentaire d'ensemble sur les licences obligatoires sous l'article L. 613-15-1.

1. Conditions. Sur cette question, V. • Toulouse, 15 févr. 1978 : *Dossiers Brevets 1979. VI. 6* • TGI Toulouse, 15 oct. 1979 : *PIBD 1980, III, p. 40* • TGI Paris, 25 mai 1983 : *PIBD 1983, III, p. 253* • 2 mai 1990 : *Ann. propr. ind. 1992. 315.*

2. Importations. Les dispositions des art. 30 et 36 [devenus 28 et 30] du Traité CE doivent être interprétées en ce sens qu'elles s'opposent à ce que les autorités des États membres compétentes pour fixer, à défaut d'accord, les conditions des licences de droit se fondent sur les dispositions de leur législation nationale pour refuser au preneur d'une licence de droit, l'autorisation d'importer le produit couvert par le brevet à partir de pays tiers lorsque le titulaire du brevet fabrique le produit sur le territoire national et pour accorder cette autorisation lorsque le titulaire du brevet exploite son brevet en important le produit à partir d'autres États membres de la Communauté européenne. • CJCE 27 oct. 1992, *Générics et Harris,* n° C. 191/90 : *Rec. I-5335 ; RTD com. 1993. 504, obs. Azéma ; D. 1992. IR 268.* ♦ Comp. • CJCE 3 mars 1988, *Allen et Hanburys c/ Générics,* n° 434/85 : *Rec. 1245.*

3. En ouvrant la possibilité de concéder des licences obligatoires lorsqu'un brevet d'invention ou d'obtention de nouvelles variétés végétales n'est pas exploité sous la forme d'une production sur le territoire national et lorsque le brevet est exploité sous la forme d'importations en provenance d'autres États membres, la République italienne a manqué aux obligations qui lui incombent en vertu de l'art. 30 du Traité de Rome. • CJCE 18 févr. 1992, *Commission c/ République italienne : JOCE 10 mars 1992, n° C 61. 6 ; RTD com. 1993. 604, obs. Azéma* • 18 févr. 1992, *Commission c/ Royaume-Uni : eod. loc.*

4. Excuse légitime. La licence obligatoire est accordée, dès lors que ne constitue pas une excuse légitime de non-exploitation d'un brevet, la prétendue supériorité de la technique mise en œuvre dans les machines sur celle protégée par le brevet. • Com. 11 janv. 2000 : *Ann. propr. ind. 2000. 149 ; Dossiers Brevets 2000. III. 1* • Lyon, 11 sept. 1997 : *PIBD 1998, p. 167 ; Dossiers Brevets 1997. III. 6, obs. Mousseron ; JCP E 1998, Chron. 752.* – Infirmant • TGI Lyon, 19 déc. 1996 : *PIBD 1997. III. 178 ; Dossiers Brevets 1997. I. 8 ; D. 1997. Somm. 334, obs. Mousseron* (qui avait estimé que l'exploitation de brevet portant sur des inventions plus performantes excusait la non-exploitation d'une invention antérieurement brevetée).

5. Réalité de l'exploitation. L'existence de contrats de licence permet de faire échec à la demande de licence obligatoire, sans que leur non-publication au RNB ait une incidence sur la preuve de la réalité de l'exploitation. • TGI Nancy, 29 mai 1998 : *PIBD 1999. III. 1.*

Art. L. 613-12 La demande de licence obligatoire est formée auprès du tribunal de grande instance : elle doit être accompagnée de la justification que le demandeur n'a pu obtenir du propriétaire du brevet une licence d'exploitation et qu'il est en état d'exploiter l'invention de manière sérieuse et effective.

(L. n° 96-1106 du 18 déc. 1996) **« La licence obligatoire est accordée à des conditions déterminées, notamment quant à sa durée, son champ d'application et le montant des redevances auxquelles elle donne lieu. »**

Ces conditions peuvent être modifiées par décision du tribunal, à la requête du propriétaire ou du licencié. – *[L. n° 68-1 du 2 janv. 1968, art. 33.] – V. art. R. 613-4 s.*

COMMENTAIRE

Voir le commentaire d'ensemble sur les licences obligatoires sous l'article L. 613-15-1.

En tout état de cause, la licence ne prenant effet que du jour où elle est accordée par le jugement, et ne rétroagissant pas à la date de la demande, elle ne peut exonérer son bénéficiaire de l'obligation de réparer le préjudice résultant éventuellement de la reproduction antérieure du brevet en cause. • Paris, 30 oct. 1996 : *PIBD 1997. III. 79 ; JCP E 1998. Chron. 752.* – Pourvoi rejeté par • Com. 11 janv. 2000 : *PIBD 2000. III. 217.*

Art. L. 613-13 *(L. n° 96-1106 du 18 déc. 1996)* **Les licences obligatoires et les licences d'office sont non exclusives. Les droits attachés à ces licences ne peuvent être transmis qu'avec le fonds de commerce, l'entreprise ou la partie de l'entreprise auquel ils sont attachés.**

COMMENTAIRE

Voir le commentaire d'ensemble sur les licences obligatoires sous l'article L. 613-15-1.

Art. L. 613-14 Si le titulaire d'une licence obligatoire ne satisfait pas aux conditions auxquelles cette licence a été accordée, le propriétaire du brevet et, le cas échéant, les autres licenciés peuvent obtenir du tribunal le retrait de cette licence. – *[L. n° 68-1 du 2 janv. 1968, art. 35.]*

COMMENTAIRE

Voir le commentaire d'ensemble sur les licences obligatoires sous l'article L. 613-15-1.

Art. L. 613-15 *(L. n° 2004-800 du 6 août 2004, art. 18)* **Le titulaire d'un brevet portant atteinte à un brevet antérieur ne peut exploiter son brevet sans l'autorisation du titulaire du brevet antérieur ; ledit titulaire ne peut exploiter le brevet postérieur sans l'autorisation du titulaire du brevet postérieur.**

Lorsque le titulaire d'un brevet ne peut l'exploiter sans porter atteinte à un brevet antérieur dont un tiers est titulaire, le tribunal de grande instance peut lui accorder

une licence d'exploitation du brevet antérieur dans la mesure nécessaire à l'exploitation du brevet dont il est titulaire et pour autant que cette invention constitue à l'égard du brevet antérieur un progrès technique important et présente un intérêt économique *(L. n° 2004-1338 du 8 déc. 2004)* **« considérable ».**

La licence accordée au titulaire du brevet postérieur ne peut être transmise qu'avec ledit brevet.

Le titulaire du brevet antérieur obtient, sur demande présentée au tribunal, la concession d'une licence réciproque sur le brevet postérieur.

Les dispositions des articles L. 613-12 à L. 613-14 sont applicables.

COMMENTAIRE

Voir le commentaire d'ensemble sur les licences obligatoires sous l'article L. 613-15-1.

Licence de dépendance. C'est à bon droit qu'une cour d'appel décide que celui qui a contrefait un brevet sans solliciter l'octroi d'une licence de dépendance, ne peut donc pas se prévaloir des dispositions de l'art. L. 613-15 pour faire évaluer le préjudice comme la seule perte des redevances d'une licence de dépendance. C'est à celui qui l'invoque d'établir la preuve que son invention présente un progrès technique important par rapport au brevet antérieur. • Com. 16 janv. 1996 : *PIBD 1996. III. 175 ; Ann. propr. ind. 1998. 178 ; Dossiers Brevets 1996. IV. 8.*

Art. L. 613-15-1 *(L. n° 2004-1338 du 8 déc. 2004)* **Lorsqu'un obtenteur ne peut obtenir ou exploiter un droit d'obtention végétale sans porter atteinte à un brevet antérieur, il peut demander la concession d'une licence de ce brevet dans la mesure où cette licence est nécessaire pour l'exploitation de la variété végétale à protéger et pour autant que la variété constitue à l'égard de l'invention revendiquée dans ce brevet un progrès technique important et présente un intérêt économique considérable.**

Lorsqu'une telle licence est accordée, le titulaire du brevet obtient à des conditions équitables, sur demande présentée au tribunal, la concession d'une licence réciproque pour utiliser la variété protégée.

Les dispositions des articles L. 613-12 à L. 613-14 sont applicables.

BIBL. ► BOIZARD, *Propr. ind. 2005. Chron. 24* (licence de dépendance entre brevet et certificat d'obtention végétale : un point d'équilibre ?).

COMMENTAIRE

Les articles L. 613-11 à L. 613-15-1 prévoient des cas de dérogation au monopole démontrant ainsi que le pouvoir discrétionnaire du breveté sur son bien incorporel est contraint par des impératifs d'ordre économique ou social considérés comme supérieurs.

En réalité, ces procédures dites de licences obligatoires ou licences judiciaires constituent une forme de pression sur les ayants droit les incitant à concéder une licence volontairement. Leur mise en œuvre demeure exceptionnelle.

Dans des situations définies limitativement pour ne pas déroger globalement à la teneur du monopole, le juge peut être saisi. Si les conditions sont remplies, non seulement il accordera l'autorisation non exclusive au demandeur (V. art. L. 613-3) mais il en déterminera les conditions : durée, étendue, territoire. Le juge fixe aussi le prix car l'exception atteint le droit d'exploitation alors que le droit à rémunération subsiste.

La procédure, assez complexe, est détaillée aux articles R. 613-4 et suivants. Le juge spécialisé en matière de brevets tel que désigné à l'article R. 631-2 est seul compétent en la matière.

Pour l'essentiel, ces dispositions dérogatoires visent à pallier les défauts d'exploitation préjudiciables à la fois à l'économie d'un pays et aux attentes des consommateurs (V. art. L. 613-11). Dans ces cas, et en l'absence d'excuse légitime, la demande en justice peut viser la production mais aussi l'importation de produits brevetés fabriqués à l'étranger (V. art. L. 613-11, al. 3). Le breveté encourt évidemment ce risque si son ou ses licenciés historiques n'exploitent pas (sur la responsabilité du licencié, V. comm. ss. art. L. 613-8). Très logiquement, il incombera au demandeur de rapporter le refus du breveté, auquel sont assimilées des exigences démesurées, et ses propres capacités à exploiter l'invention (V. art. L. 613-12). Par ailleurs, il ne pourra sous-céder cette autorisation d'exploitation, sauf en tant qu'accessoire à l'ensemble de son activité (V. art. L. 613-3).

La licence obligatoire concerne aussi les inventions dépendantes. Elle permet d'éviter le blocage de l'exploitation d'inventions de perfectionnement. En effet, la mise en œuvre de ces dernières est dépendante du brevet dominant. A défaut d'autorisation, le titulaire des droits sur le perfectionnement peut saisir le juge qui pourra lui accorder une licence limitée aux actes nécessaires pour profiter de sa propre invention. La situation sera rendue compliquée si le brevet initial fait déjà l'objet d'une licence exclusive. On rencontre une situation proche lors de la mise en œuvre de normes techniques. Il arrive que l'organisme de normalisation impose au breveté l'obligation de concéder des licences équitables dites FRAND (V. comm. ss. art. L. 613-8).

Le plus remarquable est que la situation inverse est aussi réglée par la loi : si le breveté sur le perfectionnement s'oppose à l'exploitation de son invention par le titulaire du premier brevet, la même procédure lui est offerte.

La loi de 2004 sur les inventions biotechnologiques prévoit un système semblable, aussi fondé sur la réciprocité, entre l'obtenteur d'une variété végétale et un breveté tiers lorsque la mise en œuvre de l'obtention porte atteinte au brevet (V. art. L. 613-15-1). ❑

Art. L. 613-16 *(L. n° 2004-800 du 6 août 2004, art. 18)* **Si l'intérêt de la santé publique l'exige et à défaut d'accord amiable avec le titulaire du brevet, le ministre chargé de la propriété industrielle peut, sur la demande du ministre chargé de la santé publique, soumettre par arrêté au régime de la licence d'office, dans les conditions prévues à l'article L. 613-17, tout brevet délivré pour :**

***a)* Un médicament, un dispositif médical, un dispositif médical de diagnostic *in vitro*, un produit thérapeutique annexe ;**

***b)* Leur procédé d'obtention, un produit nécessaire à leur obtention ou un procédé de fabrication d'un tel produit ;**

***c)* Une méthode de diagnostic *ex vivo*.**

Les brevets de ces produits, procédés ou méthodes de diagnostic ne peuvent être soumis au régime de la licence d'office dans l'intérêt de la santé publique que lorsque ces produits, ou des produits issus de ces procédés, ou ces méthodes sont mis à la disposition du public *(L. n° 2004-1338 du 8 déc. 2004)* **« en quantité ou qualité insuffisantes » ou à des prix anormalement élevés, ou lorsque le brevet est exploité dans des conditions contraires à l'intérêt de la santé publique ou constitutives de pratiques déclarées anticoncurrentielles à la suite d'une décision administrative ou juridictionnelle devenue définitive.**

Lorsque la licence a pour but de remédier à une pratique déclarée anticoncurrentielle ou en cas d'urgence, le ministre chargé de la propriété industrielle n'est pas tenu de rechercher un accord amiable. – *V. art. R. 613-10 s.*

COMMENTAIRE

Voir le commentaire d'ensemble sur les licences d'office sous l'article L. 613-19-1. ❑

Art. L. 613-17 Du jour de la publication de l'arrêté qui soumet le brevet au régime de la licence d'office, toute personne qualifiée peut demander au ministre chargé de la propriété industrielle l'octroi d'une licence d'exploitation. Cette licence est accordée par arrêté dudit ministre à des conditions déterminées, notamment quant à sa durée et son champ d'application, mais à l'exclusion des redevances auxquelles elle donne lieu.

Elle prend effet à la date de la notification de l'arrêté aux parties.

A défaut d'accord amiable approuvé par le ministre chargé de la propriété industrielle et le ministre chargé de la santé publique, le montant des redevances est fixé par le tribunal de grande instance. – *[L. n° 68-1 du 2 janv. 1968, art. 38.]* – *V. art. R. 613-21 s.*

COMMENTAIRE

Voir le commentaire d'ensemble sur les licences d'office sous l'article L. 613-19-1. ❑

Art. L. 613-17-1 *(L. n° 2007-1544 du 29 oct. 2007, art. 8)* **La demande d'une licence obligatoire, présentée en application du règlement (CE) n° 816/2006 du Parlement européen et du Conseil, du 17 mai 2006, concernant l'octroi de licences obligatoires pour des brevets visant la fabrication de produits pharmaceutiques destinés à l'expor-**

tation vers des pays connaissant des problèmes de santé publique, est adressée à l'autorité administrative. La licence est délivrée conformément aux conditions déterminées par l'article 10 de ce règlement. L'arrêté d'octroi de la licence fixe le montant des redevances dues.

La licence prend effet à la date la plus tardive à laquelle l'arrêté est notifié au demandeur et au titulaire du droit.

V. aussi. Règl. (CE) n° 816/2006 du 17 mai 2006, App., v[is] Propriété industrielle, Brevets.

Art. L. 613-17-2 *(L. n° 2007-1544 du 29 oct. 2007, art. 8)* **Toute violation de l'interdiction prévue à l'article 13 du règlement (CE) n° 816/2006 du Parlement européen et du Conseil, du 17 mai 2006, précité et à l'article 2 du règlement (CE) n° 953/2003 du Conseil, du 26 mai 2003, visant à éviter le détournement vers des pays de l'Union européenne de certains médicaments essentiels constitue une contrefaçon punie des peines prévues à l'article L. 615-14 du présent code.**

BIBL. ▶ SERGHERAERT, *D. 2009. Chron. 515* (lutte contre la contrefaçon de médicaments).

Art. L. 613-18 **Le ministre chargé de la propriété industrielle peut mettre en demeure les propriétaires de brevets d'invention autres que ceux visés à l'article L. 613-16 d'en entreprendre l'exploitation de manière à satisfaire aux besoins de l'économie nationale.**

Si la mise en demeure n'a pas été suivie d'effet dans le délai d'un an et si l'absence d'exploitation ou l'insuffisance en qualité ou en quantité de l'exploitation entreprise porte gravement préjudice au développement économique et à l'intérêt public, les brevets, objets de la mise en demeure, peuvent être soumis au régime de licence d'office par décret en Conseil d'État.

Le ministre chargé de la propriété industrielle peut prolonger le délai d'un an prévu ci-dessus lorsque le titulaire du brevet justifie d'excuses légitimes et compatibles avec les exigences de l'économie nationale.

Du jour de la publication du décret qui soumet le brevet au régime de la licence d'office, toute personne qualifiée peut demander au ministre chargé de la propriété industrielle l'octroi d'une licence d'exploitation.

(L. n° 96-1106 du 18 déc. 1996) **« Cette licence est accordée par arrêté dudit ministre à des conditions déterminées quant à sa durée et son champ d'application, mais à l'exclusion des redevances auxquelles elle donne lieu. Elle prend effet à la date de notification de l'arrêté aux parties. »**

A défaut d'accord amiable, le montant des redevances est fixé par le tribunal de grande instance. – *[L. n° 68-1 du 2 janv. 1968, art. 39.] – V. art. R. 613-26 s.*

COMMENTAIRE

Voir le commentaire d'ensemble sur les licences d'office sous l'article L. 613-19-1. ❑

Art. L. 613-19 **L'État peut obtenir d'office, à tout moment, pour les besoins de la défense nationale, une licence pour l'exploitation d'une invention, objet d'une demande de brevet ou d'un brevet, que cette exploitation soit faite par lui-même ou pour son compte.**

La licence d'office est accordée à la demande du ministre chargé de la défense par arrêté du ministre chargé de la propriété industrielle. Cet arrêté fixe les conditions de la licence à l'exclusion de celles relatives aux redevances auxquelles elle donne lieu.

La licence prend effet à la date de la demande de licence d'office.

A défaut d'accord amiable, le montant des redevances est fixé par le tribunal de grande instance. A tous les degrés de juridiction, les débats ont lieu en chambre du conseil. – *[L. n° 68-1 du 2 janv. 1968, art. 40.] – V. art. R. 613-34 s.*

BIBL. ▶ WUYLENS, Défense nationale et brevet d'invention, *éd. Cedct 1999.*

COMMENTAIRE

Voir le commentaire d'ensemble sur les licences d'office sous l'article L. 613-19-1.

Les mécanismes liés aux inventions intéressant la défense nationale sont aussi développés sous les articles L. 612-9 et L. 612-10. ❑

Art. L. 613-19-1 *(L. n° 96-1106 du 18 déc. 1996, art. 9)* **Si le brevet a pour objet une invention dans le domaine de la technologie des semi-conducteurs, une licence obliga-**

toire ou d'office ne peut être accordée que pour une utilisation à des fins publiques non commerciales ou pour remédier à une pratique déclarée anticoncurrentielle à la suite d'une procédure juridictionnelle ou administrative. – *V. art. L. 622-1 s.*

COMMENTAIRE

Les articles L. 613-16 à L. 613-19-1 énoncent un ensemble de situations dans lesquelles les pouvoirs publics peuvent contraindre le breveté par une procédure de licences administratives dites aussi licences d'office. L'atteinte au monopole est justifiée par l'intérêt supérieur de l'État (V. art. L. 613-19), des raisons de santé publique (V. art. L. 613-16 et L. 613-17) ou des pratiques anticoncurrentielles (V. art. L. 613-19-1). Cette dernière disposition limitée aux produits semi-conducteurs reprend le principe énoncé à l'article 40 des accords ADPIC (V. App., v° *Dispositions générales*), ou encore plus généralement la satisfaction des besoins de l'économie nationale (V. art. L. 613-18).

Les procédures et les conditions de mise en œuvre varient selon les situations. Les articles R. 613-26 et suivants en détaillent le fonctionnement. De manière générale, la licence d'office est rendue publique et tout industriel intéressé peut demander à en bénéficier. Le recours à ces dispositions, et plus encore son succès, est extrêmement rare. Il s'agit de dispositions « couperet » qui ont une vocation essentiellement dissuasive. ☐

Art. L. 613-20 L'État peut, à tout moment, par décret, exproprier, en tout ou partie, pour les besoins de la défense nationale, les inventions, objet de demandes de brevet ou de brevets.

A défaut d'accord amiable, l'indemnité d'expropriation est fixée par le tribunal de grande instance.

A tous les degrés de juridiction, les débats ont lieu en chambre du conseil. – *[L. n° 68-1 du 2 janv. 1968, art. 45.]*

COMMENTAIRE

De manière encore plus dérogatoire que la licence administrative, la loi prévoit une procédure d'expropriation lorsqu'il en va des intérêts de la défense nationale. Cette précaution demeure totalement théorique. Elle correspond à la solution la plus radicale en matière d'intervention des services de la défense en matière de brevets (sur ces procédures, V. comm. ss. art. L. 612-9 et L. 612-10). ☐

Art. L. 613-21 La saisie d'un brevet est effectuée par acte extrajudiciaire signifié au propriétaire du brevet, à l'Institut national de la propriété industrielle ainsi qu'aux personnes possédant des droits sur le brevet ; elle rend inopposable au créancier saisissant toute modification ultérieure des droits attachés au brevet.

A peine de nullité de la saisie, le créancier saisissant doit, dans le délai prescrit, se pourvoir devant le tribunal, en validité de la saisie et aux fins de mise en vente du brevet. – *[L. n° 68-1 du 2 janv. 1968, art. 44.]* – *V. art. R. 613-51.*

COMMENTAIRE

Comme tout titre représentant une valeur économique, le brevet peut être saisi et vendu notamment par adjudication au profit du ou des créanciers. Cette saisie extrajudiciaire mais avalisée par le juge est rare car le brevet est assez peu « liquide ». Elle pourrait être utilisée lorsque le titre à été nanti (sur le nantissement de brevets, V. R. 613-55) ou que l'entreprise est en difficultés. Elle impose l'information préalable de tous les protagonistes (propriétaire, licencié, INPI), et la validation par une juridiction spécialisée (V. note 2). ☐

1. Saisie d'un brevet. L'art. 74 de la L. n° 91-650 du 9 juill. 1991 portant réforme des procédures civiles d'exécution dispose que la saisie conservatoire peut porter sur tous les biens mobiliers corporels ou incorporels. Mais le décret du 31 juill. 1992 pris en application de cette loi ne réglemente, quant à la saisie conservatoire de droits incorporels, que celle des créances, des droits d'associés et des valeurs mobilières. Par ailleurs, cette loi n'a pas abrogé le texte du CPI. Il faut en déduire que ce texte particulier déroge au droit commun des saisies et reste applicable. La procédure qu'il prévoit est unique et a deux phases, une phase conservatoire, puis une phase de validité, pour laquelle il faut alors avoir obtenu un titre exécutoire. Le fait qu'un jugement ne soit pas assorti de l'exécution provisoire n'empêche pas d'effectuer la saisie d'un brevet, mais la validité de la saisie ne pourra être obtenue que lorsque le titre sera définitif et exécutoire à l'encontre des débiteurs saisis. La saisie conservatoire rend le brevet indisponible. • TGI Paris, 10 nov. 1994 : *PIBD 1995. III. 61.*

2. Même si un brevet est considéré comme un simple bien saisissable destiné à être réalisé pour le règlement d'une créance, sa saisie dans le cadre de la saisie-exécution relève de la compétence spéciale du juge des brevets. • TGI Paris, 28 juin 1996 : *PIBD 1996. III. 609.*

Art. L. 613-22 **1. Est déchu de ses droits le propriétaire d'une demande de brevet ou d'un brevet qui n'a pas acquitté la redevance annuelle prévue à l'article L. 612-19 dans le délai prescrit par ledit article.**

La déchéance prend effet à la date de l'échéance de la redevance annuelle non acquittée.

Elle est constatée par une décision du directeur de l'Institut national de la propriété industrielle ou, à la requête du breveté ou d'un tiers, dans les conditions fixées par voie réglementaire.

La décision est publiée et notifiée au breveté. – *V. art. R. 613-49 et R. 618-2.*

2. *(Abrogé par Ord. n° 2008-1301 du 11 déc. 2008)* ***« Le breveté peut, dans les trois mois suivant la notification de la décision, présenter un recours en vue d'être restauré dans ses droits s'il justifie d'une excuse légitime du non-paiement de l'annuité.***

« La restauration est accordée par le directeur de l'Institut national de la propriété industrielle sous réserve que la ou les redevances annuelles soient acquittées dans le délai prescrit par voie réglementaire. » – *[L. n° 68-1 du 2 janv. 1968, art. 48.] – V. art. R. 613-48 et R. 613-52.*

COMMENTAIRE

Voir le commentaire d'ensemble des mécanismes d'abandon de droits sous l'article L. 613-24.

Voir à propos de l'abrogation du point 2, le commentaire sur la procédure de *restitutio in integrum*, sous l'article L. 612-16. ❑

Art. L. 613-23 (Abrogé par Ord. n° 2008-1301 du 11 déc. 2008) ***Les délais mentionnés à l'article L. 613-22 peuvent être suspendus dans les cas et selon les modalités prévues à l'article L. 612-18.*** – [L. n° 68-1 du 2 janv. 1968, art. 70 bis.]

COMMENTAIRE

Voir le commentaire d'ensemble des mécanismes d'abandon de droits sous l'article L. 613-24.

Se reporter aussi aux développements qui suivent l'article L. 612-18. ❑

Art. L. 613-24 *(L. n° 2008-776 du 4 août 2008, art. 132-VI)* **Le propriétaire du brevet peut à tout moment soit renoncer à la totalité du brevet ou à une ou plusieurs revendications, soit limiter la portée du brevet en modifiant une ou plusieurs revendications.**

La requête en renonciation ou en limitation est présentée auprès de l'Institut national de la propriété industrielle dans des conditions fixées par voie réglementaire.

Le directeur de l'Institut national de la propriété industrielle examine la conformité de la requête avec les dispositions réglementaires mentionnées à l'alinéa précédent.

Les effets de la renonciation ou de la limitation rétroagissent à la date du dépôt de la demande de brevet.

Les deuxième et troisième alinéas s'appliquent aux limitations effectuées en application des articles L. 613-25 et L. 614-12. – *V. art. R. 613-45 s.*

BIBL. ▶ PY, *Propr. ind. 2013. Dossier 3* (droit des brevets : la modification des revendications après la délivrance du brevet en droit français). – ROUX-VAILLARD et LEMERCIER, *Propr. ind. 2012. Étude 2* (limitation des brevets en France : trois ans après). – VÉRON et ROMET, *Propr. ind. 2009. Étude 23* (brevets : limiter pour consolider ? La limitation volontaire des brevets nationaux désormais possible en France).

COMMENTAIRE

Le texte réglementaire visé à l'alinéa 2 est l'article R. 612-38.

La perte des droits du breveté est automatique en l'absence du paiement des redevances de maintien en vigueur. Le dispositif prévoyant la progressivité dans le temps de ces taxes est une incitation à l'abandon des titres non rentables (V. comm. ss. art. L. 612-19).

Dans les faits, un tiers des brevets disparaissent dans les cinq ans et près de la moitié au bout de sept ans. En conséquence, la renonciation expresse, totale ou partielle, telle que prévue par l'article L. 613-24, est peu usitée.

Pour assouplir la sévérité du texte, le breveté dispose d'une procédure en restauration en cas d'excuse légitime (V. comm. ss. art. L. 612-16).

Le présent article offre notamment la possibilité de limiter la portée du titre en modifiant une ou plusieurs revendications. Cette procédure de requête en limitation a été introduite par la loi pour la modernisation de l'économie du 4 août 2008. Elle transpose une pratique existante en droit européen et son application interne est encore à l'origine de différentes interrogations. Elle peut s'avérer intéressante pour réduire le contentieux et notamment les actions en nullité. Cette procédure est introduite devant l'INPI et instruite par cet Institut mais peut être mise en œuvre à tout moment, y compris dans le cadre d'une procédure contentieuse, et sa portée est rétroactive (V. art. L. 613-25 *in fine*). Elle peut aussi viser un brevet européen pour sa seule désignation française. L'arrêté du 27 janvier 2009 impose le paiement d'une redevance en cas de mise en œuvre de cette faculté (V. tableau ss. art. R. 411-17). La limitation est considérée comme une décision administrative du directeur général de l'INPI qui peut être contestée à ce titre devant la cour d'appel de Paris sous réserve de démontrer un intérêt à agir.

Depuis deux décisions, la grande chambre des recours de l'OEB d'avril 2004 (G1/03 et G2/03) a précisé les conditions dans lesquelles un *disclaimer* ou désistement est admis pour restaurer la nouveauté dans le respect de l'article 123, 2°, CBE. Les demandes de limitation peuvent aussi être instruites dans le cadre d'une action en nullité d'un brevet français (art. L. 613-25) ou européen (art. L. 614-12). ❑

1. Recevabilité. Irrecevabilité pour défaut de qualité à agir du recours d'un tiers contre une action en limitation. • Paris, 30 mars 2011 : *PIBD 2011. III. 19 ; Propr. intell. 2012, n° 42, obs. Galloux.*

2. Appréciation. L'ajout d'une caractéristique dans une revendication est une limitation et non une extension, dès lors qu'elle apparaît clairement dans la description. • Com. 17 mars 2015, *Directeur de l'INPI c/ Syngenta*, n° 13-28.436 : *PIBD 2015. III. 340 ; Propr. ind. 2015, n° 57, note Vigand.* – Décision de principe concluant une longue procédure, les premiers juges saisis avaient au contraire donné raison à l'INPI en concluant à une extension. • Paris, 7 sept. 2011, *Syngenta Limited*, n° 10/16073 : *PIBD 2011. III. 629 ; Propr. ind. 2012. n° 12, note Vigand.*

3. Limitation et portée de la description. Avant de rejeter une requête en limitation, l'INPI doit s'assurer que la revendication modifiée n'est pas déjà divulguée directement et sans ambiguïté dans la description du brevet originel. • Com. 19 mars 2013 : *PIBD 2013. III. 1149 ; Propr. ind. 2013, n° 48, note Vigand.*

4. Portée, période et fréquence de la requête en limitation. Les limitations précisent l'invention en en réduisant la portée, elles ne sont pas limitées en nombre (3 en l'espèce) et peuvent être demandées à tous moments : avant la délivrance du titre comme après les mises en demeure. • Paris, 12 févr. 2014 : *PIBD 2014. III. 326.* ♦ La limitation peut valablement intervenir après le jugement reconnaissant la contrefaçon du brevet concerné. De surcroît, l'appelant débouté de sa demande de nullité est en mesure de conclure sur la base des nouvelles revendications en raison de la proximité entre la date du recours en limitation et celle de la déclaration d'appel (moins de deux mois). • Paris, pôle 5, ch. 1, 27 sept. 2016, n° 14/18000 : *PIBD 2016. III. 826.*

5. La limitation est issue d'une procédure juste et équitable. Le principe du contradictoire et l'équilibre des droits des parties sont garantis dans la mesure où la limitation se cantonne à préciser les termes d'un litige et peut elle-même être contestée. Rejetant la demande de QPC, • Com. 30 mai 2017, n° 16-25.274 ; *PIBD 2017. III. 536.*

Art. L. 613-25 Le brevet est déclaré nul par décision de justice :

a) *(L. n° 2007-1544 du 29 oct. 2007, art. 9)* **« Si son objet n'est pas brevetable aux termes des articles L. 611-10, L. 611-11 et L. 611-13 à L. 611-19 ; »**

***b*) S'il n'expose pas l'invention de façon suffisamment claire et complète pour qu'un homme du métier puisse l'exécuter ;**

***c*) Si son objet s'étend au-delà du contenu de la demande telle qu'elle a été déposée ou, lorsque le brevet a été délivré sur la base d'une demande divisionnaire, si son objet s'étend au-delà du contenu de la demande initiale telle qu'elle a été déposée ;**

(L. n° 2008-776 du 4 août 2008, art. 132-VII) **« *d*) Si, après limitation, l'étendue de la protection conférée par le brevet a été accrue. »**

Si les motifs de nullité n'affectent le brevet qu'en partie, la nullité est prononcée sous la forme d'une limitation correspondante des revendications. – *[L. n° 68-1 du 2 janv. 1968, art. 49.]*

(L. n° 2008-776 du 4 août 2008, art. 132-VII) **« Dans le cadre d'une action en nullité du brevet, son titulaire est habilité à limiter le brevet en modifiant les revendications ; le brevet ainsi limité constitue l'objet de l'action en nullité engagée.**

« La partie qui, lors d'une même instance, procède à plusieurs limitations de son brevet, de manière dilatoire ou abusive, peut être condamnée à une amende civile d'un montant maximum de 3 000 €, sans préjudice de dommages et intérêts qui seraient réclamés. »

BIBL. ► FRANÇON, *RID comp. 1981. 575* (la nullité du brevet).

COMMENTAIRE

Voir le commentaire d'ensemble sur la nullité du titre sous l'article L. 613-28.

I. CAUSES DE NULLITÉ

A. CARACTÈRE LIMITATIF

1. Les causes de nullité de brevet pouvant être opposées à une demande en condamnation pour contrefaçon sont limitativement énumérées par l'art. L. 613-25. Une société ne peut donc pas invoquer utilement la nullité d'un brevet résultant de la procédure de délivrance du titre pour échapper à l'action en contrefaçon dirigée à son encontre. • Com. 2 juin 1992 : *Bull. civ. IV, n° 214 ; RJDA 1992, n° 775.* ♦ V. toutefois, annulant une revendication qui, loin de trouver appui dans la description, la contredit et crée ainsi l'apparence trompeuse d'une protection par brevet qu'il faut détruire, • Paris, 29 nov. 1990 : *PIBD 1991. III. 149.*

2. Foi est due au titre. Le doute doit profiter au breveté, lorsque la preuve du défaut de nouveauté n'est pas rapportée avec certitude. • Com. 12 déc. 1995 : *Bull. civ. IV, n° 291* • Paris, 28 mai 1999 : *PIBD 1999. III. 501.* ♦... Ou lorsque le défaut d'activité inventive n'est pas établi. • Paris, 23 mai 1992 : *Ann. propr. ind. 1994. 73.* ♦ La charge de la preuve pèse sur celui qui conteste la brevetabilité de l'invention brevetée. • Com. 18 mai 1999 : *Ann. propr. ind. 1999. 282.*

B. OBJET NON BREVETABLE

3. V. notes 5 s. ss. art. L. 611-10.

C. INSUFFISANCE DE LA DESCRIPTION

4. V. notes ss. art. L. 612-5.

D. EXTENSION INDUE

5. Objet étendu au-delà de la demande. La nullité partielle peut être prononcée sous forme d'une limitation des revendications. Attendu que l'arrêt relève que si la revendication première vise un « appareil de cuisson », le texte du brevet ainsi que tous les dessins et commentaires qui en sont faits se rapportent à une friteuse et aux problèmes spécifiques à ce type d'appareil ; qu'à partir de ces constatations et appréciations, la cour d'appel, interprétant souverainement la portée de la revendication litigieuse a (...) constaté que l'objet de la revendication s'étendait au-delà du contenu de la demande telle qu'elle avait été déposée, et faisant l'application exacte de l'art. L. 613-25 c), prononcé sa nullité partielle sous la forme d'une limitation de ladite revendication qui, étant ainsi rétablie dans sa réelle portée, devenait opposable. • Com. 15 nov. 1994 : *PIBD 1995. III. 51 ; Ann. propr. ind. 1996. 52.* – Rejet du pourvoi contre • Paris, 1er déc. 1992 : *PIBD 1993. III. 220* • Com. 12 juill. 2005 : *Propr. intell. 2006, n° 19, p. 201, obs. Gutmann.*

6. Extension au-delà de la description. Si le résultat imparfait ne permettait pas d'annuler le brevet, en revanche le moyen décrit par la revendication étant inefficace par rapport à l'effet technique avancé, il en résultait que la revendication litigieuse dépassait la consistance de la description et devait être annulée. • Com. 3 mai 1995 : *PIBD 1995. III. 317 ; Ann. propr. ind. 1996. 10.*

7. Ajout indu d'une caractéristique restrictive. Une caractéristique qui n'a pas été divulguée dans la demande telle que déposée, mais ajoutée à celle-ci au cours de la procédure d'examen, et qui, sans apporter de contribution technique à l'objet de l'invention revendiquée, ne fait que limiter la protection conférée par le brevet tel que délivré en excluant de la protection une partie de l'objet de l'invention revendiquée par la demande telle que déposée, ne doit pas être considérée comme un élément étendant l'objet du brevet au-delà du contenu de la demande telle qu'elle a été déposée au sens de l'art. 123 (2) de la CBE. Il n'en va pas de même lorsque l'élément restrictif étend en fait l'objet du brevet au-delà du contenu de la demande ; un tel brevet ne peut être maintenu, sauf si l'on peut se fonder sur la demande telle que déposée pour remplacer l'élément en question sans contrevenir à l'art. 123 (3) de la CBE. • OEB, gr. ch. recours, 2 févr. 1994 : *JO OEB 1994. 169 ; PIBD 1994. III. 601.*

8. Un exemple particulier donné dans le cadre d'une divulgation à caractère général figurant dans la description d'une demande doit être considéré aux fins de l'art. 123 (2) de la CBE comme faisant partie du contenu de cette demande si l'on peut estimer que pour l'homme du métier qui lisait la demande, cet exemple particulier, replacé dans le contexte de la demande telle que déposée, pouvait fort bien constituer un mode de réalisation de l'invention décrite dans la demande. • OEB, ch. rec. tech., 11 mars 1993, T. 187/91 : *JO OEB 1994. 572 ; PIBD 1995. III. 34.*

9. Extension de la demande divisionnaire. Une demande divisionnaire ne permet pas de protéger les caractéristiques autres que celles contenues dans la demande initiale. • Com. 18 oct. 1994 : ⚖ *PIBD 1995. III. 2 ; Bull. civ. IV, n° 289 ; JCP E 1994. Pan. 1351* • 4 janv. 1994 : *PIBD 1994. III. 169.* ♦ *Contra* : la demande divisionnaire peut reprendre des caractéristiques de la description non revendiquées dans la demande de base. • TGI Paris, 30 nov. 1994 : *PIBD 1995. III. 147.*

10. Recevabilité de la contestation d'une limitation accordée par le directeur de l'INPI. Est réservé à la connaissance du juge le cas dans lequel la limitation prétendue d'une revendication produirait, non pas une réduction du champ d'application du brevet, mais au contraire une extension. L'inobservation de cette règle est sanctionnée par une fin de non-recevoir. Le cas prévu par le *d* de l'art. L. 613-25 ne peut pas être utilisé comme moyen classique de nullité du brevet. • Com. 30 mai 2012 : ⚖ *Dalloz actualité, 28 juin 2012, obs. Daleau ; D. 2012. AJ 1544* ✎ *; PIBD 2013. III. 565 ; Propr. ind. 2012, n° 79, obs. Py.*

II. ACTION EN NULLITÉ

11. Action. L'action en nullité peut être exercée par voie principale, reconventionnelle ou à titre d'exception ; le breveté peut agir lui-même en nullité du brevet pour autant qu'il justifie d'un intérêt. • Rennes, 19 oct. 1988 : *Ann. propr. ind. 1990. 251.* ♦ La limitation de la portée du brevet postérieure au prononcé du jugement ne prive pas le défendeur à l'action en contrefaçon de la possibilité d'interjeter appel en maintenant sa demande reconventionnelle en nullité, nonobstant la renonciation du breveté à poursuivre la procédure de contrefaçon. • Com. 8 avr. 2014 : ⚖ *PIBD 2014. III. 445 ; Propr. ind. 2014. Chron. 10, n° 17, obs. Py.* ♦ L'intérêt légitime à agir en nullité est interprété largement au sens l'art. 31 C. pr. civ. Le demandeur n'a pas à justifier de la mise en œuvre de l'invention litigieuse. • Paris, 2e ch., pôle 5, 5 mai 2017, n° 2014/19226 : *PIBD. n° 1076. III. 537.*

12. Recevabilité. En tant que moyen de droit destiné à faire échec à l'action en contrefaçon, la demande en nullité du brevet est recevable pour la première fois en appel. • Paris, 4 oct. 1995 : *PIBD 1996. III. 5 ; Ann. propr. ind. 1996. 73.*

13. Intervention à une action en nullité. L'intervention d'une organisation professionnelle aux côtés du demandeur en annulation est recevable, car il est de l'intérêt collectif de la profession représentée de délimiter la portée d'un brevet opposé à l'un de ses membres. • TGI Paris, 3 mai 1995 : *PIBD 1995. III. 409.*

14. Nullité soulevée à titre d'exception. Quand la demande en contrefaçon est jugée irrecevable, il n'y a pas lieu d'examiner la validité du brevet, dès lors que la nullité prétendue n'est invoquée que comme moyen de défense et ne fait pas l'objet d'une demande reconventionnelle. • Paris, 29 nov. 1995 : *PIBD 1996. III. 109.* ♦ Une demande reconventionnelle en nullité pour insuffisance de description, défaut d'activité inventive et de nouveauté est irrecevable dès lors qu'une décision définitive a préalablement rejeté une demande de nullité sur le même fondement en raison du principe de l'autorité de la chose jugée comme de celui de la concentration des moyens. • Paris, 2e ch., pôle 5, 9 mai 2014 : ⚖ *PIBD 2014. III. 537 ; Propr. ind. 2014, n° 61 ; JCP E 2014, n° 1579, note Privat-Vigand.*

15. Nullité partielle. Lorsque l'objet de la revendication s'étend au-delà du contenu de la demande, le tribunal peut prononcer, sous la forme d'une limitation de la revendication, sa nullité partielle, rétablissant ainsi sa portée réelle. – Rejet du pourvoi contre • Paris, 1er déc. 1992 : *PIBD 1993. III. 220* • Com. 15 nov. 1994 : ⚖ *PIBD 1995. III. 51.* ♦ L'annulation d'une revendication principale pour défaut de nouveauté n'entraîne pas automatiquement celle des revendications qui en dépendent. • Com. 9 juill. 2013 : ⚖ *PIBD 2013. III. 1416.* ♦ La solution vaut aussi en cas d'annulation pour défaut d'activité inventive. • Com. 20 mai 2014 : ⚖ *PIBD 2014. III. 585 ; JCP E 2015, n° 1007, comm. Dhenne.*

16. La nullité du brevet entraîne de plein droit la résiliation de la licence exclusive. • Lyon, 12 janv. 1989 : *Ann. propr. ind. 1989. 45.*

17. Brevet annulé postérieurement à la condamnation du contrefacteur. Un contrefacteur condamné par une décision irrévocable n'est pas fondé à obtenir la restitution des sommes payées en raison de la nullité prononcée par le juge du brevet contrefait. • Cass., ass. plén., 17 févr. 2012 : ⚖ *Bull. ass. plén., n° 2 ; D. 2012. 715* ✎ *et 719, note Lancrenon ; JCP E 2012, p. 38-41, note Agé et Mendes Moreira.*

18. Prescription. La prescription quinquennale de l'art. 2224 C. civ. est appliquée à une action en nullité. Mais le point de départ retenu n'est pas la date de publication de la délivrance du brevet mais le moment où le demandeur a eu connaissance du titre litigieux, écartant ainsi un devoir de surveillance des registres. • TGI Paris, 3e ch., sect. 1, 6 nov. 2014, *Raccords et Plastiques*

Nicoll c/ MEP et Épx H, n° 13/14239 : *PIBD 2015. III. 44 ; Propr. ind. 2015, n° 27, note Vignand.* ♦ Pour un commentaire critique qui déplore le caractère si bref du délai s'agissant non pas d'une action personnelle, mais d'une procédure visant à libérer l'exploitation d'une invention couverte par un monopole injustifié, V. : • TGI Paris, 16 mars 2017, n° 15/07920 : *Propr. ind. 2017, n° 53, obs. Raynard.* ♦ La prescription quinquennale de l'art. 2224 C. civ. court à compter de la publication du brevet constatant la délivrance du titre, créatrice de droits pour le breveté, et indépendamment de la citation dans le brevet des antériorités opposées. • Paris, 2e ch., pôle 5, 22 sept. 2017, n° 2014/25130 : *PIBD 2017. III. 709.*

19. Sur le sort du contrat de licence en cas de nullité, V. note 22 ss. art. L. 613-8.

Art. L. 613-26 **Le ministère public peut agir d'office en nullité d'un brevet d'invention.** – *[L. n° 68-1 du 2 janv. 1968, art. 50.]*

COMMENTAIRE

V. commentaire d'ensemble sur la nullité du titre sous l'article L. 613-28. ❑

Art. L. 613-27 **La décision d'annulation d'un brevet d'invention a un effet absolu sous réserve de la tierce opposition. A l'égard des brevets demandés avant le 1er janvier 1969, l'annulation s'applique aux parties du brevet déterminées par le dispositif de la décision.**

Les décisions passées en force de chose jugée sont notifiées au directeur de l'Institut national de la propriété industrielle, aux fins d'inscription au registre national des brevets.

Lorsque la décision annule partiellement une revendication, elle renvoie le propriétaire du brevet devant l'Institut national de la propriété industrielle afin de présenter une rédaction de la revendication modifiée selon le dispositif du jugement. Le directeur de l'institut a le pouvoir de rejeter la revendication modifiée pour défaut de conformité au jugement, sous réserve d'un recours devant *(L. n° 94-102 du 5 févr. 1994, art. 26)* **« l'une des cours d'appel désignée conformément à l'article L. 411-4 du code ».** – *[L. n° 68-1 du 2 janv. 1968, art. 50 bis] – V. art. R.* 612-73 à R. 612-73-2.*

COMMENTAIRE

V. commentaire d'ensemble sur la nullité du titre sous l'article L. 613-28. ❑

1. Champ d'application. L'art. L. 613-27 ne confère un effet absolu à la chose jugée qu'aux décisions judiciaires d'annulation d'un brevet. • Com. 5 mai 1987 : *Ann. propr. ind. 1988. 156.*

2. Les revendications déclarées valables et contrefaites par un jugement frappé d'appel, il apparaît d'une bonne administration de la justice de surseoir à statuer dans l'attente du règlement définitif d'une autre instance entre le breveté et un tiers, dans laquelle les revendications ont été annulées en première instance. • Paris, 29 sept. 1993 : *PIBD 1994. III. 5.*

3. Annulation partielle. En cas d'annulation partielle, il ne relève pas du pouvoir du juge de formuler lui-même la revendication limitée et il appartient au breveté de le faire sous le contrôle de l'INPI. • Paris, 30 janv. 1995 : *PIBD 1995. III. 179 ; RTD com. 1995. 772, obs. Azéma.* ♦ Pour une annulation partielle et renvoi devant l'INPI, V. • Paris, 20 sept. 1984 : *PIBD 1985, III, p. 45.*

4. Opposabilité des revendications modifiées après annulation partielle. Pour déterminer si la revendication modifiée après annulation partielle est opposable à compter de la publication au Registre national des brevets ou dès l'origine, il convient de rechercher si cette revendication est ou non limitée par rapport à la revendication initiale. La revendication limitée est opposable même pour la période antérieure à la modification. • Paris, 27 mai 1998 : *PIBD 1999. III. 105 ; Dossiers Brevets 1998, II, p. 1 ; RTD com. 1999. 389, obs. J. Azéma.*

5. Portée. L'annulation d'un contrat de licence résultant de la nullité du brevet sur lequel il porte n'a pas pour conséquence de priver rétroactivement de toute cause la rémunération mise à la charge du licencié en contrepartie des prérogatives dont il a effectivement joui. • Com. 28 janv. 2003 : *Bull. civ. IV, n° 11 ; D. 2003. AJ 912 ; JCP 2003, n° 422 ; Ann. propr. ind. 2003. 3 ; Propr. ind. 2003, n° 36, note Raynard.* ♦ Sur le sort des redevances versées postérieurement à la décision d'annulation, V. • Com. 6 mai 2002 : *PIBD 2002. III. 461 ; Propr. ind. 2003, n° 37, note Raynard.* ♦ Dès lors que L613–27l'annulation d'un brevet entraîne son anéantissement au jour du dépôt de la demande de brevet, c'est à bon droit qu'une cour d'appel retient que la procédure d'indemnisation du préjudice se trouve privée de tout support juridique. • Com. 12 juin 2007 : *Propr. ind. 2008, n° 1, note Vigand.* ♦ L'anéantissement rétroactif et absolu du brevet dans la mesure de l'annulation des revendications prononcée par une décision postérieure n'est pas de nature à fonder la restitution des sommes payées en exécution de la condamnation du demandeur du chef de contrefaçon. • Cass., ass. plén., 17 févr. 2012 : *Bull. civ. ass. plén., n° 2 ; D. 2012. 715, note Lancrenon ; ibid. Pan. 1382, obs. Raynard ; ibid. Pan. 332, obs. Clavier ; RTD civ. 2012. 572, obs. Perrot ; CCE 2012, n° 72, note Caron ; JCP 2012. 444, Chron. Raynard ; JCP E 2012, p. 38, obs. Agé et Mendes Moreira ; PIBD 2012. III. 233 ; Propr. ind. 2012, n° 29, note Py.*

6. Tierce opposition. L'art. L. 613-27 ne dispense pas celui qui exerce une tierce opposition de justifier d'un intérêt légitime. Tel n'est pas le cas pour le licencié non exclusif qui s'est délibérément abstenu d'intervenir aux côtés du breveté pour défendre le titre sur lequel il ne dispose d'aucune action autonome en contrefaçon. • Paris, 5 déc. 2001 : *PIBD 2002. III. 222 ; Propr. ind. 2002, n° 84, note Raynard.* ♦ V. aussi • Civ. 2e, 18 déc. 2003 : *PIBD 2004. III. 181 ; RDPI mars 2004, n° 157, p. 34.*

Art. L. 613-28 Le certificat complémentaire de protection est nul :
— si le brevet auquel il se rattache est nul ;
— si le brevet auquel il se rattache est nul pour la totalité de celles de ses parties correspondant à l'autorisation de mise sur le marché ;
— si l'autorisation de mise sur le marché correspondante est nulle ;
— s'il est délivré en violation des dispositions de l'article L. 611-3.
Dans le cas où le brevet auquel il se rattache est nul pour une fraction seulement de celles de ses parties correspondant à l'autorisation de mise sur le marché, le certificat est nul pour sa seule partie correspondant à cette fraction. — *[L. n° 68-1 du 2 janv. 1968, art. 61 quater.]*

COMMENTAIRE

L'article L. 613-25 énonce les cas de nullité du titre délivré. Cette disposition reprend pour l'essentiel les cas de rejet de la demande de l'article L. 612-12, permettant ainsi de pallier d'éventuels défauts d'attention de l'INPI. Mais la sévérité est accrue par la prise en compte de toutes les conditions de brevetabilité sans restriction : nouveauté, application industrielle, mais aussi activité inventive. Est aussi réitérée à l'article L. 613-2 la nullité du titre pour insuffisance de description de l'invention. En effet, l'accès intellectuel à l'invention est fondateur en matière de brevet. Le principe est déjà exposé à l'article L. 612-5.

La nullité peut être demandée contre le propriétaire, breveté ou cessionnaire, par toute personne ayant un intérêt à agir. Il peut s'agir d'un concurrent (par exemple à titre de demande reconventionnelle dans une action en contrefaçon). Mais, avant de mettre en œuvre cette procédure, le concurrent dispose de la procédure en déclaration de non-contrefaçon de l'article L. 615-9. La demande peut aussi émaner d'un licencié qui n'aurait pas accepté de renoncer contractuellement à cette action, ou, dans certains cas, de consommateurs via des associations. Le ministère public peut encore s'autosaisir (art. L. 613-26), mais l'administration peut déjà rejeter la demande via l'INPI. Le demandeur supporte le fardeau de la preuve. La seule présentation du rapport de recherche est insuffisante.

Le contentieux de la nullité du brevet est attribué aux juridictions spécialisées instaurées par l'article L. 615-17. Le juge peut prononcer une nullité partielle permettant un ajustement entre la description et les revendications (art. L. 613-25, *c*). En cas de succès, l'action en nullité produit ses effets *erga omnes* lorsque la décision devient définitive : ni voie de recours possible ni tierce opposition (art. L. 113-27, al. 1, CPI).

Une action en nullité spécifique est prévue à l'article L. 613-28 pour les certificats complémentaires de protection. Elle est principalement fondée sur le lien entre ce titre spécifique et celui du brevet antérieur comme de l'autorisation de mise sur le marché (V. comm. ss. art. L. 611-3).

SECTION III COPROPRIÉTÉ DES BREVETS

Art. L. 613-29 La copropriété d'une demande de brevet ou d'un brevet est régie par les dispositions suivantes :
***a*) Chacun des copropriétaires peut exploiter l'invention à son profit, sauf à indemniser équitablement les autres copropriétaires qui n'exploitent pas personnellement l'invention ou qui n'ont pas concédé de licences d'exploitation. A défaut d'accord amiable, cette indemnité est fixée par le tribunal de grande instance.**

b) **Chacun des copropriétaires peut agir en contrefaçon à son seul profit. Le copropriétaire qui agit en contrefaçon doit notifier l'assignation délivrée aux autres copropriétaires ; il est sursis à statuer sur l'action tant qu'il n'est pas justifié de cette notification.**

c) **Chacun des copropriétaires peut concéder à un tiers une licence d'exploitation non exclusive à son profit, sauf à indemniser équitablement les autres copropriétaires qui n'exploitent pas personnellement l'invention ou qui n'ont pas concédé de licence d'exploitation. A défaut d'accord amiable, cette indemnité est fixée par le tribunal de grande instance.**

Toutefois, le projet de concession doit être notifié aux autres copropriétaires accompagné d'une offre de cession de la quote-part à un prix déterminé.

Dans un délai de trois mois suivant cette notification, l'un quelconque des copropriétaires peut s'opposer à la concession de licence à la condition d'acquérir la quote-part de celui qui désire accorder la licence.

A défaut d'accord dans le délai prévu à l'alinéa précédent, le prix est fixé par le tribunal de grande instance. Les parties disposent d'un délai d'un mois à compter de la notification du jugement ou, en cas d'appel, de l'arrêt, pour renoncer à la concession de la licence ou à l'achat de la part de copropriété sans préjudice des dommages-intérêts qui peuvent être dus ; les dépens sont à la charge de la partie qui renonce.

d) **Une licence d'exploitation exclusive ne peut être accordée qu'avec l'accord de tous les copropriétaires ou par autorisation de justice.**

e) **Chaque copropriétaire peut, à tout moment, céder sa quote-part. Les copropriétaires disposent d'un droit de préemption pendant un délai de trois mois à compter de la notification du projet de cession. A défaut d'accord sur le prix, celui-ci est fixé par le tribunal de grande instance. Les parties disposent d'un délai d'un mois à compter de la notification du jugement ou, en cas d'appel, de l'arrêt, pour renoncer à la vente ou à l'achat de la part de copropriété sans préjudice des dommages-intérêts qui peuvent être dus ; les dépens sont à la charge de la partie qui renonce.** – *[L. n° 68-1 du 2 janv. 1968, art. 42 (1).]*

1. Licence d'exploitation. Un copropriétaire de brevet peut concéder une licence d'exploitation à un tiers sans l'accord des autres copropriétaires lorsqu'il s'agit d'une licence non exclusive. L'autorisation judiciaire n'a pour but et effet que de permettre de passer outre le refus injustifié d'un copropriétaire à la concession d'une licence exclusive. • TGI Paris, 15 déc. 1999 : *D. 2002. Somm. 1190, obs. Galloux* ; *PIBD 2000. III. 361.* ♦ Sur l'action d'un copropriétaire à l'encontre de l'autre copropriétaire sur la concession d'une licence, V. • Paris, 24 juin 2005 : *Propr. ind. 2007, n° 25, obs. Vigand.* ♦ La licence exclusive concédée en méconnaissance des droits du copropriétaire du brevet est inopposable à celui-ci : le licencié doit être considéré comme contrefacteur à l'égard de ce copropriétaire. • Paris 9 sept. 2009 : *PIBD 2009. III. 1459 ; Propr. ind. 2010, n° 13, obs. Raynard* • Com. 15 mars 2011 : *Dalloz actualité, 5 avr. 2011, obs. Daleau ; D. 2011. AJ 942* . ♦ Pour la fixation de l'indemnité devant être versée par un copropriétaire à un autre copropriétaire qui a triomphé de son action en revendication, le caractère frauduleux du dépôt de la demande de brevet n'a pas à être pris en compte. • Com. 12 juill. 2011 : *Dalloz actualité, 29 août 2011, obs. Daleau ; D. 2011. AJ 2031* ; *Propr. ind. 2011. 53, note Raynard ; PIBD 2011. III. 571 ; Propr. ind. 2012. n° 1, note Py.*

2. Droit de préemption. La notification, faite au titulaire du droit de préemption de l'intention de céder sa part de copropriété à un tiers, ne vaut pas offre de vendre à celui-ci. Il en résulte que le copropriétaire, qui a fait cette notification, peut renoncer à son projet de vente, malgré la manifestation de volonté d'un des copropriétaires d'exercer son droit de préemption. • TGI Paris, 25 mai 1994 : *PIBD 1994. III. 500.* ♦ On ne peut assimiler à un projet de cession notifié, une offre faite à un tiers qui l'a refusée, ce qui ne permet pas d'exercer le droit de préemption. • TGI Paris, 15 déc. 1999 : *D. 2002. Somm. 1190, obs. Galloux* ; *PIBD 2000. III. 361.*

3. Délai de forclusion. Le délai de forclusion pour la préemption ne peut pas s'appliquer à défaut de notification du projet de cession ; la cession à un acquéreur de mauvaise foi peut alors être annulée. • TGI Paris, 11 janv. 1995 : *PIBD 1995. III. 210* • Paris, 29 mars 1996 : *PIBD 1996. III. 389.*

4. Cession de quote-part. La cession qui n'a pas été initiée par le copropriétaire du brevet mais par un tiers doit être annulée. • Com. 18 nov. 2008, n° 07-17.749 P : *D. 2008. AJ 3084* . ♦ • Caen, 11 juill. 2017, n° 2015/03510 : *PIBD 2017. III. 678.*

5. Répartitions des parts. Une invention résultant d'un apport complémentaire de compétences et d'échange entre deux praticiens justifie une copropriété à 50 %. • TGI Paris, 3e ch., sect. 2, 13 mai 2016 : *PIBD 2016. III. 694.*

6. Juridiction compétente. Les litiges en matière de cession de parts « mettent en cause les règles spécifiques du droit des brevets » et sont donc de la compétence des juridictions spécialisées. • Caen, 11 juill. 2017, n° 2015/03510 : *préc. note 4.*

Art. L. 613-30 Les articles 815 et suivants, les articles 1873-1 et suivants, ainsi que les articles 883 et suivants du code civil ne sont pas applicables à la copropriété d'une demande de brevet ou d'un brevet. – *[L. n° 68-1 du 2 janv. 1968, art. 42 (2).]*

Art. L. 613-31 Le copropriétaire d'une demande de brevet ou d'un brevet peut notifier aux autres copropriétaires qu'il abandonne à leur profit sa quote-part. A compter de l'inscription de cet abandon au registre national des brevets ou, lorsqu'il s'agit d'une demande de brevet non encore publiée, à compter de sa notification à l'Institut national de la propriété industrielle, ledit copropriétaire est déchargé de toutes obligations à l'égard des autres copropriétaires ; ceux-ci se répartissent la quote-part abandonnée à proportion de leurs droits dans la copropriété, sauf convention contraire. – *[L. n° 68-1 du 2 janv. 1968, art. 42 (3).]*

Art. L. 613-32 Les dispositions des articles L. 613-29 à L. 613-31 s'appliquent en l'absence de stipulations contraires.

Les copropriétaires peuvent y déroger à tout moment par un règlement de copropriété. – *[L. n° 68-1 du 2 janv. 1968, art. 42 (4).]*

COMMENTAIRE

Les articles L. 613-29 à L. 613-31 définissent un régime de copropriété de l'invention brevetée assez complexe. Le pouvoir des copropriétaires est variable selon les situations :
– autonomie sous réserve de notification pour l'action en contrefaçon et abandon de sa quote-part (art. L. 613-31) ;
– autonomie avec indemnisation en cas d'exploitation personnelle unilatérale ou concession unilatérale d'une licence non exclusive, et de cession entre coïndivisaires ;
– unanimité pour la transformation de la demande, la licence exclusive et la renonciation ou l'abandon du titre.

La propriété indivise de l'invention échappe aux dispositions de droit commun prévues par le code civil en matière d'indivision, de convention d'indivision et de succession (art. L. 613-30).

La disposition la plus importante est sans conteste la dernière de la section. L'article L. 613-22 énonce le **caractère facultatif du régime légal de copropriété**. Ce dernier est clairement conçu comme régime supplétif. Les cobrevetés sont bien-fondés à établir une convention *ad hoc* prévoyant des dispositions plus adaptées à la situation. ❑

1. Existence du règlement de copropriété. On ne peut déduire l'absence de copropriété de l'inexistence d'un règlement de copropriété, l'établissement d'un tel règlement étant facultatif. • Paris, 29 mars 1996 : *PIBD 1996. III. 389.* ♦ A défaut de preuve de l'existence d'un règlement de copropriété, la seule existence d'une société civile d'inventeurs de droit allemand ne suffit pas à écarter l'application des dispositions des art. L. 613-29 s., dès lors qu'il n'est pas établi que cette société ait eu pour objet de réglementer la copropriété des brevets déposés en France. • TGI Paris, 31 mai 2000 : *PIBD 2000. III. 537.*

2. Portée du règlement de copropriété. L'un des copropriétaires peut prendre seul toutes les décisions relatives à l'exploitation du brevet, en particulier, la concession de licences exclusives ou non, ainsi que les actions en contrefaçon. • Paris, 21 janv. 2004 : *RTD com. 2004. 302, obs. Galloux* ✎.

CHAPITRE IV APPLICATION DE CONVENTIONS INTERNATIONALES

COMMENTAIRE

Le brevet est, par principe, un titre national dont l'effet cesse aux frontières de l'État en question. Pour faciliter la protection internationale, la Convention de l'Union de Paris crée un certain degré d'harmonisation entre les législations des pays membres et établit surtout le droit de priorité unioniste et la règle du traitement national (V. comm. ss. art. L. 611-12). Il n'existe pas à l'heure actuelle de titres véritablement transnationaux (quelques titres régionaux couvrent parfois plusieurs pays, notamment en Afrique). Un brevet communautaire offrant une protection uniforme sur tout le territoire de l'Union européenne est bien prévu par le présent chapitre mais il est encore à l'état de projet. La mise en œuvre de la section trois est donc toujours en suspend.

Il existe néanmoins des procédures facilitant l'accès à une pluralité de protections nationales. La plus aboutie est le brevet européen puisque non seulement la requête en délivrance est centralisée mais l'instruction et l'octroi du titre sont uniques (V. comm. ss. sect. I).

La procédure dite internationale ou PCT est plus étendue géographiquement mais elle n'offre qu'une forme de guichet unique simplifiant les formalités de demande (V. comm. ss. sect. II).

Ces deux procédures peuvent être imbriquées. Il est en effet possible de passer par une demande européenne seule dite euro-directe. En revanche, lorsqu'une demande PCT désigne un pays membre de la Convention sur le brevet européen, la procédure européenne est obligatoirement déclenchée (V. art. L. 614-24). La demande est alors appelée euro-PCT. ☐

SECTION PREMIÈRE **BREVETS EUROPÉENS**

COMMENTAIRE

La convention de Munich, dite aussi convention sur le brevet européen (CBE), date du 5 octobre 1973 (V. App., v° *Propriété industrielle, Brevets*) et est applicable depuis 1977. Elle organise la délivrance d'un titre unique : le brevet européen. Par une demande unique et après une instruction centralisée, le titre produit les effets d'un brevet national dans tous les pays désignés par la demande. Les États membres de l'Organisation européenne des brevets sont au nombre de trente-huit, à savoir les vingt-huit pays de l'Union européenne auxquels s'ajoutent l'Islande, la Suisse, le Liechtenstein, la Turquie et Monaco.

L'Office européen des brevets (OEB) a son siège à Munich mais les recherches sont effectuées à La Haye. L'OEB a ses propres canaux de diffusion d'information. En revanche, en aval, les demandes sont à effectuer à l'INPI si le déposant est en France, à moins qu'une procédure nationale n'ait été déjà engagée (V. art. L. 611-14). Les redevances de maintien en vigueur sont payées dans et pour chaque pays désigné (V. cep. la règle particulière pour le brevet unitaire de l'Union européenne, comm. *infra* sous la section III Brevet communautaire).

Les règles liées à la demande de brevets européens sont définies par la CBE. L'objet de la présente section est de préciser le rôle de l'INPI dans la procédure. Des dispositions visent à éviter qu'une demande européenne ne puisse échapper au contrôle de la Défense nationale (L. 614-3 à L. 614-5). D'autres précisent les conditions dans lesquelles la France peut être désignée par une demande effectuée dans une langue étrangère. Les questions linguistiques ont fait l'objet d'importantes controverses. Les solutions désormais en vigueur sont énoncées à l'article L. 614-7. Nous renvoyons à cet article pour le commentaire sur la question.

Moins d'une demande sur deux aboutit à la délivrance du titre. L'OEB gère le contentieux de la délivrance grâce à une juridiction indépendante. Cette dernière se compose de vingt-quatre chambres de recours techniques, une chambre de recours juridique, une grande chambre de recours. Plus de 1 600 décisions sont ainsi rendues par an. Celles-ci font autorité devant l'INPI et les juridictions françaises.

La Convention a été modifiée en 2000 (modifications adoptées par le conseil d'administration de l'OEB le 28 juin 2001). La loi n° 2007-1475 du 17 octobre 2007 a autorisé la ratification de l'acte de révision dit « CBE 2000 ». Le décret n° 2008-428 du 2 mai 2008 a publié l'Acte portant révision de la Convention, achevant ainsi sa reconnaissance par la France.

La CBE 2000 s'applique aux demandes de brevets européens postérieures au 13 décembre 2007. Les modifications portent pour l'essentiel sur les dispositions suivantes : la forme du dépôt et notamment les langues des documents (art. 14, V. comm. ss. art. L. 614-7), les inventions exclues (art. 53), l'appréciation de la condition de nouveauté (art. 54), l'étendue de la protection notamment au regard des modifications apportées aux revendications en cours de procédure dites « estoppel » (art. 69) ou encore la révision des décisions des chambres de recours (art. 112 *bis*), ou les délais pour effectuer une demande de *restitutio in integrum* (art. 122 ; sur cette notion, V. comm. ss. art. L. 612-16).

Les dispositions de la section suivante ont pour objet non de définir les règles d'accès au brevet européen qui sont déterminées par la Convention elle-même (V. App., v°

Propriété industrielle), mais de définir le rôle de l'INPI dans le dispositif et l'articulation entre le titre national et son pendant européen. ❑

Art. L. 614-1 La présente section est relative à l'application de la convention faite à Munich le 5 octobre 1973, ci-après dénommée "Convention de Munich". – *V. cette Convention, App., v° Brevets.*

BIBL. ▶ MARTIN, *Lettre des conseils en propriété industrielle, mai 1999* (la conférence intergouvernementale sur la révision de la Convention de Munich).

§ 1er DÉPÔT DES DEMANDES DE BREVET EUROPÉEN

Art. L. 614-2 Toute demande de brevet européen peut être déposée auprès de l'Institut national de la propriété industrielle soit à son siège, soit, en tant que de besoin, dans ses centres régionaux, selon des modalités qui sont précisées par voie réglementaire. – *V. art. R. 614-1 s.*

La demande doit être déposée auprès de l'Institut national de la propriété industrielle, lorsque le déposant a son domicile ou son siège en France et qu'il ne revendique pas la priorité d'un dépôt antérieur en France. – *[L. n° 77-683 du 30 juin 1977, art. 6.]*

BIBL. ▶ GOUTORBE, *Propr. ind. 2010. Étude 9* (comparaison et analyse des contraintes relatives à la Défense nationale en matière de brevets d'invention dans les principaux pays européens : le lieu de premier dépôt).

Art. L. 614-3 Le ministre chargé de la défense est habilité à prendre connaissance auprès de l'Institut national de la propriété industrielle, à titre confidentiel, des demandes de brevet européen déposées à cet institut. – *[L. n° 77-683 du 30 juin 1977, art. 7.]*

Art. L. 614-4 Les inventions faisant l'objet de demandes de brevet européen, déposées à l'Institut national de la propriété industrielle, ne peuvent être divulguées et exploitées librement aussi longtemps qu'une autorisation n'a pas été accordée à cet effet.

Pendant cette période, les demandes ne peuvent être rendues publiques ; aucune copie conforme ne peut être délivrée, sauf autorisation.

Les autorisations prévues aux premier et deuxième alinéas du présent article sont accordées par le ministre chargé de la propriété industrielle sur avis du ministre chargé de la défense.

L'autorisation prévue au premier alinéa peut être accordée à tout moment. Sous réserve des dispositions du premier alinéa de l'article L. 614-5, elle est acquise de plein droit au terme d'un délai de quatre mois à compter du dépôt de la demande ou, lorsqu'une priorité a été revendiquée, au terme d'un délai de quatorze mois à compter de la date de priorité. – *[L. n° 77-683 du 30 juin 1977, art. 8.]*

Art. L. 614-5 Avant le terme de l'un ou l'autre des délais mentionnés au dernier alinéa de l'article L. 614-4, les interdictions prévues audit article peuvent être prorogées, sur réquisition du ministre chargé de la défense*[,]* **pour une durée d'un an renouvelable. Dans ce cas, la demande n'est pas transmise à l'Office européen des brevets. Les interdictions prorogées peuvent être levées à tout moment.**

Dans le cas de prorogation des interdictions, les dispositions des deuxième et troisième alinéas de l'article L. 612-10 du présent code sont applicables. – *[L. n° 77-683 du 30 juin 1977, art. 9.]*

Art. L. 614-6 Une demande de brevet européen ne peut être transformée en demande de brevet français que dans *(L. n° 2008-776 du 4 août 2008, art. 132-VIII)* **« le cas prévu » à l'article 135-1 (a) de la convention de Munich.**

Dans *(L. n° 2008-776 du 4 août 2008, art. 132-VIII)* **« ce » cas et sous peine de rejet de sa demande de brevet français, le déposant doit satisfaire aux conditions qui sont fixées par voie réglementaire.**

Si un rapport de recherche a été établi avant transformation de la demande, ce rapport tient lieu de rapport de recherche prévu à l'article *(L. n° 2008-776 du 4 août 2008, art. 132-VIII)* **« L. 612-14 ».** – *[L. n° 77-683 du 30 juin 1977, art. 11.]*

§ 2 EFFETS EN FRANCE DES BREVETS EUROPÉENS

Art. L. 614-7 *(L. nº 2007-1544 du 29 oct. 2007, art. 10)* **Le texte de la demande de brevet européen ou du brevet européen rédigé dans la langue de procédure devant l'Office européen des brevets créé par la convention de Munich est le texte qui fait foi.**

En cas de litige relatif à un brevet européen dont le texte n'est pas rédigé en français, le titulaire du brevet fournit, à ses frais, à la demande du présumé contrefacteur ou à la demande de la juridiction compétente, une traduction complète du brevet en français.

Cet article, dans sa rédaction issue de la L. nº 2007-1544 du 29 oct. 2007, est applicable depuis le 1er mai 2008, date d'entrée en vigueur de l'acte de révision de la CBE. Le Décr. nº 2008-469 du 20 mai 2008 portant publication de l'accord sur l'application de l'art. 65 CBE a été publié au JO du 22 mai.

Ancien art. L. 614-7 *Lorsque le texte, dans lequel l'Office européen des brevets créé par la convention de Munich délivre un brevet européen ou maintient un tel brevet sous une forme modifiée, n'est pas rédigé en français, le titulaire du brevet doit fournir à l'Institut national de la propriété industrielle une traduction de ce texte dans les conditions et délai déterminés par décret en Conseil d'État. Faute de satisfaire à cette obligation, le brevet est sans effet.* — [L. nº 77-683 du 30 juin 1977, art. 1er — V. art. R. 614-8 s.

Sur la question de la traduction des brevets européens en langue française, V. : Rép. min. nº 59, JOAN Q, 4 sept. 1997, p. 2279 ; D. Affaires 1997. 1123 (projet de l'Office européen des brevets prévoyant de la supprimer) ; Rép. min. nº 4330, JO Sénat, 18 déc. 1997 ; PIBD 1998, I, p. 11 ; Rép. min. nº 25548, JOAN 27 déc. 1999 ; PIBD 2000. II. 19 ; Rép. min. nº 49455, JOAN Q, 23 oct. 2000, p. 6062 ; PIBD 2000. I. 73 ; V. Questions écrites nos 27003 et 27029 du 27 juill. 2000, JO Sénat, Q, 16 nov. 2000, p. 3932 ; PIBD 2001, I, p. 1 ; Question écrite nº 26681 du 13 juill. 2000, JOAN Q, 7 déc. 2000, p. 4132 ; PIBD 2001, I, p. 5. — En faveur du maintien de la traduction : Rép. min. nº 9813, JOAN, 30 mars 1998 ; PIBD 1998, I, p. 31 ; Rép. min. nº 13886, JOAN Q, 6 juill. 1998, p. 3766 ; PIBD 1998, II, p. 84. — Et, dans le sens d'une limitation ou d'une suppression afin de réduire du coût des dépôts des brevets d'invention : Rép. min. nº 5339, JO Sénat, 12 mars 1998 ; PIBD 1998, I, p. 38 ; Rép. min. nº 10050, JO Sénat, 10 sept. 1998 ; PIBD 1998, I, p. 74 ; Rép. min. nº 7496, JO Sénat, 3 sept. 1998 ; PIBD 1998, I, p. 75 ; Rép. min. nº 35521, JOAN 9 août 1999.

COMMENTAIRE

La loi nº 2007-1544 du 17 octobre 2007 autorise la ratification de l'accord de Londres du 17 octobre 2000 signé par la France le 29 juin 2001 et modifie ainsi la présente disposition. La publication de cet accord est intervenue en mai 2008 (Décr. nº 2008-469 du 20 mai 2008 portant publication de l'accord sur l'application de l'art. 65 de la Convention sur la délivrance de brevets européens dite CBE, fait à Londres le 17 oct. 2000). En vertu de son article 6, il est entré en vigueur le premier jour du quatrième mois suivant la ratification, soit au 1er mai 2008.

Conformément à l'article 65 de la CBE (V. App., vº *Propriété industrielle*), la protection en France n'est plus subordonnée à la fourniture d'une traduction complète en français. Il suffit que le brevet ait été déposé dans l'une des autres langues admises devant l'OEB, c'est-à-dire l'allemand et l'anglais. La demande peut même être rédigée dans la langue de son pays, contractant à la CBE sous réserve toutefois de fournir par la suite une traduction dans l'une des trois langues officielles. En revanche, en cas de contentieux une traduction peut être expressément exigée par le juge ou le défendeur de l'action en contrefaçon.

Extrêmement débattue et controversée, la question de la traduction complète des demandes a opposé les zélateurs de la sécurité juridique, y compris les conseils en propriété industrielle, fournisseurs de ces prestations de traduction, aux adeptes de la baisse des coûts, convaincus de l'effet positif de cette simplification sur l'innovation. Il aura fallu huit ans avant que le politique ne tranche le conflit au profit de ces derniers.

En cas de litige, l'exigence d'une traduction permet d'envisager le maintien des solutions dégagées sous l'empire de la loi ancienne. ❑

1. Sur l'opposabilité de la traduction au contrefacteur, V. • Paris, 18 janv. 1990 : *PIBD 1990. III. 249 ; RTD com. 1990. 380, obs. Chavanne et Azéma* ✐. ♦ Sur l'appréciation des différences entre le texte en allemand et la traduction française, V. • TGI Paris, 23 mars 2004 : *PIBD 2004. III. 347.*

2. Les deux premiers alinéas de l'art. L. 614-10 ne peuvent être dissociés. Quand une première traduction a été produite et que le texte traduit confère une protection moins étendue que celle que confère le brevet dans la langue de dépôt, le titulaire du brevet peut produire ensuite et sans condition de délai une traduction révisée. Tel n'est pas le cas lorsque la traduction révisée porte sur quarante-neuf revendications alors que le brevet délivré n'en comporte que quinze, la protection étant alors plus étendue que dans la langue de dépôt. • Paris, 15 sept. 2000 : *PIBD 2001. III. 429 ; RDPI mai 2001, n° 123, p. 21 ; Ann. propr. ind. 2001. 8 ; Propr. ind. 2002, n° 31, note Vigand.* ♦ L'application des accords de Londres du 17 oct. 2000 dispense la traduction de la demande de brevet, dès lors qu'elle a été déposée dans l'une des langues officielles de l'OEB. En conséquence, l'INPI peut légitimement refuser le dépôt subséquent d'une traduction intégrale en langue française, la traduction des seules revendications permettant à l'institut de remplir sa mission. • Com. 9 juin 2015, n° 13-22.529 P : *PIBD 2015. III. 519 ; Gaz. Pal. 2 juill. 2015, p. 23, note Berlaud.*

3. Application de la loi dans le temps. Les accords de Londres s'appliquent rétroactivement. • Paris, 14 avr. 2010 : *PIBD 2010. III. 333 ; Propr. ind. 2010, n° 52, note Vigand.*

Art. L. 614-8 **Dans les trois mois qui suivent la publication des demandes de brevets européens et lorsque la langue de la procédure n'est pas le français, l'Institut national de la propriété industrielle assure la traduction et la publicité en français des abrégés prévus à l'article 78, paragraphe 1 *e*, de la convention de Munich.** — *[L. n° 77-683 du 30 juin 1977, art. 2.] — V. art. R. 614-8 s.*

La traduction doit porter sur la description et les revendications du brevet tel que délivré par l'OEB ; toute autre traduction porterait atteinte à la sécurité des tiers, par exemple la traduction de 49 revendications de la demande initiale, alors que le brevet délivré n'en compte que 15. • Paris, 15 sept. 2000 : *PIBD 2001. III. 429 ; Ann. propr. ind. 2001. 8 ; Propr. ind. 2002, n° 31, note Vigand.*

Art. L. 614-9 **Les droits définis aux articles L. 613-3 à L. 613-7, L. 615-4 et L. 615-5 du présent code peuvent être exercés à compter de la date à laquelle une demande de brevet européen est publiée conformément aux dispositions de l'article 93 de la convention de Munich.**

Si la publication a été faite dans une langue autre que le français, les droits mentionnés à l'alinéa précédent ne peuvent être exercés qu'à compter de la date à laquelle une traduction en français des revendications a été publiée par l'Institut national de la propriété industrielle, sur réquisition du demandeur, dans les conditions fixées par décret en Conseil d'État, ou a été notifiée au contrefacteur présumé. — *[L. n° 77-683 du 30 juin 1977, art. 3.] — V. art. R. 614-1 s.*

1. Le droit prévu par l'art. L. 615-3 ne figurant pas parmi la liste des droits assurant une protection temporaire au demandeur d'un brevet européen la demande fondée sur ce texte doit être déclarée irrecevable. • Paris, 12 déc. 1997 : *D. Affaires 1998. 384, obs. J. P.-S. ; PIBD 1998. III. 391 ; D. 1998. IR 38 ; Expertises, juin 1998, p. 190.*

2. Sur la validité d'une saisie-contrefaçon opérée avant le dépôt de la traduction du brevet européen, V. • Versailles, 13 mars 1998 : *RTD com. 1999. 861, obs. crit. Azéma ; D. Affaires 1998. 1819, obs. B. P.*

Art. L. 614-10 *(L. n° 2007-1544 du 29 oct. 2007, art. 10)* **« Hormis les cas d'action en nullité et par dérogation au premier alinéa de l'article L. 614-7, lorsqu'une traduction en langue française a été produite dans les conditions prévues au second alinéa du même article L. 614-7 ou au second alinéa de l'article L. 614-9 », cette traduction est considérée comme faisant foi si la demande de brevet européen ou le brevet européen confère dans le texte de la traduction une protection moins étendue que celle qui est conférée par ladite demande ou par ledit brevet dans la langue dans laquelle la demande a été déposée.**

Toutefois, une traduction révisée peut être produite à tout moment par le titulaire de la demande ou du brevet. *(L. n° 2007-1544 du 29 oct. 2007, art. 10)* **« La traduction révisée des revendications ne prend cependant effet que lorsque les conditions prévues au second alinéa de l'article L. 614-9 ont été remplies. »**

Toute personne qui a, de bonne foi, commencé à exploiter une invention ou fait des préparatifs effectifs et sérieux à cette fin, sans que cette exploitation constitue une contrefaçon de la demande ou du brevet dans le texte de la traduction initiale, peut,

dès que la traduction révisée a pris effet, poursuivre à titre gratuit son exploitation dans son entreprise ou pour les besoins de celle-ci. – *[L. n° 77-683 du 30 juin 1977, art. 4.]*

Cet article, dans sa rédaction issue de la L. n° 2007-1544 du 29 oct. 2007, est applicable depuis le 1er mai 2008, date d'entrée en vigueur de l'acte de révision de la CBE. Le Décr. n° 2008-469 du 20 mai 2008 portant publication de l'accord sur l'application de l'art. 65 CBE a été publié au JO du 22 mai.

COMMENTAIRE

Voir le commentaire sous l'article L. 614-7.

Art. L. 614-11 L'inscription au registre européen des brevets des actes transmettant ou modifiant les droits attachés à une demande de brevet européen ou à un brevet européen rend ces actes opposables aux tiers. – *[L. n° 77-683 du 30 juin 1977, art. 5.]*

La licence non publiée est inopposable au contrefacteur bien qu'il ait eu connaissance de celle-ci. • Com. 7 juill. 2004 : *Propr. ind. 2006, n° 28, note Vigand.* ♦ Jusqu'à la date de délivrance d'un brevet européen, le licencié n'est recevable à agir en contrefaçon qu'à la condition que son contrat de licence soit inscrit au registre européen des brevets. • Com. 3 avr. 2012 : *Propr. ind. 2012, n° 56, obs. Raynard.*

Art. L. 614-12 La nullité du brevet européen est prononcée en ce qui concerne la France par décision de justice pour l'un quelconque des motifs visés à l'article 138, paragraphe 1, de la convention de Munich.

Si les motifs de nullité n'affectent le brevet qu'en partie, la nullité est prononcée sous la forme d'une limitation *(L. n° 2008-776 du 4 août 2008, art. 132-IX)* **« correspondante » des revendications** *(Abrogé par L. n° 2008-776 du 4 août 2008, art. 132-IX)* ***« , de la description ou des dessins ».*** – *[L. n° 77-683 du 30 juin 1977, art. 12.]*

(L. n° 2008-776 du 4 août 2008, art. 132-IX) **« Dans le cadre d'une action en nullité du brevet européen, son titulaire est habilité à limiter le brevet en modifiant les revendications conformément à l'article 105 *bis* de la convention de Munich ; le brevet ainsi limité constitue l'objet de l'action en nullité engagée.**

« La partie qui, lors d'une même instance, procède à plusieurs limitations de son brevet de manière dilatoire ou abusive peut être condamnée à une amende civile d'un montant maximum de 3 000 €, sans préjudice de dommages et intérêts qui seraient réclamés. »

1. S'agissant d'une action en nullité d'un brevet servant de priorité à une demande de brevet européen, le tribunal français compétent n'est pas obligé de surseoir à statuer en attendant la délivrance du brevet européen. • TGI Paris, 9 déc. 1992 : *PIBD 1993. III. 192.*

2. Si une éventuelle demande en nullité d'un brevet européen relève bien de la seule compétence de la juridiction nationale au regard de l'art. L. 615-3, l'apparence de validité du brevet ressort suffisamment de son maintien à l'issue de la procédure d'opposition devant l'OEB. • TGI Paris, réf., 15 nov. 2000 : *PIBD 2001. III. 21 ; RDPI 2002, n° 134, p. 41.*

3. La nullité du brevet européen, qui vient sanctionner la méconnaissance des droits du véritable titulaire et vise ainsi à assurer la protection d'intérêts privés, doit s'analyser en une nullité relative. Elle ne peut dès lors être invoquée que par la ou les personnes qu'elle a pour objet de protéger. • TGI Paris, 28 sept. 2007 : *PIBD 2007. III. 694* • Com. 14 févr. 2012 : *Bull. civ. IV, n° 36 ; D. 2012. Pan. 1379, obs. Raynard ; Propr. ind. 2012, n° 47, obs. Py.* ♦ Est irrecevable l'action en nullité formée sur le terrain de l'art. 138 de la Convention de Munich par une prétendue contrefaçon qui n'alléguait aucun droit au brevet opposé. • Paris, 15 févr. 2013 : *D. 2013. Pan. 1379, obs. Raynard.*

4. La nullité partielle du brevet pour défaut d'activité inventive d'une revendication principale n'entraîne pas systématiquement celles des revendications liées. • Com., 7 janv. 2014 : *PIBD 2014. III. 403.*

Art. L. 614-13 Dans la mesure où un brevet français couvre une invention pour laquelle un brevet européen a été délivré au même inventeur ou à son ayant cause avec la même date de dépôt ou de priorité, le brevet français cesse de produire ses effets soit à la date à laquelle le délai prévu pour la formation de l'opposition au brevet européen est expiré sans qu'une opposition ait été formée, soit à la date à laquelle la procédure d'opposition est close, le brevet européen ayant été maintenu.

Toutefois, lorsque le brevet français a été délivré à une date postérieure à l'une ou l'autre, selon le cas, de celles qui sont fixées à l'alinéa précédent, ce brevet ne produit pas d'effet.

L'extinction ou l'annulation ultérieure du brevet européen n'affecte pas les dispositions prévues au présent article. – *[L. n° 77-683 du 30 juin 1977, art. 13.]*

1. Une demande PCT désignant la France et revendiquant la priorité d'un brevet français, le brevet européen a vocation à se substituer au brevet français. • TGI Paris, 9 déc. 1992 : *PIBD 1993. III. 192.* ♦ Le brevet européen couvrant la même invention une fois définitivement délivré, le brevet français cesse de produire ses effets et une saisie-contrefaçon, dont la requête viserait le brevet français, serait alors frappée d'une nullité de fond. • TGI Paris, 5 mai 1999 : *PIBD 2000. III. 6.* ♦ Le brevet européen se substitue au brevet français en présence d'une description identique. • Paris, 1re ch., pôle 5, 30 juin 2015, n° 2013/10097 : *PIBD 2015. III. 577 ; Propr. ind. 2016, n° 1, note Raynard.*

2. Survie partielle du brevet français. En cas de substitution d'un brevet européen à un brevet français, cette substitution n'a lieu que dans la mesure de l'étendue du brevet européen désignant la France. Le brevet français subsiste donc partiellement lorsque certaines de ses revendications ne sont pas reprises par le brevet européen. • Com. 17 oct. 1995 : *Bull. civ. IV, n° 233 ; PIBD 1996. III. 32 ; RTD com. 1996. 267, obs. Azéma ; Ann. propr. ind. 1996. 16.* – Rejet du pourvoi contre • Paris, 23 nov. 1993 : *PIBD 1994. III. 102.* ♦ V. aussi • Com. 7 juill. 2004 : *Propr. intell. 2004, n° 13, p. 947, obs. Warusfel.* ♦ Un contrat de licence publié au RNB portant seulement sur le brevet français, la substitution ultérieure du brevet européen désignant la France au brevet français ne porte que sur les parties communes et ne peut rendre opposable, pour ce qui concerne le brevet européen la licence non publiée au Registre européen des brevets. La substitution ne concerne que les parties du brevet français reprises dans les revendications du brevet européen. Une revendication du brevet français portant sur une caractéristique non reprise dans les revendications du brevet européen, subsiste donc. Le breveté et le licencié sont recevables à agir sur le fondement de la partie subsistante du brevet français. • Paris, 23 nov. 1993 : *PIBD 1994. III. 103.* ♦ Un brevet européen dont la déchéance est déjà encourue mais qui n'a pas encore été constatée, à la fin du délai d'opposition, se substitue au brevet français qui cesse de produire ses effets. • Rennes, 21 mars 2006 : *Propr. ind. 2007, n° 1, note Vigand.* ♦ Ayant énoncé qu'aux termes du troisième alinéa de l'article L. 614-13 du code de la propriété intellectuelle, l'extinction ou l'annulation ultérieure du brevet européen n'affecte pas la substitution de celui-ci au brevet français et retenu que la déchéance constitue une cause d'extinction du brevet, la cour d'appel en a exactement déduit que la décision ayant constaté la déchéance des droits de la société T. sur la partie française du brevet européen a emporté extinction de celle-ci mais que, dès lors qu'elle est intervenue le 31 décembre 2001, après la substitution du brevet européen au brevet français, cette décision n'a pu avoir pour conséquence d'affecter la situation irrévocablement acquise au 29 septembre 2000, date d'expiration du délai pour former opposition. • Com. 18 oct. 2011 : *D. 2011. AJ 2595.*

3. Révocation de brevet européen par l'OEB. La révocation d'un brevet européen par l'OEB vaut *erga omnes* et s'impose au juge français. Elle entraîne l'anéantissement rétroactif des droits du breveté et ôte tout fondement à la demande en contrefaçon d'un tel titre. • Paris, 20 sept. 1995 : *PIBD 1995. III. 553.* ♦ V. aussi notes 2 s. ss. art. L. 614-15.

Art. L. 614-14 **Une demande de brevet français ou un brevet français et une demande de brevet européen ou un brevet européen ayant** *(L. n° 94-102 du 5 févr. 1994, art. 27)* **« la même date de dépôt ou » la même date de priorité, couvrant la même invention et appartenant au même inventeur ou à son ayant cause, ne peuvent, pour les parties communes, faire l'objet indépendamment l'une de l'autre d'un transfert, gage, nantissement ou d'une concession de droits d'exploitation, à peine de nullité.**

Par dérogation à l'article L. 613-9, le transfert ou la modification des droits attachés à la demande de brevet français ou au brevet français n'est rendu opposable aux tiers par son inscription au registre national des brevets que dans la mesure où le même transfert ou la même modification des droits attachés à la demande de brevet européen ou au brevet européen a été inscrit au registre *(L. n° 94-102 du 5 févr. 1994, art. 28)* **« européen » des brevets.**

La demande de brevet français ou le brevet français et le droit de priorité pour le dépôt d'une demande de brevet européen ne peuvent être transférés indépendamment l'un de l'autre. – *[L. n° 77-683 du 30 juin 1977, art. 15.]*

1. Opposabilité du transfert de droit. Le transfert d'un brevet européen délivré sous priorité de brevets français n'est opposable aux tiers par son inscription au RNB que dans la mesure où le même transfert a été inscrit au Registre européen des brevets. Le demandeur en contrefaçon ne justifiant que de l'inscription au RNB, sa demande en contrefaçon est irrecevable. En conséquence, il n'y a pas lieu d'examiner la validité du brevet, puisque la prétendue nullité n'est invoquée qu'à titre de moyen de défense et n'a pas fait l'objet d'une demande reconventionnelle en annulation. • Paris, 29 nov. 1995 : *PIBD 1996. III. 109.*

2. La cession du droit de priorité pour le dépôt d'une demande européenne est illégale et par là même nulle si la demande française fondant le droit de priorité n'est pas simultanément cédée. • TGI Paris, 15 mars 2006 : *D. 2007. Pan. 339, obs. Raynard ; PIBD 2006. III. 496 ; Propr. ind. 2006, n° 83, note Vigand.* ♦ V. aussi • TGI Paris, 22 févr. 2008 : *D. 2009. Pan. 458, obs. Raynard* ; *PIBD 2008. III. 301.*

3. L'effet de l'inscription d'un brevet français au registre national des brevets est suspendu jusqu'à la transcription de la demande de brevet européen, ou du brevet européen, au registre européen des brevets. • Com. 31 oct. 2006 : *Bull. civ. IV, n° 206 ; D. 2008. Pan. 745, obs. Raynard* .

Art. L. 614-15 **Le tribunal saisi d'une action en contrefaçon d'un brevet français qui couvre la même invention qu'un brevet européen demandé par le même inventeur ou délivré à celui-ci ou à son ayant cause avec la même date de priorité surseoit à statuer jusqu'à la date à laquelle le brevet français cesse de produire ses effets aux termes de l'article L. 614-13 ou jusqu'à la date à laquelle la demande de brevet européen est rejetée, retirée ou réputée retirée, ou le brevet européen révoqué.**

Si l'action en contrefaçon a été engagée sur la base du seul brevet français, le demandeur peut, à la reprise de l'instance, poursuivre celle-ci en substituant le brevet européen au brevet français pour les faits postérieurs à la date à laquelle le brevet français cesse de produire ses effets et pour les parties communes.

Si une action en contrefaçon est intentée sur la base *(L. n° 94-102 du 5 févr. 1994, art. 29)* **« à la fois » d'un brevet français et d'un brevet européen, ni les sanctions pénales ni les réparations civiles ne peuvent se cumuler.**

Si l'action a été intentée sur la base de l'un seulement des deux brevets, une nouvelle action sur la base de l'autre brevet, pour les mêmes faits, ne peut être engagée par le même demandeur, à l'égard du même défendeur. — *[L. n° 77-683 du 30 juin 1977, art. 16.]*

BIBL. ▶ Trenton, *EIPR, vol. 22, n° 4, avr. 2000, p. V-59 ; résumé in PIBD 2000. II. 130* (« patents-stay of proceedings pending EPO proceedings »).

A. NON-CUMUL DES RÉPARATIONS

1. V. par exemple • Paris, 23 nov. 1993 : *PIBD 1994. III. 102.*

B. SURSIS À STATUER EN CAS DE PROCÉDURE D'OPPOSITION

2. Action fondée sur le brevet européen. Lorsqu'il n'existe pas de brevet français couvrant la même invention que celle couverte par des brevets européens en cause, les conditions d'application du texte ne sont pas réunies et le sursis à statuer sur l'action en contrefaçon n'est pas de droit. Toutefois, lorsque les brevets européens en cause font l'objet d'une procédure d'opposition, il convient, dans l'intérêt d'une bonne administration de la justice de surseoir à statuer jusqu'à l'issue de cette procédure. • TGI Paris, 23 févr. 1995 : *PIBD 1995. III. 243* • 25 mars 1994 : *PIBD 1994. III. 374* • 19 déc. 1991 : *PIBD 1992. III. 309* • 22 mars 1989 : *PIBD 1989, III, p. 402 ; D. 1990. Somm. 153, obs. Mousseron et Schmidt* ; *RTD com. 1990. 201, obs. Chavanne et Azéma* .

3. Bien qu'il n'y ait pas d'obligation de surseoir à statuer sur la demande en contrefaçon d'un brevet européen désignant la France et frappé d'opposition, le brevet est susceptible d'être modifié dans ses revendications ou révoqué et de ne plus pouvoir servir de base à une action en contrefaçon ; par conséquent, pour une bonne administration de la justice, il y a lieu de surseoir à statuer. • TGI Strasbourg, 2 févr. 1988 : *PIBD 1988, III, p. 304 ; Ann. propr. ind. 1989. 61, obs. Mathély.* ♦ *Contra :* le sursis à statuer sur l'action en contrefaçon d'un brevet européen dans l'attente de l'issue de la procédure d'opposition devant l'OEB n'est pas de droit mais facultatif. S'il n'appartient pas au juge français de se prononcer sur le bien-fondé de l'opposition qui relève de la compétence de l'OEB, il lui incombe d'apprécier le sérieux de ce recours et ses chances de succès. Dès lors qu'il n'est pas démontré que l'opposition ait de fortes chances d'aboutir à la révocation des revendications fondant l'action en contrefaçon, le sursis à statuer apparaît inapproprié. • Paris, 14 janv. 2000 : *PIBD 2000. III. 273 ; Ann. propr. ind. 2000. 172.*

4. Action fondée sur le brevet français. Il n'y a pas lieu de surseoir à statuer sur l'action en contrefaçon d'un brevet français jusqu'au dénouement de l'opposition contre le brevet européen obtenu pour la même invention, dès lors que l'art. L. 614-15 suppose implicitement, mais nécessairement que le brevet européen ait été délivré pour la France, ce qui n'est pas le cas en l'espèce. • Colmar, 23 janv. 1989 : *Ann. propr. ind. 1991. 125 ; D. 1990. Somm. 153, obs. Mousseron et Schmidt ; RTD com. 1990. 201, obs. Chavanne et Azéma* • TGI Paris, 28 avr. 1993 : *PIBD 1993. III. 513* • 26 nov. 1990 : *Ann. propr. ind. 1991. 62.* ♦ Lorsqu'un brevet français couvre la même invention qu'un brevet européen délivré, mais frappé d'opposition, le sursis à statuer sur l'action en contrefaçon du brevet français est de droit. En ce qui concerne la demande reconventionnelle en nullité de brevet, rien n'interdit à la juridiction française, avant que le titre européen ne se substitue au titre français, d'en apprécier la brevetabilité. Mais ce brevet français encourt le risque d'être maintenu dans une version modifiée par l'examinateur européen, à la suite de la substitution du brevet européen, d'une part ; d'autre part, l'action en contrefaçon et les effets du brevet sont paralysés par l'opposition. En conséquence, il est de bonne administration de la justice de surseoir à statuer sur le tout. • TGI Paris, 5 mai 1995 : *PIBD 1995. III. 412.*

5. Action fondée sur le brevet français et le brevet européen. Le sursis est également accordé lorsque l'action en contrefaçon est fondée à la fois sur un brevet français et sur un brevet européen. • TGI Paris, 5 avr. 1993 : *PIBD 1993. III. 512* • 13 mars 1992 : *PIBD 1992. III. 481.* ♦ Le rejet d'une action en contrefaçon d'un des deux brevets entraîne irrecevabilité d'une action en contrefaçon fondée sur l'autre conformément à la disposition finale de l'art. L. 614-15. • Colmar, 11 sept. 2012 : *D. 2013. Pan. 1380, obs. Raynard ; Propr. ind. 2013. Comm. n° 8, obs. Vigand.*

6. Renonciation à la partie française du brevet européen. Rien n'interdit au breveté français de renoncer à la protection du titre européen, tant que le titre français est en vigueur et de revendiquer ainsi, en France, exclusivement la protection du titre français. L'issue de l'opposition au brevet européen n'étant plus de nature à avoir d'incidences sur le titre français, l'art. L. 614-15 ne trouve plus à s'appliquer. • TGI Paris, 21 déc. 1995 : *PIBD 1996. III. 209.*

C. SURVIE PARTIELLE DU BREVET FRANÇAIS

7. V. note 2 ss. art. L. 614-13.

Art. L. 614-16 Un décret en Conseil d'État déterminera les modalités d'application de la présente section, notamment en ce qui concerne l'application des dispositions de l'article 137-2 de la convention de Munich. — *[L. n° 77-683 du 30 juin 1977, art. 18.] — V. art. R. 614-1 s.*

SECTION II DEMANDES INTERNATIONALES

COMMENTAIRE

Le traité de Washington du 19 juin 1970, dit PCT pour *Patent Cooperation Treaty* (V. App., v° *Propriété industrielle, Brevets*), est effectif depuis 1978. Si, comme pour le brevet européen, les Offices nationaux jouent le rôle de dépositaire, la procédure est gérée par l'Organisation mondiale de la propriété intellectuelle. Il permet, grâce à une demande internationale unique, d'entreprendre une démarche de protection dans près de cent quarante pays. La phase d'instruction commune est limitée et la délivrance du titre dépend de la décision de chaque pays désigné. Les brevets sont des brevets nationaux et les redevances idoines sont normalement exigibles.

L'intérêt du système réside dans la possibilité d'attendre de vingt à trente mois avant d'entrer dans les phases nationales. Ce délai supérieur aux douze mois de priorité unioniste permet de « prendre date » et de valider l'opportunité d'étendre la protection. Si la demande est abandonnée, le déposant n'aura eu à payer ni les taxes nationales ni les traductions.

Art. L. 614-17 La présente section est relative à l'application du traité de coopération en matière de brevets, fait à Washington le 19 juin 1970, ci-après dénommé "Traité de Washington". — *V. ce traité, App., v^is Propriété industrielle, Brevets.*

§ 1er DÉPÔT DES DEMANDES INTERNATIONALES

Art. L. 614-18 Les demandes internationales de protection des inventions formulées par des personnes physiques ou morales ayant leur domicile ou leur siège en France doivent être déposées auprès de l'Institut national de la propriété industrielle lorsque la priorité d'un dépôt antérieur en France n'est pas revendiquée. L'Institut national de la propriété industrielle agit alors en qualité d'office récepteur au sens des articles 2-XV et 10 du traité de Washington. — *[L. n° 77-682 du 30 juin 1977, art. 2.]*

Art. L. 614-19 Le ministre chargé de la défense est habilité à prendre connaissance auprès de l'Institut national de la propriété industrielle, à titre confidentiel, des demandes internationales de protection des inventions déposées à cet institut. – *[L. n° 77-682 du 30 juin 1977, art. 3.]*

Art. L. 614-20 Les inventions faisant l'objet de demandes internationales déposées à l'Institut national de la propriété industrielle ne peuvent être divulguées et exploitées librement aussi longtemps qu'une autorisation n'a été accordée à cet effet.

Pendant cette période, les demandes ne peuvent être rendues publiques ; aucune copie conforme de la demande ne peut être délivrée, sauf autorisation.

Les autorisations prévues aux premier et deuxième alinéas du présent article sont accordées par le ministre chargé de la propriété industrielle sur avis du ministre de la défense.

L'autorisation prévue au premier alinéa peut être accordée à tout moment. Sous réserve des dispositions du premier alinéa de l'article L. 614-21, elle est acquise de plein droit au terme d'un délai de cinq mois à compter du dépôt de la demande ou, lorsqu'une priorité a été revendiquée, au terme d'un délai de treize mois à compter de la date de priorité. – *[L. n° 77-682 du 30 juin 1977, art. 4.]*

Art. L. 614-21 Avant le terme de l'un ou de l'autre des délais mentionnés au dernier alinéa de l'article L. 614-20, les interdictions prévues audit article peuvent être prorogées, sur réquisition du ministre de la défense, pour une durée d'un an renouvelable. Dans ce cas, la demande n'est pas transmise au bureau international institué par le traité *(L. n° 94-102 du 5 févr. 1994, art. 30)* « de Washington ». Les interdictions prorogées peuvent être levées à tout moment.

Dans le cas de prorogations des interdictions, les dispositions des deuxième, troisième et quatrième alinéas de l'article L. 612-10 sont applicables. – *[L. n° 77-682 du 30 juin 1977, art. 5.]*

Art. L. 614-22 Les dispositions des articles L. 614-19, L. 614-20 et L. 614-21 ne sont pas applicables lorsque, le déposant n'ayant pas son domicile ou son siège en France, l'Institut national de la propriété industrielle agit en tant qu'officier récepteur à la place de l'office national d'un autre État partie au traité de Washington, ou lorsqu'il a été désigné comme office récepteur par l'assemblée de l'union instituée par ledit traité. – *[L. n° 77-682 du 30 juin 1977, art. 6.]*

Art. L. 614-23 Un décret en Conseil d'État détermine les modalités d'application des dispositions de la présente section, en ce qui concerne notamment les conditions de réception de la demande internationale, la langue dans laquelle la demande doit être déposée, l'établissement d'une redevance pour services rendus dite taxe de transmission perçue au bénéfice de l'Institut national de la propriété industrielle et la représentation des déposants ayant leur domicile ou leur siège à l'étranger. – *[L. n° 77-682 du 30 juin 1977, art. 9.] – V. art. R. 614-21 s.*

§ 2 EFFETS EN FRANCE DES DEMANDES INTERNATIONALES

Art. L. 614-24 Lorsqu'une demande internationale de protection des inventions formulée en application du traité de Washington comporte la désignation ou l'élection de la France, cette demande est considérée comme tendant à l'obtention d'un brevet européen régi par les dispositions de la convention de Munich. – *[L. n° 77-682 du 30 juin 1977, art. 1er.]*

SECTION III BREVETS COMMUNAUTAIRES

COMMENTAIRE

La Convention de Luxembourg du 15 décembre 1975 a établi les bases d'un brevet communautaire. Comme il en existe déjà en matière de marques, et plus récemment en matière de dessins et modèles (V. comm. introductif ss. le chap. Ier du livre V).

Après une succession de propositions de règlement, le brevet unitaire devrait voir le jour en janvier 2014, conséquence d'une coopération renforcée entre vingt-six États membres (l'Italie et l'Espagne étaient volontairement restées en marge du processus, mais l'Italie a finalement fait sa demande en 2015 ; la Croatie est d'adhésion trop récente). Il est issu de plusieurs textes constituant le « paquet brevet » composé :

– du règlement (UE) n° 1257/2012 du Parlement européen et du Conseil du 17 décembre 2012 mettant en œuvre la coopération renforcée dans le domaine de la création d'une protection unitaire conférée par un brevet *(JOUE n° L 361, 31 déc. 2012, p. 1)* ;

– du règlement (UE) n° 1260/2012 du Conseil du 17 décembre 2012 mettant en œuvre la coopération renforcée dans le domaine de la création d'une protection unitaire conférée par un brevet, en ce qui concerne les modalités applicables en matière de traduction *(JOUE n° L 361, 31 déc. 2012, p. 89)*, qui organise les exigences linguistiques en matière de demande de brevet ;

– de l'accord relatif à une juridiction unifiée du brevet du 11 janvier 2013 (V. App., v° *Propriété industrielle, Brevets*), qui s'appliquera non seulement aux brevets unitaires mais aussi aux futurs brevets européens. Il a été ratifié par la France grâce à la loi n° 2014-199 du 24 février 2014 *(JO 25 févr.)*.

L'Espagne a invoqué la nullité des deux règlements devant la CJUE. Par deux arrêts du 5 mai 2015 (n^os^ C-146/13 et C-147/13), la Cour a rejeté le recours.

Il s'agira d'un titre unique avec une instruction et une délivrance centralisées s'appliquant uniformément sur tout le territoire de l'Union européenne (à l'exception de l'Espagne, de l'Italie et de la Croatie, V. *supra*). Il constituera une voie alternative de protection et ne se substituera ni aux titres nationaux ni au brevet européen.

L'instruction et la délivrance seront confiées à l'Office européen des brevets (V. comm. au-dessus de l'art. L. 614-1) : le brevet unitaire sera donc un brevet européen assorti d'un effet nouveau sur demande d'inscription sur le « registre de la protection unitaire conférée par un brevet ». Constatant la possibilité pour chaque État membre de prévoir des limitations (art. 5, § 3), certains auteurs préfèrent le comparer à un brevet national « à effet extraterritorial » *(D. 2013. 1375, étude Raynard ; Propr. intell. 2013, p. 157, étude Galloux et Warusfel)*.

En dehors de quelques différences de périmètre quant aux États visés (Turquie, Suisse…), les principaux avantages de ce brevet résideront dans la baisse des coûts, puisqu'il permettra d'échapper au paiement des redevances nationales. Un tarif unique des redevances pour les vingt-cinq États membres est en effet en cours d'adoption. Il semble que la proposition dite « *true top 4* » soit confirmée. Elle aligne la redevance annuelle unitaire sur la somme des redevances des quatre pays les plus demandés (Allemagne, France, Royaume-Uni, Pays-Bas), ce qui aboutit à une réduction de 75 % en comparaison des vingt-six redevances (http ://www.epo.org/news-issues/news/2015/20150624.html).

Il est aussi prévu la mise en place d'un traitement uniformisé des contentieux de la validité et de la contrefaçon (le contentieux de la délivrance demeurant de la compétence des chambres de recours de l'Office européen des brevets) auprès de la division centrale de la cour de première instance. Le tribunal de première instance aura son siège à Paris (division centrale) et deux sections seront créées à Londres et Munich selon le domaine technique de l'invention. La cour d'appel sera sise à Luxembourg. La sortie du Royaume-Uni de l'Union européenne impose de remplacer Londres. La ville de Milan est déjà pressentie.

Le comité d'organisation de la juridiction unifiée des brevets ne prévoit pas de mise en œuvre avant 2017.

Le caractère unitaire n'impose pas néanmoins au breveté de traiter uniformément le sort de son invention sur tout le territoire de l'Union européenne : les licences peuvent être limitées à certains États (art. 3, § 2).

Concernant la traduction, le système choisi est proche de celui découlant des accords de Londres pour le brevet européen (V. comm. ss. l'art. L. 614-7) : dépôt des demandes en anglais, français ou allemand, seules les revendications sont à fournir dans les autres langues. Certains demandeurs de l'Union européenne souhaitant utiliser leur langue nationale se verront rembourser le coût des traductions manuelles dans l'une des trois langues. Après la délivrance du titre, les revendications devraient être fournies dans les deux autres langues officielles de l'OEB. Tous les brevets devraient être traduits en anglais et ceux qui le sont déjà devraient l'être dans une autre langue de l'Union européenne. Mais, en cas de litige, le contrefacteur présumé pourra demander une traduction du fascicule complet dans sa propre langue.

A terme, ce dispositif transitoire laissera la place à un outil de traduction automatique dans toutes les langues de l'Union européenne (service issu d'un partenariat entre l'OEB et Google). Ce service proposé gracieusement par l'Office européen des brevets est déjà opérationnel sous le nom de *Patent Translate*. Il s'agit d'un outil qui permet actuellement de traduire vers l'anglais les documents rédigés dans vingt-deux langues européennes, et réciproquement (http ://www.epo.org/searching/free/patent-trar.slate_fr.html).

Il est prévu de laisser au moins pendant une période de cinq ans un droit d'option au profit des déposants entre le brevet unitaire, le brevet européen et leur brevet national. ☐

Art. L. 614-25 **La présente section est relative à l'application de la convention relative au brevet européen pour le Marché commun (convention sur le brevet communautaire), fait à Luxembourg le 15 décembre 1975, ci-après dénommée "convention de Luxembourg". Elle entrera en vigueur à la même date que la convention de Luxembourg.** — *La Convention de Luxembourg du 15 déc. 1975, relative au brevet européen pour le Marché commun, n'est pas encore entrée en vigueur. — V. ce texte, App., v° Brevets.*

BIBL. ▶ Commission CE, *Dossiers Brevets 1997. 2* (livre vert sur le brevet communautaire et le système des brevets en Europe du 24 juin 1997). - SCORDAMALGIA, *Dossiers Brevets 1998. IV* (les conséquences de l'institution d'un brevet communautaire par un règlement du conseil de l'Union européenne).

Art. L. 614-26 **Les articles L. 614-7 à L. 614-14 (premier et deuxième alinéas) ne sont pas applicables lorsque la demande de brevet européen désigne un État de la Communauté économique européenne et lorsque le brevet délivré est un brevet communautaire.** — *[L. n° 77-684 du 30 juin 1977, art. 1er.]*

Art. L. 614-27 **Dans les trois mois qui suivent la publication des demandes de brevets communautaires et lorsque la langue de la procédure n'est pas le français, l'Institut national de la propriété industrielle assure la traduction et la publicité en français des abrégés prévus à l'article 78, paragraphe 1 *e*, de la convention de Munich.** — *[L. n° 77-684 du 30 juin 1977, art. 2.]*

Art. L. 614-28 **Pour l'application, aux demandes de brevet et aux brevets mentionnés à l'article L. 614-26, de l'article L. 614-15 et de l'article L. 615-17, la référence faite par ces articles à l'article L. 614-13 est remplacée par une référence à l'article 80, paragraphe 1, de la convention de Luxembourg.** — *[L. n° 77-684 du 30 juin 1977, art. 3.]*

Art. L. 614-29 **Un transfert, gage, nantissement ou une concession de droits d'exploitation d'une demande de brevet européen désignant un État de la Communauté économique européenne ou d'un brevet communautaire auquel cette demande a donné lieu emporte de plein droit, pour les parties communes, le même transfert, gage, nantissement ou la même concession de droits d'exploitation de la demande de brevet français ou du brevet français ayant la même date de dépôt ou la même date de priorité, couvrant la même invention et appartenant au même inventeur ou à son ayant cause.**

Dans les mêmes conditions, la demande de brevet français ou le brevet français ne peut faire, à peine de nullité, l'objet d'un transfert, gage, nantissement ou d'une concession de droits d'exploitation indépendamment de la demande de brevet européen désignant un État de la Communauté économique européenne ou du brevet communautaire auquel cette demande a donné lieu.

Par dérogation à l'article L. 613-20, ce transfert ou cette modification des droits attachés au brevet français ou à la demande de brevet français n'est rendu opposable aux tiers par son inscription au registre national des brevets que dans la mesure où le même transfert, ou la même modification des droits attachés à la demande de brevet européen désignant un État de la Communauté économique européenne ou à un brevet communautaire auquel cette demande a donné lieu, a été inscrit, selon le cas, au registre européen des brevets ou au registre des brevets communautaires. — *[L. n° 77-684 du 30 juin 1977, art. 4.]*

Art. L. 614-30 **Lorsque, par application de l'article 86, paragraphe 1er, de la Convention de Luxembourg, la requête en délivrance du brevet contient une déclaration selon**

laquelle le demandeur ne désire pas obtenir un brevet communautaire, les dispositions des articles L. 614-26 et L. 614-29 ne sont pas applicables.

Toutefois, dans ce cas, l'article L. 614-13 n'est pas applicable. – *[L. n° 77-684 du 30 juin 1977, art. 5.]*

SECTION IV DISPOSITIONS FINALES

Art. L. 614-31 Les Français peuvent revendiquer l'application à leur profit, en France, des dispositions de la convention internationale pour la protection de la propriété industrielle, signée à Paris, le 20 mars 1883, ainsi que des arrangements, actes additionnels et protocoles de clôture qui ont modifié ou modifieront ladite convention, dans tous les cas où ces dispositions sont plus favorables que la loi française pour protéger les droits dérivant de la propriété industrielle.

Aucune disposition du présent titre ne peut être interprétée comme retirant aux Français un droit qui leur est reconnu à l'alinéa précédent. – *[L. n° 68-1 du 2 janv. 1968, art. 72 bis ; L. 4 avr. 1931, art. 1er.] – V. Convention de Paris du 20 mars 1883, App., v° Dispositions générales.*

CHAPITRE IV *BIS* LA RETENUE

(L. n° 2014-315 du 11 mars 2014, art. 7)

COMMENTAIRE

La procédure de retenue en douane décrite aux articles L. 614-32 à L. 614-39 est commentée sous l'article L. 521-14.

Art. L. 614-32 En dehors des cas prévus par la réglementation de l'Union européenne, l'administration des douanes peut, sur demande écrite du propriétaire d'un brevet ou d'un certificat complémentaire de protection rattaché à un brevet ou d'une personne habilitée à exploiter l'invention brevetée ou objet du certificat complémentaire d'exploitation, assortie des justifications de son droit, retenir dans le cadre de ses contrôles les marchandises que celui-ci prétend constituer une contrefaçon.

Cette retenue est immédiatement notifiée au demandeur et au détenteur. Le procureur de la République est également informé de ladite mesure par l'administration des douanes.

Lors de la notification mentionnée à la première phrase du deuxième alinéa du présent article, la nature et la quantité réelle ou estimée ainsi que des images des marchandises sont communiquées au propriétaire du brevet ou du certificat complémentaire de protection rattaché à un brevet ou à la personne habilitée à exploiter l'invention brevetée ou objet du certificat complémentaire d'exploitation, par dérogation à l'article 59 *bis* du code des douanes. Ces informations peuvent également être communiquées avant la mise en œuvre de la mesure prévue au présent article.

Sous réserve des procédures prévues aux articles L. 614-36 et L. 614-37 du présent code, la mesure de retenue est levée de plein droit à défaut pour le demandeur, dans le délai de dix jours ouvrables, ou de trois jours ouvrables pour les denrées périssables, à compter de la notification de la retenue des marchandises, de justifier auprès de l'administration des douanes soit de mesures conservatoires décidées par la juridiction civile compétente, soit de s'être pourvu par la voie civile ou la voie correctionnelle et d'avoir constitué les garanties destinées à l'indemnisation éventuelle du détenteur des marchandises au cas où la contrefaçon ne serait pas ultérieurement reconnue, soit d'avoir déposé une plainte auprès du procureur de la République. L'administration des douanes peut proroger le délai de dix jours ouvrables prévu au présent alinéa de dix jours ouvrables maximum sur requête dûment motivée du demandeur. En cas de prorogation du délai, le procureur de la République et le détenteur des marchandises en sont informés.

Les frais liés à la mesure de retenue ou aux mesures conservatoires prononcées par la juridiction civile compétente sont à la charge du demandeur.

Aux fins de l'engagement des actions en justice mentionnées au quatrième alinéa du présent article, le demandeur peut obtenir de l'administration des douanes communication des nom et adresse de l'expéditeur, de l'importateur, du destinataire et du déclarant des marchandises retenues ou de leur détenteur, ainsi que des images de ces

marchandises et des informations sur leur quantité, leur origine, leur provenance et leur destination, par dérogation à l'article 59 *bis* du code des douanes.

La retenue mentionnée au premier alinéa du présent article ne porte pas :

1° Sur les marchandises de statut communautaire, légalement fabriquées ou mises en libre pratique dans un État membre de l'Union européenne et destinées, après avoir emprunté le territoire douanier défini à l'article 1er du code des douanes, à être mises sur le marché d'un autre État membre de l'Union européenne pour y être légalement commercialisées ;

2° Sur les marchandises de statut communautaire, légalement fabriquées ou mises en libre pratique dans un autre État membre de l'Union européenne, dans lequel elles ont été placées sous le régime du transit, et qui sont destinées, après avoir transité sur le territoire douanier défini au même article 1er, à être exportées vers un État non membre de l'Union européenne.

Pour l'application des dispositions des art. L. 614-32 à L. 614-39, V. art. R. 614-36 et R. 614-37.

Sur la définition des denrées périssables, V. Arr. du 29 juin 2015 (JO 4 août) ss. art. L. 335-14.

BIBL. ▶ Dreyer, *D. 2015. 1164* (propriétés intellectuelles : prendre (enfin) le droit pénal au sérieux).

Art. L. 614-33 **En l'absence de demande écrite du propriétaire d'un brevet ou d'un certificat complémentaire de protection rattaché à un brevet ou d'une personne habilitée à exploiter l'invention brevetée ou objet du certificat complémentaire d'exploitation et en dehors des cas prévus par la réglementation de l'Union européenne, l'administration des douanes peut, dans le cadre de ses contrôles, retenir des marchandises susceptibles de porter atteinte à un brevet ou à un certificat complémentaire d'exploitation.**

Cette retenue est immédiatement notifiée au propriétaire du brevet ou du certificat complémentaire de protection rattaché à un brevet ou à la personne habilitée à exploiter l'invention brevetée ou objet du certificat complémentaire d'exploitation. Le procureur de la République est également informé de ladite mesure par l'administration des douanes.

Lors de la notification mentionnée à la première phrase du deuxième alinéa du présent article, la nature et la quantité réelle ou estimée ainsi que des images des marchandises sont communiquées au propriétaire du brevet ou du certificat complémentaire de protection rattaché à un brevet ou à la personne habilitée à exploiter l'invention brevetée ou objet du certificat complémentaire d'exploitation, par dérogation à l'article 59 *bis* du code des douanes. Ces informations peuvent également être communiquées avant la mise en œuvre de la mesure prévue au présent article.

La mesure de retenue est levée de plein droit si l'administration des douanes n'a pas reçu du propriétaire du brevet ou du certificat complémentaire de protection rattaché à un brevet ou de la personne habilitée à exploiter l'invention brevetée ou objet du certificat complémentaire d'exploitation la demande prévue à l'article L. 614-32 du présent code, déposée dans un délai de quatre jours ouvrables à compter de la notification de la retenue mentionnée à la première phrase du deuxième alinéa du présent article.

Si la demande a été reçue conformément au quatrième alinéa du présent article, le délai de dix jours ouvrables mentionné au quatrième alinéa de l'article L. 614-32 commence à courir à compter de l'acceptation de cette demande par l'administration des douanes.

Le présent article n'est pas applicable aux marchandises périssables.

V. notes ss. art. L. 614-32.

Art. L. 614-34 **I. — Lorsque la retenue, prévue par la réglementation de l'Union européenne et portant sur des marchandises soupçonnées de constituer une contrefaçon d'un brevet ou d'un certificat complémentaire d'exploitation, est mise en œuvre avant qu'une demande du propriétaire d'un brevet ou d'un certificat complémentaire de protection rattaché à un brevet ou d'une personne habilitée à exploiter l'invention brevetée ou objet du certificat complémentaire d'exploitation ait été déposée ou acceptée, les agents des douanes peuvent, par dérogation à l'article 59 *bis* du code des douanes, informer ce propriétaire ou ce bénéficiaire du droit exclusif d'exploitation de la**

mise en œuvre de cette mesure. Ils peuvent également lui communiquer des informations portant sur la quantité des marchandises et leur nature.

Lorsque la retenue, prévue par la réglementation de l'Union européenne et portant sur des marchandises soupçonnées de constituer une contrefaçon d'un brevet ou d'un certificat complémentaire d'exploitation, est mise en œuvre après qu'une demande du propriétaire d'un brevet ou d'un certificat complémentaire de protection rattaché à un brevet ou d'une personne habilitée à exploiter l'invention brevetée ou objet du certificat complémentaire d'exploitation a été acceptée, les agents des douanes peuvent également communiquer à ce propriétaire ou à cette personne habilitée les informations prévues par cette réglementation, nécessaires pour déterminer s'il y a eu violation de son droit.

II. — Les frais générés par la mise en œuvre de la retenue mentionnée au I sont à la charge du propriétaire du brevet ou du certificat complémentaire de protection rattaché à un brevet ou de la personne habilitée à exploiter l'invention brevetée ou objet du certificat complémentaire d'exploitation.

V. notes ss. art. L. 614-32.

Art. L. 614-35 Pendant le délai de la retenue mentionnée à l'article L. 614-32 et au second alinéa du I de l'article L. 614-34, le propriétaire du brevet ou du certificat complémentaire de protection rattaché à un brevet ou la personne habilitée à exploiter l'invention brevetée ou objet du certificat complémentaire d'exploitation peut, à sa demande ou à la demande de l'administration des douanes, inspecter les marchandises retenues.

Lors du contrôle des marchandises mises en retenue, l'administration des douanes peut prélever des échantillons.

V. notes ss. art. L. 614-32.

Art. L. 614-36 I. — Lorsque la retenue portant sur des marchandises soupçonnées de constituer une contrefaçon d'un brevet, d'un certificat complémentaire de protection ou d'un certificat d'utilité est mise en œuvre après qu'une demande mentionnée à l'article L. 614-32 a été acceptée, les marchandises soupçonnées de porter atteinte à un brevet, un certificat complémentaire de protection ou un certificat d'utilité peuvent être détruites sous le contrôle des agents des douanes dès lors que les conditions suivantes sont remplies :

1° Le demandeur a confirmé par écrit et par une expertise détaillée aux autorités douanières, dans un délai de dix jours ouvrables, ou de trois jours ouvrables pour les denrées périssables, à partir de la notification de la retenue, le caractère contrefaisant des marchandises ;

2° Le demandeur a confirmé par écrit aux autorités douanières, dans un délai de dix jours ouvrables, ou de trois jours ouvrables pour les denrées périssables, à partir de la notification de la retenue, qu'il consent à la destruction, sous sa responsabilité, des marchandises ;

3° Le détenteur des marchandises a confirmé par écrit aux autorités douanières, dans un délai de dix jours ouvrables, ou de trois jours ouvrables pour les denrées périssables, à partir de la notification de la retenue, qu'il consent à la destruction des marchandises.

II. — Si le détenteur des marchandises n'a, dans le délai mentionné au 3° du I, ni confirmé qu'il consent à la destruction des marchandises, ni informé l'administration des douanes qu'il s'oppose à leur destruction, il est réputé avoir consenti à cette destruction.

III. — Lorsque le détenteur des marchandises n'a pas confirmé par écrit qu'il consent à leur destruction et qu'il n'est pas réputé avoir consenti à la destruction des marchandises dans les délais prévus, l'administration des douanes en informe immédiatement le demandeur qui, dans un délai de dix jours ouvrables, ou de trois jours ouvrables pour les denrées périssables, à partir de la notification de la retenue, prend les mesures mentionnées au quatrième alinéa de l'article L. 614-32. Le délai de dix jours peut être prorogé de dix jours ouvrables maximum sur requête dûment motivée du demandeur. En cas de prorogation du délai, le procureur de la République et le détenteur des marchandises en sont informés.

Si les conditions prévues au I du présent article ne sont pas réunies et si le demandeur n'a pas justifié auprès de l'administration des douanes qu'il a pris les mesures mentionnées au quatrième alinéa de l'article L. 614-32, la mesure de retenue est levée de plein droit.

IV. — Dans le cadre de la communication d'informations prévues au troisième alinéa des articles L. 614-32 et L. 614-33, les autorités douanières informent le demandeur de l'existence de la procédure prévue au présent article. Les informations prévues au sixième alinéa de l'article L. 614-32 peuvent également être communiquées au demandeur aux fins de mise en œuvre de la présente mesure.

V. notes ss. art. L. 614-32.

Art. L. 614-37 **Lorsque le demandeur utilise les informations qui lui sont communiquées par l'administration des douanes, par dérogation à l'article 59 *bis* du code des douanes, à d'autres fins que celles prévues au présent chapitre, l'administration des douanes abroge, suspend ou refuse de renouveler ladite demande.**

V. notes ss. art. L. 614-32.

Art. L. 614-38 **En vue de prononcer les mesures prévues aux articles L. 614-32 à L. 614-35, les agents des douanes appliquent les pouvoirs qui leur sont dévolus par le code des douanes.**

V. notes ss. art. L. 614-32.

Art. L. 614-39 **Un décret en Conseil d'État fixe :**

1° Les conditions d'application des mesures prévues aux articles L. 614-32 à L. 614-37 ;

2° Les conditions dans lesquelles a lieu la destruction des marchandises susceptibles de porter atteinte à un brevet, un certificat complémentaire de protection ou un certificat d'utilité prévue par la réglementation européenne en vigueur, ainsi que les conditions du prélèvement d'échantillons préalable à ladite destruction.

V. notes ss. art. L. 614-32.

CHAPITRE V ACTIONS EN JUSTICE

BIBL. GÉN. ▶ ANCEL, *RDPI oct. 1998, n° 92, p. 6* (point de vue d'un juge français sur les infractions transfrontières et la Convention de Bruxelles). – BUFFET DELMAS et MORELLI, *Propr. ind. 2008. Étude 24* (de quelques évolutions importantes en matière de preuve de la contrefaçon). – CHIARINY-DAUDET, Le règlement judiciaire et arbitral des contentieux internationaux sur brevets d'invention, *Litec, Bibliothèque de droit de l'entreprise, 2006.* – GALLOUX, *RTD com. 2011. 539* (les compétences respectives du juge des référés et du juge de la mise en état pour le prononcé de mesures provisoires en matière de contrefaçon). – MARÉCHAL, *RTD com. 2012. 245* (l'évaluation des dommages-intérêts en matière de contrefaçon). – RODA, Les conséquences civiles de la contrefaçon des droits de la propriété industrielle, *LexisNexis/CEIPI, 2011.*

Sur l'application de la L. n° 2007-1544 du 29 oct. 2007 de lutte contre la contrefaçon, V. la circulaire du ministre de la justice du 11 avr. 2008, CRIM 08-10/G3, App., v° Dispositions générales.

SECTION PREMIÈRE ACTIONS CIVILES

Art. L. 615-1 **Toute atteinte portée aux droits du propriétaire du brevet, tels qu'ils sont définis aux articles L. 613-3 à L. 613-6, constitue une contrefaçon.**

La contrefaçon engage la responsabilité civile de son auteur.

Toutefois, l'offre, la mise dans le commerce, l'utilisation, la détention en vue de l'utilisation ou la mise dans le commerce d'un produit *(L. n° 2007-1544 du 29 oct. 2007, art. 41)* **« contrefaisant », lorsque ces faits sont commis par une autre personne que le fabricant du produit** *(L. n° 2007-1544 du 29 oct. 2007, art. 41)* **« contrefaisant », n'engagent la responsabilité de leur auteur que si les faits ont été commis en connaissance de cause.** – *[L. n° 68-1 du 2 janv. 1968, art. 51.]*

Sur le contentieux en matière de brevets d'invention, V. Rép. min. n° 10048, JO Sénat, 3 sept. 1998 ; PIBD 1998. I. 73. — Et, sur le montant des dommages-intérêts en matière de contrefaçon de brevets, V. Rép. min. n° 5340, JO Sénat, 12 mars 1998 ; PIBD 1998, I, p. 31.

BIBL. ▶ BERTSCH, SERGHEREART et CORNET, *Propr. intell. 2009, n° 30, p. 39* (contrefaçon de brevet : comparaison des systèmes français et allemand). – BEAUDONNET, *Rapport annuel de la Cour de cas-*

sation pour 2003, p. 199 (la jurisprudence récente de la chambre criminelle en matière de contrefaçon). – FOURLON et LABORDE, *Propr. intell. 2014, n° 50, p. 4* (l'évaluation du préjudice en matière de contrefaçon de brevet). – GALLOUX, *RTD com. 2011. 537* (l'indemnisation du prétendu contrefacteur suite à la nullite du brevet qu'on lui opposait). – MARTIN, *RDPI 2003, n° 143, p. 7* (l'évaluation des dommages et intérêts de contrefaçon de brevet d'invention doit être réformée). – DE NIJS, *Propr. ind. 2017. Étude 6* (sondages et évaluation des préjudices en matière de propriété intellectuelle). – PASSA, *Propr. intell. 2004, n° 10, p. 513* (les divergences dans la définition de l'acte de contrefaçon dans les différentes branches du droit de la propriété intellectuelle. Plaidoyer pour une clarification).

COMMENTAIRE

La définition de la contrefaçon est très large puisqu'elle consiste en la violation de l'une quelconque des prérogatives du breveté. La disposition est rédigée à l'identique à l'alinéa premier de l'article L. 521-1 en matière de dessins et modèles. Nous renvoyons donc au commentaire qui accompagne ce dernier.

On observera que la responsabilité civile est doublée d'une responsabilité pénale. Dans le cas du brevet, les actions répressives font l'objet d'une section spéciale (V. art. L. 615-12 à L. 615-16). Elles sont néanmoins globalement encadrées de façon similaire aux dessins et modèles (V. art. L. 521-10 s.). Nous renvoyons à ces articles pour ce qui concerne la responsabilité pénale.

En présence d'une invention brevetée, certains comportements illicites mettent en œuvre une responsabilité atténuée de leur auteur. Il s'agit des actes subséquents ou connexes à la fabrication. En effet, le présent article exige la présence d'un élément intentionnel pour pouvoir condamner les « receleurs » de produits contrefaisants.

La faiblesse des dommages-intérêts accordés par les juridictions françaises incite les victimes à agir à l'étranger dès que les circonstances de l'espèce le permettent. Une étude publiée en janvier 2014 corrobore cette analyse (http ://www.dgcis.gouv.fr/files/files/directions_services/etudes-et-statistiques/etudes/dommages-interets-dans-actions-en-contrefacon.pdf) : la majorité des condamnations sont inférieures à 50 000 euros alors qu'elles sont supérieures à 100 000 euros en Allemagne et à un million d'euros au Royaume-Uni. Il est néanmoins noté que le coût de la procédure est pris en compte par les juges.

PLAN DES ANNOTATIONS

I. PROCÉDURE nos 1 à 6
A. RECEVABILITÉ nos 1 à 3
B. SURSIS À STATUER n° 4
C. COMPÉTENCE n° 5
D. MESURES D'EXPERTISE n° 6
II. APPRÉCIATION DE LA CONTREFAÇON nos 7 à 34
A. RÈGLES GÉNÉRALES nos 7 à 13
B. COMBINAISON OU JUXTAPOSITION DE MOYENS nos 14 à 18
C. CONTREFAÇON PAR ÉQUIVALENCE nos 19 à 21
D. AUTRES ACTES DE CONTREFAÇON nos 22 à 28
E. MOYENS DE DÉFENSE nos 29 à 34
III. RÉPARATIONS nos 35 à 46
A. OBJET DE LA RÉPARATION nos 35 à 39
B. CALCUL DES INDEMNITÉS nos 40 à 45
C. RESPONSABILITÉ DES MANDATAIRES SOCIAUX n° 46
IV. CONCURRENCE DÉLOYALE nos 47 à 52
A. EN COMPLÉMENT D'UNE ACTION EN CONTREFAÇON nos 47 et 48
B. EN L'ABSENCE DE TOUT DROIT PRIVATIF nos 49 à 52
V. COMPORTEMENTS DÉLOYAUX DU BREVETÉ nos 53 à 55

I. PROCÉDURE

A. RECEVABILITÉ

1. L'inventeur qui n'a pas déposé de demande de brevet ou qui a cédé ses droits sur le brevet couvrant son invention ne peut pas agir en contrefaçon. • Paris, 24 janv. 1991 : *Ann. propr. ind. 1991. 45, obs. Mathély.* ♦ Sur le contenu de l'assignation, V. • Paris, 31 mai 2006 : *Propr. intell. 2006, n° 20, p. 354, obs. Warusfel.*

2. Cessionnaire. Le cessionnaire non inscrit au RNB ne peut pas agir en contrefaçon. • Com. 8 déc. 1992 : *Ann. propr. ind. 1993. 112.* ♦ ... L'action en contrefaçon étant réservée aux cessionnaires et licenciés inscrits au RNB. • Paris,

1er déc. 1993 : *PIBD 1994. III. 1 ; D. 1996. Somm. 17, obs. Mousseron et Schmidt*. ♦ L'acte de cession de brevet peut stipuler que le cessionnaire a le droit de poursuivre les actions en contrefaçon à raison d'actes antérieurs à la cession et justifier ainsi d'un intérêt à agir. • Com. 10 oct. 2000 : *PIBD 2001. III. 1.* ♦ L'autorisation contractuelle d'agir en contrefaçon contre les actes antérieurs à la cession ne profite pas, sauf clause expresse, au sous-acquéreur du brevet. • Com. 4 janv. 1994 : *PIBD 1994. III. 167 ; Dossiers Brevets 1994. I. 2 ; D. 1996. Somm. 19, obs. Mousseron et Schmidt*. ♦ Sur la transmission de l'action en contrefaçon en cas de succession d'entreprises, V. • Com. 14 juin 2005 : *D. 2007. Pan. 339, obs. Raynard ; Propr. ind. 2006, n° 21, note Raynard ; Propr. intell. 2006, n° 19, p. 205, obs. Warusfel* • 14 mars 2006 : *Propr. intell. 2006, n° 19, p. 205, obs. Warusfel.* – V. pour une étude complète : Passa, *Propr. ind. 2015. Étude 3* (pour tenter d'en finir avec les incertitudes liées à la demande en contrefaçon du cessionnaire d'un droit de propriété industrielle).

3. Licencié. V. notes ss. art. L. 613-8.

B. SURSIS À STATUER

4. V. notes 2 s. ss. art. L. 614-15.

C. COMPÉTENCE

5. V. notes ss. art. L. 615-17.

D. MESURES D'EXPERTISE

6. L'appréciation de la contrefaçon impliquant démontage et mise en service des appareils incriminés, opérations strictement techniques que la cour n'est pas à même de mettre en œuvre, et la détermination de l'existence ou de l'absence d'application industrielle nécessitant des constatations techniques, il convient de faire droit à la demande d'expertise technique. En revanche, il ne peut pas être donné mission à un expert de définir la notion mentionnée en partie caractérisante d'une revendication du brevet, car ce serait lui conférer le pouvoir d'interpréter le brevet, en violation des art. 232 et 238 C. pr. civ. • Paris, 20 oct. 1998 : *PIBD 1999. III. 164 ; RTD com. 1999. 863, obs. Azéma*.

II. APPRÉCIATION DE LA CONTREFAÇON

A. RÈGLES GÉNÉRALES

7. Appréciation par les ressemblances. La contrefaçon s'apprécie par les ressemblances et non d'après les différences. Elle consiste dans la reproduction des caractères essentiels de l'invention. • TGI Paris, 28 oct. 1992 : *PIBD 1993. III. 81* • Paris, 21 févr. 1986 : *RDPI 1986, n° 4, p. 27.* ♦ La contrefaçon existe lorsque les ressemblances, portant sur les caractéristiques essentielles, sont telles que la description des deux modèles ne permet au consommateur de les distinguer. • Lyon, 2 juill. 1998 : *PIBD 1998. III. 558 ; RDPI 1998, n° 89, p. 35.* ♦ Étant rappelé que la contrefaçon s'apprécie par les ressemblances et non par les différences, le dispositif incriminé, en ce qu'il assure la même fonction pour obtenir un résultat de même nature, constitue une contrefaçon par équivalence. • Paris, 9 juin 2000 : *GAPI, 1re éd., Dalloz, n° 30 ; PIBD 2000. III. 465.*

8. Il y a contrefaçon lorsque la différence de résultat entre la revendication et l'objet contrefaisant ne découle pas d'une différence de forme et de moyen. • Com. 15 nov. 1994 : *PIBD 1995. III. 51 ; Ann. propr. ind. 1996. 52* (rejet du pourvoi contre • Paris, 1er déc. 1992 : *PIBD 1993. III. 220).*

9. Invention couvrant la fonction du moyen. Il y a contrefaçon lorsque, tout en relevant des différences de structure entre le dispositif protégé par le brevet et celui argué de contrefaçon, la cour d'appel, par une appréciation souveraine, a retenu que le brevet protégeait également des fonctions et que celles-ci étaient identiques ou similaires à celles produites par le dispositif litigieux. • Com. 15 juill. 1987 : *Bull. civ. IV, n° 181 ; Ann. propr. ind. 1989. 57.* ♦ Sur l'appréciation de la fonction en vue d'un résultat de même nature, V. • Com. 2 nov. 2011 : *Propr. ind. 2012, n° 30, note Vigand.*

10. Reproduction des moyens essentiels de l'invention. C'est à bon droit qu'un arrêt a prononcé une condamnation en contrefaçon, dès lors que tout en relevant des différences de structure entre la machine incriminée et l'invention brevetée, l'arrêt a, par une appréciation souveraine, retenu que la machine incriminée reproduisait les moyens essentiels du brevet. • Com. 21 juin 1988 : *Ann. propr. ind. 1989. 58* • 13 févr. 1990 : *PIBD 1990. III. 319.* ♦ Réciproquement, la cour qui a constaté que les moyens essentiels de l'invention n'étaient pas reproduits, a légalement justifié sa décision de rejeter la demande en contrefaçon. • Com. 19 févr. 1991 : *PIBD 1991. III. 430 ; Ann. propr. ind. 1992. 204.* ♦ La contrefaçon est réalisée dès lors que les quatre moyens essentiels de la revendication sont reproduits dans leur structure générale et dans leur fonctionnement. • Paris, 16 déc. 1993 : *PIBD 1994. III. 173.* ♦ Les caractéristiques du brevet ayant été reproduites, il y a contrefaçon, peu important que l'on n'y retrouve pas une caractéristique qui ne figurait pas dans les revendications du brevet. • Com. 21 mars 2000 : *PIBD 2000. III. 334.* ♦ La reprise de moyens essentiels d'une invention brevetée par équivalent est une contrefaçon. • Com. 31 mars 2004 : *Propr. ind. 2005, n° 2, note Vigand.* ♦ L'absence de mise en œuvre d'un des moyens de l'invention, fût-ce par équivalent, exclut la qualification de contrefaçon. • Com. 3 avr. 2012 : *Propr. ind. 2012,* *nº 62, note Py.* ♦ Pour une illustration de contrefaçon par fourniture de moyens par des personnes différentes dans un objectif commun, V. • Paris, 19 sept. 2012 : *PIBD 2012. III. 739 ; Propr. ind. 2014, nº 11, note Vigand.*

11. Contrefaçon par perfectionnement. En déclarant que le brevet de perfectionnement est contrefaisant, une cour d'appel constate nécessairement l'absence de nouveauté et d'activité inventive. • Com. 31 mars 2004 : *préc. note 10.* ♦ Un brevet constituant le perfectionnement d'un brevet antérieur, et qui reproduit ses revendications essentielles, en constitue une contrefaçon. • TGI Nancy, 29 mai 1998 : *PIBD 1999. III. 1.* ♦ Appréciant l'existence éventuelle d'un brevet par un brevet postérieur, le moyen tiré de ce que le second brevet constituait ou non un perfectionnement du premier était nécessairement dans le débat. • Com. 20 oct. 1998 : *PIBD 1999. III. 189.*

12. Forme indissociable. Lorsqu'une revendication porte sur une combinaison à laquelle s'ajoute une forme indissociable, il n'y a contrefaçon que si cette forme est reproduite. • Com. 7 févr. 1995 : *PIBD 1995. III. 207.*

13. Contrefaçon de procédé. La seule identité de résultat ne peut, en dehors du cas où la présomption posée à l'art. L. 615-5-1 peut jouer, suffire à caractériser la contrefaçon d'un procédé. • TGI Paris, 28 févr. 2001 : *RDPI 2001, nº 123, p. 45.*

B. COMBINAISON OU JUXTAPOSITION DE MOYENS

14. Combinaison de moyens. S'agissant d'une invention de combinaison de moyens connus dans l'état antérieur de la technique, dont l'association constitue la caractéristique essentielle du brevet et procède d'une réelle activité inventive, il n'y a pas contrefaçon lorsque l'on ne retrouve pas dans le système simple et rudimentaire du défendeur la caractéristique essentielle du brevet, c'est-à-dire la combinaison et spécialement un moyen dont la fonction est essentielle. Il n'y a pas non plus contrefaçon partielle, dès lors que l'installation incriminée ne reprend pas le procédé revendiqué, qui repose sur la combinaison indissociable et déterminante de plusieurs éléments, dont le premier n'existe pas dans l'installation critiquée. • Rennes, 26 oct. 1993 : *PIBD 1994. III. 50.* ♦ S'agissant d'une invention qui n'est pas une simple juxtaposition de moyens mais une combinaison de quatre moyens appliquée à un dispositif, il ne peut y avoir contrefaçon que si le dispositif incriminé *reproduit, au sein de* la même application, la combinaison des quatre moyens ; le grief de contrefaçon doit donc être écarté lorsque le troisième moyen n'est reproduit ni à l'identique, ni par équivalent. • Paris, 14 mai 1999 : *PIBD 1999. III. 371.*

15. Contrefaçon partielle. BIBL. J.-P. Martin, *JCP 1989. 15592 ; JCP E 1991. I. 78.* ♦ N'a pas donné de base légale à sa décision la cour d'appel qui se borne à retenir entre le dispositif critiqué et celui protégé par le brevet une différence qu'elle qualifie d'essentielle, alors qu'elle a constaté que la société a reproduit en partie une caractéristique protégée par ce brevet, en s'abstenant de rechercher si cette reproduction ne constituait pas une contrefaçon partielle. • Com. 28 avr. 1987 : *JCP E 1987. II. 15067, obs. crit. Martin ; PIBD 1987. III. 32 ; D. 1988. Somm. 351, obs. crit. Mousseron et Schmidt ; Dossiers Brevets 1987. III. 1, obs. Mousseron ; Ann. propr. ind. 1988. 117, obs. Mathély.* ♦ Dans la mesure où la revendication principale n'a pas été reproduite, la contrefaçon des revendications dépendantes n'est pas constituée : le breveté ne saurait obtenir la protection de caractéristiques additionnelles de revendications dépendantes, indépendamment de la revendication principale dont elles dépendent, lorsque ces caractéristiques sont dépourvues de nouveauté en elles-mêmes et la description montre que le breveté n'avait pas entendu les protéger indépendamment. • Paris, 29 nov. 1995 : *PIBD 1996. III. 111 ; RTD com. 1996. 266, obs. Azéma ; Ann. propr. ind. 1997. 116, note Mathély.*

16. La contrefaçon partielle n'est punissable que lorsque la revendication en cause est complexe et divisible. • Paris, 15 janv. 1997 : *PIBD 1997. III. 227 ; D. 1997. Somm. 332, obs. Mousseron ; RDPI 1997, nº 72, p. 59.* ♦ L'exploitation d'un moyen, fût-il essentiel, d'une revendication de combinaison ne constitue pas une contrefaçon partielle de cette revendication. • TGI Lyon, 13 mars 1997 : *PIBD 1997. III. 550 ; Dossiers Brevets 1998. I. 5.*

17. Attendu que pour rejeter l'action en contrefaçon, l'arrêt relève que la revendication 3 était dépendante des revendications 1 et 2 du brevet litigieux et qu'aucune des caractéristiques énoncées aux revendications 1 et 2 n'était reproduite. Attendu qu'en se déterminant ainsi par ces motifs généraux, sans rechercher si les caractéristiques additionnelles prises en elles-mêmes ou en combinaison avec les revendications 1 et 2 impliquaient une activité inventive, la cour d'appel n'a pas donné de base légale à sa décision. • Com. 9 mars 1993 : *PIBD 1993. III. 411.*

18. Tout en constatant l'absence de contrefaçon de la revendication principale, une cour d'appel peut, par une appréciation souveraine, considérer qu'il n'y a pas de rapport fonctionnel entre la caractéristique de la revendication principale qui est incluse dans la revendication dépendante et le dispositif sur lequel porte cette revendication dépendante, dont la caractéristique essentielle est reproduite par un tiers, et admettre ainsi que la reproduction constitue une contrefaçon. • Com. 19 févr. 1991 : *PIBD 1991. III. 391.* ♦ En revanche, l'obtention de mise sur le marché obtenue par un tiers pour un produit identique à celui visé dans le certificat complémentaire de protection et par une inscription sur la liste des médicaments remboursés ne constitue pas une contrefaçon, aucun fait de fabrication, de détention, d'offre ou de mise dans le commerce ne pouvant être constaté. • TGI Paris, 30 janv. 1998 : *PIBD 1998. III. 244.*

C. CONTREFAÇON PAR ÉQUIVALENCE

19. Équivalence. La contrefaçon par équivalence de moyens suppose que le moyen breveté n'exerce pas une fonction connue. • Com. 20 nov. 2007 : *PIBD 2008. III. 29.* ♦ Sont équivalents deux moyens qui sont de forme différente mais qui, exerçant la même fonction, c'est-à-dire le même effet technique premier, procurent un résultat semblable. • Paris, 23 nov. 1993 : *PIBD 1994. III. 102* • 16 déc. 1993 : *ibid., p. 173* • 28 mars 2001 : *PIBD 2001. III. 465 ; RDPI 2001, n° 123, p. 401* • 9 juin 2000 : *Ann. propr. ind. 2000. 306 ; PIBD 2000. III. 465.* ♦ Il y a contrefaçon, malgré la différence de la forme du moyen protégé et du moyen argué de contrefaçon, lorsque leur fonction est identique en vue d'un même résultat, ce dont il résulte que les moyens sont équivalents. • Com. 26 oct. 1993 : *PIBD 1994. III. 21 ; Ann. propr. ind. 1993. 102* • 13 févr. 1990 : *PIBD 1990. III. 319* • Paris, 10 janv. 1991 : *Ann. propr. ind. 1991. 57* • 20 sept. 1989 : *Ann. propr. ind. 1990. 37.* ♦ V. aussi • Com. 16 janv. 1996 : *PIBD 1996. III. 175.* ♦ L'outil argué de contrefaçon, s'il présente des différences de structure avec l'appareil revendiqué, assure la même fonction que le dispositif couvert par le brevet pour parvenir à un résultat de même nature ; la revendication est donc contrefaite par équivalence. • TGI Paris, 5 juill. 2000 : *PIBD 2000. III. 611.* ♦ S'agissant d'un brevet portant sur un dispositif de coque de bateau caractérisé par une certaine combinaison de trois coques, il n'y a pas contrefaçon par équivalence, dès lors que les conditions de flottabilité des deux navires ne sont pas les mêmes et que la fonction des trois coques est différente. • Com. 20 oct. 1998 : *PIBD 1999. III. 163 ; D. Affaires 1999. 1486 ; Ann. propr. ind. 1999. 304.* ♦ Deux moyens (invention de combinaison de moyens) sont équivalents lorsqu'ils remplissent la même fonction pour conduire au même résultat et ce, malgré des modes de réalisation différents, étant précisé que l'ensemble des effets techniques produits par les moyens en cause doit être de même nature, de qualité et d'efficacité identiques. • TGI Paris, 17 mai 2006 : *D. 2007. Pan. 340, obs. Raynard ; PIBD 2006. III. 570.*

20. Différence de structure. C'est à bon droit qu'un arrêt a refusé de retenir une contrefaçon par équivalence, dès lors qu'il retient que la combinaison de moyens mis en œuvre par l'invention exerçait une fonction connue et que le brevet protégeait seulement cette combinaison dans sa forme, et qu'il constate que le dispositif argué de contrefaçon, tout en ayant la même fonction, avait une structure différente de celle revendiquée par le brevet. • Com. 4 déc. 1990 : *Ann. propr. ind. 1990. 233, note Mathély.* – Rejet du pourvoi contre • Paris, 1er déc. 1988 : *Ann. propr. ind. 1988. 292.* ♦ Lorsque le moyen mis en œuvre par l'invention exerce une fonction connue, seule sa forme est protégée. La contrefaçon n'est donc pas retenue si le dispositif litigieux a une forme différente de celle protégée par le brevet et il ne peut être reproché aux juges de n'avoir pas recherché si ce moyen n'avait pas également une fonction seconde susceptible d'être protégée. • Com. 29 sept. 2015, n° 14-12.430 P : *PIBD 1038. III. 735.* – V. aussi note 12 ss. art. L. 613-2.

21. Modification du dispositif. Un fabricant d'hélicoptères qui modifie le train d'atterrissage litigieux entre la présentation du prototype et la commercialisation du modèle homologué n'échappe pas pour autant au grief de contrefaçon par équivalence. • Paris, 2e ch., pôle 5, 20 mars 2015, n° 2013/00552 : *PIBD 2015. III. 435.*

D. AUTRES ACTES DE CONTREFAÇON

22. Contrefaçon par mise dans le commerce. La mise dans le commerce d'un produit contrefait engage la responsabilité de son auteur. La perception, par la société qui a donné une machine contrefaisante en crédit-bail, des loyers en exécution du contrat de crédit-bail, alors qu'elle était informée du caractère contrefaisant des machines faisant l'objet de ce contrat, constituait la mise dans le commerce au sens de l'art. L. 615-1, peu important qu'il ne lui ait pas été demandé par les titulaires du brevet de mettre fin au contrat litigieux. • Com. 26 avr. 1994 : *Bull. civ. IV, n° 150 ; PIBD 1994. III. 519* (rejet du pourvoi contre • Paris, 24 sept. 1991 : *Ann. propr. ind. 1992. 307*).

23. Participation active. L'industriel qui remet à des fabricants le plan d'un objet contrefait et dont il autorise la reproduction moyennant le paiement d'une redevance participe activement à la contrefaçon et doit être condamné à payer une redevance indemnitaire de 5 % sur les objets fabriqués et vendus. La participation active consiste dans le maintien de l'autorisation et la perception de redevances. • TGI Paris, 18 oct. 1989 : *Ann. propr. ind. 1990. 125.* ♦ Sur la condamnation d'un fabricant autrichien, exportateur de produits contrefaisant un brevet français, pour avoir participé à leur importation, V. • TGI Marseille, 13 mai 1997 : *Dossiers Brevets 1997. III. 2.*

24. Sous-traitance. V. • Paris, 1er oct. 1975 : *PIBD 1976. III. 246* • TGI Paris, 24 avr. 1986 : *Dossiers Brevets 1987. II. 5 ; D. 1988. Somm. 349, obs. Mousseron et Schmidt* • 26 sept. 1986 : *PIBD 1987. III. 25 ; Dossiers Brevets 1987. II. 9 ; D. 1988.*

Somm. 349, obs. Mousseron et Schmidt • TGI Strasbourg, 5 sept. 2000 : *PIBD 2000. III. 573.* ♦ Un sous-traitant peut être considéré comme fabriquant à partir du moment où il a mis en œuvre les moyens techniques protégés d'après les indications du donneur d'ordre. • Com. 13 nov. 2013 : *PIBD 2014. III. 89.*

25. Importation. Commet un acte de contrefaçon celui qui importe ou introduit en France un produit directement obtenu par un procédé équivalent au procédé objet du brevet. • Com. 13 déc. 1988 : *Bull. civ. IV, n° 339.* ♦ En important, sous un nom différent, un produit protégé par un brevet pour ensuite le revendre, après avoir fabriqué un prémélange portant le nom du produit protégé, la société X. avait, en connaissance de cause, commercialisé un produit contrefait. • Com. 1er mars 1994 : *PIBD 1994. III. 289.*

26. Offre. Il est sans incidence que le produit contrefaisant n'ait pas obtenu d'AMM au moment de l'offre, dès lors que l'offre d'un produit contrefaisant s'entend de toute opération matérielle tendant à mettre un produit en circulation et couvre donc tout acte de démarchage ou de présentation du produit par « mailing ». • Paris, 15 sept. 2000 : *PIBD 2001. III. 429.* ♦ Le fait de présenter dans une exposition des brochures promouvant un produit contrefaisant à destination d'acheteurs professionnels est une offre illicite, la restriction quant à la vente dans certains pays étant inopérante, dès lors que l'offre était faite en France. • Com. 30 janv. 2001 : *Dossiers Brevets 2000. IV. 6 ; PIBD 2001. III. 329.*

27. Autres actes. Sur la participation active du producteur étranger à l'introduction en France, V. • Nancy, 19 janv. 1988 : *Ann. propr. ind. 1988. 155.* ♦ En leur qualité de professionnels d'un secteur, les utilisateurs de produits qui ne pouvaient ignorer que le conditionnement des produits qu'ils achetaient étaient différents, par le volume et la forme du conditionnement, de ceux utilisés sur le marché français ont acquis les produits contrefaisants en connaissance de cause. • TGI Paris, 5 mars 1997 : *PIBD 1997. III. 357.* ♦ L'interdiction d'utilisation vise tant le produit contrefait en lui-même que le produit obtenu directement par un procédé contrefaisant. • TGI Paris, 21 mars 1997 : *PIBD 1997. III. 355.*

28. Dépôt d'une AMM. La demande d'autorisation de mise sur le marché ne constitue pas en elle-même un acte de contrefaçon. • TGI Paris, 1er sept. 1999 : *PIBD 2000. III. 57.*

E. MOYENS DE DÉFENSE

29. C'est à bon droit qu'une cour d'appel a décidé que le propriétaire d'un brevet ne pouvait attaquer pour contrefaçon un fabricant qui, titulaire d'un autre brevet, déposé ultérieurement et dont la validité n'est pas contestée, n'a fait que mettre en œuvre celui-ci. • Com. 4 juill. 1984 : *Bull. civ. IV, n° 213 ; D. 1986. Somm. 135, obs. Mousseron et Schmidt ; JCP E 1985. II. 14437 ; JCP 1985. II. 20417, obs. crit. Martin ; Dossiers Brevets 1985. II. 5, obs. Mousseron.* ♦ V. aussi art. L. 613-5 à L. 613-7.

30. Nullité du brevet. Est recevable en appel la demande en nullité d'un brevet, qui n'a pas été présentée en première instance, dès lors que cette demande n'est que la conséquence du moyen de défense tiré de l'absence de nouveauté et de l'activité inventive que le défendeur à une action en contrefaçon avait opposé devant le premier juge (art. 566 C. pr. civ.). • Com. 29 nov. 1994 : *PIBD 1995. III. 81.* ♦ Le défendeur en contrefaçon n'est recevable à invoquer la nullité d'un brevet par voie reconventionnelle que sur les chefs qui lui sont opposés ; il est irrecevable à demander la nullité d'une revendication qui n'est pas invoquée à son encontre. • Paris, 21 avr. 1988 : *Ann. propr. ind. 1989. 200.*

31. Épuisement du droit. Si l'introduction en France d'un produit n'est pas contrefaisante lorsque le titulaire du brevet a été associé à la fabrication du produit à l'étranger, cette règle ne vaut que dans le cadre de la libre circulation des produits dans la Communauté européenne. En outre, le consentement de l'inventeur reste nécessaire pour l'importation des produits fabriqués dans un pays où son brevet n'est pas protégé. • TGI Strasbourg, 20 nov. 1989 : *PIBD 1989. III. 105.* ♦ V. aussi note 1 ss. art. L. 613-6.

32. Connaissance de cause. Doit être considéré comme ayant agi en connaissance de cause l'ancien salarié ayant occupé successivement les fonctions de responsable technico-commercial et de directeur commercial au moment où la société exploitait le brevet. • Paris, 4 juill. 1997 : *PIBD 1997. III. 571.* ♦ Il appartient au demandeur de prouver, par tous moyens, que le distributeur a agi en connaissance de cause, étant observé que la qualité de professionnel ne peut constituer, à elle seule, une présomption de connaissance. • TGI Strasbourg, 7 mars 2000 : *PIBD 2000. III. 387.* ♦ Doit être mis hors de cause : le revendeur, auquel aucune lettre de « mise en connaissance de cause » n'a été adressée et dont il n'est pas établi que, simple revendeur utilisateur de la cire litigieuse, il en ait connu la composition, ni qu'elle était dans la dépendance d'un brevet. • Paris, 25 sept. 1998 : *PIBD 1999. III. 23.* ♦ ... Le revendeur, dès lors que, dans un domaine restreint et spécialisé, un revendeur ne peut ignorer que ce qu'il vend reproduit des caractéristiques brevetées d'un produit concurrent, qu'il est contrôlé par le fabricant et qu'il a eu connaissance de la mise en garde adressée à ce dernier. • Paris, 26 juin 1986 : *Ann. propr. ind. 1987. 106.* ♦ ... Le distributeur ayant des liens en capital et un associé commun avec le fabricant, exploitant le nom commercial et l'enseigne du contrefacteur et se présentant comme le distributeur « en direct d'usine » des produits du contrefacteur. • TGI Paris, 13 sept. 2000 : *PIBD 2001. III.*

27. ♦ Comp., estimant qu'il ne peut être exigé d'un vendeur qu'il connaisse le contenu des brevets publiés en France dans sa branche professionnelle, • Paris, 20 nov. 1996 : *PIBD 1997. III. 133 ; RDPI 1996, p. 24.* ♦ La charge de la preuve en connaissance de la cause de la contrefaçon peut être renversée, et notamment peut se déduire « de circonstances précises le constat que l'opérateur ne pouvait pas ne pas avoir conscience de la contrefaçon ». • Com. 6 nov. 2012 : *PIBD 2013. III. 893.*

33. L'assignation en contrefaçon constitue une mise en connaissance de cause. • Paris, 20 nov. 1996 : *préc. note 32.*

34. Importateur. La responsabilité du contrefacteur direct, lequel s'entend non seulement du fabricant mais également de l'importateur, étant engagée par la seule matérialité de la commission de l'acte de contrefaçon, alors que celle du revendeur ne peut être retenue que s'il est prouvé qu'il a été préalablement mis en connaissance de cause, il y a lieu de rechercher si le défendeur a la qualité d'importateur ou de revendeur. • Paris, 3 nov. 2000 : *PIBD 2001. III. 77* • TGI Paris, 11 juin 1999 : *PIBD 2000. III. 36.*

III. RÉPARATIONS

A. OBJET DE LA RÉPARATION

35. Atteinte au droit privatif. La contrefaçon constitue par définition une atteinte au monopole du breveté, qui s'analyse en toute hypothèse en la perte d'une chance de vendre le produit protégé par le brevet et qui autorise le breveté ou son licencié à poursuivre la réparation du dommage qui en résulte. • Com. 30 janv. 2001 : *PIBD 2001. III. 329 ; Dossiers Brevets 2000. IV. 6.* ♦ La seule atteinte au droit de propriété résultant du brevet, indépendamment de toute exploitation commerciale (par le contrefacteur) génératrice d'une perte économique, caractérise un préjudice dont le breveté est fondé à demander réparation. • Toulouse, 5 avr. 2000 : *PIBD 2000. III. 404.*

36. Perte totale subie. La réparation doit indemniser de la perte totale subie par le titulaire du droit, c'est-à-dire le bénéfice qu'il aurait réalisé par la vente des objets brevetés en l'absence des objets contrefaisants offerts à un prix inférieur ; la loi qui protège le titulaire du droit n'ayant pas limité l'indemnisation du préjudice au bénéfice ou même au chiffre d'affaires réalisés par le contrefacteur, il est indifférent, pour le calcul du préjudice indemnisable, de savoir si les dommages-intérêts sont ou non supérieurs au chiffre d'affaires produit par la contrefaçon. • Paris, 28 févr. 1989 : *Ann. propr. ind. 1990. 133.*

37. Le breveté peut demander la réparation de son préjudice à tous les auteurs de la contrefaçon ; mais il ne peut obtenir une indemnité totale supérieure au préjudice effectivement subi. Si le breveté a déjà été indemnisé par le fabricant contrefacteur, il ne peut demander au revendeur qu'une indemnité correspondant au préjudice non encore réparé. La fixation de l'indemnité doit procéder de deux opérations : la détermination de la masse contrefaisante et l'appréciation du préjudice subi. • Paris, 10 mai 1990 : *Ann. propr. ind. 1990. 53.*

38. Lorsque le breveté n'exploite pas l'invention, l'indemnisation doit réparer la privation de la redevance que le propriétaire du brevet aurait été en droit d'exiger pour autoriser l'exploitation contrefaisante. elle doit donc prendre la forme d'une redevance indemnitaire qui sera plus élevée pour un contrefacteur qui devra payer plus qu'un licencié contractuel pour obtenir un avantage équivalent. • Bordeaux, 24 oct. 1996 : *Ann. propr. ind. 1997. 139.* ♦ ... Et, lorsqu'il l'exploite, le préjudice réside dans les gains manqués du fait de la contrefaçon. • Paris, 1er juill. 1986 : *Ann. propr. ind. 1986. 279, obs. crit. Reboul.*

39. La contrefaçon, constituant une atteinte au monopole conféré par un brevet, s'analyse en toute hypothèse en la perte d'une chance de vendre le produit protégé, qui autorise le titulaire non exploitant, et tout licencié à poursuivre la réparation du dommage en résultant. • Paris, 19 nov. 1997 : *PIBD 1998. III. 69 ; Dossiers Brevets 1997. IV. 3.* – Pourvoi rejeté par • Com. 30 janv. 2001 : *PIBD 2001. III. 329.*

B. CALCUL DES INDEMNITÉS

BIBL. Mathély, *Ann. propr. ind. 1963. 249.*

40. Masse contrefaisante : tout commercial. Le dispositif breveté étant complété par un dispositif avec lequel il forme un tout commercial, le contrefacteur n'a pu répondre à un appel d'offre global qu'en fournissant le dispositif contrefaisant ; dès lors, pour déterminer la masse contrefaisante, il y a lieu de tenir compte de l'ensemble du matériel rendu par le contrefacteur, qui constitue un tout commercial. • Lyon, 8 avr. 1999 : *Ann. propr. ind. 2000. 35* • Paris, 6 juin 2001 : *PIBD 2000. III. 559.* ♦ Le tout matériel forme nécessairement un tout commercial, puisque l'objet contrefait ne peut pas être séparé de ce qui l'entoure sous peine d'être détérioré. Le préjudice effectivement subi dépend des conditions dans lesquelles le breveté exerce son droit exclusif. S'il n'a pas fabriqué l'objet de l'invention protégée, il ne peut prétendre qu'à une redevance indemnitaire. • Paris, 7 juill. 1992 : *Ann. propr. ind. 1993. 110.* ♦ La masse contrefaisante doit comprendre les objets condamnés, même s'ils comportent des modifications, dès lors que ces modifications n'empêchent pas que les objets en cause comportent toutes les caractéristiques de la revendication contrefaite. • Paris, 27 juin 1990 : *Ann. propr. ind. 1990. 81, obs. Mathély.* ♦ La victime d'une faute devant obtenir l'entière réparation du dommage qui lui a été causé, si l'objet breveté se vend automatiquement avec des accessoires ou s'il entraîne nécessairement la fourniture d'objet ou de prestations complémentaires, le profit tiré de l'exploitation du produit breveté s'applique également à ceux-ci. • Com. 24 oct. 2000 : *PIBD 2001. III. 125.* – Cassation partielle de • Paris, 19 nov. 1997 : *PIBD 1998. III. 189.* ♦ La masse contrefaisante peut correspondre, conformément aux évaluations de l'expert, au nombre d'articles n'ayant pu être commercialisés, et prendre en compte une marge moyenne perdue par article. • Com. 27 janv. 1998 : *PIBD 1998. III. 237.* ♦ Le breveté a droit à la réparation de tout son préjudice mais il ne peut demander des dommages-intérêts correspondant à la valeur de machines contrefaites qui ont déjà été incluses dans la masse contrefaisante et prises en compte dans le calcul des réparations. • Com. 19 oct. 1999 : *PIBD 2000. III. 2.* ♦ V. également • TGI Paris, 9 févr. 2006 : *D. 2007. Pan. 343, obs. Raynard* ; *PIBD 2006. III. 350.* ♦ Le gain manqué ne saurait être calculé égal à une perte de marge calculée sur l'intégralité des produits contrefaisants. • Paris, 26 oct. 2007 : *PIBD 2008. III. 2.*

41. Taux de redevance. C'est à bon droit qu'un arrêt a condamné le contrefacteur d'un brevet à payer une redevance indemnitaire, fixée à un taux sensiblement supérieur à celui d'une redevance contractuelle. En effet, en retenant à l'égard du contrefacteur un taux de redevance supérieur à celui consenti à des contractants choisis par le titulaire du brevet, l'arrêt n'a fait qu'apprécier souverainement le montant du préjudice effectivement causé par les agissements frauduleux. • Com. 19 févr. 1991 : *Ann. propr. ind. 1991. 4, obs. Mathély.* ♦ Comp. retenant un taux de 12,5 % après avoir relevé que les taux de redevances contractuels dans le domaine de la chimie fine étant en général de l'ordre de 10 à 15 %, que le taux de la redevance indemnitaire doit être déterminé en tenant compte du fait que le contrefacteur n'est pas un licencié contractuel qui a débattu librement du taux qui lui sera appliqué et qu'il n'est pas en position de discuter les conditions qui lui sont imposées : • Paris, 24 avr. 1998 : *Dossiers Brevets 1998. II. 2.* ♦ Le taux de redevance étant appliqué au montant du chiffre d'affaires actualisé à la date du jugement fixé par l'expert, il n'y a pas lieu de recourir à un complément d'expertise (en l'espèce, le taux de redevance a été fixé par la cour à 6 % du chiffre d'affaires) • Paris, 22 sept. 2004 : *D. 2005. Pan. 967, obs. Raynard* ; *PIBD 2004. III. 639.*

42. Brevet non exploité par son titulaire. Dès lors qu'elle a constaté que ni le titulaire du brevet, ni son licencié ne faisaient sur le territoire français, par eux-mêmes, d'actes de fabrication, d'offre ou de mise dans le commerce des produits protégés, la cour d'appel déduit justement de ces constatations que les intéressés n'exploitent pas le brevet en France. Le préjudice résultant de la contrefaçon en France doit être apprécié par référence au chiffre d'affaires représenté par la masse contrefaisante. Ayant retenu que la redevance consentie par préférence à la filiale du titulaire du brevet a été rétroactivement élevée à 7 %, la cour d'appel a fixé, en appréciant le préjudice résultant des actes de contrefaçon, à 8 % le taux applicable à la masse contrefaisante, et en évaluant ainsi le montant des dommages-intérêts destinés à la réparation de ce préjudice, a légalement justifié sa décision. • Com. 1er mars 1994, n° 92-11.633 P : *D. 1996. Somm. 20, obs. Schmidt et Mousseron* ; *PIBD 1994. III. 287.* ♦ V. aussi • Paris, 6 juin 2001 : *PIBD 2001. III. 559* • 15 nov. 1984 : *PIBD 1985. III. 95* ; *RTD com. 1985. 512, obs. Chavanne et Azéma* • Com. 23 janv. 1973 : *RTD com. 1973. 539* (rejet du pourvoi contre • Paris, 2 mai 1971 : *D. 1972. 45, obs. Azéma*).

43. Brevet exploité. En présence d'un breveté qui exploite l'invention, la Cour de cassation approuve une cour d'appel qui admet le cumul des méthodes de calcul : « ... après avoir retenu l'évaluation de la masse contrefaisante faite par l'expert et fixé à 10 % de cette masse le montant des ventes manquées (par le breveté) du fait de la contrefaçon, a appliqué, au reste du chiffre d'affaires, un pourcentage de 7 % représentant la redevance qu'aurait dû payer (le contrefacteur au breveté) pour commercialiser les produits ; en statuant ainsi, la cour d'appel a évalué sans méconnaître l'art. 1382 C. civ. le préjudice résultant (pour le breveté) de la contrefaçon... ». • Com. 1er mars 1994 : *PIBD 1994. III. 287* ; *RTD com. 1994. 495, obs. Azéma.* ♦ Lorsque le breveté disposait de la capacité de fabriquer et commercialiser la totalité des objets incriminés, c'est la totalité des ventes réalisées par le contrefacteur que le breveté a manquées et son préjudice est équivalent aux bénéfices perdus sur ces ventes manquées. • TGI Paris, 17 mars 1999 : *PIBD 1999. III. 347.* ♦ Le breveté est présumé pouvoir vendre tout ce qui est couvert par le brevet, sauf preuve contraire. Un breveté qui exploite doit être assimilé à un breveté qui n'exploite pas, dès lors que les circonstances particulières d'exploitation ont fait qu'il était dans l'incapacité industrielle et commerciale de procéder lui-même à une exploitation plus ample qu'il ne le faisait. Dès lors, il a droit à une redevance indemnitaire, mais à un taux plus élevé qu'un licencié contractuel. • Paris, 1er juill. 1986 : *Ann. propr. ind. 1986. 279, obs. Reboul.*

44. Autres éléments de préjudice réparables. Indépendamment des ventes manquées du fait de la présence sur le marché des contrefaçons, le breveté a subi un préjudice tenant à l'érosion de ses prix de vente, car l'existence des produits contrefaisants l'a conduit à réduire les prix de ses articles (perte de marge) ; n'étant plus en position de monopole du fait de la contrefaçon, il a dû accroître ses investissements publicitaires pour faire face à la diminution de ses parts de marché (préjudice commercial) ; enfin la qualité médiocre des contrefaçons a déprécié l'image de ses produits dans l'esprit de la clientèle. • TGI Paris, 16 oct. 2000 : *PIBD 2001. III. 79.*

Sur le brevet annulé postérieurement à la condamnation du contrefacteur, V. note 17 ss. art. L. 613-25.

45. Période de référence pour le calcul de la masse contrefaisante et du bénéfice des contrefacteurs. Le point de départ du préjudice indemnisé est déterminé en remontant dans le temps par application du délai de prescription de l'art. L. 615-8 à partir de la date d'assignation. La date de fin est celle de la première décision de justice qui a reconnu la contrefaçon. Les faits postérieurs constituent une nouvelle contrefaçon qui impose la mise en œuvre d'une procédure distincte. • Paris 1re ch., pôle 5, 27 juin 2017, n° 2015/09294 : *PIBD 2017. III. 679.*

C. RESPONSABILITÉ DES MANDATAIRES SOCIAUX

46. En cas de contrefaçon, la responsabilité personnelle du gérant de la société condamnée ne peut être engagée que si les conditions énoncées par l'art. L. 223-22 C. com. sont réunies. En l'espèce, les juges du fond ont pu légitimement retenir que les différences de structure entre le produit fabriqué par sa société (un accordéon) et le dispositif breveté ne caractérisaient pas une faute suffisante. • Com. 12 mai 2015, n° 14-13.024 : *PIBD 2015. III. 483.*

IV. CONCURRENCE DÉLOYALE

A. EN COMPLÉMENT D'UNE ACTION EN CONTREFAÇON

47. Recherche de confusion. Outre la contrefaçon d'un brevet, la reproduction à l'identique de la forme, de la présentation et de la disposition des éléments essentiels d'un appareil ne peut manquer de créer une confusion dans l'esprit de la clientèle, qui entraîne la perte d'une partie du marché que l'invention aurait normalement assurée, et constitue une concurrence déloyale. • Lyon, 15 févr. 1990 : *PIBD 1990. III. 288.*

48. Faute. Un sous-traitant du licencié du breveté qui, après résiliation judiciaire du contrat de licence, poursuit l'exploitation du brevet, notamment en vendant les produits à rabais et en ventant les mérites d'un produit censé s'y substituer commet une faute caractéristique de la concurrence déloyale. • Com. 7 avr. 1998 : *PIBD 1998. III. 319.*

B. EN L'ABSENCE DE TOUT DROIT PRIVATIF

49. L'action en concurrence déloyale a pour objet d'assurer la protection de celui qui ne peut se prévaloir d'un droit privatif. C'est le cas de celui dont le brevet n'a été délivré qu'ultérieurement. Les juges saisis de son action en concurrence déloyale n'ont pas à rechercher si le procédé était ou non dépourvu d'originalité et tombé dans le domaine public et peuvent retenir la faute de concurrence déloyale en ce qu'une entreprise s'était emparée, à l'occasion de pourparlers avec le demandeur, des indications techniques fournies par lui et avait abusivement mis en œuvre les méthodes ainsi venues à sa connaissance. • Com. 3 oct. 1978 : *D. 1980. 55, obs. Schmidt.* ♦ L'action en concurrence déloyale fondée sur l'art. 1382 C. civ. procède de causes différentes et tend à d'autres fins que l'action en contrefaçon. La contrefaçon invoquée pour la première fois devant la cour d'appel constitue donc une prétention nouvelle au sens de l'art. 564 du code de procédure civile. La nouvelle action est donc irrecevable. • Paris, 4 oct. 2013, *SAS F. Herman c/ SAS Metering & Technology,* n° 12/12807, Dalloz jurisprudence.

50. Copie servile. Quoiqu'un brevet soit nul, il y a concurrence déloyale à copier servilement un produit, alors qu'il est possible de le différencier de telle façon qu'il ne soit plus une copie servile. • TGI Lyon, 2 juill. 1987 : *RDPI 1987. 49.* ♦ Constitue une reproduction servile tendant à créer une confusion la reprise à l'identique, sans que cela soit justifié par aucune nécessité, des caractéristiques techniques de deux produits, ainsi que de leur présentation, de telle sorte qu'un technicien même spécialisé pourrait acquérir l'un ou l'autre sans s'en rendre compte. • Com. 14 déc. 1999 : *PIBD 2000. III. 179.* ♦ Ne constitue pas un acte de concurrence déloyale la copie servile de dessins techniques, dès lors qu'il n'apparaît pas que le choix de la représentation en coupe d'objets identiques constitue une illustration originale dont l'imitation serait fautive, dès lors qu'il n'est pas justifié qu'un autre mode de représentation d'une parfaite clarté technique puisse être utilisé. • Bordeaux, 15 janv. 1990 : *Ann. propr. ind. 1990. 107.*

51. Est recevable, bien que formée pour la première fois en cause d'appel, la demande fondée sur la concurrence déloyale pour copie servile d'un produit, dont seule la contrefaçon avait été poursuivie en première instance, dès lors que le titre de propriété invoqué était expiré. A partir de la date d'expiration du titre, seule l'action en concurrence déloyale est possible. La demande tendait aux mêmes fins que l'action en contrefaçon initiale, à savoir l'interdiction de fabrication et de commercialisation, et elle était virtuellement comprise dans la demande initiale. • Com. 24 nov. 1987 : *Ann. propr. ind. 1988. 154 ; Gaz. Pal. 1988. Somm. 316.*

52. Prix inférieurs. Si la vente à un prix inférieur d'un produit similaire à ceux d'un concurrent n'est pas, en soi, déloyale, elle le devient dès lors qu'elle est le résultat d'agissements parasitaires. • Com. 14 déc. 1999 : *PIBD 2000. III. 179.*

V. COMPORTEMENTS DÉLOYAUX DU BREVETÉ

53. Action abusive. Commet un abus du droit d'agir en justice la société qui a fait procéder à une saisie-contrefaçon non autorisée pour les brevets auxquels elle a été appliquée, et ne s'est désistée qu'à une date proche des plaidoiries de sa demande en contrefaçon d'un brevet dont la validité avait été contestée à plusieurs reprises, et dont la nullité a été prononcée. • Com. 4 janv. 1994 : *PIBD 1994. III. 169.*

54. Mise en garde contre la contrefaçon. En faisant paraître des mises en garde contre un concurrent prétendu contrefacteur avant même d'engager l'action, en informant les clients de ce concurrent de l'existence d'une saisie et de l'assignation et en menaçant de poursuites les utilisateurs des produits prétendument contrefaisants, ce qui a entraîné une perte de clientèle, le breveté a commis des actes de concurrence déloyale. • Paris, 3 nov. 1993 : *PIBD 1994. III. 45* • 9 févr. 1989 : *PIBD 1989. III. 245 ; D. 1990. Somm. 154, obs. Mousseron et Schmidt.*

55. Constitue un acte de concurrence déloyale le fait de mettre en garde les clients d'un concurrent contre les risques encourus du fait d'une éventuelle contrefaçon d'un brevet que l'on ne peut opposer faute de l'avoir inscrit au RNB. • Paris, 29 nov. 1990 : *PIBD 1991. III. 149.* ♦ Le breveté qui envoie des lettres comminatoires à des tiers, mettant en cause sans justification réelle leurs fournisseurs dans l'exploitation de ses inventions, commet un acte de dénigrement, caractérisant une concurrence déloyale constitutive d'un trouble manifestement illicite. L'interdiction prononcée par les juges peut légitimement s'appliquer à tout distributeur ou revendeur des produits dans tous les pays couverts par le brevet. • Com. 27 mai 2015, nº 14-10.800 P : *D. 2015. 1271 ; PIBD 2015. III. 481 ; Propr. ind. 2015, nº 62, note Larrieu.*

Art. L. 615-2 **L'action en contrefaçon est exercée par le propriétaire du brevet.**

Toutefois, le bénéficiaire d'un droit exclusif d'exploitation peut, sauf stipulation contraire du contrat de licence, exercer l'action en contrefaçon si, après mise en demeure, le propriétaire du brevet n'exerce pas cette action.

Le breveté est recevable à intervenir dans l'instance en contrefaçon engagée par le licencié, conformément à l'alinéa précédent.

Le titulaire d'une licence obligatoire ou d'une licence d'office, mentionnées aux articles L. 613-11, L. 613-15, L. 613-17, *(L. nº 2007-1544 du 29 oct. 2007, art. 17)* **« L. 613-17-1 » et L. 613-19, peut exercer l'action en contrefaçon si, après la mise en demeure, le propriétaire du brevet n'exerce pas cette action.**

Tout licencié est recevable à intervenir dans l'instance en contrefaçon engagée par le breveté, afin d'obtenir la réparation du préjudice qui lui est propre. — *[L. nº 68-1 du 2 janv. 1968, art. 53.]*

BIBL. ▶ BASIRE, *Propr. ind. 2012. Formule 1* (les clauses de non-garantie dans les contrats de licence de brevet). – GAGLIONE, *RDPI avr. 2000, p. 13* (perfectionner c'est contrefaire ?). – LE STANC, L'acte de contrefaçon du brevet d'invention, *Litec 1977.* – MARTIN, *LPA 30 sept. 1999, p. 12* (contentieux des brevets d'invention : la nécessaire réforme du système judiciaire) ; *LPA 12 avr. 2001, p. 12* (problèmes posés par l'application de la loi française sur la contrefaçon de brevets). – MARTIN et MONCHENY, *RDPI avr. 2001, nº 122, p. 25* (contrefaçon et doctrine des équivalents en droit des brevets). – VÉRON, *RDPI, janv. 2000, nº 107 ; Gaz. Pal. 2000. Doctr. 2267* (contrefaçon de brevet d'invention-usage expérimental et essais cliniques).

COMMENTAIRE

Le droit d'agir du licencié exclusif existait déjà en matière de brevets, d'obtentions végétales et de marques. La loi de 2007 a étendu la disposition en des termes pratiquement identiques aux dessins et modèles et aux topographies de produits semi-conducteurs. Le commentaire de cet article est reproduit sous l'article L. 521-2. Les décisions de jurisprudence en notes sous cet article s'appliquent aussi au brevet *mutatis mutandis.*

On observera néanmoins que l'alinéa 4 du présent article est original. Il étend les prérogatives du licencié exclusif aux bénéficiaires, très rares en pratique, de licences administratives ou judiciaires, autrement appelées licences d'office et licences obligatoires, telles que régies par les articles L. 613-11 à L. 613-19-1. En effet, le droit des dessins et modèles ne connaît pas ces contraintes pesant sur les titulaires de droits. ❑

A. CESSIONNAIRE

1. Publicité. Démontre sa qualité à agir en contrefaçon de brevet la société qui verse aux débats l'état des inscriptions d'une chaîne régulière de cessions du brevet sur le registre national des brevets et notamment celle du premier acte de cession. • TGI Paris, 2 avr. 1991 : *PIBD 507, III, p. 533 ; D. 1993. Somm. 380, obs. Mousseron et Schmidt*.

2. Faits antérieurs à la cession. Le droit d'agir en contrefaçon pour des faits antérieurs à la cession du brevet doit être prévu expressément au contrat, faute de quoi le cessionnaire ne possède pas ce droit. • Com. 4 janv. 1994 : *PIBD 1994. III. 171* • 11 janv. 2000 : *D. 2002. Somm. 1197, obs. Raynard ; PIBD 2000. III. 217 ; JCP E 2000, p. 346* • 14 juin 2005 : *D. 2007. Pan. 339, obs. Raynard ; Propr. ind. 2006, n° 21, note Raynard ; Propr. intell. 2006, n° 19, p. 205, obs. Warusfel* • 14 mars 2006 : *Propr. intell. 2006, n° 19, p. 205, obs. Warusfel.*

3. Celui qui agit en contrefaçon doit justifier non seulement de l'existence du titre sur lequel il se fonde mais également de ce que celui-ci est toujours en vigueur à la date de la présentation de la requête. • Com. 14 déc. 2010 : *Bull. civ. IV, n° 196 ; D. 2011. Pan. 334, obs. Raynard ; CCE 2011, n° 19, note Caron ; Propr. ind. 2011. 22, note Raynard ; Propr. intell. 2011, n° 39, p. 274, obs. Warusfel.*

B. LICENCIÉ

4. Intervention du licencié. Le licencié est recevable à intervenir dans l'instance en contrefaçon engagée par le titulaire du brevet dès la publication de ses droits au RNB. L'éventuelle cause de nullité d'une assignation antérieure disparaît même si la publication n'intervient qu'au cours de l'instance d'appel. • Com. 26 avr. 1994 : *Bull. civ. IV, n° 153* • 29 nov. 1988 : *Ann. propr. ind. 1989. 63* • Paris, 10 mars 2004 : *PIBD 2004. III. 315.* ♦ Le nouveau titulaire d'un contrat de licence de brevet, transmis par fusion-absorption inscrite au RNB et non contestée par le breveté est recevable à intervenir en cause d'appel. • Paris, 28 juin 2000 : *Ann. propr. ind. 2000. 315.* ♦ Celui qui commercialise des produits brevetés sans être titulaire d'une licence ne peut agir en contrefaçon. • TGI Paris, 5 oct. 1999 : *PIBD 2000. III. 247.* ♦ Admettre les dispositions générales de la responsabilité civile pour permettre à un tiers non licencié d'intervenir à l'instance priverait de tout sens tant les dispositions de l'art. L. 615-2 que celles de l'art. L. 613-9. • TGI Paris, 9 févr. 2005 : *Propr. ind. 2006, n° 22, note Vigand.*

5. Cause. L'action du licencié est distincte de celle du breveté, car elle n'a pas la même cause. Le licencié n'est pas recevable à intervenir en cause d'appel dans une instance en contrefaçon formée par le breveté. L'action en contrefaçon du breveté n'interrompt pas la prescription au bénéfice du licencié. • Paris, 1er déc. 1987 : *Ann. propr. ind. 1988. 13.*

6. Demande d'interdiction provisoire. Le licencié exclusif est recevable à demander, aux côtés du breveté, l'interdiction provisoire, dès lors que, bien que le contrat n'ait pas encore été inscrit à l'INPI, le prétendu contrefacteur qui a été mis en garde avait une connaissance certaine et non équivoque de la qualité du licencié. • TGI Paris, réf., 11 mai 1990 : *Ann. propr. ind. 1990. 63.*

7. Mise en demeure. L'art. L. 615-2 exige du licencié d'adresser une mise en demeure dans l'hypothèse d'une absence de réaction de sa part ; il s'ensuit que lorsque le breveté a été invité à agir et a fait savoir clairement qu'il y renonçait, le licencié est recevable à agir, sans avoir à rapporter la preuve d'une mise en demeure. • TGI Paris, 13 mars 1998 : *Dossiers Brevets 1998. II. 6.*

8. Clauses contractuelles. La clause d'un contrat de licence de brevet attribuant l'intégralité des dommages-intérêts au propriétaire du brevet en cas de litige en contrefaçon est valable et le licencié n'en reste pas moins recevable à demander réparation de son préjudice personnel. • Paris, 30 avr. 1997 : *PIBD 1997. III. 461.*

Art. L. 615-3 *(L. n° 2007-1544 du 29 oct. 2007, art. 11)* **Toute personne ayant qualité pour agir en contrefaçon peut saisir en référé la juridiction civile compétente afin de voir ordonner, au besoin sous astreinte, à l'encontre du prétendu contrefacteur ou des intermédiaires dont il utilise les services, toute mesure destinée à prévenir une atteinte imminente aux droits conférés par le titre ou à empêcher la poursuite d'actes argués de contrefaçon. La juridiction civile compétente peut également ordonner toutes mesures urgentes sur requête lorsque les circonstances exigent que ces mesures ne soient pas prises contradictoirement, notamment lorsque tout retard serait de nature à causer un préjudice irréparable au demandeur. Saisie en référé ou sur requête, la juridiction ne peut ordonner les mesures demandées que si les éléments de preuve, raisonnablement accessibles au demandeur, rendent vraisemblable qu'il est porté atteinte à ses droits ou qu'une telle atteinte est imminente.**

La juridiction peut interdire la poursuite des actes argués de contrefaçon, la subordonner à la constitution de garanties destinées à assurer l'indemnisation éventuelle du demandeur ou ordonner la saisie ou la remise entre les mains d'un tiers des produits

soupçonnés de porter atteinte aux droits conférés par le titre, pour empêcher leur introduction ou leur circulation dans les circuits commerciaux. Si le demandeur justifie de circonstances de nature à compromettre le recouvrement des dommages et intérêts, la juridiction peut ordonner la saisie conservatoire des biens mobiliers et immobiliers du prétendu contrefacteur, y compris le blocage de ses comptes bancaires et autres avoirs, conformément au droit commun. Pour déterminer les biens susceptibles de faire l'objet de la saisie, elle peut ordonner la communication des documents bancaires, financiers, comptables ou commerciaux ou l'accès aux informations pertinentes.

Elle peut également accorder au demandeur une provision lorsque l'existence de son préjudice n'est pas sérieusement contestable.

Saisie en référé ou sur requête, la juridiction peut subordonner l'exécution des mesures qu'elle ordonne à la constitution par le demandeur de garanties destinées à assurer l'indemnisation éventuelle du défendeur si l'action en contrefaçon est ultérieurement jugée non fondée ou les mesures annulées.

(L. nº 2014-315 du 11 mars 2014, art. 11) **« Lorsque les mesures prises pour faire cesser une atteinte aux droits sont ordonnées avant l'engagement d'une action au fond, le demandeur doit, dans un délai fixé par voie réglementaire, soit se pourvoir par la voie civile ou pénale, soit déposer une plainte auprès du procureur de la République. » A défaut, sur demande du défendeur et sans que celui-ci ait à motiver sa demande, les mesures ordonnées sont annulées, sans préjudice des dommages et intérêts qui peuvent être réclamés.**

BIBL. ▶ DREYER, *D. 2015. 1164* (propriétés intellectuelles : prendre (enfin) le droit pénal au sérieux). – GALLOUX, *Propr. ind. 2013. Étude 3* (quelques précisions relatives aux mesures provisoires en matière de contrefaçon).

COMMENTAIRE

Voir le commentaire sous l'article L. 521-6.

V. aussi. notes ss. art. L. 512-6.

1. L'art. L. 615-3 n'a pas vocation à s'appliquer aux litiges en cours, c'est-à-dire à ceux qui étaient déjà noués entre les parties au jour de la promulgation de la loi. • TGI Paris, réf., 22 janv. 2008 : *CCE 2008, nº 36, obs. Caron ; Propr. ind. 2008, nº 19, note Raynard.*

2. Le nouvel art. L. 615-3 ne conditionne plus l'action en cassation des faits contrefaisants à l'appréciation du caractère sérieux de l'action au fond. Sauf l'hypothèse de nullité manifeste du titre invoqué, le juge des référés doit se borner à vérifier, outre la qualité à agir du demandeur, l'existence ou l'imminence d'une atteinte aux droits qui lui sont conférés par le titre. • TGI Lyon, réf., 17 juin 2008 : *Propr. intell. 2008, nº 29, p. 480, obs. Warusfel.* ♦ L'atteinte résultant de la commercialisation d'un médicament générique quatorze jours avant la fin de la protection ne justifie pas les mesures urgentes et non contradictoires. • Com. 16 sept. 2014 : *D. 2014. 1871 ; PIBD 2014. III. 836.*

3. Présomption d'atteinte imminente. La commercialisation de produits portant les mentions TNT ou DVB régulièrement constatée par un huissier sur internet établit l'atteinte imminente et rend la contrefaçon vraisemblable dans la mesure où cet affichage équivaut à reconnaître la mise en œuvre d'une revendication du brevet. • Paris, 13 déc. 2012 : *PIBD 2013. III. 933.* ♦ La contestation sérieuse du brevet semble être désormais reconnue comme pouvant faire échec aux mesures provisoires, même si, en l'espèce, le juge ne relève aucune « cause sérieuse d'annulation » du titre. • Com. 21 oct. 2014, nº 13-15.435 : *PIBD 2015. III. 873.* – V. étude d'ensemble sur la question : *Berthet, Propr. ind. 2015. Étude 15* (application du critère des contestations sérieuses dans le cadre d'un référé brevet).

4. Juge compétent. Lorsque les mesures provisoires sont demandées alors qu'une action en contrefaçon est pendante, le juge de la mise en état jouit d'une compétence exclusive. • TGI Paris, 20 juin 2013 : *PIBD 2014. III. 1512.* ♦ A partir de sa désignation, le juge de la mise en état prend le relai du juge des référés avec les mêmes garanties, en application de l'art. 771 C. pr. civ. Le premier statuera donc valablement sur toutes les demandes postérieures, et notamment l'octroi d'une provision, ou sur une mesure d'interdiction provisoire. • Paris, pôle 5, ch. 1, 3 nov. 2015, nº 2013/14310 : *PIBD 2016. III. 71.*

5. Réparation du saisi. Le défendeur (un générique) peut obtenir réparation de son préjudice résultant de l'exécution de mesures provisoires infondées. En revanche, cette faculté ne s'étend pas à un tiers à l'ordonnance (le fournisseur du principe actif). • Com. 10 févr. 2015, nº 13-20.150 P : *PIBD 2015. III. 260 ; Propr. ind. 2016. Chron. 6, note Gaumont-Prat.*

Ancien art. L. 615-3 *Lorsque le tribunal est saisi d'une action en contrefaçon sur le fondement d'un brevet, son président, saisi et statuant en la forme des référés, peut interdire, à titre provisoire, sous astreinte, la poursuite des actes argués de contrefaçon, ou subordonner cette poursuite à la constitution de garanties destinées à assurer l'indemnisation du breveté.*

La demande d'interdiction ou de constitution de garanties n'est admise que si l'action au fond apparaît sérieuse et a été engagée dans un bref délai à compter du jour où le breveté a eu connaissance des faits sur lesquels elle est fondée.

Le juge peut subordonner l'interdiction à la constitution par le demandeur de garanties destinées à assurer l'indemnisation éventuelle du préjudice subi par le défendeur si l'action en contrefaçon est ultérieurement jugée non fondée. – [L. n° 68-1 du 2 janv. 1968, art. 54.]

BIBL. ▶ Dreyer, *LPA 14 août 1998* (conséquences de l'AMM d'un produit contrefaisant au regard du bref délai du référé-interdiction). – Michalland, *RDPI 1999, n° 96, p. 9* (le contentieux de la propriété industrielle en Europe). – Véron, *RDPI 1999, n° 96, p. 9* (compétence territoriale internationale pour statuer sur une demande d'interdiction provisoire de contrefaçon de brevet).

1. La demande d'interdiction provisoire est irrecevable sur la base d'une simple demande de brevet, même publiée. • Paris, 12 déc. 1997 : *D. 1998. IR 38 ; D. Affaires 1998. 384, obs. J. P.-S. ; PIBD 1998. III. 391 ; Expertises, juin 1998, p. 190* • Toulouse, 10 déc. 1998 : *PIBD 1999. III. 249 ; Dossiers Brevets 1998. IV. 5.* ♦ En effet, une demande est susceptible d'évoluer, l'invention n'est pas définitivement fixée et les tiers ne disposent pas, au stade de la demande de brevet, des connaissances permettant de contester les droits du breveté. • TGI Rennes, 24 mai 2000 : *PIBD 2000. III. 433.*

2. Étendue de la compétence du juge des référés. Lorsqu'il statue sur le fondement de l'art. L. 615-3, la compétence du juge des référés est spéciale, il n'est donc pas compétent pour statuer dans les limites de l'art. 809 C. pr. civ. • TGI Paris, réf., 9 nov. 1990 : *Ann. propr. ind. 1990. 258.* ♦ Le juge saisi en référé d'une demande d'interdiction sur le fondement de l'art. L. 615-3 n'est pas compétent pour apprécier et statuer sur la validité d'une saisie-contrefaçon et d'une assignation au fond en contrefaçon. • Paris, 25 oct. 1994 : *PIBD 1995. III. 27 ; RTD com. 1995. 415, obs. Azéma ; Ann. propr. ind. 1996. 59.* ♦ Il ne lui appartient pas de déterminer si le brevet invoqué est valable, ni de rechercher si ses revendications relèvent d'une activité inventive les rendant brevetables. • TGI Paris, réf., 23 sept. 1997 : *PIBD 1998. III. 1 ; D. 1999. Somm. 126, obs. Mousseron* • Com. 20 mai 2003 : *D. 2005. Pan. 967, obs. Raynard ; PIBD 2003. III. 439 ; Propr. ind. 2005, n° 12, note Raynard ; Propr. intell. 2004, n° 11, p. 659, obs. Galloux.* ♦ A propos de l'appréciation, par le juge des référés, du caractère sérieux d'une demande d'interdiction provisoire, V. • TGI Paris, réf., 11 déc. 2002 : *PIBD 2003. III. 338 ; Propr. ind. 2003, n° 25, note Raynard ; RDPI 2003, n° 143, p. 23.*

3. Délai pour agir. Le bref délai est celui qui sépare la connaissance des faits argués de contrefaçon de l'assignation au fond et non de l'assignation en référé. L'action intentée un an et demi après que le demandeur a eu connaissance des faits ne l'a pas été à bref délai. • TGI Toulouse, 5 avr. 1995 : *PIBD 1995. III. 493.* ♦ Le bref délai prévu à l'art. L. 615-3, al. 2, dans lequel le titulaire d'une demande de brevet doit engager l'action en contrefaçon court à compter du jour où il a eu connaissance des actes sur lesquels il fonde son action, quand bien même cette date serait antérieure à la délivrance du brevet. • Com. 1er mars 1994 : *Bull. civ. IV, n° 83 ; RTD com. 1994. 494, obs. Azéma.* ♦ Il est de jurisprudence constante que cette durée ne peut être inférieure à quelques mois, car, à moins d'agir avec légèreté, il faut que le breveté soit à même de vérifier les caractéristiques des produits argués de contrefaçon. En assignant au fond trois mois au plus après avoir eu connaissance des faits de contrefaçon, le breveté a agi dans un bref délai. • Paris, 25 oct. 1994 : *PIBD 1995. III. 27 ; Ann. propr. ind. 1996. 59* • TGI Paris, réf., 12 févr. 1990 : *Ann. propr. ind. 1990. 132* • TGI Paris, 12 juill. 1985 : *JCP E 1986. II. 14656, obs. Martin.* ♦ Le bref délai prévu par l'art. L. 615-3 est respecté quand l'instance au fond a été introduite moins de six mois après que le breveté ait pris connaissance des actes litigieux. • Nancy, 4 mars 1997 : *PIBD 1998. III. 125.*

4. La publication de l'AMM au *Journal officiel* ne constituant pas un acte de contrefaçon, sa date ne saurait faire courir le bref délai. • Com. 24 mars 1998 : *D. Affaires 1998. 721, obs. J. P.-S. ; PIBD 1998. III. 320 ; JCP E 1998. 579 ; RJDA 1998, n° 919 ; RLDA 1998, n° 357 ; LPA 14 août 1998, note Dreyer.* ♦ Et, estimant qu'il est indifférent que l'AMM ait été suivie d'une publication au *JO* et que le produit incriminé ait été listé parmi ceux qui sont remboursés aux assurés sociaux, ces différents actes administratifs étant sans portée au regard de l'exigence de la connaissance d'un acte de contrefaçon comme point de départ du bref délai. • TGI Paris, réf., 4 juill. 1997 : *PIBD 1997. III. 527.*

5. Assignation au fond. C'est à bon droit que la cour d'appel déclare irrecevable une demande d'interdiction provisoire après avoir relevé que l'assignation au fond délivrée la veille de l'assignation en référé n'avait été remise au greffe de la juridiction qu'un mois plus tard, ce dont il résultait que le tribunal n'avait donc pas encore été saisi de l'action en contrefaçon, lorsque le juge des référés fut saisi. • Com. 14 juin 2000 : *D. 2002. Somm. 1192, obs. Galloux ; PIBD 2000. III. 403.*

6. Caractère sérieux de l'action au fond. Sur le caractère sérieux au fond, il convient de rechercher si les documents invoqués en défense font apparaître un moyen de nullité des revendications ou encore établissent un droit de possession personnelle antérieure et si la matérialité de la contrefaçon est apparemment établie. • Paris, 25 oct. 1994 : *PIBD 1995. III. 27 ; Ann. propr. ind. 1996. 59* • 30 juin 1988 : *Ann. propr. ind. 1988. 147* • TGI Rennes, réf., 16 juin 1999 : *PIBD 1999. III. 537* • TGI Paris, réf., 13 juin 1988 : *Ann. propr. ind. 1988. 150.* ♦ L'action au fond apparaît sérieuse lorsqu'il ressort des photographies annexées au procès-verbal de saisie-contrefaçon, et du croquis dressé au cours de ces opérations, que l'objet litigieux reproduit l'ensemble des revendications opposées, à l'exception du montage, le but de l'invention brevetée dont les moyens principaux sont reproduits apparaissant atteint. • TGI Paris, réf., 23 sept. 1997 : *PIBD 1998. III. 1 ; D. 1999. Somm. 126, obs. Mousseron.* ♦ L'action au fond n'apparaît pas sérieuse dès lors que la preuve de la contrefaçon des revendications de brevet n'est pas rapportée de façon décisive. • TGI Paris, réf., 27 août 2004 : *Propr. ind. 2004, n° 85, obs. Raynard.*– Confirmé par • Paris, 4 mars 2005 : *Propr. ind. 2005, n° 35, note Raynard.* ♦ V. aussi • Paris, 5 nov. 2006 : *Propr. intell. 2007, n° 23, p. 234, obs. Warusfel.*

7. ... Sans qu'il y ait à rechercher une éventuelle absence de péril pour le demandeur, ce qui serait ajouter à la loi, l'action au fond présente une apparence de sérieux, d'une part parce que l'apparence de validité du brevet ressort suffisamment de son maintien à l'issue de la procédure d'opposition devant l'OEB ; d'autre part parce qu'il ressort de diverses constatations et déclarations et du PV de saisie-contrefaçon, que la contrefaçon de procédé n'est pas sérieusement contestable. • TGI Paris, 15 nov. 2000 : *PIBD 2001. III. 21 ; RDPI janv. 2001, n° 119, p. 10.* ♦ Lorsque la contrefaçon alléguée est fondée sur un titre européen dont la validité n'est pas contestée, il convient de rechercher si le brevet européen selon lequel est fabriqué le produit incriminé a un contenu différent ou identique à celui du brevet français ; l'action au fond apparaît sérieuse lorsque le brevet européen n'est que le perfectionnement des dispositifs décrits par le brevet français. • Nancy, 4 mars 1997 : *PIBD 1998. III. 125 ; D. 1999. Somm. 126, obs. Mousseron.*

8. Succession de deux AMM pour un CCP. La demande d'interdiction provisoire doit être rejetée, lorsqu'elle est fondée sur un CCP basé sur une AMM qui semble recouper une AMM antérieure, ce qui pourrait remettre en cause la validité du CCP. • Rennes, 21 sept. 1999 : *PIBD 1999. III. 476.* ♦ *A fortiori*, lorsqu'il est établi que les deux AMM successives concernent le même médicament et que le délai de protection du CCP est expiré depuis la délivrance de la première AMM. • Paris, 26 mars 1999 : *PIBD 1999. III. 325.*

9. Sur l'exigence de garanties quand existent des doutes sur la validité du brevet ou l'existence de la contrefaçon, V. • TGI Marseille, 31 mai 1991 : *Ann. propr. ind. 1991. 64 ; Dossiers Brevets 1991. II. 8 ; RTD com. 1992. 180, obs. Azéma.* ♦ Il est indifférent que les demanderesses se soient désistées de l'instance, dès lors qu'il ressort expressément que ce désistement n'emporte pas renoncement à poursuivre en contrefaçon les auteurs des actes argués de contrefaçon. • TGI Paris, réf., 23 mai 1997 : *PIBD 1997. III. 430 ; Dossiers Brevets 1997. II. 2.*

10. Licencié exclusif. Le licencié est recevable à demander, aux côtés du breveté, l'interdiction provisoire, dès lors que, bien que le contrat de licence n'ait pas encore été inscrit au RNB, le prétendu contrefacteur qui a été mis en garde, avait une connaissance certaine et non équivoque de la qualité du licencié. • TGI Paris, réf., 11 mai 1990 : *Ann. propr. ind. 1990. 63.*

Art. L. 615-4 **Par exception aux dispositions de l'article L. 613-1, les faits antérieurs à la date à laquelle la demande de brevet a été rendue publique en vertu de l'article L. 612-21 ou à celle de la notification à tout tiers d'une copie certifiée de cette demande ne sont pas considérés comme ayant porté atteinte aux droits attachés au brevet.**

Toutefois, entre la date visée à l'alinéa précédent et celle de la publication de la délivrance du brevet :

1° Le brevet n'est opposable que dans la mesure où les revendications n'ont pas été étendues après la première de ces dates ;

2° Lorsque le brevet concerne l'utilisation d'un micro-organisme, il n'est opposable qu'à compter du jour où le micro-organisme est mis à la disposition du public.

Le tribunal saisi d'une action en contrefaçon sur le fondement d'une demande de brevet surseoit à statuer jusqu'à la délivrance du brevet. – *[L. n° 68-1 du 2 janv. 1968, art. 55.]*

1. Notification de la demande. Le titulaire d'une demande non publiée, qui a notifié à un tiers, non pas une copie certifiée, mais une copie officieuse, ne peut se prévaloir de cette mise en demeure pour agir en contrefaçon et commet une faute en mettant un concurrent en demeure de cesser toute fabrication sans même préciser les revendications de la demande de brevet qui seraient contrefaites. • Paris, 12 déc. 1990 : *Ann. propr. ind. 1992. 61.*

2. Revendication modifiée. L'extension de la revendication après remaniement est inopposable lorsqu'elle intervient après saisie-contrefaçon, mais cette inopposabilité ne suffit pas à justifier le rejet de la demande en contrefaçon, lorsque celle-ci concerne une autre caractéristique du brevet qui, elle, est opposable. • Paris, 3 nov. 1993 : *PIBD 1994. III. 45.* ♦ La notification de revendications modifiées en même temps que le procès-verbal de saisie-contrefaçon ne répond pas aux exigences de l'art. L. 615-4. • TGI Paris, 21 oct. 2003 : *Propr. ind. 2004, n° 96, note Vigand.* ♦ Pour déterminer la date d'opposabilité des modifications faisant suite à l'annulation partielle des revendications, il convient de rechercher si la revendication modifiée est, ou non, limitée par rapport à la revendication initiale partiellement annulée. • Paris, 27 mai 1998 : *Dossiers Brevets 1998. II. 1 ; PIBD 1999. III. 105 ; RTD com. 1999. 389, obs. Azéma* ✎.

Art. L. 615-5 *(L. n° 2007-1544 du 29 oct. 2007, art. 12)* **La contrefaçon peut être prouvée par tous moyens.**

A cet effet, toute personne ayant qualité pour agir en contrefaçon est en droit de faire procéder en tout lieu et par tous huissiers, *(L. n° 2014-315 du 11 mars 2014, art. 4)* **« le cas échéant » assistés d'experts désignés par le demandeur, en vertu d'une ordonnance rendue sur requête par la juridiction civile compétente, soit à la description détaillée, avec ou sans prélèvement d'échantillons, soit à la saisie réelle des produits ou procédés prétendus contrefaisants ainsi que de tout document s'y rapportant.** *(L. n° 2014-315 du 11 mars 2014, art. 4)* **« L'ordonnance peut autoriser la saisie réelle de tout document se rapportant aux produits ou procédés prétendus contrefaisants en l'absence de ces derniers. »**

La juridiction peut ordonner, aux mêmes fins probatoires, *(L. n° 2014-315 du 11 mars 2014, art. 4)* **« la description détaillée ou » la saisie réelle des matériels et instruments utilisés pour fabriquer ou distribuer les produits ou pour mettre en œuvre les procédés prétendus contrefaisants.**

Elle peut subordonner l'exécution des mesures qu'elle ordonne à la constitution par le demandeur de garanties destinées à assurer l'indemnisation éventuelle du défendeur si l'action en contrefaçon est ultérieurement jugée non fondée ou la saisie annulée.

A défaut pour le demandeur de s'être pourvu au fond, par la voie civile ou pénale, dans un délai fixé par voie réglementaire, l'intégralité de la saisie, y compris la description, est annulée à la demande du saisi, sans que celui-ci ait à motiver sa demande et sans préjudice des dommages et intérêts qui peuvent être réclamés. — *V. art. R. 615-3.*

BIBL. ▶ DOROL, *Propr. ind. 2017. Étude 5* (le constat d'achat sur internet). – ZAJDELA, *Propr. ind. 2016. Étude 18* (la preuve en matière de contrefaçon : constat d'achat ou saisie-contrefaçon ?).

COMMENTAIRE

Voir le commentaire sous l'article L. 521-4 du CPI. ❑

V. aussi notes ss. art. L. 521-4.

1. Si le saisissant doit avoir accès aux documents susceptibles de contribuer à la preuve de la contrefaçon, il ne doit avoir accès qu'à ceux-là. • Paris, 6 déc. 2011, n° 11/07690 : *Propr. ind. 2012, n° 44, note Moreau.*

2. Seul le juge à l'origine de l'ordonnance sur requête ou de référé est compétent pour statuer sur la demande de rétractation de la mesure provisoire qu'il a ordonnée. Le magistrat référent du TGI en matière de propriété intellectuelle, même délégué pour connaître des mesures conservatoires, n'est pas compétent. • Com. 21 oct. 2014, n° 13.15.435 : *PIBD 2015. III. 873 ; Propr. ind. 2015. Étude 15, note Berthet.*

Ancien art. L. 615-5 *Le propriétaire d'une demande de brevet ou le propriétaire d'une demande de certificat d'utilité, ou le propriétaire d'un brevet ou d'un certificat d'utilité, a la possibilité de faire la preuve par tous moyens de la contrefaçon dont il se prétend victime.*

Il est par ailleurs en droit de faire procéder, sur ordonnance du président du tribunal de grande instance du lieu de la contrefaçon présumée, par tous huissiers assistés d'experts de son choix, à la description détaillée, avec ou sans saisie réelle, des produits ou procédés prétendus contrefaits. L'ordonnance est exécutoire par provision. Elle peut être subordonnée à une consignation par le requérant. Dans la même ordonnance, le président du tribunal peut autoriser l'huissier à procéder à toute constatation utile en vue d'établir l'origine, la consistance et l'étendue de la contrefaçon.

Le même droit est ouvert au concessionnaire d'un droit exclusif d'exploitation sous la condition prévue au deuxième alinéa de l'article L. 615-2, ainsi que sous la condition prévue au quatrième alinéa de l'article L. 615-2, au titulaire d'une licence de droit, d'une licence obligatoire ou d'une licence d'office visées aux articles L. 613-10, L. 613-11, L. 613-15, L. 613-17 et L. 613-19.

A défaut par le requérant de s'être pourvu devant le tribunal dans le délai de quinze jours, la saisie sera nulle de plein droit, sans préjudice d'éventuels dommages-intérêts. — [L. n° 68-1 du 2 janv. 1968, art. 56.] — V. art. R. 615-1 à R. 615-5.

BIBL. ▸ ABELLO, *Propr. intell. 2008, n° 28, p. 276* (requêtes aux fins de saisie-contrefaçon : le requérant doit justifier de ses droits). – DE HASS, *Propr. intell. 2011, n° 40, p. 278* (la compétence juridictionnelle pour ordonner une saisie-contrefaçon). – FABIANI, *Gaz. Pal. 20 et 21 déc. 2006, p. 13* (la saisie-contrefaçon). – MARCELLIN, *RDPI 1996, n° 68, p. 15* (preuve de la contrefaçon en matière de brevets d'invention). – MATHÉLY, *Ann. propr. ind. 1997. 3* (l'obligation de se pourvoir après une saisie-contrefaçon). – NUSS, *Propr. ind. 2005. Étude 26* (du choix de l'expert qui assiste l'huissier instrumentaire en matière de saisie-contrefaçon). – VÉRON, Saisie-contrefaçon, *Dalloz 1999 ; RDPI 1998, n° 83, p. 11* (documents confidentiels appréhendés lors d'une saisie-contrefaçon).

A. NATURE ET OBJET DE LA SAISIE

1. Caractère probatoire de la saisie-contrefaçon. La description détaillée avec ou sans saisie réelle ne constitue qu'une mesure probatoire. Doit être cassé l'arrêt qui, ayant constaté qu'une société avait obtenu, sur requête, qu'il fût procédé à la description détaillée d'objets prétendus contrefaits avec saisie réelle de deux échantillons, a maintenu l'extension de la saisie réelle à l'ensemble de ces objets, alors que c'est au juge des référés qu'il appartient de prévenir le dommage imminent ou de faire cesser le trouble manifestement illicite résultant de la commercialisation d'objets prétendus contrefaits. • Com. 4 janv. 1985 : *Bull. civ. IV, n° 9 ; PIBD 1985, III, p. 214* • 23 avr. 2003 : *PIBD 2003. III. 361.* ♦ La saisie, qui n'est qu'un moyen de preuve et non le préliminaire obligé de l'instance, est sans influence sur la régularité de l'assignation. • Paris, 17 mai 1995 : *PIBD 1995. III. 343.* ♦ Le procès-verbal d'une saisie réalisée après introduction de l'instance, et régulièrement produit au cours de l'instance à titre de preuve des faits de contrefaçon, n'introduit pas une nouvelle procédure. • Com. 10 juin 1997 : *PIBD 1997. III. 526.*

2. Procès équitable. Le droit à un procès équitable posé par l'art. 6 de la Conv. EDH exige que l'expert qui assiste l'huissier soit indépendant des parties. • Civ. 1re, 6 juill. 2000 : *D. 2000. AJ 362, obs. Poisson ; D. 2001. 370, note Véron ; CCE 2000, n° 98, note Caron* • Toulouse, 17 avr. 2003 : *Ann. propr. ind. 2003. 308 ; CCE 2004, n° 3, note Caron* • Com. 28 avr. 2004 : *Bull. civ. IV, n° 75 ; D. 2004. AJ 1671 ; ibid. 2005. Pan. 966, obs. Raynard ; JCP 2004. II. 10171, note Caron ; JCP E 2005. 1861, note Caron ; PIBD 2004. III. 431 ; Propr. ind. 2005, n° 45, note Raynard ; Propr. intell. 2004, n° 12, p. 793, obs. Galloux, Gutmann et Warusfel.* ♦ La présence du conseil en propriété industrielle du demandeur à la procédure de saisie-contrefaçon ne porte pas atteinte aux dispositions de l'art. 6 Conv. EDH. • TGI Paris, 13 déc. 2002 : *Propr. ind. 2003, n° 58, note Raynard* • Rennes, 25 mai 2004 : *Propr. intell. 2004, n° 12, p. 794, Galloux, Gutmann et Warusfel.* ♦ Le conseil en propriété industrielle, fût-il le conseil habituel de la partie saisissante, exerce une profession indépendante, dont le statut est compatible avec sa désignation en qualité d'expert du saisissant dans le cadre d'une saisie-contrefaçon de marque, mission qui ne constitue pas une expertise au sens des art. 232 s. C. pr. civ. • Com. 8 mars 2005 : *D. 2005. AJ 838, obs. Daleau ; ibid. Pan. 697, obs. Vigand ; CCE 2005, n° 102, note Caron ; Propr. ind. 2005. Chron. 14, note Caron ; Propr. intell. 2005, n° 17, p. 456, obs. De Candé.* ♦ Sur la participation d'un conseil lors d'un constat d'achat, V. • TGI Paris, 27 janv. 2004 : *PIBD 2004. III. 253 ; Propr. intell. 2004, n° 13, p. 937, obs. De Haas.*

3. Rôles respectifs de l'huissier et de l'expert. V. • TGI Paris, 16 juin 1986 : *PIBD 1986, III, p. 420 ; D. 1988. Somm. 352, obs. Mousseron et Schmidt* • TGI Lyon, 24 févr. 1987 : *Dossiers Brevets 1987. II. 10 ; D. 1988. Somm. 352, obs. Mousseron et Schmidt.* ♦ Nullité de la saisie-contrefaçon lorsque l'huissier, et l'expert chargé de l'assister, n'ont pas respecté les prescriptions de l'ordonnance autorisant la saisie. • TGI Paris, 15 juin 1990 : *PIBD 1990. III. 569.* ♦ Il n'est pas interdit à l'huissier de retranscrire intégralement, lors de la saisie, la description technique faite par le technicien qui l'assiste régulièrement dans ses opérations, dès lors qu'il prend soin de le préciser et qu'il vérifie, sur objection des détenteurs des objets décrits, l'exactitude des points énoncés par le technicien, ou si une telle vérification apparaît impossible, qu'il mentionne l'objection dans son procès-verbal, en précisant pourquoi il n'a pu procéder à la vérification. • Com. 6 avr. 1999 : *Bull. civ. IV, n° 78 ; D. Affaires 1999. 872, obs. B.P. ; JCP E 1999. Pan. 986 ; PIBD 1999. III. 343* • 21 mars 2000 : *PIBD 2000. III. 334* • Paris, 13 sept. 2000 : *PIBD 2001. III. 259 ; Gaz. Pal. 1999. 1. Somm. 244.* ♦ L'huissier n'est pas autorisé à apporter des documents en vue d'interroger les personnes présentes lors des opérations de saisie. • TGI Paris, 30 mai 2003 : *PIBD 2003. III. 571.* ♦ La partie descriptive du procès-verbal est entachée de nullité lorsque l'huissier reprend mot pour mot la description de l'expert et s'approprie ainsi, sans « esprit critique », l'interprétation personnelle de l'homme de l'art qui n'a pourtant valeur que de simple témoignage. • Com. 29 sept. 2015, ♔ n° 14-12.430 P : *Dalloz actualité, 14 oct. 2015, note Daleau ; PIBD 1038. III. 735.* ♦ Sur le libre choix du conseil quelle que soit sa spécialisation, V. • Paris, 6 déc. 2006 : *Propr. intell. 2007, n° 23, p. 233, obs. Warusfel.* ♦ S'il n'est pas interdit à l'huissier de retranscrire intégralement la description technique faite par un technicien, encore faut-il que ce soit lui qui la retranscrive. • TGI Paris, 26 oct. 2010 : *PIBD 2010. III. 163 ; Propr. intell. 2011, n° 39, p. 249, obs. Warusfel.*

4. Étendue. Nullité d'une saisie-contrefaçon comportant une saisie réelle, alors que seule la saisie-description était autorisée et que l'ordonnance autorisant la saisie n'ayant pas été remise au saisi, il ne pouvait en connaître la teneur et s'opposer aux mesures non autorisées. • TGI Paris, 11 janv. 1995 : *PIBD 1995. III. 208.* ♦ Sur la saisie du disque dur, sa restitution et la non-validité de la copie du disque par le saisissant, V. • Com. 23 avr. 2003 : ♔ *Propr. intell. 2003, n° 9, p. 413, obs. Warusfel ; RDPI nov. 2003, n° 153, p. 24.*

5. Documents confidentiels. Dès lors que le saisi prouve qu'il bénéficie d'une habilitation au « confidentiel défense » et qu'à l'occasion des opérations de saisie, des documents, informations, contrats ou brevets protégés par cette classification sont susceptibles d'apparaître à la vue du saisissant, l'officier public doit surseoir à opérer jusqu'à ce que le président du tribunal de grande instance ayant ordonné la saisie, s'il en est requis, ordonne une expertise confiée à des personnes agréées par le ministère chargé de la défense. • Civ. 1re, 21 mars 2006 : ♔ *Bull. civ. I, n° 168 ; D. 2007. Pan. 342, obs. Raynard* ✎ *; ibid. 2006. AJ 983, obs. Daleau ; CCE 2006, n° 87, note Caron ; PIBD 2006. III. 419 ; Propr. intell. 2006, n° 20, p. 352, obs. Warusfel.* ♦ Le saisissant doit avoir accès à tous les documents susceptibles de contribuer à la preuve de la contrefaçon, mais à ceux-là seulement. Le saisi ne peut interdire au saisissant l'accès à certains documents sous prétexte de confidentialité. • TGI Paris, réf., 22 déc. 1989 : *Ann. propr. ind. 1990. 62.* ♦ Sur la possibilité de confier à un expert la mission de rechercher, parmi les documents confidentiels, ceux qui sont nécessaires à la preuve de la contrefaçon, V. • TGI Paris, 22 déc. 1989 : *PIBD 1990. III. 134* • TGI Lyon, réf., 24 nov. 1988 : *PIBD 1988, III, p. 106 ; RTD com. 1989. 227, obs. Chavanne et Azéma.* ♦ La qualification du caractère confidentiel des documents saisis ayant été confiée par les juges à un expert, le saisi qui avait demandé que ce dernier soit assisté de conseils en propriété intellectuelle ne peut invoquer la violation du principe du contradictoire pour demander la nullité de la saisie, la qualité et la rigueur du tri opéré par l'expert entre les pièces n'ayant pas lieu d'être mise en doute. • TGI Paris, 2 oct. 1997 : *PIBD 1998. III. 169 ; Dossiers Brevets 1997. IV. 6 ; RDPI 1998, n° 83, p. 19, note Véron.* ♦ Sur recours du saisi, ordonnant à l'huissier instrumentaire de placer sous scellés des documents commerciaux litigieux, pour assurer à la fois leur confidentialité et leur maintien à disposition pour le juge du fond, et de les remettre au greffe du TGI jusqu'à ce que les juges du fond en décident autrement, V. • TGI Rennes, réf., 15 janv. 1998 : *PIBD 1998. III. 218.* ♦ Sur la désignation d'un expert afin de rechercher dans les documents saisis et le procès-verbal de saisie-contrefaçon les informations de nature confidentielle qui ne sont pas nécessaires à la preuve de la contrefaçon et celles de nature confidentielle nécessaires à la preuve, V. • TGI Lyon, réf., 11 mai 1998 : *PIBD 1998. III. 477 ; Dossiers Brevets 1998. II. 8.* ♦ Sur la précaution assurant la confidentialité. • Toulouse, 5 avr. 2000 : *PIBD 2000. III. 404.*

6. Requérant. Le juge qui autorise la saisie réelle peut décider que le requérant devra ou non en supporter le coût en payant la valeur de ce qui est réellement saisi. Le saisi n'ayant subi aucun préjudice du fait de la saisie, il n'y a pas lieu de faire droit à la demande de paiement des objets saisis. Il n'y a pas lieu non plus de satisfaire à la demande de consignation, laquelle est aussi facultative, la restitution d'objets, déposés au greffe du tribunal et produits pour l'établissement de la preuve n'apparaissant nullement aléatoire. • TGI Lyon, réf., 29 août 1994 : *RTD com. 1995. 415, obs. Azéma* ✎ *; PIBD 1994. III. 600.* ♦ Il résulte de la combinaison de l'art. L. 615-5 et des art. L. 613-9 et R. 615-1 que le requérant est tenu, non seulement de présenter le brevet sur lequel il se fonde, mais aussi de justifier que ce titre est en vigueur et, s'il n'en est le propriétaire initial, qu'il est en droit d'en invoquer le bénéfice, en indiquant précisément, conformément à l'art. 494 C. pr. civ., les pièces invoquées à l'appui de sa requête. • Com. 29 janv. 2008 : ♔ *Bull. civ. IV, n° 18 ; D. 2008. AJ 481* ✎ *; CCE 2008, n° 34, note Caron.* ♦ Ni le requérant, ni ses préposés, ne sont au nombre des personnes pouvant assister aux opérations de saisie-contrefaçon, peu important que le juge de la requête leur en ait donné l'autorisation. • Com. 8 juill. 2008 : ♔ *Bull. civ. IV, n° 142 ; PIBD 2008. III. 559 ; Propr. ind. 2010, n° 27, note Vigand* • Lyon, 2 juill. 2009 : *Propr. ind. 2010, n° 27, note Vigand.*

B. VALIDITÉ DE LA SAISIE

BIBL. J.-P. Martin, *JCP E 1994. I. 343.*

7. Caractère. La saisie-contrefaçon étant une procédure exceptionnelle, les dispositions légales en la matière doivent être strictement interprétées et leur méconnaissance sanctionnée par l'annulation de la saisie. • Paris, 23 sept. 1998 : *PIBD, III, p. 79.*

8. Notification. La notification préalable de la demande de brevet constitue une condition impérative qui subordonne la validité de la procédure de saisie-contrefaçon. • Paris, 25 avr. 2001 : *Propr. ind. 2002, n° 41, note Raynard.*

9. Identification de l'huissier. Dans les actes établis par une société civile professionnelle doivent figurer, à peine de nullité, en vertu de l'art. L. 648 (3°) C. pr. civ., les nom, prénoms, la qualité d'associé et la signature de l'huissier qui a instrumenté, ainsi que la mention de la société dont il est membre et son adresse. • Com. 20 oct. 1998 : *PIBD 1999. III. 131 ; Dossiers Brevets 1998. III. 7 ; RTD com. 1999. 389, obs. Azéma ; Ann. propr. ind. 1999. 287.* ♦ Il s'agit là d'une irrégularité de fond. • TGI Paris, 17 mars 1999 : *PIBD 1999. III. 489* • Aix-en-Provence, 23 mars 2001 : *PIBD 2001. III. 362.* ♦ *Contra* : il ne s'agit que d'un vice de forme et la nullité est subordonnée à la preuve d'un grief. • TGI Paris, 30 sept. 1998 : *PIBD 1999. III. 133* • Paris, 28 juin 2000 : *Ann. propr. ind. 2000. 315* • Com. 23 avr. 2003 : *RDPI nov. 2003, n° 153, p. 22.*

10. La saisie-contrefaçon effectuée par un cessionnaire dont la cession n'est pas inscrite au RNB est nulle sauf si l'inscription est faite avant que le premier juge ait statué. • Paris, 31 oct. 1991 : *Ann. propr. ind. 1992. 144.* ♦ La saisie-contrefaçon effectuée sur l'art. L. 615-5, avant la publication par l'INPI de la traduction en français des revendications, n'encourt pas de nullité dès lors que le saisi ne conteste pas avoir disposé de la traduction française que lui avait notifiée le saisissant et ne prouve pas qu'il en soit résulté pour lui un grief ayant compromis ses droits. • Paris, 12 déc. 1997 : *D. Affaires 1998. 384, obs. J. P.-S. ; PIBD 1998. III. 391 ; D. 1998. IR 38 ; Expertises, juin 1998, p. 190.* ♦ Un brevet français ayant cessé de produire ses effets à la suite de la délivrance d'un brevet européen désignant la France et portant sur la même invention, se trouve frappée de nullité la saisie-contrefaçon opérée sur une requête désignant le brevet français. Il s'agit là d'une nullité de fond. • TGI Paris, 5 mai 1999 : *PIBD 2000. III. 6.* ♦ La saisie-contrefaçon mal datée est nulle. • TGI Paris, 17 déc. 2003 : *PIBD 2004. III. 215 ; Propr. intell. 2004, n° 13, p. 938, obs. De Haas.* ♦ L'initiative de l'huissier instrumentaire de présenter au saisi des pièces qui n'avaient pas été visées dans les pièces de la requête, ainsi que celle du conseil du demandeur assistant l'huissier d'interpeller directement le saisi, sont de nature à justifier la nullité de la procédure. • Paris, 5 avr. 2006 : *D. 2007. Pan. 342, obs. Raynard ; PIBD 2006. III. 420.* ♦ Sur les conséquences de la régularisation en cours d'instance en contrefaçon, V. • Com. 31 oct. 2006 : *Bull. civ. IV, n° 206.* ♦ La saisie-contrefaçon diligentée sur la base d'un brevet expiré est valide. • Paris, 18 nov. 2009 : *Propr. ind. 2010, n° 57, note Schaffner et Viret.* ♦ *Contra* • Com. 14 déc. 2010 : *Propr. intell. 2011, n° 39, p. 247, obs. Warusfel.*

11. Signification préalable de l'ordonnance. Le défaut de signification préalable de l'ordonnance n'est pas une nullité de fond mais de forme ; et la nullité n'est donc encourue que si un préjudice est établi. • Com. 19 févr. 1991 : *Ann. propr. ind. 1991. 4, obs. Mathély* • Civ. 2e, 29 mai 1991 : *Bull. civ. II, n° 162 ; D. 1992. Somm. 121, obs. Julien* • TGI Paris, 11 janv. 1995 : *PIBD 1995. III. 208* • 2 nov. 1994 : *ibid. 1995, III, p. 107.*

12. L'art. L. 615-5, al. 4, n'interdit pas d'effectuer une saisie-contrefaçon autorisée alors que l'instance au fond est déjà engagée. • Com. 26 oct. 1993 : *PIBD 1994. III. 22.* ♦ En revanche, le juge de la mise en état n'est pas compétent pour statuer sur la validité de la saisie et la régularité de la procédure ; il est nécessaire que les juges du fond statuent préalablement sur ce point pour que soit ordonnée une éventuelle mesure d'instruction. • TGI Paris, 5 juin 1998 : *PIBD 1998. III. 533.* ♦ A propos de saisie d'objets ayant fait l'objet d'une précédente saisie-contrefaçon invalidée, effectuée au greffe, V. • Paris, 20 déc. 2000 : *PIBD 2001. III. 203 ; Ann. propr. ind. 2001. 30.* ♦ Sur les conséquences du dessaisissement partiel et temporaire des documents saisis entre les mains du conseil en propriété industrielle, V. • Com. 19 nov. 2002 : *Propr. ind. 2003, n° 66, note Raynard.*

13. Assignation en contrefaçon sous quinze jours. Doit être cassé l'arrêt qui, après avoir prononcé la nullité d'une saisie-contrefaçon faute de citation devant le tribunal dans le délai de quinze jours, retient, pour constater la contrefaçon de brevet, le rapport de l'expert ayant assisté l'huissier commis aux fins de saisie-contrefaçon. • Com. 6 nov. 1990 : *PIBD 1991. III. 69 ; Ann. propr. ind. 1991. 7.* ♦ S'agissant d'une sanction, le dernier alinéa de l'art. L. 615-5 est d'interprétation restrictive. Il s'ensuit que la nullité n'affecte que les mesures de saisie réelle à l'exclusion des saisies descriptives. • TGI Paris, 12 mars 1993 : *PIBD 1993. III. 450 ; RTD com. 1994. 46, obs. crit. Azéma ; D. 1993. Somm. 377, obs. Mousseron et Schmidt .* ♦ V. aussi • TGI Paris, 23 oct. 2007 : *PIBD 2008. III. 32.* ♦ L'art. L. 615-5 fait une distinction entre la saisie-description et la saisie réelle et l'obligation de se pourvoir dans un délai de 15 jours ne vise que l'hypothèse de la saisie réelle ; si le procès-verbal n'est que descriptif, le défaut de respect du délai de 15 jours n'est pas sanctionné par la nullité. • Paris, 13 oct. 2000 : *PIBD 2001. III. 166.* ♦ Une saisie-contrefaçon en matière de brevet, suivie d'une assignation dans le délai prescrit, n'a pas à être validée. • Paris, 18 févr. 1988 : *Ann. propr. ind. 1989. 221.* ♦ La délivrance au saisi d'une assignation valable dans le délai de 15 jours a pour effet d'ouvrir l'instance en contrefaçon et, en cas de saisine d'une juridiction incompétente, c'est la même instance qui se poursuit devant la juridiction compétente. • Douai, 12 févr. 2008 : *D. 2009. Pan. 459, obs. Raynard* ; *PIBD 2008. III. 239* ; *Propr. intell. 2008, n° 29, p. 474, obs. Galloux.* ♦ Doit être cassé l'arrêt qui annule une saisie-contrefaçon au motif que le délai de quinzaine devait impérativement être respecté vis-à-vis de la société dans les locaux de laquelle la saisie-contrefaçon avait été pratiquée et que, si le licencié a été assigné dans le délai imparti, il n'en était pas de même de la société saisie, assignée plus de six mois après le déroulement des opérations ; en statuant ainsi, alors qu'elle avait constaté qu'une assignation avait été délivrée au licencié le 22 janv. 2007, ce dont il résultait qu'il avait été satisfait à l'obligation de se pourvoir devant le tribunal dans le délai de quinzaine suivant la saisie-contrefaçon, la cour d'appel, qui y a ajouté une condition qu'ils ne prévoient pas, a violé les art. L. 615-5 et R. 615-3 dans leur rédaction applicable à l'espèce. • Com. 7 juill. 2015, n° 14-12.733 P : *D. 2015. 1536* .

14. En utilisant le verbe « se pourvoir » qui couvre indifféremment la délivrance d'une assignation devant la juridiction civile ou d'une citation devant la juridiction répressive, au lieu de « saisir », le législateur n'a pas entendu imposer au saisissant la condition supplémentaire de la remise de la copie au greffe dans le délai de quinze jours. • TGI Paris, 12 févr. 1997 : *PIBD 1997. III. 623* ; *Ann. propr. ind. 1997, p. 14* ; *Procédures, avr. 1997, p. 8, obs. Croze* ; *RDPI 1997, n° 73, actualités.* – Dans le même sens • Paris, 28 juin 1996 : *PIBD 1996. III. 583.* ♦ La validité de la saisie étant subordonnée à une assignation dans les quinze jours, une assignation irrégulière ne peut pas être purement et simplement remplacée, avec report de date, par une nouvelle assignation. • Lyon, 2 juill. 1998 : *PIBD 1998. III. 555* ; *Dossiers Brevets 1998. III. 3* ; *RDPI 1998, n° 88, p. 11.*

15. Effets de la nullité. L'annulation de la saisie-contrefaçon en interdit toute évocation pour établir les actes d'exploitation constatés par le procès-verbal. • TGI Paris, 10 avr. 1986 : *D. 1988. Somm. 352, obs. Mousseron et Schmidt* • Com. 6 nov. 1990 : *préc. note 13.* ♦ Dès lors que le titulaire du brevet invoque la survenance de faits nouveaux consistant en de nouveaux actes présumés de contrefaçon, sur le mérite desquels il n'a jamais été statué, la nullité d'une saisie ne fait pas obstacle à une nouvelle saisie des mêmes documents, dûment autorisée par une ordonnance du président du tribunal. • TGI Paris, 6 déc. 1996 : *PIBD 1997. III. 174.* ♦ L'exception de nullité de la saisie-contrefaçon doit être soulevée avant toute défense au fond. • TGI Paris, 2 oct. 1996 : *PIBD 1997. III. 110.* ♦ A défaut d'avoir été soulevée *in limine litis* par application de l'art. 74 C. pr. civ., l'exception de nullité est irrecevable. • TGI Paris, 30 avr. 1998 : *RDPI 1998, n° 89, p. 28.* ♦ La nullité d'une saisie-contrefaçon privant les constats et descriptions effectués par l'huissier de leur valeur probante, de telles constatations, alors même qu'elles résultent de photocopies réalisées par cet huissier, sont en pareil cas dépourvues d'une telle valeur. • Com. 1er juill. 2003 : *Bull. civ. IV, n° 112* ; *Propr. ind. 2004, n° 11, note Raynard* ; *PIBD 2003. III. 465* ; *Propr. intell. 2004, n° 11, p. 660, obs. Warusfel* ; *RDPI oct. 2003, n° 152, p. 47.* ♦ L'annulation d'une saisie n'implique pas l'interdiction pour le titulaire du droit privatif, de faire pratiquer toute nouvelle mesure légalement admissible, et de procéder en conséquence à la réitération de la saisie annulée, sauf abus, qui ne saurait se déduire du seul caractère quasi-immédiat de cette réitération. • Com. 8 juill. 2008 : *Bull. civ. IV, n° 142.*

16. Rétractation. Lorsque le breveté agit en contrefaçon contre un licencié, l'ordonnance de saisie-contrefaçon doit être rétractée, lorsqu'il existe une contestation sérieuse sur le droit d'exploitation du titre de propriété industrielle litigieux. • Com. 13 déc. 1994 : *PIBD 1995. III. 105.* ♦ L'ordonnance de saisie-contrefaçon ne peut faire l'objet d'une rétractation au motif qu'elle ne vise pas les revendications du brevet, cette précision n'étant réclamée par aucun texte. • Douai, 4 févr. 2002 : *Ann. propr. ind. 2002. 173* ; *PIBD 2002. III. 206* ; *Propr. ind. 2002, n° 40, note Raynard.*

17. Mainlevée. La mainlevée de la saisie-contrefaçon, même valable, peut être prononcée lorsque les revendications prétendument contrefaites sont annulées. • TGI Paris, 5 déc. 1997 : *PIBD 1998. III. 194.*

18. Rôle du juge des référés. Compte tenu de la nature nécessairement provisoire de ses décisions, il n'appartient pas au juge des référés de se prononcer sur la régularité des opérations de saisie-contrefaçon ; il doit, en revanche, rechercher si les faits de contrefaçon incriminés constituent un trouble manifestement illicite ou exposent le demandeur à un dommage imminent au sens de l'art. 873 C. pr. civ. • Paris, 6 déc. 1999 : *PIBD 2000. III. 124* (rendu en dessins et modèles).

19. Inscription de faux. L'huissier n'ayant pas opéré de distinction entre les explications de l'expert qui l'assistait et ses propres constatations et n'ayant, en fait, pas opéré lui-même les constatations rapportées au procès-verbal de saisie-contrefaçon, la machine arguée de contrefaçon n'ayant été ni mise en marche, ni démontée devant lui, l'inscription de faux du procès-verbal est bien fondée. • TGI Paris, 6 oct. 2000 : *PIBD 2001. III. 59.* ♦ Mais si le procès-verbal ne contient que deux constatations erronées, qui peuvent être rectifiées grâce aux photographies prises par l'huissier, seules ces deux constatations seront écartées et le PV ne sera pas déclaré faux dans son intégralité. • TGI Paris, 19 mars 1999 : *PIBD 1999. III. 437.*

C. LIEU DE LA SAISIE

20. Le lieu de la contrefaçon présumée, au sens de l'art. L. 615-5, qui fixe de manière incidente la compétence du tribunal de grande instance définie par l'art. R. 615-4, ne peut s'entendre, sur le terrain de cette seule compétence, que du lieu où la matérialité de la contrefaçon présumée est susceptible d'être établie, à savoir du lieu où se trouvent les produits ou procédés prétendus contrefaits. • TGI Paris, 30 sept. 1998 : *Dossiers Brevets 1998. IV. 4.*

Art. L. 615-5-1 *(L. nº 96-1106 du 18 déc. 1996, art. 10)* **Si le brevet a pour objet un procédé d'obtention d'un produit, le tribunal pourra ordonner au défendeur de prouver que le procédé utilisé pour obtenir un produit identique est différent du procédé breveté. Faute pour le défendeur d'apporter cette preuve, tout produit identique fabriqué sans le consentement du titulaire du brevet sera présumé avoir été obtenu par le procédé breveté dans les deux cas suivants :**

a) Le produit obtenu par le procédé breveté est nouveau ;

b) La probabilité est grande que le produit identique a été obtenu par le procédé breveté, alors que le titulaire du brevet n'a pas pu, en dépit d'efforts raisonnables, déterminer quel procédé a été en fait utilisé.

Dans la production de la preuve contraire, sont pris en considération les intérêts légitimes du défendeur pour la protection de ses secrets de fabrication et de commerce.

BIBL. ▶ BONELLI, *RDPI 1997, nº 75, p. 17* (la présomption de contrefaçon : réalité ou sophisme ?). – MARTIN, *RDPI 1997, nº 76, p. 16* (le renversement de la charge de la preuve en matière de contrefaçon de brevet de procédé).

1. Les règles relatives à la charge de la preuve ne constituant pas des règles de procédure applicables aux instances en cours, les dispositions de l'art. L. 615-5-1, issues de la loi du 18 déc. 1996, qui instituent un renversement de la charge de la preuve, ne peuvent s'appliquer pour prouver des actes de contrefaçon qui auraient été commis en 1993. • Paris, 18 nov. 1998 : *Dossiers Brevets 1998. IV. 2.*

2. L'exception tirée de l'art. L. 615-5-1 n'est applicable qu'aux brevets ayant pour objet un procédé d'obtention d'un produit et non aux brevets de produits. • Paris, 22 sept. 1999 : *PIBD 2000. III. 155.*

3. La seule identité de résultat ne peut, en dehors de la présomption de l'art. L. 615-5-1, suffire à caractériser la contrefaçon d'un procédé. • TGI Paris, 28 févr. 2001 : *PIBD 2001. III. 561 ; RDPI mai 2001, nº 123, p. 45.*

Art. L. 615-5-1-1 *(L. nº 2014-315 du 11 mars 2014, art. 4)* **La juridiction peut ordonner, d'office ou à la demande de toute personne ayant qualité pour agir en contrefaçon, toutes les mesures d'instruction légalement admissibles même si une saisie-contrefaçon n'a pas préalablement été ordonnée dans les conditions prévues à l'article L. 615-5.**

COMMENTAIRE

Voir le commentaire sous l'article L. 521-4-1 du CPI.

Art. L. 615-5-2 *(L. nº 2007-1544 du 29 oct. 2007, art. 13)* **Si la demande lui en est faite, la juridiction saisie** *(L. nº 2014-315 du 11 mars 2014, art. 3)* **« au fond ou en référé » d'une procédure civile prévue au présent titre peut ordonner, au besoin sous astreinte, afin de déterminer l'origine et les réseaux de distribution des produits ou procédés** *(L. nº 2014-315 du 11 mars 2014, art. 3)* **« argués de contrefaçon » qui portent atteinte aux droits du demandeur, la production de tous documents ou informations détenus par le défendeur ou par toute personne qui a été trouvée en possession de produits** *(L. nº 2014-315 du 11 mars 2014, art. 3)* **« argués de contrefaçon » ou mettant en œuvre des procédés** *(L. nº 2014-315 du 11 mars 2014, art. 3)* **« argués de contrefaçon » ou qui fournit des services utilisés dans** *(L. nº 2014-315 du 11 mars 2014, art. 3)* **« de prétendues activités » de contrefaçon ou a été signalée comme intervenant dans la production, la fabrication ou la distribution de ces produits, la mise en œuvre de ces procédés ou la fourniture de ces services.**

La production de documents ou d'informations peut être ordonnée s'il n'existe pas d'empêchement légitime.

Derniers al. *abrogés par L. nº 2014-315 du 11 mars 2014, art. 3.*

COMMENTAIRE

Voir le commentaire sous l'article L. 521-5 du CPI. ❑

Le juge de la mise en état peut ordonner la production de pièces dans le cadre du droit d'information prévu par les art. L. 331-1-2, L. 521-5, L. 615-5-2 ou L. 716-7-1 sans attendre que le juge du fond ait reconnu la contrefaçon. • Paris, 17 févr. 2010 : *PIBD 2010. III. 449.* ♦ Indépendamment des informations obtenues par la saisie-contrefaçon, la procédure le l'art. L. 615-5-2 peut viser à connaître l'étendu du réseau de distribution des produits litigieux, les quantités produites et le bénéfice financier. • TGI Paris, 20 sept. 2013 : *PIBD 2014. III. 1590.*

Art. L. 615-6 **Dans une instance en contrefaçon introduite en vertu d'une demande de certificat d'utilité, le demandeur devra produire un rapport de recherche établi dans les mêmes conditions que le rapport prévu à l'article L. 612-14.** – *[L. n° 68-1 du 2 janv. 1968, art. 56 bis.]*

Art. L. 615-7 *(L. n° 2014-315 du 11 mars 2014, art. 2)* **Pour fixer les dommages et intérêts, la juridiction prend en considération distinctement :**

1° Les conséquences économiques négatives de la contrefaçon, dont le manque à gagner et la perte subis par la partie lésée ;

2° Le préjudice moral causé à cette dernière ;

3° Et les bénéfices réalisés par le contrefacteur, y compris les économies d'investissements intellectuels, matériels et promotionnels que celui-ci a retirées de la contrefaçon.

Toutefois, la juridiction peut, à titre d'alternative et sur demande de la partie lésée, allouer à titre de dommages et intérêts une somme forfaitaire. Cette somme est supérieure au montant des redevances ou droits qui auraient été dus si le contrefacteur avait demandé l'autorisation d'utiliser le droit auquel il a porté atteinte. Cette somme n'est pas exclusive de l'indemnisation du préjudice moral causé à la partie lésée.

BIBL. ▶ FÉLIERS, *Propr. ind. 2016. Étude 10* (montants alloués par les juridictions en contentieux de brevet). – GISCLARD, *Propr. ind. 2017. Étude 15* (la nature des « dommages et intérêts » sanctionnant la contrefaçon).

COMMENTAIRE

Voir le commentaire sous l'article L. 521-7 du CPI. ❑

1. La nouvelle rédaction de 2014 (spéc. le 3°) n'étend pas le champ du préjudice issu de l'art. 13 de la Dir. 48/2004/CE du 29 avr. 2004 visant déjà l'évaluation des « bénéfices injustement réalisés ». • Paris, 2e ch., pôle 5, 12 févr. 2016, n° 2009/13793 : *PIBD 2016. III. 600.* ♦ La majoration du taux de redevance contractuel est licite et n'a pas de caractère punitif dans la mesure où les faits de contrefaçon ont permis à un concurrent d'investir un marché très circonscrit sans l'aval du breveté. • Paris, 1re ch., pôle 5, 27 juin 2017, n° 2015/09294 : *PIBD 2017. III. 679.*

2. Sur l'indemnisation du préjudice moral : V. note ss. art. L. 521-7.

3. Sur la détermination de la masse contrefaisante et du calcul de la redevance indemnitaire, V. notes ss. art. L. 515-1, spéc. nos 40 s.

Art. L. 615-7-1 *(L. n° 2007-1544 du 29 oct. 2007, art. 15)* **En cas de condamnation civile pour contrefaçon, la juridiction peut ordonner, à la demande de la partie lésée, que les produits reconnus comme produits contrefaisants et les matériaux et instruments ayant principalement servi à leur création ou fabrication soient rappelés des circuits commerciaux, écartés définitivement de ces circuits, détruits ou confisqués au profit de la partie lésée.**

La juridiction peut aussi ordonner toute mesure appropriée de publicité du jugement, notamment son affichage ou sa publication intégrale ou par extraits dans les journaux ou sur les services de communication au public en ligne qu'elle désigne, selon les modalités qu'elle précise.

Les mesures mentionnées aux deux premiers alinéas sont ordonnées aux frais du contrefacteur.

COMMENTAIRE

Voir le commentaire sous l'article L. 521-8. ❑

La mise en ligne temporaire du dispositif du jugement de contrefaçon par la victime sur son propre site est possible en vertu du caractère public des décisions de justice. Mais elle est abusive et constitue un acte de concurrence déloyale dès lors que le texte tel que reproduit produit des effets à l'encontre du contrefacteur plus négatifs que la publication judiciaire. • Com., 18 oct. 2017, n° 15-27.136 P : *PIBD 2017. III. 765.*

Art. L. 615-8 **Les actions en contrefaçon prévues par le présent chapitre sont prescrites par** *(L. n° 2014-315 du 11 mars 2014, art. 16)* **« cinq » ans à compter des faits qui en sont la cause.** — *[L. n° 68-1 du 2 janv. 1968, art. 58.]*

COMMENTAIRE

Le présent article instaure la prescription de cinq ans en matière de contrefaçon de brevets. Avant la loi du 11 mars 2014, la prescription était triennale.

1. Point de départ. Dès lors qu'il s'agit d'actes de commercialisation, la prescription se calcule à la date du dernier acte effectué. • TGI Paris, 5 sept. 2000 : *PIBD 2001. III. 31.*

2. Interruption de la prescription. L'assignation en contrefaçon introduite par un des trois copropriétaires d'un brevet n'a pas interrompu la prescription au profit des deux autres. • TGI Paris, 18 oct. 1989 : *Ann. propr. ind. 1990. 125.*

Art. L. 615-9 **Toute personne qui justifie d'une exploitation industrielle sur le territoire d'un État membre de la Communauté économique européenne ou de préparatifs effectifs et sérieux à cet effet peut inviter le titulaire d'un brevet à prendre parti sur l'opposabilité de son titre à l'égard de cette exploitation dont la description lui est communiquée.**

Si ladite personne conteste la réponse qui lui est faite ou si le titulaire du brevet n'a pas pris parti dans un délai de trois mois, elle peut assigner ce dernier devant le tribunal pour faire juger que le brevet ne fait pas obstacle à l'exploitation en cause, et ce, sans préjudice de l'action en nullité du brevet et d'une action ultérieure en contrefaçon dans le cas où l'exploitation n'est pas réalisée dans les conditions spécifiées dans la description visée à l'alinéa précédent. — *[L. n° 68-1 du 2 janv. 1968, art. 58 bis.]*

BIBL. ▶ LARÈRE, *RDPI avr. 2001, n° 122, p. 6 et 17* (deux ou trois choses que l'on sait de l'action déclaratoire en non-contrefaçon).

A. PRINCIPES

1. Action en déclaration de non-contrefaçon. La demande en référé de désignation d'un expert est contraire aux dispositions procédurales de l'art. L. 615-9 qui tend à faire trancher la question de droit par un expert. • TGI Lyon, réf., 17 janv. 1995 : *RTD com. 1995. 774, obs. Azéma* ♦ Sur le respect des règles de procédure, V. aussi • Lyon, 4 juill. 1996 : *Dossiers Brevets 1996. II. 6.*

B. CONDITIONS DE RECEVABILITÉ

2. Exploitation ou préparatifs. L'expression « exploitation industrielle » au sens de l'art. L. 615-9, doit s'entendre de la fabrication, le législateur ayant voulu offrir aux industriels de bonne foi, la possibilité de s'assurer qu'ils ne s'exposent pas à des actions en contrefaçon en s'engageant dans telle ou telle fabrication. Il s'ensuit que l'action n'est pas ouverte à celui qui ne fait que commercialiser des produits importés. • TGI Paris, 28 oct. 1998 : *PIBD 1999. III. 192.* ♦ L'action est irrecevable lorsque le demandeur ne justifie pas d'une exploitation industrielle dans un État de la Communauté européenne et n'a pas invité le titulaire du brevet à prendre parti sur l'opposabilité de son titre. • TGI Paris, 23 juin 1999 : *PIBD 2000. III. 55 ; RTD com. 2000. 355* . ♦ Le dépôt d'une demande d'AMM pour un médicament ne suffit pas à établir l'existence de préparatifs sérieux d'exploitation. • TGI Paris, 16 mars 1999 : *PIBD 1999. III. 344.*

3. Phase amiable préalable. La phase amiable est une condition de recevabilité de l'action dont le demandeur en non-contrefaçon ne peut se dispenser que s'il justifie que le breveté a manifesté sa position de manière irrévocable et non ambiguë au cours d'une action en contrefaçon du brevet engagée à son encontre. L'existence d'un litige relatif au brevet reflexe au Japon ne dispense pas de cette phase amiable en France. • TGI Paris, 16 mars 1999 : *PIBD 1999. III. 345.*

C. PROCÉDURE

4. Pouvoir du juge. Il n'existe en droit français aucune disposition permettant au juge français « d'autoriser », avec toutes les conséquences que cela implique, la commercialisation d'un produit par une partie durant la durée d'une procédure ; dès lors, la demande tendant à une telle mesure créatrice de droit, qui ne saurait s'analyser en une mesure conservatoire, doit être rejetée. • TGI Paris, réf., 11 août 1997, *Boston : PIBD 1997. III. 601 ; Dossiers Brevets 1997. IV. 7.* ♦ A propos d'un jugement retenant dans un premier temps, la contrefaçon et, dans un second temps, faisant droit à une déclaration de non-contrefaçon, V. • TGI Paris, 9 févr. 2006 : *Propr. intell. 2006, n° 20, p. 354, obs. Warusfel.*

5. Demande reconventionnelle. Rien ne s'oppose à ce que la demande fondée sur l'art. L. 615-9 soit formée par voie de conclusion dans le cadre d'un procès en cours. • TGI Paris, 22 nov. 1996 : *PIBD 1997. III. 139.*

6. Méthode d'appréciation. Pour répondre à la demande en déclaration de non-contrefaçon, il convient de comparer le procédé et l'installation du demandeur avec le brevet. Il n'y a pas contrefaçon, bien que le procédé et le brevet concernent le même domaine technique, si le procédé ne reproduit pas une étape essentielle du brevet. • TGI Paris, 19 déc. 2000 : *PIBD 2001. III. 301.*

Art. L. 615-10 **Lorsqu'une invention, objet d'une demande de brevet ou d'un brevet, est exploitée pour les besoins de la défense nationale par l'État ou ses fournisseurs, sous-traitants et titulaires de sous-commandes, sans qu'une licence d'exploitation leur ait été octroyée, l'action civile est portée devant la chambre du conseil du tribunal de grande instance. Celui-ci ne peut ordonner ni la cessation ou l'interruption de l'exploitation ni la confiscation prévue** *(L. n° 2007-1544 du 29 oct. 2007, art. 14)* **« aux articles L. 615-3 et L. 615-7-1 ».**

Si une expertise ou une description avec ou sans saisie réelle telle que prévue à l'article L. 615-5 est ordonnée par le président du tribunal, l'officier public commis doit surseoir à la saisie, à la description et à toute recherche dans les archives et documents de l'entreprise, si le contrat d'études ou de fabrication comporte une classification de sécurité de défense.

Il en est de même si les études ou fabrications sont exécutées dans un établissement des armées.

Le président du tribunal de grande instance peut, s'il en est requis par l'ayant droit, ordonner une expertise qui ne peut être effectuée que par des personnes agréées par le ministre chargé de la défense et devant ses représentants.

Les dispositions de l'article L. 615-4 ne sont pas applicables aux demandes de brevet exploité dans les conditions définies au présent article aussi longtemps que ces demandes sont soumises aux interdictions prévues par les articles L. 612-9 et L. 612-10. Une telle exploitation fait encourir de plein droit à ses auteurs la responsabilité définie au présent article. — *[L. n° 68-1 du 2 janv. 1968, art. 59.]*

Saisie-contrefaçon. Dès lors que le saisi prouve qu'il bénéficie d'une habilitation au « confidentiel défense » et qu'à l'occasion des opérations de saisie, des documents, informations, contrats ou brevets protégés par cette classification sont susceptibles d'apparaître à la vue du saisissant, l'officier public doit surseoir à opérer jusqu'à ce que le président du tribunal de grande instance ayant ordonné la saisie, s'il en est requis, ordonne une expertise confiée à des personnes agréées par le ministère chargé de la défense. • Civ. 1re, 21 mars 2006 : *Bull. civ. I, n° 168 ; D. 2007. Pan. 342, obs. Raynard ; ibid. 2006. AJ 983, obs. Daleau ; CCE 2006, n° 87, note Caron ; PIBD 2006. III. 419 ; Propr. intell. 2006, n° 20, p. 352, obs. Warusfel.*

Art. L. 615-11 *Abrogé par L. n° 94-102 du 5 févr. 1994, art. 31.*

SECTION II ACTIONS PÉNALES

Sur l'application de la L. n° 2007-1544 du 29 oct. 2007 de lutte contre la contrefaçon, V. la circulaire du ministre de la justice du 11 avr. 2008, CRIM 08-10/G3, App., v° Dispositions générales.

Art. L. 615-12 **Quiconque se prévaut indûment de la qualité de propriétaire d'un brevet ou d'une demande de brevet est puni d'une amende de 7 500 euros.** — *[L. n° 68-1 du 2 janv. 1968, art. 60.]*

Les deux dernières phrases de l'art. L. 615-12 qui réprimaient la récidive de celui qui se prévaut indûment de la qualité de propriétaire d'un brevet ou d'une demande de brevet ont été supprimées par la L. n° 2009-526 du 12 mai 2009 (L. préc., art. 122).

Art. L. 615-13 **Sans préjudice, s'il échet, des peines plus graves prévues en matière d'atteinte à la sûreté de l'État, quiconque a sciemment enfreint une des interdictions portées aux articles L. 612-9 et L. 612-10 est puni d'une amende de 4 500 euros. Si la violation a porté préjudice à la défense nationale, une peine d'emprisonnement de un à cinq ans pourra, en outre, être prononcée.** — *[L. n° 68-1 du 2 janv. 1968, art. 61.]*

Art. L. 615-14 *(L. n° 2004-204 du 9 mars 2004, art. 34-V)* **« 1. Sont punies de trois ans d'emprisonnement et de 300 000 euros d'amende les atteintes portées sciemment aux droits du propriétaire d'un brevet, tels que définis aux articles L. 613-3 à L. 613-6. Lorsque le délit a été commis en bande organisée ou** *(L. n° 2011-267 du 14 mars 2011, art. 3)* **« sur un réseau de communication au public en ligne »** *(L. n° 2007-1544 du 29 oct. 2007, art. 16)* **« ou lorsque les faits portent sur des marchandises dangereuses pour la santé, la sécurité de l'homme ou l'animal », les peines sont portées à** *(L. n° 2016-731 du 3 juin 2016, art. 44)* **« sept ans d'emprisonnement et à 750 000 euros d'amende** *[ancienne rédaction : cinq ans d'emprisonnement et à 500 000 euros d'amende]* **». »**

2. *Alinéa obsolète depuis la promulgation de la loi du 9 mars 2004.*

COMMENTAIRE

Le présent article reprend le *quantum* des peines communes à toutes contrefaçons d'un droit de propriété intellectuelle. Sa rédaction est partiellement commune à l'article L. 521-10 statuant en matière de dessins et modèles. En effet, malgré l'absence de section spécifique dédiée aux actions pénales, les violations de ces régimes peuvent aussi être portées devant les juridictions répressives. Nous renvoyons donc au commentaire reproduit sous l'article mentionné ci-dessus.

Le 19 mai 2016, l'Assemblée nationale a voté la ratification de la convention du Conseil de l'Europe « sur la contrefaçon des produits médicaux et les infractions similaires menaçant la santé publique » (L. n° 2016-701 du 30 mai 2016, *JO 31 mai*), convention dite « Médicrime », signée à Moscou le 28 octobre 2011. Cet instrument international vise à prévenir et à combattre le trafic de faux médicaments.

L'utilisation et la détention de produits contrefaisants ne sont passibles que de sanctions civiles (CPI, art. L. 615-1). En conséquence, la personne poursuivie pour contrefaçon ne peut arguer du préjudice résultant de la menace de poursuites pénales susceptibles de lui interdire l'exercice de sa profession de pharmacienne. • Caen, 2e ch. civ. et com., 11 sept. 2014 : *PIBD 2014. III. 753.*

Art. L. 615-14-1 *(L. n° 94-102 du 5 févr. 1994, art. 10)* **En cas de récidive des infractions définies à l'article L. 615-14, ou si le délinquant est ou a été lié par convention avec la partie lésée, les peines encourues sont portées au double.**

Les coupables peuvent, en outre, être privés pendant un temps qui n'excédera pas cinq ans du droit d'élection et d'éligibilité pour les tribunaux de commerce, les chambres de commerce et d'industrie territoriales et les chambres de métiers, ainsi que pour les conseils de prud'hommes.

COMMENTAIRE

Voir le commentaire sous l'article L. 521-13.

Art. L. 615-14-2 *(L. n° 2007-1544 du 29 oct. 2007, art. 16)* **Les personnes physiques coupables du délit prévu à l'article L. 615-14 peuvent en outre être condamnées, à leurs frais, à retirer des circuits commerciaux les objets jugés contrefaisants et toute chose qui a servi ou était destinée à commettre l'infraction.**

La juridiction peut ordonner la destruction aux frais du condamné ou la remise à la partie lésée des objets et choses retirés des circuits commerciaux ou confisqués, sans préjudice de tous dommages et intérêts.

Elle peut également ordonner, aux frais du condamné, l'affichage du jugement ou la diffusion du jugement prononçant la condamnation, dans les conditions prévues à l'article 131-35 du code pénal.

COMMENTAIRE

Le présent article prévoit des mesures correctives permettant de rendre plus efficace la sanction pour contrefaçon. A la disposition du juge pénal, ces peines complémentaires sont identiques à celles que peut décider la juridiction civile. A quelques détails près, sa rédaction est donc identique à celle de l'article L. 615-7-1. De la même façon, ce dernier est commun aux différents régimes de propriété intellectuelle. Nous renvoyons donc aux commentaires rédigés à propos des dessins et modèles sous les articles L. 521-8 et L. 521-11.

Art. L. 615-14-3 *(L. nº 2009-526 du 12 mai 2009, art. 125-XVIII)* **« Les personnes morales déclarées responsables pénalement, dans les conditions prévues par l'article 121-2 du code pénal, de l'infraction définie à l'article L. 615-14 encourent, outre l'amende suivant les modalités prévues par l'article 131-38 du code pénal, les peines prévues par l'article 131-39 du même code. »**

(L. nº 2007-1544 du 29 oct. 2007, art. 16) **« L'interdiction mentionnée au 2° de l'article 131-39 du même code porte sur l'activité dans l'exercice ou à l'occasion de l'exercice de laquelle l'infraction a été commise.**

« Les personnes morales déclarées pénalement responsables peuvent en outre être condamnées, à leurs frais, à retirer des circuits commerciaux les objets jugés contrefaisants et toute chose qui a servi ou était destinée à commettre l'infraction.

« La juridiction peut ordonner la destruction aux frais du condamné ou la remise à la partie lésée des objets et choses retirés des circuits commerciaux ou confisqués, sans préjudice de tous dommages et intérêts. »

COMMENTAIRE

Voir le commentaire sous l'article L. 521-12.

Art. L. 615-15 **Sans préjudice, s'il échet, des peines plus graves prévues en matière d'atteinte à la sûreté de l'État, quiconque aura sciemment enfreint une des obligations ou interdictions prévues aux articles L. 614-18, L. 614-20 et au premier alinéa de l'article L. 614-21 sera puni d'une amende de 6 000 euros. Si la violation a porté préjudice à la défense nationale, une peine d'emprisonnement de cinq ans pourra, en outre, être prononcée.** – *[L. nº 77-682 du 30 juin 1977, art. 7.]*

Art. L. 615-16 **Sans préjudice, s'il échet, des peines plus graves prévues en matière d'atteinte à la sûreté de l'État, quiconque aura sciemment enfreint l'une des obligations ou interdictions prévues au second alinéa de l'article L. 614-2, à l'article L. 614-4 et au premier alinéa de l'article L. 614-5 sera puni d'une amende de 6 000 euros. Si la violation a porté préjudice à la défense nationale, une peine d'emprisonnement de cinq ans pourra, en outre, être prononcée.** – *[L. nº 77-683 du 30 juin 1977, art. 10.]*

SECTION III RÈGLES DE COMPÉTENCE ET DE PROCÉDURE

Art. L. 615-17 *(L. nº 2011-525 du 17 mai 2011, art. 196)* **Les actions civiles et les demandes relatives aux brevets d'invention, y compris** *(L. nº 2014-315 du 11 mars 2014, art. 1er)* **« dans les cas prévus à l'article L. 611-7 ou » lorsqu'elles portent également sur une question connexe de concurrence déloyale, sont exclusivement portées devant des tribunaux de grande instance, déterminés par voie réglementaire, à l'exception des recours formés contre les actes administratifs du ministre chargé de la propriété industrielle qui relèvent de la juridiction administrative.**

Les dispositions qui précèdent ne font pas obstacle au recours à l'arbitrage, dans les conditions prévues aux articles 2059 et 2060 du code civil.

Les tribunaux de grande instance mentionnés au premier alinéa du présent article sont seuls compétents pour constater que le brevet français cesse de produire ses effets, en totalité ou en partie, dans les conditions prévues à l'article L. 614-13 du présent code.

Conformément à l'art. D. 631-2 du CPI renvoyant à l'art. D. 211-6 du COJ, la compétence exclusive est confiée au TGI de Paris depuis le Décr. nº 2009-1205 du 9 oct. 2009 fixant le siège et le ressort des juridictions en matière de propriété intellectuelle (JO 11 oct.).

V. art. L. 411-4 et R. 411-19 à R. 411-26. – V. aussi Convention de Bruxelles du 27 sept. 1968, art. 16, App., vº Dispositions générales.

BIBL. ► RAU, *Résumé in PIBD 1998, II, p. 199* (quelle forme doit prendre une juridiction compétente en matière de brevets communautaires qui coexisteraient avec les tribunaux nationaux, compte tenu du livre vert sur le brevet communautaire ?). – VÉRON, *RDPI mars 2001, nº 121, p. 4* (innovations apportées dans le contentieux de la propriété industrielle par le Règl. (CE) nº 44/2001 du 22 déc. 2000).

COMMENTAIRE

Depuis le décret n° 2009-1205 du 9 octobre 2009, le TGI de Paris est le seul compétent pour juger du contentieux en matière de brevets d'invention, et plus généralement pour tous les titres régis par le livre VI du CPI, à l'exception des obtentions végétales (V. art. D. 631-1). Par voie de conséquence, la cour d'appel de Paris s'impose comme second degré de juridiction.

La loi n° 2014-315 du 11 mars 2014 renforçant la lutte contre la contrefaçon finit de confier aux TGI l'ensemble des litiges en matière de brevets. Cette juridiction peut être saisie de tous les contentieux liés aux inventions de salariés, soit *ab initio*, soit pour contester ou au contraire pour obtenir la force exécutoire de la proposition de conciliation de la Commission nationale des inventions de salariés (CNIS) instaurée par l'article L. 615-25. Il est ainsi mis fin aux incertitudes. Même en présence d'une invention de mission dont la rémunération supplémentaire est prévue par une convention collective, le conseil des prud'hommes est incompétent.

1. Dans une espèce où seule la violation de l'obligation de ne pas divulguer le savoir-faire permettant de mettre en œuvre le procédé est en cause et qu'aucune contrefaçon du brevet n'est incriminée, le président du tribunal de commerce est compétent. • Com. 7 juin 2011 : *Propr. ind. 2011. 77, note Chiariny-Daudet.* ♦ De la même façon, le juge consulaire demeure compétent pour juger d'une action en concurrence déloyale pour dénigrement lié à l'envoi de courriers mettant en cause la loyauté du demandeur au regard du respect de la propriété industrielle. • Versailles, 6 nov. 2013 : *PIBD 2014. III. 53.* ♦ Nonobstant l'existence d'un brevet, la compétence exclusive de certains TGI ne s'applique pas lorsque la demande est fondée exclusivement sur la concurrence déloyale et le détournement de savoir-faire, excluant ainsi tout examen d'un lien avec un titre de brevet. • Com. 16 févr. 2016, n° 14-24.295 P : *D. 2016. 478 ; Dalloz IP/IT 2016. 255, obs. Daleau ; CCE 2016, n° 31, note Caron ; PIBD 2016. III. 273.*

2. Dispositions transitoires. Bien que le litige ait été régulièrement tranché par le TGI de Lille sous l'empire de l'ancienne loi, la cour d'appel de Paris est seule à pouvoir connaître des recours formés postérieurement à l'entrée en vigueur de la nouvelle disposition. • Civ. 2e, 24 sept. 2015 : *PIBD 2015. III. 687.* ♦ V. cependant, jugeant que l'appel des jugements régulièrement prononcés par un autre TGI relève de la cour d'appel dans le ressort de laquelle il est situé, • Com. 3 mars 2015, *Roquette Frères Sa c/ Tereos Syral SAS et a.*, n° 14-10-568 : *PIBD 2015. III. 259 ; Propr. intell. juill. 2015, n° 56, p. 331, note Warusfel.*

A. DROIT INTERNE

3. Principe. Une demande en condamnation de l'État pour inexécution de la convention par laquelle lui a été concédée une sous-licence de brevet en paiement d'une indemnité est de la compétence des juridictions de l'ordre judiciaire. En effet, l'art. L. 615-17 dispose que l'ensemble du contentieux né de la loi est attribué aux tribunaux de grande instance et aux cours d'appel auxquelles ils sont rattachés, en l'espèce, la demande trouve son fondement dans la concession d'une licence d'exploitation : elle ressortit aux juridictions de l'ordre judiciaire. • T. confl. 6 juin 1989 : *PIBD 1989, III, p. 552 ; Ann. propr. ind. 1989. 181 ; D. 1990. Somm. 151, obs. Mousseron et Schmidt.* ♦ Ne relèvent du contentieux de l'art. L. 615-17 que les litiges qui puisent leurs éléments de solution dans des règles posées par la loi répondant à la finalité spécifique de la technique des brevets. • Paris, 25 oct. 1996 : *Dossiers Brevets 1996. IV. 7.*

4. Contrats. « Le titre I auquel il est fait référence réglemente, en son chapitre III, section II, la transmission et la perte des droits attachés aux brevets, dont la concession de licence d'exploitation. Le contentieux auquel peut donner lieu la concession de licence relève donc de la compétence des tribunaux de grande instance ». • TGI Paris, 11 janv. 1995 : *PIBD 1995. III. 212* (interprétation d'un contrat de licence). – Dans le même sens • 23 juin 1993 : *PIBD 1993. III. 651* • 28 avr. 1993 : *ibid., p. 545* • Caen, 17 sept. 1982 : *JCP E 1984. II. 14242, obs. crit. Vivant* (résolution d'un contrat de licence) • T. confl. 6 juin 1989 : *préc. note 1.* ♦ *Contra* : « Aux termes de l'art. L. 615-17, l'ensemble du contentieux né de ce titre est attribué aux tribunaux de grande instance et aux cours d'appel auxquelles ils sont rattachés, les tribunaux de grande instance appelés à connaître des actions en matière de brevets étant déterminés par voie réglementaire. Ces dispositions dérogatoires au droit commun doivent être d'interprétation stricte, la compétence exclusive de juridictions susvisées ne concernant que les litiges mettant en cause l'application des règles propres au droit des brevets ; elle ne saurait, dans ces conditions, s'étendre aux instances fondées sur une règle tirée du droit commun des contrats, et notamment de l'exécution des clauses d'un contrat de licence ». • Versailles, 24 févr. 1994 : *PIBD 1994. III. 473 ; JCP E 1994. Pan. 955 ; JCP E 1995. I. 471, n° 6, obs. Burst et Mousseron ; RTD com. 1995. 416, obs. Azéma.* ♦ Relève du contentieux de l'art.

L. 615-17 le litige pour lequel la détermination des obligations contractuelles des parties au contrat est susceptible de dépendre de la validité et de l'opposabilité des droits sur le brevet, de la validité de celui-ci et du caractère public ou confidentiel des informations communiquées à des tiers, questions mettant en cause les règles spécifiques du droit des brevets. • Com. 21 janv. 2004 : *D. 2005. Pan. 961, obs. Raynard ; PIBD 2004. III. 211 ; Propr. ind. 2004, n° 29, note Raynard ; Propr. intell. 2004, n° 12, p. 795, obs. Galloux.* ♦ Un TGI spécial n'est pas requis en présence d'un litige de nature purement contractuelle. • Lyon, 1re ch. civ. A, 28 janv. 2016, n° 2015/06886 : *PIBD 2016. III. 183.*

5. Le litige concernant l'action en indemnisation du préjudice causé à un chercheur par le non-dépôt de demande de brevet par son partenaire industriel ne relève pas de l'art. L. 615-17. • Paris, 19 juin 1986 : *Ann. propr. ind. 1987. 79.*

6. Inventions de salariés. Doit être cassé l'arrêt qui, sur la demande d'un salarié devant la formation de référé du conseil de prud'hommes, en condamnation de l'employeur à lui rémunérer une invention, rejette l'exception d'incompétence du conseil de prud'hommes, alors que les juges ont relevé que l'invention revendiquée était contestée par l'employeur au motif qu'elle était antériorisée et due à deux autres inventeurs, et que le contentieux était né, au moins en partie, de la loi sur les brevets d'invention et alors que le litige relevait en l'espèce du TGI. • Soc. 18 févr. 1988 : *Bull. civ. V, n° 126 ; D. 1989. Somm. 279, obs. Julien.* ♦ Le contentieux de la rémunération des inventions de salariés est expressément attribué au juge des brevets par la loi n° 2014-315 du 11 mars 2014 (art. 1). La jurisprudence appliquait déjà cette règle de compétence. • Versailles, 6 oct. 1989 : *Dossiers Brevets 1989. V. 5 ; D. 1990. Somm. 151, obs. Mousseron et Schmidt* • TGI Paris, 25 janv. 1989 : *PIBD 1989. III. 285 ; Dossiers Brevets 1989. IV. 7.* ♦ V. notes ss. L. 611-7. ♦ L'inventeur salarié peut agir en paiement contre son employeur à l'exclusion des autres sociétés du groupe. En revanche, le dernier employeur serait susceptible de venir aux droits des employeurs précédents en raison du transfert des secteurs d'activités dans lesquelles exerce l'inventeur. • Com. 9 déc. 2014, n° 13-16.559 P : *PIBD 2015. III. 139 ; Propr. ind. 2015, n° 18, note Raynard.* ♦ L'action en justice d'un salarié aux fins d'informations et de paiement de la rémunération supplémentaire ne relève pas de prétentions « contraires à l'intérêt de l'entreprise » caractérisant un manquement à son obligation de loyauté. Le licenciement a pu à bon droit être considéré comme dépourvu de cause réelle et sérieuse. • Soc. 17 sept. 2014, n° 13-15.930 : *Propr. intell. 2015, n° 56, p. 326, note Galloux ; PIBD 2014. III. 835.* ♦ Le juge judiciaire est compétent en matière de rémunération supplémentaire des inventeurs agents publics sous réserve de l'exception limitée prévue au 1er al *in fine*. • T. confl., 11 avr. 2016, n° 4049 : *Lebon ; Propr. intell. 2017, n° 63, p. 99, obs. Galloux ; AJDA 2016. 814, obs. de Montecler .*

7. Arbitrage. Le principe de l'attribution générale de compétence aux juridictions étatiques ne met obstacle à l'arbitrage que pour les matières de la loi qui intéressent l'ordre public ; ainsi les litiges portant sur les contrats relatifs à l'exploitation du brevet, qu'il s'agisse d'interprétation ou d'exécution du contrat sont arbitrables ; ces dispositions sont en harmonie avec la Convention de Bruxelles du 27 sept. 1968, qui, en son art. 16-4°, donne compétence exclusive aux juridictions du pays du brevet en ce qui concerne le seul contentieux de la délivrance et de l'annulation du brevet. • Paris, 24 mars 1994 : *Dossiers Brevets 1994. I. 7 ; D. 1996. Somm. 21, obs. Mousseron et Schmidt ; Rev. arb. 1994. 515, note Jarrosson ; RTD com. 1995. 416, obs. Azéma ; JCP E 1994, Pan. 597 ; JCP E 1995. I. 471, n° 7, obs. Burst et Mousseron.* – V. aussi • Aix-en-Provence, 24 juin 1999 : *CCE 2001, n° 130, note Le Stanc.* ♦ Le litige qui ne concerne pas la validité du brevet mais la paternité de l'invention peut être soumis à arbitrage. • Paris, 31 oct. 2001 : *Propr. ind. 2002, n° 76, note Raynard.* – Pourvoi rejeté par : • Civ. 1re, 30 mars 2004 : *PIBD 2004. III. 345.* ♦ Un tribunal arbitral saisi d'un litige de nature contractuelle peut examiner de manière incidente la question de la validité d'un brevet et d'en constater la nullité, ce constat n'ayant qu'une portée *inter partes*. • Paris, 28 févr. 2008 : *D. 2008. 1325, note Meese ; ibid. Pan. 3111, obs. Clay ; ibid. 2009. Pan. 457, obs. Raynard ; RTD com. 2008. 516, obs. Loquin ; CCE 2008, n° 75, note Caron ; Propr. ind. 2009, n° 2, note Raynard ; Propr. intell. 2008, n° 29, p. 476, obs. Galloux.*

B. DROIT INTERNATIONAL

8. Principe d'interprétation. La notion de litige en matière d'inscription ou de validité des brevets mentionnée à l'art. 16-4° de la Convention de Bruxelles du 27 sept. 1968 doit être considérée comme une notion autonome destinée à recevoir une application uniforme dans tous les États membres. • CJCE 15 nov. 1983, *Duijnstee c/ Goderbauer,* n° 288/82 : *Rec. 3663 ; PIBD 1984, III, p. 57 ; Rev. crit. DIP 1984. 361, note Bonet ; D. 1986. Somm. 138, obs. Mousseron et Schmidt ; Dossiers Brevets 1984. III. 4.*

9. Domaine. La notion de litige en matière d'inscription ou de validité des brevets mentionnée à l'art. 16-4° de la Convention de Bruxelles du 27 sept. 1968 ne recouvre pas un différend entre l'employé, auteur d'une invention pour laquelle un brevet a été demandé ou obtenu, et son employeur, lorsque le litige porte sur leurs droits respectifs sur ce brevet découlant de leur relation de travail. • CJCE 15 nov. 1983 : *préc.*

note 8. ♦ V. aussi • TGI Paris, 4 oct. 1995 : *PIBD 1996. III. 10.*

10. Licences. Si l'art. 5 de la Convention de Bruxelles du 27 sept. 1968 permet au demandeur en matière contractuelle d'assigner le défendeur au lieu où l'obligation a été ou doit être exécutée, il convient de retenir la compétence de principe des tribunaux de l'État où le défendeur est domicilié, posée par l'art. 2, dès lors qu'est demandée la résolution d'un contrat de licence couvrant 24 pays dont la France, pour inexécution des obligations du breveté. • TGI Paris, 29 janv. 1988 : *D. 1990. Somm. 155, obs. Mousseron et Schmidt* . ♦ Pour valablement déroger aux dispositions de la Convention de Bruxelles, la clause attributive de compétence doit figurer dans toutes les versions du contrat de licence. • TGI Paris, 28 mai 1997 : *PIBD 1997. III. 547.*

11. Prestation caractéristique. L'obligation servant de base à la demande étant celle de payer des redevances, la cour s'est fondée, pour déterminer le lieu d'exécution de cette obligation, sur l'art. 17 de la Conv. de Rome et, ayant constaté que l'accord était un accord complexe formant un tout indissociable, a pu en déduire que la prestation caractéristique était la cession d'une demande de brevet à une société ayant alors son siège en Suisse, le droit suisse applicable désignant alors la compétence des tribunaux du lieu du domicile du créancier. • Com. 13 mars 2001 : *PIBD 2001. III. 9.*

12. Conséquences de la compétence exclusive. L'art. 19 de la Convention de Bruxelles du 27 sept. 1968 impose au juge national l'obligation de se déclarer d'office incompétent chaque fois qu'il constate l'existence d'une compétence exclusive d'une juridiction d'un autre État contractant au sens de l'art. 16 de la Convention, même dans le cadre d'un pourvoi en cassation, alors que la règle nationale limite l'examen de la juridiction aux moyens invoqués par les parties. • CJCE 15 nov. 1983 : *préc. note 8.* ♦ Sur l'incompétence du tribunal français, aucun acte de contrefaçon n'ayant été relevé sur le territoire français et la France n'étant pas désignée dans le brevet européen, V. • Crim. 19 juin 2007 : *Bull. crim. n° 166 ; D. 2007. AJ 1973* ; *CCE 2008, n° 16, note Caron ; JCP E 2007. 2504. Étude Passa.*

13. Exception de connexité. L'action en violation d'un accord de confidentialité est indépendante de l'action en contrefaçon prolongée d'un recours en garantie et les problèmes de compétence doivent être distincts, même si plusieurs parties sont identiques. • TGI Paris, 10 mars 1987 : *PIBD 1987, III, p. 309 ; D. 1988. Somm. 348, obs. Mousseron et Schmidt.* ♦ Si deux actions en contrefaçon opposent les mêmes parties, chacune fondée sur un brevet national qui n'est pas rigoureusement identique à l'autre et qui est indépendant de l'autre ; la loi applicable à chacune est différente et ne sera pas nécessairement appréciée de la même façon ; la décision de chaque juridiction n'aura pas d'effet dans l'autre État et il n'est pas démontré que le dessaisissement corresponde au service d'une bonne administration de la justice. L'exception de connexité facultative est rejetée. • TGI Paris, 10 déc. 1999 : *PIBD 2000. III. 185 ; Ann. propr. ind. 2000. 180.* – Confirmé par • Paris, 9 févr. 2001 : *D. 2002. Somm. 1193, obs. Raynard* ; *PIBD 2001. III. 361.*

14. Exception de litispendance. L'action engagée en France est une action en contrefaçon de brevet visant à sanctionner l'atteinte aux droits du demandeur en France alors que l'action engagée devant le tribunal de Milan est une action de non-contrefaçon visant à lui permettre l'exploitation de son produit. Ces deux actions n'ayant pas le même objet, les dispositions de l'art. 21 de la Convention de Bruxelles ne peuvent s'appliquer. • TGI Paris, 28 avr. 2000 : *D. 2002. Somm. 1193, obs. Raynard* .

Art. L. 615-18 et L. 615-19 *Abrogés par L. n° 2014-315 du 11 mars 2014, art. 1er.*

Art. L. 615-20 **La juridiction saisie d'une action ou d'une exception relevant des dispositions du présent titre peut soit d'office, soit à la demande d'une des parties, désigner tel consultant de son choix pour suivre la procédure dès sa mise en état et assister à l'audience. Le consultant peut être autorisé à poser des questions aux parties ou à leurs représentants** *(Abrogé par L. n° 2014-315 du 11 mars 2014, art. 18) « en chambre du conseil ».* – *[L. n° 68-1 du 2 janv. 1968, art. 67 bis, al. 2.]*

Art. L. 615-21 **Si l'une des parties le demande, toute contestation portant sur l'application de l'article L. 611-7 sera soumise à une commission paritaire de conciliation (employeurs, salariés), présidée par un magistrat de l'ordre judiciaire dont la voix est prépondérante en cas de partage.**

Dans les six mois de sa saisine, cette commission, créée auprès de l'Institut national de la propriété industrielle, formule une proposition de conciliation ; celle-ci vaut accord entre les parties, si, dans le mois de sa notification, l'une d'elles n'a pas saisi le tribunal de grande instance compétent statuant en chambre du conseil. Cet accord peut être rendu exécutoire par ordonnance du président du tribunal de grande instance saisi sur simple requête par la partie la plus diligente.

Les parties pourront se présenter elles-mêmes devant la commission et se faire assister ou représenter par une personne de leur choix.

La commission pourra se faire assister d'experts qu'elle désignera pour chaque affaire.

Les modalités d'application du présent article, qui comportent des dispositions particulières pour les agents visés au dernier alinéa de l'article L. 611-7, sont fixées par décret en Conseil d'État après consultation des organisations professionnelles et syndicales intéressées. – *[L. n° 68-1 du 2 janv. 1968, art. 68 bis]* – *V. art. R. 615-6 s.*

1. Sur le délai d'intervention de la CNIS, V. • TGI Marseille, 12 mai 1998 : *Dossiers Brevets 1998. III. 8.*

2. La proposition de conciliation de la CNIS ne peut plus être contestée après expiration du délai légal (al. 2). Le salarié forclos ne peut pas arguer du sursis à statuer prononcé par le TGI sur une demande en paiement de la rémunération supplémentaire ; peu importe que la commission ait été saisie par l'employeur. • Paris, 15 nov. 2012 : *PIBD 2013. III. 898.*

Art. L. 615-22 **Des décrets en Conseil d'État fixent les modalités d'application du présent titre.** – *V. art. R. 611-1 s.*

TITRE DEUXIÈME PROTECTION DES CONNAISSANCES TECHNIQUES

CHAPITRE PREMIER SECRET DE FABRIQUE

BIBL. GÉN. ▶ AZÉMA, *Propr. ind. 2014 Étude 17* (la protection du secret des affaires dans la perspective de la proposition de directive européenne). – GARINOT, *Droit et patr. sept. 2016. 32* (le secret des affaires, des limbes juridiques au droit positif). – MAGNIN, Le *know-how* et la propriété industrielle, *Litec 1974.* – MALAURIE-VIGNAL, *D. 1997. Chron. 207* (la protection des informations privilégiées et le savoir-faire). – MOUSSERON, Secret et contrat. Mélanges Foyer, *PUF 1997, p. 257 ; Cah. dr. entr. 1972, n° 1, p. 2* (aspects juridiques du *know-how*). – POLLAUD-DULIAN, Droit de la propriété industrielle, *Montchrestien 1999.* – La protection des secrets d'affaires : enjeux et perspectives, *LexisNexis 2015, coll. CREDIMI.*

COMMENTAIRE

La portée des dispositions encadrant le secret de fabrique est extrêmement faible. La notion même de secret de fabrique est jugée obsolète au regard de l'évolution des pratiques : une mutation vers un système de protection du secret des affaires (notion connue du code de commerce, art. L. 463-4) et, plus généralement, de toute information à valeur économique, semble souhaité. A la suite de deux projets de loi (2004 et 2009) et d'un amendement rejeté à la loi LOPPSI 2 (L. n° 2011-467, 14 mars 2011, *JO 15 mars*), le gouvernement a été suffisamment sensibilisé. Après la mise en place d'une délégation ministérielle à l'intelligence économique, une proposition de loi fut déposée par le député Bernard Carayon puis adoptée en première lecture par l'Assemblée nationale le 23 janvier 2012. Elle instituerait un label « confidentiel entreprise ». Fonctionnant sur le modèle existant du « secret défense », ce label permettrait aux entreprises d'engager la responsabilité de tous leurs partenaires indiscrets et plus uniquement des salariés ou dirigeants.

La directive (UE) 2016/943 sur la protection des savoir-faire et des informations commerciales non divulgués contre l'obtention, l'utilisation et la divulgation illicites a été adoptée le 8 juin 2016 (V. App., v° *Propriété industrielle, XIII. – Savoir-faire*). S'ajoutant ou se substituant à la propriété intellectuelle, ce texte a vocation à protéger les secrets d'affaires qui « permettent aux créateurs et aux innovateurs de tirer profit de leur création ou de leur innovation et sont dès lors particulièrement importants pour la compétitivité des entreprises ainsi que pour la recherche et le développement et pour les performances liées à l'innovation ». Le texte protège en effet les « informations qui répondent à toutes les conditions suivantes : *a)* elles sont secrètes en ce sens que, dans leur globalité ou dans la configuration et l'assemblage exacts de leurs éléments, elles ne sont pas généralement connues de personnes appartenant aux milieux qui s'occupent normalement du genre d'informations en question, ou ne leur sont pas aisément accessibles ; *b)* elles ont une valeur commerciale parce qu'elles sont secrètes ; *c)* elles ont fait l'objet, de la part de la personne qui en a licitement le contrôle, de dispositions raisonnables, compte tenu des circonstances, destinées à les garder secrètes » contre les pratiques contraires aux « usages commerciaux honnêtes », intentionnelle ou par négligence grave. Contrairement à la divulgation des secrets de fabrique, aucun lien avec le détenteur de l'information n'est imposé.

L'objet de la protection reprend la définition très accueillante des « renseignements non divulgués » de l'article 39.2 de l'Accord sur les aspects des droits de propriété intellectuelle qui touchent au commerce (ADPIC annexe 1 C – V. App., v° *Dispositions générales*). A l'heure actuelle, ces comportements sont sanctionnés sur le terrain de l'action en concurrence déloyale. Mais en créant une protection spécifique harmonisée, les instances de l'Union européenne se rapprochent d'un régime de propriété intellectuelle. Il est en effet prévu des mesures provisoires d'interdiction d'utilisation, l'appréhension des exemplaires fabriqués en application du secret ainsi que le calcul des dommages-intérêts identique aux nouvelles règles de propriété intellectuelle. Plus encore, il est envisagé des mesures permettant de protéger le secret pendant le déroulement de la procédure. Il incombera au juge de l'Union européenne de définir la portée de cette protection qui, contrairement au brevet, est incompatible avec la divulgation publique de l'invention.

En revanche, et contrairement à la proposition « Carayon », seules des sanctions civiles sont envisagées, du moins à titre principal.

La transposition est demandée pour le 20 juin 2018 au plus tard. ❑

Art. L. 621-1 *(L. n° 92-1336 du 16 déc. 1992, art. 204)* **Les peines frappant la violation des secrets de fabrique sont prévues à l'article L. 1227-1 du code du travail ci-après reproduit :**

Art. L. 1227-1 Le fait pour un directeur ou un salarié de révéler ou de tenter de révéler un secret de fabrication est puni d'un emprisonnement de deux ans et d'une amende de 30 000 €.

La juridiction peut également prononcer, à titre de peine complémentaire, pour une durée de cinq ans au plus, l'interdiction des droits civiques, civils et de famille prévue par l'article 131-26 du code pénal. – *[Anc. art. L. 152-7.]*

Pour l'application de l'art. L. 621-1 aux territoires d'outre-mer et à la collectivité territoriale de Mayotte, V. art. L. 811-3 (Ord. n° 96-267 du 28 mars 1996).

Sur la communication de documents et renseignements d'ordre économique, commercial, industriel, financier ou technique à des personnes physiques ou morales étrangères, V. L. n° 68-678 du 26 juill. 1968 modifiée. – ***C. com.***

A. SECRET DE FABRIQUE

1. *Définition et objet du secret.* Constituent des secrets de fabrique : des procédés de fabrication d'une certaine originalité, bien que d'une hauteur inventive modeste, qui offrent un intérêt pratique et commercial pour celui qui les met en œuvre, en ce qu'ils permettent une amélioration de la production et une diminution du prix de revient ; les dispositifs ont le caractère secret dès lors que, à l'exception d'une firme étrangère avec laquelle l'utilisateur des dispositifs est lié par un accord d'échange d'informations et à l'exception de trois autres firmes clientes de cette première firme, ils sont restés inconnus des autres industriels, étant tenus cachés aux concurrents. • Paris, 13 juin 1972. – Pourvoi rejeté par • Crim. 20 juin 1973 : *Ann. propr. ind. 1974. 85.* ♦ ... Les caractéristiques techniques originales de *machines créées par un* industriel, permettant de mettre en œuvre un procédé de fabrication qui offre un intérêt pratique et commercial et qui ont été cachées aux entreprises concurrentes ; un procédé est conservé secret, dès lors que son détenteur a affirmé sa volonté de le cacher, a stipulé le secret dans les contrats de travail, a organisé le filtrage des visiteurs et a compartimenté le travail de telle façon qu'aucun ouvrier n'ait la science totale du procédé. • Paris, 2 févr. 1973. – Pourvoi rejeté par • Crim. 12 juin 1974 : *Ann. propr. ind. 1974. 97 ; PIBD 1974, III, p. 399.* ♦ Le secret n'est pas perdu parce qu'il est communiqué aux salariés qui sont tenus d'une obligation de fidélité et donc de secret. • Cass. 8 nov. 1920 : *S. 1922. I. 129.* ♦ Sur le rejet du pourvoi qui invoquait le défaut de caractère innovant du procédé objet du secret, V. • Crim. 19 sept. 2006 : *RTD com. 2007. 529, obs. Galloux*.

2. *Éléments constitutifs du délit.* Le secret de fabrique doit exister ; le procédé de fabrication de l'oxychlorure de cuivre ne répond pas à sa définition : « Tout procédé de fabrication offrant un intérêt pratique et commercial, mis en œuvre par un industriel et tenu caché par lui à ses concurrents qui, avant la communication qui leur a été faite, ne le connaissaient pas. En effet (...) ce procédé était parfaitement connu puisqu'il a été largement divulgué dans diverses brochures ou publications spécialisées, de telle sorte qu'il était tombé dans le domaine public et qu'il ne pouvait donc donner lieu à la détention d'un secret de fabrique susceptible d'appropriation frauduleuse par un concurrent. » Dans ces conditions, il ne peut non plus y avoir corruption d'employé. • Limoges, 1er juill. 1981. – Pourvoi rejeté par • Crim. 15 avr. 1982 : *PIBD 1982, III, p. 207.* ♦ Le délit de divulgation du secret de fabrique est commis lorsqu'un ingénieur qui avait réalisé, pour son ancien employeur, certains dispositifs de fabrication dont il connaît l'utilité et le caractère secret, reproduit ces dispositifs pour le compte d'un concurrent selon des plans établis par lui de mémoire ; il est commis indépendamment de la mise en œuvre éventuelle du secret par le bénéficiaire de la communication. • Paris, 13 juin 1972. – Pourvoi rejeté par • Crim. 20 juin 1973 : *préc. note 1.*

3. Ancien employé. S'il est vrai qu'un ingénieur ne peut pas faire table rase de l'acquis obtenu dans l'exercice de ses fonctions antérieures, il a pourtant le devoir de ne pas divulguer les secrets de fabrique que lui avait confiés son précédent employeur, en particulier quand les dirigeants lui ont expressément rappelé ses obligations à cet égard, lors de son départ de l'entreprise. • Paris, 2 févr. 1973. – Pourvoi rejeté par • Crim. 12 juin 1974 : *préc. note 1.* ♦ Les anciens salariés d'une société sont parfaitement libres d'utiliser dans leurs nouvelles fonctions le savoir par eux acquis au sein de leur ancienne entreprise, dès lors qu'ils ne commettent aucun détournement des secrets de fabrication. • Paris, 23 mars 1982 : *D. 1983. IR 53.*

4. Disqualification. Encourt la cassation l'arrêt qui procède à la disqualification du délit de recel de secret de fabrique, alors que les informations ne constituent pas un secret de fabrique, en recel de soustraction frauduleuse. • Crim. 12 mars 1990 : *Ann. propr. ind. 1990. 191.*

5. Complicité. Se rend complice de la divulgation : l'industriel qui s'adresse à l'ingénieur en connaissance de cause pour réaliser la reproduction de ces dispositifs. • Paris, 13 juin 1972. – Rejet du pourvoi par : • Crim. 20 juin 1973 : *préc. note 1.* ♦ ... Le dirigeant qui embauche coup sur coup deux transfuges d'une société concurrente et leur fournit les moyens de construire des machines reproduisant les dispositifs secrets de leur ancien employeur, menant ainsi une action tendant à obtenir frauduleusement la communication de secrets de fabrique. • Paris, 2 févr. 1973. – Rejet du pourvoi par : • Crim. 12 juin 1974 : *préc. note 1.*

6. Preuve. Le délit de divulgation de secret de fabrique n'est constitué que si les caractéristiques techniques essentielles du produit objet du secret sont identiques à celles de celui présumé avoir été réalisé grâce à la divulgation, ce qui n'est pas le cas lorsque les machines litigieuses présentent des différences techniques importantes. • Crim. 12 févr. 2013 : *PIBD 2013. III. 1191.*

B. SAVOIR-FAIRE

7. Notion. C'est à bon droit qu'une cour d'appel énonce qu'en révélant à un établissement industriel des procédés ou des tours de main-d'œuvre encore ignorés de celui-ci et que ce dernier n'aurait pu découvrir lui-même qu'au prix de longues recherches ou de tâtonnements coûteux, le concédant fournit à son co-contractant un avantage appréciable dont il est ainsi autorisé à subordonner l'octroi au versement de redevances. • Com. 13 juill. 1966 : *JCP 1967. II. 15131, note Durand ; Ann. propr. ind. 1967. 227.*

8. Absence de droit privatif. La volonté de X. de garder secrètes les formules de certains composants ne cree pas, à son profit, un droit privatif ; un tel secret n'est protégé que contre les manœuvres fautives d'employés de la firme qui le détient ou de concurrents de celle-ci et à la charge pour elle de prouver l'existence de fautes de ceux-ci. • Paris, 3 juill. 1975 : *PIBD 1976, III, p. 219.*

9. Protection. « En reprenant de façon systématique le fruit des travaux menés antérieurement par son concurrent V., résultats dont elle s'était emparée par des manœuvres concertées dès l'origine entre au moins deux de ses fondateurs et futurs gérants, la société L. a commis à l'encontre de la société V. des actes de concurrence déloyale par parasitismes, actes qui l'ont mise en mesure de la concurrencer en réduisant considérablement les travaux d'études et de mise au point de son matériel de production ». • Paris, 9 avr. 1992 : *PIBD 1992. III. 570.* ♦ Par la seule détention des éléments du savoir-faire frauduleusement obtenus, les sociétés concurrentes ont vidé la société d'une part substantielle de son actif, quand bien même ces sociétés n'en feraient jamais usage et ce préjudice doit être réparé. • Paris, 27 sept. 2000 : *D. 2001. Somm. 1309, obs. Auguet.*

10. Charge de la preuve. Le fabricant qui soutient qu'un ingénieur travaillant pour lui, selon un contrat « d'abonnement laboratoire », avait eu, à l'occasion de l'exécution de ce contrat, connaissance d'un procédé de fabrication et l'avait proposé à des firmes concurrentes, doit prouver que ce procédé de fabrication avait été établi par lui seul et que les secrets de fabrication utilisés et divulgués à des tiers lui étaient propres. • Com. 6 janv. 1966 : *Bull. civ. IV, no 3.*

11. Contrats de communication de savoir-faire. Il ressort de l'analyse du contrat litigieux et de son économie que les redevances prévues avaient été mises à la charge de la seule société A., en contrepartie de la fourniture à celle-ci du procédé de fabrication utilisé par la société B. et de l'assistance technique promise par cette dernière, tandis que les deux sociétés s'étaient en outre, engagées l'une envers l'autre à se communiquer gratuitement les améliorations qu'elles apporteraient au système originaire, les avantages que chacune d'elles pourrait, à tour de rôle, retirer de cette promesse réciproque. Il n'avait pas été stipulé que ces communications mutuelles donneraient lieu au versement de redevances nouvelles de la part de la société qui en bénéficierait. • Com. 13 juill. 1966 : *JCP 1967. II. 15131, note Durand ; Ann. propr. ind. 1967. 227.*

12. Étendue de la garantie du communicant. V. • Com. 3 mars 1987 : *Dossiers Brevets 1987. III. 6.*

13. Salarié. En contrepartie de son salaire, le salarié a l'obligation d'apporter à son employeur les connaissances techniques et l'expérience par lui acquises, en fonction desquelles il a été embauché ; aucune redevance pour savoir-faire ne lui est due par l'employeur. • Com. 17 mars 1983 : *D. 1986. Somm. 139, obs. Mousseron et Schmidt.*

14. Concurrence déloyale. Constitue des actes de concurrence déloyale le fait d'embaucher la majorité des ingénieurs d'une société avant que ceux-ci n'aient notifié à leur employeur l'intention de le quitter et soient libres de tout engagement, alors que l'entreprise coupable ne pouvait ignorer que ses propositions d'embauche au moment où elle manifestait l'intention de rompre son contrat la liant à son concurrent provoquerait l'exode massif des ingénieurs de ce dernier, de telles manœuvres déloyales ayant été accomplies en vue de détourner à son profit le savoir-faire des ingénieurs de son concurrent et entraînant sa désorganisation. • Paris, 29 sept. 1994 : *D. 1995. Somm. 210, obs. Serra* ✐.

15. Concurrence. BIBL. C. Vilmart, *Gaz. Pal. 8 avr. 1995.* Bonet, *RTD eur. 1996. 305* ✐. ♦ Sur l'application du Règl. (CE) n° 556/89 du 30 nov. 1988 (abrogé depuis le 1er avr. 1996 par le Règl. (CE) n° 240/96 du 31 janv. 1996) concernant l'application de l'art. 85 § 3 [devenu 81] du Traité CE à des catégories d'accords de licence de savoir-faire, V. • Com. 23 déc. 1992 : *PIBD 1993. III. 29 ; RTD com. 1993. 502, obs. Azéma* ✐. ♦ V. notes 22 s. ss. art. L. 613-8.

16. Licence mixte : savoir-faire et brevet. La redevance stipulée rémunérant aussi bien la licence du brevet que la communication du savoir-faire, l'extinction du monopole attaché au brevet ne peut réduire à néant la valeur du savoir-faire. Si les parties sont convenues d'échelonner sur 50 ans la rémunération dans l'intérêt des deux parties, il y a lieu de maintenir l'économie du contrat voulue par elles, la cause de l'obligation de payer la redevance résidant aussi bien dans la licence de brevet que dans la communication de savoir-faire. L'accord ne porte pas atteinte à la concurrence, le produit incriminé ne couvrant pas à lui seul la totalité du champ d'application des antibiotiques de sa nature et se trouvant en concurrence avec des produits similaires. En outre, il bénéficie de l'exemption par catégorie prévue par le Règl. (CE) n° 2349/84 du 23 juill. 1984. • Paris, 22 mai 1990 : *Ann. propr. ind. 1990. 52.*

CHAPITRE II PRODUITS SEMI-CONDUCTEURS

BIBL. GÉN. ▶ Bonneau, *Gaz. Pal. 1991. 15* (la loi du 4 novembre 1987 relative à la protection de topographies des produits semi-conducteurs, Une nouvelle philosophie de la propriété intellectuelle). – Chavanne et J. Azéma, *RTD com. 1988. 45* (protection des produits semi-conducteurs). – Combaldieu, *Propr. ind. 1988, p. 283* (la protection des circuits intégrés en France). – Ferry et Hurstel, *JCP E 1986. II. 14800* (la protection juridique des semi-conducteurs). – Flamée et Vanhees, *RID éco. 1990, n° 1, p. 51* (une approche européenne de la protection des « chips »). – Kukkonen, *PIBD 1998, II, p. 55* (la nécessité d'abolir l'obligation d'enregistrement des topographies de circuits intégrés en vertu de l'accord relatif aux ADPIC). – Roulet, *LPA 1988, n° 46, p. 7* (une extension du droit français de la propriété intellectuelle : la protection des topographies des produits semi-conducteurs). – G. Vandenberghe, *RIDA oct. 1985, 85* (la protection du logiciel et des chips aux États-Unis : un modèle pour l'Europe ?). – Vivant et Lucas, *JCP E 1988. II. 15093* (chronique droit de l'informatique).

SECTION PREMIÈRE DÉPÔT

Art. L. 622-1 La topographie finale ou intermédiaire d'un produit semi-conducteur traduisant un effort intellectuel du créateur peut, à moins qu'elle ne soit courante, faire l'objet d'un dépôt conférant la protection prévue par le présent chapitre.

Ce dépôt ne peut intervenir ni plus de deux ans après que la topographie a fait l'objet d'une première exploitation commerciale en quelque lieu que ce soit ni plus de quinze ans après qu'elle a été fixée ou codée pour la première fois si elle n'a jamais été exploitée.

Est nul tout dépôt qui ne répond pas aux conditions prévues au présent article. – *[L. n° 87-890 du 4 nov. 1987, art. 1er.] – V. art. R. 622-1 à R. 622-7.*

Art. L. 622-2 Sont admis au bénéfice du présent chapitre :

***a)* Les créateurs ressortissants d'un** *(L. n° 96-1106 du 18 déc. 1996, art. 11)* **« État partie à l'accord instituant l'Organisation mondiale du commerce » ou qui ont dans un**

tel État soit leur résidence habituelle, soit un établissement industriel ou commercial, effectif et sérieux, ainsi que leurs ayants cause ;

***b*) Les personnes répondant aux conditions précitées de nationalité, résidence ou établissement, qui procèdent dans un État membre** *(L. nº 93-1420 du 31 déc. 1993, art. 1er)* **« ou dans un autre État partie », pour la première fois au monde, à l'exploitation commerciale d'une topographie non encore protégée par le présent chapitre et pour laquelle elles ont obtenu de la personne habilitée une autorisation exclusive pour l'ensemble de la Communauté économique européenne** *(L. nº 93-1420 du 31 déc. 1993, art. 2)* **« ou de l'Espace économique européen ».**

Les personnes, autres que celles visées au paragraphe précédent, sont admises au bénéfice du présent chapitre sous réserve d'une constatation de réciprocité avec les pays dont elles sont ressortissantes ou dans lesquels elles sont établies. *– [L. nº 87-890 du 4 nov. 1987, art. 5.] – V. art. R. 622-8.*

Art. L. 622-3 Le droit au dépôt appartient au créateur ou à son ayant cause.

Si un dépôt a été effectué en violation des droits du créateur ou de son ayant cause, la personne lésée peut en revendiquer le bénéfice. L'action en revendication se prescrit par *(L. nº 2014-315 du 11 mars 2014, art. 16)* **« cinq » ans à compter de la publication du dépôt.** *– [L. nº 87-890 du 4 nov. 1987, art. 2 (1).]*

COMMENTAIRE

Voir le commentaire sous l'article L. 511-10.

Art. L. 622-4 Le directeur de l'Institut national de la propriété industrielle enregistre le dépôt après examen de sa régularité formelle. La publication est faite dans des conditions fixées par décret en Conseil d'État. *– [L. nº 87-890 du 4 nov. 1987, art. 2 (2).] – V. art. R. 622-1 s.*

SECTION II DROITS ATTACHÉS AU DÉPÔT

Art. L. 622-5 Il est interdit à tout tiers :

– de reproduire la topographie protégée ;

– d'exploiter commercialement ou *(L. nº 2014-315 du 11 mars 2014, art. 6)* **« de détenir, transborder, utiliser, exporter ou » importer à cette fin une telle reproduction ou tout produit semi-conducteur l'incorporant.**

Cette interdiction ne s'étend pas :

– à la reproduction à des fins d'évaluation, d'analyse ou d'enseignement ;

– à la création, à partir d'une telle analyse ou évaluation, d'une topographie distincte pouvant prétendre à la protection du présent chapitre.

L'interdiction ci-dessus n'est pas opposable à l'acquéreur de bonne foi d'un produit semi-conducteur. Celui-ci est cependant redevable d'une juste indemnité s'il entend poursuivre l'exploitation commerciale du produit ainsi acquis. *– [L. nº 87-890 du 4 nov. 1987, art. 3 (2).]*

(L. nº 2007-1544 du 29 oct. 2007, art. 18) **« Toute violation de l'interdiction prévue aux alinéas précédents constitue une contrefaçon engageant la responsabilité civile de son auteur. »**

Art. L. 622-6 L'interdiction prévue à l'article précédent prend effet au jour du dépôt ou de la date de la première exploitation commerciale si elle est antérieure. Elle est acquise au titulaire de l'enregistrement jusqu'au terme de la dixième année civile qui suit.

Toutefois, devient sans effet tout enregistrement concernant une topographie qui n'a fait l'objet d'aucune exploitation dans un délai de quinze ans à compter de la date à laquelle elle a été fixée ou codée pour la première fois. *– [L. nº 87-890 du 4 nov. 1987, art. 3 (1).]*

Art. L. 622-7 *(L. nº 2007-1544 du 29 oct. 2007, art. 19)* **« Les articles L. 411-4, L. 411-5, L. 612-11, L. 613-8, L. 613-9, L. 613-19, L. 615-2, L. 615-3, L. 615-5,** *(L. nº 2014-315 du 11 mars 2014, art. 4)* **« L. 615-5-1-1, » L. 615-5-2, L. 615-7, L. 615-7-1, L. 615-8, L. 615-10 et L. 615-17 » sont applicables aux conditions et formes dans lesquelles :**

— sont prises les décisions du directeur de l'Institut national de la propriété industrielle mentionnées au présent chapitre ;
— peuvent être transmis, donnés en garantie ou saisis les droits attachés à l'enregistrement d'une topographie ;
— est réglé le contentieux né du présent chapitre. — *[L. n° 87-890 du 4 nov. 1987, art. 4.]*

COMMENTAIRE

L'ensemble des procédures liées à une contrefaçon de topographie de produits semi-conducteurs, y compris les mesures provisoires ou correctrices, est défini par renvois aux dispositions concernant le brevet, elles-mêmes très proches, depuis la réforme de 2007, de celles régissant les dessins et modèles protégés. Nous renvoyons donc pour l'essentiel aux commentaires reproduits sous les articles L. 521 à L. 521-13.

Il est à noter que, comme le prévoit l'article L. 622-6, une simple demande de protection peut s'avérer suffisante pour entreprendre une action. La solution est identique pour les dessins et modèles (art. L. 521-1), les inventions brevetables (art. L. 612-4) et les obtentions végétales (art. L. 623-27).

Sur l'indemnisation du préjudice moral : V. note ss. art. L. 521-7.

Art. L. 622-8 *(L. n° 2014-315 du 11 mars 2014, art. 7)* **Le chapitre IV *bis* du titre Ier du présent livre est applicable au présent chapitre.** — *V. art. R. 622-9.*

CHAPITRE III OBTENTION VÉGÉTALE

BIBL. GÉN. ▶ ANVAR, *Propr. ind. 2008. Étude 5* (pourquoi a-t-on peur du domaine public des variétés végétales ?). - BOUCHE, *Propr. ind. 2012. Étude 5* (réforme du droit français des obtentions végétales). - CREDIMI, La protection de la création végétale, *Litec 1985* ; Le droit du génie génétique végétal, *Litec 1987*. - DENINIOLLE, *JCP E 1987, II. 15014* (une étude de cas, le droit des obtentions végétales à l'épreuve de la pratique). - IRPI (colloque), Les inventions biotechnologiques, *Litec 1999*. - GALLOUX, *RTD com. 2012. 751* (L. du 8 déc. 2011 et Décr. du 5 juill. 2012).

COMMENTAIRE

Les obtentions végétales bénéficient en France et dans l'Union européenne d'un titre *sui generis* exclusif du brevet. La non-brevetabilité est expressément rappelée à l'article L. 611-19, 2°. Cette disposition n'interdit cependant pas de breveter certaines inventions dans le domaine végétal, notamment en présence d'une modification génétique (V. comm. ss. l'art. préc.).

L'examen des demandes et la délivrance des titres sont confiés à un organisme spécifique établi par l'article L. 412-1 du présent code (V. comm. ss. cet art.) : l'Instance nationale des obtentions végétales (INOV). Il existe aussi un titre de l'Union européenne de protection des obtentions végétales dont la mise en œuvre relève de l'Office communautaire des variétés végétales (OCVV). Il est à noter que les deux organismes délèguent l'instruction des demandes au Groupe d'étude et de contrôle des variétés et des semences. Le GEVES est un groupement d'intérêt public français qui dépend de l'Institut de recherche agronomique.

Le titre unitaire de l'Union européenne a été institué en 1994 par le règlement (CE) n° 2100/94 du 27 juillet 1994 (V. ce texte, App., v° *Propriété industrielle, obtentions végétales*). Cette protection est communément appelée PCOV pour protection communautaire des obtentions végétales. Les conditions de fond pour obtenir cette protection étant identiques à celle du titre national, on comprendra aisément que le dispositif de l'Union accroisse progressivement son emprise.

Le régime de protection des obtentions végétales a été réformé par la loi n° 2011-1843 du 8 décembre 2011. Les nouvelles dispositions mettent en conformité notre droit avec la dernière révision de la convention UPOV de 1991 reproduite en appendice (V. App., 2e partie, v° *Obtentions végétales*) (qui est donc enfin entrée en vigueur le 27 mai 2012, deux mois après le dépôt par la France de l'instrument de ratification). La convention est désormais publiée par le décret n° 2012-865 du 5 juillet 2012 (*JO 10 juill. 2012, p. 11233*). Ces dispositions s'inspirent par ailleurs du règlement (CE) n° 2100/94

(V. App., 2e partie, v° *Obtentions végétales*) et renforcent ainsi l'attrait du titre national par rapport au système de protection communautaire (à effet uniforme sur le territoire de l'Union européenne), même si progressivement les titres nationaux connaissent un naturel déclin.

Les variétés végétales sont désormais définies de façon générale à l'article L. 623-1 avec une rédaction très proche de celle de l'UPOV. Cette définition a le mérite de distinguer clairement l'objet protégeable – la variété – de l'objet protégé par le certificat, sous réserve du respect des conditions de fond et de forme – l'obtention. Elle permet aussi de préciser l'étendue de la non-brevetabilité énoncée à l'article L. 611-19.

La condition de nouveauté s'entend de la variété « créée » (L. 623-1). Seraient donc exclues les variétés simplement découvertes. Il est néanmoins probable et souhaitable que les efforts de mise au point d'une variété naturelle soient pris en compte de sorte qu'on puisse considérer qu'elle a été créée – interprétation en conformité avec l'UPOV. Pour limiter les antériorités, le délai de grâce de douze mois permettant une survie artificielle de la nouveauté a été étendu aux opérations effectuées en France ou dans l'Union européenne (art. L. 623-5, I). S'ajoutent des conditions d'obtention complémentaires et décrites à l'article L. 623-2. Il s'agit de la distinction entre l'homogénéité et la stabilité, soit « DHS ».

Désormais, le régime français reconnaît la protection de variétés essentiellement dérivées (VED ; art. L. 623-4, II).

Le niveau d'exigence de la condition de distinctivité (L. 623-2, 1°) a été revu à la baisse. De la même façon, le critère d'homogénéité (L. 623-2, 2°) s'entend à présent d'une variété « suffisamment uniforme ».

Sur le terrain du droit au titre, les obtentions de salariés sont désormais alignées sur le régime des inventions de salariés par simple renvoi aux articles L. 623-24, alinéa 2, et L. 611-7.

Quant à l'étendue des droits exclusifs, la réforme est à double sens. Elle consolide la position de l'ayant droit en interdisant les produits transformés, c'est-à-dire fabriqués directement à partir d'une récolte d'une obtention végétale (L. 623-4), ou encore en sanctionnant l'utilisation incorrecte ou abusive de l'obtention (L. 623-25). Mais les droits des tiers sont aussi renforcés par l'établissement de la règle d'un épuisement international (L. 623-4-1, II) qui dépasserait nettement l'épuisement communautaire partagé par tous les régimes de propriété intellectuelle, et même l'épuisement conventionnel prévu par l'UPOV (Conv. UPOV, art. 16). Les circonstances justifiant l'octroi d'une licence obligatoire sont par ailleurs étendues aux motifs d'intérêt public, et notamment l'insuffisance d'approvisionnement (L. 623-22-3). L'exception au monopole la plus emblématique demeure néanmoins la reconnaissance du privilège de l'agriculteur. Les nouveaux articles L. 623-24-1 à L. 623-24-5 établissent le régime des semences de ferme déjà connu par le Règlement CE et rendu possible par l'UPOV. Les agriculteurs peuvent réensemencer leurs champs avec le produit d'une obtention licitement acquise, gratuitement ou moyennant une indemnité selon la taille de l'exploitation. Cette exception existe en droit des brevets pour les animaux d'élevage (L. 613-5-2). La liste des variétés ouvrant droit à cette exception est définie par référence à l'article 14, § 2, du règlement (CE) n° 2100/94. Elle est complétée par le décret n° 2014-869 du 1er août 2014 qui ajoute treize nouvelles variétés réparties en cinq catégories de plantes : fourragères, oléagineuses, à usage de cultures intermédiaires (piège à nitrates), protéagineuses, potagères (V. art. R. 623-59).

Depuis la réforme de 2011, il est néanmoins prévu que les obtenteurs soient indemnisés du préjudice causé par la pratique des « semences de ferme » dans le cadre d'accords interprofessionnels. Les professionnels envisagent l'extension de ce système indemnitaire à de plus en plus de variétés ; l'agriculteur demeurant évidemment libre d'utiliser des variétés du domaine public. ❑

SECTION PREMIÈRE DÉLIVRANCE DES CERTIFICATS D'OBTENTION VÉGÉTALE

Art. L. 623-1 *(L. n° 2011-1843 du 8 déc. 2011, art. 3)* **Pour l'application du présent chapitre, constitue une "variété" un ensemble végétal d'un taxon botanique du rang le plus bas connu qui peut être :**

1° Défini par l'expression des caractères résultant d'un certain génotype ou d'une certaine combinaison de génotypes ;

2° Distingué de tout autre ensemble végétal par l'expression d'au moins un desdits caractères ;

3° Considéré comme une entité eu égard à son aptitude à être reproduit conforme.

Sur la protection communautaire des obtentions végétales, V. Règl. (CE) nº 2100/94 du 27 juill. 1994, App., vº Obtentions végétales.

Nullité. La demande en nullité d'un certificat d'obtention végétale n'est pas fondée, en l'absence de critiques pertinentes quant à la nouveauté, à la stabilité ou à l'homogénéité de la variété et en l'absence de tout avis technique autorisé. • Douai, 26 juin 2000 : *Ann. propr. ind. 2000. 192.*

Art. L. 623-2 *(L. nº 2011-1843 du 8 déc. 2011, art. 4)* **Pour l'application du présent chapitre, est appelée "obtention végétale" la variété nouvelle créée qui :**

1° Se distingue nettement de toute autre variété dont l'existence, à la date du dépôt de la demande, est notoirement connue ;

2° Est homogène, c'est-à-dire suffisamment uniforme dans ses caractères pertinents, sous réserve de la variation prévisible compte tenu des particularités de sa reproduction sexuée ou de sa multiplication végétative ;

3° Demeure stable, c'est-à-dire identique à sa définition initiale à la suite de ses reproductions ou multiplications successives ou, en cas de cycle particulier de reproduction ou de multiplication, à la fin de chaque cycle.

BIBL. ▶ AZÉMA, *RTD com. 1996. 259* . – POLLAUD-DULIAN, La brevetabilité des inventions, *Litec 1997.* – ROBERTS, *EIPR. vol. 22, mars 2000, p. 49 (« Patentability of plants ») ; Patent World nº 113, juin-juill. 1999, p. 14.*

Art. L. 623-3 Toute obtention végétale répondant aux conditions de l'article *(L. nº 2011-1843 du 8 déc. 2011, art. 4)* **« L. 623-2 » est définie par une dénomination à laquelle correspondent une description et un exemplaire témoin conservé dans une collection.** — *[L. nº 70-489 du 11 juin 1970, art. 2.]*

Art. L. 623-4 *(L. nº 2011-1843 du 8 déc. 2011, art. 5)* **I. — Toute obtention végétale peut faire l'objet d'un titre appelé "certificat d'obtention végétale" qui confère à son titulaire un droit exclusif de produire, reproduire, conditionner aux fins de la reproduction ou de la multiplication, offrir à la vente, vendre ou commercialiser sous toute autre forme, exporter, importer ou détenir à l'une de ces fins du matériel de reproduction ou de multiplication de la variété protégée.**

II. — Lorsque les produits mentionnés aux 1° et 2° du présent II ont été obtenus par l'utilisation *(L. nº 2014-1170 du 13 oct. 2014, art. 58-1°)* **« autre que fortuite ou accidentelle et » non autorisée de matériel de reproduction ou de multiplication de la variété protégée, le droit exclusif s'étend, à moins que l'obtenteur ait raisonnablement pu exercer son droit sur les produits en question :**

1° Au produit de la récolte, y compris aux plantes entières et aux parties de plantes ;

2° Aux produits fabriqués directement à partir d'un produit de récolte de la variété protégée.

III. — Le droit exclusif du titulaire s'étend :

1° Aux variétés qui ne se distinguent pas nettement de la variété protégée au sens de l'article L. 623-2 ;

2° Aux variétés dont la production nécessite l'emploi répété de la variété protégée ;

3° Aux variétés essentiellement dérivées de la variété protégée au sens du même article L. 623-2, lorsque cette variété n'est pas elle-même une variété essentiellement dérivée.

IV. — Constitue une variété essentiellement dérivée d'une autre variété, dite "variété initiale", une variété qui :

1° Est principalement dérivée de la variété initiale ou d'une variété qui est elle-même principalement dérivée de la variété initiale ;

2° Se distingue nettement de la variété initiale au sens dudit article L. 623-2 ;

3° Sauf en ce qui concerne les différences résultant de la dérivation, est conforme à la variété initiale dans l'expression des caractères essentiels résultant du génotype ou de la combinaison de génotypes de la variété initiale.

(L. nº 2014-315 du 11 mars 2014, art. 6) **« V. — Sous réserve des dispositions de l'article L. 623-24-1, sont interdits, à défaut de consentement du titulaire du certificat**

d'obtention végétale, la production, l'offre, la vente, la mise sur le marché, l'importation, l'exportation, le transbordement, l'utilisation ou la détention à ces fins du matériel de reproduction ou de multiplication de la variété protégée. »

Les dispositions de la L. nº 2011-1843 du 8 déc. 2011 sont applicables aux certificats d'obtention végétale délivrés avant son entrée en vigueur, à l'exception du III de l'art. L. 623-4. Le IV de l'art. L. 623-4 ne s'applique pas aux variétés essentiellement dérivées dont l'obtenteur a, avant l'entrée en vigueur de la L. nº 2011-1843 du 8 déc. 2011, fait des préparatifs effectifs et sérieux en vue de leur exploitation ou que l'obtenteur a exploitées avant cette date (L. préc., art. 19).

Sur la composition et le fonctionnement de la commission paritaire de conciliation qui doit être saisie en cas de différend entre le salarié et l'employeur lorsque l'obtention a été découverte par le salarié, V. art. D. 623-58-1.

BIBL. ► BOUCHE, *Propr. ind. 2014, nº 44* (l'enfer est pavé de bonnes intentions).

La vente de plants dont la variété est protégée constitue une contrefaçon de certification d'obtention végétale dès lors que la preuve de l'acquisition régulière n'est pas rapportée. • Paris, 23 janv. 2002 : *CCE 2002, nº 73, note Schmidt-Szalewski ; PIBD 2002. III. 329 ; Propr. intell. 2002, nº 5, p. 111, obs. Passa.* ♦ Les achats de plants certifiés étant notoirement insuffisants pour justifier le volume de la production, l'autoproduction est, par conséquent, avérée et la contrefaçon établie. • TGI Paris, 10 févr. 2006 : *RTD com. 2007. 526, obs. Galloux ; PIBD 2006. III. 340.*

Art. L. 623-4-1 *(L. nº 2011-1843 du 8 déc. 2011, art. 6)* **I. — Le droit du titulaire ne s'étend pas :**

1º Aux actes accomplis à titre privé à des fins non professionnelles ou non commerciales ;

2º Aux actes accomplis à titre expérimental ;

3º Aux actes accomplis aux fins de la création d'une nouvelle variété ni aux actes visés au I de l'article L. 623-4 portant sur cette nouvelle variété, à moins que les III et IV de ce même article ne soient applicables.

II. — Le droit du titulaire ne s'étend pas aux actes concernant sa variété ou une variété essentiellement dérivée de sa variété, ou une variété qui ne s'en distingue pas nettement, lorsque du matériel de cette variété ou du matériel dérivé de celui-ci a été vendu ou commercialisé sous quelque forme que ce soit par le titulaire ou avec son consentement.

Toutefois, le droit du titulaire subsiste lorsque ces actes :

1º Impliquent une nouvelle reproduction ou multiplication de la variété en cause ;

2º Impliquent une exportation vers un pays n'appliquant aucune protection de la propriété intellectuelle aux variétés appartenant à la même espèce végétale de matériel de la variété permettant de la reproduire, sauf si le matériel exporté est destiné, en tant que tel, à la consommation humaine ou animale.

Sur l'épuisement des droits exclusifs, V. • Rennes, 10 janv. 2012 : *Propr. ind. 2012, nº 42, note Bouche.* ♦ Sur la pratique des licences « *Bag tag* » ou « *Shrink wrap* » définissant les clauses générales de vente de semences et susceptibles de porter atteinte à la mise en œuvre de l'exemption du sélectionneur [Conv. intern. pour la protection des obtentions végétales (UPOV) dans sa version de 1991, art. 15 et art. 15-2º] ou celle des semences de ferme (CPI, art. L. 623-24-1 s.), V. Borges, *Propr. ind. 2014. Étude 20.*

Art. L. 623-5 *(L. nº 2011-1843 du 8 déc. 2011, art. 7)* **I. — Lorsque du matériel de reproduction ou de multiplication végétative ou un produit de récolte a été vendu ou remis à des tiers sous quelque forme que ce soit par l'obtenteur ou avec son consentement, aux fins de l'exploitation de la variété, depuis plus de douze mois sur le territoire français ou sur le territoire de l'Espace économique européen, la variété n'est pas réputée nouvelle.**

Lorsque cette vente par l'obtenteur ou avec son consentement ou cette remise à des tiers a eu lieu sur un autre territoire, aux fins d'exploitation de la variété, depuis plus de quatre ans avant la date du dépôt de la demande de certificat d'obtention végétale, ou dans le cas des arbres et de la vigne depuis plus de six ans avant ladite date, la variété n'est pas réputée nouvelle.

II. — Ne sont pas considérées comme une remise à des tiers au sens du I la remise à des fins réglementaires de matériel de la variété à un organisme officiel ou officiellement habilité, la remise à des tiers aux fins d'expérimentation ou de présentation dans

une exposition officiellement reconnue, sous réserve, dans ces deux derniers cas, que l'obtenteur ait expressément stipulé l'interdiction d'exploiter commercialement la variété dont le matériel a été remis.

1. Nouveauté. Commercialisation destructrice de la nouveauté. Le fait qu'une lignée soit utilisée dans la formule d'un hybride qui aurait été commercialisé antérieurement au dépôt de la demande de certificat de la lignée ne peut détruire la nouveauté. L'art. 6 de la Convention d'Union Internationale pour la Protection des Obtentions Végétales (UPOV) qui prime la loi nationale ne prévoit qu'un cas de destruction de la nouveauté, celui où la variété nouvelle a été offerte à la vente ou commercialisée. La perte de la nouveauté ne peut donc résulter que de la commercialisation de la lignée elle-même. La commercialisation de l'hybride ne peut être assimilée à une commercialisation de la lignée dont il est issu, dès lors que, eu égard au nombre infini de combinaisons entre les gènes, il est impossible de reconstituer une des lignées parentales en partant de l'hybride commercialisé. • Paris, 9 juill. 1991 : *PIBD 1991. III. 661.*

2. Objet de la divulgation. A la différence de la législation régissant les brevets d'invention, il n'est pas exigé pour faire échec à la nouveauté, que soit révélée la manière selon laquelle la variété a été obtenue ; il faut néanmoins que l'obtention ait reçu antérieurement à la date de dépôt de la demande une publicité suffisante pour être exploitée ou ait été commercialisée avec l'accord de l'obtenteur. • Com. 4 mars 1986 : *GAPI, 1re éd., no 25 ; JCP E 1987. II. 15014, note Deniniolle ; RDPI 1986, no 4, p. 107.* – Et sur renvoi, • Paris, 7 oct. 1987 : *D. 1987. IR 215 ; RTD com. 1988. 429, obs. Chavanne et Azéma ; Dossiers Brevets 1987. IV. 2.* – Et, rejetant le pourvoi • Com. 10 juill. 1989 : *GAPI, 1re éd., no 25 ; D. 1989. IR 237.*

3. Clause de confidentialité. En l'absence d'une clause de confidentialité, la nouveauté se perd par tout acte qui, précédant la demande de certificat, met à la disposition du public les caractéristiques de l'obtention végétale sous la forme de toute plante dans laquelle un croisement l'a transportée et ce, même si l'utilisateur final demeure dans l'ignorance du patrimoine génétique dont la plante est porteuse. • Com. 10 juill. 1989 : *préc. note 2.* ♦ La vente et la livraison des semences de base à un multiplicateur ne peuvent, en présence d'une clause de confidentialité, s'analyser comme des actes de commercialisation ou des offres de vente au sens de l'art. 6 de la convention UPOV. La commercialisation destructrice de la nouveauté, la publicité suffisante pour être exploitée visée par la loi impliquent une volonté de mise sur le marché, de diffusion de la semence de base ou de ses caractéristiques auprès du public, de telle manière qu'elle soit mise en concurrence avec d'autres variétés. Une production en formule fermée est par essence inaccessible au public. • Paris, 9 juill. 1991 : *PIBD 1991. III. 663* • Com. 4 mars 1986 : *préc. note 2.* – Et, sur renvoi • Paris, 7 oct. 1987 : *ibid.*

Loi no 70-489 du 11 juin 1970, *relative à la protection des obtentions végétales.*

Art. 36 L'obtenteur d'une variété végétale peut demander, si ladite variété a perdu son caractère de nouveauté à la date de la demande, la protection de son droit par un certificat, à la condition que la variété en cause ait, depuis moins de vingt ou vingt-cinq ans, suivant les cas visés à l'article 6 ci-dessus *[CPI, art. L. 623-13.]* et, en tout état de cause, avant l'entrée en vigueur du décret prévu à l'article 39 *[Décr. no 71-764 du 9 sept. 1971 ; CPI, art. R. 623-1 à R. 623-50 et R. 811-1.]* et relatif à la procédure de délivrance du certificat et à l'organisation du comité de la protection des obtentions végétales :

Fait l'objet d'un brevet d'invention délivré dans un État partie à la Convention de Paris du 20 mars 1883,

Ou a été inscrite à un catalogue officiel de l'un des États parties à la Convention de Paris du 2 décembre 1961,

Ou fait l'objet d'un enregistrement auprès d'un groupement professionnel français agréé par le comité de la protection des obtentions végétales.

L'authenticité de l'obtention sera déterminée par la date, soit du dépôt de la demande de brevet, soit de l'inscription au catalogue officiel, soit de l'enregistrement par le groupement professionnel.

Le certificat d'obtention végétale, s'il est accordé, prend effet à la date à laquelle il a été demandé. Sa durée est réduite de la durée écoulée depuis le dépôt de la demande de brevet, l'inscription au catalogue officiel, ou l'enregistrement par le groupement professionnel.

Au cas où l'obtenteur de la variété en cause a satisfait cumulativement, à des dates différentes, à plusieurs des conditions ci-dessus, la date la plus ancienne est seule retenue.

Art. L. 623-6 *(L. no 2011-1843 du 8 déc. 2011, art. 8)* **Un certificat d'obtention végétale peut être demandé par toute personne ressortissant d'un État partie à la conven-**

tion internationale pour la protection des obtentions végétales ainsi que par toute personne ressortissant d'un État membre de la Communauté européenne ou ayant son domicile, siège ou établissement dans l'un de ces États.

La personne demandant un certificat d'obtention peut, lors du dépôt en France de cette demande, revendiquer le bénéfice de la priorité de la première demande déposée antérieurement pour la même variété dans l'un desdits États par elle-même ou par son auteur, à condition que le dépôt effectué en France ne soit pas postérieur de plus de douze mois à celui de la première demande.

La nouveauté, au sens de l'article L. 623-5, d'une variété dont la demande bénéficie de la priorité telle que définie au deuxième alinéa du présent article s'apprécie à la date du dépôt de la demande prioritaire.

En dehors des cas prévus au premier alinéa, tout étranger peut bénéficier de la protection instituée par le présent chapitre à condition que les Français bénéficient de la réciprocité de protection de la part de l'État dont il a la nationalité ou dans lequel il a son domicile, siège ou établissement.

Art. L. 623-7 **Le certificat délivré par** *(L. n° 2011-1843 du 8 déc. 2011, art. 1er)* **« l'organisme » mentionné à l'article L. 412-1 prend effet à la date de la demande. Toute décision de rejet d'une demande doit être motivée.** — *[L. n° 70-489 du 11 juin 1970, art. 4.] — V. art. R. 623-25 s.*

Recours contre les décisions. Est nulle et n'a pas fait courir le délai d'appel la notification par le Comité des obtentions végétales, de sa décision de rejet d'une demande de certificat, qui indique par erreur que le recours peut être formé dans un délai de deux mois, alors que ce délai est d'un mois. Par ailleurs, dès lors qu'il n'est pas justifié que le rapport sommaire prévu par l'art. R. 623-24 ait été notifié au demandeur, lequel n'aurait donc pas été mis en mesure de prendre connaissance de l'ensemble du dossier et de présenter ses observations pendant un délai de deux mois, il convient de recourir à une expertise en vue de permettre à l'inventeur de faire procéder aux expériences sollicitées par lui. • Paris, 9 juill. 1976 : *D. 1977. 120, concl. Franck.*

Art. L. 623-8 **Le ministre chargé de la défense est habilité à prendre connaissance auprès** *(L. n° 2011-1843 du 8 déc. 2011, art. 1er)* **« de l'organisme mentionné à l'article L. 412-1 », à titre confidentiel, des demandes de certificat.** — *[L. n° 70-489 du 11 juin 1970, art. 17.] — V. art. R. 623-43.*

Art. L. 623-9 **La liste des espèces végétales dont les obtentions faisant l'objet de demandes de certificat ne peuvent être divulguées et exploitées librement sans autorisation spéciale est fixée par voie réglementaire.**

Sous réserve de l'article L. 623-10, cette autorisation peut être accordée à tout moment. Elle est acquise de plein droit au terme d'un délai de cinq mois à compter du jour de dépôt de la demande de certificat. — *[L. n° 70-489 du 11 juin 1970, art. 18.] — V. art. R. 623-44 s.*

Art. L. 623-10 **Avant le terme du délai prévu au dernier alinéa de l'article L. 623-9, les interdictions prescrites à l'alinéa premier dudit article peuvent être prorogées, sur réquisition du ministre chargé de la défense, pour une durée d'un an, renouvelable. Les interdictions prorogées peuvent être levées à tout moment sous la même condition.**

La prorogation des interdictions prononcées en vertu du présent article ouvre droit à une indemnité au profit du titulaire de la demande de certificat, dans la mesure du préjudice subi. A défaut d'accord amiable, cette indemnité est fixée par l'autorité judiciaire. — *[L. n° 70-489 du 11 juin 1970, art. 19.] — V. art. R. 623-47.*

Art. L. 623-11 **Le titulaire du certificat peut demander la révision de l'indemnité prévue à l'article L. 623-10, après l'expiration du délai d'un an qui suit la date du jugement définitif fixant le montant de l'indemnité.**

Le titulaire du certificat doit apporter la preuve que le préjudice qu'il subit est supérieur à l'estimation du tribunal. — *[L. n° 70-489 du 11 juin 1970, art. 20.]*

Art. L. 623-12 **Le certificat n'est délivré que s'il résulte d'un examen préalable que la variété faisant l'objet de la demande de protection constitue une obtention végétale conformément à l'article** *(L. n° 2011-1843 du 8 déc. 2011, art. 4)* **« L. 623-2 ».**

(L. n° 2011-1843 du 8 déc. 2011, art. 9) **« Toutefois, l'organisme mentionné à l'article L. 412-1 peut tenir pour suffisant l'examen préalable effectué dans un autre État par-**

tie à la convention internationale pour la protection des obtentions végétales. Ce même organisme peut prendre en compte l'examen réalisé par l'obtenteur ou son ayant cause. »

Ce comité peut faire appel à des experts étrangers. – *[L. n° 70-489 du 11 juin 1970, art. 5.] – V. art. R. 623-16 s.*

Art. L. 623-13 *(L. n° 2006-236 du 1er mars 2006)* **La durée de la protection est de vingt-cinq ans à partir de sa délivrance.**

Pour les arbres forestiers, fruitiers ou d'ornement, pour la vigne ainsi que pour les graminées et légumineuses fourragères pérennes, les pommes de terre et les lignées endogames utilisées pour la production de variétés hybrides, la durée de la protection est fixée à trente ans.

Les dispositions du présent article s'appliquent de plein droit dès la publication de la loi n° 2006-236 du 1er mars 2006 (JO du 2 mars 2006). La durée des certificats d'obtention délivrés avant l'entrée en vigueur de cette même loi et en vigueur à cette date est prolongée dans les limites fixées par l'art. L. 623-13.

Art. L. 623-14 *(L. n° 2011-1843 du 8 déc. 2011, art. 10)* **Les demandes de certificats d'obtention végétale, les actes portant délivrance du certificat ainsi que tous actes transmettant ou modifiant les droits attachés à une demande de certificat ou à un certificat ne sont opposables aux tiers que s'ils ont été régulièrement publiés dans des conditions prévues par décret en Conseil d'État.**

Art. L. 623-15 Le certificat désigne l'obtention par une dénomination permettant, sans confusion ni équivoque, son identification dans tous les États parties à la convention *(L. n° 2011-1843 du 8 déc. 2011, art. 11)* « internationale pour la protection des obtentions végétales ».

L'obtenteur est tenu de conserver en permanence une collection végétative de l'obtention protégée.

Une description de la variété nouvelle est annexée au certificat d'obtention.

Le certificat est opposable aux tiers dès sa publication.

La dénomination portée sur le certificat devient obligatoire dès la publication de celui-ci pour toute transaction commerciale même après l'expiration de la durée du certificat.

La dénomination conférée à ladite variété ne peut faire l'objet d'un dépôt au titre de marque de fabrique ou de commerce dans un État partie à la convention *(L. n° 2011-1843 du 8 déc. 2011, art. 11)* « internationale pour la protection des obtentions végétales ». Un tel dépôt peut toutefois être effectué à titre conservatoire, sans faire obstacle à la délivrance du certificat d'obtention, à condition que la preuve de la renonciation aux effets de ce dépôt dans les États parties à la convention soit produite préalablement à la délivrance dudit certificat.

Les prescriptions de l'alinéa ci-dessus ne font pas obstacle à ce que, pour une même obtention, il soit ajouté à la dénomination de la variété en cause une marque de fabrique ou de commerce. – *[L. n° 70-489 du 11 juin 1970, art. 9.]*

Dénomination variétale et concurrence déloyale. En commercialisant illicitement des plantes d'une variété protégée sans indiquer la dénomination variétale, le contrefacteur entretient une confusion auprès des acquéreurs, qui, fussent-ils des professionnels, sont susceptibles de penser qu'il existe d'autres variétés comparables et, de surcroît, moins onéreuses ; une telle commercialisation sans identification de la variété porte atteinte au développement commercial de cette variété et constitue un acte de concurrence déloyale à l'égard de l'obtenteur. • TGI Paris, 29 oct. 1999 : *PIBD 2000. III. 175.*

Art. L. 623-16 L'examen préalable, la délivrance du certificat et tous actes d'inscription ou de radiation donnent lieu au versement de redevances pour services rendus.

Une redevance est versée annuellement pendant toute la durée de validité du certificat.

Le barème de ces redevances est fixé par voie réglementaire.

Le produit de ces redevances est porté en recettes *(L. n° 2011-1843 du 8 déc. 2011, art. 1er)* « au groupement d'intérêt public mentionné à l'article L. 412-1 ». – *[L. n° 70-489 du 11 juin 1970, art. 11.] – V. art. R. 623-31 s.*

Arrêté du 19 décembre 1986, *relatif au barème des taxes perçues en matière de protection des obtentions végétales.* **Art. 1er** Le barème des taxes perçues en matière de protection des obtentions végétales est fixé conformément au tableau annexé au présent arrêté. – *V. annexe JO 20 janv. 1987.*

Art. 2 Pour la détermination du montant des taxes à percevoir les espèces végétales sont classées en trois catégories :

Catégorie A : plantes de grande culture, à l'exception du lin et du riz, plantes horticoles et potagères, fraisier, plantes ornementales cultivées, notamment, pour la fleur coupée.

Catégorie B : arbres fruitiers et forestiers, arbustes à baies ou à petits fruits, lin, riz, vigne.

Catégorie C : plantes et arbustes ornementaux cultivés uniquement pour le jardin ou en pot, lavande, lavandin, thym.

Art. 3 Le droit réduit de 795 F *[121,20 €]* prévu au tableau annexé au présent arrêté *(V. annexe JO 20 janv.)* s'applique dans le cas où le comité de la protection des obtentions végétales décide de recourir à une procédure d'examen limité à une liste de caractères préalablement établie, espèce par espèce, pour les variétés d'origine mutationnelle.

Art. 4 Lorsque le comité de la protection des obtentions végétales décide de confier l'examen des variétés appartenant à une espèce déterminée à un service étranger dans le cadre d'un accord de coopération passé selon les recommandations de l'Union internationale pour la protection des obtentions végétales, le demandeur doit acquitter :

1. Un droit de dossier de 140 F *[21,30 €]* ;
2. Le montant de la taxe d'examen, telle qu'elle est facturée par le service étranger.

Cette taxe d'examen, conformément aux recommandations de l'Union internationale pour la protection des obtentions végétales, correspond soit au droit d'examen pratiqué par le service examinateur si celui-ci ne disposait d'aucun résultat d'essais relatifs à la variété, soit à un droit d'achat des résultats déjà disponibles.

Si l'intéressé a déjà demandé la protection et acquitté les taxes correspondantes auprès de ce service étranger, il devra néanmoins, à l'occasion de sa demande en France, verser les taxes prévues aux alinéas 1 et 2 ci-dessus, celle de l'alinéa 2 correspondant à une taxe d'achat de résultats disponibles.

Le montant des taxes prévues aux alinéas 1 et 2 ci-dessus est dû en cas de retrait de la demande de certificat d'obtention végétale après qu'une procédure de demande de résultats d'examen a été mise en œuvre auprès d'un service étranger.

Art. 5 L'arrêté du 24 août 1981, modifié par les arrêtés des 9 août 1984 et 25 juin 1985 fixant le barème des taxes perçues en matière de protection des obtentions végétales est abrogé.

SECTION II DROITS ET OBLIGATIONS ATTACHÉS AUX CERTIFICATS D'OBTENTION VÉGÉTALE

Art. L. 623-17 Une variété indispensable à la vie humaine ou animale peut être soumise au régime de la licence d'office par décret en Conseil d'État ou, lorsqu'elle intéresse la santé publique, par arrêté conjoint du ministre de l'agriculture et du ministre chargé de la santé publique. – *[L. nº 70-489 du 11 juin 1970, art. 12.] – V. art. R. 623-51.*

Art. L. 623-18 Du jour de la publication de l'arrêté qui soumet les certificats d'obtention au régime de la licence d'office, toute personne présentant des garanties techniques et professionnelles peut demander au ministre de l'agriculture l'octroi d'une licence d'exploitation.

Cette licence ne peut être que non exclusive. Elle est accordée par arrêté du ministre de l'agriculture à des conditions déterminées notamment quant à sa durée et son champ d'application, mais à l'exclusion des redevances auxquelles elle donne lieu.

Elle prend effet à la date de la notification de l'arrêté aux parties.

A défaut d'accord amiable, le montant des redevances est fixé par l'autorité judiciaire, déterminée conformément à l'article L. 623-31. – *[L. nº 70-489 du 11 juin 1970, art. 13.] – V. art. R. 623-48 s.*

Art. L. 623-19 Si le titulaire d'une licence d'office ne satisfait pas aux conditions requises, le ministre de l'agriculture peut, après avis *(L. nº 2011-1843 du 8 déc. 2011,* *art. 1er)* « de l'organisme mentionné à l'article L. 412-1 », en prononcer la déchéance. – *[L. n° 70-489 du 11 juin 1970, art. 14.]*

Art. L. 623-20 L'État peut obtenir d'office, à tout moment, pour les besoins de la défense nationale une licence d'exploitation d'une variété végétale objet d'une demande de certificat ou d'un certificat d'obtention, que cette exploitation soit faite par lui-même ou pour son compte.

La licence d'office est accordée, à la demande du ministre chargé de la défense, par arrêté du ministre de l'agriculture. Cet arrêté fixe les conditions de la licence à l'exclusion de celles qui sont relatives aux redevances auxquelles donne lieu son utilisation. La licence prend effet à la date de la demande de licence d'office.

A défaut d'accord amiable, le montant des redevances est fixé par l'autorité judiciaire, déterminée conformément à l'article L. 623-31. – *[L. n° 70-489 du 11 juin 1970, art. 15.] – V. art. R. 623-51.*

Art. L. 623-21 Les droits attachés à une licence d'office ne peuvent être cédés ni transmis. – *[L. n° 70-489 du 11 juin 1970, art. 16.]*

Art. L. 623-22 L'État peut, à tout moment, par décret, exproprier en tout ou en partie pour les besoins de la défense nationale les obtentions végétales, objet de demandes de certificat ou de certificats.

A défaut d'accord amiable, l'indemnité d'expropriation est fixée par le tribunal de grande instance. – *[L. n° 70-489 du 11 juin 1970, art. 21.]*

Art. L. 623-22-1 *(L. n° 2004-1338 du 8 déc. 2004)* Lorsque le titulaire d'un brevet portant sur une invention biotechnologique ne peut exploiter celle-ci sans porter atteinte à un droit d'obtention végétale antérieur, il peut demander la concession d'une licence pour l'exploitation de la variété protégée par le droit d'obtention, pour autant que cette invention constitue à l'égard de la variété végétale un progrès technique important et présente un intérêt économique considérable. Le demandeur doit justifier qu'il n'a pu obtenir du titulaire du droit d'obtention une licence d'exploitation et qu'il est en état d'exploiter la variété de manière effective et sérieuse.

Art. L. 623-22-2 *(L. n° 2004-1338 du 8 déc. 2004)* La demande de licence prévue à l'article L. 623-22-1 est formée auprès du tribunal de grande instance.

La licence est non exclusive. Le tribunal détermine notamment sa durée, son champ d'application et le montant des redevances auxquelles elle donne lieu. Ces conditions peuvent être modifiées par décision du tribunal, à la demande du titulaire du droit ou de la licence.

Les droits attachés à cette licence ne peuvent être transmis qu'avec l'entreprise ou la partie de l'entreprise ou le fonds de commerce auquel ils sont attachés.

Lorsqu'une telle licence est accordée, le titulaire du droit d'obtention obtient à des conditions équitables, sur demande présentée au tribunal, la concession d'une licence réciproque pour utiliser l'invention protégée.

Si le titulaire d'une licence ne satisfait pas aux conditions auxquelles cette licence a été accordée, le titulaire du certificat d'obtention végétale et, le cas échéant, les autres licenciés peuvent obtenir du tribunal le retrait de cette licence.

Art. L. 623-22-3 *(L. n° 2011-1843 du 8 déc. 2011, art. 12)* Toute personne de droit public ou de droit privé peut obtenir une licence obligatoire dans les conditions prévues au présent article et à l'article L. 623-22-4.

La demande de licence obligatoire est formée auprès du tribunal de grande instance du lieu de situation du titulaire du droit. Elle doit être accompagnée de la justification que :

1° Le demandeur n'a pu obtenir une licence dans un délai d'un an à dater de sa demande auprès du titulaire du certificat ;

2° Qu'il est en état d'exploiter la variété de manière sérieuse et effective ;

3° Que la licence est d'intérêt public eu égard, notamment, à l'insuffisance notoire d'approvisionnement du marché agricole concerné par cette variété.

La demande de licence obligatoire peut être présentée, dans les conditions fixées aux deuxième à cinquième alinéas du présent article, par le titulaire du certificat délivré pour une variété essentiellement dérivée d'une variété protégée qui n'a pas pu obtenir

du titulaire du certificat de la variété initiale les autorisations nécessaires à l'exploitation de sa propre variété.

Le titulaire du certificat protégeant la variété initiale peut obtenir, dans les mêmes conditions, une licence du certificat protégeant la variété essentiellement dérivée. La licence obligatoire est non exclusive. Le tribunal détermine notamment sa durée, son champ d'application et le montant des redevances auxquelles elle donne lieu.

Ces conditions peuvent être modifiées par le tribunal à la requête du titulaire ou du licencié.

Si le titulaire d'une licence obligatoire ne satisfait pas aux conditions auxquelles cette licence a été accordée, le titulaire du certificat d'obtention et, le cas échéant, les autres licenciés peuvent obtenir du tribunal le retrait de cette licence.

Les dispositions de la loi n° 2011-1843 du 8 déc. 2011 sont applicables aux certificats d'obtention végétale délivrés avant son entrée en vigueur (L. préc., art. 19).

Art. L. 623-22-4 *(L. n° 2011-1843 du 8 déc. 2011, art. 12)* **Les droits attachés à une licence obligatoire ne peuvent être ni cédés, ni transmis, si ce n'est avec l'entreprise ou la partie de l'entreprise à laquelle ils sont rattachés.**

Cette cession ou transmission est, à peine de nullité, soumise à l'autorisation du tribunal.

V. note ss. art. L. 623-22-3.

Art. L. 623-23 Est déchu de son droit tout titulaire d'un certificat d'obtention végétale :

1° Qui n'est pas en mesure de présenter à tout moment à l'administration les éléments de reproduction ou de multiplication végétative *(Abrogé par L. n° 2011-1843 du 8 déc. 2011, art. 13)* « **, *tels que graines, boutures, greffons, rhizomes, tubercules,*** » **permettant de reproduire la variété protégée avec les caractères morphologiques et physiologiques tels qu'ils ont été définis dans le certificat d'obtention ;**

2° Qui refuse de se soumettre aux inspections faites en vue de vérifier les mesures qu'il a prises pour la conservation de la variété ;

3° Qui n'a pas acquitté dans le délai prescrit la redevance annuelle visée au deuxième alinéa de l'article L. 623-16.

La déchéance est constatée par *(L. n° 2011-1843 du 8 déc. 2011, art. 1er)* « **l'organisme mentionné à l'article L. 412-1** ». **Lorsqu'elle est constatée au titre du 3° ci-dessus, le titulaire du certificat peut, dans les six mois qui suivent le terme du délai prévu, présenter un recours en vue d'être restauré dans ses droits s'il justifie d'une excuse légitime pour le défaut de paiement des redevances. Ce recours ne peut cependant porter atteinte aux droits acquis, le cas échéant, par les tiers. La décision définitive constatant la déchéance est publiée.** — *[L. n° 70-489 du 11 juin 1970, art. 22.] — V. art. R. 623-36 s.*

Art. L. 623-23-1 *(L. n° 2011-1843 du 8 déc. 2011, art. 14)* **Le certificat d'obtention végétale est déclaré nul, par décision de justice, s'il est avéré :**

1° Soit qu'il a été attribué à une personne qui n'y avait pas droit, à moins qu'il ne soit transféré à la personne qui y a droit ;

2° Soit qu'à la date à laquelle il a été délivré la variété ne satisfaisait pas aux conditions mentionnées à l'article L. 623-2.

Art. L. 623-24 Les dispositions des articles L. 613-8 et L. 613-29 à L. 613-32 sont applicables aux demandes de certificats d'obtention végétale et aux certificats d'obtention.

Il en est de même des articles L. 613-9, L. 613-21 et L. 613-24, *(L. n° 2011-1843 du 8 déc. 2011, art. 1er)* « **l'organisme mentionné à l'article L. 412-1** » **étant substitué à l'Institut national de la propriété industrielle.**

(L. n° 2011-1843 du 8 déc. 2011, art. 15) « **L'article L. 611-7 est également applicable aux certificats d'obtention végétale, les inventions y étant entendues comme les obtentions, les brevets comme les certificats d'obtention végétale et la commission de conciliation comme celle instituée par un décret spécifique au domaine particulier des obtentions végétales.** »

BIBL. ▶ BOUCHÉ, *Propr. ind. 2015. Étude 5* (obtentions de salariés, de fonctionnaires ou d'agents publics).

- Sur la prescription de l'action en revendication d'un certificat d'obtention végétale, V. • Com. 14 déc. 2004 : *Bull. civ. IV, n° 223 ; D. 2004. AJ 714, obs. Allaeys ; ibid. Pan. 964, obs. Raynard ; Propr. ind. 2005, n° 51, obs. Schmidt-Szalewski.*

SECTION II *BIS* SEMENCES DE FERME

(L. n° 2011-1843 du 8 déc. 2011, art. 16)

Pour les semences de ferme, les dispositions de la L. n° 2011-1843 du 8 déc. 2011 sont applicables aux certificats d'obtention végétale délivrés avant son entrée en vigueur (L. préc., art. 19).

Art. L. 623-24-1 **Par dérogation à l'article L. 623-4, pour les espèces énumérées par le règlement (CE) n° 2100/94 du Conseil du 27 juillet 1994 instituant un régime de protection communautaire des obtentions végétales ainsi que pour d'autres espèces qui peuvent être énumérées par décret** *(Abrogé par L. n° 2014-1170 du 13 oct. 2014, art. 58-2°) « en Conseil d'État »*, **les agriculteurs ont le droit d'utiliser sur leur propre exploitation, sans l'autorisation de l'obtenteur, à des fins de reproduction ou de multiplication, le produit de la récolte qu'ils ont obtenu par la mise en culture d'une variété protégée.** *(L. n° 2014-315 du 11 mars 2014, art. 6)* **« Cette utilisation ne constitue pas une contrefaçon. »**

V. art. R. 623-59.

Art. L. 623-24-2 **Sauf en ce qui concerne les petits agriculteurs au sens du règlement (CE) n° 2100/94 du Conseil du 27 juillet 1994 précité** *[V. ce texte, art. 14, App., v° Obtentions végétales]*, **l'agriculteur doit une indemnité aux titulaires des certificats d'obtention végétale dont il utilise les variétés.**

Art. L. 623-24-3 **Lorsqu'il n'existe pas de contrat entre le titulaire du certificat d'obtention végétale et l'agriculteur concerné ou entre un ou plusieurs titulaires de certificats d'obtention végétale et un groupe d'agriculteurs concernés, ou d'accord interprofessionnel conclu dans les conditions prévues au chapitre II du titre III du livre VI du code rural et de la pêche maritime, les conditions d'application de la dérogation définie à l'article L. 623-24-1 du présent code, y compris les modalités de fixation du montant de l'indemnité visée à l'article L. 623-24-2, dont le montant est sensiblement inférieur au montant perçu pour la production sous licence de matériel de multiplication de la même variété, sont établies par** *(L. n° 2014-1170 du 13 oct. 2014, art. 58-3°)* **« décret en Conseil d'État ».**

Art. L. 623-24-4 **Lorsque les agriculteurs ont recours à des prestataires de services pour trier leurs semences, ces opérations de triage doivent être faites dans des conditions permettant de garantir la traçabilité des produits issus de variétés faisant l'objet de certificat d'obtention végétale.**

En cas de non-respect de ces conditions, les semences sont réputées commercialisées et regardées comme une contrefaçon au sens de l'article L. 623-25.

Art. L. 623-24-5 **Le non-respect par les agriculteurs des conditions d'application de la dérogation définie à l'article L. 623-24-1 leur fait perdre le bénéfice des dispositions de la présente section.**

SECTION III ACTIONS EN JUSTICE

Sur l'application de la loi n° 2007-1544 du 29 oct. 2007 de lutte contre la contrefaçon, V. la circulaire du ministre de la justice du 11 avr. 2008, CRIM 08-10/G3, App., v° Dispositions générales.

Art. L. 623-25 *(L. n° 2011-1843 du 8 déc. 2011, art. 17)* **« Sous réserve des dispositions de l'article L. 623-24-1, toute atteinte volontaire portée aux droits du titulaire d'un certificat d'obtention végétale tels qu'ils sont définis à l'article L. 623-4 constitue une contrefaçon qui engage la responsabilité civile de son auteur. Au sens du présent article, sont également considérées comme une atteinte au droit du titulaire d'un certificat d'obtention végétale les utilisations incorrectes ou abusives de la dénomination de la variété qui fait l'objet d'un certificat d'obtention.**

« Le titulaire d'une licence d'office visée aux articles L. 623-17 et L. 623-20, le titulaire d'une licence obligatoire visée à l'article L. 623-22-3 et, sauf stipulation contraire, le bénéficiaire d'un droit exclusif d'exploitation peuvent exercer l'action prévue au pre-

mier alinéa du présent article si, après mise en demeure, le titulaire du certificat n'exerce pas cette action. »

Le titulaire du certificat est recevable à intervenir à l'instance engagée par le licencié conformément à l'alinéa précédent.

Tout titulaire d'une licence est recevable à intervenir à l'instance engagée par le titulaire du certificat afin d'obtenir la réparation du préjudice qui lui est propre. – *[L. n° 70-489 du 11 juin 1970, art. 23.]*

Les dispositions de la L. n° 2011-1843 du 8 déc. 2011 sont applicables aux certificats d'obtention végétale délivrés avant son entrée en vigueur (L. préc., art. 19).

1. Actes de contrefaçon. La commercialisation n'est pas un élément nécessaire de la contrefaçon, le triage par une coopérative dans le but d'isoler les graines douées des meilleures propriétés et destinées à l'ensemencement suffit à établir la contrefaçon constituée. • Nancy, 13 sept. 1988 : *PIBD 1988, III, p. 572.* ♦ Sur la preuve de la contrefaçon, V. • Com. 4 déc. 2007 : *Propr. ind. 2008, n° 49, note Schmidt-Szalewski.*

2. Sur la possession personnelle antérieure, V. : • Paris, 19 juin 1986 : *RDPI 1987, n° 7, p. 63.*

3. Exception. La seule exception au monopole du producteur de semences reconnu par la loi au profit du titulaire d'un certificat d'obtention végétale est celle que pose l'art. L. 623-25, al. 2. • Nancy, 13 sept. 1988 : *préc. note 1.*

4. Licencié exclusif. Le licencié exclusif, dont le contrat a été publié au registre national et est opposable aux tiers, peut agir en contrefaçon aux côtés du titulaire du certificat d'obtention végétale. • TGI Paris, 10 janv. 2001 : *PIBD 2001. III. 383.*

5. Preuve. Dans un domaine dont la technicité n'est pas contestable, la contrefaçon ne saurait s'établir sur de simples constatations visuelles portant sur des similitudes entre des jeunes pousses, celles-ci devant être complétées par d'autres éléments de preuve. • TGI Paris, 10 janv. 2001 : *préc. note 4.*

Art. L. 623-26 **Les faits antérieurs à la publication de la délivrance du certificat ne sont pas considérés comme ayant porté atteinte aux droits attachés au certificat. Pourront cependant être constatés et poursuivis les faits postérieurs à la notification au responsable présumé d'une copie conforme de la demande de certificat.** – *[L. n° 70-489 du 11 juin 1970, art. 26.]*

Lorsqu'il est saisi d'une demande en rétractation d'une ordonnance autorisant une saisie-contrefaçon, le président du tribunal de grande instance, qui reste compétent même si le juge du fond est saisi de l'affaire, ne peut qu'apprécier contradictoirement si les conditions prévues pour procéder à cette saisie étaient réunies ; il n'a pas le pouvoir de se prononcer sur la validité des opérations pratiquées, ni celui d'apprécier *a posteriori* le bien-fondé de la saisie elle-même au regard des droits dont la protection était invoquée au moment de la requête. • Nîmes, 14 sept. 1998 : *RDPI 1999, n° 96, p. 44.*

Art. L. 623-27 *(L. n° 2007-1544 du 29 oct. 2007, art. 20)* **Toute personne ayant qualité pour agir en contrefaçon peut saisir en référé la juridiction civile compétente afin de voir ordonner, au besoin sous astreinte, à l'encontre du prétendu contrefacteur ou des intermédiaires dont il utilise les services, toute mesure destinée à prévenir une atteinte imminente aux droits conférés par le titre ou à empêcher la poursuite d'actes argués de contrefaçon. La juridiction civile compétente peut également ordonner toutes mesures urgentes sur requête lorsque les circonstances exigent que ces mesures ne soient pas prises contradictoirement, notamment lorsque tout retard serait de nature à causer un préjudice irréparable au demandeur. Saisie en référé ou sur requête, la juridiction ne peut ordonner les mesures demandées que si les éléments de preuve, raisonnablement accessibles au demandeur, rendent vraisemblable qu'il est porté atteinte à ses droits ou qu'une telle atteinte est imminente.**

La juridiction peut interdire la poursuite des actes argués de contrefaçon, la subordonner à la constitution de garanties destinées à assurer l'indemnisation éventuelle du demandeur ou ordonner la saisie ou la remise entre les mains d'un tiers des produits soupçonnés de porter atteinte aux droits conférés par le titre, pour empêcher leur introduction ou leur circulation dans les circuits commerciaux. Si le demandeur justifie de circonstances de nature à compromettre le recouvrement des dommages et intérêts, la juridiction peut ordonner la saisie conservatoire des biens mobiliers et immobiliers du prétendu contrefacteur, y compris le blocage de ses comptes bancaires et autres avoirs, conformément au droit commun. Pour déterminer les biens susceptibles de

faire l'objet de la saisie, elle peut ordonner la communication des documents bancaires, financiers, comptables ou commerciaux ou l'accès aux informations pertinentes.

Elle peut également accorder au demandeur une provision lorsque l'existence de son préjudice n'est pas sérieusement contestable.

Saisie en référé ou sur requête, la juridiction peut subordonner l'exécution des mesures qu'elle ordonne à la constitution par le demandeur de garanties destinées à assurer l'indemnisation éventuelle du défendeur si l'action en contrefaçon est ultérieurement jugée non fondée ou les mesures annulées.

(L. nº 2014-315 du 11 mars 2014, art. 11) **« Lorsque les mesures prises pour faire cesser une atteinte aux droits sont ordonnées avant l'engagement d'une action au fond, le demandeur doit, dans un délai fixé par voie réglementaire, soit se pourvoir par la voie civile ou pénale, soit déposer une plainte auprès du procureur de la République. » A défaut, sur demande du défendeur et sans que celui-ci ait à motiver sa demande, les mesures ordonnées sont annulées, sans préjudice des dommages et intérêts qui peuvent être réclamés.**

BIBL. ▶ Dreyer, *D. 2015. 1164* (propriétés intellectuelles : prendre (enfin) le droit pénal au sérieux).

Sur les contraintes de la saisie-contrefaçon en matière d'obtention végétale, V. • Paris, 5 oct. 2011 : *Propr. ind. 2012. nº 18, note Bouche.*

Ancien art. L. 623-27 ***Le propriétaire d'une demande de certificat d'obtention ou d'un certificat est en droit de faire procéder, avec autorisation de justice, à la description détaillée, avec ou sans saisie réelle, de tous végétaux ou parties de végétaux, de tous éléments de reproduction ou de multiplication végétative prétendu obtenus en méconnaissance de ses droits. Ce droit est ouvert au concessionnaire d'un droit exclusif d'exploitation ou au titulaire d'une licence d'office sous la condition fixée au troisième alinéa de l'article L. 623-25.***

A défaut par le requérant de s'être pourvu devant le tribunal dans le délai fixé par voie réglementaire, la description ou saisie est nulle de plein droit, sans préjudice des dommages-intérêts qui peuvent être réclamés s'il y a lieu. — [L. nº 70-489 du 11 juin 1970, art. 27.] — V. art. R. 623-51 s.

BIBL ▶ Nuss, *Propr. ind. 2005. Étude 26* (du choix de l'expert qui assiste l'huissier instrumentaire en matière de saisie-contrefaçon).

1. Le juge saisi d'une demande de rétractation d'ordonnance autorisant une saisie-contrefaçon, est investi dans le cadre d'un débat contradictoire, même si le juge du fond est saisi de l'affaire, des pouvoirs appartenant à l'auteur de l'ordonnance. • Civ. 2e, 9 juill. 1997 : *D. Affaires 1997. 1010 ; D. 1997. IR 176.*

2. L'autorisation de la saisie-contrefaçon, mesure qui a pour but d'apporter la preuve de la contrefaçon, n'est pas subordonnée à la production d'un commencement de preuve de celle-ci. Le libre choix de l'expert étant laissé au saisissant, la désignation de celui-ci dans la requête ou dans l'ordonnance n'est pas nécessaire. Toute contestation sur l'indépendance ou la compétence de l'expert relève du contentieux de la validité de la saisie et non de celui de la régularité de l'autorisation. • Lyon, 3 mai 1999 : *PIBD 1999. III. 323 ; Dossiers Brevets 1999-I-1.*

Art. L. 623-27-1 *(L. nº 2007-1544 du 29 oct. 2007, art. 20)* **La contrefaçon peut être prouvée par tous moyens.**

A cet effet, toute personne ayant qualité pour agir en contrefaçon est en droit de faire procéder en tout lieu et par tous huissiers, *(L. nº 2014-315 du 11 mars 2014, art. 4)* **« le cas échéant » assistés d'experts désignés par le demandeur, en vertu d'une ordonnance rendue sur requête par la juridiction civile compétente, soit à la description détaillée, avec ou sans prélèvement d'échantillons, soit à la saisie réelle des objets prétendus contrefaisants ainsi que de tout document s'y rapportant.** *(L. nº 2014-315 du 11 mars 2014, art. 4)* **« L'ordonnance peut autoriser la saisie réelle de tout document se rapportant aux objets prétendus contrefaisants en l'absence de ces derniers. »**

La juridiction peut ordonner, aux mêmes fins probatoires, *(L. nº 2014-315 du 11 mars 2014, art. 4)* **« la description détaillée ou » la saisie réelle des matériels et instruments utilisés pour produire ou distribuer les objets prétendus contrefaisants.**

Elle peut subordonner l'exécution des mesures qu'elle ordonne à la constitution par le demandeur de garanties destinées à assurer l'indemnisation éventuelle du défendeur si l'action en contrefaçon est ultérieurement jugée non fondée ou la saisie annulée.

A défaut pour le demandeur de s'être pourvu au fond, par la voie civile ou pénale, dans un délai fixé par voie réglementaire, l'intégralité de la saisie, y compris la description, est annulée à la demande du saisi, sans que celui-ci ait à motiver sa demande et sans préjudice des dommages et intérêts qui peuvent être réclamés.

BIBL. ▶ Dorol, *Propr. ind. 2017. Étude 5* (le constat d'achat sur internet). – Zajdela, *Propr. ind. 2016. Étude 18* (la preuve en matière de contrefaçon : constat d'achat ou saisie-contrefaçon ?).

Art. L. 623-27-1-1 *(L. n° 2014-315 du 11 mars 2014, art. 4)* **La juridiction peut ordonner, d'office ou à la demande de toute personne ayant qualité pour agir en contrefaçon, toutes les mesures d'instruction légalement admissibles même si une saisie-contrefaçon n'a pas préalablement été ordonnée dans les conditions prévues à l'article L. 623-27-1.**

COMMENTAIRE

Voir le commentaire sous l'article L. 521-4-1.

Art. L. 623-27-2 *(L. n° 2007-1544 du 29 oct. 2007, art. 20)* **Si la demande lui en est faite, la juridiction saisie** *(L. n° 2014-315 du 11 mars 2014, art. 3)* **« au fond ou en référé » d'une procédure civile prévue au présent titre peut ordonner, au besoin sous astreinte, afin de déterminer l'origine et les réseaux de distribution des produits** *(L. n° 2014-315 du 11 mars 2014, art. 3)* **« argués de contrefaçon » qui portent atteinte aux droits du demandeur, la production de tous documents ou informations détenus par le défendeur ou par toute personne qui a été trouvée en possession de produits** *(L. n° 2014-315 du 11 mars 2014, art. 3)* **« argués de contrefaçon » ou qui fournit des services utilisés dans** *(L. n° 2014-315 du 11 mars 2014, art. 3)* **« de prétendues activités » de contrefaçon ou encore qui a été signalée comme intervenant dans la production, la fabrication ou la distribution de ces produits ou la fourniture de ces services.**

La production de documents ou d'informations peut être ordonnée s'il n'existe pas d'empêchement légitime.

Derniers al. abrogés par L. n° 2014-315 du 11 mars 2014, art. 3.

Art. L. 623-28 *(L. n° 2014-315 du 11 mars 2014, art. 2)* **Pour fixer les dommages et intérêts, la juridiction prend en considération distinctement :**

1° Les conséquences économiques négatives de la contrefaçon, dont le manque à gagner et la perte subis par la partie lésée ;

2° Le préjudice moral causé à cette dernière ;

3° Et les bénéfices réalisés par le contrefacteur, y compris les économies d'investissements intellectuels, matériels et promotionnels que celui-ci a retirées de la contrefaçon.

Toutefois, la juridiction peut, à titre d'alternative et sur demande de la partie lésée, allouer à titre de dommages et intérêts une somme forfaitaire. Cette somme est supérieure au montant des redevances ou droits qui auraient été dus si le contrefacteur avait demandé l'autorisation d'utiliser le droit auquel il a porté atteinte. Cette somme n'est pas exclusive de l'indemnisation du préjudice moral causé à la partie lésée.

COMMENTAIRE

Voir le commentaire sous l'article L. 521-7.

Sur l'indemnisation du préjudice moral : V. note ss. art. L. 521-7.

Art. L. 623-28-1 *(L. n° 2007-1544 du 29 oct. 2007, art. 21)* **En cas de condamnation civile pour contrefaçon, la juridiction peut ordonner, à la demande de la partie lésée, que les produits reconnus comme produits contrefaisants et les matériaux et instruments ayant principalement servi à leur création ou fabrication soient rappelés des circuits commerciaux, écartés définitivement de ces circuits, détruits ou confisqués au profit de la partie lésée.**

La juridiction peut aussi ordonner toute mesure appropriée de publicité du jugement, notamment son affichage ou sa publication intégrale ou par extraits dans les journaux ou sur les services de communication au public en ligne qu'elle désigne, selon les modalités qu'elle précise.

Les mesures mentionnées aux deux premiers alinéas sont ordonnées aux frais du contrefacteur.

Art. L. 623-29 **Les actions civiles et pénales prévues par le présent chapitre se prescrivent par** *(L. n° 2014-315 du 11 mars 2014, art. 16)* **« cinq » ans à compter des faits qui en sont la cause.**

L'action civile introduite suspend la prescription de l'action pénale. – *[L. n° 70-489 du 11 juin 1970, art. 29.]*

COMMENTAIRE

Voir le commentaire sous l'article L. 615-8.

Art. L. 623-30 **Lorsqu'une variété objet d'une demande de certificat ou d'un certificat d'obtention est exploitée pour les besoins de la défense nationale par l'État ou ses fournisseurs, sous-traitants et titulaires de sous-commandes, sans qu'une licence d'exploitation leur ait été octroyée, la juridiction saisie ne peut ordonner ni la cessation ou l'interruption de l'exploitation, ni la confiscation prévue à l'article** *(L. n° 2007-1544 du 29 oct. 2007, art. 21)* **« L. 623-28-1 ».**

Si une expertise ou une description, avec ou sans saisie réelle, est ordonnée par le président de la juridiction saisie, l'officier public commis doit surseoir à la saisie, à la description et à toute recherche dans l'entreprise si le contrat d'études ou de reproduction ou de multiplication comporte une classification de sécurité de défense.

Il en est de même si les études, la reproduction, la multiplication sont effectuées dans un établissement des armées.

Le président de la juridiction saisie peut, s'il en est requis par l'ayant droit, ordonner une expertise qui ne peut être effectuée que par des personnes agréées par le ministre chargé de la défense et devant ses représentants.

Les dispositions de l'article L. 623-26 ne sont pas applicables aux demandes de certificat d'obtention végétale exploitées dans les conditions définies au présent article aussi longtemps que ces demandes sont soumises aux interdictions prévues par les articles L. 623-9 et L. 623-10.

Une telle exploitation fait encourir de plein droit à ses auteurs la responsabilité définie au présent article. – *[L. n° 70-489 du 11 juin 1970, art. 30.]*

Art. L. 623-31 *(L. n° 2011-525 du 17 mai 2011, art. 196)* **Les actions civiles et les demandes relatives aux obtentions végétales, y compris lorsqu'elles portent également sur une question connexe de concurrence déloyale, sont exclusivement portées devant des tribunaux de grande instance** *(L. n° 2014-315 du 11 mars 2014, art. 1er)* **«, déterminés par voie réglementaire, »** *(Abrogé par L. n° 2011-1862 du 13 déc. 2011, art. 7)* **«, *dont le nombre ne peut être inférieur à dix,* » à l'exception des recours formés contre les actes administratifs ministériels, qui relèvent de la juridiction administrative.**

La cour d'appel de Paris connaît directement des recours formés contre les décisions *(L. n° 2011-1843 du 8 déc. 2011, art. 1er)* **« de l'organisme mentionné à l'article L. 412-1 » prises en application du présent chapitre.**

Les dispositions qui précèdent ne font pas obstacle au recours à l'arbitrage, dans les conditions prévues aux articles 2059 et 2060 du code civil.

Le nombre plancher de juridictions compétentes pour connaître du contentieux des obtentions végétales a disparu. Le Décr. n° 2013-1 du 2 janv. 2013, relatif aux tribunaux de grande instance spécialisés dans les actions relatives aux obtentions végétales, a donc supprimé le dernier al. de l'art. D. 211-5 COJ (*JO* 3 janv. 2013, p. 315) : V. App., Propriété industrielle, v° *Obtentions végétales.*

Art. L. 623-32 *(L. n° 2004-204 du 9 mars 2004, art. 34, VI)* **Toute atteinte portée sciemment aux droits du titulaire d'un certificat d'obtention végétale, tels qu'ils sont définis à l'article L. 623-4, constitue un délit puni d'une amende de 10 000 euros. Lorsqu'il a été rendu contre le prévenu dans les cinq années antérieures une condamnation pour le même délit ou en cas de commission du délit en bande organisée** *(L. n° 2011-267 du 14 mars 2011, art. 3)* **« ou sur un réseau de communication au public en ligne », un emprisonnement de six mois peut, en outre, être prononcé.**

Art. L. 623-32-1 *(L. nº 2007-1544 du 29 oct. 2007, art. 22)* **Les personnes physiques coupables du délit prévu à l'article L. 623-32 peuvent en outre être condamnées, à leurs frais, à retirer des circuits commerciaux les objets jugés contrefaisants et toute chose qui a servi ou était destinée à commettre l'infraction.**

La juridiction peut ordonner la destruction aux frais du condamné ou la remise à la partie lésée des objets et choses retirés des circuits commerciaux ou confisqués, sans préjudice de tous dommages et intérêts.

Elle peut également ordonner, aux frais du condamné, l'affichage du jugement ou la diffusion du jugement prononçant la condamnation, dans les conditions prévues à l'article 131-35 du code pénal.

Art. L. 623-32-2 *(L. nº 2009-526 du 12 mai 2009, art. 125-XVIII, 5º)* **« Les personnes morales déclarées responsables pénalement, dans les conditions prévues par l'article 121-2 du code pénal, de l'infraction définie à l'article L. 623-32 encourent, outre l'amende suivant les modalités prévues par l'article 131-38 du code pénal, les peines prévues par l'article 131-39 du même code. »**

(L. nº 2007-1544 du 29 oct. 2007, art. 22) **« L'interdiction mentionnée au 2º de l'article 131-39 du même code porte sur l'activité dans l'exercice ou à l'occasion de l'exercice de laquelle l'infraction a été commise.**

« Les personnes morales déclarées pénalement responsables peuvent en outre être condamnées, à leurs frais, à retirer des circuits commerciaux les objets jugés contrefaisants et toute chose qui a servi ou était destinée à commettre l'infraction.

« La juridiction peut ordonner la destruction aux frais du condamné ou la remise à la partie lésée des objets et choses retirés des circuits commerciaux ou confisqués, sans préjudice de tous dommages et intérêts. »

Art. L. 623-33 **L'action publique pour l'application des peines prévues au précédent article ne peut être exercée par le ministère public que sur plainte de la partie lésée.**

Le tribunal correctionnel saisi ne peut statuer qu'après que la juridiction civile a constaté la réalité du délit par une décision passée en force de chose jugée. Les exceptions tirées par le défenseur de nullité du certificat d'obtention ou des questions relatives à la propriété dudit certificat ne peuvent être soulevées que devant la juridiction civile. – *[L. nº 70-489 du 11 juin 1970, art. 25.]*

Art. L. 623-34 *Abrogé par L. nº 2009-526 du 12 mai 2009, art. 122-XII.*

Art. L. 623-35 **Sans préjudice, s'il échet, des peines plus graves prévues en matière d'atteinte à la sûreté de l'État, quiconque a sciemment enfreint une des interdictions portées aux articles L. 623-9 et L. 623-10 est puni d'une amende de 4 500 euros. Si la violation a porté préjudice à la défense nationale, une peine d'emprisonnement de cinq ans pourra, en outre, être prononcée.** – *[L. nº 70-489 du 11 juin 1970, art. 32.]*

Pour l'application des dispositions du présent livre aux territoires d'outre-mer et à la collectivité territoriale de Mayotte, V. art. L. 811-1 et L. 811-2.

SECTION IV **LA RETENUE**

(L. nº 2014-315 du 11 mars 2014, art. 7)

COMMENTAIRE

La procédure de retenue en douane décrite aux articles L. 623-36 à L. 623-44 est commentée sous l'article L. 521-14.

Art. L. 623-36 **En dehors des cas prévus par la réglementation de l'Union européenne, l'administration des douanes peut, sur demande écrite du titulaire d'un certificat d'obtention végétale, assortie des justifications de son droit, retenir dans le cadre de ses contrôles les marchandises que celui-ci prétend constituer une contrefaçon.**

Cette retenue est immédiatement notifiée au demandeur et au détenteur. Le procureur de la République est également informé de ladite mesure par l'administration des douanes.

Lors de la notification mentionnée à la première phrase du deuxième alinéa du présent article, la nature et la quantité réelle ou estimée ainsi que des images des mar-

chandises sont communiquées au titulaire du certificat d'obtention végétale, par dérogation à l'article 59 *bis* du code des douanes. Ces informations peuvent également être communiquées avant la mise en œuvre de la mesure prévue au présent article.

Sous réserve des procédures prévues aux articles L. 623-40 et L. 623-41 du présent code, la mesure de retenue est levée de plein droit à défaut pour le demandeur, dans le délai de dix jours ouvrables, ou de trois jours ouvrables pour les denrées périssables, à compter de la notification de la retenue des marchandises, de justifier auprès de l'administration des douanes soit de mesures conservatoires décidées par la juridiction civile compétente, soit de s'être pourvu par la voie civile ou la voie correctionnelle et d'avoir constitué les garanties destinées à l'indemnisation éventuelle du détenteur des marchandises au cas où la contrefaçon ne serait pas ultérieurement reconnue, soit d'avoir déposé une plainte auprès du procureur de la République. L'administration des douanes peut proroger le délai de dix jours ouvrables prévu au présent alinéa de dix jours ouvrables maximum sur requête dûment motivée du demandeur. En cas de prorogation du délai, le procureur de la République et le détenteur des marchandises en sont informés.

Les frais liés à la mesure de retenue ou aux mesures conservatoires prononcées par la juridiction civile compétente sont à la charge du demandeur.

Aux fins de l'engagement des actions en justice mentionnées au quatrième alinéa du présent article, le demandeur peut obtenir de l'administration des douanes communication des nom et adresse de l'expéditeur, de l'importateur, du destinataire et du déclarant des marchandises retenues ou de leur détenteur, ainsi que des images de ces marchandises et des informations sur leur quantité, leur origine, leur provenance et leur destination, par dérogation à l'article 59 *bis* du code des douanes.

La retenue mentionnée au premier alinéa du présent article ne porte pas :

1° Sur les marchandises de statut communautaire, légalement fabriquées ou mises en libre pratique dans un État membre de l'Union européenne et destinées, après avoir emprunté le territoire douanier défini à l'article 1er du code des douanes, à être mises sur le marché d'un autre État membre de l'Union européenne pour y être légalement commercialisées ;

2° Sur les marchandises de statut communautaire, légalement fabriquées ou mises en libre pratique dans un autre État membre de l'Union européenne, dans lequel elles ont été placées sous le régime du transit, et qui sont destinées, après avoir transité sur le territoire douanier défini au même article 1er, à être exportées vers un État non membre de l'Union européenne.

Pour l'application des art. L. 623-36 à L. 623-44, V. art. R. 623-60.

Sur la définition des denrées périssables, V. Arr. du 29 juin 2015 (JO 4 août) ss. art. L. 335-14.

BIBL. ▶ DREYER, *D. 2015. 1164* (propriétés intellectuelles : prendre (enfin) le droit pénal au sérieux).

Art. L. 623-37 En l'absence de demande écrite du titulaire du certificat d'obtention végétale et en dehors des cas prévus par la réglementation de l'Union européenne, l'administration des douanes peut, dans le cadre de ses contrôles, retenir des marchandises susceptibles de porter atteinte à un certificat d'obtention végétale.

Cette retenue est immédiatement notifiée au titulaire du certificat d'obtention végétale. Le procureur de la République est également informé de ladite mesure par l'administration des douanes.

Lors de la notification mentionnée à la première phrase du deuxième alinéa du présent article, la nature et la quantité réelle ou estimée ainsi que des images des marchandises sont communiquées au titulaire du certificat d'obtention végétale, par dérogation à l'article 59 *bis* du code des douanes. Ces informations peuvent également être communiquées avant la mise en œuvre de la mesure prévue au présent article.

La mesure de retenue est levée de plein droit si l'administration des douanes n'a pas reçu du titulaire du certificat d'obtention végétale la demande prévue à l'article L. 623-36 du présent code, déposée dans un délai de quatre jours ouvrables à compter de la notification de la retenue mentionnée à la première phrase du deuxième alinéa du présent article.

Si la demande a été reçue conformément au quatrième alinéa du présent article, le délai de dix jours ouvrables mentionné au quatrième alinéa de l'article L. 623-36 commence à courir à compter de l'acceptation de cette demande par l'administration des douanes.

Le présent article n'est pas applicable aux marchandises périssables.

V. notes ss. art. L. 623-36.

Art. L. 623-38 I. – Lorsque la retenue, prévue par la réglementation de l'Union européenne et portant sur des marchandises soupçonnées de constituer une contrefaçon d'un certificat d'obtention végétale, est mise en œuvre avant qu'une demande du titulaire du certificat d'obtention végétale ait été déposée ou acceptée, les agents des douanes peuvent, par dérogation à l'article 59 *bis* du code des douanes, informer ce titulaire de la mise en œuvre de cette mesure. Ils peuvent également lui communiquer des informations portant sur la quantité des marchandises et leur nature.

Lorsque la retenue, prévue par la réglementation de l'Union européenne et portant sur des marchandises soupçonnées de constituer une contrefaçon d'un certificat d'obtention végétale, est mise en œuvre après qu'une demande du titulaire du certificat d'obtention végétale a été acceptée, les agents des douanes peuvent également communiquer à ce titulaire les informations prévues par cette réglementation, nécessaires pour déterminer s'il y a eu violation de son droit.

II. – Les frais générés par la mise en œuvre de la retenue mentionnée au I sont à la charge du titulaire du certificat d'obtention végétale.

V. notes ss. art. L. 623-36.

Art. L. 623-39 Pendant le délai de la retenue mentionnée à l'article L. 623-36 et au second alinéa du I de l'article L. 623-38, le titulaire du certificat d'obtention végétale peut, à sa demande ou à la demande de l'administration des douanes, inspecter les marchandises retenues.

Lors du contrôle des marchandises mises en retenue, l'administration des douanes peut prélever des échantillons.

V. notes ss. art. L. 623-36.

Art. L. 623-40 I. – Lorsque la retenue portant sur des marchandises soupçonnées de constituer une contrefaçon d'un certificat d'obtention végétale est mise en œuvre après qu'une demande mentionnée à l'article L. 623-36 a été acceptée, les marchandises soupçonnées de porter atteinte à un certificat d'obtention végétale peuvent être détruites sous le contrôle des agents des douanes dès lors que les conditions suivantes sont remplies :

1° Le demandeur a confirmé par écrit et par une expertise détaillée aux autorités douanières, dans un délai de dix jours ouvrables, ou de trois jours ouvrables pour les denrées périssables, à partir de la notification de la retenue, le caractère contrefaisant des marchandises ;

2° Le demandeur a confirmé par écrit aux autorités douanières, dans un délai de dix jours ouvrables, ou de trois jours ouvrables pour les denrées périssables, à partir de la notification de la retenue, qu'il consent à la destruction, sous sa responsabilité, des marchandises ;

3° Le détenteur des marchandises a confirmé par écrit aux autorités douanières, dans un délai de dix jours ouvrables, ou de trois jours ouvrables pour les denrées périssables, à partir de la notification de la retenue, qu'il consent à la destruction des marchandises.

II. – Lorsque le détenteur n'a, dans le délai mentionné au 3° du I, ni confirmé qu'il consent à la destruction des marchandises, ni informé l'administration des douanes qu'il s'oppose à leur destruction, il est réputé avoir consenti à cette destruction.

III. – Lorsque le détenteur des marchandises n'a pas confirmé par écrit qu'il consent à leur destruction et qu'il n'est pas réputé avoir consenti à la destruction des marchandises dans les délais prévus, l'administration des douanes en informe immédiatement le demandeur lequel, dans un délai de dix jours ouvrables, ou de trois jours ouvrables pour les denrées périssables, à partir de la notification de la retenue, prend les mesures mentionnées au quatrième alinéa de l'article L. 623-36. Le délai de dix jours peut être prorogé de dix jours ouvrables maximum sur requête dûment motivée du deman-

deur. En cas de prorogation du délai, le procureur de la République et le détenteur des marchandises en sont informés.

Si les conditions prévues au I du présent article ne sont pas réunies et si le demandeur n'a pas justifié auprès de l'administration des douanes qu'il a pris les mesures mentionnées au quatrième alinéa de l'article L. 623-36, la mesure de retenue est levée de plein droit.

IV. — Dans le cadre de la communication d'informations prévues au troisième alinéa des articles L. 623-36 et L. 623-37, les autorités douanières informent le demandeur de l'existence de la procédure prévue au présent article. Les informations prévues au sixième alinéa de l'article L. 623-36 peuvent également être communiquées au demandeur aux fins de mise en œuvre de la présente mesure.

V. notes ss. art. L. 623-36.

Art. L. 623-41 Lorsque le demandeur utilise les informations qui lui sont communiquées par l'administration des douanes, par dérogation à l'article 59 *bis* du code des douanes, à d'autres fins que celles prévues au présent chapitre, l'administration des douanes abroge, suspend ou refuse de renouveler ladite demande.

V. notes ss. art. L. 623-36.

Art. L. 623-42 En vue de prononcer les mesures prévues aux articles L. 623-36 à L. 623-39, les agents des douanes appliquent les pouvoirs qui leur sont dévolus par le code des douanes.

V. notes ss. art. L. 623-36.

Art. L. 623-43 Un décret en Conseil d'État fixe :

1° Les conditions d'application des mesures prévues aux articles L. 623-36 à L. 623-41 ;

2° Les conditions dans lesquelles a lieu la destruction des marchandises susceptibles de porter atteinte à un certificat d'obtention végétale prévue par la réglementation européenne en vigueur ainsi que les conditions du prélèvement d'échantillons préalable à ladite destruction.

V. notes ss. art. L. 623-36.

Art. L. 623-44 La présente section n'est pas applicable aux semences de ferme relevant de la section II *bis* du présent chapitre.

V. notes ss. art. L. 623-36.

LIVRE SEPTIÈME MARQUES DE FABRIQUE, DE COMMERCE OU DE SERVICE ET AUTRES SIGNES DISTINCTIFS

TITRE PREMIER MARQUES DE FABRIQUE, DE COMMERCE OU DE SERVICE

RÉP. COM. v° *Marques de fabrique de commerce ou de service,* par SCHMIDT-SZALEWSKI.

RÉP. EUR. v° *Marque,* par KOVAK et LARRIEU.

CHAPITRE PREMIER ÉLÉMENTS CONSTITUTIFS DE LA MARQUE

BIBL. GÉN. ▶ **Commentaires de la loi du 4 janv. 1991 :** BURST, *Cah. dr. entr. 1991, n° 3, p. 18.* – CHAVANNE, *JCP 1991. I. 3507.* – FOYER, *ALD 1991. 57.*

▶ **Ouvrages :** AZÉMA, Propriété industrielle *in Lamy Droit commercial.* – BASIRE, Les fonctions de la marque, essai sur la cohérence du régime juridique d'un signe distinctif, *LexisNexis, 2015.* – BERTRAND, Droit des marques, *Dalloz Action, 2005.* – CHAVANNE et BURST, Droit de la propriété industrielle, *Dalloz, 5ᵉ éd., 1998.* – DREYFUS, Marque et internet. Protection, valorisation, défense, *Lamy, coll. Axe droit, 2011.* – DREYFUS et THOMAS, Marque, dessins et modèles, *Delmas, 2ᵉ éd., 2006.* – GIRARD, Protéger sa marque, *Francis Lefèbvre, Dossiers pratiques, 2008.* – MATHÉLY, Le droit français des signes distinctifs, *Librairie du Journal des Notaires et des Avocats 1984* ; Le nouveau droit des marques, *ibid., 1994.* – POLLAUD-DULIAN, Droit de la propriété industrielle, *Montchrestien 1999.* – POUILLET, Traité des marques de fabrique et de la concurrence déloyale, Marchal et Billard, *6ᵉ éd. (1912)* par TAILLEFER et CLARO. – ROUBIER, Droit de la propriété industrielle, *Sirey 1952/1954.* – SAINT-GAL, Marques de fabrique et concurrence déloyale, *5ᵉ éd., Delmas, 1982.* – DE SAINTE MARIE, Luxe et marque, *Dunod, 2015.* – VIVANT (ouvrage collectif sous la direction de), Les grands arrêts de la propriété intellectuelle, *Dalloz, 2ᵉ éd., 2015.* – P. VIVANT, La portée du droit de marques, *Thèse Montpellier I, 2007.*

▶ **Articles :** BASIRE, *Légipresse 2015. 217* (la renommée de la marque ou l'émergence d'un droit moral des marques). – BOMSEL, *Propr. ind. 2010. Étude 16* (*copyright* et droit des marques à l'ère numérique). – BORIES, *LPA 16 janv. 2012, p. 3.* – BOUVEL, *Légipresse 2009. II. 148* (droit des marques 2008-2009). – CASTETS-RENARD, *D. 2012. Point de vue 1751* (la coexistence entre marque communautaire et marque nationale : rappel sur la place d'un instrument optionnel). – DE HAAS, *Propr. intell. 2013,* n° 46, p. 4 (les fonctions d'identification de la marque, la bonne fonction essentielle qui éclipse toutes les autres). – JUGLAR, *JCP E 2016, n° 1209* (la procédure pénale au service de la propriété intellectuelle). – LAMBERT, *D. 2015. 2087* (la marque, garantie de qualité). – MARIE, *CCE 2010. Prat. 3* (accord de coexistence et évolution des marques). – PASSA, *Propr. ind. 2010. Dossier 1, art. n° 4* (l'incidence de la fonction de la marque sur l'obtention ou la validité et le maintien en vigueur du droit). – POUJADE-AURIOL, *RLDA sept. 2016. 36* (après le Brexit : quelle protection pour vos marques). – NADJOMBÉ, *Propr. ind. 2016. Étude 17* (atteintes aux fonctions de la marque et évaluation des dommages et intérêts). – SCORDAMAGLIA, *Propr. ind. 2010, Dossier n° 1, art. n° 6* (la fonction du droit de marque). – THRIERR, *Propr. ind. 2013. Étude 13* (vers une réforme du droit des marques dans l'Union européenne). – TRÉFIGNY-GOY *Propr. ind. 2010. Dossier 1, art. n° 5* (l'incidence de la fonction sur la portée de la protection de la marque).

Art. L. 711-1 La marque de fabrique, de commerce ou de service est un signe susceptible de représentation graphique servant à distinguer les produits ou services d'une personne physique ou morale.

Peuvent notamment constituer un tel signe :

***a*) Les dénominations sous toutes les formes telles que : mots, assemblages de mots, noms patronymiques et géographiques, pseudonymes, lettres, chiffres, sigles ;**

***b*) Les signes sonores tels que : sons, phrases musicales ;**

***c*) Les signes figuratifs tels que : dessins, étiquettes, cachets, lisières, reliefs, hologrammes, logos, images de synthèse ; les formes, notamment celles du produit ou de son conditionnement ou celles caractérisant un service ; les dispositions, combinaisons ou nuances de couleurs.** — *[L. n° 91-7 du 4 janv. 1991, art. 1ᵉʳ.]*

Sur le choix de la marque, V. L. n° 94-665 du 4 août 1994, relative à l'emploi de la langue française, App., 2ᵉ partie, v° Marques, et Circ. 19 mars 1996 concernant l'application de cette loi (JO 20 mars).

Sur l'emploi du français dans une marque commerciale, V. aussi Avis de l'administration, 11 mai 1998, n° 98-328 : BID 1998, n° 12, p. 4.

BIBL. ► AHIN, *LPA 23 mars 2007, p. 8* (de la protection juridique des marques de couleur unie). – BÉNOLIEL-CLAUX, *Propr. ind. 2012. Étude 1 ; ibid. Étude 4* (la marque part-elle dans le décor ?). – BERNAULT, *D. 2003. Chron. 957* (la protection des formes fonctionnelles par le droit de la propriété intellectuelle : le critère de la forme séparable de la fonction). – BONET, *JCP E 1990. II. 15931* (la marque constituée par un nom géographique en droit français) ; *D. 2001. Chron. 1298* (l'usage du nom d'autrui dans une marque : à propos de l'arrêt *Viagra* de la cour d'appel de Paris du 15 déc. 2000). – BOUVEL, *thèse Paris II, Litec (coll. IRPI, vol. 24), 2004* (principe de spécialité et signes distinctifs) ; *Propr. intell. 2004, n° 13, p. 863* (qu'importe le flacon... Le droit des marques malmené par les emballages). – CHAVANNE, *Mélanges Burst, Litec 1997, p. 39* (réflexions sur les marques figuratives). – COLOMBET, *D. 1989. Chron. 191* (le nom et les propriétés incorporelles). – DURRANDE, *J.-Cl. Marques, fasc. 7100* (les différents signes susceptibles de constituer une marque). – FRANÇON, *Mélanges Bastian, Litec 1974, p. 39* (la protection des titres de journaux par le droit des marques et par le droit de la concurrence déloyale). – LAMBERT, *D. 2013. Chron. 2039* (une représentation de l'odeur en droit des propriétés intellectuelles). – LE GOFFIC et MASSOT, *Propr. ind. 2014. Étude 4* (quelle protection pour le « *smiley* » ? Étude de droit des marques). – MOHR, *Propr. ind. 2006. Étude 21* (marques et nom patronymique). – PASSA, *Propr. intell. 2005, n° 14, p. 21* (titres et slogans : entre marques et droit d'auteur). – PÉROT-MOREL, *Mélanges Chavanne, Litec 1990, p. 259* (la marque emblématique) ; *Mélanges Desbois, Dalloz 1974, p. 181* (l'usage du nom patronymique d'autrui à titre de marque). – TARDIEU, *Cah. dr. entr. 1991, n° 2, p. 36* (l'utilisation du nom d'un sportif en tant que marque). – LE TARNEC et MAISEL, *Gaz. Pal. 1980. 1. Doctr. 49* (considérations sur la protection de la marque numérique). – POLLAUD-DULIAN, *JCP 1992. I. 3618* (l'usage du nom patronymique comme nom commercial). – SABATIER, *Propr. intell. 2012, n° 43, p. 245* (la marque en langue étrangère). – VILMART, *Propr. intell. 2003, n° 9, p. 345* (pour vos couleurs d'emballages : attention à vos marques !). – ZANELLA, *thèse Paris II, Litec 1995* (les marques nominatives).

COMMENTAIRE

DÉFINITION DE LA MARQUE

La marque est un signe, c'est-à-dire un élément qui permet de reconnaître quelque chose. Mais tous les signes ne peuvent pas constituer des marques. Pour être enregistré, le signe choisi doit « pouvoir être représenté d'une manière qui permette aux autorités compétentes et au public de déterminer précisément et clairement l'objet bénéficiant de la protection conférée à son titulaire » [V. Dir. (UE) 2015/2436 du 16 déc. 2015 art. 3, ss. b]. Cette condition, remplace l'ancienne exigence de « représentation graphique » posée par la directive 89/104/CEE du 21 décembre 1988 qui avait donné lieu à des difficultés d'interprétation (V. Dir. 2008/95/CE du 22 oct. 2008, ss. art. 2). Si le bon fonctionnement du système d'enregistrement des marques commande que le signe choisi puisse être représenté « de façon claire, précise, complète par elle-même, facilement accessible, durable et objective », éléments dégagés par l'arrêt *Sieckman* (CJCE 12 déc. 2002 : V. Dir. 2008/95/CE, ss. art. 2) et repris par le treizième considérant de la directive (UE) 2015/2436, il n'est plus nécessaire que ce soit « au moyen de figures, de lignes ou de caractères », mais « sous n'importe quelle forme appropriée au moyen de la technologie communément disponible » (V. Dir. (UE) 2015/2436, consid. 13).

La marque sert à distinguer des produits ou des services. Elle remplit une fonction distinctive, ce qui suppose que les produits ou les services qu'elle identifie sont de même nature que ceux dont elle veut les distinguer (principe de spécialité) ; dans le cas contraire, en effet, la nature du produit serait suffisante pour opérer cette distinction. En d'autres termes, il n'y a pas besoin de marque pour distinguer des locomotives et des poupées ; en revanche, une marque est nécessaire pour distinguer des locomotives d'autres locomotives et des poupées d'autres poupées. La marque a pour objet des produits ou des services ; elle se détache ainsi d'autres signes distinctifs ayant pour objet des fonds de commerce (nom commercial), des personnes morales (dénomination sociale) ou des établissements commerciaux (enseignes).

La marque appartient à une personne physique ou à une personne morale : la qualité de commerçant n'est pas nécessaire pour être titulaire d'une marque (sous réserve de la nécessité de l'exploiter, V. art. L. 714-5).

DIFFÉRENTS SIGNES SUSCEPTIBLES DE CONSTITUER UNE MARQUE

L'article L. 711-1, alinéa 2, donne une énumération non limitative des signes qui, étant propres à distinguer les produits ou services d'une entreprise de ceux d'une autre entreprise, peuvent constituer des marques.

Les marques nominales (art. L. 711-1, *a*) ne posent pas de problème particulier sauf dans deux cas : les noms patronymiques (V. ss. art. L. 711-4 et L. 713-6) et les noms géographiques. À l'instar des textes antérieurs, l'article 3 de la directive (UE) 2015/2436 ne mentionne pas les noms géographiques parmi les signes qui peuvent constituer des marques. Mais du fait que son énumération n'est pas limitative, les États peuvent retenir dans leur loi interne des signes qui ne figurent pas dans cette disposition. Toutefois, la nécessité que le signe choisi réponde aux conditions générales de validité des marques, à savoir qu'il ne soit ni descriptif (art. L. 711-2), ni déceptif (art. L. 711-3), qu'il ne reprenne pas une appellation d'origine ou une indication géographique (art. L. 711-4, *d*) et qu'il ne porte pas préjudice à une collectivité territoriale (art. L. 711-4, *h*), rend le choix d'un nom géographique particulièrement délicat. La CJCE, dans l'arrêt *Windsurfing* (4 mai 1999 : V. Dir. 2008/95/CE ss. art. 3), a en outre estimé qu'il suffit que le nom en cause soit « susceptible d'être utilisé dans l'avenir comme indication de provenance des produits en cause » pour qu'il soit interdit à l'enregistrement.

Le code de la propriété intellectuelle admet que les marques puissent être constitués de « signes sonores » (art. L. 711-1, al. 2, *b*). Contrairement aux textes communautaires antérieurs qui ne les mentionnaient pas, la directive (UE) 2015/2436 intègre les sons dans l'article 3, alinéa 1er, énumérant des signes susceptibles de constituer une marque. La CJCE avait posé en principe dans l'arrêt *Shield Mark* (27 nov. 2003 : V. Dir. 2008/95/CE, ss. art. 2) que la représentation graphique des marques sonores devait s'effectuer au moyen d'une portée ; de ce fait, seuls les sons ou les phrases musicales pouvaient constituer des marques, à l'exclusion des bruits (cris d'animaux, par ex.). La directive de 2015 ayant abandonné la nécessité d'une représentation graphique, cette exclusion est sans doute appelée à disparaître.

Pour *les marques figuratives* (art. L. 711-1 al. 2, *c*), il résulte de la jurisprudence (CJCE 18 juin 2002, *Philips* : V. Dir. 2008/95/CE, ss. art. 3) qu'un signe tridimensionnel constitué d'une forme dont les caractéristiques sont attribuables uniquement à un résultat technique ou utilitaire, ne peut pas constituer une marque faute de pouvoir remplir une fonction d'identification, qu'il s'agisse de la forme du produit lui-même (arrêt *Philips, préc.*) ou de celle de son conditionnement (CJCE 12 févr. 2004, *Henkel* : V. Dir. 2008/95/CE, ss. art. 3 ; Com. 21 janv. 2004, *Lexomil* : V. ss. art. L. 711-1). Quant aux couleurs, la Cour de justice a précisé que l'exigence de représentation graphique n'est satisfaite que si l'échantillon et la description de la couleur choisie s'accompagnent de son identification au moyen d'un code internationalement reconnu. Si la marque associe plusieurs couleurs, sa représentation graphique doit comporter, outre l'identification de chacune des couleurs au moyen d'un code international, l'agencement associant les couleurs de manière prédéterminée et constante (CJCE 24 juin 2004, *Heidelberger Bauchemie* : V. Dir. 2008/95/CE, ss. art. 2). L'avenir dira si ces conditions, posées en relation avec l'exigence de représentation graphique du signe choisi comme marque, perdurent, mais le fait que la représentation du signe dans le Registre des marques doit être « précise », « durable » et « objective » (V. Dir. (UE) 2015/2436, consid. 13) milite pour son maintien. □

A. GÉNÉRALITÉS

1. Le droit des marques est un droit d'occupation et non de création. • Com. 16 mai 1984 : *Bull. civ. IV, n° 170 ; Ann. propr. ind. 1984. 27* • Paris, 6 juin 1991 : *D. 1993. Somm. 111, obs. Burst* • 13 juin 2003 : *PIBD 2003. III. 33* • 18 janv. 2012, *Gucci : PIBD 2012. III. 157.* • Paris, 12 mai 2015, *Argus : PIBD 2015. III. 469.* ♦ Un signe, même dépourvu d'originalité, même appartenant au domaine public, peut être déposé comme marque : il suffit qu'il soit arbitraire pour désigner les produits auxquels il s'applique. • Paris, 27 nov. 1991 : *PIBD 1992. III. 201* • 13 juin 2003 : *préc.* • 18 janv. 2012, *Gucci : préc.* • Paris, 12 mai 2015, *Argus : préc.* ♦ ... Qu'il ait pour finalité d'indiquer l'origine d'un produit. • Com. 23 juin 2009, *29 : D. 2009. AJ 1967 ; PIBD 2009. III. 1354* • Paris, 12 mai 2015, *Argus : préc.* ♦ .. Ou qu'il n'ait pas été adopté pour désigner des objets similaires. • Com. 9 déc. 1980 : *Bull. civ. IV, n° 418* • Paris, 10 mai 1984 : *Ann. propr. ind. 1984. 195.* ♦ La fonction de la marque est de garantir que tous les produits qui en sont revêtus ont été fabriqués sous le contrôle d'une entreprise unique à laquelle peut être attribuée la responsabilité de leur qualité. • Com. 5 nov. 2002, *France Télécom : PIBD*

2003. III. 71. ♦ Dès lors, bien qu'il ne soit pas interdit qu'une œuvre de dessin ou de peinture puisse faire l'objet d'une appropriation privative à titre de marque, ou encore que le signe choisi remplisse une fonction décorative, il n'en demeure pas moins qu'une telle marque doit, pour être valable, être susceptible de remplir cette fonction et de garantir l'identité d'origine des produits. • Paris, 12 juin 2013 : *PIBD 2013. III. 1398 ; RTD Com. 2013. 693, obs. Azéma*. ♦ Sur les différentes fonctions de la marque, V. *infra* art. 2 ss. Dir. 2008/95/CE.

2. Produits désignés. Le titre d'une revue ou d'un journal en constitue le signe distinctif ; il peut, par conséquent être protégé par le dépôt d'une marque. • Com. 5 déc. 1967 : *Bull. civ. IV, n° 402 ; Ann. propr. ind. 1968. 124* (« Mademoiselle ») • 13 nov. 1968 : *D. 1969. 183.* ♦ De même pour le titre d'une collection de livres. • Com. 5 juill. 1977 : *Bull. civ. IV, n° 194 ; D. 1977. IR 495.* ♦ ... Le titre d'un article de journal. • Com. 5 nov. 2002 : *D. 2003. Somm. 2687, obs. Durrande*. ♦ ... D'une série télévisée. • Com. 14 janv. 2003 : *PIBD 2003. III. 156 ; CCE 2003, n° 59, note Caron.* ♦ ... Ou d'un ouvrage littéraire. ♦ Aucune disposition n'interdisant à l'auteur d'un ouvrage littéraire de déposer un titre en tant que marque, celui-ci bénéficie de la protection instaurée par le livre VII du titre Ier du CPI pour les produits ou services désignés lors de son dépôt. • Civ. 1re, 4 avr. 2006 : *Bull. civ. I, n° 192 ; CCE 2006, n° 88, note Caron ; RLDI, juin 2006, n° 492* (rejet du pourvoi, Versailles, 11 janv. 2001 : *D. 2003. Somm. 132, obs. Durrande*) • 30 oct. 2007, *Goldorak : PIBD 2008, III. 5.* ♦ Mais si le livre est un produit du commerce et a comme tel vocation à être distingué par une marque qui apporte la garantie que tous les livres qui en sont revêtus sont publiés sous le contrôle d'une entreprise unique à laquelle peut être attribuée la responsabilité de leur qualité, son titre n'identifie et n'individualise que l'œuvre elle-même sans avoir vocation à distinguer le livre dans lequel l'œuvre est matérialisée, cette fonction étant assurée par le signe d'appartenance à une maison d'édition ou à une collection, seul de nature à garantir au consommateur la provenance du produit et par voie de conséquence à constituer une marque. • Paris, 26 mai 2010, *Elles ont posé pour lui : PIBD 2010. III. 491.* – Pourvoi rejeté par • Com. 12 juill. 2011 : *PIBD 2011. III. 556.* ♦ V. aussi, pour le titre d'un livre de photographies • TGI Paris, 18 févr. 2011, *L'Europe vue du ciel : PIBD 2011. III. 406*

3. Titulaire. Aucune disposition de la loi ne subordonne le droit de déposer une marque à la qualité de commerçant ; les associations peuvent, dans le cadre de leurs activités, déposer et exploiter régulièrement une marque. • Paris, 31 oct. 1971 : *Ann. propr. ind. 1972. 37* • 11 févr. 1998 : *RTD com. 1999. 666, obs. Azéma ; PIBD 1998. III. 271.* • Lyon, 20 déc. 2012, *Fête de l'entreprise : PIBD 2013. III. 984.* ♦ De même que la chambre de discipline de la Compagnie des commissaires-priseurs de Paris, établissement public doté de la personnalité morale. • Paris, 10 nov. 2000 : *PIBD 2001. III. 143 ; Ann. propr. ind. 2001. 59.*

4. Représentation graphique. Doit être rejetée la demande d'enregistrement de la marque constituée par le goût « arôme artificiel de fraise » : si une telle mention constitue bien une représentation graphique accessible et intelligible au public, elle ne remplit en aucun cas les critères de précision et d'objectivité requis. • Paris, 3 oct. 2003 : *D. 2004. 2433, note Larrieu et Astic ; PIBD 2004. III. 10 ; Propr. intell. 2004, n° 11, p. 671, obs. Bonet, Buffet-Delmas et De Medrano Caballero.* ♦ Une couleur doit faire l'objet d'une représentation graphique qui soit claire, précise, complète par elle-même, facilement accessible, intelligible, durable et objective ; si cette dernière condition ne peut être satisfaite par la simple reproduction sur papier de la couleur en question, elle peut l'être par la désignation de cette couleur par un code d'identification internationalement reconnu. • Com. 10 mai 2006, *Décathlon : PIBD 2006. III. 500.* ♦ La situation de monopole conférée par le droit de marque suppose une exigence d'identification du signe qui soit fiable, précise et objective. Dans le cas contraire, la marque peut être annulée pour insuffisance de description. • Paris, 26 nov. 2010 : *Propr. intell. 2011, n° 39, p. 220, obs. Sabatier.* ♦ Ne fait pas l'objet d'une représentation graphique, apte à être représentée visuellement, une forme qui est représentée dans le dépôt de la marque par une figure à plat, alors qu'elle présente une cambrure, une épaisseur et d'autres éléments caractérisant une forme tridimensionnelle que seule une image en perspective est susceptible de rendre et une couleur qui n'est pas définie par une référence permettant de l'identifier avec précision alors même que le dessin figurant dans le dépôt comporte lui-même plusieurs nuances de rouge. • Com. 30 mai 2012, *Louboutin : D. 2014. Pan. 331, obs. Clavier ; PIBD 2012. III. 504.* ♦ Sur la représentation graphique d'une marque constituée d'une semelle de chaussure de couleur rouge, V. aussi : • TGI Paris, 16 mars 2017, *C. Louboutin : PIBD 2017. III. 486.* ♦ Sur les modes de représentation graphique des signes non susceptibles d'être perçus visuellement : V. art. 2 Dir. 2008/95/CE.

B. DÉNOMINATIONS

5. Une marque dénominative est protégée quel que soit le graphisme adopté, ce signe étant destiné à être prononcé autant qu'à être lu. • Paris, 29 juin 1987 : *Ann. propr. ind. 1988. 270.*

6. Slogan. Les slogans sont des assemblages de mots qui peuvent être déposés comme marques. L'enregistrement d'une marque composée de signes, qui sont par ailleurs utilisés en tant que slogans publicitaires ou expressions laudatives incitant à acheter le produit, n'est pas interdit à condition que de tels signes soient perçus comme indicateurs de l'origine commerciale des produits ou services visés. • Paris, 30 nov. 2011, *I love my T's : PIBD 2012. III. 104* • Paris, 2 avr. 2003, *Dessine-moi… : PIBD 2003. III. 477* • 12 nov. 2003, *Allez les Bleus : PIBD 2004. III. 102 ; Ann. propr. ind. 2003. 492.* – Pourvoi rejeté par • Com. 17 janv. 2006 : *D. 2006. AJ 444, obs. Daleau* • Paris, 18 mai 2005, *Quoi de plus naturel : RTD com. 2005. 712, obs. Azéma* • Com. 1er juill. 2008, *Libre à vous de dépenser plus : PIBD 2008. III. 529.* ♦ Rejet du pourvoi contre • Paris, 6 avr. 2007 : *PIBD 2007. III. 389.* • Com. 25 nov. 2014, *Votre âge, c'est votre avantage*, n° 13-17.401 : *PIBD 2015. III. 6 ; RTD com. 2015. 269, obs. Azéma* .

7. Nom patronymique. Le principe de l'inaliénabilité et de l'imprescriptibilité du nom patronymique, qui empêche son titulaire d'en disposer librement pour identifier une autre personne physique, ne s'oppose pas à la conclusion d'un accord portant sur l'utilisation de ce nom comme dénomination sociale ou comme nom commercial. • Com. 12 mai 1985, *Bordas : D. 1985. 471, note Ghestin ; JCP 1985. II. 20400, concl. Montanier, note Bonet ; Gaz. Pal. 1985. I. 246, obs. Le Tallec* • 1er déc. 1987, *Vicomte Bernard de Romanet*, n° 86-11.328 P : *Ann. propr. ind. 1988. 33.* – Rejetant le pourvoi contre • Paris, 28 nov. 1985 : *Ann. propr. ind. 1985. 173.* ♦ L'accord donné par les titulaires du nom à l'usage de leur patronyme dans les relations commerciales est d'interprétation restrictive. • Com. 13 nov. 2013, *Poyferré*, n° 12-26.530 : *PIBD 2014. III. 11* • TGI Paris, 10 janv. 2014, *Christian Lacroix : PIBD 2014. III. 636.* ♦ En application de l'art. 1628 C. civ., le cédant d'une marque enregistrée composée d'un nom patronymique, fût-il le sien, n'est pas recevable en une action tendant à l'éviction de l'acquéreur. • Com 31 janv. 2006, *Inès de la Fressange*, n° 05-10.116 P : *D 2006. 861, note Alleys ; ibid. 2326, note Durrande ; Propr. intell. 2006, p. 21, note Buffet-Delmas ; CCE 2006, n° 58, obs. Caron ; RTD civ. 2006. 339, obs. Gautier ; RTD com. 2007. 340, note Azéma* . ♦ Ce principe s'applique de la même façon lorsque la cession porte, non pas sur une marque enregistrée, mais sur les droits exclusifs d'exploitation commerciale d'un nom patronymique. • Paris, 9 avr. 2014, *François Théron : Propr. intell. 2014, n° 53, p. 418, obs. Canlorbe.* ♦ La combinaison de l'art. L. 711-1 qui permet de choisir comme marque un nom patronymique (sans exclure que celui-ci soit le nom d'un tiers) et de l'art. L. 711-4 *g)* qui réserve le cas d'une atteinte au droit de la personnalité d'un tiers, notamment à son nom patronymique, conduit à ne rendre indisponible comme marque un nom patronymique que dans le cas d'une atteinte à la personnalité de l'intéressé. • Paris, 15 déc. 2000, *Viagra : D. 2001. 1306 ; D. 2001. Chron. 1298, note Bonet ; Ann. propr. ind. 2001. 68.*

Sur la validité des marques composées d'un nom patronymique, V. art. L. 711-4 et L. 713-6.

8. Nom géographique. Sur la validité des marques composées de noms géographiques, V. art. L. 711-2, note 15, L. 711-3, note 16 et L. 711-4 notes 15 à 19 et D r. 2008/95/CE art. 3, § 1, *c)*.

9. Lettre. Une lettre prise isolément est un signe pouvant constituer une marque. • Douai, 21 nov. 2006, *Ô : PIBD 2007. III. 210* • Paris, 17 nov. 2006, *Le A stylisé de Areva : PIBD 2007. III. 92.*

10. Sigle. Les lettres formant un sigle ont un pouvoir d'identification propre, indépendamment des mots qu'elles peuvent servir à former. • Paris, 8 janv. 1979, *SVP : Ann. propr. ind. 1980. 56* • 3 févr. 1988, *PME/PMI : Ann. propr. ind. 1989. 107* • Com. 23 nov. 2003, *TBS : Bull. civ. IV, n° 183 ; PIBD 2004. III. 100* • Paris, 17 déc. 2008, *XXXXX : PIBD 2009. III. 859* • Com. 29 juin 2009, *NRJ : PIBD 2009. III. 1435.*

11. Onomatopée. L'onomatopée existe dans la langue française ; elle est connue, comprise et peut s'écrire, se lire et se prononcer en tant que telle ; peu importe qu'elle ait été créée bien avant le dépôt du signe contesté, au prix d'une imitation arbitraire de sons, elle n'est pas, en tant qu'élément de marque, le fruit d'une traduction verbale d'un élément sonore ; la contestation prise d'une prétendue impossibilité de représentation graphique est inopérante. • Lyon, 8 déc. 2011, *Ba da boum : PIBD 2011. III. 210.*

12. Chiffres. L'emploi de chiffres est de nature à conférer aux marques ainsi constituées un caractère distinctif. • Com. 16 mai 1984 : *préc. note 1* • Paris, 12 nov. 2008 : *PIBD 2008. III. 682* • 26 nov. 2008 : *PIBD 2009. III. 789.*

13. Combinaison de lettres et de chiffres. • Bordeaux, 13 sept. 2010 : « *ICV D 47* » : *PIBD 2010. III. 693.* ♦ Et sur un pourvoi portant sur le caractère distinctif du signe V. • Com. 29 nov. 2011 : *PIBD 2012. III. 70.*

C. DESSINS

14. Constituent des marques valables : un animal stylisé. Par exemple, deux chiens d'attaque « Bull Rot » • Com. 23 sept 2008 : *PIBD 2008. III. 598.* ♦ … un scottish terrier • Douai, 30 avr. 2008 : *PIBD 2008. III. 471.* ♦ … un félin bondissant, « *Puma* » : • Paris, 22 oct. 2008 : *PIBD 2008. III. 691.* ♦ Ou encore un personnage destiné aux enfants : « *Hello Kitty* ». • Paris, 24 sept 2008 : *PIBD 2008. III. 635.* ♦ Un emblème (fer à cheval). • Com. 4 déc. 2007 : *PIBD 2008. III. 74.*

15. En effectuant le dépôt d'un dessin comme marque, le déposant a implicitement voulu revendiquer pour lui, en même temps que la propriété de la marque ainsi composée, celle de sa dénomination. • Paris, 3 mars 1926 : *Ann. propr. ind. 1926. 333* • Aix-en-Provence, 20 mai 1935 : *Ann. propr. ind. 1936. 14* ♦ Mais l'inverse n'est pas vrai car, si une image ne peut être traduite que par un mot, ce mot peut être concrétisé par une multiplicité d'images. • TGI Paris, 28 janv. 1986 : *D. 1987. IR 58, note Burst ; PIBD 1986. III. 184.*

16. En déposant une croix pour identifier de l'eau de Javel, le titulaire de la marque a acquis le droit exclusif de se servir d'une croix quelle qu'en soit la forme pour désigner ses produits. • Com. 3 juin 1959 : *Ann. propr. ind. 1960. 120, note Dusolier.* ♦ Mais ce principe est écarté si le symbole choisi est insuffisamment distinctif. • Paris, 8 févr. 1966 : *Ann. propr. ind. 1966. 145* • 18 déc. 2002 : *D. 2003. Somm. 2687, obs. Durrande.*

17. Les monuments, les sites ou les personnages célèbres peuvent être déposés comme marques. • Com. 16 juin 1992, *Opéra de Paris : PIBD 1992. III. 488* • Montpellier, 10 mars 1960, *Dame Carcas : Ann. propr. ind. 1961. 301* • Paris, 18 mars 1983, *Mont Saint Michel : PIBD 1983. III. 139.* ♦ Ils sont toutefois soumis à des restrictions analogues à celles des noms géographiques lorsqu'ils constituent le symbole d'une région en relation avec un commerce particulier. • Colmar, 22 juin 1966 : *Ann. propr. ind. 1966. 238.* – Pourvoi rejeté par • Com. 15 mai 1968 : *D. 1968. 697.* ♦ Sur les marques géographiques, V. art. L. 711-2, L. 711-3, L. 711-4 et Dir. 2008/95/CE, art. 3, § 1, c).

D. FORMES

18. Produit ou conditionnement. Une forme remplissant une fonction pratique nécessaire n'est pas susceptible de constituer une marque. • Paris, 7 nov. 1994, *Légo : PIBD 1995. III. 69 ; Ann. propr. ind. 1995. 268.* – Pourvoi rejeté par • Com. 7 oct. 1997 : *RTD com. 1998. 843, obs. Azéma ; PIBD 1997. III. 644.* ♦ ... non plus qu'une forme qui n'est attribuable qu'au résultat technique recherché, peu important l'existence d'autres formes propres à permettre l'obtention du même résultat. • Com. 21 janv. 2004, *Lexomil : Bull. civ. IV, nº 14 ; D. 2004. 1015, note Schahl et Bresson ; ibid. AJ 567, obs. Daleau ; JCP E 2004. 404 ; PIBD 2004. III. 223 ; Propr. intell. 2004, nº 11, p. 670, obs. Bonet.* ♦ Et, sur renvoi • Versailles, 27 sept. 2005 : *CCE 2005, nº 185, obs. Caron ; Propr. ind. 2005, nº 97, obs. Tréfigny ; Propr. intell. 2006, nº 19, p. 215, obs. Buffet Delmas* • Com. 30 mai 2007 *Philips : D. 2007. AJ 1795, obs. Daleau ; PIBD 2007. III. 511 ; Propr. intell. 2008, nº 26, p. 145, obs. Buffet Delmas.* ♦ Rejetant le pourvoi contre • Paris, 16 févr. 2005, *Philips : PIBD 2005. III. 312.* ♦ Sur la validité des marques composées de la forme d'un produit ou de son conditionnement, V. art. L. 711-2 et Dir. 2008/95/CE, art. 3.

19. Services. La protection à titre de marque de l'aménagement intérieur d'un bâtiment dans lequel est fourni un service n'est possible que s'il s'agit d'une forme précise et arbitraire. • Com. 11 janv. 2000 : *PIBD 2000. III. 166 ; D. 2001. Somm. 468., obs. Durrande ; RTD com. 2000. 358, note Azéma et Galloux.* ♦ Sur la protection comme marque de l'aménagement intérieur d'un magasin, V. • CJUE 10 juill. 2014, *Apple : V. ss. Dir. 2008/95/CE, art. 3, note 1.*

E. COULEURS

20. Une couleur ou une combinaison de couleurs peut valablement constituer une marque si la représentation graphique est claire, précise, complète par elle-même, facilement accessible, intelligible et objective. Tel n'est pas le cas lorsqu'il existe une incohérence entre le libellé du dépôt qui désigne 4 couleurs et la représentation visuelle qui n'en reproduit que 2, de sorte que, la description écrite n'étant pas conforme à l'élément figuratif, l'acte de dépôt ne permet pas de déterminer l'objet exact de la protection. • Paris, 16 sept. 2009 : *PIBD 2009. III. 1513 ; Propr. intell. 2010, nº 35, p. 661, obs. Sabatier.* ♦ Lorsque la marque associe plusieurs couleurs, sa représentation graphique doit comporter, outre l'identification de chacune des couleurs au moyen d'un code international, l'agencement associant les couleurs de manière prédéterminée et constante ; dans le cas contraire, et surtout lorsque les couleurs revendiquées sont des couleurs primaires (jaune et noir), la marque serait de nature à empêcher la commercialisation de tous les objets figurant dans l'enregistrement comportant du jaune et du noir. • TGI Paris, 28 janv. 2009 : *PIBD 2009, III. 977.* ♦ Lorsque la représentation graphique du signe telle qu'elle figure dans l'enregistrement révèle que celui-ci procède bien d'un arrangement de couleurs déterminées sous la forme de deux bandes verticales, peu importe que l'énoncé descriptif de la marque ne comporte pas de précision relativement à cette disposition. • Rennes, 27 avr. 2010 : *PIBD 2010. III. 454.* ♦ La protection d'une combinaison de couleurs doit être strictement limitée à la combinaison déposée, sans permettre au titulaire de la marque de disposer d'un droit sur les couleurs elles-mêmes. • Com. 7 déc. 1993, *Kodak : PIBD 1994. III. 179* • Colmar, 5 avr. 2000 : *PIBD 2000. III. 561.*

21. La couleur « rose fuschia » (rose Pantone 212) pour identifier du lait constitue une marque valable. • Paris, 25 nov. 1998 : *PIBD 1999. III. 114.* – Et, sur pourvoi • Com. 30 janv. 2001 : *PIBD 2001. III. 284 ; RJDA 2001, nº 735.* ♦ ... De même qu'une nuance particulière de rouge (dont la composition est définie dans le dépôt) pour identifier du champagne. • Paris, 13 déc. 2002 : *PIBD 2003. III. 370 ; Propr. intell. 2003, nº 7, p. 212, obs. Buffet Delmas.* – Pourvoi rejeté par • Com. 19 avr. 2005 : *PIBD 2005. III. 419.* ♦ ... Ou une nuance particulière de jaune pour identifier un vin de Bordeaux. • Paris, 18 janv. 2013, ☎ *Château Ducru-Beaucaillou : PIBD 2013. III. 1016.* ♦ Une couleur en elle-même, sans délimitation dans l'espace est susceptible de présenter pour certains produits et services un caractère distinctif et peut faire l'objet d'une représentation graphique par référence à un code d'identification internationalement reconnu. • Com. 10 mai 2006 : *« Décathlon », préc. n. 4.*

– Sur la représentation graphique V. *supra* note 4 et Dir. 2008/95/CE ss. art. 2, App., vº *Propriété industrielle, marques.*

Art. L. 711-2 Le caractère distinctif d'un signe de nature à constituer une marque s'apprécie à l'égard des produits ou services désignés.

Sont dépourvus de caractère distinctif :

a) Les signes ou dénominations qui, dans le langage courant ou professionnel, sont exclusivement la désignation nécessaire, générique ou usuelle du produit ou du service ;

b) Les signes ou dénominations pouvant servir à désigner une caractéristique du produit ou du service, et notamment l'espèce, la qualité, la quantité, la destination, la valeur, la provenance géographique, l'époque de la production du bien ou de la prestation de service ;

c) Les signes constitués exclusivement par la forme imposée par la nature ou la fonction du produit, ou conférant à ce dernier sa valeur substantielle.

Le caractère distinctif peut, sauf dans le cas prévu au *c*, être acquis par l'usage. — *[L. nº 91-7 du 4 janv. 1991, art. 2.]*

« L'INPI a pris la décision de ne pas enregistrer [les] demandes de marques ["Je suis Charlie"], car elles ne répondent pas au critère de caractère distinctif. En effet, ce slogan ne peut pas être capté par un acteur économique du fait de sa large utilisation par la collectivité » (INPI, communiqué du 13 janv. 2015).

L'OHMI fait de même en se fondant sur les art. 7-1 f (marques qui sont contraires à l'ordre public et aux bonnes mœurs) et 7-1 b (marques qui sont dépourvues de caractère distinctif) du Règl. (CE) nº 207/2009 du 26 févr. 2009 sur la marque communautaire (OHMI, communiqué du 16 janv. 2015). — V. Basire, Propr. ind. 2015. Étude 5 (« je suis Charlie » : la tentative de récupération d'un « symbole » par le droit des marques) ; Légipresse 2015. 625.

L'INPI a également pris la décision de ne pas enregistrer les demandes de marques « Pray for Paris » ou « Je suis Paris » ou leurs variantes, car elles apparaissent contraires à l'ordre public. L'Institut précise que « ces marques sont composées de termes qui ne sauraient être captés par un acteur économique du fait de leur utilisation et de leur perception par la collectivité au regard des événements survenus le vendredi 13 novembre 2015 » (INPI, Communiqué du 20 nov. 2015, www.inpi.fr).

BIBL. ► Bonet, L'examen des marques à l'épreuve de la pratique, *Litec coll. IRPI, vol. 2, 1983, p. 11 s.* (la prohibition des marques dénuées de caractère distinctif) ; *JCP E 1990. II. 15931* (la marque constituée par un nom géographique en droit français). – Bonet et Bouvel *J.-Cl. Marques, fasc. 7112* (distinctivité du signe). – Bouvel, *Légicom 2010, nº 1, 27* (l'appréciation de la distinctivité des marques verbales évocatrices). – De Candé, *CCE 2016. Étude 14* (le moment de l'acquisition de la distinctivité par l'usage d'un signe verbal). – Chavanne, *Mélanges Desbois, Dalloz 1974, p. 119* (modèles et marques de fabrique). – Chavanne et Azéma, *Mélanges Burst, Litec 1997* (réflexions sur les marques figuratives). – Colombet et Mercier, *CCE 2013. Étude 10* (l'appréciation de la distinctivité intrinsèque d'une marque constituée exclusivement d'un motif décoratif). – Françon, *RIPIA 1973. 270* (la prohibition des marques descriptives en droit français). – Harlé, *Mélanges Mathély, Litec 1990, p. 183* (la protection des indications géographiques, son évolution et le rôle de l'AIPPI). – Martin-Berthon, *Propr. ind. 2012. Étude 16* (la marque tridimensionnelle : vers l'émergence d'un droit nouveau ?) – Sabatier, *Propr. intell. 2012, nº 43, p. 245* (la marque en langues étrangères).

COMMENTAIRE

Un signe distinctif se définit comme un signe arbitraire, ou encore un signe indépendant des produits ou services désignés par la marque, qui ne présente aucun point de contact avec eux. On comprend alors, comme l'indique l'article L. 711-2, alinéa 1er, que l'appréciation du caractère distinctif du signe choisi ne s'effectue pas *in abstracto* mais par rapport aux produits ou services visés par la marque ; un même signe tiré du langage courant (par ex. « Golf ») peut être distinctif pour un produit (par ex. des chocolats) et non distinctif pour un autre (par ex. des véhicules électriques destinés aux golfeurs).

L'exigence du caractère distinctif tient à la nature du droit sur la marque :
– d'une part, le droit des marques est un droit d'occupation : dès lors, tout signe, même appartenant au domaine public, même s'il n'est ni nouveau ni original, peut constituer une marque. L'essentiel est qu'il puisse remplir la fonction de la marque, c'est-à-dire qu'il permette au public, sans confusion possible, de reconnaître le produit ou le service qu'il recherche et de le différencier d'autres produits de même nature ;
– d'autre part, le droit accordé au titulaire de la marque doit être compatible avec le principe de la liberté du commerce et de l'industrie : il ne doit pas priver les autres commerçants de signes qui leur seraient utiles pour désigner leurs produits ou une de leurs qualités, ou encore de signes constitués de formes dont les caractéristiques essentielles répondent à une fonction technique.

Ces deux considérations expliquent qu'il soit interdit d'adopter comme marque des signes nécessaires, génériques ou usuels (art. L. 711-2, al. 2, *a*), des signes descriptifs (art. L. 711-2, al. 2, *b*) ou des signes constitués d'une « forme imposée par la nature ou la fonction du produit » (art. L. 711-2, al. 2, *c*).

Comme le confirme l'arrêt *Philips* (CJCE 18 juin 2002 : V. Dir. 2008/95/CE du 22 oct. 2008 codifiant la Dir. 89/104/CEE, ss. art. 3), cette disposition est mal placée dans un article traitant du caractère distinctif du signe choisi comme marque. La Cour de justice confirme en effet que l'exclusion des marques constituées de formes (qu'il s'agisse de celle du produit – arrêt *Philips*, *préc.* – ou de celle de son conditionnement – arrêt *Henkel* : CJCE 12 févr. 2004. – V. Dir.° 2008/95/CE, ss. art. 3), dont les caractéristiques essentielles répondent à une fonction technique ou utilitaire, poursuit un but d'intérêt général visant à ce que de telles formes puissent être librement utilisées par tous. Il s'agit de signes qui ne sont pas de nature à constituer des marques ; leur enregistrement doit donc être refusé sans même qu'il soit besoin d'examiner leur caractère distinctif.

La forme « donnant au produit sa valeur substantielle » n'est pas non plus de nature à constituer une marque, mais son exclusion repose sur un fondement différent. Si une telle forme ne peut pas être enregistrée, ce n'est pas, malgré la rédaction de l'article L. 711-2, alinéa 2, *c*, parce qu'elle serait dépourvue de caractère distinctif – à l'inverse elle a en général un caractère distinctif très marqué – mais parce que la finalité du droit des marques n'est pas de protéger une forme dans sa composante esthétique, mais une forme qui remplit une fonction particulière : permettre au public de reconnaître le produit qu'il recherche.

Mais qu'est-ce qu'une forme « donnant au produit sa valeur substantielle » ? (V. note 21). La réponse passe, semble-t-il, par une analyse du comportement du consommateur (ce qui est toujours hasardeux) : aurait-il choisi quand même le produit s'il avait revêtu une autre forme ? Si la réponse est positive, la forme ne joue qu'un rôle secondaire ; elle ne sert qu'à distinguer le produit d'un autre produit de même nature. Elle peut donc être déposée comme marque. A l'inverse, si la réponse est négative, la forme joue un rôle déterminant ; elle est recherchée en elle-même et pour elle-même. La protection du droit des marques doit lui être dans ce cas refusée. S'agissant des marques figuratives, la directive (UE) 2015/2436 du 16 décembre 2015 (V. App., v° *Propriété industrielle, Marques*) introduit un nouvel élément : devront être refusées à l'enregistrement ou déclarées nulles les marques constituées exclusivement de la forme ou d'« une autre caractéristique » imposée par la nature du produit, nécessaire à l'obtention d'un résultat technique ou donnant au produit sa valeur substantielle (V. art. 4). Il pourra s'agir de la couleur imposée par la nature du produit, ou encore du graphisme ou d'un dessin liés à un résultat technique.

Même si, en principe, on doit se replacer au moment du dépôt pour apprécier l'existence du caractère distinctif du signe choisi comme marque (V. note 3), il convient de ne pas négliger le rôle de l'usage. En application de l'article 6 *quinquies* de la CUP, l'usage constant et étendu d'un signe enregistré comme marque alors même qu'il était peu ou pas distinctif peut lui donner le surcroît de distinctivité qui lui faisait défaut à l'origine (art. L. 711-2, al. 3). Toutefois ce rôle positif de l'usage est réservé aux signes qui sont de nature à constituer des marques ; ce n'est pas le cas des marques tridimensionnelles visées par l'article L. 711-2, alinéa 2, *c*, ce qui explique qu'elles se voient privées de la possibilité d'acquérir un caractère distinctif par l'usage. A l'inverse, l'usage peut jouer un rôle négatif. En application de l'article L. 714-6, *a*, l'usage généralisé par le public, comme nom commun d'un produit, d'un signe déposé comme marque (par ex. « Bretelles ») peut faire perdre à la marque le caractère distinctif qui était le sien à l'origine, à condition toutefois que le titulaire de la marque soit considéré comme responsable de la dégénérescence de son signe.

L'appréciation de la distinctivité du signe dépend du pouvoir souverain des juges du fond, ce qui peut expliquer en partie le caractère hétérogène des décisions rapportées. Toutefois, la CJCE dans les arrêts *Lloyd* et *Windsurfing* (V. Dir. 2008/95/CE, ss. art. 3) a donné des indications sur les éléments à prendre en considération. Outre les qualités intrinsèques de la marque et le fait qu'elle est ou non dénuée de tout élément descriptif des produits ou des services, le juge est appelé à considérer « la part de marché détenue par la marque, l'étendue géographique et la durée de l'usage, l'importance des investissements réalisés par l'entreprise pour la promouvoir, la proportion des milieux intéressés qui identifie les produits ou services comme provenant d'une entreprise déterminée grâce à la marque ». ❑

I. GÉNÉRALITÉS

1. *Définition.* L'exigence de distinctivité intrinsèque du signe déposé est autonome par rapport à l'exigence de son absence de caractère descriptif. • Paris, 12 mai 2015, *Argus : PIBD 2015. III. 469.* ♦ Pour être distinctif, un signe, même s'il n'est ni nécessaire, ni générique, ni usuel, ni descriptif, doit être apte à remplir la fonction de la marque et à permettre au public pertinent de rattacher les produits ou services en cause à une entreprise déterminée. • Com. 6 janv. 2015, *J'aime Paris,* n° 13-17.108 : *PIBD 2015. III. 152 ; Propr. intell. 2015, n° 55, p. 217, note crit. Bouvel* • Paris, 25 sept. 2013, *Grands Moulins de Paris : PIBD 2013. III. 1599* • 14 oct. 2014, *Yaourt Gourmand : PIBD 2015. III. 23* • 12 mai 2015, *Argus : préc.* • 3 mai 2016, *Je t'aime : PIBD 2016. III. 715.* ♦ Il en résulte qu'est dépourvu de caractère distinctif le signe qui, par lui-même, ne conduit pas d'emblée le public concerné à faire la relation entre le produit et l'entreprise dont il provient : • Paris, 25 sept. 2013, *Grands Moulins de Paris : préc.* • 3 mai 2016, *Je t'aime : préc.* ♦ Un signe a un caractère distinctif lorsqu'il est arbitraire par rapport aux produits qu'il désigne. • Paris, 10 avr. 1990 : *Ann. propr. ind. 1990. 10.* ♦ ... Lorsqu'il est constitué d'une appellation de fantaisie originale. • Lyon, 14 déc. 1978, *Guignol : JCP E 1980. II. 13229, note Burst.* ♦ ... Ou d'une expression tombée en désuétude. • Paris, 9 juill. 1987 : *Ann. propr. ind. 1988. 41.* ♦ ... Ou encore lorsqu'il n'est jamais (ou n'a jamais été) employé pour désigner les produits ou services visés par le dépôt. Par ex. « 5 » et « 19 » pour des parfums. • Com. 16 mai 1984 : *Bull. civ. IV, n° 170 ; Ann. propr. ind. 1984. 27* ♦ ... Ou « Neurones » pour des systèmes informatiques et logiciels • Com. 30 juin 1998 : *PIBD 1998. III. 434.*

2. *Appréciation.* L'appréciation du caractère distinctif est laissée au pouvoir souverain des juges du fond. • Com. 13 mars 2001, *Abracadabra : PIBD 2001. III. 308* • 2 juin 1992 : *PIBD 1992. III. 461* • 4 déc. 1990 : *PIBD 1991. III. 49.* ♦ L'art. L. 711-2 doit s'interpréter à la lumière de l'art. 3, § 1, sous *b*), de la Dir. 2008/95/CE rapprochant les législations des États membres sur les marques. Il en résulte que le caractère distinctif d'un signe doit être apprécié, d'une part, par rapport au produit ou à chacun des produits pour lesquels l'enregistrement est demandé. • Com. 4 nov. 2014, *Shiatsu,* n° 13 17.128 : *Propr. intell. 2015, n° 54, p. 85, obs. Bouvel* • 15 mars 2017, n° 16-10.241 : *Les Voiles de Saint Tropez : PIBD 2017. III. 321* (marque nominale), cassation de • Aix-en-Provence, 5 nov. 2015 : *PIBD 2015. III. 837* • Com. 3 juin 2014, *Boco : PIBD 2014. III. 648* • 7 juin 2011, *Boîte à Meuh : Dalloz actualité, 30 juin 2011, obs. Daleau ; Propr. ind. 2011. 73* • Paris, 25 févr. 2011, *Ferrero : PIBD 2011. III. 315* • 2 juill. 2004 : *PIBD 2004. III. 559.* ♦ ... Et non au regard de l'activité du déposant. • Com. 19 déc. 2000, *Midi Façades : Bull. civ. IV, n° 205 ; RJDA 2001, n° 379 ; PIBD 2001. III. 139 ; JCP E 2001. 303 ; Ann. propr. ind. 2001. 50.* ♦ ... Et d'autre part, par rapport à la perception du public pertinent. • Paris, 25 févr. 2011, *Ferrero : préc.*

3. *Moment de l'appréciation.* Le caractère distinctif d'une marque s'apprécie à la date du dépôt, par rapport à la loi en vigueur à cette date, aux produits désignés et au public auquel cette marque est destinée. • Com. 4 oct. 2011, *Fizz : PIBD 2011. III. 661* • 2 nov. 2011, *Buckfast : PIBD 2011. III. 731 ; Propr. intell. 2012, n° 42, obs. Sabatier.* ♦ Et après renvoi • Nancy, 15 avr. 2013 : *PIBD 2013. III. 1213.* ♦ Cassé par • Com. 24 juin 2014 : *PIBD 2014.III.740.* ♦ Et après un nouveau renvoi : • Nancy, 6 oct. 2015 : *PIBD 2015. III. 839* • Paris, 9 nov. 2011, *Harrington : PIBD 2012. III. 26* • 10 avr. 2009, *Spa : PIBD 2009. III. 1236.* ♦ Pourvoi rejeté par • Com. 26 oct. 2010 : *PIBD 2010. III. 821 ; Propr. intell. 2011, n° 38, p. 123, obs. Sabatier* • 19 déc. 2008, *Invisible : PIBD 2009. III. 822* • Paris, 29 juin 2013, *Demat-RH : PIBD 2013. III. 1474* • Paris, 20 oct. 2015, *Invisible : PIBD 2015. III. 844.* ♦ La marque conserve sa validité même si, à la date du renouvellement, l'appellation en cause a acquis un caractère générique. • Com. 23 oct. 1990, *Alcootest : Bull. civ. IV, n° 250 ; JCP E 1991. II. 109, note Chavanne.* ♦ ... Sauf lorsque le renouvellement présente des modifications par rapport au dépôt initial ; il doit alors être considéré comme un nouveau dépôt et c'est à cette date qu'il faut se placer pour apprécier le caractère générique du signe. • Com. 24 févr. 1987, *Brillat-Savarin :*

Bull. civ. IV, n° 52. ♦ En revanche, dans une instance en contrefaçon, le caractère distinctif d'un signe s'apprécie à la date à laquelle a commencé l'usage prétendument contrefaisant. • Com. 13 déc. 2011, *Troussepinette : PIBD 2012. III. 127.* ♦ Et après renvoi • Bordeaux, 19 mars 2013 : *PIBD 2013. III. 1173.* – Pourvoi rejeté par • Com. 3 juin 2014, *Troussepinette*, n° 13-19.057 : *PIBD 2014. III. 607 ; D. 2015. 230, obs. Martial-Braz ; Propr. intell. 2014, n° 53, p. 409, obs. Bouvel* • Com 2 nov. 2011, *Buckfast : préc.* • Com. 19 déc. 1998, *La maison du café : PIBD 1999. III. 88 ; Ann. propr. ind. 1999. 186.*

4. Agent de référence. Le public pertinent à prendre en considération est le consommateur d'attention moyenne des produits ou des services visés au dépôt. • Paris, 12 mai 2015, *Argus : préc. note 1.* ♦ Dès lors, un signe désignant un produit de consommation courante (un blanc-cassis) doit être considéré comme générique s'il était employé à la date du dépôt par une « notable partie du public » pour désigner ce produit, ce qui n'est pas le cas lorsque cet usage était circonscrit à une localité déterminée. • Com. 27 oct. 1992, *Kir : Bull. civ. IV, n° 329 ; RTD com. 1993, obs. Chavanne ; Ann. propr. ind. 1993. 75, note Mathély.* ♦ En revanche, la marque désignant un produit peu répandu (une eau-de-vie de cidre) est générique si le signe était employé usuellement par la partie de la population qui produit et consomme cette boisson. • Com. 11 mars 2003, *Lambig : JCP E 2003. 1434, n° 2, obs. Boespflug, Greffe et Barthélemy* • Com. 3 juin 2014, *Troussepinette : préc. note 3.* ♦ Pour l'appréciation du caractère distinctif d'une marque identifiant des bateaux, le public pertinent est constitué des professionnels ou des amateurs dans le domaine du nautisme. • Paris, 16 mai 2008, *Open : PIBD 2008. III. 445.* ♦ Pour une marque désignant le cacao, le chocolat et les produits de confiserie, le public pertinent est celui du consommateur de chocolat. • Com. 26 oct 2010 : *RTD com. 2011. 326, obs. Azéma ; PIBD 2010. III. 823 ; Propr. ind. 2011, n° 30, obs. Tréfigny-Goy.* ♦ Pour les produits qui ressortissent au commerce touristique, le public pertinent est constitué des touristes d'attention moyenne. • Com. 6 janv. 2015, *J'aime Paris*, n° 13-17.108 : *préc. note 1* • 3 févr. 2015, *Bateaux Mouches*, n° 13-18.025 P : *PIBD 2015. III. 234 ; Rev. soc. 2015. 398, obs. Binctin.*

Sur la définition de l'agent de référence par la jurisprudence communautaire, V. art. 3 Dir. 2008/95/CE.

5. Marques faiblement distinctives. Une marque faiblement distinctive bénéficie de la protection légale indépendamment du degré de distinctivité qui la caractérise, la loi ne permettant d'établir aucune différenciation entre les marques faiblement distinctives et les autres. • Paris, 23 juin 1981, *Camping-Gaz : D. 1982. 434, note Reboul.* – Et, sur pourvoi • Com. 7 déc. 1983 : *Ann. propr. ind. 1984. 29 ; Bull. civ. IV, n° 342* • 14 avr. 1995 : *PIBD 1995. III. 354.* ♦ Le fait qu'une entreprise souhaite conférer à ses produits ou services, indirectement et de façon abstraite, sans pour autant informer directement et immédiatement le consommateur de l'une des qualités ou des caractéristiques déterminantes des produits ou services concernés, relève de l'évocation et non de la désignation au sens de l'art. L. 711-2. • Paris, 14 avr. 2015, *Giant*, n° 2014/23198 : *PIBD 2015. III. 384 ; Propr. intell. juill. 2015, n° 56, p. 310, obs. Bouvel.* ♦ Rapprocher *a contrario* de : • Paris, 10 avr. 2015, *Autoparticulier*, n° 14/23198 : *Propr. intell. juill. 2015, n° 56, p. 310, obs. Bouvel.* ♦ Rien n'interdit en effet d'adopter comme marque un signe simplement évocateur : du produit. • Paris, 12 janv. 2001, *Peau d'Ange : PIBD 2001. III. 240 ; Ann. propr. ind. 2001. 89* (pour des cosmétiques) • 2 juill. 2004, *La Mer : PIBD 2004. III. 585* (pour des cosmétiques composés d'extraits marins) • Com. 27 janv. 2009, *Malto : PIBD 2009. III. 925 ; Propr. intell. 2009, n° 31, p. 189, obs. Sabatier* (pour des produits à base de maltodextrine). ♦ ... Du service. • Com. 2 juill. 1996, *Au Bain Marie : Bull. civ. IV, n° 200 ; PIBD 1996. III. 494 ; D. Affaires 1996. 1070 ; RJDA 1996, n° 1562* (pour un service de restauration) • Paris, 26 nov. 1997, *Standing : Ann. propr. ind. 1998. 163* (pour des fichiers d'adresses de personnes à hauts revenus) • Paris, 30 avr. 1998, *Abracadabra : D. 1998. IR 202* (pour des spectacles de divertissement, y compris ceux de magie). – Et, sur pourvoi • Com. 13 mars 2001 : *préc. note 2* • Paris, 27 mars 2002 : *Ann. propr. ind. 2002. 289 ; PIBD 2002. III. 407* (« SOS Malus » pour des produits d'assurance destinés aux conducteurs ayant de forts malus) • Paris, 8 nov. 2006 : *PIBD 2007. III. 60* (« Institut Vatel » pour une association ayant pour but d'assurer le développement de la gastronomie) • Paris, 11 juin 2014, *Autoliberté : PIBD 2014. III. 771* (pour un service de location de voitures) • Paris, 30 sept. 2014, *Graphèmes : RTD com. 2015. 269, obs. Azéma ; PIBD 2015. III. 72* (pour des activités de graphisme, d'imprimerie et de marketing). ♦ ... Ou de leurs caractères. • Paris, 4 déc. 2002, *Exquise : D. 2003. Somm. 2629, obs. Durrande* (pour des crèmes glacées).

Sur la protection des marques faiblement distinctives, V. notes ss. art. L. 713-2 et L. 713-3.

6. Marques complexes. L'examen de la distinctivité doit porter sur l'ensemble du signe et non sur les éléments qui le composent pris isolément : • Paris, 29 juin 2013, *Demat-RH : préc. note 3.* ♦ ... Qu'il s'agisse d'une marque nominale composée de plusieurs termes. • Même arrêt • Com. 27 janv. 2009, *Red Tonic : PIBD 2009. III. 925.* ♦ ... Ou d'une marque complexe. • Com. 31 mars 2004, *Polo : PIBD 2004. III. 444* • 20 mars 2012 : *PIBD 2012. III. 307.* ♦ ... Ce qui rend indissociables la partie verbale et la partie figurative de la marque. • Paris, 10 sept. 2004 : *PIBD 2004. III. 138* • Paris, 5 juin 2015, *L'Onglerie*, n° 14/10898 : *PIBD 2015. III. 675.*

7. Couleurs. Constitue un signe arbitraire pour désigner le lait et les produits laitiers une marque constituée de la nuance de la couleur rose identifiée avec précision (rose pantone 212), la preuve n'ayant pas été rapportée qu'à la date du dépôt, il était usuel d'utiliser cette nuance de rose pour désigner du lait ou des produits laitiers ou que cette même nuance était devenue un code couleur. • Com. 30 janv. 2001, *Candia : PIBD 2001. III. 284 ; RJDA 2001, n° 735.* ♦ A un caractère fortement distinctif une nuance éclatante de rouge couvrant tout le fond de l'étiquette d'une bouteille de champagne. • Paris, 13 déc. 2002 : *Ann. propr. ind. 2003. 147 ; Propr. intell. 2003, n° 7, p. 212, obs. Buffet-Delmas.* – Pourvoi rejeté par • Com. 19 avr. 2005 : *PIBD 2005. III. 419.*

II. MARQUES GÉNÉRIQUES, NÉCESSAIRES OU USUELLES (ART. L. 711-2-A)

8. Un signe a un caractère distinctif lorsqu'il n'est pas la désignation générique, nécessaire ou usuelle du produit ou du service couvert par la marque ou des éléments entrant dans sa composition. • Com. 27 janv. 2009, *Botox : PIBD 2009. III. 923* • 27 janv. 2009, *Malto : PIBD 2009. III. 925.* ♦ ... Dans le langage courant. • Com. 2 juin 1992 : *PIBD 1992. III. 461* • Paris, 23 sept. 2009, *Texto : PIBD 2009. III. 1503 ; Propr. intell. 2010, n° 35, p. 660, obs. Sabatier ; RDLI 2009, n° 1758.* ♦ ... Ou professionnel. • Paris, 18 nov. 2009, *Vesuvia : PIBD 2010. III. 141* • Paris, 12 janv. 2011 : *PIBD 2011. III. 212 ; Propr. ind. 2011, n° 32, obs. Tréfigny-Goy* • Com. 29 nov. 2011 : *PIBD 2012. III. 70* • 2 nov. 2011, *Buckfast : PIBD 2011. III. 731 ; Propr. intell. 2012, n° 42, p. 69, obs. Sabatier* – et après renvoi : • Nancy, 15 avr. 2013 : *PIBD 2013. III. 121.* – Cassé par : • Com. 24 juin 2014 : *PIBD 2014. III. 740.* ♦ Et après un nouveau renvoi : • Nancy, 6 oct. 2015 : *PIBD 2015. III. 839* et après un nouveau pourvoi : • Com. 5 juill. 2017, n° 15-28.114 P : *D. 2017. 1421* • Paris, 22 mai 2015, *Rent a car : PIBD 2015. III. 636.* ♦ Mais un signe peut, tout en restant distinct de la dénomination variétale du produit, ce dont il résulte seulement qu'il n'en constitue pas la désignation nécessaire, être devenu, à la date du dépôt, sa désignation usuelle. • Com. 3 mars 2009, *« David Austin Roses » : PIBD 2009. III. 1050.* – Puis sur renvoi • Lyon, 24 févr. 2011, n° 09/01592. – Et après un nouveau pourvoi, • Com. 24 sept. 2013 : *PIBD 2013. III. 1545 ; Prop. ind. 2013, n° 12, note Bouche.*

9. Vocable étranger. Un mot issu d'une langue étrangère est distinctif si, au moment du dépôt, il n'est pas compris par le public français comme synonyme du produit ou du service, de sa composition ou d'une de ses qualités. • Paris, 3 déc 1979, *Anti Blaze : PIBD 1980. III. 29* • 16 oct. 1980, *Work Wear : PIBD 1980. III. 224* • 23 févr. 1981, *Fragola : PIBD 1981. III. 89* • Paris, 2 mars 1983, *Golden Sirup : D. 1986. IR 81, obs. Burst* • 30 janv. 2004, *Kinder : PIBD 2004. III. 266* • 10 juin 2011, *Wellness : PIBD 2011. III. 533* • 27 mai 2016, *Novelty : PIBD 2016. III. 663* • Com. 23 juin 2009, *Webshipping : Bull. civ. IV, n° 86 ; PIBD 2009. III. 1432 ; Propr. intell. 2009, n° 33, p. 420, obs. Sabatier* • 4 oct. 2011 *Fizz : préc. note 3.* ♦ ... Et qu'il n'est pas rentré dans le langage courant en France pour désigner les produits visés au dépôt, quand bien même le public ne comprendrait pas sa signification. • Paris, 4 oct. 1990, *Le Futon : PIBD 1991. III. 198* • 16 mai 2008, *Blind Test : PIBD 2008. III. 441.* ♦ Toutefois, il est d'usage de conserver, pour les spécialités culinaires étrangères, la dénomination utilisée dans le pays d'origine de sorte que, même si elle n'est pas connue ou n'est pas comprise d'une partie significative du public, elle constitue, dans le langage courant ou professionnel, la désignation nécessaire de la spécialité concernée. • Paris, 25 sept. 2013, *Mhajeb : PIBD 2013. III. 1598.* ♦ Il ressort de la jurisprudence communautaire, que, en raison des différences linguistiques, culturelles, sociales et économiques entre États membres, une marque dépourvue de caractère distinctif ou descriptive des produits ou des services concernés dans un État membre peut ne pas l'être dans un autre État. Si une marque est limitée au territoire français, il importe peu qu'elle ait été refusée à l'enregistrement dans d'autres États membres. • Paris, 10 juin 2011, *Wellness : préc.* ♦ V. aussi • CJCE 9 mars 2006, *Matratzen Concord : V. art. 3 ss. Dir. 2008/95/CE.*

III. MARQUES DESCRIPTIVES (ART. L. 711-2-B)

A. PRINCIPE

10. Sont dépourvus de caractère distinctif les signes ou dénominations pouvant servir à désigner une caractéristique des produits ou services couverts par la marque ; il est indifférent que les caractéristiques des produits ou services qui sont susceptibles d'être décrites soient essentielles sur le plan commercial ou accessoires. • Com. 8 juin 2017, *Giant*, n° 15-20.966 : *PIBD 2017. III. 546.* ♦ Il n'est pas nécessaire, au regard de l'art. L. 711-2, b), que la dénomination composant la marque soit la seule à permettre de qualifier le produit ; il suffit qu'elle puisse servir à désigner une de ses qualites. • Paris, 9 févr. 2000, *Beurre Tendre : PIBD 2000. III. 231.* ♦ Pour qu'une marque soit jugée descriptive au point de ne pas être protégeable, il faut qu'elle indique une qualité du produit et non qu'elle se contente de l'évoquer ou de la suggérer. • Com. 24 sept. 2003, *Le gommage des façades,* n° 01-17.737 : *Propr. ind. 2003, n° 99, note Tréfigny* • Paris, 18 nov.

2009, *Vesuvia : préc. note 8* • Paris, 17 févr. 2012, *Gourmand,* n° 10/20967 : *PIBD 2012. III. 276.* ♦ Le seul fait de modifier l'orthographe d'un terme descriptif ou usuel n'est pas suffisant pour lui donner un caractère distinctif, dès lors que le terme ainsi modifié est utilisé dans son sens habituel. • Paris, 19 nov. 1997 : *PIBD 1998. III. 173 ; RJDA 1998, n° 532 ; RIPIA 1998. 145* • Nancy, 19 oct. 2015, *Boco : PIBD 2015. III. 788.*

11. Il résulte de la jurisprudence communautaire (CJCE 20 sept. 2001, *Baby Dry,* n° C-383/99 P : *V. Règl. 207/2009, art. 7, note 6 ;* • 12 févr. 2004, *Campina,* n° C-265/00 : *V. Dir. 2008/95, art. 3, note 3 ;* • CJUE 25 févr. 2010, *Lancôme,* n° C-408/08 : *V. Règl. 207/2009, art. 7, note 6)* qu'une marque constituée d'un néologisme composé d'éléments dont chacun est descriptif des caractéristiques des produits ou services pour lesquels l'enregistrement est demandé est elle-même descriptive des caractéristiques de ces produits ou services, sauf s'il existe un écart perceptible entre le néologisme et la simple somme des éléments qui le composent, ce qui suppose que, en raison du caractère inhabituel de la combinaison par rapport auxdits produits ou services, le néologisme crée une impression suffisamment éloignée de celle produite par la simple réunion de ces éléments qu'il prime la somme desdits éléments. A cet égard, la marque « Botolift » est distinctive. Il n'est en effet nullement démontré que le consommateur ne percevra pas un écart entre cette formulation et la terminologie couramment employée pour désigner les produits visés à l'enregistrement ou leurs caractéristiques essentielles. • Paris, 23 nov. 2012, *Botolift : PIBD 2013. III. 867.* ♦ En revanche, les marques « yaourt Gourmand », « Liégeois Gourmand », « Mousse Gourmande »... sont dépourvues de caractère distinctif : elles ne créent pas auprès du public ciblé une impression suffisamment éloignée de celle produite par la juxtaposition des éléments verbaux qui les composent de nature à en modifier le sens et la portée. • Paris, 14 oct. 2014 : *PIBD 2015. III. 23.* ♦ De même que les néologismes « Amplidect ». • Paris, 6 févr. 2015 : *PIBD 2015. III. 237.* ♦ ... Ou encore « Discountbanque ». • Versailles, 15 déc. 2015 : *PIBD 2016. III. 128,* juxtaposant purement et simplement deux termes descriptifs, ils ne constituent pas « un assemblage inhabituel tant au point de vue lexical que grammatical » au sens de la jurisprudence communautaire précitée.

B. APPLICATIONS

12. Espèce ou composition du produit. Ont été jugées descriptives de l'espèce ou de la composition du produit les marques : « Fraises de Plougastel » pour une confiserie composée d'une fraise enrobée de chocolat. • Paris, 19 nov. 1971 : *D. 1973. 90, note Burst.* – Et, sur pourvoi • Com. 23 oct. 1973 : *D. 1974. 115.* ♦ ... « Brut de Pêcher » pour une boisson effervescente à base de vin et d'extrait naturel de pêche. • Com. 10 juin 1997 : *PIBD 1997. III. 529.* ♦ ... « Vidéotitres » appliquée à un service vidéo de gestion de titres. • Paris, 14 mai 1992 : *PIBD 1992. III. 490.* ♦ ... « Alcool » pour un parfum, l'enregistrement de ce terme comme marque ayant pour effet de priver les tiers de la possibilité de présenter à la clientèle la composition de leurs produits. • Paris, 28 sept. 1994 : *PIBD 1994. III. 577.* ♦ ... « Multimédia » pour des services qui utilisent de façon quasi-systématique divers média pour leur diffusion. • Paris, 29 nov. 1994 : *PIBD 1995. III. 90.* ♦ ... « Maisons de campagne » pour des revues consacrées à la décoration de ce type de maisons. • Versailles, 17 nov. 2005 : *Propr. ind. 2006, n° 92, note Tréfigny.* ♦ ... « Pierre d'argile » pour une substance composée de plus de 50 % d'argile. • Paris, 5 avr. 2013 : *Propr. intell. 2013, n° 48, p. 313, obs. Sabatier ; Prop. ind. 2013, n° 71.* ♦ ... « Argane » pour un produit cosmétique • Com. 6 mai 2014 : *PIBD 2014. III. 500 ; Propr. intell. 2014, n° 53, p. 408, obs. Bouvel.* Rejet du pourvoi contre • Paris, 30 janv. 2013 : *Propr. intell. 2013, n° 48, p. 223, obs. Sabatier.*

13. Qualité. Ont été jugées descriptives de la qualité du produit les marques : « Bril » pour des produits d'entretien pour automobiles. • Com. 16 juin 1992 : *PIBD 1992. III. 523.* ♦ ... « Cure silhouette » pour des produits diététiques. • Com. 12 juill. 2005 : *Bull. civ. IV, n° 171 ; D. 2005. Pan. 2320, obs. Durrande ; ibid. AJ 2148, obs. Daleau.* ♦ ... « Croissance » pour des produits laitiers destinés aux enfants. • Paris, 13 oct. 2004 : *PIBD 2004. III. 676.* ♦ ... « Écosolaire » pour désigner des matériels fonctionnant à l'énergie solaire. • Paris, 15 déc. 2010 : *PIBD 2011. III. 220.* ♦ ... « Palace » pour des services hôteliers. • Paris, 13 janv. 2015 : *PIBD 2015. III. 279.* ♦ ... « Invisible » pour un déodorant. • Paris, 20 oct. 2015 : *PIBD 2015. III. 844.* ♦ L'expression « Bien » qui permet, de façon générale, de porter une appréciation qualitative ne saurait faire l'objet d'une appropriation privative, ce qui donnerait au seul titulaire de cette marque la possibilité de l'appliquer à ses produits. • Paris, 30 juin 1978 : *RTD com. 1978. 789, obs. Chavanne et Azéma ; Ann. propr. ind. 1979. 132.* ♦ Dans le même sens : « Super ». • Amiens, 10 mai 1993 : *PIBD 1993. III. 598.* ♦ ... « Grand ». • Paris, 23 févr. 2000 : *PIBD 2000. III. 340.* ♦ En revanche, la marque « Exquise » pour désigner des produits alimentaires n'a pas été jugée descriptive mais simplement évocatrice. • Paris, 4 déc. 2002 : *D. 2003. Somm. 2629, obs. Durrande.*

14. Destination. A été jugée descriptive de la destination du produit la marque : « Spécial auto » pour des produits adaptés à l'automobile. • Paris, 28 mars 1991 : *PIBD 1991. III. 489.* ♦ ... « J'apprends à dessiner » pour désigner des produits de l'imprimerie, du matériel d'instruction et d'enseignement. • Paris, 25 mars 2003 : *Légi-*

presse 2003. I. 83 ♦ ... « Gay » pour désigner des produits et services destinés aux membres de la communauté homosexuelle. • Paris, 15 nov. 2006 : *Propr. ind. 2007, n° 11, note Tréfigny.* – Pourvoi rejeté par • Com. 8 avr. 2008 : *PIBD 2008. III. 374 ; Propr. intell. 2008, n° 7, p. 359, obs. Passa.* ♦ En revanche, le terme « Femme » est tout au plus évocateur du public visé par des publications ; il ne constitue pas la désignation générique des journaux, périodiques, livres et magazines. • Com. 16 nov. 2008 : *PIBD 2009. III. 818 ; Propr. ind. 2009, n° 27, note Le Goffic.*

15. *Nom géographique.* Un nom géographique peut être déposé comme marque lorsqu'il ne constitue ni une appellation d'origine, ni une indication de provenance du produit ou de la prestation de services. • Paris, 16 oct. 2013, *Marché Biron : PIBD 2013. III. 1638 ; Propr. intell. 2014, n° 50, p. 98, obs. Sabatier* • Paris, 6 mai 1981, *Verrerie de Biot : Ann. propr. ind. 1981. 7, note P.M. ; RIPIA 1981. 371 ; Gaz. Pal. 1981. 1. 411, note Blaustein.* – Rendu sur renvoi après • Com. 7 mai 1980 : *Bull. civ. IV, n° 182 ; Ann. propr. ind. 1980. 164.* ♦ L'indication de provenance ne doit pas être confondue avec le lieu d'établissement du déposant ou le lieu de fabrication du produit. Il n'y a indication de provenance que lorsque dans l'esprit du public s'est établi un lien entre le lieu de fabrication et des caractéristiques tendant à des facteurs soit géographiques, soit humains, la qualité reconnue au produit, étant attachée à la matière première procurée par une région ou un pays déterminé ou encore à des procédés et soins de fabrication dont la valeur s'est trouvée au long des âges consacrée grâce à leur mise en pratique par de nombreux fabricants concentrés dans une même zone géographique. • Paris, 6 mars 1986, *Savoie Coutellerie : RTD com. 1987. 47, obs. Chavanne et Azéma ; PIBD 1986. III. 196.* ♦ En vertu de ce principe, ont été considérées comme valables les marques : « Montroucous ». • Com. 24 oct. 2000 : *PIBD 2001. III. 33.* ♦ ... « Compagnie de Californie » pour des vêtements. • Paris, 19 sept. 1989 : *D. 1993. 90, note Burst*. ♦ ... « Boston-Création » pour des vêtements. • Paris, 10 janv. 2001 : *PIBD 2001. III. 290.* ♦ ... « Zanzibar » pour un parfum. • Paris, 13 oct. 2004 : *PIBD 2004. III. 676.* ♦ ... « Cirque de Pékin ». • Paris, 5 mars 2004 : *PIBD 2004. III. 387.* ♦ C'est au moment de son dépôt que l'on doit se placer pour apprécier si une marque est constituée par une indication de provenance. • Nancy, 21 févr. 1980, *Baccarat : RTD com. 1981. 79.* – Et, sur pourvoi : • Com. 17 mai 1982 : *Ann. propr. ind. 1983. 87* • Versailles, 19 mai 1987, *Moutarde de Meaux : PIBD 1987. III. 339.* ♦ ... « Le verre français » pour des lampes et lampadaires en pâte de verre. • Paris, 3 déc. 2008 : *PIBD 2009. III. 884* ♦ Et sur pourvoi • Com. 9 mars 2010 : *PIBD 2010. III. 238.* ♦ Et après renvoi : • Paris, 18 nov. 2011 : *PIBD 2012. III. 24* • Paris, 10 avr. 2009, *Spa : PIBD 2009. III. 1236.* – Pourvoi rejeté par • Com. 26 oct. 2010 : *PIBD 2010. III. 821 ; Propr. intell. 2011, n° 38, p. 123, obs. Sabatier.* ♦ Lorsque plusieurs marques associent un nom géographique à un ou plusieurs termes ou à un dessin, elles ne sauraient être perçues, prises dans leur ensemble, comme désignant la provenance géographique des produits. • Paris, 4 avr. 2014, *Laguiole : AJCT 2014. 455, obs. Dreyfus ; PIBD 2014. III. 502.* ♦ Sur la validité des marques géographiques, V. aussi art. L. 711-3 et L. 711-4 et Dir. 2008/95/CE ss. art. 3, § 1, sous *c).*

16. *Époque de production.* Le qualificatif « Pâques » associé au mot « Thé » n'indique ni l'origine ni l'époque de production du produit. Il n'en est pas la caractéristique ou une des caractéristiques au sens de la législation sur les marques : il n'existe aucun lien, qu'il soit liturgique, symbolique ou même simplement traditionnel entre les fêtes de Pâques et le thé. • Versailles, 2 déc. 1999 : *PIBD 2000. III. 108.* ♦ En revanche, la dénomination « Vente de première minute » désigne la caractéristique du service offert : une vente contractée précocement. Elle exprime bien l'époque de la prestation de service qu'elle sert à désigner et est donc dépourvue de caractère distinctif. • Paris, 10 mai 2000 : *PIBD 2000. III. 440 ; Ann. propr. ind. 2000. 254.*

17. *Couleur.* Désigne une caractéristique du produit une marque constituée par la seule nuance de couleur bleu Pantone 314 qui est la caractéristique du pastis commercialisé sous l'appellation « Grand Bleu ». • Aix-en-Provence, 5 avr. 2007 : *PIBD 2007. III. 388.*

IV. MARQUES TRIDIMENSIONNELLES (ART. L. 711-2-C)

A. FORME DU CONDITIONNEMENT

18. La forme d'un conditionnement peut être déposée comme marque si elle est déterminée, c'est-à-dire si elle présente un caractère arbitraire et de fantaisie de nature à permettre au public de reconnaître le ou les produits auxquels elle se rapporte par rapport aux produits concurrents. Tel est le cas : d'une bouteille ovoïde de couleur verte pour désigner une boisson. • Nîmes, 12 oct. 1982 : *Ann. propr. ind. 1983. 106* • TGI Paris, 5 juill. 1995 : *PIBD 1995. III. 565* ♦ ... D'emballages transparents qui par leur forme, leurs couleurs, leurs étiquettes et la répartition adoptée pour les produits qui y sont contenus sont suffisamment éloignés des formes de base utilisées pour des produits similaires qu'elles ne viennent pas spontanément à l'esprit du consommateur comme la forme d'emballage des produits de confiserie • Paris, 19 déc. 2012, *Ferrero : PIBD 2013. III. 1023.* ♦ En revanche, sont dépourvus de tout caractère arbitraire : un flacon reproduisant un fruit pour désigner des extraits de ce fruit. • Paris, 15 oct. 1958 : *Ann. propr. ind. 1959. 114, note Dusolier.* ♦ ... Une bouteille de champagne qui ne se distingue de ses semblables que par le diamètre du fût, légèrement supérieur à celui des bouteilles « standard ». • Paris, 15 mars 1983 : *Ann. propr. ind. 1983. 5, note Thrierr.* – Et, sur pourvoi • Com. 20 mars 1985 : *Bull. civ. IV, n° 104 ; RIPIA 1985. 16.* ♦ ... La combinaison, dans une bouteille destinée à contenir de la bière, de la forme « Long Neck » familière depuis les années 1990 dans le domaine des boissons et d'un aspect givré caractérisant la température idéale pour la consommation de la bière. • Paris, 14 mai 2004 : *PIBD 2004. III. 447.* ♦ ... Une plaquette en bois pour présenter de la charcuterie. • Com. 11 mars 2008 : *Bull. civ. IV, n° 59 ; D. 2008. AJ 984 ; PIBD 2008. III. 378.* ♦ Cassant • Amiens, 27 oct. 2005 : *JCP 2006. II. 10039, note Pollaud-Dulian.*

B. FORME DU PRODUIT

19. La Cour de justice a dit pour droit (• CJUE 12 févr. 2004, *Henkel*, n° C-218/01 : V. ss. Dir. 2008/95 du 22 oct. 2008, art. 3, note 2) qu'une forme de produit satisfait à l'exigence de distinctivité en tant que critère autonome si la marque diverge de manière significative de la norme ou des habitudes du secteur, étant précisé que le consommateur est pleinement apte à percevoir la forme d'un produit comme une indication de son origine commerciale dès lors que ladite forme présente des caractéristiques suffisantes pour retenir son attention. • Paris, 14 oct. 2016, *Guerlain : PIBD 2016. III. 916.* ♦ Ainsi ont été considérés comme distinctifs : des petites billes de couleur pour des produits de maquillage : • Paris, 14 oct. 2016, *Guerlain : préc.* ♦ des brindilles torsadées pour du chocolat : • Paris, 30 janv. 2009, *Rameaux du Médoc : PIBD 2009. III. 1053.* – Pourvoi rejeté par • Com. 26 oct. 2010 : *PIBD 2010. III. 823 ; Propr. ind. 2011, n° 30, obs. Tréfigny-Goy.* ♦ ... Un fermoir appliqué en décoration sur des chaussures : • Paris, 17 janv. 2014 *LVMalletier : PIBD 2014. III. 353.* ♦ Mais pour le même fermoir appliqué sur des sacs à main, des trousses et des portefeuilles • Com. 6 mai 2014 : *PIBD 2014. III. 550 cassant* • Paris, 20 mai 2011, *LVM : PIBD 2011. III. 498.* – au motif que la cour d'appel n'a pas recherché si, en l'absence de tout élément verbal, le consommateur percevait le signe comme une identification sur l'origine des produits ou simplement comme un élément fonctionnel et décoratif. ♦ Sur ce même signe, V. • TPICE 14 déc. 2011 : *PIBD 2012. III. 492.* ♦ ... Du foie gras présenté sous forme de sucette cylindrique ou d'esquimau. • Paris, 25 juin 2008 : *PIBD 2008. III. 502.* ♦ ... Le comprimé de « Viagra ». • TGI Paris, 23 févr. 2007 : *PIBD 2007. III. 312.* ♦ ... Le « Rocher » de Ferrero • Paris, 19 déc. 2012, *Ferrero : PIBD 2013. III. 1023.* ♦ V. aussi, pour la forme d'une barre chocolatée commercialisée par Ferrero. • Versailles, 26 févr. 2013 : *PIBD 2013. III. 1229* et, pour la forme d'une autre barre chocolatée commercialisée cette fois par Nestlé : • Paris, 13 déc. 2013 : *PIBD 2014. III. 47 ; Propr. intell. 2014, n° 51, p. 183 obs. Canlorbe.* ♦ En revanche, n'a pas de caractère distinctif un gâteau glacé ayant une forme parallélépipédique trop voisine de celle des cakes, vacherins et bûches glacées • Paris, 19 juin 2009 : *RTD com. 2010. 297, obs. Azéma ; PIBD 2009. III. 1315 ; Propr. intell. 2009, n° 33, p. 421, obs. Sabatier.* – Pourvoi rejeté par : • Com. 1er mars 2011 : *Propr. intell. 2011, n° 39, p. 219, obs. Sabatier.*

20. Résultat technique. Pour écarter le caractère distinctif d'une marque tridimensionnelle au motif que sa forme est attribuable seulement au résultat technique, les juges du fond doivent préciser en quoi les caractéristiques du signe en cause sont imposées par la nature et la fonction du produit. • Crim. 23 mars 2016, n° 14-87.494 : *PIBD 2016. III. 474 ; LEPI 2016, n° 6, p. 4, note Chatry.* • CJUE 10 nov. 2016, n° C-30/15. ♦ Une marque complexe constituée d'une forme imposée par la nature du produit, ainsi que d'éléments arbitraires, ne peut échapper à l'exclusion édictée par l'art. L. 711-2, *c)*, CPI que dans la mesure où ces éléments arbitraires revêtent un caractère distinctif permettant l'identification du produit. • Paris, 16 févr. 2005, *Philips : PIBD 2005. III. 312,* pourvoi rejeté par • Com. 30 mai 2007, *Philips : D. 2007. AJ 1795, obs. Daleau ; PIBD 2007. III. 511 ; Propr. intell. 2008, n° 26, p. 145, obs. Buffet Delmas.* • Paris, 21 oct. 2011, *Kenwood : PIBD 2011. III. 739.* ♦ Ainsi l'emballage d'un rocher praliné dans du papier doré préserve la conservation du produit, mais la combinaison de cette présentation et d'une caissette en papier plissé couleur marron et or n'est pas commandée par la nature du produit ; elle n'en décrit pas la composition et n'est pas usuelle, ce qui lui confère un caractère distinctif. • Paris, 19 déc. 2012, *Ferrero : PIBD 2013. III. 102.* ♦ Justifie sa décision d'annulation, une cour d'appel qui constate que les marques contestées, sont constituées exclusivement de caractéristiques de forme imposées par la fonction des produits, peu important que d'autres formes aient été également possibles. • Com 30 mai 2007, *Philips : préc.* • Com. 21 janv. 2004, *Lexomil : Bull. civ. IV, n° 14 ; D. 2004. 1015, note Schahl et Bresson ; ibid. AJ 567, obs. Daleau ; JCP E 2004. 404 ; PIBD 2004. III. 223 ; Propr. intell. 2004, n° 11, p. 670, obs. Bonet.* ♦ Est dépourvue de tout caractère distinctif la forme nécessaire pour produire un résultat industriel qui, par ailleurs, a fait l'objet d'un brevet tombé dans le domaine public. • Paris, 4 juill. 1989, *un disque abrasif : RTD com. 1990. 577, obs. Chavanne ; PIBD 1990. III. 76.* – Et sur pourvoi • Com. 19 nov. 1991 : *PIBD 1992. III. 226* • Paris, 7 nov. 1994, *Légo : PIBD 1995. III. 69 ; Ann. propr. ind. 1995. 268.* – Pourvoi rejeté par • Com. 7 oct. 1997 : *RTD com. 1998. 843, obs. Azéma ; PIBD 1997. III. 644.* ♦ Toutefois, le seul fait que la forme d'un produit ne puisse être obtenue que par la mise en œuvre d'un procédé couvert par un brevet ne saurait priver une marque tridimensionnelle de caractère distinctif, le caractère exclusivement fonctionnel d'une forme ne pouvant s'inférer des conditions dans lesquelles elle est industriellement obtenue. • Paris, 19 juin 2009 : *PIBD 2009. III. 1315.* – V. aussi la jurisprudence citée ss. la Dir. (CE) 2008/95, art. 3, et ss. le Règl. (CE) n° 207/2009, art. 7.

Sur la possibilité pour une forme de remplir la fonction de la marque, V. art. L. 711-1.

Sur la forme des médicaments génériques, V. le nouvel art. L. 5121-10-3 du code de la santé publique (L. n° 2011-2012 du 29 déc. 2011).

21. Signe conférant au produit sa valeur substantielle. L'annulation d'une marque tridimensionnelle au motif que sa forme confère au produit sa valeur substantiell suppose que le demandeur établisse que cette forme est recherchée pour elle-même et qu'elle joue un rôle déterminant dans le choix de l'acheteur de ce produit. • Bordeaux, 5 nov. 2015, *Bourjois : PIBD 2016. III. 23.* ♦ Les marques constituées de motifs de laque obtenus selon la technique dite « à la coquille d'œuf » sont constituées exclusivement de l'apparence visuelle qui confère aux objets visés par les dépôts leurs valeur substantielle ; elles doivent être déclarées nulles. • Paris, 9 juin 2006 : *D. 2007. Pan. 2834, obs. Durrande ; PIBD 2007. III. 734.* ♦ Tout en ayant été étudiée pour être attractive, une forme ne donne pas sa valeur substantielle au produit lorsque le produit n'est pas recherché pour son apparence ou sa présentation mais pour ses qualités gustatives. • Paris, 30 janv. 2009, *Rameaux du Médoc : préc. note 19.* ♦ ...ou encore pour son odeur et sa texture : • Paris, 14 oct. 2016, *Guerlain : préc. note 19.* ♦ De la même façon, la valeur substantielle d'un fard à paupières résulte des composants, des couleurs et des propriétés du produit lui-même et non de son conditionnement. • Bordeaux, 5 nov. 2015 : *préc.*

C. ACQUISITION DU CARACTÈRE DISTINCTIF PAR L'USAGE

22. L'acquisition du caractère distinctif par l'usage suppose que le signe a été : susceptible de constituer une marque. Tel n'est pas le cas d'un signe exerçant une fonction pratique nécessaire. • Paris, 7 nov. 1994, *Lego : PIBD 1995. III. 69* • Versailles, 26 sept. 1996 : *Ann. propr. ind. 1997. 72 ; PIBD 1997. III. 187.* ♦ ... Ou d'un signe déceptif. • Com. 13 oct. 2009, *Château Figeac : D. 2009. AJ 2550 ; PIBD 2009. III. 1502 ; Propr. intell. 2010, n° 34, p. 662, obs. Sabatier.* ... ♦ Qu'il a été utilisé à titre de marque. • Paris, 12 mai 2015, *Palladium : PIBD 2015. III. 462.* ♦ ... Et qu'il a présenté à l'origine un caractère distinctif même faible. • Com. 28 avr. 2004, *Loto : PIBD 2004. III. 479.* ♦ En effet, l'usage est impropre à conférer la validité à une marque affectée d'un vice indélébile. Il apporte simplement à la marque un surcroît de distinctivité qui lui faisait défaut au moment de son enregistrement. • Com. 7 mai 1980, *Verrerie de Biot : Bull. civ. IV, n° 182* • 14 mai 2013, n° 12-15.534 : *D. 2013. 2487, obs. Larrieu ; PIBD 2013. III. 1295* • Paris, 23 juin 1981, *Camping Gaz : D. 1982. 434, note Reboul* • 28 avr. 1988, *Biotherm : D. 1988. IR 156* • 22 oct. 1991, *Les Annales du Baccalauréat : JCP E 1992. Pan. 152* • 7 juin 2000, *Thermor : PIBD 2001. III. 37* • Paris, 31 mars 2015, *Sté vente-privée.com*, n° 13/23127 : *RTD com. 2015. 710, obs. Zolynski ; CCE 2016. Étude 14, par de Candé ; LEPI juin 2015. 5, note Clavier ; RLDI juin 2015. 13, note Bertin et Varet ; Légipresse 2015. 636, chron. Basire ; Gaz. Pal. 2015. 193, note Marino ; PIBD 2015. III. 390 ; Propr. ind. 2015, n° 35, obs. Tréfigny ; Propr. intell. juill. 2015, n° 58, p. 308, obs. Bouvel* ♦ Pourvoi rejeté par • Com. 6 déc. 2016 n° 15-19.048 P : *PIBD 2017. III. 44 ; D. 2017. 319, obs. Clavier, Martial-Braz et Zolynski ; Dalloz IP/IT 2017. 226, obs. Le Goffic ; RTD com. 2017. 339, obs. Azema ; RTD eur. 2017. 335 -24, obs. Quiquerez* : en prévoyant, au dernier alinéa de l'art. L. 711-2, que le caractère distinctif d'un signe de nature à constituer une marque « peut, sauf dans le cas prévu au c, être acquis par l'usage », la France a usé de la faculté laissée aux États membres par l'art. 3, § 3, dernière phr. de la Dir. 2008/95/CE du 22 oct. 2008 rapprochant les législations des États membres sur les marques de ne pas déclarer nulle une marque enregistrée lorsque le caractère distinctif a été acquis après son enregistrement.

23. L'acquisition du caractère distinctif par l'usage suppose aussi la preuve : d'un usage continu, intense et de longue durée du signe constituant la marque • Paris, 7 juin 2006, *Vichy Célestins : PIBD 2006. III. 619.* ♦ Sur renvoi après cassation : • Com. 16 nov. 2004 : *PIBD 2005. III. 79.* • Paris, 14 oct. 2014, *seloger.com : PIBD 2015. III. 65 ; RTD com. 2015. 269, obs. Azéma* ♦ ... De l'importance des investissements publicitaires consacrés à la marque, de sa forte présence dans les médias et sur le marché des services similaires. • Paris, 3 déc. 2010, *Infotrafic : PIBD 2011. III. 103* • TGI Paris, 14 oct. 2010, *Pocket : PIBD 2011. III. 117.* ♦ ... De sorte que le signe est connu et identifié par le public pertinent intéressé par les produits ou les services qu'il propose. • Paris, 14 oct. 2014, *Yaourt Gourmand : PIBD 2015. III. 23* • 3 déc. 2010, *Infotrafic : préc.* • Lyon, 19 janv. 2012, *Dict.fr : PIBD 2012. III. 205.* ♦ Et sur pourvoi • Com. 14 mai 2013 : *D. 2013. 2487, obs. Larrieu ; ibid. 2014. Pan. 328, obs. Zolynski ; PIBD 2013. III. 1295 ; Propr. intell. avr. 2014, n° 51, p. 185, obs. Bouvel.*

24. Moment de l'appréciation. Il convient de se placer à la date à laquelle un tiers supposé contrefacteur a commencé à utiliser les termes litigieux pour apprécier s'il était établi qu'à cette date la marque avait, par l'usage qui en était fait, acquis un caractère distinctif ou si, à l'inverse, aucun droit à la protection ne lui étant acquis, il était loisible aux tiers d'utiliser des termes semblables. • Com. 19 déc. 1998, *La maison du café : préc. note 3.* ♦ Mais, lorsque la nullité de la marque est demandée à titre principal, il convient de se placer à la date où le juge statue. • Paris, 31 mars 2015, *Sté vente-privée.com : préc. note 22.*

Art. L. 711-3 Ne peut être adopté comme marque ou élément de marque un signe :

***a*) Exclu par l'article 6 *ter* de la Convention de Paris en date du 20 mars 1883, révisée, pour la protection de la propriété industrielle** *(L. n° 96-1106 du 18 déc. 1996, art. 12)* **« ou par le paragraphe 2 de l'article 23 de l'annexe 1 C à l'accord instituant l'Organisation mondiale du commerce » ;** – *V. ces textes, App., v° Propriété industrielle, Dispositions générales.*

***b*) Contraire à l'ordre public ou aux bonnes mœurs, ou dont l'utilisation est légalement interdite ;**

***c*) De nature à tromper le public, notamment sur la nature, la qualité ou la provenance géographique du produit ou du service.** – *[L. n° 91-7 du 4 janv. 1991, art. 3.]*

BIBL. ► CAYRON, *Propr. ind. 2009. Chron. 6* (un an [2008] de jurisprudence sur les signes distinctifs en droit vitivinicole). – GRAS, *Légicom 1997, n° 15, p. 81* (marques de tabac : un statut juridique d'intouchable). – MARCHAIS, *Propr. intell. 2012, n° 43, p. 240* (actualité jurisprudentielle française des marques viticoles : balade œno-judiciaire dans nos terroirs) – MARTEAU-ROUJOU DE BOUBÉE, Les marques déceptives, *Litec 1992 ; J.-Cl. Marques, fasc. 7115* (les signes illicites). – PICHAUD, *J.-Cl. Marques, fasc. 7130* (les marques soumises à des règles spéciales : vins, tabac, alcools, langue française).

I. SIGNES EXCLUS (ART. L. 711-3-A)

1. Doit être annulée une marque : offrant avec l'emblème de la Confédération helvétique des similitudes caractéristiques susceptibles, malgré les différences de détail mineures, de créer une confusion dans l'esprit du public d'attention moyenne • Paris, 17 oct. 1989 : *PIBD 1990. III. 175 ; D. 1989. IR 285.* ♦ ... Ou reproduisant deux drapeaux en faisceau aux couleurs blanches et rouges de la principauté de Monaco, cet État étant membre de la Convention d'Union de Paris depuis le 4 oct. 1975. • Paris, 17 mars 2003 : *Ann. propr. ind. 2003. 23.* ♦ L'emblème du Conseil de l'Europe ayant été communiqué à l'Organisation mondiale de la propriété intellectuelle (OMPI) pour se mettre sous la protection de l'art. 6 *ter* de la Convention d'Union de Paris ne peut figurer dans une marque. • Paris, 1er juin 1992 : *PIBD 1992. III. 493.* ♦ En revanche, le coq qui n'est pas utilisé actuellement comme symbole de l'autorité publique et n'a pas été notifié à l'OMPI peut être enregistré comme marque. • Paris, 4 janv. 1980 : *Ann. propr. ind. 1980. 369.* ♦ Si le drapeau tricolore, comme le drapeau de tout État, est par nature un emblème national, il n'est pas établi que la cocarde tricolore est inscrite sur la liste des emblèmes d'État communiquée en application du § 3, *a*), de l'art. 6 *ter* de la Convention de Paris, si bien que le fait d'utiliser une cocarde tricolore comme élément figuratif d'une marque n'est pas en lui-même prohibé. • Paris, 24 sept. 2015, *Les Républicains : PIBD 2015. III. 758.* ♦ Les dispositions de l'article 6 *ter* de la Convention d'Union de Paris applicables aux armoiries, aux drapeaux et aux emblèmes, sigles et dénominations des organisations internationales dont un ou plusieurs pays de l'Union sont membres, s'appliquent directement à l'organisation internationale de police criminelle INTERPOL. La marque « Inter Poles Informatique » devra de ce fait être annulée. • Paris, 17 déc. 1997 : *PIBD 1998. III. 170 ; JCP 1998. II. 10083, note Roujou de Boubée.* ♦ ... De même que la marque « Interpôles, l'agence des métiers ». • Rennes, 28 avr. 2015, n° 14/07716 : *PIBD 2015. III. 422 ; Propr. ind. 2015, n° 51, obs Tréfigny ; Propr. intell. 2015, n° 57, p. 433, obs. Canlorbe.*

2. Il résulte de l'art. 6 *ter* de la Convention d'Union de Paris que seul est prohibé l'usage de poinçons d'État destinés à garantir la teneur en métaux précieux des pièces sur lesquelles ils sont apposés, à l'exclusion des poinçons de maître qui ont vocation à identifier l'auteur de la pièce qui les porte. • TGI Marseille, 15 févr. 1989 : *PIBD 1990. III. 56.* ♦ Ne constitue pas un signe exclu par l'article 6 *ter* de la Convention de Paris la lettre C traversée de deux barres horizontales. Même si les barres horizontales sont effectivement utilisées dans le signe de la monnaie européenne, tel n'est pas le cas de la lettre C qui ne représente actuellement aucun emblème d'un État de l'Union ni aucun signe ou poinçon officiel. • TGI Paris, 4 déc. 2009 : *PIBD 2010. III. 213.*

3. Symboles olympiques. L'art. L. 141-5 C. sport dispose qu'il est interdit à quiconque de déposer à titre de marque, reproduire, imiter, apposer, supprimer ou modifier les emblèmes, devise, hymne, symbole et termes qu'il vise, à des fins autres que d'information ou de critique, sans l'autorisation du Comité national olympique et sportif français ; il instaure de ce fait pour les signes qu'il vise (emblèmes olympiques nationaux, symbole olympique, termes « jeux Olympiques » et « Olympiades ») un régime de protection autonome, distinct de celui dont bénéficient, en application de l'art. L. 713-5 CPI, les marques renommées ou notoirement connues • Com. 15 sept. 2009 : *Bull. civ. IV, n° 113 ; D. 2009. AJ 2341 ; CCE 2009, n° 99, note Caron ; Propr. intell. 2010, n° 35, p. 663, obs. Sabatier.* ♦ Mais le régime de l'art. L. 141-5 C. sport n'est pas sans lien avec le droit des marques : d'une part, les actes qu'il incrimine sont ceux énoncés à l'art. L. 716-10 CPI et, d'autre part, les pénalités auxquelles il renvoie sont celles prévues en répression de certains actes de contrefaçon de marques par l'art. L. 716-9 du même code. Le CNSOF ne peut donc affirmer que l'art. L. 141-5 C. sport instaurerait un régime de protection absolue des symboles olympiques, d'autant plus qu'il convient lui-même que l'utilisation de ceux-ci à des fins d'information et de critique est en dehors du champ des dispositions répressives. • Paris, 21 janv. 2011 : *Propr. intell. 2011, n° 39, p. 227, obs. Sabatier.* ♦ Sur la protection des symboles olympiques, V. aussi • Crim. 17 janv. 2017, n° 15-86.363 : *PIBD 2017. III. 178.*

II. SIGNES ILLICITES (ART. L. 711-3-B)

4. *Ordre public. Généralités.* L'appréciation de l'atteinte à l'ordre public est soumise au pouvoir souverain des juges du fond. • Com. 28 juin 1976 : *Bull. civ. IV, n° 217 ; JCP E 1978. II. 12605, obs. Burst.* ♦ Parmi ses diverses acceptions, l'ordre public vise à réguler des comportements portant atteinte à l'ordre social. A cet égard, ressortent de l'ordre public tant la préservation de l'État et de ses institutions, que le respect des lois pénales qui répriment l'atteinte à l'honneur et à la considération des personnes ainsi qu'à leur dignité, tout comme les comportements discriminants. • Paris, 26 févr. 2016, *Les Sans Dents : PIBD 2016. III. 286 ; Propr. intell. 2016. 353, obs. Canlorbe.* ♦ L'ordre public doit s'entendre des prescriptions impératives de la législation économique, en particulier de celles destinées à protéger le consommateur (en l'occurrence l'art. 44 de la loi sur la publicité du 27 déc. 1973). • Paris, 15 févr. 1990, *The principal financial group : GAPI, 1re éd., Dalloz, n° 7 ; PIBD 1990. III. 489.* ♦ La validité de la partie française d'une marque enregistrée internationalement doit être appréciée au regard de l'ordre public français et non de l'ordre public du pays d'origine. • Paris, 22 avr. 1986, *École de conduite française : Ann. propr. ind. 1987. 31.* ♦ Lorsque le signe choisi comme marque est contraire à l'ordre public, cette marque ne peut donner lieu à revendication mais seulement à annulation sur le fondement de l'art. L. 714-3. • Com. 16 déc. 2014, *Les Notaires 37*, n° 12-29.157 P : *D. 2015. 230, obs. Clavier, Martial-Braz et Zolynski ; CCE 2015, n° 11, obs. Caron ; Propr. ind. 2015, n° 22, obs. Tréfigny ; LEPI févr. 2015, p. 7, obs. Clavier ; PIBD 2015. III. 117.* ♦ ***Ont été jugées contraires à l'ordre public :*** la marque « Étains de Paris » déposée pour désigner des articles d'orfèvrerie en métaux autres que l'étain, un décret du 28 mai 1976 interdisant l'utilisation du mot « étain » pour tout objet ou alliage métallique ne contenant pas au moins une forte proportion d'étain. • Paris, 29 oct. 1979 : *Ann. propr. ind. 1980. 363.* ♦ ... La marque « École de conduite française », accompagnée d'un ruban tricolore, créant une confusion avec un service officiel. • Paris, 22 avr. 1986 : *préc.* ♦ ... L'appropriation par le droit des marques du slogan politique « Non à l'adhésion de la Turquie à l'Europe ». Elle constitue une atteinte à la liberté d'expression en faisant interdiction à tout citoyen, association, mouvement ou parti politique d'en faire usage. • Paris, 9 juin 2004 : *Propr. intell. 2004, n° 13, p. 956, obs. Buffet-Delmas.* ♦... L'adoption et l'usage comme marque du titre appartenant à une profession réglementée, sans en être titulaire. • Com. 16 avr. 2013, *Les Notaires 37 : Bull. civ. IV, n° 63 ; D. 2014. 326 ; ibid. Chron. 2552, obs. Le Bras ; ibid. 2014. Pan. 327 obs. Martial-Braz ; PIBD 2013. III. 1192 ; RTD com. 2013. 691, obs. Azéma* • 16 déc. 2014 : *D. 2015. 72 ; ibid. 230, obs. Clavier .* ♦ ... De même que l'adoption d'un signe entretenant un risque de confusion avec un organisme chargé d'une mission de service public. • TGI Paris, 27 sept. 2013, *CAF : PIBD 2013. III. 1649.* ♦ En revanche, il a été jugé que l'inclusion d'une cocarde tricolore comme élément figuratif d'une marque ne pourrait constituer un trouble manifestement illicite que si elle créait un risque de confusion avec un organisme officiel. En l'espèce, insérée dans la lettre capitale d'une des marques, dont elle épouse les formes, sa disposition apparaît suffisamment insolite pour échapper à ce risque. • Paris, 24 sept. 2015, *Les Républicains : PIBD 2015. III. 758.* ♦ Sur la protection des indications relatives aux services publics, V. les art. L. 731-1 s. CPI créés par l'art. 75 de la L. n° 2014-344 du 17 mars 2014 dite « Loi Hamon ».

5. *Bonnes mœurs.* N'est pas contraire aux bonnes mœurs le signe « Désir Sexe » pour désigner un site internet à caractère érotique. • Paris, 19 oct. 2005 : *CCE 2006, n° 5, obs. Caron ; Propr. ind. 2006, n° 6, obs. Tréfigny.* ♦ La marque « *Puta madre* » apposée de manière ostensible en gros caractères sur des vêtements largement diffusés, notamment auprès d'un public jeune et sportif, est contraire aux bonnes mœurs. Même si les termes constituant la marque sont en langue étrangère, leur traduction littérale, pour un public français, est évidente tant leur connotation est proche de ceux de la langue française ; le rapprochement des mots « mère » et « pute », vulgaire et injurieux, voire blasphématoire, contrevient à l'ensemble des règles imposées par la morale sociale, qui prône la valorisation et le respect de celle qui donne la vie. • Montpellier, 8 déc 2009, n° 08/07054. – Pourvoi rejeté par • Com. 29 mars 2011 : *PIBD 2011. III. 355 ;*

Propr. ind. 2011, n° 48, obs. Tréfigny-Goy ; Propr. intell. 2011, n° 40, p. 323, obs. Sabatier.

6. Réglementation viticole. L'ensemble de la réglementation viticole est, en bloc, d'ordre public, qu'il s'agisse de dispositions de droit interne ou de droit communautaire, ce dernier étant d'application directe en ce qui concerne les vins de table, les vins de pays, les appellations d'origine contrôlées et les vins délimités de qualité supérieure. • Paris, 27 nov. 1980 : *D. 1982. 314, note Denis ; JCP E 1982. II. 13821, note Plaisant* • 5 mai 1988 : *D. 1988. IR 158* • Com. 1er déc. 1987 : *Bull. civ. IV, n° 256* • 5 oct. 1983 : *ibid., n° 253.* ♦ Aucun texte légal ou réglementaire, national ou communautaire, n'impose de spécifier dans la marque l'origine du vin. • Com. 11 mars 2003 : *JCP E 2003. 950, note Escudier ; ibid. 1434, n° 3, obs. Boespflug, Greffe et Barthélemy ; PIBD 2003. III. 319 ; Propr. ind. 2003, n° 79, note Escudier.* ♦ Cassant • Bordeaux, 18 oct. 1999 : *D. 1999. AJ 92, obs. Poisson ; PIBD 2000. III. 346* (« Château Haut-Brion »).

7. Eau minérale. L'art. 4 du décret du 28 mars 1957 dispose que l'eau minérale de source doit être livrée au public telle qu'elle se présente à l'émergence ; la dénomination « Vals Fluor » destinée à désigner des boissons à base d'eau minérale de Vals auxquelles est ajouté du fluor est contraire à l'ordre public. • Paris, 24 mai 1982 : *Ann. propr. ind. 1982. 111.*

8. Stupéfiants et tabac. L'INPI doit être relaxé du délit de complicité de publicité en faveur du tabac. En effet, les dispositions de la loi du 10 janv. 1991 relative à la lutte contre le tabagisme interdisant toute publicité directe ou indirecte en faveur du tabac n'affectent pas dans son existence le droit de propriété d'une marque, mais sont susceptibles de l'affecter dans son exercice. Lors de l'enregistrement d'une marque, qui est un signe servant à désigner les produits ou les services et qui n'assure ses autres fonctions, notamment sa fonction de publicité, que dans la mesure où son titulaire l'exploite en ce sens, l'INPI n'a pas à prendre en considération l'usage susceptible d'en être fait par le titulaire de la marque. • Crim. 7 janv. 2014 : *D. 2014. 285 ; ibid. 2021, obs. Laude ; AJ pénal 2014. 303, obs. Lasserre Capdeville ; RSC 2014. 71, obs. Mascala ; RTD com. 2014. 437, obs. Bouloc ; PIBD 2014. III. 141.* ♦ La diffusion de produits sans rapport avec les stupéfiants sous la dénomination « Opium » ne peut à aucun titre être tenue pour une provocation à l'usage des stupéfiants ou une propagande en leur faveur et, par suite, une atteinte à l'ordre public. • Paris, 7 mai 1979 : *Ann. propr. ind. 1979. 306, obs. Chavanne.*

L'utilisation comme marque du signe « Cannabia » évoquant le cannabis pour désigner des produits de grande consommation (des bières) est contraire à l'ordre public : elle ne peut que véhiculer auprès du public l'idée selon laquelle est levé l'interdit qui s'attache à une substance légalement qualifiée de stupéfiant et avoir pour effet de la présenter sous un jour favorable. • Paris, 18 oct. 2000 : *D. 2002. Somm. 1131, obs. Durrande.* ♦ V. dans le même sens l'annulation de la marque complexe composée du terme « chanvrette » et de la représentation d'une feuille de chanvre pour désigner des boissons pétillantes à base de chanvre. • Rennes, 12 mars 2002 : *PIBD 2002. III. 247.* ♦ L'existence d'une marque déposée consistant dans un flacon de verre rappelant la forme d'un cigare destiné à contenir un parfum n'est pas en tant que telle contraire aux dispositions de la loi Évin qui ne prohibent que la propagande et la publicité de marques de tabac ou rappelant le tabac mais non l'existence des marques elles-mêmes. • Paris, 14 févr. 2003 : *JCP E 2003. 1434, n° 3, obs. Boespflug, Greffe et Barthélemy ; PIBD 2003. III. 325.*

9. Réglementation des appellations d'origine. Dès lors qu'il apparaît que deux appellations d'origine « Valle d'Aosta Jambon de Brosses » et « Vale d'Aosta Lard d'Anard » ont été enregistrées dans le cadre des dispositions du règlement (CE) du Conseil n° 2081/92 du 14 juillet 1992 relatif à la protection des indications géographiques et des appellations d'origine des produits agricoles et des denrées alimentaires, l'enregistrement d'une marque postérieure reprenant le terme Aoste pour des produits de charcuterie est illicite sans qu'il y ait lieu de rechercher le caractère trompeur qu'elle peut avoir pour le public. • Lyon, 10 mai 2007 : *D. 2007. Pan. 2837, obs. Durrande ; PIBD 2007. III. 482.* ♦ Sur l'appellation d'origine Aoste, V. aussi. • Com. 31 janv. 2006 : *V. cité note 17 ss. art. L. 711-4.* ♦ L'utilisation de l'appellation d'origine « Champagne » sous forme de traduction ou de translittération pour des produits similaires contrevient aux dispositions de l'art. L. 643-1 C. rur. et de l'art. 23 des accords ADPIC qui prévoient d'empêcher l'usage de l'indication d'origine même employée en traduction. L'enregistrement des marques ainsi composées doit donc être annulé en application de l'art. L. 711-3 qui prohibe l'adoption comme marque de signes dont l'utilisation est légalement interdite. • Paris, 25 avr. 2007 : *D. 2007. Pan. 2836, obs. Durrande ; PIBD 2007. III. 440.* ♦ V. dans le même sens : • Lyon, 28 juill. 2016, *Bergeron : PIBD 2016. III. 957.*

III. SIGNES TROMPEURS (ART. L. 711-3-C)

10. Généralités. L'appréciation du caractère déceptif d'une marque est laissée au pouvoir souverain des juges du fond. • Com. 3 mai 1983 : *Bull. civ. IV, n° 130.* ♦ C'est le signe en lui-même qui doit être trompeur au regard des produits ou services désignés dans le dépôt. L'appréciation de son caractère déceptif doit être faite par rapport à la perception qu'en a le public d'attention moyenne (le grand public, s'agissant de produits de consommation courante), en considération du risque d'erreur ou de confusion qu'il crée. • Paris, 12 avr. 2016, *Le petit Marseillais : PIBD 2016. III. 403.* ♦ Pour qu'une marque soit qualifiée de « déceptive » au sens de l'art. L. 711-3, il faut qu'elle soit de nature à créer un risque suffisamment grave de tromperie du consommateur, notamment sur la qualité des produits ou des services qu'elle désigne. • Paris, 8 oct. 2010, *Labell : PIBD 2010. III. 780 ; Propr. intell. 2011, n° 38, p. 113, obs. Sabatier.* ♦ ... Ou sur leur origine : • Paris, 4 avr. 2014, *Laguiole : PIBD 2014. III. 502.* ♦ Une marque peut aussi être déceptive lorsqu'elle est susceptible de tromper le consommateur sur la relation entre le signe qu'elle utilise et une œuvre relevant de la protection par le droit d'auteur ou un droit dérivé. • Com. 11 janv. 2017, n° 15-15.750, *Bébé Lilly : Dalloz IP/IT 2017. 280, obs. Daleau ; RTD com. 2017. 76, obs. Pollaud-Dulian ; PIBD 2017. III. 180 ; Propr. ind. 2017, n° 19, obs Tréfigny.* ♦ L'usage est impuissant à faire disparaître le vice de déceptivité affectant la marque. • Com. 8 déc. 1981 : *Bull. civ. IV, n° 429 ; Ann. propr. ind. 1982. 106* • 4 oct. 1983 : *Bull. civ. IV, n° 246* • 17 oct. 1984 : *Bull. civ. IV, n° 267* • Paris, 21 juin 1978 : *Ann. propr. ind. 1979. 211* • 17 sept. 1999 : *PIBD 2000. III. 17* (« Caviar Pétrossian »). ♦ La marque ayant pour fonction de garantir au consommateur ou à l'utilisateur final l'identité d'origine du produit qu'elle désigne, en lui permettant de distinguer sans confusion possible ce produit de ceux qui ont une autre provenance, tandis que l'étiquetage a pour objet de fournir à l'acheteur et au consommateur des informations sur les caractéristiques du produit concerné, la déceptivité d'une marque s'apprécie au regard des dispositions du CPI et non de celles des art. R. 112-1 et R. 112-7 du C. consom. • Com. 21 janv. 2014, *Confi'pure : PIBD 2014. III. 215 ; Propr. lintell. 2014, p. 188, obs. Canlorbe ; D. 2014. 273 ; RTD com. 2014. 360, obs. Azéma ; JCP E 2014. 1613, obs. Binctin.*

A. SIGNES SUGGÉRANT LA CAUTION D'UN ORGANISME OFFICIEL

11. Si l'emploi du mot « France » ne peut être prohibé de manière absolue, il doit l'être lorsque la marque est susceptible de laisser croire au public qu'elle émane d'un service officiel ou d'un service contrôlé ou habilité par les autorités publiques ou administratives compte tenu de l'ensemble nominal ou figuratif auquel s'intègre le mot « France » et des produits ou des services désignés par la marque. • Paris, 1er mars 2016, *Origine France Garantie : PIBD 2016. III. 419* • Paris, 15 mars 1988 : *D. 1988. IR 108 ; Ann. propr. ind. 1989. 110 ; PIBD 1988. III. 371.* ♦ L'appréciation doit se faire pour chaque espèce. • Paris, 25 févr. 1988 : *D. 1988. IR 95 ; Ann. propr. ind. 1989. 258 ; PIBD 1988. III. 311* • 11 oct. 1982 : *Ann. propr. ind. 1983. 59.* ♦ ... Les magistrats étant tenus de relever quelles circonstances particulières peuvent conduire le public à voir dans l'emploi du mot « France » la caution de l'autorité publique. • Com. 16 juin 1980 : *Bull. civ. IV, n° 255 ; RTD com. 1980. 335, obs. Chavanne et Azéma ; JCP E 1980. I. 9087.* – Et, sur renvoi : • Paris, 22 avr. 1981 : *Ann. propr. ind. 1981. 10.*

12. Si la marque « Eurotrain » ne constitue pas une indication propre à tromper le public... • Paris, 27 juin 1978 : *Ann. propr. ind. 1979. 165.* ♦ ... Les marques « Eurolivret », « Eurosouscripteur », « Eurocotation » ont un caractère déceptif, la Communauté européenne ayant vocation à intervenir dans les opérations financières. • Paris, 8 avr. 1993 : *PIBD 1993. III. 487.* ♦ Le terme « IP Label » risque d'amener le public à croire que le produit commercialisé possède des qualités spécifiques garanties par un organisme certificateur. • Paris, 27 juin 2003 : *PIBD 2003. III. 601.* ♦ Le signe HADOPI évoque pour un très large public une autorité de régulation. Déposé comme marque, il suggère dès lors au consommateur que les produits ou services portant cette marque relèvent ou émanent d'une manière quelconque d'un dispositif officiel, peu important que ce dernier ait été alors en voie de création. • Aix-en-Provence, 5 janv. 2011 : *PIBD 2011. III. 210.* ♦ Le signe « palais de l'Élysée » suggère la nature officielle des produits commercialisés. Il risque d'induire en erreur les consommateurs qui vont croire que les produits visés, de nature variée et donc destinés à un large public, sont commercialisés avec la caution officielle de la présidence de la République, ceci d'autant plus que la calligraphie du signe litigieux s'apparente aux documents à en-tête de la présidence de la République. • Aix-en-Provence, 3 juill. 2014 : *LPA 2014, n° 248, p. 16, obs. Mouron.* ♦ Sur l'utilisation d'un emblème olympique national, V. • Com. 15 sept. 2009 : *préc. note 3.* ♦ Sur l'utilisation du sigle « NF », sans aucun renvoi à l'AFNOR ni au graphisme correspondant à la partie figurative de la marque, V. • Com. 4 mai 2010 : *PIBD 2010. III. 437.* ♦ Rejet du pourvoi contre • Paris, 1er avr. 2009 : *PIBD 2009. III. 1093* ♦ V. notes ss. art. L. 713-6.

B. SIGNES SUGGÉRANT UNE CAUTION PHARMACEUTIQUE OU MÉDICALE

13. Si aucun texte n'institue de monopole sur le terme « Pharm », il n'en résulte pas moins qu'il apparaît pour le public comme désignant des produits relevant du monopole des pharmaciens ; l'utilisation de ce terme dans une marque désignant des produits qui ne relèvent pas du monopole des pharmaciens a un caractère déceptif. • Com. 17 oct. 1984 : *Bull. civ. IV, n° 267 ; RTD com. 1985. 515, obs. Chavanne et Azéma ; Ann. propr. ind. 1985. 17* • TGI Paris, 8 avr. 2009, *Le Comptoir du pharmacien : D. 2009. 2980, note Fouassier et Fallet.* ♦ ... Et il est inopérant que lesdits produits aient été conçus, fabriqués et mis en vente sous la garantie d'un laboratoire habilité à fabriquer et à vendre des produits pharmaceutiques. • Paris, 13 févr. 1984 : *Ann. propr. ind. 1984. 37 ; PIBD 1984. III. 91.* ♦ ... Ou que, pour des raisons commerciales, le titulaire de la marque ait décidé la vente exclusive en pharmacie, la qualité d'un produit ne dépendant pas de son lieu de vente. • Paris, 7 juill. 1982 : *Ann. propr. ind. 1982. 118.*

14. De la même manière, ont été considérées comme susceptibles de tromper le public sur la qualité du produit, les marques : « Dr Rasurel » dès lors qu'il n'est nullement établi que le produit, à l'origine mis au point avec la collaboration du docteur Rasurel, soit actuellement fabriqué sous contrôle médical ou scientifique. • Paris, 21 juin 1978 : *Ann. propr. ind. 1979. 211.* ♦ ... « Prilmed » pour désigner des substances à blanchir, l'utilisation du vocable « med » étant susceptible de faire croire au public à une fabrication sous contrôle médical de nature à prévenir tout danger. • Paris, 5 janv. 1995 : *PIBD 1995. III. 190.* ♦ ... « Les soupes de la forme », appliquée à des aliments classiques ne comportant aucun élément susceptible de stimuler la forme de celui qui les consomme. • Paris, 9 juin 1993 : *RTD com. 1993. 656, obs. Chavanne* ; *PIBD 1993. III. 625.* ♦ ... « Ma santé adore » appliquée à des produits alimentaires, le terme santé laissant croire au public qu'il s'agit de produits dont la consommation est susceptible de favoriser son état général et risquant d'emporter son choix sur des critères inexacts. • Paris, 19 déc. 2007 : *PIBD 2008. III. 195.*

C. SIGNES INDUISANT LE CONSOMMATEUR EN ERREUR

15. *Sur la nature du produit ou du service..* La marque « Règle Cras » pour des objets ne répondant pas aux caractéristiques de la règle de navigation mise au point par l'amiral Jean Cras. • Paris, 22 mars 1993 : *PIBD 1993. III. 456 ; Ann. propr. ind. 1993. 115.* ♦ ... « Évian fruité » pour des sirops de fruits ne contenant pas d'eau d'Évian. • Paris, 14 oct. 1981 : *Ann. propr. ind. 1982. 125.* – Et, sur pourvoi • Com. 17 janv. 1984 : *Bull. civ. IV, n° 19 ; Ann. propr. ind. 1984. 23.* ♦ ... « Caviar Pétrossian » pour des produits autres que du caviar. • Paris, 17 sept. 1999 : *PIBD 2000. III. 17.* ♦ ... La marque « Baron de Poyferré » pour des alcools mais aussi pour des vins est de nature à tromper le public en lui laissant croire à l'existence d'un lien avec le vin classé « Château Léoville Poyferré ». • Com. 13 nov. 2013 : *PIBD 2014. III. 11.* ♦ ... Et après renvoi • Paris, 6 févr. 2015 : *PIBD 2015. III. 243.* ♦ Et sur un nouveau pourvoi : • Com. 15 mars 2017, n° 15-19.513 : *PIBD 2017. III. 284.* ♦ Mais le signe « Platinium » appliqué à des produits de maroquinerie ne saurait constituer une indication propre à tromper un consommateur normalement informé et raisonnablement attentif qui, sauf à lui dénier toute capacité de réflexion et d'appréciation, est apte à considérer qu'un produit de maroquinerie ne peut se présenter sous la forme d'un produit en platine ou même que, compte tenu du caractère précieux de ce métal, les parties métalliques d'un tel produit soient réalisées en platine. • Paris, 19 janv. 2005 : *PIBD 2005. III. 238.* ♦ ... De même qu'une dénomination dont la signification n'est accessible qu'à un infime public d'initiés alors au surplus, qu'aucun élément ne permet de conclure que le nom patronymique inclus dans la marque se réfère à une personnalité du monde médical et d'en déduire que ces produits ou services bénéficieraient d'une quelconque caution scientifique. • Paris, 18 févr. 2009, *Bach flowers remedies : PIBD 2009. III. 1015.* ♦ Sur renvoi après cassation • Com. 20 mars 2007 : *PIBD 2007. III. 339 ; Dalloz IP/IT 2017.403, note Basire.*

16. *... Ou ses qualités.* Le slogan « Libre à vous de dépenser plus », s'il induit une idée de prix, ne signifie pas forcément que les services visés sont moins chers que ceux d'un concurrent. Il constitue une simple invite au consommateur à pratiquer une comparaison des prix et ne comporte pas de caractère déceptif. • Paris, 6 avr. 2007 : *PIBD 2007. III. 389.* – Pourvoi rejeté par • Com. 1er juill. 2008 : *PIBD 2008. III. 529 ; Propr. intell. 2009, n° 30, p. 96, obs. Sabatier.* ♦ En revanche, la marque « Premier sur le matin » pour désigner une émission de radio, qui n'est pas première en terme d'audience pour cette tranche horaire, est trompeuse. • Paris 9 oct. 2005 : *PIBD 2005. III. p. 735 ; Propr. ind. 2006, n° 3, note Tréfigny ; Propr. intell. 2006, n° 19, p. 217, obs. Buffet-Delmas.* – Pourvoi rejeté par • Com. 2 mai 2007 : *PIBD 2007. III. 480.*

17. *Sur l'origine géographique du produit.* 1° En créant un lien artificiel avec une localité dont le nom est associé à une activité culturelle particulière. • Paris, 17 déc. 2003, *Cirque de Monaco : Ann. propr. ind. 2004, p. 23.* ♦ ... Ou avec un pays. • Paris, 7 avr. 2010, *Morocco : PIBD 2010. III. 318 ; Propr. intell. 2010, n° 36, p. 879.* • Metz, 28 févr. 2012, *Soda France : PIBD 2012. III. 384.* ♦ En reprenant les couleurs du drapeau français (blanc pour le fond, bleu et rouge pour les lettres), la marque figurative « Top Viandes » est de nature à tromper le public sur la provenance géographique des produits en laissant croire à une origine française exclusive. • Toulouse, 2 févr. 2011 : *PIBD 2011. III. 257.* ♦ Sur renvoi après cassation • Com. 26 févr. 2008 : *PIBD 2009. III. 282.* ♦ De nouveau cassé par • Com. 20 mars 2012 : *V. note 7 supra ss. art. L. 711-2.* ♦

2° : En incorporant une appellation d'origine à laquelle le produit n'a pas droit. • Com. 9 nov. 1981, *Cru du Fort Médoc : JCP 1982. II. 19797, obs. G. Bonet ; Ann. propr. ind. 1982. 118* • Paris, 16 juin 1988, *Brazil : D. 1989. 282, note Gusmao ; PIBD 1988. III. 592* • Crim. 25 nov. 1970, *Vieux Cahors : JCP 1973. II. 17630, note de Lestang ; RIPIA 1973. 71. obs. Françon* • Com. 30 nov. 2004,

Bel' Morteau : Bull. civ. IV, n° 208 ; PIBD 2005. III. 116. • Lyon, 28 juill. 2016, *Bergeron : PIBD 2016. III. 957.* ♦ ... Ou susceptible d'être confondue avec une telle appellation. • Com. 3 mai 1983, *Ritzliger : Bull. civ. IV, n° 130 ; Ann. propr. ind. 1984. 22 ; D. 1983. IR 403* • Com. 1er déc. 1987, *Vicomte Bernard de Romanet : JCP 1988. II. 21081, note Agostini.* • Crim. 22 févr. 2011, *Enclave des Papes*, n° 10-80.721. ♦ En revanche, ne sont pas de nature à tromper le public sur l'origine du produit les marques faisant référence à la localité de « Laguiole » pour identifier des stylos ou des rasoirs dès lors qu'il est démontré que ce nom, devenu générique, ne sert plus à désigner un lieu mais un type de couteau de poche qui, au surplus, n'est pas fabriqué uniquement à Laguiole ou dans les communes environnantes, mais dans d'autres régions françaises. • Paris, 3 nov. 1999 : *Ann. propr. ind. 2000. 115.* ♦ Sur les signes géographiques devenus génériques, V. aussi • Orléans, 20 janv. 1926, *Camembert : Ann. propr. ind. 1927. 331, note Jacq ; Gaz. Pal. 1926. I. 595* • Paris, 19 mars 1929, *Moutarde de Dijon : Ann. propr. ind. 1930. 257* • Cass. 24 oct. 1928, *Nougat de Montélimar : D. 1928. 541 ; Ann. propr. ind. 1929. 113.* ♦ Pour qu'un signe soit de nature à tromper le public sur l'origine géographique du produit, il n'est pas nécessaire que le lieu dont le nom est ainsi repris soit connu pour fabriquer de tels produits, mais qu'il soit raisonnablement envisageable qu'un tel nom puisse désigner la provenance géographique du produit en tenant compte de la connaissance qu'a le public du nom géographique en cause ainsi que des caractéristiques du lieu désigné et de la catégorie de produits concernés. • Com. 20 nov. 2007, *Casa del Habano : RTD com. 2008. 540, obs. crit. Azéma ; CCE 2008, n° 4, note Caron ; PIBD 2008. III. 41.*

3° : En incluant la référence à un toponyme dont la production ne rentre que pour une faible part dans le vin exploité. Il résulte de l'arrêt (• CJCE 24 oct. 2002, n° C-81/01, *Borie Manoux : PIBD 2003. III. 316*) que la réglementation européenne ne s'oppose pas à l'utilisation d'une marque destinée à commercialiser du vin comportant une mention géographique susceptible de laisser supposer à tort que ladite mention fait l'objet d'une protection, sauf s'il existe un risque réel qu'une telle marque induise les consommateurs en erreur et par conséquent affecte leur comportement économique. Dès lors, le juge saisi ne doit pas se contenter de relever que la marque qui lui est soumise ne constitue pas une référence géographique dont l'usage est interdit par une loi nationale ou un texte communautaire ; il doit rechercher si cette marque est de nature à induire en erreur le consommateur et à affecter son comportement économique. • Com. 17 déc. 2003, *Les Cadets d'Aquitaine : Bull. civ. IV, n° 233 ; D. 2004. AJ 702 ; ibid. 2139, note Bahans et Menjucq ; PIBD 2004. III. 225.* ♦ Un signe désignant un vin sous le nom d'une exploitation ne peut être déposé comme marque que par une personne garantissant la récolte et la vinification en ce lieu. • Com. 30 mai 2007, *Domaine du Château des Barrigard : D. 2007. AJ 1736, obs. Daleau ; RTD com. 2009. 116, obs. Azéma ; CCE 2008, n° 4, note Caron ; Propr. ind. 2007, n° 63, note Tréfigny ; Propr. intell. 2008, n° 26, p. 147, obs. Buffet-Delmas.* ♦ Et sur renvoi • Paris, 12 juin 2009 : *PIBD 2009. III. 1317 ; Propr. intell. 2009, n° 33, p. 423, obs. Sabatier.* ♦ Une marque désignant du vin composée d'un toponyme est de nature à tromper le public sur l'origine du produit si les parcelles situées sur le lieu désigné ne représentent qu'un faible pourcentage du vignoble exploité et s'il n'est pas établi que la production de cette parcelle fait l'objet d'une vinification séparée. • Com. 12 févr. 2013, *Château le Grand Housteau : PIBD 2013. III. 1134.* ♦ Et après renvoi • Bordeaux, 30 juill. 2014 : *PIBD 2014. III. 761.* ♦ V. aussi • Bordeaux, 3 janv. 2011, *Domaine du Cheval Blanc : PIBD 2011. III. 253 ; Propr. ind. 2011, n° 63, note Escudier* • 2 déc. 2013, *Château Les Hommes Cheval Blanc : PIBD 2014. III. 64.*

18. L'action en nullité d'une marque fondée sur son caractère déceptif n'est ni une action en contrefaçon ni une action en revendication ; elle n'est pas soumise aux règles de prescription et de forclusion édictées aux art. L. 712-8 et L. 716-5 CPI. • Com. 13 oct. 2009, *Château Figeac : D. 2009. AJ 2550 ; PIBD 2009. III. 1502.* ♦ Et après renvoi • Bordeaux, 30 nov. 2012 : *PIBD 2013. III. 956* (cette action, introduite avant l'entrée en vigueur de la loi n° 2008-561 du 17 juin 2008 portant réforme de la prescription en matière civile est aux termes de l'art. 26-III de cette loi, soumise à la prescription trentenaire en vigueur au jour de l'introduction de l'instance). ♦ Le fait que le vice de déceptivité, dont une marque est entachée, ne puisse être purgé ni par l'usage ni par le temps n'est pas de nature à rendre imprescriptible l'action, par voie principale, en nullité de la marque fondée sur ce vice et n'a pas pour effet de suspendre le délai de prescription tant que la marque demeure inscrite au registre national des marques : • Com. 8 juin 2017, *Cheval Blanc*, n° 15-21.357 P : *D. 2017. 1635, note Pollaud-Dulian ; RJDA 2017, n° 676 et les obs. ; PIBD 2017. III. 571.* ♦ Rejet du pourvoi contre : • Bordeaux, 5 mai 2015, *Château Relais du Cheval Blanc : PIBD 2015. III. 455*, sur renvoi après • Com. 7 janv. 2014, n° 12-28.041 : *D. 2015. 230, obs. Clavier ; PIBD 2014. III. 229.* ♦ Sur la réforme des prescriptions en matière de marques, V. art. L. 712-6 et L. 716-5.

Art. L. 711-4 Ne peut être adopté comme marque un signe portant atteinte à des droits antérieurs, et notamment :

a) A une marque antérieure enregistrée ou notoirement connue au sens de l'article 6 *bis* de la convention de Paris pour la protection de la propriété industrielle ;
b) A une dénomination ou raison sociale, s'il existe un risque de confusion dans l'esprit du public ;
c) A un nom commercial ou à une enseigne connus sur l'ensemble du territoire national, s'il existe un risque de confusion dans l'esprit du public ;
d) A une appellation d'origine protégée *(L. n° 2014-344 du 17 mars 2014, art. 73)* **« ou à une indication géographique » ;**
e) Aux droits d'auteur ;
f) Aux droits résultant d'un dessin ou modèle protégé ;
g) Au droit de la personnalité d'un tiers, notamment à son nom patronymique, à son pseudonyme ou à son image ;
h) Au nom, à l'image ou à la renommée d'une collectivité territoriale. — *[L. n° 91-7 du 4 janv. 1991, art. 4.]*

Sur la protection du nom commercial, V. Convention d'Union de Paris, art. 8, App., v° Propriété industrielle, Dispositions générales.

BIBL. ▶ BONET, *D. 2001. Chron. 1298* (l'usage du nom d'autrui dans une marque : à propos de l'arrêt *Viagra* de la cour d'appel de Paris du 15 déc. 2000) ; *Propr. intell. 2004, n° 13, p. 853* (des cigarettes au parfum, l'irrésistible ascension de l'appellation d'origine champagne vers la protection absolue. Après l'arrêt de la Cour de cassation du 18 février 2004). – BORGES, *Propr. ind. 2016. Étude 20* (les conditions de coexistence d'une marque et d'une dénomination variétale). – CLAVIER, *Propr. ind. 2004. Chron. 13* (marques et droits des tiers. Vers un droit des « marques-médias »). – COLOMBET, *D. 1989. Chron. 191* (le nom et les propriétés incorporelles). – DAIZÉ, L'usurpation d'un signe de la personnalité à titre de marque. Contribution à l'étude des droits de la personnalité, *Litec – IRPI, n° 28, 2007*. – DURRANDE, *J.-Cl. Marques, fasc. 7110* (disponibilité du signe). – EYSETTE, *Gaz. Pal. 1997. Doctr. 1. 121* (internet et le droit des marques). – FABRE, *Expertises, janv. 2001, p. 30* (l'antériorité d'un nom de domaine sur une marque). – FOULON-PIGANIOL, *D. 1978. Chron. 159* (conflits entre marques de fabrique et autres signes distinctifs). – HONORAT, *Légicom 2010, n° 1, p. 91* (la marque face au nom de domaine). – LANCRENON, *Propr. ind. 2004. Chron. 21* (où l'on s'aperçoit de quelques menus effets de la notoriété d'un nom patronymique sur les signes distinctifs d'une entreprise). – LANGLES, *D. Affaires 1997. 981 ; RJ com., mars 1998, p. 81* (dépôt à titre de marque du mode de désignation d'un tiers) ; *D. Affaires 1997. 1020* (choix de son nom patronymique ou pseudonyme comme marque). – LE BIHAN et JULIEN-RAES, *Propr. intell. 2004, n° 18, p. 749* (étude sur un objet de propriété intellectuelle malmené : la dénomination sociale). – LE BLAYE, *Légicom 2010/1, p. 67* (nom géographique et marque). – LOISEAU, *Cah. dr. entr. 1998, n° 2, p. 19* (les contrats autorisant l'usage d'un nom) ; *D. 1999. Chron. 245* (nom de domaine et internet : turbulences autour d'un nouveau signe distinctif). – MARCHAIS, *Propr. intell. 2012, n° 43, p. 240* (Actualité jurisprudentielle française des marques viticoles). – PASSA, *Propr. intell. 2005, n° 14, p. 31* (titres et slogans : entre marque et droit d'auteur). – PÉROT-MOREL, *RTD com. 1971. 247* (l'opposabilité des antériorités en matière de marques). – REBOUL, *Mélanges Chavanne, Litec 1990, p. 283* (le nom commercial et la marque). – ROQUES, *Propr. ind. 2002. Chron. 5* (le nom de domaine : un nouveau signe distinctif inquiétant pour les titulaires de marque). – SCHMIDT-SZALEWSKI, *JCP E 1997. I. 703* (protection des noms géographiques en droit communautaire). – SINGH, *Propr. ind. 2003. Chron. 4* (l'exploitation effective du droit antérieur comme condition d'application de l'article L. 711-4 du code de la propriété intellectuelle). – LE TALLEC, *Mélanges Mathély, Litec 1990, p. 249* (la primauté des appellations d'origine contrôlées sur les marques). – TEILLIAIS, *LPA 25 déc. 1998* (utilisation d'un nom et d'un titre à usage commercial).

COMMENTAIRE

L'article L. 711-4 donne une liste de signes dont l'antériorité, à supposer qu'elle soit prouvée, permet d'empêcher l'enregistrement ou, plus fréquemment, de demander la nullité d'une marque identique ou similaire. Débutant par « notamment », elle n'est pas exhaustive, ce qui a permis à la jurisprudence de considérer comme des antériorités le sigle de la BNF (V. note 29) ou des noms de domaine (V. note 31).

A. DROITS ANTÉRIEURS GOUVERNÉS PAR LE PRINCIPE DE SPÉCIALITÉ

1° LA MARQUE

Constituent des antériorités les marques déjà enregistrées ou dont la demande d'enregistrement est antérieure à celle qui est combattue, et les marques « notoirement connues au sens de l'article 6 *bis* de la CUP ». Par dérogation au principe de l'appropriation de la marque par le dépôt suivi d'un enregistrement, cette disposition prévoit que sont protégées comme des marques enregistrées les marques « que l'autorité compétente du pays de l'enregistrement ou de l'usage estimera y être notoirement connues ». Pour l'application de cet article, on retient la définition « classique » de la notoriété : une marque notoire est une marque connue d'une très large fraction du public, ce qui conduit à distinguer la marque « notoire au sens de l'article 6 *bis* de la CUP » dont il est ici question, et la marque « jouissant d'une renommée » (V. art. L. 713-5).

Pour que l'antériorité soit constituée, le signe candidat à l'enregistrement doit « porter atteinte » à une marque antérieure. Cette condition est évidemment remplie lorsqu'il constitue la contrefaçon par reproduction ou par imitation de cette marque (dans ce dernier cas, de même que lorsque la reproduction du signe désigne des produits simplement similaires à ceux identifiés par la marque antérieure, outre la preuve du fait matériel – reproduction ou imitation –, le succès de l'action dépendra de la démonstration d'un « risque de confusion »). Mais, dans certains cas particuliers, notamment lorsque la marque candidate à l'enregistrement est destinée à désigner des produits comme le tabac ou des boissons alcoolisées, dont la publicité est sévèrement encadrée, la jurisprudence considère que l'atteinte à la marque antérieure est constituée par le fait que son titulaire ne peut plus exercer pleinement son droit de propriété sur son signe (V. note 2).

A la suite de questions préjudicielles posées par les juridictions nationales, la Cour de justice est intervenue pour définir les notions de signe identique, signe imitant, produits similaires et risque de confusion. S'agissant de notions communes à l'article L. 711-4 ici commenté et aux articles L. 713-2 et L. 713-3, nous renvoyons les lecteurs intéressés au commentaire de ces derniers articles.

2° LA DÉNOMINATION SOCIALE

Le droit sur une dénomination ou sur une raison sociale s'acquiert non par l'usage, mais par son adoption par la personne morale dans l'acte qui la constitue (en général dans ses statuts). Elle a vocation à être défendue dès son immatriculation au registre du commerce ; par voie de conséquence, lorsque la personne morale est une société en formation, non encore immatriculée, sa dénomination n'est pas opposable aux tiers et ne saurait constituer une antériorité. Bien souvent, le dépôt d'une marque identique à une dénomination sociale apparaît frauduleux, ce qui permet de le faire annuler sur le fondement des articles L. 712-1 et L. 712-6.

Une question est controversée : la dénomination sociale est-elle soumise au principe de spécialité ? Pour la doctrine classique et la jurisprudence dominante, la réponse est négative : la dénomination sociale doit être protégée contre toute usurpation, quel que soit le domaine dans lequel intervient son titulaire. Elle repose sur deux considérations principales : d'une part, l'analogie avec le nom patronymique et, d'autre, part le désir de ne pas freiner le développement d'une personne morale en la cantonnant dans un seul secteur d'activité. Cette analyse est actuellement remise en cause en raison du principe de la liberté du commerce et de l'industrie qui ne permet de réserver un signe à un opérateur économique que s'il présente pour lui une réelle utilité. Quoi qu'il en soit, pour la question qui nous intéresse ici, la dénomination sociale ne constituera une antériorité au dépôt d'une marque que dans le cas d'un risque de confusion, ce qui est une manière de prendre en compte la spécialité, et c'est dans ce sens que s'est prononcée la Cour de cassation (V. note 6). Pour apprécier le secteur économique de la dénomination sociale, les tribunaux se réfèrent au premier chef à l'objet social déclaré dans les statuts. Mais il peut arriver qu'une personne morale modifie son objet social sans modifier ses statuts ou encore définisse très largement son objet social au point qu'il englobe des activités n'ayant que peu de rapports entre elles ; dans ce cas, les tribunaux se réfèrent à l'activité effectivement exercée (V. note 6).

La CJUE a donné des indications précises sur l'appréciation du risque de confusion (V. le comm. ss. l'art. L. 713-2 et les notes de jurisprudence ss. les art. L. 713-2, L. 713-3 CPI et 5 de la Dir. 2008/95/CE du 21 déc. 1989) ; bien que ses décisions intéressent le conflit entre deux marques, leurs enseignements peuvent être étendus à toutes les hypothèses faisant intervenir cette notion.

3° LE NOM COMMERCIAL ET L'ENSEIGNE

Le droit sur le nom commercial et sur l'enseigne s'acquiert par le premier usage public. A partir de cette date, ces signes distinctifs ont une priorité d'usage sur une marque sans qu'il soit nécessaire de rapporter la preuve d'une publication au registre du commerce ou même que le déposant de la marque en a eu personnellement connaissance.

Aux termes du décret n° 84-406 du 30 mai 1984, l'opposabilité du nom commercial aux tiers est conditionnée par sa publication au registre du commerce. Les dispositions de ce texte étant directement contraires à l'article 8 de la CUP, la chambre commerciale a fait prévaloir la norme supérieure (V. note 9).

Outre la démonstration d'un risque de confusion, qui s'apprécie comme en matière de marque (V. le comm. ss. art. L. 713-2 et les notes de jurisprudence ss. les art. L. 713-2, L. 713-3 CPI et 5 de la Dir. 2008/95/CE, préc.), l'antériorité d'un nom commercial ou d'une enseigne est conditionnée par la preuve que le signe antérieur est connu sur l'ensemble du territoire. Il s'agit d'un critère distinct de la notoriété : la loi n'exige pas que le nom commercial ou l'enseigne soient connus du public, mais simplement que le titulaire du signe exerce son activité sur l'ensemble du territoire.

4° L'APPELLATION D'ORIGINE OU L'INDICATION GÉOGRAPHIQUE

Sur la définition des appellations d'origine, voir article L. 721-1 ; des indications géographiques, voir article L. 721-2 et article 5, § 2, du règlement (UE) n° 1151/2012 du 21 novembre 2012.

La réglementation sur les appellations d'origine (AO), de même que celle relative aux indications géographiques (IG), a un caractère d'ordre public, ce qui explique, d'une part, que ces signes constituent une antériorité au dépôt d'une marque – indépendamment du risque de confusion (V. art. L. 711-4, *d*) et, d'autre part, que les tribunaux puissent aussi, du fait de son caractère illicite, appréhender l'enregistrement d'une marque reprenant le signe géographique protégé sur le fondement de l'article L. 711-3 (V. art. L. 711-3, note 9).

L'une comme l'autre sont indisponibles : une appellation d'origine ou une indication géographique seule ne peut être déposée comme marque ni par un producteur étranger à la région qui en bénéficie ni par un producteur de cette région, fût-il à lui seul propriétaire de toute l'aire géographique couverte par l'AO (V. note 15). Mais elles ont aussi un caractère collectif : chacun des producteurs de la région bénéficiant de l'appellation d'origine ou de l'indication géographique peut, lors du dépôt d'une marque nominale ou figurative destinée à différencier sa production de celle des autres opérateurs bénéficiaires de cette appellation ou de cette indication géographique, indiquer, dans la liste des produits ou services, par exemple : vins bénéficiant de l'appellation d'origine « Champagne » ou, désormais, dentelles bénéficiant de l'indication géographique protégeant des produits industriels et artisanaux (IGPIA) « Calais ».

Étant généralement considérés comme des signes distinctifs, les signes géographiques (AOP, IGP ou IGPIA) sont en théorie gouvernés par le principe de spécialité. De ce fait, ils devraient être libres pour les commerçants diffusant des produits ou des services différents. Néanmoins, la jurisprudence considère que celui qui s'approprie, par un dépôt de marque, une appellation d'origine ou une indication géographique protégée – lesquelles sont, par leur nature même, toujours notoires – pour identifier des produits différents cherche à bénéficier du prestige attaché à cette appellation et se rend coupable d'agissements parasitaires (V. note 16).

Pour renforcer la protection des droits antérieurs et assurer leur attractivité, la directive (UE) 2015/2436 du 16 décembre 2015 (V. App., v° *Propriété industrielle, Marques*) a intégré aux motifs absolus de refus d'enregistrement de marques diverses interdictions figurant dans des textes extérieurs au droit des marques. Ainsi en est-il des mentions traditionnelles protégées pour les vins [art. 4, § 1 ss. *j*. – V. Règl. (CE) n° 479/2008 du 29 avr. 2008, art. 54 et 55], des appellations des spécialités traditionnelles garanties – STG – [art. 4, § 1, ss. *k*. – V. Règl. (CE) n° 509/2006 du 20 mars 2006, art. 17] et des dénominations des variétés végétales antérieures [art. 4, § 1, ss. *l*. – V. Règl. (CE) n° 2100/94 du 27 juill. 1994, art. 18, § 3).

Mais la directive de 2015 (V. art. 4, § 3, ss. *a*) ouvre aussi la possibilité à un État membre de refuser d'enregistrer ou d'invalider une marque dont l'usage est interdit sur son territoire en vertu de dispositions légales autres que le droit des marques.

B. DROITS ANTÉRIEURS ABSOLUS

1° LES DROITS D'AUTEUR

Le principe de « l'unité de l'art » emporte comme conséquence que, en droit français, les dessins et modèles bénéficient d'un cumul de protection entre le droit d'auteur (V. art. L. 111-1 s.) et le droit spécial des dessins et modèles (V. art. L. 511-1 s.), ce qui permet au créateur ou à son cessionnaire d'invoquer à son choix, selon son intérêt, l'une ou l'autre de ces dispositions. La distinction entre les deux droits, calquée sur l'article 4, § 4, sous *c)* de la directive 89/104/CEE, codifiée par la Dir. 2008/95/CE est donc sans portée.

Le droit d'auteur investit l'auteur de prérogatives patrimoniales qui lui permettent de tirer des revenus de l'exploitation de son œuvre et de prérogatives morales qui servent à en contrôler l'usage. Toute exploitation appelle le consentement de l'auteur (ou de ses ayants droit) et l'exploitation non autorisée est une contrefaçon. Or la reprise comme marque d'une création protégée est considérée comme appelant au plus fort l'autorisation de l'auteur du fait qu'elle donne à l'œuvre une destination commerciale étrangère à sa nature : celle de servir d'emblème à un produit ou à un service. C'est la raison pour laquelle les tribunaux ont fréquemment l'occasion d'annuler les marques qui reprennent sans l'autorisation de l'auteur le titre d'un ouvrage, le nom d'un personnage ou un dessin, à condition toutefois que la création en cause soit effectivement protégée par le droit d'auteur (qu'elle soit originale) et qu'elle soit antérieure au dépôt de la marque. Le fait que la durée du droit d'auteur soit limitée à 70 ans après le décès de l'auteur est ici sans incidence. Les tribunaux considèrent en effet que la commercialisation d'une œuvre sans autorisation est une atteinte au droit moral (droit au respect), lequel est perpétuel : il peut ainsi être exercé par les héritiers de l'auteur (ou à défaut par les organismes habilités par l'art. L. 121-3 CPI) sans limitation de durée.

2° LES DROITS DE LA PERSONNALITÉ

Dans cette matière, les problèmes se concentrent autour du droit au nom (nom patronymique, prénom, pseudonyme ou titre nobiliaire).

Le nom patronymique a une nature mixte : à la fois institution de police et objet de droit pour son titulaire. Si le nom patronymique est insusceptible de conventions dans sa fonction de police (identification des personnes physiques), la jurisprudence a très tôt admis que le titulaire d'un nom puisse passer des conventions lui permettant de tirer profit de son utilisation commerciale. Dès lors, la commercialisation d'un nom patronymique ne saurait, à elle seule, constituer une faute ; pour l'interdire, son titulaire doit démontrer l'existence d'une confusion à laquelle il a intérêt à mettre fin.

Pendant longtemps, les tribunaux ont estimé que l'existence d'une confusion supposait la reprise du nom à l'identique mais la cour d'appel de Paris a jugé (V. note 24) qu'il ne s'agissait pas d'une condition de recevabilité de l'action, laquelle peut néanmoins prospérer si le titulaire du nom démontre que la confusion existe malgré cette absence d'identité.

La nécessité d'établir un risque de confusion emporte comme conséquence qu'en pratique, seule la reprise des noms célèbres ou rares entraînera la nullité de la marque ; pour les autres, plusieurs familles ou même plusieurs communes portant le nom litigieux, la confusion est dans la nature des choses et la circonstance que le nom soit repris dans une marque ne saurait l'aggraver. En outre, lorsque le nom patronymique est un nom célèbre ou rare, son adoption comme marque dénote le plus souvent une volonté parasitaire du déposant ; dans le cas contraire, le soupçon se déplace sur le titulaire du nom, suspect de vouloir profiter de la coïncidence parfois fortuite entre une marque et son patronyme.

Les principes dégagés pour le nom patronymique s'appliquent à la reprise comme marque des accessoires du nom : armoiries, devises, prénoms et pseudonymes. Mais, le nombre limité des prénoms et le fait qu'ils ne remplissent leur fonction d'identification qu'accolés au nom de famille emportent comme conséquence que seuls les prénoms rares, identifiés à une personne physique constitueront une antériorité. Le pseudonyme n'étant pas attribué à la naissance mais résultant d'un choix délibéré de son titulaire, celui-ci devra démontrer, outre le risque de confusion, que son pseudonyme s'était constitué avant le dépôt de la marque, ce qui suppose, non seulement qu'il l'ait choisi, mais encore qu'il ait été reconnu par les tiers dans le milieu où il évolue (ce qui diffère de la notoriété) (V. note 26).

En revanche, sauf circonstances de fait exceptionnelles (V. note 27), les règles de dévolution successorale spéciale appliquées au titre nobiliaire qui imposent qu'il soit transmis tel qu'il a été créé, c'est-à-dire ayant conservé intact son caractère honorifique, font obstacle à toute utilisation commerciale du titre et rendent sa reprise comme marque fautive que son porteur y ait ou non consenti.

3° LE NOM, L'IMAGE OU LA RENOMMÉE D'UNE COLLECTIVITÉ TERRITORIALE

Le choix comme marque du nom d'une collectivité territoriale ne constituera une antériorité que s'il est fautif. Les collectivités territoriales (communes, départements, régions) ont un nom et une réputation qu'il convient de protéger contre les initiatives des tiers qui, en reprenant leur nom dans une marque, pourraient les empêcher de tirer profit de la commercialisation de leur nom (préjudice économique), ou nuire à leur prestige ou à leur réputation en associant ce nom à des produits de nature ou de qualité douteuses (préjudice moral). En réaction aux différentes affaires *Laguiole* (V. note 28), la loi n° 2014-344 du 17 mars 2014, dite « loi Hamon », a créé, au bénéfice des collectivités territoriales, un droit dit « d'alerte » (V. art. L. 712-2-1) et a surtout étendu à leur profit la procédure d'opposition qui, auparavant, ne bénéficiait qu'aux antériorités constituées par une marque (V. art. L. 712-4).

C. SANCTIONS DES ANTÉRIORITÉS

Lors du dépôt d'une marque, l'INPI ne vérifie pas si le signe est disponible ; l'action est laissée à la diligence du titulaire d'une antériorité. Toutefois, lorsque la marque reprend une appellation d'origine, la jurisprudence récente considère que son dépôt est illicite, les textes régissant les appellations d'origine interdisant le dépôt d'une marque, ce qui permet à l'INPI de le rejeter (V. ss. art. L. 711-3). Cette solution sera sans doute étendue à toutes les indications géographiques.

Si l'antériorité est constituée par une marque ou, désormais, par le nom d'une collectivité territoriale, son titulaire peut bénéficier de la procédure d'opposition (V. art. L. 712-4). S'il a laissé passer les délais ou encore si son action n'a pas abouti, il pourra toujours intenter une action en nullité après l'enregistrement de la marque litigieuse.

La procédure d'opposition étant réservée aux titulaires de marque et aux collectivités territoriales (V. art. L. 712-4), les titulaires d'autres antériorités ne peuvent intenter qu'une action en nullité. Il s'agit d'une nullité relative : l'action est donc réservée au titulaire du droit protégé (ici l'antériorité) et elle se prescrit par cinq ans (V. art. L. 714-3). ❑

A. GÉNÉRALITÉS

1. Seul le titulaire d'un droit privatif antérieur peut l'opposer au déposant. • Com. 16 nov. 1981 : *Bull. civ. IV, n° 395.* ♦ ... A l'exclusion du contrefacteur. • Com. 4 juill. 1966 : *Ann. propr. ind. 1966. 215* • Paris, 26 nov. 1975 : *Ann. propr. ind. 1976. 174* • 14 janv. 1998 : *PIBD 1998. III. 252.* ♦ ... Et à condition de rapporter la preuve du droit en cause. • Rouen, 20 janv. 1994 : *PIBD 1994. III. 239.* ♦ Il résulte de la combinaison de l'art. L. 711-4 et de l'art. L. 714-3 que toute demande fondée sur l'art. L. 711-4, en ce qu'elle tend à obtenir la nullité de la marque, doit être dirigée à l'encontre du titulaire de la marque en cause et non de la personne morale qui l'exploite. • Paris, 20 janv. 2006, *Rieux : PIBD 2006. III. 289.* ♦ Le seul usage d'un terme dans la vie commerciale et publicitaire n'est pas de nature à invalider l'enregistrement postérieur d'un signe voisin à titre de marque. • Paris 19 juin 2009, *Cell Boost : Propr. intell. 2009, n° 33, p. 416, obs. Sabatier.*

B. MARQUE ANTÉRIEURE (ART. L. 711-4-A)

2. Afin de bénéficier de la protection instaurée par l'art. L. 711-4 interprété à la lumière de l'art. 4 de la Dir., le titulaire de la marque antérieure ne saurait être obligé d'attendre la réalisation effective d'une atteinte à sa marque pour pouvoir faire interdire l'usage d'une marque postérieure. Dès lors, il n'est pas tenu de démontrer l'existence d'une atteinte effective et actuelle mais qu'une telle atteinte est prévisible. Dans cette perspective, il doit établir l'existence d'éléments permettant de conclure à un risque sérieux qu'une telle atteinte se produise dans le futur. • Versailles, 1er déc. 2016, *Free : PIBD. III. 130.* ♦ Doit être considéré comme portant atteinte à des droits antérieurs le dépôt d'un signe constituant la contrefaçon de la marque antérieure : • Paris, 16 oct. 2013, *Le marché Biron : PIBD 2013. III. 1638 ; Propr. intell. 2014, n° 50, p. 98, obs. Sabatier* • Com. 19 déc. 2006, *Sobieski : Bull. civ. IV, n° 266 ; D. 2007. AJ 317, obs. Daleau ; CCE 2007, n° 36, note Caron ; PIBD 2007. III. 160.* • Paris, 26 oct. 2011, *Dyptique : RTD com. 2012. 99, obs. Azéma ; D. 2012. Pan. 1364, obs. Durrande ; PIBD 2012. III. 29.* • TGI Paris, 27 juin 2013, *Manitou : PIBD 2013. III. 1565.* ♦ L'existence d'une marque qui n'aurait pas fait l'objet d'un usage sérieux depuis un délai ininterrompu de cinq ans ne peut fonder la nullité d'une marque enregistrée postérieurement. • Com. 18 mai 2010, *Next : PIBD 2010. III. 485 ; Propr. ind. 2010, Comm. n° 30, note Tréfigny-Goy.*

3. Marque notoirement connue. Celui qui invoque l'article 6 de la CUP pour s'opposer au dépôt d'une marque identique à la sienne bien qu'il n'ait pas lui-même satisfait aux formalités de dépôt, doit établir qu'il a utilisé ce signe de manière publique, non équivoque, non précaire et continue ce qui n'est pas le cas lorsque le signe en cause (le slogan « Allez les Bleus ») fait partie du patrimoine populaire et sportif français. • Paris, 12 nov. 2003 : *PIBD 2004. III. 102.* – Pourvoi rejeté par • Com. 17 janv. 2006 : *D. 2006. AJ 444, obs. Daleau*. L'usage des « enveloppes Soleau » n'étant pas propre à l'INPI, ce dernier ne peut pas se prévaloir d'une atteinte à ses droits antérieurs. • Paris, 11 févr. 2011 : *PIBD 2011. III. 274.* – Pourvoi rejeté par • Com. 23 oct. 2012 : *D. 2014. Pan. 328, obs. Martial-Braz ; PIBD 2012. III. 783 ; Propr. ind. 2012 n° 86, obs. Tréfigny ; Propr. intell. 2013, n° 46, p. 97, obs. Sabatier.*

C. DÉNOMINATION SOCIALE (ART. L. 711-4-B)

4. Constitue une antériorité entraînant la nullité d'une marque déposée l'existence d'une dénomination sociale identique. • Com. 19 févr. 1988 : *Bull. civ. IV, n° 41.* ♦ L'antériorité existe dès l'immatriculation de la société au registre du commerce. • Paris, 16 janv. 1995, *Baby Cool : PIBD 1995. III. 191 ; Ann. propr. ind. 1995. 189* • Com. 19 nov. 2002, *Casa*, n° 00-18.130 : *PIBD 2003. III. 100 ; Ann. propr. ind. 2003. 94 ; Propr. intell. 2004, n° 11, p. 681, obs. Passa.* ♦ ... Sans qu'il soit nécessaire de démontrer la notoriété de la dénomination sociale en cause. • Paris, 18 avr. 1989 : *PIBD 1989. III. 627* • 7 juin 1990, *Artisans du Monde : PIBD 1990. III. 713* • Com. 19 nov. 2002, *Casa : préc.* ♦ ... Ou encore son rayonnement national. • Paris, 9 févr. 2001, *Gessimmo : PIBD 2001. III. 371.* – Pourvoi rejeté par • Com. 11 févr. 2003, n° 01-10.274 : *PIBD 2003. III. 210.*

5. La reprise de l'élément attractif d'une dénomination sociale dans une marque constitue une antériorité s'il existe un risque de confusion dans l'esprit du public. • Paris, 25 nov. 1998 : *PIBD 1999. III. 226.* • Com. 19 nov. 2002, *Casa : préc. note 4.* ♦ ... Eu égard à l'objet social déclaré par la personne morale dans ses statuts. • Paris, 9 févr. 2001, *Gesimmo : préc. note 4* • Versailles, 25 oct. 2001, *Flexibles : PIBD 2002. III. 139.* – Pourvoi rejeté par : • Com. 13 nov. 2003, n° 01-17.938 : *PIBD 2004. III.155.* ♦ Mais, la dénomination sociale ne bénéficiant d'une protection que pour l'activité réellement exercée, il convient aussi de s'attacher à cette dernière. • Com. 10 juill. 2012, *Cœur de Princesse*, n° 08-12.010 P : *D. 2012. AJ 1955 ; ibid. 2014. Pan. 330, obs. Zolynski ; Rev. sociétés 2013. 49, obs. Pollaud-Dulian ; RTD com. 2013. 73, obs. Azéma ; PIBD 2012. III. 576* • Paris, 21 juin 1990 : *PIBD 1990. III. 718.* • 24 nov. 1999, *LG Électronique : PIBD 2000. III. 136.* ♦ Cassé sur un autre point de droit par : • Com. 6 mai 2003, n° 00-11.571 : *PIBD 2003. III. 415.* ♦ ... Et d'examiner les produits ou services désignés par la marque postérieure. • Com. 22 févr. 2005, *Eurodirect*, n° 03-14.668 : *D. 2005. 885, obs. Manara ; PIBD 2005. III. 310 ; Propr. ind. 2005, n° 69, note Schmidt-Szalewski.* ♦ Si la marque a été déposée pour plusieurs produits ou services de nature différente, son annulation aura un caractère distributif et n'interviendra que pour ceux pour lesquels aura été constaté un risque de confusion avec l'activité de la personne morale. • Paris, 28 janv. 2000 : *D. 2001. Somm. 470, obs. Durrande*.

6. Insertion d'un nom patronymique dans la dénomination sociale. Du seul fait de son choix comme dénomination sociale et de son insertion dans les statuts, le nom patronymique est devenu un signe distinctif qui s'est détaché de la personne physique qui le porte pour s'appliquer à la personne morale qu'il distingue et devenir ainsi objet de propriété. • Com. 12 mars 1985, *Bordas : JCP 1985. II. 20400, concl. Montanier et note Bonet ; D. 1985. 471, note Ghestin ; Rev. sociétés 1985. 607, note Parléani.* • Paris, 17 mai 2016, *Naudet : PIBD 2016. III. 713.* ♦ De ce fait, l'incorporation dans une dénomination sociale du nom patronymique du dirigeant de la personne morale rend celui-ci indisponible pour constituer une marque. • Paris, 13 janv. 1993 : *D. 1994. Somm. 55, obs. Burst*. – Pourvoi rejeté par • Com. 13 juin 1995, n° 93-14.785 : *RIPIA 1996. 182.* ♦ Le consentement donné par un associé fondateur, dont le nom est notoirement connu, à l'insertion de son patronyme dans la dénomination sociale de la société ne saurait, sans accord de sa part et en l'absence de renonciation à ses droits patrimoniaux, autoriser cette société à déposer son nom à titre de marque pour désigner les mêmes produits ou services. • Com. 6 mai 2003, *Ducasse*, n° 00-18.192 P : *R., p. 425 ; D. 2003. 2228, note Loiseau ; ibid. Somm. 2629, obs. Durrande ; ibid. AJ 1565, obs. Daleau ; Rev. sociétés 2003. 548, obs. Parléani ; RTD com. 2004. 90, obs. Azéma ; Ann. propr. ind. 2003. 225 ; CCE 2003, n° 70, note Caron ; JCP E 2003. II. 10169, note Tricoire ; ibid. 1434, n° 5, obs. Boespflug, Greffe et Barthélemy ; Légipresse 2003. III. 156 ; PIBD 2003. III. 366 ; Propr. intell. 2003, n° 9, p. 437, obs. Buffet-Delmas.* • Paris, 17 mai 2016, *Naudet : préc.* ♦ Précisant que le nom patronymique du fondateur doit être notoirement connu sur l'ensemble du territoire national : • Com. 24 juin 2008, *André Beau*, n° 07-10.756 P : *D. 2008. 2569, note Mendoza-Caminade ; ibid. AJ 1993 ; RTD com. 2009. 116, obs. Azéma ; CCE 2008, n° 133, note Caron ; JCP E 2008. 2466, note Maetz ; PIBD 2008. III. 499 ; Dr. sociétés 2009, n° 23, obs. Coquelet.* ♦ ... avant son insertion dans la dénomination sociale. • Paris, 17 mai 2016, *Naudet : préc.*

7. La protection accordée à une dénomination sociale est plus étendue que celle du nom commercial. La dénomination sociale individualise une personne morale dans l'ensemble de son existence et de ses activités comme le nom patronymique individualise la personne physique ; il s'ensuit que l'usurpation de la dénomination sociale peut causer un préjudice indépendamment de toute perte de clientèle. • Paris, 13 juin 1991 : *RTD com. 1991. 591, obs. Chavanne* • 5 janv. 1994 : *Ann. propr. ind. 1994. 152.* – Pourvoi rejeté par : • Com. 21 mai 1996 : *PIBD 1996. III. 462 ; RDPI 1996, n° 68, p. 54* • Paris, 25 nov. 1998 : *préc. note 5.*

D. NOM COMMERCIAL ET ENSEIGNE (ART. L. 711-4-C)

8. Notion. Ne constitue pas un nom commercial un signe utilisé par une société pour commercialiser un de ses services. • Paris, 9 sept. 2014, *Primo : PIBD 2014. III. 769 ; Propr. ind. 2014, n° 78, obs. Tréfigny ; Prop. intell. 2015, n° 25, p. 79, obs. Bouvel.* ♦ ... Ni, faute de permanence, l'expression utilisée pour identifier une manifestation se déroulant périodiquement dans les locaux d'un grand magasin ; il s'agit d'une marque d'usage qui, en l'espèce, ne peut être protégée faute de notoriété, et ne saurait être opposée à un dépôt de marque. • Paris, 12 sept. 1990 : *PIBD 1991. III. 85* • 3 déc. 2003 : *PIBD 2004. III. 226.*

9. Opposabilité. Le droit tant sur le nom commercial que sur l'enseigne s'acquiert par le premier usage public ; à partir de cette date il constitue une priorité d'usage sur une marque enregistrée postérieurement. • Com. 3 juill. 2001, *Château de la Noblesse : PIBD 2001. III. 627.* ♦ ... Sans qu'il soit nécessaire de faire la preuve d'une publication au registre du commerce. • Com. 29 juin 1999, *Éléphant bleu : PIBD 1999. III. 419 ; JCP E 1999. 1514 ; Ann. propr. ind. 2000. 45.* ♦ Dès lors, un nom commercial n'ayant fait l'objet d'aucun usage public avant le dépôt d'une marque ne saurait bénéficier d'une antériorité. • Com. 17 juin 1984 : *Bull. civ. IV, n° 239* • Paris, 2 oct. 1991 : *PIBD 1992. III. 72.* ♦ L'usage public s'entend d'un usage sur le territoire français. • Com. 17 juin 1984 : *préc.* • Paris, 2 oct. 1991 : *préc.* • Com. 29 juin 1993 : *RJDA 1993, n° 1100.* ♦ Remplit cette condition le commerçant étranger, dont le nom commercial bénéficie de l'antériorité dans les mêmes conditions que les noms commerciaux français en vertu de l'art. 8 de la CUP. • Paris, 13 févr. 1998 : *PIBD 1998. III. 278.* ♦ ... Qui utilise son nom commercial pour participer à des salons professionnels en France et pour y commercialiser ses produits. • Paris, 27 nov. 1980 : *Ann. propr. ind. 1981. 74.* ♦ ... Ou pour adresser de la correspondance et des factures à des commerçants français. • Com. 29 juin 1993 : *préc.*

10. Rayonnement national. Nom commercial. Pour pouvoir bénéficier d'une antériorité le nom commercial doit être connu sur l'ensemble du territoire. • Paris, 26 févr. 1997, *Eurofonte : PIBD 1997. III. 365.* ♦ Cette connaissance doit être établie à la date du dépôt de la marque. • Même arrêt • Com. 29 juin 1999 : *Ann. propr. ind. 2000. 45 ; JCP 1999. I. 1514 ; PIBD 1999. III. 419.* ♦ Il s'agit d'un critère géographique qui implique simplement une large diffusion sur le territoire et qui se distingue de la notoriété en n'exigeant pas que le nom soit connu d'un large public. • Paris, 15 oct. 1997 : *préc.*

11. Rayonnement national. Enseigne. Une enseigne a un rayonnement national lorsqu'une publicité en faveur de cette enseigne a été diffusée sur tout le territoire. • Com. 13 déc. 1988, *La Centrale des croisières : PIBD 1989. III. 259.*

12. Risque de confusion. Si un nom commercial ou une enseigne peuvent constituer une antériorité c'est à la condition que les signes en cause produisent sur le public la même impression d'ensemble susceptible de déboucher sur une confusion. • Paris, 10 sept. 1992 : *PIBD 1993. III. 20.* ♦ ... Et que les deux commerçants exercent des activités très proches, voire en partie identiques, par ex : un restaurant et un cabaret. • Com. 29 juin 1999, *Éléphant bleu : préc. note 9.* ♦ ... La fonte de métaux et la création de bijoux. • Paris, 26 févr. 1997, *Eurofonte : préc. note 10.*

13. Le dépôt d'une marque identique à une dénomination sociale, à un nom commercial ou à une enseigne porte atteinte aux droits antérieurs d'une société sur ses éléments d'identification quand bien même le déposant aurait, avant même la société, fait usage de ce signe à titre de nom commercial ou d'enseigne, cette circonstance ne lui conférant aucune priorité quant à un dépôt en tant que marque. • Com. 20 févr. 2007, *Mathez : PIBD 2007. III. 306.*

14. Nom commercial notoire. Le nom commercial est gouverné par le principe de spécialité ; dès lors, un nom commercial même notoire ne saurait être approprié dans tous les secteurs de la vie économique et il convient pour s'opposer à sa reprise comme marque dans un autre secteur de démontrer l'abus de droit. • Com. 27 mai 1986, *Ritz : Bull. civ. IV, n° 106 ; D. 1986. 526, note Durrande.*

E. APPELLATION D'ORIGINE PROTÉGÉE (ART. L. 711-4-D)

15. Encourt la nullité la marque identique à une appellation d'origine quand bien même celle-ci n'aurait été attribuée que postérieurement au dépôt de marque. • Com. 1er déc. 1987, *Romanée-Conti : Bull. civ. IV, n° 256 ; JCP 1988. II. 21080, note Agostini.* ♦ ... Ou que, la marque n'ayant pas été renouvelée à temps, une nouvelle appellation d'origine a été créée pendant le délai où la marque est restée sans protection. • Bordeaux, 24 nov. 2008 : *PIBD 2009. III. 787.*

16. L'adoption du nom de « Champagne » pour un nouveau parfum de luxe, le choix d'une présentation rappelant le bouchon caractéristique des bouteilles de ce vin et l'utilisation, dans des arguments promotionnels de l'image et des sensations qu'il évoque dénotent l'intention de créer un effet attractif emprunté au prestige de cette appellation ; ce procédé est constitutif d'agissements parasitaires consistant à détourner la notoriété dont seuls peuvent se prévaloir les négociants en Champagne. • Paris, 15 déc. 1993 : *GAPI, 1re éd., Dalloz, n° 27 ; D. 1994. 145, note le Tourneau ; RTD com. 1994. 269, obs. Chavanne ; PIBD 1994. III. 92 ; JCP 1994. II. 22229, note Pollaud-Dulian.* ♦ Dans le même sens, sur l'utilisation du terme « Champagne » pour une marque de cigarettes, V. • TGI Paris, 5 mars 1984 : *Ann. propr. ind. 1985. 161 ; RIPIA 1984. 40 ; Ann. propr. ind. 1985. 161.* ♦ ... Et, de nouveau, pour un parfum, • Com. 18 févr. 2004 : *PIBD 2004. III. 331 ; Propr. intell. 2004, n° 13, p. 853, obs. Bonet.*

17. Les tiers commercialisant des produits identiques ne bénéficiant pas de l'appellation d'origine ont l'interdiction absolue de la faire figurer dans une marque. • Com. 9 nov. 1981, *Fort Médoc : JCP 1982. II. 19797, note Bonet* • Crim. 25 nov. 1970, *Vieux Cahors : JCP 1973. II. 17360, note de Lestang ; RDPI 1973, p. 71, obs. Françon.* ♦ ... Indépendamment de l'existence d'un risque de confusion et quand bien même la marque ne contiendrait qu'une évocation de l'appellation d'origine. • Com. 31 janv. 2006, *Aoste : D. 2006. AJ 581, obs. Daleau ; ibid. Pan. 2324, obs. Durrande ; Propr. ind. 2006, n° 32, note Tréfigny.* ♦ Mais, dans une affaire ayant trait à la marque « Champomy » enregistrée pour désigner un jus de pomme gazéifié destiné aux enfants, la chambre commerciale a considéré que le signe en cause, du fait que son titulaire « avait fait émerger un univers propre autour de son produit », n'était plus susceptible, de ce fait, « de constituer un quelconque risque de détournement ni même d'affaiblissement de la notoriété attachée aux vins de Champagne ». • Com. 7 juill. 2009 : *PIBD 2009. III. 1430 ; Propr. intell. 2010, n° 35, p. 663, obs. Sabatier.* ♦ Rejet du pourvoi contre • Paris, 7 nov. 2007 : *D. 2010. Pan. 854, obs. Durrande ; RTD com. 2008. 540, obs. Azéma ; PIBD 2007. III. 79.* ♦ Sur l'utilisation, pour désigner un jus de raisin pétillant, d'un terme présentant des similitudes visuelles, phonétiques et intellectuelles avec le vin de Champagne, V. • TGI Paris, 6 janv. 2012, *La Champenoise : PIBD 2012. III. 316.*

18. La protection accordée au terme géographique composant l'appellation d'origine s'étend à la désignation du produit lorsque cette désignation est réservée aux produits bénéficiant de l'appellation d'origine. • Com. 26 oct. 1993, *Fourme d'Ambert : RTD com. 1994. 269, obs. Chavanne ; PIBD 1994. III. 59.*

19. Appellations d'origine étrangère. En vertu de l'Arrangement de Lisbonne, les appellations d'origine étrangère sont traitées comme les appellations d'origine française. • Com. 29 mars 1994 : *PIBD 1994. III. 381.*

V. aussi sur l'appellation d'origine. • Lyon, 10 mai 2007, *Aoste,* et • Paris, 25 avr. 2007, *Champagne : cité note 9 ss. art. L. 711-3* (ces deux arrêts annulant le dépôt d'une appellation d'origine comme marque sur le fondement non pas de l'antériorité mais de son caractère illicite, la reprise d'une appellation d'origine comme marque pour des produits qui n'y ont pas droit étant légalement interdite).

F. DROIT D'AUTEUR (ART. L. 711-4-E)

20. La protection d'un signe par le droit d'auteur n'est pas incompatible avec sa protection à titre de marque. • Com. 4 juill. 2006 : *Bull. civ. IV, n° 165 ; PIBD 2006. III. 645.* ♦ L'antériorité résultant d'un droit d'auteur vaut pour tous les produits et services. • Rouen, 20 janv. 1994 : *PIBD 1994. III. 239.* ♦ Un droit d'auteur n'est opposable à une marque déposée postérieurement qu'à la condition qu'elle en reproduise les éléments caractéristiques. • Com. 25 janv. 2000 : *PIBD 2000. III. 254.* ♦ Par exemple dans la présentation particulière et originale des lettres d'une marque nominale (typogramme). • TGI Paris, 14 nov. 2013, *J'adore : PIBD 2013. III. 72.* ♦ En l'absence de revendication des personnes physiques l'ayant réalisé, les actes d'exploitation accomplis par une société commerciale sur une œuvre protégée sont de nature à faire présumer que cette société est titulaire des droits d'auteur ; elle est donc fondée à se prévaloir, le cas échéant, d'une antériorité. • Paris, 5 nov. 2003 : *RTD com. 2004. 89, obs. Azéma et Galloux ; Ann. propr. ind. 2003. 487* • 24 juin 2009, *Goldorak : RLDI juill. 2009, n° 51, p. 29.* ♦ Dans le silence du contrat et alors qu'il n'existe aucun usage en ce sens, la cession des droits de reproduction d'une œuvre sur des étuis et emballages n'emporte pas cession du droit de déposer ce dessin en tant que marque. • Com. 16 févr. 2010, *Loulou : D. 2010. AJ 581 ; CCE 2010, n° 23, note Caron ; RTD com. 2010. 300, obs. Azéma ; ibid. 314, obs. Pollaud-Dulian.*

21. Ont été déclarés indisponibles pour constituer une marque : un emblème. • Paris, 27 mai 1981 : *Ann. propr. ind. 1981. 76.* ♦ ... Ou un dessin. • Paris, 5 nov. 2003 : *préc. note 20* • Com. 1er févr. 2010, *Loulou : préc. note 20.* ♦ ... Le nom d'un personnage. • Paris, 24 juin 2009, *Goldorak : préc. note 20* • TGI Paris, 10 juill. 1973, *Tarzan : D. 1974. Somm. 32 ; PIBD 1974. III. 87.* ♦ ... Assorti éventuellement des éléments qui le caractérisent. • TGI Paris, 28 mars 1990, *Barbarella : PIBD 1990. III. 353.* ♦ ... Un slogan.

• Paris, 26 janv. 1989, *L'avenir au Présent : PIBD 1989. III. 329* • 16 janv. 2008, *Imazigh Cola : la boisson des hommes libres : D. 2008. AJ 544*. ♦ ... Ou un titre. • Paris, 25 mars 2016, *Ma musique à moi : PIBD 2017. III. 11* • Paris, 13 févr. 1991, *Aujourd'hui Madame : PIBD 1991. III. 415* • Paris, 25 oct. 1995, *Charlie Hebdo : PIBD 1996. III. 19* • TGI Nanterre, 29 avr. 1988, *Vol de nuit : PIBD 1988. III. 385.* ♦ ... Ou le nom du bateau d'un auteur célèbre : • Com. 21 janv. 2014, *Altaïr : PIBD 2014. III. 227.*

G. DROIT DE LA PERSONNALITÉ (ART. L. 711-4-G)

22. Nom patronymique. Intérêt à agir. Si le nom et le prénom constituent des droits de la personnalité, de sorte que seul celui qui les porte peut s'opposer à leur usage dans des conditions qui lui portent préjudice, lorsque le titulaire du nom a conclu un accord portant sur l'utilisation commerciale de son nom, ses héritiers, qui ont succédé à leur auteur dans l'ensemble des conventions et engagements pris par lui, ont un intérêt légitime à solliciter la nullité d'une marque déposée en violation de cet accord. • Paris, 28 sept. 2007, *César Ritz : PIBD 2007. III. 672.* ♦ Cassé, mais sur un autre point de droit, par • Com. 29 sept. 2009 : *PIBD 2009. III. 1541 ; Propr. intell. 2010, n° 35, p. 664, obs. Sabatier* • Bordeaux, 16 mai 2011, *Eiffel : PIBD 2011. III. 459.* ♦ Sur les accords portant sur la commercialisation d'un nom patronymique, V. note 7 ss. art. L. 711-1.

23. S'il est de principe que le nom patronymique d'une famille donne à ses membres le droit de s'opposer à toute appropriation indue par un tiers au même titre de nom patronymique, il est nécessaire, lorsque ce nom est utilisé à des fins commerciales ou publicitaires, que le demandeur justifie de l'existence d'une confusion à laquelle il a intérêt à mettre fin. • Civ. 1re, 13 févr. 1967, *Badoit : Bull. civ. I, n° 60 ; D. 1967. Somm. 78* • 19 déc. 1967, *Savignac : Ann. propr. ind. 1968. 187 ; D. 1968. 277* • Paris, 1er déc. 2015, *Froment-Meurice : PIBD 2016. III. 119* • Paris, 4 juin 1968, *Dop : Ann. propr. ind. 1968. 194 ; D. 1969. 388, note Foulon-Piganiol.* – Et, sur pourvoi • Civ. 1re, 26 mai 1970 : *Bull. civ. I, n° 174 ; D. 1970. 520 ; Ann. propr. ind. 1970. 98.*

24. La confusion ou le risque de confusion doivent être appréciés à la date du dépôt de la marque. • Paris, 1er déc. 2015 : *préc. note 23* • Paris, 15 déc. 2000, *Viagra : D. 2001. 1306 ; ibid. Chron. 1298, obs. Bonet ; Ann. propr. ind. 2001. 67.* ♦ La confusion suppose que la marque reprenne à l'identique le patronyme contesté. • Paris, 16 mai 1951, *Bonneville de Marsangy : JCP 1952. II. 6721, note Chavanne* • Paris, 8 nov. 1961, *Kirgener de Planta : Ann. propr. ind. 1962. 96, note Voulet* • Colmar, 2 mars 1990, *Pierre Hollier-Larousse : PIBD 1990. III. 427.* ♦ ... Sans pour autant que l'identité absolue du nom et de la marque constitue une condition de recevabilité de l'action ; en l'absence d'une telle identité, qui exclut qu'il ait été porté atteinte à la fonction sociale d'identification du nom, l'action du demandeur peut prospérer s'il démontre qu'un risque de confusion est néanmoins susceptible de naître entre le signe incriminé et son nom. • Paris, 15 déc. 2000, *Viagra : préc.*

25. La confusion est réalisée lorsque le titulaire de la marque reprend un nom célèbre ou rare associé par le public à un personnage ou à la famille qui le porte. • Paris, 24 janv. 1962, *Luynes : RTD com. 1962. 405, obs. Chavanne ; D. 1962. 639 ; Ann. propr. ind. 1962. 97* • Paris, 21 mars 1973, *Noailles : Ann. propr. ind. 1974. 154* • Paris, 1er déc. 2015 : *préc. note 23* • TGI Paris, 4 oct. 1996, *Coubertin : PIBD 1997. III. 39.* ♦ Dans ce cas, la nullité de la marque doit être prononcée, non seulement pour les produits ou les services qui ont fondé la renommée du nom, mais aussi pour tous les autres produits dès lors que, eu égard à la rareté et à la célébrité du patronyme, sa reprise comme marque crée l'apparence d'une participation des porteurs légitimes du nom à des opérations commerciales auxquelles ils refusent de se trouver mêlés, générant ainsi un risque de confusion. • Paris, 1er déc. 2015 : *préc. note 23.* ♦ Il n'y a, en revanche aucun risque de confusion lorsque le nom patronymique est porté par plusieurs familles et qu'il est aussi repris par plusieurs communes. • Civ. 1re, 19 déc. 1967, *Savignac : Ann. propr. ind. 1968. 187 ; D. 1968. 277* • Paris, 15 déc. 2000, *Viagra : préc. note 24.* ♦ ... Ou lorsque, le titulaire du nom ayant cessé toute activité depuis des décennies, la renommée du signe à la date du dépôt résultait exclusivement de l'exploitation de la dénomination par le déposant. • Com. 29 janv. 2008, *Hôtel Martinez : PIBD 2008. III. 221.*

26. Pseudonyme. Le pseudonyme constitue un attribut de la personnalité si, par un usage prolongé, il s'identifie aux yeux du public à celui qui le porte ; dans ce cas il n'est pas disponible pour constituer une marque sans l'autorisation de son titulaire. • T. civ. Seine, 28 nov. 1927, *Caran d'Ache : Ann. propr. ind. 1928. 245* • Com. 15 oct. 1996, *Quasar : PIBD 1997. III. 118* • Paris, 11 sept. 1996, *Olympe : PIBD 1997. III. 10 ; D. 1996. IR 249 ; RIPIA 1997. 238* • Paris, 4 mars 2016, *Thiou : PIBD 2016. III. 414* • Bordeaux, 18 févr. 2016, *Le Corbusier : PIBD 2016. III. 327.* ♦ ... Même si ce dernier n'a pas acquis sous ce pseudonyme une notoriété dépassant le milieu où il exerce son activité. • Civ. 1re, 19 févr. 1975, *Lova Moor : D. 1975. 411, obs. R. L.* • Paris, 24 mars 2004 : *PIBD 2004. III. 416* • 12 oct. 2005, *Lesly : CCE 2006, n° 92, obs. Caron ; PIBD 2005. III. 737 ; Propr. ind. 2006, n° 34, obs. Tréfigny.* ♦ Mais, l'employée qui n'a ni créé elle-même, ni lancé dans le commerce à ses frais, ni exploité à son profit un pseudonyme ne peut prétendre avoir acquis des droits sur lui ; elle ne peut donc pas le reprendre pour déposer une marque ou pour l'exercice d'activités commerciales personnelles. • Nancy, 26 juin 1974, *Anne de Solène : JCP 1975. II. 18178, note Bonet.* – Et, sur pourvoi • Com. 19 janv. 1981 : *PIBD 1981. III. 118.* ♦ Le pseudonyme notoire est protégé contre toute appropriation à condition que cette dernière engendre une confusion. • Paris 20 janv. 2006, *Rieux : PIBD 2006. III. 289* • Bordeaux, 18 févr. 2016 : *préc.* ♦ Si le pseudonyme est en principe intransmissible, il peut être défendu par les ayants cause contre les usurpations et emplois abusifs susceptibles d'engendrer une confusion. • Bordeaux, 18 févr. 2016 : *préc.* ♦ Si le pseudonyme est en principe intransmissible, il peut être défendu par les ayants cause contre les usurpations et emplois abusifs susceptibles d'engendrer une confusion. • Bordeaux, 18 févr. 2016 : *préc.*

27. Titre nobiliaire. L'utilisation du patronyme « Au Duc de Praslin » comme marque ne peut pas être interdite dès lors que le titre litigieux n'était pas porté à la date du dépôt de la marque, que l'autorisation consentie en 1911 par l'oncle du demandeur, qui ne comprenait pas de clause de précarité ni de révocabilité, n'a pas été remise en cause pendant plus de quatre-vingts ans et que le demandeur ne démontre pas que l'existence de la marque soit de nature à créer une confusion avec sa personne. • Com. 21 oct. 1997 : *Bull. civ. IV, n° 278 ; RTD com. 1998. 143, obs. Azéma ; PIBD 1998. III. 10 ; D. Affaires 1997. 1473 ; D. 1997. IR 249 ; JCP E 1998. II. 10071, note Casey ; LPA 25 déc. 1998, note Teilliais ; JCP E 1997. Pan. 1305 ; JCP 1997. IV. 2381.*

H. DROITS DES COLLECTIVITÉS TERRITORIALES (ART. L. 711-4-H)

BIBL. Sur la réforme de l'art. L. 711-4-h par la loi n° 2014-344 du 17 mars 2014, V. : Le Goffic, *Propr. ind. 2014. Alerte 32* (les apports de la loi du 17 mars 2014 au CPI). – Sur la reprise du nom d'une collectivité territoriale dans un nom de domaine, V. art. R. 20-44-43 et R. 20-44-44 CPCE. ♦ V. art. L. 45-2 CPCE. – V. aussi notes 17 à 18 ss. art. L. 711-3.

Sur la notion de collectivité territoriale au sens du CPI. V. * Rép. min. n° 12320 : *JO Sénat Q 20 nov. 2014, p. 2591.*

28. La protection du nom des collectivités territoriales qui fait l'objet de la loi n° 2014-344 du 17 mars 2014, dite « loi Hamon », et dont les décrets d'application sont d'ailleurs en attente et qui offre aux collectivités territoriales une protection spécifique sans qu'il soit nécessaire qu'elles aient obtenu un droit de marque antérieure sur leur nom, n'est pas applicable à une procédure d'opposition engagée le 10 mars 2014 au nom d'une marque et non au nom de la collectivité territoriale en cause. • Rennes, 28 avr. 2015, *Deauville : PIBD 2015. III. 542.* (le décret d'application visé dans cette décision a été publié au JO du 3 juin 2015, V. art. R. 712-13).

29. L'art. L. 711-4-h, n'a pas pour objet d'interdire aux tiers, de manière générale, de déposer en tant que marque un signe identifiant une collectivité territoriale, mais seulement de réserver cette interdiction au cas où résulte de ce dépôt une atteinte aux intérêts publics. • Com. 23 juin 2009, *29 · D. 2009. AJ 1967 ; PIBD 2009. III. 1354 ; Propr. intell. 2009, n° 33, p. 416, obs. Sabatier.* ♦ Le succès de l'action est subordonné à la preuve, par la collectivité en cause, de l'intention des déposants de lui porter préjudice en l'empêchant éventuellement de tirer profit de son nom ou en l'associant à des produits ou services de piètre qualité. • Paris, 4 avr. 2014, *Laguiole : PIBD 2014. III.5 02 ; Propr. intell. 2014, n° 52, p. 295, obs. Canlorbe.* ♦ Cassé par : • Com. 4 oct. 2016, n° 14-22.247 P : *PIBD 2016. III. 953.* ♦ Le nom constitue, pour une commune, un élément d'identité assimilable au nom patronymique d'une personne physique. Mais une commune n'est pas fondée à invoquer une atteinte à son nom, à son image et à sa renommée dès lors qu'il est établi qu'un terme devenu générique pour désigner un genre de couteau fabriqué depuis des décennies dans d'autres régions françaises ne fait pas nécessairement référence à son nom. • Paris, 3 nov. 1999, *Laguiole : Ann. propr. ind. 2009. 115.* • Paris, 4 avr. 2014, *Laguiole : préc.* ♦ Dans l'affaire *Laguiole*, V. aussi • Trib. UE 21 oct. 2014, n° T-453/11 : *V. note 6 ss. art. 8 du Règl. (CE) n° 07/2009 du 26 févr. 2009.* ♦ L'atteinte aux droits d'une collectivité territoriale sur son nom, si elle n'est pas soumise au principe de spécialité, n'est cependant constituée que pour autant que la collectivité territoriale établisse que l'usage du signe contesté entraîne un risque de confusion avec ses propres attributions. • Toulouse, 31 mai 2011, *29 : PIBD 2011. III. 538.* ♦ Sur renvoi de • Com. 23 juin 2009 : *PIBD 2009 III. 1354* • TGI Paris, 11 oct. 2006 : *PIBD 2006. III. 819* • TGI Nanterre, 30 janv. 2007, *Cne de Levallois-Perret : RLDI 2007/28, n° 907, obs. Glaize et Nappey* • Versailles, 13 sept. 2007, *Issy TV : Propr. ind. 2007, n° 95, obs. Tréfigny ; RLDI 2007/32, n° 1065.* ♦ Cette atteinte est de nature à lui porter préjudice • Toulouse, 31 mai 2011, *29 : préc.* ♦ Par exemple, en raison de sa candidature à l'organisation des jeux Olympiques. • TGI Grasse, 13 janv. 2004, *Paris 2012 : PIBD 2004. II. 297.* ♦ ... Ou de son intervention active dans le domaine considéré. • TGI Paris, 6 juill. 2007, *Paris sans fil : PIBD 2007. III. 646.* ♦ ... Ou à porter préjudice à ses administrés. • Toulouse, 31 mai 2011 : *préc.* ♦ La ville de Paris, collectivité territoriale, doit préserver l'usage de son nom dans la perspective d'un intérêt commun afin que tous puissent profiter des investissements qui y sont liés. • Paris, 12 déc. 2007, *Paris l'Été : Propr. intell. 2007, n° 27, p. 172,* *obs. Fajgenbaum et Lachacinski.* ♦ Doit être cassé l'arrêt qui retient que, en qualité de collectivité territoriale, une commune ne peut exercer une activité économique alors que, sous réserve du respect des principes de la liberté du commerce et de l'industrie et de l'égalité des citoyens devant la loi, ainsi que des règles de l'aménagement du territoire définies par la loi approuvant le plan, une commune peut intervenir en matière économique et sociale dans les conditions prévues par le code général des collectivités territoriales. • Com. 4 oct. 2016, *Laguiole*, n° 14-22.247 : *préc.*

I. AUTRES ANTÉRIORITÉS

30. Si l'adverbe « notamment » utilisé par l'art. L. 711-4 permet d'envisager des antériorités d'usage se rapportant à d'autres signes que ceux qu'il vise, il convient toutefois, pour qu'une antériorité d'usage soit opposable au titulaire d'une marque identique ou similaire postérieurement déposée, que le signe ait fait l'objet d'une exploitation antérieure et qu'il y soit porté atteinte par la création d'un risque de confusion. • Paris, 23 nov. 2012, *Botolift : PIBD 2013. III. 867.*

31. Sigle d'un établissement public. De même que sont protégés le nom commercial et l'enseigne des entreprises commerciales, est également protégé le sigle (BNF) qui identifie un établissement public (la Bibliothèque nationale de France) auprès de ses usagers lequel doit être considéré comme l'équivalent de ce qu'est le nom commercial pour une entreprise. • Paris, 18 sept. 1998 : *RTD com. 1998. 848, obs. Azéma* ; *PIBD 1999. III. 11 ; D. Affaires 1998. 2021, obs. B.P. ; Ann. propr. ind. 1999. 75.*

Sur la reprise d'indications relatives aux services publics, V. art. L. 731-1 à L. 731-4 créés par la L. n° 2014-315 du 11 mars 2014.

32. Noms de domaine. Un nom de domaine est un signe distinctif. • Paris, 30 oct. 2002, *Pier Import : Ann. propr. ind. 2002. 410.* ♦ L'antériorité dont il bénéficie ne résulte pas de l'immatriculation et du contrat d'hébergement du site, mais de son exploitation effective en France antérieurement au dépôt de la marque. • Paris, 12 sept. 2003 : *Ann. propr. ind. 2003. 480* • 15 sept. 2004 : *PIBD 2005. III. 54.* ♦ Pour pouvoir valablement empêcher le dépôt d'une marque, le titulaire du nom de domaine doit établir ses droits sur la dénomination revendiquée, l'antériorité de son usage par rapport au signe contesté et le risque de confusion que celui-ci peut entraîner vis-à-vis du public. • Paris, 18 oct. 2000 : *D. 2001. 1379, note Loiseau* • 15 sept. 2004 : *préc.* • TGI Nanterre, 2 févr. 2012, *INAD : Propr. ind. 2012, n° 72, obs. Tréfigny.*

33. Indication géographique. Avant que les indications géographiques soient intégrées dans la liste des droits antérieurs de l'art. L. 711-4 par la L. n° 2014-344 du 17 mars 2014, la cour d'appel de Paris avait déjà jugé que l'énumération des droits antérieurs visés par l'art. L. 711-4 n'étant pas exhaustive, l'indication géographique (art. 22-1, Accords ADPIC) constitue, à l'instar de l'appellation d'origine protégée, un droit antérieur opposable à une marque déposée. Par l'ancienneté de son usage et le pouvoir attractif résultant de son rayonnement international, l'indication géographique « Darjeeling » évoque spontanément dans l'esprit du consommateur, même appliqué à des produits ou des services non similaires, l'univers du thé des hauts plateaux indiens, de sorte que seuls les producteurs, les négociants et les exportateurs de cette région de l'Inde peuvent se prévaloir de cette provenance ; elle est donc devenue indisponible pour constituer une marque valable. • Paris, 22 nov. 2006 : *D. 2007. Pan. 2837, obs. Durrande* ; *PIBD 2007. III. 90.*

34. Nom d'un lieu-dit. Le nom d'un lieu-dit est susceptible de constituer une antériorité à un dépôt de marque dès lors qu'il est indissociable de celui de la ville au sein de laquelle il est situé. • Com. 6 mai 2008, *La Victorine : Propr. intell. 2009, n° 30, p. 93, obs. Sabatier.*

35. Nom d'un parti politique. La liste des droits antérieurs rendant un signe indisponible figurant dans l'art. L. 711-4 n'étant pas limitative, le nom d'un parti politique ou d'une liste électorale peut en faire partie dès lors qu'il existe un risque de confusion dans l'esprit du public, ce qui n'est pas le cas en l'espèce, compte tenu du défaut d'utilisation du signe pendant une longue période. • TGI Paris, 11 mars 2010, *Europe Écologie : PIBD 2010. III. 413.*

CHAPITRE II ACQUISITION DU DROIT SUR LA MARQUE

Art. L. 712-1 La propriété de la marque s'acquiert par l'enregistrement. La marque peut être acquise en copropriété.

L'enregistrement produit ses effets à compter de la date de dépôt de la demande pour une période de dix ans indéfiniment renouvelable. — *[L. n° 91-7 du 4 janv. 1991, art. 5.]*

V. art. R. 712-1 s.

BIBL. ▶ CHAVANNE, *Mélanges Bastian, Litec 1974, p. 3* (fraude et dépôt attributif de droit en matière de marques en droit français). – FERRANDO, *Propr. ind. 2015. Formule 1* (copropriété de marque – défense du titre). – POLLAUD DULIAN, *Propr. intell. 2009, n° 31, p. 124* (les variantes du signe enregistré en droit des marques). – Thrierr, *J.-Cl. Marques, fasc. 7200* (acquisition du droit sur la marque).

1. La validité du droit attaché à une marque s'apprécie à la date à laquelle ce droit est né et selon la loi applicable à cette date. • Com. 13 janv. 2009, *SPA : PIBD 2009. III. 853.* ♦ Cassation de • Versailles, 5 avr. 2007 : *Dalloz jurisprudence.*

2. Enregistrement frauduleux. L'enregistrement n'est constitutif de droits que dans la mesure où il n'est pas effectué frauduleusement, notamment dans le but de l'opposer à un tiers et d'en tirer un profit illicite. • Paris, 12 sept. 1997 : *PIBD 1998. III. 54* • 9 janv. 1999 : *D. 1999. IR 70.* ♦ Doivent être annulées en vertu de l'adage « *fraus omnia corrumpit* » les marques qui sont déposées dans une intention de nuire, par exemple en empêchant un concurrent de diffuser un produit sur le marché français. • Versailles, 19 déc. 1996 : *D. Affaires 1997. 312.* – Et, sur pourvoi • Com. 1er juin 1999 : *D. 2001. Somm. 472, obs. Durrande ; PIBD 2000. III. 61* • 14 déc. 1999 : *D. 2001. Somm. 472, obs. Durrande.* ♦ ... De s'assurer un monopole injustifié. • Com. 23 juin 2009, *29 : Bull. civ. IV, n° 87 ; D. 2009. AJ 1967 ; PIBD 2009. III. 354 ; Propr. intell. 2010, n° 37, p. 418, obs. Sabatier* ♦ Et sur renvoi • Toulouse, 31 mai 2011 : *PIBD 2011. III. 538* • Com. 19 oct. 1999 : *D. 2001. Somm. 472, obs. Durrande* • Paris, 13 déc. 2002, *Halloween : D. 2003. Somm. 2690, obs. Durrande.* – Pourvoi rejeté par • Com. 21 sept. 2004 : *PIBD 2004. III. 648.*

3. Doit être considéré comme frauduleux le nouveau dépôt d'une marque dans le but de rendre inopérante la déchéance pour défaut d'exploitation. • Paris, 12 nov. 1991 : *PIBD 1992. III. 230.* ♦ ... Ou encore le dépôt du titre d'une émission de télévision notoirement connu dans l'intention de profiter commercialement du succès de cette émission. • Com. 7 mars 1984, *Jeux Intervilles : Bull. civ IV, n° 97.*

Pour d'autres exemples et sur l'intention frauduleuse, et la charge de la preuve, V. ss. art. L. 712-6.

4. Indivision. La personne physique qui a déposé en copropriété des marques constituées pour partie de son nom, pour partie d'un dessin sur lequel elle est titulaire de droits d'auteur, a renoncé à utiliser elle-même ces éléments ou à autoriser les tiers à en faire usage dans des applications susceptibles de porter atteinte aux droits de l'indivision, notamment pour déposer une marque désignant des produits identiques ou similaires. • Paris, 28 nov. 2008 : *PIBD 2009. III. 887.*

Art. L. 712-2 La demande d'enregistrement est présentée et publiée dans les formes et conditions fixées par le présent titre et précisées par décret en Conseil d'État. Elle doit comporter notamment le modèle de la marque et l'énumération des produits ou services auxquels elle s'applique. — *[L. n° 91-7 du 4 janv. 1991, art. 6.] — V. art. R. 712-1 s.*

L'art. L. 712-2, al. 2, qui énonçait que « le déposant domicilié à l'étranger doit faire élection de domicile en France », a été abrogé par l'art. 4 de l'Ord. n° 2001-670 du 25 juill. 2001 (JO 28 juill.).

BIBL. ▸ Schahl et Bresson, *D. 2003. Chron. 824* (la nécessité de mettre à jour le libellé des marques).

COMMENTAIRE

L'article 39 de la directive (UE) 2015/2436 du 16 décembre 2015 fait obligation aux États membres de se conformer à la jurisprudence *IP. Translator* (CJUE 19 juin 2012, n° C-307/10 : V. Dir. 2008/95/CE, ss. art. 2, note 1) selon laquelle les produits et services pour lesquels la protection est demandée doivent être désignés lors du dépôt avec suffisamment de clarté et de précision pour permettre aux opérateurs économiques de déterminer, sur *cette seule base*, l'étendue de la protection. Dans cette optique, l'utilisation des termes généraux des classes de produits ou de services résultant de la classification de Nice devront être interprétés restrictivement comme n'incluant que les produits ou services qu'ils désignent clairement au sens littéral (Dir. 2015, consid. 37).

Anticipant cette disposition, l'INPI a tiré toutes les conséquences de l'arrêt *IP. Translator*. Il résulte en effet d'un communiqué diffusé par l'institut à la suite de cette décision « que l'utilisation d'un intitulé général de classe, suivi d'une mention de revendication de protection pour l'ensemble des produits ou services de la classe en cause, ne satisfait pas aux conditions de précision et de clarté requises. En conséquence, toute demande d'enregistrement de marque qui comporterait une mention de ce type fera l'objet d'une notification d'irrégularité par laquelle il sera demandé au déposant de la supprimer. A défaut, la demande d'enregistrement fera l'objet d'un rejet partiel et ne sera enregistrée que pour les produits et services explicitement visés dans la demande. Afin de préciser que sa demande vise l'intégralité des produits ou services d'une classe, le déposant doit reprendre dans son libellé la liste alphabétique des produits ou services de la classe concernée, telle que répertoriée par la classification en vigueur au moment du dépôt, seule mention susceptible de satisfaire aux exigences de clarté et de précision requises » (communiqué du 12 janv. 2016). La jurisprudence française était déjà en ce sens (V. ci-dessous note 4 et ss. art. R. 712-3, note 1). ❑

1. Une description peut être nécessaire pour lever l'équivoque pouvant résulter du dépôt d'un simple modèle de la marque. • Com. 5 juill. 1994 : *Bull. civ. IV, n° 255.* ♦ Notamment lorsque la marque est composée d'une combinaison. • CJCE 24 juin 2004, *Heidelberger Bauchemie*, n° C-49/02 : *V. note 8 ss art. 2 Dir. 2008/95/CE du 22 oct. 2008.* ♦ ... ou de nuances de couleurs. • CJCE 6 mai 2003, *Libertel*, n° C-104/01 : *V. note 5 ss. art. 2 Dir. 2008/95/CE du 22 oct. 2008.*

2. La protection de la marque ne s'étend pas à la couleur si celle-ci n'est pas revendiquée dans le dépôt. • Paris, 5 mars 1999 : *PIBD 1999. III. 277.* ♦ Ainsi, une marque, constituée par des « rayures appliquées à une pâte dentifrice » déposée en couleurs mais sans revendication de couleurs, protège les dentifrices à rayures longitudinales claires et foncées indépendamment des couleurs employées. • Paris, 27 avr. 1989 : *Ann. propr. ind. 1990. 266.* ♦ De même lorsqu'une marque se caractérise par un emblème (un coq stylisé) déposé sans revendication de couleurs, sa protection n'est pas limitée à raison des couleurs utilisées. • Com. 16 mai 2000 : *PIBD 2000. III. 389 ; Ann. propr. ind. 2000. 219.*

3. Le dépôt d'une marque complexe protège non seulement la marque prise dans son ensemble mais ses éléments pris isolément dès lors qu'ils sont protégeables et distinguent le produit aux yeux de la clientèle. • Paris, 31 oct. 1991 : *PIBD 1992. III. 228* • 14 mai 1992 : *ibid. 490* • 14 juin 2000 : *ibid. 2000. III. 478* • 30 juin 2000 : *ibid. 516.*

4. La protection d'une marque ne s'étend pas nécessairement à tous les produits d'une classe. Elle est limitée aux produits identiques à ceux pour lesquels elle a été déposée ; le déposant ne saurait, pour couvrir tous les produits ou tous les services d'une classe, se référer dans son dépôt à la tête de chapitre de cette classe. • Com. 17 juin 1980 : *Bull. civ. IV, n° 260 ; JCP 1980. IV. 331* • 23 avr. 1985 : *Bull. civ. IV, n° 127 ; D. 1986. IR 87, obs. Burst ; JCP 1986. II. 20708, note Plaisant ; Ann. propr. ind. 1986. 3, note Mathély.* ♦ Si la référence à l'intitulé d'une classe n'est pas en soi exclue, c'est à la condition toutefois que la, ou les catégories de produits ou de services figurant dans cet intitulé permettent à toute personne d'en délimiter le contenu de façon immédiate, certaine et constante. • Colmar, 26 nov. 2003 : *PIBD 2004. III. 158.* ♦ Il résulte d'un communiqué diffusé par l'INPI le 28 déc. 2012 *(PIBD 2013. I. 111)* à la suite de la décision *IP Translator* rendue par la CJUE le 19 juin 2012 (V. ss Dir. (CE) 2008/95, art. 2) que l'Institut considère que l'utilisation d'un intitulé général de classe suivi d'une mention de revendication de protection pour l'ensemble des produits ou services de la classe en cause ne satisfait pas aux exigences de clarté et de précision requises. Il en résulte que toute demande d'enregistrement de marque qui comporterait une mention de ce type fera l'objet d'une mention d'irrégularité par laquelle il sera demandé au déposant de la supprimer, faute de quoi la demande fera l'objet d'une décision de rejet partiel et la marque ne sera enregistrée que pour les produits ou services explicitement visés. – L'intitulé « communications », par trop vague, ne permet pas de délimiter le contenu du service. • Paris, 14 janv. 2000 : *PIBD 2000. III. 191* • 18 janv. 2002 : *Ann. propr. ind. 2002. 96.* – Même solution pour « publicité et affaires ». • Versailles, 10 janv. 2002 : *D. 2003. Somm. 28, obs. Durrande ; Propr. intell. 2002, n° 2, p. 93, obs. Joly.* ♦ ... Pour « négoce de tout bien d'équipement » ainsi que « location de tout bien professionnel » • Paris, 3 avr. 1998 : *D. Affaires 1998. 1095 ; RTD com. 1998. 844, obs. Azéma.* ♦ ... Ou « vente par correspondance », V. • Paris, 2 avr. 1990 : *PIBD 1990. III. 368.*

5. La référence faite aux classes dans l'acte de dépôt n'a qu'une valeur administrative. • Paris, 13 sept. 1990 : *D. 1990. IR 221 ; PIBD 1991. III. 101.* ♦ Aussi, la rectification relative aux classes, certaines ayant été omises lors du dépôt, n'affecte pas la validité de la marque. • Com. 15 mars 1994 : *Bull. civ. IV, n° 114 ; PIBD 1994. III. 355.*

6. La loi oblige le déposant à déclarer les produits et services couverts par la marque ; elle ne le contraint pas à énumérer tous les objets dès lors qu'une expression permet de les désigner d'une manière concise et que les termes employés sont suffisamment précis pour faire connaître aux tiers l'indisponibilité du signe. • Com. 13 oct. 1992, *Visa : PIBD 1993. III. 93 ; Ann. propr. ind. 1993. 130.*

7. En vertu du principe de spécialité, le droit sur la marque porte sur le signe dans son application aux objets ou services déterminés dans l'acte de dépôt et ne s'étend pas aux produits ou services similaires ; ce n'est qu'en cas d'atteinte à la marque qu'il convient de rechercher si le signe incriminé est appliqué à des produits ou services similaires à ceux désignés au dépôt de la marque première. • Paris, 14 janv. 2000 : *préc. note 4.* – V. aussi • Com. 24 oct. 1984, *Silhouette : D. 1986. IR 89 ; Ann. propr. ind. 1984. 219, obs. Reboul.*

Art. L. 712-2-1 *(L. n° 2014-344 du 17 mars 2014, art. 73)* **Toute collectivité territoriale ou tout établissement public de coopération intercommunale peut demander à l'Institut**

national de la propriété industrielle d'être alerté en cas de dépôt d'une demande d'enregistrement d'une marque contenant sa dénomination, dans des conditions fixées par décret.

Les conseils régionaux, la collectivité territoriale de Corse et les conseils généraux peuvent demander à l'Institut national de la propriété industrielle d'être alertés en cas de dépôt d'une demande d'enregistrement d'une marque contenant un nom de pays se situant sur leur territoire géographique, dans des conditions fixées par décret.

V. également art. L. 711-4, h), D. 712-29 et D. 712-30.

BIBL. ▶ Dernoncourt, *Propr. ind. 2014. Étude 18* (marques et collectivités territoriales : enregistrement et protection contre les usurpations en droit européen et en droit français).

COMMENTAIRE

Voir le commentaire sous l'article L. 711-4. ❑

Art. L. 712-3 **Pendant le délai de deux mois suivant la publication de la demande d'enregistrement, toute personne intéressée peut formuler des observations auprès du directeur de l'Institut national de la propriété industrielle.** – *[L. n° 91-7 du 4 janv. 1991, art. 7.] – V. art. R. 712-8 s.*

Art. L. 712-4 *(L. n° 2014-344 du 17 mars 2014, art. 73)* **« Pendant le délai mentionné à l'article L. 712-3, opposition à la demande d'enregistrement peut être faite auprès du directeur de l'Institut national de la propriété industrielle par :**

« 1° Le propriétaire d'une marque enregistrée ou déposée antérieurement ou bénéficiant d'une date de priorité antérieure, ou le propriétaire d'une marque antérieure notoirement connue ;

(L. n° 2014-1170 du 13 oct. 2014, art. 23-I) **« 1° *bis* Le directeur de l'Institut national de l'origine et de la qualité, dès lors qu'il y a un risque d'atteinte au nom, à l'image, à la réputation ou à la notoriété d'une appellation d'origine ou d'une indication géographique mentionnées aux articles L. 641-5, L. 641-10, L. 641-11 et L. 641-11-1 du code rural et de la pêche maritime ; »**

« 2° Le bénéficiaire d'un droit exclusif d'exploitation, sauf stipulation contraire du contrat ;

« 3° Une collectivité territoriale au titre du *h* de l'article L. 711-4 ou au titre d'une atteinte à une indication géographique définie à l'article L. 721-2, dès lors que cette indication comporte le nom de la collectivité concernée ;

« 4° Un organisme de défense et de gestion mentionné à l'article L. 721-4 dont une indication géographique a été homologuée en application de l'article L. 721-3 ou dont la demande d'homologation est en cours d'instruction par l'institut. »

L'opposition est réputée rejetée s'il n'est pas statué dans un délai de six mois suivant l'expiration du délai prévu à l'article L. 712-3.

Toutefois, ce délai peut être suspendu :

a) Lorsque l'opposition est fondée sur une demande d'enregistrement de marque *(L. n° 2014-344 du 17 mars 2014, art. 73)* **« ou sur une demande d'homologation d'indication géographique » ;**

b) *(Ord. n° 2008-1301 du 11 déc. 2008)* **« En cas de demande en nullité, en déchéance ou en revendication de propriété, de la marque sur laquelle est fondée l'opposition » ;**

c) Sur demande conjointe des parties, *(Ord. n° 2008-1301 du 11 déc. 2008)* **« pendant une durée de trois mois renouvelable une fois ».** *–[L. n° 91-7 du 4 janv. 1991, art. 8.] – V. art. L. 716-16 et R. 712-13. – Sur la forme des décisions rendues par le directeur de l'INPI en matière d'opposition, V. art. L. 411-4 et L. 411-5. – Sur la computation des délais d'opposition en matière de marques internationales, V. art. R. 717-5.*

BIBL. ▶ Cantet et Junagade, *Propr. ind. 2016. Étude 6* (la jurisprudence récente en matière d'opposition). – Chavanne, *Mélanges Breton-Derrida, Dalloz 1991, p. 41* (l'opposition dans la procédure de dépôt de marque). – de Candé, *Les annonces de la Seine, 30 avr. 1998, p. 1* (moyens d'action judiciaire à l'égard d'une décision du directeur de l'INPI rendue sur opposition à une demande d'enregistrement de marque). – Geoffray et Requena, *Propr. intell. 2004, n° 12, p. 738* (l'évolution des règles de comparaison des marques dans le cadre de la procédure d'opposition auprès de l'INPI). – Mandel, *BRDA 2014, n° 23, p. 2C* (enregistrement d'une marque : comment s'y opposer, comment riposter à l'opposition). – Requena, *Propr. ind. 2002. Chron. 4* (la production de preuves d'exploitation dans le cadre de la procédure d'opposition de marque devant l'INPI).

COMMENTAIRE

L'INPI ne vérifie pas la disponibilité du signe déposé comme marque. Sous l'empire de la loi de 1964, les titulaires de droits antérieurs ne pouvaient intervenir qu'après l'enregistrement pour demander en justice la nullité de la marque enregistrée en fraude de leurs droits. Cette possibilité est, bien entendu, maintenue (V. art. L. 714-3), mais la loi du 4 janvier 1991 transposant la directive 89/104/CEE du 21 décembre 1988 a introduit dans la loi française, au bénéfice exclusif des titulaires d'une antériorité constituée par « une marque enregistrée ou déposée antérieurement ou bénéficiant d'une date de priorité antérieure ou d'une marque antérieure notoirement connue », une procédure inspirée du droit allemand : la procédure d'opposition. La directive (UE) 2015/2436 (art. 5, § 3, ss. *a*) fait obligation aux États membres d'élargir cette procédure aux marques jouissant d'une renommée dans l'État membre dans lequel l'enregistrement est demandé, que les produits concernés soient ou non similaires, dès lors que l'usage de la marque postérieure tirerait, sans juste motif, indûment profit du caractère distinctif ou de la renommée de la marque antérieure ou lui porterait préjudice.

La procédure d'opposition a été élargie par la loi n° 2014-344 du 17 mars 2014, dite « loi Hamon », d'une part aux collectivités territoriales qui risquent de subir une atteinte à leur nom, à leur image ou à leur renommée du fait de l'incorporation de leur nom dans une marque (V. art. L. 711-4, *h*) ou dont le nom est intégré à une indication géographique protégeant les produits industriels et artisanaux (IGPIA) (V. art. L. 721-2), d'autre part aux organismes de défense des IGPIA (art. L. 721-3). Une possibilité leur est ainsi laissée d'agir directement auprès de l'administration pour empêcher l'enregistrement d'une marque susceptible de leur porter atteinte.

C'est une procédure plus rapide et moins coûteuse que l'action en nullité et, surtout, elle présente des avantages pour les deux parties : le déposant évite les frais de lancement d'une marque qui risque d'être annulée ; le titulaire des droits protégés évite que ne se réalise un préjudice bien souvent difficile à réparer.

Du fait qu'on ne peut pas suspendre indéfiniment l'enregistrement d'une marque et qu'il convient aussi d'éviter que cette procédure ne soit détournée de sa fonction pour être utilisée comme une arme commerciale, l'opposition est enfermée dans des délais très courts : elle doit être exercée dans le délai de deux mois suivant la publication de la demande d'enregistrement au *BOPI* (laquelle doit intervenir dans les six semaines qui suivent son dépôt – CPI, art. R. 712-8), et le directeur de l'INPI doit statuer dans un délai de six mois suivant l'expiration du délai utile pour former opposition.

L'opposition est déposée par le titulaire du droit antérieur ou son mandataire sur un formulaire spécial fourni par l'INPI ; elle est subordonnée au paiement d'une taxe. Une attention particulière doit être portée sur le respect des conditions posées par les articles R. 712-13 et R. 712-14, l'art. R. 712-15 déclarant irrecevable toute opposition formée hors délai, présentée par une personne qui n'avait pas qualité ou non conforme à ces conditions.

L'opposition est notifiée sans délai au titulaire de la demande d'enregistrement, lequel dispose d'un délai minimum de 2 mois pour présenter ses observations en réponse. Dans ce cas, l'INPI élabore un projet de décision qui est communiqué aux parties qui peuvent :

– soit ne pas le contester : auquel cas le projet de décision vaut décision sur l'opposition ;

– soit formuler des observations : dans ce cas, il sera statué sur l'opposition après ces dernières observations et après que les parties ont été entendues si l'une d'entre elles en fait la demande.

Dans l'hypothèse où le titulaire de la demande d'enregistrement ne répond pas dans le délai, il est statué directement sur l'opposition.

Lorsque l'opposition est reconnue fondée, la demande d'enregistrement est rejetée ; à l'inverse, si l'opposition est rejetée, la marque est enregistrée.

Dans le déroulement de la procédure d'opposition, l'INPI doit respecter le principe du contradictoire (V. art. L. 712-5 et R. 712-16 dernier al.) et les droits de la défense, ce qui implique, d'une part, que toute observation dont l'Institut est saisi de la part d'une des parties doit être communiquée à l'autre (V. art. R. 712-16, dernier al.) et, d'autre part, l'obligation pour l'INPI de motiver ses décisions afin d'en permettre le contrôle.

L'autorité compétente pour statuer sur l'opposition est le directeur de l'INPI (V. art. L. 411-4, note 2). Il doit être statué sur l'opposition dans les 6 mois suivant l'expiration du délai pendant lequel elle peut être formée (soit 8 mois à compter de la publication de la demande d'enregistrement au *BOPI*) ; dans le cas contraire, l'opposition est réputée rejetée (V. art. L. 712-14, al. 3), décision implicite de rejet qui permet au demandeur d'exercer éventuellement un recours. Mais ce délai peut être suspendu soit pour permettre aux parties de s'entendre, soit pour attendre une décision sur la marque opposante (V. art. L. 712-4, dernier al). En effet, si l'opposition est fondée sur une demande d'enregistrement antérieure, il est inutile de statuer avant que les services de l'INPI n'aient admis le signe comme marque ; de la même façon, lorsque la marque opposante est elle-même attaquée (par une action en nullité, en déchéance ou en revendication par exemple), les services de l'INPI peuvent surseoir à statuer sur l'opposition jusqu'à l'intervention de la décision judiciaire.

Comme toutes les décisions du directeur de l'INPI, la décision sur l'opposition est susceptible de recours. Ces recours, confiés par la loi de 1964 au Conseil d'État ont été soumis par la suite à la cour d'appel de Paris puis, devant l'encombrement de cette juridiction, aux cours d'appel compétentes en matière de propriété industrielle (V. art. R. 411-19) selon la procédure prévue à l'article R. 411-21. Ce texte est appliqué avec une extrême sévérité par la jurisprudence qui juge que les mentions qu'il prescrit sont impératives et que leur défaut doit être sanctionné par l'irrecevabilité du recours. S'agissant d'une procédure spéciale, dérogatoire au droit commun, elle exclut l'application des dispositions du code de procédure civile qui seraient plus favorables au requérant (V. notes citées ss. art. R. 411-21). ❑

1. *Procédure facultative.* La procédure d'opposition ne constituant qu'une simple faculté pour le titulaire de la marque qui estime qu'un nouveau dépôt porte atteinte à ses droits, il ne saurait lui être reproché de ne pas avoir eu recours à cette procédure. • Paris, 26 févr. 1997 : *PIBD 1997. III. 337 ; Gaz. Pal. 1997. Somm. 253.*

2. L'opposition est accueillie lorsque le signe dont l'enregistrement est demandé constitue une contrefaçon par reproduction ou par imitation de la marque sur laquelle elle est fondée : V. art. L. 711-4, L. 713-2 et L. 713-3. ♦ Une cour d'appel, saisie d'un recours contre une décision du directeur général de l'INPI qui a déclaré justifiée l'opposition à une demande d'enregistrement d'une marque pour un ensemble de produits ou services, a le pouvoir de limiter l'annulation qu'elle prononce à certaines dispositions de cette décision. • Com. 15 janv. 2013 : *Bull. civ. IV, n° 8 ; Dalloz actualité, 5 févr. 2013, obs. de Chassey ; PIBD 2013.III. 1012.*

3. *Notoriété de la marque.* La notoriété de la marque antérieure est sans effet sur le sort de l'opposition, une marque ayant fait l'objet d'un dépôt restant soumise au principe de spécialité, fût-elle notoire. • Paris, 18 juin 1997, *Crunch : PIBD 1997. III. 533* • Com. 16 mai 2000 : *PIBD 2000. III. 389.* ♦ ... Ou renommée. • Paris, 31 oct. 2001 : *D. 2003. Somm. 127, obs. Durrande ; RTD com. 2002. 478, obs. Azéma.*

4. *Délai.* Les augmentations de délai prévues par l'art. 643 C. pr. civ. au profit des personnes résidant à l'étranger ne sauraient s'appliquer aux délais impartis dans le cadre des procédures administratives se déroulant devant l'INPI ; elles sont au surplus incompatibles avec le délai de 6 mois prévu par l'art. L. 712-4, ce délai ne pouvant être suspendu ou prolongé que dans les cas expressément prévus par ce même article. • Paris, 12 janv. 1996 : *PIBD 1996. III. 613.* ♦ Sur la suspension du délai de six mois lorsque l'opposition est fondée sur une demande d'enregistrement de marque, V. • Com. 14 févr. 2006 : *Bull. civ. IV, n° 38 ; D. 2006. AJ 720, obs. Daleau ; RTD com. 2007. 341, obs. Azéma.* ♦ ... Et dans le cas d'une demande reconventionnelle en nullité, V. • Paris, 14 mai 2008, *SFR : Propr. intell. 2009, n° 30, p. 99, obs. Sabatier.*

5. *Loi Hamon.* La protection du nom des collectivités territoriales qui fait l'objet de la loi n° 2014-344 du 17 mars 2014, dite « loi Hamon », dont les décrets d application sont alors en attente et qui offre aux collectivités territoriales une protection spécifique sans qu'il soit nécessaire qu'elles aient obtenu un droit de marque antérieure sur leur nom, n'est pas applicable à une procédure d'opposition engagée le 10 mars 2014 au nom d'une marque et non au nom de la collectivité territoriale en cause. • Rennes, 28 avr. 2015, *Deauville,* n° 14/07943 : *Propr. intell. 2015, n° 57, p. 438, obs. Canlorbe ; PIBD 2015. III. 542.* – Le décret d'application visé dans cette décision a été publié au *JO* du 3 juin 2015, V. art. R. 712-13. ♦ Pour une première application de l'art. L. 712-4, 3°, permettant à une collectivité territoriale de faire opposition à l'enregistrement d'une marque portant atteinte à son nom, à son image ou à sa renommée, V. : • INPI,Décis. Dir. 20 avr. 2016, *Paris by Paris,* n° 2015-4821 : *Propr. intell. 2016, n° 61, p. 465, obs. Le Goffic.*

Art. L. 712-5 **Il est statué sur l'opposition après une procédure contradictoire définie par décret en Conseil d'État.** – *[L. n° 91-7 du 4 janv. 1991, art. 33 (2).] – V. art. R. 712-13 s.*

Art. L. 712-6 Si un enregistrement a été demandé soit en fraude des droits d'un tiers, soit en violation d'une obligation légale ou conventionnelle, la personne qui estime avoir un droit sur la marque peut revendiquer sa propriété en justice.

A moins que le déposant ne soit de mauvaise foi, l'action en revendication se prescrit par *(L. nº 2014-315 du 11 mars 2014, art. 16)* **« cinq » ans à compter de la publication de la demande d'enregistrement.** – *[L. nº 91-7 du 4 janv. 1991, art. 9.]*

BIBL. ▸ MOATTY et COUSIN, *J.-Cl. Marques, fasc. 7220* (fraude et revendication).

COMMENTAIRE

Depuis la loi du 4 janvier 1991, la victime d'un dépôt frauduleux de marque a le choix entre l'action en annulation en application de l'adage *fraus omnia corrumpit* (V. ss. art. L. 712-1) et l'action en revendication de l'article L. 712-6. Celle-ci, calquée sur celle qui existait déjà en droit des brevets (V. art. L. 611-8 CPI), lui permet d'être subrogée dans les droits de l'usurpateur et de bénéficier ainsi de l'antériorité résultant de son dépôt. Depuis la loi nº 2014-315 du 11 mars 2014, qui a harmonisé les délais de prescription du code de la propriété intellectuelle avec les délais de droit commun, l'action en revendication de marque se prescrit par cinq ans.

Du fait que, par hypothèse, la constitution des droits sur le signe est entachée de fraude, la marque est nulle dès l'origine. L'usurpateur est censé n'en avoir jamais été propriétaire, aussi la revendication a-t-elle pour effet de restituer au demandeur la propriété du titre dès le jour du dépôt (V. en matière de brevets, Com. 19 nov. 1963 : *Ann. propr. ind. 1964, p. 24* ; 5 janv. 1973 : *Bull. civ. IV, nº 2* ; *Ann. propr. ind. 1973, p. 245*) contrairement à ce qu'a jugé la rare jurisprudence rendue sur cette question (V. note 6).

Les contrats de cession ou de licence conclus par l'usurpateur ont été conclus *a non domino* ; ils doivent de ce fait être annulés et leurs fruits restitués au revendiquant. La nullité peut néanmoins poser difficulté dans le cas où le tiers contractant, ignorant le caractère frauduleux du dépôt, aurait été de bonne foi. Certains tribunaux saisis en matière de brevet ont maintenu ces contrats en se fondant sur la théorie de l'apparence, solution qui a été vivement critiquée en doctrine notamment lorsqu'il s'agit d'une cession. Dans ce cas en effet, le revendiquant se verra certes restituer les fruits perçus par l'usurpateur à l'occasion de la cession du signe, mais il ne pourra pas récupérer la propriété de la marque qui aura été transférée au cessionnaire de bonne foi par l'effet du contrat conclu avec l'usurpateur, propriétaire apparent. Le revendiquant sera ainsi privé du principal effet de l'action en revendication. C'est la raison pour laquelle on doit sérieusement s'interroger sur l'opportunité de préférer une telle action à l'action en nullité fondée sur la fraude, laquelle entraîne la nullité de la marque et de tous les contrats d'exploitation sur le signe frauduleusement acquis. Ce n'est semble-t-il que dans le cas d'un risque sérieux que la marque ait été antériorisée par un tiers pendant le temps où elle était entre les mains de l'usurpateur que l'on devra privilégier l'action de l'article L. 712-6.

Sur le dépôt frauduleux, V. aussi art. 6 *septies* de la Convention de l'Union de Paris (App., vº *Propriété industrielle – I. Dispositions générales*).

L'article 4, § 2, deuxième phrase, de la directive (UE) 2015/2436 du 16 décembre 2015 prévoit qu'un État membre peut inclure dans sa législation une disposition aux termes de laquelle son office des marques (l'INPI, pour la France) peut refuser d'enregistrer les marques déposées de mauvaise foi. Sur l'incidence de la directive, V. aussi note 4 *b*. ❑

1. Généralités. L'art. L. 712-6, qui n'est que l'application du principe général du droit selon lequel la fraude corrompt tout, ne fait pas obstacle à ce que la victime de la fraude se borne à obtenir la nullité du dépôt frauduleux. • Paris, 26 sept. 2014, *RSI : PIBD 2014. III. 940* • TGI Paris, 23 nov. 2010, *Couplé ; Trio ; Quinté + : RTD com. 2011. 327, obs. Azéma* ; *PIBD 2011. III. 179.* ♦ Confirmé par • Paris, 14 sept. 2012 : *PIBD 2012. III. 757.* ♦ Mais cassé par • Com. 21 janv. 2014 : *PIBD 2014. III. 206 ; Propr. intell. 2014, nº 51, p. 190, obs. Canlorbe* (la cour d'appel n'ayant pas recherché si, à la date du dépôt des marques litigieuses, le PMU pouvait avoir connaissance de la future ouverture à la concurrence des paris en ligne). ♦ Il résulte de l'art. 3, § 2, sous *d*), de la Dir. 2008/95/CE que l'annulation d'un dépôt de marque pour fraude ne suppose pas la justification de droits antérieurs sur le signe litigieux, mais la preuve de l'existence d'intérêts sciemment méconnus par le déposant. • Paris, 29 sept. 2015, *Aroma Floris : PIBD 2016.*

III. 125 • 21 mars 2014, *Mathez : PIBD 2014. III. 415.* ♦ Dans le cadre de l'action en nullité de marque exercée sur le fondement du droit commun et des principes généraux en matière de fraude, le tribunal doit seulement envisager les circonstances du dépôt et vérifier que le titulaire des marques au moment de leur dépôt poursuivait un but légitime en conformité avec leurs fonctions • Paris, 21 mars 2014 *Mathez : préc.* ♦ L'appropriation frauduleuse d'un signe utilisé par un concurrent pour commercialiser ses produits ne requiert pas l'établissement d'un risque de confusion. • Com. 27 janv. 1998 : *PIBD 1998. III. 197 ; RDPI 1998, n° 88, p. 44.* ♦ Il incombe au demandeur en nullité qui entend se fonder sur la mauvaise foi du titulaire de la marque au moment du dépôt d'établir les circonstances qui permettent de conclure que celui-ci était de mauvaise foi lors de la demande d'enregistrement. • Paris,7 oct. 2016, *Outlaw : PIBD 2016. III. 921.*

2. Définition. Un dépôt doit être considéré comme frauduleux lorsque le droit de marque n'est pas constitué et utilisé pour distinguer des produits ou des services en identifiant leur origine, mais est détourné de sa fonction dans la seule intention de nuire aux intérêts d'un tiers en le privant intentionnellement d'un signe qu'il utilise ou s'apprête à utiliser. • Paris, 7 oct. 2016, *Outlaw : préc. note 1* • Nancy, 15 avr. 2014, *L'Académie des saveurs : PIBD 2014. III. 413 ; Propr. ind. 2014, n° 46, obs. Tréfigny* • Com. 11 janv. 2017, *Bébé Lilly*, n° 15-15.750 : *PIBD 2017. III. 180 ; Propr. ind. 2017, n° 19, obs. Tréfigny* • Com. 4 oct. 2016, *Laguiole*, n° 14-22.245 P : *D. 2017. 318, obs. Clavier, Martial-Braz et Zolynski ; Dalloz IP/IT 2016. 612, obs. Le Goffic ; PIBD 2016. III. 953* • Com. 2 févr. 2016, *Maviflex*, n° 14-24.714 : *Propr. intell. 2016, n° 60, p. 354, obs. Canlorbe* • 2 févr. 2016, *Wall4me, n° 14-21.338 : PIBD 2016. III. 243 ; Propr. intell. 2016, n° 60, p. 354, obs. Canlorbe ; Propr. ind. 2016, n° 29, obs. Tréfigny* • 25 avr. 2006, *Emma Shapplin*, n° 04-15.641 P : *D. 2006. AJ 1371, obs. Daleau ; RTD com. 2006. 599, obs. Pollaud-Dulian ; CCE 2006, n° 90, note Caron ; Légipresse 2006. III. 195, note Naccach ; PIBD 2006. III. 471* • 6 nov. 2012, *La forge de Belleville : D. 2014. Pan. 328, obs. Martial-Braz*. ♦ Et, après renvoi : • Paris, 16 févr. 2014 : *PIBD 2014. III. 347* • Com. 23 oct. 2012, *E. Soleau : D. 2014. Pan. 328, obs. Martial-Braz ; PIBD 2012. III. 783 ; Propr. ind. 2012, n° 86, obs. Tréfigny ; Propr. intell. 2013, n° 46, p. 97, obs. Sabatier.* ♦ Rejet du pourvoi contre • Paris, 11 févr. 2011 : *PIBD 2011. III. 274.* ♦ Dans le but, par exemple, d'empêcher le titulaire de la marque de diffuser ses produits sur le territoire français. • Paris, 10 avr. 2009, *Roncato : PIBD 2009. III. 1177.* – Rendu sur renvoi de • Com. 19 déc. 2006 : *Bull. civ. IV, n° 265 ; PIBD 2007. III. 112 ; CCE 2007, n° 36, obs. Caron.* ♦ ... De faire obstacle à une opération légitimement entreprise. • Paris, 23 févr. 2000, *Disney : D. 2001. Somm. 472, obs. Durrande ; Ann. propr. ind. 2000. 235* • TGI Paris, 14 mars 2007 : *PIBD 2007. III. 458 ; RLDI avr. 2007, n° 848...* ♦ Ou d'opposer le signe frauduleusement acquis à son adversaire dans le cadre d'une action en contrefaçon. • Com. 8 févr. 2017, *Christian Lacroix*, n° 14-28.232 P : *Dalloz IP/IT 2017. 336, obs. Disdier-Mikus et Larrieu ; D. 2017. 678, note Etienney-de Sainte Marie ; AJ Contrat 2017. 222, obs. Cattalano-Cloarec ; RTD civ. 2017. 389, obs. Barbier ; PIBD 2017. III. 210 ; Propr. ind. 2017, n° 24, obs. Tréfigny.*

3. Faute d'intention de nuire, on ne saurait considérer comme frauduleuse l'acquisition de la propriété d'une marque effectuée pour conforter des droits sur une dénomination utilisée de manière habituelle et constante. • Com. 25 avr. 2006 : *préc.* • Paris, 12 janv. 2001 : *PIBD 2001. III. 240 ; Ann. propr. ind. 2001. 89.* ♦ ... Notamment par les filiales de l'entreprise diffusant les produits. • Paris, 8 déc. 2015, *Optima : PIBD 2016. III. 90.* ♦ L'art. L. 131-17 C. sport ayant pour effet de restreindre les modalités d'utilisation des termes « Équipe de France », a justifié sa décision l'arrêt qui a considéré comme frauduleux le dépôt de la marque « Équipe de France de rugby » et ordonné le transfert à la Fédération française de rugby de la propriété des marques ainsi constituées. • Com. 23 nov. 2010 : *Bull. civ. IV, n° 184 ; D. 2010. AJ 2906*. – V. aussi, sur le fait qu'il n'y a pas lieu de transmettre une question prioritaire de constitutionnalité • Cass., ass. plén., 31 mai 2010 : *Dalloz jurisprudence, n° 09-70.716.* ♦ Mais les dispositions de l'art. 333 C. sport, réservant l'exploitation d'une manifestation sportive à son organisateur, ne peuvent avoir pour conséquence d'apporter une telle restriction à la liberte du commerce et de l'industrie qu'elles interdisent absolument toute référence à cet événement, même la plus indirecte. • Paris, 27 janv. 2010 : *PIBD 2010. III. 170* (à propos de marques faisant référence à la Coupe du monde de rugby) • Paris, 12 janv. 2001 : *PIBD 2001. III. 240 ; Ann. propr. ind. 2001. 89.*

4. Exemples de dépôts frauduleux. a) Doit être considéré comme frauduleux le dépôt d'une marque dans le seul but de l'opposer à un opérateur économique et d'en tirer profit. • Paris, 16 janv. 2008, *Imazigen Cola : D. 2008. AJ 544, obs. Daleau ; PIBD 2008. III. 192* • 13 déc. 2002, *Halloween : D. 2003. Somm. 2690, obs. Durrande ; PIBD 2003. III. 216.* ♦ Pourvoi rejeté par • Com. 21 sept. 2004 : *PIBD 2004. III. 648.* ♦ V. aussi • TGI Paris, 14 mars 2007 : *préc. note 2* • Paris, 18 déc. 1991 : *RTD com. 1992. 606, obs. Chavanne ; PIBD 1992. III. 251 ; Ann. propr. ind. 1991. 268* • 17 mars 1977, *PUK : PIBD 1978. III. 29.* ♦ ... Par exemple en empêchant un concurrent de commercialiser un produit. • Com. 20 mai 2014, *Lacoste*, n° 13-10.777 : *D. 2015. 230, obs. Clavier, Martial-Braz et Zolynski ; PIBD 2014. III. 547 ; Propr. intell. 2014, n° 53, p. 410, obs. Bou-*

vel • Paris, 30 nov. 2001 : *Ann. propr. ind. 2002. 35* • 28 janv. 1992 : *PIBD 1992. III. 343* • Com. 30 mai 2007, n° 05-21.798 P : *D. 2007. 2696, note Agostini ; ibid. AJ 1736, obs. Daleau ; RTD com. 2009. 116, obs. Azéma ; CCE 2008, n° 4, note Caron ; PIBD 2007. III. 510 ; Propr. ind. 2007, n° 63, note Tréfigny ; Propr. intell. 2008, n° 26, p. 147, obs. Buffet-Delmas.* ♦ ... Ou en se réservant un accès privilégié et monopolistique à un marché local au détriment des autres opérateurs. • Com. 23 juin 2009, n° 07-19.542 P : *PIBD 2009. III. 1354 ; Propr. intell. 2009, n° 33, p. 418, obs. Sabatier.*

b) Un dépôt frauduleux est caractérisé par le fait qu'une personne, sachant qu'un tiers utilise une marque sans l'avoir protégée, la dépose à son nom dans le dessein de l'opposer éventuellement à son usager antérieur. • Paris, 25 mars 2016, *Ma musique à moi : PIBD 2017. III. 11* • 12 nov. 2003, *Allez les bleus : PIBD 2004. III. 102.* ♦ Pourvoi rejeté par • Com. 17 janv. 2006, n° 04-10.710 : *D. 2006. AJ 444, obs. Daleau ; ibid. 2007. 2346, obs. Breillat ; PIBD 2006. III. 215.* ♦ Ont ainsi été considérés comme frauduleux : ... le dépôt d'un signe utilisé par un commerçant depuis plus de 20 ans comme décoration de vêtements, alors que le déposant, immédiatement après le dépôt de la marque, a tenté de lui en interdire l'usage sauf à accepter de conclure avec lui des contrats de sous-licence. • Com. 19 oct. 1999, n° 97-12.554 P : *D. 2001. Somm. 472, obs. Durrande ; PIBD 2000. III. 89* • Paris, 16 janv. 2008 : *D. 2008. AJ 544.* ♦ ... Le dépôt d'une dénomination utilisée par un concurrent à titre de nom commercial, raison sociale et enseigne. • Com. 12 juill. 1976, *La Chausseria : Bull. civ. IV, n° 236 ; D. 1976. IR 280* • Paris, 21 févr. 2014, *Carven : PIBD 2014. III. 343* • 10 juill. 1985 : *Ann. propr. ind. 1986. 234* • Com. 27 janv. 1998 : *PIBD 1999. III. 198.* ♦ ... Le dépôt, par le gérant, de la dénomination sociale sous laquelle une société exerce son activité. • Paris, 29 oct. 2010, *Dermobase : Propr. intell. 2011, n° 38, p. 115, obs. Sabatier.* ♦ ... Le dépôt du nom d'un festival organisé par une ville depuis plusieurs années. • Paris, 18 janv. 2006 : *PIBD 2006. III. 323.* ♦ ... Le dépôt effectué en France par le licencié d'une marque étrangère. • Paris, 17 mai 1990 : *PIBD 1990. III. 564.* ♦ ... Par l'importateur. • Paris, 30 avr. 1980 : *Ann. propr. ind. 1981. 68.* ♦ ... Ou par l'agent d'une société étrangère. • Paris, 20 oct. 1988 : *Ann. propr. ind. 1989. 259.* ♦ ... Par un partenaire peu de temps après qu'a été rompu un projet de collaboration initié plusieurs années auparavant. • Com. 23 oct. 2012, *e.soleau,* n° 11-14.557 : *préc. note 2.* ♦ ... Par une société après la rupture des négociations avec une société étrangère qui l'avait informée de son intention de déposer en France le signe en cause. • Com. 14 déc. 1999, n° 97-19.208 : *PIBD 2000. III. 134 ; D. 2001. Somm. 472, obs. Durrande* • 15 janv. 2002, n° 99-12.983 : *PIBD 2002. III. 133.* ♦ ... Par l'agent de publicité du titulaire de la marque. • Paris, 10 juin 1987 : *Ann. propr. ind. 1988. 266.* ♦ ... Sauf dans le cas où le dépôt de marque a été effectué conformément aux prévisions contractuelles. • Com. 26 mai 2009, *L'Occitane,* n° 08-16.240 : *PIBD 2009. III. 1386 ; Propr. intell. 2009, n° 33, p. 418, obs. Sabatier.* ♦ ... Par un ancien distributeur. • Paris, 12 sept. 2012, *Un regard de star : Propr. intell. 2013, n° 46, p. 98, obs. Sabatier.* ♦ ... Ou le distributeur actuel du titulaire de la marque dans le but de continuer à l'utiliser dans le cas d'une éventuelle rupture des relations contractuelles entre les parties. • TGI Paris, 11 févr. 2016, *« Bioactiv » : PIBD 2016. III. 386.* ♦ ... Par un ancien employé. • Paris, 5 juin 2002 : *Ann. propr. ind. 2002. 382* • 5 mai 2004 : *PIBD 2004. III. 520.* ♦ ... Ou un représentant. • Paris, 23 mai 1972, *L'officiel de la Bonneterie : Ann. propr. ind. 1973. 16.* ♦ Sur la marque déposée par l'agent ou le représentant du titulaire de la marque, V. Dir. (UE) 2015/2436 art. 5, § 3, sous *b),* et art. 13 introduisant un nouveau cas de refus d'enregistrement ou de nullité « lorsque l'enregistrement est demandé par l'agent ou le représentant du titulaire de la marque, en son propre nom et sans l'autorisation du titulaire à moins que cet agent ou ce représentant ne justifie sa démarche ».

c) Doit aussi être considéré comme frauduleux le dépôt d'une marque en violation d'un accord de coexistence. • Com. 20 mai 2014, *Crocodile,* n° 13-10.777 : *PIBD 2014. III. 547 ; Propr. intell. 2014. 410, obs. Bouvel* • TGI Paris, 28 nov. 2013 : *PIBD 2014. III. 162.* ♦ Mais *contra* • Paris, 25 nov. 2014 : *PIBD 2015. III. 197.* ♦ ... Ou d' un accord de non-concurrence • Paris, 10 avr. 2009, *Roncato : PIBD 2009. III. 1177.* ♦ Sur renvoi après • Com. 19 déc. 2006 : *préc. note 2.*

5. Mauvaise foi. La fraude suppose une intention de nuire ce qui implique qu'au moment de la demande d'enregistrement, le déposant connaisse les droits ou l'usage antérieur auxquels il porte atteinte. • Com. 6 nov. 2012, *La Forge de Belleville : préc. note 2.* ♦ Cassation de • Paris, 13 mai 2011 : *PIBD 2011. III. 502* • Nancy, 15 avr. 2014, *L'Académie des saveurs : préc. note 2* • Bordeaux, 28 mars 2013, *Les Mascarons de Bordeaux : PIBD 2013. III. 1194* • Paris, 20 juin 1990 : *PIBD 1991. III. 50* • 25 nov. 1995 : *PIBD 1996. III. 73* • 4 mai 2000 : *PIBD 2000. III. 409* • 28 mars 2007 : *PIBD 2007. III. 375.* ♦ ... Et spécialement l'existence d'un signe utilisé par le demandeur comme signe distinctif pour identifier un de ses produits ou une de ses activités. Il résulte des enseignements de la jurisprudence communautaire (V. *infra,* note 1 ss. Dir. 2008/95, art. 4) que la mauvaise foi doit être appréciée globalement en tenant compte de tous les facteurs pertinents du cas d'espèce existant au moment du dépôt de la demande d'enregistrement. • Paris, 7 oct. 2016, *Outlaw : préc. note 2.* ♦ ... Ou résultant de circonstances précédant ou suivant immédiatement le dépot : • Paris, 25 mars 2016, *Ma musique à moi : préc. note 4 b).* ♦ ... Et notamment le fait que le demandeur sait ou doit savoir qu'un tiers utilise un signe identique ou similaire, pour un produit identique ou similaire, prêtant à confusion avec le signe dont l'enregistrement est demandé, l'intention du demandeur d'empêcher ce tiers de continuer à utiliser un tel signe, ainsi que le degré de protection juridique dont jouissent le signe du tiers et le signe dont l'enregistrement est demandé. • Paris, 7 oct. 2016, *Outlaw : préc.* • Com. 2 févr. 2016, *Maviflex : préc. note 2* • 2 févr. 2016, *Wall 4 Me : préc. note 2* • 2 nov. 2011, *Cloche fraîcheur : PIBD 2011. III. 733* • Paris, 18 nov. 2011, *Phoenix : PIBD 2011. III. 74.* ♦ L'intention du déposant est un élément subjectif qui doit être déterminé par rapport à l'ensemble des facteurs pertinents propres au cas d'espèce, lesquels peuvent être postérieurs au dépôt. • Com. 3 févr. 2015, *Bateaux Mouches,* n° 13-18.025 P : *PIBD 2015. III. 234 ; Rev. sociétés 2015. 398, obs. Binctin*. ♦ Elle se déduit des circonstances de l'espèce, par exemple : du fait que les parties étaient ou avaient été en relation d'affaires. • Com. 2 févr. 2016, *Wall 4 Me : préc.* • 23 oct. 2012, *e.soleau : préc. note 2* • 6 nov. 2012, *La Forge de Belleville : préc. note 2* • 13 févr. 1996, *Seat : PIBD 1996. III. 279* • 20 févr. 2007, *Desperados : PIBD 2007. III. 275* • 14 déc. 2010, *Cocofrigo : Bull. civ. IV, n° 203 ; D. 2011. AJ 158 ; PIBD 2011. III. 138 ; Propr. ind. 2011, n° 18, obs. Tréfigny-Goy.* ♦ ... Que le déposant avait été autorisé à exploiter le signe à l'étranger • Com. 14 déc. 2010, *Cocofrigo : préc.* ♦ ... Qu'il était un professionnel du secteur. • Paris, 25 mars 2016, *Ma musique à moi : préc.* • 16 janv. 2008, *Imazigen Cola : préc. note 4* • Paris, 18 nov. 2011, *Phoenix : préc.* • Versailles, 5 janv. 2016, *Un monde de sens : PIBD 2016. III. 171.* ♦ ... Qu'il participait avec le titulaire du signe non enregistré aux mêmes salons professionnels. • Com. 24 sept. 2002, *Novecam : PIBD 2003. III. 514.* ♦ Qu'il a eu connaissance que la marque était en cours de création. • Com. 14 févr. 2012, *Coif'up : PIBD 2012. III. 383.* ♦ ... Qu'il ne pouvait ignorer qu'il s'appropriait la notoriété d'un événement ne lui appartenant pas (les Jeux olympiques). • TGI Paris, 14 mars 2007 : *préc. note 2.* ♦ ... Qu'il avait procédé à une recherche d'antériorités qui lui avait révélé l'existence d' une dénomination sociale identique à la marque qu'il voulait déposer dans le même secteur d'activité. • Versailles, 19 mars 2009 : *PIBD 2009. III. 1105.* ♦ Il résulte de la jurisprudence communautaire que les trois facteurs suivants : le fait que le demandeur sait ou doit savoir qu'un tiers utilise un signe identique ou similaire, pour un produit identique ou similaire, prêtant à confusion avec le signe dont l'enregistrement est demandé, introduits par l'adverbe « notamment », ne sont pas exclusifs d'autres facteurs. En particulier, l'intention d'entraver la commercialisation d'un produit peut caractériser la mauvaise foi lorsqu'il s'avère ultérieurement que le déposant a fait enregistrer une marque sans avoir l'intention d'en faire usage. • Paris, 7 oct. 2016, *Outlaw : préc.* et décisions citées *supra* note 4. ♦ Doit être cassé l'arrêt qui, après avoir relevé que les défendeurs connaissaient l'existence de la commune de Laguiole, et constaté qu'aucun des produits revêtus des marques faisant référence à cette commune n'était fabriqué sur le territoire de celle-ci, n'a pas recherché, comme la Cour y était invitée, si le dépôt d'un ensemble de marques comprenant le nom de Laguiole, parfois combiné au dessin emblématique d'une abeille, pour désigner de nombreux produits et services sans rattachement avec cette commune, ne s'inscrivait pas dans une stratégie commerciale visant à priver celle-ci ou ses administrés de l'usage de ce nom nécessaire à leur activité, caractérisant ainsi la mauvaise foi des déposants et entachant de fraude les dépôts effectués. • Com. 4 oct. 2016, n° 14-22.245 P : *D. 2017. 318, obs. Clavier, Martial-Braz et Zolynski ; Dalloz IP/IT 2016. 612, obs. Le Goffic ; PIBD 2016. III. 953,* cassation de • Paris, 4 avr. 2014 : *PIBD 2014. III. 502 ; Propr. intell. 2014, n° 52, p. 295, obs Canlorbe.*

6. *Action en revendication.* L'action fondée sur l'art. L. 712-6 impose au revendiquant de justifier de l'intention du déposant de le priver d'un signe nécessaire à la poursuite de son activité et de rapporter la preuve de l'existence d'intérêts sciemment méconnus par ce dernier. • Aix-en-Provence, 27 sept. 2012, *Menton plus : PIBD 2012. III. 747* • Bordeaux, 30 juin 2011, *Thé de Bordeaux : PIBD 2011. III. 583.* ♦ Elle ne suppose pas la justification d'une utilisation publique antérieure du signe litigieux par la partie plaignante. • Com. 14 fevr. 2012, *Coif'up : préc. note 5.* ♦ ... Mais seulement la preuve de l'existence d'intérêts sciemment méconnus par le déposant. • Paris, 21 mars 2014, *Mathez : préc.* ♦ ... Privant ainsi intentionnellement le demandeur d'un signe qu'il utilise ou s'apprête à utiliser. • Nancy, 15 avr. 2014, *L'Académie des saveurs : préc. note 2.* ♦ L'adoption et l'usage à titre de marque du titre appartenant à une profession réglementée par l'autorité publique, sans en être titulaire, étant contraires à l'ordre public, cette marque ne peut donner lieu à revendication, mais seulement à annulation sur le fondement de l'art. L. 714-3. • Com. 16 déc. 2014, *Les Notaires 37,* n° 12-29.157 P : *D. 2015. 230, obs. Clavier ; PIBD 2015. III. 117.*

7. *Action en revendication : prescription.* Seul le déposant de bonne foi est recevable à invoquer l'exception de prescription. • Paris, 12 sept. 1997 : *PIBD 1998. III. 54.* ♦ L'art. L. 712-6, et spécialement la prescription de trois ans de l'action en revendication, n'a pas vocation à s'appliquer dans une espèce où le demandeur ne revendique la propriété d'aucune des marques dont il poursuit la nullité. • Com. 13 oct. 2009, *Château de Figeac : D. 2010. 299, note Grimonprez ; PIBD 2009. III. 1502 ; Propr. intell. 2010, n° 35, p. 662, obs. Sabatier* • Paris, 27 janv. 2010 : *PIBD 2010. III. 170* • 28 sept. 2007, *Cesar Ritz : PIBD 2007. III. 672.* ♦ Cassé sur l'appréciation de la mauvaise foi par : • Com. 29 sept. 2009 : *PIBD 2009. III. 1543 ; Propr. intell. 2010, n° 35, p. 664, obs. Sabatier.* ♦ Pour des exemples d'action en revendication, V. • Versailles, 19 mars 2009 : *PIBD 2009. III. 1106* • TGI Paris, 29 avr. 2009, *Shad GT : PIBD 2009. III. 1279* • Com. 14 déc. 2010 : *préc. note 5* • Com. 26 mai 2009, *L'Occitane : PIBD 2009. III. 1386.* ♦ L'effet de l'action en revendication est de transférer au demandeur la propriété de la marque. Ce transfert a la nature d'une subrogation prenant effet au jour de la demande. • TGI Grenoble, 28 sept. 2000 : *PIBD 2001. III. 85* • Orléans, 10 juill. 2003, *Chambord : PIBD 2003. III. 515 ; Propr. intell. 2004, n° 13, p. 937, obs. de Haas* • Paris, 5 oct. 2012, *Les Notaires 37 : PIBD 2012. III. 834 ; Propr. intell. 2013, n° 46, p. 97, obs. Sabatier.* ♦ L'art. 549 C. civ. dispose que le possesseur de mauvaise foi est tenu de restituer les produits avec la chose au propriétaire qui la revendique ; le revendiquant est donc fondé à demander la restitution des fruits perçus grâce à l'exploitation illicite de la marque. • Paris, 17 févr. 1999, *VTT Plus : préc. note 2* • Orléans, 10 juill. 2003, *Chambord : préc.* ♦ Sur la nouvelle durée de prescription introduite par la L. n° 2014-315 du 11 mars 2014, V. comm. ss. art. L. 712-6.

Art. L. 712-7 **La demande d'enregistrement est rejetée :**

***a*) Si elle ne satisfait pas aux conditions prévues à l'article L. 712-2 ;**

***b*) Si le signe ne peut constituer une marque par application des articles L. 711-1 et L. 711-2, ou être adopté comme une marque par application de l'article L. 711-3 ;**

***c*) Si l'opposition dont elle fait l'objet au titre de l'article L. 712-4 est reconnue justifiée.**

Lorsque les motifs de rejet n'affectent la demande qu'en partie, il n'est procédé qu'à son rejet partiel. — *[L. n° 91-7 du 4 janv. 1991, art. 10.]*

BIBL. ► IRPI, *Colloque Paris nov. 1982, Litec 1983* (l'examen des marques à l'épreuve de la pratique). – Thrierr, *J.-Cl. Marques, fasc. 7215* (rejet de la demande d'enregistrement).

1. Le pouvoir du Directeur de l'INPI d'accepter ou de rejeter le dépôt d'une marque n'est pas limité au contrôle de la régularité matérielle dudit dépôt ou du paiement des taxes mais s'étend à celui des art. 1er et 3 de la loi du 31 déc. 1964 (actuellement art. L. 711-1 à L. 711-3 CPI). • Com. 10 juin 1997 : *PIBD 1997. III. 432 ; Bull. civ. IV, n° 184 ; JCP 1997. IV. 1664 ; RJDA 1997, n° 1426.*

2. Une cour d'appel, saisie d'un recours contre une décision du directeur général de l'INPI qui a déclaré justifiée l'opposition à une demande d'enregistrement d'une marque pour un ensemble de produits ou services, a le pouvoir de limiter l'annulation qu'elle prononce à certaines dispositions de cette décision. • Com. 15 janv. 2013, *Zeno : Bull. civ. IV, n° 8 ; Dalloz actualité, 5 févr. 2013, obs.de Chassey ; PIBD 2013. III. 1012 ; RTD com. 2013. 695, note Azéma ; Propr. intell. 2014, n° 51, p. 198, obs. Bouvel.*

Art. L. 712-8 **Le déposant peut demander qu'une marque soit enregistrée nonobstant l'opposition dont elle fait l'objet s'il justifie que cet enregistrement est indispensable à la protection de la marque à l'étranger.**

Si l'opposition est ultérieurement reconnue fondée, la décision d'enregistrement est rapportée en tout ou partie. — *[L. n° 91-7 du 4 janv. 1991, art. 11.]*

Art. L. 712-9 **L'enregistrement d'une marque peut être renouvelé s'il ne comporte ni modification du signe ni extension de la liste des produits ou services. Le renouvellement est opéré et publié selon des modalités et dans des délais fixés par décret en Conseil d'État.**

Il n'est soumis ni à la vérification de conformité aux dispositions des articles L. 711-1 à L. 711-3 ni à la procédure d'opposition prévue à l'article L. 712-4.

La nouvelle période de dix ans court à compter de l'expiration de la précédente.

Toute modification du signe ou extension de la liste des produits ou services désignés doit faire l'objet d'un nouveau dépôt. — *V. art. R. 712-24 à R. 712-25.*

BIBL. ► Foyer, *JCP E 1993. I. 301* (le terme du renouvellement en matière de marques). – Lepère et Colombani, *LPA 29 avr. 1999* (les problèmes posés en matière de renouvellement de marques françaises). – Thrierr (Alain et Olivier), *J.-Cl. Marques, fasc. 7225* (renouvellement de la marque).

1. Lorsqu'un élément distinctif essentiel de la marque a été modifié, le dépôt opéré ne constitue pas renouvellement, mais vaut nouveau dépôt. • Paris, 5 févr. 1997 : *PIBD 1997. III. 243 ; Gaz.*

Pal. 1997. Somm. 247. ♦ La mutation de propriété dont a fait l'objet la marque n'ayant pas été inscrite au RNM, le renouvellement effectué par le cessionnaire doit s'analyser comme un premier dépôt. • Paris, 21 mai 2003 : *PIBD 2003. III. 548.*

2. Renouvellement anticipé. La combinaison des art. L. 712-9 et R. 712-25 autorise le renouvellement par anticipation de la marque enregistrée lors d'un nouveau dépôt portant, à la fois, sur une modification du signe et sur une extension de la liste des produits ou services visés dans l'enregistrement. • Com. 12 févr. 2008 : *Bull. civ. IV, n° 36 ; D. 2008. AJ 781 ; PIBD 2008. III. 257.*

3. Le titulaire d'une marque peut poursuivre des faits de contrefaçon qui se sont déroulés entre le dépôt de sa déclaration de renouvellement « simplifié » et la publication du renouvellement. • Com. 7 déc. 2010, *Château Prieuré Lichine : PIBD 2011. III. 139 ; Propr. intell. 2011, n° 38, p. 118, obs. Sabatier.*

Art. L. 712-10 Le demandeur qui n'a pas respecté les délais mentionnés *(Ord. n° 2008-1301 du 11 déc. 2008)* **« à l'article L. 712-2 », et qui justifie d'un empêchement qui n'est imputable ni à sa volonté, ni à sa faute, ni à sa négligence, peut, dans des conditions fixées par décret en Conseil d'État, être relevé des déchéances qu'il a pu encourir.** — *[L. n° 91-7 du 4 janv. 1991, art. 13.] — V. art. R. 712-12 à R. 712-2-2 et art. L. 411-4 et L. 411-5.*

1. Dans la procédure de relevé de déchéance, l'art. 712-10 n'exige en aucune façon que le demandeur, à savoir le propriétaire de la marque, soit inscrit au Registre national des marques ; il ne s'agit pas, dans ce cas, d'opposer des droits à l'INPI, mais de les maintenir en vigueur, l'INPI ne pouvant, de ce fait, être considéré comme un tiers par rapport au demandeur. • Paris, 7 juill. 1994 : *PIBD 1994. III. 572.*

2. La demande de relevé de déchéance doit être présentée au directeur de l'INPI, la cour d'appel n'étant compétente que pour statuer sur les recours formés contre ses décisions. • Paris, 30 sept. 1993 : *PIBD 1994. III. 712.*

3. Dans le cadre d'une procédure d'opposition, aucun relevé de la déchéance encourue par l'opposant faute de respect du délai qui lui a été imparti par l'INPI pour produire les pièces établissant que la déchéance pour défaut d'exploitation de sa marque n'est pas encourue n'est recevable. • Com. 7 déc. 2010 *Noël : D. 2011. Pan. 908, obs. Durrande ; PIBD 2011. III. 141 ; Propr. intell. 2011, n° 38, p. 116, obs. Sabatier ; Propr. ind. 2011, n° 19, obs. Tréfigny-Goy.* • Com. 24 mai 2011, *Cuisine de jardin : Dalloz jurisprudence.*

Art. L. 712-11 *(L. n° 96-1106 du 18 déc. 1996, art. 13)* **Sous réserve des dispositions des conventions internationales auxquelles la France est partie, l'étranger qui n'est ni établi ni domicilié sur le territoire national bénéficie des dispositions du présent livre aux conditions qu'il justifie avoir régulièrement déposé la marque ou obtenu son enregistrement dans le pays de son domicile ou de son établissement et que ce pays accorde la réciprocité de la protection aux marques françaises.**

Art. L. 712-12 Le droit de priorité prévu à l'article 4 de la Convention de Paris pour la protection de la propriété industrielle est étendu à toute marque préalablement déposée dans un pays étranger.

(L. n° 96-1106 du 18 déc. 1996, art. 14) **« Sous réserve des dispositions des conventions internationales auxquelles la France est partie, » le droit de priorité est subordonné à la reconnaissance par ledit pays du même droit lors du dépôt des marques françaises.** — *[L. n° 91-7 du 4 janv. 1991, art. 37.]*

Art. L. 712-13 Les syndicats peuvent déposer leurs marques et labels dans les conditions prévues aux articles L. 413-1 et L. 413-2 du code du travail *[art. L. 2134-1 et L. 2134-2 C. trav. nouv.]* **ci-après reproduits :**

Art. L. 413-1 [art. L. 2134-1] Les syndicats peuvent déposer, en remplissant les formalités prévues par le chapitre II du livre VII du code de la propriété intellectuelle, leurs marques ou labels. Ils peuvent, dès lors, en revendiquer la propriété exclusive dans les conditions prévues par ledit code.

Les marques ou labels peuvent être apposés sur tout produit ou objet de commerce pour en certifier l'origine et les conditions de fabrication. Ils peuvent être utilisés par tous les individus ou entreprises mettant en vente ces produits.

Art. L. 413-2 [art. L. 2134-2] L'utilisation des marques syndicales ou des labels par application de l'article précédent ne peut avoir pour effet de porter atteinte aux dispositions de l'article L. 412-2.

Sont nuls et de nul effet tout accord ou disposition tendant à obliger l'employeur à n'embaucher ou à ne conserver à son service que les adhérents du syndicat propriétaire de la marque ou du label.

Art. L. 712-14 **Les décisions mentionnées au présent chapitre sont prises par le directeur de l'Institut national de la propriété industrielle dans les conditions prévues aux articles L. 411-4 et L. 411-5.**

1. Le directeur de l'INPI ne tient d'aucune disposition le pouvoir d'inviter l'opposant à régulariser un acte d'opposition non conforme aux exigences posées par les règlements pris en application de l'article L. 712-5, la cour d'appel a violé les art. R. 712-14, R. 712-15 et R. 712-26 et l'art. 4, II, b de l'arrêté du 31 janv. 1992. • Com. 30 mai 2007 : *Bull. civ. IV, n° 148 ; D. 2007. AJ 1795, obs. Daleau*.

2. L'existence et l'identité de la société auteur de l'opposition sont suffisamment établies par le numéro de SIREN figurant sur le formulaire d'opposition. Il est indifférent que certaines modifications concernant notamment la forme et le siège social de cette société soient ensuite intervenues : elles n'ont pas eu pour effet d'affecter la recevabilité du recours formé en application de l'art. L. 712-4, la société demanderesse ayant en effet justifié du fait qu'elle se trouvait dotée d'une personnalité juridique et de sa qualité de titulaire de la marque antérieure invoquée. • Paris 20 oct. 2006 : *PIBD 2007. III. 2.* ♦ Les mentions prescrites à peine d'irrecevabilité de l'opposition doivent être interprétées strictement. Le formulaire CERFA exige, lorsque l'opposant est une personne morale, la mention de « sa forme juridique », laquelle s'entend de l'expression générique d'identification des personnes morales, de droit public ou de droit privé dont il relève ; elle ne correspond pas à la forme sociale ; en indiquant qu'il est « une société de droit américain », ce par quoi elle se distingue des autres catégories de personnes morales, de droit public ou de droit privé, l'opposant a satisfait aux prescriptions susvisées. • Paris, 3 sept. 2010 : *PIBD 2010. III. 790.*

3. L'inscription au Registre national des marques d'un acte modifiant la titularité des droits sur une marque étant une formalité substantielle, il importe peu que le directeur de l'INPI ou la demanderesse à l'enregistrement du signe contesté aient eu connaissance de la demande d'inscription, ou encore que l'inscription tardive de la transmission de propriété ne leur cause pas grief, ou encore que la demanderesse à l'enregistrement n'ait pas soulevé ce moyen d'irrecevabilité. De la même façon, il est indifférent que l'inscription ait été effective au jour du prononcé de la décision, la recevabilité de l'opposition s'appréciant au jour où elle est formée et n'étant pas susceptible de régularisation. • Paris, 23 sept. 2011 : *PIBD 2011. III. 746.*

CHAPITRE III DROITS CONFÉRÉS PAR L'ENREGISTREMENT

Art. L. 713-1 **L'enregistrement de la marque confère à son titulaire un droit de propriété sur cette marque pour les produits et services qu'il a désignés.** – *[L. n° 91-7 du 4 janv. 1991, art. 14, al. 1er.]*

BIBL. ▶ Baud et Colombet, *D. 1998. Chron. 227* (la parodie de marques : vers une érosion du caractère absolu des signes distinctifs). – Geiger, *D. 2007. Chron. 884* (droit des marques et liberté d'expression). – Gridel, *D. 1998. Chron. 183* (brèves remarques approbatives de la cassation intervenue dans l'affaire dite des *Guignols de l'Info*). – Ruzek, *Propr. ind. 2005. Chron. 11* (la parodie en droit des marques). – Vivant, *JCP E 1993. Chron. 275* (touche pas à mon filtre).

COMMENTAIRE

La qualification de « droit de propriété » donnée au droit sur la marque par l'article L. 713-1 donne de ce droit une vision excessive. Contrairement à ce que pourrait laisser croire cette disposition, le droit sur la marque n'est pas un droit absolu, mais un droit relatif. D'une part, il est limité par le principe de spécialité et, d'autre part, la fonction essentielle de la marque telle qu'elle a été dégagée par le droit communautaire étant de garantir au consommateur la provenance d'un produit ou d'un service (V. ss. Dir. 2008/95/CE, art. 5, note 3), lorsqu'un tiers fait référence à la marque sans diffuser lui-même aucun produit ou service, le droit des marques ne trouve pas à s'appliquer. C'est ce qui explique en particulier que le titulaire de la marque ne puisse pas opposer son droit de marque à un tiers qui mentionnerait son signe dans son nom ou dans son adresse. La jurisprudence est dans ce sens (V. note 3). Toutefois, la directive (UE) 2015/2436 du 16 décembre 2015 limite cette possibilité aux tiers, personnes physiques (art. 14, § 1, ss. *a*, V. App., v° Propriété industrielle, Marques). ❑

1. La propriété d'une marque régulièrement déposée est absolue sur l'ensemble du territoire et confère à son titulaire une action contre tous ceux qui y portent atteinte, qu'ils soient de bonne ou de mauvaise foi. • Com. 26 juin 1973 : *D. 1974. 558, note Foulon-Piganiol.*

2. Le droit sur la marque confère à son titulaire le droit de poursuivre toute atteinte à son signe, mais ne saurait avoir pour effet de lui permettre de s'opposer à l'usage dans le langage courant.... Des termes qui le composent. • Paris, 25 avr. 1994, *Louisiane : Ann. propr. ind. 1994. 166 :* (pourvoi rejeté par • Com. 6 mai 1996 : *Ann. propr. ind. 1996. 25*) • 13 nov. 1996 : *PIBD 1997. III. 119 ; RIPIA 1997. 30* • 22 mai 2002, *Business Class : Ann. propr. ind. 2002. 310.* – Pourvoi rejeté par • Com. 9 juin 2004 : *PIBD 2004. III. 508 ; Propr. intell. oct. 2004, n° 13, p. 957, obs. Buffet Delmas* • Paris, 10 janv. 2007, *Première : PIBD 2007. III. 215* • TGI Paris, 26 janv. 2007, *Le monde des choristes : PIBD 2007. III. 283.* ♦ ... Ou d'une expression présentant une similitude phonétique avec sa marque. • Paris, 12 mai 2004 : *PIBD 2004. III. 512.* ♦ ... Fût-ce pour décrire le caractère ou une qualité d'un produit concurrent. • Paris, 27 mai 1998 : *PIBD 1998. III. 516* • 4 déc. 2002, *Exquise : D. 2003. Somm. 2629, obs. Durrande* • 12 mai 2004 : *préc.* • 8 sept. 2004 : *PIBD 2004. III. 660.* ♦ ... Et quand bien même il s'agirait d'une marque notoire. • Com. 20 févr. 2007, *Décathlon : CCE 2007, n° 93, note Caron ; PIBD 2007. III. 273 ; RLDI 2007, n° 27, Comm. 877.*

3. Une marque étant destinée à désigner un produit ou un service, l'utilisation d'une marque composée d'un prénom pour désigner l'héroïne d'un ouvrage littéraire ne porte pas atteinte à la marque, le personnage du roman n'étant pas un des produits ou services couverts par le dépôt. • Paris, 3 nov. 1987 : *Ann. propr. ind. 1988, p. 236.* ♦ De la même façon, l'utilisation d'un nom géographique déposé comme marque, comme adresse postale, par une société dont l'activité y est effectivement localisée, ne constitue pas une contrefaçon. • Com. 17 mai 1982 : *Bull. civ. IV, n° 180.* ♦ La reprise de dessins représentant « Tintin et Milou » et de la dénomination « Club Tintin » dans un catalogue de vente aux enchères n'est pas constitutif d'un usage à titre de marque dès lors que la reproduction incriminée est destinée à informer l'éventuel acquéreur de la consistance des objets offerts à la vente et ne sert pas à identifier un service de ventes publiques aux enchères. • Paris, 14 mars 2007 : *PIBD 2007. III. 443.* ♦ Pour que l'apposition d'un signe caractérise une reproduction de la marque, il faut qu'elle porte atteinte à la fonction de cette marque et notamment à celle de garantie d'origine ou de qualité. Tel n'est pas le cas lorsque le nom d'un bateau est apposé sur une maquette ou sur un modèle réduit. Le public concerné par ce type d'objets recherche avant tout l'exactitude de la reproduction du modèle : il percevra dès lors la reproduction du signe « Belem » comme celle d'une des caractéristiques du modèle et non pas comme un signe lui garantissant une origine ou une qualité particulière des maquettes en cause. • Paris, 31 oct. 2008 : *PIBD 2009. III 762.* ♦ Sur la question de la reproduction de la marque sur des modèles réduits, V. aussi • CJCE 25 janv. 2007, *Adam Opel*, n° C-48/05 : *ss. Dir. 2008/95/CE, art. 5, note 3.*

4. Caricature de marques. Présente un caractère manifestement illicite la diffusion d'affiches caricaturales destinées à discréditer auprès de leur clientèle les marques choisies par les fabricants de tabac pour identifier leurs produits et sous lesquelles ils sont légalement autorisés à les vendre. • Paris, 22 janv. 1992 : *D. 1992. IR 127 ; JCP E 1992. Pan. 335.* – Pourvoi rejeté par • Com. 21 févr. 1995 : *Bull. civ. IV, n° 55 ; D. 1995. IR 97 ; RJDA 1995, n° 917 (2e esp).* ♦ Une épinglette représentant le mondialement célèbre Bibendum de Michelin, barbu, portant massue et peau de bête flanqué d'un pneu et du slogan « Les idées du passé ne font pas tourner la roue du progrès », diffusée par un syndicat dans le cadre d'une campagne destinée à attirer l'attention des équipes dirigeantes de l'entreprise, ne constitue pas une atteinte à la marque, l'image qu'elle véhicule étant certes ironique mais non dévalorisante. • Riom, 15 sept. 1994 : *D. 1995. 429, obs. Edelman .* ♦ A légalement justifié sa décision, l'arrêt qui constate que les propos mettant en cause les véhicules d'une marque automobile s'inscrivaient dans le cadre d'une émission satirique diffusée par une entreprise de communication audiovisuelle et ne pouvaient être dissociés de la caricature faite de son dirigeant de sorte que les propos incriminés relevaient de la liberté d'expression sans créer aucun risque de confusion entre la réalité et l'œuvre satirique. • Cass., ass. plén., 12 juill. 2000 : *Bull. civ. n° 7 ; D. 2001. 259, obs. Edelman .*

Le principe à valeur constitutionnelle de la liberté d'expression implique que, conformément à son objet statutaire, une association puisse dans ses écrits ou sur son site internet, dénoncer, sous la forme qu'elle estime appropriée au but poursuivi, les atteintes causées par certaines activités industrielles. Les modifications apportées aux marques et les propos tenus montrent clairement l'intention du défendeur de critiquer la politique industrielle du titulaire de la marque sans induire le public en erreur sur l'identité de l'auteur de la communication. La référence faite aux marques ne vise manifestement pas à promouvoir la commercialisation de produits identiques ou similaires à ceux du titulaire de la marque mais relève d'un usage polémique étranger à la vie des affaires. • Paris, 30 avr. 2003, *Danone : D. 2003. Somm. 2685, obs. Durrande ; ibid. AJ 1760, obs. Manara ; Ann. propr. ind. 2003. 240 ; Expertises juill. 2003, p. 261, note Haas et de Tissot ; JCP E*

2003. 1468, n° 8, obs. Boespflug, Greffe et Barthélemy ; Légipresse 2003. I. 83 ; Propr. intell. 2003, n° 8, p. 322, obs. Bénabou • TGI Paris, 30 janv. 2004, *Esso : D. 2004. AJ 879* ; *CCE 2004, n° 39, note Caron ; PIBD 2004. III. 229.* ♦ Confirmé par • Paris, 16 nov. 2005 : *D. 2006. Pan. 787, obs. Tréfigny* ; *CCE 2006, n° 8, obs. Caron ; Légipresse 2006. III. 96, note Baud et Colombet ; Propr. ind. 2006, n° 4, note Tréfigny.* ♦ Et sur pourvoi • Com. 8 avr. 2008 : *Bull. civ. IV, n° 79 ; D. 2008. AJ 1274, obs. Daleau* ; *CCE 2008, n° 77, note Caron ; PIBD 2008. III. 372* • TGI Paris, 9 juill. 2004, *Areva : CCE 2004, n° 110, note Caron ; JCP 2004. 1688, note Leroux ; Propr. ind. 2004, n° 78, note Tréfigny ; Propr. intell. 2004, n° 13, p. 961, obs. Buffet Delmas.* ♦ Confirmé par • Paris, 17 nov. 2006 : *D. 2007. Pan. 1993, obs. Le Stanc* ; *Propr. ind. 2007, n° 6, obs. Tréfigny ; PIBD 2008. III. 92.* ♦ Cassé partiellement par • Com. 8 avr. 2008 : *D. 2008. AJ 1207, obs. Lavric* ; *CCE 2008, n° 77, note Caron ; PIBD 2008. III. 372.* ♦ En utilisant des éléments du décor d'un paquet de cigarettes, à titre d'illustration, sur un mode humoristique, dans des affiches et des timbres diffusés à l'occasion d'une campagne de prévention à destination des adolescents dénonçant les dangers de la consommation du tabac, une association, agissant conformément à son objet, dans un but de santé publique, par des moyens proportionnés à ce but, n'a pas abusé de son droit de libre expression. • Civ. 2e, 19 oct. 2006 : *JCP 2007. II. 10195, note Pollaud-Dulian ; Propr. ind. 2007, n° 5, note Tréfigny.* ♦ Cassant • Paris, 14 janv. 2005 : *PIBD 2005. III. 242.* ♦ La liberté d'expression qui vise à informer le public n'est pas absolue et ne doit pas présenter, par la forme ou son contenu, un caractère excessif constitutif d'un abus. En associant les marques « A » et« Areva » déposées pour divers produits et services (et non seulement pour le nucléaire) à une tête de mort et à un poisson au caractère maladif, l'association Greenpeace conduit à penser que tout produit ou service diffusé sous ce sigle est mortel. En incluant des activités qui ne sont pas concernées par le but qu'elle poursuit, elle a abusé de sa liberté d'expression et commis des actes fautifs dont elle doit réparation. • Paris, 17 nov. 2006 : *préc.*

5. Caricature de marques. Atteinte à la marque. En choisissant l'emballage d'une marque notoire de camembert comme étui d'un disque de chansons parodiques, les auteurs ont, au-delà du souci de divertir, cherché à exploiter l'impact dont elle jouit pour toucher un large public et ont ainsi porté atteinte à la marque. • TGI Paris, 4 oct. 1996 : *PIBD 1997. III. 123.* ♦ En commercialisant des T-shirts sur lesquels apparaît la représentation caricaturale et parodique des marques « M. Propre » déposées par Procter et Gamble, une société a usé de la caricature et de la parodie, non pas uniquement pour railler ou faire sourire, mais aussi dans l'intention essentiellement commerciale de profiter des marques déposées pour vendre son propre produit à savoir le T-shirt incriminé. • Paris, 9 sept. 1998 : *D. Affaires 1998. 1060, obs. B. P.* ♦ V. aussi. • Chambéry, 27 juin 2006, *Killer surprise : JCP 2007. IV. 1850.* ♦ L'exception de parodie, de pastiche et de caricature définie par l'art. L. 122-5-4 du CPI est applicable à la contrefaçon d'œuvres de l'esprit, mais non au droit des marques. • Paris, 11 déc. 2015, *Pernod Ricard : PIBD 2016. III. 82* • Rennes, 2e ch., 27 avr. 2010, *Petit Navire : PIBD 2010. III. 493.* ♦ Si le principe à valeur constitutionnelle de la liberté d'expression doit permettre, dans un contexte polémique et dans certaines limites, de faire usage d'éléments détournés d'une marque renommée pour exprimer sous une forme parodique une critique des produits désignés par cette marque ou de l'activité de l'entreprise qui en est titulaire, l'usage d'une telle marque par un opérateur économique dans la vie des affaires, à seule fin de tirer parti de sa notoriété pour commercialiser ses propres produits, constitue bien une atteinte à la renommée de la marque. • Rennes, 2e ch., 27 avr. 2010 : *préc.*

6. Critique de la marque. Le seul fait, pour l'auteur d'un ouvrage littéraire ou scientifique, de citer la marque d'un produit, que cette mention soit ou non assortie de commentaires, ne constitue pas une atteinte aux droits du propriétaire de la marque. • Paris, 20 déc. 1978 : *Ann. propr. ind. 1980. 116* • Crim. 23 janv. 1984 : *D. 1986. Somm. 404* • 17 févr. 1981 : *Bull. crim. n° 182* • TGI Paris, 22 févr. 1995 : *PIBD 1995. III. 257.* ♦ L'incidence qu'auraient les modifications des sigles « A » et « Aréva » pratiquées par l'association Greenpeace sur le site internet de la société titulaire de ces marques est inopérante pour apprécier l'existence d'une contrefaçon de marque, toute critique étant susceptible d'avoir des conséquences économiques. • Paris, 17 nov. 2006 : *préc. note 4.*

7. Nécessités de l'information. Le CSA saisi par le groupe Findus de l'utilisation de sa marque par les médias audiovisuels dans l'affaire relative à la viande de cheval considère qu'aucun manquement à leurs obligations déontologiques n'a été constaté sur les chaînes de télévision et de radio, l'entreprise Findus ayant pu, de diverses manières, faire valoir son point de vue sur les antennes. Par ailleurs, la référence visuelle ou orale à la marque ne constitue pas une atteinte au droit de la propriété intellectuelle, dans la mesure où elle poursuit le but d'informer le public sur des faits d'actualité : • CSA 3 avr. 2013 : *Propr. ind. 2013, n° 66, obs. Basire.*

Art. L. 713-2 Sont interdits, sauf autorisation du propriétaire :

a) La reproduction, l'usage ou l'apposition d'une marque, même avec l'adjonction de mots tels que : "formule, façon, système, imitation, genre, méthode", ainsi que l'usage

d'une marque reproduite, pour des produits ou services identiques à ceux désignés dans l'enregistrement ;

b) **La suppression ou la modification d'une marque régulièrement apposée.** – *[L. n° 91-7 du 4 janv. 1991, art. 15.]*

BIBL. ▶ Bonet, *Propr. intell. 2012, n° 43, p. 154* (les trois âges de la fonction de la marque selon la jurisprudence de la Cour de justice). – Bonnard, La contrefaçon de marque, *Litec, 2008*. – Buffet Delmas, *Propr. intell. 2007, n° 24, p. 266* (responsabilité de certains prestataires de services sur internet... et si les principes de loyauté et de libre concurrence venaient au secours du droit des marques ?). – Buffet Delmas et Morelli, *Propr. ind. 2008. Étude 24* (de quelques évolutions importantes en matière de preuve de la contrefaçon). – Canlorbe, L'usage de la marque d'autrui, *Litec, coll. Le droit des affaires-propriété intellectuelle, 2007 (thèse Paris II) ; Légicom 2010, n° 1, p. 107* (l'usage dans la vie des affaires, condition nécessaire de la contrefaçon des marques) ; *J.-Cl. Marques, fasc. 7513* (Usage ilicite de marques). – Carreau, *J.-Cl. Marques, fasc. 7500* (contrefaçon de marque : généralités). – Corone, *Légicom 2010, n° 1, p. 117* (liens commerciaux sur internet et contrefaçon de marque). – Dreyfus, Atteintes aux marques sur l'internet, *Domaines.info*. – Dreyfus et Jobbe-Duval, *Propr. ind. 2006. Étude 1* (publicité sur internet et droit des marques). – Durrande, *J.-Cl. Marques, fasc. 7511* (Reproduction et imitation de marques). – Gattino-Pollicot, Le renforcement de l'effectivité de la lutte contre la contrefaçon. L'exemple des contrefaçons de marques françaises illégalement fabriquées en Chine et en Thaïlande, *Thèse Paris IX, 2011* – Guillemin, *Légicom 2010, n° 1, p. 99* (nouvelle répression : la loi sur la contrefaçon). – Houtman, *RDPI 1997, n° 76, p. 35* (la responsabilité des journalistes et associations de consommateurs et usage de marque). – Maréchal, *RTD com. 2012. 245* (l'évaluation des dommages-intérêts en matière de contrefaçon). – Monot, La guerre de la contrefaçon : le grand pillage des marques, *Ellipses, 2009*. – Passa, *Propr. intell. 2004, n° 10, p. 513* (les divergences dans la définition de l'acte de contrefaçon dans les différentes branches du droit de la propriété intellectuelle. Plaidoyer pour une clarification) ; *Propr. ind. 2005. Étude 2* (les conditions générales d'une atteinte au droit des marques) ; *ibid. 2011. Étude 1* (caractérisation de la contrefaçon par référence aux fonctions de la marque : la Cour de justice sur une fausse piste). – Peltier, *Propr. ind. 2017. Étude 12* (l'élément moral de la contrefaçon de marque). – Reboul, *Cah. dr. entr. 1998, n° 2, p. 35* (distribution sélective et contrefaçon de marque) – Roda, Les conséquences civiles de la contrefaçon des droits de la propriété industrielle, *LexisNexis/CEIPI, 2011*.

COMMENTAIRE

Commentaire commun des articles L. 713-2 et L. 713-3

Il résulte des textes communautaires sur les marques (Dir. 2008/95/CE, consid. 9 et 10) que la répression des atteintes aux marques doit obéir aux mêmes règles dans tous les États membres. En raison de l'obligation d'interprétation conforme qui pèse sur lui, le juge français est ainsi contraint d'interpréter sa loi interne en adéquation avec la jurisprudence communautaire.

La Cour de justice (CJCE 12 juin 2008, n° C-533/06, *O_2 Holdings* : V. Dir. 2008/95/CE, art. 5, note 8) a dit pour droit que le titulaire d'une marque enregistrée n'est habilité à interdire à un tiers l'usage **d'un signe identique** à sa marque en application de l'article 5, § 1, sous *a*) (L. 713-2, *a*) que si quatre conditions sont réunies :

– un usage dans la vie des affaires ;
– un usage sans le consentement du titulaire de la marque ;
– un usage pour des produits ou des services identiques à ceux pour lesquels la marque est enregistrée (V. ss. art. L. 713-2, note 14) ;
– un usage qui porte atteinte à **une des fonctions** de la marque, **qu'il s'agisse de sa fonction essentielle** qui est de garantir aux consommateurs la provenance des produits ou des services (CJCE 12 nov. 2002, n° C-206/01, « *Arsenal football club* » : V. Dir. 2008/95/CE, art. 5, note 5) **ou d'une de ses autres fonctions** (publicité, communication, garantie... : V. ss. art. L. 713-2, notes 15 à 18).

En revanche, le titulaire d'une marque enregistrée ne peut interdire l'usage par un tiers **d'un signe similaire à sa marque** en application de l'article 5, § 1, sous *b* (L. 713-3) que si les quatre conditions suivantes sont réunies :

– un usage de la marque dans la vie des affaires ;
– un usage sans le consentement du titulaire de la marque ;
– un usage pour des produits ou des services identiques ou similaires à ceux pour lesquels la marque est enregistrée ;

– un usage qui doit porter atteinte ou être susceptible de **porter atteinte à la fonction essentielle** de la marque qui est de garantir au consommateur la provenance des produits ou des services, en raison d'un risque de confusion dans l'esprit du public.

La contrefaçon d'une marque ne peut être établie que si il est fait usage du signe dans la vie des affaires, conformément à sa fonction qui est de distinguer des produits ou des services. Cette condition a été rappelée par la Dir. (UE) n° 2015/2436 du 16 décembre 2016 (cons. 18) et il serait souhaitable qu'elle soit formellement intégrée dans le CPI.

La Cour de justice a précisé dans l'arrêt *Arsenal Football Club* (préc.) que l'**usage** d'une marque intervient **dans la vie des affaires** « *dès lors qu'il se situe dans le contexte d'une activité commerciale visant un avantage économique et non dans le domaine privé* » ce qui permet de faire échapper aux poursuites, non seulement l'usage d'une marque dans le domaine privé, mais aussi les usages publics dans lesquels l'agent ne poursuit aucun avantage économique direct ou indirect, par exemple l'usage de la marque dans un but d'information, fût-il polémique (V. ss. art. L. 713-2, notes 7 à 10). La jurisprudence considère que la seule reproduction (ou imitation) du signe constituant la marque dans un acte de dépôt constitue une contrefaçon par usage non autorisé de la marque (V. ss. art. L. 713-2, note 1). Certaines décisions (TGI Paris, 8 juill. 2011. – V. ss. art. L. 713-2, note 1) soulignent que, en conférant à son titulaire un avantage économique opposable aux tiers, le dépôt s'analyse comme un usage de la marque dans la vie des affaires (V. cep. Com. 21 févr. 2012, ss. art. L. 713-2, note 1, pour laquelle cet élément est indifférent).

La contrefaçon par reproduction suppose l'emploi d'un signe « identique » à une marque, c'est-à-dire, selon la définition de la Cour de justice (CJCE 20 mars 2002, *LTJ Diffusion* : V. Dir. 2008/95/CE, art. 4, notes 1 à 4), d'un signe qui « reproduit sans modification ni ajout tous les éléments de la marque ou qui, considéré dans son ensemble, recèle des différences si insignifiantes qu'elles peuvent passer inaperçues aux yeux d'un consommateur moyen » (V. ss. art. L. 713-2, note 11). Une telle définition permet d'assimiler à la reproduction, comme le faisait la jurisprudence antérieure, la reproduction quasi servile, à condition toutefois que le juge motive soigneusement sa décision et précise en quoi les différences entre les deux signes sont « si insignifiantes qu'elles peuvent passer inaperçues aux yeux d'un consommateur moyen », mais conduit nécessairement les tribunaux à abandonner la notion de « reproduction par adjonction inopérante » (V. ss. art. L. 713-2, note 12 et 13).

Dans le cas d'une reprise de la marque sur des **produits similaires** ou d'**imitation** de la marque, la contrefaçon exige la démonstration que les actes matériels réalisés par le contrefacteur ont généré un **risque de confusion** dans l'esprit du consommateur moyen de la catégorie de produits concernée. Le risque de confusion **dépend de nombreux facteurs** parmi lesquels la similitude entre les produits et les services (n°s 56 à 67), la similitude entre les signes (n°s 68 à 72), la connaissance de la marque sur le marché (n°s 73 à 75), l'association qui peut être faite entre la marque et le signe utilisé par le contrefacteur (n°s 76 et 77).

La similitude entre les signes suppose une « similitude visuelle, auditive ou conceptuelle » des marques en cause (CJCE 11 nov. 1997, arrêt *Sabel*. – V. Dir. 2008/95/CE, art. 4, note 7). Il s'agit là des critères traditionnels déjà dégagés par la jurisprudence antérieure pour établir l'imitation. Ils conduisent à comparer la construction des deux marques pour voir si elles présentent la même composition (similitude visuelle et/ou phonétique) ou si elles font appel au même concept (similitude intellectuelle) (V. art. L. 713-3, notes 6 s.).

Pour apprécier la similitude entre les produits ou les services, la Cour de justice adopte une démarche objective tenant compte « de tous les facteurs pertinents qui caractérisent le rapport entre les produits ou services, en particulier leur nature, leur destination, leur utilisation ainsi que leur caractère concurrent ou complémentaire » (CJCE 29 sept. 1998, *Canon* : V. Dir. 2008/95/CE, art. 4, note 9).

Constitue un risque de confusion le fait que le public puisse croire que les produits ou services identifiés par les deux signes proviennent de la même entreprise ou, le cas échéant, d'entreprises liées économiquement (arrêt *Canon*, préc.) ; la victime potentielle du risque de confusion étant « un consommateur moyen du type de produit en cause » (arrêt *Sabel*, préc., V. ss. art. L. 713-3, note 4). Le risque de confusion doit faire l'objet d'une « appréciation globale » (arrêt *Sabel*, préc.), ce qui implique d'une part qu'un seul des facteurs énumérés précédemment est insuffisant (V. ss. art. L. 713-3, note 3) et d'autre part qu'existe une certaine interdépendance entre ces facteurs. Ainsi, un faible degré de similitude entre les produits peut être compensé par un degré élevé de similitude entre les marques et inversement (arrêt *Canon*, préc., V. ss. art. L. 713-3, notes 3 et 20). Enfin, « le risque de confusion est d'autant plus élevé que le caractère distinctif de la marque antérieure s'avère important », soit en raison de sa notoriété, soit en raison de sa composition intrinsèque (arrêts *Sabel* et *Canon*, préc., V. ss. art. L. 713-3, note 20).

Pour renforcer la protection des titulaires de marques, et appréhender les « actes préparatoires » à la contrefaçon, l'article 11, *a*, de la directive (UE) 2015/2436 du 16 décembre 2015 donne au titulaire de la marque le droit d'interdire l'apposition d'un signe identique ou similaire à la marque sur des conditionnements ou tout autre support sur lequel la marque peut être apposée (délit qui existe déjà en droit français : V. note 29). Pour tenir compte du fait que les contrefacteurs dissocient fréquemment la fabrication du produit et celle des étiquettes, flaconnages ou autres éléments de son identification et, en particulier, les importent séparément, l'article 11, *b*, de la directive incrimine aussi « l'offre, la mise sur le marché ou la détention aux fins de mise sur le marché, l'importation ou l'exportation de conditionnements, d'étiquettes, de marquages, de dispositifs de sécurité ou d'authentification ou tout autre support sur lequel la marque est apposée », lorsqu'il existe un risque qu'il puisse être fait usage de tels éléments pour des produits ou services identiques ou similaires à ceux pour lesquels son signe est protégé. Reste à savoir comment évaluer un tel risque ; à dire vrai, la difficulté n'est pas bien grande : à quoi pourraient bien servir un lot d'étiquettes ou de conditionnements portant une marque protégée si ce n'est à être utilisés pour identifier des produits de contrefaçon ? (Sur l'incidence de la Dir. (UE) 2015/2436, V. aussi notes 9 et 15). ❑

I. GÉNÉRALITÉS

1. La contrefaçon par reproduction de l'art. L. 713-2 CPI suppose que la marque ait été reproduite pour des produits. • Paris, 13 oct. 1999 : *PIBD 2000. III. 65* • 15 déc. 1999, *ibid. 167* • 21 janv. 2000 : *ibid. 235* • 25 févr. 2000 : *ibid. 259.* ♦ ... Ou des services. • Paris, 3 juin 1999 : *PIBD 1999. III. 243.* ♦ ... Identiques à ceux visés dans le dépôt. • Com. 12 oct. 2010, ♔ *Dermoesthétique Reine : PIBD 2010. III. 734.*

2. La contrefaçon par reproduction ne nécessite pas la démonstration d'un risque de confusion. • Com. 2 juill. 2002 : ♔ *PIBD 2003. III. 18* • 20 oct. 1998 : ♔ *PIBD 1999. III. 48.*

3. Appréciation des juges du fond. L'appréciation des éléments de la contrefaçon est laissée au pouvoir souverain des juges du fond. • Com. 13 déc. 2011, n° 10-10348, *Le Moniteur du commerce international* • 2 nov. 2011, ♔ n° 10-26201, *Cloche fraîcheur : PIBD 2011. III. 733* • 4 déc. 1974 : *Bull. civ. IV, n° 310* • 12 nov. 1973 : *Bull. civ. IV, n° 321* • 15 mai 1968 : *Ann. propr. ind. 1969. 40.*

4. Le défendeur en contrefaçon n'a pas qualité pour invoquer des marques dont il n'est pas titulaire et dont l'existence ne saurait affecter : la validité du titre invoqué à son encontre. • Paris, 25 nov. 1998 : *PIBD 1999. III. 112* • 19 févr. 1999 : *Ann. propr. ind. 1999. 267* • 7 juin 2000 : *PIBD 2001. III. 37.* ♦ ... Ni le fait qu'il y ait d'autres contrefacteurs. • Paris, 8 mars 1978 : *Ann. propr. ind. 1980. 67.*

5. Bonne foi. La bonne foi est inopérante dans une instance civile en contrefaçon. • Com. 21 févr. 2012, ♔ *Intérieur Design : PIBD 2012. III. 311* • Paris, 30 juin 2000 : *PIBD 2000. III. 516* • 20 oct. 2000 : *PIBD 2001. III. 37* • 2 déc. 2011, *Coca-Cola : PIBD 2012. III. 161* • 28 juin 2013, *Demat-RH : PIBD 2013. III. 1474.*

6. Le signe constituant la marque doit être apprécié tel qu'il a été déposé, indépendamment de l'utilisation qui en est faite. • Com. 3 avr. 2007, ♔ *Sisley : PIBD 2007. III. 372* • Versailles, 21 févr. 2012, *Sachets Cristal : PIBD 2012. III. 251,* cassé sur un autre point par • Com. 14 mai 2013 : ♔ *PIBD 2013. III. 1254 ; Propr. intell. 2014, n° 50, p. 102, obs. Sabatier* • Paris, 15 oct. 2010, *La bulle Kenzo : PIBD 2010. III. 828.* ♦ De la même façon, les produits ou les services que le titulaire de la marque s'est réservé d'identifier sous le signe doivent ressortir du libellé de l'enregistrement, sans tenir compte : de ceux effectivement exploités sous la marque. • Com. 3 avr. 2007 : ♔ *Bull. civ. IV, n° 108 ; PIBD 2007. III. 371.* ♦ .... De leur qualité • Lyon, 8 déc. 2011 : *PIBD 2012. III. 210.* ♦ ... Des conditions de leur commercialisation. • Com. 29 nov. 2011, ♔ *Moop : PIBD 2012. III. 72* • Paris, 30 mars 2012, *Drouot : PIBD 2012. III. 388.* • 9 déc. 2011, *Léonidas : PIBD 2012. III. 213.* ♦ .... Ou du contexte particulier dans lequel s'inscrit la fourniture des services. • Paris, 28 janv. 2011, *Confiance : PIBD 2011. III. 279.*

II. CONTREFAÇON PAR REPRODUCTION

A. USAGE DANS LA VIE DES AFFAIRES...

7. Définition. Dans son arrêt n° C-206/01, *Arsenal Football Club*, la CJCE précise qu'un usage relève de la vie des affaires dès lors qu'il se situe dans le contexte d'une activité commerciale visant un avantage économique et non dans le domaine privé. La référence à une activité commerciale ou à des opérations commerciales, également présente dans les accords ADPIC du 15 avril 1994 (art. 16), doit s'entendre comme englobant les opérations qui s'inscrivent dans le domaine économique et visent l'obtention d'un avantage direct ou indirect de nature économique, tels que : des propositions commerciales et des tarifs. • Com. 29 nov. 2011, *ICV D 47*, n° 10-26.848 : *PIBD 2011. III. 70.* ♦ ... Le dépôt d'un signe comme marque, même non suivi d'exploitation. • Com. 20 mai 2016, n° 14-17.533 : *PIBD 2016. III. 633 ; Propr. intell. 2016, n° 60, p. 357, obs. Canlorbe* • 21 févr. 2012, n° 11-11.752 : *PIBD 2012. III. 311* • Paris, 30 nov. 2012 : *PIBD 2013. III. 952* • Paris, 9 sept. 2014, *Free : PIBD 2014. III. 809 ; Prop. intell. 2015, n° 55, p. 82, obs. Bouvel.* ♦ ... Le dépôt d'une marque communautaire • Paris, 31 mai 2016, *Babylone : PIBD 2016. III. 708,* sur renvoi après cassation • Com. 3 mars 2015, n° 13-22.900 : *D. 2016. 396, obs. Clavier ; PIBD 2015. III. 297 ; LEPI mai 2015, p. 5, obs. Herpe.* ♦ ... L'importation de produits en France à seule fin de développer des accessoires qui leur sont destinés, quand bien même les produits importés n'auraient pas été offerts au public français. • Paris, 15 janv. 2014, *Sony : PIBD 2014. III. 233,* et sur renvoi après cassation par • Com. 20 sept. 2011, n° 10-19.284 : *PIBD 2011. III. 637.* ♦ Un signe est utilisé dans la vie des affaires lorsqu'il sert à promouvoir les produits commercialisés par une entreprise. • Paris, 11 déc. 2015, *Pernod Ricard : PIBD 2016. III. 82.* ♦ Tous les actes d'une entreprise commerciale, y compris ceux effectués dans sa sphère interne, s'inscrivent nécessairement dans une perspective économique et l'absence d'offre au public de produits ou de services est indifférente. • Paris, 29 sept. 2015, *Aroma Floris : PIBD 2016. III. 125* • 19 mars 2014, *Steelnovel : PIBD 2014. III. 420* • 6 déc. 2013, *Élite : PIBD 2013. III. 238.* ♦ En revanche, une lettre d'information syndicale à parution régulière, diffusée gratuitement, qui n'a pour objet que de diffuser aux salariés concernés des informations relatives à leur droit au travail, aux négociations entreprises avec les représentants de leurs employeurs ou aux enjeux sociaux de nature à appeler la mobilisation des salariés, qui ne contient aucune publicité commerciale ni aucun appel à participer à des activités économiques ou à contribuer à leur financement, doit être considérée comme extérieure à la vie des affaires. • Paris, 12 mars 2010, *La Basoche : PIBD 2010. III. 447.* – Pourvoi rejeté par • Com. 10 mai 2011, n° 10-18.173 P : *D. 2011. AJ 1410 ; RDT 2011. 649, obs. Marié ; PIBD 2011. III. 457.* ♦ Toute relation qu'un syndicat professionnel noue, dans le cadre de l'exercice de ses missions légales et statutaires avec un adhérent potentiel ou effectif, est strictement politique et par nature hors marché et ne se situe pas dans la vie des affaires au sens de la jurisprudence de la CJUE. • TGI Paris, *CFDT*, 9 févr. 2017 : *PIBD 2017. III. 490.*

8. Internet. Moteur de recherche ; mots-clés ; liens commerciaux. *a) Responsabilité du prestataire du service de référencement.* La CJUE (• 23 mars 2010, *Google*, n^os C-236/08 à C-238/08 : *V. note 5 ss. art. 5 Dir. 2008/95/CE*) ayant dit pour droit que le prestataire d'un service de référencement sur internet, qui stocke en tant que mot-clé un signe identique à une marque et organise l'affichage d'annonces à partir de celui-ci, ne fait pas un usage de ce signe au sens de l'article 5, § 5, du Règlement 40/94 ; viole les art. L. 713-2 et L. 713-3 une cour d'appel qui, pour dire que les sociétés Google Inc. et Google France ont commis des actes de contrefaçon, retient que l'outil générateur de mots-clés qu'elles mettent en œuvre fait usage, reproduit et imite les marques appartenant au demandeur, dès lors qu'en opérant une recherche à partir de ces marques apparaissent des liens commerciaux vers plusieurs sites commercialisant ouvertement des contrefaçons. – • Com. 13 juill. 2010, *LVMH : Bull. civ. IV, n° 124 ; D. 2011. Pan. 912, obs. Durrande ; CCE 2010, n° 93, note Caron ; PIBD 2010. III. 579.* Dans le même sens, V. • Com. 13 juill. 2010, *Gifam*, n° 08-13.944 P : *D. 2010. 1862 , et les obs. ; ibid. 1966, obs. Larrieu, Le Stanc et Tréfigny-Goy ; ibid. 2540, obs. Centre de droit de la concurrence Yves Serra ; ibid. 2011. 908, obs. Durrande.* • Com. 13 juill. 2010, *Viaticum*, n° 05-14.331 : *D. 2010. 1966, obs. LarrieuLe Stanc et Tréfigny-Goy ; ibid. 2011. 908, obs. Durrande.* • 13 juill. 2010, *Eurochallenge*, n° 06-15.136 P : *D. 2009. 1065 , et les obs., note Gavanon et Huet ; ibid. 1992, obs. Larrieu, Le Stanc et Tréfigny* • Paris, 9 avr. 2014, *Voyageurs du Monde : PIBD 2014. III. 741 ; Propr. intell. juill. 2015, n° 56, p. 311, obs. Bouvel.*

b) Responsabilité de l'hébergeur. En application de l'art. 6-I.7 de la loi du 21 juin 2004 sur la confiance de l'économie numérique, l'hébergeur n'est pas soumis à une obligation générale de surveillance des informations qu'il transmet ou qu'il stocke ; il n'engage sa responsabilité, conformément à l'art. 6-I.2 de cette loi et à la jurisprudence de la CJUE (23 mars 2010, préc.) que si, ayant pris connaissance du caractère illicite des données stockées à la demande d'un annonceur, ou des activités illicites de celui-ci, il n'a pas promptement retiré ou rendues inaccessibles ces données : • Paris, 9 avr. 2014, *Voyageurs du Monde : préc.* ♦ Ou s'il a joué un rôle actif de nature à lui confier la connaissance ou le contrôle des données stockées par les annonceurs. • Com. 20 janv. 2015, *SNCF*, n° 11-28.567 : *PIBD 2015. III. 185. c) Responsabilité de l'annonceur.* La sélection, en tant que « mot-clé », par un concurrent du titulaire de la marque, d'un signe identique à celle-ci, constitue un usage de la marque dans la vie des affaires. • Paris, 2 févr. 2011,

AUtoies : Légipresse 2011. III. 349, note Canlorbe ; PIBD 2011. III. 400 • Lyon, 22 mars 2012, *Rentabiliweb : PIBD 2012. III. 477.* Quand bien même la marque, reproduite sous forme de méta-tag resterait invisible pour l'utilisateur • Paris, 19 mars 2014, *Steelnovel : préc.* • 28 mars 2014, *Sofrigam : PIBD 2014. III. 454* • Lyon, 16 janv. 2014 : *PIBD 2014. III. 231.* L'usage d'un mot clé identique à la marque d'autrui relève en principe d'une concurrence saine et loyale dans le secteur concerné (V. • CJUE 23 mars 2010, *Google c/ L. Vuitton,* n° C-236/08. et • CJUE 22 sept. 2011, *Interflora,* n° C-323/09 : *cités note 2 ss. art. 5 Dir. CE n° 2008/95)* (et ne relève pas d'un usage que le titulaire de la marque peut interdire sauf dans le cas où elle ne permet pas ou ne permet que difficilement d'identifier l'origine de la proposition. Commet une contrefaçon le rédacteur d'une annonce qui reste à tel point vague sur l'origine des produits ou des services en cause qu'un internaute normalement informé et raisonnablement attentif n'est pas en mesure de savoir, sur la base du lien promotionnel et du message commercial qui y est joint, si l'annonceur est un tiers par rapport au titulaire de la marque ou, bien au contraire, économiquement lié à celui-ci, et qui par conséquent ne permet pas, ou ne permet que difficilement, à l'internaute moyen de savoir si les produits ou les services visés par l'annonce proviennent du titulaire de la marque ou d'une entreprise économiquement liée, ce dont résulte une atteinte à la fonction d'identification d'origine de la marque. • Com. 13 juill. 2010, *Eurochallenge : préc.* • Paris, 1er oct. 2010, *Linxea : PIBD 2010. III. 782.* Il en est de même lorsque le site de l'annonceur apparaît non pas sous la rubrique lien commercial, mais en première position dans la liste des résultats naturels de la recherche. De ce fait, l'internaute d'attention moyenne, normalement attentif et raisonnablement avisé, qui sait que la rubrique lien commercial est dédiée aux annonceurs, n'est pas en mesure de distinguer l'origine des services proposés par les deux sites qui apparaissent sous les résultats naturels de la recherche sans que le caractère publicitaire de l'annonce pour le site litigieux ne soit indiqué et sans que l'identité de l'exploitant ne soit davantage renseignée. • Paris, 1er oct. 2010, *Linxea : préc.* • 22 juin 2011, *Envirojob : PIBD 2011. III. 585.* ♦ Dans le cas où l'annonce permet d'identifier clairement l'origine des produits, le titulaire de la marque qui a obtenu le retrait a indûment fait perdre à la société poursuivie, dont rien, à l'époque, ne permettait de soupçonner la loyauté, une chance de proposer son service à des internautes. • Lyon, 19 janv. 2012 : *PIBD 2012. III. 205.* ♦ L'usage d'une marque sur une page d'un réseau social n'est pas, à lui seul, constitutif de contrefaçon, encore faut-il que cet usage se fasse dans un cadre commercial. • TGI Paris, 28 nov. 2013 : *Légipresse 2014, n° 316, p. 295, note Basire.*

9. Publicité comparative. Médicaments génériques. Il résulte de la jurisprudence de la Cour de justice (• CJCE 12 juin 2008, *O² Holdings,* n° C-533/06 : *D. 2008. 1824, et les obs.)* que le titulaire d'une marque enregistrée n'est pas habilité à interdire l'usage, par un tiers, dans une publicité comparative qui satisfait à toutes les conditions de liceité, d'un signe identique ou similaire à sa marque. • Com. 24 mai 2011, *Déroxat : Bull. civ. IV, n° 85 ; Dalloz actualité, 7 juin 2011, obs. Delpech.* ♦ Ne commet pas d'acte de contrefaçon de marque un laboratoire pharmaceutique qui, dans une brochure publicitaire, présente une spécialité comme générique d'une autre. En procédant ainsi, il informe le public que cette spécialité a la même composition qualitative et quantitative en principe actif, la même forme pharmaceutique que la spécialité de référence, et que sa bioéquivalence avec cette spécialité est démontrée, ce dont il résulte qu'il procède à une comparaison de caractéristiques essentielles, pertinentes, vérifiables et représentatives des produits en cause, respectant les conditions posées dans l'art. L. 128 C. consom. à la licéité de la publicité comparative. • Com. 7 juill. 2009, *Mopral : Bull. civ. IV, n° 104* (et, sur renvoi, V. • Versailles, 13 déc. 2011 : *PIBD 2012. III. 221).* ♦ La promotion des médicaments génériques passe par une lisibilité suffisante de la citation du produit princeps sans pour autant que la marque de référence de ce produit soit mise en avant de façon telle qu'elle caractérise un détournement de la notoriété attachée à la marque et aux signes associés à son exploitation. • Paris, 8 oct. 2010 : *RTD com. 2011. 331, obs. Azéma ; PIBD 2010. III. 831* ♦ Sur cette question, V. • CJCE 12 juin 2008, *O² Holdings,* nos C-533/06 et C-533/02 : *note 8 ss. art. 5, Dir. 2008/95/CE et Dir. (UE) 2015/2436 du 16 déc. 2015, consid. 20 et art. 10, § 3, sous f.* – V. aussi Bonet, *Propr. intell. 2008, n° 029, p. 393* (articulation entre publicité comparative et protection de la marque).

10. Tableaux de concordance. Constitue une contrefaçon le fait de reproduire la marque sur des tableaux de concordance et d'en faire usage pour vendre ou faire vendre des produits identiques à ceux couverts par l'enregistrement. • Crim. 3 nov. 2010 : *PIBD 2011. III. 49* • Crim. 30 juin 2009, *Camille et Lucie : Bull. crim. n° 137 ; CCE 2009, n° 111, note Caron ; D. 2009. AJ 2108 ; Dalloz actualité, 15 sept. 2009, obs. Daleau* (rejet du pourvoi contre • Pau, 19 juin 2008 : *D. 2009. Pan. 700, obs. Durrande)* • Com. 17 déc. 1985 : *ibid. 1986. 135* • 16 oct. 1985, *Bull. civ. IV, n° 243 ; Ann. propr. ind. 1986. 133* • 2 févr. 1988 : *Bull. civ. IV, n° 59.* ♦ ... Quand bien même ce tableau serait masqué sous l'appellation de « généalogie ». • Versailles, 19 janv. 1987 : *D. 1993. Somm. 113, obs. Burst.* ♦ Pour condamner en raison de l'utilisation d'un tableau de concordance, non seulement le distributeur mais le fabricant, il convient d'établir que ce dernier connaissait l'utilisation illicite du tableau par le distributeur. • Com. 2 févr. 1988 : *Ann. propr. ind. 1989. 43.* ♦ Sur l'usage des marques dans des tableaux de concordance, V. aussi • CJCE 18 juin 2009, *L'Oréal* : n° C-487/07 : *cité ss. Dir. 2008/95, art. 5, note 3.* ♦ ... Et pour une application par les tribunaux français. • TGI Paris, 11 avr. 2014, *Lancôme : PIBD 2014. III. 662 ; Propr. intell. 2014, n° 53, p. 410, obs. Bouvel.*

B. ... D'UN SIGNE IDENTIQUE À LA MARQUE

Sur la notion de « signe identique », V. Dir. 2008/95/CE ss. art. 5, § 1, sous *a).*

11. Principe. La Cour de justice des Communautés européennes a dit pour droit (• CJCE 20 mars 2003, *LTJ Diffusion*, n° C-291/00 : *cité note 1 ss. art. 4 Dir. 2008/95/CE du 22 oct. 2008*) que l'art. 5, § 1, sous *a)* de la directive 2008/95/CE doit être interprété en ce sens qu'un signe est identique à la marque s'il reproduit, sans modification ni ajout, tous les éléments constituant la marque ou si, considéré dans son ensemble, il recèle des différences si insignifiantes qu'elles peuvent passer inaperçues aux yeux du consommateur moyen ; la cour d'appel, en retenant que la reproduction d'une marque s'entendait d'une reproduction à l'identique sans adjonction, a fait une exacte application du texte. • Com. 26 nov. 2003, *Clinique du Rond-Point : Ann. propr. ind. 2003. 469.* V. aussi • Com. 26 nov. 2003, *La Poste : Bull. civ. IV, n° 185 ; D. 2005. Pan. 505, obs. Durrande ; PIBD 2004. III. 131* • 24 nov. 2003, *Orangina Move : Ann. propr. ind. 2004. 472* ♦ ... Dès lors, le juge ne peut retenir la contrefaçon par reproduction que s'il recherche si, considérées dans leur ensemble, les marques recèlent des différences si insignifiantes qu'elles peuvent passer inaperçues aux yeux d'un consommateur moyen. • Com. 18 oct. 2016, *Puma*, n° 15-14.523 : *PIBD 2016. III. 913* • 26 nov. 2003, *Clinique du Rond-Point : préc.* • 26 nov. 2003, *La Poste : préc.* • 24 nov. 2003, *Orangina Move : préc.* ♦ Encourt la cassation l'arrêt qui, pour rejeter une demande en contrefaçon par reproduction, retient que les deux marques en conflit, toutes deux constituées par le même signe, présenté dans la même police de caractères, diffèrent dans leur présentation, sans rechercher si la différence relevée n'était pas insignifiante aux yeux d'un consommateur moyen des produits concernés. • Com. 2 févr. 2010, *Interplus : PIBD 2010. III. 166.* Et sur renvoi, retenant qu'en l'espèce les différences ne sont pas négligeables, V. • Paris, 20 mai 2011 : *PIBD 2011. III. 463.*

12. Applications. Marques nominales. En l'absence de reproduction à l'identique, la contrefaçon ne peut être appréhendée que sous l'angle de l'imitation et de la démonstration d'un risque de confusion. Il n'y a pas reproduction lorsque, tout en conservant l'élément vedette de la marque, le contrefacteur modifie la dénomination qui l'accompagne : « *3D Sidecut* » ne reproduit pas « *3D System* ». • Paris, 16 janv. 2004 : *PIBD 2004. III. 200.* ♦ « Deep Valley » ne reproduit pas « *Sun Valley* ». • Com. 4 févr. 2004 : *PIBD 2004. III. 293 ; Propr. intell. 2004, n° 13, p. 959, obs. Buffet-Delmas.* ♦ « Chevilles à crampons » ne reproduit pas « Crampon ». • Com. 4 févr. 2004 : *PIBD 2004. III. 334.* ♦ Et sur renvoi, V. : • Paris, 4 oct. 2006 : *PIBD 2007. III. 28.* ♦ « *Cuvée Diamant Champagne Trouillard* » ne reproduit pas « *Diamant bleu* ». • Com. 22 mars 2005 : *PIBD 2005. III. 366.* ♦ « Arthur et Félicie » ne reproduit pas « Arthur ». • Paris, 11 mai 2005 : *PIBD 2005. III. 668 ; Propr. ind. 2005, n° 17, note Buffet-Delmas.* ♦ « *Nutri-Riche* » ne reproduit pas « *Nutri-Rich* ». • Paris, 1er juin 2005 : *D. 2005. Pan. 2467, obs. Passa ; RTD com. 2005. 714, obs. Azéma.* ♦ V. l'arrêt de rejet : • Com. 10 juill. 2007 : *Bull. civ. IV, n° 189 ; D. 2009. Pan. 691, obs. Durrande ; ibid. 2007. AJ 2112, obs. Daleau ; RTD com. 2007. 714, obs. Azéma ; JCP E 2007. II. 2269, note Passa ; Propr. ind. 2007. Étude 24, obs. Schaffner et Georges ; Propr. intell. 2008, n° 26, p. 151, obs. Buffet-Delmas.* ♦ « *Vatel traiteur* » ne reproduit pas « *Vatel* ». • Paris, 8 nov. 2006 : *PIBD 2007. III. 60.* ♦ « *Centre laser dermo esthétique* » ne reproduit pas « *Dermo esthétique Reine* ». • Com. 12 oct. 2010, n° 09-15.334 : *préc. note 3.* ♦ Même si « les signes diffèrent légèrement, cette différence suffit à écarter la contrefaçon par reproduction ». • TGI Paris, 1er déc. 2005 : *PIBD 2006. III. 182* • Paris, 1er juin 2005, *Nutri Rich : D. 2005. 2466, note Passa* • 27 sept. 2006, *Platinium : PIBD 2006. III. 811* • Paris, 13 avr. 2012, *Bio'Sur : PIBD 2012. III. 424* (V. cependant « *Les notaires 37* » reproduit « *Notaires 37* » • Paris, 14 déc. 2011 : *PIBD 2012. III. 131.* ♦ « *Annuaires des villes* » reproduit « *L'Annuaire des villes* » • Paris, 16 mars 2011 : *PIBD 2011. III. 313.*

13. Marques figuratives. Les dispositions de l'art. L. 713-2 ne peuvent être invoquées : lorsque les adjonctions à la marque (une tête de mort et un poisson en mauvais état) ne peuvent être assimilées à des différences si insignifiantes qu'elles passeraient inaperçues aux yeux d'un consommateur moyen. • Paris, 17 nov. 2006, *Areva : PIBD 2007. III. 92.* ♦ ... Lorsque le contrefacteur ajoute à la marque de nombreux autres éléments, parfaitement visibles, qui ont pour effet de diluer son caractère distinctif. • Paris, 3 mars 2004 : *PIBD 2004. III. 335 ; Propr. intell. 2004, n° 13, p. 959, obs. Buffet-Delmas.* ♦ En revanche, passe inaperçue aux yeux d'un consommateur moyen, et constitue de ce fait une différence insignifiante réalisant une reproduction à l'identique : La présence d'un cadre noir entourant la marque. • Paris, 16 févr. 2007 : *PIBD 2007. III. 311.* ♦ ... La reprise du quadrillage et des couleurs caractéristiques du tartan Burberry. • Paris, 10 avr. 2009 : *PIBD 2009. III. 1234.* ♦ ... L'absence de reprise d'un léger décrochement, présent dans le signe original. • TGI Paris, 17 mars 2010 : *PIBD 2010. III. 361.* ♦ ... Une légère différence dans le dessin des pétales d'une fleur. • TGI Paris, 25 janv. 2011 : *PIBD 2011. III. 321.* ♦ ... Des différences typographiques de détail. • Paris, 28 juin 2013, *Demat-RH : PIBD 2013. III. 1474.*

C. ... SUR DES PRODUITS IDENTIQUES

14. Deux services ou deux produits sont identiques lorsque les certificats d'enregistrement des deux marques énumèrent les mêmes services : des services de bar, brasserie et restauration rapide. • Com. 15 mai 2007 : *PIBD 2007. III. 479.* ♦ ... Ou les mêmes produits : des chaussures. • Douai, 15 déc. 2011, *15 : PIBD 2011. III. 359.* ♦ ... Des desserts à base de lait. • Paris, 17 févr. 2012, *Gourmand : PIBD 2012. III. 276.* ♦ En l'absence de dépôt par le contrefacteur, sont identiques des produits qui ont la même nature, remplissent la même fonction et s'adressent au même public. ♦ ... Des préparations pour le traitement des rides et une crème anti-rides. • Paris, 19 janv. 2007, *Botox : PIBD 2007. III. 213.* ♦ ... Ou lorsque le produit commercialisé par le contrefacteur est virtuellement compris sous un terme générique figurant dans l'enregistrement. ♦ ... Des produits cosmétiques et du fard à joues • TGI Paris, 2 févr. 2007 : *PIBD 2007. III. 280.* ♦ ... Des chaussures et des mules. • Paris, 17 mars 2006 : *PIBD 2006. III. 406.* ♦ ... Des appareils et instruments d'optique et des lunettes. • Paris, 30 nov. 2005 : *PIBD 2006. III. 132.* ♦ ... Des vêtements et des tabliers. • TGI Paris, 16 déc. 2009, *Mr Fitness : PIBD 2010. III. 185.*

D. ... PORTANT ATTEINTE À UNE DES FONCTIONS DE LA MARQUE

15. Quand bien même l'usage d'un signe identique à la marque serait intervenu dans la vie des affaires, l'exercice du droit de marque doit être réservé aux cas dans lesquels l'usage du signe par un tiers porte atteinte ou est susceptible de porter atteinte aux fonctions de la marque. • Rennes, 10 nov. 2015, *Forever Young : PIBD 2015. III. 33 ; Propr. ind. 2016, n° 12, obs. Tréfigny* • Com. 18 mai 2010, *Pretty Girl*, n° 09-14.117 : *PIBD 2010. III. 488.* ♦ ... Notamment à sa fonction distinctive. • Com. 31 mars 2015, *Moulin Rouge*, n° 13-21.300 P : *D. 2015. 802 ; Propr. intell. 2015, n° 56, p. 315, obs. Bouvel ; PIBD 2015. III. 375.* ♦ ... Ou encore à sa fonction de garantie d'identité d'origine des produits. • TGI Paris, 18 juin 2015 : *PIBD 2015. III. 544.* ♦ En principe, la contrefaçon n'est pas réalisée lorsque le signe protégé comme marque n'est pas repris pour désigner un produit, mais dans une dénomination sociale. Il en va néanmoins différemment lorsque cet agissement porte atteinte à la fonction essentielle de la marque, le signe en cause étant apposé sur des produits identiques ou similaires à ceux du titulaire de la marque ou étant utilisé de façon à ce qu'il s'établisse un lien avec ces produits. • Bordeaux, 5 mai 2015, *Château Relais du Cheval Blanc : PIBD 2015. III. 455*, sur renvoi après • Com. 7 janv. 2014, n° 12-28.041 : *PIBD 2014. II. 229.* – Sur les fonctions de la marque, V. notes ss. art. 5, Dir. 2008/95/CE. ♦ Sur la reprise d'une marque dans une dénomination sociale, V. • CJCE 11 sept. 2007, *Céline*, n° C-17/06 : V. *ss. Dir. 2008/95/CE, art. 5, note 7*, dont la solution a été reprise par la Dir. (UE) 2015/2436, consid. 19 et art. 10, § 3, sous *d).*

16. Usage du signe dans son acception courante. La contrefaçon n'est pas réalisée lorsque les éléments constituant la marque, pris dans leur acception courante, n'ont pas pour finalité de désigner l'origine commerciale des produits, mais : ... d'illustrer le passage du temps. • TGI Paris, 29 oct. 2010, *Le temps des cerises : PIBD 2011. III. 226.* ♦ ... De définir la qualité d'un produit. • Com. 2 avr. 2012, *Coup d'Éclat : PIBD 2012. III. 353.* ♦ ... De décrire ses caractéristiques. • TGI Paris, 18 juin 2010, *Yogamat : PIBD 2010. III. 743.* ♦ ... De faciliter la consultation d'un catalogue. • Paris, 3 déc. 2010, *Castorama : PIBD 2011. III. 101.* ♦ ... Ou de se situer dans la tendance de la mode qui consiste à afficher ses pensées sur ses vêtements. • TGI Paris, 25 mars 2011, *Absolument interdit de me gronder : PIBD 2011. III. 104* • Paris, 30 nov. 2011, *I love my T's : PIBD 2012. III. 104.*

17. Usage du signe n'identifiant pas un produit. La contrefaçon n'est pas non plus réalisée lorsque la reprise de la marque n'a pas pour finalité de désigner un produit, mais d'identifier : un groupement. • TGI Paris, 20 janv. 2011, *Acofarma : PIBD 2011. III. 285* • 11 févr. 2011, *Techneau Pro : PIBD 2012. III. 476.* ♦ ... Ou un fonds de commerce. • Angers, 21 juin 2011, *Neyrat Peyronie : PIBD 2011. III.580.* ♦ ... Sauf si le tiers appose ce signe sur des produits ou l'utilise de façon à ce qu'il s'établisse un lien avec des produits. • TGI Paris, 20 janv. 2011, *Acofarma : préc.* • Angers,21 juin 2011, *Neyrat Peyronie : préc.* ♦ ... Une équipe de football, objet de paris en ligne. • Paris, 11 déc. 2009, *Juventus de Turin : RTD com. 2010. 298, obs. Azéma ; PIBD 2010. III.139* • Paris, 2 avr. 2010, *PSG : PIBD 2010. III. 532.* ♦ ... Ou encore une œuvre intellectuelle, la fonction du titre, qui est d'individualiser une œuvre intellectuelle unique, étant différente de celle de la marque qui consiste à rattacher le produit – le DVD ou le livre – à un opérateur économique considéré comme responsable de sa qualité – l'éditeur. • Com. 12 juill. 2011, *Elles ont posé pour lui : PIBD 2011. III. 557* • TGI Paris, 18 févr. 2011, *L'Europe vue du ciel : PIBD 2011. III. 406.*

III. CONTREFAÇON PAR USAGE

BIBL. Chavanne, *Mélanges Mathély, Litec 1990* (le délit d'usage de marque et son évolution).

A. RÉFÉRENCE À LA MARQUE

18. Constitue une contrefaçon l'attribution de la marque à des articles de même nature ne provenant pas du titulaire de la marque. • Paris, 7 déc. 1992 : *PIBD 1993. III. 265* • 15 juin 1987 : *Ann. propr. ind. 1988. 274*. ♦ ... Ou le fait de présenter un produit comme équivalant au produit désigné par la marque. • Bordeaux, 13 sept. 2010, *ICVD47 : PIBD 2010. III. 693.* ♦ La simple référence orale à la marque suffit à caractériser l'usage si le commerçant n'a pas apposé le signe sur ses propres produits. • Paris, 23 janv. 1985 : *Ann. propr. ind. 1986. 47* • 30 avr. 1987 : *ibid. 1988. 246.* ♦ L'usage implique que des produits désignés par la marque aient été proposés à la vente, commercialisés auprès du consommateur et ne peut se déduire du simple dépôt ou d'une opposition à l'enregistrement de cette marque. • Paris, 5 déc. 2001 : *PIBD 2002. III. 134* • Versailles, 3 mai 2007 : *PIBD 2007. III. 448* • Com. 28 mars 2006 : *D. 2006. AJ 1045, obs. Daleau* ; *CCE 2006, n° 89, note Caron ; PIBD 2006. III. 472.* ♦ La fonction essentielle de la marque étant de garantir au consommateur l'origine du produit en lui permettant de le distinguer sans confusion possible de ceux qui ont une autre provenance, le commerçant vendant des produits authentiques acquis auprès du titulaire de la marque peut légitimement utiliser cette marque pour désigner ces produits et les distinguer des autres. • Paris, 5 nov. 2003 : *PIBD 2004. III. 135.*

19. Publicité. Constitue un usage de marque le fait de reproduire la marque sur un dépliant ou une annonce publicitaire. • Paris, 29 mars 1989 : *D. 1993. Somm. 113, obs. Burst* • Com. 24 sept. 2003, *Le gommage des façades : PIBD 2003. III. 576.* ♦ Pour la promotion commerciale d'un produit supposé avoir les mêmes fonctions que le produit marqué : • Paris, 4 juill. 2008 : *PIBD 2008. III. 537.* ♦ ... A condition que cette reproduction porte sur la caractéristique essentielle de la marque. • Com. 9 oct. 1990 : *Bull. civ. IV, n° 233* • Paris, 16 avr. 1992 : *D. 1992. IR 179* • Crim. 28 avr. 1977 : *D. 1977. IR 384* • 11 juill. 1978 : *Ann. propr. ind. 1979. 343.* ♦ ... L'utilisation insolite et non nécessaire de la marque caractérise un usage illicite dont son titulaire est bien fondé à se plaindre. • Paris, 30 avr. 1980 : *Ann. propr. ind. 1981. 97.* – Et, sur pourvoi, V. : • Com. 29 avr. 1982 : *Ann. propr. ind. 1983. 111* • Paris, 29 mars 1989 : *D. 1989. IR 123 ; D. 1993. Somm. 113, obs. Burst* • 16 mai 1991 : *PIBD 1991. III. 713* • 16 avr. 1992 : *D. 1992. IR 179* • Crim. 1er févr. 1990 : *D. 1990. IR 67*. ♦ Mais ne constitue pas une contrefaçon le fait pour un revendeur de reproduire la marque dans un catalogue publicitaire. Effectuant de façon normale une campagne destinée à promouvoir la vente de produits authentiques régulièrement acquis, il bénéficie de l'autorisation tacite d'utiliser la marque. • Com. 27 oct. 1992, *Poivre blanc*, n° 91-11.382 P : *Ann. propr. ind. 1992. 162 ; PIBD 1993. III. 166* • TGI Strasbourg, 12 janv. 2010 : *PIBD 2010. III. 250.*

B. FORMULE, FAÇON, SYSTÈME...

20. Chaussures « Style Paraboot ». • Paris, 18 juin 1992 : *D. 1994. 56, obs. Burst*. ♦ Sacs « Style Vuitton ». • Paris, 11 janv. 1985 : *PIBD 1985. III. 115.* ♦ Vêtements « Style Barbour ». • TGI Bourges, 15 juin 1995 : *PIBD 1995. III. 132.* ♦ Ameublement « Style Louisiane ». • Paris, 2 sept. 2011 : *PIBD 2011. III. 619.*

C. MARQUE D'APPEL

21. Constitue un usage de marque le fait d'utiliser la marque comme marque d'appel. • Com. 9 févr. 1982 : *Bull. civ. IV, n° 56* • Paris, 4 juill. 1989 : *PIBD 1989. III. 603 ; RIPIA 1989. 118* • 4 mars 1990 : *PIBD 1990. III. 494* • 19 mars 2008 : *Propr. ind. 2009, n° 12, note Tréfigny-Goy.* ♦ La présence de deux flacons de parfum dans le stock d'une société n'appartenant pas au réseau de distribution sélective du titulaire de la marque révèle qu'elle n'avait acheté ces produits que pour servir de marques d'appel. • Com. 19 mai 1998, *Chanel : PIBD 1998. III. 408.*

D. PRODUITS AUTHENTIQUES

22. Constitue un acte de contrefaçon par usage le fait, pour le fabricant, de mettre en circulation des produits authentiques de deuxième choix, sans l'autorisation du propriétaire de la marque. • Com. 26 janv. 1999 : *Bull. civ. IV, n° 27 ; RJDA 1999, n° 353 ; Ann. propr. ind. 1999. 219 ; PIBD 1999. III. 242.* ♦ ... Ou en contravention avec les dispositions du contrat de licence relatives à l'écoulement des invendus. • Paris, 24 nov. 2010, *Cerrutti : PIBD 2011. III. 173.* ♦ ... Ou, alors qu'il est autorisé à apposer la marque sur des articles qu'il a fabriqués avec des produits livrés par le propriétaire de la marque, de l'apposer sur des articles contenant des produits étrangers. • Com. 21 déc. 1970 : *Bull. civ. IV, n° 352.*

23. Soldes. Constitue un usage de marque le fait de vendre en solde : un stock de produits recouverts d'une marque de prestige, acquis aux enchères à la suite de la mise en liquidation judiciaire d'un distributeur, passant outre le refus du titulaire de la marque. • Com. 4 oct. 2011, *Chanel*, n° 10-20.914. • 24 mai 2011, *Chanel*, n° 10-18.474 : *PIBD 2011. III. 558 et 560* • 23 mars 2010, *Chanel*, n° 09-66.522 : *CCE 2011, n° 3, note Caron ; PIBD 2010. III. 308.* ♦ (Renvoi, V. : • Grenoble, 18 oct. 2011 : *PIBD 2011. III. 737.* ♦ ... Ou des produits marqués, refusés au fabricant par le titulaire de la marque, alors que le soldeur ne démontre pas avoir reçu l'accord de ce dernier pour qu'ils soient vendus non démarqués. • Com. 21 juin 1994 : *Bull. civ. IV, n° 229.*

24. *Importations.* Constitue un usage de marque l'importation en France, sans l'autorisation du propriétaire de la marque, de produits authentiques en provenance d'États n'appartenant pas à l'EEE. Dans ce cas, le propriétaire de la marque bénéficie d'un droit de suite jusqu'à l'acquéreur final en France. • Com. 2 déc. 1997, *Océan Pacific : Bull. civ. IV, n° 320 ; RJDA 1998, n° 533 ; D. 1998. 604, note Agostini ; D. Affaires 1998. 118 ; PIBD 1998. III. 136* • Paris, 8 oct. 1999 : *PIBD 2000. III. 64* • Com. 15 mai 1990, *Prince : PIBD 1990. III. 679.* – Sur la contrefaçon par importation, V. *infra* notes ss. art. L. 716-9 et L. 716-10.

E. AUTRES FORMES D'USAGE

25. *Modification du produit.* Constitue un usage de marque le fait de modifier le produit de façon substantielle tout en maintenant la marque de façon à induire le consommateur en erreur sur l'origine du processus de modification. • Com. 28 janv. 1992, *Levi Strauss : Bull. civ. IV, n° 49 ; RTD com. 1992. 370, obs. Chavanne ; D. 1992. IR 38* • 4 janv. 1985 : *Bull. civ. IV, n° 11 ; Ann. propr. ind. 1985. 201.* • Paris, 14 déc. 1992 : *D. 1993. IR 54* • Paris, 17 oct. 1997, *Levi Strauss : PIBD 1998. III. 49.* ♦ La circonstance que les marchandises ainsi commercialisées ont été retournées en raison de leur défectuosité, indépendante de la volonté des intéressés, n'enlève pas au comportement litigieux son caractère fautif. • Rennes, 16 oct. 1996 : *Ann. propr. ind. 1998. 66.*

26. *Substitution de produits.* La livraison de produits provenant d'un fournisseur autre que celui mentionné dans le catalogue du vendeur doit être considérée comme une substitution de produits laquelle constitue un fait d'usage illicite de marque. • Paris, 27 oct. 1996 : *RJDA 1997, n° 289.*

27. *Loteries.* Le fait de proposer des lots de produits marqués dans le cadre d'une loterie dès lors qu'il s'agit de produits de luxe commercialisés par l'intermédiaire d'un réseau de distributeurs agréés, auxquels l'organisation de la loterie n'appartient pas, constitue un usage de marque. • Paris, 18 nov. 1993 : *PIBD 1994. III. 116.* – Confirmé par • Com. 2 juill. 1996 : *Bull. civ. IV, n° 201 ; D. Affaires 1996. 1071 ; PIBD 1996. III. 563 ; RDPI 1996, n° 67, p. 57 ; Ann. propr. ind. 1997. 164, obs. Mathély ; RJDA 1996, n° 1158 ; JCP E 1996. Pan. 1020* • TGI Versailles, 25 juin 1996 : *PIBD 1996. III. 471* • TGI Paris, 10 avr. 1996 : *PIBD 1996. III. 415.*

28. *Produit faussement primé.* Constitue un usage injustifié de la marque « Concours Lépine » la reproduction des éléments distinctifs de cette marque, associée à la mention « Médaille d'or 2002 », sur l'emballage d'un produit qui n'a pas obtenu cette distinction. • Paris, 10 oct. 2008 : *PIBD 2008. III. 695 ; Propr. intell. 2009, n° 31, p. 190, obs. Sabatier.*

IV. APPOSITION DE MARQUE

29. Le délit d'apposition de marque suppose que les produits ainsi faussement identifiés soient identiques ou similaires à ceux diffusés par le propriétaire de la marque. • Crim. 6 nov. 1958 : *D. 1959. 1, note Veilleux.* ♦ Constitue le délit d'apposition de marque le fait d'approvisionner des distributeurs d'essuie-mains ou de savons portant la marque du demandeur en produits identiques mais de marque concurrente. • Rennes, 16 juin 2009 : *PIBD 2009. III. 1388.*

30. L'apposition de marque suppose que la marque soit physiquement appliquée sur le produit. • Paris, 6 févr. 1960 : *Ann. propr. ind. 1960. 87, note Gaultier* • TGI Bordeaux, 11 sept. 1995 : *PIBD 1995. III. 530.* ♦ Il peut s'agir de la livraison de produits ne provenant pas du titulaire de la marque dans des récipients portant sa marque (délit de remplissage), par exemple : de la bière. • Civ. 8 janv. 1951, *Brasserie de la Meuse : Ann. propr. ind. 1954. 6.* ♦ ... De l'eau de Javel. • T. civ. Limoges, 10 déc. 1958, *Javel La Croix : Ann. propr. ind. 1961. 304.* ♦ ... Du savon ou des essuie-mains • Rennes, 16 juin 2009 : *préc.* ♦ ... Ou, pour les carburants, avec des pompes appartenant au titulaire de la marque. • Crim. 11 avr. 1988 : *PIBD 1988. III. 556.* ♦ Il peut également s'agir de l'utilisation de conditionnements authentiques pour des produits qui n'y ont pas droit, par exemple : des médicaments. • Agen, 23 janv. 1975 : *D. 1975. 748, note Fourgoux.* ♦ ... Des gommes. • TGI Paris, 21 juin 1983 : *PIBD 1983. III. 301.* ♦ ... Du montage d'un objet à l'aide de pièces authentiques récupérées sur un ou sur plusieurs objets identiques. • Paris, 28 janv. 1972 : *Ann. propr. ind. 1972. 177* • TGI Paris, 12 avr. 1995 : *PIBD 1995. III. 384.* ♦ Constitue aussi une « apposition » le fait de faire figurer une marque reproduite ou imitée sur le produit lui-même ou sur son emballage. • Civ. 1re, 30 oct. 2007, *Goldorak : PIBD 2007. III. 5 ; Propr. ind. 2008, n° 22, obs. Giquel-Donadieu.* ♦ Mais la CJUE dans son arrêt n° C-119/10 du 15 déc. 2011, *Red Bull*, a dit pour droit que l'art. 5, § 1 ss. *b)*, de la Dir. 89/104/CEE du 21 déc. 1988 doit être interprété en ce sens qu'un prestataire de services qui, sur commande et sur les instructions d'un tiers, remplit des conditionnements qui lui ont été fournis par ce tiers, lequel y a fait apposer préalablement un signe identique ou similaire à un signe protégé en tant que marque, ne fait pas lui-même usage de ce signe. Dès lors, sa responsabilité n'est susceptible d'être engagée qu'à la condition qu'il ait apposé lui-même sur ces conditionnements les étiquettes contrefaisantes. • Dijon, 20 nov. 2014, *Ecobios : PIBD 2015. III. 156.*

V. SUPPRESSION OU MODIFICATION DE LA MARQUE

31. *Suppression.* Constitue le délit de suppression ou de modification de marque le fait de faire disparaître, de dissimuler ou de surcharger la marque du demandeur sur des distributeurs pour y ajouter ou lui substituer une autre appellation. • Rennes, 16 juin 2009 : *PIBD 2009. III. 1388.* ♦ ... Notamment celle de l'auteur de la contrefaçon. • Paris, 24 nov. 1953 : *Ann. propr. ind. 1953. 267* • Com. 6 mai 1991 : *PIBD 1991. III. 506* • Crim. 15 juin 1999 : *RLDA 1999. 1316.* ♦ ... Ou pour la faire disparaître. • Com. 2 févr. 2016, *Wall 4 Me,* n° 14-21.338 : *PIBD 2016. III. 243 ; Propr. ind. 2016, n° 29, note Tréfiny ; Propr. intell. 2016, n° 60, p. 354, obs. Canlorbe ; AJC 2016. 248, obs. Pecnard.* • Paris, 20 sept. 2006 : *PIBD 2006. III. 778 ; Propr. intell. 2007, n° 22, p. 107, obs. Buffet-Delmas.* ♦ Commet aussi une contrefaçon par suppression de marque celui qui altère la marque par grattage. • Com. 2 févr. 2016, *Wall 4 Me : préc.* • Paris, 1er juin 1937 : *Ann. propr. ind. 1938. 280.* ♦ ... A l'aide d'une tache. • Paris, 30 mars 1977 : *Ann. propr. ind. 1978. 149.* ♦ En revanche, l'infraction n'est pas réalisée lorsque l'agent est tenu de commercialiser les objets non revêtus de leur marque d'origine ainsi en est-il du fabricant qui livre des produits à un soldeur professionnel à la suite d'une transaction intervenue avec le titulaire de la marque. • Paris, 27 oct. 1962 : *Ann. propr. ind. 1963. 222.* ♦ ... Ou de l'industriel qui opère une réfection d'appareils usagés en modifiant leur structure. • Lyon, 13 juill. 1976 : *Ann. propr. ind. 1976. 245 ; RTD com. 1977. 17, obs. Chavanne.* ♦ Il n'y a pas lieu d'appliquer l'art. L. 713-2 lorsque les altérations ne défigurent pas l'aspect physique de la marque mais se bornent à supprimer les numéros de lots, les codes-barres ou les références. • Paris, 28 nov. 2001 : *D. 2003. Somm. 127, obs. Durrande ; PIBD 2002. III. 212.* ♦ Encourt la cassation un arrêt qui considère comme une contrefaçon par modification le fait de rayer d'un trait noir les codes barre figurant sur une étiquette enregistrée en tant que marque alors qu'elle constate dans le même temps que le signe en cause n'était pas, en lui-même, protégé. • Com. 19 janv. 2010 : *Bull. civ. IV, n° 14 ; D. 2010. AJ 323 ; Propr. intell. 2011, n° 31, p. 135, obs. Passa.*

32. *Modification.* Commet une contrefaçon par modification de marque celui qui déforme des conditionnements authentiques. • TGI Paris, 11 juin 1992 : *PIBD 1992. III. 530.* ♦ ... Ou le revendeur d'un produit authentique qui reproduit la marque sous une autre forme que celle choisie par le fabricant pour authentifier les produits en cause ; ainsi en est-il du revendeur de pneumatiques qui reproduit le « Bibendum » de Michelin sous la forme choisie par cette société pour identifier ses cartes routières. • Douai, 28 sept. 1998 : *PIBD 1998. III. 563 ; Ann. propr. ind. 1999. 102.*

Art. L. 713-3 **Sont interdits, sauf autorisation du propriétaire, s'il peut en résulter un risque de confusion dans l'esprit du public :**

a) La reproduction, l'usage ou l'apposition d'une marque, ainsi que l'usage d'une marque reproduite, pour des produits ou services similaires à ceux désignés dans l'enregistrement ;

b) L'imitation d'une marque et l'usage d'une marque imitée, pour des produits ou services identiques ou similaires à ceux désignés dans l'enregistrement. — *[L. n° 91-7 du 4 janv. 1991, art. 15 (2).]*

V. C. consom., art. L. 122-1 s., App., 2e partie, v° Marques.

BIBL. ► CAUSSADE, *RIPIA 1967. 309* (l'imitation par traduction). – CORONE, *Légicom 2010, n° 1, p. 117* (liens commerciaux sur internet et contrefaçon de marque). – DHENNE, *Propr. ind. 2007. Étude 10* (appréciation comparée du risque de confusion entre marques en jurisprudence française et communautaire). – DURRANDE, *J.-Cl. Marques, fasc. 7511* (reproduction et imitation de marque). – HAAS et DE TISSOT, *Les Annonces de la Seine, 29 juill. 1999, p. 3* (confusion et nom de domaine). – MATHÉLY, *Ann. propr. ind. 1997. 152* (similarité des objets désignés au regard du droit des marques). – PASSA, *Propr. ind. 2008. Étude 10* (la contrefaçon de marque et l'exigence d'une mise dans le commerce). – TOPORKOFF, *D. Affaires 1997. 949* (évolution de la jurisprudence en matière de risque de confusion). – SCHAHL et BRESSON, *D. 2004. Chron. 556* (surmonter les restrictions à la défense des marques). – TRÉFIGNY, PU Strasbourg, *coll. CEIPI Strasbourg 2000* (l'imitation : contribution à l'étude juridique des comportements référentiels).

Sur les notions de reproduction et d'usage, V. notes ss. art. L. 713-2.

I. RISQUE DE CONFUSION

1. *Généralités.* L'imitation implique nécessairement un risque de confusion. • Com. 29 juin 1999 : *PIBD 1999. III. 386.* ♦ De même que la reproduction de la marque pour des produits qui ne sont pas identiques à ceux désignés dans l'enregistrement. • Paris, 15 janv. 1999 : *Ann. propr. ind. 1999. 277* • 25 janv. 1999 : *PIBD 2000. III. 19* ♦ En revanche, la reproduction de la marque pour un produit identique ne nécessite pas de relever le risque de confusion. • Com. 2 juill.

2002 : *PIBD 2003. III. 18.* ♦ Le caractère distinctif d'un signe n'exclut pas l'existence d'un risque de confusion avec une marque antérieure. • Com. 15 mars 2017, *F1*, n° 15-25.225 : *PIBD 2017. III. 317.*

2. L'art. 565 C. pr. civ. dispose que les prétentions ne sont pas nouvelles dès lors qu'elles tendent aux mêmes fins que celles soumises aux premiers juges même si leur fondement juridique est différent. N'est donc pas nouvelle la demande en contrefaçon par imitation portée devant la cour d'appel alors que devant le tribunal, le demandeur avait agi sur le fondement de l'art. L. 713-2. • Paris, 11 juin 2003, *Métro : PIBD 2004. III. 77 ; Ann. propr. ind 2003. 269.* ♦ En revanche, une demande visant à voir constater et sanctionner l'atteinte à un droit privatif sur une marque ne tendant pas aux mêmes fins qu'une demande en concurrence déloyale et n'étant pas comprise dans cette demande est irrecevable lorsqu'elle est présentée pour la première fois en cause d'appel. • Com. 29 mars 2011, *Une souris verte*, n° 09-71.990.

3. Appréciation. L'appréciation du risque de confusion relève du pouvoir souverain des juges du fond dès lors qu'ils ont pris en compte non seulement les similitudes des signes, mais aussi la notoriété de la marque imitée et l'identité des produits en cause : • Crim. 5 mars 2014, *Sony : PIBD 2014. III. 373.* ♦ Les signes doivent être appréciés tels qu'il ressortent de l'enregistrement, sans tenir compte des conditions d'exploitation des marques. • Com. 18 oct. 2016, *Puma*, n° 15-14.523 : *PIBD 2016. III. 913* • 29 nov. 2011, *Moop*, n° 10-31.061 : *D. 2012. 1362, obs. Durrande ; PIBD 2012. III. 72* • Paris, 13 oct. 2015, *Moët et Chandon : PIBD 2015. III. 794.* ♦ A légalement justifié sa décision la cour d'appel qui a retenu, après un examen global des deux marques en litige, que l'impression d'ensemble produite par celles-ci sur le consommateur moyennement attentif n'ayant pas simultanément les deux marques sous les yeux suffisait à créer un risque de confusion, dès lors qu'elle s'est référée aux seuls éléments objets du dépôt, qu'elle n'a pas méconnu l'absence de notoriété de la marque opposante et qu'elle n'avait pas à tenir compte des conditions de commercialisation des produits et services, celles-ci relevant d'une action en concurrence déloyale ou parasitaire. • Com. 9 oct. 2012, *Avenir Télécom : PIBD 2012. III. 827.*

a) Appréciation globale. Le risque de confusion doit s'apprécier globalement en considération de l'impression d'ensemble produite par les marques compte tenu, notamment, du degré de similitude visuelle ou conceptuelle entre les signes, du degré de similitude entre les produits et de la connaissance de la marque sur le marché. • Com. 22 juin 2017, *Sté Lacheteau*, n° 14-20.310 P : *Dalloz IP/IT 2017. 597, obs. Lecourt* • 15 mars 2017, *Poyferré*, n° 15-19.513 : *PIBD 2017. III. 284* • 11 janv. 2017, *CIRO*, n° 15-18.994 : *PIBD 2017. III. 291* • 22 nov. 2016, *Gucci*, n° 15-13.051 : *PIBD 2017. III. 5* • Com. 15 déc. 2009, *64 : PIBD 2010. III. 112 ; Propr. intell. 2010, n° 34, p. 112, obs. Sabatier.* ♦ Viole l'art. L. 713-3 la cour d'appel qui écarte le risque de confusion au vu des seules différences entre les signes sans rechercher si les ressemblances existantes ne créaent pas un risque de confusion chez un consommateur d'attention moyenne : • Com. 15 mars 2017, *F1*, n° 15-25.225 : *V. note 1 ;* • 15 mars 2017, *Cne de Saint Tropez c/ les voiles d'Antibes*, n° 16-10.240 : *PIBD 2017. III. 319 ; Propr. ind. 2017, n° 43, obs. Tréfigny* (marque figurative) • Com. 12 mai 2015, *Cne de Saint Tropez c/ CTC Cassis* n° 14-14.774 : *RTD Com. 2015. 713, note de Azéma ; Propr. intell. 2016, n° 58, p. 78, obs. Bouvel ; PIBD 2015. III. 493 ; Propr. ind. 2015, n° 58, obs. Tréfigny* (marque nominale). ♦ Et après renvoi • Paris, 27 mai 2016 : *PIBD 2016. III. 661* • Com. 25 mars 2014, *Lézard graphique : PIBD 2014. III. 411 ; Propr. ind 2014, n° 47, obs. Tréfigny ; Propr. intell. 2014, n° 52, p. 299, obs. Bouvel.* ♦ ... Ou encore qui se détermine au vu de la seule similitude entre les signes alors qu'il ne s'agit que d'un facteur parmi d'autres. • Com. 29 sept. 2015, *Phytoquant*, n° 14-14.572 : *D. 2016. 396, obs. Martial-Braz ; PIBD 2015. III. 756 ; LEPI janv. 2015, p. 5, obs. Chatry* • 29 janv. 2013, *La Poste : PIBD 2013. III. 1078* • 26 nov. 2003, *Orangina Move : Bull. civ. IV, n° 180 ; D. 2004. AJ 143, obs. Daleau ; RTD com. 2004. 91, obs. Azéma ; PIBD 2004. III. 129 ; Ann. propr. ind. 2003. 375 ; RDPI févr. 2004, n° 156, p. 45.* ♦ V. aussi • Com. 31 mars 2004, *NRJ : PIBD 2004. III. 383* • 12 mai 2004, *Biot : Bull. civ. IV, n° 183 ; PIBD 2004. III. 511* • 16 nov. 2004, *Vichy Catalan : PIBD 2005. III. 79.* ♦ Et sur renvoi. • Paris, 7 juin 2006 : *PIBD 2006. III. 619* • Com. 12 juill. 2005 : *Bull. civ. IV, n° 172 ; D. 2005. AJ 2221*. • Com. 10 mai 2011, *Camille CL Camille : PIBD 2011. III. 455.* ♦ Et après renvoi • Lyon, 10 janv. 2013 : *PIBD 2013. III. 981.* ♦ Il importe aussi de prendre en compte le caractère distinctif plus ou moins élevé de la marque antérieure en fonction des produits pour la désignation desquels elle a été enregistrée. • Paris, 2 oct. 2009 : *PIBD 2009. III. 1548* • Colmar, 25 févr. 2010, *Miss Carla : PIBD 2010. III. 273* (sur la date à prendre en considération pour apprécier le risque de confusion, V. • CJCE 27 avr. 2006, *Levi Strauss : cité note 12 ss. art. 4 Dir. 2008/95/CE, art. 4).* ♦ Toutefois, si les produits ne sont pas similaires, la comparaison des signes n'est pas nécessaire. • Paris, 28 mai 2003 : *PIBD 2003. III. 602* • Paris, aud. sol., 8 sept. 2004, *Lactel : PIBD 2005. III. 80.* ♦ Inversement, si les signes ne sont pas similaires, l'identité des produits ne suffit pas à créer un risque de confusion. • Com. 29 nov. 2011 : *PIBD 2012. III. 129.* ♦ Aussi, une cour d'appel n'a pas à examiner la similarité des produits dès lors qu'elle a écarté la similitude des signes après en avoir fait une appréciation globale prenant en compte leurs ressemblances visuelles et phonétiques ainsi que l'exceptionnelle notoriété d'une des composantes du signe supposé contrefaisant. • Crim. 4 déc. 2012, *La Poste Mobile : PIBD 2013. III. 979.*

b) Interdépendance des facteurs. ♦ Il convient d'examiner si la faible similitude entre les signes n'est pas compensée par l'identité ou la similitude de certains des produits désignés. • Com. 21 janv. 2014, *Pompes Funèbres de la Liberté : PIBD 2014. III. 207* • Com. 1er juin 2010, *City : Bull. civ. IV, n° 103 ; Dalloz actualité, 24 juin 2010, obs. Daleau ; D. 2010. AJ 1479* • Com. 12 mai 2004, *Biot : préc.* • 16 nov. 2004, *Vichy Catalan : préc.* ♦ ... Et de prendre en considération la connaissance de la marque première sur le marché. • Com. 26 nov. 2003, *Clinique du Rond-Point : Bull. civ. IV, n° 182, Ann. propr. ind. 2003. 469* • Com. 22 nov. 2005, *La Casta : Bull. civ. IV, n° 233 ; D. 2006. AJ 66, obs. Daleau ; CCE 2006, n° 24, note Caron.* ♦ ... Au moment où le signe prétendument contrefaisant a commencé à faire l'objet d'une utilisation. • Com. 30 mai 2007, *Paris Première : Bull. civ. IV, n° 150 ; D 2007. AJ 1668, obs. Daleau ; CCE 2007, n° 105, note Caron ; Légipresse 2007. III. 211, note Dreyfus ; PIBD 2007. III. 508.* ♦ ... Le risque de confusion n'étant pas réalisé dans le cas où la marque querellée n'a pas été exploitée. • Com. 8 févr. 2011 : *PIBD 2011. III. 394 ; Propr. ind. 2011. Étude 17, obs. de Haas ; Propr. intell. 2011, n° 39, p. 222, note Sabatier.*

4. Agent de référence. Pour apprécier l'existence d'un risque de confusion, on doit se placer du point de vue d'un consommateur d'attention moyenne. • Com. 26 nov. 2003, *TBS : Bull. civ. IV, n° 183 ; PIBD 2004. III. 100* • Paris, 24 sept. 2003 : *PIBD 2003. III. 106.* ♦ ... Du type de produit ou de service en cause • Com. 6 mars 2007 : *PIBD 2007. III. 299.* ♦ Ce qui explique que son attention soit plus soutenue que la moyenne lorsque le prix du produit est élevé. • Paris, 13 oct. 2015, *Moët et Chandon : PIBD 2015. III. 794* • 18 mars 2016, *Delirium : PIBD 2016. III. 381 ; Propr. ind. 2016, n° 44, obs. Tréfigny.* ♦ Lorsqu'une marque reprenant une marque notoire désigne des produits de consommation courante (des articles vestimentaires), le risque de confusion doit être apprécié non pas en fonction d'une clientèle aisée qui connaît les marques de luxe, mais en fonction du consommateur d'attention moyenne qui se réfère à la notoriété de la marque. • Paris, 18 sept 2009, *LV : PIBD 2009. III. 1510.* ♦ De la même façon, en matière de vin, même si la marque dont la contrefaçon est alléguée désigne un grand cru, le consommateur pertinent n'est pas un connaisseur de grands crus. • Com. 6 sept. 2016, n° 14-25.692 : *PIBD 2016. III. 804.* ♦ Lorsque les produits en cause sont des médicaments, le public pertinent est constitué par des professionnels de la santé tels que les médecins prescripteurs de ces médicaments et les pharmaciens qui les délivrent ainsi que par les patients consommateurs finaux de ces produits. • TGI Paris, 19 janv. 2010, *Pritor : PIBD 2010. III. 371.* ♦ Justifie sa décision l'arrêt qui, ayant considéré que les consommateurs finaux faisaient partie du public pertinent, retient qu'il existe un risque de confusion entre les signes pour les consommateurs de produits pharmaceutiques délivrés sans prescription médicale, sans pour autant examiner si un tel risque existait pour les produits pharmaceutiques délivrés sur prescription médicale et pour les professionnels de santé. • Com. 27 avr. 2011, *Tanaka et Anakan : PIBD 2011. III. 432.* ♦ Lorsque le produit en cause destiné à provoquer une IVG nécessite une prescription par un médecin habilité à pratiquer cet acte et n'est accessible qu'auprès de centres spécialisés, le public pertinent auquel s'adresse la marque est le médecin prescripteur. Celui-ci, dont la vigilance est particulièrement élevée, fait la distinction entre les différents produits, non seulement en raison de leur marque mais surtout du fait de la composition du médicament au regard de la situation médicale de sa patiente, laquelle ne participe pas au choix du produit qui lui est administré. • Paris, 18 juin 2015, *Mifégyne : PIBD 2015. III. 766.*

5. Accord de coexistence. Un accord de coexistence de marques n'exclut pas la possibilité d'agir en contrefaçon ; il appartient aux juges de rechercher si les manquements constatés sont « de nature à engendrer un risque de confusion dans l'esprit du public ». • Com. 10 févr. 2015, *Lehning*, n° 13-24.979 P : *AJCA 2015. 184, obs. Chatry ; RLDI juin 2015. 22, note Bruguière et Dumont ; Propr. intell. oct. 2015, n° 57, p. 444, note Canlorbe ; PIBD 2015. III. 231.* ♦ Et après renvoi • Paris, 27 mai 2016 : *PIBD 2016. III. 635.*

II. SIMILITUDE ENTRE LES SIGNES

6. L'appréciation de la similitude visuelle ou conceptuelle entre les marques en présence doit s'effectuer entre les signes tels qu'ils ont été déposés indépendamment de l'exploitation qui en est faite. • Com. 23 juin 2015, *Min'ours*, n° 14-13.011 : *PIBD 2015. III. 540.* • Paris, 24 sept. 2003 : *PIBD 2004. III. 106.* ♦ Lorsque le titulaire des marques prétendument imitées a cru, à plusieurs années de distance, devoir faire enregistrer trois marques, c'est qu'il ne les considérait pas comme assimilables les unes aux autres, mais dotées chacune d'un pouvoir distinctif propre et devant faire l'objet chacune d'une protection spécifique. Les marques ne constituent pas une famille de marques et la comparaison doit être menée signe par signe. • Paris, 8 févr. 2013, *Puma : PIBD 2013. III. 1114.* ♦ L'appréciation globale du risque de confusion pouvant résulter des similitudes entre les signes, le juge doit, lors de l'examen de chaque aspect pertinent de ces similitudes, qu'elles soient visuelles, phonétiques ou conceptuelles, se fonder sur l'impression d'ensemble produite par ces signes. Il ne peut se fonder sur un élément dominant qu'à la condition que tous les autres composants de la marque soient négligeables. • Com. 10 mai 2011, *Camille CL Camille : PIBD 2011. III. 455.* ♦ Et après renvoi • Lyon, 10 janv. 2013 : *PIBD 2013. III. 981* • Com. 27 janv. 2009 : *PIBD 2009. III. 922.*

7. Marques complexes. En présence de marques complexes, les juges du fond ne sauraient se déterminer exclusivement sur des motifs tirés des similitudes de leurs éléments verbaux sans caractériser en quoi les autres éléments de la marque sont insignifiants et ne sauraient constituer des facteurs pertinents d'appréciation. • Com. 29 mars 2011, *Compressor,* n° 10-10.735 : *PIBD 2011. III. 394.* ♦ Rejet du pourvoi contre • Paris, 23 sept. 2009 : *PIBD 2009. III. 1549* • Com. 20 févr. 2007, *Léonidas : Bull. civ. IV, n° 59 ; D. 2007. AJ 876, obs. Daleau ; PIBD 2007. III. 304 ; Propr. ind. 2007, n° 26, obs. Tréfigny* • 6 mars 2007 : *PIBD 2007. III. 301.* ♦ ... Ou figuratifs. • Com. 10 févr. 2009, *Bullrot : PIBD 2009. III. 961 ; Propr. intell. 2009, n° 31, p. 193, obs. Sabatier ; RTD com. 2010. 314, obs. Pollaud-Dulian* . ♦ Viole l'art. L. 713-3 l'arrêt qui retient que la seule reprise de la marque verbale antérieure, quand bien même les produits couverts par les signes opposés seraient identiques ou similaires, ne suffit pas à établir un risque de confusion dès lors qu'il n'est pas établi que la marque antérieure jouit d'une renommée particulière qui permettrait à l'élément dont elle est composée de conserver, dans le signe contesté, une position distinctive autonome. • Com. 21 juin 2016, *Ecolab,* n° 14-25.344 P : *Dalloz IP/IT 2016. 427, obs. Daleau ; PIBD 2016. III. 659 ; Propr. intell. 2016, n° 61, p. 466, obs. Bouvel,* cassation de • Paris, 30 mai 2014 : *PIBD 2014. III. 553.* ♦ Viole l'art. L. 713-3 une cour d'appel qui, pour écarter l'existence d'un risque de confusion, retient que l'élément ajouté à une marque verbale initiale pour composer une marque complexe présente un caractère distinctif dominant, alors qu'il résulte de la jurisprudence de la Cour de justice que la constatation de l'existence d'un risque de confusion n'est pas subordonnée à la condition que l'impression d'ensemble produite par le signe composé soit dominée par la partie de celui-ci constituée par la marque antérieure. • Même arrêt. ♦ Et après renvoi : • Paris, 25 avr. 2017 : *PIBD 2017. III. 477.*

8. Marques nominales : similitude visuelle et/ou phonétique. Lorsque le signe incriminé reprend toutes les lettres constituant la marque mais dans un graphisme différent, la question doit être examinée sous l'angle de la contrefaçon par imitation, ce qui requiert l'analyse du risque de confusion. • Paris, 12 janv. 2011, *DIVX : PIBD 2011. III. 212 ; Propr. ind. 2011, n° 32, obs. Tréfigny-Goy.* ♦ L'imitation suppose une similitude visuelle et phonétique entre les signes, ainsi : « Joker » et « Poker ». • Paris, 18 sept. 1991 : *Ann. propr. ind. 1992. 286.* ♦ ... « Kindy » et « Kizzy ». • Paris, 21 juin 1988 : *PIBD 1989. III. 42.* ♦ ... « Fisher » et « Pitcher » : • Colmar, 30 oct. 1996 : *PIBD 1997. III. 36.* ♦ ... « Pariscope et Lyon-Scope ». • Paris, 10 oct. 2007 : *PIBD 2007. III. 705.* ♦ « H et M » et « HMM » • 9 avr. 2008 : *PIBD 2008. III. 431* • 11 juin 2014, *Autoliberté et Autolib : PIBD 2014. III. 771.* ♦ Mais les tribunaux peuvent ne retenir que la simple similitude phonétique. • Com. 22 oct. 1991 : *PIBD 1992. III. 71.* ♦ ... Ainsi Swatch et Ice Watch. • Paris, 13 déc. 2013 : *PIBD 2014. III. 209.* ♦ Pourvoi rejeté par • Com. 6 oct. 2015, n° 14-11.410 : *PIBD 2015. III. 784.* ♦ ... « Celio » et « Seelio ». • Com. 25 avr. 2001 : *PIBD 2001. III. 593.* ♦ ... « Sherman » et « Chairman ». • Paris, 17 mars 1981 : *Ann. propr. ind. 1981. 132.* ♦ ... Ou la simple similitude visuelle comme dans « Brig » et « Brio ». • Paris, 7 mars 1975 : *Ann. propr. ind. 1975. 247.* ♦ ... Ou « Pariscope » et « Pariscopie ». • Paris, 18 oct. 1990 : *PIBD 1991. III. 310.*

9. Néologisme. Marque faible. Lorsque les marques sont composées d'un néologisme, la similitude est écartée lorsque leur seul élément commun est banal et se retrouve dans un grand nombre de marques par exemple : « Graphèmes » et « Graphéine »... • Paris, 30 sept. 2014 : *PIBD 2015. III. 72 ; RTD com. 2015. 269, obs. Azéma* . ♦ ... « Radielec » et « Rhonelec ». • Lyon, 11 mars 1971 : *D. 1972. 307, obs. Chavanne.* ♦ ... « Parogencyl » et « Tonigencyl ». • Paris, 9 juill. 1984 : *Ann. propr. ind. 1984. 232.* ♦ ... « Biotherm » et « Bioderma ». • Paris, 15 juin 2001 : *JCP E 2002. 1164, n° 20, obs. Boespflug, Greffe et Barthélemy.* ♦ ... « Femsept » et « Fempatch ». • Com. 28 janv. 2003 : *Ann. propr. ind. 2003. 97.* ♦ ... Mais jugé que « Thermex » imite « Thermor », la seule différence tenant à la terminaison étant insuffisante pour distinguer les dénominations en cause. • Paris, 7 juin 2000 : *PIBD 2001. III. 37.* ♦ ... Et que « Elastogran » imite « Elastomax ». • Paris, 28 janv. 2009 : *PIBD 2009. III. 1100.* ♦ ... Alors que « Elastomax » n'imite pas « Elastoflex ». • Paris, 14 janv. 2009 : *PIBD 2009. III. 857.* ♦ La faible distinctivité de la marque, du fait de son pouvoir évocateur, est un élément à prendre en considération dans la comparaison des signes et le risque de confusion, la protection n'étant accordée par la loi que dans la mesure et les limites du caractère arbitraire du signe, étant précisé que la protection d'une marque composée de deux termes peu ou pas distinctifs ne permet pas à son titulaire de protéger en son sein un seul de ces éléments. • TGI Paris, 8 mars 2011, *Botolift : PIBD 2011. III. 468.*

10. Similitude intellectuelle. Il y a imitation par similitude intellectuelle lorsque la marque seconde présente une analogie avec la marque protégée. Il peut s'agir d'un synonyme : « Le Réverbère » et « Le Lampadaire ». • TGI Paris,

19 juin 1996 : *PIBD 1996. III. 573.* ♦ ... « Eau Dynamisante » et « Eau Stimulante ». • Paris, 28 juin 2000 : *PIBD 2000. III. 548.* ♦ ... Même choisi dans une langue étrangère ou dans un langage scientifique et ne présentant de ce fait aucune similitude visuelle ou phonétique avec la marque, la similitude conceptuelle étant établie dès lors que le consommateur français d'attention et de culture moyennes connaît la signification des signes en cause dans le langage d'origine. • Paris, 17 déc. 2003, *Skinbreakfast : PIBD 2004. III. 268.* ♦ ... « Conquérant » et « Conqueror ». • Paris, 2 juill. 1999 : *PIBD 1999. III. 512.* ♦ ... De la référence à une notion commune avec la marque protégée par exemple, le jaune « Pages Jaunes » et « Pages Soleil ». • Com. 4 oct. 1994 : *PIBD 1995. III. 34 ; Ann. propr. ind. 1995. 32.* ♦ ... Le golf « Golf and Green » et « Tee dans Green ». • Paris, 21 févr. 1996 : *PIBD 1996. III. 311 ; Ann. propr. ind. 1996. 160.* ♦ ... La terre « Terre et Mer » et « Terre et Neige ». • Rennes, 29 oct. 2008 : *PIBD 2009. III. 733.* ♦ ... De l'imitation par contraste. • T. civ. Seine, 11 avr. 1956, *La vache qui rit : JCP 1957. 9869, note Chavanne.* – Et, en appel • Paris, 4 mars 1959 : *D. 1960. 26, obs. Desbois ; JCP 1959. 11796, note Plaisant.* – Et sur pourvoi • Com. 5 janv. 1966 : *D. 1966. 211.* ♦ V. aussi « Félix le Souriceau » et « Félix the Cat ». • TGI Paris, 18 mars 1998 : *PIBD 1998. III. 381.* ♦ ... De l'appel à une association d'idées « Cogito » et « Ergosum ». • TGI Paris, 16 oct. 1968 : *D. 1969. Somm. 31.* ♦ ... Ou à un jeu conceptuel. • Paris, 26 nov. 2008, *Tati : PIBD 2009. III. 758.* ♦ Mais s'agissant d'une marque faible, le seule présence d'une similitude intellectuelle n'est pas suffisante pour entraîner un risque de confusion. • Com. 25 nov. 2014, *Votre âge, c'est votre avantage*, n° 13-17.401 : *PIBD 2015. III. 6 ; RTD com. 2015. 269, obs. Azéma*.

11. *Absence de similitude intellectuelle.* La similitude intellectuelle entre deux marques nominales est écartée et, par voie de conséquence, la contrefaçon n'est pas constituée lorsque leur lecture ou leur audition suggère immanquablement à l'esprit du client, même assez peu attentif, deux représentations entièrement différentes ainsi : « Le Tanneur » et « Le Trappeur ». • Paris, 27 juin 1968 : *D. 1968. 699, note Foulon-Piganiol ; Ann. propr. ind. 1968. 65.* ♦ ... « Navarre » et « Navarin ». • Paris, 11 sept. 1996 : *PIBD 1996. III. 564.* ♦ ... « Zoom » et « Boom ». • Paris, 11 oct. 1975 : *Ann. propr. ind. 1976. 161.* ♦ ... « Petit Bébé » et « Petit Bateau ». • Paris, 28 avr. 2000 : *PIBD 2000. III. 369.* ♦ ... « Paris Avenue » et « Shopping Avenue ». • Paris, 22 févr. 2002 : *Propr. ind. 2002, n° 5, note Barthélemy.* ♦ ... Notamment lorsqu'un des signes – ou les deux – a un pouvoir évocateur fort en se référant au nom d'un personnage connu : « Ritz » et « Retz ». • TGI Paris, 12 mai 2000 : *PIBD 2000. III. 444.* ♦ ... « Barclay » et « Eddie Barclay » • Paris, 15 déc. 2000 : *PIBD 2001. III. 269 ; JCP E 2002. 1164, n° 19, obs. Boespflug, Greffe et Barthélemy.* ♦ ... « Montesquieu » et « Montesquiou » • Com. 18 juin 2002 : *PIBD 2003. III. 474.*

12. *Marques figuratives : similitude visuelle.* En matière de marques figuratives, la contrefaçon par imitation est établie lorsqu'il résulte de la comparaison d'ensemble entre les deux marques que les caractéristiques essentielles... • Paris, 17 mai 1993 : *PIBD 1993. III. 522* • 8 sept. 1999 : *PIBD 1999. III. 543* • 24 sept. 2003 : *PIBD 2004. III. 106.* ♦ ... Et/ou la présentation générale de la marque ont été reproduites. • Douai, 10 déc. 2014, *Adidas : PIBD 2015. III. 119* • Paris, 27 sept. 1996 : *PIBD 1996. III. 590* • 2 oct. 1991 : *PIBD 1992. III. 115.* ♦ ... Ou encore lorsque l'impression d'ensemble produite par les deux signes est comparable quand bien même aucun élément précis de la marque protégée n'aurait été imité. • Com. 18 avr. 2000 : *PIBD 2000. III. 314.* ♦ Toutefois, pour apprécier le risque de confusion entre deux marques constituées par la forme d'un produit commercialisé dans un emballage, il convient de prendre en compte les conditions de présentation des produits au public au moment de l'achat. • Versailles, 26 févr. 2013, *Ferrero : PIBD 2013. III. 1229.* Pourvoi rejeté par • Com 10 févr. 2015, n° 13-19.442 : *PIBD 2015. III. 233.* ♦ La seule présence d'un élément figuratif commun à deux marques (un félin en extension) ne permet pas de retenir un risque d'association dès lors que la marque seconde ne reprend ni la présentation ou la disposition de l'animal, ni la structure et la calligraphie de son élément verbal (Puma et Duolynx). • Paris, 22 oct. 2008 : *PIBD 2008. III. 691.* ♦ De la même façon, une cour d'appel ne saurait établir l'existence d'un risque de confusion entre la marque figurative constituée par un scottish-terrier et un pendentif en se déterminant en fonction des seuls dessins sans prendre en compte d'autres éléments tels la couleur, la taille en facettes ainsi que l'aspect d'ensemble du pendentif argué de contrefaçon. • Com. 12 juin 2012, *Agatha : PIBD 2012. III. 552 ; Propr. ind. 2012, n° 80, note Tréfigny.* ♦ Lorsque la marque est constituée par une nuance de couleur, le délit d'imitation est réalisé dès lors que la teinte choisie par le second déposant est si proche de celle de la marque antérieure qu'il en résulte un risque de confusion pour le consommateur d'attention moyenne n'ayant pas en même temps les deux marques sous les yeux. • Com. 30 janv. 2001, *Candia : PIBD 2001. III. 284 ; RJDA 2001, n° 735* • 19 avr. 2005, *Piper Heidsieck : PIBD 2005. III. 419* • Paris, 13 déc. 2002 : *Propr. intell. 2002, n° 7, p. 212, obs. Buffet-Delmas.*

13. *Marques complexes.* En présence de signes composés de plusieurs éléments, ce n'est qu'à la condition que certains de ces éléments apparaissent comme négligeables pour le consommateur d'attention moyenne, que l'appréciation du risque de confusion peut se faire à partir de l'élément dominant. • Com. 15 mars 2017, *Les Voiles de Saint Tropez,* n° 16-10.240 : *préc.* (marque figurative) • 11 mars 2014, *Château Ducluzeau : PIBD 2014. III. 369.* • Paris, 13 déc. 2013, *Swatch : PIBD 2014. III. 209* – pourvoi rejeté par : • Com. 6 oct. 2015, n° 14-11.410. ♦ L'introduction d'un élément figuratif ne réduit pas le risque de confusion dès lors que le public s'attache davantage à la partie dénominative du signe. • Paris, 25 oct. 2001 : *PIBD 2002. III. 139.* ♦ ... En raison du fait que l'élément verbal permet seul au consommateur de nommer le produit. • Paris, 2 avr. 2003 : *PIBD 2003. III. 418.* ♦ Aussi, les modifications successives d'ordre purement visuel apportées à la marque sont sans effet sur l'atteinte commise dès lors que persiste le risque de confusion dû à des similitudes d'ordre phonétique. • Paris, 26 nov. 2004 : *PIBD 2005. III. 145.*

III. SIMILITUDE ENTRE LES PRODUITS

A. DÉFINITION

14. Similitude des produits. La similitude entre les produits suppose l'existence entre eux d'un lien étroit et obligatoire, ou encore le fait que les produits concernés ont la même nature, la même fonction ou la même destination. • Paris, 6 juin 2012 : *PIBD 2012. III. 510* • 1er juin 2011, *Fiat : PIBD 2011. III. 644* • 10 févr. 2010, *Early Stratégies : PIBD 2010. III. 275* • 10 févr. 2010, *Néo : PIBD 2010. III. 278* • 26 janv. 2007 : *PIBD 2007. III. 345* • 15 nov. 2006 : *PIBD 2007. III. 45* • 28 mai 2003 : *PIBD 2003. III. 602* • Toulouse, 31 mars 2010, *Noveltis : PIBD 2010. III. 457* • TGI Paris, 8 juill. 2010, *Targa : PIBD 2010. III. 739* ♦ ... De sorte que le public puisse leur attribuer une origine commune. • Com. 8 févr. 2017, *Christian Lacroix,* n° 14-28.232 : *PIBD 2017. III. 210 ; D. 2017. 678, note Etienney-de Sainte Marie ; Dalloz IP/IT 2017. 336, obs. Disdier-Mikus et Larrieu ; AJ Contrat 2017. 222, obs. Cattalano-Cloarec ; RTD civ. 2017. 389, obs. Barbier ; Propr. ind. 2017, n° 24, obs. Tréfigny* • Paris, 6 nov. 2009, *Auchan City : PIBD 2010. III. 93* • Rennes, 8 nov. 2011, *La cuisine est fête : PIBD 2012. III. 135* • Versailles, 17 janv. 2012, *Motoprixx : PIBD 2012. III. 218* • Toulouse, 31 mars 2010, *Noveltis : PIBD 2010. III. 457* • Paris, 6 juin 2012 : *PIBD 2012. III. 510.* ♦ Tel n'est pas le cas des métaux précieux et des services de bijouterie. • Paris, 6 nov. 2009, *Auchan City : préc.* ♦ ... Des « graisses industrielles, lubrifiants et combustibles » et d'un « service de regroupement, pour le compte de tiers, de produits d'entretien ». • Versailles, 17 janv. 2012, *Motoprixx : préc.* ♦ ... Des services de publicité et des services d'émission de bons-cadeaux. • Paris, 8 nov. 2006 : *PIBD 2007. III. 58.* ♦ ... Des produits cosmétiques et des compléments alimentaires. • Com. 23 sept. 2008, *X-elle-S : PIBD 2008. III. 620.* ♦ ... D'un service d'assurances et de la fabrication et de la vente de véhicules automobiles. • Paris, 8 mars 1996, *Baccara : PIBD 1996. III. 281.* – Pourvoi rejeté par • Com. 1er déc. 1998 : *Ann. propr. ind. 1998. 61 ; PIBD 1999. III. 46.*

15. Termes de la comparaison. Le contenu du droit du propriétaire de la marque étant déterminé par le dépôt, la similitude entre les produits ou services dont il s'est réservé l'exclusivité sous le signe déposé et ceux distribués par le prétendu contrefacteur doit s'apprécier par rapport au libellé du dépôt et non par rapport à ceux effectivement exploités sous la marque. • Paris, 20 avr. 1996 : *PIBD 1997. III. 95* • 22 sept. 2000, *Visa : PIBD 2001. III. 56* • Com. 3 avr. 2007 : *Bull. civ. IV, n° 108 ; D. 2007. AJ 1210, obs. Daleau ; PIBD 2007. III. 371.* ♦ ... Sans tenir compte des conditions de commercialisation, lesquelles relèvent de l'action en concurrence déloyale ou parasitaire. • Com. 20 sept. 2016, n° 14-27.159 : *PIBD 2016. III. 838* • Com. 9 oct. 2012, *Avenir Télécom : PIBD 2012. III. 827* • 7 avr. 2007, *Sisley : PIBD 2007. III. 372.* ♦ Viole l'art. L. 713-3 la cour d'appel qui écarte le risque de confusion en raisonnant sur le prix et la qualité du produit alors qu'aucun de ces facteurs ne sont à prendre en considération. • Crim. 30 janv. 2013, *montre J12 de Chanel : PIBD 2013. III. 1109.* ♦ La classe à laquelle appartiennent les produits n'a aucune incidence sur leur similitude, la classification n'ayant qu'une simple valeur administrative. • Paris, 25 janv. 1999 : *PIBD 2000. III. 19.*

B. APPLICATIONS

1° SIMILITUDE

16. Produits. Sont similaires par leur nature : des appareils de contrôle d'accès à clavier codé et des appareils de protection des biens et des personnes. • Paris, 28 nov. 2001 : *Ann. propr. ind. 2002. 33.* ♦ ... Des appareils de chauffage par catalyse et des fours industriels fonctionnant également par catalyse. • Paris, 25 mars 2003 : *PIBD 2003. III. 291.* ♦ ... Des machines à calculer et des ordinateurs. • Paris, 29 juin 2001 : *PIBD 2001. III. 501.* ♦ Sont similaires par leur destination : des champagnes, d'une part, et du vin et des eaux-de-vie, d'autre part ; même s'ils n'ont pas la même nature, ils répondent à des habitudes de consommation identiques ou proches, s'adressent à la même clientèle, empruntent les mêmes réseaux de distribution et les mêmes points de vente. • Paris, 2 avr. 2003 : *PIBD 2003. III. 367.*

17. Ne sont pas similaires les produits qui, en raison de leur nature ou de leur destination, ne sont pas susceptibles d'être rattachés par la clientèle à la même origine, des pièces de mobilier, parmi lesquelles des fauteuils et des sofas recouverts de tissu sont des produits finis aux fonctions précises, utilisables immédiatement, alors que les tissus sont des produits intermédiaires destinés à être transformés susceptibles de multiples applications. Les produits en cause, dont il ne peut être ignoré qu'ils sont destinés à une même clientèle et qu'ils empruntent les mêmes circuits de distribution, ne sont ni similaires ni complémentaires. • Com. 8 févr. 2017, *Christian Lacroix*, n° 14-28.232 : *préc. note 14* ♦ De la même façon, ne sont pas similaires des chaussures et des vêtements quand bien même ils seraient parfois distribués dans les mêmes grandes surfaces. • Com. 20 nov. 2012, *Cloud's : PIBD 2013. III. 863 ; Propr. intell. 2013, n°, p. 101, obs. Sabatier.* ♦ L'eau minérale et les bières, fussent-elles sans alcool. • Paris, 16 mai 2008 : *PIBD 2008. III. 443.* ♦ ... Le chocolat en poudre et les gâteaux : aucune relation exclusive et obligatoire n'existe entre ces produits qui ne sont pas vendus dans les mêmes rayons et ne correspondent pas aux mêmes besoins, les uns étant un produit fini et l'autre un ingrédient. • Paris, 6 juin 2003 : *Ann. propr. ind. 2003. 257.* ♦ ... Des chocolats et des fromages • Paris, 15 nov. 2006 : *PIBD 2007. III. 54.* ♦ ... Les ordinateurs et les voitures automobiles. • Paris, 14 déc. 2001 : *Ann. propr. ind. 2002. 51.* ♦ ... Les produits de l'imprimerie et le matériel d'instruction ou d'enseignement. • Paris, 17 oct. 2008 : *PIBD 2009. III. 731 ; Propr. intell. 2009, n° 31, p. 192, obs. Sabatier.* ♦ La similitude des produits ne doit pas s'apprécier différemment s'agissant de produits pharmaceutiques ; les lotions à usage vétérinaire et un médicament psychotrope ne sont pas des produits similaires du seul fait qu'ils peuvent être vendus en pharmacie alors que, dans ce cas, les produits destinés aux animaux ne sont jamais mélangés avec ceux qui sont destinés aux personnes. • Paris, 14 nov. 2003 : *Ann. propr. ind. 2003. 509.*

18. Services. Sont similaires : les services d'aide aux entreprises et ceux de recouvrement de créances. • Paris, 24 févr. 1999 : *PIBD 1999. III. 257.* ♦ Mais ne sont pas similaires les agences de presse et les services de télécommunications : ces services n'ont ni la même nature, ni la même fonction, ni les mêmes prestataires. • Paris, 7 juin 2002 : *Ann. propr. ind. 2002. 421.* ♦ V. aussi dans le même sens • Paris, 7 mai 2003 : *Ann. propr. ind. 2003. 248.* ♦ ... Ni les « cartes, journaux et prospectus » et les services de publicité. • Paris, 26 janv. 2007 : *PIBD 2007. III. 345.*

2° COMPLÉMENTARITÉ

19. Des produits et services complémentaires sont unis par un lien étroit et obligatoire. • Paris, 16 mai 2003 : *PIBD 2004. III. 43.* ♦ Ainsi : des services de restauration et des boissons alcooliques. • Paris, 21 mars 2001 : *Ann. propr. ind. 2001. 235.* ♦ ... Des véhicules et des pneumatiques. • Paris, 7 févr. 2003 : *PIBD 2003. III. 392.* ♦ ... Une activité de vente d'immeubles et des services d'expertise immobilière. • Paris, 21 mai 2003 : *PIBD 2003. III. 548.* ♦ ... Des services d'entretien de locaux et de nettoyage de bâtiments et des services informatiques permettant de gérer et contrôler l'activité des personnels d'entretien de bureaux. • Paris, 16 juin 2000 : *PIBD 2000. III. 552.*

IV. CONNAISSANCE DE LA MARQUE SUR LE MARCHÉ

20. Le risque de confusion est d'autant plus grand que la marque contrefaite est notoire. La notoriété de la marque est en effet un facteur pertinent du risque de confusion en ce qu'elle confère à cette marque un caractère distinctif particulier et lui ouvre une protection plus étendue. • Com. 15 mars 2017, *Puma*, n° 15-24.106 : *PIBD 2017. III. 366* • 22 févr. 2005, *TBS : PIBD 2005. III. 266* • 5 avr. 2005, *Le Bistrot du Sommelier : PIBD 2005. III. 396* • Paris, aud. sol., 4 juin 2003, *Veuve Clicquot : PIBD 2003. III. 474* • Douai, 10 déc. 2014, *Adidas : PIBD 2015. III. 119* • Paris, 1er févr. 2012, *Kinder : PIBD 2012. III. 240* • 11 janv. 2012, *Goodyear : PIBD 2012. III. 248* • 18 sept. 2009 : *« LV » : préc. note 4* • 17 mai 2006, *Or brun : PIBD 2006. III. 539.* ♦ Pourvoi rejeté. • Com. 4 déc. 2007 : *PIBD 2008. III. 74* • Paris, 2 avr. 2003, *Dessine-moi... : PIBD 2003. III. 477* • 6 janv. 2004, *La Poste : PIBD 2004. III. 198.* ♦ Viole l'art. L. 713-3 la cour d'appel qui ne prend pas en considération la notoriété de la marque antérieure. • Com. 12 févr. 2013, *Bouquet de Chocolat : PIBD 2013. III. 1076.* ♦ ... Ou une cour d'appel qui estime que la notoriété d'une marque, en renforçant son caractère distinctif, exclut tout risque de confusion, alors que la notoriété ouvre à la marque une protection plus étendue qui ne saurait lui être déniée en raison de cette notoriété même. • Com. 16 févr. 2010, *Darty : PIBD 2010. III. 205 ; Propr. intell. 2010, n° 35, p. 760, obs. Sabatier.* ♦ Si la notoriété de la marque supposée contrefaite est susceptible d'influer sur l'appréciation du risque de confusion, cette notoriété ne peut dispenser de rechercher s'il existe entre les signes opposés un risque de confusion. • Paris, 23 oct. 2015, *Adidas : PIBD 2015. III. 790.* ♦ Conformément aux règles générales de procédure, la connaissance de la marque sur le marché doit être invoquée par le demandeur. • Com. 14 mai 2013, *Dict.fr : PIBD 2013. III. 1295.*

21. Le risque de confusion est d'autant plus grand que la marque possède un pouvoir distinctif fort. • Paris, 11 juin 2003, *Métro : Ann. propr. ind. 2003. 97 ; PIBD 2004. III. 77* • 16 janv. 2004 : *PIBD 2004. III. 100.* ♦ ... Tenant notamment à son caractère parfaitement arbitraire lié à l'absence de toute signification propre. • Paris, 19 sept. 2001 : *PIBD 2002. III. 55.*

22. *A contrario*, lorsque la marque première ne présente pas un caractère distinctif fort, le risque de confusion est écarté au vu des différences introduites par le second utilisateur. • Versailles, 25 sept. 2003, *Surf and Book : CCE 2004, n° 16, note Caron* • Paris, 2 juill. 2004, *La Mer : PIBD 2004. III. 585.* ♦ ... Ou lorsque la connaissance de la marque antérieure, liée à la façon dont la marque est présentée, n'est démontrée que dans un domaine bien particulier. • Com. 23 juin 2009, *NRJ : PIBD 2009. III. 1435 ; Propr. intell. 2010, n° 35, p. 424, obs. Sabatier.*

23. Le moyen tiré de la notoriété de la marque première est inopérant dès lors qu'une cour d'appel, après avoir analysé les signes en présence au regard de leurs éléments distinctifs et dominants, a conclu à l'absence de similitude visuelle et conceptuelle entre les marques. • Com. 11 janv. 2017, *Arche, n° 15-15.126 : PIBD 2017. III. 139.*

Art. L. 713-4 Le droit conféré par la marque ne permet pas à son titulaire d'interdire l'usage de celle-ci pour des produits qui ont été mis dans le commerce dans la Communauté économique européenne *(L. n° 93-1420 du 31 déc. 1993, art. 2)* **« ou dans l'Espace économique européen » sous cette marque par le titulaire ou avec son consentement.**

Toutefois, faculté reste alors ouverte au propriétaire de s'opposer à tout nouvel acte de commercialisation s'il justifie de motifs légitimes, tenant notamment à la modification ou à l'altération, ultérieurement intervenue, de l'état des produits. — *[L. n° 91-7 du 4 janv. 1991, art. 15 (3).]*

BIBL. ▸ Beier, *RIPIA 1978. 191* (les limites de la théorie de l'épuisement en droit des marques). – Bonet, L'avenir de la propriété intellectuelle, *Litec, coll. IRPI, p. 89* (l'épuisement des droits de propriété intellectuelle) ; *Mélanges Burst, Litec 1997, p. 61* (épuisement du droit des marques et reconditionnement du produit marqué) ; *D. 2000, Chron. 337* (le principe de l'épuisement du droit de marque dans la jurisprudence communautaire). – Calvo, *LPA 12 févr. 1997* (reconditionnement des produits marqués en droit communautaire). – Campion, Alexandre et Vion, *D. 1998. Chron. 322* (médicaments et importations parallèles : acquis récents et prochains défis). – Desmazières de Séchelles, *Gaz. Pal. 15-17 nov. 1998, p. 2* (l'arrêt Silhouette de la CJCE et l'arrêt Océan Pacific Sunwear de la Cour de cassation). – Françon, *JCP 1990. I. 3428* (l'épuisement du droit de marque). – Grynfogel, *RJDA 2001. 363* (les limites à la règle communautaire de l'épuisement des droits). – Kovar, *Mélanges Burst, Litec 1997, p. 273* (le reconditionnement du produit marqué). – Lancrenon, *CCE, Étude n° 7* (la preuve de l'épuisement du droit de marque). – Laval, *LPA 11 févr. 1998, p. 15* (normes, marques et marquage CE : libre circulation des produits en Europe ?). – Vilmart, *JCP E 1998. 1821* (parfums de luxe et grands whiskies ; les droits de la propriété intellectuelle contre les importations parallèles) ; *RIPIA 2000. 46* (épuisement des droits de propriété intellectuelle : la jurisprudence française à la lumière des plus récentes décisions communautaires).

COMMENTAIRE

Ici encore, l'interprétation de la loi interne doit s'effectuer à la lumière des enseignements tirés des décisions de la Cour de justice (pour les références des décisions citées, V. Dir. 2008/95/CE, art. 7).

Dans la perspective de la réalisation du marché unique, but ultime de la construction européenne, il est essentiel que les produits circulent librement à l'intérieur de l'Espace économique européen, d'où la règle de la libre circulation des marchandises. Cette règle ne souffre aucune exception sauf si elle est justifiée par la sauvegarde de l'objet spécifique du droit de marque entendu comme le droit exclusif reconnu au titulaire du signe d'utiliser sa marque pour la « première mise en circulation » d'un produit (on notera que l'objet spécifique du droit de marque, tel qu'il est ainsi défini, contient en lui-même le principe de l'épuisement du droit). Après la première mise en circulation du produit sur le territoire communautaire réalisée par lui-même ou avec son consentement, le titulaire de la marque ne pourra pas invoquer son droit sur le signe pour s'opposer à la libre circulation des produits marqués à l'intérieur de la Communauté et notamment pour empêcher qu'un importateur commercialise sous sa marque des produits qui ont été mis en circulation dans un autre État membre par lui-même ou avec son consentement (CJCE 23 mai 1978 *Hoffmann-La Roche*, et CJCE 10 oct. 1978, *Centrafarm*).

Il en résulte que l'épuisement du droit est soumis à deux conditions :

– d'une part, que les produits aient été mis dans le commerce sur le territoire de l'EEE (rejet de l'épuisement international : CJCE 16 juill. 1998, *Silhouette*). Seul compte l'acte de commercialisation ; peu importe que les produits aient été fabriqués dans un État tiers (CJCE, 20 mars 1997, *Phytéron*) ;

– d'autre part, que cette mise dans le commerce ait été faite avec le consentement du titulaire de la marque, lequel peut être implicite (CJCE 20 nov. 2001, *Davidoff-Levi Strauss*). L'importation d'un produit sur le territoire de l'EEE sans le consentement du titulaire du droit de marque donne en revanche à ce dernier un droit de suite et de contrôle jusqu'à l'acquéreur final (CJCE 16 juill. 1998, *Silhouette* et arrêts cités note 1).

Motifs légitimes

Comme l'indique l'adverbe « notamment » utilisé par le texte, la liste des motifs légitimes figurant dans l'article L. 713-4 du CPI (modification ou altération de l'état des produits) n'est pas exhaustive ; la CJCE a, par exemple admis que l'atteinte portée à la renommée de la marque peut être un motif légitime, que cette atteinte résulte d'une présentation inadéquate des produits reconditionnés : emballage défectueux, de mauvaise qualité ou de caractère « brouillon » (aff. *Bristol, Myers, Squibb,* CJCE 11 juill. 1996) ou de la publicité organisée par le revendeur autour des produits marqués (aff. *Christian Dior*, CJCE 4 nov. 1997).

La fonction de garantie d'origine des produits marqués dégagée par la CJCE à partir de l'arrêt *Terrapin* (CJCE 22 juin 1976 : Aff. 119/75 : *Rec. 1976, p. 1039*) « implique que le consommateur ou l'utilisateur final puisse être certain que le produit marqué qui lui est offert n'a pas fait l'objet, à un stade antérieur à sa commercialisation, d'une intervention opérée par un tiers sans autorisation du titulaire de la marque, qui a atteint le produit dans son état originaire ». Cette intervention découle généralement d'un reconditionnement. Le risque de dénaturation du produit résultant de cette opération justifie que le titulaire de la marque puisse s'y opposer en raison de la fonction de garantie qui s'attache au signe et de la responsabilité de sa qualité qui lui incombe (CJCE *Hoffmann-La-Roche préc.*, *Bristol Myers Squibb préc.*), qu'il s'agisse de produits pharmaceutiques (jur. *préc.*) ou de produits d'une autre nature (CJCE 11 nov. 1997, *Ballantine*) sauf si :

– le titulaire fait de sa marque un usage contribuant à cloisonner artificiellement les marchés compte tenu du système de commercialisation qu'il pratique ; tel serait le cas si le titulaire de la marque s'opposait au reconditionnement du produit alors que son emballage d'origine, en raison de circonstances prévalant au moment de sa commercialisation, fait obstacle à sa commercialisation dans l'État d'importation en fonction d'une réglementation ou d'un usage particuliers ;

– le reconditionnement n'affecte pas l'état originaire du produit, c'est-à-dire l'état du produit contenu dans l'emballage ;

– l'importateur a averti le titulaire de la marque avant de procéder au reconditionnement ;

– le nouvel emballage précise que le produit a été reconditionné et l'identité de celui qui a procédé à cette opération.

Preuve

Conformément aux principes généraux régissant l'administration de la preuve, c'est à celui qui invoque l'épuisement du droit (il s'agit en général d'un moyen de défense du contrefacteur) de le prouver. Mais la CJCE a jugé dans l'arrêt *Van Doren* (CJCE 8 avr. 2003, V. Dir. 2008/95/CE ss. art. 7) que, dans le cas où existerait un risque réel de cloisonnement des marchés si le défendeur supportait la charge de la preuve, notamment lorsque le titulaire de la marque a recours à un système de distribution exclusive, c'est à ce dernier de prouver qu'il a donné son consentement à la commercialisation de ses produits hors des frontières de l'EEE avec interdiction d'importation à l'intérieur de l'EEE. Il conviendra par la suite, si cette preuve est rapportée, que le défendeur à l'action en contrefaçon, rapporte la preuve que la commercialisation ultérieure des produits dans l'EEE est intervenue avec l'accord du titulaire de la marque. ❑

V. la jurisprudence communautaire, ss. la Dir. 2008/95/CE du 21 déc. 1988, art. 7.

1. Mise dans le commerce dans la CEE. Lorsque les produits marqués ont été importés dans la CEE en provenance d'un pays tiers sans l'autorisation du titulaire de la marque, celui-ci a un droit de suite et de contrôle jusqu'à l'acquéreur final en France. • Com. 2 déc. 1997, *Océan Pacific : Bull. civ. IV, n° 320 ; D. 1998. 604, note Agostini ; D. Affaires 1998. 118, note J. P.-S. ; PIBD 1998. III. 136 ; RJDA 1998, n° 533* • 15 mai 1990, *Prince : PIBD 1990. III. 679.* ♦ Aucun texte ne limite les poursuites en contrefaçon au premier importateur sur le territoire européen. • Paris, 18 oct. 2002 : *Ann. propr. ind. 2002. 406.* ♦ L'art. L. 713-4 ne s'applique pas à tout produit portant la marque mais à un lot déterminé de produits marqués dont la commercialisation a été autorisée sur le territoire de l'UE. • Com. 7 avr. 2009 : *PIBD 2009. III. 1126* • 8 mars 2005 : *PIBD 2005. III. 367* • Paris, 25 avr. 2001 : *PIBD 2001. III. 506.* ♦ Sur ce point, V. aussi • CJCE 1er juill. 1999 : *cité note 4 ss. art. 7 Dir. 2008/95/CE du 22 oct. 2008.* ♦ L'art. L. 713-4 CPI est d'interprétation stricte et ne permet pas de considérer qu'ont été mis dans le commerce dans la CEE des produits mis sur le marché sur l'île de Curaçao (territoire associé selon le Traité de Rome). • Lyon, 17 sept. 1998 : *Ann. propr. ind. 1999. 108 ; PIBD 1998. III. 519.*

2. Accord du titulaire. L'épuisement des droits joue lorsque le titulaire de la marque dans l'État d'importation et le titulaire de la marque dans l'État d'exportation sont liés économiquement. Dans ce cas, en effet, un contrôle de qualité peut être opéré par une entreprise unique et la fonction d'identification d'origine de la marque n'est pas remise en cause par la liberté des importations. • Paris, 25 avr. 2001 : *PIBD 2001. III. 543.* ♦ Sur la notion de dépendance économique, V. • Paris, 11 févr. 2004 : *Propr. intell. 2004, n° 11, p. 673, obs. Buffet-Delmas.* ♦ Il appartient à celui qui invoque l'épuisement du droit, de prouver que chacun des exemplaires des produits qu'il vend a été mis sur le marché d'un pays de l'UE avec l'autorisation, même implicite, du titulaire de la marque. • Paris, 12 mars 2014, *Guess : PIBD 2014. III. 387,* et que cette autorisation continue de produire ses effets. • Paris, 29 oct. 1992 : *PIBD 1993. III. 132.* ♦ Tel est le cas si le titulaire de la marque lui a concédé une licence exclusive de fabrication, de confection, de distribution et de vente dans un des pays de la Communauté. • Paris, 13 oct. 1999 : *PIBD 2000. III. 68.* ♦ En revanche, le fait que des produits ont été revêtus de la marque au stade de leur fabrication sous le contrôle du propriétaire de la marque ne suffit pas pour présumer l'accord de ce dernier à leur commercialisation. • Com. 26 janv. 1999 : *D. 1999. IR 61 ; D. Affaires 1999. 343, obs. B.P. ; Ann. propr. ind. 1999. 219 ; PIBD 1999. III. 242.* ♦ Toute personne morale ou physique titulaire d'une marque a le droit de s'opposer à la commercialisation de ses produits en dehors du territoire pour lequel elle a donné son autorisation ; le fait que les sociétés poursuivies aient acquis des produits litigieux régulièrement à l'étranger est inopérant dès lors qu'il n'est pas démontré que la personne titulaire de la marque ait autorisé la commercialisation de tels produits sur le territoire français. • Paris, 2 déc. 2011, *Coca-Cola : PIBD 2012. III. 161.*

3. Consentement implicite. Le consentement du titulaire de la marque peut être implicite et résulter d'éléments et de circonstances antérieurs, concomitants ou postérieurs à la mise dans le commerce en dehors de l'EEE qui, appréciés par le juge national, traduisent de façon certaine une renonciation du titulaire à son droit de s'opposer à une mise dans le commerce dans l'EEE. Ainsi, le titulaire d'une marque qui a consenti une licence exclusive d'exploitation aux termes d'un contrat ne comportant « aucune restriction à la fabrication, la commercialisation et l'exportation des produits couverts par la marque » doit être considéré comme ayant renoncé à s'opposer à la commercialisation sur le territoire de la CEE de produits revêtus de cette marque fabriqués au Brésil. • Com. 9 avr. 2002 : *D. 2002. AJ 1759, obs. Daleau ; RTD com. 2002. 480, obs. Azéma ; PIBD 2002. III. 369 ; RDPI 2003, n° 151, p. 12* • Paris, 12 mars 2014, *Guess : préc. note 2.* ♦ Le fait que la société intermédiaire ayant fourni les produits litigieux se soit approvisionnée auprès d'un revendeur alors agréé par le titulaire de la marque ne démontre pas, en soi, que ces produits ont été mis dans le commerce dans l'Espace économique européen par le titulaire de la marque ou avec son consentement même implicite, dès lors que les éléments de preuve produits aux débats ne permettent pas d'identifier l'origine des produits achetés par le revendeur final. • Paris, 6 sept. 2016, *Swatch : PIBD 2017. III. 49.* ♦ De la même façon, le titulaire de la marque a consenti implicitement à la commercialisation des produits lorsque les marchandises litigieuses ont été acquises auprès d'un de ses revendeurs agréés, localisé dans l'EEE, par une société intermédiaire qui les a revendues par la suite à la personne poursuivie. • TGI Paris, 5 déc. 2014, *Swatch : PIBD 2015. III. 129.* ♦ Sur le consentement implicite, V. • CJCE 20 nov. 2001, *Zino Davidoff-Levi Strauss et a. : cité note 1 ss. art. 7 Dir. 2008/95/CE du 22 oct. 2008.*

4. Motif légitime : altération de l'image du produit. Le principe de l'épuisement des droits énoncé à l'al. 1er de l'art. L. 713-4 ne saurait souffrir d'exception qu'en raison de motifs légitimes dûment justifiés tenant aux conditions dans lesquelles les produits marqués sont présentés et commercialisés auprès des consommateurs. • Paris, 24 oct. 2008, *Yamaha musique : RTD com. 2009. 120, obs. Azéma ; PIBD 2008. III. 687.* ♦ Si les produits « Swatch » sont connus et commercialisés dans le monde entier avec un grand succès et bénéficient d'une bonne image de marque, ils ne peuvent être considérés comme des produits de luxe ou prestigieux autorisant le titulaire de la marque à s'opposer à leur commercialisation ultérieure du fait de conditions de vente qui seraient de nature à porter atteinte à la renommée de la marque. • TGI Paris, 5 déc. 2014, *« Swatch » : préc. note 2.* ♦ Le « dégriffage » de produits revêtus originellement de la marque du donneur de licence constitue une altération de la nature des produits justifiant que soit écarté l'épuisement du droit. • Paris, 12 mars 2014, *Guess : PIBD 2014. III. 387.* ♦ Sur la question préjudicielle posée à la CJCE par • Com. 12 févr. 2008 : *D. 2009. Pan. 693, obs. Durrande ; PIBD 2008. III. 259,* V. • CJCE 23 avr. 2009, *Copad : cité note 4, art. 7, ss. Dir. 2008/95/CE.* ♦ Puis • Com. 2 févr. 2010 : *Bull. civ. IV, n° 25 ;*

D. 2010. AJ 503, obs. Daleau ✎; *PIBD 2010. III. 164.* ♦ Et après renvoi • Paris, 1er juill. 2011 : *PIBD 2011. III. 622.* ♦ L'usage illicite de marque ne peut, faute pour le demandeur d'établir l'existence de motifs légitimes lui permettant de s'opposer à une nouvelle commercialisation des produits, résulter du seul fait de commercialiser des produits authentiques relevant d'un réseau de distribution sélective dès lors qu'il est constaté que leur première mise en circulation en France s'est faite avec l'accord du titulaire de la marque et qu'ils ont été régulièrement acquis par le revendeur poursuivi. • Com. 23 mars 2010 (4 arrêts), *Chanel : CCE 2011, n° 3, note Caron ; PIBD 2010. III. 308.* ♦ Fait état de motifs légitimes lui permettant de s'opposer à une nouvelle commercialisation le titulaire d'une marque qui établit que le contexte et les conditions d'exposition à la vente des produits marqués ainsi que la publicité ayant accompagné l'opération affectaient négativement la valeur de la marque en ternissant l'allure et l'image de prestige des parfums et cosmétiques de luxe portant sa marque • Grenoble, 18 oct. 2011 : *PIBD 2011. III. 737.* ♦ Après renvoi de • Com. 23 mars 2010, *Chanel : préc.* ♦ L'acquéreur des produits marqués lors d'une vente aux enchères faisant suite à la liquidation judiciaire d'un des membres du réseau étant tiers au contrat de distribution sélective, le titulaire d'une marque ne peut invoquer contre lui la violation de l'interdiction de vente hors réseau. La faculté de s'opposer à tout nouvel acte de commercialisation est la seule option qui lui est offerte, à condition de justifier de motifs légitimes. Ceux-ci pourraient résulter des conditions de la vente aux enchères ou encore de l'importance du réseau parallèle d'acquisition et de distribution de l'acquéreur, tous éléments susceptibles de constituer une menace réelle pour l'étanchéité et la stabilité du système de distribution du titulaire de la marque et de l'image de luxe qui y est attachée. • Com. 24 mai 2011, *Chanel : PIBD 2011. III. 558 et 560* • 4 oct. 2011, *Chanel : PIBD 2011. III. 735.* ♦ Une cour d'appel ne saurait se déterminer au seul motif qu'une clause insérée dans le contrat de licence a pour objet de permettre au titulaire de la marque de contrôler la diffusion des marques concédées afin d'en éviter la banalisation excessive sans préciser en quoi, eu égard aux circonstances de l'espèce, la méconnaissance d'une telle clause a eu pour effet de porter atteinte à l'allure et à l'image de prestige qui conféraient aux produits une sensation de luxe, affectant ainsi leur qualité. • Com. 9 oct. 2012, *Cerruti : PIBD 2012. III. 785.* ♦ Le fait de proposer à la vente exclusivement sur internet des produits vendus dans un réseau de distribution sélective qui en assure une distribution valorisante en vue de maintenir leur image de produits de luxe constitue une pratique commerciale de nature à porter atteinte au prestige des marques en cause en constitue un motif légitime pour s'opposer à une nouvelle commercialisation des produits. • TGI Paris, 28 avr. 2011, *Montres Bréguet : PIBD 2011. III. 671.* ♦ *A contrario*, la commercialisation des montres « Swatch » sur un site internet exclusivement dédié à la vente de montre et de bijoux, dans le cadre d'une présentation usuelle et de qualité, parmi d'autres modèles de montres haut de gamme, au prix du marché, n'est pas de nature à dégrader la qualité et l'image des produits dès lors qu'il est établi que, si le titulaire de la marque réglemente la vente en ligne de ses produits par ses revendeurs, elle ne l'interdit pas. • TGI Paris, 5 déc. 2014 : *préc. note 2.*

5. Motif légitime : reconditionnement. L'importateur parallèle qui procède au reconditionnement d'un produit revêtu d'une marque doit avertir lui-même dans un délai raisonnable le titulaire de la marque du reconditionnement envisagé ; à cet égard, l'importateur ne peut sérieusement prétendre qu'un délai de cinq jours entre l'avertissement et la commercialisation du produit serait un délai raisonnable permettant au titulaire de la marque de réagir au projet de reconditionnement. En outre, pour que la marque puisse remplir sa fonction de garantie de l'état originaire du produit fabriqué, le reconditionnement ne doit pas risquer d'affecter le produit ce qui n'est pas le cas lorsque le conditionnement qui était à l'origine scellé, a été brisé. Enfin, doit être considéré comme justifiant de motifs légitimes pour s'opposer à la commercialisation du produit, le titulaire d'une marque qui établit que son produit a fait l'objet d'un reconditionnement sans nécessité, c'est-à-dire sans que le défendeur puisse prétendre avoir été contraint au reconditionnement pour pouvoir avoir accès à l'ensemble du marché du produit en cause. • Paris, 26 juin 2002, *Monsanto : Propr. intell. 2003, n° 7, p. 217, obs. Buffet-Delmas.* – Pourvoi rejeté par • Com. 7 juill. 2004 : *PIBD 2004. III. 554.* ♦ V. aussi • Com. 5 nov. 2002 : *Ann. propr. ind. 2003. 91 ; PIBD 2003. III. 71.*

V. aussi notes ss. art. 7 Dir. 2008/95/CE.

6. Marques d'origine commune. Il ne saurait y avoir d'épuisement des droits que dans la mesure où la marque a été utilisée pour servir la fonction essentielle qui est la sienne, à savoir garantir au consommateur l'origine du produit sur lequel elle est apposée. Pour y parvenir, elle doit constituer la garantie que tous les produits qui en sont revêtus ont été fabriqués sous le contrôle d'une entreprise unique à laquelle peut être attribuée la responsabilité de leur qualité. Tel n'est pas le cas des objets distribués en France sous la marque Wolf Garten sur lesquels le titulaire de la marque Outils Wolf n'a pu exercer aucun contrôle. Il est indifférent que les marques puissent avoir une origine commune dès lors qu'elles sont exploitées par des sociétés juridiquement et économiquement indépendantes et que le titulaire de la marque « Outils Wolf » n'a ni consenti ni même été informé de l'exploitation litigieuse. • Paris, 7 nov. 2008 : *PIBD 2009. III. 759.* ♦ Sur renvoi après • Com. 20 févr. 2007 : *PIBD 2007. III. 339.*

7. Preuve. La preuve de l'épuisement incombe au tiers poursuivi en contrefaçon qui l'invoque comme moyen de défense. • Com. 26 févr. 2008, *Nike c/ Sté MSL : PIBD 2008. III. 280* • 10 nov. 2015, *Converse,* n° 14-11.479 P : *D. 2016. 1040, note Le Bras ; Dalloz IP/IT 2016. 141, obs. Martial-Braz ; RLDA janv. 2016. 13, note Ledoux ; JCP E 2016, n° 49, p. 48, note Binctin,* en cassation de • Paris, 29 nov. 2013, *Converse Inc c/ Atlanta SARL,* n° 2012/15203 : *PIBD 2015. III. 835* • Com. 29 janv. 2002, *Nina Ricci : JCP E 2002. 1164, n° 7, obs. Boespflug, Greffe et Barthélemy ; PIBD 2002. III. 186* • Paris, 8 févr. 2002 : *JCP E 2002. 1164, n° 6, obs. Boespflug, Greffe et Barthélemy* • 26 juin 2002 : *Propr. intell. 2003, n° 7, p. 217, obs. Buffet-Delmas.* ♦ Elle doit être rapportée pour chacun des exemplaires authentiques du produit concerné. • Com. 7 avr. 2009 : *PIBD 2009. III. 1126.* • Paris, 6 sept. 2016, *Swatch : préc. note 3.* ♦ Sur ce point, V. aussi • CJCE 1er juill. 1999, *Sebago : cité note 4, ss. art. 7 Dir. 2008/95/CE.*

8. Risque de cloisonnement des marchés. ***a) Preuve.*** L'épuisement des droits conférés par la marque supposant la mise en circulation des produits en cause pour la première fois sur le territoire de l'Espace économique européen par le titulaire de la marque, ou avec son consentement, ce qui en garantit l'origine, le tiers poursuivi n'a pas d'autre preuve à rapporter que celle de l'épuisement des droits qu'il invoque comme moyen de défense, sauf à démontrer, pour échapper à cette preuve, l'existence d'un risque réel de cloisonnement des marchés nationaux ; il appartient au titulaire de la marque, demandeur en contrefaçon, de rapporter, au préalable, en se plaçant notamment sur le terrain de la fabrication, la preuve de l'absence d'authenticité des produits litigieux. • Paris, 28 nov. 2014, n° 14/12483 : *PIBD 2015. III. 12* • Paris, 5 mai 2017, *Converse : PIBD 2017. III. 512.* ♦ Ayant souverainement retenu que la connaissance, par les titulaires de la marque, de la source d'approvisionnement du tiers poursuivi en contrefaçon leur permettrait de faire obstacle à la libre circulation des produits dans l'EEE en tarissant cette source, c'est à bon droit, et sans inverser la charge de la preuve, que la cour d'appel en a déduit qu'il appartenait à ces sociétés d'établir que les produits avaient été initialement mis dans le commerce par elles-mêmes ou avec leur consentement en dehors de l'EEE, sans avoir à exiger que le tiers poursuivi en contrefaçon identifie la source de son approvisionnement. • Com. 10 nov. 2015, *Converse,* n° 14-11.479 : *préc. note 7.*

b) Définition. Le risque de cloisonnement des marchés suppose la mise en place d'un système de distribution permettant au titulaire de la marque de mettre en œuvre des politiques commerciales et tarifaires différentes selon les territoires desservis. • Com. 8 févr. 2011, *Nike c/ Sté ISF,* n° 10-10.021 : *PIBD 2011. III. 250.* • Paris, 5 mai 2017, *Converse : préc.* ♦ ... Interdisant aux distributeurs des produits en cause de s'approvisionner sur le territoire d'un autre État membre et de faire jouer à leur profit d'éventuelles différences de prix : • Paris, 12 mars 2014, *Guess : PIBD 2014. III. 387.* • Rennes, 15 avr. 2014, *Royer Sports SAS c/ Auchan : PIBD 2014. III. 613 et la note.* ♦ ... Par exemple en refusant de poursuivre l'approvisionnement de celui qui serait intervenu hors de son territoire : • Com. 26 mai 2009, *Auchan : PIBD 2009. III. 1312* • 25 mars 2008, *Hugo Boss : PIBD 2008. III. 311 ; Propr. ind. 2008, n° 42, note Tréfigny-Goy* • 16 déc. 2008, *Nike : PIBD 2009. III. 819.* ♦ L'existence d'un distributeur exclusif des produits marqués par État membre ou par secteur comprenant plusieurs États membres débouche sur une segmentation du territoire qui constitue un risque réel de cloisonnement des marchés en ce qu'elle engendre la possibilité pour le titulaire de la marque de vendre les produits dans des conditions commerciales et tarifaires différentes selon les différents États membres dans le cas où, comme en l'espèce, des ventes passives sont interdites aux distributeurs respectifs. • Paris, 28 nov. 2014, *Converse : préc.* ♦ Si l'existence d'un réseau de distribution exclusive constitue un indice du risque de cloisonnement des marchés puisqu'il peut permettre au titulaire de la marque de vendre les produits qui en sont revêtus à des conditions différentes selon l'État membre, cette existence ne peut suffire, en soi, à établir ledit risque de cloisonnement, faute de quoi il deviendrait vite impossible à une quelconque société de choisir un distributeur exclusif. Il convient, en conséquence, que cet indice soit conforté par d'autres éléments. • TGI Paris, 28 juin 2013, *Converse c/ Carrefour Hypermarchés : PIBD 2013. III. 1532.* ♦ Dans le même sens, refusant de retenir que le risque réel de cloisonnement des marchés n'était pas établi. • TGI Paris, 11 sept. 2015, *Converse Inc c/ Auchan et a. : PIBD 2015. III. 849 et la note.* ♦ La démonstration d'une possibilité d'importations parallèles est un motif propre à exclure l'existence d'un risque de cloisonnement des marchés dès lors qu'il n'est pas prétendu que l'usage de cette faculté ait été sanctionné par le tarissement de la source utilisée. • Com. 26 mai 2009, *Auchan : préc.* ♦ Mais la stipulation d'une clause territoriale n'implique en elle-même aucune garantie d'exclusivité. • Paris, 12 janv. 2005, *Vans : PIBD 2005. III. 208.* ♦ Et sur pourvoi • Com. 20 mars 2007 : *PIBD 2007. III. 331.* ♦ Le risque de cloisonnement des marchés ne peut pas être écarté au seul motif que les produits achetés sont livrés, en raison de la taille européenne des clients (*sic*), dans des points de vente situés hors du territoire de l'agent concerné. • Com. 8 févr. 2011, *Nike c/ Sté ISF : préc.*

Art. L. 713-5 *(Ord. n° 2008-1301 du 11 déc. 2008)* **« La reproduction ou l'imitation » d'une marque jouissant d'une renommée pour des produits ou services non similaires à ceux désignés dans l'enregistrement engage la responsabilité civile de son auteur** *(Ord. n° 2008-1301 du 11 déc. 2008)* **« si elle » est de nature à porter préjudice au propriétaire de la marque ou si** *(Ord. n° 2008-1301 du 11 déc. 2008)* **« cette reproduction ou imitation » constitue une exploitation injustifiée de cette dernière.**

Les dispositions de l'alinéa précédent sont applicables à *(Ord. n° 2008-1301 du 11 déc. 2008)* **« la reproduction ou l'imitation » d'une marque notoirement connue au sens de l'article 6 *bis* de la Convention de Paris pour la protection de la propriété industrielle précitée.** – *[L. n° 91-7 du 4 janv. 1991, art. 16.] – V. cette convention, App., v° Propriété industrielle, Dispositions générales. – V. art. L. 714-4.*

BIBL. ► BAUD, *Propr. ind. 2007. Étude 12* (l'atteinte à la réputation de la marque antérieure : conditions et preuves de la réputation). – BONET, *Mélanges Foyer, PUF 1997, p. 189* (la protection des marques notoires dans le CPI). – DASSAS, *J.-Cl. Marques, n° 7320* (marque renommée). – DE CANDÉ, *D. Affaires 1998. 1886* (protection des marques renommées en France depuis la loi du 4 janv. 1991). – DE HAAS, *Propr. intell., 2003, n° 7, p. 137* (la « contrefaçon » de la marque notoire en droit comparé américain, européen et français : une leçon américaine encore mal comprise). – DESBOIS, *Mélanges Bastian, Librairies techniques, p. 133* (la protection des marques de haute renommée en l'absence de risque de confusion entre les produits). – HORHEL, *JCP E 1993. I. 214* (la protection des marques notoires à l'épreuve de la concurrence). – LACHACINSKI et FAJGENBAUM, *Légicom 2010, n° 1, p. 39* (quelle marque notoire au XXIe siècle ?). – LE TOURNEAU, *Gaz. Pal. 30-31 mars 2001, p. 22* (parasitisme et marque notoire ou de l'application du régime général de la responsabilité en présence d'une lacune du droit spécial). – MEUNIER-CŒUR, *Propr. ind. 2006. Étude 12* (notoriété et renommée de la marque). – PÉROT-MOREL, *Mélanges Burst, Litec 1997, p. 463* (notoriété et renommée : unité ou dualité de concept en droit des marques). – POLLAUD-DULIAN, *Propr. intell., oct. 2001, p. 43* (marques de renommée : histoire de la dénaturation d'un concept). – SAINT-GAL, *RIPIA 1956, n° 25-26, p. 73* (concurrence déloyale et concurrence et agissements parasitaires).

COMMENTAIRE

L'article L. 713-5 intègre à la loi française, à la suite de la directive 2008/95/CE (art. 5), la théorie des agissements parasitaires qui avait été proposée dans le passé par la doctrine française et reçue par la jurisprudence, en l'affranchissant toutefois des règles de la responsabilité civile puisque la seule exploitation injustifiée de la renommée de la marque suffit à entraîner la condamnation sans qu'il soit nécessaire de démontrer un préjudice (V. sur ce point, CJCE 18 juin 2009, n° C-487/07, *L'Oréal : CCE 2009, n° 111, note Caron ; PIBD 2009, III. 1305 ss. Dir. 2008/95/CE codifiant la Dir. 89/104/CEE, art. 5*).

Cette disposition soulève plusieurs questions.

La première réside dans la définition de la marque « renommée ». Doit-on considérer que cette notion se confond avec la notion classique de marque « notoire » définie comme une marque « connue d'une large fraction du public », ou bien assiste-t-on à l'émergence d'un nouveau concept ? La CJCE a répondu dans l'arrêt *Chevy* (CJCE 14 sept. 1999 : V. Dir. 2008/95/CE, ss. art. 5) : « une marque renommée doit être connue d'une partie significative du public concerné par les produits ou services couverts par cette marque », le public pertinent étant constitué « par le consommateur moyen des produits et services pour lesquels cette marque est enregistrée, normalement informé et raisonnablement attentif et avisé » (CJCE 27 nov. 2008, *Intel*, n° C-252/07 : V. Dir. 2008/95/CE, ss. art. 5). L'appréciation du caractère renommé d'une marque s'effectue par rapport au libellé du dépôt. Dès lors, lorsque les produits que la marque vise à identifier sont des produits de consommation courante (des vêtements, des produits d'horlogerie, des automobiles, des appareils photo), une marque renommée est une marque connue d'une partie significative du public constitué des consommateurs moyens de ce type de produits, donc par rapport au grand public. La jurisprudence française s'est alignée sur cette définition notamment dans l'arrêt *Ebel* (V. note 1).

L'article L. 713-5 dans sa version issue de la loi du 4 janvier 1991, contenait une équivoque. Se référant de manière générale à « l'emploi » d'une marque renommée pour désigner des produits ou services non similaires à ceux de l'enregistrement, la question pouvait se poser de savoir si on pouvait l'appliquer dans une espèce où l'agent s'était contenté d'imiter la marque sans la reproduire. Elle avait été résolue par la Cour de cassation de manière assez confuse mais la Cour de justice a jugé, dans l'affaire *Adidas* (CJCE, 23 oct. 2003, V. Dir. 2008/95/CE, ss. art. 5), la transposition de l'article 5, § 2, de la directive 2008/95/CE, étant facultative, que « l'option de l'État membre porte sur le principe de l'octroi d'une protection renforcée au profit des marques renommées, mais non sur les situations couvertes par la protection qu'il accorde ». Dès lors, l'article 5, § 2, de la directive 2008/95/CE, permettant de poursuivre tout agent qui, dans la vie des affaires, fait un usage « identique ou similaire » à une marque renommée, la protection spécifique accordée à ce type de marques par l'article L. 713-5 CPI qui le transpose devait s'appliquer aussi bien aux faits de reproduction qu'à ceux d'imitation. La Cour de cassation a statué dans ce sens dans l'arrêt *Must* (V. note 3) et, pour couper court à toute velléité d'interprétation contraire, le terme « emploi » figurant antérieurement dans le texte de l'article L. 713-5 a été remplacé, par l'ordonnance du 11 décembre 2008, par les termes « reproduction » et « imitation ». Pour lever une autre équivoque, la Cour de justice a dit pour droit que l'art. 5, § 2, de la directive (art. L. 713-5) s'applique aussi bien aux produits ou services qui seraient étrangers à la spécialité de la marque renommée, qu'à ceux qui seraient identiques ou similares à ceux pour lesquels la marque est enregistrée (CJCE 9 janv. 2003, n° C-292/00, *Davidoff*, pt 30 ; 23 oct. 2003, n° C-408/01, *Adidas Salomon et Adidas Benelux*, pts 18 à 22 ; 10 avr. 2008, n° C-107/07, *Adidas et Adidas Benelux*, pt 37, V. Dir. 2008/95/CE, art. 5). Cette interprétation, qui a été dégagée par la Cour de justice dans les arrêts précités, a été explicitement intégrée à l'article 10, § 2, sous *c*, de la directive (UE) 2015/2436 du 16 décembre 2015.

Selon la jurisprudence de la CJUE (V. ss. Dir. 2008/95/CE du 22 oct. 2008, art. 5, notes 17 s., CJCE 23 oct. 2003, n° C-408/01, *Adidas Salomon et Adidas Benelux* ; 27 nov. 2008, n° C-252/07, *Intel* ; et 18 juin 2009, n° C-487/07, *L'Oréal c/ Bellure*), pour pouvoir bénéficier de la protection spécifique de l'article L. 713-5, le titulaire de la marque renommée **doit établir que le public fait un lien** entre sa marque et la ou les marques qui ont été déposées par les défendeurs. Ce lien résulte d'une disposition d'esprit du consommateur pour qui la marque postérieure évoque la marque renommée, sans qu'il soit pour autant nécessaire qu'il les confonde. Il peut résulter de plusieurs éléments parmi lesquels : la construction identique ou similaire des marques en cause, la nature intrinsèque de la marque renommée constituée par exemple d'un signe qui n'a jamais été utilisé (CJCE 27 nov. 2008, *Intel* : préc.) ou la notoriété exceptionnelle de celle-ci.

Le titulaire de la marque renommée **doit prouver en outre** que la reprise de sa marque lui cause **un préjudice** (I) ou que **le déposant a cherché à profiter de la notoriété de sa marque** (parasitisme) (II).

***I.* Le préjudice** résulte soit de *la dilution de la marque* [dans ce cas une atteinte est portée au caractère distinctif de la marque (*a*)], soit de son *ternissement* [et dans ce cas, une atteinte est portée à la renommée de la marque (*b*)].

a) Le préjudice porté au caractère distinctif de la marque (dilution).

Un préjudice de cette nature survient lorsque la marque notoire est utilisée (ou risque d'être utilisée) pour identifier des produits ou des services étrangers à l'activité qui a fait sa notoriété : la marque qui, à l'origine, suscitait une association immédiate avec les produits ou les services de son titulaire n'est plus en mesure de le faire. Elle perd de son pouvoir attractif ; elle se banalise.

b) Le préjudice porté à la renommée de la marque (ternissement).

Le titulaire de la marque notoire peut invoquer le ternissement de sa marque lorsque les produits diffusés par le second utilisateur sont susceptibles d'exercer une influence négative sur l'image de la marque et de diminuer sa force d'attraction (CJUE 18 juin 2009, *L'Oréal c/ Bellure*, n° C-487/07).

Pour établir le préjudice, le titulaire de la marque devra prouver que l'usage de la marque postérieure a provoqué une modification du comportement du consommateur et, par voie de conséquence, une diminution du chiffre d'affaires généré par l'exploitation de la marque.

***II.* Le parasitisme** ne découle pas de la seule reprise de la marque notoire. Il doit être prouvé en s'attachant, *non plus* comme précédemment *au préjudice* subi par le titulaire de la marque, *mais à l'avantage tiré par le tiers* de l'usage d'un signe identique ou similaire à celle-ci (CJUE 18 juin 2009 : *préc.*). Le tiers qui s'est placé dans le sillage de la marque notoire a bénéficié, de ce fait, pour ses propres produits ou services, de son pouvoir d'attraction et de son prestige.

Traditionnellement, en raison de ses origines, le droit français rattachait la protection des marques renommées au droit de la responsabilité délictuelle et non à la protection du droit exclusif du titulaire de la marque. Cette conception particulière qui se traduit dans la rédaction de l'article L. 713-5 devra certainement être abandonnée, l'article 10 de la directive (UE) 2015/2436 rattachant explicitement la protection des marques renommées à l'action en contrefaçon. ❑

1. Définition de la renommée. La marque renommée au sens de l'art. L. 713-5, al. 1er, est une marque connue d'une partie significative du public concerné par les produits et services qu'elle désigne. • Paris, 25 févr. 2000, *Connexion : PIBD 2000. III. 259 ; RJDA 2000, n° 1057 ; D. 2000. AJ 227* • 26 janv. 2001, *Azzaro : D. 2002. Somm. 1132, obs. Durrande ; PIBD 2001. III. 313* • 18 mai 2001, *Chaumet : D. 2002. Somm. 1132, obs. Durrande ; PIBD 2001. III. 756* • Paris, 7 mars 2007, *Méridien : PIBD 2008. III. 377*. – Pourvoi rejeté par • Com. 21 oct. 2008 : *PIBD 2008. III. 654* • Paris, 2 juin 2010 *Henriot : PIBD 2010. III. 586* ♦ Pourvoi rejeté sur un autre point de droit par • Com. 21 juin 2011 : *Bull. civ. IV, n° 105 ; D 2012. Pan. 1362, obs. Durrande ; PIBD 2011. III. 526* • TGI Paris, 18 nov. 2009, *Les Échos : PIBD 2010. III. 152.* • Paris, 28 sept. 2011, *Nutella : PIBD 2011. III. 665.* ♦ Lorsque les produits désignés sont des produits de consommation courante qui concernent le grand public, le public de référence est constitué par l'ensemble des consommateurs moyens, normalement informés et raisonnablement attentifs et avisés... • Paris, 26 oct. 2011, *Dyptique : D. 2012. Pan. 1364, obs. Durrande ; RTD com. 2012. 99, obs. Azéma ; PIBD 2012. III. 29.* ♦ ... Quand bien même les produits en cause seraient des produits de luxe que seule peut acquérir une clientèle fortunée • Paris, 26 janv. 2001, *Azarro : préc.* • 12 mai 2004, *Ebel : PIBD 2004. III. 514.* ♦ Pourvoi rejeté par • Com. 7 juin 2006 : *Bull. civ. IV. n° 138 ; PIBD 2006. III. 579.* • Paris, 18 mai 2001, *Chaumet : préc.* ♦ Sur la définition de la marque renommée, V. aussi notes ss. art. 5 Dir. 2008/95/CE. ♦ Le mot « olympique » a été reconnu comme constituant une marque d'usage non enregistrée, notoire à raison d'une exceptionnelle renommée tenant au déroulement des jeux olympiques d'hiver et d'été, en alternance tous les deux ans, et de leur très large diffusion médiatique à travers le monde entier. Le mot « olympique », associé ou non au substantif « jeux », évoque, voire même identifie, l'événement sportif mondial et présente le caractère distinctif nécessaire à la qualité de marque de telle sorte qu'il peut donner lieu à application de l'art. L. 713-5. • TGI Paris, 10 avr. 2014, *Soldes olympiques : PIBD 2014. III. 784 ; Propr. ind. 2014, n° 79, obs. Tréfigny ; Propr. intell. 2015, n° 54, p. 91, obs. Bouvel.*

Sur la protection spéciale des symboles olympiques, V. note 3 ss. art. L. 711-3.

2. Éléments d'appréciation de la renommée. Pour l'appréciation de la renommée, doivent être prises en compte notamment la part de marché occupée par la marque, l'intensité de son exploitation, son étendue géographique, la durée de son usage, l'importance des investissements de son titulaire. • Paris, 18 mai 2001, *Chaumet : préc. note 2* • 27 mars 2002, *Reynolds : Ann. propr. ind. 2002. 376 ; D. 2003. 1428, note Dreyfus et Bénoliel-Claux* • 29 sept. 2004, *Must : PIBD 2004. III. 651* • 20 oct. 2006, *Argane : PIBD 2007. III. 64* • Paris, 9 sept. 2011, *ISO : PIBD 2011. III. 617* ♦ ... Le titulaire de la marque pouvant avoir recours, entre autres éléments, à des sondages d'opinion. • Paris, 25 févr. 2000, *Connexion : préc. note 1* • 30 juin 2004, *Top 50 : PIBD 2004. III. 561 ; Propr. intell. 2005, n° 16, p. 361, obs. Passa.* ♦ La cour d'appel, tenue de se déterminer d'après les circonstances particulières du procès et non par une motivation générale faisant référence à des causes déjà jugées a, à bon droit, écarté les arguments du titulaire de la marque renvoyant les juges à se reporter à l'art. 5, § 2, de la Dir. 2008/95/CE ainsi qu'à la jurisprudence communautaire et nationale et à la doctrine. En procédant ainsi, fût-ce en donnant les références, sans préciser les éléments de fait susceptibles de caractériser la renommée de ses marques, le demandeur a privé les parties adverses de la possibilité de répliquer utilement. • Com. 8 juill. 2014, *Puma : PIBD 2014. III. 689.* ♦ Une marque, même ancienne, ne peut pas être qualifiée de marque renommée si l'implantation de ses points de vente et le montant de ses investissements publicitaires ne sont pas à la hauteur de ceux communément pratiqués par les titulaires de ces types de marques et si, en outre, une étude révèle le faible niveau de notoriété de cette marque. • Paris, 12 mai 2004, et • Com. 7 juin 2006, *Ebel : préc. note 1.* ♦ La renommée de la marque s'apprécie au jour où elle a été reprise par un tiers. • Paris, 17 oct. 2012 : *Propr. ind 2013, n° 41, note Tréfigny.*

3. Imitation. Viole l'art. L. 713-5 une cour d'appel qui, pour rejeter une demande en responsabilité fondée sur l'emploi d'un signe voisin d'une marque renommée, considère que cet article, instaurant une exception au principe de spécialité, doit être interprété restrictivement et qu'il ne permet de faire sanctionner que l'emploi par un tiers d'un signe identique à la marque jouissant d'une renommée mais non l'utilisation d'un signe voisin par sa forme ou les évocations qu'il suscite. • Com. 12 juill. 2005, *Must : Bull. civ. IV, n° 173 ; D. 2005. AJ 2074, obs. Daleau ; RTD com. 2005. 713, obs. Azéma ; CCE 2005, n° 151, note Caron ; Propr. ind. 2005, n° 75, obs. Tréfigny ; Propr. intell. 2005, n° 17, p. 475, obs. Buffet Delmas.* ♦ L'imitation est réalisée dès lors qu'il ressort de leur comparaison que les deux marques, construites de manière identique, présentent des similitudes phonétiques et intellectuelles, alors, que la marque renommée présente un caractère distinctif fort, du fait de son caractère arbitraire. • Paris, 28 sept. 2011, *Nutella : préc. note 1.* ♦ V. • CJCE 23 oct. 2003, *Adidas Salomon et Adidas Benelux*, n° C-408-01 : *V. note 5 ss art. 5 Dir. 2008/95/CE.*

4. Imitation. Référencement sur un site internet. Une cour d'appel, après avoir relevé que l'usage, à l'identique ou par imitation, des marques de la SNCF comme mots-clés par un moteur de recherche générait l'affichage de liens commerciaux dirigeant les internautes en priorité vers des sites concurrents de ceux de la SNCF qui proposaient, à l'exception d'un site de rencontres, des prestations identiques ou similaires à prix réduits, retient que la société exploitant le moteur de recherche, en faisant en toute connaissance de cause bénéficier les internautes du pouvoir attractif de ces marques, tire indûment profit de la notoriété de celles-ci et lèse ainsi les intérêts de leur titulaire. En statuant ainsi, alors que la CJUE (23 mars 2010, *Google France*, n^{os} C-236/ 08 à C-238/ 08) a dit pour droit que le prestataire d'un service de référencement sur internet, qui stocke en tant que mot-clé un signe identique à une marque et organise l'affichage d'annonces à partir de celui-ci, ne fait pas un usage de ce signe au sens de l'art. 5, § 1 et 2, de la Dir. 89/104/ CE [V. App., *v° Marques*, note 5 ss. art. 5 Dir. 2008/95 du 22 oct. 2008], la cour d'appel a violé les art. 5, § 1et 2, de la Dir. susvisée, et L. 713-5 CPI. • Com. 20 janv. 2015, n° 11-28.567 P : *D. 2015. 262, note Chatry ; Légipresse 2015. 297, note Basire et Chapoutot ; Propr. intell. 2015, n° 56, p. 311, note Bouvel.* ♦ Et après renvoi : • Paris, 20 sept. 2016, n° 15/08372 : *PIBD 2016. III. 844.*

5. Reproduction. L'emploi au sens de l'art. L. 713-5 consiste dans le dépôt de la marque. • Com. 4 juill. 1995 : *PIBD 1995. III. 497* (« Orient-Express ») • 20 oct. 1998, *Yquem : préc. note 1* • Paris, 18 févr. 1993 : *PIBD 1993. III. 393.* ♦ ... Mais aussi dans son utilisation à titre d'enseigne. • Paris, 25 mars 1998 : *PIBD 1998. III. 257* (« Pétrossian »). ♦ ... Pour désigner un site internet. • TGI Nanterre, 31 janv. 2000 : *D. 2001. 292, note Gallot-Le Lorier et Varet* (« La Redoute ») • Paris, 9 janv. 2002, *Régine : Ann. propr. ind. 2002. 72 ; Propr. intell., oct. 2002, n° 5, p. 87, obs. Buffet Delmas* • Versailles, 27 avr. 2006, *Milka : D. 2007. Pan. 1994, obs. Tréfigny ; PIBD 2006. III. 505.* ♦ ... Sur des affiches électorales. • Paris, 21 déc. 2001 : *Ann. propr. ind. 2002, p. 55.* ♦ ... Sous une forme caricaturale et parodique, pour orner des T-shirts. • Chambéry, 27 juin 2006, *Killer surprise : JCP 2007. IV. 1850.* ♦ ... Assortis d'un message avilissant. • Rennes, 27 avr. 2010 : *PIBD 2010. III. 493.* ♦ ... Parmi divers éléments décoratifs sur un banal T-shirt. • Paris, 17 sept. 2008, *Dom Pérignon : PIBD 2008. III. 701.* ♦ Sur la référence à une marque renommée dans une enseigne, V. • CJCE 11 sept. 2007, *Céline*, n° C-17/06 : *RTD com. 2007. 712, obs. Azéma ; RTD eur. 2007. 685, obs. Schmidt-Szalewski ; Propr. ind. 2007, n° 86, note Folliard-Monguiral ; Propr. intell. 2008, n° 26, p. 142, obs. Bonet.* ♦ Dans une publicité comparative, V. • CJCE 18 juin 2009, *L'Oréal*, n° C-487/07 : *JCP 2009. II. 180, note Marino ; Légicom 2010, n° 1, p. 5, obs. Reboul ; PIBD 2009. III. 1305.* **Reproduction par un moteur de recherche.** Doit être cassé l'arrêt qui, pour condamner le titulaire d'un moteur de recherche pour atteinte à des marques notoires, retient que celui-ci, en faisant en toute connaissance de cause bénéficier les internautes du pouvoir attractif de ces marques, tire indûment parti de la notoriété de celles-ci et lèse les intérêts de leur titulaire alors que la CJUE a dit pour droit dans l'arrêt *Google* du 23 mars 2010 (n^{os} C-236/08 à C-238/08) que le prestataire d'un service de référencement qui stocke, en tant que mot clé, un signe identique à une marque et organise l'affichage d'annonces à partir de celui-ci, ne fait pas un usage de ce signe au sens de l'art. 5, § 1 et 2, de la Dir. 89/104/CEE. • Com 20 janv. 2015, *SNCF*, n° 11-28.567 P : *D. 2015. 1079, note Chatry ; RTD eur. 2015. 348-40, obs. Quiquerez ; PIBD 2015. III. 185.* ♦ Il résulte de la jurisprudence communautaire que, pour retenir la responsabilité du prestataire d'un service de référencement sur internet, il convient de s'attacher à la nature des opérations effectivement réalisées, peu important qu'une rémunération soit perçue par ce prestataire, laquelle est la contrepartie de la création des conditions techniques qui ont permis l'usage de ce signe. • Paris, 16 janv. 2015, *De particulier à particulier*, n° 14/03650 : *PIBD 2015. III. 189 ; RTD com. 2015. 270, obs. Azéma.* – V. aussi note 8 ss. art. L. 713-2 et art. 5, note 9 ss. Dir. 2008/95/CE du 22 oct. 2008. **Apposition sur des modèles réduits.** L'apposition, sur des modèles réduits de Formule 1, vendus sous la marque d'un fabricant de jouets, bien visible sur les emballages, des marques Renault et Ferrari constitue de simples illustrations, exclusives de tout risque de confusion et de toute atteinte aux fonctions des marques en cause, qu'il s'agisse de leur fonction de garantie d'origine, de garantie de qualité, ou encore de leurs fonctions secondaires de communication d'investissement ou de publicité qui ne concernent que les modèles automobiles et non leur reproduction sous forme de jouet. • Crim. 24 sept. 2014, n° 13-83.490 : *RTD com. 2014. 888, obs. Bouloc ; PIBD 2014. III. 886 ; Propr. ind. 2015, n° 2, obs. Tréfigny ;*

Propr. intell. 2015, n° 54, p. 92, obs. Canlorbe. ♦ V. dans le même sens, • Paris, 31 oct. 2008, *Fondation Bélem : PIBD 2009. III. 762* • TGI Paris, 29 juin 2010, *Ferrari : PIBD 2010. III. 746.* ♦ *Contra*, retenant la contrefaçon de marque : • TGI Paris, 10 févr. 2011, *Gulf international : PIBD 2011. III. 651* • 6 mai 2011, *Ferrari : PIBD 2011. III. 648* (marque tridimensionnelle constituée de la forme de la voiture elle-même). ♦ Sur la jurisprudence communautaire, V. • CJCE 25 janv. 2007, *Adam Opel*, n° C-58/05 : *art. 5, note 5 ss. Dir. 2008/95/CE du 22 oct. 2008.*

6. Existence d'un lien. La CJUE dans l'arrêt *Intel* du 27 nov. 1988 (n° C-252/07), se prononçant sur la Dir. 89/104/CEE du 21 déc. 1988 à la lumière de laquelle doit être interprété le droit interne, a dit pour droit qu'une atteinte à une marque renommée n'est susceptible de se produire que si le public concerné effectue un lien entre les deux signes alors même qu'il ne les confond pas. • Paris, 16 janv. 2015, *De particulier à particulier : préc. note 5* • Com. 7 juin 2016, *Visa*, n° 14-16.885 : *PIBD 2016. III. 629* • Paris, 25 avr. 2017 : *PIBD 2017. III. 433*, rendu après renvoi de • Com.12 avr. 2016, *Sté Maisons du monde*, n° 14-29.414 P : *Dalloz IP/IT 2016. 369, note Disdier-Mikus ; PIBD 2016. III. 398 ; Propr. intell. 2016, n° 60, p. 360, obs. Bouvel ; Propr. ind. 2016, n° 45 obs. Tréfigny ; CCE 2016, n° 50, obs. Caron ; Légipresse 2016. 408, note Mouron ; BRDA 2016, n° 8, p. 15*, cassation de • Bordeaux, 20 oct. 2014 : *PIBD 2014. III. 888*, rendu sur renvoi après • Com. 9 juill. 2013, n° 12-21.628 : *PIBD 2013. III. 1471.* L'existence de ce lien doit être appréciée globalement en tenant compte de tous les facteurs pertinents du cas d'espèce et selon divers critères tirés du degré de similitude entre les marques, de la nature des produits et services visés à leur enregistrement, de l'intensité de la renommée et du caractère distinctif de la marque antérieure ainsi que du risque de confusion. • Com. 7 juin 2016, *Visa*, n° 14-16.885 : *préc.*

7. Juste motif de coexistence entre les marques. La CJUE (• 16 févr. 2014, *Red Bull*, n° C-65/12 : *V. ss. Dir. 2008/95/CE, art. 5, note 20)*, interprétant l'art. 5, § 2, de la Dir. 89/104/CEE rapprochant les législations des États membres sur les marques, dont les dispositions sont équivalentes à celles de l'art. 9, § 1, sous c) du Règl. (CE) n° 207/2009 sur la marque communautaire, a dit pour droit que cet article doit être interprété en ce sens que le titulaire d'une marque renommée peut se voir contraint, en vertu d'un « juste motif » au sens de cette disposition, de tolérer l'usage par un tiers d'un signe similaire à cette marque pour un produit identique à celui pour lequel ladite marque a été enregistrée, dès lors qu'il est avéré que ce signe a été utilisé antérieurement au dépôt de la même marque et que l'usage fait pour le produit identique l'est « de bonne foi ». Ces conditions ne sont pas réunies lorsque la marque, déposée par un tiers, est restée inexploitée pendant plusieurs années et que le défendeur ne démontre pas avoir commencé à l'exploiter avant que la marque qui lui est opposée n'ait acquis sa renommée. • Com. 7 juin 2016, *Visa*, n° 14-16.885 : *préc. note 6.*

8. Exploitation injustifiée. L'exploitation injustifiée consiste à bénéficier indûment de la renommée du signe. • Com. 4 juill. 1995, *Orient-Express : PIBD 1995. III. 497.* • Paris, 9 sept. 2011, *ISO : PIBD 2011. III. 617.* ♦ ... Par exemple en l'enregistrant comme nom de domaine. • Com. 20 févr. 2007, *Desperados : PIBD 2007. III. 275 ; RLDI 2007/26, n° 846, et 2007/28, n° 906, obs. Forest et Dangleterre.* ♦ ... En l'imitant pour orner des pochettes de disques. • Com. 11 mars 2008, *Vuitton : Bull. civ. IV, n° 60 ; D. 2008. AJ 917, obs. Daleau ; Propr. ind. 2008, n° 39, note Tréfigny-Goy.* ♦ ... En insérant pour la présentation de porte-cartes des imitations des titres de transport portant le logo SNCF. • Paris, 13 janv. 2015 : *PIBD 2015. III. 307.* ♦ La circonstance que le signe est perçu par le public concerné comme une décoration ne fait pas, en soi, obstacle à la protection conférée par l'art. L. 713-5. • Douai, 19 janv. 2010 : *PIBD 2010. III. 210.* ♦ V. sur cette question • CJCE 10 avr. 2008, n° C-102/07, *Adidas et Adidas Benelux : ss. Dir. 2008/95/CE, art. 5.*

9. Préjudice : preuve. Il incombe au demandeur de rapporter la preuve que l'emploi ou l'imitation d'une marque, dont il est propriétaire et qui jouit d'une renommée pour des produits ou services non similaires à ceux désignés dans l'enregistrement, lui porte préjudice ou en constitue une exploitation injustifiée. Est insuffisante à établir ce préjudice l'existence d'un lien entre les signes en conflit. • Paris, 16 janv. 2015, *de particulier à particulier : préc. note 5.* ♦ De même que la simple allégation que l'usage reproché au défendeur serait de nature à créer un risque important de dévalorisation du prestige des marques est insuffisante. • Com. 10 févr. 2009, *Cohiba : PIBD 2009. III. 1091 ; Propr. intell. 2009, n° 31, p. 196, obs. Sabatier* • Douai, 19 janv. 2010, *Agatha : PIBD 2010. III. 210.* – Pourvoi rejeté par • Com. 1er mars 2011, n° 10-14.967 : *RTD com. 2011. 328, obs. Azéma ; D. 2012. Pan. 1364, obs. Durrande ; PIBD 2011. III. 434 ; Propr. ind. 2011, n° 48, obs. Tréfigny-Goy.* ♦ V. sur ce point • CJCE 27 nov. 2008, *Intel*, n° C-252/07 : *V. note 2 ss. art. 5 Dir. 2008/95/CE, art. 4.* ♦ La preuve que l'usage d'un signe similaire à une marque antérieure de renommée porte ou risque de porter préjudice au caractère distinctif de cette marque suppose qu'il soit démontré que le comportement économique du consommateur moyen des produits pour lesquels la marque est enregistrée a été modifié consécutivement à l'usage de ce signe. • Com. 1er mars 2011, *Agatha : préc.* • Paris, 16 janv. 2015, *De particulier à particulier : préc. note 5.*

10. Préjudice : appréciation. Justifie sa décision la cour d'appel qui, après avoir relevé que les marques en conflit reprenaient le même motif et que le public visé était en partie identique, retient néanmoins, eu égard à la différence de nature, de destination et de mode de distribution des produits et à la présence sur le marché de nombreux produits décorés de motifs identiques, que le dessin utilisé par le défendeur ne diminue pas la force d'attraction de la marque et n'exerce pas davantage une influence négative sur l'image de celle-ci. • Com. 1er mars 2011, ♔ n° 10-14.967 : *préc. note 9.* ♦ L'imitation ou la reproduction d'une marque renommée ayant un pouvoir distinctif fort a pour conséquence inéluctable de vulgariser cette marque, d'affaiblir son pouvoir attractif et de porter atteinte à sa valeur économique. L'avilissement de la marque est d'autant moins contestable que les produits qu'elle désigne sont radicalement incompatibles avec ceux désignés par la marque imitante. • Paris, 28 sept. 2011, *Nutella : préc. note 1* • Paris, 25 avr. 2017, *Maisons du Monde : préc. note 6* • 11 mai 2012, *Must : PIBD 2012. III. 556.* ♦ La propriété d'une marque, même notoire, constituée d'un nom commun n'interdit pas l'usage de ce mot dans son sens usuel. • Com. 20 févr. 2007, ♔ *Décathlon*, n° 05-10.319 : *PIBD 2007. III. 273 ; RLDI 2007. n° 877.*

11. En l'absence d'usage à titre de marque, l'art. L. 713-5 ne saurait s'appliquer. Toutefois, le concepteur d'un logiciel de traduction peut voir sa responsabilité engagée sur le fondement de l'art. 1382 C. civ. dans le cas où les traductions qu'il propose ne sont pas conformes au droit français : le mot « Canson », qui constitue une marque, n'a pas à être traduit et ne peut être cité qu'en tant que marque. • Paris, 28 avr. 2006, *Canson : D. 2006. Pan. 2328, obs. Durrande ; PIBD 2006. III. 476 ; Propr. ind. 2006, n° 94, note Giquel-Donadieu.*

12. Produits désignés. La CJCE (• CJCE 23 oct. 2003, ♔ *Adidas*, n° C-408/01 : *V. note 15 ss. art. 5 Dir. 2008/95/CE*) a dit pour droit qu'un État membre, lorsqu'il exerce l'option offerte par la première Dir. 2008/95 CEE, est tenu d'accorder la protection spécifique en cause, en cas d'usage par un tiers d'une marque ou d'un signe postérieur identique ou similaire à la marque renommée enregistrée, aussi bien pour des produits ou services non similaires que pour des produits ou services identiques ou similaires à ceux couverts par celle-ci. Dès lors, doit être cassé l'arrêt qui retient que l'art. L. 713-5 n'a pas vocation à s'appliquer dès lors que la similitude entre les produits et services en cause a été retenue. • Com. 9 juill. 2013, ♔ *Maisons du monde : PIBD 2013. III. 1471 ; Légipresse 2014, n° 313, p. 100, note Basire* ♦ Et après renvoi : • Bordeaux, 20 oct. 2014 : *PIBD 2014. III. 888 ; Propr. intell. 2015, n° 54, p. 94, obs. Canlorbe*, cassé sur un autre point de droit par • Com. 12 avr. 2016 : ♔ *préc. note 6* • Paris, 28 févr. 2014, *Arbre magique : PIBD 2014. III. 391* • Paris, 2 juin 2010, *Henriot : PIBD 2010. III. 586 ; RTD com. 2010. 700, obs. Azéma* ✎. – Pourvoi rejeté sur un autre point de droit par • Com. 21 juin 2011 : ♔ *Bull. civ. IV, n° 105.*

13. Recevabilité. L'art. 6 *bis* de la Convention d'Union de Paris protégeant les marques notoires non déposées ne peut recevoir application que dans le cas où la marque n'a pas été déposée dans la classe litigieuse ou n'a jamais été déposée. • TGI Paris, 17 oct. 2013, *Château Beychevelle : PIBD 2014. III. 32.* ♦ Les demandes fondées sur l'art. L 713-5 présentées pour la première fois en appel tendent aux mêmes fins que les demandes formées en première instance sur le fondement de la contrefaçon de marque et visent à protéger le titre de propriété industrielle contre les mêmes atteintes pouvant y être portées par les tiers et à sauvegarder la valeur économique représentée par la marque. Elles sont de ce fait recevables. • Bordeaux, 20 oct. 2014, *Maisons du monde : préc. note 11.*

14. Forclusion par tolérance. La fin de non-recevoir tirée de la forclusion par tolérance s'applique à l'action en responsabilité pour atteinte aux marques jouissant d'une renommée ou notoirement connues ; elle peut être opposée à tout titulaire d'une antériorité et non pas seulement au titulaire d'une marque ou d'un signe exploité dans la même spécialité. • Paris, 24 mai 2013 n° M20130246. – Et sur pourvoi, sur le moyen tiré d'une absence de réponse à conclusions. • Com. 6 janv. 2015 ♔ *Match*, n° 13-21.940 : *Propr. intell. oct. 2015, n° 57, p. 440, note Canlorbe ; RTD com. 2015. 270, obs. Azéma* ✎ *; PIBD 2015. III. 187.*

15. Sanction. C'est à bon droit qu'une cour d'appel a prononcé la nullité d'une marque portant atteinte à une marque renommée antérieure, dès lors qu'il résulte des art. L. 711-4 et L. 714-3 qu'est déclaré nul par décision de justice l'enregistrement d'une marque qui porte atteinte à des droits antérieurs, et notamment à une marque antérieure. • Com 7 juin 2016, ♔ *Visa : préc. note 6* • Paris, 25 avr. 2017, *Maisons du Monde : préc. note 6.*

Art. L. 713-6 **L'enregistrement d'une marque ne fait pas obstacle à l'utilisation du même signe ou d'un signe similaire comme :**

***a*) Dénomination sociale, nom commercial ou enseigne, lorsque cette utilisation est soit antérieure à l'enregistrement, soit le fait d'un tiers de bonne foi employant son nom patronymique ;**

***b*) Référence nécessaire pour indiquer la destination d'un produit ou d'un service, notamment en tant qu'accessoire ou pièce détachée, à condition qu'il n'y ait pas de confusion dans leur origine ;**

(L. n° 2014-344 du 17 mars 2014, art. 73) « *c)* **Indication géographique définie à l'article L. 721-2, sauf lorsque la marque, compte tenu de sa renommée, de sa notoriété et de la durée de son usage, est à l'origine exclusive de la réputation ou de la connaissance par le consommateur du produit pour lequel une indication géographique est demandée.** »

Toutefois, si cette utilisation porte atteinte à ses droits, le titulaire de l'enregistrement peut demander qu'elle soit limitée ou interdite. – *[L. n° 91-7 du 4 janv. 1991, art. 17.]*

COMMENTAIRE

Réglementation de l'homonymie (art. L. 713-6, a)

L'article L. 713-6, *a*, permet la coexistence d'un nom commercial, d'une dénomination sociale ou d'une enseigne et d'une marque identiques appartenant à deux titulaires différents dans deux hypothèses : soit le nom commercial, la dénomination sociale ou l'enseigne sont antérieurs à la marque, soit, même s'ils lui sont postérieurs, ils incluent le nom patronymique de leur titulaire. Cette dernière hypothèse, qui constitue une importante limitation aux effets de la marque, a été introduite dans la loi française pour sauvegarder l'exercice du droit au nom. Le titulaire d'un nom patronymique qui veut exercer le commerce sous son nom alors qu'un homonyme est déjà titulaire d'une marque pour les mêmes produits ou services n'a pas la possibilité de déposer son patronyme comme marque (contrairement à l'état du droit qui prévalait sous la loi de 1964), mais conserve la possibilité de l'utiliser dans une dénomination sociale, un nom commercial ou une enseigne. S'agissant d'une exception, la jurisprudence a interprété strictement cette faculté, en exigeant, outre la bonne foi et l'absence de risque de confusion, que, lorsque le commerce est exercé par une personne morale, le bénéficiaire de l'homonymie soit à la fois associé majoritaire et gérant (V. note 2).

Le vingt-septième considérant de la directive (UE) 2015/2436 du 16 décembre 2015 n'aborde que la question des noms commerciaux. Il estime, afin de créer des conditions égales pour les noms commerciaux et les marques, eu égard au fait que les noms commerciaux se voient accorder une protection illimitée contre des marques postérieures, que la possibilité pour le titulaire d'un nom commercial antérieur de continuer à faire usage de celui-ci malgré le dépôt d'un signe identique comme marque doit être conforme « aux usages honnêtes en matière industrielle et commerciale ». L'application de cette condition entraîne comme conséquence, selon le texte précité, que les deux signes ne pourront coexister que dans le cas où le nom commercial antérieur à la marque inclut le nom patronymique de son titulaire. Une telle disposition est de nature à inciter le titulaire du nom commercial, de la dénomination sociale ou de l'enseigne antérieurs à surveiller encore davantage ses droits pour engager dans le délai une action en nullité de la marque enregistrée au mépris de l'antériorité dont il bénéficie (CPI, art. L. 711-4 et L. 714-3 ; Dir. (UE) 2015/2436, art. 5, § 4, sous *a*). Contrairement à la solution retenue par le droit français (art. L. 713-6, *a*), aucune possibilité n'est ouverte à un tiers d'utiliser, même de façon partielle, son patronyme dans une dénomination sociale ou nom commercial ou une enseigne lorsqu'une marque antérieure a déjà été déposée par un homonyme. L'article 10, § 3, sous d), de la directive (UE) 2015/2436, dont la transposition est toutefois facultative, considère en effet comme une contrefaçon le fait de « faire usage du signe comme nom commercial ou dénomination sociale ou comme partie d'un nom commercial ou d'une dénomination sociale ». Cette disposition doit cependant être lue en référence aux principes dégagés par la Cour de justice qui ne considère comme une contrefaçon que les actes portant atteinte à la fonction de la marque, en particulier à sa fonction d'identification de produits ou de services, ce qui entraîne comme conséquence que seul l'usage d'un nom commercial ou d'une dénomination sociale pour présenter au public des produits ou des services identiques ou similaires à ceux du titulaire de la marque pourra être poursuivi (V. CJCE 11 sept. 2007, n° C-17/06, *Céline* : V. Dir. 2008/95/CE, art. 5, note 7).

L'article 5, § 4, de la directive (UE) 2025/2436 donne aussi la possibilité aux États membres de prévoir que leur office des marques (l'INPI, en l'occurrence) peut refuser d'enregistrer une marque reprenant un signe utilisé antérieurement dans la vie des affaires.

Exception au bénéfice des fabricants d'accessoires et de pièces détachées (art. L. 713-6, b)

Cette exception est traditionnelle. Elle existait déjà dans la loi de 1964 qui avait codifié la jurisprudence antérieure sur ce point. Elle a été maintenue dans la directive (UE) 2015/2436 (art. 14, § 1, ss. *b*).

Son extension aux garagistes et aux réparateurs a fait l'objet d'hésitations en jurisprudence, mais la Cour de justice a jugé sans ambiguïté, dans une affaire *BMW* (CJCE 23 févr. 1999, V. Dir. 2008/95/CE codifiant la Dir. 89/104/CEE/CEE, ss. art. 6, note 3, et ss. art. 7, note 7) que les articles 5 à 7 de la directive CE 2008/95/CE ne permettent pas au titulaire d'une marque d'interdire à un tiers l'usage de sa marque en vue d'annoncer au public qu'il effectue la réparation et l'entretien de produits revêtus de cette marque mis dans le commerce dans l'EEE avec son consentement. Dans ce cas, l'emploi de la marque constitue bien un usage nécessaire pour informer le public de la destination du service : « Si un commerçant indépendant effectue l'entretien et la réparation de voitures BMW ou s'il est réellement spécialisé en cette matière, cette information ne peut en pratique pas être communiquée à ses clients sans faire usage de la marque BMW ».

De la même façon, lorsque la fabrication d'un accessoire ou d'une pièce détachée est libre, à savoir qu'elle n'est pas interdite par un brevet, le fabricant doit pouvoir indiquer au public la destination de ses produits, laquelle passe nécessairement par la référence à la marque du produit principal destiné à les recevoir.

Toutefois, comme toutes les exceptions, celle-ci doit faire l'objet d'une interprétation stricte :
– la référence à la marque doit être absolument nécessaire pour informer le consommateur de la destination du produit ou du service ;
– le fabricant ou le réparateur devra prendre toutes les précautions pour éviter la confusion entre les entreprises par exemple en indiquant clairement que les produits qu'il commercialise ne proviennent pas du titulaire de la marque, en adoptant pour eux une présentation différente de celle des produits authentiques, en ne se présentant pas comme le concessionnaire de la marque (V. notes 8 et 9).

On observe que la directive du 16 décembre 2015 a élarg les limitations des effets de la marque, sous réserve toutefois du respect de la loyauté commerciale. Outre le maintien de l'exception bénéficiant aux fabricants d'accessoires ou de pièces détachées (art. 14, § 1 ss. *b*), elle prévoit aussi, de façon plus générale, que tout revendeur de produits authentiques doit pouvoir faire référence à la marque pour indiquer aux consommateurs que le produit qu'il commercialise provient bien du titulaire de la marque. Enfin, pour ne pas priver les commerçants de signes nécessaires à leur activité, l'article 14, § 1, ss. b), dispose que le titulaire d'une marque ne peut pas interdire à un tiers l'usage, dans la vie des affaires, de signes ou d'indications qui sont dépourvus de caractère distinctif ou qui se rapportent à l'espèce, à la qualité, à la quantité, à la destination, à la valeur, à la provenance géographique, à l'époque de la production du produit ou de la prestation du service ou à d'autres caractéristiques de ceux-ci.

Rapports entre les IGPIA et les marques (art. L. 713-6, c)

La loi n° 2014-344 du 17 mars 2014, qui a introduit dans le droit français (art. L. 721-2 s.) une indication géographique spécifique aux produits industriels et artisanaux (IGPIA) a prévu le conflit éventuel entre une IGPIA et une marque antérieure. Pour le résoudre, elle a repris la solution adoptée par la jurisprudence française dans un arrêt célèbre (V. art. L. 711-2, note 15, *Verrerie de Biot*), à savoir qu'il n'y a pas indication de provenance (donc, par extension, désormais, pas de possibilité de faire enregistrer une IGPIA) lorsque la réputation d'un lieu géographique n'est due qu'à l'activité d'un seul opérateur économique, lequel est, par ailleurs, titulaire d'une marque renommée incluant ce nom géographique. ❑

I. DÉNOMINATION SOCIALE, NOM COMMERCIAL, ENSEIGNE (ART. L. 713-6-A)

A. ANTÉRIORITÉS

1. A la différence de l'art. L. 711-4, l'art. L. 713-6 ne fait pas de la connaissance nationale du nom commercial une condition de son opposabilité, ce qui présente un intérêt certain pour le titulaire du nom commercial qui peut ainsi invoquer cette disposition pour faire coexister son signe et une marque postérieure. • Paris, 13 mars 2009, *Green Park : PIBD 2009. III. 1181* • 24 févr. 1999 : *PIBD 1999. III. 257.* ♦ Le titulaire du nom commercial s'expose cependant à ce que le tribunal réglemente l'usage de son nom s'il porte atteinte aux droits du titulaire de la marque • Paris, 24 févr. 1999 : *préc.* ♦ Une dénomination sociale ou un nom commercial dont la fonction est de désigner l'entreprise dans la vie économique doit pouvoir s'exprimer, de sorte qu'un motif graphique ou un logo seul, non associé à une dénomination ou un sigle, est inapte à la remplir. En revanche, l'enseigne peut être constituée par un emblème mais, pour être opposable aux tiers, elle doit être perçue immédiatement par le public comme l'identification de l'origine commerciale des produits. • Paris, 20 sept. 2006 : *PIBD 2006. III. 774.* ♦ Il résulte de l'art. L. 712-1 CPI que les droits sur la marque remontent à la date du dépôt. Dès lors, l'usage antérieur permettant une coexistence entre les dénominations doit être né avant la date du dépôt. • Paris, 12 sept. 2003, *Euro 2000 : Ann. propr. ind. 2003. 480.*

B. HOMONYMIE

2. L'usage par une personne morale, à titre de dénomination sociale, d'un nom patronymique identique à une marque antérieure n'est conforme aux dispositions de l'art. L. 713-6 que si l'homonyme est de bonne foi, à savoir qu'il exerce au sein de l'entreprise à laquelle il s'identifie de réelles fonctions de contrôle et de direction. • Paris, 2 juin 2010, *Henriot : PIBD 2010. III. 586 ; RTD com. 2010. 700, obs. Azéma* ✎. – Pourvoi rejeté par • Com. 21 juin 2011 : ♙ *Bull. civ. IV, n° 105 ; D. 2012. Pan. 1362, ob s.* ✎ *Durrande ; PIBD 2011. III. 526.* ♦ Cette condition fait défaut lorsque l'homonyme n'est ni le gérant de la personne morale, ni son associé majoritaire. • Paris, 11 oct. 1995, *Lambert : PIBD 1996. III. 122.* – Pourvoi sur des moyens étrangers à l'application de l'art. L. 713-6 rejeté par • Com. 16 juin 1998 : ♙ *PIBD 1998. III. 433.* ♦ ... Ou lorsque, bien qu'associé majoritaire, il n'assure pas la gérance de l'entreprise. • Paris, 4 juill. 2001, *Gruss : D. 2002. Somm. 1132, obs. Durrande* ✎.

3. L'art. L. 713-6, *a)*, suppose que l'utilisation par un tiers, à titre de dénomination sociale, de son nom patronymique identique à une marque soit conforme aux usages honnêtes en matière industrielle et commerciale. • Nancy, 6 avr. 2010, *Céline : D. 2011. Pan. 916, obs. Durrande* ✎ *; Propr. intell. 2010, n° 37, p. 890 ; Gaz. Pal. 19 juin 2010. 38 ; PIBD 2010. III. 315.* – Pourvoi rejeté par • Com. 7 juin 2011 : ♙ *Dalloz jurisprudence.* ♦ Ce qui implique que le commerçant homonyme ait pris les précautions nécessaires pour éviter tout risque de confusion (adjonction du prénom ; indication de la localisation géographique de la production). • Paris, 2 juin 2010, *Henriot : préc. note 2.* ♦ Cette condition n'est pas remplie lorsque la mise en exergue du patronyme ne sert qu'à profiter de la notoriété du nom acquise par un tiers • Com. 7 avr. 1998, ♙ *Leclerc : PIBD 1998. III. 323.* ♦ ... Ou à entretenir la confusion avec une entreprise homonyme. • Com. 13 nov. 2013, ♙ *Coquart : PIBD 2014. III. 61.*

4. L'usage de son patronyme par un homonyme comme dénomination sociale, nom commercial, ou enseigne peut constituer une contrefaçon s'il contrevient à une décision judiciaire le réglementant ou l'interdisant. • Com. 17 oct. 1995 : ♙ *Bull. civ. IV, n° 243 ; PIBD 1996. III. 36.* ♦ Le juge qui prononce une mesure d'interdiction d'usage commercial d'un nom patronymique doit en délimiter le champ d'application. • Com. 13 nov. 2013, ♙ *Coquart : préc. note 3.*

5. L'art. L. 713-6, *a)*, qui prévoit la possibilité pour un tiers de bonne foi d'utiliser son nom patronymique comme dénomination sociale ou enseigne malgré l'existence d'une marque antérieure est sans application dans une espèce où, d'une part le signe contesté a été déposé à titre de marque et où, d'autre part ce dépôt a été effectué par une personne morale et non par le porteur légitime du nom. • Paris, 20 oct. 2000, *Rech : PIBD 2001. III. 38.* ♦ Seul le titulaire d'une marque enregistrée peut demander à ce que, conformément à l'art. L. 713-6, dernier alinéa, le juge restreigne l'usage d'un nom patronymique, ce qui exclut le cas où le demandeur a été déchu de ses droits sur sa marque. • Com. 24 sept. 2013, ♙ *Hottinguer : PIBD 2013. III. 1595 ; Propr. intell. 20134, n° 50, p. 107, obs. Sabatier.*

6. L'art. L. 713-6, *a)*, ne s'applique pas aux prénoms, lesquels, à l'inverse du nom patronymique, ne confèrent aucun droit. • Paris, 22 oct. 1999 : *PIBD 2000. III. 44* • Nancy, 6 avr. 2010, *Céline : Propr. intell. 2010, n° 36, p. 890.*

II. RÉFÉRENCE NÉCESSAIRE (ART. L. 713-6-B)

A. ACCESSOIRE OU PIÈCE DÉTACHÉE

7. Les dispositions de l'art. L. 713-6, *b*, doivent s'interpréter à la lumière de l'art. 6 de la Dir. 89/104/CEE/CEE énonçant que, dans la vie des affaires, cette utilisation nécessaire de la marque doit être faite conformément aux usages honnêtes en matière industrielle et commerciale, c'est-à-dire, selon la jurisprudence de la CJUE, lorsqu'un tel usage constitue en pratique le seul moyen de fournir au public une information compréhensible et complète sur cette destination afin de préserver le système de concurrence non faussé sur le marché de ce produit. Tel est le cas d'un fabricant qui, lors de la démonstration de son produit dans un salon professionnel, fait appel à un outil commercialisé par un concurrent alors que lui-même ne le fabrique pas. • Caen, 12 sept. 2013 : *PIBD 2013. III. 1524,* pourvoi rejeté par • Com. 10 févr. 2015, ♙ n° 13-28263 P : *PIBD 2015. III. 277.* ♦ L'exception en faveur des fabricants d'accessoires correspond à l'emploi de la marque à titre de référence technique pour informer la clientèle. Les motifs qui légitiment cette référence demeurent même si le titulaire de la marque a mentionné dans son dépôt, non seulement le matériel principal, mais encore le matériel consommable indispensable au fonctionnement du produit principal. Décider autrement conduirait à conférer au titulaire de la marque un monopole perpétuel de fabrication et de vente sur des produits adaptables à son matériel. • Paris, 28 févr. 1991 : *PIBD 1991. III. 454* • 27 sept. 1990 : *D. 1990. IR 244 ; PIBD 1991. III. 108.*

8. L'usage de la mention « spécialiste Porsche » n'implique pas nécessairement un risque de confusion avec les concessionnaires de la marque dès lors que la liste de ces derniers est connue du public, que le défendeur emploie une personne compétente en matière de moteurs « Porsche » et que les publicités qu'il a fait paraître ne font état que d'un réparateur motoriste distinct d'un concessionnaire. • Com. 13 janv. 1998 : *PIBD 1998. III. 249.* ♦ Les titulaires de marques ne peuvent, en l'absence de réseaux licites de distribution sélective, réserver l'usage de leurs marques à des distributeurs agréés ou à des services après-vente organisés et interdire aux revendeurs de pièces détachées ou services de dépannage d'assurer la publicité de leur commerce en faisant usage de la marque d'autrui, y compris avec le graphisme sous lequel elle a été déposée, s'ils détiennent des produits authentiques marqués ou si la référence à la marque est nécessaire à l'information de leur clientèle. • Paris, 15 mai 1998 : *RTD com. 1998. 846, obs. Azéma et Galloux ; D. 1998. IR 196 ; RJDA 1999, n° 107.*

9. Marques nominales. Le fait d'utiliser un outil portant une marque authentique pour faire la promotion de son propre produit est susceptible de constituer un fait justificatif d'une contrefaçon par usage dès lors que le défendeur, qui ne fabrique pas le type d'outil en cause, visait à convaincre le public d'un salon professionnel que son produit était compatible avec celui du demandeur • Caen, 12 sept. 2013 : *PIBD 2013. III. 1522.* ♦ L'indication sur des cartouches pour imprimante qu'elles sont « compatibles Epson » constitue un usage licite de la marque dans la mesure où la référence à la compatibilité montre que l'indication n'a été fournie que dans un but d'information. • Paris 30 juin 2006 : *Propr. intell. 2006, n° 22, p. 107, obs. Buffet-Delmas* • TGI Paris, 15 avr. 2010 : *PIBD 2010. III. 537.* ♦ En revanche, tel n'est pas le cas de l'usage des marques sur la notice accompagnant les cartouches : il s'agit là d'un usage répété et non nécessaire de la marque pouvant engendrer pour le consommateur une confusion sur la réelle origine des produits en cause. • TGI Paris, 15 avr. 2010 : *préc.* ♦ Ne se rend pas coupable du délit de contrefaçon le prévenu qui a utilisé, sur des emballages, les marques de la partie civile en les faisant précéder de divers vocables tels que « pour » ou « adaptables » ; le prévenu, vendeur de pièces détachées automobiles, était obligé pour les proposer à sa clientèle d'indiquer leur destination, laquelle passe nécessairement par la référence à la marque du produit principal destiné à les recevoir. Par ailleurs, les pièces elles-mêmes ne portaient pas les marques des parties civiles mais au contraire des signes permettant précisément d'identifier leur fabricant ; celui-ci ne s'est jamais présenté auprès de sa clientèle, qui était composée de professionnels avisés, comme vendant des pièces constructeur ; dès lors, aucune confusion ne pouvait résulter de l'utilisation, à titre de référence, des marques des véhicules auxquelles les pièces étaient destinées, ni dans l'esprit des entreprises de récupération clientes, ni dans celui du consommateur final. • Crim. 9 févr. 2011, n° 09-88.125. ♦ Se rendent coupables de contrefaçon par usage les services de dépannage et les revendeurs de pièces détachées qui ne mentionnent pas leur identité dans les annuaires ou la mentionnent de façon tellement secondaire que la clientèle peut croire qu'ils sont soit titulaires, soit licenciés de la marque en cause. • Paris, 15 mai 1998 : *RTD com. 1998. 846, obs. Azéma.*

10. Marques figuratives. S'il est loisible à un garagiste de faire usage des marques appartenant à un constructeur pour identifier les véhicules d'occasion, les pièces détachées et les accessoires authentiques qu'il détient et offre à la vente de façon légitime, en revanche, la reproduction sur un site internet du blason du constructeur et de la marque d'un de ses véhicules indépendamment de toute offre de vente est constitutive de contrefaçon et porte préjudice au titulaire de la marque en créant avec lui l'apparence d'un lien qui n'existe pas. • Paris, 8 sept. 2004 : *PIBD 2004. III. 657.* ♦ La seule utilisation des marques verbales d'un constructeur automobile suffit à informer les clients susceptibles d'être intéressés par l'achat de véhicules de cette marque. La reproduction des logos du constructeur ne peut pas, en revanche, être considérée comme une « référence nécessaire » et ne pouvait que donner à penser qu'il existait un lien commercial entre les parties, ce qui n'était plus le cas en l'espèce. • Paris, 28 mai 2010, *BMW : PIBD 2010. III. 590.*

11. Notion d'accessoire. La qualification d'accessoire est laissée à l'appréciation souveraine des juges du fond. • Com. 5 févr. 1991 : *PIBD 1991. III. 255* • 3 juill. 2001, *Gillette : Bull. civ. IV, n° 132 ; D. 2001. AJ 2892, obs. Chevrier ; PIBD 2001. III. 474 ; Propr. intell. 2002, n° 3, p. 109, obs. Passa.* ♦ Constituent un ou des accessoires l'un ou des éléments dissociables du produit principal, par exemple : un désinfectant par rapport à un aérosol. • Com. 5 févr. 1991 : *préc.* ♦ ... Un matériel consommable indispensable au fonctionnement du produit principal, comme des rubans de machine à écrire. • Paris, 28 févr. 1991, *Xerox : PIBD 1991. III. 454.* ♦ ... Des flacons, adaptables à une machine d'analyse médicale, contenant une solution destinée à conserver des prélèvements. • Com. 8 févr. 2011 : *Propr. intell. 2011, n° 39, p. 225, obs. Sabatier.* ♦ En revanche, ne peut être qualifié d'accessoire un élément qui ne s'ajoute pas à une chose principale mais constitue l'essentiel d'un ensemble, de sorte qu'il pourrait être utilisé seul, tel un imprimé comptable par rapport à sa reliure. • Paris, 16 mai 1991 : *PIBD 1991. III. 713.* ♦ Pour une décision qualifiant les lames de rasoir de pièces détachées, V. • Paris, 30 sept. 1998, *Gillette : PIBD 1999. III. 32.* – Et sur pourvoi • Com. 3 juill. 2001, *Gillette : préc.*

B. AUTRES HYPOTHÈSES

12. Médicaments génériques. Doit être cassé l'arrêt qui, pour écarter l'art. L. 713-6-b, retient que, si la mention de la marque est une solution de facilité et de commodité, elle n'est cependant pas une référence nécessaire puisqu'il existe pour le public concerné d'autres moyens d'identifier la destination du générique, alors qu'il résulte de la jurisprudence de la CJCE que le titulaire d'une marque enregistrée n'est pas habilité à interdire l'usage, par un tiers, dans une publicité comparative qui satisfait à toutes les conditions de licéité, d'un signe identique ou similaire à sa marque. • Com. 24 mai 2011, *Deroxat : D. 2011. AJ 1150, obs. Delpech ; RTD com. 2012. 100, obs. Azéma ; PIBD 2011. III. 528.* • Versailles, 17 sept. 2009, n° 08/06287. Rendu après renvoi de • Com. 26 mars 2008 : *Bull. civ. IV, n° 71 ; D 2008. 1524, note Azéma ; PIBD 2008. III. 377.* ♦ Cassation de • Paris, 3 mai 2006 : *PIBD 2006. III. 473 ; RLDA 2006. 24, obs. Azéma.* ♦ Les éléments comparés mettant en exergue le conditionnement et la présentation d'un générique sont des caractéristiques essentielles, pertinentes, vérifiables et représentatives des produits ; par voie de conséquence, le fabriquant du générique est fondé à se prévaloir d'une publicité licite au sens de l'art. L. 121-8-3° C. consom., peu important qu'aucune comparaison ne soit faite quant à la composition, aux mérites et au prix des produits eux-mêmes. • Versailles, 13 déc. 2011, *Mopral : PIBD 2012. III. 220.* ♦ Sur renvoi après cassation par • Com. 7 juill. 2009, n° 08-11.660.

Sur la jurisprudence européenne, V. • CJUE 12 juin 2008, *O_2 Holdings,* n° C-533/06 : *cité note 7 ss. art. 5 Dir. (CE) 2008/95.*

13. Obligation d'information. Les initiales NF désignent de manière usuelle la norme française ; la dénomination du produit suivie des initiales NF signifie d'emblée pour le consommateur moyen que ce produit est conforme à la norme applicable en France alors surtout que la loi lui impose de faire l'acquisition d'un produit conforme à la réglementation. Cette référence, sans aucun renvoi à l'AFNOR ni au graphisme correspondant à la partie figurative de la marque, ne peut être interdite dès lors qu'il ne peut y avoir de confusion sur l'origine de la certification. • Com. 4 mai 2010 : *PIBD 2010. III. 437.* ♦ Rejet du pourvoi contre • Paris, 1er avr. 2009 : *PIBD 2009. III. 1093.* ♦ Ne commet pas de contrefaçon un site internet commercialisant des billets d'avion qui reproduit dans le cadre normal de son activité d'agence de voyages le nom d'une compagnie aérienne pour désigner les services qu'elle offre au public, alors que l'art. R. 322-4 C. aviat. lui fait l'obligation de communiquer au consommateur l'identité du transporteur. • TGI Paris, 9 avr. 2010, *Ryanair : PIBD 2010. III. 501,* confirmé par • Paris, 23 mars 2012, n° 10/11168 : *D. 2012. 1060, obs. Manara* , pourvoi rejeté par • Com. 10 févr. 2015, n° 12-26.023 P : *RTD com. 2015. 294, obs. Pollaud-Dulian ; PIBD 2015. III. 273.*

CHAPITRE IV TRANSMISSION ET PERTE DU DROIT SUR LA MARQUE

Art. L. 714-1 **Les droits attachés à une marque sont transmissibles en totalité ou en partie, indépendamment de l'entreprise qui les exploite ou les fait exploiter. La cession, même partielle, ne peut comporter de limitation territoriale.**

Les droits attachés à une marque peuvent faire l'objet en tout ou partie d'une concession de licence d'exploitation exclusive ou non exclusive ainsi que d'une mise en gage.

(Ord. n° 2001-670 du 25 juill. 2001) **« La concession non exclusive peut résulter d'un règlement d'usage. Les droits conférés par la demande d'enregistrement de marque ou par la marque peuvent être invoqués à l'encontre d'un licencié qui enfreint l'une des limites de sa licence en ce qui concerne sa durée, la forme couverte par l'enregistrement sous laquelle la marque peut être utilisée, la nature des produits ou des services pour lesquels la licence est octroyée, le territoire sur lequel la marque peut être apposée ou la qualité des produits fabriqués ou des services fournis par le licencié. »**

Le transfert de propriété, ou la mise en gage, est constaté par écrit à peine de nullité. – *[L. n° 91-7 du 4 janv. 1991, art. 23.]*

Les conventions de cession ou concession de marques des associations sportives affiliées à une fédération, conclues avec d'autres personnes morales doivent être préalablement déclarées au préfet du département où se trouve le siège social du groupement sportif (Décr. n° 93-112 du 23 janv. 1993, art. 1er, JO 28 janv.).

Sur la nécessité d'une inscription au RNM et ses conséquences, V. art. L. 714-7.

BIBL. ▶ Abello, La licence, instrument de régulation des droits de propriété intellectuelle, *LGDJ, 2008*. – Court, *CCE 2012. Étude 13* (cession et licences gratuites de marques : le point de vue du fiscaliste). – De Haan, *Propr. ind. 2009. Étude 14* (l'effet de la violation du contrat de licence sur l'épuisement du droit des marques). – Marie, *CCE 2012. Prat. 9* (la clause de durée dans les contrats de licence de marque). – Tardieu Guigues, *J.-Cl. Marques, fasc. 7400* (exploitation du droit sur la marque).

A. CESSION

1. Sauf stipulation contraire, la marque est cédée en même temps que le fonds de commerce dont elle constitue l'un des éléments essentiels permettant de rallier la clientèle. • Com. 24 mars 1980 : *Bull. civ. IV, n° 14 ; Ann. propr. ind. 1981. 61 ; JCP 1980. IV. 224.* ♦ Mais la cession d'un fonds de commerce portant sur la clientèle, le nom commercial et l'enseigne n'emporte pas la cession des marques enregistrées par le cédant dès lors qu'il est établi que l'acte de cession ne mentionne pas les marques et que le cédant conserve l'exploitation d'un autre fonds. • Paris, 19 nov. 1986 : *Ann. propr. ind. 1987. 180.*

2. Une cour d'appel ne fait qu'user de son pouvoir souverain d'interprétation en décidant qu'une marque a été comprise dans la donation d'un fonds de commerce dès lors qu'elle relève que la marque n'a jamais été exploitée indépendamment du fonds, qu'il y a identité entre l'enseigne du fonds et la marque et que, dans l'état descriptif des marchandises, figurent des emballages portant la marque. • Com. 26 avr. 1967 : *Ann. propr. ind. 1968. 132.*

3. La cession peut résulter d'un décret stipulant que les biens meubles appartenant à l'État et mis à la disposition de la météorologie nationale seront remis en toute propriété à titre gratuit à l'établissement public Météo France lequel a été subrogé dans les droits et obligations détenus par l'État au titre de la météorologie nationale par l'effet de la LF pour 1994. • Paris, 12 mars 1997 : *PIBD 1997. III. 300.*

4. Un tiers à la cession peut valablement en soulever la nullité, celle-ci n'étant pas une nullité relative réservée aux parties. • Com. 7 avr. 1992 : *Bull. civ. IV, n° 151 ; D. 1992. IR 191.*

5. Dans le cas où le concessionnaire conserve un droit de regard et de contrôle sur le devenir des marques partiellement cédées ainsi que la possibilité d'exercer un droit de préférence, le contrat de cession partielle de marques doit s'analyser comme une cession de certains produits et non comme un démembrement de propriété du cédant. • Paris, 2 févr. 2007, *Scherrer : PIBD 2007. III. 247.*

B. LICENCE

6. En vertu du principe de spécialité de la marque, le titulaire d'une marque de produits ne peut valablement consentir une licence que pour les produits énumérés dans l'acte de dépôt et non pour des produits similaires. • Com. 24 oct. 1984 : *Bull. civ. IV, n° 284 ; Ann. propr. ind. 1984. 219, note Reboul.*

7. On ne peut valablement consentir de licence sur une marque qui n'existe pas encore quand bien même celle-ci serait partiellement composée d'une marque déjà déposée qui se trouve être, au surplus, le nom patronymique du propriétaire de la marque. • Com. 3 mars 1987 : *D. 1987. 515, note Gautier.*

8. La licence exclusive d'une marque oblige le propriétaire à garantir au licencié une jouissance paisible ; dès lors, sauf clause contraire, le propriétaire de la marque s'interdit de l'utiliser, quels que soient la durée du contrat et le montant de la redevance. • Com. 10 janv. 1995 : *Bull. civ. IV, n° 12 ; RTD com. 1996. 269, obs. Azéma ; Ann. propr. ind. 1995. 276.*

9. Il importe peu qu'une licence ait été consentie pour 1 F ; le prix de la licence n'en affectant pas la validité. • Paris, 19 févr. 1999 : *Ann. propr. ind. 1999. 267.*

10. Contrefaçon. Commet une contrefaçon le licencié qui s'est soustrait aux obligations posées par le contrat pour la fabrication et la distribution des produits. • TGI Paris, 12 juin 1992 : *PIBD 1992. III. 590.* ♦ ... Pour la liquidation du stock en fin de contrat. • Paris, 26 juin 1986 : *Ann. propr. ind. 1987. 194.* ♦ ... Ou qui a dépassé les limites de la licence. • Paris, 29 oct. 1992 : *RTD com. 1993. 312, obs. Chavanne ; PIBD 1993. III. 132.* ♦ ... Et l'ancien licencié qui continue d'utiliser la marque après l'expiration du contrat. • Versailles, 7 juill. 1986 : *Ann. propr. ind. 1990. 304.* ♦ ... Ou après la date convenue pour l'écoulement du stock. • Paris, 17 mars 1994 : *Ann. propr. ind. 1994. 157.* ♦ Le dégriffage de produits revêtus originellement d'une marque constitue une altération de la nature des produits pour lesquels la marque avait été originellement concédée au sens de l'art. L. 714-1, justifiant l'action en contrefaçon du propriétaire de cette marque. • Paris, 7 avr. 2006, n° 2004/08684 : *Dalloz jurisprudence* (définitif sur ce point). • 1er juil. 2011 : *PIBD 2011. III. 622.* ♦ La CJUE a dit pour droit (n° C-59/08, 23 avr. 2009) que l'art. 8, § 2, de la Dir. 2008/95/CE doit être interprété en ce sens que le titulaire de la marque peut invoquer ses droits de marque à l'encontre d'un licencié qui enfreint une clause du contrat de licence interdisant, pour des raisons de prestige de la marque, la vente à des soldeurs de ses produits dès lors qu'il établit que cette violation, en raison des circonstances propres à l'affaire, porte atteinte à l'allure et à l'image de prestige qui confèrent auxdits produits une sensation de luxe. • Com. 2 févr. 2010, *Dior : D. 2010. AJ 503* ; *PIBD 2010. III. 164.* ♦ Et, après renvoi, • Paris, 1er juill. 2011 : *préc.* • Com 9 oct. 2012, *Cerruti : PIBD 2012. III. 785.*

11. Concurrence déloyale. Le licencié d'une marque, qui ne dispose pas personnellement d'un droit privatif sur le titre de propriété industrielle, est recevable à agir en concurrence déloyale et parasitaire, même si les éléments sur lesquels il fonde sa demande sont les mêmes que ceux que le titulaire de la marque aurait pu invoquer. • Com. 22 mars 2005 : *CCE 2005, n° 101, note Caron.* ♦ ... Ou pour lesquels il a obtenu une condamnation pour contrefaçon. • Com. 24 sept. 2013, *Charal : D. 2014. 326, obs. Clavier, Martial-Braz et Zolynski* ; *PIBD 2013. III. 1547.*

C. RÈGLEMENT D'USAGE

12. Un accord visant à autoriser l'usage d'une marque doit s'interpréter à la lumière des principes généraux prévus aux art. 1156 s. C. civ. • Versailles, 14 sept. 2000 : *PIBD 2000. III. 580.* ♦ Lorsque le contrat de travail d'un salarié titulaire d'une marque autorise son employeur à faire usage à titre gracieux de cette marque à l'exclusion de toute exploitation de produits dérivés, la violation de cette disposition est sanctionnée, non pas par une action en responsabilité contractuelle, mais par une action en contrefaçon par reproduction, action qui a un fondement délictuel. • Paris, 31 oct. 2008 : *PIBD 2008. III. 684.*

D. CONDITIONS DE FORME

13. La règle de l'écrit ne s'applique qu'au transfert de propriété ou à la mise en gage de la marque à l'exclusion du contrat de licence ou de l'autorisation d'usage de la marque dont la preuve est libre. • Versailles, 14 sept. 2000 : *préc. note 11.*

Art. L. 714-2 L'auteur d'une demande d'enregistrement ou le propriétaire d'une marque enregistrée peut renoncer aux effets de cette demande ou de cet enregistrement pour tout ou partie des produits ou services auxquels s'applique la marque. — *[L. n° 91-7 du 4 janv. 1991, art. 24.] — V. art. R. 714-1.*

BIBL. ▶ LE BIHAN, *J.-Cl. Marques, fasc. 7405-1, 7405-2, 7405-3* (perte du droit sur la marque).

Art. L. 714-3 Est déclaré nul par décision de justice l'enregistrement d'une marque qui n'est pas conforme aux dispositions des articles L. 711-1 à L. 711-4.

Le ministère public peut agir d'office en nullité en vertu des articles L. 711-1, L. 711-2 et L. 711-3.

Seul le titulaire d'un droit antérieur peut agir en nullité sur le fondement de l'article L. 711-4. Toutefois, son action n'est pas recevable si la marque a été déposée de bonne foi et s'il en a toléré l'usage pendant cinq ans.

La décision d'annulation a un effet absolu. — *[L. n° 91-7 du 4 janv. 1991, art. 25.]*

BIBL. ▶ LE BIHAN, *J.-Cl. Marques, fasc. 7405-1, 7405-2, 7405-3* (perte du droit sur la marque). – MANDEL, *BRDA 1/2015, n° 30, p. 22* (comment faire annuler une marque). – SCHAHL et COSSE-MANIÈRE, *D. 2006. Chron. 2400* (la forclusion par tolérance : un mécanisme que les gestionnaires de marques doivent parfaitement maîtriser !).

COMMENTAIRE

L'article L. 714-3 énonce les causes de nullité spécifiques aux marques, ce qui n'exclut pas les nullités de droit commun et spécialement celle fondée sur la fraude (V. ss. art. L. 712-1, note 2).

Nullité absolue

Lors du dépôt de la demande d'enregistrement d'une marque, l'INPI ne vérifie que les conditions d'intérêt général, à savoir qu'il s'agit bien d'un signe susceptible de constituer une marque (art. L. 711-1) ; qu'il est distinctif (art. L. 711-2) et licite (art. L. 711-3). Si, malgré l'examen de l'INPI un signe ne présentant pas ces caractères était enregistré, l'enregistrement est susceptible d'être annulé. L'action est alors une action en nullité absolue, ouverte à tout intéressé ; le ministère public peut agir d'office. Elle peut en principe être exercée pendant toute la durée de validité de la marque mais on doit toutefois prendre en compte le rôle de l'usage. Si l'écoulement du temps ne peut pas confirmer une marque illicite (art. L. 711-3), ou encore rendre valable une marque constituée d'un signe qui ne peut pas être choisi comme marque (art. L. 711-1), l'usage joue un rôle positif dans l'acquisition du caractère distinctif si bien qu'un signe qui aurait été enregistré malgré son défaut de caractère distinctif peut, à la suite d'un usage suffisamment long et étendu, avoir acquis ce caractère (art. L. 711-2, dern. al.), ce qui entraînera, le cas échéant, le rejet de l'action en nullité (V. ss. art. L. 711-2, notes 23 s.).

Nullité relative

L'INPI ne vérifie pas la disponibilité du signe (art. L. 711-4). Seuls les titulaires des antériorités énumérées à l'article L. 711-4 pourront intenter une action en nullité. S'agissant des actions en nullité introduites par les titulaires de marques antérieures, la directive (UE) 2015/2436 du 16 décembre 2015 contient des dispositions importantes.

L'article 5, § 3, ss. a), fait obligation aux États membres *d'ouvrir l'action en nullité aux propriétaires de marques antérieures, renommées dans l'État membre de l'enregistrement,* que les produits visés soient identiques, similaires ou non similaires à ceux de la marque renommée, dès lors que l'usage de la marque postérieure sans juste motif tirerait indûment profit du caractère distinctif ou de la renommée de la marque antérieure ou qu'il lui porterait préjudice.

L'article 8 instaure une *fin de non-recevoir à l'action en nullité exercée par le titulaire d'une marque antérieure* lorsque celle-ci, au moment du dépôt de la marque dont la nullité est demandée :

– ne présentait pas un usage suffisant pour conforter le caractère distinctif qui lui faisait défaut à l'origine (art. 8, *a*) ;

– avait un caractère distinctif insuffisant pour caractériser l'existence d'un risque de confusion (art. 8, *b*) ;

– ou n'avait pas encore acquis une renommée suffisante pour pouvoir bénéficier de la protection spécifique des marques renommées.

En outre, le titulaire de la marque antérieure doit, sur simple demande du défendeur, rapporter la preuve que sa marque a fait l'objet d'un usage sérieux de nature à éviter la déchéance, pendant une durée de cinq ans précédant la demande en nullité (art. 46).

Tous les titulaires des antériorités énumérées dans l'article L. 711-4 peuvent intenter une action en nullité relative. Celle-ci risque toutefois d'être jugée irrecevable dans le cas où la marque a été déposée de bonne foi et qu'ils en ont toléré l'usage pendant cinq ans (les deux conditions sont cumulatives).

Contrairement à la prescription de droit commun dans laquelle l'écoulement du temps suffit à rendre l'action irrecevable, la forclusion par tolérance suppose une inaction en connaissance de cause : le défendeur devra établir que le titulaire de l'antériorité connaissait l'existence d'une marque portant atteinte à ses droits et s'est néanmoins abstenu d'agir.

La tolérance doit s'être poursuivie pendant cinq ans. La forclusion par tolérance s'analysant comme une fin de non-recevoir ayant pour effet d'écarter l'action en nullité de la marque avant tout examen au fond, on doit appliquer ici les principes généraux dégagés par la jurisprudence en matière de prescription (C. civ., art. 2244) : la tolérance se poursuit tant que le titulaire de l'antériorité ne l'a pas interrompue par une citation en justice, un commandement ou une saisie régulièrement signifiée ; une mise en demeure, fût-elle adressée par LR ou réitérée, est sans effet.

Enfin, pour que la forclusion par tolérance joue son rôle, la marque doit avoir été déposée de bonne foi. Conformément au droit commun, la bonne foi est toujours présumée. C'est donc à celui qui combat la forclusion, donc au titulaire de l'antériorité, de prouver que la demande d'enregistrement de la marque a été déposée alors que le déposant avait eu connaissance de l'existence d'une antériorité frappant le signe.

Effet de la nullité

Avant la loi de 1991, on s'interrogeait sur le point de savoir quel était l'effet du jugement prononçant la nullité de la marque à l'égard des tiers. L'article L. 714-3, transposant dans le droit des marques la solution retenue par l'article L. 613-27 en matière de brevets, confère à la décision d'annulation un effet absolu, ce qui entraîne deux conséquences (V. note 5) :

– il est désormais inutile que le juge prononce la radiation de la marque ; il suffit d'ordonner la transmission de la décision prononçant la nullité aux services de l'INPI ;

– l'annulation de la marque entraîne celle de tous les contrats portant sur la marque et notamment des licences. ❑

1. Principe général. L'action en nullité de l'enregistrement d'une marque, limitativement ouverte par l'art. L. 714-3, n'exclut pas que cette action soit engagée par tout tiers intéressé sur le fondement du principe général *Fraus omnia corrumpit*. L'annulation du dépôt ne suppose pas dans ce cas la justification de droits antérieurs de la partie plaignante sur le signe litigieux, mais la preuve d'intérêts sciemment méconnus par le déposant. • TGI Paris, 23 nov. 2010, *Couplé, Trio, Quinté + : PIBD 2011. III. 179* • Nîmes, 21 mars 2013 : *Propr. ind. 2013, n° 88, note Tréfigny.* ♦ Sur les exemples de dépôts frauduleux, V.notes ss. art. L. 712-6.

2. Recevabilité. Une demande en nullité présentée par le défendeur en contrefaçon constitue une défense au fond qui, bien que nouvelle, est recevable en appel en vertu de l'art. 564 C. pr. civ. • Lyon, 15 nov. 1984 : *Ann. propr. ind. 1987. 206* • Paris, 1er déc. 1983 : *ibid. 1983. 255* • 21 mars 1997 : *PIBD 1997. III. 403.* ♦ Le demandeur en nullité ne justifie d'aucun intérêt à agir pour des produits dont il ne justifie pas la commercialisation. • Paris, 5 avr. 2013, *Pierre d'argile : Prop. ind. 2013, n° 71.* ♦ L'art. L. 714-3 ne soumet l'action en nullité à aucune condition particulière, prévoyant même que le ministère public peut agir d'office. Or, il résulte des enseignements de la jurisprudence communautaire (• CJCE 4 mai 1999, *Windsurfing Chiemsee*, nos C-108/97 et C-109/97 : V. note 1 ss. art. 3 Dir. 2008/95/CE du 22 oct. 2008) que l'art. 3, § 1 sous *c)* de la Dir. 89/104 CEE du 21 déc. 1988 à la lumière de laquelle doit être interprété le droit national, qu'à travers cet article, « la directive poursuit un but d'intérêt général » et que « celui-ci exige que les signes ou indications descriptives des catégories de produits et de services pour lesquels l'enregistrement est demandé puissent être librement utilisés par tous ». L'intérêt s'apprécieant à la date d'introduction de la demande, celui qui a été considéré comme recevable à défendre l'intérêt général et, qui plus est, a été fondé dans sa demande d'annulation de marques communautaires en raison de leur caractère descriptif du point de vue du public pertinent devant les juridictions communautaires, doit être considéré comme recevable à agir devant les juridictions nationales afin d'obtenir une décision statuant dans le même sens. • Paris, 6 févr. 2015, *Amplidect : PIBD 2015. III. 237.* ♦ Si la possibilité de demander la nullité d'une marque communautaire devant les juridictions nationales n'est pas prévue par le Règl. (CE) n° 40/94 du 20 déc. 1993, le régime des marques internationales tel que défini par l'Arrangement de Madrid diffère de celui des marques communautaires en ce qu'il est soumis, non pas aux textes européens, mais aux dispositions nationales de chaque État désigné dans l'enregistrement international. Le titulaire d'une marque communautaire peut donc demander devant une juridiction française la nullité d'une marque internationale désignant la France qu'elle considère comme portant atteinte à ses droits antérieurs. • TGI Paris, 25 juin 2010, *Husky : PIBD 2010. III. 696.*

3. L'action en nullité d'une marque fondée sur son caractère déceptif n'est ni une action en contrefaçon ni une action en revendication. Elle n'est pas soumise aux règles de prescription et de forclusion des art. L. 712-6 et L. 716-5. • Com. 13 oct. 2009, *Château Figeac : D. 2009. AJ 2550 ; ibid. 2010. 299, note Grimonprez ; PIBD 2009. III. 1502 ; Propr. intell. 2010, n° 34, p. 662, obs. Sabatier.*

4. « L'adoption et l'usage, à titre de marque, du titre appartenant à une profession réglementée par l'autorité publique, sans en être titulaire, étant contraire à l'ordre public, cette marque ne peut donner lieu à revendication, mais seulement à annulation sur le fondement » de l'art. L. 714-3. • Com. 16 déc. 2014 : *D. 2015. 72 ; ibid. 230, obs. Clavier, Martial-Braz et Zolynski.* ♦ V. égal. • Com. 16 avr. 2013 : *Bull. civ. IV, n° 63 ; D. 2014. 326 ; ibid. Chron. 2552, obs. Le Bras ; ibid. 2014. Pan. 327, obs. Martial-Braz ; PIBD 2013. III. 1192 ; RTD com. 2013. 691, obs. Azéma.*

5. Effet. La décision d'annulation a un effet absolu. De ce fait des licences accordées sur la marque sont elles aussi annulées. • Com. 1er juin 1999 : *PIBD 1999. III. 384 ; Ann. propr. ind. 2000. 48 ; D. Affaires 1999. 1084, obs. C.R. ; D. 1999. IR 171 ; JCP 1999. II. 10147, note Alleaume ; RJDA 1999, n° 1027.* ♦ Il est inutile que la radiation de la marque soit prononcée par les juges du fond. • Com. 7 mars 1995 : *RTD com. 1995. 603, obs. Chavanne ; D. 1995. IR 88 ; PIBD 1995. III. 323.* ♦ Si du fait de l'annulation de la marque, aucun acte de contrefaçon ne peut plus être reproché au déposant, le dépôt frauduleux de la marque annulée reste un acte de concurrence déloyale indemnisable. • Colmar, 8 oct. 1997 : *PIBD 1998. III. 56.*

6. Forclusion par tolérance. V. aussi notes ss. art. L. 716-5.

a) Délai. Le délai étant un délai préfix ou encore un délai de forclusion, exige de la part du titulaire de la marque première, de manifester de façon positive et non équivoque, son intention de contester la marque seconde. Celle-ci ne saurait résulter d'une simple mise en demeure adressée par lettre recommandée mais, comme l'exige l'art. 2244 C. civ., d'une citation en justice ou d'un commandement destiné à interrompre le délai pour agir. • Com. 19 nov. 2002 : *préc.* • 25 févr. 2003 : *PIBD 2003. III. 345 ; D. 2003. Somm. 2690, obs. Durrande* • Paris, 13 mars 2002, *Merveille de Nuxe : D. 2003. Somm. 129, obs. Durrande ; Ann. propr. ind. 2002. 271.* – Pourvoi rejeté par • Com. 8 mars 2005 : *D. 2005. 2021, note Lancrenon ; ibid. AJ 892, obs. Daleau ; CCE 2005, n° 182, note Caron ; PIBD*

2005. III. 341. ♦ Le point de départ du délai est la connaissance qu'a pu avoir le demandeur en nullité de l'usage de la marque enregistrée. • Paris, 13 mars 2002 : *préc.* ♦ En cas d'enregistrement d'une marque internationale, le délai ne court qu'à compter du jour où la marque arguée de nullité produit ses effets sur le territoire français. • TGI Paris, 25 juin 2010, *Husky : PIBD 2010. III. 696.*

b) Bonne foi. Sur la bonne foi dans le dépôt de marque, V. notes 1 s. ss. art. L. 712-1. ♦ Si la bonne foi du déposant est présumée, elle suppose que celui-ci ait pu se méprendre sur l'étendue de ses droits • Paris, 12 oct. 2001, *Bobet : D. 2003. Somm. 129, obs. Durrande* ; *PIBD 2002. III. 81* • Bordeaux, 16 mai 2011, *Eiffel : PIBD 2011. III. 459.* ♦ ... Ou dans l'interprétation d'une convention. • Com. 29 sept. 2009, *Ritz : préc.* ♦ Une simple négligence, à la supposer établie, ne saurait constituer la mauvaise foi au sens de l'art. L. 714-3. • Com. 10 mai 2006 : *PIBD 2006. III. 501.*

c) Tolérance. La forclusion par tolérance suppose que celui qui s'en prévaut prouve que le titulaire de l'antériorité avait connaissance de l'usage de son signe par un tiers non autorisé par exemple parce qu'il s'est toujours montré vigilant sur la reprise de son nom comme marque. • Paris, 12 oct. 2001, *Bobet : préc.* ♦ ... Qu'une large publicité a été donnée à la marque. • Paris, 13 mars 2002 : *préc.* • 9 févr. 2001, *Gesimmo : PIBD 2001. III. 371.* ♦ ... Mais le simple dépôt de la marque seconde qui n'a pas lui-même un caractère public. • Com. 28 mars 2006, *Pariscope : PIBD 2006. III. 472.* ♦ ... Ou même la publication de son enregistrement au *Bulletin officiel de la propriété industrielle* ne constitue pas un acte propre à caractériser la tolérance en connaissance de cause par le propriétaire de la marque première de l'usage de la marque seconde. • Com. 15 juin 2010 : *PIBD 2010. III. 582* • Rennes, 16 oct. 2012, *Cuisines Danet : PIBD 2013. III. 919.* ♦ Il résulte des dispositions de l'art. L. 714-3 interprétées à la lumière de l'art. 9, al. 3, de la Dir. 2008/95/CE que le titulaire d'une marque première est investi du droit d'agir en nullité d'une marque seconde et, s'il en a toléré l'usage pendant cinq ans, passé le délai de forclusion, du droit de poursuivre l'exploitation de sa propre marque sans que le titulaire de la marque seconde ne puisse s'y opposer. • Paris, 4 sept 2009 : *PIBD 2009. III. 1436.* ♦ Le titulaire de la marque antérieure qui n'est plus recevable à agir par voie d'action sur le fondement de l'art. L. 711-4 en raison de la forclusion par tolérance, ne peut, en raison des dispositions de l'art. L. 714-3 interprétées à la lumière de l'art. 9, al. 3, de la Dir. 2008/95/CE, soulever la nullité de la marque postérieure devant la juridiction civile par voie d'exception • Paris, 4 sept. 2009 : *préc.*. Lorsqu'il exerce l'option ouverte par l'art. 9, § 2, de la Dir. 2008/95/CE, un État membre peut prévoir que la forclusion prévue par le § 1 de ce texte s'appliquera non seulement au titulaire d'une marque antérieure, mais aussi aux titulaires de tous les autres droits antérieurs. En exerçant cette option, la loi française a accordé une protection identique au titulaire d'un droit de marque, quelle que soit la nature du droit fondant la demande dirigée à son encontre. L'art. L. 714-3 s'interprète en conséquence en ce sens que le titulaire d'un droit d'auteur qui a toléré en connaissance de cause l'usage en France d'une marque postérieure enregistrée pendant une période de cinq années consécutives ne peut plus demander la nullité ni s'opposer à l'usage de la marque postérieure pour les produits ou les services pour lesquels la marque a été utilisée, à moins que son dépôt n'ait été effectué de mauvaise foi. • Com. 16 févr. 2010, *Loulou : D. 2010. AJ 581* ; *CCE 2010, n° 33, note Caron ; PIBD 2010. III. p. 240.*

d) Les marques notoires non enregistrées au sens de l'art. 6 *bis* de la Convention de Paris étant considérées comme des marques antérieures, les dispositions de l'art. L. 714-3 leur sont applicables. • TGI Paris, 18 janv. 2011 : *PIBD 2012. III. 325.*

Art. L. 714-4 **L'action en nullité ouverte au propriétaire d'une marque notoirement connue au sens de l'article 6 *bis* de la convention de Paris pour la protection de la propriété industrielle se prescrit par cinq ans à compter de la date d'enregistrement, à moins que ce dernier n'ait été demandé de mauvaise foi.** — *[L. n° 91-7 du 4 janv. 1991, art. 26.]*

BIBL. ► LE BIHAN, *J.-Cl. Marques, fasc. 7405-1, 7405-2, 7405-3* (perte du droit sur la marque).

1. Compte tenu de l'ancienneté et de la diffusion sur l'ensemble du territoire du signe distinctif utilisé par « La Poste » depuis 1960, le demandeur qui a enregistré un signe identique dans une classe de services où il était en concurrence directe avec les services postaux, a agi de mauvaise foi et ne peut donc bénéficier de la prescription quinquennale de l'art. L. 714-4. • Com. 19 oct. 1999, *La Poste : PIBD 2000. III. 12.*

2. L'art. L. 714-4 est sans application dans une espèce où le titulaire d'une marque notoire dispose d'un droit conféré par l'enregistrement et dans laquelle il n'a invoqué le caractère notoire de sa marque que pour soutenir que l'atteinte subie par celle-ci du fait de la contrefaçon serait particulièrement importante. • TGI Paris, 26 oct. 1999, *Tati : PIBD 2000. III. 199.*

Art. L. 714-5 **Encourt la déchéance de ses droits le propriétaire de la marque qui, sans justes motifs, n'en a pas fait un usage sérieux, pour les produits et services visés dans l'enregistrement, pendant une période ininterrompue de cinq ans.**

Est assimilé à un tel usage :

***a*) L'usage fait avec le consentement du propriétaire de la marque ou, pour les marques collectives, dans les conditions du règlement ;**

***b*) L'usage de la marque sous une forme modifiée n'en altérant pas le caractère distinctif ;**

***c*) L'apposition de la marque sur des produits ou leur conditionnement exclusivement en vue de l'exportation.**

La déchéance peut être demandée en justice par toute personne intéressée. Si la demande ne porte que sur une partie des produits ou des services visés dans l'enregistrement, la déchéance ne s'étend qu'aux produits ou aux services concernés.

L'usage sérieux de la marque commencé ou repris postérieurement à la période de cinq ans visée au premier alinéa du présent article n'y fait pas obstacle s'il a été *(L. nº 94-102 du 5 févr. 1994, art. 32)* **« entrepris dans les trois mois précédant la demande de déchéance et après que le propriétaire a eu connaissance de l'éventualité de cette demande ».**

La preuve de l'exploitation incombe au propriétaire de la marque dont la déchéance est demandée. Elle peut être apportée par tous moyens.

La déchéance prend effet à la date d'expiration du délai de cinq ans prévu au premier alinéa du présent article. Elle a un effet absolu. — *[L. nº 91-7 du 4 janv. 1991, art. 27.]*

BIBL. ▶ ABELLO et TASSI, *Propr. ind. 2009. Étude 15* (le ballet jurisprudentiel sur la déchéance pour défaut d'exploitation en cas de dépôts de marques multiples). – LANCRENON, *LPA 2007, nº 5, p. 4* (la notion d'« intérêt à agir » en déchéance du droit des marques) ; *Propr. ind. 2008. Étude 13* (les marques mortes d'avoir trop plu). – LE BIHAN, *J.-Cl. Marques, fasc. 7405-1 à 7405-3* (perte du droit sur la marque). – MATHÉLY, *Ann. propr. ind. 1994. 3 et 1995. 3* (la recevabilité de l'action en déchéance de marque sous l'empire de la loi de 1991). – POLLAUD-DULIAN, *JCP E 1995. I. 470* (la déchéance pour défaut d'exploitation des marques et le droit transitoire). – SCHAMING, *Propr. ind. 2004. Chron. 5* (notoriété de la marque et déchéance : courtes considérations sur une immunité illusoire).

COMMENTAIRE

Le code de la propriété intellectuelle reconduit dans l'article L. 714-5 une mesure qui avait été introduite dans la loi de 1964 pour lutter contre l'afflux de signes déposés sans aucune intention d'exploitation qui, non seulement encombrent le Registre national des marques, mais encore restreignent le choix des autres déposants : le titulaire d'une marque perd son droit sur son signe s'il n'en a pas fait une exploitation sérieuse pendant une période ininterrompue de cinq ans. En outre, il résulte de la directive (UE) 2015/2436 du 16 décembre 2015 (art. 17 et 46) l'oblitation pour les États membres de prévoir, dans une procédure en contrefaçon ou en nullité, sur simple demande du défendeur, que le titulaire de la marque devra rapporter la preuve que, durant la période de cinq ans ayant précédé l'introduction de la demande, sa marque a fait l'objet d'un usage sérieux de nature à la faire échapper à la déchéance.

On sait (art. L. 714-5, dern. al.) que la déchéance prend effet à la date d'expiration du délai de cinq ans, mais rien n'est dit sur le point de départ de ce délai. En raison des dispositions de l'article L. 712-1 qui, tout en posant en principe que la propriété de la marque s'acquiert par l'enregistrement, en font remonter les effets au jour du dépôt de la demande, on peut hésiter entre la date d'enregistrement et celle du dépôt. Se référant à l'article 10 de la directive 2008/95/CE selon lequel le propriétaire s'expose à la déchéance de son titre si dans un délai de cinq ans « à compter de la date à laquelle la procédure d'enregistrement est terminée », la marque n'a pas fait l'objet d'un usage sérieux, la cour de Paris a précisé que la date à prendre en compte est celle de la publication de l'enregistrement au *BOPI* (V. note 15).

L'article L. 714-5, alinéa 4, instaure une sorte de période suspecte pendant laquelle l'exploitation de la marque ne fait pas obstacle à une demande en déchéance (V. note 25).

La déchéance de la marque ne résulte pas d'une décision administrative déclarant par exemple automatiquement déchu de ses droits le propriétaire d'une marque restée inexploitée pendant cinq ans. Dès lors, celui qui détient une marque qu'il n'a pas exploitée pendant cinq ans peut parfaitement entreprendre ou reprendre son exploitation aussi longtemps qu'aucune demande en déchéance n'a été déposée. Cette exploitation quelle qu'en soit la durée, et à condition qu'elle constitue un usage sérieux de la marque, fera obstacle au prononcé d'une éventuelle déchéance, sauf dans le cas où elle aurait été entreprise dans les trois mois précédant la demande en déchéance et alors que le propriétaire de la marque était au courant qu'une telle demande allait être déposée devant les tribunaux (preuve difficile à rapporter). Les deux conditions sont cumulatives.

Preuve

Selon les règles classiques, la charge de la preuve de l'inexploitation de la marque devrait reposer sur le demandeur en déchéance. Mais il s'agit là d'une preuve négative dont l'administration est considérée comme difficile, ce qui explique que l'article L. 714-5 renverse la charge de la preuve : ce n'est pas au demandeur en déchéance de prouver l'absence d'exploitation de la marque, mais au titulaire de la marque d'établir que, contrairement aux allégations du demandeur, son signe a fait l'objet d'un usage sérieux, soit par lui, soit par un tiers qu'il aurait autorisé. L'exploitation étant un fait, la loi n'exige pas la production d'un contrat conforme aux règles du code de la propriété intellectuelle (V. note 13).

Usage sérieux

L'usage sérieux suppose une exploitation du signe correspondant à la fonction de la marque qui est de garantir au consommateur l'identité d'origine d'un produit ou d'un service en lui permettant de le distinguer, sans confusion possible de ceux qui ont une autre provenance (CJCE 11 mars 2003, *Ansul* : V. Dir. 2008/95/CE ss. art. 12, note 1). Il implique donc un usage à titre de marque, c'est-à-dire pour désigner des produits ou des services ; l'exploitation à titre de nom commercial, d'enseigne ou de dénomination sociale ne correspondant pas à la fonction de la marque ne saurait faire échapper le signe à la déchéance (V. notes 1 et 2).

Pour ne pas condamner les marques ayant une faible diffusion, la loi n'exige pas un niveau minimum d'exploitation. Comme l'a rappelé la Cour de justice (aff. *Ansul*, préc.), l'appréciation se fera au cas par cas en fonction de la taille de l'entreprise, des caractéristiques du produit et de la structure du marché. La jurisprudence française allait déjà dans ce sens (V. note 4).

Le fait que les produits pour lesquels la marque a été enregistrée ne soient plus présents sur le marché n'empêche pas la marque de faire l'objet d'un usage sérieux si son titulaire vend sous cette marque des pièces détachées, des accessoires ou fournit un service après-vente se rapportant aux produits commercialisés sous la marque (aff. *Ansul*, préc.).

Est considéré comme usage sérieux un usage du signe dans les conditions du dépôt, ce qui suppose :
– un usage du signe sous la forme déposée. Toutefois, les tribunaux admettent que l'usage d'un signe légèrement modifié (notamment lorsque sa modernisation est apparue nécessaire) vaut usage du signe déposé à condition toutefois que ses éléments distinctifs aient été conservés. La Cour de justice ayant dit pour droit, dans l'arrêt *Rintisch* (CJUE 25 oct. 2012, n° C-553/11 : V. note 6), que l'article 10 de la directive 2008/95/CE du 22 octobre 2008 autorise le titulaire d'une marque désireux d'échapper à la déchéance à se prévaloir de l'usage du signe sous une forme modifiée n en altérant pas le caractère distinctif, *que ce signe ait été ou non enregistré*, la chambre commerciale a repris cette solution le 3 juin 2014, dans l'arrêt *Rodéo* (V. note 6). A la suite de l'arrêt *Rinstisch*, l'article 16, § 5, sous a), de la directive (UE) 2015/2436 précise qu'est considéré comme un usage de nature à écarter la déchéance l'usage de la marque sous une forme modifiée dès lors que sont conservés ses éléments distinctifs « que la marque soit ou non enregistrée au nom du titulaire sous la forme utilisée ». Une disposition en ce sens devrait donc figurer dans l'article L. 714-5 à la suite de la loi de transposition ;
– un usage du signe pour les produits visés dans l'enregistrement. La marque doit être exploitée pour chacun des produits ou des services désignés par son titulaire sans que ce dernier puisse échapper à la déchéance en établissant la similitude entre les produits réellement exploités et ceux énumérés dans le dépôt (V. note 13).

Enfin, en application du principe de la territorialité de la marque, l'usage sérieux suppose un usage de la marque sur le territoire français ; l'apposition du signe suffit même si les produits portant la marque sont exclusivement destinés à l'exportation et ne sont pas proposés au public en France (V. note 9).

Justes motifs

S'il ne parvient pas à établir l'usage sérieux de son signe, le titulaire de la marque peut néanmoins échapper à la déchéance s'il invoque de justes motifs d'inexploitation. Il s'agit d'obstacles de fait ou de droit ayant empêché l'exploitation de la marque ; il n'est pas nécessaire qu'ils présentent le caractère de la force majeure, l'essentiel étant que le titulaire de la marque ait essayé de les contourner et qu'il n'en soit pas lui-même à l'origine (V. notes 16 et 17). ❑

I. L'USAGE

A. ACTES D'USAGE

1° USAGE SÉRIEUX

1. Une marque fait l'objet d'un usage sérieux lorsqu'elle est utilisée conformément à sa fonction essentielle qui est de garantir l'identité d'origine des produits ou des services pour lesquels elle a été enregistrée, ce qui suppose : l'utilisation de la marque sur le marché pour désigner chacun des produits ou services couverts par son enregistrement. • Com. 29 janv. 2013, *La Poste : PIBD 2013. III. 1078* • 9 mars 2010, *Le verre français : PIBD 2010. III. 238* • 9 mars 2010, *Presto : PIBD 2010. III. 237* • 26 mai 2009, *Dermo esthétique : PIBD 2009. III. 1274.* ♦ Conformément à sa fonction qui est de garantir l'identité d'origine des produits ou des services pour lesquels elle a été enregistrée. • Com. 30 nov. 2004, *Sorelec composants : Bull. civ. IV, n° 209 ; RJDA 2005, n° 471 ; CCE 2005, n° 4 ; PIBD 2005. III. 117* • 21 oct. 2008, *Lafite : Bull. civ. IV, n° 173 ; Propr. intell. 2009, n° 30, p. 99, obs. Sabatier* • Paris, 14 avr. 2015, *Delage : PIBD 2015. III. 378* • 18 févr. 2009, *Bach flowers remedies : PIBD 2009. III. 1015* • 19 déc. 2008, *Invisible : PIBD 2009. III. 822.* ♦ Tel n'est pas le cas lorsque le signe constituant la marque est utilisé pour désigner la substance active entrant dans la composition du produit et non pour désigner l'origine du produit lui-même. • Paris, 19 janv. 2007, *Botox : PIBD 2007. III. 212.* – Pourvoi rejeté par • Com. 27 janv. 2009 : *PIBD 2009. III. 923.* ♦ ... Ou lorsque la marque est utilisée pour identifier des produits ou des services similaires. • Com. 17 janv. 2006 : *PIBD 2006. III. 258* • 21 janv. 2004, *Sportflex : Bull. civ. IV, n° 15 ; PIBD 2004. III. 265.* ♦ ... Ou encore lorsque le signe constituant la marque est utilisé à titre de dénomination sociale. • Com. 24 sept. 2013, *Hottinguer : PIBD 2013. III. 1595 ; Propr. intell 2014, n° 50, p. 107, obs. Sabatier.* ♦ ... De nom commercial. • Com. 25 avr. 2001 : *PIBD 2001. III. 478* • Paris, 5 juin 1998 : *ibid. 1998. III. 465* • 24 mai 2000 : *ibid. 2000. III. 439* • 28 juin 2004 : *Propr. ind. 2004, n° 39, note Tréfigny.* ♦ ... D'enseigne. • Paris, 6 sept. 2000 : *PIBD 2000. III. 546.* ♦ ... Dans une adresse internet. • Com. 31 janv. 2012, *Doubrère chausseur : PIBD 2012. III. 275 ; Propr. intell. 2013, n° 46, p. 106, obs. Sabatier.* ♦ ... Ou lorsque la marque est apposée sur des documents publicitaires. • Com. 30 nov. 2004 : *préc.* • Paris, 25 févr. 2000, *Connexion : D. 2000. AJ 227, obs. Poisson ; PIBD 2000. III. 259 ; RJDA 2000, n° 1057.* ♦ ... Ou dans une campagne de publicité. • Rennes, 10 nov. 2015, *Forever Young : PIBD 2016. III. 33 ; Propr. ind. 2016, n° 12, obs. Tréfigny.* ♦ L'usage sérieux doit être apprécié concrètement en tenant compte notamment des caractéristiques des produits en cause et de la structure du marché concerné, la seule circonstance que les produits pour lesquels la marque a été enregistrée ne sont plus présents sur le marché ne pouvant exclure un usage sérieux de la marque. • Paris, 14 avr. 2015, *Delage : préc.* ♦ Mais jugé que, eu égard aux diverses fonctions de la marque explicitées par la Cour de justice (• CJCE 18 juin 2009, *L'Oréal c/ Bellure*, n° C-487/07 : *pt 58*), il n'y a pas lieu d'exiger que la marque soit physiquement apposée sur des produits ; il suffit qu'elle soit exploitée conformément à sa fonction et dans la relation avec la clientèle. De ce fait, on ne saurait écarter comme preuve d'usage : des publicités, des signalétiques en magasin, des affiches publicitaires dès lors que, sur ces supports de communication la marque est utilisée comme un élément de conquête de la clientèle afin de maintenir ou de créer des parts de marché relatives à la vente des produits qu'elle identifie, ce qui tend à caractériser le caractère sérieux de l'usage. • Paris, 23 nov. 2012, *Quéguiner matériaux : PIBD 2013. III. 874.* ♦ V. aussi, dans le même sens : • Paris, 19 oct. 2001 : *D. 2003. Somm. 130, obs. Durrande* • 18 févr. 2009 : *PIBD 2009. III. 1014* • Com. 16 févr. 2016, *La Fuette*, n° 14-15.144 : *PIBD 2016. III. 282 ; Propr. intell. 2016, n° 60, p. 364, obs. Canlorbe.* ♦ Une association fait un usage sérieux de sa marque lorsqu'elle l'utilise conformément à son objet associatif, dans ses relations avec le public pour annoncer ou promouvoir des manifestations, publier des petites annonces ou donner des conseils à ses adhérents et qu'elle l'appose sur son matériel publicitaire. • Paris, 14 avr. 2015, *Delage : préc.* ♦ L'absence de visée commerciale ou de coloration économique ne porte pas atteinte en pareil cas à la fonction essentielle de la marque puisque cette dernière est utilisée pour identifier l'origine des services proposés, de sorte que son usage tend à créer ou conserver un débouché pour ces services, fussent-ils non commerciaux. • Lyon, 20 déc. 2012, *Fête de l'Entreprise : PIBD 2013. III. 984.*

2. L'usage sérieux suppose une exploitation en cours et non un projet, aussi abouti soit-il : • TGI Paris, 14 oct. 2008, *Anti Flirt : PIBD 2009. III. 832.* ♦ Ne faisant pas l'objet d'un usage sérieux : un médicament distribué par correspondance de façon confidentielle, sans que l'autorisation de mise sur le marché ait été sollicitée. • Paris, 27 nov. 1990 : *PIBD 1991. III. 348.* ♦ ... Faisant l'objet d'un usager sérieux : un médicament inscrit sur la liste des spécialités remboursables par la sécurité sociale et d'une mention dans le dictionnaire Vidal. • TGI Melun, 2 juin 1992 : *PIBD 1992. III. 560.* ♦ ... De simples essais cliniques. • Paris, 31 janv. 1979 : *Ann. propr. ind. 1980. 63* • TGI Toulouse, 8 janv. 1973 : *RTD com. 1973. 254, obs. Chavanne et Azéma* • TGI Paris, 26 oct. 1987 : *RTD com. 1988. 437, obs. Chavanne et Azéma.* ♦ ... D'actes préparatoires effectués au sein de l'entreprise du titulaire de la marque ou auprès de prestataires de services ou de sous-traitants. • Com. 19 mars 2013, *Voyager : PIBD 2013. III. 1162 ; Propr. intell. 2013, n° 47, p. 318, obs. Sabatier.* ♦ ... Ou d'une campagne publicitaire effectuée sans que le produit soit mis sur le marché. • TGI Paris, 31 oct. 1973 : *D. 1974. 763, note Chavanne.* ♦ En revanche, justifie d'un usage sérieux le propriétaire d'une marque qui prouve avoir accompli les démarches administratives nécessaires à la commercialisation des produits du tabac. • Paris, 28 mai 2003, *Millenium : PIBD 2003. III. 543.* ♦ ... Ou qui, bien qu'aucun produit n'ait encore fait l'objet d'une commercialisation effective, établit que ceux-ci ont été présentés à la clientèle de professionnels et au grand public sous cette marque en vue de leur commercialisation imminente. • TGI Paris, 16 avr. 2010, *Oxygène : PIBD 2010. III. 593.*

3. Le renouvellement de la marque ou l'introduction d'une procédure en contrefaçon ne constituent pas des usages permettant d'échapper à la déchéance. • Paris, 26 mars 2014, *Air Sport Gun,* n° 13/22877 : *Propr. intell. 2014, n° 53, p. 417, obs. Canlorbe* • 1er mars 2013, *Rodéo : PIBD 2013. III. 1175 ; Propr. intell. 2013, n° 47, p. 314, obs. Sabatier* (cassé sur un autre point de droit par • Com. 3 juin 2014 : *V. note 6*). ♦ ... Non plus que la conclusion d'un contrat de franchise. • Paris, 16 janv. 1995 : *PIBD 1995. III. 191.* – Pourvoi rejeté par • Com. 27 mai 1997, *Baby Cool : Bull. civ. IV, n° 157 ; PIBD 1997. III. 464 ; RJDA 1997, n° 1427 ; Quot. jur. 12 juin 1997, n° 47 ; JCP E 1997. Pan. 797 ; Ann. propr. ind. 1997. 191.* ♦ ... Ou d'un contrat de licence. • Paris, 6 mars 2009 : *PIBD 2009. III. 1012.* ♦ ...Ou encore l'acquisition de produits auprès de la centrale d'achats du titulaire de la marque. • Paris, 1er mars 2013, *Rodéo : préc.*

4. L'usage même minime d'une marque peut être suffisant pour être qualifié de sérieux à condition qu'il soit considéré comme justifié, dans le secteur économique concerné, pour maintenir ou créer des parts de marché pour les produits ou services protégés par la marque. • Com. 9 nov. 2010, *UMD : CCE 2011, n° 34, note Caron ; Propr. ind. 2011, n° 5, obs. Tréfigny-Goy* • 24 mai 2016, *i.message,* n° 14-17.533 : *PIBD 2016. III. 632 ; Propr. intell. 2016, n° 60, p. 367, obs. Canlorbe.* ♦ Toutefois, lorsqu'il s'agit de produits de grande consommation commercialisés dans un marché fortement concurrentiel, le titulaire de la marque doit manifester sa volonté d'être présent sur ce marché et non justifier d'un usage symbolique à seule fin de maintenir ses droits de marque. • Com. 15 sept. 2015, *VII,* n° 14-19.497 : *PIBD 2015. III. 786 ; Propr. ind. 2015, n° 74, obs. Tréfigny* • Paris, 6 mars 2009 : *PIBD 2009. III. 1012* • 5 avr. 2013, *Love : Propr. intell. 2013, n° 47, p. 314, obs. Sabatier.* ♦ En réalisant les conditions nécessaires à l'exploitation de la marque, en commercialisant les produits marqués auprès de distributeurs notoirement connus, le titulaire de la marque caractérise suffisamment un usage propre à créer un débouché commercial sérieux de ces produits quand bien même ceux-ci, nouvellement mis sur le marché, n'auraient représenté qu'une part minime de son chiffre d'affaires. • Riom, 6 oct. 2010 : *PIBD 2011. III. 109.* ♦ Sur le fait que l'exploitation n'a pas besoin d'être quantitativement importante, V. • CJCE 11 mars 2003, *Ansul : V. art. 12, § 1 ss. Dir. 2008/95/CE.*

5. La loi ne pose aucune exigence quant à l'étendue du territoire sur lequel s'effectue l'exploitation. • Paris, 21 sept. 1976 : *Ann. propr. ind. 1976. 249* • 12 juill. 1978 : *ibid. 1980. 163.* ♦ Mais, en fonction du principe de territorialité, l'exploitation doit avoir eu lieu en France et le tribunal ne peut prendre en considération une exploitation réalisée à l'étranger. • TGI Paris, 17 nov. 1998 : *PIBD 1999. III. 144.*

2° EXPLOITATION SOUS UNE FORME MODIFIÉE

6. Principe. La CJUE ayant dit pour droit (• CJUE 25 oct. 2012, *Rinstisch,* n° C-553/11) que l'art. 10, § 2, ss. a) de la Dir. 2008/95 CE doit être interprété en ce sens qu'il ne s'oppose pas à ce que le titulaire d'une marque enregistrée puisse, aux fins d'établir l'usage de celle-ci au sens de cette disposition, se prévaloir de son utilisation dans une forme qui diffère de celle sous laquelle cette marque a été enregistrée sans que les différences entre ces deux formes n'en altèrent le caractère distinctif, nonobstant le fait que cette forme différente ait été elle-même enregistrée en tant que marque, l'exploitation d'une marque voisine de la marque arguée de déchéance vaut exploitation de cette marque dès lors qu'elle n'en diffère que par des éléments n'en altérant pas le caractère distinctif, peu important... que la marque modifiée ait été elle-même enregistrée. • Com. 3 juin 2014, *Rodéo,* n° 13-17.769 P : *RTD com. 2014. 793, obs. Azéma ; D. 2014. 1326 ; PIBD 2014. III. 650 ; Propr. intell. 2014, n° 53, p. 416, obs. Canlorbe* (cassation de • Paris, 1er mars 2013 : *PIBD 2013. III. 1175* • Paris, 5 févr. 2014, *Divine* : *PIBD 2014. III. 295*). ♦ V. aussi • Paris, 28 févr. 2014, *Sapin magique* : *PIBD 2014. III. 391.* ♦ Sur cette question, V. • CJUE 25 oct. 2012, *B. Rintisch : RTD com. 2013. 70, obs. Azéma ; PIBD 2012. III. 779 ; Propr. ind. 2012, n° 12, obs. Folliard-Monguiral.* ♦ ... Ou que la modification de la marque ait été justifiée par les exigences du marché, l'essentiel étant que le juge du fond se prononce sur le maintien, dans le signe modifié, du caractère distinctif de la marque enregistrée. • Com 12 mai 2015, *Saint Ayme,* n° 14-14.648 : *Propr. intell., juill. 2015, n° 56, p. 315, note Canlorbe ; LEPI juin 2015. 6, obs. Chatry.* ♦ Toutefois, la chambre commerciale a jugé qu'il résulte aussi de l'arrêt *Rinstisch* (préc.) que, dans le contexte particulier d'une famille ou d'une série de marques, l'usage d'une marque ne saurait être invoqué afin de justifier l'usage d'une autre marque. • Com. 19 janv. 2016, *Micro Rain,* n° 14-18.434 P : *D. 2016. 1041, obs. Le Bras ; Dalloz IP/IT 2016. 200, obs. Clavier ; PIBD 2016. III. 188 ; Propr. intell. 2016, n° 60, p. 362, obs. Canlorbe.* ♦ Sur le concept de « famille » de marques, V. Passa, *Propr. intell. 2015, n° 54, p. 16* (les « familles » de marques dans la jurisprudence européenne). – Pollaud-Dulian, *Mélanges Le Cannu, LGDJ, 2014, p. 59* (associations, variantes et séries : de l'esprit de famille en droit des marques).

7. Modifications n'altérant pas le caractère distinctif de la marque. La simple suppression d'un trait d'union n'altère pas le caractère distinctif d'une marque dès lors que sa signification intellectuelle reste la même, la perception phonétique strictement identique et la perception visuelle très voisine. • Paris, 7 févr. 2001, *Cinéfil : PIBD 2001. III. 345.* ♦ Il en va de même pour la suppression d'une préposition. • Paris, 8 sept. 2004 : *PIBD 2004. III. 660.* ♦ ... Ou la présentation d'une marque nominale sous un graphisme particulier. • Paris, 26 janv. 2007, *Coup d'éclat : PIBD 2007. III. 250* • 30 nov. 2012, *Aventis : PIBD 2013. III. 952 ; Propr. intell. 2013, n° 47, p. 317.* ♦ ... Ou, à l'inverse, l'usage du seul signe verbal de la marque, sans la calligraphie et la présentation particulière figurant dans le dépôt. • Com. 15 mars 2011, *Lollipops : RTD com. 2012. 100, obs. Azéma ; PIBD 2011. III. 356* • Paris, 3 déc. 2010, *Infotrafic : PIBD 2011. III. 103.* ♦ ... Ou encore la présentation de la marque figurative « Hello Kitty » constituée par un chat assis de profil, du côté inversé par rapport au modèle de la marque. • Paris, 24 sept. 2008 : *PIBD 2008. III. 635.* ♦ De la même façon, il importe peu que, dans l'ensemble « Baby Cool Diffusion », seule la dénomination « Baby Cool » ait été exploitée dès lors qu'elle exerce seule la fonction distinctive de la marque et en constitue l'élément essentiel. • Paris, 16 janv. 1995 : *préc. note 3.* – Pourvoi rejeté par : • Com. 27 mai 1997 : *préc. note 3.* ♦ V. aussi, dans le même sens, • Paris, 9 juin 2006, *Top Model : PIBD 2006. III. 612.*

8. Modifications altérant le caractère distinctif de la marque. La seule utilisation du slogan figurant dans une marque complexe ne permet de faire échec à la déchéance que lorsqu'on retrouve dans ce slogan le caractère distinctif propre à la marque. • Com. 20 juin 2006 : *PIBD 2006. III. 610* • Paris, 6 avr. 2000 : *PIBD 2000. III. 411.* ♦ Lorsque le signe déposé comme marque fait l'objet de nombreuses déclinaisons au fil des années (adjonction de dessins, de mots, présentation dans un cartouche de différentes couleurs...), celles-ci ne sauraient être regardées comme des modifications n'altérant pas le caractère distinctif du signe. • Paris, 12 nov. 2008, *86 : PIBD 2008. III. 682.* – Pourvoi rejeté par • Com. 15 déc. 2009 : *PIBD 2009. III. 89.* ♦ En revanche, les différences entre les nuances de couleurs déposées et celles des étiquettes effectivement commercialisées peuvent être tenues pour négligeables. • Paris, 18 janv. 2013, *Château Ducru-Beaucaillou : PIBD 2013. III. 1016.* ♦ La substitution, lors de l'exploitation d'une marque destinée à identifier des objets en pâte de verre, d'une croix de Lorraine par une libellule, modifie le caractère distinctif de la marque première et ne saurait être regardée comme un usage de la marque n'en modifiant pas le caractère distinctif. • Paris, 3 déc. 2008 : *PIBD 2009. III. 885.* – Pourvoi rejeté par • Com. 9 mars 2010 : *PIBD 2010. III. 238.* ♦ Il en est de même de l'adjonction de noms communs à la marque composée à l'origine d'un chiffre romain (VII) entouré d'un cercle. • Com. 15 sept. 2015, n° 14-19.497. ♦ Pour des exemples relatifs aux marques figuratives, V. aussi • Versailles, 3 mai 2007, *Thé de Noël : PIBD 2007. III. 448* • TGI Paris, 28 oct. 2008, *Al Dente : PIBD 2009. III. 743.* ♦ Confirmé par • Paris, 24 nov. 2010 : *PIBD 2011. III. 148 ; Propr. intell. 2011, n° 38, p. 123, obs. Sabatier.*

3° PRODUITS DESTINÉS À L'EXPORTATION

9. La justification de l'usage sérieux de la marque en France au sens de l'art. L. 714-5 c) suppose la preuve de l'apposition du signe sur l'un des produits visés à l'enregistrement ou leur conditionnement en France. • Paris, 23 févr. 2016, *Flor Mar : PIBD 2016. III. 288,* sur renvoi après • Com. 24 juin 2014, n° 13-16.374 : *D. 2015. 230, obs. Clavier ; PIBD 2014. III. 646 ; Propr. intell. 2014, n° 53, p. 414, obs. Canlorbe.*

B. AUTEURS DE L'USAGE

10. Accord du propriétaire (art. L. 714-5-a). Pour faire échapper la marque à la déchéance, l'exploitation doit être le fait du propriétaire de la marque et non celui du propriétaire d'une autre marque analogue à cette dernière, quand bien même elle aurait été enregistrée avec l'accord du propriétaire menacé de déchéance. • Cass., ass. plén., 16 juill. 1992, n° 89-16.589 P : *D. 1992. IR 240 ; JCP 1992. II. 21051, obs. Burst.* – Et, sur renvoi • Rouen, 13 sept. 1994 : *PIBD 1994. III. 537 ; Ann. propr. ind. 1995. 157, note Reboul.*

11. Le titulaire de la marque peut se prévaloir d'un usage exercé par un tiers avec son accord, même donné implicitement ; tel est le cas lorsque la marque a été exploitée par une filiale du titulaire de la marque. • Paris, 24 mars 1988 : *Ann. propr. ind. 1989. 260* • 27 sept. 1983 : *ibid. 1983. 160.* ♦ ... Par une société appartenant au même groupe. • Paris, 18 févr. 2005 : *PIBD 2005. III. 267.* ♦ ... Ou par une société dont le président-directeur général est lui-même propriétaire de la marque. • Versailles, 27 mai 1987 : *PIBD 1988. III. 18 ; Ann. propr. ind. 1988. 177.* ♦ Il n'est pas nécessaire de recourir à un contrat écrit portant autorisation du titulaire de la marque tel qu'un contrat de cession ou de licence publié au Registre national des marques : l'autorisation peut être tacite. • Paris, 26 sept. 1979 : *Ann. propr. ind. 1981. 293* • 26 juin 1986 : *ibid. 1987. 217* • 3 févr. 1988 : *ibid. 1989. 107* • 3 mars 2004 : *PIBD 2004. III. 337* • 18 févr. 2005 : *préc.* ♦ Et il importe peu que la licence ait été consentie pour 1 F, le prix de la licence n'en affectant pas la validité. • Paris, 19 févr. 1999 : *Ann. propr. ind. 1999. 267.*

12. Il faut, en revanche, à l'origine de cet usage, un acte de volonté du titulaire de la marque. • Paris, 6 nov. 1986 : *Ann. propr. ind. 1987. 216.* ♦ Une simple tolérance introduirait une équivoque sur la qualité de l'exploitant, en contradiction avec la lettre et l'esprit du texte. • Paris, 7 juill. 1988 : *PIBD 1988. III. 563* • 15 juin 2001 : *D. 2003. Somm. 130, obs. Durrande.* – Pourvoi rejeté par • Com. 24 sept. 2003 : *PIBD 2003. III. 574.*

C. PRODUITS CONCERNÉS

13. La déchéance est encourue pour tous les produits ou services qui n'ont pas donné lieu à l'exploitation effective. • Paris, 14 avr. 1995 : *PIBD 1995. III. 354* • 15 janv. 1999 : *ibid. 1999. III. 172.* ♦ ... Quand bien même ils seraient similaires à ceux qui ont été exploités. • Com. 9 mars 2010, *Presto : PIBD 2010. III. 237* • 21 janv. 2004 : *PIBD 2004. III. 365 ; D. 2004. AJ 806 ; JCP E 2004. 403* • Paris, 18 mars 2009, *Flash : PIBD 2009. III. 1010* • 18 mars 2009, *Ravensbrucker : PIBD 2009. III. 1096.* ♦ Dès lors, le propriétaire de la marque doit justifier d'une exploitation sérieuse pour chacun des produits ou services concernés. • Paris, 19 déc. 2008, *Invisible : PIBD 2009. III. 822* • 5 mai 1995 : *PIBD 1995. III. 378.* – Pourvoi rejeté par • Com. 8 juill. 1997 : *D. Affaires 1997. 1086 ; PIBD 1997. III. 584 ; RJDA 1997, n° 1428 ; JCP E 1997. Pan. 1059.*

14. L'art. L. 714-5 ne fait pas de distinction entre les marques ; il n'y a donc pas lieu de distinguer là où la loi ne distingue pas et le fait qu'une marque soit notoire n'empêche pas que la déchéance des droits de son titulaire puisse être prononcée si elle n'est pas utilisée pour des produits ou services visés dans l'enregistrement. • TGI Paris, 18 janv. 2000, *Samar : PIBD 2000. III. 317.*

D. DÉLAI

15. Le délai à l'issue duquel la déchéance des droits attachés à une marque française est encourue court à compter, non du dépôt de la marque, mais de la publication de son enregistrement au *BOPI.* • Com. 9 nov. 2010, *Abercrombie : PIBD 2010. III. 818* (rectifié par un arrêt du 7 juin 2011) • 16 févr. 2010, *Abercrombie* • Paris, 20 févr. 2002 : *D. 2002. 2732, note Bénoliel-Claux et Dreyfus ; Ann. prop. ind. 2002. 245 ; JCP E 2002. 1164, n° 11, obs. Boespflug, Greffe et Earthélemy* • 5 juin 2002 : *D. 2003. Somm. 2692, obs. Durrande ; JCP E 2002. 1164, n° 11. obs. Boespflug, Greffe et Barthélemy ; PIBD 2002. III. 543 ; Propr. intell. 2003, n° 7, p. 213, obs. Buffet-Delmas ; RDPI, févr. 2003, n° 144, p. 5.* ♦ Une Cour d'appel qui relève qu'une société ne justifiait pas d'un usage sérieux des marques dont elle était titutlaire au cours de la période ininterrompue de cinq années définie par la demande de déchéance prononce à bon droit la déchéance des droits de la société sur ces marques au jour de la demande. • Com. 19 janv. 2016, n° 14-18.434 P : *D. 1041, obs. Le Bras ; Dalloz IP/IT 2016. 200, obs. Clavier ; Jurispor 2000, n° 54.*

II. JUSTES MOTIFS DE NON-EXPLOITATION

16. Les « justes motifs » visés à l'art. L. 714-5 comme à l'art. 12 de la Dir. 2008/95/CE ou les « raisons valables » dont il est question à l'art. 19 des accords ADPIC ne peuvent s'entendre que d'un empêchement légitime de fait ou de droit n'ayant pas son origine dans le fait fautif du propriétaire ; il doit s'agir d'un obstacle extérieur au titulaire de la marque qui rend l'usage de celle-ci impossible ou déraisonnable. • Com. 2 févr. 2016, *Manhattan*, n° 14-17.404 : *Dalloz IP/IT 2016. 257, obs. Bertin et Varret ; PIBD 2016. III. 246 ; Propr. ind. 2016, n° 37, obs. Tréfigny*, rejet du pourvoi formé contre • Paris, 10 janv. 2014 : *PIBD 2014. III. 144*, sur renvoi après • Com. 4 oct. 2011. n° 10-13.962 : *PIBD 2011. III. 662* • Paris, 9 nov. 2007 : *PIBD 2008. III. 48.* ♦ Constitue un juste motif de non-exploitation : la législation relative à la lutte contre le tabagisme. • Com. 2 févr. 2016, *Manhattan : préc.* ♦ ... Le recours introduit par le propriétaire de la marque devant la Commission CE contre un avis de l'administration française concernant le produit marqué. • Com. 18 mai 1993 : *Bull. civ. IV, n° 197 ; D. 1994. Somm. 56, obs. Burst ; RTD com. 1993. 658, obs. Chavanne ; PIBD 1993. III. 594.* ♦ ... Une action en contrefaçon, exposant le propriétaire de la marque à d'importants dommages et intérêts. • Paris, 16 nov. 2001 : *JCP E 2002. 1164, n° 13, obs. Boespflug, Greffe et Barthélemy.* ♦ ... L'attente d'une autorisation de mise sur le marché. • Toulouse, 23 juin 1975 : *Ann. propr. ind. 1976. 153* • Paris, 31 janv. 1979 : *ibid. 1980. 63* • 12 nov. 1991 : *PIBD 1992. III. 230.* ♦ ... Le fait que la mise en circulation de produits sous la marque aurait entretenu la confusion dans l'esprit de la clientèle entre deux produits de provenance différente. • Cass., ch. mixte, 6 juill. 1984 : *JCP E 1985. II. 14449, concl. Sadon* • Paris, 12 nov. 1992 : *Ann. propr. ind. 1992. 147.* ♦ ... Le monopole de la SEITA, dès lors que le titulaire de la marque justifie avoir sollicité une autorisation d'exploitation. • Paris, 4 juin 1976 : *Ann. propr. ind. 1977. 229.*

17. Des raisons d'ordre strictement commercial ne sauraient, en revanche, justifier l'absence d'exploitation. • Com. 3 mai 1981 : *Bull. civ. IV, n° 119.* ♦ ... Comme le fait que les produits marqués soient d'un prix très élevé, cette circonstance économique pouvant être surmontée. • Paris, 2 juill. 1975 : *Ann. propr. ind. 1975. 57* • TGI Paris, 31 oct. 1973 : *D. 1974. 763, note Chavanne.* ♦ La copropriété de la marque ne saurait à elle seule constituer un juste motif. Il convient à celui qui s'en prévaut de démontrer qu'un conflit suffisamment grave avec le cotitulaire empêche l'exploitation. • Paris, 28 févr. 2003 : *JCP E 2003. 1468, n° 12, obs. Boespflug, Greffe et Barthélemy.*

III. PROCÉDURE

A. RECEVABILITÉ

18. La recevabilité de l'action en déchéance ne suppose pas l'identité d'activité entre les parties. • Com. 2 mars 1982 : *Bull. civ. IV, n° 84 ; D. 1984. Somm. 63, obs. Burst ; RTD com. 1982. 423, obs. Chavanne et Azéma ; Ann. propr. ind. 1982. 154.*

19. La demande en déchéance constitue un moyen de défense dans l'action en contrefaçon ; elle n'est pas nouvelle et peut être formée pour la première fois en cause d'appel en application des art. 564 et 565 C. pr. civ. • Paris, 14 avr. 1995 : *PIBD 1995. III. 354* • 17 déc. 1999 : *PIBD 2000. III. 289* • 16 juin 2000 : *PIBD 2000. III. 552.* ♦ La déchéance de la marque n'étant encourue que si les conditions en sont réunies au moment de la demande, c'est à la date de la délivrance de l'acte formulant cette demande que les tribunaux doivent se placer pour examiner la recevabilité de l'action. • Com. 25 avr. 2006, *Emma Shapplin*, n° 04-15.641 P : *D. 2006. 1371, obs. Daleau ; RTD com. 2006. 599, obs. Pollaud-Dulian ; ibid. 2007. 342, obs. Azéma ; PIBD 2006. III. 471* • Paris, 26 mars 2014, *Air Sport Gun*, n° 13/2287 : *préc. note 3.* ♦ A défaut de précisions tant dans le jugement frappé d'appel que dans les conclusions des parties, il n'est pas possible de déterminer à quelle date le demandeur a, pour la première fois, formé la demande de déchéance. Il y a lieu dans ce cas de retenir la date des dernières conclusions signifiées par lui devant le tribunal. • Paris, 4 juin 2010, *Confiance : PIBD 2010. III. 620 ; Propr. intell. 2011, n° 38, p. 125, obs. Sabatier.*

B. COMPÉTENCE

20. Il résulte tant de l'art. 16, al. 4, de la Convention de Bruxelles du 27 sept. 1968 que de la jurisprudence communautaire que les juges de l'État du dépôt ou de la délivrance d'un titre ont compétence exclusive pour toutes les actions portant sur la validité, l'existence ou la déchéance de celui-ci. • Paris, 15 avr. 1992 : *Ann. propr. ind. 1992. 3, note Mathély ; JDI 1993. 991, obs. Pollaud-Dulian.*

C. INTÉRÊT À AGIR

21. L'appréciation de l'intérêt à agir relève du pouvoir souverain des juges du fond. Dans cette appréciation, les juges n'ont pas à examiner si l'usage ultérieur du signe litigieux est susceptible de se heurter à quelque obstacle résultant d'une confusion avec d'autres signes. • Com. 14 janv. 2003, *Danone : D. 2003. Somm. 2693, obs. Durrande ; JCP E 2003. 1468, n° 12, obs. Boespflug, Greffe et Barthélemy ; Propr. intell. 2003, n° 9, p. 439, obs. Buffet-Delmas ; PIBD 2003. III. 186.*

22. *Intérêt à agir.* Le demandeur en déchéance de droits de marque justifie d'un intérêt à agir lorsque sa demande tend à lever une entrave à l'utilisation du signe dans le cadre de son activité économique. • Com. 24 juin 2014, *Flor Mar : PIBD 2014. III. 646 ; Propr. intell. 2014, n° 53, p. 414, obs. Canlorbe* (cassation de • Paris, 25 janv. 2013 : *PIBD 2013. III. 1013).* ♦ Et après renvoi • Paris, 23 févr. 2016 : *PIBD 2016. III. 288* • Com. 18 mai 2010, *Next : Dalloz actualité, 9 juin 2010, obs. Daleau ; D. 2010. AJ 1343 ; PIBD 2010. III. 485 ; Propr. ind. juill. 2010, n° 47, note Tréfigny-Goy* • 20 nov. 2012, *Dyptique : Bull. civ. IV, n° 209 ; D. 2012. AJ 2798 ; CCE 2013, n° 12, note Caron.* ♦ Peu important par ailleurs l'existence d'obstacles d'une autre nature à l'exploitation du signe en cause. • Com. 7 juin 2006, *Ebel : Bull. civ. IV, n° 136 ; PIBD 2006. III. 579* • 14 janv. 2003, *Danone : préc. note 21.* ♦ A intérêt à voir prononcer la déchéance pour défaut d'exploitation : le titulaire d'une dénomination sociale identique à la marque alors que les deux entreprises exercent leur activité dans le même secteur. • TGI Paris, 12 mai 1993 : *PIBD 1993. III. 564* • Paris, 27 nov. 1990 :

PIBD 1991. III. 348. ♦ ... Le propriétaire de marques voisines de la marque non exploitée qui désire les exploiter sans crainte de se voir poursuivi pour contrefaçon. • Paris, 16 juin 2000 : *PIBD 2000. III. 552* • 23 avr. 2003 : *PIBD 2003. III. 551 ; Propr. intell. 2003, nº 9, p. 439, obs. Buffet-Delmas.* ♦ Cet intérêt ne disparaît pas du seul fait que le demandeur, sans attendre qu'il soit statué sur la déchéance, a entrepris l'exploitation de son produit sous la marque litigieuse. • Paris, 6 déc. 1990 : *PIBD 1991. III. 350.* ♦ ... La société qui désire étendre son activité à des produits identiques ou similaires à ceux pour lesquels la marque n'est pas exploitée. • Paris, 20 mars 1998 : *PIBD 1998. III. 291* • 5 avr. 2013, *Love : Propr. intell. 2013, nº 47, p. 313, obs. Sabatier.* ♦ ... Quand bien même il s'agirait de produits ne faisant pas l'objet de son activité actuelle, dès lors que le demandeur a manifesté son intention de diversifier son activité. • Paris, 23 avr. 2003 : *D. 2003. Somm. 2693, obs. Durrande* ; *PIBD 2003. III. 551* • Paris, 6 juin 2006 : *PIBD 2006. III. 649.* ♦ ... Ou qui désire utiliser librement les désinences utilisées par la marque. • Com. 14 janv. 2003 : *préc. note 21.* ♦ ... Celui qui est poursuivi en contrefaçon. • TGI Paris, 7 mars 2007 : *PIBD 2007. III. 404.* ♦ ...Ou qui est menacé d'une telle action, la seule preuve de la déchéance suffisant à écarter le grief invoqué. • Paris, 14 avr. 2015, *Delage : PIBD 2015. III. 378.*

23. Défaut d'intérêt à agir. N'a pas intérêt à agir et est donc irrecevable en son action la société qui ne démontre pas que les produits pour lesquels elle demande la déchéance de la marque font partie de son secteur d'activité, faisant ainsi ressortir qu'elle n'avait pas été empêchée de commercialiser cette catégorie de produits. • Com. 13 janv. 2009, *SPA Thermes : PIBD 2009. III. 853.* ♦ ... Qui ne produit aucun projet effectif d'exploiter les marques dont elle demande la déchéance et dont l'action traduit la volonté de s'approprier, sans bourse délier, des marques effectivement connues sur le marché des articles de sport et de loisir. • Paris, 1er mars 2006 : *Propr. ind. 2006, nº 55, note Tréfigny.* ♦ Lorsque l'intérêt légitime est très général, par exemple en raison de l'existence d'un droit d'auteur, il n'y a pas lieu de contraindre le demandeur à justifier d'un intérêt pour chacun des produits ou services visés. • Paris, 23 mai 2008, *Pépito : PIBD 2008. III. 434.*

24. Il résulte de l'art. 31 C. pr. civ. que l'intérêt à agir suppose un intérêt légitime au succès ou au rejet d'une prétention. Ne justifie pas d'un intérêt légitime à voir prononcer la déchéance le cédant d'une marque, lequel doit à son cessionnaire garantie de son fait personnel. • TGI Paris, 16 déc. 1998, *Manuel Canovas : RIPIA 1999. 13 ; LPA 31 août 2000, p. 11.* ♦ L'intérêt à agir s'entend d'un intérêt personnel ; dès lors, s'expose à une fin de non-recevoir celui qui agit en déchéance pour défaut d'exploitation pour le compte d'un tiers. • Paris, 18 sept. 1990 : *Ann. propr. ind. 1991. 141.*

D. PÉRIODE SUSPECTE

25. Il résulte de l'art. L. 714-5, al. 4, qu'une marque inexploitée depuis cinq ans ou plus ne peut être frappée de déchéance dès lors que son titulaire a repris un usage sérieux de cette marque plus de trois mois avant la demande en déchéance. • Com. 9 juin 2009 : *PIBD 2009. III. 1273 ; Propr. ind. 2009, nº 61, note Haas.* ♦ Constitue une preuve de la connaissance, par le titulaire de la marque, de l'éventualité d'une demande en déchéance le dépôt chez un huissier de documents ayant pour but « de permettre de prouver la commercialisation imminente de produits sous la marque afin de leur conférer date certaine et de sauvegarder ses droits ». • TGI Paris, 16 avr. 2010, *Oxygène : PIBD 2010. III. 593 ; Propr. ind. 2011, nº 6, obs. Tréfigny-Goy.* ♦ Le point de départ de la période suspecte est la date du courrier dans lequel le demandeur en déchéance informe le titulaire de la marque de son intention d'intenter une action sur le fondement de l'art. L. 714-5. • Riom, 6 oct. 2010 : *PIBD 2011. III. 109 ; Propr. intell. 2011, nº 38, p. 125, obs. Sabatier.* ♦ Le délai de trois mois prévu à l'art. L. 714-5 ne doit pas être calculé à partir de l'introduction de l'action en contrefaçon intentée par le titulaire de la marque, mais des conclusions reconventionnelles de son adversaire aux fins de faire prononcer la déchéance. • Com. 19 mars 2013, *Northland : PIBD 2013. III. 1193 ; Propr. intell. 2013, nº 47, p. 316, obs. Sabatier.*

E. PREUVE DE L'EXPLOITATION

26. La charge de la preuve de l'exploitation repose sur le propriétaire de la marque. • Paris, 15 janv. 1999 : *PIBD 1999. III. 172* • 22 juin 1999 : *ibid. 479.* ♦ Les faits d'exploitation de la marque sont soumis à l'appréciation souveraine des juges du fond. • Com. 7 oct. 1986 : *Bull. civ. IV, nº 192.* ♦ Le titulaire de la marque apporte une preuve suffisante de l'exploitation lorsqu'il produit : des factures. • Paris, 16 janv. 1995 : *PIBD 1995. III. 191.* – Pourvoi rejeté par • Com. 27 mai 1997 : *Bull. civ. IV, nº 157 ; PIBD 1997. III. 464 ; RJDA 1997, nº 1427 ; JCP E 1997. Pan. 797.* ♦ ... A condition qu'elles soient propres à établir une exploitation de la marque sur le territoire français. • Com. 9 mars 2009, *Thé Anadolu : PIBD 2010. III. 272.* ♦ ... Des catalogues dans lesquels sont reproduits des produits portant la marque. • Paris, 17 déc. 1999 : *PIBD 2000. III. 288.* ♦ ... Des prospectus, des listes de prix, des tarifs publics indicatifs, des factures. • Paris, 29 sept. 1999 : *Ann. propr. ind. 1999. 249.* ♦ ... A condition que ces documents établissent que les produits commercialisés étaient bien revêtus de cette marque. • Com. 16 févr. 2010, *Abercrombie : préc. note 15*

• 9 mars 2010, *Le verre français : PIBD 2010. III. 238.* ♦ ... Et comportent une référence à la marque contestée. • Paris, 2 juin 1993 : *PIBD 1993. III. 597* • 22 juin 1999 : *PIBD 1999. III. 479.* ♦ ... Un tarif portant la marque et des attestations émanant de clients indiquant que les marchandises facturées ont bien été livrées. • Paris, 18 févr. 1980 : *Ann. propr. ind. 1980. 216.* ♦ ... Un constat d'huissier établissant qu'il a trouvé des produits portant la marque litigieuse dans des magasins, à condition qu'il soit antérieur à la demande en déchéance. • Com. 9 mars 2010, *Thé Anadolu : préc.* ♦ ... Une attestation, même émanant d'une salariée du titulaire de la marque lorsque celle-ci, en raison de ses fonctions, est particulièrement qualifiée pour fournir des explications sur la commercialisation des produits sous la marque contestée, qu'elle s'appuie sur une documentation importante et qu'aucun élément ne permet de mettre en cause sa compétence et sa probité. • Paris, 30 nov. 2012, *Aventis : PIBD 2013. III. 952 ; Propr. intell. 2013, n° 47, p. 317, obs. Sabatier.* ♦ Mais l'usage sérieux de la marque supposant une utilisation de celle-ci sur le marché des produits et services concernés, des documents purement internes à l'entreprise ne peuvent être pris en considération, dans l'appréciation du caractère sérieux de l'usage. • Paris, 21 déc. 2012, *Acet Security : Propr. intell. 2013, n° 46, p. 107, obs. Sabatier* • 1er mars 2013, *Rodéo : PIBD 2013. III. 1175 ; Propr. intell. 2013, n° 47, p. 314, obs. Sabatier.*

27. Le titulaire de plusieurs marques constituant des variantes les unes des autres ne saurait se prévaloir d'une exploitation sur le territoire français d'une marque dont la déchéance est demandée, lorsque les documents sur lesquels il se fonde ont déjà été pris en compte pour preuve de l'exploitation d'une autre marque variante de celle dont la déchéance est demandée. • Com. 26 oct. 2010, *Spa : PIBD 2010. III. 821 ; Propr. intell. 2011, n° 38, p. 123, obs. Sabatier.*

F. EFFETS

28. La déchéance prend effet à la date d'expiration du délai de cinq ans pendant lequel le propriétaire n'a pas fait un usage sérieux de la marque pour les produits et services visés dans l'enregistrement. • Com. 7 juin 2006, *Ebel : Bull. civ. IV, n° 138 ; PIBD 2006. III. 579* • 20 nov. 2012, *Cloud's : PIBD 2013. III. 863 ; Propr. intell. 2013, n° 46, p. 101, obs. Sabatier.* ♦ Le prononcé de la déchéance de la marque contrefaite fait disparaître le vice de nullité de la marque contrefaisante, qui devient licite et apte à produire des effets juridiques. • TGI Paris, 30 mai 1997 : *PIBD 1997. III. 538.* ♦ L'action en contrefaçon de la marque dont la déchéance a été prononcée reste fondée pour les actes commis antérieurement à la déchéance. • Paris, 5 juin 1998 : *PIBD 1998. III. 465* • 16 juin 2000 : *PIBD 2000. III. 552* • Rennes, 10 nov. 2015, *Forever Young : PIBD 2016. III. 33 ; Propr. ind. 2016, n° 12, obs. Tréfigny.* ♦ Le prononcé de la déchéance de la marque pour certains produits n'interdit pas à son titulaire de poursuivre la contrefaçon de sa marque apposée sans son autorisation sur de tels produits s'ils sont similaires à ceux pour lesquels il n'a pas été déchu de ses droits. • Paris, 6 nov. 2007 : *PIBD 2008. III. 45.* ♦ Lorsque, dans une instance en appel d'un jugement ayant prononcé la déchéance d'une marque à la demande des défendeurs, ceux-ci se désistent, il en résulte nécessairement que le jugement doit être infirmé ; la marque n'étant plus contestée se trouve alors placée sous la protection légale. • Paris, 5 nov. 2003 : *Ann. propr. ind. 2003. 511.*

29. Sur l'articulation entre action en déchéance de marque et action en concurrence déloyale, V. • Com. 19 mars 2013, *Northland : D. 2013. AJ 991, obs. Mendoza-Caminade ; PIBD 2013. III. 1193 ; Propr. intell. 2013, n° 47, p. 316, obs. Sabatier.*

Art. L. 714-6 **Encourt la déchéance de ses droits le propriétaire d'une marque devenue de son fait :**

a) **La désignation usuelle dans le commerce du produit ou du service ;**

b) **Propre à induire en erreur, notamment sur la nature, la qualité ou la provenance géographique du produit ou du service.** — *[L. n° 91-7 du 4 janv. 1991, art. 28.]*

BIBL. ▸ BURST, *Hommages à J. Foyer, PUF 1997* (une nouvelle cause de déchéance du droit sur la marque : la dégénérescence de la marque). – DURRANDE, *D. 1991. Chron. 234* (du bâtonnet glacé à l'« Esquimau » ou les avatars des marques devenues la désignation usuelle d'un produit). – LE BIHAN, *J.-Cl. Marques, fasc. 7405-1 à 7405-3* (perte du droit sur la marque). – HUMBLOT, *Légipresse 2005. II. 97* (dégénérescence des marques, propriété et liberté d'expression). – LANCRENON, *Propr. ind. 2008. Étude 13* (les marques mortes d'avoir trop plu). – PEROT-MOREL, *Mélanges Bastian, Librairies techniques, p. 49* (la dégénérescence des marques par excès de notoriété).

COMMENTAIRE

L'article L. 714-6, transposant l'article 12, § 2, sous *a)*, de la directive n° 2008/95/CE, introduit dans la loi française la déchéance de la marque en raison de la perte de son pouvoir distinctif (art. L. 714-6, *a*).

Il était établi jusqu'alors que, le caractère distinctif d'un signe s'appréciant au jour du dépôt, le fait qu'à la suite d'un usage généralisé la marque soit devenue la désignation usuelle d'un produit était sans incidence sur sa validité. Ce n'est plus le cas désormais.

On avait pu penser un temps que cette disposition ne s'appliquerait qu'aux marques nominales : la marque devenue le nom commun d'un produit (bretelles, klaxon, frigidaire) ayant perdu son caractère distinctif a cessé d'exister comme marque. Mais à la suite de la décision de la CJCE du 27 avril 2006 dans l'affaire *Levi Strauss* (V. Dir. 2008/95/CE ss. art. 12, V. *App., v° Propriété industrielle, Marques*), la jurisprudence l'applique aussi aux marques figuratives généralement associées à une catégorie de produits (V. note 3).

Toutefois, la déchéance de la marque ne résulte pas de manière quasi automatique du constat qu'elle est devenue usuelle dans le commerce du produit. A cette condition objective s'ajoute une condition subjective : la dégénérescence de la marque doit être due « au fait » de son titulaire.

La condition objective pose le problème de savoir à l'égard de qui la marque doit être devenue usuelle. La Cour de justice a décidé (CJCE 29 avr. 2004, *Bjornekulla* : V. Dir. 2008/95/CE, ss. art. 12) que le public concerné est constitué par l'ensemble des consommateurs et des utilisateurs finals et, en fonction des caractéristiques du marché, par l'ensemble des professionnels qui interviennent dans la commercialisation du produit.

Pour obtenir la déchéance de la marque, le demandeur doit aussi établir que la condition subjective est remplie : la dégénérescence du signe est due « au fait » de son titulaire. On pourra reprocher au propriétaire de la marque des actes positifs, par exemple un excès de publicité, mais surtout son abstention. Il doit, en effet, non seulement défendre sa marque contre ses concurrents qui utiliseraient son signe pour présenter leurs propres produits, comme le ferait tout commerçant par le biais de l'action classique en contrefaçon, mais aussi mener des actions spécifiques en direction du public pour essayer de lutter contre le phénomène de glissement qui tend à associer sa marque non plus à son propre produit mais à une catégorie de produits présentant des caractéristiques identiques. Afin de tenir compte du rôle joué par les dictionnaires et les encyclopédies dans la perte du pouvoir distinctif de la marque, l'article 12 de la directive (UE) 2015/2436 du 16 décembre 2015 prévoit que « si la reproduction d'une marque dans un dictionnaire, une encyclopédie ou un ouvrage de référence similaire, sous forme imprimée ou électronique, donne l'impression qu'elle constitue le terme générique désignant les produits ou les services pour lesquels la marque est enregistrée, l'éditeur veille, sur demande du titulaire de la marque, à ce que la reproduction de la marque soit, sans tarder et, dans le cas d'ouvrages imprimés, au plus tard lors de l'édition suivante de l'ouvrage, accompagnée de l'indication qu'il s'agit d'une marque enregistrée ». ❑

I. MARQUE DEVENUE USUELLE

1. Pour que la demande en déchéance soit accueillie, le demandeur doit rapporter la preuve que le signe en cause est devenu la désignation usuelle d'un produit ou d'une de ses caractéristiques et que cet usage s'est répandu dans les milieux professionnels intéressés sans que le titulaire de la marque tente d'y mettre un terme. • Paris, 3 sept 2010, *Exoglass : PIBD 2010. III. 834.* ♦ La déchéance de l'art. L. 714-6 ne peut être prononcée que si le terme composant la marque est devenu, à l'égard du public pertinent, une désignation usuelle. • Com. 14 mai 2013, *Sachets Cristal : PIBD 2013. III. 1254 ; Propr. intell. 2014, n° 50, p. 102, obs. Sabatier.* – Cassation de • Versailles, 21 févr. 2012 : *PIBD 2012. III. 250.* • Paris, 6 nov. 2013 : *Propr. ind. 2014, n° 20, note Tréfigny.* ♦ Le public pertinent est constitué des consommateurs et des utilisateurs finals du produit concerné. • Même arrêt. ♦ La CJCE a dit pour droit dans son arrêt *Procordia Food* du 29 avril 2004 (n° C-371/02, V. Dir. 2008/95/CE, art. 12, note 5) que, dans l'hypothèse où des intermédiaires interviennent dans la distribution au consommateur ou à l'utilisateur final d'un produit couvert par une marque enregistrée, les milieux intéressés, dont le point de vue doit être pris en compte pour apprécier si ladite marque est devenue dans le commerce la désignation habituelle du produit en cause, sont constitués par l'ensemble des consommateurs et des utilisateurs et, en fonction des caractéristiques du marché du produit concerné, par l'ensemble des professionnels qui interviennent dans la commercialisation de celui-ci. En l'espèce, les essuie-tout étant distribués auprès des consommateurs par le biais d'intermédiaires tels que les grandes surfaces, le public à prendre en considération est non seulement l'utilisateur final, mais aussi les professionnels du secteur considéré. • TGI Paris, 18 nov. 2011, *Sopalin : PIBD 2012. III. 286.*

2. La preuve de la dégénérescence de la marque ne peut être rapportée par des documents en langue étrangère, manifestement non destinés à des consommateurs français. • TGI Paris, 13 juill. 2006 : *PIBD 2006. III. 697* ♦ ... Ni par des pièces postérieures à la date d'effet de la déchéance, ou par des documents non datés. • Com. 14 mai 2013, *Sachets cristal : préc. note 1.* ♦ Le caractère usuel ou générique du signe constituant la marque à l'égard des produits ou des services qu'elle désigne doit être constitué au moment où la demande en déchéance a été formée et non à la date de dépôt. • Paris, 23 nov. 2012, *Botolift : PIBD 2013. III. 867.*

3. La déchéance due à la perte du pouvoir distinctif de la marque n'est pas réservée aux marques nominales ; l'utilisation généralisée par les concurrents du titulaire de la marque de la couleur « rose fuschia » pour désigner du lait ou des produits laitiers destinés aux enfants et l'absence de réaction suffisante de sa part pour éviter la banalisation entraîne la déchéance de la marque. • Lyon, 23 mars 2006, *Candia : PIBD 2006. III. 463 ; Propr. ind. 2006, n° 93, note Tréfigny.* – Pourvoi rejeté par • Com. 10 juill. 2007 : *D. 2007. AJ 2310 ; PIBD 2007. III. 561.* ♦ V. aussi sur ce point • CJCE 27 avr. 2006, *Levi Strauss : cité ss. Dir. 2008/95/CE, art. 12.*

4. Il appartient au demandeur en déchéance de démontrer que le titulaire de la marque a, soit lui-même utilisé la marque comme désignation usuelle des produits, soit laissé le public employer cette marque comme terme usuel pour désigner ces produits. • Paris, 14 nov. 1995, *Perfecto : PIBD 1996. III. 68* • TGI Grenoble, 21 sept. 2000, *Thermos : D. 2002. Somm. 1133, obs. Durrande ; PIBD 2001. III. 14* • Paris, 19 janv. 2008, *Botox : PIBD 2007. III. 212.* – Pourvoi rejeté par • Com. 1er juill. 2008 : *PIBD 2008. III. 530.* ♦ A joué un rôle actif dans la dégénérescence de sa marque : une société qui, face à l'emploi généralisé de son signe comme nom commun, s'est contentée d'intenter des actions contre ses concurrents sans entamer de campagne auprès du public. • Paris, 19 oct. 2001, *Pinacolada : D. 2003. Somm. 132, obs. Durrande ; CCE 2002, n° 115, note Caron ; Propr. intell. 2002, n° 3, p. 94, obs. Joly ; PIBD 2002. III. 79 ; RDPI août 2002, n° 138, p. 19.* – Pourvoi rejeté par • Com. 28 avr. 2004 : *Bull. civ. IV, n° 79 ; D. 2005. Pan. 505, obs. Durrande ; JCP E 2004. 909 ; PIBD 2004. III. 481* • Paris, 20 avr. 2005 : *PIBD 2005. III. 473 ; Propr. ind. 2005, n° 73, obs. Tréfigny ; Propr. intell. 2005, n° 17, p. 479, obs. Buffet Delmas.* ♦ ... Le titulaire d'une marque qui n'a exercé qu'une seule action contre ses concurrents, ne s'est pas opposé à l'enregistrement de nombreuses marques dans la même classe que la sienne et n'a pas agi contre les journaux et magazines utilisant sa marque comme le nom commun d'une catégorie de produits. • Paris, 20 avr. 2005, *Vintage : D. 2006. Pan. 2327, obs. Durrande ; PIBD 2005. III. 473.* ♦ ... Qui a fait preuve de réactions insuffisantes et peu proportionnées face à l'emploi massif du terme constituant sa marque dans le langage courant et professionnel. • Paris, 31 oct. 2007, *Fooding : D. 2008. 898, note Vignaud ; PIBD 2008. III. 8* • 6 nov. 2013, *fax2 mail : PIBD 2013. III. 1634 ; Propr. ind. 2014, n° 20, obs. Tréfigny ; Propr. intell. 2014, n° 50, p. 100, obs. Sabatier.* ♦ Toutefois la déchéance est limitée aux produits ou services pour lesquels l'usage de la marque est devenu courant. • Com. 17 mars 2009 : *Bull. civ. IV, n° 41 ; D. 2009. AJ 1018, obs. Daleau ; CCE 2009, n° 64, note Caron ; PIBD 2009. III. 1008 ; Propr. intell. 2009, n° 31, p. 199, obs. Sabatier.* ♦ Cassant sur ce point • Paris, 31 oct. 2007, *Fooding : préc.*

5. En revanche, la déchéance ne saurait être prononcée dès lors que le vocable constituant la marque ne figure pas dans le dictionnaire et que le titulaire de la marque rapporte la preuve, qu'il a réagi contre tout emploi illicite de ses marques en défendant régulièrement ses droits. • Paris, 30 mars 2005, *Pages Jaunes : D. 2006. Pan. 2327, obs. Durrande ; PIBD 2005. III. 515* • Paris, 12 juin 2015, *Modern'Street*, n° 14/11690 : *PIBD 2015. III. 672.* ♦ A fait preuve d'une vigilance réelle et suffisante pour éviter que sa marque ne devienne un terme usuel : le titulaire d'une marque qui produit de nombreuses décisions de justice réparties dans le temps par lesquelles il a fait condamner des contrefacteurs, qui s'est opposé à l'insertion du terme constituant sa marque dans le dictionnaire officiel du jeu de Scrabble et fait état de nombreuses mises en demeure adressées à ceux qui autorisaient sa marque sans autorisation. • Com. 18 mai 2010, *La Pierrade : PIBD 2010. III. 487.* ♦ ... Qui établit que le signe est toujours utilisé par référence à la technologie développée par lui, et qui justifie être intervenu systématiquement pour défendre sa marque en adressant régulièrement des mises en garde aux utilisateurs de son signe. • Paris, 12 janv. 2011, *DIVX : PIBD 2011. III. 212 ; Propr. intell. 2011, n° 39, p. 227, obs. Sabatier ; Propr. ind. 2011, n° 32, obs. Tréfigny-Goy* • Nancy, 6 oct. 2015, *Buckfast : PIBD 2015. III. 839*, sur renvoi après cassation par • Com. 24 juin 2014, n° 13-19.651 : *PIBD 2014. III. 740.*

6. L'usage d'un signe enregistré en tant que marque n'est pas fautif s'il n'est pas susceptible d'être à l'origine d'une dégénérescence de cette marque. Doit être cassé l'arrêt qui n'a pas caractérisé en quoi un usage à titre de métaphore, qui ne tendait pas en l'espèce à désigner des produits ou services, pouvait contribuer à une telle dégénérescence. • Com. 1er mars 2017, *Meccano*, n° 15-13.071 P : *PIBD 2017. III. 247 ; Dalloz IP/IT 2017. 340, obs. Le Goffic ; Propr. ind. 2017, obs. Larrieu ; CCE 2017, n° 41, obs. Caron*, cassation de • Paris, 21 oct. 2014, n° 13/08736 : *PIBD 2015. III. 20 ; RTD com. 2015. 266, obs. Azéma ; Légipresse 2015. 41, note Basire ; Propr. ind. 2015, n° 13, obs. Tréfigny ; Propr. intell. 2015, n° 54, p. 87, obs. Canlorbe.* ♦ Il appartient à un organe de presse de prendre les mesures nécessaires afin d'éviter que l'emploi illégitime d'une marque dans les textes qu'il publie n'affaiblisse son pouvoir attractif. • TGI Paris, 21 janv. 1993 : *RTD com. 1993. 657, obs. Chavanne* ; *PIBD 1993. III. 395* • Paris, 7 févr. 1994 : *PIBD 1994. III. 238 ; Ann. propr. ind. 1994. 145.* – Et, sur pourvoi • Com. 3 janv. 1996 : *PIBD 1996. III. 99.* ♦ La simple mention incidente précisant que le terme utilisé dans un article est une marque déposée est insuffisante à faire disparaître le risque de dégénérescence. • TGI Paris, 29 oct. 1997, *Caddie : PIBD 1998. III. 119.* ♦ De la même façon, un nom patronymique constituant une marque ne saurait figurer comme nom commun dans un logiciel de traduction sans risquer d'entraîner, à terme, la déchéance de la marque. • Paris, 28 avr. 2006, *Canson : PIBD 2006. III. 476.*

7. Date d'effet de la déchéance. La déchéance pour perte du caractère distinctif de la marque prend effet au jour où elle est prononcée. • Lyon, 23 mars 2006 : *préc. note 3* • Paris, 6 nov. 2013, *fax2 mail : PIBD 2013. III. 1634 ; Propr. ind. 2014, n° 20, Tréfigny ; Propr. intell. 2014, n° 50, p. 100, obs. Sabatier.*

II. MARQUE DEVENUE DÉCEPTIVE

8. La marque doit demeurer un instrument loyal d'information du consommateur. Il convient de ce fait de prononcer la déchéance d'une marque constituée de la combinaison d'un nom patronymique et d'un prénom, qui était devenue une référence pour le consommateur du fait de la notoriété du porteur du nom, dès lors que celui-ci, licencié par le titulaire de la marque, n'est plus en mesure d'exercer de contrôle sur la création artistique des produits diffusés sous son nom. • Paris, 15 déc. 2004, *Inès de la Fressange : D. 2005. AJ 772, obs. Allaeys* ; *ibid. 1102, note Mendoza-Caminade* ; *RTD com. 2005. 72, obs. Azéma* ; *CCE 2005, n° 29, note Caron ; Légipresse 2005. III. 92, note Tafforeau ; PIBD 2005. III. 142 ; Propr. intell. 2005, n° 15, p. 201, obs. Buffet Delmas.* ♦ Toutefois, l'action ne saurait être exercée par le titulaire du nom qui a cédé le droit d'utiliser son patronyme à titre de marque ; il résulte en effet de l'art. 1628 C. civ. que celui qui doit garantie ne peut évincer l'acquéreur. • Com. 31 janv. 2006, *Inès de la Fressange : Bull. civ. IV, n° 27 ; D. 2006. AJ 861, obs. Allaeys* ; *ibid. Pan. 2326, obs. Durrande* ; *RTD civ. 2006. 339, obs. Gautier* ; *RTD com. 2007. 340, obs. Azéma* ; *CCE 2006, n° 58, note Caron ; Propr. ind. 2006, n° 37, obs. Tréfigny.* ♦ Cassation de • Paris, 15 déc. 2004 : *préc.* ♦ Comp. • CJCE 30 mars 2006, *Emanuel : D. 2006. 2109, note Poracchia et Maetz* ; *ibid. Pan. 2326, obs. Durrande* ; *ibid. AJ 1455, obs. Daleau ; RTD com. 2007. 340, obs. Azéma* ; *CCE 2006, n° 107, note Caron.* ♦ V. aussi App., v° *Propriété industrielle, Marques*, Dir. 2008/95/CE, art. 12. ♦ Est devenue déceptive du fait de son titulaire une marque dont les conditions de commercialisation ont évolué de sorte que les conditionnements du produit le rattachent faussement à un lieu géographique réputé, induisant ainsi en erreur la clientèle sur son origine. • Rennes, 13 oct. 2015, *Les Galettes de Belle Isle : PIBD 2016. III. 36.* ♦ L'appréciation du caractère trompeur doit prendre place à la date de la demande en déchéance par référence à la perception que peut avoir du signe le consommateur d'attention moyenne concerné par les produits ou les services visés au dépôt. Il incombe au demandeur en déchéance de rapporter la preuve que le signe déposé est devenu propre à provoquer une tromperie effective du consommateur ou du moins un risque suffisamment grave pour que la déchéance des droits du titulaire puisse être prononcée. • Paris, 22 oct. 2010, *Salakis : PIBD 2010. III. 825.*

Art. L. 714-7 **Toute transmission ou modification des droits attachés à une marque** *(Abrogé par Ord. n° 2008-1301 du 11 déc. 2008)* **« *enregistrée* » doit, pour être opposable aux tiers, être inscrite au registre national des marques.** — *[L. n° 91-7 du 4 janv. 1991, art. 29.] — V. art. R. 714-2 s., et art. L. 411-4.*

(L. n° 2008-776 du 4 août 2008, art. 133-III) **« Toutefois, avant son inscription, un acte est opposable aux tiers qui ont acquis des droits après la date de cet acte mais qui avaient connaissance de celui-ci lors de l'acquisition de ces droits.**

« Le licencié, partie à un contrat de licence non inscrit sur le registre national ou international des marques, est également recevable à intervenir dans l'instance en contrefaçon engagée par le propriétaire de la marque afin d'obtenir la réparation du préjudice qui lui est propre. »

1. Sont irrecevables à agir en contrefaçon : le cessionnaire qui n'a pas inscrit la cession au Registre national des marques (RNM) antérieurement à l'assignation. • Com. 19 juill. 1982 : *Bull. civ. IV, n° 228* • 17 mai 1988 : *ibid., n° 168* • Paris, 3 févr. 1994 : *PIBD 1994. III. 209.* – Pourvoi rejeté par • Com. 18 févr. 1997 : *PIBD 1997. III. 205* • 29 juin 1999 : *D. Affaires 1999. 1486 ; RJDA 1999, n° 1268.* ♦ Mais cette formalité est sans incidence sur la validité de la cession. • Paris, 21 janv. 2000 : *PIBD 2000. III. 234.* ♦ ... Les héritiers du titulaire de la marque, déposant d'origine, dès lors qu'aucune inscription de transfert des droits n'a été inscrite au RNM. • Paris, 12 janv. 2001 : *Ann. propr. ind. 2001. 75.* ♦ ... Le titulaire d'un contrat de licence non publié. • Paris, 17 juin 1994 : *PIBD 1994. III. 482* • 26 févr. 1991 : *PIBD 1991. III. 483* • 16 févr. 1995 : *PIBD*

1995. III. 248 • 26 févr. 1997 : *D. Affaires 1997. 445.* ♦ La faculté lui étant cependant offerte de se prévaloir des griefs de concurrence déloyale. • Paris, 14 avr. 1995 : *RDPI 1995, n° 61, p. 49* • 26 févr. 1997 : *PIBD 1997. III. 337 ; Gaz. Pal. 1997. Somm. 253.* ♦ Est également irrecevable la société qui a absorbé la société propriétaire de la marque ; la publicité particulière des fusions de sociétés ne saurait remplacer l'inscription sur le registre. • Paris, 5 juill. 1974 : *Ann. propr. ind. 1975. 212* • 12 déc. 1997 : *RJDA 1998, n° 531.* ♦ Cependant la cession intervenue avant que ne soit organisé en France un système spécial de publicité est opposable aux tiers sans formalité. • Com. 5 mai 1982 : *Bull. civ. IV, n° 158.*

2. Toute modification des droits portant sur la marque n'étant opposable aux tiers que par la mention au registre national des marques, la saisie-contrefaçon pratiquée à la requête du précédent propriétaire de la marque est valable dès lors que la publication de l'acte de cession n'est intervenue que postérieurement à cette saisie ; le précédent propriétaire de la marque étant, à cette date, seul habilité à agir pour la protection de son droit. • Com. 24 mai 1994 : *Bull. civ. IV, n° 188.*

3. N'est pas fondée à demander le renouvellement d'une marque, puis à agir contre un tiers en usage illicite, une société qui a omis d'inscrire auparavant au registre national des marques la mutation dont cette marque a fait l'objet. • Cass., ass. plén., 16 juill. 1992 : *Bull. civ. n° 10.* ♦ En revanche, le changement d'adresse de la société titulaire du signe distinctif n'affectant pas les droits attachés à la marque, l'absence d'inscription de sa nouvelle adresse au registre national des marques n'est pas de nature à rendre son action irrecevable. • TGI Paris, 5 mars 1997 : *PIBD 1997. III. 411.*

4. La personne poursuivie en contrefaçon n'est pas fondée à contester la validité d'un contrat de licence dès lors que le titulaire de la marque et le licencié agissent de concert. L'art. L. 714-7 ne précisant pas la forme de son intervention, le licencié peut se porter codemandeur dans l'assignation aux côtés du titulaire de la marque. • TGI Paris, 10 févr. 2012, *Kiddy Club : PIBD 2012. III. 283.*

Art. L. 714-8 *(Ord. n° 2008-1301 du 11 déc. 2008)* **Les titulaires de marques reproduisant ou imitant l'emblème du troisième protocole additionnel aux conventions de Genève du 12 août 1949 relatif à l'adoption d'un signe distinctif additionnel ou la dénomination de cet emblème peuvent continuer à exploiter leurs droits à condition que ceux-ci aient été acquis avant le 8 décembre 2005 et que leur usage ne puisse apparaître, en temps de conflit armé, comme visant à conférer la protection des conventions de Genève et, le cas échéant, des protocoles additionnels de 1977.**

CHAPITRE V MARQUES COLLECTIVES

Art. L. 715-1 La marque est dite collective lorsqu'elle peut être exploitée par toute personne respectant un règlement d'usage établi par le titulaire de l'enregistrement.

La marque collective de certification est appliquée au produit ou au service qui présente notamment, quant à sa nature, ses propriétés ou ses qualités, des caractères précisés dans son règlement. — *[L. n° 91-7 du 4 janv. 1991, art. 30.]*

Sur la certification de produits et services, V. C. consom., art. L. 433-3 s., App., v° Certificats de qualification. — Sur les marques de l'Union, collectives V. Règl. (CE) n° 207/2009 du 26 févr. 2009, art. 66 s. et Règl. (UE) 2017/1001 du 14 juin 2017, art. 74 s., App., v° propriété industrielle, Marques. — Et, sur les marques collectives concernant les produits de la mer, V. Rép. min. n° 4203, JO Sénat, 20 août 1998, p. 2650.

BIBL. ► LANCRENON, *Propr. intell. 2004, n° 13, p. 846* (ballade dans la brume des marques collectives). – MATHÉLY, *Mélanges Chavanne, Litec 1990, p. 241* (marques collectives et marques de certification). – PASSA, *J.-Cl. Marques, Fasc. 7450* (marques collectives).

1. Une marque ne saurait avoir le caractère de marque collective si elle n'a pas été déposée en tant que telle et en l'absence de règlement d'usage. • Aix-en-Provence, 24 oct. 1974 : *Ann. propr. ind. 1978. 48* • Com. 28 juin 1976 : *eod. loc. ; RTD com. 1977. 737, obs. Chavanne et Azéma ; JCP 1977. II. 18700, note Burst* • Colmar, 11 avr. 1978 : *Ann. propr. ind. 1979. 6, note Mathély* • Paris, 18 janv. 1982 : *ibid. 1982. 252* • Poitiers, 3 déc. 1996 : *PIBD 1997. III. 157.* ♦ A défaut de fourniture du règlement déterminant les conditions de son emploi, le dépôt d'une marque collective est irrégulier et sa nullité doit être prononcée. • Com. 29 juin 1999 : *PIBD 1999. III. 479 ; RJDA 1999, n° 1264 ; Ann. propr. ind. 1999. 189 ; JCP E 1999. 1514 ; JCP 1999. IV. 2600.*

2. La marque collective est celle qui peut être exploitée par toute personne respectant un règlement d'usage ; elle constitue une marque collective de certification lorsqu'elle a pour objet de désigner des produits ou des services dont la nature, les propriétés ou les qualités présentent des caractères définis dans le règlement. Lorsque la marque est utilisée pour informer le consommateur de l'affiliation d'une entreprise à une fédération, elle ne constitue pas une marque collective de certification, l'adhésion à un groupement n'ayant pas vocation à définir les qualités des produits ou des services, mais celles des entreprises qui y adhèrent. En revanche, lorsque la marque est utilisée pour effectuer un classement des établissements affiliés, dans différentes catégories déterminées par des critères de qualité de leurs services, la marque devient une marque de certification destinée à informer le consommateur de la qualité du service proposé. • TGI Paris, 14 mai 2014, *Logis de France,* n° 12/16452 : *PIBD 2014. III. 780 ; Propr. ind 2014, n° 75, obs. Tréfigny.*

3. Un syndicat peut posséder des marques collectives dans un but d'intérêt général industriel, commercial ou agricole, ou pour favoriser le développement du commerce ou de l'industrie. • Paris, 10 juill. 1985 : *Ann. propr. ind. 1986. 238* • TGI Carpentras, 5 sept. 2000 : *D. 2001. Somm. 471, obs. Durrande* . ♦ En revanche, n'est pas une marque collective la marque déposée par un groupement d'intérêt économique et social et utilisée par une société commerciale membre de ce groupement dès lors qu'il n'est ni démontré ni allégué que cette marque a été utilisée, soit directement par le groupement à titre de contrôle, soit sous sa surveillance et à des conditions déterminées. • Paris, 28 juin 1979 : *Ann. propr. ind. 1980. 228 ; JCP 1980. II. 19428.*

4. Pour être valable, une marque collective, comme toute marque, doit être constituée d'un signe distinctif autorisé et disponible. • Paris 13 janv. 2015, *Palace,* n° 11/16712 : *Propr. ind. 2014, n° 3 ; PIBD 2015. III. 279* • TGI Bordeaux, 6 sept. 1993 : *PIBD 1993. III. 718* • TGI Carpentras, 5 sept. 2000 : *préc. note 3.*

5. Contentieux. En vertu des dispositions de l'art. L 716-3, le contentieux des conditions d'utilisation d'une marque collective relève de la compétence exclusive des tribunaux de grande instance. • CE 20 mai 2016, *Crédit Mutuel,* n° 376823 : *Propr. intell. 2016, n° 61, p. 481, obs. Canlorbe.*

Art. L. 715-2 Les dispositions du présent livre sont applicables aux marques collectives, sous réserve, en ce qui concerne les marques collectives de certification, des dispositions particulières ci-après ainsi que de celles de l'article L. 715-3 :

1. Une marque collective de certification ne peut être déposée que par une personne morale qui n'est ni fabricant, ni importateur, ni vendeur des produits ou services ;

2. Le dépôt d'une marque collective de certification doit comprendre un règlement déterminant les conditions auxquelles est subordonné l'usage de la marque ;

3. L'usage de la marque collective de certification est ouvert à toutes les personnes, distinctes du titulaire, qui fournissent des produits ou des services répondant aux conditions imposées par le règlement ;

4. La marque collective de certification ne peut faire l'objet ni de cession, ni de gage, ni d'aucune mesure d'exécution forcée ; toutefois, en cas de dissolution de la personne morale qui en est titulaire, elle peut être transmise à une autre personne morale dans des conditions fixées par décret en Conseil d'État ;

5. La demande d'enregistrement est rejetée lorsqu'elle ne satisfait pas aux conditions fixées par la législation applicable à la certification ;

6. Lorsqu'une marque de certification a été utilisée et qu'elle a cessé d'être protégée par la loi, elle ne peut, sous réserve des dispositions de l'article L. 712-10, être ni déposée ni utilisée à un titre quelconque avant un délai de dix ans. — *[L. n° 91-7 du 4 janv. 1991, art. 31.]*

La marque figurative utilisée par la Fédération des Logis de France pour établir un classement des membres affiliés selon la qualité des prestations hôtelières offertes doit être déclarée nulle en l'absence d'un règlement d'usage définissant les critères du classement qu'elle réalise. • TGI Paris, 14 mai 2014, *Logis de France,* n° 12/16452 : *PIBD 2014. III. 780 ; Propr. ind 2014, n° 75, obs. Tréfigny.*

Art. L. 715-3 La nullité de l'enregistrement d'une marque collective de certification peut être prononcée sur requête du ministère public ou à la demande de tout intéressé lorsque la marque ne répond pas à l'une des prescriptions du présent chapitre.

La décision d'annulation a un effet absolu. — *[L. n° 91-7 du 4 janv. 1991, art. 32.]* — *V. art. R. 715-1.*

CHAPITRE VI CONTENTIEUX

Sur l'application de la L. n° 2007-1544 du 29 oct. 2007 de lutte contre la contrefaçon, V. la circulaire du ministre de la justice du 11 avr. 2008, CRIM 08-10/G3, App., v° Dispositions générales.

Art. L. 716-1 L'atteinte portée au droit du propriétaire de la marque constitue une contrefaçon engageant la responsabilité civile de son auteur. Constitue une atteinte

aux droits de la marque la violation des interdictions prévues aux articles L. 713-2, L. 713-3 et L. 713-4. – *[L. n° 91-7 du 4 janv. 1991, art. 14, al. 2.]*

BIBL. ▶ BEAUDONNET, *Rapport annuel de la Cour de cassation pour 2003, p. 199* (la jurisprudence récente de la Chambre criminelle en matière de contrefaçon). – BELFORT, *RIPIA 2000, n° 201, p. 72* (l'indemnisation des préjudices en matière de contrefaçon : la pratique des tribunaux). – ECREPONT, *RDPI 1997, n° 80, p. 17* (contrefaçon de marque). – HAAS, *Gaz. Pal., 29-30 juill. 1998, p. 18* (les meta-tags comme moyen de générer du trafic sur internet et la contrefaçon de marques). – MANDEL, *BRDA 2015, n° 9, p. 21* (protéger ses droits sur une marque par l'action en contrefaçon). – DE NIJS, *Propr. ind. 2017. Étude 6* (sondages et évaluation des préjudices en matière de propriété intellectuelle). – NUSSENBAUM, *JCP E 1993. I. 303* (l'évaluation du préjudice de la marque).

1. Il résulte de l'article L. 716-1 CPI inteprété à la lumière de l'article 6, § 1, sous *b)* de la Dir. (CE) 89/104 rapprochant les législations des États membres sur les marques, que le droit conféré par la marque ne permet pas à son titulaire d'interdire à un tiers l'usage, dans la vie des affaires, d'indications relatives à l'espèce, à la qualité, à la quantité, à la destination, à la valeur, à la provenance géographique, à l'époque de la production du produit ou de la prestation du service ou à d'autres caractéristiques de ceux-ci, pour autant que cet usage soit fait conformément aux usages honnêtes en matière industrielle ou commerciale. N'a pas donné de base légale à sa décision une cour d'appel qui n'a pas recherché, comme elle y était invitée, si la personne poursuivie en contrefaçon par le titulaire d'une marque n'avait pas fait un usage honnête d'un signe indispensable à la désignation du produit vendu : • Com. 5 juill. 2017, *Buckfast*, n° 15-28.114 P : *D. 2017. 1421 ; Propr. ind. 2017, n° 54, obs. Tréfigny ; LEPI oct. 2017, p. 5, obs. Lebos*, cassation de • Nancy, 6 oct. 2015 : *PIBD 2015. III. 839* (sur les différentes décisions Buckfast, V. ss. art. L. 711-2, note 8).

2. L'atteinte portée au droit privatif que constitue la propriété d'une marque justifie à elle seule l'allocation de dommages et intérêts, peu important la bonne foi du contrefacteur et l'absence d'usage dans la vie des affaires. • Com. 21 févr. 2012, *Interieur Design : PIBD 2012. III. 311.*

Le préjudice devant être réparé dans son intégralité, sans perte ni profit pour aucune des parties, a justifié sa décision une cour d'appel qui, après avoir jugé, dans l'exercice de son pouvoir souverain, que le titulaire de la marque ne justifiait d'aucun préjudice spécifique résultant de l'usage de sa marque verbale dans la dénomination sociale de l'auteur de la contrefaçon, seul retenu comme constituant une atteinte à son image de marque, qu'il ne démontrait pas ni même n'alléguait que cet usage avait permis un enrichissement du contrefacteur à son détriment et qu'il n'établissait pas davantage que le caractère distinctif, la notoriété et le prestige de sa marque avaient été affaiblis par un tel usage, a considéré que l'interdiction faite sous astreinte au contrefacteur d'employer les termes constituant la marque dans sa dénomination sociale, sous quelque forme et en quelque lieu que ce soit, suffisait à assurer la réparation intégrale du préjudice résultant de la contrefaçon. • Com. 8 juin 2017, *Cheval Blanc*, n° 15-21.357 P : *D. 2017. 1635, note Pollaud-Dulian ; PIBD 2017. III. 571.*

Sur les règles d'évaluation du préjudice, V. note ss. art. L. 716-15.

Art. L. 716-2 **Les faits antérieurs à la publication de la demande d'enregistrement de la marque ne peuvent être considérés comme ayant porté atteinte aux droits qui y sont attachés.**

Cependant, pourront être constatés et poursuivis les faits postérieurs à la notification faite au présumé contrefacteur d'une copie de la demande d'enregistrement. Le tribunal saisi sursoit à statuer jusqu'à la publication de l'enregistrement. – *[L. n° 91-7 du 4 janv. 1991, art. 18.]*

Sur la délivrance d'un certificat d'identité de marque, V. Décr. n° 65-622 du 27 juill. 1965, art. 14, App., v° Propriété industrielle, Dispositions générales.

1. Est irrecevable la demande en contrefaçon d'une marque dont l'enregistrement n'est pas publié à la date d'introduction de l'instance. • Com. 4 juin 1996 : *RJDA 1996, n° 1561 ; RDPI 1996, n° 67, p. 50.* ♦ En revanche, l'action est recevable sur la base de la concurrence déloyale. • Paris, 14 déc. 1978 : *Ann. propr. ind. 1980. 112.*

2. Ne peut prétendre avoir procédé à une notification régulière le titulaire d'une marque qui se contente d'adresser au prétendu contrefacteur une lettre recommandée avec avis de réception mentionnant que la marque litigieuse a été déposée sans joindre une copie de l'enregistrement. • Paris, 10 nov. 2000 : *PIBD 2001. III. 83.*

Art. L. 716-3 *(L. n° 2011-525, du 17 mai 2011, art. 196)* **Les actions civiles et les demandes relatives aux marques, y compris lorsqu'elles portent également sur une**

question connexe de concurrence déloyale, sont exclusivement portées devant des tribunaux de grande instance, déterminés par voie réglementaire.

BIBL. ► GAUDEMET-TALLON, *D. 2008. Chron. 735* (droit international privé de la contrefaçon). – MARCADÉ, *Propr. ind. 2010. Étude 12* (la marque communautaire devant le juge français).

Ancien art. L. 716-3 (L. n° 2007-1544 du 29 oct. 2007, art. 23) ***Les tribunaux de grande instance appelés à connaître des actions et des demandes en matière de marques, y compris lorsque ces actions et demandes portent à la fois sur une question de marques et sur une question connexe de concurrence déloyale, sont déterminés par voie réglementaire.***

Ancien art. L. 716-3 ***Les actions civiles relatives aux marques sont portées devant les tribunaux de grande instance ainsi que les actions mettant en jeu à la fois une question de marque et une question de dessin et de modèle ou de concurrence déloyale connexes.*** – [L. n° 91-7 du 4 janv. 1991, art. 34.]

1. Il résulte des art. L. 716-3, L. 717-1 et L. 717-4 que les règles de compétence particulière édictées en matière de contrefaçon ne concernent que les juridictions civiles. • Crim. 5 mars 2014 : *Propr. intell. 2014, n° 52, p. 305, obs. Bouvel* • 19 juin 2013 : *PIBD 2013. III. 1473 ; Propr. ind. 2013. Repère 10, obs. Le Stanc ; Propr. intell. 2014, n° 51, p. 196, obs. Bouvel ; RTD Com. 2013. 697, obs. Azéma* • 19 juin 2013 : *CCE 2014. 1, note Caron ; PIBD 2013. III. 1473 ; Propr. ind. 2013, n° 87, note Tréfigny.*

2. Contrefaçon et concurrence déloyale. Les actions mettant en jeu à la fois une question de marque et une question de concurrence déloyale connexe doivent être portées devant les tribunaux de grande instance. • Com. 20 nov. 2012, *Sun City : Bull. civ. IV, n° 208 ; CCE 2013, n° 24, note Caron.* ♦ Rejet du pourvoi contre • Paris, 24 juin 2011, n° 10-19.635 : *Dalloz jurisrudence* • Com. 16 mai 2000, *Roc'Eclerc : RJDA 2000, n° 1187* • 14 juin 2000 : *Bull. civ. IV, n° 125.* ♦ En conséquence seul le président de ce tribunal est compétent pour ordonner une mesure d'instruction sur le fondement de l'art. 145 C. pr. civ. • Com. 20 nov. 2012, *Sun City : préc.* ♦ La recherche de la faute consistant dans l'adoption d'un conditionnement similaire à une marque déposée implique l'examen des droits respectifs des parties sur les conditionnements en cause. Elle met la juridiction saisie dans l'obligation d'apprécier la contrefaçon ou l'imitation d'un produit protégé par un dépôt de marque ; l'action relève donc de la compétence du TGI. • Com. 20 févr. 2007, *Lactalis : Bull. civ. IV, n° 58 ; CCE 2007, n° 106, note Caron* • Com. 28 mai 2013, *Sara Lee : PIBD 2013. III. 1294.* • Paris, 4 nov. 2016, *Dyptique : PIBD 2017. III. 9.* ♦ Sur la compétence judiciaire, V. • T. confl. 27 juin 1988 : *D. 1989. Somm. 385, obs. Llorens et Soler-Couteaux.*

3. Doit être déclarée nouvelle en appel, donc irrecevable, la demande fondée sur le droit d'auteur sur un dessin dont serait titulaire le propriétaire d'une marque identique ; elle ne tend pas aux mêmes fins et ne constitue pas l'exercice du même droit que celle fondée sur le droit de marque. • Grenoble, 17 nov. 1996, *Le mouton à cinq pattes : PIBD 1996. III. 615* (statuant sur renvoi après • Com. 7 févr. 1995 : *PIBD 1995. III. 246*).

4. Autorité de la chose jugée. a). Droit interne. L'autorité de la chose jugée au pénal sur le civil s'attache à ce qui a été définitivement, nécessairement et certainement décidé par le juge pénal sur l'existence du fait qui forme la base commune de l'action civile et de l'action pénale, sur sa qualification ainsi que sur la culpabilité de celui à qui le fait est imputé. Dès lors, la décision de la juridiction répressive prononçant la relaxe des faits de contrefaçon par imitation, faute d'élément matériel, s'impose à la juridiction civile. • Com. 8 juin 2017, *Bourjois,* n° 16-11.110.

b). Droit communautaire. Selon les dispositions de l'art. 33, al. 1er, du Règl. (CE) n° 44/2001 du 22 déc. 2000, les décisions rendues dans un État membre sont reconnues dans les autres États membres sans qu'il soit nécessaire de recourir à une autre procédure de sorte qu'en droit interne, une décision rendue dans un autre État membre a, si les conditions de l'art. 1351 C. civ. sont réunies, l'autorité de la chose jugée en France. Il résulte des art. 122 et 123 C. pr. civ. que la chose jugée étant une fin de non-recevoir, elle peut être opposée en tout état de cause. • Paris, 19 nov. 2008, *Léonidas : Propr. intell. 2009, n° 31, p. 196, obs. Sabatier.* ♦ Décision cassée (l'action engagée devant les juridictions belges ne portait pas sur la marque française Bélidas, mais sur la marque Benelux du même nom, ce dont il résulte que cette action n'avait pas le même objet que celle introduite en France) • Com. 18 mai 2010 : *Bull civ IV, n° 117 ; PIBD 2010. III. 489.*

***5. Compétence des tribunaux français.* Litiges internationaux.** En vertu de l'art. 22, § 4, du Règl. (CE) n° 44/2001 du 22 déc. 2000 et de l'art. 2.1 de la Convention de Lugano du 30 oct. 2007, en matière d'inscription ou de validité des marques, les juridictions compétentes sont celles de l'État membre sur le territoire duquel le dépôt ou l'enregistrement a été demandé, a été effectué ou est réputé avoir été effectué aux termes d'un instrument communautaire ou d'une convention internationale. La notion de validité de la marque doit être entendue dans toute son acception et, en conséquence, elle s'applique à l'action en déchéance qui tend à priver la marque de validité. La partie française d'une marque internationale étant assimilée à une marque nationale en vertu des dispositions de l'arrangement de Madrid, les juridictions françaises sont seules compétentes pour statuer sur l'action en déchéance introduite à son encontre. • TGI Paris, JME, 9 nov. 2012 : *PIBD 2013. III. 923.*

Contrefaçon réalisée par internet. Il résulte de la jurisprudence de la Cour de justice (CJCE 7 mars 1995, *« Fiona Shevill » : D. 1996. 61, note Parléani* ; *JDI 1995. 543, obs. Huet*) qu'en matière délictuelle la victime peut saisir, à son choix, outre la juridiction du lieu où demeure le défendeur pour obtenir la réparation de l'intégralité de son préjudice, le tribunal du lieu du fait dommageable ou celui dans le ressort duquel le dommage est survenu ou risque de se produire, compétent pour connaître du seul préjudice subi dans l'État de la juridiction saisie. La règle de compétence spéciale permettant au demandeur de choisir la juridiction du lieu où le fait dommageable s'est produit « est fondée sur l'existence d'un lien de rattachement particulièrement étroit entre la contestation et des juridictions autres que celles du domicile du défendeur ». • CJCE 30 nov. 1976, *Mines de potasse d'Alsace*, n° C-21/76, point 11 • 11 janv. 1990, *Dumez France et Tracoba*, n° C-220/88, point 17 • 7 mars 1995, *Fiona Shevill*, n° C-68/93 : *préc.* ♦ Par conséquent, sauf à vouloir conférer systématiquement, dès lors que les faits ou actes incriminés ont eu pour support le réseau internet, une compétence territoriale aux juridictions françaises, il convient de rechercher et de caractériser, dans chaque cas particulier, un lien suffisant, substantiel ou significatif entre ces faits ou actes et le dommage allégué. • Paris, 22 mai 2012, *Marithé et François Girbault : PIBD 2012. III. 516.* Sur renvoi après cassation de • Paris, 17 févr. 2010 : *PIBD 2010. III. 449* ♦ (cassé par • Com. 20 sept. 2011 : *PIBD 2011. III. 664.* ♦ Cette condition se trouve remplie lorsque les faits reprochés ont eu un impact économique sur le public français du fait que les produits figurant sur le site sont disponibles pour les consommateurs français. • Paris, 26 avr. 2006, *Normalu c/ Acet : CCE 2006, n° 106, note Caron* • 6 juin 2007, *Google c/ SA Axa et a. : CCE 2007. Étude 23, obs. Ancel ; ibid., n° 119, note Caron ; Propr. intell. 2008, n° 26, p. 149, obs. Buffet Delmas ; JCP 2007. II. 10151.* ♦ Dans le cas contraire, le site ne saurait être considéré comme visant le public de France • Com. 11 janv. 2005, *Hugo Boss : Bull. civ. IV, n° 8 ; D. 2005. 428, note Manara* ; *JCP 2005. II. 10055, note Chabert.* ♦ A justifié sa décision de retenir la compétence des juridictions françaises une cour d'appel qui a fait ressortir tant l'accessibilité des sites aux internautes français que la disponibilité en France des produits litigieux. • Com. 9 mars 2010, *Pneuonline : Bull. civ. IV, n° 46 ; CCE 2010, n° 47, note Caron.* ♦ La seule accessibilité d'un site internet sur le territoire français n'est pas suffisante pour retenir la compétence des juridictions françaises, prise comme celle du lieu du dommage, sans rechercher si les annonces étaient destinées au public de France : • Com. 13 juill. 2010, *Google c/ Louis Vuitton : Bull. civ. IV, n° 124 ; D. 2010. Pan. 606, obs. Tréfigny-Goy* ; *ibid. 2011. Pan. 908, obs. Durrande ; PIBD 2010. III. 579* • Com. 29 mars 2011 : *« Maceo »* • Com. 20 sept. 2011, *Marithé et François Girbault : préc.* • 3 mai 2012 (3 arrêts) : *Bull. civ. IV, n° 89 ; D. 2012. AJ 1261, obs. Manara* ; *ibid. Pan. 2836, obs. Sirinell* ; *ibid. 2014. Pan. 338, obs. Martial-Braz* ; *Rev. crit. DIP 2013. 192, obs. Knetsch* • 3 mai 2012 : *ibid.* • 3 mai 2012 : *PIBD 2012. III. 505.* ♦ Cette condition se trouve remplie lorsque les annonces, pour des produits livrables en France, sont rédigées en français avec un prix en euros ou accompagnées d'une conversion en euros. • Com. 7 déc. 2010, *eBay c/ L. Vuitton : Bull. civ. IV, n° 189 ; D. 2011. 908, obs. Durrande* ; *RTD com. 2011. 329, obs. Azéma* ; *PIBD 2011. III. 96.* ♦ ... Les annonces, dont la traduction en français était assurée, offraient aux internautes français la possibilité de disposer en France des produits litigieux. • Com. 7 déc. 2010, *eBay c/ Guerlain, Kenzo, Dior et Givenchy : Dalloz jurisprudence.* ♦ ... Ou lorsque le site ebay.fr a incité à plusieurs reprises les internautes français à consulter le site ebay.uk pour élargir leur recherche ou profiter d'opérations commerciales pour réaliser des achats, faisant ainsi ressortir qu'il existe une complémentarité entre ces deux sites. • Com. 3 mai 2012 (3 arrêts) : *préc.* ♦ Bien que la partie descriptive de l'hôtel ne soit rédigée qu'en anglais et en italien, un site est accessible aux personnes situées sur le territoire français dès lors que la réservation d'une chambre peut être faite en plusieurs langues dont le français : • Paris, 7 juin 2016, *« Byblos » : PIBD 2016. III. 806.* ♦ En revanche, ne vise pas le public de France une société canadienne dont le site internet accessible depuis la France est rédigé en plusieurs langues dont le français, puisque celui-ci est la langue officielle du Québec, partie substantielle du territoire canadien. • Com. 17 janv. 2012 : *Propr. ind. 2012, n° 23, obs Tréfigny-Goy.* ♦ De même, les juridictions françaises ne sont pas compétentes lorsque des liens commerciaux apparaissent sur des sites destinés au public allemand, britannique et canadien de langue anglaise et renvoient vers des commerçants étrangers dont les sites sont exclusivement rédigés en langue anglaise et allemande. • Com. 27 nov. 2010, *Axa c/ Google : PIBD 2011. III. 13.* ♦ Ou lorsqu'un produit n'est proposé que par des sites rédigés en langue allemande, dont certains au surplus mentionnent que la livraison n'est possible que sur le territoire allemand. • Com. 12 févr. 2013, *LB*, n° 11-25.914, Dalloz jurisprudence.

Art. L. 716-4 **Les dispositions de l'article L. 716-3 ne font pas obstacle au recours à l'arbitrage, dans les conditions prévues aux articles 2059 et 2060 du code civil.**– *[L. nº 91-7 du 4 janv. 1991, art. 35.]*

Art. L. 716-5 **L'action civile en contrefaçon est engagée par le propriétaire de la marque. Toutefois, le bénéficiaire d'un droit exclusif d'exploitation peut agir en contrefaçon, sauf stipulation contraire du contrat si, après mise en demeure, le titulaire n'exerce pas ce droit.**

Toute partie à un contrat de licence est recevable à intervenir dans l'instance en contrefaçon engagée par une autre partie afin d'obtenir la réparation du préjudice qui lui est propre.

L'action en contrefaçon se prescrit par *(L. nº 2014-315 du 11 mars 2014, art. 16)* **« cinq » ans.**

Est irrecevable toute action en contrefaçon d'une marque postérieure enregistrée dont l'usage a été toléré pendant cinq ans, à moins que son dépôt n'ait été effectué de mauvaise foi. Toutefois, l'irrecevabilité est limitée aux seuls produits et services pour lesquels l'usage a été toléré. – *[L. nº 91-7 du 4 janv. 1991, art. 19.]*

COMMENTAIRE

Jusqu'à la loi nº 2014-315 du 11 mars 2014, la prescription de l'action civile en contrefaçon constituait une exception aux prescriptions civiles unifiées par ailleurs par la loi nº 2008-561 du 17 juin 2008 portant réforme des prescriptions en matière civile. Désormais, cet hiatus a disparu et l'action civile en contrefaçon de marques se prescrit par cinq ans. En l'absence de dispositions transitoires, la question de l'application dans le temps du nouveau délai de cinq ans se règle conformément au droit commun de l'article 2222 du code civil issu de la loi du 17 juin 2008 précitée : la loi qui allonge un délai de prescription est sans effet sur une prescription acquise ; elle s'applique en tenant compte du temps déjà écoulé lorsque le délai de prescription n'est pas expiré à la date de son entrée en vigueur (soit le 13 mars 2014).

Sur la tolérance, voir le commentaire sous l'article L. 714-3. ❑

I. QUALITÉ POUR AGIR

1. Titulaire de la marque. Lorsqu'une personne est titulaire d'une marque pour plusieurs produits, elle choisit librement celui qu'elle invoque pour caractériser l'atteinte à sa marque. • Paris, 31 oct. 1991 : *PIBD 1992. III. 228 ; D. 1992. IR 27.* ♦ La société qui est titulaire de deux marques distinctes, l'une complexe, l'autre nominative, et qui fonde sa demande sur la contrefaçon de la seconde, ne peut invoquer la première marque pour la première fois en appel. • Com. 15 oct. 1996 : ♖ *PIBD 1996. III. 611.* ♦ Les changements de dénomination et d'adresse d'une société titulaire d'une marque enregistrée, même non publiées au RNM, n'affectent pas sa qualité pour agir en contrefaçon dès lors qu'elle a régulièrement renouvelé sa marque. • Com. 11 mars 2003 : ♖ *Bull. civ. IV, nº 43 ; Ann. propr. ind. 2003. 219.* ♦ Lorsque la marque a été acquise en copropriété, la partie poursuivante doit rapporter la preuve que son coïndivisaire a consenti à engager une action en contrefaçon et lui a donné mandat d'agir en son nom. • Paris, 24 mai 2000 : *PIBD 2000. III. 439.*

2. Cession. En cas de cession partielle si une atteinte est constituée à la fois au regard des produits pour lesquels la marque a été cédée et des produits pour lesquels elle ne l'a pas été, chacun des titulaires de la marque est alors qualifié à poursuivre l'auteur de la contrefaçon au regard de tout acte portant atteinte à la marque, sans préjudice pour l'autre, de protéger également et intégralement ses propres droits. • Paris, 31 oct. 1991 : *préc. note 1.* ♦ Le cédant est recevable à agir en contrefaçon pour les préjudices qu'il a pu subir alors qu'il était titulaire de la marque. • TGI Paris, 22 janv. 2016, *Sweet Pants : PIBD 2016. III. 256.*

3. Licencié. Un droit exclusif d'exploitation ne saurait résulter d'autorisations d'exploitation concédées à plusieurs personnes juridiques différentes. Une seule d'entre elles ne peut donc engager l'action en contrefaçon, d'autant plus qu'elle ne justifie pas avoir adressé au propriétaire de la marque une mise en demeure restée sans effet. • TGI Paris, 3 déc. 1992 : *PIBD 1993. III. 301.* ♦ Le titulaire d'une marque qui concède une licence d'exploitation exclusive à un tiers garde le droit de se voir accorder réparation de l'atteinte à sa marque et du préjudice commercial né de la contrefaçon. • Crim. 12 févr. 1997 : ♖ *Bull. crim. nº 195 ; JCP E 1997. Pan. 870.* ♦ Le défaut de qualité pour agir du licencié disparaît si son contrat de licence est publié au Registre national des marques au moment où le juge statue ; il est indifférent que les faits de contrefaçon aient été constatés avant cette inscription. • Com. 18 févr. 2004 : ♖ *PIBD 2004. III. 415 ; Ann. propr. ind. 2004. 6.* ♦ Le licencié non exclusif ne peut agir en contrefaçon que par voie d'intervention ; son action doit être déclarée irrecevable lorsqu'il a agi conjointement avec le titulaire de la marque. • Paris, 9 mai 2014, *Laboratoires Lebeau : PIBD 2014. III. 609.*

II. PRESCRIPTION

4. Point de départ. L'action en contrefaçon visant l'enregistrement d'une marque se prescrit à compter de l'accomplissement des formalités prévues à l'art. R. 712-23 (publication au *BOPI*) qui rendent cet enregistrement public et opposable aux tiers. • Com. 16 févr. 2010, *L'Oréal : Bull. civ. IV, n° 40 ; PIBD 2010. III. 240 ; CCE 2010, n° 33, note Caron ; Propr. intell. 2010, n° 35, p. 718 et 723, obs. Bruguière.* ♦ La prescription de l'action en contrefaçon fondée sur le dépôt d'une marque n'ayant fait l'objet d'aucun usage ultérieur ne court pas tant que la dénomination litigieuse demeure inscrite au registre national des marques. • Com. 26 mars 2002 : *Bull. civ. IV, n° 63 ; D. 2003. Somm. 126, obs. Durrande ; Ann. propr. ind. 2002. 243 ; Légipresse 2002. I. 58 ; PIBD 2002. III. 295* • TGI Paris, 14 oct. 2010, *Pocket : PIBD 2010. III. 117.* ♦ L'action en contrefaçon d'une marque est recevable pendant le délai de prescription de 3 ans alors même que l'ancien titulaire a renoncé tacitement à sa protection en ne procédant pas au renouvellement de la marque dès lors que les faits argués de contrefaçon ont été commis avant la perte de la protection. • Com. 2 juill. 1992 : *Bull. civ. IV, n° 223 ; PIBD 1992. III. 616* • Paris, 9 mai 2014, *Laboratoires Lebeau : préc. note 3* ♦ La contrefaçon s'analyse en un délit continu. Le point de départ de la prescription se trouve de ce fait reporté à la date de chaque acte d'exploitation argué de contrefaçon. • Paris, 20 nov. 2015, *Jours de France : PIBD 2016. III. 75.* ♦ Dans le cas d'une contrefaçon par usage, seuls sont prescrits les faits qui se sont déroulés plus de trois ans avant l'introduction de la demande. • Versailles, 15 janv. 2013, *Séquoia : PIBD 2013. III. 996.* – Sur les prescriptions depuis la loi n° 2014-315 du 11 mars 2014, V. le comm. ss. l'art. L. 716-5.

5. Interruption. Une cour d'appel fait à bon droit application de l'art. 2244 C. civ. (C. civ., art. 2231) au moyen tiré de l'interruption du délai de prescription prévu à l'art. L. 716-5. • Com. 25 févr. 2003 : *Bull. civ. IV, n° 29 ; D. 2003. Somm. 2690, obs. Durrande ; JCP E 2003. 1438, n° 11, obs. Boespflug, Greffe et Barthélemy ; PIBD 2003. III. 345.*

III. TOLÉRANCE

6. Sur la notion de forclusion par tolérance, V. note 6 ss. art. L. 714-3. ♦ Pour prétendre au bénéfice de la forclusion par tolérance, la personne poursuivie en contrefaçon de marque doit avoir elle-même obtenu l'enregistrement d'un signe identique ou similaire. • Nancy, 6 avr. 2010, *Céline : D. 2010. Pan. 916, obs. Durrande ; PIBD 2010. III. 315 ; Propr. intell. 2010, n° 37, p. 890, obs. Bonet,* pourvoi rejeté par • Com. 7 juin 2011, n° 10-20.655. ♦ La forclusion par tolérance ne peut être opposée à une action en contrefaçon de marque dirigée contre une dénomination sociale. • Com. 7 janv. 2014, *Domaine du Cheval Blanc : PIBD 2014. III. 229* • Paris, 10 mars 2015, *Eurex : PIBD 2015. III. 497 : Propr. intell. 2015, n° 57, p. 442, obs. Canlorbe.*

7. Connaissance de la marque contrefaisante. La forclusion sanctionne non pas l'absence d'action en contrefaçon par le propriétaire de la marque première à la suite du dépôt de la marque seconde, mais la tolérance, en connaissance de cause, de l'usage de celle-ci. Elle suppose que celui à qui elle est opposée ait eu connaissance de l'usage de la marque en cause et que, en dépit de cette connaissance, il se soit abstenu de s'y opposer. • Paris, 21 déc. 2001 : *Ann. propr. ind. 2002. 66* • Versailles, 3 mai 2007 : *PIBD 2007. III. 448.* ♦ La connaissance de l'usage de la marque contrefaisante implique que les produits désignés par cette marque aient été commercialisés et ne peut se déduire du dépôt de la marque contrefaisante, de la publication de son enregistrement. • Paris, 6 févr. 2015, *Château Léoville Poyferré : PIBD 2015. III. 242,* sur renvoi après • Com. 13 nov. 2013, n° 12-26.530 : *PIBD 2014. III. 11,* cassant sur ce point • Paris, 4 juill. 2012 : *PIBD 2012. III. 582* • 14 sept. 2012, *Midnight : PIBD 2012. III. 794.* ♦ ... Ou encore d'une opposition à l'enregistrement de cette marque. • Bordeaux, 3 janv. 2011, *Cheval Blanc : PIBD 2011. III. 252 ; Propr. ind. 2011. 63, note Escudier.* ♦ Doit donc être cassé l'arrêt qui déclare la demande en contrefaçon irrecevable sans préciser les circonstances dans lesquelles le dépôt de la marque seconde avait porté l'existence de celle-ci à la connaissance du titulaire de la marque première ni examiné la nature et les faits d'usage de la marque supposée contrefaisante. • Com. 28 mars 2006 : *D. 2006. AJ 1045, obs. Daleau ; CCE 2006, n° 89, note Caron ; PIBD 2006. III. 472.* ♦ ... Le seul dépôt de la marque ne constituant pas un acte propre à caractériser la tolérance en connaissance de cause. • Com 13 nov. 2013, *Poyferré : PIBD 2014. III. 11.* ♦ La connaissance peut résulter... du fait que la marque étant amplement exploitée et connue dans un domaine déterminé, le demandeur, professionnel dans ce domaine, ne peut pas en avoir ignoré l'existence. • Com. 6 janv. 2015, *Match,* n° 13-21.940 : *PIBD 2015. III. 187 ; RTD com. 2015. 270, obs. Azéma.* • Paris, 5 nov. 2003 : *Ann. propr. ind. 2003. 486* • Bordeaux, 3 janv. 2011, *Cheval Blanc : préc.* ♦ ... Alors qu'il s'est toujours montré très vigilant au regard des marques déposées par ses concurrents. • Paris, 9 févr. 2005 : *PIBD 2005. III. 269.* ♦ ... Que les deux signes étaient exploités dans la même zone géographique.

• Paris, 6 juin 2003 : *PIBD 2004. III. 41.* ♦ ... Ou encore que les parties avaient conclu un accord de coexistence portant sur les marques en cause. • Bordeaux, 26 mai 2016, *Sakari : PIBD 2016. III. 702.* ♦ En revanche, les conditions de la forclusion par tolérance ne sont pas remplies lorsque l'usage n'a qu'un caractère local et que celui auquel il est opposé ne distribue pas lui-même ses produits en France... • Paris, 6 sept. 2000 : *PIBD 2000. III. 546.* ♦ ... Ou lorsque la distribution des produits du défendeur n'a qu'un caractère confidentiel. Le fait que le demandeur soit l'un des leaders mondiaux dans le domaine en cause et dispose d'un service de propriété intellectuelle étoffé ne saurait mettre à sa charge l'obligation de connaître toutes les marques de parfum exploitées en France, y compris les plus confidentielles. • TGI Paris, 30 nov. 2010, *L'Oréal : PIBD 2011. III. 297.*

Art. L. 716-6 *(L. n° 2007-1544 du 29 oct. 2007, art. 24)* **Toute personne ayant qualité pour agir en contrefaçon peut saisir en référé la juridiction civile compétente afin de voir ordonner, au besoin sous astreinte, à l'encontre du prétendu contrefacteur ou des intermédiaires dont il utilise les services, toute mesure destinée à prévenir une atteinte imminente aux droits conférés par le titre ou à empêcher la poursuite d'actes argués de contrefaçon. La juridiction civile compétente peut également ordonner toutes mesures urgentes sur requête lorsque les circonstances exigent que ces mesures ne soient pas prises contradictoirement, notamment lorsque tout retard serait de nature à causer un préjudice irréparable au demandeur. Saisie en référé ou sur requête, la juridiction ne peut ordonner les mesures demandées que si les éléments de preuve, raisonnablement accessibles au demandeur, rendent vraisemblable qu'il est porté atteinte à ses droits ou qu'une telle atteinte est imminente.**

La juridiction peut interdire la poursuite des actes argués de contrefaçon, la subordonner à la constitution de garanties destinées à assurer l'indemnisation éventuelle du demandeur ou ordonner la saisie ou la remise entre les mains d'un tiers des produits soupçonnés de porter atteinte aux droits conférés par le titre, pour empêcher leur introduction ou leur circulation dans les circuits commerciaux. Si le demandeur justifie de circonstances de nature à compromettre le recouvrement des dommages et intérêts, la juridiction peut ordonner la saisie conservatoire des biens mobiliers et immobiliers du prétendu contrefacteur, y compris le blocage de ses comptes bancaires et autres avoirs, conformément au droit commun. Pour déterminer les biens susceptibles de faire l'objet de la saisie, elle peut ordonner la communication des documents bancaires, financiers, comptables ou commerciaux ou l'accès aux informations pertinentes.

Elle peut également accorder au demandeur une provision lorsque l'existence de son préjudice n'est pas sérieusement contestable.

Saisie en référé ou sur requête, la juridiction peut subordonner l'exécution des mesures qu'elle ordonne à la constitution par le demandeur de garanties destinées à assurer l'indemnisation éventuelle du défendeur si l'action en contrefaçon est ultérieurement jugée non fondée ou les mesures annulées.

(L. n° 2014-315 du 11 mars 2014, art. 11) **« Lorsque les mesures prises pour faire cesser une atteinte aux droits sont ordonnées avant l'engagement d'une action au fond, le demandeur doit, dans un délai fixé par voie réglementaire, soit se pourvoir par la voie civile ou pénale, soit déposer une plainte auprès du procureur de la République. » A défaut, sur demande du défendeur et sans que celui-ci ait à motiver sa demande, les mesures ordonnées sont annulées, sans préjudice des dommages et intérêts qui peuvent être réclamés.**

BIBL. ▸ DREYER, *D. 2015. 1164* (propriétés intellectuelles : prendre (enfin) le droit pénal au sérieux). – SABATIER, *Propr. intell. 2010, n° 34, p. 580* (les mesures judiciaires d'urgence en 2009 : focus sur le droit des marques).

Ancien art. L. 716-6 ***Lorsque le tribunal est saisi d'une action en contrefaçon, son président, saisi et statuant en la forme des référés, peut interdire, à titre provisoire, sous astreinte, la poursuite des actes argués de contrefaçon, ou subordonner cette poursuite à la constitution de garanties destinées à assurer l'indemnisation du propriétaire de la marque ou du bénéficiaire d'un droit exclusif d'exploitation.***

La demande d'interdiction ou de constitution de garanties n'est admise que si l'action au fond apparaît sérieuse et a été engagée dans un bref délai à compter du jour où le propriétaire de la marque ou le bénéficiaire d'un droit exclusif d'exploitation a eu connaissance des faits sur lesquels elle est fondée. Le juge peut subordonner l'interdiction à la constitution par le demandeur

de garanties destinées à assurer l'indemnisation éventuelle du préjudice subi par le défendeur si l'action en contrefaçon est ultérieurement jugée non fondée. – [L. n° 91-7 du 4 janv. 1991, art. 20.]

BIBL. ▶ BERTRAND, *RDPI 1998, n° 93, p. 36* (l'action en interdiction provisoire de l'art. L. 716-6 : une action au fond ?) ; *RDPI 1999, n° 95, p. 7* (la rédaction de l'art. L. 716-6 : une erreur du législateur ?). – PAQUET, *D. Affaires 1999. 322* (contrefaçon de marque et le référé).

COMMENTAIRE

La loi n° 2007-1544 du 29 octobre 2007 a totalement modifié l'action en interdiction provisoire de la contrefaçon telle qu'elle avait été organisée par la loi du 3 janvier 1991 dont les dispositions avaient, il est vrai, été fortement critiquées par la pratique. Le reproche essentiel portait sur le fait que, pour obtenir les mesures sollicitées, le demandeur devait démontrer au juge que son action au fond était « sérieuse », ce qui emportait comme conséquence que, si son action intentée sur le fondement de l'article L. 716-6 avait été rejetée, il lui était très difficile, par la suite, de gagner son procès au fond. Dès lors, beaucoup de justiciables conscients du risque évitaient d'engager l'action en interdiction provisoire (en ce sens, V. Caron, Commentaire de la loi du 29 oct. 2007, *JCP E 2007, p. 2419*).

A qui s'appliquent les mesures provisoires ?

Sous l'empire du droit ancien, les mesures provisoires concernaient seulement le prétendu contrefacteur ; désormais, elles peuvent aussi être dirigées contre « les intermédiaires dont il utilise les services ». Le législateur a ainsi voulu appréhender tous ceux qui, sans être contrefacteurs eux-mêmes, aident le contrefacteur, non pas à fabriquer ses produits, mais à les à écouler : transporteurs, transitaires, sociétés de stockage ou de garde-meubles mais surtout intermédiaires du commerce en ligne : fournisseurs d'accès internet, moteurs de recherche, plates-formes de commerce électronique. Encore faut-il, à notre sens, qu'ils aient eu connaissance qu'ils prêtaient leur concours à la diffusion de produits contrefaits, ou qu'il ressorte des faits de l'espèce (par exemple la clandestinité du transport ou son paiement en liquide) qu'ils auraient dû être alertés.

Par quelle procédure obtenir les mesures provisoires ?

La loi du 28 octobre 2007 a renoncé à la procédure ancienne « en la forme des référés » qui avait suscité les critiques en raison, en particulier, de la nécessité d'assigner au fond avant de pouvoir agir en interdiction provisoire de la contrefaçon (V. sur ce point P. de Candé, Projet de loi transposant la directive 2004/48, *Propr. intell. 2007, n° 23, p. 161*).

Il résulte de la rédaction de l'article L. 716-6 que les mesures provisoires pourront être obtenues sans pour autant qu'une action au fond ait au préalable été engagée. En principe, le demandeur doit agir de manière contradictoire par la voie du référé, mais le texte, reprenant les conditions générales de l'article 812, alinéa 2, du code de procédure civile, ouvre la possibilité d'une procédure sur requête (donc non contradictoire) *« lorsque les circonstances exigent que ces mesures ne soient pas prises contradictoirement »*, notamment lorsque tout retard serait susceptible de causer un préjudice irréparable au demandeur (exemple tiré de l'article 9, § 4, de la directive, mais qui laisse la place à d'autres circonstances).

Le recours à la procédure sur requête, en ce qu'elle exclut le débat contradictoire, peut surprendre quand on sait l'importance que le droit attache au respect des droits de la défense. Elle doit être réservée aux cas exceptionnels dans lesquels l'efficacité de la mesure est fonction de l'effet de « surprise » qui l'accompagne (ce qui est fréquemment le cas en matière de contrefaçon, les réseaux de contrefaçon étant à la fois très hiérarchisés et très volatils de sorte que toute menace d'action sur un des maillons de la contrefaçon risque d'entraîner la disparition des autres acteurs, des marchandises contrefaites et du donneur d'ordre lui-même).

Bien que l'article L. 716-6 ne le précise pas (contrairement à l'art. 9, § 4, de la Dir. (CE) n° 2004/48 du 29 avr. 2004), en application du droit commun des ordonnances sur requête (C. pr. civ., art. 496, al. 2), lorsque le juge a accordé au requérant les mesures sollicitées, celui contre lequel elles ont été ordonnées peut en référer à ce même magistrat, afin de lui demander, dans le cadre d'une procédure contradictoire, de modifier ou de rétracter son ordonnance.

Quels éléments apporter au soutien de la demande ?

Il ne s'agit plus, comme par le passé, de démontrer le « caractère sérieux » de l'action au fond ; ni que cette action a été engagée dans un « bref délai » après la découverte des agissements du contrefacteur.

Qu'il ait choisi l'action en référé ou la voie de la requête, le demandeur n'obtiendra les mesures qu'il sollicite que s'il produit au juge des éléments de preuve *« qui rendent vraisemblable qu'il est porté atteinte à ses droits ou qu'une telle atteinte est imminente »*.

A cet effet, il convient tout d'abord qu'il démontre l'existence du droit de marque. Le juge devra vérifier que la marque a bien été enregistrée pour désigner des produits ou des services concurrents de ceux diffusés par le supposé contrefacteur, et au besoin que cet enregistrement a été renouvelé. En revanche, il n'a pas à statuer sur la validité de la marque, par exemple sur son caractère distinctif, ni à apprécier les conditions de la contrefaçon, notamment l'existence d'un risque de confusion.

Le demandeur doit ensuite rapporter au juge la preuve des éléments qui l'ont alerté sur l'*existence* d'une contrefaçon : par exemple la survenance d'erreurs dans la transmission de commandes, l'existence d'emballages portant la marque contrefaite, la présence d'objets portant ses marques dans des circuits de distribution qu'il n'approvisionne pas (solderies, marchés forains) ou dans des pays étrangers qu'il ne fournit pas, la diffusion d'annonces pour des produits contrefaisants sur internet, dans de la publicité ou dans des catalogues... ou sur le caractère *imminent* de cette dernière (commandes de conditionnements ou d'étiquettes par un tiers qu'il ne contrôle pas par exemple).

Quelles mesures peuvent être demandées ?

L'éventail des mesures provisoires s'est considérablement accru avec la loi n° 2007-1544 du 29 octobre 2007.

Au premier chef, le titulaire de la marque peut demander au juge *l'interdiction de la poursuite des actes de contrefaçon* ou encore qu'il subordonne le maintien de l'activité du contrefacteur à *la constitution de garanties*. Celles-ci sont destinées à assurer l'indemnisation du titulaire de la marque dans le cas où la contrefaçon serait jugée fondée. Elles sont généralement prononcées lorsque le juge a des doutes sur l'existence de la contrefaçon, ou sur la validité du titre de propriété intellectuelle. Logiquement, la disparition de l'exigence de sérieux de l'action au fond au profit de conditions plus souples devrait entraîner une augmentation des cas dans lesquels la poursuite des actes prétendument contrefaisants est assortie de garanties. Mais, comme par le passé, la consignation ne pourra pas être considérée comme justifiée lorsque le défendeur présentera des garanties sérieuses en paiement de l'indemnité à laquelle il pourrait être condamné dans le cas où il serait reconnu contrefacteur (Com. 22 févr. 2000 : *RTD com. 2000, note Azéma et Galloux ; PIBD 2000. III. 284*).

Le juge peut aussi *ordonner la saisie des produits supposés contrefaisants ou leur remise entre les mains d'un tiers pour empêcher leur mise en circulation*. On retrouve ici l'idée que, en matière de marques, il est des dommages difficiles à réparer (notamment l'atteinte à l'image de marque) et qu'il est donc plus efficace d'empêcher la survenance du dommage que de l'indemniser une fois réalisé.

D'autre part, dans le cas où le demandeur établirait des circonstances de nature à compromettre le recouvrement de dommages et intérêts, il peut demander au juge *la saisie conservatoire des biens mobiliers ou immobiliers du présumé contrefacteur ainsi que le blocage de ses comptes bancaires*. On doit observer que, de deux choses l'une : ou la contrefaçon est réalisée « accidentellement » par un opérateur économique, par ailleurs bien installé sur le marché, et ce type de mesures est inutile, ou la contrefaçon est pratiquée à l'échelle industrielle par des sociétés éphémères, et alors elle est illusoire. Dans ce cas en effet, les contrefacteurs multiplient les prête-noms, les sociétés écrans ayant leur siège dans des paradis fiscaux, les comptes bancaires *off shore* et tout un arsenal de pratiques destinées à la fois à les dissimuler et à les rendre insolvables.

Pour assurer l'efficacité de la saisie conservatoire, il est en outre prévu que le juge *« peut ordonner la communication des documents bancaires, financiers, comptables ou commerciaux ou l'accès aux informations pertinentes »* (comp. avec l'art. L. 716-7 qui permet la saisie des documents du même ordre). Ici encore, la mesure risque d'être privée d'efficacité dans le cas où elle s'adresse à une contrefaçon systématique et organisée.

Comme le soulignent les différents commentateurs (J.-C. Galloux, *op. cit.*, p. 723 ; C. Caron, *op. cit.*, n° 6 ; P. de Candé, *op. cit.*, p. 162), les mesures tendant à la saisie conservatoire des biens du prétendu contrefacteur ne sont pas nouvelles ; elles étaient déjà à la disposition du demandeur en application du droit commun (L. n° 91-650 du 9 juill. 1991 et Décr. n° 92-755 du 3 juill. 1992) ; l'apport essentiel de la loi étant qu'elles sont désormais centralisées entre les mains d'un seul tribunal (en ce sens P. de Candé, *op. cit.*, p. 162).

Enfin, le juge saisi pourra « accorder au demandeur une provision lorsque l'existence de son préjudice n'est pas sérieusement contestable ». Il s'agit ici encore de la reprise d'une procédure de droit commun prévue dans l'article 809, alinéa 2, du code de procédure civile qui permet au juge des référés d'accorder une provision « dans tous les cas où l'obligation n'est pas sérieusement contestable ». Elle vise le cas où, sans attendre l'issue de l'action au fond, la contrefaçon est tellement évidente que le préjudice qu'elle a causé au titulaire de la marque ne peut être contesté et permet aux victimes de la contrefaçon de bénéficier de compensations financières rapides.

Les garanties

Celui contre lequel les mesures sont ordonnées dispose des voies de recours ordinaires prévues dans le droit commun des ordonnances de référé et des ordonnances sur requête.

En outre, afin d'éviter des procédures abusives, exercées uniquement dans le but de perturber l'exploitation d'un concurrent, le juge saisi peut assortir les mesures provisoires de garanties destinées à assurer l'indemnisation du prétendu contrefacteur, non seulement, comme dans le droit antérieur, si la contrefaçon est ultérieurement jugée non fondée, mais aussi dans le cas où les mesures provisoires seraient annulées.

Enfin, lorsque les mesures sont ordonnées avant l'engagement de l'instance au fond, le demandeur doit, dans un délai de vingt jours ouvrables ou trente et un jours civils si ce délai est plus long (art. R. 716-1), soit se pourvoir par la voie civile ou pénale, soit déposer une plainte auprès du procureur de la République. Avant la loi n° 2014-315 du 11 mars 2014, la jurisprudence considérait que seules la citation directe ou la plainte avec constitution de partie civile introduisaient l'action. Le législateur y a inclus la plainte simple, conformément du reste à la position de la chambre commerciale de la Cour de cassation, qui, dans un arrêt rendu en matière de retenue douanière, a considéré que le dépôt d'une plainte simple suffit à justifier s'être pourvu par la voie correctionnelle (V. art. L. 716-8, note 2). Dans le cas contraire, les mesures sont annulées sans préjudice des dommages et intérêts qui pourraient être accordés. On doit observer que, comme en matière de saisie-contrefaçon, cette annulation n'intervient pas d'office ; elle doit être demandée par le défendeur, bien qu'il n'ait pas à motiver sa demande. ❑

1. Les dispositions de l'art. L. 716-6 dans sa rédaction issue de la L. n° 2007-1544 du 29 oct. 2007 ne sauraient trouver à s'appliquer devant le juge de la mise en état, le législateur les ayant expressément réservées à la juridiction « saisie en référé ou sur requête ». Néanmoins il résulte de l'art. 771 C. pr. civ. que le juge de la mise en état est compétent pour « ordonner toutes les autres mesures provisoires, même conservatoires, à l'exception des saisies conservatoires, des hypothèques et nantissements provisoires, ainsi que pour modifier ou compléter, en cas de survenance d'un fait nouveau, les mesures qui auraient déjà été ordonnées » ; il y a lieu, sur ce fondement, de faire droit à la mesure d'interdiction provisoire de poursuivre les agissements contrefaisants sollicitée par le demandeur. • TGI Paris, CME, 18 avr. 2008 : *PIBD 2008. III. 448.*

2. L'art. L. 716-6, qui déroge aux règles de droit commun applicables en matière de référé, ne concerne que les actions en contrefaçon de marques introduites selon des règles particulières et ne saurait être appliqué à des actes de concurrence déloyale, fussent-ils connexes à ces actes de contrefaçon. • Paris, 11 avr. 2012, *New Look : PIBD 2013. III. 1197.* ♦ L'art. L. 716-1 considère comme une atteinte aux marques la violation des interdictions prévues aux art. L. 713-2, L. 713-3 et L. 713-4. L'art. L. 713-5 n'étant pas visé, la protection contre la reproduction ou l'imitation d'une marque française jouissant d'une renommée ne saurait être assurée par la mise en œuvre des dispositions spécifiques de l'art. L. 713-6, contrairement à la marque communautaire au sujet de laquelle l'art. L. 717-1 qualifie de contrefaçon la violation des interdictions prévues notamment par l'art. 9-1-c du Règl. n° 40/94 du 20 déc. 1993. En revanche, le titulaire d'une marque renommée peut invoquer l'art. 809 C. pr. civ. en vue de faire cesser un trouble manifestement illicite ou de prévenir un dommage imminent que lui causerait une atteinte à sa marque. • Paris, 26 juin 2014, *De particulier à particulier,* nº 13/09891 : *PIBD 2014. III. 811 ; RTD com. 2015. 270, obs. Azéma ; Propr. intell. 2015, nº 54, p. 94, obs. Canlorbe.*

3. Si l'art. L. 716-6, al. 2, dans sa rédaction issue de la L. nº 2007-1544 du 29 oct. 2007 ne conditionne plus l'action en cessation des faits de contrefaçon à l'examen du caractère sérieux de l'action au fond, sa mise en œuvre suppose néanmoins que le demandeur rassemble des éléments de preuve rendant vraisemblable une atteinte à ses droits vu l'imminence d'une telle atteinte. • Versailles, 11 déc. 2014, *MEDEF : PIBD 2015. III. 164* • TGI Lyon, réf., 3 juin 2008 : *PIBD 2008. III. 507.* ♦ Le caractère vraisemblable de l'atteinte portée au droit du propriétaire de la marque n'est pas établi dès lors que, eu égard à la nature des produits concernés et à leur prix élevé, le consommateur fait nécessairement preuve d'un niveau particulièrement élevé d'attention lors de leur acquisition, de sorte que le risque de confusion est manifestement minime pour le public ciblé. • Paris, 18 mars 2016, *Delirium : PIBD 2016. III. 381 ; Propr. ind. 2016, nº 44, obs. Tréfigny.* ♦ Il appartiendra à la juridiction saisie au fond de statuer sur la validité des marques litigieuses au regard notamment de l'appréciation de leur caractère distinctif, un tel débat ne pouvant plus désormais prospérer devant le juge des référés. • TGI Lyon, réf., 3 juin 2008 : *PIBD 2008. III. 507.*

4. Celui qui ne peut invoquer l'art. L. 716-6 peut recourir au droit commun et notamment à l'art. 809 C. pr. civ. en vue de faire cesser un trouble manifestement illicite ou de prévenir le dommage imminent que lui causerait une atteinte à sa marque. • Paris, 26 juin 2014, *De particulier à particulier : préc. note 2.* ♦ L'application de l'art. L. 716-6, comme celle de l'art. 809 C. pr. civ. n'est pas subordonnée à la preuve de l'urgence et l'existence d'un bref délai ne se rapporte qu'à la nécessité de saisir la juridiction du fond dès lors que les mesures provisoires ont été ordonnées. • TGI Paris, 9 déc. 2008 : *PIBD 2009. III. 981* • TGI Lyon, réf., 3 juin 2008 : *préc. note 3.*

5. Il résulte de l'art. L. 716-6 CPI que la juridiction civile peut ordonner toutes mesures urgentes sur requête lorsque les circonstances exigent que ces mesures ne soient pas prises contradictoirement et notamment lorsque tout retard serait de nature à causer un préjudice irréparable au demandeur ; les conditions posées par ce texte se distinguent de celles de la procédure sur requête du droit commun en ce que l'urgence peut à elle seule justifier l'absence de contradiction, une décision de justice dans l'instant étant nécessaire pour éviter que le préjudice ne devienne irréparable : • Com. 6 mai 2014 : *D. 2014. 1150 ; PIBD 2014. III. 549 ; CCE 2014, nº 62, obs. Caron ; Propr. intell. 2014, nº 52, p. 302, obs. Canlorbe* • Com. 4 mai 2010 : *Propr. intell. 2010, nº 36, p. 889* • Bordeaux, 12 sept. 2012, *Château Lafite Rothschild : PIBD 2012. III. 748. ...* ♦ Ce qui n'est pas le cas lorsqu'il aurait été possible d'obtenir une décision du juge du contradictoire par la voie du référé d'heure à heure prévue spécialement par l'art. 485, al. 2, C. pr. civ. pour les cas requérant célérité. • Com. 20 mars 2012, *Maniscopic : PIBD 2012. III. 355.* ♦ La procédure d'ordonnance sur requête permet d'effectuer une mesure d'instruction en dérogeant au principe de la contradiction, si bien qu'il importe que cette dérogation demeure aussi limitée que possible, raison pour laquelle l'art. 495 C. pr. civ. prévoit que la copie de la requête et de l'ordonnance est laissée à la personne à laquelle elle est opposée, et que cette diligence doit être accomplie avant même le commencement de la mesure autorisée. • Paris, 26 mars 2015, *Breitling : PIBD 2015. III. 352.*

6. L'art. 99 du Règl. (CE) nº 40/94 [Règl. (CE) nº 207/2009 du 26 févr. 2009, art. 103] posant le principe général que les mesures conservatoires et provisoires prévues par le droit interne des États membres sont applicables aux marques communautaires, le titulaire d'une marque communautaire peut solliciter la mise en œuvre des dispositions de l'art. L. 716-6. • TGI Paris, 9 déc. 2008 : *PIBD 2009. III. 981* • Paris, 26 juin 2014, *De particulier à particulier : préc. note 2.*

7. Délai de l'action au fond. Pour que le délai de l'art. R. 716-1 tel que modifié par le décret du 27 juin 2008 (20 jours ouvrables ou 31 jours civils – si ce délai est plus long – à compter de la date de l'ordonnance) puisse courir, le juge autorisant les mesures provisoires sur le fondement de l'art. L. 716-6 doit informer les parties de la date à laquelle l'ordonnance sera rendue. • Com. 18 mai 2010, *Scor,* nº 09-12.927 P : *Dalloz actualité, 4 juin 2010, obs. Daleau ; D. 2010. 1415 ; PIBD 2010. III. 490.* ♦ Et le fait qu'il ait délivré cette information doit être mentionné dans sa décision. • Paris, 26 mars 2015, *Breitling : préc. note 5.* ♦ L'absence d'une telle mention n'empêche pas le délai légal de courir. Elle a seulement pour conséquence d'en différer le point de départ à la date de notification de l'ordonnance ou, en l'absence de notification, à la date où la partie concernée a eu, par un moyen quelconque, connaissance effective de cette décision. • Com. 18 mai 2010, *Scor : préc.* • Paris, 26 mars 2015, *Breitling : préc. note 5.*

Art. L. 716-7 *(L. nº 2007-1544 du 29 oct. 2007, art. 25)* **La contrefaçon peut être prouvée par tous moyens.**

A cet effet, toute personne ayant qualité pour agir en contrefaçon est en droit de faire procéder en tout lieu et par tous huissiers, *(L. nº 2014-315 du 11 mars 2014,*

art. 4) « le cas échéant » assistés d'experts désignés par le demandeur, en vertu d'une ordonnance rendue sur requête par la juridiction civile compétente, soit à la description détaillée, avec ou sans prélèvement d'échantillons, soit à la saisie réelle des produits ou services prétendus contrefaisants ainsi que de tout document s'y rapportant. *(L. n° 2014-315 du 11 mars 2014, art. 4)* **« L'ordonnance peut autoriser la saisie réelle de tout document se rapportant aux produits et services prétendus contrefaisants en l'absence de ces derniers. »**

La juridiction peut ordonner, aux mêmes fins probatoires, *(L. n° 2014-315 du 11 mars 2014, art. 4)* **« la description détaillée ou » la saisie réelle des matériels et instruments utilisés pour fabriquer ou distribuer les produits ou fournir les services prétendus contrefaisants.**

Elle peut subordonner l'exécution des mesures qu'elle ordonne à la constitution par le demandeur de garanties destinées à assurer l'indemnisation éventuelle du défendeur si l'action en contrefaçon est ultérieurement jugée non fondée ou la saisie annulée.

A défaut pour le demandeur de s'être pourvu au fond, par la voie civile ou pénale, dans un délai fixé par voie réglementaire, l'intégralité de la saisie, y compris la description, est annulée à la demande du saisi, sans que celui-ci ait à motiver sa demande et sans préjudice des dommages et intérêts qui peuvent être réclamés.

BIBL. ► DOROL, *Propr. ind. 2017. Étude 5* (le constat d'achat sur internet). – MAY et LIENS, *Propr. ind. 2010. Étude 8* (saisie-contrefaçon : deux ans de pratique après la loi de lutte contre la contrefaçon). – ZAJDELA, *Propr. ind. 2016. Étude 18* (la preuve en matière de contrefaçon : constat d'achat ou saisie-contrefaçon ?).

COMMENTAIRE

Jusqu'à la directive n° 2004/48/CE du 29 avril 2004 relative au respect des droits de propriété intellectuelle, la France était l'un des rares pays à connaître un mode de preuve original et exceptionnel de la contrefaçon : la saisie-contrefaçon.

Cette procédure a été reprise pour l'essentiel dans l'article 7 de la directive précitée, et la loi n° 2007-1544 du 29 octobre 2007 n'a procédé qu'à quelques ajustements mineurs de l'article L. 716-7 du code de la propriété intellectuelle. Il n'a été que très légèrement retouché par la loi n° 2014-315 du 11 mars 2014.

L'article L. 716-7 rappelle tout d'abord que, comme tout fait, la contrefaçon peut être prouvée par tous moyens : la saisie-contrefaçon, si elle est un mode de preuve privilégié n'est donc pas le mode de preuve exclusif de la contrefaçon. Dès lors, si la nullité d'une saisie-contrefaçon prive les constats et les descriptions effectuées par l'huissier, ainsi que le rapport de l'expert qui l'accompagne, de leur valeur probante, cette circonstance n'autorise pas les juges du fond à se dispenser d'examiner les autres éléments produits par le demandeur afin d'établir les faits (par ex. les procès-verbaux des Douanes ; V. Com. 19 déc 2006 : *Bull. civ. IV, n° 265 ; PIBD 2007. III. p. 112, [note 5]*) ou à négliger les mesures d'instruction utiles à la manifestation de la vérité (V. note 1).

La saisie-contrefaçon est pratiquée par un huissier après l'autorisation du président du tribunal rendue sur requête.

Selon la définition des articles 493 et 812 du code de procédure civile, cette procédure a un caractère non contradictoire lorsque le requérant est fondé à ne pas appeler de partie adverse, ce qui est le cas dans notre matière où seul l'effet de surprise permet de faire échec à la disparition des preuves.

La requête est présentée par un avocat du ressort du tribunal compétent (art. 813 C. pr. civ.).

Ce tribunal n'est pas celui dans le ressort duquel doivent se dérouler les opérations de saisie, mais le tribunal compétent pour connaître du fond (V. art. R. 716-2), à savoir l'un des dix tribunaux compétents en matière de marques (V. *infra*, COJ, art. D. 211-6-1 ss. CPI, art. D. 716-12) et, s'il s'agit d'une marque communautaire, le TGI de Paris exclusivement (COJ, art. R. 312-10).

L'ordonnance rendue par le président du tribunal peut autoriser, sur demande de la victime, l'huissier à se faire assister d'« experts désignés par le demandeur », mais, comme le souligne la nouvelle version de l'art. L. 716-7, leur présence n'est pas obligatoire.

La qualité de la personne autorisée à assister l'huissier lors des opérations de saisie-contrefaçon n'a pas été précisée davantage, alors pourtant qu'elle a donné lieu à un contentieux important et à une jurisprudence contradictoire.

Il aurait sans doute été souhaitable que le législateur précise que cet expert devait être « indépendant » du requérant. Cette nécessaire indépendance a été rappelée par la première chambre civile de la Cour de cassation dans une affaire de contrefaçon de logiciels (Civ. 1re, 6 juill. 2000 : *Bull. civ. I, n° 210*) : « le droit à un procès équitable consacré par l'article 6, § 1, de la Conv. EDH exige que l'expert assistant l'huissier instrumentaire soit indépendant des parties ». La chambre commerciale a admis que le conseil en propriété industrielle, fût-il le conseil habituel du saisissant, puisse assister aux opérations de saisie. Il exerce en effet une profession indépendante dont le statut est compatible avec sa désignation comme expert du saisissant dans le cadre d'une saisie-contrefaçon (Com. 8 mars 2005 : *PIBD 2005. III. 340 [note 5]*).

Le plus souvent, le président du tribunal précise dans son ordonnance que l'expert peut être librement choisi par le requérant « en dehors de ses préposés » Dans le cas contraire, le principe de loyauté dans la recherche des preuves de même que le secret des affaires commandent que le saisissant ne participe pas aux opérations de saisie-contrefaçon soit directement, soit indirectement par l'intermédiaire d'un de ses préposés, le lien de subordination qui unit le salarié à son employeur excluant qu'il puisse être considéré comme indépendant de celui-ci. La chambre commerciale a rappelé à deux reprises en matière de brevets que « ni le requérant ni ses préposés ne sont au nombre des personnes pouvant assister aux opérations de saisie-contrefaçon, peu important que le juge de la requête leur en ait donné l'autorisation » (Com. 8 juill. 2008 : *D. 2008. AJ 2143*), mais curieusement, on trouve, en matière de marques un arrêt contraire (V. note 4) : « l'ordonnance du président autorisant l'huissier à se faire accompagner d'un mandataire de la société requérante, il importe peu que celui-ci soit par ailleurs salarié de la société » (Com. 3 mars 2004 : *PIBD 2004. III. 358*).

L'art. L. 716-7 n'énumère pas les personnes habilitées à solliciter une mesure de saisie-contrefaçon : il ouvre cette possibilité à « toute personne ayant qualité pour agir en contrefaçon » – soit, en matière de marques : le propriétaire de la marque et son licencié exclusif, sauf stipulation contraire du contrat de licence et à la condition d'avoir adressé au propriétaire de la marque une mise en demeure restée sans effet (art. L. 716-5). On doit leur adjoindre le titulaire d'une demande d'enregistrement pour des faits qui, bien qu'antérieurs à la publication de la demande, sont postérieurs à la notification au présumé contrefacteur d'une copie de la demande d'enregistrement (art. L. 716-2, al. 2).

L'article 7 de la directive CE n° 2004/48 semble poser comme condition que le demandeur fournisse au tribunal « des éléments de preuve raisonnablement accessibles pour étayer les allégations selon lesquelles il a été porté atteinte à son droit de propriété intellectuelle ou qu'une telle atteinte est imminente ».

Considérant que la directive était sur ce point en retrait par rapport au droit français, le législateur de 2007 a profité de la possibilité offerte par le texte européen (art. 2) de conserver la procédure nationale dès lors qu'elle est plus favorable aux titulaires de droits. Le demandeur doit donc simplement rapporter la preuve de l'existence du droit qu'il invoque, c'est-à-dire produire son titre de propriété industrielle, ou un contrat de licence exclusive inscrit au Registre national des marques (Com. 8 juill. 2003 : *n° 01-17.352, Dalloz jurisprudence*), et motiver sa requête (art. 494 C. pr civ.) en s'expliquant notamment sur les éléments et les indices qui lui laissent croire à l'existence d'une contrefaçon. La saisie-contrefaçon ayant pour objet de rapporter la preuve de l'existence d'une contrefaçon, il paraîtrait pour le moins paradoxal d'exiger du demandeur qu'il fournisse des preuves de la contrefaçon pour l'obtenir.

Quant aux modalités de la saisie, l'article L. 716-7 dispose que l'huissier peut procéder « soit à la description détaillée, avec ou sans prélèvement d'échantillons, soit à la saisie réelle des produits ou services prétendus contrefaisants ».

On peut regretter que le législateur n'ait pas profité de la loi nouvelle pour préciser si la saisie-contrefaçon pouvait s'appliquer au stock de produits contrefaisants.

Si on s'en tient au texte de l'article L. 716-7, on en conclura, comme par le passé, que lorsque l'huissier dresse un constat de l'atteinte à la marque dans un procès-verbal auquel sont éventuellement joints des échantillons des produits contrefaits on est dans le cadre d'une saisie descriptive, la saisie réelle étant une autre modalité de la saisie-contrefaçon.

Mais laquelle ?

Selon nous, ce ne peut être autre chose que la saisie du stock de produits contrefaisants ; mais les avis divergent.

Le législateur, dans un louable souci de cohérence, a voté en 2007 un texte dont les termes sont identiques pour toutes les saisies-contrefaçons en matière de propriété industrielle. Pour atteindre ce but, il a repris la rédaction de l'ancien article L. 716-7 qui régissait la saisie-contrefaçon en matière de marques et dont il était admis qu'elle permettait la saisie du stock (en ce sens P. Véron, La saisie-contrefaçon, *Dalloz, coll. Dalloz Référence, 2013*), contrairement à celle pratiquée en matière de brevets, la rédaction légèrement différente de l'article L. 615-5 n'offrant pas cette possibilité (Com. 4 janv. 1985 : *Ann. propr. ind. 1985. 237*).

Certains estiment (en ce sens J.-C. Galloux, *préc.*) que la saisie-contrefaçon étant un mode de preuve, la saisie du stock de produits contrefaits n'a pas de sens, la loi connaissant d'autres procédures permettant d'empêcher le contrefacteur d'écouler ses produits sur le marché (art. L. 716-6).

Mais la saisie-contrefaçon permet la preuve non seulement de l'*existence* de la contrefaçon (et dans ce cas il est vrai que la saisie d'échantillons est suffisante), mais aussi de son *étendue*. Or dans ce cas, la saisie du stock de produits contrefaits présente un intérêt évident. La quantité de produits en stock étant en général proportionnelle à l'activité du contrefacteur elle permet, plus facilement qu'une recherche de produits contrefaisants chez les détaillants, toujours aléatoire, de se faire une idée assez exacte de l'importance de la contrefaçon. Pour éviter la disparition de cette preuve, il est essentiel de procéder à une saisie-contrefaçon : dans le cas contraire, il y a de fortes chances que le contrefacteur désireux de minimiser ses agissements déménage son stock.

S'agissant de « la saisie réelle des matériels et instruments utilisés pour fabriquer ou distribuer les produits ou fournir les services prétendument contrefaisants », la loi n° 2014-315 du 11 mars 2014 est venue réparer une omission dans la rédaction de l'article L. 716-7 en précisant, bien que l'ancienne rédaction n'ait pas soulevé de difficultés, que la saisie descriptive de ces matériels et instruments était également autorisée.

Ici encore, la question se pose : la loi autorise-t-elle la saisie de tout le matériel ou seulement d'un exemplaire ?

Sur ce point, la réponse est peut-être plus facile que précédemment : l'article L. 716-7 le rappelle opportunément, il s'agit de se ménager les preuves de la contrefaçon et non d'empêcher le contrefacteur de continuer son activité illicite (pour laquelle il existe une procédure spécifique prévue dans l'art. L. 716-6) ; dans ce cas, la saisie d'un seul exemplaire (par exemple un moule reproduisant les caractéristiques d'un ou de plusieurs flacons de parfum déposés comme marque) suffit à prouver qu'un fabricant de flaconnages se livre à la contrefaçon, même si on ne retrouve aucun conditionnement contrefaisant dans son atelier.

Enfin, l'ordonnance peut autoriser l'huissier à emporter « tout document se rapportant » à la contrefaçon et notamment au premier chef la comptabilité et les documents commerciaux (catalogues, tarifs, brochures publicitaires, correspondance...) permettant d'apprécier l'étendue de la diffusion des produits contrefaits. La loi du 11 mars 2014 précise, parce que ce point avait auparavant été contesté, que la saisie réelle de ces documents n'est pas subordonnée à la découverte de produits contrefaisants dans les locaux où se déroule la saisie.

Le législateur a pris des précautions pour s'assurer que la saisie-contrefaçon ne sera pas exercée uniquement dans le but de perturber l'activité d'un concurrent.

D'une part, faute pour le saisissant de s'être pourvu par la voie civile ou pénale ou encore d'avoir déposé une plainte auprès du procureur de la République dans un délai de vingt jours ouvrables ou trente et un jours civils (art. R. 716-4), la saisie est nulle. Classiquement, en raison du principe de l'opportunité des poursuites, seules la citation directe ou la plainte avec constitution de partie civile étaient considérées comme répondant aux conditions posées par le code. La loi du 11 mars 2014 y a ajouté la plainte simple, conformément à une décision de la chambre commerciale qui, en matière de retenue douanière, considère que le dépôt d'une plainte simple suffit à répondre aux conditions susvisées (V. art. L. 716-8, note 2).

Mais la nullité n'intervient pas d'office ; elle ne pourra être prononcée qu'à la demande du saisi, bien que celui-ci n'ait pas à motiver sa demande. Dans le cas contraire, même si l'action au fond est intentée hors délais, la saisie-contrefaçon sera réputée valable.

D'autre part, le tribunal peut subordonner la saisie-contrefaçon, qu'elle soit descriptive ou réelle, à la constitution de garanties destinées à réparer le préjudice subi par le saisi, non seulement si l'action en contrefaçon est ultérieurement jugée non fondée mais aussi pour le cas où la saisie serait annulée. ❑

1. Preuve de la contrefaçon. La preuve de la contrefaçon peut être faite par tous moyens. ♦ Dès lors, d'autres modes de preuve peuvent suppléer à une saisie-contrefaçon qui aurait été invalidée. • Paris, 14 oct. 2016, *Guerlain : PIBD 2016. III. 916.* ♦ Parmi ceux-ci : des procès-verbaux de l'administration des douanes. • TGI Paris, 16 déc. 1992 : *PIBD 1993. III. 30.* ♦ ... Un constat dressé à la demande du titulaire de la marque par un agent de l'Agence pour la protection des programmes, quand bien même celui-ci serait intervenu dans un litige ne relevant pas du champ de compétence de l'agence. • Rennes, 23 mars 2010 : *PIBD 2010. III. 351* • TGI Paris, 11 févr. 2010 : *PIBD 2010. III. 365* • 7 janv. 2009 : *PIBD 2009. III. 1070* • 2 avr. 2009 : *RLDI mai 2009, n° 1605.* ♦ ... Ou un constat d'achat. Lorsque l'efficacité du constat impose de connaître le comportement d'un commerçant face à un consommateur désireux d'acquérir un matériel quelconque, l'anonymat de l'huissier est indispensable durant la transaction, lors de l'enregistrement de la commande et jusqu'à la réception du matériel. Le constat n'est pas nul dès lors que le magistrat signataire de l'ordonnance sur requête avait expressément autorisé l'huissier à ne pas décliner son identité et à ne pas signifier immédiatement l'ordonnance l'autorisant à procéder au constat, mais seulement une fois l'achat et la remise du matériel effectués. • Limoges, 17 mars 2010 : *PIBD 2010. III. 445.* ♦ Sur l'« achat piège », V. en matière de droit d'auteur : • Civ. 1re, 25 mars 2009, n° 08-14.119 P : *CCE 2009, n° 77, note Caron.* ♦ Sur la validité d'un constat d'achat comme mode de preuve de la contrefaçon, V. • Paris, 3 mars 2004 : *JCP E 2004. 974, n° 3, obs. Greffe ; Propr. ind. 2004, n° 65, note Greffe ; PIBD 2004. III. 335.* ♦ Le seul fait de demander à recueillir et prendre copie à l'identique de tout disque dur n'est pas en lui-même caractéristique d'une saisie-contrefaçon. • Com. 22 nov. 2016, *venteprivée.com,* n° 15-18.360 : *PIBD 2017. III. 4.* ♦ Il résulte de l'art. 593 C. pr. pén. qu'il appartient aux juges correctionnels d'ordonner les mesures d'instruction qu'ils constatent avoir été omises et qu'ils déclarent utiles à la manifestation de la vérité. Il en est notamment ainsi lorsque les représentants des marques contrefaites n'ont pas été consultés pour confirmer l'existence de la contrefaçon après la saisie par les douaniers de marchandises supposées contrefaisantes dans les bagages d'un voyageur. • Crim. 19 mars 2014 : *PIBD 2014. III. 368.* ♦ ... Ou lorsque le tribunal a relaxé le prévenu, faute pour la Cour de pouvoir apprécier la réalité de la contrefaçon alors qu'il n'est produit aux débats ni le certificat d'enregistrement de la marque authentique, ni un article portant celle-ci. • Crim. 23 mai 2013, *Louis Vuitton : RTD com. 2013. 823, obs. Bouloc ; PIBD 1013. III. 1371.*

2. Procédure. a) *Art. L. 716-7 CPI et 812 C. pr. civ.* Dès lors que la juridiction est saisie au fond, seul l'art. 812 C. pr. civ. est applicable, à l'exclusion de l'art. L. 716-7 CPI. • Com. 26 mars 2008, *Morgan : Bull. civ. IV, n° 70 ; D. 2008. 2332, note Lancrenon ; ibid. AJ 1206 ; CCE 2008, n° 65, note Caron ; PIBD 2008. III. 340.* ♦ ... Ce qui donne compétence pour ordonner une saisie-contrefaçon sur requête au seul président de la chambre à laquelle l'affaire a été distribuée et non, en application des dispositions du CPI, au président du TGI ou à un magistrat agissant en qualité de délégataire du président. • Com. 14 févr. 2012 : *PIBD 2012. III. 274.* ♦ V. dans le même sens • Paris, 2 déc. 2011 : *PIBD 2012. III. 246.* ♦ Mais les dispositions de l'art. 812, al. 3, C. pr. civ. ne s'appliquent qu'aux requêtes déposées au cours de la procédure de première instance ; au cours de l'instance d'appel, le premier président est seul compétent pour ordonner sur requête une mesure de saisie-contrefaçon. • Com. 14 sept. 2010 : *Bull. civ. IV, n° 137 ; D. 2011. Pan. 914, obs. Durrande ; PIBD 2011. III. 17.* ***b) Marque communautaire.*** Lorsque le demandeur invoque à la fois une infraction au droit d'auteur et une atteinte à une marque communautaire, le juge territorialement compétent pour ordonner une saisie-contrefaçon ne saurait être, conformément aux dispositions des art. L. 717-4 et R. 717-11 CPI, R. 211-7 COJ et 96 du Règl. (CE) 207/2009 sur la marque communautaire, que le Président du TGI de Paris, ce tribunal étant exclusivement compétent pour connaître du fond du litige lorsqu'une marque communautaire est en cause. • TGI Paris, 12 mai 2016, *GSM : PIBD 2016. III. 896.*

3. Usage abusif. La saisie-contrefaçon est une mesure facultative donnée au titulaire de la marque pour lui permettre d'établir les faits portant atteinte à ses droits. Le saisissant doit en user avec prudence, un usage abusif l'exposant à des dommages et intérêts. • Paris, 19 juin 1990 : *Ann. propr. ind. 1990. 169.* ♦ Procéder à une saisie-contrefaçon à la suite d'un dépôt frauduleux constitue un abus de droit d'agir en justice. • Orléans, 10 juill. 2003 : *PIBD 2003. III. 514 ; Propr. intell. 2004, n° 13, p. 937, obs. De Haas.* ♦ En constatant que le demandeur a omis, lors de sa requête en saisie-contrefaçon, de faire état d'une instance au fond, la cour d'appel a pu en déduire que l'autorisation de procéder à une saisie-contrefaçon a été obtenue dans des conditions abusives. • Com. 26 mars 2008, *Morgan : préc. note 2.*

4. Experts. Peut être désigné comme sachant, habilité à assister l'huissier lors d'une procédure de saisie-contrefaçon, un avocat non chargé de la procédure de contrefaçon, précédemment conseil en marques du saisissant, qui a la qualité d'avocat depuis la fusion des professions intervenue en 1992. • Com. 18 avr. 2000 : *D. 2001. 370, note Véron ; PIBD 2000. III. 314.* ♦ Le conseil en propriété industrielle, fût-il le conseil habituel du saisissant, exerce une profession indépendante, dont le statut est compatible avec la désignation en qualité d'expert du saisissant dans le cadre d'une saisie-contrefaçon de marque, mission qui ne constitue pas une expertise au sens des art. 232 s. C. pr. civ. • Com. 8 mars 2005 : *Bull. civ. IV, n° 53 ; PIBD 2005. III. 340 ; JCP E 2005, n° 648, obs. Caron ; CCE 2005, n° 102, note Caron ; Propr. intell. 2005, n° 17, p. 456, obs. de Candé.* ♦ Cassation de • Toulouse, 17 avr. 2003 : *CCE 2004, n° 3, note Caron* • Rennes, 25 mars 2004 : *PIBD 2004. III. 626.* ♦ Ni le requérant ni ses préposés, y fussent-ils autorisés, ne sont au nombre des personnes pouvant assister aux opérations de saisie-contrefaçon. Aucun motif ne peut justifier la présence d'un salarié d'une des requérantes et l'absence de toute intervention active de sa part lors des opérations ne peut davantage couvrir la nullité encourue du seul fait de leur présence. • Paris, 4 juin 2010 : *PIBD 2010. III. 620.* ♦ V. déjà en matière de brevets : ni le requérant ni ses préposés ne sont au nombre des personnes pouvant assister aux opérations de saisie-contrefaçon, peu important que le juge de la requête leur en ait donné l'autorisation. • Com. 8 juill. 2008 : *Bull. civ. IV, n° 142 ; PIBD 2008. III. 559.* ♦ La présence d'un technicien, dont il n'est pas établi qu'il était indépendant, suffit à vicier la saisie-contrefaçon. S'agissant d'une irrégularité de fond, la condition d'un grief n'est pas exigée, peu importe qu'il n'ait pris aucune part active de nature à influer sur les opérations de saisie. • Dijon, 20 nov. 2014, *Ecobios : PIBD 2015. III. 156.* ♦ Lorsque aucune disposition de l'ordonnance ayant autorisé la saisie-contrefaçon n'a fait interdiction à l'huissier de se faire accompagner des membres de son étude pour procéder matériellement au comptage des produits litigieux en dehors de toute autre mission, la demande en nullité de la saisie ne saurait prospérer. • Paris, 23 oct. 2015, *Adidas : PIBD 2015. III. 790.* • TGI Paris, 10 juin 2016, *Sun : PIBD 2016. III. 925.*

5. Délai entre la signification de l'ordonnance et les opérations de saisie. En application de l'art. 495 C. pr. civ., l'huissier doit nécessairement remettre, avant le déroulement des opérations de saisie-contrefaçon, au détenteur des objets saisis une copie de l'ordonnance sur requête. Si aucun texte ne détermine expressément un délai entre la remise de l'ordonnance et le début des opérations de saisie-contrefaçon, il doit exister un délai raisonnable entre ces deux événements afin que le saisi puisse prendre connaissance de l'ordonnance et être ainsi informé des motifs qui ont justifié la mesure de saisie-contrefaçon et de l'étendue des investigations autorisées. Un délai d'une minute ne saurait constituer un délai raisonnable ; le procès-verbal de saisie-contrefaçon doit donc être annulé. • TGI Paris, 6 oct. 2009 : *PIBD 2010. III. 29.* ♦ Seul le tiers saisi peut invoquer l'absence de délai raisonnable, à l'exclusion du présumé contrefacteur. • Paris, 23 oct. 2015, *Adidas : PIBD 2015. III. 790.* ♦ La jurisprudence est divisée sur la notion même de délai raisonnable et sur sa sanction. – V. le tableau dans *Propr. ind. 2015. Étude 21*, par Langlais et Dayan.

6. Nullité. En vertu de l'art. 494 C. pr. civ., la requête par laquelle est sollicitée l'ordonnance autorisant une saisie-contrefaçon doit être motivée. • TGI Paris, 13 nov. 2014, *Island Stone : PIBD 2015. III. 83.* ♦ ... Ce qui suppose que le demandeur appuie sa requête sur des indices qui rendent vraisemblable la contrefaçon alléguée, V. en matière de dessins et modèles : • TGI Paris, 13 nov. 2014 : *PIBD 2015. III. 82 ; Propr. intell. 2016, n° 58, p. 100, obs. de Haas.* ♦ ... En matière de droit d'auteur : • Paris, 23 juin 2015, n° 15/03669 : *Propr. intell. 2016, n° 58, p. 100 obs. de Haas.* ♦ ... Et en matière de brevet : • Paris, 28 janv. 2014 : *PIBD 2014. III. 273.* ♦ La contrefaçon pouvant se prouver par tous moyens, la nullité d'une saisie-contrefaçon n'empêche pas l'action de prospérer si la contrefaçon peut être prouvée à l'aide d'autres éléments produits par le demandeur. • Com. 19 déc. 2006 : *Bull. civ. IV, n° 265 ; PIBD 2007. III. 112.* ♦ La saisie-contrefaçon doit être annulée lorsque l'huissier autorisé à pratiquer une saisie descriptive a outrepassé les termes de sa mission en se faisant remettre des documents. • Com. 19 déc. 2006 : *préc.* ♦ ... Ou en saisissant l'ensemble des marchandises, contrairement aux termes de l'ordonnance qui n'autorisait que le prélèvement d'échantillons. • Agen, 26 mai 2014, *Lancôme, n° 13/00465 : Propr. intell. 2014, n° 53, p. 420, obs. Canlorbe.* ♦ De la même façon, l'huissier, même habilité à effectuer « toutes recherches et constatations utiles afin de découvrir l'origine et l'étendue de la contrefaçon » ne peut, sans y avoir été expressément et précisément autorisé, en l'absence de découverte préalable de produits contrefaisants sur les lieux de la saisie, produire des objets aux personnes présentes afin de recueillir leurs déclarations spontanées quant aux actes argués de contrefaçon. • Com. 29 juin 2010 : *CCE 2010, n° 94, note Caron.* ♦ V. en matière de droit d'auteur • Civ. 1re, 2 avr. 2009 : *Bull. civ. I, n° 73.* ♦ Et de modèles • Com. 7 juill. 2009 : *Bull. civ. IV, n° 103.*

7. Rétractation. En vertu de l'art. 497 C. pr. civ., le juge saisi d'une demande de rétractation est investi des mêmes attributions que celles dont il disposait lorsqu'il a rendu la décision dont il est demandé la rétractation. Il doit, après débat contradictoire, statuer sur les mérites de la requête initiale et apprécier si les conditions de la saisie-contrefaçon étaient remplies au moment où il a statué. Il ne lui appartient pas d'apprécier la validité du titre sur le fondement duquel la requête lui a été présentée. • TGI Paris, 13 nov. 2014, *Island Stone : préc. note 6.*

8. Délai de forclusion. L'art. L. 716-7 prévoyant que le requérant à une saisie-contrefaçon doit, sous peine de nullité, « se pourvoir soit par la voie civile, soit par la voie correctionnelle » dans un certain délai à compter de la saisie, ce serait ajouter au texte que d'exiger non seulement la délivrance de l'assignation dans ce délai, mais également le placement devant le tribunal dans ce délai alors que celui-ci peut être effectué dans les 4 mois (C. pr. civ., art. 757). Dès lors, une assignation délivrée dans le délai imparti par le texte valide la saisie. • Paris, 29 sept. 2000 : *Ann. propr. ind. 2001. 56* • TGI Paris, 27 mai 1994 : *PIBD 1995. III. 459 ; Ann. propr. ind. 1997. 5* • 15 nov. 1996 : *PIBD 1997. III. 211* • 7 févr. 1997 : *Ann. propr. ind. 1997. 11.* ♦ En matière criminelle, satisfait aux exigences de l'art. L. 716-7 le prévenu qui a saisi dans le délai un juge d'instruction, fût-il incompétent. • Crim. 29 févr. 2000 : *RTD com. 2000. 649, obs. Azéma et Galloux ; JCP 2000. IV. 2015.* – Sur le dépôt d'une plainte simple, V. comm. ss. art. L. 716-7. ♦ Le requérant ne saurait pratiquer sans autorisation de nouvelles saisies-contrefaçons dont le seul but serait de se substituer à la première, nulle de plein droit à défaut d'action au fond engagée dans le déla,i et de rendre ainsi inefficace la sanction prévue par la loi. • Paris, 10 juill. 1989 : *PIBD 1990. III. 21.*

9. Un transporteur ne peut invoquer son droit de rétention pour faire échec à une saisie-contrefaçon de marchandises contrefaites dès lors que leur caractère illicite en interdit la commercialisation. • Com. 26 oct. 1999 : *Ann. propr. ind. 2000. 49 ; RJDA 1999, n° 1386.*

Le transfert de la propriété des produits argués de contrefaçon à une société tiers à la procédure n'affecte pas la régularité des opérations de saisie descriptive dès lors que des actes de contrefaçon sont reprochés au défendeur et qu'aucune disposition légale ne prévoit la notification des opérations de saisie au propriétaire des marchandises. • TGI Paris, 6 sept. 2006 : *PIBD 2006. III. 784.*

10. Les dispositions de l'art. L. 716-7 n'interdisent pas au titulaire d'une marque renommée agissant sur le fondement de l'art. L. 713-5 de faire pratiquer une saisie-contrefaçon. • Com. 20 févr. 2007, *Marchesini : Propr. ind. 2007, n° 39, note Tréfigny ; Propr. intell. 2007, n° 24, p. 353, obs. Passa.*

Art. L. 716-7-1 A *(L. n° 2014-315 du 11 mars 2014, art. 4)* **La juridiction peut ordonner, d'office ou à la demande de toute personne ayant qualité pour agir en contrefaçon, toutes les mesures d'instruction légalement admissibles même si une saisie-contrefaçon n'a pas préalablement été ordonnée dans les conditions prévues à l'article L. 716-7.**

COMMENTAIRE

Voir le commentaire sous l'article L. 716-7.

Art. L. 716-7-1 *(L. n° 2007-1544 du 29 oct. 2007, art. 26)* **Si la demande lui en est faite, la juridiction saisie** *(L. n° 2014-315 du 11 mars 2014, art. 3)* **« au fond ou en référé » d'une procédure civile prévue au présent titre peut ordonner, au besoin sous astreinte, afin de déterminer l'origine et les réseaux de distribution des produits** *(L. n° 2014-315 du 11 mars 2014, art. 3)* **« argués de contrefaçon » qui portent atteinte aux droits du demandeur, la production de tous documents ou informations détenus par le défendeur ou par toute personne qui a été trouvée en possession de produits** *(L. n° 2014-315 du 11 mars 2014, art. 3)* **« argués de contrefaçon » ou qui fournit des services utilisés dans** *(L. n° 2014-315 du 11 mars 2014, art. 3)* **« de prétendues activités » de contrefaçon ou encore qui a été signalée comme intervenant dans la production, la fabrication ou la distribution de ces produits ou la fourniture de ces services.**

La production de documents ou d'informations peut être ordonnée s'il n'existe pas d'empêchement légitime.

Derniers al. abrogés par L. n° 2014-315 du 11 mars 2014, art. 3.

COMMENTAIRE

La loi n° 2014-315 du 11 mars 2014 a remanié la loi n° 2007-1544 du 29 octobre 2007 qui avait transposé, à l'article L. 716-7-1, l'article 8 de la directive 2004/48/CE relative au respect des droits de propriété intellectuelle, créant, au bénéfice de la victime d'une contrefaçon, un droit d'information destiné à déterminer l'origine et les réseaux de distribution des produits contrefaisants.

Il s'agit d'une innovation importante même si l'on peut observer que les règles générales du code civil (art. 10) et du code de procédure civile (art. 11, al. 2, et art. 138 à 142) font obligation à certaines personnes de produire en justice, au besoin sous astreinte, les pièces ou les informations qu'elles détiennent et donnent au juge de la mise en état (C. pr. civ., art. 770) la faculté d'exercer « tous les pouvoirs nécessaires à la communication, à l'obtention et à la production des pièces » (V. note 2).

On retrouve du reste dans l'article L. 716-7-1 les conditions générales posées par ces dispositions.

Comme en droit commun, l'obligation de produire un document ou une information implique une *décision du juge*. Ce dernier a un pouvoir d'appréciation sur l'utilité de la mesure et doit s'assurer de l'absence d'obstacle à la production de la pièce demandée (V. ci-dessous la notion d'empêchement légitime).

Le juge n'a pas le pouvoir de l'ordonner d'office ; elle ne peut être prononcée qu'*à la demande d'une des parties* (plus spécialement le demandeur en contrefaçon).

Elle suppose qu'une « procédure civile » ait été engagée.

Cette formulation exclut que la faculté ouverte par l'article L. 716-7-1 puisse être utilisée en matière pénale : le législateur a sans doute estimé que les pouvoirs d'investigation dont dispose le juge d'instruction étaient suffisants.

Elle ne signifie pas pour autant qu'une instance « au fond » doit être pendante devant la juridiction civile. La loi n° 2014-315 du 11 mars 2014 précise que les mesures d'information peuvent être demandées à la juridiction saisie au fond « ou en référé » et entérine la jurisprudence de la Cour de cassation (V. note 2) sur le fait qu'elles peuvent aussi être ordonnées par le juge de la mise en état alors qu'il ne s'agit, à ce stade de la procédure, que de marchandises « prétendument contrefaisantes ».

Pour préserver les intérêts du défendeur, les tribunaux (V. note 1) rejettent généralement la demande d'information lorsque les éléments de preuve apportés par le demandeur sont peu convaincants, le juge ne pouvant pallier la carence d'une partie dans l'administration de la preuve. Pour autant, la loi nouvelle précise (art. L. 716-7-1 A) que la demande d'information ne saurait être subordonnée à la réalisation préalable d'une saisie-contrefaçon.

La mesure d'information s'adresse indifféremment *au défendeur ou aux tiers*.

Les personnes visées par la mesure sont reprises du texte de la directive.

Pour ce qui est du *présumé contrefacteur*, il s'agit d'obtenir de lui la *production de documents comptables et commerciaux* essentiellement dans le but de vaincre sa résistance à une saisie-contrefaçon pratiquée sur ces documents (V. ex. cités par P. de Candé : *Propr. intell. 2008, n° 26, p. 62*).

Les *tiers* visés par la mesure ne sont pas des tiers indifférenciés ; ils ne doivent pas nécessairement avoir rempli un rôle dans l'activité de contrefaçon, mais avoir en tout cas un point de contact avec elle.

Partant de l'idée que ceux qui ont en leur possession un objet portant une marque contrefaite connaissent la voie par laquelle ils l'ont obtenu, les premiers visés sont ceux qui ont été trouvés *en possession de produits contrefaisants* et, au premier chef, des *particuliers*, le cas des commerçants (producteurs, fabricants ou distributeurs) étant prévu par la suite.

La mesure d'information vise ensuite *toute personne qui fournit des services utilisés dans des activités de contrefaçon*. Le législateur a cherché ici à obtenir des intermédiaires, utilisés par les contrefacteurs pour diffuser les produits contrefaits ou en recevoir le paiement, l'identité de leur donneur d'ordre. Sont notamment visés : les transporteurs (services postaux, services internationaux de fret express type UPS, Fed Ex...), les plates-formes d'intermédiation électronique (eBay, – V. note 2) ou les services internationaux de transfert de sommes d'argent (type Western Union).

Elle s'adresse enfin à toute personne *qui a été signalée comme intervenant dans la production, la fabrication et la distribution* des produits ou des services portant une marque contrefaite. *Qui a été signalée* : par qui ?

On peut penser d'abord à la victime de la contrefaçon qui, à l'occasion de l'action qu'elle a intentée contre le défendeur, a des doutes sur la participation de telle ou telle autre personne dans la distribution des produits contrefaisant sa marque. En ce qui la concerne, il aurait peut être été prudent de subordonner sa demande à des éléments qui rendent ses doutes vraisemblables. Mais, ici comme en droit commun, d'une part, le juge dispose d'un pouvoir d'appréciation qui lui permettra de refuser la mesure d'information sollicitée si elle lui paraît reposer sur des éléments trop fragiles ou participer d'une intention malveillante, par exemple, se procurer des informations couvertes par le secret des affaires et, d'autre part, il résulte de l'article 8 de la directive CE n° 2004/48 que la demande du requérant (donc de la victime supposée de la contrefaçon) doit être « justifiée et proportionnée » (art. 8, § 1).

Mais cette expression vise surtout le maillon de la chaîne de contrefaçon découvert par les mesures d'information mises en œuvre précédemment, et c'est d'ailleurs ainsi que le conçoit la directive (art. 8, § 1, point *d)* : « toute personne qui .... *d)* a été signalée par la personne visée aux points *a) b)* ou *c)* comme intervenant dans la production, la fabrication ou la distribution des marchandises ou la fourniture de services » (la personne visée au point *a)* étant celle qui a été trouvée en possession des marchandises contrefaisantes ; celle visée au point *b)*, celle qui a été trouvée en train d'utiliser des services contrefaisants ; celle visée au point *c)*, celle qui a été trouvée en train de fournir des services utilisés dans des activités contrefaisantes) : le défendeur désigne son fournisseur qui lui-même désigne son propre fournisseur et ainsi de suite...

Sans doute pour éviter qu'il ne soit interprété de façon restrictive, la loi n° 2014-315 du 11 mars 2014 a supprimé le dernier alinéa de l'article L. 716-7-1 ancien qui contenait la liste des documents dont la production était susceptible d'être ordonnée par le juge. Sa décision pourra donc viser tous les documents qu'il estime utiles pour poursuivre l'objectif visé par l'article L. 716-7-1, à savoir déterminer l'origine et les réseaux de distribution des produits contrefaisants et, notamment, même si elles ne sont plus mentionnées dans la loi française, les pièces comptables énumérées dans l'art. 8, § 2, sous b), de la directive, 2004/48/CE, dont les dispositions s'imposent au juge français.

Ces pièces comptables et notamment les quantités de marchandises commercialisées et surtout leur prix sont très utiles pour déterminer le préjudice né de la contrefaçon, dont on sait combien il est difficile à chiffrer (V. le comm. ss. l'art. L. 716-14). La question se pose de savoir si la victime de la contrefaçon peut utiliser la procédure de l'article L. 716-7-1 dans ce but ; sa solution est controversée (V. note 4), même si la Cour de cassation, dans une décision, à vrai dire peu claire, relative à l'application de l'article L. 521-5 (dont le texte est identique à celui commenté ici) a semblé donner une réponse positive ; il aurait sans doute été bienvenu de profiter de la refonte du droit d'information pour clarifier ce point.

Enfin, l'obligation de produire des documents ou de fournir des informations est conditionnée par le fait qu'il n'existe pas d'*empêchement légitime*.

Il s'agit là d'un obstacle à l'obligation de produire (C. pr. civ., art. 11, al. 2) qui permet par exemple au tiers de demander au juge de modifier ou de rétracter sa décision (C. pr. civ., art. 141). Il sera sans doute interprété conformément au droit commun pour lequel constitue un empêchement légitime notamment la force majeure, le secret professionnel ou le secret des affaires (sur cette question, V. G. Couchez et a., Procédure civile, *Dalloz, 2008, n° 781*). La CJUE a jugé sur ce point (V. note 5), dans une espèce relative à la contrefaçon d'une marque communautaire de parfum, que l'article 8, § 3, sous e), de la directive 2004/48/CE du 29 avril 2004, relative au respect des droits de propriété intellectuelle, doit être interprété en ce sens qu'il s'oppose à une disposition nationale qui autorise, de manière illimitée et inconditionnelle, un établissement bancaire à exciper du secret bancaire pour refuser de fournir, dans le cadre de l'article 8, § 1, sous c), de cette directive, des informations portant sur le nom et l'adresse du titulaire d'un compte. ❑

1. Le défendeur à une demande de production de pièces ne peut se prévaloir de l'art. 1er *bis* de la loi du 26 juill. 1968 qui interdit toute communication de documents d'ordre économique, commercial, industriel, financier ou technique en vue de la constitution de preuve dans le cadre de procédures judiciaires étrangères. • TGI Paris, 4 sept 2009 : *PIBD 2009. III. 1444.* ♦ Si les informations relatives à l'ampleur des ventes réalisées par le contrefacteur relèvent de celles visées par l'art. L. 716-7-1, la demande d'information doit être rejetée s'il ressort des faits de l'espèce et notamment de la minceur des preuves produites par le demandeur qu'elle conduirait le juge de la mise en l'état à se substituer à celui-ci dans l'administration de la preuve de la contrefaçon. • TGI Paris, 3 avr. 2009 : *PIBD 2009. III. 1282.*

2. Les dispositions de l'art. L. 716-7-1 permettent au juge de la mise en état d'ordonner les mesures qu'il prévoit avant toute décision sur la matérialité de la contrefaçon. • Com. 13 déc. 2011 : *RTD com. 2012. 107, obs. Azéma* ; *PIBD 2012. III. 125* • Paris, 10 mars 2015, *Polo : PIBD 2015. III. 298.* ♦ Aucun texte, alors que l'esprit de la loi est de donner au juge les moyens de lutter contre les contrefaçons, n'exige que le juge du provisoire – qui présente toutes les garanties d'un juge – soit contraint d'attendre une décision au fond sur l'existence de la contrefaçon pour statuer sur ce droit à l'information... Il dispose des pouvoirs suffisants pour ordonner la production de pièces permettant d'obtenir des informations sur les réseaux, sur la masse contrefaisante, sur l'étendue du préjudice, mais aussi de conforter les faits de contrefaçon. • Paris, 17 févr. 2010, *Marithé et François Girbault : PIBD 2010. III. 449.*

3. Le droit à l'information consacré par l'art. L. 716-7-1 ne touche pas au fond du droit mais constitue une disposition de procédure relative à l'administration de la preuve applicable aux instances en cours. Il ne vise pas seulement ceux qui sont en possession des marchandises contrefaisantes, mais aussi ceux qui, tels eBay, fournissent des services utilisés dans les activités de contrefaçon. Son but est de fournir au juge civil des éléments d'appréciation sur l'étendue des activités contrefaisantes : identité des vendeurs et des acheteurs, quantités commercialisées, prix obtenus, montant des commissions perçues par eBay. • Reims, 5 mai 2009 : *D. 2009. 2470, note Huet* .

4. Le droit à l'information défini à l'art. L. 716-7-1 est limité à la recherche de l'origine et des réseaux de distribution de produits contrefaisants et ne peut servir à établir l'ampleur du préjudice subi par le demandeur en contrefaçon. • TGI Paris, 25 mars 2011 : *PIBD 2011. III. 566.* ♦ *Contra* : l'évaluation de la masse contrefaisante et l'identification des réseaux de distribution ne sont pas exclusives l'une de l'autre. Les éléments rassemblés pour le second objectif servent aussi bien le premier. • TGI Paris, 22 janv. 2016, *Sweet Pants : PIBD 2016. III. 256 ; Propr. ind. 2016, n° 38, obs. Tréfigny.* ♦ Il y a lieu de faire droit à la demande de production de pièces afin de permettre au demandeur de déterminer les faits de contrefaçon allégués et le préjudice en résultant. • TGI Paris, ord., 21 mars 2008, *Textiles Well : PIBD 2008. III. 380 ; CCE 2008. 66, note Caron ; RTD com. 2008. 543, note Azéma* • 18 avr. 2008, *Sté des Bains de mer : PIBD 2008. III. 448 ; PIBD 2011. III. 567.* ♦ Et, par analogie, en matière de dessins et modèles : il résulte de l'art. L. 521-5 CPI que la juridiction saisie au fond d'une action en contrefaçon peut, au terme d'une procédure contradictoire, ordonner au défendeur de produire des informations et éléments, de nature commerciale ou comptable, susceptibles de permettre au titulaire du dessin ou modèle, qui a rapporté par ailleurs la preuve de la contrefaçon alléguée, de déterminer l'origine et l'étendue de la contrefaçon et de parfaire ses demandes. • Com. 8 oct. 2013, *Maisons du Monde : Bull. civ. IV, n° 149 ; PIBD 2013. III. 1614 ; CCE 2013, n° 123, obs. Caron.*

5. Secret bancaire. V. la jurisprudence communautaire sous l'art. 8 de la Dir. 2004/48/CE du 29 avr. 2004 (V. App., v° *Dispositions générales*).

CHAPITRE VI *BIS* LA RETENUE (*L. n° 2014-315 du 11 mars 2014, art. 7-VI-1°*).

Art. L. 716-8 (*L. n° 2007-1544 du 29 oct. 2007, art. 27*) **En dehors des cas prévus par la réglementation communautaire en vigueur, l'administration des douanes peut, sur demande écrite du propriétaire d'une marque enregistrée ou du bénéficiaire d'un droit exclusif d'exploitation, assortie des justifications de son droit, retenir dans le cadre de ses contrôles les marchandises que celui-ci prétend constituer une contrefaçon.**

(*L. n° 2014-315 du 11 mars 2014, art. 7*) **« Cette retenue est immédiatement notifiée au demandeur et au détenteur. Le procureur de la République est également informé de ladite mesure par l'administration des douanes.**

« Lors de la notification mentionnée à la première phrase du deuxième alinéa du présent article, la nature, la quantité réelle ou estimée ainsi que des images des marchandises sont communiquées au propriétaire du droit ou au bénéficiaire du droit

exclusif d'exploitation, par dérogation à l'article 59 *bis* du code des douanes. Ces informations peuvent également être communiquées avant la mise en œuvre de la mesure de retenue prévue par le présent article.

« Sous réserve des procédures prévues aux articles L. 716-8-4 et L. 716-8-5, » la mesure de retenue est levée de plein droit à défaut, pour le demandeur, dans le délai de dix jours ouvrables ou de trois jours ouvrables s'il s'agit de denrées périssables, à compter de la notification de la retenue des marchandises, de justifier auprès des services douaniers soit de mesures conservatoires décidées par la juridiction civile compétente, soit de s'être pourvu par la voie civile ou la voie correctionnelle et d'avoir constitué les garanties destinées à l'indemnisation éventuelle du détenteur des marchandises au cas où la contrefaçon ne serait pas ultérieurement reconnue *(L. n° 2014-315 du 11 mars 2014, art. 11)* « , soit d'avoir déposé une plainte auprès du procureur de la République ». *(L. n° 2014-315 du 11 mars 2014, art. 7)* « L'administration des douanes peut proroger le délai de dix jours, prévu au présent alinéa, de dix jours ouvrables maximum sur requête dûment motivée du demandeur. En cas de prorogation du délai, le procureur de la République et le détenteur des marchandises en sont informés. »

Les frais liés à la mesure de retenue ou aux mesures conservatoires prononcées par la juridiction civile compétente sont à la charge du demandeur *(L. n° 2014-315 du 11 mars 2014, art. 7)* « , sous réserve des procédures prévues aux articles L. 716-8-4 et L. 716-8-5 ».

Aux fins de l'engagement des actions en justice visées au quatrième alinéa, le demandeur peut obtenir de l'administration des douanes communication des nom et adresse de l'expéditeur, de l'importateur, du destinataire des marchandises retenues ou de leur détenteur, ainsi que *(L. n° 2014-315 du 11 mars 2014, art. 7)* « des images de ces marchandises et des informations sur leur quantité, leur origine, leur provenance et leur destination » par dérogation à l'article 59 *bis* du code des douanes, relatif au secret professionnel auquel sont tenus les agents de l'administration des douanes.

La retenue mentionnée au premier alinéa ne porte pas :

— sur les marchandises de statut communautaire, légalement fabriquées ou mises en libre pratique dans un État membre de la Communauté européenne et destinées, après avoir emprunté le territoire douanier tel que défini à l'article 1er du code des douanes, à être mises sur le marché d'un autre État membre de la Communauté européenne pour y être légalement commercialisées ;

— sur les marchandises de statut communautaire, légalement fabriquées ou légalement mises en libre pratique dans un autre État membre de la Communauté européenne, dans lequel elles ont été placées sous le régime du transit et qui sont destinées, après avoir transité sur le territoire douanier tel que défini à l'article 1er du code des douanes, à être exportées vers un État non membre de la Communauté européenne.

Pour l'application des art. L. 716-8 à L. 716-16, V. art. R. 716-6.

Les dispositions des art. L. 716-8 à L. 716-15 sont applicables aux marques communautaires (CPI, art. L. 717-2).

Sur la définition des denrées périssables, V. Arr. du 29 juin 2015, ss. art. L. 335-14.

Ancien art. L. 716-8 *L'administration des douanes peut, sur demande écrite du propriétaire d'une marque enregistrée ou du bénéficiaire d'un droit exclusif d'exploitation, retenir dans le cadre de ses contrôles les marchandises qu'il prétend* (L. n° 94-102 du 5 févr. 1994, art. 11-I) *« présentées sous » une marque constituant la contrefaçon de celle dont il a obtenu l'enregistrement ou sur laquelle il bénéficie d'un droit d'usage exclusif.*

(L. n° 94-102 du 5 févr. 1994, art. 11-II) *« Le procureur de la République, le demandeur ainsi que le déclarant ou le détenteur des marchandises sont informés sans délai, par les services douaniers, de la retenue à laquelle ces derniers ont procédé. »*

La mesure de retenue est levée de plein droit à défaut pour le demandeur, dans le délai de dix jours ouvrables à compter de la (L. n° 94-102 du 5 févr. 1994, art. 11-III) *« notification de la » retenue des marchandises, de justifier auprès des services douaniers :*

— soit de mesures conservatoires décidées par le président du tribunal de grande instance ;

— soit de s'être pourvu par la voie civile ou la voie correctionnelle et d'avoir constitué les garanties requises pour couvrir sa responsabilité éventuelle au cas où la contrefaçon ne serait pas ultérieurement reconnue.

(L. n° 94-102 du 5 févr. 1994, art. 11-IV) ***« Aux fins de l'engagement des actions en justice visées à l'alinéa précédent, le demandeur peut obtenir de l'administration des douanes communication des noms et adresses de l'expéditeur, de l'importateur, du destinataire des marchandises retenues ou de leur détenteur ainsi que de leur quantité, nonobstant les dispositions de l'article 59 bis du code des douanes relatif au secret professionnel auquel sont tenus les agents de l'administration des douanes. »*** – [L. n° 91-7 du 4 janv. 1991, art. 22.]

(L. n° 2003-706 du 1er août 2003, art. 84) ***« La retenue mentionnée au premier alinéa ne porte pas sur les marchandises de statut communautaire, légalement fabriquées ou mises en libre pratique dans un État membre de la Communauté européenne et destinées, après avoir emprunté le territoire douanier tel que défini à l'article 1er du code des douanes, à être mises sur le marché d'un autre État membre de la Communauté européenne, pour y être légalement commercialisées. »***

Pour un bilan d'application de la L. n° 94-102 du 5 févr. 1994 relative à la répression de la contrefaçon, V. Rép. min. n° 2143, JO Sénat Q, 23 oct. 1997 ; PIBD 1997. I, p. 89.

BIBL. ▶ DE GARCIA, *Gaz. Pal. 1992. 1. 150* (l'administration des Douanes et les contrefaçons). – DREYER, *D. 2015. 1164* (propriétés intellectuelles : prendre (enfin) le droit pénal au sérieux). – SIGRIST et VILMART, *J.-Cl. Marques, fasc. 7530* (contrefaçon de marques : le rôle des Douanes).

COMMENTAIRE

Commentaire commun aux articles L. 716-8 à L. 716-8-8

Les articles L. 716-8 à L. 716-8-8 traitent de la retenue en douane des marchandises soupçonnées de constituer une contrefaçon.

Conformément à la dualité du droit douanier, dans lequel coexistent un code des douanes de l'Union (Règl. (UE) n° 952/2013 du 9 oct. 2013, ci-après code des douanes de l'Union) et un code des douanes national, ces dispositions sont organisées autour de la distinction entre « les cas prévus par la réglementation communautaire » (art. L. 716-8-2) et ceux qui ne le sont pas (art. L. 716-8 et L. 716-8-1). A cette nuance près que la retenue en douane des marchandises soupçonnées de contrefaçon, prévue par la réglementation communautaire, ne résulte pas du code des douanes de l'Union (préc.), mais d'un texte spécial, le règlement (UE) n° 608/2013 du 12 juin 2013 concernant le contrôle par les autorités douanières du respect des droits de propriété intellectuelle (ci-après désigné pr les termes « le règlement » et « visant à empêcher dans toute la mesure du possible la mise sur le marché de l'Union de marchandises de contrefaçon et à empêcher cette commercialisation illicite sans pour autant entraver le commerce légitime » (2e consid., V. ce texte, App., v° *Dispositions générales*).

Cette dualité s'explique par le fait que le droit douanier de l'Union vise à protéger ses frontières extérieures et ne s'intéresse par là même qu'aux marchandises originaires des pays tiers entrant dans son territoire ou aux marchandises sur le point de le quitter (Règl. (UE) n° 608/2013, art. 1er). Or toutes les contrefaçons ne proviennent pas de pays tiers ; c'est donc en utilisant son droit douanier national que chaque État membre pourra se protéger contre des contrefaçons en provenance de l'Union (ou même de son propre territoire), qu'elles y aient été fabriquées ou qu'elles aient été importées d'un pays tiers en échappant aux contrôles douaniers.

Par conséquent, la retenue en douane « prévue par la réglementation communautaire » (art. L. 716-8-2) ne s'applique qu'aux marchandises soupçonnées de porter atteinte à une marque (dont la liste figure dans l'art. 2, § 2, du règlement) se présentant aux frontières de l'Union en provenance de pays tiers, à l'exclusion des marchandises sans caractère commercial, contenues dans les bagages personnels des voyageurs (Règl. (UE) n° 608/2013, art. 1er, § 4) ; la retenue en douane « en dehors des cas prévus par la réglementation communautaire » (art. L. 716-8 et L. 716-8-1) s'applique aux marchandises ayant une provenance communautaire auxquelles il faut ajouter éventuellement les produits portant une marque contrefaite contenus dans les bagages des voyageurs (V. art. L. 716-10, note 9). Cette distinction continue de s'appliquer même si la Cour de cassation, dans une décision du 11 mars 2014 (V. *infra* note 2), a rejeté le pourvoi reprochant à une cour d'appel d'avoir fondé sa décision sur l'article L. 716-8 du code de la propriété intellectuelle alors qu'en l'espèce, les marchandises provenant d'un État étranger à l'Union, la compétence des douanes aurait dû être fondée sur le règlement. Il est vrai que les deux textes contenaient des dispositions comparables.

Si l'on prend l'exemple d'un même porte-conteneurs déchargeant dans le port du Havre, on appliquera, le cas échéant, la retenue communautaire (Règl. (UE) n° 608/2013 et art. L. 716-8-2) à un conteneur chargé à Alexandrie et la retenue des articles L. 716-8 et L. 716-8-7 à un conteneur chargé à Gênes.

On conclura cette introduction en observant que, même si le droit douanier, comme on vient de le constater, est pour partie communautaire, les fonctionnaires chargés de le faire respecter restent intégralement rattachés à leur administration nationale, comme le rappelle l'article L. 716-8-7.

I. LA RETENUE PRÉVUE PAR LA RÉGLEMENTATION COMMUNAUTAIRE (ART. L. 716-8-2, L. 716-8-3, L. 716-8-6 À L. 716-8-8)

Le régime de la retenue prévue par le droit communautaire résulte du règlement (UE) n° 608/2013 (ci-après « le règlement ») ainsi que des articles L. 716-8-2, L. 716-8-3, L. 716-8-6, L. 716-8-7 et L. 716-8-8 du code de la propriété intellectuelle.

Les articles précités doivent donc être lus en considération du règlement et en tenant compte du fait que, ce texte étant d'application directe depuis le 1er janvier 2004 dans les situations qu'il vise (la protection du territoire douanier de l'Union contre les marchandises de contrefaçon), il l'emporte en cas de contradiction avec la loi interne.

Pour ce qui intéresse le droit des marques, les **marchandises auxquelles peut s'appliquer la retenue** prévue par le droit communautaire sont « des marchandises de contrefaçon » (art. 2, § 1, point *a*), à savoir : « les marchandises qui font l'objet d'un acte portant atteinte à une marque dans l'État membre où elles se trouvent et sur lesquelles a été apposé sans autorisation un signe qui est identique à la marque valablement enregistrée pour le même type de marchandises ou qui ne peut être distingué dans ses aspects essentiels de cette marque », auxquelles s'ajoute, pour faire échec aux pratiques des contrefacteurs consistant à importer d'une part un produit « nu » et d'autre part les éléments matériels d'identification du produit (Règl., art. 2, § 5, point c), « tout emballage, étiquette, autocollant, brochure, notice, document de garantie ou autre article similaire, même présenté séparément, qui fait l'objet d'un acte portant atteinte à une marque qui comporte un signe, un nom ou un terme qui est identique à une marque valablement enregistrée ou qui ne peut être distingué, dans ses éléments essentiels, de ladite marque et qui peut être utilisé pour le même type de marchandises que celles pour lesquelles la marque a été enregistrée ».

L'article 3 du règlement distingue entre les personnes habilitées à déposer **une demande nationale ou une demande au niveau de l'Union**. Par demande, il faut entendre une requête adressée au service douanier compétent pour que les autorités douanières interviennent dans le cas où des marchandises sont susceptibles de porter atteinte à un droit de propriété intellectuelle (art. 2, point 9) ; la « demande nationale » est une demande adressée aux autorités douanières d'un État membre pour qu'elles interviennent dans cet État membre (art. 2, point 10) ; « la demande au niveau de l'Union » vise pour sa part (art. 2, point 11) « une demande d'intervention présentée dans un État membre et par laquelle il est demandé aux autorités douanières de cet État membre et d'un ou de plusieurs autres États membres d'intervenir dans leurs États membres respectifs ». Une demande nationale peut être présentée par le titulaire du droit de marque ou par les personnes ou entités qu'il a autorisées à utiliser la marque à condition qu'elles aient été officiellement autorisées à engager une procédure pour déterminer s'il y a eu atteinte à un droit de propriété intellectuelle (art. 3, § 2, sous a) ; une demande au niveau de l'Union ne peut pour sa part être déposée que par le titulaire du droit de marque ou les titulaires de licences exclusives couvrant l'intégralité du territoire de deux États membres ou plus, lorsqu'ils ont été officiellement autorisés dans ces États membres par le titulaire de droits à engager une procédure pour déterminer s'il y a eu atteinte à un droit de propriété intellectuelle (art. 3, § 3), étant précisé (art. 2, point 21) que la licence exclusive s'entend d'une licence (qu'elle ait un caractère général ou limité) « autorisant son bénéficiaire, à l'exclusion de toute autre personne, y compris celle qui accorde la licence, à utiliser un droit de propriété intellectuelle de la manière autorisée par la licence » et qu'une demande au niveau de l'Union ne peut être présentée qu'« en ce qui concerne les droits de propriété intellectuelle fondés sur le droit de l'Union produisant des effets dans l'ensemble de l'Union », donc, en ce qui concerne les marques, que pour les marques communautaires (art. 4).

La loi française (V., *infra*, art. L. 716-8 et L. 716-8-1) comme le règlement font la distinction entre le cas où les autorités douanières agissent à l'occasion de leurs contrôles, donc en dehors de toute demande des personnes habilitées par l'article 3 de la directive (ci-après le titulaire du droit) (art. L. 716-8-I, § 1), et le cas où leur intervention est sollicitée par ces dernières (art. L. 716-8-2, II), ou, de manière plus précise, pour reprendre les termes du règlement, avant qu'il a été fait droit à une demande du titulaire du droit (art. 18) ou après qu'il a été fait droit à une telle demande (art. 17).

Lorsque les services douaniers interviennent **avant** qu'une demande du titulaire du droit ait été présentée ou acceptée, c'est-à-dire dans le cas où des marchandises de contrefaçon auraient été découvertes lors d'un contrôle douanier ordinaire, ils doivent informer le déclarant ou le détenteur des marchandises dans le délai d'un jour ouvrable à partir de la suspension de la mainlevée ou de la retenue des marchandises (ci-après la retenue des marchandises) (art. 18, § 3, al. 1) et le titulaire du droit le même jour ou dans les moindres délais après la notification adressée au déclarant ou au détenteur des marchandises (art. 18, § 3, al. 3).

Le titulaire du droit doit introduire auprès des services douaniers une « demande d'intervention » dans les formes prescrites par l'article 6 du règlement dans les quatre jours ouvrables à partir de la notification de la retenue des marchandises (art. 5, § 3) ss. a), et le service douanier compétent doit l'informer de sa décision de faire droit à sa demande ou de la rejeter dans le délai de deux jours ouvrables à compter de sa réception (art. 9, § 2).

L'article 18, en son pargraphe 2, du règlement précise que, avant de procéder à la retenue des marchandises, les autorités douanières peuvent demander au titulaire du droit qu'il leur fournisse toutes les informations utiles. Les autorités douanières pourront pour leur part lui communiquer des informations à condition qu'elles portent uniquement sur la quantité réelle ou estimée de marchandises et sur leur nature, image comprise (V. dans ce sens art. L. 716-8-2, I, al. 1er).

Si la retenue a lieu sur **demande** du titulaire du droit ou de la personne habilitée par l'article 3 du règlement (ci-après le titulaire du droit) présentée dans les formes contraignantes des articles 5 et 6 du règlement sur lesquelles nous ne nous étendons pas, sauf pour signaler que la période pendant laquelle les services douaniers peuvent intervenir est limitée à un an, éventuellement renouvelable (art. 11, § 1), les services des douanes doivent informer le bénéficiaire de la décision de retenue de la mesure entreprise en lui communiquant la quantité des marchandises qui ont fait l'objet de la rétention douanière ainsi que leur nature, assortie le cas échéant de leur image (Régl., art. 17, § 4 ; CPI, art. L. 716-8-2, I, al. 2). Cette information est aussi communiquée au déclarant ou au détenteur des marchandises (définis à l'art. 2, pts 14 et 15). Si le bénéficiaire de la décision de retenue le requiert expressément, les autorités douanières lui fournissent également, si elles ont ces informations, le nom et l'adresse du destinataire, de l'expéditeur, du déclarant et du détenteur des marchandises, le régime douanier, ainsi que l'origine, la provenance et la destination des marchandises dont la mainlevée a été suspendue ou qui ont été retenues (art. 17, § 4). Pour la bonne compréhension des textes, on rappellera que, en droit douanier, les termes « origine » et « provenance » des marchandises ne sont pas synonymes. L'origine de la marchandise désigne « le pays d'où la marchandise est réputée issue » ; sa provenance, « le pays dans lequel a pris naissance son dernier transport ».

Sous peine de sanctions (art. 16, § 1 ; CPI, art. L. 716-8-6), les informations qui sont ainsi communiquées au bénéficiaire de la décision de retenue ne pourront être utilisées que dans l'un des buts visés par l'art. 21 du règlement.

Le bénéficiaire de la décision de retenue, de même que le déclarant, ont la possibilité d'inspecter les marchandises ayant fait l'objet de la mesure de rétention (Règl., art. 19, § 1 ; CPI, art. L. 716-8-3). Les autorités douanières peuvent prélever des échantillons représentatifs de la marchandise et les communiquer au bénéficiaire de la décision de retenue, sur requête spéciale de ce dernier (CPI, art. L. 716-8-3, al. 2 ; Règl., art. 19, § 2), *lequel est tenu de les restituer* (art. 19, § 3).

La retenue prend fin par la destruction des marchandises ou par l'introduction d'une procédure en contrefaçon (art. 23).

Les marchandises faisant l'objet d'une rétention peuvent être détruites sous contrôle douanier, sans qu'il soit nécessaire d'établir qu'il y avait eu violation d'un droit de propriété intellectuelle au regard du droit interne de l'État membre sur le territoire duquel elles se trouvent (Règl., art. 23, § 1 ; CPI, art. L. 716-8-4, I) si les trois conditions suivantes sont réunies : le bénéficiaire de la retenue doit avoir confirmé par écrit aux autorités dans un délai de dix jours ouvrables (trois jours pour les denrées périssables, définies à l'art. 2, point 20) à compter de la notification de la rétention qu'il est convaincu qu'il a été porté atteinte à son droit de propriété intellectuelle (Règl., art. 23 § 1, ss *a* ; CPI, art. L. 716-8-4, I, 1°) et qu'il consent à la destruction des marchandises (Règl., art. 23, § 1, ss. b ; CPI, art. L. 716-8-4, I, 2°), et le détenteur des marchandises doit également avoir confirmé par écrit, dans le même délai, qu'il consent lui aussi à la destruction des marchandises (Règl., art. 23, § 1 ss. c ; CPI, art. L. 716-8-4, I, 3°). Dans son cas, les autorités douanières ont la faculté de considérer que le silence vaut acceptation (Règl. art. 23, § 1, ss. c *in fine* ; CPI, art. L. 716-8-4, II).

La rétention est levée si le bénéficiaire de la retenue n'a pas respecté, dans le délai imparti, les obligations qui lui incombent (Règl., art. 23, § 1, dern. al. ; CPI, art. L. 716-8-4, III, dern. al.) sauf si, dans ce même délai, les autorités douanières ont été avisées de l'ouverture d'une procédure en contrefaçon (Règl., art. 23, § 1, dern. al.). De façon assez maladroite, sans doute pour éviter une redondance, l'article L. 716-8-4, III, dernier alinéa renvoie dans cette hypothèse aux dispositions de l'article L. 716-8, peut être moins rigoureux que le règlement, puisqu'il prévoit que le bénéficiaire de la retenue peut, dans le délai imparti, engager une procédure en contrefaçon, ou faire procéder à une saisie-contrefaçon. On rappellera à cette occasion – et l'article L. 716-8 reprend bien entendu cette solution – que la loi n° 2014-315 du 11 mars 2014 considère, malgré le principe de l'opportunité des poursuites, que les conditions posées par la loi sont satisfaites dans le cas où le demandeur dépose une plainte simple (V. comm. ss. art. L. 716-6).

Si le détenteur des marchandises n'a pas autorisé leur destruction ou n'est pas réputé l'avoir fait, les autorités douanières avisent le bénéficiaire de la retenue qui dispose d'un délai de dix jours ouvrables (trois jours pour les denrées périssables) à compter de la notification de la retenue pour réagir selon les modalités que nous venons de décrire. Ce délai peut être prorogé de dix jours maximum, à sa demande, sauf si les marchandises sont des denrées périssables (Règl. art. 23, § 4) ; l'article L. 716-8 précise que, dans ce cas, le détenteur des marchandises et le procureur de la République sont avisés.

Si les délais ne sont pas respectés, la mesure de retenue est levée (Règl., art. 23).

Pour essayer d'enrayer la prolifération des contrefaçons dans le commerce en ligne, les textes prévoient (Règl., art. 26 ; CPI, art. L. 716-8-5) que les marchandises couvertes par une décision de rétention, à l'exclusion des denrées périssables, faisant l'objet de petits envois, peuvent faire l'objet d'une destruction si le demandeur l'a expressément requise. Par « petit envoi » il faut comprendre (Règl., art. 2, point 19) un envoi postal ou par courrier rapide qui contient trois unités ou moins ou qui a un poids brut inférieur à 2 kg, mais cette définition est susceptible de modifications ultérieures, dans ses éléments non essentiels, notamment les quantités, par la Commission (Règl., consid. 28) si elle se révèle inapplicable. La loi française (CPI, art. L. 716-8-5, V) renvoie la définition des « petits envois » à un arrêté du ministre chargé des douanes. Dans le délai d'un jour ouvrable à compter de la retenue, les services douaniers doivent aviser le détenteur des marchandises de l'existence de la retenue et de leur intention de procéder à la destruction (Règl., art. 26, § 3 ; CPI, art. L. 716-8-5, II). Il dispose alors d'un délai de dix jours ouvrables pour présenter ses observations ou consentir à la destruction (Règl., art. 26, § 5 ; CPI, art. L. 716-8-5, II, 2°). Dans le cas où il garde le silence, il est présumé avoir consenti à leur destruction. Dans le cas où il ne consent pas à la destruction, les autorités douanières en informent le bénéficiaire de la retenue et lui communiquent toutes les informations nécessaires pour qu'il puisse apprécier l'opportunité d'agir en justice ainsi que, s'il l'a expressément requis, le nom et l'adresse du destinataire, de l'expéditeur, du déclarant et du détenteur des marchandises, le régime douanier, ainsi que l'origine, la provenance et la destination des marchandises dont la mainlevée a été suspendue ou qui ont été retenues (Règl., art. 26, § 8). Le bénéficiaire de la retenue dispose alors d'un délai de dix jours ouvrables à compter de cette notification pour intenter une action en contrefaçon (Règl., art. 26, § 9), procéder à une saisie-contrefaçon ou déposer une plainte simple (CPI, art. L. 716-8-5, IV).

II. LA RETENUE PRATIQUÉE EN DEHORS DES CAS PRÉVUS PAR LA RÉGLEMENTATION COMMUNAUTAIRE (ART. L. 716-8, L. 716-8-1, L. 716-8-3 À L. 716-8-7)

Il s'agit, par hypothèse, d'une retenue pratiquée sur des marchandises circulant sur le territoire français, réalisée en fonction des dispositions du droit interne français. Elle permet au titulaire d'une marque de bénéficier de l'aide des services des douanes pour appréhender les produits de contrefaçon portant sa marque qui ne rentrent pas dans le champ d'application du règlement (UE) n° 608/2013, à savoir ceux qui circulent sur le territoire français en provenance d'un autre État membre ou du territoire français lui-même.

Le code de la propriété intellectuelle distingue le cas où la retenue intervient à la demande du propriétaire de la marque – ou du bénéficiaire d'un droit exclusif d'exploitation (ci-après « le titulaire de la marque » – art. L. 716-8) et celui dans lequel elle est pratiquée à l'initiative des douanes (art. L. 716-8-1).

A. LA RETENUE PRATIQUÉE À LA DEMANDE DU PROPRIÉTAIRE DE LA MARQUE (ART. L. 716-8)

La possibilité pour le titulaire d'une marque de demander la retenue en douane des marchandises soupçonnées de constituer une contrefaçon a été introduite dans le droit français du 4 janvier 1991 ; elle a été par la suite complétée par les lois du 5 février 1994, du 1er août 2003 et du 29 octobre 2007.

La loi n° 2014-315 du 11 mars 2014 ne bouleverse pas le droit en vigueur ; elle se contente d'y apporter certains aménagements inspirés du règlement (UE) n° 608/2013.

1° LE RESPECT DU PRINCIPE DE LA LIBRE CIRCULATION DES MARCHANDISES

En application du principe de la libre circulation des marchandises, la retenue en douane ne peut pas s'appliquer à des marchandises ayant le statut de marchandises communautaires qui empruntent le territoire douanier français pour être légalement mises sur le marché d'un autre État membre ou qui, placées sous le régime du transit, sont destinées, après avoir transité par le territoire douanier français, à être exportées vers un État non membre de la Communauté (art. L. 716-8, dernier al.).

Sont considérées comme des marchandises communautaires :

a) les marchandises légalement fabriquées dans un État membre

Sont légalement fabriquées dans un État membre les marchandises revêtues de la marque dans cet État par le titulaire lui-même (ce qui ne pose pas de problème), ou par un de ses licenciés – ce qui exclut que les services douaniers puissent intervenir dans un conflit entre le titulaire de la marque et son licencié qui a dépassé les quantités convenues dans le contrat de licence (Règl., art. 1, § 5).

b) les marchandises mises en libre pratique dans un État membre

Le régime douanier de la mise en libre pratique est un régime préalable à la mise dans le commerce dans la Communauté, qui permet à des marchandises en provenance de pays tiers destinées à être versées sur le marché d'un État membre d'acquérir le statut douanier de marchandises communautaires et d'accéder ainsi au bénéfice de la libre circulation dans les mêmes conditions qu'une marchandise provenant d'un État membre. Ces marchandises doivent s'être acquittées des formalités d'importation et du paiement des droits de douane (C. douanes communautaire, art. 129).

Le règlement (UE) n° 608/2013 (V. *supra* I) donne, on l'a vu, aux services des douanes de l'État membre concerné la possibilité, spontanément ou sur demande du titulaire de la marque, de pratiquer une rétention douanière à l'**entrée dans l'Union** et spécialement lorsque les marchandises sont déclarées pour la mise en libre pratique (Règl., art. 1er ss. a). Le titulaire d'une marque qui n'a pas utilisé cette procédure ne peut pas bénéficier d'une sorte de session de rattrapage qui lui permettrait, en fonction du droit interne d'un État membre, de saisir les autorités douanières au passage d'une frontière intracommunautaire.

2° LES MODALITÉS DE LA RÉTENTION DOUANIÈRE SUR DEMANDE DU TITULAIRE DE LA MARQUE (ART. L. 716-8)

L'article L. 716-8 permet au propriétaire d'une marque (ou au bénéficiaire d'un droit exclusif d'exploitation) qui a des raisons de penser que des produits ont été revêtus de sa marque, sans son consentement, dans un autre État membre (ou même, pourquoi pas, dans l'État où il est établi : les contrefacteurs ne sont pas tous à l'étranger) de demander aux services des douanes de retenir les marchandises dans le cadre de leurs contrôles.

A cet effet, il doit adresser au ministre chargé des douanes (art. R. 716-6 créé par l'art. 10 du Décr. n° 2008-625 du 27 juin 2008) une demande écrite assortie d'une justification de son droit. L'article R. 716-6 prévoit que le demandeur doit fournir, outre son identité, sa « qualité au regard des droits qu'il invoque », ce qui suppose, si c'est un licencié, qu'il fournisse le titre lui donnant le droit d'exploiter la marque ainsi que « la désignation et le numéro d'enregistrement de la marque dont la protection est demandée ».

Si la demande de rétention est acceptée, elle est valable un an renouvelable sur demande de l'intéressé.

En cas de rétention, les douanes doivent informer sans délai le demandeur, le déclarant ou le détenteur des marchandises ainsi que le procureur de la République et communiquer au titulaire de la marque la nature, les quantités réelles ou estimées ainsi que les images des marchandises soupçonnées de contrefaçon.

Le titulaire du droit peut aussi, pendant le délai de la rétention (V. *infra)*, *inspecter les marchandises* retenues et demander aux services douaniers de lui *communiquer, aux fins d'analyse, les échantillons* qu'ils ont prélevés (art. L. 716-8-3 ; sur ce dernier point, V. obs. *supra*).

La rétention pratiquée par les douanes est une mesure provisoire. Si les conditions posées par l'article L. 716-8-4 à la destruction des marchandises ne sont pas réunies (V. supra), le demandeur dispose d'un délai de dix jours ouvrables, éventuellement renouvelable sur requête motivée (réduit à trois jours pour les denrées périssables) pour **faire pratiquer une mesure conservatoire**, à savoir une saisie-contrefaçon (qui prendra alors le relais de la rétention douanière) ou **intenter une action au fond** devant les tribunaux civils ou correctionnels ou encore pour déposer une plainte simple devant le procureur de la République. Dans tous les cas, il devra constituer des garanties destinées à indemniser le détenteur des marchandises dans le cas où la contrefaçon ne serait pas ultérieurement retenue.

Pour lui permettre de poursuivre la procédure, les services des douanes, malgré le secret professionnel auquel les agents sont tenus en vertu de l'article 59 *bis* du code des douanes peuvent communiquer au demandeur, le nom et l'adresse de l'expéditeur, de l'importateur, du destinataire ou du détenteur des marchandises ainsi que des informations sur leur quantité, leur origine, leur provenance ou leur destination.

B. LA RETENUE PRATIQUÉE EN L'ABSENCE D'UNE DEMANDE DU PROPRIÉTAIRE DE LA MARQUE (ART. L. 716-8-1)

S'inspirant du droit communautaire, le législateur français a prévu dans la loi n° 2007-1544 du 29 octobre 2007 non seulement que les services des douanes pouvaient répondre à la demande de la victime de la contrefaçon, mais aussi, ce qui n'était pas le cas auparavant, qu'ils pouvaient prendre l'initiative d'une rétention lorsque, au cours d'une opération douanière, ils soupçonnent des marchandises de constituer la contrefaçon d'une marque protégée.

L'article L. 716-8-1 reprend pour l'essentiel les dispositions du règlement (UE) n° 608/2013, à savoir que le propriétaire de la marque ou le bénéficiaire exclusif du droit d'exploitation (auquel la loi française adjoint le procureur de la République) doit être immédiatement informé, à l'exclusion du déclarant ou du détenteur de la marchandise.

L'information porte sur la nature, la quantité réelle ou supposée des produits ainsi que leur image, mais ne concerne ni l'identité de l'expéditeur, de l'importateur ou du destinataire, ni l'origine ou la provenance des produits de contrefaçon. C'est seulement dans un second temps, lorsque le titulaire de la marque ou son licencié exclusif auront saisi les services des douanes d'une demande de rétention en bonne et due forme, que ces renseignements leur seront communiqués.

La notification de la mesure entreprise ouvre au titulaire de la marque (ou à son licencié exclusif) un délai de quatre jours ouvrables pour déposer la demande de rétention prévue par l'article L. 716-8 (sur celle-ci, V. *supra*).

Parallèlement à la modification de la retenue douanière, pour accroître les pouvoirs des douanes, la loi n° 2014-315 du 11 mars 2014 a simplifié l'accès des douaniers aux locaux d'habitation attenant à des locaux professionnels (C. douanes, art. 63 *ter*), renforcé leurs possibilités d'intervention dans les bureaux de poste ou dans les locaux des entreprises de fret express (C. douanes, art. 66), éclairci la procédure d'infiltration des réseaux de contrefaçon (C. douanes, art. 67 *bis*), et celle dite « du coup d'achat » (C. douanes, art. 67 *bis*-1). ❑

1. En l'absence d'une définition légale que ne donnent ni l'art. L. 716-8 ni le règlement CE n° 1383/2003, une denrée ne peut être tenue pour périssable que si, passé une date déterminée, elle est dépourvue de ses qualités substantielles. • Paris, 2 déc. 2011 : *PIBD 2012. III. 161.*

2. Délais. La mesure conservatoire visée par les dispositions de l'art. L 716-8, al. 4, n'est pas l'ordonnance autorisant une mesure de saisie-contrefaçon, mais la réalisation de la saisie-contrefaçon, elle-même. • Paris, 14 oct. 2016, *Guerlain : PIBD 2016. III. 916.* ♦ En vertu des dispositions de l'art. 3 du Règl. (CE) n° 1182/71, du 3 juin 1971, portant détermination des règles applicables aux délais, aux dates et aux termes, les samedis, dimanches et jours fériés ne doivent pas être comptés. • Crim. 18 mai 2010, *Cubatabaco : Dalloz jurisprudence* • 22 févr. 2012, *Bazar Tropical : Dalloz jurisprudence.* ♦ Une saisie douanière pratiquée le 5 janvier 2010 sur des marchandises suspectées d'être revêtues d'une marque contrefaisante ayant fait l'objet d'une rétention douanière le 20 décembre 2009, n'est pas illicite dès lors que l'existence de la contrefaçon a été confirmée par le titulaire de la marque, que celui-ci s'est engagé à introduire une action en justice et que, par procès-verbal du 5 janvier 2011, dressé avant la saisie, les agents des douanes ont notifié à l'importateur une infraction douanière d'importation sans déclaration de marchandises prohibées. • Com. 4 déc. 2012, *Le Phare du Cap Bon*, n° 11-26.752 : *Dalloz jurisprudence.* ♦ Doit être cassé l'arrêt qui retient que le demandeur à une retenue en douane qui a déposé, dans le délai imparti, une plainte devant le Procureur de la République, ne justifie pas s'être pourvu par la voie correctionnelle. • Com. 11 mars 2014, *Sté cinqlhuitièmes : Bull. civ. IV, n° 50 ; Dalloz actualité, 26 mars 2014, obs. Daleau ; D. 2015. 230, n° 40, obs. Martial-Braz ; PIBD 2014.III. 372* (cassation de • Paris, 21 mars 2012 : *PIBD 2012. III. 427).* ♦ Une cour d'appel ne saurait ordonner la mainlevée d'une mesure de retenue en douane au motif que le demandeur ne justifie pas ni même n'allègue avoir constitué les garanties prévues par l'art. L. 716-8 CPI, sans avoir recherché au préalable si le juge judiciaire avait ordonné la constitution de garanties. • Même arrêt.

3. Lorsque la saisie-contrefaçon pratiquée à la suite d'une rétention douanière est nulle, le tribunal ne peut pas ordonner que les produits retenus par les douanes soient remis au titulaire de la marque. • Com. 20 sept. 2011, *Sony : PIBD 2011. III. 637* (et après renvoi • Paris, 15 janv. 2014 : *PIBD 2014. III. 233).*

4. Les marchandises de contrefaçon fabriquées dans un État membre et destinées à être mises sur le marché sur le territoire d'un autre État membre ne sauraient être considérées comme des marchandises de statut communautaire légalement fabriquées dans un État membre et destinées à être mises sur le marché sur le territoire d'un autre État membre pour y être légalement commercialisées. Elles sont donc susceptibles de faire l'objet d'une mesure de retenue en douane lorsqu'elles circulent sur le territoire français pour rejoindre leur pays de destination. • Paris, 5 juin 2013, *Lacoste : PIBD 2013. III. 1440* • TGI Paris, 9 oct. 2014, *Lacoste : PIBD 2015. III. 85.*

5. Procédure. Dans tous les cas, que les douanes aient procédé à la saisie des marchandises de leur propre initiative ou à la demande des titulaires de marques, la société titulaire d'une convention de retenue avec les services douaniers doit respecter intégralement les règles de procédure fixées à l'art. L. 716-8. Ces règles, qui sont favorables aux titulaires de droits de marque puisqu'elles vont jusqu'à la levée du secret douanier en leur faveur, ont pour contrepartie le respect d'un régime procédural strict qui obéit à un calendrier précis. De ce fait, faute de saisine de la juridiction dans un délai de 10 jours ouvrables à compter de la notification de la retenue ou à compter des mesures conservatoires décidées par la juridiction civile compétente, la mesure de retenue est levée de plein droit et les titulaires de marques ne peuvent soutenir que, dans le cas où ce délai n'est pas respecté, seule la saisie est levée mais que les documents remis peuvent servir à initier une procédure en contrefaçon sans aucun délai. Retenir une telle possibilité aux détenteurs de droits serait d'une part conférer à la retenue douanière une souplesse plus large qu'à la saisie contrefaçon qui est un moyen de preuve strictement encadré, d'autre part créer une insécurité juridique totale. • TGI Paris, 19 sept. 2013, *L'Oréal et a. : PIBD 2013. III. 1548.*

♦ Lorsque le titulaire de la marque, après avoir indiqué que les produits étaient contrefaisants, n'a pas introduit d'action civile ou pénale, l'administration des Douanes doit ordonner la mainlevée de la mesure de retenue. Elle ne peut en aucun cas prononcer la saisie de la marchandise en invoquant la commission d'un délit d'importation sans déclaration de marchandises prohibées, la qualification de contrefaçon relevant de la compétence des seules juridictions civiles ou pénales. • Paris, 19 janv. 2016, *Sony : PIBD 2016. III. 166.* ♦ Aux termes de l'art. 323, § 2, C. douanes, la saisie est autorisée en cas de constatation d'une infraction douanière. Pour qualifier les marchandises en cause de marchandises contrefaisantes dont l'importation est de ce fait prohibée et rendre ainsi légitimes les opérations de saisie, les agents des douanes ne sauraient se fonder exclusivement sur les constatations des titulaires des marques sans constater eux-mêmes directement leur caractère contrefait. • Paris, 13 sept. 2016, *Sté Bella : PIBD 2016. III. 894.* ♦ L'action fiscale introduite par l'administration des douanes a le caractère d'une action publique. De ce fait, les juridictions répressives saisies du délit douanier d'importation en contrebande de marchandises prohibées sont compétentes, en vertu de l'art. 384 C. pr. pén., pour statuer sur l'exception inhérente à la marque contrefaite, tirée de son dépôt frauduleux ou de son défaut de caractère distinctif. • Crim. 19 mai 2016, *SA Stévil*, n° 13-86.971 : *Propr. intell. 2016, n° 61, p. 481, obs. Bouvel.* ♦ Le juge civil n'est pas compétent pour apprécier la régularité des actes accomplis par l'administration des Douanes, sauf s'ils sont constitutifs d'une voie de fait. • Paris, 23 oct. 2015, *Adidas : PIBD 2015. III. 790.* ♦ Lorsque le titulaire de la marque, après avoir indiqué que les produits étaient contrefaisants, n'a pas introduit d'action civile ou pénale, il n'appartient pas au juge civil, saisi d'une demande de mainlevée de la saisie à laquelle a procédé l'administration des Douanes à la suite de la retenue douanière, de se prononcer sur la contrefaçon, mais sur la seule demande de mainlevée, action pour laquelle, contrairement à ce que soutient l'administration des Douanes, il est compétent. • Paris, 19 janv. 2016, *Sony : préc.*

6. L'art. 63 *ter* C. douanes qui donne, aux agents des douanes, le droit d'accéder aux locaux professionnels, à l'exception de la partie des locaux affectés au domicile privé, et d'obtenir communication de documents dans un cadre horaire strict, sans mesure coercitive contre les personnes, exige l'information préalable du procureur de la République, qui peut s'opposer à la mesure et auquel doit être communiquée une copie du procès-verbal relatant le déroulement des opérations de contrôle, également transmise à la personne concernée, répond sans disproportion aux objectifs à valeur constitutionnelle de lutte contre les contrefaçons en assurant des garanties suffisantes aux parties. • Crim. 23 avr. 2013, ☎ *Olympique de Marseille : PIBD 2013. III. 1375.* ♦ ... Et ne méconnaît pas les dispositions de l'art. 8 de la Conv. EDH. • Crim. 21 janv. 2014 : ☎ *PIBD 2014. III. 199* (mêmes parties).

V. aussi la jurisprudence communautaire ss. Règl. (CE) n° 1383/2003 du 22 juill. 2003.

7. Réparation du préjudice. Le commerçant victime d'une saisie irrégulière subit un préjudice commercial du fait qu'il a été empêchée de commercialiser les objets saisis. • Paris, 13 sept. 2016, *Sté Bella : préc.* note 5.

8. Mandataire. Le mandataire chargé par l'expéditeur de la déclaration des marchandises en douane ne peut être considéré comme contrefacteur, sa qualité étant exclusive, par nature, de toute participation aux faits incriminés. • TGI Paris, 12 mai 2016, *GSM : PIBD 2016. III. 896.*

Art. L. 716-8-1 *(L. n° 2007-1544 du 29 oct. 2007, art. 27)* **En l'absence de demande écrite du propriétaire d'une marque enregistrée ou du bénéficiaire d'un droit exclusif d'exploitation et en dehors des cas prévus par la réglementation communautaire en vigueur, l'administration des douanes peut, dans le cadre de ses contrôles, retenir une marchandise susceptible de porter atteinte à une marque enregistrée ou à un droit exclusif d'exploitation.**

Cette retenue est immédiatement notifiée au propriétaire de la marque enregistrée ou au bénéficiaire du droit exclusif d'exploitation. Le procureur de la République est également informé de ladite mesure.

(L. n° 2014-315 du 11 mars 2014, art. 7) **« Lors de la notification mentionnée à la première phrase du deuxième alinéa du présent article, la nature et la quantité réelle ou estimée ainsi que des images des marchandises sont communiquées au propriétaire du droit ou au bénéficiaire du droit exclusif d'exploitation, par dérogation à l'article 59 *bis* du code des douanes. Ces informations peuvent également être communiquées avant la mise en œuvre de la mesure de retenue prévue au présent article.**

« La mesure de retenue est levée de plein droit si l'administration des douanes n'a pas reçu du propriétaire de la marque enregistrée ou du bénéficiaire du droit exclusif d'exploitation la demande prévue à l'article L. 716-8 du présent code, déposée dans un délai de quatre jours ouvrables à compter de la notification de la retenue mentionnée à la première phrase du deuxième alinéa du présent article.

« Si la demande a été reçue conformément au quatrième alinéa du présent article, le délai de dix jours ouvrables mentionné au quatrième alinéa de l'article L. 716-8 commence à courir à compter de l'acceptation de cette demande par l'administration des douanes.

« Le présent article n'est pas applicable aux marchandises périssables. »

V. notes ss. art. L. 716-8.

Art. L. 716-8-2 *(L. nº 2007-1544 du 29 oct. 2007, art. 27)* I. — Lorsque la retenue portant sur des marchandises soupçonnées de constituer une contrefaçon d'une marque enregistrée, prévue par la réglementation communautaire en vigueur, est mise en œuvre avant qu'une demande d'intervention du propriétaire de la marque enregistrée ou du bénéficiaire d'un droit exclusif d'exploitation ait été déposée ou acceptée, les agents des douanes peuvent, par dérogation à l'article 59 *bis* du code des douanes, informer ce propriétaire ou ce bénéficiaire du droit exclusif d'exploitation de la mise en œuvre de cette mesure. Ils peuvent également lui communiquer des informations portant sur la quantité des marchandises et leur nature.

Lorsque la retenue portant sur des marchandises soupçonnées de constituer une contrefaçon de marque, prévue par la réglementation communautaire en vigueur, est mise en œuvre après qu'une demande d'intervention du propriétaire de la marque enregistrée ou du bénéficiaire d'un droit exclusif d'exploitation a été acceptée, les agents des douanes peuvent également communiquer à ce propriétaire ou à ce bénéficiaire les informations prévues par cette réglementation communautaire nécessaires pour déterminer s'il y a eu violation de son droit.

II. — Les frais générés par la mise en œuvre d'une retenue prévue par la réglementation communautaire en vigueur sont à la charge du propriétaire de la marque enregistrée ou du bénéficiaire du droit exclusif d'exploitation.

V. notes ss. art. L. 716-8.

Art. L. 716-8-3 *(L. nº 2007-1544 du 29 oct. 2007, art. 27)* Pendant le délai de la retenue visée *(L. nº 2014-315 du 11 mars 2014, art. 7)* « à l'article L. 716-8 et au second alinéa du I de l'article L. 716-8-2 », le propriétaire de la marque enregistrée ou le bénéficiaire du droit exclusif d'exploitation peut, à sa demande ou à la demande de l'administration des douanes, inspecter les marchandises retenues.

Lors du contrôle des marchandises mises en retenue, l'administration des douanes peut prélever des échantillons. A la demande du propriétaire de la marque enregistrée ou du bénéficiaire du droit exclusif d'exploitation, ces échantillons peuvent lui être remis aux seules fins d'analyse et en vue de faciliter les actions qu'il peut être amené à engager par la voie civile ou pénale.

V. notes ss. art. L. 716-8.

Art. L. 716-8-4 *(L. nº 2014-315 du 11 mars 2014, art. 7)* I. — Lorsque la retenue portant sur des marchandises soupçonnées de constituer une contrefaçon d'une marque enregistrée est mise en œuvre après qu'une demande mentionnée à l'article L. 716-8 a été acceptée, les marchandises soupçonnées de porter atteinte à la marque enregistrée peuvent être détruites sous le contrôle des agents des douanes dès lors que les conditions suivantes sont remplies :

1° Le demandeur a confirmé par écrit et par une expertise détaillée aux autorités douanières, dans un délai de dix jours ouvrables, ou de trois jours ouvrables pour les denrées périssables, à partir de la notification de la retenue, le caractère contrefaisant des marchandises ;

2° Le demandeur a confirmé par écrit aux autorités douanières, dans un délai de dix jours ouvrables, ou de trois jours ouvrables pour les denrées périssables, à partir de la notification de la retenue, qu'il consent à la destruction, sous sa responsabilité, des marchandises ;

3° Le détenteur des marchandises a confirmé par écrit aux autorités douanières, dans un délai de dix jours ouvrables, ou de trois jours ouvrables pour les denrées périssables, à partir de la notification de la retenue, qu'il consent à la destruction des marchandises.

II. — Si le détenteur des marchandises n'a, dans le délai mentionné au 3° du I, ni confirmé qu'il consent à la destruction des marchandises, ni informé l'administration des douanes qu'il s'oppose à leur destruction, il est réputé avoir consenti à cette destruction.

III. – Lorsque le détenteur des marchandises n'a pas confirmé par écrit qu'il consent à leur destruction et qu'il n'est pas réputé avoir consenti à la destruction des marchandises dans les délais prévus, l'administration des douanes en informe immédiatement le demandeur lequel, dans un délai de dix jours ouvrables, ou de trois jours ouvrables pour les denrées périssables, à partir de la notification de la retenue, prend les mesures mentionnées au quatrième alinéa de l'article L. 716-8. Le délai de dix jours peut être prorogé de dix jours ouvrables maximum sur requête dûment motivée du demandeur. En cas de prorogation du délai, le procureur de la République et le détenteur des marchandises en sont informés.

Si les conditions prévues au I du présent article ne sont pas réunies et si le demandeur n'a pas justifié auprès de l'administration des douanes qu'il a pris les mesures mentionnées au quatrième alinéa de l'article L. 716-8, la mesure de retenue est levée de plein droit.

IV. – Dans le cadre de la communication d'informations prévues au troisième alinéa des articles L. 716-8 et L. 716-8-1, les autorités douanières informent le demandeur de l'existence de la procédure prévue au présent article. Les informations prévues au sixième alinéa de l'article L. 716-8 peuvent également être communiquées au demandeur aux fins de mise en œuvre de la présente mesure.

V. notes ss. art. L. 716-8.

Art. L. 716-8-5 *(L. nº 2014-315 du 11 mars 2014, art. 7)* I. – Lorsque la retenue portant sur des marchandises soupçonnées de constituer une contrefaçon d'une marque enregistrée est mise en œuvre après qu'une demande mentionnée à l'article L. 716-8 a été acceptée, les marchandises transportées en petits envois soupçonnées de porter atteinte à une marque enregistrée peuvent être détruites sous le contrôle des agents des douanes lorsque le demandeur a, dans sa demande, sollicité le recours à la procédure prévue au présent article.

II. – La notification mentionnée à la première phrase du deuxième alinéa de l'article L. 716-8 est faite dans un délai d'un jour ouvrable à compter de la date de la mise en retenue. Elle mentionne l'intention de l'administration des douanes de détruire ou non les marchandises et indique que :

1º Le détenteur des marchandises dispose d'un délai de dix jours ouvrables à compter de la notification de la retenue pour faire connaître à l'administration des douanes ses observations ;

2º Les marchandises concernées peuvent être détruites lorsque, dans un délai de dix jours ouvrables à partir de leur mise en retenue, le détenteur des marchandises a confirmé à l'administration des douanes qu'il consent à cette destruction. En cas de silence du détenteur des marchandises à l'issue de ce délai, le détenteur est réputé avoir consenti à leur destruction.

Les autorités douanières communiquent au demandeur, sur requête de celui-ci, les informations relatives à la quantité réelle ou estimée des marchandises détruites et à leur nature.

III. – Lorsque le déclarant ou le détenteur des marchandises n'a pas confirmé par écrit qu'il consent à leur destruction ou lorsqu'il n'est pas réputé avoir consenti à leur destruction, l'administration des douanes en informe immédiatement le demandeur et lui communique la quantité, la nature ainsi que des images des marchandises.

IV. – La mesure de retenue est levée de plein droit à défaut pour le demandeur, dans le délai de dix jours ouvrables à compter de l'information prévue au III du présent article, de justifier auprès de l'administration des douanes qu'il a pris les mesures mentionnées au quatrième alinéa de l'article L. 716-8.

En vue de prendre ces mesures, le demandeur peut obtenir de l'administration des douanes communication des nom et adresse de l'expéditeur, de l'importateur, du destinataire et du détenteur des marchandises retenues, ainsi que de leur quantité, leur origine, leur provenance et leur destination, par dérogation à l'article 59 *bis* du code des douanes.

V. – La définition des petits envois mentionnés au I du présent article est précisée par arrêté du ministre chargé des douanes.

VI. – Le présent article n'est pas applicable aux denrées périssables.

V. notes ss. art. L. 716-8.

Art. L. 716-8-6 *(L. n° 2014-315 du 11 mars 2014, art. 7)* **Lorsque le demandeur utilise les informations qui lui sont communiquées par l'administration des douanes, par dérogation à l'article 59 *bis* du code des douanes, à d'autres fins que celles prévues au présent chapitre, l'administration des douanes abroge, suspend ou refuse de renouveler ladite demande.**

V. notes ss. art. L. 716-8.

Art. L. 716-8-7 *(L. n° 2014-315 du 11 mars 2014, art. 7)* **En vue de prononcer les mesures prévues aux articles L. 716-8 à L. 716-8-3, les agents des douanes appliquent les pouvoirs qui leur sont dévolus par le code des douanes.**

V. notes ss. art. L. 716-8.

Art. L. 716-8-8 *(L. n° 2014-315 du 11 mars 2014, art. 7)* **Un décret en Conseil d'État fixe :**

1° Les conditions d'application des mesures prévues aux articles L. 716-8 à L. 716-8-6 ;

2° Les conditions dans lesquelles a lieu la destruction des marchandises susceptibles de constituer une contrefaçon d'une marque enregistrée, prévue par la réglementation de l'Union européenne, ainsi que les conditions du prélèvement d'échantillons préalable à ladite destruction.

V. notes ss. art. L. 716-8.

Art. L. 716-8-9 *(L. n° 2014-315 du 11 mars 2014)* **Les officiers de police judiciaire peuvent procéder, dès la constatation des infractions prévues aux articles L. 716-9 et L. 716-10, à la saisie des produits fabriqués, importés, détenus, mis en vente, livrés ou fournis illicitement et des matériels spécialement installés en vue de tels agissements.**

V. notes ss. art. L. 716-8.

Art. L. 716-9 *(L. n° 2004-204 du 9 mars 2004, art. 34-VII)* **Est puni de quatre ans d'emprisonnement et de 400 000 euros d'amende le fait pour toute personne, en vue de vendre, fournir, offrir à la vente ou louer des marchandises présentées sous une marque contrefaite :**

***a)* D'importer, d'exporter, de réexporter ou de transborder des marchandises présentées sous une marque** *(L. n° 2007-1544 du 29 oct. 2007, art. 41)* **« contrefaisante » ;**

***b)* De produire industriellement des marchandises présentées sous une marque** *(L. n° 2007-1544 du 29 oct. 2007, art. 41)* **« contrefaisante » ;**

***c)* De donner des instructions ou des ordres pour la commission des actes visés aux *a* et *b*.**

Lorsque les délits prévus au présent article ont été commis en bande organisée ou *(L. n° 2011-267 du 14 mars 2011, art. 3)* **« sur un réseau de communication au public en ligne »** *(L. n° 2007-1544 du 29 oct. 2007, art. 28)* **« ou lorsque les faits portent sur des marchandises dangereuses pour la santé, la sécurité de l'homme ou l'animal », les peines sont portées à** *(L. n° 2016-731 du 3 juin 2016, art. 44)* **« sept ans d'emprisonnement et à 750 000 euros d'amende** *[ancienne rédaction : cinq ans d'emprisonnement et à 500 000 euros d'amende]* **».**

V. notes ss. art. L. 716-8.

Sur l'application des art. L. 716-9 et L. 716-12 à la publicité comparative, V. C. consom., art. L. 122-1, App., 2e partie, v° Marques.

Sur les dispositions particulières concernant les fausses indications d'origine, V. C. consom., art. L. 413-8, App., 2e partie, v° Appellations d'origine.

Sur la lutte contre les fausses indications d'origine, V. aussi Rép. min. n° 20293, JO débats Sénat Q, 3 avr. 1997, p. 1049.

Sur la jurisprudence relative à l'art. L. 716-9, V. ss. art. L. 716-10.

BIBL. ► BINCTIN, *CCE 2012. Étude 15* (regards sur l'actualité du droit du transit appliqué à la propriété intellectuelle). – CARREAU, *J.-Cl. Marques, fasc. 7500* (contrefaçon de marque : généralités). – DURRANDE, *D. 1999. Chron. 319* (l'élément intentionnel de la contrefaçon et le nouveau code pénal) ; *J.-Cl. Marques, fasc. 7517* (droit pénal de la contrefaçon) ; spéc. n°s 45 à 51 et n°s 54 à 57 (transit et transbordement) ; *D. 2010. Pan. 857* (Ttransit, transbordement et lutte contre la contrefaçon). – Leroux et Martinet, *Propr. ind. 2009. Étude 7* (transit de marchandises contrefaisantes : quelles actions depuis la loi du 29 octobre 2007 ?). – Passa, *D. 2005. Chron. 433* (le droit pénal des marques après la loi Perben II du 9 mars 2004).

COMMENTAIRE

L'importation, comme l'exportation, implique que des marchandises franchissent physiquement une frontière soit pour entrer sur le territoire douanier d'un État, soit pour en sortir. Dès lors, si des marchandises sont transportées d'un pays A à un pays D à travers le territoire douanier de plusieurs États (B et C), en théorie il y a importation sur le territoire douanier de chacun des États traversés avec toutes les formalités qui en découlent. Pour éviter de ralentir leur transport, le droit a « inventé » un régime particulier : **le transit**. Les marchandises « en transit » sont soumises à une fiction juridique (CJCE 6 avr. 2000, n° C-383/18) en vertu de laquelle elles sont considérées comme directement importées de l'État d'origine à l'État de destination et, s'il s'agit d'un transport entre deux États étrangers à la communauté (transit externe), comme si elles n'avaient jamais accédé au territoire communautaire. Dans ce cas, il résulte de la jurisprudence communautaire (V., *infra*, Dir. 2008/95/CE, art. 5, note 22 : 9 nov. 2006, n° C-281/05 ; CJUE 1er déc. 2011, n° C-446/09) que, même s'il s'agit de contrefaçons, le titulaire de la marque ne pourra opposer son droit que s'il rapporte la preuve que ces marchandises n'ont pas respecté les conditions du transit, lequel conformément à sa nature, doit rester un simple transport, mais qu'elles ont fait l'objet d'une vente à un client dans l'Union, ou lorsqu'il ressort des documents ou de la correspondance qu'un détournement de celles-ci vers un consommateur de l'Union est envisagé. La directive (UE) 2015/2436 du 16 décembre 2015 revient sur cette jurisprudence (consid. 21 et 22). L'article 10, § 4, alinéa 1er, prévoit que le titulaire d'une marque peut empêcher l'entrée et le placement dans toutes les situations douanières (transit, transbordement, entreposage, zones franches, stockage temporaire, perfectionnement actif et admission temporaire), dans l'État membre sur le territoire duquel son droit est protégé, de produits ou de conditionnements de contrefaçon, en provenance de pays tiers, que ces marchandises soient ou non destinées à être mises sur le marché dans l'État membre concerné. Néanmoins, le second alinéa du même article apporte une limitation importante au pouvoir ainsi donné au titulaire de la marque ; il prévoit en effet que ses possibilités d'intervention s'éteignent si le déclarant ou le détenteur des produits apporte la preuve qu'il n'a pas le droit d'interdire la mise sur le marché des produits en cause dans le pays de destination (art. 10, § 4, al. 2).

La directive étant entrée en vigueur le 12 janvier 2016, la jurisprudence française antérieure, inspirée des arrêts de la CJUE cités précédemment, est obsolète.

Art. L. 716-10 *(L. n° 2004-204 du 9 mars 2004, art. 34-VIII)* **Est puni de trois ans d'emprisonnement et de 300 000 euros d'amende le fait pour toute personne :**

a) **De détenir sans motif légitime, d'importer ou d'exporter des marchandises présentées sous une marque** *(L. n° 2007-1544 du 29 oct. 2007, art 41)* **« contrefaisante » ;**

b) **D'offrir à la vente ou de vendre des marchandises présentées sous une marque** *(L. n° 2007-1544 du 29 oct. 2007, art. 41)* **« contrefaisante » ;**

c) **De reproduire, d'imiter, d'utiliser, d'apposer, de supprimer, de modifier une marque, une marque collective ou une marque collective de certification en violation des droits conférés par son enregistrement et des interdictions qui découlent de celui-ci.** *(L. n° 2007-1786 du 19 déc. 2007, art. 41)* **« L'infraction, prévue dans les conditions prévues au présent *c*, n'est pas constituée lorsqu'un logiciel d'aide à la prescription permet, si le prescripteur le décide, de prescrire en dénomination commune internationale, selon les règles de bonne pratique prévues à l'article L. 161-38 du code de la sécurité sociale » ;**

d) **De sciemment livrer un produit ou fournir un service autre que celui qui lui est demandé sous une marque enregistrée.**

L'infraction, dans les conditions prévues au *d*, n'est pas constituée en cas d'exercice par un pharmacien de la faculté de substitution prévue à l'article L. 5125-23 du code de la santé publique.

Lorsque les délits prévus aux *a* à *d* ont été commis en bande organisée *(L. n° 2011-267 du 14 mars 2011, art. 3)* **« ou sur un réseau de communication au public en ligne »** *(L. n° 2014-315 du 11 mars 2014, art. 19)* **« ou lorsque les faits portent sur des**

marchandises dangereuses pour la santé ou la sécurité de l'homme ou l'animal », les peines sont portées à *(L. n° 2016-731 du 3 juin 2016, art. 44)* **« sept ans d'emprisonnement et à 750 000 euros d'amende** *[ancienne rédaction : cinq ans d'emprisonnement et à 500 000 euros d'amende]* **».**

V. notes ss. art. L. 716-8.

Jurisprudence commune aux art. L. 716-9 et 716-10.

1. Sur les éléments constitutifs de la contrefaçon par reproduction, imitation, usage, apposition, suppression, modification, V. notes ss. art. L. 713-2, V. notes ss. art. L. 713-3 et V. notes ss. art. L. 713-4.

I. ÉLÉMENT MATÉRIEL

A. DÉTENTION

2. Détention. a) Notion. L'art. L. 716-10 incriminant tant la détention que la commercialisation de marchandises présentées sous une marque contrefaisante, la décision de relaxe du prévenu poursuivi du seul chef de détention de telles marchandises ne s'impose pas au juge saisi, au civil, d'une demande fondée sur la commercialisation de celles-ci. • Com.10 déc. 2013, *Lancôme Parfums : D. 2014. Actu. 8 ; RTD com. 2014. 103, Chron. Pollaud-Dulian ; PIBD 2014. III. 113.* ♦ Le seul fait de détenir des marchandises contrefaisantes constitue un délit assimilé à la contrefaçon. Peu importe qu'il y ait eu ou non transfert de propriété. • Toulouse, 26 janv. 1993 : *JCP 1993. IV. 1624.* ♦ Commet le délit de détention sans motifs légitimes de produits revêtus d'une marque contrefaisante celui qui achète à l'étranger des produits qu'il sait revêtus d'une marque contrefaite, puis les expédie à des parents ou des amis. • Crim. 30 mars 1994 : *Bull. crim. n° 128.*

b) Motif légitime. ♦ Procède d'un motif légitime la détention en France de produits revêtus d'une marque contrefaisante en vue de leur exportation vers un pays tiers où il n'est pas contesté qu'ils sont licitement commercialisés. • Com. 10 juill. 2007 : *Bull. civ. IV, n° 189 ; D. 2007. AJ 2112, obs. Daleau ; RTD com. 2007. 714, obs. Azéma ; JCP E 2007. II. 2269, note Passa ; Propr. ind. 2007. Étude 24, obs. Schaffner et Georges ; Propr. intell. 2008, n° 26, p. 151, obs. Buffet-Delmas* • Paris, 29 sept. 2015, *Aroma Floris : PIBD 2016. III. 125.*

B. IMPORTATION, EXPORTATION, TRANSIT

3. Importation. Pour que le délit de contrefaçon par importation soit réalisé, il convient que la marque soit protégée sur le territoire français. • Crim. 26 mars 2008, n° 05-17.035 : *Dalloz jurisprudence.* ♦ L'élément constitutif de la contrefaçon par importation de l'art. L. 716-9 suppose que les marchandises aient été importées en vue d'un usage dans la vie des affaires sur le territoire français. • Com. 20 sept. 2011, *Sony : PIBD 2011. III. 637* • Paris, 30 janv. 2009, *Pfizer : D. 2010. Pan. 587, obs. Durrande ; PIBD 2009. III. 926.* ♦ Commet le délit d'importation de l'art. L. 761-10 le particulier qui se fait expédier de l'étranger à son adresse en France un colis contenant trois articles revêtus de signes figuratifs qui reproduisent à l'identique une marque protégée. • Paris, 18 oct. 2006 : *PIBD 2007. III. 27.* ♦ Ou qui transporte dans ses bagages un certain nombre de vêtements portant des logos de marques connues. • Crim. 19 mars 2014 : *PIBD 2014. III. 368.*

4. Exportation. Le délit d'exportation de marchandises présentées sous une marque contrefaisante est caractérisé, quand bien même le prévenu n'aurait pas transporté lui-même les marchandises litigieuses, dès lors qu'il les a fabriquées en connaissance de cause pour des commanditaires basés au Japon et qu'il a perçu des virements en provenance de ce pays pour le paiement des marchandises frauduleuses qu'il a livrées à des intermédiaires sachant que ces derniers les acheminaient au Japon pour les revendre sur le marché nippon. • Crim. 22 mai 2013 : *PIBD 2013. III. 1373.*

5. Transit. Jurisprudence antérieure à la directive (UE) 2015/2436 du 16 déc. 2015. Les mesures de rétention douanières prévues par le CPI ne peuvent pas être dirigées contre des marchandises légalement fabriquées dans un autre État membre et destinées, après avoir transité par le territoire français, à être mises sur le marché d'un pays tiers. • Com. 31 mars 2004, *Rioglass : Bull. civ. IV, n° 66.* ♦ Lorsque des marchandises arguées de contrefaçon proviennent et sont à destination d'un pays tiers à l'EEE (transit externe), elles n'ont été ni importées ni détenues en vue d'un usage dans la vie des affaires sur le territoire français ; elles n'entrent donc pas dans les prévisions de l'art. L. 716-9. • TGI Paris, 23 févr. 2007, *Pfizer : PIBD 2008. III. 312.* ♦ Confirmé par • Paris, 30 janv. 2009 : *préc. note 3.* ♦ Celui qui ne peut justifier d'aucune des formalités requises par le code des douanes communautaires pour bénéficier de ce régime douanier ne peut invoquer le fait que les marchandises concernées seraient en simple transit sur le territoire français. • Paris, 10 avr. 2009, *Pfizer : PIBD 2009. III. 1242.* ♦ Sur la jurisprudence communautaire, V. note 22 ss. Dir. 2008/95/CE, art. 5.

6. Transbordement. Jurisprudence antérieure à la directive (UE) 2015/2436 du 16 déc. 2015. La seule introduction de marchandises sur le territoire douanier de la Communauté de l'Union européenne à la suite de leur transbordement lors de leur transport entre deux pays tiers ne peut pas être appréhendée en vertu de l'article L. 716-9 en l'absence de mise dans le commerce. • Paris, 30 janv. 2009, *Pfizer : D. 2010. Pan. 857, obs. Durrande ; PIBD 2009. III. 926.* ♦ ... Ou de risque de mise dans le commerce sur le territoire français. • TGI Paris, 4 juin 2010, *The Gillette Co. : PIBD 2010. III. 713.*

C. MISE EN VENTE

7. Les marchandises contrefaisantes ne peuvent être l'objet d'un contrat de vente. • Com. 24 sept. 2003 : *Bull. civ. IV, n° 147 D. 2003. 2683, note Caron ; ibid. 2762, obs. Sirinelli ; JCP E 2004. I. 123, n° 15, obs. Loiseau ; RTD civ. 2003. 703, obs. Mestre et Fages ; ibid. 2004. 117, obs. Revet ; RTD com. 2004. 284, obs. Pollaud-Dulian*. ♦ La personne qui a participé à une contrefaçon en mettant en vente un produit qu'elle savait être contrefaisant n'est pas fondée à obtenir la garantie de son vendeur pour l'éviction qu'elle subit qui est de son fait. ♦ V. en matière de droit d'auteur ou de droits voisins : • Civ. 1re, 7 nov. 2006 : *Bull. civ. I, n° 462* • 15 oct. 1996 : *Bull. civ. I, n° 355* • 10 mai 1995 : *Bull. civ. I, n° 203.*

Le distributeur qui commercialise des produits marqués sans en avoir vérifié les qualités alors qu'ils lui avaient été livrés dans des emballages différents de ceux habituellement utilisés par le titulaire de la marque se rend coupable de contrefaçon. • Com. 10 févr. 1998, *Huiles Yacco : PIBD 1998. III. 251 ; RJDA 1998, n° 918.* ♦ La contrefaçon est constituée par la vente en France, en vue de l'exportation, de produits portant la marque contrefaisante. • Com. 3 juin 1998 : *PIBD 1998. III. 484 ; RDPI 1998, n° 88, p. 35.* ♦ Commet un acte de contrefaçon sur le territoire français la société qui offre des produits contrefaisants dans des salons professionnels se tenant sur le territoire français et ouverts à des consommateurs français. • Paris, 25 févr. 2011, *Ferrero : PIBD 2011. III. 315.*

D. SUBSTITUTION DE PRODUITS

8. Le délit de substitution de produits consiste à substituer un produit à un autre au moment de la vente, fournissant ainsi au client, contrairement à sa demande, un produit qui ne provient pas du titulaire de la marque. • Paris, 15 avr. 1972 : *Ann. propr. ind. 1974. 295* • 27 sept. 1996 : *PIBD 1997. III. 9 ; D. Affaires 1996. 1356 ; D. 1996. IR 249 ; RJDA 1997, n° 289.* ♦ Peu importe qu'il soit commercialisé sous une autre marque. • TGI Paris, 1er juill. 1992 : *PIBD 1992. III. 619.* ♦ Le délit peut concerner les produits les plus divers : des confiseries. • Même jugement. ♦ ... Des vêtements. • Paris, 23 oct. 1974 : *Ann. propr. ind. 1974. 97.* ♦ ... Des articles de bonneterie. • Paris, 1er juill. 1974 : *Ann. propr. ind. 1975. 76.* ♦ ... Des chaussures. • Com. 23 févr. 1976 : *Ann. propr. ind. 1978. 46.* ♦ ... Une machine brevetée. • Paris, 10 mai 1994 : *Ann. propr. ind. 1995. 184.* ♦ ... Des tuyaux d'arrosage. • Paris, 27 sept. 1996 : *préc.* ♦ ... Des revêtements muraux en pierre recomposée. • Crim. 26 nov. 2013 : *PIBD 2014. III. 56.* ♦ Le délit est souvent utilisé pour sanctionner les ventes par l'intermédiaire de tableaux de concordance, cette pratique ayant pour effet de remplacer, au moment de chaque vente, le parfum de grande marque que souhaitait le client par un autre produit. • Paris, 18 janv. 1979 : *Ann. propr. ind. 1981. 91* • Com. 27 janv. 1981 : *Bull. civ. IV, n° 53* • Paris, 29 nov. 1983 : *Ann. propr. ind. 1983. 30.* ♦ En revanche, le délit n'est pas constitué lorsque l'agent, tirant les conséquences d'une précédente condamnation en contrefaçon, livre des produits pourvus d'une autre marque, qu'il a choisie pour substituer à celle jugée contrefaisante qu'il utilisait auparavant. • Paris, 19 mars 2010 : *PIBD 2010. III. 391.*

II. ÉLÉMENT INTENTIONNEL

9. *Reproduction, imitation, usage.* La notion de bonne ou de mauvaise foi est étrangère à la contrefaçon. En effet, les art. L. 716-9 et L. 716-10 tels qu'ils résultent de la loi du 29 oct. 2007 ne nécessitent pas, pour être constitués, que soit caractérisée l'existence d'un élément intentionnel, une simple négligence ou inadvertance suffisant. Les prévenus, en tant que professionnels du commerce, ne pouvaient pas ignorer, alors qu'ils vendaient depuis plusieurs années des produits couverts de la marque authentique, le caractère contrefaisant de ceux qui ont été saisis. • Crim. 7 avr. 2010 : *PIBD 2010. III. 439.* ♦ Lorsque la marque a fait l'objet d'une cession limitée, l'élément intentionnel de la contrefaçon est constitué dans la mesure où il est démontré que les produits étaient offerts à la vente dans tous les pays alors que le contrat de cession n'octroyait la possibilité d'utiliser que trois produits dans un territoire bien défini. • Crim. 22 mai 2007, n° 06-87.520 : *Dalloz jurisprudence.* ♦ A caractérisé dans tous ses éléments tant matériels qu'intentionnel, le délit de contrefaçon dont elle a déclaré le prévenu coupable, la cour d'appel qui, après avoir relevé que le prévenu n'a pas contesté la matérialité des faits, énonce qu'il a, sans autorisation et en toute connaissance, revendu en les reconditionnant des produits de santé en utilisant des emballages, des notices, des vignettes et des code-barres contrefaits. • Crim. 19 mars 2008, n° 07-86.137 : *Dalloz jurisprudence.* ♦ Sur l'élément intentionnel de la contrefaçon, V. aussi • Crim. 21 oct. 2003, n° 02-87.156 : *Dalloz jurisprudence* • 24 oct. 2006, n° 06-82.396 : *Dalloz jurisprudence.*

10. *Importation.* Ont caractérisé l'élément intentionnel de la contrefaçon les juges qui relèvent qu'une société, spécialisée dans la distribution de composants pour ordinateurs et de matériels périphériques, ne pouvait pas ignorer le caractère contrefait de souris informatiques en provenance de pays connus pour les contrefaçons de ce type de produits dont il lui appartenait d'assurer la vérification et le contrôle. • Crim. 26 janv. 2010 : *PIBD 2010. III. 245.* ♦ Les circonstances de prise en charge et de livraison des marchandises contrefaisantes établissent la mauvaise foi du prévenu en ce qu'elles confèrent au transport en cause, en outre payé en espèces contrairement à l'usage, un caractère clandestin. • Crim. 26 janv. 2005, n° 03-86.854 : *Dalloz jurisprudence.* ♦ Le fait d'avoir refusé un colis en provenance d'Hong Kong postérieurement à la lettre l'informant qu'il faisait l'objet d'une saisie en douane démontre la connaissance, par le prévenu, du caractère illicite des produits commandés. • Paris, 18 oct. 2006 : *PIBD 2007. III. 26.* ♦ Il appartient à celui qui procède à la commercialisation en France d'un produit marqué de s'assurer de l'autorisation du titulaire de la marque. • Com. 15 mai 1990 : *Bull. civ. IV, n° 152* • Paris, 17 mars 1994 : *Ann. propr. ind. 1994. 157.* ♦ En vertu de l'art. 392, § 1, du C. douanes, le détenteur de la marchandise litigieuse est réputé responsable de la fraude. Il ne peut s'exonérer qu'en rapportant la preuve de sa bonne foi, laquelle suppose que le prévenu ait effectué les recherches nécessaires pour s'assurer que le blason reproduit sur l'étiquette ne constituait pas une marque protégée. • Crim. 18 mai 2011, *Château des Barrigards : PIBD 2011. III. 640.*

11. Substitution de produits. Le délit de contrefaçon par substitution suppose la démonstration d'un élément intentionnel. • TGI Paris, 19 oct. 2012, *Orphea : PIBD 2012. III. p. 839.* ♦ Le délit n'est pas constitué lorsque le vendeur a informé le client que le produit livré n'est pas le produit marqué : soit en le mentionnant dans sa facture. • Paris, 10 mai 1994 : *Ann. propr. ind. 1995. 184.* ♦ ... Soit en répondant à sa demande en lui précisant qu'il ne peut lui proposer les produits marqués mais qu'il détient des produits analogues présentant des qualités identiques aux produits qu'il recherche. • Paris, 23 oct. 1974 : *Ann. propr. ind. 1974. 97* • 17 janv. 1990 : *Ann. propr. ind. 1991. 27.* ♦ Se conformant ainsi aux usages de sa profession. • TGI Paris, 16 nov. 1992 : *PIBD 1993. III. 203.* ♦ Il peut aussi établir sa bonne foi en prouvant qu'il a été lui-même trompé par son fournisseur. • TGI Paris, 7 janv. 1978 : *Ann. propr. ind. 1978. 47.*

III. CIRCONSTANCE AGGRAVANTE

12. La circonstance aggravante de bande organisée est établie dès lors qu'il ressort des éléments du dossier que les faits relèvent d'une organisation structurée nécessitant l'intervention de plusieurs personnes agissant de concert avec un rôle déterminé. • Crim. 22 mai 2013 : *PIBD 2013. III. 1373.*

IV. PROCÉDURE

13. Justifie sa décision la cour d'appel qui, pour déclarer le prévenu coupable, en raison des mêmes faits, à la fois d'infractions douanières et d'infractions au CPI, énonce que ces qualifications sont destinées à protéger, pour la première, les intérêts économiques et fiscaux de l'État, pour la seconde, les droits des titulaires de marques. En se prononçant ainsi, la cour d'appel a caractérisé la protection d'intérêts différents pour chacune des infractions. • Crim. 17 juin 2015, *Adidas et Nike*, n° 14-80.019 : *PIBD 2015. III. 585 ; Propr. ind. 2015, n° 69, obs. Tréfigny ; Propr. intell. 2016, n° 57, p. 110, obs. de Haas.*

14. Viole l'art. 384 C. pr. pén. l'arrêt qui énonce qu'il n'appartient pas au juge correctionnel saisi de l'action fiscale de se prononcer sur la validité d'une marque alors que l'action fiscale introduite par l'administration des Douanes a le caractère d'une action publique et que les juridictions répressives saisies du délit douanier d'importation en contrebande de marchandises prohibées sont compétentes pour statuer sur l'exception afférente à la marque contrefaite, tirée du dépôt frauduleux de cette marque ou de son défaut de caractère distinctif. • Crim. 19 mai 2016, *Montre Chanel*, n° 14-86.971 : *PIBD 2016. III. 501.*

Art. L. 716-11 **Sera puni des mêmes peines quiconque :**

a) Aura sciemment fait un usage quelconque d'une marque collective de certification enregistrée dans des conditions autres que celles prescrites au règlement accompagnant le dépôt ;

b) Aura sciemment vendu ou mis en vente un produit revêtu d'une marque collective de certification irrégulièrement employée ;

c) Dans un délai de dix ans à compter de la date à laquelle a pris fin la protection d'une marque collective de certification ayant fait l'objet d'une utilisation, aura sciemment soit fait un usage d'une marque qui en constitue la reproduction ou l'imitation, soit vendu, mis en vente, fourni ou offert de fournir des produits ou des services sous une telle marque.

Les dispositions du présent article sont applicables aux marques syndicales prévues par le chapitre III du titre Ier du livre IV du code du travail. — *[Ancien C. pén., art. 422-2, aj. par L. n° 91-7 du 4 janv. 1991, art. 38.] — Sur l'application de ces dispositions aux marques communautaires, V. art. L. 717-2.*

V. notes ss. art. L. 716-8.

Le dépôt de marques qui n'obéissent pas aux prescriptions du règlement de la marque collective de certification « Laguiole origine garantie » caractérise une contrefaçon. • TGI Paris, 23 avr. 1997 : *PIBD 1997. III. 374.*

Art. L. 716-11-1 *(L. nº 94-102 du 5 févr. 1994, art. 14)* **Outre les sanctions prévues aux articles L. 716-9 et L. 716-10, le tribunal peut ordonner la fermeture totale ou partielle, définitive ou temporaire, pour une durée au plus de cinq ans, de l'établissement ayant servi à commettre l'infraction.**

La fermeture temporaire ne peut entraîner ni rupture, ni suspension du contrat de travail, ni aucun préjudice pécuniaire à l'encontre des salariés concernés. Lorsque la fermeture définitive entraîne le licenciement du personnel, elle donne lieu, en dehors de l'indemnité de préavis et de l'indemnité de licenciement, aux dommages et intérêts prévus aux articles L. 122-14-4 *[C. trav., art. L. 1235-2 à L. 1235-4, L. 1235-11 à L. 1235-13.]***et L. 122-14-5** *[C. trav., art. L. 1235-5.]* **du code du travail en cas de rupture de contrat de travail. Le non-paiement de ces indemnités est puni de six mois d'emprisonnement et de 3 750 € d'amende.**

V. notes ss. art. L. 716-8.

Art. L. 716-11-2 *(L. nº 2009-526 du 12 mai 2009, art. 125-XVIII, 6º)* **« Les personnes morales déclarées responsables pénalement, dans les conditions prévues par l'article 121-2 du code pénal, des infractions définies aux articles L. 716-9 à L. 716-11 encourent, outre l'amende suivant les modalités prévues par l'article 131-38 du code pénal, les peines prévues par l'article 131-39 du même code. »**

(L. nº 2007-1544 du 29 oct. 2007, art. 28) **« L'interdiction mentionnée au 2º de l'article 131-39 du même code porte sur l'activité dans l'exercice ou à l'occasion de l'exercice de laquelle l'infraction a été commise.**

« Les personnes morales déclarées pénalement responsables peuvent en outre être condamnées, à leurs frais, à retirer des circuits commerciaux les objets jugés contrefaisants et toute chose qui a servi ou était destinée à commettre l'infraction.

« La juridiction peut ordonner la destruction aux frais du condamné ou la remise à la partie lésée des objets et choses retirés des circuits commerciaux ou confisqués, sans préjudice de tous dommages et intérêts. »

V. notes ss. art. L. 716-8.

Art. L. 716-12 *(L. nº 94-102 du 5 févr. 1994, art. 15)* **En cas de récidive des infractions définies aux articles L. 716-9 à L. 716-11, ou si le délinquant est ou a été lié par convention avec la partie lésée, les peines encourues sont portées au double.**

Les coupables peuvent, en outre, être privés pendant un temps qui n'excédera pas cinq ans du droit d'élection et d'éligibilité pour les tribunaux de commerce, les chambres de commerce et d'industrie territoriales et les chambres de métiers ainsi que pour les conseils de prud'hommes. – *V. notes ss. art. L. 716-8 et L. 716-9.*

Art. L. 716-13 *(L. nº 2007-1544 du 29 oct. 2007, art. 28)* **Les personnes physiques coupables de l'un des délits prévus aux articles L. 716-9 et L. 716-10 peuvent être condamnées, à leurs frais, à retirer des circuits commerciaux les objets jugés contrefaisants et toute chose qui a servi ou était destinée à commettre l'infraction.**

La juridiction peut ordonner la destruction aux frais du condamné ou la remise à la partie lésée des objets et choses retirés des circuits commerciaux ou confisqués, sans préjudice de tous dommages et intérêts.

Elle peut également ordonner, aux frais du condamné, l'affichage du jugement ou la diffusion du jugement prononçant la condamnation, dans les conditions prévues à l'article 131-35 du code pénal.

V. notes ss. art. L. 716-8.

Sur la publication du jugement, V. • TGI Paris, 28 nov. 2007 : *D. 2009. Pan. 691, obs. Durrande* ⌀ ; *PIBD 2008. III. 83.* ♦ La détention de marchandises dont la commercialisation a été interdite par une décision judiciaire irrévocable est nécessairement illicite ; la destruction ordonnée par le juge d'instruction de vêtements saisis au cours de l'enquête ou de l'information n'est de nature ni à empêcher la manifestation de la vérité ni à faire obstacle aux droits des parties lors de l'audience ce jugement, dès lors que des descriptions très précises des marchandises et des échantillons de chaque lot d'articles contrefaits sont conservés sous scellés ; le juge d'instruction a retenu, à juste titre que cette destruction était de nature à limiter le coût des frais de justice lié à la conservation des vêtements. • Crim. 11 févr. 2009 : *Dalloz actualité, 13 mars 2009, obs. Lavric.*

Art. L. 716-14 *(L. n° 2014-315 du 11 mars 2014, art. 2)* **Pour fixer les dommages et intérêts, la juridiction prend en considération distinctement :**

1° Les conséquences économiques négatives de la contrefaçon, dont le manque à gagner et la perte subis par la partie lésée ;

2° Le préjudice moral causé à cette dernière ;

3° Et les bénéfices réalisés par le contrefacteur, y compris les économies d'investissements intellectuels, matériels et promotionnels que celui-ci a retirées de la contrefaçon.

Toutefois, la juridiction peut, à titre d'alternative et sur demande de la partie lésée, allouer à titre de dommages et intérêts une somme forfaitaire. Cette somme est supérieure au montant des redevances ou droits qui auraient été dus si le contrefacteur avait demandé l'autorisation d'utiliser le droit auquel il a porté atteinte. Cette somme n'est pas exclusive de l'indemnisation du préjudice moral causé à la partie lésée.

V. notes ss. art. L. 716-8.

BIBL. ► DURRANDE, *D. 2009. 695* (les sanctions de la contrefaçon). – MARÉCHAL, *RTD com. 2012. 245* (l'évaluation des dommages et intérêts en matière de contrefaçon) ; *CCE 2014. Étude 11* (la loi n° 2014-315 renforçant la lutte contre la contrefaçon). – BUFFET DELMAS, D'AUTANE et FABRE, *Propr. ind. 2014. Étude 12* (nouveautés, clarifications, carences et incertitudes du dispositif de lutte contre la contrefaçon tel que renforcé par la loi n° 2014-315 du 11 mars 2014).

COMMENTAIRE

L'ancien article L. 716-14 issu de la loi n° 2007-1544 du 29 octobre 2007 n'ayant pas entraîné d'augmentation significative des dommages et intérêts alloués aux victimes d'une contrefaçon, la loi n° 2014-315 du 11 mars 2014 revient sur cette question dans son chapitre II destiné à « améliorer les dédommagements civils ». Elle poursuit un double objectif : augmenter les dommages et intérêts versés à la victime (afin d'éviter qu'il apparaisse plus lucratif de se livrer à une contrefaçon que de s'en abstenir) et contraindre les juges à motiver leurs décisions pour éviter la fâcheuse impression d'une évaluation « au petit bonheur la chance » qui résulte trop souvent de la jurisprudence (V. les exemples cités *in D. 2009. Pan. 696*).

Sur le fond, la loi ne revient pas sur les deux méthodes de calcul dégagées par la loi de 2007 : l'appréciation *in concreto* du dommage subi (art. L. 716-14, al. 1), ou son évaluation forfaitaire (art. L. 716-14, al. 2), mais elle apporte des précisions destinées à encadrer l'évaluation du préjudice.

Appréciation du dommage (art. L. 716-14, al. 1er)

Comme dans le texte de 2007, la loi énumère trois types de préjudice : les conséquences économiques négatives nées de la contrefaçon, le préjudice moral subi par la victime et les bénéfices réalisés par le contrefacteur, mais elle leur apporte des précisions utiles.

D'une part, avant de les énumérer, elle pose pour principe que les juges doivent prendre en considération « distinctement » ces trois chefs de préjudice : chacun doit être évalué séparément, ce qui écarte la possibilité d'une estimation « globale » très majoritairement pratiquée par les tribunaux, et oblige de ce fait les juges à motiver leur décision avec, à la clé, la possibilité d'un contrôle de la Cour de cassation.

Quant à leur définition, la loi nouvelle précise, ce dont du reste personne ne doutait, que le « manque à gagner » subi par la partie lésée inclut non seulement le « gain manqué », mais la perte subie par la victime. Ces « conséquences économiques négatives » correspondent non seulement aux produits que la victime n'a pas vendus du fait qu'ils l'ont été par le contrefacteur, mais aussi, plus généralement, aux marchés perdus, soit que l'existence de la contrefaçon ait fait échouer une cession de la marque ou détourné d'éventuels candidats à l'octroi d'une licence, soit que le contrefacteur, en raison de ses capacités de production (qui sont parfois bien supérieures à celles du titulaire de la marque), se soit implanté sur des marchés que le titulaire aurait pu conquérir.

Le « dommage moral » correspond à un autre aspect des pertes subies : banalisation, atteinte à la valeur économique de la marque en raison de la vente de produits contrefaits de médiocre qualité, déficit d'image…

Enfin, la loi nouvelle réaffirme que le juge doit prendre en considération « les bénéfices réalisés par le contrefacteur ». Il s'agit d'éviter autant que possible que le contrefacteur puisse tirer de la contrefaçon un avantage économique. Cette idée, proposée par la directive n° 2004/48/CE du 29 avr. 2004 (consid. 26 et art. 13), a été reprise par le législateur français dans la loi de 2007. La loi du 11 mars 2014 précise qu'il faut entendre, sous le terme de « bénéfices », non seulement le profit résultant de la vente des objets contrefaits, mais aussi « les économies d'investissements intellectuels, matériels et promotionnels retirés de la contrefaçon ».

Quels que soient les efforts du législateur pour ajuster le montant des dommages et intérêts au préjudice réellement subi par la victime, sa réparation se heurte à la très grande difficulté de son évaluation. Soit elle repose sur des éléments incertains (comment calculer le gain manqué alors que, dans la plupart des cas, celui qui achète des produits contrefaits, attiré par la modicité de leur prix, n'aurait certainement pas acheté l'original), soit les données chiffrées n'existent pas (comment calculer le bénéfice réalisé par le contrefacteur alors qu'il ne tient pas de comptabilité ou a fait disparaître les documents comptables) – et ce n'est pas le droit d'information de l'article L. 716-7-1, à supposer qu'il puisse être utilisé pour établir le préjudice – (V. *supra* le comm. de cet art. qui peut y remédier). Sans compter le fait que les victimes de la contrefaçon ont, par le passé, bien souvent jeté le discrédit sur leur propre évaluation en demandant des dommages et intérêts d'un montant ahurissant (V. les ex. cités *in D. 2009. Pan. 696*).

Pour toutes ces raisons, la directive n° 2004/48/CE (art. 13, § 1, sous b) et le législateur français (art. L. 716-14, al. 2) ont prévu un mode alternatif de fixation des dommages et intérêts : le forfait.

Dommages et intérêts forfaitaires (art. L. 716-14, al. 2)

Sur demande expresse de la victime, les dommages et intérêts peuvent être constitués par un forfait.

L'article L. 716-14 précise que son montant est nécessairement supérieur aux redevances qui auraient été versées si le contrefacteur avait bénéficié d'une licence conventionnelle. Cette nouvelle rédaction exclut, par définition, que l'indemnité versée soit égale auxdites redevances – possibilité ouverte dans la loi ancienne –, l'ancien article L. 716-14 disposant que la somme forfaitaire ne pouvait « être inférieur aux redevances ou droits qui auraient été dus si le contrefacteur avait demandé l'autorisation ».

Les chiffres seront faciles à obtenir puisque c'est la victime elle-même (quand elle a opté pour ce mode de calcul) qui les fournit par référence aux tarifs qu'elle applique à ses licenciés.

Enfin, dernière précision : la loi nouvelle précise que le versement d'un forfait n'exclut pas le versement de dommages et intérêts en réparation du préjudice moral.

La loi du 11 mars 2014 ne contient pas de disposition transitoire.

Conformément aux principes généraux, elle est entrée en vigueur le lendemain de sa publication au *Journal officiel*, soit le 13 mars 2014.

Comme la loi de 2007, elle n'est pas rétroactive (V. anc. art. L. 716-14, note 1), et ne s'applique donc pas aux faits commis avant son entrée en vigueur. ❑

Ancien art. L. 716-14 (L. n° 2007-1544 du 29 oct. 2007, art. 28) ***Pour fixer les dommages et intérêts, la juridiction prend en considération les conséquences économiques négatives, dont le manque à gagner, subies par la partie lésée, les bénéfices réalisés par le contrefacteur et le préjudice moral causé au titulaire des droits du fait de l'atteinte.***

Toutefois, la juridiction peut, à titre d'alternative et sur demande de la partie lésée, allouer à titre de dommages et intérêts une somme forfaitaire qui ne peut être inférieure au montant des redevances ou droits qui auraient été dus si le contrefacteur avait demandé l'autorisation d'utiliser le droit auquel il a porté atteinte.

1. Constitutionnalité. Les dispositions de l'art. L. 716-14, al. 2, CPI, dans leur rédaction antérieure à la L. n° 2014-315 du 11 mars 2014, se bornent à tirer les conséquences nécessaires de dispositions inconditionnelles et précises de la Dir. n° 2004/48/CE du Parlement européen et du Conseil de l'Union européenne du 29 avr. 2004 relative au respect des droits de la propriété intellectuelle et ne mettent en cause aucune règle, ni aucun principe inhérent à l'identité constitutionnelle de la France. • Com. 9 juill. 2015, n° 14-29.518.

2. Application dans le temps. En évaluant le préjudice issu d'une contrefaçon au regard des dispositions de l'art. L. 716-14 dans sa rédaction issue de la loi du 11 mars 2014 alors que les faits litigieux étaient antérieurs à son entrée en vigueur, une cour d'appel n'a pas conféré une force rétroactive à la loi nationale, mais en a fait l'exacte application au regard de la finalité de l'art. 13, § 1er de la Dir. n° 2004/48/CE du 29 avr. 2004 dès lors qu'une directive lie tout État membre destinataire quant au résultat à atteindre tout en laissant aux instances nationales la compétence quant à la forme et aux moyens. • Com. 20 sept. 2016, *Dacotex Ltd c/ Adidas,* n° 15-12.989 : *PIBD 2016. III. 841, rejet du pourvoi c/* • Douai, 10 déc. 2014 : *cité note 3.*

3. Évaluation du préjudice. Le préjudice subi par la victime d'une contrefaçon réalisée par la vente sur eBay de vêtements portant la marque contrefaisante est constitué par la perte de chance de réaliser des ventes en nombre équivalant aux ventes effectuées par le contrefacteur et, partant, par la perte de chance de recueillir une marge commerciale mathématiquement définie. • Pau, 31 mars 2010 : *PIBD 2010. III. 395.* ♦ Les premiers juges ont correctement fixé le préjudice subi lorsqu'ils ont tenu compte de la masse contrefaisante, de la durée de la commercialisation, des gains manqués et de l'avilissement apporté aux marques. • Paris, 10 juin 2011, *Well : PIBD 2011. III. 533* • 17 févr. 2012, *Gourmand : PIBD 2012. III. 276.* ♦ Viole les art. 2 et 3 du C. pr. pén. et 1382 C. civ. une cour d'appel qui, pour dire qu'il n'y a pas lieu d'indemniser la partie civile du chef de contrefaçon, retient que, les produits contrefaits étant conformes aux originaux, la marque n'a aucunement été altérée de sorte que son image n'a subi aucune dépréciation. • Crim. 10 déc. 2013, *Microsoft : PIBD 2014. III. 142.* ♦ Le préjudice résulte d'abord de l'atteinte portée au droit privatif que le titulaire de la marque détient sur son signe, toute atteinte à une marque étant préjudiciable en elle-même, même dans le cas où il n'y a eu ni commercialisation des produits litigieux, ni bénéfice réalisé par le contrefacteur ; le préjudice résulte ensuite de l'atteinte portée à la valeur distinctive des marques qui provoque une baisse de leur valeur patrimoniale donc une perte financière ; enfin la contrefaçon génère un préjudice moral. • Douai, 10 déc. 2014, *Adidas : PIBD 2015. III. 119.* ♦ Viole les art. 564 et 566 C. pr. civ. une cour d'appel qui déclare irrecevable une demande en réparation de l'atteinte portée au pouvoir distinctif d'une marque et du préjudice moral subi par le titulaire de celle-ci, au motif qu'il s'agit d'un préjudice distinct de la contrefaçon et, par voie de conséquence d'une prétention nouvelle, alors que cette demande constituait le complément des demandes en réparation des actes de contrefaçon présentées en première instance. • Com. 6 sept. 2016, *Olymp'sport,* n° 14-22.005 : *PIBD 2016. III. 889.*

4. Modalités de versement des dommages et intérêts. L'art. L. 716-14, al. 2, prévoit une alternative qui permet d'allouer à la victime une somme forfaitaire. • Paris, 11 déc. 2015, *Pernod Ricard : PIBD 2016. III. 82.* ♦ La CJUE ayant dit pour droit dans un arrêt du 17 mars 2016 (*Christian Liffers,* n° C-99-15 : *Dalloz IP/IT 2016. 352, obs. Maréchal ; RLDI avr. 2016. 13, obs. Costes ; CCE 2016, n° 67, note Caron ; Propr. intell. 2016, n° 60, p. 346, note Bruguière*) que l'art. 13, § 1, de la Dir. 2004/48/CE sur le respect des droits de propriété intellectuelle doit être interprété en ce sens qu'il permet à la personne lésée, qui réclame une indemnisation de son dommage matériel calculée de manière forfaitaire sur la base du montant des redevances ou des droits qui lui auraient été dus si le contrevenant lui avait demandé l'autorisation de faire usage du droit de propriété intellectuelle en cause (art. 13, § 1, al. 2 ss. b), de réclamer de surcroît l'indemnisation de son préjudice moral (art. 13, § 1, al. 2, ss. a), c'est à bon droit qu'une cour d'appel a admis la possibilité, pour le titulaire des droits, d'obtenir à la fois l'indemnisation de son préjudice matériel par l'octroi d'une somme forfaitaire et celle de son préjudice moral. • Com. 6 sept. 2016, *Securis,* n° 14-29.518 : *PIBD 2016. III. 842.* ♦ L'indemnisation forfaitaire prévue par l'art. L 716-14, al. 2, constitue un aménagement des critères d'évaluation du préjudice. Il en résulte que, dans la mesure où le manque à gagner n'est cité par l'art. L 716-14, al. 1, qu'à titre d'exemple des conséquences économiques négatives de la contrefaçon, aucun autre critère n'est exclu. Dès lors, a justifié sa décision une cour d'appel qui, pour fixer le préjudice du titulaire de la marque, a pris en compte les bénéfices réalisés sur la période considérée par le contrefacteur, les redevances qui auraient pu être versées et la dépréciation de la marque. • Com. 6 déc. 2016, *O'Neill,* n° 15-16.304 : *PIBD 2017. III. 81 ; Propr. ind. 2017, n° 9, obs. Tréfigny.*

5. Exécution provisoire. Aux termes de l'art. 524 C. pr. civ., lorsque l'exécution provisoire a été ordonnée, elle ne peut être arrêtée, en cas d'appel, par le premier président statuant en référé, que si elle est interdite par la loi ou si elle risque d'entraîner des conséquences manifestement excessives. Celles-ci doivent être appréciées par rapport à la situation du débiteur compte tenu de ses facultés de paiement ou de celles de remboursement de la partie adverse. • Paris, 7 mars 2012, *Smartsystem : PIBD 2012. III. 315.*

Art. L. 716-15 *(L. nº 2007-1544 du 29 oct. 2007, art. 28)* **En cas de condamnation civile pour contrefaçon, la juridiction peut ordonner, à la demande de la partie lésée, que les produits reconnus comme produits contrefaisants et les matériaux et instruments ayant principalement servi à leur création ou fabrication soient rappelés des circuits commerciaux, écartés définitivement de ces circuits, détruits ou confisqués au profit de la partie lésée.**

La juridiction peut aussi ordonner toute mesure appropriée de publicité du jugement, notamment son affichage ou sa publication intégrale ou par extraits dans les journaux ou sur les services de communication au public en ligne qu'elle désigne, selon les modalités qu'elle précise.

Les mesures mentionnées aux deux premiers alinéas sont ordonnées aux frais du contrefacteur.

V. notes ss. art. L. 716-8.

1. Le préjudice devant être réparé dans son intégralité sans coût ni profit pour aucune des parties, viole l'article 1382 du code civil une cour d'appel qui ordonne la publication d'une décision de condamnation civile sans en préciser le coût maximum. • Com. 23 mars 2010, *Cloud's : Propr. intell. 2010, nº 36, p. 890.*

2. Pour un exemple : de destruction des produits. • Paris, 2 déc. 2011, *Coca Cola : PIBD 2012. III. 161.* ♦ ... De destruction des emballages portant la marque contrefaisante, de retrait des produits et d'impression de nouveaux emballages • Paris, 17 févr. 2012, *Gourmand : PIBD 2012. III. 276.* ♦ ... De retrait des produits des circuits commerciaux. • Paris, 11 déc. 2015, *Pernod Ricard : PIBD 2016. III. 82.*

Art. L. 716-16 *(L. nº 2007-1544 du 29 oct. 2007, art. 28)* **Des décrets en Conseil d'État fixent en tant que de besoin les conditions d'application du présent livre.** — *V. art. R. 712-1 s. — V. note ss. art. L. 716-8.*

CHAPITRE VII LA MARQUE COMMUNAUTAIRE

(Ord. nº 2001-670 du 25 juill. 2001)

Art. L. 717-1 **Constitue une contrefaçon engageant la responsabilité civile de son auteur la violation des interdictions prévues aux articles 9, 10, 11 et 13 du règlement (CE) 40/94 du Conseil du 20 décembre 1993 sur la marque communautaire.** — *V. ce texte App., 2e partie, vº Marques.*

Pour l'application de l'art. L. 717-1 en Polynésie française, dans les îles Wallis-et-Futuna, dans les Terres australes et antarctiques françaises, en Nouvelle-Calédonie et à Mayotte, V. art. L. 811-4 (Ord. nº 2001-670 du 25 juill. 2001, art. 7).

Art. L. 717-2 **Les dispositions des articles L. 716-8 à** *(L. nº 2007-1544 du 29 oct. 2007, art. 28)* **« L. 716-15 » sont applicables aux atteintes portées au droit du propriétaire d'une marque communautaire.**

Art. L. 717-3 **Est irrecevable toute action en contrefaçon, fondée sur une marque communautaire antérieure, contre une marque nationale postérieure enregistrée dont l'usage a été toléré pendant cinq ans, à moins que le dépôt de la marque nationale n'ait été effectué de mauvaise foi.**

L'irrecevabilité est limitée aux seuls produits et services pour lesquels l'usage a été toléré.

Art. L. 717-4 **Un décret en Conseil d'État détermine le siège et le ressort des juridictions de première instance et d'appel qui sont seules compétentes pour connaître des actions et des demandes prévues à l'article 92 du règlement communautaire mentionné à l'article L. 717-1, y compris lorsque ces actions portent à la fois sur une question de marque et sur une question connexe de dessin et modèle ou de concurrence déloyale.** — *Pour l'application des art. L. 717-4, L. 717-5 et L. 717-7 en Polynésie française, dans les îles Wallis-et-Futuna, dans les Terres australes et antarctiques françaises, en Nouvelle-Calédonie et à Mayotte, V. art. L. 811-4 (Ord. nº 2001-670 du 25 juill. 2001, art. 7).*

A justifié sa décision une cour d'appel qui, après avoir rappelé que les dispositions prévoyant la compétence exclusive TGI de Paris, pour connaître des actions en matière de marques communautaires, doivent s'appréhender strictement, constate, d'une part, que l'objet du litige ne porte que sur les droits détenus par les parties sur des marques françaises et, d'autre part, que la décision à intervenir n'aura autorité de la chose jugée qu'à l'égard des marques françaises et ne sera pas de nature à affecter les droits des titulaires sur les marques communautaires et internationales désignant l'UE, en a déduit que le TGI de Lille était compétent. • Com. 6 sept. 2016, *Danio*, n° 15-29.113 : *PIBD 2016. III. 805 ; Propr. ind. 2016, n° 83, obs. Tréfigny ; LEPI 2016, n° 10, p. 13.*

Art. L. 717-5 **Une demande de marque communautaire ou une marque communautaire ne peut être transformée en demande de marque nationale que dans les cas prévus à l'article 108 du règlement communautaire mentionné à l'article L. 717-1.**

Dans ces cas, la demande de marque nationale doit, sous peine de rejet, satisfaire aux dispositions des articles L. 711-2, L. 711-3, L. 712-2 et L. 712-4. Les conditions d'application du présent alinéa sont fixées par décret en Conseil d'État.

Les dispositions de l'alinéa précédent ne sont pas applicables lorsque l'ancienneté d'une marque enregistrée antérieurement en France a été revendiquée au bénéfice de la marque communautaire.

Sur l'application de cet art., V. note ss. art. L. 717-4.

Art. L. 717-6 **Lorsqu'une marque antérieurement enregistrée en France n'a pas été renouvelée ou a fait l'objet d'une renonciation, le fait que l'ancienneté de cette marque a été revendiquée au nom d'une marque communautaire ne fait pas obstacle à ce que la nullité de cette marque ou la déchéance des droits de son titulaire soit prononcée.**

Une telle déchéance ne peut cependant être prononcée en application du présent article que si celle-ci était encourue à la date de la renonciation ou à la date d'expiration de l'enregistrement.

Art. L. 717-7 **La formule exécutoire mentionnée à l'article 82 du règlement communautaire mentionné à l'article L. 717-1 est apposée par l'Institut national de la propriété industrielle.**

Sur l'application de cet art., V. note ss. art. L. 717-4.

TITRE DEUXIÈME INDICATIONS GÉOGRAPHIQUES

(L. n° 2007-1544 du 29 oct. 2007, art. 29)

RÉP. EUR. v° *Appellations d'origine*, par POLLAUD-DULIAN.

CHAPITRE PREMIER GÉNÉRALITÉS

(L. n° 2007-1544 du 29 oct. 2007, art. 29)

SECTION PREMIÈRE APPELLATIONS D'ORIGINE *(L. n° 2014-344 du 17 mars 2014, art. 73).*

Art. L. 721-1 *(L. n° 93-949 du 26 juill. 1993, art. 5)* **Les règles relatives à la détermination des appellations d'origine sont fixées par l'article L. 115-1** *[nouv. art. L. 431-1]* **du code de la consommation reproduit ci-après :**

Art. L. 115-1 Constitue une appellation d'origine la dénomination d'un pays, d'une région ou d'une localité servant à désigner un produit qui en est originaire et dont la qualité ou les caractères sont dus au milieu géographique, comprenant des facteurs naturels et des facteurs humains.

Pour l'application des dispositions du présent livre aux territoires d'outre-mer et à la collectivité territoriale de Mayotte, V. art. L. 811-1 et L. 811-2.

BIBL. ► AUBY, *JCP 1973. I. 2526* (le régime juridique des AO simples). – AUBY et PLAISANT, Le droit des appellations d'origine, *Litec 1974.* – DENIS, Appellation d'origine et indication de provenance, *Dalloz 1995*. – DURRANDE, *Mélange Bonet, Litec, 2010, p. 171* (la boussole et la boule de cristal : quelques observations sur le choix d'un nom géographique comme marque). – LE GOFFIC, La protection des indications géographiques en France, dans la Communauté européenne et aux États-Unis, *IRPI, 2011*. – LORVELLEC, *Mélanges Burst, 1997, p. 311* (les aspects récents de la protection internationale des appellations d'origine contrôlées). – OLZAK, *Propr. ind. 2006. Étude 18* (actualité du droit des signes d'origne et de qualité – 2005). – PIATTI, *Thèse Paris II, 1980* (marques et appellations d'origine). – ROZIER, *Gaz. Pal. 1983. 1. 166* (ordre public et appellations d'origine). – DE VLETIAN, Appellations d'origine, *Delmas 1989*. – VISSE-CAUSSE, L'appellation d'origine. Valorisation du terroir, *ADEF, 2007*.

1. L'appellation d'origine ayant un caractère collectif, une personne, quand bien même serait-elle actuellement la seule à en bénéficier, ne peut pas la déposer comme marque. • Com. 1er déc. 1987, *Romanée Conti : JCP 1988. II. 21081, note Agostini.* ♦ Lorsque le domaine bénéficiant de l'AO est morcelé, chacun des acquéreurs d'une parcelle a le droit d'utiliser l'AO. • Civ. 3e, 4 nov. 1964, *Chateau Saint-Georges : Bull. civ. III, no 480.*

2. Il se déduit de l'art. L. 642-1 C. rur. auquel renvoie l'art. L. 115-6 C. consom. que le bien-fondé d'une action engagée pour la protection d'une appellation d'origine ne doit pas s'apprécier au regard de l'imitation et du risque de confusion, critères applicables en cas de conflit entre deux marques, mais en prenant en considération ceux d'évocation et de détournement de notoriété d'une appellation d'origine, de sorte qu'il n'y a pas lieu de rechercher s'il existe un risque de confusion entre les produits. • Paris, 7 nov. 2007 : *PIBD 2008. III. 79* • Crim. 22 févr. 2011, *Enclave des Papes : Dalloz jurisprudence.* • TGI Paris, 14 oct. 2016, *Margaux, Pauillac, Pomerol... : PIBD 2017. III. 62.* ♦ En adoptant le nom de « Champagne » pour le lancement d'un nouveau parfum de luxe, en choisissant une présentation rappelant le bouchon caractéristique des bouteilles de ce vin, et en utilisant dans ses arguments promotionnels l'image et les sensations gustatives de joie et de fête qu'il évoque, les appellantes ont voulu créer un effet attractif emprunté au prestige de l'appellation ; elles ont, de ce seul fait, par un procédé constitutif d'agissements parasitaires, détourné la notoriété dont seuls les producteurs et négociants de Champagne peuvent se prévaloir pour commercialiser le vin ayant droit à cette appellation. • Paris, 15 dec. 1993 : *GAPI, 1re éd., Dalloz, no 27 ; D. 1994. 145, obs. le Tourneau ; JCP 1994. II. 22229, obs. Pollaud-Dulian ; PIBD 1994. III. 92.*

SECTION II INDICATIONS GÉOGRAPHIQUES PROTÉGEANT LES PRODUITS INDUSTRIELS ET ARTISANAUX

(L. no 2014-344 du 17 mars 2014, art. 73)

BIBL. ▸ AZÉMA ET GELLOUX, *RTD com. 2014. 355* (Loi relative à la consommation). – BOUCHE, *Propr. ind. 2016. Étude 7* (les indications géographiques protégeant les produits industriels et artisanaux). – MATEU, *RLDA juin 2014, no 5138* (la « loi Hamon » : de nouveaux droits de propriété intellectuelle locaux).

COMMENTAIRE

La loi no 2014-344 du 7 mars 2014 sur la consommation (dite « loi Hamon »), en réponse à l'émotion suscitée par la jurisprudence *Laguiole* (V art. L. 711-4, note 28), a créé une nouvelle indication géographique : l'indication géographique protégeant les produits industriels et artisanaux (IGPIA) (CPI, art. L. 721-2).

Contrairement aux appellations d'origine (AOP) et aux indications géographiques protégées (IGP) qui, traditionnellement, ne bénéficient qu'aux produits agricoles, forestiers ou alimentaires, ou encore aux produits de la mer (Règl. (UE) no 1151/2012 du 21 nov. 2012, art. 5, § 2, V. App., vo *Propriété industrielle, II*), l'IGPIA vise à protéger les produits industriels ou artisanaux pour lesquels il était impossible antérieurement d'obtenir une indication géographique alors que, dans de nombreux cas, leur origine était essentiellement valorisée dans l'esprit du public, par une indication de provenance (sur la définition de cette notion, V. art. L. 711-2, note 15).

La définition de l'IGPIA est calquée sur celle des IGP (accord ADPIC, art. 22 ; Règl. (UE) no 1151/2012 préc., art. 5, § 2). L'IGPIA bénéficie à des produits industriels ou artisanaux présentant une qualité particulière, des caractéristiques (résultant par exemple d'un savoir-faire traditionnel) ou même une simple réputation, qui peuvent être attribuées essentiellement à leur origine géographique (art. L. 721-7).

L'IGPIA résulte de l'homologation par l'INPI d'un cahier des charges présenté par un organisme de défense des opérateurs concernés, qui détermine son aire géographique, les produits qui peuvent en bénéficier ainsi que leurs méthodes de production ou de fabrication (art. L. 721-3).

Par la suite, toute personne participant aux opérations de production ou de transformation du produit conformément au cahier des charges peut se prévaloir de l'IGPIA, à condition toutefois qu'elle soit membre de l'organisme de défense de cette indication géographique et qu'elle figure sur une liste publiée au *BOPI* (art. L. 721-5).

Toute atteinte portée à une indication géographique, qu'elle ait été accordée par le droit de l'Union européenne ou par le droit national constitue, depuis la loi du 17 mars 2014, une contrefaçon (art. L. 722-1 s.) dont le régime est aligné sur le régime général de la contrefaçon organisé par le CPI.

(Sur les conflits éventuels entre les IGPIA et les marques postérieures, V. art. L. 711-4 *d)* et L. 712-4 ; sur les conflits avec les marques antérieures, V. art. L. 713-6 *c.*)

Art. L. 721-2 **Constitue une indication géographique la dénomination d'une zone géographique ou d'un lieu déterminé servant à désigner un produit, autre qu'agricole, forestier, alimentaire ou de la mer, qui en est originaire et qui possède une qualité déterminée, une réputation ou d'autres caractéristiques qui peuvent être attribuées essentiellement à cette origine géographique. Les conditions de production ou de transformation de ce produit, telles que la découpe, l'extraction ou la fabrication, respectent un cahier des charges homologué par décision prise en application de l'article L. 411-4.**

• INPI, 3 juin 2015, *Savon de Marseille,* Décis. n° 2015-55 : *D. 2016. 396, obs. Clavier*.

Art. L. 721-3 **La demande d'homologation ou de modification du cahier des charges est déposée auprès de l'Institut national de la propriété industrielle par un organisme de défense et de gestion, défini à l'article L. 721-4, représentant les opérateurs concernés.**

La décision d'homologation est prise après :

1° La vérification du contenu du cahier des charges et de la représentativité des opérateurs au sein de l'organisme de défense et de gestion ;

2° La réalisation d'une enquête publique, dont les modalités sont fixées par voie réglementaire ;

3° La consultation :

***a)* Des collectivités territoriales ;**

***b)* Des groupements professionnels intéressés ;**

***c)* Du directeur de l'Institut national de l'origine et de la qualité lorsque la dénomination de l'indication géographique définie à l'article L. 721-2 peut entraîner un risque de confusion avec une indication géographique protégée ou une appellation d'origine protégée définies par le code rural et de la pêche maritime, existantes ou en cours d'instruction par l'Institut national de l'origine et de la qualité ;**

***d)* Des associations de consommateurs agréées ayant obtenu la reconnaissance spécifique prévue au livre IV du code de la consommation.**

A défaut de réponse dans les deux mois de leur saisine, les avis sont réputés favorables.

Lorsqu'il instruit la demande d'homologation ou de modification du cahier des charges, l'Institut national de la propriété industrielle s'assure que les opérations de production ou de transformation décrites dans le cahier des charges, ainsi que le périmètre de la zone ou du lieu, permettent de garantir que le produit concerné présente effectivement une qualité, une réputation ou d'autres caractéristiques qui peuvent être essentiellement attribuées à la zone géographique ou au lieu déterminé associés à l'indication géographique.

La décision d'homologation vaut reconnaissance de l'organisme qui assure la défense et la gestion du produit bénéficiant de l'indication géographique. Cette décision, accompagnée du cahier des charges correspondant, est publiée au *Bulletin officiel de la propriété industrielle*. Les modifications apportées, le cas échéant, au cahier des charges sont également publiées au *Bulletin officiel de la propriété industrielle*. Une information sur la publication au *Bulletin officiel de la propriété industrielle* est publiée sous forme d'avis au *Journal officiel*.

La redevance versée à l'Institut national de la propriété industrielle pour l'homologation du cahier des charges est à la charge de l'organisme défini à l'article L. 721-4.

V. art. R. 721-1 s.

Art. L. 721-4 La défense et la gestion d'un produit bénéficiant d'une indication géographique sont assurées par un organisme privé doté de la personnalité morale.

Un même organisme peut assurer la défense et la gestion de plusieurs produits.

Pour chacun des produits pour lesquels une indication géographique est envisagée, les règles de composition et de fonctionnement de l'organisme doivent assurer la représentativité des opérateurs concernés.

Les missions de défense et de gestion assurées par l'organisme mentionné au premier alinéa sont exercées de manière indépendante de ses autres qualités lorsqu'elles ne concernent pas la défense des droits collectifs des opérateurs.

Art. L. 721-5 Tout opérateur qui en fait la demande est membre de droit de l'organisme de défense et de gestion dès lors qu'il respecte le cahier des charges homologué.

Un opérateur ne peut se prévaloir d'une indication géographique que s'il est membre de l'organisme de défense et de gestion de cette indication géographique et est inscrit sur la liste des opérateurs figurant dans le cahier des charges ou sur la liste des opérateurs actualisée et publiée au *Bulletin officiel de la propriété industrielle* conformément au 5° de l'article L. 721-6.

Pour l'application de la présente section, un opérateur désigne toute personne physique ou morale qui participe aux activités de production ou de transformation conformément au cahier des charges de l'indication géographique.

Art. L. 721-6 L'organisme de défense et de gestion contribue à la mission d'intérêt général de préservation et de mise en valeur des territoires, des traditions locales et des savoir-faire ainsi que des produits qui en sont issus.

Pour chaque produit bénéficiant d'une indication géographique dont il assure la défense et la gestion, l'organisme :

1° Élabore le projet de cahier des charges, le soumet à l'homologation de l'Institut national de la propriété industrielle et contribue à son application par les opérateurs ;

2° Soumet tout projet de modification du cahier des charges à l'Institut national de la propriété industrielle ;

3° S'assure que les opérations de contrôle des opérateurs par les organismes mentionnés à l'article L. 721-9 sont effectuées dans les conditions fixées par le cahier des charges. Il informe l'Institut national de la propriété industrielle des résultats des contrôles effectués et des mesures correctives appliquées ;

4° S'assure de la représentativité des opérateurs dans ses règles de composition et de fonctionnement ;

5° Tient à jour la liste des opérateurs et transmet les mises à jour à l'Institut national de la propriété industrielle, qui les publie au *Bulletin officiel de la propriété industrielle* ;

6° Exclut, après mise en demeure, tout opérateur qui ne respecte pas le cahier des charges et n'a pas pris les mesures correctives mentionnées au 3° *(L. n° 2015-990 du 6 août 2015, art. 214-1°)* « , et exclut tout opérateur dont la certification a été non octroyée, suspendue ou retirée par l'organisme certificateur mentionné à l'article L. 721-9 » ;

7° Participe aux actions de défense, de protection et de valorisation de l'indication géographique, des produits et du savoir-faire, ainsi qu'à la connaissance statistique du secteur.

Art. L. 721-7 Le cahier des charges d'une indication géographique précise :

1° Le nom de celle-ci ;

2° Le produit concerné ;

3° La délimitation de la zone géographique ou du lieu déterminé associé ;

4° La qualité, la réputation, le savoir-faire traditionnel ou les autres caractéristiques que possède le produit concerné et qui peuvent être attribués essentiellement à cette zone géographique ou à ce lieu déterminé, ainsi que les éléments établissant le lien entre le produit et la zone géographique ou le lieu déterminé associé ;

5° La description du processus d'élaboration, de production et de transformation, dont les opérations de production ou de transformation qui doivent avoir lieu dans la zone géographique ou le lieu déterminé ainsi que celles qui garantissent les caractéristiques mentionnées au 4° ;

6° L'identité de l'organisme de défense et de gestion, ses statuts, la liste des opérateurs initiaux qu'il représente et les modalités financières de leur participation ;

(L. n° 2015-990 du 6 août 2015, art. 214-2°) « 7° Les modalités et la périodicité des contrôles, le type d'organisme mentionné à l'article L. 721-9 en charge de leur réalisation, ainsi que les modalités de financement de ces contrôles. Les modalités comportent notamment les points de contrôle du produit et des éléments spécifiques de l'étiquetage ; »

8° Les obligations déclaratives ou de tenue de registres auxquelles les opérateurs doivent satisfaire afin de permettre la vérification du respect du cahier des charges ;

9° Les modalités de mise en demeure et d'exclusion des opérateurs en cas de non-respect du cahier des charges ;

10° Le financement prévisionnel de l'organisme de défense et de gestion ;

11° Les éléments spécifiques de l'étiquetage ;

12° Le cas échéant, les engagements sociaux et environnementaux pris par les opérateurs regroupés au sein de l'organisme de défense et de gestion.

Art. L. 721-8 I. — Sans préjudice des articles L. 115-16 *[nouv. art. L. 431-2]* du code de la consommation et L. 722-1 du présent code, les dénominations enregistrées sont protégées contre :

1° Toute utilisation commerciale directe ou indirecte d'une dénomination enregistrée à l'égard des produits non couverts par l'enregistrement, lorsque ces produits sont comparables à ceux enregistrés sous cette dénomination ou lorsque cette utilisation permet de profiter de la réputation de la dénomination protégée ;

2° Toute usurpation, imitation ou évocation, même si l'origine véritable des produits ou des services est indiquée ou si la dénomination protégée est traduite ou accompagnée d'une expression telle que "genre", "type", "méthode", "façon", "imitation" ou d'une expression similaire ;

3° Toute autre indication fausse ou fallacieuse quant à la provenance, l'origine, la nature ou les qualités essentielles du produit qui figure sur le conditionnement ou l'emballage, sur la publicité ou sur des documents afférents au produit concerné, ainsi que contre l'utilisation pour le conditionnement d'un récipient de nature à créer une impression erronée sur l'origine du produit ;

4° Toute autre pratique susceptible d'induire le consommateur en erreur quant à la véritable origine du produit.

Lorsqu'une indication géographique contient en elle-même le nom d'un produit considéré comme générique, l'utilisation de ce nom générique n'est pas considérée comme contraire aux 1° ou 2° du présent I.

II. — L'indication géographique, dont le cahier des charges a été homologué dans les conditions prévues par la présente section, ne peut jamais être considérée comme présentant un caractère générique et tomber dans le domaine public.

Art. L. 721-9 Le respect du cahier des charges par les opérateurs est contrôlé par des organismes d'évaluation de la conformité, *(L. n° 2015-990 du 6 août 2015, art. 214-3°)* « qui peuvent être soit des organismes d'inspection, soit des organismes de certification, » qui bénéficient d'une accréditation délivrée par l'instance nationale d'accréditation, mentionnée à l'article 137 de la loi n° 2008-776 du 4 août 2008 de modernisation de l'économie, ou par l'instance nationale d'accréditation d'un autre État membre de l'Union européenne, membre de la coopération européenne pour l'accréditation et ayant signé les accords de reconnaissance mutuelle multilatéraux couvrant le champ de ce contrôle.

(L. n° 2015-990 du 6 août 2015, art. 214-3°) « Les organismes d'inspection effectuent les opérations de contrôle et transmettent leur rapport à l'organisme de défense et de gestion, qui décide des mesures sanctionnant les manquements.

« Les organismes de certification décident de l'octroi, du maintien ou de l'extension de la certification, ainsi que des mesures sanctionnant les manquements. »

L'organisme de défense et de gestion peut demander à un opérateur d'avoir recours, à ses frais, à un organisme de contrôle accrédité conformément au premier alinéa du présent article afin qu'il effectue un contrôle supplémentaire visant à vérifier que cet opérateur a appliqué les mesures correctives mentionnées au 3° de l'article L. 721-6 du présent code.

L'Institut national de la propriété industrielle vérifie que les opérations de contrôle des opérateurs prévues par le cahier des charges sont effectuées par un organisme d'évaluation de la conformité et que les mesures correctives et les mises en demeure et exclusions des opérateurs prévues dans le cahier des charges sont mises en œuvre.

Après mise en demeure de l'organisme de défense et de gestion, l'institut peut retirer l'homologation du cahier des charges si ces contrôles ne sont pas effectués ou si les mesures correctives n'ont pas été mises en œuvre dans les délais requis.

La décision de retrait de l'homologation est publiée au *Bulletin officiel de la propriété industrielle*. Une information sur la publication au *Bulletin officiel de la propriété industrielle* est publiée sous forme d'avis au *Journal officiel*.

Art. L. 721-10 Les modalités d'application de la présente section sont fixées par décret en Conseil d'État.

CHAPITRE II CONTENTIEUX

SECTION PREMIÈRE ACTIONS CIVILES *(L. n° 2014-315 du 11 mars 2014, art. 7-VII).*

(L. n° 2007-1544 du 29 oct. 2007, art. 29)

Sur l'application de la L. n° 2007-1544 du 29 oct. 2007 de lutte contre la contrefaçon, V. la circulaire du ministre de la Justice du 11 avr. 2008, CRIM 08-10/G3, App., v° Dispositions générales.

Art. L. 722-1 *(L. n° 2014-315 du 11 mars 2014, art. 20)* « Toute atteinte portée à une indication géographique en violation de la protection qui lui est accordée par le droit de l'Union européenne ou la législation nationale constitue une contrefaçon engageant la responsabilité de son auteur. »

Pour l'application du présent chapitre, on entend par "indication géographique" :

a) Les appellations d'origine définies à l'article L. 115-1 du code de la consommation ;

(L. n° 2014-344 du 17 mars 2014, art. 73) « *b)* Les indications géographiques définies à l'article L. 721-2 ;

« *c)* « Les appellations d'origine et les indications géographiques protégées en vertu du droit de l'Union européenne ; »

Al. 6 abrogé par L. n° 2014-344 du 17 mars 2014, art. 73.

(L. n° 2014-315 du 11 mars 2014, art. 6) « Sont interdits la production, l'offre, la vente, la mise sur le marché, l'importation, l'exportation, le transbordement, l'utilisation ou la détention à ces fins de biens dont la présentation porte atteinte ou est susceptible de porter atteinte à une indication géographique. »

Art. L. 722-2 L'action civile pour *(L. n° 2014-315 du 11 mars 2014, art. 20)* « contrefaçon » est exercée par toute personne autorisée à utiliser *(L. n° 2014-315 du 11 mars 2014, art. 20)* « l'indication géographique concernée » ou *[par]* tout organisme auquel la législation donne pour mission la défense des indications géographiques.

Toute personne mentionnée au premier alinéa est recevable à intervenir dans l'instance engagée par une autre partie pour *(L. n° 2014-315 du 11 mars 2014, art. 20)* « contrefaçon ».

Art. L. 722-3 Toute personne ayant qualité pour agir *(L. n° 2014-315 du 11 mars 2014, art. 20)* « en contrefaçon » peut saisir en référé la juridiction civile compétente afin de voir ordonner, au besoin sous astreinte, à l'encontre du prétendu *(L. n° 2014-315 du 11 mars 2014, art. 20)* « contrefacteur » ou des intermédiaires dont il utilise les services, toute mesure destinée à prévenir une atteinte imminente à une indication géographique ou à empêcher la poursuite d'actes *(L. n° 2014-315 du 11 mars 2014, art. 20)* « argués de contrefaçon ». La juridiction civile compétente peut également ordonner toutes mesures urgentes sur requête lorsque les circonstances exigent que ces mesures ne soient pas prises contradictoirement, notamment lorsque tout retard serait de nature à causer un préjudice irréparable au demandeur. Saisie en référé ou sur requête, la juridiction ne peut ordonner les mesures demandées que si les éléments de preuve, raisonnablement accessibles au demandeur, rendent vraisemblable qu'il est porté atteinte à une indication géographique ou qu'une telle atteinte est imminente.

La juridiction peut interdire la poursuite des actes *(L. n° 2014-315 du 11 mars 2014, art. 20)* « argués de contrefaçon », la subordonner à la constitution de garanties destinées à assurer l'indemnisation éventuelle du demandeur ou ordonner la saisie ou la remise entre les mains d'un tiers des produits *(L. n° 2014-315 du 11 mars 2014, art. 20)* « argués de contrefaçon », pour empêcher leur introduction ou leur circulation dans les circuits commerciaux. Si le demandeur justifie de circonstances de nature à compromettre le recouvrement des dommages et intérêts, la juridiction peut ordonner la saisie conservatoire des biens mobiliers et immobiliers du prétendu *(L. n° 2014-315 du 11 mars 2014, art. 20)* « contrefacteur », y compris le blocage de ses comptes bancaires et autres avoirs, conformément au droit commun. Pour déterminer les biens susceptibles de faire l'objet de la saisie, elle peut ordonner la communication des documents bancaires, financiers, comptables ou commerciaux ou l'accès aux informations pertinentes.

Elle peut également accorder au demandeur une provision lorsque l'existence de son préjudice n'est pas sérieusement contestable.

Saisie en référé ou sur requête, la juridiction peut subordonner l'exécution des mesures qu'elle ordonne à la constitution par le demandeur de garanties destinées à assurer l'indemnisation éventuelle du défendeur si l'action *(L. n° 2014-315 du 11 mars 2014, art. 20)* « en contrefaçon » est ultérieurement jugée non fondée ou les mesures annulées.

(L. n° 2014-315 du 11 mars 2014, art. 11) « Lorsque les mesures prises pour faire cesser une contrefaçon sont ordonnées avant l'engagement d'une action au fond, le demandeur doit, dans un délai fixé par voie réglementaire, soit se pourvoir par la voie civile ou pénale, soit déposer une plainte auprès du procureur de la République. » A défaut, sur demande du défendeur et sans que celui-ci ait à motiver sa demande, les mesures ordonnées sont annulées, sans préjudice des dommages et intérêts qui peuvent être réclamés.

BIBL. ▶ Dreyer, *D. 2015. 1164* (propriétés intellectuelles : prendre (enfin) le droit pénal au sérieux).

Art. L. 722-4 *(L. n° 2014-315 du 11 mars 2014, art. 20)* « La contrefaçon » peut être prouvée par tous moyens.

A cet effet, toute personne ayant qualité pour agir en vertu du présent titre est en droit de faire procéder en tout lieu et par tous huissiers, *(L. n° 2014-315 du 11 mars 2014, art. 4)* « le cas échéant » assistés d'experts désignés par le demandeur, en vertu d'une ordonnance rendue sur requête par la juridiction civile compétente, soit à la description détaillée, avec ou sans prélèvement d'échantillons, soit à la saisie réelle des objets *(L. n° 2014-315 du 11 mars 2014, art. 20)* « prétendus contrefaisants » ainsi que de tout document s'y rapportant. *(L. n° 2014-315 du 11 mars 2014, art. 4)* « L'ordonnance peut autoriser la saisie réelle de tout document se rapportant aux objets prétendus contrefaisants en l'absence de ces derniers. »

La juridiction peut ordonner, aux mêmes fins probatoires, *(L. n° 2014-315 du 11 mars 2014, art. 4)* « la description détaillée ou » la saisie réelle des matériels et instruments utilisés pour produire ou distribuer les objets *(L. n° 2014-315 du 11 mars 2014, art. 20)* « prétendus contrefaisants ».

Elle peut subordonner l'exécution des mesures qu'elle ordonne à la constitution par le demandeur de garanties destinées à assurer l'indemnisation éventuelle du défendeur si l'action engagée en vertu du présent titre est ultérieurement jugée non fondée ou la saisie annulée.

A défaut pour le demandeur de s'être pourvu au fond, par la voie civile ou pénale, dans un délai fixé par voie réglementaire, l'intégralité de la saisie, y compris la description, est annulée à la demande du saisi, sans que celui-ci ait à motiver sa demande et sans préjudice des dommages et intérêts qui peuvent être réclamés.

BIBL. ▶ Dorol, *Propr. ind. 2017. Étude 5* (le constat d'achat sur internet). – May et Liens, *Propr. ind. 2010. Étude 8* (saisie-contrefaçon : deux ans de pratique après la loi de lutte contre la contrefaçon). – Zajdela, *Propr. ind. 2016. Étude 18* (la preuve en matière de contrefaçon : constat d'achat ou saisie-contrefaçon ?).

COMMENTAIRE

Voir le commentaire sous l'article L. 716-7 du CPI.

Art. L. 722-4-1 *(L. n° 2014-315 du 11 mars 2014, art. 4)* **La juridiction peut ordonner, d'office ou à la demande de toute personne ayant qualité pour agir en contrefaçon, toutes les mesures d'instruction légalement admissibles même si une saisie-contrefaçon n'a pas préalablement été ordonnée dans les conditions prévues à l'article L. 722-4.**

COMMENTAIRE

Voir le commentaire sous l'article L. 716-7 du CPI.

Art. L. 722-5 Si la demande lui en est faite, la juridiction saisie *(L. n° 2014-315 du 11 mars 2014, art. 3)* **« au fond ou en référé » d'une procédure civile prévue au présent chapitre peut ordonner, au besoin sous astreinte, afin de déterminer l'origine et les réseaux de distribution des produits** *(L. n° 2014-315 du 11 mars 2014, art. 3)* **« argués de contrefaçon », la production de tous documents ou informations détenus par le défendeur ou par toute personne qui a été trouvée en possession de** *(L. n° 2014-315 du 11 mars 2014, art. 3)* **« produits argués de contrefaçon » ou qui fournit des services utilisés dans** *(L. n° 2014-315 du 11 mars 2014, art. 3)* **« de prétendues activités de contrefaçon » ou encore qui a été signalée comme intervenant dans la production, la fabrication ou la distribution de ces produits ou la fourniture de ces services.**

La production de documents ou d'informations peut être ordonnée s'il n'existe pas d'empêchement légitime.

Derniers al. abrogés par L. n° 2014-315 du 11 mars 2014, art. 3.

Art. L. 722-6 *(L. n° 2014-315 du 11 mars 2014, art. 2)* **Pour fixer les dommages et intérêts, la juridiction prend en considération distinctement :**

1° Les conséquences économiques négatives de la contrefaçon, dont le manque à gagner et la perte subis par la partie lésée ;

2° Le préjudice moral causé à cette dernière ;

3° Et les bénéfices réalisés par le contrefacteur, y compris les économies d'investissements intellectuels, matériels et promotionnels que celui-ci a retirées de la contrefaçon.

Toutefois, la juridiction peut, à titre d'alternative et sur demande de la partie lésée, allouer à titre de dommages et intérêts une somme forfaitaire. Cette somme n'est pas exclusive de l'indemnisation du préjudice moral causé à la partie lésée.

Art. L. 722-7 En cas de condamnation civile *(L. n° 2014-315 du 11 mars 2014, art. 20)* **« pour contrefaçon », la juridiction peut ordonner, à la demande de la partie lésée, que les produits reconnus comme** *(L. n° 2014-315 du 11 mars 2014, art. 20)* **« contrefaisants » et les matériaux et instruments ayant principalement servi à leur création ou fabrication soient rappelés des circuits commerciaux, écartés définitivement de ces circuits, détruits ou confisqués au profit de la partie lésée.**

La juridiction peut aussi ordonner toute mesure appropriée de publicité du jugement, notamment son affichage ou sa publication intégrale ou par extraits dans les journaux ou sur les services de communication au public en ligne qu'elle désigne, selon les modalités qu'elle précise.

Les mesures mentionnées aux deux premiers alinéas sont ordonnées aux frais de l'auteur de *(L. n° 2014-315 du 11 mars 2014, art. 20)* **« la contrefaçon ».**

Art. L. 722-8 Les actions civiles et les demandes relatives aux indications géographiques, y compris lorsqu'elles portent également sur une question connexe de concurrence déloyale, sont exclusivement portées devant des tribunaux de grande instance, déterminés par voie réglementaire.

Les dispositions qui précèdent ne font pas obstacle au recours à l'arbitrage, dans les conditions prévues aux articles 2059 et 2060 du code civil.

SECTION II LA RETENUE

(L. nº 2014-315 du 11 mars 2014, art. 7)

COMMENTAIRE
Voir le commentaire sous l'article L. 716-8.

Art. L. 722-9 **En dehors des cas prévus par la réglementation de l'Union européenne, l'administration des douanes peut, sur demande écrite d'une personne autorisée à utiliser une indication géographique ou de tout organisme de défense des indications géographiques, assortie des justifications de son droit, retenir dans le cadre de ses contrôles les marchandises que celui-ci prétend constituer une contrefaçon.**

Cette retenue est immédiatement notifiée au demandeur et au détenteur. Le procureur de la République est également informé de ladite mesure par l'administration des douanes.

Lors de la notification mentionnée à la première phrase du deuxième alinéa du présent article, la nature et la quantité réelle ou estimée ainsi que des images des marchandises sont communiquées à la personne autorisée à utiliser une indication géographique ou à l'organisme de défense des indications géographiques, par dérogation à l'article 59 *bis* du code des douanes. Ces informations peuvent également être communiquées avant la mise en œuvre de la mesure prévue au présent article.

Sous réserve des procédures prévues aux articles L. 722-13 et L. 722-14 du présent code, la mesure de retenue est levée de plein droit à défaut pour le demandeur, dans le délai de dix jours ouvrables, ou de trois jours ouvrables pour les denrées périssables, à compter de la notification de la retenue des marchandises, de justifier auprès de l'administration des douanes soit de mesures conservatoires décidées par la juridiction civile compétente, soit de s'être pourvu par la voie civile ou la voie correctionnelle et d'avoir constitué les garanties destinées à l'indemnisation éventuelle du détenteur des marchandises au cas où la contrefaçon ne serait pas ultérieurement reconnue, soit d'avoir déposé une plainte auprès du procureur de la République. L'administration des douanes peut proroger le délai de dix jours ouvrables prévu au présent alinéa de dix jours ouvrables maximum sur requête dûment motivée du demandeur. En cas de prorogation du délai, le procureur de la République et le détenteur des marchandises en sont informés.

Les frais liés à la mesure de retenue ou aux mesures conservatoires prononcées par la juridiction civile compétente sont à la charge du demandeur.

Aux fins de l'engagement des actions en justice mentionnées au quatrième alinéa du présent article, le demandeur peut obtenir de l'administration des douanes communication des nom et adresse de l'expéditeur, de l'importateur, du destinataire et du déclarant des marchandises retenues ou de leur détenteur, ainsi que des images de ces marchandises et des informations sur leur quantité, leur origine, leur provenance et leur destination, par dérogation à l'article 59 *bis* du code des douanes.

La retenue mentionnée au premier alinéa du présent article ne porte pas :

1° Sur les marchandises de statut communautaire, légalement fabriquées ou mises en libre pratique dans un État membre de l'Union européenne et destinées, après avoir emprunté le territoire douanier défini à l'article 1er du code des douanes, à être mises sur le marché d'un autre État membre de l'Union européenne pour y être légalement commercialisées ;

2° Sur les marchandises de statut communautaire, légalement fabriquées ou mises en libre pratique dans un autre État membre de l'Union européenne, dans lequel elles ont été placées sous le régime du transit, et qui sont destinées, après avoir transité sur le territoire douanier défini au même article 1er, à être exportées vers un État non membre de l'Union européenne.

Pour l'application des art. L. 722-9 à L. 722-17, V. art. R. 722-7.

Sur la définition des denrées périssables, V. Arr. du 29 juin 2015 (JO 4 août) ss. art. L. 335-14.

BIBL. ▶ DREYER, *D. 2015. 1164* (propriétés intellectuelles : prendre (enfin) le droit pénal au sérieux).

Art. L. 722-10 **En l'absence de demande écrite de la personne autorisée à utiliser une indication géographique ou de l'organisme de défense des indications géogra-**

phiques et en dehors des cas prévus par la réglementation de l'Union européenne, l'administration des douanes peut, dans le cadre de ses contrôles, retenir des marchandises susceptibles de porter atteinte à une indication géographique.

Cette retenue est immédiatement notifiée à la personne autorisée à utiliser l'indication géographique ou à l'organisme de défense des indications géographiques. Le procureur de la République est également informé de ladite mesure par l'administration des douanes.

Lors de la notification mentionnée à la première phrase du deuxième alinéa du présent article, la nature et la quantité réelle ou estimée ainsi que des images des marchandises sont communiquées à la personne autorisée à utiliser l'indication géographique ou à l'organisme de défense des indications géographiques, par dérogation à l'article 59 *bis* du code des douanes. Ces informations peuvent également être communiquées avant la mise en œuvre de la mesure prévue au présent article.

La mesure de retenue est levée de plein droit si l'administration des douanes n'a pas reçu de la personne autorisée à utiliser l'indication géographique ou de l'organisme de défense des indications géographiques la demande prévue à l'article L. 722-9 du présent code, déposée dans un délai de quatre jours ouvrables à compter de la notification de la retenue mentionnée à la première phrase du deuxième alinéa du présent article.

Si la demande a été reçue conformément au quatrième alinéa du présent article, le délai de dix jours ouvrables mentionné au quatrième alinéa de l'article L. 722-9 commence à courir à compter de l'acceptation de cette demande par l'administration des douanes.

Le présent article n'est pas applicable aux marchandises périssables.

V. notes ss. art. L. 722-9.

Art. L. 722-11 I. – Lorsque la retenue prévue par la réglementation de l'Union européenne et portant sur des marchandises soupçonnées de constituer une contrefaçon d'une indication géographique est mise en œuvre avant qu'une demande de la personne autorisée à utiliser l'indication géographique ou de l'organisme de défense des indications géographiques ait été déposée ou acceptée, les agents des douanes peuvent, par dérogation à l'article 59 *bis* du code des douanes, informer cette personne ou cet organisme de la mise en œuvre de cette mesure. Ils peuvent également lui communiquer des informations portant sur la quantité des marchandises et leur nature.

Lorsque la retenue prévue par la réglementation de l'Union européenne et portant sur des marchandises soupçonnées de constituer une contrefaçon d'une indication géographique est mise en œuvre après qu'une demande de la personne autorisée à utiliser une indication géographique ou de l'organisme de défense des indications géographiques a été acceptée, les agents des douanes peuvent également communiquer à cette personne ou à cet organisme les informations, prévues par cette réglementation, nécessaires pour déterminer s'il y a eu violation de son droit.

II. – Les frais générés par la mise en œuvre de la retenue mentionnée au I sont à la charge de la personne autorisée à utiliser une indication géographique ou de l'organisme de défense des indications géographiques.

V. notes ss. art. L. 722-9.

Art. L. 722-12 Pendant le délai de la retenue mentionnée à l'article L. 722-9 et au second alinéa du I de l'article L. 722-11, la personne autorisée à utiliser une indication géographique ou l'organisme de défense des indications géographiques peut, à sa demande ou à la demande de l'administration des douanes, inspecter les marchandises retenues.

Lors du contrôle des marchandises mises en retenue, l'administration des douanes peut prélever des échantillons. A la demande de la personne autorisée à utiliser l'indication géographique ou de l'organisme de défense des indications géographiques, ces échantillons peuvent lui être remis aux seules fins d'analyse et en vue de faciliter les actions qu'elle ou il peut être amené à engager par la voie civile ou pénale.

V. notes ss. art. L. 722-9.

Art. L. 722-13 I. – Lorsque la retenue portant sur des marchandises soupçonnées de constituer une contrefaçon d'une indication géographique est mise en œuvre après

qu'une demande mentionnée à l'article L. 722-9 a été acceptée, les marchandises soupçonnées de porter atteinte à une indication géographique peuvent être détruites sous le contrôle des agents des douanes dès lors que les conditions suivantes sont remplies :

1° Le demandeur a confirmé par écrit et par une expertise détaillée aux autorités douanières, dans un délai de dix jours ouvrables, ou de trois jours ouvrables pour les denrées périssables, à partir de la notification de la retenue, le caractère contrefaisant des marchandises ;

2° Le demandeur a confirmé par écrit aux autorités douanières, dans un délai de dix jours ouvrables, ou de trois jours ouvrables pour les denrées périssables, à partir de la notification de la retenue, qu'il consent à la destruction, sous sa responsabilité, des marchandises ;

3° Le détenteur des marchandises a confirmé par écrit aux autorités douanières, dans un délai de dix jours ouvrables, ou de trois jours ouvrables pour les denrées périssables, à partir de la notification de la retenue, qu'il consent à la destruction des marchandises.

II. – Si le détenteur des marchandises n'a, dans le délai mentionné au 3° du I, ni confirmé qu'il consent à la destruction des marchandises, ni informé l'administration des douanes qu'il s'oppose à leur destruction, il est réputé avoir consenti à cette destruction.

III. – Lorsque le détenteur des marchandises n'a pas confirmé par écrit qu'il consent à leur destruction et qu'il n'est pas réputé avoir consenti à la destruction des marchandises dans les délais prévus, l'administration des douanes en informe immédiatement le demandeur lequel, dans un délai de dix jours ouvrables, ou de trois jours ouvrables pour les denrées périssables, à partir de la notification de la retenue, prend les mesures mentionnées au quatrième alinéa de l'article L. 722-9. Le délai de dix jours peut être prorogé de dix jours ouvrables maximum sur requête dûment motivée du demandeur. En cas de prorogation du délai, le procureur de la République et le détenteur des marchandises en sont informés.

Si les conditions prévues au I du présent article ne sont pas réunies et si le demandeur n'a pas justifié auprès de l'administration des douanes qu'il a pris les mesures mentionnées au quatrième alinéa du même article L. 722-9, la mesure de retenue est levée de plein droit.

IV. – Dans le cadre de la communication d'informations prévues au troisième alinéa des articles L. 722-9 et L. 722-10, les autorités douanières informent le demandeur de l'existence de la procédure prévue au présent article. Les informations prévues au sixième alinéa de l'article L. 722-9 peuvent également être communiquées au demandeur aux fins de mise en œuvre de la présente mesure.

V. notes ss. art. L. 722-9.

Art. L. 722-14 I. – Lorsque la retenue portant sur des marchandises soupçonnées de constituer une contrefaçon d'une indication géographique est mise en œuvre après qu'une demande mentionnée à l'article L. 722-9 a été acceptée, les marchandises transportées en petits envois soupçonnées de porter atteinte à une indication géographique peuvent être détruites sous le contrôle des agents des douanes lorsque le demandeur a, dans sa demande, sollicité le recours à la procédure prévue au présent article.

II. – La notification mentionnée à la première phrase du deuxième alinéa de l'article L. 722-9 est faite dans un délai d'un jour ouvrable à compter de la date de la mise en retenue. Elle mentionne l'intention de l'administration des douanes de détruire ou non les marchandises et indique que :

1° Le détenteur des marchandises dispose d'un délai de dix jours ouvrables à compter de la notification de la retenue pour faire connaître à l'administration des douanes ses observations ;

2° Les marchandises concernées peuvent être détruites lorsque, dans un délai de dix jours ouvrables à partir de leur mise en retenue, le détenteur des marchandises a confirmé à l'administration des douanes qu'il consent à cette destruction. En cas de silence du détenteur des marchandises à l'issue de ce délai, le détenteur est réputé avoir consenti à leur destruction.

L'administration des douanes communique au demandeur, sur requête de celui-ci, les informations relatives à la quantité réelle ou estimée des marchandises détruites et à leur nature.

III. — Lorsque le détenteur des marchandises n'a pas confirmé par écrit qu'il consent à leur destruction ou lorsqu'il n'est pas réputé avoir consenti à leur destruction, l'administration des douanes en informe immédiatement le demandeur et lui communique la quantité, la nature ainsi que des images des marchandises.

IV. — La mesure de retenue est levée de plein droit à défaut pour le demandeur, dans le délai de dix jours ouvrables à compter de l'information prévue au III du présent article, de justifier auprès de l'administration des douanes qu'il a pris les mesures mentionnées au quatrième alinéa de l'article L. 722-9.

En vue de prendre ces mesures, le demandeur peut obtenir de l'administration des douanes communication des nom et adresse de l'expéditeur, de l'importateur, du destinataire et du détenteur des marchandises retenues, ainsi que de leur quantité, leur origine, leur provenance et leur destination, par dérogation à l'article 59 *bis* du code des douanes.

V. — La définition des petits envois mentionnés au I du présent article est précisée par arrêté du ministre chargé des douanes.

VI. — Le présent article n'est pas applicable aux denrées périssables.

V. notes ss. art. L. 722-9.

Art. L. 722-15 Lorsque le demandeur utilise les informations qui lui sont communiquées par l'administration des douanes, par dérogation à l'article 59 *bis* du code des douanes, à d'autres fins que celles prévues par le présent chapitre, l'administration des douanes abroge, suspend ou refuse de renouveler ladite demande.

V. notes ss. art. L. 722-9.

Art. L. 722-16 En vue de prononcer les mesures prévues aux articles L. 722-9 à L. 722-12, les agents des douanes appliquent les pouvoirs qui leur sont dévolus par le code des douanes.

V. notes ss. art. L. 722-9.

Art. L. 722-17 Un décret en Conseil d'État fixe :

1° Les conditions d'application des mesures prévues aux articles L. 722-9 à L. 722-15 ;

2° Les conditions dans lesquelles a lieu la destruction des marchandises susceptibles de porter atteinte à une indication géographique prévue par la réglementation européenne en vigueur ainsi que les conditions du prélèvement d'échantillons préalable à ladite destruction.

V. notes ss. art. L. 722-9.

TITRE TROISIÈME INDICATIONS RELATIVES AUX SERVICES PUBLICS

(L. n° 2014-344 du 17 mars 2014, art. 75)

CHAPITRE UNIQUE

Art. L. 731-1 Le présent chapitre est applicable aux publicités, quel qu'en soit le support, et pratiques commerciales relatives aux prestations de dépannage, réparation et entretien dans le secteur du bâtiment et de l'équipement de la maison. Les prestations concernées sont énumérées par arrêté du ministre chargé de la consommation. — *V. Arr. du 17 nov. 2014 (JO 2 déc.).*

Art. L. 731-2 Toute utilisation, dans les publicités et documents mentionnés au présent chapitre, de dessins, coordonnées, références ou autres signes distinctifs relatifs à un service public est soumise à l'autorisation préalable du service concerné.

L'autorisation prévue au premier alinéa :

1° Ne peut être délivrée sans présentation préalable d'un exemplaire du support destiné à la publication ;

2° Ne peut être valable pour une durée supérieure à un an, éventuellement renouvelable dans les mêmes formes ;

3° Est motivée par l'intérêt général

Le service ayant délivré l'autorisation peut la retirer à tout moment si l'une des conditions précitées n'est plus remplie. La décision de retrait prend effet dix jours après sa notification.

Art. L. 731-3 Tout manquement à l'article L. 731-2 est passible d'une amende administrative dont le montant ne peut excéder 100 000 €. L'amende est prononcée par l'autorité administrative chargée de la concurrence et de la consommation dans les conditions prévues *(Ord. n° 2016-301 du 14 mars 2016, art. 14-2°, en vigueur le 1er juill. 2016)* « au chapitre II du titre II du livre V » du code de la consommation.

Art. L. 731-4 *(Ord. n° 2016-301 du 14 mars 2016, art. 14-3°, en vigueur le 1er juill. 2016)* Les manquements au présent chapitre sont recherchés et constatés par les agents mentionnés aux articles L. 511-3 et L. 511-21 du code de la consommation, dans les conditions prévues à l'article L. 511-6 du même code.

TROISIÈME PARTIE DISPOSITIONS RELATIVES À L'OUTRE-MER *(L. n° 2014-315 du 11 mars 2014, art. 21).*

LIVRE HUITIÈME APPLICATION DANS LES ÎLES WALLIS-ET-FUTUNA, DANS LES TERRES AUSTRALES ET ANTARCTIQUES FRANÇAISES, EN NOUVELLE-CALÉDONIE ET À MAYOTTE *(Ord. n° 2008-1301 du 11 déc. 2008).*

TITRE UNIQUE

CHAPITRE UNIQUE

Art. L. 811-1 *(L. n° 2003-517 du 18 juin 2003, art. 1er ; L. n° 2015-990 du 6 août 2015, art. 173-I)* **Les dispositions du présent code sont applicables dans les îles Wallis-et-Futuna et en Nouvelle-Calédonie à l'exception du quatrième alinéa de l'article L. 335-4 et des articles L. 133-1 à L. 133-4, L. 421-1 à L. 423-2.**

(L. n° 2009-669 du 12 juin 2009, art. 26 ; Ord. n° 2015-990 du 6 août 2015, art. 173) **« Ne sont pas applicables dans les Terres australes et antarctiques françaises les articles L. 133-1 à L. 133-4, L. 421-1 à L. 423-2, ainsi que le quatrième alinéa de l'article L. 335-4. »**

Art. L. 811-2 *(L. n° 2009-669 du 12 juin 2009, art. 26)* **« Pour l'application du présent code** *(Abrogé par Ord. n° 2017-1491 du 25 oct. 2017, art. 23-1°) « à Mayotte et »* **dans les Terres australes et antarctiques françaises ainsi que pour l'application des dispositions qu'il rend applicables en Polynésie française, dans les îles Wallis-et-Futuna et en Nouvelle-Calédonie, les mots suivants énumérés ci-dessous sont respectivement remplacés par les mots suivants : »**

— "tribunal de grande instance" et "juges d'instance" par "tribunal de première instance" ;

— "région" par "territoire" *(Abrogé par Ord. n° 2017-1491 du 25 oct. 2017, art. 23-1°, à compter du 1er janv. 2018) « et, en ce qui concerne Mayotte, par "collectivité territoriale" ;*

« — "cour d'appel" par *(Ord. n° 2011-337 du 29 mars 2011) « ["] chambre d'appel de Mamoudzou ["] » et "commissaire de police" par "officier de police judiciaire" pour ce qui concerne Mayotte ; »*

— "tribunal de commerce" par "tribunal de première instance statuant en matière commerciale" ;

— "conseil de prud'hommes" par "tribunal du travail".

De même, les références à des dispositions législatives non applicables *(Ord. n° 2001-670 du 25 juill. 2001)* **« dans les îles Wallis-et-Futuna, dans les Terres australes et antarctiques françaises et en Nouvelle-Calédonie » sont remplacées par les références aux dispositions ayant le même objet, résultant** *(Ord. n° 2001-670 du 25 juill. 2001)* **« des textes applicables localement ».**

Art. L. 811-2-1 *(Ord. n° 2017-1491 du 25 oct. 2017, art. 23-I, en vigueur le 1er janv. 2018)* **Pour l'application du présent code à Mayotte, les mots suivants énumérés ci-dessous sont respectivement remplacés par les mots suivants :**

***a)* "région"et "département" par "Mayotte" ;**

***b)* "cour d'appel" par "chambre d'appel de Mamoudzou" et "commissaire de police" par "officier de police judiciaire" ;**

(Abrogé par Ord. n° 2017-1491 du 25 oct. 2017, art. 23-II, à compter du 1er janv. 2022) « "conseil de prud'hommes" par "tribunal du travail et des prud'hommes". »

Ancien art. L. 811-2-1 (L. n° 2006-961 du 1er août 2006, art. 49) *Pour leur application à Mayotte, dans les îles Wallis-et-Futuna, dans les Terres australes et antarctiques françaises et en Nouvelle-Calédonie, les articles L. 122-3-1 et L. 211-6 sont ainsi rédigés :*

Art. L. 122-3-1 Dès lors que la première vente d'un ou des exemplaires matériels d'une œuvre a été autorisée par l'auteur ou ses ayants droit sur le territoire d'un

État membre de la Communauté européenne ou d'un État partie à l'accord sur l'Espace économique européen ou sur le territoire de Mayotte, des îles Wallis-et-Futuna, des Terres australes et antarctiques françaises et de la Nouvelle-Calédonie, la vente de ces exemplaires de cette œuvre ne peut plus être interdite dans la Communauté européenne ou dans ces collectivités d'outre-mer ou en Nouvelle-Calédonie.

Art. L. 211-6 Dès lors que la première vente d'un ou des exemplaires matériels d'une fixation protégée par un droit voisin a été autorisée par le titulaire du droit ou ses ayants droit sur le territoire d'un État membre de la Communauté européenne ou sur le territoire de Mayotte, des îles Wallis-et-Futuna, des Terres australes et antarctiques françaises et de la Nouvelle-Calédonie, la vente de ces exemplaires de cette fixation ne peut plus être interdite dans la Communauté européenne ou dans ces collectivités d'outre-mer ou en Nouvelle-Calédonie.

Art. L. 811-3 *(Ord. n° 96-267 du 28 mars 1996)* **Pour son application** *(Ord. n° 2001-670 du 25 juill. 2001)* **« dans les îles Wallis-et-Futuna, dans les Terres australes et antarctiques françaises, en Nouvelle-Calédonie et à Mayotte », l'article L. 621-1 du présent code est ainsi rédigé :**

Art. L. 621-1 Le fait, par tout directeur ou salarié d'une entreprise où il est employé, de révéler ou de tenter de révéler un secret de fabrique est puni de deux ans d'emprisonnement et de 30 000 € d'amende.

Le tribunal peut également prononcer, à titre de peine complémentaire, pour une durée de cinq ans au plus, l'interdiction des droits civiques, civils et de famille prévue par l'article 131-26 du code pénal.

Art. L. 811-4 *(Ord. n° 2001-670 du 25 juill. 2001)* **I. — Pour leur application dans les îles Wallis-et-Futuna, dans les Terres australes et antarctiques françaises, en Nouvelle-Calédonie et à Mayotte, les articles L. 717-1, L. 717-4 et l'article L. 717-7 du présent code sont ainsi rédigés :**

Art. L. 717-1 I. — Constitue une contrefaçon engageant la responsabilité civile de son auteur le fait, pour un tiers, en l'absence du consentement du titulaire de la marque communautaire, de faire usage dans la vie des affaires :

a) D'un signe identique à la marque communautaire pour des produits ou des services identiques à ceux pour lesquels celle-ci est enregistrée ;

b) D'un signe pour lequel, en raison de son identité ou de sa similitude avec la marque communautaire et en raison de l'identité ou de la similitude des produits ou des services couverts par la marque communautaire et le signe, il existe dans l'esprit du public un risque de confusion, celui-ci incluant le risque d'association entre le signe et la marque ;

c) D'un signe identique ou similaire à la marque communautaire pour des produits ou des services qui ne sont pas similaires à ceux pour lesquels la marque communautaire est enregistrée, lorsque celle-ci jouit d'une renommée dans la Communauté européenne et que l'usage du signe sans juste motif tire indûment profit du caractère distinctif ou de la renommée de la marque communautaire ou leur porte préjudice.

II. — Peut notamment constituer une contrefaçon le fait :

a) D'apposer sur les produits ou sur leur conditionnement un signe tel que défini au I ;

b) D'offrir les produits ou de les mettre dans le commerce ou de les détenir à ces fins ou d'offrir ou de fournir des services sous ce signe ;

c) D'importer ou d'exporter les produits sous ce signe ;

d) D'utiliser ce signe dans les papiers d'affaires et la publicité.

III. — Constitue également une contrefaçon :

a) La reproduction d'une marque communautaire dans un dictionnaire, une encyclopédie ou un ouvrage similaire, lorsque celle-ci donne l'impression de constituer le terme générique des biens ou services pour lesquels la marque communautaire est enregistrée, sauf pour l'éditeur à veiller, sur demande du titulaire de cette marque, à ce que la reproduction de celle-ci soit, au plus tard lors de l'édition suivante de l'ouvrage, accompagnée de l'indication qu'il s'agit d'une marque enregistrée ;

b) L'enregistrement et l'utilisation d'une marque communautaire par un agent ou un représentant de celui qui est titulaire de celle-ci, sans l'autorisation de ce dernier, à moins que l'agent ou le représentant ne justifie de ses agissements.

IV. — La marque communautaire n'est opposable aux tiers qu'à compter de la publication de l'enregistrement de celle-ci. Toutefois, une indemnité peut être exigée pour des faits postérieurs à la publication d'une demande de marque communautaire qui, après la publication de l'enregistrement de la marque, seraient interdits en vertu de celle-ci. Le tribunal saisi ne peut statuer au fond tant que l'enregistrement n'a pas été publié.

V. — Le droit conféré par la marque communautaire ne permet pas à son titulaire d'interdire l'usage de celle-ci pour des produits qui ont été mis dans le commerce sous cette marque par le titulaire ou avec son consentement, dans la Communauté européenne, dans l'Espace économique européen, dans les îles Wallis-et-Futuna, dans les Terres australes et antarctiques françaises, en Nouvelle-Calédonie ou à Mayotte. Il en est autrement lorsque des motifs légitimes justifient que le titulaire s'oppose à la commercialisation ultérieure des produits, notamment lorsque l'état de ceux-ci est modifié ou altéré après leur mise dans le commerce.

Art. L. 717-4 Un décret en Conseil d'État détermine le siège et le ressort des juridictions de première instance et d'appel qui sont seules compétentes pour connaître :

a) Des actions en contrefaçon d'une marque communautaire ;

b) Des actions en indemnisation intentées dans les conditions prévues au IV de l'article L. 717-1 ;

c) Des demandes reconventionnelles en déchéance ou en nullité de la marque communautaire à condition qu'elles soient fondées sur les motifs applicables à celle-ci.

Ces juridictions sont compétentes pour connaître de ces actions et demandes, y compris lorsqu'elles portent à la fois sur une question de marque et sur une question connexe de dessin et modèle ou de concurrence déloyale.

Art. L. 717-7 Toute décision définitive de l'Office de l'harmonisation dans le marché intérieur qui fixe le montant des frais, vaut titre exécutoire lorsque la formule exécutoire est apposée par l'Institut national de la propriété industrielle, après vérification de l'authenticité du titre.

La partie intéressée peut ensuite poursuivre l'exécution forcée qui est alors régie par les règles de procédure civile en vigueur au lieu de l'exécution.

II. – Pour l'application de l'article L. 717-5 dans les mêmes territoires, le premier alinéa de cet article est remplacé par les dispositions suivantes :

Art. L. 717-5 I. — Une demande de marque communautaire ou une marque communautaire ne peut être transformée en demande de marque nationale que :

a) Dans la mesure où la demande de marque communautaire est rejetée, retirée ou réputée retirée ;

b) Dans la mesure où la marque communautaire cesse de produire ses effets.

II. — La transformation n'a pas lieu :

a) Lorsque le titulaire de la marque communautaire a été déchu de ses droits pour défaut d'usage de cette marque, à moins que la marque communautaire n'ait été utilisée en France dans des conditions qui constituent un usage sérieux au sens de l'article L. 714-5 ;

b) Lorsqu'il est établi, par application d'une décision de l'Office de l'harmonisation dans le marché intérieur ou de la juridiction nationale, que la demande ou la marque communautaire est affectée en France d'un motif de refus d'enregistrement, de nullité ou de révocation.

III. — La demande de marque nationale issue de la transformation d'une demande ou d'une marque communautaire bénéficie de la date de dépôt ou de la date de priorité de cette demande ou de cette marque et, le cas échéant, de l'ancienneté d'une marque nationale antérieurement enregistrée et valablement revendiquée.

DEUXIÈME PARTIE : RÉGLEMENTAIRE

(Décr. n° 95-385 du 10 avr. 1995)

Sur l'annulation du décr. n° 2014-1280 du 23 oct. 2014 "SVA", V. note ss. livre VIIe.

LIVRE PREMIER LE DROIT D'AUTEUR

TITRE PREMIER OBJET DU DROIT D'AUTEUR

CHAPITRE PREMIER NATURE DU DROIT D'AUTEUR

Art. R. 111-1 Les redevances visées à l'article L. 111-4 (alinéa 3) du code de la propriété intellectuelle sont versées à celui des organismes suivants qui est compétent à raison de sa vocation statutaire, de la nature de l'œuvre et du mode d'exploitation envisagé :

Centre national des lettres ;

Société des gens de lettres ;

Société des auteurs et compositeurs dramatiques ;

Société des auteurs, compositeurs et éditeurs de musique ;

Société pour l'administration du droit de reproduction mécanique des auteurs, compositeurs et éditeurs ;

Société des auteurs des arts visuels.

Au cas où l'organisme compétent n'accepte pas de recueillir lesdites redevances ou à défaut d'organisme compétent, ces redevances seront versées à la Caisse des dépôts et consignations. — *[Décr. n° 67-181 du 6 mars 1967, art. 1er.]*

Art. R. 111-2 Le montant des sommes dues par l'utilisateur de l'œuvre est établi selon les conditions en usage dans chacune des catégories de créations considérées.

Le versement des fonds et leur utilisation à des fins d'intérêt général ou professionnel seront soumis au contrôle du ministre chargé de la culture. — *[Décr. n° 67-181 du 6 mars 1967, art. 2 et 3.]*

CHAPITRE II ŒUVRES PROTÉGÉES

Absence de disposition réglementaire.

CHAPITRE III TITULAIRES DU DROIT D'AUTEUR

Absence de disposition réglementaire.

TITRE DEUXIÈME DROITS DES AUTEURS

CHAPITRE PREMIER DROITS MORAUX

Absence de disposition réglementaire.

CHAPITRE II DROITS PATRIMONIAUX

COMMENTAIRE

De la combinaison de la loi et des décrets (après transposition de la directive communautaire du 27 septembre 2001), le droit de suite connaît le régime suivant :

A. *OPÉRATIONS SOUMISES AU DROIT DE SUITE*

Il s'agit de ventes de certaines œuvres d'art dès lors qu'elles remplissent les conditions cumulatives suivantes :

1° EXIGENCES RELATIVES À LA VENTE (ARTICLE R. 122-1)

Toute revente, pour un prix supérieur ou égal à 750 € hors taxe (art. R. 122-5), qui a eu lieu sur le territoire français et est assujettie à la taxe sur la valeur ajoutée, dès lors que le vendeur, l'acheteur ou un intermédiaire interviennent dans cette cession dans le cadre de leur activité professionnelle.

Par exception, échappent au droit de suite les ventes réalisées pour un prix inférieur à 10 000 € (hors taxe) opérées par un vendeur ayant acquis l'œuvre directement de l'auteur ou de ses ayants droit moins de trois ans avant cette vente.

2° EXIGENCES RELATIVES À L'ŒUVRE (ARTICLE R. 122-2)

L'œuvre objet de la vente doit être une œuvre originale graphique ou plastique créée par l'auteur lui-même dont l'article R. 122-2 fournit une liste.

Peuvent également être concernées les œuvres exécutées en nombre limité d'exemplaires et sous la responsabilité de l'auteur si elles sont numérotées ou signées ou dûment autorisées d'une autre manière par l'auteur. L'article R. 122-2 en fournit une liste non exhaustive.

3° EXIGENCES RELATIVES À L'AUTEUR (ARTICLE R. 122-3)

Ne peut bénéficier du droit de suite qu'un auteur (décédé il y a moins de 70 ans) ressortissant d'un État membre de l'Union européenne ou d'un État faisant partie de l'espace économique européen ou issu d'un État tiers reconnaissant le droit de suite aux auteurs de l'Union européenne. Ou encore un auteur ayant participé à la vie artistique française et résidé pendant 5 ans en France (sur accord du ministre en charge de la culture et après avis d'une commission).

B. RÉGIME DU DROIT DE SUITE

Le droit de suite est inaliénable et donne lieu au paiement d'une rémunération sans que l'auteur puisse s'opposer aux reventes successives.

1° SOMMES DUES

L'article R. 122-4 a trait au prix de vente de chaque œuvre pris en considération pour la perception du droit de suite tandis que l'article R. 122-5 fixe les taux.

Le calcul des sommes à verser se fait application de taux (dégressifs) par tranches pour un montant maximal de 12 500 € :

4% pour les œuvres de moins de 50 000 € ;

puis 3 % pour la tranche du prix de vente comprise entre 50 000,01 et 200 000 € ;

1 % pour celle comprise entre 200 000,01 et 350 000 € ;

0,5 % pour la tranche du prix de vente comprise entre 350 000,01 et 500 000 € ;

0,25 % pour la tranche du prix de vente dépassant 500 000 €.

Ainsi, une œuvre vendue 600 000 € rapportera au titulaire du droit de suite 9 000 €.

2° RESPONSABILITÉ DU PAIEMENT

Le coût du droit de suite est à la charge du vendeur.

La responsabilité du paiement incombe, pendant une durée de 10 ans à compter de la vente, au professionnel intervenant à la vente (art. R. 122-9).

Si la vente intervient entre plusieurs professionnels, la responsabilité incombe, dans l'ordre : au professionnel vendeur, à défaut au professionnel intermédiaire, à défaut au professionnel acheteur.

Les articles R. 122-10 et R. 122-11 ont trait aux modalités de paiement et d'information.

Le dispositif français n'a pas retenu de mécanisme de gestion collective obligatoire mais instaure, à la charge des professionnels et des sociétés d'auteurs un système d'information et de recherche des auteurs et ayants droit qui ne sont pas membres d'une société d'auteurs.

3° SANCTION

Le non-respect du droit de suite n'est sanctionné (art. R. 122-12) que d'une simple contravention de troisième classe. ❑

SECTION PREMIÈRE DISPOSITIONS GÉNÉRALES *(Décr. nº 2008-1391 du 19 déc. 2008).*

Art. R. 122-1 *(Décr. nº 2008-1391 du 19 déc. 2008, art. 3)* **Pour l'application des dispositions du *d* du 3° de l'article L. 122-5, le catalogue d'une vente d'œuvres d'art graphiques ou plastiques s'entend des exemplaires d'une liste illustrée ou non, diffusée avant une vente aux enchères publiques, décrivant, en vue d'informer les acheteurs potentiels, les œuvres qui seront dispersées au cours de la vente, ainsi que les conditions de celle-ci, et mis gratuitement ou à prix coûtant à la disposition de toute personne qui en fait la demande à l'officier public ou ministériel procédant à la vente.**

SECTION II DROIT DE SUITE *(Décr. nº 2008-1391 du 19 déc. 2008).*

Art. R. 122-2 *(Décr. nº 2007-756 du 9 mai 2007 ; Décr. nº 2008-1391 du 19 déc. 2008)* **Le droit de suite prévu à l'article L. 122-8 est exigible, dans les conditions prévues au présent chapitre, lors de la vente, sous quelque forme que ce soit, d'une œuvre d'art originale graphique ou plastique autre que la première cession opérée par l'auteur ou par ses ayants droit, dès lors que le vendeur, l'acheteur ou un intermédiaire interviennent dans cette cession dans le cadre de leur activité professionnelle et que l'une au moins des conditions suivantes est remplie :**

1° La vente est effectuée sur le territoire français ;

2° La vente y est assujettie à la taxe sur la valeur ajoutée. — *Entrée en vigueur le 1er juin 2007.*

Art. R. 122-3 *(Décr. nº 2007-756 du 9 mai 2007 ; Décr. nº 2008-1391 du 19 déc. 2008)* **Les œuvres mentionnées à l'article R. 122-1 sont les œuvres originales graphiques ou plastiques créées par l'auteur lui-même, telles que les tableaux, les collages, les peintures, les dessins, les gravures, les estampes, les lithographies, les sculptures, les tapisseries, les céramiques, les verreries, les photographies et les créations plastiques sur support audiovisuel ou numérique.**

Les œuvres exécutées en nombre limité d'exemplaires et sous la responsabilité de l'auteur sont considérées comme œuvres d'art originales au sens de l'alinéa précédent si elles sont numérotées ou signées ou dûment autorisées d'une autre manière par l'auteur. Ce sont notamment :

***a)* Les gravures, estampes et lithographies originales tirées en nombre limité d'une ou plusieurs planches ;**

***b)* Les éditions de sculpture, dans la limite de douze exemplaires, exemplaires numérotés et épreuves d'artiste confondus ;**

***c)* Les tapisseries et œuvres d'art textile faites à la main, sur la base de modèles originaux fournis par l'artiste, dans la limite de huit exemplaires ;**

***d)* Les émaux entièrement exécutés à la main et comportant la signature de l'artiste, dans la limite de huit exemplaires numérotés et de quatre épreuves d'artiste ;**

***e)* Les œuvres photographiques signées, dans la limite de trente exemplaires, quels qu'en soient le format et le support ;**

***f)* Les créations plastiques sur support audiovisuel ou numérique dans la limite de douze exemplaires.** — *Entrée en vigueur le 1er juin 2007.*

Art. R. 122-4 *(Décr. nº 2007-756 du 9 mai 2007 ; Décr. nº 2008-1391 du 19 déc. 2008)* **Les auteurs non ressortissants d'un État membre de la Communauté européenne ou d'un État partie à l'accord sur l'Espace économique européen ainsi que leurs ayants droit au sens des dispositions de l'article L. 123-7 bénéficient du droit de suite dans les conditions prévues par le présent code si leur législation nationale fait bénéficier de ce droit les auteurs ressortissants des États mentionnés ci-dessus ainsi que leurs ayants droit et pour la durée pendant laquelle ils sont admis à exercer ce droit dans leur pays.**

Les auteurs non ressortissants des États mentionnés à l'alinéa précédent qui, au cours de leur carrière artistique, ont participé à la vie de l'art français et ont eu, pendant au moins cinq années, même non consécutives, leur résidence en France peuvent, sans condition de réciprocité, être admis à bénéficier du droit de suite. Leurs ayants droit au sens des dispositions de l'article L. 123-7 jouissent de la même faculté. Les auteurs intéressés ou leurs ayants droit doivent présenter une demande au ministre

chargé de la culture qui statue après avis d'une commission dont la composition et les conditions de fonctionnement sont fixées par un arrêté du ministre chargé de la culture. – *Entrée en vigueur le 1er juin 2007.*

Art. R. 122-5 *(Décr. n° 2007-756 du 9 mai 2007 ; Décr. n° 2008-1391 du 19 déc. 2008)* **Le prix de vente de chaque œuvre pris en considération pour la perception du droit de suite est, hors taxes, le prix d'adjudication en cas de vente aux enchères publiques et, pour les autres ventes, le prix de cession perçu par le vendeur.**

Le droit de suite n'est pas exigible si le prix de vente de l'œuvre, tel que défini à l'alinéa précédent, est inférieur à 750 euros. – *Entrée en vigueur le 1er juin 2007.*

Art. R. 122-6 *(Décr. n° 2007-756 du 9 mai 2007 ; Décr. n° 2008-1391 du 19 déc. 2008)* **Le taux du droit de suite est égal à 4 % du prix de vente tel que défini à l'article R. 122-4 lorsque celui-ci est inférieur ou égal à 50 000 euros.**

Lorsque le prix de vente est supérieur à 50 000 euros, le droit de suite est fixé comme suit :

4 % pour la première tranche de 50 000 euros du prix de vente tel que défini à l'article R. 122-4 ;

3 % pour la tranche du prix de vente comprise entre 50 000,01 et 200 000 euros ;

1 % pour la tranche du prix de vente comprise entre 200 000,01 et 350 000 euros ;

0,5 % pour la tranche du prix de vente comprise entre 350 000,01 et 500 000 euros ;

0,25 % pour la tranche du prix de vente dépassant 500 000 euros.

Le montant total du droit exigible lors de la vente d'une œuvre ne peut excéder 12 500 euros. – *Entrée en vigueur le 1er juin 2007.*

Art. R. 122-7 *(Décr. n° 2007-756 du 9 mai 2007 ; Décr. n° 2008-1391 du 19 déc. 2008)* **I. – Le ministre chargé de la culture fixe par arrêté une liste** *(Décr. n° 2017-924 du 6 mai 2017, art. 4-I)* **« d'organismes de gestion collective aptes à informer les bénéficiaires du droit de suite et susceptibles à ce titre d'être avisés » des ventes d'œuvres originales graphiques ou plastiques dans les conditions fixées au II de l'article R. 122-9.**

II. – *(Décr. n° 2017-924 du 6 mai 2017, art. 4-I)* **« Pour être inscrit sur la liste mentionnée au I du présent article, un organisme de gestion collective » doit à l'appui de sa demande :**

1° Apporter la preuve de la diversité de *(Décr. n° 2017-924 du 6 mai 2017, art. 4-I)* **« ses membres » et du nombre des ayants droit ;**

2° Justifier la qualification de ses gérants et mandataires sociaux, appréciée en fonction de leur expérience professionnelle dans le secteur des arts graphiques ou plastiques ou de la gestion d'organismes professionnels ;

3° Donner toutes informations relatives à son organisation administrative, à ses conditions d'installation et d'équipement et à sa capacité à informer les bénéficiaires du droit de suite, y compris à l'étranger.

(Décr. n° 2017-924 du 6 mai 2017, art. 4-I) **« Est radié » de la liste, par arrêté du ministre chargé de la culture,** *(Décr. n° 2017-924 du 6 mai 2017, art. 4-I)* **« tout organisme » qui en fait la demande ou, sous réserve d'avoir** *(Décr. n° 2017-924 du 6 mai 2017, art. 4-I)* **« été mis à même » de faire valoir ses observations dans un délai de deux mois,** *(Décr. n° 2017-924 du 6 mai 2017, art. 4-I)* **« tout organisme » qui ne remplit plus les conditions auxquelles est subordonnée l'inscription sur la liste.**

III. – Les arrêtés du ministre chargé de la culture mentionnés au I et au II sont publiés au *Journal officiel* de la République française. – *Entrée en vigueur le 1er juin 2007.*

Art. R. 122-8 *(Décr. n° 2007-756 du 9 mai 2007 ; Décr. n° 2008-1391 du 19 déc. 2008)* **Toute personne susceptible de bénéficier du droit de suite qui souhaite obtenir** *(Décr. n° 2017-924 du 6 mai 2017, art. 4-II)* **« des organismes inscrits » sur la liste mentionnée au I de l'article R. 122-6 la transmission d'un avis de vente la concernant, dont** *(Décr. n° 2017-924 du 6 mai 2017, art. 4-II)* **« ces organismes » sont destinataires en application du II de l'article R. 122-9, peut communiquer son adresse et toutes autres informations utiles à** *(Décr. n° 2017-924 du 6 mai 2017, art. 4-II)* **« ces organismes ». Cette communication doit être renouvelée lors de tout changement d'adresse ou de situation.** – *Entrée en vigueur le 1er juin 2007.*

Art. R. 122-9 *(Décr. n° 2007-756 du 9 mai 2007 ; Décr. n° 2008-1391 du 19 déc. 2008)* **I. — En cas de vente d'une œuvre originale graphique ou plastique aux enchères publiques, le professionnel du marché de l'art responsable du paiement du droit de suite est, selon le cas, la société de ventes volontaires ou le commissaire-priseur judiciaire.**

II. — Dans les autres cas, le professionnel du marché de l'art intervenant dans la vente est responsable du paiement du droit de suite. Si la vente fait intervenir plusieurs professionnels, le professionnel responsable du paiement du droit de suite est :

1° Le vendeur, s'il agit dans le cadre de son activité professionnelle ;

2° A défaut, le professionnel du marché de l'art qui reçoit, en tant qu'intermédiaire, le paiement de l'acheteur ;

3° A défaut, l'acheteur, s'il agit dans le cadre de son activité professionnelle. — *Entrée en vigueur le 1er juin 2007.*

BIBL. ▶ LUCAS, *Propr. intell. 2007, n° 24, p. 322* (le décret d'application n° 2007-756 du 9 mai 2007). – POLLAUD-DULIAN, *RTD com. 2007. 530* (présentation du décret n° 2007-756 du 9 mai 2007 pris pour l'application de l'article L. 122-8).

Art. R. 122-10 *(Décr. n° 2007-756 du 9 mai 2007 ; Décr. n° 2008-1391 du 19 déc. 2008)* **I. — Lorsqu'il est saisi d'une demande du bénéficiaire, le professionnel responsable du paiement du droit de suite lui verse le montant de celui-ci dans un délai qui ne peut excéder quatre mois à compter de la date de réception de la demande ou, si cette demande est reçue antérieurement à la vente, à compter de la date de cette vente.**

Si l'œuvre est due à la collaboration de plusieurs auteurs, le bénéficiaire en fait la déclaration et précise la répartition du droit de suite décidée entre les auteurs.

II. — S'il n'est saisi d'aucune demande, le professionnel responsable du paiement du droit de suite avise par lettre recommandée avec demande d'avis de réception, au plus tard trois mois après la fin du trimestre civil au cours duquel la vente a eu lieu, *(Décr. n° 2017-924 du 6 mai 2017, art. 4-III)* **« l'un des organismes de gestion collective mentionnés à l'article R. 122-7 » de la réalisation de la vente en lui indiquant la date de la vente, le nom de l'auteur de l'œuvre et, le cas échéant, les informations relatives au bénéficiaire du droit de suite dont il dispose.**

(Décr. n° 2017-924 du 6 mai 2017, art. 4-III) **« Lorsqu'un organisme de gestion collective est avisé » d'une vente ouvrant droit à la perception du droit de suite au profit d'un bénéficiaire mentionné à l'article R. 122-7** *(Décr. n° 2017-924 du 6 mai 2017, art. 4-III)* **« il est tenu » de l'en informer. Lorsque le bénéficiaire n'est pas identifié,** *(Décr. n° 2017-924 du 6 mai 2017, art. 4-III)* **« l'organisme de gestion collective » procède aux diligences utiles pour informer les personnes susceptibles de bénéficier du droit de suite, au besoin en faisant appel** *(Décr. n° 2017-924 du 6 mai 2017, art. 4-III)* **« aux autres organismes de gestion collective mentionnés à l'article R. 122-7 ». A défaut d'avoir pu informer le bénéficiaire,** *(Décr. n° 2017-924 du 6 mai 2017, art. 4-III)* **« il procède » aux mesures de publicité appropriées sous forme électronique ou par tout autre moyen adapté.** — *Entrée en vigueur le 1er juin 2007.*

Art. R. 122-11 *(Décr. n° 2007-756 du 9 mai 2007 ; Décr. n° 2008-1391 du 19 déc. 2008)* **I. — Pour la liquidation des sommes qui lui sont dues au titre du droit de suite, et pendant un délai de trois ans suivant la vente ouvrant droit à la perception de ce droit, le bénéficiaire peut, en précisant le titre, la description sommaire et le nom de l'auteur de l'œuvre concernée, obtenir des personnes qui sont intervenues dans cette vente dans le cadre de leur activité professionnelle :**

***a)* Le nom et l'adresse du professionnel responsable du paiement du droit de suite ;**

***b)* La date de la vente de l'œuvre et son prix.**

II. — Le bénéficiaire peut, dans les conditions et pendant le délai prévus au I, obtenir du professionnel responsable du paiement du droit de suite :

***a)* La copie des pièces établissant que le droit de suite a été versé à son bénéficiaire, ainsi que, s'il y a lieu, la copie de la demande du bénéficiaire et de la déclaration d'œuvre de collaboration, prévues au I de l'article R. 122-9 ;**

***b)* A défaut de ces documents, la copie des pièces justifiant que le professionnel responsable du paiement du droit de suite a exécuté les obligations qui lui incombaient en application des dispositions du premier alinéa du II de l'article R. 122-9.**

III. – Le professionnel responsable du paiement du droit de suite doit, en outre, conserver pendant le délai prévu au I le nom et l'adresse du vendeur. – *Entrée en vigueur le 1er juin 2007.*

Art. R. 122-12 *(Décr. no 2007-756 du 9 mai 2007 ; Décr. no 2008-1391 du 19 déc. 2008)* **Est puni de l'amende prévue pour les contraventions de la troisième classe le fait, pour un professionnel responsable du paiement du droit de suite en application de l'article R. 122-8 :**

1° De ne pas verser le droit de suite au bénéficiaire qui en fait la demande conformément au I de l'article R. 122-9 ;

2° De ne pas aviser *(Décr. no 2017-924 du 6 mai 2017, art. 4-IV)* **« l'un des organismes de gestion collective » conformément aux dispositions du premier alinéa du II de l'article R. 122-9 ;**

3° De ne pas communiquer au bénéficiaire du droit de suite les informations prévues au I de l'article R. 122-10. – *Entrée en vigueur le 1er juin 2007.*

SECTION III EXCEPTION EN FAVEUR DE PERSONNES ATTEINTES D'UN HANDICAP

(Décr. no 2017-253 du 27 févr. 2017, art. 2)

SOUS-SECTION 1 DISPOSITIONS RELATIVES AU CONTRÔLE EXERCÉ PAR L'AUTORITÉ ADMINISTRATIVE

Art. R. 122-13 Le ministre chargé de la culture et le ministre chargé des personnes handicapées arrêtent la liste mentionnée au 1° de l'article L. 122-5-1 après avis de la commission prévue à l'article R. 122-15.

Cette liste indique :

1° Les personnes morales et établissements qui peuvent assurer la reproduction et la représentation d'une œuvre dans les conditions prévues au 1° de l'article L. 122-5-1 ;

2° Parmi les personnes morales et établissements mentionnés au 1°, ceux qui sont agréés en vue de demander la mise à disposition des fichiers numériques déposés par les éditeurs en application du 2° de l'article L. 122-5-1 ;

3° Parmi les personnes morales et établissements mentionnés au 2°, ceux qui sont autorisés à recevoir et mettre des documents adaptés à la disposition d'un organisme établi dans un autre État en application de l'article L. 122-5-2.

La validité de l'inscription sur la liste est de cinq ans.

Cette liste est publiée au *Journal officiel* de la République française. – *V. Arr. du 27 juin 2017 (JO 6 juill.).*

Les dispositions du Décr. no 2017-253 du 27 févr. 2017 sont applicables dans les îles Wallis-et-Futuna (Décr. préc., art. 6).

Les habilitations des personnes morales et établissements mentionnés au 7o de l'art. L. 122-5 avant l'entrée en vigueur du Décr. no 2017-253 du 27 févr. 2017 restent valables et demeurent régies par les dispositions réglementaires antérieures audit Décr., jusqu'à leur terme et, au plus tard, dans le délai de deux ans à compter du 1er mars 2017 (Décr. préc., art. 5). – V. anc. section III, ss. art. R. 122-22.

Art. R. 122-14 Le retrait de l'autorisation, le retrait de l'agrément ou la radiation de la liste est prononcé par arrêté conjoint du ministre chargé de la culture et du ministre chargé des personnes handicapées après avis de la commission prévue à l'article R. 122-15.

Ces mesures sont prises à la demande des personnes morales et des établissements inscrits ou agréés ou autorisés, ou lorsque ces derniers ne remplissent plus les conditions auxquelles est subordonné l'inscription, l'agrément ou l'autorisation.

Dans ce dernier cas, le ministre chargé de la culture et le ministre chargé des personnes handicapées adressent aux personnes morales et établissements une mise en demeure aux fins de régularisation et s'assurent que ces derniers ont pu présenter leurs observations dans un délai de deux mois à compter de cette mise en demeure.

L'arrêté prévu au premier alinéa est publié au *Journal officiel* de la République française.

V. 1re note ss. art. R. 122-13.

Art. R. 122-15 I. – La commission en charge de l'exception handicap est placée auprès du ministre chargé de la culture et du ministre chargé des personnes handicapées.

Elle a pour missions :

1° D'instruire et d'émettre un avis sur les demandes déposées par les personnes morales et les établissements mentionnés au 7° de l'article L. 122-5 en vue d'une inscription sur la liste, de la délivrance de l'agrément et de l'autorisation dans les conditions définies à l'article R. 122-13 ;

2° D'émettre un avis sur les radiations de la liste, les retraits d'agrément et d'autorisation prévus à l'article R. 122-14 ;

3° De veiller à ce que la mise en œuvre de l'exception prévue au 7° de l'article L. 122-5 se fasse dans le respect des dispositions du même article et des articles L. 122-5-1 et L. 122-5-2 et d'avertir le ministre chargé de la culture et le ministre chargé des personnes handicapées en cas d'inobservation de ces conditions ;

4° De formuler des recommandations aux ministres compétents relatives à la mise en œuvre de l'exception prévue au 7° de l'article L. 122-5.

II. – La commission comprend dix membres nommés par arrêté conjoint du ministre chargé de la culture et du ministre chargé des personnes handicapées pour une période de cinq ans :

1° Cinq membres représentant des organisations nationales représentatives de personnes atteintes d'un handicap et de leurs familles ;

2° Cinq membres représentant les titulaires de droits.

Un représentant de la Bibliothèque nationale de France participe aux travaux de la commission avec voix consultative.

III. – Le président de la commission est élu par les membres pour une durée d'un an, alternativement parmi les représentants des organisations représentatives de personnes atteintes d'un handicap et parmi les représentants des titulaires de droits.

Les membres de la commission exercent leurs fonctions à titre gratuit. Toutefois, ils peuvent être remboursés de leurs frais de transport et de séjour dans les conditions prévues par la réglementation applicable aux personnels civils de l'État.

IV. – La commission adopte un règlement intérieur.

Le secrétariat de la commission est assuré conjointement par les ministères chargés de la culture et des personnes handicapées.

V. 1re note ss. art. R. 122-13.

SOUS-SECTION 2 DISPOSITIONS RELATIVES AUX PERSONNES MORALES ET AUX ÉTABLISSEMENTS OUVERTS AU PUBLIC METTANT EN ŒUVRE L'EXCEPTION

Art. R. 122-16 I. – Pour être inscrit sur la liste prévue au 1° de l'article L. 122-5-1, la personne morale ou l'établissement doit, à l'appui de sa demande adressée à la commission par lettre recommandée avec demande d'avis de réception :

1° Donner toute information relative à son organisation, son fonctionnement, ses comptes financiers, ses conditions d'installation et d'équipement ainsi que, le cas échéant, à ses statuts ;

2° Indiquer le nombre et la qualité de ses adhérents ou de ses usagers ; indiquer parmi ses adhérents ou usagers le nombre de personnes atteintes d'une ou plusieurs déficiences mentionnées au 7° de l'article L. 122-5 et préciser les moyens mis en œuvre pour s'assurer que ces personnes sont empêchées, du fait de ces déficiences, d'accéder à l'œuvre dans la forme sous laquelle l'auteur l'a rendue disponible au public ;

3° Justifier de son activité de conception, de réalisation ou de communication de documents adaptés au bénéfice de ces personnes en communiquant les éléments suivants :

a) La composition de son catalogue d'œuvres disponibles sur des supports répondant à leurs besoins, en distinguant les types d'adaptation ;

b) Les moyens humains et matériels disponibles pour assurer dans des conditions sécurisées la communication et, le cas échéant, la conception et la réalisation des documents adaptés ;

c) Les conditions d'accès et d'utilisation de ses collections ;

d) Une présentation des services rendus annuellement et, le cas échéant, des œuvres rendues accessibles permettant d'apprécier l'effectivité de son activité au bénéfice des personnes mentionnées au 7° de l'article L. 122-5 ;

4° Préciser les moyens utilisés pour contrôler l'usage des œuvres dans le respect des conditions définies au 7° de l'article L. 122-5 et aux articles L. 122-5-1 et L. 122-5-2.

Toute demande de renouvellement de l'inscription sur la liste prévue au 1° de l'article L. 122-5-1 comporte les informations mentionnées aux 2° et 4° et, uniquement si des éléments nouveaux le justifient, celles mentionnées au 1°, ainsi que toute information mentionnée au 3° qui n'aurait pas été communiquée dans le rapport prévu au II de l'article R. 122-17.

II. — Outre les informations demandées au titre de l'inscription sur la liste prévue au 1° de l'article L. 122-5-1, pour être agréé au titre du 2° de l'article L. 122-5-1, la personne morale ou l'établissement doit à l'appui de sa demande :

1° Donner toute information relative aux conditions de conservation et de sécurisation des fichiers numériques transmis par la Bibliothèque nationale de France ;

2° Donner toute information relative aux modalités d'adaptation de ces fichiers aux besoins de lecture des personnes mentionnées au 7° de l'article L. 122-5 ;

3° Justifier de la sécurisation du système d'information abritant ces fichiers et leurs adaptations ;

4° Justifier de la sécurisation et de la confidentialité de la transmission de ces fichiers aux personnes mentionnées au 7° de l'article L. 122-5.

III. — Outre les informations demandées au titre de l'inscription sur la liste prévue au 1° de l'article L. 122-5-1 et au titre de l'agrément prévu au 2° de l'article L. 122-5-1, pour être autorisé au titre de l'article L. 122-5-2, la personne morale ou l'établissement doit à l'appui de sa demande, indiquer le contenu envisagé des conventions mentionnées au troisième alinéa de l'article L. 122-5-2 s'agissant des conditions de mise à disposition des documents adaptés dès lors que les personnes mentionnées au 7° de l'article L. 122-5 ne peuvent accéder à l'œuvre dans la forme sous laquelle l'auteur la rend disponible au public, ainsi que des mesures prises par l'organisme destinataire de ces documents adaptés afin de garantir que ceux-ci ne sont consultés que par les personnes physiques atteintes d'une déficience qui les empêche de lire.

IV. — Le silence gardé par l'administration pendant plus de six mois sur une demande formulée au titre du I, du II ou du III vaut décision d'acceptation.

V. 1re note ss. art. R. 122-13.

Art. R. 122-17 I. — Les personnes morales et les établissements inscrits sur la liste communiquent à la commission toute modification significative concernant les renseignements qu'ils ont fournis à l'appui de leur demande.

II. — Les personnes morales et les établissements inscrits sur la liste communiquent à la commission un rapport annuel de leur activité en faveur des personnes atteintes d'un handicap ainsi que toute information qui leur paraît utile.

III. — Un registre mentionnant, par pays de destination, la liste des œuvres ainsi que le nombre et la nature des documents adaptés mis à la disposition d'organismes sans but lucratif établis dans un autre État est annexé au rapport prévu à l'article L. 122-5-2.

V. 1re note ss. art. R. 122-13.

Art. R. 122-18 Les personnes morales et les établissements inscrits sur la liste mentionnée au 1° de l'article L. 122-5-1 qui demandent le fichier numérique d'une œuvre déposé par l'éditeur ne peuvent communiquer le fichier transmis par la Bibliothèque nationale de France qu'aux personnes mentionnées au 7° de l'article L. 122-5, pour lesquelles l'accès à ces fichiers conditionne la lecture des ouvrages.

V. 1re note ss. art. R. 122-13.

SOUS-SECTION 3 DISPOSITIONS RELATIVES À LA BIBLIOTHÈQUE NATIONALE DE FRANCE

Art. R. 122-19 L'éditeur transmet à la Bibliothèque nationale de France le fichier numérique d'une œuvre dans un délai de quarante-cinq jours suivant la demande qui lui en est faite par celle-ci.

V. 1re note ss. art. R. 122-13.

Art. R. 122-20 Les personnes morales et les établissements mentionnés au 1° de l'article L. 122-5-1 transmettent à la Bibliothèque nationale de France les fichiers des documents adaptés sous forme numérique qu'ils ont réalisés dès lors qu'ils les mettent à la disposition des personnes handicapées mentionnées au 7° de l'article L. 122-5.

Au regard de leurs caractéristiques techniques, des coûts de leur conservation et de leur usage, la Bibliothèque nationale de France sélectionne, parmi ces documents, ceux qu'elle conserve et définit leur durée de conservation.

V. 1re note ss. art. R. 122-13.

Art. R. 122-21 La Bibliothèque nationale de France rend compte chaque année, dans un rapport au ministre chargé de la culture et au ministre chargé des personnes handicapées, des conditions de sélection, de conservation et de mise à disposition des fichiers des documents adaptés transmis par les personnes morales et les établissements mentionnés au 1° de l'article L. 122-5-1 ainsi que des conditions de dépôt et de mise à disposition des fichiers numériques déposés par les éditeurs. Ce rapport est transmis au président de la commission mentionnée à l'article R. 122-15 et est publié sur le site internet du ministère de la culture et de la communication.

V. 1re note ss. art. R. 122-13.

Art. R. 122-22 Pour l'application du premier alinéa du b du 2° de l'article L. 122-5-1, sont considérés comme livres scolaires soumis à l'obligation de dépôt auprès de la Bibliothèque nationale de France les documents mentionnés à l'article D. 314-128 du code de l'éducation.

V. 1re note ss. art. R. 122-13.

SECTION III *[ANCIENNE]* EXCEPTION EN FAVEUR DE PERSONNES ATTEINTES D'UN HANDICAP

(Décr. n° 2008-1391 du 19 déc. 2008)

SOUS-SECTION 1 *[ANCIENNE]* DISPOSITIONS RELATIVES AUX PERSONNES BÉNÉFICIAIRES DE L'EXCEPTION

Ancien art. R. 122-13 *Les personnes atteintes d'un handicap mentionnées au 7° de l'article L. 122-5 sont celles dont le taux d'incapacité, apprécié en application du guide-barème pour l'évaluation des déficiences et incapacités des personnes handicapées figurant à l'annexe 2-4 du code de l'action sociale et des familles, est égal ou supérieur à 80 % ainsi que celles titulaires d'une pension d'invalidité au titre du 3° de l'article L. 341-4 du code de la sécurité sociale.*

Ancien art. R. 122-14 *Le certificat médical attestant qu'une personne est atteinte d'une incapacité de lire après correction est délivré par un médecin ophtalmologiste autorisé à exercer la profession de médecin dans les conditions prévues aux articles L. 4111-1 et L. 4111-2 du code de la santé publique. Le certificat médical est valable pendant une durée de cinq ans. Il est délivré à titre définitif s'il s'avère que le handicap est irrémédiable.*

SOUS-SECTION 2 *[ANCIENNE]* DISPOSITIONS RELATIVES AU CONTRÔLE EXERCÉ PAR L'AUTORITÉ ADMINISTRATIVE

Ancien art. R. 122-15 *La liste des personnes morales et des établissements ouverts au public mentionnés au premier alinéa du 7° de l'article L. 122-5 est arrêtée, en application de ce même alinéa, sur proposition de la commission prévue à l'article R. 122-16, par le ministre chargé de la culture et le ministre chargé des personnes handicapées.*

Cette liste indique parmi ces personnes morales et ces établissements ceux qui, en application du troisième alinéa du 7° de l'article L. 122-5, sont habilités à demander que soient mis à leur disposition les fichiers numériques ayant servi à l'édition d'œuvres imprimées.

Elle est publiée au Journal officiel de la République française.

La radiation de la liste ou la privation de la possibilité d'avoir accès aux fichiers numériques est prononcée par arrêté conjoint du ministre chargé de la culture et du ministre chargé des personnes handicapées soit à la demande des personnes morales et des établissements inscrits, soit, sous réserve que ceux-ci aient été à même de présenter leurs observations dans un délai de deux mois à compter de la mise en demeure de régulariser adressée par l'autorité administrative, lorsqu'ils ne remplissent plus les conditions auxquelles est subordonnée l'inscription.

L'arrêté est publié au Journal officiel de la République française.

En application du II de l'art. 21 de la L. n° 2000-321 du 12 avr. 2000, et par exception à l'application du délai prévu au premier al. du I, le délai à l'expiration duquel le silence gardé par l'administration vaut décision d'acceptation est fixé à six mois pour une demande d'inscription sur la liste des personnes habilitées à mettre en œuvre l'exception au droit d'auteur et aux droits voisins au profit des personnes handicapées (Décr. n° 2014-1305 du 23 oct. 2014, art. 1er, applicable aux demandes présentées à compter du 12 nov. 2014).

Ancien art. R. 122-16 *I. — Il est institué auprès du ministre chargé de la culture et du ministre chargé des personnes handicapées une commission qui comprend dix membres nommés par arrêté conjoint de ces ministres pour une période de quatre ans :*

— cinq membres représentant des organisations nationales représentatives de personnes atteintes d'un handicap et de leurs familles ;

— cinq membres représentant les titulaires de droits.

II. — Les attributions de cette commission sont les suivantes :

a) Instruire les demandes déposées par les personnes morales et les établissements mentionnés au premier alinéa du 7° de l'article L. 122-5 en vue d'une inscription sur la liste arrêtée dans les conditions définies à l'article R. 122-15 ;

b) Établir un projet de liste à l'intention du ministre chargé de la culture et du ministre chargé des personnes handicapées ;

c) Veiller à ce que les activités des personnes morales et des établissements inscrits sur la liste s'exercent dans le strict respect des dispositions du 7° de l'article L. 122-5. A cette fin, ces personnes morales et ces établissements lui communiquent un rapport d'activité annuel ainsi que toute information qui lui paraît utile ;

d) Avertir le ministre chargé de la culture et le ministre chargé des personnes handicapées en cas d'inobservation des dispositions du 7° de l'article L. 122-5 par une personne morale ou un établissement inscrit sur la liste.

III. — Le président de la commission est élu par les membres pour une durée d'un an, alternativement parmi les représentants des organisations représentatives de personnes atteintes d'un handicap et parmi les représentants des titulaires de droits.

Les décisions de la commission sont prises à la majorité des voix. En cas de partage égal des voix, celle du président est prépondérante.

Un représentant de l'organisme dépositaire mentionné au troisième alinéa du 7° de l'article L. 122-5 participe aux travaux de la commission avec voix consultative.

La commission peut entendre toute personne qualifiée afin d'éclairer ses travaux.

La commission adopte un règlement intérieur.

Les membres de la commission exercent leurs fonctions à titre gratuit.

Leurs frais de déplacement et de séjour sont remboursés dans les conditions prévues par la réglementation applicable aux fonctionnaires de l'État.

Le secrétariat de la commission est assuré conjointement par le ministre chargé de la culture et le ministre chargé des personnes handicapées.

V. note ss. art. R. 122-15.

SOUS-SECTION 3 *[ANCIENNE]* DISPOSITIONS RELATIVES AUX PERSONNES MORALES ET AUX ÉTABLISSEMENTS OUVERTS AU PUBLIC METTANT EN ŒUVRE L'EXCEPTION

Ancien art. R. 122-17 *I. — Pour être inscrit sur la liste prévue à l'article R. 122-15, la personne morale ou l'établissement doit à l'appui de sa demande adressée à la commission par lettre recommandée avec demande d'avis de réception :*

1° Donner toute information relative à son organisation, son fonctionnement, ses comptes financiers, ses conditions d'installation et d'équipement ainsi que, le cas échéant, à ses statuts ;

2° Indiquer le nombre et la qualité de ses adhérents ou de ses usagers et justifier que ceux-ci entrent dans la catégorie des personnes mentionnées aux articles R. 122-13 et R. 122-14 ;

3° Apporter la preuve de son activité de conception, de réalisation et de communication de supports au bénéfice de ces personnes en communiquant les éléments suivants :

— la composition de son catalogue d'œuvres disponibles sur des supports répondant à leurs besoins, en distinguant les types d'adaptation ;

— les moyens humains et matériels disponibles pour assurer la communication et, le cas échéant, la conception et la réalisation des supports ;

— les conditions d'accès et d'utilisation de ses collections ;

— un bilan annuel des services rendus et, le cas échéant, des œuvres rendues accessibles permettant d'apprécier l'effectivité de son activité au bénéfice des personnes mentionnées aux articles R. 122-13 et R. 122-14 ;

4° Préciser les moyens utilisés pour contrôler l'usage des œuvres dans le respect des conditions définies au premier alinéa du 7° de l'article L. 122-5.

II. — Pour être inscrit sur la même liste au titre des personnes morales et des établissements habilités à demander l'accès aux fichiers numériques ayant servi à l'édition d'œuvres imprimées, la personne morale ou l'établissement doit en outre à l'appui de sa demande :

1° Donner toute information relative aux conditions de conservation et de sécurisation des fichiers numériques transmis dans un format ouvert par l'organisme dépositaire ;

2° Donner toute information relative aux conditions d'adaptation de ces fichiers aux besoins de lecture des personnes mentionnées aux articles R. 122-13 et R. 122-14 ;

3° Apporter la preuve de la sécurisation de ces fichiers adaptés ou non, en vue de leur transmission ;

4° Apporter la preuve de la sécurisation et de la confidentialité de la transmission de ces fichiers aux personnes mentionnées aux articles R. 122-13 et R. 122-14.

III. — La validité de l'inscription sur la liste est de cinq ans à compter de la date de sa publication au Journal officiel de la République française. Toute nouvelle demande est présentée dans les formes et les conditions prévues au présent article.

IV. — Les personnes morales et les établissements inscrits sur la liste communiquent à la commission toute modification concernant les renseignements qu'ils ont fournis à l'appui de leur demande.

Ces dispositions sont entrées en vigueur le 1er janv. 2010.

V. note ss. art. R. 122-15.

Ancien art. R. 122-18 *Les personnes morales et les établissements inscrits sur la liste mentionnée à l'article R. 122-15 qui demandent un fichier numérique ayant servi à l'édition d'une œuvre imprimée ne peuvent communiquer le fichier transmis par l'organisme dépositaire qu'aux personnes atteintes d'un handicap au sens des articles R. 122-13 et R. 122-14, pour lesquelles l'accès à ces fichiers conditionne la lecture des ouvrages.*

V. note ss. art. R. 122-15.

SOUS-SECTION 4 *[ANCIENNE]* DISPOSITIONS RELATIVES À L'ORGANISME DÉPOSITAIRE DES FICHIERS NUMÉRIQUES AYANT SERVI À L'ÉDITION D'ŒUVRES IMPRIMÉES

Ancien art. R. 122-19 *L'organisme dépositaire mentionné au troisième alinéa du 7° de l'article L. 122-5 doit remplir les conditions suivantes :*

a) Exercer une activité d'organisation et de mise à disposition du public de ressources documentaires ;

b) Disposer d'une infrastructure permettant le développement, d'une part, des moyens nécessaires à la mise à disposition des fichiers numériques ayant servi à l'édition d'œuvres imprimées, d'autre part, des techniques de sécurisation, de stockage et de communication de ces fichiers ;

c) Ne pas avoir pour objet social ou statutaire la défense des droits des personnes atteintes d'un handicap ou du droit de la propriété intellectuelle.

Ces dispositions sont entrées en vigueur le 1er janv. 2010.

Ancien art. R. 122-20 *L'éditeur transmet à l'organisme dépositaire le fichier numérique ayant servi à l'édition d'une œuvre imprimée dans les deux mois de la demande qui lui en est faite par celui-ci.*

Ces dispositions sont entrées en vigueur le 1er janv. 2010.

Ancien art. R. 122-21 *L'organisme dépositaire rend compte chaque année dans un rapport au ministre chargé de la culture et au ministre chargé des personnes handicapées des conditions de dépôt et de mise à disposition des fichiers numériques ayant servi à l'édition d'œuvres imprimées.*

Ces dispositions sont entrées en vigueur le 1er janv. 2010.

Ancien art. D. 122-22 (Décr. n° 2009-131 du 6 févr. 2009) ***L'organisme dépositaire mentionné au troisième alinéa du 7° de l'article L. 122-5 est la Bibliothèque nationale de France.***

Ces dispositions sont entrées en vigueur le 1er déc. 2009 (Décr. n° 2009-131, 6 févr. 2009, art. 2).

CHAPITRE III DURÉE DE LA PROTECTION

Absence de disposition réglementaire.

TITRE TROISIÈME EXPLOITATION DES DROITS

CHAPITRE PREMIER DISPOSITIONS GÉNÉRALES

Absence de disposition réglementaire.

CHAPITRE II DISPOSITIONS PARTICULIÈRES À CERTAINS CONTRATS

SECTION PREMIÈRE CONTRAT D'ÉDITION

Absence de disposition réglementaire.

SECTION II CONTRAT DE REPRÉSENTATION

Absence de disposition réglementaire.

SECTION III CONTRAT DE PRODUCTION AUDIOVISUELLE

Absence de disposition réglementaire.

SECTION IV CONTRAT DE COMMANDE POUR LA PUBLICITÉ

Absence de disposition réglementaire.

SECTION V NANTISSEMENT DU DROIT D'EXPLOITATION DES LOGICIELS

(Décr. n° 96-103 du 2 févr. 1996, art. 2)

Art. R. 132-8 **Les nantissements du droit d'exploitation des logiciels sont inscrits sur le registre national spécial des logiciels tenu par l'Institut national de la propriété industrielle.**

Y figurent pour chaque logiciel :

1° L'identité du titulaire du droit visé à l'article L. 122-6 et du créancier gagiste, ainsi que toutes modifications relatives à leurs nom, prénoms, dénomination sociale, forme juridique, domicile ou siège social ;

2° L'indication des éléments de nature à permettre l'identification du logiciel, tels que le nom, la marque, la désignation du code-source, des documents de fonctionnement et des mises à jour, ainsi que toute autre caractéristique du logiciel et, le cas échéant, les références d'un dépôt ;

3° L'acte constitutif du nantissement sur tout ou partie du droit d'exploitation du logiciel ;

4° Les actes modifiant la propriété ou la jouissance du droit d'exploitation ;

5° Les actes modifiant les droits du créancier nanti ;

6° Les demandes en justice et les décisions judiciaires définitives lorsqu'elles portent sur les droits, objet du contrat de nantissement ;

7° Les rectifications d'erreurs matérielles affectant les inscriptions.

Art. R. 132-9 **La demande d'inscription est présentée par l'une des parties à l'acte ou par un mandataire muni d'un pouvoir. Sauf stipulation contraire, ce pouvoir s'étend aux demandes d'inscription visées aux articles R. 132-10 à R. 132-13 et R. 132-15, à la réception des notifications prévues à l'article R. 132-14 et à la demande de radiation prévue à l'article R. 132-16.**

Art. R. 132-10 **La demande d'inscription du nantissement est réalisée par le dépôt d'un bordereau dont la forme est déterminée par décision du directeur général de l'Institut national de la propriété industrielle.**

Le bordereau comprend les indications suivantes :

1° Les nom, prénoms, domicile ou la dénomination sociale, forme juridique et siège social du créancier et du débiteur ;

2° La désignation du logiciel par son nom, sa marque avec l'indication précise de tous éléments d'identification et caractéristiques tels que la désignation du code-source, des documents de fonctionnement et des mises à jour ainsi que, le cas échéant, les références d'un dépôt du logiciel ;

3° La nature et la date de l'acte constitutif du nantissement ;

4° Le montant de la créance exprimée dans l'acte, son exigibilité, les conditions relatives aux intérêts ainsi que les frais accessoires.

A ce bordereau sont joints :

– un des originaux de l'acte constitutif du nantissement ;

– une reproduction de l'acte susmentionné lorsque le demandeur entend que l'original ou l'expédition lui soit restitué ;

– la justification du paiement de la redevance prescrite ;

– s'il y a lieu, le pouvoir du mandataire.

Art. R. 132-11 Les actes ayant pour effet de modifier ou d'anéantir les droits publiés du débiteur et du créancier, tels que, notamment, la cession, la concession d'un droit d'exploitation, la cession du nantissement ou la renonciation à ce dernier, ainsi que les demandes en justice et les décisions judiciaires définitives relatives à ces droits, sont inscrits à la demande de l'une des parties à l'acte.

La demande comprend :

1° Un bordereau de demande d'inscription dont la forme est déterminée par décision du directeur général de l'Institut national de la propriété industrielle ;

2° Un des originaux de l'acte sous seing privé ou, selon les cas, une expédition de l'acte authentique ou de l'acte introductif d'instance ;

3° Une reproduction de l'acte susmentionné lorsque le demandeur entend que l'original ou l'expédition lui soit restitué ;

4° La justification du paiement de la redevance prescrite ;

5° S'il y a lieu, le pouvoir du mandataire.

Art. R. 132-12 Tout changement de nom, de prénoms ou de domicile des personnes physiques, toute modification de dénomination sociale, de forme juridique ou de siège social des personnes morales sont inscrits à la demande de toute personne intéressée.

La demande comprend :

1° Un bordereau de demande d'inscription dont la forme est déterminée par décision du directeur général de l'Institut national de la propriété industrielle ;

2° Tout document destiné à constater les changements ou modifications de l'état civil et du domicile des personnes physiques ou de la dénomination, du statut juridique et du siège social des personnes morales ;

3° La justification du paiement de la redevance prescrite ;

4° S'il y a lieu, le pouvoir du mandataire.

Art. R. 132-13 Les demandes en rectification d'erreurs matérielles relatives à des actes précédemment publiés au registre peuvent être présentées par toute partie aux actes concernés, selon la procédure mentionnée à l'article R. 132-12. Elles doivent être accompagnées de toutes pièces justificatives.

Art. R. 132-14 En cas de non-conformité d'une demande d'inscription, notification motivée en est faite au demandeur. Un délai de deux mois lui est imparti pour régulariser sa demande ou présenter des observations. A défaut de régularisation ou d'observation permettant de lever l'objection, la demande est rejetée par décision du directeur général de l'Institut national de la propriété industrielle.

La notification peut être assortie d'une proposition de régularisation. Dans ce cas, cette proposition est réputée acceptée si le demandeur ne la conteste pas dans le délai de deux mois qui lui est imparti.

Art. R. 132-14-1 *(Décr. nº 2015-1436 du 6 nov. 2015, art. 2)* Il est statué sur la demande d'inscription dans un délai de six mois à compter de son dépôt. Ce délai est interrompu, le cas échéant, par la notification prévue à l'article R. 132-14, jusqu'à la régularisation de la demande ou la levée de l'objection.

L'art. 2 du Décr. n° 2015-1436 du 6 nov. 2015 est applicable dans les îles Wallis-et-Futuna (Décr. préc., art. 18).

Art. R. 132-14-2 *(Décr. n° 2015-1436 du 6 nov. 2015, art. 2)* **A défaut de décision expresse dans le délai mentionné à l'article R. 132-14-1, la demande est réputée acceptée.**

V. note ss. art. R. 132-14-1.

Art. R. 132-15 L'inscription cesse de produire effet si elle n'a pas été renouvelée, selon la procédure prévue à l'article R. 132-10, avant l'expiration du délai de cinq ans, couru à compter de la date de l'inscription du nantissement.

Art. R. 132-16 La radiation de l'inscription peut être requise par le créancier ou le débiteur sur justification de l'extinction de la dette garantie ou de la production de l'acte donnant mainlevée de l'inscription.

La radiation peut également intervenir en vertu d'une décision passée en force de chose jugée.

Art. R. 132-17 Toute inscription portée au registre national spécial des logiciels fait l'objet d'une mention au *Bulletin officiel de la propriété industrielle.*

Toute personne intéressée peut obtenir de l'institut :

***a*) Une reproduction des inscriptions portées au registre ;**

***b*) Un certificat constatant qu'il n'existe pas d'inscription.**

Pour l'application des dispositions du présent livre aux territoires d'outre-mer et à Mayotte, V. art. R. 811-1 à R. 811-3.

SECTION VI DROIT D'EXPLOITATION DES ŒUVRES DES JOURNALISTES

(Décr. n° 2010-994 du 26 août 2010)

Art. R. 132-18 La commission prévue à l'article L. 132-44 comprend, outre son président, six membres titulaires désignés par les organisations professionnelles de presse représentatives et six membres titulaires désignés par les organisations syndicales de journalistes professionnels représentatives.

Un suppléant est désigné pour chacun des membres titulaires.

Art. R. 132-19 Le président et les membres de la commission, ainsi que les suppléants, sont nommés par arrêté du ministre chargé de la communication pour une période de trois années. Leur mandat est renouvelable une fois.

Il est pourvu aux vacances survenant en cours de mandat par une désignation faite pour la durée du mandat restant à courir.

Art. R. 132-20 La commission établit son règlement intérieur.

Art. R. 132-21 La commission se réunit sur convocation du président et sur l'ordre du jour qu'il a fixé.

La commission ne peut valablement délibérer que si le président et au moins deux représentants des organisations professionnelles de presse et deux représentants des organisations syndicales de journalistes professionnels sont présents.

Lorsque ce quorum n'est pas atteint, le président convoque la commission dans un délai de huit jours. La commission délibère alors valablement en présence du président et d'au moins un représentant des organisations professionnelles de presse et un représentant des organisations syndicales de journalistes professionnels.

Art. R. 132-22 Lorsqu'il n'est pas suppléé, un membre de la commission peut donner mandat à un autre membre, titulaire ou suppléant, de le représenter. Le nombre de mandats détenus par une même personne n'est pas limité

Art. R. 132-23 La commission est saisie par lettre remise contre signature ou tout autre moyen propre à établir la date de présentation.

La saisine comporte :

— le nom et les coordonnées du demandeur ;

— l'objet de la saisine, qui doit être motivée et, le cas échéant, les pièces sur lesquelles se fonde celle-ci ;

— les coordonnées des parties à la négociation.

Il est accusé réception du dépôt de la demande complète auprès de la partie qui l'a formulée par lettre remise contre signature ou tout autre moyen propre à établir la preuve de la date de présentation. La demande est notifiée dans les mêmes conditions à l'autre partie, qui est invitée à présenter ses observations dans un délai d'un mois à compter de cette notification.

Art. R. 132-24 Les séances de la commission ne sont pas publiques.

La commission peut entendre toute personne dont l'audition lui paraît susceptible de contribuer à son information. La décision rendue en fait expressément mention.

Art. R. 132-25 Les membres de la commission sont tenus à l'obligation de discrétion à raison des pièces, documents et informations dont ils ont eu connaissance.

Art. R. 132-26 Une fois exécutoires, les décisions de la commission sont notifiées aux parties à la négociation de l'accord collectif en cause par lettre remise contre signature ou tout autre moyen propre à établir la preuve de la date de présentation.

La lettre de notification indique les voies et délais de recours. Elle comporte en annexe les noms, qualités et adresses des parties auxquelles la décision de la commission a été notifiée.

Les décisions de la commission sont publiées au *Bulletin officiel* du ministère chargé de la communication.

Art. R. 132-27 Les parties à la négociation de l'accord collectif en cause disposent d'un délai de deux mois à compter de la notification de la décision pour déférer celle-ci à la juridiction administrative.

SECTION VII CONDITIONS DE DÉTERMINATION DU SALAIRE MINIMUM DES JOURNALISTES AUTEURS D'IMAGES FIXES RÉMUNÉRÉS À LA PIGE

(Décr. nº 2017-927 du 9 mai 2017, art. 1er)

Art. D. 132-28 Les dispositions de la présente section sont applicables aux journalistes professionnels, tels que définis par l'article L. 7111-3 du code du travail, qui tirent le principal de leurs revenus de l'exploitation d'images fixes et qui collaborent de manière occasionnelle à l'élaboration d'un titre de presse, entendu au sens de l'article L. 132-35 du code de la propriété intellectuelle.

Ces dispositions entrent en vigueur à Mayotte le 1er janv. 2018 (Décr. nº 2017-927 du 9 mai 2017, art. 2).

Art. D. 132-29 Le salaire minimum versé en contrepartie de la commande d'une image fixe, ou d'une série d'images ayant le même objet et réalisées dans un même lieu, est déterminé en fonction du temps nécessaire à l'exécution de la commande et en fonction des rémunérations minimales fixées pour les journalistes permanents auteurs d'images fixes par les accords collectifs applicables dans les différentes formes de presse écrite à la date d'entrée en vigueur du présent décret.

Le temps minimum d'exécution de la commande est fixé, pour le calcul du salaire minimum, à cinq heures.

Le montant du salaire minimum pour une pige ne peut être inférieur à la moyenne des salaires minimum applicables aux journalistes professionnels auteurs d'images fixes en contrat à durée indéterminée dans les différents accords collectifs applicables dans les différentes formes de presse écrite à la date d'entrée en vigueur du présent décret pour cinq heures de travail.

Le montant du salaire minimum est fixé par arrêté du ministre chargé de la communication. Pour la première fixation de ce salaire, la moyenne mentionnée à l'alinéa précédent est arrondie à la dizaine d'euros supérieure. Le montant du salaire minimum est ensuite revalorisé chaque année aux mêmes dates et aux mêmes taux que le salaire minimum interprofessionnel de croissance prévu au chapitre Ier du titre III du livre II de la troisième partie du code du travail. — *A l'exception de Mayotte, le montant du salaire minimum est fixé à 60 euros pour une pige (Arr. du 9 mai 2017, en vigueur le 1er juill. 2017, JO 10 mai).*

CHAPITRE III RÉMUNÉRATION AU TITRE DU PRÊT EN BIBLIOTHÈQUE

(Décr. nº 2004-920 du 31 août 2004, art. 1er)

Art. R. 133-1 *(Décr. nº 2004-920 du 31 août 2004, art. 1er)* **Les bibliothèques accueillant du public pour le prêt mentionnées aux articles L. 133-3 et L. 133-4 sont :**

1º Les bibliothèques des collectivités territoriales désignées aux articles L. 310-1 à L. 310-6 et L. 320-1 à L. 320-4 du code du patrimoine ;

2º Les bibliothèques des établissements publics à caractère scientifique, culturel et professionnel et des autres établissements publics d'enseignement supérieur relevant du ministre chargé de l'enseignement supérieur ;

3º Les bibliothèques des comités d'entreprise ;

4º Toute autre bibliothèque ou organisme mettant un fonds documentaire à la disposition d'un public, dont plus de la moitié des exemplaires de livres acquis dans l'année est destinée à une activité organisée de prêt au bénéfice d'usagers inscrits individuels ou collectifs.

Art. R. 133-2 *(Décr. nº 2004-921 du 31 août 2004, art. 1er)* **Le montant de la première part de la rémunération prévue au deuxième alinéa de l'article L. 133-3 est calculé sur la base d'une contribution forfaitaire par usager inscrit dans les bibliothèques accueillant du public pour le prêt, telles que visées à l'article R. 133-1.**

Cette contribution est fixée à 1 € par usager inscrit dans les bibliothèques des établissements publics à caractère scientifique, culturel et professionnel et des autres établissements publics d'enseignement supérieur relevant du ministre chargé de l'enseignement supérieur et versée par ce dernier. Elle est fixée à 1,5 € par usager inscrit dans les autres bibliothèques accueillant du public pour le prêt et versée par le ministère chargé de la culture.

Pour la première année d'application de la loi, cette contribution est respectivement fixée à 0,5 € par usager inscrit dans les bibliothèques des établissements d'enseignement supérieur et à 0,75 € par usager inscrit dans les autres bibliothèques accueillant du public pour le prêt.

Le nombre des usagers inscrits est précisé chaque année par arrêté dans les conditions suivantes :

1º Le nombre des usagers inscrits dans les bibliothèques publiques est évalué chaque année à partir des éléments statistiques fournis par les communes et les départements en application des articles R. 1422-5 et R. 1422-14 du code général des collectivités territoriales ;

2º Le nombre des usagers inscrits dans les bibliothèques des établissements publics à caractère scientifique, culturel et professionnel et des autres établissements publics d'enseignement supérieur relevant du ministre chargé de l'enseignement supérieur est évalué chaque année à partir des statistiques annuelles établies par le ministre chargé de l'enseignement supérieur ;

3º Afin de tenir compte des usagers inscrits dans les autres bibliothèques accueillant du public pour le prêt, le nombre des usagers inscrits dans les bibliothèques publiques est majoré d'un taux exprimé en pourcentage. Ce taux est fixé à 4 % et révisable tous les trois ans à partir d'estimations chiffrées relatives au développement de l'activité de ces bibliothèques.

CHAPITRE IV DISPOSITIONS PARTICULIÈRES RELATIVES À L'EXPLOITATION NUMÉRIQUE DES LIVRES INDISPONIBLES DU XXe SIÈCLE

(Décr. nº 2013-182 du 27 févr. 2013)

SECTION PREMIÈRE REGISTRE DES LIVRES INDISPONIBLES DU XXe SIÈCLE

Art. R. 134-1 **La base de données publique mentionnée à l'article L. 134-2 est dénommée "Registre des livres indisponibles du XXe siècle". Elle est ouverte à la consultation du public sur le service de communication au public en ligne de la Bibliothèque nationale de France. Elle est enrichie d'une nouvelle liste de livres indisponibles le 21 mars de chaque année, s'il est ouvré, ou le premier jour ouvré suivant.**

La liste des livres indisponibles qui y sont enregistrés est arrêtée par un comité scientifique placé auprès du président de la Bibliothèque nationale de France et composé, en majorité et à parité, de représentants des auteurs et des éditeurs. La composition et le fonctionnement de ce comité sont déterminés par arrêté du ministre chargé de la culture.

A chaque livre indisponible sont associées des données et informations dont la liste figure en annexe au présent article. Ces données et informations sont issues des bases bibliographiques publiées par la Bibliothèque nationale de France et par les organisations professionnelles du secteur du livre.

V. art. L. 134-2.

ANNEXE

À L'ART. R. 134-1

(Décr. nº 2013-182 du 27 févr. 2013)

Les données et informations enregistrées, selon leur disponibilité, dans le traitement dénommé "Registre des livres indisponibles du XXe siècle" sont les suivantes :

1. Noms et prénoms ou pseudonymes du ou des auteurs.
2. Précisions sur la qualité de l'auteur (préfacier, illustrateur...).
3. Année du décès du ou des auteurs.
4. Mention d'un numéro d'identification de l'auteur.
5. Dénomination de "l'auteur collectivité".
6. Titre du livre.
7. Nom ou raison sociale de l'éditeur.
8. Année de publication du livre.
9. Mention de l'édition (notamment première édition, édition revue, édition augmentée...).
10. Mention de la collection.
11. Caractère illustré du livre.
12. Nombre de volumes et nombre de pages.
13. Mention du numéro international normalisé du livre (ISBN).
14. Mention d'un numéro d'identification pérenne du livre.
15. Mentions prévues aux articles L. 134-4, L. 134-5 et L. 134-6.
16. Mention prévue à l'article R. 134-3, selon laquelle le livre fait l'objet d'une déclaration d'opposition en cours d'instruction.

L' interprétation donnée par la CJUE (• CJUE 16 nov. 2016, nº C-301/15 : *V. notes ss. art. L. 134-1, L. 134-4, L. 134-6)* ne conduit pas à regarder la L. du 1er mars 2012 en tant qu'elle met en place une base de données des livres indisponibles comme contraire au droit de l'Union européenne. Il s'ensuit que les art. R. 134-1 à R. 134-4 introduits dans le code de la propriété intellectuelle par le décret attaqué, en application de ces dispositions, ne sont pas privés de base légale. Il en va de même des dispositions du décret attaqué qui créent l'art. R. 134-11 et les art. R. 327-1 à R. 327-7 relatifs la procédure et aux conditions d'agrément d'organisme de gestion collective, dès lors que le droit de l'Union, tel qu'interprété par la CJUE, ne s'oppose pas, par principe, à la gestion collective des droits de reproduction des ouvrages indisponibles. • CE 7 juin 2017, nº 368208 : *V. note ss. art. R. 134-5.*

Arrêté du 18 mars 2013,

Relatif à la composition et au fonctionnement du comité scientifique prévu à l'article R. 134-1 du code de la propriété intellectuelle.

Art. 1er Le comité scientifique prévu à l'article R. 134-1 du code de la propriété intellectuelle veille à la cohérence des corpus constitués dans le cadre du "Registre des livres indisponibles du XXe siècle". Il supervise l'établissement et la mise à jour de la liste des livres indisponibles mentionnée à l'article R. 134-1 du code de la propriété intellectuelle.

A cet effet, il :

— définit la méthode permettant d'établir le statut d'indisponibilité d'un livre ;

— définit des axes documentaires pour établir l'échéancier de publication de la liste des livres indisponibles ;

— prend en considération les capacités des outils bibliographiques ;

— tient compte des contraintes inhérentes aux mesures de publicité ;

— examine les demandes d'inscription de livres indisponibles telles que prévues au deuxième alinéa de l'article L. 134-2 du code de la propriété intellectuelle.

Art. 2 Le comité est composé de sept membres désignés par le ministre chargé de la culture et répartis comme suit :

— trois représentants des auteurs ;

— trois représentants des éditeurs ;

— un représentant de la Bibliothèque nationale de France.

Les membres sont désignés pour une période de trois années, renouvelable.

Les membres qui, pour quelque cause que ce soit, cessent de faire partie du comité sont remplacés pour la durée du mandat. Le mandat de leurs successeurs désignés dans les mêmes conditions expire lors du renouvellement général des membres.

Art. 3 Le président du comité est élu par les membres pour une durée d'un an, alternativement parmi les représentants des auteurs et parmi les représentants des éditeurs.

Art. 4 Assistent aux travaux du comité avec voix consultative :

— un représentant du ministre chargé de la culture ;

— une personnalité qualifiée désignée par le ministre chargé de la culture ;

— un représentant de chacune des sociétés de perception et de répartition des droits agréées mentionnées à l'article L. 134-3 du code de la propriété intellectuelle.

Art. 5 Les décisions du comité sont prises à la majorité des quatre cinquièmes des membres présents ou représentés.

Art. 6 Le comité adopte un règlement intérieur.

Art. 7 Le comité se réunit au moins trois fois par an sur convocation de son président ou du président de la Bibliothèque nationale de France. L'ordre du jour des réunions est établi par le président du comité.

Art. 8 Le secrétariat du comité est assuré par la Bibliothèque nationale de France.

Art. R. 134-2 **Le titre de chaque livre ainsi que l'ensemble des données et informations mentionnées à l'article R. 134-1 qui lui sont associées sont effacés à l'expiration des durées de protection mentionnées aux articles L. 123-1 à L. 123-12.**

Art. R. 134-3 **Le droit d'opposition prévu à l'article 38 de la loi n° 78-17 du 6 janvier 1978 ne s'applique pas au présent traitement.**

Art. R. 134-4 **Les droits d'accès et de rectification prévus aux articles 39 et 40 de la loi n° 78-17 du 6 janvier 1978 s'exercent auprès du président de la Bibliothèque nationale de France.**

SECTION II **PROCÉDURE**

Art. R. 134-5 (Annulé par CE 7 juin 2017, n° 368208) ***L'opposition prévue au premier et au troisième alinéa du I de l'article L. 134-4, l'opposition prévue au cinquième alinéa de l'article L. 134-5, la demande de retrait prévue aux deux premiers alinéas de l'article L. 134-6 et la demande de retrait prévue au troisième alinéa de l'article L. 134-8 sont présentées par lettre recommandée avec demande d'avis de réception ou par voie électronique avec demande d'accusé de réception.***

A l'appui de son opposition ou de sa demande de retrait, l'auteur produit la copie d'une pièce d'identité et une déclaration sur l'honneur attestant sa qualité.

A l'appui de son opposition, l'ayant droit de l'auteur doit justifier de son identité en produisant une copie d'une pièce d'identité et adresser un acte de notoriété prouvant sa qualité d'ayant droit.

A l'appui de son opposition ou de sa demande de retrait, l'éditeur communique toute pièce de nature à justifier de sa qualité d'éditeur du livre concerné.

Non-conformité au droit de l'Union. Tirant les conséquences de la réponse de la CJUE aux questions préjudicielles qu'il lui avait posées (• CJUE 16 nov. 2016, n° C-301/15 : *V. notes ss. art. L. 134-1, L. 134-4, L. 134-6*), le Conseil d'État a annulé l'art. 1er du Décr. n° 2013-182 du 27 févr. 2013 en tant qu'il crée les art. R. 134-5 à R. 134-10 CPI. La disparition rétroactive de ces dispositions ne produit pas par elle-même d'effets de nature à remettre en cause la validité des contrats signés sous leur empire, de nature à justifier une limitation dans le temps des effets de leur annulation. En tout état de cause, une telle limitation contreviendrait aux exigences attachées à la primauté et à l'effectivité du droit de l'Union en l'absence de nécessité impérieuse justifiant son usage, compte tenu des circonstances spécifiques à l'affaire. • CE 7 juin 2017, n° 368208 : *D. 2017. 1427, note Nérisson ; Expertises des systèmes d'information, sept. 2017, n° 427, p. 306, note Berte.*

Art. R. 134-6 (Annulé par CE 7 juin 2017, n° 368208) ***L'opposition prévue au premier alinéa du I de l'article L. 134-4 s'exerce auprès de la Bibliothèque nationale de France. Dès réception, la Bibliothèque nationale de France inscrit dans la base de données publique créée par l'article L. 134-2 une mention selon laquelle le livre fait l'objet d'une déclaration d'opposition en cours d'instruction. Elle en informe*** (Décr. n° 2017-924 du 6 mai 2017, art. 4-V) ***« les organismes de gestion collective agréés mentionnés » à l'article L. 134-3 et leur communique les pièces produites à l'appui de l'opposition dans un délai d'un mois.***

Faute pour (Décr. n° 2017-924 du 6 mai 2017, art. 4-V) ***« ces organismes » d'établir dans les trois mois suivant la communication de ces pièces que la déclaration d'opposition a été présentée par une personne n'ayant pas qualité pour ce faire, la Bibliothèque nationale de France inscrit dans la base de données publique créée par l'article L. 134-2 une mention selon laquelle*** (Décr. n° 2017-924 du 6 mai 2017, art. 4-V) ***« ils ne peuvent » exercer le droit d'autoriser la reproduction et la représentation sous forme numérique du livre concerné.***

Si la déclaration d'opposition émane de l'auteur du livre indisponible, la Bibliothèque nationale de France cesse de rendre accessible au public les données et informations relatives à ce livre.

En application du II de l'art. 21 de la L. n° 2000-321 du 12 avr. 2000, et par exception à l'application du délai de deux mois prévu au 1er al. du I de cet art., le délai à l'expiration duquel le silence gardé par l'administration vaut décision d'acceptation est fixé à quatre mois pour une demande d'opposition de l'auteur d'un livre indisponible ou de l'éditeur disposant du droit de reproduction sous une forme imprimée de ce livre à l'exercice du droit de reproduction ou de représentation de ce livre (Décr. n° 2014-1305 du 23 oct. 2014, art. 1er, applicable aux demandes présentées à compter du 12 nov. 2014).

V. jurispr. ss. art. R. 134-5.

Art. R. 134-7 (Annulé par CE 7 juin 2017, n° 368208) ***L'opposition prévue au troisième alinéa du I de l'article L. 134-4 s'exerce auprès de*** (Décr. n° 2017-924 du 6 mai 2017, art. 4-VI) ***« l'organisme de gestion collective mentionné » à l'article L. 134-3. A défaut d'établir dans les trois mois suivant la réception de ces pièces que la déclaration d'opposition a été présentée par une personne n'ayant pas qualité pour ce faire,*** (Décr. n° 2017-924 du 6 mai 2017, art. 4-VI) ***« l'organisme » en informe la Bibliothèque nationale de France, qui cesse de rendre accessibles au public les données et informations relatives à ce livre.***

En application du II de l'art. 21 de la L. n° 2000-321 du 12 avr. 2000, et par exception à l'application du délai de deux mois prévu au 1er al. du I de cet art., le délai à l'expiration duquel le silence gardé par l'administration vaut décision d'acceptation est fixé à quatre mois pour une demande d'opposition de l'auteur d'un livre indisponible à l'exercice du droit de reproduction ou de représentation de ce livre en cas d'atteinte à l'honneur ou à la réputation de son auteur (Décr. n° 2014-1305 du 23 oct. 2014, art. 1er, applicable aux demandes présentées à compter du 12 nov. 2014).

V. jurispr. ss. art. R. 134-5.

Art. R. 134-8 (Annulé par CE 7 juin 2017, n° 368208) ***L'opposition prévue au cinquième alinéa de l'article L. 134-5 s'exerce auprès de*** (Décr. n° 2017-924 du 6 mai 2017, art. 4-VI) ***« l'organisme de gestion collective mentionné » à l'article L. 134-3. A l'appui de son opposition, l'auteur produit tout élément probant de nature à établir que l'éditeur ne dispose pas du droit de reproduction du livre concerné sous une forme imprimée.*** (Décr. n° 2017-924 du 6 mai 2017, art. 4-VI) ***« L'organisme » communique ces éléments à l'éditeur, qui dispose d'un délai d'un mois pour présenter ses observations. A défaut d'établir dans les trois mois suivant la réception de ces pièces que la déclaration d'opposition n'est étayée d'aucun élément probant,*** (Décr. n° 2017-924 du 6 mai 2017, art. 4-VI) ***« l'organisme » retire l'autorisation délivrée à l'éditeur.***

V. jurispr. ss. art. R. 134-5.

Art. R. 134-9 (Annulé par CE 7 juin 2017, n° 368208) ***La demande de retrait prévue au deuxième alinéa de l'article L. 134-6 s'exerce auprès de*** (Décr. n° 2017-924 du 6 mai 2017, art. 4-VI) ***« l'organisme de gestion collective mentionné » à l'article L. 134-3. Lorsque l'auteur du livre soutient être seul titulaire des droits définis à l'article L. 134-3, il produit à l'appui de sa demande de retrait tout élément probant de nature à l'établir.*** (Décr. n° 2017-924 du 6 mai 2017, art. 4-VII) ***« L'organisme » communique ces éléments à l'éditeur, s'il existe. Ce dernier dispose alors d'un délai d'un mois pour présenter ses observations. A défaut d'établir dans les trois mois suivant la réception de la demande de retrait que cette demande a été présentée par une personne n'ayant pas qualité pour ce faire ou l'ayant fait à tort,*** (Décr. n° 2017-924 du 6 mai 2017, art. 4-VI) ***« l'organisme » perd le droit prévu au I de l'article L. 134-3.***

V. jurispr. ss. art. R. 134-5.

Art. R. 134-10 (Annulé par CE 7 juin 2017, n° 368208) ***Lorsque le droit prévu au I de l'article L. 134-3 lui est retiré,*** (Décr. n° 2017-924 du 6 mai 2017, art. 4-VI) ***« l'organisme » en informe la Bibliothèque nationale de France, qui inscrit la mention de ce retrait dans la base de données publique créée par l'article L. 134-2.***

V. jurispr. ss. art. R. 134-5.

Art. R. 134-11 **Les mesures de publicité mentionnées à l'article L. 134-7 comportent une campagne d'information menée à l'initiative du ministère chargé de la culture, en liaison avec** *(Décr. n° 2017-924 du 6 mai 2017, art. 4-VIII)* **« les organismes de gestion collective » et les organisations professionnelles du secteur du livre.**

Cette campagne comprend la présentation du dispositif sur un service de communication au public en ligne, une opération de publipostage en ligne, la publication d'encarts dans la presse nationale ainsi que la diffusion de bannières sur des sites internet d'information.

Elle débute à la date prévue au premier alinéa de l'article R. 134-1 et se poursuit durant une période de six mois.

V. jurisprudence ss. art. R. 134-1.

CHAPITRE V DISPOSITIONS PARTICULIÈRES RELATIVES À CERTAINES UTILISATIONS D'ŒUVRES ORPHELINES

(Décr. n° 2015-506 du 6 mai 2015, art. 1er)

Art. R. 135-1 **I. — Lorsque les recherches prévues au 1° de l'article L. 135-3 doivent, en vertu de cet article, avoir lieu en France, les sources d'information qui doivent être consultées comprennent au moins les sources suivantes :**

1° Pour les livres publiés :

a) **Les registres du dépôt légal ;**

b) **Les index et catalogues des fonds et collections des bibliothèques accessibles au public et des institutions similaires ;**

c) **Les bases de données ou registres recensant les livres imprimés, tels que WATCH (*Writers, Artists and Their Copyright Holders*), ISBN (*International Standard Book Number*), ISNI (*International Standard Name Identifier*) et le répertoire "BALZAC" de la Société des gens de lettres ;**

d) **Les sources détenues par les associations d'éditeurs et d'auteurs ;**

e) **Les bases de données** *(Décr. n° 2017-924 du 6 mai 2017, art. 4-IX)* **« des organismes de gestion collective agréés » pour la gestion du droit de reproduction par reprographie et pour la gestion collective de la rémunération au titre du prêt en bibliothèque ainsi que** *(Décr. n° 2017-924 du 6 mai 2017, art. 4-IX)* **« celui mentionné »à l'article L. 134-3 du code la propriété intellectuelle ;**

f) **Les sources qui intègrent des bases de données et registres multiples, tels que ELECTRE, VIAF (*Virtual International Authority Files*) et ARROW (*Accessible Registries of Rights Information and Orphan Works*) ;**

2° Pour les journaux, magazines, revues et autres périodiques imprimés :

a) **Les registres du dépôt légal ;**

b) **Les index et catalogues des fonds et collections de bibliothèques accessibles au public ;**

c) **Les bases de données ou registres qui recensent les périodiques imprimés, tels que ISSN (*International Standard Serial Number*) et ISNI (*International Standard Name Identifier*) ;**

d) **Le registre du commerce et des sociétés ;**

e) **Les sources détenues par les organisations professionnelles d'éditeurs de presse et les associations d'auteurs et de journalistes ;**

f) **Les bases de données** *(Décr. nº 2017-924 du 6 mai 2017, art. 4-IX)* **« des organismes de gestion collective agréés » pour la gestion du droit de reproduction par reprographie ;**

g) **Les informations figurant dans l'encadré de l'imprimé contenant les mentions légales obligatoires et, le cas échéant, le nom des rédacteurs ;**

3° Pour les œuvres visuelles, notamment celles relevant des beaux-arts, de la photographie, de l'illustration, du design et de l'architecture, et les croquis de ces œuvres et autres œuvres du même type figurant dans des livres, périodiques ou autres œuvres :

a) **Les sources énumérées au 1° et au 2°, notamment les bases de données** *(Décr. nº 2017-924 du 6 mai 2017, art. 4-IX)* **« des organismes de gestion collective agréés » pour la gestion du droit de reproduction par reprographie ;**

b) **Les bases de données des agences de presse et des agences photographiques et d'illustration ;**

4° Pour les écrits non publiés faisant partie des collections des bibliothèques accessibles au public, des musées et des services d'archives :

a) **Les registres du dépôt légal ;**

b) **Les index et catalogues des fonds des collections des bibliothèques accessibles au public et des institutions similaires ;**

5° Pour les œuvres audiovisuelles et les phonogrammes :

a) **Les registres du dépôt légal et le registre public du cinéma et de l'audiovisuel ;**

b) **Les bases de données des institutions dépositaires du patrimoine cinématographique ou sonore et des bibliothèques publiques ;**

c) **Les bases de données appliquant des normes et des identificateurs pertinents, tels que l'ISAN (*International Standard Audiovisual Number*) pour le matériel audiovisuel, l'ISWC (*International Standard Musical Work Code*) pour les œuvres musicales et l'ISRC (*International Standard Recording Code*) pour les phonogrammes ;**

d) **Les sources détenues par les associations de producteurs ou par d'autres associations ou organisations professionnelles pertinentes représentant une catégorie spécifique de titulaires de droits ;**

e) **Les bases de données** *(Décr. nº 2017-924 du 6 mai 2017, art. 4-IX)* **« des organismes de gestion collective concernés, en particulier ceux » regroupant des auteurs, des artistes-interprètes, des producteurs de phonogrammes et des producteurs audiovisuels ;**

f) **Le générique de l'œuvre et les autres informations figurant sur l'emballage de celle-ci.**

II. — Lorsque les recherches prévues au 1° de l'article L. 135-1 doivent, en vertu de cet article, avoir lieu dans un autre État membre de l'Union européenne, les sources d'information qui doivent être consultées comprennent au moins les sources définies dans cet État conformément aux paragraphes 2 et 3 de l'article 3 de la directive 2012/28/UE du Parlement européen et du Conseil du 25 octobre 2012.

L'organisme procède en outre à des recherches des titulaires de droits auprès des sources similaires existant dans d'autres États lorsqu'il résulte de celles effectuées en application des premier et deuxième alinéas que des informations pertinentes sont susceptibles d'y être disponibles.

Art. R. 135-2 **L'organisme mentionné à l'article L. 135-3 tient un registre précisant la date et le résultat de la consultation de l'ensemble des sources mentionnées à l'article R. 135-1. Il conserve les pièces justifiant de ces consultations.**

Pour l'application du 2° de l'article L. 135-3, l'organisme communique au ministre chargé de la culture les coordonnées de la personne ou du service auquel les titulaires

des droits sur l'œuvre doivent s'adresser pour mettre fin aux utilisations prévues à l'article L. 135-2.

Art. R. 135-3 Les informations prévues à l'article L. 135-4 sont communiquées au ministre chargé de la culture, en vue de leur transmission sans délai à l'Office de l'harmonisation dans le marché intérieur mentionné au 2° de l'article L. 135-3.

Art. R. 135-4 La justification des droits prévue à l'article L. 135-6 est présentée par lettre recommandée avec demande d'avis de réception ou par voie électronique avec demande d'accusé de réception.

A l'appui de sa demande, l'auteur produit la copie d'une pièce d'identité et une déclaration sur l'honneur attestant sa qualité. Ses éventuels ayants droit adressent en outre un acte de notoriété attestant leur qualité. Les autres titulaires de droits produisent, outre la copie d'une pièce d'identité, tout document de nature à justifier de leurs droits.

LIVRE DEUXIÈME LES DROITS VOISINS DU DROIT D'AUTEUR

TITRE UNIQUE

CHAPITRE PREMIER DISPOSITIONS GÉNÉRALES

Art. R. 211-1 *(Décr. nº 2008-1391 du 19 déc. 2008)* **L'exception prévue au 6º de l'article L. 211-3 s'exerce dans les conditions définies aux** *(Décr. nº 2017-253 du 27 févr. 2017, art. 3)* **« articles R. 122-13 à R. 122-15, aux I, III et IV de l'article R. 122-16, et à l'article R. 122-17 ».** – *V. 1re note ss. art. R. 122-13.*

CHAPITRE II DROITS DES ARTISTES-INTERPRÈTES

Art. R. 212-1 **La commission prévue à l'article L. 212-9 siège soit en formation plénière, soit en formations spécialisées dans un ou plusieurs secteurs d'activité. Chacune de ces formations est présidée par le président de la commission et comprend un nombre égal de représentants des salariés et de représentants des employeurs.** – *[Décr. nº 86-27 du 3 janv. 1986, art. 1er.]*

Art. R. 212-2 **La commission comprend douze représentants des organisations de salariés et douze représentants des organisations d'employeurs. Les organisations appelées à désigner des représentants et le nombre de représentants de chacune d'elles sont déterminés par arrêté du ministre chargé de la culture.**

Un suppléant est désigné, dans les mêmes conditions, pour chacun des représentants titulaires des organisations de salariés et d'employeurs. Les membres suppléants de la commission n'assistent aux séances et ne participent aux délibérations qu'en cas d'absence du représentant titulaire qu'ils suppléent. – *[Décr. nº 86-27 du 3 janv. 1986, art. 2.]*

Art. R. 212-3 **Le président et les membres de la commission sont désignés pour trois ans. Il est pourvu aux vacances survenant en cours de mandat par une désignation faite pour la durée du mandat restant à courir.** – *[Décr. nº 86-27 du 3 janv. 1986, art. 3.]*

Art. R. 212-4 **La commission et ses formations spécialisées se réunissent sur convocation du président et sur l'ordre du jour qu'il a fixé.**

La convocation est de droit lorsqu'elle est demandée, sur un ordre du jour déterminé, soit par le ministre chargé de la culture, soit par un tiers des membres de la commission. – *[Décr. nº 86-27 du 3 janv. 1986, art. 4.]*

Art. R. 212-5 **La commission et ses formations spécialisées ne délibèrent valablement que si les trois quarts de leurs membres sont présents ou régulièrement suppléés. Lorsque ce quorum n'est pas atteint, la commission est à nouveau convoquée dans le délai de huit jours ; elle peut alors délibérer quel que soit le nombre des membres présents.** – *[Décr. nº 86-27 du 3 janv. 1986, art. 5.]*

Art. R. 212-6 **Les membres de la commission sont tenus à l'obligation de discrétion à raison des pièces, documents et informations dont ils ont eu connaissance.** – *[Décr. nº 86-27 du 3 janv. 1986, art. 6.]*

Art. R. 212-7 **Le secrétariat de la commission est assuré par les services du ministre chargé de la culture.**

Les séances de la commission ne sont pas publiques. Toutefois, la commission peut entendre toute personne dont l'audition lui paraît utile.

La commission établit son règlement intérieur.

Les décisions de la commission sont publiées au *Journal officiel* de la République française à la diligence du ministre chargé de la culture. – *[Décr. nº 86-27 du 3 janv. 1986, art. 7 à 10.]*

Art. R. 212-8 *(Décr. nº 2015-506 du 6 mai 2015, art. 2)* **I. – L'artiste-interprète qui souhaite exercer le droit de résiliation de l'autorisation donnée à un producteur de phonogrammes prévu à l'article L. 212-3-1 notifie au producteur son intention de résilier par lettre recommandée avec demande d'avis de réception.**

La notification précise :

— le nom, le prénom et l'adresse de l'artiste-interprète ;

— le titre, le Code international normalisé des enregistrements (code ISRC) ou tout autre moyen permettant d'identifier le phonogramme qui n'est pas exploité dans les conditions prévues au I de l'article L. 212-3-1.

Le délai de résiliation mentionné au II de l'article L. 212-3-1 court à compter de la date figurant sur le cachet de la poste.

II. — L'artiste-interprète exerce le droit de résiliation de l'autorisation donnée à un producteur de phonogrammes prévu au II de l'article L. 212-3-1, en notifiant au producteur sa décision de résiliation par lettre recommandée avec demande d'avis de réception.

La notification précise :

— le nom, le prénom et l'adresse de l'artiste-interprète ;

— la date d'envoi de la notification prévue au I.

La résiliation prend effet le lendemain de la date figurant sur le cachet de la poste.

III. — Lorsqu'un phonogramme contient la fixation des prestations de plusieurs artistes-interprètes, ceux-ci notifient en commun leur intention de résilier et leur décision de résiliation dans les conditions prévues au I et au II.

Les dispositions de l'art. 2 du Décr. n° 2015-506 du 6 mai 2015 sont applicables dans les îles Wallis-et-Futuna (Décr. préc., art. 4-II).

CHAPITRE III DROITS DES PRODUCTEURS DE PHONOGRAMMES

Absence de disposition réglementaire.

CHAPITRE IV DISPOSITIONS COMMUNES AUX ARTISTES-INTERPRÈTES ET AUX PRODUCTEURS DE PHONOGRAMMES

SECTION PREMIÈRE COMMISSION PRÉVUE À L'ARTICLE L. 214-4 *(Décr. n° 2017-338 du 15 mars 2017, art. 1er-1°).*

Art. R. 214-1 La commission prévue à l'article L. 214-4 siège soit en formation plénière, soit en formations spécialisées dans une ou plusieurs branches d'activités. Chacune de ces formations est présidée par le président de la commission et comprend un nombre égal de représentants des bénéficiaires du droit à rémunération et de représentants des utilisateurs de phonogrammes. — *[Décr. n° 86-537 du 14 mars 1986, art. 1er.]*

Art. R. 214-2 *Al. 1er abrogé par Décr. n° 2005-578 du 23 mai 2005.*

Un suppléant est désigné *(Décr. n° 2005-578 du 23 mai 2005)* « dans les conditions prévues au deuxième alinéa de l'article L. 214-4 » pour chacun des représentants titulaires des organisations de bénéficiaires du droit à rémunération et d'utilisateurs de phonogrammes. Les membres suppléants de la commission n'assistent aux séances et ne participent aux délibérations qu'en cas d'absence du représentant titulaire qu'ils suppléent. — *[Décr. n° 86-537 du 14 mars 1986, art. 2.]*

Art. R. 214-3 Le président et les membres de la commission sont désignés pour trois ans. Il est pourvu aux vacances survenant en cours de mandat par une désignation faite pour la durée du mandat restant à courir. — *[Décr. n° 86-27 du 3 janv. 1986, art. 3.]*

Art. R. 214-4 La commission et ses formations spécialisées se réunissent sur convocation du président et sur l'ordre du jour qu'il a fixé.

La convocation est de droit lorsqu'elle est demandée, sur un ordre du jour déterminé, soit par le ministre chargé de la culture, soit par un tiers des membres de la commission. — *[Décr. n° 86-27 du 3 janv. 1986, art. 4.]*

Art. R. 214-5 La commission et ses formations spécialisées ne délibèrent valablement que si les trois quarts de leurs membres sont présents ou régulièrement suppléés. Lorsque ce quorum n'est pas atteint, la commission est à nouveau convoquée dans le délai de huit jours ; elle peut alors délibérer quel que soit le nombre des membres présents. — *[Décr. n° 86-27 du 3 janv. 1986, art. 5.]*

Art. R. 214-6 Les membres de la commission sont tenus à l'obligation de discrétion à raison des pièces, documents et informations dont ils ont eu connaissance. – *[Décr. nº 86-27 du 3 janv. 1986, art. 6.]*

Art. R. 214-7 Le secrétariat de la commission est assuré par les services du ministre chargé de la culture.

Les séances de la commission ne sont pas publiques. Toutefois, la commission peut entendre toute personne dont l'audition lui paraît utile.

La commission établit son règlement intérieur.

Les décisions de la commission sont publiées au *Journal officiel* de la République française à la diligence du ministre chargé de la culture. – *[Décr. nº 86-27 du 3 janv. 1986, art. 7 à 10.]*

SECTION II MÉDIATEUR DE LA MUSIQUE

(Décr. nº 2017-338 du 15 mars 2017, art. 1er-2º).

Art. R. 214-8 Le médiateur de la musique est nommé par décret pris sur le rapport du ministre chargé de la culture pour une durée de trois ans renouvelable.

Il est choisi parmi les membres ou anciens membres du Conseil d'État, de la Cour de cassation ou de la Cour des comptes ou parmi des personnalités qualifiées, à raison de leur compétence dans le secteur de la musique ou des industries culturelles.

La fonction de médiateur est incompatible avec le fait d'avoir exercé au cours des trois dernières années les fonctions de dirigeant, d'associé, de mandataire social ou de salarié d'une entreprise ou d'un organisme relevant d'une des catégories prévues au sixième alinéa du I de l'article L. 214-6.

Le médiateur ne peut, directement ou indirectement, détenir d'intérêt dans une entreprise ou un organisme relevant d'une des catégories prévues au sixième alinéa du I de l'article L. 214-6 ou disposer d'un contrat de prestation de services avec une telle entreprise ou avec un tel organisme.

Il veille à faire cesser immédiatement ou à prévenir les situations de conflit d'intérêts dans lesquelles il se trouve ou pourrait se trouver.

Sur la rémunération du médiateur, V. Décr. nº 2017-345 du 17 mars 2017 ss. art. L. 214-6.

Art. R. 214-9 Le médiateur peut faire appel aux services du ministre chargé de la culture. Celui-ci met à sa disposition les moyens nécessaires à l'exercice de ses missions.

Art. R. 214-10 I. — La saisine du médiateur est effectuée par lettre remise contre signature ou par tout autre moyen propre à établir la preuve de la date de cette saisine et comporte :

1º Si le demandeur est une personne physique, ses nom, prénom et domicile ; s'il est une personne morale, sa forme, sa dénomination, son siège social et l'identité de son représentant légal. La personne morale annexe une copie de ses statuts ;

2º Le cas échéant, le nom de son conseil ou de son mandataire et le mandat donné à ce dernier ;

3º Les pièces justifiant que le demandeur relève d'une des catégories prévues au sixième alinéa du I de l'article L. 214-6 ;

4º L'objet de la demande avec un exposé du litige et les pièces sur lesquelles la demande est fondée ;

5º Si la ou les autres parties au litige sont des personnes physiques, leurs nom, prénom et domicile ; si elles sont des personnes morales, leur dénomination et leur siège social.

II. — Si la saisine ne satisfait pas aux prescriptions du I du présent article, le médiateur adresse une demande de régularisation sous un délai d'un mois au demandeur ou le cas échéant à son mandataire. En l'absence de régularisation, ou si les éléments produits à la suite de la demande de régularisation ne permettent pas d'établir que le litige entre dans le champ du I de l'article L. 214-6, le médiateur déclare irrecevable la demande.

III. — Lorsque le litige dont le médiateur est saisi relève du champ de compétence d'une autre instance de conciliation créée par une convention ou un accord collectif de travail, le médiateur saisit cette instance pour avis. L'avis est réputé rendu si l'instance n'a pas répondu au médiateur dans un délai d'un mois à compter de la réception de la saisine de celui-ci. Le médiateur se déclare incompétent si cette instance lui en fait la demande.

IV. – Le médiateur informe de sa saisine, dans un délai de huit jours à compter de la réception de la demande, la ou les autres parties par lettre remise contre signature ou par tout autre moyen propre à établir la preuve de la date de réception de cette information.

La ou les parties disposent alors d'un délai d'un mois pour adresser leurs observations au médiateur et au demandeur par lettre remise contre signature ou par tout autre moyen propre à établir la preuve de la date de réception de ces observations. Ce délai peut être renouvelé une fois sur décision du médiateur, qui en informe la ou les mêmes parties par lettre remise contre signature ou par tout autre moyen propre à établir la preuve de la date de réception de cette information.

Art. R. 214-11 Pour l'exercice de sa mission, le médiateur dispose d'un délai de trois mois, à compter de la date de réception de la demande ou, le cas échéant, de la date de réception des observations de la ou des parties que le médiateur a informées de la demande ou de la date d'expiration du délai imparti pour produire ces observations.

Le délai de trois mois peut être prolongé une fois, pour une même durée, à l'initiative du médiateur et avec l'accord des parties.

Art. R. 214-12 Le médiateur entend les parties et toute personne dont l'audition lui paraît utile. Les parties peuvent se faire assister par toute personne de leur choix, dont elles communiquent l'identité préalablement à leur audition.

Le médiateur établit un compte rendu de ces auditions.

Art. R. 214-13 Lorsqu'une partie se prévaut du secret des affaires, elle signale au médiateur les informations, documents ou partie de documents qu'elle estime, à l'occasion de leur communication, couverts par ce secret et qui ne peuvent alors être rendus publics.

Le médiateur ne peut porter à la connaissance de la ou des autres parties ces informations ou documents ou partie de documents couverts par le secret des affaires qu'avec l'accord de la partie qui s'en prévaut.

Art. R. 214-14 Lorsque le médiateur constate un accord entre les parties, la teneur de l'accord est consignée dans un procès-verbal de conciliation qui est signé par les parties ainsi que par le médiateur et qui précise, d'une part, les mesures à prendre pour mettre en œuvre cet accord, d'autre part, le délai fixé par le médiateur pour son exécution.

Une copie du procès-verbal de conciliation est remise à chaque partie contre émargement ou adressée par lettre remise contre signature ou par tout autre moyen propre à établir la preuve de la date de réception de cette copie, dans un délai de dix jours.

Art. R. 214-15 Si, à l'issue du délai prévu à l'article R. 214-11, aucun accord n'a pu être trouvé entre les parties, le médiateur peut émettre une recommandation proposant des mesures tendant à mettre fin au litige, qui est notifiée dans un délai de dix jours aux parties par lettre remise contre émargement ou par lettre remise contre signature ou par tout autre moyen propre à établir la preuve de la date de réception de cette notification.

Dans un délai de trois mois à compter de la date de réception de la recommandation, les parties informent le médiateur, par lettre remise contre signature ou par tout autre moyen propre à établir la preuve de la date de réception de cette information, des suites qu'elles comptent donner à la recommandation. Faute d'avoir procédé à cette information, les parties sont réputées avoir accepté la recommandation.

Art. R. 214-16 L'échec de la conciliation résulte de l'une des situations suivantes :

1° Aucun accord n'est trouvé entre les parties dans le délai prévu à l'article R. 214-11 ;

2° La recommandation du médiateur, mentionnée au premier alinéa de l'article R. 214-15, a été rejetée par une au moins des parties.

Cet échec donne lieu à l'établissement par le médiateur d'un procès-verbal de constat de la non-conciliation, dont une copie est remise à chaque partie contre émarge-

ment ou adressée par lettre remise contre signature ou par tout autre moyen propre à établir la preuve de la date de réception de cette copie, dans un délai de dix jours.

Art. R. 214-17 **Le médiateur peut, dans le respect des dispositions du premier alinéa de l'article R. 214-13, décider de la publication de l'accord de conciliation ou de la recommandation, en intégralité ou par extraits, dans les journaux ou sur les services de communication au public en ligne, qu'il désigne et selon les modalités qu'il précise.**

Art. R. 214-18 **Les constatations du médiateur, autres que celles rendues publiques par lui, les déclarations qu'il a recueillies et les informations qui ont été portées à sa connaissance ne peuvent être ni produites ni invoquées par une partie sans l'accord de l'autre ou des autres parties dans le cadre d'une autre procédure de médiation, d'une procédure d'arbitrage ou d'une instance juridictionnelle.**

CHAPITRE V DROITS DES PRODUCTEURS DE VIDÉOGRAMMES

Absence de disposition réglementaire.

CHAPITRE VI DROITS DES ENTREPRISES DE COMMUNICATION AUDIOVISUELLE

Absence de disposition réglementaire.

LIVRE TROISIÈME DISPOSITIONS GÉNÉRALES

TITRE PREMIER RÉMUNÉRATION POUR COPIE PRIVÉE

CHAPITRE UNIQUE

SECTION PREMIÈRE COMMISSION PRÉVUE À L'ARTICLE L. 311-5 *(Décr. nº 2013-1141 du 10 déc. 2013 , en vigueur le 1er avr. 2014).*

Art. R. 311-1 La commission prévue à l'article L. 311-5 siège soit en formation plénière, soit dans l'une ou l'autre de deux formations spécialisées, la première, dans les phonogrammes, et la seconde, dans les vidéogrammes. Chacune de ces formations est présidée par le président de la commission et comprend, pour moitié, des représentants des bénéficiaires du droit à rémunération, pour un quart, des représentants des fabricants ou des importateurs ou des personnes qui réalisent des acquisitions intracommunautaires de supports et, pour un quart, des représentants des consommateurs. – *[Décr. nº 95-385 du 10 avr. 1995]. – V. Arr. du 18 nov. 2015 ss. art. L. 311-5, Décis. 30 juin 1986, Décis. nº 1 du 4 janv. 2001, Décis. nº 3 du 4 juill. 2002, Décis. nº 4 du 10 juin 2003, Décis. nº 5 du 6 juin 2005, Décis. nº 6 du 22 nov. 2005, Décis. nº 7 du 20 juill. 2006, Décis. nº 8 du 9 juill. 2007, Décis. nº 9 du 11 déc. 2007, Décis. nº 10 du 27 févr. 2008, Décis. nº 11 du 17 déc. 2008 et Décis. nº 15 du 14 déc. 2012, App., vº Droits voisins.*

Art. R. 311-2 Le représentant de l'État, président de la commission, est nommé *(Décr. nº 2009-744 du 19 juin 2009)* « par arrêté conjoint des ministres chargés de la culture, de l'industrie et de la consommation, parmi les membres du Conseil d'État, de la Cour de cassation ou de la Cour des comptes ».

La commission comprend en outre vingt-quatre membres représentant les catégories mentionnées au premier alinéa de l'article L. 311-5.

(Décr. nº 2009-744 du 19 juin 2009) « Les organisations appelées à désigner les membres de la commission ainsi que le nombre de personnes que chacune est appelée à désigner sont déterminées par arrêté conjoint des ministres chargés de la culture, de l'industrie et de la consommation.

« La commission se détermine à la majorité de ses membres présents. En cas de partage des voix, le président a voix prépondérante.

« Lorsque le président fait usage de la faculté, prévue à l'article L. 311-5, de demander une seconde délibération, la décision est adoptée à la majorité des deux tiers des suffrages exprimés. »

Un suppléant est désigné, dans les mêmes conditions, pour chacun des membres titulaires. Les membres suppléants n'assistent aux séances et ne participent aux délibérations qu'en cas d'absence du représentant titulaire qu'ils suppléent.

Art. R. 311-3 Le président et les membres de la commission sont désignés pour trois ans. Il est pourvu aux vacances survenant en cours de mandat par une désignation faite pour la durée du mandat restant à courir. – *[Décr. nº 95-385 du 10 avr. 1995.]*

Art. R. 311-4 La commission et ses formations spécialisées se réunissent sur convocation du président et sur l'ordre du jour qu'il a fixé.

La convocation est de droit lorsqu'elle est demandée, sur un ordre du jour déterminé, soit par le ministre chargé de la culture, soit par un tiers des membres de la commission. – *[Décr. nº 95-385 du 10 avr. 1995.]*

Art. R. 311-5 La commission et ses formations spécialisées ne délibèrent valablement que si les trois quarts de leurs membres sont présents ou régulièrement suppléés.

Lorsque ce quorum n'est pas atteint, la commission est à nouveau convoquée dans un délai de huit jours ; elle peut alors délibérer quel que soit le nombre des membres présents. – *[Décr. nº 95-385 du 10 avr. 1995.]*

Art. R. 311-6 Les membres de la commission sont tenus à l'obligation de discrétion à raison des pièces, documents et informations dont ils ont eu connaissance. – *[Décr. nº 95-385 du 10 avr. 1995.]*

(Décr. n° 2009-744 du 19 juin 2009) « Est déclaré démissionnaire d'office par le président tout membre qui n'a pas participé sans motif valable à trois séances consécutives de la commission. »

Art. R. 311-7 Le secrétariat de la commission est assuré par les services du ministre chargé de la culture.

Les séances de la commission ne sont pas publiques. Toutefois, la commission peut entendre toute personne dont l'audition lui paraît utile.

La commission établit son règlement intérieur.

Les décisions de la commission sont publiées au *Journal officiel* de la République française à la diligence du ministre chargé de la culture. – *[Décr. n° 95-385 du 10 avr. 1995.]*

Art. D. 311-8 *(Décr. n° 2007-873 du 14 mai 2007)* Les comptes rendus des séances de la commission comportent :

— la liste des membres présents ;

— un relevé synthétique des travaux mentionnant les positions exprimées par les membres, incluant les propositions de rémunérations soumises au vote de la commission et les éléments utilisés pour le calcul desdites rémunérations ;

— le relevé des délibérations exécutoires.

Les comptes rendus sont approuvés par la commission à la majorité des membres présents. Ils sont publiés sur le site internet du ministère de la culture.

L'art. D. 311-1 a été renuméroté par le Décr. n° 2009-744 du 19 juin 2009 et est devenu l'art. D. 311-8.

SECTION II INFORMATION DES ACQUÉREURS DE SUPPORTS D'ENREGISTREMENT SOUMIS À LA RÉMUNÉRATION POUR COPIE PRIVÉE

(Décr. n° 2013-1141 du 10 déc. 2013, en vigueur le 1er avr. 2014)

Art. R. 311-9 Pour l'application de l'article L. 311-4-1, doivent être portés à la connaissance de l'acquéreur de tout support d'enregistrement au sens de l'article L. 311-4 :

1° Le montant de la rémunération pour copie privée propre à chaque support d'enregistrement ;

2° L'existence de la notice explicative prévue par l'article L. 311-4-1 ;

3° L'adresse URL du site de communication au public en ligne auprès duquel une version dématérialisée de cette notice peut être consultée et téléchargée. *Ces dispositions sont entrées en vigueur le 1er avr. 2014 (Décr. n° 2013-1141 du 10 déc. 2013, art. 2).*

Art. R. 311-10 I. — Dans un lieu de vente, l'information prévue à l'article R. 311-9 prend la forme d'un affichage clair et lisible à proximité du support concerné.

II. — Toutefois, lorsque la mise en vente est faite à destination d'utilisateurs finaux par une technique de communication à distance, ou lorsque la mise en vente a lieu dans des conditions matérielles ne permettant pas un affichage, cette information est portée à la connaissance de l'acquéreur de façon précise par tout moyen faisant preuve, avant la conclusion du contrat.

III. — Lorsqu'un support d'enregistrement est vendu à un acquéreur professionnel, l'information prévue à l'article R. 311-9 figure en pied de facture. S'ajoute alors à cette information la mention de la faculté de remboursement de la rémunération acquittée à l'occasion de l'achat.

Art. R. 311-11 Un arrêté du ministre chargé de la culture précise le contenu de la notice prévue par l'article L. 311-4-1 ainsi que l'adresse URL du site de communication au public en ligne auprès duquel celle-ci peut être consultée ou téléchargée. – *V. Arr. du 24 janv. 2014 ss. art. L. 311-4-1.*

Art. R. 311-12 L'autorité compétente pour prononcer les amendes administratives sanctionnant les manquements à l'article L. 311-4-1 est l'autorité administrative désignée par l'article R. 141-4 *[nouv. art. R. 521-1 et R. 525-2]* du code de la consommation.

Avant toute décision, l'autorité administrative transmet à la personne mise en cause une copie du procès-verbal constatant les manquements, l'informe par écrit de la sanction envisagée à son encontre, en lui indiquant qu'elle peut prendre connaissance des pièces du dossier et se faire assister par le conseil de son choix, et en l'invitant à présenter, dans le délai de soixante jours, ses observations écrites et, le cas échéant, orales. Passé ce délai, l'autorité administrative peut, par décision motivée, prononcer l'amende et émettre le titre de perception correspondant.

L'amende est recouvrée comme en matière de créances étrangères à l'impôt et au domaine.

Le délai de prescription de l'action administrative à l'égard des manquements à l'article L. 311-4-1 est d'une année révolue à compter des manquements, s'il n'a été fait pendant ce délai aucun acte tendant à leur recherche, à leur constatation ou à leur sanction.

TITRE DEUXIÈME GESTION DES DROITS D'AUTEUR ET DES DROITS VOISINS PAR UN ORGANISME *(Décr. nº 2017-924 du 6 mai 2017, art. 2).*

CHAPITRE PREMIER DISPOSITIONS GÉNÉRALES

(Décr. nº 2017-924 du 6 mai 2017, art. 3)

SECTION PREMIÈRE ORGANISMES DE GESTION COLLECTIVE

Art. R. 321-1 Les organismes de gestion collective établis hors de l'Union européenne gérant les droits d'exploitation en France d'œuvres ou autres objets protégés sont soumis aux dispositions de l'article R. 321-5, des 1º à 8º et du 10º de l'article R. 321-15 et de l'article R. 321-16, ainsi qu'aux dispositions des articles R. 321-26, R. 321-27, R. 321-30 à R. 321-34, R. 321-36 à R. 321-42, R. 321-44, R. 321-46 et R. 321-47.

Les organismes de gestion collective établis hors de l'Union européenne gérant les droits d'exploitation en France d'œuvres musicales protégées sont également soumis aux dispositions des articles R. 321-8 à R. 321-11.

Ces dispositions sont applicables dans les îles Wallis-et-Futuna (Décr. nº 2017-924 du 6 mai 2017, art. 8).

SECTION II ORGANISMES DE GESTION INDÉPENDANTS

Art. R. 321-2 I. — Les organismes de gestion indépendants établis en France sont soumis aux dispositions de l'article R. 321-5, des 1º à 7º, du 10º et du 11º de l'article R. 321-15, de l'article R. 321-16, ainsi qu'aux dispositions des articles R. 321-26 à R. 321-34, R. 321-36 à R. 321-42, R. 321-44 et R. 321-46 à R. 321-48.

II. — Les organismes de gestion indépendants établis en France gérant les droits d'exploitation d'œuvres musicales protégées sont également soumis aux dispositions des articles R. 321-8 à R. 321-11.

III. — Les organismes de gestion indépendants établis hors de l'Union européenne gérant les droits d'exploitation en France d'œuvres ou autres objets protégés sont soumis aux dispositions de l'article R. 321-5, des 1º à 7º et du 10º de l'article R. 321-15 et du I de l'article R. 321-16, ainsi qu'aux dispositions des articles R. 321-26, R. 321-27, R. 321-30 à R. 321-34, R. 321-36 à R. 321-42, R. 321-44, R. 321-46 et R. 321-47.

IV. — Les organismes de gestion indépendants établis hors de l'Union européenne gérant les droits d'exploitation en France d'œuvres musicales protégées sont également soumis aux dispositions des articles R. 321-8 à R. 321-11.

V. note ss. art. R. 321-1.

CHAPITRE PREMIER *BIS* AUTORISATION DE GESTION DES DROITS

(Décr. nº 2017-224 du 6 mai 2017, art. 3)

Absence de disposition réglementaire.

CHAPITRE PREMIER *TER* ORGANISATIONS DES ORGANISMES DE GESTION COLLECTIVE

(Décr. n° 2017-924 du 6 mai 2017, art. 3)

SECTION PREMIÈRE ADHÉSION DES MEMBRES

Absence de disposition réglementaire.

SECTION II DÉCISIONS COLLECTIVES DES MEMBRES

Art. R. 321-3 Les membres de l'assemblée peuvent être convoqués soit par lettre recommandée avec demande d'avis de réception, soit par voie électronique avec demande d'accusé de réception, soit par un avis inséré dans deux journaux au moins, de diffusion nationale, habilités à recevoir les annonces légales dans le département du siège social et qui sont déterminés par une délibération de l'assemblée générale. Toute modification de la liste de ces journaux intervenant entre deux assemblées générales est portée à la connaissance des membres par tout moyen approprié.

Tout membre peut demander à être convoqué individuellement aux assemblées ou à certaines d'entre elles par lettre recommandée avec demande d'avis de réception.

Lorsque la convocation est faite par un autre moyen, les frais de cet envoi recommandé sont à la charge de l'intéressé.

Les membres sont convoqués quinze jours au moins avant la date de l'assemblée.

La convocation précise l'ordre du jour, la date et le lieu de réunion de l'assemblée.

Lorsque les statuts prévoient que certaines assemblées doivent être tenues selon des conditions particulières de quorum ou de majorité, il est fait mention de ces conditions dans la convocation.

V. note ss. art. R. 321-1.

Art. R. 321-4 La date de l'assemblée générale annuelle prévue à l'article L. 323-5 est déterminée par les statuts. Lorsque cette assemblée ne peut être tenue dans les conditions prévues par les statuts, les membres doivent en être prévenus au moins quinze jours avant la date limite statutairement prévue pour sa tenue, dans les formes prévues à l'article R. 321-3. Ils sont informés à cette occasion des motifs du report ainsi que de la date à laquelle l'assemblée se tiendra.

V. note ss. art. R. 321-1.

SECTION III ORGANES DE GESTION, D'ADMINISTRATION ET DE DIRECTION

Absence de disposition réglementaire.

SECTION IV ORGANE DE SURVEILLANCE

Absence de disposition réglementaire.

CHAPITRE PREMIER *QUATER* GESTION DES DROITS

(Décr. n° 2017-924 du 6 mai 2017, art. 3)

SECTION PREMIÈRE OCTROI DES AUTORISATIONS D'EXPLOITATION ET PERCEPTION DES REVENUS ISSUS DE L'EXPLOITATION DES DROITS

Absence de disposition réglementaire.

SECTION II GESTION DES REVENUS ISSUS DE L'EXPLOITATION DES DROITS

Art. R. 321-5 La liste mentionnée à l'article L. 324-14 précise au moins, sauf impossibilité, les éléments suivants pour chaque œuvre ou objet protégé :

1° Le titre ;

2° Le nom du ou des titulaires de droits lorsqu'ils sont connus mais n'ont pu être localisés ;

3° Le nom de l'éditeur ou du producteur d'origine ;

4° Toute autre information pertinente disponible qui pourrait faciliter l'identification du ou des titulaires de droits.

V. note ss. art. R. 321-1.

Art. R. 321-6 I. — L'aide à la création mentionnée à l'article L. 324-17 s'entend des concours apportés :

1° A la création d'une œuvre, à son interprétation, à la première fixation d'une œuvre ou d'une interprétation sur un phonogramme ou un vidéogramme ;

2° A des actions de défense, de promotion et d'information engagées dans l'intérêt des créateurs et de leurs œuvres.

II. — L'aide à la diffusion du spectacle vivant mentionnée à l'article L. 324-17 s'entend des concours apportés :

1° A des manifestations présentant, à titre principal ou accessoire, un spectacle vivant ;

2° A des actions propres à assurer la diffusion des œuvres et des prestations artistiques du spectacle vivant.

III. — L'aide à la formation d'artistes mentionnée à l'article L. 324-17 s'entend des concours apportés à des actions de formation professionnelle des auteurs et des artistes-interprètes.

V. note ss. art. R. 321-1.

Jurisprudence antérieure au Décr. nº 2017-924 du 6 mai 2017 fondée sur l'art. R. 321-9 abrogé dont les dispositions sont reprises à l'art. R. 321-6.

1. Sur le rejet de la demande d'annulation du *b)* du I et du II de l'art. R. 321-9 [R. 321-6, 2°], V. • CE 31 mars 2003, nº 238871 : *CCE 2003, nº 58, note Caron.*

2. Utilisation des sommes irrépartissables. Les sommes perçues par les sociétés civiles qui n'ont pu être réparties peuvent être versées aux syndicats. • Paris, 18 janv. 2006 : *CCE 2006, nº 63, obs. Caron.*

Art. R. 321-7 Toute aide allouée par un organisme de gestion collective en application de l'article L. 324-17 fait l'objet d'une convention entre l'organisme et le bénéficiaire. Cette convention prévoit les conditions d'utilisation du concours apporté ainsi que celles dans lesquelles le bénéficiaire communique à l'organisme les éléments permettant de justifier que l'aide est utilisée conformément à sa destination.

V. note ss. art. R. 321-1.

CHAPITRE PREMIER *QUINQUIES* AUTORISATIONS D'EXPLOITATION MULTITERRITORIALES DE DROITS EN LIGNE SUR LES ŒUVRES MUSICALES

(Décr. nº 2017-924 du 6 mai 2017, art. 3)

Art. R. 321-8 I. — Pour pouvoir octroyer des autorisations d'exploitation multiterritoriales de droits en ligne sur les œuvres musicales, les organismes de gestion collective doivent respecter les conditions suivantes :

1° Disposer des moyens matériels et techniques permettant d'identifier avec précision, en tout ou partie :

a) Les œuvres musicales pour lesquelles ces autorisations d'exploitation sont octroyées ;

b) Les droits et les titulaires de droits correspondant à chaque œuvre musicale ou partie d'œuvre musicale, pour chacun des territoires couverts par ces autorisations d'exploitation ;

2° Faire usage d'identifiants uniques pour identifier chaque titulaire de droits et chaque œuvre musicale, en tenant compte, lorsqu'elles existent, des normes et pratiques sectorielles volontaires élaborées à l'échelle internationale ou au niveau de l'Union européenne ;

3° Recourir aux moyens nécessaires pour identifier et corriger les incohérences dans les données détenues par d'autres organismes de gestion collective, qui octroient des autorisations d'exploitation multiterritoriales de droits en ligne sur des œuvres musicales, en coordination avec ces organismes.

II. – Le traitement des données nécessaires à la gestion des autorisations d'exploitation multiterritoriales de droits en ligne sur les œuvres musicales doit être transparent et permettre l'identification des œuvres pour lesquelles ces autorisations sont octroyées et le contrôle de leur utilisation en vue de la facturation aux utilisateurs, de la perception et de la répartition des revenus dus aux titulaires de droits.

V. note ss. art. R. 321-1.

Art. R. 321-9 I. – En réponse à une demande motivée, les organismes octroyant des autorisations d'exploitation multiterritoriales de droits en ligne sur les œuvres musicales fournissent, par voie électronique, aux prestataires de services en ligne auxquels ils ont octroyé une autorisation, aux titulaires des droits qu'ils gèrent et aux autres organismes de gestion collective, des informations actualisées permettant l'identification du répertoire de musique en ligne qu'ils représentent. Ces informations concernent :

1° Les œuvres musicales pour lesquelles ces autorisations ont été octroyées ;

2° Les droits gérés au titre de ces autorisations ;

3° Les territoires couverts par ces autorisations.

II. – Aux fins de la collecte des informations mentionnées au I, les organismes octroyant des autorisations d'exploitation multiterritoriales de droits en ligne sur les œuvres musicales permettent à l'ensemble des titulaires de droits pour lesquels ils gèrent les droits en ligne de leur communiquer ces informations par voie électronique. La communication des informations mentionnées au I respecte, lorsqu'elles existent, les normes et pratiques sectorielles volontaires élaborées à l'échelle internationale ou au niveau de l'Union européenne en matière d'échange de données.

III. – Les dispositions prévues au II s'appliquent lorsque les autorisations d'exploitation sont octroyées au titre d'un accord de représentation conformément à l'article L. 325-3, à moins que les organismes en cause ne conviennent entre eux et pour les relations qu'ils entretiennent, d'autres modalités techniques de recueil des données.

IV. – Dans la mise en œuvre du I, les organismes sollicités peuvent, s'ils l'estiment nécessaire, prendre les mesures appropriées pour préserver l'exactitude et l'intégrité des données, contrôler leur réutilisation et protéger les informations relevant du secret des affaires.

V. – Les titulaires de droits, les prestataires de services en ligne et les autres organismes peuvent demander à l'organisme qui gère leurs droits en ligne sur des œuvres musicales, de rectifier les informations mentionnées au I du présent article et au I de l'article R. 321-8. Cette demande doit être motivée et accompagnée des pièces justificatives. Dans ce cas, l'organisme saisi de la demande procède à la rectification des informations erronées dans un délai n'excédant pas trois mois.

V. note ss. art. R. 321-1.

Art. R. 321-10 I. – Les organismes de gestion collective contrôlent l'utilisation des droits par les prestataires de services en ligne auxquels ils ont octroyé des autorisations d'exploitation multiterritoriales de droits en ligne sur des œuvres musicales. Les contrats conclus avec ces prestataires de services prévoient des modalités appropriées permettant aux organismes de gestion collective de contrôler effectivement l'utilisation des droits.

II. – Les organismes octroyant des autorisations d'exploitation multiterritoriales de droits en ligne sur les œuvres musicales permettent aux prestataires de services en ligne de déclarer l'utilisation effective de ces droits par voie électronique.

Les organismes mettent à leur disposition au moins une méthode de déclaration conforme à des normes ou pratiques sectorielles volontaires élaborées à l'échelle internationale ou au niveau de l'Union européenne en matière d'échange par voie électronique de ce type de données.

III. – Dès lors que l'organisme a proposé au prestataire de services en ligne une méthode conformément au second alinéa du II, il peut refuser les déclarations réalisées dans un autre format.

IV. – Dans un délai de six mois après la déclaration, l'organisme établit la facture relative à l'utilisation déclarée, à moins que des motifs imputables au prestataire de services en ligne ne l'en empêchent.

V. – La facture établie en application des dispositions du présent code doit respecter un format conforme à des normes ou pratiques sectorielles volontaires mentionnées au second alinéa du II.

Elle indique les œuvres et les droits pour lesquels une autorisation d'exploitation multiterritoriale a été octroyée en tout ou en partie, en se fondant sur les informations mentionnées au I de l'article R. 321-8, et, dans la mesure du possible, l'exploitation effective qui en a été faite, sur la base des informations fournies par le prestataire de services en ligne, ainsi que le format utilisé pour fournir ces informations.

VI. – L'organisme adresse la facture au prestataire de services en ligne par voie électronique.

Le prestataire ne peut refuser la facture au seul motif de son format si l'organisme a respecté les dispositions du V du présent article. Il peut toutefois contester l'exactitude de la facture par tout moyen approprié que l'organisme met à sa disposition.

V. note ss. art. R. 321-1.

Art. R. 321-11 I. – Les organismes de gestion collective versent les sommes dues aux titulaires de droits au titre des autorisations d'exploitation multiterritoriales de droits en ligne octroyées sur leurs œuvres musicales dans un délai n'excédant pas neuf mois à compter de la fin de l'exercice au cours duquel ils ont reçu la déclaration d'utilisation de ces œuvres. Il ne peut être dérogé à ce délai et à l'exactitude du montant des versements qu'en raison de causes imputables aux prestataires de services en ligne.

II. – Pour chaque versement effectué conformément au I, l'organisme communique au titulaire de droits au moins les informations suivantes :

1° La période au cours de laquelle ont eu lieu les utilisations pour lesquelles les sommes lui sont dues, ainsi que les territoires dans lesquels ces utilisations ont eu lieu ;

2° Les facturations opérées, les sommes perçues, les déductions effectuées et les sommes réparties par l'organisme pour chaque droit en ligne sur toute œuvre musicale que le titulaire de droits l'a autorisé à représenter et pour chaque prestataire de services en ligne.

III. – Les dispositions du I s'appliquent aux organismes qui versent des sommes à d'autres organismes au titre d'un accord de représentation conformément à l'article L. 325-3. Ils sont également tenus de communiquer à ces organismes les informations prévues au II.

L'organisme destinataire verse ces sommes et communique ces informations aux titulaires de droits en cause, à moins que l'accord de représentation n'en dispose autrement.

V. note ss. art. R. 321-1.

Art. R. 321-12 I. – L'organisme de gestion collective sollicité par un autre organisme pour assurer la gestion d'autorisations d'exploitation multiterritoriales conformément à l'article L. 325-3 donne une réponse écrite dans un délai d'un mois, qui est motivée si elle est négative.

II. – Le mandat donné à un organisme de gestion collective par un autre conformément à l'article L. 325-3 résulte de la conclusion d'un accord de représentation entre ces deux organismes. Cet accord est non exclusif.

III. – Dans le délai prévu par l'accord de représentation, l'organisme mandataire inclut les œuvres musicales de l'organisme mandant dans l'ensemble des offres qu'il propose aux prestataires de services en ligne.

Il informe l'organisme mandant des principales conditions auxquelles les autorisations d'exploitation multiterritoriales de droits en ligne sur les œuvres musicales de celui-ci sont octroyées, en précisant la nature de l'exploitation, les éléments relatifs à la rémunération de ces autorisations et ceux pouvant avoir une incidence sur cette rémunération, la durée de validité des autorisations d'exploitation et les territoires qu'elles couvrent.

IV. – L'organisme mandant informe ses membres des principaux termes de l'accord de représentation, y compris sa durée et le coût des services fournis par l'organisme mandataire.

Cette obligation d'information vaut aussi à l'égard des titulaires de droits non-membres de l'organisme mandant dès lors qu'ils ont une relation juridique directe avec lui relative aux droits en cause, par l'effet de la loi ou d'un contrat.

V. note ss. art. R. 321-1.

Art. R. 321-13 I. – Sous réserve des dispositions du présent article, l'organisme mandataire gère les œuvres musicales dont la gestion lui a été confiée conformément à l'article L. 325-3 dans les mêmes conditions que celles qu'il applique à la gestion de son propre répertoire musical.

II. – Le montant des frais de gestion déduits au titre du service rendu à l'organisme mandant n'excède pas les coûts raisonnablement supportés par l'organisme mandataire.

III. – L'organisme mandant met à la disposition de l'organisme mandataire les informations relatives à son propre répertoire musical nécessaires à l'octroi des autorisations d'exploitation multiterritoriales en ligne.

Lorsque ces informations sont insuffisantes ou fournies sous une forme qui ne permet pas à l'organisme mandataire de respecter les dispositions du présent chapitre, celui-ci peut facturer à l'organisme mandant les coûts supplémentaires liés à la mise en conformité avec ces dispositions, ou décider d'exclure de son répertoire les œuvres pour lesquelles les informations sont insuffisantes ou inutilisables.

V. note ss. art. R. 321-1.

CHAPITRE PREMIER *SEXIES* TRANSPARENCE ET PROCÉDURES DE CONTRÔLE

(Décr. nº 2017-924 du 6 mai 2017, art. 3)

SECTION PREMIÈRE TRANSPARENCE ET OBLIGATIONS D'INFORMATION

Art. R. 321-14 I. – Les rapports prévus à l'article L. 326-1 sont publiés sur le site internet des organismes de gestion collective concernés et sont maintenus sur ce site, à la disposition du public, pendant au moins cinq ans.

II. – Le rapport de transparence annuel comprend les informations suivantes :

1º Les états financiers comprenant un bilan, un compte de résultat, et une annexe, selon des normes fixées par l'Autorité des normes comptables ;

2º Un rapport sur les activités de l'exercice ;

3º Le nombre de refus d'octroyer une autorisation d'exploitation conformément aux dispositions du troisième alinéa de l'article L. 324-7 et les principales catégories de raisons motivant ces refus ;

4º Une description de la structure juridique et de la gouvernance de l'organisme de gestion collective ;

5º La liste des personnes morales que l'organisme contrôle au sens de l'article L. 233-16 du code de commerce, ainsi que le montant du capital, la quote-part de capital détenue, le résultat du dernier exercice clos, et la valeur comptable nette et brute des titres détenus ;

6º Le montant total de la rémunération versée au cours de l'année précédente, d'une part, aux personnes mentionnées au premier alinéa de l'article L. 323-13 et, d'autre part, aux membres de l'organe de surveillance, ainsi que les autres avantages qui leur ont été octroyés ;

7º Le montant des revenus provenant de l'exploitation des droits, ventilés par catégorie de droits gérés et par type d'utilisation, et le montant des recettes résultant de l'investissement de ces revenus ainsi qu'une information sur l'utilisation de ces recettes ;

8º Des informations financières sur le coût de la gestion des droits et des autres services fournis aux titulaires de droits par l'organisme, avec une description complète des éléments suivants :

a) Le montant de l'ensemble des frais de fonctionnement et des frais financiers, ventilés par catégorie de droits gérés, et lorsque les coûts sont indirects et ne peuvent être attribués à une ou plusieurs catégories de droits, une explication de la méthode suivie pour l'attribution de ces coûts indirects ;

b) Le montant des frais de fonctionnement et des frais financiers correspondant uniquement à la gestion des droits, ventilés par catégorie de droits gérés, en distinguant le montant des frais de gestion déduits ou compensés à partir des revenus provenant de l'exploitation des droits ou des recettes résultant de l'investissement de ces revenus, et lorsque les coûts sont indirects et ne peuvent être attribués à une ou plusieurs catégories de droits, une explication de la méthode suivie pour l'attribution de ces coûts indirects ;

c) Le montant des frais de fonctionnement et des frais financiers relatifs aux services, autres que la gestion des droits, comprenant les services sociaux, culturels et éducatifs ;

d) La nature des ressources utilisées pour couvrir les coûts ;

e) Le montant des déductions effectuées sur les revenus provenant de l'exploitation des droits, ventilées par catégorie de droits gérés et par type d'utilisation, ainsi que la finalité de ces déductions ;

f) Le pourcentage que représente le coût de la gestion des droits et des autres services fournis aux titulaires de droits par l'organisme par rapport aux revenus provenant de l'exploitation des droits de l'exercice concerné, par catégorie de droits gérés, et lorsque les coûts sont indirects et ne peuvent être attribués à une ou plusieurs catégories de droits, une explication de la méthode suivie pour l'attribution de ces coûts indirects ;

9° Des informations financières sur les sommes dues aux titulaires de droits, accompagnées d'une description complète des éléments suivants :

a) Le montant total des sommes réparties aux titulaires de droits, avec une ventilation par catégorie de droits gérés et par type d'utilisation ;

b) Le montant total des sommes versées aux titulaires de droits, avec une ventilation par catégorie de droits gérés et par type d'utilisation ;

c) La fréquence des versements, avec une ventilation par catégorie de droits gérés et par type d'utilisation ;

d) Le montant total des sommes facturées ;

e) Le montant total des sommes perçues mais non encore réparties aux titulaires de droits, avec une ventilation par catégorie de droits gérés et par type d'utilisation, en indiquant l'exercice au cours duquel ces sommes ont été perçues ;

f) Le montant total des sommes réparties mais non encore versées aux titulaires de droits, avec une ventilation par catégorie de droits gérés et par type d'utilisation, en indiquant l'exercice au cours duquel ces sommes ont été perçues ;

g) Les motifs du non-respect par l'organisme des délais qui lui sont applicables dans le versement des sommes dues aux titulaires de droits conformément à l'article L. 324-12 ;

h) Le montant total des sommes qui ne peuvent être réparties, avec une explication de l'utilisation qui en a été faite ;

10° Des informations sur les relations avec les autres organismes de gestion collective avec une description des éléments suivants :

a) Le montant des sommes reçues d'autres organismes et des sommes versées à d'autres organismes, avec une ventilation par catégorie de droits et par type d'utilisation ainsi que par organisme ;

b) Le montant des frais de gestion et autres déductions effectuées sur les revenus provenant de l'exploitation des droits dus à d'autres organismes, avec une ventilation par catégorie de droits et par type d'utilisation ainsi que par organisme ;

c) Le montant des frais de gestion et autres déductions effectuées sur les sommes versées par d'autres organismes, avec une ventilation par catégorie de droits et par organisme ;

d) Le montant des sommes réparties directement aux titulaires de droits provenant d'autres organismes, avec une ventilation par catégorie de droits et par organisme.

III. – Le rapport de transparence annuel comporte également un rapport qui rend compte de l'utilisation des sommes déduites aux fins de la fourniture de services sociaux, culturels ou éducatifs et qui contient les informations suivantes :

1° Le montant des sommes déduites aux fins de services sociaux, culturels et éducatifs au cours de l'exercice, avec une ventilation par type de finalité, et pour chaque type de finalité avec une ventilation par catégorie de droits gérés et par type d'utilisation ;

2° Une explication de l'utilisation de ces sommes, avec une ventilation par type de finalité, y compris le montant des frais découlant de la gestion des sommes déduites en vue de financer des services sociaux, culturels et éducatifs et des sommes distinctes utilisées aux fins de services sociaux, culturels et éducatifs.

IV. – Le commissaire aux comptes de l'organisme s'assure de la sincérité et de la concordance des informations contenues dans le rapport de transparence annuel, comprenant notamment les états financiers et les informations financières prévus aux 1°, 7° à 10° du II et au III, avec les documents comptables de l'organisme. Le rapport spécial qu'il élabore à cette fin ainsi que ses réserves éventuelles doivent être intégralement reproduits dans le rapport de transparence annuel.

V. note ss. art. R. 321-1.

Art. R. 321-15 Les informations mentionnées au second alinéa de l'article L. 326-2 sont les suivantes :

1° Les statuts et le règlement général ;

2° Les conditions d'adhésion et les conditions de résiliation de l'autorisation de gérer des droits, si celles-ci ne figurent ni dans les statuts ni dans le règlement général ;

3° Les contrats-types d'autorisation d'exploitation et les tarifs standards applicables, y compris, le cas échéant, les remises et réductions applicables ;

4° La liste des personnes membres du conseil d'administration, ou du conseil de surveillance et du directoire ;

5° La politique générale de répartition des sommes dues aux titulaires de droits ;

6° La politique générale en matière de frais de gestion ;

7° La politique générale en matière de déductions, autres que celles concernant les frais de gestion, effectuées sur les revenus provenant de l'exploitation des droits et sur toute recette résultant de l'investissement de ces revenus, y compris aux fins de la fourniture de services sociaux, culturels et éducatifs ;

8° La liste des accords de représentation conclus, précisant le nom des organismes de gestion collective concernés ;

9° La politique générale d'utilisation des sommes qui ne peuvent être réparties ;

10° Les procédures établies conformément à l'article L. 325-5 ;

11° Les procédures établies conformément à l'article L. 328-1.

V. note ss. art. R. 321-1.

Art. R. 321-16 I. – Les informations relatives à la gestion des droits qu'un organisme de gestion collective ou indépendant est tenu de mettre à la disposition de chaque titulaire de droits*[,]* en application du I de l'article L. 326-3, comprennent les éléments suivants :

1° Les coordonnées que le titulaire de droits l'a autorisé à utiliser afin de l'identifier et de le localiser ;

2° Le montant des revenus respectivement répartis et versés au titulaire de droits, en précisant leur ventilation par catégorie de droits gérés et par type d'utilisation ;

3° La période au cours de laquelle a eu lieu l'utilisation pour laquelle des revenus ont été répartis et versés au titulaire de droits, à moins que des raisons objectives relatives aux déclarations des utilisateurs n'empêchent l'organisme de fournir ces informations ;

4° Le montant des déductions effectuées sur ces revenus, en précisant celui prélevé au titre des frais de gestion d'une part et des dispositions de l'article L. 324-17 d'autre part ;

5° Le montant des éventuels revenus provenant de l'exploitation des droits qui ont été répartis au titulaire de droits mais qui lui restent dus, quelle que soit la période au cours de laquelle ils ont été perçus par l'organisme.

II. – Les informations relatives à la gestion des droits mentionnées au III de l'article L. 326-3 que l'organisme est tenu de mettre à la disposition de l'autre organisme de gestion*[,]* avec lequel il est lié par un accord de représentation, comprennent les éléments suivants :

1° Le montant des revenus provenant de l'exploitation des droits qu'il a respectivement répartis et versés au titre de l'accord de représentation, en précisant leur ventilation par catégorie de droits gérés et par type d'utilisation ;

2° Le montant des éventuels revenus provenant de l'exploitation des droits qu'il a répartis au titre de l'accord de représentation, mais qui restent dus, quelle que soit la période au cours de laquelle ils ont été perçus par l'organisme ;

3° Le montant des déductions effectuées sur ces revenus, en précisant celui prélevé au titre des frais de gestion d'une part, et des dispositions de l'article L. 324-17 d'autre part ;

4° Des informations sur les autorisations d'exploitation octroyées ou refusées pour les œuvres et autres objets protégés couverts par l'accord de représentation ;

5° Une présentation des résolutions adoptées par son assemblée générale qui portent sur la gestion des droits couverts par l'accord de représentation.

V. note ss. art. R. 321-1.

Art. R. 321-17 Dans les intervalles entre deux assemblées générales, et au moins deux mois avant celle à venir, tout membre de l'organisme de gestion collective a le droit de prendre connaissance de tout document établi par cet organisme ou reçu par lui concernant l'exercice en cours, sous réserve du respect des secrets protégés par la loi.

Le membre adresse à l'organisme, une demande écrite mentionnant les documents auxquels il souhaite accéder. Dans un délai de dix jours à compter de la réception de la demande, l'organisme communique les documents ou, si cette communication n'est pas matériellement possible, propose une date pour l'exercice du droit d'accès qui s'effectue alors au siège social ou au lieu de la direction administrative de l'organisme de gestion collective, dans des conditions définies par les statuts. Dans l'exercice de ce droit, le membre peut se faire assister par toute personne de son choix.

V. note ss. art. R. 321-1.

Art. R. 321-18 Tout membre d'un organisme de gestion collective peut, en outre, dans le délai fixé à l'article L. 326-5, demander à l'organisme de lui adresser :

1° Les comptes annuels qui seront soumis à l'assemblée générale ;

2° Les rapports des organes de gestion, d'administration et de direction et des commissaires aux comptes qui seront soumis à l'assemblée ;

3° Le cas échéant, le texte et l'exposé des motifs des résolutions proposées, ainsi que les renseignements concernant les candidats à un mandat social ou à une fonction élective.

Les documents mentionnés aux 1° à 3° sont, pendant le même délai, tenus à la disposition des membres au siège social ou au lieu de la direction administrative de l'organisme de gestion collective, où ils peuvent en prendre connaissance et en obtenir copie.

L'organisme n'est pas tenu de donner suite aux demandes de communication des documents qu'il tient à disposition de ses membres sur son site internet.

V. note ss. art. R. 321-1.

Art. R. 321-19 L'organisme peut ne pas donner suite aux demandes répétitives ou abusives.

V. note ss. art. R. 321-1.

Art. R. 321-20 Le membre auquel est opposé un refus à sa demande de communication de documents*[,]* présentée en application de l'article L. 326-5, peut saisir l'organe de surveillance prévu à l'article L. 323-14.

L'organe de surveillance rend un avis motivé sur ce refus. Cet avis est notifié au demandeur et au représentant légal de l'organisme.

V. note ss. art. R. 321-1.

Art. R. 321-21 Le fait de refuser de communiquer en méconnaissance des dispositions des articles R. 321-17 et R. 321-18 tout ou partie des documents mentionnés à l'article R. 321-18 est puni de la peine d'amende prévue pour les contraventions de la 3e classe.

V. note ss. art. R. 321-1.

SECTION II CONTRÔLE PAR LES COMMISSAIRES AUX COMPTES

Absence de disposition réglementaire.

SECTION III CONTRÔLE PAR LE MINISTÈRE CHARGÉ DE LA CULTURE

Art. R. 321-22 Le dossier adressé au ministre chargé de la culture, en application de l'article L. 326-9, comprend les projets de statuts et de règlements généraux et toutes pièces justifiant la qualité professionnelle des fondateurs ainsi que l'état des moyens humains, matériels ou financiers permettant à l'organisme d'assurer effectivement l'exploitation de son répertoire et la perception des revenus provenant de cette exploitation.

La transmission du dossier est faite par lettre recommandée avec demande d'avis de réception.

V. note ss. art. R. 321-1.

Art. R. 321-23 La communication des comptes annuels des organismes de gestion collective au ministre chargé de la culture en application de l'article L. 326-10 doit comporter :

1° Le rapport de transparence mentionné à l'article R. 321-14 ;

2° En ce qui concerne la mise en œuvre des actions dont le financement est prévu par l'article L. 324-17 :

a) La ventilation des montants versés, par catégorie d'actions définies au premier alinéa de l'article L. 324-17, assortie d'une information particulière sur :

– le coût de la gestion de ces actions ;

– les personnes ayant bénéficié de concours pendant trois années consécutives ;

b) Une description des procédures d'attribution ;

c) Un commentaire des orientations suivies en la matière par l'organisme ;

d) La liste des conventions mentionnées à l'article R. 321-7 ;

3° Une information annuelle sur les actions éventuellement engagées pour la défense des catégories professionnelles concernées par leur objet social.

V. note ss. art. R. 321-1.

CHAPITRE PREMIER *SEPTIES* COMMISSION DE CONTRÔLE DES ORGANISMES DE GESTION DES DROITS D'AUTEUR ET DES DROITS VOISINS

(*Décr. n° 2017-924 du 6 mai 2017, art. 3*)

SECTION PREMIÈRE MISSIONS ET COMPOSITION

Absence de disposition réglementaire.

SECTION II RÈGLES DE FONCTIONNEMENT

Art. R. 321-24 Les collèges de la commission de contrôle se réunissent sur convocation de leur président.

Ils ne peuvent délibérer que si trois de leurs membres sont présents ou le cas échéant régulièrement suppléés.

V. note ss. art. R. 321-1.

Art. R. 321-25 I. – L'habilitation mentionnée au II de l'article L. 327-10 est délivrée, de manière individuelle, par le président de la commission de contrôle aux rapporteurs et agents de la commission pour une durée de cinq ans renouvelable.

Pour délivrer l'habilitation, le président de la commission vérifie que l'intéressé présente les capacités et les garanties requises au regard des missions confiées au collège de contrôle. Il tient compte notamment de son niveau de formation ou de son expérience.

II. – Nul ne peut être habilité s'il a fait l'objet d'une condamnation à une peine correctionnelle ou criminelle inscrite au bulletin n° 2 du casier judiciaire, ou dans un document équivalent lorsqu'il s'agit d'un ressortissant de l'Union européenne ou d'un autre État partie à l'accord sur l'Espace économique européen.

III. – Les agents habilités dans les conditions définies au présent article prêtent serment devant l'un des deux collèges de la commission de contrôle. La formule de serment est la suivante :

"Je jure de bien et fidèlement remplir mes fonctions et de ne rien révéler ou utiliser de ce qui sera porté à ma connaissance à l'occasion de leur exercice".

Il est dressé procès-verbal de l'accomplissement de cette prestation de serment.

V. note ss. art. R. 321-1.

SECTION III PROCÉDURE

SOUS-SECTION 1 RÈGLES GÉNÉRALES DE PROCÉDURE

Art. R. 321-26 I. – Les requêtes mentionnées aux articles L. 327-6 et L. 327-13 sont effectuées par lettre remise contre signature ou tout autre moyen propre à établir la preuve de la date de la saisine, y compris par voie électronique.

Elles comportent :

1° Si l'auteur de la requête est une personne physique, ses nom, prénom, adresse et coordonnées téléphoniques et, si elle est assujettie aux formalités d'inscription au registre du commerce et des sociétés ou au répertoire des métiers, le numéro de son inscription ;

2° Si l'auteur de la requête est une personne morale, sa forme sociale, sa dénomination ou sa raison sociale, ses statuts, la désignation de son représentant légal les coordonnées téléphoniques de la personne physique à contacter, et, s'il s'agit d'une entreprise assujettie aux formalités d'inscription au registre du commerce et des sociétés ou au répertoire des métiers, le numéro de son inscription et l'adresse de son siège social ;

3° Le cas échéant, le nom de son conseil ou de son représentant et le mandat donné à ce dernier ;

4° L'objet et la nature de la requête avec un exposé de la demande ou du litige et les pièces sur lesquelles la requête est fondée ;

4° *[5e]* Le nom et l'adresse des autres parties mises en cause ;

5° *[6e]* Tous éléments de nature à justifier des démarches que l'auteur de la requête a préalablement accomplies auprès de l'organisme de gestion collective ou de l'organisme de gestion indépendant mis en cause.

La demande et le dossier sont rédigés en langue française.

II. – Si la requête ne satisfait pas aux prescriptions du I, le collège de contrôle ou le médiateur selon le cas adresse une demande de régularisation sous un délai maximal d'un mois à l'auteur de la requête. En l'absence de régularisation la requête est déclarée irrecevable.

V. note ss. art. R. 321-1.

Art. R. 321-27 Lorsque le collège de contrôle souhaite entendre une personne en application du III de l'article L. 327-11, une convocation est adressée à l'intéressé par lettre recommandée avec demande d'avis de réception quinze jours au moins avant la date de la convocation. Ce délai est porté à deux mois lorsque la personne convoquée est établie en dehors du territoire métropolitain. La convocation rappelle à la personne convoquée qu'elle est en droit de se faire assister d'un conseil de son choix, en application du III de l'article L. 327-11.

Lorsque le collège de contrôle souhaite entendre l'intéressé par un système de visioconférence ou d'audioconférence, la convocation adressée dans les conditions prévues à l'alinéa précédent doit en faire état, préciser que la conférence sera enregistrée et solliciter l'accord exprès de la personne concernée.

Lorsque le médiateur souhaite entendre une personne en application du III de l'article L. 327-11, la convocation rappelle à la personne convoquée qu'elle est en droit de se faire assister d'un conseil de son choix.

V. note ss. art. R. 321-1.

SOUS-SECTION 2 PROCÉDURE DE CONTRÔLE DES COMPTES ET DE LA GESTION

Art. R. 321-28 Pour l'exercice de la mission mentionnée au 1° de l'article L. 327-1, le collège de contrôle arrête son programme annuel de travail sur proposition de son président. Un contrôle non prévu par ce programme peut être diligenté par le collège sur proposition du président.

La décision de procéder à un contrôle est notifiée par lettre recommandée à l'organisme qui en fait l'objet avant toute opération de contrôle auprès de lui.

La demande de documents et d'informations est adressée à l'organisme contrôlé par lettre fixant le délai imparti pour y répondre. Ce délai ne peut être inférieur à trente jours.

Le collège de contrôle prend toutes dispositions pour que les opérations de contrôle s'effectuent en préservant au bénéfice de l'organisme les secrets protégés par la loi.

V. note ss. art. R. 321-1.

Art. R. 321-29 Le rapport provisoire de vérification, établi par le rapporteur et adopté par le collège de contrôle, est communiqué par le président à l'organisme contrôlé, qui dispose de trente jours pour faire valoir ses observations. L'organisme peut en outre dans le même délai demander à ce que ses représentants soient entendus par le collège de contrôle.

Le rapport définitif de vérification est adopté par le collège de contrôle après examen des éventuelles observations de l'organisme contrôlé et, le cas échéant, après audition de ses représentants. Les observations de l'organisme contrôlé sont annexées au rapport de vérification. Ce rapport est adressé à l'organisme contrôlé. Il est également adressé au ministre chargé de la culture.

V. note ss. art. R. 321-1.

Art. R. 321-30 Le rapport annuel prévu à l'article L. 327-12 fait état des constatations faites par le collège de contrôle à l'issue de ses contrôles.

Les observations du collège de contrôle mettant en cause un organisme lui sont communiquées au préalable. L'organisme dispose d'un délai de trente jours pour faire valoir ses observations ou demander à ce que ses représentants soient entendus par le collège de contrôle. Les observations de l'organisme sont annexées au rapport.

V. note ss. art. R. 321-1.

SOUS-SECTION 3 PROCÉDURE DE SANCTION

Art. R. 321-31 Dans le cadre des contrôles effectués en application du 2° de l'article L. 327-1, le représentant du collège de contrôle établit les procès-verbaux énonçant la nature, la date et le lieu des constatations opérées. Ils sont signés par leur auteur et la personne concernée par les investigations ou son représentant légal.

En cas de refus de celle-ci, mention en est faite au procès-verbal.

Lorsque l'intéressé a été entendu par un système de visioconférence ou d'audioconférence, l'enregistrement audiovisuel ou sonore auquel ces opérations ont donné lieu fait l'objet d'un procès-verbal de transcription soumis pour signature à l'intéressé. A cet effet, ce procès-verbal, accompagné de l'enregistrement, lui est adressé dans un délai de trente jours à compter de la date de la visioconférence ou de l'audioconférence.

V. note ss. art. R. 321-1.

Art. R. 321-32 Lorsque le collège de contrôle décide de l'ouverture d'une procédure de sanction, la notification des griefs est adressée, par lettre recommandée avec demande d'avis de réception, remise en main propre contre récépissé ou acte d'huissier, à l'organisme mis en cause, accompagnée du rapport d'enquête.

Ces documents sont également transmis au président du collège des sanctions.

L'organisme mis en cause dispose d'un délai de deux mois pour transmettre au président du collège des sanctions ses observations écrites sur les griefs qui lui ont été notifiés. Il en adresse copie au président du collège de contrôle. A défaut, cette copie lui est communiquée par le président du collège des sanctions.

La notification des griefs mentionne le délai prévu à l'alinea précédent et précise que l'organisme mis en cause peut prendre connaissance et copie des autres pièces du dossier auprès du collège des sanctions et se faire assister ou représenter par tout conseil de son choix.

Le président du collège de contrôle peut répondre par écrit, dans un délai n'excédant pas un mois, aux observations écrites transmises par l'organisme. Il adresse, selon les modalités prévues au premier alinéa du présent article, une copie de cette réponse à l'organisme qui peut, dans un délai d'un mois, communiquer de nouvelles observations au président du collège des sanctions.

Une copie de ces observations est adressée au président du collège de contrôle dans les conditions fixées au troisième alinéa du présent article. Le président du collège des sanctions peut, s'il le juge utile, l'autoriser à y répondre dans les conditions prévues à l'alinéa précédent. L'organisme peut alors produire de nouvelles observations dans le délai d'un mois. Une copie en est adressée pour information au président du collège de contrôle.

Les délais prévus par les dispositions du présent article peuvent être réduits par le président du collège des sanctions, lorsque l'urgence ou la nature de l'affaire le justifient.

V. note ss. art. R. 321-1.

Art. R. 321-33 L'organisme mis en cause est convoqué devant le collège des sanctions, selon les modalités prévues à l'article R. 321-27, au moins trente jours francs avant la séance.

V. note ss. art. R. 321-1.

Art. R. 321-34 Les membres du collège des sanctions délibèrent sur les sanctions en la seule présence d'un agent de la commission de contrôle exerçant les fonctions de secrétaire de séance. Celui-ci établit un compte rendu de la séance, qui est signé par le président du collège des sanctions et le secrétaire de séance.

La décision de sanction mentionne les noms des membres qui ont statué et, le cas échéant, les frais de procédure qui sont à la charge de l'organisme à l'encontre duquel la sanction a été prononcée.

Elle est notifiée à l'organisme concerné selon les modalités prévues au premier alinéa de l'article R. 321-32 et communiquée au collège de contrôle.

V. note ss. art. R. 321-1.

SOUS-SECTION 4 PROCÉDURE DE MÉDIATION

Art. R. 321-35 *(Décr. nº 2017-924 du 6 mai 2017, art. 3)* Le médiateur est choisi en tenant compte de ses compétences et de son expérience au regard de sa mission.

Il veille à faire cesser immédiatement ou à prévenir les situations de conflit d'intérêts dans lesquelles il se trouve ou pourrait se trouver.

V. note ss. art. R. 321-1.

Art. R. 321-36 Lorsque le médiateur est saisi par l'une des parties, il informe les autres parties, par lettre remise contre signature ou tout autre moyen propre à établir la preuve de la date de réception de la saisine, dans un délai de huit jours à compter de la réception de la saisine. Les parties disposent alors d'un délai de trente jours ouvrés pour adresser leurs observations au médiateur et au requérant par tout moyen propre à établir la preuve de la date de réception. Ce délai peut être prolongé au plus pour la même durée par le médiateur.

V. note ss. art. R. 321-1.

Art. R. 321-37 Pour l'exercice de sa mission, le médiateur dispose d'un délai de trois mois, à compter de la date de la réception de la requête, ou le cas échéant de la réception des observations des parties, ou de l'expiration du délai imparti pour les produire.

Cette mission peut être renouvelée une fois, pour une même durée, à la demande du médiateur et avec l'accord des parties.

V. note ss. art. R. 321-1.

Art. R. 321-38 Le médiateur entend les parties, séparément ou conjointement, et toute personne dont l'audition lui paraît utile. Les parties peuvent se faire assister par toute personne de leur choix, dont elles communiquent l'identité préalablement à leur audition.

Le médiateur établit un compte-rendu des auditions.

V. note ss. art. R. 321-1.

Art. R. 321-39 Lorsqu'une partie se prévaut du secret des affaires, elle signale au médiateur, à l'occasion de leur communication, les informations, documents ou partie de documents qu'elle estime couverts par ce secret et qui ne peuvent alors être rendus publics ni communiquées *[communiqués]* aux autres parties.

V. note ss. art. R. 321-1.

Art. R. 321-40 Le médiateur favorise ou suscite toute résolution des litiges qui lui sont soumis.

La teneur de l'accord entre les parties, même partiel, constaté par le médiateur, est consignée dans un constat signé par les parties et le médiateur précisant les mesures à prendre pour le mettre en œuvre.

Une copie de ce constat est remise à chaque partie par tout moyen propre à établir la preuve de la date de réception.

V. note ss. art. R. 321-1.

Art. R. 321-41 Si, à l'issue du délai prévu à l'article R. 321-37, aucun accord n'a pu être trouvé entre les parties, le médiateur dresse un rapport constatant cet échec, qu'il motive et dont copie est remise à chaque partie par tout moyen propre à établir la preuve de la date de réception.

V. note ss. art. R. 321-1.

Art. R. 321-42 Dans le cas prévu à l'article R. 321-41, le médiateur peut également émettre une recommandation, qui est notifiée aux parties par tout moyen propre à établir la preuve de la date de réception.

Dans un délai de trois mois à compter de la réception de la recommandation, les parties informent le médiateur des suites données à la recommandation.

V. note ss. art. R. 321-1.

Art. R. 321-43 Le médiateur communique le constat du deuxième alinéa de l'article R. 321-40, la recommandation et les suites qui lui ont été données par les parties, ou le rapport constatant l'échec de la médiation au président de la commission. Le président de la commission communique ces éléments au ministre chargé de la culture.

V. note ss. art. R. 321-1.

Art. R. 321-44 Les déclarations recueillies ne peuvent être ni produites ni invoquées par une partie sans l'accord de celle qui les a produites dans le cadre d'une autre procédure de médiation, d'une procédure d'arbitrage ou d'une procédure judiciaire.

Les constatations du médiateur ne peuvent être produites par les parties, à l'exception de celles rendues publiques.

V. note ss. art. R. 321-1.

Art. R. 321-45 Le médiateur adresse chaque année un rapport sur son activité au président de la commission de contrôle et au ministre chargé de la culture. Ce rapport est annexé à celui prévu à l'article L. 327-12.

V. note ss. art. R. 321-1.

SECTION IV VOIES DE RECOURS

Art. R. 321-46 Les recours contre les décisions prononcées par le collège des sanctions en application de l'article L. 327-15 sont formés, instruits et jugés conformément aux dispositions du présent titre.

Sont nécessairement parties à la procédure, l'organisme sanctionné et la commission de contrôle même s'ils ne forment pas de recours à titre principal ou incident à l'encontre de la décision du collège des sanctions.

V. note ss. art. R. 321-1.

Art. R. 321-47 I. — Le recours prévu à l'article L. 327-15 est formé dans le délai de deux mois par une déclaration écrite déposée en autant d'exemplaires que de parties augmenté d'un, au greffe de la cour d'appel contre récépissé.

La déclaration précise les mentions prescrites par l'article 58 du code de procédure civile à peine de nullité, et l'exposé des moyens invoqués. Lorsque la déclaration ne contient pas l'exposé des moyens invoqués, le demandeur doit, à peine d'irrecevabilité prononcée d'office, déposer cet exposé au greffe dans les 15 jours qui suivent le dépôt de la déclaration. La déclaration de recours ou l'exposé des moyens invoqués mentionne la liste des pièces et documents justificatifs produits. Ces pièces et documents sont remis au greffe de la cour d'appel en même temps que la déclaration de recours ou l'exposé des moyens invoqués. Le demandeur au recours joint à la déclaration une copie de la décision attaquée.

II. – Les demandes de sursis à exécution doivent être présentées dans le même délai que celui prévu pour le recours. Elles sont formulées auprès du premier président de la cour d'appel par simple requête déposée au greffe. A peine d'irrecevabilité, elle contient l'exposé des moyens invoqués et précise la date à laquelle a été formé le recours contre la décision dont le sursis à exécution est demandé. Le premier président ou son délégué fixe par ordonnance la date de l'audience à laquelle la demande de sursis sera examinée.

III. – Dès l'enregistrement du recours, le greffe de la cour d'appel transmet, par tous moyens, aux parties une copie de la déclaration de recours et de la liste des pièces et documents justificatifs produits.

IV. – Le premier président de la cour d'appel ou son délégué fixe les délais dans lesquels les parties doivent se communiquer leurs observations écrites et en déposer copie au greffe de la cour d'appel, ainsi que la date des débats. Le greffe notifie ces délais et cette date aux parties et convoque le défendeur à l'audience prévue pour les débats, par lettre recommandée avec demande d'avis de réception ou dans les conditions prévues à l'article 692-1 du code de procédure civile. Le greffe avise par tous moyens l'auteur de la demande des lieu, jour et heure de l'audience.

Les parties peuvent prendre connaissance de l'ensemble des pièces de la procédure au greffe de la cour d'appel.

V. – A l'audience, les parties sont entendues en leurs observations. Lorsque le président du collège de contrôle n'a pas exercé de recours, il peut présenter à l'audience des observations orales après l'organisme sanctionné auteur du recours.

VI. – Les parties se défendent elles-mêmes. Elles ont la faculté de se faire assister ou représenter par un avocat.

VII. – La cour d'appel peut soit confirmer la décision du collège des sanctions, soit l'annuler ou la réformer en tout ou en partie.

VIII. – Les décisions de la cour d'appel ou de son premier président sont notifiées aux parties par le greffe, par lettre recommandée avec demande d'avis de réception.

V. note ss. art. R. 321-1.

CHAPITRE PREMIER *OCTIES* DISPOSITIONS DIVERSES

(Décr. nº 2017-924 du 6 mai 2017, art. 3)

Art. R. 321-48 Les contestations adressées aux organismes de gestion des droits d'auteur et droits voisins en application de l'article L. 328-1 sont présentées par écrit et peuvent être effectuées par voie électronique.

V. note ss. art. R. 321-1.

CHAPITRE II ORGANISMES AGRÉÉS POUR LA GESTION DU DROIT DE REPRODUCTION PAR REPROGRAPHIE *(Décr. nº 2017-924 du 6 mai 2017, art. 4-X).*

Art. R. 322-1 *(Décr. nº 2017-924 du 6 mai 2017, art. 4-XI)* « Un organisme de gestion collective régi par le titre II du livre III peut être agréé au titre de l'article L. 122-10, s'il remplit » les conditions suivantes :

1º Apporter la preuve de la diversité de ses *(Décr. nº 2017-924 du 6 mai 2017, art. 4-XI)* « membres » à raison des catégories et du nombre des ayants droit, de l'importance économique exprimée en revenu ou en chiffre d'affaires et de la diversité des genres éditoriaux. Cette diversité doit trouver son expression dans la composition des organes délibérants et dirigeants ;

2° Justifier, par toutes pièces, la qualification de ses gérants et mandataires sociaux appréciée en fonction :

a) De leur qualité d'auteur ;

b) Ou de la nature et du niveau de leurs diplômes ;

c) Ou de leur expérience professionnelle dans le secteur de l'édition ou de la gestion d'organismes professionnels ;

3° Donner toutes informations relatives à son organisation administrative et aux conditions d'installation et d'équipement. Ces informations doivent concerner la collecte des données sur la pratique de la reprographie, la perception des rémunérations, le traitement des données nécessaires pour la répartition des rémunérations perçues, le plan de financement et le budget prévisionnel des trois exercices suivant la demande d'agrément ;

4° Prévoir dans ses statuts, son règlement général et les actes types d'engagement de chacun des *(Décr. nº 2017-924 du 6 mai 2017, art. 4-XI)* « membres » les règles garantissant le caractère équitable des modalités prévues pour la répartition des rémunérations perçues par les auteurs et les éditeurs.

V. note ss. art. R. 321-1.

Art. R. 322-2 *(Décr. nº 95-406 du 14 avr. 1995, art. 1er)* La demande d'agrément, accompagnée d'un dossier établi conformément à l'article R. 322-1, est transmise par lettre recommandée au ministre chargé de la culture, qui en délivre récépissé. Lorsque le dossier n'est pas en état, le ministre chargé de la culture demande par lettre recommandée un dossier complémentaire, qui doit être remis dans la même forme dans un délai d'un mois à compter de la réception de cette lettre.

L'agrément est délivré par arrêté du ministre chargé de la culture, publié au *Journal officiel* de la République française.

L'agrément est accordé pour cinq années. Il est renouvelable dans les mêmes conditions que l'agrément initial.

L'agrément peut être retiré, lorsque *(Décr. nº 2017-924 du 6 mai 2017, art. 4-XII)* « l'organisme » ne remplit pas l'une des conditions fixées à l'article R. 322-1, après mise en demeure ou notification des griefs. Le bénéficiaire de l'agrément dispose d'un délai d'un mois pour présenter ses observations. Le retrait est prononcé par arrêté du ministre chargé de la culture, publié au *Journal officiel* de la République française.

V. note ss. art. R. 321-1.

Art. R. 322-3 *(Décr. nº 95-406 du 14 avr. 1995, art. 1er)* Tout changement de statut, ou de règlement général, toute cessation de fonction d'un membre des organes dirigeants et délibérants *(Décr. nº 2017-924 du 6 mai 2017, art. 4-XIII)* « d'un organisme agréé » sont communiqués au ministre chargé de la culture dans un délai de quinze jours à compter de la décision correspondante. Le défaut de déclaration peut entraîner retrait de l'agrément.

V. note ss. art. R. 321-1.

Art. R. 322-4 *(Décr. nº 95-406 du 14 avr. 1995, art. 1er)* Si, à la date de la publication de l'œuvre, l'auteur ou son ayant droit n'a pas désigné *(Décr. nº 2017-924 du 6 mai 2017, art. 4-XIV)* « un organisme de gestion collective agréé, l'organisme réunissant le plus grand nombre d'œuvres gérées, déterminé conformément aux usages des professions concernées, est réputé » cessionnaire du droit de reproduction par reprographie.

Le ministre chargé de la culture désigne chaque année *(Décr. nº 2017-924 du 6 mai 2017, art. 4-XIV)* « le ou les organismes » répondant à la condition définie à l'alinéa précédent. — *V. Arr. du 7 avr. 1997 désignant la SEAM, anciennement SEM, et le CFC en tant que cessionnaires du droit de reproduction par reprographie (JO 15 avr.).*

V. note ss. art. R. 321-1.

Pour les œuvres publiées antérieurement à la publication du Décr. nº 95-406 du 14 avr. 1995 (JO 19 avr.), l'auteur, ou son ayant droit, dispose d'un délai d'un an à compter de cette dernière publication pour désigner une société de perception et de répartition des droits agréée. A l'expiration de ce délai, les dispositions de l'art. R. 322-4 sont applicables (Décr. nº 95-406 du 14 avr. 1995, art. 3).

CHAPITRE III **DES ORGANISMES AGRÉÉS POUR LA GESTION DU DROIT D'AUTORISER LA RETRANSMISSION PAR CÂBLE, SIMULTANÉE, INTÉGRALE ET SANS CHANGEMENT, SUR LE TERRITOIRE NATIONAL, À PARTIR D'UN ÉTAT MEMBRE DE LA COMMUNAUTÉ EUROPÉENNE** *(Décr. n° 2017-924 du 6 mai 2017, art. 4-XV).*

(Décr. n° 98-1041 du 18 nov. 1998, art. 1er)

Art. R. 323-1 *(Décr. n° 2017-924 du 6 mai 2017, art. 4-XVI)* « Un organisme de gestion collective régi par le titre II du livre III peut être agréé au titre du I de l'article L. 132-20-1 et du I de l'article L. 217-2 s'il remplit » les conditions suivantes :

1° Apporter la preuve de la gestion effective du droit d'autoriser la retransmission par câble, à raison du nombre des ayants droit et de l'importance économique exprimée en revenu ou en chiffre d'affaires ;

2° Justifier par toutes pièces la qualification de ses gérants et mandataires sociaux appréciée en fonction :

a) De la nature et du niveau de leurs diplômes ;

b) Ou de leur expérience de la gestion d'organismes professionnels ;

3° Donner toutes informations relatives :

a) A l'organisation administrative et aux conditions d'installation et d'équipement ;

b) Aux perceptions reçues ou attendues à l'occasion de la retransmission par câble, simultanée, intégrale et sans changement, sur le territoire national, à partir d'un État membre de la Communauté européenne et aux données nécessaires pour leur répartition ;

4° Communiquer :

a) Copie des conventions passées avec les tiers relatives à la retransmission par câble, simultanée, intégrale et sans changement, sur le territoire national, à partir d'un État membre de la Communauté européenne ;

b) Le cas échéant, copie des conventions passées avec les organisations professionnelles étrangères chargées de la perception et de la répartition des droits.

V. note ss. art. R. 321-1.

Art. R. 323-2 La demande d'agrément, accompagnée d'un dossier établi conformément à l'article R. 323-1, est transmise par lettre recommandée avec avis de réception au ministre chargé de la culture qui en délivre récépissé. Lorsque le dossier n'est pas en état, le ministre chargé de la culture demande par lettre recommandée avec avis de réception un dossier complémentaire qui doit être remis dans la même forme dans un délai d'un mois à compter de la réception de cette lettre.

L'agrément est délivré par arrêté du ministre chargé de la culture, publié au *Journal officiel* de la République française.

L'agrément est accordé pour cinq années. Il est renouvelable dans les mêmes conditions que l'agrément initial.

(Décr. n° 2017-924 du 6 mai 2017, art. 4-XVII) « Si l'organisme » cesse de remplir l'une des conditions fixées à l'article R. 323-1, l'administration lui adresse une mise en demeure par lettre recommandée avec avis de réception. Le bénéficiaire de l'agrément dispose d'un délai d'un mois pour présenter ses observations. Faute de régularisation de la situation, l'agrément peut être retiré par arrêté du ministre chargé de la culture, publié au *Journal officiel* de la République française.

V. note ss. art. R. 321-1.

Art. R. 323-3 Tout changement de statut ou de règlement général, toute cessation de fonction d'un membre des organes dirigeants et délibérants *(Décr. n° 2017-924 du 6 mai 2017, art. 4-XVIII)* « d'un organisme agréé » sont communiqués au ministre chargé de la culture dans un délai de quinze jours à compter de la décision correspondante. Le défaut de déclaration peut entraîner retrait de l'agrément.

V. note ss. art. R. 321-1.

Art. R. 323-4 La liste *(Décr. nº 2017-924 du 6 mai 2017, art. 4-XIX)* « des organismes » bénéficiant de l'agrément est publiée chaque année par le ministre chargé de la culture. – *V. note ss. art. R. 321-1.*

Art. R. 323-5 La désignation prévue au deuxième alinéa du I de l'article L. 132-20-1 et au deuxième alinéa du I de l'article L. 217-2 se fait par lettre recommandée avec avis de réception adressée à *(Décr. nº 2017-924 du 6 mai 2017, art. 4-XX)* « un organisme de gestion collective ».

La rétractation peut être effectuée dans les conditions prévues par les statuts de *(Décr. nº 2017-924 du 6 mai 2017, art. 4-XX)* « cet organisme ».

V. note ss. art. R. 321-1.

CHAPITRE IV DES MÉDIATEURS CHARGÉS DE FAVORISER LA RÉSOLUTION DES DIFFÉRENDS RELATIFS À L'OCTROI DE L'AUTORISATION DE RETRANSMISSION PAR CÂBLE, SIMULTANÉE, INTÉGRALE ET SANS CHANGEMENT, SUR LE TERRITOIRE NATIONAL À PARTIR D'UN ÉTAT MEMBRE DE LA COMMUNAUTÉ EUROPÉENNE

(Décr. nº 98-1042 du 18 nov. 1998, art. 1er)

Art. R. 324-1 Pour l'application des articles L. 132-20-2 et L. 217-3, une liste de vingt médiateurs est établie par le ministre chargé de la culture sur proposition *(Décr. nº 2017-924 du 6 mai 2017, art. 4-XXI)* « des organismes de gestion collective agréés » figurant sur la liste mentionnée à l'article R. 323-4, des organisations professionnelles représentatives des organismes de télédiffusion et des organisations professionnelles représentatives des bénéficiaires du droit d'autoriser la retransmission par câble.

Le ministre chargé de la culture arrête la liste des organisations professionnelles mentionnées à l'alinéa précédent.

La liste des médiateurs est publiée au *Journal officiel* de la République française.

La nomination du médiateur est une décision administrative individuelle prise par le ministre de la culture et de la communication (Décr. nº 97-1200 du 19 déc. 1997, art. 1er, JO 27 déc.).

V. note ss. art. R. 321-1.

Art. R. 324-2 Les médiateurs doivent remplir les conditions suivantes :

1. Jouir de leurs droits civils et politiques ;
2. Ne pas avoir été auteurs de faits contraires à l'honneur, à la probité et aux bonnes mœurs ayant donné lieu à une sanction disciplinaire ou administrative ;
3. Posséder la qualification nécessaire à la résolution des différends dont ils seront saisis ;
4. Présenter les garanties d'indépendance nécessaires à l'exercice de la médiation et notamment ne pas être associé, dirigeant, mandataire social ou salarié d'un organisme *(Décr. nº 2017-924 du 6 mai 2017, art. 4-XXII)* « de gestion » mentionné à l'article R. 324-1.

V. note ss. art. R. 321-1.

Art. R. 324-3 Les médiateurs sont désignés pour une durée de trois ans renouvelable.

Art. R. 324-4 Un médiateur peut demander sa radiation de la liste prévue à l'article R. 324-1 par lettre recommandée avec avis de réception adressée au ministre chargé de la culture.

Il est pourvu à son remplacement dans les conditions fixées à l'article R. 324-1.

Art. R. 324-5 Le médiateur peut être saisi sur requête conjointe des parties par lettre recommandée avec avis de réception exposant les points sur lesquels porte le différend.

Art. R. 324-6 Le médiateur peut également être saisi par l'une des parties. Il informe de cette demande, par lettre recommandée avec avis de réception, dans un délai de huit jours, les autres parties qui disposent d'un délai d'un mois pour faire connaître leur position par lettre recommandée avec avis de réception et, en cas de désaccord sur le choix du médiateur, proposer un autre médiateur.

Dès que le choix du médiateur est arrêté par toutes les parties, le médiateur choisi les en informe par lettre recommandée avec avis de réception.

Art. R. 324-7 **La durée de la médiation ne peut excéder trois mois à compter de la date de réception de la requête conjointe ou de la date du dernier avis de réception dans le cas prévu au dernier alinéa de l'article précédent.**

La médiation peut être reconduite une fois pour la même durée à la demande du médiateur et avec l'accord des parties.

Art. R. 324-8 **Le médiateur informe les parties du montant de sa rémunération. La charge de cette rémunération et des frais est supportée à parts égales par les parties.**

Art. R. 324-9 **Le médiateur convoque les parties pour les entendre dès le début de la médiation.**

Il invite les parties à lui fournir toutes les précisions qu'il estime nécessaires et peut entendre toute personne dont l'audition lui paraît utile. Les parties peuvent se faire assister par un avocat ou par toute personne de leur choix qui a reçu l'accord du médiateur. Seules sont admises à participer aux réunions les personnes convoquées par lui.

Le médiateur ne peut retenir aucun fait, grief, élément d'information ou de preuve sans en aviser les parties intéressées dans des conditions permettant à celles-ci d'en discuter le bien-fondé.

Art. R. 324-10 **Le médiateur est tenu de garder le secret sur les affaires portées à sa connaissance.**

Les constatations du médiateur et les déclarations qu'il recueille ne peuvent être ni produites ni invoquées sans l'accord des parties dans le cadre d'une autre procédure de médiation, d'une procédure d'arbitrage ou d'une instance judiciaire.

Art. R. 324-11 **Lorsque le médiateur constate un accord entre les parties, il rédige un procès-verbal précisant les mesures à prendre pour le mettre en œuvre et fixant un délai pour leur exécution. Il adresse copie de ce procès-verbal aux parties par lettre recommandée avec avis de réception dans un délai de dix jours.**

Art. R. 324-12 **Si, à l'issue du délai prévu à l'article R. 324-7, aucun accord n'a pu être trouvé entre les parties, le médiateur peut, par lettre recommandée avec avis de réception, soit faire des recommandations aux parties, soit proposer la solution qu'il juge appropriée au règlement de tout ou partie du différend.**

Faute d'avoir exprimé au médiateur leur opposition par écrit dans un délai de trois mois à compter de la date de réception de sa proposition, les parties sont réputées avoir accepté celle-ci.

CHAPITRE V **ORGANISMES AGRÉÉS POUR LA GESTION COLLECTIVE DE LA RÉMUNÉRATION AU TITRE DU PRÊT EN BIBLIOTHÈQUE** *(Décr. nº 2017-924 du 6 mai 2017, art. 4-XXIII).*

(Décr. nº 2004-920 du 31 août 2004, art. 2)

Le chap. VI devient le chap. V et les art. R. 326-1 à R. 326-7 sont renumérotés R. 325-1 à R. 325-7. L'ancien chap. V relatif à la commission permanente de contrôle des sociétés de perception et de répartition des droits est implicitement abrogé (Décr. nº 2017-924 du 6 mai 2017, art. 4-XXIII à XXVIII). — Sur cette commission, V. art. R. 321-24 s.

Art. R. 325-1 *(Décr. nº 2004-920 du 31 août 2004, art. 2) (Décr. nº 2017-924 du 6 mai 2017, art. 4-XXIV)* **« Un organisme de gestion collective régi par le titre II du livre III est agréé au titre de l'article L. 133-2 s'il » :**

1º Apporte la preuve, par la composition de ses organes délibérants et dirigeants, de la diversité de ses *(Décr. nº 2017-924 du 6 mai 2017, art. 4-XXIV)* **« membres » à raison des catégories et du nombre des ayants droit, de l'importance économique exprimée en revenu ou en chiffre d'affaires et de la diversité des genres éditoriaux ;**

2º Apporte la preuve de la représentation équitable des auteurs et des éditeurs parmi ses *(Décr. nº 2017-924 du 6 mai 2017, art. 4-XXIV)* **« membres » et au sein de ses organes dirigeants ;**

3° Justifie, par tout moyen, de la qualification professionnelle de ses gérants et mandataires sociaux en raison :

***a)* De leur qualité d'auteur ;**

***b)* Ou de la nature et du niveau de leurs diplômes ;**

***c)* Ou de leur expérience dans le secteur de l'édition ou de la gestion d'organismes professionnels ;**

4° Donne les informations nécessaires relatives :

***a)* A l'organisation administrative et aux conditions d'installation et d'équipement de** *(Décr. n° 2017-924 du 6 mai 2017, art. 4-XXIV)* **« l'organisme » ;**

***b)* Aux moyens mis en œuvre pour la collecte des données statistiques sur les acquisitions d'ouvrages par les bibliothèques ;**

***c)* Aux moyens mis en œuvre pour la perception des rémunérations et le traitement des données nécessaires à la répartition de ces rémunérations ;**

***d)* Au plan de financement et au budget prévisionnel des trois exercices suivant la demande d'agrément ;**

5° Indique les dispositions *(Décr. n° 2017-924 du 6 mai 2017, art. 4-XXIV)* **« qu'il a prises ou qu'il entend » prendre pour garantir le respect des règles de répartition des rémunérations entre les auteurs et les éditeurs, ainsi que le caractère équitable de la répartition au sein de chacune de ces catégories.**

V. note en tête de chapitre.

Art. R. 325-2 *(Décr. n° 2004-920 du 31 août 2004, art. 2)* **La demande d'agrément, accompagnée d'un dossier établi conformément à l'article R. 326-1, est transmise par lettre recommandée avec demande d'avis de réception au ministre chargé de la culture, qui en délivre récépissé. Lorsque le dossier n'est pas complet, le ministre chargé de la culture demande par lettre recommandée avec demande d'avis de réception un dossier complémentaire, qui doit être remis dans la même forme dans un délai d'un mois à compter de la réception de cette lettre.** – *V. note en tête de chapitre.*

Art. R. 325-3 *(Décr. n° 2004-920 du 31 août 2004, art. 2)* **L'agrément est délivré par arrêté du ministre chargé de la culture, publié au *Journal officiel* de la République française.**

V. note en tête de chapitre.

Art. R. 325-4 *(Décr. n° 2004-920 du 31 août 2004, art. 2)* **L'agrément est accordé pour cinq années. Il est renouvelable dans les mêmes conditions que l'agrément initial.** – *V. note en tête de chapitre.*

Art. R. 325-5 *(Décr. n° 2004-920 du 31 août 2004, art. 2)* **Tout changement de règlement général et toute cessation de fonction d'un membre des organes délibérants et dirigeants** *(Décr. n° 2017-924 du 6 mai 2017, art. 4-XXVI)* **« d'un organisme agréé » sont communiqués au ministre chargé de la culture dans un délai de quinze jours à compter de l'événement correspondant. Le défaut de déclaration peut entraîner le retrait de l'agrément.** – *V. note en tête de chapitre.*

Art. R. 325-6 *(Décr. n° 2004-920 du 31 août 2004, art. 2)* **Si** *(Décr. n° 2017-924 du 6 mai 2017, art. 4-XXVII)* **« un organisme agréé » cesse de remplir l'une des conditions fixées à l'article R. 326-1, le ministre chargé de la culture** *(Décr. n° 2017-924 du 6 mai 2017, art. 4-XXVII)* **« le met », par écrit, en demeure de respecter les conditions de l'agrément. Le bénéficiaire de l'agrément dispose d'un délai d'un mois pour présenter ses observations et, le cas échéant, les mesures de mise en conformité qu'il entend mettre en œuvre.**

Le retrait de l'agrément est prononcé par arrêté du ministre chargé de la culture, publié au *Journal officiel* de la République française.

V. note en tête de chapitre.

Art. R. 325-7 *(Décr. n° 2004-920 du 31 août 2004, art. 2)* **Si, à la date de la publication d'une œuvre, l'auteur et l'éditeur n'ont pas désigné** *(Décr. n° 2017-924 du 6 mai 2017, art. 4-XXVIII)* **« un organisme de gestion collective, la gestion de leur droit à rémunération au titre du prêt en bibliothèque est confiée à l'organisme » réunissant le plus grand nombre d'œuvres gérées. Ce nombre est déterminé conformément aux usages des professions intéressées.**

Le ministre chargé de la culture désigne chaque année *(Décr. nº 2017-924 du 6 mai 2017, art. 4-XXVIII)* **« l'organisme » répondant à la condition définie à l'alinéa précédent.**

V. note en tête de chapitre.

Pour les œuvres publiées antérieurement à la date de publication du décret du 31 août 2004 (JO 2 sept.), l'auteur et l'éditeur disposent d'un délai d'un an à compter de cette date pour désigner une société agréée de perception et de répartition des droits. A l'expiration de ce délai, les dispositions de l'article R. 326-7 du code de la propriété intellectuelle sont applicables.

CHAPITRE VI ORGANISMES AGRÉÉS POUR LA GESTION COLLECTIVE DU DROIT D'AUTORISER L'EXPLOITATION NUMÉRIQUE DES LIVRES INDISPONIBLES DU XXe SIÈCLE *(Décr. nº 2017-924 du 6 mai 2017, art. 4-XXIX).*

(Décr. nº 2013-182 du 27 févr. 2013, en vigueur le 2 mars 2013)

Le chap. VII devient le chap. VI et les art. R. 327-1 à R. 327-7 sont renumérotés R. 326-1 à R. 326-7 (Décr. nº 2017-924 du 6 mai 2017, art. 4-XXIX à XXXIV).

Art. R. 326-1 *(Décr. nº 2017-924 du 6 mai 2017, art. 4-XXX)* **« Un organisme de gestion collective régi par le titre II du livre III peut être agréé au titre de l'article L. 134-3, s'il » :**

1º Apporte la preuve, par la composition de ses organes délibérants et dirigeants, de la diversité de ses *(Décr. nº 2017-924 du 6 mai 2017, art. 4-XXX)* **« membres » à raison des catégories et du nombre des ayants droit, de l'importance économique exprimée en revenu ou en chiffre d'affaires et de la diversité des genres éditoriaux ;**

2º Apporte la preuve de la représentation paritaire des auteurs et des éditeurs parmi ses *(Décr. nº 2017-924 du 6 mai 2017, art. 4-XXX)* **« membres » et au sein de ses organes dirigeants ;**

3º Justifie, par tout moyen, de la qualification professionnelle de ses gérants et mandataires sociaux en raison :

***a)* De leur qualité d'auteur ; ou**

***b)* De la nature et du niveau de leurs diplômes ; ou**

***c)* De leur expérience dans le secteur de l'édition ou de la gestion d'organismes professionnels ;**

4º Donne les informations nécessaires relatives :

***a)* A l'organisation administrative et aux conditions d'installation et d'équipement ;**

***b)* Aux moyens mis en œuvre pour gérer les opérations relatives aux livres indisponibles au regard des dispositions des articles L. 134-1 et suivants et en informer la Bibliothèque nationale de France aux fins de mention dans la base de données publique mentionnée à l'article L. 134-2 ;**

***c)* Aux moyens mis en œuvre pour la perception des rémunérations et le traitement des données nécessaires à la répartition de ces rémunérations ;**

***d)* Au plan de financement et au budget prévisionnel des trois exercices suivant la demande d'agrément ;**

5º Indique les dispositions *(Décr. nº 2017-924 du 6 mai 2017, art. 4-XXX)* **« qu'il a prises ou qu'il entend » prendre pour garantir le respect des règles de répartition des rémunérations entre les auteurs et les éditeurs ainsi que le caractère équitable des règles de répartition des sommes perçues entre les ayants droit, qu'ils soient ou non parties au contrat d'édition ;**

6º Donne les informations nécessaires relatives aux moyens mis en œuvre afin d'identifier et de retrouver les titulaires de droits aux fins de répartir les sommes perçues ;

7º Donne les informations nécessaires relatives aux moyens mis en œuvre pour développer des relations contractuelles permettant d'assurer la plus grande disponibilité possible des œuvres ;

8º Indique les dispositions *(Décr. nº 2017-924 du 6 mai 2017, art. 4-XXX)* **« qu'il a prises ou qu'il entend » prendre pour veiller à la défense des intérêts légitimes des ayants droit non parties au contrat d'édition.**

V. notes en tête de chapitre et ss. art. R. 321-1.

Art. R. 326-2 La demande d'agrément, accompagnée d'un dossier établi conformément à l'article R. 327-1, est transmise par lettre recommandée avec demande d'avis de réception au ministre chargé de la culture, qui en délivre récépissé. Lorsque le dossier n'est pas complet, le ministre chargé de la culture demande par lettre recommandée avec demande d'avis de réception un dossier complémentaire, qui doit être remis dans la même forme dans un délai d'un mois à compter de la réception de cette lettre.

V. notes en tête de chapitre et ss. art. R. 321-1.

Art. R. 326-3 L'agrément est délivré par arrêté du ministre chargé de la culture, publié au *Journal officiel* de la République française.

V. notes en tête de chapitre et ss. art. R. 321-1.

Art. R. 326-4 L'agrément est accordé pour cinq années. Il est renouvelable dans les mêmes conditions que l'agrément initial.

V. notes en tête de chapitre et ss. art. R. 321-1.

Art. R. 326-5 Tout changement de statut ou de règlement général, et toute cessation de fonction d'un membre des organes délibérants et dirigeants *(Décr. nº 2017-924 du 6 mai 2017, art. 4-XXXII)* « d'un organisme agréé » sont communiqués au ministre chargé de la culture dans un délai de quinze jours à compter de l'événement correspondant. Le défaut de déclaration peut entraîner le retrait de l'agrément.

V. notes en tête de chapitre et ss. art. R. 321-1.

Art. R. 326-6 *(Décr. nº 2017-924 du 6 mai 2017, art. 4-XXXIII)* « Si un organisme agréé » cesse de remplir l'une des conditions fixées à l'article R. 327-1, le ministre chargé de la culture *(Décr. nº 2017-924 du 6 mai 2017, art. 4-XXXIII)* « le met », par écrit, en demeure de respecter les conditions de l'agrément. Le bénéficiaire de l'agrément dispose d'un délai d'un mois pour présenter ses observations et, le cas échéant, les mesures de mise en conformité qu'il entend mettre en œuvre.

Le retrait de l'agrément est prononcé par arrêté du ministre chargé de la culture, publié au *Journal officiel* de la République française.

V. notes en tête de chapitre et ss. art. R. 321-1.

Art. R. 326-7 L'auteur et l'éditeur d'un livre indisponible disposent d'un délai de six mois à compter de l'inscription de ce livre dans la base de données mentionnée à l'article L. 134-2 pour désigner conjointement *(Décr. nº 2017-924 du 6 mai 2017, art. 4-XXXIV)* « un organisme de gestion collective ». A l'expiration de ce délai, la gestion du droit d'autoriser l'exploitation numérique de leurs livres indisponibles est confiée à *(Décr. nº 2017-924 du 6 mai 2017, art. 4-XXXIV)* « l'organisme » réunissant le plus grand nombre de livres indisponibles gérés.

Le ministre chargé de la culture désigne chaque année *(Décr. nº 2017-924 du 6 mai 2017, art. 4-XXXIV)* « l'organisme » répondant à la condition définie à l'alinéa précédent.

V. notes en tête de chapitre et ss. art. R. 321-1.

CHAPITRE VII ORGANISMES AGRÉÉS POUR LA GESTION COLLECTIVE DE LA RÉMUNÉRATION ANNUELLE SUPPLÉMENTAIRE DUE AUX ARTISTES-INTERPRÈTES *(Décr. nº 2017-924 du 6 mai 2017, art. 4-XXXV).*

(Décr. nº 2015-506 du 6 mai 2015, art. 3)

Le chap. VIII devient le chap. VII et les art. R. 328-1 à R. 328-6 sont renumérotés R. 327-1 à R. 327-6 (Décr. nº 2017-924 du 6 mai 2017, art. 4-XXXV à XXXIX).

Art. R. 327-1 *(Décr. nº 2017-924 du 6 mai 2017, art. 4-XXXVI)* « Un organisme de gestion collective régi par le titre II du livre III peut être agréé au titre de l'article L. 212-3-3 s'il » :

1º Apporte la preuve, par la composition de ses organes délibérants et dirigeants, de la diversité de *(Décr. nº 2017-924 du 6 mai 2017, art. 4-XXXVI)* « ses membres » à raison des catégories et du nombre des ayants droit, de l'importance économique exprimée en revenu ou en chiffre d'affaires ;

2° Apporte la preuve de la représentation des artistes-interprètes au sein de ses organes dirigeants ;

3° Justifie, par tout moyen, de la qualification professionnelle de ses gérants et mandataires sociaux en raison :

_a)_ De leur qualité d'artistes-interprètes ;

_b)_ Ou de la nature et du niveau de leurs diplômes ;

_c)_ Ou de leur expérience de la gestion d'organismes professionnels ;

4° Donne les informations nécessaires relatives :

_a)_ A l'organisation administrative et aux conditions d'installation et d'équipement ;

_b)_ Aux moyens mis en œuvre pour la perception des rémunérations et le traitement des données nécessaires à la répartition de ces rémunérations ;

_c)_ Au plan de financement et au budget prévisionnel des trois exercices suivant la demande d'agrément ;

5° Donne les informations nécessaires relatives aux moyens mis en œuvre afin d'identifier et de retrouver les artistes-interprètes aux fins de répartir les sommes perçues.

Les dispositions de l'art. 3 du Décr. n° 2015-506 du 6 mai 2015 sont applicables dans les îles Wallis-et-Futuna (Décr. préc., art. 4-II).

V. notes en tête de chapitre et ss. art. R. 321-1.

V. jurisprudence ss. art. R. 134-1.

Art. R. 327-2 La demande d'agrément, accompagnée d'un dossier établi conformément à l'article R. 328-1, est transmise par lettre recommandée avec demande d'avis de réception au ministre chargé de la culture, qui en délivre récépissé. Lorsque le dossier n'est pas complet, le ministre chargé de la culture demande par lettre recommandée avec demande d'avis de réception un dossier complémentaire, qui doit être remis dans la même forme dans un délai d'un mois à compter de la réception de cette lettre.

V. notes ss. art. R. 327-1.

Art. R. 327-3 L'agrément est délivré par arrêté du ministre chargé de la culture, publié au _Journal officiel_ de la République française.

V. notes ss. art. R. 327-1.

Art. R. 327-4 L'agrément est accordé pour cinq années. Il est renouvelable dans les mêmes conditions que l'agrément initial.

V. notes ss. art. R. 327-1.

Art. R. 327-5 Tout changement de statut ou de règlement général et toute cessation de fonctions d'un membre des organes délibérants et dirigeants *(Décr. n° 2017-924 du 6 mai 2017, art. 4-XXXVIII)* **« d'un organisme agréé » sont communiqués au ministre chargé de la culture dans un délai de quinze jours à compter de l'événement correspondant. Le défaut de déclaration peut entraîner le retrait de l'agrément.**

V. notes ss. art. R. 327-1.

Art. R. 327-6 *(Décr. n° 2017-924 du 6 mai 2017, art. 4-XXXIX)* **« Si un organisme agréé » cesse de remplir l'une des conditions fixées à l'article R. 328-1, le ministre chargé de la culture** *(Décr. n° 2017-924 du 6 mai 2017, art. 4-XXXIX)* **« le met », par écrit, en demeure de respecter les conditions de l'agrément. Le bénéficiaire de l'agrément dispose d'un délai d'un mois pour présenter ses observations et, le cas échéant, les mesures de mise en conformité qu'il entend mettre en œuvre.**

Le retrait de l'agrément est prononcé par arrêté du ministre chargé de la culture, publié au _Journal officiel_ de la République française.

V. notes ss. art. R. 327-1.

CHAPITRE IX ORGANISMES AGRÉÉS POUR LA GESTION COLLECTIVE DU DROIT DE SUITE EN L'ABSENCE D'AYANT DROIT CONNU, OU EN CAS DE VACANCE OU DE DÉSHÉRENCE

(Décr. n° 2017-284 du 2 mars 2017, art. 1er)

Art. R. 329-1 Un organisme régi par le titre II du livre III peut être agréé au titre de l'article L. 123-7, s'il :

1° Apporte la preuve, par la composition de ses organes délibérants et dirigeants, de la diversité de ses membres à raison des catégories et du nombre des ayants droit, et de leur importance économique exprimée en revenu ou en chiffre d'affaires ;

2° Justifie, par tout moyen, de la qualification professionnelle de ses gérants et mandataires sociaux en raison :

a) De leur qualité d'auteur ;

b) Ou de la nature et du niveau de leurs diplômes ;

c) Ou de leur expérience de la gestion d'organismes professionnels ;

3° Apporte la preuve de la représentation des auteurs d'œuvres originales graphiques et plastiques bénéficiaires du droit de suite, au sens de l'article L. 122-8, au sein des organes dirigeants à raison de leur importance économique exprimée en revenu ou en chiffre d'affaires ;

4° Donne les informations nécessaires relatives :

a) A l'organisation administrative et aux conditions d'installation et d'équipement ;

b) Aux moyens humains et matériels mis en œuvre pour la perception du droit de suite ;

c) Au plan de financement et au budget prévisionnel des trois exercices suivant la demande d'agrément ;

d) Aux modalités de mise en œuvre de l'affectation du droit de suite à la prise en charge d'une fraction des cotisations dues par les auteurs des arts graphiques et plastiques au titre de la retraite complémentaire.

Le Décr. n° 2017-284 du 2 mars 2017 est applicable dans les îles Wallis-et-Futuna (Décr. préc., art. 2).

Art. R. 329-2 La demande d'agrément, accompagnée d'un dossier établi conformément à l'article R. 329-1, est transmise par lettre recommandée avec demande d'avis de réception au ministre chargé de la culture, qui en délivre récépissé. Lorsque le dossier n'est pas complet, le ministre chargé de la culture demande par lettre recommandée avec demande d'avis de réception un dossier complémentaire, qui doit être remis dans la même forme dans un délai d'un mois à compter de la réception de cette lettre.

V. note ss. art. R. 329-1.

Art. R. 329-3 L'agrément est délivré par arrêté du ministre chargé de la culture, publié au *Journal officiel* de la République française.

V. note ss. art. R. 329-1.

Art. R. 329-4 L'agrément est accordé pour cinq années. Il est renouvelable dans les mêmes conditions que l'agrément initial.

V. note ss. art. R. 329-1.

Art. R. 329-5 Tout changement de statut ou de règlement général, et toute cessation de fonction d'un membre des organes délibérants et dirigeants d'une société agréée sont communiqués au ministre chargé de la culture dans un délai de quinze jours à compter de l'événement correspondant. Le défaut de déclaration peut entraîner le retrait de l'agrément dans les conditions prévues à l'article R. 329-6.

V. note ss. art. R. 329-1.

Art. R. 329-6 Si un organisme agréé cesse de remplir l'une des conditions fixées à l'article R. 329-1, le ministre chargé de la culture le met, par écrit, en demeure de respecter les conditions de l'agrément. Le bénéficiaire de l'agrément dispose d'un délai d'un mois pour présenter ses observations et, le cas échéant, les mesures de mise en conformité qu'il entend mettre en œuvre.

Le retrait de l'agrément est prononcé par arrêté du ministre chargé de la culture, publié au *Journal officiel* de la République française.

V. note ss. art. R. 329-1.

CHAPITRE X ORGANISMES AGRÉÉS POUR LA PERCEPTION DE LA RÉMUNÉRATION POUR COPIE PRIVÉE

(Décr. nº 2017-284 du 2 mars 2017, art. 1er)

Art. R. 329-7 Un organisme régi par le titre II du livre III peut être agréé au titre de l'article L. 311-6, s'il :

1° Justifie, par tout moyen, de la qualification professionnelle de ses gérants et mandataires sociaux en raison :

a) De leur qualité d'auteur ou de titulaire de droit voisin ;

b) Ou de la nature et du niveau de leurs diplômes ;

c) Ou de leur expérience de la gestion d'organismes professionnels ;

2° Donne les informations nécessaires relatives :

a) A l'organisation administrative et aux conditions d'installation et d'équipement ;

b) Aux moyens humains et matériels mis en œuvre pour la perception de la rémunération auprès des personnes mentionnées au premier alinéa de l'article L. 331-4 et le traitement des données nécessaires à la répartition de ces rémunérations ;

c) Au plan de financement et au budget prévisionnel des trois exercices suivant la demande d'agrément ;

3° Apporte la preuve, par la composition de ses organes délibérants et dirigeants, de la diversité de ses membres à raison des catégories et du nombre des ayants droit, appréciés selon leur qualité de titulaire de droits ou du type d'œuvre qu'ils représentent, de leur importance économique exprimée en revenu ou en chiffre d'affaires.

V. note ss. art. R. 329-1.

Art. R. 329-8 La demande d'agrément, accompagnée d'un dossier établi conformément à l'article R. 329-7, est transmise par lettre recommandée avec demande d'avis de réception au ministre chargé de la culture, qui en délivre récépissé. Lorsque le dossier n'est pas complet, le ministre chargé de la culture demande par lettre recommandée avec demande d'avis de réception un dossier complémentaire, qui doit être remis dans la même forme dans un délai d'un mois à compter de la réception de cette lettre.

V. note ss. art. R. 329-1.

Art. R. 329-9 L'agrément est délivré par arrêté du ministre chargé de la culture, publié au *Journal officiel* de la République française.

V. note ss. art. R. 329-1.

Art. R. 329-10 L'agrément est renouvelable dans les mêmes conditions que l'agrément initial.

V. note ss. art. R. 329-1.

Art. R. 329-11 Tout changement de statut ou de règlement général, et toute cessation de fonction d'un membre des organes délibérants et dirigeants d'un organisme agréé sont communiqués au ministre chargé de la culture dans un délai de quinze jours à compter de l'événement correspondant. Le défaut de déclaration peut entraîner le retrait de l'agrément dans les conditions prévues à l'article R. 329-12.

V. note ss. art. R. 329-1.

Art. R. 329-12 Si un organisme agréé cesse de remplir l'une des conditions fixées à l'article R. 329-7, le ministre chargé de la culture la met, par écrit, en demeure de respecter les conditions de l'agrément. Le bénéficiaire de l'agrément dispose d'un délai d'un mois pour présenter ses observations et, le cas échéant, les mesures de mise en conformité qu'il entend mettre en œuvre.

Le retrait de l'agrément est prononcé par arrêté du ministre chargé de la culture, publié au *Journal officiel* de la République française.

V. note ss. art. R. 329-1.

TITRE TROISIÈME PROCÉDURES ET SANCTIONS

CHAPITRE PREMIER DISPOSITIONS GÉNÉRALES

SECTION PREMIÈRE DISPOSITIONS COMMUNES (*Décr. nº 2007-510 du 4 avr. 2007*).

BIBL. ▶ POLLAUD-DULIAN, *RTD com. 2007. 346* (décret nº 2007-510 du 4 avril 2007).

Art. R. 331-1 (*Décr. nº 2009-1773 du 29 déc. 2009, art. 1er*) **I. — L'agrément mentionné à l'article L. 331-2 est délivré, de manière individuelle, par le ministre chargé de la culture pour une durée de cinq ans renouvelable.**

Pour délivrer l'agrément, le ministre vérifie que l'agent est ressortissant d'un État membre de l'Union européenne ou d'un État partie à l'accord sur l'Espace économique européen et qu'il présente les capacités et les garanties requises au regard des fonctions pour lesquelles l'agrément est sollicité. Il tient compte notamment de son niveau de formation et de son expérience professionnelle.

L'agrément ne peut être accordé en cas de condamnation pour crime ou en cas de condamnation à une peine correctionnelle pour des faits incompatibles avec les fonctions à exercer. Le ministre chargé de la culture s'assure du respect de cette condition en demandant communication du bulletin nº 2 du casier judiciaire de l'agent au casier judiciaire national automatisé par un moyen de télécommunication sécurisé ou de son équivalent pour les ressortissants d'un État membre de l'Union européenne ou d'un autre État partie à l'accord sur l'Espace économique européen.

II. — La demande présentée par le Centre national du cinéma et de l'image animée, un organisme de défense professionnelle visé à l'article L. 331-1 ou (*Décr. nº 2017-924 du 6 mai 2017, art. 4-XLI*) **« un organisme de gestion collective mentionné » au titre II du présent livre en vue d'obtenir l'agrément de l'un de ses agents comprend :**

1º Un extrait d'acte de naissance avec filiation pour les ressortissants français ou un document équivalent pour les ressortissants d'un État membre de l'Union européenne ou d'un autre État partie à l'accord sur l'Espace économique européen ;

2º L'indication des fonctions confiées à l'agent et une copie des documents attestant de son niveau de formation et de son expérience professionnelle, notamment dans le recueil d'éléments probants.

III. — La demande de renouvellement de l'agrément est présentée au plus tard trois mois avant l'expiration de l'agrément.

La demande de renouvellement comporte uniquement l'indication des fonctions exercées par l'agent.

IV. — Après avoir été agréés par le ministre chargé de la culture, les agents prêtent serment devant le juge d'instance de leur résidence. La formule de serment est la suivante : "Je jure de bien et fidèlement remplir mes fonctions et de ne rien révéler ou utiliser de ce qui sera porté à ma connaissance à l'occasion de leur exercice".

Ces agents demeurent liés par les termes de leur serment tout au long de l'exercice de leurs fonctions, sans être tenus de prêter à nouveau serment à chaque renouvellement de leur agrément.

V. — Le Centre national du cinéma et de l'image animée, les organismes de défense professionnelle visés à l'article L. 331-1 et (*Décr. nº 2017-924 du 6 mai 2017, art. 4-XLI*) **« les organismes de gestion collective mentionnés » au titre II du présent livre informent le ministre chargé de la culture dans les meilleurs délais dès lors que l'agent au profit duquel ils ont sollicité un agrément n'exerce plus les fonctions à raison desquelles il a été agréé ou qu'il cesse d'être employé par eux.**

VI. — Le ministre chargé de la culture peut, par décision motivée, mettre fin à l'agrément dès lors que son titulaire n'exerce plus les fonctions à raison desquelles il a été habilité ou ne remplit plus les conditions définies au I du présent article.

La personne intéressée est préalablement informée des motifs et de la nature de la mesure envisagée et mise à même de présenter des observations. En cas d'urgence, le ministre chargé de la culture peut suspendre l'agrément pour une durée maximale de six mois.

V. note ss. art. R. 321-1.

Les agréments des agents du Centre national du cinéma et de l'image animée, des organismes de défense professionnelle visés à l'art. L. 331-1 CPI ou des sociétés mentionnées au titre II du livre III du même code délivrés avant l'entrée en vigueur du Décr. n° 2009-1773 du 29 déc. 2009 demeurent valables pour permettre l'exercice des missions prévues par l'art. L. 331-2 CPI pendant un délai de deux ans à compter de la publication du présent décret. Leur renouvellement éventuel s'effectue dans les conditions prévues pour les premières demandes d'agrément (Décr. préc., art. 6).

Art. D. 331-1-1 *(Décr. n° 2009-1205 du 9 oct. 2009)* **Le siège et le ressort des tribunaux de grande instance ayant compétence exclusive pour connaître des actions en matière de propriété littéraire et artistique en application de l'article L. 331-1 du code de la propriété intellectuelle sont fixés conformément à l'article D. 211-6-1 du code de l'organisation judiciaire.** – *V. cet art. et le tableau, App., v° Dispositions générales.*

SECTION II HAUTE AUTORITÉ POUR LA DIFFUSION DES ŒUVRES ET LA PROTECTION DES DROITS SUR INTERNET

(Décr. n° 2009-1773 du 29 déc. 2009)

COMMENTAIRE

Le dispositif réglementaire ici exposé vient naturellement compléter le dispositif légal exposé dans la partie législative.

La construction n'est cependant pas encore achevée, en sorte qu'il convient d'ajouter aux textes déjà publiés (I) quelques indications sur l'objectif des textes attendus (II).

Enfin, il faut noter que le Conseil d'État, par une ordonnance du 14 septembre 2010, a rejeté un recours en référé déposé par un fournisseur d'accès à l'internet, opposé à la HADOPI, et qui, en contestant la validité de deux des articles du décret du 26 juillet 2010, espérait obtenir la suspension des activités de l'Autorité.

Dès lors, la Haute Autorité a procédé à ses premières demandes d'identification d'abonnés et, après avoir présenté un courriel type, intitulé « recommandation », a demandé aux fournisseurs d'accès d'envoyer les premiers courriels d'avertissement. Numéricable et Bouygues télécom, tout d'abord, puis SFR et Orange, ensuite, ont obtempéré, à la différence de Free, qui n'a cédé qu'après la publication d'un nouveau décret.

La plupart des décrets a pour objet le fonctionnement de l'autorité administrative (membres, organisation, procédure, traitement des données...) mais l'un d'entre eux institue une contravention de négligence caractérisée tandis qu'un autre impose, sous peine de sanctions, un délai maximal pour l'envoi des courriels d'avertissement (V. n° 9).

1° Décret n° 2009-887 du 21 juillet 2009 pris pour l'application de l'article L. 331-18 du code de la propriété intellectuelle

Ce décret fixe le modèle de déclaration d'intérêts que les membres du collège, les membres de la commission de protection des droits et le secrétaire général de la Haute Autorité sont tenus de déposer à l'occasion de leur désignation. Il introduit, pour ce faire, dans le code de la propriété intellectuelle un nouvel article D. 331-9-1.

2° Décret du 23 décembre 2009 portant nomination des membres du collège et de la commission de protection des droits de la Haute Autorité pour la diffusion des œuvres et la protection des droits sur internet

Ce décret nomme les membres du collège ainsi que ceux de la Commission de protection des droits, totalement indépendante du collège.

3° Décret n° 2009-1773 du 29 décembre 2009 relatif à l'organisation de la Haute Autorité pour la diffusion des œuvres et la protection des droits sur internet

Ce décret précise les règles d'organisation et de fonctionnement du collège et de la commission de protection des droits de la Haute Autorité, notamment :

– Les règles relatives aux délibérations (modalités de vote, questions soumises à délibération, le cas échéant après avis de la CPD) ;

– Les compétences du président et du secrétaire général de la Haute Autorité ;

– Les dispositions relatives au personnel (recrutement, habilitation des agents assermentés de la CPD) ;

– Les dispositions financières et comptables (agent comptable).

Le décret définit en outre les conditions de délivrance de l'agrément des agents des organismes de défense professionnelle et des SPRD mentionné à l'article L. 331-2 du code de la propriété intellectuelle.

4° Décret du 20 janvier 2010 portant nomination de la présidente de la commission de protection des droits de la Haute Autorité pour la diffusion des œuvres et la protection des droits sur internet (Mme Mireille IMBERT-QUARETTA)

On observera simplement ici que le président de la CPD est nommé, tandis que le président du collège est élu.

5° Décret n° 2010-236 du 5 mars 2010 relatif au traitement automatisé de données à caractère personnel autorisé par l'article L. 331-29 du code de la propriété intellectuelle dénommé « Système de gestion des mesures pour la protection des œuvres sur internet » (V. aussi le décret n° 2010-1057 du 3 septembre 2010 [infra, n° 8])

Le décret fixe les modalités de mise en œuvre du traitement automatisé de données à caractère personnel portant sur les personnes faisant l'objet d'une procédure dans le cadre du mécanisme de réponse graduée, dont la création est autorisée par l'article L. 331-29.

Le décret précise :

– La finalité du traitement ;

– Les données à caractère personnel et informations enregistrées dans le traitement (données et informations transmises par les ayants droit et échangées avec les opérateurs et prestataires techniques) ;

– La durée de conservation desdites données et informations ;

– Les destinataires desdites données et informations et les personnes pouvant y avoir accès ;

– Les obligations de traçabilité ;

– Les modalités d'exercice des droits d'accès et de rectification ;

– Les interconnexions du traitement avec les traitements mis en œuvre par les ayants droit et par les opérateurs et prestataires techniques (s'agissant de ces derniers, les modalités sont définies par convention ou, à défaut, par arrêté).

NB : le décret ne couvre que le versant pédagogique de la réponse graduée. Un autre décret est destiné à couvrir le versant pénal (voir ci-dessous).

6° Décret n° 2010-695 du 25 juin 2010 instituant une contravention de négligence caractérisée protégeant la propriété littéraire et artistique sur internet

Le décret institue la contravention de négligence caractérisée (nouvel article R. 335-5), dont les contours sont définis à l'article L. 335-7-1. Il s'agit d'une contravention de cinquième classe, punie de 1 500 € d'amende et d'une peine complémentaire de suspension de l'accès à internet d'une durée d'un mois.

La négligence caractérisée est constituée lorsque :

– Le titulaire de l'accès s'est vu recommander par lettre remise contre signature de mettre en œuvre un moyen de sécurisation de son accès (art. R. 335-5-II, 1°) ;

– L'accès à internet du titulaire a été à nouveau utilisé à des fins de contrefaçon dans l'année suivant la présentation de cette recommandation (art. R. 335-5-II, 2°) ;

– Il apparaît que le titulaire de l'accès, sans motif légitime, n'a pas « mis en place un moyen de sécurisation de cet accès » (art. R. 335-5-I, 1°) ou « a manqué de diligence dans la mise en œuvre de ce moyen » (art. R. 335-5-I, 2°).

7° Décret n° 2010-872 du 26 juillet 2010 relatif à la procédure devant la commission de protection des droits de la Haute Autorité pour la diffusion des œuvres et la protection des droits sur internet

Pris en application de l'article L. 331-30 du code de la propriété intellectuelle, le décret :

– Fixe les conditions de recevabilité des saisines des ayants droit (notamment, « une déclaration sur l'honneur selon laquelle l'auteur de la saisine a qualité pour agir au nom du titulaire de droits sur l'œuvre ou l'objet protégé concerné par les faits ») ;

– Fait obligation aux opérateurs et prestataires techniques de répondre aux demandes d'identification dans un délai de huit jours (quinze jours si d'autres documents ou des copies de documents sont demandés) ; le défaut de réponse est puni de l'amende prévue pour les contraventions de cinquième classe ;

– Précise les conditions de transmission des observations à la CPD ;

– Prévoit qu'en cas de nouvelle saisine pour des faits accomplis dans le délai d'un an à compter de la présentation de la lettre remise contre signature, la CPD informe l'abonné que ces faits sont susceptibles de poursuite et l'invite à présenter ses observations dans un délai de quinze jours (voire à solliciter une audition) ;

– Fixe les conditions dans lesquelles la CPD constate par délibération que les faits sont susceptibles de constituer une négligence caractérisée ou un délit de contrefaçon ;

– Précise les conditions de transmission au Parquet ;

– Précise les conditions dans lesquelles la CPD fait exécuter les décisions de suspension.

8° Décret n° 2010-1057 du 3 septembre 2010 modifiant le décret n° 2010-236 du 5 mars 2010 (V. supra, point 5) relatif au traitement automatisé de données à caractère personnel autorisé par l'article L. 331-29 du code de la propriété intellectuelle dénommé « Système de gestion des mesures pour la protection des œuvres sur internet »

Ce texte, pris en application de l'article L. 331-29, a pour objet d'étendre le dispositif du décret du 5 mars 2010 aux opérateurs virtuels.

NB : Ces opérateurs ne disposent pas d'un réseau technique propre : ils en confient la gestion à un opérateur technique et se bornent à commercialiser l'offre et assurer le suivi commercial des clients. Un identifiant technique propre à chaque ligne d'accès à internet permet de faire le lien entre la base de données client gérée par l'opérateur virtuel et les logs de connexion détenus par l'opérateur technique. Le décret permet à la Haute Autorité d'obtenir cet identifiant unique auprès de l'opérateur réseau et de demander dans un second temps à l'opérateur virtuel les données d'identification correspondant à cet identifiant.

Le décret autorise ainsi la CPD :

– à recevoir des ayants droit le nom du « fournisseur d'accès à internet auprès duquel l'accès a été souscrit ou ayant fourni la ressource technique IP » ;

– à recevoir des opérateurs et prestataires techniques le nom du « fournisseur d'accès à internet, utilisant les ressources techniques du fournisseur d'accès mentionné au 1°, auprès duquel l'abonné a souscrit son contrat ; numéro de dossier ».

9° Décret n° 2010-1202 du 12 octobre 2010 modifiant l'article R. 331-37 du code de la propriété intellectuelle

Ce décret permet de sanctionner par une contravention de cinquième classe l'absence d'envoi par les fournisseurs d'accès des recommandations transmises par la commission de protection des droits.

10° Décret n° 2010-1267 du 25 octobre 2010, relatif à la « Carte musique »

Ce décret ne concerne pas le fonctionnement de la HADOPI mais fait le lien entre le versement de l'aide prévue pour favoriser l'accès à la musique numérique dématérialisée et la labellisation de la HADOPI.

11° Décret n° 2010-1366 du 10 novembre 2010 relatif à la labellisation des offres de services de communication au public en ligne et à la régulation des mesures techniques de protection et d'identification des œuvres et des objets protégés par le droit d'auteur

Le décret fixe les conditions dans lesquelles la Haute Autorité attribue un label aux offres légales (art. L. 331-23 CPI). Il devrait reprendre, en ce qui concerne les mesures techniques, l'essentiel des dispositions du décret n° 2007-510 du 4 avril 2007 relatif à l'Autorité de régulation des mesures techniques (ARMT, "ancêtre" de la HADOPI).

12° Décret n° 2010-1630 du 23 décembre 2010 relatif à la procédure d'évaluation et de labellisation par la Haute Autorité pour la diffusion des œuvres et la protection des droits sur internet des moyens de sécurisation destinés à prévenir l'utilisation illicite de l'accès à un service de communication au public en ligne

Le décret, pris en application de l'article L. 331-26, fixe les conditions dans lesquelles les concepteurs de moyens de sécurisation font évaluer la conformité de leurs solutions aux spécifications fonctionnelles rendues publiques par la Haute Autorité et obtiennent le label délivré par cette dernière.

13° Décret n° 2011-386 du 11 avril 2011 fixant la liste des indicateurs mentionnés à l'article L. 331-23

Il s'agit d'un texte pris en application de l'art. L. 331-23, al. 1er, du code de la propriété intellectuelle qui dispose : « Au titre de sa mission d'encouragement au développement de l'offre légale, qu'elle soit ou non commerciale, et d'observation de l'utilisation, qu'elle soit licite ou illicite, des œuvres et des objets protégés par un droit d'auteur ou par un droit voisin sur les réseaux de communications électroniques, la Haute Autorité publie chaque année des indicateurs dont la liste est fixée par décret. »

14° Décret n° 2011-264 du 11 mars 2011 modifiant le décret n° 2010-236 du 5 mars 2010 relatif au traitement automatisé de données à caractère personnel cutorisé par l'article L. 331-29 du code de la propriété intellectuelle

Ce décret étend le traitement automatisé de données au versant pénal de la réponse graduée (extension des durées de conservation, transfert des données au parquet, traitement des données dans le cadre de l'exécution des peines de suspension…). Le décret du 5 mars 2010 ne couvrait, en l'état, que le versant pédagogique. ❑

SOUS-SECTION 1 ORGANISATION DE LA HAUTE AUTORITÉ POUR LA DIFFUSION DES ŒUVRES ET LA PROTECTION DES DROITS SUR INTERNET

§ 1er LE COLLÈGE DE LA HAUTE AUTORITÉ

Art. R. 331-2 I. – Les membres du collège de la Haute Autorité sont convoqués par son président qui fixe l'ordre du jour. La convocation est de droit à la demande de la moitié des membres du collège.

II. – Le collège ne peut valablement délibérer que si au moins cinq de ses membres sont présents.

Lorsque, en application du dernier alinéa de l'article L. 331-18, un membre ne participe pas à une délibération, il est réputé présent au titre du quorum.

III. – Les décisions du collège sont prises à la majorité des voix. La voix du président est prépondérante en cas de partage égal des voix.

Art. R. 331-3 Les séances du collège de la Haute Autorité ne sont pas publiques.

Le collège peut entendre toute personne dont l'audition lui paraît susceptible de contribuer à son information.

Art. R. 331-4 I. – Le collège délibère sur toutes les questions relatives à la Haute Autorité, autres que celles qui relèvent de la commission de protection des droits.

Il délibère notamment sur :

1° L'élection de son président ;

2° Les conditions générales de recrutement, de gestion et de rémunération du personnel et les modalités de création et de fonctionnement des instances représentatives du personnel ;

3° Les crédits nécessaires à l'accomplissement des missions de la Haute Autorité qui sont proposés par celle-ci lors de l'élaboration du projet de loi de finances de l'année ;

4° Le budget annuel et, le cas échéant, ses modifications en cours d'année ainsi que le programme d'activités qui lui est associé ;

5° Le règlement intérieur de la Haute Autorité ;

6° Les règles de déontologie applicables à ses membres, aux agents des services et à toute personne lui apportant son concours ;

7° Le règlement comptable et financier ;

8° Les conditions générales de passation des contrats et marchés ;

9° Le compte financier et l'affectation des résultats ;

10° Les actions en justice et les transactions d'un montant supérieur à un seuil qu'il fixe, sur proposition du président ;

11° La publication des indicateurs mentionnés au premier alinéa de l'article L. 331-23 ;

12° L'attribution du label mentionné au deuxième alinéa de l'article L. 331-23 ;

13° Les procédures applicables en matière d'interopérabilité des mesures techniques mentionnées à l'article L. 331-32 ;

14° Les procédures applicables en matière d'exceptions au droit d'auteur et aux droits voisins mentionnées à l'article L. 331-35 ;

15° Les saisines pour avis en matière d'interopérabilité des mesures techniques et d'exceptions au droit d'auteur et aux droits voisins mentionnées à l'article L. 331-36 ;

16° Les conditions générales de consultation d'experts ;

17° Les recommandations de modification législative ou réglementaire mentionnées au dernier alinéa de l'article L. 331-13 ;

18° Les consultations du Gouvernement ou des commissions parlementaires mentionnées au dernier alinéa de l'article L. 331-13 ;

19° Le rapport mentionné à l'article L. 331-14 ;

20° Les demandes d'avis aux autorités administratives, aux organismes extérieurs ou aux associations représentatives des utilisateurs des réseaux de communications électroniques mentionnées à l'article L. 331-19 et les consultations pour avis par ces mêmes autorités ou organismes ;

21° La publication des spécifications fonctionnelles pertinentes et l'établissement de la liste labellisant les moyens de sécurisation mentionnés à l'article L. 331-26.

II. – Les délibérations mentionnées aux 2° à 6° et 16° à 21° du I sont prises après avis de la commission de protection des droits.

Art. D. 331-5 Les membres du collège de la Haute Autorité perçoivent une indemnité forfaitaire pour chaque séance plénière du collège, dans la limite d'un plafond annuel.

Le montant de ces indemnités ainsi que le plafond annuel sont fixés par un arrêté conjoint des ministres chargés de la culture, du budget et de la fonction publique.

§ 2 LA COMMISSION DE PROTECTION DES DROITS

Art. R. 331-6 La commission de protection des droits est convoquée par son président qui fixe l'ordre du jour.

La commission de protection des droits ne peut valablement délibérer que si au moins deux de ses membres sont présents.

Art. R. 331-7 Les séances de la commission de protection des droits ne sont pas publiques.

Art. D. 331-8 Les membres de la commission de protection des droits perçoivent une indemnité forfaitaire dont le montant annuel est fixé par arrêté conjoint des ministres chargés de la culture, du budget et de la fonction publique.

§ 3 LE PRÉSIDENT ET LE SECRÉTAIRE GÉNÉRAL DE LA HAUTE AUTORITÉ

Art. R. 331-9 Le président de la Haute Autorité nomme aux emplois. Il a autorité sur l'ensemble des personnels des services. Il fixe l'organisation des services après avis du collège. Il signe tous actes relatifs à l'activité de la Haute Autorité, sous réserve des compétences de la commission de protection des droits.

Il représente la Haute Autorité en justice.

Il peut transiger dans les conditions fixées par le 10° de l'article R. 331-4 et par les articles 2044 à 2058 du code civil.

Art. R. 331-10 Dans le cadre des règles générales fixées par le collège de la Haute Autorité, le président a qualité pour :

1° Liquider et ordonnancer les recettes et les dépenses ;

2° Passer au nom de celles-ci tous contrats et marchés ;

3° Recruter le personnel et fixer ses rémunérations et indemnités ;

4° Tenir la comptabilité des engagements.

La compétence mentionnée au 3° s'exerce après avis de la commission de protection des droits pour les agents dont dispose cette commission.

Art. R. 331-11 Pour l'exercice des pouvoirs mentionnés ci-dessus, le président peut déléguer sa signature au secrétaire général.

Art. R. 331-12 Le président est suppléé, en cas d'absence ou d'empêchement, par un membre qu'il désigne parmi les personnes mentionnées aux 1°, 2° et 3° de l'article L. 331-16.

Le président est remplacé, en cas de vacance, jusqu'à la nouvelle élection, par l'un des membres dans l'ordre prévu à l'article L. 331-16.

Art. D. 331-13 Le président perçoit une indemnité forfaitaire dont le montant annuel est fixé par arrêté conjoint des ministres chargés de la culture, du budget et de la fonction publique.

Art. R. 331-14 Sous l'autorité du président, le secrétaire général est chargé du fonctionnement et de la coordination des services. A ce titre, et dans le cadre des règles générales fixées par le collège, le secrétaire général a qualité pour gérer le personnel. Dans les matières relevant de sa compétence, le secrétaire général peut déléguer sa signature dans les limites qu'il détermine et désigner les agents habilités à le représenter.

Le secrétaire général peut, par délégation du président, tenir la comptabilité des engagements de dépenses dans les conditions définies par le règlement comptable et financier.

Le secrétaire général désigne les experts mentionnés à l'article L. 331-19 après avoir recueilli l'avis de la commission de protection des droits lorsque ceux-ci lui apportent leur concours.

§ 4 DISPOSITIONS RELATIVES AU PERSONNEL

Art. R. 331-15 Des fonctionnaires et des magistrats de l'ordre judiciaire peuvent être détachés ou mis à disposition auprès de la Haute Autorité dans les conditions prévues par leur statut.

La Haute Autorité peut recruter des agents non titulaires de droit public par contrat à durée déterminée ou indéterminée, employés à temps complet ou à temps incomplet.

Les agents contractuels de droit public recrutés par la Haute Autorité sont soumis aux dispositions du décret du 17 janvier 1986 relatif aux dispositions générales applicables aux agents non titulaires de l'État pris pour l'application de l'article 7 de la loi n° 84-16 du 11 janvier 1984 portant dispositions statutaires relatives à la fonction publique de l'État, à l'exception de l'article 1-2.

Le président de la Haute Autorité peut également faire appel, avec l'accord des ministres intéressés, aux services des ministères chargés de la culture, de la communication, de l'économie, des finances et de l'industrie, ainsi que du Centre national du cinéma et de l'image animée, dont le concours est nécessaire à l'accomplissement de ses missions.

Art. R. 331-16 L'habilitation mentionnée à l'article L. 331-21 est délivrée, de manière individuelle, par le président de la Haute Autorité aux agents publics des services de la Haute Autorité pour une durée de cinq ans renouvelable.

Pour délivrer l'habilitation, le président de la Haute Autorité vérifie que l'agent présente les capacités et les garanties requises au regard des missions confiées à la commission de protection des droits. Il tient compte notamment de son niveau de formation ou de son expérience.

Art. R. 331-17 Nul agent ne peut être habilité :

– s'il a fait l'objet d'une condamnation à une peine correctionnelle ou criminelle inscrite au bulletin n° 2 du casier judiciaire, ou dans un document équivalent lorsqu'il s'agit d'un ressortissant de l'Union européenne ou d'un autre État partie à l'accord sur l'Espace économique européen ;

– s'il résulte de l'enquête administrative prévue au deuxième alinéa de l'article L. 331-22 que son comportement est incompatible avec l'exercice de ses fonctions ou missions.

Art. R. 331-18 Il est mis fin à l'habilitation lorsque son titulaire n'exerce plus les fonctions à raison desquelles il a été habilité.

Il est également mis fin à l'habilitation lorsque les conditions définies aux articles R. 331-16 et R. 331-17 cessent d'être remplies. La personne intéressée est préalablement informée des motifs et de la nature de la mesure envisagée et mise à même de présenter des observations. En cas d'urgence, le président de la Haute Autorité peut suspendre l'habilitation pour une durée maximale de six mois.

Art. R. 331-19 Les agents habilités dans les conditions définies aux articles R. 331-17 et R. 331-18 prêtent serment devant le juge d'instance de leur résidence. La formule de serment est la suivante : "Je jure de bien et fidèlement remplir mes fonctions et de ne rien révéler ou utiliser de ce qui sera porté à ma connaissance à l'occasion de leur exercice."

Le greffier du tribunal d'instance porte mention de l'accomplissement de cette prestation de serment, de sa date et de son lieu sur la décision d'habilitation.

§ 5 DISPOSITIONS FINANCIÈRES ET COMPTABLES

Art. R. 331-20 L'exercice budgétaire et comptable débute le 1er janvier et s'achève le 31 décembre.

Le budget comporte la prévision des recettes attendues et des dépenses nécessitées par l'exercice des missions confiées à la Haute Autorité. Il peut être modifié en cours d'année. Les crédits inscrits au budget sont limitatifs et appréciés au regard des dépenses de fonctionnement hors dépenses de personnel, des dépenses d'investissement et des dépenses de personnel. En cas de dégradation prévisible du résultat, le collège délibère dans les meilleurs délais sur une décision modificative du budget permettant le retour à l'équilibre.

Les délibérations du collège relatives au budget et à ses modifications sont adressées aux ministres chargés de la culture et du budget.

Art. R. 331-21 L'agent comptable de la Haute Autorité est nommé par arrêté conjoint des ministres chargés de la culture et du budget.

L'agent comptable est responsable personnellement et pécuniairement dans les conditions de l'article 60 de la loi n° 63-156 du 23 février 1963 portant loi de finances pour 1963 et du décret n° 2008-228 du 5 mars 2008 relatif à la constatation et à l'apurement des débets des comptables publics et assimilés. Il est chargé de la tenue des comptabilités de la Haute Autorité, du recouvrement des droits, contributions et de toutes autres recettes, du paiement des dépenses et du maniement des fonds et des mouvements de comptes de disponibilités.

Avec l'accord du président du collège, l'agent comptable peut confier sous son contrôle la comptabilité analytique et la comptabilité matière aux services de la Haute Autorité.

L'agent comptable peut nommer des mandataires qui sont agréés par le président du collège.

Art. R. 331-22 Les comptes de la Haute Autorité sont établis selon les règles du plan comptable général. Celui-ci peut faire l'objet d'adaptations proposées par le président du collège après avis du collège et approuvées par le ministre chargé du budget.

Les taux d'amortissement et de dépréciation ainsi que les modalités de tenue des inventaires sont fixés par le règlement comptable et financier.

L'agent comptable établit un compte financier au terme de chaque exercice. Le compte financier comprend le compte de résultat, le bilan, l'annexe, la balance générale des comptes à la clôture de l'exercice, le tableau de rapprochement des prévisions et des réalisations effectives et, le cas échéant, la balance des comptes spéciaux.

Le compte financier de la Haute Autorité est préparé par l'agent comptable et soumis par le président du collège au collège qui entend l'agent comptable. Le compte financier est arrêté par le collège. Il est transmis à la Cour des comptes par le président du collège de la Haute Autorité, accompagné des délibérations du collège relatives au budget, à ses modifications et au compte financier, et de tous les autres documents demandés par les ministres ou par la cour, dans les quatre mois qui suivent la clôture de l'exercice.

Le rapport mentionné à l'article L. 331-14 fait une présentation du compte financier et reproduit le compte de résultat et le bilan.

Art. R. 331-23 L'agent comptable est tenu de faire diligence pour assurer le recouvrement de toutes les ressources de la Haute Autorité. Les recettes sont recouvrées par l'agent comptable soit spontanément, soit en exécution des instructions du président du collège. L'agent comptable adresse aux débiteurs les factures correspondantes et reçoit leurs règlements. Tous les droits acquis au cours d'un exercice doivent être pris en compte au titre de cet exercice.

Art. R. 331-24 Lorsque les créances de la Haute Autorité n'ont pu être recouvrées à l'amiable, les poursuites sont conduites conformément aux usages du commerce ou peuvent faire l'objet d'états rendus exécutoires par le président du collège. Les états exécutoires peuvent être notifiés aux débiteurs par lettre recommandée avec accusé de réception. Leur recouvrement est poursuivi jusqu'à opposition devant la juridiction compétente.

Art. R. 331-25 L'agent comptable procède aux poursuites. Celles-ci peuvent, à tout moment, être suspendues sur ordre écrit du président du collège si la créance est l'objet d'un litige. Le président du collège suspend également les poursuites si, en accord avec l'agent comptable, il estime que la créance est irrécouvrable ou que l'octroi d'un délai par l'agent comptable est conforme à l'intérêt de la Haute Autorité.

Art. R. 331-26 Le président du collège peut décider, après l'avis conforme de l'agent comptable :

1° En cas de gêne des débiteurs, d'accorder une remise gracieuse des créances de la Haute Autorité ;

2° La remise totale ou partielle des majorations de retard ou des pénalités appliquées sur demande justifiée des débiteurs ;

3° Une admission en non-valeur des créances de la Haute Autorité, en cas d'insolvabilité des débiteurs ou lorsque les créances ne sont pas recouvrables.

Le collège fixe le montant au-delà duquel l'une des remises mentionnées au 1° ou au 2° est soumise à son approbation.

Lorsque la remise gracieuse, totale ou partielle, concerne une dette de l'agent comptable, l'avis prévu par l'article 9 du décret n° 2008-228 du 5 mars 2008 relatif à la constatation et à l'apurement des débets des comptables publics et assimilés est rendu par le collège.

Art. R. 331-27 Toutes les dépenses doivent être liquidées et ordonnancées au cours de l'exercice auquel elles se rattachent. Les dépenses de la Haute Autorité sont réglées par l'agent comptable sur l'ordre donné par le président du collège ou après avoir été acceptées par ce dernier. Les ordres de dépenses sont appuyés des pièces justificatives nécessaires, et notamment des factures, mémoires, marchés, baux ou conventions. L'acceptation de la dépense revêt la forme soit d'une mention datée et signée apposée sur le mémoire, la facture ou toute autre pièce en tenant lieu, soit d'un certificat séparé d'exécution de service, l'une ou l'autre précisant que le règlement peut être valablement opéré pour la somme indiquée.

L'agent comptable peut payer sans ordonnancement préalable certaines catégories de dépenses dans les conditions prévues par le règlement comptable et financier.

Art. D. 331-28 La liste des pièces justificatives de recettes et de dépenses est préparée par l'agent comptable et proposée par le président du collège à l'agrément du ministre chargé du budget. En cas de perte, destruction ou vol des justifications remises à l'agent comptable, le ministre chargé du budget peut autoriser ce dernier à pourvoir à leur remplacement. Les pièces justificatives sont conservées dans les archives de l'agent comptable pendant dix ans au moins à partir de la date de clôture de l'exercice auquel elles se rapportent.

Art. R. 331-29 L'agent comptable est tenu d'exercer :

1° En matière de recettes, le contrôle :

– de l'autorisation de percevoir les recettes ;

– de la mise en recouvrement des créances et de la régularité des réductions et des annulations des ordres de recettes, dans la limite des éléments dont il dispose ;

2° En matière de dépenses, le contrôle :

– de la qualité de l'ordonnateur ou de son délégué ;

– de la disponibilité des crédits ;

– de l'exacte imputation des dépenses aux chapitres qu'elles concernent selon leur nature ou leur objet ;

– de la validité de la créance dans les conditions prévues au 4° ;

– du caractère libératoire du règlement ;

3° En matière de patrimoine, le contrôle :

– de la conservation des droits, privilèges et hypothèques ;

— de la conservation des biens dont il tient la comptabilité matière ;
4° En ce qui concerne la validité de la créance, le contrôle :
— de la justification du service fait et de l'exactitude des calculs de liquidation ;
— de l'application des règles de prescription et de déchéance.

Lorsqu'il constate, à l'occasion des contrôles qu'il réalise, des irrégularités ou des inexactitudes dans les certifications délivrées par le président du collège, l'agent comptable suspend le paiement des dépenses. Il en informe le président.

Lorsque l'agent comptable a suspendu le paiement des dépenses, le président du collège peut, par écrit et sous sa responsabilité, requérir l'agent comptable de payer. Celui-ci défère à la réquisition et rend compte au ministre chargé du budget, qui transmet l'ordre de réquisition à la Cour des comptes.

Par dérogation aux dispositions du précédent alinéa, l'agent comptable doit refuser de déférer à l'ordre de réquisition lorsque la suspension du paiement est motivée par :
1° L'absence de justification du service fait ;
2° Le caractère non libératoire du règlement ;
3° Le manque de fonds disponibles.

Dans ce cas, l'agent comptable rend immédiatement compte au ministre chargé du budget.

Art. R. 331-30 Des régies de recettes et de dépenses peuvent être créées auprès de la Haute Autorité par décision du président du collège sur avis conforme de l'agent comptable dans les conditions fixées par le décret n° 92-681 du 20 juillet 1992 modifié relatif aux régies de recettes et aux régies d'avances des organismes publics et le règlement comptable et financier.

Art. R. 331-31 *(Décr. n° 2012-1247 du 7 nov. 2012, art. 39-1°, en vigueur le 1er janv. 2013)* Les fonds de l'agence sont déposés et placés dans les conditions prévues par l'article 197 du décret n° 2012-1246 du 7 novembre 2012 relatif à la gestion budgétaire et comptable publique.

Art. R. 331-32 Les comptes de l'agent comptable de la Haute Autorité sont jugés directement par la Cour des comptes. Le contrôle de la gestion de l'agent comptable est également assuré par le receveur général des finances.

Art. R. 331-32-1 *(Décr. n° 2010-1366 du 10 nov. 2010)* Les rapporteurs et les personnes apportant leur concours à la Haute Autorité sont rémunérés sous la forme de vacations, dont le nombre est fixé par le président de la Haute Autorité, pour chaque dossier, en fonction du temps nécessaire à son instruction.

Le montant et les modalités d'attribution de ces indemnités ainsi que le montant unitaire des vacations sont fixés par arrêté conjoint des ministres chargés de la culture, du budget et de la fonction publique.

Les membres, les rapporteurs et les personnes apportant leur concours à la Haute Autorité peuvent prétendre au remboursement des frais de déplacement et de séjour que nécessite l'accomplissement de leurs missions, dans les conditions applicables aux personnels civils de l'État.

Art. R. 331-32-2 *(Décr. n° 2010-1366 du 10 nov. 2010)* Les experts mentionnés à l'article L. 331-19 sont désignés par le président de la Haute Autorité sur proposition du rapporteur chargé de l'instruction de l'affaire. La décision du président définit l'objet de l'expertise, fixe le délai de sa réalisation et évalue les honoraires prévisibles correspondants.

§ 6 DISPOSITIONS DIVERSES

Art. D. 331-33 Les frais occasionnés par les déplacements et les séjours des personnels et des membres de la Haute Autorité sont remboursés dans les conditions prévues par la réglementation applicable aux personnels civils de l'État.

Les délibérations prévues au 8° de l'article 2 ainsi qu'aux articles 3 et 7 du décret du 3 juillet 2006 fixant les conditions et les modalités de règlement des frais occasionnés par les déplacements temporaires des personnels civils de l'État sont prises par le collège de la Haute Autorité.

Art. D. 331-34 La déclaration d'intérêts mentionnée à l'article L. 331-18 est établie conformément au modèle figurant en annexe au présent article.

Les déclarations sont actualisées chaque année et, en tout état de cause, dès qu'un fait nouveau intervient dans la situation professionnelle ou personnelle des déclarants.

SOUS-SECTION 2 MISSION DE PROTECTION DES ŒUVRES ET OBJETS AUXQUELS EST ATTACHÉ UN DROIT D'AUTEUR OU UN DROIT VOISIN

(Décr. n° 2010-872 du 26 juill. 2010)

Art. R. 331-35 **Pour être recevables, les saisines adressées à la commission de protection des droits de la Haute Autorité par les organismes de défense professionnelle régulièrement constitués,** *(Décr. n° 2017-924 du 6 mai 2017, art. 4-XLII)* **« les organismes de gestion collective » et le Centre national du cinéma et de l'image animée dans les conditions prévues à l'article L. 331-24 doivent comporter :**

1° Les données à caractère personnel et les informations mentionnées au 1° de l'annexe du décret n° 2010-236 du 5 mars 2010 relatif au traitement automatisé de données à caractère personnel autorisé par l'article L. 331-29 du code de la propriété intellectuelle dénommé "Système de gestion des mesures pour la protection des œuvres sur internet" ;

2° Une déclaration sur l'honneur selon laquelle l'auteur de la saisine a qualité pour agir au nom du titulaire de droits sur l'œuvre ou l'objet protégé concerné par les faits.

Dès réception de la saisine, la commission de protection des droits en accuse réception par voie électronique.

V. note ss. art. R. 321-1.

Art. R. 331-36 **Les procès-verbaux dressés par les agents assermentés et agréés mentionnés à l'article L. 331-24 peuvent être établis sous la forme électronique. Dans ce cas, il est fait usage d'une signature électronique sécurisée dans les conditions prévues par l'article 1367 du code civil et le** *(Décr. n° 2017-1416 du 28 sept. 2017, art. 2-II)* **« décret n° 2017-1416 du 28 septembre 2017 relatif à la signature électronique ».**

Art. R. 331-37 **Les opérateurs de communications électroniques mentionnés à l'article L. 34-1 du code des postes et des communications électroniques et les prestataires mentionnés aux 1 et 2 du I de l'article 6 de la loi n° 2004-575 du 21 juin 2004 pour la confiance dans l'économie numérique sont tenus de communiquer** *(Décr. n° 2013-596 du 8 juill. 2013)* **« , par une interconnexion au traitement automatisé de données à caractère personnel mentionné à l'article L. 331-29 ou par le recours à un support d'enregistrement assurant leur intégrité et leur sécurité, » les données à caractère personnel et les informations mentionnées au 2° de l'annexe du décret n° 2010-236 du 5 mars 2010 dans un délai de huit jours suivant la transmission par la commission de protection des droits des données techniques nécessaires à l'identification de l'abonné dont l'accès à des services de communication au public en ligne a été utilisé à des fins de reproduction, de représentation, de mise à disposition ou de communication au public d'œuvres ou d'objets protégés sans l'autorisation des titulaires des droits prévus aux livres Ier et II lorsqu'elle est requise.**

Ces opérateurs et prestataires sont également tenus de fournir les documents et les copies des documents mentionnés aux troisième et quatrième alinéas de l'article L. 331-21 dans un délai de quinze jours suivant la demande qui leur en est faite par la commission de protection des droits.

(Décr. n° 2010-1202 du 12 oct. 2010) **« Les opérateurs sont tenus d'adresser par voie électronique à l'abonné chacune des recommandations mentionnées respectivement au premier et au deuxième alinéa de l'article L. 331-25, dans un délai de vingt-quatre heures suivant sa transmission par la commission de protection des droits. »**

Art. R. 331-37-1 *(Décr. n° 2017-313 du 9 mars 2017, art. 1er)* **I. — Les surcoûts identifiables et spécifiques supportés par les opérateurs mentionnés à l'article précédent pour mettre à disposition de la Haute Autorité les données conservées en application du III de l'article L. 34-1 du code des postes et des communications électroniques font l'objet d'une compensation financière prise en charge par cette Haute Autorité.**

II. – La compensation mentionnée au I correspond à la couverture des surcoûts définis comme suit :

a) Les surcoûts liés à la conception et au déploiement des systèmes d'information ou, le cas échéant, à leur adaptation, nécessaires au traitement des demandes d'identification des abonnés ;

b) Les surcoûts liés au fonctionnement et à la maintenance des systèmes d'information nécessaires au traitement des demandes d'identification des abonnés ;

c) Les surcoûts de personnel liés au traitement des demandes d'identification des abonnés.

III. – Lorsque le système d'information utilisé pour traiter les demandes d'identification émanant de la Haute Autorité est le même que celui utilisé pour répondre à des demandes émanant d'autres autorités publiques ou judiciaires et que les surcoûts mentionnés aux *a* et *b* ont déjà fait l'objet, à ce titre, d'une compensation financière de la part de l'État, l'opérateur concerné ne peut prétendre à une nouvelle compensation de ces surcoûts.

IV. – Lorsque les demandes d'identification traitées au cours d'une année civile par un opérateur sont supérieures à un seuil de demandes justifiant une automatisation du traitement, les surcoûts mentionnés aux *a* et *b* sont compensés par un versement forfaitaire annuel. Les surcoûts mentionnés au *c* sont compensés, pour chaque demande d'identification, selon des tarifs établis en fonction de la nature de la demande.

Lorsque les demandes d'identification traitées au cours d'une année civile par un opérateur sont inférieures à ce seuil, les surcoûts mentionnés aux *b* et *c* sont compensés, pour chaque demande d'identification, selon des tarifs établis en fonction de la nature de la demande.

V. – Un arrêté conjoint des ministres chargés du budget et de la culture fixe le seuil, le versement forfaitaire et les tarifs mentionnés au IV. – *V. Arr. du 23 mars 2017 (JO 29 mars).*

Les dispositions du Décr. n° 2017-313 du 9 mars 2017 ne sont pas applicables en Polynésie française (Décr. préc., art. 2).

V. Arcep, avis n° 2016-1684 du 13 déc. 2016 sur des projets de décret et d'arrêté fixant la tarification applicable aux demandes d'identification formulées par la HADOPI (JO 16 mars 2017).

Art. R. 331-38 Est puni de l'amende prévue pour les contraventions de cinquième classe le fait de contrevenir aux dispositions de l'article R. 331-37.

La récidive des contraventions prévues au présent article est réprimée conformément aux articles 132-11 et 132-15 du code pénal.

Art. R. 331-39 Toute demande ou toute observation adressée à la commission de protection des droits par le destinataire d'une recommandation visée au premier ou au deuxième alinéa de l'article L. 331-25 n'est instruite que si elle comporte le numéro de dossier figurant dans cette recommandation.

Il est accusé réception de la demande ou de l'observation par la commission de protection des droits.

Art. R. 331-40 Lorsque, dans le délai d'un an suivant la présentation de la recommandation mentionnée au premier alinéa de l'article L. 335-7-1, la commission de protection des droits est saisie de nouveaux faits susceptibles de constituer une négligence caractérisée définie à l'article R. 335-5, elle informe l'abonné, par lettre remise contre signature, que ces faits sont susceptibles de poursuite. Cette lettre invite l'intéressé à présenter ses observations dans un délai de quinze jours. Elle précise qu'il peut, dans le même délai, solliciter une audition en application de l'article L. 331-21-1 et qu'il a droit de se faire assister par un conseil. Elle l'invite également à préciser ses charges de famille et ses ressources.

La commission peut de sa propre initiative convoquer l'intéressé aux fins d'audition. La lettre de convocation précise qu'il a droit de se faire assister par un conseil.

Art. R. 331-41 Il est dressé procès-verbal de l'audition de l'intéressé par un membre de la commission de protection des droits ou par un agent habilité et assermenté en application de l'article R. 331-16.

Le procès-verbal est signé par l'intéressé et par son conseil, par la personne procédant à l'audition ainsi que par celle qui l'a rédigé. Si la personne entendue ou son conseil ne veut pas signer le procès-verbal, mention en est portée sur celui-ci.

Une copie du procès-verbal est remise à l'intéressé.

Art. R. 331-42 La commission de protection des droits constate par une délibération prise à la majorité d'au moins deux voix que les faits sont susceptibles de constituer l'infraction prévue à l'article R. 335-5 ou les infractions prévues aux articles L. 335-2, L. 335-3 et L. 335-4.

Toutefois, lorsque seuls deux membres de la commission sont présents et en cas de partage des voix, l'examen de la procédure est renvoyé à la première séance plénière de la commission.

Art. R. 331-43 La délibération de la commission constatant que les faits sont susceptibles de constituer une infraction, à laquelle sont joints, selon les cas, un procès-verbal récapitulatif de l'ensemble des faits et procédure ainsi que toutes pièces utiles, est transmise au procureur de la République près le tribunal de grande instance compétent.

La commission de protection des droits avise les auteurs des saisines qui lui ont été adressées dans les conditions prévues à l'article L. 331-24 de la transmission de la procédure au procureur de la République.

Art. R. 331-44 Le procureur de la République informe la commission de protection des droits des suites données à la procédure transmise.

Art. R. 331-45 La commission de protection des droits est rendue destinataire des décisions exécutoires comportant une peine de suspension de l'accès à un service de communication en ligne prononcée en application des articles L. 335-7, L. 335-7-1 et R. 335-5.

Art. R. 331-46 La commission de protection des droits informe par lettre remise contre signature la personne dont l'activité est d'offrir un accès à des services de communication au public en ligne de la peine de suspension prononcée à l'encontre de son abonné.

En application de l'article L. 331-28, la personne dont l'activité est d'offrir un accès à des services de communication au public en ligne informe, par lettre remise contre signature, la commission de protection des droits de la date à laquelle la période de suspension a débuté. La commission de protection des droits informe le casier judiciaire automatisé de l'exécution de la mesure.

Faute pour la personne dont l'activité est d'offrir un accès à des services de communication au public en ligne de mettre en œuvre la peine de suspension qui lui a été notifiée, la commission de protection des droits délibère, dans les conditions de majorité définies à l'article R. 331-42, aux fins d'informer le procureur de la République des faits susceptibles de constituer le délit visé au sixième alinéa de l'article L. 335-7.

SOUS-SECTION 3 MISSION D'ENCOURAGEMENT AU DÉVELOPPEMENT DE L'OFFRE LÉGALE ET D'OBSERVATION DE L'UTILISATION LICITE ET ILLICITE D'ŒUVRES ET D'OBJETS PROTÉGÉS PAR UN DROIT D'AUTEUR OU PAR UN DROIT VOISIN SUR LES RÉSEAUX DE COMMUNICATIONS ÉLECTRONIQUES

(Décr. nº 2010-1366 du 10 nov. 2010)

Art. R. 331-47 Le dossier de la demande de labellisation présentée en application du deuxième alinéa de l'article L. 331-23 par la personne dont l'activité est d'offrir un service de communication au public en ligne comprend :

1° S'il s'agit d'une personne physique, ses nom, prénom, adresse et coordonnées téléphoniques et, si elle est assujettie aux formalités d'inscription au registre du commerce et des sociétés ou au répertoire des métiers, le numéro de son inscription ;

2° S'il s'agit d'une personne morale, sa dénomination ou sa raison sociale, les coordonnées téléphoniques de la personne physique à contacter, et, s'il s'agit d'une entreprise assujettie aux formalités d'inscription au registre du commerce et des sociétés ou au répertoire des métiers, le numéro de son inscription et l'adresse de son siège social ;

3° Le nom, la dénomination ou la raison sociale et l'adresse de son fournisseur d'hébergement ;

4° La liste des œuvres composant l'offre sur laquelle porte la demande de labellisation ;

5° L'indication des conditions d'accès à la lecture et de reproduction de ces œuvres et objets protégés ;

6° Le cas échéant, l'adresse URL du service de communication au public en ligne depuis lequel est proposée l'offre, ou le moyen d'y accéder ;

7° Une déclaration sur l'honneur selon laquelle l'ensemble des œuvres composant l'offre est et sera proposée *[proposé]* avec l'autorisation des titulaires des droits prévus aux livres Ier et II, lorsqu'elle est requise ;

8° L'engagement de répondre aux éventuelles demandes d'informations nécessaires à la vérification par la Haute Autorité de l'exactitude des indications fournies dans le dossier de la demande de labellisation.

La demande et le dossier sont rédigés en langue française.

La demande n'est recevable que si le dossier est complet. Toutefois, une irrecevabilité ne peut être opposée par la Haute Autorité qu'après que l'auteur de la demande de labellisation a été invité à compléter sa demande dans un délai de quinze jours.

Art. R. 331-48 La demande de labellisation est adressée par lettre recommandée avec demande d'avis de réception à la Haute Autorité. Après vérification de sa recevabilité, celle-ci la publie sur son site internet avec son numéro d'enregistrement et les éléments du dossier mentionnés aux 1° à 7° de l'article R. 331-47.

Art. R. 331-49 Le titulaire d'un droit prévu aux livres Ier et II sur l'une des œuvres figurant dans l'offre dispose d'un délai de quatre semaines à compter de la publication de la demande pour présenter une objection fondée sur la méconnaissance de ce droit.

Cette objection n'est recevable que si elle remplit en outre les conditions suivantes :

1° Être présentée par écrit avec référence au numéro d'enregistrement de la demande ;

2° Préciser les œuvres concernées par l'objection, et les éléments invoqués à l'appui de celle-ci.

Art. R. 331-50 Toute objection recevable est communiquée sans délai par la Haute Autorité à l'auteur de la demande de labellisation, avec l'indication d'un délai, qui ne peut excéder deux mois, imparti pour parvenir à un accord avec l'auteur de l'objection permettant la levée de celle-ci ou au retrait de l'œuvre concernée. Ce délai suspend le délai mentionné à l'article R. 331-52.

Art. R. 331-51 La Haute Autorité se prononce compte tenu de l'existence d'objections formulées dans les conditions prévues à l'article R. 331-49 et qui n'auraient pas été suivies de l'accord mentionné à l'article R. 331-50 ou du retrait par l'auteur de la demande de labellisation de l'œuvre concernée par l'objection.

Elle statue au plus tôt, en l'absence d'objection, au terme du délai mentionné à l'article R. 331-49, et, en présence d'une objection, au terme du délai fixé en application de l'article R. 331-50.

Art. R. 331-52 La décision de la Haute Autorité accordant le label est notifiée au demandeur et publiée sur le site internet de celle-ci. Le label est matérialisé par un signe distinctif apposé de manière lisible sur le site internet diffusant les œuvres constitutives de l'offre légale et désignant les œuvres couvertes par le label.

Le silence gardé pendant plus de quatre mois par la Haute Autorité sur une demande de labellisation vaut décision de rejet.

Art. R. 331-53 Le label est attribué pour une durée de un an à compter de la date de sa publication sur le site internet de la Haute Autorité. La demande de renouvellement, accompagnée d'un dossier qui comprend tout élément nouveau par rapport à celui de la précédente demande, est présentée au plus tard trois mois avant le terme de la labellisation. Cette demande est instruite selon la même procédure que la demande initiale.

Art. R. 331-54 Le label peut être retiré par la Haute Autorité en cas de méconnaissance des engagements pris en application du 7° de l'article R. 331-47.

Le retrait ne peut intervenir qu'après que le bénéficiaire du label a été mis à même de faire valoir ses observations.

Art. D. 331-54-1 *(Décr. n° 2011-386 du 11 avr. 2011)* **La liste des indicateurs, mentionnés à l'article L. 331-23, du développement de l'offre légale, qu'elle soit ou non commerciale, et d'observation de l'utilisation, qu'elle soit licite ou illicite, des œuvres et des objets protégés par un droit d'auteur ou par un droit voisin sur les réseaux de communications électroniques figure en annexe au présent article.**

ANNEXE

LISTE DES INDICATEURS DU DÉVELOPPEMENT DE L'OFFRE LÉGALE, QU'ELLE SOIT OU NON COMMERCIALE, ET D'OBSERVATION DE L'UTILISATION, QU'ELLE SOIT LICITE OU ILLICITE, DES ŒUVRES ET DES OBJETS PROTÉGÉS PAR UN DROIT D'AUTEUR OU PAR UN DROIT VOISIN SUR LES RÉSEAUX DE COMMUNICATIONS ÉLECTRONIQUES

1. Indicateurs relatifs à la mission d'encouragement au développement de l'offre légale, qu'elle soit ou non commerciale

1.1. Facteurs favorisant le développement de la consommation respectueuse du code de la propriété intellectuelle :

Motifs invoqués par les internautes pour se tourner vers les offres respectueuses du code de la propriété intellectuelle.

1.2. Facteurs faisant obstacle au développement de la consommation respectueuse du code de la propriété intellectuelle :

Motifs invoqués par les internautes pour se détourner des offres respectueuses du code de la propriété intellectuelle.

1.3. Indicateurs relatifs au développement de l'offre légale labellisée :

Nombre de services de communication au public en ligne labellisés en application de l'article L. 331-23 du code de la propriété intellectuelle et ventilation des services selon :

a) Nombre d'œuvres et objets protégés proposés :

— inférieur à 1 000 000 ;

— entre 1 000 000 et inférieur à 5 000 000 ;

— entre 5 000 000 et inférieur à 10 000 000 ;

— supérieur à 10 000 000 ;

b) Conditions d'accès à la lecture et de reproduction des œuvres et objets protégés proposés :

— diffusion en flux (« streaming »), gratuit et/ou payant ;

— téléchargement, gratuit et/ou payant ;

— mise en œuvre de mesures techniques de protection ;

— autres ;

c) Catégories d'œuvres et objets protégés proposés.

1.4. Indicateurs relatifs à la perception du label accordé en application de l'article L. 331-23 du code de la propriété intellectuelle :

a) Proportion du public ayant connaissance du label accordé en application de l'article L. 331-23 du code de la propriété intellectuelle ;

b) Incidence de ce label dans les critères de choix d'une offre par le public.

2. Indicateurs relatifs à la mission d'observation de l'utilisation, qu'elle soit licite ou illicite, des œuvres et des objets protégés par un droit d'auteur ou par un droit voisin sur les réseaux de communications électroniques

2.1. Volume de l'utilisation des œuvres et objets protégés, qu'elle soit licite ou illicite, sur les réseaux de communication au public en ligne et ventilation selon :

a) Catégories d'œuvres et d'objets protégés ;

b) Modes d'utilisation.

2.2. Consommation payante d'œuvres et objets protégés, qu'elle soit licite ou illicite :

Évaluation du panier moyen déclaré de la consommation payante d'œuvres et objets protégés.

2.3. Profil des internautes qui utilisent de manière licite des œuvres et des objets protégés et ventilation selon :

a) Âge :

15 à 17 ans ;

18 à 24 ans ;

25 à 39 ans ;

40 à 59 ans ;

60 ans et plus ;

b) Sexe ;

c) Profession et catégorie sociale ;

d) Équipement ;

e) Département de résidence ;
f) Antériorité de la pratique ;
g) Capacité estimée à distinguer l'utilisation licite de l'utilisation illicite.
2.4. Profil des internautes qui utilisent de manière illicite des œuvres et objets protégés et ventilation selon :
a) Âge :
15 à 17 ans ;
18 à 24 ans ;
25 à 39 ans ;
40 à 59 ans ;
60 ans et plus ;
b) Sexe ;
c) Profession et catégorie sociale ;
d) Équipement ;
e) Département de résidence ;
f) Ancienneté de la pratique :
— depuis moins de 6 mois ;
— de 6 à 12 mois ;
— de 1 à 2 ans ;
— de 2 à 3 ans ;
— de 3 à 4 ans ;
— de 4 à 5 ans ;
— depuis plus de 5 ans ;
g) Capacité estimée à distinguer l'utilisation licite de l'utilisation illicite.

SOUS-SECTION 4 MISSION DE RÉGULATION ET DE VEILLE DANS LE DOMAINE DES MESURES TECHNIQUES DE PROTECTION ET D'IDENTIFICATION DES ŒUVRES ET DES OBJETS PROTÉGÉS

(Décr. n° 2010-1366 du 10 nov. 2010)

Art. R. 331-55 Le rapport de la Haute Autorité au Gouvernement et au Parlement, prévu à l'article L. 331-14, rend notamment compte des orientations qu'elle a fixées, en application du dernier alinéa de l'article L. 331-31, pour ce qui regarde les modalités d'exercice et le périmètre de l'exception pour copie privée et des décisions prises par elle, sur le fondement de l'article L. 331-32 en matière d'interopérabilité, de l'article L. 331-33 en matière d'exceptions et de l'article L. 331-34 en matière de transmission des textes imprimés sous la forme d'un fichier numérique.

§ 1er RÈGLES GÉNÉRALES DE PROCÉDURE

Art. R. 331-56 I. — La saisine de la Haute Autorité fait l'objet d'une lettre recommandée avec demande d'avis de réception ou, selon des modalités fixées par la Haute Autorité, d'une transmission par voie électronique. Elle comporte :
— le nom et l'adresse du demandeur, ainsi que, le cas échéant, ses statuts et le mandat donné à son représentant ou à son conseil ;
— les pièces justifiant que le demandeur relève de l'une des catégories de personnes autorisées à saisir la Haute Autorité en vertu des dispositions de la présente sous-section ou des articles L. 331-32 à L. 331-34 et L. 331-36 ;
— l'objet de la saisine, qui doit être motivée, et les pièces sur lesquelles se fonde celle-ci.

II. — Lorsque la Haute Autorité est saisie en application des articles L. 331-32 à L. 331-34, le demandeur doit en outre préciser le nom et, si le demandeur la connaît, l'adresse des parties que le demandeur met en cause.

III. — Lorsque la Haute Autorité est saisie en application des dispositions de l'article L. 331-32, le demandeur doit en outre préciser la nature et le contenu du projet dont la réalisation nécessite l'accès aux informations essentielles à l'interopérabilité qu'il sollicite, et justifier qu'il a demandé et s'est vu refuser cet accès soit par le titulaire des droits sur la mesure technique, soit par le fournisseur, l'éditeur ou la personne procédant à l'importation ou au transfert des informations ou de la mesure technique en cause depuis un État membre de l'Union européenne. Est assimilé à un refus le fait de ne pas proposer cet accès à des conditions et dans un délai raisonnables.

IV. – Lorsque la Haute Autorité est saisie en application des dispositions de l'article L. 331-33, le demandeur doit en outre justifier qu'il a demandé au titulaire des droits qui recourt à la mesure technique de protection de prendre les mesures propres à permettre l'exercice effectif d'une exception au droit d'auteur et aux droits voisins mentionnée à l'article L. 331-31. Est assimilé à un refus le fait de ne pas proposer la mise en œuvre de telles mesures dans un délai raisonnable.

V. – Lorsque la Haute Autorité est saisie en application des dispositions de l'article L. 331-34, le demandeur doit en outre justifier qu'il est inscrit sur la liste mentionnée au II de l'article R. 122-17 et qu'il a demandé et s'est vu refuser la transmission du fichier numérique d'une œuvre imprimée par l'organisme dépositaire mentionné à l'article D. 122-22.

Si la saisine n'est pas accompagnée de ces éléments, une demande de régularisation est adressée au demandeur ou à son représentant mandaté, qui doivent y répondre et apporter les compléments dans un délai d'un mois.

Le délai de deux mois mentionné aux articles L. 331-32 et L. 331-35 court à compter de la réception du dossier complet par la Haute Autorité.

La production de mémoires, observations ou pièces justificatives effectuées par une partie devant la Haute Autorité sous la signature et sous le timbre d'un avocat emporte élection de domicile.

Art. R. 331-57 I. – L'agrément mentionné à l'article L. 331-33 et au second alinéa de l'article L. 331-36 est accordé par le ministre de la culture pour une durée de cinq années aux associations qui remplissent les conditions suivantes à la date de la demande d'agrément :

1° Justifier d'au moins trois années d'existence à compter de leur déclaration ;

2° Justifier, pendant la période mentionnée à l'alinéa précédent, d'une activité effective et publique en vue de la défense des intérêts des bénéficiaires d'au moins l'une des exceptions mentionnées au 2° de l'article L. 331-31 ; cette activité est appréciée notamment en fonction de la réalisation et de la diffusion de publications et d'informations ;

3° Réunir au moins cinquante membres cotisant individuellement, cette condition pouvant ne pas être exigée des associations se livrant à des activités de recherche et d'analyse de caractère scientifique ; lorsque l'association a une structure fédérale ou confédérale, il est tenu compte du nombre total de cotisants des associations la constituant.

L'agrément est renouvelable dans les conditions de délivrance de l'agrément initial.

Les demandes d'agrément et de renouvellement sont adressées au ministre chargé de la culture. La composition du dossier et les modalités d'instruction sont fixées par arrêté de ce ministre. Lorsque le dossier remis à l'administration est complet, il en est délivré récépissé dans les conditions prévues par *(Décr. n° 2016-308 du 17 mars 2016, art. 2)* « les articles R. 112-4 et suivants du code des relations entre le public et l'administration ». La décision d'agrément ou de refus est notifiée dans un délai de deux mois à compter de la délivrance du récépissé. Les décisions de refus doivent être motivées.

II. – Les personnes morales agréées dans les conditions prévues au I du présent article peuvent saisir la Haute Autorité dans l'intérêt collectif d'une ou plusieurs catégories de bénéficiaires des exceptions mentionnées au 2° de l'article L. 331-31. Elles peuvent également intervenir sur mandat d'une ou plusieurs personnes physiques ou morales identifiées. La saisine n'est recevable que si elle comporte mention de la ou des catégories de bénéficiaires représentés ou si les mandats accordés par des personnes physiques ou morales lui sont joints.

Art. R. 331-58 Les associations de défense des consommateurs titulaires de l'agrément prévu par l'article L. 411-1 du code de la consommation ne sont pas tenues de justifier de l'agrément prévu à l'article R. 331-57 pour saisir la Haute Autorité en application de l'article L. 331-33 et du second alinéa de l'article L. 331-36, dès lors que cette saisine est effectuée dans les conditions prévues aux articles L. 421-1 et suivants et L. 422-1 du code de la consommation.

Art. R. 331-59 I. – La Haute Autorité peut rejeter pour irrecevabilité une demande dont elle a été saisie lorsque :

1° L'objet de la demande ne relève pas de sa compétence ;

2° La demande n'est pas conforme aux prescriptions de l'article R. 331-56, après l'expiration du délai d'un mois suivant l'invitation à régulariser qui a été adressée au demandeur ;

3° L'auteur de la saisine ne justifie pas d'une qualité ou d'un intérêt à agir.

II. – La Haute Autorité peut statuer sans instruction sur les saisines entachées d'une irrecevabilité manifeste.

Art. R. 331-60 Lorsque la Haute Autorité est saisie en application des articles L. 331-32 à L. 331-34, le président peut, d'office ou à la demande des parties, procéder à la jonction de l'instruction de plusieurs affaires. A l'issue de leur instruction, la Haute Autorité peut se prononcer par une décision commune. Le président peut également procéder à la disjonction de l'instruction d'une saisine en plusieurs affaires.

Art. R. 331-61 Les rapporteurs chargés de l'instruction de dossiers auprès de la Haute Autorité sont nommés par le président de la Haute Autorité parmi les agents publics de catégorie A ou assimilés, en activité ou ayant fait valoir leurs droits à la retraite, et les personnes pouvant justifier d'une expérience d'au moins cinq ans dans le domaine du droit de la propriété intellectuelle ou dans celui des mesures techniques et titulaires d'un des diplômes permettant d'accéder à un corps de catégorie A.

Peuvent également être nommés rapporteurs les magistrats de l'ordre judiciaire détachés ou mis à disposition de la Haute Autorité en application des dispositions de l'article R. 331-15.

Art. R. 331-62 Lorsque la Haute Autorité est saisie en application des articles L. 331-32 à L. 331-34, l'instruction de l'affaire s'effectue dans des conditions qui garantissent le respect du principe du caractère contradictoire de la procédure. Le président désigne le rapporteur. Celui-ci procède à toutes diligences utiles.

La partie mise en cause est entendue à sa demande ou si le rapporteur l'estime utile. Le rapporteur peut également entendre toute autre personne dont l'audition lui paraît utile, notamment lorsqu'il est saisi d'une demande en ce sens par un tiers. Dans tous les cas, il établit un procès-verbal qui est versé au dossier.

Le rapporteur peut verser au dossier les observations et pièces produites par des tiers. Il peut solliciter auprès des parties des pièces complémentaires et proposer de recourir à des expertises dans les conditions fixées à l'article R. 331-63.

Art. R. 331-63 Lorsqu'il est fait application de l'article R. 331-32-2, les honoraires et frais d'expertise sont à la charge de la partie qui en a fait la demande ou à celle de la Haute Autorité, dans le cas où l'expertise est ordonnée d'office par le président sur proposition du rapporteur. Toutefois, la Haute Autorité peut, dans sa décision sur le fond, faire peser tout ou partie de la charge définitive de l'expertise sur certaines parties dans les conditions prévues à l'article R. 331-75.

Lorsqu'une expertise est demandée par une partie et acceptée par le président, le montant d'une provision égale aux honoraires prévus par l'expert est consigné sur demande du président. Si plusieurs parties doivent procéder à une telle consignation, le président indique dans quelle proportion chacune doit consigner.

Le rapport d'expertise est remis au rapporteur chargé de l'instruction de l'affaire, qui le verse au dossier.

Art. R. 331-64 Les décisions prises par la Haute Autorité en application des règles de procédure prévues aux paragraphes 2, 3 et 4 de la présente sous-section ne peuvent porter atteinte à l'exploitation normale d'une œuvre ou d'un objet protégé par un droit de propriété intellectuelle, ni causer un préjudice injustifié aux intérêts légitimes des titulaires de droits de propriété intellectuelle.

§ 2 PROCÉDURE APPLICABLE EN MATIÈRE D'INTEROPÉRABILITÉ DES MESURES TECHNIQUES

Art. R. 331-65 I. – Lorsqu'une partie se prévaut d'un secret protégé par la loi, elle signale par lettre, à l'occasion de leur communication à la Haute Autorité, les infor-

mations, documents ou parties de documents regardés par elle comme mettant en jeu un secret protégé par la loi et demande, pour des motifs qu'elle précise pour chacun d'entre eux, leur classement en annexe confidentielle. Elle fournit séparément une version non confidentielle de ces documents ainsi qu'un résumé des éléments dont elle demande le classement. Le cas échéant, elle désigne les entreprises à l'égard desquelles le secret serait susceptible de s'appliquer.

Lorsque les informations, documents ou parties de documents susceptibles de mettre en jeu un secret protégé par la loi sont communiqués à la Haute Autorité par une autre personne que celle qui est susceptible de se prévaloir de ce secret et que celle-ci n'a pas formé de demande de classement, le rapporteur l'invite à présenter, si elle le souhaite, dans un délai qu'il fixe, une demande de classement en annexe confidentielle conformément aux prescriptions de l'alinéa précédent.

II. — Les informations, documents ou parties de documents pour lesquels une demande de classement n'a pas été présentée sont réputés ne pas mettre en jeu un secret protégé par la loi, notamment le secret des affaires, dont les parties pourraient se prévaloir.

Le président de la Haute Autorité donne acte à la personne concernée du classement en annexe confidentielle des informations, documents ou partie *[parties]* **de documents regardés par elle comme mettant en jeu un secret protégé par la loi. Les pièces considérées sont retirées du dossier ou certaines de leurs mentions sont occultées. La version non confidentielle des documents et leur résumé sont versés au dossier.**

Le président de la Haute Autorité peut refuser le classement en tout ou en partie si la demande n'a pas été présentée conformément aux dispositions du premier alinéa du présent article, ou l'a été au-delà des délais impartis en vertu du deuxième alinéa, ou si elle est manifestement infondée. La pièce est alors restituée à la partie qui l'a produite.

III. — Lorsque le rapporteur considère qu'une pièce classée en annexe confidentielle est nécessaire à la procédure, il en informe par lettre recommandée avec accusé de réception la personne qui en a demandé le classement. Si cette personne s'oppose, dans le délai qui lui a été imparti par le rapporteur, à ce que la pièce soit utilisée dans la procédure, elle saisit le président de la Haute Autorité. Si celui-ci donne suite à son opposition, la pièce est restituée à la partie qui l'a produite. Dans le cas contraire, il autorise l'utilisation de la pièce par le rapporteur et sa communication aux parties pour lesquelles la pièce est nécessaire à l'exercice de leurs droits. Les parties concernées ne peuvent utiliser cette pièce, qui demeure couverte par le secret protégé par la loi, que dans le cadre de la procédure devant la Haute Autorité et des voies de recours éventuelles contre les décisions de celle-ci.

Lorsqu'une partie considère qu'une pièce classée en annexe confidentielle est nécessaire à l'exercice de ses droits, elle peut en demander la communication ou la consultation en présentant une requête motivée au rapporteur. Le rapporteur informe la personne qui a demandé le classement de cette pièce par lettre recommandée avec accusé de réception. Si cette dernière s'oppose, dans le délai qui lui a été imparti par le rapporteur, à ce que la pièce soit communiquée à la partie qui en fait la demande, elle saisit le président de la Haute Autorité. Si celui-ci donne suite à son opposition, la pièce est restituée à la partie qui l'a produite. Dans le cas contraire, il autorise la communication ou la consultation de la pièce à la partie qui en a fait la demande ainsi que, le cas échéant, aux autres parties pour lesquelles la pièce est nécessaire à l'exercice de leurs droits. Les parties concernées ne peuvent utiliser cette pièce, qui demeure couverte par le secret protégé par la loi, que dans le cadre de la procédure devant la Haute Autorité et des voies de recours éventuelles contre les décisions de celle-ci.

IV. — *Abrogé par CE 30 déc. 2013, nº 347076.*

Le Conseil d'État, dans sa Décis. du 30 déc. 2013, nº 347076 (JO 8 janv. 2014), a annulé l'art. 2 du Décr. nº 2010-1366 du 10 nov. 2010 en ce qu'il a introduit le IV de l'art. R. 331-65.

Art. R. 331-66 Lorsque le rapporteur constate que les engagements proposés par chacune des parties recueillent l'accord de l'ensemble de celles-ci et qu'ils sont de nature à mettre un terme aux pratiques contraires à l'interopérabilité au sens des dispositions de l'article L. 331-32, il établit un projet de procès-verbal signé par les parties en cause, constatant ces engagements et fixant un délai pour leur exécution. Ce

procès-verbal devient définitif après accord de la Haute Autorité, qui peut entendre les parties ou toute autre personne avant de statuer si elle le juge utile.

Les engagements mentionnés à l'alinéa précédent peuvent être modifiés avec l'accord de la Haute Autorité selon la procédure prévue à cet alinéa.

Art. R. 331-67 I. — A défaut d'accord des parties et de la Haute Autorité constaté dans les conditions fixées par l'article R. 331-66, le rapport du rapporteur est notifié aux parties, qui disposent d'un délai de quinze jours pour prendre connaissance et copie du dossier auprès des services de la Haute Autorité et pour transmettre à celle-ci leurs observations écrites.

Lorsque les circonstances le justifient, le président de la Haute Autorité peut, par une décision non susceptible de recours, accorder un délai supplémentaire, qui ne peut excéder un mois, pour la consultation du dossier et la production des observations des parties.

Les parties sont informées de la date à laquelle la Haute Autorité statuera sur la saisine au moins dix jours avant la séance. La personne mise en cause est entendue à sa demande ou à celle du président de la Haute Autorité. Elle doit pouvoir prendre la parole en dernier.

La Haute Autorité peut également entendre le demandeur ou toute personne dont l'audition lui paraît utile.

Les personnes entendues peuvent être assistées d'un conseil.

Le rapporteur qui a instruit une affaire peut présenter des observations orales lors de la séance au cours de laquelle elle est examinée. La Haute Autorité statue hors de sa présence.

Lorsqu'elle estime que l'instruction est incomplète, la Haute Autorité peut décider de renvoyer l'affaire en tout ou partie à l'instruction. Cette décision n'est pas susceptible de recours.

II. — La Haute Autorité peut, si elle le juge utile, demander à son président de saisir pour avis l'Autorité de la concurrence selon les modalités fixées au dernier alinéa de l'article L. 331-32 et décider de surseoir à statuer, dans l'attente de cet avis, sur la demande dont elle a été saisie.

Art. R. 331-68 I. — Au terme de la procédure prévue à l'article R. 331-67, la Haute Autorité peut, par une décision motivée, soit rejeter la demande dont elle a été saisie, soit enjoindre au titulaire des droits sur la mesure technique de prendre les mesures propres à assurer l'accès du demandeur aux informations essentielles à l'interopérabilité.

Lorsqu'elle prononce une injonction, la Haute Autorité définit les conditions d'accès à ces informations, notamment :

1° La durée de cet accès et son champ d'application ;

2° L'indemnité que le demandeur doit verser au titulaire des droits sur la mesure technique, lorsque celui-ci présente une demande justifiée à cette fin. L'injonction prend effet au plus tôt à la date de versement de l'indemnité à celui-ci ou à la date de consignation de cette somme selon des modalités fixées par la Haute Autorité. Le montant de cette indemnité tient compte notamment de la valeur économique des informations communiquées au demandeur.

La Haute Autorité précise en outre les engagements que le demandeur doit respecter pour garantir, d'une part, l'efficacité et l'intégrité de la mesure technique, et, d'autre part, les conditions d'utilisation du contenu protégé et les modalités d'accès à celui-ci. Ces engagements peuvent comporter l'obligation de faire vérifier par un expert désigné par la Haute Autorité que l'efficacité et l'intégrité de la mesure technique sont respectées. Ces engagements portent également sur les conditions de publication du code source et de la documentation technique en application des dispositions du troisième alinéa de l'article L. 331-32, lorsque le demandeur déclare à la Haute Autorité vouloir publier ces éléments.

II. — La Haute Autorité peut assortir cette injonction d'une astreinte dont elle fixe le montant et la date d'effet. Lorsque la Haute Autorité constate, à compter de cette date, d'office ou sur la saisine de toute partie intéressée que les mesures qu'elle avait prescrites n'ont pas été prises, elle procède à la liquidation de l'astreinte. Celle-ci est provisoire ou définitive. Elle doit être considérée comme provisoire, à moins que la

Haute Autorité n'ait précisé son caractère définitif. La Haute Autorité peut modérer ou supprimer l'astreinte provisoire, même en cas d'inexécution constatée.

Art. R. 331-69 Lorsque aucun recours devant la cour d'appel de Paris n'a été formé dans le délai prévu au premier alinéa de l'article R. 331-75 ou lorsque ce recours a été rejeté par une décision juridictionnelle devenue définitive, la Haute Autorité peut, à la demande de toute partie intéressée, modifier ou mettre fin à son injonction si des éléments nouveaux le justifient ou si le demandeur renonce à donner suite à sa demande d'accès aux informations en litige. La Haute Autorité statue, au terme de la procédure prévue aux articles R. 331-56 à R. 331-65 et R. 331-67, selon les modalités fixées à l'article R. 331-68.

Art. R. 331-70 En cas de non-respect des engagements acceptés par la Haute Autorité suivant la procédure fixée à l'article R. 331-66 ou en cas d'inexécution de l'injonction prononcée en application des dispositions des articles R. 331-68 et R. 331-69, le demandeur mentionné à ces articles peut saisir la Haute Autorité afin que celle-ci prononce à l'encontre du titulaire des droits sur la mesure technique la sanction pécuniaire prévue à l'article L. 331-32.

Cette sanction pécuniaire peut également être prononcée, à la demande du titulaire des droits sur la mesure technique, à l'encontre du demandeur si celui-ci ne respecte pas soit les engagements qu'il a pris et qui ont été acceptés par la Haute Autorité suivant la procédure fixée à l'article R. 331-66, soit les engagements qui lui ont été imposés par la Haute Autorité en application des dispositions du I de l'article R. 331-68.

La Haute Autorité statue au terme de la procédure prévue aux articles R. 331-56 à R. 331-65 et R. 331-67.

Art. R. 331-71 Le rapporteur peut demander au titulaire des droits sur la mesure technique ou, dans le cas prévu au deuxième alinéa de l'article R. 331-70, au demandeur, de lui communiquer, dans un délai de dix jours, les montants de chiffres d'affaires nécessaires au calcul du plafond d'une éventuelle sanction. Si la partie concernée s'abstient de lui communiquer ces informations ou s'il conteste l'exactitude de celles-ci, le rapporteur indique dans son rapport son évaluation des chiffres d'affaires en cause et les éléments sur lesquels il fonde celle-ci.

§ 3 PROCÉDURE APPLICABLE EN MATIÈRE D'EXCEPTIONS AU DROIT D'AUTEUR ET AUX DROITS VOISINS ET DE TRANSMISSION DES FICHIERS NUMÉRIQUES AYANT SERVI À L'ÉDITION D'ŒUVRES IMPRIMÉES

Art. R. 331-72 Lorsque le rapporteur constate qu'une conciliation des parties est possible en application des dispositions du premier alinéa de l'article L. 331-35 et dans le respect de l'article R. 331-65, il établit un projet de procès-verbal signé par les parties en cause, constatant la conciliation, précisant les mesures à prendre pour mettre fin à la situation litigieuse et fixant un délai pour l'exécution de ces mesures. Ce procès-verbal de conciliation devient définitif et exécutoire après accord de la Haute Autorité, qui peut entendre les parties avant de statuer si elle le juge utile.

Le procès-verbal est déposé immédiatement au secrétariat-greffe du ou des tribunaux d'instance dans le ressort duquel ou desquels les parties au litige ont leur domicile ou siège social.

Toute conciliation réalisée ultérieurement est constatée par procès-verbal établi et déposé dans les mêmes conditions.

Art. R. 331-73 En cas d'échec de la conciliation, la Haute Autorité peut, par une décision motivée prise au terme de la procédure fixée par le I de l'article R. 331-67, soit rejeter la demande dont elle a été saisie, soit enjoindre à la personne mise en cause de prendre les mesures propres à assurer le bénéfice effectif de l'exception au droit d'auteur ou aux droits voisins ou la transmission du fichier numérique ayant servi à l'édition d'une œuvre imprimée.

Lorsqu'elle prononce une injonction visant à garantir le bénéfice effectif d'une exception au droit d'auteur ou aux droits voisins, la Haute Autorité détermine les modalités d'exercice de cette exception et fixe notamment, le cas échéant, le nombre minimal de copies autorisées dans le cadre de l'exception pour copie privée, en fonction du type d'œuvre ou d'objet protégé, des divers modes de communication au public et des possibilités offertes par les techniques de protection disponibles.

La Haute Autorité peut également préciser les engagements que le demandeur doit respecter pour assurer le maintien des conditions d'utilisation du contenu protégé et les modalités d'accès à celui-ci et, le cas échéant, l'efficacité et l'intégrité de la mesure technique mise en œuvre.

La Haute Autorité peut assortir ses injonctions d'une astreinte selon les modalités prévues au II de l'article R. 331-68.

§ 4 PROCÉDURE APPLICABLE AUX SAISINES POUR AVIS EN MATIÈRE D'INTEROPÉRABILITÉ ET D'EXCEPTIONS AU DROIT D'AUTEUR ET AUX DROITS VOISINS

Art. R. 331-74 Les avis rendus en application de l'article L. 331-36 peuvent être publiés par la Haute Autorité.

§ 5 VOIES DE RECOURS CONTRE LES DÉCISIONS DE LA HAUTE AUTORITÉ

Art. R. 331-75 Les décisions de la Haute Autorité mentionnées aux articles R. 331-68 à R. 331-70 et R. 331-73 sont notifiées par lettre recommandée avec demande d'avis de réception aux parties, qui peuvent, dans le délai d'un mois, introduire un recours en annulation ou en réformation devant la cour d'appel de Paris. Les augmentations de délais prévues à l'article 643 du code de procédure civile ne s'appliquent pas à ce recours.

La lettre de notification doit indiquer le délai de recours ainsi que les modalités selon lesquelles celui-ci peut être exercé. Elle comporte en annexe les noms, qualités et adresses des parties auxquelles la décision de la Haute Autorité a été notifiée. Les délais de recours ne sont pas opposables à l'auteur de celui-ci lorsque la lettre de notification ne comporte pas les indications prévues au présent alinéa.

Ces décisions ainsi que les procès-verbaux mentionnés aux articles R. 331-66 et R. 331-72 sont rendus publics par tous moyens et, en tout état de cause, s'agissant des décisions, au *Bulletin officiel* du ministère de la culture et de la communication. La Haute Autorité peut prévoir une publication limitée pour tenir compte de l'intérêt légitime des parties à ce que leurs secrets protégés par la loi ne soient pas divulgués. Une copie de ces documents est adressée au ministre chargé de la culture et, pour ce qui concerne les litiges relatifs à l'interopérabilité des mesures techniques, au ministre chargé de la propriété industrielle.

La Haute Autorité peut mettre tout ou partie des frais de procédure à la charge du demandeur dont la demande est rejetée ou à celle de la personne mise en cause lorsqu'une injonction ou une sanction pécuniaire est prononcée à son encontre. Ces frais incluent, le cas échéant, le coût de l'expertise mentionnée à l'article R. 331-63 et celui de la publication de la décision.

Les sanctions pécuniaires et les astreintes sont recouvrées comme les créances de l'État étrangères à l'impôt et au domaine.

Art. R. 331-76 Par dérogation aux dispositions du titre VI du livre II du code de procédure civile, les recours exercés devant la cour d'appel de Paris contre les décisions de la Haute Autorité sont formés, instruits et jugés conformément aux dispositions de la présente sous-section.

La Haute Autorité n'est pas partie à l'instance.

Art. R. 331-77 Les recours prévus à l'article R. 331-75 sont formés par une déclaration écrite en triple exemplaire déposée contre récépissé au greffe de la cour d'appel de Paris contenant, à peine de nullité :

1° Si le demandeur est une personne physique, ses nom, prénoms, profession et domicile ; si le demandeur est une personne morale, sa dénomination, sa forme, son siège social et l'organe qui la représente ;

2° L'objet du recours.

Lorsque la déclaration ne contient pas l'exposé des moyens invoqués, le demandeur doit, à peine de caducité, déposer cet exposé au greffe dans les deux mois qui suivent la notification de la décision de la Haute Autorité.

La déclaration de recours mentionne la liste des pièces et documents justificatifs produits. Les pièces et documents mentionnés dans la déclaration sont remis au greffe de la cour d'appel en même temps que la déclaration. Le demandeur au recours joint à la déclaration une copie de la décision attaquée.

Lorsque le demandeur au recours n'est pas représenté, il doit informer sans délai le greffe de la cour de tout changement de domicile.

Art. R. 331-78 Dans les cinq jours qui suivent le dépôt de sa déclaration, l'auteur du recours doit, à peine de caducité de ce dernier prononcée d'office, en adresser, par lettre recommandée avec demande d'avis de réception, une copie aux parties auxquelles la décision de la Haute Autorité a été notifiée, ainsi qu'il ressort de la lettre de notification prévue au deuxième alinéa de l'article R. 331-75.

Dès l'enregistrement du recours, le greffe de la cour d'appel notifie une copie de la déclaration mentionnée à l'article R. 331-77 et des pièces qui y sont jointes au président de la Haute Autorité, ainsi qu'au ministre chargé de la culture et, pour ce qui concerne les litiges relatifs à l'interopérabilité des mesures techniques, au ministre chargé de la propriété industrielle.

Le président de la Haute Autorité transmet au greffe de la cour le dossier de l'affaire qui comporte le rapport, les mémoires et pièces transmis par les parties et tous les documents versés au dossier durant l'instruction.

Art. R. 331-79 Un recours incident peut être formé alors même que son auteur serait forclos pour exercer un recours à titre principal. Toutefois, dans ce dernier cas, le recours incident ne sera pas recevable s'il est formé plus d'un mois après la réception de la lettre recommandée de l'auteur du recours formé à titre principal, prévue au premier alinéa de l'article R. 331-78 ou si le recours principal n'est pas lui-même recevable.

Le recours incident est formé selon les modalités prévues à l'article R. 331-77. Il est dénoncé, dans les conditions prévues au premier alinéa de l'article R. 331-78, à l'auteur du recours à titre principal.

Art. R. 331-80 Lorsque le recours risque d'affecter les droits ou les charges d'autres personnes qui étaient parties en cause devant la Haute Autorité, ces personnes peuvent se joindre à l'instance devant la cour d'appel par déclaration écrite et motivée déposée au greffe dans les conditions prévues à l'article R. 331-77 dans le délai d'un mois après la réception de la lettre recommandée de l'auteur du recours formé à titre principal, prévue au premier alinéa de l'article R. 331-78. Elle est notifiée à l'auteur du recours formé à titre principal.

A tout moment, le premier président ou son délégué ou la cour peut mettre d'office en cause ces mêmes personnes. Le greffe notifie la décision de mise en cause par lettre recommandée avec demande d'avis de réception.

Art. R. 331-81 Le premier président de la cour d'appel ou son délégué fixe les délais dans lesquels les parties à l'instance doivent se communiquer leurs observations écrites et en déposer copie au greffe de la cour. Il fixe également la date des débats.

Le greffe notifie ces délais aux parties et les convoque à l'audience par lettre recommandée avec demande d'avis de réception.

Art. R. 331-82 Les notifications entre parties ont lieu par lettre recommandée avec demande d'avis de réception ou par notification directe entre les avocats des parties. Les pièces de procédure doivent être déposées au greffe en triple exemplaire.

Art. R. 331-83 Devant la cour d'appel ou son premier président, la représentation et l'assistance des parties s'exercent dans les conditions prévues par l'article 931 du code de procédure civile.

Art. R. 331-84 Les décisions de la cour d'appel de Paris ou de son premier président sont notifiées par lettre recommandée avec demande d'avis de réception par le greffe de la cour aux parties à l'instance.

Elles sont portées à la connaissance du président de la Haute Autorité, du ministre chargé de la culture et, pour ce qui concerne les litiges relatifs à l'interopérabilité des mesures techniques, au ministre chargé de la propriété industrielle, par lettre simple à l'initiative du greffe.

SOUS-SECTION 5 ÉVALUATION ET LABELLISATION DES MOYENS DE SÉCURISATION DESTINÉS À PRÉVENIR L'UTILISATION ILLICITE DE L'ACCÈS À UN SERVICE DE COMMUNICATION AU PUBLIC EN LIGNE

(Décr. n° 2010-1630 du 23 déc. 2010)

Art. R. 331-85 L'évaluation prévue à l'article L. 331-26 est effectuée à la demande de l'éditeur d'un moyen de sécurisation destiné à prévenir l'utilisation illicite de l'accès à un service de communication au public en ligne.

Le demandeur choisit, pour procéder à cette évaluation, un ou plusieurs centres d'évaluation, agréés dans le domaine de ces moyens de sécurisation conformément à la procédure fixée par le chapitre II du décret n° 2002-535 du 18 avril 2002 modifié relatif à l'évaluation et à la certification de la sécurité offerte par les produits et les systèmes des technologies de l'information.

Art. R. 331-86 I. – Le demandeur adresse au centre qu'il a choisi un dossier qui comporte :

a) La description du moyen de sécurisation à évaluer ;

b) Les dispositions prévues pour conférer sa pleine efficacité à ce moyen de sécurisation ;

c) L'ensemble des éléments permettant d'apprécier la conformité du moyen de sécurisation aux spécifications fonctionnelles rendues publiques par la Haute Autorité en application du premier alinéa de l'article L. 331-26.

II. – Il définit avec le centre :

a) Les conditions de protection de la confidentialité des informations qui seront traitées dans le cadre de l'évaluation ;

b) Le coût et les modalités de paiement de l'évaluation ;

c) Le programme de travail et les délais prévus pour l'évaluation.

Art. R. 331-87 Le demandeur est tenu de mettre à la disposition du centre d'évaluation tous les éléments nécessaires au bon accomplissement de ses travaux.

Le demandeur peut décider à tout moment de mettre fin à une évaluation. Il est décidé entre les parties du dédommagement éventuellement dû au centre d'évaluation.

Art. R. 331-88 Au terme de ses travaux, le centre d'évaluation remet un rapport d'évaluation au demandeur.

Ce rapport, qui contient des informations couvertes par le secret industriel et commercial, revêt un caractère confidentiel.

Art. R. 331-89 Pour obtenir le label prévu à l'article L. 331-26, l'éditeur d'un moyen de sécurisation :

1° Adresse la demande de labellisation à la Haute Autorité par lettre recommandée avec demande d'avis de réception.

Cette demande comporte :

a) Si le demandeur est une personne physique, ses nom, prénom, adresse et coordonnées téléphoniques et, s'il est assujetti aux formalités d'inscription au registre du commerce et des sociétés ou au répertoire des métiers, le numéro de son inscription ;

b) Si le demandeur est une personne morale, sa dénomination ou sa raison sociale, les coordonnées téléphoniques de la personne physique à contacter et, s'il s'agit d'une entreprise assujettie aux formalités d'inscription au registre du commerce et des sociétés ou au répertoire des métiers, le numéro de son inscription et l'adresse de son siège social ;

2° Demande au centre ayant procédé à l'évaluation d'adresser à la Haute Autorité un exemplaire de son rapport.

Art. R. 331-90 Est déclarée irrecevable toute demande qui ne comporte pas les informations et le rapport mentionnés à l'article R. 331-89.

Toutefois, cette irrecevabilité ne peut être opposée par la Haute Autorité qu'après que l'auteur de la demande a été invité à compléter sa demande.

Art. R. 331-91 La Haute Autorité délivre le label au moyen de sécurisation lorsqu'elle estime établi, au vu du rapport d'évaluation, que ce moyen est efficace et conforme aux spécifications fonctionnelles qu'elle a rendu publiques en application du premier alinéa de l'article L. 331-26.

La décision de la Haute Autorité d'attribution ou de refus du label est notifiée au demandeur.

Le silence gardé pendant plus de quatre mois par la Haute Autorité sur une demande de labellisation vaut décision de rejet.

Art. R. 331-92 Le label prend effet à compter de la date de notification de la décision de la Haute Autorité au demandeur.

Art. R. 331-93 Lorsque la Haute Autorité modifie les spécifications fonctionnelles que les moyens de sécurisation doivent présenter en application du premier alinéa de l'article L. 331-26, elle peut demander à l'éditeur d'un moyen de sécurisation labellisé de faire procéder à une nouvelle évaluation.

Art. R. 331-94 Le label peut être retiré par la Haute Autorité lorsque le moyen de sécurisation :

a) Cesse de remplir tout ou partie des conditions au vu desquelles il a été délivré ;

b) Ne répond pas aux nouvelles spécifications fonctionnelles.

Le retrait ne peut intervenir qu'après que le bénéficiaire du label a été mis à même de faire valoir ses observations.

Art. R. 331-95 La Haute Autorité met à disposition du public la liste tenue à jour des moyens de sécurisation labellisés en application du second alinéa de l'article L. 331-26.

CHAPITRE II SAISIE-CONTREFAÇON

Art. R. 332-1 *Abrogé par Décr. nº 2014-1550 du 19 déc. 2014, art. 2. – Les dispositions du Décr. nº 2014-1550 du 19 déc. 2014 sont applicables aux îles Wallis-et-Futuna (Décr. préc., art. 9).*

Art. R. 332-2 *(Décr. nº 2008-624 du 27 juin 2008, art. 3)* Le délai prévu au premier alinéa de l'article L. 332-2 est de vingt jours ouvrables ou de trente et un jours civils si ce délai est plus long, à compter *(Décr. nº 2014-1550 du 19 déc. 2014, art. 3)* « du jour où est intervenue la saisie ou la description ».

V. note ss. art. R. 332-1.

Art. R. 332-3 *(Décr. nº 2008-624 du 27 juin 2008, art. 3)* Le délai prévu à l'article L. 332-3 et imparti au demandeur pour se pourvoir au fond *(Décr. nº 2014-1550 du 19 déc. 2014, art. 4)* « par la voie civile ou pénale, ou déposer une plainte auprès du procureur de la République, » est de vingt jours ouvrables ou de trente et un jours civils si ce délai est plus long, à compter *(Décr. nº 2014-1550 du 19 déc. 2014, art. 4)* « du jour où est intervenue la saisie ou la description ».

V. note ss. art. R. 332-1.

Art. R. 332-4 *(Décr. nº 2008-624 du 27 juin 2008, art. 3)* Le délai prévu au troisième alinéa de l'article L. 332-4 et imparti au demandeur pour se pourvoir au fond *(Décr. nº 2014-1550 du 19 déc. 2014, art. 5)* « par la voie civile ou pénale, ou déposer une plainte auprès du procureur de la République, » est de vingt jours ouvrables ou de trente et un jours civils si ce délai est plus long, à compter *(Décr. nº 2014-1550 du 19 déc. 2014, art. 5)* « du jour où est intervenue la saisie ou la description ».

V. note ss. art. R. 332-1.

CHAPITRE III SAISIE-ARRÊT

Absence de disposition réglementaire.

CHAPITRE IV DROIT DE SUITE

Absence de disposition réglementaire.

CHAPITRE V **DISPOSITIONS PÉNALES**

Art. R. 335-1 et R. 335-1-1 *Abrogés par Décr. n° 2015-427 du 15 avr. 2015, art. 1er-1°.*

Art. R. 335-2 *(Décr. n° 96-103 du 2 févr. 1996, art. 1er)* **Toute publicité ou notice d'utilisation relative à un moyen permettant la suppression ou la neutralisation de tout dispositif technique protégeant un logiciel, qui ne comporte pas la mention en caractères apparents que l'utilisation illicite de ces moyens est passible des sanctions prévues en cas de contrefaçon, est punie des peines prévues pour les contraventions de la troisième classe.**

Pour l'application des dispositions du présent livre aux territoires d'outre-mer et à la collectivité territoriale de Mayotte, V. art. R. 811-1 à R. 811-3.

Art. R. 335-3 *(Décr. n° 2006-1763 du 23 déc. 2006)* **Est puni de l'amende prévue pour les contraventions de la quatrième classe le fait :**

1° De détenir en vue d'un usage personnel ou d'utiliser une application technologique, un dispositif ou un composant conçus ou spécialement adaptés pour porter atteinte à une mesure technique efficace mentionnée à l'article L. 331-5 du présent code qui protège une œuvre, une interprétation, un phonogramme, un vidéogramme, un programme ou une base de données ;

2° De recourir à un service conçu ou spécialement adapté pour porter l'atteinte visée à l'alinéa précédent.

Ces dispositions ne s'appliquent pas aux actes qui ne portent pas préjudice aux titulaires de droits et qui sont réalisés à des fins de sécurité informatique ou à des fins de recherche scientifique en cryptographie.

BIBL. ▶ POLLAUD-DULIAN, *RTD com. 2007. 346* (décret n° 2006-1763 du 23 déc. 2006).

En prévoyant de sanctionner la détention de dispositifs conçus ou spécialement adaptés pour porter atteinte à une mesure technique efficace mentionnée à l'art. L. 331-5, lequel s'applique sans préjudice des dispositions de l'art. L. 122-6-1, le pouvoir réglementaire n'a pas entendu viser l'exception régie par ces dispositions, laquelle ne saurait dès lors relever du champ d'application de l'art. R. 335-3. Le moyen tiré de ce que le décret du 23 déc. 2006 porte atteinte à la situation des éditeurs de logiciels libres en méconnaissance du principe de sécurité juridique ne peut qu'être écarté. • CE 16 juill. 2008 : *D. 2008. AJ 2143* ; *CCE 2008, n° 111, note Caron ; RIDA oct. 2008, p. 451, obs. Sirinelli.*

Art. R. 335-4 *(Décr. n° 2006-1763 du 23 déc. 2006)* **Est puni de l'amende prévue pour les contraventions de la quatrième classe le fait :**

1° De détenir en vue d'un usage personnel ou d'utiliser une application technologique, un dispositif ou un composant conçus ou spécialement adaptés pour supprimer ou modifier un élément d'information visé à l'article L. 331-22 et qui ont pour but de porter atteinte à un droit d'auteur, à un droit voisin ou à un droit de producteur de base de données, de dissimuler ou de faciliter une telle atteinte ;

2° De recourir à un service conçu ou spécialement adapté pour porter, dans les mêmes conditions, l'atteinte visée à l'alinéa précédent.

Ces dispositions ne s'appliquent pas aux actes qui ne portent pas préjudice aux titulaires de droits et qui sont réalisés à des fins de sécurité informatique ou à des fins de recherche scientifique en cryptographie.

BIBL. ▶ POLLAUD-DULIAN, *RTD com. 2007. 346* (décret n° 2006-1763 du 23 déc. 2006).

Art. R. 335-5 *(Décr. n° 2010-695 du 25 juin 2010)* **I. — Constitue une négligence caractérisée, punie de l'amende prévue pour les contraventions de la cinquième classe, le fait, sans motif légitime, pour la personne titulaire d'un accès à des services de communication au public en ligne, lorsque se trouvent réunies les conditions prévues au II :**

1° Soit de ne pas avoir mis en place un moyen de sécurisation de cet accès ;

2° Soit d'avoir manqué de diligence dans la mise en œuvre de ce moyen.

II. — Les dispositions du I ne sont applicables que lorsque se trouvent réunies les deux conditions suivantes :

1° En application de l'article L. 331-25 et dans les formes prévues par cet article, le titulaire de l'accès s'est vu recommander par la commission de protection des droits de mettre en œuvre un moyen de sécurisation de son accès permettant de prévenir le renouvellement d'une utilisation de celui-ci à des fins de reproduction, de représentation ou de mise à disposition ou de communication au public d'œuvres ou d'objets protégés par un droit d'auteur ou par un droit voisin sans l'autorisation des titulaires des droits prévus aux livres Ier et II lorsqu'elle est requise ;

2° Dans l'année suivant la présentation de cette recommandation, cet accès est à nouveau utilisé aux fins mentionnées au 1° du présent II.

Cet art. n'est pas applicable en Polynésie française.

CHAPITRE V *BIS* LA RETENUE

(Décr. n° 2015-427 du 15 avr. 2015, art. 1er-2°)

Art. R. 335-6 **I. — La demande écrite sollicitant l'intervention de la douane, qu'elle soit préalable ou présentée après que le demandeur a été informé du placement de la marchandise en retenue, comporte :**

1° Les prénom et nom ou la raison sociale et les coordonnées du demandeur ;

2° Le statut du demandeur au regard du ou des droits de propriété intellectuelle pour lesquels l'intervention de la douane est demandée ;

3° Les documents justificatifs permettant au service douanier compétent de s'assurer que le demandeur est habilité à présenter la demande ;

4° Le cas échéant, les coordonnées du représentant du demandeur ainsi que les documents justifiant la représentation ;

5° La liste du ou des droits dont la protection est demandée ;

6° Les données spécifiques et techniques sur les marchandises authentiques, telles que les marquages, les codes-barres ou images ;

7° Les informations nécessaires pour permettre aux autorités douanières de reconnaître facilement les marchandises authentiques ;

8° Toutes informations utiles au service pour évaluer le risque de violation du ou des droits protégés, telles que la liste des distributeurs autorisés, le ou les pays de fabrication ainsi que la valeur des marchandises authentiques ;

9° L'engagement du demandeur de respecter les obligations découlant de la demande d'intervention.

II. — Les modalités de présentation de la demande sont précisées par arrêté du ministre chargé des douanes.

Arrêté du 29 juin 2015,

Fixant les modalités de présentation de la demande d'intervention (JO 4 août).

Art. 1er La demande d'intervention visée aux articles R. 335-6, R. 523-1, R. 614-36, R. 622-9, R. 623-60, R. 716-6 et R. 722-7 du code de la propriété intellectuelle doit être déposée auprès de l'administration des douanes à l'adresse suivante : direction générale des douanes et droits indirects, bureau E1, Politique commerciale et tarifaire, section propriété intellectuelle et contrefaçon, 11, rue des Deux-Communes, 93558 Montreuil Cedex.

Elle peut également être déposée au moyen d'un système informatisé dédié à la réception et au traitement des demandes d'intervention et mis à disposition par l'administration des douanes.

Art. 2 I. — Les informations fournies, le cas échéant, dans la demande d'intervention déposée au titre du règlement du 12 juin 2013 susvisé valent également pour la demande d'intervention déposée au titre du code de la propriété intellectuelle, dès lors que les droits de propriété intellectuelle visés dans les deux demandes sont identiques.

II. — En l'absence de demande d'intervention déposée au titre de ce règlement, la demande d'intervention déposée au titre du code de la propriété intellectuelle doit comporter, outre les mentions prévues par les articles R. 335-6, R. 523-1, R. 614-36, R. 622-9, R. 623-60, R. 716-6 et R. 722-7 du code de la propriété intellectuelle, les mentions suivantes :

1° Les coordonnées des personnes à contacter en cas de retenue de marchandises présumées contrefaisantes (représentant pour les aspects juridiques et représentant pour les aspects techniques) ;

2° La description des marchandises authentiques accompagnée des éléments suivants :

— des photographies des produits et/ou toute autre reproduction graphique des éléments protégés ;

— les caractéristiques techniques des marchandises ;

— l'indication du ou des lieux de fabrication des marchandises ;

— les noms des sociétés autorisées à fabriquer, importer et distribuer les marchandises ;

— l'ensemble des informations sur le circuit logistique emprunté par les marchandises jusqu'à leur distribution finale, notamment les moyens de transports utilisés, l'identification des lieux d'importation et de stockage ou encore les détails concernant le conditionnement des marchandises ;

— l'ensemble des informations relatives au dédouanement des marchandises, notamment le lieu d'entrée dans l'Union européenne, le bureau de dédouanement, la procédure douanière utilisée ;

3° Toute information se rapportant aux atteintes aux droits visés dans la demande d'intervention ;

4° Une copie des décisions de justice déjà rendues en matière de contrefaçon du ou des droits visés dans la demande d'intervention.

Art. 3 Lorsqu'elle porte sur des droits d'auteur ou des droits voisins, la demande d'intervention doit également comporter :

1° La ou les décisions de justice ayant reconnu l'existence du ou des droits d'auteur pour lesquels la protection est demandée ou, à défaut, l'ensemble des documents permettant au service douanier de s'assurer de cette existence ;

2° La description des éléments caractéristiques et originaux de l'œuvre dont la reproduction est susceptible de matérialiser la contrefaçon.

Art. 4 L'arrêté du 23 septembre 2008 fixant les modalités de présentation de la demande de retenue mentionnée aux articles R. 335-1, R. 523-1 et R. 716-6 du code de la propriété intellectuelle est abrogé.

Art. R. 335-7 **I. — Le ministre chargé des douanes accepte ou rejette la demande écrite dans un délai de trente jours ouvrables à compter de sa réception.**

II. — Lorsque la demande est incomplète, le demandeur est invité à fournir les informations manquantes dans un délai suspensif de dix jours ouvrables.

III. — La décision du ministre est valable pendant une durée qui ne peut excéder un an à compter du lendemain de l'acceptation de la demande.

IV. — La demande est renouvelable sur demande expresse de l'intéressé.

Art. R. 335-8 **Lorsque la demande écrite est présentée après que le demandeur a été informé du placement de la marchandise en retenue, le ministre chargé des douanes l'accepte ou la rejette dans un délai de deux jours ouvrables à compter de sa réception.**

Si la demande ne contient pas les données spécifiques et techniques sur les marchandises authentiques, les informations nécessaires pour permettre aux autorités douanières de reconnaître facilement les marchandises authentiques et les informations utiles au service pour évaluer le risque de violation du ou des droits protégés, il n'y est fait droit que pour la retenue en cours des marchandises, sauf si ces informations sont communiquées dans un délai de dix jours ouvrables à compter de la notification de la retenue.

Art. R. 335-9 **Le ministre chargé des douanes peut suspendre ou abroger la décision faisant droit à la demande écrite ou refuser de faire droit à la demande de renouvellement qui lui est présentée. Il en informe le demandeur, qui dispose d'un délai pour présenter ses observations. Ce délai, fixé par le ministre chargé des douanes, ne peut être inférieur à quinze jours. La décision n'est notifiée à l'intéressé qu'après l'expiration de ce délai.**

Art. R. 335-10 **Le directeur régional des douanes territorialement compétent se prononce sur la demande de prorogation du délai de dix jours de la retenue.**

Art. R. 335-11 **Le ministre chargé des douanes prononce les décisions relevant des articles 9, 12 et 16 du règlement (UE) n° 608/2013 du Parlement européen et du**

Conseil du 12 juin 2013 *[concernant le contrôle, par les autorités douanières, du respect des droits de propriété intellectuelle]. — V. ce texte, App., vº Dispositions générales.*

Art. R. 335-12 **A défaut de réponse de l'autorité compétente dans les délais prévus au présent chapitre, les demandes concernées sont considérées comme rejetées.**

Art. R. 335-13 **Les garanties destinées à l'indemnisation éventuelle du détenteur des marchandises, au cas où la contrefaçon ne serait pas ultérieurement reconnue, qui peuvent être exigées du titulaire du droit d'auteur ou du droit voisin, lequel s'est pourvu par la voie civile ou correctionnelle, sont fixées par l'autorité judiciaire.**

Art. R. 335-14 **La définition des denrées périssables est précisée par arrêté du ministre chargé des douanes.** *— V. Arr. du 29 juin 2015 (JO 4 août) ss. art. L. 335-14.*

Art. R. 335-15 **Les frais liés à la mesure de retenue ou aux mesures conservatoires prononcées par la juridiction civile mis à la charge du titulaire du droit d'auteur ou du droit voisin en application du présent code ainsi que de l'article 29 du règlement (UE) nº 608/2013 du Parlement européen et du Conseil du 12 juin 2013** *[concernant le contrôle, par les autorités douanières, du respect des droits de propriété intellectuelle]* **comprennent les dépenses de stockage, de manutention, de transport et de destruction des marchandises.** *— V. ce texte, App., vº Dispositions générales.*

Les modalités de calcul des frais visés à l'alinéa précédent sont déterminées par un arrêté du ministre chargé des douanes.

Art. R. 335-16 **I. — Lorsque l'administration des douanes décide de procéder à un prélèvement d'échantillon, trois exemplaires sont prélevés par les agents des douanes. L'un est remis au titulaire du droit d'auteur ou du droit voisin ou à son représentant, l'autre est remis au détenteur ou au déclarant ou au représentant de l'un d'entre eux et le dernier est conservé par l'administration des douanes. Les trois échantillons doivent être, autant que possible, identiques.**

Le prélèvement est réalisé en présence soit du détenteur de la marchandise, soit du déclarant ou d'un représentant de l'un d'entre eux. Le titulaire du droit d'auteur ou du droit voisin ou son représentant peut également être présent. Ils sont informés de l'heure, du lieu du prélèvement d'échantillons et de la faculté dont ils disposent d'être présents.

En cas d'absence du détenteur de la marchandise ou du déclarant ou du représentant de l'un d'entre eux, un témoin n'appartenant pas à l'administration des douanes est requis par deux agents des douanes pour assister au prélèvement.

Lorsque le titulaire du droit d'auteur ou du droit voisin ou son représentant n'est pas présent, l'échantillon qui lui est destiné peut, sur sa demande expresse et à ses frais, lui être envoyé ou être envoyé à son représentant. Lorsque le détenteur de la marchandise ou le déclarant ou le représentant de l'un d'eux n'est pas présent, l'échantillon qui lui est destiné est conservé par l'administration.

Lorsqu'une marchandise ou un objet, en raison de son poids, de ses dimensions, de sa valeur, de sa nature ou de la trop faible quantité de produit, ne peut faire l'objet d'un prélèvement de trois échantillons, la marchandise ou l'objet est prélevé dans sa totalité et constitue un seul et unique échantillon, qui est remis au titulaire du droit d'auteur ou du droit voisin ou à son représentant.

II. — Tout échantillon prélevé est mis sous scellé. Chacun doit retenir une étiquette d'identification portant les mentions suivantes :

1º Les nom, prénom ou raison sociale et adresse du détenteur de la marchandise ou du déclarant ;

2º Le cas échéant, les nom, prénom et adresse du témoin requis ;

3º Les nom, prénom ou raison sociale et adresse du titulaire du droit d'auteur ou du droit voisin ou de son représentant auquel l'échantillon est remis ou envoyé ;

4º La dénomination de la marchandise ;

5º La date, l'heure et le lieu du prélèvement ;

6º Le numéro d'ordre de chaque échantillon ;

7º Les nom, prénom et qualité de l'agent ayant effectué le prélèvement ainsi que sa signature.

III. – Tout prélèvement donne lieu à la rédaction d'un procès-verbal de constat au sens de l'article 334 du code des douanes. Le procès-verbal comporte, outre les mentions prévues par ce code, les mentions suivantes :

1° La date, l'heure et le lieu du prélèvement ;

2° Les nom, prénom ou raison sociale et adresse de toutes les personnes ayant assisté au prélèvement ;

3° Le cas échéant, la mention de l'absence du titulaire du droit d'auteur ou du droit voisin ou de son représentant et de l'information qui lui a été faite de l'heure et du lieu du prélèvement d'échantillons et de la faculté dont il disposait d'être présent ;

4° Le cas échéant, mention du défaut ou du refus de la présence du détenteur de la marchandise, du déclarant ou du représentant de l'un d'entre eux ;

5° Un exposé succinct des circonstances dans lesquelles le prélèvement a été effectué ;

6° L'identification du ou des échantillons ainsi que leur remise à leur destinataire ;

7° Le cas échéant, l'envoi de l'échantillon au titulaire du droit d'auteur ou du droit voisin ou à son représentant, aux seules fins d'analyse et en vue de faciliter les actions qu'il peut être amené à engager par la voie civile ou pénale.

Les personnes présentes lors du prélèvement peuvent faire insérer au procès-verbal de constat toutes les déclarations qu'elles jugent utiles. Elles sont invitées à le signer. En cas de refus, mention en est portée sur le procès-verbal de constat.

Une copie du procès-verbal de constat est remise à chaque personne présente lors du prélèvement.

IV. – En cas d'action en justice du titulaire du droit d'auteur ou du droit voisin, l'administration des douanes conserve les échantillons qui lui sont attribués jusqu'au règlement de l'affaire. En fonction du résultat de l'action civile ou pénale engagée par le titulaire du droit d'auteur ou du droit voisin, ils sont restitués soit à ce dernier soit à leur détenteur ou au déclarant ou à un représentant de l'un d'entre eux.

Sauf si les circonstances ne le permettent pas, le titulaire du droit d'auteur ou du droit voisin restitue aux autorités douanières les échantillons qui lui ont été attribués, dès la fin de l'analyse, et au plus tard à la fin de leur retenue.

V. – Lorsque la procédure de retenue est mise en œuvre s'agissant de marchandises transportées en petits envois, le présent article n'est pas applicable.

Art. R. 335-17 Lors de la notification de la retenue, le détenteur des marchandises est invité à informer le propriétaire de la possibilité qui lui est offerte de s'opposer à la destruction de ces marchandises.

Le titulaire de droit est informé que la retenue et, le cas échéant, la destruction des marchandises s'effectue sous sa responsabilité.

Art. R. 335-18 Lorsqu'elles sont destinées à être détruites avec le consentement du titulaire du droit d'auteur ou du droit voisin et le consentement du détenteur des marchandises, qu'elles soient ou non transportées en petits envois, les marchandises restent retenues jusqu'à leur destruction.

La destruction des marchandises est réalisée sous la responsabilité du titulaire du droit d'auteur ou du droit voisin.

La destruction des marchandises est constatée par deux agents des douanes par procès-verbal de constat au sens de l'article 334 du code des douanes. Le détenteur ou le déclarant et le titulaire du droit d'auteur ou du droit voisin sont informés de la faculté dont ils disposent d'être présents. Le procès-verbal comporte, outre les mentions prévues par ce code, les mentions suivantes :

1° La date, l'heure et le lieu de la destruction ;

2° Les nom, prénom ou raison sociale et adresse de toutes les personnes ayant assisté à la destruction ;

3° Le type de marchandises et leur quantité ;

4° La ou les références du procès-verbal de placement en retenue ;

5° La date de l'accord exprès ou tacite du déclarant ou du détenteur des marchandises.

Une copie de ce procès-verbal est remise au déclarant, au détenteur des marchandises et au titulaire du droit d'auteur ou du droit voisin, s'ils sont présents lors de la destruction. Une copie leur est remise sur leur demande s'ils sont absents.

TITRE QUATRIÈME DROITS DES PRODUCTEURS DE BASES DE DONNÉES

(Décr. n° 2008-624 du 27 juin 2008, art. 4)

Art. R. 341-1 *(Décr. n° 2008-1391 du 19 déc. 2008)* **L'exception prévue au 3° de l'article L. 342-3 s'exerce dans les conditions définies aux articles** *(Décr. n° 2017-253 du 27 févr. 2017, art. 4)* **« R. 122-13 à R. 122-22 ».** – *V. 1re note ss. art. R. 122-13.*

CHAPITRE PREMIER CHAMP D'APPLICATION

Le présent chapitre ne comporte pas de dispositions réglementaires.

CHAPITRE II ÉTENDUE DE LA PROTECTION

Le présent chapitre ne comporte pas de dispositions réglementaires.

CHAPITRE III PROCÉDURES ET SANCTIONS

Art. R. 343-1 Le délai prévu au dernier alinéa de l'article L. 343-2 et imparti au demandeur pour se pourvoir au fond *(Décr. n° 2014-1550 du 19 déc. 2014, art. 6)* **« par la voie civile ou pénale, ou déposer une plainte auprès du procureur de la République, » est de vingt jours ouvrables ou de trente et un jours civils si ce délai est plus long, à compter de la date de l'ordonnance.**

Les dispositions du Décr. n° 2014-1550 du 19 déc. 2014 sont applicables aux îles Wallis-et-Futuna et en Nouvelle-Calédonie (Décr. préc., art. 9).

LIVRE QUATRIÈME ORGANISATION ADMINISTRATIVE ET PROFESSIONNELLE

TITRE PREMIER INSTITUTIONS

CHAPITRE PREMIER L'INSTITUT NATIONAL DE LA PROPRIÉTÉ INDUSTRIELLE

SECTION PREMIÈRE ORGANISATION DE L'INSTITUT NATIONAL DE LA PROPRIÉTÉ INDUSTRIELLE

Art. R. 411-1 L'Institut national de la propriété industrielle a notamment pour attributions :

1° L'examen des demandes de brevets d'invention et la délivrance des brevets ainsi que de tous documents les concernant ;

2° L'enregistrement et la publication des marques de fabrique, de commerce ou de service ;

3° La délivrance de certificats d'identité et de renseignements concernant les antériorités en matière de marques de fabrique, de commerce ou de service ;

4° *(Décr. nº 2004-199 du 25 févr. 2004, art. 2)* « L'organisation du dépôt, de la conservation et de la mise à disposition du public des cultures de micro-organismes utilisés par une invention pour laquelle un brevet est demandé ;

« 5° La centralisation et la conservation des dépôts de dessins et modèles et leur publication, ainsi que l'enregistrement et la conservation du dépôt des enveloppes doubles destinées à faciliter la preuve de la création des dessins et modèles ; » — *Les dispositions des 4° et 5° sont entrées en vigueur le 1er janv. 2005.*

6° La tenue des registres de brevets, des marques et des dessins et modèles, l'inscription de tous actes affectant la propriété des brevets d'invention, des marques de fabrique, de commerce ou de service et des dessins et modèles ;

7° L'application des dispositions contenues dans les lois et règlements sur la protection temporaire de la propriété industrielle dans les expositions, sur les récompenses industrielles et sur les marques d'origine ;

8° *(Décr. nº 2004-199 du 25 févr. 2004, art. 2)* « L'application des accords internationaux et la mise en œuvre d'actions de coopération en matière de propriété industrielle, et notamment les relations administratives avec l'Organisation mondiale de la propriété intellectuelle et l'Organisation européenne des brevets ; »

9° La tenue du Registre national du commerce et des sociétés ; — *Sur le registre du commerce et des sociétés, V. Décr. nº 84-406 du 30 mai 1984.* — ***C. com.***

10° La conservation du dépôt des actes constitutifs et modificatifs de sociétés déposés dans les greffes des tribunaux de commerce et des tribunaux civils en tenant lieu ;

11° La centralisation des renseignements figurant dans les registres du commerce et des métiers et le *Bulletin officiel* desdits registres ;

12° La centralisation, la conservation et la mise à la disposition du public de toute documentation technique et juridique concernant la propriété industrielle ;

13° La gestion du *Bulletin officiel* de la propriété industrielle ;

(Décr. nº 2015-595 du 2 juin 2015, art. 2-1°) « 14° L'examen des demandes d'homologation et des demandes de modification des cahiers des charges des indications géographiques définies à l'article L. 721-2, l'homologation et le retrait d'homologation de ces cahiers des charges. »

Pour l'exploitation de son fonds documentaire, l'institut peut constituer des banques de données, le cas échéant, en liaison avec d'autres fichiers ou registres. Il peut à cette fin constituer des sociétés filiales ou prendre des participations financières.

Les dispositions de l'art. 2 du Décr. nº 2015-595 du 2 juin 2015 sont applicables dans les îles Wallis-et-Futuna (Décr. préc., art. 6).

Art. R. 411-1-1 *(Décr. nº 2007-280 du 1er mars 2007, art. 2)* La publication des décisions, actes et documents prévue au *Bulletin officiel* de la propriété industrielle diffusé sous forme électronique, dans des conditions de nature à garantir son authenticité, produit les mêmes effets de droit que leur publication sous forme imprimée.

Art. R. 411-1-2 *(Décr. nº 2007-280 du 1er mars 2007, art. 3)* **L'Institut national de la propriété industrielle organise la consultation publique et gratuite des titres de propriété industrielle et du *Bulletin officiel* de la propriété industrielle. Les modalités, lieux et conditions de cette consultation sont fixés par décision du directeur général de l'Institut national de la propriété industrielle.**

Art. D. 411-1-3 *(Décr. nº 2014-917 du 19 août 2014, art. 1er, en vigueur le 1er oct. 2014)* **Les informations publiques de l'Institut national de la propriété industrielle relatives aux titres de propriété industrielle** *(Décr. nº 2015-1905 du 30 déc. 2015, art. 2-1º)* **« et au registre national du commerce et des sociétés » peuvent être mises à la disposition du public sur demande, par voie électronique ou sur support informatique, à des fins de réutilisation.**

La réutilisation de tout ou partie de ces informations publiques est soumise à l'acceptation par le demandeur d'une licence incluant l'engagement à ne pas faire un usage des données à caractère personnel contraire aux dispositions du livre III du code des relations entre le public et l'administration. *(Décr. nº 2015-1905 du 30 déc. 2015, art. 2º et 3º, en vigueur le 1er mars 2016)* **« Pour la réutilisation des informations du registre national du commerce et des sociétés, la licence inclut l'engagement de respecter les restrictions relatives aux critères de recherche prévues en application de l'article R. 123-151 du code de commerce. »**

(Décr. nº 2017-1094 du 12 juin 2017, art. 3, en vigueur le 1er août 2017) **« Les modalités de diffusion et de mise à la disposition du public des informations du registre national du commerce et des sociétés respectent les dispositions relatives à la communication des décisions de justice et des documents comptables prévues aux articles R. 123-154 à R. 123-154-1 du code de commerce et les dispositions concernant la communication du document relatif au bénéficiaire effectif prévues aux 1º à 4º de l'article L. 561-46 et aux articles R. 561-57 à R. 561-59 du code monétaire et financier. »**

La description *(Décr. nº 2015-1905 du 30 déc. 2015, art. 2-4º, en vigueur le 1er mars 2016)* **« des informations mises à la disposition du public ainsi que les modèles de licence » sont accessibles sur le site internet de l'Institut national de la propriété industrielle.**

Les dispositions du Décr. nº 2015-1905 du 30 déc. 2015 entrent en vigueur à la date prévue au IV de l'article 60 de la L. nº 2015-990 du 6 août 2015, soit à la même date que le 1er arrêté fixant les tarifs des prestations des greffiers des tribunaux de commerce en application de l'art. 50 de la L. préc., et au plus tard à l'expiration du douzième mois suivant la promulgation de la même loi (Décr. préc., art. 6 ; L. préc., art. 60-IV). Cet arrêté, du 26 févr. 2016, a été publié au JO du 28 févr. 2016. Elles sont applicables dans les îles Wallis-et-Futuna (Décr. préc., art. 6 et 7).

Art. R. 411-1-4 *(Décr. nº 2015-595 du 2 juin 2015, art. 2-2º)* **L'Institut national de la propriété industrielle organise l'accès public, gratuit et sous format électronique :**

1º A la liste des indications géographiques définies à l'article L. 721-2, accompagnées de la date et de la référence de publication au *Bulletin officiel de la propriété industrielle* des décisions d'homologation des cahiers des charges et, le cas échéant, de la décision de retrait d'homologation ;

2º Aux cahiers des charges homologués conformément à l'article L. 721-3 ;

3º A la liste actualisée des opérateurs, mentionnés à l'article L. 721-5, de chaque indication géographique.

Les modalités et conditions de cet accès sont fixées par décision du directeur général de l'institut.

Les dispositions de l'art. 2 du Décr. nº 2015-595 du 2 juin 2015 sont applicables dans les îles Wallis-et-Futuna (Décr. préc., art. 6).

Art. R. 411-2 **Le directeur général de l'Institut national de la propriété industrielle représente l'institut dans tous les actes de la vie civile.**

Il a sous ses ordres le personnel de l'institut.

Il prend toutes mesures utiles au fonctionnement de l'institut.

Il prépare et exécute le budget. Il établit les titres de recettes. Il engage, liquide et ordonnance les dépenses dans la limite des crédits ouverts au budget.

(Décr. nº 2004-199 du 25 févr. 2004, art. 3) **« Il peut déléguer sa signature, notamment en matière de passation de marchés, à un ou plusieurs agents de l'institut, désignés par lui. »**

Art. R. 411-3 *(Décr. nº 2004-199 du 25 févr. 2004, art. 4)* **« Le conseil d'administration est composé de** *(Décr. nº 2014-650 du 20 juin 2014, art. 2)* **« quatorze » membres :**

« 1º Une personnalité issue du monde économique *(Abrogé par Décr. nº 2015-515 du 7 mai 2015, art. 1er-1º)* ***« et membre du Conseil supérieur de la propriété industrielle »,*** **président, nommée par arrêté du ministre chargé de la propriété industrielle pour une période de trois ans renouvelable une fois ;**

« 2º Le directeur des affaires civiles et du sceau au ministère de la justice ou son représentant ;

« 3º Le directeur du budget au ministère de l'économie et des finances ou son représentant ;

« 4º Deux représentants du ministre chargé de la propriété industrielle, dont le directeur des affaires juridiques ou son représentant *(Décr. nº 2014-650 du 20 juin 2014, art. 2)* **« , et un représentant du ministre chargé de la recherche ; »**

« 5º Le directeur général de *(Décr. nº 2014-650 du 20 juin 2014, art. 2)* **« la société anonyme BPI-Groupe ou son représentant » ;**

« 6º Le président de la Compagnie nationale des conseils en propriété industrielle et un représentant des praticiens de la propriété industrielle en entreprise nommé par arrêté du ministre chargé de la propriété industrielle pour une période de trois ans renouvelable une fois ;

« 7º *(Décr. nº 2014-650 du 20 juin 2014, art. 2)* **« Trois » représentants des milieux industriels intéressés à la protection de la propriété industrielle nommés par arrêté du ministre chargé de la propriété industrielle pour une période de trois ans renouvelable une fois ;**

« 8º Deux représentants du personnel en fonctions dans l'établissement, élus dans des conditions fixées par arrêté du ministre chargé de la propriété industrielle. »

(Décr. nº 2007-280 du 1er mars 2007, art. 4) **« Le président est assisté d'un vice-président nommé dans les mêmes conditions que lui et choisi parmi les membres du conseil d'administration. »**

Les fonctions de membre du conseil d'administration ne sont pas rémunérées. Elles ouvrent droit aux indemnités de déplacement et de séjour prévues par le décret nº 2006-781 du 3 juillet 2006.

(Décr. nº 2015-515 du 7 mai 2015, art. 1er-1º) **« En cas de vacance par décès, démission ou pour toute autre cause, de l'un des membres du conseil d'administration nommé par arrêté du ministre chargé de la propriété industrielle, il est pourvu à son remplacement pour la durée restant à courir de son mandat. »**

Le directeur général, le *(Décr. nº 2012-1247 du 7 nov. 2012, art. 2)* **« contrôleur budgétaire » et l'agent comptable assistent aux séances du conseil d'administration avec voix consultative.**

Le président peut appeler à participer aux séances, avec voix consultative, toute personne dont il juge la présence utile.

Le secrétariat du conseil d'administration est assuré par un agent de l'institut désigné à cet effet par le directeur général. – *[Décr. nº 51-1469 du 22 déc. 1951, art. 3.]*

Les dispositions du Décr. nº 2014-650 du 20 juin 2014 sont applicables dans les îles Wallis-et-Futuna (Décr. préc., art. 5).

Les membres du conseil d'administration de l'INPI nommés par arrêté du ministre chargé de la propriété industrielle et en fonctions à la date de publication du Décr. nº 2015-515 du 7 mai 2015 (JO 10 mai) restent en fonctions jusqu'au 29 oct. 2016 et peuvent être renouvelés dans les conditions fixées par l'art. R. 411-3 du CPI (Décr. préc., art. 2).

Les dispositions du Décr. nº 2015-515 du 7 mai 2015 sont applicables dans les îles Wallis-et-Futuna (Décr. préc., art. 3).

Art. R. 411-4 *(Décr. nº 2004-199 du 25 févr. 2004, art. 4)* **Le conseil d'administration définit la politique générale de l'établissement dans le cadre des orientations fixées par les ministres de tutelle. Il dispose notamment des compétences suivantes :**

1° Il approuve le budget et ses modifications, le compte financier de l'exercice clos et l'affectation du résultat et se prononce sur le rapport annuel d'activité ;

2° Il fixe les orientations de la politique tarifaire, les conditions générales de passation des contrats, conventions et marchés conclus par l'établissement, les conditions générales d'emploi et de rémunération du personnel, le règlement intérieur de l'établissement ;

3° Il décide de la création ou de la suppression de filiales, des acquisitions ou cessions de participations, de l'achat, de la vente ou de la location d'immeubles ;

4° Il autorise les emprunts et accepte les dons et legs ;

5° Il décide des actions en justice et des transactions. Il peut déléguer ces pouvoirs au directeur général de l'établissement.

Art. R. 411-5 *(Décr. n° 2004-199 du 25 févr. 2004, art. 4)* « Le conseil d'administration se réunit au moins deux fois par an. Il est convoqué par son président sur un ordre du jour fixé par celui-ci. »

(Décr. n° 2007-280 du 1er mars 2007, art. 5) « Le quorum est atteint si sept au moins de ses membres sont présents ou représentés.

« Lorsque le quorum n'est pas atteint, le conseil délibère valablement sans condition de quorum après une nouvelle convocation portant sur le même ordre du jour et spécifiant qu'aucun quorum ne sera exigé. »

En cas de partage égal des voix, celle du président est prépondérante.

(Décr. n° 2007-280 du 1er mars 2007, art. 5) « En cas d'absence ou d'empêchement du président, ses attributions sont exercées par le vice-président.

« Chaque membre du conseil peut donner pouvoir à un autre membre. Nul ne peut détenir plus d'un pouvoir.

« Le conseil d'administration peut se doter d'un règlement intérieur. » – *[Décr. n° 51-1469 du 22 déc. 1951, art. 5.]*

Art. R. 411-6 Les effectifs du personnel contractuel propre à l'institut sont fixés chaque année dans la limite des autorisations budgétaires de cet établissement.

Le statut du personnel est fixé par décret. – *[Décr. n° 51-1469 du 22 déc. 1951, art. 6, al. 1er et 2.]*

Art. R. 411-7 *Abrogé par Décr. n° 2012-1247 du 7 nov. 2012, art. 39-4°, à compter du 1er janv. 2013.*

Art. R. 411-8 *(Décr. n° 2012-1247 du 7 nov. 2012, art. 39-2°)* L'institut est soumis aux dispositions des titres Ier et III du décret n° 2012-1246 du 7 novembre 2012 relatif à la gestion budgétaire et comptable publique.

V. Arr. du 26 déc. 2014 (JO 30 déc.) relatif aux modalités d'exercice du contrôle budgétaire sur l'Institut national de la propriété intellectuelle.

Art. R. 411-9 *(Décr. n° 2004-199 du 25 févr. 2004, art. 5)* « Le directeur général de l'institut transmet pour approbation aux ministres chargés de la propriété industrielle et du budget, accompagnées le cas échéant de l'avis du membre du corps du contrôle général économique et financier, les délibérations prises par le conseil d'administration dans l'exercice des attributions suivantes : approbation du budget et de ses modifications, du compte financier de l'exercice clos et de l'affectation du résultat, fixation des orientations de la politique tarifaire, des conditions générales d'emploi et de rémunération du personnel, décisions de création ou de suppression de filiales, d'acquisitions ou de cessions de participations, d'achat, de vente ou de location d'immeubles, autorisation des emprunts et acceptation de dons et legs. »

Al. abrogé par Décr. n° 2012-1247 du 7 nov. 2012, art. 39-3°, à compter du 1er janv. 2013.

(Décr. n° 2004-199 du 25 févr. 2004, art. 5) « Les délibérations transmises sont exécutoires de plein droit un mois au plus tard après leur réception par les ministres chargés de la propriété industrielle et du budget si aucun d'eux n'y a fait opposition dans ce délai. »

(Décr. n° 2012-1247 du 7 nov. 2012, art. 39-3°-b, en vigueur le 1er janv. 2013) « Les délibérations portant sur le budget et le compte financier sont exécutoires dans les conditions prévues par le titre III du décret n° 2012-1246 du 7 novembre 2012 relatif à la gestion budgétaire et comptable publique. »

(Décr. n° 97-845 du 10 sept. 1997, art. 3) « Le ministre chargé du budget peut déléguer sa signature au *(Décr. n° 2005-436 du 9 mai 2005, art. 19)* « membre du corps du contrôle général économique et financier », pour les décisions d'approbation prévues au présent article. »

Art. R. 411-10 Les ressources de l'Institut national de la propriété industrielle se composent :

1° Du produit de toutes les perceptions autorisées en matière de propriété industrielle, de registres du commerce et des métiers et de dépôts des actes de sociétés ;

2° De toutes les recettes qui peuvent être perçues par l'institut en rémunération de services rendus ;

3° Du produit de la vente des publications ;

4° Du revenu des biens et du produit de leur aliénation ;

5° Du produit des remboursements éventuels effectués par des organismes internationaux de propriété industrielle auxquels la France participe ;

6° Des fonds provenant d'emprunts autorisés ;

7° De toutes autres ressources provenant notamment de dons, legs, libéralités et fonds de concours. – *[Décr. n° 51-1469 du 22 déc. 1951, art. 10.]*

Art. R. 411-11 Les charges de l'Institut national de la propriété industrielle comprennent :

1° Les dépenses de fonctionnement et d'équipement de l'institut ;

2° Les dépenses entraînées par la participation de la France aux organismes internationaux de propriété industrielle. – *[Décr. n° 51-1469 du 22 déc. 1951, art. 11, al. 1er, 2 et 4.]*

Art. R. 411-12 Les marchés de travaux et de fournitures passés par l'institut sont régis par les dispositions législatives et réglementaires applicables aux marchés de l'État. – *[Décr. n° 51-1469 du 22 déc. 1951, art. 12.]*

Art. R. 411-13 Le directeur général de l'Institut national de la propriété industrielle tient la comptabilité de l'émission des titres de recettes, de l'engagement, de la liquidation et de l'ordonnancement des dépenses. – *[Décr. n° 51-1469 du 22 déc. 1951, art. 13.]*

Art. R. 411-14 et R. 411-15 *Abrogés par Décr. n° 2012-1247 du 7 nov. 2012, art. 39-4°, à compter du 1er janv. 2013.*

Art. R. 411-16 Les règles relatives à la comptabilité, à la forme des budgets et des comptes, aux livres et aux écritures de l'ordonnateur et du comptable seront fixées par un ou plusieurs arrêtés signés du ministre chargé des finances, du ministre chargé du budget et du ministre intéressé. – *[Décr. n° 51-1469 du 22 déc. 1951, art. 16.]*

SECTION II REDEVANCES PERÇUES PAR L'INSTITUT NATIONAL DE LA PROPRIÉTÉ INDUSTRIELLE

Art. R. 411-17 *(Décr. n° 2004-199 du 25 févr. 2004, art. 6)* L'Institut national de la propriété industrielle perçoit des redevances, dont le montant et les modalités d'application sont fixés par arrêté conjoint du ministre chargé de la propriété industrielle et du ministre chargé du budget, à l'occasion des procédures et formalités suivantes :

(Décr. n° 2008-1471 du 30 déc. 2008, art. 2) « 1° Pour les brevets d'invention, certificats d'utilité et certificats complémentaires de protection :

« – dépôt ;

« – rapport de recherche ou rapport de recherche complémentaire ;

« – revendication supplémentaire à partir de la onzième ;

« – requête en rectification d'erreurs ;

« – requête en poursuite de la procédure ;

« – requête en limitation ;

« – délivrance et impression du fascicule ;

« – maintien en vigueur ;

« – recours en restauration. »

(Décr. n° 2007-280 du 1er mars 2007, art. 6) « 2° Pour les brevets européens :

(Décr. n° 2008-625 du 27 juin 2008, art. 2) « Publication de traduction ou de traduction révisée des revendications d'une demande de brevet ou des revendications d'un brevet européen » ;

« Établissement et transmission de copies de la demande de brevet européen aux États destinataires ;

« 3° Pour les demandes internationales (traité de coopération en matière de brevets, PCT) :

« Transmission d'une demande internationale ;

« Supplément pour paiement tardif ;

« Préparation d'exemplaires complémentaires ;

« 4° Pour les marques de fabrique, de commerce ou de service :

« Dépôt ;

« Classe de produit ou service ;

« Régularisation ou rectification d'erreur matérielle ;

« Opposition ;

« Renouvellement ;

« Demande d'inscription au registre international des marques ;

« Relevé de déchéance ;

« 5° Pour les dessins et modèles :

« Dépôt ;

« Prorogation ;

« Régularisation, rectification, relevé de déchéance ;

« Enregistrement et gardiennage d'enveloppe spéciale ;

« 6° Redevances communes aux brevets d'invention, certificats d'utilité, certificats complémentaires de protection, logiciels, marques, dessins ou modèles. – Palmarès et récompenses :

« Supplément pour requête tardive, paiement tardif ou accomplissement tardif d'une formalité ;

« Renonciation ;

« Demande d'inscription sur le registre national ;

« Enregistrement d'un palmarès, d'une récompense ou transcription d'une déclaration de cession ou de transmission ;

« 7° Pour les droits voisins de la propriété industrielle :

« Topographies de produits semi-conducteurs : dépôt et conservation ; inscription d'un acte modifiant ou transmettant les droits ; »

8° S'agissant du registre national du commerce et des sociétés :

Déclaration ;

Dépôt d'un acte.

(Décr. n° 2015-595 du 2 juin 2015, art. 2-3°) « L'institut perçoit des redevances, dont le montant et les modalités d'application sont fixés par arrêté conjoint du ministre chargé de la propriété industrielle, du ministre chargé de l'artisanat et du ministre chargé du budget, à l'occasion des procédures et formalités suivantes :

« Demande d'homologation du cahier des charges des indications géographiques définies à l'article L. 721-2 ;

« Demande de modification du cahier des charges homologué. »

En cas d'irrecevabilité, les redevances suivantes sont remboursées :

– pour les brevets d'invention, certificats d'utilité et certificats complémentaires de protection : dépôt ;

– pour les marques de fabrique, de commerce ou de service :

dépôt, classe de produit ou service, renouvellement ;

– pour les dessins et modèles : dépôt, prorogation ;

(Décr. n° 2015-595 du 2 juin 2015, art. 2-3°) « – pour les indications géographiques définies à l'article L. 721-2 : demande d'homologation, demande de modification du cahier des charges homologué. »

Est également remboursée la redevance de rapport de recherche d'un brevet d'invention lorsqu'il est mis fin à la procédure de délivrance du brevet ou en cas de prorogation des interdictions de divulgation et de libre exploitation, si la procédure d'établissement du rapport de recherche n'a pas été engagée.

Les dispositions du Décr. n° 2008-625 du 27 juin 2008 prennent effet à compter du 1er mai 2008.

Les dispositions de l'art. 2 du Décr. nº 2008-1471 du 30 déc. 2008 sont applicables dans les îles Wallis-et-Futuna et en Nouvelle-Calédonie (Décr. préc., art. 4).

Les dispositions du Décr. nº 2015-595 du 2 juin 2015 sont applicables dans les îles Wallis-et-Futuna (Décr. préc., art. 6).

BIBL. ▶ CALVO, *LPA 29 août 1997* (statut fiscal des frais de dépôt et d'enregistrement des droits de propriété intellectuelle).

Les frais de demande d'enregistrement de marques constituant la contrepartie d'éléments de son actif immobilisés, ils n'ont pas la nature de charges déductibles du résultat imposable. • CE 31 janv. 1997 : *JCP E 1997. 959, note D. F.*

Arrêté du 24 avril 2008,

Relatif aux redevances de procédures perçues par l'Institut national de la propriété industrielle.

Art. 1er Le montant des redevances de procédures prévues à l'article R. 411-17 du code de la propriété intellectuelle susvisé est fixé conformément au tableau annexé au présent arrêté.

Art. 2 La réduction des redevances prévue aux articles L. 612-20 et R. 613-63 du code de la propriété intellectuelle est fixée à 50 % à l'exception des sixième et septième annuités pour lesquelles la réduction est de 25 %. Elle ne s'applique pas aux annuités au-delà de celles afférentes à la septième, à la redevance de rapport de recherche concernant une demande sous priorité étrangère accompagnée d'un rapport de recherche reconnu équivalent au rapport de recherche national par décision du directeur général de l'Institut national de la propriété industrielle (INPI), aux redevances de recours en restauration, de rectification d'erreurs matérielles, d'inscription au registre national et de publication de traduction ou de traduction révisée d'un brevet européen ou des revendications d'une demande de brevet européen. La réduction s'applique aux redevances dues pour les brevets déposés à compter du 1er mai 2008 ainsi qu'aux redevances dues à compter de cette date pour les brevets bénéficiant antérieurement d'une réduction.

Art. 3 Pour l'application de la réduction des redevances ou la fixation du supplément pour paiement tardif ou accomplissement tardif d'une formalité, le montant dû est, le cas échéant, arrondi à l'euro inférieur.

Art. 4 *(Arr. du 10 juin 2015, art. 1er)* Les modes de versement et les dates auxquelles les redevances sont considérées comme régulièrement acquittées sont déterminés ainsi qu'il suit :

MODES DE VERSEMENT		DATES D'EFFET
Mandat postal Chèque bancaire Ordre de prélèvement sur un compte client ouvert auprès de l'INPI	Envoyé directement à l'adresse désignée par décision du directeur général de l'INPI	Date d'envoi de l'effet (le cachet de la poste faisant foi)
Chèque bancaire Ordre de prélèvement sur un compte client ouvert auprès de l'INPI	Remis directement aux guichets du siège de l'INPI	Date de remise de l'effet
Numéraire	Remis directement aux guichets du siège de l'INPI	Date du paiement
Virement bancaire	Sur le compte de l'agent comptable de l'INPI	Date de crédit du compte de l'INPI
Carte bancaire	En ligne sur le site www.inpi.fr ou aux guichets du siège de l'INPI	Date du paiement

Les modes de versement d'une redevance relative à une procédure qui ne peut être effectuée que par voie électronique sont exclusivement l'ordre de prélèvement sur un compte client ouvert auprès de l'INPI ou la carte bancaire.

V. Décis. du directeur de l'INPI nº 2015-59 du 15 juin 2015 relative aux modalités de versement des redevances de procédure.

Art. 5 L'arrêté du 2 août 2005 relatif aux redevances de procédures perçues par l'Institut national de la propriété industrielle est abrogé.

Toutefois, les taux prévus par l'arrêté du 2 août 2005 restent applicables si des avertissements ou notifications ont déjà été adressés, sauf si les taux du présent arrêté leur sont inférieurs.

Art. 6 Le directeur général de l'Institut national de la propriété industrielle est chargé de l'exécution du présent arrêté, qui sera publié au *Journal officiel* de la République française pour prendre effet au 1er mai 2008.

TABLEAU ANNEXE
REDEVANCES DE PROCÉDURE

(Arr. du 10 juin 2015, art. 3)

Les taux prévus par l'Arr. du 10 juin 2015 sont applicables à partir du 1er juill. 2015. Toutefois, sauf disposition contraire prévue dans les lois et décrets en vigueur, les taux en vigueur antérieurement au 1er juill. 2015 demeurent applicables dans le cas où une notification ou un avertissement a été adressé avant cette date, sauf si les taux prévus par l'art. 3 de l'Arr. du 10 juin 2015 leur sont inférieurs (Arr. préc., art. 5).

	Montant en euros
1. Brevets d'invention, certificats d'utilité et certificats complémentaires de protection	
Dépôt d'une demande de brevet ou de certificat d'utilité (incluant la première annuité de maintien en vigueur) :	
— dépôt sous forme papier	36
— dépôt sous forme électronique	26
Dépôt d'une demande de certificat complémentaire (n'incluant pas la première annuité de maintien en vigueur)	520
Rapport de recherche	520
Rapport de recherche concernant une demande sous priorité étrangère accompagnée d'un rapport de recherche reconnu équivalent au rapport de recherche national par décision du directeur général de l'Institut national de la propriété industrielle	156
Nouvelles revendications entraînant *[un]* rapport de recherche complémentaire	520
Revendication, soit au moment du dépôt, soit à la suite de modification, à partir de la onzième revendication	42
Rectification d'erreurs matérielles par requête	52
Requête en poursuite de procédure	104
Requête en limitation	260
Délivrance et impression du fascicule	90
Maintien en vigueur d'un brevet ou d'un certificat d'utilité :	
— deuxième annuité	38
— troisième annuité	38
— quatrième annuité	38
— cinquième annuité	38
— sixième annuité	76
— septième annuité	96

	Montant en euros
— huitième annuité	136
— neuvième annuité	180
— dixième annuité	220
— onzième annuité	260
— douzième annuité	300
— treizième annuité	350
— quatorzième annuité	400
— quinzième annuité	450
— seizième annuité	510
— dix-septième annuité	570
— dix-huitième annuité	640
— dix-neuvième annuité	720
— vingtième annuité	790
Redevance annuelle de maintien en vigueur d'un certificat complémentaire	940
Dépôt d'une demande de prorogation d'un certificat complémentaire relatif à un médicament ayant fait l'objet de recherches en vue d'un usage pédiatrique	470
Recours en restauration (1)	156
2. Brevets européens	
Publication de traduction ou de traduction révisée d'un brevet européen ou des revendications d'une demande de brevet européen	36
Établissement et transmission de copies de la demande de brevet européen :	
— aux États destinataires	26
— en plus par page et par exemplaire	0,75
3. Demandes internationales (PCT)	
Transmission d'une demande internationale	62
Préparation d'exemplaires complémentaires : par page et par exemplaire	0,75
Supplément pour paiement tardif	50 % des taxes impayées avec un minimum de 62 euros et un maximum correspondant à 50 % de la taxe internationale de dépôt
4. Marques de fabrique, de commerce ou de service	
Dépôt :	
— premier dépôt jusqu'à trois classes (sous forme papier)	250
— premier dépôt jusqu'à trois classes (sous forme électronique)	210
— par classe de produit ou de services (au-delà de trois)	42
Régularisation, rectification d'erreur matérielle	104
Opposition	325
Renouvellement jusqu'à trois classes	250

	Montant en euros
— par classe de produit ou de services (au-delà de trois)	42
Demande d'inscription au registre international des marques	62
Requête en relevé de déchéance (1)	156
5. Dessins et modèles	
Dépôt :	
— dépôt du dossier de demande d'enregistrement	39
— supplément par reproduction déposée en noir et blanc	23
— supplément par reproduction déposée en couleur	47
Prorogation de protection :	52
— prorogation (par dépôt)	
Régularisation, rectification d'erreur matérielle, requête en relevé de déchéance (1)	78
Enregistrement et gardiennage ou prorogation de gardiennage d'enveloppe spéciale	15
6. Redevance commune aux brevets d'invention, certificats d'utilité, certificats complémentaires de protection, logiciels, marques, dessins et modèles – palmarès et récompenses	
Supplément pour requête tardive, paiement tardif ou accomplissement tardif d'une formalité	50 % de la redevance correspondante due
Renonciation	27
Demande d'inscription sur le registre national (par titre)	27 avec un maximum de 270 euros lorsqu'une inscription vise plusieurs titres
Supplément pour traitement accéléré d'une demande d'inscription (par titre)	52
Enregistrement d'un palmarès, d'une récompense ou transcription d'une déclaration de cession ou de transmission	27
Inscription d'un changement de nom, de forme juridique ou d'adresse	gratuit
7. Droits voisins de la propriété industrielle	
Topographie de produits semi-conducteurs :	
— dépôt et conservation	79
— inscription d'un acte modifiant ou transmettant des droits	27
8. Registre du commerce et des sociétés	
Immatriculation principale d'une personne physique requise pour cause de création d'établissement	gratuit
Immatriculation d'une personne morale (constitution sans activité ou avec création d'établissement)	gratuit
Immatriculation principale requise suite à la prise d'un fonds en location[-]gérance :	
— personne physique	5,90
— personne morale	11,60

	Montant en euros
Immatriculation principale requise suite à achat ou apport d'un fonds de commerce (mutation à titre onéreux) et pour toute autre cause (donation, transmission de patrimoine, héritage, transfert hors ressort), ou faisant suite à la caducité d'une inscription précédente :	
— personne physique	5,90
— personne morale	11,60
Immatriculation secondaire requise suite à création (personne physique ou morale)	gratuit
Immatriculation secondaire requise suite à achat ou apport d'un fonds de commerce (mutation à titre onéreux) :	
— personne physique	5,90
— personne morale	11,60
Toute inscription complémentaire :	
— personne physique	5,90
— personne morale	5,90
Toute inscription modificative y compris transfert autre que transfert hors ressort et prise d'activité d'une personne morale :	
— personne physique (ne sont pas concernées les personnes physiques exerçant une activité commerciale et bénéficiant du régime prévu à l'article L. 133-6-8 du code de la sécurité sociale)	5,90
— personne morale	5,90
Radiation au registre du commerce et des sociétés (personne physique ou morale)	gratuit
Dépôts des comptes annuels pour les sociétés	5,45
Dépôt d'actes pour les personnes morales :	
— acte constitutif	gratuit
— acte modificatif	5,90
Conversion du capital social d'une société à l'euro près :	
— inscription modificative	gratuit
— acte modificatif	gratuit
9. Indications géographiques	
Demande d'homologation de cahier des charges d'indication géographique	350
Demande de modification du cahier des charges homologué	350

(1) Redevance non exigible lorsque le recours en restauration ou la requête en relevé de déchéance est justifié par une erreur autre que celle du demandeur ou celle de son mandataire.

Art. R. 411-18 **Les recettes accessoires que l'Institut national de la propriété industrielle peut percevoir à l'occasion de la communication des pièces et actes dont il assure la conservation, de l'exploitation de son fonds documentaire et de la vente de ses publications sont instituées par des délibérations du conseil d'administration qui en fixent les modalités de perception et le montant.** – *[Décr. nº 81-599 du 15 mai 1981, art. 3.]*

SECTION III RECOURS EXERCÉS DEVANT LA COUR D'APPEL CONTRE LES DÉCISIONS DU DIRECTEUR GÉNÉRAL DE L'INSTITUT NATIONAL DE LA PROPRIÉTÉ INDUSTRIELLE EN MATIÈRE DE DÉLIVRANCE, REJET OU MAINTIEN DES TITRES DE PROPRIÉTÉ INDUSTRIELLE

RÉP. PR. CIV. v° *Procédure devant la cour d'appel*, par Travier, Wattremet et Laffly.

BIBL. ► Cantet et Junagade, *Prop. ind. 2015. Étude 24* (recours contre les décisions du directeur de l'INPI : un particularisme sans cesse réaffirmé).

Art. R. 411-19 *(Décr. n° 2009-1204 du 9 oct. 2009)* **La cour d'appel territorialement compétente pour connaître directement des recours formés contre les décisions du directeur général de l'Institut national de la propriété industrielle en matière de délivrance, rejet ou maintien des titres de propriété industrielle est celle du lieu où demeure la personne qui forme le recours.** *(Décr. n° 2015-595 du 2 juin 2015, art. 2-4°)* **« Il en est de même en matière d'homologation, de rejet et de retrait d'homologation du cahier des charges des indications géographiques définies à l'article L. 721-2, ainsi qu'en matière d'homologation et de rejet des modifications de ce cahier des charges. »**

Les dispositions de l'art. 2 du Décr. n° 2015-595 du 2 juin 2015 sont applicables dans les îles Wallis-et-Futuna (Décr. préc., art. 6).

L'incompétence territoriale n'entraîne pas l'irrecevabilité du recours, mais commande l'envoi de l'affaire devant la cour d'appel compétente. • Paris, 27 sept. 1996 : *Ann. propr. ind. 1997. 19.*

Art. D. 411-19-1 *(Décr. n° 2009-1204 du 9 oct. 2009)* **Le siège et le ressort des cours d'appel ayant compétence pour connaître des actions mentionnées à l'article R. 411-19 sont fixés conformément au tableau XVI annexé à l'article D. 311-8 du code de l'organisation judiciaire.** — *V. cet art. et le tableau, App., v° Dispositions générales.*

Lorsque la personne qui forme le recours demeure à l'étranger, la cour d'appel de Paris est compétente. Il doit être fait élection de domicile dans le ressort de cette cour.

Toutefois, la cour d'appel de Paris est seule compétente pour connaître directement des recours formés contre les décisions du directeur de l'Institut national de la propriété industrielle en matière de délivrance, rejet ou maintien de brevets d'invention, de certificats d'utilité, de certificats complémentaires de protection et de topographies de produits semi-conducteurs.

Ces dispositions sont entrées en vigueur le 1er nov. 2009.

Art. R. 411-20 **Le délai du recours formé devant la cour d'appel contre les décisions du directeur général de l'Institut national de la propriété industrielle est d'un mois.**

Ce délai est, s'il y a lieu, prorogé dans les conditions prévues à l'article 643 du code de procédure civile. — *[Décr. n° 92-251 du 17 mars 1992, art. 4.]*

1. Erratum. Si un *erratum* constituant la constatation d'une erreur affectant le texte même d'une revendication n'est pas la conséquence d'une demande de rectification d'une erreur matérielle, et n'a pas été publié au *BOPI*, une cour d'appel peut retenir qu'en l'absence de publication officielle de son contenu le délai de l'art. R. 411-20 pour former recours n'avait pas encore couru à l'égard des tiers. • Com. 4 juill. 1995 : ♔ *Bull. civ. IV, n° 202.*

2. Recours tardif. L'art. R. 411-20 ouvre un délai d'un mois à l'encontre des décisions rendues par le directeur de l'INPI. Le point de départ de ce délai n'étant pas précisé, les dispositions de l'art. 640 C. pr. civ. aux termes desquelles lorsqu'un acte ou une formalité doivent être accomplis avant l'expiration d'un certain délai, celui-ci a pour origine la date de l'acte, de l'événement, de la décision, ou de la notification qui le fait courir, doivent recevoir application. • Rennes, 19 févr. 2013 : *PIBD 2013. III. 1138.* ♦ Sur l'irrecevabilité du recours formé plus d'un mois après la date de publication officielle, V. • Com. 10 déc. 2003 : ♔ *PIBD 2004. III. 145 ; RDPI févr. 2004, n° 156, p. 20.*

3. Point de départ. Le point de départ contre les décisions d'enregistrement d'une marque est la date de publication de cet enregistrement au *BOPI*. • Com. 6 mars 2007 : ♔ *Bull. civ. IV, n° 83.*

Art. R. 411-21 **Le recours est formé par une déclaration écrite adressée ou remise en double exemplaire au greffe de la cour. A peine d'irrecevabilité prononcée d'office, la déclaration comporte les mentions suivantes :**

1. *a*) Si le requérant est une personne physique : ses nom, prénoms, profession, domicile, nationalité, date et lieu de naissance ;

***b*) Si le requérant est une personne morale : sa forme, sa dénomination, son siège social et l'organe qui la représente légalement ;**

2. La date et l'objet de la décision attaquée ;

3. Le nom et l'adresse du propriétaire du titre ou du titulaire de la demande, si le requérant n'a pas l'une de ces qualités.

Une copie de la décision attaquée est jointe à la déclaration.

Si la déclaration ne contient pas l'exposé des moyens invoqués, le demandeur doit, à peine d'irrecevabilité, déposer cet exposé au greffe dans le mois qui suit la déclaration.

— *[Décr. n° 92-251 du 17 mars 1992, art. 5.]*

1. Les dispositions spécifiques de l'art. R. 411-21 excluant l'application de l'art. 126 C. pr. civ., l'omission d'une des mentions obligatoires du recours ne peut être réparée dans l'exposé des motifs déposé dans le mois de la déclaration. • Com. 17 juin 2003 : *Bull. civ. IV, n° 102 ; D. 2003. Somm. 2176, obs. Durrande ; Ann. propr. ind. 2003. 226 ; JCP E 2003, n° 1227 ; PIBD 2004. III. 72.* ♦ Les formalités prévues par le texte étant sanctionnées par l'irrecevabilité du recours prononcée d'office, la cour d'appel n'a pas à rechercher l'existence d'un éventuel grief. • Com. 9 oct. 2001 : *Ann. propr. ind. 2002. 4.* ♦ Dans le recours exercé contre une décision du directeur de l'INPI se prononçant sur une opposition, les documents non mis aux débats au cours de la procédure d'opposition ne peuvent pas être pris en compte. • Paris, 17 oct. 2008 : *PIBD 2009. III. 730.* ♦ La signature d'une déclaration de recours en constitue l'élément substantiel : elle permet d'identifier avec certitude l'auteur de l'acte. Une signature réalisée par un procédé mécanique de reproduction ne permet pas de savoir par qui le recours a été véritablement formé. L'utilisation d'un tel procédé équivaut à une absence de signature et le recours sera déclaré irrecevable. • Douai, 24 nov. 2009 : *PIBD 2010. III. 28.* ♦ Conformément à l'art. R. 411-21, le recours contre une décision du directeur de l'INPI est formé par une déclaration écrite adressée ou remise en double exemplaire au greffe de la cour. Elle ne peut consister dans un écrit électronique envoyé par RPVA dès lors que les dispositions de l'art. L. 748-1 C. pr. civ n'ont pas vocation à s'appliquer à la procédure orale spécifique soumise à des dispositions spéciales distinctes régies par le CPI. • Paris, 18 déc. 2015 : *PIBD 2016. III. 171.*

I. PERSONNE PHYSIQUE

a. Profession

2. L'omission de la mention de la profession du requérant rend son recours irrecevable, sans qu'il lui soit possible de régulariser en invoquant sa notoriété. • Paris, 26 janv. 1998 : *RDPI 1998, n° 66, p. 34.* ♦ L'art. R. 411-21 prévoit, à peine d'irrecevabilité, que la déclaration écrite par laquelle une partie forme un recours à l'encontre d'une décision du directeur général de l'INPI faisant droit à une opposition d'enregistrement d'une marque doit comporter certaines mentions parmi lesquelles, si le requérant est une personne physique, sa profession. Le terme « technicien », s'il revêt la nature initiale d'une qualification professionnelle, n'en est pas moins pris actuellement dans une acception plus large qui autorise à l'admettre dans le sens d'une profession déclinée dans les domaines les plus variés. Dès lors, il ne saurait être fait grief au requérant de ne pas avoir fait mention de sa profession dans sa déclaration de recours. • Bordeaux, 12 avr. 2010 : *PIBD 2010. III. 442.*

b. Lieu de naissance

3. L'indication de sa commune de naissance (Vienne en l'occurrence) sans autre précision, par un requérant français, dans un recours porté devant une juridiction française dans un débat ne comportant aucun élément d'extranéité, répond aux exigences légales d'autant qu'il n'est pas prétendu qu'une autre commune française porte le même nom. • Lyon, 3 juill. 2014, *Le bon coût : PIBD 2014. III. 766.*

c. Adresse

4. Dans le recours exercé par le titulaire d'une demande d'enregistrement contre une décision du Directeur de l'INPI statuant sur une opposition, l'omission de l'adresse du propriétaire du titre ne rend pas le recours irrecevable, cette mention n'étant exigée que du seul requérant qui ne possède pas la qualité de propriétaire du titre ou de titulaire de la demande. • Com. 25 févr. 2003 : *Bull. civ. IV, n° 30 ; D. 2003. Somm. 2633, obs. Durrande ; JCP E 2003. 608 ; ibid. 1434, n° 6, obs. Boespflug, Greffe et Barthélemy.*

II. PERSONNE MORALE

5. Le recours est irrecevable dès lors que la forme de la société requérante, sanctionnée d'irrecevabilité prononcée d'office, n'a pas été mentionnée dans le délai prescrit. • Com. 3 juin

2008 : *PIBD 2008. III. 467 ; Propr. intell. 2009, n° 30, p. 98, obs. Sabatier.* ♦ Sur la mention du siège social, V. • Com. 17 juin 2003 : *D. 2003. Somm. 2633, obs. Durrande*. ♦ La seule mention *Inc* complétée par la mention Société de droit américain est purement générique et n'est pas de nature à établir la forme sociale du demandeur. • Paris, 26 nov. 2008 : *PIBD 2009. III. 828.*

6. Est irrecevable le recours formé par une société sans mention de l'organe qui la représente. • Paris, 18 févr. 1998 : *RDPI 1998, n° 89, p. 12* • Com. 3 déc. 2002 : *PIBD 2003. III. 143* • 28 janv. 2003 : *PIBD 2003. III. 261.* ♦ S'agissant d'une société par actions simplifiée (SAS), l'indication que la société requérante est prise en la personne de son représentant légal domicilié en cette qualité au siège satisfait l'objectif d'information complète et d'identification que traduit l'exigence de forme posée par l'art. R. 411-21 CPI, dès lors que l'organe qui est le représentant légal d'une société par actions simplifiée est nécessairement son président en vertu des dispositions de l'art. L. 227-6 C. com. • Bordeaux, *Saint Agur,* 18 août 2016 : *PIBD 2016. III. 891.*

III. EXPOSÉ DES MOYENS

7. Dans l'hypothèse où le dépôt de l'exposé des moyens est effectué sous forme d'une lettre recommandée avec demande d'avis de réception, la date du dépôt est celle de la réception figurant sur la demande d'avis ; il appartient à l'auteur du recours de veiller à ce que cette lettre soit adressée au greffe de la cour dans le temps utile au respect du délai légal. • Bordeaux, 26 janv. 1998 : *RDPI 1998, n° 88, p. 30.* ♦ La simple référence aux observations présentées au directeur de l'INPI n'équivaut pas à un exposé des moyens. • Com. 13 janv. 2009 : *D. 2009. AJ 296 ; Propr. intell. 2009, n° 31, p. 191, obs. Sabatier.* ♦ L'auteur d'un recours doit exposer, à peine d'irrecevabilité, tous ses moyens soit dans sa déclaration de recours, soit dans le délai d'un mois suivant cette déclaration. • Com. 24 mai 2011 : *D. 2011. AJ 1554*.

8. La cour d'appel saisie d'un recours en annulation d'une décision du directeur général de l'INPI doit se placer dans les conditions qui existaient au moment où celle-ci a été prise ; elle peut écarter les pièces nouvelles produites devant elle, sans méconnaître les exigences de la Convention de sauvegarde des droits de l'homme et des libertés fondamentales au regard du droit à un procès équitable et du principe de la contradiction. • Com. 24 mai 2011, *Cuisine de jardin :* n° 10-16.429 P.

9. Le recours contre une décision du Directeur de l'INPI est dépourvu d'effet dévolutif ; de ce fait, aucune pièce destinée à démontrer la notoriété de la marque n'ayant été annexée à l'acte d'opposition, la cour d'appel n'était pas tenue d'examiner cet argument. • Com. 26 avr. 2017, *Mr Monster Energy,* n° 15-25.417 P : *Dalloz IP/IT 2017. 470, obs. Le Goffic*.

Art. R. 411-22 **Le greffe de la cour d'appel transmet au directeur général de l'Institut national de la propriété industrielle, par lettre recommandée avec demande d'avis de réception, une copie de la déclaration du recours ainsi que, le cas échéant, une copie de l'exposé ultérieur des moyens.**

Dès réception de la copie de la déclaration, le directeur général de l'Institut national de la propriété industrielle transmet au greffe le dossier de la décision attaquée. – *[Décr. n° 92-251 du 17 mars 1992, art. 6.]*

Art. R. 411-23 **La cour d'appel statue après que le directeur général de l'Institut national de la propriété industrielle a été mis en mesure de présenter des observations écrites ou orales.**

Les observations écrites sont adressées par le directeur général de l'Institut national de la propriété industrielle en double exemplaire au greffe de la cour, qui en transmet une copie au requérant. – *[Décr. n° 92-251 du 17 mars 1992, art. 7.]*

Art. R. 411-24 **Lorsque le recours est formé par une personne autre que le propriétaire du titre ou le titulaire de la demande, celui-ci est appelé en cause par le greffier en chef de la cour d'appel par lettre recommandée avec demande d'avis de réception.**

(Décr. n° 2004-199 du 25 févr. 2004, art. 7) **« Lorsque le recours contre une décision du directeur général de l'Institut national de la propriété industrielle statuant sur une opposition est formé par le titulaire de la demande d'enregistrement de marque faisant l'objet de l'opposition, le titulaire de la marque antérieure est appelé en cause dans les mêmes formes. »**

Art. R. 411-25 **Le déclarant peut, devant la cour d'appel, se faire assister ou représenter par un avocat.** – *[Décr. n° 92-251 du 17 mars 1992, art. 9.]*

La cour, qui ne peut se substituer au directeur général de l'INPI, ne peut que rejeter le recours ou annuler la décision déférée sans pouvoir y substituer sa propre décision ni même statuer sur une demande reconventionnelle en annulation de la marque antérieurement déposée. • Com. 26 nov. 2003 : *Bull. civ. IV, nº 184.* ♦ En l'absence d'effet dévolutif du recours, les parties ne sont pas recevables à se prévaloir devant la cour de moyens qui n'auraient pas été soumis au directeur de l'INPI au cours de la procédure d'opposition. • Paris, 28 mars 2003 : *PIBD 2003. III. 389.*

Art. R. 411-26 **L'arrêt de la cour d'appel est notifié par le greffe au requérant, au directeur général de l'Institut national de la propriété industrielle et, s'il y a lieu, à toute personne appelée en cause.** – *[Décr. nº 92-251 du 17 mars 1992, art. 10.]*

La cour d'appel de Paris demeure compétente pour connaître des recours formés avant la date d'entrée en vigueur du Décr. nº 92-251 du 17 mars 1992, JO 19 mars (Décr. préc., art. 11).

CHAPITRE II L'INSTANCE NATIONALE DES OBTENTIONS VÉGÉTALES
(Décr. nº 2014-731 du 27 juin 2014, art. 1er-1º).

SECTION PREMIÈRE ORGANISATION ET FONCTIONNEMENT DE L'INSTANCE NATIONALE DES OBTENTIONS VÉGÉTALES *(Décr. nº 2014-731 du 27 juin 2014, art. 1er-2º).*

Art. R. 412-1 à R. 412-3 *Abrogés par Décr. nº 2014-731 du 27 juin 2014, art. 1er-9º.*

Art. D. 412-4 *Abrogé par Décr. nº 2014-731 du 27 juin 2014, art. 1er-9º.*

Art. R. 412-5 et R. 412-6 *Abrogés par Décr. nº 2014-731 du 27 juin 2014, art. 1er-9º.*

Art. D. 412-7 *(Décr. nº 2014-731 du 27 juin 2014, art. 1er-3º)* **Le responsable des missions relevant de l'instance nationale des obtentions végétales est tenu de garder le secret sur tout ce qui est venu à sa connaissance dans l'exercice de ses fonctions.**

Art. R. 412-8 *Abrogé par Décr. nº 2014-731 du 27 juin 2014, art. 1er-9º.*

Art. D. 412-9 *(Décr. nº 2014-731 du 27 juin 2014, art. 1er-4º)* **Le responsable des missions relevant de l'instance nationale des obtentions végétales peut faire appel à tout expert ou à toute personne dont l'avis lui paraît nécessaire.**

Art. D. 412-10 *(Décr. nº 2014-731 du 27 juin 2014, art. 1er-4º)* **Le responsable des missions relevant de l'instance nationale des obtentions végétales a pour mission :**

– de recevoir, enregistrer et instruire les demandes de certificats d'obtention ainsi que les oppositions à la délivrance des certificats ;

– de tenir les différents registres relatifs à la protection des obtentions végétales et d'assurer l'enregistrement de tous actes affectant la propriété des certificats ainsi que les différentes publicités prévues ;

– d'assurer la liaison avec toutes les instances compétentes et, notamment, pour les questions de dénominations variétales et d'examen technique, avec le bureau de l'Union internationale pour la protection des obtentions végétales, l'Office communautaire des variétés végétales et ses offices d'examen, ainsi que les instances nationales étrangères en charge de la protection des obtentions végétales ;

– d'établir les certificats d'obtention et de délivrer toutes copies de pièces officielles ;

– d'assurer ou faire assurer l'inspection de la conservation des variétés pour lesquelles des certificats ont été délivrés ;

– de participer à la préparation du budget du groupement d'intérêt public mentionné à l'article L. 412-1 pour ce qui concerne les missions relevant de l'instance nationale des obtentions végétales.

Il participe à la préparation des textes réglementaires relatifs à la protection des obtentions végétales ; il participe à la préparation et à la négociation des accords internationaux, en vue de faciliter ou d'améliorer la protection des obtentions végétales.

Il établit annuellement un rapport de son activité, qu'il présente au comité technique permanent de la sélection des plantes cultivées mentionné aux *[à]* **articles** *[l'article]* **D. 661-1 du code rural et de la pêche maritime.**

Art. D. 412-11 *(Décr. nº 2014-731 du 27 juin 2014, art. 1er-4º)* **L'instance nationale des obtentions végétales est, pour la France, le service chargé de la protection des**

obtentions végétales au sens des stipulations du ii du 1 de l'article 30 de la convention internationale pour la protection des obtentions végétales. A cet effet, le responsable des missions relevant de l'instance nationale des obtentions végétales assure les liaisons avec l'Union internationale pour la protection des obtentions végétales aux travaux de laquelle il participe. – *V. Convention de Paris du 2 déc. 1961 pour la protection des obtentions végétales, App., 2e partie, vo Obtentions végétales.*

Art. D. 412-12 *(Décr. no 2014-731 du 27 juin 2014, art. 1er-4o)* **Les recettes et les dépenses relatives à l'exercice des missions relevant de l'instance nationale des obtentions végétales sont identifiables au sein du budget et de la comptabilité du groupement d'intérêt public mentionné à l'article L. 412-1.**

Art. D. 412-13 *(Décr. no 2014-731 du 27 juin 2014, art. 1er-4o)* **Les charges relatives à l'exercice des missions de l'instance nationale des obtentions végétales sont constituées par :**

– les dépenses de fonctionnement et d'équipement, y compris celles relatives à la rémunération et aux déplacements du personnel qui lui est affecté ;

– les frais d'examen technique et, s'il y a lieu, de constitution des collections de référence.

Art. R. 412-14 *Abrogé par Décr. no 2014-731 du 27 juin 2014, art. 1er-9o.*

SECTION II **RECOURS CONTRE LES DÉCISIONS DU RESPONSABLE DES MISSIONS RELEVANT DE L'INSTANCE NATIONALE DES OBTENTIONS VÉGÉTALES** *(Décr. no 2014-731 du 27 juin 2014, art. 1er-5o).*

Art. R. 412-15 Le délai de recours devant la cour d'appel de Paris contre les décisions du *(Décr. no 2014-731 du 27 juin 2014, art. 1er-5o)* **« responsable des missions relevant de l'instance nationale » des obtentions végétales est d'un mois. Lorsque le requérant demeure hors de France métropolitaine, ce délai est augmenté d'un mois s'il demeure en Europe et de deux mois s'il demeure dans toute autre partie du monde.** – *[Décr. no 71-764 du 9 sept. 1971, art. 43.]*

Art. R. 412-16 Le délai de recours prévu à l'article précédent court à compter de la date de réception par le requérant de la notification de la décision du *(Décr. no 2014-731 du 27 juin 2014, art. 1er-6o)* **« responsable des missions relevant de l'instance nationale des obtentions végétales ».** – *[Décr. no 71-764 du 9 sept. 1971, art. 44.]*

Art. R. 412-17 Le recours est formé par requête adressée au premier président de la cour d'appel de Paris par le demandeur en personne ou par un avocat régulièrement inscrit à un barreau.

Si le demandeur ne comparaît pas en personne, il peut être représenté ou assisté comme il est dit au premier alinéa du présent article. – *[Décr. no 71-764 du 9 sept. 1971, art. 45.]*

Art. R. 412-18 Lorsque le recours est formé par une personne autre que le propriétaire de la demande de certificat d'obtention végétale, celui-ci est appelé en cause par le greffier en chef de la cour d'appel par lettre recommandée avec demande d'avis de réception. – *[Décr. no 71-764 du 9 sept. 1971, art. 46.]*

Art. R. 412-19 La cour d'appel statue, le ministère public entendu. – *[Décr. no 71-764 du 9 sept. 1971, art. 47.]*

Art. R. 412-20 Tout recours formé contre les décisions du *(Décr. no 2014-731 du 27 juin 2014, art. 1er-7o)* **« responsable des missions relevant de l'instance nationale » des obtentions végétales est dénoncé dans les quinze jours par le greffier de la cour d'appel** *(Décr. no 2014-731 du 27 juin 2014, art. 1er-7o)* **« au responsable des missions relevant de l'instance nationale des obtentions végétales par » lettre recommandée avec demande d'avis de réception.**

L'arrêt rendu par la cour d'appel sur le recours est notifié au demandeur et au *(Décr. no 2014-731 du 27 juin 2014, art. 1er-7o)* **« responsable des missions relevant de l'instance nationale des obtentions végétales par » le greffier dans les mêmes formes.** – *[Décr. no 71-764 du 9 sept. 1971, art. 48.]*

Art. R. 412-21 Le greffier adresse une expédition de l'arrêt rendu au *(Décr. n° 2014-731 du 27 juin 2014, art. 1er-8°)* « responsable des missions relevant de l'instance nationale » des obtentions végétales.

Cet arrêt est inscrit d'office au Registre national des certificats d'obtention *(Décr. n° 2014-731 du 27 juin 2014, art. 1er-8°)* « végétale prévu à l'article R. 623-38 ».

L'arrêt de la cour d'appel est exécuté dans les deux mois de sa notification. – *[Décr. n° 71-764 du 9 sept. 1971, art. 49.]*

CHAPITRE III *[ABROGÉ]* LE CONSEIL SUPÉRIEUR DE LA PROPRIÉTÉ INDUSTRIELLE

(Abrogé par Décr. n° 2015-515 du 7 mai 2015, art. 1er-2°)

Les dispositions du Décr. n° 2015-515 du 7 mai 2015 sont applicables dans les îles Wallis-et-Futuna (Décr. préc., art. 3).

Art. R. 413-1 à R. 413-5 *Abrogés par Décr. n° 2015-515 du 7 mai 2015, art. 1er-2°.*

TITRE DEUXIÈME QUALIFICATION EN PROPRIÉTÉ INDUSTRIELLE

CHAPITRE PREMIER INSCRIPTION SUR LA LISTE DES PERSONNES QUALIFIÉES EN MATIÈRE DE PROPRIÉTÉ INDUSTRIELLE

Art. R. 421-1 *(Décr. n° 2007-731 du 7 mai 2007)* « Sous réserve des dispositions de l'article R. 421-1-1 », l'inscription d'une personne physique sur la liste des personnes qualifiées en propriété industrielle prévue à l'article L. 421-1 est subordonnée au respect de l'ensemble des conditions suivantes :

1° La possession d'un diplôme national de deuxième cycle juridique, scientifique ou technique délivré par un établissement public à caractère scientifique, culturel et professionnel au sens de la loi n° 84-52 du 26 janvier 1984 *[sur l'enseignement supérieur (JO 27 janv.).]* habilité à le délivrer, ou d'un titre reconnu équivalent dans des conditions fixées par arrêté conjoint du garde des sceaux, ministre de la justice, du ministre chargé de la propriété industrielle et du ministre chargé de l'enseignement supérieur ;

2° La possession d'un diplôme délivré par le Centre d'études internationales de la propriété industrielle (CEIPI) de l'université de Strasbourg ou d'un titre reconnu équivalent dans des conditions fixées par arrêté conjoint du garde des sceaux, ministre de la justice, du ministre chargé de la propriété industrielle et du ministre chargé de l'enseignement supérieur ;

3° Une pratique professionnelle de trois années au moins ; – *V. art. R. 421-5.*

4° Le succès à un examen d'aptitude *(Décr. n° 2016-504 du 22 avr. 2016, art. 2)* « en langue française » dont les modalités et le programme sont fixés, pour chaque spécialisation, par arrêté conjoint du garde des sceaux, ministre de la justice, du ministre chargé de la propriété industrielle et du ministre chargé de l'enseignement supérieur. Les épreuves sont aménagées pour les mandataires agréés près l'Office européen des brevets. – *[Décr. n° 92-360 du 1er avr. 1992, art. 1er-I.]* – *V. Arr. du 23 sept. 2004, App., 2e partie, v° Conseils en propriété industrielle.*

Art. R. 421-1-1 *(Décr. n° 2007-731 du 7 mai 2007)* Peuvent également être inscrits sur la liste des personnes qualifiées prévue à l'article L. 421-1 :

1° Sous réserve de remplir les conditions de diplômes des 1° et 2° de l'article R. 421-1 et de justifier de huit ans au moins de pratique professionnelle en rapport avec la propriété industrielle :

a) Les personnes ayant exercé au sein d'une ou plusieurs entreprises, groupements d'entreprises, associations, fondations ou établissements publics ;

b) Les salariés d'un avocat ou d'un conseil en propriété industrielle, d'une association ou d'une société d'avocats ou d'une société de conseils en propriété industrielle, d'un office d'avoué ou d'avocat au Conseil d'État et à la Cour de cassation ;

c) Les fonctionnaires et anciens fonctionnaires de catégorie A ou les personnes assimilées aux fonctionnaires de cette catégorie ayant exercé dans une administration ou un service public ou une organisation internationale ;

Les personnes mentionnées aux a, b et c peuvent avoir exercé leurs activités dans plusieurs des fonctions visées dans ces dispositions dès lors que la durée totale de ces activités est au moins égale à huit ans ;

2° Les personnes remplissant l'ensemble des conditions suivantes :

***a)* La possession d'un diplôme équivalant à un diplôme de second cycle de l'enseignement supérieur juridique, scientifique ou technique, obtenu, le cas échéant, dans le cadre de la formation professionnelle ;**

***b)* La possession du diplôme du Centre d'études internationales de la propriété industrielle (CEIPI) de l'université de Strasbourg ou d'un titre reconnu équivalent dans des conditions fixées par arrêté conjoint du garde des sceaux, ministre de la justice, du ministre chargé de la propriété industrielle et du ministre chargé de l'enseignement supérieur, délivrés dans le cadre de la formation professionnelle continue ;**

***c)* Une pratique professionnelle de huit ans au moins, en rapport avec la propriété industrielle, acquise :**

– au sein d'une ou plusieurs entreprises, groupements d'entreprises, associations, fondations ou établissements publics ;

– en tant que salariés d'un avocat ou d'un conseil en propriété industrielle, d'une association ou d'une société d'avocats ou d'une société de conseils en propriété industrielle, d'un office d'avoué ou d'avocat au Conseil d'État et à la Cour de cassation ;

– en tant que fonctionnaires et anciens fonctionnaires de catégorie A ou en tant que personnes assimilées aux fonctionnaires de cette catégorie ayant exercé dans une administration ou un service public ou une organisation internationale.

Les personnes mentionnées au c peuvent avoir exercé leurs activités dans plusieurs des fonctions visées dans ces dispositions dès lors que la durée totale de ces activités est au moins égale à huit ans.

Sauf lorsqu'elle résulte de fonctions exercées au sein d'une organisation internationale, la pratique professionnelle prévue aux 1° et 2° doit avoir été acquise dans un État membre de l'Union européenne *(Décr. n° 2016-504 du 22 avr. 2016, art. 3)* **« ou dans un État partie à l'accord sur l'Espace économique européen ou partie à un accord avec la France reconnaissant cette pratique professionnelle ».**

Art. R. 421-1-2 *(Décr. n° 2007-731 du 7 mai 2007)* **La réalité et le contenu de la pratique professionnelle des personnes visées à l'article R. 421-1-1 ainsi que leur connaissance des règles déontologiques relatives à la profession de conseil en propriété industrielle sont soumis, dans les conditions fixées par arrêté du ministre chargé de la propriété industrielle, au contrôle du jury mentionné à l'article R. 421-6. Ce jury détermine en outre, au vu de la pratique professionnelle des intéressés, la mention de spécialisation dont est assortie leur inscription.**

Arrêté du 7 janvier 2008,

Portant application des dispositions de l'article R. 421-1-2 du code de la propriété intellectuelle.

Art. 1er Aux fins d'examen des demandes d'inscription relevant de l'article R. 421-1-1 du code de la propriété intellectuelle sur la liste des personnes qualifiées prévue à l'article L. 421-1 du même code, le jury mentionné à l'article R. 421-6 ducit code se réunit au moins deux fois par an.

La demande d'inscription sur la liste des personnes qualifiées est adressée au directeur de l'Institut national de la propriété industrielle par lettre recommandée avec avis de réception. Elle comporte :

1° Une requête datée et signée par le candidat qui précise la ou les mentions de spécialisation « brevets d'invention » et/ou « marques ou dessins et modèles » dont doit être assortie l'inscription.

2° Une copie d'une pièce d'identité.

3° Une copie d'un des diplômes mentionnés au 1° de l'article R. 421-1 ou au a du 2° de l'article R. 421-1-1 du code de la propriété intellectuelle.

4° Une copie du diplôme du CEIPI ou du titre reconnu équivalent par l'article 2 de l'arrêté modifié du 23 septembre 2004 portant application des dispositions des articles R. 421-1, R. 421-1-1, R. 421-2 et R. 421-5 à R. 421-8 du code de la propriété intellectuelle.

5° Un certificat attestant la pratique professionnelle prévue à l'article R. 421-1-1 du même code et délivré par la ou les personnes sous la responsabilité de laquelle ou desquelles elle a été acquise. Le certificat décrit les fonctions exercées par le candidat au cours de l'expérience professionnelle et en mentionne la durée effective ; il atteste de la pratique professionnelle du candidat, qui peut recouvrir notamment l'obtention, l'exploitation de titres de propriété industrielle, la défense de droits de propriété industrielle.

Le candidat peut produire tout autre élément qu'il estime de nature à établir sa pratique professionnelle en rapport avec la propriété industrielle. Lorsque la pratique professionnelle a été acquise sous la responsabilité successive de plusieurs personnes, des certificats doivent être établis pour chaque période correspondante.

6° La justification du paiement du montant de la participation aux frais fixé par délibération du conseil d'administration de l'Institut national de la propriété industrielle.

Pour l'application de l'article R. 421-1-2 du code de la propriété intellectuelle, le jury examine, au regard des critères prévus à ce même article, les candidatures qui sont parvenues au directeur de l'Institut national de la propriété industrielle un mois au plus tard avant la date prévue pour la réunion du jury.

Le jury vérifie lors d'un entretien oral l'appréhension par le candidat des règles de déontologie applicables à la profession et peut également, s'il l'estime nécessaire, l'entendre sur la réalité de sa pratique professionnelle.

Art. 2 Le directeur de l'Institut national de la propriété industrielle est chargé de l'exécution du présent arrêté, qui sera publié au *Journal officiel* de la République française.

Art. R. 421-2 **Nul ne peut être inscrit sur la liste s'il a été :**

1° L'auteur de faits ayant donné lieu à condamnation pénale pour agissements contraires à l'honneur, à la probité ou aux bonnes mœurs ;

2° L'objet, pour des faits de même nature, d'une sanction disciplinaire ou administrative de destitution, radiation, révocation, de retrait d'agrément ou d'autorisation ;

3° Frappé de la faillite personnelle ou d'une autre sanction en application soit de la législation sur le règlement judiciaire, la liquidation des biens, la faillite personnelle et les banqueroutes, soit de la législation relative au redressement et à la liquidation judiciaire des entreprises. – *[Décr. n° 92-360 du 1er avr. 1992, art. 1er-II.]*

Art. R. 421-3 **Ainsi qu'il est dit à l'article R. 79 du code de procédure pénale :**

(...) le bulletin n° 2 du casier judiciaire est délivré :

(...) 24° Au directeur général de l'Institut national de la propriété industrielle pour l'inscription sur la liste des personnes qualifiées en propriété industrielle et sur la liste prévue à l'article L. 422-5. – *[Décr. n° 92-360 du 1er avr. 1992, art. 34.]*

Art. R. 421-4 *(Décr. n° 97-863 du 17 sept. 1997, art. 1er)* **« La mention de spécialisation dont est assortie l'inscription des personnes qualifiées en propriété industrielle peut être celle de brevets d'invention ou celle de marques, dessins et modèles, à raison de la pratique professionnelle, complétée, le cas échéant, par celle d'ingénieur ou de juriste, à raison des diplômes. »**

Le cas échéant, plusieurs mentions peuvent être cumulées.

Un arrêté du ministre chargé de la propriété industrielle peut prévoir d'autres mentions de spécialisation s'il apparaît de nouvelles qualifications professionnelles en matière de propriété industrielle. – *[Décr. n° 92-360 du 1er avr. 1992, art. 2.]*

Art. R. 421-5 **La pratique professionnelle prévue à l'article R. 421-1 (3°) résulte de l'exercice à titre principal d'une activité d'étude, de conseil, d'assistance ou de représentation en matière de propriété industrielle, droits annexes et droits portant sur toute question connexe.** – *[Décr. n° 92-360 du 1er avr. 1992, art. 3.]*

(Décr. n° 2007-731 du 7 mai 2007) **« La pratique professionnelle doit avoir été acquise en France dans la matière correspondant à la mention de spécialisation recherchée et sous la responsabilité d'une personne qualifiée en propriété industrielle inscrite avec la même mention. Cette pratique professionnelle peut également avoir été acquise dans un autre État membre de l'Union européenne** *(Décr. n° 2016-504 du 22 avr. 2016, art. 4)* **« ou dans un État partie à l'accord sur l'Espace économique européen ou partie à un accord avec la France reconnaissant cette pratique professionnelle » sous réserve qu'elle l'ait été sous la responsabilité d'une personne habilitée à représenter les per-**

sonnes, dans la matière correspondant à la spécialisation recherchée, devant le service central de la propriété industrielle de l'État dans lequel elle est établie. »

(Décr. n° 97-863 du 17 sept. 1997, art. 1er) « Lorsque la pratique n'aura pas été acquise sous la responsabilité d'une telle personne *(Décr. n° 2016-504 du 22 avr. 2016, art. 4)* « ou lorsqu'elle aura été acquise dans un pays tiers », le jury prévu à l'article R. 421-6 pourra, sur dossier, admettre à se présenter à l'examen un candidat dont la pratique aura été reconnue équivalente par son contenu, son étendue et son respect des normes usuelles dans la spécialisation concernée. »

Art. R. 421-6 *(Décr. n° 2007-731 du 7 mai 2007)* « Le jury chargé du contrôle des épreuves de l'examen prévu à l'article R. 421-1 (4°) comprend un magistrat de l'ordre judiciaire, président, un professeur d'université enseignant le droit privé, un avocat, deux personnes compétentes en propriété industrielle et quatre personnes inscrites sur la liste des personnes qualifiées en propriété industrielle, dont deux conseils en propriété industrielle. Il est désigné un suppléant pour chaque membre titulaire. »

Les conditions de désignation des membres du jury et de leurs suppléants sont fixées par arrêté conjoint du garde des sceaux, ministre de la justice, du ministre chargé de la propriété industrielle et du ministre chargé de l'enseignement supérieur. – *[Décr. n° 92-360 du 1er avr. 1992, art. 4.] – V. Arr. du 23 sept. 2004, App., v° Conseils en propriété industrielle.*

Art. R. 421-7 *(Décr. n° 2016-504 du 22 avr. 2016, art. 5)* « Les conditions de diplôme, de stage et d'examen professionnel prévues aux articles R. 421-1 et R. 421-1-1 ne sont pas applicables aux personnes qui ont suivi avec succès un cycle d'études et, le cas échéant, la formation professionnelle requise en plus de ce cycle d'études et qui justifient : »

1° Soit d'un diplôme, certificat ou autre titre permettant l'exercice de la profession dans un État membre de l'Union européenne *(Décr. n° 2016-504 du 22 avr. 2016, art. 5)* « ou partie à l'accord sur l'Espace économique européen » délivrés :

a) Par l'autorité compétente de cet État et sanctionnant une formation acquise de façon prépondérante *(Décr. n° 2016-504 du 22 avr. 2016, art. 5)* « dans l'Union européenne ou dans l'Espace économique européen ;

« *b)* Ou par une autorité d'un pays tiers, à condition que soit fournie une attestation émanant de l'État membre de l'Union européenne ou de l'État partie à l'accord sur l'Espace économique européen qui a reconnu le diplôme, certificat ou autre titre certifiant que son titulaire a une expérience professionnelle de trois ans au moins à temps plein ou à temps partiel pendant une durée totale équivalente, acquise sur son territoire*[;]*

« 2° Soit de l'exercice de la profession à temps plein pendant une année ou à temps partiel pendant une durée équivalente, au cours des dix années précédentes, dans un État membre de l'Union européenne ou partie à l'accord sur l'Espace économique européen qui ne réglemente pas l'accès ou l'exercice de cette profession, à condition que cet exercice soit attesté par l'autorité compétente de cet État et que l'intéressé possède une ou plusieurs attestations de compétence ou preuves de titres de formation préparant à l'exercice de la profession, délivrées par l'autorité compétente d'un État membre qui ne réglemente pas la profession. Toutefois, l'expérience professionnelle d'un an n'est pas requise si le titre de formation dont dispose le demandeur certifie une formation réglementée. » – *V. Arr. du 23 sept. 2004, App., v° Conseils en propriété industrielle.*

Art. R. 421-8 Le bénéfice de l'article R. 421-7 est subordonné au succès à un examen d'aptitude *(Décr. n° 2016-504 du 22 avr. 2016, art. 6-1°)* « en langue française » devant le jury prévu à l'article R. 421-6 dont le programme et les modalités sont fixés par arrêté conjoint du garde des sceaux, ministre de la justice, et du ministre chargé de la propriété industrielle :

1° Soit lorsque la formation du candidat porte sur des matières substantiellement différentes de celles qui figurent aux programmes des diplômes et de l'examen professionnel mentionné à l'article R. 421-1 *(Décr. n° 2016-504 du 22 avr. 2016, art. 6-2°)* « et que les connaissances, aptitudes et compétences acquises par le demandeur au cours de son expérience professionnelle ou de l'apprentissage tout au long de la vie, et ayant fait l'objet d'une validation en bonne et due forme par un organisme compétent, ne permettent pas de compenser ces différences » ;

2° Soit lorsqu'une ou plusieurs des activités professionnelles dont l'exercice est subordonné à la possession de ce diplôme et de cet examen ne sont pas réglementées dans l'État membre d'origine ou de provenance ou sont réglementées de manière différente et que cette différence est caractérisée par une formation spécifique requise dans l'État membre d'accueil portant sur des matières substantiellement différentes de celles couvertes par le diplôme dont le demandeur fait état.

(Décr. n° 2016-504 du 22 avr. 2016, art. 6-3°) « Le directeur général de l'Institut national de la propriété industrielle adresse au demandeur une notification qui précise le niveau de qualification professionnelle requis en France et établit, compte tenu du niveau de qualification professionnelle du demandeur, les différences substantielles justifiant le recours à un examen d'aptitude.

« L'examen d'aptitude est organisé dans un délai de six mois à compter de cette notification. »

La liste des candidats admis à se présenter à cet examen est dressée par le directeur général de l'Institut national de la propriété industrielle. — *[Décr. n° 92-360 du 1er avr. 1992, art. 5-II.] — V. Arr. du 23 sept. 2004, App., v° Conseils en propriété industrielle.*

Art. R. 421-9 La demande d'inscription est présentée au directeur général de l'Institut national de la propriété industrielle. Lui est jointe la justification qu'il est satisfait selon le cas aux conditions prévues à l'article R. 421-1 *(Décr. n° 2007-731 du 7 mai 2007)* « , à l'article R. 421-1-1 » ou aux articles R. 421-7 et R. 421-8.

Il est donné récépissé de la demande. — *[Décr. n° 92-360 du 1er avr. 1992, art. 6.]*

(Décr. n° 2015-1436 du 6 nov. 2015, art. 3-1°) « En cas de non-conformité de la demande, notification motivée en est faite au demandeur. Un délai lui est imparti pour régulariser la demande ou contester les objections de l'institut. A défaut de régularisation ou d'observation permettant de lever l'objection, la demande est rejetée. La notification peut être assortie d'une proposition de régularisation. Cette proposition est réputée acceptée si le demandeur ne la conteste pas dans le délai qui lui est imparti. »

V. note ss. art. R. 421-10-1.

Art. R. 421-10 La décision du directeur général de l'institut statuant sur la demande d'inscription *(Décr. n° 97-863 du 17 sept. 1997)* « le cas échéant, après décision du jury conformément » *(Décr. n° 2007-731 du 7 mai 2007)* « aux articles R. 421-5 et R. 421-1-2 » est notifiée à l'intéressé. Le refus est motivé. — *[Décr. n° 92-360 du 1er avr. 1992, art. 7.]*

Art. R. 421-10-1 *(Décr. n° 2015-1436 du 6 nov. 2015, art. 3-2°)* Il est statué sur la demande d'inscription dans un délai de quatre mois à compter de son dépôt. Ce délai est interrompu, le cas échéant, par la notification prévue à l'article R. 421-9, jusqu'à la régularisation de la demande ou la levée de l'objection.

Les dispositions du Décr. n° 2015-1436 du 6 nov. 2015 sont applicables dans les îles Wallis-et-Futuna (Décr. préc., art. 18). Elles sont applicables aux demandes antérieures qui n'ont pas donné lieu à une décision expresse à la date d'entrée en vigueur du décret, soit le 8 nov. 2015 (Décr. préc., note de présentation, JO 7 nov.).

Art. R. 421-10-2 *(Décr. n° 2015-1436 du 6 nov. 2015, art. 3-2°)* A défaut de décision expresse dans le délai mentionné à l'article R. 421-10-1, la demande est réputée acceptée.

V. note ss. art. R. 421-10-1.

Art. R. 421-11 Une personne inscrite sur la liste peut à tout moment demander d'en *[à en.]* être radiée.

Est radiée de la liste par le directeur général de l'institut toute personne tombant sous le coup de l'une des mesures mentionnées à l'article R. 421-2. La radiation est motivée et décidée après que l'intéressé ait *[a]* été mis en mesure de présenter ses observations. — *[Décr. n° 92-360 du 1er avr. 1992, art. 8.]*

Art. R. 421-12 Les inscriptions et radiations sont publiées au *Bulletin officiel de la propriété industrielle.*

La liste mise à jour des personnes qualifiées est publiée au début de chaque année civile au bulletin. – *[Décr. n° 92-360 du 1er avr. 1992, art. 9.]*

Pour les dispositions transitoires, V. Décr. n° 92-360 du 1er avr. 1992, art. 35 et 36, App., 2e partie, v° Conseils en propriété industrielle.

CHAPITRE II CONDITIONS D'EXERCICE DE LA PROFESSION DE CONSEIL EN PROPRIÉTÉ INDUSTRIELLE

SECTION PREMIÈRE INSCRIPTION SUR LA LISTE DES CONSEILS EN PROPRIÉTÉ INDUSTRIELLE

Art. R. 422-1 Toute personne qualifiée en propriété industrielle inscrite sur la liste prévue à l'article R. 421-1 peut demander d'être inscrite, avec la même mention de spécialisation, sur la liste des conseils en propriété industrielle prévue au troisième alinéa de l'article L. 422-1. – *[Décr. n° 92-360 du 1er avr. 1992, art. 10.]*

(Décr. n° 97-863 du 17 sept. 1997, art. 2) **« La mention Brevets d'invention permet l'intervention dans les procédures prévues à l'article R. 612-2. La mention Marques, dessins et modèles permet l'intervention dans les procédures prévues aux articles R. 712-2 et R. 712-13.**

« Toutefois, les personnes inscrites avec la mention Juriste dans le cadre de la procédure définie au I de l'article 36 du décret du 1er avril 1992 relatif à la qualification et à l'organisation professionnelle en matière de propriété industrielle pourront accomplir les actes définis aux articles R. 712-2 et R. 712-13. » – *V. Décr. n° 92-360 du 1er avr. 1992, art. 36, App., v° Conseils en propriété industrielle.*

Art. R. 422-2 L'inscription sur la liste prévue à l'article R. 422-1 est subordonnée aux conditions suivantes :

1° Offrir ou s'engager à offrir dans un délai de trois mois au public les services prévus à l'article L. 422-1 soit à titre individuel ou en groupe, soit comme salarié d'un autre conseil en propriété industrielle ou d'une société de conseil en propriété industrielle ;

2° *(Décr. n° 2002-215 du 18 févr. 2002, art. 2)* **« Être de nationalité française ou ressortissant d'un autre État membre de la Communauté européenne ou d'un autre État partie à l'accord sur l'Espace économique européen ; »**

3° Avoir un domicile ou un établissement professionnel en France ;

4° *(Décr. n° 97-863 du 17 sept. 1997, art. 2)* **« Justifier de l'assurance et de la garantie prévues à l'article L. 422-8, ou prendre l'engagement de produire de telles justifications dans un délai de trois mois, ces justifications devant après l'inscription, être produites tous les ans. »** – *[Décr. n° 92-360 du 1er avr. 1992, art. 11.]*

Art. R. 422-3 La demande d'inscription est présentée au directeur général de l'institut. Lui est jointe la justification qu'il est satisfait aux conditions prévues à l'article R. 422-2. – *[Décr. n° 92-360 du 1er avr. 1992, art. 12.]*

(Décr. n° 2015-1436 du 6 nov. 2015, art. 4-1°) **« En cas de non-conformité de la demande, notification motivée en est faite au demandeur. Un délai lui est imparti pour régulariser la demande ou contester les objections de l'institut. A défaut de régularisation ou d'observation permettant de lever l'objection, la demande est rejetée. La notification peut être assortie d'une proposition de régularisation. Cette proposition est réputée acceptée si le demandeur ne la conteste pas dans le délai qui lui est imparti. »**

V. note ss. art. R. 421-10-1.

Art. R. 422-3-1 *(Décr. n° 2015-1436 du 6 nov. 2015, art. 4-2°)* **Il est statué sur la demande d'inscription dans un délai de quatre mois à compter de son dépôt. Ce délai est interrompu, le cas échéant, par la notification prévue à l'article R. 422-3, jusqu'à la régularisation de la demande ou la levée de l'objection.**

V. note ss. art. R. 421-10-1.

Art. R. 422-3-2 *(Décr. nº 2015-1436 du 6 nov. 2015, art. 4-2º)* A défaut de décision expresse dans le délai mentionné à l'article R. 422-3-1, la demande est réputée acceptée.

V. note ss. art. R. 421-10-1.

Art. R. 422-4 Le directeur général de l'institut procède à l'inscription après avis de la Compagnie nationale des conseils en propriété industrielle. L'avis est réputé donné si la compagnie ne l'a pas formulé dans un délai d'un mois à compter de sa saisine.

Le refus d'inscription est pris par décision motivée qui est notifiée à l'intéressé.

L'inscription des personnes physiques est faite au nom du conseil en propriété industrielle suivi de la dénomination du cabinet au sein duquel il exerce ou, s'il s'agit d'une société, de sa raison ou dénomination sociale. – *[Décr. nº 92-360 du 1er avr. 1992, art. 13.]*

(Décr. nº 97-863 du 17 sept. 1997, art. 2) « Si le conseil en propriété industrielle n'a pas produit les justifications de ce qu'il remplit les conditions prévues à l'article R. 422-2, et notamment celles qu'exige le 4º de cet article, il est mis en demeure par le directeur général de l'institut de régulariser sa situation dans le délai indiqué par cette mise en demeure.

« Si, à l'expiration du délai mentionné à l'alinéa précédent, l'intéressé n'a pas régularisé sa situation, le directeur général de l'institut prononce sa suspension, qui cessera d'avoir effet dès la régularisation intervenue. La suspension est publiée dans les conditions prévues à l'article R. 422-66.

« Fait également l'objet d'une suspension, selon les modalités prévues aux alinéas précédents, toute société qui ne remplit plus les conditions prévues à l'article L. 422-7.

« Le directeur général de l'institut radie de la liste prévue à l'article R. 422-1 le conseil en propriété industrielle dont la suspension a dépassé une durée de six mois. »

Art. R. 422-5 Toute personne inscrite sur la liste des conseils en propriété industrielle peut demander d'en être radiée. Elle le doit si elle ne remplit plus les conditions prévues à l'article R. 422-2. La demande est présentée au directeur général de l'institut qui procède à la radiation après avis de la Compagnie nationale des conseils en propriété industrielle.

Il est sursis à la radiation en cas de saisine de la chambre de discipline prévue à l'article L. 422-10. – *[Décr. nº 92-360 du 1er avr. 1992, art. 14.]*

Art. R. 422-6 *(Décr. nº 2017-797 du 5 mai 2017, art. 1er-1º)* « La demande d'inscription d'une société dans la section spéciale prévue à l'article L. 422-7 est présentée par son mandataire ou, lorsque la société n'est pas encore constituée, par le mandataire des associés. » *(Décr. nº 2017-797 du 5 mai 2017, art. 1er-1º)* « Dans le cas d'une société ne relevant pas de l'article L. 422-7-1, elle est accompagnée » de la justification du dépôt de la demande d'immatriculation au registre du commerce et des sociétés.

Le directeur général de l'institut procède à l'inscription dans les conditions prévues à l'article R. 422-4 et notifie *(Décr. nº 2017-797 du 5 mai 2017, art. 1er-1º)* « , le cas échéant, » la décision au greffier chargé de la tenue du registre du commerce et des sociétés auprès du tribunal ayant reçu la demande d'immatriculation correspondante.

Toute décision de radiation d'une société est, dans le mois de sa date *(Décr. nº 2017-797 du 5 mai 2017, art. 1er-1º)* « , le cas échéant, » notifiée au greffier chargé de la tenue du registre auquel la société a été immatriculée. – *[Décr. nº 92-360 du 1er avr. 1992, art. 15.]*

Art. R. 422-7 Le capital social d'une société de conseil en propriété industrielle mentionnée à l'article L. 422-7 (*b*) peut, conformément à l'article L. 423-2 (*e*), n'être détenu qu'à concurrence de 25 % par un conseil en propriété industrielle, dès lors que la société a pour objet de regrouper un ou plusieurs conseils en propriété industrielle avec d'autres prestataires de services exerçant à titre principal l'une des activités ci-après :

1º Construction de prototypes ;

2º Rapprochement entre offres et demandes de licences ;

3º Création de marques ;

4º Financement de l'innovation. – *[Décr. nº 92-360 du 1er avr. 1992, art. 30.]*

(Décr. nº 2017-797 du 5 mai 2017, art. 1er-2º) « Les dispositions du présent article ne sont pas applicables aux sociétés prévues à l'article L. 422-7-1. »

SECTION PREMIÈRE *BIS* LIBRE PRESTATION DE SERVICES PAR LES MANDATAIRES EN PROPRIÉTÉ INDUSTRIELLE ÉTABLIS SUR LE TERRITOIRE D'UN ÉTAT MEMBRE DE LA COMMUNAUTÉ EUROPÉENNE OU D'UN ÉTAT PARTIE À L'ACCORD SUR L'ESPACE ÉCONOMIQUE EUROPÉEN

(Décr. nº 2002-215 du 18 févr. 2002)

Art. R. 422-7-1 Lorsqu'un professionnel établi sur le territoire d'un État membre de *(Décr. nº 2016-504 du 22 avr. 2016, art. 7-1º)* « l'Union européenne » ou d'un État partie à l'accord sur l'Espace économique européen est habilité à représenter en matière de propriété industrielle des personnes devant le service central de propriété industrielle de cet État, il peut faire usage en France de son titre professionnel, exprimé dans la ou l'une des langues de ce dernier État, pour représenter des personnes devant l'Institut national de la propriété industrielle, dès lors que son titre est attesté par l'autorité compétente de l'État où il est établi.

(Décr. nº 2016-504 du 22 avr. 2016, art. 7-2º) « Lorsque le professionnel est établi dans un État dans lequel l'exercice de la profession n'est pas soumis à la possession d'un titre réglementé, il doit, pour représenter des personnes devant l'Institut national de la propriété industrielle, justifier par tout moyen auprès de cet Institut qu'il a exercé cette profession, dans un ou plusieurs États membres de l'Union européenne ou parties à l'accord sur l'Espace économique européen, à temps plein pendant au moins une année ou à temps partiel pendant une durée totale équivalente, au cours des dix dernières années. Toutefois, l'expérience professionnelle d'un an n'est pas requise si le professionnel justifie d'une formation réglementée donnant accès à la profession, existant dans son État d'établissement. »

Art. R. 422-7-2 Les professionnels mentionnés à l'article R. 422-7-1 sont tenus, dans l'exercice de leur activité en France, au respect des règles énoncées par les articles L. 422-8 et R. 422-52 à R. 422-54. En cas de manquement à leurs obligations, ils sont soumis aux dispositions des articles R. 422-56 à R. 422-66 et les sanctions prévues par l'article L. 422-10 leur sont applicables.

Toutefois, la mesure disciplinaire de la radiation temporaire ou définitive est remplacée par une mesure d'interdiction temporaire ou définitive d'exercer en France des activités professionnelles. La chambre de discipline peut demander à l'autorité compétente de l'État d'origine communication des renseignements professionnels concernant les intéressés. Elle informe cette dernière autorité de toute décision prise. Ces communications ne portent pas atteinte au caractère confidentiel des renseignements fournis.

SECTION II LA COMPAGNIE NATIONALE DES CONSEILS EN PROPRIÉTÉ INDUSTRIELLE

Art. R. 422-8 Les personnes physiques inscrites sur la liste des conseils en propriété industrielle constituent la Compagnie nationale des conseils en propriété industrielle, prévue à l'article L. 422-9. – *[Décr. nº 92-360 du 1er avr. 1992, art. 16.]*

Art. R. 422-9 La compagnie établit son règlement intérieur. Celui-ci entre en vigueur après approbation par arrêté conjoint du garde des sceaux, ministre de la justice, et du ministre chargé de la propriété industrielle. – *[Décr. nº 92-360 du 1er avr. 1992, art. 17.]* *– V. Arr. du 31 janv. 2017, App., 2e partie, vº Conseils en propriété industrielle.*

Art. R. 422-10 *(Décr. nº 97-863 du 17 sept. 1997, art. 2)* « L'assemblée générale de la compagnie élit pour deux ans parmi ses membres, au scrutin secret, un bureau composé de neuf personnes, dont un président, trois vice-présidents, un secrétaire, un trésorier et trois membres. Le scrutin est uninominal pour les fonctions de président, de secrétaire et de trésorier. Il est pourvu par scrutin plurinominal à l'élection respective des vice-présidents et des autres membres. Les modalités de ce scrutin sont fixées par le règlement intérieur. » *– V. Arr. du 31 janv. 2017, App., vº Conseils en propriété industrielle.*

A l'exception de l'établissement du règlement intérieur, du vote du budget annuel de la compagnie et d'autres attributions réservées le cas échéant à l'assemblée générale par le règlement intérieur, le bureau assure l'administration de la compagnie. Il veille à l'application des résolutions arrêtées en assemblée générale. Il peut disposer d'un secrétariat permanent et constituer des commissions permanentes ou temporaires dont il définit la mission. — *[Décr. nº 92-360 du 1er avr. 1992, art. 18.]*

Art. R. 422-11 Outre les dons et legs qui lui sont faits et les participations à certains de ses frais, les ressources de la compagnie proviennent des cotisations annuelles.

Le taux de base de la cotisation annuelle est le même pour tous les membres. S'y ajoute un complément dont l'assiette tient compte du chiffre d'affaires, réalisé le cas échéant en société.

Le mode de calcul et les modalités de recouvrement de la cotisation sont déterminés par le règlement intérieur de la compagnie. Son taux est fixé chaque année par l'assemblée générale. — *[Décr. nº 92-360 du 1er avr. 1992, art. 19.]*

SECTION III EXERCICE SOUS FORME DE SOCIÉTÉ

SOUS-SECTION 1 SOCIÉTÉS CIVILES PROFESSIONNELLES

Art. R. 422-12 Deux ou plusieurs conseils en propriété industrielle inscrits sur la liste nationale des conseils en propriété industrielle prévue à l'article L. 422-1 peuvent constituer entre eux une société civile professionnelle pour l'exercice en commun de la profession de conseil en propriété industrielle.

Toutefois, la société peut être constituée, exclusivement ou non, entre des personnes physiques non inscrites sur la liste nationale des conseils en propriété industrielle mais remplissant les conditions requises pour y figurer, sous la condition que chacune d'elles demande son inscription au plus tard en même temps que la société. — *[Décr. nº 86-260 du 18 févr. 1986, art. 1er.]*

Art. R. 422-13 La société est constituée sous la condition suspensive de son inscription sur la liste nationale des conseils en propriété industrielle. Conformément au troisième alinéa de l'article 1er de la loi nº 66-879 du 29 novembre 1966, elle jouit de la personnalité morale à compter de cette inscription. — *[Décr. nº 86-260 du 18 févr. 1986, art. 2.] — V. L. nº 66-879 du 29 nov. 1966, App., vº Conseils en propriété industrielle.*

Art. R. 422-14 La demande d'immatriculation de la société au registre du commerce et des sociétés est établie dans les conditions prévues à l'article 15 du décret nº 84-406 du 30 mai 1984 relatif au registre du commerce et des sociétés.

Par dérogation aux articles 22, 24 et 26 du décret nº 78-704 du 3 juillet 1978 *[JO 7 juill.]*, la société est dispensée d'insérer dans un journal d'annonces légales les avis prévus auxdits articles.

L'avis inséré au *Bulletin officiel* des annonces civiles et commerciales contient les indications prévues à l'article 73 du décret du 30 mai 1984 à l'exception de celles relatives aux nom et prénoms des associés tenus indéfiniment et solidairement des dettes sociales. — *[Décr. nº 86-260 du 18 févr. 1986, art. 3.]*

Art. R. 422-15 Si les statuts sont établis par actes sous seing privé, il en est dressé autant d'originaux qu'il est nécessaire pour la remise d'un exemplaire à chaque associé et pour satisfaire aux dispositions de l'article 7 du décret nº 78-704 du 3 juillet 1978 *[JO 7 juill.]* et à celles de la présente sous-section. — *[Décr. nº 86-260 du 18 févr. 1986, art. 4.]*

Art. R. 422-16 Sans préjudice des dispositions qu'en vertu des articles 10 et 11 de la loi nº 66-879 du 29 novembre 1966 les statuts doivent comporter, de celles qu'en vertu des articles 8, 14, 15, 19, 20 et 24 de la même loi ils peuvent contenir, concernant respectivement la répartition des parts, les gérants, la raison sociale, la répartition des bénéfices, les dettes sociales, les cessions des parts sociales et la dissolution de la société et des articles R. 422-6 et R. 422-7, les statuts doivent indiquer :

1º Les nom, prénoms, domicile des associés, leur situation matrimoniale et, le cas échéant, l'existence de clauses, d'actes opposables aux tiers ou de décisions restrictives à la libre disposition de leurs biens ;

2° Le titre de chacun des associés ;
3° La durée pour laquelle la société est constituée ;
4° L'adresse du siège social ;
5° La nature et l'évaluation distincte de chacun des apports effectués par les associés ;
6° Le montant du capital social, le montant nominal, le nombre et la répartition des parts sociales représentatives de ce capital ;
7° L'affirmation de la libération totale ou partielle, suivant le cas, des apports concourant à la formation du capital social ;
8° La majorité requise pour la transmission ou la cession des parts à des tiers ;
9° Le montant des parts d'intérêt attribuées à chaque apporteur en industrie ;
10° Les dispositions particulières prévues aux articles R. 422-20 et R. 422-21. – *[Décr. nº 86-260 du 18 févr. 1986, art. 5.] — V. L. nº 66-879 du 29 nov. 1966, App., 2ᵉ partie, vº Conseils en propriété industrielle.*

Art. R. 422-17 Peuvent faire l'objet d'apports à une société civile professionnelle, en propriété ou en jouissance :
1° Tous droits incorporels, mobiliers ou immobiliers, notamment, s'il y a lieu, le droit pour un associé de présenter la société comme successeur à sa clientèle ;
2° Tous documents et archives, et, d'une manière générale, tous objets mobiliers à usage professionnel ;
3° Les immeubles ou locaux utiles à l'exercice de la profession ;
4° Toutes sommes en numéraire.

Les apports en industrie des associés qui, en vertu de l'article 10 de la loi du 29 novembre 1966, ne concourent pas à la formation du capital peuvent donner lieu à l'attribution de parts d'intérêts. – *[Décr. nº 86-260 du 18 févr. 1986, art. 6.]*

Art. R. 422-18 Les parts sociales ne peuvent être données en nantissement.

Leur montant nominal ne peut être inférieur à 152,45 €.

Les parts d'intérêts attribuées aux apporteurs en industrie sont incessibles. Elles sont annulées lorsque leur titulaire perd sa qualité d'associé pour quelque cause que ce soit. – *[Décr. nº 86-260 du 18 févr. 1986, art. 7.]*

Art. R. 422-19 Les parts sociales correspondant à des apports en numéraire doivent être libérées, lors de la souscription, de la moitié au moins de leur valeur nominale.

La libération du surplus doit intervenir, en une ou plusieurs fois, soit aux dates prévues par les statuts, soit par décision de l'assemblée des associés, et au plus tard dans le délai de deux ans à compter de l'inscription de la société sur la liste nationale des conseils en propriété industrielle.

Dans les huit jours de leur réception, les fonds provenant des souscriptions en numéraire sont déposés, pour le compte de la société à la Caisse des dépôts et consignations, chez un notaire ou dans une banque.

Le retrait de ces fonds est effectué par un mandataire de la société sur la seule justification de l'inscription de la société sur la liste nationale. – *[Décr. nº 86-260 du 18 févr. 1986, art. 8.]*

Art. R. 422-20 Les statuts organisent la gérance et déterminent les pouvoirs des gérants dans les conditions prévues par l'article 11 de la loi du 29 novembre 1966. – *[Décr. nº 86-260 du 18 févr. 1986, art. 9.] — V. cette loi, App., 2ᵉ partie, vº Conseils en propriété industrielle.*

Art. R. 422-21 Les décisions qui excèdent les pouvoirs des gérants sont prises par les associés réunis en assemblée.

L'assemblée est réunie au moins une fois par an. Elle est également réunie sur la demande d'au moins la moitié des associés, la demande devant indiquer l'ordre du jour.

Les modalités de convocation de l'assemblée sont fixées par les statuts. – *[Décr. nº 86-260 du 18 févr. 1986, art. 10.]*

Art. R. 422-22 Les statuts peuvent attribuer un nombre de voix réduit aux associés qui n'exercent leur profession qu'à temps partiel.

Ils peuvent également attribuer aux associés un nombre de voix réduit aussi longtemps que les parts sociales qu'ils détiennent n'ont pas été entièrement libérées.

Chaque associé peut se faire représenter par un autre associé porteur d'un mandat écrit. Un associé ne peut être porteur de plus de deux mandats. – *[Décr. n° 86-260 du 18 févr. 1986, art. 11.]*

Art. R. 422-23 Sous réserve des dispositions de l'article 19 de la loi du 29 novembre 1966 et de celles de la présente sous-section imposant des conditions spéciales de majorité, les décisions sont prises à la majorité des voix dont disposent les associés présents ou représentés.

Toutefois, les statuts peuvent prévoir une majorité plus forte ou même l'unanimité des associés pour toutes les décisions ou seulement pour celles qu'ils énumèrent. – *[Décr. n° 86-260 du 18 févr. 1986, art. 12.]*

Art. R. 422-24 La modification des statuts et notamment la prorogation de la société est décidée à la majorité des trois quarts des voix de l'ensemble des associés.

Toutefois, l'augmentation des engagements des associés ne peut être décidée qu'à l'unanimité. – *[Décr. n° 86-260 du 18 févr. 1986, art. 13.]*

Art. R. 422-24-1 *(Décr. n° 2017-795 du 5 mai 2017, art. 2-1°)* La majorité requise pour approuver une des opérations mentionnées au premier alinéa de l'article 27 de la loi n° 66-879 du 29 novembre 1966 relative aux sociétés civiles professionnelles est celle prévue au premier alinéa de l'article R. 422-24.

Art. R. 422-25 Les délibérations des associés sont soumises aux dispositions des articles 40 à 47 du décret n° 78-704 du 3 juillet 1978 *[JO 7 juill.]*.

L'assemblée ne peut délibérer valablement que si les trois quarts au moins des associés sont présents ou représentés. Si le quorum n'est pas atteint, les associés sont convoqués une nouvelle fois et l'assemblée délibère valablement si deux associés au moins sont présents ou représentés.

Le registre prévu par l'article 45 du décret n° 78-704 du 3 juillet 1978 est coté et paraphé par le greffier chargé de la tenue du registre du commerce et des sociétés où est immatriculée la société. – *[Décr. n° 86-260 du 18 févr. 1986, art. 14.]*

Art. R. 422-26 Après la clôture de chaque exercice, le ou les gérants établissent, dans les conditions fixées à l'article 1856 du code civil, un rapport écrit d'ensemble comportant les comptes annuels de la société et un rapport sur les résultats.

Dans les deux mois qui suivent la clôture de l'exercice, les documents mentionnés à l'alinéa précédent sont soumis à l'approbation de l'assemblée des associés.

A cette fin, ces documents sont adressés à chaque associé avec le texte des résolutions proposées en même temps que la convocation à l'assemblée et au moins quinze jours avant sa réunion. – *[Décr. n° 86-260 du 18 févr. 1986, art. 15.]*

Art. R. 422-27 Chaque associé peut, à toute époque, prendre connaissance, dans les conditions fixées à l'article 48 du décret n° 78-704 du 3 juillet 1978, des comptes annuels de la société et du rapport sur les résultats de celle-ci ainsi que de tous registres et documents comptables en la possession de la société. – *[Décr. n° 86-260 du 18 févr. 1986, art. 16.]*

Art. R. 422-28 Les dispositions des articles 49, 50 et 52 du décret n° 78-704 du 3 juillet 1978 sont applicables aux cessions et transmissions de parts sociales et à leur publicité. – *[Décr. n° 86-260 du 18 févr. 1986, art. 17.]*

Art. R. 422-29 Dans le cas prévu à l'article 19, troisième alinéa, de la loi du 29 novembre 1966, le prix des parts sociales est déterminé, à défaut d'accord entre les parties, conformément aux dispositions des articles 1843-4 du code civil et 17 du décret n° 78-704 du 3 juillet 1978.

Lorsque l'associé cédant refuse de signer l'acte portant cession de ses parts au prix ainsi fixé, il est passé outre à ce refus deux mois après sommation à lui faite par la société et demeurée infructueuse, soit par lettre recommandée avec demande d'avis de réception, soit par acte d'huissier de justice ; le prix de cession des parts est consigné à la diligence du cessionnaire.

Si la cession porte sur la totalité des parts sociales d'un associé, celui-ci perd la qualité d'associé à l'expiration du délai prévu à l'alinéa précédent.

Sous réserve des règles de protection et de représentation des incapables, les dispositions de l'article 19 de la loi du 29 novembre 1966 s'appliquent à la cession des parts sociales de l'associé frappé d'interdiction légale ou placé sous le régime de la tutelle des majeurs ; le délai de six mois prévu au troisième alinéa dudit article est alors porté à un an. – *[Décr. nº 86-260 du 18 févr. 1986, art. 18.]*

Art. R. 422-30 En cas de décès d'un associé, le délai de cession prévu au deuxième alinéa de l'article 24 de la loi du 29 novembre 1966 est fixé à un an à compter de la date du décès.

Il peut être renouvelé par accord intervenu entre les ayants droit de l'associé décédé et la société, donné dans les conditions prévues pour la cession des parts sociales par l'article 19, premier alinéa, de la loi du 29 novembre 1966.

Si le consentement à l'attribution préférentielle prévu à l'article 24, deuxième alinéa, de la loi du 29 novembre 1966 est refusé, et si les ayants droit de l'associé décédé n'ont pas cédé les parts sociales de leur auteur à l'expiration du délai qui leur est imparti, la société dispose d'une année pour acquérir ou faire acquérir les parts sociales de l'associé décédé. – *[Décr. nº 86-260 du 18 févr. 1986, art. 20.]*

Art. R. 422-31 Si l'acte portant cession des parts sociales est établi sous seing privé, il en est dressé autant d'originaux qu'il est nécessaire pour la remise d'un exemplaire à chaque partie et pour satisfaire aux dispositions de l'article R. 422-28.

En outre, un des originaux de l'acte sous seing privé, ou une expédition de l'acte de cession des parts s'il a la forme d'un acte authentique, et éventuellement de l'acte modifiant les statuts de la société doivent être adressés au directeur général de l'Institut national de la propriété industrielle qui, s'il y a lieu, modifie en conséquence l'inscription de la société sur la liste nationale des conseils en propriété industrielle. – *[Décr. nº 86-260 du 18 févr. 1986, art. 20.]*

Art. R. 422-32 Lorsqu'un associé entend se retirer de la société, il notifie sa décision à la société par lettre recommandée avec demande d'avis de réception.

La société dispose de six mois à compter de cette notification pour notifier à l'associé, dans la même forme, un projet de cession de ses parts à un associé ou à un tiers inscrit sur la liste des conseils en propriété industrielle ou remplissant les conditions pour être inscrit sur cette liste, ou un projet de rachat desdites parts de la société. Cette notification implique un engagement du cessionnaire ou de la société qui se porte acquéreur.

En cas de désaccord sur le prix de cession, l'article R. 422-29 est applicable. – *[Décr. nº 86-260 du 18 févr. 1986, art. 21.]*

Art. R. 422-33 Si un associé a été radié, en application de la section 5 du présent chapitre, pour une durée égale ou supérieure à six mois, il peut être exclu de la société par une décision prise à la majorité des autres associés.

L'associé exclu dispose d'un délai de six mois, à compter de la notification qui lui est faite de cette décision par l'envoi d'une lettre recommandée avec demande d'avis de réception, pour céder ses parts dans les conditions prévues aux articles 19 et 21 de la loi du 29 novembre 1966 et aux articles R. 422-28 et R. 422-29.

Si, à l'expiration de ce délai, aucune cession n'est intervenue, il est procédé conformément aux dispositions de l'article 19, troisième alinéa, de la loi du 29 novembre 1966 et de l'article R. 422-29. – *[Décr. nº 86-260 du 18 févr. 1986, art. 22.]*

Art. R. 422-34 Les parts de l'associé radié définitivement de la liste nationale des conseils en propriété industrielle sont cédées dans les conditions déterminées à l'article R. 422-33. – *[Décr. nº 86-260 du 18 févr. 1986, art. 23.]*

Art. R. 422-35 Le nombre des associés peut être augmenté au cours de l'existence de la société avec ou sans augmentation du capital social. – *[Décr. nº 86-260 du 18 févr. 1986, art. 24.]*

Art. R. 422-36 Tout associé qui reçoit à titre onéreux ou gratuit un droit de présentation d'une clientèle transmis par un tiers a l'obligation d'en apporter la jouissance à la société, à charge pour elle de créer et de lui délivrer les nouvelles parts sociales correspondant à ce supplément d'apport. – *[Décr. nº 86-260 du 18 févr. 1986, art. 25.]*

Art. R. 422-37 Si les réserves constituées au moyen de bénéfices non distribués ou de plus-values d'actif dues à l'industrie des associés le permettent, il est procédé pério-

diquement à l'augmentation du capital social. Les parts sociales créées à cet effet sont réparties entre tous les associés, y compris ceux qui n'ont apporté que leur industrie.

Toutefois, les statuts peuvent prévoir les cas et les conditions dans lesquels un associé peut être écarté de l'attribution des parts sociales nouvellement créées en représentation d'une augmentation de capital. – *[Décr. n° 86-260 du 18 févr. 1986, art. 26.]*

Art. R. 422-38 La décision de proroger la société doit être immédiatement portée à la connaissance du directeur général de l'Institut national de la propriété industrielle, accompagnée soit d'une copie du procès-verbal complet de l'assemblée, soit de l'acte d'où résulte la prorogation, constitué par l'un des originaux si cet acte est sous seing privé, ou par une expédition s'il a été établi sous la forme authentique. – *[Décr. n° 86-260 du 18 févr. 1986, art. 27.]*

Art. R. 422-39 En cas de modification des statuts, une copie du procès-verbal complet de l'assemblée ou l'acte modificatif constitué par l'un des originaux si celui-ci est sous seing privé, ou par une expédition s'il a été établi sous la forme authentique, est adressée dans un délai de deux mois au directeur général de l'Institut national de la propriété industrielle et au président de la compagnie des conseils en propriété industrielle.

Si les nouvelles dispositions des statuts ne sont pas conformes aux dispositions législatives ou réglementaires, et si la régularisation n'en est pas faite dans le délai imparti par le directeur général de l'Institut national de la propriété industrielle, celui-ci, après avoir appelé la société à présenter ses observations orales ou écrites, la radie de la liste nationale des conseils en propriété industrielle dans les conditions prévues aux articles R. 422-61 à R. 422-63.

La publication des modifications est faite ainsi qu'il est prévu aux articles 22 et suivants du décret n° 84-406 du 30 mai 1984. – *[Décr. n° 86-260 du 18 févr. 1986, art. 28.]*

Art. R. 422-40 La dissolution anticipée de la société ne peut être décidée que par les trois quarts au moins des associés.

Les dispositions des articles 8 à 16 du décret n° 78-704 du 3 juillet 1978 sont applicables.

Un exemplaire de l'acte de nomination du liquidateur est adressé par ce dernier au directeur général de l'Institut national de la propriété industrielle et au président de la compagnie des conseils en propriété industrielle. Le liquidateur les informe de la clôture de la liquidation. – *[Décr. n° 86-260 du 18 févr. 1986, art. 29.]*

Art. R. 422-40-1 *(Décr. n° 2017-795 du 5 mai 2017, art. 2-2°, en vigueur le 1er juill. 2017)* **Les associés peuvent exercer leur profession également au sein d'une autre société ne leur conférant pas la qualité de commerçant, notamment une société pluri-professionnelle d'exercice prévue au titre IV *bis* de la loi n° 90-1258 du 31 décembre 1990 relative à l'exercice sous forme de sociétés des professions libérales soumises à un statut législatif ou réglementaire ou dont le titre est protégé et aux sociétés de participations financières de professions libérales.**

Les dispositions du Décr. n° 2017-795 du 5 mai 2017 ne sont pas applicables aux associés des SCP de conseil en propriété industrielle constituées avant la date de leur entrée en vigueur, sauf si ces associés en décident autrement à la majorité prévue pour la modification des statuts de la société (Décr. préc., art. 8).

SOUS-SECTION 2 SOCIÉTÉS D'EXERCICE LIBÉRAL

Art. R. 422-41 Les dispositions de la présente sous-section régissent les sociétés constituées en application du titre Ier de la loi n° 90-1258 du 31 décembre 1990 et dont l'objet social est l'exercice en commun de la profession de conseil en propriété industrielle. Ces sociétés portent la dénomination de société d'exercice libéral de conseils en propriété industrielle. – *[Décr. n° 93-1105 du 17 sept. 1993, art. 1er.] – V. L. n° 90-1258 du 31 déc. 1990, App., 2e partie, v° Conseils en propriété industrielle.*

Art. R. 422-42 *(Décr. n° 2016-875 du 29 juin 2016, art. 1er-1°)* **Les actes et documents destinés aux tiers, notamment les lettres, factures, annonces et publications diverses, émanant d'une société d'exercice libéral de conseils en propriété industrielle**

doivent indiquer la dénomination sociale précédée ou suivie immédiatement des mentions prévues au premier alinéa de l'article 2 de la loi du 31 décembre 1990 précitée.

Ils indiquent également l'adresse de son siège social, la mention de son inscription sur la liste des conseils en propriété industrielle et son numéro d'immatriculation au registre du commerce et des sociétés.

Art. R. 422-43 *Abrogé par Décr. n° 2016-875 du 29 juin 2016, art. 1er-2°.*

Art. R. 422-44 La détention de parts d'une société d'exercice libéral de conseils en propriété industrielle est interdite à toute personne radiée de la liste des conseils en propriété industrielle ou de la liste des conseils en brevets d'invention telle qu'elle était prévue à l'article 3 du décret n° 76-671 du 13 juillet 1976 modifié *[Abrogé par Décr. n° 92-360 du 1er avr. 1992]* **relatif à la qualification professionnelle en matière de brevets d'invention et portant organisation et régime disciplinaire de la profession de conseil en brevets d'invention.** – *[Décr. n° 93-1105 du 17 sept. 1993, art. 4.]*

Art. R. 422-45 (Abrogé par Décr. n° 2016-875 du 29 juin 2016, art. 1er-3°, à compter du 1er août 2016) ***Un associé ne peut exercer la profession de conseil en propriété industrielle qu'au sein d'une seule société d'exercice libéral et ne peut exercer la même profession à titre individuel ou au sein d'une autre société quelle qu'en soit la forme.*** – [Décr. n° 93-1105 du 17 sept. 1993, art. 5.]

Ces dispositions, dans leur rédaction antérieure à l'entrée en vigueur du Décr. n° 2016-875 du 29 juin 2016, demeurent applicables aux associés des sociétés d'exercice libéral de conseils en propriété industrielle constituées avant le 1er août 2016. Les associés de ces sociétés peuvent néanmoins convenir, à la majorité prévue pour la modification des statuts de la société, que ces dispositions anciennes ne leur sont plus applicables (Décr. préc., art. 3).

Art. R. 422-46 Les sociétés d'exercice libéral de conseils en propriété industrielle sont soumises aux dispositions relatives aux obligations, à la garantie et à la discipline applicables à la profession de conseil en propriété industrielle.

Toutefois, les sociétés ne peuvent faire l'objet de poursuites disciplinaires indépendamment de celles qui seraient intentées à l'encontre des conseils associés au sein de ces sociétés exerçant la profession. – *[Décr. n° 93-1105 du 17 sept. 1993, art. 6.]*

Art. R. 422-47 L'associé d'une société d'exercice libéral constituée pour l'exercice de la profession de conseil en propriété industrielle peut en être exclu en cas de sanction disciplinaire définitive ayant pour effet de lui interdire temporairement l'exercice de la profession pendant plus de six mois.

Cette exclusion est décidée par les autres associés statuant à l'unanimité. – *[Décr. n° 93-1105 du 17 sept. 1993, art. 7.]*

Art. R. 422-48 Tout associé exclu dispose pour céder ses parts sociales ou actions d'un délai de six mois à compter de la notification qui lui est faite de cette décision par la société, par l'envoi d'une lettre recommandée avec demande d'avis de réception.

Pendant ce délai, l'associé exclu perd les rémunérations liées à l'exercice de son activité professionnelle et son droit d'assister et de voter aux assemblées de la société. Il conserve son droit de percevoir les dividendes distribués au titre de ses parts sociales ou actions.

Les parts sociales ou actions de l'associé exclu sont achetées soit par un acquéreur agréé par la société, soit par la société, qui doit alors réduire son capital. A défaut d'accord amiable, le prix de rachat des parts sociales est déterminé dans les conditions prévues par l'article 1843-4 du code civil. – *[Décr. n° 93-1105 du 17 sept. 1993, art. 8.]*

Art. R. 422-49 L'associé interdit de ses fonctions à titre temporaire conserve, pendant la durée de sa peine, sa qualité d'associé avec tous les droits et obligations qui en découlent, à l'exclusion de sa vocation aux rémunérations versées par la société en relation avec l'exercice de son activité professionnelle.

En cas de suspension d'exercice de la profession frappant l'ensemble des associés de la société d'exercice libéral, l'exécution des actes professionnels et la gestion de la société sont assurées par un ou plusieurs conseils en propriété industrielle désignés par la Compagnie nationale des conseils en propriété industrielle. – *[Décr. n° 93-1103 du 17 sept. 1993, art. 9.]*

SOUS-SECTION 3 SOCIÉTÉS EN PARTICIPATION

Art. R. 422-50 La constitution d'une société en participation de conseils en propriété industrielle visée au titre II de la loi n° 90-1258 du 31 décembre 1990 donne lieu à l'insertion d'un avis dans un journal habilité à recevoir les annonces légales au lieu du siège social, s'il en existe un, et au lieu d'exercice de chacun des associés. L'avis contient l'identité des associés, la dénomination, l'objet, l'adresse du siège, s'il en existe un, et celle des lieux d'exercice. — *[Décr. n° 93-1126 du 27 sept. 1993, art. 1er.] — V. L. n° 90-1258 du 31 déc. 1990, App., v° Conseils en propriété industrielle.*

Art. R. 422-51 L'appartenance à la société en participation, avec la dénomination de celle-ci, doit être indiquée dans les actes professionnels et les correspondances de chaque associé. — *[Décr. n° 93-1126 du 27 sept. 1993, art. 2.]*

SOUS-SECTION 4 SOCIÉTÉS DE PARTICIPATIONS FINANCIÈRES DE PROFESSION LIBÉRALE DE CONSEILS EN PROPRIÉTÉ INDUSTRIELLE

(Décr. n° 2004-199 du 25 févr. 2004, art. 9)

BIBL. ▶ VIDAL, *Propr. ind. 2004. Chron. 15* (les perspectives ouvertes à la profession de conseil en propriété industrielle par la nouvelle réglementation en matière de sociétés d'exercice libéral).

Art. R. 422-51-1 *(Décr. n° 2016-875 du 29 juin 2016, art. 2-1°)* Les sociétés constituées, en application du titre IV de la loi n° 90-1258 du 31 décembre 1990, en vue de la détention de parts sociales ou d'actions dans des sociétés exerçant la profession de conseil en propriété industrielle sont régies par les dispositions du livre II du code de commerce, sous réserve des dispositions du présent chapitre.

Art. R. 422-51-2 La société est *(Décr. n° 2013-746 du 14 août 2013, art. 3)* « inscrite » sur la liste des conseils en propriété industrielle prévue par l'article L. 422-1, *(Décr. n° 2013-746 du 14 août 2013, art. 3)* « dans une section spécifique aux sociétés de participations financières de profession libérale ».

Art. R. 422-51-3 La *(Décr. n° 2013-746 du 14 août 2013, art. 4)* « déclaration » d'une société de participations financières de profession libérale de conseils en propriété industrielle est adressée collectivement par les associés, qui désignent un mandataire commun, au directeur général de l'Institut national de la propriété industrielle par lettre recommandée avec demande d'avis de réception, ou remise contre récépissé.

Cette *(Décr. n° 2013-746 du 14 août 2013, art. 4)* « déclaration » est accompagnée, à peine d'irrecevabilité, des pièces suivantes :

1° Un exemplaire des statuts de la société ;

2° Une attestation du greffier chargé de la tenue du registre du commerce et des sociétés au lieu du siège social constatant le dépôt au greffe de la demande, des actes annexés et des pièces nécessaires à l'immatriculation ultérieure de la société de participations financières *(Décr. n° 2016-875 du 29 juin 2016, art. 2-2°)* « , ou tout document attestant de l'immatriculation » ;

3° La liste des associés avec, selon le cas, l'indication de leur profession ou de leur qualité au regard de l'article R. 422-51-1, suivie, pour chacun, de la mention de la part du capital qu'il détient dans la société dont l'inscription est demandée.

La *(Décr. n° 2013-746 du 14 août 2013, art. 4)* « déclaration » est, le cas échéant, accompagnée d'une note d'information désignant la ou les sociétés d'exercice libéral de conseil en propriété industrielle dont les parts sociales ou actions seront détenues par la société de participations financières et précisant la répartition du capital qui résultera de ces participations pour chacune d'entre elles.

Art. R. 422-51-4 *Abrogé par Décr. n° 2013-746 du 14 août 2013, art. 5.*

Art. R. 422-51-5 Les sociétés de participations financières de profession libérale de conseil en propriété industrielle issues d'une fusion ou d'une scission sont soumises aux dispositions des articles R. 422-51-2 à *(Décr. n° 2013-746 du 14 août 2013, art. 6)* « R. 422-51-3 ».

Art. R. 422-51-6 *Abrogé par Décr. n° 2016-875 du 29 juin 2016, art. 2-3°.*

Art. R. 422-51-7 La société de participations financières de profession libérale de conseil en propriété industrielle notifie au directeur général de l'Institut national de la propriété industrielle tout changement dans la situation déclarée en application de l'article R. 422-51-3, avec les pièces justificatives, dans un délai de trente jours à compter de la date à laquelle ce changement est intervenu.

Art. R. 422-51-8 Si ce changement a pour effet de rendre la situation déclarée de la société non conforme aux dispositions législatives et réglementaires en vigueur, la société est mise en demeure par le directeur général de l'institut de régulariser sa situation dans le délai indiqué par cette mise en demeure.

(Décr. n° 2013-746 du 14 août 2013, art. 8) « Si, à l'expiration de ce délai, la société n'a pas régularisé sa situation, le directeur général de l'Institut saisit, à l'encontre des associés *(Décr. n° 2016-875 du 29 juin 2016, art. 2-4°)* « exerçant la profession », la chambre de discipline prévue à l'article L. 422-10. »

Art. R. 422-51-9 *(Décr. n° 2013-746 du 14 août 2013, art. 9)* Chaque société de participations financières de la profession libérale de conseil en propriété industrielle fait l'objet, par le directeur général de l'Institut national de la propriété industrielle, dès son inscription puis ensuite au moins une fois tous les quatre ans, d'un contrôle portant sur le respect des dispositions législatives et réglementaires qui lui sont applicables.

Au cours de chaque contrôle, l'avis de la Compagnie nationale des conseils en propriété industrielle est demandé. L'avis est réputé donné si la compagnie ne l'a pas formulé dans le délai d'un mois à compter de sa saisine.

En cas de non-respect des dispositions législatives et réglementaires en vigueur, il est fait application de la procédure prévue à l'article R. 422-51-8.

Art. R. 422-51-10 *Abrogé par Décr. n° 2013-746 du 14 août 2013, art. 10.*

Art. R. 422-51-11 La dissolution de la société, lorsqu'elle ne résulte pas de la radiation de la liste des conseils en propriété industrielle, est notifiée au directeur général de l'Institut national de la propriété industrielle à la diligence du liquidateur.

Art. R. 422-51-12 Le liquidateur peut être choisi parmi les associés.

Plusieurs liquidateurs peuvent être désignés.

Le liquidateur peut être remplacé pour cause d'empêchement, ou pour tout autre motif grave, par le président du tribunal de grande instance du lieu du siège social de la société, statuant en référé à la demande du liquidateur lui-même, des associés ou de leurs ayants droit, ou du directeur général de l'Institut national de la propriété industrielle.

Art. R. 422-51-13 Dans le cas prévu à l'article R. 422-51-10, le liquidateur procède à la cession des parts ou actions que la société radiée détient dans la ou les sociétés d'exercice libéral, dans les conditions prévues à l'article R. 422-48.

Art. R. 422-51-14 Le liquidateur informe de la clôture des opérations de liquidation le directeur général de l'Institut national de la propriété industrielle ainsi que le greffier chargé de la tenue du registre du commerce et des sociétés auquel est immatriculée la société.

SOUS-SECTION 5 SOCIÉTÉS PLURI-PROFESSIONNELLES D'EXERCICE

(Décr. n° 2017-797 du 5 mai 2017, art. 1er-3°)

Art. R. 422-51-15 La société prévue à l'article L. 422-7-1 est inscrite sur la liste des conseils en propriété industrielle prévue par les articles L. 422-1 et L. 422-7, dans une section spécifique aux sociétés pluri-professionnelles d'exercice.

Art. R. 422-51-16 La déclaration de constitution d'une société pluri-professionnelle d'exercice, dont l'objet est notamment l'exercice de la profession libérale de conseil en propriété industrielle est adressée au directeur général de l'Institut national de la propriété industrielle par lettre recommandée avec demande d'avis de réception ou par tout moyen permettant d'établir la date de réception de cette déclaration.

Cette déclaration est accompagnée des pièces prévues à l'article 2 du décret n° 2017-794 du 5 mai 2017 relatif à la constitution, au fonctionnement et au contrôle des sociétés pluri-professionnelles d'exercice de professions libérales juridiques, judicaires et d'expertise-comptable prévues au titre IV *bis* de la loi n° 90-1258 du 31 décembre 1990.

Art. R. 422-51-17 Le directeur général de l'Institut national de la propriété industrielle procède à l'inscription de la société, par dérogation à l'article R. 422-3-1, dans un délai de deux mois suivant la réception de la déclaration prévue au premier alinéa de l'article précédent, dès lors que les conditions légales et règlementaires de cette inscription sont remplies.

Art. R. 422-51-18 L'information prévue aux articles 9 et 18 du décret n° 2017-794 du 5 mai 2017 précité est transmise au directeur général de l'Institut national de la propriété industrielle et au président de la Compagnie des conseils en propriété industrielle.

Les décisions prises par le directeur général de l'Institut national de la propriété industrielle à l'encontre d'une société, en application de la section VI du chapitre I du même décret sont communiquées au président de la Compagnie des conseils en propriété industrielle.

Art. R. 422-51-19 La garantie prévue à l'article L. 422-8 ne couvre que les dommages survenus dans le cadre de l'exercice de la profession de conseil en propriété industrielle.

SECTION IV OBLIGATIONS PROFESSIONNELLES

Art. R. 422-52 Le conseil en propriété industrielle exerce sa profession avec dignité, conscience, indépendance et probité, et dans le respect des lois et règlements régissant sa compagnie. — *[Décr. n° 92-360 du 1er avr. 1992, art. 20.] — V. Arr. du 31 janv. 2017 portant approbation du règlement intérieur de la Compagnie nationale des conseils en propriété industrielle, App., v° Conseils en propriété industrielle.*

Art. R. 422-53 Le conseil en propriété industrielle s'abstient de tout démarchage et de toute publicité non autorisés dans les conditions prévues à *(Décr. n° 97-863 du 17 sept. 1997)* « l'article R. 423-2 ».

Il établit un barème indicatif du montant de ses honoraires, distincts des remboursements de frais et de redevances. Le *(Décr. n° 97-863 du 17 sept. 1997)* « détail » de toutes ces charges est communiqué à toute personne qui en fait la demande. — *[Décr. n° 92-360 du 1er avr. 1992, art. 21.]*

Art. R. 422-54 Le conseil en propriété industrielle :

1° *(Décr. n° 2004-199 du 25 févr. 2004, art. 10)* « S'abstient dans une même affaire de conseiller, assister ou représenter des clients ayant des intérêts opposés ; il s'abstient également d'accepter un nouveau dossier si le secret des informations confiées par un ancien client risque d'être violé ; »

2° Observe le secret professionnel : ce secret s'étend notamment aux consultations qu'il donne à son client, aux correspondances professionnelles échangées ainsi qu'à tous documents préparés à cette occasion ;

3° Conduit jusqu'à son terme l'affaire dont il est chargé, sauf si son client l'en dessaisit ;

4° Rend compte de l'exécution de son mandat, notamment en ce qui concerne le maniement des fonds ; à cet effet, il remet à son client un compte qui fait ressortir distinctement, d'une part, les honoraires, d'autre part, les frais et redevances : ce compte indique les sommes précédemment reçues à titre de provision ou de paiement ;

5° Remet au client qui l'a dessaisi, ou au nouveau mandataire de celui-ci, tous les documents ayant un caractère officiel dont il est dépositaire ainsi que toutes les pièces et informations nécessaires à l'exécution ou à l'achèvement de la mission qui lui était confiée ; la remise doit intervenir dans un délai permettant d'éviter toute forclusion ou prescription. — *[Décr. n° 92-360 du 1er avr. 1992, art. 22.]*

Art. R. 422-55 *(Décr. n° 2008-625 du 27 juin 2008, art. 2)* La demande de dispense mentionnée au 3° de l'article L. 422-12 est adressée au ministre chargé de la propriété industrielle ou, par délégation, au directeur de l'Institut national de la propriété industrielle par lettre recommandée avec demande d'avis de réception ou remise contre

récépissé. Elle indique l'objet de la dispense, le cas échéant la durée souhaitée et les raisons pour lesquelles elle est demandée. Elle est accompagnée d'un exemplaire des statuts sociaux et, lorsque la société a au moins une année d'activité, d'une copie du dernier bilan.

L'autorité compétente statue sur la demande de dispense après avis de la Compagnie nationale des conseils en propriété industrielle. La compagnie notifie son avis dans le délai d'un mois à compter de sa saisine. A défaut, elle est réputée s'être prononcée.

Ces dispositions ne sont pas applicables aux îles Wallis-et-Futuna, en Nouvelle-Calédonie et dans les Terres australes et antarctiques françaises.

Art. R. 422-55-1 *(Décr. n° 2015-515 du 7 mai 2015, art. 1er-3°, en vigueur le 1er janv. 2016)* **La formation professionnelle continue prévue par l'article L. 422-10-1 est une obligation professionnelle qui assure la mise à jour et le perfectionnement des connaissances nécessaires à l'exercice de sa profession par chaque conseil en propriété industrielle inscrit sur la liste prévue à l'article L. 422-1.**

La durée de la formation continue est de vingt heures au cours d'une année civile ou de quarante heures au cours de deux années consécutives.

L'obligation de formation continue est satisfaite :

1° Par la participation à des formations, à caractère juridique, économique ou professionnel, dispensées par des établissements d'enseignement supérieur, d'autres établissements d'enseignement ou des établissements de formation professionnelle continue ;

2° Par la participation à des formations dispensées par des conseils en propriété industrielle ou par des personnes physiques ou morales établies sur le territoire d'un État membre de l'Union européenne, d'un État partie à l'accord sur l'Espace économique européen ou de la Confédération suisse et habilitées à représenter les personnes devant le service central de la propriété industrielle de cet État ;

3° Par l'assistance à des colloques ou à des conférences à caractère juridique ou économique ayant un lien avec l'activité professionnelle de conseil en propriété industrielle ;

4° Par le fait de dispenser des enseignements ayant un lien avec l'activité professionnelle de conseil en propriété industrielle, dans un cadre universitaire ou professionnel ;

5° Par la publication de travaux à caractère juridique ou économique ayant un lien avec l'activité professionnelle de conseil en propriété industrielle.

Au cours des deux premières années d'exercice professionnel, cette formation inclut dix heures au moins portant sur la gestion d'un cabinet, la déontologie et le statut professionnel.

Toute formation continue, répondant aux conditions prévues par le présent article et suivie dans un autre État membre de l'Union européenne, dans un État partie à l'accord sur l'Espace économique européen ou de la Confédération suisse, est réputée satisfaire à l'obligation de formation continue prévue à l'article L. 422-10-1.

Les modalités de mise en œuvre des dispositions du présent article sont fixées par arrêté du ministre chargé de la propriété industrielle.

Les conseils en propriété industrielle déclarent, au plus tard le 31 janvier de chaque année, auprès de la compagnie les actions accomplies aux fins de satisfaire leur obligation de formation continue au cours de la dernière année civile écoulée ou, le cas échéant, des deux dernières années écoulées. Les justificatifs utiles à la vérification du respect de cette obligation sont joints à cette déclaration.

La compagnie contrôle l'accomplissement effectif de l'obligation de formation professionnelle continue des conseils en propriété industrielle et vérifie la conformité des formations suivies et des actions menées, en particulier leur lien avec l'activité de conseil en propriété industrielle.

Arrêté du 25 avril 2016,

Relatif à la formation professionnelle continue des conseils en propriété industrielle.

Art. 1er Les formations, colloques, conférences et activités d'enseignement mentionnés aux 1°, 2°, 3° et 4° de l'article R. 422-55-1 du code de la propriété intellectuelle peuvent être suivis ou dispensés à distance.

Les travaux mentionnés au 5° de l'article R. 422-55-1 du code de la propriété intellectuelle peuvent être réalisés sur support papier ou électronique. Ils peuvent être individuels ou collectifs.

Art. 2 Pour la comptabilisation des activités d'enseignement mentionnées au 4° de l'article R. 422-55-1 du code de la propriété intellectuelle, une heure d'enseignement dispensée équivaut à quatre heures de formation reçue. Lorsqu'un même enseignement est délivré à plusieurs reprises dans différents lieux de formation ou devant des auditoires différents, les différentes reprises de cet enseignement au cours d'une même année sont comptabilisées, quel que soit leur nombre, dans la limite de douze heures de formation reçue.

Les travaux mentionnés au 5° de l'article R. 422-55-1 du code de la propriété intellectuelle doivent contenir au minimum dix mille signes, hors titres, chapeaux, notes de bas de page et abrégés. Ils sont pris en compte l'année de leur première publication et comptabilisés à hauteur de trois heures de formation reçue pour dix mille signes. La mise à jour d'une publication antérieure est comptabilisée à hauteur d'une heure de formation reçue pour dix mille signes. Dans le cas de travaux collectifs, le nombre de signes est divisé par le nombre d'auteurs, sauf si le conseil en propriété industrielle justifie d'une répartition ou d'une proratisation différente.

Art. 3 Lorsque les conseils en propriété industrielle ont été inscrits en cours d'année sur la liste prévue à l'article L. 422-1 du code de la propriété intellectuelle ou en cas d'arrêt d'exercice temporaire, le nombre d'heures de formation nécessaire pour remplir l'obligation de formation professionnelle continue est apprécié *pro rata temporis* de la durée d'exercice professionnelle sur l'année civile considérée.

Art. 4 Les conseils en propriété industrielle joignent à la déclaration annuelle mentionnée à l' article R. 422-55-1 du code de la propriété intellectuelle :

1° Une copie des fiches ou attestations de présence permettant d'attester la réalité des formations, colloques, conférences et activités d'enseignement mentionnés aux 1° à 4° de l'article R. 422-55-1 du code de la propriété intellectuelle ainsi que les pièces justificatives indiquant les dates, durées et thèmes traités, y compris lorsque ces formations, colloques, conférences ou activités d'enseignements sont suivis ou dispensés à distance ;

2° La liste des travaux mentionnés au 5° de l'article R. 422-55-1 du code de la propriété intellectuelle.

Aux fins de réalisation du contrôle prévu au dernier alinéa de l'article R. 422-55-1 du code de la propriété intellectuelle, la compagnie nationale des conseils en propriété industrielle peut demander communication de tout document complémentaire ou de toute pièce justificative, notamment le programme et les noms et références professionnelles des formateurs, l'enregistrement de la déclaration d'activité des organismes de formation et la copie des ouvrages, revues ou supports électroniques où sont publiés les travaux.

Art. 5 Les manquements à l'obligation de formation professionnelle continue peuvent être soumis à l'appréciation de la chambre de discipline prévue à l' article L. 422-10 du code de la propriété intellectuelle.

Art. 6 Le directeur de l'Institut national de la propriété industrielle est chargé de l'exécution du présent arrêté, qui sera publié au *Journal officiel* de la République française.

SECTION IV *BIS* CONTRÔLE DE L'EXERCICE DE LA PROFESSION

(Décr. n° 2017-797 du 5 mai 2017, rect. JO 13 mai, art. 1er-4°)

Art. R. 422-55-2 **Toute personne physique ou morale qui exerce la profession de conseil en propriété industrielle fait l'objet de contrôles diligentés par la Compagnie nationale des conseils en propriété industrielle et portant sur le respect des conditions de son inscription sur la liste des conseils en propriété industrielle prévues à l'article L. 422-5 ainsi que sur le respect des obligations professionnelle prévues à la section IV du présent chapitre.**

Art. R. 422-55-3 **Les contrôles sont réalisés par un ou plusieurs contrôleurs choisis par le président de la Compagnie nationale des conseils en propriété industrielle parmi les conseils en propriété industrielle ou les anciens membres de la profession.**

Art. R. 422-55-4 **Le ou les contrôleurs communiquent immédiatement au directeur général de l'Institut national de la propriété industrielle et au président de la Compa-**

gnie nationale des conseils en propriété industrielle tout fait, constaté au cours d'un contrôle, susceptible de constituer un manquement aux conditions et obligations mentionnées à l'article R. 422-52-2 *[R. 422-55-2]*.

Art. R. 422-55-5 Dans les trente jours suivant la fin des opérations matérielles de contrôle, le ou les contrôleurs adressent à la personne qui en a fait l'objet un rapport provisoire.

Cette dernière dispose d'un délai de trente jours pour former ses observations écrites sur le contenu du rapport.

A l'issue de ce délai, le ou les contrôleurs établissent un rapport définitif, auquel ils annexent les observations écrites de la personne concernée si elle en a produites, et adresse ce rapport au président de la Compagnie nationale des conseils en propriété industrielle et au directeur général de l'Institut national de la propriété industrielle. Le rapport ne comporte aucune information couverte par le secret professionnel des différents professionnels exerçant au sein de la société.

SECTION V RÉGIME DISCIPLINAIRE

(Décr. nº 97-863 du 17 sept. 1997)

Art. R. 422-56 La chambre de discipline, prévue à l'article L. 422-10 pour connaître des manquements à leurs obligations des conseils en propriété industrielle, est composée de sept membres :

1º Un magistrat de l'ordre judiciaire, président, nommé sur proposition du premier président de la cour d'appel de Paris ;

2º Un membre du Conseil d'État nommé sur proposition du vice-président du Conseil d'État ;

3º Le président de la Compagnie nationale des conseils en propriété industrielle ou son suppléant désigné par lui pour la durée de son mandat parmi les vice-présidents de cette compagnie ;

4º Deux conseils en propriété industrielle, choisis sur une liste de huit candidats proposée, en dehors des membres de son bureau, par la Compagnie nationale des conseils en propriété industrielle ;

5º Deux personnalités qualifiées.

Les membres désignés aux 1º, 2º, 4º et 5º ont des suppléants nommés dans les mêmes conditions.

(Décr. nº 2002-215 du 18 févr. 2002, art. 4) « La chambre de discipline connaît également des manquements à leurs obligations des autres personnes admises à exercer en France des activités relevant de la profession de conseil en propriété industrielle. »

Art. R. 422-57 Les membres de la chambre de discipline sont, à l'exception du président de la Compagnie nationale des conseils en propriété industrielle et de son suppléant, nommés ainsi que leurs suppléants pour trois ans par arrêté conjoint du garde des sceaux, ministre de la justice, et du ministre chargé de la propriété industrielle. – *V. Arr. du 17 sept. 1997, JO 24 sept.*

Art. R. 422-58 La chambre de discipline est saisie par le garde des sceaux, ministre de la justice, par le ministre chargé de la propriété industrielle, par le directeur général de l'Institut national de la propriété industrielle, ou par une plainte.

La saisine ou la plainte sont adressées au président de la chambre, par lettre recommandée avec demande d'avis de réception, au siège de l'Institut national de la propriété industrielle.

Art. R. 422-59 Le secrétaire de la Compagnie nationale des conseils en propriété industrielle est rapporteur de la chambre de discipline. En cas d'empêchement de celui-ci, et notamment s'il apparaît que le délai de six mois prévu à l'article R. 422-60 ne pourra être respecté, le bureau de la compagnie désigne un suppléant en son sein.

Le secrétariat de la chambre est assuré par l'Institut national de la propriété industrielle.

Art. R. 422-60 Le rapporteur peut, d'office ou à la demande du président de la chambre, requérir *(Décr. nº 2002-215 du 18 févr. 2002, art. 4)* « de la personne mise en cause », de l'auteur de la plainte ou *(Décr. nº 2017-797 du 5 mai 2017, art. 1er-5º)*

« de la plainte, du ou des contrôleurs mentionnés à la section IV *bis* du présent chapitre lorsque la personne mise en cause ou la société dans laquelle il exerce a fait l'objet d'un contrôle en application des dispositions de cette section ou » de toute personne susceptible d'éclairer les débats, les explications et justifications nécessaires à l'information de la chambre.

Le rapport précise les faits dénoncés, les diligences accomplies ainsi que les conclusions motivées du rapporteur sur l'existence d'une faute disciplinaire.

Il doit être déposé au siège de la chambre dans les six mois de la saisine de cette dernière, faute de quoi le président de la chambre peut désigner un autre rapporteur parmi les membres de la compagnie qui ne sont pas membres de la chambre.

Art. R. 422-61 Lorsque le rapporteur estime que la plainte ou la saisine est irrecevable, sans objet ou manifestement non fondée, il propose à la chambre de classer l'affaire.

La décision de classement est prise et notifiée dans les formes et conditions prévues à l'article R. 422-64. Elle peut être déférée au Conseil d'État par la voie du recours en cassation.

Art. R. 422-62 Sauf lorsqu'il est fait application de l'article R. 422-61, *(Décr. n° 2002-215 du 18 févr. 2002, art. 4)* « la personne » qui fait l'objet d'une procédure disciplinaire est cité *[citée.]* à comparaître devant la chambre de discipline par son président au moins quinze jours avant l'audience, par lettre recommandée avec demande d'avis de réception.

Si la personne poursuivie est une personne morale, la citation est adressée dans les mêmes conditions à son représentant légal.

La citation comporte, à peine de nullité, l'indication précise des faits à raison desquels la poursuite est intentée et la référence des dispositions législatives ou réglementaires sur le fondement desquelles ces faits sont poursuivis et réprimés. Elle est portée à la connaissance de l'autorité qui a saisi la chambre ou de l'auteur de la plainte, par lettre recommandée avec demande d'avis de réception. Un délai de quinze jours à compter de cette notification est imparti, tant au plaignant qu'*(Décr. n° 2002-215 du 18 févr. 2002, art. 4)* « à la personne poursuivie », pour la présentation d'éventuelles observations écrites.

(Décr. n° 2002-215 du 18 févr. 2002, art. 4) « La personne poursuivie, l'autorité qui a saisi la chambre ou l'auteur de la plainte peuvent prendre connaissance auprès du secrétaire de la chambre du dossier de la poursuite, et notamment du rapport mentionné à l'article R. 422-60. A cet effet, la personne poursuivie et l'auteur de la plainte peuvent se faire assister de la personne de leur choix. »

Le dossier est également tenu à la disposition des membres de la chambre.

Art. R. 422-63 Sauf si l'un de ses membres et son suppléant relèvent d'une des causes de récusation prévues à l'article L. 731-1 *[COJ, art. L. 111-6.]* du code de l'organisation judiciaire, la chambre de discipline ne peut siéger et délibérer valablement que si tous les membres ou leurs suppléants sont présents.

La chambre entend le rapporteur qui donne lecture de son rapport.

La chambre peut entendre tous témoins et faire procéder à toute investigation qu'elle estime utile.

(Décr. n° 2002-215 du 18 févr. 2002, art. 4) « Sauf lorsque la chambre se prononce en application de l'article R. 422-61, l'auteur de la plainte peut assister à l'audience et y être entendu. Sous la même réserve, la personne poursuivie a la parole en dernier et peut, ainsi que l'auteur de la plainte, se faire assister de la personne de son choix. »

Les séances de la chambre sont publiques. Toutefois, le président peut, d'office ou à la demande d'une des parties, interdire au public l'accès de la salle pendant tout ou partie de la séance dans l'intérêt de l'ordre public ou lorsque le respect de la vie privée ou du secret des affaires le justifie.

Art. R. 422-64 Le délibéré a lieu hors la présence des parties. Le rapporteur ne participe pas au délibéré, non plus que le secrétaire de la chambre.

La décision disciplinaire, qui doit être motivée, est prise à la majorité. La radiation temporaire de plus d'un an ou la radiation définitive ne peut être prononcée que par une décision prise à la majorité d'au moins cinq membres.

La décision est notifiée, par le secrétaire, à l'intéressé, au plaignant, au directeur général de l'institut, au garde des sceaux, ministre de la justice, et au ministre chargé de la propriété industrielle par lettre recommandée avec demande d'avis de réception dans un délai de quinze jours à compter de son prononcé.

La décision est exécutoire à compter de sa notification *(Décr. n° 2002-215 du 18 févr. 2002, art. 4)* « à la personne » qui en a fait l'objet.

La décision peut être déférée au Conseil d'État par la voie du recours en cassation.

Art. R. 422-65 Est radiée de la section spéciale prévue à l'article L. 422-7, par décision du directeur général de l'institut, toute société dont un membre a fait l'objet d'une radiation pour motif disciplinaire si l'intéressé n'a pas, dans les trois mois, cessé d'y exercer son activité.

Outre les notifications prévues à l'article R. 422-64, la décision de radiation est notifiée au greffier mentionné à l'article R. 422-6.

Art. R. 422-66 La radiation temporaire ou définitive de la liste est publiée au *Bulletin officiel de la propriété industrielle* à la diligence du directeur général de l'institut.

CHAPITRE III DISPOSITIONS DIVERSES

(Décr. n° 97-863 du 17 sept. 1997)

Art. R. 423-1 Les conditions d'inscription sur la liste prévue à l'article L. 422-5 sont appréciées à la date d'entrée en vigueur de celui-ci. Ces conditions sont, en ce qui concerne les personnes morales, appréciées en la personne des auteurs de la demande. Le maintien de l'inscription est subordonné au respect des conditions au vu desquelles le directeur général de l'institut a statué.

(Décr. n° 2002-215 du 18 févr. 2002, art. 5) « Les personnes inscrites sur la liste prévue à l'article L. 422-5 sont tenues, dans l'exercice de leur activité professionnelle, au respect des règles énoncées aux articles L. 422-8 et R. 422-52 à R. 422-54. En cas de manquement à leurs obligations, elles sont soumises aux dispositions des articles R. 422-56 à R. 422-66 et les sanctions prévues à l'article L. 422-10 leur sont applicables. »

Art. R. 423-2 *(Décr. n° 2016-504 du 22 avr. 2016, art. 8)* La publicité et la sollicitation personnalisée prévues à l'article L. 423-1 sont permises aux conseils en propriété industrielle si elles procurent une information sincère sur la nature des prestations de services proposées et si leur mise en œuvre respecte les principes essentiels de la profession. Elles excluent tout élément comparatif ou dénigrant, ainsi que toute mention susceptible de porter atteinte au secret professionnel.

La sollicitation personnalisée prend la forme d'un envoi postal, d'un appel téléphonique ou d'un courrier électronique adressé au destinataire de l'offre de service, à l'exclusion de tout message textuel envoyé sur un terminal téléphonique mobile. Elle précise les modalités de détermination du coût de la prestation, laquelle fera l'objet d'une convention d'honoraires. Les suites de cette prestation, de nature à entraîner des frais supplémentaires, sont, le cas échéant, précisées. Il est distingué entre les honoraires et les frais et redevances.

Les informations générales sur le droit de la propriété industrielle accompagnant la sollicitation portent en particulier sur les principaux titres de propriété industrielle, leurs champs de protection et leurs limites respectives, ainsi que sur le maintien et la défense des droits associés. Dans le cas d'une sollicitation personnalisée réalisée par téléphone, ces informations peuvent être mises à la disposition du destinataire de l'offre de service par d'autres moyens dûment précisés lors du démarchage.

LIVRE CINQUIÈME LES DESSINS ET MODÈLES

TITRE PREMIER ACQUISITION DES DROITS

CHAPITRE PREMIER DROITS ET ŒUVRES PROTÉGÉS

SECTION UNIQUE MESURES RÉGLEMENTAIRES SPÉCIALES À CERTAINES INDUSTRIES

Art. R. 511-1 Tout créateur de dessins ou modèles appartenant à l'une des industries visées à l'article R. 511-2 ou à des industries similaires ayant intérêt à faire constater la date de création de dessins ou de modèles peut recourir à cet effet aux moyens de preuve prévus aux articles R. 511-3 à R. 511-6. – *[Décr. 10 mars 1914, art. 1er.]*

Art. R. 511-2 Les dispositions de l'article R. 511-1 sont applicables aux industries des graveurs estampeurs, de la bijouterie, joaillerie, orfèvrerie, des fabricants de bronze et des industries qui s'y rattachent, de la broderie, des fabricants de dentelle, de la soierie, de la rubanerie, des tissus et matières textiles, des fondeurs typographes, de la verrerie en flaconnage, de l'ameublement, de la céramique, de la cristallerie, glacerie, gobeleterie et verrerie, de la tapisserie-décoration, des tissus d'ameublement, tapisseries et tapis, de la fabrication des billards et des industries qui s'y rattachent, de la fabrication des papiers peints, de la fourrure et pelleterie, de la bijouterie fantaisie en tous genres et des industries qui s'y rattachent, de l'imprimerie lithographique, de la maroquinerie, de la gainerie, de l'article de voyage en tous genres, de sellerie et de toutes industries qui s'y rattachent. – *[Décr. 10 mars 1914, art. 1er ; Décr. 2 août 1922, art. 1er ; Décr. 9 mai 1923, art. 1er ; Décr. 15 avr. 1924, art. 1er ; Décr. 21 janv. 1933, art. 1er ; Décr. 23 févr. 1938, art. 1er.]*

Art. R. 511-3 Les dessins ou les reproductions graphiques des modèles doivent être établis sur une feuille de papier dont un côté seulement est utilisé ; les parties laissées libres doivent être remplies par des hachures s'arrêtant à la limite même du dessin et distantes entre elles au plus de 20 millimètres ; les dimensions du papier à employer sont 21 × 29,7 ou 42 × 29,7.

Sur cette reproduction sont mentionnées toutes indications de nature à préciser la date et les conditions de la création de chaque dessin ou modèle figuré (date de création ou d'achat, nom du créateur et, si possible, du premier destinataire). – *[Décr. 10 mars 1914, art. 2.]*

Art. R. 511-4 Ces dessins sont copiés à la presse à leur date sur un livre de copie ou reproduits par décalque sur un registre spécial formé de feuilles de papier bulle à piquer assez mince pour ne pouvoir comporter ni grattage ni surcharge ; ces registres sont visés et estampillés, avant usage, par l'Institut national de la propriété industrielle dans les conditions déterminées par arrêté ministériel. – *V. Arr. du 9 mai 1986, ss. art. R. 511-6.*

Les documents ainsi copiés ou reproduits ne doivent occuper qu'un seul côté d'une feuille d'un des registres ou, si les dimensions l'exigent, les deux côtés de deux feuilles en regard l'une de l'autre. – *[Décr. 10 mars 1914, art. 3.]*

Art. R. 511-5 L'un ou l'autre de ces registres, régulièrement tenu par ordre de dates, sans blanc ni lacune, peut, en cas de contestations, être produit en vue d'établir la date de la création dont la priorité est discutée. – *[Décr. 10 mars 1914, art. 4.]*

Art. R. 511-6 En vue de compléter les preuves tirées de la tenue des registres susénoncés, les intéressés sont autorisés à établir en deux exemplaires identiques les dessins pour lesquels ils désirent s'assurer la date de priorité de création et à adresser ces deux exemplaires à l'Institut national de propriété industrielle, qui, après inscription et perforation de la date d'arrivée, retourne l'un d'eux à l'envoyeur et place l'autre dans ses archives.

Un arrêté ministériel détermine les conditions d'envoi, de gardiennage et de restitution des dessins. – *[Décr. 10 mars 1914, art. 5.]*

Les enveloppes Soleau déposées à l'INPI sont parfaitement recevables. • T. com. Paris, 2 avr. 2004 : *Propr. ind. 2005, n° 32, note Greffe.*

Arrêté du 9 mai 1986,

Fixant les modalités pratiques de recours aux moyens de preuve de la date de certaines créations.

Art. 1er Les livres de copie et registres spéciaux prévus à l'article 3 du décret du 10 mars 1914 susvisé *[CPI, art. R. 511-4.]* sont présentés dûment paginés avant usage à l'Institut national de la propriété industrielle, où ils sont cotés et paraphés par le directeur général de l'institut ou son délégué.

En cas d'envoi postal, les frais d'affranchissement des livres et registres sont à la charge du demandeur.

Art. 2 Il est recouru au moyen de preuve prévu à l'article 5 du décret précité *[CPI, art. R. 511-6.]* selon les modalités fixées par les articles ci-après.

Art. 3 Les dessins ou représentations graphiques sont établis en deux exemplaires identiques.

Les deux exemplaires sont ensuite placés respectivement dans chacun des deux compartiments d'une enveloppe double spéciale conforme au modèle annexé au présent arrêté et mise à la disposition du public par l'Institut national de la propriété industrielle moyennant le versement de la taxe prescrite.

L'épaisseur de l'enveloppe remplie ne doit pas être supérieure à cinq millimètres. L'enveloppe ne doit contenir aucune partie dure ou métallique.

Art. 4 L'enveloppe est adressée à l'Institut national de la propriété industrielle, qui mentionne la date de réception sur le pli, lui attribue un numéro d'enregistrement comportant cette date et la perfore à ce numéro.

L'institut sépare les deux compartiments, en conserve un et adresse l'autre au déposant sous pli recommandé.

Art. 5 L'exemplaire conservé par l'institut demeure classé dans ses archives pour y être conservé cinq ans.

Toutefois, ce délai peut être prorogé pour une nouvelle période de cinq ans sur requête du demandeur présentée avant l'expiration de la première période et accompagnée de la justification d'un nouveau paiement de la taxe visée à l'article 3.

A l'expiration de la période de conservation, l'exemplaire détenu par l'institut est restitué au déposant ou à ses ayants cause, sur demande et contre décharge, faute de quoi il est détruit.

Il peut être renvoyé par la poste au déposant, sous pli recommandé, aux risques et périls et aux frais de celui-ci, qui doit consigner au préalable le montant des frais occasionnés par cet envoi. L'exemplaire ainsi expédié ne peut être réintégré dans les archives de l'institut.

Art. 6 Si, en cas de contestation judiciaire, la production de l'exemplaire conservé par l'institut est requise par le président du tribunal saisi de l'instance, il est envoyé par la poste, sous pli recommandé, aux risques et périls et aux frais du déposant, qui doit consigner au préalable le montant des frais occasionnés par cet envoi.

L'exemplaire ainsi expédié n'est pas réintégré dans les archives de l'institut.

CHAPITRE II FORMALITÉS DE DÉPÔT

Art. R. 512-1 *(Décr. n° 2014-650 du 20 juin 2014, art. 3-I, en vigueur le 1er juill. 2014)* **La demande d'enregistrement de dessin ou modèle est déposée au siège de l'Institut national de la propriété industrielle ou y est envoyée par pli postal ou par tout mode de télétransmission dans les conditions définies par décision de son directeur général. La date de dépôt est celle de la réception de la demande au siège de l'institut.**

Le directeur général de l'institut peut imposer un dépôt sous forme électronique lorsque cette modalité est de nature à faciliter l'examen et la publication de la demande.

L'institut apporte une assistance aux déposants par tout moyen approprié, précisé par décision de son directeur général.

Le présent article est également applicable aux déclarations de prorogation prévues à l'article R. 513-1.

Les dispositions du Décr. n° 2014-650 du 20 juin 2014 sont applicables dans les îles Wallis-et-Futuna (Décr. préc., art. 5).

Art. R. 512-2 *(Décr. n° 2014-650 du 20 juin 2014, art. 3-II, en vigueur le 1er juill. 2014)* **« Le dépôt peut être effectué personnellement par le demandeur ou par un mandataire ayant son domicile, son siège ou son établissement dans un État membre de l'Union européenne ou dans un État partie à l'accord sur l'Espace économique européen.**

« Le mandataire constitué pour le dépôt d'une demande d'enregistrement de dessin ou modèle et tout acte subséquent relatif à la procédure d'enregistrement, à l'exception du simple paiement des redevances et des déclarations de prorogation, doit appartenir à l'une des catégories de représentants mentionnées aux articles L. 422-4 et L. 422-5.

« Les personnes n'ayant pas leur domicile ou leur siège dans un État membre de l'Union européenne ou dans un État partie à l'accord sur l'Espace économique européen doivent, dans le délai qui leur est imparti par l'institut, constituer un mandataire satisfaisant aux conditions prévues aux alinéas précédents. » — *V. art. R. 514-1 et R. 514-2.*

En cas de pluralité de déposants, un mandataire commun satisfaisant aux mêmes conditions doit être constitué.

Sauf lorsqu'il a la qualité de conseil en propriété industrielle *(Décr. n° 2007-731 du 7 mai 2007)* **« ou d'avocat », le mandataire doit joindre un pouvoir qui s'étend, sous réserve des dispositions de l'article R. 513-2 et sauf stipulation contraire, à tous les actes et à la réception de toutes les notifications prévues aux chapitres II, III et IV du présent titre. Le pouvoir est dispensé de légalisation.** — *[Décr. n° 92-792 du 13 août 1992, art. 2.]*

V. note ss. art. R. 512-1.

Art. R. 512-3 *(Décr. n° 2004-199 du 25 févr. 2004, art. 11)* **Lorsqu'un même dépôt porte sur plusieurs dessins ou modèles, les produits dans lesquels ces dessins ou modèles sont destinés à être incorporés ou auxquels ils sont destinés à être appliqués doivent relever d'une même classe, au sens de la classification établie par l'Arrangement de Locarno du 8 octobre 1968. Toutefois, cette condition ne s'applique pas lorsque le dépôt porte sur des ornementations** *(Décr. n° 2007-280 du 1er mars 2007, art. 7)* **« ou s'il a été effectué sous la forme simplifiée prévue au cinquième alinéa de l'article L. 512-2 ».**

Le dépôt comprend :

1° Une demande d'enregistrement établie dans les conditions prévues par *(Décr. n° 2014-650 du 20 juin 2014, art. 4-II, en vigueur le 1er juill. 2014)* **« la décision mentionnée » à l'article R. 514-5 et précisant notamment :**

***a)* L'identification du déposant ;**

***b)* Le nombre des dessins ou modèles concernés ;**

***c)* Le nombre total des reproductions graphiques ou photographiques incluses dans le dépôt, lequel ne peut porter sur plus de cent reproductions ;**

***d)* Le nombre de reproductions qui se rapportent à chaque dessin ou modèle identifié ;**

***e)* La désignation usuelle du produit dans lequel le dessin ou modèle est destiné à être incorporé ou auquel il est destiné à être appliqué ;**

***f)* Le cas échéant, l'indication que la publication du dépôt doit être différée, que le droit de priorité attaché à un précédent dépôt étranger est revendiqué ou qu'un certificat de garantie a été délivré en application de la loi du 13 avril 1908 ;**

2° Une reproduction graphique ou photographique des dessins et modèles présentée dans les conditions prévues par *(Décr. n° 2014-650 du 20 juin 2014, art. 4-II, en vigueur le 1er juill. 2014)* **« la décision mentionnée » au 1°. Chaque reproduction doit porter sur un seul objet et ne représenter que celui-ci, à l'exclusion de tout autre objet, accessoire, personne ou animal. Les textes explicatifs, légendes, ou toute autre indication ne faisant pas partie intégrante du dessin ou modèle ne sont pas admis sur ou à côté des reproductions. Les reproductions peuvent être accompagnées d'une brève des-**

cription, établie exclusivement à des fins documentaires. Son contenu définitif est, si nécessaire, mis en forme par l'Institut national de la propriété industrielle ;

3° La justification du paiement des redevances prescrites ;

4° S'il est constitué un mandataire, le pouvoir de ce dernier, à moins qu'il n'ait la qualité de conseil en propriété industrielle *(Décr. nº 2007-731 du 7 mai 2007)* « ou d'avocat ».

Le déposant peut, jusqu'à la publication prévue à l'article R. 512-10, obtenir à ses frais une copie officielle des documents contenus dans son dépôt.

V. note ss. art. R. 512-1.

Art. R. 512-3-1 *(Décr. nº 2004-199 du 25 févr. 2004, art. 12)* Jusqu'au début des préparatifs techniques relatifs à la publication, le déposant peut être autorisé, sur requête écrite adressée au directeur de l'Institut national de la propriété industrielle, à rectifier les erreurs matérielles relevées dans les pièces déposées. L'institut peut exiger la justification de la réalité de l'erreur matérielle à corriger et, le cas échéant, du sens de la correction demandée.

Art. R. 512-4 Le dépôt sous forme simplifiée prévu à l'article L. 512-2, alinéa 5, comporte les pièces et indications énoncées à l'article R. 512-3. Toutefois, jusqu'à la renonciation à l'ajournement prévue à l'article R. 512-11, les reproductions graphiques ou photographiques des dessins ou modèles ne sont pas soumises aux exigences de présentation prévues au 2° de l'article R. 512-3, et le dépôt est assorti de la justification du paiement d'une redevance indépendante du nombre de reproductions.

(Décr. nº 2004-199 du 25 févr. 2004, art. 13) « Le bénéfice d'un dépôt sous forme simplifiée ne peut être demandé que lors du dépôt. »

Art. R. 512-5 La revendication, à l'occasion d'un dépôt effectué en France, d'un droit de priorité attaché à un précédent dépôt étranger emporte obligation de faire parvenir à l'Institut national de la propriété industrielle, dans les trois mois du dépôt en France, une copie officielle du dépôt antérieur et, s'il y a lieu, la justification du droit de revendiquer la priorité.

(Décr. nº 2004-199 du 25 févr. 2004, art. 14) « Si cette obligation n'est pas respectée, la revendication du droit de priorité est déclarée irrecevable.

« Il en va de même lorsqu'il ressort des pièces communiquées que la date du dépôt antérieur précède de plus de six mois la date de dépôt en France ou que les reproductions jointes lors du dépôt en France ne correspondent pas à celles du dépôt antérieur. »

Art. R. 512-6 A la réception du dépôt, sont mentionnés sur la déclaration : la date, le lieu et le numéro d'ordre de dépôt ou le numéro national prévu à l'article suivant. Un récépissé de dépôt est remis au déposant.

Lorsque le dépôt est effectué au greffe du tribunal de commerce ou du tribunal de grande instance en tenant lieu, les pièces du dépôt et le montant des redevances sont transmis sans délai à l'Institut national de la propriété industrielle par le greffier. – *[Décr. nº 92-792 du 13 août 1992, art. 5.]*

Art. R. 512-7 Dès sa réception à l'institut, le dépôt donne lieu à l'attribution d'un numéro national. Lorsqu'il n'a pu être mentionné sur le récépissé du dépôt, ce numéro est notifié au déposant.

(Décr. nº 2004-199 du 25 févr. 2004, art. 15) « Est déclaré irrecevable toute correspondance ou dépôt ultérieur de pièces qui ne rappelle pas le numéro national du dépôt, qui ne porte pas la signature du déposant ou de son mandataire ou qui, le cas échéant, n'est pas accompagné de la justification du paiement de la redevance prescrite. »

Art. R. 512-8 *(Décr. nº 2004-199 du 25 févr. 2004, art. 16)* Est déclaré irrecevable tout dépôt qui ne comporte pas au moins un exemplaire de la demande d'enregistrement contenant la mention prévue au *a* du 1° de l'article R. 512-3 et au moins un exemplaire de la reproduction graphique ou photographique du ou des dessins ou modèles prévue au 2° de l'article R. 512-3 et qui n'est pas accompagné de la justification du paiement de la redevance de dépôt. La reproduction ci-dessus mentionnée doit être d'une qualité suffisante pour permettre une publication satisfaisante au *Bulletin officiel* de la propriété industrielle.

Art. R. 512-9 En cas de non-conformité du dépôt aux prescriptions de l'article R. 512-3 ou, s'il s'agit d'un dépôt simplifié, aux prescriptions de l'article R. 512-4, ou lorsque la publication du dépôt est de nature à porter atteinte aux bonnes mœurs ou à l'ordre public, notification motivée en est faite au déposant.

(Décr. n° 2004-199 du 25 févr. 2004, art. 17) « Un délai lui est imparti pour régulariser le dépôt ou contester les objections de l'institut ou, si le dépôt n'est pas conforme aux dispositions du premier alinéa de l'article R. 512-3, pour diviser sa demande. Chaque demande divisionnaire doit satisfaire aux conditions fixées aux 1°, 2°, 3° et 4° de l'article R. 512-3. Les demandes divisionnaires bénéficient de la date de dépôt et, le cas échéant, de la date de priorité de la demande initiale. A défaut de régularisation, d'observations ou de division du dépôt permettant de lever l'objection, le dépôt est rejeté. »

La notification peut être assortie d'une proposition de régularisation. Cette proposition est réputée acceptée si le déposant ne la conteste pas dans le délai qui lui est imparti.

Aucune régularisation effectuée conformément aux dispositions du présent article ne peut avoir pour effet d'étendre la portée du dépôt.

Art. R. 512-9-1 *(Décr. n° 2004-199 du 25 févr. 2004, art. 18)* La demande d'enregistrement peut être retirée jusqu'au début des préparatifs techniques requis par la publication prévue au premier alinéa de l'article R. 512-10.

Le retrait s'effectue par une déclaration écrite adressée ou remise à l'institut, formulée par le titulaire ou son mandataire, lequel, sauf s'il a la qualité de conseil en propriété industrielle *(Décr. n° 2007-731 du 7 mai 2007)* « ou d'avocat », doit justifier d'un pouvoir spécial. En cas de pluralité de déposants, le retrait ne peut être effectué que s'il est requis par l'ensemble de ceux-ci.

Une déclaration de retrait ne peut viser qu'un seul dépôt. Le retrait peut être limité à une partie des dessins ou modèles de la demande.

La déclaration indique s'il a été ou non concédé des droits d'exploitation ou de gage. Dans l'affirmative, elle doit être accompagnée du consentement écrit du bénéficiaire de ce droit ou du créancier gagiste.

Art. R. 512-9-2 *(Décr. n° 2015-511 du 7 mai 2015, art. 1er-1°)* Il est statué sur la demande d'enregistrement dans un délai de six mois. Ce délai est interrompu par la notification prévue aux premier et troisième alinéas de l'article R. 512-9 jusqu'à la levée de l'objection, ou par l'ajournement de la publication prévu à l'article R. 512-10, jusqu'à la renonciation à l'ajournement.

Les dispositions du Décr. n° 2015-511 du 7 mai 2015 sont applicables dans les îles Wallis-et-Futuna (Décr. préc., art. 3). Elles sont applicables aux demandes antérieures qui n'ont pas donné lieu à une décision expresse à la date d'entrée en vigueur du décret, soit le 9 mai 2015 (Décr. préc., note de présentation, JO 8 mai).

Art. R.* 512-9-3 *(Décr. n° 2015-511 du 7 mai 2015, art. 1er-1°)* A défaut de décision expresse dans le délai mentionné à l'article R. 512-9-2, la demande est réputée rejetée.

V. note ss. art. R. 512-9-2.

Art. R. 512-10 Tout dépôt reconnu conforme est publié au *Bulletin officiel* de la propriété industrielle, sauf si le déposant a demandé lors du dépôt l'ajournement de cette publication à trois ans. L'ajournement de la publication ne peut porter que sur l'ensemble du dépôt. La publication n'intervient qu'au terme du délai de trois ans.

L'ajournement est de plein droit si le dépôt a été effectué sous forme simplifiée conformément à l'article R. 512-4.

Le déposant peut renoncer à tout moment à l'ajournement. Sauf lorsque le dépôt a été effectué sous forme simplifiée, la renonciation à l'ajournement de la publication ne peut porter que sur l'ensemble du dépôt. – *[Décr. n° 92-792 du 13 août 1992, art. 9.]*

(Décr. n° 2004-199 du 25 févr. 2004, art. 19) « A compter du jour de la publication prévue au premier alinéa, toute personne intéressée peut demander à prendre connaissance d'un dossier de dépôt de dessin ou modèle et obtenir à ses frais reproduction

des pièces. L'institut peut subordonner l'usage de cette faculté à la justification d'un intérêt suffisant.

« Toutefois, sont exclues de la communication au public les pièces non communiquées au déposant ainsi que celles qui comportent des données à caractère personnel ou sont relatives au secret des affaires. »

Art. R. 512-11 **Lorsque le dépôt a été effectué sous forme simplifiée, le déposant doit, au plus tard six mois avant le terme du délai de trois ans prévu à l'article R. 512-10, renoncer par écrit à l'ajournement de la publication et remettre à l'Institut national de la propriété industrielle :**

1° Les reproductions graphiques ou photographiques du ou des dessins ou modèles à publier conformes aux exigences de présentation prévues au 2° de l'article R. 512-3 ;

2° La justification du paiement des redevances prescrites.

A défaut, la déchéance totale ou partielle des droits issus du dépôt est constatée par le directeur général de l'Institut national de la propriété industrielle.

En cas de non-conformité des reproductions graphiques ou photographiques aux modalités de l'article R. 512-3 ou lorsque la reproduction fournie lors de la renonciation à l'ajournement ne correspond pas à l'identique à l'une des représentations jointes au dépôt simplifié, il est fait application de la procédure prévue à l'article R. 512-9. – *[Décr. n° 92-792 du 13 août 1992, art. 9-1.]*

L'obligation de demander la publication du dépôt au plus tard six mois avant la fin des trois ans est sanctionnée par la déchéance des droits. • Aix-en-Provence, 21 oct. 1999 : *PIBD 2000. III. 98.*

Art. R. 512-12 *(Décr. n° 2004-199 du 25 févr. 2004, art. 20)* **La demande de relevé de déchéance prévue à l'article L. 512-3 doit être formée dans un délai de deux mois à compter de la cessation de l'empêchement, et l'acte non accompli doit l'être dans le même délai. Elle n'est plus recevable après un délai préfixe de six mois décompté à partir de l'expiration du délai non observé.**

La demande est présentée au directeur général de l'institut par le titulaire du dépôt, qui doit être le titulaire inscrit au Registre national des dessins et modèles si le dépôt est publié, ou son mandataire.

La demande n'est recevable qu'après paiement de la redevance prescrite.

La demande est écrite. Elle indique les faits et justifications invoqués à son appui.

(Décr. n° 2015-1436 du 6 nov. 2015, art. 5-1°) **« En cas de non-conformité de la demande, notification motivée en est faite au demandeur. Un délai lui est imparti pour régulariser la demande ou contester les objections de l'institut. A défaut de régularisation ou d'observation permettant de lever l'objection, la demande est rejetée. La notification peut être assortie d'une proposition de régularisation. Cette proposition est réputée acceptée si le demandeur ne la conteste pas dans le délai qui lui est imparti. »**

La décision motivée est notifiée au demandeur.

V. note ss. art. R. 421-10-1.

Art. R. 512-12-1 *(Décr. n° 2015-1436 du 6 nov. 2015, art. 5-2°)* **Il est statué sur la demande de relevé de déchéance dans un délai de six mois à compter de son dépôt. Ce délai est interrompu, le cas échéant, par la notification prévue à l'article R. 512-12, jusqu'à la régularisation de la demande ou la levée de l'objection.**

V. note ss. art. R. 421-10-1.

Art. R. 512-12-2 *(Décr. n° 2015-1436 du 6 nov. 2015, art. 5-2°)* **A défaut de décision expresse dans le délai mentionné à l'article R. 512-12-1, la demande est réputée acceptée.**

V. note ss. art. R. 421-10-1.

Art. R. 512-13 **Le Registre national des dessins et modèles est tenu par l'Institut national de la propriété industrielle.**

Y figurent, pour chaque dépôt :

1° L'identification du titulaire et les références du dépôt ainsi que les actes ultérieurs en affectant l'existence ou la portée ;

2° Les actes modifiant la propriété d'un dessin ou modèle ou la jouissance des droits qui lui sont attachés ; en cas de revendication de propriété, l'assignation correspondante ;

3° Les changements de nom, de forme juridique ou d'adresse ainsi que les rectifications d'erreurs matérielles affectant les inscriptions.

Aucune inscription n'est portée au registre tant que le dépôt n'est pas rendu public dans les conditions prévues à l'article R. 512-10. – *[Décr. n° 92-792 du 13 août 1992, art. 12.]*

La liste des actes soumis à publicité est limitative. Ainsi le changement de dénomination sociale du titulaire ne saurait s'assimiler à un changement de titulaire. • Paris, 9 juin 2004 : *D. 2005. Pan. 1713, obs. Galloux ; PIBD 2004, n° 793. III. 521.*

Art. R. 512-14 *(Décr. n° 2004-199 du 25 févr. 2004, art. 21)* **Les indications prévues au 1° de l'article R. 512-13 sont inscrites à l'initiative de l'Institut national de la propriété industrielle ou, s'il s'agit d'une décision judiciaire, sur réquisition du greffier ou requête de l'une des parties.**

Seules les décisions judiciaires définitives peuvent être inscrites au Registre national des dessins et modèles.

Sur la question, V. • TGI Paris, 14 avr. 1999 : *PIBD 1999. III. 397.*

Art. R. 512-15 *(Décr. n° 2004-199 du 25 févr. 2004, art. 22)* **Les actes modifiant la propriété d'un dépôt de dessin ou modèle ou la jouissance des droits qui lui sont attachés, tels que cession, concession d'un droit d'exploitation, constitution ou cession d'un droit de gage ou renonciation à ce droit, saisie, validation et mainlevée de saisie, sont inscrits à la demande de l'une des parties à l'acte, ou, s'il n'est pas partie à l'acte, du titulaire du dépôt au jour de cette demande.**

Toutefois, un acte ne peut être inscrit que si la personne indiquée dans l'acte comme le titulaire du dépôt de dessin et modèle avant la modification résultant de l'acte est inscrite comme telle au Registre national des dessins et modèles.

La demande comprend :

1° Un bordereau de demande d'inscription ;

2° Une copie ou un extrait de l'acte constatant la modification de la propriété ou de la jouissance ;

3° La justification du paiement de la redevance prescrite ;

4° S'il y a lieu, le pouvoir du mandataire, à moins qu'il n'ait la qualité de conseil en propriété industrielle *(Décr. n° 2007-731 du 7 mai 2007)* **« ou d'avocat ».**

Art. R. 512-16 *(Décr. n° 2004-199 du 25 févr. 2004, art. 23)* **Par dérogation au 2° de l'article R. 512-15, peut être produit avec la demande :**

1° En cas de mutation par décès : copie de tout acte établissant le transfert, à la demande des héritiers ou légataires ;

2° En cas de transfert par suite de fusion, scission ou absorption : copie d'un extrait du registre du commerce et des sociétés à jour de la modification ;

3° Sur justification de l'impossibilité matérielle de produire une copie : tout document établissant la modification de la propriété ou de la jouissance.

Art. R. 512-17 *(Décr. n° 2004-199 du 25 févr. 2004, art. 24)* **Les changements de nom, de forme juridique, d'adresse et les rectifications d'erreurs matérielles sont inscrits à la demande du titulaire du dépôt, qui doit être le titulaire inscrit au registre national des dessins et modèles. Toutefois, lorsque ces changements et rectifications portent sur un acte précédemment inscrit, la demande peut être présentée par toute partie à l'acte.**

La demande comprend :

1° Un bordereau de demande d'inscription ;

2° S'il y a lieu, le pouvoir du mandataire, à moins qu'il n'ait la qualité de conseil en propriété industrielle *(Décr. n° 2007-731 du 7 mai 2007)* **« ou d'avocat » ;**

3° S'il s'agit d'une rectification d'erreur matérielle, la justification du paiement de la redevance prescrite.

L'institut peut exiger la justification de la réalité du changement dont l'inscription est sollicitée ou de l'erreur matérielle à rectifier.

Art. R. 512-18 *(Décr. nº 2004-199 du 25 févr. 2004, art. 25)* **En cas de non-conformité d'une demande d'inscription, notification motivée en est faite au demandeur.**

Un délai lui est imparti pour régulariser sa demande ou présenter des observations. A défaut de régularisation ou d'observations permettant de lever l'objection, la demande est rejetée par décision du directeur général de l'Institut national de la propriété industrielle.

La notification peut être assortie d'une proposition de régularisation. Cette proposition est réputée acceptée si le déposant ne la conteste pas dans le délai qui lui est imparti.

Art. R. 512-18-1 *(Décr. nº 2015-1436 du 6 nov. 2015, art. 5-3º)* **Il est statué sur la demande d'inscription mentionnée aux articles R. 512-15 et R. 512-17 dans un délai de six mois à compter de son dépôt. Ce délai est interrompu, le cas échéant, par la notification prévue à l'article R. 512-18, jusqu'à la régularisation de la demande ou la levée de l'objection.**

V. note ss. art. R. 421-10-1.

Art. R. 512-18-2 *(Décr. nº 2015-1436 du 6 nov. 2015, art. 5-3º)* **A défaut de décision expresse dans le délai mentionné à l'article R. 512-18-1, la demande est réputée acceptée.**

V. note ss. art. R. 421-10-1.

Art. R. 512-19 Toute inscription portée au Registre national des dessins et modèles fait l'objet d'une mention au *Bulletin officiel* de la propriété industrielle.

Toute personne intéressée peut obtenir de l'institut :

1º Un certificat d'identité comprenant les indications relatives au dépôt, le numéro national et, s'il y a lieu, les renonciations ou prorogation dont il a fait l'objet ;

2º Une reproduction des inscriptions portées au Registre national des dessins et modèles ;

3º Un certificat constatant qu'il n'existe pas d'inscription. – *[Décr. nº 92-792 du 13 août 1992, art. 18.]*

CHAPITRE III **DURÉE DE LA PROTECTION**

Art. R. 513-1 *(Décr. nº 2004-199 du 25 févr. 2004, art. 26)* **La prorogation d'un enregistrement de dessin ou modèle prévue à l'article L. 513-1 résulte d'une déclaration de son titulaire établie dans les conditions fixées par** *(Décr. nº 2014-650 du 20 juin 2014, art. 4-II, en vigueur le 1er juill. 2014)* **« la décision mentionnée » à l'article R. 514-5. Il peut être précisé que la prorogation ne vaut que pour certains dessins ou modèles.**

La première prorogation peut toutefois être demandée lors du dépôt.

La prorogation prend effet le jour suivant la date d'expiration de l'enregistrement.

La déclaration doit à peine d'irrecevabilité :

1º Être présentée au cours d'un délai de six mois expirant le dernier jour du mois au cours duquel prend fin chaque période de protection et être accompagnée de la justification du paiement de la redevance prescrite. Toutefois, la déclaration peut encore être présentée ou la redevance acquittée dans un délai supplémentaire de six mois, décompté depuis le lendemain du dernier jour du mois d'expiration de la protection, moyennant le paiement d'un supplément de redevance ;

2º Comporter la désignation de l'enregistrement à proroger et émaner du titulaire inscrit, au jour de la déclaration, au registre national des dessins et modèles, ou de son mandataire ;

Si la déclaration ne satisfait pas à ces conditions, il est fait application de la procédure prévue à l'article R. 512-9.

L'irrecevabilité ne peut être prononcée sans que le déposant ait été mis en mesure de présenter des observations.

Les dispositions du Décr. nº 2014-650 du 20 juin 2014 sont applicables dans les îles Wallis-et-Futuna (Décr. préc., art. 5).

Art. R. 513-1-1 *(Décr. nº 2015-511 du 7 mai 2015, art. 1er-2º)* **Il est statué sur la déclaration de prorogation dans un délai de six mois à compter de son dépôt. Ce délai**

est interrompu, le cas échéant, *(Décr. nº 2015-1436 du 6 nov. 2015, art. 6-1º)* **« par la notification prévue à l'article R. 512-9, jusqu'à la levée de l'objection ».**

V. notes ss. art. R. 421-10-1 et R. 512-9-2.

Art. R.* 513-1-2 *(Décr. nº 2015-511 du 7 mai 2015, art. 1er-2º)* **A défaut de décision expresse dans le délai mentionné à l'article R. 513-1-1, la déclaration de prorogation est réputée rejetée.**

V. note ss. art. R. 512-9-2.

Art. R. 513-2 *(Décr. nº 2004-199 du 25 févr. 2004, art. 27)* **Le titulaire d'un enregistrement de dessin ou modèle publié peut à tout moment y renoncer, pour tout ou partie.**

La déclaration de renonciation doit, à peine d'irrecevabilité :

1º Émaner du titulaire de l'enregistrement inscrit, au jour de la déclaration, au registre national des dessins et modèles ou de son mandataire ;

2º Être accompagnée de la justification du paiement de la redevance prescrite.

Les dispositions de l'article R. 512-9-1 sont applicables à la renonciation.

(Décr. nº 2015-1436 du 6 nov. 2015, art. 6-2º) **« En cas de non-conformité de la déclaration, notification motivée en est faite au demandeur. Un délai lui est imparti pour régulariser la déclaration ou contester les objections de l'institut. A défaut de régularisation ou d'observation permettant de lever l'objection, la déclaration est rejetée. La notification peut être assortie d'une proposition de régularisation. Cette proposition est réputée acceptée si le demandeur ne la conteste pas dans le délai qui lui est imparti. »**

V. note ss. art. R. 421-10-1.

Art. R. 513-2-1 *(Décr. nº 2015-1436 du 6 nov. 2015, art. 6-3º)* **Il est statué sur la déclaration de renonciation dans un délai de six mois à compter de son dépôt. Ce délai est interrompu, le cas échéant, par la notification prévue à l'article R. 513-2, jusqu'à la régularisation de la demande ou la levée de l'objection.**

V. note ss. art. R. 421-10-1.

Art. R. 513-2-2 *(Décr. nº 2015-1436 du 6 nov. 2015, art. 6-3º)* **A défaut de décision expresse dans le délai mentionné à l'article R. 513-2-1, la demande est réputée acceptée.**

V. note ss. art. R. 421-10-1.

Art. R. 513-3 *(Décr. nº 2004-199 du 25 févr. 2004, art. 28)* **Les dépôts irrecevables, rejetés, déchus, non prorogés, de même que ceux dont la protection est expirée, peuvent être restitués à leur propriétaire, sur sa demande et à ses frais.**

S'ils n'ont pas été réclamés, ils peuvent être détruits par l'Institut national de la propriété industrielle au terme d'un délai d'un an pour les dépôts irrecevables, rejetés ou déchus, ou de dix ans pour les dépôts non prorogés ou dont la protection est expirée.

CHAPITRE IV DISPOSITIONS COMMUNES

SECTION PREMIÈRE PROCÉDURE

Art. R. 514-1 **Les délais impartis par l'Institut national de la propriété industrielle conformément au présent titre ne sont ni inférieurs à un mois ni supérieurs à quatre mois.** — *[Décr. nº 92-792 du 13 août 1992, art. 19.]*

Art. R. 514-2 **Lorsqu'un délai est exprimé en jours, celui de l'acte, de l'événement, de la décision ou de la notification qui le fait courir ne compte pas.**

Lorsqu'un délai est exprimé en mois ou en années, ce délai expire le jour du dernier mois ou de la dernière année qui porte le même quantième que le jour de l'acte, de l'événement, de la décision ou de la notification qui fait courir le délai. A défaut de quantième identique, le délai expire le dernier jour du mois.

Lorsqu'un délai est exprimé en mois et en jours, les mois sont d'abord décomptés, puis les jours.

Tout délai expire le dernier jour à vingt-quatre heures.

Le délai qui expirerait normalement un samedi, un dimanche ou un jour férié ou chômé est prorogé jusqu'au premier jour ouvrable suivant. – *[Décr. n° 95-385 du 10 avr. 1995.]*

Art. R. 514-3 **Toute notification est réputée régulière si elle est faite :**

1° Soit au dernier titulaire du dépôt déclaré à l'institut ou, après la publication prévue à l'article R. 512-10, au dernier titulaire inscrit au Registre national des dessins et modèles ;

2° Soit au mandataire du titulaire susmentionné.

(Décr. n° 2004-199 du 25 févr. 2004, art. 30) **« Si le titulaire n'est pas domicilié dans un État membre de la Communauté européenne ou dans un État partie à l'accord sur l'Espace économique européen, la notification est réputée régulière si elle est faite au dernier mandataire qu'il a constitué auprès de l'institut. »**

Art. R. 514-4 **Les notifications prévues par les chapitres II, III et IV du présent titre sont faites par lettre recommandée avec demande d'avis de réception.**

(Décr. n° 2004-199 du 25 févr. 2004, art. 31) **« L'envoi recommandé peut être remplacé par la remise de la lettre au destinataire, contre récépissé, dans les locaux de l'Institut national de la propriété industrielle ou par un message sous forme électronique selon les modalités fixées par le directeur général de l'institut pour garantir notamment la sécurité de l'envoi. »**

Si l'adresse du destinataire est inconnue, la notification est faite par publication d'un avis au *Bulletin officiel* de la propriété industrielle. – *[Décr. n° 92-792 du 13 août 1992, art. 23.]*

Art. R. 514-5 **Les modalités de présentation du dépôt et le contenu du dossier sont précisés** *(Décr. n° 2014-650 du 20 juin 2014, art. 4-I, en vigueur le 1er juill. 2014)* **« par décision du directeur général de l'Institut national de la propriété industrielle », notamment en ce qui concerne :**

1° La *(Décr. n° 2004-199 du 25 févr. 2004, art. 32)* **« demande d'enregistrement » et les spécifications matérielles auxquelles doit répondre la reproduction graphique ou photographique prévue à l'article R. 512-3 ;**

2° La déclaration de prorogation prévue à l'article R. 513-1 ;

3° La demande d'inscription au Registre national des dessins et modèles prévue aux articles R. 512-15 et R. 512-17 ;

4° Les modalités des dépôts simplifiés prévus à l'article L 512-2. – *[Décr. n° 92-792 du 13 août 1992, art. 24.]*

Les dispositions du Décr. n° 2014-650 du 20 juin 2014 sont applicables dans les îles Wallis-et-Futuna (Décr. préc., art. 5).

Arrêté du 13 août 1992,

Relatif aux dessins et modèles.

Art. 1er *(Arr. du 13 avr. 2006)* I. — Les demandes d'enregistrement ou d'inscription et déclarations prévues aux articles R. 512-3, R. 512-9-1, R. 512-15, R. 512-17, R. 513-1 et R. 513-2 du code de la propriété intellectuelle sont présentées conformément aux modèles homologués par le *(Décr. n° 2015-1165 du 21 sept. 2015, art. 8)* « secrétariat général pour la modernisation de l'action publique » (service qualité et simplification).

— demande d'enregistrement CERFA n° 11842*02 ;

— déclaration de prorogation CERFA n° 10437*03 ;

— déclaration de renonciation CERFA nos 10438*03 et 11603*01 ;

— demande d'inscription au registre national d'un acte affectant la propriété ou la jouissance d'un dépôt : CERFA nos 11602*02 et 11600*01 ;

— demande d'inscription au registre national d'une rectification, changement de nom, forme juridique ou adresse, ou correction d'erreur matérielle : CERFA nos 11601*02 et 11600*01.

La reproduction graphique ou photographique prévue à l'article R. 512-3 du code de la propriété intellectuelle est présentée sur un support de reproduction : CERFA n° 12260*01.

Les imprimés correspondants peuvent être obtenus gratuitement à l'Institut national de la propriété industrielle.

II. — Les déclarations, demandes et supports de reproduction susvisés ne doivent présenter ni pliure ni déchirure. Toutes les mentions, autres que celles indiquées comme facultatives, doivent y figurer. Aucune autre mention n'est autorisée.

Les mentions doivent être dactylographiées ou écrites en lettres d'imprimerie, à l'encre noire, et présenter une netteté suffisante pour permettre leur reproduction ou leur saisie par système optique.

Art. 2 *(Arr. du 30 sept. 1994)* Les prescriptions résultant de l'article 3 du décret du 13 août 1992 modifié susvisé *[CPI, art. R. 512-3.]* sont assorties des tempéraments ou modalités suivants :

a) Identité du déposant :

La mention d'un nom d'usage peut figurer en dessous des nom et prénoms des personnes physiques, à l'exclusion de toute autre indication.

b) Adresse :

L'adresse doit être complète et comporter notamment le code postal suivi, pour l'étranger, de l'indication du pays.

Lorsque le dépôt est effectué auprès du greffe d'un tribunal dans le ressort duquel est situé non pas le siège social du déposant mais un établissement secondaire, l'adresse du siège peut être complétée par celle de l'établissement secondaire.

c) Objet du dessin ou du modèle :

Sous cette rubrique doit être indiquée la nature de l'objet ou des objets auxquels est destiné à s'appliquer le dessin ou le modèle concerné. Il est indiqué de manière succincte sans détails ni figure.

d) Reproduction du dessin ou modèle :

Le dessin ou modèle peut être reproduit directement sur le support prévu à cet effet. Peut également être collé à ce support soit une reproduction graphique ou photographique, soit un échantillon du matériau (toile, feuille de métal ou de matière plastique, etc.) sur lequel est reproduit le dessin ou le modèle concerné.

e) Intitulé de la reproduction :

Sous cette rubrique est indiqué l'angle de vue ou la partie du dessin ou modèle représenté. L'intitulé ne peut excéder une ligne.

f) Description de la reproduction :

Sous cette rubrique ne sont décrits que des aspects ornementaux, à l'exclusion de toute caractéristique technique.

La description de la reproduction est faite de manière succincte, sans détails ni figure. Celle-ci ne peut excéder dix lignes.

g) Paiement des redevances :

Lorsque le dépôt est effectué sous forme simplifiée, seule la redevance de déclaration de dépôt est due lors du dépôt. Les redevances pour les reproductions à publier ne sont dues que lors de la renonciation à l'ajournement de la publication.

h) Pouvoir :

Le pouvoir est daté, revêtu de la signature manuscrite du déposant et, s'il s'agit d'une personne morale, de l'indication de la qualité du signataire et, si le signataire n'est pas le représentant légal de celle-ci, le cachet de la personne morale.

Art. 3 I. — La déclaration de dépôt est accompagnée des reproductions des dessins ou modèles insérées dans une enveloppe non cachetée ou dans tout autre emballage pouvant aisément être ouvert et refermé.

L'enveloppe ou autre emballage doit être d'un format de 25 × 35 centimètres. Son épaisseur totale ne peut excéder 4 centimètres.

II. — La reproduction graphique ou photographique du dessin ou du modèle ne peut avoir de dimensions supérieures à 15 × 18 centimètres. Aucune de ses dimensions ne peut être inférieure à 8 centimètres.

Son épaisseur totale ne peut en aucun cas excéder 3 millimètres.

III. — Lorsqu'un même dépôt inclut plusieurs reproductions, celles-ci doivent être numérotées en chiffres arabes et présentées dans l'ordre numérique croissant.

Mention est faite, le cas échéant, du numéro des autres reproductions se rapportant au même dessin ou modèle.

Art. 4 La déclaration de dépôt est présentée en cinq exemplaires.

Chaque reproduction du dessin ou du modèle est fournie en deux exemplaires identiques.

Art. 4-1 *(Arr. du 30 sept. 1994)* Les prescriptions des articles 1er-II, 2 *d*, *e* et *f*, 3-II et 4, alinéa 2, ne s'imposent pas aux dépôts sous forme simplifiée. Les déposants devront toutefois s'y conformer lors de la renonciation à l'ajournement de la publication, pour chaque dessin ou modèle concerné.

Les reproductions graphiques ou photographiques jointes au dépôt simplifié ne doivent pas avoir des dimensions supérieures à 21 × 29,7.

Art. 5 La déclaration de prorogation est présentée en deux exemplaires.

Art. 6 La déclaration de renonciation est présentée en quatre exemplaires.

Art. 7 La demande d'inscription au Registre national des dessins et modèles est présentée en quatre exemplaires.

La demande d'inscription peut porter sur plusieurs dessins ou modèles lorsque le titulaire inscrit au registre national est le même et que l'acte ou le document à inscrire vise lesdits dessins ou modèles et a la même portée pour chacun d'entre eux.

Les actes de plus de dix pages doivent être accompagnés d'une fiche précisant les passages concernés par la demande d'inscription : identification des parties, références des dessins ou modèles concernés, accord de volonté des parties. Cette fiche peut être remplacée par des indications portées directement sur l'acte (par exemple au crayon) pour mettre en évidence les passages concernés.

Art. 8 Tout acte ou pièce remis à l'Institut national de la propriété industrielle doit, s'il est rédigé en langue étrangère, être accompagné de sa traduction en langue française.

Les dispositions de la loi n° 75-1349 du 31 décembre 1975 relatives à l'emploi de la langue française *[abrogée par L. n° 94-665 du 4 août 1994 ; V. cette loi App., v° Marques]* sont applicables aux déclarations et demandes prévues par le présent arrêté.

Art. 9 Les déclarations de prorogation, de renonciation et les demandes d'inscription sont reçues uniquement à l'Institut national de la propriété industrielle, soit à Paris, soit dans ses centres de province.

Art. R. 514-5-1 *(Décr. n° 2014-650 du 20 juin 2014, art. 3-III en vigueur le 1er juill. 2014)* **Toute correspondance ou toute pièce relatives à une procédure devant l'Institut national de la propriété industrielle prévue par le présent livre sont déposées au siège de l'institut ou y sont envoyées par pli postal ou par tout mode de télétransmission dans les conditions définies par décision de son directeur général. Leur date de dépôt est celle de la réception au siège de l'institut.**

Le directeur général de l'Institut national de la propriété industrielle peut imposer un dépôt sous forme électronique lorsque cette modalité est de nature à faciliter l'examen et la publication de ces pièces.

L'institut apporte une assistance aux déposants par tout moyen approprié, précisé par décision de son directeur général.

V. note ss. art. R. 512-1.

SECTION II DISPOSITIONS TRANSITOIRES

Art. R. 514-6 **Les articles R. 512-1 à R. 514-5 sont applicables aux dépôts produisant effet à la date du 15 septembre 1992 sous réserve des dispositions ci-après :**

1° Les dépôts effectués avant le 15 septembre 1992 restent soumis, en ce qui concerne les conditions de présentation matérielle, aux dispositions antérieurement applicables ;

2° Les réquisitions de maintien, réquisitions de publicité ou prorogation, demandes de restitution ou de communication présentées avant le 15 septembre 1992 sont exécutées conformément aux dispositions antérieurement en vigueur ;

3° Les dépôts effectués pour cinq ans et conservés au secret y sont maintenus lorsque le propriétaire ne requiert pas la prorogation de leurs effets jusqu'à vingt-cinq ans. La demande doit être présentée, avant l'expiration des cinq ans, dans les conditions prévues à l'article R. 513-1 ;

4° Les dépôts effectués pour vingt-cinq ans et conservés au secret y sont maintenus, à moins que le propriétaire ne renonce au secret dans les conditions prévues à l'article R. 512-10 ou ne requière la prorogation de leurs effets pour une seconde période de vingt-cinq ans dans les conditions prévues à l'article R. 513-1 ;

5° Sont seules portées au registre les inscriptions effectuées à l'initiative du directeur général de l'institut et afférentes à des actes intervenus postérieurement au 15 septembre 1992. – *[Décr. n° 92-792 du 13 août 1992, art. 27.]*

TITRE DEUXIÈME CONTENTIEUX

CHAPITRE PREMIER CONTENTIEUX DES DESSINS OU MODÈLES NATIONAUX

(Décr. n° 2008-624 du 27 juin 2008, art. 5)

SECTION PREMIÈRE MESURES PROVISOIRES ET CONSERVATOIRES

Art. R. 521-1 Le délai prévu au dernier alinéa de l'article L. 521-6 et imparti au demandeur pour se pourvoir au fond *(Décr. n° 2014-1550 du 19 déc. 2014, art. 6)* « par la voie civile ou pénale, ou déposer une plainte auprès du procureur de la République, » est de vingt jours ouvrables ou de trente et un jours civils si ce délai est plus long, à compter de la date de l'ordonnance.

V. note ss. art. R. 343-1.

SECTION II MESURES PROBATOIRES

Art. R. 521-2 La saisie, descriptive ou réelle, prévue à l'article L. 521-4 est ordonnée par le président du tribunal de grande instance compétent pour connaître du fond.

Le président peut autoriser l'huissier à procéder à toute constatation utile en vue d'établir l'origine, la consistance et l'étendue de la contrefaçon.

Art. R. 521-3 Lorsque le juge a subordonné la saisie à la constitution de garanties par le demandeur, celles-ci doivent être constituées avant qu'il soit procédé à la saisie.

A peine de nullité et de dommages-intérêts contre l'huissier, celui-ci doit, avant de procéder à la saisie, donner copie aux détenteurs des objets saisis ou décrits de l'ordonnance et, le cas échéant, de l'acte constatant la constitution de garanties. Copie doit être laissée aux mêmes détenteurs du procès-verbal de saisie.

Art. R. 521-4 Le délai prévu au dernier alinéa de l'article L. 521-4 et imparti au demandeur pour se pourvoir au fond est de vingt jours ouvrables ou de trente et un jours civils si ce délai est plus long, à compter du jour où est intervenue la saisie ou la description.

Art. R. 521-5 Le président du tribunal de grande instance peut ordonner, au vu du procès-verbal de saisie, toute mesure pour compléter la preuve des actes de contrefaçon allégués. A la demande de la partie saisie agissant sans délai et justifiant d'un intérêt légitime, il peut également prendre toute mesure pour préserver la confidentialité de certains éléments.

SECTION III DISPOSITIONS COMMUNES

Art. D. 521-6 *(Décr. n° 2009-1204 du 9 oct. 2009)* Le siège et le ressort des tribunaux de grande instance ayant compétence exclusive pour connaître des actions en matière de dessins et modèles en application de l'article L. 521-3-1 du code de la propriété intellectuelle sont fixés conformément au tableau VI annexé à l'article D. 211-6-1 du code de l'organisation judiciaire. – *V. cet art. et le tableau, App., v° Dispositions générales.*

Ces dispositions du COJ sont entrées en vigueur le 1er nov. 2009.

CHAPITRE II CONTENTIEUX DES DESSINS OU MODÈLES COMMUNAUTAIRES

(Décr. n° 2008-624 du 27 juin 2008, art. 5)

Art. R. 522-1 Les actions et demandes en matière de dessins ou modèles communautaires prévues par l'article L. 522-2 sont portées devant les tribunaux de grande instance mentionnés à l'article R. 211-7 du code de l'organisation judiciaire.

CHAPITRE III RETENUE EN DOUANE

(Décr. nº 2008-625 du 27 juin 2008, art. 4)

Art. R. 523-1 *(Décr. nº 2015-427 du 15 avr. 2015, art. 2)* **Le chapitre V *bis* du titre III du livre III est applicable à la retenue par l'administration des douanes des marchandises susceptibles de porter atteinte aux dessins et modèles, telle que prévue au chapitre Ier *bis* du titre II du livre V.** – *V. Arr. du 29 juin 2015, ss. art. R. 335-6.*

Art. R. 523-2 *à* R. 523-6 *Abrogés par Décr. nº 2015-427 du 15 avr. 2015, art. 2.*

LIVRE SIXIÈME PROTECTION DES INVENTIONS ET DES CONNAISSANCES TECHNIQUES

TITRE PREMIER BREVETS D'INVENTION

CHAPITRE PREMIER CHAMP D'APPLICATION

SECTION PREMIÈRE GÉNÉRALITÉS

Absence de disposition réglementaire.

SECTION II DROIT AU TITRE

SOUS-SECTION 1 INVENTIONS DE SALARIÉS

Art. R. 611-1 Le salarié auteur d'une invention en fait immédiatement la déclaration à l'employeur.

En cas de pluralité d'inventeurs, une déclaration conjointe peut être faite par tous les inventeurs ou par certains d'entre eux seulement. – *[Décr. nº 79-797 du 4 sept. 1979, art. 1er.]*

Art. R. 611-2 La déclaration contient les informations, en la possession du salarié, suffisantes pour permettre à l'employeur d'apprécier le classement de l'invention dans l'une des catégories prévues aux paragraphes 1 et 2 de l'article L. 611-7.

Ces informations concernent :

1° L'objet de l'invention ainsi que les applications envisagées ;

2° Les circonstances de sa réalisation, par exemple : instructions ou directives reçues, expériences ou travaux de l'entreprise utilisés, collaborations obtenues ;

3° Le classement de l'invention tel qu'il apparaît au salarié. – *[Décr. nº 79-797 du 4 sept. 1979, art. 2.]*

Art. R. 611-3 Lorsque le classement implique l'ouverture au profit de l'employeur du droit d'attribution, la déclaration est accompagnée d'une description de l'invention.

Cette description expose :

1° Le problème que s'est posé le salarié compte tenu éventuellement de l'état de la technique antérieure ;

2° La solution qu'il lui a apportée ;

3° Au moins un exemple de la réalisation accompagné éventuellement de dessins. – *[Décr. nº 79-797 du 4 sept. 1979, art. 3.]*

Art. R. 611-4 Si, contrairement au classement de l'invention résultant de la déclaration du salarié, le droit d'attribution de l'employeur est ultérieurement reconnu, le salarié, le cas échéant, complète immédiatement sa déclaration par les renseignements prévus à l'article R. 611-3. – *[Décr. nº 79-797 du 4 sept. 1979, art. 4.]*

Art. R. 611-5 Si la déclaration du salarié n'est pas conforme aux dispositions de l'article R. 611-2 (1° et 2°) ou, le cas échéant, de l'article R. 611-3, l'employeur communique à l'intéressé les points précis sur lesquels elle doit être complétée.

Cette communication est faite dans un délai de deux mois à compter de la date de réception de la déclaration. A défaut, la déclaration est réputée conforme. – *[Décr. nº 79-797 du 4 sept. 1979, art. 5.]*

Art. R. 611-6 Dans un délai de deux mois, l'employeur donne son accord au classement de l'invention résultant de la déclaration du salarié ou, en cas de défaut d'indication du classement, fait part au salarié, par une communication motivée, du classement qu'il retient.

Le délai de deux mois court à compter de la date de réception par l'employeur de la déclaration du salarié contenant les informations prévues à l'article R. 611-2 ou, en cas de demande de renseignements complémentaires reconnue justifiée, de la date à laquelle la déclaration a été complétée.

L'employeur qui ne prend pas parti dans le délai prescrit est présumé avoir accepté le classement résultant de la déclaration du salarié. – *[Décr. nº 79-797 du 4 sept. 1979, art. 6.]*

Art. R. 611-7 **Le délai ouvert à l'employeur pour revendiquer le droit d'attribution est de quatre mois, sauf accord contraire entre les parties qui ne peut être que postérieur à la déclaration de l'invention.**

Ce délai court à compter de la date de réception par l'employeur de la déclaration de l'invention contenant les indications prévues aux articles R. 611-2 (1° et 2°) et R. 611-3 ou, en cas de demande de renseignements complémentaires reconnue justifiée, de la date à laquelle la déclaration a été complétée.

La revendication du droit d'attribution s'effectue par l'envoi au salarié d'une communication précisant la nature et l'étendue des droits que l'employeur entend se réserver. – *[Décr. n° 79-797 du 4 sept. 1979, art. 7.]*

Art. R. 611-8 **Les délais prévus aux articles R. 611-5 à R. 611-7 sont suspendus par l'engagement d'une action contentieuse portant sur la régularité de la déclaration ou le bien-fondé du classement de l'invention invoqué par le salarié, ou par la saisine, aux mêmes fins, de la commission de conciliation prévue à l'article L. 615-21.**

Les délais continuent à courir du jour où il a été définitivement statué. – *[Décr. n° 79-797 du 4 sept. 1979, art. 8.]*

Art. R. 611-9 **Toute déclaration ou communication émanant du salarié ou de l'employeur est faite par lettre recommandée avec demande d'avis de réception ou par tout autre moyen permettant d'apporter la preuve qu'elle a été reçue par l'autre partie.**

La déclaration prévue à l'article R. 611-1 peut résulter de la transmission par l'Institut national de la propriété industrielle à l'employeur, selon les modalités fixées par arrêté du ministre chargé de la propriété industrielle, du second exemplaire d'un pli adressé par le salarié à l'institut pour y être conservé.

Cette procédure est facultative pour les interventions visées au premier paragraphe de l'article L. 611-7. – *[Décr. n° 79-797 du 4 sept. 1979, art. 9.]*

BIBL. ▶ MARTIN, *JCP 1984. II. 14365* (le dépôt de brevet au nom de l'employeur équivaut-il à la revendication d'attribution d'une invention de salarié ?). – MOUSSERON et SCHMIDT, *D. 1988. Somm. 354.*

Invention de salarié. V. • TGI Paris, 2 juill. 1987 : *PIBD 1987. III. 410 ; D. 1988. Somm. 354, obs. Mousseron et Schmidt.*

Arrêté du 29 août 1985,

Relatif aux déclarations d'inventions de salariés.

Art. 1er La déclaration d'invention effectuée dans les conditions prévues aux articles 1er et 9 (2e alinéa) du décret n° 79-797 du 4 septembre 1979 modifié susvisé *[CPI, art. R. 611-1 et R. 611-9.]* est établie en deux exemplaires identiques sur une formule conforme au modèle enregistré par le centre d'enregistrement et de révision des formulaires administratifs sous le numéro 55-1203.

Elle contient les indications prévues aux articles 2 et, s'il y a lieu, 3 du décret précité *[CPI, art. R. 611-2 et R. 611-3.]*.

Art. 2 Les deux exemplaires sont respectivement placés dans chacun des deux compartiments d'une enveloppe double spéciale conforme au modèle annexé au présent arrêté.

L'enveloppe remplie ne doit pas avoir une épaisseur de plus de 5 millimètres. Elle ne doit contenir aucune partie dure ou métallique.

Art. 3 L'enveloppe est soit directement remise à l'Institut national de la propriété industrielle qui en délivre récépissé, soit adressée à ce dernier par envoi recommandé avec demande d'avis de réception.

Art. 4 L'Institut enregistre l'enveloppe, mentionne la date de réception et lui attribue un numéro.

L'Institut perfore l'enveloppe à ce numéro.

Il sépare les deux compartiments, en conserve un, et adresse l'autre à l'employeur désigné sous pli recommandé avec demande d'avis de réception.

L'accusé de réception est joint par l'Institut national de la propriété industrielle au compartiment de l'enveloppe gardé par l'Institut national de la propriété industrielle.

Art. 5 L'exemplaire conservé par l'Institut national de la propriété industrielle est classé dans ses archives pour y être conservé pendant cinq ans.

Une copie peut à tout moment en être demandée soit par l'employeur, soit par le salarié. Il est dressé procès-verbal de l'ouverture de l'enveloppe pour l'établissement de la copie.

Art. 6 Les formules de déclaration et enveloppes sont mises à la disposition du public dans les locaux de l'Institut national de la propriété industrielle.

NOTA : La formule de déclaration d'invention visée à l'art. 1er et l'enveloppe visée à l'art. 2 sont disponibles à l'Institut national de la propriété industrielle, 26 *bis*, rue de Saint-Pétersbourg, 75008 Paris, ainsi que dans ses centres régionaux. — *V. aussi le site : www.inpi.fr.*

Art. R. 611-10 Le salarié et l'employeur s'abstiennent de toute divulgation de l'invention tant qu'une divergence subsiste sur son classement ou tant qu'il n'a pas été statué sur celui-ci.

Si l'une des parties, pour la conservation de ses droits, dépose une demande de brevet, elle notifie sans délai une copie des pièces du dépôt à l'autre partie.

Elle épuise les facultés offertes par la législation et la réglementation applicables pour que soit différée la publication de la demande. — *[Décr. n° 79-797 du 4 sept. 1979, art. 10.]*

SOUS-SECTION 2 LES INVENTIONS DES FONCTIONNAIRES ET DES AGENTS PUBLICS

Art. R. 611-11 Les fonctionnaires et les agents publics de l'État, des collectivités publiques, des établissements publics et de toute personne morale de droit public sont soumis aux dispositions de l'article L. 611-7 dans les conditions fixées par la présente sous-section, à moins que des stipulations contractuelles plus favorables ne régissent les droits de propriété industrielle des inventions qu'ils réalisent. Ces dispositions ne font pas obstacle au maintien ou à l'intervention, en ce qui concerne ces fonctionnaires et agents, de mesures réglementaires plus favorables. — *[Décr. n° 80-645 du 4 août 1980, art. 1er.]*

Art. R. 611-12 1. Les inventions faites par le fonctionnaire ou l'agent public dans l'exécution soit des tâches comportant une mission inventive correspondant à ses attributions, soit d'études ou de recherches qui lui sont explicitement confiées appartiennent à la personne publique pour le compte de laquelle il effectue lesdites tâches, études ou recherches. *(Décr. n° 96-857 du 2 oct. 1996)* « Toutefois, si la personne publique décide de ne pas procéder à la valorisation de l'invention, le fonctionnaire ou agent public qui en est l'auteur peut disposer des droits patrimoniaux attachés à celle-ci, dans les conditions prévues par une convention conclue avec la personne publique. »

2. Toutes les autres inventions appartiennent au fonctionnaire ou à l'agent.

Toutefois, la personne publique employeur a le droit, dans les conditions et délais fixés par la présente sous-section, de se faire attribuer tout ou partie des droits attachés au brevet protégeant l'invention lorsque celle-ci est faite par un fonctionnaire ou agent :

Soit dans le cours de l'exécution de ses fonctions ;

Soit dans le domaine des activités de l'organisme public concerné ;

Soit par la connaissance ou l'utilisation de techniques, de moyens spécifiques à cet organisme ou de données procurées par lui. — *[Décr. n° 80-645 du 4 août 1980, art. 2.]*

Inventions de fonctionnaires. Les règles sur les inventions de salariés s'appliquent aux chercheurs universitaires dont le statut emporte une mission inventive. L'invention découlant directement des recherches opérées par un universitaire dans ses activités professionnelles et, spécialement, le prolongement de sa thèse constitue une mission inventive permanente. L'invention de mission d'un fonctionnaire appartient à la personne publique qui l'emploie. • TGI Paris, 3 déc. 1993 : *PIBD 1994. III. 141 ; Dossiers Brevets 1994. I. 4 ; D. 1996. Somm. 18, obs. Mousseron et Schmidt* ⌀.

Art. R. 611-13 *Abrogé par Décr. n° 2014-1518 du 16 déc. 2014, art. 7. — V. Décr. n° 2014-1518 du 16 déc. 2014 relatif au mode de désignation et aux missions du mandataire prévu à l'article L. 533-1 du code de la recherche.* — **C. rech.**

BIBL. ▶ Lambert, *JCP E 2009. 2108* (l'article R. 611-3 nouveau du code de la propriété intellectuelle relatif à la gestion de la propriété industrielle entre personnes publiques).

Arrêté du 28 octobre 2009,

Relatif au dossier prévu à l'article R. 611-13 du code de la propriété intellectuelle et à l'article 3 du décret n° 2009-645 du 9 juin 2009 relatif à la gestion de la propriété industrielle des résultats issus de travaux de recherche réalisés par des fonctionnaires ou des agents publics.

Art. 1er Le dossier prévu au I de l'article R. 611-13 du code de la propriété intellectuelle et au II de l'article 3 du décret du 9 juin 2009 susvisé est composé des documents permettant d'apprécier les capacités de la personne publique à être mandataire pour exercer les droits et obligations des personnes publiques propriétaires de l'invention faisant l'objet d'une demande de protection.

Il contient :

I. — Une partie générale comportant :

1° La liste des moyens financiers et humains qu'elle consacre à la gestion et à l'exploitation des droits de propriété industrielle, ainsi que leur organisation ;

2° Les résultats de son action en matière de propriété industrielle ;

3° Le cas échéant, la ou les conventions la liant avec d'autres personnes publiques ou privées pour la gestion et l'exploitation des droits de propriété industrielle ainsi que les informations mentionnées aux 1° et 2° du I du présent article le ou les concernant.

II. — Une partie se rapportant à l'invention mentionnant :

1° Une description succincte de l'invention et son contexte ;

2° Les moyens financiers et humains spécifiques qu'elle prévoit d'affecter à la protection et l'exploitation de l'invention ;

3° Les modalités de coordination avec d'autres personnes publiques propriétaires, si la demande de protection est complémentaire à d'autres titres possédés par ces personnes publiques ;

4° La liste des personnes publiques propriétaires et, s'il s'agit d'un dossier transmis au titre des dispositions du II de l'article 3 du décret du 9 juin 2009 susvisé, des structures de coopération de droit public prévues au titre IV du livre III du code de la recherche susceptibles d'être mandataires.

La personne publique peut joindre tout autre document à l'appui de sa demande.

Art. 2 Le dossier mentionné à l'article 1er est adressé au ministre chargé de la recherche en deux exemplaires et par voie électronique.

Le ministre chargé de la recherche, le cas échéant après avoir invité la personne publique ayant transmis le dossier à le compléter, en accuse réception, en lui indiquant la date d'enregistrement du dossier, un mois au plus tard après la réception du dossier complet.

Art. 3 Dans le cadre des mesures transitoires prévues au II de l'article 3 du décret du 9 juin précité, la personne publique susceptible de devenir pour la première fois mandataire en application du I de l'article R. 611-13 précité peut joindre le dossier prévu à l'article 1er du présent arrêté à la lettre d'information qu'elle est tenue d'adresser au ministre chargé de la recherche. Si le ministre s'oppose à l'exercice par la personne publique qui l'a informée du mandat prévu au I de l'article R. 611-13 précité, il lui notifie sa décision et en informe les autres personnes publiques propriétaires. Celles-ci et, le cas échéant, les structures de coopération de droit public prévues au titre IV du livre III du code de la recherche dont l'une d'elles est partie adressent alors au ministre chargé de la recherche, dans un délai d'un mois, le dossier mentionné à l'article 1er du présent arrêté.

Art. R. 611-14 Le fonctionnaire ou agent public auteur d'une invention en fait immédiatement la déclaration à l'autorité habilitée par la personne publique dont il relève.

Les dispositions des articles R. 611-1 à R. 611-10 relatives aux obligations du salarié et de l'employeur sont applicables aux fonctionnaires et agents publics et aux personnes publiques intéressées. — *[Décr. n° 80-645 du 4 août 1980, art. 4.]*

Art. R. 611-14-1 *(Décr. n° 2005-1217 du 26 sept. 2005)* **I. — Pour les fonctionnaires ou agents publics de l'État et de ses établissements publics relevant des catégories définies dans l'annexe au présent article et qui sont les auteurs d'une invention mention-**

née au 1 de l'article R. 611-12, la rémunération supplémentaire prévue par l'article L. 611-7 est constituée par une prime d'intéressement aux produits tirés de l'invention par la personne publique qui en est bénéficiaire et par une prime au brevet d'invention.

II. — La prime d'intéressement est calculée, pour chaque invention, sur une base constituée du produit hors taxes des *(Décr. n° 2009-645 du 9 juin 2009)* **« revenus perçus » chaque année au titre de l'invention par la personne publique, après déduction de la totalité des frais directs supportés par celle-ci** *(Décr. n° 2009-645 du 9 juin 2009)* **« pour l'année en cours ainsi que des frais directs supportés les années antérieures n'ayant pas fait l'objet de déduction faute de revenus suffisants », et affectée du coefficient représentant la contribution à l'invention de l'agent concerné. La prime au brevet d'invention n'est pas prise en compte dans les frais directs.**

(Décr. n° 2009-645 du 9 juin 2009) **« La prime due » à chaque agent auteur d'une invention** *(Décr. n° 2009-645 du 9 juin 2009)* **« correspond, charges comprises, » à 50 % de la base définie ci-dessus, dans la limite du montant du traitement brut annuel soumis à retenue pour pension correspondant au deuxième chevron du groupe hors échelle D, et, au-delà de ce montant, à 25 % de cette base.**

La prime d'intéressement est versée annuellement et peut faire l'objet d'avances en cours d'année.

III. — La prime au brevet d'invention a un caractère forfaitaire. Son montant est fixé par arrêté conjoint des ministres chargés du budget, de la fonction publique et de la recherche. Elle est pour chaque agent affectée du coefficient représentant sa contribution à l'invention.

Cette prime est versée en deux tranches. Le droit au versement de la première tranche, qui représente 20 % du montant de la prime, est ouvert à l'issue d'un délai d'un an à compter du premier dépôt de la demande de brevet. Le droit au versement de la seconde tranche est ouvert lors de la signature d'une concession de licence d'exploitation ou d'un contrat de cession dudit brevet.

IV. — Lorsque plusieurs agents sont auteurs d'une même invention, la contribution respective de chacun d'eux à l'invention, représentée par un coefficient, est déterminée définitivement avant le premier versement annuel au titre de la rémunération supplémentaire mentionnée au I ou, le cas échéant, avant le versement d'avances, selon des modalités arrêtées par le ministre ayant autorité sur le service ou par l'ordonnateur principal de la personne publique. Lorsqu'un seul agent est auteur de l'invention, le coefficient représentant sa contribution est égal à 1.

Si l'invention résulte d'une collaboration entre agents relevant de plusieurs personnes publiques, les modalités de répartition et de paiement de la prime d'intéressement et de la prime au brevet d'invention sont arrêtées de concert par les personnes publiques concernées.

V. — Lorsque l'invention a été réalisée par l'agent dans le cadre de son activité principale, la rémunération due au titre de la prime d'intéressement et de la prime au brevet d'invention lui est versée, en complément de sa rémunération d'activité, sans autre limitation que celle prévue par le présent article.

Le cas échéant, la prime d'intéressement continue d'être versée à l'agent pendant le temps d'exploitation de l'invention, s'il quitte ses fonctions pour quelque cause que ce soit ou est admis à faire valoir ses droits à pension de retraite. En cas de décès de l'agent, la prime d'intéressement et la prime au brevet d'invention sont versées jusqu'au terme de l'année civile du décès.

ANNEXE

Éducation nationale, enseignement supérieur et recherche (Décr. n° 2001-140 du 13 févr. 2001).

Corps de fonctionnaires

Chercheurs, ingénieurs, assistants ingénieurs et techniciens de la recherche régis par le décret n° 83-1260 du 30 décembre 1983 modifié.

Enseignants, chercheurs régis par le décret n° 84-431 du 6 juin 1984 modifié et enseignants-chercheurs appartenant à des corps propres dont la liste figure en annexe dudit décret.

Ingénieurs, assistants ingénieurs et techniciens de recherche et de formation régis par le décret n° 85-1534 du 31 décembre 1985 modifié.

(Décr. n° 2001-140 du 13 févr. 2001) « Ingénieurs principaux de physique nucléaire, ingénieurs de physique nucléaire, techniciens principaux de physique nucléaire, techniciens de physique nucléaire, techniciens d'atelier de physique nucléaire, techniciens d'études de physique nucléaire, préparateurs de physique nucléaire et prototypistes de physique nucléaire, régis par le décret n° 85-1462 du 30 déc. 1985 modifié.

« Chargés de mission de la recherche du Centre national de la recherche scientifique, régis par le décret n° 85-1461 du 30 déc. 1985 ».

Agents non titulaires

Chercheurs régis par le décret n° 80-31 du 17 janvier 1980 modifié.

Ingénieurs et spécialistes régis par le décret n° 59-1405 du 9 décembre 1959 modifié.

Attachés scientifiques et contractuels régis par le décret n° 80-479 du 27 juin 1980.

Professeurs et maîtres de conférences associés relevant de l'article 54, alinéa 2, de la loi n° 84-52 du 26 janvier 1984 et de la loi n° 85-1223 du 22 novembre 1985.

Allocataires de recherche régis par le décret n° 85-402 du 3 avril 1985 modifié par le décret n° 92-339 du 30 mars 1992.

Moniteurs et allocataires-moniteurs normaliens régis par le décret n° 89-794 du 30 octobre 1989 modifié.

Moniteurs en pharmacie régis par le décret n° 92-1229 du 19 novembre 1992 modifié.

Attachés temporaires d'enseignement et recherche régis par le décret n° 88-654 du 7 mai 1988 modifié.

(Décr. n° 2001-140 du 13 févr. 2001) « Chercheurs associés au Centre national de la recherche scientifique régis par le décret n° 69-894 du 26 septembre 1969 modifié.

« Agents contractuels hors catégorie, de catégorie exceptionnelle et de première catégorie régis par le règlement intérieur du 30 mars 1988 portant dispositions applicables aux agents contractuels du Centre national du machinisme agricole, du génie rural, des eaux et des forêts.

« Ingénieurs et spécialistes de l'Institut national de la santé et de a recherche médicale régis par le décret n° 64-420 du 12 mai 1964 modifié.

« Ingénieurs experts de l'Institut national de recherche en informatique et en automatique régis par le décret n° 86-83 du 17 janvier 1986 modifié.

« Agents recrutés par les établissements publics à caractère scientifique et technologique en application des dispositions de l'article 23 de la loi n° 82-610 du 15 juillet 1982 modifiée d'orientation et de programmation pour la recherche et le développement technologique de la France. »

(Décr. n° 2005-1217 du 26 sept. 2005) « Autres agents recrutés par les établissements publics à caractère scientifique et technologique et les établissements d'enseignement supérieur en application des articles 4 et 6 de la loi n° 84-16 du 11 janvier 1984 modifiée portant dispositions statutaires relatives à la fonction publique de l'État pour effectuer des travaux de recherche dans le cadre de la préparation d'une thèse de doctorat au sens de l'article L. 612-7 du code de l'éducation ou après l'obtention d'un tel doctorat ;

« Agents recrutés dans les services d'activités industrielles et commerciales des établissements publics d'enseignement supérieur en application de l'article L. 123-5 du code de l'éducation pour effectuer des travaux de recherche dans le cadre de la préparation d'une thèse de doctorat au sens de l'article L. 612-7 du code de l'éducation ou après l'obtention d'un tel doctorat. »

Enseignement supérieur, recherche et affaires sociales (Décr. n° 2001-140 du 13 févr. 2001).

Personnels enseignants et hospitaliers des centres hospitaliers et universitaires, régis par le décret n° 84-135 du 24 février 1984 modifié.

Personnels enseignants et hospitaliers des centres de soins, d'enseignement et de recherche dentaires des centres hospitaliers et universitaires, régis par le décret n° 90-92 du 24 janvier 1990 modifié.

Professeurs du premier et du deuxième grade de chirurgien dentaire-odontologiste des services de consultations et de traitement dentaire, régis par le décret n° 65-803 du 22 septembre 1965 modifié.

Agriculture, pêche et alimentation (Décr. n° 2001-140 du 13 févr. 2001).

Corps de fonctionnaires

Ingénieurs du génie rural, des eaux et des forêts régis par le décret n° 65-426 du 4 juin 1965 modifié.

Ingénieurs d'agronomie régis par le décret n° 65-427 du 4 juin 1965 modifié.

Ingénieurs des travaux des eaux et forêts régis par le décret n° 70-128 du 14 février 1970 modifié.

Ingénieurs des travaux ruraux régis par le décret n° 65-688 du 10 août 1965 modifié.

Ingénieurs des travaux agricoles régis par le décret n° 65-690 du 10 août 1965 modifié.

Vétérinaires inspecteurs régis par le décret n° 62-1439 du 26 novembre 1962 modifié.

Personnels scientifiques du Centre national d'études vétérinaires et alimentaires régis par le décret n° 64-642 du 29 juin 1964 modifié.

Enseignants-chercheurs des établissements d'enseignement supérieur public relevant du ministre chargé de l'agriculture régis par le décret n° 92-171 du 21 février 1992.

Ingénieurs, assistants ingénieurs et techniciens régis par le décret n° 95-370 du 6 avril 1995.

Techniciens des services du ministère chargé de l'agriculture régis par le décret n° 96-501 du 7 juin 1996.

Agents non titulaires

Personnels associés ou invités dans les établissements d'enseignement supérieur et de la recherche relevant du ministre chargé de l'agriculture, régis par le décret n° 95-621 du 6 mai 1995.

Assistants d'enseignement et de recherche contractuels des établissements d'enseignement supérieur publics relevant du ministre chargé de l'agriculture, régis par le décret n° 91-374 du 16 avril 1991.

(Décr. n° 2005-1217 du 26 sept. 2005) « Autres agents recrutés par les établissements publics participant au service public de l'enseignement supérieur en application des articles 4 et 6 de la loi n° 84-16 du 11 janvier 1984 modifiée portant dispositions statutaires relatives à la fonction publique de l'État pour effectuer des travaux de recherche dans le cadre de la préparation d'une thèse de doctorat au sens de l'article L. 612-7 du code de l'éducation ou après l'obtention d'un tel doctorat. »

Industrie (Décr. n° 2001-140 du 13 févr. 2001).

Corps de fonctionnaires

Corps des ingénieurs des mines régis par le décret n° 88-507 du 29 avril 1988 modifié.

Ingénieurs de l'industrie et des mines régis par le décret n° 88-507 du 29 avril 1988 modifié.

Professeurs, maîtres-assistants et assistants des écoles nationales supérieures des mines et des écoles nationales supérieures des techniques industrielles et des mines régis par le décret n° 69-444 du 14 mai 1969 modifié.

Techniciens de laboratoire affectés dans les écoles nationales supérieures des mines et dans les écoles nationales supérieures des techniques industrielles et des mines et régis par le décret n° 96-273 du 26 mars 1996 modifié.

Ingénieurs du corps interministériel des ingénieurs des télécommunications régis par le décret n° 67-715 du 16 août 1967.

Fonctionnaires de l'État détachés sur des emplois du groupe des écoles des télécommunications en vertu du 1° de l'article 36 du décret n° 96-1177 du 27 décembre 1996.

Agents non titulaires

(Décr. n° 2007-144 du 1er févr. 2007) « chercheurs et ingénieurs régis par le décret n° 2000-677 du 18 juillet 2000 portant dispositions statutaires communes aux agents contractuels des écoles nationales supérieures des mines et des écoles nationales supérieures des techniques industrielles et des mines placées sous la tutelle du ministre chargé de l'industrie ;

« attachés de recherche régis par le décret n° 71-999 du 7 décembre 1971 ; ».

Personnels enseignants, chercheurs et ingénieurs associés régis par le décret n° 70-663 du 10 juillet 1970 modifié.

Agents contractuels chargés de mission de classe exceptionnelle, agents contractuels chargés de mission de classe normale, agents contractuels hors catégorie et agents contractuels de 1re catégorie régis par le décret n° 75-62 du 28 janvier 1975 modifié.

Personnels contractuels de droit public du groupe des écoles des télécommunications recrutés en vertu du 2° de l'art. 36 du décret n° 96-1177 du 27 décembre 1996 et régis par le décret n° 86-83 du 17 janvier 1986 modifié.

(Décr. n° 2005-1217 du 26 sept. 2005) « Autres agents recrutés par les établissements publics participant au service public de l'enseignement supérieur en application des articles 4 et 6 de la loi n° 84-16 du 11 janvier 1984 modifiée portant dispositions statutaires relatives à la fonction publique de l'État pour effectuer des travaux de recherche dans le cadre de la préparation d'une thèse de doctorat au sens de l'article L. 612-7 du code de l'éducation ou après l'obtention d'un tel doctorat. »

Équipement, transports et logement *(Décr. n° 97-843 du 10 sept. 1997, art. 1er ; Décr. n° 2001-140 du 13 févr. 2001).*

Corps de fonctionnaires

Ingénieurs des ponts et chaussées régis par le décret n° 59-358 du 20 février 1959 modifié ;

Chargés de recherche et directeurs de recherche régis par le décret n° 94-943 du 28 octobre 1994 ;

Ingénieurs des travaux publics de l'État régis par le décret n° 71-345 du 5 mai 1971 modifié ;

Ingénieurs géographes régis par le décret n° 65-793 du 16 septembre 1965, modifié par le décret n° 90-160 du 16 février 1990 ;

Ingénieurs des travaux géographiques et cartographiques de l'État régis par le décret n° 73-264 du 6 mars 1973 modifié ;

Ingénieurs de l'aviation civile régis par le décret n° 71-234 du 30 mars 1971 modifié ;

Ingénieurs des études et de l'exploitation de l'aviation civile régis par le décret n° 71-907 du 8 novembre 1971 modifié ;

Ingénieurs du contrôle de la navigation aérienne régis par le décret n° 90-998 du 8 novembre 1990 modifié ;

Ingénieurs électroniciens des systèmes de la sécurité aérienne régis par le décret n° 91-56 du 16 janvier 1991, modifié par le décret n° 94-278 du 11 avril 1994 ;

Ingénieurs de la météorologie régis par le décret n° 63-1376 du 24 décembre 1963 modifié ;

Ingénieurs des travaux de la météorologie régis par le décret n° 65-184 du 5 mars 1965 modifié.

Agents non titulaires

Personnels non titulaires du niveau de la catégorie A régis par les dispositions suivantes :

Décision du 18 mars 1992 du ministre d'État, ministre de la fonction publique et de la modernisation de l'administration, du ministre de l'équipement, du logement, des transports et de l'espace et du ministre délégué au budget ;

Règlement du 14 mai 1973 régissant les personnels non titulaires *(Décr. n° 2010-1702 du 30 déc. 2010, art. 31)* « de l'Institut français des sciences et technologies des transports, de l'aménagement et des réseaux » et des centres d'études techniques de l'équipement ;

Règlement intérieur du 30 octobre 1969 modifié relatif aux personnels non titulaires employés au service d'études techniques des routes et autoroutes ;

Arrêté du 10 juillet 1968 relatif aux conditions de recrutement et de rémunération des personnels contractuels techniques et administratifs du ministère de l'équipement et du logement chargés d'études de haut niveau au service des affaires économiques et internationales et au service d'études techniques des routes et autoroutes, modifié par l'arrêté du 27 mars 1973 relatif au même objet ;

Décret n° 46-1507 du 18 juin 1946 fixant le statut des auxiliaires recrutés sur contrat par le ministère des travaux publics et des transports pour le service des ponts et chaussées, modifié par les décrets n° 68-313 du 1er avril 1968 et n° 75-1355 du 18 décembre 1975 relatifs au même objet ;

Décret n° 48-1018 du 16 juin 1948 modifié fixant le statut des agents sur contrat du ministère des travaux publics, des transports et du tourisme ;

Règlement intérieur du 4 juin 1970 relatif aux personnels non titulaires employés par la direction régionale de l'équipement de l'Ile-de-France ;

(Décr. n° 2005-1217 du 26 sept. 2005) « Autres agents recrutés par les établissements publics participant au service public de l'enseignement supérieur en application des articles 4 et 6 de la loi n° 84-16 du 11 janvier 1984 modifiée portant dispositions statutaires relatives à la fonction publique de l'État pour effectuer des travaux de recherche dans le cadre de la préparation d'une thèse de doctorat au sens de l'article L. 612-7 du code de l'éducation ou après l'obtention d'un tel doctorat. »

Défense

(Décr. n° 2005-1217 du 26 sept. 2005)

Corps de fonctionnaires civils et militaires

— ingénieurs de l'armement régis par le décret n° 82-1067 du 15 décembre 1982 modifié ;

— ingénieurs militaires des essences régis par le décret n° 76-802 du 19 août 1976 modifié ;

— praticiens des armées régis par le décret n° 2004-534 du 14 juin 2004 ;

— ingénieurs des études et techniques régis par le décret n° 79-1135 du 27 décembre 1979 modifié ;

— ingénieurs d'études et de fabrications du ministère de la défense régis par le décret n° 89-750 du 18 octobre 1989 modifié ;

— techniciens supérieurs d'études et de fabrications du ministère de la défense régis par le décret n° 89-749 du 18 octobre 1989 modifié ;

— techniciens du ministère de la défense régis par le décret n° 98-203 du 20 mars 1998 modifié.

Agents non titulaires

— agents non titulaires de catégorie spéciale, hors catégorie et de catégorie A, régis par le décret n° 49-1378 du 3 octobre 1949 modifié ;
— professeurs à occupation principale de l'École nationale supérieure de l'aéronautique régis par le décret n° 67-962 du 23 octobre 1967 ;
— personnels scientifiques des laboratoires et centres de recherche de l'École polytechnique régis par le décret n° 73-311 du 14 mars 1973 modifié ;
— ingénieurs et spécialistes des laboratoires et centres de recherche de l'École polytechnique régis par le décret n° 73-312 du 14 mars 1973 modifié ;
— agents non titulaires ingénieurs régis par le décret n° 88-541 du 4 mai 1988 relatif à certains agents sur contrat des services à caractère industriel ou commercial du ministère de la défense ;
— personnels enseignants de l'École polytechnique régis par le décret n° 2000-497 du 5 juin 2000 ;
— personnels contractuels scientifiques, techniques et administratifs de recherche de l'École polytechnique régis par le décret n° 2003-1006 du 21 octobre 2003 ;
— autres agents recrutés par les établissements publics participant au service public de l'enseignement supérieur en application des articles 4 et 6 de la loi n° 84-16 du 11 janvier 1984 modifiée portant dispositions statutaires relatives à la fonction publique de l'État pour effectuer des travaux de recherche dans le cadre de la préparation d'une thèse de doctorat au sens de l'article L. 612-7 du code de l'éducation ou après l'obtention d'un tel doctorat.

Sur les inventions de fonctionnaires et agents de l'État, V. aussi Décr. n° 96-858 du 2 oct. 1996, App., v° Obtentions végétales.

La prime au brevet est soumise à la prescription quadriennale conformément à la L. n° 68-1250 du 31 déc.1968. Le point de départ court dès lors que l'agent ne pouvait ignorer sa créance ; ce qui est le cas en l'espèce puisque le CNRS avait publié sur son site les dispositions réglementaires et que l'inventeur avait été personnellement informé du dépôt d'une demande de brevet. • Paris, 2e ch., pôle 5, 12 mai 2017, n° 2016/13227 : *PIBD 2017. III. 502.*

Arrêté du 26 septembre 2005, *fixant le montant de la prime au brevet d'invention attribuée à certains fonctionnaires et agents de l'État et de ses établissements publics auteurs d'une invention.* **Art. 1er** Le montant de la prime au brevet d'invention prévue à l'article R. 611-14-1 du code de la propriété intellectuelle est fixé à 3 000 euros.

SOUS-SECTION 3 DÉSIGNATION DE L'INVENTEUR ET REVENDICATION DE PROPRIÉTÉ

Art. R. 611-15 L'Institut national de la propriété industrielle ne contrôle pas l'exactitude de la désignation de l'inventeur prévue à l'article R. 612-10. — *[Décr. n° 79-822 du 19 sept. 1979, art. 60.]*

Sur la question, V. • Bordeaux, 15 févr. 1999 : *PIBD 1999. III. 403* • Com. 8 oct. 2002 : PIBD *2002. III. 561.*

Art. R. 611-16 L'inventeur désigné est mentionné comme tel dans les publications de la demande de brevet et dans les fascicules du brevet. S'il ne peut être ainsi procédé, il est mentionné dans les exemplaires des publications de la demande de brevet ou des fascicules du brevet non encore diffusés. Cette mention est faite à la requête du demandeur ou du titulaire du brevet.

Les dispositions de l'alinéa précédent sont applicables lorsqu'un tiers produit à l'Institut national de la propriété industrielle une décision passée en force de chose jugée reconnaissant son droit à être désigné. Dans le cadre prévu à la deuxième phrase de cet alinéa, le tiers peut également demander à être mentionné dans les exemplaires des publications de la demande de brevet ou des fascicules du brevet non encore diffusés.

Les dispositions du premier alinéa ne sont pas applicables lorsque l'inventeur désigné par le demandeur ou le titulaire du brevet renonce à sa désignation dans un écrit adressé à l'Institut national de la propriété industrielle. — *[Décr. n° 79-822 du 19 sept. 1979, art. 61.]*

Art. R. 611-17 La désignation de l'inventeur ne peut être rectifiée que sur requête accompagnée du consentement de la personne désignée à tort, et, si la requête n'est pas présentée par le demandeur ou le titulaire du brevet, du consentement de l'un ou de l'autre. Les dispositions de l'article R. 612-10 sont applicables.

Si une désignation erronée de l'inventeur a été inscrite au Registre national des brevets ou publiée au *Bulletin officiel* de la propriété industrielle, cette inscription ou publication est rectifiée. La mention de la désignation erronée de l'inventeur est rectifiée dans les exemplaires des publications de la demande de brevet ou des fascicules du brevet non encore diffusés.

Les dispositions de l'alinéa précédent sont applicables en cas d'annulation judiciaire de la désignation de l'inventeur. — *[Décr. nº 79-822 du 19 sept. 1979, art. 62.]*

Art. R. 611-18 L'action en revendication de propriété d'une demande de brevet ou d'un brevet fait l'objet d'une inscription au Registre national des brevets à la requête de la personne qui a intenté cette action.

Si la décision judiciaire est rendue en faveur de la personne qui a intenté l'action, les exemplaires de la demande de brevet ou du brevet dont dispose l'Institut national de la propriété industrielle pour la consultation publique et pour la vente sont revêtus d'une mention faisant apparaître le changement de propriétaire du brevet. — *[Décr. nº 79-822 du 19 sept. 1979, art. 63.]*

Art. R. 611-19 La procédure de délivrance du brevet est suspendue à la requête écrite de toute personne qui apporte la justification qu'elle a intenté auprès du tribunal de grande instance une action en revendication de la propriété de la demande de brevet.

La suspension de la procédure prend effet du jour où la justification est apportée *(Abrogé par Décr. nº 2008-1472 du 30 déc. 2008, art. 2)* ***« et s'applique notamment au délai prévu au premier alinéa de l'article L. 612-15 »*** ; toutefois, elle ne fait pas obstacle à l'application de l'article R. 612-39.

La procédure de délivrance du brevet est reprise dès que la décision du tribunal est passée en force de chose jugée ; elle peut également être reprise à tout moment sur le consentement écrit de la personne qui a intenté l'action en revendication de propriété de la demande de brevet ; ce consentement est irrévocable.

La suspension et la reprise de la procédure sont inscrites au Registre national des brevets. — *[Décr. nº 79-822 du 19 sept. 1979, art. 64.]*

Les dispositions du Décr. nº 2008-1472 du 30 déc. 2008 sont applicables dans les îles Wallis-et-Futuna et en Nouvelle-Calédonie (Décr. préc., art. 22).

Art. R. 611-20 A compter du jour où une personne a apporté la justification qu'elle a intenté une action, le titulaire de la demande de brevet ou du brevet ne peut retirer la demande ou renoncer au brevet en totalité ou à l'une ou plusieurs des revendications qu'il comporte, sauf sur le consentement écrit de la personne qui a intenté l'action en revendication de propriété. — *[Décr. nº 79-822 du 19 sept. 1979, art. 65.]*

CHAPITRE II DÉPÔT ET INSTRUCTION DES DEMANDES

SECTION PREMIÈRE DÉPÔT DES DEMANDES

Art. R. 612-1 *(Décr. nº 2014-650 du 20 juin 2014, art. 3-IV, en vigueur le 1er juill. 2014)* La demande de brevet est déposée au siège de l'Institut national de la propriété industrielle ou y est envoyée par pli postal ou par tout mode de télétransmission dans les conditions définies par décision de son directeur général. La date de dépôt est celle de la réception de la demande au siège de l'institut.

Le directeur général de l'Institut national de la propriété industrielle peut imposer un dépôt sous forme électronique lorsque cette modalité est de nature à faciliter l'examen et la publication de la demande.

L'institut apporte une assistance aux déposants par tout moyen approprié, précisé par décision de son directeur général.

Les dispositions du Décr. nº 2014-650 du 20 juin 2014 sont applicables dans les îles Wallis-et-Futuna (Décr. préc., art. 5).

Désignation de l'inventeur. La régularisation de la demande qui a omis le nom de l'inventeur dans les 16 mois ne requiert pas une lettre recommandée avec accusé de réception. • Com. 12 déc. 1989 : *Bull. civ. IV, n° 310 ; RTD com. 1992. 180, obs. Azéma*. – V. désormais art. L. 618-6. ♦ Sur le délai et excuse légitime, V. • Paris, 18 janv. 1988 : *Ann. propr. ind. 1989. 83.*

Art. R. 612-2 **Le dépôt peut être fait par le demandeur personnellement ou par un mandataire ayant son domicile, son siège ou un établissement** *(Décr. n° 2002-215 du 18 févr. 2002, art. 8)* **« dans un État membre de la Communauté européenne ou dans un État partie à l'accord sur l'Espace économique européen ». Sous réserve des exceptions prévues aux articles L. 422-4 et L. 422-5, le mandataire, constitué pour le dépôt et pour l'accomplissement de tout acte subséquent relatif à la procédure de délivrance du brevet, à l'exception du simple paiement des redevances, doit avoir la qualité de conseil en propriété industrielle.**

Les personnes physiques ou morales n'ayant pas leur domicile ou leur siège *(Décr. n° 2002-215 du 18 févr. 2002, art. 8)* **« dans un État membre de la Communauté européenne ou dans un État partie à l'accord sur l'Espace économique européen » doivent constituer un mandataire satisfaisant aux conditions prévues à l'alinéa précédent dans le délai de deux mois à compter de la date de réception de la notification qui leur est adressée à cet effet.** *(Décr. n° 2004-199 du 25 févr. 2004, art. 34)* **« En cas de pluralité de demandeurs, un mandataire commun doit être constitué. Si celui-ci n'est pas l'un des demandeurs, il doit satisfaire aux conditions prévues par le premier alinéa. »**

Sauf lorsqu'il a la qualité de conseil en propriété industrielle *(Décr. n° 2007-731 du 7 mai 2007)* **« ou d'avocat », le mandataire doit joindre un pouvoir qui s'étend, sous réserve des dispositions des articles R. 612-38 et R. 613-45 et, sauf stipulation contraire, à tous les actes et à la réception de toutes les notifications prévus aux articles R. 611-15 à R. 611-20, R. 612-1 à R. 613-3, R. 613-45 à R. 613-65, R. 616-1 à R. 616-3 et R. 618-1 à R. 618-4. Le pouvoir est dispensé de légalisation.** – *[Décr. n° 79-822 du 19 sept. 1979, art. 2.] – L'obligation de recourir à un mandataire ayant la qualité de conseil en propriété industrielle assortie de la mention brevets d'invention a été supprimée par le Décr. n° 97-863 du 17 sept. 1997, art. 5. – V. art. R. 422-1.*

En cas de transmission partielle des droits attachés à une demande de brevet, et sauf révocation expresse, le pouvoir de représentation du mandataire constitué par le demandeur originel s'étend à la réception de toutes les notifications prévues au dernier alinéa de l'art. R. 612-2. • Aix-en-Provence, 9 janv. 1997 : *PIBD 1997. III. 201.*

Art. R. 612-3 **La demande de brevet comprend une requête en délivrance de brevet dont le modèle est fixé par décision du directeur général de l'Institut national de la propriété industrielle et à laquelle sont annexés :**

1° Une description de l'invention, accompagnée le cas échéant de dessins ;

2° Une ou plusieurs revendications ;

3° Un abrégé du contenu technique de l'invention ;

4° Le cas échéant, une copie des dépôts antérieurs dont des éléments sont repris dans les conditions prévues à l'article L. 612-3 ; les éléments repris y sont mis en évidence. – *[Décr. n° 79-822 du 19 sept. 1979, art. 3-I.]*

Art. R. 612-4 **La demande de brevet ne doit pas contenir :**

1° D'éléments ou de dessins dont la publication ou la mise en œuvre serait contraire à l'ordre public ou aux bonnes mœurs ;

2° De déclarations dénigrantes concernant des produits ou procédés de tiers ou le mérite ou la validité de demandes de brevet ou de brevets de tiers. De simples comparaisons avec l'état de la technique ne sont pas en elles-mêmes considérées comme dénigrantes ;

3° D'éléments manifestement étrangers à la description de l'invention. – *[Décr. n° 79-822 du 19 sept. 1979, art. 3-II.]*

Art. R. 612-5 **La demande de brevet doit, dans le mois à compter de la remise des pièces, être suivie du paiement :**

1° De la redevance de dépôt ;

2° De la redevance de rapport de recherche *(Abrogé par Décr. n° 2008-1472 du 30 déc. 2008, art. 3)* ***« à moins que l'établissement de ce dernier n'ait été différé »***. – *[Décr. n° 79-822 du 19 sept. 1979, art. 3-III.] – V. art. R. 612-45.*

Art. R. 612-6 *(Décr. nº 2007-280 du 1er mars 2007, art. 9)* **Un récépissé constatant la date de la remise des pièces est délivré au demandeur par l'Institut national de la propriété industrielle.**

Art. R. 612-7 **Dans les quinze jours qui suivent la remise ou l'arrivée des pièces à l'Institut national de la propriété industrielle** *(Abrogé par Décr. nº 2014-650 du 20 juin 2014, art. 3-V, à compter du 1er juill. 2014)* **«** ***à Paris*** **», celui-ci attribue à la demande de brevet un numéro d'enregistrement national et le notifie sans délai au demandeur. Est déclaré irrecevable toute correspondance ou tout dépôt de pièces ultérieur qui ne rappelle pas ce numéro** *(Décr. nº 2004-199 du 25 févr. 2004, art. 35)* **« ou qui ne porte pas la signature du demandeur ou de son mandataire ».**

V. note ss. art. R. 612-1.

Art. R. 612-8 **Le bénéfice de la date de dépôt de la demande de brevet est acquis à la date de la remise d'au moins un exemplaire des pièces énumérées à l'article L. 612-2, rédigées en langue française,** *(Décr. nº 2008-1472 du 30 déc. 2008, art. 4)* **« sous réserve des dispositions de » l'article R. 612-21.** *(Abrogé par Décr. nº 2008-1472 du 30 déc. 2008, art. 4)* ***« Le bénéfice de la date de dépôt est acquis même si ces pièces sont irrégulières en la forme. »***

Lorsque l'une des pièces mentionnées à l'alinéa précédent fait défaut, invitation est faite au demandeur d'avoir à compléter la demande de brevet *(Décr. nº 2008-1472 du 30 déc. 2008, art. 4)* **« dans le délai de deux mois ».**

Si le demandeur défère à cette invitation, la date de dépôt est celle à laquelle la demande a été complétée ; cette date est notifiée au demandeur. Dans le cas contraire, la demande est déclarée irrecevable ; les pièces remises sont renvoyées au demandeur et les redevances éventuellement acquittées lui sont remboursées. — *[Décr. nº 79-822 du 19 sept. 1979, art. 6.]*

(Décr. nº 2008-1472 du 30 déc. 2008, art. 4) **« Un renvoi à une demande déposée antérieurement effectué conformément au *c* de l'article L. 612-2 doit indiquer la date de dépôt, le numéro de cette demande et l'office auprès duquel elle a été déposée. Un tel renvoi doit préciser qu'il remplace la description et, le cas échéant, les dessins.**

« Si la demande contient un renvoi conformément à l'alinéa précédent, une copie de la demande déposée antérieurement, accompagnée, le cas échéant, de sa traduction en langue française doit être produite dans un délai de deux mois à compter du dépôt de la demande. »

Les dispositions du Décr. nº 2008-1472 du 30 déc. 2008 sont applicables dans les îles Wallis-et-Futuna et en Nouvelle-Calédonie (Décr. préc., art. 22).

Art. R. 612-9 *(Décr. nº 2008-1472 du 30 déc. 2008, art. 5)* **1. S'il est constaté que des parties de la description, ou des dessins auxquels il est fait référence dans la description ou les revendications, ne semblent pas figurer dans la demande, le demandeur est invité à produire les parties manquantes dans le délai de deux mois.**

2. Si les parties manquantes de la description ou les dessins manquants sont remis dans le délai de deux mois après la date de dépôt ou, lorsqu'une invitation est émise conformément au paragraphe 1, dans le délai de deux mois à compter de cette invitation, le demandeur est informé que la date de dépôt de la demande est celle à laquelle les parties manquantes de la description ou les dessins manquants ont été déposés, à moins que les parties manquantes de la description ou les dessins manquants ne soient retirés dans un délai d'un mois à compter de la date de leur dépôt.

3. Si les parties manquantes de la description ou les dessins manquants sont remis dans le délai prévu au 2°, et si la demande revendique la priorité d'une demande antérieure, la date de dépôt reste la date à laquelle il a été satisfait aux exigences de l'article L. 612-2, sous réserve que les parties manquantes de la description ou les dessins manquants figurent intégralement dans la demande antérieure et que, dans le délai prévu au 2°, le demandeur en fasse la demande et produise une copie de la demande antérieure, à moins qu'une telle copie ne soit à la disposition de l'Institut national de la propriété industrielle ainsi que, le cas échéant, une traduction en langue française. Le demandeur doit alors indiquer l'endroit où les parties manquantes de la description ou les dessins manquants figurent intégralement dans la demande antérieure et, le cas échéant, dans la traduction de celle-ci.

4. Si le demandeur ne dépose pas les parties manquantes de la description ou les dessins manquants dans les délais prévus aux 1° et 2°, toute référence faite à ces parties de la description ou ces dessins est supprimée.

Le cas échéant, la nouvelle date de dépôt est notifiée au demandeur.

Les dispositions du Décr. n° 2008-1472 du 30 déc. 2008 sont applicables dans les îles Wallis-et-Futuna et en Nouvelle-Calédonie (Décr. préc., art. 22).

Art. R. 612-10 La requête en délivrance est signée du demandeur ou de son mandataire. Y figurent :

1° La nature du titre de propriété industrielle demandé ;

2° Le titre de l'invention faisant apparaître de manière claire et concise la désignation technique de l'invention et ne comportant aucune dénomination de fantaisie ;

3° La désignation de l'inventeur : toutefois, si le demandeur n'est pas l'inventeur ou l'unique inventeur, la désignation est effectuée dans un document séparé contenant les nom, prénoms et domicile de l'inventeur ainsi que la signature du demandeur ou de son mandataire ;

4° Les nom et prénoms du demandeur, sa nationalité, son domicile ou son siège ;

5° Le nom et l'adresse du mandataire, s'il en est constitué. – *[Décr. n° 79-822 du 19 sept. 1979, art. 8, al. 1er et 2.].*

Sur la désignation de l'inventeur, V. art. L. 611-9, R. 611-15 et R. 611-16.

Art. R. 612-11 *(Décr. n° 2008-1472 du 30 déc. 2008, art. 6)* La requête en délivrance est complétée, le cas échéant, par les indications relatives :

1° A la réduction du taux des redevances accordée au demandeur ou requise par lui ;

2° Aux dépôts antérieurs dont les éléments ont été éventuellement repris ;

3° Aux priorités revendiquées ;

4° A la présentation de l'invention dans une exposition officielle ou officiellement reconnue.

En cas de non-respect des dispositions prévues au 3° de l'article R. 612-10, invitation est notifiée au demandeur d'avoir à régulariser sa demande dans un délai de seize mois à compter de la date de dépôt ou de la date la plus ancienne dont bénéficie la demande de brevet ou, si une priorité a été revendiquée, de la date de priorité. – *V. art. R. 612-45.*

Les dispositions du Décr. n° 2008-1472 du 30 déc. 2008 sont applicables dans les îles Wallis-et-Futuna et en Nouvelle-Calédonie (Décr. préc., art. 22).

L'envoi des demandes de brevet au moyen d'une lettre recommandée avec accusé de réception n'est pas exigé par l'art. R. 612-1. La régularisation de la demande qui a omis le nom de l'inventeur dans les 16 mois ne requiert pas une lettre recommandée avec accusé de réception. Dès lors, il appartient à l'auteur de la demande de prouver par tous moyens que celle-ci a été envoyée dans les délais prescrits. • Com. 12 déc. 1989 : *Bull. civ. IV, n° 310 ; RTD com. 1992. 180, obs. Azéma* .

Art. R. 612-12 La description comprend :

1° L'indication du domaine technique auquel se rapporte l'invention ;

2° L'indication de l'état de la technique antérieure, connu du demandeur, pouvant être considérée comme utile pour l'intelligence de l'invention et pour l'établissement du rapport de recherche ; les documents servant à refléter l'état de la technique antérieure sont, autant que possible, cités ;

3° Un exposé de l'invention, telle que caractérisée dans les revendications, permettant la compréhension du problème technique ainsi que la solution qui lui est apportée ; sont indiqués, le cas échéant, les avantages de l'invention par rapport à l'état de la technique antérieure ;

4° Une brève description des dessins, s'il en existe ;

5° Un exposé détaillé d'au moins un mode de réalisation de l'invention ; l'exposé est en principe assorti d'exemples et de références aux dessins, s'il en existe ;

6° L'indication de la manière dont l'invention est susceptible d'application industrielle, si cette application ne résulte pas à l'évidence de la description ou de la nature de l'invention. – *[Décr. n° 79-822 du 19 sept. 1979, art. 9, al. 1er.]*

1. *Application industrielle.* Pour un exemple de rejet de demande de brevet exposant clairement le mode de réalisation de l'invention mais ne donnant aucune indication sur son application industrielle, V. • Paris, 29 oct. 1997 : *PIBD 1998. III. 29 ; RDPI 1997, n° 80, p. 29.*

2. *Caractéristiques techniques.* Doit être rejetée la demande dont les revendications ne font que se référer aux techniques généralement utilisées et à indiquer le résultat proposé, sans décrire les caractéristiques techniques de l'invention. • Paris, 31 janv. 2001 : *PIBD 2001. III. 281.*

3. *État de la technique.* L'art. R. 612-12 permet la citation de documents mais pas leur « incorporation par référence ». • Paris, 31 oct. 2001 : *RDPI, août 2002, n° 138, p. 9.*

Art. R. 612-13 La description est présentée dans les conditions et dans l'ordre prévus à l'article R. 612-12 à moins que la nature de l'invention ne permette une présentation différente plus intelligible et plus concise.

Peuvent en outre figurer en annexe à la fin de la description notamment :

1° De courts extraits de programmes d'ordinateurs présentés sous forme de listages rédigés en langages de programmation courants, lorsqu'ils sont nécessaires à la compréhension de l'invention ;

2° Des listes de séquences de nucléotides et/ou d'acides aminés ;

3° Des formules chimiques ou mathématiques.

Les schémas d'étapes de processus, les diagrammes ainsi que les courts extraits de programmes d'ordinateurs présentés sous forme d'organigrammes nécessaires à la compréhension de l'invention sont considérés comme des dessins. – *[Décr. n° 79-822 du 19 sept. 1979, art. 9, al. 2 à 4.]*

Art. R. 612-14 Dans le cas prévu à l'article L. 612-5, deuxième alinéa, la culture est déposée au plus tard à la date de dépôt de la demande de brevet et la description précise :

1° Les informations dont dispose le demandeur sur les caractéristiques du micro-organisme ;

2° L'organisme habilité auprès duquel le dépôt de la culture a été effectué ainsi que le numéro du dépôt.

Les indications prévues au 2° de l'alinéa précédent peuvent être fournies soit dans un délai de seize mois à compter de la date de dépôt ou de la date la plus ancienne dont bénéficie la demande de brevet ou, si une priorité a été revendiquée, de la date de priorité, soit lors de la requête prévue à l'article L. 612-21, si cette requête est présentée avant l'expiration de ce délai. Leur communication emporte, de la part du demandeur, consentement irrévocable et sans réserve de mettre la culture à la disposition du public conformément aux dispositions des articles R. 612-42 et R. 612-43. – *[Décr. n° 79-822 du 19 sept. 1979, art. 10, al. 1er et 2.]*

Art. R. 612-15 Si la culture cesse d'être accessible soit parce qu'elle n'est plus viable, soit parce que l'organisme habilité n'est plus en mesure d'en délivrer des échantillons, il n'est pas tenu compte de cette interruption, à condition que :

1° Un nouveau dépôt du micro-organisme soit effectué dans un délai de trois mois à compter de la date à laquelle l'interruption a été notifiée au demandeur ou au titulaire du brevet soit par l'organisme habilité, soit par l'Institut national de la propriété industrielle ;

2° Copie du récépissé du dépôt délivré par l'organisme habilité, accompagné de l'indication du numéro de la demande de brevet ou du brevet, soit communiquée à l'Institut national de la propriété industrielle dans les quatre mois de la date du nouveau dépôt.

Lorsque l'interruption résulte de la non-viabilité de la culture, le nouveau dépôt est effectué auprès de l'organisme habilité qui a reçu le dépôt initial ; dans les autres cas, il peut être effectué auprès d'un organisme habilité.

Le nouveau dépôt est accompagné d'une déclaration écrite par laquelle le déposant certifie que le micro-organisme est le même que celui qui a fait l'objet du dépôt initial.

(Décr. n° 2004-199 du 25 févr. 2004, art. 36) « Les organismes habilités à recevoir les dépôts de micro-organismes sont désignés par le directeur général de l'Institut national de la propriété industrielle. »

Art. R. 612-16 Les revendications définissent l'objet de la protection demandée en indiquant les caractéristiques techniques de l'invention. Une revendication ne peut, sauf absolue nécessité, se fonder pour exprimer les caractéristiques techniques de l'invention, sur de simples références à la description ou aux dessins. – *[Décr. n° 79-822 du 19 sept. 1979, art. 11-I.]*

1. Un breveté ne peut revendiquer un moyen qui ne figure ni dans la description, ni dans les revendications. • Paris, 5 mai 1988 : *Ann. propr. ind. 1988. 281.*

2. Peut être protégé au titre d'un produit industriel un corps présentant certaines caractéristiques qui le distinguent des autres corps. Il n'en va pas ainsi de caractéristiques (limpidité et stérilité) qui sont le résultat même recherché en fonction du problème posé (une solution spécifique qui reste limpide et stérile pour être utilisée comme collyre). • TGI Paris, 15 juin 1999 : *PIBD 2000. III. 157.*

Art. R. 612-17 Toute revendication comprend :

1° Un préambule mentionnant la désignation de l'objet de l'invention et les caractéristiques techniques qui sont nécessaires à la définition des éléments revendiqués mais qui, combinées entre elles, font partie de l'état de la technique ;

2° Une partie caractérisante, précédée d'une expression du type « caractérisé par », exposant les caractéristiques techniques qui, en liaison avec les caractéristiques prévues au 1°, sont celles pour lesquelles la protection est recherchée.

Toutefois, il peut être procédé de façon différente si la nature de l'invention le justifie. – *[Décr. n° 79-822 du 19 sept. 1979, art. 11-II.]*

On doit tenir pour connu un moyen que le breveté, dans la description du brevet, reconnaît avoir divulgué et qu'il a inclus dans le préambule de la revendication. • Paris, 5 mai 1988 : *Ann. propr. ind. 1988. 281.*

Art. R. 612-17-1 *(Décr. n° 2007-280 du 1er mars 2007, art. 11)* Sans préjudice des dispositions des articles L. 612-4, R. 612-19 et R. 612-48, une demande de brevet ne peut contenir plus d'une revendication indépendante de la même catégorie (produit, procédé, dispositif ou utilisation) que si l'objet de la demande se rapporte :

a) A plusieurs produits ayant un lien entre eux ;

b) A différentes utilisations d'un produit ou d'un dispositif ;

c) A des solutions alternatives à un problème particulier dans la mesure où ces alternatives ne peuvent pas être couvertes de façon appropriée par une seule revendication.

Art. R. 612-18 Sous réserve des dispositions du premier alinéa de l'article L. 612-4, une demande de brevet peut contenir plusieurs revendications indépendantes et relevant d'une même catégorie (produit, procédé, dispositif ou utilisation) si l'objet de la demande ne peut être couvert de façon appropriée par une seule revendication.

Toute revendication énonçant les caractéristiques essentielles de l'invention peut être suivie d'une ou de plusieurs revendications concernant des modes particuliers de réalisation de cette invention. – *[Décr. n° 79-822 du 19 sept. 1979, art. 11-III.]*

Art. R. 612-19 Au sens de l'article L. 612-4, peuvent être notamment incluses dans une même demande de brevet, soit :

1° Une revendication indépendante pour un produit, une revendication indépendante pour un procédé conçu spécialement pour la fabrication de ce produit, et une revendication indépendante pour une utilisation de ce produit ;

2° Une revendication indépendante pour un procédé, et une revendication indépendante pour un dispositif ou moyen spécialement conçu pour la mise en œuvre de ce procédé ;

3° Une revendication indépendante pour un produit, une revendication indépendante pour un procédé conçu spécialement pour la fabrication de ce produit et une revendication indépendante pour un dispositif ou moyen spécialement conçu pour la mise en œuvre de ce procédé. – *[Décr. n° 79-822 du 19 sept. 1979, art. 12.]*

Art. R. 612-20 L'abrégé est établi exclusivement à des fins d'information technique. Il ne peut être pris en considération à d'autres fins, notamment pour apprécier l'étendue de la protection demandée ou pour l'application du troisième alinéa de l'article L. 611-11.

Le contenu définitif de l'abrégé est, si nécessaire, mis en forme par l'Institut national de la propriété industrielle. Il est publié au *Bulletin officiel* de la propriété industrielle en même temps que la mention prévue à l'article R. 612-39 ou, postérieurement à cette mention, immédiatement après qu'il a été mis en forme. – *[Décr. nº 79-822 du 19 sept. 1979, art. 13.]*

Art. R. 612-21 *(Décr. nº 2008-1472 du 30 déc. 2008, art. 7)* **Les descriptions et revendications contenues dans les demandes déposées peuvent être rédigées en langue étrangère.**

S'il est usé de cette faculté, le demandeur est invité à fournir une traduction en langue française des pièces dans le délai de deux mois. – *V. art. R. 612-45.*

Les dispositions du Décr. nº 2008-1472 du 30 déc. 2008 sont applicables dans les îles Wallis-et-Futuna et en Nouvelle-Calédonie (Décr. préc., art. 22).

Art. R. 612-22 La justification du droit de l'exposant, défini à l'article L. 611-13, premier alinéa, deuxième tiret *b*, est fournie dans le délai de quatre mois à compter de la date de dépôt de la demande de brevet sous la forme d'une attestation délivrée au cours de l'exposition par l'autorité chargée d'assurer la protection de la propriété industrielle dans cette exposition et constatant que l'invention y a été réellement exposée.

L'attestation mentionne la date d'ouverture de l'exposition et, le cas échéant, celle de la première divulgation de l'invention si ces deux dates ne coïncident pas. Elle est accompagnée des pièces permettant d'identifier l'invention, revêtues d'une mention d'authenticité par l'autorité susvisée. – *[Décr. nº 79-822 du 19 sept. 1979, art. 15.]*

Art. R. 612-23 *Abrogé par Décr. nº 2004-199 du 25 févr. 2004, art. 37.*

Art. R. 612-24 *(Décr. nº 2008-1472 du 30 déc. 2008, art. 8)* **La déclaration de priorité prévue au 1 de l'article L. 612-7 comporte la date du dépôt antérieur, l'État dans lequel ou pour lequel il a été effectué, ainsi que le numéro qui lui a été attribué.**

La déclaration de priorité doit être effectuée lors du dépôt de la demande de brevet ou dans le délai de seize mois à compter de la date de priorité la plus ancienne revendiquée.

Le demandeur peut corriger la déclaration de priorité dans un délai de seize mois à compter de la date de priorité la plus ancienne ou, dans le cas où la correction entraîne une modification de la date de priorité la plus ancienne, dans un délai de seize mois à compter de la date de priorité la plus ancienne corrigée, le délai de seize mois qui expire en premier devant être appliqué, étant entendu que la correction peut être demandée jusqu'à l'expiration d'un délai de quatre mois à compter de la date de dépôt attribuée à la demande de brevet.

Toutefois, une déclaration de priorité ne peut être effectuée ou corrigée après qu'une requête a été présentée en vertu du 1º de l'article L. 612-21.

Conformément au 1 de l'article L. 612-7, le demandeur doit produire, afin de justifier de l'existence de la demande antérieure, une copie de celle-ci avant l'expiration du seizième mois suivant la date de priorité, accompagnée, le cas échéant, de l'autorisation de revendiquer la priorité donnée par écrit par le propriétaire de la demande antérieure.

En cas de non-respect des dispositions prévues aux paragraphes précédents, la revendication du droit de priorité est déclarée irrecevable.

Si la date du dépôt antérieur indiquée précède de plus d'un an la date de dépôt de la demande de brevet, notification est faite au demandeur qu'il n'existe pas de droit de priorité, à moins que dans le délai visé aux deuxième et troisième alinéas, il n'indique une date rectifiée qui se situe dans le délai de priorité ou qu'il ne présente un recours en restauration conformément à l'article L. 612-16-1.

Les indications contenues dans la déclaration de priorité sont mentionnées dans la demande de brevet publiée et portées sur le fascicule du brevet.

Les dispositions du Décr. nº 2008-1472 du 30 déc. 2008 sont applicables dans les îles Wallis-et-Futuna et en Nouvelle-Calédonie (Décr. préc., art. 22).

Art. R. 612-25 La requête du bénéfice de la date de dépôt d'une ou plusieurs demandes antérieures n'est pas recevable lorsque :

1º Elle n'est pas effectuée au moment du dépôt de la demande de brevet ;

2° La date de dépôt de la ou des demandes antérieures dont le bénéfice est requis est antérieure de plus de douze mois ;

3° Le dépôt de la ou des demandes, dont le bénéfice de la date de dépôt a été requis, a été effectué dans des conditions qui n'en permettent pas la publication. – *[Décr. n° 79-822 du 19 sept. 1979, art. 17-1.]*

SECTION II L'INSTRUCTION DES DEMANDES

SOUS-SECTION 1 DEMANDES INTÉRESSANT LA DÉFENSE NATIONALE

Art. R. 612-26 Des délégués du ministre chargé de la défense nationale, spécialement habilités à cet effet et dont les noms et qualités ont été portés à la connaissance du ministre chargé de la propriété industrielle par le ministre chargé de la défense nationale prennent connaissance dans les locaux de l'Institut national de la propriété industrielle des demandes de brevet déposées.

Celles-ci leur sont présentées dans le délai de quinze jours à compter de la date de leur réception à l'Institut national de la propriété industrielle. – *[Décr. n° 79-822 du 19 sept. 1979, art. 18.]*

Art. R. 612-27 La demande d'autorisation de divulguer et d'exploiter librement l'invention objet d'une demande de brevet, avant le terme du délai de cinq mois prévu à l'article L. 612-9, est formulée auprès de l'Institut national de la propriété industrielle ; elle peut l'être dès le dépôt de la demande de brevet. L'autorisation est notifiée au demandeur par le ministre chargé de la propriété industrielle.

En l'absence d'une telle autorisation et à tout moment, une demande d'autorisation particulière en vue d'accomplir des actes déterminés d'exploitation peut être adressée directement par le demandeur de brevet au ministre chargé de la défense nationale. Celui-ci, s'il accorde l'autorisation sollicitée, précise les conditions auxquelles ces actes d'exploitation sont soumis.

Si l'autorisation particulière porte sur la cession de la demande de brevet ou sur la concession d'une licence d'exploitation, le ministre chargé de la défense nationale notifie copie de sa décision au ministre chargé de la propriété industrielle. – *[Décr. n° 79-822 du 19 sept. 1979, art. 19.]*

En application du 4° du I de l'art. 21 de la L. n° 2000-321 du 12 avr. 2000, le silence gardé pendant deux mois par l'administration vaut décision de rejet de la demande d'autorisation particulière d'un demandeur de brevet en vue d'accomplir des actes déterminés d'exploitation s'agissant des brevets intéressant la défense nationale (Décr. n° 2014-1285 du 23 oct. 2014, art. 1er, applicable aux demandes présentées à compter du 12 nov. 2014).

Art. R. 612-28 La réquisition adressée au ministre chargé de la propriété industrielle par le ministre chargé de la défense nationale aux fins de prorogation des interdictions de divulgation et de libre exploitation d'une invention objet de demande de brevet doit parvenir à l'Institut national de la propriété industrielle au plus tard quinze jours avant le terme du délai de cinq mois rappelé à l'article R. 612-27.

Toute réquisition aux fins de renouvellement d'une prorogation doit parvenir dans les mêmes conditions au plus tard quinze jours avant l'expiration de la période d'un an en cours.

La prorogation des interdictions de divulgation et de libre exploitation est prononcée par arrêté du ministre chargé de la propriété industrielle et notifiée au déposant avant le terme de la période d'interdiction en cours.

L'arrêté peut contenir des dispositions particulières autorisant, sous certaines conditions, le dépôt à l'étranger des demandes de protection de l'invention. Une demande à cet effet doit avoir été adressée par le titulaire de la demande de brevet au ministre chargé de la défense nationale, qui fait part de sa décision au ministre chargé de la propriété industrielle.

Des autorisations particulières en vue d'accomplir des actes déterminés d'exploitation peuvent être accordées dans les conditions prévues aux deuxième et troisième alinéas de l'article R. 612-27.

Le ministre chargé de la défense nationale peut faire connaître à tout moment au ministre chargé de la propriété industrielle la levée des interdictions prorogées en application de l'article L. 612-10. Cette mesure fait l'objet d'un arrêté du ministre chargé de la propriété industrielle notifié au titulaire de la demande de brevet. – *[Décr. n° 79-822 du 19 sept. 1979, art. 20.]*

Art. R. 612-29 La requête en indemnité tendant à la réparation du préjudice causé par la prorogation des interdictions de divulgation et de libre exploitation est adressée par le propriétaire de la demande de brevet au ministre chargé de la défense nationale par lettre recommandée avec demande d'avis de réception. La requête précise, en les chiffrant, les divers chefs de préjudice invoqués.

Le tribunal de grande instance ne peut être saisi en vue de la fixation de l'indemnité avant l'expiration d'un délai de quatre mois à compter de la date de réception de la requête, sauf au cas où une décision expresse est intervenue au cours dudit délai. – *[Décr. n° 79-822 du 19 sept. 1979, art. 21.]*

Art. R. 612-30 La juridiction saisie en vertu de l'article L. 612-10 statue tant au fond qu'avant dire droit par des décisions qui ne contiennent aucune analyse de l'invention de nature à en entraîner la divulgation.

Seuls le ministère public, les parties ou leurs mandataires peuvent obtenir copie des décisions rendues.

Si une expertise est ordonnée, elle ne peut être effectuée que par des personnes habilitées par le ministre de la défense. – *[Décr. n° 79-822 du 19 sept. 1979, art. 22.]*

Art. R. 612-31 Si les interdictions de divulgation et de libre exploitation prennent fin plus d'une année après la date du dépôt, la demande ne peut être rendue publique dans les conditions prévues à l'article R. 612-39 qu'après l'expiration d'un délai de six mois à compter du terme de l'application des mesures d'interdiction, sauf si dans ce délai le demandeur a présenté la requête prévue à l'article R. 612-39.

Le demandeur dispose d'un délai de six mois à compter du terme des mesures d'interdiction pour requérir l'établissement du rapport de recherche ou la transformation de sa demande de brevet en demande de certificat d'utilité. – *[Décr. n° 79-822 du 19 sept. 1979, art. 23.]*

Art. R. 612-32 Les dispositions de l'article R. 612-29 sont applicables à la demande de révision de l'indemnité prévue à l'article L. 612-10. – *[Décr. n° 79-822 du 19 sept. 1979, art. 24.]*

SOUS-SECTION 2 DIVISION DE LA DEMANDE

Art. R. 612-33 Si la demande de brevet ne satisfait pas aux dispositions de l'article L. 612-4, un délai est imparti au demandeur pour diviser sa demande ou limiter ses revendications. – *[Décr. n° 79-822 du 19 sept. 1979, art. 25.] – V. art. R. 612-47 et R. 612-48.*

Art. R. 612-34 Jusqu'au paiement de la redevance de délivrance et d'impression du fascicule du brevet, le déposant peut, de sa propre initiative, procéder au dépôt de demandes divisionnaires de sa demande de brevet initiale. – *[Décr. n° 79-822 du 19 sept. 1979, art. 26.] – V. art. R. 612-47.*

Art. R. 612-35 En cas de division d'une demande de brevet conformément aux articles R. 612-33 et R. 612-34, chaque demande divisionnaire doit être conforme aux dispositions des articles R. 612-3 à R. 612-5. *(Décr. n° 2004-199 du 25 févr. 2004, art. 38)* « Les dispositions du troisième alinéa de l'article R. 612-1 sont également applicables. »

Faculté est ouverte au demandeur :

– soit de reprendre dans chaque demande divisionnaire le contenu de la demande initiale, sauf à limiter les revendications au seul objet de la demande divisionnaire ;

– soit de limiter la description, les revendications et les dessins de chaque demande divisionnaire à son seul objet ; dans ce cas, ceux-ci ne contiennent, outre les textes, les revendications et les figures extraits respectivement de la description, des revendications et des dessins de la demande initiale, que les phrases de liaison et d'explication nécessaires à la clarté de l'exposition.

Le dossier d'une des demandes divisionnaires est constitué par le dossier de la demande initiale après application des dispositions de l'alinéa précédent.

Nonobstant les dispositions des articles R. 612-10 et R. 612-11, le délai dans lequel il peut être procédé à la désignation de l'inventeur pour chaque demande divisionnaire ne peut être inférieur à deux mois à compter de l'invitation prévue à l'article R. 612-11. Mention de la date d'expiration de ce délai est faite dans la notification. – *[Décr. n° 79-822 du 19 sept. 1979, art. 27.] – V. art. R. 612-45.*

SOUS-SECTION 3 RECTIFICATION, RETRAIT ET PUBLICATION DE LA DEMANDE

Art. R. 612-36 *(Décr. n° 2004-199 du 25 févr. 2004, art. 39)* « Jusqu'au paiement de la redevance de délivrance et d'impression du fascicule du brevet, le demandeur peut demander la rectification des fautes d'expression ou de transcription ainsi que des erreurs matérielles relevées dans les pièces déposées. L'institut peut exiger la justification de la réalité de l'erreur matérielle à corriger et, le cas échéant, du sens de la correction demandée. »

Si la requête porte sur la description, les revendications ou les dessins, la rectification n'est autorisée que si elle s'impose à l'évidence, aucun autre texte ou tracé n'ayant pu manifestement être envisagé par le demandeur.

La requête est présentée par écrit et comporte le texte des modifications proposées ; elle n'est recevable que si elle est accompagnée de la justification du paiement de la redevance exigible. – *[Décr. n° 79-822 du 19 sept. 1979, art. 28.]*

Art. R. 612-37 Sous réserve des dispositions de l'article L. 612-13, si l'examen prévu à l'article L. 612-11 a fait apparaître des irrégularités, la description, les revendications ou les dessins ne peuvent être modifiés que dans la mesure nécessaire pour remédier aux irrégularités constatées. – *[Décr. n° 79-822 du 19 sept. 1979, art. 28-1.]*

Art. R. 612-38 La demande de brevet peut être retirée à tout moment, par une déclaration écrite, jusqu'au paiement de la redevance de délivrance et d'impression du fascicule du brevet.

Cette déclaration ne peut viser qu'une seule demande. Elle est formulée par le demandeur ou par un mandataire, lequel, sauf s'il a la qualité de conseil en propriété industrielle *(Décr. n° 2007-731 du 7 mai 2007)* « ou d'avocat », doit joindre à la déclaration un pouvoir spécial de retrait.

Si la demande de brevet a été déposée au nom de plusieurs personnes, son retrait ne peut être effectué que s'il est requis par l'ensemble de celles-ci.

Si des droits réels, de gage ou de licence ont été inscrits au Registre national des brevets, la déclaration de retrait n'est recevable que si elle est accompagnée du consentement écrit des titulaires de ces droits.

Si la demande est retirée après publication au *Bulletin officiel* de la propriété industrielle de la mention prévue à l'article R. 612-39, le retrait est inscrit d'office au Registre national des brevets.

Dans tous les cas de retrait de la demande, un exemplaire de celle-ci est conservé par l'Institut national de la propriété industrielle. – *[Décr. n° 79-822 du 19 sept. 1979, art. 29.]*

Art. R. 612-39 A l'expiration du délai de dix-huit mois prévu à l'article L. 612-21, ou à tout moment avant l'expiration de ce délai sur requête écrite du demandeur, mention est publiée au *Bulletin officiel* de la propriété industrielle que la demande de brevet est rendue publique.

A compter du jour de la publication prévue à l'alinéa précédent, toute personne peut prendre connaissance à l'Institut national de la propriété industrielle des pièces du dossier de la demande de brevet et en obtenir reproduction à ses frais. *(Décr. n° 2004-199 du 25 févr. 2004, art. 40)* « L'institut peut subordonner l'usage de cette faculté à la justification d'un intérêt suffisant. »

Toute demande pour laquelle a été requis le bénéfice de la date de dépôt d'une ou plusieurs demandes antérieures dans les conditions prévues à l'article L. 612-3 est rendue publique dix-huit mois après la date de dépôt la plus ancienne dont elle bénéficie.

Toutefois, n'est pas rendue publique toute demande rejetée ou retirée avant le début des préparatifs techniques entrepris en vue de la publication à moins qu'il ne s'agisse d'une demande ayant donné lieu à une division.

Toute demande dont le bénéfice de la date de dépôt a été requis dans une demande ultérieure est rendue publique même si elle est retirée ou rejetée avant le début des

préparatifs techniques à moins qu'il n'ait été renoncé, dans le même délai, à ce bénéfice. – *[Décr. nº 79-822 du 19 sept. 1979, art. 30-I et II.]*

Le délai de 18 mois peut être abrégé mais ne peut pas être prolongé. • Paris, 21 févr. 1991 : *PIBD 1991. III. 219.*

Art. R. 612-40 La durée des préparatifs techniques prévue à l'article R. 612-39 est fixée par décision du directeur général de l'Institut national de la propriété industrielle. Cette décision est publiée au *Bulletin officiel* de la propriété industrielle. – *[Décr. nº 79-822 du 19 sept. 1979, art. 121-1.]*

Art. R. 612-41 Sont exclus de la communication au public :

– les projets de décision et d'avis, ainsi que les pièces non communiquées au demandeur servant à la préparation de ces décisions et avis ;

– les pièces relatives à la désignation de l'inventeur s'il a renoncé à être désigné en tant que tel dans les conditions prévues à l'article R. 611-16 ;

(Décr. nº 2004-199 du 25 févr. 2004, art. 41) **« – les pièces comportant des données à caractère personnel ou relatives au secret des affaires » ;**

– toute autre pièce écartée de la consultation par décision du directeur général de l'Institut national de la propriété industrielle comme ne présentant pas d'intérêt pour l'information des tiers. – *[Décr. nº 79-822 du 19 sept. 1979, art. 30-III.]*

Art. R. 612-42 Lorsque l'invention concerne un micro-organisme, toute personne peut, soit à compter du jour de la publication prévue à l'article R. 612-39, soit avant cette date si une copie de la demande de brevet lui a été notifiée, demander à avoir accès à la culture déposée conformément aux articles R. 612-14 et R. 612-15.

La requête est présentée par écrit à l'Institut national de la propriété industrielle. Y figurent notamment le nom et l'adresse du requérant ainsi que son engagement :

1° De ne communiquer à quiconque la culture ou une culture qui en est dérivée, à moins que la demande de brevet n'ait été rejetée ou retirée ou que le brevet n'ait cessé de produire effet ;

2° De n'utiliser la culture ou une culture qui en est dérivée qu'à des fins expérimentales, à moins que la demande de brevet n'ait été rejetée ou retirée ou que n'ait été publiée la mention de la délivrance prévue à l'article R. 612-74 ; toutefois, ce dernier engagement ne fait pas obstacle à l'utilisation de la culture en vertu d'une licence obligatoire ou d'une licence d'office. – *[Décr. nº 79-822 du 19 sept. 1979, art. 31, al. 1er à 3.]*

Art. R. 612-43 Pour l'application de l'article R. 612-42 (1° et 2°), on entend par culture dérivée toute culture qui présente encore les caractéristiques de la culture déposée essentielles à la mise en œuvre de l'invention. Les engagements prévus à l'article R. 612-42 (1° et 2°) ne font pas obstacle à un dépôt d'une culture dérivée aux fins d'une procédure en matière de brevets.

Le demandeur du brevet peut indiquer par une déclaration écrite faite avant le terme des préparatifs techniques en vue de la publication visée à l'article R. 612-39 que, jusqu'à la publication de la délivrance du brevet, du retrait ou du rejet de la demande, seul un expert désigné par le requérant peut avoir accès à la culture déposée.

Peut être désignée comme expert par le requérant :

1° Soit toute personne physique, à condition que le requérant fournisse la preuve, lors du dépôt de la requête, que le demandeur du brevet a donné son accord à cette désignation ;

2° Soit toute personne physique figurant sur une liste établie par le directeur général de l'Institut national de la propriété industrielle.

L'expert a accès à la culture déposée dans les conditions prévues à l'article R. 612-42 et doit souscrire aux engagements qui y sont prévus ; ceux-ci s'appliquent aussi à l'égard du requérant.

Mention est faite le cas échéant sur la requête, par l'Institut national de la propriété industrielle, qu'une demande de brevet se rapportant au micro-organisme a été déposée et que le requérant ou l'expert qu'il a désigné a le droit d'obtenir un échantillon de la culture. Copie de la requête ainsi complétée est communiquée à l'organisme auprès duquel la culture a été déposée ainsi qu'au demandeur ou au titulaire du brevet. – *[Décr. nº 79-822 du 19 sept. 1979, art. 31, al. 4 à 8.]*

Art. R. 612-44 Sous réserve des empêchements résultant de l'application des dispositions des articles R. 612-27 et R. 612-28, le demandeur peut à tout moment obtenir à ses frais une copie officielle des documents de sa demande de brevet. – *[Décr. n° 79-822 du 19 sept. 1979, art. 32.]*

SOUS-SECTION 4 REJET DE LA DEMANDE

Art. R. 612-45 La demande de brevet est rejetée si :
(Décr. n° 2008-1472 du 30 déc. 2008, art. 9) « 1° Elle n'a pas été complétée dans les délais prévus aux articles R. 612-8 (cinquième alinéa), R. 612-11 (sixième alinéa), R. 612-21 et R. 612-35 (sixième alinéa) » ;

2° Les redevances de dépôt et de rapport de recherche visées à l'article R. 612-5 n'ont pas été acquittées dans le délai prescrit.

La décision de rejet est notifiée au demandeur qui dispose d'un délai de deux mois à compter de la date de réception de la notification pour présenter des observations ou payer les redevances exigibles visées au 2° du présent article en acquittant la redevance correspondante majorée du supplément prescrit. La décision de rejet est définitive si le demandeur n'a, dans le délai prescrit, ni contesté l'irrégularité ou le défaut de paiement ni acquitté la redevance majorée d'un supplément. – *[Décr. n° 79-822 du 19 sept. 1979, art. 33.]*

Les dispositions du Décr. n° 2008-1472 du 30 déc. 2008 sont applicables dans les îles Wallis-et-Futuna et en Nouvelle-Calédonie (Décr. préc., art. 22).

Art. R. 612-46 Si, en dehors des cas prévus aux articles R. 612-8 et R. 612-45, la demande de brevet n'est pas régulière en la forme au regard des dispositions du présent titre ou de l'arrêté pris pour leur application ou n'a pas donné lieu au paiement des redevances prescrites, notification en est faite au demandeur.

La notification indique le délai qui lui est imparti pour régulariser son dépôt ou payer les redevances exigibles. Elle peut être assortie d'une proposition de régularisation. Cette proposition est réputée acceptée si le demandeur ne la conteste pas dans le délai qui lui est imparti.

Si la régularisation du dépôt ou le paiement des redevances n'intervient pas dans le délai imparti, la demande de brevet est rejetée. – *[Décr. n° 79-822 du 19 sept. 1979, art. 34.]*

Art. R. 612-47 Si l'objet de la demande divisionnaire déposée en vertu de l'article R. 612-33 ou de l'article R. 612-34 s'étend au-delà du contenu de la description de la demande initiale, le demandeur est invité à modifier la demande divisionnaire dans le sens des indications qui lui sont données et dans le délai qui lui est imparti.

Dans ce délai, le demandeur peut présenter par écrit des observations dans lesquelles il réfute les indications données par l'Institut national de la propriété industrielle pour modifier sa demande divisionnaire.

Si le demandeur n'a pas présenté d'observations ou si la demande divisionnaire n'a pas été modifiée dans le sens des indications données, la demande est rejetée.

Si les observations présentées par le demandeur ne sont pas retenues, notification lui en est faite. Dans le cas où la modification de la demande divisionnaire n'est pas effectuée dans le nouveau délai qui lui est imparti, la demande est rejetée. – *[Décr. n° 79-822 du 19 sept. 1979, art. 35.]*

Art. R. 612-48 Lorsque le demandeur a été invité, en application de l'article R. 612-33, à diviser sa demande, il peut, dans le délai prévu à cet article, présenter par écrit des observations dans lesquelles il réfute l'objection faite par l'Institut national de la propriété industrielle.

Si le demandeur n'a pas présenté d'observations, ou s'il n'a pas limité ses revendications ou si la demande de brevet n'a pas été divisée, la demande est rejetée.

Si les observations présentées par le demandeur ne sont pas retenues, ou si les nouvelles revendications ne permettent pas de satisfaire aux dispositions de l'article L. 612-4, notification lui en est faite. Dans le cas où la division ou la limitation des revendications de la demande initiale n'est pas effectuée dans le nouveau délai qui lui est imparti, la demande est rejetée. – *[Décr. n° 79-822 du 19 sept. 1979, art. 36.]*

Art. R. 612-49 Si la demande de brevet est susceptible d'être rejetée pour l'un des cas prévus à l'article L. 612-12 (4°, 5°, 6° et 8°), notification motivée en est faite au demandeur. La notification précise le délai qui lui est imparti pour présenter ses observations ou de nouvelles revendications.

La demande de brevet est rejetée :

– si le demandeur n'a pas présenté d'observations ou de nouvelles revendications dans le délai imparti ;

– si les observations présentées ne sont pas retenues, ou si les nouvelles revendications ne permettent pas de remédier à l'irrégularité. – *[Décr. n° 79-822 du 19 sept. 1979, art. 37.]*

Art. R. 612-50 En cas de non-conformité partielle de la description ou des dessins *(Décr. n° 2008-1472 du 30 déc. 2008, art. 10)* « aux dispositions des articles L. 611-17, L. 611-18, L. 611-19 (4°) ou L. 612-1 », notification en est faite au demandeur.

La notification précise les suppressions envisagées ainsi que le délai imparti au demandeur pour présenter des observations.

Si le demandeur n'a pas présenté d'observations dans le délai imparti ou si ces observations ne sont pas retenues, les suppressions sont effectuées d'office. – *[Décr. n° 79-822 du 19 sept. 1979, art. 38.]*

Les dispositions du Décr. n° 2008-1472 du 30 déc. 2008 sont applicables dans les îles Wallis-et-Futuna et en Nouvelle-Calédonie (Décr. préc., art. 22).

Art. R. 612-51 Si la demande de brevet est susceptible d'être rejetée pour l'un des cas prévus à l'article L. 612-12 (7° et 9°), notification motivée en est faite au demandeur.

La notification contient mise en demeure d'avoir, selon le cas, soit à modifier la demande de brevet, soit à déposer de nouvelles revendications ou à présenter des observations à l'appui des revendications maintenues. La notification précise le délai qui lui est imparti à cet effet.

Si le demandeur ne défère pas à cette mise en demeure dans le délai imparti, la demande de brevet est rejetée. – *[Décr. n° 79-822 du 19 sept. 1979, art. 39.]*

Art. R. 612-52 Si une demande de brevet est rejetée ou susceptible de l'être en raison de l'inobservation d'un délai imparti par l'Institut national de la propriété industrielle, le rejet n'est pas prononcé ou ne produit pas effet si le demandeur présente une requête en poursuite de la procédure. La requête doit être présentée par écrit dans un délai de deux mois à compter de la notification de la décision de rejet. L'acte non accompli doit l'être dans ce délai. La requête n'est recevable que si elle est accompagnée du paiement de la redevance exigible. – *[Décr. n° 79-822 du 19 sept. 1979, art. 124.]*

SOUS-SECTION 5 ÉTABLISSEMENT DU RAPPORT DE RECHERCHE

Art. R. 612-53 et R. 612-54 *Abrogés par Décr. n° 2008-1472 du 30 déc. 2008, art. 11.*

Art. R. 612-55 *(Décr. n° 2008-1472 du 30 déc. 2008, art. 12)* La requête en transformation de la demande de brevet en demande de certificat d'utilité est formulée par écrit à tout moment pendant le délai de dix-huit mois à compter du dépôt ou de la date de priorité si une priorité a été revendiquée.

Les dispositions du Décr. n° 2008-1472 du 30 déc. 2008 sont applicables dans les îles Wallis-et-Futuna et en Nouvelle-Calédonie (Décr. préc., art. 22).

Art. R. 612-56 *Abrogé par Décr. n° 2008-1472 du 30 déc. 2008, art. 11.*

Art. R. 612-56-1 *(Décr. n° 2007-280 du 1er mars 2007, art. 12)* Dans le cas où ont été déposées d'autres demandes de brevet portant sur la même invention que celle qui fait l'objet de la demande de brevet français, l'Institut national de la propriété industrielle peut inviter le demandeur, avant l'établissement du rapport de recherche préliminaire, à lui communiquer, dans un délai qu'il lui impartit, les informations dont il dispose, au jour de la notification, sur l'état de la technique qui a été pris en considération lors de l'examen de ces autres demandes par les offices compétents.

L'Institut national de la propriété industrielle peut, en outre, exiger la production des documents cités autres que les brevets et les demandes de brevets publiés ainsi que l'indication des passages pertinents, traduits en français.

Si, à l'expiration du délai imparti et renouvelable une fois, le demandeur n'a ni satisfait aux demandes de l'Institut national de la propriété industrielle ni justifié être dans l'impossibilité de produire ces documents, la demande de brevet est rejetée conformément aux dispositions du 9° de l'article L. 612-12.

Art. R. 612-57 *(Décr. nº 2007-280 du 1er mars 2007, art. 13)* « Un rapport de recherche préliminaire est établi. Il cite les documents qui peuvent être pris en considération pour apprécier la brevetabilité de l'invention, objet de la demande de brevet. Il est assorti d'une opinion sur la brevetabilité de l'invention au regard des documents cités. Cette opinion est accessible aux tiers dans le dossier de la demande de brevet.

« Le rapport de recherche préliminaire et l'opinion sont établis sur la base des revendications déposées, en tenant compte de la description et, le cas échéant, des dessins. »

Chaque citation est faite en relation avec les revendications qu'elle concerne. Si nécessaire, les parties pertinentes du document cité sont identifiées en indiquant notamment la page, la colonne et les lignes ou les figures.

Le rapport de recherche préliminaire distingue entre les documents cités qui ont été publiés avant la date de priorité, entre la date de priorité et la date de dépôt, à la date de dépôt et postérieurement.

Tout document se référant à une divulgation orale, à un usage ou à toute autre divulgation ayant eu lieu antérieurement à la date du dépôt de la demande de brevet est cité dans le rapport de recherche préliminaire en précisant la date de publication du document et celle de la divulgation non écrite. – *[Décr. nº 79-822 du 19 sept. 1979, art. 44.]*

Documents à citer. Il n'est pas imposé que le rapport fasse apparaître des éléments qui ne résultent que d'une divulgation orale, ni qu'il ne fasse état d'une demande de brevet portant sur une invention différente et éloignée. • Bordeaux, 15 févr. 1999 : *PIBD 1999. III. 403.*

Art. R. 612-58 Le rapport de recherche préliminaire est immédiatement notifié au demandeur, qui, si des antériorités sont citées, doit, sous peine de rejet de la demande de brevet, déposer de nouvelles revendications ou présenter des observations à l'appui des revendications maintenues. – *[Décr. nº 79-822 du 19 sept. 1979, art. 45-I.]*

Art. R. 612-59 Le demandeur dispose d'un délai de trois mois, renouvelable une fois, à compter de la notification du rapport de recherche préliminaire, pour déposer de nouvelles revendications ou présenter des observations aux fins de discuter l'opposabilité des antériorités citées. – *[Décr. nº 79-822 du 19 sept. 1979, art. 45-II.]*

Art. R. 612-60 En cas de dépôt de nouvelles revendications, les changements apportés aux revendications sont signalés.

Sur requête, le demandeur peut, dans ce cas, être autorisé à éliminer de la description et des dessins les éléments qui ne seraient plus en concordance avec les nouvelles revendications. Cette requête est recevable jusqu'à la date du paiement de la redevance de délivrance et d'impression du fascicule. – *[Décr. nº 79-822 du 19 sept. 1979, art. 45-III.]*

Art. R. 612-61 Si l'objet des nouvelles revendications n'est pas couvert par les revendications sur la base desquelles la recherche a été effectuée, notification est faite au demandeur d'avoir à acquitter la redevance prescrite pour l'établissement d'un rapport de recherche préliminaire complémentaire. Si l'intéressé ne défère pas à cette invitation dans le délai qui lui est imparti, le dépôt des nouvelles revendications est déclaré irrecevable et le brevet est délivré avec les revendications sur la base desquelles la recherche a été effectuée. – *[Décr. nº 79-822 du 19 sept. 1979, art. 45-IV.]*

Art. R. 612-62 Le rapport de recherche préliminaire est rendu public en même temps que la demande de brevet ou, s'il n'est pas encore établi, dès sa notification au demandeur. Sa mise à la disposition du public est mentionnée au *Bulletin officiel* de la propriété industrielle. – *[Décr. nº 79-822 du 19 sept. 1979, art. 46.]*

Art. R. 612-63 Le délai pendant lequel les tiers peuvent présenter des observations expire trois mois après la publication prévue à l'article R. 612-62.

Sous peine d'irrecevabilité, les observations des tiers sont présentées, en double exemplaire, dans les conditions prévues à l'article R. 612-57 et sont accompagnées des documents cités ou de leur reproduction et de tous renseignements ou justifications nécessaires. Cette dernière disposition ne s'applique pas aux brevets d'invention ; toutefois, sur demande expresse de l'Institut national de la propriété industrielle, les brevets étrangers sont fournis dans le délai de deux mois à compter de la date de réception de cette requête. – *[Décr. n° 79-822 du 19 sept. 1979 art. 47.]*

Art. R. 612-64 Le demandeur dispose d'un délai de trois mois à compter de la date de réception de la notification des observations des tiers pour déposer, par écrit, ses observations en réponse ou une nouvelle rédaction des revendications. Ce délai peut être renouvelé une fois sur requête du demandeur. – *[Décr. n° 79-822 du 19 sept. 1979, art. 48.]*

Art. R. 612-65 Le rapport de recherche préliminaire peut être complété à tout moment avant l'établissement du rapport de recherche.

Dans ce cas, il est fait à nouveau application des articles R. 612-57 à R. 612-64. – *[Décr. n° 79-822 du 19 sept. 1979, art. 49.]*

Art. R. 612-66 En cas de retrait de la demande de brevet ou de transformation de celle-ci en demande de certificat d'utilité, il est mis fin à la procédure d'établissement du rapport de recherche *(Abrogé par Décr. n° 2004-199 du 25 févr. 2004, art. 42) « après notification du rapport de recherche préliminaire ».*

Art. R. 612-67 Le rapport de recherche est arrêté au vu du rapport de recherche préliminaire en tenant compte, le cas échéant, des revendications déposées en dernier lieu, des observations éventuelles du demandeur déposées à l'appui des revendications maintenues et des observations des tiers.

Il est établi à l'expiration des délais fixés aux articles R. 612-59, R. 612-61, R. 612-63 ou R. 612-64, le délai venant à expiration le plus tard étant pris en considération. – *[Décr. n° 79-822 du 19 sept. 1979, art. 51.]*

Art. R. 612-68 Nonobstant l'inscription au Registre national des brevets de droits réels, de gage ou de licence sur une demande de brevet, le demandeur peut modifier les revendications afférentes à cette demande sans le consentement des titulaires de ces droits. – *[Décr. n° 79-822 du 19 sept. 1979, art. 52.]*

Art. R. 612-69 Si le demandeur estime que l'un ou plusieurs des éléments de l'état de la technique cités n'ont pas à être pris en considération pour apprécier, au sens des articles L. 611-11 et L. 611-14, la brevetabilité de l'invention, objet de la demande, parce que leur divulgation résulte d'un abus caractérisé à son égard au sens de l'article L. 611-13, premier alinéa (2e tiret, *a*), il peut l'indiquer dans ses observations et en donner succinctement les motifs. Une telle indication ne peut modifier la teneur du rapport de recherche préliminaire ou du rapport de recherche.

Toute décision judiciaire définitive statuant sur l'application des dispositions de l'article L. 611-13, premier alinéa (2e tiret, *a*) est inscrite au Registre national des brevets sur requête du demandeur ou du propriétaire du brevet.

Cette inscription entraîne la modification corrélative du rapport de recherche préliminaire ou du rapport de recherche.

Si cette inscription est faite après la publication du brevet, les exemplaires du brevet dont dispose l'Institut national de la propriété industrielle pour la consultation publique et pour la vente sont revêtus des mentions nécessaires pour faire apparaître la modification du rapport de recherche. – *[Décr. n° 79-822 du 19 sept. 1979, art. 53.]*

SOUS-SECTION 6 DÉLIVRANCE ET PUBLICATION DU BREVET

Art. R. 612-70 Au terme de l'instruction de la demande de brevet, invitation est faite au demandeur d'acquitter, dans le délai qui lui est imparti par l'Institut national de la propriété industrielle, la redevance de délivrance et d'impression du fascicule. – *[Décr. n° 79-822 du 19 sept. 1979, art. 54.]*

Art. R. 612-70-1 *(Décr. nº 2015-1436 du 6 nov. 2015, art. 7)* Il est statué sur la demande de brevet dans un délai de quatre mois à compter du paiement de la redevance de délivrance et d'impression du fascicule mentionnée à l'article R. 612-70.

V. note ss. art. R. 421-10-1.

Art. R. 612-70-2 *(Décr. nº 2015-1436 du 6 nov. 2015, art. 7)* A défaut de décision expresse dans le délai mentionné à l'article R. 612-70-1, la demande est réputée acceptée.

V. note ss. art. R. 421-10-1.

Art. R. 612-71 Le brevet est délivré au nom du demandeur par décision du directeur général de l'Institut national de la propriété industrielle. *(Décr. nº 2004-199 du 25 févr. 2004, art. 43)* « Cette décision est notifiée au demandeur, accompagnée d'un exemplaire certifié conforme du brevet. »

En cas de cession de la demande, le brevet est délivré au nom du dernier cessionnaire inscrit au Registre national des brevets jusqu'au paiement de la redevance de délivrance et d'impression du fascicule. Toutefois, mention est faite du nom du demandeur.

Le rapport de recherche inséré dans le brevet comporte, le cas échéant, une mention signalant que les revendications sur la base desquelles la recherche a été effectuée ont été modifiées ou que des observations ont été présentées par le demandeur ou par des tiers au cours de la procédure d'établissement du rapport de recherche.

Le brevet comporte notamment les indications relatives à la date de dépôt de la demande, à la date de la publication de celle-ci, à la date de la décision de délivrance et à celle de la publication de la délivrance du brevet au *Bulletin officiel* de la propriété industrielle ainsi que, le cas échéant, les mentions concernant les priorités revendiquées, le fait qu'il résulte d'une division, ou qu'au moment du dépôt la description ou les revendications étaient rédigées dans une langue étrangère dans les conditions fixées à l'article R. 612-21. – *[Décr. nº 79-822 du 19 sept. 1979, art. 55.]*

Art. R. 612-72 En cas de déchéance des droits attachés à la demande de brevet pour non-paiement des redevances prévues à l'article L. 612-19, il est mis fin à la procédure de délivrance du brevet. – *[Décr. nº 79-822 du 19 sept. 1979, art. 56.]*

Art. R. 612-73 La rédaction d'une revendication modifiée après annulation partielle, prévue à l'article L. 613-27, est présentée par écrit.

Si la revendication modifiée n'est pas conforme au dispositif du jugement, notification en est faite au propriétaire du brevet. La notification précise les changements à apporter à la revendication ainsi que le délai imparti à l'intéressé pour y procéder.

La revendication modifiée est rejetée si le propriétaire du brevet ne défère pas à la notification dans le délai prescrit, ou ne présente pas d'observations pour contester son bien-fondé.

Si les observations présentées ne sont pas retenues, notification en est faite au propriétaire du brevet. Si l'intéressé ne défère pas à la notification prévue au deuxième alinéa dans un nouveau délai qui lui est imparti, la revendication modifiée est rejetée. – *[Décr. nº 79-822 du 19 sept. 1979, art. 74.]*

Art. R. 612-73-1 *(Décr. nº 2015-1436 du 6 nov. 2015, art. 8)* Il est statué sur la demande de modification de revendication dans un délai de douze mois à compter de son dépôt. Ce délai est interrompu, le cas échéant, par la notification prévue à l'article R. 612-73, jusqu'à la régularisation de la demande.

V. note ss. art. R. 421-10-1.

Art. R.* 612-73-2 *(Décr. nº 2015-1436 du 6 nov. 2015, art. 8)* A défaut de décision expresse dans le délai mentionné à l'article R. 612-73-1, la demande est réputée rejetée.

V. note ss. art. R. 421-10-1.

SECTION III DIFFUSION LÉGALE DES INVENTIONS

Art. R. 612-74 Mention de la délivrance du brevet est publiée au *Bulletin officiel* de la propriété industrielle *(Abrogé par Décr. n° 2004-199 du 25 févr. 2004, art. 44) « dans le délai d'un mois à compter de la date de la notification de délivrance faite au demandeur ».*

Cette mention comporte l'indication de la référence au numéro du *Bulletin officiel* de la propriété industrielle dans lequel la demande de brevet a été rendue publique ainsi que l'existence de modifications des revendications.

Al. abrogé par Décr. n° 2004-199 du 25 févr. 2004, art. 44. – [Décr. n° 79-822 du 19 sept. 1979, art. 57.]

Art. R. 612-75 Les textes des brevets sont publiés *in extenso* et conservés à l'Institut national de la propriété industrielle.

Les dossiers des demandes de brevet sont conservés par l'Institut national de la propriété industrielle jusqu'au terme d'un délai de dix ans après l'extinction des droits attachés aux brevets.

Les pièces originales des descriptions et des dessins des brevets non imprimés avant le 11 avril 1902 restent déposées à l'Institut national de la propriété industrielle. – *[Décr. n° 79-822 du 19 sept. 1979, art. 58.]*

Art. R. 612-76 *Abrogé par Décr. n° 2007-280 du 1er mars 2007, art. 14. – Ces dispositions ne sont pas abrogées pour Mayotte, les îles Wallis-et-Futuna, la Nouvelle-Calédonie et les Terres australes et antarctiques françaises (Décr. n° 2007-280 du 1er mars 2007, art. 31).*

CHAPITRE III DROITS ATTACHÉS AUX BREVETS

SECTION PREMIÈRE DROITS D'EXPLOITATION

SOUS-SECTION 1 *[ABROGÉE]* LICENCES DE DROIT

Art. R. 613-1 à R. 613-3 *Abrogés par Décr. n° 2007-280 du 1er mars 2007, art. 14. – Ces dispositions ne sont pas abrogées pour Mayotte, les îles Wallis-et-Futuna, la Nouvelle-Calédonie et les Terres australes et antarctiques françaises (Décr. n° 2007-280 du 1er mars 2007, art. 31).*

SOUS-SECTION 1 LICENCES OBLIGATOIRES *(Décr. n° 2008-625 du 27 juin 2008, art. 5).*

La sous-section 2 « Licences obligatoires » devient la sous-section 1. et la sous-section 3 « Licences d'office dans l'intérêt de la santé publique » devient la sous-section 2 (Décr. n° 2008-625 du 27 juin 2008, art. 5).

Art. R. 613-4 Les demandes tendant à obtenir une licence obligatoire en application des articles L. 613-11 à L. 613-15 sont soumises aux tribunaux désignés conformément aux dispositions de l'article L. 615-17. Elles sont formées, instruites et jugées conformément à la procédure de droit commun, sous réserve des dispositions prévues aux articles R. 613-5 à R. 613-44. – *[Décr. n° 69-975 du 18 oct. 1969, art. 1er.]*

Art. R. 613-5 A peine d'irrecevabilité, l'assignation et les conclusions doivent être, dans les quinze jours de la signification ou de la notification, communiquées par lettre recommandée avec demande d'avis de réception à l'Institut national de la propriété industrielle par la partie qui a signifié ou notifié. – *[Décr. n° 69-975 du 18 oct. 1969, art. 2.]*

Art. R. 613-6 Le ministre chargé de la propriété industrielle peut présenter au tribunal ses observations sur la demande de licence par mémoire adressée au secrétariat-greffe.

Le directeur général de l'Institut national de la propriété industrielle ou un fonctionnaire de son service, délégué par le ministre chargé de la propriété industrielle, est entendu, s'il le désire, par le tribunal. – *[Décr. n° 69-975 du 18 oct. 1969, art. 3.]*

Art. R. 613-7 Les dispositions des articles R. 613-4 à R. 613-6 s'appliquent à la procédure devant la cour d'appel. – *[Décr. n° 69-975 du 18 oct. 1969, art. 4.]*

Art. R. 613-8 Toutes les décisions prises par les tribunaux, les cours d'appel et la Cour de cassation en matière de licences obligatoires sont notifiées immédiatement par le secrétaire-greffier au directeur général de l'Institut national de la propriété industrielle. Les décisions définitives sont inscrites d'office au Registre national des brevets. – *[Décr. n° 69-975 du 18 oct. 1969, art. 5.]*

Art. R. 613-9 Les demandes tendant à la cession de la licence obligatoire, à son retrait ou à la révision des conditions auxquelles elle a été accordée sont soumises aux dispositions des articles R. 613-4 à R. 613-8. – *[Décr. n° 69-975 du 18 oct. 1969, art. 6.]*

SOUS-SECTION 2 LICENCES D'OFFICE DANS L'INTÉRÊT DE LA SANTÉ PUBLIQUE *(Décr. n° 2008-625 du 27 juin 2008, art. 5).*

Art. R. 613-10 *(Décr. n° 2007-280 du 1er mars 2007, art. 15)* Les arrêtés du ministre chargé de la propriété industrielle prévus aux articles L. 613-16 et L. 613-17 sont pris sur avis motivé d'une commission composée comme suit :

1° Un conseiller d'État, président, nommé par arrêté conjoint des ministres chargés de la propriété industrielle et de la santé ;

2° Le directeur général de la santé ou son représentant ;

3° Le directeur de l'Institut national de la santé et de la recherche médicale ou son représentant ;

4° Le directeur général de l'Institut national de la propriété industrielle ou son représentant ;

5° Le directeur général des entreprises ou son représentant ;

6° Le directeur général de l'Agence nationale de sécurité du médicament et des produits de santé ou son représentant ;

7° Deux médecins ou leurs suppléants désignés pour trois ans renouvelables par le ministre chargé de la santé, sur proposition de l'Académie nationale de médecine ;

8° Un pharmacien ou son suppléant désigné pour trois ans renouvelables par le ministre chargé de la santé, sur proposition de l'Académie nationale de pharmacie ;

9° Une personnalité qualifiée désignée pour trois ans renouvelables par le ministre chargé de la santé en raison de sa compétence en matière de droit pharmaceutique ;

10° Deux membres désignés pour trois ans renouvelables par le ministre chargé de la propriété industrielle.

Le secrétariat de la commission est assuré par l'Institut national de la propriété industrielle.

La commission ne peut valablement siéger, sur une première convocation, que si sept au moins de ses membres sont présents. Lorsque le quorum n'est pas atteint, le conseil délibère valablement sans condition de quorum après une nouvelle convocation portant sur le même ordre du jour et spécifiant qu'aucun quorum ne sera exigé.

La voix du président est prépondérante en cas de partage égal des voix.

Art. R. 613-11 Les rapports devant la commission sont confiés soit aux membres de celle-ci, soit à des membres du Conseil d'État, de la Cour des comptes, de l'inspection générale des finances et de l'inspection de la pharmacie, nommés par arrêté du ministre chargé de la propriété industrielle.

Le président désigne, pour chaque affaire, un ou, s'il y a lieu, plusieurs rapporteurs.

Les rapporteurs perçoivent une indemnité dont le montant est fixé par arrêté conjoint du ministre chargé de la propriété industrielle et du ministre de l'économie et des finances. – *[Décr. n° 69-975 du 18 oct. 1969, art. 8.]*

Art. R. 613-12 La commission peut désigner des experts dont la rémunération, assurée dans les mêmes conditions que celles des experts auprès des tribunaux, donne lieu à un arrêté de taxe du président de la commission. – *[Décr. n° 69-975 du 18 oct. 1969, art. 9.]*

Art. R. 613-13 Dans les cas prévus à l'article L. 613-16, la commission est saisie par décision motivée du ministre chargé de la propriété industrielle, prise sur requête du ministre chargé de la santé publique.

Cette décision est notifiée, dans les quarante-huit heures, avec ses motifs, au propriétaire du brevet et, le cas échéant, aux titulaires de licences sur ce brevet inscrites au Registre national des brevets, ou à leurs représentants en France.

Son dispositif est publié sans délai au *Bulletin officiel* de la propriété industrielle. – *[Décr. n° 69-975 du 18 oct. 1969, art. 10.]*

Art. R. 613-14 Le propriétaire du brevet et les titulaires de licences peuvent, dans les quinze jours suivant réception de la notification prévue à l'article précédent, ou, si la notification ne leur est pas parvenue, suivant la publication prévue au même article, adresser leurs observations à la commission. – *[Décr. n° 69-975 du 18 oct. 1969, art. 11.]*

Art. R. 613-15 Les propositions du rapporteur et le dossier constitué par lui sont communiqués aux propriétaires du brevet et, le cas échéant, aux titulaires de licences.

Le président fixe les conditions, la date et la forme de cette communication ainsi que le délai dans lequel les intéressés sont admis à présenter leurs observations. – *[Décr. n° 69-975 du 18 oct. 1969, art. 12.]*

Art. R. 613-16 La commission se prononce dans un délai de deux mois à compter du jour où la décision par laquelle elle est saisie est parvenue à son secrétariat. – *[Décr. n° 69-975 du 18 oct. 1969, art. 13.]*

Art. R. 613-17 L'arrêté prévu à l'article L. 613-16 est pris immédiatement après l'avis de la commission. Il est notifié au propriétaire du brevet, aux titulaires de licences et au directeur général de l'Institut national de la propriété industrielle. Il est inscrit d'office au Registre national des brevets. – *[Décr. n° 69-975 du 18 oct. 1969, art. 14.]*

Art. R. 613-18 La demande de licence d'exploitation prévue à l'article L. 613-17 est adressée au ministre chargé de la propriété industrielle.

Elle indique :

1° Les nom, prénoms, profession, adresse et nationalité du demandeur et, éventuellement, le nom de la personne chargée de le représenter ou de l'assister ;

2° Le brevet dont la licence est demandée ;

3° La justification de la qualification du demandeur notamment du point de vue légal, technique, industriel et financier.

Dans les quarante-huit heures de sa réception par le ministre, la demande est notifiée au propriétaire du brevet et, le cas échéant, aux titulaires de licences inscrites au Registre national des brevets. – *[Décr. n° 69-975 du 18 oct. 1969, art. 15.]*

Art. R. 613-19 Dans le délai maximum de deux mois à compter de la réception de la demande, la commission visée à l'article R. 613-10 donne son avis sur les conditions d'octroi de la licence d'exploitation, notamment quant à sa durée et à son champ d'application.

Cet avis est notifié au demandeur de licence ainsi qu'au propriétaire du brevet et, le cas échéant, aux titulaires de licences inscrites au Registre national des brevets. Le président de la commission fixe le délai qui est imparti au demandeur de licence, au propriétaire du brevet et aux titulaires de licences pour faire connaître leurs observations sur les conditions d'octroi de la licence envisagées par la commission.

Ces observations sont soumises à la commission. – *[Décr. n° 69-975 du 18 oct. 1969, art. 16.]*

Art. R. 613-20 Le ministre chargé de la propriété industrielle prend sa décision au vu de l'avis définitif émis par la commission, après examen des observations des intéressés. – *[Décr. n° 69-975 du 18 oct. 1969, art. 17.]*

Art. R. 613-21 L'arrêté d'octroi de la licence d'exploitation prévu à l'article L. 613-17 est notifié au propriétaire du brevet, aux titulaires de licences et au bénéficiaire de la licence sollicitée.

Il est inscrit d'office au Registre national des brevets. – *[Décr. n° 69-975 du 18 oct. 1969, art. 18.]*

Art. R. 613-22 Le demandeur de licence, le propriétaire du brevet et les titulaires de licences ou leurs représentants peuvent être entendus par la commission chargée d'émettre les avis prévus aux articles R. 613-10 et R. 613-19, soit sur leur demande, soit sur convocation d'office de la commission.

Les convocations leur sont adressées au moins huit jours à l'avance. – *[Décr. n° 69-975 du 18 oct. 1969, art. 19.]*

Art. R. 613-23 Au cas où les délais prévus aux articles R. 613-14, R. 613-15 et R. 613-19 (alinéa 2) ne sont pas observés, la commission passe outre sans rappel ni mise en demeure. – *[Décr. n° 69-975 du 18 oct. 1969, art. 20.]*

Art. R. 613-24 Dans les instances en fixation des redevances prévues à l'article L. 613-17 (alinéa 3), l'assignation est faite à jour fixe. – *[Décr. n° 69-975 du 18 oct. 1969, art. 21.]*

Art. R. 613-25 Les modifications des clauses de la licence d'exploitation demandées soit par le propriétaire du brevet, soit par le titulaire de cette licence sont décidées et publiées selon la procédure prescrite pour l'octroi de ladite licence. Si elles portent sur le montant des redevances, elles sont décidées selon la procédure prescrite pour la fixation initiale de ce montant.

La procédure d'octroi de la licence est également applicable au retrait de cette licence demandé par le propriétaire du brevet pour inexécution des obligations imposées au titulaire de la licence. – *[Décr. n° 69-975 du 18 oct. 1969, art. 22.]*

SOUS-SECTION 3 LICENCES OBLIGATOIRES POUR DES BREVETS VISANT LA FABRICATION DE PRODUITS PHARMACEUTIQUES DESTINÉS À L'EXPORTATION VERS DES PAYS CONNAISSANT DES PROBLÈMES DE SANTÉ PUBLIQUE

(Décr. n° 2008-625 du 27 juin 2008, art. 5)

Art. R. 613-25-1 La demande de licence d'exploitation prévue à l'article L. 613-17-1 est adressée au ministre chargé de la propriété industrielle. Elle comporte les éléments mentionnés à l'article 6 du règlement (CE) n° 816/2006 du Parlement européen et du Conseil du 17 mai 2006 concernant l'octroi de licences obligatoires pour des brevets visant la fabrication de produits pharmaceutiques destinés à l'exportation vers des pays connaissant des problèmes de santé publique. La demande identifie les brevets et, lorsqu'ils existent, les certificats complémentaires de protection pour lesquels une licence d'exploitation est demandée.

Le ministre notifie sans délai la demande au titulaire du brevet d'invention et, le cas échéant, aux titulaires de licences inscrites au registre national des brevets, qui disposent d'un délai de quinze jours à compter de la réception de cette notification pour présenter des observations.

Art. R. 613-25-2 L'arrêté portant octroi de la licence obligatoire d'exploitation est pris après avis motivé de la commission mentionnée à l'article R. 613-10 qui se prononce sur la conformité de la demande aux articles 6 à 10 du règlement (CE) n° 816/2006.

La procédure applicable est celle prévue aux articles R. 613-11, R. 613-12, R. 613-15 et R. 613-19 à R. 613-25.

Les arrêtés portant octroi ou résiliation de la licence obligatoire d'exploitation sont notifiés à la Commission européenne.

Art. R. 613-25-3 Le titulaire de la licence obligatoire d'exploitation peut demander au ministre chargé de la propriété industrielle de modifier les conditions de la licence afin de pouvoir fournir des quantités supplémentaires de produits, dans les conditions prévues à l'article 16-4 du règlement (CE) n° 816/2006.

Art. R. 613-25-4 Les modalités de l'identification des produits fabriqués sous licence obligatoire en application de l'article 10-5 du règlement (CE) n° 816/2006 sont établies par une décision du directeur général de l'Agence nationale de sécurité du médicament et des produits de santé.

Les art. R. 613-25-1 s. ne sont pas applicables à Mayotte, aux îles Wallis-et-Futuna, en Nouvelle-Calédonie et dans les Terres australes et antarctiques françaises.

SOUS-SECTION 4 LICENCES D'OFFICE DANS L'INTÉRÊT DU DÉVELOPPEMENT ÉCONOMIQUE

Art. R. 613-26 La mise en demeure prévue à l'article L. 613-18 (alinéa 1er) fait l'objet d'une décision motivée du ministre chargé de la propriété industrielle, prise après consultation du ministre de l'économie et des finances et du ministre chargé de la recherche scientifique et des questions atomiques et spatiales. Cette décision précise les besoins de l'économie nationale qui n'ont pas été satisfaits.

La décision est notifiée, avec ses motifs, au propriétaire du brevet et, le cas échéant, aux titulaires de licences inscrites au Registre national des brevets ou à leurs représentants en France. – *[Décr. n° 69-975 du 18 oct. 1969, art. 23.]*

Art. R. 613-27 Le délai d'un an prévu à l'alinéa 2 de l'article L. 613-18 court du jour de la réception de la notification prévue à l'article R. 613-26. Les excuses légitimes prévues à l'alinéa 3 de l'article L. 613-18 doivent être présentées dans ce délai.

Le délai supplémentaire que le ministre chargé de la propriété industrielle peut accorder à l'intéressé en vertu du même alinéa 3 court à compter de la date d'expiration dudit délai d'un an.

La décision accordant ce délai supplémentaire est prise et notifiée selon la procédure et dans les formes prévues pour la décision de mise en demeure à l'article R. 613-26. – *[Décr. n° 69-975 du 18 oct. 1969, art. 24.]*

Art. R. 613-28 Le décret en Conseil d'État soumettant le brevet, objet de la mise en demeure, au régime de la licence d'office, est pris sur le rapport conjoint du ministre chargé de la propriété industrielle, du ministre de l'économie et des finances, du ministre chargé de la recherche scientifique et des questions atomiques et spatiales et, le cas échéant, du ministre directement intéressé compte tenu de l'objet du brevet.

Il fixe les conditions auxquelles devront satisfaire les demandeurs de licences d'office, en tenant compte des propositions d'exploitation éventuellement faites par le propriétaire du brevet.

Il est notifié au propriétaire du brevet et aux titulaires de licences. Il est inscrit d'office au Registre national des brevets et publié au *Journal officiel*. – *[Décr. n° 69-975 du 18 oct. 1969, art. 25.]*

Art. R. 613-29 La demande de licence d'exploitation prévue à l'article L. 613-18 (alinéa 4) est adressée au ministre chargé de la propriété industrielle.

Elle indique :

1° Les nom, prénom et profession du demandeur et, éventuellement, le nom de la personne chargée de le représenter ou de l'assister ;

2° Le brevet dont la licence est demandée ;

3° La justification de la qualification du demandeur, du point de vue technique, industriel et financier, pour l'exploitation du brevet en cause, au regard des conditions visées à l'alinéa 2 de l'article R. 613-28. – *[Décr. n° 69-975 du 18 oct. 1969, art. 26.]*

Art. R. 613-30 Copie de la demande de licence est notifiée par le ministre chargé de la propriété industrielle au propriétaire du brevet et, le cas échéant, aux titulaires de licences dudit brevet. Ceux-ci disposent d'un délai de deux mois à compter de la réception de la notification pour présenter leurs observations audit ministre. – *[Décr. n° 69-975 du 18 oct. 1969, art. 27.]*

Art. R. 613-31 L'arrêté prévu à l'article L. 613-18 (alinéa 5) est notifié au propriétaire du brevet, aux titulaires de licences et au bénéficiaire de la licence sollicitée. Il est inscrit d'office au Registre national des brevets. – *[Décr. n° 69-975 du 18 oct. 1969, art. 28.]*

Art. R. 613-32 Les instances tendant à la fixation des redevances prévues à l'article L. 613-18 sont portées devant le tribunal de grande instance de Paris.

Dans ces instances, l'assignation est faite à jour fixe. – *[Décr. n° 69-975 du 18 oct. 1969, art. 29.]*

Art. R. 613-33 Les modifications des clauses de la licence d'exploitation demandées soit par le titulaire du brevet, soit par le titulaire de cette licence sont décidées et publiées selon la procédure prescrite pour l'octroi de ladite licence. Si elles portent sur le montant des redevances, elles sont décidées selon la procédure prescrite pour la fixation initiale de ce montant.

La procédure d'octroi de la licence d'exploitation est également applicable au retrait de cette licence demandé par le propriétaire du brevet pour inexécution des obligations imposées au titulaire de la licence. – *[Décr. n° 69-975 du 18 oct. 1969, art. 30.]*

SOUS-SECTION 5 LICENCES D'OFFICE ET EXPROPRIATION POUR LES BESOINS DE LA DÉFENSE NATIONALE

Art. R. 613-34 La demande adressée par le ministre chargé de la défense nationale au ministre chargé de la propriété industrielle en vue d'obtenir, en application de l'article L. 613-19, une licence d'office pour les besoins de la défense nationale, comporte toutes précisions utiles sur les conditions nécessaires à la satisfaction de ces besoins et se rapportant en particulier :

1° Au caractère total ou partiel de la licence en ce qui concerne les applications de l'invention, objet de la demande de brevet ou du brevet ;

2° A la durée de la licence ;

3° Aux droits et obligations respectifs de l'État et du propriétaire de la demande de brevet ou du brevet en ce qui concerne les perfectionnements ou modifications apportés par l'un d'eux à l'invention. – *[Décr. n° 69-975 du 18 oct. 1969, art. 31.]*

Art. R. 613-35 L'arrêté du ministre chargé de la propriété industrielle accordant la licence en fixe les conditions compte tenu des éléments de la demande ci-dessus précisés. Il est immédiatement notifié par le ministre chargé de la propriété industrielle au ministre chargé de la défense nationale et au propriétaire de la demande de brevet ou du brevet. Il est inscrit d'office au Registre national des brevets. S'il s'agit d'une demande de brevet, il n'est procédé à l'inscription qu'après que ladite demande a été rendue publique. – *[Décr. n° 69-975 du 18 oct. 1969, art. 32.]*

Art. R. 613-36 A la suite des notifications prévues à l'article précédent, le propriétaire de la demande de brevet ou du brevet fait connaître au ministre chargé de la défense nationale, par lettre recommandée avec demande d'avis de réception, ses prétentions quant à la rémunération de la licence accordée à l'État.

Le tribunal de grande instance ne peut être saisi en vue de la fixation du montant de la rémunération, en application de l'article L. 613-19 (quatrième alinéa), avant l'expiration d'un délai de quatre mois à compter de la date de réception de la lettre recommandée ci-dessus mentionnée. – *[Décr. n° 69-975 du 18 oct. 1969, art. 33.]*

Art. R. 613-37 Si la licence d'office a pour objet l'exploitation d'une invention couverte par une demande de brevet dont la divulgation et la libre exploitation sont interdites par application des articles L. 612-9 ou L. 612-10 (alinéas 1 et 2), la juridiction saisie en vue de la fixation de la rémunération de la licence d'office statue, tant au fond qu'avant dire droit, par des décisions qui ne contiennent aucune analyse de l'invention de nature à en entraîner la divulgation.

Ces décisions sont rendues en chambre du conseil. Seuls le ministère public, les parties ou leurs mandataires peuvent en obtenir copie.

Au cas où la licence d'office a pour objet l'exploitation d'une invention couverte par un brevet ou par une demande de brevet autre que celle visée à l'alinéa 1 du présent article, si les applications de ladite invention déjà réalisées ou envisagées présentent un caractère secret, les décisions de la juridiction saisie ne contiennent aucune mention de nature à divulguer lesdites applications et sont soumises aux dispositions de l'alinéa 2 ci-dessus.

Si une expertise est ordonnée dans les cas visés aux alinéas 1 et 3 du présent article, elle ne peut être effectuée que par des personnes agréées par le ministre chargé de la défense nationale et, si besoin est, devant ses représentants. – *[Décr. n° 69-975 du 18 oct. 1969, art. 34.]*

Art. R. 613-38 Les dispositions de l'article R. 613-37 s'appliquent, indépendamment de l'action en fixation de la rémunération de la licence d'office, à l'occasion de toute instance relative à une contestation née de l'exécution de l'arrêté accordant une telle licence. – *[Décr. n° 69-975 du 18 oct. 1969, art. 35.]*

Art. R. 613-39 Le décret prononçant, dans les conditions prévues par l'article L. 613-20, l'expropriation d'une invention, objet d'une demande de brevet ou d'un brevet, est notifié par le ministre chargé de la propriété industrielle au propriétaire de la demande de brevet ou du brevet. – *[Décr. n° 69-975 du 18 oct. 1969, art. 36.]*

Art. R. 613-40 A la suite de la notification prévue à l'article précédent, il est procédé, pour la fixation de l'indemnité d'expropriation, comme il est prévu pour la rémunération de la licence d'office par les articles R. 613-36 et R. 613-37. – *[Décr. n° 69-975 du 18 oct. 1969, art. 37.]*

Art. R. 613-41 Lorsque l'action civile prévue à l'article L. 615-10 est intentée sur la base d'une demande de brevet faisant l'objet des interdictions prévues aux articles L. 612-9 ou L. 612-10 (premier et deuxième alinéas) ou lorsqu'elle concerne des études ou des fabrications telles que visées aux alinéas 2 et 3 dudit article L. 615-10, les décisions judiciaires auxquelles elle donne lieu sont soumises aux dispositions de l'article R. 613-37. – *[Décr. n° 69-975 du 18 oct. 1969, art. 38.]*

Art. R. 613-42 Lorsqu'un recours est formé contre un arrêté pris en application de l'article L. 612-10 (premier et deuxième alinéas) ou contre un arrêté ou un décret pris en application de l'article L. 613-19 ou de l'article L. 613-20, dans le cas où cet arrêté ou ce décret concerne une invention dont la divulgation et la libre exploitation sont interdites, la juridiction administrative statue, tant au fond qu'avant dire droit, par des décisions qui ne contiennent aucune analyse de l'invention de nature à entraîner la divulgation.

Les débats ont lieu et les décisions sont rendues en séance non publique. Seuls les parties ou leurs mandataires peuvent recevoir communication de la décision intervenue.

Si une expertise est ordonnée, elle ne peut être effectuée que par des personnes agréées par le ministre chargé de la défense nationale et, si besoin est, devant ses représentants. – *[Décr. n° 69-975 du 18 oct. 1969, art. 39.]*

SOUS-SECTION 6 DISPOSITIONS DIVERSES

Art. R. 613-43 Les notifications et communications au propriétaire du brevet ou de la demande de brevet prévues par les dispositions des articles R. 613-10 à R. 613-42 sont valablement faites à l'adresse indiquée dans la demande de brevet ou à la dernière adresse que le propriétaire du brevet a notifiée à l'administration, soit à celle de son représentant *(Décr. n° 2008-1472 du 30 déc. 2008, art. 13)* « ayant son domicile, son siège ou un établissement dans un État membre de la Communauté européenne ou dans un État partie à l'accord sur l'Espace économique européen ». Est considéré comme tel le mandataire désigné par le demandeur du brevet au moment du dépôt de sa demande, à moins que la désignation d'un autre mandataire n'ait été notifiée à l'administration.

Toutes les notifications et communications adressées au propriétaire du brevet ou de la demande de brevet, à ses ayants cause ou aux demandeurs ou bénéficiaires de licences d'office en application des dispositions prévues aux articles R. 613-10 à R. 613-42 sont obligatoirement faites par lettre recommandée avec demande d'avis de réception. – *[Décr. n° 69-975 du 18 oct. 1969, art. 40.]*

Les dispositions du Décr. n° 2008-1472 du 30 déc. 2008 sont applicables dans les îles Wallis-et-Futuna et en Nouvelle-Calédonie (Décr. préc., art. 22).

Art. R. 613-44 Les dispositions prévues aux articles R. 613-4 à R. 613-43 et R. 613-51 s'appliquent aux certificats d'addition. – *[Décr. n° 69-975 du 18 oct. 1969, art. 41.]*

SECTION II TRANSMISSION ET PERTE DES DROITS

Art. R. 613-45 *(Décr. n° 2008-1471 du 30 déc. 2008, art. 3)* La requête en renonciation ou en limitation est faite par une déclaration écrite.

La requête doit, pour être recevable :

1° Émaner du titulaire du brevet inscrit, au jour de la requête, sur le registre national des brevets, ou de son mandataire, lequel, sauf s'il a la qualité de conseil en propriété industrielle ou d'avocat, doit joindre à la requête un pouvoir spécial de renonciation ou de limitation.

Si le brevet appartient à plusieurs personnes, la renonciation ou la limitation ne peut être effectuée que si elle est requise par l'ensemble de celles-ci ;

2° Être accompagnée de la justification du paiement de la redevance prescrite ;

3° Ne viser qu'un seul brevet ;

4° Être accompagnée, si des droits réels, de gage ou de licence ont été inscrits au registre national des brevets, du consentement des titulaires de ces droits ;

5° Être accompagnée, lorsque la limitation est requise, du texte complet des revendications modifiées et, le cas échéant, de la description et des dessins tels que modifiés.

Si, lorsque la limitation est demandée, les revendications modifiées ne constituent pas une limitation par rapport aux revendications antérieures du brevet ou si elles ne sont pas conformes aux dispositions de l'article L. 612-6, notification motivée en est faite au demandeur. Un délai lui est imparti pour régulariser sa requête ou présenter des observations. A défaut de régularisation ou d'observations permettant de lever l'objection, la requête est rejetée par décision du directeur général de l'Institut national de la propriété industrielle.

Les renonciations et limitations sont inscrites au registre national des brevets. Un avis d'inscription est adressé à l'auteur de la renonciation ou de la limitation.

Les dispositions du Décr. n° 2008-1471 du 30 déc. 2008 sont applicables dans les îles Wallis-et-Futuna et en Nouvelle-Calédonie (Décr. préc., art. 4).

L'art. R. 613-45 prévoit, d'une part, que les revendications modifiées doivent constituer une limitation et, d'autre part, qu'elles doivent être conformes aux dispositions de l'art. L. 612-6 qui dispose que « les revendications définissent l'objet de la protection demandée. Elles doivent être claires et concises et se fonder sur la description ». • Paris, 25 oct. 2013 : *PIBD 2013. III. 1626 ; Propr. ind. 2014, n° 17, note Vigand ; CCE 2014. Chron. 10, p. 21, obs. Kahn.* – Et sur le pourvoi • Com. 17 mars 2015, n° 13-28.436 : *PIBD 2015. 340 ; Propr. ind. 2015, n° 57, note Vigand.*

Art. R. 613-45-1 *(Décr. n° 2015-511 du 7 mai 2015, art. 1er-3°)* **Il est statué sur la requête en renonciation ou en limitation prévue à l'article R. 613-45 dans un délai de douze mois. Ce délai est interrompu, le cas échéant,** *(Décr. n° 2015-1436 du 6 nov. 2015, art. 9-1°)* **« par la notification prévue au neuvième alinéa du même article jusqu'à la levée de l'objection ».**

V. notes ss. art. R. 421-10-1 et R. 512-9-2.

Art. R.* 613-45-2 *(Décr. n° 2015-511 du 7 mai 2015, art. 1er-3°)* **A défaut de décision expresse dans le délai mentionné à l'article R. 613-45-1, la demande est réputée rejetée.**

V. note ss. art. R. 512-9-2.

Art. R. 613-46 La redevance annuelle pour le maintien en vigueur des demandes de brevet ou des brevets, prévue à l'article L. 612-19, est due pour chaque année de la durée des brevets. La redevance de dépôt couvre la première annuité. Le paiement des annuités vient à échéance le dernier jour du mois de la date anniversaire du dépôt de la demande. Il n'est pas accepté s'il est fait plus d'une année avant l'échéance de la redevance annuelle. – *[Décr. n° 79-822 du 19 sept. 1979, art. 70-I, al. 1er.]*

Art. R. 613-47 I. – Le délai de six mois prévu par le second alinéa de l'article L. 612-19, pendant lequel les paiements effectués après la date d'échéance sont validés moyennant le paiement d'une redevance de retard, *(Décr. n° 2004-199 du 25 févr. 2004, art. 45)* **« est compté du lendemain du jour de l'échéance de la redevance annuelle ».**

Est considéré comme valable tout paiement effectué après la date d'échéance :

– lorsqu'il est relatif à une demande de brevet résultant de la division d'une demande de brevet, à condition qu'il ait lieu au plus tard le dernier jour du quatrième mois suivant la date de réception des pièces de la demande divisionnaire ;

– lorsqu'il complète un versement insuffisant effectué avant l'échéance, à condition qu'il ait lieu dans le délai de six mois susmentionné.

II. – Le paiement s'effectue au taux en vigueur au jour de paiement, sauf si un avertissement indiquant un taux précédent a déjà été adressé. Toutefois, en cas de restauration, le paiement des redevances échues qui n'ont pas été acquittées à la date de l'inscription de la décision au Registre national des brevets doit être effectué au taux en vigueur à cette date. – *[Décr. n° 79-822 du 19 sept. 1979, art. 70-II et III.]*

Art. R. 613-48 Lorsque le paiement d'une redevance annuelle n'est pas effectué à la date de l'échéance normale, un avertissement est adressé au propriétaire de la demande

de brevet ou du brevet lui indiquant qu'il encourt la déchéance de ses droits si ce paiement, accompagné de celui de la redevance de retard, n'est pas effectué avant l'expiration du délai de six mois prévu au premier paragraphe de l'article R. 613-47.

L'absence d'avertissement n'engage pas la responsabilité de l'Institut national de la propriété industrielle et ne constitue pas une cause de restauration des droits du propriétaire du brevet. – *[Décr. nº 79-822 du 19 sept. 1979, art. 71.]*

Art. R. 613-49 La requête prévue à l'article *(Décr. nº 2008-1472 du 30 déc. 2008, art. 14)* « L. 613-22 », tendant à la constatation de la déchéance des droits attachés à une demande de brevet ou à un brevet, est présentée par écrit.

Il y est statué par décision motivée *(Décr. nº 2015-511 du 7 mai 2015, art. 1er-4º)* « dans un délai de six mois ». La décision est notifiée au requérant. – *[Décr. nº 79-822 du 19 sept. 1979, art. 72.]*

Les dispositions du Décr. nº 2008-1472 du 30 déc. 2008 sont applicables dans les îles Wallis-et-Futuna et en Nouvelle-Calédonie (Décr. préc., art. 22).

Les dispositions du Décr. nº 2015-511 du 7 mai 2015 sont applicables aux demandes antérieures à son entrée en vigueur qui n'ont pas encore donné lieu à une décision expresse (Décr. préc., note de présentation).

Les dispositions du Décr. nº 2015-511 du 7 mai 2015 sont applicables dans les les îles Wallis-et-Futuna (Décr. préc., art. 3).

Art. R.* 613-49-1 *(Décr. nº 2015-511 du 7 mai 2015, art. 1er-4º)* A défaut de décision expresse dans le délai mentionné au deuxième alinéa de l'article R. 613-49, la demande est réputée rejetée.

V. 2e et 3e notes ss. art. R. 613-49.

Art. R. 613-50 Sont inscrites au Registre national des brevets :

(Décr. nº 2004-199 du 25 févr. 2004, art. 46) « La mention de la décision de constatation de déchéance prévue *(Décr. nº 2008-1472 du 30 déc. 2008, art. 15)* « à » l'article L. 613-22 ;

« Les requêtes introductives des recours en restauration, des recours contre les décisions du directeur de l'institut et des pourvois en cassation, ainsi que les décisions rendues. »

La décision qui restaure le breveté dans ses droits est sans effet si les redevances échues ne sont pas acquittées dans un délai de trois mois à compter de l'inscription de la décision au Registre national des brevets. Mention de la date du paiement est portée au registre. – *[Décr. nº 79-822 du 19 sept. 1979, art. 73.]*

Dernier al. *abrogé par Décr. nº 2004-199 du 25 févr. 2004, art. 46.*

Les dispositions du Décr. nº 2008-1472 du 30 déc. 2008 sont applicables dans les îles Wallis-et-Futuna et en Nouvelle-Calédonie (Décr. préc., art. 22).

Art. R. 613-51 Le délai prévu à l'alinéa 2 de l'article L. 613-21 est de quinze jours à compter de la date de la *(Décr. nº 2004-199 du 25 févr. 2004, art. 47)* « signification » de la saisie prévue à l'alinéa premier dudit article. – *[Décr. nº 69-975 du 18 oct. 1969, art. 42.]*

SECTION III COPROPRIÉTÉ DES BREVETS

Absence de disposition réglementaire.

SECTION IV RECOURS EN RESTAURATION

Art. R. 613-52 *(Décr. nº 2004-199 du 25 févr. 2004, art. 48)* Les recours en restauration prévus aux articles L. 612-16 et *(Décr. nº 2008-1472 du 30 déc. 2008, art. 16)* « L. 612-16-1 » sont présentés au directeur général de l'institut par le titulaire du dépôt, qui doit être le titulaire inscrit au registre national des brevets si le dépôt est publié, ou son mandataire.

Le recours n'est recevable qu'après paiement de la redevance prescrite.

Le recours est écrit. Il indique les faits et justifications invoqués à son appui.

(Décr. nº 2015-1436 du 6 nov. 2015, art. 9-2º) « En cas de non-conformité du recours, notification motivée en est faite au demandeur. Un délai lui est imparti pour

régulariser le recours ou contester les objections de l'institut. A défaut de régularisation ou d'observation permettant de lever l'objection, le recours est rejeté. La notification peut être assortie d'une proposition de régularisation. Cette proposition est réputée acceptée si le demandeur ne la conteste pas dans le délai qui lui est imparti. »

La décision motivée est notifiée au requérant.

V. note ss. art. R. 421-10-1.

Les dispositions du Décr. n° 2008-1472 du 30 déc. 2008 sont applicables dans les îles Wallis-et-Futuna et en Nouvelle-Calédonie (Décr. préc., art. 22).

1. L'obligation de motivation des décisions prises en application de l'art. R. 613-52 concerne toutes les décisions rendues par le directeur de l'INPI. • Paris, 5 juill. 1996 : *RTD com. 1997. 446, obs. Azéma ; PIBD 1996. III. 604 ; RDPI 1996, n° 70, p. 29.*

2. Une cour d'appel peut retenir que la décision est motivée, en s'appropriant, par renvoi de la requête, l'exposé des circonstances de fait qu'elle a tenues pour établies, ainsi que leur qualification qu'elle a estimée exacte et déterminante (erreur du mandataire professionnel constituant une excuse légitime). • Com. 15 juin 1999 : *PIBD 1999. III. 401.*

Art. R. 613-52-1 *(Décr. n° 2015-1436 du 6 nov. 2015, art. 9-3°)* **Il est statué sur le recours en restauration dans un délai de six mois à compter de son dépôt. Ce délai est interrompu, le cas échéant, par la notification prévue à l'article R. 613-52, jusqu'à la régularisation du recours ou la levée de l'objection.**

V. note ss. art. R. 421-10-1.

Art. R. 613-52-2 *(Décr. n° 2015-1436 du 6 nov. 2015, art. 9-3°)* **A défaut de décision expresse dans le délai mentionné à l'article R. 613-52-1, le recours est réputé accepté.**

V. note ss. art. R. 421-10-1.

SECTION V **REGISTRE NATIONAL DES BREVETS**

Art. R. 613-53 **Le Registre national des brevets est tenu par l'Institut national de la propriété industrielle.**

Y figurent, pour chaque demande de brevet ou brevet :

1° L'identification du demandeur, et les références de la demande de brevet ou du brevet, ainsi que les actes ultérieurs en affectant l'existence ou la portée ;

2° Les actes modifiant la propriété de la demande de brevet ou du brevet ou la jouissance des droits qui lui sont attachés ; en cas de revendication de propriété : l'assignation correspondante ainsi que la suspension et la reprise de la procédure de délivrance ;

3° Les changements de nom, de forme juridique ou d'adresse ainsi que les rectifications d'erreurs matérielles affectant les inscriptions.

Aucune inscription n'est portée au registre tant que la demande de brevet n'est pas rendue publique dans les conditions prévues à l'article R. 612-39. — *[Décr. n° 79-822 du 19 sept. 1979, art. 75.]*

Art. R. 613-54 *(Décr. n° 2004-199 du 25 févr. 2004, art. 49)* **Les indications mentionnées au 1° de l'article R. 613-53 sont inscrites à l'initiative de l'Institut national de la propriété industrielle ou, s'il s'agit d'une décision judiciaire, sur réquisition du greffier ou sur requête de l'une des parties.**

Seules les décisions judiciaires définitives peuvent être inscrites au registre national des brevets.

Art. R. 613-55 *(Décr. n° 2004-199 du 25 févr. 2004, art. 50)* **Les actes modifiant la propriété d'une demande de brevet ou d'un brevet ou la jouissance des droits qui lui sont attachés, tels que cession, concession d'un droit d'exploitation, constitution ou cession d'un droit de gage ou renonciation à ce droit, saisie, validation et mainlevée de saisie, sont inscrits à la demande de l'une des parties à l'acte, ou, s'il n'est pas partie à l'acte, du titulaire du dépôt au jour de cette demande.**

Toutefois, un acte ne peut être inscrit que si la personne indiquée dans l'acte à inscrire comme étant le titulaire de la demande de brevet ou du brevet avant la modification résultant de l'acte est inscrite comme telle au registre national des brevets.

La demande comprend :

1° Un bordereau de demande d'inscription ;

2° Une copie ou un extrait de l'acte constatant la modification de la propriété ou de la jouissance ;

3° La justification du paiement de la redevance prescrite ;

4° S'il y a lieu, le pouvoir du mandataire, à moins qu'il n'ait la qualité de conseil en propriété industrielle *(Décr. nº 2007-731 du 7 mai 2007)* **« ou d'avocat ».**

Sur le délai imparti à l'INPI pour statuer sur une demande d'inscription visée à l'art. R. 613-55, V. art. R. 613-58-1 et R. 613-58-2.

Sur la qualité du demandeur aux formalités d'inscription au Registre national des brevets, il a été jugé qu'est nulle la demande de transcription déposée en mai 2000 par la société absorbée qui n'avait plus d'existence légale depuis 1991 et non pas un représentant de celle-ci. • Com. 14 mars 2006 : *Propr. ind. 2006, nº 51, note Raynard.*

Art. R. 613-56 *(Décr. nº 2004-199 du 25 févr. 2004, art. 51)* **Par dérogation au 2° de l'article R. 613-55, peut être produit avec la demande :**

1° En cas de mutation par décès, copie de tout acte établissant le transfert, à la demande des héritiers ou légataires ;

2° En cas de transfert par suite de fusion, scission ou absorption : copie d'un extrait du registre du commerce et de sociétés à jour de la modification ;

3° Sur justification de l'impossibilité matérielle de produire une copie : tout document établissant la modification de la propriété ou de la jouissance.

Art. R. 613-57 *(Décr. nº 2004-199 du 25 févr. 2004, art. 52)* **Les changements de nom, de forme juridique, d'adresse et les rectifications d'erreurs matérielles sont inscrits à la demande du titulaire de la demande de brevet ou du brevet, qui doit être le titulaire inscrit au registre national des brevets. Toutefois, lorsque ces changements et rectifications portent sur un acte précédemment inscrit, la demande peut être présentée par toute partie à l'acte.**

La demande comprend :

1° Un bordereau de demande d'inscription ;

2° S'il y a lieu, le pouvoir du mandataire, à moins qu'il n'ait la qualité de conseil en propriété industrielle *(Décr. nº 2007-731 du 7 mai 2007)* **« ou d'avocat » ;**

3° S'il s'agit d'une rectification d'erreur matérielle, la justification du paiement de la redevance prescrite.

L'institut peut exiger la justification de la réalité du changement dont l'inscription est sollicitée ou de l'erreur matérielle à rectifier.

Sur le délai imparti à l'INPI pour statuer sur une demande d'inscription visée à l'art. R. 613-57, V. art. R. 613-58-1 et R. 613-58-2.

Le pouvoir du directeur de l'INPI, qui certifie que les titres de propriété font bien l'objet de l'inscription au registre, n'est pas de nature juridictionnelle et l'inscription de la mention de changements de nom, de forme juridique, d'adresse n'est pas susceptible de recours en annulation dès lors que cette inscription ne modifie pas une situation juridique, qu'elle n'a d'autre but et d'effet que d'informer et qu'elle ne cause donc aux tiers aucun grief. • Com. 17 juin 2008 : *Bull. civ. IV, nº 135 ; D. 2008. AJ 1898.*

Art. R. 613-58 En cas de non-conformité d'une demande d'inscription, notification motivée en est faite au demandeur. Un délai lui est imparti pour régulariser sa demande ou présenter des observations. A défaut de régularisation ou d'observation permettant de lever l'objection, la demande est rejetée par décision du directeur général de l'Institut national de la propriété industrielle.

La notification peut être assortie d'une proposition de régularisation. Dans ce cas, cette proposition est réputée acceptée si le demandeur ne la conteste pas dans le délai qui lui est imparti. – *[Décr. nº 79-822 du 19 sept. 1979, art. 80.]*

Art. R. 613-58-1 *(Décr. nº 2015-1436 du 6 nov. 2015, art. 9-4°)* **Il est statué sur la demande d'inscription mentionnée aux articles R. 613-55 et R. 613-57 dans un délai de six mois à compter de son dépôt. Ce délai est interrompu, le cas échéant, par la notification prévue à l'article R. 613-58, jusqu'à la régularisation de la demande ou la levée de l'objection.**

V. note ss. art. R. 421-10-1.

Art. R. 613-58-2 *(Décr. n° 2015-1436 du 6 nov. 2015, art. 9-4°)* A défaut de décision expresse dans le délai mentionné à l'article R. 613-58-1, la demande est réputée acceptée.

V. note ss. art. R. 421-10-1.

Art. R. 613-59 Toute inscription portée au Registre national des brevets fait l'objet d'une mention au *Bulletin officiel* de la propriété industrielle.

Toute personne intéressée peut obtenir de l'institut :

1° Une reproduction des inscriptions portées au Registre national des brevets ;

2° Un certificat constatant qu'il n'existe pas d'inscription. – *[Décr. n° 79-822 du 19 sept. 1979, art. 81.]*

SECTION VI ÉTABLISSEMENT DE L'AVIS DOCUMENTAIRE

Art. R. 613-60 L'avis documentaire prévu à l'article L. 612-23 est établi sur la base du rapport de recherche à la demande écrite du titulaire du brevet, de toute autre personne intéressée ou de toute autorité administrative.

Peuvent être annexés à la demande des documents non cités dans le rapport de recherche que le demandeur souhaite voir pris en considération. S'ils sont rédigés en langue étrangère, une traduction peut être requise par l'Institut national de la propriété industrielle.

La demande est irrecevable si elle n'est pas accompagnée de la justification du paiement de la redevance prescrite. – *[Décr. n° 79-822 du 19 sept. 1979, art. 84.]*

Art. R. 613-61 L'avis documentaire est établi selon la procédure ci-après :

I. – Lorsqu'il est demandé par le titulaire du brevet :

1. Un projet est établi et notifié au titulaire du brevet. Un délai lui est imparti pour en discuter éventuellement le bien-fondé.

2. L'avis est établi au vu du projet et des observations le cas échéant formulées. Il est notifié au titulaire du brevet.

II. – Lorsqu'il n'est pas demandé par le titulaire du brevet :

1. La demande d'avis est notifiée sans délai au titulaire du brevet. Un délai lui est imparti pour présenter des observations et, le cas échéant, constituer un mandataire répondant aux conditions prévues à l'article R. 612-2.

2. Un projet est établi au vu des observations en réponse. Ce projet est notifié au titulaire du brevet et au demandeur. Un délai leur est imparti pour en discuter éventuellement le bien-fondé.

3. L'avis est établi au vu du projet d'avis et des observations le cas échéant formulées. Il est notifié au titulaire du brevet et au demandeur.

L'institut veille au respect du principe du contradictoire. Toute observation émanant du titulaire du brevet ou du demandeur est sans délai notifiée à l'autre. – *[Décr. n° 79-822 du 19 sept. 1979, art. 85.]*

Art. R. 613-62 L'avis documentaire est versé au dossier du brevet. Mention est faite de sa délivrance au *Bulletin officiel* de la propriété industrielle. – *[Décr. n° 79-822 du 19 sept. 1979, art. 86.]*

SECTION VII RÉDUCTION DES REDEVANCES *(Décr. n° 2007-280 du 1er mars 2007, art. 17).*

Art. R. 613-63 *(Décr. n° 2007-280 du 1er mars 2007, art. 16)* La réduction des redevances prévue à l'article L. 612-20 est de droit pour les personnes physiques.

(Décr. n° 2008-402 du 24 avr. 2008) « Si le déposant est une personne morale, la demande de réduction doit, à peine d'irrecevabilité, être présentée par écrit au directeur général de l'Institut national de la propriété industrielle dans le délai d'un mois à compter du dépôt de la demande de brevet. En outre, le déposant doit, dans le même délai, produire une déclaration attestant qu'il appartient à la catégorie des organismes à but non lucratif dans le domaine de l'enseignement ou de la recherche ou à celles des entreprises dont le nombre de salariés est inférieur à 1 000 et dont 25 % au plus du capital est détenu par une autre entité ne remplissant pas la même condition. »

Une fois obtenu, le bénéfice de la réduction est définitivement acquis et s'applique à l'ensemble des redevances de procédures et de maintien en vigueur à l'exclusion des

annuités au-delà de la septième, à la redevance de rapport de recherche concernant une demande sous priorité étrangère accompagnée d'un rapport de recherche reconnu équivalent au rapport de recherche national par décision du directeur général de l'Institut national de la propriété industrielle, aux redevances de recours en restauration, de rectification d'erreurs matérielles, d'inscription au registre national et de publication de traduction ou de traduction révisée d'un brevet européen ou des revendications d'une demande de brevet européen.

Lorsqu'un dépôt de demande de brevet est effectué en copropriété, tous les codéposants doivent appartenir aux catégories visées par l'article L. 612-20 pour pouvoir prétendre au bénéfice de la réduction.

Le montant de l'amende infligée en cas de fausse déclaration est de dix fois le montant des redevances qui étaient dues.

Art. R. 613-64 et R. 613-65 *Abrogés par Décr. n° 2007-280 du 1er mars 2007, art. 18. — Ces dispositions ne sont pas abrogées pour Mayotte, les îles Wallis-et-Futuna, la Nouvelle-Calédonie et les Terres australes et antarctiques françaises (Décr. n° 2007-280 du 1er mars 2007, art. 31).*

CHAPITRE IV APPLICATION DE CONVENTIONS INTERNATIONALES

SECTION PREMIÈRE BREVETS EUROPÉENS

Art. R. 614-1 *(Décr. n° 2014-650 du 20 juin 2014, art. 3-VI, en vigueur le 1er juill. 2014)* **La demande de brevet européen peut être déposée au siège de l'Institut national de la propriété industrielle ou y être envoyée par pli postal ou par tout mode de télétransmission dans les conditions définies par décision de son directeur général. La date de dépôt est celle de la réception de la demande au siège de l'institut.**

V. 2e note ss. art. R. 612-1.

Art. R. 614-2 et R. 614-3 *Abrogés par Décr. n° 2014-650 du 20 juin 2014, art. 3-VII, à compter du 1er juill. 2014.— V. note ss. art. R. 612-1.*

Art. R. 614-4 A l'exception de l'article R. 612-31, les dispositions des articles R. 612-26 à R. 612-32 sont applicables aux demandes de brevet européen déposées auprès de l'Institut national de la propriété industrielle, compte tenu des dispositions des articles L. 614-4 à L. 614-5. — *[Décr. n° 78-1011 du 10 oct. 1978, art. 4.]*

Art. R. 614-5 La transformation de la demande de brevet européen en demande de brevet français a lieu dès la réception par l'Institut national de la propriété industrielle de la requête. Un numéro d'enregistrement national lui est attribué.

Sous réserve des dispositions des articles L. 614-4 et L. 614-5, mention de la transformation est publiée au *Bulletin officiel* de la propriété industrielle dans le délai d'un mois à compter de la réception de la requête. La mention comporte les indications nécessaires à l'identification de la demande de brevet.

Dans le délai de deux mois à compter de la date de la publication visée à l'alinéa précédent ou, dans le cas de demandes de brevet qui ne peuvent être rendues publiques, à compter de la date de réception de la requête en transformation, le demandeur doit fournir la justification du paiement des redevances prévues à l'article R. 614-17 et, s'il y a lieu, la traduction en français du texte original de la demande de brevet européen, ainsi que, le cas échéant, du texte modifié au cours de la procédure devant l'Office européen des brevets.

La procédure de délivrance du brevet se déroule sur la base du texte original de la demande de brevet ou de sa traduction ou, le cas échéant, du texte modifié au cours de la procédure devant l'Office européen des brevets ou de sa traduction.

(Décr. n° 2007-280 du 1er mars 2007, art. 19) **« Si le demandeur n'a pas son domicile ou son siège dans un État membre de la Communauté européenne ou dans un État partie à l'accord sur l'Espace économique européen, il doit, dans le même délai, constituer un mandataire satisfaisant aux conditions prévues au premier alinéa de l'article R. 612-2 et communiquer le nom et l'adresse de celui-ci à l'Institut national de la propriété industrielle. »** — *[Décr. n° 78-1011 du 10 oct. 1978, art. 5.]*

Art. R. 614-6 Si, dans le délai prévu au troisième alinéa de l'article R. 614-5, l'une des conditions exigées audit alinéa n'est pas remplie, la demande de brevet est rejetée

par décision motivée du directeur général de l'Institut national de la propriété industrielle et notifiée au demandeur. Les redevances payées sont remboursées. — *[Décr. n° 78-1011 du 10 oct. 1978, art. 6.]*

Art. R. 614-7 **Les dispositions des articles R. 614-5 et R. 614-6 sont applicables aux demandes de certificats d'utilité.** — *[Décr. n° 78-1011 du 10 oct. 1978, art. 7.]*

Art. R. 614-8 (Abrogé par Décr. n° 2008-625 du 27 juin 2008, art. 6) ***La traduction en français du texte du brevet européen prévue à l'article L. 614-7 doit être remise dans un délai de trois mois à compter de la date de publication au Bulletin européen des brevets de la mention de la délivrance du brevet visée à l'article 97, paragraphe 4, de la convention sur le brevet européen et, le cas échéant, de la mention de la décision concernant l'opposition visée à son article 103. La traduction doit être accompagnée de la justification de la redevance exigible.*** — [Décr. n° 78-1011 du 10 oct. 1978, art. 8.] — V. Convention de Munich du 5 oct. 1973 sur le brevet européen, App., v° Brevets.

Les dispositions du Décr. n° 2008-625 du 27 juin 2008 prennent effet à compter du 1er mai 2008.

1. Défaut de remise de la traduction française. Aucun texte légal ne fait obligation à l'INPI d'informer personnellement un breveté ou son conseil du non-respect du délai pour déposer la traduction d'un brevet européen. L'INPI n'est tenu, en vertu de l'art. R. 614-10, que de publier au *BOPI*, la liste des brevets européens dont la traduction n'a pas été remise dans les trois mois ; le délai de l'art. L. 612-16, prévu notamment pour assurer la sécurité et la protection des tiers et leur permettre de calculer sans risque la date de son expiration, dès lors qu'ils ont la possibilité par les *Bulletins officiels* de connaître son point de départ, est un délai préfix insusceptible d'être suspendu. • Paris, 28 sept. 1994 : *PIBD 1994. III. 591 (1re esp.).*

2. Effets. Le dépôt de la demande de traduction d'un brevet européen en français ne peut s'analyser en une condition préalable de sa prise d'effet en France mais en la condition imposée, à compter de la délivrance du brevet, de déposer dans un délai de trois mois une demande de traduction, obligation dont le non-respect est sanctionné par la privation de droits attachés au brevet à compter du jour de la publication de sa délivrance. • Versailles, 13 mars 1998 : *D. Affaires 1998. 1819, obs. B. P. ; Dossiers Brevets 1998. III. 6.*

Art. R. 614-9 (Abrogé par Décr. n° 2008-625 du 27 juin 2008, art. 6) ***Mention de la remise de la traduction du texte du brevet européen est publiée au Bulletin officiel de la propriété industrielle dans le délai d'un mois à compter de la date à laquelle elle a été fournie. Cette mention comporte les indications nécessaires à l'identification du brevet.***

A compter du jour de la publication de la mention visée à l'alinéa précédent, toute personne peut prendre connaissance gratuitement à l'Institut national de la propriété industrielle du texte de la traduction et en obtenir reproduction à ses frais. — [Décr. n° 78-1011 du 10 oct. 1978, art. 9.]

Les dispositions du Décr. n° 2008-625 du 27 juin 2008 prennent effet à compter du 1er mai 2008.

Art. R. 614-10 (Abrogé par Décr. n° 2008-625 du 27 juin 2008, art. 6) ***Mention du défaut de la remise de la traduction du brevet européen ou du défaut de paiement de la redevance exigible dans le délai prévu à l'article R. 614-8 est publiée au Bulletin officiel de la propriété industrielle. Cette mention comporte les indications nécessaires à l'identification du brevet. La redevance payée est remboursée.*** — [Décr. n° 78-1011 du 10 oct. 1978, art. 10.]

Les dispositions du Décr. n° 2008-625 du 27 juin 2008 prennent effet à compter du 1er mai 2008.

V. note 1 ss. art. R. 614-8.

Art. R. 614-11 *(Décr. n° 2008-625 du 27 juin 2008, art. 7)* **La traduction des revendications de la demande de brevet européen mentionnée à l'article L. 614-9 est établie par le demandeur. Son texte est remis à l'Institut national de la propriété industrielle par le demandeur, accompagné d'une réquisition de publication et de la justification du paiement de la redevance exigible.**

La réquisition de publicité est déclarée irrecevable si elle n'est pas accompagnée de la justification du paiement de la redevance.

Mention de la remise de la traduction des revendications est publiée au *Bulletin officiel* de la propriété industrielle dans le délai d'un mois à compter de la date à laquelle elle a été fournie. Cette mention comporte les indications nécessaires à l'identification de la demande de brevet.

A compter du jour de la publication de la mention mentionnée à l'alinéa précédent, toute personne peut prendre connaissance gratuitement à l'Institut national de la propriété industrielle du texte de la traduction et en obtenir reproduction à ses frais.

Les dispositions du Décr. n° 2008-625 du 27 juin 2008 prennent effet à compter du 1er mai 2008.

Art. R. 614-12 *(Décr. n° 2008-625 du 27 juin 2008, art. 8)* **Les dispositions de l'article R. 614-11 sont applicables à la production de la traduction révisée des revendications prévue au second alinéa de l'article L. 614-10.**

Les dispositions du Décr. n° 2008-625 du 27 juin 2008 prennent effet à compter du 1er mai 2008.

Art. R. 614-13 *(Décr. n° 2008-625 du 27 juin 2008, art. 8)* **Font l'objet d'une inscription d'office au registre national des brevets :**

1° La décision définitive mentionnée à l'article R. 614-6 ;

2° La remise de la traduction et celle de la traduction révisée des revendications de la demande de brevet ou des revendications du brevet européen mentionnées aux articles R. 614-11 et R. 614-12.

Les dispositions du Décr. n° 2008-625 du 27 juin 2008 prennent effet à compter du 1er mai 2008.

Art. R. 614-14 Font l'objet d'une inscription au Registre national des brevets, sans frais, sur réquisition du greffier du tribunal ou sur requête d'une des parties à l'instance, les décisions judiciaires passées en force de chose jugée prises en application des articles L. 614-12 et L. 615-17. – *[Décr. n° 78-1011 du 10 oct. 1978, art. 14.]*

Art. R. 614-15 Les redevances annuelles prévues à l'article L. 612-19 pour la demande de brevet issue de la transformation d'une demande de brevet européen effectuée dans les conditions prévues par les articles R. 614-5 à R. 614-7 ne sont dues que pour les années qui suivent celle au cours de laquelle la demande de brevet européen est réputée transformée. L'annuité qui doit être acquittée est décomptée à partir de la date de dépôt de la demande de brevet européen. – *[Décr. n° 78-1011 du 10 oct. 1978, art. 15.]*

Art. R. 614-16 Les redevances annuelles prévues à l'article L. 612-19 qui sont dues pour le brevet européen doivent être acquittées dans les conditions prévues par l'article 141 de la convention sur le brevet européen. Ces redevances sont décomptées à partir de la date de dépôt de la demande de brevet européen.

Lorsque le paiement d'une redevance annuelle n'a pas été effectué à l'expiration du délai visé au paragraphe 2 de l'article 141 de la convention sur le brevet européen, ladite redevance peut être valablement versée dans un délai supplémentaire de six mois, moyennant le paiement d'une redevance de retard dans le même délai. – *[Décr. n° 78-1011 du 10 oct. 1978, art. 16.]*

Art. R. 614-17 Les redevances exigibles visées au troisième alinéa de l'article R. 614-5 sont la redevance de dépôt et, le cas échéant, la redevance d'établissement du rapport de recherche prévues à l'article R. 612-5.

Dans le cas prévu au troisième alinéa de l'article L. 614-6, la redevance prévue par l'article R. 612-5, 2°, n'est pas exigible. – *[Décr. n° 78-1011 du 10 oct. 1978, art. 17.]*

Art. R. 614-18 La publication de chacune des traductions et des traductions révisées mentionnées aux articles R. 614-11 et R. 614-12 donne lieu au paiement d'une redevance exigible lors de la remise de la traduction. – *[Décr. n° 78-1011 du 10 oct. 1978, art. 18.]*

Art. R. 614-19 Des redevances sont perçues pour l'établissement et la transmission des copies de la demande de brevet européen visées à l'article 136, paragraphe 2, de la convention sur le brevet européen. – *[Décr. n° 78-1011 du 10 oct. 1978, art. 19.]*

Art. R. 614-20 Les dispositions des articles R. 411-19 à R. 411-26 et R. 618-1 à R. 618-3 sont applicables aux décisions, notification et délais prévus aux articles R. 614-1 à R. 614-19. – *[Décr. n° 78-1011 du 10 oct. 1978, art. 21.]*

SECTION II DEMANDES INTERNATIONALES

Art. R. 614-21 *(Décr. n° 2014-650 du 20 juin 2014, art. 3-VIII, en vigueur le 1er juill. 2014)* **La demande internationale peut être déposée au siège de l'Institut national de la propriété industrielle ou y être envoyée par pli postal ou par tout mode de télétransmission dans les conditions définies par décision de son directeur général. La date de dépôt est celle de la réception de la demande au siège de l'institut.**

Le dépôt peut être effectué par le déposant personnellement ou par un mandataire. Les dispositions de l'article R. 612-2 sont applicables.

Sous réserve de l'obligation prévue à l'article L. 614-18, la demande internationale peut également être déposée auprès de l'Office européen des brevets, agissant en qualité d'office récepteur. – *V. aussi Traité de Washington du 19 juin 1970, relatif à la coopération en matière de brevets, App., v° Brevets.*

V. note ss. art. R. 612-1.

Art. R. 614-22 *Abrogé par Décr. n° 2014-650 du 20 juin 2014, art. 3-IX, à compter du 1er juill. 2014. – V. note ss. art. R. 612-1.*

Art. R. 614-23 **La demande internationale est établie en langue française.**

(Décr. n° 2004-199 du 25 févr. 2004, art. 55) **« Si elle n'est pas déposée sous forme électronique, la demande est déposée en trois exemplaires », ainsi que chacun des documents mentionnés dans le bordereau visé à la règle 3, paragraphe 3, lettre *a* (ii) du règlement d'exécution du traité de coopération en matière de brevets. Toutefois, la requête visée à la règle 3 précitée, paragraphe 1, et les documents justifiant des taxes exigibles sont déposés en un seul exemplaire.**

S'il n'est pas satisfait aux dispositions du précédent alinéa, les exemplaires manquants sont préparés d'office par l'Institut national de la propriété industrielle. – *[Décr. n° 78-1010 du 10 oct. 1978, art. 3.]*

Art. R. 614-24 **Un récépissé, indiquant au moins le numéro attribué à la demande internationale, la nature et le nombre des pièces de la demande, ainsi que de leur réception, est délivré au déposant.**

Al. 2 abrogé par Décr. n° 2014-650 du 20 juin 2014, art. 3-IX, à compter du 1er juill. 2014. – [Décr. n° 78-1010 du 10 oct. 1978, art. 4.]

V. note ss. art. R. 612-1.

Art. R. 614-25 **A l'exception de l'article R. 612-31, les dispositions prévues aux articles R. 612-26 à R. 612-32 sont, compte tenu des dispositions des articles L. 614-20 à L. 614-22, applicables aux demandes internationales déposées auprès de l'Institut national de la propriété industrielle.** – *[Décr. n° 78-1010 du 10 oct. 1978, art. 5.]*

Art. R. 614-26 **Le dépôt d'une demande internationale donne lieu au paiement de la taxe de transmission prévue par la règle 14 du règlement d'exécution du traité de coopération en matière de brevets. Cette taxe doit être acquittée avant l'expiration du délai d'un mois à compter de la date de réception de la demande internationale.** – *[Décr. n° 78-1010 du 10 oct. 1978, art. 6.]*

Art. R. 614-27 *(Décr. n° 2007-280 du 1er mars 2007, art. 20)* **La taxe internationale de dépôt et la taxe de recherche prévues par les règles 15 et 16 du règlement d'exécution du traité de coopération en matière de brevets doivent être acquittées avant l'expiration d'un délai d'un mois à compter de la date de réception de la demande internationale.**

La taxe internationale et la taxe de recherche sont acquittées en euros.

Art. R. 614-28 *Abrogé par Décr. n° 2007-280 du 1er mars 2007, art. 21.*

Art. R. 614-29 *(Décr. n° 2007-280 du 1er mars 2007, art. 22)* **Lorsque le paiement de la taxe de transmission de la taxe de recherche et de la taxe internationale de dépôt n'a pas été effectué dans les délais fixés aux articles R. 614-26 et R. 614-27, le dépo-**

sant est invité à acquitter dans un délai d'un mois le montant desdites taxes, majoré de la taxe pour paiement tardif prévue à la règle 16 *bis* 1 (*a* et *b*) du règlement d'exécution du traité de coopération en matière de brevets.

La taxe pour paiement tardif est acquittée en euros.

Art. R. 614-30 *Abrogé par Décr. n° 2007-280 du 1er mars 2007, art. 21.*

Art. R. 614-31 Si la demande internationale et les autres documents visés à l'article R. 614-23 sont déposés en un nombre d'exemplaires inférieur à celui fixé par ledit article, une redevance est perçue pour la préparation du nombre d'exemplaires requis. Son paiement doit avoir été fait avant l'expiration d'un délai d'un mois à compter de la date de la notification adressée à cet effet. – *[Décr. n° 78-1010 du 10 oct. 1978, art. 8.]*

Art. R. 614-32 La taxe de transmission visée à l'article R. 614-26 est restituée au déposant lorsque la demande internationale n'a pas été transmise au bureau international dans le délai prescrit par la règle 22, paragraphe 3, du règlement d'exécution du traité de coopération en matière de brevets. – *[Décr. n° 78-1010 du 10 oct. 1978, art. 9.]*

Art. R. 614-33 Le paiement des taxes et redevances prévues par les articles R. 614-26 à R. 614-32 est libératoire s'il est effectué au taux en vigueur au jour du paiement. – *[Décr. n° 78-1010 du 10 oct. 1978, art. 10.]*

Art. R. 614-34 Les dispositions des articles R. 411-19 à R. 411-26 et R. 618-3 s'appliquent au contentieux visé à l'article L. 411-4. – *[Décr. n° 78-1010 du 10 oct. 1978, art. 11.]*

Art. R. 614-35 Les modalités d'application des articles R. 614-21 à R. 614-24 sont fixées, en tant que de besoin, par arrêté du ministre chargé de la propriété industrielle. – *[Décr. n° 78-1010 du 10 oct. 1978, art. 12.]*

CHAPITRE IV *BIS* LA RETENUE

(Décr. n° 2015-427 du 15 avr. 2015, art. 3)

Art. R. 614-36 Sous réserve des dispositions prévues à l'article R. 614-37, le chapitre V *bis* du titre III du livre III est applicable à la retenue par l'administration des douanes des marchandises susceptibles de porter atteinte aux brevets d'invention, telle que prévue au chapitre IV *bis* du titre Ier du livre VI. – *V. Arr. du 29 juin 2015 (JO 4 août) ss. art. R. 335-6.*

Art. R. 614-37 Lorsque l'administration des douanes décide de procéder à un prélèvement d'échantillon, deux exemplaires sont prélevés par les agents des douanes. L'un est remis au propriétaire de la marchandise ou à son détenteur ou au représentant de l'un d'entre eux et l'autre est conservé par l'administration des douanes.

Le propriétaire du brevet ou du certificat complémentaire de protection ou la personne habilitée à exploiter l'invention brevetée ou objet du certificat complémentaire de protection n'assiste pas au prélèvement d'échantillons et aucun échantillon ne lui est remis.

Lorsqu'une marchandise ou un objet, en raison de son poids, de ses dimensions, de sa valeur, de sa nature ou de la trop faible quantité de produit ne peut faire l'objet d'un prélèvement de deux échantillons, la marchandise ou l'objet est prélevé dans sa totalité et constitue un seul et unique échantillon qui est conservé par l'administration des douanes.

CHAPITRE V ACTIONS EN JUSTICE

SECTION PREMIÈRE MESURES PROVISOIRES ET CONSERVATOIRES

(Décr. n° 2008-624 du 27 juin 2008, art. 6)

Art. R. 615-1 Le délai prévu au dernier alinéa de l'article L. 615-3 et imparti au demandeur pour se pourvoir au fond *(Décr. n° 2014-1550 du 19 déc. 2014, art. 6)* **« par la voie civile ou pénale, ou déposer une plainte auprès du procureur de la République, » est de vingt jours ouvrables ou de trente et un jours civils si ce délai est plus long, à compter de la date de l'ordonnance.**

V. note ss. art. R. 343-1.

SECTION II **MESURES PROBATOIRES**

Art. R. 615-2 *(Décr. n° 2008-624 du 27 juin 2008, art. 7)* **La saisie, descriptive ou réelle, prévue au deuxième alinéa de l'article L. 615-5 est ordonnée par le président d'un des tribunaux de grande instance mentionnés à l'article D. 631-2, dans le ressort duquel les opérations doivent être effectuées.**

L'ordonnance est rendue sur simple requête et sur la représentation soit du brevet, du certificat complémentaire de protection, du certificat d'utilité ou du certificat d'addition, soit, dans le cas prévu au premier alinéa de l'article L. 615-4, d'une copie certifiée conforme de la demande de brevet, de certificat complémentaire de protection, de certificat d'utilité ou de certificat d'addition. Dans ce dernier cas, le requérant doit justifier en outre que les conditions prévues à cet article sont remplies.

Si la requête est présentée par le concessionnaire d'un droit exclusif d'exploitation ou par le titulaire d'une licence octroyée en vertu des articles L. 613-11, L. 613-15, L. 613-17, L. 613-17-1 et L. 613-19, le requérant doit justifier que les conditions prescrites, selon le cas, par le deuxième ou le quatrième alinéa de l'article L. 615-2 sont remplies.

Le président peut autoriser l'huissier à procéder à toute constatation utile en vue d'établir l'origine, la consistance et l'étendue de la contrefaçon.

L'omission de la formalité qui consiste à remettre au détenteur de l'objet saisi, préalablement à l'exécution de la saisie-contrefaçon, la copie de l'ordonnance autorisant la saisie-contrefaçon ne constitue pas une nullité de fond au sens de l'art. 117 C. pr. civ. • Civ. 2e, 29 mai 1991 : *Bull. civ. II, n° 162 ; D. 1992. Somm. 121, obs. Julien* • Com. 25 avr. 2001 : *PIBD 2001. III. 428* • TGI Paris, 30 sept. 1998 : *PIBD 1999. III. 133.* ♦ ... Il en va de même de l'absence de mention de la faculté pour tout intéressé d'en référer au juge qui a rendu l'ordonnance autorisant la saisie-contrefaçon. • TGI Paris, 21 janv. 1999 : *RDPI 1999, n° 96, p. 39.* ♦ V. note 7 ss. art. L. 615-5.

Art. R. 615-2-1 *(Décr. n° 2008-624 du 27 juin 2008, art. 8)* **Lorsque le juge a subordonné la saisie à la constitution de garanties par le demandeur, celles-ci doivent être constituées avant qu'il soit procédé à la saisie.**

A peine de nullité et de dommages-intérêts contre l'huissier, celui-ci doit, avant de procéder à la saisie, donner copie aux détenteurs des objets saisis ou décrits de l'ordonnance et, le cas échéant, de l'acte constatant la constitution de garanties. Copie doit être laissée aux mêmes détenteurs du procès-verbal de saisie.

Art. R. 615-3 *(Décr. n° 2008-624 du 27 juin 2008, art. 9)* **Le délai prévu au dernier alinéa de l'article L. 615-5 et imparti au demandeur pour se pourvoir au fond est de vingt jours ouvrables ou de trente et un jours civils si ce délai est plus long, à compter du jour où est intervenue la saisie ou la description.**

V. • Com. 6 nov. 1990 : *Ann. propr. ind. 1991. 7.*

Art. R. 615-4 *(Décr. n° 2004-199 du 25 févr. 2004, art. 57)* **Le président du tribunal peut ordonner, au vu du procès-verbal de saisie, toute mesure de nature à compléter la preuve des actes de contrefaçon allégués. A la demande de la partie saisie agissant sans délai et justifiant d'un intérêt légitime, il peut également prendre toute mesure pour préserver la confidentialité de certains éléments.**

1. Le lieu de la contrefaçon présumée, au sens de l'art. L. 615-5, qui fixe de façon incidente la compétence du président du TGI clairement définie par l'art. R. 615-4, ne peut s'entendre que du lieu où la matérialité de la contrefaçon présumée est susceptible d'être établie, à savoir le lieu où se trouvent les produits ou procédés prétendus contrefaits. • TGI Paris, 30 sept. 1998 : *PIBD 1999. III. 133.*

2. La saisie-contrefaçon effectuée dans un ressort différent de celui dont dépend le magistrat qui a rendu l'ordonnance l'autorisant est atteinte d'une nullité de fond. • TGI Paris, 14 juin 2000 : *RDPI 2001, n° 119, p. 19.*

Art. R. 615-5 **Lorsque, dans un litige civil en matière de brevets d'invention, une expertise technique apparaît nécessaire, le président de la juridiction saisie** *(Décr. n° 2004-199 du 25 févr. 2004, art. 58)* **« peut » consulter, sur le choix de l'expert, l'un**

des organismes désignés par arrêté conjoint du garde des sceaux et des ministres intéressés. – *V. Arr. du 10 juin 1965 (JO 23 juin ; Rect. JO 2 juill.).*

(Décr. nº 2004-199 du 25 févr. 2004, art. 58) **« S'il a été procédé à cette consultation, il en est fait mention dans l'arrêt ou le jugement. »** – *[Décr. nº 65-464 du 10 juin 1965, art. 1er.]*

Sur le défaut de consultation préalable, V. • Com. 18 mai 1999 : *PIBD 1999. III. 473.*

SECTION III COMMISSION PARITAIRE DE CONCILIATION

Art. R. 615-6 **Le président de la commission paritaire de conciliation prévue à l'article L. 615-21 est nommé pour une période de trois années renouvelable, par arrêté du garde des sceaux, ministre de la justice, et du ministre chargé de la propriété industrielle. La nomination peut porter sur un magistrat honoraire.**

Un ou plusieurs suppléants peuvent être nommés dans les mêmes conditions. Ils remplacent le président en cas d'absence ou d'empêchement. – *[Décr. nº 79-797 du 4 sept. 1979, art. 11.]*

Art. R. 615-7 **Le président est assisté de deux assesseurs, qu'il désigne pour chaque affaire sur une liste de personnes compétentes dans les matières dont connaît la commission.**

La liste est établie et périodiquement mise à jour par le directeur général de l'Institut national de la propriété industrielle, sur proposition des organisations professionnelles et syndicales représentatives au plan national.

L'un des assesseurs est choisi parmi les personnes proposées par les organisations de salariés, l'autre parmi les personnes proposées par les organisations d'employeurs.

Si l'invention intéresse la défense nationale ou est issue d'un contrat d'étude ou de fabrication comportant une classification de sécurité de défense, les assesseurs doivent avoir fait l'objet d'une habilitation préalable par le ministre chargé de la défense. Il en est de même des experts commis ou des techniciens consultés. – *[Décr. nº 79-797 du 4 sept. 1979, art. 12.]*

Art. R. 615-8 **Le secrétariat de la commission est assuré par l'Institut national de la propriété industrielle.** – *[Décr. nº 79-797 du 4 sept. 1979, art. 13.]*

Art. R. 615-9 **La commission se réunit à l'Institut national de la propriété industrielle ou, sur décision du président, dans un de ses centres de province lorsque les circonstances l'exigent.** – *[Décr. nº 79-797 du 4 sept. 1979, art. 14.]*

Art. R. 615-10 **Il est alloué aux membres de la commission une indemnité forfaitaire pour les affaires dont ils ont à connaître.**

L'indemnité comprend le remboursement des frais divers de secrétariat, de correspondance ou de déplacement à l'extérieur de leur résidence, nécessités par l'accomplissement de leur mission.

Le taux et les conditions d'attribution de l'indemnité forfaitaire sont fixés par arrêté conjoint des ministres chargés des finances et de la propriété industrielle. – *[Décr. nº 79-797 du 4 sept. 1979, art. 15.]*

Art. R. 615-11 **Les dépenses occasionnées par les déplacements que les membres de la commission peuvent être appelés à effectuer hors de leur résidence pour l'accomplissement de leur mission leur sont remboursées dans les conditions applicables aux fonctionnaires du groupe I.** – *[Décr. nº 79-797 du 4 sept. 1979, art. 16.]*

Art. R. 615-12 **La commission est saisie par une demande déposée au secrétariat soit par le requérant, soit par un mandataire justifiant d'un pouvoir. La demande peut être également adressée par lettre recommandée avec demande d'avis de réception.** – *[Décr. nº 79-797 du 4 sept. 1979, art. 17.]*

Art. R. 615-13 **La demande est signée du requérant ou de son mandataire.**

Elle indique :

1º Les nom, prénoms, profession, adresse du requérant et des autres parties ;

2º L'objet du litige ;

3º Les moyens et conclusions du requérant ;

4º Tous les éléments en sa possession pouvant être utiles à la solution du litige.

Y est annexée une copie de la déclaration et des communications effectuées en application des articles R. 611-1 à R. 611-10 ainsi que des différentes pièces dont le requérant entend se prévaloir. – *[Décr. n° 79-797 du 4 sept. 1979, art. 18.]*

Art. R. 615-14 Si la demande n'est pas conforme aux dispositions de l'article précédent, le secrétariat invite le requérant à la compléter dans le délai d'un mois.

Faculté est ouverte, avant l'expiration de ce délai, de soumettre la conformité de la demande à l'appréciation du président. Le président, s'il confirme l'invitation du secrétariat, impartit à l'intéressé un nouveau délai pour y déférer.

Les délais prévus aux alinéas précédents sont prorogés, sur décision du président, si le requérant justifie d'une excuse légitime.

La date de saisine de la commission est celle à laquelle la demande a été complétée dans les conditions prévues au présent article. – *[Décr. n° 79-797 du 4 sept. 1979, art. 19.]*

Art. R. 615-15 La saisine de la commission est notifiée à l'autre partie par le secrétariat.

Invitation lui est faite en même temps de communiquer, dans le délai imparti par le président, ses observations écrites sur le mérite de la demande.

Le ministre de la défense est habilité à prendre connaissance auprès du secrétariat de la commission de toutes les contestations qui sont soumises à la commission. – *[Décr. n° 79-797 du 4 sept. 1979, art. 20.]*

Art. R. 615-16 Dans le délai fixé par le président, l'Institut national de la propriété industrielle communique à cette dernière ceux des éléments en sa possession qui peuvent être divulgués sans porter atteinte aux droits des tiers ou aux intérêts de la défense nationale.

Copie de cette communication est immédiatement adressée aux parties par le secrétariat. – *[Décr. n° 79-797 du 4 sept. 1979, art. 21.]*

Art. R. 615-17 Dès qu'il a été procédé à la désignation des assesseurs, le secrétariat notifie la composition de la commission aux parties et les convoque à une réunion préliminaire.

Chaque partie peut demander le changement des assesseurs pour un motif sérieux et légitime apprécié par le président.

Cette demande est présentée dans les quinze jours de la notification ou dès l'ouverture de la réunion préliminaire, si celle-ci a lieu avant l'expiration de ce délai. – *[Décr. n° 79-797 du 4 sept. 1979, art. 22.]*

Art. R. 615-18 La procédure devant la commission est contradictoire. – *[Décr. n° 79-797 du 4 sept. 1979, art. 23.]*

Art. R. 615-19 Au jour fixé, la commission entend les parties, elle s'efforce de rapprocher leurs points de vue et de parvenir à une conciliation.

Si l'une des parties ne comparaît pas, la commission constate sa défaillance et entend l'autre partie.

Il est dressé un procès-verbal.

En cas de conciliation totale ou partielle, le procès-verbal mentionne le contenu de l'accord. A défaut de conciliation totale, les points contestés sont consignés. – *[Décr. n° 79-797 du 4 sept. 1979, art. 24.]*

Art. R. 615-20 En cas de non-comparution de l'une des parties ou à défaut de conciliation totale, la commission entreprend l'établissement de la proposition de conciliation prévue à l'article L. 615-21. – *[Décr. n° 79-797 du 4 sept. 1979, art. 25.]*

Art. R. 615-21 Le président peut procéder à toute mesure d'instruction. Il peut constater à tout moment la conciliation des parties ou provoquer à cet effet une nouvelle réunion. – *[Décr. n° 79-797 du 4 sept. 1979, art. 26.]*

Art. R. 615-22 Sauf autorisation du président, seuls les membres de la commission et de l'Institut national de la propriété industrielle ainsi que les parties et les personnes qui les assistent ou les représentent sont présents aux réunions de conciliation. – *[Décr. n° 79-797 du 4 sept. 1979, art. 27.]*

Art. R. 615-23 En cas de demande émanant de la partie qui n'a pas saisi la commission ou de jonction de plusieurs demandes relatives à la même invention, le délai de six mois dans lequel est établie la proposition de conciliation court à compter de la date à laquelle la commission a été saisie en dernier lieu. — *[Décr. n° 79-797 du 4 sept. 1979, art. 28.]*

Art. R. 615-24 Lorsque l'invention intéresse la défense nationale, la proposition de conciliation ne contient aucune analyse de l'invention de nature à entraîner sa divulgation. — *[Décr. n° 79-797 du 4 sept. 1979, art. 29.]*

Art. R. 615-25 La proposition de conciliation est signée par le président et par le secrétaire.

Ce dernier la notifie aux parties. — *[Décr. n° 79-797 du 4 sept. 1979, art. 30.]*

La notification ne peut être faite au seul conseil. • Paris, 15 déc. 2006 : *RTD com. 2007.* 523, *obs. Galloux* ; *PIBD 2007. III. 153.*

Art. R. 615-26 La saisine de la commission suspend toute prescription. — *[Décr. n° 79-797 du 4 sept. 1979, art. 31.]*

Art. R. 615-27 Sur justification de la saisine de la commission, le tribunal de grande instance sursoit à statuer jusqu'à l'expiration du délai de six mois prévu à l'article L. 615-21 à moins que la commission n'ait déjà formulé sa proposition de conciliation. — *[Décr. n° 79-797 du 4 sept. 1979, art. 32.]*

Art. R. 615-28 A défaut d'accord entre les parties, seule la proposition de la commission est portée à la connaissance du tribunal. — *[Décr. n° 79-797 du 4 sept. 1979, art. 33.]*

Art. R. 615-29 L'accord entre les parties résultant de la proposition de conciliation dans le cas prévu à l'article L. 615-21 est rendu exécutoire par décision du président du tribunal de grande instance dans le ressort duquel la proposition de conciliation a été formulée. — *[Décr. n° 79-797 du 4 sept. 1979, art. 34.]*

Art. R. 615-30 Sous réserve des mesures prévues à l'article R. 615-31, les dispositions des articles R. 615-6 à R. 615-29 relatives à la commission paritaire de conciliation sont applicables aux contestations nées de l'application *(Décr. n° 96-857 du 2 oct. 1996)* « dans les conditions prévues par les articles R. 611-11 à R. 611-14-1 », de l'article L. 611-7. — *[Décr. n° 80-645 du 4 août 1980, art. 5.]*

Art. R. 615-31 Pour ce qui concerne les litiges intéressant les fonctionnaires et agents visés à l'article R. 611-11, il est établi une liste spéciale sur laquelle sont choisis pour chaque affaire les deux assesseurs du président de la commission paritaire de conciliation.

Sous réserve des dispositions du dernier alinéa du présent article, cette liste comprend des personnes inscrites sur proposition, d'une part, des ministres, d'autre part, des organisations représentant le personnel.

La liste de ces organisations est fixée par arrêté du Premier ministre sur proposition des différents ministres.

L'un des assesseurs est choisi parmi les personnes proposées par les organisations précitées, l'autre parmi les personnes proposées par les ministres.

Lorsque l'invention a été réalisée par un agent soumis au statut général des militaires, il est procédé à la désignation de l'assesseur représentant l'agent, par le président de la commission de conciliation, sur une liste de cinq membres du corps militaire du contrôle général des armées établie par le chef du contrôle général des armées et périodiquement mise à jour. — *[Décr. n° 80-645 du 4 août 1980, art. 6.]*

CHAPITRE VI LE CERTIFICAT D'UTILITÉ

Art. R. 616-1 A compter du jour de la publication, prévue à l'article R. 612-39, de la demande du certificat d'utilité mentionné à l'article L. 611-2, et *(Décr. n° 2007-280 du 1er mars 2007, art. 24)* « jusqu'au paiement de la redevance de délivrance et d'impression du fascicule » de ce certificat, toute personne peut adresser à l'Institut national de la propriété industrielle des observations sur la brevetabilité de l'invention, dans les formes prévues en matière de demande de brevet à l'article R. 612-63, alinéa 2.

La teneur de ces observations est notifiée, sans délai, au demandeur qui dispose d'un délai de trois mois pour y répondre. – *[Décr. nº 79-822 du 19 sept. 1979, art. 91.]*

Art. R. 616-2 Le rapport de recherche qui doit être produit dans toute instance en contrefaçon introduite en vertu d'une demande de certificat d'utilité ou d'un certificat d'utilité est établi sur requête écrite du demandeur.

La requête n'est recevable que si elle est accompagnée de la justification du paiement de la redevance prescrite. – *[Décr. nº 79-822 du 19 sept. 1979, art. 93.]*

Art. R. 616-3 Les dispositions des chapitres Ier, II, III, V, VI et VIII du présent titre sont applicables aux demandes de certificat d'utilité et aux certificats d'utilité, à l'exception des articles R. 612-53 à R. 612-69, du troisième alinéa de l'article R. 612-71 *(Décr. nº 2008-1472 du 30 déc. 2008, art. 17)* « et des articles R. 613-60 à R. 613-62 ». – *[Décr. nº 79-822 du 19 sept. 1979, art. 90.]*

Les dispositions du Décr. nº 2008-1472 du 30 déc. 2008 sont applicables dans les îles Wallis-et-Futuna et en Nouvelle-Calédonie (Décr. préc., art. 22).

CHAPITRE VII LE CERTIFICAT COMPLÉMENTAIRE DE PROTECTION

Art. R. 617-1 La redevance de dépôt d'un certificat complémentaire de protection ne couvre pas la première annuité. Le paiement des annuités vient à échéance le dernier jour du mois de la date anniversaire du dépôt de la demande de brevet de base. Le paiement global de toutes les annuités peut être accepté s'il est effectué dans l'année qui précède la prise d'effet du certificat. – *[Décr. nº 79-822 du 19 sept. 1979, art. 70-I, al. 2.]*

Art. R. 617-2 Les articles R. 611-18 à R. 611-20, R. 612-1, R. 612-2, R. 612-5 (1º), R. 612-6, R. 612-7, R. 612-36, R. 612-38, R. 612-52, R. 612-71 (alinéas 1 et 2), R. 612-72, *(Abrogé par Décr. nº 2008-1472 du 30 déc. 2008, art. 18)* « *R. 613-1 à R. 613-3,* » R. 613-45 à R. 613-59 et R. 618-1 à R. 618-3 sont applicables aux demandes de certificat complémentaire de protection et aux certificats complémentaires de protection. – *[Décr. nº 79-822 du 19 sept. 1979, art. 93-9.]*

Les dispositions du Décr. nº 2008-1472 du 30 déc. 2008 sont applicables dans les îles Wallis-et-Futuna et en Nouvelle-Calédonie (Décr. préc., art. 22).

Art. R. 617-2-1 *(Décr. nº 2015-1436 du 6 nov. 2015, art. 10)* Il est statué sur la demande de certificat complémentaire de protection dans un délai de douze mois à compter de son dépôt. Ce délai est interrompu en cas de notification d'irrégularité émise par l'Institut national de la propriété industrielle, jusqu'à la régularisation de la demande conformément aux règlements (CE) nº 1610/96 du Parlement européen et du Conseil du 23 juillet 1996 concernant la création d'un certificat complémentaire de protection pour les produits phytopharmaceutiques et (CE) nº 469/2009 du Parlement européen et du Conseil du 6 mai 2009 concernant le certificat complémentaire de protection pour les médicaments. – *V. ce texte, App., vº Propriété industrielle, Brevets.*

Les dispositions du premier alinéa sont applicables aux demandes de prorogation présentées conformément aux dispositions de l'article 36 du règlement (CE) nº 1901/2006 du 12 décembre 2006 relatif aux médicaments à usage pédiatrique, modifiant le règlement (CEE) nº 1768/92, les directives 2001/20/CE et 2011/83/CE ainsi que le règlement (CE) nº 726/2004.

Les dispositions de l'art. 10 du Décr. nº 2015-1436 du 6 nov. 2015 ne sont pas applicables dans les îles Wallis-et-Futuna (Décr. préc., art. 18). Elles sont applicables aux demandes antérieures qui n'ont pas donné lieu à une décision expresse à la date d'entrée en vigueur du décret, soit le 8 nov. 2015 (Décr. préc., note de présentation, JO 7 nov.)

Art. R.* 617-2-2 *(Décr. nº 2015-1436 du 6 nov. 2015, art. 10)* A défaut de décision expresse dans le délai mentionné à l'article R. 617-2-1, la demande est réputée rejetée.

V. note ss. art. R. 617-2-1.

CHAPITRE VIII DISPOSITIONS COMMUNES

SECTION UNIQUE PROCÉDURE

Art. R. 618-1 **Toute notification est réputée régulière si elle est faite :**

— Soit au dernier propriétaire de la demande de brevet déclaré à l'Institut national de la propriété industrielle ou, après la publication prévue à l'article R. 612-39, au dernier propriétaire de la demande de brevet ou du brevet inscrit au Registre national des brevets ;

— Soit au mandataire.

(Décr. n° 2004-199 du 25 févr. 2004, art. 59) **« Si le titulaire n'est pas domicilié dans un État membre de la Communauté européenne ou dans un État partie à l'accord sur l'Espace économique européen, la notification est réputée régulière si elle est faite au dernier mandataire qu'il a constitué auprès de l'institut. »**

Al. abrogé par Décr. n° 2004-199 du 25 févr. 2004, art. 59. — [Décr. n° 79-822 du 19 sept. 1979, art. 120.]

1. La notification de la déchéance de brevet pour défaut de paiement des annuités peut être faite indistinctement au breveté, fût-il établi à l'étranger, ou à son mandataire français. • Paris, 28 févr. 1985 : *Dossiers Brevets 1985. III. 7 ; D. 1986. Somm. 133, obs. Mousseron et Schmidt.* ♦ Dès lors que le paiement des annuités destinées à assurer le maintien en vigueur des droits de propriété industrielle est accompli par un conseil en propriété industrielle, celui ci n'a pas à justifier d'un pouvoir pour agir en tant que mandataire auprès de l'INPI. • Com. 1er juill. 2008 : *Bull. civ. IV, n° 132 ; D. 2008. AJ 2075 ; ibid. 2009. Pan. 453, obs. Raynard.* ♦ Dans la même affaire, V. • Paris, 29 févr. 2012 : *Propr. ind. 2012, n° 46, note Py.*

2. Lorsqu'une procédure de liquidation judiciaire a été ouverte à l'encontre du titulaire du brevet, la notification de la décision de déchéance doit être adressée à la personne du liquidateur, non à la société elle-même. • Paris, 18 sept. 1996 : *D. Affaires 1996. 1266 ; PIBD 1997. III. 1 ; RDPI 1997, n° 68, p. 52.*

Art. R. 618-2 **Les notifications prévues à l'article L. 613-22 et aux articles R. 612-8, R. 612-9, R. 612-11, R. 612-46 à R. 612-49, R. 612-56, R. 612-73, R. 613-52 et R. 613-58 sont faites par lettre recommandée avec demande d'avis de réception.**

(Décr. n° 2004-199 du 25 févr. 2004, art. 60) **« L'envoi recommandé peut être remplacé par la remise de la lettre à son destinataire contre récépissé, dans les locaux de l'Institut national de la propriété industrielle, ou par un message sous forme électronique selon les modalités fixées par le directeur général de l'institut pour garantir notamment la sécurité de l'envoi. »**

Si l'adresse du destinataire est inconnue, la notification est faite par publication d'un avis au *Bulletin officiel* de la propriété industrielle. *— [Décr. n° 79-822 du 19 sept. 1979, art. 121.]*

Art. R. 618-3 **Lorsqu'un délai est exprimé en jours, celui de l'acte, de l'événement, de la décision ou de la notification qui le fait courir ne compte pas.**

Lorsqu'un délai est exprimé en mois ou en années, ce délai expire le jour du dernier mois ou de la dernière année qui porte le même quantième que le jour de l'acte, de l'événement, de la décision ou de la notification qui fait courir le délai. A défaut de quantième identique, le délai expire le dernier jour du mois.

Lorsqu'un délai est exprimé en mois et en jours, les mois sont d'abord décomptés puis les jours.

Tout délai expire le dernier jour à vingt-quatre heures.

Le délai qui expirerait normalement un samedi, un dimanche ou un jour férié ou chômé est prorogé jusqu'au premier jour ouvrable suivant. *— [Décr. n° 79-822 du 19 sept. 1979, art. 122.]*

Al. 6 et 7 abrogés par Décr. n° 2008-1472 du 30 déc. 2008, art. 21.

Les dispositions du Décr. n° 2008-1472 du 30 déc. 2008 sont applicables dans les îles Wallis-et-Futuna et en Nouvelle-Calédonie (Décr. préc., art. 22).

Art. R. 618-4 **Les délais impartis par l'Institut national de la propriété industrielle conformément au présent titre ne sont ni inférieurs à deux mois ni supérieurs à quatre mois.** *— [Décr. n° 79-822 du 19 sept. 1979, art. 123.]*

Art. R. 618-5 Les modalités d'application des articles R. 612-1 à R. 612-25 et R. 613-53 à R. 613-59 sont fixées *(Décr. n° 2014-650 du 20 juin 2014, art. 4-I, en vigueur le 1er juill. 2014)* **« par décision du directeur général de l'Institut national de la propriété industrielle ».** – *[Décr. n° 79-822 du 19 sept. 1979, art. 124.]*

Arrêté du 19 septembre 1979,

Relatif aux modalités de dépôt des demandes de brevet d'invention et de certificat d'utilité et d'inscription au registre national des brevets.

CHAPITRE Ier. *DÉPÔT DE LA DEMANDE DE BREVET*

SECTION I. *Prescriptions générales*

Art. 1er Les pièces de la demande de brevet prévues à l'article 3 du décret n° 79-822 du 19 septembre 1979 *[CPI, art. R. 612-3 à R. 612-5]* sont établies en trois exemplaires, à l'exception de la requête pour laquelle est utilisée une liasse imprimée fournie par l'Institut national de la propriété industrielle.

Les exemplaires de la description, des revendications, de l'abrégé et, s'il y a lieu, des planches de dessin et des documents de priorité sont déposés dans une enveloppe fermée portant le nom du demandeur, le titre de l'invention, la liste et le nombre des pièces contenues dans l'enveloppe. Les autres pièces de la demande sont présentées en dehors de l'enveloppe.

Art. 2 Les pièces de la demande sont présentées de manière à permettre leur reproduction directe par le moyen de la photographie, de procédés électriques, de l'offset et du microfilm en un nombre illimité d'exemplaires.

Les feuilles ne sont ni déchirées, ni froissées, ni pliées.

Seul le recto est utilisé.

Art. 3 Les pièces de la demande sont établies sur papier souple, fort, blanc, lisse, mat et durable, de format A 4 (21 × 29,7 cm). Chaque feuille est utilisée dans le sens vertical.

Le début de chaque pièce (requête, description, revendications, dessins et abrégé) figure sur une nouvelle feuille.

Aucune mention ne figure dans les marges lors du dépôt de la demande de brevet.

Les feuilles sont numérotées consécutivement en chiffres arabes. Les numéros sont inscrits en haut des feuilles au milieu. Ils n'empiètent pas sur la marge du haut.

Art. 4 Les unités de poids et de mesure sont exprimées selon le système métrique et les températures en degrés centigrades ; si un autre système est utilisé, les mesures correspondantes selon le système métrique ou en degrés centigrades sont également indiquées.

Les densités sont exprimées en unités métriques.

Sont utilisés : pour les autres indications physiques, les unités de la pratique internationale ; pour les formules mathématiques, les symboles généralement en usage ; pour les formules chimiques, les symboles, poids atomiques et formules moléculaires généralement en usage.

En règle générale, seuls les termes, signes et symboles techniques généralement acceptés dans le domaine considéré sont utilisés.

Art. 5 Il est veillé à l'uniformité de la terminologie et des signes employés.

Art. 6 Aucune feuille ne doit être gommée de façon excessive ni comporter de corrections, de surchages ou d'interlinéations.

Des dérogations sont admises si ne sont en cause ni l'authenticité du contenu ni les conditions nécessaires a une bonne reproduction.

SECTION II. *Requête, description et revendications*

Art. 7 La requête, la description et les revendications sont dactylographiées ou imprimées. Seuls les symboles et caractères graphiques, les formules chimiques ou mathématiques peuvent être manuscrits ou dessinés en cas de nécessité. Pour les textes dactylographiés, à l'exception de la requête, l'interligne est de un et demi. Tous les textes sont écrits en caractères dont les majuscules ont au moins 0,21 cm de haut, dans une couleur noire et indélébile.

Les marges suivantes sont respectées :

Marge du haut : 2 cm ;

Marge de gauche : 2,5 cm ;
Marge de droite : 2 cm ;
Marge du bas : 2 cm.

Art. 8 La requête en délivrance, la description et les revendications ne comportent pas de dessins.

La description et les revendications peuvent comporter des formules chimiques ou mathématiques ainsi que des tableaux. Toutefois, des tableaux ne figurent dans les revendications que si l'objet de ces dernières en fait apparaître l'intérêt.

Art. 9 Les lignes de chaque feuille de la description et des revendications sont en principe numérotées de cinq en cinq, les numéros étant portés sur le côté gauche, à droite de la marge.

Art. 10 La description ne comporte pas de renvois aux revendications.

La description et les revendications ne comportent pas d'appellations de fantaisie, de noms de personnes, de marque de fabrique, de commerce ou de service, sauf si ces indications sont nécessaires à l'identification d'un objet, produit ou document.

Art. 11 Les revendications, s'il en est formulé plusieurs, sont numérotées de façon continue en chiffres arabes.

Toute revendication qui contient toutes les caractéristiques d'une autre revendication (revendication dépendante) comporte, si possible, dans le préambule, une référence à cette autre revendication et précise les caractéristiques additionnelles pour lesquelles la protection est recherchée.

Si la demande de brevet contient des dessins, les caractéristiques techniques mentionnées dans les revendications sont en principe suivies, entre parenthèses, de signes de référence à ces caractéristiques si la compréhension de la revendication s'en trouve facilitée. Les signes de référence ne sauraient être interprétés comme une limitation de la revendication.

SECTION III. *Dessins*

Art. 12 La surface utile des feuilles contenant les dessins n'excède pas 17 × 26,2 cm.

Il n'est pas laissé de cadre autour de la surface utile de ces feuilles ou autour de leur surface utilisée.

Les marges suivantes sont respectées :
Marge du haut : 2,5 cm ;
Marge de gauche : 2,5 cm ;
Marge de droite : 1,5 cm ;
Marge du bas : 1 cm.

Art. 13 Les dessins sont exécutés en lignes et traits durables, noirs, suffisamment denses et foncés, uniformément épais et bien délimités, sans couleur ni lavis.

Les coupes sont indiquées par des hachures qui ne doivent pas nuire à une lecture facile des signes de référence et des lignes directrices.

L'échelle des dessins et la clarté de leur exécution graphique sont telles qu'une reproduction photographique effectuée avec réduction linéaire aux deux tiers permette d'en distinguer sans peine tous les détails. Si, par exception, l'échelle figure sur un dessin, elle est représentée graphiquement.

Les chiffres, lettres et signes de référence figurant dans les dessins sont simples et clairs. L'utilisation de parenthèses, cercles ou guillemets, en combinaison avec des chiffres et des lettres, est prohibée.

Les lignes des dessins sont en principe tracées à l'aide d'instruments de dessin technique.

Les éléments d'une même figure sont en proportion les uns des autres à moins qu'une différence de proportion ne soit indispensable pour la clarté de la figure.

La hauteur des chiffres et lettres n'est pas inférieure à 0,32 cm. L'alphabet latin et, si telle est la pratique usuelle, l'alphabet grec sont utilisés lorsque des lettres figurent sur les dessins.

Une même feuille de dessin peut contenir plusieurs figures. Lorsque des figures dessinées sur plusieurs feuilles sont destinées à constituer une figure d'ensemble, elles sont présentées de sorte que la figure d'ensemble puisse être composée sans que soit cachée aucune partie des figures qui se trouvent sur les différentes feuilles. Les différentes figures sont disposées, de préférence verticalement, sur une ou plusieurs feuilles, chacune étant clairement séparée des autres mais sans place perdue ; elles sont numérotées consécutivement en chiffres arabes, indépendamment de la numérotation des feuilles.

Des signes de référence ne peuvent être utilisés pour les dessins que s'ils figurent dans la description et dans les revendications et vice versa. Les signes de référence des mêmes éléments sont identiques dans toute la demande.

Les dessins ne contiennent aucun texte, à l'exception de courtes indications indispensables, telles que "eau", "vapeur", "ouvert", "fermé", "coupe suivant AB", et, dans le cas de schémas de circuits électriques, de diagrammes d'installation schématiques et de diagrammes schématisant les étapes d'un processus, sous réserve de mots clés indispensables à leur intelligence.

Art. 14 Les schémas d'étapes de processus et les diagrammes sont considérés comme des dessins.

SECTION IV. *Abrégé*

Art. 15 L'abrégé rappelle le titre de l'invention et comprend un résumé concis de ce qui est exposé dans la description, les revendications et les dessins.

Le résumé indique le domaine technique auquel appartient l'invention. Il est rédigé de manière à permettre une compréhension claire du problème technique, de l'essence de la solution de ce problème par le moyen de l'invention et de l'utilisation principale ou des utilisations principales de l'invention ; l'abrégé comporte, le cas échéant, la formule chimique qui, parmi celles qui figurent dans la demande de brevet, caractérise le mieux l'invention. Il ne contient pas de déclarations relatives aux mérites ou à la valeur allégués de l'invention ou à ses applications supputées.

L'abrégé ne comporte pas plus de cent cinquante mots s'il est accompagné de dessins et de deux cent cinquante mots dans le cas contraire.

Les dispositions des articles 7 et 8 relatives à la présentation de la description sont applicables à l'abrégé.

Art. 16 Si la demande de brevet comporte des dessins, le demandeur fournit la figure du dessin ou, exceptionnellement, les figures des dessins qu'il propose de faire publier avec l'abrégé.

L'Institut national de la propriété industrielle peut décider de publier une autre figure ou plusieurs autres figures s'il estime qu'elle caractérise ou qu'elles caractérisent mieux l'invention.

Chacune des caractéristiques principales mentionnées dans l'abrégé et illustrées par le dessin est suivie d'un signe de référence entre parenthèses.

Art. 17 L'abrégé est rédigé de façon à constituer un instrument efficace de sélection dans le domaine technique en cause, notamment en permettant d'apprécier s'il y a lieu de consulter la demande de brevet elle-même.

CHAPITRE II. *AUTRES FORMALITÉS*

SECTION I. *Formalités liées à la procédure de délivrance*

Art. 18 Le pouvoir prévu à l'article 2 du décret précité *[CPI, art. R. 612-2]* indique les nom et prénoms ou la dénomination sociale, le domicile ou le siège du demandeur et du mandataire. Il est daté et signé du demandeur.

Art. 19 Si des modifications sont apportées soit au texte de la description ou des revendications, soit aux dessins, les trois exemplaires des feuilles concernées par les modifications sont remplacés. Ils sont accompagnés d'une copie dans laquelle les modifications sont mises en évidence.

Les dispositions de la section I du chapitre Ier et, selon le cas, les dispositions des sections II ou III du même chapitre sont applicables aux documents de remplacement.

La remise de nouvelles feuilles n'est pas exigée en cas de modification de peu d'importance ne nuisant pas à la clarté ou à la présentation du texte.

Art. 20 L'autorisation de revendiquer la priorité, dans le cas prévu à l'article 17 (§ 2) du décret précité *[CPI, art. R. 612-24.]*, est accompagnée d'une traduction si elle est rédigée dans une langue étrangère autre que l'anglais ou l'allemand. L'autorisation est dispensée de légalisation.

Lorsque la copie certifiée conforme prévue à l'article 17 (§ 2) du décret précité *[CPI, art. R. 612-24.]* est rédigée en langue étrangère, l'Institut national de la propriété industrielle peut exiger une traduction de la partie de cette copie qui contient les références prévues au premier alinéa du même article.

SECTION II. *Inscriptions au registre national des brevets*

Art. 21 Les demandes d'inscription au registre national des brevets prévues à l'article 76 du décret précité *[CPI, art. R. 613-54]* sont remises en quatre exemplaires et comportent :

1° Si la demande de brevet a été déposée avant le 1er janvier 1969, la date et le lieu de dépôt, le numéro de procès-verbal de dépôt s'il s'agit d'une demande ou le numéro de délivrance s'il s'agit d'un brevet, et le nom du déposant de la demande de brevet ;

2° Si la demande de brevet a été déposée à partir du 1er janvier 1969, la date du dépôt, le numéro d'enregistrement national prévu à l'article 5 du décret précité *[CPI, art. R. 612-7]*, la date de publication et le nom du déposant de la demande de brevet ;

3° Les nom et prénoms ou la dénomination sociale ainsi que l'adresse des parties à l'acte, des héritiers ou légataires ;

4° La nature et l'étendue du droit transféré, concédé ou constitué ;

5° La nature et la date de l'acte, de l'extrait ou du document fourni ;

6° La date de la demande d'inscription et la signature du demandeur ou du mandataire.

L'un des exemplaires, revêtu de la mention de l'inscription, est restitué au demandeur.

Art. 22 Les demandes d'inscription au registre national des brevets prévues à l'article 80 du décret précité *[CPI, art. R. 613-58]* sont remises en quatre exemplaires et comportent :

1° Les mentions prévues à l'article 21 ci-dessus (alinéas 1° et 2°) ;

2° Les nom et prénoms ou la dénomination sociale ainsi que l'adresse du dernier propriétaire de la demande de brevet ou du brevet tels qu'ils sont inscrits au registre national des brevets avant la demande d'inscription ;

3° L'énoncé du changement de nom, de dénomination, d'adresse ou celui des rectifications d'erreurs matérielles concernant les inscriptions ;

4° Le cas échéant, la nature et la date du document justificatif fourni ;

5° La date de la demande d'inscription et la signature du demandeur ou du mandataire.

L'un des exemplaires, revêtu de la mention de l'inscription, est restitué au demandeur.

Art. 23 L'acte visé à l'article 76 (1er alinéa) du décret précité *[CPI, art. R. 613-54]* est accompagné d'une reproduction ; celle-ci est conservée par l'Institut national de la propriété industrielle.

Il en est de même de l'extrait prévu à l'article 76 (3e alinéa) du même décret *[CPI, art. R. 613-54]*.

CHAPITRE III. *DISPOSITIONS DIVERSES*

Art. 24 Les dispositions du présent arrêté s'appliquent aux certificats d'utilité et aux certificats d'addition.

Toutefois, en ce qui concerne les certificats d'utilité et les certificats d'addition s'y rattachant, la description, les revendications et les dessins ne sont fournis qu'en deux exemplaires.

Art. 25 L'arrêté du 5 décembre 1968 relatif aux modalités de dépôt des demandes de brevet d'invention et de certificat d'utilité et d'inscription au registre national des brevets est abrogé.

Toutefois, jusqu'au 1er octobre 1979, les demandes de brevet peuvent être présentées conformément aux prescriptions de cet arrêté.

Art. R. 618-6 *(Décr. no 2014-650 du 20 juin 2014, art. 3-X, en vigueur le 1er juill. 2014)* **Toute correspondance ou toute pièce relatives à une procédure devant l'Institut national de la propriété industrielle prévue par le présent livre sont déposées au siège de l'institut ou y sont envoyées par pli postal ou par tout mode de télétransmission dans les conditions définies par décision de son directeur général. Leur date de dépôt est celle de la réception au siège de l'institut.**

Le directeur général de l'Institut national de la propriété industrielle peut imposer un dépôt sous forme électronique lorsque cette modalité est de nature à faciliter l'examen et la publication de ces pièces.

L'institut apporte une assistance aux déposants par tout moyen approprié, précisé par décision de son directeur général.

V. note ss. art. R. 612-1.

TITRE DEUXIÈME PROTECTION DES CONNAISSANCES TECHNIQUES

CHAPITRE PREMIER SECRET DE FABRIQUE

Absence de disposition réglementaire.

CHAPITRE II PRODUITS SEMI-CONDUCTEURS

Art. R. 622-1 *(Décr. n° 2014-650 du 20 juin 2014, art. 3-XI, en vigueur le 1er juill. 2014)* Les topographies de produits semi-conducteurs sont déposées à l'Institut national de la propriété industrielle ou y sont envoyées par pli postal ou par tout mode de télétransmission dans les conditions définies par décision de son directeur général. Leur date de dépôt est celle de la réception au siège de l'institut.

Le directeur général de l'Institut national de la propriété industrielle peut imposer un dépôt sous forme électronique lorsque cette modalité est de nature à faciliter l'examen et la publication des topographies de produits semi-conducteurs.

L'institut apporte une assistance aux déposants par tout moyen approprié, précisé par décision de son directeur général.

V. 2e note ss. art. R. 612-1.

Art. R. 622-2 Un dépôt ne peut porter que sur une seule topographie.

Il comprend :

1° Une déclaration de dépôt contenant des renseignements suffisants pour identifier le déposant, la topographie et la date et le lieu de sa première exploitation ou, à défaut, la date à laquelle elle a été fixée ou codée pour la première fois ;

2° Une représentation graphique de la topographie, insérée dans un pli, dans laquelle ont été masquées les parties dont le déposant entend qu'elles ne soient pas communiquées aux tiers ; cette représentation peut être accompagnée d'un support d'informations et de spécimens de produit incorporant la topographie ;

3° La justification du paiement de la redevance.

Le modèle de la déclaration de dépôt ainsi que les spécifications matérielles auxquelles doivent répondre la représentation de la topographie et le pli dans lequel elle est insérée sont fixés par décision du directeur général de l'Institut national de la propriété industrielle. — *[Décr. n° 89-816 du 2 nov. 1989, art. 2.]*

Art. R. 622-3 Le bénéfice de la date de dépôt est acquis au déposant à la date de remise des pièces prévues à l'article précédent. Ce bénéfice lui est acquis même si les pièces sont irrégulières en la forme, sous réserve que leur régularisation n'entraîne aucun changement dans la représentation de la topographie déposée.

En cas de non-conformité du dépôt ou d'irrégularité matérielle, notification est faite au déposant d'avoir à régulariser le dépôt dans un délai qui lui est imparti par le directeur général de l'Institut national de la propriété industrielle et qui ne saurait être inférieur à deux mois ou supérieur à quatre mois. A défaut de régularisation, le dépôt est rejeté.

Le dépôt, dès qu'il est reconnu conforme, est enregistré. L'enregistrement est notifié au déposant et mentionné au *Bulletin officiel* de la propriété industrielle. — *[Décr. n° 89-816 du 2 nov. 1989, art. 3.]*

Art. R. 622-3-1 *(Décr. n° 2015-1436 du 6 nov. 2015, art. 11)* Il est statué sur le dépôt de topographie de produit semi-conducteur dans un délai de six mois à compter du dépôt. Ce délai est interrompu par la notification prévue à l'article R. 622-3, jusqu'à la régularisation du dépôt.

V. note ss. art. R. 421-10-1.

Art. R.* 622-3-2 *(Décr. n° 2015-1436 du 6 nov. 2015, art. 11)* A défaut de décision expresse dans le délai mentionné à l'article R. 622-3-1, le dépôt est réputé rejeté.

V. note ss. art. R. 421-10-1.

Art. R. 622-4 Toute personne peut consulter au siège de l'Institut national de la propriété industrielle les dossiers de dépôt. Aucune copie de dossier ne peut en être établie sans l'autorisation du titulaire. — *[Décr. n° 89-816 du 2 nov. 1989, art. 4.]*

Art. R. 622-5 Le dépôt est inopposable aux tiers si le libellé de la déclaration complété par la représentation accessible au public ne permet pas d'identifier la topographie protégée. — *[Décr. nº 89-816 du 2 nov. 1989, art. 5.]*

Art. R. 622-6 Les articles R. 411-19 à R. 411-26, R. 612-1 (2e alinéa), R. 612-2, R. 612-38, R. 613-45, R. 613-53 à R. 613-59, *(Décr. nº 2008-624 du 27 juin 2008, art. 10)* « R. 615-1 à R. 615-4, » et R. 618-1 à R. 618-3 sont applicables aux conditions dans lesquelles sont reçus les dépôts, transmis ou modifiés les droits qui y sont attachés, émises les notifications de l'Institut national de la propriété industrielle et réglé le contentieux.

Pour l'application des articles R. 613-53 à R. 613-59, le Registre national visé auxdits articles comporte une section dite Registre national des dépôts de topographies de produits semi-conducteurs. La première inscription prévue à l'article R. 613-53 porte sur le contenu de la déclaration de dépôt, complétée par les dates et références du dépôt et de son enregistrement. — *[Décr. nº 89-816 du 2 nov. 1989, art. 6.]*

Art. R. 622-7 Dans les deux mois précédant l'expiration de la durée de protection, le titulaire du dépôt peut demander soit la restitution des pièces, soit leur conservation pendant une durée supplémentaire de dix ans renouvelable.

La demande de conservation n'est recevable que si elle est accompagnée du paiement de la redevance prescrite.

A défaut de demande de restitution ou de conservation, les pièces du dépôt peuvent être détruites. — *[Décr. nº 89-816 du 2 nov. 1989, art. 7.]*

Art. R. 622-8 La constatation de réciprocité prévue pour l'application de l'article L. 622-2 est prononcée par arrêté conjoint du ministre chargé des affaires étrangères et du ministre chargé de la propriété industrielle. — *[Décr. nº 89-816 du 2 nov. 1989, art. 8.]*

Art. R. 622-9 *(Décr. nº 2015-427 du 15 avr. 2015, art. 4)* Le chapitre IV *bis* du titre Ier du présent livre est applicable au présent chapitre. — *V. Arr. du 29 juin 2015 (JO 4 août) ss. art. R. 335-6.*

CHAPITRE III OBTENTIONS VÉGÉTALES

SECTION PREMIÈRE DÉLIVRANCE ET MAINTIEN EN VIGUEUR DES CERTIFICATS D'OBTENTION VÉGÉTALE

SOUS-SECTION 1 DÉPÔT DES DEMANDES DE CERTIFICAT D'OBTENTION VÉGÉTALE

Art. R. 623-1 *(Décr. nº 2014-731 du 27 juin 2014, art. 2-1º)* La demande de certificat d'obtention végétale est déposée au siège de l'instance nationale des obtentions végétales. Le dépôt de la demande peut aussi résulter d'un envoi fait à l'instance nationale des obtentions végétales soit par pli postal recommandé avec demande d'avis de réception soit par un message utilisant tout mode de télétransmission, selon les modalités fixées par le responsable de l'instance nationale des obtentions végétales pour garantir notamment la sécurité de l'envoi.

Art. R. 623-2 Le dépôt peut être fait par le demandeur ou par un mandataire ayant son domicile, siège ou établissement *(Décr. nº 2014-731 du 27 juin 2014, art. 2-2º)* « dans un État membre de l'Union européenne ». — *[Décr. nº 71-764 du 9 sept. 1971, art. 2.]*

Art. R. 623-3 Les personnes physiques ou morales n'ayant pas leur domicile, siège ou établissement *(Décr. nº 2014-731 du 27 juin 2014, art. 2-2º)* « dans un État membre de l'Union européenne » et qui, en application de l'article L. 623-6, demandent des certificats d'obtention végétale, doivent, dans un délai de deux mois à compter de la réception de la notification qui leur est adressée à cet effet, constituer un mandataire ayant son domicile, siège ou établissement *(Décr. nº 2014-731 du 27 juin 2014, art. 2-2º)* « dans un État membre de l'Union européenne ».

Sauf stipulation contraire, le pouvoir du mandataire désigné dans les conditions prévues à l'article R. 623-2 ainsi qu'à l'alinéa précédent s'étend à tous les actes et à la réception de toutes les notifications prévus à la présente section, à l'exception du retrait de la demande ou de la renonciation au certificat.

Le pouvoir est dispensé de légalisation. – *[Décr. n° 71-764 du 9 sept. 1971, art. 3.]*

Art. R. 623-4 La demande de certificat d'obtention végétale doit comporter notamment :

– une description de la manière selon laquelle la variété a été obtenue ou découverte ;

– une description complète de la variété avec mention des caractères permettant, selon le requérant, de la distinguer des variétés déjà connues. Pour les variétés dont la production commerciale nécessite l'emploi répété d'une autre variété, les caractères de cette autre variété doivent être également décrits ;

– la dénomination proposée par l'obtenteur ;

– l'indication, le cas échéant, des États dans lesquels une demande de protection a été déposée et l'autorisation pour le *(Décr. n° 2014-731 du 27 juin 2014, art. 2-3°)* « responsable des missions relevant de l'instance nationale des obtentions végétales » d'échanger avec les autorités compétentes de tout État *(Décr. n° 2014-731 du 27 juin 2014, art. 2-3°)* « ou de toute organisation intergouvernementale » membre ou non de l'Union internationale pour la protection des obtentions végétales tous les éléments d'information sur les résultats des examens qui sont en cours ou qui ont pu être effectués sur ladite variété.

Peuvent être annexés à la demande des dessins ou photographies et tous renseignements susceptibles d'éclairer *(Décr. n° 2014-731 du 27 juin 2014, art. 2-3°)* « l'instance nationale » des obtentions végétales et concernant notamment des examens en culture, officiels ou privés, entrepris en France ou à l'étranger. – *[Décr. n° 71-764 du 9 sept. 1971, art. 4.]*

Art. R. 623-5 Le déposant doit joindre à la demande de certificat d'obtention végétale :

1° Une déclaration affirmant :

– que la variété pour laquelle la protection est demandée constitue à sa connaissance une obtention au sens de l'article L. 623-1 ;

– qu'elle n'a pas été offerte à la vente ou commercialisée en France *(Décr. n° 2014-731 du 27 juin 2014, art. 2-4°)* « ou sur le territoire de l'Espace économique européen » avec l'accord de l'obtenteur ou de son ou de ses ayants cause *(Décr. n° 2014-731 du 27 juin 2014, art. 2-4°)* « depuis plus de douze mois à la date de la demande » ;

– qu'elle n'a pas été offerte à la vente ou commercialisée avec l'accord de l'obtenteur sur le territoire de tout autre État depuis plus de six ans dans le cas de la vigne, des arbres forestiers, des arbres fruitiers et des arbres d'ornement, y compris dans chaque cas leurs porte-greffes, ou depuis plus de quatre ans dans le cas des autres genres ou espèces ;

2° Le cas échéant, si la demande porte sur une variété dont la production commerciale exige l'emploi répété d'une variété protégée, l'autorisation écrite du titulaire du certificat d'obtention végétale d'utiliser cette variété protégée ;

3° L'engagement de fournir à la requête du *(Décr. n° 2014-731 du 27 juin 2014, art. 2-4°)* « responsable des missions relevant de l'instance nationale des obtentions végétales dans les délais qu'il fixe », sous peine de rejet de la demande, le matériel de reproduction ou de multiplication végétative de la variété destiné à permettre un examen de ladite variété, y compris, le cas échéant, les différents composants héréditaires nécessaires à la reproduction de la variété ;

4° Éventuellement, le pouvoir du mandataire ;

5° La justification du paiement des redevances exigibles au moment du dépôt de la demande. – *[Décr. n° 71-764 du 9 sept. 1971, art. 5.]*

Art. R. 623-6 Sous réserve des dispositions prévues à l'article R. 623-7, la dénomination, pour pouvoir être enregistrée, doit permettre d'identifier la variété par rapport à toute autre variété et d'éviter tout risque de confusion avec toute autre variété de la même espèce botanique ou d'une espèce voisine, en France ou dans les États parties à la *(Décr. n° 2014-731 du 27 juin 2014, art. 2-5°)* « convention internationale pour la protection des obtentions végétales ». Elle ne doit pas être susceptible d'induire en erreur ou de prêter confusion en ce qui concerne l'origine, la provenance, les caractéristiques ou la valeur de la variété ou la personne de l'obtenteur. Elle ne doit pas être contraire aux bonnes mœurs ou à l'ordre public.

Dans le cas où cette dénomination aurait fait l'objet par l'obtenteur, son ou ses ayants cause d'un dépôt de marque, au sens de la législation sur les marques de fabrique, de commerce et de service telle qu'elle résulte du livre VII du présent code, en France ou *(Décr. n° 2014-731 du 27 juin 2014, art. 2-5°)* « auprès d'une des » parties à la convention susvisée pour des produits identiques ou similaires ou serait susceptible de créer une confusion avec une autre marque dont il a la jouissance, l'obtenteur doit souscrire un engagement pour lui et, éventuellement, tous ses ayants cause de renoncer définitivement, du jour de la délivrance du certificat d'obtention *(Décr. n° 2014-731 du 27 juin 2014, art. 2-5°)* « végétale », au bénéfice de la jouissance de ladite marque en France et *(Décr. n° 2014-731 du 27 juin 2014, art. 2-5°)* « auprès des membres de l'Union internationale pour la protection des obtentions végétales » dans lesquels sa variété peut être protégée par une législation prise en application de la convention susvisée.

Sont assimilées aux marques déposées en application du livre VII du présent code, les marques de fabrique ou de commerce qui ont été internationalement enregistrées et étendues à la France, conformément à l'arrangement de Madrid du 14 avril 1891 concernant l'enregistrement international des marques de fabrique ou de commerce *(Décr. n° 2014-731 du 27 juin 2014, art. 2-5°)* « ou les marques communautaires enregistrées conformément au titre IV du règlement (CE) n° 207/2009 du Conseil du 26 février 2009 sur la marque communautaire » et qui jouissent de la protection dans les territoires où la législation relative à la protection des obtentions végétales est applicable.

Cette renonciation ne porte pas atteinte à la validité du dépôt de la marque elle-même. — *[Décr. n° 71-764 du 9 sept. 1971, art. 6.] — V. Convention de Paris du 2 déc. 1961 pour la protection des obtentions végétales, App., v° Obtentions végétales. — V. Arrangement de Madrid du 14 avr. 1891 concernant l'enregistrement international des marques révisé à Bruxelles le 14 déc. 1900, à Washington le 2 juin 1911, à La Haye le 6 nov. 1925, à Londres le 2 juin 1934, à Nice le 15 juin 1957, et à Stockholm le 14 juill. 1967, App., v° Marques.*

Art. R. 623-7 Dans le cas où la variété a déjà fait l'objet d'une demande de protection dans un autre État *(Décr. n° 2014-731 du 27 juin 2014, art. 2-6°)* « auprès d'un membre » de l'Union internationale pour la protection des obtentions végétales et si une dénomination a été acceptée par *(Décr. n° 2014-731 du 27 juin 2014, art. 2-6°)* « ce membre », cette dénomination doit obligatoirement être utilisée en France pour désigner ladite variété, à moins qu'elle n'ait fait l'objet d'observations reconnues justifiées dans les conditions prévues par les articles R. 623-17 à R. 623-26 ou que soit constaté par le *(Décr. n° 2014-731 du 27 juin 2014, art. 2-6°)* « responsable des missions relevant de l'instance nationale » des obtentions végétales sa non-convenance sur les territoires où la législation relative à la protection des obtentions végétales est applicable ou que la dénomination ne soit pas conforme aux prescriptions du premier alinéa de l'article R. 623-6. — *[Décr. n° 71-764 du 9 sept. 1971, art. 7.]*

Art. R. 623-8 La demande de certificat d'obtention végétale peut comporter dans les conditions prévues par l'article L. 623-6 une revendication de priorité attachée à un dépôt antérieur fait *(Décr. n° 2014-731 du 27 juin 2014, art. 2-7°)* « auprès d'un des membres » de l'Union internationale pour la protection des obtentions végétales. Cette revendication doit être présentée par écrit en même temps que les pièces prévues à l'article R. 623-5. Elle doit mentionner la date et les références du dépôt antérieur, la dénomination sous laquelle la variété a été enregistrée ou, à défaut, la référence provisoire d'obtenteur, *(Décr. n° 2014-731 du 27 juin 2014, art. 2-7°)* « le membre de l'Union internationale pour la protection des obtentions végétales auprès duquel » a été fait le dépôt et le nom du titulaire des droits attachés au dépôt. Elle doit être accompagnée de la justification de la redevance exigible. — *[Décr. n° 71-764 du 9 sept. 1971, art. 8.]*

Art. R. 623-9 Le bénéfice du droit de priorité ne peut être accordé que si :

1. Dans un délai de trois mois à dater du dépôt de la demande, le déposant remet au *(Décr. n° 2014-731 du 27 juin 2014, art. 2-8°)* « responsable des missions relevant de l'instance nationale des obtentions végétales » une copie des documents constituant le

dépôt antérieur *(Décr. n° 2014-731 du 27 juin 2014, art. 2-8°)* « auprès de tout autre membre de l'Union internationale pour la protection des obtentions végétales », certifiée conforme par l'administration qui l'aura reçue accompagnée d'une traduction ;

2. Dans un délai de *(Décr. n° 2014-731 du 27 juin 2014, art. 2-8°)* « deux ans après l'expiration du délai de priorité », il fournit les documents complémentaires ainsi que, s'il y a lieu, le matériel de multiplication ou de reproduction végétative nécessaire à l'examen préalable. — *[Décr. n° 71-764 du 9 sept. 1971, art. 9.]*

Art. R. 623-10 Les pièces dont la production est prévue aux articles R. 623-4 à R. 623-6 ainsi qu'aux articles R. 623-15, R. 623-17 et R. 623-36 doivent être rédigées en langue française.

Le *(Décr. n° 2014-731 du 27 juin 2014, art. 2-9°)* « responsable des missions relevant de l'instance nationale des obtentions végétales » peut exiger que tout autre document à lui adresser soit établi en langue française ou accompagné d'une traduction. — *[Décr. n° 71-764 du 9 sept. 1971, art. 10.]*

Art. R. 623-11 Le bénéfice de la date de dépôt de la demande de certificat est acquis si sont produites lors de ce dépôt au moins les pièces visées à l'article R. 623-5, même si ces pièces ne sont pas régulières en la forme.

Si le dépôt ne comporte pas les pièces susvisées, la demande est déclarée irrecevable et renvoyée au déposant ; les redevances éventuellement versées lui sont remboursées.

En cas d'irrégularité de forme, celles-ci doivent être régularisées dans les deux mois de la notification qui est faite au déposant, faute de quoi la demande est rejetée et renvoyée au déposant. — *[Décr. n° 71-764 du 9 sept. 1971, art. 11.]*

Art. R. 623-12 Par dérogation aux dispositions de l'article R. 623-4, une référence provisoire peut être donnée à la place d'une dénomination pour désigner la variété qui fait l'objet de la demande au moment du dépôt de celle-ci. Dans ce cas, la dénomination doit être proposée sous peine d'irrecevabilité de la demande dans les deux mois de la notification qui est adressée au titulaire de la demande par le *(Décr. n° 2014-731 du 27 juin 2014, art. 2-9°)* « responsable des missions relevant de l'instance nationale des obtentions végétales ». — *[Décr. n° 71-764 du 9 sept. 1971, art. 12.]*

Art. R. 623-13 Un exemplaire de la demande de certificat d'obtention végétale est remis au déposant lors du dépôt, revêtu d'un visa attestant le jour et l'heure du dépôt de la demande et comportant un numéro d'enregistrement.

(Décr. n° 2014-731 du 27 juin 2014, art. 2-10°) « Lorsque le dépôt est fait par voie postale ou télétransmis, l'exemplaire de la demande destiné au déposant peut lui être adressé par la même voie. La date et l'heure du dépôt sont alors celles de la réception au siège de l'instance nationale des obtentions végétales du pli ou du message contenant la demande ; si le versement des redevances exigibles au moment du dépôt n'est fait qu'ultérieurement, la date du dépôt de la demande transmise par voie postale ou télétransmise est celle de ce versement et l'heure du dépôt celle de la fermeture, ce jour-là, du siège de l'instance nationale des obtentions végétales. La demande est déclarée irrecevable si ce versement n'intervient pas dans les deux mois qui suivent la réception de la demande au siège de l'instance nationale des obtentions végétales. »

Art. R. 623-14 La demande est inscrite au Registre des demandes de certificats d'obtention végétale prévu à l'article R. 623-38 dans l'ordre des dépôts sous le numéro qui a été indiqué au déposant.

Ce numéro est celui qui doit figurer sur toutes les notifications prévues par la présente section jusqu'à délivrance du certificat d'obtention végétale. — *[Décr. n° 71-764 du 9 sept. 1971, art. 14.]*

Art. R. 623-15 Jusqu'à la délivrance du certificat d'obtention végétale, le déposant peut demander la rectification des erreurs matérielles relevées dans les pièces déposées.

La requête doit être présentée par écrit et comporter le texte des modifications proposées par le déposant. Elle est inscrite sur le Registre des demandes de certificat d'obtention végétale et n'est recevable que si elle est accompagnée de la justification du paiement de la redevance exigible. — *[Décr. n° 71-764 du 9 sept. 1971, art. 15.]*

Sur l'intéressement des fonctionnaires et agents de l'État ayant participé à la découverte d'une obtention végétale, V. Décr. n° 96-858 du 2 oct. 1996, App., 2e partie, v° Obtentions végétales.

SOUS-SECTION 2 INSTRUCTION DES DEMANDES DE CERTIFICAT D'OBTENTION VÉGÉTALE

Art. R. 623-16 Sous réserve des dispositions de l'article R. 623-44, toute demande de certificat d'obtention végétale régulièrement déposée fait l'objet d'une publication dans un *Bulletin officiel* qui sera édité par *(Décr. n° 2014-731 du 27 juin 2014, art. 3-1°)* « l'instance nationale » des obtentions végétales.

Cette publication a notamment pour objet de porter la demande de certificat d'obtention végétale à la connaissance de toute personne y ayant intérêt.

La publication mentionne la date de dépôt, le nom et l'adresse du déposant et celui de l'obtenteur lorsque ce dernier n'est pas le déposant, la dénomination proposée ou, à défaut, la référence d'obtenteur, l'indication du genre ou espèce auquel appartient la variété et ses caractéristiques sommaires.

A compter du jour de la publication prévue aux alinéas précédents, toute personne peut prendre connaissance de la demande telle qu'elle est inscrite au Registre des demandes de certificat d'obtention végétale. — *[Décr. n° 71-764 du 9 sept. 1971, art. 16.]*

Art. R. 623-17 Dans un délai de deux mois à compter de la date de la publication prévue à l'article précédent, toute personne y ayant intérêt peut présenter des observations au *(Décr. n° 2014-731 du 27 juin 2014, art. 3-2°)* « responsable des missions relevant de l'instance nationale » des obtentions végétales. — *[Décr. n° 71-764 du 9 sept. 1971, art. 17.]*

Art. R. 623-18 Les contestations relatives au bien-fondé du droit de l'obtenteur sur la variété pour laquelle un certificat d'obtention végétale est demandé sont portées directement devant les tribunaux de grande instance et, dans les territoires d'outre-mer, les tribunaux de première instance.

Elles font l'objet d'une inscription au registre. — *[Décr. n° 71-764 du 9 sept. 1971, art. 18.]*

Art. R. 623-19 *(Décr. n° 2014-731 du 27 juin 2014, art. 3-3°)* Lorsque la dénomination de la variété proposée par l'obtenteur ou son ayant cause n'a pas figuré dans la demande initiale ou lorsque l'obtenteur propose, à la demande du responsable des missions relevant de l'instance nationale des obtentions végétales, une nouvelle dénomination, il est procédé à une publication de cette dénomination dans le *Bulletin officiel* de l'instance nationale des obtentions végétales.

Art. R. 623-20 *(Décr. n° 2014-731 du 27 juin 2014, art. 3-3°)* Les observations présentées sont notifiées au demandeur par le responsable des missions relevant de l'instance nationale des obtentions végétales, qui fixe le délai dans lequel il doit y être répondu.

Art. R. 623-21 Le *(Décr. n° 2014-731 du 27 juin 2014, art. 3-5°)* « responsable des missions relevant de l'instance nationale des obtentions végétales » régulièrement saisi dans les conditions prévues ci-dessus procède à l'instruction de la demande de certificat d'obtention végétale et, le cas échéant, à l'examen des observations qui s'y rapportent.

Il arrête les modalités de l'instruction.

Par application des dispositions de l'article L. 623-12, il peut décider de ne pas procéder à un examen préalable s'il résulte des documents français ou étrangers en sa possession qu'un tel examen a déjà été effectué et que les renseignements qu'ils contiennent lui apparaissent suffisants pour lui permettre de prendre une décision.

Dans le cas où le *(Décr. n° 2014-731 du 27 juin 2014, art. 3-5°)* « responsable des missions relevant de l'instance nationale des obtentions végétales » décide de faire procéder à un examen de la variété, il en fixe la durée et les modalités. Cet examen porte sur la *(Décr. n° 2014-731 du 27 juin 2014, art. 3-4°)* « distinction », l'homogénéité et la stabilité, à l'exclusion de toute appréciation sur la valeur culturale ; il n'est effectué que sur justification du paiement de la redevance exigible. — *[Décr. n° 71-764 du 9 sept. 1971, art. 21.]*

Art. R. 623-22 Dans le cas où la dénomination proposée est reconnue par le *(Décr. n° 2014-731 du 27 juin 2014, art. 3-5°)* « responsable des missions relevant de l'instance nationale des obtentions végétales » comme n'étant pas conforme aux dispositions des articles R. 623-6 et R. 623-7 et des arrêtés pris pour l'application de la présente section, ou fait l'objet d'observations reconnues valables par le *(Décr. n° 2014-731 du 27 juin 2014, art. 3-5°)* « responsable des missions relevant de l'instance nationale des obtentions végétales », l'obtenteur est invité à présenter une nouvelle dénomination dans un délai de deux mois à compter de la notification qui lui est faite. Cette nouvelle dénomination donne lieu aux mêmes mesures d'instruction et de publication. Dans le cas où l'obtenteur ne propose pas une nouvelle dénomination dans ce délai, la demande de certificat est déclarée irrecevable. Les redevances déjà perçues ne sont pas restituées. — *[Décr. n° 71-764 du 9 sept. 1971, art. 22.]*

Art. R. 623-23 L'instruction est suspendue à la requête écrite de toute personne qui apporte la preuve qu'elle a intenté auprès du tribunal de grande instance ou, dans les territoires d'outre-mer, du tribunal de première instance une action en revendication de la propriété de la demande de certificat d'obtention *(Décr. n° 2014-731 du 27 juin 2014, art. 3-6°)* « végétale. Toutefois, les essais décidés par le responsable des missions relevant de l'instance nationale des obtentions végétales peuvent être effectués. »

L'instruction est reprise dès que la décision du tribunal est passée en force de chose jugée. Elle peut être également reprise à tout moment sur le consentement écrit de la personne qui a intenté l'action en revendication. Ce consentement est alors irrévocable. Pendant cette période, le titulaire de la demande ne peut retirer celle-ci sans le consentement de l'auteur de l'action en revendication. De plus, celui-ci est appelé à participer à l'instruction au même titre que le titulaire de la demande. — *[Décr. n° 71-764 du 9 sept. 1971, art. 23.]*

Sur la prescription de l'action en revendication d'un certificat d'obtention végétale, V. • Com. 14 déc. 2004 : *D. 2004. AJ 714, note Allaeys* ; *ibid. Pan. 964, obs. Raynard* ; *Propr. ind. 2005, n° 51, obs. Schmidt-Szalewski.*

Art. R. 623-24 Lorsque les différentes mesures d'instruction décidées par le *(Décr. n° 2014-731 du 27 juin 2014, art. 3-5°)* « responsable des missions relevant de l'instance nationale des obtentions végétales » ont été accomplies, un rapport sommaire résumant les résultats de l'instruction est notifié au titulaire de la demande, celui-ci a deux mois pour présenter ses observations. Il peut, pendant ce délai, prendre connaissance de l'ensemble du dossier *(Décr. n° 2014-731 du 27 juin 2014, art. 3-7°)* « d'instruction auprès du responsable des missions relevant de l'instance nationale des obtentions végétales ».

Toute personne ayant présenté des observations dans les conditions prescrites par la présente section et par les arrêtés du ministre de l'agriculture qui pourront être pris pour son application est informée des conclusions du rapport concernant son intervention. Sur sa requête, le *(Décr. n° 2014-731 du 27 juin 2014, art. 3-5°)* « responsable des missions relevant de l'instance nationale des obtentions végétales » peut l'autoriser à prendre connaissance du dossier ayant trait à cette intervention. Elle peut présenter de nouvelles observations dans le même délai que ci-dessus. — *[Décr. n° 71-764 du 9 sept. 1971, art. 24.]*

V. • Paris, 9 juill. 1976 : *D. 1977. 120, concl. P. Franck.*

SOUS-SECTION 3 DÉLIVRANCE DES CERTIFICATS D'OBTENTION VÉGÉTALE

Art. R. 623-25 A l'expiration du délai prévu à l'article précédent, le *(Décr. n° 2014-731 du 27 juin 2014, art. 4-1°)* « responsable des missions relevant de l'instance nationale des obtentions végétales » statue sur la demande. Il peut décider soit la délivrance du certificat d'obtention végétale, soit le rejet de la demande, soit un supplément d'enquête dans des conditions et délais qu'il doit fixer.

Sa décision est motivée. Elle est notifiée au déposant et, le cas échéant, aux auteurs des observations. — *[Décr. n° 71-764 du 9 sept. 1971, art. 25.]*

Art. R. 623-26 Le certificat d'obtention végétale est délivré par le *(Décr. n° 2014-731 du 27 juin 2014, art. 4-2°)* « responsable des missions relevant de l'instance nationale » des obtentions végétales. Il est établi au nom du titulaire de la demande de certificat d'obtention végétale. Si le titulaire de la demande n'est pas l'obtenteur, le nom de ce dernier doit être mentionné sur le certificat d'obtention végétale.

Le certificat comporte notamment, en dehors de la dénomination de la variété et de sa description botanique, les indications relatives à la date du dépôt de la demande, de la délivrance, des différentes mesures de publicité, les mentions concernant les priorités dans le cas où il en serait revendiqué.

Dans le cas où, par application des dispositions des articles R. 623-4, R. 623-7 et R. 623-22, la variété est désignée par une ou plusieurs autres dénominations *(Décr. n° 2014-731 du 27 juin 2014, art. 4-3°)* « auprès des différents membres » de l'Union internationale pour la protection des obtentions végétales, ces différentes dénominations sont mentionnées à titre indicatif sur le certificat d'obtention *(Décr. n° 2014-731 du 27 juin 2014, art. 4-3°)* « végétale ». — *[Décr. n° 71-764 du 9 sept. 1971, art. 26.]*

Art. R. 623-27 Le certificat est inscrit au Registre national des certificats d'obtention végétale dans les conditions prévues à l'article R. 623-40. — *[Décr. n° 71-764 du 9 sept. 1971, art. 27.]*

Art. R. 623-28 La délivrance du certificat d'obtention végétale est publiée au *Bulletin officiel* *(Décr. n° 2014-731 du 27 juin 2014, art. 4-4°)* « de l'instance nationale » des obtentions végétales dans un délai de trois mois à compter de la date de notification de délivrance faite au propriétaire du certificat d'obtention végétale. — *[Décr. n° 71-764 du 9 sept. 1971, art. 28.]*

Art. R. 623-29 A partir du jour de la publication au *Bulletin officiel*, toute personne peut prendre connaissance *(Décr. n° 2014-731 du 27 juin 2014, art. 4-5°)* « au siège de l'instance nationale des obtentions végétales » du certificat d'obtention végétale tel qu'il est inscrit au Registre national des certificats d'obtention végétale. Elle peut se faire délivrer à ses frais des extraits de registre. Elle peut également prendre connaissance des pièces du dossier relatives au dépôt, à la procédure d'examen ou en obtenir reproduction à ses frais et, d'une manière générale, recevoir toutes informations sur l'obtention dont il s'agit, sous réserve des mesures particulières susceptibles d'être décidées *(Décr. n° 2014-731 du 27 juin 2014, art. 4-5°)* « par l'instance nationale » des obtentions végétales pour sauvegarder le droit de l'obtenteur sur les variétés dont la production commerciale exige l'emploi répété d'une ou *[de]* plusieurs autres variétés. — *[Décr. n° 71-764 du 9 sept. 1971, art. 29.]*

Art. R. 623-30 Le *(Décr. n° 2014-731 du 27 juin 2014, art. 4-2°)* « responsable des missions relevant de l'instance nationale » des obtentions végétales n'est tenu de conserver les demandes de certificats d'obtention végétale que pendant une période de dix ans après l'extinction des droits attachés aux certificats correspondants. — *[Décr. n° 71-764 du 9 sept. 1971, art. 30.]*

SOUS-SECTION 4 REDEVANCES ANNUELLES

Art. R. 623-31 La redevance annuelle prévue *(Décr. n° 2014-731 du 27 juin 2014, art. 5-1°)* « au deuxième alinéa de l'article L. 623-16 » est exigible pour la première fois à la date de la délivrance du certificat d'obtention végétale. Elle doit être versée dans les deux mois de la notification qui est faite par *(Décr. n° 2014-731 du 27 juin 2014, art. 5-1°)* « l'instance nationale » des obtentions végétales au propriétaire du certificat d'obtention végétale.

Pour les années suivantes, elle vient à échéance le dernier jour du mois de la date anniversaire de la délivrance du certificat d'obtention végétale.

Lorsqu'à *[Lorsque à]* partir de la deuxième année le paiement de la redevance annuelle n'a pas été effectué à l'échéance telle qu'elle est définie ci-dessus, ladite redevance peut encore valablement être versée dans un délai supplémentaire de six mois moyennant le paiement d'une redevance de retard. — *[Décr. n° 71-764 du 9 sept. 1971, art. 31.]*

Art. R. 623-32 Lorsque le paiement d'une redevance annuelle n'est pas effectué à la date de l'échéance normale, un avertissement est adressé au titulaire du certificat d'obtention végétale en lui indiquant qu'il encourt la déchéance de ses droits si ce paiement, accompagné de celui de la redevance de retard, n'est pas effectué avant l'expiration du délai prévu au troisième alinéa de l'article R. 623-31. L'absence d'aver-

tissement ou toute erreur que celui-ci comporterait ne constitue pas une cause de restauration des droits du propriétaire du certificat d'obtention végétale. – *[Décr. nº 71-764 du 9 sept. 1971, art. 32.]*

Art. R. 623-33 **Lorsque le paiement d'une redevance annuelle, accompagné, le cas échéant, de la redevance de retard, n'a pas été effectué dans les délais prescrits ci-dessus, le** *(Décr. nº 2014-731 du 27 juin 2014, art. 5-2º)* **« responsable des missions relevant de l'instance nationale » des obtentions végétales constate la déchéance du droit de l'obtenteur.**

Cette déchéance est inscrite au Registre national des certificats d'obtention *(Décr. nº 2014-731 du 27 juin 2014, art. 5-2º)* **« végétale » et publiée au** ***Bulletin officiel*** *(Décr. nº 2014-731 du 27 juin 2014, art. 5-2º)* **« de l'instance nationale » des obtentions végétales. Elle est motivée et notifiée au propriétaire du certificat d'obtention végétale à la date de l'inscription au Registre national des certificats d'obtention** *(Décr. nº 2014-731 du 27 juin 2014, art. 5-2º)* **« végétale ». L'intéressé est avisé qu'il dispose d'un délai de six mois à compter de l'expiration du dernier délai pour présenter au** *(Décr. nº 2014-731 du 27 juin 2014, art. 5-2º)* **« responsable des missions relevant de l'instance nationale des obtentions végétales » un recours en vue d'être restauré dans ses droits, dans les conditions prévues par l'article L. 623-23.**

Pour être valable, le recours doit être accompagné de la justification du versement de la redevance annuelle et d'une redevance pour inscription du recours au Registre national des certificats d'obtention végétale. – *[Décr. nº 71-764 du 9 sept. 1971, art. 33.]*

Art. R. 623-34 **Le** *(Décr. nº 2014-731 du 27 juin 2014, art. 5-3º)* **« responsable des missions relevant de l'instance nationale des obtentions végétales » statue dans un délai de deux mois. Dans le cas de rejet du recours, le montant de la dernière redevance annuelle est restitué.**

La décision du comité *[responsable des missions relevant de l'instance nationale des obtentions végétales]* **est notifiée au propriétaire du certificat d'obtention ; elle est inscrite au Registre national des certificats d'obtention végétale et publiée au** ***Bulletin officiel*** *(Décr. nº 2014-731 du 27 juin 2014, art. 5-3º)* **« de l'instance nationale » des obtentions végétales. –** *[Décr. nº 71-764 du 9 sept. 1971, art. 34.]*

Art. R. 623-35 **Si le propriétaire du certificat d'obtention végétale a formé devant la cour d'appel de Paris un recours contre la décision du** *(Décr. nº 2014-731 du 27 juin 2014, art. 5-4º)* **« responsable des missions relevant de l'instance nationale des obtentions végétales » prise en application de l'article L. 623-23, mention de l'introduction du recours est portée d'office au Registre national des certificats d'obtention végétale et les effets de la déchéance sont suspendus jusqu'à ce que l'arrêt de la cour soit devenu définitif.**

La décision de la cour d'appel de Paris est inscrite au Registre national des certificats d'obtention végétale. Elle est accompagnée, le cas échéant, de la mention que le propriétaire du certificat d'obtention végétale s'est pourvu en cassation. En cas de pourvoi, l'arrêt de la Cour de cassation est inscrit au registre dans les mêmes conditions. – *[Décr. nº 71-764 du 9 sept. 1971, art. 35.]*

SOUS-SECTION 5 RENONCIATION — DÉCHÉANCE

Art. R. 623-36 **La renonciation à un certificat d'obtention végétale est faite par une déclaration écrite. Elle est formulée au** *(Décr. nº 2014-731 du 27 juin 2014, art. 6-1º)* **« responsable des missions relevant de l'instance nationale des obtentions végétales » par le propriétaire du certificat ou par un mandataire muni d'un pouvoir spécial. Si le certificat appartient à plusieurs personnes, la renonciation ne peut être effectuée que si elle est requise par l'ensemble de celles-ci.**

Si les droits réels, de gage ou de licence ont été inscrits au Registre national des certificats d'obtention végétale, la renonciation n'est recevable que si elle est accompagnée du consentement des titulaires de ces droits.

La renonciation est inscrite après le versement de la redevance de radiation au Registre national des certificats d'obtention végétale. Elle prend effet à la date de cette inscription. – *[Décr. nº 71-764 du 9 sept. 1971, art. 36.]*

Art. R. 623-37 L'obtenteur susceptible d'être déchu de ses droits en application du 1° et du 2° du premier alinéa de l'article L. 623-23 est mis en demeure de faire cesser cette situation par une notification qui lui est adressée par le *(Décr. nº 2014-731 du 27 juin 2014, art. 6-2º)* « responsable des missions relevant de l'instance nationale des obtentions végétales ». Si, à l'expiration d'un délai de deux mois à compter de la réception de la notification, cette mise en demeure est restée sans effet, *(Décr. nº 2014-731 du 27 juin 2014, art. 6-2º)* « le responsable des missions relevant de l'instance nationale des obtentions végétales constate » la déchéance du droit de l'obtenteur.

La décision du *(Décr. nº 2014-731 du 27 juin 2014, art. 6-2º)* « responsable des missions relevant de l'instance nationale des obtentions végétales » est notifiée au propriétaire du certificat d'obtention végétale. Elle est inscrite au Registre national des certificats d'obtention végétale et publiée au *(Décr. nº 2014-731 du 27 juin 2014, art. 6-2º)* « *Bulletin officiel* de l'instance nationale » des obtentions végétales. — *[Décr. nº 71-764 du 9 sept. 1971, art. 37.]*

SOUS-SECTION 6 REGISTRES NATIONAUX

Art. R. 623-38 Le *(Décr. nº 2014-731 du 27 juin 2014, art. 7-1º)* « responsable des missions relevant de l'instance nationale » des obtentions végétales tient un Registre des demandes de certificat d'obtention végétale et un Registre national des certificats d'obtention végétale. — *[Décr. nº 71-764 du 9 sept. 1971, art. 38.]*

Art. R. 623-39 Au registre des demandes sont inscrites dans l'ordre chronologique les demandes de certificat d'obtention végétale, aussitôt après le dépôt de la demande.

Pour chaque demande, l'inscription comporte notamment :

— le numéro provisoire d'enregistrement ;

— la date de dépôt ;

— l'indication du genre ou espèce auquel appartient la variété ;

— les nom et adresse de l'obtenteur et, s'il y a lieu, de son mandataire ou ayant cause lorsque l'obtenteur n'est pas le déposant ;

— la dénomination proposée ou, à défaut, la référence d'obtenteur ainsi que, le cas échéant, la dénomination sous laquelle la variété a été désignée *(Décr. nº 2014-731 du 27 juin 2014, art. 7-2º)* « par les autres membres de l'Union internationale pour la protection des obtentions végétales » ;

— la revendication de priorité dans le cas où il en a été formulé ;

— la mention des observations visées aux articles R. 623-17 à R. 623-26 ;

— la date de délivrance du certificat d'obtention végétale avec son numéro d'inscription au Registre national des certificats d'obtention végétale ou la mention du rejet définitif.

La description de la variété faite par le demandeur et celle du procédé d'obtention sont portées en annexe au registre, sous réserve des dispositions de l'article R. 623-44. — *[Décr. nº 71-764 du 9 sept. 1971, art. 39.]*

Art. R. 623-40 L'inscription des certificats d'obtention végétale au Registre national des certificats d'obtention *(Décr. nº 2014-731 du 27 juin 2014, art. 7-3º)* « végétale » a lieu dans l'ordre de leur délivrance.

L'inscription comporte :

— le numéro d'ordre sous lequel le certificat a été délivré ;

— le genre ou espèce auquel appartient la variété ;

— la dénomination ainsi que, le cas échéant, toute autre dénomination sous laquelle elle est déjà désignée *(Décr. nº 2014-731 du 27 juin 2014, art. 7-3º)* « par les autres membres de l'Union internationale pour la protection des obtentions végétales » ;

— une description botanique ;

— le nom et l'adresse du propriétaire du certificat d'obtention végétale ainsi que le nom et l'adresse de l'obtenteur si celui-ci n'est pas le propriétaire du certificat d'obtention végétale ;

— éventuellement, la revendication de priorité ;

— les dates auxquelles commence et expire la protection et, s'il y a lieu, la renonciation anticipée ou la décision constatant la déchéance du droit du propriétaire.

Cette inscription est complétée, s'il y a lieu, par la mention des décisions judiciaires déterminant le titulaire du droit.

Elle est également complétée par la mention de tous actes relatifs à la transmission de propriété du droit d'obtenteur, la cession ou la concession d'un droit d'exploitation, la licence d'office et tous actes transmettant ou modifiant les droits attachés à un certificat d'obtention végétale *(Décr. n° 2014-731 du 27 juin 2014, art. 7-3°)* « y compris, le cas échéant, ceux relatifs à la reconnaissance de variétés essentiellement dérivées au sens du IV de l'article L. 623-4 ». Ces différentes inscriptions complémentaires seront faites moyennant le versement de redevances. – *[Décr. n° 71-764 du 9 sept. 1971, art. 40.]*

Art. R. 623-40-1 *(Décr. n° 2014-731 du 27 juin 2014, art. 7-4°)* La mention de variétés essentiellement dérivées au sens du IV de l'article L. 623-4, faisant ou non l'objet d'un certificat d'obtention végétale, identifiées par leur dénomination variétale, peut être inscrite en complément des mentions obligatoires relatives au certificat d'obtention végétale d'une variété initiale protégée.

Elle peut également être inscrite en complément des mentions obligatoires relatives au certificat d'une variété essentiellement dérivée.

Cette mention complémentaire est inscrite :

– sur notification au responsable des missions relevant de l'instance nationale des obtentions végétales d'une décision judiciaire passée en force de chose jugée ;

– sur production de l'un des originaux de l'acte sous seing privé portant reconnaissance par les parties concernées des qualifications de variété initiale et *[de]* variété essentiellement dérivée ; ou

– sur production d'une déclaration du titulaire du certificat portant sur une variété initiale s'il est également obtenteur de variétés essentiellement dérivées au sens du IV de l'article L. 623-4.

L'inscription de mentions complémentaires n'engage pas la responsabilité de l'instance nationale des obtentions végétales.

Les mentions complémentaires relatives aux variétés essentiellement dérivées peuvent être publiées au *Bulletin officiel* de l'instance nationale des obtentions végétales.

Art. R. 623-41 L'inscription des mentions complémentaires pour les décisions judiciaires est faite à la requête du greffier du tribunal qui a rendu la décision, et pour les autres mentions à la requête de toute partie intéressée, sur production de l'un des originaux de l'acte si celui-ci est sous seing privé, ou d'une expédition s'il est authentique ou d'un document justifiant le transfert en cas de mutation par décès. – *[Décr. n° 71-764 du 9 sept. 1971, art. 41.]*

Art. R. 623-42 Il est délivré à tout requérant contre versement de la redevance exigible des reproductions des inscriptions complémentaires portées au Registre national des certificats d'obtention végétale ou des certificats constatant qu'il n'existe pas d'inscription. – *[Décr. n° 71-764 du 9 sept. 1971, art. 42.]*

SOUS-SECTION 7 DEMANDES DE CERTIFICATS D'OBTENTION VÉGÉTALE INTÉRESSANT LA DÉFENSE NATIONALE

Art. R. 623-43 Des délégués du ministre chargé de la défense nationale, spécialement habilités à cet effet et dont les noms et qualités ont été portés à la connaissance du ministre chargé de l'agriculture par le ministre chargé de la défense nationale, prennent connaissance, dans les locaux *(Décr. n° 2014-731 du 27 juin 2014, art. 8-1°)* « de l'instance nationale » des obtentions végétales, des demandes de certificat d'obtention végétale déposées.

Celles-ci sont présentées, dans le délai de quinze jours à compter de la date de leur réception, *(Décr. n° 2014-731 du 27 juin 2014, art. 8-1°)* « par le responsable de l'instance nationale » des obtentions végétales.

Lorsque la demande est formulée par les délégués du ministre chargé de la défense nationale, le *(Décr. n° 2014-731 du 27 juin 2014, art. 8-1°)* « responsable des missions relevant de l'instance nationale » des obtentions végétales doit, s'il ne l'a déjà fait, inviter l'obtenteur ou son ayant cause à fournir dans les plus courts délais compatibles avec le mode de reproduction ou de multiplication végétative de la variété, le matériel visé *(Décr. n° 2014-731 du 27 juin 2014, art. 8-1°)* « au 3° de l'article R. 623-25 » et le communiquer dès sa réception aux délégués du ministre chargé de la défense nationale. – *[Décr. n° 71-764 du 9 sept. 1971, art. 50.]*

Art. R. 623-44 **En ce qui concerne les demandes de certificat d'obtention végétale de variétés appartenant aux espèces comprises dans la liste fixée par arrêté pris en application de l'article L. 623-9, les procédures prévues par les articles R. 623-16 à R. 623-30 ne peuvent, sauf intervention de l'autorisation spéciale prévue par l'article L. 623-9, être engagées pendant la durée des interdictions prescrites par ledit article. Elles ne peuvent l'être non plus pendant la durée des interdictions prorogées en application de l'article L. 623-10.**

Pendant la durée des interdictions, il est en outre sursis à la mise en annexe au Registre des demandes de certificats d'obtention végétale, telle que prévue par l'article R. 623-39, de la description de variété faite par le demandeur et de son procédé d'obtention. – *[Décr. n° 71-764 du 9 sept. 1971, art. 51.]*

Art. R. 623-45 **La demande d'autorisation de divulguer et d'exploiter librement une obtention appartenant à l'une des espèces visées à l'article ci-dessus avant le terme du délai prévu à l'article L. 623-9 doit être formulée auprès du** *(Décr. n° 2014-731 du 27 juin 2014, art. 8-2°)* **« responsable des missions relevant de l'instance nationale » des obtentions végétales ; elle peut l'être dès le dépôt de la demande de certificat. L'autorisation est notifiée au déposant par le ministre chargé de l'agriculture sur avis du ministre chargé de la défense nationale.**

En l'absence d'une telle autorisation et à tout moment, une demande d'autorisation particulière en vue d'accomplir des actes déterminés d'exploitation peut être adressée directement par le titulaire de la demande de certificat au ministre chargé de la défense nationale. Celui-ci, s'il accorde l'autorisation sollicitée, précise les conditions auxquelles ces actes d'exploitation sont soumis.

Si l'autorisation particulière porte sur la cession de la demande de certificat ou sur la concession d'une licence d'exploitation, le ministre chargé de la défense nationale notifie copie de sa décision au ministre chargé de l'agriculture. – *[Décr. n° 71-764 du 9 sept. 1971, art. 52.]*

En application du 4° du I de l'art. 21 de la L. n° 2000-321 du 12 avr. 2000, le silence gardé pendant deux mois par l'administration vaut décision de rejet de la demande d'autorisation particulière formulée par un titulaire de demande de certificat en vue d'établir des actes déterminés d'exploitation s'agissant des demandes de certificat d'obtentions végétales intéressant la défense nationale (Décr. n° 2014-1285 du 23 oct. 2014, art. 1er, applicable aux demandes présentées à compter du 12 nov. 2014).

Art. R. 623-46 **La réquisition adressée au ministre chargé de l'agriculture par le ministre chargé de la défense nationale aux fins de prorogation des interdictions de divulgation et de libre exploitation d'une obtention, objet de la demande de certificat, doit parvenir au** *(Décr. n° 2014-731 du 27 juin 2014, art. 8-2°)* **« responsable des missions relevant de l'instance nationale » des obtentions végétales au plus tard quinze jours avant le terme du délai de cinq mois prévu à l'article L. 623-9.**

Toute réquisition aux fins de renouvellement d'une prorogation doit parvenir dans les mêmes conditions au plus tard quinze jours avant l'expiration de la période d'un an en cours.

La prorogation des interdictions de divulgation et de libre exploitation est prononcée par arrêté du ministre chargé de l'agriculture et notifiée au déposant avant le terme de la période d'interdiction en cours.

Des autorisations particulières en vue d'accomplir des actes déterminés d'exploitation peuvent être accordées dans les conditions prévues aux deuxième et troisième alinéas de l'article R. 623-45.

Le ministre chargé de la défense nationale peut faire connaître à tout moment au ministre de l'agriculture la levée des interdictions prorogées en application de l'article L. 623-10. Cette mesure fait l'objet d'un arrêté du ministre chargé de l'agriculture notifié au titulaire de la demande de certificat. – *[Décr. n° 71-764 du 9 sept. 1971, art. 53.]*

Art. R. 623-47 Les dispositions des articles R. 612-29, R. 612-30, R. 612-32 et R. 613-42 sont applicables aux requêtes formulées et aux instances introduites en application des articles L. 623-10 et L. 623-11. – *[Décr. n° 71-764 du 9 sept. 1971, art. 54.]*

SOUS-SECTION 8 DISPOSITIONS DIVERSES

Art. R. 623-48 Les notifications prévues par la présente section ainsi que par l'article L. 623-18 sont faites par lettre recommandée avec demande d'avis de réception. – *[Décr. nº 71-764 du 9 sept. 1971, art. 55.]*

(Décr. nº 2014-731 du 27 juin 2014, art. 9-1º) « L'envoi de la lettre recommandée avec demande d'avis de réception peut être remplacé par la remise de la lettre au destinataire contre récépissé, au siège de l'instance nationale des obtentions végétales, ou par un message sous forme électronique selon les modalités fixées par le responsable de l'instance nationale pour garantir notamment la sécurité de l'envoi.

« Si l'adresse du destinataire est inconnue, la notification est faite par publication d'un avis au *Bulletin officiel* de l'instance nationale des obtentions végétales. »

Art. R. 623-49 Toute notification est réputée régulière si elle est faite au dernier propriétaire de la demande de certificat d'obtention végétale, ou du certificat d'obtention végétale tel qu'il figure au Registre des demandes de certificats d'obtention végétale ou au Registre national des certificats d'obtention végétale.

Si le propriétaire est domicilié à l'étranger, la notification est faite au dernier mandataire et au dernier domicile élu qu'il a désigné au *(Décr. nº 2014-731 du 27 juin 2014, art. 9-2º)* « responsable des missions relevant de l'instance nationale » des obtentions végétales. – *[Décr. nº 71-764 du 9 sept. 1971, art. 56.]*

Art. R. 623-50 Tous les délais fixés par la présente section sont francs. Le jour de l'acte ou de la décision qui le fait courir, d'une part, le dernier jour, d'autre part, ne sont pas comptés.

Tout délai qui expirerait normalement un samedi, un dimanche ou un jour férié sera prorogé jusqu'au premier jour ouvrable suivant. – *[Décr. nº 71-764 du 9 sept. 1971, art. 57.]*

Art. R. 623-50-1 *(Décr. nº 2008-624 du 27 juin 2008, art. 11)* Le délai prévu au dernier alinéa de l'article *(Décr. nº 2014-1550 du 19 déc. 2014, art. 7)* « L. 623-27 » et imparti au demandeur pour se pourvoir au fond *(Décr. nº 2014-1550 du 19 déc. 2014, art. 7)* « par la voie civile ou pénale, ou déposer une plainte auprès du procureur de la République, » est de vingt jours ouvrables ou de trente et un jours civils si ce délai est plus long, à compter de la date de l'ordonnance.

V. note ss. art. R. 343-1.

Art. R. 623-51 *(Décr. nº 2008-624 du 27 juin 2008, art. 12)* La saisie, descriptive ou réelle, prévue à l'article L. 623-27-1 est ordonnée par le président de l'un des tribunaux de grande instance mentionnés à l'article D. 631-1, dans le ressort duquel les opérations doivent être effectuées.

L'ordonnance est rendue sur simple requête et sur la présentation du certificat d'obtention végétale, soit dans le cas prévu à l'article L. 623-26, d'une copie certifiée conforme de la demande de certificat d'obtention végétale. Dans ce dernier cas, le demandeur doit justifier en outre que les conditions prévues audit article L. 623-26 sont remplies.

Si la requête est présentée par le concessionnaire d'un droit exclusif d'exploitation ou par le titulaire d'une licence octroyée en vertu *(Décr. nº 2014-731 du 27 juin 2014, art. 9-3º)* « des articles L. 623-17 ou L. 623-20 », le requérant doit justifier que les conditions de l'article L. 623-25 sont remplies.

Le président peut autoriser l'huissier à procéder à toute constatation utile en vue d'établir l'origine, la consistance et l'étendue de la contrefaçon.

Art. R. 623-51-1 *(Décr. nº 2008-624 du 27 juin 2008, art. 13)* Lorsque le juge a subordonné la saisie à la constitution de garanties par le demandeur, celles-ci doivent être constituées avant qu'il soit procédé à la saisie.

A peine de nullité et de dommages-intérêts contre l'huissier, celui-ci doit, avant de procéder à la saisie, donner copie aux détenteurs des objets saisis ou décrits de l'ordonnance et, le cas échéant, de l'acte constatant la constitution des garanties. Copie doit être laissée aux mêmes détenteurs du procès-verbal de saisie.

Art. R. 623-52 Lorsque la saisie réelle est ordonnée, le juge peut exiger du requérant un cautionnement qui doit être consigné avant qu'il soit procédé à la saisie. A peine de nullité et de dommages-intérêts contre l'huissier, celui-ci doit, avant de procéder à la saisie, donner aux détenteurs de plantes, parties de plantes ou éléments de reproduction ou de multiplication végétative de la variété considérée copie de l'ordonnance et, le cas échéant, de l'acte constatant le dépôt du cautionnement. Copie doit être laissée aux mêmes détenteurs du procès-verbal de saisie. – *[Décr. nº 71-764 du 9 sept. 1971, art. 61.]*

Sur la question, V. • TGI Paris, 10 janv. 2001 : *PIBD 2001. III. 383 ; RDPI 2001, nº 125, p. 25.*

Art. R. 623-53 *(Décr. nº 2008-624 du 27 juin 2008, art. 14)* Le délai prévu au dernier alinéa de l'article *(Décr. nº 2014-1550 du 19 déc. 2014, art. 8)* « L. 623-27-1 » et imparti au demandeur pour se pourvoir au fond est de vingt jours ouvrables ou de trente et un jours civils si ce délai est plus long, à compter du jour où est intervenue la saisie ou la description.

V. note ss. art. R. 343-1.

Art. R. 623-53-1 *(Décr. nº 2008-624 du 27 juin 2008, art. 15)* Le président du tribunal de grande instance peut ordonner, au vu du procès-verbal de saisie, toute mesure pour compléter la preuve des actes de contrefaçon allégués. A la demande de la partie saisie agissant sans délai et justifiant d'un intérêt légitime, il peut également prendre toute mesure pour préserver la confidentialité de certains éléments.

Art. R. 623-54 Des arrêtés du ministre chargé de l'agriculture pris après avis du *(Décr. nº 2014-731 du 27 juin 2014, art. 9-2º)* « responsable des missions relevant de l'instance nationale » des obtentions végétales préciseront, en tant que de besoin, les conditions d'application de la présente section. – *[Décr. nº 71-764 du 9 sept. 1971, art. 63.]*

SECTION II CHAMP D'APPLICATION DES CERTIFICATS D'OBTENTION VÉGÉTALE, DURÉE ET PORTÉE DU DROIT DE L'OBTENTEUR

(Décr. nº 95-1407 du 28 déc. 1995)

Art. R. 623-55 à R. 623-57 *Abrogés par Décr. nº 2014-731 du 27 juin 2014, art. 10-1º.*

Art. R. 623-58 Toute personne qui, à l'occasion de tous actes de cession, de concession ou de commercialisation *(Décr. nº 2014-731 du 27 juin 2014, art. 10-2º)* « d'une variété bénéficiant d'un certificat d'obtention végétale », désire user de la faculté qui lui est offerte par l'article L. 623-15 d'adjoindre à la dénomination variétale une marque de commerce ou de fabrique, que cette marque lui soit propre ou qu'elle lui soit concédée, doit prendre les précautions nécessaires notamment dans la correspondance, dans la publicité, dans l'établissement des catalogues commerciaux, sur les emballages ou étiquettes, afin que cette dénomination soit suffisamment apparente dans son contexte pour qu'aucune confusion ne soit susceptible de s'établir dans l'esprit de l'acheteur sur l'identité de la variété.

Art. D. 623-58-1 *(Décr. nº 2015-164 du 12 févr. 2015, art. 1er)* La composition et le fonctionnement de la commission paritaire de conciliation spécifique au domaine des obtentions végétales sont régis par les articles R. 615-6 à R. 615-8, R. 615-10 à R. 615-31, sous réserve des adaptations suivantes :

1º Les mots : "directeur général de l'Institut national de la propriété industrielle" sont remplacés par les mots : "responsable de l'instance nationale des obtentions végétales" et les mots : "Institut national de la propriété industrielle" sont remplacés par les mots : "instance nationale des obtentions végétales" ;

2º Les arrêtés mentionnés aux articles R. 615-6 et R. 615-10 sont pris conjointement par le ministre de la justice et le ministre chargé de l'agriculture.

La commission paritaire de conciliation se réunit au siège de l'instance nationale des obtentions végétales.

SECTION II *BIS* SEMENCES DE FERME

(*Décr. nº 2014-869 du 1er août 2014, art. 1er*)

Art. R. 623-59 I. – Les espèces, autres que celles énumérées par le règlement (CE) nº 2100/94 du Conseil du 27 juillet 1994 instituant un régime de protection communautaire des obtentions végétales, pour lesquelles les agriculteurs ont le droit, en application de l'article L. 623-24-1, d'utiliser sur leur propre exploitation, sans l'autorisation de l'obtenteur, à des fins de reproduction ou de multiplication, le produit de la récolte qu'ils ont obtenu par la mise en culture d'une variété protégée, sont :

1º Plantes fourragères :

a) Trifolium pratense – Trèfle violet ;

b) Trifolium incarnatum – Trèfle incarnat ;

c) Lolium multiflorum – Ray Grass d'Italie ;

d) Lolium hybridum – Ray Grass hybride ;

e) Lathyrus spp. – Gesses ;

2º Plantes oléagineuses :

Glycine max – Soja ;

3º Plantes à usage de cultures intermédiaires piège à nitrates :

a) Sinapis alba – Moutarde blanche ;

b) Avena strigosa – Avoine rude ;

4º Plantes protéagineuses :

a) Pisum sativum – Pois protéagineux ;

b) Lupinus albus – Lupin blanc ;

c) Lupinus angustifolius – Lupin bleu ;

5º Plantes potagères :

a) Lens culinaris – Lentille ;

b) Phaseolus vulgaris – Haricot.

II. – Sauf en ce qui concerne les petits agriculteurs au sens de l'article L. 623-24-2, l'entrée en vigueur du I est subordonnée à la conclusion des contrats ou accords mentionnés à l'article L. 623-24-3 ou à défaut à l'entrée en vigueur du décret d'application mentionné au même article déterminant les modalités de fixation du montant de l'indemnité prévue à l'article L. 623-24-2.

SECTION III LA RETENUE

(*Décr. nº 2015-427 du 15 avr. 2015, art. 5*)

Art. R. 623-60 Le chapitre IV *bis* du titre Ier du présent livre est applicable au présent chapitre. – *V. Arr. du 29 juin 2015, ss. art. R. 335-6.*

CHAPITRE IV TRANSFERTS TECHNIQUES INTERNATIONAUX

Art. R. 624-1 à R. 624-7 *Abrogés par Décr. nº 2008-1472 du 30 déc. 2008, art. 19.*

TITRE TROISIÈME TRIBUNAUX COMPÉTENTS EN MATIÈRE D'ACTIONS RELATIVES AUX INVENTIONS ET AUX CONNAISSANCES TECHNIQUES

CHAPITRE UNIQUE

Art. D. 631-1 Ainsi qu'il est dit à l'article (*Décr. nº 2008-624 du 27 juin 2008, art. 17*) « D. 211-5 » du code de l'organisation judiciaire, le siège et le ressort des tribunaux de grande instance appelés à connaître des actions en matière d'obtentions végétales en application (*Décr. nº 2005-1756 du 30 déc. 2005, art. 19*) « de l'article L. 623-31 » du code de la propriété intellectuelle sont fixés conformément au tableau

(Décr. n° 2008-624 du 27 juin 2008, art. 17) **« V » annexé au code de l'organisation judiciaire, ci-après reproduit :**

Siège et ressort des tribunaux de grande instance compétents pour connaître des actions en matière d'obtentions végétales

SIÈGE	RESSORT
Cour d'appel d'Aix-en-Provence	
Marseille	Ressort des cours d'appel d'Aix-en-Provence, Bastia et Nîmes.
Cour d'appel de Bordeaux	
Bordeaux	Ressort des cours d'appel d'Agen, Bordeaux et Poitiers.
Cour d'appel de Colmar	
Strasbourg	Ressort des cours d'appel de Colmar et Metz.
Cour d'appel de Douai	
Lille	Ressort des cours d'appel d'Amiens et Douai.
Cour d'appel de Limoges	
Limoges	Ressort des cours d'appel de Bourges, Limoges et Riom
Cour d'appel de Lyon	
Lyon	Ressort des cours d'appel de Chambéry, Grenoble et Lyon.
Cour d'appel de Nancy	
Nancy	Ressort des cours d'appel de Besançon, Dijon et Nancy.
Cour d'appel de Paris	
Paris	Ressort des cours d'appel de Basse-Terre, *(Décr. n° 2011-1878 du 14 déc. 2011)* « Cayenne », Fort-de-France, Nouméa, Orléans, Papeete, Paris, Reims, Rouen, Saint-Denis et Versailles, et du tribunal supérieur d'appel de Saint-Pierre.
Cour d'appel de Rennes	
Rennes	Ressort des cours d'appel d'Angers, Caen et Rennes.
Cour d'appel de Toulouse	
Toulouse	Ressort des cours d'appel de Montpellier, Pau et Toulouse.

L'art. R. 631-1 a été déclassé en art. D. 631-1 par le Décr. n° 2008-522 du 2 juin 2008, art. 6.

Art. D. 631-2 *(Décr. n° 2009-1205 du 9 oct. 2009)* **Le siège et le ressort des tribunaux de grande instance ayant compétence exclusive pour connaître des actions en matière de brevets d'invention, de certificats d'utilité, de certificats complémentaires de protection et de topographies de produits semi-conducteurs en application des articles**

L. 611-2, L. 615-17 et L. 622-7 du code de la propriété intellectuelle sont fixés conformément à l'article D. 211-6 du code de l'organisation judiciaire.

Code de l'organisation judiciaire

Art. D. 211-6 *(Décr. nº 2009-1205 du 9 oct. 2009)* Le tribunal de grande instance ayant compétence exclusive pour connaître des actions en matière de brevets d'invention, de certificats d'utilité, de certificats complémentaires de protection et de topographies de produits semi-conducteurs, dans les cas et conditions prévus par le code de la propriété intellectuelle, est celui de Paris.

LIVRE SEPTIÈME MARQUES DE FABRIQUE, DE COMMERCE OU DE SERVICE ET AUTRES SIGNES DISTINCTIFS

Sur le silence de l'INPI dans la procédure, V. Décr. n° 2014-1280 du 23 oct. 2014 (JO 1er nov.), modifié par le Décr. n° 2015-511 du 7 mai 2015 (JO 8 mai). — V aussi CE 30 déc. 2015, nos 386805-386807 : RTD com. 2016. 87, obs. Galloux.

TITRE PREMIER MARQUES DE FABRIQUE, DE COMMERCE OU DE SERVICE

CHAPITRE PREMIER ÉLÉMENTS CONSTITUTIFS DE LA MARQUE

Absence de disposition réglementaire.

CHAPITRE II ACQUISITION DU DROIT SUR LA MARQUE

Art. R. 712-1 *(Décr. n° 2014-650 du 20 juin 2014, art. 3-XII, en vigueur le 1er juill. 2014)* **La demande d'enregistrement de marque est déposée au siège de l'Institut national de la propriété industrielle ou y est envoyée par pli postal ou par tout mode de télétransmission dans les conditions définies par décision de son directeur général. La date de dépôt est celle de la réception de la demande au siège de l'institut.**

Le directeur général de l'Institut national de la propriété industrielle peut imposer un dépôt sous forme électronique lorsque cette modalité est de nature à faciliter l'examen et la publication de la demande.

L'institut apporte une assistance aux déposants par tout moyen approprié, précisé par décision de son directeur général.

Le présent article est également applicable aux déclarations de renouvellement prévues à l'article R. 712-24.

Les dispositions du Décr. n° 2014-650 du 20 juin 2014 sont applicables dans les îles Wallis-et-Futuna (Décr. préc., art. 5).

Art. R. 712-2 *(Décr. n° 97-863 du 17 sept. 1997, art. 6)* **« Le dépôt peut être fait personnellement par le demandeur ou par un mandataire ayant son domicile, son siège ou son établissement** *(Décr. n° 2002-215 du 18 févr. 2002, art. 8)* **« dans un État membre de la Communauté européenne ou dans un État partie à l'accord sur l'Espace économique européen ».**

« Sous réserve des exceptions prévues aux articles L. 422-4 et L. 422-5, le mandataire constitué pour le dépôt d'une demande d'enregistrement de marque et tout acte subséquent relatif à la procédure d'enregistrement, à l'exception du simple paiement des redevances et des déclarations de renouvellement, doit avoir la qualité de conseil en propriété industrielle. »

Les personnes n'ayant pas leur domicile ou leur siège *(Décr. n° 2002-215 du 18 févr. 2002, art. 8)* **« dans un État membre de la Communauté européenne ou dans un État partie à l'accord sur l'Espace économique européen » doivent dans le délai qui leur est imparti par l'institut, constituer un mandataire satisfaisant aux conditions prévues à l'alinéa précédent.**

(Décr. n° 2004-199 du 25 févr. 2004, art. 62) **« En cas de pluralité de déposants, un mandataire commun doit être constitué. Si celui-ci n'est pas l'un des déposants, il doit satisfaire aux conditions prévues par le deuxième alinéa. »**

Sauf lorsqu'il a la qualité de conseil en propriété industrielle *(Décr. n° 2007-731 du 7 mai 2007)* **« ou d'avocat », le mandataire doit joindre un pouvoir qui s'étend, sous réserve des dispositions des articles R. 712-21 et R. 714-1 et sauf stipulation contraire, à tous les actes et à la réception de toutes les notifications prévues au présent titre. Le pouvoir est dispensé de légalisation.** – *[Décr. n° 92-100 du 30 janv. 1992, art. 2.]*

Art. R. 712-3 **Le dépôt comprend :**

1° La demande d'enregistrement de la marque établie dans les conditions prévues par *(Décr. n° 2014-650 du 20 juin 2014, art. 4-II, en vigueur le 1er juill. 2014)* **« la décision mentionnée » à l'article R. 712-26 et précisant notamment :**

a) L'identification du déposant :

b) Le modèle de la marque, consistant dans la représentation graphique de cette dernière ; le modèle peut être complété par une brève description ; cette dernière est obligatoire dans les cas prévus à l'arrêté précité ;

c) L'énumération des produits ou services auxquels elle s'applique, ainsi que l'énumération des classes correspondantes ;

d) Le cas échéant, l'indication qu'est revendiqué le droit de priorité attaché à un précédent dépôt étranger ou qu'un certificat de garantie a été délivré en application de la loi du 13 avril 1908.

2° Les pièces annexes ci-après :

a) La justification du paiement des redevances prescrites ;

b) *(Décr. nº 2007-731 du 7 mai 2007)* « S'il est constitué un mandataire, le pouvoir de ce dernier, à moins qu'il n'ait la qualité de conseil en propriété industrielle ou d'avocat » ;

c) Si le caractère distinctif du signe déposé à titre de marque a été acquis par l'usage, la justification de cet usage ;

d) S'il s'agit d'une marque collective de certification, le règlement déterminant les conditions auxquelles est subordonné l'usage de la marque *(Abrogé par Décr. nº 2004-199 du 25 févr. 2004, art. 63)* « *et la justification de l'homologation correspondante* » ;

e) Si le déposant est un étranger qui n'est ni domicilié, ni établi sur le territoire national, et sous réserve des conventions internationales, la justification qu'il a régulièrement déposé la marque dans le pays de son domicile ou de son établissement et que ce pays accorde la réciprocité de protection aux marques françaises.

Un même dépôt ne peut porter que sur une seule marque. — *[Décr. nº 92-100 du 30 janv. 1992, art. 3.] — V. Arr. du 31 janv. 1992, ss. art. R. 712-26.*

V. note ss. art. R. 712-1.

BIBL. ▸ BRESSON et SCHAHL, *D. 2003. Chron. 3034* (la situation des marques revendiquant des services de vente au détail).

1. Liste des produits et services. En application des dispositions de l'art. R. 712-3, 1°, et de l'arrêté du 31 janv. 1992, la demande d'enregistrement d'une marque doit préciser l'énumération des produits et services auxquels elle s'applique, énumération qui peut résulter soit de la désignation individuelle de chacun des produits ou services, soit de la catégorie à laquelle ils appartiennent. Dans ce dernier cas, l'arrêté précité précise que les termes employés doivent permettre à toute personne d'en délimiter le contenu de façon immédiate, certaine et constante. • Paris, 3 avr. 1998 : *D. Affaires 1998. 1095, obs. B. P. ; RTD com. 1998. 844, obs. Azéma.* ♦ Un dépôt libellé : « articles en ces matières non compris dans d'autres classes » recouvre des produits aux fonctions les plus diverses. A défaut de permettre à toute personne d'en délimiter le contenu de façon immédiate, certaine et constante, il ne peut servir de base à un examen comparatif destiné à apprécier la similarité des produits et ne peut conduire qu'au rejet d'une opposition. • Paris, 4 mars 2009 : *PIBD 2009. III. 1099.*

2. Modèle de la marque. Aucun texte n'exige qu'il soit précisé au moment du dépôt que la marque déposée est tridimensionnelle. • Paris, 25 juin 1997 : *PIBD 1997. III. 596.* ♦ Seule la représentation graphique du signe telle qu'elle ressort des photographies figurant aux demandes d'enregistrement détermine la portée du dépôt, la description n'en constituant qu'une rubrique facultative dépourvue de portée juridique. • Paris, 30 oct. 2013 : *PIBD 2014. III. 69.*

3. Nullité. Aucune disposition ne précise que le non-respect de ces formalités serait sanctionné par la nullité du dépôt. • Paris, 28 févr. 2003 : *JCP E 2003. 1434, nº 6, obs. Boespflug, Greffe et Barthélemy ; PIBD 2003. III. 422.*

Art. R. 712-4 La revendication, à l'occasion d'un dépôt effectué en France, d'un droit de priorité attaché à un précédent dépôt étranger emporte obligation de faire parvenir à l'Institut national de la propriété industrielle, dans les trois mois du dépôt en France, une copie officielle du dépôt antérieur et, s'il y a lieu, la justification du droit de revendiquer la priorité. — *V. art. R. 718-2.*

Si cette obligation n'est pas respectée, la priorité est réputée n'avoir pas été revendiquée. — *[Décr. nº 92-100 du 30 janv. 1992, art. 4.]*

Art. R. 712-5 A la réception du dépôt, sont mentionnés sur la demande d'enregistrement : la date, le lieu et le numéro d'ordre de dépôt ou le numéro national prévu à l'article R. 712-6.

Un récépissé du dépôt est remis au déposant.

Lorsque le dépôt est effectué au greffe du tribunal de commerce ou du tribunal de grande instance en tenant lieu, les pièces du dépôt et le montant des redevances sont transmis sans délai à l'Institut national de la propriété industrielle par le greffier. – *[Décr. nº 92-100 du 30 janv. 1992, art. 5.]*

La procédure organisée par le décret du 30 janv. 1992 ne prévoyant plus la mention de l'heure du dépôt, les dispositions légales et réglementaires actuellement applicables ne permettent plus de trancher les problèmes d'antériorités susceptibles de se poser entre deux marques déposées le même jour, l'une à Paris, l'autre en province ; le seul critère objectif reste, en dépit de son caractère inéquitable et discriminatoire le numéro national attribué à tous les dépôts par le centre parisien de l'INPI. • TGI Nanterre, 7 juill. 1993 : *RTD com. 1993. 265, obs. Chavanne ; PIBD 1993. III. 715.*

Art. R. 712-6 **Dès sa réception à l'Institut national de la propriété industrielle, le dépôt donne lieu à l'attribution d'un numéro national. Lorsqu'il n'a pu être mentionné sur le récépissé du dépôt, ce numéro est notifié au déposant.**

(Décr. nº 2004-199 du 25 févr. 2004, art. 64) **« Est déclaré irrecevable toute correspondance ou dépôt ultérieur de pièces qui ne rappelle pas le numéro national de la demande d'enregistrement, qui ne porte pas la signature du déposant ou de son mandataire ou qui, le cas échéant, n'est pas accompagné de la justification du paiement de la redevance prescrite. »** – *[Décr. nº 92-100 du 30 janv. 1992, art. 6.]*

V. note ss. art. R. 712-5.

Art. R. 712-7 *(Décr. nº 2007-280 du 1er mars 2007, art. 26)* **Est déclaré irrecevable tout dépôt qui ne comporte pas les mentions prévues à l'article R. 712-3 (1º *a*, *b* et *c*) et qui n'est pas accompagné de la justification du paiement de la redevance de dépôt.**

Toutefois, cette irrecevabilité ne peut être opposée par l'Institut national de la propriété industrielle qu'après que le déposant a été invité à compléter les mentions manquantes. La demande de régularisation mentionne qu'à défaut de régularisation dans le délai fixé le dépôt sera déclaré irrecevable.

Si la régularisation est effectuée dans le délai, la date de dépôt à prendre en compte est celle à laquelle les mentions manquantes ont été produites.

Art. R. 712-8 **Tout dépôt reconnu recevable est publié au *Bulletin officiel* de la propriété industrielle, sauf s'il apparaît soit que sa présentation ne satisfait pas aux prescriptions techniques nécessaires pour permettre sa reproduction, soit que sa publication serait de nature à porter atteinte à l'ordre public ou aux bonnes mœurs.**

La publication au *Bulletin officiel* intervient dans les six semaines qui suivent la réception du dépôt à l'Institut national de la propriété industrielle. Mention y est faite de la faculté ouverte à toute personne intéressée de formuler des observations dans un délai de deux mois et aux personnes mentionnées à l'article L. 712-4 de former dans ce même délai opposition à enregistrement. – *[Décr. nº 92-100 du 30 janv. 1992, art. 8.]*

Art. R. 712-9 **Les observations formulées en application de l'article L. 712-3 sont communiquées sans délai au déposant par l'institut ou classées sans suite s'il apparaît qu'elles ont été formulées après l'expiration du délai prescrit ou que leur objet est manifestement étranger aux prévisions législatives en vigueur. L'auteur en est informé.** – *[Décr. nº 92-100 du 30 janv. 1992, art. 9.]*

Art. R. 712-10 **Tout dépôt donne lieu à vérification par l'institut :**

1º Que la demande d'enregistrement et les pièces qui y sont annexées sont conformes aux prescriptions de la législation et de la réglementation en vigueur ;

2º Que le signe déposé peut constituer une marque par application des articles L. 711-1 et L. 711-2 ou être adopté comme marque par application de l'article L. 711-3. – *[Décr. nº 92-100 du 30 janv. 1992, art. 10.]*

Art. R. 712-11 **1º En cas de non-conformité de la demande aux dispositions de l'article R. 712-10, notification motivée en est faite au déposant.**

Un délai lui est imparti pour régulariser le dépôt ou contester les objections de l'institut. A défaut de régularisation ou d'observation permettant de lever l'objection, la demande est rejetée.

La notification peut être assortie d'une proposition de régularisation. Cette proposition est réputée acceptée si le déposant ne la conteste pas dans le délai qui lui est imparti. – *V. art. R. 718-1 et R. 718-2.*

2° Dans le cas prévu à l'article R. 712-10 (2°), la notification d'irrégularité ne peut être émise plus de quatre mois après la date de réception de la demande à l'institut. *(Décr. n° 2004-199 du 25 févr. 2004, art. 65)* « En l'absence d'observations ou si les observations formulées ne permettent pas de lever l'objection émise, un projet de décision est établi. Il est notifié au déposant auquel un délai est imparti pour en contester éventuellement le bien-fondé. Ce projet, s'il n'est pas contesté, vaut décision. »

3° Aucune régularisation effectuée conformément aux dispositions du présent article ne peut avoir pour effet d'étendre la portée du dépôt. – *[Décr. n° 92-100 du 30 janv. 1992, art. 11.]*

L'art. R. 712-11, 2°, ne s'applique qu'au cas prévu par l'art. R. 712-10, 2°, et ne concerne que la vérification faite par l'INPI que le signe déposé peut constituer une marque. • Com. 24 mars 1998 : *RDPI 1998, n° 88, p. 45.*

Art. R. 712-12 *(Décr. n° 2004-199 du 25 févr. 2004, art. 66)* Le relevé de déchéance prévu à l'article L. 712-10 est applicable aux délais prévus au présent titre, à l'exception de ceux mentionnés aux articles R. 712-16, R. 712-24 (1°), R. 717-2, R. 717-5 et R. 717-8.

La demande doit être formée dans un délai de deux mois à compter de la cessation de l'empêchement et l'acte non accompli doit l'être dans le même délai. Elle n'est plus recevable après un délai préfix de six mois décompté à partir de l'expiration du délai non observé.

La demande est présentée au directeur général de l'institut par le titulaire du dépôt, qui doit être le titulaire inscrit au registre national des marques si la demande d'enregistrement est publiée, ou son mandataire.

Elle n'est recevable qu'après paiement de la redevance prescrite.

La demande est écrite. Elle indique les faits et justifications invoqués à son appui.

(Décr. n° 2015-1436 du 6 nov. 2015, art. 12-1°) « En cas de non-conformité de la demande, notification motivée en est faite au demandeur. Un délai lui est imparti pour régulariser la demande ou contester les objections de l'institut. A défaut de régularisation ou d'observation permettant de lever l'objection, la demande est rejetée. La notification peut être assortie d'une proposition de régularisation. Cette proposition est réputée acceptée si le demandeur ne la conteste pas dans le délai qui lui est imparti. »

La décision motivée est notifiée au demandeur.

V. note ss. art. R. 421-10-1.

Art. R. 712-12-1 *(Décr. n° 2015-1436 du 6 nov. 2015, art. 12-2°)* Il est statué sur la demande de relevé de déchéance dans un délai de six mois à compter de son dépôt. Ce délai est interrompu, le cas échéant, par la notification prévue par l'article R. 712-12, jusqu'à la régularisation de la demande ou la levée de l'objection.

V. note ss. art. R. 421-10-1.

Art. R. 712-12-2 *(Décr. n° 2015-1436 du 6 nov. 2015, art. 12-2°)* A défaut de décision expresse dans le délai mentionné à l'article R. 712-12-1, la demande est réputée acceptée.

V. note ss. art. R. 421-10-1.

Art. R. 712-13 *(Décr. n° 2015-595 du 2 juin 2015, art. 3-1°)* L'opposition à enregistrement formée dans les conditions prévues à l'article L. 712-4 par le propriétaire d'une marque antérieure, le bénéficiaire d'un droit exclusif d'exploitation, une collectivité territoriale, un organisme de défense et de gestion défini à l'article L. 721-4 ou le directeur de l'Institut national de l'origine et de la qualité peut être présentée par la personne physique ou morale opposante agissant personnellement ou par l'intermédiaire d'un mandataire remplissant les conditions prévues à l'article R. 712-2.

Les dispositions du Décr. n° 2015-595 du 2 juin 2015 sont applicables dans les îles Wallis-et-Futuna, à l'exception des dispositions du 1° de l'art. 3 en tant qu'elles concernent les conseils en propriété industrielle (Décr. préc., art. 6).

Art. R. 712-14 **L'opposition est présentée par écrit dans les conditions prévues par** *(Décr. n° 2014-650 du 20 juin 2014, art. 4-II, en vigueur le 1er juill. 2014)* **« la décision mentionnée » à l'article R. 712-26.** — *V. Arr. du 31 janv. 1992, ss. art. R. 712-26.*

Elle précise :

1° L'identité de l'opposant, ainsi que les indications propres à établir l'existence, la nature, l'origine et la portée de ses droits ;

2° Les références de la demande d'enregistrement contre laquelle est formée l'opposition, ainsi que l'indication des produits ou services visés par l'opposition ;

3° L'exposé des moyens sur lesquels repose l'opposition ;

4° La justification du paiement de la redevance prescrite ;

5° Le cas échéant, sauf lorsqu'il a la qualité de conseil en propriété industrielle *(Décr. n° 2007-731 du 7 mai 2007)* **« ou d'avocat », le pouvoir du mandataire, ce pouvoir pouvant être adressé à l'institut dans le délai maximum d'un mois.** — *[Décr. n° 92-100 du 30 janv. 1992, art. 13.]*

Les dispositions du Décr. n° 2007-731 du 7 mai 2007 sont applicables à Mayotte (Décr. préc., art. 11).

Les dispositions du Décr. n° 2014-650 du 20 juin 2014 sont applicables dans les îles Wallis-et-Futuna (Décr. préc., art. 5).

Art. R. 712-15 **Est déclarée irrecevable toute opposition soit formée hors délai, soit présentée par une personne qui n'avait pas qualité, soit non conforme aux conditions prévues aux articles R. 712-13 et R. 712-14 et** *(Décr. n° 2014-650 du 20 juin 2014, art. 4-III, en vigueur le 1er juill. 2014)* **« par la décision mentionnée » à l'article R. 712-26.** — *[Décr. n° 92-100 du 30 janv. 1992, art. 14.] — V. art. R. 712-19.*

V. note ss. art. R. 712-1.

1. Il résulte des dispositions combinées des art. R. 712-13, R. 712-14 et R. 712-26 que, sous peine d'irrecevabilité, l'opposant doit notamment produire une copie de la publication de la demande d'enregistrement contre laquelle l'opposition est formée et une copie de la marque antérieure dans son dernier état. • Paris, 20 mars 2015, *Novapress : PIBD 2015. III. 355 ; Propr. intell. 2015, n° 57, p. 443, obs. Canlorbe.*

2. Le recours présenté par une société doit être rejeté dès lors que l'avocat auquel elle avait confié mandat n'a pas justifié de son mandat dans le délai maximal d'un mois. • Com. 13 mai 1997 : *Bull. civ. IV, n° 138 ; D. Affaires 1997. 768 ; D. 1997. IR 152 ; RJDA 1997, n° 1560 ; Quot. jur. 12 juin 1997, n° 47 ; JCP 1997. Pan. 729.* ♦ Doit être cassé l'arrêt qui rejette l'opposition déposée par une personne morale sous son nom commercial alors que celui-ci est identique à sa dénomination sociale. • Com. 21 oct. 2014, *Mathéma Partners, n° 13-15.489 : PIBD 2014. III. 885 ; Propr. ind. 2015, n° 5, obs. Tréfigny.*

3. La procédure d'opposition à l'enregistrement d'une marque est régie par des règles propres, exclusives de l'application du code de procédure civile. • Com. 21 oct. 2014 : *préc. note 2.*

Art. R. 712-16 **Sous réserve des cas de suspension prévus** *(Décr. n° 2015-595 du 2 juin 2015, art. 3-2°)* **« à » l'article L. 712-4 ou de clôture de la procédure en application de l'article R. 712-18, l'opposition est instruite selon la procédure ci-après :**

1° L'opposition est notifiée sans délai au titulaire de la demande d'enregistrement.

Un délai est imparti à celui-ci pour présenter les observations en réponse et, le cas échéant, constituer un mandataire répondant aux conditions prévues à l'article R. 712-13. Le délai imparti ne peut être inférieur à deux mois ;

2° A défaut d'observation en réponse ou, le cas échéant, de constitution régulière d'un mandataire dans le délai imparti, il est statué sur l'opposition.

Dans le cas contraire, un projet de décision est établi au vu de l'opposition et des observations en réponse. Ce projet est notifié aux parties auxquelles un délai est imparti pour en contester éventuellement le bien-fondé ;

3° Ce projet, s'il n'est pas contesté, vaut décision.

Dans le cas contraire, il est statué sur l'opposition au vu des dernières observations et, si l'une des parties le demande, après que celles-ci auront été admises à présenter des observations orales.

L'institut doit respecter le principe du contradictoire. Toute observation dont il est saisi par l'une des parties est notifiée à l'autre. — *[Décr. n° 92-100 du 30 janv. 1992, art. 15.] — V. art. R. 712-19.*

Les dispositions du 2° de l'art. 3 du Décr. n° 2015-595 du 2 juin 2015 sont applicables dans les îles Wallis-et-Futuna (Décr. préc., art. 6).

Dernières observations. Les dernières observations ne doivent pas avoir uniquement trait au moyen d'opposition invoqué initialement. • Bordeaux, 1er mars 2004 : *PIBD 2004. III. 296.*

Art. R. 712-17 *(Décr. n° 2015-595 du 2 juin 2015, art. 3-3°)* **« A l'exclusion des oppositions relevant du 1° *bis*, du 3° et du 4° de l'article L. 712-4, le titulaire » de la demande d'enregistrement peut, dans ses premières observations en réponse, inviter l'opposant à produire des pièces propres à établir que la déchéance de ses droits pour défaut d'exploitation n'est pas encourue.**

(Décr. n° 2004-199 du 25 févr. 2004, art. 67) **« Ces pièces doivent établir l'exploitation de la marque antérieure, au cours des cinq années précédant la demande de preuves d'usage, pour au moins l'un des produits ou services sur lesquels est fondée l'opposition ou faire état d'un juste motif de non-exploitation. »**

L'institut impartit alors un délai à l'opposant pour produire ces pièces. — *[Décr. n° 92-100 du 30 janv. 1992, art. 16.] — V. art. R. 712-19, R. 718-1 et R. 718-2.*

Les dispositions du 3° de l'art. 3 du Décr. n° 2015-595 du 2 juin 2015 sont applicables dans les îles Wallis-et-Futuna (Décr. préc., art. 6).

BIBL. ► REYNAUD, *LPA 24 mars 1999* (l'INPI, juge de l'usage).

L'art. 643 C. pr. civ. n'est pas applicable aux délais impartis par l'INPI à l'opposant. • Paris, 12 janv. 1996 : *PIBD 1996. III. 613.*

Art. R. 712-18 La procédure d'opposition est clôturée :

1° *(Décr. n° 2004-199 du 25 févr. 2004, art. 68)* **« Lorsque l'opposant a retiré son opposition, a perdu qualité pour agir ou n'a fourni dans le délai imparti aucune pièce propre à établir que la déchéance de ses droits** *(Décr. n° 2015-595 du 2 juin 2015, art. 3-4°)* **« sur la marque antérieure » n'est pas encourue ; »**

2° Lorsque l'opposition est devenue sans objet par suite soit d'un accord entre les parties, soit du retrait ou du rejet de la demande d'enregistrement *(Décr. n° 2015-595 du 2 juin 2015, art. 3-4°)* **« de marque » contre laquelle l'opposition a été formée ;**

3° Lorsque les effets *(Décr. n° 2015-595 du 2 juin 2015, art. 3-4°)* **« du droit antérieur » ont cessé ;** — *[Décr. n° 92-100 du 30 janv. 1992, art. 17.] — V. art. R. 712-19.*

(Décr. n° 2015-595 du 2 juin 2015, art. 3-4°) **« 4° Lorsque la demande d'homologation d'un cahier des charges d'indication géographique définie à l'article L. 721-2 a été rejetée ou retirée ou lorsque l'homologation a été retirée ;**

« 5° Lorsque la demande de modification d'un cahier des charges homologué défini à l'article L. 721-3 a été rejetée ou retirée si l'opposition est fondée sur cette demande de modification. »

Les dispositions du 4° de l'art. 3 du Décr. n° 2015-595 du 2 juin 2015 sont applicables dans les îles Wallis-et-Futuna (Décr. préc., art. 6).

1. Les dispositions de l'art. R. 712-18 qui énoncent que « la procédure d'opposition est clôturée » ont un caractère impératif et doivent être appliquées d'office par l'INPI lorsqu'il est informé de la réunion des conditions justifiant leur mise en œuvre. • Paris, 23 janv. 1998 : *RDPI 1998, n° 88, p. 27.*

2. Le directeur de l'INPI n'a pas reçu pouvoir, hormis le cas d'un défaut de pertinence avéré, de se substituer au tribunal pour se prononcer sur la portée exacte des pièces qui lui ont été remises pour justifier d'une éventuelle déchéance. • Paris, 20 févr. 2002 : *JCP E 2002. 1164. n° 15, obs. Boespflug, Greffe et Barthélemy ; PIBD 2002. III. 32* • 19 déc. 2007 : *PIBD 2008. III. 197* • 4 juill. 2008 : *PIBD 2088. III. 534.*

3. Lorsque la procédure d'opposition a été clôturée au motif que les documents produits par la société opposante n'étaient pas propres à établir que la déchéance de ses droits pour défaut d'exploitation de sa marque n'était pas encourue, le délai imparti par l'INPI pour produire ces documents étant un délai impératif, il est exclu que l'opposant puisse dans le cadre d'un recours en annulation produire de nouvelles pièces pour justifier de cet usage. • Com. 24 mai 2011, *Noël : D. 2011. AJ 72, obs. Daleau ; Pan. 913, obs. Durrande ; Propr. ind. 2011, n° 19, obs. Tréfigny-Goy* • Com. 24 mai 2011, *Cuisine de jardin : Dalloz jurisprudence.*

Art. R. 712-19 (Abrogé par Décr. n° 2004-199 du 25 févr. 2004, art. 69) ***Les dispositions des articles R. 712-13 à R. 712-18 seront appliquées progressivement par référence à***

la classification internationale des produits et services aux fins de l'enregistrement des marques établie en application de l'arrangement de Nice du 15 juin 1957.

Pendant un délai de cinq ans courant à compter du 28 décembre 1991, seules pourront faire l'objet d'une opposition les demandes d'enregistrement portant sur les produits ou services relevant d'au moins une des classes désignées par arrêté du ministre chargé de la propriété industrielle conformément au tableau suivant. — [Décr. n° 92-100 du 30 janv. 1992, art. 50.] — V. arrêtés ci-dessous. — V. Arrangement de Nice concernant la classification internationale des produits et des services aux fins de l'enregistrement des marques du 15 juin 1957, révisé à Stockholm le 14 juill. 1967 et à Genève le 14 juill. 1967 et modifié le 28 sept. 1979 ainsi que l'intitulé des classes, App., v° Marques.

Tableau relatif à l'application progressive de la procédure d'opposition

DEMANDES D'ENREGISTREMENT portant sur des produits ou services relevant d'au moins une des classes ci-après	**DATE LIMITE de mise en application de la procédure**
2, 20, 27	**28 décembre 1991**
6, 8, 13, 15, 17, 19, 21	**1er juillet 1993**
4, 7, 11, 12, 14, 18, 22, 23, 24, 25, 26, 28, 29, 30, 31, 32, 33, 34	**1er juillet 1995**
1, 3, 5, 9, 10, 16, 35, 36, 37, 38, 39, 40, 41, 42.....	**28 décembre 1996**

Pour être recevable, il suffit que l'opposition porte sur une demande d'enregistrement relevant d'au moins une des classes désignées par arrêté ; toute interprétation contraire aurait pour effet paradoxal de restreindre le droit d'opposition du titulaire d'une marque à une partie des classes de produits relevant d'une demande d'enregistrement postérieure, alors même que l'autre partie de celle-ci constituerait une imitation que la voie de l'opposition a justement pour objet d'empêcher. • Com. mar, 30 oct. 1996 : *Ann. propr. ind. 1997. 158 ; RJPIA 1997. 24.*

Arrêté du 31 janvier 1992, *relatif aux marques de fabrique, de commerce ou de service.* **Art. 15** *(Arr. du 2 sept. 2008)* Lorsqu'ils sont établis et transmis à l'Institut national de la propriété industrielle par voie électronique, les documents sont réputés satisfaire aux exigences relatives au nombre d'exemplaires requis.

Les art. 1er à 14 du présent Arr. sont reproduits ss. l'art. R. 712-26.

Arrêté du 4 septembre 1992, *relatif aux marques de fabrique, de commerce ou de service.* **Art. 1er** Les dispositions de l'article L. 712-4 du code de la propriété intellectuelle et des articles 12 à 17, 31 et 35 du décret n° 92-100 du 30 janvier 1992 susvisé *[CPI, art. R. 712-13 à R. 712-18, R. 717-1 et R. 717-5.]* sont rendues applicables aux demandes d'enregistrement de marques déposées à compter du 1er octobre 1992, aux enregistrements internationaux effectués à compter du 1er octobre 1992 et aux extensions territoriales à la France postérieures, inscrites au registre international à compter de cette même date, qui portent sur des produits relevant des classes 6, 17 ou 19 de la classification internationale des produits et des services établie en application de l'Arrangement de Nice du 15 juin 1957. Ces classes s'ajoutent aux classes 2, 20 et 27 prévues par l'arrêté du 31 janvier 1992.

Arrêté du 18 janvier 1993, *relatif aux marques de fabrique, de commerce ou de service.* **Art. 1er** Les dispositions de l'article L. 712-4 du code de la propriété intellectuelle et des articles 12 à 17, 31 et 35 du décret n° 92-100 du 30 janvier 1992 susvisés *[CPI, art. R. 712-13 à R. 712-18, R. 717-1 et R. 717-5.]* sont rendues applicables aux demandes d'enregistrement de marques déposées à compter du 1er avril 1993, aux enregistrements internationaux effectués à compter du 1er avril 1993 et aux extensions territoriales à la France postérieures inscrites au registre international à compter de cette même date, qui portent sur des produits relevant des classes 8, 13, 15 ou 21 de la classification internationale des produits et des services établie en application de l'Arrangement de Nice du 15 juin 1957. Ces classes s'ajoutent aux classes 2, 6, 17, 18 *[19]*, 20 et 27 prévues par les arrêtés du 31 janvier 1992 et 4 septembre 1992.

Arrêté du 12 novembre 1993, *relatif aux marques de fabrique, de commerce ou de service.* **Art. 1er** Les dispositions de l'article L. 712-4 du code de la propriété intellectuelle et des articles 12 à 17, 31 et 35 susvisés du décret n° 92-100 du 30 janvier 1992 modifié *[CPI, art. R. 712-13 à R. 712-18, R. 717-1 et R. 717-5.]* sont rendues applicables aux demandes d'enregistrement de marques déposées à compter du 1er janvier 1994, aux enregistrements internationaux effectués à compter du 1er janvier 1994 et aux extensions territoriales à la France postérieures inscrites au registre international à compter de cette même date, qui portent sur des produits relevant des classes 22, 23, 24, 25 ou 26 de la classification internationale des produits et des services établie en application de l'Arrangement de Nice du 15 juin 1957. Ces classes s'ajoutent aux classes prévues par les arrêtés des 31 janvier 1992, 4 septembre 1992 et 18 janvier 1993.

Arrêté du 19 décembre 1994, *relatif aux marques de fabrique, de commerce ou de service.* **Art. 1er** Les dispositions de l'article L. 712-4 du code de la propriété intellectuelle et des articles 12 à 17, 31 et 35 du décret n° 92-100 du 30 janvier 1992 modifié susvisés *[CPI, art. R. 712-13 à R. 712-18, R. 717-1 et R. 717-5.]* sont rendues applicables :

— aux demandes d'enregistrement de marques déposées à compter du 1er février 1995, aux enregistrements internationaux effectués à compter du 1er février 1995 et aux extensions territoriales à la France postérieures inscrites au registre international à compter de cette même date, qui portent sur des produits relevant des classes 4, 7, 11, 12, 14, 18, 28 ou 34 de la classification internationale des produits et des services établie en application de l'Arrangement de Nice du 15 juin 1957 ;

— aux demandes d'enregistrement de marques déposées à compter du 1er juillet 1995, aux enregistrements internationaux effectués à compter du 1er juillet 1995 et aux extensions territoriales à la France postérieures inscrites au registre international à compter de cette même date, qui portent sur des produits relevant des classes 29, 30, 31, 32 ou 33 de la classification internationale des produits et des services établie en application de l'Arrangement de Nice du 15 juin 1957.

Ces classes s'ajoutent aux classes prévues par les arrêtés des 31 janvier et 4 septembre 1992, 18 janvier et 12 novembre 1993.

Arrêté du 6 décembre 1995, *relatif aux marques de fabrique, de commerce ou de service.* **Art. 1er** Les dispositions des articles L. 712-4, R. 712-13 à R. 712-18, R. 717-1 et R. 717-5 du code de la propriété intellectuelle susvisés sont rendues applicables :

— aux demandes d'enregistrement de marques déposées à compter du 1er janvier 1996, aux enregistrements internationaux effectués à compter du 1er janvier 1996 et aux extensions territoriales à la France postérieures, inscrites au registre international à compter de cette même date, qui portent sur des produits relevant des classes 1, 3, 5 ou 10 de la classification internationale des produits et des services établie en application de l'Arrangement de Nice du 15 juin 1957 ;

— aux demandes d'enregistrement de marques déposées à compter du 1er juillet 1996, aux enregistrements internationaux effectués à compter du 1er juillet 1996 et aux extensions territoriales à la France postérieures, inscrites au registre international à compter de cette même date, qui portent sur des services relevant des classes 35, 36, 37, 38, 39 ou 40 de la classification internationale des produits et des services établie en application de l'Arrangement de Nice du 15 juin 1957 ;

— aux demandes d'enregistrement de marques déposées à compter du 28 décembre 1996, aux enregistrements internationaux effectués à compter du 28 décembre 1996 et aux extensions territoriales à la France postérieures, inscrites au registre international à compter de cette même date, qui portent sur des produits ou services relevant des classes 9, 16, 41 ou

42 de la classification internationale des produits et des services établie en application de l'Arrangement de Nice du 15 juin 1957.

Ces classes s'ajoutent aux classes prévues par les arrêtés des 31 janvier et 4 septembre 1992, 18 janvier et 12 novembre 1993 et 19 décembre 1994.

Art. R. 712-20 *(Décr. nº 2004-199 du 25 févr. 2004, art. 70)* **Jusqu'au début des préparatifs techniques relatifs à l'enregistrement, le déposant peut être autorisé, sur requête écrite adressée au directeur de l'Institut national de la propriété industrielle, à rectifier les erreurs matérielles relevées dans les pièces déposées.**

L'institut peut exiger la justification de la réalité de l'erreur matérielle à rectifier et le sens de la correction demandée.

Art. R. 712-21 **La demande d'enregistrement peut être retirée jusqu'au début des préparatifs techniques relatifs à l'enregistrement. Le retrait peut être limité à une partie du dépôt. Il s'effectue par une déclaration écrite adressée ou remise à l'institut.**

Une déclaration de retrait ne peut viser qu'une seule marque. Elle est formulée par le demandeur ou par son mandataire lequel, sauf s'il a la qualité de conseil en propriété industrielle *(Décr. nº 2007-731 du 7 mai 2007)* **« ou d'avocat », doit joindre un pouvoir spécial.**

Elle indique s'il a été ou non concédé des droits d'exploitation ou de gage. Dans l'affirmative, elle doit être accompagnée du consentement écrit du bénéficiaire de ce droit ou du créancier gagiste.

Si la demande d'enregistrement a été formulée par plusieurs personnes, son retrait ne peut être effectué que s'il est requis par l'ensemble de celles-ci.

Le retrait ne fait pas obstacle à la publication prévue au premier alinéa de l'article R. 712-8. – *[Décr. nº 92-100 du 30 janv. 1992, art. 19.] – V. Arr. du 31 janv. 1992, ss. art. R. 712-26.*

Art. R. 712-22 *Abrogé par Décr. nº 2004-199 du 25 févr. 2004, art. 71.*

Art. R. 712-23 **La marque est enregistrée, à moins que la demande n'ait été rejetée ou retirée. Un certificat est adressé au déposant.**

L'enregistrement est publié au *Bulletin officiel* de la propriété industrielle.

(Décr. nº 2004-199 du 25 févr. 2004, art. 72) **« La date à laquelle une marque est réputée enregistrée, notamment pour l'application des articles L. 712-4 et L. 714-5, est :**

« 1º Pour les marques françaises, celle du *Bulletin officiel* de la propriété industrielle dans lequel l'enregistrement est publié ;

« 2º Pour les marques internationales n'ayant pas fait l'objet d'une notification d'irrégularité fondée sur le 2º de l'article R. 712-11 ou d'une opposition, celle de l'expiration du délai prévu à l'article R. 717-4 ou, si elle est postérieure, celle de l'expiration du délai pour former opposition ;

« 3º Pour les marques internationales ayant fait l'objet d'une notification d'irrégularité fondée sur le 2º de l'article R. 712-11 ou d'une opposition, celle, le cas échéant, de l'inscription au registre international des marques de la levée totale ou partielle du refus. »

Point de départ. Le point de départ du délai de recours contre les décisions d'enregistrement d'une marque est la date de publication de cet enregistrement au *BOPI*. • Com. 6 mars 2007 : *Bull. civ. IV, nº 83.* ♦ L'action en contrefaçon visant l'enregistrement d'une marque se prescrit à compter de l'accomplissement des formalités prévues à l'art. R. 712-23. • Com. 16 févr. 2010 : *Bull. civ. IV, nº 40 ; D. 2010. AJ 581.*

Art. R. 712-23-1 *(Décr. nº 2015-511 du 7 mai 2015, art. 1er-5º)* **Il est statué sur la demande d'enregistrement de marque dans un délai de six mois à compter de la demande. Ce délai est interrompu, le cas échéant,** *(Décr. nº 2015-1436 du 6 nov. 2015, art. 12-3º)* **« par la demande d'opposition prévue à l'article L. 712-4 jusqu'à la décision statuant sur cette dernière ou par la notification prévue à l'article R. 712-11 jusqu'à la régularisation de la demande ».**

V. notes ss. art. R. 421-10-1 et R. 512-9-2.

Art. R.* 712-23-2 *(Décr. n° 2015-511 du 7 mai 2015, art. 1er-5°)* **A défaut de décision expresse dans le délai mentionné à l'article R. 712-23-1, la demande est réputée rejetée.**

V. note ss. art. R. 512-9-2.

Art. R. 712-24 *(Décr. n° 2004-199 du 25 févr. 2004, art. 73)* **L'enregistrement peut être renouvelé pour une nouvelle période de dix ans par déclaration du propriétaire de la marque, établie dans les conditions prévues** *(Décr. n° 2014-650 du 20 juin 2014, art. 4-III, en vigueur le 1er juill. 2014)* **« par la décision mentionnée » à l'article R. 712-26. Il peut être précisé que le renouvellement ne vaut que pour certains produits ou services désignés dans l'acte d'enregistrement.**

Le renouvellement prend effet le jour suivant la date d'expiration de l'enregistrement.

La déclaration doit à peine d'irrecevabilité :

1° *(Décr. n° 2007-280 du 1er mars 2007, art. 27)* **« Être présentée au cours d'un délai de six mois expirant le dernier jour du mois au cours duquel prend fin la période de protection et être accompagnée de la justification du paiement de la redevance prescrite.**

« Toutefois, la déclaration peut encore être présentée ou la redevance acquittée dans un délai supplémentaire de six mois à compter du lendemain du dernier jour du mois d'expiration de la protection, moyennant le paiement d'un supplément de redevance dans le même délai ; »

2° Comporter la désignation de la marque à renouveler et émaner du titulaire inscrit, au jour de la déclaration, au registre national des marques ou de son mandataire.

Si la déclaration ne satisfait pas à ces conditions, il est fait application de la procédure prévue au 1° de l'article R. 712-11.

L'irrecevabilité ne peut être prononcée sans que le déposant ait été mis en mesure de présenter des observations.

Les dispositions de l'art. R. 712-1 sont applicables aux déclarations de renouvellement prévues à l'art. R. 712-24 (V. art. R. 712-1, dern. al.)

Les dispositions du Décr. n° 2004-199 du 25 févr. 2004 sont applicables à Mayotte et en Polynésie française, dans les îles Wallis-et-Futuna, dans les Terres australes et antarctiques françaises et en Nouvelle-Calédonie (Décr. préc., art. 89).

Les dispositions du Décr. n° 2007-280 du 1er mars 2007 sont applicables à Mayotte, dans les îles Wallis-et-Futuna, en Nouvelle-Calédonie et dans les Terres australes et antarctiques françaises (Décr. préc., art. 31).

Les dispositions du Décr. n° 2014-650 du 20 juin 2014 sont applicables dans les îles Wallis-et-Futuna (Décr. préc., art. 5).

1. Compte tenu de la portée générale de l'obligation de notification de l'article R. 712-11, qui ne distingue pas selon la nature de la régularisation à effectuer, l'INPI, auquel a été présentée une demande de renouvellement à trois jours de l'expiration du délai de grâce, a l'obligation d'impartir au demandeur un délai pour lui permettre de régulariser sa demande en acquittant le supplément de redevance. • Com. 23 mars 2010, *Parfleur : Bull. civ. IV, n° 62 ; Propr. intell. 2010, p. 880.*

2. Dès lors que la déclaration de renouvellement de la marque a bien été effectuée par la même personne morale que celle inscrite au Registre national des marques (RNM) en qualité de titulaire des droits, il importe peu que le changement de dénomination sociale de celle-ci n'ait pas lui-même fait l'objet d'une inscription. En exigeant que le renouvellement émane du titulaire inscrit au jour de la déclaration au RNM, l'art. R. 712-24 vise le changement du titulaire de la marque en cas notamment de cession des droits, l'opposabilité du transfert de propriété de la marque étant conditionnée par une inscription au RNM, et non pas le changement de dénomination du titulaire de la marque. • Paris, 21 nov. 2012, *Natural sea Beauty : PIBD 2013. III. 879.*

Art. R. 712-24-1 *(Décr. n° 2015-511 du 7 mai 2015, art. 1er-6°)* **Il est statué sur la déclaration de renouvellement dans un délai de six mois à compter de son dépôt. Ce délai est interrompu, le cas échéant,** *(Décr. n° 2015-1436 du 6 nov. 2015, art. 12-4°)* **« par la notification prévue à l'article R. 712-11 jusqu'à la régularisation de la déclaration ».**

V. notes ss. art. R. 421-10-1 et R. 512-9-2.

Art. R.* 712-24-2 *(Décr. nº 2015-511 du 7 mai 2015, art. 1er-6º)* **A défaut de décision expresse dans le délai mentionné à l'article R. 712-24-1, la déclaration de renouvellement est réputée rejetée.**

V. note ss. art. R. 512-9-2.

Art. R. 712-25 Tout nouveau dépôt portant sur une modification du signe ou une extension de la liste des produits et services d'une marque enregistrée peut être accompagné d'une déclaration de renouvellement anticipé de cette marque. La nouvelle période de protection court à compter de la déclaration de renouvellement.

Les renouvellements ultérieurs de la marque renouvelée et du nouveau dépôt s'effectuent par une déclaration unique. – *[Décr. nº 92-100 du 30 janv. 1992, art. 23.]*

Art. R. 712-26 Les conditions de présentation de la demande et le contenu du dossier sont précisés *(Décr. nº 2014-650 du 20 juin 2014, art. 4-I, en vigueur le 1er juill. 2014)* **« par décision du directeur général de l'Institut national de la propriété industrielle », notamment en ce qui concerne :**

1º La demande d'enregistrement prévue à l'article R. 712-3 ;

2º L'opposition prévue à l'article R. 712-14 ;

3º La déclaration de retrait prévue à l'article R. 712-21 ou de renonciation prévue à l'article R. 714-1 ;

4º La déclaration de renouvellement prévue aux articles R. 712-24 et R. 712-25 ;

5º La demande d'inscription au Registre national des marques prévue aux articles R. 714-4 et R. 714-6 ;

6º Les demandes d'enregistrement international de marque et d'inscription postérieure au registre international soumises au visa de l'institut. – *[Décr. nº 92-100 du 30 janv. 1992, art. 46.]*

V. note ss. art. R. 712-1.

Arrêté du 31 janvier 1992,

Relatif aux marques de fabrique, de commerce ou de service.

Art. 1er I. — *(Arr. du 25 févr. 2004)* « Les demandes d'enregistrement ou d'inscription, déclarations et oppositions prévues aux articles R. 712-3, R. 712-14, R. 712-21, R. 712-24, R. 714-1, R. 714-6 et R. 717-7 du code de la propriété intellectue le sont présentées conformément aux modèles ci-annexés enregistrés par la commission pour les simplifications administratives (COSA) :

« — annexe 1 : demande d'enregistrement : CERFA nº 55-1280 ;

« — annexe 2 : opposition à enregistrement : CERFA nº 10344*02 ;

« — annexe 3 : déclaration de retrait ou renonciation : CERFA nos 11604*01 et 11603*01 ;

« — annexe 4 : déclaration de renouvellement : CERFA nº 11729*01 ;

« — annexe 5 : demande d'inscription au registre national d'un acte affectant la propriété ou la jouissance d'un dépôt : CERFA nos 11602*01 et 11600*01 ;

« — annexe 6 : demande d'inscription au registre national d'une rectification, changement de nom, forme juridique ou adresse, ou correction d'erreur matérielle : CERFA nos 11601*01 et 11600*01.

« Les imprimés correspondants peuvent être obtenus gratuitement à l'Institut national de la propriété industrielle. »

II. — Les demandes, déclarations et oppositions susvisées ne doivent présenter ni pliure, ni déchirure. Toutes les mentions requises, à l'exception de celles étrangères à la situation du demandeur, doivent y figurer. Aucune autre mention n'est autorisée.

Les mentions doivent être dactylographiées ou écrites en lettres d'imprimerie, *(Arr. du 2 sept. 2008)* « noires », et présenter une netteté suffisante pour permettre leur reproduction ou leur saisie par système optique. Les pages "suite" ne doivent être remplies que sur une seule face.

Art. 2 Les prescriptions résultant de l'article 1er sont assorties des tempéraments ou modalités suivantes :

a) Identité du déposant :

La mention d'un nom d'usage peut figurer en dessous des nom et prénoms des personnes physiques, à l'exclusion de toute autre indication.

b) Adresse :

L'adresse doit être complète et comporter notamment le code postal suivi, pour l'étranger, de l'indication du pays.

Lorsque le dépôt est effectué auprès du greffe d'un tribunal dans le ressort duquel est situé non pas le siège social du déposant mais un établissement secondaire, l'adresse du siège peut être complétée par celle de l'établissement secondaire.

c) Modèle de la marque :

Le modèle de la marque peut être collé sur la demande d'enregistrement.

Lorsque le déposant entend obtenir la protection pour une marque en couleurs, le modèle de la marque doit obligatoirement être en couleurs.

Le modèle de la marque s'entend :

— lorsque la marque est un son ou une phrase musicale, de sa représentation graphique ;

— lorsque la marque est constituée par, ou comporte, un hologramme : d'une ou plusieurs représentations graphiques ou photographiques du ou des éléments holographiés, à l'exclusion de l'hologramme lui-même ;

— lorsque la marque est constituée par "un relief, la forme du produit ou de son conditionnement", de sa reproduction plane (exemple : photographie...).

d) *(Arr. du 2 sept. 2008)* « Brève description de la marque et de ses couleurs :

« Cette description doit se limiter à l'énoncé des caractéristiques de la marque pouvant avoir une incidence sur la portée de la protection demandée. Elle est facultative.

« Toutefois, si la marque n'est constituée que de la représentation d'une couleur ou d'une combinaison de couleurs, la description devra comporter obligatoirement un code d'identification internationalement reconnu de cette couleur. »

e) Énumération des produits ou services auxquels s'applique la marque :

Cette énumération peut résulter soit de la désignation individuelle de chacun de ces produits ou services, soit de l'énumération de la catégorie à laquelle ils appartiennent. Dans ce dernier cas, les termes employés doivent permettre à toute personne d'en délimiter le contenu de façon immédiate, certaine et constante.

En particulier, ne doivent figurer dans l'énumération, ni termes étrangers, ni termes de fantaisie (tels que marque ou autre signe distinctif), ni termes vagues (tels que "articles de fantaisie", "cadeaux", "accessoires", "services divers"...), ni référence générale à une ou plusieurs classes ou à leur contenu.

Les produits et services relevant d'une même classe de la classification internationale des produits et services doivent être regroupés et, en regard de chaque paragraphe, doit figurer l'indication du numéro de la classe. En cas de pluralité de classes, cette citation doit être faite dans l'ordre numérique croissant.

f) Pouvoir :

Le pouvoir est daté, revêtu de la signature manuscrite du déposant, et, s'il s'agit d'une personne morale, de l'indication de la qualité du signataire et du cachet de la personne morale.

Art. 3 La demande d'enregistrement est présentée en cinq exemplaires.

Le règlement d'une marque collective de certification est fournie en dix exemplaires.

Art. 4 I. — L'opposition est présentée en deux exemplaires lorsqu'elle est formée contre une demande d'enregistrement de marque nationale, quatre exemplaires lorsqu'elle est formée contre un enregistrement international de marque. Une opposition ne peut être fondée que sur une seule marque.

II. — L'opposant produit, outre l'acte d'opposition, l'exposé des moyens tirés de la comparaison des produits et services, l'exposé des moyens tirés de la comparaison des signes et, le cas échéant, la synthèse des moyens invoqués, les pièces suivantes :

a) Une copie de la publication de la demande d'enregistrement ou de l'enregistrement international contre lequel l'opposition est formée ;

b) Une copie de la marque antérieure, dans son dernier état, mettant en évidence, le cas échéant, l'incidence d'une renonciation, limitation ou cession partielle sur la portée des droits de l'opposant : dans le cas où le bénéfice d'une date de priorité est invoqué, une copie de la demande sur laquelle est fondée cette priorité ;

c) Si la marque antérieure est une marque non déposée, mais notoire, les pièces établissant son existence et sa notoriété, et en définissant la portée ;

d) Si l'opposant n'est pas le propriétaire originel de la marque, la justification de sa qualité pour agir et de l'opposabilité de l'acte correspondant ;

e) La justification du paiement de la redevance d'opposition ;

f) S'il est constitué un mandataire, le pouvoir de ce dernier.

A l'exception de celles visées aux *e* et *f*, les pièces annexes sont fournies en autant d'exemplaires que ceux prescrits pour l'acte d'opposition.

Art. 5 La date de réception à l'Institut national de la propriété industrielle du bulletin *Les marques internationales*, aux fins de l'application des articles *(Arr. du 2 sept. 2008)* « R. 717-3 et R. 717-5 du code de la propriété intellectuelle », est constatée sur un registre tenu à la disposition du public.

Art. 6 La requête présentée aux fins de l'enregistrement d'une marque nonobstant l'opposition dont elle fait l'objet est accompagnée :

a) De la copie de la demande d'enregistrement de la marque présentée auprès de l'administration étrangère compétente ou, à défaut, de la copie de tout document établissant que des démarches effectives sont entreprises en vue de la présentation de cette demande ;

b) D'un extrait de la législation nationale du pays où la demande d'enregistrement a été présentée faisant état de la nécessité d'un enregistrement préalable en France ou de la copie de l'invitation faite au déposant par l'administration de ce pays d'avoir à justifier de l'enregistrement de la marque en France ;

c) Pour les demandes d'enregistrement international présentées selon l'Arrangement *(Arr. du 2 sept. 2008)* « et le Protocole » de Madrid, de la justification du paiement de la redevance de demande d'inscription au registre international des marques prévue à l'article *(Arr. du 2 sept. 2008)* « R. 411-7 (4°) du code de la propriété intellectuelle ».

Art. 7 La déclaration de renouvellement est présentée en cinq exemplaires.

En cas de renouvellement partiel, conformément à l'article 22, alinéa 1, du décret n° 92-100 du 30 janvier 1992 susvisé *[CPI, art. R. 712-14]*, la déclaration comporte la liste des produits ou services pour lesquels le renouvellement est demandé. Ces derniers sont alors énumérés et groupés dans l'ordre des classes de la classification internationale en vigueur au jour du renouvellement.

Art. 8 La déclaration de retrait ou de renonciation est présentée en quatre exemplaires.

Art. 9 La demande d'inscription au registre national des marques est présentée en quatre exemplaires.

La demande d'inscription peut porter sur plusieurs marques lorsque le titulaire inscrit au registre national est le même et que l'acte ou le document à inscrire vise lesdites marques et a la même portée pour chacune d'elles.

Lorsque la demande d'inscription au registre national des marques concerne une marque dont la protection en France résulte d'un enregistrement international effectué en application de l'Arrangement de Madrid du 14 avril 1891 *(Arr. du 2 sept. 2008)* « ou du Protocole de Madrid du 27 juin 1989 », il doit être fourni un extrait du registre international des marques, datant de moins de trois mois, relatif à la marque visée dans la demande.

Les actes de plus de dix pages doivent être accompagnés d'une fiche précisant les passages concernés par la demande d'inscription : identification du titulaire et du cessionnaire, référence de l'enregistrement transmis, accord de volonté des parties. Cette fiche peut être remplacée par des indications portées directement sur l'acte (par exemple au crayon) pour mettre en évidence les passages concernés.

Art. 10 Les demandes d'enregistrement international de marque ou d'inscription postérieure au registre international sont établies sur les imprimés prescrits par l'Arrangement de Madrid du 14 avril 1891 *(Arr. du 2 sept. 2008)* « et du Protocole de Madrid du 27 juin 1989 » relatif à l'enregistrement international des marques.

Les dispositions de l'article 1er-I (second alinéa) et II du présent arrêté leur sont applicables.

Art. 11 I. — La demande d'enregistrement international est établie en trois exemplaires, dont un seul est daté et signé du demandeur ou de son mandataire.

La signature est précédée de l'indication du nom et de la qualité du signataire.

II. — Outre les pièces prescrites par l'Arrangement *(Arr. du 2 sept. 2008)* « et le Protocole » de Madrid, la demande d'enregistrement est accompagnée :

a) De la copie du certificat d'enregistrement de la marque nationale dont l'extension de la protection est demandée ou d'un certificat d'identité ;

b) De la justification du paiement de la redevance de procédure prévue au profit de l'Institut national de la propriété industrielle ;

c) De la justification du versement des taxes et émoluments perçus par l'Organisation mondiale de la propriété intellectuelle, à moins que le demandeur ou son mandataire ne dispose d'un compte auprès de cette organisation ;

d) S'il est constitué un mandataire, du pouvoir de ce dernier ;

e) De la liste de l'ensemble des pièces annexées à la demande.

Art. 12 I. — Toute demande d'inscription postérieure à l'enregistrement international est établie en deux exemplaires.

Un seul exemplaire est daté et signé du demandeur ou de son mandataire. La signature est précédée du nom et de la qualité du signataire.

Une seule demande d'inscription peut être présentée pour plusieurs enregistrements internationaux inscrits au nom du même titulaire, si le libellé des inscriptions est le même pour tous les enregistrements.

Dans ce cas, les marques doivent être citées dans la demande d'inscription dans l'ordre chronologique de leur enregistrement.

II. — La demande d'inscription est accompagnée :

a) De la justification de l'enregistrement international en l'état où il figure au registre international le jour de la demande d'inscription ;

b) Du pouvoir du mandataire s'il en est constitué un ; une simple copie suffit si la demande émane du titulaire de l'enregistrement agissant par l'intermédiaire de son mandataire déjà inscrit ; toutefois, un pouvoir spécial doit être fourni lorsque la demande d'inscription porte sur une limitation des produits ou services visés dans l'enregistrement international, la renonciation à la protection pour certains pays ou la radiation de l'enregistrement international ;

c) Si la demande d'inscription porte sur une transmission ou une cession partielle de l'enregistrement international, de l'original de l'acte de transmission ou de cession, accompagné d'une copie si le demandeur entend que l'original lui soit restitué ; l'article 9 alinéa 4 est applicable ;

d) Si la demande d'inscription porte sur une modification du nom ou de l'adresse du titulaire de la marque internationale, de la justification de la modification ;

e) De la justification du paiement de la redevance de procédure prévue au profit de l'Institut national de la propriété industrielle ;

f) De la justification du versement des taxes et émoluments perçus par l'Organisation mondiale de la propriété intellectuelle, à moins que le demandeur ou son mandataire ne dispose d'un compte auprès de cette organisation ;

g) De la liste de l'ensemble des pièces annexées à la demande.

Art. 13 Lorsqu'une régularisation ou rectification d'erreur matérielle a été acceptée, lorsqu'il a été procédé au retrait partiel d'une demande ou lorsqu'un mandataire a été désigné ou remplacé en cours de procédure, une nouvelle série de demandes ou de déclarations comportant les rectifications ou suppressions correspondantes doit être remise à l'Institut national de la propriété industrielle.

Chaque exemplaire modifié de la demande ou de la déclaration doit être conforme à l'article 1er du présent arrêté.

Art. 14 Tout acte ou pièce remis à l'Institut national de la propriété industrielle doit, s'il est rédigé en langue étrangère, être accompagné de sa traduction en langue française.

Les dispositions de la loi n° 75-1349 du 31 décembre 1975 relative à l'emploi de la langue française *[abrogée par L. n° 94-665 du 4 août 1994 ; V. cette loi, App., v° Marques]* sont applicables aux demandes et déclarations prévues par le présent arrêté sauf en ce qui concerne le modèle des marques.

Art. 15 *(Arr. du 2 sept. 2008)* Lorsqu'ils sont établis et transmis à l'Institut national de la propriété industrielle par voie électronique, les documents sont réputés satisfaire aux exigences relatives au nombre d'exemplaires requis.

Art. R. 712-27 *(Décr. n° 2004-199 du 25 févr. 2004, art. 74)* **Jusqu'au début des préparatifs techniques relatifs à l'enregistrement ou lors d'une procédure de recours contre la décision d'enregistrement de la marque, le déposant ou son mandataire peut procéder au dépôt de demandes divisionnaires de sa demande d'enregistrement initiale.**

La division ne peut porter que sur la liste des produits et services.

Les demandes divisionnaires bénéficient de la date de dépôt et, le cas échéant, de la date de priorité de la demande initiale.

Art. R. 712-28 *(Décr. nº 2004-199 du 25 févr. 2004, art. 74)* En cas de division d'une demande d'enregistrement conformément à l'article R. 712-27, chaque demande divisionnaire doit être conforme aux dispositions de l'article R. 712-3.

Art. D. 712-29 *(Décr. nº 2015-671 du 15 juin 2015, art. 1er)* Pour bénéficier du droit d'alerte gratuit prévu par l'article L. 712-2-1, les collectivités territoriales et les établissements publics mentionnés à l'article L. 712-2-1 adressent à l'Institut national de la propriété industrielle une demande par voie électronique selon les modalités fixées par décision du directeur général de l'institut.

Cette demande comprend :

1° La dénomination ou le nom de pays pour lequel l'alerte est demandée ;

2° L'adresse électronique à laquelle l'alerte doit être envoyée ;

3° L'identification de la collectivité ou de l'établissement demandeur ainsi que son numéro d'identification Siren.

La demande donne lieu à la délivrance d'un récépissé par voie électronique. La date d'enregistrement de la demande d'alerte est celle du récépissé.

Les dispositions du Décr. nº 2015-671 du 15 juin 2015 sont applicables dans les îles Wallis-et-Futuna (Décr. préc., art. 2).

Art. D. 712-30 *(Décr. nº 2015-671 du 15 juin 2015, art. 1er)* L'alerte est adressée par l'Institut national de la propriété industrielle par voie électronique dans les cinq jours ouvrables suivant la publication du dépôt d'une demande d'enregistrement de la marque, contenant la dénomination de la collectivité ou le nom de pays concerné, au *Bulletin officiel de la propriété industrielle.*

Lorsque le dépôt de marque est effectué en application du règlement (CE) nº 207/2009 du Conseil du 26 février 2009 sur la marque communautaire ou de l'arrangement de Madrid concernant l'enregistrement international des marques du 14 avril 1891 modifié et de son protocole du 27 juin 1989 modifié, l'institut adresse l'alerte par voie électronique dans les trois semaines qui suivent la publication de la demande de marque au *Bulletin des marques communautaires* ou à la *Gazette des marques internationales.*

L'alerte mentionne la faculté ouverte à toute personne intéressée de formuler des observations au titre de l'article L. 712-3 et aux collectivités territoriales de former opposition à enregistrement au titre de l'article L. 712-4.

Les dispositions du Décr. nº 2015-671 du 15 juin 2015 sont applicables dans les îles Wallis-et-Futuna (Décr. préc., art. 2).

CHAPITRE III DROITS CONFÉRÉS PAR L'ENREGISTREMENT

Absence de disposition réglementaire.

CHAPITRE IV TRANSMISSION ET PERTE DU DROIT SUR LA MARQUE

Art. R. 714-1 *(Décr. nº 2004-199 du 25 févr. 2004, art. 75)* Le titulaire d'une marque enregistrée peut à tout moment y renoncer, pour tout ou partie des produits ou services.

La déclaration de renonciation doit, pour être recevable :

1° Émaner du titulaire de la marque inscrit, au jour de la déclaration, sur le registre national des marques, ou de son mandataire ;

2° Être accompagnée de la justification du paiement de la redevance prescrite.

Les dispositions de l'article R. 712-21 sont applicables à la renonciation.

(Décr. nº 2015-1436 du 6 nov. 2015, art. 13-1°) « En cas de non-conformité de la déclaration, notification motivée en est faite au demandeur. Un délai lui est imparti pour régulariser la déclaration ou contester les objections de l'institut. A défaut de régularisation ou d'observation permettant de lever l'objection, la déclaration est rejetée. La notification peut être assortie d'une proposition de régularisation. Cette proposition est réputée acceptée si le demandeur ne la conteste pas dans le délai qui lui est imparti. »

V. note ss. art. R. 421-10-1.

Art. R. 714-1-1 *(Décr. nº 2015-1436 du 6 nov. 2015, art. 13-2°)* Il est statué sur la déclaration de renonciation dans un délai de six mois à compter de son dépôt. Ce délai est interrompu, le cas échéant, par la notification prévue par l'article R. 714-1, jusqu'à la régularisation de la demande ou la levée de l'objection.

V. note ss. art. R. 421-10-1.

Art. R. 714-1-2 *(Décr. nº 2015-1436 du 6 nov. 2015, art. 13-2º)* A défaut de décision expresse dans le délai mentionné à l'article R. 714-1-1, la demande est réputée acceptée.

V. note ss. art. R. 421-10-1.

Art. R. 714-2 Le Registre national des marques est tenu par l'Institut national de la propriété industrielle.

Y figurent pour chaque marque :

1º L'identification du demandeur et les références du dépôt, ainsi que les actes ultérieurs en affectant l'existence ou la portée ;

2º Les actes modifiant la propriété de la marque ou la jouissance des droits qui lui sont attachés ; en cas de revendication de propriété, l'assignation correspondante ;

3º Les changements de nom, de forme juridique ou d'adresse ainsi que les rectifications d'erreurs matérielles affectant les inscriptions.

Aucune inscription n'est portée au registre tant que le dépôt n'est pas publié dans les conditions prévues à l'article R. 712-8. – *[Décr. nº 92-100 du 30 janv. 1992, art. 24.]*

Dès lors que le demandeur en contrefaçon est propriétaire des marques, par suite de renouvellement de dépôt, d'où résulte sa qualité à agir, même en l'absence de mention au Registre national des marques de ses changements d'adresse et de dénomination, qui n'affectent pas cette qualité, la cour n'est pas tenue, quant à la recevabilité de cette action, de se livrer à une recherche inopérante portant sur l'accomplissement des formalités exigées par l'art. R. 714-2. • Com. 11 mars 2003 : *Bull. civ. IV, nº 43 ; Ann. propr. ind. 2003. 219 ; JCP E 2003. 1434, nº 6, obs. Boespflug, Greffe et Barthélemy ; PIBD 2003. III. 508.*

Art. R. 714-3 *(Décr. nº 2004-199 du 25 févr. 2004, art. 76)* Les indications mentionnées au 1º de l'article R. 714-2 sont inscrites à l'initiative de l'Institut national de la propriété industrielle ou, s'il s'agit d'une décision judiciaire, sur réquisition du greffier ou sur requête de l'une des parties.

Seules les décisions judiciaires définitives peuvent être inscrites au registre national des marques.

Art. R. 714-4 *(Décr. nº 2004-199 du 25 févr. 2004, art. 77)* Les actes modifiant la propriété d'une marque ou la jouissance des droits qui lui sont attachés, tels que cession, concession d'un droit d'exploitation, constitution ou cession d'un droit de gage ou renonciation à ce droit, saisie, validation et mainlevée de saisie, sont inscrits à la demande de l'une des parties à l'acte ou, s'il n'est pas partie à l'acte, du titulaire du dépôt au jour de la demande d'inscription.

Toutefois, un acte ne peut être inscrit que si la personne indiquée dans l'acte comme étant le titulaire de la demande d'enregistrement ou de la marque avant la notification résultant de l'acte est inscrite comme telle au registre national des marques.

La demande comprend :

1º Un bordereau de demande d'inscription ;

2º Une copie ou un extrait de l'acte constatant la modification de la propriété ou de la jouissance ;

3º La justification du paiement de la redevance prescrite ;

4º S'il y a lieu, le pouvoir du mandataire, à moins que celui-ci n'ait la qualité de conseil en propriété industrielle *(Décr. nº 2007-731 du 7 mai 2007)* « ou d'avocat ».

V. art. R. 714-7-1 et R. 714-7-2.

BIBL. ▸ FAGET, *Rev. huiss. 1998. 70* (la saisie des marques).

Art. R. 714-5 *(Décr. nº 2004-199 du 25 févr. 2004, art. 78)* Par dérogation au 2º de l'article R. 714-4, peut être produit avec la demande :

1º En cas de mutation par décès : copie de tout acte établissant le transfert, à la demande des héritiers ou légataires ;

2º En cas de transfert par suite de fusion, scission ou absorption : copie d'un extrait du registre du commerce et des sociétés à jour de la modification ;

3° Sur justification de l'impossibilité matérielle de produire une copie : tout document établissant la modification de la propriété ou de la jouissance.

Art. R. 714-6 *(Décr. n° 2004-199 du 25 févr. 2004, art. 79)* Les changements de nom, de forme juridique, d'adresse et les rectifications d'erreurs matérielles sont inscrits à la demande du titulaire de la demande d'enregistrement ou de la marque, qui doit être le titulaire inscrit au registre national des marques. Toutefois, lorsque ces changements et rectifications portent sur un acte précédemment inscrit, la demande peut être présentée par toute partie à l'acte.

La demande comprend :

1° Un bordereau de demande d'inscription ;

2° S'il y a lieu, le pouvoir du mandataire, à moins qu'il n'ait la qualité de conseil en propriété industrielle *(Décr. n° 2007-731 du 7 mai 2007)* « ou d'avocat » ;

3° S'il s'agit d'une rectification d'erreur matérielle, la justification du paiement de la redevance prescrite ;

L'institut peut exiger la justification de la réalité du changement dont l'inscription est sollicitée ou de l'erreur matérielle à rectifier.

V. art. R. 714-7-1 et R. 714-7-2.

Art. R. 714-7 *(Décr. n° 2004-199 du 25 févr. 2004, art. 80)* En cas de non-conformité d'une demande d'inscription, notification motivée en est faite au demandeur.

Un délai lui est imparti pour régulariser sa demande ou présenter des observations. A défaut de régularisation ou d'observations permettant de lever l'objection, la demande est rejetée par décision du directeur général de l'Institut national de la propriété industrielle.

La notification peut être assortie d'une proposition de régularisation. Cette proposition est réputée acceptée si le déposant ne la conteste pas dans le délai qui lui est imparti.

Art. R. 714-7-1 *(Décr. n° 2015-1436 du 6 nov. 2015, art. 13-3°)* Il est statué sur la demande d'inscription mentionnée aux articles R. 714-4 et R. 714-6 dans un délai de six mois à compter de son dépôt. Ce délai est interrompu, le cas échéant, par la notification prévue à l'article R. 714-7, jusqu'à la régularisation de la demande ou la levée de l'objection.

V. note ss. art. R. 421-10-1.

Art. R. 714-7-2 *(Décr. n° 2015-1436 du 6 nov. 2015, art. 13-3°)* A défaut de décision expresse dans le délai mentionné à l'article R. 714-4-1 *[R. 714-7-1]*, la demande est réputée acceptée.

V. note ss. art. R. 421-10-1.

Art. R. 714-8 Toute inscription portée au Registre national des marques fait l'objet d'une mention au *Bulletin officiel* de la propriété industrielle.

Toute personne intéressée peut obtenir de l'institut :

1° Un certificat d'identité comprenant le modèle de la marque, les indications relatives au dépôt et à l'enregistrement, et, s'il y a lieu, les limitations à la liste des produits ou services résultant d'un retrait, d'une renonciation ou d'une décision judiciaire ;

2° Une reproduction des inscriptions portées au Registre national des marques ;

3° Un certificat constatant qu'il n'existe pas d'inscription.

(Décr. n° 2004-199 du 25 févr. 2004, art. 81) « A compter du jour de la publication prévue au premier alinéa, toute personne intéressée peut demander à prendre connaissance d'un dossier de demande d'enregistrement de marque et obtenir à ses frais reproduction des pièces. L'institut peut subordonner l'usage de cette faculté à la justification d'un intérêt suffisant.

« Toutefois, sont exclues de la communication au public les pièces non communiquées au déposant ainsi que celles qui comportent des données à caractère personnel ou qui sont relatives au secret des affaires. »

Art. R. 714-9 *(Décr. n° 2004-199 du 25 févr. 2004, art. 82)* Les dépôts irrecevables, rejetés, ou non renouvelés peuvent être restitués à leur propriétaire, sur sa demande et à ses frais.

S'ils n'ont pas été réclamés, ils peuvent être détruits par l'Institut national de la propriété industrielle, au terme d'un délai d'un an pour les dépôts irrecevables et rejetés, ou de dix ans pour les dépôts non renouvelés.

CHAPITRE V MARQUES COLLECTIVES

Art. R. 715-1 La mention "marque collective" portée dans l'enregistrement d'une marque déposée antérieurement au 28 décembre 1991 sera, sauf s'il s'agit d'une marque collective de certification, radiée sur demande de son propriétaire.

Cette radiation sera inscrite au Registre national des marques. – *[Décr. n° 92-100 du 30 janv. 1992, art. 49.]*

Art. R. 715-2 *(Décr. n° 2007-280 du 1er mars 2007, art. 28)* En cas de dissolution de la personne morale titulaire d'une marque collective de certification, la transmission de cette marque ne peut intervenir qu'au profit d'un autre organisme certificateur ou d'une personne morale détenant majoritairement, directement ou indirectement, un organisme certificateur auquel elle (en) concède une licence exclusive de cette marque.

Cette transmission est opérée, à la demande du titulaire de la marque ou de son mandataire, par un arrêté du ministre chargé de l'industrie, si la marque collective de certification est relative à la certification de services ou de produits autres qu'alimentaires.

CHAPITRE VI CONTENTIEUX

SECTION PREMIÈRE MESURES PROVISOIRES ET CONSERVATOIRES

(Décr. n° 2008-624 du 27 juin 2008, art. 16)

Art. R. 716-1 Le délai prévu au dernier alinéa de l'article L. 716-6 et imparti au demandeur pour se pourvoir au fond *(Décr. n° 2014-1550 du 19 déc. 2014, art. 6)* « par la voie civile ou pénale, ou déposer une plainte auprès du procureur de la République, » est de vingt jours ouvrables ou de trente et un jours civils si ce délai est plus long, à compter de la date de l'ordonnance.

V. note ss. art. R. 343-1.

SECTION II MESURES PROBATOIRES

(Décr. n° 2008-624 du 27 juin 2008, art. 16)

Art. R. 716-2 La saisie, descriptive ou réelle, prévue à l'article L. 716-7 est ordonnée par le président du tribunal de grande instance compétent pour connaître du fond.

Le président peut autoriser l'huissier à procéder à toute constatation utile en vue d'établir l'origine, la consistance et l'étendue de la contrefaçon.

Art. R. 716-3 Lorsque le juge a subordonné la saisie à la constitution de garanties par le demandeur, celles-ci doivent être constituées avant qu'il soit procédé à la saisie.

A peine de nullité et de dommages-intérêts contre l'huissier, celui-ci doit, avant de procéder à la saisie, donner copie aux détenteurs des objets saisis ou décrits de l'ordonnance et, le cas échéant, de l'acte constatant la constitution de garanties. Copie doit être laissée aux mêmes détenteurs du procès-verbal de saisie.

Toutefois, en matière de substitution de produits ou de services, l'huissier n'est tenu de donner copie de l'ordonnance et de l'acte constatant la constitution de garantie qu'après livraison des produits ou fourniture des services.

Art. R. 716-4 Le délai prévu au dernier alinéa de l'article L. 716-7 et imparti au demandeur pour se pourvoir au fond est de vingt jours ouvrables ou de trente et un jours civils si ce délai est plus long, à compter du jour où est intervenue la saisie ou la *description*.

Art. R. 716-5 Le président du tribunal peut ordonner, au vu du procès-verbal de saisie, toute mesure pour compléter la preuve des actes de contrefaçon allégués. A la demande de la partie saisie agissant sans délai et justifiant d'un intérêt légitime, il peut également prendre toute mesure pour préserver la confidentialité de certains éléments.

Lorsque la saisie-contrefaçon est intervenue sur requête, c'est dans les mêmes formes que la partie saisie est en droit d'agir afin d'obtenir que les conditions ou conséquences de cette saisie soient précisées. • Com. 1er mars 2017, n° 15-16.159 P : *Dalloz IP/IT 2017. 474, obs. Lecourt ; PIBD 2017. III. 287.*

SECTION III **RETENUE EN DOUANE**

(Décr. n° 2008-625 du 27 juin 2008, art. 10)

Art. R. 716-6 *(Décr. n° 2015-427 du 15 avr. 2015, art. 6)* **Le chapitre V *bis* du titre III du livre III est applicable à la retenue par l'administration des douanes des marchandises susceptibles de porter atteinte à une marque, telle que prévue au chapitre VI *bis* du titre Ier du livre VII.** — *V. Arr. du 29 juin 2015, ss. art. R. 335-6.*

Art. R. 716-7 à R. 716-11 *Abrogés par Décr. n° 2015-427 du 15 avr. 2015, art. 6.*

SECTION IV **DISPOSITIONS COMMUNES**

Art. D. 716-12 *(Décr. n° 2009-1204 du 9 oct. 2009)* **Le siège et le ressort des tribunaux de grande instance ayant compétence exclusive pour connaître des actions en matière de marques en application de l'article L. 716-3 du code de la propriété intellectuelle sont fixés conformément au tableau VI annexé à l'article D. 211-6-1 du code de l'organisation judiciaire.** — *V. cet art. et le tableau, App., v° Dispositions générales.*

Ces dispositions sont entrées en vigueur le 1er nov. 2009.

COMMENTAIRE

L'article D. 716-12, dans sa rédaction issue du décret n° 2009-1204 du 9 octobre 2009 entré en vigueur le 1er novembre 2009, dispose que le siège et le ressort des tribunaux de grande instance ayant compétence exclusive pour connaître des actions en matière de marques, en application de l'article L. 716-3, sont désormais fixés conformément au tableau VI annexé à l'article D. 211-6-1 du code de l'organisation judiciaire. Ce tableau, issu du décret n° 2009-1205 du 9 octobre 2009, attribue notamment compétence au tribunal de grande instance de Marseille pour connaître des actions en matière de propriété littéraire et artistique, de dessins et modèles, de marques et d'indications géographiques intéressant le ressort des cours d'appel d'Aix-en-Provence, Bastia, Montpellier et Nîmes.

Au titre des dispositions transitoires l'article 6, alinéa 2, du décret n° 2009-1204 du 9 octobre 2009 énonce que « la juridiction saisie demeure compétente pour statuer sur les procédures introduites antérieurement à la date d'entrée en vigueur du présent décret ». Par « juridiction saisie » au sens de ce texte, il faut entendre la juridiction de première instance ou d'appel devant laquelle une instance avait été introduite antérieurement à l'entrée en vigueur du décret du 9 octobre 2009, ce qui *a contrario* signifie qu'une instance engagée postérieurement à la date d'entrée en vigueur du décret est soumise aux nouvelles règles d'organisation judiciaire.

Selon les articles 480 et 481 du code de procédure civile, l'instance se définit comme la saisine d'un juge appelé à trancher une contestation par un jugement qui, dès son prononcé, a l'autorité de la chose jugée et qui le dessaisit. L'appel formé contre ce jugement ne peut être regardé que comme une nouvelle instance à laquelle sont applicables les dispositions d'ordre public des articles D. 716-12 du CPI et D. 211-6-1 du code de l'organisation judiciaire. L'appel formé devant la cour de Montpellier d'un jugement rendu le 30 avril 2010 par le tribunal de grande instance de Rodez, sur une instance engagée devant lui par assignation du 8 juillet 2008, doit donc être déclaré irrecevable car il aurait dû être porté devant la cour d'appel d'Aix-en-Provence spécialisée dans le contentieux des marques (Montpellier, 27 mars 2012 : *PIBD 2012. III. 480* ; V. *contra* Aix-en-Provence, 9 mai 2011 : *PIBD 2012. III. 482*).

CHAPITRE VII MARQUE INTERNATIONALE ET MARQUE COMMUNAUTAIRE *(Décr. nº 2002-215 du 18 févr. 2002).*

SECTION PREMIÈRE MARQUE INTERNATIONALE *(Décr. nº 2002-215 du 18 févr. 2002).*

Art. R. 717-1 **Les articles R. 712-3 (2°, *d*), R. 712-9 à R. 712-11, R. 712-13 à R. 712-18,** *(Décr. nº 2015-1436 du 6 nov. 2015, art. 14-I)* **« R. 712-23 et R. 712-23-1 », R. 714-2 et R. 714-4 à R. 714-8 sont applicables aux enregistrements internationaux de marque étendus à la France conformément à l'Arrangement de Madrid du 14 avril 1891** *(Décr. nº 2004-199 du 25 févr. 2004, art. 83)* **« et du Protocole de Madrid du 27 juin 1989 » dans la limite et sous la réserve des dispositions prévues au présent chapitre.** – *[Décr. nº 92-100 du 30 janv. 1992, art. 31.] – V. Arrangement de Madrid du 14 avr. 1891 concernant l'enregistrement international des marques, révisé à Bruxelles le 14 déc. 1900, à Washington le 2 juin 1911, à La Haye le 6 nov. 1925, à Londres le 2 juin 1934, à Nice le 15 juin 1957, et à Stockholm le 14 juill. 1967, App., vº Marques et Protocole de Madrid du 27 juin 1989, App., vº Marques.*

Les dispositions du Décr. nº 2015-1436 du 6 nov. 2015 sont applicables dans les îles Wallis-et-Futuna (Décr. préc., art. 18).

Art. R.* 717-1-1 *(Décr. nº 2015-1436 du 6 nov. 2015, art. 14-II)* **L'article R.* 712-23-2 est applicable aux enregistrements internationaux de marque mentionnés à l'article R. 717-1, dans la même limite et sous la même réserve.**

V. note ss. art. R. 717-1.

Art. R. 717-2 **Lorsque l'enregistrement international concerne une marque collective de certification, le règlement d'usage mentionné à l'article R. 712-3 (2°, *d*), accompagné, le cas échéant, de sa traduction en langue française, doit être fourni dans un délai de six mois à compter de l'inscription de la marque au Registre international.**

Lorsque cette prescription n'est pas respectée, l'enregistrement international est réputé ne pas porter en France sur une marque collective de certification. – *[Décr. nº 92-100 du 30 janv. 1992, art. 32.]*

Art. R. 717-3 *(Décr. nº 2008-1472 du 30 déc. 2008, art. 20)* **Le délai de deux mois dans lequel les observations de tiers doivent être présentées en application de l'article L. 712-3 court à compter de la publication du bulletin *La Gazette* par l'Organisation mondiale de la propriété intellectuelle.** – *[Décr. nº 92-100 du 30 janv. 1992, art. 33.] – La date de réception à l'Institut national de la propriété industrielle dudit bulletin, aux fins de l'application des art. R. 717-3 et R. 717-5, est constatée sur un registre tenu à la disposition du public (Arr. du 31 janv. 1992, art. 5). – V. cet Arr. ss. art. R. 712-26.*

Les dispositions du Décr. nº 2008-1472 du 30 déc. 2008 sont applicables dans les îles Wallis-et-Futuna et en Nouvelle-Calédonie (Décr. préc., art. 22).

Art. R. 717-4 **L'examen prévu à l'article R. 712-10 est limité à la vérification de l'aptitude du signe à constituer une marque ou à être adopté à titre de marque.**

Le délai de quatre mois dans lequel doivent être émises les notifications d'irrégularité, conformément à l'article R. 712-11 (2°), court à compter de la notification à l'Institut national de la propriété industrielle de l'extension à la France de l'enregistrement international.

Les irrégularités sont notifiées au titulaire de l'enregistrement international par l'intermédiaire du bureau international de l'Organisation mondiale de la propriété intellectuelle. – *[Décr. nº 92-100 du 30 janv. 1992, art. 34.]*

Art. R. 717-5 *(Décr. nº 2008-1472 du 30 déc. 2008, art. 20)* **« Le délai pour former opposition, conformément à l'article L. 712-4, court à compter de la publication du bulletin *La Gazette* par l'Organisation mondiale de la propriété intellectuelle. »** – *V. note ss. art. R. 717-3.*

L'opposition est notifiée au titulaire de l'enregistrement international par l'intermédiaire du bureau international de l'Organisation mondiale de la propriété intellectuelle.

Le titulaire de l'enregistrement international est réputé avoir reçu la notification de l'opposition dans un délai de quinze jours à compter de la date d'émission de cette

notification par l'Institut national de la propriété industrielle. – *[Décr. n° 92-100 du 30 janv. 1992, art. 35.]*

Les dispositions du Décr. n° 2008-1472 du 30 déc. 2008 sont applicables dans les îles Wallis-et-Futuna et en Nouvelle-Calédonie (Décr. préc., art. 22).

Art. R. 717-6 **Toute décision de rejet est prononcée sous forme de refus de protection en France de l'enregistrement international.**

Elle est notifiée au titulaire de l'enregistrement international par l'intermédiaire du bureau international de l'Organisation mondiale de la propriété intellectuelle. – *[Décr. n° 92-100 du 30 janv. 1992, art. 36.]*

Art. R. 717-7 **Les actes relatifs aux enregistrements internationaux qui produisent effet en France peuvent être inscrits au Registre national des marques, dès lors qu'ils ne sont pas susceptibles d'être inscrits au Registre international.** – *[Décr. n° 92-100 du 30 janv. 1992, art. 37.] – V. Arr. du 31 janv. 1992, ss. art. R. 712-26.*

Art. R. 717-8 **Toute demande d'enregistrement international ou d'inscription postérieure à cet enregistrement soumise, en vertu de l'Arrangement de Madrid du 14 avril 1891** *(Décr. n° 2004-199 du 25 févr. 2004, art. 83)* **« et du Protocole de Madrid du 27 juin 1989 », au visa de l'Institut national de la propriété industrielle pour transmission au bureau international, doit être présentée dans les conditions fixées** *(Décr. n° 2014-650 du 20 juin 2014, art. 4-III, en vigueur le 1er juill. 2014)* **« par la décision mentionnée » à l'article R. 712-26.** – *V. Arr. du 31 janv. 1992, crt. 10 s., ss. art. R. 712-26.*

Les dispositions de l'article R. 712-11 sont applicables à toute demande ne répondant pas aux conditions prévues à l'alinéa précédent. La date de saisine de l'Institut national de la propriété industrielle est celle à laquelle la demande a, le cas échéant, été régularisée. – *[Décr. n° 92-100 du 30 janv. 1992, art. 38.]*

V. note ss. art. R. 712-1.

SECTION II **MARQUE COMMUNAUTAIRE**

(Décr. n° 2002-215 du 18 févr. 2002)

Art. R. 717-9 *(Décr. n° 2002-215 du 18 févr. 2002)* **La marque communautaire ou la demande de marque communautaire est transformée en demande de marque française dès la réception par l'Institut national de la propriété industrielle de la requête en transformation adressée à l'Office de l'harmonisation dans le marché intérieur. Un numéro national lui est attribué.**

1° Un délai est imparti au demandeur pour fournir :

***a)* La demande d'enregistrement prévue au 1° de l'article R. 712-3 ;**

***b)* La justification du paiement des redevances prévue au *a* du 2° de l'article R. 712-3 ;**

***c)* La traduction en français, s'il y a lieu, de la requête en transformation et des pièces jointes à celle-ci.**

Si le demandeur n'a pas son domicile ou son siège dans un État membre de la Communauté européenne ou dans un État partie à l'accord sur l'Espace économique européen, il doit, dans le même délai, constituer un mandataire satisfaisant aux conditions prévues à l'article R. 712-2 et communiquer le nom et l'adresse de celui-ci à l'Institut national de la propriété industrielle ;

2° La demande issue de la requête en transformation est rejetée si les pièces mentionnées au 1° ne sont pas produites dans le délai prescrit ;

3° Lorsque la demande issue de la requête en transformation est reconnue recevable, elle est publiée au *Bulletin officiel* de la propriété industrielle dans les six semaines qui suivent la réception par l'Institut national de la propriété industrielle des pièces visées au 1°. Sous réserve des dispositions du troisième alinéa de l'article L. 717-5, mention y est faite de la faculté ouverte à toute personne intéressée de formuler des observations dans le délai de deux mois et aux personnes mentionnées à l'article L. 712-4 de former dans ce même délai opposition à enregistrement.

Art. R. 717-10 *(Décr. n° 2002-215 du 18 févr. 2002)* **La demande de marque nationale issue de la requête en transformation est examinée et enregistrée ou rejetée dans**

les conditions prévues aux articles R. 712-9 à *(Décr. n° 2015-1436 du 6 nov. 2015, art. 14-III)* **« R. 712-23-1 ».**

V. note ss. art. R. 717-1.

Art. R.* 717-10-1 *(Décr. n° 2015-1436 du 6 nov. 2015, art. 14-IV)* **La demande de marque nationale issue de la requête en transformation est également examinée et enregistrée ou rejetée dans les conditions prévues à l'article R.* 712-23-2.**

V. note ss. art. R. 717-1.

Art. R. 717-11 *(Décr. n° 2008-624 du 27 juin 2008, art. 16)* **Les actions et demandes en matière de marques communautaires prévues par l'article L. 717-4 sont portées devant les tribunaux de grande instance mentionnés à l'article R. 211-7 du code de l'organisation judiciaire.**

La cour d'appel qui, après avoir rappelé que les dispositions prévoyant la compétence exclusive du TGI de Paris pour connaître des actions en matière de marques communautaires doivent s'appréhender strictement, constate que l'objet du litige ne porte que sur les droits détenus par les parties sur des marques françaises et retient en outre que la décision à intervenir n'aura autorité de la chose jugée qu'à l'égard des marques françaises et ne sera pas de nature à affecter les droits sur les marques communautaires et internationales désignant l'Union européenne, en a à bon droit déduit que le tribunal de grande instance de Lille était compétent pour connaître de l'action. • Com. 6 sept. 2016, n° 15-29.113 : *PIBD 2016. III. 805.*

CHAPITRE VIII **DISPOSITIONS COMMUNES**

SECTION UNIQUE

Art. R. 718-1 Sous réserve des dispositions de l'article R. 712-16 (1°), les délais impartis par l'Institut national de la propriété industrielle ne sont ni inférieurs à un mois ni supérieurs à quatre mois. – *[Décr. n° 92-100 du 30 janv. 1992, art. 39.]*

Art. R. 718-2 Lorsqu'un délai est exprimé en jours, celui de l'acte, de l'événement, de la décision ou de la notification qui le fait courir ne compte pas.

Lorsqu'un délai est exprimé en mois ou en année, ce délai expire le jour du dernier mois ou de la dernière année qui porte le même quantième que le jour de l'acte, de l'événement, de la décision ou de la notification qui fait courir le délai. A défaut de quantième identique, le délai expire le dernier jour du mois.

Lorsqu'un délai est exprimé en mois et en jours, les mois sont d'abord décomptés, puis les jours.

Tout délai expire le dernier jour à vingt-quatre heures.

Le délai qui expirerait normalement un samedi, un dimanche ou un jour férié ou chômé est prorogé jusqu'au premier jour ouvrable suivant. – *[Décr. n° 92-100 du 30 janv. 1992, art. 41.]*

Derniers al. abrogés par Décr. n° 2008-1472 du 30 déc. 2008, art. 21.

Les dispositions du Décr. n° 2008-1472 du 30 déc. 2008 sont applicables dans les îles Wallis-et-Futuna et en Nouvelle-Calédonie (Décr. préc., art. 22).

V. note ss. art. R. 712-24.

Art. R. 718-3 *(Décr. n° 2015-595 du 2 juin 2015, art. 4)* **Toute notification est réputée régulière si elle est faite :**

1° Au dernier titulaire de la demande d'enregistrement de marque déclaré à l'institut ou au dernier propriétaire inscrit au registre national des marques ;

2° Aux collectivités territoriales et aux établissements publics mentionnés à l'article L. 712-2-1 ;

3° Au mandataire des personnes physiques ou morales susmentionnées.

Si la personne physique ou morale à qui la notification est adressée n'est pas domiciliée dans un État membre de l'Union européenne ou dans un État partie à l'accord sur l'Espace économique européen, la notification est réputée régulière si elle est faite au dernier mandataire qu'il a constitué auprès de l'institut.

Les dispositions de l'art. 4 du Décr. n° 2015-595 du 2 juin 2015 sont applicables dans les îles Wallis-et-Futuna (Décr. préc., art. 6).

Art. R. 718-4 Les notifications prévues par le présent titre sont faites par lettre recommandée avec demande d'avis de réception.

(Décr. n° 2004-199 du 25 févr. 2004, art. 87) « L'envoi recommandé peut être remplacé par la remise de la lettre au destinataire, contre récépissé, dans les locaux de l'Institut national de la propriété industrielle ou par un message sous forme électronique selon les modalités fixées par le directeur général de l'institut pour garantir notamment la sécurité de l'envoi. »

Si l'adresse du destinataire est inconnue, la notification est faite par publication d'un avis au *Bulletin officiel* de la propriété industrielle. – *[Décr. n° 92-100 du 30 janv. 1992, art. 43.]*

Art. R. 718-5 *(Décr. n° 2014-650 du 20 juin 2014, art. 3-XIII, en vigueur le 1er juill. 2014)* Toute correspondance ou toute pièce relatives à une procédure devant l'Institut national de la propriété industrielle prévue par le présent titre sont déposées au siège de l'institut ou y sont envoyées par pli postal ou par tout mode de télétransmission dans les conditions définies par décision de son directeur général. Leur date de dépôt est celle de la réception au siège de l'institut.

Le directeur général de l'Institut national de la propriété industrielle peut imposer un dépôt sous forme électronique lorsque cette modalité est de nature à faciliter l'examen et la publication de ces pièces.

L'institut apporte une assistance aux déposants par tout moyen approprié, précisé par décision de son directeur général.

V. note ss. art. R. 712-1.

TITRE DEUXIÈME INDICATIONS GÉOGRAPHIQUES

(Décr. n° 2008-624 du 27 juin 2008, art. 16)

CHAPITRE PREMIER GÉNÉRALITÉS

SECTION UNIQUE INDICATIONS GÉOGRAPHIQUES PROTÉGEANT LES PRODUITS INDUSTRIELS ET ARTISANAUX

(Décr. n° 2015-595 du 2 juin 2015, art. 5)

Art. R. 721-1 I. – La demande d'homologation ou de modification du cahier des charges homologué ainsi que l'ensemble des pièces afférentes à la demande sont adressées à l'Institut national de la propriété industrielle par voie électronique, selon les modalités fixées par décision du directeur général de l'institut, par l'organisme de défense et de gestion défini à l'article L. 721-4 ou par un mandataire remplissant les conditions prévues à l'article R. 712-2. La date de dépôt est celle de la réception de la demande par l'institut.

II. – Le dossier de demande d'homologation comprend :

1° La demande d'homologation établie dans les conditions fixées par décision du directeur général de l'institut ;

2° Le nom et les adresses postale et électronique de l'organisme de défense et de gestion ainsi que les nom et prénom de son représentant légal ;

3° Le projet de cahier des charges de l'indication géographique comportant l'ensemble des précisions prévues à l'article L. 721-7 ;

4° Les éléments d'information permettant d'apprécier, au regard notamment des règles prévues au troisième alinéa de l'article L. 721-4 et au 4° de l'article L. 721-6, la représentativité des opérateurs au sein de l'organisme de défense et de gestion ;

5° Le justificatif du paiement de la redevance prévue à l'article R. 411-17 ;

6° Le cas échéant, le pouvoir du mandataire.

III. – Le dossier de demande de modification du cahier des charges homologué comprend, outre les éléments mentionnés aux 2°, 5° et 6° du II :

1° La demande de modification établie dans les conditions fixées par décision du directeur général de l'institut ;

2° Les éléments modifiés du cahier des charges homologué de l'indication géographique concernée ;

3° Les éléments d'information permettant d'apprécier, au regard notamment des règles prévues au troisième alinéa de l'article L. 721-4 et au 4° de l'article L. 721-6, la représentativité des opérateurs au sein de l'organisme de défense et de gestion, si ces éléments sont modifiés.

IV. — Les pièces justificatives, devant être produites à l'appui des demandes prévues au présent article, sont précisées par décision du directeur général de l'institut.

V. — Toutes les correspondances échangées entre le demandeur et l'institut sont adressées par voie électronique.

Les dispositions de l'art. 5 du Décr. n° 2015-595 du 2 juin 2015 sont applicables dans les îles Wallis-et-Futuna (Décr. préc., art. 6).

Art. R. 721-2 I. — L'Institut national de la propriété industrielle, saisi d'une demande d'homologation d'un cahier des charges, transmet un récépissé de dépôt avec le numéro de la demande à l'organisme demandeur ou à son mandataire.

II. — L'institut notifie au déposant dans un délai de deux mois à compter du dépôt de la demande mentionnée au I :

1° Soit, lorsque le dossier est complet, la réception du dossier complet ;

2° Soit, lorsque le dossier est incomplet, la réception du dossier incomplet.

Dans ce dernier cas, il accompagne la notification d'une demande des pièces justificatives manquantes et, s'il y a lieu, d'une demande de compléments sur les éléments du dossier mentionnés à l'article R. 721-1.

Le déposant adresse, dans le mois qui suit la date de la notification, les pièces demandées, sous peine d'irrecevabilité de la demande, et les éventuels compléments demandés, sous peine de rejet de la demande.

Dans le mois suivant la réception de ces pièces et compléments, l'institut adresse au déposant une notification attestant de la réception du dossier complet.

III. — Le dossier complet dont la réception a été notifiée au déposant dans les conditions décrites au II fait l'objet d'une transmission concomitante au ministre chargé de la propriété industrielle pour notification à la Commission européenne en application des dispositions de la directive 98/34/CE du Parlement européen et du Conseil du 22 juin 1998 prévoyant une procédure d'information dans le domaine des normes et réglementations techniques et des règles relatives aux services de la société de l'information.

IV. — L'institut publie la demande d'homologation du cahier des charges au *Bulletin officiel de la propriété industrielle* dans un délai d'un mois à compter de la notification du dossier complet prévue au II.

V. — Les dispositions des I, II et IV sont applicables aux demandes de modification du cahier des charges homologué. Celles du III ne sont applicables qu'aux demandes de modification portant sur les éléments mentionnés aux 1° à 5° et 11° de l'article L. 721-7.

V. note ss. art. R. 721-1.

Art. R. 721-3 I. — L'ouverture de l'enquête publique sur une demande d'homologation d'un cahier des charges prévue au 2° de l'article L. 721-3 fait l'objet d'un avis qui est publié, concomitamment à la publication mentionnée au IV de l'article R. 721-2, sous forme électronique sur le site internet de l'institut ainsi qu'au *Bulletin officiel de la propriété industrielle* et au *Journal officiel* de la République française.

Cet avis indique également :

1° Que l'enquête sera clôturée à l'issue d'un délai de deux mois à compter de la date de publication de l'avis au *Journal officiel* ;

2° Que le projet de cahier des charges est consultable, pendant ce délai, sous forme électronique sur le site internet de l'institut ;

3° Que toute personne peut adresser dans ce même délai des observations, selon les modalités fixées par décision du directeur général de l'institut.

II. — Une enquête publique est organisée dans les conditions prévues au I pour toute demande de modification du cahier des charges homologué. Cette enquête ne porte que sur les éléments du cahier des charges faisant l'objet de la demande de modification.

V. note ss. art. R. 721-1.

Art. R. 721-4 I. – L'Institut national de la propriété industrielle ouvre la consultation sur une demande d'homologation d'un cahier des charges prévue au 3° de l'article L. 721-3 concomitamment à la publication de l'avis d'ouverture de l'enquête publique prévue au I de l'article R. 721-3. Les modalités de cette consultation sont précisées par décision du directeur général de l'institut.

La consultation prend fin à l'issue d'un délai de deux mois à compter de la date de saisine des personnes physiques ou morales mentionnées au 3° de l'article L. 721-3.

Les groupements professionnels intéressés mentionnés à l'article L. 721-3 sont les organisations nationales représentatives des entreprises et des artisans ainsi que les organismes professionnels représentant les organismes d'évaluation de la conformité des produits industriels et artisanaux mentionnés à l'article R. 721-9.

II. – Une consultation est organisée dans les conditions prévues au I pour toute demande de modification du cahier des charges homologué. Cette consultation ne porte que sur les éléments du cahier des charges faisant l'objet de la demande de modification.

V. note ss. art. R. 721-1.

Art. R. 721-5 I. – L'Institut national de la propriété industrielle établit une synthèse de l'enquête publique et de la consultation, qu'il transmet au déposant, accompagnée de ses conclusions et recommandations éventuelles, dans un délai de deux mois suivant la fin de la consultation.

Le déposant dispose d'un délai de deux mois à compter de la réception de ces documents pour présenter des observations.

Il peut éventuellement, dans le même délai, faire part de son intention de réviser des dispositions du cahier des charges, dans le cadre d'une demande d'homologation de ce cahier, ou des modifications du cahier des charges homologué, dans le cadre d'une demande de modification de ce cahier.

II. – Dans le cas prévu au dernier alinéa du I, si les révisions envisagées portent sur les éléments mentionnés aux 1° à 6° de l'article L. 721-7, une nouvelle enquête publique et une nouvelle consultation, limitées aux seuls éléments du cahier des charges modifiés, sont organisées par l'institut.

Il est procédé, dans le délai de deux mois à compter de la réception de ces révisions, à la publication d'un avis d'ouverture de cette nouvelle enquête dans les formes prévues au I de l'article R. 721-3.

L'institut ouvre la nouvelle consultation sur les éléments du cahier des charges modifiés concomitamment à la publication de l'avis d'ouverture de la nouvelle enquête publique prévue à l'alinéa précédent. Les dispositions des deuxième et troisième alinéas du I de l'article R. 721-4 sont applicables à cette nouvelle consultation, dont les modalités sont précisées par décision du directeur général de l'institut.

L'institut établit une synthèse de la nouvelle enquête publique et de la nouvelle consultation qu'il transmet au déposant, accompagnée de ses conclusions, dans un délai de deux mois suivant la fin de la consultation. Le déposant dispose d'un délai d'un mois à compter de la réception de ces documents pour présenter des observations.

A l'issue de cette nouvelle enquête publique et de cette nouvelle consultation, le déposant ne peut plus réviser le projet de cahier des charges ou le projet de modification du cahier des charges homologué sauf si les révisions souhaitées ont pour objectif de revenir au projet initial.

III. – La synthèse de l'enquête publique et de la consultation, prévue au I, fait l'objet d'une publication sur le site internet de l'Institut national de la propriété industrielle à l'issue du délai imparti au déposant pour présenter des observations. Dans le cas où une nouvelle enquête publique et une nouvelle consultation ont été organisées dans les conditions prévues au II, la synthèse de celles-ci fait l'objet d'une publication sur le même site internet, à l'issue du délai imparti au déposant pour présenter des observations.

V. note ss. art. R. 721-1.

Art. R. 721-6 Les décisions d'homologation ou de rejet de l'homologation d'un cahier des charges ainsi que les décisions d'homologation ou de rejet de la modification d'un cahier des charges homologué sont notifiées par l'institut au déposant dans un délai de deux mois à compter de l'expiration des délais d'observations prévus au deuxième alinéa du I et au quatrième alinéa du II de l'article R. 721-5 ou dans un délai de deux mois à compter de l'expiration des délais de report prévus à l'article 9 de la directive 98/34/CE du Parlement européen et du Conseil du 22 juin 1998, dans le cas où il a été procédé à la transmission prévue au III de l'article R. 721-2 et où la date d'expiration de ces délais de report est postérieure à la date d'expiration des délais d'observations. Ce délai de deux mois peut être prorogé pour une période maximale d'un mois, par une décision motivée du directeur général de l'institut, qui est notifiée au déposant.

Les décisions d'homologation d'un cahier des charges sont accompagnées, lors de leur notification, du numéro d'homologation.

V. note ss. art. R. 721-1.

Art. R.* 721-6-1 *(Décr. nº 2015-1436 du 6 nov. 2015, art. 15)* A défaut de décision expresse dans le délai mentionné à l'article R. 721-6, la demande d'homologation ou de modification du cahier des charges est réputée rejetée.

V. note ss. art. R. 717-1.

Art. R. 721-7 Avant toute décision de retrait d'homologation du cahier des charges, l'institut procède à la notification d'une mise en demeure à l'organisme de défense et de gestion lui demandant de se conformer à ses obligations dans un délai lui permettant l'organisation des opérations de contrôle prévues à l'article L. 721-9 ou la mise en œuvre des mesures correctives garantissant le respect du cahier des charges.

Les décisions de retrait de l'homologation sont notifiées par l'institut à l'organisme de défense et de gestion.

V. note ss. art. R. 721-1.

Art. R. 721-8 Un logo dédié aux indications géographiques, prévues à l'article L. 721-2, est défini par arrêté conjoint du ministre chargé de la propriété industrielle et du ministre chargé de l'artisanat. Lorsqu'un opérateur, membre de l'organisme de défense et de gestion, souhaite indiquer que le produit respecte le cahier des charges homologué d'une indication géographique, le logo, accompagné du nom de l'indication géographique et du numéro d'homologation, peut être apposé sur le produit, sur son emballage ou sur son étiquetage.

V. note ss. art. R. 721-1.

V. Arr. du 7 févr. 2017 relatif au logotype des indications géographiques protégeant les produits industriels et artisanaux (JO 15 févr.).

Art. R. 721-9 Les organismes accrédités, assurant les opérations de contrôle prévues à l'article L. 721-9 à la demande de l'organisme de défense et de gestion ou d'un opérateur, sont des organismes de tierce partie, indépendants des parties engagées. Leurs personnels ne doivent exercer aucune activité qui puisse, dans l'accomplissement de leur mission d'évaluation de la conformité, porter atteinte à leur indépendance de jugement, à leur impartialité et à leur intégrité.

Le contrôle du respect d'un cahier des charges homologué ne peut être réalisé que par un organisme *(Décr. nº 2016-280 du 8 mars 2016, art. 1er-1º)* « d'inspection ou de certification » ayant déposé une demande d'accréditation dont la recevabilité opérationnelle a fait l'objet d'une décision favorable par l'organisme d'accréditation, pour un champ de compétence couvrant le cahier des charges. *(Décr. nº 2016-280 du 8 mars 2016, art. 1er-2º)* « L'accréditation doit être obtenue dans le délai maximal d'un an à compter de la notification de cette décision favorable de recevabilité opérationnelle. »

L'organisme d'accréditation met à disposition sur son site internet une liste actualisée des organismes *(Décr. nº 2016-280 du 8 mars 2016, art. 1er-3º)* « d'inspection ou de certification » accrédités. Ces organismes doivent informer sans délai les organismes de défense et de gestion de toute modification de l'état de leur accréditation.

Al. abrogé par Décr. nº 2016-280 du 8 mars 2016, art. 1er-4º.

Ce rapport contient la marque d'accréditation ou une référence textuelle à l'accréditation.

V. notes ss. art. R. 721-1 et R. 721-10.

Art. R. 721-10 *(Décr. nº 2016-280 du 8 mars 2016, art. 2)* I. — Les organismes d'inspection accrédités adressent à l'opérateur contrôlé et à l'organisme de défense et de gestion le rapport de contrôle dans le mois qui suit l'achèvement du contrôle.

Sur la base du rapport adressé par l'organisme d'inspection accrédité, ou de tout autre élément porté à sa connaissance permettant d'établir que l'opérateur ne respecte pas le cahier des charges, l'organisme de défense et de gestion invite l'opérateur à se mettre en conformité dans un délai déterminé. L'opérateur indique à l'organisme de défense et de gestion les mesures correctives prises à cette fin.

Avant l'exclusion d'un opérateur en application du 6º de l'article L. 721-6, l'organisme de défense et de gestion lui adresse une mise en demeure lui demandant de se conformer à ses obligations dans un délai déterminé qui ne peut être inférieur à un mois et l'informant de l'exclusion qu'il encourt s'il s'abstient de cette mise en conformité.

II. — Les organismes de certification accrédités adressent à l'opérateur contrôlé le rapport de contrôle dans le mois qui suit l'achèvement du contrôle.

La certification n'est octroyée par l'organisme de certification qu'après correction des manquements majeurs par l'opérateur dans le délai fixé par l'organisme de certification. La décision de certification est matérialisée par un certificat adressé à l'opérateur. L'organisme de certification transmet à l'organisme de défense et de gestion une copie de la décision de certification.

L'organisme de certification assure la surveillance de l'opérateur certifié. En cas de manquement majeur, l'organisme de certification lui adresse une mise en demeure de corriger ce manquement dans un délai déterminé.

L'organisme de certification informe l'organisme de défense et de gestion en cas de modification du certificat ou de réduction, résiliation, suspension ou retrait de la certification. En cas de non-octroi, résiliation, suspension ou retrait de la certification, l'organisme de défense et de gestion exclut l'opérateur sans délai conformément au 6º de l'article L. 721-6.

III. — Le rapport de contrôle mentionné aux I et II du présent article et, le cas échéant, le certificat émis par l'organisme de certification contiennent la marque d'accréditation ou une référence textuelle à l'accréditation.

IV. — Les informations sur les résultats des contrôles effectués par les organismes d'inspection ou de certification, sur les mesures correctives prises par les opérateurs, sur les décisions de certification, sur les modifications de certificat et sur les réductions, résiliations, suspensions ou retraits de certification sont transmises à l'Institut national de la propriété industrielle par l'organisme de défense et de gestion par voie électronique dans les délais et les conditions fixées par décision du directeur général de l'institut. L'institut vérifie la cohérence entre les rapports de contrôle et les mesures correctives demandées et appliquées.

Les dispositions du Décr. nº 2016-280 du 8 mars 2016 sont applicables aux demandes d'homologation d'indications géographiques déposées avant son entrée en vigueur (Décr. préc., art. 3).

Art. R. 721-11 Toute notification est réputée régulière si elle est faite :

1º Soit à l'organisme de défense et de gestion de l'indication géographique mentionné à l'article L. 721-4 ;

2º Soit au mandataire de la personne morale mentionnée au 1º.

Si la personne morale à qui la notification est adressée n'est pas domiciliée dans un État membre de l'Union européenne ou dans un État partie à l'accord sur l'Espace économique européen, la notification est réputée régulière si elle est faite au dernier mandataire qu'il a constitué auprès de l'institut.

V. note ss. art. R. 721-1.

Art. R. 721-12 Les dispositions prévues aux articles R. 718-2 et R. 718-4 sont applicables à la présente section.

V. note ss. art. R. 721-1.

CHAPITRE II CONTENTIEUX

Les dispositions des anciennes sections I à III (mesures provisoires et conservatoires, mesures probatoires, dispositions communes) sont regroupées au sein d'une section I intitulée « Actions civiles » (Décr. nº 2015-427 du 15 avr. 2015, art. 7-1º).

SECTION PREMIÈRE ACTIONS CIVILES *(Décr. nº 2015-427 du 15 avr. 2015, art. 7-1º).*

Art. R. 722-1 Le délai prévu au dernier alinéa de l'article L. 722-3 et imparti au demandeur pour se pourvoir au fond *(Décr. nº 2014-1550 du 19 déc. 2014, art. 6)* « par la voie civile ou pénale, ou déposer une plainte auprès du procureur de la République, » est de vingt jours ouvrables ou de trente et un jours civils si ce délai est plus long, à compter de la date de l'ordonnance.

V. note ss. art. R. 343-1.

Art. R. 722-2 La saisie, descriptive ou réelle, prévue à l'article L. 722-4 est ordonnée par le président du tribunal de grande instance compétent pour connaître du fond.

Le président peut autoriser l'huissier à procéder à toute constatation utile en vue d'établir l'origine, la consistance et l'étendue de l'atteinte à une indication géographique.

Art. R. 722-3 Lorsque le juge a subordonné la saisie à la constitution de garanties par le demandeur, celles-ci doivent être constituées avant qu'il soit procédé à la saisie.

A peine de nullité et de dommages-intérêts contre l'huissier, celui-ci doit, avant de procéder à la saisie, donner copie aux détenteurs des objets saisis ou décrits de l'ordonnance et, le cas échéant, de l'acte constatant la constitution de garanties. Copie doit être laissée aux mêmes détenteurs du procès-verbal de saisie.

Art. R. 722-4 Le délai prévu au dernier alinéa de l'article L. 722-4 et imparti au demandeur pour se pourvoir au fond est de vingt jours ouvrables ou de trente et un jours civils si ce délai est plus long, à compter du jour où est intervenue la saisie ou la description.

Art. R. 722-5 Le président du tribunal de grande instance peut ordonner, au vu du procès-verbal de saisie, toute mesure pour compléter la preuve des actes portant prétendument atteinte à une indication géographique. A la demande de la partie saisie agissant sans délai et justifiant d'un intérêt légitime, il peut également prendre toute mesure pour préserver la confidentialité de certains éléments.

Art. D. 722-6 *(Décr. nº 2009-1204 du 9 oct. 2009)* Le siège et le ressort des tribunaux de grande instance ayant compétence exclusive pour connaître des actions en matière d'indications géographiques en application de l'article L. 722-8 du code de la propriété intellectuelle sont fixés conformément au tableau VI annexé à l'article D. 211-6-1 du code de l'organisation judiciaire. — *V. cet art. et le tableau, App., vº Dispositions générales.*

Ces dispositions sont entrées en vigueur le 1er nov. 2009.

SECTION II LA RETENUE

(Décr. nº 2015-427 du 15 avr. 2015, art. 7-2º).

Art. R. 722-7 Le chapitre V *bis* du titre III du livre III est applicable à la retenue par l'administration des douanes des marchandises susceptibles de porter atteinte à une indication géographique, telle que prévue à la section II du chapitre II du titre II du livre VII. — *V. art. R. 335-6 s.*

LIVRE HUITIÈME DISPOSITIONS PARTICULIÈRES À MAYOTTE, AUX ÎLES WALLIS-ET-FUTUNA, À LA NOUVELLE-CALÉDONIE ET AUX TERRES AUSTRALES ET ANTARCTIQUES FRANÇAISES *(Décr. nº 2007-280 du 1er mars 2007, art. 29).*

TITRE UNIQUE

CHAPITRE UNIQUE

Art. R. 811-1 *(Décr. nº 2007-280 du 1er mars 2007, art. 29)* **Sous réserve des adaptations prévues par l'article R. 811-3 ci-après, sont applicables dans les îles Wallis-et-Futuna, en Nouvelle-Calédonie et dans les Terres australes et antarctiques françaises :**

1º Les dispositions du livre Ier à l'exception des articles R. 133-1 *(Décr. nº 2015-506 du 6 mai 2015, art. 4-I)* **« , R. 133-2 (4º) et R. 135-1 à R. 135-4 » ;**

2º Les dispositions du livre II *(Décr. nº 2017-338 du 15 mars 2017, art. 2)* **« dans leur rédaction, pour leur application dans les îles Wallis-et-Futuna, résultant du décret nº 2017-338 du 15 mars 2017 » ;**

3º Les dispositions du livre III à l'exception des articles R. 326-1 à R. 326-7 ;

4º Les dispositions du livre IV à l'exception des articles R. 421-1 à R. 421-12, R. 422-1 à R. 422-66, R. 423-1 et R. 423-2.

(Décr. nº 2017-1094 du 12 juin 2017, art. 4, en vigueur le 1er août 2017) **« L'article D. 411-1-3 est applicable dans sa rédaction issue du décret nº 2017-1094 du 12 juin 2017 ; »**

5º Les dispositions du livre V à l'exception *(Décr. nº 2008-624 du 27 juin 2008, art. 17)* **« des articles R. 522-1 et R. 717-11 ainsi que » des articles R. 512-2, R. 512-3, R. 512-13, R. 512-15, R. 513-1 et R. 513-2 seulement en tant qu'ils concernent les conseils en propriété industrielle ;**

6º Les dispositions du livre VI à l'exception des articles R. 612-2, R. 612-38 *(Décr. nº 2008-625 du 27 juin 2008, art. 12)* **« , R. 613-25-1 à R. 613-25-4 », R. 613-46, R. 613-56 et R. 613-58 seulement en tant qu'ils concernent les conseils en propriété industrielle ;**

7º Les dispositions du livre VII à l'exception des articles R. 712-2, R. 712-13, R. 712-14, R. 712-21, R. 712-24, R. 714-4 et R. 714-6 seulement en tant qu'ils concernent les conseils en propriété industrielle.

Toutefois, l'article R. 613-63 est ainsi rédigé :

Art. R. 613-63 La demande de réduction des redevances prévue à l'article L. 612-20, dans sa rédaction antérieure à la loi nº 2005-842 du 26 juillet 2005, est présentée par écrit au directeur général de l'Institut national de la propriété industrielle.

Elle est accompagnée d'un avis de non-imposition ou d'une justification équivalente. Il est statué par décision motivée. La décision est notifiée au requérant.

Si la demande est accueillie, le bénéfice de la rédaction est acquis au requérant sous réserve qu'il produise chaque année un avis de non-imposition ou une justification équivalente.

Les art. R. 612-76, R. 613-1, R. 613-2, R. 613-3, R. 613-64 et R. 613-65 ne sont pas abrogés pour Mayotte, les îles Wallis-et-Futuna, la Nouvelle-Calédonie et les Terres australes et antarctiques françaises. L'art. R. 613-63 est applicable dans sa version antérieure au décret du 1er mars 2007.

Art. R. 811-1-1 *(Décr. nº 2014-1518 du 16 déc. 2014, art. 8)* **Les dispositions suivantes sont applicables dans les îles Wallis-et-Futuna.**

I. – 1º Lorsqu'un ou plusieurs fonctionnaires ou agents publics exerçant leur activité pour le compte de plusieurs personnes publiques investies d'une mission de recherche sont à l'origine d'une même invention, celle de ces personnes qui a fourni les locaux dans lesquels les tâches comportant une mission inventive, les études ou les recherches ont été principalement réalisées dispose, de plein droit, d'un mandat pour exercer l'ensemble des droits et obligations, à l'exception du droit d'en céder la propriété, des personnes publiques pour lesquelles ces fonctionnaires ou agents publics effectuent ces tâches, ces études ou ces recherches.

Est regardée comme ayant fourni les locaux au sens de l'alinéa précédent la personne publique qui a l'usage, en tant que propriétaire, locataire, ou signataire d'une convention de mise à disposition, des locaux dans lesquels les tâches comportant une mission inventive, les études ou les recherches ont été principalement réalisées ;

2° Lorsque les locaux sont fournis à titre égal par plusieurs personnes publiques dont l'objet comporte une mission de recherche, ces dernières conviennent de celle à laquelle revient le mandat prévu au premier alinéa au plus tard trois mois à compter de la date du dépôt de la demande de protection ;

3° Lorsque les locaux sont fournis par une personne privée ou par une personne publique dont l'objet ne comporte pas une mission de recherche, ce mandat revient à celle des personnes publiques investie d'une mission de recherche dont la contribution inventive des agents est la plus importante. Lorsque les contributions inventives des fonctionnaires ou agents publics relevant de chacune de ces personnes publiques sont équivalentes, ces dernières conviennent de celle à laquelle revient le mandat prévu au premier alinéa au plus tard trois mois à compter de la date du dépôt de la demande de protection.

A défaut d'accord entre les personnes publiques concernées dans les délais fixés aux 2° et 3° du I du présent article, le ministre chargé de la recherche, le cas échéant après avis des ministres intéressés, peut désigner celle à laquelle revient le mandat après examen de leurs capacités respectives. Il se prononce sur la base d'un dossier transmis par chacune d'elles dans des conditions fixées par arrêté des ministres chargés de la recherche et de la propriété industrielle.

II. — Par dérogation au I du présent article, les personnes publiques dont relèvent les fonctionnaires ou agents publics à l'origine de l'invention peuvent convenir, pour une invention déterminée, de confier le mandat prévu au premier alinéa à l'une des personnes publiques propriétaires de cette invention ou à une structure de coopération de droit public prévue au chapitre IV du titre IV du livre III du code de la recherche dont l'une d'elles est partie, sous réserve que la convention soit conclue avant le dépôt de la demande de protection de l'invention considérée.

III. — La personne publique mandataire assure la protection et l'exploitation de l'invention pour le compte de l'ensemble des personnes publiques pour lesquelles les fonctionnaires ou agents publics ont effectué les tâches comportant une mission inventive, les études ou les recherches qui sont à l'origine de l'invention.

Elle peut, à ces fins, confier à un tiers tout ou partie des activités nécessaires à l'exercice des droits qu'elle tient du mandat dont elle bénéficie en vertu des I ou II du présent article dans le respect des dispositions de l'article L. 313-2 du code de la recherche ou de l'article L. 762-3 du code de l'éducation lorsque ce tiers est une personne privée.

Elle tient les autres personnes publiques intéressées régulièrement informées des actions de protection et d'exploitation dont cette invention fait l'objet, dans les trois mois suivant son dépôt, puis au moins une fois par an. Le mandataire et ces autres personnes publiques en informent les fonctionnaires et agents publics qui ont effectué les tâches comportant une mission inventive, les études ou les recherches à l'origine de l'invention.

IV. — Une convention fixe la répartition des revenus tirés de l'exploitation de l'invention entre les personnes publiques pour lesquelles les fonctionnaires et agents publics ont effectué les tâches comportant une mission inventive, les études ou les recherches à l'origine de l'invention. Cette convention détermine les modalités selon lesquelles la personne publique mandataire est remboursée des frais occasionnés par elle pour les besoins du mandat.

A défaut d'accord conclu avant la première signature d'une convention ou d'un contrat d'exploitation de l'invention, cette répartition et ce remboursement s'effectuent conformément à des règles fixées par arrêté des ministres chargés de la recherche et de la propriété industrielle.

Art. R. 811-2 *(Décr. n° 2007-280 du 1er mars 2007, art. 29)* Sous réserve des adaptations prévues par l'article R. 811-3 ci-après, sont applicables à Mayotte les dispositions du présent code à l'exception des articles R. 133-1, R. 133-2, R. 326-1 *(Décr. n° 2008-*

624 du 27 juin 2008, art. 17) « [,.] **R. 326-2, R. 522-1** » *(Décr. n° 2008-625 du 27 juin 2008, art. 12)* « **et R. 613-25-1 à R. 613-25-4** ».

Art. R. 811-3 Pour application du présent code et des dispositions qu'il rend applicables aux territoires d'outre-mer et à *(Décr. n° 2002-215 du 18 févr. 2002, art. 10)* « Mayotte », les mots suivants énumérés ci-dessous sont respectivement remplacés par les mots suivants :

– "tribunal de grande instance" par "tribunal de première instance" ;

– "juge d'instance" par "juge du tribunal de première instance" ;

– "région" par "territoire" et, en ce qui concerne Mayotte, par "collectivité départementale" ;

– "cour d'appel" par "tribunal supérieur d'appel" et "commissaire de police" par "officier de police judiciaire" en ce qui concerne Mayotte ;

– "tribunal de commerce" par "tribunal de première instance statuant en matière commerciale" en ce qui concerne Mayotte et "tribunal mixte de commerce" en ce qui concerne les territoires de la Nouvelle-Calédonie, de la Polynésie française et de Wallis-et-Futuna ;

– "conseil de prud'hommes" par "tribunal du travail".

(Décr. n° 2008-625 du 27 juin 2008, art. 12) « Pour l'application du présent code aux collectivités d'outre-mer et à Mayotte, toute référence au code des douanes est remplacée par la référence aux codes des douanes applicables à ces collectivités et à Mayotte, ayant le même objet. »

APPENDICE

DISPOSITIONS GÉNÉRALES

Convention de Stockholm du 14 juillet 1967,

Instituant l'Organisation mondiale de la propriété intellectuelle. — Modifiée le 28 septembre 1979. — Publiée par Décr. nº 74-976 du 20 nov. 1974 (JO 27 nov.). — Entrée en vigueur pour la France le 18 oct. 1974. — (V. le site de l'OMPI www.wipo.org).

BIBL. ▸ FRANÇON, L'action de l'OMPI, L'avenir de la propriété intellectuelle, *Litec 1993.* – MASOUYE, *Mélanges Françon, Dalloz 1974* (l'Organisation mondiale de la propriété intellectuelle).

Art. 1er *Institution de l'Organisation.* L'Organisation mondiale de la propriété intellectuelle est instituée par la présente Convention.

Art. 2 *Définitions.* Au sens de la présente Convention, il faut entendre par :

i) « Organisation », l'Organisation mondiale de la propriété intellectuelle (OMPI) ;

ii) « Bureau international », le Bureau international de la propriété intellectuelle ;

iii) « Convention de Paris », la Convention pour la protection de la propriété industrielle signée le 20 mars 1883, y compris chacun de ses actes revisés ;

iv) « Convention de Berne », la Convention pour la protection des œuvres littéraires et artistiques signée le 9 septembre 1886, y compris chacun de ses actes revisés ;

v) « Union de Paris », l'Union internationale créée par la Convention de Paris ;

vi) « Union de Berne », l'Union internationale créée par la Convention de Berne ;

vii) « Unions », l'Union de Paris, les Unions particulières et les Arrangements particuliers établis en relation avec cette Union, l'Union de Berne, ainsi que tout autre engagement international tendant à promouvoir la protection de la propriété intellectuelle dont l'administration est assurée par l'Organisation en vertu de l'article 4, iii) ;

viii) « propriété intellectuelle », les droits relatifs :

– aux œuvres littéraires, artistiques et scientifiques ;

– aux interprétations des artistes interprètes et aux exécutions des artistes exécutants, aux phonogrammes et aux émissions de radiodiffusion ;

– aux inventions dans tous les domaines de l'activité humaine ;

– aux découvertes scientifiques ;

– aux dessins et modèles industriels ;

– aux marques de fabrique, de commerce et de service, ainsi qu'aux noms commerciaux et dénominations commerciales ;

– à la protection contre la concurrence déloyale,

et tous les autres droits afférents à l'activité intellectuelle dans les domaines industriel, scientifique, littéraire et artistique.

Art. 3 *But de l'Organisation.* L'Organisation a pour but :

i) de promouvoir la protection de la propriété intellectuelle à travers le monde par la coopération des États, en collaboration, s'il y a lieu, avec toute autre organisation internationale,

ii) d'assurer la coopération administrative entre les Unions.

Art. 4 *Fonctions.* Aux fins d'atteindre le but défini à l'article 3, l'Organisation, par ses organes compétents et sous réserve de la compétence de chacune des Unions :

i) s'emploie à promouvoir l'adoption de mesures destinées à améliorer la protection de la propriété intellectuelle à travers le monde et à mettre en harmonie les législations nationales dans ce domaine ;

ii) assure les services administratifs de l'Union de Paris, des Unions particulières établies en relation avec cette Union et de l'Union de Berne ;

iii) peut accepter d'assumer l'administration qu'implique la mise en œuvre de tout autre engagement international tendant à promouvoir la protection de la propriété intellectuelle ou de participer à une telle administration ;

iv) encourage la conclusion de tout engagement international tendant à promouvoir la protection de la propriété intellectuelle ;

v) offre sa coopération aux États qui lui demandent une assistance technico-juridique dans le domaine de la propriété intellectuelle ;

vi) rassemble et diffuse toutes informations relatives à la protection de la propriété intellectuelle, effectue et encourage des études dans ce domaine et en publie les résultats ;

vii) assure les services facilitant la protection internationale de la propriété intellectuelle et, le cas échéant, procède à des enregistrements en la matière et publie les indications relatives à ces enregistrements ;

viii) prend toutes autres mesures appropriées.

Art. 5 *Membres.* 1. Peut devenir membre de l'Organisation tout État qui est membre de l'une des Unions telles qu'elles sont définies à l'article 2, vii).

2. Peut également devenir membre de l'Organisation tout État qui n'est pas membre de l'une des Unions, à la condition :

i) qu'il soit membre de l'Organisation des Nations Unies, de l'une des institutions spécialisées qui sont reliées à l'Organisation des Nations Unies ou de l'Agence internationale de l'énergie atomique, ou partie au statut de la Cour internationale de justice, ou

ii) qu'il soit invité par l'Assemblée générale à devenir partie à la présente Convention.

Art. 6 *Assemblée générale.* 1. *a*) Il est établi une Assemblée générale comprenant les États parties à la présente Convention qui sont membres de l'une au moins des Unions.

b) Le Gouvernement de chaque État membre est représenté par un délégué, qui peut être assisté de suppléants, de conseillers et d'experts.

c) Les dépenses de chaque délégation sont supportées par le Gouvernement qui l'a désignée.

2. L'Assemblée générale :

i) nomme le Directeur général sur présentation du Comité de coordination ;

ii) examine et approuve les rapports du Directeur général relatifs à l'Organisation et lui donne toutes directives nécessaires ;

iii) examine et approuve les rapports et les activités du Comité de coordination et lui donne des directives ;

iv) adopte le budget triennal des dépenses communes aux Unions ;

v) approuve les dispositions proposées par le Directeur général concernant l'administration relative à la mise en œuvre des engagements internationaux visés à l'article 4, iii) ;

vi) adopte le règlement financier de l'Organisation ;

vii) détermine les langues de travail du Secrétariat, compte tenu de la pratique des Nations Unies ;

viii) invite à devenir parties à la présente Convention les États visés à l'article 5.2, ii) ;

ix) décide quels sont les États non membres de l'Organisation et quelles sont les organisations intergouvernementales et internationales non gouvernementales qui peuvent être admis à ses réunions en qualité d'observateurs ;

x) s'acquitte de toutes autres tâches utiles dans le cadre de la présente Convention.

3. *a*) Chaque État, qu'il soit membre d'une ou de plusieurs Unions, dispose d'une voix à l'Assemblée générale.

b) La moitié des États membres de l'Assemblée générale constitue le quorum.

c) Nonobstant les dispositions du sous-alinéa *b*), si, lors d'une session, le nombre des États représentés est inférieur à la moitié mais égal ou supérieur au tiers des États membres de l'Assemblée générale, celle-ci peut prendre des décisions ; toutefois, les décisions de l'Assemblée générale, à l'exception de celles qui concernent sa procédure, ne deviennent exécutoires que lorsque les conditions énoncées ci-après sont remplies. Le Bureau international communique lesdites décisions aux États membres de l'Assemblée générale qui n'étaient pas représentés, en les invitant à exprimer par écrit, dans un délai de trois mois à compter de la date de ladite communication, leur vote ou leur abstention. Si, à l'expiration de ce délai, le nombre des États ayant ainsi exprimé leur vote ou leur abstention est au moins égal au nombre d'États qui faisait défaut pour que le quorum fût atteint lors de la session, lesdites décisions deviennent exécutoires, pourvu qu'en même temps la majorité nécessaire reste acquise.

d) Sous réserve des dispositions des sous-alinéas *e*) et *f*), l'Assemblée générale prend ses décisions à la majorité des deux tiers des votes exprimés.

e) L'acceptation des dispositions concernant l'administration relative à la mise en œuvre des engagements internationaux visés à l'article 4, iii), requiert la majorité des trois quarts des votes exprimés.

f) L'approbation d'un accord avec l'Organisation des Nations Unies en conformité avec les dispositions des articles 57 et 63 de la Charte des Nations Unies requiert la majorité des neuf dixièmes des votes exprimés.

g) La nomination du Directeur général (alinéa 2, i), l'approbation des dispositions proposées par le Directeur général concernant l'administration relative à la mise en œuvre des engagements internationaux (alinéa 2, v) et le transfert du siège (art. 10) requièrent la majorité prévue, non seulement dans l'Assemblée générale, mais également dans l'Assemblée de l'Union de Paris et dans l'Assemblée de l'Union de Berne.

h) L'abstention n'est pas considérée comme un vote.

i) Un délégué ne peut représenter qu'un seul État et ne peut voter qu'au nom de celui-ci.

4. *a*) L'Assemblée générale se réunit une fois tous les trois ans en session ordinaire, sur convocation du Directeur général.

b) L'Assemblée générale se réunit en session extraordinaire sur convocation du Directeur général à la demande du Comité de coordination ou à la demande d'un quart des États membres de l'Assemblée générale.

c) Les réunions se tiennent au siège de l'Organisation.

5. Les États parties à la présente Convention qui ne sont pas membres de l'une des Unions sont admis aux réunions de l'Assemblée générale en qualité d'observateurs.

6. L'Assemblée générale établit son règlement intérieur.

Art. 7 *Conférence.* 1. *a*) Il est établi une Conférence comprenant les États parties à la présente Convention, qu'ils soient ou non membres de l'une des Unions.

b) Le Gouvernement de chaque État est représenté par un délégué, qui peut être assisté de suppléants, de conseillers et d'experts.

c) Les dépenses de chaque délégation sont supportées par le Gouvernement qui l'a désignée.

2. La Conférence :

i) discute des questions d'intérêt général dans le domaine de la propriété intellectuelle et peut adopter des recommandations relativement à ces questions, tout en respectant la compétence et l'autonomie des Unions ;

ii) adopte le budget triennal de la Conférence ;

iii) établit, dans les limites de ce budget, le programme triennal d'assistance technico-juridique ;

iv) adopte les modifications à la présente Convention selon la procédure définie à l'article 17 ;

v) décide quels sont les États non membres de l'Organisation et quelles sont les organisations intergouvernementales et internationales non gouvernementales qui peuvent être admis à ses réunions en qualité d'observateurs ;

vi) s'acquitte de toutes autres tâches utiles dans le cadre de la présente Convention.

3. *a*) Chaque État membre dispose d'une voix à la Conférence.

b) Le tiers des États membres constitue le quorum.

c) Sous réserve des dispositions de l'article 17, la Conférence prend ses décisions à la majorité des deux tiers des votes exprimés.

d) Le montant des contributions des États parties à la présente Convention qui ne sont pas membres de l'une des Unions est fixé par un vote auquel seuls les délégués de ces États ont le droit de participer.

e) L'abstention n'est pas considérée comme un vote.

f) Un délégué ne peut représenter qu'un seul État et ne peut voter qu'au nom de celui-ci.

4. *a*) La Conférence se réunit en session ordinaire sur convocation du Directeur général pendant la même période et au même lieu que l'Assemblée générale.

b) La Conférence se réunit en session extraordinaire sur convocation du Directeur général à la demande de la majorité des États membres.

5. La Conférence établit son règlement intérieur.

Art. 8 *Comité de coordination.* 1. *a*) Il est établi un Comité de coordination comprenant les États parties à la présente Convention qui sont membres du Comité exécutif de l'Union de Paris, du Comité exécutif de l'Union de Berne ou de l'un et l'autre de ces deux Comités exécutifs. Toutefois, si l'un de ces Comités exécutifs comprend plus du quart des pays membres de l'Assemblée qui l'a élu, ledit Comité désigne, parmi ses membres, les États qui seront membres du Comité de coordination, de telle sorte que leur nombre n'excède pas le quart susvisé, étant entendu que le pays sur le territoire duquel l'Organisation a son siège n'entre pas en ligne de compte pour le calcul de ce quart.

b) Le Gouvernement de chaque État membre du Comité de coordination est représenté par un délégué, qui peut être assisté de suppléants, de conseillers et d'experts.

c) Lorsque le Comité de coordination examine soit des questions intéressant directement le programme ou le budget de la Conférence et son ordre du jour, soit des propositions de modification de la présente Convention de nature à affecter les droits ou obligations des États parties à la présente Convention qui ne sont pas membres de l'une des Unions, un quart de ces États participent aux réunions du Comité de coordination avec les mêmes droits que les membres de ce Comité. La Conférence élit à chaque session ordinaire les États appelés à participer à de telles réunions.

d) Les dépenses de chaque délégation sont supportées par le Gouvernement qui l'a désignée.

2. Si les autres Unions administrées par l'Organisation désirent être représentées en tant que telles au sein du Comité de coordination, leurs représentants doivent être désignés parmi les États membres du Comité de coordination.

3. Le Comité de coordination :

i) donne des avis aux organes des Unions, à l'Assemblée générale, à la Conférence et au Directeur général sur toutes les questions administratives et financières et sur toutes autres questions d'intérêt commun soit à deux ou plusieurs Unions, soit à une ou plusieurs Unions et à l'Organisation, et notamment sur le budget des dépenses communes aux Unions ;

ii) prépare le projet d'ordre du jour de l'Assemblée générale ;

iii) prépare le projet d'ordre du jour et les projets de programme et de budget de la Conférence ;

iv) se prononce, sur la base du budget triennal des dépenses communes des Unions et du budget triennal de la Conférence, ainsi que sur la base du programme triennal d'assistance technico-juridique, sur les budgets et programmes annuels correspondants ;

v) à l'expiration des fonctions du Directeur général, ou en cas de vacance de ce poste, propose le nom d'un candidat en vue de sa nomination à ce poste par l'Assemblée générale ; si l'Assemblée générale ne nomme pas le candidat qu'il a présenté, le Comité de coordination présente un autre candidat ; la même procédure est reprise jusqu'à la nomination par l'Assemblée générale du dernier candidat présenté ;

vi) si une vacance du poste de Directeur général survient entre deux sessions de l'Assemblée générale, nomme un Directeur général par intérim pour la durée précédant l'entrée en fonctions du nouveau Directeur général ;

vii) s'acquitte de toutes autres tâches qui lui sont attribuées dans le cadre de la présente Convention.

4. *a*) Le Comité de coordination se réunit une fois par an en session ordinaire sur convocation du Directeur général. Il se réunit en principe au siège de l'Organisation.

b) Le Comité de coordination se réunit en session extraordinaire, sur convocation adressée par le Directeur général, soit à l'initiative de celui-ci, soit à la demande de son président ou d'un quart de ses membres.

5. *a*) Chaque État, qu'il soit membre de l'un seulement des deux Comités exécutifs mentionnés à l'alinéa 1 *a*) ou de ces deux Comités, dispose d'une seule voix au Comité de coordination.

b) La moitié des membres du Comité de coordination constitue le quorum.

c) Un délégué ne peut représenter qu'un seul État et ne peut voter qu'au nom de celui-ci.

6. *a*) Le Comité de coordination exprime ses avis et prend ses décisions à la majorité simple des votes exprimés. L'abstention n'est pas considérée comme un vote.

b) Même si une majorité simple est obtenue, tout membre du Comité de coordination peut, immédiatement après le vote, demander qu'il soit procédé de la manière suivante à un décompte spécial des votes : deux listes distinctes seront établies, sur lesquelles figurent respectivement les noms des États membres du Comité exécutif de l'Union de Paris et ceux des États membres du Comité exécutif de l'Union de Berne ; le vote de chaque État sera inscrit en regard de son nom sur chacune des listes où il figure. Dans le cas où ce décompte spécial indiquerait que la majorité simple n'est pas obtenue dans chacune de ces listes, la proposition ne serait pas considérée comme adoptée.

7. Tout État membre de l'Organisation qui n'est pas membre du Comité de coordination peut être représenté aux réunions de ce Comité par des observateurs, avec le droit de participer aux délibérations, mais sans droit de vote.

8. Le Comité de coordination établit son règlement intérieur.

Art. 9 *Bureau international.* 1. Le Bureau international constitue le secrétariat de l'Organisation.

2. Le Bureau international est dirigé par le directeur général assisté de deux ou plusieurs vice-directeurs généraux.

3. Le Directeur général est nommé pour une période déterminée, qui ne peut être inférieure à six ans. Sa nomination peut être renouvelée pour des périodes déterminées. La durée de la première période et celle des périodes suivantes éventuelles, ainsi que toutes autres conditions de sa nomination, sont fixées par l'Assemblée générale.

4. *a*) Le Directeur général est le plus haut fonctionnaire de l'Organisation.

b) Il représente l'Organisation.

c) Il rend compte à l'Assemblée générale et se conforme à ses directives en ce qui concerne les affaires intérieures et extérieures de l'Organisation.

5. Le Directeur général prépare les projets de budget et de programme, ainsi que les rapports périodiques d'activité. Il les transmet aux Gouvernements des États intéressés, ainsi qu'aux organes compétents des Unions et de l'Organisation.

6. Le Directeur général et tout membre du personnel désigné par lui prennent part, sans droit de vote, à toutes les réunions de l'Assemblée générale, de la Conférence, du Comité de coordination, ainsi que de tout autre comité ou groupe de travail. Le Directeur général ou un membre du personnel désigné par lui est d'office secrétaire de ces organes.

7. Le Directeur général nomme le personnel nécessaire au bon fonctionnement du Bureau international. Il nomme les vice-directeurs généraux après approbation du Comité de coordination. Les conditions d'emploi sont fixées par le Statut du personnel qui doit être approuvé par le Comité de coordination, sur proposition du Directeur général. La nécessité de s'assurer les services d'agents éminemment qualifiés en raison de leur efficience, de leur compétence et de leur intégrité doit être la considération dominante dans le recrutement et la détermination des conditions d'emploi des membres du personnel. Il sera dûment tenu compte de l'importance d'assurer ce recrutement sur une base géographique aussi large que possible.

8. Les fonctions du Directeur général et des membres du personnel sont de caractère strictement international. Dans l'exercice de leurs fonctions, ceux-ci ne doivent solliciter ou recevoir d'instructions d'aucun Gouvernement ou d'aucune autorité étrangère à l'Organisation. Ils doivent s'abstenir de tout acte de nature à compromettre leur situation de fonctionnaires internationaux. Chaque État membre s'engage à respecter le caractère exclusivement international des fonctions du Directeur général et des membres du personnel et à ne pas chercher à influencer ceux-ci dans l'exécution de leurs fonctions.

Art. 10 *Siège.* 1. Le siège de l'Organisation est fixé à Genève.

2. Son transfert peut être décidé dans les conditions prévues à l'article 6, 3 *d*) et *g*).

Art. 11 *Finances.* 1. L'Organisation a deux budgets distincts : le budget des dépenses communes aux Unions et le budget de la Conférence.

2. *a*) Le budget des dépenses communes aux Unions contient les prévisions de dépenses présentant un intérêt pour plusieurs Unions.

b) Ce budget est financé par les ressources suivantes :

i) les contributions des Unions, étant entendu que le montant de la contribution de chaque Union est fixé par l'Assemblée de cette Union, compte tenu de la mesure dans laquelle les dépenses communes sont effectuées dans l'intérêt de ladite Union ;

ii) les taxes et sommes dues pour les services rendus par le Bureau international qui ne sont pas en rapport direct avec l'une des Unions ou qui ne sont pas perçues pour des services rendus par le Bureau international dans le domaine de l'assistance technico-juridique ;

iii) le produit de la vente des publications du Bureau international qui ne concernent pas directement l'une des Unions, et les droits afférents à ces publications ;

iv) les dons, legs et subventions dont bénéficie l'Organisation, à l'exception de ceux visés à l'alinéa 3, *b*) iv) ;

v) les loyers, intérêts et autres revenus divers de l'Organisation.

3. *a*) Le budget de la Conférence contient les prévisions de dépenses pour la tenue des sessions de la Conférence et pour le programme d'assistance technico-juridique.

b) Ce budget est financé par les ressources suivantes :

i) les contributions des États parties à la présente Convention qui ne sont pas membres de l'une des Unions ;

ii) les sommes éventuellement mises à la disposition de ce budget par les Unions, étant entendu que le montant de la somme mise à disposition par chaque Union est fixé par l'Assemblée de cette Union et que chaque Union est libre de ne pas contribuer à ce budget ;

iii) les sommes perçues pour des services rendus par le Bureau international dans le domaine de l'assistance technico-juridique ;

iv) les dons, legs et subventions dont bénéficie l'Organisation aux fins visées au sous-alinéa *a*).

4. *a*) Pour déterminer sa part contributive dans le budget de la Conférence, chacun des États parties à la présente Convention qui n'est pas membre de l'une des Unions est rangé dans une classe et paie ses contributions annuelles sur la base d'un nombre d'unités fixé comme suit :

Classe A 10 ....

Classe B 3 ....

Classe C 1 ....

b) Chacun de ces États, au moment où il accomplit l'un des actes prévus à l'article 14.1), indique la classe dans laquelle il désire être rangé. Il peut changer de classe. S'il choisit une classe inférieure, l'État doit en faire part à la Conférence lors d'une de ses sessions ordinaires. Un tel changement prend effet au début de l'année civile suivant ladite session.

c) La contribution annuelle de chacun de ces États consiste en un montant dont le rapport à la somme totale des contributions au budget de la Conférence de tous ces États est le même que le rapport entre le nombre des unités de la classe dans laquelle il est rangé et le nombre total des unités de l'ensemble de ces États.

d) Les contributions sont dues au 1er janvier de chaque année.

e) Dans le cas où le budget n'est pas adopté avant le début d'un nouvel exercice, le budget de l'année précédente est reconduit selon les modalités prévues par le règlement financier.

5. Tout État partie à la présente Convention qui n'est membre d'aucune des Unions et qui est en retard dans le paiement de ses contributions compte tenu des dispositions du présent article, de même que tout État partie à la présente Convention qui est membre de l'une des Unions et qui est en retard dans le paiement de ses contributions au titre de cette Union, ne peut exercer son droit de vote dans aucun des organes de l'Organisation dont il est membre, si le montant de son arriéré est égal ou supérieur à celui des contributions dont il est redevable pour les deux années complètes écoulées. Cependant, un tel État peut être autorisé à conserver l'exercice de son droit de vote au sein dudit organe aussi longtemps que ce dernier estime que le retard résulte de circonstances exceptionnelles et inévitables.

6. Le montant des taxes et sommes dues pour des services rendus par le Bureau international dans le domaine de l'assistance technico-juridique est fixé par le Directeur général, qui fait rapport au Comité de coordination.

7. L'organisation peut, avec l'approbation du Comité de coordination, recevoir tous dons, legs et subventions provenant directement de gouvernements, d'institutions, publiques ou privées, d'associations ou de particuliers.

8. *a*) L'Organisation possède un fonds de roulement constitué par un versement unique effectué par les Unions et par chaque État partie à la présente Convention qui n'est pas membre de l'une des Unions. Si le fonds devient insuffisant, son augmentation est décidée.

b) Le montant du versement unique de chaque Union et sa participation éventuelle à toute augmentation sont décidés par son Assemblée.

c) Le montant du versement unique de chaque État partie à la présente Convention qui n'est pas membre d'une Union, et sa participation à toute augmentation, sont proportionnels à la contribution de cet État pour l'année au cours de laquelle le fonds est constitué ou l'augmentation décidée. La proportion et les modalités de versement sont arrêtées par la Conférence, sur proposition du Directeur général et après avis du Comité de coordination.

9. *a*) L'accord de siège conclu avec l'État sur le territoire duquel l'Organisation a son siège prévoit que, si le fonds de roulement est insuffisant, cet État accorde des avances. Le montant de ces avances et les conditions dans lesquelles elles sont accordées font l'objet, dans chaque cas, d'accords séparés entre l'État en cause et l'Organisation. Aussi longtemps qu'il est tenu d'accorder des avances, cet État dispose *ex officio* d'un siège au Comité de coordination.

b) L'État visé au sous-alinéa *a*) et l'Organisation ont chacun le droit de dénoncer l'engagement d'accorder des avances, moyennant notification par écrit. La dénonciation prend effet trois ans après la fin de l'année au cours de laquelle elle a été notifiée.

10. La vérification des comptes est assurée, selon les modalités prévues dans le règlement financier, par un ou plusieurs États membres ou par des contrôleurs extérieurs, qui sont, avec leur consentement, désignés par l'Assemblée générale.

Art. 12 *Capacité juridique ; privilèges et immunités.* 1. L'Organisation jouit, sur le territoire de chaque État membre, conformément aux lois de cet État, de la capacité juridique nécessaire pour atteindre son but et exercer ses fonctions.

2. L'Organisation conclut un accord de siège avec la Confédération suisse et avec tout autre État où le siège pourrait être fixé par la suite.

3. L'Organisation peut conclure des accords bilatéraux ou multilatéraux avec les autres États membres pour s'assurer, ainsi qu'à ses fonctionnaires et aux représentants de tous les

États membres, la jouissance des privilèges et immunités nécessaires pour atteindre son but et exercer ses fonctions.

4. Le directeur général peut négocier, et après approbation du Comité de coordination, conclut et signe au nom de l'Organisation les accords visés aux alinéas 2 et 3.

Art. 13 *Relations avec d'autres organisations.* 1. L'Organisation, si elle l'estime opportun, établit des relations de travail et coopère avec d'autres organisations intergouvernementales. Tout accord général passé à cet effet avec ces organisations est conclu par le Directeur général, après approbation du Comité de coordination.

2. L'Organisation peut prendre, pour les questions de sa compétence, toutes dispositions appropriées en vue de la consultation des organisations internationales non gouvernementales et, sous réserve du consentement des Gouvernements intéressés, des organisations nationales gouvernementales ou non gouvernementales, ainsi qu'en vue de toute coopération avec lesdites organisations. De telles dispositions sont prises par le Directeur général, après approbation du Comité de coordination.

Art. 14 *Modalités selon lesquelles les États peuvent devenir parties à la Convention.* 1. Les États visés à l'article 5 peuvent devenir parties à la présente Convention et membres de l'Organisation par :

i) leur signature sans réserve de ratification, ou

ii) leur signature sous réserve de ratification, suivie du dépôt de l'instrument de ratification, ou

iii) le dépôt d'un instrument d'adhésion.

2. Nonobstant toute autre disposition de la présente Convention, un État partie à la Convention de Paris, à la Convention de Berne ou à ces deux Conventions, ne peut devenir partie à la présente Convention qu'en devenant simultanément partie, ou qu'après être devenu partie antérieurement, par ratification ou adhésion :

– soit à l'Acte de Stockholm de la Convention de Paris dans sa totalité ou avec la seule limitation prévue par l'article 20.1, *b*) i) dudit Acte ;

– soit à l'Acte de Stockholm de la Convention de Berne dans sa totalité ou avec la seule limitation prévue par l'article 28.1, *b*) i) dudit Acte.

3. Les instruments de ratification ou d'adhésion sont déposés auprès du Directeur général.

Art. 15 *Entrée en vigueur de la Convention.* 1. La présente Convention entre en vigueur trois mois après que dix États membres de l'Union de Paris et sept États membres de l'Union de Berne ont accompli l'un des actes prévus à l'article 14.1, étant entendu que tout État membre des deux Unions est compté dans les deux groupes. A cette date, la présente Convention entre également en vigueur à l'égard des États qui, n'étant membres d'aucune des deux Unions, ont accompli, trois mois ou plus avant ladite date, l'un des actes prévus à l'article 14.1.

2. A l'égard de tout autre État, la présente Convention entre en vigueur trois mois après la date à laquelle cet État a accompli l'un des actes prévus à l'article 14.1.

Art. 16 *Réserves.* Aucune réserve n'est admise à la présente Convention.

Art. 17 *Modifications.* 1. Des propositions de modification à la présente Convention peuvent être présentées par tout État membre, par le Comité de coordination ou par le Directeur général. Ces propositions sont communiquées par ce dernier aux États membres six mois au moins avant d'être soumises à l'examen de la Conférence.

2. Toute modification est adoptée par la Conférence. S'il s'agit de modifications de nature à affecter les droits et obligations des États parties à la présente Convention qui ne sont membres d'aucune des Unions, ces États participent également au scrutin. Les États parties à la présente Convention qui sont membres de l'une au moins des Unions sont seuls habilités à voter sur toutes propositions relatives à d'autres modifications. Les modifications sont adoptées à la majorité simple des votes exprimés, étant entendu que la Conférence ne vote que sur les propositions de modification adoptées au préalable par l'Assemblée de l'Union de Paris et l'Assemblée de l'Union de Berne selon les règles applicables dans chacune d'elles à la modification des dispositions administratives de leurs Conventions respectives.

3. Toute modification entre en vigueur un mois après la réception par le Directeur général des notifications écrites d'acceptation, effectuée en conformité avec leurs règles constitutionnelles respectives, de la part des trois quarts des États qui étaient membres de l'Organisation, et avaient le droit de vote sur la modification proposée aux termes de l'alinéa 2, au moment où la modification a été adoptée par la Conférence. Toute modification ainsi acceptée lie tous les États qui sont membres de l'Organisation au moment où la modification entre en vigueur ou qui en deviennent membres à une date ultérieure ; toutefois, toute

modification qui accroît les obligations financières des États membres ne lie que ceux d'entre eux qui ont notifié leur acceptation de ladite modification.

Art. 18 *Dénonciation.* 1. Tout État membre peut dénoncer la présente Convention par notification adressée au Directeur général.

2. La dénonciation prend effet six mois après la date à laquelle le Directeur général a reçu la notification.

Art. 19 *Notifications.* Le directeur général notifie aux Gouvernements de tous les États membres :

i) la date d'entrée en vigueur de la Convention ;

ii) les signatures et dépôts d'instruments de ratification ou d'adhésion ;

iii) les acceptations de modifications de la présente Convention et la date à laquelle ces modifications entrent en vigueur ;

iv) les dénonciations de la présente Convention.

Art. 20 *Dispositions protocolaires.* 1. *a*) La présente Convention est signée en un seul exemplaire en langues anglaise, espagnole, française et russe, ces textes faisant également foi ; elle est déposée auprès du Gouvernement de la Suède.

b) La présente Convention reste ouverte à la signature à Stockholm jusqu'au 13 janvier 1968.

2. Des textes officiels sont établis par le Directeur général, après consultation des Gouvernements intéressés, dans les langues allemande, italienne et portugaise et dans les autres langues que la Conférence pourra indiquer.

3. Le Directeur général transmet deux copies certifiées conformes de la présente Convention et de toute modification adoptée par la Conférence aux Gouvernements des États membres des Unions de Paris ou de Berne, au Gouvernement de tout autre État lorsqu'il adhère à la présente Convention et au Gouvernement de tout autre État qui en fait la demande. Les copies du texte signé de la Convention qui sont transmises aux Gouvernements sont certifiées conformes par le Gouvernement de la Suède.

4. Le Directeur général fait enregistrer la présente Convention auprès du Secrétariat de l'Organisation des Nations Unies.

Art. 21 *Clauses transitoires.* 1. Jusqu'à l'entrée en fonctions du premier Directeur général, les références, dans la présente Convention, au Bureau international ou au Directeur général sont considérées comme se rapportant respectivement aux Bureaux internationaux réunis pour la protection de la propriété industrielle, littéraire et artistique (également dénommés Bureaux internationaux réunis pour la protection de la propriété intellectuelle [BIRPI]), ou à leur Directeur.

2. a) Les États qui sont membres de l'une des Unions, mais qui ne sont pas encore devenus parties à la présente Convention, peuvent, pendant cinq ans à compter de la date de son entrée en vigueur, exercer, s'ils le désirent, les mêmes droits que s'ils y étaient parties. Tout État qui désire exercer lesdits droits dépose à cette fin auprès du Directeur général une notification écrite qui prend effet à la date de sa réception. De tels États sont réputés être membres de l'Assemblée générale et de la Conférence jusqu'à l'expiration de ladite période.

b) A l'expiration de la période de cinq ans, ces États n'ont plus le droit de vote à l'Assemblée générale, à la Conférence ou au Comité de coordination.

c) Dès qu'ils sont devenus parties à la présente Convention, lesdits États peuvent exercer à nouveau le droit de vote.

3. *a*) Aussi longtemps que tous les États membres des Unions de Paris ou de Berne ne sont pas devenus parties à la présente Convention, le Bureau international et le Directeur général exercent également les fonctions dévolues respectivement aux Bureaux internationaux réunis pour la protection de la propriété industrielle, littéraire et artistique, et à leur Directeur.

b) Le personnel en fonctions aux Bureaux susvisés à la date d'entrée en vigueur de la présente Convention est, durant la période transitoire visée au sous-alinéa *a*), considéré comme également en fonctions au Bureau international.

4. *a*) Lorsque tous les États membres de l'Union de Paris sont devenus membres de l'Organisation, les droits, obligations et biens du Bureau de cette Union sont dévolus au Bureau international de l'Organisation.

b) Lorsque tous les États membres de l'Union de Berne sont devenus membres de l'Organisation, les droits, obligations et biens du Bureau de cette Union sont dévolus au Bureau international de l'Organisation.

En foi de quoi, les soussignés dûment autorisés à cet effet, ont signé la présente Convention.

Convention de Bruxelles du 27 septembre 1968,

Concernant la compétence judiciaire et l'exécution des décisions en matière civile et commerciale.

BIBL. ► Groupe européen Max-Planck, *Propr. intell. 2007, n° 24, p. 291* (les relations conflictuelles et la réforme du droit international privé en Europe).

Art. 5 **Le défendeur domicilié sur le territoire d'un État contractant peut être attrait, dans un autre État contractant :**

1) en matière contractuelle, devant le tribunal du lieu où l'obligation qui sert de base à la demande a été ou doit être exécutée ; en matière de contrat individuel de travail, ce lieu est celui où le travailleur accomplit habituellement son travail, et, si le travailleur n'accomplit pas habituellement son travail dans un même pays, ce lieu est celui où se trouve l'établissement qui a embauché le travailleur ;

2) en matière d'obligation alimentaire, devant le tribunal du lieu où le créancier d'aliments a son domicile ou sa résidence habituelle ou, s'il s'agit d'une demande accessoire à une action relative à l'état des personnes, devant le tribunal compétent selon la loi du for pour en connaître, sauf si cette compétence est uniquement fondée sur la nationalité d'une des parties ;

3) en matière délictuelle ou quasi délictuelle, devant le tribunal du lieu où le fait dommageable s'est produit ;

4) s'il s'agit d'une action en réparation de dommage ou d'une action en restitution fondées sur une infraction, devant le tribunal saisi de l'action publique, dans la mesure où, selon sa loi, ce tribunal peut connaître de l'action civile ;

5) s'il s'agit d'une contestation relative à l'exploitation d'une succursale, d'une agence ou de tout autre établissement, devant le tribunal du lieu de leur situation ;

6) en sa qualité de fondateur, de trustee ou de bénéficiaire d'un trust constitué soit en application de la loi, soit par écrit ou par une convention verbale, confirmée par écrit, devant les tribunaux de l'État contractant sur le territoire duquel le trust a son domicile ;

7) s'il s'agit d'une contestation relative au paiement de la rémunération réclamée en raison de l'assistance ou du sauvetage dont a bénéficié une cargaison ou un fret, devant le tribunal dans le ressort duquel cette cargaison ou le fret s'y rapportant :

***a)* a été saisi pour garantir ce paiement ou**

***b)* aurait pu être saisi à cet effet, mais une caution ou autre sûreté a été donnée ; cette disposition ne s'applique que s'il est prétendu que le défendeur a un droit sur la cargaison ou sur le fret ou qu'il avait un tel droit au moment de cette assistance ou de ce sauvetage.**

Pour une application de l'art. 5, 3°, en matière de contrefaçon d'un modèle, retenant que le « lieu où le fait dommageable s'est produit » s'entend à la fois du lieu où le dommage est survenu et du lieu où l'événement causal à l'origine du dommage s'est produit, V. • Civ. 1re, 31 janv. 2006 : *D. 2006. Pan. 2606, obs. Galloux ; ibid. 2007. Pan. 342, obs. Raynard ; PIBD 2006. III. 266 ; Propr. ind. 2006. Étude 28, obs. Chiariny-Daudet ; Propr. intell. 2006, n° 21, p. 468, obs. De Candé.*

Art. 6 **Ce même défendeur peut aussi être attrait :**

1) s'il y a plusieurs défendeurs, devant le tribunal du domicile de l'un d'eux ;

2) s'il s'agit d'une demande en garantie ou d'une demande en intervention, devant le tribunal saisi de la demande originaire, à moins qu'elle n'ait été formée que pour traduire hors de son tribunal celui qui a été appelé ;

3) s'il s'agit d'une demande reconventionnelle qui dérive du contrat ou du fait sur lequel est fondée la demande originaire, devant le tribunal saisi de celle-ci ;

4) en matière contractuelle, si l'action peut être jointe à une action en matière de droits réels immobiliers dirigée contre le même défendeur, devant le tribunal de l'État contractant où l'immeuble est situé.

L'art. 6, point 1, doit être interprété en ce sens qu'il ne s'applique pas dans le cadre d'un litige en contrefaçon de brevet européen mettant en cause plusieurs sociétés, établies dans différents États contractants, pour des faits qui auraient été commis sur le territoire d'un ou de plusieurs de ces États, même dans l'hypothèse où lesdites sociétés, appartenant à un même groupe, auraient agi de manière identique ou similaire, conformément à une politique commune qui aurait été élaborée par une seule d'entre elles. • CJCE 13 juill. 2006 : *D. 2007. Pan. 342, obs. Raynard ; RTD eur. 2007. 679, obs. Schmidt-Szalewski ; Propr. ind. 2007. Étude 12, obs. Péters ; Propr. intell. 2007, n° 25, p. 471, obs. Galloux.*

SECTION V *Compétences exclusives*

Art. 16 Sont seuls compétents, sans considération de domicile :

1° *a*) En matière de droits réels immobiliers et de baux d'immeubles, les tribunaux de l'État contractant où l'immeuble est situé ;

b) Toutefois, en matière de baux d'immeubles conclus en vue d'un usage personnel temporaire pour une période maximale de six mois consécutifs, sont également compétents les tribunaux de l'État contractant dans lequel le défendeur est domicilié, à condition que le propriétaire et le locataire soient des personnes physiques et qu'ils soient domiciliés dans le même État contractant ;

2° En matière de validité, de nullité ou de dissolution des sociétés ou personnes morales ayant leur siège sur le territoire d'un État contractant, ou des décisions de leurs organes, les tribunaux de cet État ;

3° En matière de validité des inscriptions sur les registres publics, les tribunaux de l'État contractant sur le territoire duquel ces registres sont tenus ;

4° En matière d'inscription ou de validité des brevets, marques, dessins et modèles, et autres droits analogues donnant lieu à un dépôt ou à un enregistrement, les juridictions de l'État contractant sur le territoire duquel le dépôt ou l'enregistrement a été demandé, a été effectué ou est réputé avoir été effectué aux termes d'une convention internationale ;

5° En matière d'exécution des décisions, les tribunaux de l'État contractant du lieu de l'exécution.

L'art. 16, point 4, doit être interprété en ce sens que la règle de compétence exclusive qu'il édicte concerne tous les litiges portant sur l'inscription ou la validité d'un brevet, que la question soit soulevée par voie d'action ou d'exception. • CJCE 13 juill. 2006 : *D. 2007. Pan. 342, obs. Raynard ; RTD eur. 2007. 679, obs. Schmidt-Szalewski ; Propr. ind. 2007. Étude 12, obs. Péters ; Propr. intell. 2007, n° 25, p. 471, obs. Galloux.*

....

SECTION VIII *Litispendance et connexité*

Art. 21 Lorsque des demandes ayant le même objet et la même cause sont formées entre les mêmes Parties devant des juridictions d'États contractants différents, la juridiction saisie en second lieu sursoit d'office à statuer jusqu'à ce que la compétence du tribunal premier saisi soit établie.

Lorsque la compétence du tribunal premier saisi est établie, le tribunal saisi en second lieu se dessaisit en faveur de celui-ci.

Art. 22 Lorsque des demandes connexes sont formées devant des juridictions d'États contractants différents et sont pendantes au premier degré, la juridiction saisie en second lieu peut surseoir à statuer.

Cette juridiction peut également se dessaisir, à la demande de l'une des parties, à condition que sa loi permette la jonction d'affaires connexes et que le tribunal premier saisi soit compétent pour connaître des deux demandes.

Sont connexes, au sens du présent article, les demandes liées entre elles par un rapport si étroit qu'il y a intérêt à les instruire et à juger en même temps afin d'éviter des solutions qui pourraient être inconciliables si les causes étaient jugées séparément.

Art. 23 Lorsque les demandes relèvent de la compétence exclusive de plusieurs juridictions, le dessaisissement a lieu en faveur de la juridiction première saisie.

Accord de Marrakech du 15 avril 1994,

Instituant l'Organisation mondiale du commerce ; Annexe 1 C : Accord sur les aspects des droits de propriété intellectuelle qui touchent au commerce. — Publié par Décr. n° 95-1242 du 24 nov. 1995 (annexe JO 26 nov.). — Entré en vigueur le 1er janv. 1995.

Les dispositions du présent accord ont été introduites en droit interne par la L. n° 96-1106 du 18 déc. 1996, modifiant le CPI. — V. CPI, art. L. 112-3, L. 611-1, L. 611-12, L. 613-7, L. 613-11 à L. 613-13, L. 613-15, L. 613-18, L. 613-19-1, L. 615-5-1, L. 622-2, L. 711-2, L. 712-11 et L. 712-12.

Sur l'application de cet accord dans le cadre de la Communauté européenne, V. Décis. du Conseil du 22 déc. 1994 (JOCE L 336, 23 déc. 1994). — V. aussi la proposition de décision du Conseil relative à l'approbation, au nom de la Communauté européenne, du Traité de l'OMPI sur les inter-

prétations et exécutions et sur les phonogrammes (JOCE C 165, 30 mai 1998). – Sur les incidences du Traité en droit interne, V. Rép. min. n° 10249, JO Sénat 29 oct. 1998, p. 3443 ; PIBD 1999. I. 5.

BIBL. ▶ Bréart, *LPA 8 août 2001, p. 20* (Parlez-moi des droits intellectuels). – Françon, *RTD com. 2001. 440* (prise de position du groupe spécial de l'OMC sur l'art. 9, al. 2 de la Convention de Berne). – Gaubiac, *RIDA oct. 1995, p. 3* (une dimension internationale nouvelle du droit d'auteur : l'accord sur les aspects des droits de propriété intellectuelle qui touchent au commerce de l'accord de Marrakech) ; *CCE 2001. Étude 15* (les exceptions au droit d'auteur : un nouvel avenir). – Ginsburg, *RIDA janv. 2001, p. 3* (toward supranational copyright law ?). – Kéréver, *RTD com. 1994. 629* (le GATT et le droit d'auteur international). – Masson, *Gaz. Pal. 1997. 2. Doctr. 979* (la transposition en droit interne français de l'accord relatif aux aspects des droits de propriété intellectuelle qui touchent au commerce). – Péreau, *LPA 11 janv. 1995, n° spécial* (les relations de l'OMC avec l'Union européenne et l'organisation de la propriété intellectuelle après l'entrée en vigueur de la Convention de Marrakech). – Schmidt-Szalewski, *Mélanges Foyer, PUF 1997* (la protection des droits industriels dans la convention de Marrakech). – Vilmart, *Gaz. Pal. 1994. 2. Doctr. 1172* (la protection des droits de propriété intellectuelle dans les accords du GATT).

ACCORD SUR LES ASPECTS DES DROITS DE PROPRIÉTÉ INTELLECTUELLE QUI TOUCHENT AU COMMERCE

PARTIE I Dispositions générales et principes fondamentaux

Art. 1er *Nature et portée des obligations.* **1. Les Membres donneront effet aux dispositions du présent Accord. Les Membres pourront, sans que cela soit une obligation, mettre en œuvre dans leur législation une protection plus large que ne le prescrit le présent Accord, à condition que cette protection ne contrevienne pas aux dispositions dudit Accord. Les Membres seront libres de déterminer la méthode appropriée pour mettre en œuvre les dispositions du présent Accord dans le cadre de leurs propres systèmes et pratiques juridiques.**

2. Aux fins du présent Accord, l'expression "propriété intellectuelle" désigne tous les secteurs de la propriété intellectuelle qui font l'objet des sections 1 à 7 de la Partie 2.

3. Les Membres accorderont le traitement prévu dans le présent Accord aux ressortissants des autres Membres(1). Pour ce qui est du droit de propriété intellectuelle pertinent, les ressortissants des autres Membres s'entendront des personnes physiques ou morales qui rempliraient les critères requis pour bénéficier d'une protection prévus dans la Convention de Paris (1967), la Convention de Berne (1971), la Convention de Rome et le traité sur la propriété intellectuelle en matière de circuits intégrés, si tous les Membres de l'OMC étaient membres de ces conventions(2). Tout Membre qui se prévaudra des possibilités offertes par le paragraphe 3 de l'article 5 ou le paragraphe 2 de l'article 6 de la Convention de Rome présentera une notification, comme il est prévu dans ces dispositions, au conseil des aspects des droits de propriété intellectuelle qui touchent au commerce (ci-après dénommé le « conseil des ADPIC »).

NOTA : (1) Lorsqu'il est question de « ressortissants » dans le présent Accord, ce terme sera réputé couvrir, pour ce qui est d'un territoire douanier distinct Membre de l'OMC, les personnes, physiques ou morales, qui sont domiciliées ou ont un établissement industriel ou commercial réel et effectif sur ce territoire douanier.

(2) Dans le présent Accord, la « Convention de Paris » désigne la Convention de Paris pour la protection de la propriété industrielle ; la « Convention de Paris (1967) » désigne l'Acte de Stockholm de ladite convention, en date du 14 juillet 1967. La « Convention de Berne » désigne la Convention de Berne pour la protection des œuvres littéraires et artistiques ; la « Convention de Berne (1971) » désigne l'Acte de Paris de ladite convention, en date du 24 juillet 1971. La « Convention de Rome » désigne la convention internationale sur la protection des artistes interprètes ou exécutants, des producteurs de phonogrammes et des organismes de radiodiffusion, adoptée à Rome le 26 octobre 1961. Le « traité sur la propriété intellectuelle en matière de circuits intégrés » (traité IPIC) désigne le traité sur la propriété intellectuelle en matière de circuits intégrés, adopté à Washington le 26 mai 1989. L'« Accord sur l'OMC » désigne l'Accord instituant l'OMC.

Art. 2 *Conventions relatives à la propriété intellectuelle.* **1. Pour ce qui est des Parties 2, 3 et 4 du présent Accord, les Membres se conformeront aux articles 1er à 12 et à l'article 19 de la Convention de Paris (1967).**

2. Aucune disposition des Parties 1 à 4 du présent Accord ne dérogera aux obligations que les Membres peuvent avoir les uns à l'égard des autres en vertu de la Convention de Paris, de la Convention de Berne, de la Convention de Rome ou du traité sur la propriété intellectuelle en matière de circuits intégrés.

Art. 3 *Traitement national.* 1. Chaque Membre accordera aux ressortissants des autres Membres un traitement non moins favorable que celui qu'il accorde à ses propres ressortissants en ce qui concerne la protection de la propriété intellectuelle, sous réserve des exceptions déjà prévues dans, respectivement, la Convention de Paris (1967), la Convention de Berne (1971), la Convention de Rome ou le traité sur la propriété intellectuelle en matière de circuits intégrés. En ce qui concerne les artistes interprètes ou exécutants, les producteurs de phonogrammes et les organismes de radiodiffusion, cette obligation ne s'applique que pour ce qui est des droits visés par le présent Accord. Tout Membre qui se prévaudra des possibilités offertes par l'article 6 de la Convention de Berne (1971) ou par le paragraphe 1 *b*) de l'article 16 de la Convention de Rome présentera une notification au conseil des ADPIC, comme il est prévu dans ces dispositions.

2. Les Membres pourront se prévaloir des exceptions autorisées en vertu du paragraphe 1 en ce qui concerne les procédures judiciaires et administratives, y compris l'élection de domicile ou la constitution d'un mandataire dans le ressort d'un Membre, uniquement dans les cas où ces exceptions seront nécessaires pour assurer le respect des lois et réglementations qui ne sont pas incompatibles avec les dispositions du présent Accord et où de telles pratiques ne seront pas appliquées de façon à constituer une restriction déguisée au commerce.

NOTA : (1) Aux fins des articles 3 et 4, la « protection » englobera les questions concernant l'existence, l'acquisition, la portée, le maintien des droits de propriété intellectuelle et les moyens de les faire respecter ainsi que les questions concernant l'exercice des droits de propriété intellectuelle dont le présent Accord traite expressément.

Art. 4 *Traitement de la nation la plus favorisée.* En ce qui concerne la protection de la propriété intellectuelle, tous avantages, faveurs, privilèges ou immunités accordés par un Membre aux ressortissants de tout autre pays seront, immédiatement et sans condition, étendus aux ressortissants de tous les autres Membres. Sont exemptés de cette obligation tous les avantages, faveurs, privilèges ou immunités accordés par un Membre :

a) Qui découlent d'accords internationaux concernant l'entraide judiciaire ou l'exécution des lois en général et ne se limitent pas en particulier à la protection de la propriété intellectuelle ;

b) Qui sont accordés conformément aux dispositions de la Convention de Berne (1971) ou de la Convention de Rome qui autorisent que le traitement accordé soit fonction non pas du traitement national mais du traitement accordé dans un autre pays ;

c) Pour ce qui est des droits des artistes interprètes ou exécutants, des producteurs de phonogrammes et des organismes de radiodiffusion qui ne sont pas visés par le présent Accord ;

d) Qui découlent d'accords internationaux se rapportant à la protection de la propriété intellectuelle dont l'entrée en vigueur précède celle de l'Accord sur l'OMC, à condition que ces accords soient notifiés au conseil des ADPIC et ne constituent pas une discrimination arbitraire ou injustifiable à l'égard des ressortissants d'autres Membres.

Art. 5 *Accords multilatéraux sur l'acquisition ou le maintien de la protection.* Les obligations découlant des articles 3 et 4 ne s'appliquent pas aux procédures prévues par les accords multilatéraux conclus sous les auspices de l'OMPI pour l'acquisition ou le maintien de droits de propriété intellectuelle.

Art. 6 *Épuisement.* Aux fins du règlement des différends dans le cadre du présent Accord, sous réserve des dispositions des articles 3 et 4, aucune disposition du présent Accord ne sera utilisée pour traiter la question de l'épuisement des droits de propriété intellectuelle.

Art. 7 *Objectifs.* La protection et le respect des droits de propriété intellectuelle devraient contribuer à la promotion de l'innovation technologique et au transfert et à la diffusion de la technologie, à l'avantage mutuel de ceux qui génèrent et de ceux qui utilisent des connaissances techniques et d'une manière propice au bien-être social et économique, et à assurer un équilibre de droits et d'obligations.

Art. 8 *Principes.* 1. Les Membres pourront, lorsqu'ils élaboreront ou modifieront leurs lois et réglementations, adopter les mesures nécessaires pour protéger la santé publique et la nutrition et pour promouvoir l'intérêt public dans des secteurs d'une importance vitale pour leur développement socio-économique et technologique, à condition que ces mesures soient compatibles avec les dispositions du présent Accord.

2. Des mesures appropriées, à condition qu'elles soient compatibles avec les dispositions du présent Accord, pourront être nécessaires afin d'éviter l'usage abusif des droits de propriété intellectuelle par les détenteurs de droits ou le recours à des pratiques qui restreignent de manière déraisonnable le commerce ou sont préjudiciables au transfert international de technologie.

PARTIE II Normes concernant l'existence, la portée et l'exercice des droits de propriété intellectuelle

SECTION I *Droits d'auteur et droits connexes*

Art. 9 *Rapports avec la Convention de Berne.* 1. Les Membres se conformeront aux articles 1er à 21 de la Convention de Berne (1971) et à l'annexe de ladite Convention. Toutefois, les Membres n'auront pas de droits ni d'obligations au titre du présent Accord en ce qui concerne les droits conférés par l'article 6 *bis* de ladite convention ou les droits qui en sont dérivés.

2. La protection du droit d'auteur s'étendra aux expressions et non aux idées, procédures, méthodes de fonctionnement ou concepts mathématiques en tant que tels.

Art. 10 *Programmes d'ordinateur et compilations de données.* 1. Les programmes d'ordinateur, qu'ils soient exprimés en code source ou en code objet, seront protégés en tant qu'œuvres littéraires en vertu de la Convention de Berne (1971).

2. Les compilations de données ou d'autres éléments, qu'elles soient reproduites sur support exploitable par machine ou sous toute autre forme, qui, par le choix ou la disposition des matières, constituent des créations intellectuelles seront protégées comme telles. Cette protection, qui ne s'étendra pas aux données ou éléments eux-mêmes, sera sans préjudice de tout droit d'auteur subsistant pour les données ou éléments eux-mêmes.

Art. 11 *Droits de location.* En ce qui concerne au moins les programmes d'ordinateur et les œuvres cinématographiques, un Membre accordera aux auteurs et à leurs ayants droit le droit d'autoriser ou d'interdire la location commerciale au public d'originaux ou de copies de leurs œuvres protégées par le droit d'auteur. Un Membre sera exempté de cette obligation pour ce qui est des œuvres cinématographiques à moins que cette location n'ait conduit à la réalisation largement répandue de copies de ces œuvres qui compromet de façon importante le droit exclusif de reproduction conféré dans ce Membre aux auteurs et à leurs ayants droit. Pour ce qui est des programmes d'ordinateur, cette obligation ne s'applique pas aux locations dans les cas où le programme lui-même n'est pas l'objet essentiel de la location.

Art. 12 *Durée de la protection.* Chaque fois que la durée de la protection d'une œuvre, autre qu'une œuvre photographique ou une œuvre des arts appliqués, est calculée sur une base autre que la vie d'une personne physique, cette durée sera d'au moins cinquante ans à compter de la fin de l'année civile de la publication autorisée, ou, si une telle publication autorisée n'a pas lieu dans les cinquante ans à compter de la réalisation de l'œuvre, d'au moins cinquante ans à compter de la fin de l'année civile de la réalisation.

Art. 13 *Limitations et exceptions.* Les Membres restreindront les limitations des droits exclusifs ou exceptions à ces droits à certains cas spéciaux qui ne portent pas atteinte à l'exploitation normale de l'œuvre ni ne causent un préjudice injustifié aux intérêts légitimes du détenteur du droit.

BIBL. ▶ GAUBIAC, *CCE 2001. Étude 15* (les exceptions au droit d'auteur : un nouvel avenir). – GINSBURG, *RIDA janv. 2001, p. 3 (Commentaire de la décision du groupe spécial de l'OMC ; toward supranational copyright law ?).*

Art. 14 *Protection des artistes-interprètes ou exécutants, des producteurs de phonogrammes (enregistrements sonores) et des organismes de radiodiffusion.* 1. Pour ce qui est d'une fixation de leur exécution sur un phonogramme, les artistes interprètes ou exécutants auront la possibilité d'empêcher les actes ci-après lorsqu'ils seront entrepris sans leur autorisation : la fixation de leur exécution non fixée et la reproduction de cette fixation. Les artistes interprètes ou exécutants auront aussi la possibilité d'empêcher les actes ci-après lorsqu'ils seront entrepris sans leur autorisation : la radiodiffusion par le moyen des ondes radioélectriques et la communication au public de leur exécution directe.

2. Les producteurs de phonogrammes jouiront du droit d'autoriser ou d'interdire la reproduction directe ou indirecte de leurs phonogrammes.

3. Les organismes de radiodiffusion auront le droit d'interdire les actes ci-après lorsqu'ils seront entrepris sans leur autorisation : la fixation, la reproduction de fixations et la réémission par le moyen des ondes radioélectriques d'émissions ainsi que la communication au public de leurs émissions de télévision. Dans les cas où les Membres n'accorderont pas de tels droits à des organismes de radiodiffusion, ils donneront aux titulaires du droit d'auteur sur le contenu d'émissions la possibilité d'empêcher les actes susmentionnés, sous réserve de dispositions de la Convention de Berne (1971).

4. Les dispositions de l'article 11 pour ce qui est des programmes d'ordinateur s'appliqueront, *mutatis mutandis*, aux producteurs de phonogrammes et à tous autres détenteurs de droits sur les phonogrammes tels qu'ils sont déterminés dans la législation d'un Membre. Si, au 15 avril 1994, un Membre applique un système de rémunération équitable des détenteurs de droits pour ce qui est de la location des phonogrammes, il pourra maintenir ce système, à condition que la location commerciale des phonogrammes n'ait pas pour effet de compromettre de façon importante les droits exclusifs de reproduction des détenteurs de droits.

5. La durée de la protection offerte en vertu du présent Accord aux artistes interprètes ou exécutants et aux producteurs de phonogrammes ne sera pas inférieure à une période de cinquante ans calculée à compter de la fin de l'année civile de fixation ou d'exécution. La durée de la protection accordée en application du paragraphe 3 ne sera pas inférieure à une période de vingt ans à compter de la fin de l'année civile de radiodiffusion.

6. Tout Membre pourra, en rapport avec les droits conférés en vertu des paragraphes 1, 2 et 3, prévoir des conditions, limitations, exceptions et réserves dans la mesure autorisée par la Convention de Rome. Toutefois, les dispositions de l'article 18 de la Convention de Berne (1971) s'appliqueront aussi, *mutatis mutandis*, aux droits des artistes interprètes ou exécutants et des producteurs de phonogrammes sur les phonogrammes.

SECTION II *Marques de fabrique ou de commerce*

Art. 15 *Objet de la protection.* 1. Tout signe, ou toute combinaison de signes, propre à distinguer les produits ou les services d'une entreprise de ceux d'autres entreprises sera propre à constituer une marque de fabrique ou de commerce. De tels signes, en particulier les mots, y compris les noms de personne, les lettres, les chiffres, les éléments figuratifs et les combinaisons de couleurs, ainsi que toute combinaison de ces signes, seront susceptibles d'être enregistrés comme marques de fabrique ou de commerce. Dans les cas où des signes ne sont pas en soi propres à distinguer les produits ou services pertinents, les Membres pourront subordonner l'enregistrabilité au caractère distinctif acquis par l'usage. Les Membres pourront exiger, comme condition de l'enregistrement, que les signes soient perceptibles visuellement.

2. Le paragraphe 1 ne sera pas considéré comme empêchant un Membre de refuser l'enregistrement d'une marque de fabrique ou de commerce pour d'autres motifs, à condition que ceux-ci ne dérogent pas aux dispositions de la Convention de Paris (1967).

3. Les Membres pourront subordonner l'enregistrabilité à l'usage. Toutefois, l'usage effectif d'une marque de fabrique ou de commerce ne sera pas une condition pour le dépôt d'une demande d'enregistrement. Une demande ne sera pas rejetée au seul motif que l'usage projeté de la marque de fabrique ou de commerce n'a pas eu lieu avant l'expiration d'une période de trois ans à compter de la date de son dépôt.

4. La nature des produits ou services auxquels une marque de fabrique ou de commerce s'appliquera ne constituera en aucun cas un obstacle à l'enregistrement de la marque.

5. Les Membres publieront chaque marque de fabrique ou de commerce soit avant qu'elle ne soit enregistrée, soit dans les moindres délais après son enregistrement, et ménageront une possibilité raisonnable de demander la radiation de l'enregistrement. En outre, les Membres pourront ménager la possibilité de s'opposer à l'enregistrement d'une marque de fabrique ou de commerce.

Art. 16 *Droits conférés.* 1. Le titulaire d'une marque de fabrique ou de commerce enregistrée aura le droit exclusif d'empêcher tous les tiers agissant sans son consentement de faire usage au cours d'opérations commerciales de signes identiques ou similaires pour des produits ou des services identiques ou similaires à ceux pour lesquels la marque de fabrique ou de commerce est enregistrée dans les cas où un tel usage entraînerait un risque de confusion. En cas d'usage d'un signe identique pour des produits ou services identiques, un risque de confusion sera présumé exister. Les droits décrits ci-dessus ne porteront préjudice à aucun droit antérieur existant et n'affecteront pas la possibilité qu'ont les Membres de subordonner l'existence des droits à l'usage.

2. L'article 6 *bis* de la Convention de Paris (1967) s'appliquera, *mutatis mutandis*, aux services. Pour déterminer si une marque de fabrique ou de commerce est notoirement connue,

les Membres tiendront compte de la notoriété de cette marque dans la partie du public concernée, y compris la notoriété dans le Membre concerné obtenue par suite de la promotion de cette marque.

3. L'article 6 *bis* de la Convention de Paris (1967) s'appliquera, *mutatis mutandis,* aux produits ou services qui ne sont pas similaires à ceux pour lesquels une marque de fabrique ou de commerce est enregistrée, à condition que l'usage de cette marque pour ces produits ou services indique un lien entre ces produits ou services et le titulaire de la marque enregistrée et à condition que cet usage risque de nuire aux intérêts du titulaire de la marque enregistrée.

Art. 17 *Exceptions.* Les Membres pourront prévoir des exceptions limitées aux droits conférés par une marque de fabrique ou de commerce, par exemple en ce qui concerne l'usage loyal de termes descriptifs, à condition que ces exceptions tiennent compte des intérêts légitimes du titulaire de la marque et des tiers.

Art. 18 *Durée de la protection.* L'enregistrement initial et chaque renouvellement de l'enregistrement d'une marque de fabrique ou de commerce seront d'une durée d'au moins sept ans. L'enregistrement d'une marque de fabrique ou de commerce sera renouvelable indéfiniment.

Art. 19 *Obligation d'usage.* 1. S'il est obligatoire de faire usage d'une marque de fabrique ou de commerce pour maintenir un enregistrement, l'enregistrement ne pourra être radié qu'après une période ininterrompue de non-usage d'au moins trois ans, à moins que le titulaire de la marque ne donne des raisons valables reposant sur l'existence d'obstacles à un tel usage. Les circonstances indépendantes de la volonté du titulaire de la marque qui constituent un obstacle à l'usage de la marque, par exemple des restrictions à l'importation ou autres prescriptions des pouvoirs publics visant les produits ou les services protégés par la marque, seront considérées comme des raisons valables justifiant le non-usage.

2. Lorsqu'il se fera sous le contrôle du titulaire, l'usage d'une marque de fabrique ou de commerce par une autre personne sera considéré comme un usage de la marque aux fins du maintien de l'enregistrement.

Art. 20 *Autres prescriptions.* L'usage d'une marque de fabrique ou de commerce au cours d'opérations commerciales ne sera pas entravé de manière injustifiable par des prescriptions spéciales, telles que l'usage simultané d'une autre marque, l'usage sous forme spéciale, ou l'usage d'une manière qui nuise à sa capacité de distinguer les produits ou les services d'une entreprise de ceux d'autres entreprises. Cela n'exclura pas une prescription exigeant l'usage de la marque identifiant l'entreprise qui produit les produits ou les services conjointement, mais sans établir de lien entre les deux, avec la marque distinguant les produits ou les services spécifiques en question de cette entreprise.

Art. 21 *Licences et cession.* Les Membres pourront fixer les conditions de la concession de licences et de la cession de marques de fabrique ou de commerce, étant entendu que la concession de licences obligatoires pour les marques ne sera pas autorisée et que le titulaire d'une marque de fabrique ou de commerce enregistrée aura le droit de la céder sans qu'il y ait nécessairement transfert de l'entreprise à laquelle la marque appartient.

SECTION III *Indications géographiques*

Art. 22 *Protection des indications géographiques.* 1. Aux fins du présent accord, on entend par indications géographiques des indications qui servent à identifier un produit comme étant originaire du territoire d'un Membre, ou d'une région ou localité de ce territoire, dans les cas où une qualité, réputation ou autre caractéristique déterminée du produit peut être attribuée essentiellement à cette origine géographique.

2. Pour ce qui est des indications géographiques, les Membres prévoiront les moyens juridiques qui permettent aux parties intéressées d'empêcher :

a) L'utilisation, dans la désignation ou la présentation d'un produit, de tout moyen qui indique ou suggère que le produit en question est originaire d'une région géographique autre que le véritable lieu d'origine d'une manière qui induit le public en erreur quant à l'origine géographique du produit ;

b) Toute utilisation qui constitue un acte de concurrence déloyale au sens de l'article 10 *bis* de la Convention de Paris (1967).

3. Un Membre refusera ou invalidera, soit d'office si sa législation le permet, soit à la requête d'une partie intéressée, l'enregistrement d'une marque de fabrique ou de commerce qui contient une indication géographique ou est constituée par une telle indication, pour des

produits qui ne sont pas originaires du territoire indiqué, si l'utilisation de cette indication dans la marque de fabrique ou de commerce pour de tels produits dans ce Membre est de nature à induire le public en erreur quant au véritable lieu d'origine.

4. La protection visée aux paragraphes 1, 2 et 3 sera applicable contre une indication géographique qui, bien qu'elle soit littéralement exacte pour ce qui est du territoire, de la région ou de la localité dont les produits sont originaires, donne à penser à tort au public que les produits sont originaires d'un autre territoire.

BIBL. ► ARHEL, *Propr. ind. 2009. Étude 3* (registre multilatéral des indications géographiques). – AUDIER, *Propr. intell. 2008, n° 26, p. 26* (mondialisation et indications géographiques : applications nationales de l'accord ADPIC).

Art. 23 *Protection additionnelle des indications géographiques pour les vins et les spiritueux.* **1. Chaque Membre prévoira les moyens juridiques qui permettent aux Parties intéressées d'empêcher l'utilisation d'une indication géographique identifiant des vins pour des vins qui ne sont pas originaires du lieu indiqué par l'indication géographique en question, ou identifiant des spiritueux pour des spiritueux qui ne sont pas originaires du lieu indiqué par l'indication géographique en question, même dans les cas où la véritable origine du produit est indiquée ou dans ceux où l'indication géographique est employée en traduction ou accompagnée d'expressions telles que « genre », « style », « imitation » ou autres.**(1)

2. L'enregistrement d'une marque de fabrique ou de commerce pour des vins qui contient une indication géographique identifiant des vins ou qui est constituée par une telle indication, ou l'enregistrement d'une marque de fabrique ou de commerce pour des spiritueux qui contient une indication géographique identifiant des spiritueux ou qui est constituée par une telle indication sera refusé ou invalidé, soit d'office si la législation d'un Membre le permet soit à la requête d'une partie intéressée, en ce qui concerne les vins ou les spiritueux qui n'ont pas cette origine.

3. En cas d'homonymie d'indications géographiques pour les vins, la protection sera accordée à chaque indication, sous réserve des dispositions du paragraphe 4 de l'article 22. Chaque Membre fixera les conditions pratiques dans lesquelles les indications homonymes en question seront différenciées les unes des autres, compte tenu de la nécessité d'assurer un traitement équitable des producteurs concernés et de faire en sorte que les consommateurs ne soient pas induits en erreur.

4. Afin de faciliter la protection des indications géographiques pour les vins, des négociations seront menées au conseil des ADPIC concernant l'établissement d'un système multilatéral de notification et d'enregistrement des indications géographiques pour les vins susceptibles de bénéficier d'une protection dans les Membres participant au système.

NOTA : (1) Nonobstant la première phrase de l'article 42, les Membres pourront, pour ce qui est de ces obligations, prévoir des mesures administratives pour les faire respecter.

Art. 24 *Négociations internationales, exceptions.* **1. Les Membres conviennent d'engager des négociations en vue d'accroître la protection d'indications géographiques particulières au titre de l'article 23. Les dispositions des paragraphes 4 à 8 ne seront pas invoquées par un Membre pour refuser de mener des négociations ou de conclure des accords bilatéraux ou multilatéraux. Dans le cadre de ces négociations, les Membres seront prêts à examiner l'applicabilité continue de ces dispositions aux indications géographiques particulières dont l'utilisation aura fait l'objet de ces négociations.**

2. Le conseil des ADPIC examinera de façon suivie l'application des dispositions de la présente section ; il procédera au premier examen dans un délai de deux ans à compter de l'entrée en vigueur de l'Accord sur l'OMC. Toute question concernant le respect des obligations découlant de ces dispositions pourra être portée à l'attention du conseil, qui, à la demande d'un Membre, tiendra des consultations avec tout (tous) Membre(s) au sujet de la question pour laquelle il n'aura pas été possible de trouver une solution satisfaisante par voie de consultations bilatérales ou plurilatérales entre les Membres concernés. Le conseil prendra les mesures qui pourront être convenues pour faciliter le fonctionnement de la présente section et favoriser la réalisation de ses objectifs.

3. Lorsqu'il mettra en œuvre la présente section, un Membre ne diminuera pas la protection des indications géographiques qui existait dans ce Membre immédiatement avant la date d'entrée en vigueur de l'Accord sur l'OMC.

4. Aucune disposition de la présente section n'exigera d'un Membre qu'il empêche un usage continu et similaire d'une indication géographique particulière d'un autre Membre identifiant des vins ou des spiritueux, en ce qui concerne des produits ou des services, par un de ses ressortissants ou une des personnes domiciliées sur son territoire qui a utilisé

cette indication géographique de manière continue pour des produits ou services identiques ou apparentés sur le territoire de ce Membre soit :

a) Pendant au moins dix ans avant le 15 avril 1994, soit

b) De bonne foi avant cette date.

5. Dans les cas où une marque de fabrique ou de commerce a été déposée ou enregistrée de bonne foi, ou dans les cas où les droits à une marque de fabrique ou de commerce ont été acquis par un usage de bonne foi :

a) Avant la date d'application des présentes dispositions dans ce Membre telle qu'elle est définie dans la Partie 6 ; ou

b) Avant que l'indication géographique ne soit protégée dans son pays d'origine, les mesures adoptées pour mettre en œuvre la présente section ne préjugeront pas la recevabilité ou la validité de l'enregistrement d'une marque de fabrique ou de commerce, ou le droit de faire usage d'une marque de fabrique ou de commerce, au motif que cette marque est identique ou similaire à une indication géographique.

6. Aucune disposition de la présente section n'exigera d'un Membre qu'il applique les dispositions de la présente section en ce qui concerne une indication géographique de tout autre Membre pour les produits ou services dont l'indication pertinente est identique au terme usuel employé dans le langage courant comme nom commun de ces produits ou services sur le territoire de ce Membre. Aucune disposition de la présente section n'exigera d'un Membre qu'il applique les dispositions de la présente section en ce qui concerne une indication géographique de tout autre Membre pour les produits de la vigne dont l'indication pertinente est identique au nom usuel d'une variété de raisin existant sur le territoire de ce Membre à la date d'entrée en vigueur de l'Accord sur l'OMC.

7. Un Membre pourra disposer que toute demande formulée au titre de la présente section au sujet de l'usage ou de l'enregistrement d'une marque de fabrique ou de commerce devra être présentée dans un délai de cinq ans après que l'usage préjudiciable de l'indication protégée sera devenu généralement connu dans ce Membre ou après la date d'enregistrement de la marque de fabrique ou de commerce dans ce Membre, à condition que la marque ait été publiée à cette date, si celle-ci est antérieure à la date à laquelle l'usage préjudiciable sera devenu généralement connu dans ce Membre, à condition que l'indication géographique ne soit pas utilisée ou enregistrée de mauvaise foi.

8. Les dispositions de la présente section ne préjugeront en rien le droit de toute personne d'utiliser, au cours d'opérations commerciales, son nom ou celui de son prédécesseur en affaires, sauf si ce non *[nom]* est utilisé de manière à induire le public en erreur.

9. Il n'y aura pas obligation en vertu du présent Accord de protéger des indications géographiques qui ne sont pas protégées dans leur pays d'origine ou qui cessent de l'être, ou qui sont tombées en désuétude dans ce pays.

SECTION IV *Dessins et modèles industriels*

Art. 25 *Conditions requises pour bénéficier de la protection.* 1. Les Membres prévoiront la protection des dessins et modèles industriels créés de manière indépendante qui sont nouveaux ou originaux. Les Membres pourront disposer que des dessins et modèles ne sont pas nouveaux ou originaux s'ils ne diffèrent pas notablement de dessins ou modèles connus ou de combinaisons d'éléments de dessins ou modèles connus. Les Membres pourront disposer qu'une telle protection ne s'étendra pas aux dessins et modèles dictés essentiellement par des considérations techniques ou fonctionnelles.

2. Chaque Membre fera en sorte que les prescriptions visant à garantir la protection des dessins et modèles de textiles, en particulier pour ce qui concerne tout coût, examen ou publication, ne compromettent pas indûment la possibilité de demander et d'obtenir cette protection. Les Membres seront libres de remplir cette obligation au moyen de la législation en matière de dessins et modèles industriels ou au moyen de la législation en matière de droit d'auteur.

Art. 26 *Protection.* 1. Le titulaire d'un dessin ou modèle industriel protégé aura le droit d'empêcher des tiers agissant sans son consentement de fabriquer, de vendre ou d'importer des articles portant ou comportant un dessin ou modèle qui est, en totalité ou pour une part substantielle, une copie de ce dessin ou modèle protégé, lorsque ces actes seront entrepris à des fins de commerce.

2. Les Membres pourront prévoir des exceptions limitées à la protection des dessins et modèles industriels, à condition que celles-ci ne portent pas atteinte de manière injustifiée à l'exploitation normale de dessins ou modèles industriels protégés ni ne causent un préjudice injustifié aux intérêts légitimes du titulaire du dessin ou modèle protégé, compte tenu des intérêts légitimes des tiers.

3. La durée de la protection offerte atteindra au moins dix ans.

SECTION V *Brevets*

Art. 27 *Objet brevetable.* 1. Sous réserve des dispositions des paragraphes 2 et 3, un brevet pourra être obtenu pour toute invention, de produit ou de procédé, dans tous les domaines technologiques, à condition qu'elle soit nouvelle, qu'elle implique une activité inventive et qu'elle soit susceptible d'application industrielle(1). Sous réserve des dispositions du paragraphe 4 de l'article 65, du paragraphe 8 de l'article 70 et du paragraphe 3 du présent article, des brevets pourront être obtenus et il sera possible de jouir de droits de brevet sans discrimination quant au lieu d'origine de l'invention, au domaine technologique et au fait que les produits sont importés ou sont d'origine nationale.

2. Les Membres pourront exclure de la brevetabilité les inventions dont il est nécessaire d'empêcher l'exploitation commerciale sur leur territoire pour protéger l'ordre public ou la moralité, y compris pour protéger la santé et la vie des personnes et des animaux ou préserver les végétaux, ou pour éviter de graves atteintes à l'environnement, à condition que cette exclusion ne tienne pas uniquement au fait que l'exploitation est interdite par leur législation.

3. Les Membres pourront aussi exclure de la brevetabilité :

a) Les méthodes diagnostiques, thérapeutiques et chirurgicales pour le traitement des personnes ou des animaux ;

b) Les végétaux et les animaux autres que les micro-organismes, et les procédés essentiellement biologiques d'obtention de végétaux ou d'animaux, autres que les procédés non biologiques. Toutefois, les Membres prévoiront la protection des variétés végétales par des brevets, par un système *sui generis* efficace, ou par une combinaison de ces deux moyens. Les dispositions du présent alinéa seront réexaminées quatre ans après la date d'entrée en vigueur de l'Accord sur l'OMC.

NOTA : (1) Aux fins de cet article, les expressions « activité inventive » et « susceptible d'application industrielle » pourront être considérées par un Membre comme synonymes, respectivement, des termes « non évidente » et « utile ».

BIBL. ▶ ANH NGO et REIS, *Propr. ind. 2008. Étude 23* (la protection des variétés végétales dans le commerce international : le droit, l'outil stratégique).

Art. 28 *Droits conférés.* 1. Un brevet conférera à son titulaire les droits exclusifs suivants :

a) Dans les cas où l'objet du brevet est un produit, empêcher des tiers agissant sans son consentement d'accomplir les actes ci-après : fabriquer, utiliser, offrir à la vente, vendre ou importer(1) à ces fins ce produit ;

b) Dans les cas où l'objet du brevet est un procédé, empêcher des tiers agissant sans son consentement d'accomplir l'acte consistant à utiliser le procédé et les actes ci-après : utiliser, offrir à la vente, vendre ou importer à ces fins, au moins le produit obtenu directement par ce procédé.

2. Le titulaire d'un brevet aura aussi le droit de céder, ou de transmettre par voie successorale, le brevet et de conclure des contrats de licence.

NOTA : (1) Ce droit, comme tous les autres conférés en vertu du présent Accord en ce qui concerne l'utilisation, la vente, l'importation ou d'autres formes de distribution de marchandises, est subordonné aux dispositions de l'article 6.

Art. 29 *Conditions imposées aux déposants de demandes de brevets.* 1. Les Membres exigeront du déposant d'une demande de brevet qu'il divulgue l'invention d'une manière suffisamment claire et complète pour qu'une personne du métier puisse l'exécuter, et pourront exiger de lui qu'il indique la meilleure manière d'exécuter l'invention connue de l'inventeur à la date du dépôt ou, dans les cas où la priorité est revendiquée, à la date de priorité de la demande.

2. Les Membres pourront exiger du déposant d'une demande de brevet qu'il fournisse des renseignements sur les demandes correspondantes qu'il aura déposées et les brevets correspondants qui lui auront été délivrés à l'étranger.

Art. 30 *Exceptions aux droits conférés.* Les Membres pourront prévoir des exceptions limitées aux droits exclusifs conférés par un brevet, à condition que celles-ci ne portent pas atteinte de manière injustifiée à l'exploitation normale du brevet ni ne causent un préjudice injustifié aux intérêts légitimes du titulaire du brevet, compte tenu des intérêts légitimes des tiers.

Art. 31 *Autres utilisations sans autorisation du détenteur du droit.* Dans les cas où la législation d'un Membre permet d'autres utilisations(2) de l'objet d'un brevet sans l'autorisation du détenteur du droit, y compris l'utilisation par les pouvoirs publics ou des tiers autorisés par ceux-ci, les dispositions suivantes seront respectées :

a) L'autorisation de cette utilisation sera examinée sur la base des circonstances qui lui sont propres ;

b) Une telle utilisation pourra n'être permise que si, avant cette utilisation, le candidat utilisateur s'est efforcé d'obtenir l'autorisation du détenteur du droit, suivant des conditions et modalités commerciales raisonnables, et que si ses efforts n'ont pas abouti dans un délai raisonnable. Un Membre pourra déroger à cette prescription dans des situations d'urgence nationale ou d'autres circonstances d'extrême urgence ou en cas d'utilisation publique à des fins non commerciales. Dans des situations d'urgence nationale ou d'autres circonstances d'extrême urgence, le détenteur du droit en sera néanmoins avisé aussitôt qu'il sera raisonnablement possible. En cas d'utilisation publique à des fins non commerciales, lorsque les pouvoirs publics ou l'entreprise contractante, sans faire de recherche de brevet, savent ou ont des raisons démontrables de savoir qu'un brevet valide est ou sera utilisé par les pouvoirs publics ou pour leur compte, le détenteur du droit en sera avisé dans les moindres délais ;

c) La portée et la durée d'une telle utilisation seront limitées aux fins auxquelles celle-ci a été autorisée et, dans le cas de la technologie des semi-conducteurs, ladite utilisation sera uniquement destinée à des fins publiques non commerciale ou à remédier à une pratique dont il a été déterminé, à l'issue d'une procédure judiciaire ou administrative, qu'elle est anticoncurrentielle ;

d) Une telle utilisation sera non exclusive ;

e) Une telle utilisation sera incessible, sauf avec la partie de l'entreprise ou du fonds de commerce qui en a la jouissance ;

f) Toute utilisation de ce genre sera autorisée principalement pour l'approvisionnement du marché intérieur du Membre qui a autorisé cette utilisation ;

g) L'autorisation d'une telle utilisation sera susceptible d'être rapportée, sous réserve que les intérêts légitimes des personnes ainsi autorisées soient protégés de façon adéquate, si, et lorsque, les circonstances y ayant conduit cessent d'exister et ne se reproduiront vraisemblablement pas. L'autorité compétente sera habilitée à réexaminer, sur demande motivée, si ces circonstances continuent d'exister ;

h) Le détenteur du droit recevra une rémunération adéquate selon le cas d'espèce, compte tenu de la valeur économique de l'autorisation ;

i) La validité juridique de toute décision concernant l'autorisation d'une réelle utilisation pourra faire l'objet d'une révision judiciaire ou autre révision indépendante par une autorité supérieure distincte de ce Membre ;

j) Toute décision concernant la rémunération prévue en rapport avec une telle utilisation pourra faire l'objet d'une révision judiciaire ou autre révision indépendante par une autorité supérieure distincte de ce Membre ;

k) Les Membres ne sont pas tenus d'appliquer les conditions énoncées aux alinéas *b*) et *f*) dans les cas où une telle utilisation est permise pour remédier à une pratique jugée anticoncurrentielle à l'issue d'une procédure judiciaire ou administrative. La nécessité de corriger les pratiques anticoncurrentielles peut être prise en compte dans la détermination de la rémunération dans de tels cas. Les autorités compétentes seront habilitées à refuser de rapporter l'autorisation si et lorsque les circonstances ayant conduit à cette autorisation risquent de se reproduire ;

l) Dans le cas où une telle utilisation est autorisée pour permettre l'exploitation d'un brevet (le second brevet) qui ne peut pas être exploité sans porter atteinte à un autre brevet (le premier brevet), les conditions additionnelles suivantes seront d'application :

i) l'intervention revendiquée dans le second brevet supposera un progrès technique important, d'un intérêt économique considérable, par rapport à l'invention revendiquée dans le premier brevet ;

ii) le titulaire du premier brevet aura droit à une licence réciproque à des conditions raisonnables pour utiliser l'invention revendiquée dans le second brevet ; et

iii) l'utilisation autorisée en rapport avec le premier brevet sera incessible sauf si le second brevet est également cédé.

NOTA : (2) On entend par « autres utilisations » les utilisations autres que celles qui sont autorisées en vertu de l'article 30.

Art. 31 *bis* *(Protocole 6 déc. 2005, en vigueur le 23 janv. 2017)*. 1. Les obligations d'un membre exportateur au titre de l'article 31 f) ne s'appliqueront pas en ce qui concerne l'octroi par ce membre d'une licence obligatoire dans la mesure nécessaire aux fins de la production d'un (de) produit(s) pharmaceutique(s) et de son (leur) exportation vers un (des) membre(s) importateur(s) admissible(s) selon les modalités énoncées au paragraphe 2 de l'annexe du présent accord.

2. Dans les cas où une licence obligatoire est accordée par un membre exportateur dans le cadre du système décrit dans le présent article et l'annexe du présent accord, une rémunération adéquate au titre de l'article 31 h) sera versée à ce membre compte tenu de la valeur économique que représente pour le membre importateur l'utilisation qui a été autorisée au membre exportateur. Dans les cas où une licence obligatoire est accordée pour les mêmes produits au membre importateur admissible, l'obligation de ce membre au titre de l'article 31 h) ne s'appliquera pas en ce qui concerne les produits pour lesquels une rémunération au titre de la première phrase du présent paragraphe est versée au membre exportateur.

3. En vue d'exploiter les économies d'échelle dans le but d'améliorer le pouvoir d'achat en ce qui concerne les produits pharmaceutiques et de faciliter la production locale de ces produits : dans les cas où un pays en développement ou un pays moins avancé membre de l'OMC est partie à un accord commercial régional au sens de l'article XXIV du GATT de 1994 et de la décision du 28 novembre 1979 sur le traitement différencié et plus favorable, la réciprocité et la participation plus complète des pays en voie de développement (L/4903), dont la moitié au moins des membres actuels sont des pays figurant actuellement sur la liste des pays les moins avancés des Nations unies, l'obligation de ce membre au titre de l'article 31 f) ne s'appliquera pas dans la mesure nécessaire pour permettre à un produit pharmaceutique produit ou importé sous licence obligatoire dans ce pays membre d'être exporté vers les marchés des autres pays en développement ou des pays moins avancés parties à l'accord commercial régional qui partagent le problème de santé en question. Il est entendu que cela sera sans préjudice du caractère territorial des droits de brevet en question.

4. Les membres ne contesteront aucune mesure prise en conformité avec les dispositions du présent article et de l'annexe du présent accord au titre des alinéas 1 b) et 1 c) de l'article XXIII du GATT de 1994.

5. Le présent article et l'annexe du présent accord sont sans préjudice des droits, des obligations et de la flexibilité qu'ont les membres en vertu des dispositions du présent accord autres que les paragraphes f) et h) de l'article 31, y compris ceux qui ont été réaffirmés par la déclaration sur l'accord sur les ADPIC et la santé publique (WT/MIN(01)/DEC/2), ni de leur interprétation. Ils sont aussi sans préjudice de la mesure dans laquelle les produits pharmaceutiques produits dans le cadre d'une licence obligatoire peuvent être exportés au titre des dispositions de l'article 31 f). – *V. l' annexe ss. art. 73.*

Art. 32 *Révocation/Déchéance.* Pour toute décision concernant la révocation ou la déchéance d'un brevet, une possibilité de révision judiciaire sera offerte.

Art. 33 *Durée de la protection.* La durée de la protection offerte ne prendra pas fin avant l'expiration d'une période de vingt ans à compter de la date de dépôt(1).

NOTA : (1) Il est entendu que les Membres qui n'ont pas un système de délivrance initiale pourront disposer que la durée de protection sera calculée à compter de la date du dépôt dans le système de délivrance initiale.

Le droit commautaire ne s'oppose pas à ce que l'art. 33 soit directement appliqué à une juridiction nationale dans les conditions prévues par le droit national. • CJCE 11 sept. 2007 : *CCE 2007, n° 142, note Caron ; PIBD 2007. III. 687.*

Art. 34 *Brevets de procédé : charge de la preuve.* 1. Aux fins de la procédure civile concernant l'atteinte aux droits du titulaire visés au paragraphe 1 *b*) de l'article 28, si l'objet du brevet est un procédé d'obtention d'un produit, les autorités judiciaires seront habilitées à ordonner au défendeur de prouver que le procédé utilisé pour obtenir un produit identique est différent du procédé breveté. En conséquence, les Membres disposeront, dans au moins une des situations ci-après, que tout produit identique fabriqué sans le consentement du titulaire du brevet sera, jusqu'à preuve du contraire, considéré comme ayant été obtenu par le procédé breveté :

a) Le produit obtenu par le procédé breveté est nouveau ;

b) La probabilité est grande que le produit identique a été obtenu par le procédé et le titulaire du brevet n'a pas pu, en dépit d'efforts raisonnables, déterminer quel procédé a été en fait utilisé.

2. Tout Membre sera libre de disposer que la charge de la preuve indiquée au paragraphe 1 incombera au prétendu contrevenant uniquement si la condition visée à l'alinéa *a*) est remplie ou uniquement si la condition visée à l'alinéa *b*) est remplie.

3. Lors de la présentation de la preuve du contraire, les intérêts légitimes des défendeurs pour la protection de leurs secrets de fabrication et de commerce seront pris en compte.

SECTION VI *Schémas de configuration (topographies) de circuits intégrés*

Art. 35 *Rapports avec le Traité IPIC.* Les Membres conviennent d'accorder la protection des schémas de configuration (topographies) de circuits intégrés (dénommés dans le présent Accord les « schémas de configuration ») conformément aux articles 2 à 7 (sauf le paragraphe 3 de l'article 6), à l'article 12 et au paragraphe 3 de l'article 16 du Traité sur la propriété intellectuelle en matière de circuits intégrés et, en outre, de respecter les dispositions ci-après.

Art. 36 *Portée de la protection.* Sous réserve des dispositions du paragraphe 1 de l'article 37, les Membres considéreront comme illégaux les actes ci-après s'ils sont accomplis sans l'autorisation du détenteur du droit(1) : importer, vendre ou distribuer de toute autre manière, à des fins commerciales, un schéma de configuration protégé, un circuit intégré dans lequel un schéma de configuration protégé est incorporé, ou un article incorporant un tel circuit intégré, uniquement dans la mesure où cet article continue de contenir un schéma de configuration reproduit de façon illicite.

NOTA : (1) L'expression « détenteur du droit » employée dans cette section sera interprétée comme ayant le même sens que le terme « titulaire » employé dans le Traité IPIC.

Art. 37 *Actes ne nécessitant pas l'autorisation du détenteur du droit.* 1. Nonobstant les dispositions de l'article 36, aucun Membre ne considérera comme illégal l'accomplissement de l'un quelconque des actes visés audit article à l'égard d'un circuit intégré incorporant un schéma de configuration reproduit de façon illicite, ou tout article incorporant un tel circuit intégré, lorsque la personne qui accomplit ou fait accomplir ces actes ne savait pas et n'avait pas de raison valable de savoir, lorsqu'elle a acquis ledit circuit intégré ou l'article l'incorporant, qu'il incorporait un schéma de configuration reproduit de façon illicite. Les Membres disposeront que, après le moment où cette personne aura reçu un avis l'informant de manière suffisante que le schéma de configuration est reproduit de façon illicite, elle pourra accomplir l'un quelconque des actes visés à l'égard des stocks dont elle dispose ou qu'elle a commandés avant ce moment, mais pourra être astreinte à verser au détenteur du droit une somme équivalant à une redevance raisonnable telle que celle qui serait exigible dans le cadre d'une licence librement négociée pour un tel schéma de configuration.

2. Les conditions énoncées aux alinéas *a*) à *k*) de l'article 31 s'appliqueront, *mutatis mutandis*, en cas de concession d'une licence non volontaire pour un schéma de configuration ou pour son utilisation par les pouvoirs publics ou pour leur compte sans l'autorisation du détenteur du droit.

Art. 38 *Durée de la protection.* 1. Dans les Membres où l'enregistrement est une condition de la protection, la durée de la protection des schémas de configuration ne prendra pas fin avant l'expiration d'une période de dix ans à compter de la date du dépôt de la demande d'enregistrement ou à compter de la première exploitation commerciale où que ce soit dans le monde.

2. Dans les Membres où l'enregistrement n'est pas une condition de la protection, les schémas de configuration seront protégés pendant une période d'au moins dix ans à compter de la date de la première exploitation commerciale où que ce soit dans le monde.

3. Nonobstant les dispositions des paragraphes 1 et 2, un Membre pourra disposer que la protection prendra fin quinze ans après la création du schéma de configuration.

SECTION VII *Protection des renseignements non divulgués*

Art. 39 1. En assurant une protection effective contre la concurrence déloyale conformément à l'article 10 *bis* de la Convention de Paris (1967), les Membres protégeront les renseignements non divulgués conformément au paragraphe 2 et les données communiquées aux pouvoirs publics ou à leurs organismes conformément au paragraphe 3.

2. Les personnes physiques et morales auront la possibilité d'empêcher que des renseignements licitement sous leur contrôle ne soient divulgués à des tiers ou acquis ou utilisés par eux sans leur consentement et d'une manière contraire aux usages commerciaux honnêtes(1), sous réserve que ces renseignements :

a) Soient secrets en ce sens que, dans leur globalité ou dans la configuration et l'assemblage exacts de leurs éléments, ils ne sont pas généralement connus de personnes appartenant aux milieux qui s'occupent normalement du genre de renseignements en question ou ne leur sont pas aisément accessibles ;

b) Aient une valeur commerciale parce qu'ils sont secrets ;

c) Aient fait l'objet, de la part de la personne qui en a licitement le contrôle, de dispositions raisonnables, compte tenu des circonstances, destinées à les garder secrets.

3. Lorsqu'ils subordonnent l'approbation de la commercialisation de produits pharmaceutiques ou de produits chimiques pour l'agriculture qui comportent des entités chimiques nouvelles à la communication de données non divulguées résultant d'essais ou d'autres données non divulguées, dont l'établissement demande un effort considérable, les Membres protégeront ces données contre l'exploitation déloyale dans le commerce. En outre, les Membres protégeront ces données contre la divulgation, sauf si cela est nécessaire pour protéger le public, ou à moins que des mesures ne soient prises pour s'assurer que les données sont protégées contre l'exploitation déloyale dans le commerce.

NOTA : (1) Aux fins de cette disposition, l'expression « d'une manière contraire aux usages commerciaux honnêtes » s'entendra au moins des pratiques telles que la rupture de contrat, l'abus de confiance et l'incitation au délit, et comprend l'acquisition de renseignements non divulgués par des tiers qui savaient que ladite acquisition impliquait de telles pratiques ou qui ont fait preuve d'une grave négligence en l'ignorant.

SECTION VIII *Contrôle des pratiques anticoncurrentielles dans les licences contractuelles*

Art. 40 1. Les Membres conviennent que certaines pratiques ou conditions en matière de concession de licences touchant aux droits de propriété intellectuelle qui limitent la concurrence peuvent avoir des effets préjudiciables sur les échanges et entraver le transfert et la diffusion de technologie.

2. Aucune disposition du présent Accord n'empêchera les Membres de spécifier dans leur législation les pratiques ou conditions en matière de concession de licences qui pourront, dans des cas particuliers, constituer un usage abusif de droits de propriété intellectuelle ayant un effet préjudiciable sur la concurrence sur le marché considéré. Comme il est prévu ci-dessus, un Membre pourra adopter, en conformité avec les autres dispositions du présent Accord, des mesures appropriées pour prévenir ou contrôler ces pratiques, qui peuvent comprendre, par exemple, des clauses de rétrocession exclusives, des conditions empêchant la contestation de la validité et un régime coercitif de licences groupées, à la lumière des lois et réglementations pertinentes dudit Membre.

3. Si demande lui en est faite, chaque Membre se prêtera à des consultations avec tout autre Membre qui a des raisons de croire qu'un titulaire de droit de propriété intellectuelle ressortissant du Membre auquel la demande de consultations a été adressée, ou domicilié dans ce Membre, se livre à des pratiques en violation des lois et réglementations du Membre qui a présenté la demande relatives à l'objet de la présente section, et qui désire assurer le respect de cette législation, sans préjudice de toute action que l'un ou l'autre Membre pourrait engager conformément à la loi et de son entière liberté de prendre une décision définitive. Le Membre à qui la demande a été adressée l'examinera de manière approfondie et avec compréhension et ménagera des possibilités adéquates de consultation au Membre qui l'a présentée ; il coopérera en fournissant les renseignements non confidentiels à la disposition du public qui présentent un intérêt en l'espèce et les autres renseignements dont il dispose, sous réserve de la législation intérieure et de la conclusion d'accords mutuellement satisfaisant concernant le respect du caractère confidentiel de ces renseignements par le Membre qui a présenté la demande.

4. Si des ressortissants d'un Membre ou des personnes domiciliées dans ce Membre font l'objet dans un autre Membre de procédures concernant une violation alléguée des loi et réglementations de cet autre Membre relatives à l'objet de la présente section, le Membre en question se verra accorder par l'autre Membre, s'il en fait la demande, la possibilité d'engager des consultations dans les mêmes conditions que celles qui sont prévues au paragraphe 3.

PARTIE III **Moyens de faire respecter les droits de propriété intellectuelle**

SECTION I *Obligations générales*

Art. 41 1. Les Membres feront en sorte que leur législation comporte des procédures destinées à faire respecter les droits de propriété intellectuelle telles que celles qui sont énoncées dans la présente partie, de manière à permettre une action efficace contre tout acte qui porterait atteinte aux droits de propriété intellectuelle converts par le présent accord, y compris des mesures correctives rapides destinées à prévenir toute atteinte et des mesures correctives qui constituent un moyen de dissuasion contre toute atteinte ultérieure. Ces procédures seront appliquées de manière à éviter la création d'obstacles au commerce légitime et à offrir des sauvegardes contre leur usage abusif.

2. Les procédures destinées à faire respecter les droits de propriété intellectuelle seront loyales et équitables. Elles ne seront pas inutilement complexes ou coûteuses ; elles ne comporteront pas de délais déraisonnables ni n'entraîneront de retards injustifiés.

3. Les décisions au fond seront, de préférence, écrites et motivées. Elles seront mises à la disposition au moins des parties à la procédure sans retard indu. Les décisions au fond s'appuieront exclusivement sur des éléments de preuve sur lesquels les Parties ont eu la possibilité de se faire entendre.

4. Les Parties à une procédure auront la possibilité de demander la révision par une autorité judiciaire des décisions administratives finales et, sous réserve des dispositions attributives de compétence prévues par la législation d'un Membre concernant l'importance d'une affaire, au moins des aspects juridiques des décisions judiciaires initiales sur le fond. Toutefois, il n'y aura pas obligation de prévoir la possibilité de demander la révision d'acquittement dans des affaires pénales.

5. Il est entendu que la présente Partie ne crée aucune obligation de mettre en place, pour faire respecter les droits de propriété intellectuelle, un système judiciaire distinct de celui qui vise à faire respecter la loi en général, ni n'affecte la capacité des Membres de faire respecter leur législation en général. Aucune disposition de la présente Partie ne crée d'obligation en ce qui concerne la répartition des ressources entre les moyens de faire respecter les droits de propriété intellectuelle et les moyens de faire respecter la loi en général.

SECTION II *Procédures et mesures correctives civiles et administratives*

Art. 42 *Procédures loyales et équitables.* Les Membres donneront aux détenteurs de droits[1] accès aux procédures judiciaires civiles destinées à faire respecter les droits de propriété intellectuelle couverts par le présent Accord. Les défendeurs devront être informés en temps opportun par un avis écrit suffisamment précis indiquant, entre autres choses, les fondements des allégations. Les parties seront autorisées à se faire représenter par un conseil juridique indépendant et les procédures n'imposeront pas de prescriptions excessives en matière de comparution personnelle obligatoire. Toutes les parties à de telles procédures seront dûment habilitées à justifier leurs allégations et à présenter tous les éléments de preuve pertinents. La procédure comportera un moyen d'identifier et de protéger les renseignements confidentiels, à moins que cela ne soit contraire aux prescriptions constitutionnelles existantes.

NOTA : (1) Aux fins de la présente partie, l'expression « détenteur du droit » comprend les fédérations et associations habilitées à revendiquer un tel droit.

Art. 43 *Éléments de preuve.* 1. Les autorités judiciaires seront habilitées, dans les cas où une partie aura présenté des éléments de preuve raisonnablement accessibles suffisants pour étayer ses allégations et précisé les éléments de preuve à l'appui de ses allégations qui se trouvent sous le contrôle de la partie adverse, à ordonner que ces éléments de preuve soient produits par la partie adverse, sous réserve, dans les cas appropriés, qu'il existe des conditions qui garantissent la protection des renseignements confidentiels.

2. Dans les cas où une partie à une procédure refusera volontairement et sans raison valable l'accès à des renseignements nécessaires ou ne fournira pas de tels renseignements dans un délai raisonnable, ou encore entravera notablement une procédure concernant une action engagée pour assurer le respect d'un droit, un Membre pourra habiliter les autorités judiciaires à établir des déterminations préliminaires et finales, positives ou négatives, sur la base des renseignements qui leur auront été présentés, y compris la plainte ou l'allégation présentée par la partie lésée par le déni d'accès aux renseignements, à condition de ménager aux parties la possibilité de se faire entendre au sujet des allégations ou des éléments de preuve.

Art. 44 *Injonctions.* 1. Les autorités judiciaires seront habilitées à ordonner à une partie de cesser de porter atteinte à un droit, entre autres choses afin d'empêcher l'introduction dans les circuits commerciaux relevant de leur compétence de marchandises importées qui impliquent une atteinte au droit de propriété intellectuelle, immédiatement après le dédouanement de ces marchandises. Les Membres n'ont pas l'obligation de les habiliter à agir ainsi en ce qui concerne un objet protégé acquis ou commandé par une personne avant de savoir ou d'avoir des motifs raisonnables de savoir que le négoce dudit objet entraînerait une atteinte à un droit de propriété intellectuelle.

2. Nonobstant les autres dispositions de la présente Partie et à condition que soient respectées les dispositions de la Partie 2 visant expressément l'utilisation d'un droit par les

pouvoirs publics, ou par des tiers autorisés par des pouvoirs publics, sans l'autorisation du détenteur de ce droit, les Membres pourront limiter au versement d'une rémunération conformément à l'alinéa *h)* de l'article 31 les mesures correctives possibles contre une telle utilisation. Dans les autres cas, les mesures correctives prévues par la présente Partie seront d'application ou, dans le cas où ces mesures correctives seront incompatibles avec la législation d'un Membre, des jugements déclaratifs et une compensation adéquate pourront être obtenus.

Art. 45 *Dommages-intérêts.* 1. Les autorités judiciaires seront habilitées à ordonner au contrevenant de verser au détenteur du droit des dommages-intérêts adéquats en réparation du dommage que celui-ci a subi du fait de l'atteinte portée à son droit de propriété intellectuelle par le contrevenant, qui s'est livré à une activité portant une telle atteinte en le sachant ou en ayant des motifs raisonnables de le savoir.

2. Les autorités judiciaires seront également habilitées à ordonner au contrevenant de payer au détenteur du droit les frais, qui pourront comprendre les honoraires d'avocat appropriés. Dans les cas appropriés, les Membres pourront autoriser les autorités judiciaires à ordonner le recouvrement des bénéfices et/ou le paiement des dommages-intérêts préétablis même si le contrevenant s'est livré à une activité portant atteinte à un droit de propriété intellectuelle sans le savoir ou sans avoir de motifs raisonnables de le savoir.

Art. 46 *Autres mesures correctives.* Afin de créer un moyen de dissuasion efficace contre les atteintes aux droits, les autorités judiciaires seront habilitées à ordonner que les marchandises dont elles auront constaté qu'elles portent atteinte à un droit soient, sans dédommagement d'aucune sorte, écartées des circuits commerciaux de manière à éviter de causer un préjudice au détenteur du droit ou, à moins que cela ne soit contraire aux prescriptions constitutionnelles existantes, détruites. Elles seront aussi habilitées à ordonner que des matériaux et instruments ayant principalement servi à la création ou à la fabrication des marchandises en cause soient, sans dédommagement d'aucune sorte, écartés des circuits commerciaux de manière à réduire au minimum les risques de nouvelles atteintes. Lors de l'examen de telles demandes, il sera tenu compte du fait qu'il doit y avoir proportionnalité de la gravité de l'atteinte et des mesures correctives ordonnées, ainsi que des intérêts des tiers. Pour ce qui concerne les marchandises de marque contrefaites, le simple fait de retirer la marque de fabrique ou de commerce apposée de manière illicite ne sera pas suffisant, si ce n'est dans des circonstances exceptionnelles, pour permettre l'introduction des marchandises dans les circuits commerciaux.

Art. 47 *Droit d'information.* Les Membres pourront disposer que les autorités judiciaires seront habilitées à ordonner au contrevenant, à moins qu'une telle mesure ne soit disproportionnée à la gravité de l'atteinte, d'informer le détenteur du droit de l'identité des tiers participant à la production et à la distribution des marchandises ou services en cause, ainsi que de leurs circuits de distribution.

Art. 48 *Indemnisation du défendeur.* 1. Les autorités judiciaires seront habilitées à ordonner à une partie à la demande de laquelle des mesures ont été prises et qui a utilisé abusivement des procédures destinées à faire respecter les droits de propriété intellectuelle d'accorder, à une partie injustement requise de faire ou de ne pas faire, un dédommagement adéquat en réparation du dommage subi du fait d'un tel usage abusif. Les autorités judiciaires seront aussi habilitées à ordonner au requérant de payer les frais du défendeur, qui pourront comprendre les honoraires d'avocat appropriés.

2. Pour ce qui est de l'administration de toute loi touchant à la protection ou au respect des droits de propriété intellectuelle, les Membres ne dégageront aussi bien les autorités que les agents publics de leur responsabilité qui les expose à des mesures correctives appropriées que dans les cas où ils auront agi ou eu l'intention d'agir de bonne foi dans le cadre de l'administration de ladite loi.

Art. 49 *Procédures administratives.* Dans la mesure où une mesure corrective civile peut être ordonnée à la suite de procédures administratives concernant le fond de l'affaire, ces procédures seront conformes à des principes équivalant en substance à ceux qui sont énoncés dans la présente section.

SECTION III *Mesures provisoires*

Art. 50 1. Les autorités judiciaires seront habilitées à ordonner l'adoption de mesures provisoires rapides et efficaces :

a) Pour empêcher qu'un acte portant atteinte à un droit de propriété intellectuelle ne soit commis et, en particulier, pour empêcher l'introduction, dans les circuits commerciaux rele-

vant de leur compétence, de marchandises, y compris des marchandises importées immédiatement après leur dédouanement ;

***b*) Pour sauvegarder les éléments de preuve pertinents relatifs à cette atteinte alléguée.**

2. Les autorités judiciaires seront habilitées à adopter des mesures provisoires sans que l'autre partie soit entendue dans les cas où cela sera approprié, en particulier lorsque tout retard est de nature à causer un préjudice irréparable au détenteur du droit ou lorsqu'il existe un risque démontrable de destruction des éléments de preuve.

3. Les autorités judiciaires seront habilitées à exiger du requérant qu'il fournisse tout élément de preuve raisonnablement accessible afin d'acquérir, avec une certitude suffisante, la conviction qu'il est le détenteur du droit et qu'il est porté atteinte à son droit, ou que cette atteinte est imminente, et à lui ordonner de constituer une caution ou une garantie équivalente suffisante pour protéger le défendeur et prévenir les abus.

4. Dans les cas où des mesures provisoires auront été adoptées sans que l'autre partie soit entendue, les parties affectées en seront avisées sans délai, après l'exécution des mesures au plus tard. Une révision, y compris le droit d'être entendu, aura lieu à la demande du défendeur afin qu'il soit décidé, dans un délai raisonnable après la notification des mesures, si celles-ci seront modifiées, abrogées ou confirmées.

5. Le requérant pourra être tenu de fournir d'autres renseignements nécessaires à l'identification des marchandises considérées par l'autorité qui exécutera les mesures provisoires.

6. Sans préjudice des dispositions du paragraphe 4, les mesures provisoires prises sur la base des paragraphes 1 et 2 seront abrogées ou cesseront de produire leurs effets d'une autre manière, à la demande du défendeur, si une procédure conduisant à une décision au fond n'est pas engagée dans un délai raisonnable, qui sera déterminé par l'autorité judiciaire ordonnant les mesures lorsque la législation d'un Membre le permet ou, en l'absence d'une telle détermination, dans un délai ne devant pas dépasser vingt jours ouvrables ou trente et un jours civils si ce délai est plus long.

7. Dans les cas où les mesures provisoires seront abrogées ou cesseront d'être applicables en raison de toute action ou omission du requérant, ou dans les cas où il sera constaté ultérieurement qu'il n'y a pas eu atteinte ou menace d'atteinte à un droit de propriété intellectuelle, les autorités judiciaires seront habilitées à ordonner au requérant, à la demande du défendeur, d'accorder à ce dernier un dédommagement approprié en réparation de tout dommage causé par ces mesures.

8. Dans la mesure où une mesure provisoire peut être ordonnée à la suite de procédures administratives, ces procédures seront conformes à des principes équivalant en substance à ceux qui sont énoncés dans la présente section.

La CJCE est compétente pour interpréter certaines dispositions des accords ADPIC et le juge national, dès lors qu'il s'agit d'un domaine dans lequel la Communauté a déjà légiféré, doit, dans la mesure du possible, interpréter son droit à la lumière du texte et de la finalité des accords ADPIC. • CJCE 14 déc. 2000, n° C-300/98 et C-392/98, *Parfums Christian Dior SA c/ Tuck Consultancy BV : RTD civ. 2001. 454, obs. Raynard ; RTD com. 2001. 562, obs. Luby ; CCE 2001, n° 96, note Caron ; Europe 2001. n° 54, obs. Berrod.*

SECTION IV *Prescriptions spéciales concernant les mesures à la frontière*(1)

Art. 51 ***Suspension de la mise en circulation par les autorités douanières.*** **Les Membres adopteront, conformément aux dispositions énoncées ci-après, des procédures(2) permettant au détenteur d'un droit qui a des motifs valables de soupçonner que l'importation de marchandises de marque contrefaites ou de marchandises pirates portant atteinte au droit d'auteur(3) est envisagée, de présenter aux autorités administratives ou judiciaires compétentes une demande écrite visant à faire suspendre la mise en libre circulation de ces marchandises par les autorités douanières. Les Membres pourront permettre qu'une telle demande soit faite en ce qui concerne des marchandises qui impliquent d'autres atteintes à des droits de propriété intellectuelle, à condition que les prescriptions énoncées dans la présente section soient observées. Les Membres pourront aussi prévoir des procédures correspondantes pour la suspension par les autorités douanières de la mise en circulation de marchandises portant atteinte à des droits de propriété intellectuelle destinées à être exportées de leur territoire.**

NOTA : (1) Dans les cas où un Membre aura démantelé l'essentiel de ses mesures de contrôle touchant le mouvement de marchandises par-delà sa frontière avec un autre Membre membre de la même union douanière que lui, il ne sera pas tenu d'appliquer les dispositions de la présente section à cette frontière.

(2) Il est entendu qu'il ne sera pas obligatoire d'appliquer ces procédures aux importations de marchandises mises sur le marché d'un autre pays par le détenteur du droit ou avec son consentement, ni aux marchandises en transit.
(3) Aux fins du présent accord :
a) L'expression « marchandises de marque contrefaites » s'entend de toutes les marchandises, y compris leur emballage, portant sans autorisation une marque de fabrique ou de commerce qui est identique à la marque de fabrique ou de commerce valablement enregistrée pour lesdites marchandises, ou qui ne peut être distinguée dans ses aspects essentiels de cette marque de fabrique ou de commerce, et qui de ce fait porte atteinte aux droits du titulaire de la marque en question en vertu de la législation du pays d'importation ;
b) L'expression « marchandises pirates portant atteinte au droit d'auteur » s'entend de toutes les copies faites sans le consentement du détenteur du droit ou d'une personne dûment autorisée par lui dans le pays de production et qui sont faites directement ou indirectement à partir d'un article dans les cas où la réalisation de ces copies aurait constitué une atteinte au droit d'auteur ou à un droit connexe en vertu de la législation du pays d'importation.

Art. 52 ***Demande.*** **Tout détenteur de droit engageant les procédures visées à l'article 51 sera tenu de fournir des éléments de preuve adéquats pour convaincre les autorités compétentes qu'en vertu des lois du pays d'importation, il est présumé y avoir atteinte à son droit de propriété intellectuelle, ainsi qu'une description suffisamment détaillée des marchandises pour que les autorités douanières puissent les reconnaître facilement. Les autorités compétentes feront savoir au requérant, dans un délai raisonnable, si elles ont ou non fait droit à sa demande et l'informeront, dans les cas où ce sont elles qui la déterminent, de la durée de la période pour laquelle les autorités douanières prendront des mesures.**

Art. 53 ***Caution ou garantie équivalente.*** **1. Les autorités compétentes seront habilitées à exiger du requérant qu'il constitue une caution ou une garantie équivalente suffisante pour protéger le défendeur et les autorités compétentes et prévenir les abus. Cette caution ou garantie équivalente ne découragera pas indûment le recours à ces procédures.**

2. Dans les cas où, à la suite d'une demande présentée au titre de la présente section, les autorités douanières ont suspendu la mise en libre circulation de marchandises comportant des dessins ou modèles industriels, des brevets, des schémas de configuration ou des renseignements non divulgués, sur la base d'une décision n'émanant pas d'une autorité judiciaire ou d'une autre autorité indépendante, et où le délai prévu à l'article 55 est arrivé à expiration sans que l'autorité dûment habilitée à cet effet ait accordé de mesure provisoire, et sous réserve que toutes les autres conditions fixées pour l'importation aient été remplies, le propriétaire, l'importateur ou le destinataire de ces marchandises aura la faculté de les faire mettre en libre circulation moyennant le dépôt d'une caution dont le montant sera suffisant pour protéger le détenteur du droit de toute atteinte à son droit. Le versement de cette caution ne préjudiciera à aucune des autres mesures correctives que peut obtenir le détenteur du droit, étant entendu que la caution sera libérée si celui-ci ne fait pas valoir le droit d'ester en justice dans un délai raisonnable.

Art. 54 ***Avis de suspension.*** **L'importateur et le requérant seront avisés dans les moindres délais de la suspension de la mise en libre circulation des marchandises décidée conformément à l'article 51.**

Art. 55 ***Durée de la suspension.*** **Si, dans un délai ne dépassant pas dix jours ouvrables après que le requérant aura été avisé de la suspension, les autorités douanières n'ont pas été informées qu'une procédure conduisant à une décision au fond a été engagée par une partie autre que le défendeur ou que l'autorité dûment habilitée à cet effet a pris des mesures provisoires prolongeant la suspension de la mise en libre circulation des marchandises, celles-ci seront mises en libre circulation, sous réserve que toutes les autres conditions fixées pour l'importation ou l'exportation aient été remplies ; dans les cas appropriés, ce délai pourra être prorogé de dix jours ouvrables. Si une procédure conduisant à une décision au fond a été engagée, une révision, y compris le droit d'être entendu, aura lieu à la demande du défendeur afin qu'il soit décidé dans un délai raisonnable si ces mesures seront modifiées, abrogées ou confirmées. Nonobstant ce qui précède, dans les cas où la suspension de la mise en libre circulation des marchandises est exécutée ou maintenue conformément à une mesure judiciaire provisoire, les dispositions du paragraphe 6 de l'article 50 seront d'application.**

Art. 56 ***Indemnisation de l'importateur et du propriétaire des marchandises.*** **Les autorités pertinentes seront habilitées à ordonner au requérant de verser à l'importateur, au destinataire et au propriétaire des marchandises un dédommagement approprié en réparation de tout**

dommage qui leur aura été causé du fait de la rétention injustifiée de marchandises ou de la rétention de marchandises mises en libre circulation conformément à l'article 55.

Art. 57 *Droit d'inspection et d'information.* Sans préjudice de la protection des renseignements confidentiels, les Membres habiliteront les autorités compétentes à ménager au détenteur du droit une possibilité suffisante de faire inspecter toutes marchandises retenues par les autorités douanières afin d'établir le bien-fondé de ses allégations. Les autorités compétentes seront aussi habilitées à ménager à l'importateur une possibilité équivalente de faire inspecter de telles marchandises. Dans les cas où une détermination positive aura été établie quant au fond, les Membres pourront habiliter les autorités compétentes à informer le détenteur du droit des noms et adresses de l'expéditeur, de l'importateur et du destinataire, ainsi que de la quantité des marchandises en question.

Art. 58 *Action menée d'office.* Dans les cas où les Membres exigeront des autorités compétentes qu'elles agissent de leur propre initiative et suspendent la mise en libre circulation des marchandises pour lesquelles elles ont des présomptions de preuve qu'elles portent atteinte à un droit de propriété intellectuelle :

a) Les autorités compétentes pourront à tout moment demander au détenteur du droit tout renseignement qui pourrait les aider dans l'exercice de ces pouvoirs ;

b) L'importateur et le détenteur du droit seront avisés de la suspension dans les moindres délais. Dans les cas où l'importateur aura fait appel de la suspension auprès des autorités compétentes, celle-ci sera soumise, *mutatis mutandis*, aux conditions énoncées à l'article 55 ;

c) Les Membres ne dégageront aussi bien les autorités que les agents publics de leur responsabilité qui les expose à des mesures correctives appropriées que dans les cas où ils auront agi ou eu l'intention d'agir de bonne foi.

Art. 59 *Mesures correctives.* Sans préjudice des autres droits d'engager une action qu'a le détenteur du droit et sous réserve du droit du défendeur de demander une révision par une autorité judiciaire, les autorités compétentes seront habilitées à ordonner la destruction ou la mise hors circuit de marchandises portant atteinte à un droit, conformément aux principes énoncés à l'article 46. Pour ce qui est des marchandises de marque contrefaites, les autorités ne permettront pas la réexportation en l'état des marchandises en cause, ni ne les assujettiront à un autre régime douanier, sauf dans des circonstances exceptionnelles.

Art. 60 *Importations de minimis.* Les Membres pourront exempter de l'application des dispositions qui précèdent les marchandises sans caractère commercial contenues en petites quantités dans les bagages personnels des voyageurs ou expédiées en petits envois.

SECTION V *Procédures pénales*

Art. 61 Les Membres prévoiront des procédures pénales et des peines applicables au moins pour les actes délibérés de contrefaçon de marque de fabrique ou de commerce ou de piratage portant atteinte à un droit d'auteur, commis à une échelle commerciale. Les sanctions incluront l'emprisonnement et/ou des amendes suffisantes pour être dissuasives, et seront en rapport avec le niveau des peines appliquées pour des délits de gravité correspondante. Dans les cas appropriés, les sanctions possibles incluront également la saisie, la confiscation et la destruction des marchandises en cause et de tous matériaux et instruments ayant principalement servi à commettre le délit. Les Membres pourront prévoir des procédures pénales et des peines applicables aux autres actes portant atteinte à des droits de propriété intellectuelle, en particulier lorsqu'ils sont commis délibérément et à une échelle commerciale.

PARTIE IV Acquisition et maintien des droits de propriété intellectuelle et procédures *inter partes* y relatives

Art. 62 1. Les Membres pourront exiger, comme condition de l'acquisition ou du maintien des droits de propriété intellectuelle prévus aux sections 2 à 6 de la Partie 2, que soient respectées des procédures et formalités raisonnables. Ces procédures et formalités seront compatibles avec les dispositions du présent Accord.

2. Dans les cas où l'acquisition d'un droit de propriété intellectuelle est subordonnée à la condition que ce droit soit octroyé ou enregistré, les Membres feront en sorte que les procédures d'octroi ou d'enregistrement, sous réserve que les conditions fondamentales pour l'acquisition du droit soient respectées, permettent l'octroi ou l'enregistrement du droit dans un délai raisonnable de manière à éviter un raccourcissement injustifié de la période de protection.

3. L'article 4 de la Convention de Paris (1967) s'appliquera, *mutatis mutandis*, aux marques de service.

4. Les procédures relatives à l'acquisition ou au maintien de droits de propriété intellectuelle et, dans le cas où la législation d'un Membre prévoit de telles procédures, les procédures de révocation administrative et les procédures *inter partes* telles que l'opposition, la révocation et l'annulation, seront régies par les principes généraux énoncés aux paragraphes 2 et 3 de l'article 41.

5. Les décisions administratives finales dans l'une quelconque des procédures mentionnées au paragraphe 4 pourront faire l'objet d'une révision par une autorité judiciaire ou quasi judiciaire. Toutefois, il n'y aura aucune obligation de prévoir une possibilité de révision des décisions en cas d'opposition formée en vain ou de révocation administrative, à condition que les motifs de ces procédures puissent faire l'objet de procédures d'invalidation.

PARTIE V Prévention et règlement des différends

Art. 63 *Transparence.* 1. Les lois et réglementations et les décisions judiciaires et administratives finales d'application générale, rendues exécutoires par un Membre, qui visent les questions faisant l'objet du présent Accord (existence, portée, acquisition des droits de propriété intellectuelle et moyens de les faire respecter et prévention d'un usage abusif de ces droits) seront publiées ou, dans les cas où leur publication ne serait pas réalisable, mises à la disposition du public, dans une langue nationale de façon à permettre aux gouvernements et aux détenteurs de droits d'en prendre connaissance. Les accords concernant les questions faisant l'objet du présent Accord qui sont en vigueur entre le gouvernement ou un organisme gouvernemental d'un Membre et le gouvernement ou un organisme gouvernemental d'un autre Membre seront également publiés.

2. Les Membres notifieront les lois et réglementations mentionnées au paragraphe 1 au Conseil des ADPIC pour l'aider dans son examen du fonctionnement du présent Accord. Le conseil tentera de réduire au minimum la charge que l'exécution de cette obligation représentera pour les Membres et pourra décider de supprimer l'obligation de lui notifier directement ces lois et réglementations si des consultations avec l'OMPI au sujet de l'établissement d'un registre commun des lois et réglementations aboutissent. Par ailleurs, le conseil étudiera à cet égard toute mesure qui pourrait être requise en ce qui concerne les notifications à présenter conformément aux obligations imposées par le présent Accord qui découlent des dispositions de l'article 6 *ter* de la Convention de Paris (1967).

3. Chaque Membre devra être prêt à fournir à un autre Membre qui lui en fait la demande par écrit des renseignements du genre de ceux qui sont mentionnés au paragraphe 1. Un Membre qui a des raisons de croire qu'une décision judiciaire ou administrative ou un accord bilatéral spécifique dans le domaine des droits de propriété intellectuelle affecte les droits qu'il tient du présent Accord pourra demander par écrit à avoir accès à cette décision judiciaire ou administrative ou à cet accord bilatéral spécifique ou à en être informé d'une manière suffisamment détaillée.

4. Aucune disposition des paragraphes 1, 2 et 3 n'obligera les Membres à révéler des renseignements confidentiels dont la divulgation ferait obstacle à l'application des lois ou serait d'une autre manière contraire à l'intérêt public, ou porterait préjudice aux intérêts commerciaux légitimes d'entreprises publiques ou privées.

Art. 64 *Règlement des différends.* 1. Les dispositions des articles XXII et XXIII du GATT de 1994, telles qu'elles sont précisées et mises en application par le mémorandum d'accord sur le règlement des différends, s'appliqueront aux consultations et au règlement des différends dans le cadre du présent Accord, sauf disposition contraire expresse de ce dernier.

2. Les alinéas 1 *b*) et 1 *c*) de l'article XXIII du GATT de 1994 ne s'appliqueront pas au règlement des différends dans le cadre du présent Accord pendant une période de cinq ans à compter de la date d'entrée en vigueur de l'Accord sur l'OMC.

3. Pendant la période visée au paragraphe 2, le Conseil des ADPIC examinera la portée et les modalités pour les plaintes du type de celles qui sont prévues aux alinéas 1 *b*) et 1 *c*) de l'article XXIII du GATT de 1994 formulées au titre du présent Accord et présentera ses recommandations à la conférence ministérielle pour adoption. Toute décision de la conférence ministérielle d'approuver lesdites recommandations ou de prolonger la période visée au paragraphe 2 ne sera prise que par consensus, et les recommandations approuvés*[ées]* prendront effet pour tous les Membres sans autre processus d'acceptation formel.

PARTIE VI Dispositions transitoires

Art. 65 *Dispositions transitoires.* 1. Sous réserve des dispositions des paragraphes 2, 3, et 4, aucun Membre n'aura l'obligation d'appliquer les dispositions du présent accord avant l'expiration d'une période générale d'un an après la date d'entrée en vigueur de l'Accord sur l'OMC.

2. Un pays en développement Membre a le droit de différer pendant une nouvelle période de quatre ans la date d'application, telle qu'elle est définie au paragraphe 1, des dispositions du présent Accord, à l'exclusion de celles des articles 3, 4 et 5.

3. Tout autre Membre dont le régime d'économie planifiée est en voie de transformation en une économie de marché axée sur la libre entreprise, et qui entreprend une réforme structurelle de son système de propriété intellectuelle et se heurte à des problèmes spéciaux dans l'élaboration et la mise en œuvre de lois et réglementations en matière de propriété intellectuelle, pourra aussi bénéficier d'un délai comme il est prévu au paragraphe 2.

4. Dans la mesure où un pays en développement Membre a l'obligation, en vertu du présent Accord, d'étendre la protection par des brevets de produits à des domaines de la technologie qui ne peuvent faire l'objet d'une telle protection sur son territoire à la date d'application générale du présent accord pour ce Membre, telle qu'elle est définie au paragraphe 2, ledit Membre pourra différer l'application des dispositions en matière de brevets de produits de la section 5 de la Partie 2 à ces domaines de la technologie pendant une période additionnelle de cinq ans.

5. Un Membre qui se prévaut des dispositions des paragraphes 1, 2, 3 ou 4 pour bénéficier d'une période de transition fera en sorte que les modifications apportées à ses lois, réglementations et pratiques pendant cette période n'aient pas pour effet de rendre celles-ci moins compatibles avec les dispositions du présent Accord.

Art. 66 *Pays les moins avancés Membres.* 1. Étant donné les besoins et impératifs spéciaux des pays les moins avancés Membres, leurs contraintes économiques, financières et administratives et le fait qu'ils ont besoin de flexibilité pour se doter d'une base technologique viable, ces Membres ne seront pas tenus d'appliquer les dispositions du présent Accord, à l'exclusion de celles des articles 3, 4 et 5, pendant une période de dix ans à compter de la date d'application telle qu'elle est définie au paragraphe 1 de l'article 65. Sur demande dûment motivée d'un pays moins avancé Membre, le conseil des ADPIC accordera des prorogations de ce délai.

2. Les pays développés Membres offriront des incitations aux entreprises et institutions sur leur territoire afin de promouvoir et d'encourager le transfert de technologie vers les pays les moins avancés Membres pour leur permettre de se doter d'une base technologique solide et viable.

Art. 67 *Coopération technique.* Afin de faciliter la mise en œuvre du présent Accord, les pays développés Membres offriront, sur demande et selon des modalités et à des conditions mutuellement convenues, une coopération technique et financière aux pays en développement Membres et aux pays les moins avancés Membres. Cette opération comprendra une assistance en matière d'élaboration des lois et réglementations relatives à la protection et au respect des droits de propriété intellectuelle ainsi qu'à la prévention des abus, et un soutien en ce qui concerne l'établissement ou le renforcement de bureaux et d'agences nationaux chargés de ces questions, y compris la formation de personnel.

PARTIE VII Dispositions institutionnelles — Dispositions finales

Art. 68 *Conseil des aspects des droits de propriété intellectuelle qui touchent au commerce.* Le conseil des ADPIC suivra le fonctionnement du présent Accord, et, en particulier, contrôlera si les Membres s'acquittent des obligations qui en résultent, et il ménagera aux Membres la possibilité de procéder à des consultations sur les questions concernant les aspects des droits de propriété intellectuelle qui touchent au commerce. Il exercera toute autre attribution que les Membres lui auront confiée et, en particulier, fournira toute aide sollicitée par ces derniers dans le contexte des procédures de règlement des différends. Dans l'exercice de ses fonctions, le conseil des ADPIC pourra consulter toute source qu'il jugera appropriée et lui demander des renseignements. En consultation avec l'OMPI, le conseil cherchera à établir, dans l'année qui suivra sa première réunion, des dispositions appropriées en vue d'une coopération avec les organes de cette organisation.

Art. 69 *Coopération internationale.* Les Membres conviennent de coopérer en vue d'éliminer le commerce international des marchandises portant atteinte à des droits de propriété intellectuelle. A cette fin, ils établiront des points de contact au sein de leur administration et en donneront notification et ils se montreront prêts à échanger des renseignements sur le commerce de ces marchandises. En particulier, ils encourageront l'échange de renseignements et la coopération entre les autorités douanières en matière de commerce de marchandises de marque contrefaites et de marchandises pirates portant atteinte au droit d'auteur.

Art. 70 *Protection des objets existants.* 1. Le présent Accord ne crée pas d'obligations pour ce qui est des actes qui ont été accomplis avant sa date d'application pour le Membre en question.

2. Sauf disposition contraire du présent Accord, celui-ci crée des obligations pour ce qui est de tous les objets existant à sa date d'application pour le Membre en question, et qui sont protégés dans ce Membre à cette date, ou qui satisfont ou viennent ultérieurement à satisfaire aux critères de protection définis dans le présent Accord. En ce qui concerne le présent paragraphe et les paragraphes 3 et 4, les obligations en matière de droit d'auteur pour ce qui est des œuvres existantes seront déterminées uniquement au regard de l'article 18 de la Convention de Berne (1971) et les obligations pour ce qui est des droits des producteurs de phonogrammes et des artistes interprètes ou exécutants sur les phonogrammes existants seront déterminées uniquement au regard de l'article 18 de la Convention de Berne (1971) tels qu'ils sont applicables au titre du paragraphe 6 de l'article 14 du présent Accord.

3. Il ne sera pas obligatoire de rétablir la protection pour des objets qui, à la date d'application du présent Accord pour le Membre en question, sont tombés dans le domaine public.

4. Pour ce qui est de tous actes relatifs à des objets spécifiques incorporant des objets protégés qui viennent à porter atteinte à un droit au regard de la législation en conformité avec le présent Accord, et qui ont été commencés, ou pour lesquels un investissement important a été effectué, avant la date d'acceptation de l'Accord sur l'OMC par ce Membre, tout Membre pourra prévoir de limiter les mesures correctives que peut obtenir le détenteur du droit en ce qui concerne la continuation de ces actes après la date d'application du présent accord pour ce Membre. Dans de tels cas, le Membre devra toutefois prévoir au moins le paiement d'une rémunération équitable.

5. Un Membre n'aura pas l'obligation d'appliquer les dispositions de l'article 11 et du paragraphe 4 de l'article 14 aux originaux ou aux copies achetés avant la date d'application du présent Accord pour ce Membre.

6. Les Membres ne sont pas tenus d'appliquer l'article 31, ni la prescription énoncée au paragraphe 1 de l'article 27 selon laquelle des droits de brevet seront conférés, sans discrimination quant au domaine technologique, à l'utilisation sans l'autorisation du détenteur du droit, dans les cas où l'autorisation pour cette utilisation a été accordée par les pouvoirs publics avant la date à laquelle le présent Accord a été connu.

7. Dans le cas des droits de propriété intellectuelle pour lesquels l'enregistrement est une condition de la protection, il sera permis de modifier les demandes de protection en suspens à la date d'application du présent Accord pour le Membre en question en vue de demander une protection accrue au titre des dispositions du présent Accord. Ces modifications n'introduiront pas d'éléments nouveaux.

8. Dans les cas où un Membre n'accorde pas, à la date d'entrée en vigueur de l'Accord sur l'OMC, pour des produits pharmaceutiques et les produits chimiques pour l'agriculture, la possibilité de bénéficier de la protection conférée par un brevet correspondant à ses obligations au titre de l'article 27, ce Membre :

a) Nonobstant les dispositions de la Partie VI, offrira, à compter de la date d'entrée en vigueur de l'Accord de l'OMC, un moyen de déposer des demandes de brevet pour de telles inventions ;

b) Appliquera à ces demandes, à compter de la date d'application du présent Accord, les critères de brevetabilité énoncés dans le présent Accord comme s'ils étaient appliqués à la date de dépôt de la demande dans ce Membre ou, dans les cas où une priorité peut être obtenue et est revendiquée, à la date de priorité de la demande ; et

c) Accordera la protection conférée par un brevet conformément aux dispositions du présent Accord à compter de la délivrance du brevet et pour le reste de la durée de validité du brevet fixée à partir de la date de dépôt de la demande conformément à l'article 33 du présent Accord, pour celles de ces demandes qui satisfont aux critères de protection visés à l'alinéa *b*.

9. Dans les cas où un produit fait l'objet d'une demande de brevet dans un Membre conformément au paragraphe 8 *a*, des droits exclusifs de commercialisation seront accordés, nonobstant les dispositions de la Partie VI, pour une période de cinq ans après l'obtention de l'approbation de la commercialisation dans ce Membre ou jusqu'à ce qu'un brevet de

produit soit accordé ou refusé dans ce Membre, la période la plus courte étant retenue, à condition que, à la suite de l'entrée en vigueur de l'Accord sur l'OMC, une demande de brevet ait été déposée et un brevet ait été délivré pour ce produit dans un autre Membre et qu'une approbation de commercialisation ait été obtenue dans cet autre Membre.

Art. 71 *Examen et amendements.* **1. A l'expiration de la période de transition visée au paragraphe 2 de l'article 65, le Conseil des ADPIC examinera la mise en œuvre du présent Accord. Il procédera à un nouvel examen, eu égard à l'expérience acquise au cours de la mise en œuvre de l'accord, deux ans après cette date et par la suite à intervalles identiques. Le conseil pourra aussi procéder à des examens en fonction de tout fait nouveau pertinent qui pourrait justifier une modification du présent Accord ou un amendement à celui-ci.**

2. Les amendements qui auront uniquement pour objet l'adaptation à des niveaux plus élevés de protection des droits de propriété intellectuelle établis et applicables conformément à d'autres accords multilatéraux et qui auront été acceptés dans le cadre de ces accords par tous les Membres de l'OMC pourront être soumis à la conférence ministérielle pour qu'elle prenne les mesures prévues au paragraphe 6 de l'article X de l'Accord sur l'OMC sur la base d'une proposition du Conseil des ADPIC élaborée par consensus.

Art. 72 *Réserves.* **Il ne pourra être formulé de réserves en ce qui concerne des dispositions du présent Accord sans le consentement des autres Membres.**

Art. 73 *Exceptions concernant la sécurité.* **Aucune disposition du présent Accord ne sera interprétée :**

***a*) Comme imposant à un Membre l'obligation de fournir des renseignements dont la divulgation serait, à son avis, contraire aux intérêts essentiels de sa sécurité ;**

***b*) Ou comme empêchant un Membre de prendre toutes mesures qu'il estimera nécessaires à la protection des intérêts essentiels de sa sécurité :**

i) se rapportant aux matières fissiles ou aux matières qui servent à leur fabrication ;

ii) se rapportant au trafic d'armes, de munitions et de matériel de guerre et à tout commerce d'autres articles et matériel destinés directement ou indirectement à assurer l'approvisionnement des forces armées ;

iii) appliquées en temps de guerre ou en cas de grave tension internationale.

***c*) Ou comme empêchant un Membre de prendre des mesures en application de ses engagements au titre de la Charte des Nations Unies, en vue du maintien de la paix et de la sécurité internationales.**

ANNEXE DE L'ACCORD SUR LES ADPIC (*JOUE L 311, 29 nov. 2007*)
(*Protocole du 6 déc. 2005, en vigueur le 23 janv. 2017*)

1. Aux fins de l'article 31 *bis* et de la présente annexe :

a) l'expression « produit pharmaceutique » s'entend de tout produit breveté, ou produit fabriqué au moyen d'un procédé breveté, du secteur pharmaceutique nécessaire pour remédier aux problèmes de santé publique tels qu'ils sont reconnus au paragraphe 1 de la déclaration sur l'accord sur les ADPIC et la santé publique (WT/MIN(01)/DEC/2). Il est entendu qu'elle inclurait les principes actifs nécessaires à la fabrication du produit et les kits de diagnostic nécessaires à son utilisation *[Cet alinéa est sans préjudice de l'alinéa 1 b).]* ;

b) l'expression « membre importateur admissible » s'entend de tout pays moins avancé membre et de tout autre membre qui a notifié *[Il est entendu que la notification n'a pas à être approuvée par un organe de l'OMC pour que le système puisse être utilisé.]* au conseil des ADPIC son intention d'utiliser le système décrit à l'article 31 *bis* et dans la présente annexe (« système ») en tant qu'importateur, étant entendu qu'un membre pourra notifier à tout moment qu'il utilisera le système en totalité ou d'une manière limitée, par exemple uniquement dans des situations d'urgence nationale ou d'autres circonstances d'extrême urgence, ou en cas d'utilisation publique à des fins non commerciales.

Il est à noter que certains membres n'utiliseront pas le système décrit en tant que membres importateurs *[L'Australie, le Canada, les Communautés européennes avec, aux fins de l'article 31 bis et de la présente annexe, leurs États membres, et les États-Unis, l'Islande, le Japon, la Norvège, la Nouvelle-Zélande et la Suisse.]* et que certains autres membres ont déclaré que, s'ils utilisaient le système, ce serait uniquement dans des situations d'urgence nationale ou d'autres circonstances d'extrême urgence ;

c) l'expression « membre exportateur » s'entend d'un membre utilisant le système pour produire des produits pharmaceutiques à l'intention d'un membre importateur admissible et les exporter vers ce membre.

2. Les modalités mentionnées au paragraphe 1 de l'article 31 *bis* prévoient que :

a) le(s) membre(s) importateur(s) admissible(s) *[Des notifications conjointes contenant les renseignements requis au titre de cet alinéa peuvent être présentées par les organisations régionales visées au paragraphe 3 de l'article 31 bis, au nom des membres importateurs admissibles utilisant le système qui sont parties à ces organisations, avec l'accord de ces parties]* a (ont) présenté au conseil des ADPIC une notification, qui :

i) spécifie les noms et les quantités attendues du (des) produit(s) nécessaire(s) *[La notification sera rendue publique par le secrétariat de l'OMC par affichage sur une page du site web de l'OMC consacrée au système.]* ;

ii) confirme que le membre importateur admissible en question, autre qu'un pays moins avancé membre, a établi qu'il avait des capacités de fabrication insuffisantes ou n'en disposait pas dans le secteur pharmaceutique pour le(s) produit(s) en question d'une des façons indiquées dans l'appendice de la présente annexe ; et

iii) confirme que, dans les cas où un produit pharmaceutique est breveté sur son territoire, il a accordé ou entend accorder une licence obligatoire conformément aux articles 31 et 31 *bis* du présent accord et aux dispositions de la présente annexe *[Le titulaire de la licence pourra utiliser à cet effet son propre site internet ou, avec l'aide du secrétariat de l'OMC, la page du site web de l'OMC consacrée au système.]* ;

b) la licence obligatoire délivrée par le membre exportateur dans le cadre du système énoncera les conditions suivantes :

i) seul le volume nécessaire pour répondre aux besoins du (des) membre(s) importateur(s) admissible(s) pourra être fabriqué dans le cadre de la licence, et la totalité de cette production sera exportée vers le(s) membre(s) qui a (ont) notifié ses (leurs) besoins au conseil des ADPIC ;

ii) les produits produits dans le cadre de la licence seront clairement identifiés comme étant produits dans le cadre du système au moyen d'un étiquetage ou d'un marquage spécifique. Les fournisseurs devraient distinguer ces produits au moyen d'un emballage spécial et/ou d'une coloration/mise en forme spéciale des produits eux-mêmes, à condition que cette distinction soit matériellement possible et n'ait pas une incidence importante sur le prix ; et

iii) avant que l'expédition commence, le titulaire de la licence affichera sur un site web *[Le titulaire de la licence pourra utiliser à cet effet son propre site internet ou, avec l'aide du secrétariat de l'OMC, la page du site web de l'OMC consacrée au système.]* les renseignements suivants :

— les quantités fournies à chaque destination comme il est mentionné à l'alinéa i) ci-dessus, et

— les caractéristiques distinctives du (des) produit(s) mentionnées à l'alinéa ii) ci-dessus ;

c) le membre exportateur notifiera *[Il est entendu que la notification n'a pas à être approuvée par un organe de l'OMC pour que le système puisse être utilisé.]* au conseil des ADPIC l'octroi de la licence, y compris les conditions qui y sont attachées *[La notification sera rendue publique par le secrétariat de l'OMC par affichage sur une page du site web de l'OMC consacrée au système.]*. Les renseignements fournis comprendront le nom et l'adresse du titulaire de la licence, le(s) produit(s) pour lequel (lesquels) la licence a été accordée, la (les) quantité(s) pour laquelle (lesquelles) elle a été accordée, le(s) pays auquel (auxquels) le(s) produit(s) doit (doivent) être fourni(s) et la durée de la licence. La notification indiquera aussi l'adresse du site web mentionné à l'alinéa b) iii) ci-dessus.

3. Afin de garantir que les produits importés dans le cadre du système sont utilisés aux fins de santé publique qui sous-tendent leur importation, les membres importateurs admissibles prendront, dans la limite de leurs moyens, des mesures raisonnables proportionnées à leurs capacités administratives et au risque de détournement des échanges pour empêcher la réexportation des produits qui ont été effectivement importés sur leurs territoires dans le cadre du système. Au cas où un membre importateur admissible qui est un pays en développement membre ou un pays moins avancé membre a des difficultés à mettre en œuvre la présente disposition, les pays développés membres offriront, sur demande et selon des modalités et à des conditions mutuellement convenues, une coopération technique et financière afin de faciliter sa mise en œuvre.

4. Les membres assureront la disponibilité de moyens juridiques effectifs pour empêcher l'importation, et la vente, sur leurs territoires, de produits produits dans le cadre du système et détournés vers leurs marchés d'une façon incompatible avec ses dispositions, en utilisant les moyens qu'il est déjà exigé de rendre disponibles au titre du présent accord. Si un membre estime que de telles mesures se révèlent insuffisantes à cette fin, la question pourra être examinée au conseil des ADPIC à la demande de ce membre.

5. En vue d'exploiter les économies d'échelle dans le but d'améliorer le pouvoir d'achat en ce qui concerne les produits pharmaceutiques et de faciliter la production locale de ces produits, il est reconnu que l'élaboration de systèmes prévoyant l'octroi de brevets régionaux devant être applicables dans les pays membres visés au paragraphe 3 de l'article 31 *bis* devrait être favorisée. A cette fin, les pays développés membres s'engagent à offrir une coopération technique conformément à l'article 67 du présent accord, y compris conjointement avec d'autres organisations intergouvernementales pertinentes.

6. Les membres reconnaissent qu'il est souhaitable de promouvoir le transfert de technologie et le renforcement des capacités dans le secteur pharmaceutique afin de surmonter le problème auquel se

heurtent les membres ayant des capacités de fabrication insuffisantes ou n'en disposant pas dans le secteur pharmaceutique. A cette fin, les membres importateurs admissibles et les membres exportateurs sont encouragés à utiliser le système d'une façon qui faciliterait la réalisation de cet objectif. Les membres s'engagent à coopérer en accordant une attention particulière au transfert de technologie et au renforcement des capacités dans le secteur pharmaceutique au cours des travaux qui doivent être engagés conformément à l'article 66, paragraphe 2, du présent accord, au paragraphe 7 de la déclaration sur l'accord sur les ADPIC et la santé publique ainsi que de tous autres travaux pertinents du conseil des ADPIC.

7. Le conseil des ADPIC réexaminera chaque année le fonctionnement du système afin d'assurer son application effective et présentera chaque année un rapport sur son application au Conseil général.

APPENDICE DE L'ANNEXE DE L'ACCORD SUR LES ADPIC

Évaluation des capacités de fabrication dans le secteur pharmaceutique

Les pays les moins avancés membres sont réputés avoir des capacités de fabrication insuffisantes ou ne pas en disposer dans le secteur pharmaceutique.

Pour les autres membres importateurs admissibles, l'insuffisance ou l'inexistence de capacités de fabrication pour le(s) produit(s) en question peut être établie de l'une des deux façons suivantes :

i) le membre en question a établi qu'il ne disposait pas de capacité de fabrication dans le secteur pharmaceutique ; ou

ii) dans les cas où le membre a une certaine capacité de fabrication dans ce secteur, il a examiné cette capacité et constaté qu'en excluant toute capacité appartenant au titulaire du brevet ou contrôlée par lui, elle était actuellement insuffisante pour répondre à ses besoins. Lorsqu'il sera établi que cette capacité est devenue suffisante pour répondre aux besoins du membre, le système ne s'appliquera plus.

Accord commercial anti-contrefaçon du 26 janvier 2012

Les Parties au présent accord,

Notant qu'un respect des droits de propriété intellectuelle efficace est essentiel pour assurer la croissance économique dans tous les secteurs d'activité et à l'échelle mondiale ;

Notant en outre que la prolifération des marchandises contrefaites et des marchandises pirates ainsi que la prolifération des services qui distribuent du matériel portant atteinte aux droits nuisent au commerce légitime et au développement durable de l'économie mondiale, causent d'importantes pertes financières aux détenteurs de droits et aux entreprises légitimes et, dans certains cas, procurent une source de revenus au crime organisé et constituent par ailleurs un risque pour le public ;

Désirant lutter contre cette prolifération au moyen d'une coopération internationale accrue et d'un respect des droits plus efficace au niveau international ;

Entendant offrir des moyens efficaces et appropriés pour faire respecter les droits de propriété intellectuelle en complément de ceux prévus par l'Accord sur les ADPIC, compte tenu des différences entre leurs systèmes et leurs pratiques juridiques respectifs ;

Désirant faire en sorte que les mesures et les procédures visant à faire respecter les droits de propriété intellectuelle ne deviennent pas elles-mêmes des obstacles au commerce légitime ;

Désirant s'attaquer au problème des atteintes aux droits de propriété intellectuelle, y compris celles qui surviennent dans l'environnement numérique, et, en ce qui concerne le droit d'auteur ou les droits connexes en particulier, d'une manière qui établit *[établisse]* **un équilibre entre les droits et les intérêts des détenteurs de droits, des prestataires de services et des utilisateurs concernés ;**

Désirant promouvoir la coopération entre fournisseurs de services et détenteurs de droits afin de s'attaquer aux atteintes relatives aux droits dans l'environnement numérique ;

Désirant que l'application du présent accord, d'une part, et que les efforts internationaux déployés en faveur du respect des droits de propriété intellectuelle et la coopération en la matière conduits sous l'égide des organisations internationales concernées, d'autre part, se renforcent mutuellement ;

Reconnaissant les principes énoncés dans la *Déclaration sur l'Accord sur les ADPIC et la santé publique*, adoptée à Doha le 14 novembre 2001 à la Quatrième conférence ministérielle de l'OMC,

sont convenues de ce qui suit :

CHAPITRE PREMIER *Dispositions initiales et définitions générales*

SECTION I *Dispositions initiales*

Art. 1er *Rapports avec d'autres accords.* Aucune disposition du présent accord ne déroge *[Le recours à l'indicatif présent dans la version française du présent accord, dans les cas où le terme "shall" est utilisé dans la version anglaise pour exprimer une obligation, ne devrait pas être compris comme suggérant une signification différente par rapport à la version française de l'Accord sur les ADPIC, qui utilise plutôt le futur simple]* aux obligations d'une Partie à l'égard d'une autre Partie en vertu d'accords existants, y compris l'Accord sur les ADPIC.

Art. 2 *Nature et portée des obligations.* 1. Chaque Partie donne effet aux dispositions du présent accord. Une Partie peut prévoir dans sa législation des moyens de faire respecter les droits de propriété intellectuelle plus étendus que ceux prescrits par le présent accord, à condition que ceux-ci ne contreviennent pas aux dispositions du présent accord. Chaque Partie est libre de déterminer la méthode appropriée pour mettre en œuvre les dispositions du présent accord dans le cadre de ses propres système et pratiques juridiques.

2. Aucune disposition du présent accord ne crée d'obligation en ce qui concerne la répartition des ressources entre les moyens de faire respecter les droits de propriété intellectuelle et les moyens de faire respecter la loi en général.

3. Les objectifs et principes énoncés à la partie I de l'Accord sur les ADPIC, en particulier aux articles 7 et 8, s'appliquent, *mutatis mutandis*, au présent accord.

Art. 3 *Rapports avec les normes concernant l'existence et la portée des droits de propriété intellectuelle.* 1. Le présent accord est conclu sous réserve des dispositions contenues dans la législation d'une Partie régissant l'existence, l'acquisition, la portée et le maintien des droits de propriété intellectuelle.

2. Le présent accord ne crée aucune obligation à l'égard d'une Partie en ce qui concerne l'application de mesures lorsqu'un droit de propriété intellectuelle n'est pas protégé aux termes de ses lois et réglementations.

Art. 4 *Respect de la vie privée et divulgation des renseignements.* 1. Aucune disposition du présent accord n'oblige une Partie à révéler :

a) des renseignements dont la divulgation serait contraire à sa législation, y compris aux lois visant le droit au respect de la vie privée, ou aux accords internationaux auxquels elle est partie ; ou

b) des renseignements confidentiels dont la divulgation ferait obstacle à l'application des lois ou serait autrement contraire à l'intérêt public ; ou

c) des renseignements confidentiels dont la divulgation porterait préjudice aux intérêts commerciaux légitimes d'entreprises publiques ou privées.

2. Lorsqu'une Partie communique des renseignements écrits en vertu des dispositions du présent accord, la Partie qui reçoit les renseignements s'abstient, selon sa législation et ses pratiques, de divulguer les renseignements ou de les utiliser autrement qu'aux fins auxquelles ils ont été communiqués, sauf si elle a le consentement préalable de la Partie qui communique les renseignements.

SECTION II *Définitions générales*

Art. 5 *Définitions générales.* Sauf disposition contraire, les définitions suivantes s'appliquent au présent accord :

a) "**ACAC**" s'entend de l'*Accord commercial anti-contrefaçon* ;

b) "**Comité**" s'entend du Comité de l'ACAC créé aux termes du chapitre V (Arrangements institutionnels) ;

c) "**autorités compétentes**" inclut les autorités judiciaires et administratives ou les autorités chargées de l'application de la loi conformément à la législation d'une Partie ;

d) "**marchandises de marque contrefaites**" s'entend de toutes les marchandises, y compris leur emballage, portant sans autorisation une marque de fabrique ou de commerce qui est identique à la marque de fabrique ou de commerce valablement enregistrée pour lesdites marchandises, ou qui ne peut être distinguée dans ses aspects essentiels de cette marque de fabrique ou de commerce, et qui de ce fait porte atteinte aux droits du titulaire de la marque en question en vertu de la législation du pays dans lequel les procédures énoncées au chapitre II (Cadre juridique pour faire respecter les droits de propriété intellectuelle) sont invoquées ;

e) **"pays"** doit être compris comme ayant le même sens que celui énoncé dans les Notes explicatives de l'Accord sur l'OMC ;

f) **"transit douanier"** s'entend du régime douanier en application duquel sont placées les marchandises transportées sous contrôle douanier d'un bureau de douane à un autre bureau de douane ;

g) **"jour"** s'entend de tout jour civil ;

h) **"propriété intellectuelle"** désigne tous les secteurs de la propriété intellectuelle qui font l'objet des sections I à VII de la Partie II de l'Accord sur les ADPIC ;

i) **"marchandises en transit"** s'entend des marchandises **en transit douanier** ou **en transbordement** ;

j) **"personne"** s'entend d'une personne physique ou personne morale ;

k) **"marchandises pirates portant atteinte au droit d'auteur"** s'entend de toutes les copies faites sans le consentement du détenteur du droit ou d'une personne dûment autorisée par lui dans le pays de production et qui sont faites directement ou indirectement à partir d'un article dans les cas où la réalisation de ces copies aurait constitué une atteinte au droit d'auteur ou à un droit connexe en vertu de la législation du pays dans lequel les procédures énoncées au chapitre II (Cadre juridique pour faire respecter les droits de propriété intellectuelle) sont invoquées ;

l) **"détenteur du droit"** inclut les fédérations et associations légalement habilitées à revendiquer un droit de propriété intellectuelle ;

m) **"territoire"** s'entend, pour l'application de la section III (Mesures à la frontière) du chapitre II (Cadre juridique pour faire respecter les droits de propriété intellectuelle), du territoire douanier et de toutes les zones franches *[Il demeure entendu que les Parties reconnaissent que "zone franche" s'entend d'une partie du territoire d'une Partie dans laquelle les marchandises qui y sont introduites sont généralement considérées comme n'étant pas sur le territoire douanier au regard des droits et taxes à l'importation.]* d'une Partie ;

n) **"transbordement"** s'entend du régime douanier en application duquel s'opère, sous contrôle de la douane, le transfert des marchandises qui sont enlevées du moyen de transport utilisé à l'importation et chargées sur celui utilisé à l'exportation, ce transfert étant effectué dans le ressort d'un bureau de la douane qui constitue à la fois le bureau d'entrée et le bureau de sortie ;

o) **"Accord sur les ADPIC"** s'entend de l'*Accord sur les aspects des droits de propriété intellectuelle* qui touchent au commerce, figurant à l'annexe 1C de l'Accord sur l'OMC ;

p) **"OMC"** s'entend de l'Organisation mondiale du commerce

q) **"Accord sur l'OMC"** s'entend de l'*Accord de Marrakech instituant l'Organisation mondiale du commerce*, fait le 15 avril 1994.

CHAPITRE II *Cadre juridique pour faire respecter les droits de propriété intellectuelle*

SECTION I *Obligations générales*

Art. 6 *Obligations générales relatives aux moyens de faire respecter les droits de propriété intellectuelle.* 1. Chaque Partie fait en sorte que sa législation comporte des procédures destinées à faire respecter les droits de propriété intellectuelle, de manière à permettre une action efficace contre tout acte qui porterait atteinte aux droits de propriété intellectuelle couverts par le présent accord, y compris des mesures correctives rapides destinées à prévenir toute atteinte, et des mesures correctives qui constituent un moyen de dissuasion contre toute atteinte ultérieure. Ces procédures sont appliquées de manière à éviter la création d'obstacles au commerce légitime et à offrir des sauvegardes contre leur usage abusif.

2. Les procédures adoptées, maintenues ou appliquées pour mettre en œuvre les dispositions du présent chapitre sont loyales et équitables et elles permettent une protection appropriée des droits de toutes les parties aux procédures. Elles ne sont pas inutilement complexes ou coûteuses ; elles ne comportent pas de délais déraisonnables ni n'entraînent de retards injustifiés.

3. Dans le cadre de la mise en œuvre des dispositions du présent chapitre, chaque Partie tient compte du fait qu'il doit y avoir proportionnalité entre la gravité de l'atteinte, les intérêts des tiers et les mesures, les mesures correctives et les peines applicables.

4. Aucune disposition du présent chapitre n'est interprétée comme obligeant une Partie à prévoir que ses agents publics engagent leur responsabilité au titre des actes accomplis dans l'exécution de leurs fonctions officielles.

SECTION II **Mesures civiles** *[Une Partie peut exclure de la portée de la présente section les brevets et la protection des renseignements non divulgués]*

Art. 7 *Existence de procédures civiles.* 1. Chaque Partie donne aux détenteurs de droits accès aux procédures judiciaires civiles destinées à faire respecter les droits de propriété intellectuelle, selon ce qui est précisé dans la présente section.

2. Dans la mesure où une mesure corrective civile peut être ordonnée à la suite de procédures administratives concernant le fond de l'affaire, chaque Partie prévoit que ces procédures seront conformes à des principes équivalant en substance à ceux qui sont énoncés dans la présente section.

Art. 8 *Injonctions.* 1. Chaque Partie prévoit que, dans les procédures judiciaires civiles destinées à faire respecter des droits de propriété intellectuelle, ses autorités judiciaires seront habilitées à ordonner à une partie de cesser de porter atteinte à un droit et, entre autres choses, à prononcer une ordonnance contre cette partie ou, le cas échéant, contre un tiers à l'égard duquel l'autorité judiciaire en cause exerce sa compétence afin d'empêcher l'introduction de marchandises qui impliquent une atteinte au droit de propriété intellectuelle dans les circuits commerciaux.

2. Nonobstant les autres dispositions de la présente section, une Partie peut limiter au versement d'une rémunération les mesures correctives possibles contre une utilisation d'un droit par des pouvoirs publics, ou par des tiers autorisés par des pouvoirs publics, sans l'autorisation du détenteur de ce droit, à condition que la Partie se conforme aux dispositions de la partie II de l'Accord sur les ADPIC visant expressément une telle utilisation. Dans les autres cas, les mesures correctives prévues par la présente section sont d'application ou, dans les cas où ces mesures correctives sont incompatibles avec la législation d'une Partie, des jugements déclaratifs et une compensation adéquate peuvent être obtenus.

Art. 9 *Dommages-intérêts.* 1. Chaque Partie prévoit que, dans les procédures judiciaires civiles destinées à faire respecter des droits de propriété intellectuelle, ses autorités judiciaires seront habilitées à ordonner au contrevenant de verser au détenteur du droit des dommages-intérêts adéquats en réparation du dommage que celui-ci a subi du fait de l'atteinte portée à son droit de propriété par le contrevenant qui s'est livré à une activité portant une telle atteinte en le sachant ou en ayant des motifs raisonnables de le savoir. Pour déterminer le montant des dommages-intérêts au titre des atteintes à des droits de propriété intellectuelle, les autorités judiciaires d'une Partie sont habilitées à tenir compte, entre autres choses, de toute mesure légitime de valeur sollicitée par le détenteur du droit, ce qui peut comprendre les bénéfices perdus, la valeur de la marchandise ou du service contrefait, mesurée au prix du marché, ou le prix de détail suggéré.

2. Au moins dans les cas d'atteinte au droit d'auteur ou à des droits connexes et dans les cas d'actes de contrefaçon de marque de fabrique ou de commerce, chaque Partie prévoit que, dans les procédures judiciaires civiles, ses autorités judiciaires seront habilitées à ordonner au contrevenant de remettre au détenteur du droit les bénéfices du contrevenant qui sont attribuables à l'atteinte portée aux droits. Une Partie peut présumer que ces bénéfices correspondent au montant des dommages-intérêts visés au paragraphe 1.

3. Au moins en ce qui a trait aux atteintes portées au droit d'auteur ou à des droits connexes protégeant les œuvres, phonogrammes et interprétations ou exécutions et dans les cas d'actes de contrefaçon de marque de fabrique ou de commerce, chaque Partie établit ou maintient aussi un système prévoyant un ou plusieurs des éléments suivants :

a) des dommages-intérêts préétablis ; ou

b) des présomptions *[Ces présomptions peuvent inclure une présomption selon laquelle le montant des dommages-intérêts est i) la quantité des marchandises portant atteinte au droit de propriété intellectuelle en question du détenteur du droit réellement cédées à des tierces parties, multipliée par le montant du bénéfice par unité des marchandises qui auraient été vendues par le détenteur du droit si l'atteinte au droit n'avait pas eu lieu ou ii) une redevance raisonnable ou iii) une somme globale établie sur le fondement d'éléments comme au moins le montant des redevances ou des frais qui auraient été dus si le contrevenant avait demandé l'autorisation d'utiliser le droit de propriété intellectuelle en question.]* pour la détermination d'un montant de dommages-intérêts adéquat en réparation du dommage subi par le détenteur du droit du fait de l'atteinte portée à son droit ; ou

c) au moins pour ce qui concerne le droit d'auteur, des dommages-intérêts additionnels.

4. La Partie qui prévoit la mesure corrective visée à l'alinéa 3a) ou les présomptions visées à l'alinéa 3b) fait en sorte que soit ses autorités judiciaires soit le détenteur du droit puis-

sent choisir une telle mesure corrective ou de telles présomptions plutôt que les mesures correctives visées aux paragraphes 1 et 2.

5. Chaque Partie prévoit que ses autorités judiciaires, dans les cas où cela est approprié, seront habilitées à ordonner, à l'issue de procédures judiciaires civiles concernant l'atteinte tout au moins à un droit d'auteur ou à des droits connexes, ou à une marque de fabrique ou de commerce, que la partie ayant gain de cause reçoive le paiement par la partie adverse des frais judiciaires et des honoraires d'avocats appropriés ou de tout autre frais prévu *[tous autres frais prévus]* dans la législation de cette Partie.

Art. 10 *Autres mesures correctives.* 1. Au moins en ce qui concerne les marchandises pirates portant atteinte au droit d'auteur et les marchandises de marque contrefaites, chaque Partie prévoit que, dans toute procédure judiciaire civile, ses autorités judiciaires seront habilitées à ordonner, à la demande du détenteur du droit, que de telles marchandises soient détruites, sauf dans des circonstances exceptionnelles, sans dédommagement d'aucune sorte.

2. De plus, chaque Partie prévoit que ses autorités judiciaires seront habilitées à ordonner que des matériaux et instruments ayant principalement servi à la fabrication ou à la création de ces marchandises soient, sans retard injustifié et sans dédommagement d'aucune sorte, détruits ou écartés des circuits commerciaux de manière à réduire au minimum les risques de nouvelles atteintes.

3. Une Partie peut prévoir que les mesures correctives décrites au présent article seront exécutées aux frais du contrevenant.

Art. 11 *Renseignements relatifs à l'atteinte à un droit.* Sous réserve de sa législation régissant les privilèges, la protection de la confidentialité des sources d'information ou le traitement des données à caractère personnel, chaque Partie prévoit que, dans les procédures judiciaires civiles destinées à faire respecter des droits de propriété intellectuelle, ses autorités judiciaires seront habilitées à ordonner, sur demande justifiée du détenteur du droit, que le contrevenant, ou le cas échéant le prétendu contrevenant, fournisse au détenteur du droit ou aux autorités judiciaires, au moins aux fins de collecte d'éléments de preuve, les renseignements pertinents, selon ce que prévoient les lois et réglementations applicables de cette Partie, que le contrevenant ou le prétendu contrevenant a en sa possession ou sous son contrôle. De tels renseignements peuvent inclure tout renseignement concernant toute personne impliquée de quelque manière que ce soit dans l'atteinte ou l'atteinte alléguée et concernant les moyens de production ou les circuits de distribution des marchandises ou services en cause, y compris l'identité de tierces parties qui seraient impliquées dans la production et la distribution de telles marchandises ou de tels services et dans leurs circuits de distribution.

Art. 12 *Mesures provisoires.* 1. Chaque Partie prévoit que ses autorités judiciaires seront habilitées à ordonner l'adoption de mesures provisoires rapides et efficaces :

a) contre une partie ou, le cas échéant, contre un tiers à l'égard duquel l'autorité judiciaire en cause exerce sa compétence, pour empêcher qu'un acte portant atteinte à un droit de propriété intellectuelle ne soit commis et, en particulier, pour empêcher l'introduction, dans les circuits commerciaux, de marchandises impliquant l'atteinte à un droit de propriété intellectuelle ;

b) pour sauvegarder les éléments de preuve pertinents relatifs à cette atteinte alléguée.

2. Chaque Partie prévoit que ses autorités judiciaires seront habilitées à adopter des mesures provisoires sans que l'autre partie soit entendue, dans les cas où cela est approprié, en particulier lorsque tout retard est de nature à causer un préjudice irréparable au détenteur du droit ou lorsqu'il existe un risque démontrable de destruction des éléments de preuve. Dans les procédures menées sans que l'autre partie soit entendue, chaque Partie prévoit que ses autorités judiciaires seront habilitées à se prononcer rapidement sur toute demande de mesures provisoires, et à rendre une décision sans retard injustifié.

3. Au moins dans les cas d'atteinte au droit d'auteur ou à des droits connexes et dans les cas d'actes de contrefaçon d'une marque de fabrique ou de commerce, chaque Partie prévoit que, dans toute procédure judiciaire civile, ses autorités judiciaires seront habilitées à ordonner la saisie ou une autre forme de rétention des marchandises suspectes et des matériaux et des instruments liés à l'atteinte et, du moins pour ce qui est des actes de contrefaçon d'une marque de fabrique ou de commerce, des éléments de preuve documentaire, sous forme d'originaux ou de copies, liés à l'atteinte.

4. Chaque Partie prévoit que ses autorités seront habilitées à exiger du requérant, pour ce qui est des mesures provisoires, qu'il fournisse tout élément de preuve raisonnablement accessible afin d'acquérir avec une certitude suffisante la conviction qu'il est porté atteinte à son droit ou que cette atteinte est imminente, et à lui ordonner de constituer une caution

ou une garantie équivalente suffisante pour protéger le défendeur et prévenir les abus. Cette caution ou garantie équivalente ne découragera pas indûment le recours à des procédures visant l'ordonnance de telles mesures provisoires.

5. Dans les cas où les mesures provisoires sont abrogées ou cessent d'être applicables en raison de toute action ou omission du requérant, ou dans les cas où il est constaté ultérieurement qu'il n'y a pas eu atteinte à un droit de propriété intellectuelle, les autorités judiciaires sont habilitées à ordonner au requérant, à la demande du défendeur, d'accorder à ce dernier un dédommagement approprié en réparation de tout dommage causé par ces mesures.

SECTION III ***Mesures à la frontière*** *[Dans le cas où une Partie a démantelé l'essentiel de ses mesures de contrôle touchant le mouvement des marchandises par-delà sa frontière avec une autre Partie membre de la même union douanière qu'elle, elle n'est pas tenue d'appliquer les dispositions de la présente section à cette frontière.] [Il est entendu qu'il n'y a aucune obligation d'appliquer les procédures énoncées à la présente section à des marchandises introduites sur le marché dans un autre pays par le détenteur du droit ou avec son consentement.]*

Art. 13 *Portée des mesures à la frontière. [Les Parties reconnaissent que les brevets et la protection des renseignements non divulgués sont exclus de la portée de la présente section.]* La Partie qui prévoit, le cas échéant et de manière compatible avec son système interne de protection des droits de propriété intellectuelle et sous réserve des exigences de l'Accord sur les ADPIC, des moyens efficaces de faire respecter les droits de propriété intellectuelle à la frontière, devrait le faire d'une manière qui n'opère pas de discrimination injustifiée entre des droits de propriété intellectuelle et qui évite la création d'obstacles au commerce légitime.

Art. 14 *Petits envois et bagages personnels.* 1. Chaque Partie assujettit à l'application de la présente section les marchandises de caractère commercial expédiées en petits envois.

2. Une Partie peut exempter de l'application des dispositions de la présente section les marchandises sans caractère commercial contenues en petites quantités dans les bagages personnels des voyageurs.

Art. 15 *Renseignements provenant du détenteur du droit.* Chaque Partie autorise ses autorités compétentes à demander au détenteur du droit de fournir les renseignements pertinents qui pourraient les aider à prendre les mesures à la frontière visées à la présente section. Une Partie peut également autoriser le détenteur du droit à fournir des renseignements pertinents à ses autorités compétentes.

Art. 16 *Mesures à la frontière.* 1. Chaque Partie adopte ou maintient des procédures relatives aux envois de marchandises importées et exportées, par lesquelles :

a) ses autorités douanières peuvent agir de leur propre initiative de manière à suspendre la mise en libre circulation de marchandises suspectes ; et

b) dans les cas où cela est approprié, le détenteur du droit peut demander à ses autorités compétentes de suspendre la mise en libre circulation de marchandises suspectes.

2. Une Partie peut adopter ou maintenir des procédures relatives aux marchandises suspectes qui sont en transit ou qui se trouvent dans d'autres situations où elles sont sous contrôle douanier, par lesquelles :

a) ses autorités douanières peuvent agir de leur propre initiative de manière à suspendre la mise en libre circulation de marchandises suspectes ou les retenir ; et

b) dans les cas où cela est approprié, le détenteur du droit peut demander aux autorités compétentes de suspendre la mise en libre circulation de marchandises suspectes ou de les retenir.

Art. 17 *Demande du détenteur du droit.* 1. Chaque Partie prévoit que ses autorités compétentes exigeront du détenteur du droit qui engage les procédures décrites aux alinéas 1b) et 2b) de l'article 16 (Mesures à la frontière) qu'il fournisse des éléments de preuve adéquats pour convaincre les autorités compétentes qu'en vertu de la législation de la Partie qui adopte les procédures, il est présumé y avoir atteinte à son droit de propriété intellectuelle, ainsi que les renseignements suffisants qu'il est raisonnable de croire en sa possession, afin de permettre aux autorités douanières de reconnaître facilement les marchandises suspectes. L'obligation de fournir des renseignements suffisants ne découragera pas indûment le recours aux procédures décrites aux alinéas 1b) et 2b) de l'article 16 (Mesures à la frontière).

2. Chaque Partie prévoit des mesures permettant de présenter une demande visant à faire suspendre la mise en libre circulation de marchandises suspectes *[L'exigence de prévoir la possibi-*

lité de présenter de telles demandes est assujettie à l'obligation de prévoir des procédures visée aux alinéas 1b) et 2b) de l'article 16 (Mesures à la frontière).] ou à retenir des marchandises suspectes sous contrôle douanier sur son territoire. Une Partie peut prévoir que de telles demandes s'appliquent aux envois multiples. Une Partie peut prévoir qu'à *[que, à.]* la demande du détenteur du droit, la demande visant à faire suspendre la mise en libre circulation des marchandises suspectes ou à les retenir peut s'appliquer à certains points déterminés d'entrée et de sortie sous contrôle douanier.

3. Chaque Partie fait en sorte que ses autorités compétentes informent le requérant dans un délai raisonnable si elles font droit ou non à la demande. Si les autorités compétentes font droit à la demande, elles informent le requérant de la période pendant laquelle elle est valable.

4. Une Partie peut prévoir la possibilité pour ses autorités compétentes de refuser, de suspendre ou d'annuler une demande dans le cas où le requérant a commis un abus des procédures décrites aux alinéas 1b) et 2b) de l'article 16 (Mesures à la frontière) ou pour tout motif valable.

Art. 18 *Caution ou garantie équivalente.* Chaque Partie prévoit que ses autorités compétentes seront habilitées à exiger que le détenteur du droit demandant les procédures visées aux alinéas 1b) et 2b) de l'article 16 (Mesures à la frontière) constitue une caution raisonnable ou une garantie équivalente suffisante pour protéger le défendeur et les autorités compétentes et prévenir les abus. Chaque Partie prévoit qu'une telle caution ou garantie équivalente ne découragera pas indûment le recours à ces procédures. Une Partie peut prévoir qu'une telle caution soit présentée sous forme de cautionnement par lequel le défendeur serait dégagé de toute responsabilité à l'égard de toute perte ou de tout dommage résultant de la suspension de la mise en libre circulation des marchandises ou de la rétention de marchandises dans l'éventualité où les autorités compétentes détermineraient que les marchandises ne portent aucune atteinte. Une Partie peut, dans des circonstances exceptionnelles uniquement ou conformément à une ordonnance rendue par un tribunal, permettre au défendeur de verser un cautionnement ou une autre forme de caution pour prendre possession de marchandises suspectes.

Art. 19 *Détermination de l'atteinte.* Chaque Partie adopte ou maintient des procédures permettant à ses autorités compétentes de déterminer, dans un délai raisonnable suivant l'introduction des procédures décrites à l'article 16 (Mesures à la frontière), si les marchandises suspectes portent atteinte à un droit de propriété intellectuelle.

Art. 20 *Mesures correctives.* 1. Chaque Partie prévoit que ses autorités compétentes seront habilitées à ordonner la destruction des marchandises lorsqu'il est établi, par une détermination visée à l'article 19 (Détermination de l'atteinte), que les marchandises portent atteinte à un droit de propriété intellectuelle. Dans les cas où ces marchandises ne sont pas détruites, chaque Partie fait en sorte, sauf dans des circonstances exceptionnelles, qu'elles soient écartées des circuits commerciaux de manière à éviter de causer un préjudice au détenteur du droit.

2. Pour ce qui concerne les marchandises de marque contrefaites, le simple fait de retirer la marque de fabrique ou de commerce apposée de manière illicite n'est pas suffisant, si ce n'est dans des circonstances exceptionnelles, pour permettre l'introduction des marchandises dans les circuits commerciaux.

3. Une Partie peut prévoir que ses autorités compétentes seront habilitées à imposer des pénalités administratives lorsqu'il est établi, par une détermination visée à l'article 19 (Détermination de l'atteinte), que des marchandises portent atteinte aux droits de propriété intellectuelle.

Art. 21 *Frais.* Chaque Partie prévoit que les frais de demande, les frais d'entreposage ou les frais de destruction devant être fixés par ses autorités compétentes dans le cadre des procédures visées dans la présente section ne seront pas appliqués de manière à décourager indûment le recours à ces procédures.

Art. 22 *Divulgation de renseignements.* Sous réserve des lois d'une Partie concernant le respect de la vie privée ou la confidentialité des renseignements :

a) une Partie peut autoriser ses autorités compétentes à fournir au détenteur du droit des renseignements sur des envois de marchandises particuliers, y compris la description des marchandises et leur quantité, pour aider à détecter les marchandises qui portent atteinte aux droits de propriété intellectuelle ;

b) une Partie peut autoriser ses autorités compétentes à fournir au détenteur du droit des renseignements sur les marchandises, notamment, mais sans s'y limiter, la description des marchandises et leur quantité, le nom et l'adresse de l'expéditeur, de l'importateur, de l'exportateur ou du destinataire et, si ces renseignements sont connus, le pays d'origine des marchandises, ainsi que le nom et l'adresse du fabricant des marchandises de manière à aider la détermination visée à l'article 19 (Détermination de l'atteinte) ;

c) à moins qu'une Partie n'ait accordé à ses autorités compétentes l'habilitation décrite à l'alinéa b), à tout le moins dans le cas des marchandises importées, lorsque les autorités compétentes ont saisi ou, subsidiairement, ont fait la détermination visée à l'article 19 (Détermination de l'atteinte), selon laquelle les marchandises portent atteinte aux droits, la Partie autorise ses autorités compétentes à fournir au détenteur du droit, dans les trente jours *[Pour l'application du présent article, "jour" s'entend de jour ouvrable.]* suivant la saisie ou la détermination, des renseignements sur les marchandises, notamment, mais sans s'y limiter, la description des marchandises et leur quantité, le nom et l'adresse de l'expéditeur, de l'importateur, de l'exportateur ou du destinataire et, si ces renseignements sont connus, le pays d'origine des marchandises, ainsi que le nom et l'adresse du fabricant des marchandises.

SECTION IV *Mesures pénales*

Art. 23 *Infractions pénales.* 1. Chaque Partie prévoit des procédures pénales et des peines applicables au moins pour les actes délibérés de contrefaçon de marque de fabrique ou de commerce ou de piratage portant atteinte à un droit d'auteur ou à des droits connexes, commis à une échelle commerciale *[Chaque Partie traite l'importation ou l'exportation délibérée de marchandises de marque contrefaites ou de marchandises pirates portant atteinte à un droit d'auteur à une échelle commerciale comme des activités illicites pouvant faire l'objet de peines pénales en vertu du présent article. Une Partie peut s'acquitter des obligations relatives à l'exportation et à l'importation de marchandises de marque contrefaites ou de marchandises pirates portant atteinte à un droit d'auteur en prévoyant que la distribution, la vente ou l'offre à la vente de telles marchandises à une échelle commerciale constituent des activités illicites pouvant faire l'objet de peines pénales]*. Pour l'application de la présente section, les actes commis à une échelle commerciale comprennent au moins ceux qui sont commis à titre d'activités commerciales en vue d'un avantage économique ou commercial direct ou indirect.

2. Chaque Partie prévoit des procédures pénales et des peines applicables à l'importation délibérée *[Une Partie peut s'acquitter de ses obligations relatives à l'importation d'étiquettes ou d'emballages au moyen de ses mesures concernant la distribution.]* et à l'utilisation délibérée à l'intérieur du pays, dans le cadre d'échanges commerciaux et à une échelle commerciale, d'étiquettes ou d'emballages *[Une Partie peut s'acquitter des obligations prévues au présent paragraphe en prévoyant que des procédures pénales et des peines s'appliquent aux tentatives de commettre une infraction en matière de marques de fabrique ou de commerce.]* :

a) sur lesquels est apposée sans autorisation une marque qui est identique à une marque de fabrique ou de commerce enregistrée dans son territoire ou qui ne peut en être distinguée ; et

b) qui sont destinés à être utilisés dans le cadre d'échanges commerciaux sur des marchandises ou dans le cadre de services qui sont identiques aux marchandises ou aux services pour lesquels une telle marque de fabrique ou de commerce est enregistrée.

3. Une Partie peut prévoir des procédures pénales et des peines, dans les cas appropriés, pour la copie non autorisée d'œuvres cinématographiques montrées dans un lieu de projection généralement ouvert au public.

4. Dans le cas des infractions précisées au présent article pour lesquelles une Partie prévoit des procédures pénales et des peines, cette Partie fait en sorte que sa législation prévoie une responsabilité pénale au titre de la complicité.

5. Chaque Partie adopte, conformément à ses principes de droit, les mesures nécessaires pour établir la responsabilité des personnes morales, qui peut être pénale, eu égard aux infractions précisées au présent article pour lesquelles une Partie prévoit des procédures pénales et des peines. Cette responsabilité est sans préjudice de la responsabilité pénale des personnes physiques qui ont commis les infractions pénales.

Art. 24 *Peines.* Dans le cas des infractions précisées aux paragraphes 1, 2 et 4 de l'article 23 (Infractions pénales), chaque Partie prévoit des peines qui comprennent l'emprisonnement, ainsi que des amendes *[Il est entendu que rien n'oblige les Parties à prévoir la possibilité d'imposer concurremment l'emprisonnement et des amendes]* suffisamment lourdes pour être dissuasives en vue d'empêcher de futures atteintes et en rapport avec le niveau des peines appliquées pour des délits de *[d'une]* gravité correspondante.

Art. 25 *Saisie, confiscation et destruction.* 1. Dans le cas des infractions précisées aux paragraphes 1, 2, 3 et 4 de l'Article 23 (Infractions pénales) pour lesquelles une Partie prévoit des procédures pénales et des peines, cette Partie prévoit que ses autorités compétentes seront habilitées à ordonner la saisie des marchandises que l'on soupçonne d'être des marchandises de marque contrefaites ou des marchandises pirates portant atteinte au droit d'auteur, des matériaux et des instruments ayant servi à commettre le délit allégué, des éléments de preuve documentaire se rapportant au délit allégué et des actifs dérivés ou provenant directement ou indirectement de l'activité alléguée en cause.

2. La Partie qui exige au préalable l'identification des marchandises susceptibles de saisie pour rendre une ordonnance de saisie visée au paragraphe 1 n'exige pas que les marchandises soient décrites plus en détail que nécessaire pour les identifier à des fins de saisie.

3. Dans le cas des infractions précisées aux paragraphes 1, 2, 3 et 4 de l'article 23 (Infractions pénales) pour lesquelles une Partie prévoit des procédures pénales et des peines, cette Partie prévoit que ses autorités compétentes seront habilitées à ordonner la confiscation ou la destruction de toutes les marchandises de marque contrefaites ou les marchandises pirates portant atteinte au droit d'auteur. Dans les cas où les marchandises de marque contrefaites et les marchandises pirates portant atteinte au droit d'auteur ne sont pas détruites, les autorités compétentes font en sorte, sauf dans des circonstances exceptionnelles, que ces marchandises soient écartées des circuits commerciaux de manière à éviter de causer un préjudice au détenteur du droit. Chaque Partie fait en outre en sorte que la confiscation ou la destruction de ces marchandises ne soient assorties d'un dédommagement d'aucune sorte pour le contrevenant.

4. Dans le cas des infractions précisées aux paragraphes 1, 2, 3 et 4 de l'article 23 (Infractions pénales) pour lesquelles une Partie prévoit des procédures pénales et des peines, cette Partie prévoit que ses autorités compétentes seront habilitées à ordonner la confiscation ou la destruction des matériaux et instruments principalement utilisés dans la création des marchandises de marque contrefaites ou des marchandises pirates portant atteinte au droit d'auteur et, à tout le moins dans le cas des infractions graves, des actifs dérivés ou provenant directement ou indirectement de l'activité en cause. Chaque Partie fait en outre en sorte que la confiscation ou la destruction de ces matériaux, de ces instruments ou de ces actifs ne soient assorties d'un dédommagement d'aucune sorte pour le contrevenant.

5. Dans le cas des infractions précisées aux paragraphes 1, 2, 3 et 4 de l'article 23 (Infractions pénales) pour lesquelles une Partie prévoit des procédures pénales et des peines, cette Partie peut prévoir que ses autorités judiciaires seront habilitées à ordonner :

a) la saisie d'actifs dont la valeur correspond à celle des actifs dérivés ou provenant directement ou indirectement de l'activité alléguée en cause ; et

b) la confiscation d'actifs dont la valeur correspond à celle des actifs dérivés ou provenant directement ou indirectement de l'activité en cause.

Art. 26 *Mesures pénales appliquées d'office.* Chaque Partie prévoit que, dans les cas appropriés, ses autorités compétentes pourront entreprendre de leur propre chef une enquête ou une action en justice relativement aux infractions pénales précisées aux paragraphes 1, 2, 3 et 4 de l'article 23 (Infractions pénales) pour lesquelles cette Partie prévoit des procédures pénales et des peines.

SECTION V *Moyens de faire respecter les droits de propriété intellectuelle dans l'environnement numérique*

Art. 27 *Moyens de faire respecter les droits de propriété intellectuelle dans l'environnement numérique.*

1. Chaque Partie fait en sorte que sa législation comporte des procédures destinées à faire respecter les droits de propriété intellectuelle, telles que celles qui sont énoncées à la section II (Mesures civiles) et à la section IV (Mesures pénales), de manière à permettre une action efficace contre tout acte portant atteinte aux droits de propriété intellectuelle qui se produit dans l'environnement numérique, y compris des mesures correctives rapides destinées à prévenir toute atteinte et des mesures correctives qui constituent un moyen de dissuasion contre toute atteinte ultérieure.

2. Outre ce qui est prévu au paragraphe 1, les procédures de chaque Partie qui sont destinées à faire respecter les droits s'appliquent aux atteintes portées au droit d'auteur ou à des droits connexes sur des réseaux numériques, ce qui peut comprendre l'utilisation illicite de moyens de diffusion à grande échelle en vue de porter atteinte à de tels droits. Ces procédures sont appliquées de manière à éviter la création d'obstacles aux activités légitimes, y compris au commerce électronique, et qui, en conformité avec la législation de cette Partie, préservent des principes fondamentaux comme la liberté d'expression, les procédures équitables et le respect de la vie privée *[Par exemple, sous réserve de la législation d'une Partie, par*

l'adoption ou le maintien d'un régime prévoyant des limitations de la responsabilité des fournisseurs de service en ligne ou des mesures correctives contre eux, tout en préservant les intérêts légitimes du détenteur du droit.].

3. Chaque Partie s'efforce de promouvoir, au sein des milieux d'affaires, des efforts de coopération destinés à contrer les atteintes portées aux marques de fabrique ou de commerce et au droit d'auteur ou à des droits connexes tout en préservant la concurrence légitime et, en accord avec la législation de cette Partie, les principes fondamentaux comme la liberté d'expression, les procédures équitables et le respect de la vie privée.

4. Une Partie peut prévoir que ses autorités compétentes seront habilitées, en conformité avec ses lois et réglementations, à ordonner à un fournisseur de services en ligne de divulguer rapidement au détenteur du droit des renseignements suffisants pour lui permettre d'identifier un abonné dont il est allégué que le compte aurait été utilisé en vue de porter atteinte à des droits, lorsque le détenteur du droit a présenté des allégations suffisantes sur le plan juridique, relativement à une atteinte à une marque de fabrique ou de commerce ou au droit d'auteur ou à des droits connexes, et lorsque ces renseignements sont demandés aux fins de la protection ou du respect de ces droits. Ces procédures sont mises en œuvre d'une manière qui évite la création d'obstacles aux activités légitimes, y compris au commerce électronique, et qui, en conformité avec la législation de cette Partie, préserve les principes fondamentaux comme la liberté d'expression, les procédures équitables et le respect de la vie privée.

5. Chaque Partie prévoit une protection juridique appropriée et des sanctions juridiques efficaces contre la neutralisation des mesures techniques efficaces *[Pour l'application du présent article, "mesure technique" s'entend de toute technologie ou de tout dispositif ou composant qui, dans le cadre normal de son fonctionnement, est conçu pour prévenir ou restreindre l'accomplissement, à l'égard d'œuvres, d'interprétations ou d'exécutions ou de phonogrammes, d'actes qui ne sont pas autorisés par les auteurs, les artistes interprètes ou exécutants ou les producteurs de phonogrammes, conformément à ce que prévoit la législation d'une Partie. Sous réserve de la portée du droit d'auteur ou des droits connexes prévue par la législation d'une Partie, des mesures techniques sont réputées efficaces lorsque l'utilisation d'œuvres, d'interprétations ou d'exécutions ou de phonogrammes protégés est contrôlée par les auteurs, les artistes interprètes ou exécutants ou les producteurs de phonogrammes grâce à l'application d'un contrôle de l'accès ou d'un processus de protection tel le chiffrement ou l'embrouillage, ou un mécanisme de contrôle de la copie, qui permet de réaliser l'objectif de protection.]* qui sont mises en œuvre par les auteurs, les artistes interprètes ou exécutants ou les producteurs de phonogrammes dans le cadre de l'exercice de leurs droits à l'égard de leurs œuvres, de leurs interprétations ou exécutions et de leurs phonogrammes et qui restreignent l'accomplissement d'actes à cet égard qui ne sont pas autorisés par les auteurs, les artistes interprètes ou exécutants ou les producteurs de phonogrammes concernés ou permis par la loi.

6. Dans le but de prévoir la protection juridique appropriée et les sanctions juridiques efficaces visées au paragraphe 5, chaque Partie prévoit au moins une protection contre :

a) dans la mesure où sa législation le prévoit :

i) la neutralisation non autorisée d'une mesure technique efficace exécutée en le sachant ou en ayant des motifs raisonnables de savoir ; et

ii) l'offre au public par voie de commercialisation d'un dispositif ou d'un produit, y compris des logiciels, ou encore d'un service comme moyen de contourner une mesure technique efficace ; et

b) la fabrication, l'importation ou la distribution d'un dispositif ou d'un produit, y compris des logiciels, ou la prestation d'un service qui :

i) est conçu ou produit principalement en vue de contourner une mesure technique efficace ; ou

ii) n'a aucune application importante du point de vue commercial si ce n'est la neutralisation d'une mesure technique efficace *[Lors de la mise en œuvre des paragraphes 5 et 6, une Partie n'est pas tenue d'exiger que la conception d'un produit électronique de consommation, d'un produit de télécommunication ou d'un produit informatique, ou la conception et le choix des parties et composants d'un tel produit, prévoie une réponse à une mesure technique particulière, pourvu que le produit ne contrevienne pas d'une autre manière aux mesures de mise en œuvre de ces paragraphes]*.

7. Pour protéger l'information sur le régime des droits sous forme électronique *[Pour l'application du présent article, "information sur le régime des droits"s'entend :*

a) de l'information qui identifie l'œuvre, l'interprétation ou l'exécution, le phonogramme, l'auteur de l'œuvre, l'artiste interprète ou l'exécutant, le producteur du phonogramme ou tout autre titulaire d'un droit sur l'œuvre, l'interprétation ou l'exécution, ou le phonogramme ;

b) de l'information sur les modalités de l'utilisation de l'œuvre, de l'interprétation ou de l'exécution, ou du phonogramme ; ou

c) de tout numéro ou code représentant l'information décrite aux alinéas a) et b) ci-dessus,

lorsque l'un quelconque de ces éléments est joint à un exemplaire de l'œuvre, de l'interprétation ou de l'exécution, ou du phonogramme ou apparaît en relation avec leur communication ou la mise à disposition du public d'une œuvre, d'une interprétation ou d'une exécution, ou d'un phonogramme.], chaque Partie prévoit une protection juridique appropriée et des sanctions juridiques efficaces contre toute personne commettant de façon délibérée et sans autorisation l'un des actes suivants en sachant ou*[,.]* en ce qui concerne les mesures correctives civiles*[,]* en ayant des motifs raisonnables de savoir que cet acte aura pour effet d'inciter, de permettre, de faciliter ou de dissimuler une atteinte à un droit d'auteur ou à des droits connexes :

a) supprimer ou modifier l'information sur le régime des droits sous forme électronique ;

b) distribuer, importer pour distribution, diffuser, communiquer, ou mettre à la disposition du public des exemplaires de l'œuvre, des interprétations ou des exécutions, ou des phonogrammes, en sachant que l'information sur le régime des droits sous forme électronique a été supprimée ou modifiée sans autorisation.

8. Lorsqu'elle prévoit une protection juridique appropriée et des sanctions juridiques efficaces en vertu des dispositions des paragraphes 5 et 7, une Partie peut adopter ou maintenir des limitations ou des exceptions appropriées aux mesures mettant en œuvre les dispositions des paragraphes 5, 6 et 7. Les obligations énoncées aux paragraphes 5, 6 et 7 sont sous réserve des droits, limitations, exceptions ou moyens de défense relatifs aux atteintes portées au droit d'auteurs ou à des droits connexes prévus par la législation d'une Partie.

CHAPITRE III *Pratiques en matière de respect des droits*

Art. 28 *Connaissances spécialisées destinées à assurer le respect des droits, information et coordination interne.* 1. Chaque Partie encourage le développement de connaissances spécialisées au sein de ses autorités compétentes chargées du respect des droits de propriété intellectuelle.

2. Chaque Partie favorise la collecte et l'analyse de données statistiques et d'autres renseignements pertinents concernant les atteintes aux droits de propriété intellectuelle, ainsi que la collecte de renseignements sur les pratiques exemplaires visant à prévenir et à contrer ces atteintes.

3. Chaque Partie favorise, le cas échéant, la coordination interne entre ses différentes autorités compétentes chargées du respect des droits de propriété intellectuelle et facilite les actions concertées de ces différentes autorités.

4. Chaque Partie s'efforce de favoriser, dans les cas appropriés, l'établissement et le maintien de mécanismes officiels ou informels, tels que des groupes consultatifs, permettant à ses autorités compétentes de prendre connaissance des points de vue des détenteurs de droits et d'autres intéressés.

Art. 29 *Gestion du risque à la frontière.* 1. Afin d'accroître l'efficacité des moyens de faire respecter les droits de propriété intellectuelle à la frontière, les autorités compétentes d'une Partie peuvent :

a) consulter les intéressés et les autorités compétentes d'autres Parties qui sont chargées du respect des droits de propriété intellectuelle afin de déceler et d'examiner les risques importants et favoriser leur atténuation par la prise de mesures ; et

b) échanger des renseignements avec les autorités compétentes d'autres Parties au sujet du respect des droits de propriété intellectuelle à la frontière, y compris des renseignements pertinents permettant de mieux déceler et cibler, à des fins d'inspection, les envois que l'on soupçonne de contenir des marchandises qui portent atteinte à des droits.

2. Les autorités compétentes d'une Partie qui saisit des marchandises importées portant atteinte à des droits de propriété intellectuelle peuvent communiquer à la Partie de l'exportation des renseignements nécessaires à l'identification des parties et des marchandises impliquées dans l'exportation des marchandises saisies. Les autorités compétentes de la Partie de l'exportation peuvent, en conformité avec la législation de cette Partie, prendre des mesures contre ces parties et contre des envois ultérieurs.

Art. 30 *Transparence.* Afin de promouvoir la transparence dans l'administration de son système de respect des droits de propriété intellectuelle, chaque Partie prend les mesures indiquées, conformément à sa législation et à ses politiques, pour publier ou autrement mettre à la disposition du public des renseignements concernant :

a) les procédures auxquelles il peut être recouru conformément à sa législation pour faire respecter les droits de propriété intellectuelle, ses autorités compétentes chargées du respect des droits de propriété intellectuelle et les personnes et organismes avec lesquels communiquer pour obtenir de l'assistance ;

b) les lois, les réglementations et les décisions judiciaires et administratives finales d'application générale pertinentes concernant le respect des droits de propriété intellectuelle ; et

c) les efforts déployés pour assurer un système efficace de respect et de protection des droits de propriété intellectuelle.

Art. 31 *Sensibilisation du public.* Chaque Partie favorise, le cas échéant, l'adoption de mesures visant à sensibiliser davantage le public à l'importance de respecter les droits de propriété intellectuelle et aux effets préjudiciables des atteintes aux droits de propriété intellectuelle.

Art. 32 *Considérations environnementales lors de la destruction de marchandises portant atteinte à des droits de propriété intellectuelle.* La destruction de marchandises portant atteinte à des droits de propriété intellectuelle est faite en conformité avec les lois et réglementations en matière environnementale de la Partie où la destruction a lieu.

CHAPITRE IV *Coopération internationale*

Art. 33 *Coopération internationale.* 1. Chaque Partie reconnaît que la coopération internationale est essentielle à une protection efficace des droits de propriété intellectuelle et que cette coopération devrait être encouragée indépendamment de l'origine des marchandises portant atteinte aux droits de propriété intellectuelle ou de la situation géographique ou de la nationalité du détenteur du droit.

2. Pour lutter contre les atteintes aux droits de propriété intellectuelle et, plus particulièrement, les actes de contrefaçon de marques de fabrique ou de commerce et de piratage portant atteinte au droit d'auteur ou à des droits connexes, les Parties favorisent une coopération, le cas échéant entre leurs autorités compétentes chargées du respect des droits de propriété intellectuelle. Une telle coopération peut comprendre une coopération entre organismes chargés de l'application de la loi relative aux mesures pénales et aux mesures à la frontière visées par le présent accord.

3. La coopération dans le cadre du présent chapitre est menée en conformité avec les accords internationaux pertinents et conformément aux lois, politiques, allocations de ressources et priorités en matière d'application de la loi de chaque Partie.

Art. 34 *Échange de renseignements.* Sous réserve des dispositions de l'article 29 (Gestion du risque à la frontière), chaque Partie s'efforce d'échanger avec les autres Parties les renseignements décrits ci-dessous :

a) les renseignements qu'elle recueille selon les dispositions du chapitre III (Pratiques en matière de respect des droits), y compris des données statistiques et des renseignements au sujet des pratiques exemplaires ;

b) les renseignements relatifs à ses mesures législatives et réglementaires ayant trait à la protection et au respect des droits de propriété intellectuelle ; et

c) d'autres renseignements, le cas échéant, selon les modalités mutuellement convenues entre les Parties.

Art. 35 *Renforcement des capacités et assistance technique.* 1. Chaque Partie s'efforce de fournir aux Parties au présent accord et, le cas échéant, aux futures Parties au présent accord, sur demande et selon des modalités et à des conditions mutuellement convenues, de l'assistance en matière de renforcement des capacités et de l'assistance technique en vue d'améliorer le respect des droits de propriété intellectuelle. Le renforcement des capacités et l'assistance technique en question peuvent concerner des domaines comme :

a) l'accroissement de la sensibilité du public aux droits de propriété intellectuelle ;

b) l'élaboration et la mise en œuvre de dispositions législatives nationales relatives au respect des droits de propriété intellectuelle ;

c) la formation d'agents publics sur les questions de respect des droits de propriété intellectuelle ; et

d) la coordination des activités menées aux niveaux régional et multilatéral.

2. Chaque Partie s'efforce de travailler en étroite collaboration avec les autres Parties et, le cas échéant, avec les pays qui ne sont pas Parties au présent accord, à la mise en œuvre des dispositions du paragraphe 1.

3. Une Partie peut entreprendre les activités décrites au présent article de pair avec des organisations internationales ou du secteur privé concernées. Chaque Partie s'efforce d'éviter le double emploi entre les activités décrites au présent article et d'autres activités de coopération internationale.

CHAPITRE V *Arrangements institutionnels*

Art. 36 *Le Comité de l'ACAC.* 1. Les Parties créent par le présent article le Comité de l'ACAC. Chaque Partie est représentée au sein du Comité.

2. Le Comité :

a) fait le point sur la mise en œuvre et le fonctionnement du présent accord ;

b) examine les questions concernant le développement du présent accord ;

c) examine, en conformité avec l'article 42 (Amendements), toute proposition d'amendement du présent accord ;

d) arrête, conformément au paragraphe 2 de l'article 43 (Adhésion), les modalités d'adhésion au présent accord de tout membre de l'OMC ; et

e) examine toute autre question ayant une incidence sur la mise en œuvre et le fonctionnement du présent accord.

3. Le Comité peut décider :

a) de créer des comités ou des groupes de travail *ad hoc* chargés de l'aider à s'acquitter de ses responsabilités prévues au paragraphe 2 ou d'aider, sur demande, les futures Parties à adhérer au présent accord, en conformité avec l'article 43 (Adhésion) ;

b) de demander l'avis de personnes ou de groupes non gouvernementaux ;

c) de formuler des recommandations sur la mise en œuvre et le fonctionnement du présent accord, y compris d'approuver les lignes directrices sur les pratiques exemplaires y afférentes ;

d) d'échanger avec des tiers des renseignements et des pratiques exemplaires sur la réduction des atteintes aux droits de propriété intellectuelle, y compris des techniques permettant de déceler et de surveiller les activités de piratage et de contrefaçon ; et

e) de prendre d'autres mesures dans l'exercice de ses fonctions.

4. Les décisions du Comité sont prises par consensus, sauf si le Comité en décide autrement par consensus. Le Comité est réputé avoir agi par consensus à l'égard d'une question soumise à son examen si aucune des Parties présentes à la réunion au cours de laquelle la décision est prise ne s'oppose formellement à la décision envisagée. La langue de travail du Comité est l'anglais, et les documents de travail du Comité sont rédigés en anglais.

5. Le Comité adopte ses règles et ses procédures dans un délai raisonnable suivant l'entrée en vigueur du présent accord, et il invite les signataires qui ne sont pas Parties au présent accord à participer à ses délibérations au sujet de ces règles et procédures. Ces règles et procédures :

a) traitent de questions relatives à la présidence et à la tenue des réunions ainsi qu'à l'exécution des tâches organisationnelles pertinentes au regard du présent accord et de son fonctionnement ; et

b) peuvent également traiter de questions relatives à l'octroi du statut d'observateur et de toute autre question que le Comité estime nécessaire à son bon fonctionnement.

6. Le Comité peut amender les règles et procédures.

7. Nonobstant les dispositions du paragraphe 4, au cours des cinq premières années suivant l'entrée en vigueur du présent accord, les décisions du Comité portant sur l'adoption ou l'amendement de ses règles et procédures sont prises par consensus des Parties et des signataires qui ne sont pas Parties au présent accord.

8. Après l'expiration de la période précisée au paragraphe 7, le Comité peut adopter ou amender les règles et procédures par consensus entre les Parties au présent accord.

9. Nonobstant les dispositions du paragraphe 8, le Comité peut décider que l'adoption ou l'amendement d'une règle ou d'une règle de procédure en particulier nécessite le consensus des Parties et des signataires qui ne sont pas Parties au présent accord.

10. Le Comité se réunit au moins une fois par an, à moins qu'il n'en décide autrement. La première réunion du Comité est tenue dans un délai raisonnable suivant l'entrée en vigueur du présent accord.

11. Il demeure entendu que le Comité ne supervise pas et ne surveille pas le respect des droits sur le plan interne ou international ou les enquêtes pénales se rapportant à des cas particuliers relatifs à des droits de propriété intellectuelle.

12. Le Comité s'efforce d'éviter le double emploi entre ses activités et d'autres efforts internationaux relatifs au respect des droits de propriété intellectuelle.

Art. 37 *Points de contact.* 1. Chaque Partie désigne un point de contact pour faciliter les communications entre les Parties sur toute question visée par le présent accord.

2. Sur demande d'une autre Partie, le point de contact d'une Partie indique un bureau ou un agent public approprié auquel la demande de la Partie peut être adressée, et prête son

assistance, au besoin, pour faciliter les communications entre le bureau ou l'agent public en cause et la Partie qui a fait la demande.

Art. 38 *Consultations.* 1. Une Partie peut demander par écrit des consultations avec une autre Partie au sujet de toute question touchant la mise en œuvre du présent accord. La Partie qui reçoit une telle demande l'examine avec compréhension, y répond et donne une possibilité adéquate d'engager des consultations.

2. Les consultations, y compris les positions particulières adoptées par les Parties à la consultation, sont confidentielles et sont faites sous réserve des droits ou des positions de l'une ou l'autre des Parties dans le cadre d'autres procédures, y compris celles conduites sous les auspices du *Mémorandum d'accord sur les règles et procédures régissant le règlement des différends* contenu à l'annexe 2 de l'Accord sur l'OMC.

3. Les Parties à la consultation peuvent, sur consentement mutuel, aviser le Comité du résultat de leurs consultations visées au présent article.

CHAPITRE VI *Dispositions finales*

Art. 39 *Signature.* Le présent accord demeure ouvert à la signature par les participants à sa négociation *[La République fédérale d'Allemagne, l'Australie, la République d'Autriche, le Royaume de Belgique, la République de Bulgarie, le Canada, la République de Chypre, la République de Corée, le Royaume du Danemark, le Royaume d'Espagne, la République d'Estonie, les États-Unis d'Amérique, la République de Finlande, la République française, la République hellénique, la République de Hongrie, l'Irlande, la République italienne, le Japon, la République de Lettonie, la République de Lituanie, le Grand-Duché de Luxembourg, la République de Malte, le Royaume du Maroc, les États-Unis du Mexique, la Nouvelle-Zélande, le Royaume des Pays-Bas, la République de Pologne, la République portugaise, la Roumanie, le Royaume-Uni de Grande-Bretagne et d'Irlande du Nord, la République de Singapour, la République slovaque, la République de Slovénie, le Royaume de Suède, la Confédération suisse, la République tchèque, et l'Union européenne.]*, et par tout autre membre de l'OMC sur lequel les participants peuvent s'entendre par consensus, du 1er mai 2011 au 1er mai 2013.

Art. 40 *Entrée en vigueur.* 1. Le présent accord entre en vigueur trente jours après la date du dépôt du sixième instrument de ratification, d'acceptation ou d'approbation entre les signataires qui ont déposé leurs instruments de ratification, d'acceptation ou d'approbation respectifs.

2. A l'égard de chaque signataire qui dépose son instrument de ratification, d'acceptation ou d'approbation après le dépôt du sixième instrument de ratification, d'acceptation ou d'approbation, le présent accord entre en vigueur trente jours après le dépôt de l'instrument de ratification, d'acceptation ou d'approbation de ce signataire.

Art. 41 *Retrait.* Une Partie peut se retirer du présent accord au moyen d'une notification écrite au dépositaire. Le retrait prend effet cent quatre-vingts jours après la date de réception de la notification par le dépositaire.

Art. 42 *Amendements.* 1. Une Partie peut proposer au Comité des amendements au présent accord. Le Comité décide s'il présente ou non une proposition d'amendement aux Parties à des fins de ratification, d'acceptation ou d'approbation.

2. Un amendement entre en vigueur quatre-vingt-dix jours après la date à laquelle toutes les Parties ont déposé leurs instruments de ratification, d'acceptation ou d'approbation respectifs auprès du dépositaire.

Art. 43 *Adhésion.* 1. Après l'expiration de la période prévue à l'article 39 (Signature), tout membre de l'OMC peut demander d'adhérer au présent accord.

2. Le Comité décide des modalités d'adhésion de chaque requérant.

3. A l'égard du requérant, le présent accord entre en vigueur trente jours après la date du dépôt de son instrument d'adhésion selon les modalités visées au paragraphe 2.

Art. 44 *Textes de l'Accord.* Le présent accord est signé en un seul exemplaire en langues française, anglaise et espagnole, chaque version faisant également foi.

Art. 45 *Dépositaire.* Le Gouvernement du Japon est le dépositaire du présent accord.

Le Parlement européen a refusé de donner son approbation à l'accord selon une résolution législative du 4 juillet 2012 sur le projet de décision du Conseil relative à la conclusion de l'accord commercial anti-contrefaçon entre l'Union européenne et ses États membres, l'Australie, le Canada, la République de Corée, les États-Unis d'Amérique, le Japon, le Royaume du Maroc, les États-Unis mexicains, la Nouvelle-Zélande, la République de Singapour et la Confédération suisse.

BIBL. ▶ Geiger, *Propr. intell. 2012, n° 43, p. 201* (quelle mise en œuvre des droits de propriété intellectuelle au niveau international ?).

Règlement (CE) n° 44/2001 du 22 décembre 2000,

Concernant la compétence judiciaire, la reconnaissance et l'exécution des décisions en matière civile et commerciale.

Ce règlement remplace entre les États membres la Convention de Bruxelles du 27 septembre 1968, sauf en ce qui concerne les territoires des États membres qui entrent dans le champ d'application territorial de cette convention et qui sont exclus du présent règlement en vertu de l'article 299 du Traité CE. – Il est entré en vigueur le 1er mars 2002 (Règl. (CE) n° 44/2001 du 21 déc. 2000, art. 68 et 76 ; JOCE L 12 du 16 janv. 2001).

Il a été abrogé par le règlement (UE) n° 1215/2012 du 12 déc. 2012 (V. ce texte infra).

BIBL. ▶ Pansier, *LPA 29 janv. 2001, p. 5* (compétence judiciaire, reconnaissance et exécution des décisions en matière civile et commerciale : un règlement du 22 décembre 2000 remplace la Convention de Bruxelles). – Schmitt, *Propr. ind. 2012. Étude 14* (existe-t-il un recours pour le titulaire du brevet européen qui voit sa traduction refusée par le directeur de l'INPI ?).

Règlement (CE) n° 1383/2003 du 22 juillet 2003,

Concernant l'intervention des autorités douanières à l'égard de marchandises soupçonnées de porter atteinte à certains droits de propriété intellectuelle ainsi que les mesures à prendre à l'égard de marchandises portant atteinte à certains droits de propriété intellectuelle.

Ce règlement a été abrogé par le Règl. (UE) n° 608/2013 du 12 juin 2013 à compter du 1er janv. 2014 (V. ce texte infra).

Directive (CE) n° 2004/48 du 29 avril 2004,

Relative au respect des droits de propriété intellectuelle (JOUE n° L 157, 30 avr. ; Rect. JOUE n° L 195, 2 juin).

BIBL. ▶ Bourget, *Propr. intell. 2010, n° 35, p. 682* (droit d'information. Le bilan de deux ans d'application). – Geiger, Raynard et Roda, *Propr. ind. 2011. Étude 12* (quelles évolutions pour le cadre juridique européen de mise en œuvre des droits de propriété intellectuelle ?). – Martin, *Propr. ind. 2004. Chron. 16* (la directive européenne du 29 avril 2004 visant au respect des droits de propriété intellectuelle : aboutissement ou point de départ ?).

(1) La réalisation du marché intérieur implique l'élimination des restrictions à la libre circulation et des distorsions de concurrence, tout en créant un environnement favorable à l'innovation et à l'investissement. Dans ce contexte, la protection de la propriété intellectuelle est un élément essentiel pour le succès du marché intérieur. La protection de la propriété intellectuelle est importante non seulement pour la promotion de l'innovation et de la création mais également pour le développement de l'emploi et l'amélioration de la compétitivité.

(2) La protection de la propriété intellectuelle devrait permettre à l'inventeur ou au créateur de retirer un profit légitime de son invention ou de sa création. Elle devrait également permettre la diffusion la plus large possible des œuvres, des idées et des savoir-faire nouveaux. Dans le même temps, la protection de la propriété intellectuelle ne devrait pas faire obstacle à la liberté d'expression ni à la libre circulation de l'information et à la protection des données personnelles, y compris sur l'internet.

(3) Cependant, sans moyens efficaces de faire respecter les droits de propriété intellectuelle, l'innovation et la création sont découragées et les investissements réduits. Il est donc nécessaire de veiller à ce que le droit matériel de la propriété intellectuelle, qui relève aujourd'hui largement de l'acquis communautaire, soit effectivement appliqué dans la Communauté. A cet égard, les moyens de faire respecter les droits de propriété intellectuelle revêtent une importance capitale pour le succès du marché intérieur.

(4) Sur le plan international, tous les États membres ainsi que la Communauté elle-même, pour les questions relevant de sa compétence, sont liés par l'accord sur les aspects des droits de propriété intellectuelle qui touchent au commerce (« accord sur les ADPIC »), approuvé, dans le cadre des négociations multilatérales du cycle de l'Uruguay, par la décision 94/800/CE du Conseil *[JO L 336 du 23 déc. 1994, p. 1]* et conclu dans le cadre de l'Organisation mondiale du commerce.

(5) L'accord sur les ADPIC contient notamment des dispositions relatives aux moyens de faire respecter les droits de propriété intellectuelle, qui constituent des normes communes applicables sur le plan international et mises en œuvre dans tous les États membres. La présente directive ne devrait pas affecter les obligations internationales des États membres y compris celles résultant de l'accord sur les ADPIC.

(6) Il existe, par ailleurs, des conventions internationales auxquelles tous les États membres sont parties et qui contiennent également des dispositions relatives aux moyens de faire respecter les droits de propriété intellectuelle. Tel est notamment le cas de la convention de Paris pour la protection de la propriété industrielle, de la convention de Berne pour la protection des œuvres littéraires et artistiques et de la convention de Rome sur la protection des artistes interprètes ou exécutants, des producteurs de phonogrammes et des organismes de radiodiffusion.

(7) Il ressort des consultations engagées par la Commission sur cette question que, dans les États membres, et en dépit des dispositions de l'accord sur les ADPIC, il existe encore des disparités importantes en ce qui concerne les moyens de faire respecter les droits de propriété intellectuelle. Ainsi, les modalités d'application des mesures provisoires qui sont utilisées notamment pour sauvegarder les éléments de preuve, le calcul des dommages-intérêts ou encore les modalités d'application des procédures en cessation des atteintes aux droits de propriété intellectuelle connaissent des variations importantes d'un État membre à l'autre. Dans certains États membres, il n'existe pas de mesures, procédures et réparations telles que le droit d'information et le rappel, aux frais du contrevenant, des marchandises contrefaisantes mises sur le marché.

(8) Les disparités existant entre les régimes des États membres en ce qui concerne les moyens de faire respecter les droits de propriété intellectuelle sont nuisibles au bon fonctionnement du marché intérieur et ne permettent pas de faire en sorte que les droits de propriété intellectuelle bénéficient d'un niveau de protection équivalent sur tout le territoire de la Communauté. Cette situation n'est pas de nature à favoriser la libre circulation au sein du marché intérieur ni à créer un environnement favorable à une saine concurrence.

(9) Les disparités actuelles conduisent également à un affaiblissement du droit matériel de la propriété intellectuelle et à une fragmentation du marché intérieur dans ce domaine. Cela entraîne une perte de confiance des milieux économiques dans le marché intérieur et, en conséquence, une réduction des investissements dans l'innovation et la création. Les atteintes aux droits de propriété intellectuelle apparaissent de plus en plus liées à la criminalité organisée. Le développement de l'usage de l'internet permet une distribution instantanée de produits piratés dans le monde entier. Le respect effectif du droit matériel de la propriété intellectuelle devrait être assuré par une action spécifique au niveau communautaire. Le rapprochement des législations des États membres en la matière est donc une condition essentielle au bon fonctionnement du marché intérieur.

(10) L'objectif de la présente directive est de rapprocher ces législations afin d'assurer un niveau de protection élevé, équivalent et homogène de la propriété intellectuelle dans le marché intérieur.

(11) La présente directive n'a pas pour objet d'établir des règles harmonisées en matière de coopération judiciaire, de compétence judiciaire, de reconnaissance et d'exécution des décisions en matière civile et commerciale, ni de traiter de la loi applicable. Des instruments communautaires régissent ces matières sur un plan général et sont, en principe, également applicables à la propriété intellectuelle.

(12) La présente directive ne devrait pas avoir d'incidence sur l'application des règles de concurrence, en particulier les articles 81 et 82 du traité. Les mesures prévues par la présente directive ne devraient pas être utilisées pour restreindre indûment la concurrence d'une manière qui soit contraire au traité.

(13) Il est nécessaire de définir le champ d'application de la présente directive de la manière la plus large possible afin d'y inclure l'ensemble des droits de propriété intellectuelle couverts par les dispositions communautaires en la matière et/ou par la législation nationale de l'État membre concerné. Cette exigence ne fait toutefois pas obstacle à la possibilité, pour les États membres qui le souhaitent, d'étendre, pour des besoins internes, les dispositions de la présente directive à des actes relevant de la concurrence déloyale, y compris les copies parasites, ou d'activités similaires.

(14) Les mesures prévues à l'article 6, paragraphe 2, à l'article 8, paragraphe 1, et à l'article 9, paragraphe 2, ne doivent s'appliquer qu'à des actes perpétrés à l'échelle commerciale,

sans préjudice de la possibilité qu'ont les États membres d'appliquer également ces mesures à d'autres actes. Les actes perpétrés à l'échelle commerciale sont ceux qui sont perpétrés en vue d'obtenir un avantage économique ou commercial direct ou indirect, ce qui exclut normalement les actes qui sont perpétrés par des consommateurs finaux agissant de bonne foi.

(15) La présente directive ne devrait pas affecter le droit matériel de la propriété intellectuelle, la directive 95/46/CE du Parlement européen et du Conseil du 24 octobre 1995 relative à la protection des personnes physiques à l'égard du traitement des données à caractère personnel et à la libre circulation de ces données *[JO L 281 du 23 nov. 1995, p. 31. Directive modifiée par le règlement (CE) n° 1882/2003 (JO L 284 du 31 oct. 2003, p. 1)]*, la directive 1999/93/CE du Parlement européen et du Conseil du 13 décembre 1999 sur un cadre communautaire pour les signatures électroniques *[JO L 13 du 19 janv. 2000, p. 12]* et la directive 2000/31/CE du Parlement européen et du Conseil du 8 juin 2000 relative à certains aspects juridiques des services de la société de l'information, et notamment du commerce électronique, dans le marché intérieur *[JO L 178 du 17 juill. 2000, p. 1]*.

(16) Les dispositions de la présente directive devraient être sans préjudice des dispositions particulières concernant le respect des droits et les exceptions dans le domaine du droit d'auteur et des droits voisins prévues dans les instruments communautaires et notamment celles figurant dans la directive 91/250/CEE du Conseil du 14 mai 1991 concernant la protection juridique des programmes d'ordinateur *[JO L 122 du 17 mai 1991, p. 42. Directive modifiée par la directive 93/98/CEE du 29 oct. 1993 (JO L 290 du 24 nov. 1993, p. 9)]* ou dans la directive 2001/29/CE du Parlement européen et du Conseil du 22 mai 2001 sur l'harmonisation de certains aspects du droit d'auteur et des droits voisins dans la société de l'information *[JO L 167 du 22 juin 2001, p. 10]*.

(17) Les mesures, procédures et réparations prévues par la présente directive devraient être déterminées dans chaque cas de manière à tenir dûment compte des caractéristiques spécifiques de ce cas, notamment des caractéristiques spécifiques de chaque droit de propriété intellectuelle et, lorsqu'il y a lieu, du caractère intentionnel ou non intentionnel de l'atteinte commise.

(18) Il convient que les personnes ayant qualité pour demander l'application de ces mesures, procédures et réparations soient non seulement les titulaires de droits, mais aussi les personnes ayant un intérêt direct et le droit d'ester en justice dans la mesure où la législation applicable le permet et conformément à celle-ci, ce qui peut inclure les organisations professionnelles chargées de la gestion de ces droits ou de la défense des intérêts collectifs et individuels dont elles ont la charge.

(19) Étant donné que le droit d'auteur existe dès la création d'une œuvre et ne nécessite pas d'enregistrement formel, il est utile de reprendre la règle énoncée à l'article 15 de la convention de Berne qui établit la présomption selon laquelle l'auteur d'une œuvre littéraire ou artistique est considéré comme tel quand son nom est indiqué sur l'œuvre. Une présomption du même ordre devrait s'appliquer aux détenteurs de droits voisins puisque c'est souvent le titulaire d'un droit voisin, par exemple un producteur de phonogrammes, qui cherchera à défendre les droits et à lutter contre les actes de piratage.

(20) Étant donné que la preuve est un élément capital pour l'établissement de l'atteinte aux droits de propriété intellectuelle, il convient de veiller à ce que des moyens de présenter, d'obtenir et de conserver les éléments de preuve existent effectivement. Les procédures devraient respecter les droits de la défense et être assorties des garanties nécessaires, y compris la protection des renseignements confidentiels. En ce qui concerne les atteintes commises à l'échelle commerciale, il est également important que les juridictions puissent ordonner l'accès, le cas échéant, aux documents bancaires, financiers et commerciaux qui se trouvent sous le contrôle du contrevenant présumé.

(21) D'autres mesures visant à assurer un niveau élevé de protection existent dans certains États membres et devraient être offertes dans tous les États membres. Il en est ainsi du droit d'information, qui permet d'obtenir des informations précises sur l'origine des marchandises ou des services contrefaisants, les circuits de distribution et l'identité des tiers impliqués dans l'atteinte.

(22) Il est également indispensable de prévoir des mesures provisoires permettant de faire cesser immédiatement l'atteinte sans attendre une décision au fond, dans le respect des droits de la défense, en veillant à la proportionnalité des mesures provisoires en fonction des spécificités de chaque cas d'espèce, et en prévoyant les garanties nécessaires pour couvrir les frais et dommages occasionnés à la partie défenderesse par une demande injustifiée. Ces

mesures sont notamment justifiées lorsque tout retard serait de nature à causer un préjudice irréparable au titulaire d'un droit de propriété intellectuelle.

(23) Sans préjudice de toute autre mesure, procédure ou réparation existante, les titulaires des droits devraient avoir la possibilité de demander une injonction à l'encontre d'un intermédiaire dont les services sont utilisés par un tiers pour porter atteinte au droit de propriété industrielle du titulaire. Les conditions et procédures relatives à une telle injonction devraient relever du droit national des États membres. En ce qui concerne les atteintes au droit d'auteur et aux droits voisins, un niveau élevé d'harmonisation est déjà prévu par la directive 2001/29/CE. Il convient, par conséquent, que la présente directive n'affecte pas l'article 8, paragraphe 3, de la directive 2001/29/CE.

(24) Selon les cas et si les circonstances le justifient, les mesures, procédures et réparations à prévoir devraient comprendre des mesures d'interdiction, visant à empêcher de nouvelles atteintes aux droits de propriété intellectuelle. En outre, il devrait exister des mesures correctives, le cas échéant aux frais du contrevenant, telles que le rappel, la mise à l'écart définitive des circuits commerciaux ou la destruction des marchandises contrefaisantes et, dans des cas appropriés, des matériaux et des instruments principalement utilisés pour la création ou la fabrication de ces marchandises. Ces mesures correctives devraient tenir compte des intérêts des tiers y compris, notamment, les consommateurs et les particuliers agissant de bonne foi.

(25) Les États membres devraient avoir la possibilité de prévoir, dans des cas où une atteinte a été commise de manière non intentionnelle et sans négligence et où les mesures correctives ou les injonctions prévues par la présente directive seraient disproportionnées, que, dans des cas appropriés, une réparation pécuniaire puisse être accordée à la partie lésée en tant que mesure alternative. Néanmoins, lorsque l'utilisation commerciale de marchandises de contrefaçon ou la fourniture de services constituent une violation du droit autre que le droit relatif à la propriété intellectuelle ou sont susceptibles de porter atteinte aux consommateurs, cette utilisation ou cette fourniture devrait rester interdite.

(26) En vue de réparer le préjudice subi du fait d'une atteinte commise par un contrevenant qui s'est livré à une activité portant une telle atteinte en le sachant ou en ayant des motifs raisonnables de le savoir, le montant des dommages-intérêts octroyés au titulaire du droit devrait prendre en considération tous les aspects appropriés, tels que le manque à gagner subi par le titulaire du droit ou les bénéfices injustement réalisés par le contrevenant et, le cas échéant, tout préjudice moral causé au titulaire du droit. Le montant des dommages-intérêts pourrait également être calculé, par exemple dans les cas où il est difficile de déterminer le montant du préjudice véritablement subi, à partir d'éléments tels que les redevances ou les droits qui auraient été dus si le contrevenant avait demandé l'autorisation d'utiliser le droit de propriété intellectuelle en question. Le but est non pas d'introduire une obligation de prévoir des dommages-intérêts punitifs, mais de permettre un dédommagement fondé sur une base objective tout en tenant compte des frais encourus par le titulaire du droit tels que les frais de recherche et d'identification.

(27) A titre de dissuasion complémentaire à l'égard de futurs contrevenants et pour contribuer à la prise de conscience du public au sens large, il est utile d'assurer la diffusion des décisions rendues dans les affaires d'atteinte à la propriété intellectuelle.

(28) En plus des mesures, procédures et réparations de nature civile et administrative prévues au titre de la présente directive, des sanctions pénales constituent également, dans des cas appropriés, un moyen d'assurer le respect des droits de propriété intellectuelle.

(29) L'industrie devrait participer activement à la lutte contre la piraterie et la contrefaçon. Le développement de codes de conduite dans les milieux directement concernés représente un moyen complémentaire au cadre réglementaire. Les États membres, en collaboration avec la Commission, devraient encourager l'élaboration de codes de conduite en général. Le contrôle de la fabrication des disques optiques, notamment au moyen d'un code d'identification appliqué sur les disques fabriqués dans la Communauté, contribue à limiter les atteintes aux droits de propriété intellectuelle dans ce secteur, qui subit une piraterie à grande échelle. Néanmoins, ces mesures techniques de protection ne devraient pas être utilisées de manière abusive dans le but de cloisonner les marchés et de contrôler les importations parallèles.

(30) Afin de faciliter l'application uniforme de la présente directive, il convient de prévoir des mécanismes de coopération et un échange d'informations entre les États membres, d'une part, et entre ceux-ci et la Commission, d'autre part, notamment en mettant en place un réseau de correspondants désignés par les États membres et en présentant des rapports

réguliers évaluant l'application de la présente directive et l'efficacité des mesures prises par les différents organismes nationaux.

(31) Étant donné que, pour les raisons mentionnées, l'objectif de la présente directive peut être mieux réalisé au niveau communautaire, la Communauté peut prendre des mesures, conformément au principe de subsidiarité consacré à l'article 5 du traité. Conformément au principe de proportionnalité tel qu'énoncé audit article, la présente directive n'excède pas ce qui est nécessaire pour atteindre cet objectif.

(32) La présente directive respecte les droits fondamentaux et observe les principes, qui sont reconnus notamment par la charte des droits fondamentaux de l'Union européenne. En particulier, la présente directive vise à assurer le plein respect de la propriété intellectuelle, conformément à l'article 17, paragraphe 2, de cette charte.

CHAPITRE PREMIER *Objet et champ d'application*

Art. 1er *Objet.* La présente directive concerne les mesures, procédures et réparations nécessaires pour assurer le respect des droits de propriété intellectuelle. Aux fins de la présente directive, l'expression « droits de propriété intellectuelle » inclut les droits de propriété industrielle.

Art. 2 *Champ d'application.* 1. Sans préjudice des moyens prévus ou pouvant être prévus dans la législation communautaire ou nationale, pour autant que ces moyens soient plus favorables aux titulaires de droits, les mesures, procédures et réparations prévues par la présente directive s'appliquent, conformément à l'article 3, à toute atteinte aux droits de propriété intellectuelle prévue par la législation communautaire et/ou la législation nationale de l'État membre concerné.

2. La présente directive est sans préjudice des dispositions particulières concernant le respect des droits et les exceptions prévues par la législation communautaire dans le domaine du droit d'auteur et des droits voisins du droit d'auteur et notamment par la directive 91/250/CEE, en particulier son article 7, ou par la directive 2001/29/CE, en particulier ses articles 2 à 6 et son article 8.

3. La présente directive n'affecte pas :

a) les dispositions communautaires régissant le droit matériel de la propriété intellectuelle, la directive 95/46/CE, la directive 1999/93/CE et la directive 2000/31/CE en général et les articles 12 à 15 de cette dernière directive en particulier ;

b) les obligations découlant, pour les États membres, des conventions internationales, et notamment de l'accord sur les ADPIC, y compris celles relatives aux procédures pénales et aux sanctions applicables ;

c) l'ensemble des dispositions nationales des États membres relatives aux procédures pénales ou aux sanctions applicables en cas d'atteinte aux droits de propriété intellectuelle.

CHAPITRE II *Mesures, procédures et réparations*

SECTION I *Dispositions générales*

Art. 3 *Obligation générale.* 1. Les États membres prévoient les mesures, procédures et réparations nécessaires pour assurer le respect des droits de propriété intellectuelle visés par la présente directive. Ces mesures, procédures et réparations doivent être loyales et équitables, ne doivent pas être inutilement complexes ou coûteuses et ne doivent pas comporter de délais déraisonnables ni entraîner de retards injustifiés.

2. Les mesures, procédures et réparations doivent également être effectives, proportionnées et dissuasives et être appliquées de manière à éviter la création d'obstacles au commerce légitime et à offrir des sauvegardes contre leur usage abusif.

Art. 4 *Personnes ayant qualité pour demander l'application des mesures, procédures et réparations.* Les États membres reconnaissent qu'ont qualité pour demander l'application des mesures, procédures et réparations visées au présent chapitre :

a) les titulaires de droits de propriété intellectuelle, conformément aux dispositions de la législation applicable ;

b) toutes les autres personnes autorisées à utiliser ces droits, en particulier les licenciés, dans la mesure où la législation applicable le permet et conformément à celle-ci ;

c) les organismes de gestion collective des droits de propriété intellectuelle régulièrement reconnus comme ayant qualité pour représenter des titulaires de droits de propriété intellectuelle, dans la mesure où les dispositions de la législation applicable le permettent et conformément à celles-ci ;

d) les organismes de défense professionnels régulièrement reconnus comme ayant qualité pour représenter des titulaires de droits de propriété intellectuelle, dans la mesure où les dispositions de la législation applicable le permettent et conformément à celles-ci.

Art. 5 *Présomption de la qualité d'auteur ou de titulaire du droit.* Aux fins de l'application des mesures, procédures et réparations prévues dans la présente directive,

a) pour que l'auteur d'une œuvre littéraire ou artistique soit, jusqu'à preuve du contraire, considéré comme tel et admis en conséquence à exercer des poursuites contre les contrefacteurs, il suffit que son nom soit indiqué sur l'œuvre de la manière usuelle ;

b) le point *a)* s'applique *mutatis mutandis* aux titulaires de droits voisins du droit d'auteur en ce qui concerne leur objet protégé.

SECTION II *Preuves*

Art. 6 *Éléments de preuve.* 1. Les États membres veillent à ce que, sur requête d'une partie qui a présenté des éléments de preuve raisonnablement accessibles et suffisants pour étayer ses allégations et précisé les éléments de preuve à l'appui de ses allégations qui se trouvent sous le contrôle de la partie adverse, les autorités judiciaires compétentes puissent ordonner que ces éléments de preuve soient produits par la partie adverse, sous réserve que la protection des renseignements confidentiels soit assurée. Aux fins du présent paragraphe, les États membres peuvent prévoir qu'un échantillon raisonnable d'un nombre substantiel de copies d'une œuvre ou de tout autre objet protégé est considéré par les autorités judiciaires compétentes comme constituant des éléments de preuve suffisants.

2. Dans les mêmes conditions, en cas d'atteinte commise à l'échelle commerciale, les États membres prennent les mesures nécessaires pour permettre aux autorités judiciaires compétentes, le cas échéant, sur requête d'une partie, d'ordonner la communication de documents bancaires, financiers ou commerciaux, qui se trouvent sous le contrôle de la partie adverse, sous réserve que la protection des renseignements confidentiels soit assurée.

Art. 7 *Mesures de conservation des preuves.* 1. Avant même l'engagement d'une action au fond, les États membres veillent à ce que les autorités judiciaires compétentes puissent, sur requête d'une partie qui a présenté des éléments de preuve raisonnablement accessibles pour étayer ses allégations selon lesquelles il a été porté atteinte à son droit de propriété intellectuelle ou qu'une telle atteinte est imminente, ordonner des mesures provisoires rapides et efficaces pour conserver les éléments de preuve pertinents, au regard de l'atteinte alléguée, sous réserve que la protection des renseignements confidentiels soit assurée. De telles mesures peuvent inclure la description détaillée avec ou sans prélèvement d'échantillons, ou la saisie réelle des marchandises litigieuses et, dans les cas appropriés, des matériels et instruments utilisés pour produire et/ou distribuer ces marchandises ainsi que des documents s'y rapportant. Ces mesures sont prises, le cas échéant, sans que l'autre partie soit entendue, notamment lorsque tout retard est susceptible de causer un préjudice irréparable au titulaire du droit ou lorsqu'il existe un risque démontrable de destruction des éléments de preuve.

Dans les cas où les mesures de conservation des preuves sont adoptées sans que l'autre partie ait été entendue, les parties affectées en sont avisées, sans délai après l'exécution des mesures au plus tard. Une révision, y compris le droit d'être entendu, a lieu à la demande des parties affectées afin qu'il soit décidé, dans un délai raisonnable après la notification des mesures, si celles-ci sont modifiées, abrogées ou confirmées.

2. Les États membres veillent à ce que les mesures de conservation des preuves puissent être subordonnées à la constitution par le requérant d'une caution ou d'une garantie équivalente adéquate, destinée à assurer l'indemnisation de tout préjudice subi par le défendeur, conformément au paragraphe 4.

3. Les États membres veillent à ce que les mesures de conservation des preuves soient abrogées ou cessent de produire leurs effets d'une autre manière, à la demande du défendeur, sans préjudice des dommages-intérêts qui peuvent être réclamés, si le demandeur n'a pas engagé, dans un délai raisonnable, d'action conduisant à une décision au fond devant l'autorité judiciaire compétente, délai qui sera déterminé par l'autorité judiciaire ordonnant les mesures lorsque la législation de l'État membre le permet ou, en l'absence d'une telle détermination, dans un délai ne dépassant pas vingt jours ouvrables ou trente et un jours civils si ce délai est plus long.

4. Dans les cas où les mesures de conservation des preuves sont abrogées ou cessent d'être applicables en raison de toute action ou omission du demandeur, ou dans les cas où il est constaté ultérieurement qu'il n'y a pas eu atteinte ou menace d'atteinte à un droit de propriété intellectuelle, les autorités judiciaires sont habilitées à ordonner au demandeur, à la

demande du défendeur, d'accorder à ce dernier un dédommagement approprié en réparation de tout dommage causé par ces mesures.

5. Les États membres peuvent prendre des mesures pour protéger l'identité des témoins.

SECTION III *Droit d'information*

Art. 8 *Droit d'information.* 1. Les États membres veillent à ce que, dans le cadre d'une action relative à une atteinte à un droit de propriété intellectuelle et en réponse à une demande justifiée et proportionnée du requérant, les autorités judiciaires compétentes puissent ordonner que des informations sur l'origine et les réseaux de distribution des marchandises ou des services qui portent atteinte à un droit de propriété intellectuelle soient fournies par le contrevenant et/ou toute autre personne qui :

a) a été trouvée en possession des marchandises contrefaisantes à l'échelle commerciale ;

b) a été trouvée en train d'utiliser des services contrefaisants à l'échelle commerciale ;

c) a été trouvée en train de fournir, à l'échelle commerciale, des services utilisés dans des activités contrefaisantes,

ou

d) a été signalée, par la personne visée aux points *a)*, *b)* ou *c)*, comme intervenant dans la production, la fabrication ou la distribution des marchandises ou la fourniture des services.

2. Les informations visées au paragraphe 1 comprennent, selon les cas :

a) les noms et adresses des producteurs, fabricants, distributeurs, fournisseurs et autres détenteurs antérieurs des marchandises ou des services, ainsi que des grossistes destinataires et des détaillants ;

b) des renseignements sur les quantités produites, fabriquées, livrées, reçues ou commandées, ainsi que sur le prix obtenu pour les marchandises ou services en question.

3. Les paragraphes 1 et 2 s'appliquent sans préjudice d'autres dispositions législatives et réglementaires qui :

a) accordent au titulaire le droit de recevoir une information plus étendue ;

b) régissent l'utilisation au civil ou au pénal des informations communiquées en vertu du présent article ;

c) régissent la responsabilité pour abus du droit à l'information ;

d) donnent la possibilité de refuser de fournir des informations qui contraindraient la personne visée au paragraphe 1 à admettre sa propre participation ou celle de ses proches parents à une atteinte à un droit de propriété intellectuelle,

ou

e) régissent la protection de la confidentialité des sources d'information ou le traitement des données à caractère personnel.

1. Art. 8, § 1. L'art. 8, § 1, de la Dir. 2004/48/CE doit être interprété en ce sens qu'il s'applique à une situation dans laquelle, après la clôture définitive d'une action ayant abouti à la constatation d'une atteinte à un droit de propriété intellectuelle, un requérant demande, dans une procédure autonome, des informations sur l'origine et les réseaux de distribution des marchandises ou des services qui portent atteinte à ce droit. • CJUE 18 janv. 2017, *New Wave CZ*, n° C-427/15 : *RTD com. 2017. 96, obs. Pollaud-Dulian ; PIBD 2017. III. 243 ; CCE 2017, n° 51, obs. Caron.*

2. Art. 8, § 3. Secret bancaire. L'art. 8, § 3, sous *e)*, de la Dir. n° 2004/48/CE doit être interprété en ce sens qu'il s'oppose à une disposition nationale qui autorise, de manière illimitée et inconditionnelle, un établissement bancaire à exciper du secret bancaire pour refuser de fournir des informations portant sur le nom et l'adresse du titulaire d'un compte. Une telle disposition est en effet de nature à entraîner une atteinte caractérisée au droit fondamental à un recours effectif et, en définitive, au droit fondamental de propriété intellectuelle, dont bénéficient les titulaires de ces droits, et ne respecte pas l'exigence consistant à assurer un juste équilibre entre les différents droits fondamentaux mis en balance à l'art. 8 de la Dir. (CE) n° 2004/48. • CJUE 16 juill. 2015, *Coty Germany GmbH*, n° C-580/13 : *V. note 5 ss. art. L. 716-7-1.*

SECTION IV *Mesures provisoires et conservatoires*

Art. 9 *Mesures provisoires et conservatoires.* 1. Les États membres veillent à ce que les autorités judiciaires compétentes puissent, à la demande du requérant :

a) rendre à l'encontre du contrevenant supposé une ordonnance de référé visant à prévenir toute atteinte imminente à un droit de propriété intellectuelle, à interdire, à titre provisoire et sous réserve, le cas échéant, du paiement d'une astreinte lorsque la législation nationale le prévoit, que les atteintes présumées à ce droit se poursuivent, ou à subordonner leur poursuite à la constitution de garanties destinées à assurer l'indemnisation du titulaire du droit ; une ordonnance de référé peut également être rendue, dans les mêmes conditions, à l'encontre d'un intermédiaire dont les services sont utilisés par un tiers pour porter atteinte à un droit de propriété intellectuelle ; les injonctions à l'encontre des intermédiaires dont les services sont utilisés par un tiers pour porter atteinte à un droit d'auteur ou à un droit voisin sont couvertes par la directive 2001/29/CE ;

b) ordonner la saisie ou la remise des marchandises qui sont soupçonnées de porter atteinte à un droit de propriété intellectuelle pour empêcher leur introduction ou leur circulation dans les circuits commerciaux.

2. Dans le cas d'une atteinte commise à l'échelle commerciale, les États membres veillent à ce que les autorités judiciaires compétentes puissent ordonner, si la partie lésée justifie de circonstances susceptibles de compromettre le recouvrement des dommages-intérêts, la saisie conservatoire des biens mobiliers et immobiliers du contrevenant supposé, y compris le blocage de ses comptes bancaires et autres avoirs. A cette fin, les autorités compétentes peuvent ordonner la communication de documents bancaires, financiers ou commerciaux ou l'accès approprié aux informations pertinentes.

3. Les autorités judiciaires sont habilitées, dans le cadre des mesures visées aux paragraphes 1 et 2, à exiger du requérant qu'il fournisse tout élément de preuve raisonnablement accessible afin d'acquérir avec une certitude suffisante la conviction qu'il est le titulaire du droit et qu'il est porté atteinte à son droit ou que cette atteinte est imminente.

4. Les États membres veillent à ce que les mesures provisoires visées aux paragraphes 1 et 2 puissent, dans les cas appropriés, être adoptées sans que le défendeur soit entendu, en particulier lorsque tout retard serait de nature à causer un préjudice irréparable au titulaire du droit. Dans ce cas, les parties en sont avisées sans délai, après l'exécution des mesures au plus tard.

Une révision, y compris le droit d'être entendu, a lieu à la demande du défendeur afin qu'il soit décidé, dans un délai raisonnable après la notification des mesures, si celles-ci sont modifiées, abrogées ou confirmées.

5. Les États membres veillent à ce que les mesures provisoires visées aux paragraphes 1 et 2 soient abrogées, ou cessent de produire leurs effets d'une autre manière, à la demande du défendeur, si le demandeur n'a pas engagé, dans un délai raisonnable, d'action conduisant à une décision au fond devant l'autorité judiciaire compétente, délai qui sera déterminé par l'autorité judiciaire ordonnant les mesures lorsque la législation de l'État membre le permet ou, en l'absence d'une telle détermination, dans un délai ne dépassant pas vingt jours ouvrables ou trente et un jours civils si ce délai est plus long.

6. Les autorités judiciaires compétentes peuvent subordonner les mesures provisoires visées aux paragraphes 1 et 2 à la constitution par le demandeur d'une caution ou d'une garantie équivalente adéquate, destinée à assurer l'indemnisation éventuelle du préjudice subi par le défendeur, conformément aux dispositions du paragraphe 7.

7. Dans les cas où les mesures provisoires sont abrogées ou cessent d'être applicables en raison de toute action ou omission du demandeur, ou dans les cas où il est constaté ultérieurement qu'il n'y a pas eu atteinte ou menace d'atteinte à un droit de propriété intellectuelle, les autorités judiciaires sont habilitées à ordonner au demandeur, à la demande du défendeur, d'accorder à ce dernier un dédommagement approprié en réparation de tout dommage causé par ces mesures.

SECTION V *Mesures résultant d'un jugement quant au fond*

Art. 10 *Mesures correctives.* 1. Sans préjudice des éventuels dommages-intérêts dus au titulaire du droit à raison de l'atteinte et sans dédommagement d'aucune sorte, les États membres veillent à ce que les autorités judiciaires compétentes puissent ordonner à la demande de la partie demanderesse, que des mesures appropriées soient prises à l'égard des marchandises dont elles auront constaté qu'elles portent atteinte à un droit de propriété intellectuelle et, dans les cas appropriés, à l'égard des matériaux et instruments ayant principalement servi à la création ou à la fabrication de ces marchandises. Parmi ces mesures figureront notamment :

a) le rappel des circuits commerciaux ;

b) la mise à l'écart définitive des circuits commerciaux,

ou

c) la destruction.

2. Les autorités judiciaires ordonnent que ces mesures soient mises en œuvre aux frais du contrevenant, à moins que des raisons particulières ne s'y opposent.

3. Lors de l'examen d'une demande de mesures correctives, il sera tenu compte du fait qu'il doit y avoir proportionnalité entre la gravité de l'atteinte et les mesures correctives ordonnées, ainsi que des intérêts des tiers.

Art. 11 *Injonctions.* **Les États membres veillent à ce que, lorsqu'une décision judiciaire a été prise constatant une atteinte à un droit de propriété intellectuelle, les autorités judiciaires compétentes puissent rendre à l'encontre du contrevenant une injonction visant à interdire la poursuite de cette atteinte. Lorsque la législation nationale le prévoit, le non-respect d'une injonction est, le cas échéant, passible d'une astreinte, destinée à en assurer l'exécution. Les États membres veillent également à ce que les titulaires de droits puissent demander une injonction à l'encontre des intermédiaires dont les services sont utilisés par un tiers pour porter atteinte à un droit de propriété intellectuelle, sans préjudice de l'article 8, paragraphe 3, de la directive 2001/29/CE.**

L'art. 11, 3e phr., de la Dir. 2004/48/CE doit être interprété en ce sens que relève de la notion d'« intermédiaire dont les services sont utilisés par un tiers pour porter atteinte à un droit de propriété intellectuelle », au sens de cette disposition, le locataire de halles de marché qui sous-loue les différents points de vente situés dans ces halles à des marchands, dont certains utilisent leur emplacement pour vendre des marchandises contrefaisantes de produits de marque. Les conditions auxquelles est subordonnée l'injonction visant à interdire la poursuite d' une atteinte à un droit de propriété intellectuelle adressée à un intermédiaire qui fournit un service de location de points de vente dans des halles de marché, sont identiques à celles relatives aux injonctions pouvant être adressées aux intermédiaires sur une place de marché en ligne. • CJUE 7 juill. 2016, *Tommy Hilfiger licensing*, n° C-494/15 : *PIBD 2016. III. 655 ; CCE 2016, n° 68, note Caron ; Propr. ind. 2016, n° 61, obs. Folliard-Monguiral ; LEPI 2016, n° 9, p 7, obs. Le franc.* ♦ Sur les injonctions pouvant ête adressées aux intermédiaires de places de marché en ligne, V. • CJUE 12 juill. 2011, *L'Oréal et a.*, n° C-324/09 : *cité note 12 ss. art. 5 de la Dir. 2008/95/CE du 22 oct. 2008.*

Art. 12 *Mesures alternatives.* **Les États membres peuvent prévoir que, dans des cas appropriés et à la demande de la personne passible des mesures prévues à la présente section, les autorités judiciaires compétentes peuvent ordonner le paiement à la partie lésée d'une réparation pécuniaire à la place de l'application des mesures prévues à la présente section, si cette personne a agi de manière non intentionnelle et sans négligence et si l'exécution des mesures en question entraînerait pour elle un dommage disproportionné et si le versement d'une réparation pécuniaire à la partie lésée paraît raisonnablement satisfaisant.**

SECTION VI *Dommages-intérêts et frais de justice*

BIBL. ▶ MARTIN, *Propr. ind. 2004. Chron. 17* (le nouveau régime des dommages-intérêts de contrefaçon de titres de propriété intellectuelle selon la directive européenne du 29 avril 2004).

Art. 13 *Dommages-intérêts.* **1. Les États membres veillent à ce que, à la demande de la partie lésée, les autorités judiciaires compétentes ordonnent au contrevenant qui s'est livré à une activité contrefaisante en le sachant ou en ayant des motifs raisonnables de le savoir de verser au titulaire du droit des dommages-intérêts adaptés au préjudice que celui-ci a réellement subi du fait de l'atteinte.**

Lorsqu'elles fixent les dommages-intérêts, les autorités judiciaires :

a) **prennent en considération tous les aspects appropriés tels que les conséquences économiques négatives, notamment le manque à gagner, subies par la partie lésée, les bénéfices injustement réalisés par le contrevenant et, dans des cas appropriés, des éléments autres que des facteurs économiques, comme le préjudice moral causé au titulaire du droit du fait de l'atteinte,**

ou

b) **à titre d'alternative, peuvent décider, dans des cas appropriés, de fixer un montant forfaitaire de dommages-intérêts, sur la base d'éléments tels que, au moins, le montant des redevances ou droits qui auraient été dus si le contrevenant avait demandé l'autorisation d'utiliser le droit de propriété intellectuelle en question.**

2. Lorsque le contrevenant s'est livré à une activité contrefaisante sans le savoir ou sans avoir de motifs raisonnables de le savoir, les États membres peuvent prévoir que les autorités judiciaires pourront ordonner le recouvrement des bénéfices ou le paiement de dommages-intérêts susceptibles d'être préétablis.

1. Préjudice moral. L'art. 13, § 1, de la Dir. 2004/48/CE sur le respect des droits de propriété intellectuelle doit être interprété en ce sens qu'il permet à la personne lésée, qui réclame une indemnisation de son dommage matériel calculée de manière forfaitaire sur la base du montant des redevances ou des droits qui lui auraient été dus si le contrevenant lui avait demandé l'autorisation de faire usage du droit de propriété intellectuelle en cause (art. 13, § 1, al. 2, ss. b), de réclamer de surcroît l'indemnisation de son préjudice moral (art. 13, § 1, al. 2, ss a).

• CJUE 17 mars 2016, *Christian Liffers,* n° C-99/15 : *Dalloz IP/IT 2016. 352, obs. Maréchal* ; *RLDI avr. 2016. 13, obs. Costes ; CCE 2016, n° 67, note Caron ; Propr. intell. 2016, n° 60, p. 346, note Bruguière.*

2. Actes des tiers. Le Règl. (CE) n° 207/2009 sur la marque de l'UE ne contenant pas de disposition spécifique quant à l'indemnisation du préjudice né d'une contrefaçon, il convient d'appliquer l'art. 13 de la Dir. 2004/48/CE sur le respect des droits de propriété intellectuelle. Cette disposition pose des règles d'indemnisation différentes selon que le contrefacteur a commis la contrefaçon sciemment (art. 13, § 1) ou si il s'est livré à une activité contrefaisante sans le savoir ou sans avoir de motifs raisonnables de le savoir (art. 13, § 2). Dans le premier cas, qui ne s'applique qu'à des actes intervenus après la publication de l'enregistrement de la marque de l'UE, la victime pourra obtenir la réparation intégrale de son préjudice économique (manque à gagner et bénéfices injustement réalisés par le contrefacteur) et de son préjudice moral ; dans le second cas, qui s'applique notamment aux actes qui se situent entre la publication de la demande de marque de l'UE et la publication de l'enregistrement de celle-ci, elle pourra bénéficier d'une « indemnité raisonnable » prévue par l'art. 9, § 3, du Règl. 207/2009, laquelle ne saurait être supérieure à l'indemnité réduite prévue dans l'art. 13, § 1, ss. b) de la Dir. 2004/48/CE. • CJUE 22 juin 2016, *Irina Nicolaievna,* n° C-280/15 : *D. 2017. 318, obs. Clavier* ; *Propr. ind. 2016, n° 69, note Folliard-Monguira ; Propr. intell. 2016, n° 60, p. 375, obs. Basire.*

3. Dommages et intérêts punitifs. La personne lésée peut demander soit la réparation du dommage qu'elle a subi, soit, sans avoir à démontrer le préjudice effectif, le paiement d'une somme correspondant au double de la rémunération appropriée qui aurait été due au titre d'une autorisation d'utilisation de l'œuvre concernée. • CJUE 25 janv. 2017, n° C-367/15 : *Propr. ind. 2017. Étude 15, note Gisclard ; CCE 2017, n° 30, note Caron ; Propr. intell. 2017, n° 63, p. 59, note Bruguière.*

Art. 14 *Frais de justice.* **Les États membres veillent à ce que les frais de justice raisonnables et proportionnés et les autres frais exposés par la partie ayant obtenu gain de cause soient, en règle générale, supportés par la partie qui succombe, à moins que l'équité ne le permette pas.**

SECTION VII *Mesures de publicité*

Art. 15 *Publication des décisions judiciaires.* **Les États membres veillent à ce que, dans le cadre d'actions en justice engagées pour atteinte à un droit de propriété intellectuelle, les autorités judiciaires puissent ordonner, à la demande du requérant et aux frais du contrevenant, des mesures appropriées pour la diffusion de l'information concernant la décision, y inclus l'affichage de la décision ainsi que sa publication intégrale ou partielle. Les États membres peuvent prévoir des mesures supplémentaires de publicité adaptées aux circonstances particulières, y compris une publicité de grande ampleur.**

CHAPITRE III *Sanctions appliquées par les États membres*

Art. 16 *Sanctions appliquées par les États membres.* **Sans préjudice des mesures, procédures et réparations de nature civile et administrative prévues par la présente directive, les États membres peuvent appliquer d'autres sanctions appropriées en cas d'atteinte à des droits de propriété intellectuelle.**

CHAPITRE IV *Codes de conduite et coopération administrative*

Art. 17 *Codes de conduite.* **Les États membres encouragent :**

a) **l'élaboration, par les associations ou organisations d'entreprises ou professionnelles, de codes de conduite au niveau communautaire destinés à contribuer au respect des droits de propriété intellectuelle, notamment en préconisant l'utilisation sur les disques optiques d'un code permettant d'identifier l'origine de leur fabrication ;**

b) **la transmission à la Commission des projets de codes de conduite au niveau national ou communautaire et des évaluations éventuelles relatives à l'application de ces codes de conduite.**

Art. 18 *Évaluation.* **1. Trois ans après la date prévue à l'article 20, paragraphe 1, chaque État membre transmet un rapport à la Commission relatif à la mise en œuvre de la présente directive.**

Sur la base de ces rapports, la Commission établit un rapport relatif à l'application de la présente directive, comportant notamment une évaluation de l'efficacité des mesures prises ainsi qu'une appréciation de son incidence sur l'innovation et le développement de la société de l'information. Ce rapport est transmis au Parlement européen, au Conseil et au Comité

économique et social européen. Il est accompagné, le cas échéant, et à la lumière de l'évolution de l'ordre juridique communautaire, de propositions de modifications de la présente directive.

2. Les États membres apportent à la Commission l'aide et l'assistance dont elle peut avoir besoin pour l'établissement du rapport visé au paragraphe 1, deuxième alinéa.

Art. 19 *Échange d'informations et correspondants.* Afin de promouvoir la coopération, notamment l'échange d'informations, entre les États membres et entre les États membres et la Commission, chaque État membre désigne un ou plusieurs correspondants nationaux chargés de toutes les questions relatives à la mise en œuvre des mesures prévues par la présente directive. Il communique les coordonnées du (des) correspondant(s) national (nationaux) aux autres États membres et à la Commission.

CHAPITRE V *Dispositions finales*

Art. 20 *Transposition.* 1. Les États membres mettent en vigueur les dispositions législatives, réglementaires et administratives nécessaires pour se conformer à la présente directive au plus tard le 29 avril 2006. Ils en informent immédiatement la Commission.

Lorsque les États membres adoptent ces dispositions, celles-ci contiennent une référence à la présente directive ou sont accompagnées d'une telle référence lors de leur publication officielle. Les modalités de cette référence sont arrêtées par les États membres.

2. Les États membres communiquent à la Commission le texte des dispositions de droit interne qu'ils adoptent dans le domaine régi par la présente directive.

Art. 21 *Entrée en vigueur.* La présente directive entre en vigueur le vingtième jour suivant celui de sa publication au *Journal officiel* de l'Union européenne.

Art. 22 *Destinataires.* Les État membres sont destinataires de la présente directive.

Règlement (UE) n° 1215/2012 du 12 décembre 2012,

Concernant la compétence judiciaire, la reconnaissance et l'exécution des décisions en matière civile et commerciale (refonte).

Ce texte abroge à compter du 10 janv. 2015 le Règl. (CE) n° 44/2001 du 22 déc. 2001 concernant la compétence judiciaire, la reconnaissance et l'exécution des décisions en matière civile et commerciale (V. supra).

SECTION II *Compétences spéciales*

Art. 7 Une personne domiciliée sur le territoire d'un État membre peut être attraite dans un autre État membre :

1) a) en matière contractuelle, devant la juridiction du lieu d'exécution de l'obligation qui sert de base à la demande ;

b) aux fins de l'application de la présente disposition, et sauf convention contraire, le lieu d'exécution de l'obligation qui sert de base à la demande est :

— pour la vente de marchandises, le lieu d'un État membre où, en vertu du contrat, les marchandises ont été ou auraient dû être livrées,

— pour la fourniture de services, le lieu d'un État membre où, en vertu du contrat, les services ont été ou auraient dû être fournis ;

c) le point a) s'applique si le point b) ne s'applique pas ;

2) en matière délictuelle ou quasi délictuelle, devant la juridiction du lieu où le fait dommageable s'est produit ou risque de se produire ;

3) s'il s'agit d'une action en réparation de dommage ou d'une action en restitution fondées sur une infraction, devant la juridiction saisie de l'action publique, dans la mesure où, selon sa loi, cette juridiction peut connaître de l'action civile ;

4) s'il s'agit d'une action civile, fondée sur le droit de propriété, en restitution d'un bien culturel au sens de l'article 1er, point 1), de la directive 93/7/CEE, engagée par la personne revendiquant le droit de récupérer un tel bien, devant la juridiction du lieu où le bien culturel est situé au moment de la saisine ;

5) s'il s'agit d'une contestation relative à l'exploitation d'une succursale, d'une agence ou de tout autre établissement, devant la juridiction du lieu de leur situation ;

6) s'il s'agit d'une action engagée à l'encontre d'un fondateur, d'un *trustee* ou d'un bénéficiaire d'un trust constitué soit en application de la loi, soit par écrit ou par une convention verbale, confirmée par écrit, devant les juridictions de l'État membre sur le territoire duquel le trust a son domicile ;

7) s'il s'agit d'une contestation relative au paiement de la rémunération réclamée en raison de l'assistance ou du sauvetage dont a bénéficié une cargaison ou un fret, devant la juridiction dans le ressort duquel cette cargaison ou le fret s'y rapportant :

a) a été saisi pour garantir ce paiement ; ou

b) aurait pu être saisi à cet effet, mais une caution ou une autre sûreté a été donnée,

cette disposition ne s'applique que s'il est prétendu que le défendeur a un droit sur la cargaison ou sur le fret ou qu'il avait un tel droit au moment de cette assistance ou de ce sauvetage. — *[Règl. n° 44/2001 du 22 déc. 2001, art. 5.]*

Atteinte aux droits patrimoniaux de l'auteur. Site internet. Juridiction compétente. L'art. 5, point 3, du Règl. (CE) n° 44/2001 [Règl. 1215/2012, art. 7, pt. 2] doit être interprété en ce sens qu'un litige relatif à l'atteinte à une marque enregistrée dans un État membre du fait de l'utilisation, par un annonceur, d'un mot-clé identique à ladite marque sur le site internet d'un moteur de recherche opérant sous un domaine national de premier niveau d'un autre État membre peut être porté soit devant les juridictions de l'État membre dans lequel la marque est enregistrée, soit devant celles de l'État membre du lieu d'établissement de l'annonceur. • CJUE 19 avr. 2012, n° C-523/10 : *D. 2012. 1926, note Azzi ; ibid. 2014. Pan. 338, obs. Martial-Braz ; RTD com. 2012. 554, obs. Pollaud-Dulian ; LEPI juill. 2012, p. 7, obs. Lefranc.* ♦ L'art. 5, point 3, du Règl. (CE) n° 44/2001 [Règl. (UE) 1215/2012, art. 7, pt 2] doit être interprété en ce sens que, en cas d'atteinte alléguée aux droits patrimoniaux garantis par l'État membre de la juridiction saisie, celle-ci est compétente pour connaître d'une action en responsabilité introduite par l'auteur d'une œuvre à l'encontre d'une société établie dans un autre État membre et ayant, dans celui-ci, reproduit ladite œuvre sur un support matériel qui est ensuite vendu par des sociétés établies dans un troisième État membre, par l'intermédiaire d'un site internet accessible également dans le ressort de la juridiction saisie. Cette juridiction n'est compétente que pour connaître du seul dommage causé sur le territoire de l'État membre dont elle relève. • CJUE 3 oct. 2013, n° C-170/12 : *D. 2013. AJ 2345 ; RTD com. 2013. 731, obs. Pollaud-Dulian ; Légipresse 2014, n° 313, p. 88, note Bergé.* ♦ En application de l'art. 5, § 3 [Règl. n° 1215/2012, art. 7, pt. 2], l'accessibilité, dans le ressort de la juridiction saisie, d'un site internet commercialisant le CD argué de contrefaçon est de nature à justifier la compétence de cette juridiction, prise comme celle du lieu de la matérialisation du dommage allégué. • Civ. 1re, 22 janv. 2014, n° 10-15.890 P : *Dalloz actualité, 6 févr. 2014, obs. Mélin ; Gaz. Pal. 19 et 20 févr. 2014, note Rousseau ; LPA, 11 févr. 2014, p. 9, note Legrand.* ♦ L'art. 5, point 3 [Règl. (UE) n° 1215/2012, art. 7, pt. 2], doit être interprété en ce sens que, en cas de pluralité d'auteurs supposés d'un dommage allégué aux droits patrimoniaux d'auteur protégés dans l'État membre dont relève la juridiction saisie, cette disposition ne permet pas d'établir, au titre du lieu de l'événement causal de ce dommage, la compétence d'une juridiction dans le ressort de laquelle celui des auteurs supposés qui est attrait n'a pas agi, mais elle permet d'établir la compétence de cette juridiction au titre du lieu de matérialisation du dommage allégué à condition que celui-ci risque de se matérialiser dans le ressort de la juridiction saisie. Dans cette dernière hypothèse, cette juridiction n'est compétente que pour connaître du seul dommage causé sur le territoire de l'État membre dont elle relève. • CJUE 3 avr. 2014, n° C-387/12 : *D. 2014. Actu. 982.* ♦ L'art. 5, point 3, du Règl. (CE) n° 44/2001 [Règl. n° 1215/2012, art. 7, pt. 2] doit être interprété en ce sens que, en cas d'atteinte alléguée aux droits d'auteur et aux droits voisins du droit d'auteur garantis par l'État membre de la juridiction saisie, celle-ci est compétente, au titre du lieu de la matérialisation du dommage, pour connaître d'une action en responsabilité pour l'atteinte à ces droits du fait de la mise en ligne de photographies protégées sur un site internet accessible dans son ressort. Cette juridiction n'est compétente que pour connaître du seul dommage causé sur le territoire de l'État membre dont elle relève. • CJUE 22 janv. 2015, n° C-441/13 : *D. 2015. 1056, obs. Gaudemet-Tallon et Jault-Seseke ; ibid. 2214, obs. Larrieu ; RTD com. 2015. 179, obs. Marmisse-d'Abbadie d'Arrast ; Légipresse 2015. 165, note Bergé ; Propr. intell. 2015, n° 56, p. 300, note A. Lucas.*

SECTION VI *Compétences exclusives*

Art. 24 Sont seules compétentes les juridictions ci-après d'un État membre, sans considération de domicile des parties :

1) en matière de droits réels immobiliers et de baux d'immeubles, les juridictions de l'État membre où l'immeuble est situé.

Toutefois, en matière de baux d'immeubles conclus en vue d'un usage personnel temporaire pour une période maximale de six mois consécutifs, sont également compétentes les juridictions de l'État membre dans lequel le défendeur est domicilié, à condition que le locataire soit une personne physique et que le propriétaire et le locataire soient domiciliés dans le même État membre ;

2) en matière de validité, de nullité ou de dissolution des sociétés ou personnes morales, ou de validité des décisions de leurs organes, les juridictions de l'État membre sur le territoire duquel celles-ci ont leur siège. Pour déterminer le siège, le juge applique les règles de son droit international privé ;

3) en matière de validité des inscriptions sur les registres publics, les juridictions de l'État membre sur le territoire duquel ces registres sont tenus ;

4) en matière d'inscription ou de validité des brevets, marques, dessins et modèles, et autres droits analogues donnant lieu à dépôt ou à un enregistrement, que la question soit soulevée par voie d'action ou d'exception, les juridictions de l'État membre sur le territoire duquel le dépôt ou l'enregistrement a été demandé, a été effectué ou est réputé avoir été effectué aux termes d'un instrument de l'Union ou d'une convention internationale.

Sans préjudice de la compétence reconnue à l'Office européen des brevets par la convention sur la délivrance des brevets européens, signée à Munich le 5 octobre 1973, les juridictions de chaque État membre sont seules compétentes en matière d'inscription ou de validité d'un brevet européen délivré pour cet État membre ;

5) en matière d'exécution des décisions, les juridictions de l'État membre du lieu de l'exécution. — *[Règl. n° 44/2001 du 22 déc. 2001, art. 22.]*

Règlement (UE) n° 608/2013 du Parlement européen et du Conseil du 12 juin 2013,

Concernant le contrôle, par les autorités douanières, du respect des droits de propriété intellectuelle et abrogeant le règlement (CE) n° 1383/2003 du Conseil.

COMMENTAIRE

Voir le commentaire sous l'article L. 716-8 du CPI.

BIBL. ▶ GALLOUX, *RTD com. 2014. 96* (nouveau règlement (UE) n° 608/2013 du 12 juin 2013 concernant le contrôle, par les autorités douanières, du respect des droits de propriété intellectuelle, abrogeant le règlement (CE) n° 1383/2003).

LE PARLEMENT EUROPÉEN ET LE CONSEIL DE L'UNION EUROPÉENNE,

vu le traité sur le fonctionnement de l'Union européenne, et notamment son article 207,

vu la proposition de la Commission européenne,

après transmission du projet d'acte législatif aux parlements nationaux,

statuant conformément à la procédure législative ordinaire,

considérant ce qui suit :

(1) Dans sa résolution du 25 septembre 2008 sur un plan européen global de lutte contre la contrefaçon et le piratage, le Conseil a demandé le réexamen du règlement (CE) n° 1383/2003 du Conseil du 22 juillet 2003 concernant l'intervention des autorités douanières à l'égard de marchandises soupçonnées de porter atteinte à certains droits de propriété intellectuelle ainsi que les mesures à prendre à l'égard de marchandises portant atteinte à certains droits de propriété intellectuelle.

(2) La commercialisation de marchandises enfreignant les droits de propriété intellectuelle porte un préjudice considérable aux titulaires de droits, aux utilisateurs ou aux groupements de producteurs, et aux fabricants et négociants qui respectent la loi. Cette commercialisation pourrait aussi tromper les consommateurs et leur faire courir dans certains cas des risques pour leur santé et leur sécurité. Il convient dès lors d'empêcher, dans toute la mesure du possible, la mise sur le marché de l'Union de telles marchandises et d'adopter des mesures permettant de lutter contre cette commercialisation illicite sans pour autant entraver le commerce légitime.

(3) Le réexamen du règlement (CE) n° 1383/2003 a démontré que, au vu des évolutions économique, commerciale et juridique, il est nécessaire d'apporter certaines améliorations au cadre juridique afin de renforcer le contrôle, par les autorités douanières, du respect des droits de propriété intellectuelle, ainsi que de garantir la sécurité juridique qui convient.

(4) Il convient que les autorités douanières soient compétentes pour contrôler le respect des droits de propriété intellectuelle en ce qui concerne les marchandises qui, selon la législation douanière de l'Union, sont soumises à une surveillance douanière ou à un contrôle douanier, et pour procéder à des contrôles appropriés sur ces marchandises en vue d'empêcher les opérations réalisées en violation de la législation sur les droits de propriété intellectuelle. Ce contrôle du respect des droits de propriété intellectuelle aux frontières, lorsque

les marchandises sont ou auraient dû être sous surveillance douanière ou sous contrôle douanier, est un moyen efficace d'offrir rapidement une protection juridique réelle au titulaire de droits ainsi qu'aux utilisateurs et aux groupements de producteurs. La suspension de la mainlevée des marchandises ou la retenue de marchandises aux frontières par les autorités douanières ne devrait exiger l'ouverture que d'une seule procédure judiciaire, alors qu'en ce qui concerne les marchandises trouvées sur le marché, qui ont déjà été séparées et livrées aux détaillants, il faudrait ouvrir plusieurs procédures distinctes pour obtenir le même niveau de respect des droits. Il y a lieu de prévoir une exception pour les marchandises mises en libre pratique dans le cadre du régime de la destination particulière, étant donné que ces marchandises restent sous surveillance douanière même si elles ont été mises en libre pratique. Le présent règlement ne devrait pas s'appliquer aux marchandises transportées par les passagers dans leurs bagages personnels pour autant que ces marchandises sont exclusivement destinées à leur usage personnel et que rien n'indique l'existence d'un trafic commercial.

(5) Le règlement (CE) n° 1383/2003 ne couvre pas certains droits de propriété intellectuelle et certaines infractions sont exclues de son champ d'application. Afin de renforcer le respect des droits de propriété intellectuelle, il convient d'étendre l'intervention des douanes à d'autres types d'infractions qui ne sont pas couverts par le règlement (CE) n° 1383/2003. Le présent règlement devrait donc, outre les droits déjà couverts par le règlement (CE) n° 1383/2003, également inclure les noms commerciaux dans la mesure où ils sont protégés en tant que droits de propriété exclusifs en vertu du droit national, les topographies de produits semi-conducteurs ainsi que les modèles d'utilité et les dispositifs qui sont principalement conçus, produits ou adaptés dans le but de permettre ou de faciliter le contournement de mesures techniques.

(6) Les infractions résultant du commerce dit parallèle illégal et d'une production en surnombre sont exclues du champ d'application du règlement (CE) n° 1383/2003. Les marchandises faisant l'objet du commerce parallèle illégal, à savoir des marchandises fabriquées avec l'accord du titulaire de droits mais mises sur le marché pour la première fois dans l'Espace économique européen sans son accord et les marchandises résultant d'une production en surnombre, à savoir les marchandises qui sont fabriquées par une personne dûment autorisée par un titulaire de droits à fabriquer une certaine quantité de marchandises, mais qui le sont dans des quantités dépassant celles convenues entre cette personne et le titulaire de droits, sont fabriquées en tant que marchandises authentiques et il n'est donc pas opportun que les autorités douanières concentrent leurs efforts sur ces marchandises. Le commerce parallèle illégal et la production en surnombre devraient donc également être exclus du champ d'application du présent règlement.

(7) Les États membres, en coopération avec la Commission, devraient dispenser une formation appropriée aux fonctionnaires des services douaniers, afin de garantir la bonne mise en œuvre du présent règlement.

(8) Une fois pleinement mis en œuvre, le présent règlement apportera une nouvelle contribution à un marché intérieur garantissant une protection plus efficace des titulaires de droits, stimulant la créativité et l'innovation et offrant aux consommateurs des produits fiables et de grande qualité, ce qui devrait alors renforcer les transactions transfrontalières entre les consommateurs, les entreprises et les négociants.

(9) Les États membres sont confrontés à des ressources de plus en plus limitées dans le domaine des douanes. Par conséquent, il convient de favoriser la promotion des technologies et des stratégies de gestion des risques afin d'optimiser l'utilisation des ressources dont disposent les autorités douanières.

(10) Le présent règlement contient uniquement des règles de procédure destinées aux autorités douanières. En conséquence, le présent règlement ne fixe aucun critère permettant d'établir l'existence d'une atteinte à un droit de propriété intellectuelle.

(11) Au titre de la « déclaration sur l'accord sur les ADPIC et la santé publique » adoptée lors de la conférence ministérielle de l'OMC à Doha le 14 novembre 2001, l'accord sur les aspects des droits de propriété intellectuelle qui touchent au commerce (ci-après dénommé « accord sur les ADPIC ») peut et devrait être interprété et mis en œuvre d'une manière qui appuie le droit des membres de l'OMC de protéger la santé publique et, en particulier, de promouvoir l'accès de tous aux médicaments. Par conséquent, conformément aux engagements internationaux de l'Union et à sa politique de coopération au développement, en ce qui concerne les médicaments dont le passage sur le territoire douanier de l'Union, avec ou sans transbordement, entreposage, rupture de charge ou changements dans le mode de transport, ne constitue qu'une partie d'un voyage complet qui commence et se termine hors du territoire douanier de l'Union, il convient que les autorités douanières, lorsqu'elles évaluent un risque de violation des droits de propriété intellectuelle, tiennent compte de toute

probabilité importante de détournement de ces médicaments en vue de leur commercialisation dans l'Union.

(12) Il convient que le présent règlement n'affecte pas les dispositions relatives aux compétences juridictionnelles, en particulier celles du règlement (UE) n° 1215/2012du Parlement européen et du Conseil du 12 décembre 2012 concernant la compétence judiciaire, la reconnaissance et l'exécution des décisions en matière civile et commerciale.

(13) Il convient que les personnes, les utilisateurs, les organismes ou les groupements de producteurs, qui sont en mesure d'engager une procédure judiciaire en leur nom en cas de violation éventuelle d'un droit de propriété intellectuelle, soient habilités à introduire une demande.

(14) Afin de garantir que les droits de propriété intellectuelle soient respectés dans l'ensemble de l'Union, il convient d'autoriser les personnes ou les entités cherchant à faire respecter des droits dans l'ensemble de l'Union à solliciter les autorités douanières d'un seul État membre. Ces demandeurs devraient pouvoir demander à ces autorités de décider que des mesures soient prises pour faire respecter le droit de propriété intellectuelle tant dans leur État membre que dans tout autre État membre.

(15) Afin de garantir rapidement le respect des droits de propriété intellectuelle, il y a lieu de prévoir que, lorsque les autorités douanières soupçonnent, sur la base d'indications raisonnables, que les marchandises qui sont sous leur surveillance portent atteinte aux droits de propriété intellectuelle, elles peuvent, de leur propre initiative ou sur demande, suspendre la mainlevée des marchandises ou procéder à leur retenue, afin de permettre à une personne ou une entité habilitée à présenter une demande d'engager une procédure afin de déterminer s'il a été porté atteinte à un droit de propriété intellectuelle.

(16) Le règlement (CE) n° 1383/2003 autorisait les États membres à prévoir une procédure permettant la destruction de certaines marchandises sans qu'il soit obligatoire d'engager une procédure judiciaire visant à déterminer s'il y avait eu violation d'un droit de propriété intellectuelle. Comme le reconnaît la résolution du Parlement européen du 18 décembre 2008 sur l'impact de la contrefaçon sur le commerce international, cette procédure a donné de très bons résultats dans les États membres où elle s'applique. Il convient donc que la procédure acquière un caractère obligatoire pour tous les cas de violation de droits de propriété intellectuelle et qu'elle soit appliquée lorsque le déclarant ou le détenteur des marchandises consent à leur destruction. En outre, la procédure devrait prévoir que les autorités douanières peuvent estimer que le déclarant ou le détenteur des marchandises confirme qu'il consent à ce que les marchandises soient détruites s'il ne s'oppose pas expressément à leur destruction dans le délai prescrit.

(17) Afin de réduire le plus possible les charges et les coûts administratifs, il y a lieu d'introduire une procédure spécifique pour les petits envois de marchandises de contrefaçon et de marchandises pirates, qui devrait permettre la destruction de ces marchandises sans l'accord explicite du demandeur dans chaque cas. Toutefois, une demande générale formulée par le demandeur dans sa demande devrait être nécessaire pour que cette procédure soit appliquée. Par ailleurs, les autorités douanières devraient avoir la possibilité d'exiger que le demandeur prenne à sa charge les frais liés à l'application de cette procédure.

(18) Afin de parvenir à une plus grande sécurité juridique, il convient de modifier les délais de suspension de la mainlevée ou de retenue des marchandises soupçonnées de porter atteinte à un droit de propriété intellectuelle et les conditions dans lesquelles les autorités douanières doivent transmettre les informations sur les marchandises retenues aux personnes et entités concernées, comme le prévoit le règlement (CE) n° 1383/2003.

(19) Compte tenu du caractère provisoire et préventif des mesures adoptées par les autorités douanières lorsqu'elles appliquent le présent règlement, ainsi que des intérêts divergents des parties affectées par ces mesures, il y a lieu d'adapter certains aspects des procédures pour garantir la bonne application du présent règlement, tout en respectant les droits des parties concernées. Ainsi, en ce qui concerne les différentes notifications prévues par le présent règlement, il convient que les autorités douanières informent la personne concernée, sur la base des documents concernant le régime douanier ou la situation dans laquelle se trouvent les marchandises. En outre, étant donné que dans le cadre de la procédure de destruction des marchandises, tant le déclarant ou le détenteur des marchandises que le titulaire de la décision devraient communiquer parallèlement leurs éventuelles objections à la destruction, il convient de veiller à ce que le titulaire de la décision ait la possibilité de réagir face à une éventuelle objection à la destruction de la part du déclarant ou du détenteur des marchandises. Il convient dès lors de veiller à ce que le déclarant ou le détenteur des marchandises soit informé de la suspension de la mainlevée des marchandises ou de leur retenue avant ou le même jour que le titulaire de la décision.

(20) Les autorités douanières et la Commission sont encouragées à coopérer avec l'Observatoire européen des atteintes aux droits de propriété intellectuelle dans le cadre de leurs compétences respectives.

(21) En vue d'éliminer le commerce international des marchandises portant atteinte à des droits de propriété intellectuelle, l'accord sur les ADPIC prévoit que les membres de l'OMC doivent encourager l'échange de renseignements entre les autorités douanières concernant ce commerce. Par conséquent, il conviendrait que la Commission et les autorités douanières des États membres puissent échanger avec les autorités compétentes de pays tiers des informations sur les violations présumées des droits de propriété intellectuelle, y compris sur les marchandises qui sont en transit sur le territoire de l'Union et qui sont originaires de ces pays tiers ou ont pour destination ces pays tiers.

(22) Dans un souci d'efficacité, il y a lieu d'appliquer les dispositions du règlement (CE) n° 515/97 du Conseil du 13 mars 1997 relatif à l'assistance mutuelle entre les autorités administratives des États membres et la collaboration entre celles-ci et la Commission en vue d'assurer la bonne application des réglementations douanière et agricole.

(23) Il convient que la responsabilité des autorités douanières soit réglementée par la législation des États membres, même si le fait que les autorités douanières fassent droit à une demande ne devrait pas conférer au titulaire de la décision un droit à indemnisation si les marchandises soupçonnées de porter atteinte à un droit de propriété intellectuelle ne sont pas repérées par les autorités douanières et font l'objet d'une mainlevée ou si aucune mesure n'est prise pour procéder à leur retenue.

(24) Étant donné que les autorités douanières n'interviennent que sur demande, il y a lieu de prévoir que le titulaire de la décision devrait rembourser tous les coûts supportés par les autorités douanières lors de l'intervention visant à faire respecter ses droits de propriété intellectuelle. Toutefois, cela ne devrait pas empêcher le titulaire de la décision de réclamer des indemnités au contrevenant ou à d'autres personnes qui pourraient être considérées comme responsables en vertu de la législation de l'État membre où les marchandises se trouvaient. Parmi ces personnes peuvent figurer les intermédiaires, le cas échéant. Il convient que les coûts supportés et les dommages subis par des personnes autres que les autorités douanières à la suite d'une intervention douanière, lorsque la mainlevée des marchandises est suspendue ou les marchandises sont retenues en raison d'une plainte déposée par un tiers pour des motifs liés à la propriété intellectuelle, soient réglementés par la législation spécifique applicable à chaque cas particulier.

(25) Le présent règlement introduit la possibilité pour les autorités douanièresd'autoriser la circulation sous surveillance douanière des marchandises qui doivent être détruites entre différents lieux du territoire douanier de l'Union. Les autorités douanières peuvent en outre décider la mainlevée de ces marchandises en vue de leur mise en libre pratique dans la perspective d'un recyclage ou d'une élimination ultérieurs en dehors des circuits commerciaux, y compris à des fins de sensibilisation, de formation ou d'éducation.

(26) Le contrôle, par les autorités douanières, du respect des droits de propriété intellectuelle entraîne l'échange de données concernant les décisions relatives aux demandes. Il convient que ce traitement de données, qui couvre également des données à caractère personnel, soit effectué conformément au droit de l'Union, tel qu'il est énoncé dans la directive 95/46/CE du Parlement européen et du Conseil du 24 octobre 1995 relative à la protection des personnes physiques à l'égard du traitement des données à caractère personnel et à la libre circulation de ces données et dans le règlement (CE) n° 45/2001 du Parlement européen et du Conseil du 18 décembre 2000 relatif à la protection des personnes physiques à l'égard du traitement des données à caractère personnel par les institutions et organes communautaires et à la libre circulation de ces données.

(27) L'échange d'informations relatif aux décisions concernant les demandes et aux interventions douanières devrait être fait par l'intermédiaire d'une base de données électronique centrale. L'entité qui contrôlera et qui gérera cette base de données et les entités qui seront chargées de garantir la sécurité du traitement des données figurant dans la base de données devraient être définies. L'instauration de tout type d'interopérabilité ou d'échange éventuel devrait avant tout être conforme au principe de limitation de la finalité, à savoir que les données devraient être utilisées pour la finalité pour laquelle la base de données a été créée, et qu'aucun échange ni aucune interconnexion ne devrait être autorisé pour une finalité autre que celle-là.

(28) Afin que la définition de la notion de petits envois puisse être adaptée si elle se révèle inapplicable, compte tenu de la nécessité de garantir le fonctionnement efficace de cette procédure, ou, le cas échéant, pour éviter tout contournement de cette procédure en ce qui concerne la composition des envois, il convient de déléguer à la Commission le pouvoir d'adopter des actes conformément à l'article 290 du traité sur le fonctionnement de

l'Union européenne pour modifier des éléments non essentiels de la définition de petits envois, à savoir les quantités précises qu'elle prévoit. Il importe particulièrement que la Commission procède aux consultations appropriées durant son travail préparatoire, y compris au niveau des experts. Il convient que, lorsqu'elle prépare et élabore des actes délégués, la Commission veille à ce que les documents pertinents soient transmis simultanément, en temps utile et de façon appropriée, au Parlement européen et au Conseil.

(29) Afin d'assurer l'uniformité des conditions de mise en œuvre des dispositions concernant la définition des éléments des modalités pratiques pour l'échange de données avec les pays tiers ainsi que des dispositions concernant les formulaires de demande et de demande de prolongation du délai pendant lequel les autorités douanières doivent intervenir, il convient de conférer des compétences d'exécution à la Commission, notamment pour définir ces éléments des modalités pratiques et pour établir des formulaires types. Ces compétences devraient être exercées en conformité avec le règlement (UE) n° 182/2011 du Parlement européen et du Conseil du 16 février 2011 établissant les règles et principes généraux relatifs aux modalités de contrôle par les États membres de l'exercice des compétences d'exécution par la Commission. Pour établir les formulaires types, même si l'objet des dispositions du présent règlement à mettre en œuvre relève de la politique commerciale commune, compte tenu de la nature et des répercussions de ces actes d'exécution, il convient d'avoir recours à la procédure consultative pour leur adoption, étant donné que tous les détails concernant les informations à faire figurer dans les formulaires découlent directement du texte du présent règlement. Par conséquent, ces actes d'exécution n'établiront que le format et la structure du formulaire et n'auront pas d'autres conséquences pour la politique commerciale commune de l'Union.

(30) Il convient d'abroger le règlement (CE) n° 1383/2003.

(31) Le Contrôleur européen de la protection des données a été consulté conformément à l'article 28, paragraphe 2, du règlement (CE) n° 45/2001 et a émis un avis le 12 octobre 2011,

Ont adopté le présent règlement :

CHAPITRE PREMIER *Objet, champ d'application et définitions*

Art. 1er *Objet et champ d'application.* 1. Le présent règlement définit les conditions et les procédures d'intervention des autorités douanières lorsque des marchandises soupçonnées de porter atteinte aux droits de propriété intellectuelle sont ou auraient dû être soumises à la surveillance douanière ou au contrôle douanier sur le territoire douanier de l'Union conformément au règlement (CEE) n° 2913/92 du Conseil du 12 octobre 1992 établissant le code des douanes communautaire, en particulier dans les situations suivantes :

a) lorsqu'elles sont déclarées pour la mise en libre pratique, l'exportation ou la réexportation ;

b) lorsque les marchandises entrent sur le territoire douanier de l'Union ou en sortent ;

c) lorsqu'elles sont placées sous régime suspensif ou dans une zone franche ou dans un entrepôt franc.

2. En ce qui concerne les marchandises soumises à une surveillance douanière ou un contrôle douanier, et sans préjudice des articles 17 et 18, les autorités douanières procèdent à des contrôles douaniers appropriés et prennent des mesures d'identification proportionnées comme le prévoient l'article 13, paragraphe 1, et l'article 72 du règlement (CEE) n° 2913/92, conformément aux critères d'analyse des risques, en vue d'empêcher les actes réalisés en violation des droits de propriété intellectuelle applicables sur le territoire de l'Union et afin de coopérer avec les pays tiers pour faire respecter les droits de propriété intellectuelle.

3. Le présent règlement ne s'applique pas aux marchandises mises en libre pratique dans le cadre du régime de la destination particulière.

4. Le présent règlement ne s'applique pas aux marchandises sans caractère commercial contenues dans les bagages personnels des voyageurs.

5. Le présent règlement ne s'applique pas aux marchandises qui ont été fabriquées avec l'accord du titulaire de droits ou aux marchandises qui sont fabriquées par une personne dûment autorisée par le titulaire de droits à fabriquer une certaine quantité de marchandises, mais qui le sont dans des quantités dépassant celles convenues entre cette personne et le titulaire de droits.

6. Le présent règlement ne porte pas atteinte au droit national ou de l'Union en matière de propriété intellectuelle, ni aux droits des États membres en rapport avec les procédures pénales.

1. Jurisprudence rendue sous l'empire du Règl. (CE) du 22 juill. 2003. Des marchandises provenant d'un État tiers et constituant une imitation d'un produit protégé dans l'Union européenne par un droit de marque ou une copie d'un produit protégé dans l'Union par un droit d'auteur, un droit voisin, un modèle ou un dessin ne sauraient être qualifiées de « marchandises de contrefaçon » ou de « marchandises pirates » au sens desdits règlements en raison du seul fait qu'elles sont introduites sur le territoire douanier de l'Union sous un régime suspensif. Ces marchandises peuvent, en revanche, porter atteinte audit droit et donc être qualifiées de « marchandises de contrefaçon » ou de « marchandises pirates » lorsqu'il est prouvé qu'elles sont destinées à une mise en vente dans l'Union européenne, une telle preuve étant fournie, notamment, lorsqu'il s'avère que lesdites marchandises ont fait l'objet d'une vente à un client dans l'Union ou d'une offre à la vente ou d'une publicité adressée à des consommateurs dans l'Union, ou lorsqu'il ressort de documents ou d'une correspondance concernant ces marchandises qu'un détournement de celles-ci vers les consommateurs dans l'Union est envisagé. Pour que l'autorité compétente pour statuer sur le fond puisse utilement examiner l'existence d'une telle preuve et des autres éléments constitutifs d'une atteinte au droit de propriété intellectuelle invoqué, l'autorité douanière saisie d'une demande d'intervention doit, dès qu'elle dispose d'indices permettant de soupçonner l'existence de ladite atteinte, suspendre la mainlevée ou procéder à la retenue desdites marchandises. Parmi ces indices peuvent figurer, notamment, le fait que la destination des marchandises n'est pas déclarée alors que le régime suspensif sollicité exige une telle déclaration, l'absence d'informations précises ou fiables sur l'identité ou l'adresse du fabricant ou de l'expéditeur des marchandises, un manque de coopération avec les autorités douanières ou encore la découverte de documents ou d'une correspondance concernant les marchandises en cause de nature à laisser supposer qu'un détournement de celles-ci vers les consommateurs de l'Union européenne est susceptible de se produire. • CJUE 1er déc. 2011, *Philips : D. 2011. AJ 2994*.

2. Le titulaire d'un droit de propriété intellectuelle sur une marchandise vendue à une personne résidant sur le territoire d'un État membre à partir d'un site internet de vente en ligne situé dans un pays tiers, bénéficie, au moment où cette marchandise entre sur le territoire de cet État membre, de la protection que lui offre le règlement du seul fait de l'acquisition de ladite marchandise. Il n'est pas nécessaire, en outre, que, préalablement à la vente, la marchandise ait fait l'objet d'une offre de vente ou d'une publicité s'adressant aux consommateurs de ce même État. • CJUE 6 févr. 2014, *Montres Rolex : PIBD 2014. III.279 ; Propr. ind. 2014, n° 18, obs. Folliard-Monguiral ; CCE 2014, n° 35, obs. Caron.*

Art. 2 *Définitions.* **Aux fins du présent règlement, on entend par :**

1) "droit de propriété intellectuelle" :

a) une marque ;

b) un dessin ou modèle ;

c) un droit d'auteur ou tout droit voisin au sens du droit national ou du droit de l'Union ;

d) une indication géographique ;

e) un brevet au sens du droit national ou du droit de l'Union ;

f) un certificat complémentaire de protection pour les médicaments au sens du règlement (CE) n° 469/2009 du Parlement européen et du Conseil du 6 mai 2009 concernant le certificat complémentaire de protection pour les médicaments ;

g) un certificat complémentaire de protection pour les produits phytopharmaceutiques au sens du règlement (CE) n° 1610/96 du Parlement européen et du Conseil du 23 juillet 1996 concernant la création d'un certificat complémentaire de protection pour les produits phytopharmaceutiques ;

h) une protection communautaire des obtentions végétales au sens du règlement (CE) n° 2100/94 du Conseil du 27 juillet 1994 instituant un régime de protection communautaire des obtentions végétales ;

i) une protection des obtentions végétales au sens du droit national ;

j) une topographie de produit semi-conducteur au sens du droit national ou du droit de l'Union ;

k) un modèle d'utilité dans la mesure où il est protégé en tant que droit de propriété intellectuelle par le droit national ou par le droit de l'Union ;

l) un nom commercial dans la mesure où il est protégé en tant que droit de propriété intellectuelle exclusif par le droit national ou par le droit de l'Union ;

2) "marque" :

a) une marque communautaire au sens du règlement (CE) n° 207/2009 du Conseil du 26 février 2009 sur la marque communautaire ;

b) une marque enregistrée dans un État membre ou, dans le cas de la Belgique, du Luxembourg ou des Pays-Bas, auprès de l'Office Benelux de la propriété intellectuelle ;

c) une marque qui a fait l'objet d'un enregistrement au titre d'un accord international produisant des effets dans un État membre ou dans l'Union ;

3) "dessin ou modèle" :

a) un dessin ou modèle communautaire au sens du règlement (CE) n° 6/2002 du Conseil du 12 décembre 2001 sur les dessins ou modèles communautaires ;

b) un dessin ou modèle enregistré dans un État membre ou, dans le cas de la Belgique, du Luxembourg ou des Pays-Bas, auprès de l'Office Benelux de la propriété intellectuelle ;

c) un dessin ou modèle qui a fait l'objet d'un enregistrement au titre d'un accord international produisant des effets dans un État membre ou dans l'Union ;

4) "indication géographique" :

a) une indication géographique ou une appellation d'origine protégée pour les produits agricoles et les denrées alimentaires au sens du règlement (UE) n° 1151/2012 du Parlement européen et du Conseil du 21 novembre 2012 relatif aux systèmes de qualité applicables aux produits agricoles et aux denrées alimentaires ;

b) une appellation d'origine ou une indication géographique pour le vin au sens du règlement (CE) n° 1234/2007 du Conseil du 22 octobre 2007 portant organisation commune des marchés dans le secteur agricole et dispositions spécifiques en ce qui concerne certains produits de ce secteur (règlement "OCM unique") ;

c) une indication géographique pour les boissons aromatisées à base de produits vitivinicoles au sens du règlement (CEE) n° 1601/91 du Conseil du 10 juin 1991 établissant les règles générales relatives à la définition, à la désignation et à la présentation des vins aromatisés, des boissons aromatisées à base de vin et des cocktails aromatisés de produits vitivinicoles ;

d) une indication géographique pour les boissons spiritueuses au sens du règlement (CE) n° 110/2008 du Parlement européen et du Conseil du 15 janvier 2008 concernant la définition, la désignation, la présentation, l'étiquetage et la protection des indications géographiques des boissons spiritueuses ;

e) une indication géographique pour les produits ne relevant pas des points *a)* à *d)*, dans la mesure où elle est établie en tant que droit de propriété intellectuelle exclusif par le droit national ou par le droit de l'Union ;

f) une indication géographique telle que prévue par les accords entre l'Union et des pays tiers et énumérée en tant que telle dans ces accords ;

5) "marchandises de contrefaçon" :

a) les marchandises qui font l'objet d'un acte portant atteinte à une marque dans l'État membre où elles se trouvent et sur lesquelles a été apposé sans autorisation un signe qui est identique à la marque valablement enregistrée pour le même type de marchandises ou qui ne peut être distingué dans ses aspects essentiels de cette marque ;

b) les marchandises qui font l'objet d'un acte portant atteinte à une indication géographique dans l'État membre où elles se trouvent et sur lesquelles a été apposée une dénomination ou un terme protégé eu égard à cette indication géographique, ou qui sont décrites par cette dénomination ou ce terme ;

c) tout emballage, étiquette, autocollant, brochure, notice, document de garantie ou autre article similaire, même présenté séparément, qui fait l'objet d'un acte portant atteinte à une marque ou à une indication géographique, qui comporte un signe, un nom ou un terme qui est identique à une marque valablement enregistrée ou à une indication géographique protégée ou qui ne peut être distingué, dans ses éléments essentiels, de ladite marque ou indication géographique, et qui peut être utilisé pour le même type de marchandises que celles pour lesquelles la marque ou l'indication géographique a été enregistrée ;

6) "marchandises pirates" : les marchandises qui font l'objet d'un acte portant atteinte à un droit d'auteur ou droit voisin ou à un dessin ou modèle dans l'État membre où les marchandises se trouvent et qui sont, ou qui contiennent, des copies fabriquées sans le consentement du titulaire dudit droit d'auteur ou droit voisin ou dudit dessin ou modèle, ou d'une personne autorisée par ce titulaire dans le pays de production ;

7) "marchandises soupçonnées de porter atteinte à un droit de propriété intellectuelle" : les marchandises pour lesquelles il existe des indications raisonnables permettant de conclure que, dans l'État membre dans lequel elles se trouvent, elles sont à première vue :

a) des marchandises qui font l'objet d'une action portant atteinte à un droit de propriété intellectuelle dans cet État membre ;

b) des dispositifs, produits ou composants qui sont principalement conçus, produits ou adaptés dans le but de permettre ou de faciliter le contournement de toute technologie, tout dispositif ou tout composant qui, dans le cadre normal de son fonctionnement, empêche ou limite, en ce qui concerne les œuvres, les actes qui ne sont pas autorisés par le titulaire de tout droit d'auteur ou tout droit voisin du droit d'auteur et ayant un lien avec un acte portant atteinte à ces droits dans cet État membre ;

c) tout moule ou toute matrice spécifiquement conçue ou adaptée pour fabriquer des marchandises portant atteinte à un droit de propriété intellectuelle, à condition que ce moule ou cette matrice ait un lien avec un acte portant atteinte à un droit de propriété intellectuelle dans cet État membre ;

8) "titulaire de droits" : le titulaire d'un droit de propriété intellectuelle ;

9) "demande" : une requête adressée au service douanier compétent pour que les autorités douanières interviennent dans les cas où des marchandises sont soupçonnées de porter atteinte à un droit de propriété intellectuelle ;

10) "demande nationale" : une demande adressée aux autorités douanières d'un État membre pour qu'elles interviennent dans cet État membre ;

11) "demande au niveau de l'Union" : une demande présentée dans un État membre et par laquelle il est demandé aux autorités douanières de cet État membre et d'un ou de plusieurs autres États membres d'intervenir dans leurs États membres respectifs ;

12) "demandeur" : la personne ou l'entité au nom de laquelle une demande est présentée ;

13) "titulaire de la décision" : le titulaire d'une décision faisant droit à une demande ;

14) "détenteur des marchandises" : la personne qui est propriétaire des marchandises soupçonnées de porter atteinte à un droit de propriété intellectuelle, ou qui a un droit similaire de disposer de ces marchandises ou qui exerce un contrôle physique sur celles-ci ;

15) "déclarant" : le déclarant au sens de l'article 4, point 18), du règlement (CEE) n° 2913/92 ;

16) "destruction" : la destruction physique, le recyclage ou l'élimination de marchandises en dehors des circuits commerciaux, de manière à éviter de causer un préjudice au titulaire de la décision ;

17) "territoire douanier de l'Union" : le territoire douanier de la Communauté au sens de l'article 3 du règlement (CEE) n° 2913/92 ;

18) "mainlevée d'une marchandise" : la mainlevée au sens de l'article 4, point 20), du règlement (CEE) n° 2913/92 ;

19) "petit envoi" : un envoi postal ou par courrier rapide qui :

a) contient trois unités ou moins ;

ou

b) a un poids brut inférieur à deux kilogrammes.

Aux fins du point *a)*, on entend par "unités" des marchandises telles qu'elles sont classifiées dans la nomenclature combinée conformément à l'annexe I du règlement (CEE) n° 2658/87 du Conseil du 23 juillet 1987 relatif à la nomenclature tarifaire et statistique et au tarif douanier commun si elles ne sont pas emballées, ou l'emballage de ces marchandises destiné à la vente au détail au consommateur final.

Aux fins de la présente définition, des marchandises séparées relevant du même code de la nomenclature combinée sont considérées comme des unités différentes et des marchandises présentées en assortiment classées sous un seul code de la nomenclature combinée sont considérées comme une unité ;

20) "denrée périssable" : toute marchandise dont les autorités douanières estiment qu'elle se détériore si elle est conservée jusqu'à vingt jours à compter de la date de suspension de la mainlevée ou de retenue ;

21) "licence exclusive" : une licence (qu'elle ait un caractère général ou limité) autorisant son bénéficiaire, à l'exclusion de toute autre personne, y compris celle qui accorde la licence, à utiliser un droit de propriété intellectuelle de la manière autorisée par la licence.

CHAPITRE II *Demandes*

SECTION I *Présentation des demandes*

Art. 3 *Habilitation à présenter une demande.* Les personnes et entités suivantes dans la mesure où elles sont habilitées à engager une procédure, en vue de déterminer s'il y a eu atteinte à un droit de propriété intellectuelle, dans l'État membre ou les États membres où il est demandé aux autorités douanières d'intervenir, sont habilitées à présenter :

1) une demande nationale ou une demande au niveau de l'Union :

a) les titulaires de droits ;

b) les organismes de gestion collective des droits de propriété intellectuelle au sens de l'article 4, premier alinéa, point *c)*, de la directive 2004/48/CE du Parlement européen et du Conseil du 29 avril 2004 relative au respect des droits de propriété intellectuelle ;

c) les organismes de défense professionnels au sens de l'article 4, premier alinéa, point *d)*, de la directive 2004/48/CE ;

d) les groupements au sens de l'article 3, point 2, et de l'article 49, paragraphe 1, du règlement (UE) n° 1151/2012, les groupements de producteurs au sens de l'article 118 *sexies* du règlement (CE) n° 1234/2007 ou les groupements de producteurs similaires prévus dans le droit de l'Union réglementant les indications géographiques qui représentent les producteurs de produits comportant une indication géographique cu les représentants de ces groupements, en particulier les règlements (CEE) n° 1601/91 et (CE) n° 110/2008 et les opérateurs habilités à utiliser une indication géographique ainsi que les organismes ou autorités de contrôle compétents pour cette indication géographique ;

2) une demande nationale :

a) les personnes ou entités autorisées à utiliser des droits de propriété intellectuelle, qui ont officiellement été autorisées par le titulaire de droits à engager une procédure pour déterminer s'il y a eu atteinte à un droit de propriété intellectuelle ;

b) les groupements de producteurs prévus dans la législation des États membres réglementant les indications géographiques qui représentent les producteurs de produits comportant des indications géographiques ou les représentants de ces groupements et les opérateurs habilités à utiliser une indication géographique, ainsi que les organismes ou autorités de contrôle compétents pour cette indication géographique ;

3) une demande au niveau de l'Union : les titulaires de licences exclusives couvrant l'intégralité du territoire de deux États membres ou plus, lorsque ces titulaires de licences ont été officiellement autorisés dans ces États membres par le titulaire de droits à engager une procédure pour déterminer s'il y a eu atteinte à un droit de propriété intellectuelle.

Art. 4 *Droits de propriété intellectuelle couverts par les demandes au niveau de l'Union.* Une demande au niveau de l'Union ne peut être présentée qu'en ce qui concerne des droits de propriété intellectuelle fondés sur le droit de l'Union produisant des effets dans l'ensemble de l'Union.

Art. 5 *Présentation des demandes.* 1. Chaque État membre désigne le service douanier compétent pour recevoir et traiter les demandes (ci-après dénommé "service douanier compétent"). Les États membres informent la Commission en conséquence et celle-ci rend publique une liste des services douaniers compétents désignés par les États membres.

2. Les demandes sont présentées au service douanier compétent. Les demandes sont remplies en utilisant le formulaire visé à l'article 6 et contiennent les informations requises dans celui-ci.

3. Lorsqu'une demande est présentée après notification par les autorités douanières de la suspension de la mainlevée ou de la retenue des marchandises conformément à l'article 18, paragraphe 3, cette demande se conforme à ce qui suit :

a) elle est présentée au service douanier compétent dans un délai de quatre jours ouvrables à partir de la notification de la suspension de la mainlevée ou de la retenue des marchandises ;

b) il s'agit d'une demande nationale ;

c) elle contient les informations visées à l'article 6, paragraphe 3. Le demandeur peut, toutefois, omettre les informations visées aux points *g)*, *h)* ou *i)* dudit paragraphe.

4. A l'exception de la situation visée à l'article 3, paragraphe 3, une seule demande nationale et une demande au niveau de l'Union peuvent être présentées par État membre pour le même droit de propriété intellectuelle protégé dans ledit État membre. Dans la situation visée à l'article 3, paragraphe 3, la présentation de plusieurs demandes au niveau de l'Union est autorisée.

5. Si une demande au niveau de l'Union est acceptée pour un État membre qui fait déjà l'objet d'une autre demande au niveau de l'Union qui a été acceptée pour le même demandeur et pour le même droit de propriété intellectuelle, les autorités douanières de cet État membre interviennent sur la base de la demande au niveau de l'Union qui a été acceptée en premier. Elles en informent le service douanier compétent de l'État membre dans lequel la demande ultérieure au niveau de l'Union a été acceptée, lequel modifie ou annule la décision faisant droit à cette demande ultérieure au niveau de l'Union.

6. Lorsque l'on dispose de systèmes informatisés pour la réception et le traitement des demandes, la présentation des demandes ainsi que des pièces jointes se fait à l'aide de techniques de traitement électronique des données. Les États membres et la Commission mettent au point, utilisent ces systèmes et en assurent la maintenance, conformément au plan stratégique pluriannuel visé à l'article 8, paragraphe 2, de la décision n° 70/2008/CE du Parlement européen et du Conseil du 15 janvier 2008 relative à un environnement sans support papier pour la douane et le commerce.

Art. 6 *Formulaire de demande.* 1. La Commission établit un formulaire de demande au moyen d'actes d'exécution. Ces actes d'exécution sont adoptés en conformité avec la procédure consultative visée à l'article 34, paragraphe 2.

2. Le formulaire de demande contient les informations qui doivent être fournies à la personne concernée en application du règlement (CE) n° 45/2001 et des dispositions législatives nationales mettant en œuvre la directive 95/46/CE.

3. La Commission veille à ce que le formulaire de demande requiert les informations suivantes du demandeur :

a) les coordonnées du demandeur ;

b) le statut, au sens de l'article 3, du demandeur ;

c) les documents justificatifs permettant au service douanier compétent de s'assurer que le demandeur est habilité à présenter la demande ;

d) lorsque le demandeur présente sa demande par l'intermédiaire d'un représentant, les coordonnées de la personne qui le représente, ainsi que des éléments prouvant que cette personne est habilitée à faire office de représentant, conformément à la législation de l'État membre dans lequel la demande est présentée ;

e) le droit ou les droits de propriété intellectuelle à faire respecter ;

f) dans le cas d'une demande au niveau de l'Union, les États membres où l'intervention des autorités douanières est sollicitée ;

g) des données spécifiques et techniques sur les marchandises authentiques, y compris les marquages, comme les codes-barres, ou des images, le cas échéant ;

h) les informations nécessaires pour permettre aux autorités douanières de reconnaître facilement les marchandises en question ;

i) les informations utiles pour permettre aux autorités douanières d'analyser et d'évaluer le risque de violation du droit ou des droits de propriété intellectuelle en question, comme les distributeurs autorisés ;

j) si les informations fournies conformément aux points *g)*, *h)* ou *i)* du présent paragraphe doivent être marquées en vue de faire l'objet d'un traitement limité conformément à l'article 31, paragraphe 5 ;

k) les coordonnées de tout représentant désigné par le demandeur pour prendre en charge les aspects juridiques et techniques ;

l) l'engagement du demandeur de notifier au service douanier compétent toute situation énoncée à l'article 15 ;

m) l'engagement du demandeur de communiquer et mettre à jour toutes les informations utiles pour permettre aux autorités douanières d'analyser et d'évaluer le risque de violation du droit ou des droits de propriété intellectuelle en question ;

n) l'engagement du demandeur d'assumer sa responsabilité dans les conditions fixées à l'article 28 ;

o) l'engagement du demandeur d'assumer les coûts visés à l'article 29 dans les conditions fixées audit article ;

p) le consentement du demandeur au fait que la Commission et les États membres peuvent traiter les données qu'il fournit ;

q) si le demandeur demande l'application de la procédure visée à l'article 26 et, lorsque les autorités douanières le demandent, s'il consent à prendre à sa charge les frais liés à la destruction des marchandises dans le cadre de cette procédure.

SECTION II *Décisions concernant les demandes*

Art. 7 *Traitement des demandes incomplètes.* 1. Lorsque, à la réception d'une demande, le service douanier compétent estime que la demande ne contient pas toutes les informations requises à l'article 6, paragraphe 3, il invite le demandeur à fournir les informations manquantes dans un délai de dix jours ouvrables à compter de la notification de la demande.

En pareil cas, le délai visé à l'article 9, paragraphe 1, est suspendu jusqu'à la réception des informations concernées.

2. Lorsque le demandeur ne fournit pas les informations manquantes dans le délai visé au paragraphe 1, premier alinéa, le service douanier compétent rejette la demande.

Art. 8 *Redevances.* Aucune redevance n'est exigée du demandeur pour couvrir les frais administratifs occasionnés par le traitement de la demande.

Art. 9 *Notification des décisions faisant droit aux demandes ou les rejetant.* 1. Le service douanier compétent notifie au demandeur sa décision de faire droit à la demande ou de la rejeter dans un délai de trente jours ouvrables à compter de la réception de la demande. En cas de rejet, le service douanier compétent motive sa décision et fournit des informations concernant la procédure de recours.

2. Si le demandeur a été informé de la suspension de la mainlevée ou de la retenue des marchandises par les autorités douanières avant qu'une demande ne soit présentée, le service douanier compétent notifie au demandeur sa décision de faire droit à la demande ou de la rejeter dans un délai de deux jours ouvrables à compter de la réception de la demande.

Art. 10 *Décisions concernant les demandes.* 1. Une décision faisant droit à une demande nationale et toute décision l'abrogeant ou la modifiant prennent effet dans l'État membre où la demande nationale a été présentée, dès le lendemain de la date de l'adoption.

Une décision prolongeant la période pendant laquelle les autorités douanières doivent intervenir prend effet dans l'État membre où la demande nationale a été présentée le lendemain de la date à laquelle expire la période à prolonger.

2. Une décision faisant droit à une demande au niveau de l'Union et toute décision l'abrogeant ou la modifiant prennent effet comme suit :

a) dans l'État membre où la demande a été présentée, le lendemain de la date d'adoption ;

b) dans tous les autres États membres où l'intervention des autorités douanières est demandée le lendemain de la date de notification aux autorités douanières conformément à l'article 14, paragraphe 2, à condition que le titulaire de la décision ait rempli les obligations qui lui incombent au titre de l'article 29, paragraphe 3, en ce qui concerne les coûts de traduction.

Une décision prolongeant la période pendant laquelle les autorités douanières doivent intervenir prend effet dans l'État membre où la demande au niveau de l'Union a été présentée, ainsi que dans tous les autres États membres où l'intervention des autorités douanières est demandée, le lendemain de la date à laquelle expire la période à prolonger.

Art. 11 *Période pendant laquelle les autorités douanières doivent intervenir.* 1. Lorsqu'il fait droit à une demande, le service douanier compétent fixe la période pendant laquelle les autorités douanières doivent intervenir.

Cette période commence le jour où la décision faisant droit à la demande prend effet, en vertu de l'article 10, et ne dépasse pas un an à partir du lendemain de la date d'adoption.

2. Lorsqu'une demande présentée après notification, par les autorités douanières, de la suspension de la mainlevée des marchandises ou de leur retenue conformément à l'article 18, paragraphe 3, ne contient pas les informations visées à l'article 6, paragraphe 3, points *g)*, *h)* ou *i)*, il n'est fait droit à cette demande que pour la suspension de la mainlevée ou la retenue de ces marchandises, à moins que ces informations soient communiquées dans un délai de dix jours ouvrables à compter de la notification de la suspension de la mainlevée des marchandises ou de leur retenue.

3. Lorsqu'un droit de propriété intellectuelle cesse de produire ses effets ou que le demandeur cesse, pour d'autres raisons, d'être habilité à présenter une demande, les autorités douanières n'interviennent pas. La décision faisant droit à la demande est abrogée ou modifiée en conséquence par le service douanier compétent qui l'a adoptée.

Art. 12 *Prolongation de la période pendant laquelle les autorités douanières doivent intervenir.* 1. A l'expiration de la période pendant laquelle les autorités douanières doivent intervenir et moyennant l'acquittement préalable par le titulaire de la décision de toute dette envers les autorités douanières au titre du présent règlement, le service douanier compétent qui a adopté la décision initiale peut, à la demande du titulaire de la décision, prolonger ladite période.

2. Lorsque la demande de prolongation de la période pendant laquelle les autorités douanières doivent intervenir est reçue par le service douanier compétent moins de trente jours ouvrables avant l'expiration de la période à prolonger, il peut refuser cette demande.

3. Le service douanier compétent notifie sa décision concernant la prolongation au titulaire de la décision dans un délai de trente jours ouvrables à compter de la réception de la demande visée au paragraphe 1. Le service douanier compétent fixe la période pendant laquelle les autorités douanières doivent intervenir.

4. La prolongation de la période pendant laquelle les autorités douanières doivent intervenir commence à courir le lendemain de la date d'expiration de la période antérieure et ne dépasse pas un an.

5. Lorsqu'un droit de propriété intellectuelle cesse de produire ses effets ou que le demandeur cesse, pour d'autres raisons, d'être habilité à présenter une demande, les autorités douanières n'interviennent pas. La décision faisant droit à la prolongation est abrogée ou modifiée en conséquence par le service douanier compétent qui l'a adoptée.

6. Aucune redevance n'est exigée du titulaire de la décision pour couvrir les frais administratifs occasionnés par le traitement de la demande de prolongation.

7. La Commission établit un formulaire de demande de prolongation au moyen d'actes d'exécution. Ces actes d'exécution sont adoptés en conformité avec la procédure consultative visée à l'article 34, paragraphe 2.

Art. 13 *Modification de la décision en ce qui concerne les droits de propriété intellectuelle.* Le service douanier compétent qui a adopté la décision faisant droit à la demande peut, sur requête du titulaire de cette décision, modifier la liste des droits de propriété intellectuelle qui y figure.

Si un nouveau droit de propriété intellectuelle est ajouté, la requête contient les informations visées à l'article 6, paragraphe 3, points *c)*, *e)*, *g)*, *h)* et *i)*.

Dans le cas d'une décision faisant droit à une demande au niveau de l'Union, toute modification consistant à ajouter des droits de propriété intellectuelle est limitée aux droits couverts par l'article 4.

Art. 14 *Obligations du service douanier compétent en matière de notification.* 1. Le service douanier compétent auquel une demande nationale a été présentée transmet les décisions suivantes aux bureaux de douane de son État membre, immédiatement après leur adoption :

a) décisions faisant droit à la demande ;

b) décisions abrogeant les décisions faisant droit à la demande ;

c) décisions modifiant les décisions faisant droit à la demande ;

d) décisions prolongeant la période pendant laquelle les autorités douanières doivent intervenir.

2. Le service douanier compétent auquel une demande au niveau de l'Union a été présentée transmet les décisions suivantes au service douanier compétent de l'État membre ou des États membres indiqués dans la demande au niveau de l'Union, immédiatement après leur adoption :

a) décisions faisant droit à la demande ;

b) décisions abrogeant les décisions faisant droit à la demande ;

c) décisions modifiant les décisions faisant droit à la demande ;

d) décisions prolongeant la période pendant laquelle les autorités douanières doivent intervenir.

Le service douanier compétent de l'État membre ou des États membres indiqués dans la demande au niveau de l'Union transmet immédiatement après les avoir reçues ces décisions aux bureaux de douane concernés.

3. Le service douanier compétent de l'État membre ou des États membres indiqués dans la demande au niveau de l'Union peut demander au service douanier compétent qui a adopté la décision faisant droit à la demande de lui fournir les informations supplémentaires considérées comme nécessaires à la mise en œuvre de cette décision.

4. Le service douanier compétent transmet sa décision suspendant l'intervention des autorités douanières au titre de l'article 16, paragraphe 1, point *b)*, et de l'article 16, paragraphe 2, aux bureaux de douane de son État membre, dès son adoption.

Art. 15 *Obligations du titulaire de la décision en matière de notification.* Le titulaire de la décision notifie immédiatement au service douanier compétent qui a fait droit à la demande les situations suivantes :

a) un droit de propriété intellectuelle couvert par la demande cesse de produire ses effets ;

b) le titulaire de la décision cesse pour d'autres raisons d'être habilité à présenter la demande ;

c) des modifications ont été apportées aux informations visées à l'article 6, paragraphe 3.

Art. 16 *Inexécution, par le titulaire de la décision, des obligations qui lui incombent.* 1. Lorsque le titulaire de la décision utilise les informations fournies par les autorités douanières à des fins autres que celles prévues à l'article 21, le service douanier compétent de l'État membre où les informations ont été fournies ou dans lequel elles ont fait l'objet d'une utilisation abusive peut :

a) abroger toute décision adoptée par lui faisant droit à une demande nationale de ce titulaire de la décision et refuser de prolonger la période pendant laquelle les autorités douanières doivent intervenir ;

b) suspendre sur son territoire, pendant la période pendant laquelle les autorités douanières doivent intervenir, toute décision faisant droit à une demande au niveau de l'Union de ce titulaire de la décision.

2. Le service douanier compétent peut décider de suspendre l'intervention des autorités douanières jusqu'à l'expiration de la période pendant laquelle ces autorités doivent intervenir, lorsque le titulaire de la décision :

a) ne respecte pas les obligations en matière de notification exposées à l'article 15 ;

b) ne respecte pas l'obligation concernant la restitution des échantillons énoncées à l'article 19, paragraphe 3 ;

c) ne respecte pas les obligations en ce qui concerne les coûts et la traduction énoncées à l'article 29, paragraphes 1 et 3 ;

d) n'engage pas de procédure conformément à l'article 23, paragraphe 3, ou à l'article 26, paragraphe 9, et ce sans raison valable.

Dans le cas d'une demande au niveau de l'Union, la décision de suspendre l'intervention des autorités douanières ne produit ses effets que dans l'État membre où cette décision est prise.

CHAPITRE III *Interventions des autorités douanières*

SECTION I *Suspension de la mainlevée ou retenue des marchandises soupçonnées de porter atteinte à un droit de propriété intellectuelle*

Art. 17 *Suspension de la mainlevée ou retenue des marchandises après qu'il a été fait droit à une demande.* 1. Lorsque les autorités douanières identifient des marchandises soupçonnées de porter atteinte à un droit de propriété intellectuelle couvert par une décision faisant droit à une demande, elles suspendent la mainlevée des marchandises ou procèdent à leur retenue.

2. Avant de suspendre la mainlevée des marchandises ou de procéder à leur retenue, les autorités douanières peuvent demander au titulaire de la décision de leur fournir toutes les informations utiles concernant les marchandises. Les autorités douanières peuvent également fournir au titulaire de la décision des informations sur la quantité réelle ou estimée de marchandises, sur leur nature réelle ou supposée, ainsi que des images de ces marchandises le cas échéant.

3. Les autorités douanières notifient au déclarant ou au détenteur des marchandises la suspension de la mainlevée des marchandises ou leur retenue dans un délai d'un jour ouvrable à compter de cette suspension ou de cette retenue.

Lorsque les autorités douanières choisissent d'informer le détenteur des marchandises et que deux ou plusieurs personnes sont considérées comme ayant la qualité de détenteur des marchandises, les autorités douanières ne sont pas tenues d'informer plus d'une d'entre elles.

Les autorités douanières notifient au titulaire de la décision la suspension des marchandises ou leur retenue le même jour ou dans les moindres délais après que le déclarant ou le détenteur des marchandises en a reçu notification.

La notification comprend des informations relatives à la procédure énoncée à l'article 23.

4. Les autorités douanières fournissent au titulaire de la décision et au déclarant ou au détenteur des marchandises dont la mainlevée a été suspendue ou qui ont été retenues des informations sur leur quantité réelle ou estimée et leur nature réelle ou supposée, y compris, le cas échéant, des images de ces marchandises dont elles disposent. Les autorités douanières communiquent également au titulaire de la décision, sur requête de celui-ci et si elles disposent de ces données, le nom et l'adresse du destinataire, de l'expéditeur, du déclarant et du détenteur des marchandises, le régime douanier, ainsi que l'origine, la provenance et la destination des marchandises dont la mainlevée a été suspendue ou qui ont été retenues.

Art. 18 *Suspension de la mainlevée ou retenue des marchandises avant qu'il ait été fait droit à une demande.* 1. Lorsque les autorités douanières identifient des marchandises soupçonnées de porter atteinte à un droit de propriété intellectuelle, qui ne sont pas couvertes par une décision faisant droit à une demande, elles peuvent, sauf dans le cas de denrées périssables, suspendre la mainlevée de ces marchandises ou procéder à leur retenue.

2. Avant de suspendre la mainlevée des marchandises soupçonnées de porter atteinte à un droit de propriété intellectuelle ou de procéder à leur retenue, les autorités douanières peuvent, sans divulguer d'informations autres que celles portant sur la quantité réelle ou estimée de marchandises et sur leur nature réelle ou supposée, images comprises, le cas échéant, demander à toute personne ou entité éventuellement habilitée à présenter une demande concernant la violation alléguée des droits de propriété intellectuelle qu'elle leur fournisse toutes les informations utiles.

3. Les autorités douanières notifient au déclarant ou au détenteur des marchandises la suspension de la mainlevée des marchandises ou leur retenue dans un délai d'un jour ouvrable à partir de cette suspension ou de cette retenue.

Lorsque les autorités douanières choisissent d'informer le détenteur des marchandises et que deux ou plusieurs personnes sont considérées comme ayant la qualité de détenteur des marchandises, les autorités douanières ne sont pas tenues d'informer plus d'une d'entre elles.

Les autorités douanières notifient aux personnes ou entités habilitées à présenter une demande concernant la violation alléguée de droits de propriété intellectuelle la suspension de la mainlevée des marchandises ou leur retenue le même jour ou dans les moindres délais après que le déclarant ou le détenteur des marchandises en a reçu notification.

Les autorités douanières peuvent consulter les autorités publiques compétentes afin d'identifier les personnes ou entités habilitées à présenter une demande.

Les notifications comprennent des informations relatives à la procédure énoncée à l'article 23.

4. Les autorités douanières octroient la mainlevée des marchandises ou mettent fin à leur retenue dès que toutes les formalités douanières ont été accomplies dans les cas suivants :

a) lorsqu'elles n'ont identifié aucune personne ou entité habilitée à présenter une demande concernant la violation alléguée de droits de propriété intellectuelle dans un délai d'un jour ouvrable à compter de la suspension de la mainlevée ou de la retenue des marchandises ;

b) lorsqu'elles n'ont pas reçu de demande conformément à l'article 5, paragraphe 3, ou qu'elles ont rejeté une telle demande.

5. Lorsqu'il a été fait droit à une demande, les autorités douanières communiquent au titulaire de la décision, sur requête de celui-ci et si elles disposent de ces données, le nom et l'adresse du destinataire, de l'expéditeur et du déclarant ou du détenteur des marchandises, le régime douanier, ainsi que l'origine, la provenance et la destination des marchandises dont la mainlevée a été suspendue ou qui ont été retenues.

Art. 19 *Inspection et échantillonnage des marchandises dont la mainlevée a été suspendue ou qui ont été retenues.* 1. Les autorités douanières donnent au titulaire de la décision et au déclarant ou au détenteur des marchandises la possibilité d'inspecter les marchandises dont la mainlevée a été suspendue ou qui ont été retenues.

2. Les autorités douanières peuvent prélever des échantillons qui sont représentatifs des marchandises. Elles peuvent en remettre ou en envoyer au titulaire de la décision, sur requête de celui-ci et aux seules fins d'analyse et pour faciliter la suite de la procédure en ce qui concerne les marchandises de contrefaçon et les marchandises pirates. Toute analyse d'échantillon est effectuée sous l'unique responsabilité du titulaire de la décision.

3. Sauf lorsque les circonstances ne le permettent pas, le titulaire de la décision restitue les échantillons visés au paragraphe 2 aux autorités douanières dès la fin de l'analyse, au plus tard avant la mainlevée des marchandises ou la fin de leur retenue.

Art. 20 *Conditions de stockage.* Les conditions de stockage des marchandises pendant la suspension de la mainlevée ou la retenue sont déterminées par les autorités douanières.

Art. 21 *Utilisation autorisée de certaines informations par le titulaire de la décision.* Lorsque le titulaire de la décision a reçu les informations visées à l'article 17, paragraphe 4, à l'article 18, paragraphe 5, à l'article 19 ou à l'article 26, paragraphe 8, il ne peut divulguer ou utiliser ces informations qu'aux fins suivantes :

a) pour engager une procédure visant à déterminer s'il a été porté atteinte à un droit de propriété intellectuelle ou les exploiter dans le cadre de ces procédures ;

b) à l'occasion d'une enquête pénale liée à la violation d'un droit de propriété intellectuelle et engagée par les autorités publiques dans l'État membre où les marchandises se trouvent ;

c) pour engager des poursuites pénales ou les exploiter dans le cadre de ces poursuites ;

d) pour réclamer une indemnisation au contrevenant ou à d'autres personnes ;

e) pour convenir avec le déclarant ou le détenteur des marchandises que les marchandises sont détruites conformément à l'article 23, paragraphe 1 ;

f) pour convenir avec le déclarant ou le détenteur des marchandises du montant de la garantie visée à l'article 24, paragraphe 2, point *a)*.

Art. 22 *Échange d'informations et de données entre les autorités douanières.* 1. Sans préjudice des dispositions applicables concernant la protection des données dans l'Union et afin de contribuer à éliminer le commerce international des marchandises portant atteinte à des droits de propriété intellectuelle, la Commission et les autorités douanières des États membres peuvent échanger avec les autorités compétentes des pays tiers certaines des données et informations dont elles disposent, selon les modalités pratiques visées au paragraphe 3.

2. Les données et informations visées au paragraphe 1 sont échangées afin de permettre rapidement une application effective à l'encontre des cargaisons de marchandises portant

atteinte à un droit de propriété intellectuelle. Ces données et informations peuvent porter sur les saisies, les tendances et, d'une manière générale, sur les risques, y compris en ce qui concerne les marchandises en transit sur le territoire de l'Union et en provenance ou à destination des pays tiers concernés. Ces données et informations peuvent inclure, s'il y a lieu, les éléments ci-après :

a) nature des marchandises et quantité ;

b) droit de propriété intellectuelle auquel les marchandises sont soupçonnées de porter atteinte ;

c) origine, provenance et destination des marchandises ;

d) informations sur les mouvements des moyens de transport, en particulier :

i) nom du bateau ou immatriculation du moyen de transport,

ii) numéros de référence de la lettre de voiture ou d'un autre document de transport,

iii) nombre de conteneurs,

iv) poids du chargement,

v) description et/ou codification des marchandises,

vi) numéro de réservation,

vii) numéro des scellés,

viii) lieu de premier chargement,

ix) lieu de déchargement final,

x) lieux de transbordement,

xi) date présumée d'arrivée au lieu de déchargement final ;

e) informations sur les mouvements de conteneurs, en particulier :

i) numéro du conteneur,

ii) statut de chargement du conteneur,

iii) date du mouvement,

iv) type de mouvement (chargé, déchargé, transbordé, entrée, sortie, etc.),

v) nom du bateau ou immatriculation du moyen de transport,

vi) numéro du voyage,

vii) lieu,

viii) lettre de voiture ou autre document de transport.

3. La Commission adopte des actes d'exécution définissant les éléments des modalités pratiques nécessaires pour l'échange de données et d'informations visées aux paragraphes 1 et 2 du présent article. Ces actes d'exécution sont adoptés en conformité avec la procédure d'examen visée à l'article 34, paragraphe 3.

SECTION II *Destruction des marchandises, ouverture de la procédure et mainlevée anticipée des marchandises*

Art. 23 *Destruction des marchandises et ouverture de la procédure.* 1. Les marchandises soupçonnées de porter atteinte à un droit de propriété intellectuelle peuvent être détruites sous contrôle douanier sans qu'il soit nécessaire de déterminer s'il y a eu violation d'un droit de propriété intellectuelle au regard du droit de l'État membre dans lequel les marchandises se trouvent, lorsque toutes les conditions suivantes sont remplies :

a) le titulaire de la décision a confirmé par écrit aux autorités douanières, dans un délai de dix jours ouvrables, ou de trois jours ouvrables dans le cas de denrées périssables, à partir de la notification de la suspension de la mainlevée des marchandises ou de leur retenue, qu'il était convaincu qu'il avait été porté atteinte à un droit de propriété intellectuelle ;

b) le titulaire de la décision a confirmé par écrit aux autorités douanières, dans un délai de dix jours ouvrables, ou de trois jours ouvrables s'il s'agit de denrées périssables, à partir de la notification de la suspension de la mainlevée des marchandises ou de leur retenue, qu'il consentait à la destruction des marchandises ;

c) le déclarant ou le détenteur des marchandises a confirmé par écrit aux autorités douanières, dans un délai de dix jours ouvrables, ou de trois jours ouvrables s'il s'agit de denrées périssables, à partir de la notification de la suspension de la mainlevée des marchandises ou de leur retenue, qu'il consentait à la destruction des marchandises. Lorsque le déclarant ou le détenteur des marchandises n'a pas, dans ces délais, confirmé qu'il consentait à la destruction des marchandises ni informé les autorités douanières qu'il s'opposait à leur destruction, les autorités douanières peuvent considérer que le déclarant ou le détenteur des marchandises a confirmé qu'il consentait à leur destruction.

Les autorités douanières octroient la mainlevée des marchandises ou mettent fin à leur retenue immédiatement après l'accomplissement de toutes les formalités douanières, lorsqu'elles n'ont pas reçu du titulaire de la décision, dans les délais visés au premier alinéa, points *a)* et *b)*, à la fois la confirmation écrite qu'il était convaincu qu'il avait été porté

atteinte à un droit de propriété intellectuelle et son accord concernant la destruction, à moins que les autorités aient été dûment informées de l'ouverture d'une procédure pour déterminer s'il a été porté atteinte à un droit de propriété intellectuelle.

2. La destruction des marchandises est effectuée sous contrôle douanier et sous la responsabilité du titulaire de la décision, sauf disposition contraire prévue dans le droit national de l'État membre où les marchandises sont détruites. Des échantillons peuvent être prélevés par les autorités compétentes avant la destruction des marchandises. Les échantillons prélevés avant la destruction peuvent être utilisés à des fins éducatives.

3. Lorsque le déclarant ou le détenteur des marchandises n'a pas confirmé par écrit qu'il consentait à leur destruction et lorsqu'il n'est pas réputé avoir confirmé qu'il consentait à leur destruction conformément au paragraphe 1, premier alinéa, point *c)*, dans les délais qui y sont prévus, les autorités douanières en informent immédiatement le titulaire de la décision. Dans un délai de dix jours ouvrables, ou de trois jours ouvrables s'il s'agit de denrées périssables, à partir de la notification de la suspension de la mainlevée des marchandises ou de leur retenue, le titulaire de la décision engage une procédure pour déterminer s'il a été porté atteinte à un droit de propriété intellectuelle.

4. A l'exception du cas de denrées périssables, s'il y a lieu, les autorités douanières peuvent proroger le délai visé au paragraphe 3 de dix jours ouvrables au maximum sur requête dûment motivée du titulaire de la décision.

5. Les autorités douanières octroient la mainlevée des marchandises ou mettent fin à leur retenue immédiatement après l'accomplissement de toutes les formalités douanières, lorsque, dans les délais visés aux paragraphes 3 et 4, elles n'ont pas été dûment informées, conformément au paragraphe 3, de l'ouverture d'une procédure visant à déterminer s'il a été porté atteinte à un droit de propriété intellectuelle.

Aux termes des art. 10 et 13 [Règl. n° 608/2013, art. 23] du Règl. (CE) n° 1383/2003, le titulaire du droit de propriété intellectuelle demandeur de la mesure de retenue doit informer le bureau de douane, dans un délai de dix jours, qu'une procédure visant à déterminer s'il y a eu violation d'un droit de propriété intellectuelle au regard du droit national a été engagée conformément aux dispositions du droit en vigueur dans l'État membre sur le territoire duquel les marchandises se trouvent. Ainsi c'est à bon droit que la cour d'appel a fait application de l'art. L. 716-8 CPI. • Com. 11 mars 2014, n° 12-22.241P : *Dalloz actualité, 26 mars 2014, obs. Daleau ; D. 2015. 230, Martial-Braz ; LEPI mai 2014, p. 7, obs. Lefranc.*

Art. 24 ***Mainlevée anticipée des marchandises.*** **1. Lorsque les autorités douanières ont été informées de l'ouverture d'une procédure visant à déterminer s'il y a eu violation d'un dessin ou modèle, d'un brevet, d'un modèle d'utilité, d'une topographie de produit semi-conducteur ou de la protection d'une obtention végétale, le déclarant ou le détenteur des marchandises peut demander aux autorités douanières de procéder à la mainlevée des marchandises ou de mettre fin à leur retenue avant la fin de cette procédure.**

2. Les autorités douanières procèdent à la mainlevée des marchandises ou mettent fin à leur retenue uniquement lorsque toutes les conditions suivantes sont remplies :

a) **le déclarant ou le détenteur des marchandises a déposé une garantie qui est d'un montant suffisant pour protéger les intérêts du titulaire de la décision ;**

b) **l'autorité compétente pour déterminer s'il a été porté atteinte à un droit de propriété intellectuelle n'a pas ordonné de mesures conservatoires ;**

c) **toutes les formalités douanières ont été accomplies.**

3. Le dépôt de cette garantie visée au paragraphe 2, point *a)*, n'affecte pas les autres possibilités de recours dont dispose le titulaire de la décision.

Art. 25 ***Marchandises à détruire.*** **1. Les marchandises à détruire au titre de l'article 23 ou de l'article 26 :**

a) **ne sont pas mises en libre pratique, à moins que les autorités douanières, avec l'accord du titulaire de la décision, ne décident que cela est nécessaire, si les marchandises doivent être recyclées ou éliminées en dehors des circuits commerciaux, y compris à des fins de sensibilisation, de formation, et à des fins éducatives. Les conditions dans lesquelles les marchandises peuvent être mises en libre pratique sont déterminées par les autorités douanières ;**

b) **ne sont pas acheminées hors du territoire douanier de l'Union ;**

c) **ne sont pas exportées ;**

d) **ne sont pas réexportées ;**

e) **ne sont pas placées sous un régime suspensif ;**

f) **ne sont pas placées en zone franche ou en entrepôt franc.**

2. Les autorités douanières peuvent autoriser la circulation sous surveillance douanière des marchandises visées au paragraphe 1 entre différents lieux du territoire douanier de l'Union en vue de leur destruction sous le contrôle des douanes.

Art. 26 *Procédure pour la destruction des marchandises faisant l'objet de petits envois.* 1. Le présent article s'applique aux marchandises qui remplissent toutes les conditions suivantes :
a) les marchandises sont soupçonnées d'être des marchandises de contrefaçon ou des marchandises pirates ;
b) les marchandises ne sont pas périssables ;
c) les marchandises sont couvertes par une décision faisant droit à une demande ;
d) le titulaire de la décision a, dans la demande, sollicité le recours à la procédure prévue par le présent article ;
e) les marchandises sont transportées en petits envois.

2. Lorsque la procédure énoncée au présent article s'applique, l'article 17, paragraphes 3 et 4, et l'article 19, paragraphes 2 et 3, ne s'appliquent pas.

3. Les autorités douanières notifient au déclarant ou au détenteur des marchandises la suspension de la mainlevée des marchandises ou leur retenue dans un délai d'un jour ouvrable à partir de la suspension de la mainlevée des marchandises ou de leur retenue. La notification de la suspension de la mainlevée des marchandises ou de leur retenue comprend les informations suivantes :
a) l'intention ou non des autorités douanières de détruire les marchandises ;
b) les droits dont bénéficie le déclarant ou le détenteur des marchandises au titre des paragraphes 4, 5 et 6.

4. Le déclarant ou le détenteur des marchandises a la possibilité d'exprimer son point de vue dans un délai de dix jours ouvrables à partir de la notification de la suspension de la mainlevée des marchandises ou de leur retenue.

5. Les marchandises concernées peuvent être détruites lorsque, dans un délai de dix jours ouvrables à partir de la notification de la suspension de la mainlevée des marchandises ou de leur retenue, le déclarant ou le détenteur des marchandises a confirmé aux autorités douanières qu'il consentait à la destruction des marchandises.

6. Lorsque le déclarant ou le détenteur des marchandises n'a pas, dans le délai visé au paragraphe 5, confirmé qu'il consentait à la destruction des marchandises ni informé les autorités douanières qu'il s'opposait à leur destruction, les autorités douanières peuvent considérer que le déclarant ou le détenteur des marchandises a confirmé qu'il consentait à leur destruction.

7. La destruction est effectuée sous contrôle douanier. Les autorités douanières communiquent au titulaire de la décision, sur requête de celui-ci et le cas échéant, des informations relatives à la quantité réelle ou estimée de marchandises détruites et à leur nature.

8. Lorsque le déclarant ou le détenteur des marchandises n'a pas confirmé qu'il consentait à leur destruction et lorsqu'il n'est pas réputé avoir confirmé ce consentement conformément au paragraphe 6, les autorités douanières en informent immédiatement le titulaire de la décision et lui communiquent la quantité de marchandises et leur nature, ainsi que des images de ces marchandises, le cas échéant. Les autorités douanières communiquent également au titulaire de la décision, sur requête de celui-ci et si elles disposent de ces données, le nom et l'adresse du destinataire, de l'expéditeur et du déclarant ou du détenteur des marchandises, le régime douanier, ainsi que l'origine, la provenance et la destination des marchandises dont la mainlevée a été suspendue ou qui ont été retenues.

9. Les autorités douanières octroient la mainlevée des marchandises ou mettent fin à leur retenue immédiatement après l'accomplissement de toutes les formalités douanières lorsque le titulaire de la décision ne les a pas informées de l'ouverture d'une procédure visant à déterminer s'il a été porté atteinte à un droit de propriété intellectuelle dans un délai de dix jours ouvrables à partir de la notification visée au paragraphe 8.

10. La Commission est habilitée à adopter des actes délégués en conformité avec l'article 35 en ce qui concerne la modification des quantités visées dans la définition des petits envois dans l'hypothèse où cette définition serait jugée inapplicable compte tenu de la nécessité de veiller au fonctionnement efficace de la procédure prévue dans cet article, ou si cela est nécessaire pour éviter tout contournement de cette procédure pour ce qui concerne la composition des envois.

CHAPITRE IV *Responsabilité, coûts et sanctions*

Art. 27 *Responsabilité des autorités douanières.* Sans préjudice du droit national, la décision faisant droit à une demande ne confère pas au titulaire de cette décision un droit à indemnisation si les marchandises soupçonnées de porter atteinte à un droit de propriété intellectuelle ne sont pas repérées par un bureau de douane et font l'objet d'une mainlevée ou si aucune mesure n'est prise pour procéder à leur retenue.

Art. 28 *Responsabilité du titulaire de la décision.* Lorsqu'une procédure dûment ouverte en application du présent règlement est interrompue à cause d'un acte ou d'une omission du titulaire de la décision, que des échantillons prélevés en vertu de l'article 19, paragraphe 2, ne sont pas restitués ou sont endommagés et hors d'usage à cause d'un acte ou d'une omission du titulaire de la décision, ou qu'il est établi par la suite que les marchandises en question ne portent pas atteinte à un droit de propriété intellectuelle, le titulaire de la décision est responsable envers tout détenteur de marchandises ou déclarant qui a subi un préjudice à cet égard conformément à la législation spécifique applicable.

Art. 29 *Coûts.* 1. Lorsque les autorités douanières l'y invitent, le titulaire de la décision rembourse les coûts supportés par les autorités douanières ou par d'autres parties agissant au nom de celles-ci, dès la retenue des marchandises ou la suspension de leur mainlevée, y compris les frais de stockage et de traitement des marchandises, conformément à l'article 17, paragraphe 1, à l'article 18, paragraphe 1, et à l'article 19, paragraphes 2 et 3, et les coûts dus au recours à des mesures correctives telles que la destruction de marchandises conformément aux articles 23 et 26.

Le titulaire d'une décision à qui la suspension de la mainlevée des marchandises ou de leur retenue a été notifiée reçoit des autorités douanières, sur requête, des informations précisant où et comment ces marchandises sont stockées ainsi que le montant estimé des frais de stockage visés au présent paragraphe. Les informations relatives aux coûts estimés peuvent être exprimées en termes de temps, de produits, de volume, de poids ou de service, selon les circonstances du stockage et la nature des marchandises.

2. Le présent article ne porte pas préjudice au droit du titulaire de la décision de réclamer une indemnisation au contrevenant ou à d'autres personnes conformément à la législation applicable.

3. Le titulaire d'une décision faisant droit à une demande au niveau de l'Union fournit, à ses frais, toute traduction requise par le service douanier compétent ou les autorités douanières qui doivent intervenir pour intercepter les marchandises soupçonnées de porter atteinte à un droit de propriété intellectuelle.

Art. 30 *Sanctions.* Les États membres veillent à ce que les titulaires des décisions se conforment aux obligations énoncées dans le présent règlement, y compris, s'il y a lieu, en énonçant des dispositions établissant des sanctions. Les sanctions prévues sont effectives, proportionnées et dissuasives.

Les États membres notifient sans tarder à la Commission ces dispositions et toute modification ultérieure les concernant.

CHAPITRE V *Échange d'informations*

Art. 31 *Échange de données entre les États membres et la Commission concernant les décisions relatives aux demandes et aux retenues.* 1. Les services douaniers compétents notifient sans tarder à la Commission :

a) les décisions faisant droit aux demandes, y compris la demande et ses pièces jointes ;

b) les décisions prolongeant la période pendant laquelle les autorités douanières doivent intervenir ou les décisions abrogeant ou modifiant la décision faisant droit à la demande ;

c) la suspension d'une décision faisant droit à la demande.

2. Sans préjudice de l'article 24, point *g)*, du règlement (CE) n° 515/97, lorsque la mainlevée des marchandises est suspendue ou que les marchandises sont retenues, les autorités douanières transmettent à la Commission toute information pertinente, à l'exception des données à caractère personnel, y compris des informations relatives à la quantité et au type de marchandises, à leur valeur, aux droits de propriété intellectuelle, aux procédures douanières, aux pays de provenance, d'origine et de destination, ainsi qu'aux itinéraires et aux moyens de transport.

3. La transmission des informations visées aux paragraphes 1 et 2 du présent article et tous les échanges de données sur les décisions concernant les demandes visés à l'article 14 entre les autorités douanières des États membres se font par l'intermédiaire d'une base de données centrale de la Commission. Les informations et les données sont stockées dans cette base de données.

4. Pour assurer le traitement des informations visées aux paragraphes 1 à 3 du présent article, la base de données centrale visée au paragraphe 3 est mise en place sous forme élec-

tronique. La base de données centrale contient les informations, y compris les données à caractère personnel, visées à l'article 6, paragraphe 3, à l'article 14 et au présent article.

5. Les autorités douanières des États membres et la Commission ont accès aux informations contenues dans la base de données centrale dans la mesure où elles en ont besoin pour assumer les responsabilités légales qui leur incombent en matière d'application du présent règlement. L'accès aux informations marquées en vue de faire l'objet d'un traitement limité conformément à l'article 6, paragraphe 3, est limité aux autorités douanières des États membres où l'intervention est demandée. Sur demande motivée de la Commission, les autorités douanières des États membres peuvent permettre à la Commission d'avoir accès à ces informations dans la mesure strictement nécessaire à l'application du présent règlement.

6. Les autorités douanières introduisent dans la base de données centrale les informations relatives aux demandes présentées au service douanier compétent. S'il y a lieu, les autorités douanières qui ont introduit les informations dans la base de données centrale modifient, complètent, rectifient ou suppriment ces informations. Toute autorité douanière qui a introduit des informations dans la base de données centrale est responsable de l'exactitude, de l'adéquation et de la pertinence de ces informations.

7. La Commission met en place et entretient un dispositif technique et organisationnel adéquat pour l'exploitation fiable et sûre de la base de données centrale. Les autorités douanières de chaque État membre mettent en place et entretiennent un dispositif technique et organisationnel adéquat pour assurer la confidentialité et la sécurité du traitement en ce qui concerne les opérations de traitement effectuées par les autorités douanières et les terminaux de la base de données centrale situés sur le territoire de cet État membre.

Art. 32 *Création de la base de données centrale.* La Commission crée la base de données centrale visée à l'article 31. Cette base de données est opérationnelle le plus tôt possible et au plus tard le 1er janvier 2015.

Art. 33 *Dispositions relatives à la protection des données.* 1. Le traitement des données à caractère personnel dans la base de données centrale de la Commission est effectué conformément au règlement (CE) n° 45/2001 et sous la surveillance du Contrôleur européen de la protection des données.

2. Le traitement des données à caractère personnel par les autorités compétentes dans les États membres est réalisé conformément à la directive 95/46/CE et sous la surveillance de l'autorité publique indépendante de l'État membre visée à l'article 28 de cette directive.

3. Les données à caractère personnel ne sont collectées et utilisées qu'aux fins du présent règlement. Les données à caractère personnel ainsi collectées sont exactes et mises à jour.

4. Toute autorité douanière qui a introduit des données à caractère personnel dans la base de données centrale est responsable du traitement de ces données.

5. Toute personne a un droit d'accès aux données à caractère personnel qui la concernent et qui sont traitées au moyen de la base de données centrale et, le cas échéant, a un droit de rectification, d'effacement ou de verrouillage des données à caractère personnel conformément au règlement (CE) n° 45/2001 ou aux dispositions législatives nationales mettant en œuvre la directive 95/46/CE.

6. Toutes les requêtes visant à exercer le droit d'accès, de rectification, d'effacement ou de verrouillage sont présentées aux autorités douanières et traitées par elles. Lorsqu'une personne concernée a présenté à la Commission une requête visant à exercer ce droit, la Commission transmet cette requête aux autorités douanières concernées.

7. Les données à caractère personnel ne sont pas conservées plus de six mois à partir de la date d'abrogation de la décision faisant droit à la demande ou à partir de la date d'expiration de la période pendant laquelle les autorités douanières doivent intervenir.

8. Lorsque le titulaire de la décision faisant droit à la demande a engagé une procédure conformément à l'article 23, paragraphe 3, ou à l'article 26, paragraphe 9, et a informé les autorités douanières de l'ouverture de cette procédure, les données à caractère personnel sont conservées pendant six mois après que la procédure a déterminé de manière définitive s'il y a eu atteinte à un droit de propriété intellectuelle.

CHAPITRE VI *Comité, délégation et dispositions finales*

Art. 34 *Comité.* 1. La Commission est assistée par le comité du code des douanes institué par les articles 247 *bis* et 248 *bis* du règlement (CEE) n° 2913/92. Ledit comité est un comité au sens du règlement (UE) n° 182/2011.

2. Lorsqu'il est fait référence au présent paragraphe, l'article 4 du règlement (UE) n° 182/2011 s'applique.

3. Lorsqu'il est fait référence au présent paragraphe, l'article 5 du règlement (UE) n° 182/2011 s'applique.

Art. 35 *Exercice de la délégation.* 1. Le pouvoir d'adopter des actes délégués conféré à la Commission est soumis aux conditions fixées au présent article.

2. Le pouvoir d'adopter des actes délégués visé à l'article 26, paragraphe 10, est conféré à la Commission pour une durée indéterminée à partir du 19 juillet 2013.

3. La délégation de pouvoir visée à l'article 26, paragraphe 10, peut être révoquée à tout moment par le Parlement européen ou par le Conseil. La décision de révocation met fin à la délégation de pouvoir qui y est précisée. La révocation prend effet le jour suivant celui de la publication de ladite décision au *Journal officiel* de l'Union européenne ou à une date ultérieure qui est précisée dans ladite décision. Elle ne porte pas atteinte à la validité des actes délégués déjà en vigueur.

4. Aussitôt qu'elle adopte un acte délégué, la Commission le notifie au Parlement européen et au Conseil simultanément.

5. Un acte délégué adopté en vertu de l'article 26, paragraphe 10, n'entre en vigueur que si le Parlement européen ou le Conseil n'a pas exprimé d'objections dans un délai de deux mois à compter de la notification de cet acte au Parlement européen et au Conseil ou si, avant l'expiration de ce délai, le Parlement européen et le Conseil ont tous deux informé la Commission de leur intention de ne pas exprimer d'objections. Ce délai est prolongé de deux mois à l'initiative du Parlement européen ou du Conseil.

Art. 36 *Assistance administrative mutuelle.* Les dispositions du règlement (CE) n° 515/97 s'appliquent *mutatis mutandis* au présent règlement.

Art. 37 *Rapports.* Au plus tard le 31 décembre 2016, la Commission présente au Parlement européen et au Conseil un rapport sur la mise en œuvre du présent règlement. Ce rapport est accompagné s'il y a lieu de recommandations appropriées.

Ce rapport signale tout incident significatif concernant des médicaments en transit sur le territoire douanier de l'Union qui serait survenu dans le cadre du présent règlement ; il comporte notamment une évaluation de l'impact potentiel de cet incident sur les engagements de l'Union en matière d'accès aux médicaments énoncés dans la "déclaration sur l'accord sur les ADPIC et la santé publique" adoptée le 14 novembre 2001 par la Conférence ministérielle de l'OMC lors de sa session de Doha, et indique les mesures prises pour remédier à toute situation entraînant des effets défavorables à cet égard.

Art. 38 *Abrogation.* Le règlement (CE) n° 1383/2003 est abrogé avec effet au 1er janvier 2014.

Les références faites au règlement abrogé s'entendent comme faites au présent règlement et sont à lire selon le tableau de correspondance figurant en annexe.

Art. 39 *Dispositions transitoires.* La validité de toute demande à laquelle il est fait droit conformément au règlement (CE) n° 1383/2003 est établie pour la période spécifiée dans la décision faisant droit à la demande, pendant laquelle les autorités douanières doivent intervenir et ne sera pas prolongée.

Art. 40 *Entrée en vigueur et application.* 1. Le présent règlement entre en vigueur le vingtième jour suivant celui de sa publication au *Journal officiel* de l'Union européenne.

2. Il s'applique à partir du 1er janvier 2014, à l'exception :

a) de l'article 6, de l'article 12, paragraphe 7, et de l'article 22, paragraphe 3, qui s'appliquent à partir du 19 juillet 2013 ;

b) de l'article 31, paragraphes 1 et 3 à 7, et de l'article 33, qui s'appliquent à partir de la date de mise en place de la base de données centrale visée à l'article 32. La Commission rend publique cette date.

Le présent règlement est obligatoire dans tous ses éléments et directement applicable dans tout État membre.

Code de l'organisation judiciaire

PARTIE RÉGLEMENTAIRE

(*Décr. n° 2008-522 du 2 juin 2008*)

Compétence particulière à certains tribunaux de grande instance

Art. D. 211-5 Le siège et le ressort des tribunaux de grande instance compétents pour connaître des actions en matière d'obtentions végétales, dans les cas et conditions prévus

par le code de la propriété intellectuelle, sont fixés conformément au tableau V annexé au présent code.

TABLEAU V

Siège et ressort des tribunaux de grande instance compétents pour connaître des actions en matière d'obtentions végétales (annexe de l'article D. 211-5)

(Mod. par Décr. n° 2011-338 du 29 mars 2011, en vigueur le 1er avr. 2011 ; Décr. n° 2011-1878 du 14 déc. 2011, art. 1er-2°, en vigueur le 1er janv. 2012.)

SIÈGE	RESSORT
	Cour d'appel d'Aix-en-Provence
Marseille	Ressort des cours d'appel d'Aix-en-Provence, Bastia et Nîmes.
	Cour d'appel de Bordeaux
Bordeaux	Ressort des cours d'appel d'Agen, Bordeaux et Poitiers.
	Cour d'appel de Colmar
Strasbourg	Ressort des cours d'appel de Colmar et Metz.
	Cour d'appel de Douai
Lille	Ressort des cours d'appel d'Amiens et Douai.
	Cour d'appel de Limoges
Limoges	Ressort des cours d'appel de Bourges, Limoges et Riom.
	Cour d'appel de Lyon
Lyon	Ressort des cours d'appel de Chambéry, Grenoble et Lyon.
	Cour d'appel de Nancy
Nancy	Ressort des cours d'appel de Besançon, Dijon et Nancy.
	Cour d'appel de Paris
Paris	Ressort des cours d'appel de Basse-Terre, Cayenne, Fort-de-France, Nouméa, Orléans, Papeete, Paris, Reims, Rouen, Saint-Denis et Versailles, et du tribunal supérieur d'appel de Saint-Pierre.
	Cour d'appel de Rennes
Rennes	Ressort des cours d'appel d'Angers, Caen et Rennes.
	Cour d'appel de Toulouse
Toulouse	Ressort des cours d'appel de Montpellier, Pau et Toulouse.

Art. D. 211-6 *(Décr. n° 2009-1205 du 9 oct. 2009, art. 2-I, en vigueur le 1er nov. 2009)* **Le tribunal de grande instance ayant compétence exclusive pour connaître des actions en matière de brevets d'invention, de certificats d'utilité, de certificats complémentaires de protection et de topographies de produits semi-conducteurs, dans les cas et conditions prévus par le code de la propriété intellectuelle, est celui de Paris.**

La juridiction saisie demeure compétente pour statuer sur les procédures introduites antérieurement à la date d'entrée en vigueur du Décr. n° 2009-1205 du 9 oct. 2009 (Décr. préc., art. 9).

Art. D. 211-6-1 *(Décr. n° 2009-1205 du 9 oct. 2009, art. 3-I, en vigueur le 1er nov. 2009)* **Le siège et le ressort des tribunaux de grande instance ayant compétence exclusive pour connaître des actions en matière de propriété littéraire et artistique, de dessins et modèles, de mar-**

ques et d'indications géographiques, dans les cas et conditions prévus par le code de la propriété intellectuelle, sont fixés conformément au tableau VI annexé au présent code.

TABLEAU VI

Siège et ressort des tribunaux de grande instance et des tribunaux de première instance compétents pour connaître des actions en matière de propriété littéraire et artistique, de dessins et modèles, de marques et d'indications géographiques (annexe de l'article D. 211-6-1)

(Décr. n° 2010-1369 du 12 nov. 2010, en vigueur le 1er déc. 2011 ; mod. par Décr. n° 2011-338 du 29 mars 2011, en vigueur le 1er avr. 2011 ; Décr. n° 2011-1878 du 14 déc. 2011, art. 1er-3°, en vigueur le 1er janv. 2012)
Le Décr. n° 2010-1369 du 12 nov. 2010 est applicable sur l'ensemble du territoire de la République (Décr. préc., art. 2).

Le tribunal de grande instance de Nancy demeure compétent pour statuer sur les procédures du ressort de la cour d'appel de Colmar introduites antérieurement à la date d'entrée en vigueur du présent décret (Décr. préc., art. 3).

SIÈGE	RESSORT
Bordeaux	Ressort des cours d'appel d'Agen, Bordeaux, Limoges, Pau et Toulouse.
Lille	Ressort des cours d'appel d'Amiens, Douai, Reims et Rouen.
Lyon	Ressort des cours d'appel de Chambéry, Grenoble, Lyon et Riom.
Marseille	Ressort des cours d'appel d'Aix-en-Provence, Bastia, Montpellier et Nîmes.
Nanterre	Ressort de la cour d'appel de Versailles.
Nancy	Ressort des cours d'appel de Besançon, Dijon, Metz et Nancy.
Paris	Ressort des cours d'appel de Bourges, Paris, Orléans, Nouméa, Papeete, Saint-Denis et du tribunal supérieur d'appel de Saint-Pierre.
Rennes	Ressort des cours d'appel d'Angers, Caen, Poitiers et Rennes.
Strasbourg	Ressort de la cour d'appel de Colmar.
Fort-de-France	Ressort des cours d'appel de Basse-terre, Cayenne et Fort-de-France.

La juridiction saisie demeure compétente pour statuer sur les procédures introduites antérieurement à la date d'entrée en vigueur du Décr. n° 2009-1205 du 9 oct. 2009 (Décr. préc., art. 9).

Art. R. 211-7 Le tribunal de grande instance compétent pour connaître des actions en matière de marques, dessins et modèles communautaires, dans les cas et conditions prévus par le code de la propriété intellectuelle, est celui de Paris.

Art. R. 211-7-1 *(Décr. n° 2012-1462 du 26 déc. 2012, art. 1er)* **Le tribunal de grande instance de Paris est seul compétent pour connaître des actions prévues au II de l'article 2450 du code civil.**

LIVRE III Juridictions du second degré

Dispositions particulières à certaines cours d'appel

Art. D. 311-8 *(Décr. n° 2009-1205 du 9 oct. 2009, art. 4-I, en vigueur le 1er nov. 2009)* Le siège et le ressort des cours d'appel mentionnées à l'article R. 411-19 du code de la propriété intellectuelle compétentes pour connaître directement des recours formés contre les décisions du directeur de l'Institut national de la propriété industrielle en matière de délivrance, rejet ou maintien des dessins et modèles et des marques sont fixés conformément au tableau XVI annexé au présent code.

....

TABLEAU XVI

Siège et ressort des cours d'appel mentionnées à l'article R. 411-19 du code de la propriété intellectuelle compétentes pour connaître directement des recours formés contre les décisions du directeur de l'Institut national de la propriété industrielle en matière de délivrance, rejet ou maintien des dessins et modèles et des marques (annexe de l'article D. 311-8)

(Décr. n° 2010-1665 du 28 déc. 2010, art. 1er, en vigueur le 1er janv. 2011, mod. par Décr. n° 2011-338 du 29 mars 2011, en vigueur le 1er avr. 2011 ; Décr. n° 2011-1878 du 14 déc. 2011, art. 1er-11°, en vigueur le 1er janv. 2012)

La cour d'appel de Nancy demeure compétente pour statuer sur les procédures du ressort de la cour d'appel de Colmar introduites antérieurement à la date d'entrée en vigueur du Décr. n° 2010-1665 du 28 déc. 2010 (Décr. préc., art. 2).

SIÈGE	RESSORT
Aix-en-Provence	Ressort des cours d'appel d'Aix-en-Provence, Bastia, Montpellier et Nîmes.
Bordeaux	Ressort des cours d'appel d'Agen, Bordeaux, Limoges, Pau et Toulouse.
Colmar	Ressort de la cour d'appel de Colmar.
Douai	Ressort des cours d'appel d'Amiens, Douai, Reims et Rouen.
Fort-de-France	Ressort des cours d'appel de Basse-Terre, Cayenne et Fort-de-France.
Lyon	Ressort des cours d'appel de Chambéry, Grenoble, Lyon et Riom.
Nancy	Ressort des cours d'appel de Besançon, Dijon, Metz et Nancy.
Paris	Ressort des cours d'appel de Bourges, Paris, Orléans, Nouméa, Papeete, Saint-Denis et du tribunal supérieur d'appel de Saint-Pierre.
Rennes	Ressort des cours d'appel d'Angers, Caen, Poitiers et Rennes.
Versailles	Ressort de la cour d'appel de Versailles.

Art. D. 311-9 La cour d'appel de Paris est compétente pour connaître des recours contre :

1° Les décisions *(Ord. n° 2008-1161 du 13 nov. 2008, art. 4)* « de l'Autorité de la concurrence », dans les cas et conditions prévus par le code de commerce ;

2° Les décisions de portée individuelle de l'Autorité des marchés financiers, dans les cas et conditions prévus par le code monétaire et financier ;

3° Les décisions du Comité de la protection des obtentions végétales, dans les cas et conditions prévus par le code de la propriété intellectuelle ;

4° Les décisions prises par l'Autorité de régulation des communications électroniques et des postes, dans les cas et conditions prévus par le code des postes et des communications électroniques ;

(Décr. n° 2015-1468 du 10 nov. 2015, art. 6) « 5° Les décisions prises par l'Autorité de régulation de la distribution de la presse et le Conseil supérieur des messageries de presse au titre des articles 18-12,18-12-1 et 18-13 de la loi n° 47-585 du 2 avril 1947 » ;

(Décr. n° 2017-924 du 6 mai 2017, art. 7) « 6° Les décisions prononcées par le collège des sanctions de la commission de contrôle des organismes de gestion des droits d'auteur et des droits voisins dans les cas et conditions prévues par le code de la propriété intellectuelle. »

Circulaire de la DACG n° CRIM 08-10/G3 du 11 avril 2008,

Relative aux aspects pénaux de la loi n° 2007-1544 du 29 octobre 2007 de lutte contre la contrefaçon.

Compte tenu des enjeux économiques que présente la contrefaçon, la Communauté européenne a réaffirmé sa volonté de lutter efficacement contre ce phénomène par l'harmonisation des droits et des procédures.

Par conséquent, la présente circulaire n'a pour objet de modifier ni les instructions de la circulaire CRIM 2004.9/G3 du 9 août 2004 ni celles de la circulaire CRIM du 3 janvier 2007 dont les orientations conservent toute leur actualité, mais d'appeler l'attention des parquets sur les modifications introduites par la loi mentionnée ci-dessus.

Il convient en outre de souligner les innovations introduites par ce texte en matière de procédure pénale, pour une plus grande efficacité de la lutte contre la contrefaçon.

A ce titre, la loi n° 2007-1544 du 29 octobre 2007 de lutte contre la contrefaçon vise à adapter quatre textes communautaires au droit national. La réforme majeure du code de la propriété intellectuelle (CPI) est liée à la transposition de la directive 2004/48 du Parlement européen et du Conseil du 29 avril 2004 relative au respect des droits de propriété intellectuelle. Elle a pour objet de renforcer la lutte contre la contrefaçon en permettant des mesures visant au démantelement des réseaux de diffusion de la contrefaçon et de garantir une indemnisation effective des ayants droit.

La loi reprend les principaux objectifs fixés par la directive, en les adaptant à chaque livre du code de la propriété intellectuelle. Les nouveautés introduites dans la définition des droits de la propriété intellectuelle et des procédures civiles en la matière sont exposées en annexe (annexe 1).

Diverses dispositions pénales ont également été introduites par parallélisme avec les nouvelles mesures pouvant être prononcées par le juge civil ; d'autres visent à améliorer le traitement des procédures pénales en matière de contrefaçon.

I. Définition de nouvelles incriminations, création de nouvelles peines complémentaires et précisions rédactionnelles

1.1. *Définition de nouvelles incriminations*

La loi crée une circonstance aggravante de la contrefaçon liée au caractère dangereux du produit pour la santé humaine ou animale.

Les peines réprimant la contrefaçon de brevets, dessins et modèles et marques sont désormais aggravées dès lors que les contrefaçons portent sur des marchandises dangereuses pour la santé, la sécurité de l'homme ou de l'animal.

Dans cette circonstance, elles sont alors portées à 5 ans d'emprisonnement et 500 000 € d'amende, au lieu de 3 ans d'emprisonnement et 300 000 € d'amende.

1.2. *Création de nouvelles peines complémentaires*

Les peines complémentaires susceptibles d'être prononcées par le juge pénal ont été élargies et harmonisées (voir annexe 2).

Ainsi, les peines complémentaires applicables en cas de contrefaçon sont harmonisées à l'ensemble des contrefaçons de la propriété intellectuelle et applicables tant aux personnes physiques que morales.

Les peines complémentaires susceptibles d'être prononcées en cas de violation des droits de la propriété intellectuelle sont les suivantes :

– le retrait des circuits commerciaux des objets jugés contrefaisants et de toute chose ayant servi à commettre l'infraction ;

– la destruction de ces mêmes objets ;

– la remise de ces mêmes objets à la partie lésée ;

– l'affichage ou la diffusion de la décision de condamnation.

L'exécution de ces peines est à la charge financière du condamné.

Il convient cependant de préciser que :

– les peines complémentaires de l'article 131-39 du code pénal applicables aux seules personnes morales sont désormais étendues à la répression de la violation de l'ensemble des droits de la propriété intellectuelle ;

– la peine complémentaire de privation du droit d'élection et d'éligibilité pour les tribunaux de commerce, les chambres de commerce et d'industrie et les chambres de métiers ainsi que pour le conseil des prud'hommes est spécifique à certaines infractions en matière de propriété intellectuelle, et trouve à s'appliquer dès lors qu'il y a soit récidive, soit convention entre les parties pour les personnes physiques ;

– la peine de remise des recettes procurées par l'infraction à la partie lésée est uniquement applicable en matière de droits d'auteurs, droits voisins et bases de données.

Il convient en outre de préciser la portée de la peine complémentaire nouvelle de « retrait des circuits commerciaux ».

Cette peine nouvelle résulte d'un parallélisme avec les nouveaux pouvoirs du juge civil, qui a la possibilité d'ordonner à la charge du condamné le « rappel des circuits commerciaux ».

En raison du principe de personnalité des peines, la peine complémentaire de « retrait des circuits commerciaux » a cependant une portée plus restreinte que celle de « rappel des circuits commerciaux » au civil : en effet, le condamné sera tenu de retirer les marchandises encore en sa possession des circuits commerciaux, mais la peine complémentaire n'oblige pas directement les distributeurs.

1.3. *Précisions rédactionnelles*

Dans un souci d'harmonisation, de simplification ou de précision, la loi de lutte contre la contrefaçon a modifié certaines rédactions qui pouvaient prêter à des interrogations quant à leur interprétation et à leur conséquence pénale.

Remplacement des termes de « contrefaits » par « contrefaisants ».

Cette nouvelle rédaction est sans incidence sur le fond des dispositions : le législateur a voulu désigner sous le terme de « contrefaisants » les objets qui résultent de la contrefaçon (les « copies »), le terme de « contrefaits » se rapportant pour sa part aux objets qui sont copiés (les « originaux »).

Généralisation des infractions douanières à toute contrefaçon de marque par la suppression des mots « sous tous régimes douaniers » (articles 428 du code des douanes et L. 716-9 et L. 716-10 du code de la propriété intellectuelle).

La loi étend le champ d'application des incriminations délictuelles douanières et de droit commun aux contrefaçons de marque constatées dans des situations non couvertes jusqu'alors par la précédente rédaction.

II. Amélioration des outils procéduraux de lutte contre la contrefaçon

2.1. *Extension des prérogatives des services en charge de la lutte contre la contrefaçon*

2.1.1. *Pouvoirs de police spéciaux pour la contrefaçon en bande organisée*

Avec la création d'un article 706-1-2 du code de procédure pénale, les services de police judiciaire peuvent désormais faire usage des pouvoirs d'infiltration et de surveillance, lorsqu'ils conduisent des investigations en matière de contrefaçon de droits d'auteurs et droits voisins, bases de données, brevets, dessins et modèles et marques lorsque l'infraction est commise en bande organisée.

Il convient de rappeler que les services des douanes administratives en application de l'article 67 *bis* du code des douanes et le service des douanes judiciaires, en application de l'article 28-VI al. 3 du code de procédure pénale, disposaient déjà de ces pouvoirs dans la conduite de leurs investigations en matière d'atteinte au droit des marques qu'elle soit ou non commise en bande organisée.

2.1.2. *Extension du champ de compétence et des prérogatives douanières*

Auparavant limité au seul domaine des marques, les services des douanes administratives voient leur champ de compétence elargi aux dessins et modèles

Ceux-ci peuvent ainsi dorénavant, pour la recherche et la constatation d'une contrefaçon portant sur des dessins et modèles protégés, mettre en œuvre les pouvoirs et les procédures douanières issues du code des douanes.

Par ailleurs, la procédure de retenue douanière prévue au code de la propriété intellectuelle a été modernisée en intégrant dans le droit commun certaines mesures de protection des ayants droit issues du règlement (CE) n° 1383/2003 du 22 juillet 2003 relatif à l'intervention des autorités douanières, à l'égard de marchandises soupçonnées de porter atteinte à certains droits de propriété intellectuelle ainsi que les mesures à prendre à l'égard de marchandises portant atteinte à certains droits de propriété intellectuelle. Dorénavant, en matière de marques et de dessins et modèles le code de la propriété intellectuelle prévoit, notamment :

– en l'absence d'une demande d'intervention du titulaire de droit, la possibilité pour l'administration des douanes d'effectuer une retenue des marchandises de statut communautaire susceptibles de porter atteinte à un dessin ou modèle déposé ou une marque enregistrée. Dans ce cas, la durée de cette retenue est limitée à un délai de trois jours ouvrables qui doit permettre au titulaire du droit de déposer une demande d'intervention et de bénéficier du délai de retenue de dix jours ouvrables pour agir en justice (art. L. 521-15 et L. 716-8-1 du code de la propriété intellectuelle) ;

– la notification immédiate de la retenue au propriétaire du dessin et modèle déposé ou du propriétaire de la marque enregistrée, afin de lui communiquer des informations portant sur « nature et la quantité réelle ou estimée des marchandises placées en retenue » (art. L. 521-16 et L. 716-8-1 du code de la propriété intellectuelle).

La loi modifie le champ de compétence du service national des douanes judiciaires défini à l'article 28-I. du code de procédure pénale qui est élargi à l'ensemble des infractions du code de la propriété intellectuelle (voir annexe 3).

2.1.3. *Extension des prérogatives des agents de la DGCCRF*

Les agents de la DGCCRF disposent désormais du pouvoir de saisir les produits de marque contrefaite sans autorisation judiciaire, qu'ils soient dans un cas de flagrance ou non (L. 215-5 du code de la consommation).

Ils peuvent en outre procéder à la consignation des marchandises de marque contrefaite pour un délai d'un mois renouvelable sur autorisation du procureur de la République (L. 215-7 du code de la consommation).

2.1.4. *Échange d'information entre services en matière de contrefaçon (art. L. 215-3-2 du code de la consommation et 59 quinquies du code des douanes)*

Sans que puisse être opposée l'obligation de secret professionnel, et en dehors des cas d'informations obtenues dans un cadre d'échanges entre pays communautaires, les services de l'État et des collectivités publiques sont tenus de communiquer aux services des douanes, de la DGCCRF et aux officiers et agents de police judiciaire tout renseignement utile à la lutte contre la contrefaçon.

Ces mêmes agents et officiers peuvent également procéder à un échange spontané d'informations entre eux.

2.2. *Dispositions générales de procédure pénale*

Certaines dispositions du texte de loi ne sont pas réservées aux procédures relatives aux infractions de la contrefaçon mais ont une portée générale.

La loi nouvelle a en outre permis de rendre plus facile la destruction et l'aliénation d'objets saisis dans le cadre des procédures avant jugement.

Il convient de rappeler que jusqu'alors cette possibilité de destruction avant jugement était limitée aux seules procédures douanières (art. 389 *bis* du code des douanes) et procédures d'information (art. 99-2, al. 3 du code de procédure pénale).

2.2.1. *Destruction avant jugement par le procureur de la République*

L'article 41-4 alinéa 4 du code de procédure pénale permet désormais, avant jugement, d'ordonner la destruction des biens meubles placés sous scellés lorsqu'ils ne sont plus nécessaires à la manifestation de la vérité :

– et qu'ils sont qualifiés par la loi de dangereux ou nuisibles ;

– ou que leur détention est illicite.

2.2.2. *Destruction et aliénation avant jugement par le juge des libertés et de la détention*

L'article 41-5 nouveau du code de procédure pénale permet, avant jugement, la destruction ou l'aliénation des biens meubles placés sous scellés quels qu'ils soient, à une double condition : ces biens d'une part ne doivent plus être nécessaires à la manifestation de la vérité ; d'autre part leur restitution est impossible soit parce que leur propriétaire ne les réclame pas malgré une mise en demeure soit parce que ce propriétaire n'est pas identifié.

Ces mesures sont ordonnées par le juge des libertés et de la détention sur requête du procureur de la République par ordonnance susceptible d'appel devant la chambre de l'instruction, notamment par le propriétaire ou les tiers ayant des droits sur le bien.

Il appartiendra aux parquets d'avoir recours à ces dispositions nouvelles dès que les conditions prévues par la loi seront réunies afin de permettre une gestion appropriée des scellés, notamment au regard des volumes généralement importants des saisies en matière de contrefaçon et du coût pour les juridictions du stockage de ces derniers.

Il conviendra de recourir systématiquement dans les cas appropriés à la destruction des objets dangereux ou dont la détention est illicite. En matière de contrefaçon, il appartiendra au parquet de se déterminer quant à la destruction des marchandises contrefaisantes illicites dans le cadre de la procédure de l'article 41-4 *in fine* du code de procédure pénale.

Les services d'enquête pourraient en outre être incités à des descriptions précises des scellés dans le cadre des procédures et au prélèvement d'échantillon afin d'assurer une bonne administration des moyens de preuve, si la destruction de la majorité des objets saisis devait être ensuite envisagée.

III. Coordination des procédures pénales et civiles

Il convient de rappeler certaines règles en matière civile susceptibles d'avoir des incidences en matière pénale.

3.1. *Articulation des règles de compétence*

3.1.1. *Saisine de la juridiction pénale au fond après la prise de mesures conservatoires par le juge civil*

Lorsque des mesures conservatoires ont été ordonnées dans le cadre d'une procédure précontentieuse non contradictoire, il revient au demandeur de saisir la juridiction civile ou pénale au fond dans les délais impartis par voie réglementaire, afin que les mesures conservatoires ne deviennent pas nulles de plein droit.

Si le demandeur choisit de se pourvoir au fond devant la juridiction pénale, il convient qu'il agisse par citation directe ou dépose une plainte avec constitution de partie civile devant le doyen des juges d'instruction de la juridiction compétente.

Il conviendra donc que les parquets soient vigilants aux éventuelles plaintes simples qui seraient déposées par des titulaires de droits ayant obtenu du juge civil l'ordonnance de mesures provisoires et qu'ils puissent procéder à leur examen rapide afin de permettre aux titulaires de droit de saisir le doyen des juges d'instruction dans le délai qui leur est imparti pour se pourvoir devant la juridiction au fond.

3.1.2. *Création de juridictions spécialisées en matière de propriété intellectuelle*

Il convient de préciser que cette spécialisation ne concerne que les juridictions civiles appelées à statuer en matière de contrefaçon. Il sera procédé à la désignation des juridictions ainsi spécialisées par décret.

Ainsi lorsque la procédure reposera sur le fondement pénal du délit de contrefaçon, les règles de compétence de droit commun en matière de procédure pénale s'appliqueront.

3.2. *Mesures civiles prononcées avant jugement et mesures pénales avant jugement de l'article 706-103 CPP* [C. pr. pén.]

La loi n° 2007-1544 du 29 octobre 2007 de lutte contre la contrefaçon a considérablement étendu le champ des mesures provisoires pouvant être prononcées par le juge civil avant dire droit (voir annexe 1). En particulier, si le demandeur justifie de circonstances de nature à compromettre le recouvrement des dommages et intérêts, le juge peut ordonner la saisie conservatoire des biens mobiliers et immobiliers du prétendu contrefacteur, y compris le blocage de ses comptes bancaires et autres avoirs.

Sur un plan pénal, en cas d'ouverture d'une information judiciaire du chef de contrefaçon en bande organisée, le procureur de la République peut, en application de l'article 706-103 du code de procédure pénale, solliciter auprès du juge des libertés et de la détention le prononcé de mesures conservatoires.

Il n'est pas à exclure que des mesures puissent être ordonnées concurremment sur de mêmes biens dans le cadre d'une procédure civile et d'une procédure pénale. En l'absence d'existence d'un registre des mesures conservatoires, il est à craindre qu'il puisse être fait application des dispositions de l'article 706-103 du code de procédure pénale alors même que ces biens font déjà l'objet de mesures conservatoires en application des procédures civiles avant jugement et réciproquement.

Afin d'éviter toute difficulté d'exécution des jugements, il importe donc que les parquets soient vigilants quant à l'existence de procédures civiles déjà en cours. Lorsque des mesures conservatoires en application de l'article 706-103 du code de procédure pénale sont envisagées ou ordonnées, il y aura lieu le cas échéant de se rapprocher des plaignants afin d'être informés d'éventuelles mesures civiles déjà ordonnées et de permettre ainsi une meilleure coordination des procédures.

Je vous saurais gré de bien vouloir diffuser la présente circulaire aux magistrats du siège et duparquet de votre ressort et de m'informer des éventuelles difficultés susceptibles de résulter de sa mise en œuvre.

ANNEXE I

Présentation des principales modifications introduites en matière civile par la loi n° 2007-1544 du 29 octobre 2007 de lutte contre la contrefaçon

1. PROCÉDURE CIVILE

La loi modifie les dispositions spéciales de procédure civile contenues dans le code de la propriété intellectuelle. Si certaines procédures sont de véritables innovations par rapport au droit commun, d'autres dispositions ne font que reprendre dans le code de la propriété intellectuelle des dispositions de procédure civile et du droit des voies d'exécution, dans un but de pédagogie et de lisibilité. La loi généralise et harmonise en outre les mesures provisoires et probatoires à l'ensemble du droit de la propriété intellectuelle.

La saisie contrefaçon

La procédure de saisie contrefaçon est étendue aux indications géographiques, aux semi-conducteurs et aux producteurs de bases de données. Le droit d'action est en outre accordé, pour tous les droits de propriété intellectuelle et sous certaines conditions, aux titulaires de licences.

La loi permet également au titulaire de droit de saisir les matériels et instruments utilisés pour produire ou distribuer les marchandises de contrefaçon, en sus des marchandises contrefaisantes, ainsi que les documents comptables.

Les mesures provisoires et conservatoires

Avant toute action au fond, de nouvelles mesures destinées à renforcer la lutte contre la contrefaçon peuvent être obtenues, en référé ou sur requêtes, le cas échéant sous astreinte :

Dans les cas appropriés, la saisie des matériels utilisés pour produire les contrefaçons ; le gel des biens, à titre conservatoire, du contrefacteur supposé en cas de contrefaçon si le recouvrement des dommages-intérêts est susceptible d'être compromis ; à cette fin, la production de documents bancaires ou commerciaux peut être ordonnée ;

Toute mesure destinée à prévenir une atteinte imminente aux droits, à empêcher la poursuite d'actes argués de contrefaçon ou à empêcher l'introduction ou la diffusion dans les circuits commerciaux des produits supposés contrefaisants, y compris à l'encontre des tiers.

Le juge civil peut donc ordonner toute mesure utile à l'égard des intermédiaires dont les services sont utilisés par le prétendu contrefacteur pour porter atteinte aux droits protégés.

Le droit d'information

Le requérant peut demander que soit ordonné aux défendeurs ou à toute personne trouvée en possession, fabriquant ou fournissant des produits contrefaisants qu'ils fournissent les documents ou informations permettant de déterminer l'origine des réseaux, notamment les documents commerciaux.

La loi crée ainsi un droit d'information au profit des titulaires de droits de propriété intellectuelle, destiné à lutter contre les réseaux de contrefaçon, en leur permettant d'obtenir les informations nécessaires à leur démantèlement. Il permet de contraindre les personnes trouvées en possession de marchandises contrefaisantes à fournir des informations précises sur les quantités et prix de ces marchandises, sur leurs détenteurs antérieurs et leurs destinataires.

Les mesures correctives

En cas de condamnation civile, la juridiction pourra ordonner pour tous les droits de propriété intellectuelle :

— le rappel des produits jugés contrefaisants des circuits commerciaux, leur retrait définitif du marché, leur destruction ou leur confiscation au profit de la partie lésée, aux frais du contrefacteur ;

— la publicité du jugement aux frais du contrefacteur.

La réparation du préjudice

Les différents chefs de préjudice découlant de la violation d'un droit de propriété intellectuelle sont désormais énumérés.

La loi pose ainsi dans le code de la propriété intellectuelle des modalités spécifiques de calcul des dommages et intérêts pour les victimes de contrefaçon. Deux innovations essentielles par rapport au droit commun de la responsabilité civile, actuellement applicable, sont prévues :

D'une part, les dommages et intérêts accordés au titulaire de droits devront prendre en compte, outre les conséquences économiques négatives et le préjudice moral subis par la partie lésée, les bénéfices injustement réalisés par le contrefacteur.

D'autre part, selon le choix du demandeur, ces dommages et intérêts devront pouvoir être fixés de manière forfaitaire, ce forfait étant déterminé sur la base minimum des redevances que le titulaire de droits aurait pu percevoir si le contrefacteur avait demandé son autorisation.

Ces dispositions visent à améliorer la réparation du préjudice subi par les titulaires de droits, sans pour autant instaurer des dommages-intérêts punitifs. C'est le manque à gagner du titulaire de droit qui doit être pris en considération par le juge et qui peut servir de fondement à un dédommagement forfaitaire.

2. ORGANISATION JUDICIAIRE

La compétence exclusive des tribunaux de grande instance

La loi pose en premier lieu le principe de la compétence exclusive des tribunaux de grande instance, en excluant ainsi la compétence des tribunaux de commerce, qui étaient jusque-là compétents en matière de dessins et modèles et de propriété littéraire et artistique.

La spécialisation des juridictions

La loi acte également le principe d'une spécialisation des juridictions pour le contentieux civil de la contrefaçon. Les tribunaux spécialement compétents seront désignés par décret, en coordination avec les autres mesures de réforme de la carte judiciaire.

ANNEXE II

I. – TABLES DE CORRESPONDANCE DE LA NUMÉROTATION DU CODE DE LA PROPRIÉTÉ INTELLECTUELLE SUITE À L'ADOPTION DE LA LOI N° 2007-1544 DU 29 OCTOBRE 2007 DE LUTTE CONTRE LA CONTREFAÇON

Peines applicables aux personnes physiques

	TYPE DE PEINE	ANCIENNE NUMÉROTATION	NOUVELLE NUMÉROTATION
Peines principales	3 ans d'emprisonnement 300 000 € d'amende	L. 335-2 et L. 335-4 CPI	inchangée
	5 ans d'emprisonnement 500 000 € d'amende en cas de commission en bande organisée	L. 335-2 et L. 335-4 CPI	inchangée
	Doublement des peines en cas de relation commerciale entre le contrefait et le contrefaisant (et de récidive)	L. 335-9 CPI	inchangée
Peines complémentaires	Fermeture de l'établissement ayant servi à commettre l'infraction	L. 335-5 CPI	inchangée
	Retrait des circuits commerciaux	Peine inexistante	L. 335-6 CPI
	Destruction des marchandises retirées ou confisquées aux frais du condamné	Peine inexistante	L. 335-6 CPI
	Confiscation des recettes procurées par l'infraction au profit de la victime	L. 335-6 et L. 335-7 CPI	L. 335-6 CPI
	Confiscation des objets contrefaisants ou ayant servi à l'infraction au profit de la victime	L. 335-6 et L. 335-7 CPI	L. 335-6 CPI
	Affichage et publication du jugement de condamnation	Peine inexistante	L. 335-6 CPI

Peines applicables aux personnes morales

	TYPE DE PEINE	ANCIENNE NUMÉROTATION	NOUVELLE NUMÉROTATION
Peines principales	Dans les conditions de l'article 121-2 et 131-38 du code pénal	L. 335-8 CPI	inchangée
Peines complémentaires	Peines de l'article 131-9 du code pénal	L. 335-8 CPI	inchangée
	Retrait des circuits commerciaux	Peine inexistante	L. 335-8 CPI
	Destruction des marchandises retirées ou confisquées aux frais du condamné	Peine inexistante	L. 335-8 CPI
	Confiscation des recettes procurées par l'infraction au profit de la victime	Peine inexistante	L. 335-8 CPI
	Confiscation des objets contrefaisants ou ayant servi à l'infraction au profit de la victime	Peine inexistante	L. 335-8 CPI

II. – PEINES APPLICABLES EN MATIÈRE D'ATTEINTES AUX DROITS RELATIFS AUX BASES DE DONNÉES

Peines applicables aux personnes physiques

	TYPE DE PEINE	ANCIENNE NUMÉROTATION	NOUVELLE NUMÉROTATION
Peines principales	3 ans d'emprisonnement 300 000 € d'amende	L. 343-1 CPI	L. 343-4 CPI
	5 ans d'emprisonnement 500 000 € d'amende en cas de commission en bande organisée	L. 343-1 CPI	L. 343-4 CPI
	Doublement des peines en cas de relation commerciale entre le contrefait et le contrefaisant (et de récidive)	L. 343-3 CPI	L. 343-7 CPI
Peines complémentaires	Privation du droit d'élection et d'éligibilité au TC, TPH, CCI et CM (peine complémentaire spécifique à la récidive ou au cas d'existence d'une relation commercial entre les parties)	L. 343-3 CPI	L. 343-7 CPI
	Retrait des circuits commerciaux	Peine inexistante	L. 343-5 CPI
	Destruction des marchandises retirées ou confisquées aux frais du condamné	Peine inexistante	L. 343-5 CPI
	Confiscation des objets contrefaisants ou ayant servi à l'infraction au profit de la victime	Peine inexistante	L. 343-5 CPI
	Affichage et publication du jugement de condamnation	Peine inexistante	L. 343-5 CPI

Peines applicables aux personnes morales

	TYPE DE PEINE	ANCIENNE NUMÉROTATION	NOUVELLE NUMÉROTATION
Peines principales	Dans les conditions de l'article 121-2 et 131-38 du code pénal	L. 343-2 CPI	inchangée
Peines complémentaires	Peines de l'article 131-9 du code pénal	L. 343-2 CPI	L. 343-6 CPI
	Destruction des marchandises retirées ou confisquées aux frais du condamné	Peine inexistante	L. 343-6 CPI
	Confiscation des objets contrefaisants ou ayant servi à l'infraction au profit de la victime	Peine inexistante	L. 343-6 CPI

III. – PEINES APPLICABLES EN MATIÈRE DE CONTREFAÇON DE DESSINS ET MODÈLES

Peines applicables aux personnes physiques

	TYPE DE PEINE	ANCIENNE NUMÉROTATION	NOUVELLE NUMÉROTATION
Peines principales	3 ans d'emprisonnement 300 000 € d'amende	L. 521-4 CPI	L. 521-10 CPI
	5 ans d'emprisonnement 500 000 € d'amende en cas de commission en bande organisée	L. 521-4 CPI	L. 521-10 CPI
	Doublement des peines en cas de relation commerciale entre le contrefait et le contrefaisant (et de récidive)	L. 521-6 CPI	L. 521-13 CPI
Peines complémentaires	Retrait des circuits commerciaux	Peine inexistante	L. 521-11 CPI
	Destruction des marchandises retirées ou confisquées aux frais du condamné	Peine inexistante	L. 521-11 CPI
	Confiscation des objets contrefaisants ou ayant servi à l'infraction au profit de la victime	L. 521-3 CPI	L. 521-11 CPI
	Affichage et publication du jugement de condamnation	Peine inexistante	L. 521-11 CPI
	Fermeture de l'établissement ayant servi à commettre l'infraction	L. 21-4 CPI	L. 521-10 CPI

Peines applicables aux personnes morales

	TYPE DE PEINE	ANCIENNE NUMÉROTATION	NOUVELLE NUMÉROTATION
Peines principales	Dans les conditions de l'article 121-2 et 131-38 du code pénal	L. 521-5 CPI	L. 521-12 CPI
Peines complémentaires	Peines de l'article 131-9 du code pénal	L. 521-5 CPI	L. 521-12 CPI
	Retrait des circuits commerciaux	Peine inexistante	L. 521-12 CPI
	Destruction des marchandises retirées ou confisquées aux frais du condamné	Peine inexistante	L. 521-12 CPI
	Confiscation des objets contrefaisants ou ayant servi à l'infraction au profit de la victime	Peine inexistante	L. 521-12 CPI

IV. – PEINES APPLICABLES EN MATIÈRE DE CONTREFAÇON DE BREVETS D'INVENTION

Peines applicables aux personnes physiques

	TYPE DE PEINE	ANCIENNE NUMÉROTATION	NOUVELLE NUMÉROTATION
Peines principales	3 ans d'emprisonnement 300 000 € d'amende	L. 615-14 CPI	inchangée
	5 ans d'emprisonnement 500 000 € d'amende en cas de commission en bande organisée ou lorsque la contrefaçon présente un danger pour la santé de l'homme ou l'animal	L. 615-14 CPI	inchangée
	Doublement des peines en cas de relation commerciale entre le contrefait et le contrefaisant (et de récidive)	L. 615-14-1 CPI	inchangée
Peines complémentaires	Retrait des circuits commerciaux	Peine inexistante	L. 615-14-2 CPI
	Destruction des marchandises retirées ou confisquées aux frais du condamné	Peine inexistante	L. 615-14-2 CPI
	Confiscation des objets contrefaisants ou ayant servi à l'infraction au profit de la victime	Peine inexistante	L. 615-14-2 CPI
	Affichage et publication du jugement de condamnation	Peine inexistante	L. 615-14-2 CPI
	Perte du droit d'élection et d'éligibilité tribunal Com, CCI CM CPD (peine complémentaire spécifique à la récidive ou au cas d'existence d'une relation commerciale entre les parties)	L. 615-14-1 CPI	inchangée

Peines applicables aux personnes morales

	TYPE DE PEINE	ANCIENNE NUMÉROTATION	NOUVELLE NUMÉROTATION
Peines principales	Dans les conditions des articles 121-2 et 131-38 du code pénal		L. 615-14-3 CPI
Peines complémentaires	Peines de l'article 131-9 du code pénal	Peine inexistante	L. 615-14-3 CPI
	Retrait des circuits commerciaux	Peine inexistante	L. 615-14-3 CPI
	Destruction des marchandises retirées ou confisquées aux frais du condamné	Peine inexistante	L. 615-14-3 CPI
	Confiscation des objets contrefaisants ou ayant servi à l'infraction au profit de la victime	Peine inexistante	L. 615-14-3 CPI

V. – PEINES APPLICABLES EN MATIÈRE DE CONTREFAÇON D'OBTENTIONS VÉGÉTALES

Peines applicables aux personnes physiques

	TYPE DE PEINE	ANCIENNE NUMÉROTATION	NOUVELLE NUMÉROTATION
Peines principales	10 000 € d'amende	L. 623-32 CPI	inchangée
	Peine de 6 mois d'emprisonnement et 10 000 € en cas de récidive ou commission de l'infraction en bande organisée	L. 623-32 CPI	inchangée
Peines complémentaires	Retrait des circuits commerciaux	Peine inexistante	L. 623-32-1 CPI
	Destruction des marchandises retirées ou confisquées aux frais du condamné	Peine inexistante	L. 623-32-1 CPI
	Confiscation des objets contrefaisants ou ayant servi à l'infraction au profit de la victime	Peine inexistante	L. 623-32-1 CPI
	Affichage et publication du jugement de condamnation	Peine inexistante	L. 623-32-1 CPI

Peines applicables aux personnes morales

	TYPE DE PEINE	ANCIENNE NUMÉROTATION	NOUVELLE NUMÉROTATION
Peines principales	Dans les conditions de l'article 121-2 et 131-38 du code pénal	....	L. 623-32-2 CPI
Peines complémentaires	Peines de l'article 131-9 du code pénal	Peine inexistante	L. 623-32-2 CPI
	Retrait des circuits commerciaux	Peine inexistante	L. 623-32-2 CPI
	Destruction des marchandises retirées ou confisquées aux frais du condamné	Peine inexistante	L. 623-32-2 CPI
	Confiscation des objets contrefaisants ou ayant servi à l'infraction au profit de la victime	Peine inexistante	L. 623-32-2 CPI

VI. – PEINES APPLICABLES EN MATIÈRE DE CONTREFAÇON DE MARQUES

Peines applicables aux personnes physiques

	TYPE DE PEINE	ANCIENNE NUMÉROTATION	NOUVELLE NUMÉROTATION
Peines principales	3 ans d'emprisonnement 300 000 € d'amende	L. 716-10 CPI	inchangée
	4 ans d'emprisonnement 400 000 € d'amende	L. 716-9 CPI	inchangée

	TYPE DE PEINE	ANCIENNE NUMÉROTATION	NOUVELLE NUMÉROTATION
	5 ans d'emprisonnement 500 000 € d'amende en cas de commission en bande organisée ou lorsque la contrefaçon présente un danger pour la santé de l'homme ou l'animal	L. 716-9 CPI L. 716-10 CPI	inchangée
Peines complémentaires	Perte du droit d'élection et d'éligibilité T. com., CCI, CM, CPD (peine complémentaire spécifique à la récidive ou au cas d'existence d'une relation commerciale entre les parties)	L. 716-12 CPI	inchangée
	Fermeture de l'établissement ayant servi à commettre l'infraction	L. 716-11-1 CPI	inchangée
	Retrait des circuits commerciaux	Peine inexistante	L. 716-13 CPI
	Destruction des marchandises retirées ou confisquées aux frais du condamné	Peine inexistante	L. 716-13 CPI
	Confiscation des objets contrefaisants ou ayant servi à l'infraction au profit de la victime	L. 716-14 CPI	L. 716-13 CPI
	Affichage et publication du jugement de condamnation	Peine inexistante	L. 716-13 CPI

Peines applicables aux personnes morales

	TYPE DE PEINE	ANCIENNE NUMÉROTATION	NOUVELLE NUMÉROTATION
Peines principales	Dans les conditions des articles 121-2 et 131-38 du code pénal	L. 716-11-2 CPI	inchangée
Peines complémentaires	Peines de l'article 131-9 du code pénal	L. 716-11-2 CPI	inchangée
	Retrait des circuits commerciaux	Peine inexistante	L. 716-11-2 CPI
	Destruction des marchandises retirées ou confisquées aux frais du condamné	Peine inexistante	L. 716-11-2 CPI
	Confiscation des objets contrefaisants ou ayant servi à l'infraction au profit de la victime	Peine inexistante	L. 716-11-2 CPI

ANNEXE III

COMPÉTENCE ET POUVOIRS SPÉCIAUX DES SERVICES JUDICIAIRES ET DOUANIERS COMPÉTENTS EN MATIÈRE DE CONTREFAÇON

		SERVICES DE POLICE judiciaire (OPJ)	SERVICES DES DOUANES	
			Douanes judiciaires (ODJ)	Douanes administratives
Compétence	Type d'infractions	Tous types de contrefaçon du CPI	Tous types de contrefaçon du CPI Délits douaniers de contrefaçon de marque et de dessins et modèles	Délits douaniers de contrefaçon de marque et de dessins et modèles
	Fondement législatif	Art. 14 et 17 CPP	Art. 28-1 I CPP	Art. 38-4 et 417 à 428 et 414 CD
Cas d'usage des pouvoirs spéciaux d'enquête (surveillance et infiltration)	Type d'infractions	Contrefaçon en bande organisée de : - droits d'auteur ; - droits voisins ; - bases de données ; - dessins et modèles ; - brevets ; - marques.	Contrefaçon de marques	Délits douaniers de contrefaçon de marque
	Fondement législatif	Art. 706-1-2 et art. 706-80 à 706-87 CPP	Art. 28-1 VI CPP et art. 706-80 à 706-87 CPP	Art. 67 *bis* CD

PREMIÈRE PARTIE
PROPRIÉTÉ LITTÉRAIRE ET ARTISTIQUE

I DISPOSITIONS COMMUNES

Droit international

RÉP. INTERNAT. v° *Propriété littéraire et artistique*, par GAUTIER.

Convention de Stockholm du 14 juillet 1967,

Instituant l'Organisation mondiale de la propriété intellectuelle. — Publiée par Décr. n° 74-976 du 20 nov. 1974 (JO 27 nov.). — Entrée en vigueur pour la France le 18 oct. 1974. — V. ce texte en début d'App., v° Dispositions générales.

Traité de Genève du 20 avril 1989,

Sur l'enregistrement international des œuvres audiovisuelles.

Ce traité a été publié en droit interne par le Décr. n° 2007-1014 du 14 juin 2007 (JO 16 juin). Le Traité de Genève est entré en vigueur le 27 févr. 1991.

Désireux d'accroître la sécurité juridique des transactions relatives aux œuvres audiovisuelles et, par là même,
De promouvoir la création d'œuvres audiovisuelles ainsi que les échanges internationaux de ces œuvres et
De contribuer à la lutte contre la piraterie des œuvres audiovisuelles et des contributions qu'elles contiennent,
Les États contractants,
sont convenus de ce qui suit :

CHAPITRE PREMIER *Dispositions de fond*

Art. 1er *Constitution d'une union.* Les États parties au présent Traité (ci-après dénommés "États contractants") sont constitués à l'état d'Union pour l'enregistrement international des œuvres audiovisuelles (ci-après dénommée "Union").

Art. 2 *Œuvre audiovisuelle.* Aux fins du présent Traité, on entend par "œuvre audiovisuelle" toute œuvre qui consiste en une série d'images fixées liées entre elles, accompagnée ou non de sons, susceptible d'être rendue visible et, si elle est accompagnée de sons, susceptible d'être rendue audible.

Art. 3 *Le registre international.* 1. Création du registre international. — Il est créé un registre international des œuvres audiovisuelles (ci-après dénommé "Registre international") en vue de l'enregistrement d'indications concernant les œuvres audiovisuelles et les droits sur ces œuvres, y compris en particulier, les droits relatifs à leur exploitation.

2. Institution et administration du service d'enregistrement international. — Il est institué un service d'enregistrement international des œuvres audiovisuelles (ci-après dénommé le "service d'enregistrement international") chargé de tenir le registre international. Le service d'enregistrement international constitue un service administratif du bureau international de l'Organisation mondiale de la propriété intellectuelle (ci-après dénommés respectivement "Bureau international" et "Organisation").

3. Siège du service d'enregistrement international. — Le service d'enregistrement international est situé en Autriche tant qu'un Traité conclu à cet effet entre la République d'Autriche et l'Organisation est en vigueur. Dans le cas contraire, il est situé à Genève.

4. Demandes. — L'enregistrement de toute indication dans le registre international est fondé sur une demande ayant la teneur et la forme prescrites, déposée à cet effet par une personne physique ou morale habilitée, et subordonnée au paiement de la taxe prescrite.

5. Personnes habilitées à déposer une demande :

a) Sous réserve de l'alinéa *b*, est habilitée à déposer une demande :

i) Toute personne physique qui est ressortissante d'un État contractant ou qui a son domicile, sa résidence habituelle ou un établissement industriel ou commercial effectif et sérieux dans un tel État ;

ii) Toute personne morale qui est constituée en vertu de la législation d'un État contractant ou qui a un établissement industriel ou commercial effectif et sérieux dans un tel État ;

b) Si la demande a trait à un enregistrement déjà effectué, elle peut aussi être déposée par une personne physique ou morale ne remplissant pas les conditions énoncées à l'alinéa a.

Art. 4 ***Effet juridique du registre international.*** **1. Effet juridique. – Tout État contractant s'engage à reconnaître qu'une indication inscrite au registre international est considérée comme exacte jusqu'à preuve du contraire, sauf :**

i) Lorsque l'indication ne peut pas être valable en vertu de la loi sur le droit d'auteur, ou de toute autre loi concernant des droits de propriété intellectuelle afférents aux œuvres audiovisuelles, de cet État, ou

ii) Lorsque l'indication est en contradiction avec une autre indication inscrite au registre international.

2. Compatibilité avec les lois et Traités de propriété intellectuelle. – Aucune disposition du présent Traité ne peut être interprétée comme affectant la loi sur le droit d'auteur, ni aucune autre loi concernant des droits de propriété intellectuelle afférents aux œuvres audiovisuelles, d'un État contractant ni, si cet État est partie à la Convention de Berne pour la protection des œuvres littéraires et artistiques ou à tout autre Traité concernant des droits de propriété intellectuelle afférents aux œuvres audiovisuelles, les droits et obligations découlant de cette convention ou de ce Traité pour l'État en question.

CHAPITRE II *Dispositions administratives*

Art. 5 ***Assemblée.*** **1. Composition :**

a) L'Union a une Assemblée composée des États contractants ;

b) Le Gouvernement de chaque État contractant est représenté par un délégué, qui peut être assisté de suppléants, de conseillers et d'experts.

2. Dépenses des délégations. – Les dépenses de chaque délégation sont supportées par le gouvernement qui l'a désignée, à l'exception des frais de voyage et des indemnités de séjour d'un délégué de chaque État contractant, qui sont à la charge de l'Union.

3. Fonctions. – *a)* L'Assemblée :

i) Traite de toutes les questions concernant le maintien et le développement de l'Union et l'application du présent Traité ;

ii) S'acquitte des tâches qui lui sont spécialement assignées par le présent Traité ;

iii) Donne au Directeur général de l'Organisation (ci-après dénommé "Directeur général") des directives concernant la préparation des conférences de révision ;

iv) Examine et approuve les rapports et les activités du Directeur général relatifs à l'Union et lui donne toutes directives utiles concernant les questions de la compétence de l'Union ;

v) Arrête le programme et adopte le budget biennal de l'Union, et approuve ses comptes de clôture ;

vi) Adopte le règlement financier de l'Union ;

vii) Crée un comité consultatif constitué de représentants d'organisations non gouvernementales intéressées et les comités et groupes de travail qu'elle juge utiles pour faciliter les activités de l'Union et de ses organes, et en arrête périodiquement la composition ;

viii) Contrôle le système et le montant des taxes que détermine le Directeur général ;

ix) Décide quels États non contractants et quelles organisations intergouvernementales et non gouvernementales seront admis à ses réunions en qualité d'observateurs ;

x) Entreprend toute autre action appropriée en vue d'atteindre les objectifs de l'Union et s'acquitte de toutes autres fonctions utiles dans le cadre du présent Traité ;

b) Sur les questions qui intéressent également d'autres unions administrées par l'Organisation, l'Assemblée statue après avoir pris connaissance de l'avis du comité de coordination de l'Organisation.

4. Représentation. – Un délégué ne peut représenter qu'un seul État et ne peut voter qu'au nom de celui-ci.

5. Vote. – Chaque État contractant dispose d'une voix.

6. Quorum :

a) La moitié des États contractants constitue le quorum ;

b) Si le quorum n'est pas atteint, l'Assemblée peut prendre des décisions ; toutefois, ces décisions, à l'exception de celles qui concernent sa procédure, ne deviennent exécutoires que si le quorum et la majorité requise sont atteints par le moyen du vote par correspondance.

7. Majorité :

a) Sous réserve des articles 8.2 b et 10.2 b, les décisions de l'Assemblée sont prises à la majorité des votes exprimés ;

b) L'abstention n'est pas considérée comme vote.

8. Sessions :

a) L'Assemblée se réunit une fois toutes les deux années civiles en session ordinaire, sur convocation du Directeur général et, en l'absence de circonstances exceptionnelles, pendant la même période et au même lieu que l'assemblée générale de l'Organisation ;

b) L'Assemblée se réunit en session extraordinaire sur convocation du Directeur général, à la demande d'un quart des États contractants ou à l'initiative personnelle du Directeur général.

9. Règlement intérieur. — L'Assemblée adopte son règlement intérieur.

Art. 6 *Bureau international.* 1. Fonctions. — Le Bureau international :

i) S'acquitte, par l'intermédiaire du service d'enregistrement international, de toutes les tâches liées à la tenue du registre international ;

ii) Assure le secrétariat des conférences de révision, de l'Assemblée, des comités et groupes de travail créés par l'Assemblée et de toute autre réunion convoquée par le Directeur général et traitant de questions concernant l'Union ;

iii) S'acquitte de toutes les autres tâches qui lui sont spécialement assignées par le présent Traité et le règlement d'exécution visé à l'article 8 ou par l'Assemblée.

2. Directeur général. — Le Directeur général est le plus haut fonctionnaire de l'Union et la représente.

3. Réunions autres que les sessions de l'Assemblée. — Le Directeur général convoque tout comité ou groupe de travail créé par l'Assemblée et toute autre réunion traitant de questions intéressant l'Union.

4. Rôle du Bureau international à l'Assemblée et à d'autres réunions :

a) Le Directeur général et tout membre du personnel désigné par lui prennent part, sans droit de vote, à toutes les réunions de l'Assemblée et des comités et groupes de travail créés par l'Assemblée ainsi qu'à toute autre réunion convoquée par le Directeur général et traitant de questions intéressant l'Union ;

b) Le Directeur général ou un membre du personnel désigné par lui est d'office secrétaire de l'Assemblée et des comités, groupes de travail et autres réunions visés au sous-alinéa a.

5. Conférences de révision :

a) Le Directeur général prépare les conférences de révision selon les directives de l'Assemblée ;

b) Le Directeur général peut consulter des organisations intergouvernementales et non gouvernementales au sujet de la préparation de ces conférences ;

c) Le Directeur général et les membres du personnel désignés par lui prennent part, sans droit de vote, aux délibérations dans les conférences de révision

d) Le Directeur général ou un membre du personnel désigné par lui est d'office secrétaire de toute conférence de révision.

Art. 7 *Finances.* 1. Budget :

a) L'Union a un budget ;

b) Le budget de l'Union comprend les recettes et les dépenses propres à l'Union, et sa contribution au budget des dépenses communes aux unions administrées par l'Organisation ;

c) Sont considérées comme dépenses communes aux unions les dépenses qui ne sont pas imputables exclusivement à l'Union, mais également à une ou plusieurs autres unions administrées par l'Organisation. La part de l'Union dans ces dépenses communes est proportionnelle à l'intérêt que ces dépenses présentent pour elle.

2. Coordination avec d'autres budgets. — Le budget de l'Union est arrêté compte tenu des exigences de coordination avec les budgets des autres unions administrées par l'Organisation.

3. Sources de recettes. — Le budget de l'Union est financé par les ressources suivantes :

i) Les taxes afférentes aux enregistrements et à d'autres services rendus par le service d'enregistrement international ;

ii) Le produit de la vente des publications du service d'enregistrement international et les droits afférents à ces publications ;

iii) Les donations, notamment d'associations de titulaires de droits sur des œuvres audiovisuelles ;

iv) Les dons, legs et subventions ;
v) Les loyers, intérêts et autres recettes diverses.

4. Autofinancement. – Le montant des taxes dues au service d'enregistrement international ainsi que le prix de vente de ses publications sont fixés de manière à couvrir, concurremment avec toutes autres recettes, les dépenses occasionnées par l'administration du présent Traité.

5. Reconduction du budget ; fonds de réserve. – Dans le cas où le budget n'est pas adopté avant le début d'un nouvel exercice, le budget de l'exercice précédent est reconduit selon les modalités prévues par le règlement financier. Si les recettes excèdent les dépenses, la différence est versée à un fonds de réserve.

6. Fonds de roulement. – L'Union possède un fonds de roulement constitué à l'aide des recettes de l'Union.

7. Vérification des comptes. – La vérification des comptes est assurée, selon les modalités prévues par le règlement financier, par un ou plusieurs États contractants ou par des contrôleurs extérieurs, qui sont, avec leur consentement, désignés par l'Assemblée.

Art. 8 *Règlement d'exécution.* 1. Adoption du règlement d'exécution. – Le règlement d'exécution adopté en même temps que le présent Traité est annexé à ce dernier.

2. Modification du règlement d'exécution :
a) L'Assemblée peut modifier le règlement d'exécution ;
b) Toute modification du règlement d'exécution exige la majorité des deux tiers des votes exprimés.

3. Divergence entre le Traité et le règlement d'exécution. – En cas de divergence entre les dispositions du présent Traité et celles du règlement d'exécution, les premières font foi.

4. Instructions administratives. – Le règlement d'exécution prévoit l'établissement d'instructions administratives.

CHAPITRE III *Révision et modification*

Art. 9 *Révision du Traité.* 1. Conférences de révision. – Le présent Traité peut être révisé par une conférence des États contractants.

2. Convocation. – La convocation des conférences de révision est décidée par l'Assemblée.

3. Dispositions pouvant aussi être modifiées par l'Assemblée. Les dispositions mentionnées à l'article 10.1 a peuvent être modifiées soit par une conférence de révision, soit conformément à l'article 10.

Art. 10 *Modification de certaines dispositions du traité.* 1. Propositions :
a) Des propositions de modification de l'article 5.6 et 8, de l'article 6.4 et 5 et de l'article 7.1 à 3 et 5 à 7 peuvent être présentées par tout État contractant ou par le Directeur général ;
b) Ces propositions sont communiquées par le Directeur général aux États contractants six mois au moins avant d'être soumises à l'examen de l'Assemblée.

2. Adoption :
a) Toute modification des dispositions mentionnées à l'alinéa 1 est adoptée par l'Assemblée ;
b) L'adoption requiert les trois quarts des votes exprimés.

3. Entrée en vigueur :
a) Toute modification des dispositions mentionnées à l'alinéa 1 entre en vigueur un mois après que le Directeur général a reçu, de la part des trois quarts des États contractants qui étaient membres de l'Assemblée au moment où cette dernière a adopté la modification, notification écrite de leur acceptation, effectuée en conformité avec leurs règles constitutionnelles respectives ;
b) Toute modification desdits articles ainsi acceptée lie tous les États contractants qui étaient des États contractants au moment où l'Assemblée a adopté la modification ;
c) Toute modification acceptée et entrée en vigueur conformément au sous-alinéa a lie tous les États qui deviennent des États contractants après la date à laquelle la modification a été adoptée par l'Assemblée.

CHAPITRE IV *Clauses finales*

Art. 11 *Modalités selon lesquelles les États peuvent devenir parties au Traité.* 1. Accession. – Tout État membre de l'Organisation peut devenir partie au présent Traité :
i) En le signant puis en déposant un instrument de ratification, d'acceptation ou d'approbation, ou

ii) En déposant un instrument d'adhésion.

2. Dépôt des instruments. – Les instruments visés à l'alinéa 1 sont déposés auprès du Directeur général.

Art. 12 *Entrée en vigueur du Traité.* 1. Entrée en vigueur initiale. – Le présent Traité entre en vigueur, à l'égard des cinq premiers États qui ont déposé leur instrument de ratification, d'acceptation, d'approbation ou d'adhésion, trois mois après la date à laquelle a été déposé le cinquième instrument.

2. États auxquels ne s'applique pas l'entrée en vigueur initiale. – Le présent Traité entre en vigueur à l'égard de tout État auquel ne s'applique pas l'alinéa 1 trois mois après la date à laquelle ledit État a déposé son instrument de ratification, d'acceptation, d'approbation ou d'adhésion, à moins qu'une date postérieure n'ait été indiquée dans l'instrument en question. Dans ce dernier cas, le présent Traité entre en vigueur à l'égard dudit État à la date ainsi indiquée.

Art. 13 *Réserves au Traité.* 1. Principe. – Exception faite du cas prévu à l'alinéa 2, aucune réserve relative au présent Traité n'est admise.

2. Exception. – En devenant Partie au présent Traité, tout État peut, par notification déposée auprès du Directeur général, déclarer qu'il n'appliquera pas les dispositions de l'article 4.1 à l'égard des indications qui ne concernent pas l'exploitation de droits de propriété intellectuelle afférents à des œuvres audiovisuelles. Tout État ayant fait une déclaration en ce sens peut la retirer par notification déposée auprès du Directeur général.

Art. 14 *Dénonciation du Traité.* 1. Notification. – Tout État contractant peut dénoncer le présent Traité par notification adressée au Directeur général.

2. Prise d'effet. – La dénonciation prend effet un an après le jour où le Directeur général a reçu la notification.

3. Exclusion temporaire de la faculté de dénonciation. – La faculté de dénonciation du présent Traité prévue à l'alinéa 1 ne peut être exercée par un État contractant avant l'expiration d'un délai de cinq ans à compter de la date d'entrée en vigueur du présent Traité à son égard.

Art. 15 *Signature et langues du Traité.* 1. Textes originaux. – Le présent Traité est signé en un seul exemplaire original en langues française et anglaise, les deux textes faisant également foi.

2. Textes officiels. – Des textes officiels sont établis par le Directeur général, après consultation des gouvernements intéressés, dans les langues allemande, arabe, espagnole, italienne, japonaise, portugaise et russe et dans les autres langues que l'Assemblée peut indiquer.

3. Délai pour la signature. – Le présent Traité reste ouvert à la signature, au Bureau international, jusqu'au 31 décembre 1989.

Art. 16 *Fonctions de dépositaire.* 1. Dépôt de l'original. – L'exemplaire original du présent Traité et du règlement d'exécution est déposé auprès du Directeur général.

2. Copies certifiées conformes. – Le Directeur général certifie et transmet deux copies du présent Traité et du règlement d'exécution aux gouvernements des États habilités à signer ledit Traité.

3. Enregistrement du Traité. – Le Directeur général fait enregistrer le présent Traité auprès du secrétariat de l'Organisation des Nations unies.

4. Modifications. – Le Directeur général certifie et transmet deux copies de toute modification du présent Traité et du règlement d'exécution aux gouvernements des États contractants et, sur demande, au gouvernement de tout autre État.

Art. 17 *Notifications.* Le Directeur général notifie aux gouvernements des États membres de l'Organisation tout fait visé aux articles 8.2, 10.2 et 3, 11, 12, 13 et 14.

Fait à Genève, le 20 avril 1989.

Règlement d'exécution du Traité sur l'enregistrement international des œuvres audiovisuelles

Adopté le 20 avr. 1989, modifié le 28 févr. 1991 par l'AG de l'union pour l'enregistrement international des œuvres audiovisuelles.

RÈGLE 1 DÉFINITIONS

Aux fins du présent règlement, on entend :

i) Par "Traité" le Traité sur l'enregistrement international des œuvres audiovisuelles ;

ii) Par "Registre international" le registre international des œuvres audiovisuelles créé par le traité ;

iii) Par "Service d'enregistrement international" le service administratif du Bureau international qui tient le registre international ;

iv) Par "œuvre "une œuvre audiovisuelle" ;

v) Par "demande en rapport avec une œuvre" une demande identifiant une œuvre existante ou future au moins par son ou ses titres et tendant à ce que soient inscrites au registre international des indications relatives à l'intérêt qu'ont à l'égard de cette œuvre une ou plusieurs personnes identifiées, et par "enregistrement en rapport avec une œuvre" un enregistrement effectué conformément à une demande en rapport avec une œuvre ;

vi) (Mod. le 28 févr. 1991) « par "demande en rapport avec une personne" une demande qui décrit une ou plusieurs œuvres existantes ou futures, non identifiées par leurs titres, en indiquant au moins la personne physique ou morale qui a produit, ou est censée produire, ces œuvres ou qui en est le propriétaire ou est censée l'être, et qui tend à ce que soient inscrites au registre international des indications relatives à l'intérêt qu'a le déposant ou une autre personne identifiée dans la demande à l'égard de ces œuvres ; et par "enregistrement en rapport avec une personne" un enregistrement effectué conformément à une demande en rapport avec une personne » ;

vii) Par "demande" ou "enregistrement" — sans la mention "en rapport avec une œuvre" ou "en rapport avec une personne" — aussi bien une demande ou un enregistrement qui est en rapport avec une œuvre qu'une demande ou un enregistrement qui est en rapport avec une personne ;

viii) Par "déposant" la personne physique ou morale qui a déposé la demande, et par "titulaire de l'enregistrement" le déposant une fois que la demande a été enregistrée ;

ix) Par "prescrit" conforme aux prescriptions du Traité, du présent règlement d'exécution ou des instructions administratives ;

x) Par "Comité consultatif" le Comité consultatif mentionné à l'article 5.3 (*a, vii*) du Traité.

RÈGLE 1 *BIS*

(Créé le 28 févr. 1991)

PERSONNE HABILITÉE À DÉPOSER UNE DEMANDE EN CAS DE PLURALITÉ DE DÉPOSANTS

Lorsque plusieurs personnes physiques ou morales déposent la même demande, les conditions énoncées à l'article 3.5) *a)* du traité sont considérées comme remplies si l'une d'entre elles est habilitée à déposer une demande en vertu dudit article.

RÈGLE 2 DEMANDE

1. Formule. — Toute demande est déposée à l'aide de la formule prescrite appropriée.

2. Langue. — Toute demande est rédigée en anglais ou en français. Dès que le registre international est autofinancé, l'Assemblée peut déterminer les autres langues dans lesquelles des demandes peuvent être déposées.

3. Nom et adresse du déposant. — Toute demande indique, de la façon prescrite, le nom et l'adresse du déposant.

4. (Mod. le 28 févr. 1991) Nom et adresse de certaines autres personnes mentionnées dans la demande. — Lorsqu'une demande mentionne une personne physique ou morale autre que le déposant, de qui celui-ci tient un droit d'exploitation, ou à qui un tel droit a été cédé ou concédé sous licence ou transféré de quelque autre manière, le nom et l'adresse de cette personne doivent y être indiqués de la façon prescrite.

5. Titre ou description de l'œuvre :

a) Toute demande en rapport avec une œuvre indique au moins le ou les titres de l'œuvre. Lorsqu'un titre est indiqué dans une autre langue que l'anglais ou le français ou à l'aide de caractères autres que latins, il doit être accompagné d'une traduction littérale en anglais ou d'une transcription en caractères latins, selon le cas ;

b) (Mod. le 28 févr. 1991) « Toute demande en rapport avec une personne doit décrire l'œuvre ou les œuvres à l'égard desquelles le déposant a un intérêt. Elle doit à cette fin indiquer au moins la personne physique ou morale qui a produit, ou qui est censée produire, l'œuvre ou les œuvres ou qui en est le propriétaire ou est censée l'être. »

6. Mention d'un enregistrement existant. — Lorsque la demande se rapporte à une œuvre faisant déjà l'objet d'un enregistrement en rapport avec une œuvre, ou à une œuvre déjà décrite dans un enregistrement en rapport avec une personne, elle doit, chaque fois que possible, indiquer le numéro dudit enregistrement. Si le service d'enregistrement international constate que cette indication serait possible mais n'a pas été donnée dans la demande, il peut indiquer lui-même ce numéro dans l'enregistrement, mais il doit signaler dans le registre international qu'il a lui-même pris, sans que le déposant intervienne, l'initiative de cette indication.

7. Intérêt du déposant :

a) Toute demande en rapport avec une œuvre indique l'intérêt qu'a le déposant à l'égard de l'œuvre, existante ou future. Lorsque l'intérêt consiste en un droit d'exploitation de l'œuvre, la nature du droit et le territoire pour lequel le déposant est titulaire du droit sont aussi indiqués ;

b) Toute demande en rapport avec une personne indique l'intérêt qu'a le déposant à l'égard de l'œuvre ou des œuvres décrites, existantes ou futures, et notamment tout droit qui restreint ou exclut, en faveur du déposant ou d'une autre personne, le droit d'exploitation de l'œuvre ou des œuvres ;

c) Lorsque l'intérêt est limité dans le temps, la demande peut indiquer cette limite.

8. Source des droits. — Lorsqu'une demande en rapport avec une œuvre a trait à un droit sur l'œuvre, elle indique, si tel est le cas, que le déposant est le titulaire initial du droit ou, lorsque le déposant tient le droit d'une autre personne physique ou morale, le nom et l'adresse de cette personne ainsi que la qualité du déposant qui l'habilite à exercer ce droit.

9. Documents joints à la demande et pièces permettant d'identifier l'œuvre audiovisuelle :

a) Toute demande peut être accompagnée de documents étayant les indications qui y figurent. Tout document de ce genre rédigé dans une langue autre que l'anglais ou le français est accompagné de la mention en anglais de sa nature et de l'essentiel de son contenu ; sinon, le service d'enregistrement international considère le document comme n'ayant pas été joint à la demande ;

b) Toute demande peut être accompagnée de pièces autres que des documents et propres à identifier l'œuvre.

10. Déclaration de véracité. — La demande contient une déclaration aux termes de laquelle, à la connaissance du déposant, les indications qui y figurent sont véridiques et que tout document qui y est joint est un original ou est la copie conforme d'un original.

11. Signature. — La demande est signée par le déposant ou par son mandataire désigné conformément à l'alinéa 12.

12. Représentation :

a) Tout déposant ou titulaire de l'enregistrement peut être représente par un mandataire qui peut être désigné dans la demande, dans une procuration distincte relative à une demande ou un enregistrement déterminé ou dans une procuration générale, signée par le déposant ou le titulaire de l'enregistrement ;

b) Une procuration générale permet au mandataire de représenter le déposant ou le titulaire de l'enregistrement en relation avec toutes les demandes ou tous les enregistrements de la personne ayant donné la procuration générale ;

c) Toute constitution de mandataire est valable jusqu'à ce qu'elle soit révoquée dans une communication signée de la personne qui a désigné le mandataire et adressée au service d'enregistrement international ou jusqu'à ce que le mandataire renonce à son mandat dans une communication signée de sa main et adressée au service d'enregistrement international ;

d) Le service d'enregistrement international adresse au mandataire toute communication destinée au déposant ou au titulaire de l'enregistrement en vertu du présent règlement ; toute communication ainsi adressée au mandataire a le même effet que si elle avait été adressée au déposant ou au titulaire de l'enregistrement. Toute communication adressée au service d'enregistrement international par le mandataire a le même effet que si elle avait été adressée par le déposant ou le titulaire de l'enregistrement.

13. (Mod. le 28 févr. 1991) « Taxes. — Pour chaque demande, le déposant fournit les renseignements prescrits nécessaires au calcul de la taxe et acquitte la taxe prescrite, qui doit parvenir au service d'enregistrement international au plus tard le jour où ce dernier reçoit la demande. Si les renseignements prescrits nécessaires au calcul de la taxe sont communiqués au service d'enregistrement international et que la taxe parvient au service d'enregistrement international dans les 30 jours suivant la date de réception effective de la demande, cette dernière est réputée avoir été reçue par ledit service à la date à laquelle les renseignements prescrits nécessaires au calcul de la taxe ont été communiqués au service d'enregistrement international, et la taxe prescrite est parvenue audit service, la date à prendre en compte étant la plus tardive des deux. »

RÈGLE 3 INSTRUCTION DE LA DEMANDE

1. Corrections. — Si le service d'enregistrement international remarque ce qu'il considère être une omission involontaire, une incompatibilité entre deux indications ou plus, une faute de transcription ou une autre erreur évidente dans la demande, il invite le déposant à corriger cette dernière. Pour pouvoir être prise en considération, toute correction apportée par le déposant doit parvenir au service d'enregistrement international dans un délai de trente jours à compter de la date à laquelle ledit déposant a été invité à corriger la demande.

2. Possibilité de supprimer des contradictions :

a) Lorsqu'il estime qu'une indication figurant dans une demande est contradictoire à une indication faisant l'objet, sur la base d'une demande antérieure, d'un enregistrement existant au registre international, le service d'enregistrement international doit immédiatement :

i) Si le déposant est aussi le titulaire de l'enregistrement existant, lui adresser une notification lui demandant s'il souhaite soit modifier l'indication figurant dans la demande, soit demander la modification de l'indication qui fait l'objet de l'enregistrement existant ;

ii) Si le déposant et le titulaire de l'enregistrement ne sont pas la même personne, adresser au déposant une notification lui demandant s'il souhaite modifier l'indication figurant dans la demande et adresser en même temps au titulaire de l'enregistrement existant une notification lui demandant — au cas où le déposant ne souhaite pas modifier l'indication figurant dans la demande — s'il souhaite demander la modification de l'indication figurant dans l'enregistrement existant.

L'enregistrement de la demande est suspendu jusqu'à ce que soit présentée une modification qui, de l'avis du service d'enregistrement international, supprime la contradiction, mais ne peut l'être au-delà d'une durée de soixante jours à compter de la date de ladite ou desdites notifications, à moins que le déposant ne demande une prorogation de délai, auquel cas l'enregistrement sera suspendu jusqu'à l'expiration du délai ainsi prorogé ;

b) Le fait que le service d'enregistrement international n'ait pas remarqué la nature contradictoire d'une indication n'est pas considéré comme supprimant la contradiction.

3. Rejet :

a) Dans les cas visés ci-après, le service d'enregistrement international rejette la demande sous réserve des alinéas 1 et 2 :

i) Lorsque la demande ne comporte pas d'indication d'où il ressort, à première vue, que les conditions énoncées à l'article 3.5 du Traité sont remplies ;

ii) Lorsque, de l'avis du service d'enregistrement international, la demande ne se rapporte pas à une œuvre, existante ou future ;

iii) Lorsque la demande n'est pas conforme à une condition prescrite aux termes des alinéas 2, 3, 4, 5, 7 *a* et *b*, 8, 10, 11 et 13 de la règle 2 ;

b) Le service d'enregistrement international peut rejeter la demande lorsque celle-ci ne remplit pas les conditions de forme prescrites ;

c) Aucune demande n'est rejetée pour des raisons autres que celles qui sont visées aux sous-alinéas *a* et *b* ;

d) Toute décision de rejet prise en vertu du présent alinéa est communiquée par écrit au déposant par le service d'enregistrement international. Le déposant peut, dans un délai de trente jours à compter de la date de la communication, requérir par écrit du service d'enregistrement international le réexamen de sa décision. Le service d'enregistrement international répond à la requête dans un délai de trente jours à compter de la date de réception de celle-ci.

4. Mention dans le registre international de la réception de la demande. — Si, pour une raison quelconque, le service d'enregistrement international n'enregistre pas la demande dans un délai de trois jours ouvrables à compter de la réception de celle-ci, il inscrit dans sa base de données, accessible au public pour consultation, les éléments essentiels de la demande en indiquant le motif pour lequel l'enregistrement n'a pas été effectué et, si le motif en question est lié aux dispositions des alinéas 1, 2 *a* ou 3 *d*, les mesures prises en vertu des dispositions en question. Si l'enregistrement est effectué, les mentions correspondantes sont aussitôt supprimées de la base de données.

RÈGLE 4 DATE ET NUMÉRO DE L'ENREGISTREMENT

1. Date. — Sous réserve de la règle 2.13, le service d'enregistrement international attribue à chaque demande, comme date de dépôt, la date de réception de la demande considérée. Lorsque la demande est enregistrée, la date de dépôt devient la date d'enregistrement.

2. Numéro. — Le service d'enregistrement international attribue un numéro à chaque demande. Si la demande se rapporte à une œuvre dont le titre figure dans un enregistrement existant en rapport avec une œuvre, ou qui est décrite dans un enregistrement existant en rapport avec une personne, le numéro attribué comporte aussi le numéro de l'enregistrement en question. Tout numéro d'enregistrement est constitué par le numéro de la demande.

RÈGLE 5 ENREGISTREMENT

1. Enregistrement. — Si la demande n'est pas rejetée, toutes les indications qui y figurent sont inscrites au registre international de la façon prescrite.

2. Notification et publication de l'enregistrement. — Tout enregistrement effectué est notifié au déposant et publié dans le bulletin visé à la règle 6 de la façon prescrite.

RÈGLE 6 BULLETIN

1. Publication. — Le service d'enregistrement international publie un bulletin dans lequel il indique pour tous les enregistrements les éléments prescrits. Le bulletin est publié en anglais ; toutefois, les éléments concernant les demandes qui ont été déposées en français sont publiés également en français.

2. Vente. — Le service d'enregistrement international propose contre paiement des abonnements annuels au bulletin et des exemplaires du bulletin au détail. Les prix sont fixés de la même manière que le montant des taxes selon la règle 8.1.

RÈGLE 7 DEMANDES DE RENSEIGNEMENTS

1. Renseignements et copies. — Le service d'enregistrement international fournit, contre paiement de la taxe prescrite, des renseignements sur tout enregistrement et des copies certifiées conformes de tout certificat d'enregistrement ou de tout document concernant cet enregistrement.

2. Certificats. — Le service d'enregistrement international fournit, contre paiement de la taxe prescrite, un certificat répondant aux questions posées au sujet de l'existence dans le registre international d'indications concernant des points particuliers figurant dans un enregistrement ou dans tout document ou pièce joint à la demande.

3. Consultations. — Le service d'enregistrement international permet, contre paiement de la taxe prescrite, de consulter toute demande ainsi que tout document ou pièce joint à celle-ci.

4. (Mod. le 28 févr. 1991) Service de surveillance. — Le service d'enregistrement international fournit par écrit, contre paiement de la taxe prescrite, à bref délai après chaque enregistrement effectué, des renseignements :

i) sur tous les enregistrements effectués par rapport à des œuvres déterminées ;

ii) sur tous les enregistrements concernant une personne physique ou morale déterminée, sous réserve que ce service de surveillance soit demandé par la personne physique ou morale concernée, ou par un tiers autorisé par cette personne physique ou morale.

5. Mémoire informatique. — Le service d'enregistrement international peut saisir dans une mémoire informatique tout ou partie du contenu du registre international et peut, en rendant l'un quelconque des services mentionnés aux alinéas 1 à 4 ou à la règle 3.4, se fier à cette mémoire.

RÈGLE 8 TAXES

1. Fixation des taxes. — Avant de déterminer le système et le montant des taxes, et avant d'apporter tout changement au système ou au montant des taxes, le Directeur général consulte le comité consultatif. L'Assemblée peut donner pour instruction au Directeur général de modifier ledit système, ledit montant ou l'un et l'autre.

2. Réduction des taxes pour les déposants des pays en développement. — Le montant des taxes est réduit initialement de 15 % lorsque le déposant est une personne physique ressortissante d'un État contractant qui est considéré, conformément à la pratique établie de l'Assemblée générale des Nations unies, comme un pays en développement ou une personne morale constituée en vertu de la législation d'un tel État contractant. L'Assemblée examine périodiquement la possibilité d'augmenter le pourcentage de ladite réduction.

3. Entrée en vigueur des changements apportés au montant des taxes. — Aucune augmentation du montant des taxes n'est rétroactive. La date d'entrée en vigueur d'une quelconque modification est fixée par le Directeur général ou, lorsque la modification est apportée sur instruction de l'Assemblée, par celle-ci. Cette date est indiquée lorsque la modification est publiée dans le bulletin. Elle intervient au plus tôt un mois après ladite publication.

4. Monnaie et mode de paiement. — Les taxes sont payées dans la monnaie et de la façon prescrites ou, si plusieurs monnaies sont admises, dans la monnaie que choisit le déposant parmi celles-ci.

RÈGLE 9 INSTRUCTIONS ADMINISTRATIVES

1. Portée :

a) Les instructions administratives contiennent des dispositions relatives à des détails touchant à l'administration du Traité et du présent règlement d'exécution ;

b) En cas de divergence entre les dispositions du Traité ou du présent règlement d'exécution et celles des instructions administratives, les premières font foi.

2. Élaboration :

a) Les instructions administratives sont établies, et peuvent être modifiées, par le Directeur général après consultation du Comité consultatif ;

b) L'Assemblée peut donner pour instruction au Directeur général de modifier les instructions administratives, et le Directeur général les modifie en conséquence.

3. Publication et entrée en vigueur :

a) Les instructions administratives et toute modification qui leur est apportée sont publiées dans le bulletin ;

b) Chaque publication précise la date à laquelle les dispositions publiées entrent en vigueur. Les dates peuvent être différentes pour des dispositions différentes, étant entendu qu'aucune disposition ne peut entrer en vigueur avant d'être publiée dans le bulletin.

Accord de Marrakech du 15 avril 1994,

Instituant l'Organisation mondiale du commerce ; Annexe 1 C : Accord sur les aspects des droits de propriété intellectuelle qui touchent au commerce. — Publié par Décr. n° 95-1242 du 24 nov. 1995 (annexe JO 26 nov.). — Entré en vigueur le 1er janv. 1995. — V. ce texte App., v° Propriété industrielle, Dispositions générales.

Les dispositions de cet accord ont été introduites en droit interne par la L. n° 96-1106 du 18 déc. 1996, modifiant le CPI. — V. CPI, art. L. 112-3, L. 611-1, L. 611-12, L. 613-7, L. 613-11 à L. 613-13, L. 613-15, L. 613-18, L. 613-19-1, L. 615-5-1, L. 622-2, L. 711-2, L. 712-11 et L. 712-12.

Droit européen

Directive (CE) n° 96/9 du 11 mars 1996,

Concernant la protection juridique des bases de données (JOCE n° L 77, 27 mars).

La présente directive a été transposée en droit interne par la L. n° 98-536 du 1er juill. 1998, modifiant le CPI. — V. CPI, art. L. 112-3, L. 122-5, L. 331-4, L. 332-4, L. 341-1 et L. 341-2, L. 342-1 à L. 342-5, L. 343-1 à L. 343-4.

BIBL. ▸ DERIEUX, *LPA 18 févr. 1998* (bases de données et droit à l'information). - KOUMANTOS, *RIDA janv. 1997. 79* (les bases de données dans la directive communautaire). - LEMARCHAND et RAMBAUD, *Propr. intell. 2004, n° 13, p. 892* (quelques clés d'application de la directive Bases de données). - LINANT DE BELLEFONDS, *Expertises n° 169, févr. 1994, p. 65* (protection des bases de données, brèves observations concernant la directive du conseil). - LOGEAIS, *Propr. intell. 2012, n° 43, p. 225* (la révolution numérique bouscule le droit européen des bases de données). - MALLET-POUJOL, *Dr. inf. et télec. 1996/1, p. 3* (la directive concernant la protection juridique des bases de données : la gageure de la protection privative). - POLLAUD-DULIAN, *D. Affaires 1997. 539* (brèves remarques sur la directive du 11 mars 1996). - WARUSFEL, *Propr. intell. 2004, n° 13, p. 896* (la protection des bases de données en question : un autre débat sur la propriété intellectuelle européenne).

(1) Considérant que les bases de données ne sont actuellement pas suffisamment protégées dans tous les États membres par la législation en vigueur ; qu'une telle protection, lorsqu'elle existe, présente des caractères différents ;

(2) Considérant que de telles disparités dans la protection juridique des bases de données qui est assurée par les législations des États membres ont des effets négatifs directs sur le fonctionnement du marché intérieur en ce qui concerne les bases de données et en particulier sur la liberté des personnes physiques et morales de fournir des biens et des services de bases de données en ligne sous un régime juridique harmonisé dans toute la Communauté ; que ces disparités risquent de s'accentuer à mesure que les États membres adopteront de nouvelles dispositions législatives dans ce domaine qui prend de plus en plus une dimension internationale ;

(3) Considérant qu'il convient de supprimer les différences existantes ayant un effet de distorsion sur le fonctionnement du marché intérieur et d'empêcher de nouvelles différences d'apparaître, alors qu'il n'y a pas lieu de supprimer ou d'empêcher d'apparaître celles qui ne porteront pas atteinte au fonctionnement du marché intérieur ou au développement d'un marché de l'information au sein de la Communauté ;

(4) Considérant que la protection des bases de données par le droit d'auteur existe sous différentes formes dans les États membres, que ce soit par la législation ou par la jurisprudence, et que, aussi longtemps que des disparités subsistent dans la législation des États membres quant à l'étendue et aux conditions de protection des droits, de tels droits de propriété intellectuelle non harmonisés peuvent avoir pour effet de constituer des entraves à la libre circulation des biens et des services dans la Communauté ;

(5) Considérant que le droit d'auteur constitue une forme appropriée de droits exclusifs des auteurs de bases de données ;

(6) Considérant, néanmoins, que d'autres mesures additionnelles sont nécessaires afin d'empêcher l'extraction et/ou la réutilisation non autorisées du contenu d'une base de données en l'absence d'un régime harmonisé concernant la concurrence déloyale ou de jurisprudence en la matière ;

(7) Considérant que la fabrication de bases de données exige la mise en œuvre de ressources humaines, techniques et financières considérables, alors qu'il est possible de les copier ou d'y accéder à un coût très inférieur à celui qu'entraîne une conception autonome ;

(8) Considérant que l'extraction et/ou la réutilisation non autorisées du contenu d'une base de données constituent des actes pouvant avoir des conséquences économiques et techniques graves ;

(9) Considérant que les bases de données constituent un outil précieux dans le développement d'un marché de l'information dans la Communauté ; que cet outil sera également utile dans beaucoup d'autres domaines ;

(10) Considérant que l'augmentation exponentielle, dans la Communauté et ailleurs dans le monde, du volume d'informations générées et traitées chaque année dans tous les secteurs du commerce et de l'industrie demande des investissements dans des systèmes avancés de traitement de l'information dans tous les États membres ;

(11) Considérant qu'il existe actuellement un très grand déséquilibre dans les niveaux d'investissement pratiqués tant entre les États membres qu'entre la Communauté et les principaux pays tiers producteurs dans le secteur des bases de données ;

(12) Considérant qu'un tel investissement dans des systèmes modernes de stockage et de traitement de l'information ne se fera pas dans la Communauté en l'absence d'un régime juridique stable et homogène protégeant les droits des fabricants de bases de données ;

(13) Considérant que la présente directive protège les recueils, parfois dénommés « compilations », d'œuvres, de données ou d'autres matières dont la disposition, le stockage et l'accès se font par des moyens qui comprennent des procédés électroniques, électromagnétiques ou électro-optiques ou d'autres procédés analogues ;

(14) Considérant qu'il convient d'étendre la protection accordée par la présente directive aux bases de données non électroniques ;

(15) Considérant que les critères appliqués pour déterminer si une base de données sera protégée par le droit d'auteur devront se limiter au fait que le choix ou la disposition du contenu de la base de données constitue une création intellectuelle propre à son auteur ; que cette protection vise la structure de la base ;

(16) Considérant qu'aucun autre critère que l'originalité au sens de la création intellectuelle de l'auteur ne devra être appliqué pour déterminer si une base de données est protégeable par le droit d'auteur ou non, et qu'en particulier, aucune évaluation de la qualité ou de la valeur esthétique de la base de données ne devra être faite ;

(17) Considérant que le terme « base de données » doit être compris comme s'appliquant à tout recueil d'œuvres littéraires, artistiques, musicales ou autres, ou de matières telles que textes, sons, images, chiffres, faits et données ; qu'il doit s'agir de recueils d'œuvres, de données ou d'autres éléments indépendants, disposés de manière systématique ou méthodique et individuellement accessibles ; qu'il s'ensuit qu'une fixation d'une œuvre audiovisuelle, cinématographique, littéraire ou musicale en tant que telle n'entre pas dans le champ d'application de la présente directive ;

(18) Considérant que la présente directive est sans préjudice de la liberté des auteurs de décider si, ou de quelle manière, ils permettent l'inclusion de leurs œuvres dans une base de données, notamment si l'autorisation donnée est de caractère exclusif ou non ; que la protection des bases de données par le droit *sui generis* est sans préjudice des droits existant sur leur contenu et que, notamment, lorsqu'un auteur ou un titulaire de droit voisin autorise l'insertion de certaines de ses œuvres ou de ses prestations dans une base de données en exécution d'un contrat de licence non exclusive, un tiers peut exploiter ces œuvres ou ces prestations moyennant l'autorisation requise de l'auteur ou du titulaire de droits voisins sans se voir opposer le droit *sui generis* du fabricant de la base de données, à condition que ces œuvres ou prestations ne soient ni extraites de la base de données ni réutilisées à partir de celle-ci ;

(19) Considérant que, normalement, la compilation de plusieurs fixations d'exécutions musicales sur un CD n'entre pas dans le champ d'application de la présente directive, à la fois parce que, en tant que compilation, elle ne remplit pas les conditions pour être protégée par le droit d'auteur et parce qu'elle ne représente pas un investissement assez substantiel pour bénéficier du droit *sui generis* ;

(20) Considérant que la protection prévue par la présente directive peut s'appliquer également aux éléments nécessaires au fonctionnement ou à la consultation de certaines bases de données, tels que le thésaurus et les systèmes d'indexation ;

(21) Considérant que la protection prévue par la présente directive se réfère aux bases de données dans lesquelles des œuvres, des données ou d'autres éléments ont été disposés de manière systématique ou méthodique ; qu'il n'est pas requis que ces matières aient été stockées physiquement de manière organisée ;

(22) Considérant que les bases de données électroniques au sens de la présente directive peuvent comprendre également des dispositifs tels que les *CD-ROM* et les *CD-I* ;

(23) Considérant que le terme « base de données » ne doit pas s'appliquer aux programmes d'ordinateur utilisés dans la fabrication ou le fonctionnement d'une base de données, ces programmes d'ordinateur étant protégés par la directive 91/250/CEE du Conseil, du 14 mai 1991, concernant la protection juridique des programmes d'ordinateur ;

(24) Considérant que la location et le prêt de bases de données dans le domaine du droit d'auteur et des droitsvoisinssont régis exclusivement par la directive 92/100/CEE du Conseil, du 19 novembre 1992, relative au droit de location et de prêt et à certains droits voisins du droit d'auteur dans le domaine de la propriété intellectuelle ;

(25) Considérant que la durée du droit d'auteur est déjà réglée par la directive 93/98/CEE du Conseil, du 29 octobre 1993, relative à l'harmonisation de la durée de protection du droit d'auteur et de certains droits voisins ;

(26) Considérant que les œuvres protégées par le droit d'auteur et les prestations protégées par des droits voisins qui sont incorporées dans une base de données restent néanmoins protégées par les droits exclusifs respectifs et ne peuvent être incorporées dans une base de données ni extraites de cette base sans l'autorisation du titulaire des droits ou de ses successeurs en titre ;

(27) Considérant que les droits d'auteur sur des œuvres et les droits voisins sur des prestations ainsi incorporées dans une base de données ne sont en rien affectés par l'existence d'un droit séparé sur le choix ou la disposition de ces œuvres et prestations dans la base de données ;

(28) Considérant que le droit moral de la personne physique qui a créé la base de données appartient à l'auteur et sera exercé en conformité avec le droit des États membres et les dispositions de la convention de Berne pour la protection des œuvres littéraires et artistiques ; que le droit moral reste en dehors du champ d'application de la présente directive ;

(29) Considérant que le régime applicable à la création salariée est laissé à la discrétion des États membres ; que, dès lors, rien dans la présente directive n'empêche les États membres de préciser dans leur législation que, lorsqu'une base de données est créée par un employé dans l'exercice de ses fonctions ou d'après les instructions de son employeur, seul l'employeur est habilité à exercer tous les droits patrimoniaux afférents à la base ainsi créée, sauf dispositions contractuelles contraires ;

(30) Considérant que les droits exclusifs de l'auteur doivent comprendre le droit de déterminer la façon dont son œuvre sera exploitée, et par qui, et en particulier le droit de contrôler la distribution de son œuvre à des personnes non autorisées ;

(31) Considérant que la protection des bases de données par le droit d'auteur comprend également la mise à disposition de bases de données sous une autre forme que par la distribution de copies ;

(32) Considérant que les États membres sont tenus d'assurer au moins l'équivalence matérielle de leurs dispositions nationales par rapport aux actes soumis à restrictions prévus par la présente directive ;

(33) Considérant que la question de l'épuisement du droit de distribution ne se pose pas dans le cas de bases de données en ligne, qui relèvent du domaine des prestations de services ; que cela s'applique également à l'égard d'une copie matérielle d'une telle base faite par l'utilisateur de ce service avec le consentement du titulaire du droit ; que, contrairement au cas des *CD-ROM* ou *CD-I*, où la propriété intellectuelle est incorporée dans un support matériel, à savoir dans une marchandise, chaque prestation en ligne est, en effet, un acte qui devra être soumis à une autorisation pour autant que le droit d'auteur le prévoit ;

(34) Considérant, néanmoins, qu'une fois que le titulaire du droit d'auteur a décidé de mettre à la disposition d'un utilisateur une copie de sa base de données, soit par un service en ligne, soit par une autre forme de distribution, cet utilisateur légitime doit pouvoir accéder à la base de données et l'utiliser aux fins et de la manière prescrites dans le contrat de licence conclu avec le titulaire du droit, même si l'accès et l'utilisation rendent nécessaire d'effectuer des actes en principe soumis à restrictions ;

(35) Considérant qu'il convient de prévoir un catalogue d'exceptions aux actes soumis à restrictions, compte tenu du fait que le droit d'auteur visé par la présente directive ne s'applique qu'au choix ou à la disposition des matières contenues dans une base de données ; qu'il convient de donner aux États membres la faculté de prévoir lesdites exceptions dans certains cas ; que, toutefois, cette faculté doit être utilisée conformément à la convention de

Berne et dans la mesure où les exceptions portent sur la structure de la base de données ; qu'il convient de distinguer les exceptions au titre de l'usage privé des exceptions au titre de la reproduction à des fins privées, ce dernier domaine concernant des dispositions de droit national de certains États membres en matière de taxes sur les supports vierges ou les appareils d'enregistrement ;

(36) Considérant que le terme « recherche scientifique » au sens de la présente directive couvre à la fois les sciences de la nature et les sciences humaines ;

(37) Considérant que l'article 10 paragraphe 1 de la convention de Berne n'est pas affecté par la présente directive ;

(38) Considérant que l'utilisation toujours croissante de la technologie numérique expose le fabricant d'une base de données au risque que le contenu de sa base de données soit copié et adapté électroniquement sans autorisation pour en faire une autre base de données, de contenu identique, mais qui ne violerait pas le droit d'auteur applicable à la disposition du contenu de la première base ;

(39) Considérant que, en plus de l'objectif d'assurer la protection du droit d'auteur en vertu de l'originalité du choix ou de la disposition du contenu de la base de données, la présente directive a pour objectif de protéger les fabricants de bases de données contre l'appropriation des résultats obtenus de l'investissement financier et professionnel consenti par celui qui a recherché et rassemblé le contenu, en protégeant l'ensemble ou des parties substantielles de la base de données contre certains actes commis par l'utilisateur ou par un concurrent ;

(40) Considérant que l'objet de ce droit *sui generis* est d'assurer la protection d'un investissement dans l'obtention, la vérification ou la présentation du contenu d'une base de données pour la durée limitée du droit ; que cet investissement peut consister dans la mise en œuvre de moyens financiers et/ou d'emploi du temps, d'efforts et d'énergie ;

(41) Considérant que l'objectif du droit *sui generis* est d'accorder au fabricant d'une base de données la possibilité d'empêcher l'extraction et/ou la réutilisation non autorisées de la totalité ou d'une partie substantielle du contenu de la base de données ; que le fabricant d'une base de données est la personne qui prend l'initiative et assume le risque d'effectuer les investissements ; que cela exclut de la définition de fabricant notamment les sous-traitants ;

(42) Considérant que le droit spécifique d'empêcher l'extraction et/ou la réutilisation non autorisées vise des actes de l'utilisateur qui outrepassent les droits légitimes de celui-ci et qui portent ainsi préjudice à l'investissement ; que le droit d'interdire l'extraction et/ou la réutilisation de la totalité ou d'une partie substantielle du contenu vise non seulement la fabrication d'un produit concurrent parasite, mais aussi l'utilisateur qui, par ses actes, porte atteinte de manière substantielle, évaluée qualitativement ou quantitativement, à l'investissement ;

(43) Considérant que, en cas de transmission en ligne, le droit d'interdire la réutilisation n'est équisé ni en ce qui concerne la base de données, ni en ce qui concerne une copie matérielle de cette même base ou d'une partie de celle-ci effectuée avec le consentement du titulaire du droit par le destinataire de la transmission ;

(44) Considérant que, lorsque la visualisation sur écran du contenu d'une base de données nécessite le transfert permanent ou temporaire de la totalité ou d'une partie substantielle de ce contenu sur un autre support, cet acte est soumis à l'autorisation du titulaire du droit ;

(45) Considérant que le droit d'empêcher l'extraction et/ou la réutilisation non autorisées ne constitue aucunement une extension de la protection du droit d'auteur aux simples faits ou aux données ;

(46) Considérant que l'existence d'un droit d'empêcher l'extraction et/ou la réutilisation non autorisées de la totalité ou d'une partie substantielle d'œuvres, de donnéesoud'éléments d'une base de données ne donne pas lieu à la création d'un nouveau droit sur ces œuvres, données ou éléments mêmes ;

(47) Considérant que, dans le but de favoriser la concurrence entre les fournisseurs de produits et de services dans le secteur du marché de l'information, la protection par le droit *sui generis* ne doit pas s'exercer de manière à faciliter les abus de position dominante, notamment en ce qui concerne la création et la diffusion de nouveaux produits et services présentant une valeur ajoutée d'ordre intellectuel, documentaire, technique, économique ou commercial ; que, dès lors, les dispositions de la présente directive sont sans préjudice de l'application des règles de la concurrence, qu'elles soient communautaires ou nationales ;

(48) Considérant que l'objectif de la présente directive, qui est d'assurer un niveau de protection appropriée et homogène aux bases de données, afin de garantir la rémunération du fabricant de la base, est différent de l'objectif poursuivi par la directive 95/46/(CE) du Parlement européen et du Conseil, du 24 octobre 1995, relative à la protection des per-

sonnes physiques à l'égard du traitement des données à caractère personnel et à la libre circulation de ces données, qui est d'assurer la libre circulation des données personnelles sur la base de règles harmonisées tendant à protéger les droits fondamentaux, notamment le droit à la vie privée qui est reconnu à l'article 8 de la convention européenne de sauvegarde des droits de l'homme et des libertés fondamentales ; que les dispositions de la présente directive sont sans préjudice de l'application de la législation en matière de protection des données ;

(49) Considérant que, nonobstant le droit d'interdire l'extraction et/ou la réutilisation de la totalité ou d'une partie substantielle d'une base de données, il convient de prévoir que le fabricant d'une base de données ou le titulaire du droit ne peut pas empêcher l'utilisateur légitime de la base d'extraire et de réutiliser des parties non substantielles ; que, toutefois, ce même utilisateur ne peut pas causer un préjudice injustifié ni aux intérêts légitimes du titulaire du droit *sui generis*, ni au titulaire d'un droit d'auteur ou d'un droit voisin portant sur des œuvres ou prestations contenues dans cette base ;

(50) Considérant qu'il convient de donner aux États membres la faculté de prévoir des exceptions au droit d'empêcher l'extraction et/ou la réutilisation non autorisées d'une partie substantielle du contenu d'une base de données lorsqu'il s'agit d'une extraction à des fins privées ou à des fins d'illustration de l'enseignement ou de recherche scientifique et lorsqu'il s'agit d'une extraction et/ou d'une réutilisation réalisées à des fins de sécurité publique ou aux fins d'une procédure administrative ou juridictionnelle ; qu'il importe que ces opérations ne portent pas préjudice aux droits exclusifs du fabricant d'exploiter la base de données et que leur but ne revête pas un caractère commercial ;

(51) Considérant que les États membres, lorsqu'ils font usage de la faculté d'autoriser l'utilisateur légitime d'une base de données à en extraire une partie substantielle du contenu à des fins d'illustration de l'enseignement ou de recherche scientifique, peuvent limiter cette autorisation à certaines catégories d'établissements d'enseignement ou de recherche scientifique ;

(52) Considérant que les États membres qui ont une réglementation spécifique comportant un droit similaire au droit *sui generis* prévu par la présente directive doivent pouvoir maintenir, en ce qui concerne le nouveau droit, les exceptions à ce droit traditionnellement établies par cette réglementation ;

(53) Considérant que la charge de la preuve de la date d'achèvement de la fabrication d'une base de données pèse sur le fabricant de celle-ci ;

(54) Considérant que la charge de la preuve de la réunion des critères permettant de conclure qu'une modification substantielle du contenu d'une base de données est à considérer comme un nouvel investissement substantiel pèse sur le fabricant de la base qui résulte de cet investissement ;

(55) Considérant qu'un nouvel investissement substantiel impliquant une nouvelle durée de protection peut comprendre une vérification substantielle du contenu de la base de données ;

(56) Considérant que le droit d'empêcher l'extraction et/ou la réutilisation non autorisées ne s'applique aux bases de données dont le fabricant est un ressortissant d'un pays tiers ou y a sa résidence habituelle et aux bases de données produites par une personne juridique non établie dans un État membre, au sens du traité, que lorsque ce pays tiers offre une protection comparable aux bases de données produites par des ressortissants d'un État membre ou des personnes ayant leur résidence habituelle sur le territoire de la Communauté ;

(57) Considérant que, en plus des sanctions prévues par la législation des États membres en cas de violation du droit d'auteur ou d'autres droits, les États membres doivent prévoir des sanctions appropriées en cas d'extraction et/ou de réutilisation non autorisées du contenu d'une base de données ;

(58) Considérant que, en plus de la protection accordée par la présente directive à la structure de la base de données par le droit d'auteur et à son contenu par le droit *sui generis* d'empêcher l'extraction et/ou la réutilisation non autorisées, les autres dispositions légales des États membres concernant la fourniture de biens et de services dans le secteur des bases de données restent applicables ;

(59) Considérant que la présente directive est sans préjudice de l'application aux bases de données composées d'œuvres audiovisuelles des règles reconnues, le cas échéant, par la législation d'un État membre concernant la télédiffusion de programmes audiovisuels ;

(60) Considérant que certains États membres protègent actuellement par un régime de droit d'auteur des bases de données qui ne répondent pas aux critères d'éligibilité à la protection au titre du droit d'auteur prévus par la présente directive ; que, même si les bases de données concernées sont éligibles à la protection au titre du droit prévu par la présente directive d'empêcher l'extraction et/ou la réutilisation non autorisées de leur contenu, la

durée de la protection par ce dernier droit est sensiblement inférieure à celle dont elles jouissent au titre des régimes nationaux actuellement en vigueur, qu'une harmonisation des critères appliqués pour déterminer si une base de données sera protégée par le droit d'auteur ne peut avoir pour effet de diminuer la durée de la protection dont jouissent actuellement les titulaires des droits concernés ; qu'il convient de prévoir une dérogation à cet effet ; que les effets de cette dérogation doivent se limiter au territoire des États membres concernés.

CHAPITRE PREMIER *Champ d'application*

Art. 1er *Champ d'application.* 1. La présente directive concerne la protection juridique des bases de données, quelles que soient leurs formes.

2. Aux fins de la présente directive, on entend par « base de données » : un recueil d'œuvres, de données ou d'autres éléments indépendants, disposés de manière systématique ou méthodique et individuellement accessibles par des moyens électroniques ou d'une autre manière.

3. La protection prévue par la présente directive ne s'applique pas aux programmes d'ordinateur utilisés dans la fabrication ou le fonctionnement des bases de données accessibles par des moyens électroniques.

Notion. La notion de base de données au sens de l'art. 1er, § 2, vise tout recueil comprenant des œuvres, des données ou d'autres éléments, séparables les uns des autres sans que la valeur de leur contenu s'en trouve affectée, et comportant une méthode ou un système, de quelque nature que ce soit, permettant de retrouver chacun de ses éléments constitutifs. Un calendrier de rencontres de football tel que ceux en cause dans l'affaire au principal constitue une base de données au sens de l'art. 1er, § 2, de la Dir. 96/9 • CJUE 9 nov. 2004, *Fixtures Marketing*, n° C-444/02 : *RTD com. 2005. 90, obs. Pollaud-Dulian ; CCE 2005, n° 2, note Caron ; Propr. ind. 2005, n° 7, note Kamina* • CJUE 29 oct. 2015, n° C-490/14 : *Dalloz IP/IT 2016. 89, obs. Benabou ; RTD com. 2016. 125, obs. Pollaud-Dulian ; JCP E 2016, n° 37, p. 51, note Favre et Zollinger.*

Art. 2 *Limitations au champ d'application.* La présente directive s'applique sans préjudice des dispositions communautaires concernant :

a) la protection juridique des programmes d'ordinateur ;

b) le droit de location et de prêt et certains droits voisins du droit d'auteur dans le domaine de la propriété intellectuelle ;

c) la durée de protection du droit d'auteur et de certains droits voisins.

CHAPITRE II *Droit d'auteur*

Art. 3 *Objet de la protection.* 1. Conformément à la présente directive, les bases de données qui, par le choix ou la disposition des matières, constituent une création intellectuelle propre à leur auteur sont protégées comme telles par le droit d'auteur. Aucun autre critère ne s'applique pour déterminer si elles peuvent bénéficier de cette protection.

2. La protection des bases de données par le droit d'auteur prévue par la présente directive ne couvre pas leur contenu et elle est sans préjudice des droits subsistant sur ledit contenu.

L'art. 3, § 1, doit être interprété en ce sens qu'une « base de données », au sens de l'art. 1er, § 2, de cette directive, est protégée par le droit d'auteur prévu par celle-ci à condition que le choix ou la disposition des données qu'elle contient constitue une expression originale de la liberté créatrice de son auteur, ce qu'il appartient à la juridiction nationale de vérifier. Par conséquent : les efforts intellectuels et le savoir-faire consacrés à la création desdites données ne sont pas pertinents pour déterminer l'éligibilité de ladite base à la protection par ce droit ; il est indifférent, à cette fin, que le choix ou la disposition de ces données comporte ou non un ajout significatif à celles-ci, et le travail et le savoir-faire significatifs requis pour la constitution de cette base ne sauraient, comme tels, justifier une telle protection s'ils n'expriment aucune originalité dans le choix ou la disposition des données que celle-ci contient (à propos de la protection des calendriers de championnats de football). • CJUE 1er mars 2012 : *Dalloz actualité, 22 mars 2012, obs. Daleau ; D. 2012. Pan. 2838, obs. Sirinelli ; CCE 2012, n° 47, note Caron ; Propr. ind. 2012, n° 75, note Larrieu ; Propr. intell. 2012, n° 45, p. 421, obs. Benabou ; RIDA avr. 2012, p. 337, note Sirinelli.*

Art. 4 *Qualité d'auteur de la base de données.* 1. L'auteur d'une base de données est la personne physique ou le groupe de personnes physiques ayant créé la base ou, lorsque la légis-

lation de l'État membre concerné l'autorise, la personne morale considérée par cette législation comme étant le titulaire du droit.

2. Lorsque les œuvres collectives sont reconnues par la législation d'un État membre, les droits patrimoniaux sont détenus par la personne investie du droit d'auteur.

3. Lorsqu'une base de données est créée en commun par plusieurs personnes physiques, les droits exclusifs sont détenus en commun par ces personnes.

Art. 5 *Actes soumis à restrictions.* **L'auteur d'une base de données bénéficie, en ce qui concerne l'expression de cette base pouvant faire l'objet d'une protection par le droit d'auteur, du droit exclusif de faire ou d'autoriser :**

***a*) la reproduction permanente ou provisoire, en tout ou en partie, par quelque moyen et sous quelque forme que ce soit ;**

***b*) la traduction, l'adaptation, l'arrangement et toute autre transformation ;**

***c*) toute forme de distribution au public de la base ou de ses copies. La première vente d'une copie d'une base de données dans la Communauté par le titulaire du droit, ou avec son consentement, épuise le droit de contrôler la revente de cette copie dans la Communauté ;**

***d*) toute communication, exposition ou représentation au public ;**

***e*) toute reproduction, distribution, communication, exposition ou représentation au public des résultats des actes visés au point *b*).**

V. infra Dir. (UE) 2017/1564 du 13 sept. 2017 sur certaines utilisations autorisées de certaines œuvres et d'autres objets protégés par le droit d'auteur et les droits voisins en faveur des aveugles, des déficients visuels et des personnes ayant d'autres difficultés de lecture des textes imprimés.

Art. 6 *Exceptions aux actes soumis à restrictions.* **1. L'utilisateur légitime d'une base de données ou de copies de celle-ci peut effectuer tous les actes visés à l'article 5 qui sont nécessaires à l'accès au contenu de la base de données et à son utilisation normale par lui-même sans l'autorisation de l'auteur de la base. Dans la mesure où l'utilisateur légitime est autorisé à utiliser une partie seulement de la base de données, le présent paragraphe s'applique seulement à cette partie.**

2. Les États membres ont la faculté de prévoir des limitations aux droits visés à l'article 5 dans les cas suivants :

***a*) lorsqu'il s'agit d'une reproduction à des fins privées d'une base de données non électronique ;**

***b*) lorsqu'il y a utilisation uniquement à des fins d'illustration de l'enseignement ou de recherche scientifique, toujours sous réserve d'indiquer la source, dans la mesure justifiée par le but non commercial poursuivi ;**

***c*) lorsqu'il s'agit d'une utilisation à des fins de sécurité publique ou aux fins d'une procédure administrative ou juridictionnelle ;**

***d*) lorsqu'il s'agit d'autres exceptions au droit d'auteur traditionnellement prévues par leur droit interne, sans préjudice des points *a*), *b*) et *c*).**

3. Conformément à la convention de Berne pour la protection des œuvres littéraires et artistiques, le présent article ne peut être interprété de façon à permettre son application d'une manière qui cause un préjudice injustifié aux intérêts légitimes du titulaire du droit ou qui porte atteinte à l'exploitation normale de la base de données.

La Dir. 96/9/CE du 11 mars 1996, concernant la protection juridique des bases de données, doit être interprétée en ce sens qu'elle n'est pas applicable à une base de données qui n'est protégée ni par le droit d'auteur ni par le droit *sui generis* en vertu de cette directive, si bien que les art. 6, § 1, 8 et 15 de ladite directive ne font pas obstacle à ce que le créateur d'une telle base de données établisse des limitations contractuelles à l'utilisation de celle-ci par des tiers, sans préjudice du droit national applicable. • CJUE 15 janv. 2015, *Ryanair Ltd*, n° C-30/14 : *D. 2015. 2217, obs. Larrieu* ; *RTD com. 2015. 294, obs. Pollaud-Dulian* ; *RIDA avr. 2015, p. 301, note Sirinelli.*

CHAPITRE III *Droit « sui generis »*

Art. 7 *Objet de la protection.* **1. Les États membres prévoient pour le fabricant d'une base de données le droit d'interdire l'extraction et/ou la réutilisation de la totalité ou d'une partie substantielle, évaluée de façon qualitative ou quantitative, du contenu de celle-ci, lorsque l'obtention, la vérification ou la présentation de ce contenu attestent un investissement substantiel du point de vue qualitatif ou quantitatif.**

2. Aux fins du présent chapitre, on entend par :
***a)* « extraction » : le transfert permanent ou temporaire de la totalité ou d'une partie substantielle du contenu d'une base de données sur un autre support par quelque moyen ou sous quelque forme que ce soit ;**
***b)* « réutilisation » : toute forme de mise à la disposition du public de la totalité ou d'une partie substantielle du contenu de la base par distribution de copies, par location, par transmission en ligne ou sous d'autres formes. La première vente d'une copie d'une base de données dans la Communauté par le titulaire du droit, ou avec son consentement, épuise le droit de contrôler la revente de cette copie dans la Communauté.**
Le prêt public n'est pas un acte d'extraction ou de réutilisation.
3. Le droit visé au paragraphe 1 peut être transféré, cédé ou donné en licence contractuelle.
4. Le droit visé au paragraphe 1 s'applique indépendamment de la possibilité pour la base de données d'être protégée par le droit d'auteur ou par d'autres droits. En outre, il s'applique indépendamment de la possibilité pour le contenu de cette base de données d'être protégé par le droit d'auteur ou par d'autres droits. La protection des bases de données par le droit visé au paragraphe 1 est sans préjudice des droits existant sur leur contenu.
5. L'extraction et/ou la réutilisation répétées et systématiques de parties non substantielles du contenu de la base de données qui supposeraient des actes contraires à une exploitation normale de cette base, ou qui causeraient un préjudice injustifié aux intérêts légitimes du fabricant de la base, ne sont pas autorisées.

V. infra Dir. (UE) 2017/1564 du 13 sept. 2017 sur certaines utilisations autorisées de certaines œuvres et d'autres objets protégés par le droit d'auteur et les droits voisins en faveur des aveugles, des déficients visuels et des personnes ayant d'autres difficultés de lecture des textes imprimés.

1. Investissement. La notion d'investissement doit s'entendre comme désignant les moyens consacrés à la recherche d'éléments existants et à leur rassemblement dans la base de données. Elle ne comprend pas les moyens mis en œuvre pour la création des éléments constitutifs du contenu d'une base de données. • CJCE 9 nov. 2004, n° C-203/02 : *D. 2005. Pan. 1495, obs. Sirinelli ; RTD com. 2005. 90, obs. Pollaud-Dulian ; CCE 2005, n° 2, note Caron ; JCP E 2005. 1216, n° 14, obs. Sardain ; Légipresse 2005, III, p. 85, note Mallet-Poujol ; Propr. ind. 2005, n° 7, note Kamina ; Propr. intell. 2005, n° 14, p. 99, obs. Lemarchand et Rambaud.* ♦ Dans le même sens • CJCE 9 nov. 2004, n° C-444/02 : *RTD com. 2005. 90, obs. Pollaud-Dulian ; CCE 2005, n° 2, note Caron ; Propr. ind. 2005, n° 7, note Kamina.*

2. Extraction et réutilisation. Les notions d'extraction et de réutilisation doivent être interprétées comme se référant à tout acte non autorisé d'appropriation et de diffusion au public de tout ou partie du contenu d'une base de données. Ces notions ne supposent pas un accès direct à la base de données. • CJCE 9 nov. 2004 : *préc. note 1.* ♦ Le moment de l'existence de l'extraction correspond à la fixation des éléments sur un autre support que celui des bases de données. • CJCE 5 mars 2009 : *D. 2009. AJ 947, obs. Daleau ; RTD com. 2009, p. 727, obs. Sirinelli ; CCE 2009, n° 44, note Caron ; Propr. ind. 2009, n° 48, obs. Larrieu ; RLDI 2009, n° 49, note Rambaud ; RIDA juill. 2009, p. 342, note Sirinelli.* ♦ L'acte de réutilisation a lieu dans un État membre dès lors qu'il existe des indices permettant de conclure qu'un tel acte révèle l'intention de son auteur de cibler des membres du public établis dans ce dernier État membre, ce qu'il appartient à la juridiction nationale d'apprécier. • CJCE 18 oct. 2012 : *CCE 2013, n° 22, note Caron ; Propr. intell. 2013, n° 46, p. 88, obs. Benabou.*

Art. 8 ***Droits et obligations de l'utilisateur légitime.*** **1. Le fabricant d'une base de données qui est mise à la disposition du public de quelque manière que ce soit ne peut empêcher l'utilisateur légitime de cette base d'extraire et/ou de réutiliser des parties non substantielles de son contenu, évaluées de façon qualitative ou quantitative, à quelque fin que ce soit. Dans la mesure où l'utilisateur légitime est autorisé à extraire et/ou à réutiliser une partie seulement de la base de données, le présent paragraphe s'applique à cette partie.**
2. L'utilisateur légitime d'une base de données qui est mise à la disposition du public de quelque manière que ce soit ne peut pas effectuer des actes qui sont en conflit avec l'exploitation normale de cette base, ou qui lèsent de manière injustifiée les intérêts légitimes du fabricant de la base.
3. L'utilisateur légitime d'une base de données qui est mise à la disposition du public de quelque manière que ce soit ne peut porter préjudice au titulaire d'un droit d'auteur ou d'un droit voisin portant sur des œuvres ou des prestations contenues dans cette base.

Sur le droit du créateur d'une base de données non protégée par le droit d'auteur ou le droit *sui generis* d'établir des limitations contractuelles à l'utilisation de celle-ci par des tiers, V. • CJUE 15 janv. 2015 : *préc. ss. art. 6.*

Art. 9 *Exceptions au droit « sui generis ».* Les États membres peuvent établir que l'utilisateur légitime d'une base de données qui est mise à la disposition du public de quelque manière que ce soit peut, sans autorisation du fabricant de la base, extraire et/ou réutiliser une partie substantielle du contenu de celle-ci :

a) lorsqu'il s'agit d'une extraction à des fins privées du contenu d'une base de données non électronique ;

b) lorsqu'il s'agit d'une extraction à des fins d'illustration de l'enseignement ou de recherche scientifique, pour autant qu'il indique la source et dans la mesure justifiée par le but non commercial à atteindre ;

c) lorsqu'il s'agit d'une extraction et/ou d'une réutilisation à des fins de sécurité publique ou aux fins d'une procédure administrative ou juridictionnelle.

Art. 10 *Durée de la protection.* 1. Le droit prévu à l'article 7 produit ses effets dès l'achèvement de la fabrication de la base de données. Il expire quinze ans après le 1er janvier de l'année qui suit la date de l'achèvement.

2. Dans le cas d'une base de données qui a été mise à la disposition du public de quelque manière que ce soit avant l'expiration de la période prévue au paragraphe 1, la durée de la protection par ce droit expire quinze ans après le 1er janvier de l'année qui suit la date à laquelle la base a été mise à la disposition du public pour la première fois.

3. Toute modification substantielle, évaluée de façon qualitative ou quantitative, du contenu d'une base de données, notamment toute modification substantielle résultant de l'accumulation d'ajouts, de suppressions ou de changements successifs qui ferait considérer qu'il s'agit d'un nouvel investissement substantiel, évalué de façon qualitative ou quantitative, permet d'attribuer à la base qui résulte de cet investissement une durée de protection propre.

Art. 11 *Bénéficiaires de la protection par le droit « sui generis ».* 1. Le droit prévu à l'article 7 s'applique aux bases de données dont le fabricant ou le titulaire du droit sont ressortissants d'un État membre ou ont leur résidence habituelle sur le territoire de la Communauté.

2. Le paragraphe 1 s'applique également aux sociétés et aux entreprises constituées en conformité avec la législation d'un État membre et ayant leur siège statutaire, leur administration centrale ou leur établissement principal à l'intérieur de la Communauté ; néanmoins, si une telle société ou entreprise n'a que son siège statutaire sur le territoire de la Communauté, ses opérations doivent avoir un lien réel et continu avec l'économie d'un État membre.

3. Les accords étendant le droit prévu à l'article 7 aux bases de données fabriquées dans des pays tiers et non couvertes par les paragraphes 1 et 2 sont conclus par le Conseil, sur proposition de la Commission. La durée de protection accordée à des bases de données en vertu de cette procédure ne dépasse pas celle prévue à l'article 10.

CHAPITRE IV *Dispositions communes*

Art. 12 *Sanctions.* Les États membres prévoient des sanctions appropriées contre la violation des droits prévus par la présente directive.

Art. 13 *Maintien d'autres dispositions.* La présente directive n'affecte pas les dispositions concernant notamment le droit d'auteur, les droits voisins ou d'autres droits ou obligations subsistant dans les données, les œuvres ou les autres éléments incorporés dans une base de données, les brevets, les marques, les dessins et modèles, la protection des trésors nationaux, le droit des ententes et de la concurrence déloyale, le secret des affaires, la sécurité, la confidentialité, la protection des données personnelles et le respect de la vie privée, l'accès aux documents publics ou le droit des contrats.

Art. 14 *Application dans le temps.* 1. La protection prévue par la présente directive en ce qui concerne le droit d'auteur s'applique également aux bases de données créées avant la date visée à l'article 16 paragraphe 1 qui remplissent à cette date les exigences fixées par la présente directive quant à la protection des bases de données par le droit d'auteur.

2. Par dérogation au paragraphe 1, lorsqu'une base de données qui est protégée par un régime de droit d'auteur dans un État membre à la date de publication de la présente directive ne répond pas aux critères d'éligibilité à la protection au titre du droit d'auteur prévus à l'article 3 paragraphe 1, la présente directive n'a pas pour effet d'abréger dans cet État membre le délai de protection accordé au titre du régime susmentionné restant à courir.

3. La protection prévue par la présente directive en ce qui concerne le droit prévu à l'article 7 s'applique également aux bases de données dont la fabrication a été achevée pendant les quinze années précédant la date visée à l'article 16 paragraphe 1 et qui remplissent à cette date les exigences fixées à l'article 7.

4. La protection prévue aux paragraphes 1 et 3 est sans préjudice des actes conclus et des droits acquis avant la date visée auxdits paragraphes.

5. Dans le cas d'une base de données dont la fabrication a été achevée pendant les quinze années précédant la date visée à l'article 16 paragraphe 1, la durée de protection par le droit prévu à l'article 7 est de quinze ans à compter du 1er janvier qui suit cette date.

Art. 15 *Caractère impératif de certaines dispositions.* **Toute disposition contractuelle contraire à l'article 6 paragraphe 1 et à l'article 8 est nulle et non avenue.**

Art. 16 *Dispositions finales.* **1. Les États membres mettent en vigueur les dispositions législatives, réglementaires et administratives nécessaires pour se conformer à la présente directive avant le 1er janvier 1998.**

Lorsque les États membres adoptent ces dispositions, celles-ci contiennent une référence à la présente directive ou sont accompagnées d'une telle référence lors de leur publication officielle. Les modalités de cette référence sont arrêtées par les États membres.

2. Les États membres communiquent à la Commission le texte des dispositions de droit interne qu'ils adoptent dans le domaine régi par la présente directive.

3. Au plus tard à la fin de la troisième année suivant la date visée au paragraphe 1, et ultérieurement tous les trois ans, la Commission transmet au Parlement européen, au Conseil et au Comité économique et social un rapport sur l'application de la présente directive, dans lequel, en particulier sur la base d'informations spécifiques fournies par les États membres, elle examine notamment l'application du droit *sui generis*, y compris les articles 8 et 9, et vérifie spécialement si l'application de ce droit a entraîné des abus de position dominante ou d'autres atteintes à la libre concurrence qui justifieraient des mesures appropriées, dont la mise en place d'un régime de licences non volontaires. Elle présente, le cas échéant, des propositions visant à adapter la présente directive à l'évolution du secteur des bases de données.

Directive (CE) n° 2001/29 du 22 mai 2001,

Sur l'harmonisation de certains aspects du droit d'auteur et des droits voisins dans la société de l'information.

BIBL. GÉN. ▸ BENABOU, *CCE 2001. Étude 23* (la directive droit d'auteur, droits voisins et société de l'information : valse à trois temps avec l'acquis communautaire). – CARON, *CCE 2001. Étude 13* (la nouvelle directive sur le droit d'auteur et les droits voisins dans la société de l'information ou les ambitions limitées du législateur européen). – DESURMONT, *RIDA oct. 2001, p. 3* (la communauté européenne, les droits des auteurs et la société de l'information). – GAUTIER, *CCE 2001. Étude 25* (de la transposition des exceptions : à propos de la directive droit d'auteur dans la société de l'information). – GOTZEN, *RIDA oct. 2004, p. 5* (vers une harmonisation du droit d'auteur dans la société de l'information). – PASSA, *JCP 2001. I. 331* (la directive sur le droit d'auteur et les droits voisins dans la société de l'information). – SIRINELLI, *Lamy droit des médias et de la communication, étude 163*. – TILLIER, *Légipresse 2014. 195* (l'étrange consultation de la Commission européenne sur le droit d'auteur oublie les intermédiaires). – ZOLYNSKY, Méthode de transposition des directives communautaires (étude à partir de l'exemple du droit d'auteur et des droits voisins), *thèse Paris II, 2005*. – La directive « société de l'information » : bilans et perspectives, *Colloque organisé par l'IRPI et l'AFPIDA, Propr. intell., janv. 2002.*

▸ **Révision de la directive. Rapports :** REDA, Draft report on the implementation of Directive 2001/29/EC of the European Parliament and of the Council of 22 May 2001 on the harmonisation of certain aspects of copyright and related rights in the information society, *Parlement européen, 2014/2256 (INI), 15 janv. 2015*. – SIRINELLI (dir.), *CSPLA, oct. 2014* (rapport de la « mission sur la révision de la directive n° 2001/29/CE sur l'harmonisation de certains aspects du droit d'auteur et des droits voisins dans la société de l'information »).

▸ **Révision de la directive. Articles :** CARON, *CCE 2015 mars 2015, p. 1* (à l'abordage !). – COSTE, *RLDI mars 2015. 3* (la réforme européenne du droit d'auteur dans la tourmente. – POLLAUD-DULIAN, *D. 2015. 639* (Détruire, dit-elle : le rapport Reda de la commission juridique du Parlement européen sur le droit d'auteur). – Premier ministre, secrétariat général aux affaires européennes, *19 janv. 2015, PM/SGAE/JUR* (note de position des autorités françaises sur le projet de rapport de J. Reda). – SCARAMOZZINO, *JAC n° 20/2015, p 6* (faut-il réviser la directive 2001/29/CE ? [CSPLA, Rapport de la mission sur la révision de la directive 2001/29/CE du 19 nov. 2014]).

(1) Le traité prévoit l'établissement d'un marché intérieur et l'instauration d'un système propre à empêcher les distorsions de concurrence dans le marché intérieur. L'harmonisation

des dispositions législatives des États membres sur le droit d'auteur et les droits voisins contribue à la réalisation de ces objectifs.

(2) Le Conseil européen de Corfou des 24 et 25 juin 1994 a souligné la nécessité de créer un cadre juridique général et souple au niveau de la Communauté pour favoriser le développement de la société de l'information en Europe. Cela suppose notamment l'existence d'un marché intérieur pour les nouveaux produits et services. D'importants actes législatifs communautaires visant à instaurer un tel cadre réglementaire ont déjà été adoptés ou sont en voie de l'être. Le droit d'auteur et les droits voisins jouent un rôle important dans ce contexte, car ils protègent et stimulent la mise au point et la commercialisation de nouveaux produits et services, ainsi que la création et l'exploitation de leur contenu créatif.

(3) L'harmonisation envisagée contribuera à l'application des quatre libertés du marché intérieur et porte sur le respect des principes fondamentaux du droit et notamment de la propriété, dont la propriété intellectuelle, et de la liberté d'expression et de l'intérêt général.

(4) Un cadre juridique harmonisé du droit d'auteur et des droits voisins, en améliorant la sécurité juridique et en assurant dans le même temps un niveau élevé de protection de la propriété intellectuelle, encouragera des investissements importants dans des activités créatrices et novatrices, notamment dans les infrastructures de réseaux, et favorisera ainsi la croissance et une compétitivité accrue de l'industrie européenne, et cela aussi bien dans le secteur de la fourniture de contenus que dans celui des technologies de l'information et, de façon plus générale, dans de nombreux secteurs industriels et culturels. Ce processus permettra de sauvegarder des emplois et encouragera la création de nouveaux emplois.

(5) L'évolution technologique a multiplié et diversifié les vecteurs de création, de production et d'exploitation. Si la protection de la propriété intellectuelle ne nécessite aucun concept nouveau, les règles actuelles en matière de droit d'auteur et de droits voisins devront être adaptées et complétées pour tenir dûment compte des réalités économiques telles que l'apparition de nouvelles formes d'exploitation.

(6) En l'absence d'harmonisation à l'échelle communautaire, les processus législatifs au niveau national, dans lesquels plusieurs États membres se sont déjà engagés pour répondre aux défis technologiques, pourraient entraîner des disparités sensibles en matière de protection et, partant, des restrictions à la libre circulation des services et des marchandises qui comportent des éléments relevant de la propriété intellectuelle ou se fondent sur de tels éléments, ce qui provoquerait une nouvelle fragmentation du marché intérieur et des incohérences d'ordre législatif. L'incidence de ces disparités législatives et de cette insécurité juridique se fera plus sensible avec le développement de la société de l'information, qui a déjà considérablement renforcé l'exploitation transfrontalière de la propriété intellectuelle. Ce développement est appelé à se poursuivre. Des disparités et une insécurité juridiques importantes en matière de protection sont susceptibles d'entraver la réalisation d'économies d'échelle pour les nouveaux produits et services protégés par le droit d'auteur et les droits voisins.

(7) Le cadre législatif communautaire relatif à la protection du droit d'auteur et des droits voisins doit donc aussi être adapté et complété dans la mesure nécessaire au bon fonctionnement du marché intérieur. Il convient, à cet effet, d'adapter les dispositions nationales sur le droit d'auteur et les droits voisins qui varient sensiblement d'un État membre à l'autre ou qui entraînent une insécurité juridique entravant le bon fonctionnement du marché intérieur et le développement de la société de l'information en Europe et il importe d'éviter que les États membres réagissent en ordre dispersé aux évolutions technologiques. En revanche, il n'est pas nécessaire de supprimer ou de prévenir les disparités qui ne portent pas atteinte au fonctionnement du marché intérieur.

(8) Les diverses répercussions sociales, sociétales et culturelles de la société de l'information font qu'il y a lieu de prendre en considération la spécificité du contenu des produits et services.

(9) Toute harmonisation du droit d'auteur et des droits voisins doit se fonder sur un niveau de protection élevé, car ces droits sont essentiels à la création intellectuelle. Leur protection contribue au maintien et au développement de la créativité dans l'intérêt des auteurs, des interprètes ou exécutants, des producteurs, des consommateurs, de la culture, des entreprises et du public en général. La propriété intellectuelle a donc été reconnue comme faisant partie intégrante de la propriété.

(10) Les auteurs ou les interprètes ou exécutants, pour pouvoir poursuivre leur travail créatif et artistique, doivent obtenir une rémunération appropriée pour l'utilisation de leurs œuvres, de même que les producteurs pour pouvoir financer ce travail. L'investissement nécessaire pour créer des produits, tels que des phonogrammes, des films ou des produits multimédias, et des services tels que les services à la demande, est considérable. Une protec-

tion juridique appropriée des droits de propriété intellectuelle est nécessaire pour garantir une telle rémunération et permettre un rendement satisfaisant de l'investissement.

(11) Un système efficace et rigoureux de protection du droit d'auteur et des droits voisins est l'un des principaux instruments permettant de garantir à la création et à la production culturelles européennes l'obtention des ressources nécessaires et de préserver l'autonomie et la dignité des créateurs et interprètes.

(12) Il est également très important, d'un point de vue culturel, d'accorder une protection suffisante aux œuvres protégées par le droit d'auteur et aux objets relevant des droits voisins. L'article 151 du traité fait obligation à la Communauté de tenir compte des aspects culturels dans son action.

(13) Une recherche commune et une utilisation cohérente, à l'échelle européenne, de mesures techniques visant à protéger les œuvres et autres objets protégés et à assurer l'information nécessaire sur les droits en la matière revêtent une importance fondamentale, dès lors que ces mesures ont pour objectif ultime de traduire dans les faits les principes et garanties prévus par la loi.

(14) La présente directive doit promouvoir la diffusion du savoir et de la culture par la protection des œuvres et autres objets protégés, tout en prévoyant des exceptions ou limitations dans l'intérêt du public à des fins d'éducation et d'enseignement.

(15) La Conférence diplomatique qui s'est tenue en décembre 1996, sous les auspices de l'Organisation mondiale de la propriété intellectuelle (OMPI), a abouti à l'adoption de deux nouveaux traités, à savoir le traité de l'OMPI sur le droit d'auteur et le traité de l'OMPI sur les interprétations et exécutions et les phonogrammes, qui portent respectivement sur la protection des auteurs et sur celle des artistes interprètes ou exécutants et des producteurs de phonogrammes. Ces traités constituent une mise à jour importante de la protection internationale du droit d'auteur et des droits voisins, notamment en ce qui concerne ce que l'on appelle « l'agenda numérique », et améliorent les moyens de lutte contre la piraterie à l'échelle planétaire. La Communauté et une majorité d'États membres ont déjà signé lesdits traités et les procédures de ratification sont en cours dans la Communauté et les États membres. La présente directive vise aussi à mettre en œuvre certainesdeces nouvelles obligations internationales.

(16) La question de la responsabilité relative aux activités réalisées dans un environnement de réseau concerne non seulement le droit d'auteur et les droits voisins mais également d'autres domaines, tels que la diffamation, la publicité mensongère ou le non-respect des marques déposées. Cette question est traitée de manière horizontale dans la directive 2000/31/(CE) du Parlement européen et du Conseil du 8 juin 2000 relative à certains aspects juridiques des services de la société de l'information, et notamment du commerce électronique, dans le marché intérieur (« Directive sur le commerce électronique ») qui clarifie et harmonise différentes questions juridiques relatives aux services de la société de l'information, y compris le commerce électronique. La présente directive doit être mise en œuvre dans un délai analogue à celui fixé pour la directive sur le commerce électronique, étant donné que ladite directive établit un cadre harmonisé de principes et de dispositions qui concernent, entre autres, certaines parties importantes de la présente directive. La présente directive est sans préjudice des dispositions relatives à la responsabilité de ladite directive.

(17) Il est nécessaire, surtout à la lumière des exigences résultant du numérique, de garantir que les sociétés de gestion collective des droits atteignent un niveau de rationalisation et de transparence plus élevé s'agissant du respect des règles de la concurrence.

(18) La présente directive ne porte pas atteinte aux modalités qui existent dans les États membres en matière de gestion des droits, telles que les licences collectives étendues.

(19) Le droit moral des titulaires de droits sera exercé en conformité avec le droit des États membres et les dispositions de la Convention de Berne pour la protection des œuvres littéraires et artistiques, du traité de l'OMPI sur le droit d'auteur et du traité de l'OMPI sur les interprétations et exécutions et les phonogrammes. Le droit moral reste en dehors du champ d'application de la présente directive.

(20) La présente directive se fonde sur des principes et des règles déjà établis par les directives en vigueur dans ce domaine, notamment les directives 91/250/CEE, 92/100/CEE, 93/83/CEE, 93/98/CEE et 96/9/CE. Elle développe ces principes et règles et les intègre dans la perspective de la société de l'information. Les dispositions de la présente directive doivent s'appliquer sans préjudice des dispositions desdites directives, sauf si la présente directive en dispose autrement.

(21) La présente directive doit définir le champ des actes couverts par le droit de reproduction en ce qui concerne les différents bénéficiaires, et ce conformément à l'acquis com-

munautaire. Il convient de donner à ces actes une définition large pour assurer la sécurité juridique au sein du marché intérieur.

(22) Une promotion adéquate de la diffusion de la culture ne peut conduire à sacrifier la protection rigoureuse des droits et à tolérer les formes illégales de mise en circulation d'œuvres culturelles contrefaites ou piratées.

(23) La présente directive doit harmoniser davantage le droit d'auteur de communication au public. Ce droit doit s'entendre au sens large, comme couvrant toute communication au public non présent au lieu d'origine de la communication. Ce droit couvre toute transmission ou retransmission, de cette nature, d'une œuvre au public, par fil ou sans fil, y compris la radiodiffusion. Il ne couvre aucun autre acte.

(24) Le droit de mettre à la disposition du public des objets protégés qui est visé à l'article 3, paragraphe 2, doit s'entendre comme couvrant tous les actes de mise à la disposition du public qui n'est pas présent à l'endroit où l'acte de mise à disposition a son origine et comme ne couvrant aucun autre acte.

(25) L'insécurité juridique qui entoure la nature et le niveau de protection des actes de transmission à la demande, au moyen de réseaux, d'œuvres protégées par le droit d'auteur et d'objets relevant des droits voisins doit être supprimée par la mise en place d'une protection harmonisée au niveau communautaire. Il doit être clair que tous les titulaires de droits reconnus par la présente directive ont le droit exclusif de mettre à la disposition du public des œuvres protégées par le droit d'auteur ou tout autre objet protégé par voie de transmissions interactives à la demande. Ces transmissions sont caractérisées par le fait que chacun peut y avoir accès de l'endroit et au moment qu'il choisit individuellement.

(26) Pour ce qui est de la mise à disposition par les radiodiffuseurs, dans le cadre de services à la demande, de leur production radiodiffusée ou télévisuelle comportant de la musique sur phonogrammes commerciaux en tant que partie intégrante de cette production, il y a lieu d'encourager la conclusion de contrats de licence collectifs, afin de faciliter le recouvrement des droits concernés.

(27) La simple fourniture d'installations destinées à permettre ou à réaliser une communication ne constitue pas en soi une communication au sens de la présente directive.

(28) La protection du droit d'auteur en application de la présente directive inclut le droit exclusif de contrôler la distribution d'une œuvre incorporée à un bien matériel. La première vente dans la Communauté de l'original d'une œuvre ou des copies de celle-ci par le titulaire du droit ou avec son consentement épuise le droit de contrôler la revente de cet objet dans la Communauté. Ce droit ne doit pas être épuisé par la vente de l'original ou de copies de celui-ci hors de la Communauté par le titulaire du droit ou avec son consentement. Les droits de location et de prêt des auteurs ont été établis par la directive 92/100/CEE. Le droit de distribution prévu par la présente directive n'affecte pas les dispositions en matière de droits de location et de prêt figurant au chapitre I de ladite directive.

(29) La question de l'épuisement du droit ne se pose pas dans le cas des services, en particulier lorsqu'il s'agit de services en ligne. Cette considération vaut également pour la copie physique d'une œuvre ou d'un autre objet réalisée par l'utilisateur d'un tel service avec le consentement du titulaire du droit. Il en va par conséquent de même pour la location et le prêt de l'original de l'œuvre ou de copies de celle-ci, qui sont par nature des services. Contrairement aux CD-ROM ou aux CD-I, pour lesquels la propriété intellectuelle est incorporée dans un support physique, à savoir une marchandise, tout service en ligne constitue en fait un acte devant être soumis à autorisation dès lors que le droit d'auteur ou le droit voisin en dispose ainsi.

(30) Les droits visés dans la présente directive peuvent être transférés, cédés ou donnés en licence contractuelle, sans préjudice des dispositions législatives nationales pertinentes sur le droit d'auteur et les droits voisins.

(31) Il convient de maintenir un juste équilibre en matière de droits et d'intérêts entre les différentes catégories de titulaires de droits ainsi qu'entre celles-ci et les utilisateurs d'objets protégés. Les exceptions et limitations actuelles aux droits, telles que prévues par les États membres, doivent être réexaminées à la lumière du nouvel environnement électronique. Les disparités qui existent au niveau des exceptions et des limitations à certains actes soumis à restrictions ont une incidence négative directe sur le fonctionnement du marché intérieur dans le domaine du droit d'auteur et des droits voisins. Ces disparités pourraient s'accentuer avec le développement de l'exploitation des œuvres par-delà les frontières et des activités transfrontalières. Pour assurer le bon fonctionnement du marché intérieur, ces exceptions et limitations doivent être définies de façon plus harmonieuse. Le degré d'harmonisation de ces exceptions doit être fonction de leur incidence sur le bon fonctionnement du marché intérieur.

(32) La présente directive contient une liste exhaustive des exceptions et limitations au droit de reproduction et au droit de communication au public. Certaines exceptions ou limitations ne s'appliquent qu'au droit de reproduction, s'il y a lieu. La liste tient dûment compte de la diversité des traditions juridiques des États membres toutenvisant à assurer le bon fonctionnement du marché intérieur. Les États membres appliquent ces exceptions et limitations de manière cohérente et la question sera examinée lors d'un futur réexamen des dispositions de mise en œuvre.

(33) Le droit exclusif de reproduction doit faire l'objet d'une exception destinée à autoriser certains actes de reproduction provisoires, qui sont transitoires ou accessoires, qui font partie intégrante et essentielle d'un processus technique et qui sont exécutés dans le seul but de permettre soit une transmission efficace dans un réseau entre tiers par un intermédiaire, soit une utilisation licite d'une œuvre ou d'un autre objet protégé. Les actes de reproduction concernés ne devraient avoir par eux-mêmes aucune valeur économique propre. Pour autant qu'ils remplissent ces conditions, cette exception couvre les actes qui permettent le survol *(browsing)*, ainsi que les actes de prélecture dans un support rapide *(caching)*, y compris ceux qui permettent le fonctionnement efficace des systèmes de transmission, sous réserve que l'intermédiaire ne modifie pas l'information et n'entrave pas l'utilisation licite de la technologie, largement reconnue et utilisée par l'industrie, dans le but d'obtenir des données sur l'utilisation de l'information. Une utilisation est réputée être licite lorsqu'elle est autorisée par le titulaire du droit ou n'est pas limitée par la loi.

(34) Les États membres devraient avoir la faculté de prévoir certaines exceptions et limitations dans certains cas tels que l'utilisation, à des fins d'enseignement ou de recherche scientifique, au bénéfice d'établissements publics tels que les bibliothèques et les archives, à des fins de compte rendu d'événements d'actualité, pour des citations, à l'usage des personnes handicapées, à des fins de sécurité publique et à des fins de procédures administratives ou judiciaires.

(35) Dans le cas de certaines exceptions ou limitations, les titulaires de droits doivent recevoir une compensation équitable afin de les indemniser de manière adéquate pour l'utilisation faite de leurs œuvres ou autres objets protégés. Lors de la détermination de la forme, des modalités et du niveau éventuel d'une telle compensation équitable, il convient de tenir compte des circonstances propres à chaque cas. Pour évaluer ces circonstances, un critère utile serait le préjudice potentiel subi par les titulaires de droits en raison de l'acte en question. Dans le cas où des titulaires de droits auraient déjà reçu un paiement sous une autre forme, par exemple en tant que partie d'une redevance de licence, un paiement spécifique ou séparé pourrait ne pas être dû. Le niveau de la compensation équitable doit prendre en compte le degré d'utilisation des mesures techniques de protection prévues à la présente directive. Certains cas où le préjudice au titulaire du droit serait minime pourraient ne pas donner naissance à une obligation de paiement.

(36) Les États membres peuvent prévoir une compensation équitable pour les titulaires de droits même lorsqu'ils appliquent les dispositions optionnelles relatives aux exceptions ou limitations qui n'exigent pas cette compensation.

(37) Les régimes nationaux qui peuvent exister en matière de reprographie ne créent pas de barrières majeures pour le marché intérieur. Les États membres doivent être autorisés à prévoir une exception ou une limitation en ce qui concerne la reprographie.

(38) Les États membres doivent être autorisés à prévoir une exception ou une limitation au droit de reproduction pour certains types de reproduction de produits sonores, visuels et audiovisuels à usage privé, avec une compensation équitable. Une telle exception pourrait comporter l'introduction ou le maintien de systèmes de rémunération destinés à dédommager les titulaires de droits du préjudice subi. Même si les disparités existant entre ces systèmes de rémunération gênent le fonctionnement du marché intérieur, elles ne devraient pas, en ce qui concerne la reproduction privée sur support analogique, avoir une incidence significative sur le développement de la société de l'information. La confection de copies privées sur support numérique est susceptible d'être plus répandue et d'avoir une incidence économique plus grande. Il y a donc lieu de tenir dûment compte des différences existant entre copies privées numériques et analogiques et de faire une distinction entre elles à certains égards.

(39) Lorsqu'il s'agit d'appliquer l'exception ou la limitation pour copie privée, les États membres doivent tenir dûment compte de l'évolution technologique et économique, en particulier pour ce qui concerne la copie privée numérique et les systèmes de rémunération y afférents, lorsque des mesures techniques de protection efficaces sont disponibles. De telles exceptions ou limitations ne doivent faire obstacle ni à l'utilisation de mesures techniques ni à la répression de tout acte de contournement.

(40) Les États membres peuvent prévoir une exception ou une limitation au bénéfice de certains établissements sans but lucratif, tels que les bibliothèques accessibles au public et autres institutions analogues, ainsi que les archives, cette exception devant toutefois être limitée à certains cas particuliers couverts par le droit de reproduction. Une telle exception ou limitation ne doit pas s'appliquer à des utilisations faites dans le cadre de la fourniture en ligne d'œuvres ou d'autres objets protégés. La présente directive doit s'appliquer sans préjudice de la faculté donnée aux États membres de déroger au droit exclusif de prêt public en vertu de l'article 5 de la directive 92/100/CEE. Il est donc opportun de promouvoir des contrats ou des licences spécifiques qui favorisent, sans créer de déséquilibre, de tels établissements et la réalisation de leur mission de diffusion.

(41) Lors de l'application de l'exception ou de la limitation pour les enregistrements éphémères effectués par des organismes de radiodiffusion, il est entendu que les propres moyens d'un organisme de radiodiffusion comprennent les moyens d'une personne qui agit au nom et sous la responsabilité de celui-ci.

(42) Lors de l'application de l'exception ou de la limitation prévue pour les utilisations à des fins éducatives et de recherche non commerciales, y compris l'enseignement à distance, la nature non commerciale de l'activité en question doit être déterminée par cette activité en tant que telle. La structure organisationnelle et les moyens de financement de l'établissement concerné ne sont pas des éléments déterminants à cet égard.

(43) Il est de toute manière important que les États membres adoptent toutes les mesures qui conviennent pour favoriser l'accès aux œuvres pour les personnes souffrant d'un handicap qui les empêche d'utiliser les œuvres elles-mêmes, en tenant plus particulièrement compte des formats accessibles.

(44) Lorsque les exceptions et les limitations prévues par la présente directive sont appliquées, ce doit être dans le respect des obligations internationales. Ces exceptions et limitations ne sauraient être appliquées d'une manière qui cause un préjudice aux intérêts légitimes du titulaire de droits ou qui porte atteinte à l'exploitation normale de son œuvre ou autre objet. Lorsque les États membres prévoient de telles exceptions ou limitations, il y a lieu, en particulier, de tenir dûment compte de l'incidence économique accrue que celles-ci sont susceptibles d'avoir dans le cadre du nouvel environnement électronique. En conséquence, il pourrait être nécessaire de restreindre davantage encore la portée de certaines exceptions ou limitations en ce qui concerne certaines utilisations nouvelles d'œuvres protégées par le droit d'auteur ou d'autres objets protégés.

(45) Les exceptions et limitations visées à l'article 5, paragraphes 2, 3 et 4, ne doivent toutefois pas faire obstacle à la définition des relations contractuelles visant à assurer une compensation équitable aux titulaires de droits dans la mesure où la législation nationale le permet.

(46) Le recours à la médiation pourrait aider utilisateurs et titulaires de droits à régler les litiges. La Commission, en coopération avec les États membres au sein du comité de contact,doitréaliser une étude sur de nouveaux moyens juridiques de règlement des litiges concernant le droit d'auteur et les droits voisins.

(47) L'évolution technologique permettra aux titulaires de droits de recourir à des mesures techniques destinées à empêcher ou à limiter les actes non autorisés par les titulaires d'un droit d'auteur, de droits voisins ou du droit *sui generis* sur une base de données. Le risque existe, toutefois, de voir se développer des activités illicites visant à permettre ou à faciliter le contournement de la protection technique fournie par ces mesures. Afin d'éviter des approches juridiques fragmentées susceptibles d'entraver le fonctionnement du marché intérieur, il est nécessaire de prévoir une protection juridique harmonisée contre le contournement des mesures techniques efficaces et contre le recours à des dispositifs et à des produits ou services à cet effet.

(48) Une telle protection juridique doit porter sur les mesures techniques qui permettent efficacement de limiter les actes non autorisés par les titulaires d'un droit d'auteur, de droits voisins ou du droit *sui generis* sur une base de données, sans toutefois empêcher le fonctionnement normal des équipements électroniques et leur développement technique. Une telle protection juridique n'implique aucune obligation de mise en conformité des dispositifs, produits, composants ou services avec ces mesures techniques, pour autant que lesdits dispositifs, produits, composants ou services ne tombent pas, par ailleurs, sous le coup de l'interdiction prévue à l'article 6. Une telle protection juridique doit respecter le principe de proportionnalité et ne doit pas interdire les dispositifs ou activités qui ont, sur le plan commercial, un objet ou une utilisation autre que le contournement de la protection technique. Cette protection ne doit notamment pas faire obstacle à la recherche sur la cryptographie.

(49) La protection juridique des mesures techniques ne porte pas atteinte à l'application de dispositions nationales qui peuvent interdire la détention à des fins privées de dispositifs, produits ou composants destinés à contourner les mesures techniques.

(50) Une telle protection juridique harmonisée n'affecte pas les dispositions spécifiques en matière de protection prévues par la directive 91/250/CEE. En particulier, elle ne doit pas s'appliquer à la protection de mesures techniques utilisées en liaison avec des programmes d'ordinateur, qui relève exclusivement de ladite directive. Elle ne doit ni empêcher, ni gêner la mise au point ou l'utilisation de tout moyen permettant de contourner une mesure technique nécessaire pour permettre d'effectuer les actes réalisés conformément à l'article 5, paragraphe 3, ou à l'article 6 de la directive 91/250/CEE. Les articles 5 et 6 de ladite directive déterminent uniquement les exceptions aux droits exclusifs applicables aux programmes d'ordinateur.

(51) La protection juridique des mesures techniques s'applique sans préjudice des dispositions relatives à l'ordre public tel qu'il est défini à l'article 5 et à la sécurité publique. Les États membres doivent encourager les mesures volontaires prises par les titulaires de droits, y compris la conclusion et la mise en œuvre d'accords entre titulaires de droits et d'autres parties concernées, pour permettre d'atteindre les objectifs visés par certaines exceptions ou limitations prévues par le droit national conformément à la présente directive. En l'absence de mesures volontaires ou d'accords de ce type dans un délai raisonnable, les États membres doivent prendre des mesures appropriées pour assurer que les titulaires de droits fournissent aux bénéficiaires desdites exceptions ou limitations les moyens appropriés pour en bénéficier, par la modification d'une mesure technique mise en œuvre ou autrement. Toutefois, afin d'empêcher l'abus de telles mesures prises par les titulaires de droits, y compris dans le cadre d'accords, ou prises par un État membre, toutes les mesures techniques mises en œuvre en application de ces mesures doivent être protégées juridiquement.

(52) De même, lors de l'application d'une exception ou d'une limitation pour copie privée conformément à l'article 5, paragraphe 2, point *b)*, les États membres doivent encourager le recours aux mesures volontaires pour permettre d'atteindre les objectifs visés par ladite exception ou limitation. Si, dans un délai raisonnable, aucune mesure volontaire destinée à permettre la reproduction pour usage privé n'a été prise, les États membres peuvent arrêter des mesures qui permettent aux bénéficiaires de l'exception ou de la limitation concernée d'en bénéficier. Les mesures volontaires prises par les titulaires de droits, y compris les accords entre titulaires de droits et d'autres parties concernées, ainsi que les mesures prises par les États membres n'empêchent pas les titulaires de droits de recourir à des mesures techniques, qui sont compatibles avec les exceptions ou limitations relatives à la copie à usage privé prévues par leur droit national conformément à l'article 5, paragraphe 2, point *b)*, en tenant compte de la compensation équitable exigée à la dite disposition, et de la distinction éventuelle entre différentes conditions d'utilisation, conformément à l'article 5, paragraphe 5, par exemple le contrôle du nombre de reproductions. Afin d'empêcher le recours abusif à ces mesures, toute mesure technique appliquée lors de la mise en œuvre de celles-ci doit jouir de la protection juridique.

(53) La protection des mesures techniques devrait garantir un environnement sûr pour la fourniture de services interactifs à la demande, et ce de telle manière que le public puisse avoir accès à des œuvres ou à d'autres objets dans un endroit et à un moment choisis par lui. Dans le cas où ces services sont régis par des dispositions contractuelles, le premier et le deuxième alinéas de l'article 6, paragraphe 4, ne devraient pas s'appliquer. Les formes non interactives d'utilisation en ligne restent soumises à ces dispositions.

(54) Des progrès importants ont été accomplis dans le domaine de la normalisation internationale des systèmes techniques d'identification des œuvres et objets protégés sous forme numérique. Dans le cadre d'un environnement où les réseaux occupent une place de plus en plus grande, les différences existant entre les mesures techniques pourraient aboutir, au sein de la Communauté, à une incompatibilité des systèmes. La compatibilité et l'intéropérabilité des différents systèmes doivent être encouragées. Il serait très souhaitable que soit encouragée la mise au point de systèmes universels.

(55) L'évolution technologique facilitera la distribution d'œuvres, notamment sur les réseaux, et il sera par conséquent nécessaire pour les titulaires de droits de mieux identifier l'œuvre ou autre objet protégé, l'auteur ou tout autre titulaire de droits, et de fournir des informations sur les conditions et modalités d'utilisation de l'œuvre ou autre objet protégé, afin de faciliter la gestion des droits y afférents. Les titulaires de droits doivent être encouragés à utiliser des signes indiquant notamment, outre les informations visées ci-dessus, leur autorisation lorsque des œuvres ou d'autres objets protégés sont distribués sur les réseaux.

(56) Le risque existe, toutefois, de voir se développer des activités illicites visant à supprimer ou à modifier les informations, présentées sous forme électronique, sur le régime des

droits dont relève l'œuvre ou l'objet, ou visant à distribuer, importer aux fins de distribution, radiodiffuser, communiquer au public ou mettre à sa disposition des œuvres ou autres objets protégés dont ces informations ont été supprimées sans autorisation. Afin d'éviter des approches juridiques fragmentées susceptibles d'entraver le fonctionnement du marché intérieur, il est nécessaire de prévoir une protection juridique harmonisée contre toute activité de cette nature.

(57) Les systèmes relatifs à l'information sur le régime des droits susmentionnés peuvent aussi, selon leur conception, traiter des données à caractère personnel relatives aux habitudes de consommation des particuliers pour ce qui est des objets protégés et permettre l'observation des comportements en ligne. Ces moyens techniques doivent, dans leurs fonctions techniques, incorporer les principesdeprotection de la vie privée, conformément à la directive 95/46/(CE) du Parlement européen et du Conseil du 24 octobre 1995 relative à la protection des personnes physiques à l'égard du traitement des données à caractère personnel et à la libre circulation de ces données.

(58) Les États membres doivent prévoir des sanctions et des voies de recours efficaces contre les atteintes aux droits et obligations prévus par la présente directive. Ils prennent toutes les mesures nécessaires pour veiller à ce que ces sanctions et voies de recours soient appliquées. Les sanctions prévues sont efficaces, proportionnées et dissuasives et doivent comprendre la possibilité de demander des dommages et intérêts et/ou une ordonnance sur requête et, le cas échéant, la saisie du matériel ayant servi à commettre l'infraction.

(59) Les services d'intermédiaires peuvent, en particulier dans un environnement numérique, être de plus en plus utilisés par des tiers pour porter atteinte à des droits. Dans de nombreux cas, ces intermédiaires sont les mieux à même de mettre fin à ces atteintes. Par conséquent, sans préjudice de toute autre sanction ou voie de recours dont ils peuvent se prévaloir, les titulaires de droits doivent avoir la possibilité de demander qu'une ordonnance sur requête soit rendue à l'encontre d'un intermédiaire qui transmet dans un réseau une contrefaçon commise par un tiers d'une œuvre protégée ou d'un autre objet protégé. Cette possibilité doit être prévue même lorsque les actions de l'intermédiaire font l'objet d'une exception au titre de l'article 5. Les conditions et modalités concernant une telle ordonnance sur requête devraient relever du droit interne des États membres.

(60) La protection prévue par la présente directive n'affecte pas les dispositions légales nationales ou communautaires dans d'autres domaines, tels que la propriété industrielle, la protection des données, les services d'accès conditionnel et à accès conditionnel, l'accès aux documents publics et la règle de la chronologie des médias, susceptibles d'avoir une incidence sur la protection du droit d'auteur ou des droits voisins.

(61) Afin de se conformer au traité de l'OMPI sur les interprétations et exécutions et les phonogrammes, il y a lieu de modifier les directives 92/100/CEE et 93/98/CEE,

Ont arrêté la présente directive :

CHAPITRE PREMIER *Objectif et champ d'application*

Art. 1er *Champ d'application.* 1. La présente directive porte sur la protection juridique du droit d'auteur et des droits voisins dans le cadre du marché intérieur, avec une importance particulière accordée à la société de l'information.

2. Sauf dans les cas visés à l'article 11, la présente directive laisse intactes et n'affecte en aucune façon les dispositions communautaires existantes concernant :

a) la protection juridique des programmes d'ordinateur ;

b) le droit de location, de prêt et certains droits voisins du droit d'auteur dans le domaine de la propriété intellectuelle ;

c) le droit d'auteur et les droits voisins applicables à la radiodiffusion de programmes par satellite et à la retransmission par câble ;

d) la durée de protection du droit d'auteur et de certains droits voisins ;

e) la protection juridique des bases de données.

CHAPITRE II *Droits et exceptions*

Art. 2 *Droit de reproduction.* Les États membres prévoient le droit exclusif d'autoriser ou d'interdire la reproduction directe ou indirecte, provisoire ou permanente, par quelque moyen et sous quelque forme que ce soit, en tout ou en partie :

a) pour les auteurs, de leurs œuvres ;

b) pour les artistes interprètes ou exécutants, des fixations de leurs exécutions ;

c) pour les producteurs de phonogrammes, de leurs phonogrammes ;

d) pour les producteurs des premières fixations de films, de l'original et de copies de leurs films ;

e) pour les organismes de radiodiffusion, des fixations de leurs émissions, qu'elles soient diffusées par fil ou sans fil, y compris par câble ou par satellite.

V. infra Dir. (UE) 2017/1564 du 13 sept. 2017 sur certaines utilisations autorisées de certaines œuvres et d'autres objets protégés par le droit d'auteur et les droits voisins en faveur des aveugles, des déficients visuels et des personnes ayant d'autres difficultés de lecture des textes imprimés.

Un acte qui consiste à mettre en mémoire informatique un extrait d'une œuvre protégée composée de onze mots ainsi qu'à imprimer cet extrait, est susceptible de relever de la notion de reproduction partielle. • CJCE 14 juill. 2009 : *JCP 2009, n° 39, 272, note Marino ; Propr. intell. 2009, n° 31, p. 185, obs. Benabou.* ♦ Le droit de reproduction s'étend aux fragments transitoires des œuvres dans la mémoire d'un décodeur satellitaire et sur un écran de télévision, à condition que ces fragments contiennent des éléments qui sont l'expression de la création intellectuelle propre aux auteurs concernés, l'ensemble composé des fragments reproduits simultanément devant être examiné afin de vérifier s'il contient de tels éléments. Les actes de reproduction qui sont effectués dans la mémoire d'un décodeur satellitaire et sur un écran de télévision remplissent les conditions énoncées à l'article 5, paragraphe 1, et peuvent dès lors être réalisés sans l'autorisation des titulaires de droits d'auteur concernés. • CJUE 4 oct. 2011 : *Dalloz actualité, 10 oct. 2011, obs. Astaix ; AJDA 2011. 2339, Chron. Aubert, Broussy et Donnat ; D. 2012. Pan. 2840, obs. Sirinelli ; RTD com. 2012. 114, obs. Pollaud-Dulian ; RTD eur. 2011. 855, obs. Treppoz ; CCE 2011, n° 110, note Caron ; Légipresse 2012, n° 293, p. 247, note Entraygues ; Propr. intell. 2012, n° 42, p. 51, obs. Benabou.*

Art. 3 *Droit de communication d'œuvres au public et droit de mettre à la disposition du public d'autres objets protégés.* **1. Les États membres prévoient pour les auteurs le droit exclusif d'autoriser ou d'interdire toute communication au public de leurs œuvres, par fil ou sans fil, y compris la mise à la disposition du public de leurs œuvres de manière que chacun puisse y avoir accès de l'endroit et au moment qu'il choisit individuellement.**

2. Les États membres prévoient le droit exclusif d'autoriser ou d'interdire la mise à la disposition du public, par fil ou sans fil, de manière que chacun puisse y avoir accès de l'endroit et au moment qu'il choisit individuellement :

a) pour les artistes interprètes ou exécutants, des fixations de leurs exécutions ;

b) pour les producteurs de phonogrammes, de leurs phonogrammes ;

c) pour les producteurs des premières fixations de films, de l'original et de copies de leurs films ;

d) pour les organismes de radiodiffusion, des fixations de leurs émissions, qu'elles soient diffusées par fil ou sans fil, y compris par câble ou par satellite.

3. Les droits visés aux paragraphes 1 et 2 ne sont pas épuisés par un acte de communication au public, ou de mise à la disposition du public, au sens du présent article.

V. infra Dir. (UE) 2017/1564 du 13 sept. 2017 sur certaines utilisations autorisées de certaines œuvres et d'autres objets protégés par le droit d'auteur et les droits voisins en faveur des aveugles, des déficients visuels et des personnes ayant d'autres difficultés de lecture des textes imprimés.

1. Communication au public. La distribution d'un signal au moyen d'appareils de télévision par un établissement hôtelier aux clients installés dans les chambres de cet établissement, quelle que soit la technique de transmission du signal utilisée, constitue un acte de communication au public au sens de l'art. 3, § 1, de la directive CE du 22 mai 2001. Le caractère privé des chambres d'un établissement hôtelier ne s'oppose pas à ce que la communication d'une œuvre opérée au moyen d'appareils de télévision constitue un acte de communication au public. • CJCE 7 déc. 2006, n° C-306/05 : *D. 2007. AJ 91, obs. Daleau ; RTD com. 2007. 85, obs. Pollaud-Dulian ; CCE 2007, n° 24, obs. Caron ; Légipresse 2007, II, p. 185, obs. Alleaume ; Propr. intell. 2007, n° 22, p. 87, obs. Lucas* • CJUE 18 mars 2010, n° C-136/09 : *Propr. intell. 2010, n° 36, p. 867, obs. Benabou.* ♦ La notion de « communication au public » doit être interprétée en ce sens qu'elle couvre la transmission des œuvres radiodiffusées, au moyen d'un écran de télévision et de haut-parleurs, aux clients présents dans un café-restaurant. • CJUE 4 oct. 2011, n° C-403/08 : *Dalloz actualité, 10 oct. 2011, obs. Astaix ; CCE 2011, Comm. n° 110, note Caron ; Légipresse 2012, n° 293, p. 247, note Entraygues ; Propr. intell. 2012, n° 42, p. 51, obs. Benabou.* • CJUE 14 juill. 2015, *Sociedade Portuguesa de Autores,* n° C-151/15 : *LEPI nov. 2015, n° 154, p. 2, obs. Lucas* ♦ La Dir. (CE) 2001/29, du 22 mai 2001, et, plus particulièrement, son art. 3, § 1, doivent être interprétés en ce sens qu'ils visent uniquement la communication à un public qui n'est pas présent au lieu d'origine de la communication à l'exclusion de toute communication d'une œuvre réalisée directement, dans un lieu ouvert au public, par toute forme publique d'exécution ou de présentation directe de l'œuvre. • 24 nov. 2011, n° C-283/10 : *AJDA 2011. 2339, Chron. Aubert, Broussy et Donnat ; D. 2012. Pan. 2840, obs. Sirinelli ; RTD com. 2012. 114, obs. Pollaud-Dulian ; RTD eur. 2011. 855, obs. Treppoz ; CCE 2012, n° 27, note Caron ; Propr. intell. 2012, n° 42, p. 47, obs. Benabou.* ♦ La notion de « communication au public », au sens de l'art. 3, § 1, doit être interprétée en ce sens qu'elle couvre une retransmission des œuvres incluses dans une radiodiffusion télévisuelle terrestre : qui est effectuée par un organisme autre que le radiodiffuseur original ; au moyen d'un flux internet mis à disposition des abonnés de cet organisme qui peuvent recevoir cette retransmission en se connectant au serveur de celui-ci ; bien que ces abonnés se trouvent dans la zone de réception de ladite radiodiffusion télévisuelle terrestre et puissent recevoir légalement celle-ci sur un récepteur de télévision. Peu importe que la retransmission soit financée par la publicité et revête ainsi un caractère lucratif. Et peu importe que la retransmission soit effectuée par un organisme qui se trouve en concurrence directe avec le radiodiffuseur original. • CJUE 7 mars 2013, *ITV Broadcasting*, n° C-607/11 : *D. 2013. Pan. 2488, obs. Larrieu ; RTD com. 2013. 267, obs. Pollaud-Dulian ; CCE 2013, n° 49, note Caron ; LEPI 2013, p. 2, obs. Bernault ; Propr. intell. 2013, n° 47, p. 208, obs. Benabou.* ♦ L'art. 3, § 1, doit être interprété en ce sens que ne constitue pas un acte de communication au public, tel que visé à cette disposition, la fourniture sur un site internet de liens cliquables vers des œuvres librement disponibles sur un autre site internet. Cet article s'oppose à ce qu'un État membre puisse protéger plus amplement les titulaires d'un droit d'auteur en prévoyant que la notion de communication au public comprend davantage d'opérations que celles visées à cette disposition. • CJUE 12 févr. 2014, *Svensson*, n° C-466/12 : *D. 2014. 480 ; ibid. 2078, obs. Sirinelli ; RTD com. 2014. 600, obs. Pollaud-Dulian ; Propr. intell. 2014, n° 52, p. 234, obs. Dormont ; JCP E 2014, n° 36, p. 46, obs. Sardain.* ♦ L'art. 3, § 1, doit être interprété en ce sens qu'il s'oppose à la réglementation d'un État membre (droit tchèque) excluant le droit pour les auteurs d'autoriser ou d'interdire la communication, par un établissement thermal qui opère comme une entreprise commerciale, de leurs œuvres, par la distribution délibérée d'un signal au moyen de récepteurs de télévision ou de radio, dans les chambres des patients de cet établissement. L'art. 5, § 2, sous *e)*, 3, sous *b)*, et 5, de la Dir. (CE) 2001/29 n'est pas de nature à affecter cette interprétation. • CJUE 27 févr. 2014, *OSA*, n° C-351/12 : *D. 2014. Actu. 607 ; RLDI juin 2014. 3508, obs. Castelain et Caron ; RIDA avr. 2014, p. 335, obs. Sirinelli.* ♦ Ne constitue pas une « communication au public » l'insertion sur un site internet d'une œuvre protégée, déjà librement disponible sur internet, au moyen d'un lien utilisant la technique de la « transclusion » (« *framing* ») dans la mesure où l'œuvre en cause n'est ni transmise à un public nouveau ni communiquée suivant un mode technique spécifique, différent de celui de la communication d'origine. • CJUE 21 oct. 2014, *BestWater International GmbH*, n° C-348/13 : *RLDI déc. 2014. 8, note Dubois et Gaullier ; RIDA oct. 2014, p. 283, note Sirinelli.* ♦ Un organisme de radiodiffusion ne se livre pas à un acte de communication au public lorsqu'il transmet ses signaux porteurs de programmes exclusivement aux distributeurs de signaux, sans que ces signaux soient accessibles au public au cours et à l'occasion de cette transmission, ces distributeurs envoyant ensuite lesdits signaux à leurs abonnés respectifs afin que ceux-ci puissent regarder ces programmes (technique dite de « l'injection directe »), à moins que l'intervention des distributeurs en cause ne constitue qu'un simple moyen technique, ce qu'il appartient à la juridiction de renvoi de vérifier. • CJUE 19 nov. 2015, *SBS Belgium*, n° C-325/14 : *Dalloz IP/IT 2016. 85, obs. Benabou ; Rev. jur. éco. du Sport 2000. 195 ; RTD com. 2016. 110, obs. Pollaud-Dulian ; CCE 2016, n° 21, obs. Caron ; Propr. intell. janv. 2016, n° 58, p. 49, note Bruguière ; LEPI janv. 2016, p. 2, obs. Lucas-Schloetter ; Légipresse 2016. 415, note Grossler-ner et Jean.* ♦ Afin d'établir si le fait de placer, sur un site internet, des liens hypertextes vers des œuvres protégées, librement disponibles sur un autre site internet sans l'autorisation du titulaire du droit d'auteur, constitue une « communication au public », il convient de déterminer si ces liens sont fournis sans but lucratif par une personne qui ne connaissait pas ou ne pouvait raisonnablement pas connaître le caractère illégal de la publication de ces œuvres sur cet autre site internet ou si, au contraire, lesdits liens sont fournis dans un tel but, hypothèse dans laquelle cette connaissance doit être présumée. • CJUE 8 sept. 2016, *GS Media*, n° C-160/15 : *Dalloz IP/IT 2016. 543, obs. Sirinelli ; D. 2016. 1905, note Pollaud-Dulian ; ibid. 2141, obs. Le Stanc ; ibid. 2017. 697, édito. Vivant ; CCE 2016, n° 78, obs. Caron ; ibid. 2017. Étude 4, note Dormont ; RLDI déc. 2016. 8, note Busseuil ; LEPI nov. 2016, p. 1, note Bernault.* ♦ Ne constitue pas, au sens de l'art. 3, § 1, et l'art. 11 *bis* de la Conv. de Berne du 9 sept. 1886, une communication au public, une transmission simultanée, complète et non modifiée d'émissions radiodiffusées de l'organisme national de radiodiffusion (ORF), à l'aide de câbles sur le territoire national dans la mesure où la distribution des œuvres protégées se réalise sur le territoire national et où les personnes concernées ont dès lors été prises en compte par les titulaires de droit lorsqu'ils en ont autorisé la diffusion initiale par l'ORF. Les art. susvisés ne s'opposent pas à une législation nationale qui implique que ce type de transmission n'est pas soumis à l'exigence d'obtenir l'autorisation de l'auteur. • CJUE 16 mars 2017, n°

C-138/16 : *LEPI mai 2017. 2, note Bernault.* – V. note 15 ss. art. 5. ♦ La notion de « communication au public », au sens de l'art. 3, § 1, de la Dir. 2001/29/CE du 22 mai 2001 couvre la vente d'un lecteur multimédia sur lequel ont été préinstallés des modules complémentaires, disponibles sur internet, contenant des liens hypertextes renvoyant à des sites internet librement accessibles au public sur lesquels ont été mises à la disposition du public des œuvres protégées par le droit d'auteur sans l'autorisation des titulaires de ce droit. • CJUE 26 avr. 2017, *Stichting Brein,* n° C-527/15 : *RTD com. 2017. 346, obs. Pollaud-Dulian ; CCE 2017, n° 50, obs. Caron ; JAC 2017, n° 48, p. 36, note Diop ; RLDI juin 2017. 19, note Chomiac de Sas ; ibid. juill. 2017. 8, note Busseuil ; Gaz. Pal. 20 juin 2017, p. 40, note Marin ; LPA n° 189, p. 4, note Daverat et Euphrasie.*

2. Mise à la disposition du public. Il découle du libellé de l'art. 3, § 1, et notamment des termes « toute communication au public [...] y compris la mise à la disposition du public », que la notion de « mise à la disposition du public » fait partie de celle, plus large, de « communication au public » (consid. 24). Pour être qualifié d'acte de mise à disposition du public, un acte doit remplir cumulativement les deux conditions énoncées à l'art. 3, § 2 : « permettre au public concerné d'accéder à l'objet protégé en cause tant de l'endroit qu'au moment que chacun choisit individuellement ». Tel n'est pas le cas d'émissions diffusées en direct sur internet, moyennant paiement, par une chaîne de télévision à péage (cons. 25 à 27). • CJUE 26 mars 2015, n° C-279/13 : *RLDI juin 2015. 25, note Dormont ; ibid. mai 2015. 19, obs. Costes ; Propr. intell. 2015, n° 56, p. 276, note Bruguière ; LEPI juin 2015, p. 1, note Bernault.* ♦ L'art. 3, § 2, de la Dir. 2001/29/CE doit être interprété en ce sens qu'il ne s'oppose pas à une réglementation nationale étendant le droit exclusif des organismes de radiodiffusion visés à cet article à l'égard d'actes de communication au public que pourraient constituer des transmissions de rencontres sportives réalisées en direct sur internet, tels que ceux en cause au principal, à condition qu'une telle extension n'affecte pas la protection du droit d'auteur. • CJUE 19 nov. 2015 : *préc. note 1.*

3. Qualité à agir. L'art. 3, § 1, doit être interprété en ce sens qu'il ne peut pas être invoqué par une société de gestion collective des droits d'auteur dans un litige entre particuliers afin d'écarter la réglementation d'un État membre contraire à cette disposition. La juridiction saisie d'un tel litige a cependant l'obligation d'interpréter ladite réglementation, dans toute la mesure du possible, à la lumière du texte et de la finalité de cette même disposition afin d'aboutir à une solution conforme à l'objectif poursuivi par celle-ci. • CJUE 27 févr. 2014 : *préc. note 1.*

Art. 4 ***Droit de distribution.*** **1. Les États membres prévoient pour les auteurs le droit exclusif d'autoriser ou d'interdire toute forme de distribution au public, par la vente ou autrement, de l'original de leurs œuvres ou de copies de celles-ci.**

2. Le droit de distribution dans la Communauté relatif à l'original ou à des copies d'une œuvre n'est épuisé qu'en cas de première vente ou premier autre transfert de propriété dans la Communauté de cet objet par le titulaire du droit ou avec son consentement.

V. infra Dir. (UE) 2017/1564 du 13 sept. 2017 sur certaines utilisations autorisées de certaines œuvres et d'autres objets protégés par le droit d'auteur et les droits voisins en faveur des aveugles, des déficients visuels et des personnes ayant d'autres difficultés de lecture des textes imprimés.

1. La notion de distribution au public, autrement que la vente, de l'original d'une œuvre ou d'une copie de celle-ci implique exclusivement un transfert de propriété de cet objet. Par conséquent, ni le simple fait d'accorder au public la possibilité d'usage des reproductions d'une œuvre protégée par le droit d'auteur, ni l'exposition au public desdites reproductions sans même que la possibilité d'utiliser celles-ci soit accordée ne sauraient constituer une telle forme de distribution. • CJCE 17 avr. 2008, n° C-456/06 : *D. 2008. AJ 1345 ; RTD com. 2008. 547, obs. Pollaud-Dulian ; CCE 2008, n° 87, note Caron ; Propr. intell. 2008, n° 28, p. 339, obs. Benabou.* ♦ Un titulaire du droit exclusif de distribution d'une œuvre protégée peut s'opposer à une offre de vente ou à une publicité ciblée concernant l'original ou une copie de cette œuvre, quand bien même il ne serait pas établi que cette publicité a donné lieu à l'acquisition de l'objet protégé par un acheteur de l'Union, pour autant que ladite publicité incite les consommateurs de l'État membre dans lequel ladite œuvre est protégée par le droit d'auteur à en faire l'acquisition. • CJUE 13 mai 2015, n° C-516/13 : *D. 2015. 1662, obs. Galloux et Lapousterle ; RTD com. 2015. 513, obs. Pollaud-Dulian ; Propr. intell. 2015, n° 56, p. 278, note de Candé ; CCE 2015, n° 56, obs. Caron ; LEPI juin 2015. 2, obs. Lebois ; RTD eur. 2015. 875, obs. Treppoz .*

2. L'art. 4, § 2, doit être interprété en ce sens qu'il s'oppose à des règles nationales prévoyant l'épuisement du droit de distribution relatif à l'original ou à des copies d'une œuvre mis dans le commerce hors de la Communauté par le titulaire ou avec le consentement de celui-ci. • CJCE 12 sept. 2006, n° C-479/04 : *D. 2006. AJ 2398, obs. Daleau ; RTD com. 2007. 80, obs. Pollaud-Dulian ; Légipresse 2007, II, p. 185, obs. Alleaume ; Propr. intell. 2007, n° 23, p. 211, obs. Lucas.*

3. La règle d'épuisement du droit de distribution (art. 4, § 2) ne s'applique pas dans une situation où une reproduction d'une œuvre protégée, après avoir été commercialisée dans l'Union européenne avec le consentement du titulaire du droit d'auteur, a subi un remplacement de son support, tel que le transfert sur une toile de cette reproduction figurant sur une affiche en papier, et est à nouveau mise sur le marché sous sa nouvelle forme. • CJUE 22 janv. 2015, n° C-419/13 : *D. 2015. 776, note Maréchal ; RTD com. 2015. 283, obs. Pollaud-Dulian ; Légipresse 2015. 284, note Blanc ; CCE 2015, n° 18, obs. Caron ; Europe 2015, n° 123, obs. Idot.*

Art. 5 *Exceptions et limitations.* 1. Les actes de reproduction provisoires visés à l'article 2, qui sont transitoires ou accessoires et constituent une partie intégrante et essentielle d'un procédé technique et dont l'unique finalité est de permettre :

a) une transmission dans un réseau entre tiers par un intermédiaire, ou

b) une utilisation licite

d'une œuvre ou d'un objet protégé, et qui n'ont pas de signification économique indépendante, sont exemptés du droit de reproduction prévu à l'article 2.

2. Les États membres ont la faculté de prévoir des exceptions ou limitations au droit de reproduction prévu à l'article 2 dans les cas suivants :

a) lorsqu'il s'agit de reproductions effectuées sur papier ou sur support similaire au moyen de toute technique photographique ou de tout autre procédé ayant des effets similaires, à l'exception des partitions, à condition que les titulaires de droits reçoivent une compensation équitable ;

b) lorsqu'il s'agit de reproductions effectuées sur tout support par une personne physique pour un usage privé et à des fins non directement ou indirectement commerciales, à condition que les titulaires de droits reçoivent une compensation équitable qui prend en compte l'application ou la non-application des mesures techniques visées à l'article 6 aux œuvres ou objets concernés ;

c) lorsqu'il s'agit d'actes de reproduction spécifiques effectués par des bibliothèques accessibles au public, des établissements d'enseignement ou des musées ou par des archives, qui ne recherchent aucun avantage commercial ou économique direct ou indirect ;

d) lorsqu'il s'agit d'enregistrements éphémères d'œuvres effectués par des organismes de radiodiffusion par leurs propres moyens et pour leurs propres émissions ; la conservation de ces enregistrements dans les archives officielles peut être autorisée en raison de leur valeur documentaire exceptionnelle ;

e) en ce qui concerne la reproduction d'émissions faites par des institutions sociales sans but lucratif, telles que les hôpitaux ou les prisons, à condition que les titulaires de droits reçoivent une compensation équitable.

3. Les États membres ont la faculté de prévoir des exceptions ou limitations aux droits prévus aux articles 2 et 3 dans les cas suivants :

a) lorsqu'il s'agit d'une utilisation à des fins exclusives d'illustration dans le cadre de l'enseignement ou de la recherche scientifique, sous réserve d'indiquer, à moins que cela ne s'avère impossible, la source, y compris le nom de l'auteur, dans la mesure justifiée par le but non commercial poursuivi ;

(Dir. (UE) 2017/1564 du 13 sept. 2017, art. 8, en vigueur le 10 oct. 2017) « *b)* lorsqu'il s'agit d'utilisations au bénéfice de personnes affectées d'un handicap qui sont directement liées au handicap en question et sont de nature non commerciale, dans la mesure requise par ledit handicap, sans préjudice des obligations qui incombent aux États membres au titre de la directive (UE) 2017/1564 du Parlement européen et du Conseil *[du 13 sept. 2017, V. infra] [ancienne rédaction : b) lorsqu'il s'agit d'utilisations au bénéfice de personnes affectées d'un handicap qui sont directement liées au handicap en question et sont de nature non commerciale, dans la mesure requise par ledit handicap]* ;

c) lorsqu'il s'agit de la reproduction par la presse, de la communication au public ou de la mise à disposition d'articles publiés sur des thèmes d'actualité à caractère économique, politique ou religieux ou d'œuvres radiodiffusées ou d'autres objets protégés présentant le même caractère, dans les cas où cette utilisation n'est pas expressément réservée et pour autant que la source, y compris le nom de l'auteur, soit indiquée, ou lorsqu'il s'agit de l'utilisation d'œuvres ou d'autres objets protégés afin de rendre compte d'événements d'actualité, dans la mesure justifiée par le but d'information poursuivi et sous réserve d'indiquer, à moins que cela ne s'avère impossible, la source, y compris le nom de l'auteur ;

d) lorsqu'il s'agit de citations faites, par exemple, à des fins de critique ou de revue, pour autant qu'elles concernent une œuvre ou un autre objet protégé ayant déjà été licitement mis à la disposition du public, que, à moins que cela ne s'avère impossible, la source, y compris le nom de l'auteur, soit indiquée et qu'elles soient faites conformément aux bons usages et dans la mesure justifiée par le but poursuivi ;

e) lorsqu'il s'agit d'une utilisation à des fins de sécurité publique ou pour assurer le bon déroulement de procédures administratives, parlementaires ou judiciaires, ou pour assurer une couverture adéquate desdites procédures ;

f) lorsqu'il s'agit de l'utilisation de discours politiques ainsi que d'extraits de conférences publiques ou d'œuvres ou d'objets protégés similaires, dans la mesure justifiée par le but d'information poursuivi et pour autant, à moins que cela ne s'avère impossible, que la source, y compris le nom de l'auteur, soit indiquée ;

g) lorsqu'il s'agit d'une utilisation au cours de cérémonies religieuses ou de cérémonies officielles organisées par une autorité publique ;

h) lorsqu'il s'agit de l'utilisation d'œuvres, telles que des réalisations architecturales ou des sculptures, réalisées pour être placées en permanence dans des lieux publics ;

i) lorsqu'il s'agit de l'inclusion fortuite d'une œuvre ou d'un autre objet protégé dans un autre produit ;

j) lorsqu'il s'agit d'une utilisation visant à annoncer des expositions publiques ou des ventes d'œuvres artistiques, dans la mesure nécessaire pour promouvoir l'événement en question, à l'exclusion de toute autre utilisation commerciale ;

k) lorsqu'il s'agit d'une utilisation à des fins de caricature, de parodie ou de pastiche ;

l) lorsqu'il s'agit d'une utilisation à des fins de démonstration ou de réparation de matériel ;

m) lorsqu'il s'agit d'une utilisation d'une œuvre artistique constituée par un immeuble ou un dessin ou un plan d'un immeuble aux fins de la reconstruction de cet immeuble ;

n) lorsqu'il s'agit de l'utilisation, par communication ou mise à disposition, à des fins de recherches ou d'études privées, au moyen de terminaux spécialisés, à des particuliers dans les locaux des établissements visés au paragraphe 2, point c), d'œuvres et autres objets protégés faisant partie de leur collection qui ne sont pas soumis à des conditions en matière d'achat ou de licence ;

o) lorsqu'il s'agit d'une utilisation dans certains autres cas de moindre importance pour lesquels des exceptions ou limitations existent déjà dans la législation nationale, pour autant que cela ne concerne que des utilisations analogiques et n'affecte pas la libre circulation des marchandises et des services dans la Communauté, sans préjudice des autres exceptions et limitations prévues au présent article.

4. Lorsque les États membres ont la faculté de prévoir une exception ou une limitation au droit de reproduction en vertu des paragraphes 2 et 3, ils peuvent également prévoir une exception ou limitation au droit de distribution visé à l'article 4, dans la mesure où celle-ci est justifiée par le but de la reproduction autorisée.

5. Les exceptions et limitations prévues aux paragraphes 1, 2, 3 et 4 ne sont applicables que dans certains cas spéciaux qui ne portent pas atteinte à l'exploitation normale de l'œuvre ou autre objet protégé ni ne causent un préjudice injustifié aux intérêts légitimes du titulaire du droit.

BIBL. ▶ LUCAS-SHLOETTER, *RIDA janv. 2015, p. 3* (les éditeurs peuvent-ils percevoir la rémunération pour copie privée ?).

1. Reproduction provisoire (art. 5, § 1er). L'acte d'impression d'un extrait composé de onze mots, qui est effectué au cours d'un procédé d'acquisition de données, ne remplit pas la condition relative au caractère transitoire énoncée à l'art. 5, § 1er, de la directive 2001/29. Ce procédé ne peut être réalisé sans le consentement des titulaires des droits d'auteur concernés. • CJCE 16 juill. 2009, n° C-5/08 : *RTD com. 2009. 312, obs. Pollaud-Dulian ; CCE 2009, n° 97, note Caron ; JCP 2009. 272, note Marino ; Propr. intell. 2009, n° 31, p. 185, obs. Benabou.* ♦ Les copies sur l'écran d'ordinateur de l'utilisateur et les copies dans le « cache » du disque dur de cet ordinateur, effectuées par un utilisateur final au cours de la consultation d'un site internet, satisfont aux conditions selon lesquelles ces copies doivent être provisoires, présenter un caractère transitoire ou accessoire et constituer une partie intégrante et essentielle d'un procédé technique, ainsi qu'aux conditions fixées à l'art. 5, § 5, et peuvent dès lors être réalisées sans l'autorisation des titulaires de droits d'auteur. • CJUE 5 juin 2014, n° C-360/13 : *D. 2014. 1271 ; Europe 2014, n° 350, obs. Idot ; RTD com. 2014. 606, note Pollaud-Dulian ; Prop. intell. juill. 2014, n° 52, p. 273, obs. Lucas ; RIDA oct. 2014, p. 323, note Sirinelli.* ♦ Les dispositions de l'art. 5, §§ 1 et 5 doivent être interprétées en ce sens que des actes de reproduction temporaire, sur un lecteur multimédia tel que celui en cause au principal, d'une œuvre protégée par le droit d'auteur obtenue par diffusion en flux continu sur un site internet appartenant à un tiers proposant cette œuvre sans l'autorisation du titulaire du droit d'auteur ne remplissent pas les conditions énoncées auxdites dispositions. • CJUE 26 avr. 2017, *Stichting Brein*, n° C-527/15 : *V. note 1 ss. art. 3.*

2. Compensation équitable (art. 5, § 2, ss. a) et 5, § 2, ss. b). La notion de « compensation équitable », au sens de l'art. 5, § 2, ss. b), de la directive du 22 mai 2001 est une notion autonome du droit de l'Union, qui doit être interprétée d'une manière uniforme dans tous les États membres ayant introduit une exception de copie privée, indépendamment de la faculté reconnue à ceux-ci de déterminer, dans les limites imposées par le droit de l'Union, notamment par la même directive, la forme, les modalités de financement et de perception ainsi que le niveau de cette compensation équitable. Le « juste équilibre » à trouver entre les personnes concernées implique que la compensation équitable soit nécessairement calculée sur la base du critère du préjudice causé aux auteurs des œuvres protégées à la suite de l'introduction de l'exception de copie privée. Il est conforme aux exigences de ce « juste équilibre » de prévoir que les personnes qui disposent d'équipements, d'appareils ainsi que de supports de reproduction numérique et qui, à ce titre, en droit ou en fait, mettent ces équipements à la disposition des utilisateurs privés ou rendent à ces derniers un service de reproduction sont les redevables du financement de la compensation équitable, dans la mesure où ces personnes ont la possibilité de répercuter la charge réelle de ce financement sur les utilisateurs privés. Un lien est nécessaire entre l'application de la redevance destinée à financer la compensation équitable à l'égard des équipements, des appareils ainsi que des supports de reproduction numérique et l'usage présumé de ces derniers à des fins de reproduction privée. En conséquence, l'application sans distinction de la redevance pour copie privée, notamment à l'égard d'équipements, d'appareils ainsi que de supports de reproduction numérique non mis à la disposition d'utilisateurs privés et manifestement réservés à des usages autres que la réalisation de copies à usage privé, ne s'avère pas conforme à la Dir. 2001/29/CE. • CJUE 21 oct. 2010, n° C-467/08 : *D. 2010. AJ 2646, obs. Daleau ; ibid. 2011. Pan. 2170, obs. Sirinelli ; RTD com. 2010. 710, obs. Pollaud-Dulian ; CCE 2011. Étude 1, obs. Binctin ; Légipresse 2011, n° 280, p. 95, note Benabou ; RIDA janv. 2011, p. 299, note Sirinelli.* ♦ Les art. 5, § 2, ss. a) et ss. b) de la Dir. 2001/29/CE du 22 mai 2001 doivent être interprétés en ce sens que, concernant les termes « compensation équitable » qui y figurent, il y a lieu d'établir une différence selon que la reproduction effectuée sur papier ou sur un support similaire au moyen de toute technique photographique ou de tout autre procédé ayant des effets similaires l'est par tout utilisateur ou qu'elle l'est par une personne physique pour un usage privé et à des fins non directement ou indirectement commerciales. • CJUE 12 nov. 2015, *Helwett Packard Belgium c/ Reprobel SCRL*, n° C-572/13 : *Dalloz IP/IT 2016. 30, obs. Benabou ; RTD com. 2016. 114, obs. Pollaud-Dulian ; CCE 2016, n° 10, note Caron ; ibid. Étude 9, note Binctin ; LEPI 2016, n° 1, p. 1, note Bernault ; RLDI 2016 Propr. intell. janv. 2016, n° 58, p. 52, note Bernault.* ♦ L'art. 5, pt. 3, du Règl. (CE) n° 44/2001 du 22 déc. 2000 doit être interprété en ce sens qu'une demande tendant à obtenir le paiement d'une rémunération due en vertu d'une réglementation nationale mettant en œuvre le système de « compensation équitable » prévu à l'art. 5, § 2, ss. b), de la Dir 2001/29/CE relève de la « matière délictuelle ou quasi délictuelle », au sens de l'art. 5, pt. 3, de ce Règl. • CJUE 21 avr. 2016, *Austro-Mechana*, n° C-572/14 : *Dalloz IP/IT 2016. 358, obs. Azzi ; CCE 2016, n° 49, obs. Caron ; Propr. intell. 2016, n° 60, p. 349, note A. Lucas ; LEPI 2016, n° 6, p. 7, note A. Lucas ; JCP E 2017. Chron. 6, n° 20, obs. Daverat.*

3. Exclusion des partitions. Dans le cas où la reproduction de partitions serait autorisée dans le cadre de l'une de ces exceptions et prohibée dans le cadre de l'autre, la situation juridique dans l'État membre concerné serait contradictoire et permettrait de contourner l'interdiction d'autoriser la reproduction de partitions (point 23). Dès lors, les partitions, expressément exclues du domaine de l'exception pour reprographie (art. 5, § 2 ss. a) ne doivent pas être soumises à l'exception pour copie privée (art. 5 § 2, ss. b). • CJUE 12 nov. 2015, n° C-572/13 : *préc.*

4. Débiteur. L'utilisateur final qui effectue, à titre privé, la reproduction d'une œuvre protégée doit, en principe, être considéré comme le débiteur de la compensation équitable. Toutefois, il est loisible aux États membres d'instaurer une redevance pour copie privée à la charge des personnes qui mettent à la disposition de cet utilisateur final des équipements, des appareils ou des supports de reproduction, dès lors que ces personnes ont la possibilité de répercuter le montant de cette redevance dans le prix de ladite mise à disposition acquitté par l'utilisateur final. Il incombe à l'État membre qui a institué un système de redevance pour copie privée à la charge du fabricant ou de l'importateur de supports de reproduction d'œuvres protégées, et sur le territoire duquel se produit le préjudice causé aux auteurs par l'utilisation à des fins privées de leurs œuvres par des acheteurs qui y résident, de garantir que ces auteurs reçoivent effectivement la compensation équitable destinée à les indemniser de ce préjudice. A cet égard, la seule circonstance que le vendeur professionnel d'équipements, d'appareils ou de supports de reproduction est établi dans un État membre autre que celui dans lequel résident les acheteurs demeure sans incidence sur cette obligation de résultat. Il appartient à la juridiction nationale, en cas d'impossibilité d'assurer la perception de la compensation équitable auprès des acheteurs, d'interpréter le droit national afin de permettre la perception de cette compensation auprès d'un débiteur agissant en qualité de commerçant. • CJUE 16 juin 2011, n° C-462/09 : *Dalloz actualité, 6 juill. 2011, obs. Daleau ; D. 2011. AJ 1816 ; RTD com. 2011. 551, obs.*

Pollaud-Dulian ✎. ♦ L'art. 5, § 2, ss. b), doit être interprété en ce sens qu'il ne s'oppose pas à la réglementation d'un État membre qui applique sans distinction une redevance pour copie privée à la première mise en circulation sur son territoire, à des fins commerciales et à titre onéreux, de supports d'enregistrement susceptibles de servir à la reproduction, tout en prévoyant, en même temps, un droit au remboursement des redevances payées dans l'hypothèse où l'utilisation finale de ces supports n'entre pas dans le cas de figure visé à ladite disposition, lorsque, ce qu'il appartient à la juridiction de renvoi de vérifier, compte tenu des circonstances propres à chaque système national, des limites imposées par la Dir. du 22 mai 2011 et des difficultés pratiques, justifie un tel système de financement de la compensation équitable et que ce droit au remboursement est effectif et ne rend pas excessivement difficile la restitution de la redevance payée. • CJUE 11 juill. 2013, n° C-521/11 : *D. 2013. 2209, note Castets-Renard* ✎ *; RTD com. 2013. 719, obs. Pollaud-Dulian* ✎. ♦ Le droit de l'Union européenne, en particulier l'art. 5, § 2, ss. b), de la Dir. 2001/29/CE s'oppose à une réglementation nationale qui, d'une part, subordonne l'exonération du paiement de la redevance pour copie privée des producteurs et des importateurs d'appareils et de supports destinés à un usage manifestement autre que la copie privée à la conclusion d'accords entre une entité, qui dispose d'un monopole légal de la représentation des intérêts des auteurs des œuvres, et les redevables de la compensation ou leurs associations sectorielles, et, d'autre part, prévoit que le remboursement d'une telle redevance, lorsqu'elle a été indûment payée, ne peut être demandé que par l'utilisateur final desdits appareils et supports. • CJUE 22 sept. 2016, n° C-110/15 : *Propr. intell. 2017, n° 62, p. 27, note Bernault.*

5. Présomption d'usage privé. Dans le cadre d'un système de financement de la compensation équitable visée à l'art. 5 § 2 ss. b), au moyen d'une redevance pour copie privée, à la charge de personnes qui réalisent la première mise en circulation, ladite disposition ne s'oppose pas à l'établissement par cet État membre d'une présomption réfragable d'usage privé de tels supports, en cas de mise en circulation de ceux-ci auprès de personnes physiques, lorsque des difficultés pratiques liées à la détermination de la finalité privée de l'usage des supports en cause justifient l'établissement d'une telle présomption, et pour autant que la présomption prévue n'aboutisse pas à imposer la redevance pour copie privée dans des hypothèses où l'utilisation finale desdits supports reste manifestement en dehors du cas de figure visé à cette même disposition. • CJUE 11 juill. 2013, n° C-521/11 : *préc.*

6. Le droit à la compensation équitable visée à l'art. 5, § 2, ss. b), ou la redevance pour copie privée destinée à financer cette compensation, ne peut pas être exclu en raison du fait que la moitié des recettes perçues est versée à des établissements sociaux et culturels institués au bénéfice des ayants droit, pour autant que ces établissements bénéficient effectivement auxdits ayants droit et que leurs modalités de fonctionnement ne soient pas discriminatoires, ce qu'il incombe à la juridiction de renvoi de vérifier. • CJUE 11 juill. 2013, n° C-521/11 : *préc.* ♦ L'obligation faite par un État membre d'acquitter, une redevance pour copie privée destinée à financer la compensation équitable visée à cette disposition ne peut pas être exclue en raison du fait qu'une redevance analogue a déjà été payée dans un autre État membre. • Même arrêt.

7. Supports. Téléphone mobile. L'art. 5, § 2, ss. b) ne s'oppose pas à une réglementation nationale qui prévoit une compensation équitable au titre de l'exception au droit de reproduction pour les copies à usage privé, au titre des supports plurifonctionnels, tels que les cartes mémoire de téléphones mobiles, que ces supports aient ou non pour fonction principale la réalisation de telles copies, à condition qu'une des fonctions desdits supports, fût-elle secondaire, permette à leurs détenteurs de les utiliser à cette fin. Cependant, le caractère principal ou secondaire de cette fonction et l'importance relative de la capacité du support à réaliser des reproductions sont susceptibles d'influer sur le montant de la compensation équitable due. Dans la mesure où le préjudice causé aux titulaires de droits serait considéré comme minime, la mise à disposition de ladite fonction pourrait ne pas donner naissance à une obligation de paiement de cette compensation. Une telle réglementation est possible même si échappe à ce type de redevance la fourniture des composants principalement destinés à stocker des copies à usage privé, comme les mémoires internes des lecteurs MP3, pour autant que ces différentes catégories de supports et composants ne sont pas comparables ou que la différence de traitement dont ils font l'objet est justifiée. • CJUE 5 mars 2015, n° C-463/12 : *JAC nov. 2015, p. 38, note Mourron* ✎ *; Propr. intell. 2015, n° 56, p. 288, note Bernault ; RLDI avr. 2015. 19, note Coste ; CCE 2015, n° 30, note Caron ; Europe 2015. n° 200, note Simon ; LEPI mai 2015, p. 2, note Bernault.*

8. Exemption de paiement. L'art. 5, § 2, ss. b), lu à la lumière du considérant 35 de la Dir. 2001/29, permet aux États membres de prévoir, dans certains cas qui entrent dans le champ d'application de l'exception au droit de reproduction pour les copies à usage privé, une exemption de paiement de la compensation équitable au titre de cette exception, à condition que le préjudice causé aux titulaires de droits, dans ces cas, soit minime. • CJUE 5 mars 2015, n° C-463/12 : *préc. note 7.*

9. Source licite. L'art. 5, § 2, ss. b) s'oppose à

une législation nationale qui ne distingue pas la situation où la source, à partir de laquelle une reproduction pour un usage privé est réalisée, est licite de celle où cette source est illicite. • CJUE 10 avr. 2014, n° C-435/12 : *D. 2014. Actu. 926 ; CCE 2014, n° 69, note Caron ; RTD com. 2014. 603, note Pollaud-Dulian ; RIDA avr. 2014, p. 345, obs. Sirinelli.* • CJUE 5 mars 2015, n° C-463/12 : *préc. note 7.* ♦ Les art. 5, § 2, ss. a) et ss. b) s'opposent à une législation nationale instituant un système indifférencié de perception de la compensation équitable couvrant également les reproductions contrefaites réalisées à partir de sources illicites. • CJUE 12 nov. 2015, n° C-572/13 : *préc. note 2.*

10. Bénéficiaire. Exclusion des éditeurs. Les art. 5, § 2, ss. a) et ss. b) s'opposent à une législation nationale qui autorise l'État membre à attribuer une partie de la compensation équitable revenant aux titulaires de droits aux éditeurs, sans obligation pour ces derniers de faire bénéficier, même indirectement, les auteurs de la partie de la compensation dont ils sont privés. • CJUE 12 nov. 2015, n° C-572/13 : *préc. note 2.*

11. Système de financement combiné. Les art. 5, § 2, ss. a) et ss. b) s'opposent à une législation nationale instaurant un système qui combine, pour le financement de la compensation équitable, deux formes de rémunération, à savoir, d'une part, une rémunération forfaitaire versée en amont de l'opération de reproduction par le fabricant, l'importateur ou l'acquéreur intracommunautaire d'appareils permettant la reproduction des œuvres protégées, à l'occasion de la mise en circulation de ces appareils sur le territoire national, et, d'autre part, une rémunération proportionnelle versée en aval de cette opération de reproduction, déterminée uniquement par un prix unitaire multiplié par le nombre de reproductions réalisées, à la charge des personnes physiques ou morales qui réalisent ces reproductions, pour autant : que la rémunération forfaitaire versée en amont est uniquement calculée en fonction de la vitesse avec laquelle l'appareil concerné est susceptible de réaliser les reproductions ; que la rémunération proportionnelle perçue en aval varie selon que le débiteur a coopéré ou non à la perception de cette rémunération ; et que le système combiné dans son ensemble n'est pas pourvu de mécanismes, notamment de remboursement, qui permettent l'application complémentaire des critères du préjudice effectif et du préjudice établi de manière forfaitaire à l'égard des différentes catégories d'utilisateurs. • CJUE 12 nov. 2015, n° C-572/13 : *préc. note 2.*

12. Utilisation à des fins de sécurité publique (art. 5, § 3, ss. e). Un média ne peut utiliser, de sa propre initiative, une œuvre protégée en invoquant un motif de sécurité publique. Si le média peut contribuer ponctuellement à la réalisation d'un tel objectif, c'est à la condition que la publication de la personne recherchée s'insère dans le contexte d'une décision prise par les autorités nationales compétentes et visant à assurer la sécurité publique. • CJUE 1er déc. 2011, n° C-145/10 : *Dalloz actualité, 5 déc. 2011, obs. Daleau ; D. 2012. 471, note Martial-Braz ; ibid. Pan. 2837, obs. Sirinelli ; RTD com. 2012. 109, obs. Pollaud-Dulian ; CCE 2012, n° 26, note Caron ; Légipresse 2012, n° 292, p. 161, note Antippas.*

13. Utilisation à des fins de caricature, de parodie ou de pastiche (art. 5, § 3, ss. k). L'art. 5, § 3, ss. k), de la Dir. 2001/29/CE du 22 mai 2001 doit être interprété en ce sens que la notion de « parodie » figurant à cette disposition constitue une notion autonome du droit de l'Union. La parodie a pour caractéristiques essentielles, d'une part, d'évoquer une œuvre existante, tout en présentant des différences perceptibles par rapport à celle-ci, et, d'autre part, de constituer une manifestation d'humour ou une raillerie. En revanche, la parodie ne doit pas avoir un caractère original propre, autre que celui de présenter des différences perceptibles par rapport à l'œuvre originale parodiée. Il n'est pas non plus nécessaire qu'elle puisse être attribuée à une personne autre que l'auteur de l'œuvre originale lui-même ni qu'elle porte sur l'œuvre originale elle-même ou qu'elle mentionne la source de l'œuvre parodiée. L'application, dans une situation concrète, de l'exception pour parodie doit respecter un juste équilibre entre, d'une part, les intérêts et les droits des personnes visées aux articles 2 et 3 de cette directive et, d'autre part, la liberté d'expression de l'utilisateur d'une œuvre protégée se prévalant de l'exception pour parodie, au sens de l'article 5, § 3, ss. k). Il appartient à la juridiction nationale de juger de cet équilibre. • CJUE 3 sept. 2014, *Johan Deckmyn et Vrijheidsfonds VZW c/ Helena Vandersteen a. : D. 2014. 2097, note Galopin ; RTD com. 2014. 815, obs. Pollaud-Dulian ; RLDI oct. 2014. 29, note Castets-Renard ; LEPI nov. 2014.1, obs. Bernault ; Propr. intell. 2014, n° 53, p. 393, obs. Lucas ; Gaz. Pal. 2015. 14, note Marino ; RIDA oct. 2014, p. 387, note Sirinelli.*

14. Communication ou mise à disposition, à des fins de recherches ou d'études privées par des bibliothèques (art. 5, § 3, ss. n). La notion de « conditions en matière d'achat ou de licence » doit être comprise en ce sens qu'elle implique que le titulaire de droits et un établissement, tel qu'une bibliothèque accessible au public, visé à cette disposition doivent avoir conclu un contrat de licence ou d'utilisation de l'œuvre concernée spécifiant les conditions dans lesquelles cet établissement peut utiliser celle-ci. • CJUE 11 sept. 2014, *Technische Universität Darmstadt : AJDA 2014. 1743 ; D. 2014. 1872 ; RLDI oct. 2014. 50, note Derieux ; ibid. 55, note Busseuil ; Propr. intell. janv. 2015, n° 54, note Bernault ; RTD com. 2014. 810, obs.*

Pollaud-Dulian ; *RTD eur. 2014. 965, obs. Treppoz* ; *Gaz. Pal. 2015. 16, note Marino ; RIDA oct. 2014, p. 357, note Sirinelli.* ♦ L'art. 5, § 3, ss. n), de la directive 2001/29, lu en combinaison avec l'art. 5, § 2, ss. c), de celle-ci, doit être interprété en ce sens qu'il ne s'oppose pas à ce qu'un État membre accorde aux bibliothèques accessibles au public, visées à ces dispositions, le droit de numériser les œuvres faisant partie de leurs collections, si cet acte de reproduction est nécessaire, aux fins de la mise à la disposition des usagers de ces œuvres, au moyen de terminaux spécialisés, dans les locaux de ces établissements. • Même arrêt. ♦ Un État membre peut autoriser les bibliothèques accessibles au public à numériser les œuvres faisant partie de leurs collections, sans l'accord des titulaires de droits, pour les proposer sur des postes de lecture électronique mais ce droit de communication ne couvre pas des actes tels que l'impression d'œuvres sur papier ou leur stockage sur une clé USB, effectués par des usagers à partir de ces terminaux spécialisés. De tels actes de reproduction peuvent cependant être autorisés au titre de la législation nationale transposant les exceptions ou les limitations prévues à l'art. 5, § 2, ss. a) ou b), dès lors que, dans chaque cas d'espèce, les conditions posées par ces dispositions, notamment celle liée à la compensation équitable cont doit bénéficier le titulaire de droits, sont réunies. De tels actes doivent également respecter les conditions prévues à l'art. 5, § 5, et par conséquent, l'ampleur des textes reproduits ne saurait notamment causer un préjudice injustifié aux intérêts légitimes des titulaires du droit d'auteur. • Même arrêt. ♦ Mettant fin au litige, en se conformant à la décision de la CJUE, V. • BGH-Bundesgerichshof 16 avr. 2015, *Technische Universität Darmstadt c/ Eurge Ulmer : LEPI juill. 2015, p. 3, obs. Lucas-Schloetter.*

15. Cas de moindre importance (art. 5, § 3, ss. o). L'art. 5, et notamment le § 3, ss. o), de celui-ci, doit être interprété en ce sens qu'il s'oppose à une législation nationale qui implique que n'est pas soumise, au titre du droit exclusif de communication au public, à l'exigence d'obtenir l'autorisation de l'auteur une radiodiffusion au moyen d'une antenne commune, lorsque le nombre d'abonnés raccordés à cette antenne n'est pas supérieur à 500 et que cette législation doit, dès lors, s'appliquer conformément à l'art. 3, § 1, ce qu'il appartient à la juridiction de renvoi de vérifier. • CJUE 16 mars 2017, n° C-138/16 : *LEPI mai 2017. 2, note Bernault.* – V. note 1 *in fine* ss. art. 3.

CHAPITRE III *Protection des mesures techniques et information sur le régime des droits*

Art. 6 ***Obligations relatives aux mesures techniques.*** **1. Les États membres prévoient une protection juridique appropriée contre le contournement de toute mesure technique efficace, que la personne effectue en sachant, ou en ayant des raisons valables de penser, qu'elle poursuit cet objectif.**

2. Les États membres prévoient une protection juridique appropriée contre la fabrication, l'importation, la distribution, la vente, la location, la publicité en vue de la vente ou de la location, ou la possession à des fins commerciales de dispositifs, produits ou composants ou la prestation de services qui :

***a)* font l'objet d'une promotion, d'une publicité ou d'une commercialisation, dans le but de contourner la protection, ou**

***b)* n'ont qu'un but commercial limité ou une utilisation limitée autre que de contourner la protection, ou**

***c)* sont principalement conçus, produits, adaptés ou réalisés dans le but de permettre ou de faciliter le contournement de la protection**

de toute mesure technique efficace.

3. Aux fins de la présente directive, on entend par "mesures techniques", toute technologie, dispositif ou composant qui, dans le cadre normal de son fonctionnement, est destiné à empêcher ou à limiter, en ce qui concerne les œuvres ou autres objets protégés, les actes non autorisés par le titulaire d'un droit d'auteur ou d'un droit voisin du droit d'auteur prévu par la loi, ou du droit *sui generis* prévu au chapitre III de la directive 96/9/CE. Les mesures techniques sont réputées efficaces lorsque l'utilisation d'une œuvre protégée, ou celle d'un autre objet protégé, est contrôlée par les titulaires du droit grâce à l'application d'un code d'accès ou d'un procédé de protection, tel que le cryptage, le brouillage ou toute autre transformation de l'œuvre ou de l'objet protégé ou d'un mécanisme de contrôle de copie qui atteint cet objectif de protection.

4. Nonobstant la protection juridique prévue au paragraphe 1, en l'absence de mesures volontaires prises par les titulaires de droits, y compris les accords entre titulaires de droits et d'autres parties concernées, les États membres prennent des mesures appropriées pour assurer que les bénéficiaires des exceptions ou limitations prévues par le droit national conformément à l'article 5, paragraphe 2, points *a)*, *c)*, *d)* et *e)*, et à l'article 5, paragraphe 3, points *a)*, *b)* ou *e)*, puissent bénéficier desdites exceptions ou limitations dans la mesure

nécessaire pour en bénéficier lorsque le bénéficiaire a un accès licite à l'œuvre protégée ou à l'objet protégé en question.

Un État membre peut aussi prendre de telles mesures à l'égard du bénéficiaire d'une exception ou limitation prévue conformément à l'article 5, paragraphe 2, point *b)*, à moins que la reproduction à usage privé ait déjà été rendue possible par les titulaires de droits dans la mesure nécessaire pour bénéficier de l'exception ou de la limitation concernée et conformément aux dispositions de l'article 5, paragraphe 2, point *b)*, et de l'article 5, paragraphe 5, sans empêcher les titulaires de droits d'adopter des mesures adéquates en ce qui concerne le nombre de reproductions conformément à ces dispositions.

Les mesures techniques appliquées volontairement par les titulaires de droits, y compris celles mises en œuvre en application d'accords volontaires, et les mesures techniques mises en œuvre en application des mesures prises par les États membres, jouissent de la protection juridique prévue au paragraphe 1.

Les dispositions des premier et deuxième alinéas ne s'appliquent pas aux œuvres ou autres objets protégés qui sont mis à la disposition du public à la demande selon les dispositions contractuelles convenues entre les parties de manière que chacun puisse y avoir accès de l'endroit et au moment qu'il choisit individuellement.

Lorsque le présent article est appliqué dans le cadre des directives 92/100/CEE et 96/9/CE, le présent paragraphe s'applique *mutatis mutandis*.

Mesure technique de protection (« MTP »). Jeux vidéo. La Dir. (CE) n° 2001/29/CE doit être interprétée en ce sens que la notion de « mesure technique efficace », au sens de l'art. 6, § 3, de cette directive, est susceptible de recouvrir des mesures techniques consistant, principalement, à équiper d'un dispositif de reconnaissance non seulement le support contenant l'œuvre protégée, telle que le jeu vidéo, en vue de sa protection contre des actes non autorisés par le titulaire du droit d'auteur, mais également les appareils portables ou les consoles destinés à assurer l'accès à ces jeux et leur utilisation. Il incombe à la juridiction nationale de vérifier si d'autres mesures ou des mesures non installées sur les consoles pourraient causer moins d'interférences avec les activités des tiers ou de limitations de ces activités, tout en apportant une protection comparable pour les droits du titulaire. A cette fin, il est pertinent de tenir compte, notamment, des coûts relatifs aux différents types de mesures techniques, des aspects techniques et pratiques de leur mise en œuvre ainsi que de la comparaison de l'efficacité de ces différents types de mesures techniques en ce qui concerne la protection des droits du titulaire, cette efficacité ne devant pas, toutefois, être absolue. Il appartient également à ladite juridiction d'examiner le but des dispositifs, des produits ou des composants susceptibles de contourner lesdites mesures techniques. A cet égard, la preuve de l'usage que les tiers font effectivement de ceux-ci va être, en fonction des circonstances en cause, particulièrement pertinente. La juridiction nationale peut, notamment, examiner la fréquence avec laquelle ces dispositifs, produits ou composants sont effectivement utilisés en méconnaissance du droit d'auteur ainsi que la fréquence avec laquelle ils sont utilisés à des fins qui ne violent pas ledit droit. • CJUE 23 janv. 2014, n° C-355/12 : *D. 2014. Pan. 2090, obs. Sirinelli* ; *CCE 2014, n° 26, note Caron.* ♦ ... Et la décision de la juridiction nationale ayant sursis à statuer, favorable aux titulaires des droits ayant mis en œuvre les « MTP » : • Milan, 6 nov. 2015, n° 11739/2009 : *RLDI mai 2016. 8, note Rudoni et Dufaure.*

Art. 7 *Obligations relatives à l'information sur le régime des droits.* 1. Les États membres prévoient une protection juridique appropriée contre toute personne qui accomplit sciemment, sans autorisation, l'un des actes suivants :

a) supprimer ou modifier toute information relative au régime des droits se présentant sous forme électronique ;

b) distribuer, importer aux fins de distribution, radiodiffuser, communiquer au public ou mettre à *[s]*a disposition des œuvres ou autres objets protégés en vertu de la présente directive ou du chapitre III de la directive 96/9/(CE) et dont les informations sur le régime des droits se présentant sous forme électronique ont été supprimées ou modifiées sans autorisation,

en sachant ou en ayant des raisons valables de penser que, ce faisant, elle entraîne, permet, facilite ou dissimule une atteinte à un droit d'auteur ou droit voisin du droit d'auteur prévu par la loi, ou au droit *sui generis* prévu au chapitre III de la directive 96/9/CE.

2. Aux fins de la présente directive, on entend par « information sur le régime des droits » toute information fournie par des titulaires de droits qui permet d'identifier l'œuvre ou autre objet protégé visé par la présente directive ou couvert par le droit *sui generis* prévu au chapitre III de la directive 96/9/CE, l'auteur ou tout autre titulaire de droits. Cette expres-

sion désigne aussi les informations sur les conditions et modalités d'utilisation de l'œuvre ou autre objet protégé ainsi que tout numéro ou code représentant ces informations.

Le premier alinéa s'applique lorsque l'un quelconque de ces éléments d'information est joint à la copie ou apparaît en relation avec la communication au public d'une œuvre ou d'un objet protégé visé par la présente directive ou couvert par le droit *sui generis* prévu au chapitre III de la directive 96/9/CE.

CHAPITRE IV *Dispositions communes*

Art. 8 *Sanctions et voies de recours.* 1. Les États membres prévoient des sanctions et des voies de recours appropriées contre les atteintes aux droits et obligations prévus par la présente directive et prennent toutes les mesures nécessaires pour en garantir l'application. Ces sanctions sont efficaces, proportionnées et dissuasives.

2. Chaque État membre prend les mesures nécessaires pour faire en sorte que les titulaires de droits dont les intérêts sont lésés par une infraction commise sur son territoire puissent intenter une action en dommages-intérêts et/ou demander qu'une ordonnance sur requête soit rendue ainsi que, le cas échéant, demander la saisie du matériel concerné par l'infraction ainsi que des dispositifs, produits ou composants visés à l'article 6, paragraphe 2.

3. Les États membres veillent à ce que les titulaires de droits puissent demander qu'une ordonnance sur requête soit rendue à l'encontre des intermédiaires dont les services sont utilisés par un tiers pour porter atteinte à un droit d'auteur ou à un droit voisin.

Responsabilité des FAI. Un fournisseur d'accès, qui se limite à procurer aux utilisateurs l'accès à internet sans proposer d'autres services tels que, notamment, des services de courrier électronique, de téléchargement ou de partage des fichiers, ni exercer un contrôle de droit ou de fait sur le service utilisé, est un intermédiaire. • CJCE 19 févr. 2009 : *D. 2009. AJ 809*. ♦ L'art. 8, § 3, doit être interprété en ce sens qu'une personne qui met à la disposition du public sur un site internet des objets protégés sans l'accord du titulaire de droits, au sens de l'art. 3, § 2, de cette directive, utilise les services du fournisseur d'accès à internet des personnes qui consultent ces objets, lequel doit être considéré comme un intermédiaire. Les droits fondamentaux reconnus par le droit de l'Union doivent être interprétés en ce sens qu'ils ne s'opposent pas à ce qu'il soit fait interdiction, au moyen d'une injonction prononcée par un juge, à un fournisseur d'accès à internet d'accorder à ses clients l'accès à un site internet mettant en ligne des objets protégés sans l'accord des titulaires de droits, lorsque cette injonction ne précise pas quelles mesures ce fournisseur d'accès doit prendre et que ce dernier peut échapper aux astreintes visant à réprimer la violation de ladite injonction en prouvant qu'il a pris toutes les mesures raisonnables, à condition cependant que, d'une part, les mesures prises ne privent pas inutilement les utilisateurs d'internet de la possibilité d'accéder de façon licite aux informations disponibles et, d'autre part, que ces mesures aient pour effet d'empêcher ou, au moins, de rendre difficilement réalisables les consultations non autorisées des objets protégés et de décourager sérieusement les utilisateurs d'internet ayant recours aux services du destinataire de cette même injonction de consulter ces objets mis à leur disposition en violation du droit de propriété intellectuelle, ce qu'il appartient aux autorités et aux juridictions nationales de vérifier. • CJUE 27 mars 2014 : *D. 2014. 1246, note Castets-Renard ; ibid. 2078, obs. Sirinelli ; RTD com. 2014. 609, obs. Pollaud-Dulian ; RTD eur. 2015. 173, obs. Benoit-Rohmer ; JCP E 2015, n° 1063, note Busseuil ; Propr. intell. 2015, n° 54, p. 51, note Bruguière ; RIDA avr. 2014, p. 375, obs. Sirinelli.*

Art. 9 *Maintien d'autres dispositions.* La présente directive n'affecte pas les dispositions concernant notamment les brevets, les marques, les dessins et modèles, les modèles d'utilité, les topographies des semi-conducteurs, les caractères typographiques, l'accès conditionnel, l'accès au câble des services de radiodiffusion, la protection des trésors nationaux, les exigences juridiques en matière de dépôt légal, le droit des ententes et de la concurrence déloyale, le secret des affaires, la sécurité, la confidentialité, la protection des données personnelles et le respect de la vie privée, l'accès aux documents publics et le droit des contrats.

Ne relève pas de l'art. 9, et plus particulièrement la notion d'« accès au câble des services de radiodiffusion », et n'est pas autorisée par celle-ci, une réglementation nationale prévoyant l'absence de violation du droit d'auteur en cas de retransmission immédiate par câble, y compris, le cas échéant, au moyen d'internet, dans la zone de radiodiffusion initiale, d'œuvres radiodiffusées sur des chaînes de télévision soumises à des obligations de service public. • CJUE 1er mars 2017, n° C-275/15 : *Dalloz IP/IT 2017. 465, note Benabou ; LEPI mai 2017. 3, note Lebois.*

Art. 10 *Application dans le temps.* 1. Les dispositions de la présente directive s'appliquent à toutes les œuvres et à tous les autres objets protégés visés par la présente directive qui, le

22 décembre 2002, sont protégés par la législation des États membres dans le domaine du droit d'auteur et des droits voisins, ou qui remplissent les critères de protection en application des dispositions de la présente directive ou des directives visées à l'article 1er, paragraphe 2.

2. La présente directive s'applique sans préjudice des actes conclus et des droits acquis avant le 22 décembre 2002.

Art. 11 *Adaptations techniques. Abrogé par Dir. (CE) nos 2006/115 et 2006/116 du 12 déc. 2006.*

Art. 12 *Dispositions finales.* 1. Au plus tard le 22 décembre 2004, et ultérieurement tous les trois ans, la Commission transmet au Parlement européen, au Conseil et au Comité économique et social un rapport sur l'application de la présente directive, dans lequel, entre autres, sur la base d'informations spécifiques fournies par les États membres, elle examine en particulier l'application de l'article 5, de l'article 6 et de l'article 8 à la lumière du développement du marché numérique. En ce qui concerne l'article 6, elle examine en particulier si cet article confère un niveau suffisant de protection et si des actes permis par la loi sont affectés par l'utilisation de mesures techniques efficaces. Elle présente, si cela est nécessaire en particulier pour assurer le fonctionnement du marché intérieur conformément à l'article 14 du traité, des propositions visant à modifier la présente directive.

2. La protection des droits voisins prévue par la présente directive laisse intacte et n'affecte en aucune façon la protection du droit d'auteur.

3. Un comité de contact est institué. Il est composé de représentants des autorités compétentes des États membres. Il est présidé par un représentant de la Commission et se réunit soit à l'initiative de celui-ci soit à la demande de la délégation d'un État membre.

4. Le comité aura pour tâche :

a) d'examiner les effets de la présente directive sur le fonctionnement du marché intérieur et de signaler les problèmes éventuels ;

b) d'organiser des consultations sur toute question découlant de l'application de la présente directive ;

c) de faciliter l'échange d'informations sur les évolutions pertinentes de la réglementation et de la jurisprudence ainsi que dans le domaine économique, social, culturel et technologique ;

d) de fonctionner comme un forum d'évaluation du marché numérique des œuvres et des autres objets, y compris la copie privée et l'usage de mesures techniques.

Art. 13 *Mise en œuvre.* 1. Les États membres mettent en vigueur les dispositions législatives, réglementaires et administratives nécessaires pour se conformer à la présente directive au plus tard le 22 décembre 2002. Ils en informent immédiatement la Commission.

Lorsque les États membres adoptent ces dispositions, celles-ci contiennent une référence à la présente directive ou sont accompagnées d'une telle référence lors de leur publication officielle. Les modalités de cette référence sont arrêtées par les États membres.

2. Les États membres communiquent le texte des dispositions de droit interne qu'ils adoptent dans le domaine régi par la présente directive.

Art. 14 *Entrée en vigueur.* La présente directive entre en vigueur le jour de sa publication au *Journal officiel* des Communautés européennes *[JOCE L 167 du 22 juin 2001].*

Directive n° 2012/28/UE du 25 octobre 2012,

Sur certaines utilisations autorisées des œuvres orphelines.

BIBL. ▶ POLLAUD-DULIAN, *RTD com. 2012. 783* (utilisations autorisées des œuvres orphelines).

(1) Des bibliothèques, des établissements d'enseignement et des musées accessibles au public, ainsi que des archives, des institutions dépositaires du patrimoine cinématographique ou sonore et des organismes de radiodiffusion de service public, établis dans les États membres, entreprennent de numériser à grande échelle leurs collections ou archives en vue de créer des bibliothèques numériques européennes. Ils participent à la conservation et *[à]* la diffusion du patrimoine culturel européen, ce qui est aussi important pour la création de bibliothèques numériques européennes, telles Europeana. Les technologies employées pour la numérisation de masse de documents imprimés et pour la recherche et l'indexation accroissent la valeur des collections des bibliothèques du point de vue de la recherche. La création de grandes bibliothèques en ligne facilite la recherche électronique et des outils de découverte qui ouvrent de nouvelles sources de découverte pour les chercheurs et les universitaires*[,]* lesquels, à défaut, devraient se contenter de méthodes de recherche plus traditionnelles et analogiques.

(2) La nécessité de promouvoir la libre circulation des connaissances et des innovations dans le marché intérieur est un élément important de la stratégie Europe 2020, comme l'a souligné la Commission dans sa communication intitulée "Europe 2020 : une stratégie pour une croissance intelligente, durable et inclusive", dont l'une des initiatives phares est l'élaboration d'une stratégie numérique pour l'Europe.

(3) La création d'un cadre juridique facilitant la numérisation et la diffusion des œuvres et autres objets protégés par le droit d'auteur ou des droits voisins et dont le titulaire de droits n'a pu être identifié ou, bien qu'ayant été identifié, n'a pu être localisé — les œuvres dites orphelines — fait partie des actions clés de la stratégie numérique pour l'Europe, telle qu'elle est décrite dans la communication de la Commission intitulée "Une stratégie numérique pour l'Europe". La présente directive cible le problème spécifique de la détermination juridique du statut d'œuvre orpheline et de ses conséquences en termes d'utilisateurs et d'utilisations autorisés des œuvres ou des phonogrammes considérés comme des œuvres orphelines.

(4) La présente directive est sans préjudice de solutions spécifiques développées dans les États membres pour traiter de questions de numérisation de masse, comme dans le cas d'œuvres dites indisponibles dans le commerce. Ces solutions tiennent compte des spécificités des différents types de contenu et des différents utilisateurs et s'appuient sur le consensus trouvé entre les parties prenantes concernées. Cette approche a également été suivie dans le protocole d'accord sur les principes clés de la numérisation et de la mise à disposition des œuvres épuisées, signé le 20 septembre 2011, sous les auspices de la Commission, par des représentants de bibliothèques européennes, des auteurs, des éditeurs et des sociétés de gestion collective. La présente directive est sans préjudice de ce protocole d'accord*[,]* qui invite les États membres et la Commission à veiller à ce que les accords volontaires conclus entre les utilisateurs, les titulaires de droits et les sociétés de gestion collective des droits pour autoriser l'utilisation d'œuvres indisponibles dans le commerce sur la base des principes qui y sont inscrits bénéficient de la sécurité juridique requise sur le plan national et transfrontalier.

(5) Le droit d'auteur constitue le fondement économique de l'industrie créative dès lors qu'il favorise l'innovation, la création, les investissements et les productions. La numérisation de masse et la diffusion des œuvres sont par conséquent un moyen de protéger le patrimoine culturel européen. Le droit d'auteur est un moyen important de s'assurer que le secteur créatif est rémunéré pour son travail.

(6) Les droits exclusifs de reproduction et de mise à la disposition du public des titulaires de droits à l'égard de leurs œuvres et autres objets protégés, tels qu'harmonisés en vertu de la directive 2001/29/CE du Parlement européen et du Conseil du 22 mai 2001 sur l'harmonisation de certains aspects du droit d'auteur et des droits voisins dans la société de l'information *[JOCE L 167 du 22 juin 2001, p. 10]*, nécessitent le consentement préalable des titulaires de droits pour la numérisation et la mise à disposition du public d'une œuvre ou d'un autre objet protégé.

(7) Dans le cas des œuvres orphelines, il est impossible d'obtenir ce consentement préalable à l'exécution d'actes de reproduction ou de mise à disposition du public.

(8) Des approches différentes adoptées dans les États membres pour la reconnaissance du statut d'œuvre orpheline peuvent entraver le fonctionnement du marché intérieur et la possibilité d'utiliser ces œuvres et d'y accéder par delà *[par-delà]* les frontières. Ces approches différentes peuvent aussi déboucher sur des restrictions à la libre circulation des biens et des services présentant un contenu culturel. Il est donc opportun d'assurer la reconnaissance mutuelle de ce statut, puisqu'il permettra l'accès aux œuvres orphelines dans tous les États membres.

(9) L'adoption d'une approche commune pour déterminer si une œuvre est une œuvre orpheline et quels en sont les usages autorisés est nécessaire, en particulier, pour garantir la sécurité juridique dans le marché intérieur quant à l'utilisation de telles œuvres par les bibliothèques, les établissements d'enseignement et les musées accessibles au public, ainsi que par les archives, les institutions dépositaires du patrimoine cinématographique ou sonore et les organismes de radiodiffusion de service public.

(10) Les œuvres cinématographiques ou audiovisuelles et les phonogrammes présents dans les archives des organismes de radiodiffusion de service public et produits par ceux-ci incluent aussi des œuvres orphelines. Compte tenu de la position particulière des radiodiffuseurs en tant que producteurs de phonogrammes et de contenus audiovisuels, et de la nécessité de prendre des mesures pour limiter dans l'avenir l'ampleur du phénomène des œuvres

orphelines, il est opportun de fixer une date butoir pour l'application de la présente directive aux œuvres et aux phonogrammes présents dans les archives des organismes de radiodiffusion.

(11) Les œuvres cinématographiques et audiovisuelles ainsi que les phonogrammes présents dans les archives des organismes de radiodiffusion de service public et produits par ceux-ci devraient être considérés, aux fins de la présente directive, comme comprenant des œuvres cinématographiques et audiovisuelles et des phonogrammes commandés par ces organismes en vue de leur exploitation exclusive par eux-mêmes ou d'autres organismes de radiodiffusion de service public coproducteurs. Les œuvres cinématographiques et audiovisuelles et les phonogrammes présents dans les archives des organismes de radiodiffusion de service public qui n'ont pas été produits ou commandés par ces organismes mais que ces organismes ont été autorisés à utiliser au titre d'un accord de licence ne devraient pas relever du champ d'application de la présente directive.

(12) Pour des raisons de courtoisie internationale, la présente directive ne devrait s'appliquer qu'aux œuvres et phonogrammes qui sont initialement publiés sur le territoire d'un État membre ou, en l'absence de publication, radiodiffusés pour la première fois sur le territoire d'un État membre ou, en l'absence de publication ou de radiodiffusion, rendus publiquement accessibles par les bénéficiaires de la présente directive avec l'accord des titulaires de droits. Dans ce dernier cas, la présente directive ne devrait s'appliquer que si l'on peut raisonnablement supposer que les titulaires de droits ne s'opposeraient pas à l'utilisation permise par la présente directive.

(13) Pour qu'une œuvre ou un phonogramme puissent être considérés comme des œuvres orphelines, une recherche diligente des titulaires de droits à l'égard de l'œuvre ou du phonogramme, y compris les *[des]* titulaires de droits à l'égard des œuvres et autres objets protégés qui sont incorporés ou inclus dans l'œuvre ou le phonogramme, devrait être effectuée de bonne foi. Il convient que les États membres puissent prévoir que cette recherche soit effectuée par les organisations mentionnées dans la présente directive, ou par d'autres organisations. De telles autres organisations peuvent facturer le service consistant à effectuer une recherche diligente.

(14) Il convient que cette recherche diligente fasse l'objet d'une approche harmonisée afin d'assurer un niveau élevé de protection du droit d'auteur et des droits voisins dans l'Union. Elle devrait comporter une consultation des sources qui fournissent des informations sur les œuvres et autres objets protégés, sources déterminées, conformément à la présente directive, par l'État membre dans lequel la recherche diligente doit être effectuée. Pour ce faire, les États membres pourraient se référer aux lignes directrices pour la recherche diligente convenues dans le cadre du groupe de travail de haut niveau sur les bibliothèques numériques établi dans le contexte de l'initiative bibliothèques numériques i2010.

(15) Afin d'éviter les travaux de recherche faisant double emploi, cette recherche diligente ne devrait être effectuée que dans l'État membre où l'œuvre ou le phonogramme ont été initialement publiés ou, dans le cas où aucune publication n'a eu lieu, ont été initialement radiodiffusés. La recherche diligente relative aux œuvres cinématographiques ou audiovisuelles dont le producteur a son siège ou sa résidence habituelle dans un État membre devrait être effectuée dans ledit État membre. Dans le cas d'œuvres cinématographiques ou audiovisuelles qui sont coproduites par des producteurs établis dans différents États membres, la recherche diligente devrait être effectuée dans chacun de ces États membres. En ce qui concerne les œuvres et phonogrammes qui n'ont été ni publiés ni radiodiffusés mais ont été rendus publiquement accessibles par les bénéficiaires de la présente directive avec l'accord des titulaires de droits, la recherche diligente devrait être effectuée dans l'État membre où est établie l'organisation qui a rendu l'œuvre ou le phonogramme publiquement accessibles avec l'accord du titulaire des droits. Les recherches diligentes des titulaires de droits à l'égard d'œuvres et d'autres objets protégés qui sont incorporés ou inclus dans une œuvre ou un phonogramme devraient être effectuées dans l'État membre où est effectuée la recherche diligente relative à l'œuvre ou au phonogramme qui contiennent l'œuvre ou autre objet protégé incorporés ou inclus. Des sources d'information disponibles dans d'autres pays devraient également être consultées s'il existe des éléments de preuve suggérant que des informations pertinentes sur les titulaires de droits sont disponibles dans ces autres pays. La réalisation de recherches diligentes peut produire différentes sortes d'informations telles qu'un fichier de recherche et le résultat de la recherche. Le fichier de recherche devrait être conservé dans un dossier pour que l'organisation concernée puisse établir que la recherche a été diligente.

(16) Les États membres devraient veiller à ce que les organisations concernées tiennent un registre de leurs recherches diligentes et à ce que les résultats de ces recherches, constitués

en particulier de tout élément indiquant que l'œuvre ou le phonogramme doivent être considérés comme des œuvres orphelines au sens de la présente directive, ainsi que d'informations sur le changement de statut et l'utilisation que ces organisations font des œuvres orphelines, soient recueillis et mis à la disposition du grand public, en particulier via l'enregistrement des informations pertinentes dans une base de données en ligne. Étant donné en particulier la dimension paneuropéenne et afin d'éviter les doubles emplois, il est approprié de prévoir la création d'une base de données en ligne unique pour l'Union, contenant ces informations et les mettant à la disposition du grand public de manière transparente. Cela permet aussi bien aux organisations qui effectuent des recherches diligentes qu'aux titulaires de droits d'accéder facilement à ces informations. La base de données pourrait aussi jouer un rôle important pour prévenir et faire cesser d'éventuelles violations du droit d'auteur, en particulier dans le cas de la modification du statut d'œuvres orphelines des œuvres ou des phonogrammes. En vertu du règlement (UE) n° 386/2012 *[Règlement (UE) n° 386/2012 du Parlement européen et du Conseil du 19 avril 2012 confiant à l'Office de l'harmonisation dans le marché intérieur (marques, dessins et modèles) des tâches liées au respect des droits de propriété intellectuelle, notamment la réunion de représentants des secteurs public et privé au sein d'un Observatoire européen des atteintes aux droits de propriété intellectuelle (JOUE L 129 du 16 mai 2012, p. 1)]*, l'Office de l'harmonisation dans le marché intérieur (ci-après dénommé "Office") est chargé de certaines tâches et activités, financées à l'aide de ses propres ressources budgétaires, visant à faciliter et à soutenir les activités des autorités nationales, du secteur privé et des institutions de l'Union en matière de lutte contre les atteintes aux droits de propriété intellectuelle, y compris la prévention de ces atteintes.

Conformément à l'article 2, paragraphe 1, point g), en particulier, dudit règlement, ces tâches comprennent la fourniture de mécanismes qui contribuent à améliorer l'échange en ligne d'informations pertinentes entre les autorités des États membres concernés et la promotion de la coopération entre ces autorités. Il est par conséquent approprié de confier à l'Office le soin d'établir et de gérer la base de données européenne contenant les informations relatives aux œuvres orphelines visées dans la présente directive.

(17) Il peut exister plusieurs titulaires de droits à l'égard d'une œuvre ou d'un phonogramme en particulier, et des œuvres et des phonogrammes peuvent eux-mêmes inclure d'autres œuvres ou objets protégés. La présente directive ne devrait pas porter atteinte aux droits des titulaires identifiés et localisés. Si au moins un titulaire de droits a été identifié et localisé, une œuvre ou un phonogramme ne devraient pas être considérés comme des œuvres orphelines. Les bénéficiaires de la présente directive ne devraient être autorisés à utiliser une œuvre ou un phonogramme à l'égard desquels un ou plusieurs titulaires de droits ne sont pas identifiés ou localisés que s'ils sont autorisés à poser les actes de reproduction et de mise à disposition du public relevant respectivement des articles 2 et 3 de la directive 2001/29/CE par les titulaires de droits qui ont été identifiés et localisés, y compris les titulaires de droits à l'égard d'œuvres et d'autres objets protégés qui sont incorporés ou inclus dans les œuvres ou phonogrammes. Les titulaires de droits qui ont été identifiés et localisés ne peuvent accorder cette autorisation qu'en ce qui concerne les droits qu'ils détiennent eux-mêmes, soit parce qu'il s'agit de leurs propres droits, soit parce que les droits leur ont été transférés, et ne devraient pouvoir autoriser, au titre de la présente directive, aucune utilisation au nom des titulaires de droits n'ayant pas été identifiés et localisés. De même, si des titulaires de droits auparavant non identifiés ou localisés se présentent pour revendiquer leurs droits à l'égard de l'œuvre ou du phonogramme, l'utilisation licite de l'œuvre ou du phonogramme par les bénéficiaires ne peut se poursuivre que si ces titulaires de droits y consentent en vertu de la directive 2001/29/CE en ce qui concerne les droits qu'ils détiennent.

(18) Les titulaires de droits qui se présentent pour revendiquer leurs droits à l'égard d'une œuvre ou d'un autre objet protégé devraient avoir le droit de mettre fin à leur statut d'œuvre orpheline. Les titulaires de droits qui mettent fin au statut d'œuvre orpheline d'une œuvre ou d'un autre objet protégé devraient recevoir une compensation équitable pour l'utilisation qui a été faite de leurs œuvres ou autres objets protégés en vertu de la présente directive, compensation devant être déterminée par l'État membre où est établie l'organisation qui utilise une œuvre orpheline. Les États membres devraient être libres de déterminer les circonstances dans lesquelles le paiement d'une telle compensation peut avoir lieu, y compris le moment auquel le paiement doit être effectué. Pour déterminer le niveau possible de compensation équitable, il convient de tenir dûment compte, entre autres, des objectifs des États membres en matière de promotion culturelle, du caractère non commercial de l'utilisation faite par les organisations en question pour atteindre les objectifs liés à leurs

missions d'intérêt public, comme la promotion de l'apprentissage et la diffusion de la culture, ainsi que de l'éventuel préjudice causé aux titulaires de droits.

(19) Si une œuvre ou un phonogramme ont été indûment considérés comme des œuvres orphelines, à la suite d'une recherche qui n'a pas été diligente, les recours disponibles en cas de violation du droit d'auteur au titre de la législation des États membres, conformément aux dispositions nationales pertinentes et au droit de l'Union, restent disponibles.

(20) Afin de promouvoir l'apprentissage et la diffusion de la culture, les États membres devraient prévoir une exception ou une limitation en sus de celles prévues à l'article 5 de la directive 2001/29/CE. Cette exception ou limitation devrait permettre à certaines organisations, à savoir celles visées à l'article 5, paragraphe 2, point c), de la directive 2001/29/CE ainsi qu'aux institutions dépositaires du patrimoine cinématographique ou sonore qui œuvrent dans un but non lucratif et aux organismes de radiodiffusion de service public, de reproduire et de mettre à la disposition du public, au sens de ladite directive, les œuvres orphelines, à condition que cette utilisation contribue à l'accomplissement de leurs missions d'intérêt public, en particulier la préservation, la restauration de leurs collections et la fourniture d'un accès culturel et éducatif à celles-ci, y compris à leurs collections numériques. Aux fins de la présente directive, les institutions dépositaires du patrimoine cinématographique ou sonore devraient comprendre les organismes désignés par les États membres pour collecter, cataloguer, préserver et restaurer les films et autres œuvres audiovisuelles ou les phonogrammes qui font partie de leur patrimoine culturel. Aux fins de la présente directive, les radiodiffuseurs de service public devraient comprendre les radiodiffuseurs dotés d'attributions de service public conférées, définies et organisées par chaque État membre. L'exception ou la limitation établie par la présente directive visant à autoriser l'utilisation des œuvres orphelines s'entend sans préjudice des exceptions et limitations prévues à l'article 5 de la directive 2001/29/CE. Elle ne peut s'appliquer que dans certains cas spéciaux qui ne portent pas atteinte à l'exploitation normale de l'œuvre ou d'un autre objet protégé ni ne causent un préjudice injustifié aux intérêts légitimes du titulaire de droits.

(21) Afin d'encourager la numérisation, les bénéficiaires de la présente directive devraient être autorisés à percevoir des recettes de l'utilisation qu'ils font des œuvres orphelines au titre de la présente directive pour atteindre les objectifs de leurs missions d'intérêt public, y compris dans le contexte d'accords de partenariat public-privé.

(22) Les accords contractuels étant susceptibles de jouer un rôle dans la promotion de la numérisation du patrimoine culturel européen, les bibliothèques, les établissements d'enseignement et les musées accessibles au public, ainsi que les archives, les institutions dépositaires du patrimoine cinématographique ou sonore et les organismes de radiodiffusion de service public devraient être autorisés à conclure avec des partenaires commerciaux, en vue d'entreprendre les utilisations autorisées par la présente directive, des accords pour la numérisation et la mise à disposition du public d'œuvres orphelines. Ces accords devraient pouvoir inclure une contribution financière de ces partenaires. Ces accords ne sauraient imposer de restrictions aux bénéficiaires de la présente directive en ce qui concerne l'utilisation qu'ils font des œuvres orphelines ni octroyer au partenaire commercial des droits pour utiliser ou contrôler l'utilisation des œuvres orphelines.

(23) Afin d'encourager l'accès des citoyens de l'Union au patrimoine culturel européen, il est également nécessaire de veiller à ce que les œuvres orphelines qui ont été numérisées et mises à la disposition du public dans un État membre puissent également être mises à la disposition du public dans les autres États membres. Les bibliothèques, les établissements d'enseignement et les musées accessibles au public, ainsi que les archives, les institutions dépositaires du patrimoine cinématographique ou sonore et les organismes publics de radiodiffusion qui utilisent une œuvre orpheline aux fins de l'accomplissement de leurs missions d'intérêt public devraient pouvoir mettre cette œuvre à la disposition du public dans les autres États membres.

(24) La présente directive ne porte pas atteinte aux dispositions des États membres en matière de gestion des droits, tels que les licences collectives étendues, les présomptions légales de représentation ou de transfert, la gestion collective ou des dispositifs similaires ou une combinaison de ces éléments, y compris pour la numérisation de masse.

(25) Étant donné que l'objectif de la présente directive, qui consiste à assurer une sécurité juridique en ce qui concerne l'utilisation des œuvres orphelines, ne peut pas être atteint de manière suffisante par les États membres et peut donc être mieux atteint au niveau de l'Union en raison du besoin d'harmonisation des règles régissant l'utilisation des œuvres orphelines, l'Union peut adopter des mesures conformément au principe de subsidiarité

énoncé à l'article 5 du traité sur l'Union européenne. Conformément au principe de proportionnalité tel qu'énoncé audit article, la présente directive ne va pas au-delà de ce qui est nécessaire pour atteindre cet objectif,

Art. 1er ***Objet et champ d'application.*** **1. La présente directive concerne certaines utilisations des œuvres orphelines faites par les bibliothèques, les établissements d'enseignement et les musées accessibles au public, ainsi que par les archives, les institutions dépositaires du patrimoine cinématographique ou sonore et les organismes de radiodiffusion de service public, établis dans les États membres, en vue d'atteindre les objectifs liés à leurs missions d'intérêt public.**

2. La présente directive s'applique :

a) aux œuvres publiées sous forme de livres, revues, journaux, magazines ou autres écrits qui font partie des collections de bibliothèques, d'établissements d'enseignement ou de musées accessibles au public ainsi que des collections d'archives ou d'institutions dépositaires du patrimoine cinématographique ou sonore ;

b) aux œuvres cinématographiques ou audiovisuelles et aux phonogrammes faisant partie des collections de bibliothèques, d'établissements d'enseignement ou de musées accessibles au public ainsi que des collections d'archives ou d'institutions dépositaires du patrimoine cinématographique ou sonore ; et

c) aux œuvres cinématographiques ou audiovisuelles et aux phonogrammes produits par des organismes de radiodiffusion de service public jusqu'au 31 décembre 2002 inclus et figurant dans leurs archives,

qui sont protégés par le droit d'auteur ou des droits voisins et qui sont initialement publiés dans un État membre ou, en l'absence de publication, initialement radiodiffusés dans un État membre.

3. La présente directive s'applique également aux œuvres et aux phonogrammes visés au paragraphe 2 qui n'ont jamais été publiés ou radiodiffusés mais ont été rendus publiquement accessibles par les organisations visées au paragraphe 1 avec l'accord des titulaires de droits, à condition qu'il soit raisonnable de supposer que les titulaires de droits ne s'opposeraient pas aux utilisations visées à l'article 6. Les États membres peuvent limiter l'application du présent paragraphe aux œuvres et aux phonogrammes qui ont été déposés auprès de ces organisations avant le 29 octobre 2014.

4. La présente directive s'applique également aux œuvres et autres objets protégés qui sont incorporés, ou inclus, ou qui font partie intégrante des œuvres ou phonogrammes visés aux paragraphes 2 et 3.

5. La présente directive n'interfère pas avec les dispositifs relatifs à la gestion des droits au niveau national.

Art. 2 ***Œuvres orphelines.*** **1. Une œuvre ou un phonogramme sont considérés comme des œuvres orphelines si aucun des titulaires de droits sur cette œuvre ou ce phonogramme n'a été identifié ou, même si l'un ou plusieurs d'entre eux a été identifié, aucun d'entre eux n'a pu être localisé bien qu'une recherche diligente des titulaires de droits ait été effectuée et enregistrée conformément à l'article 3.**

2. Lorsqu'il existe plusieurs titulaires de droits à l'égard d'une œuvre ou d'un phonogramme et que les titulaires de droits n'ont pas tous été identifiés ou, bien qu'ayant été identifiés, n'ont pas tous pu être localisés après qu'une recherche diligente des titulaires de droits a été effectuée et enregistrée conformément à l'article 3, l'œuvre ou le phonogramme peuvent être utilisés conformément à la présente directive à condition que les titulaires de droits qui ont été identifiés et localisés aient, en ce qui concerne les droits qu'ils détiennent, autorisé les organisations visées à l'article 1er, paragraphe 1, à effectuer les actes de reproduction et de mise à disposition du public relevant respectivement des articles 2 et 3 de la directive 2001/29/CE.

3. Le paragraphe 2 s'entend sans préjudice des droits à l'égard de l'œuvre ou du phonogramme des titulaires de droits qui ont été identifiés et localisés.

4. L'article 5 s'applique ***mutatis mutandis*** **aux titulaires de droits à l'égard des œuvres visées au paragraphe 2 qui n'ont pas été identifiés et localisés.**

5. La présente directive s'entend sans préjudice des dispositions nationales relatives aux œuvres anonymes ou pseudonymes.

Art. 3 ***Recherche diligente des titulaires de droits.*** **1. Afin de déterminer si une œuvre ou un phonogramme sont des œuvres orphelines, les organisations visées à l'article 1er, paragraphe 1, veillent à ce que à** *[à ce qu'à]* **l'égard de chaque œuvre ou autre objet protégé une recherche diligente des titulaires de droits soit effectuée de bonne foi, en consultant les sources**

appropriées pour le type d'œuvres et autres objets protégés en question. La recherche diligente est effectuée avant l'utilisation de l'œuvre ou du phonogramme.

2. Les sources appropriées pour chaque type d'œuvres ou de phonogrammes en question sont déterminées par chaque État membre, en concertation avec les titulaires de droits et les utilisateurs, et comprennent au moins les sources pertinentes énumérées en annexe.

3. La recherche diligente est effectuée dans l'État membre où a lieu la première publication ou, en l'absence de publication, la première radiodiffusion, excepté dans le cas d'œuvres cinématographiques ou audiovisuelles dont le producteur a son siège ou sa résidence habituelle dans un État membre, auquel cas la recherche diligente est effectuée dans l'État membre de son siège ou de sa résidence habituelle.

Dans le cas visé à l'article 1er, paragraphe 3, la recherche diligente est effectuée dans l'État membre où est établie l'organisation qui a rendu l'œuvre ou le phonogramme accessible au public avec l'accord du titulaire de droits.

4. S'il existe des éléments de preuve suggérant que des informations pertinentes sur les titulaires de droits sont disponibles dans d'autres pays, des sources d'informations disponibles dans ces autres pays sont également consultées.

5. Les États membres veillent à ce que les organisations visées à l'article 1er, paragraphe 1, tiennent un registre de leurs recherches diligentes et à ce que ces organisations fournissent les informations suivantes aux autorités nationales compétentes :

a) les résultats des recherches diligentes que les organisations ont effectuées et qui ont permis de conclure qu'une œuvre ou un phonogramme sont considérés comme des œuvres orphelines ;

b) l'utilisation que les organisations font d'œuvres orphelines au sens de la présente directive ;

c) toute modification, conformément à l'article 5, du statut d'œuvre orpheline des œuvres et phonogrammes utilisés par les organisations ;

d) les coordonnées pertinentes de l'organisation concernée.

6. Les États membres prennent les mesures nécessaires pour veiller à ce que les informations visées au paragraphe 5 soient enregistrées dans une base de données en ligne unique accessible au public établie et gérée par l'Office de l'harmonisation dans le marché intérieur (ci-après dénommé "Office") conformément au règlement (UE) n° 386/2012. A cette fin, ils transmettent sans délai ces informations à l'Office dès qu'ils les reçoivent des organisations visées à l'article 1er, paragraphe 1.

Art. 4 *Reconnaissance mutuelle du statut d'œuvre orpheline.* Une œuvre ou un phonogramme considérés comme des œuvres orphelines dans un État membre conformément à l'article 2 sont considérés comme des œuvres orphelines dans tous les États membres. Cette œuvre ou ce phonogramme peuvent être utilisés et sont accessibles en vertu de la présente directive dans tous les États membres. Cela s'applique également aux œuvres et phonogrammes visés à l'article 2, paragraphe 2, dans la mesure où les droits des titulaires de droits non identifiés ou non localisés sont concernés.

Art. 5 *Fin du statut d'œuvre orpheline.* Les États membres veillent à ce que le titulaire de droits à l'égard d'une œuvre ou d'un phonogramme considérés comme des œuvres orphelines ait, à tout moment, la possibilité de mettre fin à leur statut d'œuvre orpheline dans la mesure où ses droits sont concernés.

Art. 6 *Utilisations autorisées des œuvres orphelines.* 1. Les États membres prévoient une exception ou une limitation au droit de reproduction et au droit de mise à disposition du public visés respectivement aux articles 2 et 3 de la directive 2001/29/CE pour garantir que les organisations visées à l'article 1er, paragraphe 1, soient autorisées à faire des œuvres orphelines présentes dans leurs collections les utilisations suivantes :

a) la mise à disposition du public de l'œuvre orpheline au sens de l'article 3 de la directive 2001/29/CE ;

b) les actes de reproduction, au sens de l'article 2 de la directive 2001/29/CE, à des fins de numérisation, de mise à disposition, d'indexation, de catalogage, de préservation ou de restauration.

2. Les organisations visées à l'article 1er, paragraphe 1, n'utilisent une œuvre orpheline conformément au paragraphe 1 du présent article que dans un but lié à l'accomplissement de leurs missions d'intérêt public, en particulier la préservation, la restauration des œuvres et phonogrammes présents dans leur collection et la fourniture d'un accès culturel et éducatif à ceux-ci. Les organisations peuvent percevoir des recettes dans le cadre de ces utilisations, dans le but exclusif de couvrir leurs frais liés à la numérisation et à la mise à disposition du public d'œuvres orphelines.

3. Les États membres veillent à ce que les organisations visées à l'article 1er, paragraphe 1, indiquent le nom des auteurs identifiés et autres titulaires de droits lors de toute utilisation d'une œuvre orpheline.

4. La présente directive ne porte pas atteinte à la liberté de ces organisations de conclure des contrats aux fins de l'accomplissement de leurs missions d'intérêt public, notamment des contrats de partenariat public-privé.

5. Les États membres veillent à ce qu'une compensation équitable soit due aux titulaires de droits qui mettent fin au statut d'œuvre orpheline de leur œuvre ou autre objet protégé à l'égard desquels ils ont des droits pour l'utilisation qui en a été faite par les organisations visées à l'article 1er, paragraphe 1, conformément au paragraphe 1 du présent article. Les États membres sont libres de déterminer les circonstances dans lesquelles le paiement d'une telle compensation peut avoir lieu. Le niveau de la compensation est déterminé, dans les limites imposées par le droit de l'Union, par la législation de l'État membre où est établie l'organisation qui utilise l'œuvre orpheline en question.

Art. 7 *Maintien d'autres dispositions légales.* La présente directive n'affecte pas les dispositions concernant notamment les brevets, les marques, les dessins et modèles, les modèles d'utilité, les topographies des produits semi-conducteurs, les caractères typographiques, l'accès conditionnel, l'accès au câble des services de radiodiffusion, la protection des trésors nationaux, les exigences juridiques en matière de dépôt légal, le droit des ententes et de la concurrence déloyale, le secret des affaires, la sécurité, la confidentialité, la protection des données personnelles et le respect de la vie privée, l'accès aux documents publics et le droit des contrats, et les règles sur la liberté de la presse et la liberté d'expression dans les médias.

Art. 8 *Application dans le temps.* 1. La présente directive s'applique à l'égard de l'ensemble des œuvres et phonogrammes visés à l'article 1er qui sont protégés par la législation des États membres en matière de droit d'auteur au ou après le 29 octobre 2014.

2. La présente directive s'applique sans préjudice de tous les actes conclus et des droits acquis avant le 29 octobre 2014.

Art. 9 *Transposition.* 1. Les États membres mettent en vigueur les dispositions législatives, réglementaires et administratives nécessaires pour se conformer à la présente directive au plus tard le 29 octobre 2014. Ils communiquent immédiatement à la Commission le texte de ces dispositions.

Lorsque les États membres adoptent ces dispositions, celles-ci contiennent une référence à la présente directive ou sont accompagnées d'une telle référence lors de leur publication officielle. Les modalités de cette référence sont arrêtées par les États membres.

2. Les États membres communiquent à la Commission le texte des dispositions essentielles de droit interne qu'ils adoptent dans le domaine régi par la présente directive.

Art. 10 *Clause de réexamen.* La Commission suit en permanence l'évolution des sources d'information sur les droits et présente le 29 octobre 2015 au plus tard, et à un rythme annuel par la suite, un rapport sur l'inclusion éventuelle, dans le champ d'application de la présente directive, des éditeurs et d'œuvres ou autres objets protégés qui n'en font pas actuellement partie, et en particulier des photographies et autres images qui existent en tant qu'œuvres indépendantes.

Au plus tard le 29 octobre 2015, la Commission soumet au Parlement européen, au Conseil et au Comité économique et social européen un rapport sur l'application de la présente directive, à la lumière du développement des bibliothèques numériques.

Si nécessaire, notamment pour assurer le bon fonctionnement du marché intérieur, la Commission présente des propositions de modification de la présente directive.

Un État membre qui a des raisons valables d'estimer que la mise en œuvre de la présente directive entrave un des dispositifs nationaux relatifs à la gestion des droits visés à l'article 1er, paragraphe 5, peut porter l'affaire à l'attention de la Commission, en joignant tous les éléments de preuve pertinents. La Commission tient compte de ces éléments de preuve lors de l'élaboration du rapport mentionné au deuxième alinéa du présent article et de l'évaluation de la nécessité de présenter des propositions de modification de la présente directive.

Art. 11 *Entrée en vigueur.* La présente directive entre en vigueur le jour suivant celui de sa publication au *Journal officiel de l'Union européenne.*

Art. 12 *Destinataires.* Les États membres sont destinataires de la présente directive.

ANNEXE

Les sources visées par l'article 3, paragraphe 2, sont entre autres les suivantes :

1) pour les livres publiés :

a) le dépôt légal, les catalogues de bibliothèques et les fichiers d'autorités gérés par les bibliothèques et autres institutions ;

b) les associations d'éditeurs et d'auteurs dans le pays concerné ;

c) les bases de données et registres existants, WATCH *(Writers, Artists and their Copyright Holders)*, l'ISBN *(International Standard Book Number)* et les bases de données recensant les livres imprimés ;

d) les bases de données des sociétés de gestion collective concernées, en particulier des organisations de représentation des droits de reproduction ;

e) les sources qui intègrent des bases de données et registres multiples, y compris VIAF *(Virtual International Authority Files)* et ARROW *(Accessible Registries of Rights Information and Orphan Works)* ;

2) pour les journaux, magazines, revues et périodiques imprimés :

a) l'ISSN *(International Standard Serial Number)* pour les publications périodiques ;

b) les index et catalogues des fonds et collections des bibliothèques ;

c) le dépôt légal ;

d) les associations d'éditeurs et les associations d'auteurs et de journalistes du pays concerné ;

e) les bases de données des sociétés de gestion collective concernées, y compris des organisations de représentation des droits de reproduction ;

3) pour les œuvres visuelles, notamment celles relevant des beaux-arts, de la photographie, de l'illustration, du design et de l'architecture, et les croquis de ces œuvres et autres œuvres du même type figurant dans des livres, revues, journaux et magazines ou autres œuvres :

a) les sources énumérées aux points 1) et 2) ;

b) les bases de données des sociétés de gestion collective concernées, en particulier pour les arts visuels, y compris les organisations de représentation des droits de reproduction ;

c) les bases de données des agences d'images, le cas échéant ;

4) pour les œuvres audiovisuelles et les phonogrammes :

a) le dépôt légal ;

b) les associations de producteurs dans le pays concerné ;

c) les bases de données des institutions dépositaires du patrimoine cinématographique ou sonore et des bibliothèques nationales ;

d) les bases de données appliquant des normes et des identificateurs pertinents, tels que l'ISAN *(International Standard Audiovisual Number)* pour le matériel audiovisuel, l'ISWC *(International Standard Music Work Code)* pour les œuvres musicales et l'ISRC *(International Standard Recording Code)* pour les phonogrammes ;

e) les bases de données des sociétés de gestion collective concernées, en particulier celles regroupant des auteurs, des interprètes ou exécutants, des producteurs de phonogrammes et des producteurs audiovisuels ;

f) le générique et les autres informations figurant sur l'emballage de l'œuvre ;

g) les bases de données d'autres associations pertinentes représentant une catégorie spécifique de titulaires de droits.

Directive (UE) 2014/26 du 26 février 2014,

Concernant la gestion collective du droit d'auteur et des droits voisins et l'octroi de licences multiterritoriales de droits sur des œuvres musicales en vue de leur utilisation en ligne dans le marché intérieur

Cette directive a été transposée par l'Ord. n° 2016-1823 du 22 déc. 2016. — V. art. L. 122-8, L. 122-10, L. 122-12, L. 123-7, L. 132-20-1, L. 132-25-1, L. 132-27, L. 132-43, L. 133-4, L. 134-3 à L. 134-7, L. 134-9, L. 136-2, L. 136-4, L. 212-3-3, L. 214-3, L. 214-6, L. 217-2, L. 311-6, L. 321-1 à L. 328-2, L. 331-2, L. 331-18, L. 331-24, L. 331-26, L. 331-29 et L. 336-2.

BIBL. ▶ Bergé, *RDC 2014. 760.* – Boiron, *Légipresse 2014, n° 316, p. 306.* – Dérieux, *Légipresse 2017. 344.* – Khan, *JAC 2014, n° 17, p. 16.* – Nérisson, *Propr. intell., avr. 2014, n° 51, p. 135.* – Rochelandet, *JAC 2014, n° 17, p. 26.* – Siiriainen, *JAC 2014, n° 17, p. 22.*

Règlement (UE) 2017/1128 du Parlement européen et du Conseil du 14 juin 2017,

Relatif à la portabilité transfrontalière des services de contenu en ligne dans le marché intérieur.

LE PARLEMENT EUROPÉEN ET LE CONSEIL DE L'UNION EUROPÉENNE,

considérant ce qui suit :

(1) Il importe, pour le bon fonctionnement du marché intérieur et pour l'application effective des principes de libre circulation des personnes et des services, que les consommateurs disposent d'un accès fluide à travers toute l'Union aux services de contenu en ligne qui leur sont fournis légalement dans leur État membre de résidence. Étant donné que le marché intérieur comporte un espace sans frontières intérieures, reposant notamment sur la libre circulation des personnes et des services, il est nécessaire de veiller à ce que les consommateurs puissent utiliser des services de contenu en ligne portables qui offrent l'accès à des contenus tels que de la musique, des jeux, des films, des émissions de divertissement ou des manifestations sportives, non seulement dans leur État membre de résidence mais également lorsqu'ils sont présents temporairement dans un autre État membre à des fins, par exemple, de loisir, de voyage, de voyage d'affaires ou dans le cadre de la mobilité à des fins d'apprentissage. Il convient, par conséquent, d'éliminer les barrières qui entravent l'accès à ces services de contenu en ligne et leur utilisation en pareils cas.

(2) Les évolutions technologiques, qui ont entraîné la multiplication d'appareils portables tels que les ordinateurs portables, les tablettes et les smartphones, facilitent de plus en plus l'utilisation de services de contenu en ligne en donnant accès à ceux-ci indépendamment du lieu où se trouvent les consommateurs. On constate chez les consommateurs une augmentation rapide de la demande d'accès à des services de contenu en ligne et à des services en ligne innovants, non seulement quand ils se trouvent dans leur État membre de résidence mais aussi lorsqu'ils sont présents temporairement dans un autre État membre.

(3) Il est de plus en plus fréquent que les consommateurs concluent des arrangements contractuels avec des fournisseurs de services pour la fourniture de services de contenu en ligne. Cependant, il arrive souvent que des consommateurs qui sont présents temporairement dans un État membre autre que leur État membre de résidence ne puissent pas continuer à avoir accès et à utiliser les services de contenu en ligne dont ils ont légalement acquis le droit d'accès et d'utilisation dans leur État membre de résidence.

(4) Un certain nombre de barrières entravent la fourniture de services de contenu en ligne aux consommateurs présents temporairement dans un État membre autre que leur État membre de résidence. Certains services en ligne comprennent des contenus tels que de la musique, des jeux, des films ou des émissions de divertissement qui sont protégés par le droit d'auteur ou les droits voisins en vertu du droit de l'Union. A l'heure actuelle, les barrières à la portabilité transfrontalière des services de contenu en ligne diffèrent d'un secteur à l'autre. Ces barrières résultent du fait que les droits relatifs à la transmission de contenus protégés par le droit d'auteur ou les droits voisins, tels que les œuvres audiovisuelles, font souvent l'objet d'une licence territoriale, ainsi que du fait que les fournisseurs de services de contenu en ligne pourraient choisir de ne servir que certains marchés.

(5) Il en va de même des contenus, tels que les manifestations sportives, qui ne bénéficient pas de la protection du droit d'auteur ou des droits voisins en vertu du droit de l'Union, mais qui peuvent en bénéficier en vertu du droit national ou d'une autre réglementation nationale spécifique, et qui font souvent l'objet de l'octroi de licences de la part des organisateurs de tels événements, ou sont proposés par les fournisseurs de services de contenu en ligne sur une base territoriale. Les transmissions de ce type de contenus par des organismes de radiodiffusion sont protégées par des droits voisins qui ont été harmonisés au niveau de l'Union. En outre, les transmissions de ce type de contenus s'accompagnent souvent d'éléments protégés par le droit d'auteur, tels que de la musique, des séquences vidéo d'ouverture ou de clôture ou des graphismes. De plus, certains aspects des transmissions de ce type de contenus, en particulier ceux relatifs à la radiodiffusion de manifestations d'importance majeure pour la société ainsi qu'à la réalisation de brefs reportages d'actualité sur des événements présentant un grand intérêt pour le public, ont été harmonisés par la directive 2010/13/UE du Parlement européen et du Conseil. Enfin, les services de médias audiovisuels au sens de la directive 2010/13/UE comprennent des services qui fournissent l'accès à des contenus tels que des manifestations sportives, des bulletins d'information ou des événements d'actualité.

(6) De plus en plus, les services de contenu en ligne sont commercialisés dans le cadre d'offres globales, où le contenu non protégé par le droit d'auteur ou les droits voisins n'est pas dissociable du contenu qui bénéficie d'une telle protection, sans que la valeur des services fournis aux consommateurs soit sensiblement amoindrie. C'est en particulier le cas des contenus à valeur ajoutée (premium) tels que des manifestations sportives ou d'autres événements présentant un grand intérêt pour les consommateurs. Pour que les fournisseurs de services de contenu en ligne soient en mesure de fournir aux consommateurs un accès complet à leurs services de contenu en ligne lorsque ceux-ci sont présents temporairement dans un État membre autre que leur État membre de résidence, il est indispensable que le présent règlement couvre également ce type de contenus utilisés par les services de contenu en ligne, et qu'il s'applique, dès lors, aux services de médias audiovisuels au sens de la directive 2010/13/UE, de même qu'aux transmissions réalisées par les organismes de radiodiffusion dans leur intégralité.

(7) Les droits sur les œuvres protégées par le droit d'auteur et sur les objets protégés par les droits voisins (ci-après dénommés "œuvres et autres objets protégés") sont harmonisés, notamment, par les directives du Parlement européen et du Conseil 96/9/CE, 2001/29/CE, 2006/115/CE et 2009/24/CE. Les dispositions des accords internationaux conclus par l'Union dans le domaine du droit d'auteur et des droits voisins, notamment de l'accord sur les aspects des droits de propriété intellectuelle qui touchent au commerce reproduit à l'annexe 1 C de l'accord instituant l'Organisation mondiale du commerce du 15 avril 1994, du traité de l'Organisation mondiale de la propriété intellectuelle (OMPI) sur le droit d'auteur du 20 décembre 1996 et du traité de l'OMPI sur les interprétations et exécutions et les phonogrammes du 20 décembre 1996, tels que modifiés, font partie intégrante de l'ordre juridique de l'Union. Le droit de l'Union devrait, dans la mesure du possible, être interprété d'une manière qui soit cohérente avec le droit international.

(8) Il est essentiel que les fournisseurs de services de contenu en ligne qui font usage d'œuvres ou d'autres objets protégés tels que des livres, des œuvres audiovisuelles, de la musique enregistrée ou des émissions de radiodiffusion disposent du droit d'utiliser ces contenus pour les territoires concernés.

(9) La transmission, par les fournisseurs de services de contenu en ligne, de contenus protégés par le droit d'auteur ou les droits voisins nécessite l'autorisation des titulaires de droits concernés, tels que les auteurs, artistes interprètes ou exécutants, producteurs ou organismes de radiodiffusion, pour le contenu faisant partie de la transmission. Il en va de même lorsqu'une telle transmission a lieu afin de permettre à un consommateur de procéder à un téléchargement pour utiliser un service de contenu en ligne.

(10) L'acquisition d'une licence portant sur les droits pertinents n'est pas toujours possible, notamment lorsque les droits sur le contenu font l'objet d'une licence exclusive. Afin de garantir le respect effectif de l'exclusivité territoriale, il est fréquent que les fournisseurs de services de contenu en ligne s'engagent, dans leurs contrats de licence avec les titulaires de droits, y compris les organismes de radiodiffusion ou les organisateurs de manifestations, à empêcher leurs abonnés d'avoir accès à leurs services et de les utiliser en dehors du territoire pour lequel les fournisseurs détiennent la licence. Ces restrictions contractuelles imposées aux fournisseurs exigent que ces derniers prennent des mesures telles qu'un refus d'accès à leurs services depuis les adresses de protocole internet (IP) situées en dehors du territoire concerné. L'un des obstacles à la portabilité transfrontalière des services de contenu en ligne réside donc dans les contrats conclus entre les fournisseurs de services de contenu en ligne et leurs abonnés, qui reflètent les clauses de limitation territoriale figurant dans les contrats conclus entre lesdits fournisseurs et les titulaires de droits.

(11) La jurisprudence de la Cour de justice de l'Union européenne devrait être prise en compte lorsqu'il s'agit de trouver un équilibre entre l'objectif de protection des droits de propriété intellectuelle et les libertés fondamentales garanties par le traité sur le fonctionnement de l'Union européenne.

(12) Par conséquent, l'objectif du présent règlement est d'adapter le cadre juridique harmonisé concernant le droit d'auteur et les droits voisins et d'établir une approche commune pour la fourniture de services de contenu en ligne aux abonnés présents temporairement dans un État membre autre que leur État membre de résidence, en supprimant les barrières à la portabilité transfrontalière des services de contenu en ligne qui sont fournis légalement. Le présent règlement devrait assurer la portabilité transfrontalière des services de contenu en ligne dans tous les secteurs concernés et donner ainsi aux consommateurs un moyen supplémentaire d'avoir accès au contenu en ligne légalement, sans porter atteinte au niveau élevé de protection garanti par le droit d'auteur et les droits voisins dans l'Union, sans

modifier les modèles de licence existants, tels que les licences territoriales, et sans porter atteinte aux mécanismes de financement existants. Le concept de portabilité transfrontalière des services de contenu en ligne devrait être différencié du concept d'accès transfrontalier, par les consommateurs, à des services de contenu en ligne fournis dans un État membre autre que leur État membre de résidence, qui n'est pas couvert par le présent règlement.

(13) Compte tenu des instruments de l'Union qui existent dans le domaine de la fiscalité, il convient d'exclure ce domaine du champ d'application du présent règlement. Par conséquent, le présent règlement devrait être sans incidence sur l'application d'une quelconque disposition liée à la fiscalité.

(14) Le présent règlement définit plusieurs concepts nécessaires à son application, y compris celui d'État membre de résidence. Il convient de déterminer l'État membre de résidence en tenant compte des objectifs du présent règlement et de la nécessité de garantir son application uniforme dans l'Union. La définition de l'État membre de résidence implique que l'abonné ait sa résidence effective et stable dans cet État membre. Un fournisseur d'un service de contenu en ligne qui a vérifié l'État membre de résidence conformément au présent règlement devrait pouvoir considérer, aux fins du présent règlement, que l'État membre de résidence tel qu'il a été vérifié est le seul État membre de résidence de l'abonné. Les fournisseurs ne devraient pas être tenus de vérifier si leurs abonnés sont également abonnés à un service de contenu en ligne dans un autre État membre.

(15) Le présent règlement devrait s'appliquer aux services de contenu en ligne que des fournisseurs, après avoir obtenu les droits pertinents auprès des titulaires de droits sur un territoire donné, fournissent à leurs abonnés sur la base d'un contrat, par tout moyen, y compris le streaming, le téléchargement, via des applications ou toute autre technique permettant l'utilisation de ce contenu. Aux fins du présent règlement, le terme "contrat" devrait être considéré comme visant tout accord conclu entre un fournisseur et un abonné, y compris tout arrangement par lequel l'abonné accepte les conditions générales fixées par le fournisseur pour la fourniture des services de contenu en ligne, que ceux-ci soient fournis contre rémunération ou sans une telle rémunération. Aux fins du présent règlement, le fait de s'enregistrer pour recevoir des alertes sur la disponibilité de contenu ou une simple acceptation de cookies HTML ne devraient pas être considérés comme un contrat relatif à la fourniture de services de contenu en ligne.

(16) Un service en ligne qui n'est pas un service de médias audiovisuels au sens de la directive 2010/13/UE et qui utilise des œuvres, d'autres objets protégés ou des transmissions d'organismes de radiodiffusion à titre purement accessoire ne devrait pas être couvert par le présent règlement. Sont notamment visés les sites internet qui n'utilisent des œuvres ou d'autres objets protégés qu'à titre accessoire, tels que des éléments graphiques ou de la musique de fond, alors que leur fonction principale est, par exemple, la vente de marchandises.

(17) Le présent règlement devrait s'appliquer uniquement aux services de contenu en ligne auxquels les abonnés peuvent effectivement avoir accès et qu'ils peuvent effectivement utiliser dans leur État membre de résidence sans être limités à un lieu spécifique, étant donné qu'il n'est pas opportun d'exiger des fournisseurs de services de contenu en ligne qui n'offrent pas de services de contenu en ligne portables dans l'État membre de résidence d'un abonné qu'ils le fassent au-delà des frontières.

(18) Le présent règlement devrait s'appliquer aux services de contenu en ligne qui sont fournis contre rémunération. Les fournisseurs de services de ce type sont en mesure de vérifier l'État membre de résidence de leurs abonnés. Le droit d'utiliser un service de contenu en ligne devrait être considéré comme acquis contre rémunération que le paiement soit fait directement au fournisseur du service de contenu en ligne ou qu'il soit fait à un tiers, par exemple à un fournisseur qui propose une offre globale combinant un service de communications électroniques avec un service de contenu en ligne exploité par un autre fournisseur. Aux fins du présent règlement, le paiement d'une redevance obligatoire pour des services publics de radiodiffusion ne saurait être considéré comme une rémunération pour un service de contenu en ligne.

(19) Les fournisseurs de services de contenu en ligne ne devraient pas soumettre leurs abonnés à des frais supplémentaires pour la fourniture de la portabilité transfrontalière des services de contenu en ligne conformément au présent règlement. Cependant, il se pourrait que les abonnés doivent, pour avoir accès et utiliser des services de contenu en ligne dans les États membres autres que leur État membre de résidence, s'acquitter de frais payables aux opérateurs des réseaux de communications électroniques utilisés pour avoir accès à ces services.

(20) Les fournisseurs de services de contenu en ligne qui sont fournis sans rémunération ne vérifient généralement pas l'État membre de résidence de leurs abonnés. L'inclusion de ces services de contenu en ligne dans le champ d'application du présent règlement impliquerait un changement majeur de la manière dont ces services sont fournis et entraînerait des coûts disproportionnés. Cependant, l'exclusion de ces services du champ d'application du présent règlement signifierait que les fournisseurs de ces services ne pourraient pas tirer parti du mécanisme juridique qui est prévu au présent règlement et qui permet aux fournisseurs de services de contenu en ligne d'offrir la portabilité transfrontalière de tels services, même s'ils décident d'investir dans des moyens leur permettant de vérifier l'État membre de résidence de leurs abonnés. En conséquence, les fournisseurs de services de contenu en ligne qui sont fournis sans rémunération devraient pouvoir choisir d'être inclus dans le champ d'application du présent règlement, à condition qu'ils respectent les exigences relatives à la vérification de l'État membre de résidence de leurs abonnés. S'ils font usage de cette possibilité, ces fournisseurs devraient se conformer aux mêmes obligations que celles imposées par le présent règlement aux fournisseurs de services de contenu en ligne fournis contre rémunération. En outre, ils devraient informer en temps utile leurs abonnés, les titulaires du droit d'auteur et de droits voisins et les titulaires de tout autre droit sur le contenu des services de contenu en ligne concernés de leur décision de faire usage de cette possibilité. Cette information pourrait figurer sur le site internet du fournisseur.

(21) Pour assurer la portabilité transfrontalière des services de contenu en ligne, il est nécessaire d'exiger que les fournisseurs de services de contenu en ligne qui relèvent du présent règlement permettent aux abonnés d'utiliser ces services dans l'État membre dans lequel ils sont présents temporairement de la même manière que dans leur État membre de résidence. Les abonnés devraient avoir accès aux services de contenu en ligne offrant le même contenu, sur la même gamme et le même nombre d'appareils, pour le même nombre d'utilisateurs et avec le même éventail de fonctionnalités que dans leur État membre de résidence. Il est essentiel que l'obligation de fournir la portabilité transfrontalière des services de contenu en ligne soit contraignante ; dès lors, les parties ne devraient pas pouvoir l'exclure, y déroger ou modifier ses effets. Toute mesure prise par un fournisseur qui empêcherait les abonnés d'avoir accès au service ou de l'utiliser lorsqu'ils sont présents temporairement dans un État membre autre que leur État membre de résidence, par exemple une limitation des fonctionnalités du service ou de la qualité délivrée, devrait être considérée comme un contournement de l'obligation de fournir la portabilité transfrontalière des services de contenu en ligne et donc comme contraire au présent règlement.

(22) Le fait d'exiger que la prestation de services de contenu en ligne fournie aux abonnés présents temporairement dans un État membre autre que leur État membre de résidence, soit de la même qualité que dans l'État membre de résidence pourrait entraîner des frais élevés pour les fournisseurs de services de contenu en ligne et, par voie de conséquence, pour les abonnés. Il n'est, dès lors, pas opportun que le présent règlement exige, lorsqu'un abonné est présent temporairement dans un autre État membre, que les fournisseurs garantissent une qualité de la prestation de services qui serait supérieure à la qualité disponible via l'accès local en ligne choisi par cet abonné. Dans cette situation, le fournisseur ne devrait pas être responsable si la qualité de la prestation de services est inférieure. Néanmoins, si le fournisseur garantit expressément une certaine qualité de la prestation de services fournie aux abonnés lorsqu'ils sont présents temporairement dans un autre État membre, il devrait être lié par cette garantie. Le fournisseur devrait, sur la base des informations en sa possession, communiquer à l'avance à ses abonnés des informations sur la qualité de la prestation d'un service de contenu en ligne fournie dans les États membres autres que leur État membre de résidence, en particulier leur indiquer que cette qualité pourrait différer de celle applicable dans leur État membre de résidence. Le fournisseur ne devrait pas être tenu de rechercher activement des informations sur la qualité de la prestation d'un service fournie dans des États membres autres que l'État membre de résidence de l'abonné. Les informations concernées pourraient figurer sur le site internet du fournisseur.

(23) Afin de faire en sorte que les fournisseurs de services de contenu en ligne qui relèvent du présent règlement se conforment à l'obligation de fournir la portabilité transfrontalière de leurs services, sans acquérir les droits pertinents dans un autre État membre, il est nécessaire de prévoir que ces fournisseurs ont toujours le droit de fournir ces services aux abonnés lorsque ces derniers sont présents temporairement dans un État membre autre que leur État membre de résidence. Cet objectif devrait être atteint en établissant que la fourniture de ces services de contenu en ligne, l'accès à ces services et leur utilisation devraient être réputés avoir lieu dans l'État membre de résidence de l'abonné. Ce mécanisme juridique ne devrait s'appliquer qu'à la seule fin d'assurer la portabilité transfrontalière des services de

contenu en ligne. On devrait considérer qu'un service de contenu en ligne est fourni légalement si tant le service que le contenu sont fournis légalement dans l'État membre de résidence. Le présent règlement, et en particulier le mécanisme juridique par lequel la fourniture d'un service de contenu en ligne, l'accès à ce service et son utilisation sont réputés avoir lieu dans l'État membre de résidence de l'abonné, n'empêche pas un fournisseur de permettre à l'abonné d'avoir également accès aux contenus proposés légalement par le fournisseur dans l'État membre où l'abonné est présent temporairement et d'utiliser ces contenus.

(24) En ce qui concerne l'octroi de licences couvrant le droit d'auteur ou les droits voisins, le mécanisme juridique établi dans le présent règlement signifie que les actes de reproduction, de communication au public et de mise à disposition d'œuvres et d'autres objets protégés pertinents, ainsi que les actes d'extraction ou de réutilisation effectués par rapport à des bases de données protégées par des droits sui generis, qui ont lieu lorsque le service est fourni aux abonnés lorsqu'ils sont présents temporairement dans un État membre autre que leur État membre de résidence, devraient être réputés avoir lieu dans l'État membre de résidence des abonnés. Les fournisseurs de services de contenu en ligne qui relèvent du présent règlement devraient, par conséquent, être réputés accomplir de tels actes sur la base des autorisations respectives données par les titulaires de droits concernés pour l'État membre de résidence de leurs abonnés. Chaque fois que les fournisseurs ont le droit d'effectuer des actes de communication au public ou de reproduction dans l'État membre de résidence de leurs abonnés sur la base d'une autorisation donnée par les titulaires de droits concernés, les abonnés qui sont présents temporairement dans un État membre autre que leur État membre de résidence devraient être en mesure d'avoir accès au service et de l'utiliser et, si nécessaire, d'effectuer tout acte de reproduction pertinent, tel que le téléchargement, qu'ils auraient le droit d'effectuer dans leur État membre de résidence. La fourniture d'un service de contenu en ligne par des fournisseurs à des abonnés présents temporairement dans un État membre autre que leur État membre de résidence, ainsi que l'accès à celui-ci et son utilisation par de tels abonnés conformément au présent règlement, ne devraient pas constituer une violation du droit d'auteur ou des droits voisins ni de tout autre droit pertinent pour la fourniture du service de contenu en ligne, l'accès à celui-ci et son utilisation.

(25) Les fournisseurs de services de contenu en ligne qui relèvent du présent règlement ne devraient pas être tenus responsables de la violation d'une disposition contractuelle qui irait à l'encontre de l'obligation qu'ils ont de permettre à leurs abonnés d'utiliser de tels services dans l'État membre dans lequel ils sont présents temporairement. Par conséquent, les clauses contractuelles visant à interdire ou à limiter la portabilité transfrontalière de ces services de contenu en ligne devraient être inapplicables. Les fournisseurs et les titulaires de droits pertinents pour la fourniture de services de contenu en ligne ne devraient pas être autorisés à contourner l'application du présent règlement en choisissant la loi d'un pays tiers comme loi applicable aux contrats qu'ils concluent entre eux. Il devrait en être de même pour les contrats conclus entre les fournisseurs et les abonnés.

(26) Le présent règlement devrait permettre aux abonnés de bénéficier des services de contenu en ligne auxquels ils ont souscrit dans leur État membre de résidence lorsqu'ils sont présents temporairement dans un autre État membre. Seuls devraient pouvoir bénéficier de la portabilité transfrontalière des services de contenu en ligne les abonnés qui résident dans un État membre de l'Union. Par conséquent, le présent règlement devrait obliger les fournisseurs de services de contenu en ligne à mettre en œuvre des moyens raisonnables, proportionnés et efficaces pour vérifier l'État membre de résidence de leurs abonnés. A cette fin, les fournisseurs devraient utiliser les moyens de vérification énumérés dans le présent règlement. Cela n'empêche pas les fournisseurs et les titulaires de droits de conclure un accord sur ces moyens de vérification dans les limites du présent règlement. L'objectif de cette énumération est d'assurer la sécurité juridique en ce qui concerne les moyens de vérification à utiliser par les fournisseurs ainsi que de limiter les interférences avec la vie privée des abonnés. Il convient, dans chaque cas, de tenir compte de l'efficacité et de la proportionnalité d'un moyen de vérification particulier dans un État membre donné et pour un type donné de service de contenu en ligne. A moins qu'un seul moyen de vérification ne suffise à vérifier, avec une certitude suffisante, l'État membre de résidence de l'abonné, les fournisseurs devraient recourir à deux moyens de vérification. Lorsque le fournisseur a des doutes raisonnables quant à l'État membre de résidence de l'abonné, il devrait être en mesure de procéder de nouveau à la vérification de l'État membre de résidence de l'abonné. Il convient que le fournisseur mette en œuvre les mesures techniques et organisationnelles requises en vertu des règles applicables en matière de protection des données pour le traitement des données à caractère personnel collectées aux fins de la vérification de l'État membre de résidence de l'abonné en vertu du présent règlement. Ces mesures peuvent notamment comprendre la

fourniture d'informations transparentes aux personnes sur les méthodes de vérification utilisées et la finalité de cette vérification, ainsi que des mesures de sécurité appropriées.

(27) Il convient, aux fins de la vérification de l'État membre de résidence de l'abonné, que le fournisseur d'un service de contenu en ligne s'appuie, dans la mesure du possible, sur les informations en sa possession, notamment les informations relatives à la facturation. En ce qui concerne les contrats conclus avant la date d'application du présent règlement et la vérification effectuée lors du renouvellement d'un contrat, le fournisseur ne devrait être autorisé à demander à l'abonné de lui fournir les informations nécessaires à la vérification de l'État membre de résidence de l'abonné que lorsque celui-ci ne peut pas être déterminé sur la base des informations que le fournisseur a déjà en sa possession.

(28) Les contrôles de l'adresse IP effectués en vertu du présent règlement devraient l'être conformément aux directives du Parlement européen et du Conseil 95/46/CE (9) et 2002/58/CE (10). Par ailleurs, aux fins de la vérification de l'État membre de résidence de l'abonné, ce n'est pas la localisation précise de l'abonné qui importe mais plutôt l'État membre dans lequel l'abonné a accès au service. Il n'y a donc pas lieu de collecter ou de traiter à cette fin des données de localisation précises de l'abonné ou toutes autres données à caractère personnel. Lorsque le fournisseur a des doutes raisonnables quant à l'État membre de résidence de l'abonné et qu'il effectue un contrôle de l'adresse IP afin de vérifier l'État membre de résidence, ce contrôle devrait avoir pour seule finalité d'établir si l'abonné a accès au service de contenu en ligne ou l'utilise dans l'État membre de résidence ou en dehors de celui-ci. Par conséquent, dans ce cas, les données issues des contrôles des adresses IP ne devraient être collectées qu'en format binaire et en conformité avec les règles applicables en matière de protection des données. Le fournisseur ne devrait pas aller au-delà de ce niveau de détail.

(29) Un titulaire du droit d'auteur, de droits voisins ou de tout autre droit sur le contenu d'un service de contenu en ligne devrait toujours être en mesure d'exercer sa liberté contractuelle d'autoriser la fourniture de ce contenu, l'accès à celui-ci et son utilisation sans vérification de l'État membre de résidence en vertu du présent règlement. Cela peut être particulièrement pertinent dans des secteurs comme la musique et les livres électroniques. Chaque titulaire de droits devrait pouvoir prendre de telles décisions librement lorsqu'il conclut des contrats avec des fournisseurs de services de contenu en ligne. Les contrats entre fournisseurs et titulaires de droits ne devraient pas limiter la possibilité pour les titulaires de droits de retirer cette autorisation moyennant un préavis raisonnable adressé au fournisseur. L'autorisation octroyée par un titulaire de droits individuel ne dispense pas, en tant que telle, le fournisseur de l'obligation de vérifier l'État membre de résidence de l'abonné. Ce n'est que dans les cas où tous les titulaires du droit d'auteur, de droits voisins ou de tout autre droit sur le contenu utilisé par le fournisseur décident d'autoriser la fourniture de leur contenu, l'accès à celui-ci et son utilisation sans vérification de l'État membre de résidence de l'abonné que l'obligation de vérification devrait être levée et le contrat relatif à la fourniture d'un service de contenu en ligne conclu entre le fournisseur et l'abonné devrait être utilisé pour déterminer l'État membre de résidence de ce dernier. Tous les autres éléments du présent règlement devraient rester applicables en pareil cas.

(30) Le présent règlement respecte les droits fondamentaux et observe les principes consacrés par la Charte des droits fondamentaux de l'Union européenne (ci-après dénommée "Charte"). Par conséquent, le présent règlement devrait être interprété et appliqué conformément à ces droits et ces principes, notamment le droit au respect de la vie privée et familiale, le droit à la protection des données à caractère personnel, la liberté d'expression, la liberté d'entreprise et le droit de propriété, y compris la propriété intellectuelle. Tout traitement de données à caractère personnel en vertu du présent règlement devrait respecter les droits fondamentaux, notamment le droit au respect de la vie privée et familiale et le droit à la protection des données à caractère personnel au titre des articles 7 et 8 de la Charte, et il est essentiel qu'un tel traitement soit conforme aux directives 95/46/CE et 2002/58/CE. Les fournisseurs de services de contenu en ligne devraient notamment s'assurer que tout traitement de données à caractère personnel au titre du présent règlement est nécessaire, raisonnable et proportionné pour atteindre la finalité poursuivie. Lorsque l'authentification d'un abonné est suffisante pour fournir le service, l'identification de l'abonné ne devrait pas être exigée. Les données collectées en application du présent règlement aux fins de la vérification de l'État membre de résidence ne devraient pas être conservées par le fournisseur plus longtemps que ce qui est nécessaire à ladite vérification. Ces données devraient être détruites immédiatement et de façon irréversible une fois la vérification achevée. Toutefois, cette disposition est sans préjudice de la conservation des données collectées pour d'autres

finalités légitimes, dans le respect des règles applicables en matière de protection des données, notamment les règles relatives à la conservation de ces données.

(31) Les contrats en vertu desquels un contenu est concédé sous licence sont généralement conclus pour une durée relativement longue. Dès lors, afin de faire en sorte que tous les consommateurs résidant dans l'Union puissent bénéficier de la portabilité transfrontalière des services de contenu en ligne sur un pied d'égalité dans le temps et sans retard indu, le présent règlement devrait également s'appliquer aux contrats conclus et aux droits acquis avant la date de son application, si ces contrats et ces droits concernent la portabilité transfrontalière d'un service de contenu en ligne fourni après cette date. Une telle application du présent règlement est également nécessaire pour garantir des conditions de concurrence égales aux fournisseurs de services de contenu en ligne relevant du présent règlement qui opèrent dans le marché intérieur, en particulier aux petites et moyennes entreprises (PME), en permettant aux fournisseurs qui ont conclu des contrats avec des titulaires de droits pour une longue durée d'offrir à leurs abonnés la portabilité transfrontalière, indépendamment de la possibilité qu'ils ont de renégocier ces contrats. Une telle application du présent règlement devrait, en outre, garantir que, lorsque les fournisseurs prennent les mesures nécessaires pour assurer la portabilité transfrontalière de leurs services, ils sont à même d'offrir cette portabilité pour la totalité de leur contenu en ligne. Cela devrait également s'appliquer aux fournisseurs de services de contenu en ligne proposant des offres globales qui combinent des services de communications électroniques avec des services de contenu en ligne. Enfin, une telle application du présent règlement devrait aussi éviter aux titulaires de droits d'avoir à renégocier les contrats de licences en cours en vue de permettre aux fournisseurs d'offrir la portabilité transfrontalière de leurs services.

(32) Par conséquent, étant donné que le présent règlement s'appliquera à certains contrats conclus et à certains droits acquis avant la date de son application, il est aussi approprié de prévoir un délai raisonnable entre la date d'entrée en vigueur du présent règlement et la date de son application, de manière à permettre aux titulaires de droits et aux fournisseurs de services de contenu en ligne qui relèvent du présent règlement de prendre les mesures nécessaires pour s'adapter à la nouvelle situation, et aux fournisseurs de modifier les conditions d'utilisation de leurs services. Les modifications des conditions d'utilisation des services de contenu en ligne proposés dans le cadre d'offres globales combinant un service de communications électroniques avec un service de contenu en ligne, qui sont apportées dans le seul but de se conformer aux exigences du présent règlement, ne devraient pas faire naître, au profit des abonnés, dans le cadre des législations nationales transposant le cadre réglementaire pour les réseaux et services de communications électroniques, un quelconque droit de résilier les contrats relatifs à la fourniture de tels services de communications électroniques.

(33) Le présent règlement vise à améliorer la compétitivité en encourageant l'innovation dans le domaine des services de contenu en ligne et en attirant davantage de consommateurs. Le présent règlement ne devrait pas avoir d'incidence sur l'application des règles de concurrence, en particulier les articles 101 et 102 du traité sur le fonctionnement de l'Union européenne. Les règles prévues dans le présent règlement ne devraient pas être utilisées pour restreindre la concurrence d'une manière qui soit contraire audit traité.

(34) Le présent règlement ne devrait pas avoir d'incidence sur l'application de la directive 2014/26/UE du Parlement européen et du Conseil, et notamment du titre III de cette directive. Le présent règlement est cohérent avec l'objectif visant à faciliter l'accès légal au contenu protégé par le droit d'auteur ou les droits voisins, ainsi que les services connexes.

(35) Pour atteindre l'objectif consistant à assurer la portabilité transfrontalière des services de contenu en ligne dans l'Union, il convient d'adopter un règlement, lequel est directement applicable dans les États membres. Cela est nécessaire pour garantir une application uniforme des règles relatives à la portabilité transfrontalière dans tous les États membres et leur entrée en vigueur simultanée pour tous les services de contenu en ligne. Seul un règlement garantit le degré de sécurité juridique nécessaire pour permettre aux consommateurs de bénéficier pleinement de la portabilité transfrontalière dans l'ensemble de l'Union.

(36) Étant donné que l'objectif du présent règlement, à savoir l'adaptation du cadre juridique pour que la portabilité transfrontalière des services de contenu en ligne soit fournie dans l'Union, ne peut pas être atteint de manière suffisante par les États membres mais peut, en raison de sa dimension et de ses effets, l'être mieux au niveau de l'Union, celle-ci peut prendre des mesures, conformément au principe de subsidiarité consacré à l'article 5 du traité sur l'Union européenne. Conformément au principe de proportionnalité tel qu'énoncé audit article, le présent règlement n'excède pas ce qui est nécessaire pour attein-

dre cet objectif. En particulier, le présent règlement n'affecte pas de manière substantielle la manière dont les droits sont concédés sous licence et n'oblige pas les titulaires de droits et les fournisseurs à renégocier les contrats. En outre, le présent règlement n'impose pas aux fournisseurs de prendre des mesures visant à assurer la qualité de la prestation des services de contenu en ligne fournis en dehors de l'État membre de résidence des abonnés. Enfin, le présent règlement ne s'applique pas aux fournisseurs qui offrent des services de contenu en ligne sans rémunération et qui ne font pas usage de la possibilité d'offrir la portabilité transfrontalière de leurs services. Par conséquent, il n'impose pas de coûts disproportionnés,

Ont adopté le présent règlement :

Art. 1er *Objet et champ d'application.* 1. Le présent règlement instaure une approche commune dans l'Union de la portabilité transfrontalière des services de contenu en ligne en veillant à ce que les abonnés à des services de contenu en ligne portables qui sont légalement fournis dans leur État membre de résidence puissent avoir accès à ces services et les utiliser lorsqu'ils sont présents temporairement dans un État membre autre que leur État membre de résidence.

2. Le présent règlement ne s'applique pas en matière fiscale.

Art. 2 *Définitions.* Aux fins du présent règlement, on entend par :

1. "abonné", tout consommateur qui, en vertu d'un contrat relatif à la fourniture d'un service de contenu en ligne conclu avec un fournisseur, contre rémunération ou sans une telle rémunération, est autorisé à avoir accès audit service et à l'utiliser dans son État membre de résidence ;

2. "consommateur", toute personne physique qui, dans les contrats relevant du présent règlement, agit à des fins qui n'entrent pas dans le cadre de l'activité commerciale, industrielle, artisanale ou libérale de cette personne ;

3. "État membre de résidence", l'État membre, déterminé sur la base de l'article 5, dans lequel l'abonné a sa résidence effective et stable ;

4. "présent temporairement dans un État membre", le fait d'être présent dans un État membre autre que l'État membre de résidence pour une durée limitée ;

5. "service de contenu en ligne", un service, au sens des articles 56 et 57 du traité sur le fonctionnement de l'Union européenne, qu'un fournisseur fournit légalement, selon des dispositions convenues et en ligne, à des abonnés dans leur État membre de résidence, qui est portable et qui est :

i) un service de média audiovisuel au sens de l'article 1, point a), de la directive 2010/13/UE ; ou

ii) un service dont la caractéristique essentielle est de donner accès à des œuvres, à d'autres objets protégés ou à des transmissions réalisées par des organismes de radiodiffusion et à permettre leur utilisation, de manière linéaire ou à la demande ;

6. "portable", une caractéristique d'un service de contenu en ligne permettant aux abonnés d'avoir effectivement accès et d'utiliser effectivement un service de contenu en ligne dans leur État membre de résidence sans être limités à un lieu spécifique.

Art. 3 *Obligation d'offrir la portabilité transfrontalière des services de contenu en ligne.*

1. Le fournisseur d'un service de contenu en ligne fourni contre rémunération permet à un abonné présent temporairement dans un État membre d'avoir accès au service de contenu en ligne et de l'utiliser de la même manière que dans son État membre de résidence, notamment en lui donnant accès au même contenu, sur la même gamme et le même nombre d'appareils, pour le même nombre d'utilisateurs et avec le même éventail de fonctionnalités.

2. Le fournisseur n'impose pas de charge supplémentaire à l'abonné pour l'accès à ce service de contenu en ligne et son utilisation en vertu du paragraphe 1.

3. L'obligation énoncée au paragraphe 1 ne s'étend pas aux exigences de qualité applicables à la prestation du service de contenu en ligne auxquelles le fournisseur est soumis lorsqu'il fournit ledit service dans l'État membre de résidence, à moins que cela n'ait été expressément convenu entre le fournisseur et l'abonné.

Le fournisseur ne prend aucune mesure destinée à réduire la qualité de la prestation du service de contenu en ligne lorsqu'il fournit le service de contenu en ligne conformément au paragraphe 1.

4. Le fournisseur, sur la base des informations en sa possession, fournit à l'abonné des informations concernant la qualité de la prestation du service de contenu en ligne fournie conformément au paragraphe 1. Ces informations sont communiquées à l'abonné avant la fourniture du service de contenu en ligne conformément au paragraphe 1 et par des moyens adéquats et proportionnés.

Art. 4 *Localisation de la fourniture des services de contenu en ligne, de l'accès à ceux-ci et de leur utilisation.* La fourniture d'un service de contenu en ligne au titre du présent règlement à un abonné présent temporairement dans un État membre, ainsi que l'accès à celui-ci et son utilisation par l'abonné, sont réputés avoir lieu uniquement dans l'État membre de résidence de l'abonné.

Art. 5 *Vérification de l'État membre de résidence.* 1. Lors de la conclusion et lors du renouvellement d'un contrat relatif à la fourniture d'un service de contenu en ligne fourni contre rémunération, le fournisseur vérifie l'État membre de résidence de l'abonné en utilisant au maximum deux moyens de vérification parmi ceux énumérés ci-après et veille à ce que ces moyens soient raisonnables, proportionnés et efficaces :

a) une carte d'identité, des moyens d'identification électroniques, notamment ceux relevant des schémas d'identification électroniques notifiés conformément au règlement (UE) nº 910/2014 du Parlement européen et du Conseil, ou toute autre pièce d'identité valide qui confirme l'État membre de résidence de l'abonné ;

b) les informations relatives au paiement, par exemple le numéro de compte bancaire ou le numéro de carte de crédit ou de débit de l'abonné ;

c) le lieu d'installation d'un terminal d'abonné, d'un décodeur ou d'un dispositif similaire utilisé pour la fourniture de services à l'abonné ;

d) le paiement par l'abonné d'une redevance pour d'autres services fournis dans l'État membre, comme les services publics de radiodiffusion ;

e) un contrat pour la fourniture d'accès à l'internet ou la fourniture d'un service de téléphonie, ou tout type de contrat similaire liant l'abonné à l'État membre ;

f) l'enregistrement sur les listes électorales locales, si l'information en question est accessible au public ;

g) le paiement d'impôts locaux, si l'information en question est accessible au public ;

h) une facture de service public de l'abonné liant ce dernier à l'État membre ;

i) l'adresse de facturation ou l'adresse postale de l'abonné ;

j) une déclaration de l'abonné confirmant l'adresse de l'abonné dans l'État membre ;

k) un contrôle de l'adresse IP, afin de déterminer l'État membre dans lequel l'abonné a accès au service de contenu en ligne.

Les moyens de vérification mentionnés aux points i) à k) ne sont utilisés qu'en combinaison avec l'un des moyens de vérification mentionnés aux points a) à h), sauf si l'adresse postale mentionnée au point i) figure dans un registre officiel accessible au public.

2. Si le fournisseur a des doutes raisonnables quant à l'État membre de résidence de l'abonné au cours de la durée du contrat relatif à la fourniture d'un service de contenu en ligne, il peut procéder de nouveau à la vérification de l'État membre de résidence de l'abonné, conformément au paragraphe 1. Dans ce cas, toutefois, le moyen de vérification mentionné au point k) peut être utilisé comme moyen unique de vérification. Les données obtenues à la suite de l'utilisation du moyen de vérification mentionné au point k) ne sont collectées qu'en format binaire.

3. Le fournisseur a le droit de demander à l'abonné de fournir les informations nécessaires pour déterminer l'État membre de résidence de l'abonné conformément aux paragraphes 1 et 2. Si l'abonné ne communique pas ces informations et empêche ainsi le fournisseur de vérifier son État membre de résidence, le fournisseur ne permet pas, sur la base du présent règlement, à cet abonné d'avoir accès au service de contenu en ligne ou de l'utiliser lorsqu'il est présent temporairement dans un État membre.

4. Les titulaires du droit d'auteur ou de droits voisins ou les titulaires de tout autre droit sur le contenu d'un service de contenu en ligne peuvent autoriser la fourniture de leur contenu, l'accès à celui-ci et son utilisation au titre du présent règlement sans vérification de l'État membre de résidence. Dans ce cas, le contrat entre le fournisseur et l'abonné pour la fourniture d'un service de contenu en ligne est suffisant pour déterminer l'État membre de résidence de l'abonné.

Les titulaires du droit d'auteur ou de droits voisins ou les titulaires de tout autre droit sur le contenu d'un service de contenu en ligne sont autorisés à retirer l'autorisation octroyée en vertu du premier alinéa moyennant un préavis raisonnable adressé au fournisseur.

5. Le contrat conclu entre le fournisseur et les titulaires du droit d'auteur ou de droits voisins ou les titulaires de tout autre droit sur le contenu d'un service de contenu en ligne ne limite pas la possibilité qu'ont ces titulaires de droits de retirer l'autorisation visée au paragraphe 4.

Art. 6 *Portabilité transfrontalière des services de contenu en ligne fournis sans rémunération.* 1. Le fournisseur d'un service de contenu en ligne fourni sans rémunération peut décider de permettre à ses abonnés présents temporairement dans un État membre d'avoir accès au service de contenu en ligne et de l'utiliser à condition que ce fournisseur vérifie l'État membre de résidence de l'abonné conformément au présent règlement.

2. Le fournisseur informe ses abonnés, les titulaires du droit d'auteur et de droits voisins et les titulaires de tout autre droit sur le contenu du service de contenu en ligne concernés, de sa décision de fournir le service de contenu en ligne conformément au paragraphe 1 avant la fourniture dudit service. Cette information est communiquée par des moyens adéquats et proportionnés.

3. Le présent règlement s'applique aux fournisseurs qui fournissent un service de contenu en ligne conformément au paragraphe 1.

Art. 7 *Dispositions contractuelles.* 1. Sont inapplicables toutes les dispositions contractuelles, dont celles entre les fournisseurs de services de contenu en ligne et les titulaires du droit d'auteur ou de droits voisins ou les titulaires de tout autre droit sur le contenu de services de contenu en ligne, ainsi que celles entre ces fournisseurs et leurs abonnés, qui sont contraires au présent règlement, notamment les dispositions qui interdisent la portabilité transfrontalière des services de contenu en ligne ou limitent cette portabilité à une période déterminée.

2. Le présent règlement s'applique quelle que soit la loi applicable aux contrats conclus entre les fournisseurs de services de contenu en ligne et les titulaires du droit d'auteur ou de droits voisins ou les titulaires de tout autre droit sur le contenu de services de contenu en ligne, ou aux contrats conclus entre ces fournisseurs et leurs abonnés.

Art. 8 *Protection des données à caractère personnel.* 1. Le traitement des données à caractère personnel effectué dans le cadre du présent règlement, notamment à des fins de vérification de l'État membre de résidence de l'abonné au titre de l'article 5, est réalisé dans le respect des directives 95/46/CE et 2002/58/CE. En particulier, le recours à des moyens de vérification conformément à l'article 5 et tout traitement de données à caractère personnel au titre du présent règlement sont limités à ce qui est nécessaire et proportionné à la finalité poursuivie.

2. Les données collectées au titre de l'article 5 sont utilisées uniquement à des fins de vérification de l'État membre de résidence de l'abonné. Elles ne sont pas communiquées, transférées, partagées, concédées sous licence ni transmises ou divulguées de quelque manière que ce soit aux titulaires du droit d'auteur et de droits voisins ou aux titulaires de tout autre droit sur le contenu des services de contenu en ligne, ni à des tiers.

3. Les données collectées au titre de l'article 5 ne sont pas conservées par le fournisseur d'un service de contenu en ligne plus longtemps que nécessaire pour effectuer la vérification de l'État membre de résidence d'un abonné au titre de l'article 5, paragraphe 1 ou 2. Une fois que chaque vérification est achevée, les données sont détruites immédiatement et de façon irréversible.

Art. 9 *Application aux contrats existants et aux droits acquis.* 1. Le présent règlement s'applique également aux contrats conclus et aux droits acquis avant la date de son application s'ils concernent la fourniture d'un service de contenu en ligne, l'accès à ce service et son utilisation conformément aux articles 3 et 6 après cette date.

2. Au plus tard le 21 mai 2018, le fournisseur d'un service de contenu en ligne fourni contre rémunération vérifie, conformément au présent règlement, l'État membre de résidence des abonnés qui ont conclu des contrats relatifs à la fourniture du service de contenu en ligne avant cette date.

Dans les deux mois de la date à laquelle il fournit pour la première fois le service conformément à l'article 6, le fournisseur d'un service de contenu en ligne fourni sans rémunération vérifie, conformément au présent règlement, l'État membre de résidence des abonnés qui ont conclu des contrats relatifs à la fourniture du service de contenu en ligne avant cette date.

Art. 10 *Réexamen.* Au plus tard le 21 mars 2021, et si nécessaire par la suite, la Commission évalue l'application du présent règlement à la lumière des évolutions juridiques, technologiques et économiques, et soumet au Parlement européen et au Conseil un rapport à ce sujet.

Le rapport visé au premier alinéa comprend, notamment, une évaluation de l'application des moyens de vérification de l'État membre de résidence visés à l'article 5, compte tenu des technologies, normes et pratiques sectorielles les plus récentes et, si nécessaire, évalue la nécessité d'un réexamen. Le rapport accorde une attention particulière à l'incidence du présent règlement sur les PME et à la protection des données à caractère personnel. La Commission accompagne son rapport, le cas échéant, d'une proposition législative.

Art. 11 *Dispositions finales.* **1. Le présent règlement entre en vigueur le vingtième jour suivant celui de sa publication au Journal officiel de l'Union européenne.**

2. Il est applicable à partir du 20 mars 2018.

Directive (UE) 2017/1564 du Parlement européen et du Conseil du 13 septembre 2017,

Sur certaines utilisations autorisées de certaines œuvres et d'autres objets protégés par le droit d'auteur et les droits voisins en faveur des aveugles, des déficients visuels et des personnes ayant d'autres difficultés de lecture des textes imprimés et modifiant la directive 2001/29/CE sur l'harmonisation de certains aspects du droit d'auteur et des droits voisins dans la société de l'information.

Le Parlement européen et le Conseil de l'Union européenne,

considérant ce qui suit :

(1) Les actes juridiques de l'Union dans le domaine du droit d'auteur et des droits voisins offrent une sécurité juridique et un niveau élevé de protection des titulaires de droits, et constituent un cadre juridique harmonisé. Ce cadre contribue au bon fonctionnement du marché intérieur et stimule l'innovation, la création, l'investissement et la production de nouveaux contenus, y compris dans l'environnement numérique. Il a également pour objectif de promouvoir l'accès au savoir et à la culture en protégeant les œuvres et autres objets et en autorisant des exceptions ou limitations dans l'intérêt public. Un juste équilibre en matière de droits et d'intérêts devrait être préservé entre les titulaires de droits et les utilisateurs.

(2) Les directives du Parlement européen et du Conseil 96/9/CE *[du 11 mars 1996 concernant la protection juridique des bases de données]*, **2001/29/CE** *[du 22 mai 2001 sur l'harmonisation de certains aspects du droit d'auteur et des droits voisins dans la société de l'information]*, **2006/115/CE** *[du 12 déc. 2006 relative au droit de location et de prêt et à certains droits voisins du droit d'auteur dans le domaine de la propriété intellectuelle]* **et 2009/24/CE** *[du 23 avr. 2009 concernant la protection juridique des programmes d'ordinateur]* **harmonisent les droits des titulaires de droits dans le domaine du droit d'auteur et des droits voisins. Ces directives, avec la directive 2012/28/UE du Parlement européen et du Conseil** *[du 25 oct. 2012 sur certaines utilisations autorisées des œuvres orphelines]*, **prévoient une liste exhaustive d'exceptions et de limitations à ces droits, qui permettent, sous certaines conditions, l'utilisation de contenus sans l'autorisation des titulaires de droits afin d'atteindre certains objectifs politiques.**

(3) Les aveugles, les déficients visuels et les personnes ayant d'autres difficultés de lecture des textes imprimés continuent à faire face à de nombreux obstacles lorsqu'ils cherchent à accéder aux livres et à d'autres textes imprimés protégés par le droit d'auteur et les droits voisins. Compte tenu des droits des aveugles, des déficients visuels et des personnes ayant d'autres difficultés de lecture des textes imprimés tels qu'ils sont reconnus dans la Charte des droits fondamentaux de l'Union européenne (ci-après dénommée "Charte") et la convention des Nations unies relative aux droits des personnes handicapées, des mesures devraient être prises pour accroître la disponibilité des livres et autres textes imprimés en format accessible et améliorer leur circulation dans le marché intérieur.

(4) Le traité de Marrakech visant à faciliter l'accès des aveugles, des déficients visuels et des personnes ayant d'autres difficultés de lecture des textes imprimés aux œuvres publiées (ci-après dénommé "+traité de Marrakech") a été signé au nom de l'Union le 30 avril 2014 *[JO L 115 du 17 avr. 2014]*. **Son objectif est d'améliorer la disponibilité et l'échange transfrontalier de certaines œuvres et d'autres objets protégés en format accessible pour les aveugles, les déficients visuels ou les personnes ayant d'autres difficultés de lecture des textes imprimés. Le traité de Marrakech impose aux parties contractantes de prévoir des exceptions ou des limitations au droit d'auteur et aux droits voisins pour la réalisation et la diffusion d'exemplaires, en format accessible, de certaines œuvres et d'autres objets protégés, et pour l'échange transfrontalier de ces exemplaires. La conclusion du traité de Marrakech par l'Union exige d'adapter le droit de l'Union en mettant en place une exception obligatoire et harmonisée pour les utilisations, les œuvres et les personnes bénéficiaires couvertes par ledit traité.**

(5) Conformément à l'avis 3/15 de la Cour de justice de l'Union européenne *[du 14 févr. 2017]*, **les exceptions ou les limitations au droit d'auteur et aux droits voisins pour la réalisation et la diffusion d'exemplaires, en format accessible, de certaines œuvres et d'autres objets prévues par le traité de Marrakech doivent être mises en œuvre dans le cadre du domaine harmonisé par la directive 2001/29/CE.**

(6) La présente directive met en œuvre, de manière harmonisée, les obligations qui incombent à l'Union au titre du traité de Marrakech afin que les mesures correspondantes soient appliquées de façon cohérente dans l'ensemble du marché intérieur. La présente directive devrait donc prévoir une exception obligatoire aux droits qui sont harmonisés par le droit de l'Union et qui sont pertinents pour les utilisations et les œuvres régies par le traité de Marrakech. Il s'agit, notamment, des droits de reproduction, de communication au public, de mise à disposition du public, de distribution et de prêt, tels que le prévoient les directives 2001/29/CE, 2006/115/CE et 2009/24/CE, ainsi que les droits correspondants prévus par la directive 96/9/CE. Étant donné que le champ d'application des exceptions ou des limitations exigées par le traité de Marrakech comprend également les œuvres sous une forme sonore, telles que les audiolivres, l'exception obligatoire prévue par la présente directive devrait également s'appliquer aux droits voisins.

(7) La présente directive concerne les aveugles, les personnes qui sont atteintes d'une déficience visuelle qui ne peut pas être réduite de manière à rendre la fonction visuelle sensiblement équivalente à celle d'une personne non atteinte de cette déficience, les personnes qui sont atteintes d'une déficience de perception ou qui éprouvent des difficultés de lecture, y compris la dyslexie ou tout autre trouble de l'apprentissage qui les empêche de lire des œuvres imprimées dans la même mesure, essentiellement, qu'une personne qui ne serait pas atteinte d'une telle déficience ou qui n'éprouverait pas de telles difficultés, et les personnes qui sont incapables, en raison d'un handicap physique, de tenir ou de manipuler un livre ou de fixer les yeux ou de les faire bouger au point de permettre en principe la lecture, dès lors que, du fait de ces déficiences, de ce handicap ou de ces difficultés, ces personnes ne sont pas capables de lire des œuvres imprimées dans la même mesure, essentiellement, qu'une personne qui ne serait pas atteinte de telles déficiences ou d'un tel handicap ou qui n'éprouverait pas de telles difficultés. La présente directive vise donc à améliorer la disponibilité de livres, y compris de livres électroniques, revues, journaux, magazines et autres types d'écrits, de notations, y compris de partitions de musique, et d'autres textes imprimés, y compris sous une forme sonore, que le format soit numérique ou analogique, en ligne ou hors ligne, dans des formats qui rendent ces œuvres et autres objets accessibles à ces personnes dans la même mesure, essentiellement, qu'aux personnes qui ne seraient pas atteintes de telles déficiences ou d'un tel handicap ou qui n'éprouveraient pas de telles difficultés. Ces formats accessibles comprennent, par exemple, l'écriture en braille, l'impression en grands caractères, les livres électroniques adaptés, les audiolivres et les émissions de radio.

(8) L'exception obligatoire prévue par la présente directive devrait limiter le droit de reproduction de façon à permettre toute action nécessaire pour modifier, convertir ou adapter une œuvre ou un autre objet de manière à produire un exemplaire en format accessible permettant aux personnes bénéficiaires d'avoir accès à cette œuvre ou à cet autre objet. Il s'agit notamment de fournir les moyens nécessaires pour parcourir les informations dans un exemplaire en format accessible. L'exception inclut également les modifications qui pourraient être nécessaires dans les cas où le format d'une œuvre ou d'un autre objet est déjà accessible à certaines personnes bénéficiaires alors qu'il pourrait ne pas l'être à d'autres personnes bénéficiaires en raison de déficiences ou de handicaps différents ou du degré différent de tels déficiences ou handicaps.

(9) Les utilisations autorisées prévues par la présente directive devraient comprendre la réalisation d'exemplaires en format accessible par les personnes bénéficiaires ou par les entités autorisées qui répondent à leurs besoins, que ces entités autorisées soient des organisations publiques ou privées, notamment des bibliothèques, des établissements d'enseignement et d'autres organisations à but non lucratif, et que le service aux personnes ayant des difficultés de lecture des textes imprimés soit l'une de leurs activités principales, obligations institutionnelles ou missions d'intérêt public. Les utilisations prévues par la présente directive devraient aussi inclure la réalisation d'exemplaires en format accessible, à l'usage exclusif des personnes bénéficiaires, par une personne physique qui agit au nom d'une personne bénéficiaire ou qui l'assiste dans la réalisation de tels exemplaires. La réalisation d'exemplaires en format accessible ne devrait concerner que les œuvres ou autres objets auxquels les personnes bénéficiaires ou les entités autorisées ont un accès licite. Les États membres devraient veiller à ce que toute disposition contractuelle qui vise à empêcher ou à limiter l'application de l'exception de quelque manière que ce soit n'ait aucun effet juridique.

(10) L'exception prévue par la présente directive devrait permettre aux entités autorisées de réaliser et de diffuser, en ligne et hors ligne au sein de l'Union, des exemplaires en format accessible d'œuvres ou d'autres objets régis par la présente directive. La présente direc-

tive ne devrait pas imposer d'obligation, à charge des entités autorisées, de réaliser et de diffuser de tels exemplaires.

(11) Les exemplaires en format accessible réalisés dans un État membre devraient pouvoir être disponibles dans tous les États membres, afin d'en assurer une plus grande disponibilité dans l'ensemble du marché intérieur. Cela permettrait de réduire la demande de réalisation répétée d'exemplaires en format accessible d'une même œuvre ou d'un même autre objet dans l'ensemble de l'Union, ce qui générerait des économies et des gains d'efficacité. La présente directive devrait dès lors garantir que des exemplaires en format accessible réalisés dans tout État membre par des entités autorisées puissent circuler et que les personnes bénéficiaires et les entités autorisées puissent y avoir accès dans toute l'Union. Pour favoriser cet échange transfrontalier et faciliter l'identification mutuelle et la coopération des entités autorisées, le partage volontaire d'informations relatives au nom et aux coordonnées des entités autorisées établies dans l'Union, y compris, le cas échéant, leur site internet, devrait être encouragé. Les États membres devraient dès lors fournir à la Commission les informations que les entités autorisées leur ont fournies. Ceci ne devrait pas impliquer l'obligation, pour les États membres, de vérifier l'exhaustivité et l'exactitude de ces informations ni leur conformité avec la législation nationale transposant la présente directive. Ces informations devraient être mises à disposition en ligne par la Commission dans un point d'accès à l'information central au niveau de l'Union. Cela aiderait, par ailleurs, les entités autorisées, ainsi que les personnes bénéficiaires et les titulaires de droits, à contacter les entités autorisées afin de recevoir davantage d'informations, conformément aux dispositions énoncées dans la présente directive et dans le règlement (UE) 2017/1563 du Parlement européen et du Conseil *[du 13 sept. 2017 relatif à l'échange transfrontalier, entre l'Union et des pays tiers, d'exemplaires en format accessible de certaines œuvres et d'autres objets protégés par le droit d'auteur et les droits voisins en faveur des aveugles, des déficients visuels et des personnes ayant d'autres difficultés de lecture des textes imprimés]*. **Le point d'accès à l'information central susmentionné devrait compléter le point d'accès à l'information que le Bureau international de l'Organisation mondiale de la propriété intellectuelle (OMPI) doit créer, comme le prévoit le traité de Marrakech, afin de faciliter l'identification des entités autorisées et leur coopération au niveau international.**

(12) Afin de favoriser la disponibilité d'exemplaires en format accessible et d'empêcher la diffusion non autorisée d'œuvres ou d'autres objets, les entités autorisées qui entreprennent de distribuer, de communiquer au public ou de mettre à la disposition du public des exemplaires en format accessible devraient respecter certaines obligations.

(13) Les exigences en matière d'autorisation ou de reconnaissance que les États membres peuvent appliquer à l'égard des entités autorisées, telles que celles liées à la fourniture de services à caractère général aux personnes bénéficiaires, ne devraient pas avoir pour effet d'empêcher des entités qui répondent à la définition d'"entité autorisée" au sens de la présente directive de procéder aux utilisations autorisées en vertu de la présente directive.

(14) Compte tenu de la nature spécifique de l'exception prévue par la présente directive, de son champ d'application spécifique et du besoin de sécurité juridique pour ses bénéficiaires, les États membres ne devraient pas être autorisés à soumettre l'application de l'exception à des exigences supplémentaires, autres que celles prévues par la présente directive, telles que la vérification préalable de la disponibilité commerciale d'œuvres en format accessible. Les États membres devraient seulement être autorisés à prévoir des systèmes de compensation concernant les utilisations autorisées d'œuvres ou d'autres objets par des entités autorisées. Pour ne pas faire peser de charges sur les personnes bénéficiaires, éviter les obstacles à la diffusion transfrontalière d'exemplaires en format accessible et les exigences excessives à l'égard des entités autorisées, il est important de limiter la possibilité pour les États membres de prévoir de tels systèmes de compensation. Les systèmes de compensation ne devraient, dès lors, pas nécessiter de paiements de la part des personnes bénéficiaires. Ils ne devraient s'appliquer qu'aux utilisations faites par les entités autorisées établies sur le territoire de l'État membre qui prévoit un tel système et ils ne devraient pas nécessiter de paiements de la part des entités autorisées établies dans d'autres États membres ou dans des pays tiers qui sont parties au traité de Marrakech. Les États membres devraient veiller à ce que ces systèmes de compensation n'entraînent pas d'exigences plus contraignantes pour l'échange transfrontalier d'exemplaires en format accessible que dans un contexte non transfrontalier, y compris en ce qui concerne la forme et le niveau potentiel de la compensation. Pour déterminer le niveau de la compensation, il convient de tenir dûment compte de la nature non lucrative des activités des entités autorisées, des objectifs d'intérêt public poursuivis par la présente directive, des intérêts des bénéficiaires de l'exception, du préjudice

potentiel causé aux titulaires de droits et de la nécessité d'assurer la diffusion transfrontalière d'exemplaires en format accessible. Il convient également de tenir compte des circonstances particulières de chaque cas, qui découlent de la réalisation d'un exemplaire en format accessible donné. Lorsque le préjudice causé au titulaire de droits est minime, il ne devrait pas y avoir d'obligation de paiement d'une compensation.

(15) Il est essentiel que tout traitement de données à caractère personnel effectué au titre de la présente directive respecte les droits fondamentaux, notamment le droit au respect de la vie privée et familiale et le droit à la protection des données à caractère personnel prévus par les articles 7 et 8 de la Charte, et il est impératif que tout traitement de ce type soit également conforme aux directives du Parlement européen et du Conseil 95/46/CE *[du 24 oct. 1995 relative à la protection des personnes physiques à l'égard du traitement des données à caractère personnel et à la libre circulation de ces données]* **et 2002/58/CE** *[du 12 juill. 2002 concernant le traitement des données à caractère personnel et la protection de la vie privée dans le secteur des communications électronique]*, **qui régissent le traitement des données à caractère personnel, tel qu'il peut être effectué par des entités autorisées dans le cadre de la présente directive et sous le contrôle des autorités compétentes des États membres, en particulier les autorités indépendantes publiques désignées par les États membres.**

(16) La convention des Nations unies relative aux droits des personnes handicapées, à laquelle l'Union est partie, garantit aux personnes handicapées le droit d'accéder à l'information et à l'éducation et le droit de participer à la vie culturelle, économique et sociale sur un pied d'égalité avec les autres personnes. Cette convention exige des parties à la convention qu'elles prennent toutes les mesures appropriées, conformément au droit international, pour faire en sorte que les législations protégeant les droits de propriété intellectuelle ne constituent pas un obstacle déraisonnable ou discriminatoire à l'accès des personnes handicapées aux produits culturels.

(17) En vertu de la Charte, toutes les formes de discrimination, notamment celles fondées sur le handicap, sont interdites et l'Union reconnaît et respecte le droit des personnes handicapées à bénéficier de mesures visant à assurer leur autonomie, leur intégration sociale et professionnelle et leur participation à la vie de la communauté.

(18) Avec l'adoption de la présente directive, l'Union vise à garantir que les personnes bénéficiaires ont accès, dans l'ensemble du marché intérieur, à des exemplaires en format accessible de livres et d'autres textes imprimés. En conséquence, la présente directive est une première étape essentielle dans l'amélioration de l'accès des personnes handicapées aux œuvres.

(19) La Commission devrait évaluer la situation en ce qui concerne la disponibilité d'exemplaires en format accessible d'œuvres et d'autres objets autres que celles et ceux régis par la présente directive, ainsi que la disponibilité d'exemplaires en format accessible d'œuvres et d'autres objets pour les personnes atteintes d'autres handicaps. Il est important que la Commission procède à un réexamen approfondi de la situation à cet égard. Des modifications du champ d'application de la présente directive pourraient être envisagées, le cas échéant, sur la base d'un rapport présenté par la Commission.

(20) Les États membres devraient être autorisés à continuer à prévoir une exception ou une limitation au bénéfice des personnes atteintes d'un handicap dans les cas qui ne sont pas couverts par la présente directive, notamment en ce qui concerne des œuvres et d'autres objets et des handicaps autres que celles et ceux régis par la présente directive, en application de l'article 5, paragraphe 3, point b), de la directive 2001/29/CE. La présente directive n'empêche pas les États membres de prévoir des exceptions ou des limitations aux droits qui ne sont pas harmonisés dans le cadre relatif aux droits d'auteur de l'Union.

(21) La présente directive respecte les droits fondamentaux et observe les principes reconnus, en particulier, par la Charte et par la convention des Nations unies relative aux droits des personnes handicapées. La présente directive devrait être interprétée et appliquée conformément à ces droits et principes.

(22) Le traité de Marrakech impose certaines obligations concernant l'échange d'exemplaires en format accessible entre l'Union et les pays tiers qui sont parties audit traité. Les mesures adoptées par l'Union pour s'acquitter de ces obligations sont contenues dans le règlement (UE) 2017/1563, qu'il convient de lire en liaison avec la présente directive.

(23) Étant donné que l'objectif de la présente directive, à savoir améliorer l'accès, dans l'Union, aux œuvres et aux autres objets protégés par le droit d'auteur et les droits voisins pour les aveugles, les déficients visuels et les personnes ayant d'autres difficultés de lecture

des textes imprimés, ne peut pas être atteint de manière suffisante par les États membres mais peut, en raison de ses dimensions et de ses effets, l'être mieux au niveau de l'Union, celle-ci peut prendre des mesures, conformément au principe de subsidiarité consacré à l'article 5 du traité sur l'Union européenne. Conformément au principe de proportionnalité tel qu'énoncé audit article, la présente directive n'excède pas ce qui est nécessaire pour atteindre cet objectif.

(24) Conformément à la déclaration politique commune des États membres et de la Commission du 28 septembre 2011 sur les documents explicatifs, les États membres se sont engagés à joindre à la notification de leurs mesures de transposition, dans des cas où cela se justifie, un ou plusieurs documents expliquant le lien entre les éléments d'une directive et les parties correspondantes des instruments nationaux de transposition. En ce qui concerne la présente directive, le législateur estime que la transmission de ces documents est justifiée,

Ont adopté la présente directive :

Art. 1er *Objet et champ d'application.*

La présente directive vise à harmoniser davantage le droit de l'Union applicable au droit d'auteur et aux droits voisins dans le cadre du marché intérieur, en établissant des règles sur l'utilisation de certaines œuvres et d'autres objets sans l'autorisation du titulaire de droits, au profit des aveugles, des déficients visuels ou des personnes ayant d'autres difficultés de lecture des textes imprimés.

Art. 2 *Définitions.*

Aux fins de la présente directive, on entend par :

1) "œuvre ou autre objet" : une œuvre prenant la forme d'un livre, d'une revue, d'un journal, d'un magazine ou d'un autre type d'écrit, de notations, y compris les partitions de musique, ainsi que les illustrations y afférentes, sur tout support, y compris sous une forme sonore, telle que les audiolivres, et dans un format numérique, protégée par le droit d'auteur ou les droits voisins et qui est publiée ou autrement mise de manière licite à la disposition du public ;

2) "personne bénéficiaire" : une personne qui, indépendamment de tout autre handicap :

a) est aveugle ;

b) est atteinte d'une déficience visuelle qui ne peut pas être réduite de manière à rendre la fonction visuelle sensiblement équivalente à celle d'une personne non atteinte de cette déficience et qui, de ce fait, n'est pas capable de lire des œuvres imprimées dans la même mesure, essentiellement, qu'une personne non atteinte de cette déficience ;

c) est atteinte d'une déficience de perception ou éprouve des difficultés de lecture et qui, de ce fait, n'est pas capable de lire des œuvres imprimées dans la même mesure, essentiellement, qu'une personne qui ne serait pas atteinte d'une telle déficience ou qui n'éprouverait pas de telles difficultés ; ou

d) est incapable, en raison d'un handicap physique, de tenir ou de manipuler un livre ou de fixer les yeux ou de les faire bouger au point de permettre en principe la lecture ;

3) "exemplaire en format accessible" : un exemplaire d'une œuvre ou d'un autre objet présenté sous une forme spéciale permettant aux personnes bénéficiaires d'avoir accès à l'œuvre ou à l'autre objet, et notamment d'y avoir accès aussi aisément et librement qu'une personne qui ne serait pas atteinte des déficiences ou du handicap ou qui n'éprouverait aucune des difficultés visés au point 2) ;

4) "entité autorisée" : une entité qui est autorisée ou reconnue par un État membre pour offrir aux personnes bénéficiaires, à titre non lucratif, des services en matière d'enseignement, de formation pédagogique, de lecture adaptée ou d'accès à l'information. Cette dénomination désigne aussi un établissement public ou une organisation à but non lucratif dont l'une des activités principales, obligations institutionnelles ou missions d'intérêt public est de fournir les mêmes services aux personnes bénéficiaires.

Art. 3 *Utilisations autorisées.*

1. Les États membres prévoient une exception afin que ne soit requise aucune autorisation du titulaire du droit d'auteur ou de droits voisins sur l'œuvre ou l'autre objet au titre des articles 5 et 7 de la directive 96/9/CE, des articles 2, 3 et 4 de la directive 2001/29/CE, de l'article 1er, paragraphe 1, de l'article 8, paragraphes 2 et 3, et de l'article 9 de la directive 2006/115/CE et de l'article 4 de la directive 2009/24/CE pour tout acte nécessaire pour que :

a) toute personne bénéficiaire ou toute personne agissant au nom de celle-ci réalise un exemplaire en format accessible d'une œuvre ou d'un autre objet auquel la personne bénéficiaire a un accès licite, à l'usage exclusif de la personne bénéficiaire ; et

b) toute entité autorisée réalise un exemplaire en format accessible d'une œuvre ou d'un autre objet auquel elle a un accès licite ou communique, mette à disposition, distribue ou prête un exemplaire en format accessible à une personne bénéficiaire ou à une autre entité autorisée, à titre non lucratif, à des fins d'utilisation exclusive par une personne bénéficiaire.

2. Les États membres veillent à ce que chaque exemplaire en format accessible respecte l'intégrité de l'œuvre ou de l'autre objet, tout en tenant dûment compte des changements nécessaires pour rendre l'œuvre ou l'autre objet accessible dans le format spécial.

3. L'exception prévue au paragraphe 1 n'est applicable que dans certains cas spéciaux qui ne portent pas atteinte à l'exploitation normale de l'œuvre ou de l'autre objet et ne causent pas un préjudice déraisonnable aux intérêts légitimes du titulaire de droits.

4. L'article 6, paragraphe 4, premier, troisième et cinquième alinéas, de la directive 2001/29/CE s'applique à l'exception prévue au paragraphe 1 du présent article.

5. Les États membres veillent à ce que des dispositions contractuelles ne puissent déroger à l'exception prévue au paragraphe 1.

6. Les États membres peuvent prévoir que les utilisations autorisées en vertu de la présente directive, si elles sont réalisées par des entités autorisées établies sur leur territoire, fassent l'objet de systèmes de compensation dans les limites prévues par la présente directive.

Art. 4 *Exemplaires en format accessible dans le marché intérieur.*

Les États membres veillent à ce qu'une entité autorisée établie sur leur territoire puisse accomplir les actes visés à l'article 3, paragraphe 1, point b), pour une personne bénéficiaire ou une autre entité autorisée établie dans n'importe quel État membre. Les États membres veillent également à ce qu'une personne bénéficiaire ou une entité autorisée établie sur leur territoire puisse obtenir un exemplaire en format accessible ou y avoir accès auprès d'une entité autorisée établie dans n'importe quel État membre.

Art. 5 *Obligations applicables aux entités autorisées.*

1. Les États membres prévoient qu'une entité autorisée établie sur leur territoire accomplissant les actes visés à l'article 4 définit et suit ses propres pratiques de manière :

a) à ne distribuer, communiquer et mettre à disposition des exemplaires en format accessible qu'à des personnes bénéficiaires ou à d'autres entités autorisées ;

b) à prendre des mesures appropriées pour prévenir la reproduction, la distribution, la communication au public ou la mise à disposition du public non autorisées d'exemplaires en format accessible ;

c) à faire preuve de toute la diligence requise lorsqu'elle traite les œuvres ou autres objets et les exemplaires en format accessible qui s'y rapportent, et à tenir un registre de ces traitements ; et

d) à publier et à actualiser, sur son site internet le cas échéant, ou par divers autres canaux en ligne ou hors ligne, des informations sur la façon dont elle respecte les obligations prévues aux points a) à c).

Les États membres veillent à ce que les pratiques visées au premier alinéa soient définies et suivies dans le respect plein et entier des règles applicables au traitement des données à caractère personnel des personnes bénéficiaires visées à l'article 7.

2. Les États membres veillent à ce qu'une entité autorisée établie sur leur territoire accomplissant les actes visés à l'article 4 fournisse, sur demande et de manière accessible, aux personnes bénéficiaires, aux autres entités autorisées ou aux titulaires de droits les informations suivantes :

a) la liste des œuvres ou autres objets dont elle a des exemplaires en format accessible et les formats disponibles ; et

b) le nom et les coordonnées des entités autorisées avec lesquelles elle a entrepris d'échanger des exemplaires en format accessible au titre de l'article 4.

Art. 6 *Transparence et échange d'informations.*

1. Les États membres encouragent les entités autorisées établies sur leur territoire accomplissant les actes visés à l'article 4 de la présente directive et aux articles 3 et 4 du règlement (UE) 2017/1563 à leur communiquer, à titre volontaire, leur nom et leurs coordonnées.

2. Les États membres transmettent les informations qu'ils ont reçues en vertu du paragraphe 1 à la Commission. La Commission met ces informations à la disposition du public dans un point d'accès à l'information central et les tient à jour.

Art. 7 *Protection des données à caractère personnel.*

Le traitement des données à caractère personnel effectué dans le cadre de la présente directive est effectué en conformité avec les directives 95/46/CE et 2002/58/CE.

Art. 8
Mod. l'art. 5, § 3, b) de la Dir. 2001/29/CE.

Art. 9 *Rapport.*
Au plus tard le 11 octobre 2020, la Commission présente un rapport au Parlement européen, au Conseil et au Comité économique et social européen sur la disponibilité, en format accessible, d'œuvres et d'autres objets autres que celles et ceux définis à l'article 2, point 1), pour les personnes bénéficiaires, et d'œuvres et d'autres objets pour des personnes atteintes de handicaps autres que ceux visés à l'article 2, point 2), dans le marché intérieur. Le rapport tient compte des évolutions de la technologie pertinente et comporte une évaluation de l'opportunité d'élargir le champ d'application de la présente directive pour améliorer l'accès à d'autres types d'œuvres et d'autres objets et pour améliorer l'accès pour les personnes atteintes d'handicaps autres que ceux couverts par la présente directive.

Art. 10 *Réexamen.*
1. Au plus tard le 11 octobre 2023, la Commission évalue la présente directive et présente ses principales conclusions dans un rapport adressé au Parlement européen, au Conseil et au Comité économique et social européen, assorties, le cas échéant, de propositions visant à modifier la présente directive. Cette évaluation comprend un examen de l'incidence des systèmes de compensation prévus par les États membres en vertu de l'article 3, paragraphe 6, sur la disponibilité d'exemplaires en format accessible pour les personnes bénéficiaires et sur leur échange transfrontalier. Le rapport de la Commission prend en considération le point de vue des acteurs de la société civile concernés et des organisations non gouvernementales, notamment des organisations représentant les personnes handicapées et celles représentant les personnes âgées.
2. Les États membres fournissent à la Commission les informations nécessaires à l'élaboration du rapport visé au paragraphe 1 du présent article et du rapport visé à l'article 9.
3. Un État membre qui a des raisons valables d'estimer que la mise en œuvre de la présente directive a une incidence négative significative sur la disponibilité commerciale d'œuvres ou d'autres objets sous la forme d'exemplaires en format accessible pour les personnes bénéficiaires peut porter l'affaire à l'attention de la Commission, en joignant tous les éléments de preuve pertinents. La Commission prend ces éléments de preuve en considération pour l'élaboration du rapport visé au paragraphe 1.

Art. 11 *Transposition.*
1. Les États membres mettent en vigueur les dispositions législatives, réglementaires et administratives nécessaires pour se conformer à la présente directive au plus tard le 11 octobre 2018. Ils en informent immédiatement la Commission.
Lorsque les États membres adoptent ces dispositions, celles-ci contiennent une référence à la présente directive ou sont accompagnées d'une telle référence lors de leur publication officielle. Les modalités de cette référence sont arrêtées par les États membres.
2. Les États membres communiquent à la Commission le texte des dispositions essentielles de droit interne qu'ils adoptent dans le domaine régi par la présente directive.

Art. 12 *Entrée en vigueur.*
La présente directive entre en vigueur le vingtième jour suivant celui de sa publication au *Journal officiel de l'Union européenne.*

Règlement (UE) 2017/1563 du Parlement européen et du Conseil du 13 septembre 2017,

Relatif à l'échange transfrontalier, entre l'Union et des pays tiers, d'exemplaires en format accessible de certaines œuvres et d'autres objets protégés par le droit d'auteur et les droits voisins en faveur des aveugles, des déficients visuels et des personnes ayant d'autres difficultés de lecture des textes imprimés.

Le Parlement européen et le Conseil de l'Union européenne,

considérant ce qui suit :

(1) Le traité de Marrakech visant à faciliter l'accès des aveugles, des déficients visuels et des personnes ayant d'autres difficultés de lecture des textes imprimés aux œuvres publiées (ci-après dénommé "traité de Marrakech") a été signé au nom de l'Union le 30 avril 2014 *[Décis. 2014/221/UE du Conseil du 14 avril 2014, JO L 115 du 17 avr. 2014, p. 1.]*. Ce traité impose aux parties contractantes de prévoir des exceptions ou des limitations au droit

d'auteur et aux droits voisins pour la réalisation et la diffusion d'exemplaires, en format accessible, de certaines œuvres et d'autres objets protégés, et pour l'échange transfrontalier de ces exemplaires.

(2) Les bénéficiaires du traité de Marrakech sont les aveugles, les personnes qui sont atteintes d'une déficience visuelle qui ne peut pas être réduite de manière à rendre la fonction visuelle sensiblement équivalente à celle d'une personne non atteinte de cette déficience, les personnes qui sont atteintes d'une déficience de perception ou qui éprouvent des difficultés de lecture, y compris la dyslexie ou tout autre trouble de l'apprentissage qui les empêche de lire des œuvres imprimées dans la même mesure, essentiellement, qu'une personne qui ne serait pas atteinte d'une telle déficience ou qui n'éprouverait pas de telles difficultés, et les personnes qui sont incapables, en raison d'un handicap physique, de tenir ou de manipuler un livre ou de fixer les yeux ou de les faire bouger au point de permettre en principe la lecture, dès lors que, du fait de ces déficiences, de ce handicap ou de ces difficultés, ces personnes ne sont pas capable de lire des œuvres imprimées dans la même mesure, essentiellement, qu'une personne qui ne serait pas atteinte de telles déficiences ou d'un tel handicap ou qui n'éprouverait pas de telles difficultés.

(3) Les aveugles, les déficients visuels et les personnes ayant d'autres difficultés de lecture des textes imprimés continuent à faire face à de nombreux obstacles dans l'accès aux livres et à d'autres textes imprimés qui sont protégés par le droit d'auteur et les droits voisins. La nécessité d'augmenter le nombre d'œuvres et d'autres objets protégés en format accessible mis à disposition de ces personnes et d'améliorer sensiblement leur circulation et leur diffusion a été reconnue au niveau international.

(4) Conformément à l'avis 3/15 de la Cour de justice de l'Union européenne *[du 14 févr. 2017, 3/15]*, les exceptions ou limitations au droit d'auteur et aux droits voisins pour la réalisation et la diffusion d'exemplaires, en format accessible, de certaines œuvres et d'autres objets protégés prévues par le traité de Marrakech doivent être mises en œuvre dans le cadre du domaine harmonisé par la directive 2001/29/CE du Parlement européen et du Conseil *[du 22 mai 2001 sur l'harmonisation de certains aspects du droit d'auteur et des droits voisins dans la société de l'information]*. Il en va de même pour les régimes d'exportation et d'importation prévus par ce traité, dans la mesure où ils ont, en définitive, pour objet d'autoriser la communication au public ou la distribution, sur le territoire d'une partie, d'exemplaires en format accessible publiés sur le territoire d'une autre partie, sans avoir recueilli le consentement des titulaires de droits.

(5) La directive (UE) 2017/1564 du Parlement européen et du Conseil *[du 13 sept. 2017, V. supra]* vise à mettre en œuvre de manière harmonisée les obligations qui incombent à l'Union au titre du traité de Marrakech afin d'améliorer la disponibilité d'exemplaires en format accessible au profit des personnes bénéficiaires dans tous les États membres de l'Union et la circulation de tels exemplaires dans le marché intérieur, et impose aux États membres d'introduire une exception obligatoire à certains droits qui sont harmonisés par le droit de l'Union. Le présent règlement a pour objet de mettre en œuvre les obligations prévues par le traité de Marrakech en ce qui concerne les régimes d'exportation et d'importation, entre l'Union et des pays tiers qui sont parties audit traité, d'exemplaires en format accessible, à des fins non commerciales, au profit des personnes bénéficiaires, et de fixer les conditions applicables à ces exportations et importations de manière uniforme dans le cadre du domaine harmonisé par les directives 2001/29/CE et (UE) 2017/1564 afin de veiller à ce que ces mesures fassent l'objet d'une application cohérente dans l'ensemble du marché intérieur et ne compromettent pas l'harmonisation des droits exclusifs et des exceptions contenues dans lesdites directives.

(6) Le présent règlement devrait faire en sorte que les exemplaires en format accessible de livres, y compris de livres électroniques, revues, journaux, magazines et autres types d'écrits, de notations, y compris de partitions de musique, et d'autres textes imprimés, y compris sous une forme sonore, que le format soit numérique ou analogique, réalisés dans les États membres conformément aux dispositions nationales adoptées en application de la directive (UE) 2017/1564 puissent être distribués, communiqués ou mis à la disposition des personnes bénéficiaires ou des entités autorisées, telles que visées dans le traité de Marrakech, *se trouvant dans des* pays tiers qui sont parties audit traité. Ces formats accessibles comprennent, par exemple, l'écriture en braille, l'impression en grands caractères, les livres électroniques adaptés, les audiolivres et les émissions de radio. Compte tenu de "l'objectif non commercial du traité de Marrakech" *[Avis de la CJUE du 14 févr. 2017, 3/15, pt. 90]*, la distribution, la communication au public et la mise à disposition du public d'exemplaires en format accessible au profit des aveugles, des déficients visuels et des personnes ayant d'autres

difficultés de lecture des textes imprimés ou d'entités autorisées dans les pays tiers ne devraient être effectuées que sur une base non lucrative par des entités autorisées établies dans un État membre.

(7) Le présent règlement devrait également permettre l'importation, depuis un pays tiers, à des fins non commerciales, d'exemplaires en format accessible et l'accès à de tels exemplaires réalisés conformément à la mise en œuvre du traité de Marrakech, par des personnes bénéficiaires dans l'Union et des entités autorisées établies dans un État membre, au profit des aveugles, des déficients visuels et des personnes ayant d'autres difficultés de lecture des textes imprimés. Ces exemplaires en format accessible devraient pouvoir circuler dans le marché intérieur aux mêmes conditions que les exemplaires en format accessible réalisés dans l'Union conformément à la directive (UE) 2017/1564.

(8) Afin de favoriser la disponibilité d'exemplaires en format accessible et d'empêcher la diffusion non autorisée d'œuvres ou d'autres objets, les entités autorisées qui entreprennent de distribuer, de communiquer au public ou de mettre à disposition du public des exemplaires en format accessible devraient respecter certaines obligations. Il y a lieu d'encourager les initiatives des États membres visant à promouvoir les objectifs du traité de Marrakech et l'échange d'exemplaires en format accessible avec des pays tiers qui sont parties audit traité, et de soutenir les entités autorisées dans l'échange et la mise à disposition d'informations. De telles initiatives pourraient comprendre l'élaboration d'orientations ou de bonnes pratiques sur la réalisation et la diffusion d'exemplaires au format accessible, en concertation avec des représentants des entités autorisées, des personnes bénéficiaires et des titulaires de droits.

(9) Il est essentiel que tout traitement de données à caractère personnel effectué au titre du présent règlement respecte les droits fondamentaux, notamment le droit au respect de la vie privée et familiale et le droit à la protection des données à caractère personnel prévus par les articles 7 et 8 de la Charte des droits fondamentaux de l'Union européenne (ci-après dénommée "Charte"), et il est impératif que tout traitement de ce type soit également conforme aux directives du Parlement européen et du Conseil 95/46/CE *[du 24 oct. 1995, abrogée et remplacée, avec effet au 25 mai 2018, par Règl. (UE) 2016/679 du 27 avr. 2016 relatif à la protection des personnes physiques à l'égard du traitement des données à caractère personnel et à la libre circulation de ces données]* **et 2002/58/CE** *[du 12 juill. 2002 concernant le traitement des données à caractère personnel et la protection de la vie privée dans le secteur des communications électroniques]*, **qui régissent le traitement des données à caractère personnel, tel qu'il peut être effectué par des entités autorisées dans le cadre du présent règlement et sous le contrôle des autorités compétentes des États membres, en particulier les autorités indépendantes publiques désignées par les États membres.**

(10) La convention des Nations unies relative aux droits des personnes handicapées, à laquelle l'Union est partie, garantit aux personnes handicapées le droit d'accéder à l'information et à l'éducation et le droit de participer à la vie culturelle, économique et sociale sur un pied d'égalité avec les autres personnes. Cette convention exige des parties à la convention qu'elles prennent toutes les mesures appropriées, conformément au droit international, pour faire en sorte que les législations protégeant les droits de propriété intellectuelle ne constituent pas un obstacle déraisonnable ou discriminatoire à l'accès des personnes handicapées aux produits culturels.

(11) En vertu de la Charte, toutes les formes de discrimination, notamment celles fondées sur le handicap, sont interdites et l'Union reconnaît et respecte le droit des personnes handicapées à bénéficier de mesures visant à assurer leur autonomie, leur intégration sociale et professionnelle et leur participation à la vie de la communauté.

(12) Étant donné que l'objectif du présent règlement, à savoir mettre en œuvre de façon uniforme les obligations prévues par le traité de Marrakech en ce qui concerne l'exportation et l'importation, entre l'Union et des pays tiers qui sont parties audit traité, d'exemplaires en format accessible de certaines œuvres et d'autres objets, à des fins non commerciales, au profit des personnes bénéficiaires, et fixer les conditions applicables à ces exportations et importations, ne peut pas être atteint de manière suffisante par les États membres mais peut, en raison de ses dimensions ou de ses effets, l'être mieux au niveau de l'Union, celle-ci peut prendre des mesures, conformément au principe de subsidiarité consacré à l'article 5 du traité sur l'Union européenne. Conformément au principe de proportionnalité tel qu'énoncé audit article, le présent règlement n'excède pas ce qui est nécessaire pour atteindre cet objectif.

(13) Le présent règlement respecte les droits fondamentaux et observe les principes reconnus, en particulier, par la Charte et la convention des Nations unies relative aux droits des

personnes handicapées. Le présent règlement devrait être interprété et appliqué conformément à ces droits et principes,

Ont adopté le présent règlement :

Art. 1er *Objet et champ d'application.*

Le présent règlement établit des règles uniformes en ce qui concerne l'échange transfrontalier d'exemplaires en format accessible de certaines œuvres et d'autres objets entre l'Union et les pays tiers qui sont parties au traité de Marrakech, sans l'autorisation des titulaires de droits, au profit des aveugles, des déficients visuels et des personnes ayant d'autres difficultés de lecture des textes imprimés, dans le cadre du domaine harmonisé par les directives 2001/29/CE et (UE) 2017/1564 afin d'éviter de compromettre l'harmonisation des droits exclusifs et des exceptions au sein du marché intérieur.

Art. 2 *Définitions.*

Aux fins du présent règlement, on entend par :

1) "œuvre ou autre objet" : une œuvre prenant la forme d'un livre, d'une revue, d'un journal, d'un magazine ou d'un autre type d'écrit, de notations, y compris les partitions de musique, ainsi que les illustrations y afférentes, sur tout support, y compris sous une forme sonore, telle que les audiolivres, et dans un format numérique, protégée par le droit d'auteur ou les droits voisins et qui est publiée ou autrement mise de manière licite à la disposition du public ;

2) "personne bénéficiaire" : une personne qui, indépendamment de tout autre handicap :

a) est aveugle ;

b) est atteinte d'une déficience visuelle qui ne peut pas être réduite de manière à rendre la fonction visuelle sensiblement équivalente à celle d'une personne non atteinte de cette déficience et qui, de ce fait, n'est pas capable de lire des œuvres imprimées dans la même mesure, essentiellement, qu'une personne non atteinte de cette déficience ;

c) est atteinte d'une déficience de perception ou éprouve des difficultés de lecture et qui, de ce fait, n'est pas capable de lire des œuvres imprimées dans la même mesure, essentiellement, qu'une personne qui ne serait pas atteinte d'une telle déficience ou qui n'éprouverait pas de telles difficultés ; ou

d) est incapable, en raison d'un handicap physique, de tenir ou de manipuler un livre ou de fixer les yeux ou de les faire bouger au point de permettre en principe la lecture ;

3) "exemplaire en format accessible" : un exemplaire d'une œuvre ou d'un autre objet présenté sous une forme spéciale permettant aux personnes bénéficiaires d'avoir accès à l'œuvre ou à l'autre objet, et notamment d'y avoir accès aussi aisément et librement qu'une personne qui ne serait pas atteinte des déficiences ou du handicap ou qui n'éprouverait aucune des difficultés visés au point 2) ;

4) "entité autorisée établie dans un État membre" : une entité qui est autorisée ou reconnue par un État membre pour offrir aux personnes bénéficiaires, à titre non lucratif, des services en matière d'enseignement, de formation pédagogique, de lecture adaptée ou d'accès à l'information. Cette dénomination désigne aussi un établissement public ou une organisation à but non lucratif dont l'une des activités principales, obligations institutionnelles ou missions d'intérêt public est de fournir les mêmes services aux personnes bénéficiaires.

Art. 3 *Exportation d'exemplaires en format accessible vers des pays tiers.*

Une entité autorisée établie dans un État membre peut distribuer, communiquer ou mettre à disposition de personnes bénéficiaires ou d'une entité autorisée établie dans un pays tiers qui est partie au traité de Marrakech un exemplaire en format accessible d'une œuvre ou d'un autre objet réalisé conformément à la législation nationale adoptée en application de la directive (UE) 2017/1564.

Art. 4 *Importation d'exemplaires en format accessible depuis des pays tiers.*

Une personne bénéficiaire ou une entité autorisée établie dans un État membre peut importer, ou obtenir ou avoir accès d'une autre manière à, un exemplaire en format accessible d'une œuvre ou d'un autre objet protégé qui a été distribué ou communiqué à des personnes bénéficiaires ou à des entités autorisées ou mis à leur disposition par une entité autorisée d'un pays tiers qui est partie au traité de Marrakech, et l'utiliser ensuite, conformément à la législation nationale adoptée en application de la directive (UE) 2017/1564.

Art. 5 *Obligations applicables aux entités autorisées.*

1. Une entité autorisée établie dans un État membre accomplissant les actes visés aux articles 3 et 4 définit et suit ses propres pratiques de manière :

a) à ne distribuer, communiquer et mettre à disposition des exemplaires en format accessible qu'à des personnes bénéficiaires ou à d'autres entités autorisées ;

b) à prendre des mesures appropriées pour prévenir la reproduction, la distribution, la communication au public ou la mise à disposition du public non autorisées d'exemplaires en format accessible ;

c) à faire preuve de toute la diligence requise lorsqu'elle traite les œuvres ou autres objets et les exemplaires en format accessible qui s'y rapportent, et à tenir un registre de ces traitements ; et

d) à publier et à actualiser, sur son site internet le cas échéant, ou par divers autres canaux en ligne ou hors ligne, des informations sur la façon dont elle respecte les obligations prévues aux points a) à c).

Une entité autorisée établie dans un État membre définit et suit les pratiques visées au premier alinéa dans le respect plein et entier des règles applicables au traitement des données à caractère personnel des personnes bénéficiaires visées à l'article 6.

2. Une entité autorisée établie dans un État membre accomplissant les actes visés aux articles 3 et 4 fournit, sur demande et de manière accessible, aux personnes bénéficiaires, aux autres entités autorisées ou aux titulaires de droits les informations suivantes :

a) la liste des œuvres ou autres objets dont elle a des exemplaires en format accessible et les formats disponibles ; et

b) le nom et les coordonnées des entités autorisées avec lesquelles elle a entrepris d'échanger des exemplaires en format accessible au titre des articles 3 et 4.

Art. 6 *Protection des données à caractère personnel.*

Le traitement des données à caractère personnel effectué dans le cadre du présent règlement est effectué en conformité avec les directives 95/46/CE et 2002/58/CE.

Art. 7 *Réexamen.*

Au plus tard le 11 octobre 2023, la Commission évalue le présent règlement et présente ses principales conclusions dans un rapport adressé au Parlement européen, au Conseil et au Comité économique et social européen, assorties, le cas échéant, de propositions visant à modifier le présent règlement.

Les États membres fournissent à la Commission les informations nécessaires à l'élaboration du rapport d'évaluation.

Art. 8 *Entrée en vigueur et application.*

Le présent règlement entre en vigueur le vingtième jour suivant celui de sa publication au *Journal officiel de l'Union européenne.*

Il est applicable à partir du 12 octobre 2018.

Droit interne

Code du patrimoine

BIBL. ▶ Barby, *Légicom 1995/5, p. 76* (le dépôt légal des œuvres multimédia). – Derieux, *Légipresse 2006, IV, p. 26* (modifications partielles des dispositions relatives au dépôt légal). – Dreyer, *CCE 2006. Étude 32* (la réforme du dépôt légal). – Forgeron, *Gaz. Pal. 1996. 1. Doctr. 282* (le dépôt des documents multimédias). – Game, *D. 2006. Dossier 2191* (le dépôt légal des œuvres numériques). – Vayssade, *Bull. des bibliothèques de France 1995/3, p. 34* (le dépôt légal des documents informatiques).

CHAPITRE PREMIER *Objectifs et champ d'application du dépôt légal*

Art. L. 131-1 Le dépôt légal est organisé en vue de permettre :

a) La collecte et la conservation des documents mentionnés à l'article L. 131-2 ;

b) La constitution et la diffusion de bibliographies nationales ;

c) La consultation des documents mentionnés à l'article L. 131-2, sous réserve des secrets protégés par la loi, dans les conditions conformes à la législation sur la propriété intellectuelle et compatibles avec leur conservation.

(L. nº 2006-961 du 1er août 2006, art. 40) « Les organismes dépositaires doivent se conformer à la législation sur la propriété intellectuelle sous réserve des dispositions particulières prévues par le présent titre. »

Art. L. 131-2 Les documents imprimés, graphiques, photographiques, sonores, audiovisuels, multimédias, quel que soit leur procédé technique de production, d'édition ou de diffusion, font l'objet d'un dépôt obligatoire, dénommé dépôt légal, dès lors qu'ils sont mis à la disposition d'un public. *(Ord. n° 2009-901 du 24 juill. 2009)* « Toutefois, les documents destinés à une première exploitation en salles de spectacles cinématographiques sont soumis à l'obligation de dépôt légal dès lors qu'ils ont obtenu le visa d'exploitation cinématographique prévu à l'article L. 211-1 du code du cinéma et de l'image animée. »

(L. n° 2006-961 du 1er août 2006, art. 39) « Les logiciels et les bases de données sont soumis à l'obligation de dépôt légal dès lors qu'ils sont mis à disposition d'un public par la diffusion d'un support matériel, quelle que soit la nature de ce support.

« Sont également soumis au dépôt légal les signes, signaux, écrits, images, sons ou messages de toute nature faisant l'objet d'une communication au public par voie électronique. »

CHAPITRE II *Modalités et organisation du dépôt légal*

Art. L. 132-1 Le dépôt légal consiste en la remise du document à l'organisme dépositaire ou *(L. n° 2004-1343 du 9 déc. 2004, art. 78 XIV, A, 4°)* « en » son envoi en franchise postale, en un nombre limité d'exemplaires.

Un décret en Conseil d'État fixe :

a) Les conditions dans lesquelles il peut être satisfait à l'obligation de dépôt légal par d'autres moyens, notamment par l'enregistrement des émissions faisant l'objet d'une radiodiffusion sonore ou d'une télédiffusion ;

b) Les modalités d'application particulières à chaque catégorie de personnes mentionnées à l'article L. 132-2, ainsi que les conditions dans lesquelles certaines de ces personnes peuvent être exemptées de l'obligation de dépôt légal ;

c) Les exceptions à l'obligation de dépôt pour les catégories de documents dont la collecte et la conservation ne présentent pas un intérêt suffisant au regard des objectifs définis à l'article L. 131-1 ;

d) Les modalités selon lesquelles une sélection des documents à déposer peut être faite lorsque les objectifs définis à l'article L. 131-1 peuvent être atteints sans que la collecte et la conservation de la totalité des documents soient nécessaires.

Art. L. 132-2 L'obligation de dépôt mentionnée à l'article L. 131-2 incombe aux personnes suivantes :

a) Celles qui éditent ou importent des documents imprimés, graphiques ou photographiques ;

b) Celles qui impriment les documents mentionnés au *a* ci-dessus ;

c) *(L. n° 2006-961 du 1er août 2006, art. 41)* « Celles qui éditent, produisent ou importent des logiciels ou des bases de données ; »

d) Celles qui éditent ou, en l'absence d'éditeur, celles qui produisent ou qui commandent et celles qui importent des phonogrammes ;

e) *(Ord. n° 2009-901 du 24 juill. 2009)* « Celles qui produisent des documents cinématographiques et, en ce qui concerne les documents cinématographiques importés, celles qui les distribuent, quelle que soit la nature du support sur lequel ils sont fixés, ainsi que celles qui éditent et importent des vidéogrammes destinés à l'usage privé du public consistant dans la reproduction de documents cinématographiques ; »

f) *(L. n° 2006-961 du 1er août 2006, art. 41)* « Les services de radio et de télévision au sens de la loi n° 86-1067 du 30 septembre 1986 relative à la liberté de communication ; »

g) Les personnes qui éditent ou, en l'absence d'éditeur, celles qui produisent ou qui commandent et celles qui importent des vidéogrammes autres que ceux qui sont mentionnés au *e* ci-dessus et que ceux qui sont télédiffusés sans faire l'objet par ailleurs d'une exploitation commerciale ;

h) Celles qui éditent ou, en l'absence d'éditeur, celles qui produisent et celles qui importent des documents multimédias ;

(L. n° 2006-961 du 1er août 2006, art. 41) « *i)* Celles qui éditent ou produisent en vue de la communication au public par voie électronique, au sens du deuxième alinéa de l'article 2 de la loi n° 86-1067 du 30 septembre 1986 précitée, des signes, signaux, écrits, images, sons ou messages de toute nature. »

Sont réputés importateurs au sens du présent article ceux qui introduisent sur le territoire national des documents édités ou produits hors de ce territoire.

Art. L. 132-2-1 *(L. n° 2006-961 du 1er août 2006, art. 41)* Les organismes dépositaires mentionnés à l'article L. 132-3 procèdent, conformément aux objectifs définis à l'article L. 131-1, auprès des personnes mentionnées au *i* de l'article L. 132-2, à la collecte des signes, signaux, écrits, images, sons ou messages de toute nature mis à la disposition du public ou de catégories de public.

Ces organismes informent les personnes mentionnées au *i* de l'article L. 132-2 des procédures de collecte qu'ils mettent en œuvre pour permettre l'accomplissement des obligations relatives au dépôt légal. Ils peuvent procéder eux-mêmes à cette collecte selon des procédures automatiques ou en déterminer les modalités en accord avec ces personnes. La mise en œuvre d'un code ou d'une restriction d'accès par ces personnes ne peut faire obstacle à la collecte par les organismes dépositaires précités.

Les organismes chargés de la gestion des noms de domaine et le Conseil supérieur de l'audiovisuel sont autorisés à communiquer aux organismes dépositaires les données d'identification fournies par les personnes mentionnées au *i* de l'article L. 132-2.

Les conditions de sélection et de consultation des informations collectées sont fixées par décret en Conseil d'État pris après avis de la Commission nationale de l'informatique et des libertés.

Art. L. 132-3 Sont responsables du dépôt légal, qu'ils gèrent pour le compte de l'État, dans des conditions déterminées par décret en Conseil d'État : la Bibliothèque nationale de France, le Centre national du cinéma et de l'image animée *(L. n° 2012-387 du 22 mars 2012, art. 99-II)* « et l'Institut national de l'audiovisuel ».

Ce décret peut confier la responsabilité du dépôt légal à d'autres établissements ou services publics, nationaux ou locaux, à la condition qu'ils présentent les garanties statutaires et disposent des moyens, notamment scientifiques, propres à assurer le respect des objectifs définis à l'article L. 131-1.

Art. L. 132-4 *(L. n° 2006-961 du 1er août 2006, art. 42)* L'auteur ne peut interdire aux organismes dépositaires, pour l'application du présent titre :

1° La consultation de l'œuvre sur place par des chercheurs dûment accrédités par chaque organisme dépositaire sur des postes individuels de consultation dont l'usage est exclusivement réservé à ces chercheurs ;

2° La reproduction d'une œuvre, sur tout support et par tout procédé, lorsque cette reproduction est nécessaire à la collecte, à la conservation et à la consultation sur place dans les conditions prévues au 1°.

Art. L. 132-5 *(L. n° 2006-961 du 1er août 2006, art. 42)* L'artiste-interprète, le producteur de phonogrammes ou de vidéogrammes ou l'entreprise de communication audiovisuelle ne peut interdire la reproduction et la communication au public des documents mentionnés à l'article L. 131-2 dans les conditions prévues à l'article L. 132-4.

Art. L. 132-6 *(L. n° 2006-961 du 1er août 2006, art. 42)* Le producteur d'une base de données ne peut interdire l'extraction et la réutilisation par mise à disposition de la totalité ou d'une partie de la base dans les conditions prévues à l'article L. 132-4.

CHAPITRE III *Dispositions pénales*

Art. L. 133-1 Le fait, pour toute personne mentionnée à l'article L. 132-2, de se soustraire volontairement à l'obligation de dépôt légal est puni d'une amende de 75 000 euros. La juridiction répressive peut, après avoir déclaré le prévenu coupable, ajourner le prononcé de la peine en lui enjoignant, sous astreinte le cas échéant, de se conformer, dans un délai fixé, aux prescriptions qu'elle détermine et qui ont pour objet de faire cesser l'agissement illicite et d'en réparer les conséquences.

Dans le cas où la juridiction répressive assortit l'ajournement d'une astreinte, elle doit prévoir le taux et la date à compter de laquelle cette astreinte commencera à courir. L'ajournement, qui ne peut intervenir qu'une seule fois, peut être décidé même si le prévenu ne comparaît pas en personne.

Le juge peut ordonner l'exécution provisoire de la décision d'injonction.

A l'audience de renvoi, qui doit intervenir au plus tard dans le délai d'un an à compter de la décision d'ajournement, la juridiction statue sur la peine et liquide l'astreinte s'il y a lieu. Elle peut, le cas échéant, supprimer cette dernière ou en réduire le montant. L'astreinte est recouvrée par le comptable *(Ord. n° 2010-420 du 27 avr. 2010, art. 113)* « public compétent » comme une amende pénale. Elle ne peut donner lieu à *(L. n° 2004-204 du 9 mars 2004 art. 198)* « contrainte judiciaire ».

Les dispositions de l'art. L. 133-1 ne sont applicables aux personnes mentionnées au i de l'art. L. 132-2 du code du patrimoine qu'à l'expiration d'un délai de trois ans à compter de la promulgation de la L. n° 2006-961 du 1er août 2006 (JO 3 août).

....

TITRE III Dépôt légal

CHAPITRE PREMIER *Objectifs et champ d'application du dépôt légal*

Art. R. 131-1 Le dépôt légal des documents mentionnés à l'article L. 131-2 est effectué auprès des organismes et dans les conditions fixées par le présent titre.

La mise à la disposition d'un public au sens du premier alinéa de l'article L. 131-2 s'entend de toute communication, diffusion ou représentation, quels qu'en soient le procédé et le public destinataire, dès lors que ce dernier excède le cercle de famille.

La mise à disposition d'un public au sens du deuxième alinéa de l'article L. 131-2 s'entend de toute mise en vente, location ou distribution, même gratuite. – *[Décr. n° 93-1429 du 31 déc. 1993, art. 1er.]*

Art. R. 131-2 La Bibliothèque nationale de France, le Centre national du cinéma et de l'image animée et l'Institut national de l'audiovisuel sont responsables de la collecte et de la conservation des catégories de documents qui leur sont confiées par le présent chapitre. Ils constituent et diffusent les bibliographies nationales correspondantes et mettent ces documents à la disposition du public pour consultation à des fins de recherche. – *[Décr. n° 93-1429 du 31 déc. 1993, art. 2, al. 1er.]*

Art. R. 131-3 Au titre de l'article R. 132-6 sont habilitées les bibliothèques qui présentent une vocation historique, artistique ou patrimoniale affirmée et qui comptent, parmi leurs personnels, des conservateurs des bibliothèques titulaires ou des personnels assimilés par arrêté du ministre chargé de la culture. La liste de ces bibliothèques habilitées est arrêtée par le ministre chargé de la culture. Ces bibliothèques assurent la collecte et la conservation des documents, contribuent à la constitution des bibliographies nationales et à la mise à disposition du public des documents pour consultation à des fins de recherche selon les modalités fixées par leur arrêté d'habilitation. – *[Décr. n° 93-1429 du 31 déc. 1993, art. 2, al. 2.]*

Art. R. 131-4 Les organismes dépositaires fixent les conditions de traitement documentaire. – *[Décr. n° 93-1429 du 31 déc. 1993, art. 3.]*

Art. R. 131-5 Pour l'accomplissement de leur mission de conservation et dans la mesure où la matrice originale ou un élément de tirage existe, les organismes dépositaires ont accès à ceux-ci avec l'accord des titulaires de droit. – *[Décr. n° 93-1429 du 31 déc. 1993, art. 4.]*

Art. R. 131-6 Le dépôt des documents mentionnés au présent titre est accompagné d'une déclaration établie en trois exemplaires dont les mentions sont fixées par arrêté du ministre chargé de la culture.

S'agissant des documents déposés à l'Institut national de l'audiovisuel, l'arrêté est pris conjointement par les ministres chargés de la culture et de la communication. – *[Décr. n° 93-1429 du 31 déc. 1993, art. 5.]*

Art. R. 131-7 Les documents déposés doivent porter des mentions dont la nature est fixée par les arrêtés ministériels prévus aux articles R. 132-8, R. 132-14, R. 132-22, R. 132-32, *(Décr. n° 2011-1904 du 19 déc. 2011, art. 2)* « R. 132-40 » et R. 132-46.

Ces arrêtés peuvent prévoir des mentions relatives :

1° A l'identification de la personne qui, selon le cas, édite, imprime, produit ou diffuse le document ;

2° A l'existence et la date du dépôt légal ;

3° A la date de création, d'édition, de production ou de diffusion ;

4° Aux codes d'identification correspondant aux normes nationales et internationales applicables. – *[Décr. n° 93-1429 du 31 déc. 1993, art. 6.]*

CHAPITRE II *Modalités et organisation du dépôt légal*

SECTION I *Dépôt légal à la Bibliothèque nationale de France*

SOUS-SECTION 1 *Dépôt des documents imprimés, graphiques et photographiques*

Art. R. 132-1 Les documents imprimés ou graphiques de toute nature, notamment les livres, périodiques, brochures, estampes, gravures, cartes postales, affiches, cartes, plans, globes et atlas géographiques, partitions musicales, chorégraphies ainsi que les documents photographiques, quels que soient leurs support matériel et procédé technique de production,

d'édition ou de diffusion, sont déposés à la Bibliothèque nationale de France dès lors qu'ils sont mis en nombre à la disposition d'un public, à titre gratuit ou onéreux. – *[Décr. nº 93-1429 du 31 déc. 1993, art. 7, al. 1er.]*

Art. R. 132-2 **Les documents imprimés suivants ne sont pas soumis à l'obligation de dépôt :**

1° Les travaux d'impression dits de ville, de commerce ou administratifs ;

2° Les documents électoraux mentionnés aux articles R. 26, R. 29 et R. 30 du code électoral ;

3° Les documents mentionnés *(Décr. nº 2011-1904 du 19 déc. 2011, art. 3)* **« à l'article R. 132-1 » et importés à moins de cent exemplaires ;**

4° Les partitions musicales et les chorégraphies importées à moins de trente exemplaires ;

5° Les documents imprimés, graphiques et photographiques dont le dépôt est prévu en accompagnement des documents déposés en application des sections 1, 2 et 3 du présent chapitre ;

6° Les brevets, dessins ou modèles industriels ;

7° Les recueils de photocopies et de reproduction d'articles de presse ou d'autres textes ;

8° Les réimpressions à l'identique après le dépôt initial ;

(Décr. nº 2017-933 du 10 mai 2017, art. 1er, en vigueur le 1er janv. 2018) **« 9° Les recueils des actes administratifs des services déconcentrés de l'État, des délégations territoriales de ses établissements publics nationaux, de ses établissements publics autres que nationaux, des collectivités territoriales et de leurs groupements ».** – *[Décr. nº 93-1429 du 31 déc. 1993, art. 7, al. 2 à 10.]*

Art. R. 132-3 **Le dépôt des documents mentionnés à l'article R. 132-1 est effectué par les personnes physiques ou morales visées aux *a* et *b* de l'article L. 132-2 ou par celles qui les confectionnent dans les conditions définies à la présente sous-section.** – *[Décr. nº 93-1429 du 31 déc. 1993, art. 8, al. 1er.]*

Art. R. 132-4 **Le dépôt éditeur incombe à la personne qui édite le document mis à la disposition d'un public.**

Ce dépôt est effectué en *(Décr. nº 2015-318 du 19 mars 2015, art. 1er-1º)* **« un exemplaire », au plus tard le jour de la mise en circulation du document, à la Bibliothèque nationale de France.** – *[Décr. nº 93-1429 du 31 déc. 1993, art. 8, al. 2 à 4.]*

Art. R. 132-5 *Abrogé par Décr. nº 2015-318 du 19 mars 2015, art. 1er-2º.*

Art. R. 132-6 **Le dépôt imprimeur incombe à la personne qui imprime le document mis à la disposition d'un public.**

Ce dépôt est effectué en un exemplaire, dès l'achèvement du tirage ou de la fabrication, à la Bibliothèque nationale de France pour les personnes physiques ayant leur domicile ou les personnes morales ayant leur siège social dans la région d'Île-de-France et, en application de l'article R. 131-3, pour celles situées en dehors de cette région, aux bibliothèques habilitées par arrêté du ministre chargé de la culture à recevoir ce dépôt.

Lorsque la confection d'un ouvrage nécessite la collaboration de plusieurs imprimeurs ou façonniers, le dépôt est effectué par celui d'entre eux qui effectue la livraison définitive à l'éditeur. – *[Décr. nº 93-1429 du 31 déc. 1993, art. 8, al. 6 à 9.]*

Art. R. 132-7 **Le dépôt importateur incombe à la personne qui importe le document mis à la disposition d'un public.**

Ce dépôt est effectué en un exemplaire, au plus tard le jour de mise en circulation du document sur le territoire national, à la Bibliothèque nationale de France. – *[Décr. nº 93-1429 du 31 déc. 1993, art. 8, al. 10 à 12.]*

Art. R. 132-8 **Les exemplaires déposés doivent être d'une parfaite qualité et identiques aux exemplaires mis en circulation.**

Par dérogation au premier alinéa, la Bibliothèque nationale de France peut demander le dépôt d'un fichier numérique se substituant au dépôt du document imprimé, graphique ou photographique. Les modalités de ce dépôt sont définies en accord avec les déposants.

Les personnes qui éditent des périodiques sont admises à grouper les déclarations prévues à l'article R. 131-6 en une déclaration globale annuelle en triple exemplaire qui accompagne le dernier numéro de chaque année. Toutefois, pour les périodiques nouvellement créés et ceux qui ont fait l'objet d'une modification de titre, la déclaration doit accompagner le premier envoi.

Le ministre chargé de la culture fixe par arrêté les mentions que doivent porter les documents mentionnés à la présente sous-section. – *[Décr. nº 93-1429 du 31 déc. 1993, art. 9.]*

SOUS-SECTION 2 *Dépôt des logiciels et des bases de données*

Art. R. 132-9 Les logiciels et les bases de données sont déposés à la Bibliothèque nationale de France dès lors qu'ils sont mis à la disposition du public, à titre onéreux ou gratuit, par diffusion en nombre d'un support matériel de quelque nature que ce soit. – *[Décr. n° 93-1429 du 31 déc. 1993, art. 10, al. 1er.]*

Art. R. 132-10 Le dépôt des logiciels et des bases de données édités en France incombe à la personne qui édite les supports mentionnés à l'article R. 132-9.

En l'absence d'éditeur, le dépôt est effectué par la personne qui produit les logiciels et les bases de données. – *[Décr. n° 93-1429 du 31 déc. 1993, art. 10, al. 2 et 3.]*

Art. R. 132-11 Le dépôt des logiciels et bases de données importés incombe à leur importateur. – *[Décr. n° 93-1429 du 31 déc. 1993, art. 10, al. 4.]*

Art. R. 132-12 Le dépôt des logiciels et des bases de données est effectué en deux exemplaires pour les documents édités sur le territoire national et en un exemplaire pour ceux qui sont importés, au plus tard le jour de la mise à la disposition du public, à la Bibliothèque nationale de France. – *[Décr. n° 93-1429 du 31 déc. 1993, art. 10, al. 5.]*

(Décr. n° 2011-1904 du 19 déc. 2011, art. 4) « Les personnes qui éditent des logiciels ou des bases de données périodiques sont admises à grouper les déclarations prévues à l'article R. 131-6 en une déclaration globale annuelle en triple exemplaire qui accompagne la dernière mise à disposition de chaque année. Toutefois, pour les logiciels ou bases de données périodiques nouvellement créés et ceux qui ont fait l'objet d'une modification de titre, la déclaration doit accompagner le premier envoi. »

Art. R. 132-13 Le dépôt des logiciels et des bases de données est réalisé par la remise ou l'expédition du support matériel permettant l'utilisation par le public. Le support est accompagné de la documentation afférente au produit. L'un et l'autre doivent être d'une parfaite qualité et identiques à l'exemplaire mis à la disposition du public. – *[Décr. n° 93-1429 du 31 déc. 1993, art. 10, al. 6.]*

Art. R. 132-14 Les documents dont le dépôt est régi par les dispositions de la présente sous-section doivent être accompagnés des mots de passe et, le cas échéant, des clés d'accès aux documents protégés ainsi que de toutes les données techniques nécessaires à leur conservation et à leur consultation.

Le ministre chargé de la culture fixe les mentions que doivent porter les documents mentionnés à la présente sous-section. – *[Décr. n° 93-1429 du 31 déc. 1993, art. 10, al. 7 et 8.]*

SOUS-SECTION 3 *Dépôt des phonogrammes, vidéogrammes et documents multimédias*

Art. R. 132-15 Les phonogrammes de toute nature, quels que soient leurs support matériel et procédé technique de production, d'édition ou de diffusion, sont déposés à la Bibliothèque nationale de France dès lors qu'ils sont mis à la disposition d'un public. – *[Décr. n° 93-1429 du 31 déc. 1993, art. 15, al. 1er.]*

Art. R. 132-16 Les vidéogrammes, *(Décr. n° 2011-1904 du 19 déc. 2011, art. 5-1°)* « autres que ceux mentionnés à l'article R. 132-25 », sont déposés à la Bibliothèque nationale de France dès lors qu'ils sont mis à la disposition d'un public.

(Décr. n° 2011-1904 du 19 déc. 2011, art. 5-2°) « L'obligation prévue au premier alinéa s'applique aux documents cinématographiques mentionnés à l'article R. 132-26 qui sont mis à la disposition d'un public par un autre moyen que l'exploitation en salles de spectacles cinématographiques.

« La même obligation s'applique aux vidéogrammes mentionnés à l'article R. 132-30 qui, outre leur fixation sur un support photochimique, sont mis à la disposition d'un public par un autre moyen. »

La même obligation s'applique aux documents audiovisuels mentionnés aux articles R. 132-35 et R. 132-36 qui, outre leur diffusion dans les conditions fixées à l'article R. 132-34, sont mis à la disposition d'un public *(Décr. n° 2011-1904 du 19 déc. 2011, art. 5-3°)* « par un autre moyen ». – *[Décr. n° 93-1429 du 31 déc. 1993, art. 15, al. 2 à 4.]*

Art. R. 132-17 Les documents multimédias, quels que soient leurs support et procédé technique de production, d'édition ou de diffusion, sont déposés à la Bibliothèque nationale de France dès lors qu'ils sont mis à la disposition d'un public.

On entend par document multimédia *(Décr. n° 2011-1904 du 19 déc. 2011, art. 6)* « au sens de l'article L. 131-2 » tout document qui soit regroupe deux ou plusieurs supports mentionnés à la présente section, soit associe, sur un même support, deux ou plusieurs documents soumis à l'obligation de dépôt. – *[Décr. n° 93-1429 du 31 déc. 1993, art. 15, al. 5 et 6.]*

Art. R. 132-18 Le dépôt des phonogrammes, vidéogrammes et documents multimédias édités en France incombe à la personne qui édite les supports mentionnés aux articles R. 132-15 à R. 132-17.

En l'absence d'éditeur, le dépôt est effectué par la personne qui produit le document ou en commande la production. – *[Décr. n° 93-1429 du 31 déc. 1993, art. 16, al. 1er et 2.]*

Art. R. 132-19 Le dépôt des phonogrammes, vidéogrammes et documents multimédias importés incombe à leur importateur. – *[Décr. n° 93-1429 du 31 déc. 1993, art. 16, al. 3.]*

Art. R. 132-20 Le dépôt des phonogrammes, vidéogrammes et documents multimédias est effectué en deux exemplaires pour les documents édités sur le territoire national et en un exemplaire pour ceux qui sont importés, au plus tard le jour de la mise à la disposition du public destinataire, à la Bibliothèque nationale de France. – *[Décr. n° 93-1429 du 31 déc. 1993, art. 16, al. 4.]*

(Décr. n° 2011-1904 du 19 déc. 2011, art. 7) « Les personnes qui éditent des phonogrammes, vidéogrammes ou documents multimédias périodiques sont admises à grouper les déclarations prévues à l'article R. 131-6 en une déclaration globale annuelle en triple exemplaire qui accompagne la dernière mise à disposition de chaque année. Toutefois, pour les phonogrammes, vidéogrammes ou documents multimédias périodiques nouvellement créés et ceux qui ont fait l'objet d'une modification de titre, la déclaration doit accompagner le premier envoi. »

Art. R. 132-21 Le dépôt mentionné à l'article R. 132-20 est réalisé par la remise ou l'expédition du support matériel permettant l'utilisation par le public. Le support est accompagné de la documentation afférente au produit. L'un et l'autre doivent être d'une parfaite qualité et identiques à l'exemplaire mis à la disposition du public.

Ils doivent notamment comporter les pochettes, emboîtages, reliures et notices qui les accompagnent. – *[Décr. n° 93-1429 du 31 déc. 1993, art. 16, al. 5 et 6.]*

Art. R. 132-22 Les documents dont le dépôt est régi par les dispositions de la présente sous-section doivent être accompagnés des mots de passe et, le cas échéant, des clés d'accès aux documents protégés ainsi que de toutes les données techniques nécessaires à leur conservation et à leur consultation.

Le ministre chargé de la culture fixe les mentions que doivent porter les documents cités à la présente sous-section. – *[Décr. n° 93-1429 du 31 déc. 1993, art. 16, al. 7 et 8.]*

SOUS-SECTION 4 *Dépôt légal des services de communication au public par voie électronique*

(Décr. n° 2011-1904 du 19 déc. 2011, art. 8)

Art. R. 132-23 Sont soumis au dépôt légal auprès de la Bibliothèque nationale de France :

1° Sauf s'ils sont édités par les services mentionnés à l'article R. 132-34 ou principalement consacrés aux programmes édités par ceux-ci, les services de communication au public en ligne au sens du IV de l'article 1er de la loi n° 2004-575 du 21 juin 2004 pour la confiance dans l'économie numérique, enregistrés sous le nom de domaine *.fr* ou tout autre nom de domaine enregistré auprès du ou des organismes français chargés de la gestion de ces noms, enregistrés par une personne domiciliée en France ou produits sur le territoire français ;

2° Sauf s'ils sont diffusés par voie hertzienne terrestre ou s'ils mettent à la disposition du public les programmes des services mentionnés au 1° de l'article R. 132-34, les services de médias audiovisuels à la demande au sens de l'article 2 de la loi n° 86-1067 du 30 septembre 1986 relative à la liberté de communication, établis en France au sens des articles 43-2 et 43-3 de cette même loi.

Art. R. 132-23-1 I. – La collecte des services de communication au public en ligne et des services de médias audiovisuels à la demande mentionnés à l'article R. 132-23 est effectuée au moins une fois par an.

II. – Lorsqu'un service de communication au public en ligne ou un service de médias audiovisuels à la demande mentionné à l'article R. 132-23 ne peut être collecté intégralement selon des procédures automatiques, l'éditeur doit, à la demande de la Bibliothèque nationale de France, lui fournir les mots de passe et les clés d'accès aux documents protégés

nécessaires à sa collecte, ou lui remettre une copie de ces documents. Dans les deux cas, l'éditeur doit également fournir toutes les données techniques nécessaires à la communication et à la conservation à long terme des documents. L'organisme dépositaire et le déposant définissent conjointement les modalités de l'extraction des fichiers.

III. — Le service de communication au public en ligne de la Bibliothèque nationale de France informe le public sur les procédures de collecte qu'elle met en œuvre et sur les spécifications techniques de l'outil de collecte automatique qu'elle utilise.

IV. — Les bibliographies nationales des services de communication au public en ligne et des services de médias audiovisuels à la demande prévues au *b* de l'article L. 131-1 prennent la forme d'une indexation de ces services.

Art. R. 132-23-2 La consultation sur place des services de communication au public en ligne et des services de médias audiovisuels à la demande collectés s'effectue :

1° A la Bibliothèque nationale de France et dans tout organisme habilité à mettre en œuvre cette consultation par arrêté du ministre chargé de la culture ;

2° Sur des postes individuels équipés d'interfaces d'accès, de recherche et de traitement fournies par la Bibliothèque nationale de France ou les organismes habilités et dont l'usage est strictement réservé à des chercheurs dûment accrédités.

SOUS-SECTION 5 *Dispositions diverses*

(Décr. n° 2011-1904 du 19 déc. 2011, art. 8)

Art. D. 132-23-3 La Bibliothèque nationale de France est régie par le décret mentionné à l'annexe 3 du présent code. — *V. Décr. n° 94-3 du 3 janv. 1994 portant création de la Bibliothèque nationale de France (JO 4 janv.) mod. par Décr. n° 2005-436 du 9 mai 2005 (JO 10 mai), Décr. n° 2006-1365 du 9 nov. 2006 (JO 10 nov.), Décr. n° 2008-9 du 2 janv. 2008 (JO 4 janv.), Décr. n° 2009-1393 du 11 nov. 2009 (JO 15 nov.) et Décr. n° 2012-1247 du 7 nov. 2012 (JO 10 nov.).*

SECTION II *Dépôt légal au Centre national du cinéma et de l'image animée*

Art. R. 132-24 Le Centre national du cinéma et de l'image animée exerce les missions relatives au dépôt légal qui lui sont confiées par le titre III du livre Ier du présent code et le 5° de l'article L. 111-2 du code du cinéma et de l'image animée dans les conditions fixées par la présente section.

Art. R. 132-25 Les vidéogrammes *(Abrogé par Décr. n° 2011-1904 du 19 déc. 2011, art. 9) « fixés sur un support photochimique »* **mentionnés aux articles R. 132-26 et R. 132-30 sont déposés au Centre national du cinéma et de l'image animée dans les conditions indiquées à la présente section.** — *[Décr. n° 93-1429 du 31 déc. 1993, art. 23.]*

Art. R. 132-26 Les documents cinématographiques *(Décr. n° 2011-1904 du 19 déc. 2011, art. 10)* **« destinés à une première exploitation en salle de spectacle cinématographique, dès lors qu'ils ont obtenu le visa d'exploitation cinématographique prévu à l'article L. 211-1 du code du cinéma et de l'image animée, » sont soumis à l'obligation de dépôt légal dans les conditions fixées par la présente section.** — *[Décr. n° 93-1429 du 31 déc. 1993, art. 24.]*

Art. R. 132-27 Le dépôt est effectué *(Abrogé par Décr. n° 2011-1904 du 19 déc. 2011, art. 11) « en un exemplaire »* **par le producteur, ou par le distributeur pour ce qui concerne les documents cinématographiques importés, dans le délai** *(Décr. n° 2011-1904 du 19 déc. 2011, art. 11)* **« de deux mois à compter de l'obtention du visa d'exploitation cinématographique ». Il est accompagné** *(Décr. n° 2011-1904 du 19 déc. 2011, art. 11)* **« du synopsis et de la fiche technique. Lorsque le document cinématographique est exploité en salle, le dépôt est également accompagné du dossier de presse et du matériel publicitaire », notamment les bandes-annonces, affiches et photographies.**

Le délai prévu à l'alinéa précédent est fixé à six mois pour les œuvres cinématographiques d'une durée inférieure à une heure. — *[Décr. n° 93-1429 du 31 déc. 1993, art. 25.]*

Art. R. 132-28 *(Décr. n° 2011-1904 du 19 déc. 2011, art. 12)* **« Pour les documents cinématographiques fixés sur support photochimique entrant dans les prévisions de l'article R. 132-26, un exemplaire doit être déposé » sous la forme d'un élément intermédiaire permettant l'obtention soit d'une copie positive, soit d'une matrice négative ou, à défaut, sous la forme d'une copie positive neuve d'une parfaite qualité technique. L'exemplaire déposé doit être identique dans son métrage et son contenu à la copie soumise à l'examen de la commission de classification prévue à l'article 1er du décret n° 90-174 du 23 février 1990 pris pour**

l'application des articles 19 à 22 du code de l'industrie cinématographique et relatif à la classification des œuvres cinématographiques. – *[Décr. n° 93-1429 du 31 déc. 1993, art. 26, al. 1er.]*

Art. R. 132-28-1 *(Décr. n° 2011-1904 du 19 déc. 2011, art. 13)* **Pour les documents cinématographiques sous forme de fichier numérique entrant dans les prévisions de l'article R. 132-26, deux exemplaires sont déposés : un exemplaire numérique répondant à des prescriptions techniques fixées par décision du président du Centre national du cinéma et de l'image animée prise sur le fondement du 2° de l'article L. 111-3 du code du cinéma et de l'image animée et un exemplaire sur support photochimique conforme aux prescriptions de l'article R. 132-28.**

Art. R. 132-29 Par dérogation aux dispositions de l'article R. 132-28, le dépôt d'une copie ayant déjà fait l'objet d'une exploitation est admis pour les œuvres cinématographiques d'une durée inférieure à une heure à la condition que la copie fournie soit d'une parfaite qualité technique.

Lorsque le dépôt est effectué sous la forme d'une copie positive et que celle-ci ne présente plus une qualité technique suffisante, le Centre national du cinéma et de l'image animée *(Abrogé par Décr. n° 2011-1904 du 19 déc. 2011, art. 14)* **«** ***, avec l'autorisation des titulaires de droits,*** **» a accès à l'élément intermédiaire mentionné à l'article R. 132-28 et prend en charge les frais de tirage d'une nouvelle copie positive.** – *[Décr. n° 93-1429 du 31 déc. 1993, art. 26, al. 2 et 3.]*

Art. R. 132-30 Les vidéogrammes fixés sur support photochimique autres que ceux mentionnés à l'article R. 132-26, et notamment ceux qui répondent aux besoins d'information, de formation ou de promotion des personnes physiques ou morales de droit public ou privé, sont soumis à l'obligation de dépôt légal lorsqu'ils sont mis à la disposition d'un public par diffusion d'au moins six exemplaires.

Le dépôt est effectué par la personne qui a commandé ou qui a produit ces vidéogrammes et, pour ce qui concerne les vidéogrammes importés, par leur importateur ou leur distributeur.

Dans tous les cas, le dépôt est opéré, en un exemplaire, auprès du Centre national du cinéma et de l'image animée dans le délai d'un mois à compter de la première représentation de l'œuvre au public destinataire et il est accompagné du synopsis et d'une fiche technique. Les dispositions du deuxième alinéa de l'article R. 132-29 sont applicables aux vidéogrammes mentionnés au présent article. – *[Décr. n° 93-1429 du 31 déc. 1993, art. 27.]*

Art. R. 132-31 Sont exclus du dépôt légal les vidéogrammes importés, mentionnés aux articles R. 132-26 et R. 132-30, exclusivement produits à l'étranger, lorsqu'ils remplissent l'une des conditions suivantes :

1° Provenir d'États avec lesquels la France aura conclu des accords internationaux prévoyant des conditions de réciprocité relatives à l'étendue et aux modalités du dépôt légal des vidéogrammes importés ;

2° Faire l'objet d'une entrée temporaire sur le territoire national à l'occasion de manifestations publiques dès lors que le nombre de séances de représentations est inférieur à un seuil fixé par arrêté du ministre chargé de la culture ;

3° Être diffusés sur le territoire national à moins de six exemplaires. – *[Décr. n° 93-1429 du 31 déc. 1993, art. 28.]*

Art. R. 132-32 Lorsque, *(Décr. n° 2011-1904 du 19 déc. 2011, art. 15)* **« pour un document cinématographique fixé sur support photochimique », il existe des formats différents, le format assurant la meilleure définition et les meilleures conditions de conservation doit être déposé, à l'exclusion du format de 70 mm.**

Le ministre chargé de la culture fixe par arrêté les mentions que doivent porter les documents cités à la présente section. – *[Décr. n° 93-1429 du 31 déc. 1993, art. 29.]*

SECTION III *Dépôt légal à l'Institut national de l'audiovisuel*

Art. R. 132-33 En application des articles L. 131-2 et L. 132-3 et dans les conditions fixées à la présente section, l'Institut national de l'audiovisuel est seul responsable de la collecte, au titre du dépôt légal, des documents sonores et audiovisuels radiodiffusés ou télédiffusés ; il participe avec la Bibliothèque nationale de France à la collecte, au titre du dépôt légal, des signes, signaux, écrits, images, sons ou messages de toute nature faisant l'objet d'une communication publique en ligne. L'institut gère le dépôt légal dont il a la charge conformément aux objectifs et dans les conditions définis à l'article L. 131-1. – *[L. n° 86-1067 du 30 sept. 1986, art. 49, al. 7.]*

Art. R. 132-34 Les documents audiovisuels et sonores mentionnés aux articles R. 132-35 et R. 132-36 sont déposés à l'Institut national de l'audiovisuel dès lors qu'ils font l'objet d'une diffusion par les services énumérés ci-après qui mettent à la disposition directe du public leurs programmes :

(Décr. n° 2011-1904 du 19 déc. 2011, art. 16) « 1° Les services de télévision établis en France au sens des articles 43-2 à 43-6 de la loi du 30 septembre 1986 précitée à l'exception :

« *a)* Des services autorisés sur le fondement de l'article 28-3 de cette même loi ;

« *b)* Des services de paiement à la séance au sens de l'article 6-6 du décret n° 90-66 du 17 janvier 1990 pris pour l'application du 3° de l'article 27 et du 2° de l'article 70 de la loi n° 86-1067 du 30 septembre 1986 modifiée relative à la liberté de communication et fixant les principes généraux concernant la diffusion des œuvres cinématographiques et audiovisuelles par les éditeurs de service de télévision ;

« *c)* Des services principalement ou exclusivement consacrés au télé-achat au sens des articles 21, 32 et 33 du décret n° 92-280 du 27 mars 1992 pris pour l'application des articles 27 et 33 de la loi n° 86-1067 du 30 septembre 1986 susvisée et fixant les principes généraux définissant les obligations des éditeurs de services en matière de publicité, de parrainage et de téléachat ;

« 2° Les services de radio, à l'exception :

« *a)* Des services mentionnés aux articles 28-3 et 80 de la loi du 30 septembre 1986 précitée ;

« *b)* Des services locaux, régionaux et thématiques indépendants mentionnés aux articles 29 et 42-3 de cette même loi ;

« 3° Les services de médias audiovisuels à la demande diffusés par voie hertzienne terrestre. » — *[Décr. n° 93-1429 du 31 déc. 1993, art. 30, al. 1er à 4 et al. 6.]*

Art. R. 132-35 I. — Sont intégralement déposés et conservés les documents audiovisuels suivants *(Décr. n° 2011-1904 du 19 déc. 2011, art. 17-1°)* « lorsqu'ils sont d'origine française au sens de l'article R. 132-37 et font l'objet d'une première diffusion par les services de télévision mentionnés au 1° de l'article R. 132-34 » :

1° Les magazines et les émissions majoritairement réalisés en plateau, autres que de fiction ;

2° Les émissions d'information, à l'exception des journaux télévisés ;

3° Les œuvres audiovisuelles au sens du décret n° 90-66 du 17 janvier 1990 pris pour l'application du 3° de l'article 27 et du 2° de l'article 70 de la loi n° 86-1067 du 30 septembre 1986 relative à la liberté de communication et fixant les principes généraux concernant la diffusion des œuvres cinématographiques et audiovisuelles ;

4° Les émissions de variétés ;

5° Les messages publicitaires ;

6° Les émissions relevant d'obligations particulières des *(Décr. n° 2011-1904 du 19 déc. 2011, art. 17-2° et 3°)* « cahiers des charges des sociétés nationales de programme.

« II. — L'ensemble des documents audiovisuels des services d'autopromotion au sens de l'article 16-1 du décret n° 92-280 du 27 mars 1992 modifié pris pour l'application des articles 27 et 33 de la loi n° 86-1067 du 30 septembre 1986 relative à la liberté de communication et fixant les principes généraux définissant les obligations des éditeurs de services en matière de publicité, de parrainage et de téléachat, ainsi que les autres émissions ou éléments d'émission, sont collectés à raison d'au moins quatre documents par titre ou par discipline sportive ou par genre, par déposant et par an, à l'exception des journaux télévisés qui sont collectés à raison d'au moins une édition par jour et par déposant. » — *[Décr. n° 93-1429 du 31 déc. 1993, art. 31 et 35, al. 1er à 8, ecqc composition commission.]*

Art. R. 132-36 I. — Sont intégralement collectés par l'Institut national de l'audiovisuel et conservés les documents sonores suivants *(Décr. n° 2011-1904 du 19 déc. 2011, art. 18-1°)* « lorsqu'ils sont d'origine française au sens de l'article R. 132-37 et font l'objet d'une première diffusion par les services de radio mentionnés au 2° de l'article R. 132-34 » :

1° Les œuvres littéraires, dramatiques et documentaires ;

2° Les œuvres musicales, à l'exception de celles fixées sur des phonogrammes et vidéogrammes diffusés à des fins de commerce ;

3° *Les émissions* d'information, à l'exception des journaux radiophoniques ;

4° Les entretiens et magazines culturels et scientifiques ;

5° Les émissions de variétés ;

6° Les messages publicitaires ;

7° Les émissions relevant d'obligations particulières des *(Décr. n° 2011-1904 du 19 déc. 2011, art. 18-2° et 3°)* « cahiers des charges des sociétés nationales de programme.

« II. – Les autres émissions ou éléments d'émission sont collectés à raison d'au moins quatre documents par titre ou par discipline sportive ou par genre, par déposant et par an, à l'exception des journaux qui sont collectés à raison d'au moins une édition par jour et par déposant. » – *[Décr. nº 93-1429 du 31 déc. 1993, art. 32.]*

Art. R. 132-37 *(Décr. nº 2011-1904 du 19 déc. 2011, art. 19)* Les documents mentionnés aux articles R. 132-35 et R. 132-36 sont considérés comme étant d'origine française dès lors qu'ils sont entièrement produits par une entreprise de droit français ou qu'un apport en part producteur ou un préachat de droits de diffusion réalisé par une entreprise de droit français figure dans le budget de production de ces documents.

Art. R. 132-38 *(Décr. nº 2011-1904 du 19 déc. 2011, art. 19)* Les éditeurs des services mentionnés à l'article R. 132-34 communiquent à l'Institut national de l'audiovisuel leur programmation quinze jours avant la diffusion publique. Avant cette diffusion, l'Institut national de l'audiovisuel fait connaître à ces éditeurs la liste des documents qui seront collectés intégralement et de ceux qui seront sélectionnés.

Ces listes, à défaut de modifications apportées par l'Institut national de l'audiovisuel dans un délai qui ne peut excéder sept jours après la diffusion, sont définitives sauf erreur ou omission imputable au déposant.

Art. R. 132-39 *(Décr. nº 2011-1904 du 19 déc. 2011, art. 19)* Les éditeurs des services mentionnés à l'article R. 132-34 déposent à l'Institut national de l'audiovisuel, dans un délai de quinze jours suivant leur première communication au public, les documents mentionnés aux articles R. 132-35 et R. 132-36. Toutefois, l'Institut national de l'audiovisuel peut procéder à la collecte de ces documents selon des procédures automatiques.

Les conditions et modalités de dépôt ou de collecte automatique ainsi que les normes techniques sont arrêtées par les ministres chargés de la culture et de la communication sur proposition de l'Institut national de l'audiovisuel.

Lorsqu'un document mentionné aux articles R. 132-35 et R. 132-36 ne peut être collecté intégralement selon des procédures automatiques, le déposant doit, à la demande de l'Institut national de l'audiovisuel, lui fournir les mots de passe et les clés d'accès aux documents protégés nécessaires à la collecte, ou lui remettre une copie de ces documents. Dans les deux cas, il doit également fournir toutes les données techniques nécessaires à la communication et à la conservation à long terme des documents. Le déposant et l'Institut national de l'audiovisuel définissent conjointement les modalités de collecte selon les procédures autres qu'automatiques.

Art. R. 132-40 *(Décr. nº 2011-1904 du 19 déc. 2011, art. 19)* Les éditeurs des services mentionnés à l'article R. 132-34 fournissent à l'Institut national de l'audiovisuel le conducteur des émissions, le rapport du chef de chaîne, une copie de la déclaration des droits relatifs aux programmes musicaux, les documents d'accompagnement dont ils disposent, et notamment le dossier de presse, le synopsis, la fiche technique et le matériel publicitaire.

Les ministres chargés de la culture et de la communication fixent par arrêté conjoint les mentions que doivent porter les documents mentionnés à la présente section.

Art. R. 132-41 *(Décr. nº 2011-1904 du 19 déc. 2011, art. 19)* Sont soumis au dépôt légal auprès de l'Institut national de l'audiovisuel :

1° Les services de communication au public en ligne entrant dans les prévisions du 1° de l'article R. 132-23, lorsqu'ils sont édités par les services mentionnés à l'article R. 132-34 ou lorsqu'ils sont principalement consacrés aux programmes que ceux-ci éditent ;

2° Les services de médias audiovisuels à la demande entrant dans les prévisions du 2° de l'article R. 132-23, lorsqu'ils mettent à la disposition du public les programmes des services mentionnés au 1° de l'article R. 132-34.

Art. R. 132-42 *(Décr. nº 2011-1904 du 19 déc. 2011, art. 19)* I. – La collecte des services de communication au public en ligne et des services de médias audiovisuels à la demande mentionnés à l'article R. 132-41 est effectuée au moins une fois par an.

II. – Lorsqu'un service de communication au public en ligne ou un service de médias audiovisuels à la demande mentionné à l'article R. 132-41 ne peut être collecté intégralement selon des procédures automatiques, l'éditeur doit, à la demande de l'Institut national de l'audiovisuel, lui fournir les mots de passe et les clés d'accès aux documents protégés nécessaires à sa collecte, ou lui remettre une copie de ces documents. Dans les deux cas, l'éditeur doit également fournir toutes les données techniques nécessaires à la communication et à la conservation à long terme des documents. L'organisme dépositaire et le déposant définissent conjointement les modalités de l'extraction des fichiers.

III. – Le service de communication au public en ligne de l'Institut national de l'audiovisuel informe le public sur les procédures de collecte qu'il met en œuvre et sur les spécifications techniques de l'outil de collecte automatique qu'il utilise.

IV. – Les bibliographies nationales des services de communication au public en ligne et des services de médias audiovisuels à la demande prévues au *b* de l'article L. 131-1 prennent la forme d'une indexation de ces services.

Art. R. 132-43 *(Décr. nº 2011-1904 du 19 déc. 2011, art. 19)* La consultation sur place des services de communication au public en ligne et des services de médias audiovisuels à la demande collectés s'effectue :

1º A l'Institut national de l'audiovisuel et dans tout organisme habilité à mettre en œuvre cette consultation par arrêté des ministres chargés de la culture et de la communication ;

2º Sur des postes individuels équipés d'interfaces d'accès, de recherche et de traitement fournies par l'Institut national de l'audiovisuel ou les organismes habilités et dont l'usage est strictement réservé à des chercheurs dûment accrédités.

SECTION IV *Dispositions diverses* *(Décr. nº 2014-119 du 11 févr. 2014, art. 4-I).*

Art. R. 132-44 En application de l'article L. 132-1, les envois par la poste relatifs à la mise en œuvre des obligations résultant du présent titre sont admis en franchise postale dans les conditions fixées par arrêté conjoint des ministres chargés de la poste et de la culture.

Art. R. 132-45 Les déclarations mentionnées aux articles R. 131-6 *(Décr. nº 2014-119 du 11 févr. 2014, art. 4-II)* « et R. 132-8 » peuvent être librement consultées par les déposants, les auteurs et leurs ayants cause respectifs. – *[Décr. nº 93-1429 du 31 déc. 1993, art. 44.]*

CHAPITRE III *Dispositions pénales*

Art. R. 133-1 Sont punis de l'amende prévue pour les contraventions de la cinquième classe et, en cas de récidive, de l'amende prévue pour les contraventions de la cinquième classe en récidive :

1º Ceux qui n'accompagnent pas le dépôt de leur déclaration, dûment remplie, *(Décr. nº 2014-119 du 11 févr. 2014, art. 4-III-1º)* « prévue à l'article R. 131-6 » ;

2º Ceux qui n'accompagnent pas le dépôt des pièces, fiches, documents et matériels prévus par les articles R. 132-13, R. 132-14, R. 132-21, R. 132-22, R. 132-27, R. 132-30, *(Décr. nº 2011-1904 du 19 déc. 2011, art. 20-1º)* « R. 132-40 » ;

3º Ceux qui ne font pas figurer sur les documents soumis à l'obligation de dépôt les mentions obligatoires prévues par le présent titre et les arrêtés d'application prévus par les articles R. 131-7, R. 132-8, R. 132-14, R. 132-22, R. 132-32 *(Décr. nº 2014-119 du 11 févr. 2014, art. 4-III-2º)* « et R. 132-40 » ;

4º Ceux qui ne déposent pas des documents répondant aux normes de qualité permettant d'atteindre les objectifs prévus par les articles R. 132-8, R. 132-13, R. 132-21, R. 132-28, R. 132-29, *(Décr. nº 2014-119 du 11 févr. 2014, art. 4-III-3º)* « et R. 132-39 ». – *[Décr. nº 93-1429 du 31 déc. 1993, art. 45.]*

Art. R. 133-1-1 *(Décr. nº 2014-551 du 27 mai 2014, art. 18)* Le comptable public compétent mentionné au quatrième alinéa de l'article L. 133-1 du code du patrimoine est un comptable de la direction générale des finances publiques.

Arrêté du 10 juillet 2000,

Portant création du Conseil supérieur de la propriété littéraire et artistique.

Art. 1er Il est institué auprès *(Arr. du 3 mai 2007)* « du ministre chargé de la culture » un Conseil supérieur de la propriété littéraire et artistique.

Art. 2 Le Conseil supérieur de la propriété littéraire et artistique est chargé de conseiller *(Arr. du 3 mai 2007)* « le ministre chargé de la culture » en matière de propriété littéraire et artistique. Il est saisi par *(Arr. du 3 mai 2007)* « le ministre » d'un programme de travail et chargé de faire des propositions et recommandations dans ce domaine. Il peut proposer *(Arr. du 3 mai 2007)* « au ministre chargé de la culture » d'étudier toute question relative à son domaine de compétence.

Le Conseil supérieur remplit une fonction d'observatoire de l'exercice et du respect des droits d'auteur et droits voisins et de suivi de l'évolution des pratiques et des marchés à l'exception des questions de concurrence qui relèvent de l'Autorité de la concurrence. Il peut provoquer le lancement d'études correspondant à ses missions et proposer toute mesure concernant la propriété littéraire et artistique française à l'étranger.

Le président rend compte des travaux du conseil *(Arr. du 3 mai 2007)* « au ministre chargé de la culture » par voie d'avis écrits et par l'établissement d'un rapport annuel. Il est informé des suites données par le Gouvernement à ses propositions et recommandations.

Art. 3 Pour aider à la résolution des différends relatifs à l'application de la législation en matière de propriété littéraire et artistique sur des sujets qui mettent en cause les intérêts collectifs des professions, le Conseil supérieur de la propriété littéraire et artistique peut proposer *(Arr. du 3 mai 2007)* « au ministre chargé de la culture » la désignation d'une personnalité qualifiée chargée d'exercer une fonction de conciliation.

Art. 4 Le Conseil supérieur de la propriété littéraire et artistique comprend un conseiller d'État, président, ainsi qu'un conseiller à la Cour de cassation, vice-président. Le président et le vice-président sont nommés, pour une durée de trois ans renouvelable, par arrêté conjoint *(Arr. du 3 mai 2007)* « du ministre chargé de la culture » et de la ministre de la justice, sur proposition du vice-président du Conseil d'État et du premier président de la Cour de cassation.

Il comprend en outre :

1° Membres de droit :

(Arr. du 21 mars 2014) « – le directeur général des médias et des industries culturelles ou son représentant ;

« – le directeur des affaires juridiques au ministère chargé de l'éducation nationale ou son représentant ;

« – le directeur général de l'Agence pour le patrimoine immatériel de l'État ou son représentant ;

« – le directeur général de la compétitivité, de l'industrie et des services au ministère de l'industrie ou son représentant ; »

(Arr. du 25 avr. 2014, art. 1er) « – le directeur des affaires civiles et du sceau ou son représentant ; »

(Arr. du 21 mars 2014) « – le directeur des affaires juridiques au ministère chargé des affaires étrangères ou son représentant. »

Le secrétaire général au ministère de la culture et de la communication est assisté du sous-directeur des affaires juridiques et du chef du bureau de la propriété littéraire et artistique qui assurent le secrétariat général du Conseil supérieur.

Les représentants des ministres ci-dessus désignés sont nommés par les ministres dont ils relèvent pour une durée de trois ans renouvelable. Les directeurs d'administration centrale peuvent être supplées par un haut fonctionnaire ou magistrat placé sous leur autorité.

2° *(Arr. du 21 mars 2014)* « Neuf » personnalités qualifiées en matière de propriété littéraire et artistique, dont trois professeurs d'université et deux avocats à la cour.

(Arr. du 21 mars 2014) « 3° Un représentant des établissements publics placés sous la tutelle du ministre en charge de la culture et chargés de conserver et mettre en valeur le patrimoine culturel. – *V. Arr. du 11 juin 2014 (JO 13 juin), mod. par Arr. du 12 nov. 2014 (JO 21 nov.).*

« 4° Trente-neuf » membres représentant les professionnels ainsi répartis :

– dix représentants des auteurs ;

– *(Arr. du 3 mai 2007)* « trois » représentants des auteurs et éditeurs de logiciels et bases de données ;

– deux représentants des artistes-interprètes ;

– deux représentants des producteurs de phonogrammes ;

(Arr. du 21 mars 2008) « – un représentant des éditeurs de musique » ;

– deux représentants des éditeurs de presse ;

– deux représentants des éditeurs de livres ;

– deux représentants des producteurs audiovisuels ;

– deux représentants des producteurs de cinéma ;

– deux représentants des radiodiffuseurs ;

– deux représentants des télédiffuseurs ;

– *(Arr. du 21 mars 2014)* « trois » représentants des éditeurs de services en ligne ;

– *(Arr. du 3 mai 2007)* « un représentant des fournisseurs d'accès et de services en ligne » ;

– *(Arr. du 3 mai 2007)* « cinq » représentants des consommateurs *(Arr. du 3 mai 2007)* « *[et]* des utilisateurs ». – *V. Arr. du 11 juin 2014 (JO 13 juin), mod. par Arr. du 12 nov. 2014 (JO 21 nov.).*

(Arr. du 21 mars 2014) « Le ministre chargé de la culture arrête la liste des organismes appelés à désigner les membres mentionnés aux 3° et 4° et arrête le nombre de représentants désignés par chacun d'eux.

« Les membres mentionnés aux 2°, 3° et 4° sont nommés par arrêté du ministre chargé de la culture. Pour chaque membre mentionné aux 3° et 4° un suppléant est désigné dans les mêmes conditions.

« La durée du mandat des membres mentionnés aux 2°, 3° et 4° est de trois ans renouvelable.

« Les fonctions de membre du Conseil supérieur sont exercées à titre gratuit, à l'exception du président qui peut être rémunéré en application du décret n° 2002-1375 du 21 novembre 2002 relatif à l'attribution d'une indemnité au président du Conseil supérieur de la propriété littéraire et artistique. Toutefois, les membres peuvent être remboursés de leurs frais de déplacement et de séjour dans les conditions prévues par le décret n° 2006-781 du 3 juillet 2006 fixant les conditions et les modalités de règlement des frais occasionnés par les déplacements temporaires des personnels civils de l'État. »

Art. 5 *(Arr. du 21 mars 2014)* I. – Le Conseil supérieur de la propriété littéraire et artistique se réunit sur convocation de son président au moins deux fois par an. Il se réunit de plein droit à la demande du ministre chargé de la culture ou des deux tiers de ses membres.

II. – Le secrétariat du Conseil supérieur est assuré par les services du secrétariat général du ministère chargé de la culture.

Art. 6 Le Conseil supérieur adopte son règlement intérieur sur proposition de son président.

Art. 7 *(Arr. du 21 mars 2014)* « Le président du Conseil supérieur peut inviter toute personne concernée par les sujets traités par le Conseil supérieur à participer à ses réunions en qualité d'observateur.

« Le Conseil supérieur » peut entendre, en tant que de besoin, des experts extérieurs ou toute personne dont la collaboration est utile à ses travaux.

Art. 8 *(Arr. du 21 mars 2014)* I. – Des commissions spécialisées sont créées au sein du Conseil supérieur, en tant que de besoin, pour une durée limitée par décision de son président qui désigne la personne chargée d'en présider les travaux et qui en fixe la composition. En fonction de leur champ de compétence, elles comprennent, le cas échéant, des experts extérieurs au Conseil supérieur, qui y siègent sans droit de vote.

II. – Les présidents des commissions spécialisées peuvent être rétribués en tant que collaborateurs extérieurs du ministère de la culture et de la communication, au sens du décret n° 2004-71 du 16 janvier 2004 relatif aux conditions de rémunération des collaborateurs extérieurs du ministre de la culture et de la communication.

Art. 9 *(Arr. du 21 mars 2014)* I. – Le Conseil supérieur de la propriété littéraire et artistique est assisté de rapporteurs désignés par le président du Conseil supérieur et, pour les membres du Conseil d'État, de la Cour des comptes ou de la Cour de cassation respectivement, sur proposition du vice-président du Conseil d'État, du premier président de la Cour des comptes et du premier président de la Cour de cassation. En outre, les membres du Conseil supérieur peuvent être désignés comme rapporteur *[rapporteurs]*.

Les rapporteurs rendent compte de leurs travaux ou de ceux de la commission spécialisée dans laquelle ils siègent au Conseil supérieur.

II. – Les rapporteurs peuvent être rétribués en tant que collaborateurs extérieurs du ministre chargé de la culture, au sens du décret n° 2004-71 du 16 janvier 2004 précité.

V. les avis du CSPLA.

Art. 10 *(Arr. du 21 mars 2014)* « Le secrétaire général » au ministère de la culture et de la communication est chargé de l'exécution du présent arrêté, qui sera publié au *Journal officiel* de la République française.

Avis n° 2001-1 du 20 décembre 2001,

Du Conseil supérieur de la propriété littéraire et artistique relatif à la création des agents publics.

Saisi par la ministre de la culture et de la communication de la question des droits des auteurs ayant le statut d'agents publics, le conseil supérieur de la propriété littéraire et artistique a adopté, lors de sa séance du 20 décembre 2001, l'avis suivant, qui ne porte que sur les droits d'auteur, et non sur les droits voisins.

— Sur le champ d'application du droit d'auteur aux travaux des agents publics

Il n'existe pas en droit positif de définition des catégories de travaux réalisés par des agents publics dans le cadre de leurs fonctions qui seraient exclus du champ de la propriété littéraire et artistique. Le champ d'application du droit d'auteur est en effet très vaste : l'article L. 112-1 du code de la propriété intellectuelle pose le principe que la protection du droit d'auteur peut être acquise à « toutes les œuvres de l'esprit ». Un grand nombre des travaux réalisés par des agents publics ne sont toutefois pas protégés par la législation sur les droits d'auteur.

— Il s'agit en premier lieu des actes officiels que sont les textes légaux et réglementaires ou les décisions juridictionnelles.

— En second lieu, l'exigence d'originalité, qui permet de reconnaître la qualité d'œuvre à un travail intellectuel, n'est pas satisfaite dans un grand nombre de cas. Paraissent ainsi à exclure, en raison de leur défaut d'originalité, ceux des catalogues, fichiers (manuels ou informatisés), annuaires ou bases de données dont ni la structure ni le contenu ne porte l'empreinte de la personnalité ainsi que des documents (imprimes, photographiques) réalisés selon un procédé entièrement automatique.

— Sur l'état du droit applicable et des pratiques en vigueur

Le droit commun de la propriété intellectuelle, auquel sont soumis les salariés de droit privé, pose le principe selon lequel le salarié est investi à titre originaire des droits d'auteur sur les œuvres qu'il crée dans le cadre de son travail. Dans un avis Ofrateme du 21 novembre 1972, le Conseil d'État a marqué sa préférence pour l'application aux agents publics d'un régime exorbitant et autonome, qui conduit, au nom des nécessités du service, à ce que l'administration soit investie à titre originaire des droits de l'auteur sur les œuvres de l'esprit, pour celles de ces œuvres dont la création par les agents fait l'objet même du service.

Les pratiques observées révèlent toutefois un certain éloignement par rapport au principe énoncé par l'avis. L'interprétation de cet avis par les administrations est en effet sujette à caution. D'autres critères que ceux expressément énoncés par l'avis sont parfois pris en compte : tel est le cas par exemple du mode de divulgation. Certaines personnes publiques ont estimé par ailleurs pouvoir fonder leurs pratiques sur une interprétation neutralisante de l'objet en vertu duquel elles agissent : en dehors de l'objet statutaire interprété strictement, les agents bénéficient de la titularité des droits. D'autres enfin opèrent une distinction artificielle entre les attributs du droit moral, plus facilement reconnus, et ceux du droit patrimonial.

— Sur les enjeux de la question

— En premier lieu, l'entrée des activités industrielles et commerciales de l'administration dans le champ d'application du droit de la concurrence fragilise l'économie générale du régime juridique imaginé par l'avis Ofrateme, selon lequel l'administration est titulaire des droits des œuvres créées dans le cadre du service. Cela ne pose bien entendu aucune difficulté lorsque l'administration n'envisage aucune exploitation commerciale, sur un marché concurrentiel, des œuvres ainsi créées. En revanche, cela paraît discutable au regard du droit de la concurrence, lorsque ces œuvres sont exploitées par l'administration dans un but commercial. On sait en effet qu'en vertu de l'article L. 410-1 du code de commerce, le droit de la concurrence, tel qu'il résulte notamment au plan national des dispositions de l'ordonnance du 1er décembre 1986 aujourd'hui codifiée au titre IV de ce code, s'applique sans distinction à toutes les activités de production, de distribution et de services, y compris celles qui sont le fait de personnes publiques. Les entreprises du secteur privé rémunèrent leurs salariés au titre de la législation sur les droits d'auteurs lorsqu'elles commercialisent des œuvres créées par eux dans le cadre de leur contrat de travail. Il n'est pas exclu que la possibilité pour l'administration d'intervenir sur les mêmes marchés sans que ces œuvres soient grevées de la rémunération d'un droit d'auteur puisse un jour, si cela est révélateur d'un abus de position dominante ou de la mise en place d'une politique de prix prédateurs, être censurée par le juge de la concurrence.

— En deuxième lieu, l'apparition de nouveaux modes de diffusion des travaux réalisés par les agents révèle les limites d'un mode de fonctionnement dans lequel les pratiques se tiennent éloignées du droit qui doit normalement les régir. A l'origine limité à quelques cas qu'il était possible de gérer avec des pratiques taillées sur mesure, l'accès aux droits d'auteur ou à une formule équivalente se pose désormais pour un nombre plus significatif de fonctionnaires, qui placent en ligne de nombreux supports ou contenus, que ce soit sous la forme de CD-Roms ou de sites web conçus sous l'égide de l'administration ou selon des procédures mixtes associant l'administration et ses agents.

Ces interrogations se doublent de préoccupations qui dépassent largement le cadre de la question des droits d'auteurs des agents publics mais lui donnent une actualité particulière. Il faut en effet concilier la réflexion menée sur ce sujet d'une part avec la mise en place de la politique de communication des données publiques, pour laquelle la maîtrise juridique de l'exploitation des œuvres est fondamentale pour l'administration, ainsi qu'avec la refonte à venir du décret-loi du 29 octobre 1936 relatif au cumul d'activités et de rémunérations des agents publics.

Enfin, le régime juridique applicable aux agents publics heurte de front le principe fondamental du droit de la propriété littéraire et artistique selon lequel les droits d'auteur doivent naître sur la tête de la personne physique ayant créé l'œuvre. Tous les instruments juridiques internationaux régissant la matière s'accordent sur ce point, rappelé en dernier lieu par l'article 17.2 de la Charte des droits fondamentaux de l'Union européenne proclamée le 18 décembre 2000.

Compte tenu de ces observations, le conseil supérieur de la propriété littéraire et artistique formule la recommandation suivante qui vise plusieurs objectifs : replacer les agents publics dans une situation conforme aux principes généraux régissant le droit des auteurs, régler la question de la commercialisation de l'œuvre au regard du droit de la concurrence, garantir l'efficacité de la politique de diffusion des données publiques et fournir une plus grande sécurité juridique aux pratiques mises en œuvre par l'administration.

Afin de mettre le droit positif en accord avec le principe selon lequel les droits d'auteur doivent naître sur la tête de la personne physique ayant créé l'œuvre, une modification de l'article L. 111-1 du code de la propriété intellectuelle est nécessaire, dans le sens figurant dans l'annexe au présent avis.

Le renversement du principe défini par l'avis Ofrateme étant posé, il convient toutefois de maintenir pour l'administration un certain nombre de garanties afin de ne pas l'entraver dans l'exercice de ses missions de service public, au nombre desquelles figure la diffusion des données publiques.

Ces garanties sont néanmoins strictement cantonnées, afin d'assurer leur conformité au droit de la concurrence.

A cet effet, il est proposé un système prenant en compte la nature, commerciale ou non, de l'exploitation que l'administration envisage de faire de l'œuvre créée par un agent dans le cadre de son service. Si l'administration ne réalise pas d'exploitation commerciale de l'œuvre créée dans le cadre du service, elle bénéficierait d'un mécanisme de cession légale de cette œuvre. Parce qu'elle intéresse la transmission des droits, la disposition pourrait trouver place dans l'article L. 131-3 du code qui serait complété par un alinéa dont la rédaction figure en annexe au présent avis. Si l'administration fait une exploitation commerciale de l'œuvre, elle ne disposerait en revanche que d'un droit d'option. A cette fin, une disposition viendrait compléter l'alinéa précédent, dans le sens qui figure lui aussi en annexe au présent avis.

Aucune réglementation restrictive du droit moral n'apparaît en revanche souhaitable. Le risque de voir le droit moral compromettre la mission de service public est en effet très faible, surtout sous le contrôle du juge administratif, auquel il reviendra de conjurer le risque d'abus, quelle que soit la prérogative en cause. Le problème du droit de divulgation ne se pose pas autrement que dans les relations entre un employeur et un salarié de droit privé, et on n'imagine pas que le juge puisse admettre que l'agent public se retranche derrière cet attribut du droit moral pour méconnaître les devoirs de sa charge. Le droit de repentir n'est pas en cause puisqu'il ne peut être exercé qu'après une cession contractuelle qui fait ici défaut. Le droit à la paternité ne devrait pas soulever d'objections de la part de l'administration, qui le reconnaît déjà largement. Quant au droit au respect de l'œuvre, son exercice est contrôlé par le juge et l'examen de la jurisprudence montre que l'on parvient dans ce domaine à des solutions équilibrées.

Annexe : propositions de modifications législatives

1/ Le troisième alinéa de l'article L. 111-1 du code de la propriété intellectuelle est modifié comme suit : *[« L'auteur d'une œuvre de l'esprit jouit sur cette œuvre, du seul fait de sa création, d'un droit de propriété incorporelle exclusif et opposable à tous. Ce droit comporte des attributs d'ordre intellectuel et moral ainsi que des attributs d'ordre patrimonial, qui sont déterminés par les livres Ier et III du présent code.]*

« Hors les exceptions expressément prévues par le présent code, ni l'existence ou la conclusion d'un contrat de louage d'ouvrage ou de service par l'auteur d'une œuvre de l'esprit ni sa qualité d'agent de l'État, d'une collectivité territoriale ou de l'un de leurs établissements publics administratifs n'emporte aucune dérogation à la jouissance du droit reconnu par l'alinéa 1er ».

2/ L'article L. 131-3 du code de la propriété intellectuelle est complété par les deux alinéas suivants : « Le droit d'exploitation d'une œuvre créée par un agent public dans l'exercice de ses fonctions ou d'après les instructions de l'État, de la collectivité territoriale ou de l'établissement public à caractère administratif qui l'emploie, est, par le seul effet de la création, cédé à l'État, à la collectivité territoriale ou à l'établissement public à caractère administratif, dans la mesure strictement nécessaire à l'accomplissement de leur mission de service public et à la condition que cette œuvre ne fasse pas l'objet d'une exploitation en dehors du service public ou d'une exploitation commerciale ».

« L'État, les collectivités territoriales ou les établissements publics à caractère administratif disposent, pour exploiter ou faire exploiter en dehors du service public ou commercialement l'œuvre ainsi créée, d'un droit de préférence dont les conditions d'exercice sont fixées par décret en Conseil d'État ».

Avis n° 2001-2 du 20 décembre 2001,

Du Conseil supérieur de la propriété littéraire et artistique relatif à la composition de la commission prévue à l'article L. 311-5 du code de la propriété intellectuelle.

Saisi par la ministre de la culture et de la communication de la question du champ d'application de l'article 15 de la loi n° 2001-624 du 17 juillet 2001, le Conseil supérieur de la propriété littéraire et artistique a adopté l'avis suivant lors de sa séance du 20 décembre 2001.

Afin de favoriser la mise en œuvre de la loi du 17 juillet 2001, et préalablement au débat complet sur le fond des questions dont le Conseil supérieur a été saisi par la ministre, il est suggéré d'adapter sans tarder la composition de la commission prévue à l'article L. 311-5 du code de la propriété intellectuelle, en attribuant deux des sièges occupés par les ayants droit actuels à deux sociétés de gestion représentant les auteurs et éditeurs des œuvres écrites, d'une part, des œuvres plastiques et visuelles, d'autre part. Dans une phase ultérieure il pourra être utile, afin que la représentation de chaque secteur d'activité au sein de la commission reflète son importance économique, de modifier le nombre des membres de la commission fixé à l'article R. 311-2 du code de la propriété intellectuelle, et de modifier l'article R. 311-1 du même code en vue de rendre possible la création de formations spécialisées dans les secteurs nouvellement représentés.

Avis n° 2002-1 du 7 mars 2002,

Du Conseil supérieur de la propriété littéraire et artistique relatif à la rémunération pour copie privée.

Saisi par la ministre de la culture et de la communication de la question du champ des bénéficiaires de la rémunération pour copie privée, le Conseil supérieur de la propriété littéraire et artistique a adopté l'avis suivant lors de la séance du 7 mars 2002.

La loi du 17 juillet 2001 a étendu le bénéfice de cette rémunération à de nouveaux ayants droit. Le bénéfice en est désormais ouvert également aux auteurs et éditeurs de toute œuvre fixée sur un support autre qu'un phonogramme ou un vidéogramme, au titre de sa copie sur un support d'enregistrement numérique.

Cette extension a été réalisée, dans l'esprit initial de la rémunération pour copie privée, en vue de fournir une rémunération aux ayants droit dans les cas où ils ne sont plus en mesure de l'obtenir par le jeu des droits exclusifs, dans un contexte de développement du numérique.

La loi du 17 juillet 2001 étant rédigée en termes très généraux, certains de ces termes demandent à être précisés au vu des autres dispositions législatives pertinentes et des contraintes économiques et techniques.

Ainsi est-il nécessaire de préciser quelles catégories d'œuvres sont concernées par le nouveau dispositif, et d'examiner plus précisément le cas des logiciels et des bases de données, œuvres soumises par ailleurs à un régime juridique spécifique.

La loi du 17 juillet 2001 a également inclus, parmi les bénéficiaires de la rémunération, à parité avec les auteurs, les éditeurs des œuvres autres que celles fixées sur un phonogramme ou un vidéogramme. Il convient de préciser la portée de cette extension. On note en outre que la loi n'a pas réservé le bénéfice de la rémunération aux éditeurs et auteurs des œuvres fixées pour la première fois en France.

On doit aussi constater que le mode de calcul de la rémunération adopté par le législateur en 1985 n'est pas adapté à la copie numérique des nouvelles catégories d'œuvres relevant de la rémunération pour copie privée. La loi prévoit que la rémunération est fonction du support et de la durée d'enregistrement qu'il permet, alors que sont désormais éligibles des œuvres écrites et visuelles qui ne constituent pas des séquences temporelles.

Compte tenu de ces observations, le Conseil supérieur de la propriété littéraire et artistique formule les recommandations suivantes.

1. En vertu du droit communautaire et de l'article L. 122-5, 2° du code de la propriété intellectuelle, les logiciels et les bases de données électroniques sont exclus du champ d'appli-

cation de l'exception de copie privée. En l'état de la législation, ceci fait obstacle à ce que les titulaires de droits d'auteur sur ces œuvres bénéficient de la rémunération pour copie privée, sans préjudice pour les œuvres indépendantes qui y sont incluses d'en bénéficier, lorsqu'elles font l'objet d'une copie distincte de celle du logiciel ou de la base de données auxquels elles sont associées.

2. Le droit à rémunération pour copie privée de l'éditeur trouve son origine dans le droit d'auteur dont il bénéficie. Le bénéfice de la rémunération doit être réservé aux éditeurs investis des droits d'auteur, à titre originaire ou en vertu d'un contrat d'édition répondant à la définition posée à l'article L. 132-1 du code de la propriété intellectuelle.

3. La loi du 17 juillet 2001 ne précise pas que la rémunération est ouverte, pour les nouvelles catégories d'œuvres, au titre des seules œuvres fixées pour la première fois en France. Les ayants droit étrangers ont donc droit à cette rémunération, dans les conditions valant pour les droits d'auteur, en particulier celles fixées par la Convention de Berne du 9 septembre 1886.

4. Afin d'adapter le mode de calcul de la rémunération à son nouveau champ et plus généralement à l'environnement numérique, il est suggéré que le législateur modifie au plus tôt l'article L. 311-4 du code de la propriété intellectuelle et ajoute au critère actuel d'assujettissement, fondé sur la durée d'enregistrement, la capacité d'enregistrement des supports. Dans l'intervalle, il paraît possible que la commission prévue à l'article L. 311-5, tirant les conséquences de la réforme opérée par le législateur, décide de la rémunération des nouveaux ayants droit en usant de ce nouveau critère.

5. Afin de donner son plein effet à la réforme opérée par le législateur, il importe que la commission prévue à l'article L. 311-5 détermine de nouvelles rémunérations pour compléter celles existantes afin de prendre en compte les nouveaux ayants droit.

6. Par ailleurs, le Conseil supérieur de la propriété littéraire et artistique attire l'attention des pouvoirs publics sur le problème économique rencontré par l'industrie des logiciels dont les créations, bien que non soumises à l'exception de copie privée, font l'objet dans les faits de reproductions illégales en nombre important réalisées dans des conditions similaires.

Avis n° 2002-2 du 7 mars 2002,

Du Conseil supérieur de la propriété littéraire et artistique relatif à la mise en place d'un guichet commun.

Saisi par la ministre de la culture et de la communication de la question des moyens à mettre en œuvre pour faciliter la gestion et l'acquisition des droits d'auteur et des droits voisins, en ce qui concerne les œuvres, notamment multimédia, nécessitant l'accord de plusieurs titulaires de droits, le conseil supérieur de la propriété littéraire et artistique formule les observations et recommandations suivantes.

Des difficultés d'identification des ayants droit ou d'acquisition des droits peuvent être constatées.

Ces difficultés résultent en premier lieu de la constitution même des modes de gestion de droits. Elles sont essentiellement inhérentes au nombre important de sociétés de perception et de répartition des droits en France, souvent créées à la faveur de l'apparition de nouveaux supports et de la reconnaissance par le législateur de nouvelles catégories de titulaires de droits. Cette organisation éclatée de la gestion collective impose, aux utilisateurs d'œuvres comme aux producteurs d'œuvres incorporant des œuvres préexistantes, la recherche et l'acquisition des droits auprès de nombreux interlocuteurs.

En second lieu, l'essor des technologies numériques révèle de manière aiguë ces difficultés structurelles. Le développement du numérique ouvre des capacités de diffusion et de reproduction inconnues jusque-là et facilite l'intégration d'œuvres préexistantes, dont il accroît les risques de dénaturation.

La simplification des procédures d'identification des œuvres et des ayants droit ainsi que d'acquisition des droits doit donc être recherchée. Elle est favorable aux ayants droit en contribuant à une protection plus efficace de leurs droits par une rémunération fidèle à l'exploitation des œuvres ou des objets protégés, comme aux utilisateurs en leur assurant un accès aux droits simple, moins onéreux et plus sûr juridiquement.

Si une plus forte intégration ou une meilleure coordination des sociétés de perception et de répartition des droits est souhaitable sous réserve du respect du droit de la concurrence, la création d'une société unique, mandatée par l'ensemble des sociétés de perception et de répartition des droits pour mettre en œuvre une gestion collective commune et complète ne paraît pas adaptée. Cette solution radicale, qui certes faciliterait la recherche et l'acquisition des droits, bouleverserait certains équilibres. Elle conduirait à la représentation par une même société de catégories différentes de titulaires de droits aux intérêts parfois divergents.

Elle serait également susceptible de renforcer de fait l'exercice collectif des droits sur les œuvres de l'esprit, au détriment de leur exercice individuel. La constitution de structures de coopération entre sociétés de perception et de répartition des droits, dans lesquelles celles-ci conservent une entière liberté dans la délivrance des autorisations, est donc préférable.

A la lumière des observations précédentes, le Conseil supérieur de la propriété littéraire et artistique formule la recommandation suivante.

Il propose de favoriser à terme la mise en place d'une plateforme d'information et d'orientation commune à l'ensemble des sociétés de perception et de répartition des droits, assurant, par l'interconnexion des bases de données des différentes sociétés, l'identification en une seule consultation des œuvres ou objets protégés recherchés inscrits au répertoire de ces sociétés, des titulaires de droits et de la nature des droits susceptibles d'être acquis auprès d'eux. L'utilisateur sera orienté par voie électronique vers les titulaires de droits, auprès desquels il sera susceptible de procéder à l'acquisition des droits en ligne. La livraison des œuvres numérisées par voie électronique pourra être également envisagée.

Il ne paraît pas utile à ce stade que des dispositions normatives organisent la mise en place d'une plateforme commune d'information et d'orientation, dans la mesure où certaines sociétés de perception et de répartition de droits dont SESAM, SCPP et PROCIREP, en liaison avec des entreprises de communication audiovisuelle comme celles du groupe France Télévision, sont déjà engagées dans la réalisation en commun d'un tel outil, dans le cadre du programme « e-contenu » de la Commission européenne.

Toutefois, afin de garantir que les objectifs de simplification recherchés seront satisfaits, tout en laissant à cette initiative le temps de porter ses fruits, les sociétés participant au développement de ce projet proposent de s'engager dès maintenant envers le ministère de la culture sur la nature des services que cet outil fournira à terme, à l'issue des travaux réalisés selon l'échéancier précisé ci-dessous.

Ces sociétés accorderont l'accès à cette plateforme d'information et d'orientation, à des conditions équitables et non discriminatoires, aux autres sociétés de perception et de répartition des droits visées au titre II du livre III du code de la propriété intellectuelle, en leur donnant la possibilité de connecter leur base de données et de mettre ainsi leur propre répertoire à disposition des utilisateurs. Un pareil accès pourra être ouvert à des groupements de titulaires de droits ou à des détenteurs de droits.

Ce projet n'est pas exclusif d'autres initiatives similaires qui devront respecter les mêmes règles.

Objectifs et calendrier :

La plateforme d'information et d'orientation :

– permettra l'identification des œuvres et objets protégés, inscrits au répertoire des sociétés utilisant l'outil développé dans le cadre du projet, ainsi que leurs ayants droit,

– établira un lien avec les titulaires de droits ou leurs représentants,

– octroiera en ligne, lorsque cela sera souhaité par les titulaires de droits, les droits recherchés et assurera le paiement en ligne des rémunérations correspondantes,

– assurera le transfert en ligne du fichier électronique comportant l'œuvre ou l'objet protégé, si cela est techniquement possible.

Les sociétés participant au projet s'engagent à réaliser dans un délai de 18 mois à compter du lancement du projet un prototype assurant la première fonctionnalité indiquée ci-dessus.

Un délai de trois ans est fixé comme objectif de réalisation de l'ensemble du projet. Un rapport annuel sur la mise en œuvre de ce projet sera présenté au Conseil supérieur de la propriété littéraire et artistique par les sociétés participantes.

Avis n° 2002-3 du 7 mars 2002,

Du Conseil supérieur de la propriété littéraire et artistique sur les usages professionnels et le dispositif de rémunération pour copie privée.

Saisi par le ministre de la culture et de la communication de la question de la prise en compte des usages professionnels par le dispositif de rémunération pour copie privée, le Conseil supérieur de la propriété littéraire et artistique rend l'avis suivant.

1. La rémunération pour copie privée est un droit de propriété intellectuelle reconnu aux ayants droit en contrepartie des reproductions faites pour l'usage privé du copiste. Les reproductions d'œuvres protégées destinées à des usages professionnels ne donnent pas lieu à rémunération au titre de la copie privée, sans préjudice de la rémunération due au titre des droits exclusifs.

Pour assurer le respect de ces principes, le législateur a renvoyé à la commission prévue à l'article L. 311-5 du code de la propriété intellectuelle le soin de définir les supports utilisables pour la reproduction à usage privé, sur lesquels seraient assis la rémunération, et d'exclure par là-même du champ de cette rémunération les supports destinés à un usage strictement professionnels. Par l'article L. 311-8 du même code, le législateur a exonéré un nombre limité d'entreprises expressément désignées ; ce faisant, il a implicitement prévu que les autres entreprises paieraient la rémunération lorsqu'elles achèteraient des supports assujettis.

2. Lorsque le législateur a créé la rémunération pour copie privée par la loi du 3 juillet 1985, on pouvait assez aisément distinguer les supports d'enregistrement analogiques utilisés pour des usages privés de ceux qui étaient destinés aux usages professionnels, et il y avait peu de recoupements entre ces deux marchés. La question se présente sous un jour nouveau avec le développement des supports d'enregistrement numériques. Certains supports numériques amovibles, tels que le CD Data et le DVD Data, qui paraissaient initialement essentiellement destinés à des usages professionnels, sont utilisés de façon croissante pour des usages privés. A terme, ces deux supports pourraient remplacer sur les deux marchés l'ensemble des supports amovibles actuellement existants. Une autre évolution prévisible est l'inclusion de supports d'enregistrement dans des appareils portables ayant d'autres fonctions (téléphone, agendas...) et susceptibles d'usages aussi bien professionnels que privés. Enfin les ordinateurs fixes et portables sont de plus en plus fréquemment utilisés pour des copies à usage privé. Pour tous ces produits, il n'est plus possible de raisonner en termes de supports d'enregistrement destinés « par nature » au grand public ou au marché professionnel. La généralisation de ces supports dits « hybrides » oblige à un réexamen de la prise en compte des usages professionnels par le mécanisme de rémunération pour copie privée.

3. Le Conseil supérieur de la propriété littéraire et artistique estime que trois préoccupations doivent guider les pouvoirs publics dans cet examen : il importe d'assurer l'efficacité du système de sorte que les supports servant à des copies privées soient effectivement assujettis ; il importe de maintenir la crédibilité du système en veillant à prendre en compte, dans la détermination du montant de la rémunération, le fait que les supports servent aussi à réaliser des reproductions qui n'entrent pas dans le champ de la copie privée ; en vue notamment de limiter les risques de fraude, les règles assurant cette prise en compte doivent être à la fois simples et acceptables par tous.

4. Ayant ces préoccupations à l'esprit, le Conseil supérieur de la propriété littéraire et artistique ne préconise pas de modifier les règles qui permettent actuellement la prise en compte des usages professionnels par le mécanisme de rémunération pour copie privée.

5. Le Conseil supérieur écarte en premier lieu l'idée de créer un mécanisme généralisé d'exonération en faveur des acheteurs professionnels. Un tel dispositif créerait un risque de fraude important, il obligerait à mettre en place des contrôles dont le coût pourrait être élevé au regard des sommes perçues, et il entraînerait une hausse significative de la rémunération unitaire, assise dans cette hypothèse sur les seuls supports vendus sur le marché grand public.

6. Le Conseil supérieur écarte également en l'état l'idée de gérer la rémunération pour copie privée par les systèmes de gestion numérique des droits. Il n'est pas favorable au schéma qui consisterait à faire payer la rémunération lors de l'achat des supports préenregistrés, qui aurait notamment pour inconvénients d'exiger une rémunération des consommateurs à l'occasion d'un acte d'achat qui ne concourt pas directement à la réalisation de la copie, et d'exclure de la rémunération les copies réalisées à partir d'autres sources que les supports préenregistrés. En tout état de cause, les systèmes de gestion numérique des droits, qui ne sont encore ni interopérables ni standardisés, sont, à l'heure actuelle, loin de permettre une gestion satisfaisante des droits.

7. Le Conseil supérieur préconise de maintenir l'économie actuelle du système de rémunération, que le législateur n'a pas remis en cause en 2001, en assurant la prise en compte des usages professionnels par les moyens suivants :

– En vertu de la loi, il revient à la commission prévue à l'article L. 311-5 du code de la propriété intellectuelle de définir les supports qui, parce qu'utilisables pour la reproduction à usage privé, sont assujettis à la rémunération. Cette prérogative pourrait être d'une utilité particulière dans le cas des matériels informatiques : la commission pourrait définir, à partir de critères techniques ou commerciaux, ceux de ces matériels qui sont par nature destinés au seul marché professionnel et donc exclus du champ de la rémunération.

– Pour tous les supports « hybrides », il paraît possible de procéder comme la commission prévue à l'article L. 311-5 a commencé de le faire avec les supports numériques amovibles.

Dès lors qu'il est établi, au vu d'études incontestables, que certains de ces supports sont significativement utilisés à des fins de copie privée, il est conforme à la loi de les assujettir, en fixant la rémunération proportionnellement à la part que représente la copie privée dans l'ensemble des utilisations. Cette méthode permet de prendre en compte les usages professionnels lors de la fixation du montant de la rémunération. Elle nécessite toutefois que la commission prévue à l'article L. 311-5 puisse disposer, de façon régulière, d'études impartiales appréhendant les usages qui sont faits de chaque catégorie de supports.

Avis n° 2003-2 du 2 mars 2004,

Du Conseil supérieur de la propriété littéraire et artistique relatif à la loi applicable et à la juridiction compétente en matière de propriété littéraire et artistique.

Délibérant sur la question de la loi applicable en matière de propriété littéraire et artistique, inscrite à son programme de travail lors de la séance plénière du 27 juin 2002, le Conseil supérieur de la propriété littéraire et artistique a adopté, lors de la séance plénière du 11 décembre 2003, l'avis suivant.

La diffusion internationale des œuvres de l'esprit pose, depuis l'origine, la question de la loi applicable. Les incertitudes ont crû avec le phénomène de mondialisation culturelle et l'émergence des techniques numériques. Elles n'ont pas été levées par les dernières conventions internationales en matière de droits d'auteur et de droits voisins. Les enjeux économiques soulevés par des affaires comme celles qui ont concerné Napster et KazAa, ont pourtant souligné l'urgence de trouver des réponses opérationnelles et partagées.

1. Il ne doit pas y avoir, d'un point de vue méthodologique, de confusion entre les règles de condition des étrangers, notamment celle qui est dite du traitement national, et les règles de conflit de lois. Dans un souci de sécurité juridique, les interférences qui existent entre les deux catégories de règles doivent être précisées. Tel est particulièrement le cas de l'incidence du principe de non-discrimination, posé par l'article 12 du traité instituant la Communauté européenne, sur le rôle que peut jouer la loi du pays d'origine en matière de droits d'auteurs et de droits voisins.

2. Le fait que les œuvres et les objets protégés traversent les frontières pose d'abord la question de savoir si certaines caractéristiques du régime qui leur est applicable doivent ou non être déterminées une fois pour toutes, en fonction de la loi de leur pays d'origine.

A. En droit conventionnel, le Conseil supérieur de la propriété littéraire et artistique est d'avis que l'article 5.2 de la convention de Berne sur les droits d'auteur doit être interprété comme renvoyant, par application du droit commun, à la loi du pays d'origine la détermination de la titularité initiale du droit d'auteur. Le Conseil considère, de même, que la convention de Rome de 1961 sur les droits voisins peut être interprétée comme renvoyant à la loi du pays d'origine.

B. En droit commun, le Conseil souhaiterait promouvoir une solution inspirée de l'interprétation dominante de la jurisprudence française en la matière, consistant à renvoyer à la loi du pays d'origine les questions de l'existence et de l'originalité des œuvres et la titularité initiale des droits, tandis que le contenu des droits et le régime de la protection relèveraient de la loi du pays de protection. La question de savoir si la notion de pays d'origine doit s'entendre au sens de la convention de Berne ou doit être redéfinie, en tenant compte, le cas échéant, des spécificités des différents droits en cause, sera approfondie.

C. En droit communautaire, le Conseil invite le gouvernement à s'assurer que l'article 8 du futur règlement dit Rome II sur la loi applicable aux obligations non contractuelles, n'impliquera pas que soient renvoyées à la loi du pays de protection les questions liées à l'existence de l'œuvre, à son originalité et à la titularité initiale des droits.

3. Comme les œuvres et les « objets protégés » sont le plus souvent exploités de manière contractuelle, le rôle joué par la loi du contrat doit, en outre, être précisé.

A. S'agissant de sa détermination, la loi du contrat ne saurait, lorsque elle est expressément désignée, être remise en cause, qu'en cas de fraude à la loi. Cette unique réserve au principe d'autonomie pourrait être consacrée dans le futur règlement dit Rome I sur la loi applicable aux obligations contractuelles.

Parallèlement, le Conseil est d'avis, suivant une part importante de la doctrine, que, dans le silence des parties, la loi du contrat doit être celle du pays de résidence habituelle de l'auteur ou de l'artiste-interprète, sauf si le cessionnaire de droits est soumis à une obligation d'exploitation, auquel cas, c'est la loi de son pays d'établissement qui serait retenue. Cette règle devrait également être précisée dans le futur règlement dit Rome I.

B. S'agissant de son champ d'application, le Conseil, à l'exception des représentants des artistes-interprètes, estime que la loi du contrat doit régir les conditions de formation des contrats, leur interprétation et l'exécution des obligations qu'ils comportent, y compris la cessibilité des droits, le formalisme des cessions et le mode de rémunération, qui sont nécessaires pour assurer la prévisibilité de l'exploitation, la loi du fond du droit régissant pour sa part les conditions d'accès à la protection et le contenu des droits, qui englobe notamment la définition de l'œuvre et des « objets protégés » ainsi que les exceptions.

C. S'agissant des limites à la loi du contrat que constituent les lois de police et l'ordre public international, le Conseil estime que ces notions doivent être entendues strictement. Il souligne toutefois qu'elles permettent aux artistes-interprètes, nonobstant ce qui serait indiqué dans leur contrat, d'invoquer les dispositions impératives favorables du code du travail français, pour toutes les situations entrant dans les prévisions de l'article 6 de la convention de Rome du 19 juin 1980.

4. Une fois défini le domaine respectif de la loi du contrat et de la loi du fond du droit et au sein de celle-ci de la loi du pays d'origine et de la loi du pays de protection, il reste à s'interroger, pour déterminer cette dernière, sur la localisation de l'atteinte aux droits.

A. La loi du pays d'émission a été retenue par les instances communautaires en matière de radiodiffusion par satellite. Toutefois, les risques qu'elle implique pour les titulaires de droits, notamment en terme de délocalisation des exploitants, conduisent le Conseil à s'opposer à l'extension d'une telle solution pour les réseaux numériques. Dans un souci de protection des ayants droit, le Conseil s'est prononcé en faveur de l'application distributive des lois des pays de réception des contenus diffusés sur les réseaux numériques.

B. Comme l'application distributive des lois des pays de réception est susceptible de poser des problèmes pratiques aux exploitants qui redoutent ses effets sur le développement des réseaux numériques, le Conseil, même s'il considère que de telles difficultés sont largement surestimées, souhaite que ce principe soit assorti des trois dérogations suivantes : en premier lieu, lorsque le juge constate que l'atteinte trouve sa source dans une exploitation qui n'est manifestement pas destinée au public de ce pays et que l'accès aux œuvres ou objets protégés n'y présente aucun caractère significatif au regard des caractéristiques de ce dernier, la loi applicable à cette atteinte est celle du pays où se situe l'exploitation principale ; en deuxième lieu, lorsque la loi du pays de réception comporte des dispositions imprévisibles pour un opérateur raisonnable, c'est également la loi du principal pays d'exploitation qui est applicable ; en troisième lieu, les parties peuvent s'accorder *a posteriori* sur une loi applicable à l'ensemble du litige.

Il a été précisé que la transmission sur les réseaux numériques et les opérations qui lui sont associées, comme la reproduction d'une œuvre dans la base de données d'un site ou l'ordinateur d'un utilisateur final, ne doivent pas être regardées comme un tout indivisible auquel une seule loi serait applicable mais doivent être dissociées afin qu'à chaque étape, une loi éventuellement distincte puisse s'appliquer.

C. La position ainsi adoptée doit trouver sa traduction dans le règlement dit Rome II sur la loi applicable aux obligations non contractuelles.

Il conviendrait, d'abord, d'ajouter après le premier paragraphe de l'article 8 de la proposition de la Commission européenne, qui dispose que « la loi applicable à l'obligation non contractuelle résultant d'une atteinte à un droit de propriété intellectuelle est celle du pays pour lequel la protection est revendiquée », deux paragraphes précisant que :

« Dans le cas d'une exploitation par un procédé de communications électroniques autre que la radiodiffusion par satellite, le pays pour lequel la protection est revendiquée est celui dans lequel les œuvres et les objets protégés sont accessibles au public.

« Toutefois, si l'exploitant établit qu'une atteinte trouve sa source dans une exploitation qui n'est manifestement pas destinée au public du pays visé au paragraphe précédent, et que l'accès, dans ce pays, aux œuvres ou objets protégés ne présente aucun caractère significatif au regard des caractéristiques de ce dernier, la loi applicable à cette atteinte est celle du pays où se situe l'exploitation principale ».

Il conviendrait, ensuite, de supprimer l'exception prévue à l'article 10.1 du projet de règlement Rome II concernant « les obligations non contractuelles régies par l'article 8 » pour permettre, postérieurement à la naissance d'un différend, un accord entre les parties sur la loi applicable.

Enfin, une place devrait être faite à la réserve, dont la portée pourrait dépasser la propriété littéraire et artistique, selon laquelle la loi désignée par une règle de conflit doit être écartée lorsqu'elle comporte des dispositions imprévisibles pour un opérateur raisonnable.

5. Les propositions qui précèdent ne valent, en pratique, que si elles sont complétées par des propositions quant à la désignation de la juridiction à saisir en cas de contentieux et aux mesures qui doivent être prises pour assurer l'exécution des jugements étrangers.

A. Il n'y a pas, en matière de conflit de juridictions, de convention équivalente, au niveau international, à ce qui existe au niveau communautaire à travers la convention de Bruxelles du 27 septembre 1968, récemment transformée en règlement. Le Conseil souhaite donc que les négociations qui sont en cours depuis plus de dix ans au sein de la conférence internationale de La Haye de droit international privé soient regardées comme une priorité gouvernementale et que la propriété littéraire et artistique ne soit pas exclue du futur instrument, y compris pour ce qui concerne la diffusion des œuvres en ligne.

B. Le Conseil regrette que, dans sa rédaction du mois de juin 2003, le projet de convention ait une portée restreinte aux clauses d'élection de for (clause par laquelle les parties déterminent leur juridiction) avec, au surplus, une rédaction insuffisamment précise pour ce qui concerne le droit d'auteur et les droits voisins, dans la mesure où elle ne permet pas de savoir avec certitude si la convention sera applicable ou non aux contrats conclus entre les auteurs et artistes-interprètes et les exploitants et où, dans l'affirmative, une liberté totale est reconnue au juge de ne pas appliquer la clause d'élection de for, incompatible avec l'exigence de sécurité juridique.

La question de savoir à quelles conditions les clauses d'élection de for peuvent être admises sera approfondie, en tenant compte des intérêts respectifs, d'une part, des auteurs et des artistes-interprètes, et d'autre part, des exploitants et des producteurs.

En l'état actuel des discussions au sein de la conférence internationale de La Haye, la détermination de la juridiction compétente en cas de litige, dans le silence des parties ou en matière extra-contractuelle, est renvoyée à des négociations ultérieures. Le Conseil attire toutefois, d'ores et déjà, l'attention du gouvernement sur le fait que n'est pas pleinement satisfaisante l'extension au niveau mondial de la solution retenue par la jurisprudence *Fiona Shevill* de la Cour de justice des communautés européennes selon laquelle, en cas de préjudice disséminé, peuvent être saisies, soit la juridiction du pays d'établissement de la personne responsable du dommage pour réparer le préjudice mondial, soit les juridictions des pays de diffusion pour réparer les préjudices locaux. Elle risque, en effet, d'inciter les exploitants à se réfugier dans des paradis dits « numériques » peu protecteurs du droit d'auteur et des droits voisins.

Le Conseil souhaite que les victimes puissent s'adresser, outre aux tribunaux du pays d'établissement de la personne responsable du dommage, aux juridictions de leur propre pays de résidence habituelle pour réparer l'intégralité du préjudice qu'elles subissent, sauf si l'essentiel du préjudice est subi dans un seul pays, auquel cas les juridictions de ce pays seraient compétentes. Elles doivent aussi pouvoir se mettre d'accord avec la partie adverse pour choisir, après la naissance d'un litige, une juridiction qui conviendrait à chacun. Enfin, pour limiter les difficultés liées à l'exécution des jugements étrangers, il faudrait que la victime puisse choisir de saisir, en plus des juridictions du pays où le défendeur a son lieu d'établissement, celle des pays où ce dernier a ses avoirs.

C. L'effectivité des règles qui ont été mises en avant dépend, *in fine*, de la possibilité de reconnaître et de faire exécuter des jugements rendus à l'étranger. Le Conseil se félicite que le projet de convention de La Haye envisage un mécanisme de reconnaissance automatique, sauf exceptions, des jugements rendus en application d'une clause d'élection de for prévue par la convention. Une telle règle devrait être étendue à tous les jugements prononcés selon les règles de compétence susmentionnées. Les exceptions devraient être limitées et ne comporter, pour le droit d'auteur et les droits voisins, qu'une clause permettant aux États signataires de refuser de reconnaître et d'exécuter une décision étrangère, manifestement incompatible avec leurs principes de protection de la propriété littéraire et artistique.

Par ailleurs, la procédure de reconnaissance devrait être allégée selon le système dit de l'inversion du contentieux au terme duquel tout jugement étranger peut être immédiatement exécuté dès que la juridiction qui l'a rendu a confirmé qu'il avait un caractère exécutoire, la partie adverse conservant simplement la faculté de contester, dans un second temps et sans effet suspensif, cette exécution. Ceci est particulièrement nécessaire pour les décisions juridictionnelles ayant ordonné des mesures à caractère provisoire et conservatoires pour lesquelles une exécution rapide est cruciale.

Enfin, une attention spéciale devrait être accordée aux condamnations en nature dont le prononcé, à côté des condamnations en argent, s'avère nécessaire pour réparer complètement les dommages ou prévenir le renouvellement des infractions. Il peut s'agir des fermetures de sites, du filtrage de leurs accès, de l'interdiction de diffuser une œuvre donnée, de saisies de matériel, ou de l'information donnée aux utilisateurs des jugements prononcés en cours à l'encontre de chaque site.

Avis n° 2004-1 du 2 mars 2004,

Du Conseil supérieur de la propriété littéraire et artistique relatif à la propriété littéraire et artistique et aux libertés individuelles.

Saisi par le ministre de la culture et de la communication de la question de la conciliation entre la protection des droits de propriété littéraire et artistique et le respect des libertés individuelles dans l'environnement numérique, le Conseil supérieur de la propriété littéraire et artistique a adopté, lors de sa séance du 2 mars 2004, l'avis suivant.

1. Les droits de propriété littéraire et artistique et les libertés individuelles connaissent actuellement une phase de tension. En effet, le développement simultané des technologies numériques et du réseau Internet, tout en offrant des possibilités nouvelles d'exploitation et d'utilisation licites des œuvres, favorise la multiplication des actes de contrefaçon, notamment par le biais d'échanges de fichiers en *peer to peer*. Or le souci légitime des titulaires de droits de propriété littéraire et artistique d'assurer l'effectivité de leurs prérogatives dans l'environnement numérique, que ce soit par le développement de systèmes de gestion numérique des droits ou l'adaptation à ce nouvel environnement des instruments techniques et juridiques traditionnels de prévention et de répression de la contrefaçon, suscite parfois des inquiétudes de la part des utilisateurs, qui redoutent l'impact de ces initiatives sur les libertés individuelles, au nombre desquelles figure le droit au respect de la vie privée. Les voies d'un nouvel équilibre, dans le respect des droits des différentes parties prenantes, doivent donc être recherchées.

2. Les systèmes de gestion numérique des droits (*digital rights management systems* ou DRMS) ont pour objet de permettre l'exploitation et l'utilisation d'œuvres sous forme numérique dans des conditions propres à assurer le respect des droits de propriété littéraire et artistique, notamment par l'octroi d'autorisations correspondant aux prérogatives conférées par la loi aux titulaires de tels droits. A ce titre, leur développement répond à une préoccupation légitime des ayants droit, qui a d'ailleurs trouvé une consécration juridique dans la protection accordée aux mesures techniques auxquelles ont recours ces systèmes par les traités de l'Organisation mondiale de la propriété intellectuelle (OMPI) du 20 décembre 1996 sur le droit d'auteur (article 11) et sur les interprétations et exécutions et les phonogrammes (article 18), d'une part, et par la directive européenne du 22 mai 2001 sur l'harmonisation de certains aspects du droit d'auteur et des droits voisins dans la société de l'information (articles 6 et 7), d'autre part. Il convient en outre de souligner que ces systèmes présentent, par rapport aux canaux traditionnels de distribution des œuvres, des avantages pour les utilisateurs, en permettant notamment le développement de nouveaux usages et de nouveaux services.

– L'analyse du mode de fonctionnement d'un système-type de gestion numérique des droits conduit à mettre en évidence certains facteurs de risque pour la vie privée des utilisateurs. Ces risques potentiels sont liés à la mise en œuvre simultanée, au sein de ces systèmes, d'une part, de techniques d'identification des contenus et de contrôle des utilisations, d'autre part, de techniques d'identification et d'authentification des utilisateurs. Cette combinaison est en effet susceptible de permettre la collecte et la consolidation de données précises sur la consommation culturelle des intéressés et leur utilisation éventuelle à des fins non souhaitées par ces derniers. Le Conseil supérieur souligne toutefois que ces risques, dont l'appréciation, s'agissant de technologies encore émergentes, est malaisée, sont communs à la plupart des systèmes permettant d'assurer la sécurisation des échanges sur les réseaux ouverts, tels que l'Internet, notamment les systèmes de commerce électronique.

– S'agissant des moyens de réduire les facteurs de risque liés à la mise en œuvre des systèmes de gestion numérique des droits, le Conseil supérieur souligne qu'ont vocation à s'y appliquer les garanties prévues par les textes en vigueur en matière, d'une part, de protection des données personnelles (loi du 6 janvier 1978 relative à l'informatique, aux fichiers et aux libertés et, au niveau communautaire, directives européennes du 24 octobre 1995 relative à la protection des personnes physiques à l'égard du traitement des données à caractère personnel et à la libre circulation de ces données et du 12 juillet 2002 dite vie privée et communications électroniques), d'autre part, de commerce électronique (directives européennes du 20 mai 1997 sur la protection des consommateurs en matière de contrats à distance, transposée dans le code de la consommation, et du 8 juin 2000 sur le commerce électronique). Le cadre juridique ainsi délimité apparaissant propre à garantir le respect, par les systèmes de gestion numérique des droits, de la vie privée des utilisateurs, le Conseil supérieur recommande donc la complète transposition des directives précitées dans les meilleurs délais, notamment à l'occasion de la refonte en cours de la loi du 6 janvier 1978.

– Pour assurer l'effectivité des garanties prévues par ces textes, et afin de favoriser l'établissement d'un climat de confiance propre à permettre aux différentes parties prenantes de tirer profit du développement des systèmes de gestion numérique des droits, le Conseil supérieur estime que deux voies pourraient utilement être empruntées.

– D'une part, l'intégration des préoccupations relatives à la protection de la vie privée dans la conception même de ces systèmes devrait être encouragée, par le biais d'un dialogue entre leurs concepteurs, leurs utilisateurs, les consommateurs et les autorités de régulation telles que la Commission nationale de l'informatique et des libertés (CNIL), au niveau national, et le groupe de l'article 29 de la directive du 24 octobre 1995, au niveau européen. A cet égard, le Conseil supérieur se félicite du pouvoir donné à la CNIL, par le projet de loi relatif à la protection des personnes physiques à l'égard des traitements de données à caractère personnel (adopté en première lecture par le Sénat le 1er avril 2003), de délivrer un label à des produits ou à des procédures reconnus conformes aux dispositions de la loi. Il invite la CNIL, si cette disposition devait être finalement adoptée par le Parlement, à faire un usage effectif de cette faculté, à l'égard tant des systèmes de gestion numérique des droits qu'à celui des plateformes de distribution des prestataires de services qui les mettent en œuvre.

D'autre part, la pratique démontre que l'effectivité des garanties prévues par la législation en matière de protection des données personnelles dépend beaucoup de la définition, de façon pragmatique et réaliste, de modalités pratiques de mise en œuvre adaptées aux spécificités de chaque secteur. Le Conseil supérieur suggère que cette adaptation soit réalisée, en concertation avec les différentes parties prenantes, et notamment les représentants des consommateurs, par le moyen de recommandations de la CNIL et de codes de conduite sectoriels, élaborés sous l'égide des pouvoirs publics. Il souligne à cet égard que l'article 27 de la directive du 24 octobre 1995 invite tant la Commission européenne que les États membres à encourager l'élaboration de tels codes de conduite, qui constituent un instrument de régulation adapté à l'économie numérique.

3. L'effectivité des droits de propriété littéraire et artistique passe également par une protection pénale efficace de ces droits. L'insuffisante crédibilité de la sanction pénale, à l'heure actuelle, prive cette dernière du rôle dissuasif qu'on peut en attendre, ce qui rend nécessaire l'adaptation des instruments traditionnels de lutte contre la contrefaçon à l'environnement numérique, dans le respect des libertés individuelles des utilisateurs.

En ce qui concerne la recherche et la constitution de preuves, en vue notamment de la lutte contre les échanges illicites d'œuvres sous forme numérique entre internautes, le Conseil supérieur estime que, en l'état, les règles d'administration de la preuve dans le procès pénal ne font pas obstacle au lancement de requêtes sur l'Internet par les autorités ou les ayants droit (notamment par le biais des agents assermentés de l'article L. 331-2 du code de la propriété intellectuelle) aux fins de constater les offres de fichiers effectuées en violation des droits de propriété littéraire et artistique. En particulier, il estime que de telles requêtes, dès lors qu'elles ont pour seul objet de constater des infractions, ne constituent pas des provocations à la commission de ces dernières au sens des jurisprudences de la Cour de cassation et de la Cour européenne des droits de l'homme.

En ce qui concerne la mise en œuvre de traitements tels que la collecte des adresses IP (*Internet protocol*) des internautes se livrant à des activités d'échange de fichiers contrefaisants, le Conseil supérieur prend note de la position de la CNIL, qui considère que, s'agissant de données nominatives, seules les personnes publiques ou les personnes privées chargées d'un service public peuvent, en vertu de l'article 30 de la loi du 6 janvier 1978, procéder à de tels traitements aux fins de prévention et de répression des infractions. Il souligne toutefois le caractère seulement indirectement nominatif des adresses IP, qui ne permettent d'accéder à l'identité réelle des intéressés qu'après rapprochement avec les données de connexion détenues par les opérateurs techniques, dans le cadre d'une procédure judiciaire, et insiste sur la nécessité pour les ayants droit, eu égard au caractère massif de la contrefaçon en ligne, de pouvoir recourir à de tels traitements, dans un but tant préventif que répressif.

Dans ces conditions, le Conseil supérieur souhaite que le Parlement trouve, dans le cadre de la réforme en cours de la loi du 6 janvier 1978, et dans le respect des objectifs de la directive du 24 octobre 1995, une solution permettant aux titulaires de droits et aux organismes agissant pour leur compte de procéder à la constitution de tels fichiers, dans le seul but d'assurer la protection de ces droits. A cet égard, il se félicite de l'introduction, dans le projet de loi adopté le 1er avril 2003 par le Sénat, d'une disposition en ce sens. S'agissant du champ d'application de cette dernière, il attire toutefois l'attention du législateur sur la nécessité d'adopter une formulation qui permette sans ambiguïté de le regarder comme incluant, d'une part, parmi les finalités de la collecte, la prévention et la répression des violations des droits de propriété littéraire et artistique, d'autre part, au nombre des personnes visées, les organismes professionnels et les sociétés de perception et de répartition des droits, lorsqu'ils agissent pour le compte des ayants droit. Le Conseil supérieur estime en outre que les garanties exigées par la directive du 24 octobre 1995 pour la mise en œuvre de tels traitements devraient être prévues dans la loi relative aux traitements de données à caractère personnel elle-même, sans renvoi à des interventions législatives ultérieures, l'adaptation sectorielle des règles générales ainsi fixées pouvant être efficacement opérée par la CNIL, dans le cadre des demandes d'autorisation dont elle sera saisie.

S'agissant enfin de l'identification des contrefacteurs, le Conseil supérieur souligne la nécessité d'une mise en œuvre effective de l'obligation de conservation, par les opérateurs de télécommunications et les prestataires de services en ligne, pour les besoins de la recherche, de la constatation et de la poursuite des infractions pénales, des données permettant une telle identification, qu'il s'agisse des données concernant les créateurs de contenus, visées à l'article 43-9 de la loi du 30 septembre 1986 relative à la liberté de communication, ou des données de connexion, visées au II de l'article L. 32-3-1 du code des postes et télécommunications. L'édiction des décrets en Conseil d'État pris après avis de la CNIL, dont ces dispositions ont prévu l'intervention, apparaît à cet égard urgente. S'agissant plus particulièrement des données de connexion, le Conseil supérieur estime que, eu égard notamment aux garanties dont est entourée leur conservation, le délai de celle-ci ne devrait pas, dans l'état actuel de la législation, être inférieur à un an, ainsi que le permettent les dispositions de l'article L. 32-3-1 du code des postes et télécommunications. Un allongement, pour certaines catégories de données, du délai maximum fixé par la loi, dans des conditions compatibles avec les dispositions de l'article 6, § 1, de la directive du 12 juillet 2002, ne devrait pas être exclu à l'avenir, après évaluation des résultats des procédures judiciaires intentées par les ayants droit et des difficultés concrètes rencontrées à cette occasion, au regard notamment du délai de prescription de l'action pénale.

4. Si la menace de la sanction pénale joue par elle-même un rôle préventif, d'autres mesures peuvent toutefois être envisagées pour renforcer la prévention de la contrefaçon dans l'environnement numérique.

A cet égard, le Conseil supérieur souligne, d'une part, la nécessité d'assurer dans les meilleurs délais la complète transposition des dispositions de la directive du 8 juin 2000 relative au commerce électronique qui permettent, sous certaines conditions, l'engagement de la responsabilité des prestataires intermédiaires de services en ligne lorsqu'ils s'abstiennent de prendre les mesures permettant de faire cesser les activités illicites dont ils ont connaissance, prévoient la possibilité, pour les autorités administratives ou judiciaires compétentes, d'exiger de ces mêmes prestataires qu'ils mettent un terme à de telles activités, notamment en retirant les contenus litigieux ou en les rendant inaccessibles, et invitent les États membres à mettre en place des recours juridictionnels efficaces, y compris en référé. La transposition de l'article 8 de la directive du 22 mai 2001, qui prévoit la mise en place, à l'encontre des prestataires intermédiaires, d'une procédure d'ordonnance sur requête aux fins de faire cesser des atteintes aux droits de propriété littéraire et artistique, apparaît comme le corollaire indispensable de cette réforme. Le Conseil supérieur rappelle, à cet égard, la nécessité pour le législateur d'indiquer de façon suffisamment précise les conditions d'engagement de la responsabilité pénale des prestataires concernés, conformément aux principes rappelés par le Conseil constitutionnel dans sa décision n° 2000-433 DC du 27 juillet 2000, et se félicite que, dans l'état actuel des travaux parlementaires relatifs au projet de loi pour la confiance dans l'économie numérique, il ait été tenu compte de ces exigences.

Le Conseil supérieur relève, d'autre part, que certaines réflexions, auxquelles les représentants des producteurs et des artistes-interprètes ne sont pas associés, sont actuellement menées sur la possibilité de créer un système général d'empreinte informatique permettant de vérifier si les échanges de fichiers sur le réseau sont autorisés et, à défaut, de bloquer, hors de toute procédure judiciaire, les fichiers échangés illicitement lors de leur passage par un serveur ou un routeur. Si un tel système ne porte pas atteinte au secret des correspondances, en raison du caractère ouvert au public de l'offre de tels fichiers, il ne pourrait toutefois être mis en œuvre qu'après élaboration d'un cadre juridique précis garantissant que les atteintes susceptibles d'être portées à la liberté de communication et au secret du choix des programmes sont nécessaires et proportionnées au but poursuivi.

Avis n° 2004-2 du 2 mars 2004,

Du Conseil supérieur de la propriété littéraire et artistique relatif à la propriété littéraire et artistique et au droit de la concurrence.

Saisi par le ministre de la culture et de la communication de la question de l'incidence du droit de la concurrence sur le droit de la propriété littéraire et artistique, en particulier dans l'environnement numérique, le Conseil supérieur de la propriété littéraire et artistique a adopté, lors de sa séance du 2 mars 2004, l'avis suivant.

1. Les droits de propriété littéraire et artistique (droits d'auteur et droits voisins), reconnus par de nombreuses conventions internationales, sont par essence des droits exclusifs. Ces monopoles légaux répondent, entre autres, à un objectif social de stimulation de la création et d'enrichissement du patrimoine commun. Le droit de la propriété littéraire et artistique opère par lui-même une régulation de ces droits dans le respect du bien commun. L'objectif du droit de la concurrence consiste à assurer l'efficience économique en garantissant la liberté de choix du consommateur.

2. Le droit de la concurrence ne s'oppose pas, par principe, au droit de la propriété littéraire et artistique et son application peut jouer un rôle utile en faveur du pluralisme ou de la diversité culturelle. Les relations entre ces deux corpus juridiques ne sont donc pas nécessairement conflictuelles, d'autant qu'ils partagent un même objectif : favoriser l'innovation et la création.

La jurisprudence, sur le fondement du traité de la Communauté européenne, les articule en distinguant d'une part l'existence des droits de propriété littéraire et artistique, que l'application du droit de la concurrence ne saurait affecter, et, d'autre part, les conditions de l'exercice des droits de propriété littéraire et artistique que le droit de la concurrence peut réglementer. De plus, la jurisprudence admet que l'existence de droits exclusifs n'est pas en soi anticoncurrentielle et qu'il y a lieu seulement d'apprécier si les modalités fixées pour l'exercice de ces droits n'ont pas pour objet ou pour effet de fausser le jeu de la concurrence. Elle considère aussi que le refus de licence non discriminatoire est, en soi, licite.

3. L'application du droit de la concurrence aux champs d'activités économiques relevant des seules prérogatives patrimoniales des droits de propriété littéraire et artistique peut conduire à une régulation de ces secteurs complémentaire de celle résultant de la seule application du droit de la propriété littéraire et artistique. C'est notamment le cas lorsque les titulaires de droits, qui disposent d'un monopole juridique, sont amenés à exercer ces droits dans des conditions qui caractérisent un abus de position dominante ou une entente illicite. Il convient donc de rechercher un point d'équilibre entre ces deux corpus juridiques, de manière générale ainsi que sur les questions plus particulièrement liées au développement de l'environnement numérique.

1. *La recherche d'un point d'équilibre général entre les deux droits*

4. L'application des concepts économiques traditionnels, comme notamment la substituabilité ou le prix, aux droits incorporels de propriété littéraire et artistique conçus pour les œuvres de l'esprit ou autres objets protégés, apparaît dans un certain nombre de cas malaisée ou inadaptée.

Notamment, l'application du droit de la concurrence aux « créations utilitaires », voire à la propriété industrielle, est susceptible de faire prévaloir, à des fins d'efficience des marchés, des analyses et des solutions qui pourraient avoir pour effet de réduire le champ d'exercice du droit exclusif, sans considération des effets induits à la protection de l'ensemble des œuvres de l'esprit ou objets protégés.

5. Plus fondamentalement, l'application du droit de la concurrence, en particulier si elle s'appuie sur la théorie des « facilités essentielles », pourrait impliquer l'obligation pour le titulaire de droit de mettre à la disposition de tiers son droit exclusif, si cela est considéré comme indispensable, au sens de la jurisprudence *Magill*, alors même que le droit exclusif confère, par définition, un monopole d'exploitation.

Dans cette hypothèse, même si un motif d'intérêt général fonde le droit de la concurrence, l'application de la théorie des « facilités essentielles » entre en contradiction avec l'objectif d'intérêt général de promotion de la création et de l'innovation qui fonde le droit de la propriété littéraire et artistique et que poursuit également le droit de la concurrence. Cette spécificité du droit de propriété littéraire et artistique explique sans doute le refus des autorités américaines de la concurrence d'appliquer la théorie des « facilités essentielles » au *copyright*.

Cette contradiction serait d'autant plus flagrante que le recours à la théorie dite des « facilités essentielles » ouvrirait la possibilité de faire renoncer un titulaire d'un droit de propriété littéraire et artistique à l'avantage que lui procure ledit droit au bénéfice d'une concurrence directe sur un même marché d'exploitation.

De pareilles interventions du droit de la concurrence devraient en conséquence être limitées à la démonstration de « *circonstances exceptionnelles* », au-delà desquelles la systématisation d'une telle approche aurait pour effet un changement de paradigme de la propriété littéraire et artistique et conduirait à dénaturer le droit exclusif au profit d'un simple droit à rémunération.

2. *La gestion collective et la gestion individuelle des droits*

6. Pour la gestion collective, les questions soulevées par l'application du droit de la concurrence portent principalement sur l'organisation du marché de perception et de répartition des droits. Pour la gestion individuelle, ces questions sont centrées sur les conditions d'accès aux droits.

7. *En ce qui concerne la gestion collective.* L'exercice d'une activité d'intermédiaire entre les auteurs ou autres titulaires de droits et les utilisateurs par une gestion centralisée des droits sur le marché de la perception et de la répartition des droits, s'effectue couramment sous la forme de monopole de droit ou de fait qui n'implique pas, par elle-même, des situations d'abus de position dominante. L'organisation sous forme de monopole peut se justifier par l'analyse économique relative aux « monopoles naturels », la nécessité de rendre plus équilibrées les puissances de marché dans la négociation des droits entre titulaires et exploitants, mais aussi la facilité d'accès au répertoire offerte aux utilisateurs.

8. Cependant, la pluralité de sociétés de gestion collective est possible et peut s'avérer souhaitable en termes d'efficacité de gestion et favorable aux intérêts économiques des titulaires de droits. Mais elle peut induire des surcoûts de gestion par juxtaposition de postes de coûts parallèles (personnel, charges structurelles et fonctionnelles) notamment quant au réseau de perception, un risque d'éclatement des barèmes de rémunération, l'obligation, pour les usagers, de négociations et d'autorisations multiples, ou encore la fragilisation d'accords généraux avec certaines catégories d'utilisateurs.

L'application du droit de la concurrence à l'organisation de la gestion collective porte principalement sur les éléments suivants.

9. *Le régime des apports.* La CJCE a indiqué que la sauvegarde efficace des droits et intérêts dont une société de gestion collective de droits d'auteur a la charge, suppose qu'elle jouisse d'une position fondée sur une cession en sa faveur, par les associés, de leurs droits, dans toute la mesure nécessaire pour donner à son action l'ampleur et l'importance requises. Un abus de position dominante ne peut être caractérisé dès lors que les pratiques en cause ne dépassent pas les limites de ce qui est indispensable à la sauvegarde des droits et intérêts dont la société a la charge.

L'exclusivité des apports (cessions ou mandats) à la société de gestion collective apparaît à ce titre comme un élément essentiel à la négociation des rémunérations à l'égard des utilisateurs des droits.

Enfin, le développement des réseaux numériques pourrait conduire la Commission européenne à vouloir redéfinir les catégories de droits dont, en 1971, elle a permis aux membres des sociétés de gestion collective de conserver la gestion individuelle.

10. *Les niveaux de rémunération.* L'exploitation sur l'Internet, qui s'effectue à l'échelle internationale, relance la perspective d'application du droit de la concurrence aux fins d'inciter au rapprochement des tarifs de rémunération des sociétés de gestion, au risque de provoquer une diminution des rémunérations. La jurisprudence communautaire a en effet décidé que le fait, pour une société de gestion collective en position dominante, d'imposer à des usagers des redevances sensiblement plus élevées que celles pratiquées dans les autres États membres peut constituer un indice d'abus de position dominante dans la mesure où la comparaison des tarifs a été effectuée sur des bases homogènes, sauf pour la société à justifier cette différence par l'existence de divergences objectives et pertinentes entre la situation de l'État membre concerné et celles prévalant dans les autres États membres.

11. *En ce qui concerne la gestion individuelle.* Ce mode de gestion, à la base de la dynamique économique des secteurs d'édition ou de production, n'a pas rencontré à ce jour de difficultés particulières au regard du droit de la concurrence.

La gestion individuelle implique en effet une attention très forte au respect du droit de la concurrence, en particulier pour éviter tout risque de pratiques discriminatoires ou de refus d'exploitation injustifié.

3. *Les questions plus particulièrement liées aux réseaux numériques*

3.1. *Le marché de la musique en ligne*

12. Ce marché, fondé aussi bien sur la gestion collective que sur la gestion individuelle des droits, suscite des tensions entre les utilisateurs (plates-formes de distribution dont les éditeurs de services en ligne) et les titulaires de droits selon les modes de gestion, comme cela est normal dans le cadre d'un marché émergent.

13. Certes, la gestion collective des auteurs et les accords de réciprocité entre sociétés de gestion collective de droits d'auteurs présentent un intérêt réel pour les utilisateurs, en dépit du temps nécessaire à la première négociation des droits ou de l'absence d'accord avec certains utilisateurs.

De même, la gestion individuelle, à laquelle sont attachés les producteurs de phonogrammes pour négocier librement les conditions de délivrance des autorisations, ainsi que les rémunérations correspondant à l'exploitation de phonogrammes en ligne, n'ont pas empêché un accès par le public à un large répertoire discographique en provenance tant des « *majors* » que des producteurs indépendants mais au travers d'offres diverses.

14. Cependant, certains répertoires restent difficilement accessibles, en raison soit de l'absence d'accords de certains artistes sur la mise en ligne de leurs interprétations, soit de la persistance de désaccords sur les modalités de commercialisation ayant plusieurs motifs : types de relations contractuelles (licence ou distribution), utilisation de plates-formes propriétaires, systèmes de reddition de comptes, qualité d'encodage, utilisation de *codecs* différents, service après-vente, absence d'accord général sur la personne justiciable de l'autorisation au titre du droit d'auteur et sur le montant de la rémunération afférente.

3.2. *La gestion collective internationale des droits sur les réseaux numériques*

15. La CJCE a affirmé, pour ce qui concerne les modes traditionnels d'exploitation des œuvres, que ne constituent pas une entente prohibée par l'article 81 § 1 du Traité CE, les accords de réciprocité par lesquels les sociétés de gestion donnent mandat à leurs homologues étrangères de les représenter, de manière non exclusive, sur leur territoire d'exercice, mettant ainsi à disposition des utilisateurs, pour ledit territoire, le répertoire mondial protégé.

L'exploitation des droits numériques sur les réseaux appelle une adaptation des modes d'organisation de la gestion collective internationale. En effet, cette exploitation n'est plus limitée à un (ou plusieurs) territoire donné mais a vocation à s'étendre sur l'ensemble du territoire mondial.

En conséquence les sociétés d'auteurs et les sociétés de gestion des droits de producteurs de phonogrammes ont entrepris d'adapter leurs accords de réciprocité afin que chaque société de gestion collective soit à même de délivrer aux exploitants l'autorisation d'étendue multiterritoriale – et non plus limitée au seul territoire d'exercice de la société qui délivre l'autorisation – qui leur est éventuellement nécessaire.

16. A cette occasion, la Commission européenne – au motif discutable que la gestion des droits dans l'environnement en ligne pourrait, à la différence de l'environnement hors ligne, s'effectuer à distance – a souhaité mettre fin dans une décision dite *simulcasting* au principe d'exclusivité territoriale inscrit dans les accords de réciprocité entre sociétés de gestion des droits des producteurs de phonogrammes et permettre aux exploitants de sites situés sur le territoire de l'Union européenne ou de l'Espace économique européen de s'adresser à la société de gestion collective de leur choix, située sur ledit territoire, pour obtenir les autorisations qui leur sont nécessaires.

La Commission a aussi voulu que soient isolés, dans le seul accord de réciprocité, les services spécifiquement rendus aux utilisateurs et invité les sociétés de gestion à déployer une concurrence sur le coût desdits services. Bien que les sociétés signataires de l'accord dit simulcasting aient contesté l'analyse économique effectuée par la Commission consistant à établir un lien entre les rémunérations pratiquées par lesdites sociétés et le niveau de leur coût de gestion, elles ont accepté de mettre en œuvre la décision de la Commission dans la mesure où celle-ci restait sans effet sur leurs tarifs nationaux et était d'une portée limitée sur leur fonctionnement.

17. La Commission pourrait avoir la même approche à l'égard des accords de réciprocité entre sociétés d'auteurs qui lui ont été notifiés, lesquels prévoient que l'autorisation ne peut être délivrée à un exploitant de site que par une société d'auteurs située sur le territoire où ce dernier a sa résidence économique.

La « clause de résidence économique » vise à assurer une proximité géographique, juridique et culturelle entre la société de gestion collective et le bénéficiaire de l'autorisation. Le maintien de « la clause de résidence économique » apparaît essentiel aux sociétés de gestion collective car la faculté qui pourrait être accordée aux utilisateurs de s'adresser à la société d'auteurs de leur choix dans n'importe quel pays peut provoquer une baisse de la rémunération des titulaires de droits par une mise en concurrence directe des sociétés de gestion collective sur les rémunérations pratiquées.

En outre, la suppression de cette clause pourrait rendre particulièrement complexe pour les utilisateurs des droits et pour les sociétés de gestion collective la négociation des autorisations, conduisant à un renchérissement des coûts de transaction à travers des négociations multiples et successives avec les diverses sociétés de gestion collective. Enfin, cette solution serait susceptible de créer des difficultés liées à l'exécution des contrats qui suppose notamment des contrôles sur place.

4. *Préconisations*

4.1. *Sur les relations générales entre les deux droits*

18. Une application adéquate du droit de la concurrence aux droits de propriété littéraire et artistique suppose que soient dûment prises en compte, tant dans l'application des articles 81 §1 et 82 du Traité CE que pour l'octroi d'une exemption sur la base de l'article 81 §3, les spécificités desdits droits ainsi que des œuvres de l'esprit et des objets qu'ils protègent. Il est souhaitable à cet égard que la dimension culturelle, les enjeux économiques, les équilibres entre l'intérêt des titulaires de droits, des exploitants et du public soient complètement et précisément pris en compte.

19. L'application de la théorie des « facilités essentielles », dans la mesure où elle est de nature à permettre d'imposer à un titulaire de droits de propriété littéraire et artistique d'autoriser l'utilisation d'une œuvre ou d'un objet protégé, notamment par un concurrent sur le même marché, doit être limitée à la démonstration de « circonstances exceptionnelles », comme la jurisprudence l'a d'ailleurs exigé jusqu'ici.

Le Conseil supérieur recommande en outre que la réflexion soit poursuivie sur l'utilité d'une distinction, quant au champ d'application de la théorie des « facilités essentielles », entre « objets utilitaires » et autres œuvres de l'esprit.

4.2. *Sur la gestion collective*

20. Le Conseil supérieur :

– en ce qui concerne les accords de réciprocité entre sociétés de gestion collective en général, souligne que les frais de gestion exposés par lesdites sociétés sont assumés par leurs ayants droit qui sont les seuls destinataires des services qu'elles rendent ;

– en ce qui concerne les accords de réciprocité des sociétés de gestion collective des producteurs de phonogrammes, manifeste sa préoccupation que la concurrence entre sociétés de gestion, acceptée par les signataires de l'accord dit *simulcasting* et portant sur les frais d'administration de ces sociétés de gestion pour les services rendus spécifiquement par elles aux utilisateurs dans le cadre de cet accord, n'entraîne une baisse des rémunérations nationales des titulaires de droit ;

– en ce qui concerne les accords de réciprocité entre sociétés d'auteurs, est d'avis que l'environnement numérique ne justifie pas par lui-même une mise en concurrence desdites sociétés et que la proximité des utilisateurs et des donneurs de licence n'est pas moins pertinente dans l'environnement numérique que pour d'autres formes d'exploitation, d'autant que l'exploitation sur l'Internet est très diversifiée et qu'elle concerne un nombre considérable d'utilisateurs des droits sur l'ensemble des territoires.

21. Deux perspectives pourraient être explorées afin de favoriser une harmonisation des rémunérations gérées collectivement au plan international dans le domaine des réseaux numériques :

– un accord international entre sociétés de gestion et exploitants ;

– l'application du tarif du pays de destination, au cas par cas, selon les modes d'exploitation, chaque société de gestion délivrant une licence multi-territoriale, pour chaque territoire concerné, sur la base du tarif appliqué par la société sœur gérant les droits sur ce territoire, sans négliger les réelles difficultés pratiques qu'une telle option peut engendrer quant à la gestion des droits.

22. La gestion individuelle de certains de leurs droits, lorsque ceux-ci sont habituellement exercés collectivement par des associés des sociétés de gestion collective, est de nature à affaiblir la protection générale des ayants droit et à rendre difficile les négociations avec les exploitants auxquels seraient proposés des répertoires incomplets ou incertains.

Cette perspective ne doit pas être perdue de vue dans le cadre d'une redéfinition éventuelle des « catégories GEMA » fixées en 1971 par la Commission européenne, notamment dans l'optique des formes d'exploitation qui accompagnent le développement des réseaux numériques.

Toute réflexion sur le sujet doit prendre en compte, notamment, le besoin des sociétés de gestion collective, dans un contexte de constante évolution technique, d'une stabilité des qualifications juridiques qu'elles mettent contractuellement en œuvre, par la recherche d'un rattachement dans leurs statuts des différentes modalités d'exploitation sur Internet aux « catégories GEMA » existantes.

4.3. *Sur le marché de la musique en ligne*

23. Le Conseil supérieur prend acte de ce que toutes les parties prenantes entendent réduire les tensions existantes aux fins de favoriser le développement des plates-formes de distribution de musique en ligne. Il souligne l'importance de l'accès du grand public aux nouveaux services numériques sur une base non discriminatoire et d'une large ouverture à cet effet des catalogues des producteurs de phonogrammes.

Loi n° 2004-575 du 21 juin 2004,

Pour la confiance dans l'économie numérique.

COMMENTAIRE

La loi pour la confiance dans l'économie numérique (LCEN) est un texte « transversal » qui, loin de ne concerner que la propriété intellectuelle, a vocation à s'appliquer à de nombreuses questions liées au commerce électronique.

Elle crée à l'égard de certains prestataires de l'internet un régime d'irresponsabilité conditionnelle. Tel est le cas, par exemple, s'agissant du simple transporteur.

Pareillement, un **fournisseur d'accès à l'internet** ne peut, *a priori*, voir sa responsabilité engagée lorsqu'il permet l'accès à des contenus illicites (V. aussi l'art. 12, ayant trait au « simple transport », de la directive communautaire du 8 juin 2000).

Mais son irresponsabilité est subordonnée à la réunion de certaines exigences.

Les fournisseurs d'accès ne peuvent être tenus pour responsables des informations transmises à condition, d'une part, qu'ils ne soient pas à l'origine de la transmission, d'autre part, qu'ils ne sélectionnent pas le destinataire de la transmission et, d'une troisième part, qu'ils ne sélectionnent ni ne modifient les informations faisant l'objet de la transmission.

De surcroît, cette exclusion de responsabilité ne permet pas une passivité totale puisque tant la directive que la loi pour la confiance dans l'économie numérique (art. 6, I-8) précisent qu'une juridiction ou une autorité administrative peuvent exiger d'un tel prestataire qu'il mette un terme à une infraction ou fasse en sorte de prévenir celle-ci. L'article L. 332-1 du code de la propriété intellectuelle le rappelle au point 4° de son deuxième alinéa, en précisant que le délai pour agir est « réduit à quinze jours ».

La possibilité de demander, en cas d'échanges de fichiers « pair à pair » (P2P), la cessation du trouble (mesures de blocage) à un fournisseur d'accès à l'internet a été envisagée lors des débats parlementaires et admise par la justice belge (Tribunal de première instance de Bruxelles, ordonnance du 29 juin 2007 : *SCRL Société belge des auteurs (SABAM) c/ SA)*, sur le fondement direct des dispositions de la directive du 8 juin 2000.

Un régime d'irresponsabilité conditionnelle s'applique aussi aux **fournisseurs d'hébergement**. Ces prestataires techniques ne peuvent être responsables de faits dont ils ignorent l'existence ou qu'ils ne peuvent contrôler. Inversement, ce régime favorable prend fin dès lors qu'il est prouvé que l'hébergeur n'ignorait pas l'existence d'actes de contrefaçon et que, malgré cette connaissance et la possibilité d'agir pour faire cesser le trouble, il est resté inactif (triptyque : « savoir – pouvoir – inertie »).

Le législateur français considère que cette connaissance est certaine lorsque l'hébergeur a été averti de l'existence de cette contrefaçon par une autorité administrative ou judiciaire (la responsabilité, en cas d'inertie, peut être pénale). La responsabilité civile peut également être engagée lorsque (art. 6-I, 2° de la LCEN) les hébergeurs ne peuvent ignorer l'existence de faits de contrefaçon sans pour autant que ces prestataires soient tenus d'un devoir de vigilance (TGI Paris, 13 juill. 2007, 3e chambre, 2e section).

Enfin, il va de soi que le régime protecteur de la LCEN n'a pas vocation à s'appliquer lorsque le prestataire, qui se présente comme hébergeur, déploie aussi des activités qui relèvent d'un autre statut (par exemple, éditeur de contenus : TGI Paris, réf., 22 juin 2007). ❑

Art. 6 **I. — 1. Les personnes dont l'activité est d'offrir un accès à des services de communication au public en ligne informent leurs abonnés de l'existence de moyens techniques permettant de restreindre l'accès à certains services ou de les sélectionner et leur proposent au moins un de ces moyens.**

(L. n° 2009-669 du 12 juin 2009, art. 13) **Les personnes visées à l'alinéa précédent les informent également de l'existence de moyens de sécurisation permettant de prévenir les manquements à l'obligation définie à l'article L. 336-3 du code de la propriété intellectuelle et leur proposent au moins un des moyens figurant sur la liste prévue au deuxième alinéa de l'article** *(L. n° 2009-1311 du 28 oct. 2009, art. 12)* **« L. 331-26 » du même code.**

2. Les personnes physiques ou morales qui assurent, même à titre gratuit, pour mise à disposition du public par des services de communication au public en ligne, le stockage de signaux, d'écrits, d'images, de sons ou de messages de toute nature fournis par des destinataires de ces services ne peuvent pas voir leur responsabilité civile engagée du fait des activités ou des informations stockées à la demande d'un destinataire de ces services si elles n'avaient pas effectivement connaissance de leur caractère illicite ou de faits et circonstances faisant apparaître ce caractère ou si, dès le moment où elles en ont eu cette connaissance, elles ont agi promptement pour retirer ces données ou en rendre l'accès impossible.

L'alinéa précédent ne s'applique pas lorsque le destinataire du service agit sous l'autorité ou le contrôle de la personne visée audit alinéa.

3. Les personnes visées au 2 ne peuvent voir leur responsabilité pénale engagée à raison des informations stockées à la demande d'un destinataire de ces services si elles n'avaient pas effectivement connaissance de l'activité ou de l'information illicites ou si, dès le moment où elles en ont eu connaissance, elles ont agi promptement pour retirer ces informations ou en rendre l'accès impossible.

L'alinéa précédent ne s'applique pas lorsque le destinataire du service agit sous l'autorité ou le contrôle de la personne visée audit alinéa.

4. Le fait, pour toute personne, de présenter aux personnes mentionnées au 2 un contenu ou une activité comme étant illicite dans le but d'en obtenir le retrait ou d'en faire cesser la diffusion, alors qu'elle sait cette information inexacte, est puni d'une peine d'un an d'emprisonnement et de 15 000 € d'amende.

5. La connaissance des faits litigieux est présumée acquise par les personnes désignées au 2 lorsqu'il leur est notifié les éléments suivants :

— la date de la notification ;

— si le notifiant est une personne physique : ses nom, prénoms, profession, domicile, nationalité, date et lieu de naissance ; si le requérant est une personne morale : sa forme, sa dénomination, son siège social et l'organe qui la représente légalement ;

— les nom et domicile du destinataire ou, s'il s'agit d'une personne morale, sa dénomination et son siège social ;

— la description des faits litigieux et leur localisation précise ;

— les motifs pour lesquels le contenu doit être retiré, comprenant la mention des dispositions légales et des justifications de faits ;

— la copie de la correspondance adressée à l'auteur ou à l'éditeur des informations ou activités litigieuses demandant leur interruption, leur retrait ou leur modification, ou la justification de ce que l'auteur ou l'éditeur n'a pu être contacté.

6. Les personnes mentionnées aux 1 et 2 ne sont pas des producteurs au sens de l'article 93-3 de la loi n° 82-652 du 29 juillet 1982 sur la communication audiovisuelle.

7. Les personnes mentionnées aux 1 et 2 ne sont pas soumises à une obligation générale de surveiller les informations qu'elles transmettent ou stockent, ni à une obligation générale de rechercher des faits ou des circonstances révélant des activités illicites.

Le précédent alinéa est sans préjudice de toute activité de surveillance ciblée et temporaire demandée par l'autorité judiciaire.

Compte tenu de l'intérêt général attaché à la répression de l'apologie des crimes contre l'humanité, *(L. n° 2014-1353 du 13 nov. 2014, art. 12-I)* « de la provocation à la commission d'actes de terrorisme et de leur apologie, » de l'incitation à la haine raciale *(L. n° 2014-873 du 4 août 2014, art. 57-1°)* « , à la haine à l'égard de personnes à raison de leur sexe, de leur orientation ou identité sexuelle ou de leur handicap, » ainsi que de la pornographie enfantine, *(L. n° 2007-297 du 5 mars 2007, art. 40)* « de l'incitation à la violence *(L. n° 2010-769 du 9 juill. 2010, art. 28)* « , notamment l'incitation aux violences faites aux femmes, » ainsi que des atteintes à la dignité humaine, » les personnes mentionnées ci-dessus doivent concourir à la lutte contre la diffusion des infractions visées aux cinquième *(L. n° 2014-1353 du 13 nov. 2014, art. 12-I)* « septième et huitième » alinéas de l'article 24 de la loi du 29 juillet 1881 sur la liberté de la presse et *(L. n° 2007-297 du 5 mars 2007, art. 40 ; L. n° 2016-444 du 13 avr. 2016, art. 1er)* « aux articles 225-4-1, 225-5, 225-6, 227-23, 227-24 et 421-2-5 » du code pénal.

A ce titre, elles doivent mettre en place un dispositif facilement accessible et visible permettant à toute personne de porter à leur connaissance ce type de données. Elles ont également l'obligation, d'une part, d'informer promptement les autorités publiques compétentes de toutes activités illicites mentionnées à l'alinéa précédent qui leur seraient signalées et qu'exerceraient les destinataires de leurs services, et, d'autre part, de rendre publics les moyens qu'elles consacrent à la lutte contre ces activités illicites.

(L. n° 2007-297 du 5 mars 2007, art. 40) « Compte tenu de l'intérêt général attaché à la répression des activités illégales de jeux d'argent, les personnes mentionnées aux 1 et 2 mettent en place, dans des conditions fixées par décret, un dispositif facilement accessible et visible permettant de signaler à leurs abonnés les services de communication au public en ligne tenus pour répréhensibles par les autorités publiques compétentes en la matière. Elles informent également leurs abonnés des risques encourus par eux du fait d'actes de jeux réalisés en violation de la loi.

« Tout manquement aux obligations définies aux quatrième *(L. n° 2014-1353 du 13 nov. 2014, art. 12-I)* « et cinquième » alinéas est puni des peines prévues au 1 du VI. »

8. L'autorité judiciaire peut prescrire en référé ou sur requête, à toute personne mentionnée au 2 ou, à défaut, à toute personne mentionnée au 1, toutes mesures propres à prévenir un dommage ou à faire cesser un dommage occasionné par le contenu d'un service de communication au public en ligne.

II. — Les personnes mentionnées aux 1 et 2 du I détiennent et conservent les données de nature à permettre l'identification de quiconque a contribué à la création du contenu ou de l'un des contenus des services dont elles sont prestataires.

Elles fournissent aux personnes qui éditent un service de communication au public en ligne des moyens techniques permettant à celles-ci de satisfaire aux conditions d'identification prévues au III.

L'autorité judiciaire peut requérir communication auprès des prestataires mentionnés aux 1 et 2 du I des données mentionnées au premier alinéa.

Les dispositions des articles 226-17, 226-21 et 226-22 du code pénal sont applicables au traitement de ces données.

Un décret en Conseil d'État, pris après avis de la Commission nationale de l'informatique et des libertés, définit les données mentionnées au premier alinéa et détermine la durée et les modalités de leur conservation.

II *bis. Abrogé par L. n° 2013-1168 du 18 déc. 2013, art. 20, à compter du 1er janv. 2015.*

III. — 1. Les personnes dont l'activité est d'éditer un service de communication au public en ligne mettent à disposition du public, dans un standard ouvert :

a) S'il s'agit de personnes physiques, leurs nom, prénoms, domicile et numéro de téléphone et, si elles sont assujetties aux formalités d'inscription au registre du commerce et des sociétés ou au répertoire des métiers, le numéro de leur inscription ;

b) S'il s'agit de personnes morales, leur dénomination ou leur raison sociale et leur siège social, leur numéro de téléphone et, s'il s'agit d'entreprises assujetties aux formalités d'inscription au registre du commerce et des sociétés ou au répertoire des métiers, le numéro de leur inscription, leur capital social, l'adresse de leur siège social ;

c) Le nom du directeur ou du codirecteur de la publication et, le cas échéant, celui du responsable de la rédaction au sens de l'article 93-2 de la loi n° 82-652 du 29 juillet 1982 précitée ;

d) Le nom, la dénomination ou la raison sociale et l'adresse et le numéro de téléphone du prestataire mentionné au 2 du I.

2. Les personnes éditant à titre non professionnel un service de communication au public en ligne peuvent ne tenir à la disposition du public, pour préserver leur anonymat, que le nom, la dénomination ou la raison sociale et l'adresse du prestataire mentionné au 2 du I, sous réserve de lui avoir communiqué les éléments d'identification personnelle prévus au 1.

Les personnes mentionnées au 2 du I sont assujetties au secret professionnel dans les conditions prévues aux articles 226-13 et 226-14 du code pénal, pour tout ce qui concerne la divulgation de ces éléments d'identification personnelle ou de toute information permettant d'identifier la personne concernée. Ce secret professionnel n'est pas opposable à l'autorité judiciaire.

IV. — Toute personne nommée ou désignée dans un service de communication au public en ligne dispose d'un droit de réponse, sans préjudice des demandes de correction ou de suppression du message qu'elle peut adresser au service, *[Dispositions déclarées non conformes à la Constitution par décision du Conseil constitutionnel nº 2004-496 DC du 10 juin 2004.]***.**

La demande d'exercice du droit de réponse est adressée au directeur de la publication ou, lorsque la personne éditant à titre non professionnel a conservé l'anonymat, à la personne mentionnée au 2 du I qui la transmet sans délai au directeur de la publication. Elle est présentée au plus tard dans un délai de trois mois à compter de *[Dispositions déclarées non conformes à la Constitution par décision du Conseil constitutionnel nº 2004-496 DC du 10 juin 2004.]* **la mise à disposition du public du message justifiant cette demande.**

Le directeur de la publication est tenu d'insérer dans les trois jours de leur réception les réponses de toute personne nommée ou désignée dans le service de communication au public en ligne sous peine d'une amende de 3 750 €, sans préjudice des autres peines et dommages-intérêts auxquels l'article pourrait donner lieu.

Les conditions d'insertion de la réponse sont celles prévues par l'article 13 de la loi du 29 juillet 1881 précitée. La réponse sera toujours gratuite.

Un décret en Conseil d'État fixe les modalités d'application du présent article.

V. — Les dispositions des chapitres IV et V de la loi du 29 juillet 1881 précitée sont applicables aux services de communication au public en ligne et la prescription acquise dans les conditions prévues par l'article 65 de ladite loi *[Dispositions déclarées non conformes à la Constitution par décision du Conseil constitutionnel nº 2004-496 DC du 10 juin 2004.]***.**

VI. — 1. Est puni d'un an d'emprisonnement et de 75 000 € d'amende le fait, pour une personne physique ou le dirigeant de droit ou de fait d'une personne morale exerçant l'une des activités définies aux 1 et 2 du I, de ne pas satisfaire aux obligations définies *(L. nº 2007-297 du 5 mars 2007, art. 40)* **« aux quatrième** *(L. nº 2014-1353 du 13 nov. 2014, art. 12-III)* **« et cinquième » alinéas » du 7 du I** *(L. nº 2014-1353 du 13 nov. 2014, art. 12-III)* **« du présent article ni à celles prévues à l'article 6-1 de la présente loi », de ne pas avoir conservé les éléments d'information visés au II** *(L. nº 2014-1353 du 13 nov. 2014, art. 12-III)* **« du présent article » ou de ne pas déférer à la demande d'une autorité judiciaire d'obtenir communication desdits éléments.**

Les personnes morales peuvent être déclarées pénalement responsables de ces infractions dans les conditions prévues à l'article 121-2 du code pénal. Elles encourent une peine d'amende, suivant les modalités prévues par l'article 131-38 du même code, ainsi que les peines mentionnées aux 2° et 9° de l'article 131-39 de ce code. L'interdiction mentionnée au 2° de cet article est prononcée pour une durée de cinq ans au plus et porte sur l'activité professionnelle dans l'exercice ou à l'occasion de laquelle l'infraction a été commise.

2. Est puni d'un an d'emprisonnement et de 75 000 € d'amende le fait, pour une personne physique ou le dirigeant de droit ou de fait d'une personne morale exerçant l'activité définie au III, de ne pas avoir respecté les prescriptions de ce même article.

Les personnes morales peuvent être déclarées pénalement responsables de ces infractions dans les conditions prévues à l'article 121-2 du code pénal. Elles encourent une peine d'amende, suivant les modalités prévues par l'article 131-38 du même code, ainsi que les peines mentionnées aux 2° et 9° de l'article 131-39 de ce code. L'interdiction mentionnée au 2° de cet article est prononcée pour une durée de cinq ans au plus et porte sur l'activité professionnelle dans l'exercice ou à l'occasion de laquelle l'infraction a été commise.

BIBL. ▶ Bénoit, *Légipresse 2015. 339* (la mise en œuvre de la responsabilité des prestataires d'hébergement toujours incertaine). – Bouguettaya, *RLDI janv. 2017. 44* (loi « pour une République numérique » : quel impact pour le e-commerce ?). – Lampe, *Propr. intell. 2009, nº 32, p. 245* (l'application consacrée de la LCEN aux sites communautaires du web 2.0 : bilan et perspective de la jurisprudence). – Loiseau, *CCE 2016, nº 51* (vers un droit des plateformes numériques). – De Martino, *CCE 2011. Entretien 1* (plateformes vidéo, la fin d'un débat). – Néri, *CCE 2011. Prat. 5* (pratique contentieuse. La procédure de notification aux hébergeurs des contenus illicites présents sur internet).

Les dispositions des art. 6 et 7 de la L. n° 2004-575 du 21 juin 2004 sont applicables en Nouvelle-Calédonie, en Polynésie française et à Wallis-et-Futuna (L. préc., art. 57).

1. Responsabilité de l'hébergeur. La LCEN a entendu, sous réserve de mesures particulières édictées en considération de l'intérêt général attaché à la répression de l'apologie des crimes contre l'humanité, de l'incitation à la haine raciale, de la pornographie enfantine, de l'incitation à la violence et des atteintes à la dignité humaine, conférer à l'hébergeur un régime spécial de responsabilité qui repose sur le principe selon lequel il ne saurait être réputé avoir a priori connaissance du caractère illicite des contenus fournis par les utilisateurs ni soumis à une obligation générale de contrôle préalable de ces contenus en sorte que sa responsabilité ne sera engagée que dans l'hypothèse où, ayant eu connaissance de la présence d'un contenu illicite sur la plateforme d'hébergement, il n'aurait pas agi promptement aux fins de le retirer ou d'en interdire l'accès. La limitation de responsabilité ainsi instituée découle de la nécessaire prise en compte des risques inhérents à l'activité de stockage de contenus fournis par des tiers qu'il ne s'agit pas pour autant d'entraver, eu égard au rôle moteur des services qui en assurent la charge dans le développement de l'économie numérique. Elle n'est pas exclusive de la protection non moins nécessaire des droits d'auteur dès lors qu'elle s'articule avec un dispositif d'information et d'alerte destiné à prévenir les atteintes à ces droits. • Paris, 6 mai 2009, *Dailymotion : D. 2009. AJ 1410, obs. Astaix ; CCE 2009, n° 86, note Caron* • Paris, 16 sept. 2009 : *Propr. intell. 2010, n° 34, p. 635, obs. A. Lucas.* ♦ Sur l'obligation des titulaires de droits de participer à la lutte contre la contrefaçon, V. • TGI Paris, 13 mai 2009, *E-Bay c/ L'Oréal : Légipresse 2009, III, p. 140, note Jacquier et Maxwell.* • Paris, 4 févr. 2011 : *RIDA avr. 2011, p. 327, note Sirinelli* • 14 janv. 2011 : *RIDA avr. 2011, p. 331, note Sirinelli.* ♦ Sur la proposition vaine du prestataire de mettre en place un système d'identification des œuvres par empreinte appelée « content identification », V. • TGI Paris, 28 avr. 2011 : *RIDA avr. 2011, p. 337, note Sirinelli.* ♦ Le prestataire a l'obligation de mettre en œuvre tous les moyens pour empêcher une nouvelle diffusion des contenus litigieux qui ont été supprimés une première fois. • TGI Créteil, 14 déc. 2010 : *RIDA avr. 2011, p. 343, note Sirinelli.* ♦ A propos de la responsabilité de Google dans la mise à disposition de son service « Google image », V. • Paris, 26 janv. 2011 : *Propr. intell. 2011, n° 39, p. 201, obs. A. Lucas ; RIDA juill. 2011, p. 397, note Sirinelli.* ♦ V. la décision attaquée • TGI Paris, 20 mai 2008 : *RTD com. 2008, p. 557, obs. Pollaud-Dulian ; JCP E 2009. 1108, obs. H.-J. Lucas ; RLDI 2008/39, n° 1291, obs. Auroux.* ♦ A propos du service « Google vidéos », V. • Paris, 14 janv. 2011 : *Propr. intell. 2011, n° 39, p. 199, obs. A. Lucas.* ♦ Pour une condamnation d'un site à mettre en ligne un dispositif de signalement des contenus illicites : • TGI Paris, réf., 13 avr. 2016, *UEJF et a. c/ Assoc. Égalité et Réconciliation : Légipresse 2016. 255.*

2. Statut d'hébergeur. Le régime spécial de l'art. 6, I, 2, ne peut s'appliquer au cybercommerçant dès lors que son activité principale n'est pas celle d'un prestataire de service de stockage de données. • Com. 24 nov. 2009 : *D. 2009. AJ 2926 ; ibid. 2010. Pan. 1974, obs. Larrieu ; CCE 2010, n° 75, note Malaurie-Vignal ; Propr. intell. 2010, n° 35, p. 780, obs. Passa* • Civ. 1re, 14 janv. 2010 : *Bull. civ. I, n° 8 ; D. 2010. AJ 206, obs. Manara ; ibid. Pan. 1974, obs. Larrieu ; ibid. Point de vue 837, par Thoumyre ; RTD com. 2010. 307, obs. Pollaud-Dulian ; CCE 2010, n° 25, note Stoffel-Munck ; Propr. intell. 2010, n° 35, p. 724, obs. Bruguière ; RIDA janv. 2010, p. 417, note Sirinelli* • Civ. 1re, 17 févr. 2011 : *cité note 3.* ♦ Sur la responsabilité de l'hébergeur d'un blog, V. • Montpellier, 15 déc. 2011 : *CCE 2012, n° 41, note Debet.* ♦ La suggestion de sites ne constitue pas, en elle-même, une atteinte au droit d'auteur. • Paris, 3 mai 2011 : *D. 2011. AJ 1341, obs. Manara ; ibid. 2363, note Larrieu ; CCE 2011, n° 63, note Caron ; RIDA avr. 2011, p. 363, note Sirinelli.* ♦ Arrêt cassé : • Civ. 1re, 12 juill. 2012 : *Bull. civ. I, n° 168 ; ibid., n° 166 ; D. 2012. AJ 1880, obs. Manara ; ibid. 2070, concl. Petit ; ibid. 2075, note Castets-Renard ; RTD com. 2012. 771, obs. Pollaud-Dulian ; CCE 2012, n° 91, note Caron ; Gaz. Pal. 2012, n° 207 à 209, p. 7, note Le Goffic ; RIDA oct. 2012, p. 413, note Sirinelli.*

3. Intermédiaire technique. L'arrêt qui relève que le réencodage de nature à assurer la compatibilité de la vidéo à l'interface de visualisation, de même que le formatage destiné à optimiser la capacité d'intégration du serveur en imposant une limite à la taille des fichiers postés, sont des opérations techniques qui participent de l'essence du prestataire d'hébergement et qui n'induisent en rien une sélection par ce dernier des contenus mis en ligne, que la mise en place de cadres de présentation et la mise à disposition d'outils de classification des contenus sont justifiées par la seule nécessité, encore en cohérence avec la fonction de prestataire technique, de rationaliser l'organisation du service et d'en faciliter l'accès à l'utilisateur sans pour autant lui commander un quelconque choix quant au contenu qu'il entend mettre en ligne, ajoute que l'exploitation du site par la commercialisation d'espaces publicitaires n'induit pas une capacité d'action du service sur les contenus mis en ligne, en déduit exactement que la société Dailymotion est fondée à revendiquer le statut d'intermédiaire technique au sens de l'article 6, I, 2 de la loi du 21 juin 2004. • Civ. 1re, 17 févr.

2011 : *D. 2011. AJ 668, obs. Manara ; ibid. 1113, note Grynbaum ; RTD com. 2011. 351, obs. Pollaud-Dulian ; CCE 2011, n° 32, note Caron ; JCP 2011. 520, note Debet ; Légipresse 2011, n° 283, p. 297, note Varet ; Propr. intell. 2011, n° 39, p. 197, obs. A. Lucas ; RIDA avr. 2011, p. 293, note Sirinelli.* ♦ V. aussi • Versailles, 6 janv. 2011 : *RIDA avr. 2011, p. 303, note Sirinelli.*

4. Sur l'absence de caractérisation des éléments matériel et intentionnel de l'infraction créée par l'art. 6, I, 4°, V. • Paris, 15 déc. 2010 : *Légipresse 2011, n° 282, p. 244.* ♦ Tout service de communication au public en ligne d'œuvres protégées sans avoir obtenu les autorisations requises et toute mise à disposition d'un logiciel ayant cette finalité entrent dans les prévisions des art. L. 335-4 et L. 335-2-1. L'hébergeur ne peut bénéficier de l'exonération de responsabilité pénale prévue par l'art. 6, I, 3 de la loi du 21 juin 2004 s'il avait effectivement connaissance de l'activité illicite ou si, dès le moment où il en a eu connaissance, il n'a pas agi promptement pour retirer les informations stockées ou en rendre l'accès indisponible. • Crim. 25 sept. 2012 : *Dalloz actualité, 30 oct. 2012, obs. Astaix.*

Art. 6-1 *(L. n° 2014-1353 du 13 nov. 2014, art. 12-II)* **Lorsque les nécessités de la lutte contre la provocation à des actes terroristes ou l'apologie de tels actes relevant de l'article 421-2-5 du code pénal ou contre la diffusion des images ou des représentations de mineurs relevant de l'article 227-23 du même code le justifient, l'autorité administrative peut demander à toute personne mentionnée au III de l'article 6 de la présente loi ou aux personnes mentionnées au 2 du I du même article 6 de retirer les contenus qui contreviennent à ces mêmes articles 421-2-5 et 227-23. Elle en informe simultanément les personnes mentionnées au 1 du I de l'article 6 de la présente loi.**

En l'absence de retrait de ces contenus dans un délai de vingt-quatre heures, l'autorité administrative peut notifier aux personnes mentionnées au même 1 la liste des adresses électroniques des services de communication au public en ligne contrevenant auxdits articles 421-2-5 et 227-23. Ces personnes doivent alors empêcher sans délai l'accès à ces adresses. Toutefois, en l'absence de mise à disposition par la personne mentionnée au III du même article 6 des informations mentionnées à ce même III, l'autorité administrative peut procéder à la notification prévue à la première phrase du présent alinéa sans avoir préalablement demandé le retrait des contenus dans les conditions prévues à la première phrase du premier alinéa du présent article.

L'autorité administrative transmet les demandes de retrait et la liste mentionnées, respectivement, aux premier et deuxième alinéas à une personnalité qualifiée, désignée en son sein par la Commission nationale de l'informatique et des libertés pour la durée de son mandat dans cette commission. Elle ne peut être désignée parmi les personnes mentionnées au 1° du I de l'article 13 de la loi n° 78-17 du 6 janvier 1978 relative à l'informatique, aux fichiers et aux libertés. La personnalité qualifiée s'assure de la régularité des demandes de retrait et des conditions d'établissement, de mise à jour, de communication et d'utilisation de la liste. Si elle constate une irrégularité, elle peut à tout moment recommander à l'autorité administrative d'y mettre fin. Si l'autorité administrative ne suit pas cette recommandation, la personnalité qualifiée peut saisir la juridiction administrative compétente, en référé ou sur requête.

L'autorité administrative peut également notifier les adresses électroniques dont les contenus contreviennent aux articles 421-2-5 et 227-23 du code pénal aux moteurs de recherche ou aux annuaires, lesquels prennent toute mesure utile destinée à faire cesser le référencement du service de communication au public en ligne. La procédure prévue au troisième alinéa du présent article est applicable.

La personnalité qualifiée mentionnée au même troisième alinéa rend public chaque année un rapport d'activité sur les conditions d'exercice et les résultats de son activité, qui précise notamment le nombre de demandes de retrait, le nombre de contenus qui ont été retirés, les motifs de retrait et le nombre de recommandations faites à l'autorité administrative. Ce rapport est remis au Gouvernement et au Parlement.

Les modalités d'application du présent article sont précisées par décret, notamment la compensation, le cas échéant, des surcoûts justifiés résultant des obligations mises à la charge des opérateurs.

Tout manquement aux obligations définies au présent article est puni des peines prévues au 1 du VI de l'article 6 de la présente loi.

Sur la procédure permettant le blocage et le déréférencement des sites incitants à des actes de terrorisme ou en faisant l'apologie et des sites diffusant des images et représentations de mineurs à caractère pornographique, V. Décr. n° 2015-125 du 5 févr. 2015 (JO 6 févr.) et Décr. n° 2015-253 du 4 mars 2015 (JO 5 mars).

Art. 7 Lorsque les personnes visées au 1 du I de l'article 6 invoquent, à des fins publicitaires, la possibilité qu'elles offrent de télécharger des fichiers dont elles ne sont pas les fournisseurs, elles font figurer dans cette publicité une mention facilement identifiable et lisible rappelant que le piratage nuit à la création artistique.

V. note ss. art. 6.

Avis n° 2005-1 du 7 décembre 2005,

Du Conseil supérieur de la propriété littéraire et artistique relatif aux œuvres multimédia.

Cet avis est fondé sur le rapport de la commission spécialisée portant sur les aspects juridiques des œuvres multimédias auquel ont été adjointes quatre notes (des éditeurs de presse, du syndicat des éditeurs de logiciels de loisirs, du syndicat national des journalistes et du syndicat national de l'édition).

I. Remarques préliminaires

1. La création des œuvres multimédia donne lieu à l'émergence d'un modèle économique et de relations de création qui appellent un remodelage du cadre légal.

Le Conseil supérieur de la propriété littéraire et artistique a d'abord constaté que si les œuvres multimédia sont diverses – de l'œuvre créée par un auteur unique au jeu vidéo élaboré par plusieurs dizaines de personnes, en passant par les cédéroms de référence, les sites web, les programmes ludo-éducatifs, accessibles en ligne ou sous forme d'exemplaires – leur création donne lieu à l'émergence d'un modèle économique propre et suscite des besoins particuliers qui appellent une adaptation du cadre juridique de la création et de l'investissement dans le multimédia. Les éditeurs sont en effet confrontés aux risques importants propres à ce marché dont, notamment, le montant élevé des productions et, s'agissant en particulier du jeu vidéo, la durée singulièrement courte au cours de laquelle se jouent l'amortissement et le succès du produit. Dans ces conditions la maîtrise dès l'origine de la production, de l'intégralité des droits d'exploitation pour une durée substantielle est une nécessité pour les éditeurs (on ne relève d'exception à cette exigence que pour ce qui concerne la musique qui, historiquement, fait l'objet d'un traitement particulier). Elle seule est à même de procurer une meilleure sécurité juridique s'agissant aussi bien de l'exploitation principale de l'œuvre que de ses exploitations dérivées.

Si le Conseil supérieur insiste, d'une part, sur la nature beaucoup plus économique que juridique des fondements de la crise de l'industrie française du jeu vidéo et plus généralement des difficultés du secteur du multimédia, d'autre part, sur le fait que la propriété littéraire et artistique n'est ni le seul, ni le principal aspect de la compétitivité du droit français des œuvres multimédia – droit social et droit fiscal sont également en cause – il n'en demeure pas moins que l'usage de ce droit est actuellement perçu par les studios comme ayant pour eux un « coût » lors de la négociation avec les éditeurs, dans la mesure où il est regardé comme peu favorable à la sécurité des investisseurs. Le Conseil supérieur, en élaborant le présent avis, a donc placé cette donnée au centre de sa réflexion, afin d'éviter que la reconnaissance et la protection des droits des auteurs ne se traduisent par des effets pervers – fuite des investisseurs ou recours à la loi du pays de l'éditeur – dont les auteurs seraient les premières victimes.

Le Conseil supérieur de la propriété littéraire et artistique considère qu'une réelle amélioration de la situation des auteurs suppose un équilibre entre la garantie de leurs droits et la sécurité juridique des exploitants des œuvres multimédia. Seule la conciliation de ces impératifs permet d'atteindre le double objectif, d'une part, d'une exploitation efficace sur le plan économique, d'autre part, d'une préservation du lien d'intéressement de l'auteur à l'exploitation de l'œuvre, stimulant pour la création et conforme à notre tradition juridique.

2. Le cadre juridique actuel, qui n'offre pas de solution simple et claire permettant la conciliation des différents intérêts, ne garantit, du fait de son incertitude, ni les droits des auteurs ni la sécurité juridique des investisseurs.

L'œuvre multimédia ne figure pas au nombre des catégories définies par le code de la propriété intellectuelle, soit par référence à la nature même de l'œuvre – logiciel, base de données, œuvre audiovisuelle –, soit par référence à leur processus de création – œuvre collective, œuvre de collaboration. Par ailleurs, aucune des catégories existantes ne permet d'offrir une qualification unique aux œuvres multimédia, respectueuse de leur singularité et assurant un équilibre des intérêts en présence. La qualification des œuvres multimédia par le contrat s'opère donc aujourd'hui en fonction de chaque espèce, compte tenu des avantages recherchés. Or, si la pratique contractuelle peut se fonder, dans une certaine mesure, sur la nature de l'œuvre multimédia en cause et sur son processus de création pour retenir une qualification, elle peut aussi s'en écarter fortement du fait de la volonté des parties de s'assurer la jouissance des avantages prêtés – à tort ou à raison – à l'une ou l'autre des catégories existantes en termes de sécurité juridique pour l'investisseur. Ainsi la recherche d'un but déterminé – s'assurer la maîtrise des droits en vue d'une exploitation paisible de l'œuvre – conduit-elle à recourir à une qualification qui peut n'entretenir, avec la nature de l'œuvre en cause ou ses conditions d'élaboration, qu'un rapport très incertain. Mais ces choix contractuels sont fragiles puisque, en faisant abstraction de la réalité de l'œuvre multimédia en cause, les parties s'exposent à une requalification par le juge.

Le Conseil supérieur constate la nécessité qui s'attache à sortir de l'incertitude juridique présente et à mettre un terme aux effets économiques négatifs qui en résultent pour le développement du secteur, en offrant aux partenaires de la création multimédia une alternative à l'inadéquation des catégories existantes et au concours de qualifications pour l'œuvre multimédia envisagée dans sa totalité.

3. Le Conseil supérieur propose de concilier les intérêts des auteurs et des investisseurs dans le cadre d'un régime juridique propre à l'œuvre multimédia.

Le Conseil supérieur propose de créer un régime unitaire, propre aux œuvres multimédia et conciliant, dans le respect des principes généraux de la propriété littéraire et artistique, d'une part, la juste reconnaissance de la participation des auteurs à la création des œuvres multimédia, d'autre part, la nécessité pour les studios et les éditeurs de s'assurer la maîtrise préalable des droits nécessaires à l'exploitation. Ce statut, dont les principaux éléments sont détaillés aux points suivants de l'avis, présenterait les trois caractéristiques générales suivantes :

***a)* Ce statut serait cumulable avec les statuts propres à chacune des composantes de l'œuvre multimédia.**

Le Conseil supérieur, à travers les critères de définition de l'œuvre multimédia qu'il a retenus (cf. point II de l'avis), s'est efforcé de prévenir les « conflits de frontière » avec les autres types d'œuvres. Cet impératif ne fait toutefois pas obstacle à la coexistence, au sein d'une même œuvre, en raison de sa nature composite, du régime juridique attaché à l'œuvre multimédia envisagée dans sa totalité et de plusieurs régimes propres à chacune de ces composantes (logiciel, etc.). En revanche, le statut de l'œuvre multimédia ne pourrait évidemment pas se cumuler avec un autre statut applicable à l'œuvre en tant que tout (œuvre collective ou autre).

***b)* Il aurait vocation à s'appliquer à l'ensemble des œuvres multimédia.**

Le Conseil supérieur a débattu de la question de savoir s'il convenait de prévoir un régime juridique spécifique pour certains secteurs, comme le jeu vidéo ou la presse.

Si le jeu vidéo réunit l'ensemble des critères de l'œuvre multimédia en général, il est évident que les parties concernées ont spontanément introduit une distinction avec les autres œuvres multimédia. Ensuite, l'économie du jeu vidéo présente des traits propres et notamment le poids singulier des éditeurs internationaux. Enfin, le statut appliqué au jeu vidéo doit intégrer la dimension collective du travail au sein des studios, à laquelle les créateurs eux-mêmes sont manifestement attachés. En définitive, le Conseil supérieur a choisi d'intégrer l'ensemble de ces contraintes dans sa proposition de régime unifié de l'œuvre multimédia, qui aurait donc vocation à s'appliquer également au secteur des jeux vidéo. Il n'exclut cependant pas, ainsi que le souhaitent les professionnels, une mise en œuvre particulière à ce secteur, pour tenir compte de ses caractéristiques propres.

S'agissant de la presse, le Conseil supérieur a relevé que le cadre légal actuel ne favorise pas le développement d'une stratégie de diffusion multi-supports par les entreprises du secteur. Le Conseil supérieur a ensuite estimé que les lignes directrices qui ont guidé ses travaux, ainsi que le résultat auquel il est parvenu, fournissent une plate-forme pertinente pour une évolution juridique de l'œuvre de presse qui prendrait notamment en compte les aspects multimédia. Dans la mesure, toutefois, où l'introduction de ce nouveau régime appelle la définition de nouveaux équilibres dans les relations entre les journalistes et les entreprises de presse, qui excèdent le seul cadre du multimédia, le Conseil supérieur renvoie aux réflexions amorcées entre les différents partenaires du secteur. Il souligne la nécessité d'engager dans cette perspective des travaux spécifiques sur l'œuvre de presse.

***c)* Le statut de l'œuvre multimédia serait d'ordre public.**

Malgré l'absence de consensus sur ce point, le Conseil supérieur considère que le statut de l'œuvre multimédia ne pourrait être optionnel, c'est-à-dire constituer une catégorie supplémentaire offerte au choix des parties, venant élargir l'éventail déjà large proposé par le code de la propriété intellectuelle. En effet, il manquerait alors l'un de ses objectifs essentiels, qui est de remédier à l'insécurité juridique actuelle et se trouverait, de ce fait, privé de justification. L'ajout aux statuts déjà existants d'un statut de l'œuvre multimédia, dès lors qu'il ne serait qu'optionnel, aurait sans doute pour effet d'aggraver cette insécurité juridique à laquelle il est proposé de remédier. Enfin, l'instauration d'une présomption de cession des

droits au bénéfice de l'exploitant ne se justifie que si le régime de l'œuvre collective n'est plus susceptible de s'appliquer à l'œuvre multimédia.

L'application du statut *ad hoc* aux créations qui correspondent à la définition de l'œuvre multimédia devrait donc être d'ordre public, dès lors que le travail accompli a permis d'aboutir à un résultat supérieur, tant du point de vue de la sécurité juridique que de l'équilibre des intérêts en présence, à l'état du droit actuel. Pour autant, le dispositif permet que des stipulations issues de la négociation contractuelle apportent des adaptations particulières pour répondre aux besoins de certains secteurs du multimédia.

Toutefois, certains membres (APOM, BSA, GESTE) ont considéré qu'il est nécessaire de laisser aux parties la liberté de recourir ou non au régime de l'œuvre multimédia. Ils soulignent d'abord la diversité des processus de production dans le secteur du multimédia qui pourrait rendre préférable, dans certains cas, si les parties le jugent nécessaire, le recours au régime de l'œuvre collective. Ils soulignent ensuite que le caractère obligatoire n'est pas justifié et qu'il engendre un risque de requalification incompatible avec l'objectif recherché de sécurité juridique. A cet égard la réduction des choix possibles, de fait, à deux statuts – œuvre multimédia et œuvre collective – constituerait déjà un progrès sensible par rapport aux incertitudes actuelles. Ils considèrent ensuite que le caractère facultatif ne modifierait pas l'équilibre entre les intérêts des auteurs et des investisseurs atteint par le régime de l'œuvre multimédia, tel que défini par le présent avis. Enfin, une telle faculté d'option ne compromettrait ni l'objectif recherché de sécurité juridique, ni le « succès » du statut *ad hoc* de l'œuvre multimédia, puisque les qualités de celui-ci lui permettront de s'imposer dans la très grande majorité des cas.

II. Définition de l'œuvre multimédia

La commission, propose cinq critères cumulatifs de définition de l'œuvre multimédia – outre le critère fondamental et traditionnel de l'originalité qui doit trouver à s'appliquer comme condition d'éligibilité à la protection du droit d'auteur. Il s'agit ainsi de prévenir les « conflits de frontière », notamment entre l'œuvre multimédia et le logiciel, dans les deux sens.

1. L'œuvre multimédia réunit des éléments de genres différents. **Ce critère évident est à lui seul peu discriminant, puisque d'autres œuvres que les œuvres multimédia le remplissent : ainsi, l'œuvre cinématographique intègre images, textes, sons et musique.**

2. L'œuvre multimédia est indifférente à la notion de support ou de mode de communication (cédéroms, internet, etc.). **D'abord, le fait pour une œuvre d'être stockée numériquement sur un support, ou d'être accessible en ligne, ne peut avoir aucune conséquence sur sa qualification. Ensuite, cette réunion d'éléments hétérogènes peut intervenir soit à l'occasion de leur stockage sur un support unique, soit à l'occasion même de la consultation par l'utilisateur.**

3. L'œuvre multimédia suppose une interactivité avec celui qui en use. **L'interactivité doit être regardée comme le procédé, aménagé par le créateur dès l'élaboration de l'œuvre, qui permet à l'utilisateur, par l'intermédiaire d'un logiciel, de naviguer de manière non linéaire à l'intérieur d'un programme dont il déclenche le choix du parcours. Le Conseil supérieur considère qu'une autre approche de l'interactivité, moins exigeante, lui ferait perdre toute portée utile pour rechercher les traits caractéristiques de l'œuvre multimédia.**

4. L'œuvre multimédia est un tout ayant une identité propre, différente de celles des éléments qui la composent et de la simple somme de ces éléments. **Ce critère suppose que la recherche du juge, pour constater l'existence de l'œuvre multimédia, se fasse au niveau du tout, l'originalité des composantes (genres différents, présence d'un programme informatique) étant à ce stade indifférente. Cette précision présente l'intérêt de distinguer l'œuvre multimédia de la plupart des bases de données actuelles qui, pour l'essentiel, se bornent à compiler des éléments préexistants.**

5. La structure et l'accès à l'œuvre multimédia sont régis par un programme. **Le rôle de ce programme est particulièrement éminent dans le cas du jeu vidéo où l'originalité réside, non seulement dans la création des personnages ou dans l'écriture du scénario, mais encore dans l'ensemble des règles et des modalités de l'interactivité – *le game play* (« jouabilité ») – dont le logiciel est le vecteur. L'originalité de l'œuvre ne s'en apprécie pas moins au niveau du tout et non de l'une de ses parties – y compris du logiciel qui intègre l'ensemble des informations et permet l'interactivité.**

III. L'identification des auteurs serait facilitée par un régime de présomption de la qualité d'auteur

S'agissant des éléments indifférents (article L. 112-1 CPI) et nécessaires à la protection d'une œuvre, le Conseil supérieur propose d'appliquer à l'œuvre multimédia les règles traditionnelles du CPI et de la jurisprudence : existence d'une création de forme, originalité de celle-ci, marque de l'« empreinte de la personnalité » de son auteur, etc. – étant simplement précisé que ces critères s'apprécieraient au niveau de l'œuvre considérée comme un tout.

La conception française – dite « personnaliste » – de l'auteur comme étant celui dont la personnalité s'est exprimée à travers l'œuvre, exclut, d'une part, les personnes qui se bornent à apporter un savoir-faire, des conseils, voire des idées, et celles qui interviennent selon des directives ou des instructions qui ne leur laissent pas de marge créatrice. Elle exclut, d'autre part, que des personnes morales puissent avoir la qualité d'auteur. Aucune disposition du CPI ne permet donc, y compris sur le mode de la présomption, d'attribuer la qualité d'auteur à l'investisseur.

Fidèle au parti de s'inscrire dans le cadre des principes généraux de la propriété littéraire et artistique, le Conseil supérieur a considéré qu'il n'était ni souhaitable ni nécessaire d'introduire, sur ces différents points, une exception en matière d'œuvre multimédia. Il propose en revanche de faciliter l'identification des personnes susceptibles de se voir reconnaître la qualité d'auteur. Une telle reconnaissance participe en effet de l'intérêt commun des auteurs et des exploitants de l'œuvre, dès lors qu'elle contribue à la sécurité juridique des studios et des éditeurs en leur évitant de se trouver confrontés de façon imprévue à la contestation d'un auteur « oublié » lors des négociations contractuelles.

1. Les contributeurs déterminants à la création de l'œuvre multimédia seraient présumés auteurs de celle-ci.

L'œuvre multimédia doit être regardée comme un tout. Or, certaines contributions affectent l'œuvre dans son ensemble, dans sa conception même : elles doivent par conséquent être considérées comme déterminantes de son existence. D'autres contributions, au contraire, ne sont que partielles, ne portent que sur des aspects ou des séquences du processus de création.

Le Conseil supérieur considère qu'il est possible, y compris au sein des studios de jeu vidéo, de distinguer entre, d'une part, les personnes dont l'apport créatif affecte l'œuvre multimédia dans son ensemble – et qui doivent être présumés auteurs de cette œuvre –, d'autre part, des intervenants qui ne peuvent être regardés comme auteurs de l'œuvre dès lors, par exemple, qu'ils n'occupent que des fonctions étrangères à la création (management), sont purement et simplement des exécutants, ou encore effectuent un apport créatif particulier qui n'affecte pas l'œuvre dans son identité globale.

Le Conseil supérieur propose donc d'instaurer une présomption de la qualité d'auteur de l'œuvre multimédia, au bénéfice des contributeurs dont l'apport revêt un caractère **déterminant** pour l'identité de l'œuvre regardée comme un tout. Il s'agirait d'une présomption **simple**. Par ailleurs, ce régime ne préjugerait en rien de la qualité d'auteur des différents contributeurs – auteurs ou non de l'œuvre multimédia dans son ensemble – sur leurs apports particuliers. Quant aux auteurs d'œuvres préexistantes éventuellement intégrées à l'œuvre multimédia ils ne peuvent être regardés, en application du droit commun de l'œuvre dérivée, comme ayant la qualité d'auteur de celle-ci.

2. Le caractère déterminant s'apprécierait à travers la participation à quatre fonctions créatives.

En matière d'œuvre audiovisuelle la distinction entre contributeurs principaux – présumés auteurs de l'œuvre en tant que tout – et autres contributeurs – non bénéficiaires de la présomption – se traduit par une liste législative des présumés auteurs. Mais l'équation 1 personne = 1 tâche, qui sous-tend la liste des auteurs présumés de l'œuvre audiovisuelle, n'est pas vérifiée dans le cas des œuvres multimédia. Par conséquent, il n'est pas possible de dresser ici une liste comparable.

Le Conseil supérieur propose donc de retenir le parti suivant : plutôt que de recenser exhaustivement les nombreux métiers qui concourent à la création multimédia et de les ventiler en deux catégories – contributeurs déterminants, présumés auteurs I autres contributeurs – il préconise d'identifier les fonctions créatives qui, par leur généralité et leur caractère déterminant, **affectent l'œuvre multimédia dans son ensemble.** Ces fonctions seraient au nombre de quatre :

Fonction de « réalisation ». Le Conseil supérieur estime qu'il existe bien une fonction de direction artistique de l'activité créative des équipes : il s'agit de garantir la qualité finale de l'œuvre dans son ensemble en sélectionnant les éléments artistiques du contenu, en supervisant les opérations de production jusqu'à la version définitive, en validant toutes les étapes de la création.

Fonction de création du scénario interactif. Au cas général, la fonction de création du scénario interactif consiste à déterminer les séquences, l'arborescence, l'ensemble des fonctionnalités et des principes d'interactivité, à définir les composants visuels, sonores et textuels, les principes de l'interface graphique, des écrans types...

Fonction de conception graphique. Cette fonction porte notamment sur l'élaboration de l'interface graphique, le choix et la définition des écrans types, la création des décors, des personnages, des illustrations et/ou animations...

Fonction de création de la composition musicale spécialement réalisée pour l'œuvre multimédia.

Les contributeurs à ces fonctions seraient donc présumés contributeurs déterminants et auteurs de l'œuvre multimédia considérée comme un tout. Plusieurs intervenants pourraient contribuer à chacune de ces fonctions et un même intervenant pourrait participer à plusieurs de ces fonctions : ainsi, en matière de jeu vidéo, le « directeur technique » du studio ou du projet est susceptible d'intervenir tant au titre de la réalisation que du scénario interactif. Par ailleurs le Conseil supérieur n'exclut pas qu'il puisse se révéler opportun, à l'occasion de la mise en œuvre du statut de l'œuvre multimédia, d'interpréter cette grille des fonctions créatives au regard de la terminologie propre à chaque secteur du multimédia – jeu vidéo ou autre.

IV. Si l'auteur demeure le titulaire originel des droits, leur transmission à l'exploitant devrait être sécurisée par une présomption de cession

Dès lors que les modalités de reconnaissance de la qualité d'auteur retenues par le Conseil supérieur s'inscrivent dans le cadre des principes généraux de la propriété littéraire et artistique, l'action envisagée en faveur de la sécurité juridique des investissements porterait essentiellement sur l'attribution des droits patrimoniaux nécessaires à l'investisseur.

1. L'auteur devrait demeurer le titulaire originel des droits patrimoniaux.

La cohérence avec les principes généraux de la propriété littéraire et artistique, qui est l'un des objectifs sur lesquels le Conseil supérieur s'accorde, implique la naissance des droits sur la tête de l'auteur personne physique. Par ailleurs la titularité associe l'auteur à la définition des modalités d'exploitation de son œuvre, dont il ne peut se désintéresser. Elle lui permet également d'émettre des réserves ou de poser des conditions, voire de s'opposer à certains modes d'exploitation.

Certes, pour les studios, la titularité au profit des personnes physiques pose le problème délicat de l'identification des auteurs des projets, au sein des équipes. Mais le risque d'un « oubli », de nature à entraver l'exploitation paisible de l'œuvre, n'est pas déterminant, dans la mesure où le régime proposé de présomption de la qualité d'auteur (cf., point III de l'avis) répond largement à cette préoccupation. Ensuite, on ne voit pas comment organiser, dans le cadre d'une titularité *ab initio* confiée à la personne morale, la « rencontre » entre l'exploitant et l'auteur. Enfin, la présomption de cession des droits proposée par le Conseil supérieur (cf. IV-2) a été définie de façon à offrir à l'exploitant des garanties équivalentes à celles d'une titularité *ab initio*.

Le Conseil supérieur estime donc qu'il n'existe pas d'incompatibilité de principe entre la sécurité juridique des exploitants et la titularité originelle conférée à l'auteur personne physique, dès lors que la dévolution des droits est bien organisée. Le Conseil supérieur propose de considérer que l'auteur personne physique demeure le titulaire initial des droits, solution qui préserve la possibilité d'assurer un équilibre entre les intérêts de l'auteur et ceux de l'exploitant.

2. La transmission des droits à l'exploitant devrait être sécurisée par une présomption de cession.

La reconnaissance de la qualité d'auteur et de la titularité *ab initio* des droits patrimoniaux conformément aux principes classiques de la propriété littéraire et artistique doit être équilibrée par un mécanisme susceptible d'assurer à l'investisseur la sécurité juridique dont il a besoin en matière d'exploitation de l'œuvre multimédia. Le Conseil supérieur propose donc de faire bénéficier d'une présomption de cession des droits l'opérateur qui prend l'initiative et la responsabilité de la création de l'œuvre multimédia. Cette présomption aurait la nature d'une présomption simple, sauf preuve contraire.

Son économie d'ensemble reposerait sur les points suivants :

a) Les sujets de cette cession seraient, en premier lieu, **tous les contributeurs déterminants de l'œuvre multimédia, aussi bien les auteurs présumés que les autres** personnes dont la qualité d'auteur serait reconnue, quel que soit le stade de la création auquel ils se manifestent – qu'ils se soient fait reconnaître auteurs initialement ou ultérieurement. Les sujets de cette cession seraient, en second lieu, les contributeurs non déterminants, qui n'ont pas la qualité d'auteur de l'œuvre considérée comme un tout mais qui sont néanmoins **les auteurs d'une contribution spécialement créée pour cette œuvre**. Ce principe ne connaîtrait qu'une seule exception, traditionnelle, dans le cas des auteurs de l'œuvre musicale spécialement créée pour l'œuvre multimédia, que ceux-ci soient membres ou non d'une société de gestion collective des droits.

b) La cession, de caractère exclusif, porterait sur **l'exploitation principale de l'œuvre dans son domaine d'origine**, le multimédia, ainsi que sur ses **exploitations hors du domaine du multimédia qui constituent l'accessoire nécessaire (indispensable) de l'exploitation principale**. En revanche, pour les exploitations véritablement secondaires, qui se situeraient hors du périmètre de la présomption, une nouvelle négociation s'imposerait en application du droit commun. La notion d'accessoire nécessaire pourra être mise en œuvre de façon différente selon le type d'œuvre multimédia, donc selon les particularités d'un secteur d'activité. Par exemple, dans le cas des jeux vidéo, les studios doivent pouvoir garantir aux éditeurs les droits sur les « suites » éventuelles du jeu et ses supports publicitaires.

c) Le **fait générateur de la présomption** constitue le point le plus délicat du dispositif, dans la mesure où le Conseil supérieur souhaite, dans un souci d'équilibre des intérêts en présence, donner toute sa portée à la présomption de cession sans pour autant dispenser l'investisseur de tout échange de volontés avec l'auteur. Il s'agit donc de trouver un moyen terme entre, d'une part, l'exigence pure et simple d'un contrat, qui serait de nature à vider de son intérêt la présomption, d'autre part, un fait générateur constitué par la simple participation à l'acte de création – qui n'offre pas l'occasion de négocier la rémunération de l'auteur. Le Conseil supérieur préconise en définitive une solution inspirée de la jurisprudence récente de la Cour de cassation en matière d'œuvre audiovisuelle :

i. Le jeu de la présomption supposerait **un contrat écrit**, sous quelque forme que ce soit. Ce contrat devrait mentionner au minimum, d'une part, l'existence de la présomption de cession et du périmètre de celle-ci, d'autre part, la rémunération de l'auteur. Si l'auteur est un salarié, ce contrat peut prendre la forme, par exemple, d'une mention concernant les droits d'auteur dans le contrat de travail.

ii. Ce contrat pourrait viser **toutes les œuvres que l'auteur est susceptible de réaliser dans le cadre de ses fonctions**, sans qu'il soit besoin de le renouveler à l'occasion de chaque œuvre. Il est en effet nécessaire de tenir compte de la continuité des relations entre l'auteur et son employeur et du fait que les collaborateurs de studios ou d'entreprises de presse peuvent travailler en même temps sur plusieurs créations ou passer d'une création à une autre.

iii. En troisième lieu, en présence d'un tel contrat écrit, la présomption de cession jouerait **pour l'ensemble des droits patrimoniaux** qu'elle concerne, même dans le cas où certains de ces droits ne seraient pas explicitement mentionnés dans les stipulations du contrat : il n'est donc pas nécessaire d'observer les dispositions de l'article L. 131-3, alinéa 1er, CPI pour faire jouer la présomption au sujet de l'ensemble des droits.

iiii. Pour le cas où ce contrat ne contiendrait **pas de clause de rémunération, l'auteur concerné deviendrait créancier** de l'exploitant mais ne pourrait pas pour autant s'opposer à l'exploitation.

Le Conseil supérieur estime qu'ainsi, l'obligation d'un échange de volontés imposée au bénéficiaire de la présomption trouverait une contrepartie en termes de sécurité juridique d'autant plus significative qu'elle porterait aussi bien sur les droits des auteurs de l'œuvre multimédia comme un tout que sur les droits des contributeurs non déterminants, qui n'ont pas la qualité d'auteur de l'œuvre dans son ensemble.

d) S'agissant du **bénéficiaire de la présomption**, il serait fait application du principe général selon lequel le bénéficiaire de la présomption est celui qui prend l'initiative de l'œuvre et en dirige la création.

Toutefois, en ce qui concerne le jeu vidéo, une dévolution directe des droits à l'éditeur aurait le désavantage de priver le studio de toute rémunération autre que celle tirée de la cession initiale de l'œuvre, à l'exclusion des recettes susceptibles de provenir de son exploitation. Elle n'encouragerait pas le développement de ces entreprises dont le rôle créatif initial est reconnu. Il n'est d'ailleurs pas certain que les parties elles-mêmes, et notamment les éditeurs, soient désireuses de concentrer la rémunération du studio à ce stade : la pratique contractuelle dominante consiste plutôt à minorer le prix payé au studio pour sa prestation, en contrepartie d'un pourcentage plus important des recettes aléatoires – tirées de l'exploitation. Plus généralement, une dévolution directe à l'éditeur priverait le studio d'un actif susceptible de renforcer sa position dans la négociation et donc de rééquilibrer celle-ci. En faveur de la dévolution des droits à l'éditeur, le Conseil supérieur a relevé que celui-ci dispose seul des données nécessaires pour procéder à la rémunération des auteurs sur une base proportionnelle. Par ailleurs, une présomption bénéficiant directement à l'éditeur refléterait la réalité des rapports entretenus avec les studios de développement de jeu vidéo : l'initiative de la création du jeu revient souvent à l'éditeur, qui achète une licence puis passe commande au studio qui joue de fait un rôle de « fabricant ». Le Conseil supérieur propose un compromis fondé sur une **distinction entre bénéficiaire de la présomption et bénéficiaire final de la cession des droits.** La présomption jouerait en faveur de l'opérateur – studio ou éditeur – qui prend l'initiative et la responsabilité de la création. Si l'initiative de la création revient au studio celui-ci serait alors en situation de transférer – ou non – les droits à l'éditeur mais dans ce cas, pour ménager le droit des auteurs à une rémunération proportionnelle, ce transfert impliquerait celui de la charge du paiement de la rémunération proportionnelle des auteurs.

e) Le jeu de la présomption **n'exclurait pas une exploitation séparée des différentes contributions** par leurs auteurs, pourvu qu'elle ne soit pas de nature à concurrencer l'exploitation de l'œuvre dans son ensemble.

f) Le Conseil supérieur estime que **la durée de la présomption** devrait, *a priori*, être identique à celle des droits sur lesquels elle porte. Il conviendra, dans ces conditions, d'envisager l'application en matière d'œuvre multimédia de l'obligation d'exploiter qui pèse en règle générale sur le cessionnaire des droits, le transfert des droits devant conduire à une exploitation effective.

g) S'agissant de l'articulation de la présomption de cession et de **la liberté de l'auteur de gérer ses droits** comme il l'entend – et plus particulièrement de les confier à une société de gestion collective – le Conseil a estimé qu'il n'était pas nécessaire de prévoir, dans le statut de l'œuvre multimédia, de disposition spécifique dérogeant au droit commun.

V. L'œuvre multimédia serait soumise au droit commun pour les autres aspects de son régime

Au sujet des questions touchant à la rémunération, au droit moral et à la copie privée, le Conseil supérieur est parvenu à la conclusion que la nature de l'œuvre multimédia ne nécessitait pas de déroger au droit commun de la propriété littéraire et artistique.

S'agissant de la **rémunération** des auteurs, le Conseil supérieur propose un renvoi au droit commun de l'article L. 131-4 CPI – à savoir le principe de la participation proportionnelle des auteurs de l'œuvre multimédia aux recettes provenant de la vente ou de l'exploitation de l'œuvre, sauf évaluation forfaitaire dans les cas énumérés aux points 1° à 5° du second alinéa – sous réserve, dans le cas particulier des entreprises de presse, des dispositions de l'article L. 132-6 CPI. La rémunération d'un auteur sur une base initialement forfaitaire ne fera pas obstacle à ce que cette rémunération évolue vers une participation proportionnelle, dans le cas où sa contribution finale à l'œuvre multimédia considérée comme un tout le justifierait.

S'agissant du **droit moral**, la préoccupation du Conseil supérieur a été de garantir la cohérence globale du statut juridique envisagé pour l'œuvre multimédia. Or, si les spécificités de l'œuvre multimédia existent, elles ne nécessitent pas pour autant une intervention législative portant sur le droit moral. D'une part, l'insécurité juridique n'est ici que très relative : pour sanctionner des abus éventuels du droit moral, une modification du droit existant n'apparaît pas nécessaire dès lors que le juge dispose d'ores et déjà d'un support normatif suffisant et que la jurisprudence est bien établie. D'autre part, un aménagement du droit moral dans le cadre du régime *sui generis* de l'œuvre multimédia pourrait donner artificiellement aux auteurs le sentiment que ce statut est conçu à leur détriment ; aussi, compte tenu de la sensibilité de la question, il est préférable de s'abstenir.

S'agissant de la **copie privée**, le CSPLA renvoie à son avis n° 2002-1 du 7 mars 2002.

VI. Conclusion

Le CSPLA est conscient de la diversité des secteurs économiques concernés par la mise en œuvre du statut de l'œuvre multimédia, de la multiplicité des processus de création et des pratiques contractuelles qui y ont cours. Il est également attentif aux profondes modifications des pratiques que l'adoption d'un tel statut légal de l'œuvre multimédia est susceptible d'entraîner.

Le Conseil souligne donc l'importance de prendre en compte les particularités dont le respect pourrait se révéler approprié pour remplir les deux objectifs, conjointement poursuivis, de respect des droits des auteurs et d'amélioration de la gestion et de la maîtrise des droits d'exploitation.

A cette fin il invite les organisations professionnelles concernées à poursuivre, à partir du présent avis et selon les modalités qu'elles jugeront adaptées, l'évaluation des particularités et des besoins spécifiques à leur secteur, afin que le statut de l'œuvre multimédia puisse comporter les adaptations nécessaires, élaborées notamment par voie de conventions sectorielles.

Il suggère que le ministre de la culture et de la communication confie une mission destinée à concourir, en tant que de besoin, à ces travaux sectoriels et à faire rapport de leurs résultats.

Avis n° 2005-2 du 7 décembre 2005,

Du Conseil supérieur de la propriété littéraire et artistique relatif au téléchargement des œuvres.

La commission, au terme de travaux qui se sont tenus pendant plus d'un an, émet un certain nombre de recommandations [« Téléchargement à partir d'un autre ordinateur », processus de transfert, à partir d'un ou plusieurs ordinateurs d'uploaders, aboutissant à l'enregistrement, sur le disque dur de l'ordinateur du downloader, d'une copie d'une œuvre ou d'autres données protégées par un droit de propriété intellectuelle.] justifiées par des constats et la discussion de propositions issus du rapport [« Téléchargement vers un autre ordinateur », opération consistant à communiquer au public de l'intemet, aux fins d'en permettre le downloading, d'œuvres ou autres données protégées par un droit de propriété intellectuelle stockées sur le disque dur de l'ordinateur de l'uploader].

1. Synthèse du rapport

La commission a pu constater qu'il n'existe pas une approche unique et exclusive des questions actuelles mais que celle-ci doit nécessairement être plurielle. Dans l'état des lieux effectué, comme dans les réponses apportées, les aspects techniques, sociologiques, juridiques et économiques ont été pris en compte.

1.1. *État des lieux et objectifs*

Sur le plan technique, le P2P est sans doute la forme de distribution aujourd'hui la plus pratiquée et celle qui préoccupe le plus les industries culturelles mais l'approche de la question doit naturellement être plus large sous peine de n'avoir qu'une vision partielle de la situation et de n'aboutir qu'à des solutions qui pourraient se révéler rapidement obsolètes ou inadaptées. Le P2P n'est que la pointe émergée d'une nouvelle donne technologique aux dimensions aussi incertaines que croissantes.

Les nouvelles techniques ne doivent évidemment pas être combattues en tant que telles, compte tenu de l'utilité d'un certain nombre d'usages, mais d'autres posent problème. Le succès des réseaux P2P est en effet principalement lié à la possibilité créée, pour des millions d'internautes, de se procurer librement et gratuitement des contenus culturels, essentiellement de la musique et des films, sans accord et sans rémunération des ayants droit. La demande sociale tendant à un accès large et facilité aux contenus culturels doit être entendue mais respecter le cadre juridique et économique nécessaire au développement harmonieux des industries culturelles.

La technologie P2P n'est pas illégale en elle-même ; seuls le sont certains types d'utilisations comme ceux visant à se procurer et à échanger sans autorisation des contenus culturels. D'un point de vue juridique, il a été établi que, en l'absence d'autorisation des titulaires de droits, l'opération d'*upload* *[« Téléchargement vers un autre ordinateur », opération consistant à communiquer au public de l'internet, aux fins d'en permettre le downloading, d'œuvres ou autres données protégées par un droit de propriété intellectuelle stockées sur le disque dur de l'ordinateur de l'uploader.]* **est manifestement illicite. Il en est de même du *download*** *[« Téléchargement à partir d'un autre ordinateur », processus de transfert, à partir d'un ou plusieurs ordinateurs d'uploaders, aboutissant à l'enregistrement, sur le disque dur de l'ordinateur du downloader, d'une copie d'une œuvre ou d'autres données protégées par un droit de propriété intellectuelle.]* **lorsqu'il est associé à une opération d'*upload*. En ce qui concerne le *download* dissocié de l'opération d'*upload*, la très grande majorité des membres de la Commission considère qu'il s'agit d'un acte de contrefaçon. En dehors du P2P, d'autres modes de téléchargement peuvent ne pas être non plus respectueux des règles de la propriété littéraire et artistique.**

Sur le plan économique, le mythe de la gratuité totale a vécu. Il n'est pas possible de tolérer des formes de distribution des œuvres qui ne permettent pas d'assurer la rémunération de la création *[création fixant référence tant aux auteurs qu'aux artistes-interprètes]* **et de la production. Quelles que soient les offres faites aux utilisateurs, sous forme gratuite et/ou payante, la rémunération et/ou le financement de la création et de la production doivent être assurés.**

Compte tenu de ce constat général, la commission a envisagé les solutions possibles en gardant à l'esprit trois objectifs principaux :

1 – Concilier des aspirations contradictoires en organisant un juste équilibre entre les intérêts des divers protagonistes. La distribution non contrôlée des œuvres en ligne a causé un préjudice considérable aux ayants droit et troublé les esprits des internautes, entraînant des poursuites judiciaires aux effets diversement commentés. Toute solution nouvelle ne peut être adoptée que si elle a des chances d'être acceptée par le corps social. Mais il ne saurait pour autant être question de sacrifier les intérêts des ayants droit sans qui la création se tarirait, compromettant l'essor des nouveaux modes de distribution et rendant leur intérêt très limité pour les internautes eux-mêmes. Il convient de prendre également en considération les préoccupations de ceux qui participent au développement matériel et logiciel de l'infrastructure de la société de l'information afin de ne pas pénaliser l'essor de cette dernière.

2 – Profiter de nouvelles opportunités économiques. Même si elle pose des problèmes nouveaux, la révolution numérique ne doit pas être seulement appréhendée comme une menace pour les industries culturelles. Dans la mesure où l'appétence pour les contenus culturels n'a jamais été aussi forte, il faut sortir d'une logique de préjudice et de pertes sur les marchés traditionnels pour inciter au développement de nouvelles formes légales de communication des œuvres et de services associés. Le volet technico-juridique défensif doit être complété par des offres économiques offensives et diversifiées afin de développer de nouveaux marchés et de nouvelles sources de valeur. Le rôle important des internautes en tant que prescripteurs culturels peut être utilisé afin d'optimiser, dans un cadre sécurisé, la sortie et la promotion de nouvelles productions et afin d'assurer la diversité des offres autorisées.

3 – Organiser un partage des ressources équilibré. Le choc technique constitué par la numérisation des contenus a contribué à faire apparaître des déplacements de valeur entre les différents acteurs des industries culturelles (auteurs, producteurs, artistes-interprètes). Tous les acteurs de la filière des industries culturelles doivent trouver sur l'internet des sources équitables et suffisantes de rémunération et de financement en fonction de leurs apports respectifs.

1.2. *Les solutions discutées par la commission*

Pour atteindre ces objectifs, plusieurs voies sont envisageables de façon complémentaire aux actions judiciaires qui peuvent être engagées, dans les cas appropriés, à l'encontre des internautes responsables d'actes de contrefaçon. La commission rend compte dans le rapport de six pistes explorées.

1.2.1. *Solutions techniques pour limiter les échanges illicites*

Diverses techniques de limitation des échanges illicites ont été discutées dans le cadre de la commission. Il s'agit d'un domaine en évolution rapide en raison des problèmes tant juridiques que de qualité de service (consommation de bande passante) que rencontrent les entreprises et les opérateurs de réseau. Sans revenir sur l'exposé qui en est fait dans le rapport, il convient de rappeler que par une charte signée le 28 juillet 2004 sous l'égide des pouvoirs publics, tant les ayants droit signataires que les fournisseurs d'accès à l'internet ont pris des engagements communs, et se sont prononcés dans le cadre de sa mise en œuvre pour une coopération sur des mesures de filtrage du P2P via des solutions sur le terminal du client. Ces mesures doivent faire l'objet d'expérimentations ainsi que l'a prévu la charte susvisée.

1.2.2. *L'approche graduée*

La commission n'a pas étudié la voie de l'approche graduée élaborée en parallèle par les représentants de la filière cinématographique et les FAI membres de l'AFA. Cette approche est destinée à assurer, en aval, une sensibilisation et une responsabilisation des abonnés à l'internet dans le cadre de mécanismes prévoyant des actions de prévention et, en cas d'inefficacité, des sanctions appropriées. Les travaux visant à finaliser ce projet se poursuivent entre les parties intéressées.

1.2.3. *Construire une offre autorisée*

Le marché de la musique en ligne décolle. Le volume de téléchargements engendrés par ce marché émergent est cependant sans commune mesure avec le volume des échanges illégaux en P2P. Outre les offres légales sur l'internet, la musique dématérialisée distribuée légalement via la téléphonie mobile est également destinée à devenir une source significative de

revenus. Dans le domaine du film, des offres légales existent et pourraient se développer grâce à la VOD sur les réseaux haut débit.

Les *DRMs (Digital Rights Management systems)* sont des systèmes de gestion des droits et de protection pour la distribution de contenus numériques. Ils sont apparus comme l'une des conditions techniques pour assurer le développement d'un marché en ligne ainsi que pour assurer le respect des droits exclusifs et de l'obligation de rémunérer leurs titulaires. La distribution en ligne grâce aux DRMs suscite cependant un certain nombre d'interrogations. L'interopérabilité est apparue comme un objectif de la filière afin de garantir l'indépendance des ayants droit à l'égard des opérateurs techniques et de faciliter, par l'adhésion des consommateurs, le développement de ce marché.

L'essor d'une offre légale nécessite, de plus, de proposer une offre variée aux consommateurs et de résoudre la question de la répartition des nouvelles sources de valeur entre les agents économiques concernés.

1.2.4. *Licence globale et prélèvement sur les abonnements auprès des foumisseurs d'accès*

La proposition de l'Alliance *[L'Alliance Public-Artistes regroupe, d'un côté, des représentants d'artistes-interprètes (sociétés de gestion collective, associations et syndicats : ADAMI, SPEDIDAM, FNS, SAMUP, SNM FO, UMJ, Qwartz), de certaines catégories d'auteurs (SAIF, UPC, SNAP CGT), et de l'autre, les consommateurs (CLCV, UFC Que Choisir, Association des Audionautes), la Ligue de l'enseignement et les familles (UNAF).]* **présentée à la presse et relayée par certains parlementaires, vise à instaurer un système de licence globale dans le domaine du P2P. Elle repose sur le postulat de l'Alliance selon lequel il serait impossible de mettre un terme aux pratiques existantes quand bien même celles-ci seraient considérées comme illégales. L'Alliance considère que le téléchargement relève de la copie privée et suggère de lui appliquer la rémunération pour copie privée dont le champ serait ainsi étendu. Concernant les échanges, elle propose de légaliser cette pratique et d'instaurer, à l'égard des droits qu'elle met en cause, le paiement par les internautes d'une rémunération optionnelle soumise à un régime de gestion collective obligatoire.**

Le double objectif recherché dans cette solution peut être considéré comme légitime : juridiquement, il s'agit de mettre fin aux pratiques illégales ; économiquement, l'enjeu est de mettre fin à la gratuité en permettant aux internautes, moyennant une somme dont le montant n'a pas été déterminé, d'avoir accès aux contenus culturels par le canal du P2P et, selon un mécanisme microéconomique classique, internaliser les externalités positives dont bénéficieraient, selon l'Alliance, les FAI en diffusant des contenus.

La solution proposée pour atteindre ces objectifs n'a cependant pas emporté la conviction des membres de la commission, à l'exception bien entendu des représentants de l'Alliance. Bien qu'elle ait le mérite d'une simplicité apparente, il lui a été reproché de n'être qu'une réponse de résignation qui ne résoudrait que très imparfaitement les problèmes actuels et méconnaîtrait tant le cadre juridique existant au niveau international que certaines réalités techniques et économiques. Sur un plan juridique, la solution serait difficilement conciliable avec les engagements internationaux de la France malgré le choix proclamé d'une construction juridique différente de celle d'une licence légale. Sur le plan économique le système, statique, fige à un temps déterminé l'état d'une économie en constante évolution, sans compter les baisses de rémunération à l'œuvre qu'il entraînerait, alors que l'objectif final d'un changement n'est pas de tenter de compenser un préjudice en évaluant des pertes sur des marchés en déclin mais bien de développer de nouvelles sources de valeur. Or, l'adoption de la licence globale empêcherait le développement des offres déjà mises en place avec l'autorisation des ayants droit. Par ailleurs, la plus grande incertitude règne sur le montant de la rémunération adéquate ainsi que sur la façon dont il serait possible de la répartir entre les ayants droit. Enfin, sur le plan technique, l'introduction d'un système de licence globale conduirait sans aucun doute à un accroissement rapide du trafic, ce que les réseaux des FAI ne sauraient absorber à court terme dans les mêmes conditions économiques.

1.2.5. *Favoriser l'émergence d'un P2P légal*

Plusieurs alternatives aux échanges non autorisés de contenus sont possibles. Outre les plates-formes légales de téléchargement en ligne ou sur téléphones mobiles, il existe également des possibilités de développer des systèmes de P2P légaux dont l'objectif est de réconcilier l'usage des technologies de P2P avec le respect de la propriété intellectuelle. Cette solution complémentaire aux plate-formes commerciales légales « classiques » pourrait conduire à proposer des offres attrayantes pour l'internaute en bénéficiant des vertus dont le P2P est crédité : distribution efficace, capacité de recherche rapide et de partage, effet

d'appartenance à une communauté, pouvoir de prescription des membres de la communauté, accès aux œuvres du domaine public.

Plusieurs questions restent encore à régler : la modélisation technique, juridique et économique qui permettra d'obtenir toutes les autorisations des ayants droit, l'incitation des éditeurs de logiciels et des opérateurs de réseaux P2P puisque l'effectivité de la solution requiert leur coopération, l'adhésion des internautes, l'efficacité du système lorsque des projets de ce type auront véritablement été lancés. La grande majorité des membres de la commission a cependant considéré qu'il s'agissait d'une voie prometteuse.

1.2.6. *Intervention du législateur visant à responsabiliser les fournisseurs de logiciels de P2P*

La Commission a conclu à la possibilité, sur le fondement des textes actuels, de retenir la responsabilité juridique des fournisseurs de logiciels de P2P illicite. Les développements technologiques apparus depuis un an et les récentes décisions judiciaires internationales ont cependant conduit à discuter de l'opportunité d'adopter un texte spécifique à cet égard. Ce texte permettrait en effet de faire l'économie du temps judiciaire nécessaire après épuisement des voies de recours. Il adresserait un message fort aux éditeurs de logiciels concernés, destiné à les inciter à s'engager sans attendre dans la voie de la légalité.

Pour ce faire, la loi pourrait permettre de consacrer sans ambiguïté la responsabilité des éditeurs de logiciels P2P ou de tous ceux qui sont directement impliqués dans cette activité (bien entendu dans le respect des lois existantes, notamment la loi pour la confiance dans l'économie numérique) qui se situeraient, dans des conditions explicites, en dehors de la légalité.

2. Recommandations

Plutôt que de s'engager dans une voie unique qui comporterait de nombreuses limites, la voie explorée par la commission consiste en une diversité de mesures. La licence globale n'a pas été retenue car les objections soulevées ont paru suffisamment importantes à la majorité des membres de la commission pour remettre en cause son opportunité et car il s'agit d'une proposition exclusive des autres, qui ne peut leur être complémentaire.

Les mesures proposées sont destinées en premier lieu à permettre un cantonnement de la contrefaçon, d'une part, en prévenant ces actes en amont, d'autre part, lorsqu'ils interviennent malgré tout, à les faire cesser en abordant la relation avec les internautes contrefacteurs sous la forme d'une « approche graduée ». Informé des travaux sur l'« approche graduée », le CSPLA ne peut que préconiser l'articulation des solutions retenues dans ce cadre avec celles proposées par le présent avis.

En second lieu, au-delà du cantonnement de la contrefaçon, il s'agit d'accompagner les acteurs de la filière dans la mise en place d'incitations au développement de nouvelles formes d'offres autorisées.

2.1. *Prévenir les actes de contrefaçon*

Les voies préventives ont pour objet de limiter les risques de voir les actes de contrefaçon se produire.

2.1.1. *Mettre en œuvre la responsabilité, en amont, des fournisseurs de logiciels*

Face aux pratiques illégales développées sur les réseaux P2P, diverses actions en justice ont été entreprises. Chronologiquement, ces dernières ont d'abord concerné les internautes dont la condamnation a été obtenue. Assigner au pénal ou au civil les personnes physiques pose cependant un problème d'ordre pratique, dans la mesure où il n'est pas envisageable de multiplier les contentieux à l'infini, mais également d'ordre sociétal. Outre leur portée limitée, des attaques frontales contre les internautes créent un effet d'image des industries culturelles très négatif auprès de leur propre public. Aussi, il est apparu judicieux aux membres de la commission de pouvoir également agir à l'encontre des éditeurs ou distributeurs de logiciels permettant les échanges illicites, qui trouvent dans ces activités un intérêt économique manifeste, plutôt que de mettre l'internaute au premier plan en terme de responsabilité.

Afin de consacrer sans ambiguïté la responsabilité des éditeurs de logiciels P2P, le CSPLA propose d'amender le projet de loi « droit d'auteur et droits voisins dans la société de l'information » précisant la possibilité, en sus de celle d'agir contre les auteurs directs d'actes de contrefaçon réalisés dans le cadre d'échanges P2P, de poursuivre ceux qui fournissent ou tolèrent, à dessein, les moyens de commettre de tels actes. Le code de la propriété intellectuelle serait complété en prévoyant la possibilité de poursuivre les éditeurs de logiciels de P2P qui commettraient une faute, appréhendée sous deux facettes.

La première facette correspondrait au cas d'un éditeur qui mettrait sur le marché un logiciel destiné à permettre un usage illégal du P2P. La seconde facette serait relative à la négligence coupable d'un éditeur de logiciel de P2P. En effet, l'hypothèse d'un usage dévoyé d'un logiciel de P2P originellement mis sur le marché à des fins licites se présentera fréquemment. Dans un tel cas, la responsabilité de l'éditeur pourra être retenue s'il commet une faute consistant à tolérer l'usage massivement illite de son logiciel sans prendre des dispositions pour tenter de limiter cet usage illicite. Il ne s'agit évidemment pas de faire supporter à l'éditeur un fardeau qui n'est pas le sien. Pour autant, l'inaction persistante de l'éditeur connaissant parfaitement l'usage illicite de son logiciel pourrait être fautive dans le cas où certaines mesures prises en considération de la destination principale de son logiciel pourraient limiter les effets pervers de ce dernier. Il reviendrait au juge d'apprécier, en fonction des circonstances de fait, la situation dans laquelle, par sa négligence coupable, l'éditeur profiterait indûment du système au détriment des ayants droit des œuvres échangées de façon illégale.

A travers cette responsabilisation des éditeurs de logiciels, l'ambition est de favoriser le développement de logiciels de partage d'une nouvelle génération respectueux de la propriété littéraire et artistique, qui créeront de nouvelles opportunités au bénéfice de tous : ayants droit, utilisateurs, acteurs de l'internet et opérateurs de télécommunications qui évolueront dans un cadre clarifié.

Une ébauche d'amendement au projet de loi « droit d'auteur et droits voisins dans la société de l'information » est annexée à l'avis.

2.1.2. *Solution technique visant à empêcher la captation non autorisée de flux hertziens numériques audio ou de leur simulcasting*

Le CSPLA a constaté que le phénomène des échanges de fichiers de pair à pair n'était qu'un aspect des téléchargements effectués à partir de réseaux de communication en ligne. Les logiciels de type *StationRipper* permettent de capter un flux numérique audio, d'en isoler les différents éléments, et notamment les phonogrammes inclus dans les programmes, et de les copier sur un disque dur. Les risques pour les industries culturelles sont importants.

Si l'analyse juridique conduit à penser qu'il s'agit là d'actes susceptibles d'engager la responsabilité de ceux qui, à un titre ou à un autre, y participent, il apparaît, là encore, opportun d'intervenir en amont plutôt que de sanctionner en aval. Dans ce but, le CSPLA suggère que le Conseil supérieur de l'audiovisuel étudie la possibilité d'une modification de la loi n° 86-1067 du 30 septembre 1986 relative à la liberté de communication. Techniquement, elle consisterait en l'occultation des URL des diffuseurs, la diffusion aléatoire des métadonnées, ou en l'utilisation de DRM spécifiquement conçus à cet effet.

2.2. *Accompagner le développement d'offres légales diversifiées*

Outre le volet juridique, qui, comme on l'a noté, devrait inciter les éditeurs de logiciels P2P à rentrer dans la légalité, les pouvoirs publics auront à jouer un rôle d'accompagnement de l'essor des plates-formes en ligne et de l'émergence du P2P légal. Des cadres de négociations devront être encouragés afin d'assurer les conditions du développement de ces offres autorisées : interopérabilité des standards mis en œuvre, respect de la diversité des œuvres proposées, insertion harmonieuse de ces nouveaux modes de distribution parmi les modes d'exploitation existants et juste répartition de la valeur ajoutée. Il a été souligné que les nouvelles conditions de distribution des contenus créent de nouvelles sources de valeur mais qu'elles sont également à l'origine de tensions pour la répartition de ces revenus. Un partage équilibré des ressources entres les différents acteurs des filières culturelles doit être recherché.

Loin de se limiter à un aspect défensif ou compensatoire, il s'agit, au contraire, de favoriser les investissements permettant le développement des industries culturelles et une meilleure satisfaction des attentes des consommateurs.

Décision n° 2006-540 DC du 27 juillet 2006,

Du Conseil constitutionnel.

BIBL. ▶ BENABOU, *Propr. intell. 2006, n° 20, p. 240* (patatras ! A propos de la décision du Conseil constitutionnel du 27 juillet 2006). – CARON, *CCE 2006, n° 140* (la nouvelle loi sous les fourches caudines du Conseil constitutionnel). – CASTETS-RENARD, *D. 2006. Dossier 2157* (la décision du Conseil constitutionnel sur la loi du 1er août 2006).

Le Conseil constitutionnel,

Vu la Constitution ;

Vu l'ordonnance n° 58-1067 du 7 novembre 1958 modifiée portant loi organique sur le Conseil constitutionnel ;

Vu le traité instituant la Communauté européenne, notamment son article 234 ;

Vu la directive 2001/29/CE du Parlement européen et du Conseil du 22 mai 2001 sur l'harmonisation de certains aspects du droit d'auteur et des droits voisins dans la société de l'information ;

Vu le code de la propriété intellectuelle ;

Vu la loi n° 86-1067 du 30 septembre 1986 modifiée relative à la liberté de communication ;

Vu les observations du Gouvernement, enregistrées le 19 juillet 2006 ;

Vu les observations en réplique, enregistrées le 21 juillet 2006 ;

Le rapporteur ayant été entendu,

1. Considérant que les requérants défèrent au Conseil constitutionnel la loi relative au droit d'auteur et aux droits voisins dans la société de l'information ; qu'ils contestent la régularité de sa procédure d'adoption ainsi que la conformité à la Constitution de ses articles 1er, 2, 3, 14, 16, 21, 22, 23, 24 et 44 ;

Sur la procédure d'adoption de la loi :

2. Considérant que les requérants font grief au Gouvernement d'avoir retiré l'article 1er du projet de loi au cours de son examen à l'Assemblée nationale, alors même que des amendements avaient déjà été adoptés, dans le but de lui substituer un dispositif alternatif au moyen d'un nouvel amendement portant article additionnel ; qu'ils estiment que cette façon de procéder a porté une « atteinte substantielle à l'exercice du droit d'amendement des parlementaires » ; qu'ils ajoutent que la réintroduction ultérieure de l'article 1er, « en dehors de tout fondement constitutionnel ou réglementaire », loin d'avoir « purgé cette irrégularité », l'aurait « aggravée » ; qu'ils dénoncent, en outre, une modification abusive du texte en discussion par la commission mixte paritaire ; qu'ils font valoir que la procédure législative, dont la clarté et la sincérité auraient été affectées, serait dès lors entachée d'irrégularité ;

3. Considérant, en premier lieu, qu'il est toujours loisible à une assemblée parlementaire, saisie d'un projet ou d'une proposition de loi, de ne pas adopter un article lorsque celui-ci est mis aux voix, y compris après avoir adopté un amendement le modifiant ; qu'en revanche, le retrait par le Gouvernement d'un article sur lequel des amendements ont déjà été adoptés, dans le but de lui substituer une solution alternative par le vote d'un article additionnel, serait de nature à porter atteinte à l'exercice effectif du droit d'amendement garanti à tout parlementaire par le premier alinéa de l'article 44 de la Constitution, aux termes duquel : « Les membres du Parlement et le Gouvernement ont le droit d'amendement » ;

4. Considérant, dès lors, que le retrait par le Gouvernement de l'article 1er du projet de loi, dont l'Assemblée nationale a été informée au cours de la séance du 6 mars 2006, était irrégulier ;

5. Considérant, toutefois, que cet article a été ultérieurement rétabli tel qu'amendé avant son retrait ; que ce rétablissement est intervenu avant que les députés n'adoptent toute autre disposition du texte en discussion ; qu'au cours de la deuxième séance du 9 mars 2006, l'Assemblée nationale s'est successivement prononcée sur les amendements restant à examiner à l'article 1er du projet de loi puis, après que cet article eut été mis aux voix et rejeté, sur l'article additionnel présenté par le Gouvernement ; qu'ainsi, l'irrégularité précédemment commise n'a pas eu d'incidence sur l'enchaînement des votes ; qu'il en résulte que le procédé employé n'a pas vicié, en l'espèce, la procédure législative ;

6. Considérant, en second lieu, que les adjonctions ou modifications apportées au projet de loi par la commission mixte paritaire qui s'est réunie le 22 juin 2006 étaient en relation directe avec des dispositions restant en discussion ; que, par suite, n'a pas été méconnue la règle fixée par le deuxième alinéa de l'article 45 de la Constitution en vertu duquel la commission mixte paritaire est « chargée de proposer un texte sur les dispositions restant en discussion » ;

7. Considérant qu'il résulte de ce qui précède que les griefs tirés de l'irrégularité de la procédure législative doivent être écartés ;

Sur les normes applicables au contrôle du contenu de la loi :

8. Considérant que les requérants soutiennent que les dispositions qu'ils contestent portent atteinte à l'intelligibilité de la loi, au principe de légalité des délits et des peines, au droit au recours effectif, aux droits de la défense, au droit à un procès équitable, au principe d'égalité et au droit de propriété ; qu'ils invoquent également une méconnaissance de la directive du 22 mai 2001 susvisée ;

En ce qui concerne l'objectif d'intelligibilité et d'accessibilité de la loi :

9. Considérant qu'il incombe au législateur d'exercer pleinement la compétence que lui confie la Constitution et, en particulier, son article 34 ; que le plein exercice de cette com-

pétence, ainsi que l'objectif de valeur constitutionnelle d'intelligibilité et d'accessibilité de la loi, qui découle des articles 4, 5, 6 et 16 de la Déclaration des droits de l'homme et du citoyen de 1789, lui imposent d'adopter des dispositions suffisamment précises et des formules non équivoques ; qu'il doit en effet prémunir les sujets de droit contre une interprétation contraire à la Constitution ou contre le risque d'arbitraire, sans reporter sur des autorités administratives ou juridictionnelles le soin de fixer des règles dont la détermination n'a été confiée par la Constitution qu'à la loi ;

En ce qui concerne le principe de légalité des délits et des peines :

10. Considérant qu'aux termes de l'article 8 de la Déclaration de 1789 : « La loi ne doit établir que des peines strictement et évidemment nécessaires, et nul ne peut être puni qu'en vertu d'une loi établie et promulguée antérieurement au délit, et légalement appliquée » ; que l'article 34 de la Constitution dispose : « La loi fixe les règles concernant... la détermination des crimes et délits ainsi que les peines qui leur sont applicables... » ; qu'il résulte de ces dispositions que le législateur est tenu de fixer lui-même le champ d'application de la loi pénale et de définir les crimes et délits en termes suffisamment clairs et précis ; que cette exigence s'impose non seulement pour exclure l'arbitraire dans le prononcé des peines, mais encore pour éviter une rigueur non nécessaire lors de la recherche des auteurs d'infractions ;

En ce qui concerne le droit au recours effectif, les droits de la défense et le droit à un procès équitable :

11. Considérant qu'aux termes de l'article 16 de la Déclaration de 1789 : « Toute société dans laquelle la garantie des droits n'est pas assurée, ni la séparation des pouvoirs déterminée, n'a point de Constitution » ; que sont garantis par cette disposition le droit des personnes intéressées à exercer un recours juridictionnel effectif, le droit à un procès équitable, ainsi que les droits de la défense lorsqu'est en cause une sanction ayant le caractère d'une punition ;

En ce qui concerne le principe d'égalité :

12. Considérant qu'aux termes de l'article 6 de la Déclaration de 1789 : « La loi... doit être la même pour tous, soit qu'elle protège, soit qu'elle punisse... » ;

13. Considérant que le principe d'égalité ne s'oppose ni à ce que le législateur règle de façon différente des situations différentes, ni à ce qu'il déroge à l'égalité pour des raisons d'intérêt général pourvu que, dans l'un et l'autre cas, la différence de traitement qui en résulte soit en rapport direct avec l'objet de la loi qui l'établit ;

En ce qui concerne le droit de propriété :

14. Considérant que la propriété figure au nombre des droits de l'homme consacrés par l'article 2 de la Déclaration de 1789 ; que son article 17 proclame : « La propriété étant un droit inviolable et sacré, nul ne peut en être privé, si ce n'est lorsque la nécessité publique, légalement constatée, l'exige évidemment, et sous la condition d'une juste et préalable indemnité » ;

15. Considérant que les finalités et les conditions d'exercice du droit de propriété ont subi depuis 1789 une évolution caractérisée par une extension de son champ d'application à des domaines nouveaux ; que, parmi ces derniers, figurent les droits de propriété intellectuelle et notamment le droit d'auteur et les droits voisins ;

En ce qui concerne les obligations propres à une loi de transposition :

16. Considérant que le titre Ier de la loi déférée a pour objet de transposer la directive du 22 mai 2001 susvisée sur l'harmonisation de certains aspects du droit d'auteur et des droits voisins dans la société de l'information ;

17. Considérant qu'aux termes du premier alinéa de l'article 88-1 de la Constitution : « La République participe aux Communautés européennes et à l'Union européenne, constituées d'États qui ont choisi librement, en vertu des traités qui les ont instituées, d'exercer en commun certaines de leurs compétences » ; qu'ainsi, la transposition en droit interne d'une directive communautaire résulte d'une exigence constitutionnelle ;

18. Considérant qu'il appartient par suite au Conseil constitutionnel, saisi dans les conditions prévues par l'article 61 de la Constitution d'une loi ayant pour objet de transposer en droit interne une directive communautaire, de veiller au respect de cette exigence ; que, toutefois, le contrôle qu'il exerce à cet effet est soumis à une double limite ;

19. Considérant, en premier lieu, que la transposition d'une directive ne saurait aller à l'encontre d'une règle ou d'un principe inhérent à l'identité constitutionnelle de la France, sauf à ce que le constituant y ait consenti ;

20. Considérant, en second lieu, que, devant statuer avant la promulgation de la loi dans le délai prévu par l'article 61 de la Constitution, le Conseil constitutionnel ne peut saisir la Cour de justice des Communautés européennes de la question préjudicielle prévue par l'article 234 du traité instituant la Communauté européenne ; qu'il ne saurait en conséquence déclarer non conforme à l'article 88-1 de la Constitution qu'une disposition législative mani-

festement incompatible avec la directive qu'elle a pour objet de transposer ; qu'en tout état de cause, il revient aux autorités juridictionnelles nationales, le cas échéant, de saisir la Cour de justice des Communautés européennes à titre préjudiciel ;

21. Considérant que la directive du 22 mai 2001 susvisée dispose en son article 2, relatif au droit de reproduction, que : « Les États membres prévoient le droit exclusif d'autoriser ou d'interdire la reproduction directe ou indirecte, provisoire ou permanente, par quelque moyen et sous quelque forme que ce soit, en tout ou en partie : — *a)* pour les auteurs, de leurs œuvres ; — *b)* pour les artistes interprètes ou exécutants, des fixations de leurs exécutions ; — *c)* pour les producteurs de phonogrammes, de leurs phonogrammes ; — *d)* pour les producteurs des premières fixations de films, de l'original et de copies de leurs films ; — *e)* pour les organismes de radiodiffusion, des fixations de leurs émissions, qu'elles soient diffusées par fil ou sans fil, y compris par câble ou par satellite » ;

22. Considérant qu'aux termes du 1 de l'article 3 de la directive, relatif au droit de communication au public pour ce qui concerne les auteurs : « Les États membres prévoient pour les auteurs le droit exclusif d'autoriser ou d'interdire toute communication au public de leurs œuvres, par fil ou sans fil, y compris la mise à la disposition du public de leurs œuvres de manière que chacun puisse y avoir accès de l'endroit et au moment qu'il choisit individuellement » ;

23. Considérant qu'aux termes du 2 du même article, relatif à la communication au public pour ce qui concerne les titulaires de droits voisins : « Les États membres prévoient le droit exclusif d'autoriser ou d'interdire la mise à la disposition du public, par fil ou sans fil, de manière que chacun puisse y avoir accès de l'endroit et au moment qu'il choisit individuellement : — *a)* pour les artistes interprètes ou exécutants, des fixations de leurs exécutions ; — *b)* pour les producteurs de phonogrammes, de leurs phonogrammes ; — *c)* pour les producteurs des premières fixations de films, de l'original et de copies de leurs films ; — *d)* pour les organismes de radiodiffusion, des fixations de leurs émissions, qu'elles soient diffusées par fil ou sans fil, y compris par câble ou par satellite » ;

24. Considérant qu'en son article 5, la directive dresse une liste limitative des exceptions pouvant être apportées à ces droits exclusifs, tout en subordonnant leur exercice, au 5 de cet article, à la condition qu'elles « ne portent pas atteinte à l'exploitation normale de l'œuvre ou autre objet protégé ni ne causent un préjudice injustifié aux intérêts légitimes du titulaire du droit » ;

25. Considérant que le 1 de l'article 6 de la directive impose aux États membres de prévoir « une protection juridique appropriée contre le contournement de toute mesure technique efficace, que la personne effectue en sachant, ou en ayant des raisons valables de penser, qu'elle poursuit cet objectif » ; qu'aux termes du 2 du même article : « Les États membres prévoient une protection juridique appropriée contre la fabrication, l'importation, la distribution, la vente, la location, la publicité en vue de la vente ou de la location, ou la possession à des fins commerciales de dispositifs, produits ou composants ou la prestation de services qui : – *a)* font l'objet d'une promotion, d'une publicité ou d'une commercialisation, dans le but de contourner la protection, ou – *b)* n'ont qu'un but commercial limité ou une utilisation limitée autre que de contourner la protection, ou – *c)* sont principalement conçus, produits, adaptés ou réalisés dans le but de permettre ou de faciliter le contournement de la protection de toute mesure technique efficace » ;

26. Considérant, s'agissant de l'exception au droit de reproduction pour l'usage privé du copiste, que le 4 de l'article 6 de la directive permet à un État membre de prendre des mesures appropriées pour assurer l'exercice effectif de cette exception « à moins que la reproduction à usage privé ait déjà été rendue possible par les titulaires de droits dans la mesure nécessaire pour bénéficier de l'exception ou de la limitation concernée... sans empêcher les titulaires de droits d'adopter des mesures adéquates en ce qui concerne le nombre de reproductions conformément à ces dispositions » ;

27. Considérant que le troisième alinéa du 4 de l'article 6 de la directive ajoute que : « Les mesures techniques appliquées volontairement par les titulaires de droits, y compris celles mises en œuvre en application d'accords volontaires, et les mesures techniques mises en œuvre en application des mesures prises par les États membres, jouissent de la protection juridique prévue au paragraphe 1 » ;

28. Considérant, d'une part, qu'il résulte de ces dispositions que la directive du 22 mai 2001 susvisée, qui n'est contraire à aucune règle ni à aucun principe inhérent à l'identité constitutionnelle de la France, comporte des dispositions inconditionnelles et précises, notamment le 5 de son article 5 ;

29. Considérant, d'autre part, qu'il résulte des dispositions de la directive, éclairées par ses propres considérants, qu'afin de sauvegarder l'économie de la création et d'assurer l'harmo-

nisation des échanges de biens et services culturels dans l'Union européenne, les États membres doivent faire prévaloir les droits des auteurs et des titulaires de droits voisins ;

30. Considérant, dès lors, que la loi française de transposition serait contraire à l'exigence constitutionnelle qui résulte de l'article 88-1 de la Constitution si elle portait atteinte aux prérogatives que la directive reconnaît aux auteurs ou aux titulaires de droits voisins en matière de reproduction et de communication au public de leurs œuvres ou prestations ; qu'en pareil cas, en effet, elle méconnaîtrait manifestement tant l'objectif général poursuivi par la directive que ses dispositions inconditionnelles ;

31. Considérant, en conséquence, que les mesures de conciliation adoptées par le législateur entre droit d'auteur et droits voisins, d'une part, objectif d'« interopérabilité », d'autre part, ne sauraient porter atteinte aux prérogatives des auteurs et des titulaires de droits voisins sans méconnaître l'exigence constitutionnelle de transposition ; que la même considération vaut pour les mesures de conciliation arrêtées par la loi déférée entre les droits des auteurs et des titulaires de droits voisins, d'une part, et l'exercice effectif de l'exception pour copie privée, d'autre part ;

Sur les articles 1er, 2 et 3 :

32. Considérant que les articles 1er, 2 et 3 de la loi déférée modifient les articles L. 122-5, L. 211-3 et L. 342-3 du code de la propriété intellectuelle qui énumèrent les exceptions au droit d'auteur, aux droits voisins ainsi qu'aux droits des producteurs de bases de données ; que l'avant-dernier alinéa de l'article L. 122-5 et les derniers alinéas des articles L. 211-3 et L. 342-3 précisent que ces exceptions doivent satisfaire aux conditions dites du « test en trois étapes », c'est-à-dire, outre figurer dans cette énumération, ne pas porter atteinte à l'exploitation normale de l'œuvre ou des objets concernés et ne pas causer un préjudice injustifié aux intérêts légitimes des titulaires de ces droits ;

33. Considérant que les requérants soutiennent que le législateur a méconnu le principe de légalité des délits et des peines en imposant à toute personne qui se prévaut d'une exception à ces droits d'établir, sauf à encourir les sanctions pénales réprimant la contrefaçon, que cet usage satisfait aux conditions du « test en trois étapes » ; qu'ils estiment que ces conditions sont peu précises et qu'il est impossible à un particulier d'apporter la preuve qu'elles sont réunies ;

34. Considérant que, selon l'article 5 de la directive du 22 mai 2001 susvisée, les États membres ont la faculté de prévoir certaines exceptions et limitations, dont il dresse la liste, aux droits de reproduction et de communication au public des œuvres et autres objets protégés au titre du droit d'auteur et des droits voisins ; que, dans chacun de ces cas spéciaux, le 5 de cet article 5 impose aux États membres de subordonner l'exercice des exceptions et limitations à la condition que cet exercice ne porte pas atteinte à l'exploitation normale de l'œuvre ou autre objet protégé ni ne cause un préjudice injustifié aux intérêts légitimes du titulaire du droit ;

35. Considérant que les dispositions critiquées se bornent à tirer les conséquences nécessaires de ces dispositions inconditionnelles et précises sur lesquelles il n'appartient pas au Conseil constitutionnel de se prononcer ; que, par suite, le grief invoqué par les requérants ne peut être utilement présenté devant lui ;

36. Considérant, en outre, que le principe du « test en trois étapes » revêt une portée générale ; qu'il s'impose à l'ensemble des exceptions et limitations apportées par la loi déférée aux droits exclusifs des auteurs et titulaires de droits voisins ;

37. Considérant, en particulier, s'agissant des exceptions aux droits exclusifs de reproduction, que les dispositions de la section intitulée « Mesures techniques de protection et d'information », insérées dans le code de la propriété intellectuelle par la loi déférée, devront être entendues comme n'interdisant pas aux auteurs ou aux titulaires de droits voisins de recourir à des mesures techniques de protection limitant le bénéfice de l'exception à une copie unique, voire faisant obstacle à toute copie, dans les cas particuliers où une telle solution serait commandée par la nécessité d'assurer l'exploitation normale de l'œuvre ou par celle de prévenir un préjudice injustifié à leurs intérêts légitimes ; qu'en effet, toute autre interprétation serait manifestement incompatible avec le respect du principe du « test en trois étapes », auquel le 5 de l'article 5 de la directive du 22 mai 2001 susvisée subordonne, comme il a été dit ci-dessus, l'exercice de chaque exception aux droits exclusifs des auteurs et titulaires de droits voisins ;

Sur les articles 13 et 14 :

38. Considérant que l'article 13 de la loi déférée insère dans le code de la propriété intellectuelle un article L. 331-5 ; que le quatrième alinéa de ce dernier dispose que c'est « dans le respect du droit d'auteur » que « les mesures techniques ne doivent pas avoir pour effet d'empêcher la mise en œuvre effective de l'interopérabilité » et que « les fournisseurs de

mesures techniques donnent l'accès aux informations essentielles à l'interopérabilité dans les conditions définies aux articles L. 331-6 et L. 331-7 » ;

39. Considérant que l'article 14 insère dans le code de la propriété intellectuelle deux articles L. 331-6 et L. 331-7 ; que ces nouveaux articles ont pour objet de concilier l'« interopérabilité » des matériels et logiciels, d'une part, et le recours aux mesures techniques destinées à empêcher ou à limiter les utilisations d'une œuvre non autorisées par le titulaire d'un droit d'auteur ou d'un droit voisin, d'autre part ; qu'en particulier, le premier alinéa du nouvel article L. 331-7 prévoit que « tout éditeur de logiciel, tout fabricant de système technique et tout exploitant de service peut, en cas de refus d'accès aux informations essentielles à l'interopérabilité, demander à l'Autorité de régulation des mesures techniques de garantir l'interopérabilité des systèmes et des services existants, dans le respect des droits des parties, et d'obtenir du titulaire des droits sur la mesure technique les informations essentielles à cette interopérabilité » ;

En ce qui concerne le respect des droits de propriété intellectuelle :

40. Considérant que la référence faite par l'article 13 au respect du « droit d'auteur » doit s'entendre, compte tenu du contexte dans lequel elle s'insère, comme renvoyant également au respect des droits voisins du droit d'auteur ; que, sous cette réserve, l'article 13 n'est pas manifestement incompatible avec la directive du 22 mai 2001 susvisée ;

41. Considérant que l'article 14 précise que l'Autorité de régulation des mesures techniques a pour mission de garantir l'« interopérabilité » des systèmes et des services existants « dans le respect des droits des parties » ; que cette disposition doit s'entendre comme étant applicable tant aux titulaires d'un droit d'auteur ou d'un droit voisin ayant recours aux mesures techniques de protection, qu'aux titulaires de droits sur les mesures techniques de protection elles-mêmes ; qu'à défaut de consentement de ces derniers à la communication des informations essentielles à l'« interopérabilité », cette communication devra entraîner leur indemnisation ; que, dans le cas contraire, ne seraient pas respectées les dispositions de l'article 17 de la Déclaration de 1789 aux termes duquel : « La propriété étant un droit inviolable et sacré, nul ne peut en être privé, si ce n'est lorsque la nécessité publique, légalement constatée, l'exige évidemment, et sous la condition d'une juste et préalable indemnité » ;

En ce qui concerne la saisine de l'Autorité de régulation des mesures techniques :

42. Considérant que les requérants soutiennent qu'en limitant la possibilité de saisir l'Autorité de régulation des mesures techniques aux éditeurs de logiciels, aux fabricants de systèmes techniques et aux exploitants de services, le législateur a méconnu le principe d'égalité et privé les titulaires de droits de propriété intellectuelle et les consommateurs de leur droit à un recours effectif ;

43. Considérant, en premier lieu, que la saisine de l'Autorité de régulation a pour objet l'obtention d'informations techniquement complexes et pouvant relever du secret industriel ; que le législateur a entendu limiter cette saisine aux seules personnes susceptibles de tirer utilement parti de ces informations en vue de favoriser la réalisation de systèmes compatibles ; que la différence de traitement qui en résulte, en rapport direct avec la finalité poursuivie, n'est pas, dès lors, contraire à la Constitution ;

44. Considérant, en second lieu, que les dispositions contestées ne portent pas atteinte au droit au recours des consommateurs, des associations qui les représentent ou des titulaires de droits de propriété intellectuelle ; qu'ils pourront en effet exercer les actions nécessaires à la défense de leurs intérêts devant les juridictions compétentes ;

45. Considérant qu'il résulte de ce qui précède que, sous les réserves énoncées aux considérants 40 et 41, les articles 13 et 14 ne sont pas contraires à la Constitution ;

Sur l'article 16 :

46. Considérant que l'article 16 de la loi déférée insère dans le code de la propriété intellectuelle neuf articles numérotés L. 331-8 à L. 331-16 ;

47. Considérant que le premier alinéa de l'article L. 331-8 dispose que le bénéfice de l'exception pour copie privée et des autres exceptions prévues, en particulier pour les activités d'enseignement et de recherche, les bibliothèques et les personnes souffrant d'un handicap, est garanti par les dispositions des neuf articles susmentionnés ; que son deuxième alinéa prévoit que l'Autorité de régulation des mesures techniques « veille à ce que la mise en œuvre des mesures techniques de protection n'ait pas pour effet de priver les bénéficiaires » de ces exceptions ; que son dernier alinéa précise, à cet effet, que, « sous réserve des articles L. 331-9 à L. 331-16, l'autorité détermine les modalités d'exercice des exceptions précitées et fixe notamment le nombre minimal de copies autorisées dans le cadre de l'exception pour copie privée » ;

48. Considérant que le premier alinéa de l'article L. 331-9 dispose : « Les titulaires de droits qui recourent aux mesures techniques de protection... peuvent leur assigner pour

objectif de limiter le nombre de copies. Ils prennent cependant les dispositions utiles pour que leur mise en œuvre ne prive pas les bénéficiaires des exceptions visées à l'article L. 331-6 de leur exercice effectif » ; que son second alinéa ajoute que : « Les dispositions du présent article peuvent, dans la mesure où la technique le permet, subordonner le bénéfice effectif de ces exceptions à un accès licite à une œuvre ou à un phonogramme, à un vidéogramme ou à un programme et veiller à ce qu'elles n'aient pas pour effet de porter atteinte à son exploitation normale ni de causer un préjudice injustifié aux intérêts légitimes du titulaire de droits sur l'œuvre ou l'objet protégé » ;

49. Considérant que les requérants formulent trois griefs à l'encontre de l'article 16 ; qu'ils dénoncent, en premier lieu, son inintelligibilité, notamment en ce qui concerne la conciliation entre l'exception pour copie privée et les prérogatives des titulaires de droits ; qu'ils estiment, en deuxième lieu, que la loi n'a pas suffisamment précisé « les critères et les modalités de contrôle et de preuve selon lesquels il pourrait être établi qu'un acte de copie réalisé dans l'espace privé ne se fonde pas sur un accès licite à l'œuvre concernée » ; que cette incertitude serait source d'insécurité juridique pour les usagers et incompatible avec les principes du respect de la vie privée et des droits de la défense ; qu'ils font valoir, en troisième lieu, que, si les titulaires de droits se voient reconnaître une possibilité de restreindre la copie privée, la loi ne précise pas les effets d'une telle décision sur la répartition de la rémunération pour copie privée ; qu'elle serait dès lors « porteuse d'une rupture d'égalité injustifiable entre ayants droit, ceux ne pratiquant pas de limitation du nombre des copies subissant au même titre que les autres les conséquences à la baisse de la rémunération résultant de l'usage global fait de cette possibilité » ;

50. Considérant, en premier lieu, que le législateur a expressément indiqué, au dernier alinéa de l'article L. 331-8, que, si l'Autorité de régulation des mesures techniques détermine les modalités d'exercice des exceptions au droit d'auteur et aux droits voisins et fixe le nombre minimal de copies autorisées, ce n'est que « sous réserve des articles L. 331-9 à L. 331-16 » ; qu'il a donc entendu, ainsi qu'il ressort des travaux parlementaires, laisser aux titulaires de droits l'initiative de prendre les dispositions nécessaires à la conciliation des mesures techniques de protection et desdites exceptions ; qu'il en résulte que l'Autorité de régulation des mesures techniques ne pourra fixer un nombre minimal de copies qu'au terme d'un délai raisonnable au cours duquel les titulaires de droits pourront prendre, conformément au premier alinéa de l'article L. 331-9, les dispositions utiles pour que les mesures techniques de protection ne fassent pas obstacle à l'exercice effectif de ces exceptions ; que l'article L. 331-9 garantit aux titulaires de droits la possibilité de limiter, par ces mesures techniques de protection, le nombre de copies qu'ils veulent autoriser ; que, sous ces réserves, le législateur a défini de façon suffisamment précise les règles qui doivent présider à la conciliation des mesures techniques de protection et des exceptions au droit d'auteur et aux droits voisins ; qu'ainsi, il n'a méconnu ni l'article 34 de la Constitution ni l'objectif d'intelligibilité de la loi ; qu'il n'a pas non plus manifestement méconnu les dispositions du 4 de l'article 6 de la directive du 22 mai 2001 susvisée ;

51. Considérant, en deuxième lieu, que le législateur pouvait subordonner le bénéfice effectif des exceptions à un « accès licite » à l'œuvre, au phonogramme, au vidéogramme ou au programme, ainsi qu'au respect des intérêts légitimes des titulaires de droits ; que, contrairement à ce qu'affirment les requérants, les dispositions prises à cet effet ne contraindront pas les bénéficiaires des exceptions à apprécier eux-mêmes le caractère licite ou illicite de cet accès ; qu'en effet, en indiquant, au second alinéa de l'article L. 331-9, que c'est « dans la mesure où la technique le permet » que le bénéfice des exceptions pourra être subordonné à un accès légal, le législateur s'est borné à autoriser le recours à des dispositifs ayant pour objet et pour effet de rendre techniquement impossible un accès illicite ; qu'il s'ensuit que les griefs tirés d'une méconnaissance des principes du respect de la vie privée et des droits de la défense manquent en fait ; que doit être également rejeté le grief tiré de ce que le législateur serait resté en deçà de sa compétence ;

52. Considérant, en troisième lieu, qu'il ne peut davantage être fait grief aux dispositions en cause de ne pas avoir prévu les effets du recours aux mesures techniques de protection sur la répartition de la rémunération pour copie privée ; qu'en effet, il résulte du dernier alinéa de l'article L. 311-4 du code de la propriété intellectuelle, dans sa rédaction issue de l'article 9 de la loi déférée, que le montant de la rémunération pour copie privée « tient *compte du degré* d'utilisation des mesures techniques définies à l'article L. 331-5 et de leur incidence sur les usages relevant de l'exception pour copie privée » ; que, dès lors, le grief tiré d'une rupture d'égalité entre titulaires de droits ne saurait être accueilli ;

53. Considérant qu'il résulte de ce qui précède que, sous les réserves énoncées au considérant 50, les critiques adressées à l'article 16 de la loi déférée doivent être rejetées ;

Sur l'article 21 :

54. Considérant que l'article 21 de la loi déférée insère dans le code de la propriété intellectuelle un article L. 335-2-1 ainsi rédigé : « Est puni de trois ans d'emprisonnement et de 300 000 € d'amende le fait :

1° D'éditer, de mettre à la disposition du public ou de communiquer au public, sciemment et sous quelque forme que ce soit, un logiciel manifestement destiné à la mise à disposition du public non autorisée d'œuvres ou d'objets protégés ;

2° D'inciter sciemment, y compris à travers une annonce publicitaire, à l'usage d'un logiciel mentionné au 1°.

Les dispositions du présent article ne sont pas applicables aux logiciels destinés au travail collaboratif, à la recherche ou à l'échange de fichiers ou d'objets non soumis à la rémunération du droit d'auteur » ;

55. Considérant que les requérants font valoir que l'imprécision des termes : « sciemment », « manifestement destinés » et « travail collaboratif » méconnaîtrait le principe de légalité des délits et des peines ; qu'ils ajoutent qu'en ne visant que les « objets et fichiers non soumis à rémunération du droit d'auteur », la clause d'exonération de responsabilité pénale instaure une discrimination qui lèse les droits moraux des auteurs ayant renoncé à une rémunération, ainsi que les droits voisins du droit d'auteur ;

56. Considérant que les termes : « manifestement destinés » et « sciemment » sont suffisamment clairs et précis pour que les dispositions de caractère pénal qui s'y réfèrent ne méconnaissent pas le principe constitutionnel de légalité des délits et des peines ;

57. Considérant, en revanche, qu'il n'en est pas de même de la notion de « travail collaboratif » ; qu'en outre, le dernier alinéa de l'article 21 de la loi déférée, qui exonère de toute responsabilité pénale les éditeurs de logiciels destinés au « travail collaboratif » ou à l'échange de fichiers ou d'objets non soumis à la rémunération du droit d'auteur, n'est ni utile à la délimitation du champ de l'infraction définie par les trois premiers alinéas de cet article, ni exhaustif quant aux agissements qu'ils excluent nécessairement ; qu'il laisse, enfin, sans protection pénale les droits moraux des auteurs ayant renoncé à une rémunération, ainsi que les droits voisins du droit d'auteur ; qu'il méconnaît donc tant le principe de légalité des délits et des peines que le principe d'égalité ; qu'il doit être déclaré contraire à la Constitution ;

Sur les articles 22 et 23 :

58. Considérant que les articles 22 et 23 de la loi déférée insèrent dans le code de la propriété intellectuelle les articles L. 335-3-1 et L. 335-4-1, ainsi que les articles L. 335-3-2 et L. 335-4-2 ; que les deux premiers de ces articles incriminent les actes qui portent atteinte aux mesures techniques destinées à empêcher ou à limiter les utilisations d'une œuvre, autre qu'un logiciel, d'une interprétation, d'un phonogramme, d'un vidéogramme ou d'un programme, non autorisées par le titulaire d'un droit d'auteur ou d'un droit voisin ; que les deux autres articles répriment l'altération des informations relatives au régime d'un droit d'auteur ou d'un droit voisin et la diffusion d'objets protégés dont un élément d'information a été altéré ; que certains de ces agissements ne sont pas punissables s'ils sont commis à des fins de « recherche » ; que les huitièmes et derniers alinéas des articles 22 et 23 prévoient que ces dispositions ne sont pas applicables aux actes réalisés à des fins d'« interopérabilité » ;

59. Considérant que les requérants reprochent au législateur d'avoir méconnu le principe de légalité des délits et des peines en ne définissant pas la notion d'« interopérabilité », dont il a pourtant fait une cause d'exonération de responsabilité pénale ;

60. Considérant que le législateur a fait de l'« interopérabilité » un élément qui conditionne le champ d'application de la loi pénale ; qu'il devait en conséquence définir en des termes clairs et précis le sens qu'il attribuait à cette notion dans ce contexte particulier ; qu'en s'abstenant de le faire il a porté atteinte au principe de légalité des délits et des peines ;

61. Considérant qu'il y a lieu, en conséquence, de déclarer contraires à la Constitution les mots : « d'interopérabilité ou » figurant au huitième alinéa de l'article 22 ainsi qu'au huitième et au dernier alinéas de l'article 23, et les mots : « , d'interopérabilité » figurant au dernier alinéa de l'article 22 ;

62. Considérant, en outre, que, conformément au considérant 48 de la directive du 22 mai 2001 susvisée et aux travaux préparatoires, la cause d'exonération prévue au bénéfice de la « recherche » par les nouveaux articles L. 335-3-1, L. 335-3-2, L. 335-4-1 et L. 335-4-2 du code de la propriété intellectuelle doit s'entendre de la recherche scientifique en cryptographie et à condition qu'elle ne tende pas à porter préjudice aux titulaires des droits ;

Sur l'article 24 :

63. Considérant que l'article 24 de la loi déférée insère dans le code de la propriété intellectuelle un article L. 335-11 qui a pour objet de soustraire certains agissements aux dispositions applicables aux délits de contrefaçon en matière de propriété littéraire et artistique ; qu'il prévoit que seront désormais constitutives de contraventions, et non plus de délits, d'une part, « la reproduction non autorisée, à des fins personnelles, d'une œuvre, d'une interprétation, d'un phonogramme, d'un vidéogramme ou d'un programme protégés par un droit d'auteur ou un droit voisin » lorsqu'ils auront été « mis à disposition au moyen d'un logiciel d'échange de pair à pair », d'autre part, « la communication au public, à des fins non commerciales », de tels objets « au moyen d'un service de communication au public en ligne, lorsqu'elle résulte automatiquement et à titre accessoire de leur reproduction » au moyen d'un logiciel d'échange de pair à pair ;

64. Considérant que les requérants soutiennent que cette disposition méconnaît le principe d'égalité devant la loi pénale en instituant une différence de traitement injustifiée entre les personnes qui reproduisent ou communiquent des objets protégés au titre du droit d'auteur ou des droits voisins, selon qu'elles utilisent un logiciel de pair à pair ou un autre moyen de communication électronique ; qu'ils reprochent également au législateur d'avoir méconnu le principe de légalité des délits et des peines ; qu'ils estiment enfin que la loi ne contient aucune disposition relative aux modes de preuve de ces infractions et qu'elle est entachée d'incompétence négative ;

65. Considérant qu'au regard de l'atteinte portée au droit d'auteur ou aux droits voisins, les personnes qui se livrent, à des fins personnelles, à la reproduction non autorisée ou à la communication au public d'objets protégés au titre de ces droits sont placées dans la même situation, qu'elles utilisent un logiciel d'échange de pair à pair ou d'autres services de communication au public en ligne ; que les particularités des réseaux d'échange de pair à pair ne permettent pas de justifier la différence de traitement qu'instaure la disposition contestée ; que, dès lors, l'article 24 de la loi déférée est contraire au principe de l'égalité devant la loi pénale ; qu'il y a lieu, sans qu'il soit besoin d'examiner les autres griefs, de déclarer contraire à la Constitution ;

Sur l'article 44 :

66. Considérant que l'article 44 de la loi déférée complète le dernier alinéa du II de l'article 49 de la loi du 30 septembre 1986 susvisée par deux phrases ainsi rédigées : « Toutefois, par dérogation aux articles L. 212-3 et L. 212-4 du code de la propriété intellectuelle, les conditions d'exploitation des prestations des artistes interprètes des archives mentionnées au présent article et les rémunérations auxquelles cette exploitation donne lieu sont régies par des accords conclus entre les artistes interprètes eux-mêmes ou les organisations de salariés représentatives des artistes interprètes et l'institut. Ces accords doivent notamment préciser le barème des rémunérations et les modalités de versement de ces rémunérations » ;

67. Considérant que les requérants estiment qu'aucun intérêt général ne justifie l'atteinte que cette disposition porterait au droit de propriété des artistes interprètes en conférant à des organisations de salariés le pouvoir exclusif d'autoriser, d'interdire et de définir les conditions d'exploitation des interprétations de ces artistes ; qu'ils soutiennent que l'instauration d'une exception en faveur de l'Institut national de l'audiovisuel entraînerait une discrimination au préjudice d'autres établissements poursuivant les mêmes objectifs d'intérêt général de conservation et de diffusion de fonds documentaires ; que le législateur n'aurait pas épuisé sa compétence en édictant la disposition critiquée ; qu'enfin, celle-ci méconnaîtrait la directive du 22 mai 2001 susvisée ;

68. Considérant, en premier lieu, qu'il résulte des termes mêmes de l'article 44 de la loi déférée que manque en fait le grief tiré de ce que cet article donnerait aux organisations de salariés représentatives des artistes interprètes le pouvoir exclusif de définir les conditions de rémunération de ces artistes liées à l'exploitation des archives de l'Institut national de l'audiovisuel ;

69. Considérant, en deuxième lieu, qu'en vertu de l'article 34 de la Constitution, la loi détermine les principes fondamentaux du régime de la propriété, des droits réels et des obligations civiles et commerciales ;

70. Considérant qu'aux termes de l'article 49 de la loi du 30 septembre 1986 susvisée : « L'Institut national de l'audiovisuel, établissement public de l'État à caractère industriel et commercial, est chargé de conserver et de mettre en valeur le patrimoine audiovisuel national. I. – L'institut assure la conservation des archives audiovisuelles des sociétés nationales de programme et contribue à leur exploitation... » ;

71. Considérant que, eu égard à l'intérêt général qui s'attache à la conservation et à la mise en valeur du patrimoine audiovisuel national, le législateur a pu prévoir un régime dérogatoire d'exploitation des prestations des artistes interprètes au bénéfice de l'Institut

national de l'audiovisuel ; qu'en raison des missions qui lui sont confiées par la loi, dont certaines à titre exclusif, cet établissement public se trouve dans une situation différente de celle des autres organismes concourant à l'archivage d'œuvres audiovisuelles ; qu'en particulier, le législateur a pu habiliter les syndicats représentant les artistes interprètes à conclure avec l'institut des accords fixant les conditions d'exploitation des archives en contrepartie d'une rémunération équitable ; que, ce faisant, il n'a méconnu ni le principe d'égalité, ni le droit de propriété intellectuelle des artistes interprètes, ni l'article 34 de la Constitution ;

72. Considérant, en dernier lieu, que, contrairement à ce qu'affirment les requérants, l'article 44, qui figure dans le titre IV de la loi déférée relatif au dépôt légal, n'a pas pour objet de transposer la directive du 22 mai 2001 susvisée ;

73. Considérant qu'il résulte de ce qui précède que les griefs dirigés contre l'article 44 de la loi déférée doivent être rejetés ;

74. Considérant qu'il n'y a lieu, pour le Conseil constitutionnel, de soulever d'office aucune autre question de conformité à la Constitution,

Décide :

Article 1er

Sont déclarées contraires à la Constitution les dispositions suivantes de la loi relative au droit d'auteur et aux droits voisins dans la société de l'information :

– le dernier alinéa de l'article 21 ;

– les mots : « d'interopérabilité ou » figurant au huitième alinéa de l'article 22 ainsi que les mots : « , d'interopérabilité » figurant au dernier alinéa du même article ;

– les mots : « d'interopérabilité ou » figurant aux huitième et dernier alinéas de l'article 23 ;

– l'article 24.

Article 2

Ne sont pas contraires à la Constitution les dispositions suivantes de la loi relative au droit d'auteur et aux droits voisins dans la société de l'information :

– l'avant-dernier alinéa de l'article L. 122-5 et les derniers alinéas des articles L. 211-3 et L. 342-3 du code de la propriété intellectuelle dans leur rédaction issue des articles 1er à 3 de ladite loi ;

– le surplus de l'article 21 ;

– sous la réserve émise au considérant 62, le surplus des articles 22 et 23 ;

– sous les réserves énoncées aux considérants 37, 40, 41 et 50, les articles 13, 14 et 16 ;

– l'article 44.

Article 3

La présente décision sera publiée au *Journal officiel* de la République française *[JO 3 août 2006]*.

Avis n° 2007-1 du 26 juin 2007,

Du Conseil supérieur de la propriété littéraire et artistique relatif à la mise à disposition ouverte des œuvres de l'esprit.

I. Analyse

1. Les licences permettant une mise à disposition ouverte ne répondent pas à un standard unique, puisqu'elles résultent des figures contractuelles choisies par les parties. Une tentative d'identification peut toutefois être entreprise à l'aide de plusieurs critères et des usages. Selon la terminologie retenue par la commission spécialisée du Conseil supérieur, alors qu'une licence "libre" permet l'exercice de quatre libertés : utilisation/usage, copie, modification et diffusion des modifications, une licence "ouverte" désigne celle qui permet l'exercice d'une au moins de ces libertés. Le présent avis porte sur ces licences ouvertes.

2. Elles ne sont toutefois qu'un des aspects du phénomène de mise à disposition ouverte des œuvres de l'esprit, qui revêt des formes extrêmement variées. Elles constituent l'un des outils, de nature contractuelle, permettant l'ouverture et le partage d'œuvres dans le respect du consentement de l'auteur.

3. Bien que l'objectif essentiel poursuivi soit, en première approche, d'assurer la diffusion de l'œuvre au plus grand nombre, les motivations des partisans des licences ouvertes se révèlent à l'examen très diverses, à la fois techniques, idéologiques, artistiques et économiques.

4. Un certain flou terminologique se fait jour, notamment à raison de l'origine étrangère de nombreuses licences. Plusieurs confusions sont à éviter. Ainsi, le terme libre ne s'apparente pas à celui de "gratuit" (*free* en anglais dans les deux cas) et bien que les formes de mise à disposition ouverte soient souvent réalisées à titre gratuit, elles n'impliquent pas la gratuité systématique. Par ailleurs, les œuvres "libres" ne sont pas des œuvres libres de droit : leur usage est défini par les conditions que la licence prévoit.

5. Il est possible de repérer plusieurs modèles de licences ouvertes parmi les plus utilisés, pour le logiciel ou pour les autres œuvres. Il s'agit notamment des licences de la FSF (Free software fondation), des licences *Creative Commons*, les plus répandues dans le monde, ou d'Art libre, en France. Leurs philosophies sont proches, mais leurs fonctionnements diffèrent. Les licences *Creative Commons* se singularisent notamment par la possibilité de choisir entre plusieurs options.

6. Ces licences connaissent un succès croissant et le nombre d'œuvres mises à disposition par ce biais augmente de manière exponentielle. Toutefois, les logiques économiques varient en fonction des secteurs concernés. En matière de logiciels libres, le marché le plus ancien, l'économie est essentiellement fondée sur les services associés. Dans le domaine de l'éducation ou de la recherche, le financement est essentiellement public, par des voies directes ou indirectes. Dans les secteurs culturels, il existe à côté de modèles coopératifs, innovants et non exclusifs, des modèles commerciaux plus classiques répandus dans l'économie numérique.

7. Au-delà de pratiques diverses, plusieurs caractéristiques récurrentes des situations où le recours à des licences ouvertes paraît pertinent sont identifiables : l'existence d'une communauté soudée ou d'une marque reconnue ; un travail collaboratif et évolutif ; la construction d'une notoriété individuelle ou collective. La mise en place de ces licences contribue notamment à l'émergence d'œuvres multi-auteurs, décentralisées et évolutives.

8. Des questions de qualification des licences ouvertes au regard du droit civil se posent. Plus encore, des difficultés apparaissent en termes de durée des engagements, de possibilités de résiliation, d'opposabilité aux acteurs de la chaîne des modifications intervenant sur les conditions de la mise à disposition, ainsi que de validité des clauses limitatives de responsabilité.

9. La compatibilité des licences ouvertes avec les règles actuelles du droit fiscal, tant pour les personnes morales que physiques, n'est pas évidente car l'administration s'attache à la finalité lucrative de l'activité de création, qui est absente pour ces licences.

10. Les licences ouvertes ne s'inscrivent pas en rupture théorique avec le droit d'auteur. Elles n'ont pas d'ailleurs donné lieu à contentieux probant sur ce point. La logique du consentement de l'auteur y est respectée, l'auteur étant au centre du dispositif. Toutefois, des difficultés de mise en œuvre existent, singulièrement au regard du respect du droit moral. S'il n'existe pas de problème fondamental pour certaines composantes du droit moral – droit de divulgation, de paternité – l'exercice du droit de retrait et de repentir et du droit au respect de l'intégrité de l'œuvre est susceptible de poser des difficultés au regard de la conception traditionnelle du droit d'auteur qui s'appuie davantage sur une vision statique de l'œuvre que sur son potentiel d'évolution.

11. L'articulation des licences ouvertes avec la gestion collective est, en l'état des pratiques, problématique. Si la volonté de complémentarité est forte de la part des utilisateurs de licences ouvertes qui souhaiteraient une conjugaison de ces licences avec l'adhésion à une SPRD, celles-ci considèrent que les systèmes de mise à disposition ouverte ne sont pas compatibles avec leurs règles actuelles de fonctionnement, notamment en raison du fait que les apports se font par "répertoire" et non œuvre par œuvre. Pour autant, les différentes sociétés ont adopté des attitudes différenciées à l'égard des licences ouvertes, certaines ayant décidé d'autoriser leurs membres à mettre à disposition de manière ouverte les œuvres du répertoire dans des conditions limitées.

12. Le Conseil supérieur a encore recensé plusieurs difficultés liées essentiellement à la mise en œuvre des licences. La complexité de la chaîne contractuelle et l'absence d'interopérabilité entre les licences ouvertes sont les premières. Les questions de la loi applicable et du caractère éclairé du consentement sont aussi particulièrement importantes. Une autre difficulté vient de la détermination délicate de la ligne de partage entre usages commerciaux et non commerciaux, notions imprécises sur lesquelles il n'existe pas de consensus.

13. Le Conseil supérieur a déploré certaines insuffisances dans l'établissement et la traçabilité de la preuve, ainsi que la faible effectivité de la sanction, faute de mécanismes d'aide et de contrôle.

II. Recommandations

1. Assurer le consentement éclairé des auteurs et améliorer l'information des utilisateurs des licences ouvertes

Il semble utile de favoriser, en premier lieu, l'amélioration de tout dispositif d'information utile au consentement éclairé des auteurs, afin que ceux qui choisissent de mettre à disposition leurs œuvres sous licence ouverte connaissent mieux la portée de leur décision.

En second lieu, le Conseil supérieur estime indispensable de perfectionner l'information sur les droits des tiers, notamment à travers une meilleure pédagogie du droit existant et, dans cette perspective, de faciliter la découverte de l'information légale concernant les œuvres. Il convient de soutenir toute initiative en ce sens venant des différents acteurs de la création, voire d'organiser les conditions de la réalisation de ces objectifs.

Toute amélioration des procédures de gestion numérique des droits et des dispositifs relatifs à l'information sur le régime des droits, particulièrement utiles dans le cadre des licences ouvertes, doit être encouragée.

Une telle réflexion devrait être menée au plan européen ou international pour appréhender pleinement ce phénomène.

2. Améliorer la compatibilité entre licences ouvertes

Au regard de la multiplicité des licences ouvertes et de leurs modes de fonctionnement différenciés, il apparaît souhaitable de favoriser toute initiative visant à améliorer la compatibilité entre les différents systèmes contractuels, notamment au travers d'une meilleure identification de ces derniers. Un travail consistant à inventorier l'existant contribuerait à fournir une documentation importante sur les pratiques. En favorisant une plus grande transparence sur le contenu des licences, une réelle concurrence pourrait ainsi s'opérer au profit de l'ensemble des agents économiques. Il convient de tendre vers une rationalisation des processus d'élaboration et de gestion des licences – une sorte d'ingénierie des licences – en faisant émerger des outils juridiques et techniques idoines et pérennes.

3. Assurer la coordination des initiatives publiques relatives à la diffusion d'œuvres sous licences ouvertes

Le Conseil supérieur a constaté la dispersion des différentes initiatives publiques en matière de diffusion des connaissances, plusieurs modèles de licences étant développés séparément sans que soit discutée la possibilité de rassembler ces projets sous l'égide d'un mécanisme unique ou, le cas échéant, d'assurer en amont la compatibilité de ces différentes licences entre elles.

L'amélioration des procédures d'information inter-services et l'émergence d'une politique publique de la diffusion ouverte des savoirs semblent donc devoir être entreprises. En raison de son expertise dans le champ du droit d'auteur et de la communication, le ministère de la culture pourrait être pilote, dans le cadre d'une action interministérielle chargée de coordonner des initiatives et de rendre compatibles les pratiques. Il pourrait, par exemple, proposer des modèles types de licences ainsi que des chartes d'utilisation et/ou entreprendre des rapprochements entre licences existantes dans le respect du droit applicable. L'harmonisation de ces mécanismes contribuerait à améliorer la visibilité des publications et créations dans un contexte international.

Par ailleurs, l'articulation entre la liberté de mettre en œuvre des licences ouvertes et le statut d'agent public doit être clarifiée.

4. Prolonger la réflexion sur le rôle du droit moral

Les travaux du Conseil supérieur ont montré que le droit moral était susceptible de fournir une protection juridique aux auteurs mettant à disposition ouverte leurs œuvres, en marge même de toute licence. Le droit français, au contraire du copyright qui ignore ce système, offre avec le droit moral une base légale fondant nombre des actes souhaités par les auteurs et protégeant ces derniers contre tout détournement de leur volonté. En effet, le droit de divulgation autorise l'auteur à choisir les modes de communication de l'œuvre au public. Les tiers doivent donc respecter ce choix unilatéral, sans même le détour de la force obligatoire du contrat. Pareillement, le droit à la paternité est garanti directement par la loi et ne résulte pas d'un consentement des tiers. Le droit au respect et à l'intégrité de l'œuvre permet à l'auteur qui aurait mis unilatéralement son œuvre à disposition de s'assurer que les restrictions qu'il a formulées quant aux modifications seront respectées, le cas échéant par la voie judiciaire.

Au demeurant, le caractère d'ordre public du droit moral, sa perpétuité et son inaliénabilité constituent autant de garanties que la volonté de l'auteur sera respectée malgré le transfert ou l'expiration des droits patrimoniaux. Il n'existe donc pas en principe de risque que la mise à disposition ouverte soit réalisée par un cessionnaire sans l'aval de l'auteur.

En dépit de ces éléments, le Conseil supérieur a également pu mettre en lumière des points de friction entre les pratiques de licences ouvertes et certaines prérogatives du droit moral telles que le droit au retrait et au repentir et le droit au respect et à l'intégrité de l'œuvre, s'agissant notamment de l'effectivité de leur mise en œuvre. Si ces points de friction ne conduisent pas nécessairement à l'incompatibilité des licences ouvertes avec le droit moral, l'application de certaines d'entre elles, qui offrent une possibilité de modifier et de rediffuser les modifications, peut par exemple se heurter à une interprétation stricte du droit au respect et à l'intégrité de l'œuvre. Il convient donc de poursuivre la réflexion sur ce point, notamment en s'inspirant des règles dégagées dans le domaine audiovisuel.

Avis du 10 avril 2008,

De la commission spécialisée du CSPLA sur les œuvres orphelines.

BIBL. ▶ Bruguière, *Propr. intell. 2008, n° 28, p. 320* (œuvres orphelines).

Saisi par la ministre de la culture et de la communication de la question, tant juridique qu'économique, de l'exploitation des œuvres orphelines, le Conseil supérieur de la propriété littéraire et artistique a adopté, lors de sa séance du 10 avril 2008, l'avis suivant.

Aux termes des travaux de la commission sur les œuvres orphelines qui se sont tenus d'octobre 2007 à mars 2008, les constats qui ont émergé des discussions (I), conduisent à proposer un certain nombre de recommandations (II).

I. Synthèse du diagnostic

1. De nombreux et importants projets de numérisation et de mise en ligne à grande échelle d'œuvres sont engagés pour permettre l'accès le plus universel possible à toute la richesse et la diversité du patrimoine culturel. Ces projets sont partiellement paralysés par l'existence d'œuvres orphelines. L'exploitation de ces œuvres, protégées par la propriété littéraire et artistique, est impossible sans l'autorisation légalement requise des titulaires de droits, laquelle ne peut être obtenue lorsque ces derniers sont inconnus ou introuvables, sauf à s'exposer aux peines du délit de contrefaçon.

2. Les deux dispositifs légaux susceptibles d'être mobilisés pour surmonter cette contradiction ne sont pas adaptés à toutes les situations. Le recours au juge prévu aux articles L. 122-9 et L. 211-2 du code de la propriété intellectuelle est, en l'état, juridiquement incertain et répond à des situations individuelles. Les accords collectifs validés dans le cadre d'un dispositif d'extension prévu par la loi ne permettent pas, en raison de certaines difficultés, de répondre à tous les besoins.

3. Le diagnostic est nuancé selon les secteurs : si les œuvres orphelines sont d'une importance considérable dans les secteurs de l'écrit et de l'image fixe, il n'en va pas de même dans ceux de la musique, du cinéma et de l'audiovisuel. La commission a donc conclu à l'utilité de dégager des solutions pour faire évoluer cette situation, mais de façon différenciée selon les secteurs.

4. Toutefois, la commission souligne la nécessité de concilier l'intérêt général de l'accès au patrimoine culturel avec le respect des principes essentiels du droit de la propriété littéraire et artistique. Ses recommandations sont donc fondées sur un équilibre qui a déjà été dégagé par le législateur, le Conseil constitutionnel et la Cour européenne des droits de l'homme.

5. La définition de l'œuvre orpheline doit être claire et sécurisante, tout en permettant d'appréhender la variété des situations rencontrées. Ainsi, doit être regardée comme orpheline l'œuvre protégée et divulguée, dont un ou plusieurs titulaires de droit d'auteur ou de droits voisins ne peuvent être identifiés ou retrouvés, malgré des recherches avérées et sérieuses.

6. A partir d'une définition commune, la variété de situations appelle des solutions sectorielles différenciées : pour l'écrit et l'image fixe, le recours à la gestion collective obligatoire est considéré comme le plus approprié, en particulier en matière de numérisation et de mise en ligne ; pour la musique, le cinéma et l'audiovisuel, les dispositifs existants sont considérés comme répondant aux besoins.

II. Compte tenu de ces observations, le Conseil supérieur de la propriété littéraire et artistique émet les recommandations suivantes.

1. L'introduction, dans le code de la propriété intellectuelle, d'une disposition définissant l'œuvre orpheline : l'œuvre est orpheline lorsqu'un ou plusieurs titulaires de droit d'auteur ou de droits voisins sur une œuvre protégée et divulguée ne peuvent être identifiés ou retrouvés malgré des recherches avérées et sérieuses.

2. L'aménagement du recours au juge prévu aux articles L. 122-9 et L. 211-2 du code de la propriété intellectuelle, afin d'intégrer expressément dans leur champ les œuvres orphelines.

3. Pour les secteurs de l'écrit et de l'image fixe, la mise en place d'un régime de gestion collective obligatoire, en particulier en matière de numérisation et de mise en ligne. Ce dispositif permettra à des sociétés de gestion collective agréées par le ministère de la culture de délivrer les autorisations requises. L'agrément ministériel sera subordonné aux critères habituels et à l'adhésion à un portail commun destiné à faciliter l'accès et la mise à jour des ressources documentaires sur les œuvres orphelines. Les critères de la définition légale de l'œuvre orpheline,

et donc la qualification de recherches avérées et sérieuses, pourraient être fixés par décision d'une commission paritaire réunissant des représentants des ayants droit, des utilisateurs et de l'administration.

4. Pour les secteurs de la musique, du cinéma et de l'audiovisuel, les dispositifs existants sont considérés comme répondant aux besoins.

5. La mise en œuvre d'une politique de prévention des œuvres orphelines, avec le concours des divers intervenants de la chaîne de la création et de la détention des droits, par l'amélioration, lorsque cela s'avère nécessaire, de l'identification des auteurs et des ayants droit, notamment en facilitant le développement et l'accès aux informations.

Décision n° 2009-580 DC du 10 juin 2009,

Du Conseil constitutionnel.

Le Conseil constitutionnel,

Vu la Constitution ;

Vu l'ordonnance n° 58-1067 du 7 novembre 1958 modifiée portant loi organique sur le Conseil constitutionnel ;

Vu le code de la propriété intellectuelle ;

Vu le code des postes et des communications électroniques ;

Vu la loi n° 78-17 du 6 janvier 1978 modifiée relative à l'informatique, aux fichiers et aux libertés, ensemble la décision n° 2004-499 DC du 29 juillet 2004 ;

Vu les observations du Gouvernement, enregistrées le 29 mai 2009 ;

Le rapporteur ayant été entendu ;

1. Considérant que les députés requérants défèrent au Conseil constitutionnel la loi favorisant la diffusion et la protection de la création sur internet ; qu'ils contestent sa procédure d'examen ainsi que la conformité à la Constitution de ses articles 5, 10 et 11 ;

Sur la procédure d'examen de la loi :

2. Considérant que, selon les requérants, le Gouvernement n'aurait pas fourni au Parlement les éléments objectifs d'information susceptibles de fonder des débats clairs et sincères ; qu'ils soutiennent, dès lors, que la procédure d'adoption de la loi était irrégulière ;

3. Considérant que les assemblées ont disposé, comme l'attestent tant les rapports des commissions saisies au fond ou pour avis que le compte rendu des débats, d'éléments d'information suffisants sur les dispositions du projet de loi en discussion ; que, par suite, le grief invoqué manque en fait ;

Sur les articles 5 et 11 :

4. Considérant, d'une part, que l'article 5 de la loi déférée crée au chapitre Ier du titre III du livre III de la première partie du code de la propriété intellectuelle une section 3 qui comporte les articles L. 331-12 à L. 331-45 et qui est consacrée à la "Haute Autorité pour la diffusion des œuvres et la protection des droits sur internet" ; que cette nouvelle autorité administrative indépendante est composée d'un collège et d'une commission de protection des droits ; que le collège est notamment chargé de favoriser l'offre légale des œuvres et objets auxquels est attaché un droit d'auteur ou un droit voisin ; que la commission de protection des droits a pour mission de mettre en œuvre les nouveaux mécanismes d'avertissement et de sanction administrative des titulaires d'accès à internet qui auront manqué à l'obligation de surveillance de cet accès ;

5. Considérant, d'autre part, que l'article 11 insère, au sein du chapitre IV du même titre, les articles L. 336-3 et L. 336-4 ; qu'il définit l'obligation de surveillance de l'accès à internet et détermine les cas dans lesquels est exonéré de toute sanction le titulaire de l'abonnement à internet dont l'accès a été utilisé à des fins portant atteinte aux droits de la propriété intellectuelle ;

En ce qui concerne l'obligation de surveillance de l'accès à internet :

6. Considérant qu'aux termes du premier alinéa de l'article L. 336-3 du code de la propriété intellectuelle :"La personne titulaire de l'accès à des services de communication au public en ligne a l'obligation de veiller à ce que cet accès ne fasse pas l'objet d'une utilisation à des fins de reproduction, de représentation, de mise à disposition ou de communi-

cation au public d'œuvres ou d'objets protégés par un droit d'auteur ou par un droit voisin sans l'autorisation des titulaires des droits prévus aux livres Ier et II lorsqu'elle est requise" ;

7. Considérant que, contrairement à ce que soutiennent les requérants, la définition de cette obligation est distincte de celle du délit de contrefaçon ; qu'elle est énoncée en des termes suffisamment clairs et précis ; que, par suite, en l'édictant, le législateur n'a méconnu ni la compétence qu'il tient de l'article 34 de la Constitution, ni l'objectif de valeur constitutionnelle d'intelligibilité et d'accessibilité de la loi ;

En ce qui concerne la répression des manquements à l'obligation de surveillance :

8. Considérant, d'une part, qu'aux termes des alinéas 2 à 6 du même article L. 336-3 : "Aucune sanction ne peut être prise à l'égard du titulaire de l'accès dans les cas suivants :

"1° Si le titulaire de l'accès a mis en œuvre l'un des moyens de sécurisation figurant sur la liste mentionnée au deuxième alinéa de l'article L. 331-32 ;

"2° Si l'atteinte aux droits visés au premier alinéa du présent article est le fait d'une personne qui a frauduleusement utilisé l'accès au service de communication au public en ligne ;

"3° En cas de force majeure.

"Le manquement de la personne titulaire de l'accès à l'obligation définie au premier alinéa n'a pas pour effet d'engager la responsabilité pénale de l'intéressé."

9. Considérant, d'autre part, qu'aux termes de l'article L. 331-27 : "Lorsqu'il est constaté que l'abonné a méconnu l'obligation définie à l'article L. 336-3 dans l'année suivant la réception d'une recommandation adressée par la commission de protection des droits et assortie d'une lettre remise contre signature ou de tout autre moyen propre à établir la preuve de la date d'envoi de cette recommandation et celle de sa réception par l'abonné, la commission peut, après une procédure contradictoire, prononcer, en fonction de la gravité des manquements et de l'usage de l'accès, l'une des sanctions suivantes :

"1° La suspension de l'accès au service pour une durée de deux mois à un an assortie de l'impossibilité, pour l'abonné, de souscrire pendant la même période un autre contrat portant sur l'accès à un service de communication au public en ligne auprès de tout opérateur ;

"2° Une injonction de prendre, dans un délai qu'elle détermine, des mesures de nature à prévenir le renouvellement du manquement constaté, notamment un moyen de sécurisation figurant sur la liste définie au deuxième alinéa de l'article L. 331-32, et d'en rendre compte à la Haute Autorité, le cas échéant sous astreinte" ;

10. Considérant qu'en application de l'article L. 331-28 la commission de protection des droits de la Haute Autorité peut, avant d'engager une procédure de sanction, proposer à l'abonné une transaction comportant soit une suspension de l'accès à internet pendant un à trois mois, soit une obligation de prendre des mesures de nature à prévenir le renouvellement du manquement ; que l'article L. 331-29 autorise cette commission à prononcer les sanctions prévues à l'article L. 331-27 en cas de non-respect de la transaction ; que l'article L. 331-30 précise les conséquences contractuelles de la suspension de l'accès au service ; que l'article L. 331-31 prévoit les conditions dans lesquelles le fournisseur d'accès est tenu de mettre en œuvre la mesure de suspension ; que l'article L. 331-32 détermine les modalités selon lesquelles est établie la liste des moyens de sécurisation dont la mise en œuvre exonère le titulaire de l'accès de toute sanction ; que les articles L. 331-33 et L. 331-34 instituent un répertoire national recensant les personnes ayant fait l'objet d'une mesure de suspension ; qu'enfin l'article L. 331-36 permet à la commission de protection des droits de conserver, au plus tard jusqu'au moment où la suspension d'accès a été entièrement exécutée, les données techniques qui ont été mises à sa disposition ;

11. Considérant que, selon les requérants, en conférant à une autorité administrative, même indépendante, des pouvoirs de sanction consistant à suspendre l'accès à internet, le législateur aurait, d'une part, méconnu le caractère fondamental du droit à la liberté d'expression et de communication et, d'autre part, institué des sanctions manifestement disproportionnées ; qu'ils font valoir, en outre, que les conditions de cette répression institueraient une présomption de culpabilité et porteraient une atteinte caractérisée aux droits de la défense ;

12. Considérant qu'aux termes de l'article 11 de la Déclaration des droits de l'homme et du citoyen de 1789 : "La libre communication des pensées et des opinions est un des droits les plus précieux de l'homme : tout citoyen peut donc parler, écrire, imprimer librement, sauf à répondredel'abus de cette liberté dans les cas déterminés par la loi" ; qu'en l'état actuel des moyens de communication et eu égard au développement généralisé des services de communication au public en ligne ainsi qu'à l'importance prise par ces services pour la participation à la vie démocratique et l'expression des idées et des opinions, ce droit implique la liberté d'accéder à ces services ;

13. Considérant que la propriété est au nombre des droits de l'homme consacrés par les articles 2 et 17 de la Déclaration de 1789 ; que les finalités et les conditions d'exercice du

droit de propriété ont connu depuis 1789 une évolution caractérisée par une extension de son champ d'application à des domaines nouveaux ; que, parmi ces derniers, figure le droit, pour les titulaires du droit d'auteur et de droits voisins, de jouir de leurs droits de propriété intellectuelle et de les protéger dans le cadre défini par la loi et les engagements internationaux de la France ; que la lutte contre les pratiques de contrefaçon qui se développent sur internet répond à l'objectif de sauvegarde de la propriété intellectuelle ;

14. Considérant que le principe de la séparation des pouvoirs, non plus qu'aucun principe ou règle de valeur constitutionnelle, ne fait obstacle à ce qu'une autorité administrative, agissant dans le cadre de prérogatives de puissance publique, puisse exercer un pouvoir de sanction dans la mesure nécessaire à l'accomplissement de sa mission dès lors que l'exercice de ce pouvoir est assorti par la loi de mesures destinées à assurer la protection des droits et libertés constitutionnellement garantis ; qu'en particulier doivent être respectés le principe de la légalité des délits et des peines ainsi que les droits de la défense, principes applicables à toute sanction ayant le caractère d'une punition, même si le législateur a laissé le soin de la prononcer à une autorité de nature non juridictionnelle ;

15. Considérant qu'aux termes de l'article 34 de la Constitution : "La loi fixe les règles concernant... les droits civiques et les garanties fondamentales accordées aux citoyens pour l'exercice des libertés publiques" ; que, sur ce fondement, il est loisible au législateur d'édicter des règles de nature à concilier la poursuite de l'objectif de lutte contre les pratiques de contrefaçon sur internet avec l'exercice du droit de libre communication et de la liberté de parler, écrire et imprimer ; que, toutefois, la liberté d'expression et de communication est d'autant plus précieuse que son exercice est une condition de la démocratie et l'une des garanties du respect des autres droits et libertés ; que les atteintes portées à l'exercice de cette liberté doivent être nécessaires, adaptées et proportionnées à l'objectif poursuivi ;

16. Considérant que les pouvoirs de sanction institués par les dispositions critiquées habilitent la commission de protection des droits, qui n'est pas une juridiction, à restreindre ou à empêcher l'accès à internet de titulaires d'abonnement ainsi que des personnes qu'ils en font bénéficier ; que la compétence reconnue à cette autorité administrative n'est pas limitée à une catégorie particulière de personnes mais s'étend à la totalité de la population ; que ses pouvoirs peuvent conduire à restreindre l'exercice, par toute personne, de son droit de s'exprimer et de communiquer librement, notamment depuis son domicile ; que, dans ces conditions, eu égard à la nature de la liberté garantie par l'article 11 de la Déclaration de 1789, le législateur ne pouvait, quelles que soient les garanties encadrant le prononcé des sanctions, confier de tels pouvoirs à une autorité administrative dans le but de protéger les droits des titulaires du droit d'auteur et de droits voisins ;

17. Considérant, en outre, qu'en vertu de l'article 9 de la Déclaration de 1789 tout homme est présumé innocent jusqu'à ce qu'il ait été déclaré coupable ; qu'il en résulte qu'en principe le législateur ne saurait instituer de présomption de culpabilité en matière répressive ; que, toutefois, à titre exceptionnel, de telles présomptions peuvent être établies, notamment en matière contraventionnelle, dès lors qu'elles ne revêtent pas de caractère irréfragable, qu'est assuré le respect des droits de la défense et que les faits induisent raisonnablement la vraisemblance de l'imputabilité ;

18. Considérant, en l'espèce, qu'il résulte des dispositions déférées que la réalisation d'un acte de contrefaçon à partir de l'adresse internet de l'abonné constitue, selon les termes du deuxième alinéa de l'article L. 331-21, "la matérialité des manquements à l'obligation définie à l'article L. 336-3" ; que seul le titulaire du contrat d'abonnement d'accès à internet peut faire l'objet des sanctions instituées par le dispositif déféré ; que, pour s'exonérer de ces sanctions, il lui incombe, en vertu de l'article L. 331-38, de produire les éléments de nature à établir que l'atteinte portée au droit d'auteur ou aux droits voisins procède de la fraude d'un tiers ; qu'ainsi, en opérant un renversement de la charge de la preuve, l'article L. 331-38 institue, en méconnaissance des exigences résultant de l'article 9 de la Déclaration de 1789, une présomption de culpabilité à l'encontre du titulaire de l'accès à internet, pouvant conduire à prononcer contre lui des sanctions privatives ou restrictives de droit ;

19. Considérant qu'il résulte de ce qui précède, et sans qu'il soit besoin d'examiner les autres griefs, que doivent être déclarés contraires à la Constitution, à l'article 11 de la loi déférée, les deuxième à cinquième alinéas de l'article L. 336-3 et, à son article 5, les articles L. 331-27 à L. 331-31, L. 331-33 et L. 331-34 ; qu'il en va de même, au deuxième alinéa de l'article L. 331-21, des mots : "et constatent la matérialité des manquements à l'obligation définie à l'article L. 336-3", du dernier alinéa de l'article L. 331-26, ainsi que des mots : "pour être considérés, à ses yeux, comme exonérant valablement de sa responsabilité le titulaire de l'accès au titre de l'article L. 336-3" figurant au premier alinéa de l'article L. 331-32 et des mots : "dont la mise en œuvre exonère valablement le titulaire de l'accès de sa responsabilité au titre de l'article L. 336-3" figurant au deuxième alinéa de ce même article ;

20. Considérant que doivent également être déclarés contraires à la Constitution, en tant qu'ils n'en sont pas séparables, à l'article 5, les mots : "et l'avertissant des sanctions encourues en cas de renouvellement du manquement présumé" figurant au premier alinéa de l'article L. 331-26, les mots : "ainsi que des voies de recours possibles en application des articles L. 331-26 à L. 331-31 et L. 331-33" figurant à l'article L. 331-35, les mots : "et, au plus tard, jusqu'au moment où la suspension de l'accès prévue par ces dispositions a été entièrement exécutée" figurant au premier alinéa de l'article L. 331-36 et le second alinéa de cet article, les mots : "ainsi que du répertoire national visé à l'article L. 331-33, permettant notamment aux personnes dont l'activité est d'offrir un accès à un service de communication au public en ligne de disposer, sous la forme d'une simple interrogation, des informations strictement nécessaires pour procéder à la vérification prévue par ce même article" figurant à l'article L. 331-37, le second alinéa de l'article L. 331-38 ; qu'il en va de même, à l'article 16, des mots : "de manquement à l'obligation définie à l'article L. 336-3 du code de la propriété intellectuelle et", ainsi que des I et V de l'article 19 ;

En ce qui concerne le droit au respect de la vie privée :

21. Considérant que, selon les requérants, la loi déférée opère une conciliation manifestement déséquilibrée entre la protection des droits d'auteur et le droit au respect de la vie privée ; que l'objectif poursuivi par le législateur nécessiterait la mise en œuvre de mesures de surveillance des citoyens et l'instauration d'un "contrôle généralisé des communicationsélectroniques" incompatibles avec l'exigence constitutionnelle du droit au respect de la vie privée ; que les requérants font valoir que les pouvoirs reconnus aux agents privés, habilités à collecter les adresses des abonnés suspectés d'avoir partagé un fichier d'œuvre protégée, ne sont pas encadrés par des garanties suffisantes ;

22. Considérant, en premier lieu, qu'aux termes de l'article 2 de la Déclaration de 1789 : "Le but de toute association politique est la conservation des droits naturels et imprescriptibles de l'homme. Ces droits sont la liberté, la propriété, la sûreté et la résistance à l'oppression" ; que la liberté proclamée par cet article implique le respect de la vie privée ;

23. Considérant, en second lieu, qu'il appartient au législateur, en vertu de l'article 34 de la Constitution, de fixer les règles concernant les garanties fondamentales accordées aux citoyens pour l'exercice des libertés publiques ; qu'il lui appartient d'assurer la conciliation entre le respect de la vie privée et d'autres exigences constitutionnelles, telles que la protection du droit de propriété ;

24. Considérant qu'en vertu de l'article L. 331-24 du code de la propriété intellectuelle la commission de protection des droits agit sur saisine d'agents assermentés et agréés dans les conditions définies à l'article L. 331-2 du même code ; que ces agents sont désignés par les organismes de défense professionnelle régulièrement constitués, par les sociétés de perception et de répartition des droits ou par le Centre national de la cinématographie ;

25. Considérant qu'aux termes de l'article 9 de la loi du 6 janvier 1978 susvisée : "Les traitements de données à caractère personnel relatives aux infractions, condamnations et mesures de sûreté ne peuvent être mis en œuvre que par :... 4° Les personnes morales mentionnées aux articles L. 321-1 et L. 331-1 du code de la propriété intellectuelle, agissant au titre des droits dont elles assurent la gestion ou pour le compte des victimes d'atteintes aux droits prévus aux livres Ier, II et III du même code aux fins d'assurer la défense de ces droits" ; que ces personnes morales sont les sociétés de perception et de répartition des droits et les organismes de défense professionnelle régulièrement constitués ;

26. Considérant que les dispositions combinées de l'article L. 34-1 du code des postes et des communications électroniques, tel qu'il est modifié par l'article 14 de la loi déférée, des troisième et cinquième alinéas de l'article L. 331-21 du code de la propriété intellectuelle et de son article L. 331-24 ont pour effet de modifier les finalités en vue desquelles ces personnes peuvent mettre en œuvre des traitements portant sur des données relatives à des infractions ; qu'elles permettent en effet que, désormais, les données ainsi recueillies acquièrent un caractère nominatif également dans le cadre de la procédure conduite devant la commission de protection des droits ;

27. Considérant que la lutte contre les pratiques de contrefaçon sur internet répond à l'objectif de sauvegarde de la propriété intellectuelle et de la création culturelle ; que, toutefois, l'autorisation donnée à des personnes privées de collecter les données permettant indirectement d'identifier les titulaires de l'accès à des services de communication au public en ligne conduit à la mise en œuvre, par ces personnes privées, d'un traitement de données à caractère personnel relatives à des infractions ; qu'une telle autorisation ne saurait, sans porter une atteinte disproportionnée au droit au respect de la vie privée, avoir d'autres finalités que de permettre aux titulaires du droit d'auteur et de droits voisins d'exercer les recours juridictionnels dont dispose toute personne physique ou morale s'agissant des infractions dont elle a été victime ;

28. Considérant qu'à la suite de la censure résultant des considérants 19 et 20, la commission de protection des droits ne peut prononcer les sanctions prévues par la loi déférée ; que seul un rôle préalable à une procédure judiciaire lui est confié ; que son intervention est justifiée par l'ampleur des contrefaçons commises au moyen d'internet et l'utilité, dans l'intérêt d'une bonne administration de la justice, de limiter le nombre d'infractions dont l'autorité judiciaire sera saisie ; qu'il en résulte que les traitements de données à caractère personnel mis en œuvre par les sociétés et organismes précités ainsi que la transmission de ces données à la commission de protection des droits pour l'exercice de ses missions s'inscrivent dans un processus de saisine des juridictions compétentes ;

29. Considérant que ces traitements seront soumis aux exigences prévues par la loi du 6 janvier 1978 susvisée ; que les données ne pourront être transmises qu'à cette autorité administrative ou aux autorités judiciaires ; qu'il appartiendra à la Commission nationale de l'informatique et des libertés, saisie pour autoriser de tels traitements, de s'assurer que les modalités de leur mise en œuvre, notamment les conditions de conservation des données, seront strictement proportionnées à cette finalité ;

30. Considérant, en outre, que, contrairement à ce que soutiennent les requérants, les agents assermentés visés à l'article L. 331-24 du code de la propriété intellectuelle ne sont pas investis du pouvoir de surveiller ou d'intercepter des échanges ou des correspondances privés ;

31. Considérant qu'il résulte de ce qui précède que, sous la réserve énoncée au considérant 29, la mise en œuvre de tels traitements de données à caractère personnel ne méconnaît pas les exigences constitutionnelles précitées ;

En ce qui concerne le renvoi à des décrets en Conseil d'État :

32. Considérant que, selon les requérants, en renvoyant à un décret le soin de préciser les conditions dans lesquelles la Haute Autorité pourra attribuer un label permettant "d'identifier clairement le caractère légal" des offres de service de communication en ligne, l'article L. 331-23 du code de la propriété intellectuelle laisserait à la Haute Autorité le pouvoir de déterminer de manière discrétionnaire les offres qui présentent, selon elle, un caractère légal ; que les requérants ajoutent que l'article L. 331-32 ne pouvait renvoyer au décret le soin de fixer la procédure d'évaluation et de labellisation des moyens de sécurisation de l'accès à internet ; que, ce faisant, le législateur n'aurait pas exercé la compétence qu'il tient de l'article 34 de la Constitution en matière de garanties fondamentales reconnues aux citoyens dans l'exercice des libertés publiques ;

33. Considérant que, si l'article 34 de la Constitution dispose que "la loi fixe les règles concernant... les garanties fondamentales accordées aux citoyens pour l'exercice des libertés publiques", la mise en œuvre des garanties déterminées par le législateur relève du pouvoir exécutif ; que les dispositions de l'article 21 de la Constitution, qui confient au Premier ministre le soin d'assurer l'exécution des lois et, sous réserve des dispositions de l'article 13, d'exercer le pouvoir réglementaire, ne font pas obstacle à ce que le législateur confie à une autorité publique autre que le Premier ministre le soin de fixer des normes permettant la mise en œuvre des principes posés par la loi, pourvu que cette habilitation ne concerne que des mesures limitées tant par leur champ d'application que par leur contenu ; qu'une telle attribution de compétence n'a pas pour effet de dispenser l'autorité réglementaire du respect des exigences constitutionnelles ;

34. Considérant que la labellisation du "caractère légal" des offres de service de communication au public en ligne a pour seul objet de favoriser l'identification, par le public, d'offres de service respectant les droits de la propriété intellectuelle ; qu'il résulte du deuxième alinéa de l'article L. 331-23 que, saisie d'une demande d'attribution d'un tel label, la Haute Autorité sera tenue d'y répondre favorablement dès lors qu'elle constatera que les services proposés par cette offre ne portent pas atteinte aux droits d'auteur ou auxdroits voisins ; que le renvoiau décret pour fixer les conditions d'attribution de ce label a pour seul objet la détermination des modalités selon lesquelles les demandes de labellisation seront reçues et instruites par la Haute Autorité ; que ces dispositions ne lui confèrent aucun pouvoir arbitraire ;

35. Considérant que, dans sa rédaction issue de la censure résultant des considérants 19 et 20, l'article L. 331-32 a pour seul objet de favoriser l'utilisation des moyens de sécurisation dont la mise en œuvre permet d'assurer la surveillance d'un accès à internet conformément aux prescriptions de l'article L. 336-3 ; qu'il revient au pouvoir réglementaire de définir les conditions dans lesquelles ce label sera délivré ; qu'il s'ensuit que les dispositions des articles 5 et 11 de la loi déférée, autres que celles déclarées contraires à la Constitution, ne sont pas entachées d'incompétence négative ;

Sur l'article 10 :

36. Considérant que l'article 10 de la loi donne une nouvelle rédaction de l'article L. 336-2 du code de la propriété intellectuelle ; qu'aux termes de cet article : "En présence d'une atteinte à un droit d'auteur ou à un droit voisin occasionnée par le contenu d'un service de communication au public en ligne, le tribunal de grande instance, statuant le cas échéant en la forme des référés, peut ordonner à la demande des titulaires de droits sur les œuvres et objets protégés, de leurs ayants droit, des sociétés de perception et de répartition des droits visées à l'article L. 321-1 ou des organismes de défense professionnelle visés à l'article L. 331-1, toutes mesures propres à prévenir ou à faire cesser une telle atteinte à un droit d'auteur ou un droit voisin, à l'encontre de toute personne susceptible de contribuer à y remédier" ;

37. Considérant que, selon les requérants, la possibilité "de bloquer, par des mesures et injonctions, le fonctionnement d'infrastructures de télécommunications... pourrait priver beaucoup d'utilisateurs d'internet du droit de recevoir des informations et des idées" ; qu'en outre, le caractère excessivement large et incertain de cette disposition pourrait conduire les personnes potentiellement visées par l'article 10 à restreindre, à titre préventif, l'accès à internet ;

38. Considérant qu'en permettant aux titulaires du droit d'auteur ou de droits voisins, ainsi qu'aux personnes habilitées à les représenter pour la défense de ces droits, de demander que le tribunal de grande instance ordonne, à l'issue d'une procédure contradictoire, les mesures nécessaires pour prévenir ou faire cesser une atteinte à leurs droits, le législateur n'a pas méconnu la liberté d'expression et de communication ; qu'il appartiendra à la juridiction saisie de ne prononcer, dans le respect de cette liberté, que les mesures strictement nécessaires à la préservation des droits en cause ; que, sous cette réserve, l'article 10 n'est pas contraire à la Constitution ;

39. Considérant qu'il n'y a lieu, pour le Conseil constitutionnel, de soulever d'office aucune question de conformité à la Constitution,

Décide :

Art. 1er Sont déclarées contraires à la Constitution les dispositions suivantes du code de la propriété intellectuelle, telles qu'elles résultent des articles 5 et 11 de la loi favorisant la diffusion et la protection de la création sur internet :

— au deuxième alinéa de l'article L. 331-21, les mots : « et constatent la matérialité des manquements à l'obligation définie à l'article L. 336-3 » ;

— au premier alinéa de l'article L. 331-26, les mots : « et l'avertissant des sanctions encourues en cas de renouvellement du manquement présumé » ;

— le dernier alinéa de l'article L. 331-26 ;

— les articles L. 331-27 à L. 331-31 ;

— au premier alinéa de l'article L. 331-32, les mots : « pour être considérés, à ses yeux, comme exonérant valablement de sa responsabilité le titulaire de l'accès au titre de l'article L. 336-3 » ;

— au deuxième alinéa du même article, les mots : « dont la mise en œuvre exonère valablement le titulaire de l'accès de sa responsabilité au titre de l'article L. 336-3 » ;

— les articles L. 331-33 et L. 331-34 ;

— à l'article L. 331-35, les mots : « ainsi que des voies de recours possibles en application des articles L. 331-26 à L. 331-31 et L. 331-33 » ;

— à l'article L. 331-36, les mots : « et, au plus tard, jusqu'au moment où la suspension de l'accès prévue par ces dispositions a été entièrement exécutée » figurant au premier alinéa ainsi que le second alinéa ;

— au deuxième alinéa de l'article L. 331-37, les mots : « , ainsi que du répertoire national visé à l'article L. 331-33, permettant notamment aux personnes dont l'activité est d'offrir un accès à un service de communication au public en ligne de disposer, sous la forme d'une simple interrogation, des informations strictement nécessaires pour procéder à la vérification prévue par ce même article » ;

— le second alinéa de l'article L. 331-38 ;

— les deuxième à cinquième alinéas de l'article L. 336-3.

Il en est de même des mots : « de manquement à l'obligation définie à l'article L. 336-3 du code de la propriété intellectuelle et » figurant à l'article 16 de la même loi, ainsi que des I et V de l'article 19.

Art. 2 Au premier alinéa de l'article L. 331-17 du même code, tel qu'il résulte de l'article 5 de la même loi, les mots : « aux articles L. 331-26 à L. 331-31 et à l'article L. 331-33 » sont remplacés par les mots : « à l'article L. 331-26 ».

Art. 3 Sous les réserves énoncées aux considérants 29 et 38, l'article 10 de la même loi, ainsi que le surplus de ses articles 5, 11, 16 et 19, ne sont pas contraires à la Constitution.

Art. 4 La présente décision sera publiée au *Journal officiel* de la République française.

Décision n° 2009-590 DC du 22 octobre 2009,

Du Conseil constitutionnel.

BIBL. ▶ VERPEAUX, *JCP 2009, n° 46, 414* (loi HADOPI 2, contrôle à double détente).

Le Conseil Constitutionnel,

Vu la Constitution ;

Vu l'ordonnance n° 58-1067 du 7 novembre 1958 modifiée portant loi organique sur le Conseil constitutionnel ;

Vu le code pénal ;

Vu le code de procédure pénale, ensemble la décision n° 2002-461 DC du 29 août 2002 ;

Vu le code de la propriété intellectuelle ;

Vu la loi n° 2009-669 du 12 juin 2009 favorisant la diffusion et la protection de la création sur internet, ensemble la décision n° 2009-580 DC du 10 juin 2009 ;

Vu les observations du Gouvernement, enregistrées le 14 octobre 2009 ;

Vu les observations en réplique, enregistrées le 19 octobre 2009 ;

Le rapporteur ayant été entendu ;

1. Considérant que les députés requérants défèrent au Conseil constitutionnel la loi relative à la protection pénale de la propriété littéraire et artistique sur internet ; qu'ils contestent la conformité à la Constitution de ses articles 1er, 6, 7, 8 et 11 ;

2. Considérant que la loi déférée tend à compléter la loi du 12 juin 2009 susvisée en tirant les conséquences de la décision du 10 juin 2009 susvisée ; qu'en particulier, elle détermine les conditions dans lesquelles peuvent être constatées, poursuivies et jugées certaines infractions prévues par le code de la propriété intellectuelle dans le cas où elles sont commises au moyen d'un service de communication au public en ligne ; qu'elle institue, en outre, une peine complémentaire de suspension de l'accès à un tel service tant pour les délits prévus aux articles L. 335-2, L. 335-3 et L. 335-4 du code de la propriété intellectuelle, lorsqu'ils sont commis au moyen de ce service, que pour des contraventions qui seront créées par décret ; qu'elle organise, enfin, les conditions du prononcé et de l'exécution de cette peine complémentaire ;

– SUR L'ARTICLE 1er :

3. Considérant que l'article 1er de la loi déférée insère dans le code de la propriété intellectuelle un article L. 331-21-1 ainsi rédigé : "Les membres de la commission de protection des droits, ainsi que ses agents habilités et assermentés devant l'autorité judiciaire mentionnés à l'article L. 331-21, peuvent constater les faits susceptibles de constituer des infractions prévues au présent titre lorsqu'elles sont punies de la peine complémentaire de suspension de l'accès à un service de communication au public en ligne mentionnée aux articles L. 335-7 et L. 335-7-1.

"Ils peuvent en outre recueillir les observations des personnes concernées. Il est fait mention de ce droit dans la lettre de convocation.

"Lorsque les personnes concernées demandent à être entendues, ils les convoquent et les entendent. Toute personne entendue a le droit de se faire assister d'un conseil de son choix.

"Une copie du procès-verbal d'audition est remise à la personne concernée" ;

4. Considérant que, selon les requérants, les mots "constater les faits susceptibles de constituer des infractions" méconnaissent l'objectif d'intelligibilité et d'accessibilité de la loi ; qu'ils demandent en conséquence au Conseil constitutionnel, d'une part, de "préciser que l'adjectif susceptible doit conduire les autorités d'application de la loi à procéder en tout état de cause à un complément d'enquête afin que les seules constatations de la HADOPI ne permettent pas la condamnation des abonnés suspectés" et, d'autre part, d'imposer que toute procédure donne lieu à une audition au stade de la constitution du dossier fondant les poursuites ;

5. Considérant, d'une part, que les dispositions critiquées n'étant ni obscures ni ambiguës, le grief tiré de la méconnaissance de l'objectif constitutionnel d'intelligibilité et d'accessibilité de la loi manque en fait ;

6. Considérant, d'autre part, qu'en vertu du deuxième alinéa de l'article 61 de la Constitution, le Conseil constitutionnel a compétence pour se prononcer sur la conformité à la Constitution d'une loi soumise à son examen ; qu'il ne lui appartient de procéder à l'interprétation du texte qui lui est déféré que dans la mesure où cette interprétation est nécessaire à l'appréciation de sa constitutionnalité ; qu'en l'espèce, les autorités judiciaires compétentes apprécieront au cas par cas, comme il leur appartient de le faire, si un supplément d'enquête ou d'instruction est nécessaire ou si les éléments de preuve rassemblés par les fonctionnaires et agents chargés de fonctions de police judiciaire suffisent à établir la culpabilité de la personne mise en cause et permettent, le cas échéant, la détermination de

la peine ; qu'en conséquence, il n'y a pas lieu, pour le Conseil constitutionnel, de donner suite à la demande en interprétation dont il est saisi ;

7. Considérant que, dès lors, l'article 1er de la loi n'est pas contraire à la Constitution ;

– SUR L'ARTICLE 6 :

8. Considérant que le I de l'article 6 modifie l'article 398-1 du code de procédure pénale ; qu'il ajoute à la liste des délits jugés par le tribunal correctionnel statuant à juge unique "les délits prévus aux articles L. 335-2, L. 335-3 et L. 335-4 du code de la propriété intellectuelle, lorsqu'ils sont commis au moyen d'un service de communication au public en ligne" ; que le II de l'article 6 insère dans le code de procédure pénale un article 495-6-1 ainsi rédigé : "Les délits prévus aux articles L. 335-2, L. 335-3 et L. 335-4 du code de la propriété intellectuelle, lorsqu'ils sont commis au moyen d'un service de communication au public en ligne, peuvent également faire l'objet de la procédure simplifiée de l'ordonnance pénale prévue par la présente section. – Dans ce cas, la victime peut demander au président de statuer, par la même ordonnance se prononçant sur l'action publique, sur sa constitution de partie civile. L'ordonnance est alors notifiée à la partie civile et peut faire l'objet d'une opposition selon les modalités prévues par l'article 495-3" ;

9. Considérant que, selon les requérants, l'institution d'une procédure spécifique applicable aux délits de contrefaçon commis au moyen d'un service de communication au public en ligne et permettant qu'ils soient jugés par un seul juge ou selon la procédure simplifiée de l'ordonnance pénale méconnaît le principe d'égalité devant la justice ; que, selon eux, cette "régression des garanties procédurales" est incompatible tant avec la complexité des litiges relatifs à la contrefaçon qu'avec la gravité des sanctions susceptibles d'être prononcées ; qu'en outre, la possibilité réservée aux victimes de demander au juge de se prononcer par ordonnance pénale sur la demande de dommages et intérêts de la partie civile priverait les personnes mises en cause de la possibilité de contester ces demandes ; que, dès lors, ces dispositions méconnaîtraient le droit à un procès équitable, le respect des droits de la défense et la présomption d'innocence ;

10. Considérant que l'article 6 de la Déclaration des droits de l'homme et du citoyen de 1789 dispose que la loi "doit être la même pour tous, soit qu'elle protège, soit qu'elle punisse" ; que, si le législateur peut prévoir des règles de procédure différentes selon les faits, les situations et les personnes auxquelles elles s'appliquent, c'est à la condition que ces différences ne procèdent pas de distinctions injustifiées et que soient assurées aux justiciables des garanties égales, notamment quant au respect du principe des droits de la défense, qui implique en particulier l'existence d'une procédure juste et équitable ;

11. Considérant, en premier lieu, qu'eu égard aux particularités des délits de contrefaçon commis au moyen d'un service de communication au public en ligne, il était loisible au législateur de soumettre la poursuite de ces infractions à des règles spécifiques ; qu'en prévoyant que ces délits seraient jugés par le tribunal correctionnel composé d'un seul magistrat du siège ou pourraient être poursuivis selon la procédure simplifiée, le législateur a entendu prendre en compte l'ampleur des contrefaçons commises au moyen de ces services de communication ; que les règlesde procédureinstituées par les dispositions critiquées ne créent pas de différence entre les personnes qui se livrent à de tels actes ;

12. Considérant, en deuxième lieu, que, comme le Conseil constitutionnel l'a jugé aux considérants 78 à 82 de sa décision du 29 août 2002 susvisée, la procédure simplifiée prévue par les articles 495 à 495-6 du code de procédure pénale ne méconnaît pas le principe d'égalité devant la justice ; que l'extension du champ d'application de cette procédure aux délits de contrefaçon commis au moyen d'un service de communication au public en ligne et la possibilité qu'une peine de suspension de l'accès à un tel service soit prononcée par ordonnance pénale ne méconnaissent pas davantage ce principe ;

13. Considérant, en troisième lieu, qu'aucune règle ni aucun principe constitutionnel ne s'oppose à ce que le juge puisse également statuer, par ordonnance pénale, sur la demande de dommages et intérêts formée par la victime dès lors qu'il estime disposer des éléments suffisants lui permettant de statuer ;

14. Considérant, toutefois, que l'article 34 de la Constitution réserve à la loi le soin de fixer les règles de procédure pénale ; que le deuxième alinéa de l'article 495-6-1 du code de procédure pénale prévoit que, dans le cadre de la procédure simplifiée, la victime pourra former une demande de dommages et intérêts et, le cas échéant, s'opposer à l'ordonnance pénale ; que, toutefois, cette disposition ne fixe pas les formes selon lesquelles cette demande peut être présentée ; qu'elle ne précise pas les effets de l'éventuelle opposition de la victime ; qu'elle ne garantit pas le droit du prévenu de limiter son opposition aux seules dispositions civiles de l'ordonnance pénale ou à ses seules dispositions pénales ; qu'ainsi le législateur a méconnu l'étendue de sa compétence ; que, dès lors, le deuxième alinéa de l'article 495-6-1 du code de procédure pénale doit être déclaré contraire à la Constitution ;

15. Considérant qu'il résulte de ce qui précède que, pour le surplus, l'article 6 n'est pas contraire à la Constitution ;

– SUR L'ARTICLE 7 :

16. Considérant que l'article 7 de la loi déférée rétablit dans le code de la propriété intellectuelle un article L. 335-7 ainsi rédigé : « Lorsque l'infraction est commise au moyen d'un service de communication au public en ligne, les personnes coupables des infractions prévues aux articles L. 335-2, L. 335-3 et L. 335-4 peuvent en outre être condamnées à la peine complémentaire de suspension de l'accès à un service de communication au public en ligne pour une durée maximale d'un an, assortie de l'interdiction de souscrire pendant la même période un autre contrat portant sur un service de même nature auprès de tout opérateur.

« Lorsque ce service est acheté selon des offres commerciales composites incluant d'autres types de services, tels que services de téléphonie ou de télévision, les décisions de suspension ne s'appliquent pas à ces services.

« La suspension de l'accès n'affecte pas, par elle-même, le versement du prix de l'abonnement au fournisseur du service. L'article L. 121-84 du code de la consommation n'est pas applicable au cours de la période de suspension.

« Les frais d'une éventuelle résiliation de l'abonnement au cours de la période de suspension sont supportés par l'abonné.

« Lorsque la décision est exécutoire, la peine complémentaire prévue au présent article est portée à la connaissance de la Haute Autorité pour la diffusion des œuvres et la protection des droits sur internet, qui la notifie à la personne dont l'activité est d'offrir un accès à des services de communication au public en ligne afin qu'elle mette en œuvre, dans un délai de quinze jours au plus à compter de la notification, la suspension à l'égard de l'abonné concerné.

« Le fait, pour la personne dont l'activité est d'offrir un accès à des services de communication au public en ligne, de ne pas mettre en œuvre la peine de suspension qui lui a été notifiée est puni d'une amende maximale de 5 000 €.

« Le 3° de l'article 777 du code de procédure pénale n'est pas applicable à la peine complémentaire prévue par le présent article »

17. Considérant que, selon les requérants, la peine de suspension de l'accès à internet pour une durée d'un an est disproportionnée et ne doit notamment pas pouvoir être prononcée dans le cadre de la procédure simplifiée ; qu'ils font valoir que l'obligation de s'acquitter du prix de l'abonnement souscrit pendant la durée de la suspension constitue une sanction manifestement disproportionnée ; qu'ils soutiennent, en outre, que l'impossibilité technique, au moins temporaire, de faire respecter les dispositions du deuxième alinéa de l'article L. 335-7 du code de la propriété intellectuelle sur l'ensemble du territoire national confère à certains citoyens une forme d'immunité qui méconnaît le principe d'égalité et s'oppose à l'application immédiate de la loi ; qu'enfin, ils estiment qu'en confiant à une autorité administrative le pouvoir de faire exécuter les peines de suspension de l'accès à internet, le cinquième alinéa de l'article L. 335-7 méconnaît le principe de séparation des pouvoirs ;

18. Considérant, en premier lieu, que l'article 8 de la Déclaration de 1789 dispose : "La loi ne doit établir que des peines strictement et évidemment nécessaires... " ; qu'aux termes de l'article 34 de la Constitution : "La loi fixe les règles concernant... la détermination des crimes et délits ainsi que les peines qui leur sont applicables " ;

19. Considérant que l'article 61 de la Constitution ne confère pas au Conseil constitutionnel un pouvoir général d'appréciation et de décision de même nature que celui du Parlement, mais lui donne seulement compétence pour se prononcer sur la conformité à la Constitution des lois déférées à son examen ;

20. Considérant que, si la nécessité des peines attachées aux infractions relève du pouvoir d'appréciation du législateur, il incombe au Conseil constitutionnel de s'assurer de l'absence de disproportion manifeste entre l'infraction et la peine encourue ;

21. Considérant que l'instauration d'une peine complémentaire destinée à réprimer les délits de contrefaçon commis au moyen d'un service de communication au public en ligne et consistant dans la suspension de l'accès à un tel service pour une durée maximale d'un an, assortie de l'interdiction de souscrire pendant la même période un autre contrat portant sur un service de même nature auprès de tout opérateur, ne méconnaît pas le principe de nécessité des peines ;

22. Considérant, en deuxième lieu, que le troisième alinéa de l'article L. 335-7 du code de la propriété intellectuelle précise les conséquences de la peine de suspension de l'accès à internet sur les relations contractuelles entre le fournisseur d'accès et l'abonné ; que l'obligation imposée à ce dernier de s'acquitter du prix de l'abonnement, à défaut de résiliation,

ne constitue ni une peine ni une sanction ayant le caractère d'une punition ; que cette disposition, qui trouve son fondement dans le fait que l'inexécution du contrat est imputable à l'abonné, ne méconnaît aucune exigence constitutionnelle ;

23. Considérant, en troisième lieu, que les dispositions déférées sont applicables à l'ensemble du territoire de la République, à l'exception de la Polynésie française, collectivité d'outre-mer régie par l'article 74 de la Constitution ; que, si, pour des raisons tenant aux caractéristiques des réseaux de communication dans certaines zones, l'impossibilité d'assurer le respect des prescriptions du deuxième alinéa de l'article L. 335-7 du code de la propriété intellectuelle peut faire temporairement obstacle à ce que la peine complémentaire de suspension de l'accès à internet soit effectivement exécutée, cette circonstance, qu'il appartiendra au juge de prendre en compte dans le prononcé de la peine, n'estpas, par elle-même,de nature à entraîner une méconnaissance du principe d'égalité devant la loi ;

24. Considérant, en quatrième lieu, qu'aucune règle ni aucun principe constitutionnel ne s'oppose à ce qu'une autorité administrative participe à la mise en œuvre de l'exécution de la peine de suspension de l'accès à internet ;

25. Considérant qu'il résulte de ce qui précède que l'article 7 n'est pas contraire à la Constitution ;

– SUR L'ARTICLE 8 :

26. Considérant que l'article 8 insère dans le code de la propriété intellectuelle un article L. 335-7-1 ainsi rédigé : « Pour les contraventions de la cinquième classe prévues par le présent code, lorsque le règlement le prévoit, la peine complémentaire définie à l'article L. 335-7 peut être prononcée selon les mêmes modalités, en cas de négligence caractérisée, à l'encontre du titulaire de l'accès à un service de communication au public en ligne auquel la commission de protection des droits, en application de l'article L. 331-25, a préalablement adressé, par voie d'une lettre remise contre signature ou de tout autre moyen propre à établir la preuve de la date de présentation, une recommandation l'invitant à mettre en œuvre un moyen de sécurisation de son accès à internet.

« La négligence caractérisée s'apprécie sur la base des faits commis au plus tard un an après la présentation de la recommandation mentionnée à l'alinéa précédent.

« Dans ce cas, la durée maximale de la suspension est d'un mois.

« Le fait pour la personne condamnée à la peine complémentaire prévue par le présent article de ne pas respecter l'interdiction de souscrire un autre contrat d'abonnement à un service de communication au public en ligne pendant la durée de la suspension est puni d'une amende d'un montant maximal de 3 750 € » ;

27. Considérant que, selon les requérants, ces dispositions créent une nouvelle incrimination de négligence caractérisée sanctionnée par une peine de suspension de l'accès à internet ; que son imprécision méconnaîtrait le principe de légalité des délits et des peines et instituerait une présomption de culpabilité contraire au principe de la présomption d'innocence ; qu'enfin cette peine revêtirait un caractère manifestement disproportionné ;

28. Considérant, d'une part, que l'article 8 de la loi déférée n'instaure pas une contravention mais crée une nouvelle catégorie de peine complémentaire qui sera applicable à certaines contraventions de la cinquième classe ; que si, en vertu des dispositions critiquées, ces contraventions ne pourront être assorties de la peine complémentaire de suspension de l'accès à internet pour une durée maximale d'un mois qu'en cas de négligence caractérisée, il appartient au pouvoir réglementaire, dans l'exercice de la compétence qu'il tient de l'article 37 de la Constitution, et sous le contrôle des juridictions compétentes, d'en définir les éléments constitutifs ; qu'en outre, le caractère proportionné d'une peine s'apprécie au regard de l'ensemble des éléments constitutifs de l'infraction qu'elle est destinée à réprimer ; que, dès lors, les griefs tirés de ce que la nouvelle incrimination méconnaîtrait les articles 8 et 9 de la Déclaration de 1789 ne peuvent qu'être rejetés ;

29. Considérant, d'autre part, que, s'il appartient aux juridictions compétentes d'apprécier les situations de fait répondant à la ″ négligence caractérisée ″ mentionnée à l'article L. 335-7-1 du code de la propriété intellectuelle, cette notion, qui ne revêt pas un caractère équivoque, est suffisamment précise pour garantir contre le risque d'arbitraire ;

30. Considérant que, dès lors, l'article 8 n'est pas contraire à la Constitution ;

– SUR L'ARTICLE 11 :

31. Considérant que l'article 11 modifie l'article 434-41 du code pénal ; qu'il punit d'une peine de deux ans d'emprisonnement et 30 000 € d'amende ″ la violation, par le condamné, des obligations ou interdictions résultant des peines... d'interdiction de souscrire un nouveau contrat d'abonnement à un service de communication au public en ligne résultant de la peine complémentaire prévue en matière délictuelle par l'article L. 335-7 du code de la propriété intellectuelle ″ ; que, contrairement à ce que soutiennent les requérants, cette dispo-

sition n'institue pas une peine manifestement disproportionnée ; que, dès lors, l'article 11 n'est pas contraire à la Constitution ;

32. Considérant qu'il n'y a lieu, pour le Conseil constitutionnel, de soulever d'office aucune question de conformité à la Constitution,

DÉCIDE :

Art. 1er Le second alinéa de l'article 495-6-1 du code de procédure pénale, tel qu'il résulte de l'article 6 de la loi relative à la protection pénale de la propriété littéraire et artistique sur internet, est déclaré contraire à la Constitution.

Art. 2 Les articles 1er, 7, 8 et 11 de la même loi, ainsi que le surplus de son article 6, ne sont pas contraires à la Constitution.

Art. 3 La présente décision sera publiée au *Journal officiel* de la République française.

Avis du 23 octobre 2012,

De la commission relative à l'informatique en nuage du Conseil supérieur de la propriété littéraire et artistique relatif à l'informatique dans les nuages (« cloud computing »).

BIBL. ▶ LAUVAUX, *Légipresse 2013, n° 301, p. 49* (le cloud et la copie privée).

Sur le rapport de la commission spécialisée portant sur les enjeux juridiques et économiques du développement des technologies dites d'"informatique dans les nuages" (*cloud computing*), le Conseil supérieur de la propriété littéraire et artistique a adopté, lors de sa séance du 23 octobre 2012, l'avis suivant :

1 – L'expression "cloud computing", ou "informatique dans les nuages", recouvre une variété de services fondés sur un aménagement du mode de fonctionnement des systèmes informatiques et de communication, qui se caractérise par le stockage à distance de données dans le but d'en permettre la consultation et/ou la reproduction sur une pluralité d'appareils, connectés à Internet, au profit des utilisateurs de cette technologie.

2 – Le développement de ces services ne se fonde pas sur l'émergence de technologies nouvelles mais plutôt sur le développement et la mise en cohérence de technologies déjà existantes de stockage de données et d'accès dit "intelligent".

3 – Le droit de la propriété littéraire et artistique est concerné dès lors que les services d'informatique dans les nuages offrent au public diverses possibilités d'usage (distribution, stockage, consultation), pour tous les genres d'œuvres et objets protégés (musique, audiovisuel, livres, presse, arts visuels). L'informatique dans les nuages offre notamment de nouvelles fonctionnalités de synchronisation sans fil des contenus entre un nombre croissant de terminaux personnels, fonctionnalités qui semblent, en l'état de la technique, de nature à favoriser une multiplication des reproductions de ces contenus.

4 – On constate une grande diversité de services d'informatique dans les nuages, à la fois dans leur objet et dans les conditions techniques et juridiques de leur mise en œuvre. Trois grandes catégories de services destinés aux particuliers ont été particulièrement étudiées :

i) les services dits de « casier personnel » dont l'objet est le stockage de contenus déjà détenus par l'utilisateur et l'accès auxdits contenus et leur reproduction sur une pluralité d'appareils ;

ii) les services rattachés à un service de téléchargement légal, lequel relève du droit exclusif reconnu aux ayants droit d'autoriser l'exploitation des œuvres et objets protégés, permettant au consommateur, une fois un exemplaire d'une œuvre ou d'un objet protégé acquis auprès de la plateforme, d'en effectuer de multiples reproductions, de manière différée et/ou simultanée, sur une pluralité d'appareils, pour un usage privé ;

iii) les services d'obtention d'équivalents permettant au consommateur qui détient préalablement un exemplaire d'une œuvre ou d'un objet protégé d'obtenir, d'une part, l'accès à un fichier de substitution (généralement de qualité supérieure au fichier détenu et accompagné de métadonnées complètes) mis à disposition par ce service et, d'autre part, de pouvoir effectuer de multiples copies de cet équivalent, de manière différée et/ou simultanée, sur une pluralité d'appareils. L'obtention de l'équivalent et de ses copies subséquentes par le biais de ce type de service ne nécessite pas, en l'état de la technique, que le fichier initialement détenu par l'utilisateur ait été acquis légalement par ce dernier.

En raison de la rapide évolution des offres d'informatique dans les nuages, les qualifications juridiques avancées par le présent avis doivent être regardées comme se cantonnant aux trois familles de services décrites ci-dessus, sans préjuger des régimes applicables aux services futurs, ni aux autres fonctionnalités (notamment de partage de contenus entre utilisateurs) qui seraient éventuellement offertes par ces trois familles de services.

5 – Il est souligné que les concepts essentiels du droit d'auteur et des droits voisins sont aptes à appréhender ces offres d'informatique en nuages.

6 – La pertinence du droit exclusif se confirme en ce que tout acte d'exploitation des œuvres et objets protégés dans le cadre des services d'informatique dans les nuages donne par principe prise à l'obligation d'obtenir une autorisation des ayants droit. L'application du droit exclusif, qui constitue le mode d'exercice premier des droits d'auteur et voisins, notamment dans l'environnement numérique, peut permettre un contrôle de l'exploitation des œuvres et objets protégés, une régulation effective des services d'informatique dans les nuages et une valorisation des droits de propriété littéraire et artistique dans cet environnement.

S'agissant des services d'obtention d'équivalents notamment, la fourniture du fichier de substitution reproduisant une œuvre ou un objet protégé, de qualité différente de celui que le consommateur détenait préalablement, relève de l'exercice du droit exclusif des titulaires de droits d'auteur et voisins.

7 – Un double constat s'impose toutefois :

a. Dès lors qu'ils bénéficieraient du statut d'hébergeur – avec toutes les réserves qu'appellerait l'application de ce statut –, l'exercice du droit exclusif d'autorisation préalable contre rémunération serait rendu légalement impossible à l'égard des prestataires d'informatique en nuage, tels que les fournisseurs de "mémoire distante", se limitant à permettre à l'utilisateur de stocker – et donc de copier – des contenus de son choix pour les recopier à nouveau sur ses divers terminaux personnels.

b. Certains services d'informatique dans les nuages, en particulier ceux rattachés à un service de téléchargement légal, offrent aux utilisateurs des fonctionnalités de synchronisation de contenus via le nuage dont les effets sont identiques à des méthodes de synchronisation préexistantes dans un environnement matériel personnel, lesquelles ont toujours été considérées comme relevant de l'exception de copie privée.

8 – Ce double constat justifie, d'un point de vue qui n'est pas unanime, sur un plan tant juridique qu'économique, l'application du bénéfice de l'exception de copie privée aux reproductions multiples de contenus faites à l'initiative de l'utilisateur sur ses terminaux personnels, grâce *[à.]* certaines fonctionnalités de l'informatique en nuage. Cette application est toutefois conditionnée à la licéité de la source de la copie, à l'usage strictement personnel de la copie et pour chaque catégorie de service, aux exigences du test dit "en trois étapes", institué par la convention de Berne et repris par l'article 5.5 de la directive du 22 mai 2001 sur l'harmonisation de certains aspects du droit d'auteur et des droits voisins dans la société de l'information et par les articles L. 122-5 et L. 211-3 du code de la propriété intellectuelle, qui réservent l'exercice des exceptions aux droits d'auteurs et voisins à des cas spéciaux, ne portant pas atteinte à l'exploitation normale de l'œuvre et n'occasionnant pas un préjudice injustifié aux intérêts légitimes de l'auteur et des titulaires de droits voisins.

9 – Ces reproductions s'inséreraient dès lors dans le régime économique de la copie privée, dont les critères de rémunération seraient applicables et qui permettrait d'assurer une compensation financière pour les ayants droit.

10 – Les producteurs cinématographiques et audiovisuels estiment quant à eux que l'application d'un tel régime n'est ni justifiée et ni souhaitable dans la mesure où l'exercice du droit exclusif d'autoriser permet d'appréhender entièrement l'activité des services d'informatique dans les nuages, et que le fait de reconnaître applicable dans certains cas l'exception de copie privée les empêcherait de négocier pleinement les conditions d'exploitation des œuvres cinématographiques et audiovisuelles par les prestataires concernés et remettrait en cause la capacité des titulaires de droits à lutter efficacement contre certains actes de contrefaçon.

11 – Il est précisé que le prestataire des services identifiés au point 7.b est légalement tenu d'obtenir une autorisation expresse des ayants droit au titre du droit exclusif qui leur est reconnu pour se livrer à une exploitation des œuvres et objets protégés par la réalisation d'actes de reproduction, même effectués pour le compte de l'utilisateur à des fins de copie privée.

12 – Le présent avis, fondé sur la primauté du droit exclusif, est rendu en considération de l'exigence d'assurer une application effective et adaptée du droit de la propriété littéraire et artistique aux réalités techniques et économiques dans l'environnement numérique. La commission pourra assurer une veille portant sur les développements de l'informatique dans les nuages et, si ces développements le justifient, compléter ses travaux.

Recommandation n° 2014-02 du 7 novembre 2014,

De la Commission des clauses abusives relative aux contrats proposés par les fournisseurs de services de réseaux sociaux.

Considérant que les réseaux sociaux ont connu, ces dernières années, une forte croissance de leur fréquentation et ce, parmi toutes les catégories de la population et, notamment, les mineurs ;

que le modèle d'affaires de ces réseaux sociaux repose principalement sur la collecte d'informations utiles au fonctionnement du réseau social, la valorisation des informations recueillies et échangées ; qu'afin de clarifier la distinction entre le réseau lui-même et le service rendu, ce dernier sera dénommé dans la présente recommandation service de réseautage social ;

Considérant que ces services de la société de l'information reposent sur un fonctionnement participatif, par lequel les utilisateurs fournissent du contenu (photographies, chroniques, commentaires, musiques, vidéo ou encore liens vers d'autres sites) accessible en ligne à d'autres utilisateurs, publiquement ou de manière privée ;

Considérant que la circonstance que l'utilisateur participe au fonctionnement du réseau et assure donc lui-même une prestation de service n'altère en rien sa qualité de consommateur ou non-professionnel ;

Considérant que les réseaux sociaux fonctionnent sur des rapports contractuels avec leurs utilisateurs ; que ces contrats sont conclus pour une durée indéterminée entre un professionnel et un utilisateur qui peut agir tantôt en qualité de professionnel lorsque le réseau social propose un service de mise en relation de professionnels, tantôt en qualité de consommateur ou non-professionnel lorsque l'internaute agit à des fins n'entrant pas dans le cadre de son activité commerciale, industrielle, artisanale ou libérale ; que seuls ces derniers contrats sont inclus dans le champ de cette recommandation ;

Considérant que les contrats d'adhésion qui sont ainsi conclus entre le fournisseur du service de réseautage social et l'utilisateur en sa qualité de consommateur ou de non-professionnel présentent tout ou partie des particularités suivantes :
– une asymétrie informationnelle entre les parties ;
– la mise à disposition d'un service sans contrepartie monétaire ;
– l'instantanéité de l'adhésion de l'utilisateur, laquelle peut s'effectuer soit au terme d'un processus de simple clic pour accepter les conditions générales d'utilisation, soit par la seule navigation, autrement dit, la simple utilisation du réseau ;
– la multiplicité des documents auxquels l'accès ne s'opère que par renvois (liens hypertextes ou renvois internes) ;

Considérant que l'examen des multiples modèles de conventions habituellement proposées par les fournisseurs professionnels de services de réseautage social à leurs cocontractants*[,]* consommateurs ou non-professionnels*[ ]* a conduit à déceler des clauses dont le caractère abusif au sens de l'article L. 132-1 du code de la consommation peut être relevé ; (...)

III. Contenu du contrat (...)

C *Clauses relatives aux contenus numériques*

a) *Clauses relatives aux licences de propriété intellectuelle*

(24) Considérant que la plupart des contrats de fourniture de services de réseautage social comprennent une clause prévoyant que, dans l'hypothèse de la publication d'un contenu dans le cadre des prestations mises à disposition par le fournisseur de service, l'utilisateur accorde à ce dernier un droit d'utilisation sur ce contenu ; que ces clauses peuvent porter sur un contenu protégé par la législation régissant le droit d'auteur au sens du livre I du code de la propriété intellectuelle ; que certaines de ces clauses sont formulées de manière trop large et qu'elles sont, alors, contraires aux prescriptions des articles L. 131-1 et L. 131-3 dudit code qui imposent de préciser le contenu visé, les droits conférés ainsi que les exploitations autorisées par l'auteur du contenu protégé ; que cette généralité est de nature à créer un *déséquilibre* significatif entre les droits et obligations des parties au contrat au détriment du consommateur ou du non-professionnel ;

(25) Considérant que la plupart des contrats de fourniture de services de réseautage social comportent des clauses qui confèrent une totale liberté au fournisseur de service lors de l'utilisation du contenu ; qu'elles sont contraires à l'article L. 121-1 du code de la propriété intellectuelle en ce qu'elles portent atteinte au principe d'ordre public d'inaliénabilité du droit moral de l'auteur ; que ces clauses sont illicites et, maintenues dans un contrat conclu entre un professionnel et un consommateur ou un non-professionnel, abusives ;

(26) Considérant que la plupart des clauses prévoient que le droit d'utilisation conféré au fournisseur du service l'est à titre gratuit ; que certaines de ces clauses sont noyées dans les conditions générales d'utilisation du service de réseautage social sans que l'attention de l'utilisateur soit suffisamment attirée sur la portée de son engagement ; que ces clauses qui privent le non-professionnel ou le consommateur d'une information claire sur la portée de son

engagement sont contraires à l'article L. 133-2, alinéa 1er, du code de la consommation ; que ce défaut de lisibilité est de nature à créer un déséquilibre entre les droits et les obligations des parties au contrat au détriment du consommateur ou du non-professionnel ;

b) *Clauses de conformité à la loi n° 2004-575 du 21 juin 2004 pour la confiance dans l'économie numérique*

(27) Considérant que plusieurs contrats contiennent une clause stipulant que le fournisseur du service ne saurait être tenu responsable au titre des contenus circulant sur son réseau social ; que, lorsque le fournisseur peut être qualifié d'hébergeur, cette clause est contraire aux articles 6, I, 2 et suivants de la loi n° 2004-575 du 21 juin 2004 pour la confiance dans l'économie numérique, selon lesquels cet intermédiaire technique peut engager sa responsabilité dès lors qu'il a connaissance d'un contenu manifestement illicite et qu'il n'a pas agi promptement pour supprimer le contenu ou en bloquer l'accès sous conditions ; que, dans l'hypothèse où le fournisseur n'est qu'un simple prestataire de stockage, sa responsabilité peut être engagée sur le fondement du droit commun ; que ces clauses privent les utilisateurs cocontractants de toute action en responsabilité à l'encontre du fournisseur du service ; que de telles clauses exclusives de responsabilité sont de manière irréfragable présumées abusives au sens de l'article R. 132-1, 6°*[,]* du code de la consommation ;

(28) Considérant que certains contrats comportent des clauses qui prévoient, en cas de circulation de contenu illicite sur le réseau social, que le retrait de ce contenu n'a qu'un caractère facultatif pour le fournisseur de service ; que certaines clauses nient l'exigence de promptitude qui encadre ce retrait ou le soumettent à davantage de conditions que les prévisions légales ne l'exigent ; que ces clauses sont illicites en ce qu'elles sont contraires aux dispositions des articles 6, I, 2 et suivants de la loi n° 2004-575 du 21 juin 2004 pour la confiance dans l'économie numérique ; que, maintenues dans un contrat conclu entre un professionnel et un consommateur ou un non-professionnel, elles sont abusives ;

c) *Clauses relatives à la perte des contenus*

(29) Considérant que certains contrats contiennent des clauses excluant la responsabilité du fournisseur de *[du]* service en cas de dommage subi du fait de la perte de contenu sur son site même lorsqu'il est tenu d'une obligation de stockage ; que ces clauses sont de manière irréfragable présumées abusives au sens de l'article R. 132-1, 6°*[,]* du code de la consommation ;

d) *Clauses relatives au rejet ou à la suppression des contenus*

(30) Considérant que plusieurs contrats comportent des clauses conférant au fournisseur du service un pouvoir discrétionnaire pour accepter ou supprimer, pour une raison quelconque, un contenu généré par le consommateur ou le non-professionnel utilisateur du réseau social, en dehors de l'hypothèse de la modération contractuellement prévue ; que ces clauses ont pour effet d'accorder au seul professionnel le droit de déterminer si le contenu est conforme aux stipulations du contrat, alors même que ce professionnel s'est engagé à fournir une prestation de stockage et de mise à disposition de tous contenus ; que de telles clauses sont de manière irréfragable présumées abusives au sens de l'article R. 132-1, 4°*[,]* du code de la consommation ;

e) *Clauses relatives à la conservation des contenus après la suppression du compte*

(31) Considérant que certains contrats contiennent des clauses prévoyant, en cas de résiliation du contrat, que le fournisseur du service se réserve le droit de conserver les contenus mis en ligne par l'utilisateur, hors les hypothèses de cession licite ou de motif légitime, au-delà de la durée nécessaire aux opérations techniques de suppression des contenus ; que ces clauses reconnaissent au professionnel un pouvoir de décision unilatérale quant à la durée de conservation de ces contenus sans que ce droit ne soit assorti d'une information relative aux modalités de cette conservation en faveur de l'utilisateur*[,]* consommateur ou non-professionnel ; que ces clauses sont de nature à créer un déséquilibre significatif entre les droits et obligations des parties au contrat au détriment du consommateur ou du non-professionnel ; (...)

Recommande que soient éliminées des contrats proposés par les fournisseurs de service de réseautage social les clauses ayant pour objet ou pour effet : (...)

24°) de conférer au fournisseur du service un droit d'utilisation portant sur les contenus générés par le consommateur ou le non-professionnel, dès lors que ces contenus sont protégés par le droit d'auteur, sans formuler de précision suffisante concernant les contenus visés, les droits conférés et les exploitations autorisées ;

25°) de contrevenir au principe d'ordre public d'inaliénabilité du droit moral de l'auteur ;

26°) de conférer au professionnel un droit d'utilisation à titre gratuit sur le contenu généré par l'utilisateur consommateur ou non-professionnel, sans le préciser de manière claire et apparente ;

27°) de priver le consommateur ou le non-professionnel de toute action en responsabilité contre le professionnel au titre des contenus illicites circulant sur son réseau social ;

28°) de prévoir que le fait de bloquer l'accès ou de retirer promptement tout contenu illicite circulant sur le réseau social n'a pour le professionnel qu'un caractère facultatif, de nier l'exigence légale de promptitude de ce retrait ou de soumettre ce retrait à davantage de conditions que les prévisions légales ne l'exigent ;

29°) d'exclure la responsabilité du professionnel en cas de perte du contenu généré par le consommateur ou le non-professionnel ;

30°) de conférer au professionnel, qui s'est engagé à fournir une prestation de stockage et de mise à disposition de tous contenus, le pouvoir discrétionnaire d'accepter ou de supprimer un contenu généré par le consommateur, hors modération contractuellement prévue ;

31°) de reconnaître au professionnel, postérieurement à la résiliation du contrat, le droit de conserver les contenus mis en ligne par le consommateur ou le non-professionnel hors les hypothèses de cession licite ou de motif légitime, au-delà de la durée nécessaire aux opérations techniques de suppression du contenu ;

……………………………………………………………………………………

Loi n° 2016-925 du 7 juillet 2016,

Relative à la liberté de la création, à l'architecture et au patrimoine.

TITRE PREMIER Dispositions relatives à la liberté de création et à la création artistique

CHAPITRE PREMIER *Dispositions relatives à la liberté de création artistique*

Art. 1er La création artistique est libre.

Art. 2 I. – La diffusion de la création artistique est libre. Elle s'exerce dans le respect des principes encadrant la liberté d'expression et conformément à la première partie du code de la propriété intellectuelle.

II. – *mod. C. pén., art. 431-1.*

Code pénal

Art. 431-1 Le fait d'entraver, d'une manière concertée et à l'aide de menaces, l'exercice de la liberté d'expression, du travail, d'association, de réunion ou de manifestation *(L. n° 2011-267 du 14 mars 2011, art. 49)* « ou d'entraver le déroulement des débats d'une assemblée parlementaire ou d'un organe délibérant d'une collectivité territoriale » est puni d'un an d'emprisonnement et de 15 000 € d'amende.

(L. n° 2016-925 du 7 juill. 2016, art. 2) « Le fait d'entraver, d'une manière concertée et à l'aide de menaces, l'exercice de la liberté de création artistique ou de la liberté de la diffusion de la création artistique est puni d'un an d'emprisonnement et de 15 000 euros d'amende. »

Le fait d'entraver, d'une manière concertée et à l'aide de coups, violences, voies de fait, destructions ou dégradations au sens du présent code, l'exercice d'une des libertés visées *(L. n° 2016-925 du 7 juill. 2016, art. 2)* « aux alinéas précédents » est puni de trois ans d'emprisonnement et de 45 000 € d'amende.

Décret n° 2017-1677 du 8 décembre 2017,

Relatif au Conseil national du numérique.

Art. 1er Le Conseil national du numérique est chargé d'étudier les questions relatives au numérique, en particulier les enjeux et les perspectives de la transition numérique de la société, de l'économie, des organisations, de l'action publique et des territoires. Il est placé auprès du ministre chargé du numérique.

Dans son champ de compétence, il a pour missions :

1° D'informer et de conseiller le Gouvernement dans l'élaboration, la conduite et l'évaluation des politiques et de l'action publiques ;

2° De contribuer à l'élaboration des positions de la France aux niveaux européen et international ;

3° De formuler de manière indépendante et de rendre publics des avis et des recommandations.

A cette fin, il organise des concertations régulières, aux niveaux européen, national et territorial, avec les pouvoirs publics, les élus, les secteurs économique, associatif et académique, et la société civile.

Il peut être saisi pour avis par le Premier ministre, par le ministre chargé du numérique et, le cas échéant, conjointement avec les autres ministres concernés, ou par la majorité de ses membres de toute question entrant dans son champ de compétence. Dans ce cadre, il peut se voir confier des missions de prospective, d'expertise, d'étude et de consultation.

Il peut être consulté par le Gouvernement sur tout projet de disposition législative ou réglementaire dans le domaine du numérique.

Art. 2 Le Conseil national du numérique comprend trente personnalités désignées en raison de leurs compétences et de leur expérience dans le domaine de la transition numérique :

1° Dix personnalités issues du secteur économique ;

2° Dix personnalités issues du secteur académique ;

3° Dix personnalités impliquées dans le développement du numérique aux niveaux local, national ou européen, ou concernées par ses effets.

Art. 3 Les membres du Conseil national du numérique sont nommés par arrêté du Premier ministre, sur proposition du ministre chargé du numérique, pour une durée de deux ans. Ce mandat est renouvelable. Ils exercent ces fonctions à titre bénévole.

Le président du conseil est nommé parmi ses membres par arrêté du Premier ministre, sur proposition du ministre chargé du numérique, pour un mandat de deux ans, renouvelable une fois.

Le président du conseil désigne quatre vice-présidents parmi les membres du conseil, pour un mandat de deux ans.

Art. 4 Le Conseil national du numérique se réunit en tant que de besoin et au moins une fois par an, sur convocation de son président ou, en cas d'empêchement ou de vacance, des vice-présidents.

Les membres du conseil ne peuvent pas se faire représenter. Est déclaré démissionnaire d'office par le président, sur le rapport du secrétaire du conseil, tout membre qui n'a pas participé à deux séances consécutives du conseil.

Les membres du conseil sont tenus à une obligation de réserve et de confidentialité sur les débats auxquels ils participent et sur les informations auxquelles ils ont accès dans ce cadre.

Le conseil adopte son règlement intérieur sur proposition de son président. Il peut prévoir la création et les modalités de fonctionnement de groupes de travail.

Le conseil peut conduire des auditions de toutes personnalités qualifiées sur les sujets portés à son examen.

Art. 5 Le Conseil national du numérique rend public son programme prévisionnel de travail, qu'il actualise au moins une fois par an.

Il recueille sur son site internet les propositions du public concernant les questions à inscrire à son programme de travail.

Art. 6 Placé auprès du ministre chargé du numérique, le secrétariat du Conseil national du numérique est assuré par la direction générale des entreprises qui prend en charge ses frais de fonctionnement.

Le président dispose du secrétariat, qui l'assiste dans l'organisation, la préparation et la mise en œuvre des travaux et des réunions du conseil.

Art. 7 Le Conseil national du numérique adresse chaque année un rapport d'activité au Président de la République, au Premier ministre et au ministre chargé du numérique.

Art. 8 Le décret n° 2012-1400 du 13 décembre 2012 relatif au Conseil national du numérique est abrogé.

Art. 9 Le Conseil national du numérique est renouvelé pour une durée de cinq ans à compter de la date d'effet de l'arrêté portant nomination de ses membres conformément aux articles 2 et 3 du présent décret.

II DROIT D'AUTEUR

Droit international

RÉP. INTERNAT. v° *Propriété littéraire et artistique*, par Gautier.

Convention de Berne du 9 septembre 1886,

Pour la protection des œuvres littéraires et artistiques, complétée à Paris le 4 mai 1896, révisée à Berlin le 13 novembre 1908, complétée à Berne le 20 mars 1914 et révisée à Rome le 2 juin 1928, à Bruxelles le 26 juin 1948, à Stockholm le 14 juillet 1967 et à Paris le 24 juillet 1971. — Publiée par Décr. n° 74-743 du 21 août 1974 (JO 28 août). – Entrée en vigueur pour la France le 15 déc. 1972 pour les art. 22 à 38 (non reproduits ; V. JO 28 août 1974) et le 10 juill. 1974 pour les art. 1er à 21. – V. aussi Traité OMPI sur le droit d'auteur.

BIBL. ▶ DESBOIS, FRANÇON et KÉRÉVER, Les conventions internationales du droit d'auteur et des droits voisins, *Dalloz 1976*. – P.E. GELLER, *Propr. intell. 2010, n° 35, p. 699* (repenser le cadre « Berne-Plus » des conflits de lois aux réformes du droit d'auteur). – FRANÇON, *Annuaire français de droit international, 1974, p. 626* (les Actes de Paris portant révision des conventions internationales sur la propriété littéraire et artistique). – GAUBIAC, *LPA 7 juill. 1995, p. 12* (la protection des œuvres étrangères en France). – KARNELL, *Mélanges Françon, Dalloz 1995, p. 267* (traitement national, copie privée sonore ou audiovisuelle et interprétation de la Convention de Berne). – KÉRÉVER, *RIDA oct. 1993, p. 75* (la règle du « traitement national » ou le principe de l'assimilation). – MALAN, *RIDA avr. 2004, p. 89* (l'avenir de la Convention de Berne dans les rapports intra-communautaires). – MASSOUYE, *RIDA janv. 1983, p. 3* (la Convention de Berne depuis Stockholm). – NDIAYE, *RIDA oct. 1987, p. 3* (la Convention de Berne et les pays en voie de développement : quid ?) ; *RIDA oct. 1994, p. 227* (l'évolution du droit d'auteur en Afrique depuis les révisions de 1971 des Conventions de Berne et de Genève). – STOJANOVIC, *RIDA oct. 1986, p. 3* (quel avenir pour la Convention de Berne ?). – TRAPLE et BARTA, *RIDA avr. 1992, p. 3* (la Convention de Berne traverse-t-elle une crise ?).

Art. 1er Les pays auxquels s'applique la présente Convention sont constitués à l'état d'Union pour la protection des droits des auteurs sur leurs œuvres littéraires et artistiques.

Art. 2 1. Les termes « œuvres littéraires et artistiques » comprennent toutes les productions du domaine littéraire, scientifique et artistique, quel qu'en soit le mode ou la forme d'expression, telles que : les livres, brochures et autres écrits ; les conférences, allocutions, sermons et autres œuvres de même nature ; les œuvres dramatiques ou dramatico-musicales ; les œuvres chorégraphiques et les pantomimes ; les compositions musicales avec ou sans paroles ; les œuvres cinématographiques, auxquelles sont assimilées les œuvres exprimées par un procédé analogue à la cinématographie ; les œuvres de dessin, de peinture, d'architecture, de sculpture, de gravure, de lithographie ; les œuvres photographiques auxquelles sont assimilées les œuvres exprimées par un procédé analogue à la photographie ; les œuvres des arts appliqués ; les illustrations, les cartes géographiques ; les plans, croquis et ouvrages plastiques relatifs à la géographie, à la topographie, à l'architecture ou aux sciences.

2. Est toutefois réservée aux législations des pays de l'Union la faculté de prescrire que les œuvres littéraires et artistiques ou bien l'une ou plusieurs catégories d'entre elles ne sont pas protégées tant qu'elles n'ont pas été fixées sur un support matériel.

3. Sont protégés comme des œuvres originales, sans préjudice des droits de l'auteur de l'œuvre originale, les traductions, adaptations, arrangements de musique et autres transformations d'une œuvre littéraire ou artistique.

4. Il est réservé aux législations des pays de l'Union de déterminer la protection à accorder aux textes officiels d'ordre législatif, administratif ou judiciaire ainsi qu'aux traductions officielles de ces textes.

5. Les recueils d'œuvres littéraires ou artistiques tels que les encyclopédies et anthologies qui, par le choix ou la disposition des matières, constituent des créations intellectuelles sont protégés comme telles, sans préjudice des droits des auteurs sur chacune des œuvres qui font partie de ces recueils.

6. Les œuvres mentionnées ci-dessus jouissent de la protection dans tous les pays de l'Union. Cette protection s'exerce au profit de l'auteur et de ses ayants droit.

7. Il est réservé aux législations des pays de l'Union de régler le champ d'application des lois concernant les œuvres des arts appliqués et les dessins et modèles industriels ainsi que les conditions de protection de ces œuvres, dessins et modèles, compte tenu des dispositions de l'article 7 (4) de la présente Convention. Pour les œuvres protégées uniquement comme dessins et modèles dans le pays d'origine, il ne peut être réclamé dans un autre pays de l'Union que la protection spéciale accordée dans ce pays aux dessins et modèles ; toutefois, si une telle protection spéciale n'est pas accordée dans ce pays, ces œuvres seront protégées comme œuvres artistiques.

8. La protection de la présente Convention ne s'applique pas aux nouvelles du jour ou aux faits divers qui ont le caractère de simples informations de presse.

1. Dessin et modèle. Suivant une exacte application de l'art. 2, 7°, de la Convention de Berne, le titulaire d'un dessin protégé en Italie au titre des dessins et modèles ne peut revendiquer en France sa protection au titre du droit d'auteur. • Civ. 1re, 5 mars 2002 : *JCP E 2002. 1043, n° 1, obs. Greffe ; ibid. 1334, n° 9, obs. H.-J. Lucas ; Propr. intell. n° 5, p. 56, obs. Lucas ; RDPI nov. 2003, n° 153, p. 35 ; RIDA juill. 2002, p. 329, obs. Kéréver* • Paris, 16 nov. 2001 : *JCP E 2002. 1043, n° 1, obs. Greffe ; ibid. 2003. 1334, n° 9, obs. H.-J. Lucas ; Propr. intell. n° 4, p. 65, obs.*

Lucas ; PIBD 2002. III. 149 ; Propr. ind. 2002, n° 36, note Kamina. ♦ Ne donne pas de base légale à sa décision au regard de l'art. 2, 7°, de la Convention de Berne, la cour d'appel qui, pour accorder au titulaire d'un modèle déposé en Allemagne la protection réservée aux auteurs par la loi française, se fonde sur l'arrêt C-92-92 et 362-92 rendu par la CJCE le 20 oct. 1996, alors que cette décision traite de l'exercice des droits de propriété intellectuelle, et non de leur définition, sans rechercher si le modèle était protégé au titre du droit d'auteur en vertu de la loi allemande. • Com. 26 mars 2002 : *Bull. civ. IV, n° 61 ; JCP E 2002. 1043, n° 1, obs. Greffe ; ibid. 1508, n° 10, obs. H.-J. Lucas ; PIBD 2002. III. 414 ; Propr. ind. 2002, n° 20, note Greffe ; ibid. n° 39, obs. Kamina ; Propr. intell. 2002, n° 5, p. 58, obs. De Haas ; RIDA juill. 2002, p. 335, obs. Kéréver ; RTD com. 2002. 674, obs. Françon.* ♦ V. aussi • TGI Paris, 5 déc. 2003 : *D. 2005. Pan. 1712, obs. Galloux ; RTD com. 2004. 471, obs. Pollaud-Dulian ; JCP E 2005. 1216, n° 13, obs. H.-J. Lucas ; PIBD 2004, n° 784, III, p. 239.* ♦ Le refus de protection en France fondé sur l'art. 2, 7°, de la Convention de Berne ne constitue par une discrimination directe ou indirecte fondée sur la nationalité, prohibée par l'art. 12 Traité CE, dès lors que le texte conventionnel se réfère à la qualification et à la protection de l'œuvre • Com. 14 déc. 2004 : *RIDA avr. 2005, p. 199, note Kéréver.* ♦ V. aussi • Paris, 24 juin 2005 : *D. 2006. Pan. 2606, obs. Galloux ; PIBD 2006. III. 557* • TGI Paris, 2 oct. 2006 : *D. 2007. Pan. 2060, obs. Galloux ; PIBD 2007. III. 73.*

2. L'art. 12 traité CE, qui établit le principe général de non-discrimination en raison de la nationalité, doit être interprété en ce sens qu'il s'oppose à ce que la recevabilité d'un auteur à réclamer dans un État membre la protection du droit d'auteur accordée par la législation de cet État soit subordonnée à un critère de distinction fondé sur le pays d'origine de l'œuvre. • CJCE 30 juin 2005 : *D. 2005. 2533, note Brière ; ibid. 2006. Pan. 2605, obs. Galloux ; RTD com. 2005. 735, obs. Pollaud-Dulian ; CCE 2005, n° 133, note Caron ; Légipresse 2006, III, p. 21, note Alleaume ; PIBD 2005. III. 442 ; Propr. ind. 2005, n° 67, note Kamina ; Propr. intell. 2005, n° 17, p. 442, obs. A. Lucas ; ibid. p. 460, obs. De Candé.*

Art. 2 *bis* 1. Est réservée aux législations des pays de l'Union la faculté d'exclure partiellement ou totalement de la protection prévue à l'article précédent les discours politiques et les discours prononcés dans les débats judiciaires.

2. Est réservée également aux législations des pays de l'Union la faculté de statuer sur les conditions dans lesquelles les conférences, allocutions et autres œuvres de même nature, prononcées en public, pourront être reproduites par la presse, radiodiffusées, transmises par fil au public et faire l'objet des communications publiques visées à l'article 11 *bis* (1) de la présente Convention, lorsqu'une telle utilisation est justifiée par le but d'information à atteindre.

3. Toutefois, l'auteur jouit du droit exclusif de réunir en recueil ses œuvres mentionnées aux alinéas précédents.

Art. 3 1. Sont protégés en vertu de la présente Convention :

a) Les auteurs ressortissant à l'un des pays de l'Union, pour leurs œuvres, publiées ou non ;

b) Les auteurs ne ressortissant pas à l'un des pays de l'Union, pour les œuvres qu'ils publient pour la première fois dans l'un de ces pays ou simultanément dans un pays étranger à l'Union et dans un pays de l'Union.

2. Les auteurs ne ressortissant pas à l'un des pays de l'Union mais ayant leur résidence habituelle dans l'un de ceux-ci sont, pour l'application de la présente Convention, assimilés aux auteurs ressortissant audit pays.

3. Par « œuvres publiées », il faut entendre les œuvres éditées avec le consentement de leurs auteurs, quel que soit le mode de fabrication des exemplaires, pourvu que la mise à disposition de ces derniers ait été telle qu'elle satisfasse les besoins raisonnables du public, compte tenu de la nature de l'œuvre. Ne constituent pas une publication la représentation d'une œuvre dramatique, dramatico-musicale ou cinématographique, l'exécution d'une œuvre musicale, la récitation publique d'une œuvre littéraire, la transmission ou la radiodiffusion des œuvres littéraires ou artistiques, l'exposition d'une œuvre d'art et la construction d'une œuvre d'architecture.

4. Est considérée comme publiée simultanément dans plusieurs pays toute œuvre qui a paru dans deux ou plusieurs pays dans les trente jours de sa première publication.

Art. 4 Sont protégés en vertu de la présente Convention, même si les conditions prévues à l'article 3 ne sont pas remplies :

a) Les auteurs des œuvres cinématographiques dont le producteur a son siège ou sa résidence habituelle dans l'un des pays de l'Union ;

b) Les auteurs des œuvres d'architecture édifiées dans un pays de l'Union ou des œuvres des arts graphiques et plastiques faisant corps avec un immeuble situé dans un pays de l'Union.

Art. 5 1. Les auteurs jouissent, en ce qui concerne les œuvres pour lesquelles ils sont protégés en vertu de la présente Convention, dans les pays de l'Union autres que le pays d'origine de l'œuvre, des droits que les lois respectives accordent actuellement ou accorderont par la suite aux nationaux, ainsi que des droits spécialement accordés par la présente Convention.

2. La jouissance et l'exercice de ces droits ne sont subordonnés à aucune formalité ; cette jouissance et cet exercice sont indépendants de l'existence de la protection dans le pays d'origine de l'œuvre. Par suite, en dehors des stipulations de la présente Convention, l'étendue de la protection ainsi que les moyens de recours garantis à l'auteur pour sauvegarder ses droits se règlent exclusivement d'après la législation du pays où la protection est réclamée.

3. La protection dans le pays d'origine est réglée par la législation nationale. Toutefois, lorsque l'auteur ne ressortit pas au pays d'origine de l'œuvre pour laquelle il est protégé par la présente Convention, il aura, dans ce pays, les mêmes droits que les auteurs nationaux.

4. Est considéré comme pays d'origine :

a) Pour les œuvres publiées pour la première fois dans l'un des pays de l'Union, ce dernier pays ; toutefois, s'il s'agit d'œuvres publiées simultanément dans plusieurs pays de l'Union admettant des durées de protection différentes, celui d'entre eux dont la législation accorde la durée de protection la moins longue ;

b) Pour les œuvres publiées simultanément dans un pays étranger à l'Union et dans un pays de l'Union, ce dernier pays ;

c) Pour les œuvres non publiées ou pour les œuvres publiées pour la première fois dans un pays étranger à l'Union, sans publication simultanée dans un pays de l'Union, le pays de l'Union dont l'auteur est ressortissant ; toutefois,

i) S'il s'agit d'œuvres cinématographiques dont le producteur a son siège ou sa résidence habituelle dans un pays de l'Union, le pays d'origine sera ce dernier pays, et

ii) S'il s'agit d'œuvres d'architecture édifiées dans un pays de l'Union ou d'œuvres des arts graphiques et plastiques faisant corps avec un immeuble situé dans un pays de l'Union, le pays d'origine sera ce dernier pays.

BIBL. ▶ Ancel, *CCE 2013. Étude 18* (reportages en quête d'auteur : de la loi applicable à la titularité initiale des droits sur une œuvre de l'esprit). – Vivant, *D. 2013. Chron. 1973* (droit d'auteur : déroutante territorialité).

1. Critère d'extranéité. A défaut d'élément d'extranéité, le régime de l'œuvre est soumis à la loi nationale ; la Convention de Berne ne s'applique pas. • Orléans, 22 juin 1995 : *D. 1995. IR 213* • Paris, 12 oct. 1995 : *Gaz. Pal. 1996. 1. Somm. 178 ; JCP E 1997. I, n° 683, V. n° 11, obs. H.-J. Lucas* • Civ. 1re, 10 févr. 1998 : *Bull. civ. I, n° 51 ; D. 1998. IR 72 ; D. Affaires 1998. 430, obs. J. P.-S. ; Rev. crit. DIP 1998. 438, note Bergé*.

2. Loi applicable. La loi applicable est celle du pays où la protection est demandée. • Paris, 18 oct. 1996 : *JCP E 1997. I. 683, obs. Wallet ; RDPI 1997, n° 71, p. 53.* ♦ Pour une application de la règle dans le règlement d'un conflit entre la loi française et la loi américaine, V. • TGI Paris, 20 déc. 1996 : *RIDA juill. 1997, p. 351 ; JCP E 1998, p. 1251, note Bougerol.* ♦ V. également • Civ. 1re, 30 janv. 2007 : *Bull. civ. I, n° 44 ; D. 2007. AJ 666 ; CCE 2008. Étude 8, obs. Ancel ; Propr. intell. 2007, n° 24, p. 337, obs. Lucas* • Paris, 16 févr. 2007 : *Propr. intell. 2007, n° 24, p. 338, obs. Lucas* • 30 mai 2008 : *RTD com. 2008. 557 ; Propr. ind. 2009, n° 5, note Gasnier* • TGI Paris, 20 mai 2008 : *CCE 2008. Étude 22, obs. Gaubiac* • Paris, 1er oct. 2008 : *Propr. intell. 2009, n° 30, p. 69, obs. Lucas.* ♦ Pour une application dans le règlement d'un conflit entre la loi française et la loi italienne, retenant que la protection était demandée en France où des actes d'importation et de proposition à la vente d'un modèle contrefaisant s'étaient produits et retenant à bon droit l'application de la loi française, V. • Com. 7 oct. 2014, n° 12-66.844, *La Redoute : Dalloz actualité, 21 oct. 2014, obs. Daleau.* ♦ Et, à propos d'un logiciel, V. • TGI Paris, 16 mai 1997 : *RDPI juill. 1997, p. 46 ; JCP E 1998, p. 1256, note Lucas.* ♦ Sur la non-application de la *lex loci originis*, V. • Paris, 29 janv. 2010 : *Propr. intell. 2010, n° 35, p. 729, obs. Lucas* • Paris 11 déc. 2009 : *Propr. intell. 2010, n° 35, p. 730, obs. Lucas* • Paris, 27 nov. 2009 : *Propr. intell. 2010, n° 35, p. 731, obs. Lucas.* ♦ En décidant que la question du titulaire des droits d'auteur échappait à la Conv. de Berne pour relever de la règle de conflits de droit français, les juges du fond ont violé l'art. 5-2 de la Conv. de Berne, ensemble l'art. 3 C. civ. • Civ. 1re, 10 avr. 2013 : *Bull. civ. I, n° 68 ; D. 2014. 2078, obs. Sirinelli ; ibid. 2013. 2004, note Azzi ; ibid. 1973, Chron. Vivant ; RTD com. 2013. 725, obs. Pollaud-Dulian ; JCP 2013. 493, obs. Lucas-Schloetter ; ibid. 701, obs. Treppoz ; CCE 2013. Étude 18, obs. Ancel ; RIDA oct. 2013, p. 363, obs. Sirinelli.*

3. Étendue de la protection. En ce qui concerne l'étendue de la protection de l'œuvre, l'art. 5-2 désigne la loi du pays sur le territoire duquel s'est produit l'agissement incriminé ; l'action en contrefaçon intentée par une société française contre une société espagnole qui commercialise en Espagne des copies contrefaisantes de son logiciel doit donc être appréciée au regard de la loi espagnole. • Paris, 18 oct. 1996 : *PIBD 1997. III. 221.* ♦ En présence de pluralité de lieux de commission des agissements délictueux, la loi française en tant que loi du « lieu du préjudice », n'a pas vocation exclusive à régir l'ensemble du litige en l'absence d'un rattachement plus étroit, non démontré, avec la France. • Civ. 1re, 5 mars 2002 : *D. 2002. 2999, note Bouche ; ibid. 2003. 28, note Josselin-Gall ; JCP 2002. II. 10082, note Muir Watt ; JCP E 2003. 278, n° 10, obs. H.-J. Lucas ; ibid. 1291, n° 5, obs. Greffe ; Propr. intell. 2002, n° 5, p. 56, obs. Lucas ; RDPI, mars 2003, n° 145, p. 19.*

4. Pays d'origine. Le pays d'origine du dessin d'un auteur italien qui l'a cédé à une société française est la France dans la mesure où la preuve n'est pas rapportée que le dessin en cause a été publié en Italie avant de l'être en France par le cessionnaire. • Paris, 24 sept. 1997 : *PIBD 1998. III. 22.* ♦ Pour les œuvres publiées simultanément dans un pays étranger à l'Union et dans un pays de l'Union, ce dernier est considéré comme pays d'origine. • Versailles, 6 nov. 1998 : *RIDA juill. 1999, p. 314 ; CCE 1999, n° 6, note Caron.* ♦ Sur la protection en France d'œuvres déjà protégées au regard de la législation américaine, V. • Paris, 4 juin 2004 : *JCP E 2005. 279, note Singh.*

Art. 6 1. Lorsqu'un pays étranger à l'Union ne protège pas d'une manière suffisante les œuvres des auteurs qui sont ressortissants de l'un des pays de l'Union, ce dernier pays pourra restreindre la protection des œuvres dont les auteurs sont, au moment de la première publication de ces œuvres, ressortissants de l'autre pays et n'ont pas leur résidence habituelle dans l'un des pays de l'Union. Si le pays de la première publication fait usage de cette faculté, les autres pays de l'Union ne seront pas tenus d'accorder aux œuvres ainsi soumises à un traitement spécial une protection plus large que celle qui leur est accordée dans le pays de la première publication.

2. Aucune restriction, établie en vertu de l'alinéa précédent, ne devra porter préjudice aux droits qu'un auteur aura acquis sur une œuvre publiée dans un pays de l'Union avant la mise à exécution de cette restriction.

3. Les pays de l'Union qui, en vertu du présent article, restreindront la protection des droits des auteurs, le notifieront au Directeur général de l'Organisation Mondiale de la Propriété Intellectuelle (ci-après désigné « le Directeur général ») par une déclaration écrite, où seront indiqués les pays vis-à-vis desquels la protection est restreinte, de même que les restrictions auxquelles les droits des auteurs ressortissant à ces pays sont soumis. Le Directeur général communiquera aussitôt le fait à tous les pays de l'Union.

Art. 6 *bis* 1. Indépendamment des droits patrimoniaux d'auteur, et même après la cession desdits droits, l'auteur conserve le droit de revendiquer la paternité de l'œuvre et de s'opposer à toute déformation, mutilation ou autre modification de cette œuvre ou à toute autre atteinte à la même œuvre, préjudiciables à son honneur ou à sa réputation.

2. Les droits reconnus à l'auteur en vertu de l'alinéa 1 ci-dessus sont, après sa mort, maintenus au moins jusqu'à l'extinction des droits patrimoniaux et exercés par les personnes ou institutions auxquelles la législation nationale du pays où la protection est réclamée donne qualité. Toutefois, les pays dont la législation, en vigueur au moment de la ratification du présent acte ou de l'adhésion à celui-ci, ne contient pas de dispositions assurant la protection après la mort de l'auteur de tous les droits reconnus en vertu de l'alinéa 1 ci-dessus ont la faculté de prévoir que certains de ces droits ne sont pas maintenus après la mort de l'auteur.

3. Les moyens de recours pour sauvegarder les droits reconnus dans le présent article sont réglés par la législation du pays où la protection est réclamée.

En application de l'art. 6 *bis,* le droit moral est exercé par les personnes auxquelles la législation nationale du pays où la protection est réclamée donne qualité ; en vertu de l'art. L. 121 CPI, applicable en l'espèce, disposant que le droit moral est transmissible à cause de mort aux héritiers de l'auteur, ou que son exercice peut être conféré à un tiers en vertu de dispositions testamentaires, la personne qui n'est ni héritière, ni désignée par testament, n'est pas fondée à revendiquer l'exercice par elle seule, conjointement avec d'autres ou indivisément, du droit moral sur l'œuvre du sculpteur suisse décédé. • Paris, 23 sept. 1997 : *RIDA avr. 1998, p. 418.*

Art. 7 1. La durée de la protection accordée par la présente Convention comprend la vie de l'auteur et cinquante ans après sa mort.

2. Toutefois, pour les œuvres cinématographiques, les pays de l'Union ont la faculté de prévoir que la durée de la protection expire cinquante ans après que l'œuvre aura été ren-

due accessible au public avec le consentement de l'auteur, ou qu'à défaut d'un tel événement intervenu dans les cinquante ans à compter de la réalisation d'une telle œuvre, la durée de la protection expire cinquante ans après cette réalisation.

3. Pour les œuvres anonymes ou pseudonymes, la durée de la protection accordée par la présente Convention expire cinquante ans après que l'œuvre a été licitement rendue accessible au public. Toutefois, quand le pseudonyme adopté par l'auteur ne laisse aucun doute sur son identité, la durée de la protection est celle prévue à l'alinéa 1. Si l'auteur d'une œuvre anonyme ou pseudonyme révèle son identité pendant la période ci-dessus indiquée, le délai de protection applicable est celui prévu à l'alinéa 1. Les pays de l'Union ne sont pas tenus de protéger les œuvres anonymes ou pseudonymes pour lesquelles il y a tout lieu de présumer que leur auteur est mort depuis cinquante ans.

4. Est réservée aux législations des pays de l'Union la faculté de régler la durée de la protection des œuvres photographiques et celle des œuvres des arts appliqués protégées en tant qu'œuvres artistiques ; toutefois, cette durée ne pourra être inférieure à une période de vingt-cinq ans à compter de la réalisation d'une telle œuvre.

5. Le délai de protection postérieur à la mort de l'auteur et les délais prévus aux alinéas 2, 3 et 4 ci-dessus commencent à courir à compter de la mort ou de l'événement visé par ces alinéas, mais la durée de ces délais n'est calculée qu'à partir du 1er janvier de l'année qui suit la mort ou ledit événement.

6. Les pays de l'Union ont la faculté d'accorder une durée de protection supérieure à celles prévues aux alinéas précédents.

7. Les pays de l'Union liés par l'Acte de Rome de la présente Convention et qui accordent, dans leur législation nationale en vigueur au moment de la signature du présent Acte, des durées inférieures à celles prévues aux alinéas précédents ont la faculté de les maintenir en adhérant au présent acte ou en le ratifiant.

8. Dans tous les cas, la durée sera réglée par la loi du pays où la protection sera réclamée ; toutefois, à moins que la législation de ce dernier pays n'en décide autrement, elle n'excédera pas la durée fixée dans le pays d'origine de l'œuvre.

Art. 7 *bis* Les dispositions de l'article précédent sont également applicables lorsque le droit d'auteur appartient en commun aux collaborateurs d'une œuvre, sous réserve que les délais consécutifs à la mort de l'auteur soient calculés à partir de la mort du dernier survivant des collaborateurs.

Art. 8 Les auteurs d'œuvres littéraires et artistiques protégés par la présente Convention jouissent, pendant toute la durée de leurs droits sur l'œuvre originale, du droit exclusif de faire ou d'autoriser la traduction de leurs œuvres.

Art. 9 1. Les auteurs d'œuvres littéraires et artistiques protégés par la présente Convention jouissent du droit exclusif d'autoriser la reproduction de ces œuvres, de quelque manière et sous quelque forme que ce soit.

2. Est réservée aux législations des pays de l'Union la faculté de permettre la reproduction desdites œuvres dans certains cas spéciaux, pourvu qu'une telle reproduction ne porte pas atteinte à l'exploitation normale de l'œuvre ni ne cause un préjudice injustifié aux intérêts légitimes de l'auteur.

3. Tout enregistrement sonore ou visuel est considéré comme une reproduction au sens de la présente Convention.

BIBL. ▶ FRANÇON, *RTD com. 2001. 440* ✐ (prise de position du groupe spécial de l'OMC sur l'art. 9, al. 2, de la Convention de Berne).

Art. 10 1. Sont licites les citations tirées d'une œuvre, déjà rendue licitement accessible au public, à condition qu'elles soient conformes aux bons usages et dans la mesure justifiée par le but à atteindre, y compris les citations d'articles de journaux et recueils périodiques sous forme de revues de presse.

2. Est réservé l'effet de la législation des pays de l'Union et des arrangements particuliers existants ou à conclure entre eux, en ce qui concerne la faculté d'utiliser licitement, dans la mesure justifiée par le but à atteindre, des œuvres littéraires ou artistiques à titre d'illustrations de l'enseignement par le moyen de publications, d'émissions de radiodiffusion ou d'enregistrements sonores ou visuels, sous réserve qu'une telle utilisation soit conforme aux bons usages.

3. Les citations et utilisations visées aux alinéas précédents devront faire mention de la source et du nom de l'auteur, si ce nom figure dans la source.

Art. 10 *bis* 1. Est réservée aux législations des pays de l'Union la faculté de permettre la reproduction par la presse, ou la radiodiffusion ou la transmission par fil au public, des arti-

cles d'actualité de discussion économique, politique ou religieuse, publiés dans des journaux ou recueils périodiques, ou des œuvres radiodiffusées ayant le même caractère, dans les cas où la reproduction, la radiodiffusion ou ladite transmission n'en est pas expressément réservée. Toutefois, la source doit toujours être clairement indiquée ; la sanction de cette obligation est déterminée par la législation du pays où la protection est réclamée.

2. Il est également réservé aux législations des pays de l'Union de régler les conditions dans lesquelles, à l'occasion de comptes rendus des événements d'actualité par le moyen de la photographie ou de la cinématographie, ou par voie de radiodiffusion ou de transmission par fil au public, les œuvres littéraires ou artistiques vues ou entendues au cours de l'événement peuvent, dans la mesure justifiée par le but d'information à atteindre, être reproduites et rendues accessibles au public.

Art. 11 1. Les auteurs d'œuvres dramatiques, dramatico-musicales et musicales jouissent du droit exclusif d'autoriser : 1° la représentation et l'exécution publiques de leurs œuvres, y compris la représentation et l'exécution publiques par tous moyens ou procédés ; 2° la transmission publique par tous moyens de la représentation et de l'exécution de leurs œuvres.

2. Les mêmes droits sont accordés aux auteurs d'œuvres dramatiques ou dramatico-musicales pendant toute la durée de leurs droits sur l'œuvre originale, en ce qui concerne la traduction de leurs œuvres.

Art. 11 *bis* 1. Les auteurs d'œuvres littéraires et artistiques jouissent du droit exclusif d'autoriser : 1° la radiodiffusion de leurs œuvres ou la communication publique de ces œuvres par tout autre moyen servant à diffuser sans fil les signes, les sons ou les images ; 2° toute communication publique, soit par fil, soit sans fil, de l'œuvre radiodiffusée, lorsque cette communication est faite par un autre organisme que celui d'origine ; 3° la communication publique, par haut-parleur ou par tout autre instrument analogue transmetteur de signes, de sons ou d'images, de l'œuvre radiodiffusée.

2. Il appartient aux législations des pays de l'Union de régler les conditions d'exercice des droits visés par l'alinéa 1 ci-dessus, mais ces conditions n'auront qu'un effet strictement limité au pays qui les aurait établies. Elles ne pourront en aucun cas porter atteinte au droit moral de l'auteur, ni au droit qui appartient à l'auteur d'obtenir une rémunération équitable fixée, à défaut d'accord amiable, par l'autorité compétente.

3. Sauf stipulation contraire, une autorisation accordée conformément à l'alinéa 1 du présent article n'implique pas l'autorisation d'enregistrer, au moyen d'instruments portant fixation des sons ou des images, l'œuvre radiodiffusée. Est toutefois réservé aux législations des pays de l'Union le régime des enregistrements éphémères effectués par un organisme de radiodiffusion par ses propres moyens et pour ses émissions. Ces législations pourront autoriser la conservation de ces enregistrements dans des archives officielles en raison de leur caractère exceptionnel de documentation.

Art. 11 *ter* 1. Les auteurs d'œuvres littéraires jouissent du droit exclusif d'autoriser : 1° la récitation publique de leurs œuvres, y compris la récitation publique par tous moyens ou procédés ; 2° la transmission publique par tous moyens de la récitation de leurs œuvres.

2. Les mêmes droits sont accordés aux auteurs d'œuvres littéraires pendant toute la durée de leurs droits sur l'œuvre originale, en ce qui concerne la traduction de leurs œuvres.

Art. 12 Les auteurs d'œuvres littéraires ou artistiques jouissent du droit exclusif d'autoriser les adaptations, arrangements et autres transformations de leurs œuvres.

Art. 13 1. Chaque pays de l'Union peut, pour ce qui le concerne, établir des réserves et conditions relatives au droit exclusif de l'auteur d'une œuvre musicale et de l'auteur des paroles, dont l'enregistrement avec l'œuvre musicale a déjà été autorisé par ce dernier, d'autoriser l'enregistrement sonore de ladite œuvre musicale, avec, le cas échéant, des paroles ; mais toutes réserves et conditions de cette nature n'auront qu'un effet strictement limité au pays qui les aurait établies et ne pourront en aucun cas porter atteinte au droit qui appartient à l'auteur d'obtenir une rémunération équitable fixée, à défaut d'accord amiable, par l'autorité compétente.

2. Les enregistrements d'œuvres musicales qui auront été réalisés dans un pays de l'Union conformément à l'article 13-3 des Conventions signées à Rome le 2 juin 1928 et à Bruxelles le 26 juin 1948 pourront, dans ce pays, faire l'objet de reproductions sans le consentement de l'auteur de l'œuvre musicale jusqu'à l'expiration d'une période de deux années à partir de la date à laquelle ledit pays devient lié par le présent Acte.

3. Les enregistrements faits en vertu des alinéas 1 et 2 du présent article et importés, sans autorisation des parties intéressées, dans un pays où ils ne seraient pas licites, pourront y être saisis.

Art. 14 1. Les auteurs d'œuvres littéraires ou artistiques ont le droit exclusif d'autoriser : 1° l'adaptation et la reproduction cinématographiques de ces œuvres et la mise en circulation des œuvres ainsi adaptées ou reproduites ; 2° la représentation et l'exécution publiques et la transmission par fil au public des œuvres ainsi adaptées ou reproduites.

2. L'adaptation sous toute autre forme artistique des réalisations cinématographiques tirées d'œuvres littéraires ou artistiques reste soumise, sans préjudice de l'autorisation de leurs auteurs, à l'autorisation des auteurs des œuvres originales.

3. Les dispositions de l'article 13-1 ne sont pas applicables.

Art. 14 *bis* 1. Sans préjudice des droits de l'auteur de toute œuvre qui pourrait avoir été adaptée ou reproduite, l'œuvre cinématographique est protégée comme une œuvre originale. Le titulaire du droit d'auteur sur l'œuvre cinématographique jouit des mêmes droits que l'auteur d'une œuvre originale, y compris les droits visés à l'article précédent.

2. *a*) La détermination des titulaires du droit d'auteur sur l'œuvre cinématographique est réservée à la législation du pays où la protection est réclamée.

b) Toutefois, dans les pays de l'Union où la législation reconnaît parmi ces titulaires les auteurs des contributions apportées à la réalisation de l'œuvre cinématographique, ceux-ci, s'ils se sont engagés à apporter de telles contributions, ne pourront, sauf stipulation contraire ou particulière, s'opposer à la reproduction, la mise en circulation, la représentation et l'exécution publiques, la transmission par fil au public, la radiodiffusion, la communication au public, le sous-titrage et le doublage des textes, de l'œuvre cinématographique.

c) La question de savoir si la forme de l'engagement visé ci-dessus doit, pour l'application du sous-alinéa *b* précédent, être ou non un contrat écrit ou un acte écrit équivalent est réglée par la législation du pays de l'Union où le producteur de l'œuvre cinématographique a son siège ou sa résidence habituelle. Est toutefois réservée à la législation du pays de l'Union où la protection est réclamée la faculté de prévoir que cet engagement doit être un contrat écrit ou un acte écrit équivalent. Les pays qui font usage de cette faculté devront le notifier au Directeur général par une déclaration écrite qui sera aussitôt communiquée par ce dernier à tous les autres pays de l'Union.

d) Par « stipulation contraire ou particulière », il faut entendre toute condition restrictive dont peut être assorti ledit engagement.

3. A moins que la législation nationale n'en décide autrement, les dispositions de l'alinéa 2 *b* ci-dessus ne sont applicables ni aux auteurs des scénarios, des dialogues et des œuvres musicales, créés pour la réalisation de l'œuvre cinématographique, ni au réalisateur principal de celle-ci. Toutefois, les pays de l'Union dont la législation ne contient pas des dispositions prévoyant l'application de l'alinéa 2 *b* précité audit réalisateur devront le notifier au Directeur général par une déclaration écrite qui sera aussitôt communiquée par ce dernier à tous les autres pays de l'Union.

Sur l'application de la loi française en tant que loi de protection pour des œuvres produites au Japon, V. • Paris, 8 sept. 2006 : *Propr. intell. 2007, n° 22, p. 100, obs. A. Lucas.*

Art. 14 *ter* 1. En ce qui concerne les œuvres d'art originales et les manuscrits originaux des écrivains et compositeurs, l'auteur — ou, après sa mort, les personnes ou institutions auxquelles la législation nationale donne qualité — jouit d'un droit inaliénable à être intéressé aux opérations de vente dont l'œuvre est l'objet après la première cession opérée par l'auteur.

2. La protection prévue à l'alinéa ci-dessus n'est exigible dans chaque pays de l'Union que si la législation nationale de l'auteur admet cette protection et dans la mesure où le permet la législation du pays où cette protection est réclamée.

3. Les modalités et les taux de la perception sont déterminés par chaque législation nationale.

Art. 15 1. Pour que les auteurs des œuvres littéraires et artistiques protégés par la présente Convention soient, sauf preuve contraire, considérés comme tels et admis en conséquence devant les tribunaux des pays de l'Union à exercer des poursuites contre les contrefacteurs, il suffit que le nom soit indiqué sur l'œuvre en la manière usitée. Le présent alinéa est applicable, même si ce nom est un pseudonyme, dès lors que le pseudonyme adopté par l'auteur ne laisse aucun doute sur son identité.

2. Est présumé producteur de l'œuvre cinématographique, sauf preuve contraire, la personne physique ou morale dont le nom est indiqué sur ladite œuvre en la manière usitée.

3. Pour les œuvres anonymes et pour les œuvres pseudonymes autres que celles dont il est fait mention à l'alinéa 1 ci-dessus, l'éditeur dont le nom est indiqué sur l'œuvre est, sans autre preuve, réputé représenter l'auteur ; en cette qualité, il est fondé à sauvegarder et à faire valoir les droits de celui-ci. La disposition du présent alinéa cesse d'être applicable quand l'auteur a révélé son identité et justifié de sa qualité.

4. *a*) Pour les œuvres non publiées dont l'identité de l'auteur est inconnue, mais pour lesquelles il y a tout lieu de présumer que cet auteur est ressortissant d'un pays de l'Union, il est réservé à la législation de ce pays la faculté de désigner l'autorité compétente représentant cet auteur et fondée à sauvegarder et à faire valoir les droits de celui-ci dans les pays de l'Union.

b) Les pays de l'Union qui, en vertu de cette disposition, procéderont à une telle désignation, le notifieront au Directeur général par une déclaration écrite où seront indiqués tous renseignements relatifs à l'autorité ainsi désignée. Le Directeur général communiquera aussitôt cette déclaration à tous les autres pays de l'Union.

BIBL. ▶ Dietz, *RIDA janv. 1993. 3* (le concept d'auteur selon le droit de la Convention de Berne).

Art. 16 1. Toute œuvre contrefaite peut être saisie dans les pays de l'Union où l'œuvre originale a droit à la protection légale.

2. Les dispositions de l'alinéa précédent sont également applicables aux reproductions provenant d'un pays où l'œuvre n'est pas protégée ou a cessé de l'être.

3. La saisie a lieu conformément à la législation de chaque pays.

Art. 17 Les dispositions de la présente Convention ne peuvent porter préjudice, en quoi que ce soit, au droit qui appartient au Gouvernement de chacun des pays de l'Union de permettre, de surveiller ou d'interdire, par des mesures de législation ou de police intérieure, la circulation, la représentation, l'exposition de tout ouvrage ou production à l'égard desquels l'autorité compétente aurait à exercer ce droit.

Art. 18 1. La présente Convention s'applique à toutes les œuvres qui, au moment de son entrée en vigueur, ne sont pas encore tombées dans le domaine public de leur pays d'origine par l'expiration de la durée de la protection.

2. Cependant, si une œuvre, par l'expiration de la durée de la protection qui lui était antérieurement reconnue, est tombée dans le domaine public du pays où la protection est réclamée, cette œuvre n'y sera pas protégée à nouveau.

3. L'application de ce principe aura lieu conformément aux stipulations contenues dans les conventions spéciales existantes ou à conclure à cet effet entre pays de l'Union. A défaut de semblables stipulations, les pays respectifs régleront, chacun pour ce qui le concerne, les modalités relatives à cette application.

4. Les dispositions qui précèdent s'appliquent également en cas de nouvelles accessions à l'Union et dans le cas où la protection sera étendue par application de l'article 7 ou par abandon de réserves.

Une cour d'appel retient à bon droit que les conditions d'application de la Convention de Berne, prévues à l'art. 18.1, devaient s'apprécier au regard des dispositions de l'art. 5.2 de cette même Convention en vertu desquelles la jouissance et l'exercice des droits de propriété littéraire et artistique ne sont subordonnés à aucune formalité. Elle en déduit exactement que la Convention a vocation à s'appliquer aux œuvres tombées dans le domaine public pour toute autre cause que l'expiration de la durée de protection. • Civ. 1re, 17 déc. 2009 : *Bull. civ. n° 253 ; Dalloz actualité, 14 janv. 2010, obs. Daleau ; D. 2010. AJ 146 ; RTD com. 2010. 121, obs. Pollaud-Dulian ; CCE. Étude 15, obs. Gaubiac ; Propr. intell. 2010, n° 35, p. 733, obs. Lucas ; RIDA avr. 2010, p. 397, note Sirinelli.*

Art. 19 Les dispositions de la présente Convention n'empêchent pas de revendiquer l'application de dispositions plus larges qui seraient édictées par la législation d'un pays de l'Union.

Art. 20 Les Gouvernements des pays de l'Union se réservent le droit de prendre entre eux des arrangements particuliers, en tant que ces arrangements conféreraient aux auteurs des droits plus étendus que ceux accordés par la Convention, ou qu'ils renfermeraient d'autres stipulations non contraires à la présente Convention. Les dispositions des arrangements existants qui répondent aux conditions précitées restent applicables. — *V. Traité OMPI du 20 déc. 1996.*

Art. 21 1. Des dispositions particulières concernant les pays en voie de développement figurent dans l'Annexe. — *V. cette annexe ci-dessous.*

2. Sous réserve des dispositions de l'article 28, 1, *b*, l'Annexe forme partie intégrante du présent Acte.

....

ANNEXE

Art. 2 1. Tout pays qui a déclaré qu'il invoquera le bénéfice de la faculté prévue par le présent article sera habilité, pour ce qui concerne les œuvres publiées sous forme imprimée ou sous toute autre forme analogue de reproduction, à substituer au droit exclusif de traduction prévu par l'article 8 un régime de licences non exclusives et incessibles, accordées par l'autorité compétente dans les conditions ci-après et conformément à l'article IV.

2. *a*) Sous réserve de l'alinéa 3, lorsque, à l'expiration d'une période de trois années ou d'une période plus longue déterminée par la législation nationale dudit pays, à compter de la première publication d'une œuvre, la traduction n'en a pas été publiée dans une langue d'usage général dans ce pays, par le titulaire du droit de traduction ou avec son autorisation, tout ressortissant dudit pays pourra obtenir une licence pour faire une traduction de l'œuvre dans ladite langue et publier cette traduction sous forme imprimée ou sous toute autre forme analogue de reproduction.

b) Une licence peut aussi être accordée en vertu du présent article si toutes les éditions de la traduction publiée dans la langue concernée sont épuisées.

3. *a*) Dans le cas de traductions dans une langue qui n'est pas d'usage général dans un ou plusieurs pays développés, membres de l'Union, une période d'une année sera substituée à la période de trois années visée à l'alinéa 2, *a*.

b) Tout pays visé à l'alinéa 1 peut, avec l'accord unanime des pays développés, membres de l'Union, dans lesquels la même langue est d'usage général, remplacer, dans le cas de traductions vers cette langue, la période de trois ans visée à l'alinéa 2, *a*, par une période plus courte fixée conformément audit accord, cette période ne pouvant toutefois être inférieure à une année. Néanmoins, les dispositions de la phrase précédente ne sont pas applicables lorsque la langue dont il s'agit est l'anglais, l'espagnol ou le français. Tout accord en ce sens sera notifié au Directeur général par les gouvernements qui l'auront conclu.

4. *a*) Toute licence visée au présent article ne pourra être accordée avant l'expiration d'un délai supplémentaire de six mois, dans le cas où elle peut être obtenue à l'expiration d'une période de trois années, et de neuf mois, dans le cas où elle peut être obtenue à l'expiration d'une période d'une année,

i) à compter de la date à laquelle le requérant accomplit les formalités prévues par l'article IV, 1 ;

ii) ou bien, si l'identité ou l'adresse du titulaire du droit de traduction n'est pas connue, à compter de la date à laquelle le requérant procède, comme prévu à l'article IV, 2, à l'envoi des copies de la requête soumise par lui à l'autorité qui a compétence pour accorder la licence.

b) Si, durant le délai de six ou de neuf mois, une traduction dans la langue pour laquelle la requête a été soumise est publiée par le titulaire du droit de traduction ou avec son autorisation, aucune licence ne sera accordée en vertu du présent article.

5. Toute licence visée au présent article ne pourra être accordée qu'à l'usage scolaire, universitaire ou de la recherche.

6. Si la traduction d'une œuvre est publiée par le titulaire du droit de traduction ou avec son autorisation à un prix comparable à celui qui est en usage dans le pays en cause pour des œuvres analogues, toute licence accordée en vertu du présent article prendra fin si cette traduction est dans la même langue et son contenu essentiellement le même que celle et celui de la traduction publiée en vertu de la licence. La mise en circulation de tous les exemplaires déjà produits avant l'expiration de la licence pourra se poursuivre jusqu'à leur épuisement.

7. Pour les œuvres qui sont composées principalement d'illustrations, une licence pour faire et publier une traduction du texte et pour reproduire et publier les illustrations ne peut être accordée que si les conditions de l'article III sont également remplies.

8. Aucune licence ne peut être accordée en vertu du présent article lorsque l'auteur a retiré de la circulation tous les exemplaires de son œuvre.

9. *a*) Une licence pour faire une traduction d'une œuvre qui a été publiée sous forme imprimée ou sous toute autre forme analogue de reproduction peut aussi être accordée à tout organisme de radiodiffusion ayant son siège dans un pays visé à l'alinéa 1 à la suite d'une demande faite auprès de l'autorité compétente de ce pays par ledit organisme, pourvu que toutes les conditions suivantes soient remplies :

i) la traduction est faite à partir d'un exemplaire produit et acquis en conformité avec la législation dudit pays ;

ii) la traduction est utilisable seulement dans les émissions destinées à l'enseignement ou à la diffusion d'informations à caractère scientifique ou technique destinées aux experts d'une profession déterminée ;

iii) la traduction est utilisée exclusivement aux fins énumérées au point ii dans des émissions faites licitement et destinées aux bénéficiaires sur le territoire dudit pays, y compris les émissions faites au moyen d'enregistrements sonores ou visuels réalisés licitement et exclusivement pour de telles émissions ;

iv) toutes les utilisations faites de la traduction n'ont aucun caractère lucratif.

b) Des enregistrements sonores ou visuels d'une traduction qui a été faite par un organisme de radiodiffusion sous l'empire d'une licence accordée en vertu du présent alinéa peuvent, aux fins et sous réserve des conditions énumérées dans le sous-alinéa *a* et avec l'accord de cet organisme, être aussi utilisés par tout autre organisme de radiodiffusion ayant son siège dans le pays dont l'autorité compétente a accordé la licence en question.

c) Pourvu que tous les critères et conditions énumérés au sous-alinéa *a* soient respectés, une licence peut également être accordée à un organisme de radiodiffusion pour traduire tout texte incorporé dans une fixation audiovisuelle faite et publiée aux seules fins de l'usage scolaire et universitaire.

d) Sous réserve des sous-alinéas *a* à *c*, les dispositions des alinéas précédents sont applicables à l'octroi et à l'exercice de toute licence accordée en vertu du présent alinéa.

Art. 3 1. Tout pays qui a déclaré qu'il invoquera le bénéfice de la faculté prévue par le présent article sera habilité à substituer au droit exclusif de reproduction prévu à l'article 9 un régime de licences non exclusives et incessibles, accordées par l'autorité compétente dans les conditions ci-après et conformément à l'article IV.

2. *a*) A l'égard d'une œuvre à laquelle le présent article est applicable en vertu de l'alinéa 7 et lorsque, à l'expiration

i) de la période fixée à l'article 3 et calculée à partir de la première publication d'une édition déterminée d'une telle œuvre, ou

ii) d'une période plus longue fixée par la législation nationale du pays visé à l'alinéa 1 et calculée à partir de la même date,

des exemplaires de cette édition n'ont pas été mis en vente, dans ce pays, pour répondre aux besoins, soit du grand public, soit de l'enseignement scolaire et universitaire, par le titulaire du droit de reproduction ou avec son autorisation, à un prix comparable à celui qui est en usage dans ledit pays pour des œuvres analogues, tout ressortissant dudit pays pourra obtenir une licence pour reproduire et publier cette édition, à ce prix ou à un prix inférieur, en vue de répondre aux besoins de l'enseignement scolaire et universitaire.

b) Une licence pour reproduire et publier une édition qui a été mise en circulation comme le décrit le sous-alinéa *a* peut aussi être accordée en vertu des conditions prévues par le présent article si, après l'expiration de la période applicable, des exemplaires autorisés de cette édition ne sont plus en vente, pendant une durée de six mois, dans le pays concerné pour répondre aux besoins, soit du grand public, soit de l'enseignement scolaire et universitaire, à un prix comparable à celui qui est demandé dans ledit pays pour des œuvres analogues.

3. La période à laquelle se réfère l'alinéa 2, *a*, i, est de cinq années. Toutefois,

i) pour les œuvres qui traitent des sciences exactes et naturelles et de la technologie, elle sera de trois années ;

ii) pour les œuvres qui appartiennent au domaine de l'imagination, telles que les romans, les œuvres poétiques, dramatiques et musicales, et pour les livres d'art, elle sera de sept années.

4. *a*) Dans le cas où elle peut être obtenue à l'expiration d'une période de trois années, la licence ne pourra être accordée en vertu du présent article avant l'expiration d'un délai de six mois

i) à compter de la date à laquelle le requérant accomplit les formalités prévues par l'article IV, 1 ;

ii) ou bien, si l'identité ou l'adresse du titulaire du droit de reproduction n'est pas connue, à compter de la date à laquelle le requérant procède, comme prévu à l'article IV, 2, à l'envoi des copies de la requête soumise par lui à l'autorité qui a compétence pour accorder la licence.

b) Dans les autres cas et si l'article IV, 2, est applicable, la licence ne pourra être accordée avant l'expiration d'un délai de trois mois à compter de l'envoi des copies de la requête.

c) Si durant le délai de six ou de trois mois visé aux sous-alinéas *a* et *b* la mise en vente comme le décrit l'alinéa 2, *a*, a eu lieu, aucune licence ne sera accordée en vertu du présent article.

d) Aucune licence ne peut être accordée lorsque l'auteur a retiré de la circulation tous les exemplaires de l'édition pour la reproduction et la publication de laquelle la licence a été demandée.

5. *Une licence en vue de reproduire et de publier une traduction* d'une œuvre ne sera pas accordée, en vertu du présent article, dans les cas ci-après :

i) lorsque la traduction dont il s'agit n'a pas été publiée par le titulaire du droit de traduction ou avec son autorisation ;

ii) lorsque la traduction n'est pas faite dans une langue d'usage général dans le pays où la licence est demandée.

6. Si des exemplaires d'une édition d'une œuvre sont mis en vente dans le pays visé à l'alinéa 1 pour répondre aux besoins, soit du grand public, soit de l'enseignement scolaire et universitaire, par le titulaire du droit de reproduction ou avec son autorisation, à un prix comparable à celui qui est en usage dans ledit pays pour des œuvres analogues, toute licence accordée en vertu du présent article prendra fin si cette édition est dans la même langue et son contenu essentiellement le même que celle et celui de l'édition publiée en vertu de la licence. La mise en circulation de tous les exemplaires déjà produits avant l'expiration de la licence pourra se poursuivre jusqu'à leur épuisement.

7. *a*) Sous réserve du sous-alinéa *b*, les œuvres auxquelles le présent article est applicable ne sont que les œuvres publiées sous forme imprimée ou sous toute autre forme analogue de reproduction.

b) Le présent article est également applicable à la reproduction audiovisuelle de fixations licites audiovisuelles en tant qu'elles constituent ou incorporent des œuvres protégées ainsi qu'à la traduction du texte qui les accompagne dans une langue d'usage général dans le pays où la licence est demandée, étant bien entendu que les fixations audiovisuelles dont il s'agit ont été conçues et publiées aux seules fins de l'usage scolaire et universitaire.

Art. 4 1. Toute licence visée à l'article I ou à l'article III ne pourra être accordée que si le requérant, conformément aux dispositions en vigueur dans le pays en cause, justifie avoir demandé au titulaire du droit l'autorisation de faire une traduction et de la publier ou de reproduire et publier l'édition, selon le cas, et n'a pu obtenir son autorisation, ou, après dues diligences de sa part, n'a pu l'atteindre. En même temps qu'il fait cette demande au titulaire du droit, le requérant doit en informer tout centre national ou international d'information visé à l'alinéa 2.

2. Si le titulaire du droit n'a pu être atteint par le requérant, celui-ci doit adresser, par la poste aérienne, sous pli recommandé, des copies de la requête soumise par lui à l'autorité qui a compétence pour accorder la licence, à l'éditeur dont le nom figure sur l'œuvre et à tout centre national ou international d'information qui peut avoir été désigné, dans une notification déposée à cet effet auprès du Directeur général, par le gouvernement du pays où l'éditeur est présumé avoir le siège principal de ses opérations.

3. Le nom de l'auteur doit être indiqué sur tous les exemplaires de la traduction ou de la reproduction publiée sous l'empire d'une licence accordée en vertu de l'article II ou de l'article III. Le titre de l'œuvre doit figurer sur tous ces exemplaires. S'il s'agit d'une traduction, le titre original de l'œuvre doit en tout cas figurer sur tous ceux-ci.

4. *a*) Toute licence accordée en vertu de l'article II ou de l'article III ne s'étendra pas à l'exportation d'exemplaires et elle ne sera valable que pour la publication de la traduction ou de la reproduction, selon le cas, à l'intérieur du territoire du pays où cette licence a été demandée.

b) Aux fins de l'application du sous-alinéa *a*, doit être regardé comme exportation l'envoi d'exemplaires à partir d'un territoire vers le pays qui, pour ce territoire, a fait une déclaration conformément à l'article I, 5.

c) Lorsqu'un organisme gouvernemental ou tout autre organisme public d'un pays qui a accordé, conformément à l'article II, une licence de faire une traduction dans une langue autre que l'anglais, l'espagnol ou le français envoie des exemplaires de la traduction publiée en vertu d'une telle licence à un autre pays, une telle expédition ne sera pas considérée, aux fins du sous-alinéa *a*, comme étant une exportation si toutes les conditions suivantes sont remplies :

i) les destinataires sont des particuliers ressortissants du pays dont l'autorité compétente a accordé la licence, ou des organisations groupant de tels ressortissants ;

ii) les exemplaires ne sont utilisés que pour l'usage scolaire, universitaire ou de la recherche ;

iii) l'envoi des exemplaires et leur distribution ultérieure aux destinataires n'ont aucun caractère lucratif ; et

iv) le pays auquel les exemplaires ont été envoyés a conclu un accord avec le pays dont l'autorité compétente a délivré la licence pour en autoriser la réception, ou la distribution, ou ces deux opérations, et le gouvernement de ce dernier pays a notifié au Directeur général un tel accord.

5. Tout exemplaire publié sous l'empire d'une licence accordée en vertu de l'article II ou de l'article III doit contenir une mention dans la langue appropriée précisant que l'exemplaire n'est mis en circulation que dans le pays ou le territoire auquel ladite licence s'applique.

6. *a*) Des mesures appropriées seront prises sur le plan national pour que

i) la licence comporte en faveur du titulaire du droit de traduction ou de reproduction, selon le cas, une rémunération équitable et conforme à l'échelle des redevances normalement versées dans le cas de licences librement négociées entre les intéressés dans les deux pays concernés ; et

ii) soient assurés le paiement et le transfert de cette rémunération ; s'il existe une réglementation nationale en matière de devises, l'autorité compétente ne ménagera aucun effort, en recourant aux mécanismes internationaux, pour assurer le transfert de la rémunération en monnaie internationalement convertible ou en son équivalent.

b) Des mesures appropriées seront prises dans le cadre de la législation nationale pour que soit garantie une traduction correcte de l'œuvre ou une reproduction exacte de l'édition dont il s'agit, selon le cas.

Convention universelle sur le droit d'auteur,

Signée à Genève le 6 septembre 1952 et révisée à Paris le 24 juillet 1971. — Publiée par Décr. n° 74-842 du 4 oct. 1974 (JO 10 oct.). — Entrée en vigueur le 10 juill. 1974.

BIBL. ▶ Desbois, *D. 1954. Chron. 35* (la convention universelle sur le droit d'auteur). - Desbois, Françon et Kéréver, Les conventions internationales du droit d'auteur et des droits voisins, *Dalloz 1976*. - Dock, *Mélanges Desbois, Dalloz 1974* (la convention universelle sur le droit d'auteur). - Françon, *Annuaire français de droit international, 1974, p. 626* (les Actes de Paris portant révision des conventions internationales sur la propriété littéraire et artistique).

Art. 1er Chaque État contractant s'engage à prendre toutes dispositions nécessaires pour assurer une protection suffisante et efficace des droits des auteurs et de tous autres titulaires de ces droits sur les œuvres littéraires, scientifiques et artistiques, telles que les écrits, les œuvres musicales, dramatiques et cinématographiques, les peintures, gravures et sculptures.

Art. 2 1. Les œuvres publiées des ressortissants de tout État contractant ainsi que les œuvres publiées pour la première fois sur le territoire d'un tel État jouissent, dans tout autre État contractant, de la protection que cet autre État accorde aux œuvres de ses ressortissants publiées pour la première fois sur son propre territoire, ainsi que de la protection spécialement accordée par la présente Convention.

2. Les œuvres non publiées des ressortissants de tout État contractant jouissent, dans tout autre État contractant, de la protection que cet autre État accorde aux œuvres non publiées de ses ressortissants, ainsi que de la protection spécialement accordée par la présente Convention.

3. Pour l'application de la présente Convention, tout État contractant peut, par des dispositions de sa législation interne, assimiler à ses ressortissants toute personne domiciliée sur le territoire de cet État.

Art. 3 1. Tout État contractant qui, d'après sa législation interne, exige, à titre de condition de la protection des droits des auteurs, l'accomplissement de formalités telles que dépôt, enregistrement, mention, certificats notariés, paiement de taxes, fabrication ou publication sur le territoire national, doit considérer ces exigences comme satisfaites pour toute œuvre protégée aux termes de la présente Convention, publiée pour la première fois hors du territoire de cet État et dont l'auteur n'est pas un de ses ressortissants si, dès la première publication de cette œuvre, tous les exemplaires de l'œuvre publiée avec l'autorisation de l'auteur ou de tout autre titulaire de ses droits portent le symbole © accompagné du nom du titulaire du droit d'auteur et de l'indication de l'année de première publication ; le symbole, le nom et l'année doivent être apposés d'une manière et à une place montrant de façon nette que le droit d'auteur est réservé.

2. Les dispositions de l'alinéa 1 n'interdisent pas à un État contractant de soumettre à certaines formalités ou à d'autres conditions, en vue d'assurer l'acquisition et la jouissance du droit d'auteur, les œuvres publiées pour la première fois sur son territoire, ou celles de ses ressortissants, quel que soit le lieu de la publication de ces œuvres.

3. Les dispositions de l'alinéa 1 n'interdisent pas à un État contractant d'exiger d'une personne estant en justice qu'elle satisfasse, aux fins du procès, aux règles de procédure telles que l'assistance du demandeur par un avocat exerçant dans cet État ou le dépôt par le demandeur d'un exemplaire de l'œuvre auprès du tribunal ou d'un bureau administratif ou des deux à la fois. Toutefois, le fait de ne pas satisfaire à ces exigences n'affecte pas la validité du droit d'auteur. Aucune de ces exigences ne peut être imposée à un ressortissant d'un autre État contractant si elle ne l'est pas aux ressortissants de l'État dans lequel la protection est demandée.

4. Dans chaque État contractant doivent être assurés des moyens juridiques pour protéger sans formalités les œuvres non publiées des ressortissants des autres États contractants.

5. Si un État contractant accorde plus d'une seule période de protection et si la première est d'une durée supérieure à l'un des minimums de temps prévus à l'article 4 de la présente Convention, cet État a la faculté de ne pas appliquer l'alinéa 1 du présent article en ce qui concerne la deuxième période de protection ainsi que pour les périodes suivantes.

Art. 4 1. La durée de la protection de l'œuvre est réglée par la loi de l'État contractant où la protection est demandée conformément aux dispositions de l'article II et aux dispositions ci-dessous.

2. *a*) La durée de protection pour les œuvres protégées par la présente Convention ne sera pas inférieure à une période comprenant la vie de l'auteur et vingt-cinq années après sa mort. Toutefois, l'État contractant qui, à la date de l'entrée en vigueur de la présente Convention sur son territoire, aura restreint ce délai, pour certaines catégories d'œuvres, à une période calculée à partir de la première publication de l'œuvre, aura la faculté de maintenir ces dérogations ou de les étendre à d'autres catégories. Pour toutes ces catégories, la durée de protection ne sera pas inférieure à vingt-cinq années à compter de la date de la première publication.

b) Tout État contractant qui, à la date de l'entrée en vigueur de la présente Convention sur son territoire, ne calcule pas la durée de protection sur la base de la vie de l'auteur, aura la faculté de calculer cette durée de protection à compter de la première publication de l'œuvre ou, le cas échéant, de l'enregistrement de cette œuvre préalable à sa publication ; la durée de la protection ne sera pas inférieure à vingt-cinq années à compter de la date de la première publication ou, le cas échéant, de l'enregistrement de l'œuvre préalable à la publication.

c) Si la législation de l'État contractant prévoit deux ou plusieurs périodes consécutives de protection, la durée de la première période ne sera pas inférieure à la durée de l'une des périodes minima déterminée aux lettres *a*) et *b*) ci-dessus.

3. Les dispositions de l'alinéa 2 ne s'appliquent pas aux œuvres photographiques, ni aux œuvres des arts appliqués. Toutefois, dans les États contractants qui protègent les œuvres photographiques et, en tant qu'œuvres artistiques, les œuvres des arts appliqués, la durée de la protection ne sera pas, pour ces œuvres, inférieure à dix ans.

4. *a*) Aucun État contractant ne sera tenu d'assurer la protection d'une œuvre pendant une durée plus longue que celle fixée, pour la catégorie dont elle relève, s'il s'agit d'une œuvre non publiée, par la loi de l'État contractant dont l'auteur est ressortissant, et, s'il s'agit d'une œuvre publiée, par la loi de l'État contractant où cette œuvre a été publiée pour la première fois.

b) Aux fins de l'application de la lettre *a*, si la législation d'un État contractant prévoit deux ou plusieurs périodes consécutives de protection, la durée de la protection accordée par cet État est considérée comme étant la somme de ces périodes. Toutefois, si pour une raison quelconque une œuvre déterminée n'est pas protégée par ledit État pendant la seconde période ou l'une des périodes suivantes, les autres États contractants ne sont pas tenus de protéger cette œuvre pendant cette seconde période ou les périodes suivantes.

5. Aux fins de l'application de l'alinéa 4, l'œuvre d'un ressortissant d'un État contractant publiée pour la première fois dans un État non contractant sera considérée comme ayant été publiée pour la première fois dans l'État contractant dont l'auteur est ressortissant.

6. Aux fins de l'application de l'alinéa 4 susmentionné, en cas de publication simultanée dans deux ou plusieurs États contractants, l'œuvre sera considérée comme ayant été publiée pour la première fois dans l'État qui accorde la protection la moins longue. Est considérée comme publiée simultanément dans plusieurs pays toute œuvre qui a paru dans deux ou plusieurs pays dans les trente jours de sa première publication.

Art. 4 *bis* 1. Les droits visés à l'article premier comprennent les droits fondamentaux qui assurent la protection des intérêts patrimoniaux de l'auteur, notamment le droit exclusif d'autoriser la reproduction par n'importe quel moyen, la représentation et l'exécution publiques, et la radiodiffusion. Les dispositions du présent article s'appliquent aux œuvres protégées par la présente Convention, soit sous leur forme originale, soit, de façon reconnaissable, sous une forme dérivée de l'œuvre originale.

2. Toutefois, chaque État contractant peut, par sa législation nationale, apporter des exceptions, non contraires à l'esprit et aux dispositions de la présente Convention, aux droits mentionnés à l'alinéa 1 du présent article. Les États faisant éventuellement usage de ladite faculté devront néanmoins accorder à chacun des droits auxquels il serait fait exception un niveau raisonnable de protection effective.

Art. 5 1. Les droits visés à l'article premier comprennent le droit exclusif de faire, de publier et d'autoriser à faire et à publier la traduction des œuvres protégées aux termes de la présente Convention.

2. Toutefois, chaque État contractant peut, par sa législation nationale, restreindre, pour les écrits, le droit de traduction, mais en se conformant aux dispositions suivantes :

a) Lorsque, à l'expiration d'un délai de sept années à dater de la première publication d'un écrit, la traduction de cet écrit n'a pas été publiée dans une langue d'usage général dans l'État contractant, par le titulaire du droit de traduction ou avec son autorisation, tout ressortissant de cet État contractant pourra obtenir de l'autorité compétente de cet État une licence non exclusive pour traduire l'œuvre dans cette langue et publier l'œuvre ainsi traduite.

b) Cette licence ne pourra être accordée que si le requérant, conformément aux dispositions en vigueur dans l'État où est introduite la demande, justifie avoir demandé au titulaire du droit de traduction l'autorisation de traduire et de publier la traduction et, après dues diligences de sa part, n'a pu atteindre le titulaire du droit d'auteur ou obtenir son autorisation. Aux mêmes conditions, la licence pourra également être accordée si, pour une traduction déjà publiée dans une langue d'usage général dans l'État contractant, les éditions sont épuisées.

c) Si le titulaire du droit de traduction n'a pu être atteint par le requérant, celui-ci doit adresser des copies de sa demande à l'éditeur dont le nom figure sur l'œuvre et au représentant diplomatique ou consulaire de l'État dont le titulaire du droit de traduction est ressortissant, lorsque la nationalité du titulaire du droit de traduction est connue, ou à l'organisme qui peut avoir été désigné par le gouvernement de cet État. La licence ne pourra être accordée avant l'expiration d'un délai de deux mois à dater de l'envoi des copies de la demande.

d) La législation nationale adoptera les mesures appropriées pour assurer au titulaire du droit de traduction une rémunération équitable et conforme aux usages internationaux, ainsi que le paiement et le transfert de cette rémunération, et pour garantir une traduction correcte de l'œuvre.

e) Le titre et le nom de l'auteur de l'œuvre originale doivent être également imprimés sur tous les exemplaires de la traduction publiée. La licence ne sera valable que pour l'édition à l'intérieur du territoire de l'État contractant où cette licence est demandée. L'importation et la vente des exemplaires dans un autre État contractant sont possibles si cet État a une langue d'usage général identique à celle dans laquelle l'œuvre a été traduite, si sa loi nationale admet la licence et si aucune des dispositions en vigueur dans cet État ne s'oppose à l'importation et à la vente ; l'importation et la vente sur le territoire de tout État contractant, dans lequel les conditions précédentes ne peuvent jouer, sont réservées à la législation de cet État et aux accords conclus par lui. La licence ne pourra être cédée par son bénéficiaire.

f) La licence ne peut être accordée lorsque l'auteur a retiré de la circulation les exemplaires de l'œuvre.

Art. 5 *bis* 1. Tout État contractant considéré comme un pays en voie de développement, conformément à la pratique établie de l'Assemblée générale des Nations Unies, peut, par une notification déposée auprès du Directeur général de l'Organisation des Nations Unies pour l'éducation, la science et la culture (ci-après dénommé « le Directeur général ») au moment de sa ratification, de son acceptation ou de son adhésion, ou ultérieurement, se prévaloir de tout ou partie des exceptions prévues aux articles V *ter* et V *quater*.

2. Toute notification déposée conformément aux dispositions de l'alinéa 1 restera en vigueur pendant une période de dix ans à compter de la date de l'entrée en vigueur de la présente Convention, ou pour toute partie de cette période décennale restant à courir à la date du dépôt de la notification, et pourra être renouvelée en totalité ou en partie pour d'autres périodes de dix ans si, dans un délai se situant entre le quinzième et le troisième mois avant l'expiration de la période décennale en cours, l'État contractant dépose une nouvelle notification auprès du Directeur général. Des notifications peuvent également être déposées pour la première fois au cours de ces nouvelles périodes décennales conformément aux dispositions du présent article.

3. Nonobstant les dispositions de l'alinéa 2, un État contractant qui a cessé d'être considéré comme un pays en voie de développement répondant à la définition de l'alinéa 1 n'est plus habilité à renouveler la notification qu'il a déposée aux termes des alinéas 1 ou 2 et, qu'il annule officiellement ou non cette notification, cet État perdra la possibilité de se prévaloir des exceptions prévues dans les articles 5 *ter* et 5 *quater* soit à l'expiration de la période décennale en cours, soit trois ans après qu'il aura cessé d'être considéré comme un pays en voie de développement, le délai qui expire le plus tard devant être appliqué.

4. Les exemplaires d'une œuvre, déjà produits en vertu des exceptions prévues aux articles 5 *ter* et 5 *quater*, pourront continuer d'être mis en circulation après l'expiration de la période pour laquelle des notifications aux termes du présent article ont pris effet, et ce jusqu'à leur épuisement.

5. Tout État contractant, qui a déposé une notification conformément à l'article XIII concernant l'application de la présente Convention à un pays ou territoire particulier dont la situation peut être considérée comme analogue à celle des États visés à l'alinéa 1 du pré-

sent article, peut aussi, en ce qui concerne ce pays ou territoire, déposer des notifications d'exceptions et de renouvellements au titre du présent article. Pendant la période où ces notifications sont en vigueur, les dispositions des articles V *ter* et V *quater* peuvent s'appliquer audit pays ou territoire. Tout envoi d'exemplaires en provenance dudit pays ou territoire à l'État contractant sera considéré comme une exportation au sens des articles 5 *ter* et 5 *quater*.

Art. 5 *ter* 1. *a*) Tout État contractant auquel s'applique l'alinéa 1 de l'article V *bis* peut remplacer la période de sept ans prévue à l'alinéa 2 de l'article V par une période de trois ans ou toute période plus longue fixée par sa législation nationale. Cependant, dans le cas d'une traduction dans une langue qui n'est pas d'usage général dans un ou plusieurs pays développés, parties soit à la présente Convention, soit seulement à la Convention de 1952, une période d'un an sera substituée à ladite période de trois ans.

b) Tout État contractant auquel s'applique l'alinéa 1 de l'article V *bis* peut, avec l'accord unanime des pays développés qui sont des États parties soit à la présente Convention, soit seulement à la Convention de 1952, et où la même langue est d'usage général, remplacer, en cas de traduction dans cette langue, la période de trois ans prévue à la lettre *a*) ci-dessus par une autre période fixée conformément audit accord, cette période ne pouvant toutefois être inférieure à un an. Néanmoins, la présente disposition n'est pas applicable lorsque la langue dont il s'agit est l'anglais, l'espagnol ou le français. Notification d'un tel accord sera faite au Directeur général.

c) La licence ne pourra être accordée que si le requérant, conformément aux dispositions en vigueur dans l'État où est introduite la demande, justifie soit qu'il a demandé l'autorisation du titulaire du droit de traduction, soit qu'après dues diligences de sa part il n'a pas pu atteindre le titulaire du droit ou obtenir son autorisation. En même temps qu'il fait cette demande le requérant doit en informer soit le Centre international d'information sur le droit d'auteur créé par l'Organisation des Nations unies pour l'éducation, la science et la culture [UNESCO], soit tout centre national ou régional d'information indiqué comme tel dans une notification déposée à cet effet auprès du Directeur général par le gouvernement de l'État où l'éditeur est présumé exercer la majeure partie de ses activités professionnelles.

d) Si le titulaire du droit de traduction n'a pu être atteint par le requérant, celui-ci doit adresser, par la poste aérienne, sous pli recommandé, des copies de sa demande à l'éditeur dont le nom figure sur l'œuvre et à tout centre national ou régional d'information mentionné à la lettre *c*). Si l'existence d'un tel centre n'a pas été notifiée, le requérant adressera également une copie au Centre international d'information sur le droit d'auteur créé par l'Organisation des Nations unies pour l'éducation, la science et la culture [UNICEF].

2. *a*) La licence ne pourra être accordée au titre du présent article avant l'expiration d'un délai supplémentaire de six mois, dans le cas où elle peut être obtenue à l'expiration d'une période de trois ans ; et de neuf mois, dans le cas où elle peut être obtenue à l'expiration d'une période d'un an. Le délai supplémentaire commencera à courir soit à dater de la demande d'autorisation de traduire mentionnée à la lettre *c*) de l'alinéa 1, soit, dans le cas où l'identité ou l'adresse du titulaire du droit de traduction n'est pas connue, à dater de l'envoi des copies de la demande mentionnée à la lettre *d*) de l'alinéa 1 en vue d'obtenir la licence.

b) La licence ne sera pas accordée si une traduction a été publiée par le titulaire du droit de traduction ou avec son autorisation pendant ledit délai de six ou de neuf mois.

3. Toute licence à accorder en vertu du présent article ne pourra l'être qu'à l'usage scolaire, universitaire ou de la recherche.

4. *a*) La licence ne s'étendra pas à l'exportation d'exemplaires et elle ne sera valable que pour l'édition à l'intérieur du territoire de l'État contractant où cette licence a été demandée.

b) Tout exemplaire publié conformément à une telle licence devra contenir une mention dans la langue appropriée précisant que l'exemplaire n'est mis en distribution que dans l'État contractant qui a accordé la licence ; si l'œuvre porte la mention indiquée à l'alinéa 1 de l'article III, les exemplaires ainsi publiés devront porter la même mention.

c) L'interdiction d'exporter prévue à la lettre *a*) ci-dessus ne s'applique pas lorsqu'un organisme gouvernemental ou tout autre organisme public d'un État qui a accordé, conformément au présent article, une licence en vue de traduire une œuvre dans une langue autre que l'anglais, l'espagnol ou le français, envoie des exemplaires d'une traduction faite en vertu de cette licence à un autre pays, sous réserve que :

i) Les destinataires soient des ressortissants de l'État contractant qui a délivré la licence, ou des organisations groupant de tels ressortissants ;

ii) Les exemplaires ne soient utilisés que pour l'usage scolaire, universitaire ou de la recherche ;

iii) L'envoi des exemplaires et leur distribution ultérieure aux destinataires soient dépourvus de tout caractère lucratif ;

iv) Qu'un accord, qui sera notifié au Directeur général par l'un quelconque des gouvernements qui l'ont conclu, intervienne entre le pays auquel les exemplaires sont envoyés et l'État contractant en vue de permettre la réception et la distribution ou l'une de ces deux opérations.

5. Les dispositions appropriées seront prises sur le plan national pour que :

a) La licence comporte une rémunération équitable et conforme à l'échelle des redevances normalement versées dans le cas de licences librement négociées entre les intéressés dans les deux pays concernés ;

b) La rémunération soit payée et transmise. S'il existe une réglementation nationale en matière de devises, l'autorité compétente ne ménagera aucun effort, en recourant aux mécanismes internationaux, pour assurer la transmission de la rémunération en monnaie internationalement convertible ou en son équivalent.

6. Toute licence accordée par un État contractant en vertu du présent article prendra fin si une traduction de l'œuvre dans la même langue et ayant essentiellement le même contenu que l'édition pour laquelle la licence a été accordée est publiée dans ledit État par le titulaire du droit de traduction ou avec son autorisation, à un prix comparable à celui qui est d'usage dans ce même État pour des œuvres analogues. Les exemplaires déjà produits avant l'expiration de la licence pourront continuer d'être mis en circulation jusqu'à leur épuisement.

7. Pour les œuvres qui sont composées principalement d'illustrations, une licence pour la traduction du texte et pour la reproduction des illustrations ne peut être octroyée que si les conditions de l'article 5 *quater* sont également remplies.

8. *a*) Une licence en vue de traduire une œuvre protégée par la présente Convention, publiée sous forme imprimée ou sous des formes analogues de reproduction, peut aussi être accordée à un organisme de radiodiffusion ayant son siège sur le territoire d'un État contractant auquel s'applique l'alinéa 1 de l'article 5 *bis*, à la suite d'une demande faite dans cet État par ledit organisme, et aux conditions suivantes :

i) La traduction doit être faite à partir d'un exemplaire produit et acquis conformément aux lois de l'État contractant ;

ii) La traduction doit être utilisée seulement dans des émissions destinées exclusivement à l'enseignement ou à la diffusion d'informations à caractère scientifique destinées aux experts d'une profession déterminée ;

iii) La traduction doit être utilisée, exclusivement aux fins énumérées au chiffre ii) ci-dessus, par radiodiffusion légalement faite à l'intention des bénéficiaires sur le territoire de l'État contractant, y compris par le moyen d'enregistrements sonores ou visuels réalisés licitement et exclusivement pour cette radiodiffusion ;

iv) Les enregistrements sonores ou visuels de la traduction ne peuvent faire l'objet d'échanges qu'entre des organismes de radiodiffusion ayant leur siège social sur le territoire de l'État contractant ayant accordé une telle licence ;

v) Toutes les utilisations faites de la traduction doivent être dépourvues de tout caractère lucratif.

b) Sous réserve que tous les critères et toutes les conditions énumérés à la lettre *a*) soient respectés, une licence peut également être accordée à un organisme de radiodiffusion pour traduire tout texte incorporé ou intégré à des fixations audiovisuelles faites et publiées à la seule fin d'être utilisées pour l'usage scolaire et universitaire.

c) Sous réserve des lettres *a*) et *b*), les autres dispositions du présent article sont applicables à l'octroi et à l'exercice d'une telle licence.

9. Sous réserve des dispositions du présent article, toute licence accordée en vertu de celui-ci sera régie par les dispositions de l'article V, et continuera d'être régie par les dispositions de l'article V et par celles du présent article, même après la période de sept ans visée à l'alinéa 2 de l'article V. Toutefois, après l'expiration de cette période, le titulaire de la licence pourra demander qu'à celle-ci soit substituée une licence régie exclusivement par l'article 5.

Art. 5 *quater* 1. Tout État contractant auquel s'applique l'alinéa 1 de l'article V *bis* peut adopter les dispositions suivantes :

a) lorsque, à l'expiration : i) de la période fixée à la lettre c) calculée à partir de la première publication d'une édition déterminée d'une œuvre littéraire, scientifique ou artistique visée à l'alinéa 3, ou *ii*) de toute période plus longue fixée par la législation nationale de l'État, des exemplaires de cette édition n'ont pas été, dans cet État, mis en vente pour répondre aux besoins soit du grand public, soit de l'enseignement scolaire et universitaire, à un prix comparable à celui qui est d'usage dans ledit État pour des œuvres analogues, par le titulaire du droit de reproduction ou avec son autorisation, tout ressortissant de cet État pourra obtenir, de l'autorité compétente, une licence non exclusive pour publier cette édition, à ce prix ou à un prix inférieur, pour répondre aux besoins de l'enseignement scolaire et universitaire. La licence ne pourra être accordée que si le requérant, conformément aux dispositions en vigueur dans l'État, justifie avoir demandé au titulaire du droit l'autorisation de publier cette œuvre et, après dues diligences de sa part, n'a pu atteindre le titulaire du droit d'auteur ou obtenir son autorisation. En même temps qu'il fait cette demande le requérant doit en informer soit le Centre international d'information sur le droit d'auteur créé par l'Organisation des Nations unies pour l'éducation, la science et la culture, soit tout centre national ou régional d'information mentionné à la lettre *d*).

b) La licence pourra aussi être accordée aux mêmes conditions si, pendant une période de six mois, des exemplaires autorisés de l'édition dont il s'agit ne sont plus mis en vente dans l'État concerné pour répondre aux besoins soit du grand public, soit de l'enseignement scolaire et universitaire, à un prix comparable à celui qui est d'usage dans l'État pour des œuvres analogues.

c) La période à laquelle se réfère la lettre *a*) s'entend d'un délai de cinq ans. Cependant :

i) Pour les œuvres des sciences exactes et naturelles et de la technologie, cette période sera de trois ans ;

ii) Pour les œuvres qui appartiennent au domaine de l'imagination telles que les romans, les œuvres poétiques, dramatiques et musicales et pour les livres d'art, cette période sera de sept ans.

d) Si le titulaire du droit de reproduction n'a pu être atteint par le requérant, celui-ci doit adresser, par la poste aérienne, sous pli recommandé, des copies de sa demande à l'éditeur dont le nom figure sur l'œuvre et à tout centre national ou régional d'information indiqué comme tel dans une notification déposée auprès du directeur général, par l'État où l'éditeur est présumé exercer la majeure partie de ses activités professionnelles. En l'absence d'une pareille notification, il adressera également une copie au Centre international d'information sur le droit d'auteur créé par l'Organisation des Nations unies pour l'éducation, la science et la culture. La licence ne pourra être accordée avant l'expiration d'un délai de trois mois à compter de l'envoi des copies de la demande.

e) Dans le cas où elle peut être obtenue à l'expiration de la période de trois ans, la licence ne pourra être accordée au titre du présent article :

i) Qu'à l'expiration d'un délai de six mois à compter de la demande d'autorisation mentionnée à la lettre *a*), ou, dans le cas où l'identité ou l'adresse du titulaire de droit de reproduction n'est pas connue, à dater de l'envoi des copies de la demande mentionnées à la lettre *d*) en vue d'obtenir la licence ;

ii) Que s'il n'y a pas eu pendant ce délai de mise en circulation d'exemplaires de l'édition dans les conditions prévues à la lettre *a*).

f) Le nom de l'auteur et le titre de l'édition déterminée de l'œuvre doivent être imprimés sur tous les exemplaires de la reproduction publiée. La licence ne s'étendra pas à l'exportation d'exemplaires et elle ne sera valable que pour l'édition à l'intérieur du territoire de l'État contractant où cette licence a été demandée. La licence ne pourra être cédée par son bénéficiaire.

g) La législation nationale adoptera des mesures appropriées pour assurer une reproduction exacte de l'édition dont il s'agit.

h) Une licence en vue de reproduire et de publier une traduction d'une œuvre ne sera pas accordée, au titre du présent article, dans les cas ci-après :

i) Lorsque la traduction dont il s'agit n'a pas été publiée par le titulaire du droit d'auteur ou avec son autorisation ;

ii) Lorsque la traduction n'est pas dans une langue d'usage général dans l'État qui est habilité à délivrer la licence.

2. Les dispositions qui suivent s'appliquent aux exceptions prévues à l'alinéa 1 du présent article :

a) Tout exemplaire publié conformément à une licence accordée au titre du présent article devra contenir une mention dans la langue appropriée précisant que l'exemplaire n'est mis en distribution que dans l'État contractant auquel ladite licence s'applique ; si l'œuvre porte la mention indiquée à l'alinéa 1 de l'article 3, les exemplaires ainsi publiés devront porter la même mention.

b) Les dispositions appropriées seront prises sur le plan national pour que :

i) La licence comporte une rémunération équitable et conforme à l'échelle des redevances normalement versées dans le cas de licences librement négociées entre les intéressés dans les deux pays concernés ;

ii) La rémunération soit payée et transmise. S'il existe une réglementation nationale en matière de devises, l'autorité compétente ne ménagera aucun effort en recourant aux mécanismes internationaux, pour assurer la transmission de la rémunération en monnaie internationalement convertible ou en son équivalent.

c) Chaque fois que des exemplaires d'une édition d'une œuvre sont mis en vente dans l'État contractant pour répondre aux besoins soit du grand public, soit de l'enseignement scolaire et universitaire, par le titulaire du droit de reproduction ou avec son autorisation, à un prix comparable à celui qui est d'usage dans l'État pour des œuvres analogues, toute licence accordée en vertu du présent article prendra fin si cette édition est dans la même langue que l'édition publiée en vertu de la licence et si son contenu est essentiellement le même. Les exemplaires déjà produits avant l'expiration de la licence pourront continuer d'être mis en circulation jusqu'à leur épuisement.

d) La licence ne peut être accordée quand l'auteur a retiré de la circulation tous les exemplaires d'une édition.

3. *a*) Sous réserve des dispositions de la lettre *b*), les œuvres littéraires, scientifiques ou artistiques auxquelles s'applique le présent article sont limitées aux œuvres publiées sous forme d'édition imprimée ou sous toute autre forme analogue de reproduction.

b) Le présent article est également applicable à la reproduction audiovisuelle de fixations licites audiovisuelles en tant qu'elles constituent ou incorporent des œuvres protégées ainsi qu'à la traduction du texte qui les accompagne dans une langue d'usage général dans l'État qui est habilité à délivrer la licence, étant bien entendu que les fixations audiovisuelles dont il s'agit ont été conçues et publiées aux seules fins de l'usage scolaire et universitaire.

Art. 6 Par « publication » au sens de la présente Convention, il faut entendre la reproduction sous une forme matérielle et la mise à la disposition du public d'exemplaires de l'œuvre permettant de la lire ou d'en prendre connaissance visuellement.

Art. 7 La présente Convention ne s'applique pas aux œuvres ou aux droits sur ces œuvres qui, lors de l'entrée en vigueur de la présente Convention dans l'État contractant où la protection est demandée, auraient cessé définitivement d'être protégées dans cet État ou ne l'auraient jamais été.

Traité de l'OMPI sur le droit d'auteur,

Adopté à Genève le 20 décembre 1996 par la conférence diplomatique. — Ce traité, ratifié le 14 déc. 2009 (L. n° 2009-574 du 19 juin 2008, JO 20 juin) a été publié par le Décr. n° 2017-79 du 25 janv. 2017 (JO 27 janv.). Il a été approuvé au nom de la Communauté européenne par décision du Conseil du 16 mars 2000 (JOCE L 89 du 11 avr. 2000).

BIBL. ▶ FRANÇON, *RIDA avr. 1997, p. 3* (la conférence diplomatique sur certaines questions de droit d'auteur et de droits voisins ; Genève 2-20 décembre 1996). – DE WERRA, *RIDA juill. 2001, p. 3* (le régime juridique des mesures techniques de protection des œuvres selon les traités de l'OMPI...). – GOLDSMITH, *Légipresse 1997. II. 26* (nouveaux traités de l'OMPI et l'action législative européenne sur le droit d'auteur et les droits voisins). – GOUTAL, *RIDA janv. 2001, p. 67* (traité OMPI et conception française du droit d'auteur).

Préambule *Les Parties contractantes,*

Désireuses de développer et d'assurer la protection des droits des auteurs sur leurs œuvres littéraires et artistiques d'une manière aussi efficace et uniforme que possible,

Reconnaissant la nécessité d'instituer de nouvelles règles internationales et de préciser l'interprétation de certaines règles existantes pour apporter des réponses appropriées aux questions soulevées par l'évolution constatée dans les domaines économique, social, culturel et technique,

Reconnaissant que l'évolution et la convergence des techniques de l'information et de la communication ont une incidence considérable sur la création et l'utilisation des œuvres littéraires et artistiques,

Soulignant l'importance exceptionnelle que revêt la protection au titre du droit d'auteur pour l'encouragement de la création littéraire et artistique,

Reconnaissant la nécessité de maintenir un équilibre entre les droits des auteurs et l'intérêt public général, notamment en matière d'enseignement, de recherche et d'accès à l'information, telle qu'elle ressort de la Convention de Berne,

Sont convenues de ce qui suit :

Art. 1er *Rapports avec la Convention de Berne.* 1) Le présent traité constitue un arrangement particulier au sens de l'article 20 de la Convention de Berne pour la protection des œuvres

littéraires et artistiques, en ce qui concerne les Parties contractantes qui sont des pays membres de l'Union instituée par cette convention. Il n'a aucun lien avec d'autres traités que la Convention de Berne et s'applique sans préjudice des droits et obligations découlant de tout autre traité.

2) Aucune disposition du présent traité n'emporte dérogation aux obligations qu'ont les Parties contractantes les unes à l'égard des autres en vertu de la Convention de Berne pour la protection des œuvres littéraires et artistiques.

3) Dans le présent traité, il faut entendre par « Convention de Berne » l'Acte de Paris du 24 juillet 1971 de la Convention de Berne pour la protection des œuvres littéraires et artistiques.

4) Les Parties contractantes doivent se conformer aux articles 1er à 21 et à l'annexe de la Convention de Berne.

Le droit de reproduction prévu à l'article 9 de la Convention de Berne et les exceptions dont il peut être assorti s'appliquent pleinement dans l'environnement numérique, en particulier à l'utilisation des œuvres sous forme numérique. Il est entendu que le stockage d'une œuvre protégée sous forme numérique sur un support électronique constitue une reproduction au sens de l'article 9 de la Convention de Berne (Déclarations communes de la Communauté européenne au présent Traité, JOCE L 89 du 11 avr. 2000).

Art. 2 *Étendue de la protection au titre du droit d'auteur.* **La protection au titre du droit d'auteur s'étend aux expressions et non aux idées, procédures, méthodes de fonctionnement ou concepts mathématiques en tant que tels.**

Art. 3 *Application des articles 2 à 6 de la Convention de Berne.* **Les Parties contractantes appliquent *mutatis mutandis* les dispositions des articles 2 à 6 de la Convention de Berne dans le cadre de la protection prévue par le présent traité.**

Il est entendu que, aux fins de l'article 3 du présent traité, l'expression « pays de l'Union » qui figure dans les articles 2 à 6 de la Convention de Berne désigne une Partie contractante du présent traité, pour ce qui est d'appliquer ces articles de la Convention de Berne à la protection prévue dans le présent traité. Il est aussi entendu que l'expression « pays étranger à l'Union » qui figure dans ces articles de la Convention de Berne désigne dans les mêmes circonstances, un pays qui n'est pas Partie contractante du présent traité, et que les mots « la présente Convention » qui figurent aux articles 2.8), 2 bis. 2), 3, 4 et 5 de la Convention de Berne désignent la Convention de Berne et le présent traité. Enfin, il est entendu que dans les articles 3 à 6 de la convention les mots « ressortissant à l'un des pays de l'Union » désignent, lorsque ces articles sont appliqués au présent traité, en ce qui concerne une organisation intergouvernementale qui est Partie contractante du présent traité, un ressortissant d'un des pays qui est membre de cette organisation (Déclaration commune de la Communauté européenne au présent Traité, JOCE L 89 du 11 avr. 2000).

Art. 4 *Programmes d'ordinateur.* **Les programmes d'ordinateur sont protégés en tant qu'œuvres littéraires au sens de l'article 2 de la Convention de Berne. La protection prévue s'applique aux programmes d'ordinateur quel qu'en soit le mode ou la forme d'expression.**

L'étendue de la protection prévue pour les programmes d'ordinateur au titre de l'article 4 du présent traité, compte tenu de l'article 2, est compatible avec l'article 2 de la Convention de Berne et concorde avec les dispositions pertinentes de l'Accord sur les ADPIC (Déclarations communes de la Communauté européenne au présent Traité, JOCE L 89 du 11 avr. 2000).

Art. 5 *Compilations de données (bases de données).* **Les compilations de données ou d'autres éléments, sous quelque forme que ce soit, qui, par le choix ou la disposition des matières, constituent des créations intellectuelles sont protégées comme telles. Cette protection ne s'étend pas aux données ou éléments eux-mêmes et elle est sans préjudice de tout droit d'auteur existant sur les données ou éléments contenus dans la compilation.**

L'étendue de la protection prévue pour les compilations de données (bases de données) au titre de l'article 5 du présent traité, compte tenu de l'article 2, est compatible avec l'article 2 de la Convention de Berne et concorde avec les dispositions pertinentes de l'Accord sur les ADPIC (Déclarations communes de la Communauté européenne au présent Traité, JOCE L 89 du 11 avr. 2000).

Art. 6 *Droit de distribution.* **1) Les auteurs d'œuvres littéraires et artistiques jouissent du droit exclusif d'autoriser la mise à la disposition du public de l'original et d'exemplaires de leurs œuvres par la vente ou tout autre transfert de propriété.**

2) Aucune disposition du présent traité ne porte atteinte à la faculté qu'ont les Parties contractantes de déterminer les conditions éventuelles dans lesquelles l'épuisement du droit

prévu à l'alinéa 1) s'applique après la première vente ou autre opération de transfert de propriété de l'original ou d'un exemplaire de l'œuvre, effectuée avec l'autorisation de l'auteur.

Aux fins des articles 6 et 7, les expressions « exemplaires » et « original et exemplaires », dans le contexte du droit de distribution et du droit de location prévus par ces articles, désignent exclusivement les exemplaires fixés qui peuvent être mis en circulation en tant qu'objets tangibles (Déclarations communes de la Communauté européenne au présent Traité, JOCE L 89 du 11 avr. 2000).

Art. 7 *Droit de location.* **1) Les auteurs**

i) de programmes d'ordinateur,

ii) d'œuvres cinématographiques et

iii) d'œuvres incorporées dans des phonogrammes telles que définies dans la législation nationale des Parties contractantes

jouissent du droit exclusif d'autoriser la location commerciale au public de l'original ou d'exemplaires de leurs œuvres.

2) L'alinéa 1) n'est pas applicable,

– en ce qui concerne les programmes d'ordinateur, lorsque le programme lui-même n'est pas l'objet essentiel de la location et,

– en ce qui concerne les œuvres cinématographiques, à moins que la location commerciale n'ait mené à la réalisation largement répandue d'exemplaires de ces œuvres, qui compromette de manière substantielle le droit exclusif de reproduction.

3) Nonobstant les dispositions de l'alinéa 1), une Partie contractante qui appliquait au 15 avril 1994 et continue d'appliquer un système de rémunération équitable des auteurs pour la location d'exemplaires de leurs œuvres incorporées dans des phonogrammes peut maintenir ce système à condition que la location commerciale d'œuvres incorporées dans des phonogrammes ne compromette pas de manière substantielle le droit exclusif de reproduction des auteurs.

Il est entendu que l'obligation prévue à l'article 7.1) ne consiste pas à exiger d'une Partie contractante qu'elle prévoie un droit exclusif de location commerciale pour les auteurs qui, en vertu de la législation de cette Partie contractante, ne jouissent pas de droits sur les phonogrammes. Il est entendu que cette obligation est compatible avec l'article 14.4) de l'Accord sur les ADPIC (Déclarations communes de la Communauté européenne au présent Traité, JOCE L 89 du 11 avr. 2000). – V. aussi note ss. art. 6.

Art. 8 *Droit de communication au public.* **Sans préjudice des dispositions des articles 11.1)2°), 11 *bis*.1)1°) et 2°), 11 *ter*.1)2°), 14.1)2°) et 14 *bis*.1) de la Convention de Berne, les auteurs d'œuvres littéraires et artistiques jouissent du droit exclusif d'autoriser toute communication au public de leurs œuvres par fil ou sans fil, y compris la mise à la disposition du public de leurs œuvres de manière que chacun puisse y avoir accès de l'endroit et au moment qu'il choisit de manière individualisée.**

Il est entendu que la simple fourniture d'installations destinées à permettre ou à réaliser une communication ne constitue pas une communication au public au sens du présent traité ou de la Convention de Berne. Il est entendu en outre que rien, dans l'article 8, n'interdit à une Partie contractante d'appliquer l'article 11 bis. 2) (Déclarations communes de la Communauté européenne au présent Traité, JOCE L 89 du 11 avr. 2000).

Art. 9 *Durée de la protection des œuvres photographiques.* **En ce qui concerne les œuvres photographiques, les Parties contractantes n'appliquent pas les dispositions de l'article 7.4) de la Convention de Berne.**

Art. 10 *Limitations et exceptions.* **1) Les Parties contractantes peuvent prévoir, dans leur législation, d'assortir de limitations ou d'exceptions les droits conférés aux auteurs d'œuvres littéraires et artistiques en vertu du présent traité dans certains cas spéciaux où il n'est pas porté atteinte à l'exploitation normale de l'œuvre ni causé de préjudice injustifié aux intérêts légitimes de l'auteur.**

2) En appliquant la Convention de Berne, les Parties contractantes doivent restreindre toutes limitations ou exceptions dont elles assortissent les droits prévus dans ladite convention à certains cas spéciaux où il n'est pas porté atteinte à l'exploitation normale de l'œuvre ni causé de préjudice injustifié aux intérêts légitimes de l'auteur.

Il est entendu que les dispositions de l'article 10 permettent aux Parties contractantes de maintenir et d'étendre de manière adéquate dans l'environnement numérique les limitations et exceptions prévues dans leurs législations nationales qui ont été considérées comme acceptables en vertu de la Convention de Berne. De même, ces dispositions doivent être interprétées comme permettant aux Parties contrac-

tantes de concevoir de nouvelles exceptions et limitations qui soient appropriées dans l'environnement des réseaux numériques. Il est aussi entendu que l'article 10.2) ne réduit ni n'étend le champ d'application des limitations et exceptions permises par la Convention de Berne (Déclarations communes de la Communauté européenne au présent Traité, JOCE L 89 du 11 avr. 2000).

Art. 11 *Obligations relatives aux mesures techniques.* **Les Parties contractantes doivent prévoir une protection juridique appropriée et des sanctions juridiques efficaces contre la neutralisation des mesures techniques efficaces qui sont mises en œuvre par les auteurs dans le cadre de l'exercice de leurs droits en vertu du présent traité ou de la Convention de Berne et qui restreignent l'accomplissement, à l'égard de leurs œuvres, d'actes qui ne sont pas autorisés par les auteurs concernés ou permis par la loi.**

Art. 12 *Obligations relatives à l'information sur le régime des droits.* **1) Les Parties contractantes doivent prévoir des sanctions juridiques appropriées et efficaces contre toute personne qui accomplit l'un des actes suivants en sachant, ou, pour ce qui relève des sanctions civiles, en ayant des raisons valables de penser que cet acte va entraîner, permettre, faciliter ou dissimuler une atteinte à un droit prévu par le présent traité ou la Convention de Berne :**

– supprimer ou modifier, sans y être habilitée, toute information relative au régime des droits se présentant sous forme électronique ;

– distribuer, importer aux fins de distribution, radiodiffuser ou communiquer au public, sans y être habilitée, des œuvres ou des exemplaires d'œuvres en sachant que des informations relatives au régime des droits se présentant sous forme électronique ont été supprimées ou modifiées sans autorisation.

2) Dans le présent article, l'expression « information sur le régime des droits » s'entend des informations permettant d'identifier l'œuvre, l'auteur de l'œuvre, le titulaire de tout droit sur l'œuvre ou des informations sur les conditions et modalités d'utilisation de l'œuvre, et de tout numéro ou code représentant ces informations, lorsque l'un quelconque de ces éléments d'information est joint à l'exemplaire d'une œuvre ou apparaît en relation avec la communication d'une œuvre au public.

Il est entendu que l'expression « atteinte à un droit prévu par le présent traité ou la Convention de Berne » vise aussi bien les droits exclusifs que les droits à rémunération. Il est entendu en outre que les Parties contractantes ne se fonderont pas sur cet article pour concevoir ou mettre en œuvre un régime des droits qui ait pour effet d'imposer des formalités non permises en vertu de la Convention de Berne ou du présent traité, interdisant le libre mouvement des marchandises ou empêchant la jouissance des droits reconnus par le présent traité (Déclarations communes de la Communauté européenne au présent Traité, JOCE L 89 du 11 avr. 2000).

Art. 13 *Application dans le temps.* **Les Parties contractantes appliquent les dispositions de l'article 18 de la Convention de Berne en ce qui concerne l'ensemble de la protection prévue dans le présent traité.**

Art. 14 *Dispositions relatives à la sanction des droits.* **1) Les Parties contractantes s'engagent à adopter, en conformité avec leur système juridique, les mesures nécessaires pour assurer l'application du présent traité.**

2) Les Parties contractantes feront en sorte que leur législation comporte des procédures destinées à faire respecter les droits prévus par le présent traité, de manière à permettre une action efficace contre tout acte qui porterait atteinte à ces droits, y compris des mesures propres à prévenir rapidement toute atteinte et des mesures propres à éviter toute atteinte ultérieure.

Art. 15 *Assemblée.* **1)** ***a*****) Les Parties contractantes ont une Assemblée.**

b**) Chaque Partie contractante est représentée par un délégué, qui peut être assisté de suppléants, de conseillers et d'experts.**

c**) Les dépenses de chaque délégation sont supportées par la Partie contractante qui l'a désignée. L'Assemblée peut demander à l'Organisation Mondiale de la Propriété Intellectuelle (ci-après dénommée « OMPI ») d'accorder une assistance financière pour faciliter la participation de délégations des Parties contractantes qui sont considérées comme des pays en développement conformément à la pratique établie de l'Assemblée générale des Nations Unies ou qui sont des pays en transition vers une économie de marché.**

2) ***a*****) L'Assemblée traite des questions concernant le maintien et le développement du présent traité ainsi que son application et son fonctionnement.**

b**) L'Assemblée s'acquitte du rôle qui lui est attribué aux termes de l'article 17.2) en examinant la possibilité d'autoriser certaines organisations intergouvernementales à devenir parties au présent traité.**

c) L'Assemblée décide de la convocation de toute conférence diplomatique de révision du présent traité et donne les instructions nécessaires au directeur général de l'OMPI pour la préparation de celle-ci.

3) *a*) Chaque Partie contractante qui est un État dispose d'une voix et vote uniquement en son propre nom.

b) Toute Partie contractante qui est une organisation intergouvernementale peut participer au vote, à la place de ses États membres, avec un nombre de voix égal au nombre de ses États membres qui sont parties au présent traité. Aucune organisation intergouvernementale ne participe au vote si l'un de ses États membres exerce son droit de vote, et inversement.

4) L'Assemblée se réunit en session ordinaire une fois tous les deux ans sur convocation du directeur général de l'OMPI.

5) L'Assemblée établit son règlement intérieur, y compris en ce qui concerne sa convocation en session extraordinaire, les règles relatives au quorum et, sous réserve des dispositions du présent traité, la majorité requise pour divers types de décisions.

Art. 16 *Bureau international.* Le Bureau international de l'OMPI s'acquitte des tâches administratives concernant le traité.

Art. 17 *Conditions à remplir pour devenir partie au traité.* 1) Tout État membre de l'OMPI peut devenir partie au présent traité.

2) L'Assemblée peut décider d'autoriser à devenir partie au présent traité toute organisation intergouvernementale qui déclare qu'elle a compétence, et dispose d'une législation propre liant tous ses États membres, en ce qui concerne les questions régies par le présent traité et qu'elle a été dûment autorisée, conformément à ses procédures internes, à devenir partie au présent traité.

3) La Communauté européenne, ayant fait la déclaration visée à l'alinéa précédent lors de la conférence diplomatique qui a adopté le présent traité, peut devenir partie au présent traité.

Art. 18 *Droits et obligations découlant du traité.* Sauf disposition contraire expresse du présent traité, chaque Partie contractante jouit de tous les droits et assume toutes les obligations découlant du présent traité.

Art. 19 *Signature du traité.* Le présent traité est ouvert à la signature jusqu'au 31 décembre 1997 et peut être signé par tout État membre de l'OMPI et par la Communauté européenne.

Art. 20 *Entrée en vigueur du traité.* Le présent traité entre en vigueur trois mois après que 30 instruments de ratification ou d'adhésion ont été déposés auprès du directeur général de l'OMPI par des États.

Art. 21 *Date de la prise d'effet des obligations découlant du traité.* Le présent traité lie :

— les 30 États visés à l'article 20 à compter de la date à laquelle le présent traité est entré en vigueur ;

— tous les autres États à l'expiration d'un délai de trois mois à compter de la date à laquelle l'État a déposé son instrument auprès du directeur général de l'OMPI ;

— la Communauté européenne à l'expiration d'un délai de trois mois suivant le dépôt de son instrument de ratification ou d'adhésion si cet instrument a été déposé après l'entrée en vigueur du présent traité conformément à l'article 20, ou de trois mois suivant l'entrée en vigueur du présent traité si cet instrument a été déposé avant l'entrée en vigueur du présent traité ;

— toute autre organisation intergouvernementale qui est autorisée à devenir partie au présent traité, à l'expiratin d'un délai de trois mois suivant le dépôt de son instrument d'adhésion.

Art. 22 *Exclusion des réserves au traité.* Il n'est admis aucune réserve au présent traité.

Art. 23 *Dénonciation du traité.* Toute Partie contractante peut dénoncer le présent traité par une notification adressée au directeur général de l'OMPI. La dénonciation prend effet un an après la date à laquelle le directeur général de l'OMPI a reçu la notification.

Art. 24 *Langues du traité.* 1) Le présent traité est signé en un seul exemplaire original en langues française, anglaise, arabe, chinoise, espagnole et russe, toutes ces versions faisant également foi.

2) Un texte officiel dans toute langue autre que celles qui sont visées à l'alinéa 1) est établi par le directeur général de l'OMPI à la demande d'une partie intéressée, après consultation de toutes les parties intéressées. Aux fins du présent alinéa, on entend par « partie

intéressée » tout État membre de l'OMPI dont la langue officielle ou l'une des langues officielles est en cause, ainsi que la Communauté européenne, et toute autre organisation intergouvernementale qui peut devenir partie au présent traité, si l'une de ses langues officielles est en cause.

Art. 25 *Dépositaire.* **Le directeur général de l'OMPI est le dépositaire du présent traité.**

Droit européen

Directive (CE) nº 91/250 du 14 mai 1991,

Concernant la protection juridique des programmes d'ordinateur.

La présente directive a été introduite en droit français par la L. nº 94-361 du 10 mai 1994. — V. CPI, art. L. 112-2, L. 113-9, L. 121-7, L. 122-6, L. 122-6-1, L. 122-6-2, L. 131-4, L. 132-34 et L. 331-3. — La Dir. CE nº 91-250 a été abrogée par la Dir. CE nº 2009/24 du 23 avr. 2009, V. infra.

Directive (CE) nº 92/100 du 19 novembre 1992,

Relative au droit de location et de prêt et à certains droits voisins du droit d'auteur dans le domaine de la propriété intellectuelle.

La présente directive a été abrogée par la Dir. CE nº 2006/115 du 12 déc. 2006 relative au droit de location et de prêt et à certains droits voisins du droit d'auteur dans le domaine de la propriété intellectuelle (version codifiée), V. infra.

Directive (CE) nº 93/83 du 27 septembre 1993,

Relative à la coordination de certaines règles du droit d'auteur et des droits voisins du droit d'auteur applicables à la radiodiffusion par satellite et à la retransmission par câble.

La présente directive a été transposée en droit français par la L. nº 97-283 du 27 mars 1997. — V. CPI, art. L. 122-2-1 et L. 122-2-2, L. 122-5, L. 123-1 à L. 123-4, L. 123-7, L. 123-12, L. 132-20-1 et L. 132-20-2, L. 211-4 et L. 211-5, L. 217-1 à L. 217-3, L. 321-1, L. 321-9.

BIBL. ▶ CARON, *LPA 14 déc. 1999, p. 5* (droit contractuel dans la directive du 27 septembre 1993 relative à la radiodiffusion par satellite et la retransmission par câble ou le contrat malmené). - EDELMAN, *D. 1998. 239* (définition de la compétence des États membres concernant les émissions de radiodiffusion par satellite ; note ss. CJCE 10 sept. 1996).

(1) Considérant que parmi les objectifs de la Communauté fixés par le traité figurent l'instauration d'une union sans cesse plus étroite entre les peuples européens, l'encouragement de relations plus étroites entre les États appartenant à la Communauté et la réalisation du progrès économique et social des pays de la Communauté par une action commune visant à éliminer les barrières qui divisent l'Europe ;

(2) Considérant que, à cette fin, le traité prévoit l'établissement d'un marché commun et d'un espace sans frontières intérieures ; que cette opération doit comporter notamment l'abolition des obstacles à la libre circulation des services et l'institution d'un régime assurant que la concurrence n'est pas faussée dans le cadre du marché commun ; que, à cet effet, le Conseil peut arrêter des directives portant coordination des dispositions législatives, réglementaires et administratives des États membres relatives à l'accès aux activités non salariées et à leur exercice ;

(3) Considérant que la radiodiffusion transfrontières de programmes à l'intérieur de la Communauté, notamment par satellite et par câble, constitue l'un des principaux moyens de réalisation de ces objectifs communautaires, qui sont à la fois d'ordre politique, économique, social, culturel et juridique ;

(4) Considérant que le Conseil a déjà adopté la directive 89/552/CEE, du 3 octobre 1989, visant à la coordination de certaines dispositions législatives, réglementaires et administratives des États membres relatives à l'exercice d'activités de radiodiffusion télévisuelle, laquelle prévoit des mesures d'encouragement de la diffusion et de la production de programmes de télévision à l'échelle européenne, ainsi que des mesures concernant la publicité, le parrainage, la protection de la jeunesse et le droit de réponse ;

(5) Considérant toutefois que la réalisation de ces objectifs en ce qui concerne la diffusion transfrontières de programmes par satellite et leur retransmission par câble à partir d'autres États membres est actuellement toujours entravée par un certain nombre de disparités entre

les dispositions nationales relatives au droit d'auteur et par une certaine insécurité juridique ; qu'il s'ensuit que les titulaires de droits sont exposés au risque de voir exploiter leurs œuvres sans percevoir de rémunération ou d'en voir bloquer l'exploitation, dans divers États membres, par des titulaires individuels de droits exclusifs ; que cette insécurité juridique, en particulier, constitue un obstacle direct à la libre circulation des programmes à l'intérieur de la Communauté ;

(6) Considérant que, pour le traitement des droits d'auteur, une distinction est actuellement faite entre la communication au public par satellite de diffusion directe et la communication au public par satellite de télécommunications ; que, la réception individuelle étant possible et abordable aujourd'hui avec les deux types de satellite, ces différences de traitement juridique ne sont désormais plus justifiées ;

(7) Considérant que la libre diffusion des programmes est en outre entravée par les incertitudes qui subsistent sur le point de savoir si, pour la diffusion par des satellites dont les signaux peuvent être reçus directement, les droits doivent être acquis dans le pays d'émission seulement ou s'ils doivent également être acquis de façon globale dans l'ensemble des pays de réception ; que les satellites de télécommunications et les satellites de radiodiffusion directe sont traités de la même manière en matière de droit d'auteur ; que cette insécurité juridique concerne pratiquement tous les programmes transmis par satellite dans la Communauté ;

(8) Considérant que, en outre, la sécurité juridique, qui est une condition préalable de la libre circulation des émissions de radiodiffusion à l'intérieur de la Communauté, fait défaut lorsque des programmes retransmis à travers plusieurs pays sont introduits et diffusés dans des réseaux câblés ;

(9) Considérant que le développement de l'acquisition contractuelle des droits sur la base d'une autorisation contribue déjà activement à la création de l'espace audiovisuel européen souhaité ; que la continuation de tels accords contractuels doit être assurée et qu'il convient de tout mettre en œuvre pour que leur application suscite le moins de difficultés possible ;

(10) Considérant que, en particulier, les distributeurs par câble ne peuvent actuellement être certains d'avoir acquis réellement tous les droits liés aux programmes faisant l'objet de tels accords ;

(11) Considérant enfin que les parties concernées dans les différents États membres ne sont pas toutes soumises à l'obligation de ne pas refuser d'engager des négociations sur l'acquisition des droits nécessaires à la retransmission par câble ni de faire échouer ces négociations sans raison valable ;

(12) Considérant que le cadre juridique de la création d'un espace audiovisuel unique, défini dans la directive 89/552/CEE, doit donc être complété en ce qui concerne le droit d'auteur ;

(13) Considérant qu'il faut dès lors mettre un terme aux différences de traitement de la diffusion de programmes par satellite de télécommunications qui existent dans les États membres, de sorte que le point primordial sera, dans l'ensemble de la Communauté, de savoir si les œuvres et d'autres éléments protégés sont communiqués au public ; que, de cette façon, on assurera un traitement égal des fournisseurs de programmes transfrontières indépendamment du fait qu'ils utilisent un satellite de radiodiffusion directe ou un satellite de télécommunications ;

(14) Considérant que l'insécurité juridique relative aux droits à acquérir, qui entrave la retransmission transfrontières de programmes par satellite, sera écartée par la définition de la communication au public par satellite à l'échelle communautaire ; que cette définition doit préciser en même temps le lieu de l'acte de communication ; qu'elle est nécessaire pour éviter l'application cumulative de plusieurs législations nationales à un même acte de radiodiffusion ; que la communication au public par satellite a lieu uniquement [lorsque et] dans l'État membre où les signaux porteurs du programme sont introduits, sous le contrôle et la responsabilité de l'organisme de radiodiffusion, dans une chaîne ininterrompue de communication conduisant au satellite et revenant vers la terre ; que des procédures techniques normales appliquées aux signaux porteurs de programmes ne peuvent être considérées comme des interruptions de la chaîne de transmission ;

(15) Considérant que l'acquisition contractuelle de droits exclusifs de radiodiffusion doit être conforme à la législation sur les droits d'auteur et les droits voisins en vigueur dans l'État membre où a lieu la communication au public par satellite ;

(16) Considérant que le principe de la liberté contractuelle, sur lequel se fonde la présente directive, permettra de continuer à limiter l'exploitation de ces droits, surtout en ce qui concerne certains moyens techniques de transmission ou certaines versions linguistiques ;

(17) Considérant que, au moment de déterminer la rémunération correspondant aux droits qui ont été acquis, les intéressés doivent prendre en compte tous les paramètres de l'émission, tels que l'audience effective, l'audience potentielle et la version linguistique ;

(18) Considérant que l'application du principe du pays d'origine contenu dans la présente directive pourrait poser un problème en ce qui concerne les contrats en vigueur ; que la présente directive devrait prévoir une période de cinq ans pour l'adaptation, si besoin est, des contrats en vigueur à la lumière de la présente directive ; que ledit principe ne devrait donc pas s'appliquer aux contrats en vigueur venant à expiration avant le 1er janvier 2000 ; que, si les parties conservent, à cette date, un intérêt dans le contrat, elles devraient avoir la faculté de renégocier les conditions du contrat ;

(19) Considérant que les contrats internationaux de coproduction existants doivent être interprétés à la lumière de l'objectif et de la portée économiques envisagés par les parties lors de lasignature ;que, par le passé, les contrats internationaux de coproduction n'ont souvent pas prévu de manière expresse et spécifique la communication au public par satellite au sens de la présente directive comme forme particulière d'exploitation ; que la conception de base sous-jacente à de nombreux contrats internationaux de coproduction existants est que les droits sur la coproduction sont exercés séparément et indépendamment par chacun des coproducteurs, par la répartition entre eux des droits d'exploitation sur une base territoriale ; que, en règle générale, dans le cas où une communication au public par satellite autorisée par un coproducteur affecterait la valeur des droits d'exploitation d'un autre coproducteur, l'interprétation d'un tel contrat existant serait logiquement que ce dernier coproducteur devrait avaliser l'autorisation par le premier coproducteur de la communication au public par satellite ; que l'exclusivité linguistique de ce dernier coproducteur sera affectée lorsque la ou les versions linguistiques de la communication au public par satellite, y compris le doublage ou le sous-titrage, coïncident avec la ou les langues largement comprises sur le territoire attribué par contrat à ce dernier coproducteur ; que la notion d'exclusivité devrait être entendue dans un sens plus large lorsque la communication au public par satellite porte sur une œuvre consistant seulement en images sans dialogue ni sous-titres ; qu'une règle claire est nécessaire pour les cas où le contrat international de coproduction ne fixe pas expressément le partage des droits en matière de communication au public par satellite au sens de la présente directive ;

(20) Considérant que les communications au public par satellite en provenance de pays tiers seront, sous certaines conditions, réputées avoir lieu dans un État membre de la Communauté ;

(21) Considérant qu'il est nécessaire de veiller à ce que la protection des auteurs, des artistes-interprètes ou exécutants, des producteurs de phonogrammes et des organismes de radiodiffusion soit accordée dans tous les États membres et qu'elle ne soit pas soumise à un régime de licences prévu par la loi ; que c'est le seul moyen d'éviter que d'éventuelles disparités du niveau de protection à l'intérieur du Marché commun ne donnent lieu à des distorsions de concurrence ;

(22) Considérant que l'avènement de nouvelles technologies est susceptible d'avoir une incidence tant qualitative que quantitative sur l'exploitation des œuvres et autres prestations ;

(23) Considérant, à la lumière de cette évolution, que le niveau de protection accordé par la présente directive à tous les titulaires de droits dans les domaines couverts par cette dernière devrait faire l'objet d'un examen continu ;

(24) Considérant que l'harmonisation des législations envisagée dans la présente directive comprend l'harmonisation des dispositions qui garantissent un niveau de protection élevé aux auteurs, artistes-interprètes ou exécutants, producteurs de phonogrammes et organismes de radiodiffusion ; que cette harmonisation ne devrait pas permettre aux organismes de radiodiffusion de tirer avantage de différences existant dans les niveaux de protection en déplaçant le lieu d'implantation de leurs activités au détriment de la production audiovisuelle ;

(25) Considérant que la protection accordée pour des droits voisins du droit d'auteur doit être alignée sur celle qui est prévue par la directive du Conseil 92/100/CEE, du 19 novembre 1992, relative au droit de location et de prêt et à certains droits voisins du droit d'auteur dans le domaine de la propriété intellectuelle, aux fins de la communication au public par satellite ; que cette solution permettra en particulier de garantir que les artistes-interprètes ou exécutants et les producteurs de phonogrammes reçoivent une rémunération appropriée pour la communication au public par satellite de leurs prestations ou de leurs phonogrammes ;

(26) Considérant que les dispositions de l'article 4 n'empêchent pas les États membres d'étendre la présomption énoncée à l'article 2 paragraphe 5 de la directive 92/100/CEE aux droits exclusifs visés à l'article 4 ; que, en outre, elles n'empêchent pas les États membres de

prévoir une présomption simple d'autorisation d'exploitation au titre des droits exclusifs des artistes-interprètes ou exécutants visés audit article, pour autant que cette présomption soit compatible avec la convention internationale sur la protection des artistes-interprètes ou exécutants, des producteurs de phonogrammes et des organismes de radiodiffusion ;

(27) Considérant que la retransmission par câble de programmes à partir d'autres États membres constitue un acte relevant du droit d'auteur et, le cas échéant, de droits voisins du droit d'auteur ; qu'un distributeur par câble doit donc obtenir, pour chaque partie d'un programme retransmis, l'autorisation de tous les titulaires de droits ; que, dans le cadre de la présente directive, ces autorisations doivent en principe être accordées par contrat, sauf si une exception temporaire a été prévue pour des régimes de licences légaux ayant déjà cours ;

(28) Considérant que, pour faire en sorte que des personnes extérieures détenant des droits sur certains éléments de programmes ne puissent mettre en cause, en faisant valoir leurs droits, le bon déroulement des arrangements contractuels, il convient, dans la mesure où les caractéristiques de la retransmission par câble l'exigent, de prévoir, avec l'obligation de recours à une société de gestion collective, un exercice exclusivement collectif du droit d'autorisation ; que le droit d'autorisation en tant que tel demeure intact et que seul son exercice est réglementé dans une certaine mesure, ce qui implique que la cession du droit d'autoriser une retransmission par câble reste possible ; que la présente directive n'affecte pas l'exercice du droit moral ;

(29) Considérant que l'exemption prévue à l'article 10 ne limite pas la possibilité des titulaires de droits de céder leurs droits à une société de gestion collective et d'avoir ainsi une participation directe à la rémunération versée par le câblo-distributeur pour la retransmission par câble ;

(30) Considérant que les arrangements contractuels relatifs à l'autorisation de la retransmission par câble doivent être encouragés par des mesures supplémentaires ; qu'une personne cherchant à conclure un contrat général devrait, pour sa part, être tenue de faire des propositions collectives en vue d'un accord ; que, en outre, tous les intéressés devront, à tout moment, pouvoir faire appel à un organe de médiation impartial chargé de faciliter les négociations et pouvant soumettre des propositions ; que toute proposition ou opposition à cet égard devrait être notifiée aux parties concernées conformément aux règles applicables en matière de notification des actes juridiques, notamment celles figurant dans des conventions internationales en vigueur ; que, enfin, il faudra veiller à ce que les négociations ne soient pas bloquées ou la participation de certains titulaires de droits entravée sans justification valable ; qu'aucune de ces mesures destinées à favoriser l'acquisition des droits ne remet en question le caractère contractuel de l'acquisition des droits de retransmission par câble ;

(31) Considérant que, pendant une période transitoire, les États membres doivent pouvoir maintenir des organismes existants ayant compétence sur leur territoire pour connaître des cas où le droit de retransmission au public par câble d'un programme aura été arbitrairement refusé ou proposé à des conditions abusives par un organisme de radiodiffusion ; qu'il est entendu que le droit des parties concernées d'être entendues par cet organisme doit être garanti et que l'existence de cet organisme ne doit pas priver les parties concernées d'un accès normal aux juridictions ;

(32) Considérant qu'il n'apparaît toutefois pas nécessaire d'instaurer une réglementation communautaire pour tous les cas dont les effets, sauf exceptions commercialement négligeables, ne se font sentir qu'à l'intérieur des frontières d'un État membre ;

(33) Considérant qu'il convient d'établir les règles minimales nécessaires pour mettre en œuvre et garantir une diffusion internationale libre et non perturbée des programmes par satellite ainsi que la retransmission par câble simultanée et inchangéede programmesde radiodiffusion provenant d'autres États membres, sur une base essentiellement contractuelle ;

(34) Considérant que la présente directive ne doit pas préjuger une harmonisation ultérieure dans le domaine du droit d'auteur et des droits voisins ainsi que dans celui de la gestion collective de tels droits ; que la possibilité qu'ont les États membres de réglementer les activités des sociétés de gestion collective ne porte pas atteinte à la liberté de la négociation contractuelle des droits prévus dans la présente directive, étant entendu que cette négociation a lieu dans le cadre des règles nationales, générales ou spécifiques, relatives au droit de la *concurrence ou à la prévention des abus de position de monopole* ;

(35) Considérant qu'il devrait donc incomber aux États membres de compléter les dispositions générales nécessaires à la réalisation des objectifs de la présente directive par des dispositions législatives, réglementaires et administratives de leur droit interne, à condition que celles-ci ne soient pas contraires aux objectifs de la présente directive et soient compatibles avec le droit communautaire ;

(36) Considérant que la présente directive ne fait pas obstacle à l'application des règles de concurrence au sens des articles 85 et 86 du traité.

CHAPITRE PREMIER *Définitions*

Art. 1er *Définitions.* **1. Aux fins de la présente directive, on entend par « satellite » tout satellite opérant sur des bandes de fréquence qui sont, selon la législation sur les télécommunications, réservées à la radiodiffusion de signaux pour réception par le public ou à la communication individuelle non publique. Dans ce dernier cas, il est toutefois nécessaire que la réception individuelle puisse se faire dans des conditions comparables à celles du premier cas.**

2. *a)* **Aux fins de la présente directive, on entend par « communication au public par satellite » l'acte d'introduction, sous le contrôle et la responsabilité de l'organisme de radiodiffusion, de signaux porteurs de programmes destinés à être captés par le public dans une chaîne ininterrompue de communication conduisant au satellite et revenant vers la terre.**

b) **La communication au public par satellite a lieu uniquement dans l'État membre dans lequel, sous le contrôle et la responsabilité de l'organisme de radiodiffusion, les signaux porteurs de programmes sont introduits dans une chaîne ininterrompue de communication conduisant au satellite et revenant vers la terre.**

c) **Lorsque les signaux porteurs de programmes sont diffusés sous forme codée, il y a communication au public par satellite à condition que le dispositif de décodage de l'émission soit mis à la disposition du public par l'organisme de radiodiffusion ou avec son consentement.**

d) **Lorsqu'une communication au public par satellite a lieu dans un pays tiers qui n'assure pas le niveau de protection prévu au chapitre II :**

i) si les signaux porteurs de programmes sont transmis au satellite à partir d'une station pour liaison montante située dans un État membre, la communication au public est réputée avoir eu lieu dans cet État membre et les droits prévus au chapitre II peuvent être exercés contre la personne exploitant cette station

ou

ii) s'il n'est pas fait appel à une station pour liaison montante mais qu'un organisme de radiodiffusion situé dans un État membre a délégué la communication au public, celle-ci est réputée avoir eu lieu dans l'État membre dans lequel l'organisme de radiodiffusion a son principal établissement dans la Communauté et les droits prévus au chapitre II peuvent être exercés contre l'organisme de radiodiffusion.

3. Aux fins de la présente directive, on entend par « retransmission par câble » la retransmission simultanée, inchangée et intégrale par câble ou par un système de diffusion par ondes ultracourtes pour la réception par le public d'une transmission initiale à partir d'un autre État membre, sans fil ou avec fil, notamment par satellite, d'émissions de télévision ou de radio destinées à être captées par le public.

4. Aux fins de la présente directive, on entend par « société de gestion collective » tout organisme dont le seul but ou l'un des buts principaux consiste à gérer ou à administrer des droits d'auteur ou des droits voisins du droit d'auteur.

5. Aux fins de la présente directive, le réalisateur principal d'une œuvre cinématographique ou audiovisuelle est considéré comme l'auteur ou l'un des auteurs. Les États membres peuvent prévoir que d'autres personnes sont considérées comme coauteurs.

Pour une interprétation (question préjudicielle) de la directive dans une affaire de distribution de programmes de télévision diffusés par satellite, captés et retransmis dans des chambres d'hôtel en Espagne, V. • CJCE 3 févr. 2000 : *JOCE C 102 du 8 avr. ; D. 2001. 1094, note Edelman*.

CHAPITRE II *Radiodiffusion par satellite*

Art. 2 *Droit de radiodiffusion.* **Les États membres prévoient le droit exclusif de l'auteur d'autoriser la communication au public par satellite d'œuvres protégées par le droit d'auteur, sous réserve des dispositions du présent chapitre.**

Un fournisseur de bouquet satellitaire est tenu d'obtenir une autorisation des titulaires de droits concernés pour son intervention dans des transmissions directe et indirecte de programmes télévisés, telles que celles en cause dans les affaires au principal, à moins que ces titulaires ne soient convenus avec l'organisme de radiodiffusion concerné que les œuvres protégées seraient également communiquées au public par l'intermédiaire de ce fournisseur, à condition que, dans ce dernier cas de figure, l'intervention dudit fournisseur ne rende pas lesdites œuvres accessibles à un public nouveau. • CJUE 13 oct. 2011 : *CCE 2011, n° 111, note Caron ; Propr. intell. 2011, n° 42, p. 43, obs. Benabou.*

Art. 3 *Acquisition de droits de radiodiffusion.* 1. Les États membres veillent à ce que l'autorisation visée à l'article 2 ne puisse être acquise que par contrat.

2. Un État membre peut prévoir qu'un contrat collectif conclu entre une société de gestion collective et un organisme de radiodiffusion pour une catégorie donnée d'œuvres peut être étendu à des titulaires de droits de la même catégorie qui ne sont pas représentés par la société de gestion collective, à la condition :

– que la communication au public par satellite ait lieu en même temps qu'une diffusion par voie terrestre par le même diffuseur

et

– que le titulaire de droits non représenté ait la possibilité, à tout moment, d'exclure l'extension du contrat collectif à des œuvres et d'exercer ses droits soit individuellement, soit collectivement.

3. Le paragraphe 2 ne s'applique pas aux œuvres cinématographiques, y compris les œuvres créées par un procédé analogue à la cinématographie.

4. Lorsque la législation d'un État membre prévoit l'extension d'un contrat collectif, conformément aux dispositions du paragraphe 2, cet État membre indique à la Commission les organismes de radiodiffusion qui sont habilités à se prévaloir de cette législation. La Commission publie cette information au *Journal officiel* des Communautés européennes, série C.

Art. 4 *Droit des artistes-interprètes ou exécutants, producteurs de phonogrammes et organismes de radiodiffusion.* 1. Aux fins de la communication au public par satellite, les droits des artistes-interprètes ou exécutants, producteurs de phonogrammes et organismes de radiodiffusion sont protégés conformément aux dispositions des articles 6, 7, 8 et 10 de la directive 92/100/CE.

2. Aux fins du paragraphe 1, l'expression « radiodiffusion par le moyen des ondes radioélectriques » qui figure dans la directive 92/100/(CE) couvre également la communication au public par satellite.

3. En ce qui concerne l'exercice des droits visés au paragraphe 1, l'article 2 paragraphe 7 et l'article 12 de la directive 92/100/(CE) s'appliquent.

Art. 5 *Lien entre droit d'auteur et droits voisins.* La protection des droits voisins du droit d'auteur au titre de la présente directive ne porte pas atteinte et ne modifie en aucune façon la protection conférée par le droit d'auteur.

Art. 6 *Protection minimale.* 1. Les États membres peuvent prévoir pour les titulaires de droits voisins du droit d'auteur des mesures de protection plus étendues que celles exigées par l'article 8 de la directive 92/100/CE.

2. Pour l'application du paragraphe 1, les États membres se conforment aux définitions contenues à l'article 1er paragraphes 1 et 2.

Art. 7 *Dispositions transitoires.* 1. En ce qui concerne l'application dans le temps des droits visés à l'article 4 paragraphe 1 de la présente directive, l'article 13 paragraphes 1, 2, 6 et 7 de la directive 92/100/(CE) s'applique. L'article 13 paragraphes 4 et 5 de la même directive s'applique *mutatis mutandis.*

2. Les contrats concernant l'exploitation d'œuvres et d'autres éléments protégés en vigueur à la date mentionnée à l'article 14 paragraphe 1 sont soumis aux dispositions de l'article 1er paragraphe 2 et des articles 2 et 3 à partir du 1er janvier 2000 s'ils expirent après cette date.

3. Lorsqu'un contrat international de coproduction conclu avant la date mentionnée à l'article 14 paragraphe 1 entre un coproducteur d'un État membre et un ou plusieurs coproducteurs d'autres États membres ou de pays tiers prévoit expressément un régime de répartition entre les coproducteurs des droits d'exploitation par zones géographiques pour tous les moyens de communication au public sans distinguer le régime applicable à la communication au public par satellite des dispositions applicables aux autres moyens de communication, et dans le cas où la communication au public par satellite de la coproduction porterait préjudice à l'exclusivité, notamment linguistique, de l'un des coproducteurs ou de ses cessionnaires sur un territoire déterminé, l'autorisation par l'un des coproducteurs ou ses cessionnaires d'une communication au public par satellite est subordonnée au consentement préalable du bénéficiaire de cette exclusivité, qu'il soit coproducteur ou cessionnaire.

CHAPITRE III *Retransmission par câble*

Art. 8 *Droit de retransmission par câble.* 1. Les États membres veillent à ce que les retransmissions par câble d'émissions provenant d'autres États membres se déroulent sur leur territoire dans le respect des droits d'auteur et droits voisins en vigueur et sur la base de contrats individuels ou collectifs conclus entre les titulaires des droits d'auteur et de droits voisins et les distributeurs par câble.

2. Nonobstant le paragraphe 1, les États membres peuvent maintenir jusqu'au 31 décembre 1997 les licences légales en cours de validité ou expressément prévues à la date du 31 juillet 1991 par la législation nationale.

Art. 9 *Exercice du droit de retransmission par câble.* 1. Les États membres veillent à ce que le droit des titulaires de droits d'auteur et de droits voisins d'accorder ou de refuser l'autorisation à un câblo-distributeur pour la retransmission par câble d'une émission ne puisse être exercé que par une société de gestion collective.

2. Lorsque le titulaire n'a pas confié la gestion de ses droits à une société de gestion collective, la société de gestion collective qui gère des droits de la même catégorie est réputée être chargée de gérer ses droits. Lorsque plusieurs sociétés de gestion collectives gèrent des droits de cette catégorie, le titulaire peut désigner lui-même la société de gestion collective qui sera réputée être chargée de gérer ses droits. Le titulaire visé au présent paragraphe a les mêmes droits et obligations, dans le cadre du contrat conclu entre le câblo-distributeur et la société de gestion collective qui est réputée être chargée de gérer ses droits, que les titulaires qui ont chargé cette société de gestion collective de défendre leurs droits et il peut revendiquer ces droits dans un délai, à fixer par l'État membre concerné, dont la durée n'est pas inférieure à trois ans à compter de la date de la retransmission par câble portant sur son œuvre ou un autre élément protégé.

3. Un État membre peut prévoir que, lorsque le titulaire autorise la transmission initiale sur son territoire d'une œuvre ou d'un autre élément protégé, il est réputé accepter de ne pas exercer ses droits pour la retransmission par câble sur une base individuelle et les exercer conformément aux dispositions de la présente directive.

Art. 10 *Exercice du droit de retransmission par câble par les organismes de radiodiffusion.* Les États membres veillent à ce que l'article 9 ne s'applique pas aux droits exercés par un organisme de radiodiffusion à l'égard de ses propres émissions, que les droits en question lui appartiennent ou qu'ils lui aient été transférés par d'autres titulaires de droits d'auteur et/ou de droits voisins.

Art. 11 *Médiateurs.* 1. Lorsqu'il n'est pas possible de conclure d'accord sur l'octroi d'une autorisation de retransmission par câble d'une émission de radiodiffusion, les États membres veillent à ce que toutes les parties concernées puissent faire appel à un ou plusieurs médiateurs.

2. Les médiateurs ont pour tâche d'aider aux négociations. Ils peuvent également soumettre des propositions aux parties concernées.

3. Toutes les parties sont censées accepter une proposition telle que visée au paragraphe 2 si aucune d'entre elles n'exprime son opposition dans un délai de trois mois. La notification de la proposition et de toute opposition à celle-ci est faite aux parties concernées conformément aux règles applicables en matière de notification des actes juridiques.

4. Les médiateurs sont choisis de manière que leur indépendance et leur impartialité ne puissent raisonnablement être mises en doute.

Art. 12 *Prévention des abus de positions de négociation.* 1. Par recours aux règles du droit civil ou administratif, selon le cas, les États membres veillent à ce que les parties engagent et mènent de bonne foi les négociations sur l'autorisation de retransmission par câble et ne les empêchent pas d'avoir lieu ou ne les entravent pas sans justification valable.

2. Un État membre qui, à la date mentionnée à l'article 14 paragraphe 1, a sur son territoire un organisme compétent pour connaître des cas où le droit de retransmission au public par câble dans cet État aura été refusé arbitrairement ou proposé à des conditions abusives par un organisme de radiodiffusion peut maintenir cet organisme.

3. Le paragraphe 2 s'applique pendant une période de transition de huit ans à compter de la date mentionnée à l'article 14 paragraphe 1.

CHAPITRE IV *Dispositions générales*

Art. 13 *Gestion collective des droits.* La présente directive s'entend sans préjudice de la réglementation par les États membres des activités des sociétés de gestion collective.

Art. 14 *Dispositions finales.* 1. Les États membres mettent en vigueur les dispositions législatives, réglementaires et administratives nécessaires pour se conformer à la présente directive avant le 1er janvier 1995. Ils en informent immédiatement la Commission.

Lorsque les États membres adoptent ces dispositions, celles-ci contiennent une référence à la présente directive ou sont accompagnées d'une telle référence lors de leur publication officielle. Les modalités de cette référence sont arrêtées par les États membres.

2. Les États membres communiquent à la Commission les dispositions de droit interne qu'ils adoptent dans le domaine régi par la présente directive.

3. La Commission présente au Parlement européen, au Conseil et au Comité économique et social, au plus tard le 1er janvier 2000, un rapport sur l'application de la présente directive et fait, le cas échéant, de nouvelles propositions pour l'adapter à l'évolution de la situation dans le secteur de la radiodiffusion et de la télédiffusion.

Directive (CE) n° 93/98 du 29 octobre 1993,

Relative à l'harmonisation de la durée de protection du droit d'auteur et de certains droits voisins.

La présente directive a été transposée en droit français par la L. n° 97-283 du 27 mars 1997 puis a été abrogée par la Dir. CE n° 2006/116 du 12 déc. 2006 relative à la durée de protection du droit d'auteur et de certains droits voisins (version codifiée), V. ce texte infra.

Directive (CE) n° 2001/84 du 27 septembre 2001,

Relative au droit de suite au profit de l'auteur d'une œuvre d'art originale.

BIBL. ▸ FRANÇON, *RTD com. 2002. 300*. – POLLAUD-DULIAN, *JCP 2002. Actu. 148.*

(1) Dans le domaine du droit d'auteur, le droit de suite est le droit incessible et inaliénable de l'auteur d'une œuvre originale d'art graphique ou plastique à être intéressé économiquement aux reventes successives de l'œuvre concernée.

(2) Le droit de suite est un droit d'essence frugifère qui permet à l'auteur-artiste de percevoir une rémunération au fur et à mesure des aliénations successives de l'œuvre. L'objet du droit de suite est l'œuvre matérielle, à savoir le support dans lequel s'incorpore l'œuvre protégée.

(3) Le droit de suite vise à assurer aux auteurs d'œuvres d'art graphiques et plastiques une participation économique au succès de leurs créations. Il tend à rétablir un équilibre entre la situation économique des auteurs d'œuvres d'art graphiques et plastiques et celle des autres créateurs qui tirent profit des exploitations successives de leurs œuvres.

(4) Le droit de suite fait partie intégrante du droit d'auteur et constitue une prérogative essentielle pour les auteurs. L'imposition d'un tel droit dans l'ensemble des États membres répond à la nécessité d'assurer aux créateurs un niveau de protection adéquat et uniforme.

(5) Conformément à l'article 151, paragraphe 4, du traité, la Communauté doit tenir compte des aspects culturels dans son action au titre d'autres dispositions du traité.

(6) La convention de Berne pour la protection des œuvres littéraires et artistiques prévoit que le droit de suite n'est exigible que si la législation nationale de l'auteur l'admet. Le droit de suite est par conséquent optionnel et soumis à la règle de la réciprocité. Il résulte de la jurisprudence de la Cour de justice des Communautés européennes sur l'application du principe de non-discrimination inscrit à l'article 12 du traité, tel que précisé par l'arrêt du 20 octobre 1993 dans les affaires jointes C-92/92 et C-326/92, Phil Collins et autres, que des dispositions nationales comportant des clauses de réciprocité ne sauraient être invoquées pour refuser aux ressortissants d'autres États membres des droits conférés aux ressortissants nationaux. L'application de telles clauses dans le contexte communautaire est contraire au principe d'égalité de traitement résultant de l'interdiction de toute discrimination exercée en raison de la nationalité.

(7) Compte tenu du processus d'internationalisation du marché de l'art moderne et contemporain de la Communauté, qui s'accélère actuellement sous l'impact de la nouvelle économie, dans un contexte réglementaire dans lequel peu d'États extérieurs à l'Union européenne reconnaissent le droit de suite, il est essentiel que la Communauté européenne, dans le cadre de sa politique étrangère, entame des négociations en vue de rendre obligatoire l'article 14 *ter* de la convention de Berne.

(8) Compte tenu de cette réalité du marché international, à laquelle s'ajoutent l'absence de droit de suite dans différents États membres et la disparité qui existe actuellement entre les systèmes nationaux qui le reconnaissent, il est essentiel d'établir, tant pour l'entrée en vigueur que pour la réglementation à la base de ce droit, des dispositions transitoires qui préservent la compétitivité du marché européen.

(9) Le droit de suite est actuellement prévu par la législation nationale d'une majorité des États membres. Une telle législation, lorsqu'elle existe, présente des caractères différents, notamment en ce qui concerne les œuvres visées, les bénéficiaires du droit, le taux appliqué, les opérations soumises au droit ainsi que la base de calcul. L'application ou la non-application de celui-ci revêt un impact significatif sur les conditions de concurrence au sein du marché intérieur dans la mesure où l'existence ou non d'une obligation de paiement découlant du droit de suite est un élément qui est nécessairement pris en considération par toute personne désireuse de procéder à la vente d'une œuvre d'art. Dès lors, ce droit est un des facteurs qui contribuent à créer des distorsions de concurrence ainsi que des délocalisations de ventes au sein de la Communauté.

(10) De telles disparités sur le plan de l'existence et de l'application du droit de suite par les États membres ont des effets négatifs directs sur le bon fonctionnement du marché intérieur des œuvres d'art tel que prévu à l'article 14 du traité. Dans une telle situation, l'article 95 du traité constitue la base juridique appropriée.

(11) Les objectifs de la Communauté définis dans le traité comprennent l'établissement d'une union toujours plus étroite entre les peuples de l'Europe, le resserrement des relations entre les États appartenant à la Communauté ainsi que leur progrès économique et social par une action commune destinée à éliminer les barrières qui divisent l'Europe. A cette fin, le traité prévoit l'établissement d'un marché intérieur qui comporte l'élimination des entraves à la libre circulation des marchandises, la libre prestation des services et la liberté d'établissement ainsi que la création d'un régime assurant que la concurrence n'est pas faussée dans le Marché commun. L'harmonisation des législations des États membres relatives au droit de suite contribue à la réalisation de ces objectifs.

(12) La sixième directive 77/388/CEE du Conseil du 17 mai 1977 en matière d'harmonisation des législations des États membres relatives aux taxes sur le chiffre d'affaires – système commun de taxe sur la valeur ajoutée : assiette uniforme, instaure progressivement un régime communautaire de taxation applicable, entre autres, dans le domaine des objets d'art. Des mesures limitées au domaine fiscal ne suffisent pas à garantir le fonctionnement harmonieux du marché de l'art. Cet objectif ne peut être atteint sans une harmonisation dans le domaine du droit de suite.

(13) Il convient de supprimer les différences de législation existantes ayant un effet de distorsion sur le fonctionnement du marché intérieur et d'empêcher l'apparition de nouvelles différences. Il n'y a pas lieu de supprimer ou d'empêcher l'apparition de celles qui ne sont pas susceptibles de porter atteinte au fonctionnement du marché intérieur.

(14) Une condition préalable au bon fonctionnement du marché intérieur est l'existence de conditions de concurrence sans distorsions. Les différences entre les dispositions nationales dans le domaine du droit de suite créent des distorsions de concurrence et des délocalisations de ventes au sein de la Communauté et entraînent une inégalité de traitement des artistes qui est fonction du lieu où sont vendues leurs œuvres. La question considérée présente donc des aspects transnationaux qui ne peuvent pas être réglementés d'une manière satisfaisante par des mesures prises au niveau des États membres. L'absence d'action communautaire ne serait pas conforme à l'exigence du traité selon laquelle il convient de remédier aux distorsions de la concurrence et à l'inégalité de traitement.

(15) Du fait de l'étendue des divergences entre les dispositions nationales, il est nécessaire d'adopter des mesures d'harmonisation pour remédier aux disparités entre les législations des États membres lorsque de telles disparités sont susceptibles de créer ou de maintenir des distorsions de conditions de concurrence. Il n'apparaît cependant pas nécessaire d'harmoniser toutes les dispositions des législations des États membres en matière de droit de suite et, afin de laisser autant de latitude que possible pour la prise de décisions nationales, il suffit de limiter l'harmonisation aux dispositions nationales qui ont l'incidence la plus directe sur le fonctionnement du marché intérieur.

(16) La présente directive répond donc dans son intégralité aux principes de subsidiarité et de proportionnalité conformément à l'article 5 du traité.

(17) La durée du droit d'auteur s'étend, conformément aux dispositions de la directive n° 93/98/CEE du Conseil du 29 octobre 1993 relative à l'harmonisation de la durée de protection du droit d'auteur et de certains droits voisins, jusqu'à soixante-dix ans *post mortem auctoris*. Il convient de prévoir la même durée pour le droit de suite. Dès lors, seuls les originaux d'art moderne ou contemporain peuvent entrer dans le champ d'application du droit de suite. Toutefois, afin de permettre aux systèmes juridiques des États membres qui, à la date d'adoption de la présente directive, n'appliquent pas le droit de suite au profit des

artistes d'incorporer ce droit dans leurs systèmes juridiques respectifs et, en outre, de permettre aux opérateurs économiques dans ces États membres de s'adapter progressivement à ce droit, tout en maintenant leur rentabilité économique, il convient d'accorder aux États membres concernés une période transitoire limitée pendant laquelle ils pourront choisir de ne pas appliquer le droit de suite au profit des ayants droit de l'artiste après sa mort.

(18) Il convient d'étendre l'application du droit de suite à tous les actes de revente, exception faite de ceux qui sont réalisés par des personnes agissant à titre privé sans intervention d'un professionnel du marché de l'art. Ce droit ne devrait donc pas être étendu aux actes de revente, par des personnes agissant à titre privé, à des musées sans but lucratif, et qui sont ouverts au public. En ce qui concerne la situation particulière des galeries d'art qui achètent des œuvres d'art directement à l'auteur, les États membres devraient pouvoir exonérer du droit de suite les actes de revente de ces œuvres réalisés dans les trois ans à compter de leur acquisition. Il convient également de tenir compte des intérêts de l'artiste en limitant cette exonération aux actes de revente dont le prix de revente ne dépasse pas 10 000 euros.

(19) Il est utile de préciser que l'harmonisation découlant de la présente directive ne s'applique pas aux manuscrits originaux des écrivains et des compositeurs.

(20) Il importe de prévoir un régime efficace sur la base des expériences déjà acquises sur le plan national en matière de droit de suite. Il est opportun de fixer le droit de suite sur la base d'un pourcentage perçu sur le prix de vente et non sur la plus-value des œuvres dont la valeur originale aurait augmenté.

(21) Il convient d'harmoniser les catégories d'œuvres d'art soumises au droit de suite.

(22) La non-application du droit de suite en dessous du seuil minimal peut contribuer à éviter des frais de perception et de gestion disproportionnés par rapport au bénéfice pour l'artiste. Toutefois, en vertu du principe de subsidiarité, il convient de laisser aux États membres le pouvoir d'établir des seuils nationaux inférieurs au seuil communautaire afin de promouvoir les intérêts des nouveaux artistes. Cette dérogation, en raison du faible niveau des montants, n'est pas susceptible d'avoir un effet significatif sur le bon fonctionnement du marché intérieur.

(23) Les taux fixés par les différents États membres pour l'application du droit de suite varient actuellement considérablement. Le fonctionnement efficace du marché intérieur des œuvres d'art moderne ou contemporain nécessite autant que possible la fixation de taux uniformes.

(24) Il est souhaitable d'établir, dans un souci de concilier les divers intérêts en jeu sur le marché des œuvres d'art originales, un système de taux dégressifs par tranches de prix. Il importe de réduire le risque de délocalisation de ventes et de contournements de la législation communautaire en matière de droit de suite.

(25) La personne redevable du droit est en principe le vendeur. Les États membres devraient avoir la possibilité de prévoir des dérogations à ce principe pour ce qui est de la responsabilité du paiement. Le vendeur est la personne ou l'entreprise au nom de laquelle la vente est conclue.

(26) Il est souhaitable de prévoir la possibilité d'une adaptation périodique du seuil et des taux. Il est opportun à cette fin de charger la Commission d'établir des rapports périodiques sur l'application effective du droit de suite dans les États membres ainsi que sur ses conséquences sur le marché de l'art dans la Communauté, et de faire, le cas échéant, des propositions portant amendement de la présente directive.

(27) Il est indiqué de déterminer les bénéficiaires du droit de suite tout en respectant le principe de subsidiarité. Dès lors, il n'est pas opportun d'intervenir par la présente directive en matière de droit de succession des États membres. Toutefois, les ayants droit de l'auteur doivent pleinement pouvoir bénéficier du droit de suite après sa mort, du moins après l'expiration de la période de transition susvisée.

(28) Il appartient aux États membres de réglementer l'exercice du droit de suite, notamment en ce qui concerne les modalités de gestion. A cet égard, la gestion par une société de gestion collective est une possibilité de gestion parmi d'autres. Dans ce cas, les États membres devraient veiller à ce que les sociétés de gestion collective opèrent de manière transparente et efficace. Les États membres sont également tenus d'assurer la perception et la distribution des sommes collectées au profit des auteurs ressortissants des autres États membres. La présente directive n'affecte pas les dispositions et les modalités prévues par les États membres en ce qui concerne la perception et la distribution.

(29) La jouissance du droit de suite devrait être limitée aux ressortissants communautaires ainsi qu'aux auteurs étrangers qui sont ressortissants de pays dont la législation accorde cette protection aux auteurs qui sont ressortissants des États membres. Un État membre devrait avoir la possibilité d'étendre la jouissance de ce droit aux auteurs étrangers qui ont leur résidence habituelle dans cet État membre.

(30) Des procédures adéquates permettant le contrôle des transactions devraient être instaurées selon des modalités pratiques, qui garantissent l'application effective du droit de suite par les États membres. Cela implique également un droit au profit de l'auteur ou de son mandataire de recueillir les informations nécessaires auprès de l'assujetti au droit de suite. Les États membres qui prévoient la gestion collective du droit de suite peuvent aussi prévoir que les organismes responsables de cette gestion collective sont seuls en droit de recueillir des informations,

CHAPITRE PREMIER *Champ d'application*

Art. 1er *Objet du droit de suite.* 1. Les États membres prévoient, au profit de l'auteur d'une œuvre d'art originale, un droit de suite, défini comme un droit inaliénable auquel il ne peut être renoncé, même de façon anticipée, à percevoir un pourcentage sur le prix obtenu pour toute revente de cette œuvre après la première cession opérée par l'auteur.

2. Le droit visé au paragraphe 1 s'applique à tous les actes de revente dans lesquels interviennent en tant que vendeurs, acheteurs ou intermédiaires des professionnels du marché de l'art, tels les salles de vente, les galeries d'art et, d'une manière générale, tout commerçant d'œuvres d'art.

3. Les États membres peuvent prévoir que le droit visé au paragraphe 1 ne s'applique pas aux actes de revente lorsque le vendeur a acquis l'œuvre directement de l'auteur moins de trois ans avant cette revente et que le prix de revente ne dépasse pas 10 000 euros.

4. Le droit visé au paragraphe 1 est à la charge du vendeur. Les États membres peuvent prévoir que l'une des personnes physiques ou morales visées au paragraphe 2, autre que le vendeur, est seule responsable du paiement du droit ou partage avec le vendeur cette responsabilité.

1. La Dir. du 27 sept. 2001 ne s'oppose pas à une disposition de droit interne qui réserve le bénéfice du droit de suite aux seuls héritiers légaux de l'artiste, à l'exclusion des légataires. • CJUE 14 avr. 2010 : *Dalloz actualité, 7 mai 2010, obs. Daleau ; D. 2011. Pan. 2011. 2168, obs. Sirinelli ; RTD com. 2010. 705, obs. Pollaud-Dulian ; RTD eur. 2010. 939, obs. Treppoz ; CCE 2010, n° 72, note Caron.*

2. Répondant à une question préjudicielle posée par la Cour de cassation, la CJUE a jugé que l'art. 1er, § 4, de la Dir. n° 2001/84/CE du 27 sept. 2001 doit être interprété en ce sens qu'il ne s'oppose pas à ce que la personne redevable du droit de suite, désignée comme telle par la législation nationale, que ce soit le vendeur ou un professionnel du marché de l'art intervenant dans la transaction, puisse conclure avec toute autre personne, y compris l'acheteur, que cette dernière supporte définitivement, en tout ou en partie, le coût du droit de suite, pour autant qu'un tel arrangement contractuel n'affecte nullement les obligations et la responsabilité qui incombent à la personne redevable envers l'auteur. • CJUE 26 févr. 2015, n° C-41/14 : *D. 2015. 1631, note Azzi ; ibid. 567, obs. Daleau ; RLDI avr. 2015. 44, note Valentin et Près ; CCE 2015. Étude 9, obs. Pollaud-Dulian ; JCP 2015, n° 544, note Boiron.* – Sur l'application de la solution par la Cour de cassation après cette décision, V. note 9 ss. art. L. 122-8.

Art. 2 *Œuvres d'art concernées par le droit de suite.* 1. Aux fins de la présente directive, on entend par « œuvres d'art originales », les œuvres d'art graphique ou plastique telles que les tableaux, les collages, les peintures, les dessins, les gravures, les estampes, les lithographies, les sculptures, les tapisseries, les céramiques, les verreries et les photographies, pour autant qu'il s'agisse de créations exécutées par l'artiste lui-même ou d'exemplaires considérés comme œuvres d'art originales.

2. Les exemplaires d'œuvres d'art couvertes par la présente directive, qui ont été exécutés en quantité limitée par l'artiste lui-même ou sous sa responsabilité, sont considérés comme des œuvres d'art originales aux fins de la présente directive. Les exemplaires considérés comme des œuvres d'art originales sont en principe numérotés ou signés, ou dûment autorisés d'une autre manière par l'artiste.

CHAPITRE II *Dispositions particulières*

Art. 3 *Seuil d'application.* 1. Il appartient aux États membres de fixer un prix de vente minimal à partir duquel les ventes visées à l'article 1er sont soumises au droit de suite.

2. Ce prix de vente minimal ne peut en aucun cas être supérieur à 3 000 euros.

Art. 4 *Taux.* 1. Le droit prévu à l'article 1er est fixé comme suit :

a) 4 % pour la première tranche de 50 000 € du prix de vente ;
b) 3 % pour la tranche du prix de vente comprise, entre 50 000,01 et 200 000 € ;
c) 1 % pour la tranche du prix de vente comprise entre 200 000,01 et 350 000 € ;
d) 0,5 % pour la tranche du prix de vente comprise entre 350 000,01 et 500 000 € ;
e) 0,25 % pour la tranche du prix de vente dépassant 500 000 €.

Toutefois, le montant total du droit ne peut dépasser 12 500 €.

2. Par dérogation au paragraphe 1, les États membres peuvent appliquer un taux de 5 % pour la tranche du prix de vente visée au paragraphe 1, point *a)*.

3. Au cas où le prix de vente minimal serait inférieur à 3 000 euros, l'État membre fixe également le taux applicable à la tranche du prix de vente inférieure à 3 000 euros ; ce taux ne peut pas être inférieur à 4 %.

Art. 5 *Base de calcul.* Les prix de vente visés aux articles 3 et 4 s'entendent hors taxe.

Art. 6 *Bénéficiaires du droit de suite.* 1. Le droit prévu à l'article 1er est dû à l'auteur de l'œuvre et, sous réserve de l'article 8, paragraphe 2, après la mort de celui-ci, à ses ayants droit.

2. Les États membres peuvent prévoir la gestion collective obligatoire ou facultative du droit prévu à l'article 1er.

La Dir. du 27 sept. 2001 ne s'oppose pas à une disposition de droit interne qui réserve le bénéfice du droit de suite aux seuls héritiers légaux de l'artiste, à l'exclusion des légataires. • CJUE 15 avr. 2010 : *Dalloz actualité, 7 mai 2010, obs. Daleau ; D. 2010. AJ 1073 ; CCE 2010, n° 72, note Caron ; Légipresse 2010, n° 278, p. 446, obs. Alleaume ; LEPI juin 2010, p. 2, obs. Bernault ; Propr. intell. 2010, n° 37, p. 865, obs. Benabou.*

♦ Après l'arrêt de la CJUE, le tribunal de grande instance de Paris a jugé que la loi applicable aux successions mobilières est celle du dernier domicile du défunt, en l'occurrence, s'agissant de Salvador Dali, la loi espagnole, laquelle n'exclut pas les légataires du bénéfice du droit de suite. • TGI Paris, 8 juill. 2011 : *RTD com. 2012. 336, obs. Pollaud-Dulian.*

Art. 7 *Bénéficiaires des pays tiers.* 1. Les États membres prévoient que les auteurs ressortissants de pays tiers et, sous réserve de l'article 8, paragraphe 2, leurs ayants droit bénéficieront du droit de suite conformément à la présente directive et à la législation de l'État membre concerné uniquement si la législation du pays dont est ressortissant l'auteur ou son ayant droit admet la protection dans ce pays du droit de suite des auteurs des États membres et de leurs ayants droit.

2. En tenant compte des données fournies par les États membres, la Commission publie, dans les meilleurs délais, une liste indicative des pays tiers qui remplissent la condition visée au paragraphe 1. Cette liste est tenue à jour.

3. Tout État membre peut, aux fins de la protection du droit de suite, traiter les auteurs qui ne sont pas ressortissants d'un État membre, mais qui ont leur résidence habituelle dans cet État membre de la même manière que ses propres ressortissants.

Art. 8 *Durée de protection du droit de suite.* 1. La durée de protection du droit de suite correspond à celle prévue à l'article 1er de la directive 93/98/CEE. – *V. ce texte.*

2. Par dérogation au paragraphe 1, les États membres qui n'appliquent pas le droit de suite le [date d'entrée en vigueur visée à l'article 13], ne sont pas tenus, pendant une période n'allant pas au-delà du 1er janvier 2010, d'appliquer le droit de suite au profit des ayants droit de l'artiste après sa mort.

3. Tout État membre auquel le paragraphe 2 s'applique peut disposer d'un délai supplémentaire n'excédant pas deux ans avant d'être tenu d'appliquer le droit de suite au profit des ayants droit de l'artiste après sa mort, si cela se révèle nécessaire pour permettre aux opérateurs économiques dans cet État membre de s'adapter progressivement au système du droit de suite, tout en maintenant leur rentabilité économique. Au moins douze mois avant la fin de la période visée au paragraphe 2, l'État membre concerné informe la Commission et lui expose ses raisons, de manière à ce qu'elle puisse émettre un avis, après les consultations appropriées, dans un délai de trois mois après la réception de ces informations. S'il ne se conforme pas à l'avis de la Commission, l'État membre en informe cette dernière dans un

délai d'un mois et justifie sa décision. La notification et la justification par l'État membre, ainsi que l'avis de la Commission, sont publiés au *Journal officiel* des Communautés européennes et sont transmis au Parlement européen.

4. Dans le cas où des négociations internationales visant à étendre au niveau international le droit de suite auraient été menées à bonne fin au cours des périodes visées à l'article 8, paragraphes 2 et 3, la Commission présente des propositions appropriées.

Art. 9 *Droit de recueillir des informations.* **Les États membres prévoient que, pendant une période de trois ans après la revente, les bénéficiaires mentionnés à l'article 6 peuvent exiger de tout professionnel du marché de l'art visé à l'article 1er, paragraphe 2, toute information nécessaire à la liquidation des sommes dues au titre du droit de suite relatives à la revente.**

CHAPITRE III *Dispositions finales*

Art. 10 *Application dans le temps.* **La présente directive est applicable pour toutes les œuvres d'art originales définies à l'article 2 qui, au 1er janvier 2006, sont encore protégées par la législation des États membres en matière de droit d'auteur ou répondent à cette date aux critères de protection en vertu de la présente directive.**

Art. 11 *Clause de révision.* **1. La Commission présente au Parlement européen, au Conseil et au Comité économique et social, au plus tard le 1er janvier 2009, et par la suite tous les quatre ans, un rapport sur l'application et les effets de la présente directive en accordant une attention particulière à la compétitivité du marché de l'art moderne et contemporain dans la Communauté, notamment en ce qui concerne la situation de la Communauté à l'égard des marchés importants qui n'appliquent pas le droit de suite de l'artiste et le soutien de la création artistique ainsi que les modalités de gestion dans les États membres. Elle examine notamment ses répercussions sur le marché intérieur et l'incidence de l'introduction du droit de suite de l'artiste dans les États membres qui n'appliquaient pas ce droit dans leur législation nationale avant l'entrée en vigueur de la présente directive. Le cas échéant, la Commission présente des propositions pour adapter le seuil minimal et les taux du droit de suite en fonction de l'évolution de la situation dans le secteur, des propositions concernant le plafond prévu à l'article 4, paragraphe 1, ainsi que toute autre proposition qu'elle juge nécessaire pour accroître l'efficacité de la présente directive.**

2. Un comité de contact est institué. Il est composé de représentants des autorités compétentes des États membres. Il est présidé par un représentant de la Commission et se réunit, soit à l'initiative du président, soit à la demande de la délégation d'un État membre.

3. Le comité aura pour tâche :

– d'organiser des consultations sur toute question découlant de l'application de la présente directive,

– de faciliter l'échange d'informations entre la Commission et les États membres sur l'évolution pertinente du marché de l'art dans la Communauté.

Art. 12 *Mise en œuvre.* **1. Les États membres mettent en vigueur les dispositions législatives, réglementaires et administratives nécessaires pour se conformer à la présente directive avant le 1er janvier 2006. Ils en informent immédiatement la Commission.**

Lorsque les États membres adoptent ces dispositions, celles-ci contiennent une référence à la présente directive ou sont accompagnées d'une telle référence lors de leur publication officielle. Les modalités de cette référence sont arrêtées par les États membres.

2. Les États membres communiquent à la Commission le texte des dispositions de droit interne qu'ils adoptent dans le domaine régi par la présente directive.

Art. 13 *Entrée en vigueur.* **La présente directive entre en vigueur le jour de sa publication au *Journal officiel* des Communautés européennes** *[JOCE L 272 du 13 oct. 2001].*

Directive (CE) n° 2006/115 du 12 décembre 2006,

Relative au droit de location et de prêt et à certains droits voisins du droit d'auteur dans le domaine de la propriété intellectuelle (version codifiée).

Ce texte codifie, à droit constant, la Dir. CE n° 92/100 du 19 nov. 1992.

(1) La directive 92/100/CEE du Conseil du 19 novembre 1992 relative au droit de location et de prêt et à certains droits voisins du droit d'auteur dans le domaine de la propriété intellectuelle [2] a été modifiée à plusieurs reprises et de façon substantielle [3]. Il convient, dans un souci de clarté et de rationalité, de procéder à la codification de ladite directive.

(2) La location et le prêt d'œuvres couvertes par le droit d'auteur et d'objets protégés par des droits voisins revêtent une importance croissante, en particulier pour les auteurs, les artistes interprètes ou exécutants et les producteurs de phonogrammes et de films. La piraterie constitue une menace de plus en plus grave.

(3) La protection appropriée, par les droits de location et de prêt, des œuvres couvertes par le droit d'auteur et des objets protégés par des droits voisins, ainsi que la protection des objets protégés par des droits voisins par le droit de fixation, le droit de distribution, le droit de radiodiffusion et le droit de communication au public, peuvent, dès lors, être considérées comme ayant une importance fondamentale pour le développement économique et culturel de la Communauté.

(4) Le droit d'auteur et la protection par les droits voisins doivent s'adapter aux réalités économiques nouvelles, telles que les nouvelles formes d'exploitation.

(5) La continuité du travail créateur et artistique des auteurs et artistes interprètes ou exécutants exige que ceux-ci perçoivent un revenu approprié et les investissements, en particulier ceux qu'exige la production de phonogrammes et de films, sont extrêmement élevés et aléatoires. Seule une protection juridique appropriée des titulaires de droits concernés permet de garantir efficacement la possibilité de percevoir ce revenu et d'amortir ces investissements.

(6) Ces activités créatrices, artistiques et d'entrepreneur sont dans une large mesure le fait de personnes indépendantes. L'exercice de ces activités devrait être facilité par la mise en place d'une protection juridique harmonisée dans la Communauté. Dès lors que ces activités constituent essentiellement des services, la prestation de ceux-ci devrait également être facilitée par un cadre juridique harmonisé dans la Communauté.

(7) Il convient de rapprocher les législations des États membres dans le respect des conventions internationales sur lesquelles sont fondées les législations relatives au droit d'auteur et aux droits voisins de nombreux États membres.

(8) Le cadre juridique communautaire relatif aux droits de location et de prêt ainsi qu'à certains droits voisins du droit d'auteur peut être limité à des dispositions précisant que les États membres prévoient les droits de location et de prêt pour certains groupes de titulaires de droits et à établir, en outre, des droits de fixation, de distribution, de radiodiffusion et de communication au public pour certains groupes de titulaires de droits dans le domaine de la protection des droits voisins.

(9) Il est nécessaire de définir les notions de location et de prêt aux fins de la présente directive.

(10) Il est opportun, dans un souci de clarté, d'exclure de la location et du prêt au sens de la présente directive certaines formes de mise à disposition, par exemple la mise à disposition de phonogrammes ou de films à des fins de représentation publique ou de radiodiffusion, la mise à disposition à des fins d'exposition ou la mise à disposition à des fins de consultation sur place. Il convient que le prêt au sens de la présente directive n'englobe pas la mise à disposition entre des établissements accessibles au public.

(11) Lorsque le prêt effectué par un établissement accessible au public donne lieu à un paiement dont le montant ne va pas au-delà de ce qui est nécessaire pour couvrir les frais de fonctionnement de l'établissement, il n'y a pas d'avantage économique ou commercial direct ou indirect au sens de la présente directive.

(12) Il est nécessaire d'introduire un régime qui assure une rémunération équitable, à laquelle il ne peut être renoncé, aux auteurs et aux artistes interprètes ou exécutants, qui doivent conserver la possibilité de confier la gestion de ce droit à des sociétés de gestion collective qui les représentent.

(13) Cette rémunération équitable peut être acquittée sur la base d'un ou de plusieurs paiements à tout moment, lors de la conclusion du contrat ou ultérieurement. Elle devrait tenir compte de l'importance de la contribution apportée au phonogramme et au film par les auteurs et les artistes interprètes ou exécutants concernés.

(14) Il est nécessaire aussi de protéger au moins les droits des auteurs à l'égard du prêt public en prévoyant un régime spécial. Toutefois, toute mesure prise par dérogation au droit exclusif de prêt public devrait être compatible notamment avec l'article 12 du traité.

(15) Il convient que les dispositions de la présente directive relatives aux droits voisins du droit d'auteur n'empêchent pas les États membres d'étendre à ces droits exclusifs la présomption prévue par la présente directive pour les contrats concernant la production d'un film, conclus, individuellement ou collectivement, entre des artistes interprètes ou exécutants et un producteur de film. En outre, elles ne devraient pas empêcher les États membres de prévoir une présomption simple d'autorisation d'exploitation au titre des droits exclusifs des artistes interprètes ou exécutants, prévus par les dispositions pertinentes de la présente directive, pour autant que cette présomption soit compatible avec la convention internatio-

nale sur la protection des artistes interprètes ou exécutants, des producteurs de phonogrammes et des organismes de radiodiffusion (ci-après dénommée "convention de Rome").

(16) Les États membres devraient pouvoir prévoir, pour les titulaires de droits voisins du droit d'auteur, des dispositions plus protectrices que celles qui sont prévues par la présente directive en ce qui concerne la radiodiffusion et la communication au public.

(17) Ainsi harmonisés, les droits de location et de prêt et la protection dans le domaine des droits voisins du droit d'auteur ne devraient pas être exercés de telle façon qu'ils constituent des restrictions déguisées dans le commerce entre les États membres ou d'une façon contraire à la règle de la chronologie d'exploitation des médias, telle que reconnue par l'arrêt rendu dans les affaires jointes *Société Cinéthèque/FNCF* [4].

(18) La présente directive ne devrait pas porter atteinte aux obligations des États membres concernant les délais de transposition en droit interne des directives indiqués à l'annexe I, partie B,

CHAPITRE PREMIER *Droit de location et de prêt*

Art. 1er ***Objet de l'harmonisation.*** **1. Conformément aux dispositions du présent chapitre, les États membres prévoient, sous réserve de l'article 6, le droit d'autoriser ou d'interdire la location et le prêt d'originaux et de copies d'œuvres protégées par le droit d'auteur ainsi que d'autres objets mentionnés à l'article 3, paragraphe 1.**

2. Les droits visés au paragraphe 1 ne sont pas épuisés par la vente ou tout autre acte de diffusion d'originaux et de copies d'œuvres protégées par le droit d'auteur ou d'autres objets mentionnés à l'article 3, paragraphe 1.

L'introduction du droit de location exclusif ne constitue pas une violation du principe de l'épuisement du droit de distribution, dont l'objet et le champ d'application sont différents ; il s'ensuit qu'une personne titulaire d'un droit exclusif de location peut interdire dans un État membre la mise en location de copies d'une œuvre cinématographique alors même que la mise en location de ces copies aurait été autorisée dans un autre État membre. • CJCE 28 avr. 1998, *Métronome : D. 1999. 353, note Edelman ; RIDA oct. 1998, p. 211.* ♦ Dans le même sens, • CJCE 22 sept. 1998, n° C-61-97 : *RIDA janv. 1999, p. 301.*

Art. 2 ***Définitions.*** **1. Aux fins de la présente directive, on entend par :**

a) "location" d'objets, leur mise à disposition pour l'usage, pour un temps limité et pour un avantage économique ou commercial direct ou indirect ;

b) "prêt" d'objets, leur mise à disposition pour l'usage, pour un temps limité et point pour un avantage économique ou commercial direct ou indirect, lorsqu'elle est effectuée par des établissements accessibles au public ;

c) "film", une œuvre cinématographique ou audiovisuelle ou une séquence animée d'images, accompagnées ou non de son.

2. Le réalisateur principal d'une œuvre cinématographique ou audiovisuelle est considéré comme l'auteur ou un des auteurs. Les États membres peuvent prévoir que d'autres personnes sont considérées comme co-auteurs.

Sur la notion de prêt d'un livre electronique, V. • CJUE 10 nov. 2016, n° C-174/15 : *cité ss. art. 6.*

Art. 3 ***Titulaires et objet du droit de location et de prêt.*** **1. Le droit exclusif d'autoriser ou d'interdire la location et le prêt appartient :**

a) à l'auteur, en ce qui concerne l'original et les copies de son œuvre ;

b) à l'artiste interprète ou exécutant, en ce qui concerne les fixations de son exécution ;

c) au producteur de phonogrammes, en ce qui concerne ses phonogrammes ;

d) au producteur de la première fixation d'un film, en ce qui concerne l'original et les copies de son film.

2. La présente directive n'englobe pas le droit de location et de prêt en ce qui concerne les œuvres d'architecture et les œuvres des arts appliqués.

3. Les droits visés au paragraphe 1 peuvent être transférés, cédés ou donnés en licence contractuelle.

4. Sans préjudice du paragraphe 6, lorsqu'un contrat concernant la production d'un film est conclu, individuellement ou collectivement, entre des artistes interprètes ou exécutants et un producteur de film, l'artiste interprète ou exécutant couvert par ce contrat est présumé, sous réserve de clauses contractuelles contraires, avoir cédé son droit de location, sous réserve de l'article 5.

5. Les États membres peuvent prévoir une présomption similaire à celle prévue au paragraphe 4 en ce qui concerne les auteurs.

6. Les États membres peuvent prévoir que la signature du contrat conclu entre un artiste interprète ou exécutant et un producteur de film pour la production d'un film vaut autorisation de location, pour autant que ce contrat prévoie une rémunération équitable au sens de l'article 5. Les États membres peuvent également prévoir que le présent paragraphe s'applique *mutatis mutandis* aux droits couverts par le chapitre II.

Art. 4 *Location de programmes d'ordinateur.* La présente directive n'affecte pas l'article 4, point c), de la directive 91/250/CEE du Conseil du 14 mai 1991 concernant la protection juridique des programmes d'ordinateur..

Art. 5 *Droit à une rémunération équitable auquel il ne peut être renoncé.* 1. Lorsqu'un auteur ou un artiste interprète ou exécutant a transféré ou cédé son droit de location en ce qui concerne un phonogramme ou l'original ou une copie d'un film à un producteur de phonogrammes ou de films, il conserve le droit d'obtenir une rémunération équitable au titre de la location.

2. Le droit d'obtenir une rémunération équitable au titre de la location ne peut pas faire l'objet d'une renonciation de la part des auteurs ou artistes interprètes ou exécutants.

3. La gestion du droit d'obtenir une rémunération équitable peut être confiée à des sociétés de gestion collective représentant des auteurs ou des artistes interprètes ou exécutants.

4. Les États membres peuvent réglementer la question de savoir si, et dans quelle mesure, la gestion par les sociétés de gestion collective du droit d'obtenir une rémunération équitable peut être imposée, ainsi que celle de savoir auprès de qui cette rémunération peut être réclamée ou perçue.

Rémunération équitable. La notion de rémunération équitable doit être interprétée d'une manière uniforme dans tous les États membres et mise en œuvre par chaque État membre, celui-ci déterminant, sur son territoire, les critères les plus pertinents pour assurer, dans les limites imposées par le droit commautaire le respect de cette notion. Par ailleurs, l'art. 8 de la directive CE n° 92/100 ne s'oppose pas à un modèle de calcul de la rémunération équitable des artistes interprètes ou exécutants et des producteurs comportant des facteurs variables et fixes (nombre d'heures de diffusion des phonogrammes, l'importance de l'audience, les tarifs conventionnellement fixés, tarifs pratiqués par les organismes publics de radiodiffusion...) dès lors que ce modèle est de nature à permettre d'atteindre un équilibre adéquat entre l'intérêt des artistes interprètes ou exécutants et des producteurs à percevoir une rémunération au titre de la diffusion d'un phonogramme déterminé et dans l'intérêt des tiers à pouvoir radiodiffuser ce phonogramme dans des conditions raisonnables et qu'il n'est pas contraire à aucun principe de droit commautaire. • CJCE 6 févr. 2003 : *CCE 2003, n° 37, note Caron ; JCP E 2003. 1508, n° 12, obs. Sardain ; Légipresse 2003, n° 202, I, p. 83 ; Propr. intell. 2003, n° 7, p. 175, obs. Lucas ; RIDA juill. 2003, p. 253, obs. Kéréver.* ♦ Pour la détermination de la rémunération équitable, la société émettrice n'est pas fondée à déduire unilatéralement du montant de la redevance pour l'utilisation de phonogrammes due dans l'État membre où elle est établie celui de la redevance acquittée ou réclamée dans l'État membre sur le territoire duquel se situe l'émetteur terrestre diffusant les émissions en direction du premier État. • CJCE 14 juill. 2005 : *RTD com. 2005. 728, obs. Pollaud-Dulian ; CCE 2006. Chron. 3, § 7, obs. Daverat ; Légipresse 2006, III, p. 63, note Maffre-Baugé ; Propr. intell. 2005, n° 17, p. 440, obs. Lucas.* ♦ L'art. 5, paragraphe 1, s'oppose à une législation qui institue un système selon lequel la rémunération due aux auteurs en cas de prêt public est calculée exclusivement en fonction du nombre d'emprunteurs inscrits dans les établissements publics, sur la base d'une somme forfaitaire fixée par emprunteur et par an. • CJUE 30 juin 2011 : *CCE 2011, n° 100, note Caron.*

Art. 6 *Dérogation au droit exclusif de prêt public.* 1. Les États membres peuvent déroger au droit exclusif prévu à l'article 1er pour le prêt public, à condition que les auteurs au moins obtiennent une rémunération au titre de ce prêt. Ils ont la faculté de fixer cette rémunération en tenant compte de leurs objectifs de promotion culturelle.

2. Lorsque les États membres n'appliquent pas le droit exclusif de prêt prévu à l'article 1er en ce qui concerne les phonogrammes, films et programmes d'ordinateur, ils introduisent une rémunération pour les auteurs au moins.

3. Les États membres peuvent exempter certaines catégories d'établissements du paiement de la rémunération prévue aux paragraphes 1 et 2.

Livre numérique. L'art. 1er, § 1, l'art. 2, § 1, sous b), et l'art. 6, § 1, de la Dir. 2006/115/CE doivent être interprétés en ce sens que la notion de « prêt » couvre le prêt d'une copie de livre sous forme numérique, lorsque ce prêt est effectué en plaçant cette copie sur le serveur d'une bibliothèque publique et en permettant à un utilisateur de reproduire ladite copie par téléchargement sur son propre ordinateur étant entendu qu'une seule copie peut être téléchargée pendant la période de prêt et que après l'expiration de cette période, la copie téléchargée par cet utilisateur n'est plus utilisable par celui-ci. Le droit de l'Union ne s'oppose pas à ce qu'un État membre soumette l'application de l'art. 6, § 1, de la Dir. 2006/115 à la condition que la copie de livre sous forme numérique mise à disposition par la bibliothèque publique ait été mise en circulation par une première vente ou un premier autre transfert de propriété de cette copie dans l'Union européenne par le titulaire du droit de distribution au public ou avec son consentement, au sens de l'art. 4, § 2, de la Dir. 2001/29/CE du 22 mai 2001. L'art. 6, § 1 préc., s'oppose à ce que la dérogation pour le prêt public qu'il prévoit s'applique à la mise à disposition par une bibliothèque publique d'une copie de livre sous forme numérique dans le cas où cette copie a été obtenue à partir d'une source illégale. • CJUE 10 nov. 2016, n° C-174/15 : *D. 2017. 747, note Alleaume ; Dalloz IP/IT 2017. 42, obs. Dormont ; RTD civ. 2017. 173, obs. Gautier ; RTD com. 2017. 79, obs. Pollaud-Dulian ; CCE 2017, n° 10, note Caron ; ibid., n° 3, note Loiseau ; Légipresse 2017. 38, note Petelin ; Propr. ind. 2017, n° 62, p. 19, note A. Lucas.*

CHAPITRE II *Droits voisins du droit d'auteur*

Art. 7 *Droit de fixation.* 1. Les États membres prévoient pour les artistes interprètes ou exécutants le droit exclusif d'autoriser ou d'interdire la fixation de leurs exécutions.

2. Les États membres prévoient pour les organismes de radiodiffusion le droit exclusif d'autoriser ou d'interdire la fixation de leurs émissions, qu'elles soient diffusées sans fil ou avec fil, y compris par câble ou par satellite.

3. Le droit prévu au paragraphe 2 n'est pas prévu pour un distributeur par câble, lorsque celui–ci se borne à retransmettre par câble des émissions d'organismes de radiodiffusion.

Art. 8 *Radiodiffusion et communication au public.* 1. Les États membres prévoient pour les artistes interprètes ou exécutants le droit exclusif d'autoriser ou d'interdire la radiodiffusion par le moyen des ondes radioélectriques et la communication au public de leurs exécutions, sauf lorsque l'exécution est elle-même déjà une exécution radiodiffusée ou faite à partir d'une fixation.

2. Les États membres prévoient un droit pour assurer qu'une rémunération équitable et unique est versée par l'utilisateur lorsqu'un phonogramme publié à des fins de commerce, ou une reproduction de ce phonogramme, est utilisé pour une radiodiffusion par le moyen des ondes radioélectriques ou pour une communication quelconque au public, et pour assurer que cette rémunération est partagée entre les artistes interprètes ou exécutants et les producteurs de phonogrammes concernés. Ils peuvent, faute d'accord entre les artistes interprètes ou exécutants et les producteurs de phonogrammes, déterminer les conditions de la répartition entre eux de cette rémunération.

3. Les États membres prévoient pour les organismes de radiodiffusion le droit exclusif d'autoriser ou d'interdire la rediffusion de leurs émissions par le moyen des ondes radioélectriques, ainsi que la communication au public de leurs émissions lorsque cette communication est faite dans des lieux accessibles au public moyennant paiement d'un droit d'entrée.

La notion de « communication au public », au sens de l'article 8, § 2, doit être interprétée en ce sens qu'elle ne couvre pas la diffusion gratuite de phonogrammes dans un cabinet dentaire, dans le cadre de l'exercice d'une profession libérale, au bénéfice de la clientèle qui en jouit indépendamment de sa volonté. Partant, une telle diffusion ne donne pas droit à la perception d'une rémunération en faveur des producteurs de phonogrammes. • CJUE 15 mars 2012 : *D. 2012. AJ 810 ; RTD com. 2012. 325, obs. Pollaud-Dulian ; CCE 2012, n° 48, note Caron ; RIDA avr. 2012, p. 417, note Sirinelli.* ♦ La diffusion d'émissions télévisées au moyen d'appareils de télévision que l'exploitant d'un centre de rééducation a installés dans ses locaux affecte les droits d'auteur et les droits protégés d'un grand nombre de parties intéressées, en particulier de compositeurs, de paroliers et d'éditeurs de musique, mais aussi d'artistes interprètes ou exécutants, de producteurs de phonogrammes et d'auteurs de textes ainsi que leurs éditeurs, constitue une « communication au public », au regard tant de l'art. 3, § 1er, de la Dir. 2001/29/CE du 22 mai 2001, sur l'harmonisation de certains aspects du droit d'auteur et des droits voisins dans la société de l'information, que de l'art. 8, § 2, de la Dir. 2006/115/CE du 12 déc. 2006, et en fonction des mêmes critères d'interprétation. • CJUE, gr. ch., 31 mai 2016, *Reha Training*, n° C-117/15 : *Dalloz IP/IT 2016. 420, obs. Benabou ; RLDI oct. 2016. 18, note Mouron ; Europe 2016, n° 249, note Cazet.* ♦ L'exploitant d'un établissement hôtelier qui fournit dans les chambres de ses clients des postes de télévision et/ou de radio auxquels il distribue un signal radiodiffusé est un « utilisateur » réalisant un acte de « communication au public » d'un phonogramme radiodiffusé, au sens de l'art. 8, § 2. L'exploitant d'un établissement hôtelier qui fournit dans les chambres de ses clients des postes de télévision et/ou de radio auxquels il distribue un signal radiodiffusé est tenu de verser une rémunération équitable, en vertu de l'art. 8, § 2, pour la diffusion d'un phonogramme radiodiffusé, en plus de celle versée par le radiodiffuseur. L'exploitant d'un établissement hôtelier qui fournit, dans les chambres de ses clients, non pas des postes de télévision et/ou de radio auxquels il distribue un signal radiodiffusé, mais un autre dispositif, ainsi que des phonogrammes sous une forme physique ou numérique pouvant être diffusés ou entendus grâce à ce dispositif, est un « utilisateur » réalisant un acte de « communication au public » d'un phonogramme, au sens de l'art. 8, § 2, de la Dir. n° 2006/115/CE. Il est dès lors tenu de verser une « rémunération équitable » au sens de cette disposition pour la transmission desdits phonogrammes. L'art. 10, § 1, a), de la Dir. n° 2006/115/CE, qui prévoit une limitation au droit à une rémunération équitable prévu à l'art. 8, § 2, de cette directive, lorsqu'il s'agit d'une « utilisation privée », ne permet pas aux États membres d'exonérer l'exploitant d'un établissement hôtelier qui réalise un acte de « communication au public » d'un phonogramme, au sens de l'art. 8, § 2, de ladite directive, de l'obligation de verser une telle rémunération (à propos du droit irlandais). • CJUE 15 mars 2012 : *D. 2012. AJ 810 ; RTD com. 2012. 325, obs. Pollaud-Dulian ; CCE 2012, n° 48, note Caron ; Propr. intell. 2012, n° 42, p. 429, obs. Benabou.* ♦ L'installation d'appareils de télévision dans des chambres d'hôtel ne constitue pas un acte de communication au public soumis au droit exclusif des organismes de radiodiffusion car ce dernier est limité aux communications faites dans un lieu accessible au public moyennant paiement d'un droit d'entrée. • CJUE 16 févr. 2017, n° C-641/15 : *Dalloz IP/IT 2017. 332, note Lucas-Schloetter ; BRDA 2017, n° 7, p. 15.*

Art. 9 *Droit de distribution.* **1. Les États membres prévoient un droit exclusif de mise à la disposition du public des objets visés aux points a) à d), y compris de copies, par la vente ou autrement, ci-après dénommé "droit de distribution" :**

a) pour les artistes interprètes ou exécutants, en ce qui concerne les fixations de leurs exécutions ;

b) pour les producteurs de phonogrammes, en ce qui concerne leurs phonogrammes ;

c) pour les producteurs des premières fixations des films, en ce qui concerne l'original et les copies de leurs films ;

d) pour les organismes de radiodiffusion, en ce qui concerne les fixations de leurs émissions, au sens de l'article 7, paragraphe 2.

2. Le droit de distribution relatif à un objet visé au paragraphe 1 n'est épuisé dans la Communauté qu'en cas de première vente dans la Communauté de cet objet par le titulaire du droit ou avec son consentement.

3. Le droit de distribution s'entend sans préjudice des dispositions spécifiques du chapitre Ier, et notamment de l'article 1er, paragraphe 2.

4. Le droit de distribution peut être transféré, cédé ou donné en licence contractuelle.

Art. 10 *Limitation des droits.* **1. Les États membres ont la faculté de prévoir des limitations des droits visés au présent chapitre dans les cas suivants :**

a) lorsqu'il s'agit d'une utilisation privée ;

b) lorsqu'il y a utilisation de courts fragments à l'occasion du compte rendu d'un événement d'actualité ;

c) lorsqu'il y a fixation éphémère par un organisme de radiodiffusion par ses propres moyens et pour ses propres émissions ;

d) lorsqu'il y a utilisation uniquement à des fins d'enseignement ou de recherche scientifique.

2. Sans préjudice du paragraphe 1, tout État membre a la faculté de prévoir, en ce qui concerne la protection des artistes interprètes ou exécutants, des producteurs de phonogrammes, des organismes de radiodiffusion et des producteurs des premières fixations de films, des limitations de même nature que celles qui sont prévues par la législation concernant la protection du droit d'auteur sur les œuvres littéraires et artistiques.

***Toutefois, des licences obligatoires* ne peuvent être prévues que dans la mesure où elles sont compatibles avec la convention de Rome.**

3. Les limitations visées aux paragraphes 1 et 2 ne sont applicables que dans certains cas spéciaux qui ne portent pas atteinte à l'exploitation normale de l'objet protégé ni ne causent un préjudice injustifié aux intérêts légitimes du titulaire du droit.

CHAPITRE III *Dispositions communes*

Art. 11 *Applicabilité dans le temps.* 1. La présente directive s'applique à tous phonogrammes, œuvres protégées par le droit d'auteur, exécutions, émissions et premières fixations de films visés dans la présente directive dont la protection par la législation des États membres sur le droit d'auteur et les droits voisins n'avait pas encore pris fin le 1er juillet 1994, ou qui répondaient à cette date aux critères de protection prévus par la présente directive.

2. La présente directive s'applique sans préjudice des actes d'exploitation accomplis avant le 1er juillet 1994.

3. Les États membres peuvent prévoir que les titulaires de droits sont censés avoir autorisé la location ou le prêt d'un objet visé à l'article 3, paragraphe 1, points a) à d), dont il est prouvé qu'il a été mis à la disposition de tiers à cette fin ou qu'il a été acquis avant le 1er juillet 1994.

Toutefois, notamment lorsque cet objet est un enregistrement numérique, les États membres peuvent prévoir que les titulaires de droits ont le droit d'obtenir une rémunération adéquate au titre de la location ou du prêt de cet objet.

4. Les États membres peuvent ne pas appliquer les dispositions de l'article 2, paragraphe 2, aux œuvres cinématographiques ou audiovisuelles créées avant le 1er juillet 1994.

5. Sans préjudice du paragraphe 3 et sous réserve du paragraphe 7, la présente directive n'affecte pas les contrats conclus avant le 19 novembre 1992.

6. Les États membres peuvent prévoir, sous réserve du paragraphe 7, que, lorsque les titulaires qui acquièrent de nouveaux droits en vertu des dispositions nationales prises en application de la présente directive ont consenti, avant le 1er juillet 1994, à l'exploitation, ils sont présumés avoir cédé les nouveaux droits exclusifs.

7. En ce qui concerne les contrats conclus avant le 1er juillet 1994, le droit à une rémunération équitable auquel il ne peut être renoncé, visé à l'article 5, ne s'applique que lorsque l'auteur ou l'artiste interprète ou exécutant ou ceux qui le représentent ont présenté une demande à cet effet avant le 1er janvier 1997. En l'absence d'accord entre les titulaires de droits concernant le niveau de rémunération, les États membres peuvent fixer le niveau de la rémunération équitable.

Art. 12 *Relations entre droit d'auteur et droits voisins.* La protection des droits voisins du droit d'auteur par la présente directive n'affecte en aucune façon la protection du droit d'auteur.

Art. 13 *Communication.* Les États membres communiquent à la Commission le texte des dispositions essentielles de droit interne qu'ils adoptent dans le domaine régi par la présente directive.

Art. 14 *Abrogation.* La directive 92/100/CEE est abrogée, sans préjudice des obligations des États membres en ce qui concerne les délais de transposition en droit interne des directives indiqués à l'annexe I, partie B.

Les références faites à la directive abrogée s'entendent comme faites à la présente directive et sont à lire selon le tableau de correspondance figurant à l'annexe II.

Art. 15 *Entrée en vigueur.* La présente directive entre en vigueur le vingtième jour suivant celui de sa publication au *Journal officiel* de l'Union européenne.

Art. 16 *Destinataires.* Les États membres sont destinataires de la présente directive.

Directive (CE) n° 2006/116 du 12 décembre 2006,

Relative à la durée de protection du droit d'auteur et de certains droits voisins (version codifiée).

Ce texte codifie, à droit constant, la Dir. CE n° 93/98 du 29 oct. 1993.

BIBL. ▶ ALLEAUME, *Légipresse 2011, n° 289, p. 701* (durée des droits). – ÉMILE-ZOLA-PLACE, *Légipresse 2011, n° 289, p. 693* (l'allongement de la durée de certains droits voisins : « questions d'équilibre »).

(1) La directive 93/98/CEE du Conseil du 29 octobre 1993 relative à l'harmonisation de la durée de protection du droit d'auteur et de certains droits voisins [3] a été modifiée de façon substantielle [4]. Il convient, dans un souci de clarté et de rationalité, de procéder à la codification de ladite directive.

(2) La convention de Berne pour la protection des œuvres littéraires et artistiques, et la convention internationale sur la protection des artistes interprètes ou exécutants, des pro-

ducteurs de phonogrammes et des organismes de radiodiffusion (convention de Rome) ne prévoient que des durées minimales de protection des droits auxquels elles se réfèrent, laissant ainsi aux États parties la faculté d'accorder des durées plus longues. Certains États membres ont fait usage de cette faculté. En outre, certains États membres ne sont pas encore devenus parties à la convention de Rome.

(3) Il s'ensuit des disparités entre les législations nationales régissant les durées de protection du droit d'auteur et des droits voisins, disparités qui sont susceptibles d'entraver la libre circulation des marchandises et la libre prestation des services et de fausser les conditions de concurrence dans le marché commun. Il convient, dès lors, pour assurer le bon fonctionnement du marché intérieur, d'harmoniser les législations des États membres de manière à ce que les durées de protection soient identiques dans toute la Communauté.

(4) Il est important de fixer non seulement les durées de protection en tant que telles, mais également certaines de leurs modalités, telles que la date à partir de laquelle chaque durée de protection est calculée.

(5) Les dispositions de la présente directive ne devraient pas porter atteinte à l'application, par les États membres, de l'article 14 *bis*, paragraphe 2, points b), c) et d), et paragraphe 3, de la convention de Berne.

(6) La durée minimale de protection prévue par la convention de Berne, à savoir la durée de vie de l'auteur plus cinquante ans après la mort de celui-ci, était destinée à protéger l'auteur et les deux premières générations de ses descendants. L'allongement des durées de vie moyennes dans la Communauté est tel que ladite durée n'est plus suffisante pour couvrir deux générations.

(7) Certains États membres ont accordé des prolongations de la durée au-delà de cinquante ans après la mort de l'auteur afin de compenser les effets des guerres mondiales sur l'exploitation des œuvres.

(8) Pour ce qui est de la durée de protection des droits voisins, certains États membres ont introduit une durée de cinquante ans après la publication licite ou après la communication licite au public.

(9) La conférence diplomatique qui s'est tenue en décembre 1996, sous les auspices de l'Organisation mondiale de la propriété intellectuelle (OMPI), a abouti à l'adoption du traité de l'OMPI sur les interprétations et exécutions, et les phonogrammes, qui porte sur la protection des artistes interprètes ou exécutants et des producteurs de phonogrammes. Ce traité constitue une mise à jour importante de la protection internationale des droits voisins.

(10) Le respect des droits acquis constitue l'un des principes généraux du droit protégés par l'ordre juridique communautaire. En conséquence, les durées de protection du droit d'auteur et des droits voisins instaurées par le droit communautaire ne peuvent pas avoir pour effet de diminuer la protection dont jouissaient les ayants droit dans la Communauté avant l'entrée en vigueur de la directive 93/98/CEE. Pour limiter à un minimum les effets des mesures transitoires et permettre le bon fonctionnement du marché intérieur, il y a lieu de faire porter ces durées de protection sur des périodes longues.

(11) Le niveau de protection du droit d'auteur et des droits voisins doit être élevé, étant donné que ces droits sont indispensables à la création intellectuelle. Leur protection permet d'assurer le maintien et le développement de la créativité dans l'intérêt des auteurs, des industries culturelles, des consommateurs et de la collectivité tout entière.

(12) Pour instaurer un niveau de protection élevé, répondant à la fois aux exigences du marché intérieur et au besoin de créer un environnement juridique propice au développement harmonieux de la créativité littéraire et artistique dans la Communauté, il convient d'harmoniser la durée de protection du droit d'auteur sur une période de soixante-dix ans après la mort de l'auteur ou de soixante-dix ans après que l'œuvre a été licitement rendue accessible au public et la durée de protection des droits voisins sur une période de cinquante ans après le fait générateur.

(13) Les recueils sont protégés conformément à l'article 2, paragraphe 5, de la convention de Berne, lorsque, par le choix et la disposition de leur contenu, ils constituent des créations intellectuelles. Ces œuvres sont protégées comme telles, sans préjudice des droits d'auteur sur chacune des œuvres qui font partie de ces recueils. Par conséquent, des durées de protection particulières doivent pouvoir s'appliquer aux œuvres incluses dans des recueils.

(14) Dans tous les cas où une ou plusieurs personnes physiques sont identifiées comme *auteurs, il convient que la durée de la protection soit calculée* à partir de leur mort. La question de la paternité de l'ensemble ou d'une partie d'une œuvre est une question de fait que les juridictions nationales peuvent être amenées à trancher.

(15) Les durées de protection doivent être calculées à partir du 1er janvier de l'année qui suit le fait générateur pertinent, comme elles le sont dans les conventions de Berne et de Rome.

(16) La protection des photographies dans les États membres fait l'objet de différents régimes. Une œuvre photographique au sens de la convention de Berne doit être considérée comme originale si elle est une création intellectuelle de l'auteur qui reflète sa personnalité, sans que d'autres critères, tels que la valeur ou la destination, ne soient pris en compte. La protection des autres photographies doit pouvoir être régie par la législation nationale.

(17) Pour éviter des différences de durée de protection dans le cas des droits voisins, il est nécessaire de prévoir le même point de départ pour le calcul de la durée dans l'ensemble de la Communauté. L'exécution la fixation, la diffusion, la publication licite et la communication licite au public, c'est-à-dire le fait de rendre perceptible à des personnes en général, par tout moyen approprié, un objet sur lequel porte un droit voisin, doivent être prises en compte pour le calcul de la durée de protection, quel que soit le pays où cette exécution, fixation, diffusion, publication licite ou communication licite au public a lieu.

(18) Les droits des organismes de radiodiffusion sur leurs émissions, que celles-ci soient diffusées sans fil ou avec fil, y compris par câble ou par satellite, ne doivent pas être perpétuels. Il est donc nécessaire de faire courir la durée de la protection seulement à partir de la première diffusion d'une émission particulière. Cette disposition est destinée à éviter qu'une nouvelle durée de protection ne coure lorsqu'une émission est identique à une précédente.

(19) Les États membres doivent rester libres de maintenir ou d'introduire d'autres droits voisins, notamment en ce qui concerne la protection des éditions critiques et scientifiques. Pour assurer la transparence au niveau communautaire, il est toutefois nécessaire que les États membres qui introduisent de nouveaux droits voisins en informent la Commission.

(20) Il y a lieu de préciser que la présente directive ne s'applique pas aux droits moraux.

(21) Pour les œuvres dont le pays d'origine au sens de la convention de Berne est un pays tiers et dont l'auteur n'est pas un ressortissant de la Communauté, il y a lieu d'appliquer la comparaison des durées de protection sans que la durée accordée dans la Communauté ne puisse être plus longue que la durée prévue à la présente directive.

(22) Lorsqu'un titulaire de droits qui n'est pas un ressortissant de la Communauté réunit les conditions pour bénéficier d'une protection en vertu d'un accord international,ilconvient que la durée de protection des droits voisins soit la même que celle prévue par la présente directive. Toutefois, cette durée ne doit pas dépasser celle prévue par le pays tiers dont le titulaire est ressortissant.

(23) La comparaison des durées de protection ne doit pas avoir pour conséquence de mettre les États membres en conflit avec leurs obligations internationales.

(24) Les États membres doivent rester libres d'arrêter des dispositions sur l'interprétation, l'adaptation et la poursuite de l'exécution de contrats qui portent sur l'exploitation d'œuvres et d'autres objets protégés et qui ont été conclus avant l'extension de la durée de protection résultant de la présente directive.

(25) Le respect des droits acquis et de la confiance légitime des tiers est garanti par l'ordre juridique communautaire. Les États membres doivent pouvoir prévoir notamment que, dans certaines circonstances, les droits d'auteur et les droits voisins qui renaîtront en application de la présente directive ne pourront pas donner lieu à des paiements de la part de personnes qui avaient entrepris de bonne foi l'exploitation des œuvres au moment où celles-ci faisaient partie du domaine public.

(26) La présente directive ne devrait pas porter atteinte aux obligations des États membres concernant les délais de transposition en droit interne et d'application des directives indiqués à l'annexe I, partie B,

Art. 1er *Durée des droits d'auteur.* 1. Les droits de l'auteur d'une œuvre littéraire ou artistique au sens de l'article 2 de la convention de Berne durent toute la vie de l'auteur et pendant soixante-dix ans après sa mort, quelle que soit la date à laquelle l'œuvre a été licitement rendue accessible au public.

2. Lorsque le droit d'auteur appartient en commun aux collaborateurs d'une œuvre, la durée visée au paragraphe 1 est calculée à partir de la mort du dernier survivant des collaborateurs.

3. Dans le cas d'œuvres anonymes ou pseudonymes, la durée de protection est de soixante-dix ans après que l'œuvre a été licitement rendue accessible au public. Toutefois, lorsque le pseudonyme adopté par l'auteur ne laisse aucun doute sur son identité ou si l'auteur révèle son identité pendant la période visée dans la première phrase, la durée de protection applicable est celle qui est indiquée au paragraphe 1.

4. Lorsqu'un État membre prévoit des dispositions particulières sur les droits d'auteur relatifs aux œuvres collectives ou la désignation d'une personne morale comme titulaire des droits, la durée de protection est calculée conformément au paragraphe 3, sauf si les personnes physiques qui ont créé l'œuvre sont identifiées comme telles dans les versions de

l'œuvre qui sont rendues accessibles au public. Le présent paragraphe s'entend sans préjudice des droits revenant à des auteurs identifiés dont les contributions identifiables sont incluses dans de telles œuvres, le paragraphe 1 ou 2 s'appliquant à ces contributions.

5. Lorsqu'une œuvre est publiée par volumes, parties, fascicules, numéros ou épisodes et que la durée de protection court à partir du moment où l'œuvre a été licitement rendue accessible au public, la durée de protection court pour chaque élément pris séparément.

6. Dans le cas d'œuvres dont la durée de protection n'est pas calculée à partir de la mort de l'auteur ou des auteurs et qui n'ont pas été licitement rendues accessibles au public pendant les soixante-dix ans suivant leur création, la protection prend fin.

(Dir. (CE) n° 2011/77 du 27 sept. 2011) « 7. La durée de protection d'une composition musicale comportant des paroles prend fin soixante-dix ans après la mort du dernier survivant parmi les personnes suivantes, que ces personnes soient ou non désignées comme coauteurs : l'auteur des paroles et le compositeur de la composition musicale, à condition que les deux contributions aient été spécialement créées pour ladite composition musicale comportant des paroles. »

Les États membres mettent en vigueur les dispositions législatives, réglementaires et administratives nécessaires pour se conformer à la Dir. (CE) n° 2011/77 du 27 sept. 2011 au plus tard le 1er nov. 2013.

Art. 2 *Œuvres cinématographiques ou audiovisuelles.* 1. Le réalisateur principal d'une œuvre cinématographique ou audiovisuelle est considéré comme l'auteur ou un des auteurs. Les États membres sont libres de désigner d'autres coauteurs.

2. La durée de protection d'une œuvre cinématographique ou audiovisuelle prend fin soixante-dix ans après la mort du dernier survivant parmi les personnes suivantes, que ces personnes soient ou non désignées comme coauteurs : le réalisateur principal, l'auteur du scénario, l'auteur du dialogue et le compositeur d'une musique créée expressément pour être utilisée dans l'œuvre cinématographique ou audiovisuelle.

Art. 3 *Durée des droits voisins.* 1. Les droits des artistes interprètes ou exécutants expirent cinquante ans après la date de l'exécution.

(Dir. (CE) n° 2011/77 du 27 sept. 2011) « Toutefois,

« – si une fixation de l'exécution par un moyen autre qu'un phonogramme fait l'objet d'une publication licite ou d'une communication licite au public dans ce délai, les droits expirent cinquante ans à compter de la date du premier de ces faits,

« – si une fixation de l'exécution dans un phonogramme fait l'objet d'une publication licite ou d'une communication licite au public dans ce délai, les droits expirent soixante-dix ans à compter de la date du premier de ces faits. »

2. Les droits des producteurs de phonogrammes expirent cinquante ans après la fixation. Toutefois, si le phonogramme a fait l'objet d'une publication licite pendant cette période, les droits expirent *(Dir. (CE) n° 2011/77 du 27 sept. 2011)* « soixante-dix » ans après la date de la première publication licite. En l'absence de publication licite au cours de la période visée à la première phrase, et si le phonogramme a fait l'objet d'une communication licite au public pendant cette période, les droits expirent *(Dir. (CE) n° 2011/77 du 27 sept. 2011)* « soixante-dix » ans après la date de la première communication licite au public.

Cependant, le présent paragraphe ne peut pas avoir pour effet de protéger à nouveau les droits des producteurs de phonogrammes qui, par expiration de la durée de la protection qui leur était reconnue en vertu de l'article 3, paragraphe 2, de la directive 93/98/CEE dans sa version antérieure à la modification par la directive 2001/29/CE n'étaient plus protégés le 22 décembre 2002.

(Dir. (CE) n° 2011/77 du 27 sept. 2011) « 2 *bis*. Si, cinquante ans après que le phonogramme a fait l'objet d'une publication licite, ou, faute de cette publication, cinquante ans après qu'il a fait l'objet d'une communication licite au public, le producteur de phonogrammes n'offre pas à la vente des exemplaires du phonogramme en quantité suffisante ou ne le met pas à la disposition du public, par fil ou sans fil, de manière que les membres du public puissent y avoir accès de l'endroit et au moment qu'ils choisissent individuellement, l'artiste interprète ou exécutant peut résilier le contrat par lequel l'artiste interprète ou exécutant a transféré ou cédé ses droits sur la fixation de son exécution à un producteur de phonogrammes (ci-après dénommé "contrat de transfert ou de cession"). Le droit de résilier le contrat de transfert ou de cession peut être exercé si le producteur, dans un délai d'un an à compter de la notification par l'artiste interprète ou exécutant de son intention de résilier le contrat de transfert ou de cession conformément à la phrase précédente, n'accomplit pas les deux actes d'exploitation visés dans ladite phrase. L'artiste interprète ou exécutant ne peut renoncer à ce droit de résiliation. Si un phonogramme contient la fixation des exécu-

tions de plusieurs artistes interprètes ou exécutants, ceux-ci peuvent résilier leurs contrats de transfert ou de cession conformément au droit national applicable. Si le contrat de transfert ou de cession est résilié en application du présent paragraphe, les droits du producteur de phonogrammes sur le phonogramme expirent.

« 2 *ter*. Lorsqu'un contrat de transfert ou de cession donne à l'artiste interprète ou exécutant le droit de revendiquer une rémunération non récurrente, l'artiste interprète ou exécutant a le droit d'obtenir une rémunération annuelle supplémentaire de la part du producteur de phonogrammes pour chaque année complète suivant directement la cinquantième année après que le phonogramme a fait l'objet d'une publication licite, ou, faute de cette publication, la cinquantième année après qu'il a fait l'objet d'une communication licite au public. Les artistes interprètes ou exécutants ne peuvent renoncer à ce droit d'obtenir une rémunération annuelle supplémentaire.

« 2 *quater*. Le montant global qu'un producteur de phonogrammes doit réserver au paiement de la rémunération annuelle supplémentaire visée au paragraphe 2 *ter* correspond à 20 % des recettes que le producteur de phonogrammes a perçues, au cours de l'année précédant celle du paiement de ladite rémunération, au titre de la reproduction, de la distribution et de la mise à disposition du phonogramme concerné, au-delà de la cinquantième année après que le phonogramme a fait l'objet d'une publication licite, ou, faute de cette publication, la cinquantième année après qu'il a fait l'objet d'une communication licite au public.

« Les États membres veillent à ce que les producteurs de phonogrammes soient tenus de fournir, sur demande, aux artistes interprètes ou exécutants qui ont droit à la rémunération annuelle supplémentaire visée au paragraphe 2 *ter* toute information pouvant s'avérer nécessaire afin de garantir le paiement de ladite rémunération.

« 2 *quinquies*. Les États membres veillent à ce que le droit à l'obtention d'une rémunération annuelle supplémentaire visé au paragraphe 2 *ter* soit administré par des sociétés de gestion collective.

« 2 *sexies*. Lorsqu'un artiste interprète ou exécutant a droit à des paiements récurrents, aucune avance ni déduction définie contractuellement ne peut être retranchée des paiements dont il bénéficie au-delà de la cinquantième année après que le phonogramme a fait l'objet d'une publication licite ou, faute de cette publication, la cinquantième année après qu'il a fait l'objet d'une communication licite au public. »

3. Les droits des producteurs de la première fixation d'un film expirent cinquante ans après la fixation. Toutefois, si le film fait l'objet d'une publication licite ou d'une communication licite au public pendant cette période, les droits expirent cinquante ans après la date du premier de ces faits. Le terme "film" désigne une œuvre cinématographique ou audiovisuelle ou une séquence animée d'images, accompagnée ou non de son.

4. Les droits des organismes de radiodiffusion expirent cinquante ans après la première diffusion d'une émission, que cette émission soit diffusée sans fil ou avec fil, y compris par câble ou par satellite.

Les États membres mettent en vigueur les dispositions législatives, réglementaires et administratives nécessaires pour se conformer à la Dir. (CE) n° 2011/77 du 27 sept. 2011 au plus tard le 1er nov. 2013.

Art. 4 *Protection des œuvres non publiées auparavant.* Toute personne qui, après l'extinction de la protection du droit d'auteur, publie licitement ou communique licitement au public pour la première fois une œuvre non publiée auparavant bénéficie d'une protection équivalente à celle des droits patrimoniaux de l'auteur. La durée de protection de ces droits est de vingt-cinq ans à compter du moment où, pour la première fois, l'œuvre a été publiée licitement ou communiquée licitement au public.

Art. 5 *Éditions critiques et scientifiques.* Les États membres peuvent protéger les éditions critiques et scientifiques d'œuvres qui sont tombées dans le domaine public. La durée de protection maximale de tels droits sera de trente ans à compter du moment où, pour la première fois, l'édition a été publiée licitement.

Art. 6 *Protection des photographies.* Les photographies qui sont originales en ce sens qu'elles sont une création intellectuelle propre à leur auteur sont protégées conformément à l'article 1er. Aucun autre critère ne s'applique pour déterminer si elles peuvent bénéficier de la protection. Les États membres peuvent prévoir la protection d'autres photographies.

Art. 7 *Protection vis-à-vis des pays tiers* 1. Lorsque le pays d'origine d'une œuvre, au sens de la convention de Berne, est un pays tiers et que l'auteur n'est pas un ressortissant de la Communauté, la durée de protection accordée dans les États membres prend fin à la date d'expiration de la protection accordée dans le pays d'origine de l'œuvre, sans pouvoir dépasser la durée indiquée à l'article 1er.

2. Les durées de protection indiquées à l'article 3 s'appliquent également lorsque les titulaires ne sont pas des ressortissants de la Communauté, pour autant que les États membres leur accordent la protection. Toutefois, sans préjudice des obligations internationales des États membres, la durée de protection accordée par les États membres prend fin au plus tard à la date d'expiration de la protection accordée dans le pays tiers dont le titulaire est ressortissant, sans pouvoir dépasser la durée indiquée à l'article 3.

3. Les États membres qui accordaient, au 29 octobre 1993, notamment en exécution de leurs obligations internationales, une durée de protection plus longue que celle qui résulterait des dispositions des paragraphes 1 et 2 peuvent maintenir cette protection jusqu'à la conclusion d'accords internationaux sur la durée de protection du droit d'auteur ou des droits voisins.

Art. 8 *Calcul des délais.* Les durées indiquées dans la présente directive sont calculées à partir du 1er janvier de l'année qui suit le fait générateur.

Art. 9 *Droits moraux.* La présente directive ne porte pas atteinte aux dispositions des États membres régissant les droits moraux.

Art. 10 *Applicabilité dans le temps.* 1. Lorsqu'une durée de protection plus longue que la durée de protection correspondante prévue à la présente directive avait déjà commencé à courir dans un État membre au 1er juillet 1995, la présente directive n'a pas pour effet de la raccourcir dans cet État membre.

2. Les durées de protection prévues à la présente directive s'appliquent à toutes les œuvres et à tous les objets qui, à la date visée au paragraphe 1, étaient protégés dans au moins un État membre dans le cadre de l'application des dispositions nationales relatives au droit d'auteur ou aux droits voisins ou qui répondent aux critères de protection énoncés dans la directive *[92/100/CEE du Conseil du 19 novembre 1992 relative au droit de location et de prêt et à certains droits voisins du droit d'auteur dans le domaine de la propriété intellectuelle]*.

3. La présente directive s'entend sans préjudice des actes d'exploitation accomplis avant la date visée au paragraphe 1. Les États membres prennent les dispositions nécessaires pour protéger notamment les droits acquis des tiers.

4. Les États membres peuvent ne pas appliquer les dispositions de l'article 2, paragraphe 1, aux œuvres cinématographiques ou audiovisuelles créées avant le 1er juillet 1994.

(Dir. (CE) nº 2011/77 du 27 sept. 2011) « 5. L'article 3, paragraphes 1 à 2 *sexies*, dans sa version en vigueur le 31 octobre 2011, s'applique aux fixations d'exécutions et aux phonogrammes à l'égard desquels l'artiste interprète ou exécutant et le producteur de phonogrammes sont encore protégés, en vertu desdites dispositions, dans leur version en vigueur le 30 octobre 2011, à la date du 1er novembre 2013, ainsi qu'aux fixations d'exécutions et aux phonogrammes qui sont postérieurs à cette date.

« 6. L'article 1er, paragraphe 7, s'applique aux compositions musicales comportant des paroles pour lesquelles, au minimum, la composition de la musique ou les paroles sont protégées dans au moins un État membre le 1er novembre 2013, ainsi qu'à celles qui sont postérieures à cette date.

« Le premier alinéa du présent paragraphe s'entend sans préjudice de tous actes d'exploitation intervenus avant le 1er novembre 2013. Les États membres adoptent les dispositions nécessaires afin de protéger notamment les droits acquis des tiers. »

Sur les mesures de sauvegarde des droits des tiers, V. • CJCE 29 juin 1999 : *RTD com. 2000. 91, obs. Françon ; D. 2000. 277, note Edelman* . ♦ L'art. 10, § 2, doit être interprété en ce sens que les durées de protection prévues par cette directive s'appliquent dans une situation où l'œuvre ou l'objet en cause était, au 1er juill. 1995, protégé en tant que tel dans au moins un État membre en application des dispositions nationales de cet État membre relatives au droit d'auteur ou aux droits voisins et où le titulaire de tels droits sur cette œuvre ou cet objet, ressortissant d'un pays tiers, bénéficiait, à cette date, de la protection prévue par ces dispositions nationales. • CJCE 20 janv. 2009 : *D. 2009. AJ 371 ; RTD com. 2009, p. 719, obs. Pollaud-Dulian ; Propr. intell. 2009, nº 31, p. 181, obs. Benabou.*

Art. 10 *bis* *(Dir. (CE) nº 2011/77 du 27 sept. 2011)* ***Mesures transitoires.*** 1. En l'absence d'indication contraire claire dans le contrat, un contrat de transfert ou de cession conclu avant le 1er novembre 2013 est réputé continuer à produire ses effets au-delà de la date à laquelle, en vertu de l'article 3, paragraphe 1, dans sa version en vigueur le 30 octobre 2011, les droits de l'artiste interprète ou exécutant ne seraient plus protégés.

2. Les États membres peuvent prévoir la possibilité que les contrats de transfert ou de cession en vertu desquels un artiste interprète ou exécutant a droit à des paiements récurrents et qui ont été conclus avant le 1er novembre 2013 soient modifiés au-delà de la cinquantième année après que le phonogramme a fait l'objet d'une publication licite ou, faute de cette publication, la cinquantième année après qu'il a fait l'objet d'une communication licite au public.

Les États membres mettent en vigueur les dispositions législatives, réglementaires et administratives nécessaires pour se conformer à la Dir. (CE) nº 2011/77 du 27 sept. 2011 au plus tard le 1er nov. 2013.

Art. 11 *Notification et communication.* **1. Les États membres notifient immédiatement à la Commission tout projet gouvernemental visant à accorder de nouveaux droits voisins, en précisant les motifs essentiels qui justifient leur introduction ainsi que la durée de protection envisagée.**

2. Les États membres communiquent à la Commission le texte des dispositions essentielles de droit interne qu'ils adoptent dans le domaine régi par la présente directive.

Art. 12 *Abrogation.* **La directive 93/98/CEE est abrogée, sans préjudice des obligations des États membres en ce qui concerne les délais de transposition en droit interne et d'application des directives indiqués à l'annexe I, partie B.**

Les références faites à la directive abrogée s'entendent comme faites à la présente directive et sont à lire selon le tableau de correspondance figurant à l'annexe II.

Art. 13 *Entrée en vigueur.* **La présente directive entre en vigueur le vingtième jour suivant celui de sa publication au** ***Journal officiel*** **de l'Union européenne.**

Art. 14 *Destinataires.* **Les États membres sont destinataires de la présente directive.**

Directive (CE) nº 2009/24 du 23 avril 2009,

Concernant la protection juridique des programmes d'ordinateur (version codifiée).

Ce texte codifie, à droit constant, la Dir. nº 91/250/CEE du 14 mai 1991.

BIBL. ▶ DREIER, *JCP 1991. I. 3536* (la directive du 14 mai 1991). – HUET, *D. 1992. Chron. 221* (l'Europe des logiciels : le principe de la protection par le droit d'auteur) ; *D. 1992. Chron. 315* (l'Europe des logiciels : les droits des utilisateurs). – MARTIN, *Gaz. Pal. 1994. 1. Doctr. 193* (la règle de l'épuisement et la directive CEE sur la protection des programmes d'ordinateur). – VIVANT, *JCP E 1994. I. 94* (le programme d'ordinateur au pays des muses).

(1) La directive 91/250/CEE du Conseil du 14 mai 1991 concernant la protection juridique des programmes d'ordinateur a été modifiée dans son contenu. Il convient, dans un souci de clarté et de rationalité, de procéder à la codification de ladite directive.

(2) La création de programmes d'ordinateur exige la mise en œuvre de ressources humaines, techniques et financières considérables, alors qu'il est possible de les copier à un coût très inférieur à celui qu'entraîne une conception autonome.

(3) Les programmes d'ordinateur jouent un rôle de plus en plus important dans de nombreux secteurs industriels, et la technologie qui s'y rapporte peut dès lors être considérée comme fondamentale pour le développement industriel de la Communauté.

(4) Certaines différences qui caractérisent la protection juridique des programmes d'ordinateur assurée par les législations des États membres ont des effets négatifs directs sur le fonctionnement du marché intérieur en ce qui concerne les programmes d'ordinateur.

(5) Il convient de supprimer les différences existantes ayant de tels effets et d'empêcher de nouvelles d'apparaître, tandis qu'il n'y a pas lieu de supprimer ou d'empêcher d'apparaître celles qui ne portent pas notablement atteinte au fonctionnement du marché intérieur.

(6) Le cadre juridique communautaire concernant la protection des programmes d'ordinateur peut donc, dans un premier temps, se limiter à prescrire que les États membres devraient accorder la protection du droit d'auteur aux programmes d'ordinateur en tant qu'œuvres littéraires et à déterminer les bénéficiaires et l'objet de la protection, les droits exclusifs que les personnes protégées devraient pouvoir invoquer pour autoriser ou interdire certains actes, ainsi que la durée de la protection.

(7) Aux fins de la présente directive, les termes "programme d'ordinateur" visent les programmes sous quelque forme que ce soit, y compris ceux qui sont incorporés au matériel.

Ces termes comprennent également les travaux préparatoires de conception aboutissant au développement d'un programme, à condition qu'ils soient de nature à permettre la réalisation d'un programme d'ordinateur à un stade ultérieur.

(8) Les critères appliqués pour déterminer si un programme d'ordinateur constitue ou non une œuvre originale ne devraient comprendre aucune évaluation de la qualité ou de la valeur esthétique du programme.

(9) La Communauté s'efforce de promouvoir la normalisation internationale.

(10) Un programme d'ordinateur est appelé à communiquer et à fonctionner avec d'autres éléments d'un système informatique et avec des utilisateurs ; à cet effet, un lien logique et, le cas échéant, physique d'interconnexion et d'interaction est nécessaire dans le but de permettre le plein fonctionnement de tous les éléments du logiciel et du matériel avec d'autres logiciels et matériels ainsi qu'avec les utilisateurs. Les parties du programme qui assurent cette interconnexion et cette interaction entre les éléments des logiciels et des matériels sont communément appelées "interfaces". Cette interconnexion et cette interaction fonctionnelles sont communément appelées "interopérabilité" ; cette interopérabilité peut être définie comme étant la capacité d'échanger des informations et d'utiliser mutuellement les informations échangées.

(11) Pour éviter toute ambiguïté, il convient de préciser que seule l'expression d'un programme d'ordinateur est protégée et que les idées et les principes qui sont à la base des différents éléments d'un programme, y compris ceux qui sont à la base de ses interfaces, ne sont pas protégés par le droit d'auteur en vertu de la présente directive. En accord avec ce principe du droit d'auteur, les idées et principes qui sont à la base de la logique, des algorithmes et des langages de programmation ne sont pas protégés en vertu de la présente directive. Conformément à la législation et à la jurisprudence des États membres ainsi qu'aux conventions internationales sur le droit d'auteur, l'expression de ces idées et principes doit être protégée par le droit d'auteur.

(12) Aux fins de la présente directive, on entend par "location" la mise à disposition d'un programme d'ordinateur ou d'une copie de celui-ci en vue de son utilisation pendant une période limitée et à des fins lucratives. Ce terme n'inclut pas le prêt au public, qui ne relève donc pas du champ d'application de la présente directive.

(13) Les droits exclusifs de l'auteur d'empêcher la reproduction non autorisée de son œuvre devraient être soumis à une exception limitée dans le cas d'un programme d'ordinateur, afin de permettre la reproduction techniquement nécessaire à l'utilisation du programme par son acquéreur légitime. Cela signifie que les opérations de chargement et d'exécution nécessaires à l'utilisation d'une copie d'un programme légitimement acquis, ainsi que la correction de ses erreurs, ne peuvent pas être interdites par contrat. En l'absence de clauses contractuelles spécifiques, notamment en cas de vente d'une copie du programme, toute autre opération nécessaire à l'utilisation de la copie d'un programme peut être effectuée, en conformité avec son but prévu, par un acquéreur légitime de cette copie.

(14) Une personne jouissant du droit d'utiliser un programme d'ordinateur ne devrait pas être empêchée d'accomplir les actes nécessaires pour observer, étudier ou tester le fonctionnement de ce programme, à condition que ces actes ne portent pas atteinte aux droits de l'auteur du programme.

(15) La reproduction, la traduction, l'adaptation ou la transformation non autorisée de la forme du code sous lequel une copie de programme d'ordinateur a été fournie constituent une atteinte aux droits exclusifs de l'auteur. Toutefois, dans certaines circonstances, une reproduction du code d'un programme d'ordinateur ou une traduction de sa forme peut s'avérer indispensable pour obtenir l'information nécessaire à l'interopérabilité d'un programme créé de façon indépendante avec d'autres programmes. Il faut donc envisager que, dans ces circonstances bien précises uniquement, l'accomplissement d'actes de reproduction et de traduction par ou au nom d'une personne ayant le droit d'utiliser une copie du programme est légitime et conforme aux bons usages, et ne doit donc pas requérir l'autorisation du titulaire du droit d'auteur. L'un des objectifs de cette exception est de permettre l'interconnexion de tous les éléments d'un système informatique, y compris ceux de fabricants différents, afin qu'ils puissent fonctionner ensemble. Une telle exception aux droits exclusifs de l'auteur ne doit pas être appliquée de façon à causer un préjudice aux intérêts légitimes du titulaire du droit ou à porter atteinte à une exploitation normale du programme.

(16) La protection des programmes d'ordinateur par les législations en matière de droit d'auteur ne devrait pas faire obstacle, le cas échéant, à la mise en œuvre d'autres formes de

protection. Toute disposition contractuelle contraire aux dispositions de la présente directive concernant la décompilation ou aux exceptions prévues par la présente directive concernant le fait de faire une copie de sauvegarde, d'observer, d'étudier ou de tester le fonctionnement d'un programme devrait toutefois être nulle et non avenue.

(17) Les dispositions de la présente directive sont sans préjudice de l'application des règles de concurrence en vertu des articles 81 et 82 du traité si un fournisseur occupant une position dominante refuse de mettre à disposition l'information nécessaire pour l'interopérabilité telle que définie dans la présente directive.

(18) Les dispositions de la présente directive ne devraient pas préjuger les dispositions particulières du droit communautaire déjà arrêtées en matière de publication d'interfaces dans le secteur des télécommunications, ni des décisions du Conseil relatives à la normalisation dans le domaine des technologies de l'information et des télécommunications.

(19) La présente directive n'affecte pas les dérogations prévues par les législations nationales, en application de la convention de Berne, sur les points non couverts par la directive.

(20) La présente directive ne devrait pas porter atteinte aux obligations des États membres concernant les délais de transposition en droit national des directives indiqués à l'annexe I, partie B,

Art. 1er *Objet de la protection.* **1. Conformément aux dispositions de la présente directive, les États membres protègent les programmes d'ordinateur par le droit d'auteur en tant qu'œuvres littéraires au sens de la convention de Berne pour la protection des œuvres littéraires et artistiques. Les termes "programme d'ordinateur", aux fins de la présente directive, comprennent le matériel de conception préparatoire.**

2. La protection prévue par la présente directive s'applique à toute forme d'expression d'un programme d'ordinateur. Les idées et principes qui sont à la base de quelque élément que ce soit d'un programme d'ordinateur, y compris ceux qui sont à la base de ses interfaces, ne sont pas protégés par le droit d'auteur en vertu de la présente directive.

3. Un programme d'ordinateur est protégé s'il est original, en ce sens qu'il est la création intellectuelle propre à son auteur. Aucun autre critère ne s'applique pour déterminer s'il peut bénéficier d'une protection.

4. Les dispositions de la présente directive sont également applicables aux programmes d'ordinateur créés avant le 1er janvier 1993, sans préjudice des actes conclus et des droits acquis avant cette date.

1. Fonctionnalité. Les fonctionnalités d'un programme d'ordinateur ne sont pas protégeables. • CJUE 2 mai 2012 : *D. 2012. Pan. 2344, obs. Le Stanc et Tréfigny ; ibid. Pan. 2836, obs. Sirinelli ; RTD com. 2012. 536, obs. Pollaud-Dulian ; RIDA juill. 2012, p. 181, note Sirinelli ; Propr. intell. 2012, n° 45, p. 423, obs. Benabou.*

2. Interface graphique. L'interface utilisateur graphique ne constitue pas une forme d'expression d'un programme d'ordinateur au sens de l'art. 1er et ne peut bénéficier de la protection par le droit d'auteur sur les programmes d'ordinateur en vertu de cette directive. Toutefois, une telle interface peut bénéficier de la protection par le droit d'auteur en tant qu'œuvre, en vertu de la Dir. 2001/29/CE, si elle constitue une création intellectuelle propre à son auteur. • CJUE 22 déc. 2010 : *RTD com. 2011. 333, obs. Pollaud-Dulian ; CCE 2011, n° 42, note Caron ; Propr. intell. 2011, n° 39, p. 205, obs. Benabou ; RIDA janv. 2011, p. 213, note Sirinelli.*

3. Langage de programmation. Le langage de programmation d'un logiciel n'est pas protégeable. • CJUE 2 mai 2012 : *D. 2012. AJ 1186.*

Art. 2 *Qualité d'auteur du programme.* **1. L'auteur d'un programme d'ordinateur est la personne physique ou le groupe de personnes physiques ayant créé le programme, ou, lorsque la législation de l'État membre concerné l'autorise, la personne morale considérée par cette législation comme étant le titulaire du droit.**

Lorsque les œuvres collectives sont reconnues par la législation d'un État membre, la personne considérée par la législation de l'État membre concerné comme ayant créé l'œuvre est réputée en être l'auteur.

2. Lorsqu'un programme d'ordinateur est créé en commun par plusieurs personnes physiques, les droits exclusifs sont détenus en commun par ces personnes.

3. Lorsqu'un programme d'ordinateur est créé par un employé dans l'exercice de ses fonctions ou d'après les instructions de son employeur, seul l'employeur est habilité à exercer tous les droits patrimoniaux afférents au programme d'ordinateur ainsi créé, sauf dispositions contractuelles contraires.

Art. 3 *Bénéficiaires de la protection.* **La protection est accordée à toute personne physique ou morale admise à bénéficier des dispositions de la législation nationale en matière de droit d'auteur applicables aux œuvres littéraires.**

Art. 4 *Actes soumis à restrictions.* **1. Sous réserve des articles 5 et 6, les droits exclusifs du titulaire au sens de l'article 2 comportent le droit de faire ou d'autoriser :**

***a)* la reproduction permanente ou provisoire d'un programme d'ordinateur, en tout ou en partie, par quelque moyen et sous quelque forme que ce soit ; lorsque le chargement, l'affichage, l'exécution, la transmission ou le stockage d'un programme d'ordinateur nécessitent une telle reproduction du programme, ces actes de reproduction sont soumis à l'autorisation du titulaire du droit ;**

***b)* la traduction, l'adaptation, l'arrangement et toute autre transformation d'un programme d'ordinateur et la reproduction du programme en résultant, sans préjudice des droits de la personne qui transforme le programme d'ordinateur ;**

***c)* toute forme de distribution, y compris la location, au public de l'original ou de copies d'un programme d'ordinateur.**

2. La première vente d'une copie d'un programme d'ordinateur dans la Communauté par le titulaire du droit ou avec son consentement épuise le droit de distribution de cette copie dans la Communauté, à l'exception du droit de contrôler des locations ultérieures du programme d'ordinateur ou d'une copie de celui-ci.

Le droit de distribution de la copie d'un programme d'ordinateur est épuisé si le titulaire du droit d'auteur, qui a autorisé, fût-il à titre gratuit, le téléchargement de cette copie sur un support informatique au moyen d'internet, a également conféré, moyennant le paiement d'un prix destiné à lui permettre d'obtenir une rémunération correspondant à la valeur économique de la copie de l'œuvre dont il est propriétaire, un droit d'usage de ladite copie, sans limitation de durée. En cas de revente d'une licence d'utilisation emportant la revente d'une copie d'un programme d'ordinateur téléchargée à partir du site internet du titulaire du droit d'auteur, licence qui avait été initialement octroyée au premier acquéreur par ledit titulaire du droit sans limitation de durée et moyennant le paiement d'un prix destiné à permettre à ce dernier d'obtenir une rémunération correspondant à la valeur économique de ladite copie de son œuvre, le second acquéreur de ladite licence ainsi que tout acquéreur ultérieur de cette dernière pourront se prévaloir de l'épuisement du droit de distribution prévu à l'art. 4, § 2, de cette directive et, partant, pourront être considérés comme des acquéreurs légitimes d'une copie d'un programme d'ordinateur, au sens de l'art. 5, § 1, de ladite directive, et bénéficier du droit de reproduction prévu à cette dernière disposition. • CJUE 3 juill. 2012 : *Dalloz actualité, 16 juill. 2012, obs. Daleau ; D. 2012. AJ 1817, obs. Daleau ; ibid. 2101, Point de vue Huet ; ibid. 2142, note Mendoza-Caminade ; ibid. Pan. 2848, obs. Sirinelli ; RTD com. 2012. 542, obs. Pollaud-Dulian ; RTD eur. 2012. 947, obs. Treppoz ; Propr. intell. 2012, n° 44, p. 333, obs. A. Lucas ; ibid., n° 45, p. 384, obs. Varet ; RIDA juill. 2012, p. 231, note Sirinelli ; ibid. juill. 2016, p. 154, étude Trampuž.* L'art. 4, sous a) et c), et l'art. 5, §§ 1 et 2, de la Dir. 91/250/CEE du Conseil, du 14 mai 1991 [Dir. n° 2009/24 du 23 avr. 2009, art. 4, §§ 1 a) et c), et art. 5], concernant la protection juridique des programmes d'ordinateur, doivent être interprétés en ce sens que, si l'acquéreur initial de la copie d'un programme d'ordinateur accompagnée d'une licence d'utilisation illimitée est en droit de revendre d'occasion cette copie et sa licence à un sous-acquéreur, il ne peut en revanche, lorsque le support physique d'origine de la copie qui lui a été initialement délivrée est endommagé, détruit ou égaré, fournir à ce sous-acquéreur sa copie de sauvegarde de ce programme sans l'autorisation du titulaire du droit. • CJUE 12 oct. 2016, n° C-166/15 : *Dalloz IP/IT 2016. 603, obs. Coulaud ; RTD com. 2016. 741, obs. Pollaud-Dulian ; ibid. 2017. 83, obs. Pollaud-Dulian ; RLDI déc. 2016. 21, note Casanova ; CCE 2016, n° 99, note Caron ; Propr. intell. 2017, n° 62, p. 17, note Bernault ; LEPI déc. 2016. 3, obs. Lebois.*

Art. 5 *Exceptions aux actes soumis à restrictions.* **1. Sauf dispositions contractuelles spécifiques, ne sont pas soumis à l'autorisation du titulaire les actes visés à l'article 4, paragraphe 1, points a) et b), lorsque ces actes sont nécessaires pour permettre à l'acquéreur légitime d'utiliser le programme d'ordinateur d'une manière conforme à sa destination, y compris pour corriger des erreurs.**

2. Une personne ayant le droit d'utiliser le programme d'ordinateur ne peut être empêchée par contrat d'en faire une copie de sauvegarde dans la mesure où celle-ci est nécessaire pour cette utilisation.

3. La personne habilitée à utiliser une copie d'un programme d'ordinateur peut, sans l'autorisation du titulaire du droit, observer, étudier ou tester le fonctionnement de ce programme afin de déterminer les idées et les principes qui sont à la base de n'importe quel élément du programme, lorsqu'elle effectue toute opération de chargement, d'affichage,

d'exécution, de transmission ou de stockage du programme d'ordinateur qu'elle est en droit d'effectuer.

Maintenance évolutive. Sur la qualification d'atteinte au droit de l'auteur du logiciel en cas de réalisation de modifications du programme dans un objectif de maintenance évolutive, V. • Trib. UE 16 déc. 2010 : *RIDA janv. 2011, p. 243, note Sirinelli*. – Décision annulée par la CJUE car le tribunal aurait dû décliner sa compétence et inviter les parties à saisir les juridictions nationales compétentes : • CJUE 18 avr. 2013, n° C-103/11 P.

Art. 6 *Décompilation.* **1. L'autorisation du titulaire des droits n'est pas requise lorsque la reproduction du code ou la traduction de la forme de ce code au sens de l'article 4, paragraphe 1, points *a)* et *b)*, est indispensable pour obtenir les informations nécessaires à l'interopérabilité d'un programme d'ordinateur créé de façon indépendante avec d'autres programmes et sous réserve que les conditions suivantes soient réunies :**

a) ces actes sont accomplis par le licencié ou par une autre personne jouissant du droit d'utiliser une copie d'un programme, ou pour leur compte par une personne habilitée à cette fin ;

b) les informations nécessaires à l'interopérabilité n'ont pas déjà été facilement et rapidement accessibles aux personnes visées au point a) ; et

c) ces actes sont limités aux parties du programme d'origine nécessaires à l'interopérabilité.

2. Les dispositions du paragraphe 1 ne peuvent justifier que les informations obtenues en vertu de son application :

a) soient utilisées à des fins autres que la réalisation de l'interopérabilité du programme d'ordinateur créé de façon indépendante ;

b) soient communiquées à des tiers, sauf si cela s'avère nécessaire à l'interopérabilité du programme d'ordinateur créé de façon indépendante ; ou

c) soient utilisées pour la mise au point, la production ou la commercialisation d'un programme d'ordinateur dont l'expression est fondamentalement similaire ou pour tout autre acte portant atteinte au droit d'auteur.

3. Conformément aux dispositions de la convention de Berne pour la protection des œuvres littéraires et artistiques, le présent article ne peut être interprété de façon à permettre son application d'une manière qui cause un préjudice injustifié aux intérêts légitimes du titulaire du droit ou qui porte atteinte à l'exploitation normale du programme d'ordinateur.

Art. 7 *Mesures spéciales de protection.* **1. Sans préjudice des articles 4, 5 et 6, les États membres prennent, conformément à leurs législations nationales, des mesures appropriées à l'encontre des personnes qui accomplissent l'un des actes suivants :**

a) mettre en circulation une copie d'un programme d'ordinateur en sachant qu'elle est illicite ou en ayant des raisons de le croire ;

b) détenir à des fins commerciales une copie d'un programme d'ordinateur en sachant qu'elle est illicite ou en ayant des raisons de le croire ;

c) mettre en circulation ou détenir à des fins commerciales tout moyen ayant pour seul but de faciliter la suppression non autorisée ou la neutralisation de tout dispositif technique éventuellement mis en place pour protéger un programme d'ordinateur.

2. Toute copie illicite d'un programme d'ordinateur est susceptible de saisie conformément à la législation de l'État membre concerné.

3. Les États membres peuvent prévoir la saisie des moyens visés au paragraphe 1, point c).

Art. 8 *Maintien d'autres dispositions légales.* **Les dispositions de la présente directive n'affectent pas les autres dispositions légales concernant notamment les brevets, les marques, la concurrence déloyale, le secret des affaires, la protection des semi-conducteurs ou le droit des contrats.**

Toute disposition contractuelle contraire à l'article 6 ou aux exceptions prévues à l'article 5, paragraphes 2 et 3, est nulle et non avenue.

Art. 9 *Communication.* **Les États membres communiquent à la Commission le texte des dispositions de droit interne adoptées dans le domaine régi par la présente directive.**

Art. 10 *Abrogation.* **La directive 91/250/CEE, telle que modifiée par la directive visée à l'annexe I, partie A, est abrogée, sans préjudice des obligations des États membres en ce qui concerne les délais de transposition en droit national des directives indiqués à l'annexe I, partie B.**

Les références faites à la directive abrogée s'entendent comme faites à la présente directive et sont à lire selon le tableau de correspondance figurant à l'annexe II.

Art. 11 *Entrée en vigueur.* **La présente directive entre en vigueur le vingtième jour suivant celui de sa publication au** ***Journal officiel*** **de l'Union européenne** *[JOUE L 111 du 5 mai 2009.]*.

Art. 12 *Destinataires.* **Les États membres sont destinataires de la présente directive.**

ANNEXE II

TABLEAU DE CORRESPONDANCE

Directive 91/250/CEE	Présente directive
Article 1er, paragraphes 1, 2 et 3	Article 1er, paragraphes 1, 2 et 3
Article 2, paragraphe 1, première phrase	Article 2, paragraphe 1, premier alinéa
Article 2, paragraphe 1, deuxième phrase	Article 2, paragraphe 1, deuxième alinéa
Article 2, paragraphes 2 et 3	Article 2, paragraphes 2 et 3
Article 3	Article 3
Article 4, mots introductifs	Article 4, paragraphe 1, mots introductifs
Article 4, point a)	Article 4, paragraphe 1, point a)
Article 4, point b)	Article 4, paragraphe 1, point b)
Article 4, point c), première phrase	Article 4, paragraphe 1, point c)
Article 4, point c), deuxième phrase	Article 4, paragraphe 2
Articles 5, 6 et 7	Articles 5, 6 et 7
Article 9, paragraphe 1, première phrase	Article 8, premier alinéa
Article 9, paragraphe 1, deuxième phrase	Article 8, deuxième alinéa
Article 9, paragraphe 2	Article 1er, paragraphe 4
Article 10, paragraphe 1	—
Article 10, paragraphe 2	Article 9
—	Article 10
—	Article 11
Article 11	Article 12
—	Annexe I
—	Annexe II

Droit interne

Décret n° 96-858 du 2 octobre 1996,

Relatif à l'intéressement de certains fonctionnaires et agents de l'État et de ses établissements publics ayant participé directement à la création d'un logiciel, à la création ou à la découverte d'une obtention végétale ou à des travaux valorisés. — V. ce texte, 2e partie, vo Obtentions végétales.

Circulaire CRIM 2007-I/G3-030107 du 3 janvier 2007,

Circulaire de présentation et de commentaire des dispositions pénales de la loi no 2006-961 du 1er août 2006 relative au droit d'auteur et aux droits voisins dans la société de l'information et d'action publique dans le domaine de la lutte contre les atteintes à la propriété intellectuelle au moyen des nouvelles technologies informatiques.

COMMENTAIRE

La circulaire du 3 janvier 2007 adressée aux procureurs généraux et aux magistrats du parquet et du siège, tout en rappelant que les échanges non autorisés de fichiers contenant des œuvres ou des éléments protégés doivent bien s'analyser en des actes de contrefaçon, tente de tracer les axes de ce que pourrait être la répression de pareils actes.

La circulaire propose de distinguer diverses hypothèses de responsabilité qui devraient être appréhendées de manière différente. Elle invite les magistrats à se montrer moins sévères à l'égard des internautes qu'à l'égard de certaines personnes qui fourniraient les moyens des actes de contrefaçon.

Le cas le plus grave et sanctionné le plus sévèrement concerne l'édition ou la distribution de logiciels spécifiques ou utilisés pour la mise à disposition illicite d'œuvres protégées (V. art. L. 335-2-1 CPI). Il s'agit alors de retenir des « peines principales hautement dissuasives ».

S'agissant de la mise à disposition d'œuvres au public par les échanges de pair à pair, la circulaire parle de comportement « gravement répréhensible » qui, en amont de la chaîne de distribution, a pour conséquence de favoriser, en aval, nombre de téléchargements illicites. L'*upload* (forme illicite de représentation ou de communication au public) est donc plus grave que le *download*.

Est considérée comme circonstance aggravante le fait que cette mise à disposition illicite précède la mise à disposition du public officielle en France et ainsi viole le principe de la « chronologie des médias » issu de la loi sur la communication audiovisuelle. Toutefois, la circulaire opère des distinctions en précisant que, lorsqu'un internaute ayant recours à un logiciel de pair à pair met automatiquement (l'activité de *download* passerait par la pratique involontaire mais inévitable de l'*upload*) certains fichiers en partage, il ne devrait pas être sévèrement sanctionné.

S'agissant du « *download* », les sanctions, de nature exclusivement pécuniaires, devraient être fonction de différents facteurs (importance quantitative des téléchargements, récidive, moment où interviennent les actes...).

BIBL. ▶ Bruguière, *Propr. intell. 2007, n° 23, p. 219* (de la modulation des peines selon le garde des Sceaux). – Pollaud-Dulian, *RTD com. 2007. 346* (circulaire du 3 janvier 2007).

La loi n° 2006-961 du 1er août 2006 relative au droit d'auteur et aux droits voisins dans la société de l'information vise à adapter les droits de propriété intellectuelle aux nouveaux enjeux de la révolution numérique.

Elle transpose en droit interne la directive du Parlement européen et du Conseil 2001/29/CE du 22 mai 2001 destinée à favoriser le développement de la société de l'information, auquel contribuent largement les activités de création, tout en assurant un « niveau élevé de protection de la propriété intellectuelle », adapté à l'évolution technologique, et en particulier aux nouvelles formes d'exploitation numérique des données et à leur diffusion par internet.

Le considérant 22 de cette directive résume ainsi l'équilibre recherché : « Une promotion adéquate de la diffusion de la culture ne peut conduire à sacrifier la protection rigoureuse des droits et à tolérer les formes illégales de mise en circulation d'œuvres culturelles contrefaites ou piratées. »

Cette directive définit un régime de base des droits d'auteur et droits voisins, harmonisé au sein de l'Union européenne, concernant la reproduction, la communication, la mise à disposition et la distribution au public des œuvres et objets protégés.

La transposition en droit interne de ce régime a conduit à modifier quelques dispositions du code de la propriété intellectuelle, notamment celles du titre Ier de la loi relatives :

– aux exceptions au droit d'auteur et aux droits voisins (chapitre Ier),

– à la durée de protection de ces derniers (chapitre II),

– à la rémunération de la copie privée (chapitre III),

– aux conditions de mise en œuvre de l'interopérabilité et de l'exception de copie privée pour les objets protégés par des mesures techniques, sous le contrôle d'une Autorité de régulation des mesures techniques instituée à cet effet ou du Conseil supérieur de l'audiovisuel (chapitre IV).

Au-delà de la stricte transposition de la directive du 22 mai 2001, la loi modifie les dispositions relatives :

– au droit d'auteur des agents publics (titre II),

– au contrôle des sociétés de perception et de répartition des droits (titre III),

– au dépôt légal (titre IV).

La présente circulaire se limitera à présenter et commenter les dispositions de nature pénale instaurées ou modifiées par le chapitre IV du titre Ier de la loi du 1er août 2006, relatives au contournement des mesures de protection et à la fourniture des moyens d'échange illicite d'œuvres et d'objets protégés.

Elle donne par ailleurs des orientations de politique pénale en matière d'atteintes au droit d'auteur ou droits voisins dans le cadre de la société de l'information, concernant non seulement les dispositions présentées, mais aussi les pratiques illicites de téléchargement.

I. Le régime applicable aux mesures techniques efficaces de protection et aux informations électroniques déterminant le régime des droits d'auteur ou des droits voisins

A. *Les notions de mesures techniques efficaces et d'informations électroniques protégées*

1. *Les mesures techniques efficaces*

Les mesures techniques efficaces sont définies à l'article 13 de la loi, insérant un nouvel article L. 331-5 dans le code de la propriété intellectuelle (CPI), dans les mêmes termes qu'à l'article 6 § 3 de la directive du 22 mai 2001.

Il s'agit de toute technologie, dispositif ou composant qui, dans le cadre normal de leur fonctionnement, sont destinés à empêcher ou à limiter les utilisations non autorisées d'une œuvre, autre qu'un logiciel *[V. note]*, d'une interprétation, d'un phonogramme, d'un vidéogramme ou d'un programme.

Ces mesures techniques de protection sont réputées efficaces, aux termes de ce même article, lorsque l'utilisation de l'œuvre ou de l'objet protégé est contrôlée par les titulaires de droits grâce à un code d'accès, un procédé de protection tel que le cryptage, le brouillage ou toute autre transformation de l'objet de la protection ou d'un mécanisme de contrôle de la copie qui atteint cet objectif de protection.

Ces mesures sont couramment désignées sous le sigle anglo-saxon DRM (Digital Rights Management). — *Les logiciels sont des œuvres soumises à un régime spécial. La protection de logiciels par une mesure technique ne relève donc pas des dispositions de la loi ici présentées.*

2. *Les informations électroniques protégées*

L'article 18 de la loi insère un nouvel article L. 331-22 dans le CPI qui transpose en termes quasiment identiques l'article 7 § 2 de la directive du 22 mai 2001 définissant l'information sur le régime des droits.

Aux termes de l'article L. 331-22 du CPI, « on entend par information sous forme électronique :

— toute information fournie par un titulaire de droits qui permet d'identifier une œuvre [autre qu'un logiciel], une interprétation, un phonogramme, un vidéogramme, un programme ou un titulaire de droit,

— toute information sur les conditions et modalités d'utilisation d'une œuvre, d'une interprétation, d'un phonogramme, d'un vidéogramme ou d'un programme,

— ainsi que tout numéro ou code représentant tout ou partie de ces informations. »

Ces informations sont protégées dès lors que l'information, les numéros ou codes sont joints à la reproduction ou apparaissent en relation avec la communication au public de l'œuvre, de l'interprétation, du phonogramme, du vidéogramme ou du programme qu'ils concernent.

B. *Le régime de protection de ces dispositifs*

1. *L'articulation des divers régimes de protection*

L'article L. 331-5 du CPI prévoit expressément que les dispositions du chapitre 1er dans lequel il s'inscrit « ne remettent pas en cause la protection juridique résultant des articles 79-1 à 79-6 et de l'article 95 de la loi n° 86-1067 du 30 septembre 1986 relative à la liberté de communication ». Le régime des mesures techniques de protection ne supplante donc pas les sanctions pénales réprimant toute activité de piratage des chaînes cryptées ou à péage.

De même, le régime spécifique à l'utilisation des logiciels prévu à l'article L. 122-6-l s'applique nonobstant les dispositions introduites pour la protection des mesures techniques efficaces. — *L'art. L. 122-6-1 permet par exception, sans autorisation de l'auteur, de reproduire et de modifier un logiciel pour les stricts besoins de son utilisation par une personne autorisée à l'utiliser et dans le respect de la destination dudit logiciel. De même qu'il permet sous certaines conditions d'étudier les principes de fonctionnement d'un logiciel et d'en reproduire ou traduire le code pour assurer son interopérabilité avec d'autres logiciels.*

2. *Le rôle de l'Autorité de régulation des mesures techniques*

Les mesures techniques de protection tendent par essence à limiter certains usages non autorisés des œuvres et objets protégés par des droits voisins. La protection accordée à ces dispositifs anti-copies doit donc être conciliée avec les besoins d'interopérabilité et les exceptions, telles que la copie privée, également reconnus par la loi aux personnes disposant d'un accès licite à l'œuvre ou à l'objet protégé *[V. note]*.

C'est à cette fin qu'une nouvelle autorité administrative indépendante, l'Autorité de régulation des mesures techniques, a été créée (articles L. 331-17 et suivants du CPI).

Elle est, de manière générale, chargée de veiller à ce que les mesures techniques efficaces de protection :

— n'engendrent pas des restrictions dans l'utilisation des œuvres, liées à l'incompatibilité ou au défaut d'interopérabilité des systèmes, qui excèdent les objectifs de protection recherchés par les titulaires de droits au travers de ces dispositifs (articles L. 331-6 et L. 331-7 du CPI).

L'Autorité de régulation cherche à concilier les demandes d'interopérabilité des éditeurs de logiciels, fabricants de systèmes et exploitants de services avec les besoins de protection des titulaires de droits. A défaut de parvenir à une solution conciliée, elle peut faire injonction, au besoin sous astreinte, de fournir au demandeur les informations nécessaires à l'interopérabilité et fixer en contrepartie les engagements attendus du demandeur pour garantir d'une part l'efficacité et l'intégrité de la mesure technique, d'autre part les conditions d'accès et d'usage du contenu protégé.

— n'aient pas pour effet de priver les bénéficiaires de certaines exceptions de leur exercice effectif (copie privée, exception pédagogique, exception de conservation pour les bibliothèques et exception en faveur des personnes handicapées).

Dans le respect des modalités d'exercice de ces exceptions déterminées par la loi, l'autorité fixe le nombre minimum de copies autorisées « en fonction du type d'œuvre ou d'objet protégé, des divers modes de communication au public et des possibilités offertes par les techniques de protection disponibles » (article L. 331-8 du CPI).

Ainsi, le bénéfice effectif de ces exceptions relève des compétences de l'Autorité et ne justifie en rien une pratique de contournement d'une mesure technique de protection, qui reste prohibée dans tous les cas.

L'autorité compétente en matière de copie privée des programmes télédiffusés est le CSA (article L. 331-11 du CPI).

Une information des utilisateurs quant aux conditions d'accès à la lecture et aux restrictions possibles de la copie privée engendrées par les dispositifs de protection est prévue (article L. 331-12 du CPI).

Les bénéficiaires des exceptions concernées ou les personnes morales agréées qui les représentent peuvent saisir l'Autorité de régulation aux fins de conciliation dans le respect des droits des parties *[V. note]*. Comme en matière d'interopérabilité, à défaut de parvenir à une solution conciliée, l'autorité peut faire injonction, au besoin sous astreinte, de prendre les mesures propres à assurer le bénéfice effectif de l'exception au demandeur (articles L. 331-13 à L. 331-15 du CPI).

Les dispositions relatives à l'Autorité de régulation des mesures techniques nécessitent toutefois l'adoption de dispositions réglementaires d'application pour entrer en vigueur. — *A cet égard, il peut être relevé que le Conseil constitutionnel, dans le considérant 31 de sa Décis. n° 2006-540 DC du 27 juill. 2006 relative la loi présentée par la présente circulaire, conditionnait la constitutionnalité des dispositions de conciliation entre droit d'auteur et droits voisins d'une part, et objectif d'interopérabilité et exercice effectif de l'exception pour copie privée d'autre part, au strict respect des prérogatives des auteurs et titulaires de droits protégées par l'objectif général et les dispositions inconditionnelles de la directive du 22 mai 2001. Une réserve d'interprétation est posée à cette fin au considérant 37 de la décision du Conseil constitutionnel pour que les titulaires de droits ne puissent être empêchés de limiter le bénéfice de l'exception de copie à un exemplaire unique, voire d'empêcher toute copie qui ne répond pas à la nécessité d'une exploitation normale de l'œuvre ou qui causerait un préjudice injustifié à leurs intérêts légitimes (référence au test en 3 étapes).*

Sur la constitutionnalité de la saisine limitée de l'Autorité de régulation, V. le considérant 44 de la décision précitée du Conseil constitutionnel du 27 juill. 2006.

3. *La protection pénale des dispositifs de protection*

3.1. *Les saisies des moyens de contournement des mesures techniques de protection et dispositifs d'information sur le régime des droits*

La saisie-contrefaçon

L'article 19 de la loi étend la saisie-contrefaçon prévue à l'article L. 332-1 du CPI à « tout exemplaire, produit, appareil, dispositif, composant ou moyen portant atteinte aux mesures techniques et aux informations mentionnées respectivement aux articles L. 331-5 et L. 331-22 ».

De même, sont étendus les pouvoirs du président du TGI de suspension de fabrication, de saisie de ces mêmes produits, des moyens de contournement et de saisie des recettes provenant des atteintes aux mesures de protection.

La saisie de police judiciaire

Dans le même esprit que l'article précédent, l'article 20 de la loi étend aux infractions de contournement des mesures techniques le pouvoir des OPJ de procéder à la saisie « de tout exemplaire, produit, appareil, dispositif, composant ou moyen portant atteinte aux mesures techniques et aux informations mentionnées respectivement aux articles L. 331-5 et L. 331-22 ainsi qu'à la saisie des matériels spécialement installés en vue de tels agissements. » (article L. 335-l du CPI).

3.2. *Les nouvelles infractions de contournement des mesures de protection*

3.2.1. Les délits

L'article 8 de la directive du 22 mai 2001 prévoyant des sanctions « efficaces, proportionnées et dissuasives » contre les atteintes aux droits et obligations qu'elle régit, des peines délictuelles ont été prévues aux nouveaux articles du code de la propriété intellectuelle (articles 22, 23 et 29 de la loi) L. 335-3-1 et L. 335-3-2 pour les droits d'auteur, L. 335-4-1 et L. 335-4-2 pour les droits voisins, L. 342-3-1 et L. 342-3-2 pour les bases de données *[V. note]*, afin de réprimer :

1°/ Toute importation, fabrication ou activité de diffusion ou de promotion en faveur de procédés technologiques conçus ou spécialement adaptés pour porter atteinte à une mesure technique de protection ou à un dispositif d'information sur le régime des droits (six mois d'emprisonnement et 30 000 euros d'amende — L. 335-3-1 II et L. 335-3-2 II pour les droits d'auteur / L. 335-4-1 II et L. 335-4-2 II pour les droits voisins / L. 342-3-1 et L. 342-3-2 pour les bases de données) ;

2°/ Toute importation ou distribution d'œuvres dont un élément d'information relatif au régime des droits a été supprimé ou modifié dans le but de porter atteinte à un droit d'auteur ou à un droit voisin, de dissimuler ou de faciliter une telle atteinte (même peine — L. 335-3-2 III pour les droits d'auteur / L. 335-4-2 III pour les droits voisins / L. 342-3-2 pour les bases de données) ;

3°/ L'atteinte portée aux mesures techniques de protection ou aux dispositifs d'information sur le régime des droits, par une intervention personnelle réalisée autrement que par l'usage de moyens déjà existants conçus ou spécialement adaptés à cette fin (amende de 3 750 euros — L. 335-3-1 I et L. 335-3-2 I pour les droits d'auteur / L. 335-4-1 I et L. 335-4-2 I pour les droits voisins / L. 342-3-l et L. 342-3-2 pour les bases de données).

Le quantum des peines encourues est doublé, conformément à l'article L. 335-9 modifié du CPI, si le prévenu est ou a été lié par convention avec la partie lésée. — *Définie à l'art. L. 112-3 al. 2 CPI comme « un recueil d'œuvres, de données ou d'autres éléments indépendants, disposés de manière systématique ou méthodique, et individuellement accessibles par des moyens électroniques ou par tout autre moyen ».*

3.2.2. Les contraventions

Le décret n° 2006-1763 du 23 décembre 2006 relatif à la répression pénale de certaines atteintes portées au droit d'auteur et aux droits voisins, complète la dernière de ces dispositions (3° ci-dessus) par des sanctions contraventionnelles visant les détenteurs et utilisateurs de moyens existants conçus ou spécialement adaptés pour porter atteinte à une mesure technique efficace ou à un dispositif d'information sur le régime des droits.

Une distinction est donc faite au niveau de la répression entre le « hacker » fracturant lui-même un dispositif de protection de l'œuvre, qui commet le délit visé au 3°/ ci-dessus, et le détenteur ainsi que l'utilisateur de dispositifs conçus aux mêmes fins, qui commet une contravention de la quatrième classe.

L'article 1er du décret instaure dans la partie réglementaire du code de la propriété intellectuelle consacrée aux dispositions pénales, deux nouveaux articles R. 335-3 et R. 335-4 qui punissent d'une amende de la quatrième classe :

Pour l'article R. 335-3 :

— d'une part, la détention et l'utilisation de moyens de contournement des mesures techniques de protection des œuvres et objets couverts par des droits voisins ou des bases de données.

— d'autre part, le fait de recourir à des services destinés à réaliser ce même contournement.

— Pour l'article R. 335-4, les mêmes faits lorsqu'ils sont destinés à porter atteinte aux dispositifs dinformation sur le régime des droits.

3.3. *Les peines complémentaires applicables*

L'article 26 de la loi étend par coordination, et dans le prolongement de l'extension d'une partie du régime de la contrefaçon aux violations des dispositifs de protection, les peines complémentaires suivantes aux délits de contournements :

– La fermeture de l'établissement ayant servi à commettre l'infraction (L. 335-5 du CPI) ;

– La confiscation des recettes procurées par les infractions et l'affichage du jugement de condamnation ou sa publication dans la presse ou sur les services de communication au public en ligne (L. 335-6 du même code) ;

– La remise à la victime ou à ses ayants-droit du matériel et des objets saisis, des recettes confisquées pour les indemniser (L. 335-7 du même code) ;

– Pour les personnes morales : toutes les peines prévues à l'article 131-39 du code pénal (L. 335-8 du même code) ;

3.4. *Les exceptions*

Pour la plupart des infractions délictuelles ou contraventionnelles, des exceptions valant excuses légales sont expressément prévues afin que l'interdiction du contournement n'entrave pas la recherche ou les actes réalisés à des fins de sécurité informatique.

Ces dérogations doivent cependant être lues à la lumière des réserves d'interprétation exprimées par le Conseil constitutionnel au considérant 62 de sa décision n° 2006-540 DC du 27 juillet 2006.

De manière générale, il convient de rappeler que les auteurs et autres titulaires de droits détiennent en principe une exclusivité sur leurs œuvres et productions. Dans un souci de proportionnalité de la protection juridique accordée aux titulaires de droits, des exceptions à cette exclusivité peuvent être apportées, à condition d'être encadrées et limitées.

Cette exigence résulte de plusieurs dispositions conventionnelles ou de droit communautaire et se trouve traduite dans la triple condition (dit « test en trois étapes ») reprise à l'article 5 5. de la directive du 22 mai 2001 pour limiter les exceptions à « certains cas spéciaux qui ne portent pas atteinte à l'exploitation normale de l'œuvre ou autre objet protégé ni ne causent un préjudice injustifié aux intérêts légitimes du titulaire du droit. ». Une formule semblable figurait déjà à l'article L. 122-6 V s'agissant des exceptions aux droits des auteurs de logiciels et a été reprise aux articles L. 122-5, L. 211-3 et L. 342-3 du CPI prévoyant respectivement des exceptions prévues pour les droits d'auteur, droits voisins et droits des producteurs de bases de données.

A l'inverse, l'effectivité du bénéfice de ces exceptions est assurée par la loi. Il est ainsi prévu (articles L. 331-S et L. 342-3 du CPI) que les mesures techniques de protection ne peuvent faire obstacle :

– au libre usage de l'œuvre ou de l'objet protégé dans les limites des droits légaux ou conventionnels ;

– à l' interopérabilité ;

– et plus largement au bénéfice effectif des exceptions garanties aux articles L. 331-8 et suivants, au nombre desquelles figure la copie privée, sous le contrôle de l'Autorité de régulation des mesures techniques.

1. Le Conseil constitutionnel y précise que l'exception de recherche « doit s'entendre de la recherche scientifique en cryptographie et à condition qu'elle ne tende pas à porter préjudice aux titulaires de droits ». C'est une référence directe au considérant 48 de la directive 2001/29/CE du 22 mai 2001 et au principe d'exceptions limitatives répondant aux exigences du test en 3 étapes. Cette restriction d'interprétation est reprise expressément dans le décret n° 2006-1763 du 23 décembre 2006. Il convient à cet égard de rappeler que le Conseil constitutionnel déclarait contraire à la Constitution une autre exception prévue par la loi, concernant l'« interopérabilité », qui devait être regardée comme contraire au principe de légalité des délits et des peines.

2. Cf. article 9 § 2 modifié de la Convention de Berne de 1886 sur la protection des œuvres littéraires et artistiques, article 13 de l'annexe 1 C de l'accord ADPIC de Marrakech du 15 avril 1994 pour tous les droits patrimoniaux, articles 10 et 16 des deux traités OMPI du 20 décembre 1996 sur le droit d'auteur et les droits voisins. Des dispositions du même ordre ont été introduites dans la législation communautaire, à l'article 6 § 3 de la directive 91/250/CEE du Conseil du 14 mai 1991 relative à la protection juridique des programmes d'ordinateurs, à l'article 6 § 3 de la directive 96/9/CE du Parlement européen et du Conseil du 11 mars 1996 relative à la protection juridique des bases de données, à l'article 5 § 5 de la directive 2001/29/CE du Parlement européen et du Conseil du 22 mai 2001 sur l'harmonisation de certains aspects du droit d'auteur et des droits voisins dans la société de l'information.

II. La politique pénale de protection du droit d'auteur et des droits voisins dans la société de l'information

Les nouvelles technologies d'échange via internet pouvant servir de vecteur à la contrefaçon ont fait l'objet de longs débats au Parlement.

Parmi elles, les réseaux de « pair à pair » (dits aussi « poste à poste » ou « peer to peer ») ont tout particulièrement retenu l'attention, en raison de leur forte notoriété et de l'usage massif qui en est fait actuellement. Cependant, d'autres systèmes comme les serveurs de nouvelles (serveurs de « news » ou réseau « usenet ») ou de partage se développent. Ces systèmes permettent un accès très rapide à l' œuvre convoitée, allant jusqu'à rendre possible un visionnage immédiat sans téléchargement préalable. Pour une meilleure compréhension de ce qui suit, des schémas présentant le fonctionnement de ces réseaux figurent en annexes 2 et 3 de la présente circulaire.

Trois niveaux de responsabilités peuvent être distingués selon la portée de l'action incriminée et la gravité de l'atteinte aux droits protégés qui en résulte : l'offre de moyens de mise à disposition du public illicite, la mise à disposition du public prohibée et l'usage de cette mise à disposition par le téléchargement. La fermeté de la répression exercée à leur encontre mérite en conséquence d'être graduée à due proportion.

A. *Les moyens d'échange illicites*

1. *Les logiciels dédiés ou utilisés pour la mise à disposition illicite d'œuvres ou objets protégés*

La loi a créé des mesures nouvelles à l'encontre des logiciels dédiés ou utilisés pour la mise à disposition illicite d'œuvres ou objets protégés.

L'article 21 de la loi introduit dans le CPI un nouvel article L. 335-2-1, qui punit « de trois ans d'emprisonnement et de 300 000 euros d'amende le fait :

« 1° D'éditer, de mettre à la disposition du public ou de communiquer au public, sciemment et sous quelque forme que ce soit, un logiciel manifestement destiné à la mise à disposition du public non autorisée d'œuvres ou d'objets protégés ;

2° D'inciter sciemment, y compris à travers une annonce publicitaire, à l'usage d'un logiciel mentionné au 1°. »

Cette disposition résulte d'amendements parlementaires, qui visaient spécifiquement à responsabiliser les éditeurs de logiciels de pair à pair afin que les internautes ne soient pas exclusivement visés par la répression de la contrefaçon.

Ces incriminations sont entrées en vigueur en même temps que la loi, de sorte qu'elles sont immédiatement applicables aux logiciels déjà disponibles qui seraient maintenus à la disposition du public, de même que pour la publicité qui en serait faite, postérieurement au 4 août 2006.

Il peut être relevé que le dernier alinéa de cet article, qui excluait de l'incrimination « les logiciels destinés au travail collaboratif, à la recherche ou à l'échange de fichiers ou d'objets non soumis à la rémunération du droit d'auteur » a été jugé « ni utile à la délimitation du champ de l'infraction [...] ni exhaustif » par le Conseil constitutionnel qui l'a donc déclaré contraire à la Constitution (voir considérant 57 de la décision n° 2006-540 DC du 27 juillet 2006).

Il va de soi que l'éditeur ou le distributeur d'un logiciel d'échanges de données ou de fichiers qui n'est pas conçu ou spécialement configuré pour permettre de l'échange de fichiers contenant des œuvres contrefaites ne saurait tomber sous le coup de l'incrimination de l'article L. 335-2-1 du CPI.

A l'inverse, ceux qui éditent ou distribuent des logiciels manifestement destinés à porter atteinte aux droits d'auteur ou droits voisins ou en font la publicité doivent faire l'objet de poursuites déterminées afin de tarir à la source les réseaux d'échanges illégaux. L'initiative des titulaires de droits tendant à lutter contre ces logiciels sera relayée par le ministère public chaque fois que l'infraction paraît caractérisée.

A cette fin, les parquets requerront des peines principales hautement dissuasives, ainsi que *des peines complémentaires adaptées, telles que :*

— la confiscation des recettes procurées par les infractions, qui seront remises à la victime pour l'indemniser (L. 335-7 du CPI / L. 335-8 du même code et 131-39 8° du code pénal pour les personnes morales) ;

— l'affichage du jugement de condamnation ou sa publication dans la presse ou sur les services de communication au public en ligne, en particulier pour les annonceurs (L. 335-6 du même code / L. 335-8 du même code et 131-39 8° du code pénal pour les personnes morales) ;

– au besoin, la fermeture de l'établissement ayant servi à commettre l'infraction (L. 335-5 du même code / L. 335-8 du même code et 131-39 4° du code pénal pour les personnes morales), lorsque son activité principale est de fournir des logiciels à des fins prohibées ;

– voire l'interdiction d'exercer l'activité d'édition ou de distribution de logiciels (131-39 2° du code pénal pour les personnes morales).

Enfin, il est utile de rappeler que lorsqu'un logiciel n'est pas manifestement destiné à la mise à disposition du public non autorisée d'œuvres ou d'objets protégés, mais est néanmoins « principalement utilisé pour la mise à disposition illicite d'œuvres ou d'objets protégés par un droit de propriété littéraire et artistique », le président du tribunal de grande instance statuant en référé peut ordonner sous astreinte toutes mesures nécessaires à la protection du droit menacé (article L. 336-1 nouveau du CPI). Une saisie-description effectuée par un commissaire de police saisi par tout titulaire de droits, ainsi qu'une saisie-contrefaçon par ordonnance sur requête du président du tribunal de grande instance sont également possibles à l'égard de ce type de logiciel (article L. 332-4 auquel renvoie l'article L. 336-1 du CPI).

1. Amendement n° 150 déposé par MM. Mariani et Vanneste, sous-amendements n°s 363, 364, 398 et 399 (Assemblée nationale, 2e séance du 15 mars 2006).

2. En application de l'article 1er du code civil, la loi ayant été publiée au Journal officiel le 3 août 2006.

2. *La mise à disposition du public (« uploading »)*

La mise à disposition de fichiers via internet constitue une forme de représentation ou de communication au public (article L. 122-5 du CPI). Or, ces actes accomplis par un procédé quelconque sans le consentement de l'auteur sont illicites (article L. 122-4 du CPI).

L'article L. 335-3 du code de propriété intellectuelle est en conséquence applicable puisque :

« Est également un délit de contrefaçon toute reproduction, représentation ou diffusion, par quelque moyen que ce soit, d'une œuvre de l'esprit en violation des droits de l'auteur, tels qu'ils sont définis et réglementés par la loi.

« Est également un délit de contrefaçon la violation de l'un des droits de l'auteur d'un logiciel définis à l'article L. 122-6. »

Pour les droits voisins, l'article L. 335-4 du code de la propriété intellectuelle dispose : « Est punie de trois ans d'emprisonnement et de 300 000 euros d'amende toute fixation, reproduction, communication ou mise à disposition du public, à titre onéreux ou gratuit, ou toute télédiffusion d'une prestation, d'un phonogramme, d'un vidéogramme ou d'un programme, réalisée sans l'autorisation, lorsqu'elle est exigée, de l'artiste-interprète, du producteur de phonogrammes ou de vidéogrammes ou de l'entreprise de communication audiovisuelle. »

Appliquée au domaine de l'internet, la mise à disposition d'œuvres ou d'objets protégés est d'autant plus gravement répréhensible qu'elle se situe en amont de la chaîne de diffusion et qu'elle est susceptible de permettre en aval un grand nombre de téléchargements illicites. Une gradation peut ainsi être retenue en distinguant, par ordre décroissant de gravité, les comportements suivants :

* Les toutes premières mises à disposition en violation des droits sur l'œuvre ou l'objet protégé, en particulier lorsque celles-ci sont effectuées avant toute mise à disposition du public officielle.

Il en va ainsi, par exemple, de la mise à disposition illicite de nouvelles œuvres cinématographiques réalisée avant leur diffusion au public dans les salles de projection nationales ou avant leur mise à disposition sous forme de vidéogrammes destinés à l'usage privé du public (vidéocassettes ou DVD), cette divulgation illégale violant de surcroît les principes de la chronologie des média.

* Les mises à disposition du public illicites réalisées après une mise à disposition du public officielle et licite de l'œuvre de l'esprit, du logiciel, de l'interprétation, du vidéogramme, du phonogramme, du programme.

Ces diffusions prohibées sont d'autant plus préjudiciables qu'elles interviennent rapidement après la sortie commerciale de l'œuvre ou de l'objet protégé et concurrencent en conséquence leur vente normale.

* La participation délibérée à la diffusion illicite de l'œuvre dont la divulgation régulière ou la distribution commerciale ne sont pas récentes.

Le caractère déjà massif des mises à disposition illicites peut alors être pris en considération pour apprécier à son juste niveau la gravité des actes effectués qui contribuent à ce phénomène.

N'entre pas dans cette catégorie l'internaute qui télécharge en violation d'un droit d'auteur ou de droits voisins et, ce faisant, effectue une mise à disposition accessoire au téléchargement : c'est notamment le cas lorsqu'il utilise un logiciel de pair à pair en ayant opté pour une mise en partage automatique des fichiers téléchargés les rendant ainsi disponibles pour les autres utilisateurs du logiciel de pair à pair.

La gradation ainsi établie par degré de gravité des types de mises à disposition à réprimer devra logiquement se retrouver dans les modalités de poursuite retenues par les parquets et dans la nature et le niveau des peines requises pour chacun d'eux.

L'art. 89 de la L. n° 82-652 du 29 juill. 1982 sur la communication audiovisuelle prévoit qu'aucune œuvre cinématographique exploitée dans les salles de spectacles cinématographiques ne peut faire l'objet d'une exploitation simultanée sous forme de supports destinés à la vente ou à la location pour l'usage privé ou public (vidéocassettes, DVD), avant un délai compris entre six et dix-huit mois. Ce délai est fixé par le ministre de la culture, dans la pratique il est en général fixé à six mois (par défaut un an). — Cet art. a été abrogé par l'art. 23 de la L. n° 2009-669 du 12 juin 2009. Le Décr. n° 83-4 du 4 janv. 1983 mod. portant application des dispositions de l'art. 89 de la L. n° 82-652 est également abrogé (Décr. n° 2014-794 du 9 juill. 2014, art. 5).

B. *Le téléchargement (« downloading ») illicite*

A titre préventif, les fournisseurs d'accès à internet devront, à leurs frais, adresser à leurs clients des messages de sensibilisation aux dangers pour la création artistique du téléchargement et de la mise à disposition illicites. Les modalités d'application de ce nouvel article L. 336-2 du code de la propriété intellectuelle devront être déterminées par décret en Conseil d'État.

En dépit de ces avertissements et de toutes les informations amplement relayées par les média (spécialisés ou non) afin d'en rappeler les enjeux économiques pour les titulaires de droits et pénaux pour les internautes, le téléchargement illicite qui serait néanmoins effectué tombe sous le coup de la loi pénale au titre de la contrefaçon.

Les personnes qui profitent des œuvres ou objets protégés mis illégalement à leur disposition sur les réseaux d'échange méritent en effet de relever de sanctions pénales. Le téléchargement constitue une reproduction de l'œuvre au sens de l'article L. 122-3 du code de la propriété intellectuelle. A défaut d'être autorisé, il constitue donc une contrefaçon passible des mêmes peines que celles rappelées s'agissant de la mise à disposition du public.

Toutefois, les auteurs de téléchargements se situent indiscutablement à un niveau moindre de responsabilité que ceux qui, à la source, permettent à ces faits de se réaliser comme indiqué dans la sous-partie précédente. Ils profitent et même alimentent un système prohibé d'échange sans être à l'origine de celui-ci. L'acte de téléchargement est assimilable à un acte de consommation illicite permis par des fournisseurs (éditeurs de logiciels ou auteurs de mises à disposition) qui leur offrent cette opportunité délictueuse et qui se situent donc à un niveau de responsabilité supérieure.

Dans l'ordre des responsabilités pénales exposé précédemment, il conviendra en conséquence de regarder l'internaute auteur de téléchargements sans mise à disposition accessoire comme étant situé en dernière position.

Des peines de nature exclusivement pécuniaire apparaissent parfaitement adaptées et proportionnées à la répression de ce type de faits, qui sont essentiellement motivés par un souci d'économie (éviter l'achat du CD, DVD, CD-Rom de jeux ...). L'amende délictuelle pourra être modulée selon les critères aggravants suivants, qui déterminent un niveau d'amende et des modalités de poursuites graduellement plus rigoureux :

— L'auteur du téléchargement est en récidive.

— Les téléchargements portent sur un nombre ou un volume élevé d'œuvres ou d'objets protégés au regard de la période durant laquelle ils ont été effectués.

— Les téléchargements sont réalisés avant la mise à disposition commerciale des œuvres, notamment pour ce qui concerne les films, avant leur diffusion en salle ou leur mise à disposition du public sous forme de vidéogrammes (vidéocassettes, DVD).

— Les téléchargements volumineux ont été accompagnés d'une mise à disposition automatique et accessoire au téléchargement par un logiciel d'échange de pair à pair *[1.]*, qui a contribué à élargir la diffusion illicite des œuvres.

Les autres téléchargements justifient une répression moins sévère.

Il convient de souligner qu'en matière de téléchargement d'œuvres proposées illégalement sur internet, l'exception de copie privée n'a pas vocation à être retenue.

Les exceptions aux droit d'auteur ou droits voisins permettant la copie privée, respectivement prévues aux articles L. 122-5 2°, L. 211-3 2° du CPI, ne permettent en effet qu'un usage privé de la reproduction effectuée, de sorte que toute copie faite par ou pour autrui cesse d'être justifiée par cette exception légale et porte atteinte au monopole accordé à l'auteur ou au titulaire de droits voisins *[2.]*.

Par ailleurs, ainsi que cela était rappelé précédemment (I 3.4), l'interprétation des exceptions est restrictive et leur énonciation dans le code de la propriété intellectuelle a été complétée en précisant que ces exceptions « ne peuvent porter atteinte à l'exploitation normale de l'œuvre ni causer un préjudice injustifié aux intérêts légitimes » des titulaires de droits.

Deux arrêts importants rendus au printemps dernier par deux formations distinctes de la Cour de cassation valent à cet égard d'être rappelés :

– La première chambre civile de la Cour de cassation dans un arrêt du 28 février 2006 cassait l'arrêt faisant droit aux prétentions d'un demandeur tendant à voir interdire le dispositif anti-copies du DVD du film Mulholland Drive et à être indemnisé du préjudice en découlant *[3.]*, au motif que « l'atteinte à l'exploitation normale de l'œuvre, propre à faire écarter l'exception de copie privée s'apprécie au regard des risques inhérents à l'environnement numérique quant à la sauvegarde des droits d'auteur et de l'importance économique que l'exploitation de l'œuvre, sous forme de DVD, représente pour l'amortissement des coûts de production cinématographique ».

La chambre criminelle dans un arrêt du 30 mai 2006 cassait un arrêt confirmant la relaxe d'un internaute poursuivi du chef de contrefaçon pour avoir gravé sur cédéroms des œuvres cinématographiques après les avoir, soit téléchargées sur internet, soit copiées sur d'autres cédéroms prêtés par des amis, au motif que « la cour d'appel ne s'est pas expliquée sur les circonstances dans lesquelles les œuvres avaient été mises à disposition du prévenu. En outre, elle n'a pas répondu aux conclusions des parties civiles qui faisaient valoir que l'exception de copie privée prévue par l'article L. 122-5 2° du code de la propriété intellectuelle, en ce qu'elle constitue une dérogation au monopole de l'auteur sur son œuvre, suppose, pour pouvoir être retenue, que sa source soit licite et nécessairement exempte de toute atteinte aux prérogatives des titulaires de droits sur l'œuvre concernée. »

1. En effet, comme il est précisé en annexe 2, la plupart des logiciels de pair à pair offre aujourd'hui une option aux utilisateurs pour accepter ou refuser de partager les fichiers qu'ils téléchargent. L'option positive apportant évidemment des avantages techniques.

2. Un raisonnement analogue pourrait être suivi s'agissant de la copie de logiciel ou l'extraction de bases de données permises restrictivement par les articles L. 122-6-1 et L. 342-3 du CPI.

3. La cour d'appel retenait qu'« en l'absence de dévoiement répréhensible, dont la preuve n'est pas en l'espèce rapportée, une copie à usage privé n'est pas de nature à porter atteinte à l'exploitation normale de l'œuvre sous forme DVD ».

III DROITS VOISINS

Droit international

Convention internationale sur la protection des artistes-interprètes ou exécutants, des producteurs de phonogrammes et des organismes de radiodiffusion,

Faite à Rome le 26 octobre 1961. — Publiée par Décr. n° 88-234 du 9 mars 1988 (JO 15 mars). — Entrée en vigueur le 3 juillet 1987.

Art. 1er La protection prévue par la présente Convention laisse intacte et n'affecte en aucune façon la protection du droit d'auteur sur les œuvres littéraires et artistiques. En conséquence, aucune disposition de la présente Convention ne pourra être interprétée comme portant atteinte à cette protection.

Art. 2 1. Aux fins de la présente Convention, on entend, par traitement national, le traitement que l'État contractant sur le territoire duquel la protection est demandée accorde, en vertu de sa législation nationale :

a) Aux artistes-interprètes ou exécutants, qui sont ses ressortissants, pour les exécutions qui ont lieu, sont fixées pour la première fois, ou sont radiodiffusées, sur son territoire ;

b) Aux producteurs de phonogrammes qui sont ses ressortissants, pour les phonogrammes qui sont, pour la première fois, publiés ou fixés sur son territoire ;

c) Aux organismes de radiodiffusion ayant leur siège social sur son territoire, pour les émissions radiodiffusées par des émetteurs situés sur ce territoire.

2. Le traitement national sera accordé, compte tenu de la protection expressément garantie et des limitations expressément prévues dans la présente Convention.

Art. 3 Aux fins de la présente Convention, on entend par :

a) « Artistes-interprètes ou exécutants », les acteurs, chanteurs, musiciens, danseurs et autres personnes qui représentent, chantent, récitent, déclament, jouent ou exécutent de toute autre manière des œuvres littéraires ou artistiques ;

b) « Phonogramme », toute fixation exclusivement sonore des sons provenant d'une exécution ou d'autres sons ;

c) « Producteur de phonogrammes », la personne physique ou morale qui, la première, fixe les sons provenant d'une exécution ou d'autres sons ;

d) « Publication », la mise à la disposition du public d'exemplaires d'un phonogramme en quantité suffisante ;

e) « Reproduction », la réalisation d'un exemplaire ou de plusieurs exemplaires d'une fixation ;

f) « Émission de radiodiffusion », la diffusion de sons ou d'images et de sons par le moyen des ondes radioélectriques, aux fins de réception par le public ;

g) « Réémission », l'émission simultanée par un organisme de radiodiffusion d'une émission d'un autre organisme de radiodiffusion.

Art. 4 Chaque État contractant accordera le traitement national aux artistes interprètes ou exécutants toutes les fois que l'une des conditions suivantes se trouvera remplie :

a) L'exécution a lieu dans un autre État contractant ;

b) L'exécution est enregistrée sur un phonogramme protégé en vertu de l'article 5 ci-dessous ;

c) L'exécution non fixée sur phonogramme est diffusée par une émission protégée en vertu de l'article 6.

Art. 5 1. Chaque État contractant accordera le traitement national aux producteurs de phonogrammes toutes les fois que l'une des conditions suivantes se trouvera remplie :

a) Le producteur de phonogrammes est le ressortissant d'un autre État contractant (critère de la nationalité) ;

b) La première fixation du son a été réalisée dans un autre État contractant (critère de la fixation) ;

c) Le phonogramme a été publié pour la première fois dans un autre État contractant (critère de la publication).

2. Lorsque la première publication a eu lieu dans un État non contractant mais que le phonogramme a également été publié, dans les trente jours suivant la première publication, dans un État contractant (publication simultanée), ce phonogramme sera considéré comme ayant été publié pour la première fois dans l'État contractant.

3. Tout État contractant peut, par une notification déposée auprès du Secrétaire général de l'Organisation des Nations Unies, déclarer qu'il n'appliquera pas, soit le critère de la publication, soit le critère de la fixation. Cette notification peut être déposée au moment de la ratification, de l'acceptation ou de l'adhésion, ou à tout autre moment ; dans ce dernier cas, elle ne prendra effet que six mois après son dépôt. — *La France a déclaré écarter le critère de la première publication au profit du critère de la première fixation.*

Art. 6 1. Chaque État contractant accordera le traitement national aux organismes de radiodiffusion toutes les fois que l'une des conditions suivantes se trouvera remplie :

a) Le siège social de l'organisme de radiodiffusion est situé dans un autre État contractant ;

b) L'émission a été diffusée par un émetteur situé sur le territoire d'un autre État contractant.

2. Tout État contractant peut, par une notification déposée auprès du Secrétaire général de l'Organisation des Nations Unies, déclarer qu'il n'accordera de protection à des émissions que si le siège social de l'organisme de radiodiffusion est situé dans un autre État contractant et si l'émission a été diffusée par un émetteur situé sur le territoire du même État contractant. Cette notification peut être faite au moment de la ratification, de l'acceptation ou de l'adhésion, ou à tout autre moment ; dans ce dernier cas, elle ne prendra effet que six mois après son dépôt.

Art. 7 1. La protection prévue par la présente Convention en faveur des artistes interprètes ou exécutants devra permettre de mettre obstacle :

a) A la radiodiffusion et à la communication au public de leur exécution sans leur consentement, sauf lorsque l'exécution utilisée pour la radiodiffusion ou la communication au public est elle-même déjà une exécution radiodiffusée ou est faite à partir d'une fixation ;

b) A la fixation sans leur consentement sur un support matériel de leur exécution non fixée ;

c) A la reproduction sans leur consentement d'une fixation de leur exécution :

(i) Lorsque la première fixation a elle-même été faite sans leur consentement ;

(ii) Lorsque la reproduction est faite à des fins autres que celles pour lesquelles ils ont donné leur consentement ;

(iii) Lorsque la première fixation a été faite en vertu des dispositions de l'article 15 et a été reproduite à des fins autres que celles visées par ces dispositions.

2. (1) Il appartient à la législation nationale de l'État contractant sur le territoire duquel la protection est demandée de pourvoir à la protection contre la réémission, la fixation aux fins de radiodiffusion et la reproduction d'une telle fixation aux fins de radiodiffusion, lorsque l'artiste interprète ou exécutant a consenti à la radiodiffusion.

(2) Les modalités d'utilisation par les organismes de radiodiffusion des fixations faites aux fins d'émissions radiodiffusées seront réglées selon la législation nationale de l'État contractant sur le territoire duquel la protection est demandée.

(3) Toutefois, la législation nationale, dans les cas visés aux alinéas (1) et (2) du présent paragraphe, ne saurait avoir pour effet de priver les artistes interprètes ou exécutants de la capacité de régler, par voie contractuelle, leurs relations avec les organismes de radiodiffusion.

Art. 8 Tout État contractant peut, par sa législation nationale, déterminer les modalités suivant lesquelles les artistes interprètes ou exécutants seront représentés, en ce qui concerne l'exercice de leurs droits, lorsque plusieurs d'entre eux participent à une même exécution.

Art. 9 Tout État contractant peut, par sa législation nationale, étendre la protection prévue par la présente Convention à des artistes qui n'exécutent pas des œuvres littéraires ou artistiques.

Art. 10 Les producteurs de phonogrammes jouissent du droit d'autoriser ou d'interdire la reproduction directe ou indirecte de leurs phonogrammes.

Art. 11 Lorsqu'un État contractant exige, en vertu de sa législation nationale, l'accomplissement de formalités, à titre de condition de la protection, en matière de phonogrammes, des droits soit des producteurs de phonogrammes, soit des artistes interprètes ou exécutants, soit des uns et des autres, ces exigences seront considérées comme satisfaites si tous les exemplaires dans le commerce du phonogramme publié, ou l'étui le contenant, portent une mention constituée par le symbole *P* accompagné de l'indication de l'année de la première publication, apposée d'une manière montrant de façon nette que la protection est réservée. De plus, si les exemplaires ou leur étui ne permettent pas d'identifier le producteur du phonogramme ou le titulaire de la licence concédée par le producteur (au moyen du nom, de la marque ou de toute autre désignation appropriée), la mention devra comprendre également le nom du titulaire des droits du producteur du phonogramme. Enfin, si les exemplaires ou leur étui ne permettent pas d'identifier les principaux interprètes ou exécutants, la mention devra comprendre également le nom de la personne qui, dans le pays où la fixation a eu lieu, détient les droits de ces artistes.

Art. 12 Lorsqu'un phonogramme publié à des fins de commerce, ou une reproduction de ce phonogramme, est utilisé directement pour la radiodiffusion ou pour une communication quelconque au public, une rémunération équitable et unique sera versée par l'utilisateur aux artistes-interprètes ou exécutants, ou aux producteurs de phonogrammes ou aux deux. La législation nationale peut, faute d'accord entre ces divers intéressés, déterminer les conditions de la répartition de cette rémunération. — *La France a déclaré en premier lieu, conformément aux dispositions de l'art. 16-1, a), iii, qu'elle n'appliquera pas les dispositions de l'art. 12 pour tous les phonogrammes dont le producteur n'est pas ressortissant d'un État contractant. Elle a déclaré, en second lieu, que, en ce qui concerne les phonogrammes dont le producteur est ressortissant d'un autre État contractant, elle limitera l'étendue et la durée de la protection prévue à l'art. 12 à celles que ce dernier État contractant accorde aux phonogrammes fixés pour la première fois par des ressortissants français.*

Art. 13 Les organismes de radiodiffusion jouissent du droit d'autoriser ou d'interdire :

a) La réémission de leurs émissions ;

b) La fixation sur un support matériel de leurs émissions ;

c) La reproduction :

(i) Des fixations, faites sans leur consentement, de leurs émissions ;

(ii) Des fixations, faites en vertu des dispositions de l'article 15, de leurs émissions et reproduites à des fins autres que celles visées par lesdites dispositions ;

d) La communication au public de leurs émissions de télévision, lorsqu'elle est faite dans des lieux accessibles au public moyennant paiement d'un droit d'entrée ; il appartient à la législation nationale du pays où la protection de ce droit est demandée de déterminer les conditions d'exercice dudit droit.

Art. 14 La durée de la protection à accorder en vertu de la présente Convention ne pourra pas être inférieure à une période de vingt années à compter de :

a) La fin de l'année de la fixation, pour les phonogrammes et les exécutions fixées sur ceux-ci ;

b) La fin de l'année où l'exécution a eu lieu, pour les exécutions qui ne sont pas fixées sur phonogrammes ;

c) La fin de l'année où l'émission a eu lieu, pour les émissions de radiodiffusion.

Art. 15 1. Tout État contractant a la faculté de prévoir dans sa législation nationale des exceptions à la protection garantie par la présente Convention dans les cas suivants :

a) Lorsqu'il s'agit d'une utilisation privée ;

b) Lorsqu'il y a utilisation de courts fragments à l'occasion du compte rendu d'un événement d'actualité ;

c) Lorsqu'il y a fixation éphémère par un organisme de radiodiffusion par ses propres moyens et pour ses propres émissions ;

d) Lorsqu'il y a utilisation uniquement à des fins d'enseignement ou de recherche scientifique.

2. Sans préjudice des dispositions du paragraphe 1 ci-dessus, tout État contractant a la faculté de prévoir dans sa législation nationale, en ce qui concerne la protection des artistes interprètes ou exécutants, des producteurs de phonogrammes et des organismes de radiodiffusion, des limitations de même nature que celles qui sont prévues dans cette législation en ce qui concerne la protection du droit d'auteur sur les œuvres littéraires et artistiques. Toutefois, des licences obligatoires ne peuvent être instituées que dans la mesure où elles sont compatibles avec les dispositions de la présente Convention.

Art. 16 1. En devenant partie à la présente Convention, tout État accepte toutes les obligations et est admis à tous les avantages qu'elle prévoit. Toutefois, un État pourra à tout moment spécifier, dans une notification déposée auprès du Secrétaire général de l'Organisation des Nations Unies :

a) En ce qui concerne l'article 12 :

(i) Qu'il n'appliquera aucune des dispositions de cet article ;

(ii) Qu'il n'appliquera pas les dispositions de cet article en ce qui concerne certaines utilisations ;

(iii) Qu'il n'appliquera pas les dispositions de cet article en ce qui concerne les phonogrammes dont le producteur n'est pas ressortissant d'un État contractant ;

(iv) Qu'en ce qui concerne les phonogrammes dont le producteur est ressortissant d'un autre État contractant, il limitera l'étendue et la durée de la protection prévue à cet article, à celles de la protection que ce dernier État contractant accorde aux phonogrammes fixés pour la première fois par le ressortissant de l'État auteur de la déclaration ; toutefois, lorsque l'État contractant dont le producteur est un ressortissant n'accorde pas la protection au même bénéficiaire ou aux mêmes bénéficiaires que l'État contractant auteur de la déclaration, ce fait ne sera pas considéré comme constituant une différence quant à l'étendue de la protection ;

b) En ce qui concerne l'article 13, qu'il n'appliquera pas les dispositions de l'alinéa *d* de cet article ; si un État contractant fait une telle déclaration, les autres États contractants ne seront pas tenus d'accorder le droit prévu à l'alinéa *d* de l'article 13 aux organismes de radiodiffusion ayant leur siège social sur le territoire de cet État.

2. Si la notification visée au paragraphe 1 du présent article est déposée à une date postérieure à celle du dépôt de l'instrument de ratification, d'acceptation ou d'adhésion, elle ne prendra effet que six mois après son dépôt.

Art. 17 Tout État dont la législation nationale, en vigueur au 26 octobre 1961, accorde aux producteurs de phonogrammes une protection établie en fonction du seul critère de la fixation pourra, par une notification déposée auprès du Secrétaire général de l'Organisation des

Nations Unies en même temps que son instrument de ratification, d'acceptation ou d'adhésion, déclarer qu'il n'appliquera que ce critère de la fixation aux fins de l'article 5, et ce même critère de la fixation au lieu du critère de la nationalité du producteur aux fins du paragraphe 1, alinéa *a* (iii) et (iv), de l'article 16.

Art. 18 Tout État qui a fait l'une des déclarations prévues à l'article 5, paragraphe 3, à l'article 6, paragraphe 2, à l'article 16, paragraphe 1 ou à l'article 17 peut, par une nouvelle notification adressée au Secrétaire général de l'Organisation des Nations Unies, en réduire la portée ou la retirer.

Art. 19 Nonobstant toutes autres dispositions de la présente Convention, l'article 7 cessera d'être applicable dès qu'un artiste interprète ou exécutant aura donné son consentement à l'inclusion de son exécution dans une fixation d'images ou d'images et de sons.

Art. 20 1. La présente Convention ne porte pas atteinte aux droits acquis dans l'un quelconque des États contractants antérieurement à la date de l'entrée en vigueur pour cet État de la Convention.

2. Aucun État contractant ne sera tenu d'appliquer les dispositions de la présente Convention à des exécutions, ou à des émissions de radiodiffusion ayant eu lieu, ou à des phonogrammes enregistrés, antérieurement à la date de l'entrée en vigueur pour cet État de la Convention.

Art. 21 La protection prévue par la présente Convention ne saurait porter atteinte à celle dont pourraient bénéficier autrement les artistes interprètes ou exécutants, les producteurs de phonogrammes et les organismes de radiodiffusion.

Art. 22 Les États contractants se réservent le droit de prendre entre eux des arrangements particuliers, en tant que ces arrangements conféreraient aux artistes interprètes ou exécutants, aux producteurs de phonogrammes ou aux organismes de radiodiffusion des droits plus étendus que ceux accordés par la présente Convention ou qu'ils renfermeraient d'autres dispositions non contraires à celle-ci.

Art. 23 La présente Convention sera déposée auprès du Secrétaire général de l'Organisation des Nations Unies. Elle est ouverte, jusqu'à la date du 30 juin 1962, à la signature des États invités à la Conférence diplomatique sur la protection internationale des artistes interprètes ou exécutants, des producteurs de phonogrammes et des organismes de radiodiffusion, qui sont parties à la Convention universelle sur le droit d'auteur ou membres de l'Union internationale pour la protection des œuvres littéraires et artistiques.

Art. 24 1. La présente Convention sera soumise à la ratification ou à l'acceptation des États signataires.

2. La présente Convention sera ouverte à l'adhésion des États invités à la Conférence désignée à l'article 23 ainsi qu'à l'adhésion de tout État membre de l'Organisation des Nations Unies, à condition que l'État adhérant soit partie à la Convention universelle sur le droit d'auteur ou membre de l'Union internationale pour la protection des œuvres littéraires et artistiques.

3. La ratification, l'acceptation ou l adhésion se fera par le dépôt d'un instrument à cet effet auprès du Secrétaire général de l'Organisation des Nations Unies.

Art. 25 1. La présente Convention entrera en vigueur trois mois après la date du dépôt du sixième instrument de ratification, d'acceptation ou d'adhésion.

2. Par la suite, la Convention entrera en vigueur, pour chaque État, trois mois après la date du dépôt de son instrument de ratification, d'acceptation ou d'adhésion.

Art. 26 1. Tout État contractant s'engage à prendre, conformément aux dispositions de sa constitution, les mesures nécessaires pour assurer l'application de la présente Convention.

2. Au moment du dépôt de son instrument de ratification, d'acceptation ou d'adhésion, tout État doit être en mesure, conformément à sa législation nationale, d'appliquer les dispositions de la présente Convention.

Art. 27 1. Tout État pourra, au moment de la ratification, de l'acceptation ou de l'adhésion, ou à tout moment ultérieur, déclarer par une notification adressée au Secrétaire général de l'Organisation des Nations Unies que la présente Convention s'étendra à l'ensemble ou à l'un quelconque des territoires dont il assure les relations internationales, à condition que la Convention universelle sur le droit d'auteur ou la Convention internationale pour la protection des œuvres littéraires et artistiques soit applicable aux territoires dont il s'agit. Cette notification prendra effet trois mois après la date de sa réception.

2. Les déclarations et notifications visées à l'article 5, paragraphe 3, à l'article 6, paragraphe 2, à l'article 16, paragraphe 1, à l'article 17 ou à l'article 18, peuvent être étendues à l'ensemble ou à l'un quelconque des territoires visés au paragraphe qui précède.

Art. 28 1. Tout État contractant aura la faculté de dénoncer la présente Convention soit en son nom propre, soit au nom de l'un quelconque ou de l'ensemble des territoires visés à l'article 27.

2. La dénonciation sera faite par une notification adressée au Secrétaire général de l'Organisation des Nations Unies et prendra effet douze mois après la date à laquelle la notification aura été reçue.

3. La faculté de dénonciation prévue au présent article ne pourra être exercée par un État contractant avant l'expiration d'une période de cinq ans à compter de la date à partir de laquelle la Convention est entrée en vigueur à l'égard dudit État.

4. Tout État contractant cesse d'être partie à la présente Convention dès le moment où il ne serait plus ni partie à la Convention universelle sur le droit d'auteur ni membre de l'Union internationale pour la protection des œuvres littéraires et artistiques.

5. La présente Convention cesse d'être applicable à tout territoire visé à l'article 27, dès le moment où ni la Convention universelle sur le droit d'auteur ni la Convention internationale pour la protection des œuvres littéraires et artistiques ne s'appliquerait plus à ce territoire.

Art. 29 1. Après que la présente Convention aura été en vigueur pendant cinq ans, tout État contractant pourra, par une notification adressée au Secrétaire général de l'Organisation des Nations Unies, demander la convocation d'une conférence à l'effet de réviser la Convention. Le Secrétaire général notifiera cette demande à tous les États contractants. Si, dans un délai de six mois à dater de la notification adressée par le Secrétaire général de l'Organisation des Nations Unies, la moitié au moins des États contractants lui signifient leur assentiment à cette demande, le Secrétaire général en informera le Directeur général du Bureau international du Travail, le Directeur général de l'Organisation des Nations Unies pour l'éducation, la science et la culture et le Directeur du Bureau de l'Union internationale pour la protection des œuvres littéraires et artistiques, qui convoqueront une conférence de révision en collaboration avec le Comité intergouvernemental prévu à l'article 32.

2. Toute révision de la présente Convention devra être adoptée à la majorité des deux tiers des États présents à la Conférence de révision à condition que cette majorité comprenne les deux tiers des États qui, à la date de la Conférence de révision, sont parties à la Convention.

3. Au cas où une nouvelle Convention portant révision totale ou partielle de la présente Convention serait adoptée, et à moins que la nouvelle Convention ne dispose autrement :

a) La présente Convention cessera d'être ouverte à la ratification, à l'acceptation ou à l'adhésion à partir de la date d'entrée en vigueur de la nouvelle Convention portant révision ;

b) La présente Convention demeurera en vigueur en ce qui concerne les rapports avec les États contractants qui ne deviendront pas parties à la nouvelle Convention.

Art. 30 Tout différend entre deux ou plusieurs États contractants concernant l'interprétation ou l'application de la présente Convention, qui ne sera pas réglé par voie de négociation, sera, à la requête de l'une des parties au différend, porté devant la Cour internationale de Justice pour qu'il soit statué par celle-ci, à moins que les États en cause ne conviennent d'un autre mode de règlement. – *La France a déclaré comprendre l'expression « Cour internationale de justice » comme couvrant non seulement la Cour elle-même, mais encore une chambre de la Cour.*

Art. 31 Sans préjudice des dispositions de l'article 5, paragraphe 3, de l'article 6, paragraphe 2, de l'article 16, paragraphe 1, et de l'article 17, aucune réserve n'est admise à la présente Convention.

Convention pour la protection des producteurs de phonogrammes contre la reproduction non autorisée de leurs phonogrammes,

Signée à Genève le 29 octobre 1971. – Publiée par Décr. n° 73-725 du 13 juill. 1973 (JO 26 juill.). – Entrée en vigueur pour la France le 12 sept. 1972.

Art. 1er Aux fins de la présente Convention, on entend par :

a) « Phonogramme », toute fixation exclusivement sonore des sons provenant d'une exécution ou d'autres sons ;

b) « Producteur de phonogrammes », la personne physique ou morale qui, la première, fixe les sons provenant d'une exécution ou d'autres sons ;

c) « Copie », un support contenant des sons repris directement ou indirectement d'un phonogramme et qui incorpore la totalité ou une partie substantielle des sons fixés dans ce phonogramme ;

d) « Distribution au public », tout acte dont l'objet est d'offrir des copies, directement ou indirectement, au public en général ou à toute partie de celui-ci.

Art. 2 Chaque État contractant s'engage à protéger les producteurs de phonogrammes qui sont ressortissants des autres États contractants contre la production de copies faites sans le consentement du producteur et contre l'importation de telles copies, lorsque la production ou l'importation est faite en vue d'une distribution au public, ainsi que contre la distribution de ces copies au public.

Art. 3 Sont réservés à la législation nationale de chaque État contractant les moyens par lesquels la présente Convention sera appliquée et qui comprendront l'un ou plusieurs des moyens suivants : la protection par l'octroi d'un droit d'auteur ou d'un autre droit spécifique ; la protection au moyen de la législation relative à la concurrence déloyale ; la protection par des sanctions pénales.

Art. 4 Est réservée à la législation nationale de chaque État contractant la durée de la protection accordée. Toutefois, si la loi nationale prévoit une durée spécifique pour la protection, cette durée ne devra pas être inférieure à vingt ans à partir de la fin, soit de l'année au cours de laquelle les sons incorporés dans le phonogramme ont été fixés pour la première fois, soit de l'année au cours de laquelle le phonogramme a été publié pour la première fois.

Art. 5 Lorsqu'un État contractant exige, en vertu de sa législation nationale, l'accomplissement de formalités à titre de condition de la protection des producteurs de phonogrammes, ces exigences seront considérées comme satisfaites si toutes les copies autorisées du phonogramme qui sont distribuées au public ou l'étui les contenant portent une mention constituée par le symbole « P » accompagné de l'indication de l'année de la première publication apposée d'une manière montrant de façon nette que la protection est réservée ; si les copies ou leur étui ne permettent pas d'identifier le producteur, son ayant droit ou le titulaire de la licence exclusive (au moyen du nom, de la marque ou de toute autre désignation appropriée), la mention devra comprendre également le nom du producteur, de son ayant droit ou du titulaire de la licence exclusive.

Art. 6 Tout État contractant qui assure la protection par le moyen du droit d'auteur ou d'un autre droit spécifique, ou bien par le moyen de sanctions pénales, peut, dans sa législation nationale, apporter des limitations à la protection des producteurs de phonogrammes, de même nature que celles qui sont admises en matière de protection des auteurs d'œuvres littéraires et artistiques. Toutefois, aucune licence obligatoire ne pourra être prévue sauf si toutes les conditions suivantes sont remplies :

a) La reproduction est destinée à l'usage exclusif de l'enseignement ou de la recherche scientifique ;

b) La licence ne sera valable que pour la reproduction sur le territoire de l'État contractant dont l'autorité compétente a accordé la licence et ne s'étendra pas à l'exportation des copies ;

c) La reproduction faite sous l'empire de la licence donne droit à une rémunération équitable qui est fixée par ladite autorité en tenant compte, entre autres éléments, du nombre de copies qui seront réalisées.

Art. 7 1. La présente Convention ne saurait en aucune façon être interprétée comme limitant ou portant atteinte à la protection accordée aux auteurs, aux artistes interprètes ou exécutants, aux producteurs de phonogrammes, ou aux organismes de radiodiffusion, en vertu des lois nationales ou des conventions internationales.

2. La législation nationale de chaque État contractant déterminera, le cas échéant, l'étendue de la protection accordée aux artistes interprètes ou exécutants dont l'exécution est fixée sur un phonogramme, ainsi que les conditions dans lesquelles ils jouiront d'une telle protection.

3. Aucun État contractant n'est tenu d'appliquer les dispositions de la présente Convention en ce qui concerne les phonogrammes fixés avant que celle-ci ne soit entrée en vigueur à l'égard de l'État considéré.

4. Tout État dont la législation nationale en vigueur au 29 octobre 1971 assure aux producteurs de phonogrammes une protection établie seulement en fonction du lieu de la première fixation peut, par une notification déposée auprès du Directeur général de

l'Organisation mondiale de la propriété intellectuelle, déclarer qu'il appliquera ce critère au lieu de celui de la nationalité du producteur.

Art. 8 1. Le Bureau international de l'Organisation mondiale de la propriété intellectuelle rassemble et publie les informations concernant la protection des phonogrammes. Chaque État contractant communique dès que possible au Bureau international le texte de toute nouvelle loi ainsi que tous textes officiels concernant cette question.

2. Le Bureau international fournit à tout État contractant, sur sa demande, des renseignements sur les questions relatives à la présente Convention ; il procède également à des études et fournit des services destinés à faciliter la protection prévue par la Convention.

3. Le Bureau international exerce les fonctions énumérées aux alinéas 1 et 2 ci-dessus en collaboration, pour les questions relevant de leurs compétences respectives, avec l'Organisation des Nations Unies pour l'éducation, la science et la culture et l'Organisation internationale du travail.

Art. 9 1. La présente Convention est déposée auprès du Secrétaire général de l'Organisation des Nations Unies. Elle reste ouverte jusqu'à la date du 30 avril 1972 à la signature de tout État membre de l'Organisation des Nations Unies, de l'une des institutions spécialisées reliées à l'Organisation des Nations Unies ou de l'Agence internationale de l'énergie atomique, ou partie au Statut de la Cour internationale de justice.

2. La présente Convention est soumise à la ratification ou à l'acceptation des États signataires. Elle est ouverte à l'adhésion de tout État visé à l'alinéa 1 du présent article.

3. Les instruments de ratification, d'acceptation ou d'adhésion sont déposés auprès du Secrétaire général de l'Organisation des Nations Unies.

4. Il est entendu qu'au moment où un État devient lié par la présente Convention, il doit être en mesure, conformément à sa législation interne, de donner effet aux dispositions de la Convention.

Art. 10 Aucune réserve n'est admise à la présente Convention.

Traité de l'OMPI sur les interprétations et exécutions et les phonogrammes,

Adopté à Genève le 20 décembre 1996 par la conférence diplomatique. — Ce traité a été approuvé au nom de la Communauté européenne par la décision du Conseil du 16 mars 2000 (JOCE L 89 du 11 avr. 2000). — Entrée en vigueur le 20 mai 2002 (Notification WPPT n° 32). La L. n° 2008-573 du 19 juin 2008 a autorisé la ratification de ce traité. Le texte est en attente de publication au Journal officiel.

BIBL. ► De Werra, *RIDA juill. 2001, p. 3* (le régime juridique des mesures techniques de protection des œuvres selon les traités de l'OMPI...). - Françon, *RIDA avr. 1997, p. 3* (conférence diplomatique sur certaines questions de droit d'auteur et de droits voisins). - Goldsmith, *Légipresse 1997. II. 26* (nouveaux traités de l'OMPI et l'action législative européenne sur le droit d'auteur et les droits voisins). - Goutal, *RIDA janv. 2001, p. 67* (traité OMPI et conception française du droit d'auteur).

Préambule *Les Parties contractantes,*

Désireuses de développer et d'assurer la protection des droits des artistes interprètes ou exécutants et des producteurs de phonogrammes d'une manière aussi efficace et uniforme que possible,

Reconnaissant la nécessité d'instituer de nouvelles règles internationales pour apporter des réponses appropriées aux questions soulevées par l'évolution constatée dans les domaines économique, social, culturel et technique,

Reconnaissant que l'évolution et la convergence des techniques de l'information et de la communication ont une incidence considérable sur la production et l'utilisation des interprétations ou exécutions et des phonogrammes,

Reconnaissant la nécessité de maintenir un équilibre entre les droits des artistes interprètes ou exécutants et des producteurs de phonogrammes et l'intérêt public général, notamment en matière d'enseignement, de recherche et d'accès à l'information,

Sont convenues de ce qui suit :

CHAPITRE PREMIER *Dispositions générales*

Art. 1er *Rapports avec d'autres conventions.* 1) Aucune disposition du présent traité n'emporte dérogation aux obligations qu'ont les Parties contractantes les unes à l'égard des autres en vertu de la Convention internationale sur la protection des artistes interprètes ou exécutants, des producteurs de phonogrammes et des organismes de radiodiffusion, faite à Rome le 26 octobre 1961 (ci-après la « Convention de Rome »).

2) La protection prévue par le présent traité laisse intacte et n'affecte en aucune façon la protection du droit d'auteur sur les œuvres littéraires et artistiques. En conséquence, aucune disposition du présent traité ne pourra être interprétée comme portant atteinte à cette protection.

3) Le présent traité n'a aucun lien avec d'autres traités et s'applique sans préjudice des droits et obligations découlant de tout autre traité.

Art. 2 *Définitions.* Aux fins du présent traité, on entend par :

a) « artistes interprètes ou exécutants » les acteurs, chanteurs, musiciens, danseurs et autres personnes qui représentent, chantent, récitent, déclament, jouent, interprètent ou exécutent de toute autre manière des œuvres littéraires ou artistiques ou des expressions du folklore ;

b) « phonogramme » la fixation des sons provenant d'une interprétation ou exécution ou d'autres sons, ou d'une représentation de sons autre que sous la forme d'une fixation incorporée dans une œuvre cinématographique ou une autre œuvre audiovisuelle ;

c) « fixation » l'incorporation de sons, ou des représentations de ceux-ci, dans un support qui permette de les percevoir, de les reproduire ou de les communiquer à l'aide d'un dispositif ;

d) « producteur d'un phonogramme » la personne physique ou morale qui prend l'initiative et assume la responsabilité de la première fixation des sons provenant d'une interprétation ou exécution ou d'autres sons, ou des représentations de sons ;

e) « publication » d'une interprétation ou exécution fixée ou d'un phonogramme la mise à la disposition du public de copies de l'interprétation ou exécution fixée ou d'exemplaires du phonogramme avec le consentement du titulaire des droits, et à condition que les copies ou exemplaires soient mis à la disposition du public en quantité suffisante ;

f) « radiodiffusion » la transmission sans fil de sons ou d'images et de sons, ou des représentations de ceux-ci, aux fins de réception par le public ; ce terme désigne aussi une transmission de cette nature effectuée par satellite ; la transmission de signaux cryptés est assimilée à la « radiodiffusion » lorsque les moyens de décryptage sont fournis au public par l'organisme de radiodiffusion ou avec son consentement ;

g) « communication au public » d'une interprétation ou exécution ou d'un phonogramme la transmission au public, par tout moyen autre que la radiodiffusion, des sons provenant d'une interprétation ou exécution ou des sons ou représentations de sons fixés sur un phonogramme. Aux fins de l'article 15, le terme « communication au public » comprend aussi le fait de rendre audibles par le public les sons ou représentations de sons fixés sur un phonogramme.

Art. 3 *Bénéficiaires de la protection prévue par le présent traité.* 1) Les Parties contractantes accordent la protection prévue par le présent traité aux artistes interprètes ou exécutants et aux producteurs de phonogrammes qui sont ressortissants d'autres Parties contractantes.

2) Par « ressortissants d'autres Parties contractantes » il faut entendre les artistes interprètes ou exécutants ou les producteurs de phonogrammes qui répondraient aux critères requis pour bénéficier de la protection prévue par la Convention de Rome si toutes les Parties contractantes dans le cadre du présent traité étaient des États contractants au sens de cette convention. En ce qui concerne ces critères de protection, les Parties contractantes appliquent les définitions pertinentes de l'article 2 du présent traité *[Voir la déclaration commune concernant l'article 3.2)]*.

3) Toute Partie contractante qui fait usage de la faculté prévue à l'article 5.3) de la Convention de Rome ou, aux fins de l'article 5 de cette convention, à son article 17 adresse une notification dans les conditions prévues dans ces dispositions au directeur général de l'Organisation mondiale de la propriété intellectuelle (OMPI).

Art. 4 *Traitement national.* 1) Chaque Partie contractante accorde aux ressortissants d'autres Parties contractantes, au sens de l'article 3.2), le traitement qu'elle accorde à ses propres ressortissants en ce qui concerne les droits exclusifs expressément reconnus dans le présent traité et le droit à rémunération équitable prévu à l'article 15 de ce traité.

2) L'obligation prévue à l'alinéa 1) ne s'applique pas dans la mesure où une autre Partie contractante fait usage des réserves autorisées aux termes de l'article 15.3) du présent traité.

CHAPITRE II *Droits des artistes interprètes ou exécutants*

Art. 5 *Droit moral des artistes interprètes ou exécutants.* 1) Indépendamment de ses droits patrimoniaux, et même après la cession de ces droits, l'artiste interprète ou exécutant conserve le droit, en ce qui concerne ses interprétations ou exécutions sonores vivantes ou ses interprétations ou exécutions fixées sur phonogrammes, d'exiger d'être mentionné comme tel, sauf lorsque le mode d'utilisation de l'interprétation ou exécution impose l'omission de cette mention, et de s'opposer à toute déformation, mutilation ou autre modification de ces interprétations ou exécutions préjudiciable à sa réputation.

2) Les droits reconnus à l'artiste interprète ou exécutant en vertu de l'alinéa précédent sont, après sa mort, maintenus au moins jusqu'à l'extinction des droits patrimoniaux et exercés par les personnes ou institutions auxquelles la législation de la Partie contractante où la protection est réclamée donne qualité. Toutefois, les Parties contractantes dont la législation, en vigueur au moment de la ratification du présent traité ou de l'adhésion à celui-ci, ne contient pas de dispositions assurant la protection après la mort de l'artiste interprète ou exécutant de tous les droits reconnus en vertu de l'alinéa précédent ont la faculté de prévoir que certains de ces droits ne sont pas maintenus après la mort de l'artiste interprète ou exécutant.

3) Les moyens de recours pour sauvegarder les droits reconnus dans le présent article sont réglés par la législation de la Partie contractante où la protection est réclamée.

Art. 6 *Droits patrimoniaux des artistes interprètes ou exécutants sur leurs interprétations ou exécutions non fixées.* Les artistes interprètes ou exécutants jouissent du droit exclusif d'autoriser, en ce qui concerne leurs interprétations ou exécutions :

– la radiodiffusion et la communication au public de leurs interprétations ou exécutions non fixées, sauf lorsque l'interprétation ou exécution est déjà une interprétation ou exécution radiodiffusée ; et

– la fixation de leurs interprétations ou exécutions non fixées.

Art. 7 *Droit de reproduction.* Les artistes interprètes ou exécutants jouissent du droit exclusif d'autoriser la reproduction directe ou indirecte de leurs interprétations ou exécutions fixées sur phonogrammes, de quelque manière et sous quelque forme que ce soit.

Art. 8 *Droit de distribution.* 1) Les artistes interprètes ou exécutants jouissent du droit exclusif d'autoriser la mise à la disposition du public de l'original et de copies de leurs interprétations ou exécutions fixées sur phonogrammes par la vente ou tout autre transfert de propriété.

2) Aucune disposition du présent traité ne porte atteinte à la faculté qu'ont les Parties contractantes de déterminer les conditions éventuelles dans lesquelles l'épuisement du droit énoncé à l'alinéa 1) s'applique après la première vente ou autre opération de transfert de propriété de l'original ou d'une copie de l'interprétation ou exécution fixée, effectuée avec l'autorisation de l'artiste interprète ou exécutant.

Art. 9 *Droit de location.* 1) Les artistes interprètes ou exécutants jouissent du droit exclusif d'autoriser la location commerciale au public de l'original et de copies de leurs interprétations ou exécutions fixées sur phonogrammes, selon la définition de la législation nationale des Parties contractantes, même après la distribution de ceux-ci par les artistes eux-mêmes ou avec leur autorisation.

2) Nonobstant les dispositions de l'alinéa 1), une Partie contractante qui appliquait au 15 avril 1994 et continue d'appliquer un système de rémunération équitable des artistes interprètes ou exécutants pour la location de copies de leurs interprétations ou exécutions fixées sur phonogrammes peut maintenir ce système à condition que la location commerciale de phonogrammes ne compromette pas de manière substantielle les droits exclusifs de reproduction des artistes interprètes ou exécutants.

Art. 10 *Droit de mettre à disposition des interprétations ou exécutions fixées.* Les artistes interprètes ou exécutants jouissent du droit exclusif d'autoriser la mise à la disposition du public, par fil ou sans fil, de leurs interprétations ou exécutions fixées sur phonogrammes, de manière que chacun puisse y avoir accès de l'endroit et au moment qu'il choisit individuellement.

CHAPITRE III *Droits des producteurs de phonogrammes*

Art. 11 *Droit de reproduction.* Les producteurs de phonogrammes jouissent du droit exclusif d'autoriser la reproduction directe ou indirecte de leurs phonogrammes, de quelque manière et sous quelque forme que ce soit.

Art. 12 *Droit de distribution.* 1) Les producteurs de phonogrammes jouissent du droit exclusif d'autoriser la mise à la disposition du public de l'original et d'exemplaires de leurs phonogrammes par la vente ou tout autre transfert de propriété.

2) Aucune disposition du présent traité ne porte atteinte à la faculté qu'ont les Parties contractantes de déterminer les conditions éventuelles dans lesquelles l'épuisement du droit énoncé à l'alinéa 1) s'applique après la première vente ou autre opération de transfert de propriété de l'original ou d'un exemplaire du phonogramme, effectuée avec l'autorisation du producteur du phonogramme.

Art. 13 *Droit de location.* 1) Les producteurs de phonogrammes jouissent du droit exclusif d'autoriser la location commerciale au public de l'original et d'exemplaires de leurs phonogrammes, même après la distribution de ceux-ci par les producteurs eux-mêmes ou avec leur autorisation.

2) Nonobstant les dispositions de l'alinéa 1), une Partie contractante qui appliquait au 15 avril 1994 et continue d'appliquer un système de rémunération équitable des producteurs de phonogrammes pour la location d'exemplaires de leurs phonogrammes peut maintenir ce système à condition que la location commerciale de phonogrammes ne compromette pas de manière substantielle les droits exclusifs de reproduction des producteurs de phonogrammes.

Art. 14 *Droit de mettre à disposition des phonogrammes.* Les producteurs de phonogrammes jouissent du droit exclusif d'autoriser la mise à la disposition du public, par fil ou sans fil, de leurs phonogrammes de manière que chacun puisse y avoir accès de l'endroit et au moment qu'il choisit individuellement.

CHAPITRE IV *Dispositions communes*

Art. 15 *Droit à rémunération au titre de la radiodiffusion et de la communication au public.* 1) Les artistes interprètes ou exécutants et les producteurs de phonogrammes ont droit à une rémunération équitable et unique lorsque des phonogrammes publiés à des fins de commerce sont utilisés directement ou indirectement pour la radiodiffusion ou pour une communication quelconque au public.

2) Les Parties contractantes peuvent prévoir dans leur législation nationale que la rémunération équitable unique doit être réclamée à l'utilisateur par l'artiste interprète ou exécutant ou par le producteur du phonogramme, ou par les deux. Les Parties contractantes peuvent adopter des dispositions législatives fixant les conditions de répartition de la rémunération équitable unique entre les artistes interprètes ou exécutants et les producteurs de phonogrammes faute d'accord entre les intéressés.

3) Toute Partie contractante peut déclarer, dans une notification déposée auprès du directeur général de l'OMPI, qu'elle n'appliquera les dispositions de l'alinéa 1) qu'à l'égard de certaines utilisations, ou qu'elle en limitera l'application de toute autre manière, ou encore qu'elle n'appliquera aucune de ces dispositions.

4) Aux fins du présent article, les phonogrammes mis à la disposition du public, par fil ou sans fil, de manière que chacun puisse y avoir accès de l'endroit et au moment qu'il choisit individuellement sont réputés avoir été publiés à des fins de commerce.

Art. 16 *Limitations et exceptions.* 1) Les Parties contractantes ont la faculté de prévoir dans leur législation nationale, en ce qui concerne la protection des artistes interprètes ou exécutants et des producteurs de phonogrammes, des limitations ou exceptions de même nature que celles qui y sont prévues en ce qui concerne la protection du droit d'auteur sur les œuvres littéraires et artistiques.

2) Les Parties contractantes doivent restreindre toutes les limitations ou exceptions dont elles assortissent les droits prévus dans le présent traité à certains cas spéciaux où il n'est pas porté atteinte à l'exploitation normale de l'interprétation ou exécution ou du phonogramme ni causé de préjudice injustifié aux intérêts légitimes de l'artiste interprète ou exécutant ou du producteur du phonogramme.

Art. 17 *Durée de la protection.* 1) La durée de la protection à accorder aux artistes interprètes ou exécutants en vertu du présent traité ne doit pas être inférieure à une période de 50 ans à compter de la fin de l'année où l'interprétation ou exécution a été fixée sur un phonogramme.

2) La durée de la protection à accorder aux producteurs de phonogrammes en vertu du présent traité ne doit pas être inférieure à une période de 50 ans à compter de la fin de l'année où le phonogramme a été publié ou, à défaut d'une telle publication dans un délai de 50 ans à compter de la fixation du phonogramme, à compter de la fin de l'année de la fixation.

Art. 18 *Obligations relatives aux mesures techniques.* Les Parties contractantes doivent prévoir une protection juridique appropriée et des sanctions juridiques efficaces contre la neutralisation des mesures techniques efficaces qui sont mises en œuvre par les artistes interprètes ou exécutants ou les producteurs de phonogrammes dans le cadre de l'exercice de leurs droits en vertu du présent traité et qui restreignent l'accomplissement, à l'égard de leurs interprétations ou exécutions ou de leurs phonogrammes, d'actes qui ne sont pas autorisés par les artistes interprètes ou exécutants ou les producteurs de phonogrammes concernés ou permis par la loi.

Art. 19 *Obligations relatives à l'information sur le régime des droits.* 1) Les Parties contractantes doivent prévoir des sanctions juridiques appropriées et efficaces contre toute personne qui accomplit l'un des actes suivants en sachant, ou, pour ce qui relève des sanctions civiles, en ayant des raisons valables de penser que cet acte va entraîner, permettre, faciliter ou dissimuler une atteinte à un droit prévu par le présent traité :

— supprimer ou modifier, sans y être habilitée, toute information relative au régime des droits se présentant sous forme électronique ;

— distribuer, importer aux fins de distribution, radiodiffuser, communiquer au public ou mettre à la disposition du public, sans y être habilitée, des interprétations ou exécutions, des copies d'interprétations ou exécutions fixées ou des exemplaires de phonogrammes en sachant que des informations relatives au régime des droits se présentant sous forme électronique ont été supprimées ou modifiées sans autorisation.

2) Dans le présent article, l'expression « information sur le régime des droits » s'entend des informations permettant d'identifier l'artiste interprète ou exécutant, l'interprétation ou exécution, le producteur du phonogramme, le phonogramme, le titulaire de tout droit sur l'interprétation ou exécution ou sur le phonogramme ou des informations sur les conditions et modalités d'utilisation de l'interprétation ou exécution ou du phonogramme, et de tout numéro ou code représentant ces informations, lorsque l'un quelconque de ces éléments d'information est joint à la copie d'une interprétation ou exécution fixée ou à l'exemplaire d'un phonogramme ou apparaît en relation avec la communication au public ou la mise à la disposition du public d'une interprétation ou exécution fixée ou d'un phonogramme.

Art. 20 *Formalités.* La jouissance et l'exercice des droits prévus dans le présent traité ne sont subordonnés à aucune formalité.

Art. 21 *Réserves.* Sauf dans le cas prévu à l'article 15.3), aucune réserve au présent traité n'est admise.

Art. 22 *Application dans le temps.* 1) Les Parties contractantes appliquent les dispositions de l'article 18 de la Convention de Berne, *mutatis mutandis*, aux droits des artistes interprètes ou exécutants et des producteurs de phonogrammes prévus dans le présent traité.

2) Nonobstant les dispositions de l'alinéa 1), une Partie contractante peut limiter l'application de l'article 5 du présent traité aux interprétations ou exécutions qui ont eu lieu après l'entrée en vigueur du traité à son égard.

Art. 23 *Dispositions relatives à la sanction des droits.* 1) Les Parties contractantes s'engagent à adopter, en conformité avec leur système juridique, les mesures nécessaires pour assurer l'application du présent traité.

2) Les Parties contractantes feront en sorte que leur législation comporte des procédures destinées à faire respecter les droits prévus par le présent traité, de manière à permettre une action efficace contre tout acte qui porterait atteinte à ces droits, y compris des mesures propres à prévenir rapidement toute atteinte et des mesures propres à éviter toute atteinte ultérieure.

CHAPITRE V *Dispositions administratives et clauses finales*

Art. 24 *Assemblée.* 1) *a*) Les Parties contractantes ont une Assemblée.

b) Chaque Partie contractante est représentée par un délégué, qui peut être assisté de suppléants, de conseillers et d'experts.

c) Les dépenses de chaque délégation sont supportées par la Partie contractante qui l'a désignée. L'Assemblée peut demander à l'OMPI d'accorder une assistance financière pour faciliter la participation de délégations des Parties contractantes qui sont considérées comme des pays en développement conformément à la pratique établie de l'Assemblée générale des Nations Unies ou qui sont des pays en transition vers une économie de marché.

2) *a*) L'Assemblée traite des questions concernant le maintien et le développement du présent traité ainsi que son application et son fonctionnement.

b) L'Assemblée s'acquitte du rôle qui lui est attribué aux termes de l'article 26.2) en examinant la possibilité d'autoriser certaines organisations intergouvernementales à devenir parties au présent traité.

c) L'Assemblée décide de la convocation de toute conférence diplomatique de révision du présent traité et donne les instructions nécessaires au directeur général de l'OMPI pour la préparation de celle-ci.

3) *a*) Chaque Partie contractante qui est un État dispose d'une voix et vote uniquement en son propre nom.

b) Toute Partie contractante qui est une organisation intergouvernementale peut participer au vote, à la place de ses États membres, avec un nombre de voix égal au nombre de ses États membres qui sont parties au présent traité. Aucune organisation intergouvernementale ne participe au vote si l'un de ses États membres exerce son droit de vote, et inversement.

4) L'Assemblée se réunit en session ordinaire une fois tous les deux ans sur convocation du directeur général de l'OMPI.

5) L'Assemblée établit son règlement intérieur, y compris en ce qui concerne sa convocation en session extraordinaire, les règles relatives au quorum et, sous réserve des dispositions du présent traité, la majorité requise pour divers types de décisions.

Art. 25 *Bureau international.* Le Bureau international de l'OMPI s'acquitte des tâches administratives concernant le traité.

Art. 26 *Conditions à remplir pour devenir partie au traité.* 1) Tout État membre de l'OMPI peut devenir partie au présent traité.

2) L'Assemblée peut décider d'autoriser à devenir partie au présent traité toute organisation intergouvernementale qui déclare qu'elle a compétence, et dispose d'une législation propre liant tous ses États membres, en ce qui concerne les questions régies par le présent traité et qu'elle a été dûment autorisée, conformément à ses procédures internes, à devenir partie au présent traité.

3) La Communauté européenne, ayant fait la déclaration visée à l'alinéa précédent lors de la conférence diplomatique qui a adopté le présent traité, peut devenir partie au présent traité.

Art. 27 *Droits et obligations découlant du traité.* Sauf disposition contraire expresse du présent traité, chaque Partie contractante jouit de tous les droits et assume toutes les obligations découlant du présent traité.

Art. 28 *Signature du traité.* Le présent traité est ouvert à la signature jusqu'au 31 décembre 1997 et peut être signé par tout État membre de l'OMPI et par la Communauté européenne.

Art. 29 *Entrée en vigueur du traité.* Le présent traité entre en vigueur trois mois après que 30 instruments de ratification ou d'adhésion ont été déposés auprès du directeur général de l'OMPI par des États.

Art. 30 *Date de la prise d'effet des obligations découlant du traité.* Le présent traité lie :

– les 30 États visés à l'article 29 à compter de la date à laquelle le présent traité est entré en vigueur ;

– tous les autres États à l'expiration d'un délai de trois mois à compter de la date à laquelle l'État a déposé son instrument auprès du directeur général de l'OMPI ;

– la Communauté européenne à l'expiration d'un délai de trois mois suivant le dépôt de son instrument de ratification ou d'adhésion si cet instrument a été déposé après l'entrée en vigueur du présent traité conformément à l'article 29, ou de trois mois suivant l'entrée en vigueur du présent traité si cet instrument a été déposé avant l'entrée en vigueur du présent traité ;

– toute autre organisation intergouvernementale qui est autorisée à devenir partie au présent traité, à l'expiration d'un délai de trois mois suivant le dépôt de son instrument d'adhésion.

Art. 31 *Dénonciation du traité.* Toute Partie contractante peut dénoncer le présent traité par une notification adressée au directeur général de l'OMPI. La dénonciation prend effet un an après la date à laquelle le directeur général a reçu la notification.

Art. 32 *Langues du traité.* 1) Le present traité est signé en un seul exemplaire original en langues française, anglaise, arabe, chinoise, espagnole et russe, toutes ces versions faisant également foi.

2) Un texte officiel dans toute langue autre que celles qui sont visées à l'alinéa 1) est établi par le directeur général de l'OMPI à la demande d'une partie intéressée, après consulta-

tion de toutes les parties intéressées. Aux fins du présent alinéa, on entend par « partie intéressée » tout État membre de l'OMPI dont la langue officielle ou l'une des langues officielles est en cause, ainsi que la Communauté européenne, et toute autre organisation intergouvernementale qui peut devenir partie au présent traité, si l'une de ses langues officielles est en cause.

Art. 33 *Dépositaire.* Le directeur général de l'OMPI est le dépositaire du présent traité.

Droit interne

Arrêté du 14 janvier 1986,

Fixant la composition de la commission prévue à l'article 20 de la loi n° 85-660 du 3 juillet 1985 [CPI, art. L. 212-9] relative aux droits d'auteur et aux droits des artistes-interprètes, des producteurs de phonogrammes et de vidéogrammes et des entreprises de communication audiovisuelle.

Art. 1er La commission prévue à l'article 20 de la loi n° 85-660 du 3 juillet 1985 susvisée est ainsi composée :

– M. Claude Goudet, conseiller à la Cour de cassation, président ;
– M. François-Xavier Stasse, maître des requêtes au Conseil d'État ;
– M. André Bourdalé-Dufau, administrateur civil au ministère de la culture.

Elle comprend, en outre, les représentants des organisations de salariés et d'employeurs désignés comme suit :

1° Représentants des organisations de salariés :
– syndicat français des artistes-interprètes (SFA) : 5 ;
– syndicat national des artistes-musiciens (SNAM) : 2 ;
– syndicat des artistes du spectacle (SYDAS-CFDT) : 2 ;
– syndicat national libre des acteurs (SNLA-FO) : 2 ;
– syndicat national des artistes, interprètes, chefs d'orchestre et cadres artistiques (SNAICOCA-CGC) : 1.

2° Représentants des organisations d'employeurs :
– fédération de la production cinématographique française : 6 ;
– association des employeurs du service public de l'audiovisuel : 5 ;
– Chambre syndicale des producteurs pour la télévision : 1.

Arrêté du 14 mars 1986,

Fixant la composition de la commission prévue à l'article 14 de la loi n° 85-660 du 3 juillet 1985 [CPI, art. L. 132-33] relative aux droits d'auteur et aux droits des artistes-interprètes, des producteurs de phonogrammes et de vidéogrammes et des entreprises de communication audiovisuelle.

Art. 1er La commission prévue à l'article 14 de la loi n° 85-660 du 3 juillet 1985 susvisée est ainsi composée :

M. Goudet (Claude), conseiller à la Cour de cassation, président ;
M. Stasse (François), maître des requêtes au Conseil d'État ;
M. Bourdalé-Dufau (André), inspecteur général de l'administration des affaires culturelles.

Elle comprend, en outre :

1° Les représentants des organisations d'auteurs en publicité désignés comme suit :
Société des réalisateurs de films (SRF) : 4 ;
Organisation des photographes d'édition et de publicité (OPEP) : 1 ;
Union des photographes créateurs (UPC) : 3 ;
Groupement national de la photographie professionnelle (GNPP) : 1 ;
Syndicat national des peintres illustrateurs (SNPI) : 2 ;
Syndicat national des graphistes (SNG) : 1.

2° Les représentants des organisations des producteurs en publicité sont désignés comme suit :
Union des annonceurs (UDA) : 6 ;
Association des agences conseils en publicité (AACP) : 6.

Décision du 26 mars 1986,

De la commission prévue à l'article 20 de la loi n° 85-660 du 3 juillet 1985 [CPI, art. L. 212-9] relative aux droits d'auteur et aux droits des artistes interprètes, des producteurs de phonogrammes et de vidéogrammes et des entreprises de communication audiovisuelle (formation spécialisée dans la cinématographie).

Art. 1er La rémunération convenue entre un artiste interprète et un producteur pour la réalisation d'une œuvre cinématographique doit, par cachet, être, au minimum, de 1 446 F, soit :

– 800 F pour l'exploitation cinématographique en tous lieux et salles recevant du public ;
– 496 F pour l'exploitation par télédiffusion ;
– 150 F pour l'exploitation par vidéogrammes destinés à l'usage privé du public.

Ce salaire est révisé suivant les accords professionnels en vigueur.

Un complément de rémunération est versé à l'artiste interprète dans les conditions suivantes :

1° L'œuvre cinématographique doit être amortie, l'amortissement étant constaté sur la base des règles comptables approuvées par le Conseil national de la comptabilité ;

2° La masse à répartir à l'ensemble des artistes interprètes d'une œuvre cinématographique donnée est fixée à 0,5 p. 100 des recettes d'exploitation de l'œuvre perçues par le producteur avant amortissement et à 1,5 p. 100 de ces recettes après amortissement ;

3° Chaque artiste interprète est rémunéré au prorata du salaire initial, sans toutefois que soit prise en compte la part des salaires initiaux dépassant cinq fois le salaire minimum journalier en vigueur, soit, à ce jour, 1 446 F.

Le décompte est fait annuellement.

Décision du 30 juin 1986,

De la commission créée par l'article 34 de la loi du 3 juillet 1985 [CPI, art. L. 311-5] relative aux droits d'auteur et aux droits des artistes-interprètes, des producteurs de phonogrammes et vidéogrammes, et des entreprises de communication audiovisuelle. — V. Décis. n° 1 du 4 janv. 2001.

Art. 1er La rémunération versée par les fabricants et importateurs des supports d'enregistrement utilisables pour la copie privée des phonogrammes est de 1,50 F par heure, soit 0,025 F par minute.

Art. 2 La rémunération versée par les fabricants et importateurs des supports d'enregistrement utilisables pour la copie privée des vidéogrammes est de 2,25 F par heure, soit 0,0375 F par minute.

Art. 3 Cette rémunération s'applique à tous les supports vierges visés à l'article 33 de la loi susvisée *[CPI, art. L. 311-4]*, quels que soient leur présentation ou leur format, à l'exception de :

1 En matière sonore

Les cassettes dites C 10 et C 15 utilisées en informatique.

Les microcassettes exclusivement destinées aux machines à dicter.

Les bandes d'une largeur de 6,25 millimètres, sur bobines.

Les cassettes à boucle sans fin destinées aux répondeurs téléphoniques.

2 En matière audiovisuelle

Les supports dont les bandes sont d'une largeur supérieure à 12,7 millimètres.

Art. 4 La durée d'enregistrement d'une cassette est présumée être celle déclarée par le fabricant ou l'importateur.

Art. 5 Dans le cadre des dispositions de l'article 37 de la loi du 3 juillet 1985 *[CPI, art. L. 311-8]* susvisée, il ne sera pas procédé au paiement des rémunérations dues, dès lors que les quantités de bandes en galettes, ou en cassettes, sorties des stocks ou dédouanées, auront été livrées :

a) A des entreprises de communication audiovisuelle telles que définies par les dispositions de la loi n° 82-652 du 29 juillet 1982 *[abrogée, V. désormais L. n° 86-1067 du 30 sept. 1986]*, dès lors que lesdites entreprises auront conclu une convention, à cet effet, avec les sociétés de perception mentionnées à l'article 35 de la loi du 3 juillet 1985 *[CPI, art. L. 311-6]* susvisée ;

b) A des producteurs de phonogrammes ou de vidéogrammes, ou à des personnes qui assurent pour leur compte la reproduction de ceux-ci, dès lors que lesdits producteurs ou duplicateurs auront conclu une convention, à cet effet, avec les sociétés de perception mentionnées à l'article 35 de la loi du 3 juillet 1985 *[CPI, art. L. 311-6]* susvisée ;

c) Aux personnes morales ou organismes figurant sur la liste arrêtée par le ministre chargé de la culture dans le cadre de l'article 37 (3e) de la loi du 3 juillet 1985 *[CPI, art. L. 311-8]* susvisée.

Art. 6 Les fabricants, ainsi que toute personne physique ou morale procédant à l'importation en France des supports susvisés, sont tenus au paiement de ces rémunérations aux dates suivantes :

Pour les fabricants et importateurs, agents dits « exclusifs » : quatre-vingts jours francs à compter de la fin du mois des dates d'exigibilité ;

Pour les importateurs-grossistes : quarante jours francs à compter de la fin du mois des dates d'exigibilité ;

Pour les autres importateurs : à la date d'exigibilité.

La date d'exigibilité correspond, pour les première et deuxième catégories d'importateurs et de fabricants, à la sortie de stock. Les relevés de sortie de stock sont établis et transmis par les redevables aux organismes de perception mentionnés à l'article 35 de la loi du 3 juillet 1985 *[CPI, art. L. 311-6]* susvisée, au plus tard le 20 de chaque mois, pour le mois précédent.

Pour la troisième catégorie, la date d'exigibilité correspond à la date d'acquisition.

Art. 7 La présente décision, qui sera publiée au *Journal officiel [JO 23 août.]* de la République française, entrera en vigueur quinze jours après sa publication.

Décision du 23 février 1987,

De la commission créée par l'article 14 de la loi n° 85-660 du 3 juillet 1985 [CPI, art. L. 132-33] modifiée relative aux droits d'auteur et aux droits des artistes-interprètes, des producteurs de phonogrammes et de vidéogrammes et des entreprises de communication audiovisuelle.

TITRE PREMIER Dispositions générales

Art. 1er Les bases de rémunération des droits d'exploitation d'une œuvre de commande utilisée pour la publicité sont définies selon des critères – zone géographique, durée de l'exploitation, importance du tirage, nature du support – exprimés dans des tableaux distincts par mode d'exploitation, où les différentes utilisations de l'œuvre correspondent à des coefficients.

Art. 2 La rémunération des droits dans chaque mode d'exploitation est calculée selon les modalités suivantes :

1° Une valeur fixée en francs par accord entre le producteur et l'auteur ou son ayant droit est multipliée par le coefficient correspondant à l'utilisation de l'œuvre.

Sauf convention contraire, cette valeur s'applique à tous les modes d'exploitation. Elle peut faire l'objet d'une clause d'indexation en application de l'article 3 de la présente décision.

2° Le coefficient à appliquer est établi selon les modalités suivantes :

– pour les modes d'exploitation visés aux articles 4 et 5, 11 et 12, il est fait cumul des quantités diffusées annuellement, à compter de la première utilisation ;

– pour les modes d'exploitation visés aux articles 6 et 7, il est fait cumul des quantités de tirages de l'œuvre faisant l'objet d'une édition ou de rééditions intervenues au cours d'une même année, après application éventuelle de l'article 3. L'utilisation d'une œuvre est réputée commencer au jour de sa première édition. L'exercice annuel auquel se rattache une réédition s'apprécie à compter de la première édition.

3° Le coefficient correspondant à une utilisation donnée peut être précisé par un ajustement proportionnel dans la tranche concernée ; cet ajustement ne peut être effectué pour des quantités inférieures au plafond de la première tranche.

4° L'utilisation des œuvres est constatée à partir des déclarations détaillées adressées à l'auteur par le producteur à l'issue de chaque trimestre de l'année civile.

Art. 3 Si une clause d'indexation de la valeur en francs mentionnée à l'article 2 (1°) est *insérée au contrat, le total des coefficients correspondant aux utilisations est multiplié par :*

0,9 pendant la deuxième année d'exploitation ;

0,8 pendant la troisième année d'exploitation ;

0,7 pendant la quatrième année d'exploitation ;

0,6 pendant la cinquième année d'exploitation ;

0,5 après la cinquième année.

TITRE II **Œuvres graphiques, plastiques, photographiques**

Art. 4 Le coefficient applicable à l'utilisation de l'œuvre dans toute publication inscrite ou susceptible d'être inscrite à la commission paritaire de la presse, dans les publications périodiques dites de presse gratuite, est déterminé par le tableau suivant :

Mode d'exploitation Presse et publications assimilées

DIFFUSION CUMULÉE (en milliers d'exemplaires)	COEFFICIENTS
Moins de 200	250
De 200 à moins de 400	375
De 400 à moins de 800	563
De 800 à moins de 1 600	845
De 1 600 à moins de 3 200	1 268
De 3 200 à moins de 6 400	1 902
De 6 400 à moins de 12 800	2 853
De 12 800 à moins de 25 600	4 280
De 25 600 à moins de 51 200	6 420
De 51 200 à moins de 102 400	9 630
De 102 400 à moins de 204 800	14 445
De 204 800 à moins de 409 600	21 668

Au-delà, progression des tranches par 2, progression des coefficients par 1,5.

Le chiffre de tirage retenu est soit celui de sa diffusion totale fourni par l'Office de justification de la diffusion (OJD) ou les institutions étrangères équivalentes, soit à défaut celui du tirage moyen annoncé par cette publication après un abattement de 25 p. 100.

Par diffusion cumulée, il faut entendre le produit du nombre d'insertions dans chaque publication par la diffusion de cette publication ; il est fait addition de ces produits annuellement pour déterminer le coefficient.

Art. 5 Le coefficient applicable à l'utilisation d'une œuvre sous forme d'affiches apposées à l'extérieur ou dans les lieux ouverts au public, hors du lieu de vente des produits ou services en cause, est déterminé par le tableau suivant :

Mode d'exploitation Affichage

EMPLACEMENTS × JOURS	COEFFICIENTS POUR AFFICHES	
	De moins de 10 m^2	De 10 m^2 et plus
Moins de 500	160	400
De 500 à moins de 1 000	240	600
De 1 000 à moins de 2 000	360	900
De 2 000 à moins de 4 000	540	1 350
De 4 000 à moins de 8 000	810	2 026
De 8 000 à moins de 16 000	1 216	3 040
De 16 000 à moins de 32 000	1 824	4 560
De 32 000 à moins de 64 000	2 736	6 840
De 64 000 à moins de 128 000	4 104	10 260
De 128 000 à moins de 256 000	6 156	15 390
De 256 000 à moins de 512 000	9 234	23 086
De 512 000 à moins de 1 024 000	13 852	34 630

Au-delà, progression des tranches par 2, progression des coefficients par 1,5.

Par « emplacements × jours », il faut entendre le produit, pour une année donnée, du nombre d'emplacements par la durée d'exploitation exprimée en nombre de jours.

Art. 6 Le coefficient applicable à l'utilisation d'une œuvre sous forme d'affiches ou d'affichettes, de présentoirs et matériels divers en deux ou trois dimensions, exposés sur le lieu de vente des produits ou services en cause est déterminé par le tableau suivant :

Mode d'exploitation Publicité sur le lieu de vente

TIRAGE	COEFFICIENTS
Moins de 50	80
De 50 à moins de 100	120
De 100 à moins de 200	180
De 200 à moins de 400	270
De 400 à moins de 800	406
De 800 à moins de 1 600	610
De 1 600 à moins de 3 200	916
De 3 200 à moins de 6 400	1 374
De 6 400 à moins de 12 800	2 062
De 12 800 à moins de 25 600	3 094
De 25 600 à moins de 51 200	4 642

Au-delà, progression des tranches par 2, progression des coefficients par 1,5.

Art. 7 Le coefficient applicable aux différents modes d'édition d'une œuvre définis au présent article est déterminé par les tableaux suivants :

Mode d'exploitation Catalogues de vente par correspondance

TIRAGE (en milliers d'exemplaires)	COEFFICIENTS
Moins de 50	34
De 50 à moins de 100	50
De 100 à moins de 200	76
De 200 à moins de 400	114
De 400 à moins de 800	170
De 800 à moins de 1 600	256
De 1 600 à moins de 3 200	384
De 3 200 à moins de 6 400	576
De 6 400 à moins de 12 800	856
De 12 800 à moins de 25 600	1 297

Au-delà, progression des tranches par 2, progression des coefficients par 1,5.

Pour la couverture et le cas échéant pour les espaces vendus à des tiers, les coefficients du tableau ci-dessus sont multipliés par 4.

Mode d'exploitation Autres catalogues, brochures et imprimés divers

TIRAGE (en milliers d'exemplaires)	COEFFICIENTS
Moins de 1	34
De 1 à moins de 2	50
De 2 à moins de 4	76
De 4 à moins de 8	114

TIRAGE (en milliers d'exemplaires)	COEFFICIENTS
De 8 à moins de 16	170
De 16 à moins de 32	256
De 32 à moins de 64	384
De 64 à moins de 128	576
De 128 à moins de 256	865
De 256 à moins de 512	1 297
De 512 à moins de 1 024	1 946

Au-delà, progression des tranches par 2, progression des coefficients par 1,5.

Mode d'exploitation Posters, affichettes et objets

TIRAGE	COEFFICIENTS
Moins de 100	10
De 100 à moins de 200	15
De 200 à moins de 400	22
De 400 à moins de 800	34
De 800 à moins de 1 600	50
De 1 600 à moins de 3 200	76
De 3 200 à moins de 6 400	114
De 6 400 à moins de 12 800	170
De 12 800 à moins de 25 600	256
De 25 600 à moins de 51 200	384
De 51 200 à moins de 102 400	576
De 102 400 à moins de 204 800	865

Au-delà, progression des tranches par 2, progression des coefficients par 1,5.

Art. 8 Le coefficient applicable à l'utilisation par télédiffusion des œuvres mentionnées aux articles 4 à 7 qui précèdent est déterminé par le tableau figurant à l'article 11 au prorata de leur durée dans l'œuvre audiovisuelle.

Art. 9 Le coefficient applicable à l'utilisation par projection dans les salles de cinéma des œuvres mentionnées aux articles 4 à 7 est déterminé par le tableau figurant à l'article 12 au prorata de leur durée dans l'œuvre audiovisuelle.

Art. 10 En fonction de la nationalité des publications désignées à l'article 4 et du lieu effectif des utilisations définies aux articles 5 à 7, il y a lieu d'appliquer, le cas échéant, un coefficient modérateur comme indiqué ci-après :

Coefficient 1 : tous les pays d'Europe, USA, Canada, Japon, Australie, Nouvelle-Zélande ;

Coefficient 0,6 : tous autres pays.

Pour la détermination des droits pour chacun des modes d'exploitation visés aux articles 4 à 7, les quantités sont cumulées après application des coefficients modérateurs.

Art. 11 Le coefficient applicable à l'utilisation d'une œuvre audiovisuelle dans le mode d'exploitation Télévision est déterminé par le tableau suivant :

Mode d'exploitation Télévision

ZONES GÉOGRAPHIQUES		NOMBRE DE PASSAGES							
		1 à 6	7 à 14	15 à 30	31 à 62	63 à 126	127 à 254	255 à 510	511 à 1 022
	BASES	30	45	67	100	150	225	337	506
1. Locale	1	30	45	67	100	150	225	337	506
2. Régionale (y compris région parisienne et DOM-TOM)	3	90	135	201	300	450	675	1 011	1 518
3. France, couverture inférieure à 75 %	6	180	270	402	600	900	1 350	2 022	3 036
4. France couverture totale (DOM-TOM inclus)	10	300	450	670	1 000	1 500	2 250	3 370	5 060
5. France et pays francophones	16	480	720	1 072	1 600	2 400	3 600	5 392	8 096
6. Zone de réception du satellite TDF 1	20	600	900	1 340	2 000	3 000	4 500	6 740	10 120
7. Europe	36	1 080	1 620	2 412	3 600	5 400	8 100	12 132	18 216
8. Amérique du Nord (États-Unis d'Amérique et Canada)	20	600	900	1 340	2 000	3 000	4 500	8 740	10 120
9. Autres pays d'Amérique	10	300	450	670	1 000	1 500	2 250	3 370	5 060
10. Proche-Orient et Afrique (hors pays francophones)	6	180	270	402	600	900	1 350	2 022	3 036
11. Extrême-Orient et Océanie	10	300	450	670	1 000	1 500	2 250	3 370	5 060

Au-delà, progression des tranches par 2, progression des bases correspondantes par 1,5.

Pour le calcul des droits annuellement dus, il est fait cumul du nombre de diffusions de l'œuvre par tranche après application du coefficient modérateur correspondant à une zone ou à une fraction de zone.

Les fractions de zones et les coefficients modérateurs sont définis comme suit :

– pour la zone 5 : un pays (hormis la France), coefficient 0,125 ; de deux à cinq pays (hormis la France), coefficient 0,5 ; au-delà, coefficient 1 ;

– pour la zone 7 : un pays, coefficient 0,08 ; de deux à cinq pays, coefficient 0,33 ; au-delà, coefficient 1 ;

– pour la zone 8 : pour un État des États-Unis ou une province du Canada, coefficient 0,1 ; de deux à cinq États des États-Unis ou provinces du Canada, coefficient 0,35 ; au-delà, coefficient 1 ;

– pour les zones 9 et 11 : un pays, coefficient 0,2 ; de deux à cinq pays, coefficient 0,8 ; au-delà, coefficient 1 ;

– pour la zone 10 : de un à cinq pays, coefficient 0,33 ; au-delà, coefficient 1.

La grille est établie pour une œuvre audiovisuelle de trente secondes. Pour une œuvre audiovisuelle de durée différente, le montant des droits est calculé au prorata de sa durée.

Art. 12 Le coefficient applicable à l'utilisation d'une œuvre audiovisuelle dans le mode d'exploitation Cinéma est déterminé par le tableau suivant :

– *V. ce tableau ci-contre.*

Mode d'exploitation Cinéma

ZONES GÉOGRAPHIQUES	BASES	NOMBRE DE SALLES × SEMAINES							
		1 à 200	201 à 400	601 à 1 400	1 401 à 3 000	3 001 à 6 200	6 201 à 12 600	12 601 à 25 400	25 401 à 51 000
	BASES	20	30	45	67	100	150	225	337
1. Locale....................	1	20	30	45	67	100	150	225	337
2. Régionale................	3	60	90	135	201	300	450	675	1 011
3. France (DOM-TOM inclus)...................	10	200	300	450	670	1 000	1 500	2 250	3 370
4. Pays francophones (France incluse)............	16	320	480	720	1 072	1 600	2 400	3 600	5 392
5. Europe......................	36	720	1 080	1 620	2 412	3 600	5 400	8 100	12 132
6. Reste du monde	50	1 000	1 500	2 250	3 350	5 000	7 500	11 250	16 850

Au-delà, progression des tranches par 2, progression des bases correspondantes par 1,5.

Pour le calcul des droits annuellement dus, il est fait cumul du nombre de salles par semaine après application du coefficient modérateur correspondant à une zone ou à une fraction de zone.

Les fractions de zones et les coefficients modérateurs sont définis comme suit :

– pour la zone 4 : un pays (hormis la France), coefficient 0,125 ; de deux à cinq pays (hormis la France), coefficient 0,5 ; au-delà, coefficient 1 ;

– pour la zone 5 : un pays isolé, coefficient 0,08 ; de deux à cinq pays, coefficient 0,33 ; au-delà, coefficient 1 ;

– pour la zone 6 : un pays isolé, coefficient 0,04.

La grille est établie pour un film de quarante-cinq secondes. Pour un film d'une durée différente, le montant des droits est calculé au prorata de sa durée.

Art. 13 Pour l'utilisation d'une œuvre sur un support vidéo ou par vidéotexte, il est fait application d'un coefficient égal à 30.

Art. 14 La présente décision qui sera publiée au *Journal officiel* de la République française *[JO 2 mai]* s'appliquera aux contrats conclus à compter du 1er mai 1987.

Décision du 9 septembre 1987,

De la commission créée par l'article 24 de la loi n° 85-660 du 3 juillet 1985 [CPI, art. L. 214-4] modifiée relative aux droits d'auteur et aux droits des artistes-interprètes, des producteurs de phonogrammes et de vidéogrammes et des entreprises de communication audiovisuelle — Complétée par Décis. du 28 juin 1996.

TITRE PREMIER Télédiffusion

Art. 1er Il est pris acte de la convention conclue le 19 juin 1987 entre la Société nationale de radiodiffusion Radio France et les bénéficiaires du droit à rémunération (annexe I). – *V. JO 13 déc.*

La rémunération due par les sociétés nationales de programmes Radio France outre-mer (RFO) et Radio France internationale (RFI) au titre de leurs activités de radiodiffusion sonore est égale à 4,446 p. 100 d'une assiette déterminée comme suit :

– l'assiette brute comprend l'ensemble des recettes liées à la radiodiffusion sonore y compris les recettes publicitaires ;

– l'assiette nette est obtenue, d'une part, après déduction des dépenses de diffusion ainsi que des rémunérations et charges sociales des artistes interprètes engagés pour la réalisation des programmes musicaux de chaque société, d'autre part, après application du taux annuel d'utilisation des phonogrammes par rapport à la totalité des programmes diffusés.

Le taux précité est celui qui résulte des relevés de programmes fournis par chaque société.

Art. 2 *Il est pris acte de la convention conclue le 7 septembre 1987 entre la société Europe I Communication et les bénéficiaires du droit à rémunération (annexe II). – V. JO 13 déc.*

La rémunération due par les stations périphériques, qui exploitent une station de radiodiffusion sonore en vertu d'un accord international, est égale à 6 p. 100 d'une assiette déterminée comme suit :

– l'assiette brute comprend l'ensemble des recettes y compris les recettes publicitaires ;

– l'assiette nette est obtenue, d'une part, après déduction de deux abattements, l'un pour frais de régie publicitaire au taux maximum de 23,25 p. 100 l'autre accordé aux radios qui consacrent au moins 30 p. 100 de leurs charges salariales aux salaires des journalistes professionnels au sens de l'article L. 761-2 du code du travail, au taux de 31,7 p. 100 et, d'autre part, après application du taux annuel d'utilisation des phonogrammes par rapport à la totalité des programmes diffusés.

Le taux précité est celui qui résulte des relevés de programmes fournis par chaque société.

Cet art. a été annulé par Décis. du Conseil d'État (CE 14 mai 1993 : Lebon, p. 156 ; D. 1993. IR 165). – V. toutefois, pour la période du 1er janv. 1988 au 31 déc. 1993, L. n° 93-924 du 20 juill. 1993, reprenant les dispositions initialement prévues à cet art. annulé. – V. encore Décis. 22 déc. 1993 de la commission créée à l'art. L. 214-4 CPI remplaçant cet art. depuis le 1er janv. 1994. – V. ces textes infra.

Art. 3 *Il est pris acte de la convention conclue le 9 septembre 1987 entre la Compagnie luxembourgeoise de télédiffusion (CLT) et les bénéficiaires du droit à rémunération (annexe III). – V. JO 13 déc.*

La rémunération due par les services locaux de radiodiffusion sonore par voie hertzienne émettant en modulation de fréquence est égale à 6 p. 100 d'une assiette déterminée comme suit :

— l'assiette brute comprend l'ensemble des recettes y compris les recettes publicitaires ;

— l'assiette nette est obtenue, d'une part, après déduction de deux abattements l'un pour frais de régie publicitaire au taux maximum de 23,25 p. 100 et l'autre accordé aux radios qui consacrent au moins 30 p. 100 de leurs charges salariales aux salaires des journalistes professionnels au sens de l'article L. 761-2 du code du travail, au taux de 31,7 p. 100 et, d'autre part, après application d'un taux annuel d'utilisation des phonogrammes par rapport à la totalité des programmes diffusés. Ce taux précité est fixé à 85 p. 100, toutefois, chaque service local pourra justifier d'un taux inférieur sur présentation de ses relevés de programmes.

Cette rémunération ne peut toutefois être inférieure à un minimum annuel de [1 000 F].

Cet art. a été annulé par Décis. du Conseil d'État (CE 14 mai 1993 : Lebon, p. 156 ; D. 1993. IR 165). — V. toutefois, pour la période du 1er janv. 1988 au 31 déc. 1993, L. n° 93-924 du 20 juill. 1993, reprenant les dispositions initialement prévues à cet art. annulé. — V. encore Décis. 22 déc. 1993 de la commission créée à l'art. L. 214-4 CPI remplaçant cet art. depuis le 1er janv. 1994. — V. ces textes, infra.

Art. 4 La rémunération due par les sociétés de télévision est égale à 2 p. 100 d'une assiette déterminée comme suit :

— l'assiette brute comprend l'ensemble des recettes y compris les recettes publicitaires ;

— l'assiette nette est obtenue, d'une part, après déduction des frais de régie publicitaire au taux maximum de 28 p. 100 des dépenses de diffusion et de distribution de programmes ainsi que des rémunérations et charges sociales des artistes-interprètes engagés pour la réalisation des programmes musicaux de chaque société, d'autre part, après application du taux annuel d'utilisation des phonogrammes par rapport à la totalité des programmes diffusés. Le taux précité est celui qui résulte des relevés de programmes fournis par chaque société.

TITRE II Discothèques et activités similaires

Art. 5 La rémunération due par les discothèques et activités similaires est déterminée de la manière suivante :

— l'assiette comprend l'ensemble des recettes brutes produites par les entrées ainsi que par la vente des consommations ou la restauration, toutes taxes et services inclus ;

— le taux applicable à cette assiette est de :

— 0,825 p. 100 pour la 1re année ;

— 1,031 p. 100 pour la 2e année ;

— 1,237 p. 100 pour la 3e année ;

— 1,444 p. 100 pour la 4e année ;

— 1,650 p. 100 pour la 5e année.

TITRE III Établissements et lieux sonorisés

Art. 6 La rémunération due par les établissements et lieux sonorisés est déterminée de la manière suivante :

— l'assiette est constituée par le montant des droits dus au titre de l'exercice du droit d'auteur correspondant à l'utilisation des œuvres pour cette sonorisation ;

— le taux applicable à cette assiette est de :

— 12 p. 100 pour la première année avec un minimum de 120 F ;

— 13 p. 100 pour la deuxième année avec un minimum de 130 F ;

— 14 p. 100 pour la troisième année avec un minimum de 140 F ;

— 16 p. 100 pour la quatrième année avec un minimum de 160 F ;

— 18 p. 100 pour la cinquième année avec un minimum de 180 F.

TITRE IV Dispositions générales

Art. 7 A défaut d'accords particuliers, les modalités et les délais de versement de la rémunération sont ceux résultant des conventions et usages en matière de droit d'auteur. Les redevables sont tenus de fournir tout justificatif des éléments nécessaires au calcul de la rémunération aux bénéficiaires représentés par la société pour la rémunération équitable de la communication au public des phonogrammes du commerce (SPRE) ou par une société de perception et de répartition des droits, mandatée par elle. Le relevé des programmes diffusés est également transmis aux mêmes sociétés : il doit permettre l'identification des bénéficiaires de la rémunération dans des formes et délais analogues à ceux établis dans le domaine du droit d'auteur, sous réserve d'accords particuliers.

Art. 8 Sans préjudice des conventions en vigueur ainsi que de la mise en œuvre des conventions mentionnées aux articles 1er, 2 et 3, la présente décision entrera en application le premier jour du mois suivant sa publication au *Journal officiel* de la République française.

Arrêté du 17 octobre 1990,

Pris en application de l'article 20 (titre II) de la loi n° 85-660 du 3 juillet 1985 [CPI, art. L. 212-9], relatif aux droits voisins des droits d'auteur des artistes-interprètes engagés pour la réalisation d'une œuvre audiovisuelle.

Art. 1er Sont rendues obligatoires, pour toute entreprise de production d'une œuvre cinématographique, les stipulations de l'accord spécifique du 7 juin 1990 concernant les artistes-interprètes engagés pour la réalisation d'une œuvre cinématographique.

Art. 2 Les stipulations de l'accord spécifique visé à l'article 1er sont rendues obligatoires à dater de la publication du présent arrêté *[JO 1er déc.]* pour la durée prévue par ledit accord.

ACCORD SPÉCIFIQUE

Concernant les artistes-interprètes engagés pour la réalisation d'une œuvre cinématographique

Entre :

La chambre syndicale des producteurs et exportateurs de films français, 5, rue du Cirque, 75008 Paris, représentée par son président, M. Poiré (Alain) ;

L'Association française des producteurs de films, 50, avenue Marceau, 75008 Paris, représentée par son président, M. Dauman (Anatole) ;

L'Union des producteurs de films, 1, place des Deux-Écus, 75001 Paris, représentée par son président, M. Zeitoun (Ariel),

D'une part, et

Le Syndicat français des artistes-interprètes (SFA) CGT, 21 *bis*, rue Victor-Massé, 75009 Paris, représenté par son secrétaire général, M. Parrot (François) ;

Le Syndicat des artistes du spectacle (Sydas)-CFDT, 85, rue Charlot (pièce 406), 75003 Paris, représenté par son secrétaire général, Mme Swann (Eva),

D'autre part,

En application des articles 19 et 20 de la loi du 3 juillet 1985 *[CPI, art. L. 212-8 et L. 212-9.]*, il a été convenu ce qui suit :

Art. 1er La rémunération convenue entre un artiste-interprète et un producteur pour la réalisation d'une œuvre cinématographique doit, par cachet, être au minimum de 1 637 F, soit :

900 F pour l'exploitation cinématographique en tous lieux et salles recevant du public ;

560 F pour l'exploitation par télédiffusion ;

177 F pour l'exploitation par vidéogrammes destinés à l'usage privé du public.

Ce salaire est révisé suivant les accords professionnels en vigueur.

En complément de ce salaire, le producteur verse à l'organisme de perception et de répartition désigné par les signataires du présent accord une somme fixée à 2 p. 100 des recettes nettes d'exploitation perçues par le producteur après amortissement du coût du film.

Ce pourcentage comprend le complément de rémunération versé à l'artiste-interprète ainsi que l'ensemble des charges afférentes à cette rémunération.

La somme est répartie entre les artistes-interprètes au prorata de leur salaire initial sans toutefois que soit pris en compte la part des cachets initiaux dépassant sept fois le cachet minimum en vigueur, soit à ce jour 11 459 F par journée de travail.

Le coût du film servant au calcul de l'amortissement est arrêté à la délivrance de l'agrément complémentaire. Le coût du film et les recettes nettes d'exploitation perçues par le producteur sont définies en annexe au présent accord.

Art. 2 Dans les six mois suivant la première exploitation de l'œuvre, le producteur fournit à l'organisme de perception et de répartition un état indiquant :

— le coût du film ;

— la liste des artistes-interprètes engagés pour la réalisation de l'œuvre ;

— le nombre et le montant de cachets versés à chaque artiste-interprète, le montant des cachets étant éventuellement plafonné à la limite maximum prévue à l'article 1er ;

— le montant des recettes nettes d'exploitation perçu par le producteur d'une part, au titre de l'exploitation en France ventilé par mode d'exploitation et d'autre part, au titre de l'exploitation à l'étranger.

L'état des recettes nettes d'exploitation ainsi que les règlements éventuels seront ensuite transmis annuellement à l'organisme de perception et de répartition.

Art. 3 Les parties contractantes décident de créer, à la date d'entrée en vigueur du présent accord, une commission paritaire de conciliation à laquelle devront être obligatoirement soumis pour conciliation les litiges concernant son application.

Cette commission devra obligatoirement se réunir, dans les trente jours suivant la date à laquelle l'un ou l'autre syndicat signataire aura été saisi d'un litige.

Au cas où la commission ne serait pas réunie dans le délai ci-dessus imparti, chacune des parties intéressées au litige pourra saisir directement la juridiction compétente.

Art. 4 Le présent accord entrera en vigueur à compter de la date où, conformément aux dispositions de l'article 20 de la loi du 3 juillet 1985 *[CPI, art. L. 212-9]*, il sera rendu obligatoire par arrêté du ministre compétent.

Le présent accord s'appliquera aux contrats signés à compter de son entrée en vigueur.

Il est conclu pour une période de cinq ans à compter de sa date de signature et sera ensuite renouvelable annuellement par tacite reconduction sauf dénonciation par l'une ou l'autre des parties par lettre recommandée six mois au moins avant la fin de chaque année civile.

Loi n° 93-924 du 20 juillet 1993,

Fixant les modalités de calcul de la rémunération due aux artistes-interprètes et aux producteurs de phonogrammes par les services privés de radiodiffusion sonore.

Art. 1er La rémunération due, en application de l'article L. 214-1 du code de la propriété intellectuelle, aux artistes-interprètes et aux producteurs de phonogrammes par les services de radiodiffusion sonore visés au troisième alinéa (2°) de l'article 41-3 de la loi n° 86-1067 du 30 septembre 1986 relative à la liberté de communication est égale à 6 p. 100 de la somme déterminée par l'application à l'ensemble des recettes de ces services, y compris les recettes publicitaires :

a) D'un abattement pour frais de régie publicitaire d'un taux maximum de 23,25 p. 100 ;

b) Pour les services dans lesquels les salaires versés à des journalistes professionnels au sens de l'article L. 761-2 *[C. trav., art. L. 7111-3, L. 7112-1 et L. 7111-4]* du code du travail représentent au moins 30 p. 100 des charges salariales totales, d'un abattement de 31,7 p. 100 ;

c) D'un taux représentatif de la proportion de la durée totale annuelle de leurs programmes consacrée à la diffusion de phonogrammes, appliqué après les abattements prévus aux *a* et *b* ci-dessus, ce taux résultant des relevés de programmes fournis par chaque société.

Art. 2 La rémunération due, en application de l'article L. 214-1 du code de la propriété intellectuelle, aux artistes-interprètes et aux producteurs de phonogrammes par les services de radiodiffusion sonore visés à l'article 29 de la loi n° 86-1067 du 30 septembre 1986 précitée autres que ceux mentionnés à l'article 1er est égale à 6 p. 100 de la somme déterminée par l'application à l'ensemble des recettes de ces services, y compris les recettes publicitaires :

a) D'un abattement pour frais de régie publicitaire d'un taux maximum de 23,25 p. 100 ;

b) Pour les services dans lesquels les salaires versés à des journalistes professionnels au sens de l'article L. 761-2 *[C. trav., art. L. 7111-3, L. 7112-1 et L. 7111-4]* du code du travail représentent au moins 30 p. 100 des charges salariales totales, d'un abattement de 31,7 p. 100 ;

c) D'un taux représentatif de la proportion de la durée totale annuelle de leurs programmes consacrée à la diffusion de phonogrammes, appliqué après les abattements prévus aux *a* et *b* ci-dessus. Ce taux est fixé à 85 p. 100, sauf pour chaque service à justifier d'un taux inférieur sur présentation de ses relevés de programmes.

La rémunération due en application du présent article ne peut être inférieure à un montant annuel de 1 000 F.

Art. 3 Les modalités et délais de versement de la rémunération prévue aux articles 1er et 2 sont, à défaut d'accords particuliers, ceux résultant des conventions et usages en matière de droit d'auteur.

Les redevables sont tenus de fournir aux organisations représentatives des artistes-interprètes et des producteurs visées au premier alinéa de l'article L. 214-3 du code de la propriété intellectuelle tous justificatifs des éléments nécessaires au calcul et à la répartition entre les ayants droit de cette rémunération.

Art. 4 Les dispositions de la présente loi sont applicables aux rémunérations dues à compter du 1er janvier 1988 et jusqu'au 31 décembre 1993, à défaut de l'application d'accords conclus ou étendus conformément à l'article L. 214-3 du code de la propriété intellectuelle ou d'une décision de la commission visée à l'article L. 214-4 du même code, et sous réserve des décisions individuelles passées en force de chose jugée.

Les perceptions effectuées en application de la décision du 9 septembre 1987 de la commission instituée par l'article L. 214-4 du code de la propriété intellectuelle n'ouvrent droit à aucune restitution, remboursement ou indemnité de quelque nature que ce soit à la charge des artistes-interprètes et des producteurs de phonogrammes ou des sociétés les représentant. – *V. Décis. 9 sept. 1987.*

Décision du 22 décembre 1993,

De la commission créée par l'article L. 214-4 du code de la propriété intellectuelle complétant la décision du 9 septembre 1987.

Le principe d'égalité ne s'opposant pas à ce que des dispositions différentes soient appliquées à des situations qui le sont également, la décision du 22 déc. 1993 a pu, sans violer ledit principe, prévoir que serait déduit de l'assiette de calcul de la rémunération due un abattement de 22 % pour les services qui réalisent et diffusent, à des heures significatives, au moins cinq heures par jour de programmes d'intérêt local non musicaux produit par un personnel rémunéré par le service, dès lors que cette disposition est justifiée par une différence de situation des bénéficiaires. • CE 23 juin 2000, *Sté Sud Bretagne*, n° 205785.

Art. 1er **La rémunération due par les services privés de radiodiffusion sonore au titre de l'article L. 214-1 du code de la propriété intellectuelle est égale à 4,25 p. 100 d'une assiette définie aux articles 2 et 3, à laquelle est appliqué le taux annuel d'utilisation des phonogrammes par rapport à la totalité des programmes diffusés.**

Ce taux est fixé à 85 p. 100, chaque service pouvant justifier d'un taux inférieur sur présentation de ses relevés de programmes.

Art. 2 **L'assiette de calcul de la rémunération est constituée par les recettes liées à l'activité de radiodiffusion, qui comprend notamment les subventions, dons et cotisations, les recettes de prestations de services liées à l'antenne et le chiffre d'affaires publicitaire, hors taxe sur la valeur ajoutée.**

Par chiffre d'affaires publicitaire on entend l'ensemble des sommes facturées aux annonceurs pour la diffusion de leurs messages publicitaires sur l'antenne, y compris celles qui représentent des échanges publicitaires ou de marchandises, avant déduction des frais et commissions de régie publicitaire.

Sont exclues de l'assiette, comme n'étant pas liées à l'activité de radiodiffusion, les subventions spécifiques d'aide à l'emploi, le chiffre d'affaires provenant de la télématique, des services téléphoniques surtaxés, des licences de marque, de l'organisation de concerts, de manifestations et de services hors antenne de toute nature.

Art. 3 **Sont déduits de l'assiette, sur présentation de justificatifs :**

1° Les créances irrécouvrables ;

2° Les échanges publicitaires pendant les trois premières années d'exploitation de tout nouveau service, et, pour les services créés avant la date de la présente décision, pendant la fraction de leurs trois premières années d'exploitation restant à courir ;

3° Un abattement de 22 p. 100 pour les services qui diffusent au moins cinq heures par jour de programmes constitués d'informations et de magazines non musicaux, réalisés par des journalistes professionnels au sens de l'article L. 761-2 *[C. trav., art. L. 7111-3, L. 7112-1 et L. 7111-4]* **du code du travail ;**

4° Un abattement de 22 p. 100, non cumulable avec le précédent, pour les services qui réalisent et diffusent, à des heures significatives, au moins cinq heures par jour de programmes d'intérêt local non musicaux, c'est-à-dire n'utilisant que de façon très accessoire la diffusion de musique, produits par un personnel rémunéré par le service ;

5° Un abattement de 10 p. 100 pour les services qui communiquent aux sociétés de perception et de répartition des droits voisins, dans les six mois à compter de la clôture de chaque exercice comptable, les éléments documentaires et les justificatifs nécessaires à la perception et à la répartition de la rémunération, et qui, en cours d'exercice, s'acquittent des montants provisionnels de rémunération.

Art. 4 **Le montant de la rémunération annuelle ne peut être inférieur à [1 500 F].**

Art. 5 **La présente décision prendra effet le 1er janvier 1994 et sera publiée au** ***Journal officiel*** **de la République française.**

Décision n° 1 du 4 janvier 2001,

De la commission prévue à l'article L. 311-5 du code de la propriété intellectuelle relative à la rémunération pour copie privée.

Considérant qu'elle est chargée par la loi de déterminer, pour tous les types de supports utilisables, les taux et les modalités de versement de la rémunération pour copie privée des œuvres fixées sur phonogrammes et vidéogrammes, constate qu'elle dispose d'une information suffisante concernant une majeure partie des supports numériques utilisables à cette fin, et qu'elle se trouve ainsi en mesure de fixer les rémunérations correspondantes, par application des règles fixées aux articles 2 à 4, récapitulées dans le tableau annexé à la présente décision ;

Considérant qu'elle n'a pu réunir l'ensemble des éléments d'information nécessaires ou suffisants, à la date du 21 décembre 2000, en ce qui concerne les supports d'enregistrement intégrés dans des matériels électroniques grand public, à l'exception des matériels, comprenant un support d'enregistrement intégré dédié à l'enregistrement sonore, dits « baladeurs », a pris une délibération à l'unanimité pour décider de renvoyer sur ce point sa décision avant la fin du mois de mars 2001 ;

Considérant qu'elle ne peut qu'écarter de sa décision, sous réserve de leur réexamen ultérieur, les types de supports pour lesquels elle a relevé l'absence de pratique ou l'insignifiance des perspectives de copie privée, entend en revanche mener sans délai les études ou analyses complémentaires concernant les types de supports d'enregistrement, notamment informatiques, pour lesquels elle n'a pas jugé son information encore suffisante, en vue de prendre les décisions correspondantes sans discontinuité et dans le délai mentionné à l'alinéa précédent ou à une date la plus proche possible de son expiration ;

Considérant les changements qui affectent la situation des activités professionnelles concernées, d'une part, la variété croissante des supports éligibles, liée aux développements technologiques et industriels, d'autre part, et enfin l'évolution des usages de consommation et des pratiques de copie privée, elle prévoit la nécessité de procéder au réexamen périodique et, le cas échéant, à la révision de ses décisions, mais entend fixer d'ores et déjà, notamment aux fins de sa présente décision n° 1, les règles et paramètres de calcul retenus pour la détermination de la rémunération pour copie privée pour chaque type de supports mentionné.

Sur le rejet de la demande d'annulation de la décision du 4 janv. 2001, V. • CE 25 nov. 2002 : *CCE 2003, n° 3, note Caron ; Légipresse 2003, n° 198, I, p. 7 ; RIDA avr. 2003, p. 297, obs. Kéréver.*

Art. 1er **Sont éligibles à la rémunération due au titre des articles L. 311-1 et suivants susvisés tous les supports d'enregistrement numériques utilisables pour la reproduction à usage privé des œuvres fixées sur les phonogrammes et les vidéogrammes quels que soient leur format et leur présentation, leurs caractères amovible ou intégré à tous types de matériels commercialisés, inscriptible une fois ou réinscriptible plusieurs fois, dédié à la copie d'œuvres ou à un usage hybride c'est-à-dire à des copies de sons, d'images et de toutes autres données.**

Art. 2 **La rémunération versée par le fabricant, l'importateur ou la personne qui réalise des acquisitions intracommunautaires, au sens du 3° du I de l'article 256 *bis* du code général des impôts, de supports d'enregistrement numériques utilisables pour la copie privée des phonogrammes est fixée à** *(Décis. 6 déc. 2001)* **« 45,73 € pour 100 heures ».**

La rémunération versée par le fabricant, l'importateur ou la personne qui réalise des acquisitions intracommunautaires, au sens du 3° du I de l'article 256 *bis* du code général des impôts, de supports d'enregistrement numériques utilisables pour la copie privée des vidéogrammes est fixée à *(Décis. 6 déc. 2001)* **« 125,77 € pour 100 heures ».**

Les rémunérations mentionnées aux deux alinéas précédents sont réévaluées au 1er juillet de chaque année sur décision de la commission pour tenir compte de l'évolution économique au cours de l'année précédente. La première révision sera applicable au 1er juillet 2002.

Art. 3 **Les rémunérations horaires mentionnées à l'article 2 font l'objet, pour chaque type de supports, d'une pondération de 0 à 100 % selon le taux de copiage retenu par la commission à partir des informations portées à sa connaissance sur les pratiques de copie privée, le cas échéant pondéré entre les domaines sonore et audiovisuel.**

Art. 4 La durée d'enregistrement prévue à l'article L. 311-4 et permettant de déterminer le montant de la rémunération par type de supports est fixée, pour chacun de ceux-ci, par application à la durée nominale fixée d'un coefficient de majoration correspondant aux pratiques de compression reconnues, apprécié par la commission à partir des informations portées à sa connaissance.

Art. 5 Par application des règles fixées, aux articles 2, 3 et 4, le montant de rémunération unitaire par type de supports est fixé conformément au tableau annexé à la présente décision.

Pour les supports d'enregistrement du type de ceux mentionnés au 2 et au 3 du tableau annexé à la présente décision dont les caractéristiques techniques et les pratiques d'utilisation ne diffèrent de celles des supports mentionnés audit tableau que par la durée ou la capacité nominales d'enregistrement, la rémunération est égale au produit de la rémunération fixée pour le support figurant audit tableau par la durée ou capacité d'enregistrement nominales du support considéré, divisé par la durée ou la capacité nominales d'enregistrement du support figurant audit tableau.

Art. 6 La rémunération versée par le fabricant, l'importateur ou la personne qui réalise des acquisitions intracommunautaires, au sens du 3° du I de l'article 256 *bis* du code général des impôts, de supports d'enregistrement analogiques utilisables pour la copie privée des phonogrammes est portée à *(Décis. 6 déc. 2001)* « 28,51 € pour 100 heures ».

La rémunération versée par le fabricant, l'importateur ou la personne qui réalise des acquisitions intracommunautaires, au sens du 3° du I de l'article 256 *bis* du code général des impôts, de supports d'enregistrement analogiques utilisables pour la copie privée des vidéogrammes est portée à *(Décis. 6 déc. 2001)* « 42,84 € pour 100 heures ».

Les rémunérations mentionnées aux alinéas précédents demeurent soumises aux articles 3 à 6 de la décision du 30 juin 1986, précisés, pour ce qui concerne l'article 5 de cette dernière décision, par l'arrêté du 23 septembre 1986 susvisé. Elles sont réévaluées au 1er juillet de chaque année sur décision de la commission pour tenir compte de l'évolution économique au cours de l'année précédente. La première révision sera applicable au 1er juillet 2002. — *V. ces textes.*

Art. 7 En application des dispositions de l'article L. 311-8 du code de la propriété intellectuelle, il ne sera pas procédé au paiement des rémunérations dues, dès lors que les supports d'enregistrement sortis des stocks ou dédouanés auront été livrés aux personnes mentionnées aux a et b de l'article 5 de la décision du 30 juin 1986 susvisée, ainsi qu'aux personnes morales ou organismes dont la liste a été fixée par l'arrêté du 23 septembre 1986 susvisé. — *V. ces textes.*

La commission prévue à l'art. L. 311-5, en se bornant à substituer, pour ces rémunérations, un système de non-paiement à un mécanisme de remboursement après paiement, ne peut être regardée comme ayant, par l'art. 7 de sa décision et le renvoi à l'art. 5 de la décision du 30 juin 1986, excédé les limites du pouvoir de déterminer les modalités de versement de la rémunération pour copie privée qui lui ont été attribuées par l'art. L. 311-5 CPI, ni comme ayant introduit dans ces modalités des discriminations légales. • CE 25 nov. 2002 : *Légipresse 2003, n° 198, I, p. 7 ; RIDA avr. 2003, p. 297, obs. Kérever.*

Art. 8 Les modalités de versement des rémunérations arrêtées par la présente décision sont celles prévues par les dispositions de l'article 6 de la décision du 30 juin 1986 susvisée.

Art. 9 La présente décision [...] entrera en vigueur quinze jours après sa publication.

ANNEXE

TABLEAU DE LA RÉMUNÉRATION DUE PAR TYPE DE SUPPORTS *(Décis. 6 Déc. 2001)*

1. Supports d'enregistrement analogique (rémunération horaire (1)) :

Cassette audio : 28,51 € pour 100 heures ;

Cassette vidéo : 42,84 € pour 100 heures.

2. Supports d'enregistrement numérique (rémunération par support) :

	RÉMUNÉRATION (en euros)	DURÉE ou capacité d'enregistrement
Minidisc	45,73 €	100 heures
CDR et CDR-RW Audio	45,73 €	100 heures
DVD-R et DVD-RW Vidéo	125,77 €	100 heures
CDR et CDR-RW Data (2)	50,43 €	100 000 Mo
DVD-Ram et DVD-R et DVD-RW Data (2)	21,27 €	100 Go
DVHS	125,77 €	100 heures
Mémoires amovibles dédiées à l'audio	1,05 €	100 Mo

3. *Abrogé par Décis. n° 15 du 14 déc. 2012, V. infra.*

NOTA : *(1) Actualisation du taux retenu par la décision du 30 juin 1986 (JO 23 août 1986).*

(2) Abrogés par Décis. n° 15 du 14 déc. 2012, infra.

Décision du 30 novembre 2001,

De la commission créée par l'article L. 214-4 du code de la propriété intellectuelle.

Art. 1er La rémunération due par les discothèques et établissements similaires est déterminée sur la base d'une assiette qui comprend l'ensemble des recettes brutes produites par les entrées ainsi que par la vente des consommations ou la restauration, services inclus, hors taxes, confirmées par la production des éléments comptables et fiscaux permettant à la fois la vérification par la société de perception et de répartition et, le cas échéant, la prise en compte des particularités d'un établissement.

Art. 2 Le taux applicable à cette assiette est de 1,65 %.

Sont déduits de cette assiette :

1° Un abattement de 12 % pour les établissements qui communiquent dans les quatre mois suivant la clôture de leur exercice social une déclaration certifiée de l'ensemble des recettes brutes détaillées réalisées au titre de cet exercice et une copie certifiée conforme par un expert-comptable ou un comptable agréé de la déclaration effectuée auprès de l'administration fiscale au titre de cet exercice ; cet abattement est pris en compte pour le calcul des paiements mensuels ;

2° Un abattement supplémentaire de 15 % pour les établissements qui s'acquittent, avant le 25 du mois d'émission de la facture, du montant facturé mensuellement ; cet abattement est porté à 17 % en cas de paiement par prélèvement automatique.

Art. 3 Les établissements qui ne déclarent pas leurs recettes annuelles sont facturés sur la base du dernier chiffre d'affaires connu avec un minimum de facturation de 580 € HT par mois.

Art. 4 Les établissements dont les recettes annuelles sont inférieures à 153 000 € HT, ainsi que ceux qui sont dans leur premier exercice fiscal, se voient appliquer, sauf demande expresse contraire de leur part, un forfait calculé à partir de deux critères :

– *nombre de jours d'ouverture par an* (critère dénommé O) ;

– capacité d'accueil de l'établissement au sens de l'article P 2 du règlement de sécurité contre les risques d'incendie et de panique dans les établissements recevant du public (critère dénommé C).

Partant d'un forfait annuel de base de 460 euros, le calcul du forfait est le suivant : 460 € × O × C.

Les valeurs des critères O et C sont données dans la table suivante :

JOURS	O	CAPACITÉ	C
≤ 52	1	≤ 100	1
53-104	1,25	101-150	1,25
105-156	1,5	151-200	1,5
157-208	2	201-250	2
209-260	2,25	251-300	2,25
> 260	2,5	301-400	2,5
		401-500	3
		> 500	3,5
Forfait de base annuel : 460 €			

Ces 2 critères doivent être justifiés par les documents appropriés, communiqués en même temps que les documents comptables et fiscaux.

Le forfait ne peut être ni inférieur ni supérieur de plus de 10 % à la rémunération équitable qui serait due en cas d'application du barème proportionnel, avec l'octroi des abattements lorsque les conditions requises sont réunies.

Le forfait exclut l'application des abattements.

Si, en fin d'exercice, il résulte de la déclaration de résultats que l'établissement n'avait pas droit au forfait, une facture est émise sur la base du barème proportionnel, avec l'octroi des abattements lorsque les conditions requises sont réunies.

Art. 5 Les redevables sont tenus de fournir tout justificatif des éléments nécessaires au calcul de la rémunération aux bénéficiaires représentés par la société pour la rémunération équitable de la communication au public des phonogrammes du commerce (SPRE) ou par une société de perception et de répartition des droits mandatée par elle. Le relevé de programmes diffusés est également transmis aux mêmes sociétés ; il doit permettre l'identification des bénéficiaires de la rémunération dans des formes et délais analogues à ceux établis dans le domaine du droit d'auteur, sous réserve d'accords particuliers.

Art. 6 La présente décision entrera en vigueur le 1er janvier 2002 et sera publiée au *Journal officiel* de la République française.

Décision n° 3 du 4 juillet 2002,

De la commission prévue à l'article L. 311-5 du code de la propriété intellectuelle relative à la rémunération pour copie privée.

Abrogée par Décis. n° 15 du 14 déc. 2012, V. infra.

Décision n° 4 du 10 juin 2003,

De la commission prévue à l'article L. 311-5 du code de la propriété intellectuelle relative à la rémunération pour copie privée.

BIBL. ▶ CARON, *CCE 2003, n°* 82 (les disquettes informatiques sont soumises à la rémunération pour copie privée).

Considérant qu'elle a réuni les éléments d'information et d'appréciation nécessaires et suffisants pour lui permettre, sur les bases de sa décision n° 1 du 4 janvier 2001, modifiée par la décision n° 2 du 6 décembre 2001, de fixer la rémunération pour copie privée des auteurs et éditeurs des œuvres fixées sur tout autre support que des phonogrammes et vidéogrammes au titre de leur reproduction réalisée dans les conditions prévues au 2° de l'article L. 122-5 du code de la propriété intellectuelle sur certains supports d'enregistrement numériques amovibles ;

Considérant qu'elle entend néanmoins poursuivre les études et analyses complémentaires lui permettant, en tenant compte de l'évolution des technologies, des matériels, des usages de consommation et des pratiques de copie privée, de procéder, le cas échéant, à la révision de ses décisions ou à l'élection de nouveaux types de supports d'enregistrement,

Art. 1er Sont éligibles à la rémunération due au titre des articles L. 311-1 et suivants susvisés du code de la propriété intellectuelle les supports d'enregistrement que constituent les disquettes 3 pouces et demi.

Art. 2 La rémunération versée par le fabricant, l'importateur ou la personne qui réalise des acquisitions intracommunautaires au sens du 3° du I de l'article 256 *bis* du code général des impôts de supports d'enregistrement numériques utilisables pour la copie privée des œuvres de l'écrit est fixée à 0,39 euro par heure.

La rémunération versée par le fabricant, l'importateur ou la personne qui réalise des acquisitions intracommunautaires au sens du 3° du I de l'article 256 *bis* du code général des impôts de supports d'enregistrement numériques utilisables pour la copie privée des arts visuels est fixée à 0,345 euro par heure.

Les rémunérations mentionnées aux deux alinéas précédents sont réévaluées au 1er juillet de chaque année sur décision de la commission pour tenir compte de l'évolution économique au cours de l'année précédente.

Art. 3 Les rémunérations horaires mentionnées à l'article 2 font l'objet, pour chaque type de supports, de pondération de 0 à 100 % selon le taux de copiage retenu par la commission à partir des informations portées à sa connaissance sur les pratiques de copies privées, le cas échéant pondéré entre les domaines des œuvres de l'écrit et des arts visuels.

Art. 4 La durée d'enregistrement prévue à l'article L. 311-4 du code de la propriété intellectuelle et permettant de déterminer le montant de la rémunération par type de supports est fixée par application d'un coefficient de conversion horaire des capacités nominales et d'un coefficient de majoration correspondant aux pratiques de compression reconnues, appréciés par la commission à partir des informations portées à sa connaissance.

Art. 5 Par application des règles fixées aux articles 2, 3 et 4, le montant de la rémunération unitaire est fixé conformément au tableau annexé à la présente décision.

Pour les supports d'enregistrement du type de ceux mentionnés au tableau figurant en annexe, dont les caractéristiques techniques et les pratiques d'utilisation ne diffèrent de celles des supports mentionnés audit tableau que par la durée ou la capacité nominales d'enregistrement, la rémunération est égale au produit de la rémunération fixée pour le support figurant audit tableau par la durée ou capacité d'enregistrement nominales du support considéré, divisé par la durée ou la capacité nominales d'enregistrement du support figurant audit tableau.

Art. 6 En application des dispositions de l'article L. 311-8 du code de la propriété intellectuelle, il ne sera pas procédé au paiement des rémunérations dues en application de la présente décision ainsi que de la décision n° 1 du 4 janvier 2001 de la commission, dès lors que les supports d'enregistrement concernés sortis des stocks ou dédouanés auront été livrés :

— aux personnes mentionnées aux a et b de l'article 5 de la décision du 30 juin 1986 susvisée, ainsi qu'aux personnes morales ou organismes dont la liste a été fixée par l'arrêté du 23 septembre 1986 susvisé ;

— aux éditeurs d'œuvres publiées sur supports numériques mentionnés au 2° *bis* de l'article L. 311-8 du code de la propriété intellectuelle qui auront conclu une convention, à cet effet, avec les sociétés de perception mentionnées à l'article L. 311-6 dudit code.

Art. 7 Les modalités de versement des rémunérations arrêtées par la présente décision sont celles prévues par les dispositions de l'article 6 de la décision du 30 juin 1986 susvisée.

Art. 8 La présente décision sera publiée au *Journal officiel* de la République française *(JO 2 juill. 2003)* et entrera en vigueur quinze jours après sa publication.

ANNEXE

TABLEAU DE LA RÉMUNÉRATION DUE EN APPLICATION DE L'ARTICLE 5

Tableau de la rémunération due sur les disquettes trois pouces et demi

Rémunération (en euros)	Capacité nominale d'enregistrement (en Mo)
0,015	1,44

Décision n° 5 du 6 juin 2005,

De la commission prévue à l'article L. 311-5 du code de la propriété intellectuelle relative à la rémunération pour copie privée.

Abrogée par Décis. n° 15 du 14 déc. 2012, V. infra.

Décision n° 6 du 22 novembre 2005,

De la commission prévue à l'article L. 311-5 du code de la propriété intellectuelle relative à la rémunération pour copie privée.

Abrogée par Décis. n° 15 du 14 déc. 2012, V. infra.

Décision n° 7 du 20 juillet 2006,

De la commission prévue à l'article L. 311-5 du code de la propriété intellectuelle relative à la rémunération pour copie privée.

Le Conseil d'État, par un arrêt du 11 juill. 2008 (n° 298779), a annulé la décision du 20 juill. 2006 (V. cette décision sur Dalloz jurisprudence). Cette annulation sera effective à l'expiration d'un délai de six mois à compter de la date de notification au ministère de la culture de la décision du Conseil d'État, sous réserve des actions contentieuses engagées à la date de la décision contre des actes pris sur son fondement.

Considérant l'examen entrepris de l'évolution des caractéristiques techniques, des pratiques de copie privée et du marché de certains supports numériques d'enregistrement ;

Considérant que la commission a réuni les éléments d'information et d'appréciation nécessaires et suffisants pour lui permettre, au vu de sa décision n° 3 du 4 juillet 2002, de réviser et de fixer des nouveaux montants de rémunération pour copie privée due aux ayants droit des œuvres fixées sur des phonogrammes ou des vidéogrammes au titre de l'utilisation des mémoires et disques durs intégrés à un baladeur ou à un appareil de salon soit dédié à l'enregistrement des œuvres fixées sur des vidéogrammes, soit dédiés conjointement à l'enregistrement des œuvres fixées sur des phonogrammes et sur des vidéogrammes ;

Considérant que la commission a réuni les éléments d'information et d'appréciation nécessaires et suffisants pour lui permettre, au vu de sa décision n° 1 du 4 janvier 2001, modifiée par les décisions n° 2 du 6 décembre 2001 et n° 5 du 6 juin 2005, de réviser le montant de la rémunération pour copie privée due aux ayants droit des œuvres fixées sur des phonogrammes ou des vidéogrammes au titre des DVD enregistrables ;

Considérant qu'elle entend par ailleurs poursuivre dans la suite de ses travaux les études et analyses complémentaires lui permettant, en tenant compte de l'évolution des technologies, des matériels, des usages de consommation, des pratiques d'enregistrement et de copie privée, de procéder, le cas échéant, à la révision de ses décisions antérieures, à l'intégration de nouveaux bénéficiaires de la rémunération, ou à l'élection de nouveaux types de supports d'enregistrement,

Décide :

Art. 1er Sont éligibles à la rémunération due au titre des articles L. 311-1 et suivants du code de la propriété intellectuelle les mémoires et disques durs intégrés à un baladeur ou à un appareil de salon dédiés à la fois à l'enregistrement numérique des phonogrammes et des vidéogrammes.

Le montant de la rémunération unitaire est établi suivant les modalités définies par l'article 2 de la décision n° 3 du 4 juillet 2002 susvisée. Il est fixé par palier de capacité conformément au tableau n° 1 annexé à la présente décision.

Art. 2 Le montant de la rémunération unitaire sur les mémoires et disques durs intégrés à un téléviseur, un enregistreur ou un boîtier assurant l'interface entre l'arrivée de signaux de télévision et le téléviseur (décodeur) comportant une fonctionnalité d'enregistrement numérique de vidéogrammes, ou un baladeur dédié à l'enregistrement de vidéogrammes, est fixé par palier de capacité conformément au tableau n° 2 annexé à la présente décision.

Art. 3 Les déclarations faites par les redevables aux sociétés chargées de percevoir la rémunération devront mentionner de façon distincte, pour chaque catégorie d'appareil, le nombre d'appareils assujettis à la rémunération ainsi que, pour chacun d'eux, leur capacité d'enregistrement. La capacité d'enregistrement desdits appareils est présumée être celle déclarée par le redevable concerné.

Les modalités de versement de la rémunération arrêtée par la présente décision sont celles prévues par les dispositions de l'article 6 de la décision du 30 juin 1986 susvisée.

Art. 4 Pour les supports d'enregistrement du type de ceux mentionnés aux tableaux figurant en annexe, dont les caractéristiques techniques et les pratiques d'utilisation ne diffèrent de celles des supports mentionnés auxdits tableaux que par une capacité nominale supérieure d'enregistrement, la rémunération prévue pour la capacité nominale maximale des supports mentionnés auxdits tableaux sera appliquée à titre conservatoire, dans l'attente de la fixation d'une rémunération spécifique pour cette capacité nominale d'enregistrement.

Art. 5 Le tableau de la rémunération due sur les disques durs intégrés à un téléviseur, un magnétoscope ou un boîtier assurant l'interface entre l'arrivée de signaux de télévision et le téléviseur (décodeur) et comportant une fonctionnalité d'enregistrement numérique de vidéogrammes sur disque dur (PVR) annexé à la décision n° 3 du 4 juillet 2002 susvisée est supprimé.

Art. 6 Le taux de rémunération pour copie privée au titre des DVD Ram, DVD R data et DVD RW data est fixé à 23,40 € pour 100 Go, soit 1,10 € pour 4,7 Go.

Art. 7 Le taux de rémunération due par type de supports annexé à la décision susvisée du 6 décembre 2001, modifié par la décision du 6 juin 2005 susvisée, est ainsi modifié :

La ligne : « DVD Ram, DVD R et DVD RW data 27,02 €, 100 Go » est remplacée par la ligne : « DVD Ram, DVD R et DVD RW data 23,40 €, 100 Go ».

Art. 8 La présente décision entrera en vigueur à compter du premier jour du mois suivant sa publication et sera publiée au *Journal officiel* de la République française *[au JO du 13 sept., soit une entrée en vigueur le 1er oct. 2006]*.

ANNEXE

Tableau de la rémunération due en application de l'article 1er

Tableau de la rémunération due sur les mémoires et disques durs intégrés à un baladeur ou à un appareil de salon dédiés à la fois à l'enregistrement numérique de phonogrammes et de vidéogrammes

Rémunération	Capacité nominale d'enregistrement
5 €	Jusqu'à 1 Go.
6 €	Au-delà de 1 Go et jusqu'à 5 Go.
7 €	Au-delà de 5 Go et jusqu'à 10 Go.
8 €	Au-delà de 10 Go et jusqu'à 20 Go.
10 €	Au-delà de 20 Go et jusqu'à 40 Go.
15 €	Au-delà de 40 Go et jusqu'à 80 Go.
20 €	Au-delà de 80 Go et jusqu'à 120 Go.
25 €	Au-delà de 120 Go et jusqu'à 160 Go.
35 €	Au-delà de 160 Go et jusqu'à 250 Go.
45 €	Au-delà de 250 Go et jusqu'à 400 Go.
50 €	Au-delà de 400 Go et jusqu'à 560 Go.

Tableau de la rémunération due en application de l'article 2

Tableau de la rémunération due sur les mémoires et disques durs intégrés à un téléviseur, un enregistreur ou un boîtier assurant l'interface entre l'arrivée de signaux de télévision et le téléviseur (décodeur) comportant une fonctionnalité d'enregistrement numérique de vidéogrammes, ou un baladeur dédié à l'enregistrement de vidéogrammes

Rémunération	Capacité nominale d'enregistrement
10 €	Jusqu'à 40 Go.
15 €	Au-delà de 40 Go et jusqu'à 80 Go.
20 €	Au-delà de 80 Go et jusqu'à 120 Go.
25 €	Au-delà de 120 Go et jusqu'à 160 Go.
35 €	Au-delà de 160 Go et jusqu'à 250 Go.
45 €	Au-delà de 250 Go et jusqu'à 400 Go.
50 €	Au-delà de 400 Go et jusqu'à 560 Go.

Décision n° 8 du 9 juillet 2007,

De la commission prévue à l'article L. 311-5 du code de la propriété intellectuelle relative à la rémunération pour copie privée.

Annulation de la décision. La Décis. n° 8 du 9 juill. 2007 de la commission prévue à l'art. L. 311-5 CPI relative à la rémunération pour copie privée est annulée. L'annulation prend effet à compter du 1er janv. 2009, sous réserve des actions contentieuses engagées à la date de la présente décision contre des actes pris sur le fondement des dispositions annulées. • CE 9 juill. 2007, *nos 310195, 310547, 310547 : CCE 2011. Chron. 9, obs. Tafforeau ; ibid. 2012. Chron. 4, obs. Daverat ; AJDA 2011. 854, note Bui-Xuan ; ibid. 2010. 2460.*

Considérant l'examen entrepris de l'évolution des caractéristiques techniques, des pratiques de copie privée et du marché de certains supports numériques d'enregistrement ;

Considérant que la commission a réuni les éléments d'information et d'appréciation nécessaires et suffisants pour lui permettre, au vu de ses délibérations et décisions précédentes, de fixer les montants de rémunération pour copie privée due aux ayants droit des œuvres fixées sur des phonogrammes ou des vidéogrammes ou sur tout autre support au titre de l'utilisation de nouveaux supports d'enregistrement hybrides amovibles constitués par les cartes mémoires, les clefs USB et les supports de stockage externes à disque ;

Considérant que la commission a réuni les éléments d'information et d'appréciation nécessaires et suffisants pour lui permettre, au vu de sa décision n° 1 du 4 janvier 2001 modifiée, de réviser le montant de la rémunération pour copie privée due aux ayants droit au titre des DVD enregistrables ;

Considérant qu'elle entend par ailleurs poursuivre dans la suite de ses travaux les études et analyses complémentaires lui permettant, en tenant compte de l'évolution des technologies, des matériels, des usages de consommation, des pratiques d'enregistrement et de copie privée, de procéder, le cas échéant, à la révision de ses décisions antérieures, à l'intégration de nouveaux bénéficiaires de la rémunération ou à l'élection de nouveaux types de supports d'enregistrement,

Décide :

Art. 1er **Sont éligibles à la rémunération due au titre des articles L. 311-1 et suivants du code de la propriété intellectuelle les supports d'enregistrement hybrides amovibles tels que définis ci-après :**

– les cartes mémoires ;

– les clefs USB ;

– les supports de stockage externes à disque utilisables directement avec un micro-ordinateur personnel, c'est-à-dire sans qu'il soit nécessaire de leur adjoindre un équipement complémentaire hormis les câbles de connexion et d'alimentation.

Art. 2 **Selon les supports susvisés, le montant de la rémunération est assis sur une capacité d'enregistrement nominale faisant l'objet :**

– d'une pondération selon le taux de copiage retenu par la commission à partir des informations portées à sa connaissance sur les pratiques de copie privée d'œuvres protégées relevant de chacun des domaines sonore, audiovisuel, écrit et image fixe ;

– d'un coefficient de conversion horaire des capacités nominales correspondant aux pratiques de compression reconnues ;

– d'un abattement correspondant à la proportion du support non utilisée par le copiste, telle que définie à partir des informations portées à la connaissance de la commission sur les caractéristiques techniques des supports et les usages en copie privée ;

– d'un abattement correspondant à la possibilité que lesdits supports soient utilisés conjointement avec d'autres supports sur lesquels une rémunération aurait été perçue au profit des ayants droit ;

– d'un abattement prenant en compte la grande capacité de certains supports.

Par application des règles susvisées, le montant de la rémunération unitaire est fixé par type de support et par palier de capacité conformément aux tableaux annexés à la présente décision.

Art. 3 **Les déclarations faites par les redevables aux sociétés chargées de percevoir la rémunération devront mentionner de façon distincte, pour chaque catégorie de support, le nombre de supports assujettis à la rémunération ainsi que, pour chacun d'eux, leur capacité d'enregistrement. La capacité d'enregistrement desdits supports est présumée être celle déclarée par le redevable concerné.**

Les modalités de versement des rémunérations arrêtées par la présente décision sont celles prévues par les dispositions de l'article 6 de la décision du 30 juin 1986 susvisée.

Art. 4 **Pour les supports d'enregistrement du type de ceux mentionnés aux tableaux figurant en annexe, dont les caractéristiques techniques et les pratiques d'utilisation ne diffèrent de celles des supports mentionnés auxdits tableaux que par une capacité nominale supérieure d'enregistrement, la rémunération prévue pour la capacité nominale maximale des supports mentionnés auxdits tableaux sera appliquée à titre conservatoire, dans l'attente de la fixation d'une rémunération spécifique pour cette capacité nominale d'enregistrement.**

Art. 5 **Le taux de rémunération pour copie privée au titre des DVD Ram, DVD R data et DVD RW data est fixé à 21,27 € pour 100 Go, soit 1 € pour 4,7 Go.**

Art. 6 **Le taux de rémunération due par type de supports annexé à la décision du 6 décembre 2001, modifiée par les décisions du 6 juin 2005 et du 20 juillet 2006 susvisées, est ainsi modifié :**

La ligne :

DVD-Ram, DVD-R et DVD-RW Data	**23,40 €**	**100 Go**

est remplacée par la ligne :

DVD-Ram, DVD-R et DVD-RW Data	**21,27 €**	**100 Go**

La présente décision sera publiée au *Journal officiel* de la République française et entrera en vigueur à compter du premier jour du mois suivant sa publication *[JO du 9 sept., soit une entrée en vigueur le 1er oct. 2007]*.

ANNEXE

TABLEAUX DE RÉMUNÉRATION DUE EN APPLICATION DE L'ARTICLE 2

Tableau de la rémunération due sur les cartes mémoires non dédiées

Rémunération en euros par gigaoctet (€/Go)	Capacité nominale d'enregistrement (1 Go = 1 024 Mo)
0,144	Inférieure ou égale à 512 Mo.
0,090	Supérieure à 512 Mo et inférieure ou égale à 2 Go.
0,072	Supérieure à 2 Go et inférieure ou égale à 5 Go.
0,062	Supérieure à 5 Go et inférieure ou égale à 10 Go.
0,059	Supérieure à 10 Go et inférieure ou égale à 16 Go.

Tableau de la rémunération due sur les clefs USB non dédiées

Rémunération en euros par gigaoctet (€/Go)	Capacité nominale d'enregistrement (1 Go = 1 024 Mo)
0,300	Inférieure ou égale à 512 Mo.
0,225	Supérieure à 512 Mo et inférieure ou égale à 1 Go.
0,180	Supérieure à 1 Go et inférieure ou égale à 2 Go.
0,144	Supérieure à 2 Go et inférieure ou égale à 5 Go.
0,130	Supérieure à 5 Go et inférieure ou égale à 10 Go.
0,125	Supérieure à 10 Go et inférieure ou égale à 16 Go.

Tableau de la rémunération due sur les supports de stockage externes à disque utilisables directement avec un micro-ordinateur personnel, c'est-à-dire sans qu'il soit nécessaire de leur adjoindre un équipement complémentaire hormis les câbles de connexion et d'alimentation.

Rémunération en euros par gigaoctet (€/Go)	Capacité nominale d'enregistrement
0,0597	Inférieure ou égale à 80 Go.
0,0507	Supérieure à 80 Go et inférieure ou égale à 120 Go.
0,0403	Supérieure à 120 Go et inférieure ou égale à 160 Go.
0,0333	Supérieure à 160 Go et inférieure ou égale à 200 Go.
0,0272	Supérieure à 200 Go et inférieure ou égale à 320 Go.
0,0237	Supérieure à 320 Go et inférieure ou égale à 400 Go.
0,0200	Supérieure à 400 Go et inférieure ou égale à 1 000 Go.

Décision du 15 octobre 2007,

De la commission prévue à l'article L. 214-4 du code de la propriété intellectuelle.

Art. 1er La rémunération due par les services privés de radiodiffusion sonore au titre de l'article L. 214-1 du code de la propriété intellectuelle est obtenue en appliquant à l'assiette définie à l'article 2 un taux progressif de 4 % à 7 %, par tranche d'assiette, selon le tableau ci-après :

ASSIETTE (en euros)	TAUX
Jusqu'à 500 000	4,00 %
De 500 001 à 3 000 000	5,00 %
De 3 000 001 à 13 000 000	6,00 %
Au-dessus de 13 000 001	7,00 %

Au résultat de ce calcul est appliqué le taux annuel d'utilisation des phonogrammes par rapport à la totalité des programmes diffusés, ainsi que les abattements prévus à l'article 3. Ce taux annuel des phonogrammes est fixé à 85 %, chaque service pouvant justifier d'un taux inférieur sur présentation de ses relevés de programmes.

Art. 2 L'assiette de calcul de la rémunération est constituée par les recettes liées à l'activité de radiodiffusion, qui comprend notamment les subventions, dons et cotisations, les recettes de prestations de services liées à l'antenne et le chiffre d'affaires publicitaire, y compris celui généré par les données associées au programme principal, hors taxe sur la valeur ajoutée.

Par chiffre d'affaires publicitaire, on entend l'ensemble des sommes facturées aux annonceurs pour la diffusion de leurs messages publicitaires sur l'antenne, y compris celles qui représentent des échanges publicitaires ou de marchandises, avant déduction des frais et commissions de régie publicitaire.

Sont exclus de l'assiette, comme n'étant pas liés à l'activité de radiodiffusion, les subventions spécifiques d'aide à l'emploi, le chiffre d'affaires provenant de la télématique, des services téléphoniques surtaxés et assimilés (SMS, etc.), des licences de marque, de l'organisation de concerts, de manifestations et de services hors antenne de toute nature.

Les créances irrécouvrables sont déduites de l'assiette sur présentation de justificatifs.

Art. 3 La rémunération définie à l'article 1er est réduite par application des abattements suivants, sur présentation de justificatifs :

1° Un abattement de 22 % pour les services qui diffusent au moins cinq heures par jour de programmes constitués d'informations et de magazines non musicaux, réalisés par des journalistes professionnels au sens de l'article L. 761-2 *[C. trav., art. L. 7111-3, L. 7112-1 et L. 7111-4.]* du code du travail ; l'abattement est porté à 26 % si la durée du programme considéré est d'au moins neuf heures par jour ;

2° Un abattement de 22 %, non cumulable avec le précédent, pour les services qui réalisent et diffusent, à des heures significatives, au moins cinq heures par jour de programmes d'intérêt local non musicaux, c'est-à-dire n'utilisant que de façon très accessoire la diffusion de musique, produits par un personnel rémunéré par le service ; l'abattement est porté à 26 % si la durée du programme considéré est d'au moins neuf heures par jour ;

3° Un abattement de 10 % pour les services qui communiquent aux sociétés de perception et de répartition des droits voisins, dans les six mois à compter de la clôture de chaque exercice comptable, les éléments et les justificatifs nécessaires à la perception (notamment compte de résultats, attestation de régie) et à la répartition (relevés de diffusion) de la rémunération, et qui, en cours d'exercice, s'acquittent des montants provisionnels de rémunération.

Art. 4 Si la rémunération due en application des trois articles précédents est supérieure à celle qui aurait résulté de l'application des dispositions de la décision du 22 décembre 1993 susvisée, elle est réduite pour les radios concernées de :

18 % pour l'année de droits 2008 ;

12 % pour l'année de droits 2009 ;

6 % pour l'année de droits 2010,

sans que cette réduction puisse avoir pour effet de ramener la rémunération due au titre de l'une quelconque de ces trois années à un niveau inférieur à celui qui aurait résulté de l'application des dispositions de la décision du 22 décembre 1993.

Art. 5 Les services privés de radiodiffusion sonore bénéficiant de l'aide mentionnée à l'article 80 de la loi du 30 septembre 1986 susvisée peuvent demander, au moment de leur déclaration annuelle, à bénéficier d'un forfait établi selon le tableau suivant :

ASSIETTE (en euros) Taux de phonogrammes	Jusqu'à 50 000	De 50 001 à 120 000	De 120 001 à 500 000
Moins de 50 % ou égal	250	500	1 000
De 50 à 65 %	300	700	1 300
Plus de 65 %	350	900	1 600

Pour la part de leurs recettes supérieure à 500 000 euros, la rémunération due par les services de radiodiffusion sonore visés par le présent article est calculée selon les dispositions de l'article 1er.

Le forfait exclut l'application de tout abattement ou réduction. Il est indexé sur l'indice Syntec réajusté chaque année au 1er janvier, et ce pour la première fois en janvier 2011, sur la base de l'indice de référence de janvier 2010.

Art. 6 Le montant de la rémunération annuelle ne peut être inférieur à 250 euros. Ce montant est indexé sur l'indice Syntec réajusté chaque année au 1er janvier et ce pour la première fois en janvier 2011, sur la base de l'indice de référence de janvier 2010.

Art. 7 La présente décision prendra effet le 1er janvier 2008 et sera publiée au *Journal officiel* de la République française *[au JO du 6 nov.]*.

Décision n° 9 du 11 décembre 2007,

De la commission prévue à l'article L. 311-5 du code de la propriété intellectuelle relative à la rémunération pour copie privée.

Considérant l'examen entrepris de l'évolution des caractéristiques techniques, des pratiques de copie privée et du marché de certains supports numériques d'enregistrement ;

Considérant que la commission a réuni les éléments d'information et d'appréciation nécessaires et suffisants pour lui permettre, au vu de ses délibérations et décisions précédentes, de fixer les montants de rémunération pour copie privée due aux ayants droit des œuvres fixées sur des phonogrammes ou des vidéogrammes ou sur tout autre support au titre de l'utilisation de nouveaux supports d'enregistrement constitués par les supports de stockage externes à disque dits "multimédia", comportant une ou plusieurs sorties audio et/ou vidéo permettant la restitution d'images animées et/ou du son sans nécessiter à cet effet l'emploi d'un micro-ordinateur, et les supports de stockage externes à disque dits "multimédia" comportant en outre une ou plusieurs entrées audio et/ou vidéo permettant d'enregistrer des images animées et/ou du son sans nécessiter l'emploi à cet effet d'un micro-ordinateur ;

Considérant qu'elle entend par ailleurs poursuivre dans la suite de ses travaux les études et analyses complémentaires lui permettant, en tenant compte de l'évolution des technologies, des matériels, des usages de consommation, des pratiques d'enregistrement et de copie privée, de procéder, le cas échéant, à la révision de ses décisions antérieures, à l'intégration de nouveaux bénéficiaires de la rémunération ou à l'élection de nouveaux types de supports d'enregistrement,

Décide :

Art. 1er Sont éligibles à la rémunération due au titre des articles L. 311-1 et suivants du code de la propriété intellectuelle, dans les conditions prévues ci-après, les supports d'enregistrement tels que définis ci-après :

– les supports de stockage externes à disque dits "multimédia" disposant d'une ou plusieurs sorties audio et/ou vidéo permettant la restitution d'images animées et/ou du son sans nécessiter l'emploi à cet effet d'un micro-ordinateur ;

– les supports de stockage externes à disque dits "multimédia" comportant en outre une ou plusieurs entrées audio et/ou vidéo permettant d'enregistrer des images animées et/ou du son sans nécessiter l'emploi à cet effet d'un micro-ordinateur.

Art. 2 Le montant de la rémunération unitaire sur les supports de stockage externes à disque dits "multimédia" disposant d'une ou plusieurs sorties audio et/ou vidéo permettant la restitution d'images animées et/ou du son sans nécessiter l'emploi à cet effet d'un micro-ordinateur est assis sur une capacité d'enregistrement nominale faisant l'objet d'une pondération, retenue par la commission à partir des informations portées à sa connaissance sur les pratiques de copie privée d'œuvres protégées relevant de chacun des domaines sonore, audiovisuel, écrit et image fixe, entre les rémunérations fixées à l'article 1er de la décision du 20 juillet 2006 susvisée pour les mémoires et disques durs intégrés à un baladeur ou à un appareil de salon dédiés à la fois à l'enregistrement numérique des phonogrammes et des vidéogrammes, d'une part, et à l'article 2 de la décision du 9 juillet 2007 susvisée pour les supports de stockage externes à disque utilisables directement avec un micro-ordinateur personnel, c'est-à-dire sans qu'il soit nécessaire de leur adjoindre un équipement complémentaire hormis les câbles de connexion et d'alimentation, d'autre part. Il est fixé par palier de capacité, conformément au tableau n° 1 annexé à la présente décision.

Art. 3 Le montant de la rémunération unitaire sur les supports de stockage externes à disque dits " multimédia " comportant en outre une ou plusieurs entrées audio et/ou vidéo permettant d'enregistrer des images animées et/ou du son sans nécessiter l'emploi d'un micro-ordinateur est établi suivant les modalités définies par l'article 1er de la décision du 20 juillet 2006 susvisée. Il est fixé par palier de capacité, conformément au tableau n° 2 annexé à la présente décision.

Art. 4 Les déclarations faites par les redevables aux sociétés chargées de percevoir la rémunération devront mentionner de façon distincte, pour chaque catégorie de support, le nombre de supports assujettis à la rémunération ainsi que, pour chacun d'eux, leur capacité d'enregistrement. La capacité d'enregistrement desdits supports est présumée être celle déclarée par le redevable concerné.

Les modalités de versement des rémunérations arrêtées par la présente décision sont celles prévues par les dispositions de l'article 6 de la décision du 30 juin 1986 susvisée.

Art. 5 Pour les supports d'enregistrement du type de ceux mentionnés aux tableaux figurant en annexe, dont les caractéristiques techniques et les pratiques d'utilisation ne diffèrent de celles des supports mentionnés auxdits tableaux que par une capacité nominale supérieure d'enregistrement, la rémunération prévue pour la capacité nominale maximale des supports mentionnés auxdits tableaux sera appliquée à titre conservatoire, dans l'attente de la fixation d'une rémunération spécifique pour cette capacité nominale d'enregistrement.

Art. 6 La présente décision sera publiée au *Journal officiel* de la République française et entrera en vigueur à compter du premier jour du mois suivant sa publication. *[JO 19 janv., soit une entrée en vigueur le 1er févr. 2008.]*

ANNEXES

Tableau n° 1 de la rémunération due sur les supports de stockage externes à disque dits « multimédia » disposant d'une ou de plusieurs sorties audio et/ou vidéo, mais ne disposant pas d'entrées audio et/ou vidéo permettant d'enregistrer des images animées et/ou du son sans nécessiter l'emploi d'un micro-ordinateur

CAPACITÉ NOMINALE DE STOCKAGE	RÉMUNÉRATION POUR COPIE PRIVÉE EN EUROS
Inférieure ou égale à 80 Go	7
Supérieure à 80 Go et inférieure ou égale à 120 Go	10
Supérieure à 120 Go et inférieure ou égale à 160 Go	12
Supérieure à 160 Go et inférieure ou égale à 250 Go	15,50
Supérieure à 250 Go et inférieure ou égale à 400 Go	20
Supérieure à 400 Go et inférieure ou égale à 560 Go	23

Tableau n° 2 de la rémunération due sur les supports de stockage externes à disque dits « multimédia » disposant d'une ou de plusieurs sorties audio et/ou vidéo et comportant en outre une ou plusieurs entrées audio et/ou vidéo permettant d'enregistrer des images animées et/ou du son sans nécessiter l'emploi d'un micro-ordinateur

CAPACITÉ NOMINALE DE STOCKAGE	RÉMUNÉRATION POUR COPIE PRIVÉE EN EUROS
Jusqu'à 1 Go	5
Au-delà de 1 Go et jusqu'à 5 Go	6
Au-delà de 5 Go et jusqu'à 10 Go	7
Au-delà de 10 Go et jusqu'à 20 Go	8
Au-delà de 20 Go et jusqu'à 40 Go	10
Au-delà de 40 Go et jusqu'à 80 Go	15
Au-delà de 80 Go et jusqu'à 120 Go	20
Au-delà de 120 Go et jusqu'à 160 Go	25
Au-delà de 160 Go et jusqu'à 250 Go	35
Au-delà de 250 Go et jusqu'à 400 Go	45
Au-delà de 400 Go et jusqu'à 560 Go	50

Décision n° 10 du 27 février 2008,

De la commission prévue à l'article L. 311-5 du code de la propriété intellectuelle relative à la rémunération pour copie privée.

Annulation de la décision. La Décis. n° 10 du 27 févr. 2008 de la commission prévue à l'art. L. 311-5 CPI relative à la rémunération pour copie privée est annulée. L'annulation prend effet à compter du 1er janv. 2009, sous réserve des actions contentieuses engagées à la date de la présente décision contre des actes pris sur le fondement des dispositions annulées. • CE 17 déc. 2010, n° 315832.

Considérant l'examen entrepris, conformément à sa délibération n° 2 du 6 juin 2005, de l'évolution des caractéristiques techniques, des capacités d'enregistrement, des usages de copie privée et du marché des supports d'enregistrement ;

Considérant que, dans sa délibération n° 2 du 12 novembre 2007, la commission a décidé dans le cadre de son programme de travail d'examiner les fonctionnalités, les caractéristiques techniques et les pratiques de copie privée concernant les téléphones dits "multimédia" permettant le stockage aux fins de copie privée d'œuvres protégées ;

Considérant que la commission a entrepris cet examen lors de sa réunion du 11 décembre 2007 et qu'elle a, lors de sa réunion du 22 janvier 2008, poursuivi celui-ci par l'audition des professionnels du secteur de la téléphonie mobile ;

Considérant qu'au vu des éléments d'information ainsi réunis la commission a estimé lors de sa réunion du 23 janvier 2008 qu'il convenait qu'elle fasse procéder à une étude des fonctionnalités, des caractéristiques techniques et des pratiques de copie privée concernant les téléphones dits "multimédia" ;

Considérant les délais nécessaires à la réalisation de cette étude et aux discussions de ses résultats par la commission ;

Considérant que le marché des téléphones multimédia est en développement rapide et significatif et que les délais nécessaires à l'adoption d'une décision par la commission au vu des résultats de l'étude susvisée sont de nature à porter préjudice aux ayants droit en les privant, en attendant cette adoption, de la rémunération pour copie privée prévue par la loi ;

Considérant que l'article L. 311-1 du code de la propriété intellectuelle dispose que les auteurs, les artistes-interprètes des œuvres fixées sur phonogrammes ou vidéogrammes, les producteurs de ces phonogrammes ou vidéogrammes ainsi que les auteurs et éditeurs des œuvres fixées sur tout autre support ont droit à une rémunération au titre de la reproduction desdites œuvres dans les conditions prévues au 2° de l'article L. 122-5 du code susvisé ;

Considérant que l'article L. 311-5 du code de la propriété intellectuelle attribue à la commission la mission de fixer cette rémunération ;

Considérant qu'il résulte des éléments ci-dessus rappelés que la commission se doit de fixer dès à présent la rémunération applicable à ceux des téléphones multimédia pour lesquels elle détient des éléments d'information lui permettant, à titre provisoire dans l'attente des résultats de l'étude susvisée, de fixer de manière objective la rémunération qui leur est applicable ;

Considérant que tel est le cas des appareils mobiles, dits "baladeurs téléphoniques", combinant une fonction d'usage téléphonique et de baladeur comportant :

– une mémoire d'une capacité supérieure ou égale à 128 Mo ;

– la possibilité de restituer des contenus audio et/ou vidéo ;

– des fonctionnalités propres à un baladeur, notamment un outil spécifique de gestion et de transfert de ces contenus ainsi qu'une ou plusieurs touches dédiées à la fonction baladeur de l'appareil ;

Considérant en effet que, en l'état et à titre provisoire, la commission est fondée à considérer que ces appareils sont utilisés dans des conditions analogues, selon les cas, aux appareils et baladeurs dont les capacités d'enregistrement sont dédiées à la lecture d'œuvres fixées sur des phonogrammes ou à ceux dont les capacités d'enregistrement sont dédiées à la fois à l'enregistrement numérique des phonogrammes et des vidéogrammes, dont la commission a fixé la rémunération respectivement dans ses décisions n° 6 du 22 novembre 2005 et n° 7 du 20 juillet 2006 ;

Considérant que la commission entend par ailleurs poursuivre dans la suite de ses travaux les analyses complémentaires lui permettant, en tenant compte de l'évolution des technologies, des matériels, des usages de consommation, des pratiques d'enregistrement et de copie privée, de procéder, le cas échéant, à la révision de ses décisions antérieures, à l'intégration de nouveaux bénéficiaires de la rémunération, ou à l'élection de nouveaux types de supports d'enregistrement ;

Considérant qu'elle entend en particulier procéder au réexamen de la présente décision au vu des résultats de l'étude susvisée,

Décide :

Art. 1er Sont éligibles à la rémunération due au titre des articles L. 311-1 et suivants du code de la propriété intellectuelle les mémoires et disques durs intégrés à un appareil mobile combinant une fonction téléphone et une fonction baladeur, et comportant :

– une mémoire d'une capacité supérieure ou égale à 128 Mo ;

– la possibilité de restituer des contenus audio et/ou vidéo ;

– des fonctionnalités propres à un baladeur, notamment un outil spécifique de gestion et de transfert de ces contenus ainsi qu'une ou plusieurs touches dédiées à la fonction baladeur de l'appareil.

Art. 2 Le montant de la rémunération unitaire sur les mémoires et disques durs intégrés à un appareil mobile susvisé à l'article 1er dédiés à la lecture d'œuvres fixées sur des phonogrammes est fixé par palier de capacité conformément au tableau n° 1 annexé à la présente décision.

Art. 3 Le montant de la rémunération unitaire sur les mémoires et disques durs intégrés à un appareil mobile susvisé à l'article 1er dédiés à la fois à l'enregistrement numérique de phonogrammes et de vidéogrammes est fixé par palier de capacité conformément au tableau n° 2 annexé à la présente décision.

Art. 4 Les déclarations faites par les redevables aux sociétés chargées de percevoir la rémunération devront mentionner de façon distincte, pour chaque catégorie d'appareil, le nombre d'appareils dont les capacités d'enregistrement sont assujetties à la rémunération pour copie privée, ainsi que, pour chacun d'eux, leur capacité d'enregistrement. La capacité d'enregistrement desdits appareils est présumée être celle déclarée par le redevable concerné.

Les modalités de versement de la rémunération arrêtée par la présente décision sont celles prévues par les dispositions de l'article 6 de la décision du 30 juin 1986 susvisée.

Art. 5 Pour les supports d'enregistrement du type de ceux mentionnés aux tableaux figurant en annexe, dont les caractéristiques techniques et les pratiques d'utilisation ne diffèrent de celles des supports mentionnés auxdits tableaux que par une capacité nominale supérieure d'enregistrement, la rémunération prévue pour la capacité nominale maximale des supports mentionnés auxdits tableaux sera appliquée à titre conservatoire, dans l'attente de la fixation d'une rémunération spécifique pour cette capacité nominale d'enregistrement.

Art. 6 La présente décision est provisoire et applicable jusqu'à l'entrée en vigueur du barème définitif et au plus tard jusqu'au 31 décembre 2008. En conséquence, les dispositions des articles 2, 3, 4 et 5 sont applicables aux appareils mis en circulation en France, au sens de l'article L. 311-4 du code de la propriété intellectuelle et de l'article 6 de la décision du 30 juin 1986 susvisée, jusqu'au 31 décembre 2008 au plus tard, sauf décision nouvelle de la commission.

Art. 7 La présente décision sera publiée au *Journal officiel* de la République française et entrera en vigueur à compter du premier jour du mois suivant sa publication *[JO 3 avr., soit une entrée en vigueur le 1er mai 2008]*

ANNEXE

Tableau n° 1 de la rémunération due en application de l'article 2

Tableau de la rémunération due sur les mémoires et disques durs dédiés à la lecture d'œuvres fixées sur des phonogrammes intégrés à un appareil mobile combinant une fonction téléphone et une fonction baladeur

BARÈME (en euros)	PAR TRANCHE DE CAPACITÉ nominale d'enregistrement (en Mo et Go)
1	Pour 128 Mo
2	Au-delà de 128 Mo jusqu'à 256 Mo
3	Au-delà de 256 Mo jusqu'à 384 Mo
4	Au-delà de 384 Mo jusqu'à 512 Mo
5	Au-delà de 512 Mo jusqu'à 1 Go
8	Au-delà de 1 Go jusqu'à 5 Go

BARÈME (en euros)	PAR TRANCHE DE CAPACITÉ nominale d'enregistrement (en Mo et Go)
10	Au-delà de 5 Go jusqu'à 10 Go
12	Au-delà de 10 Go jusqu'à 15 Go
15	Au-delà de 15 Go jusqu'à 20 Go
20	Au-delà de 20 Go jusqu'à 40 Go

TABLEAU N° 2 DE LA RÉMUNÉRATION DUE EN APPLICATION DE L'ARTICLE 3

Tableau de la rémunération due sur les mémoires et disques durs dédiés à la fois à l'enregistrement numérique de phonogrammes et de vidéogrammes et intégrés à un appareil mobile combinant une fonction téléphone et une fonction baladeur

BARÈME (en euros)	PAR TRANCHE DE CAPACITÉ nominale d'enregistrement (en Mo et Go)
5	Jusqu'à 1 Go
6	Au-delà de 1 Go jusqu'à 5 Go
7	Au-delà de 5 Go jusqu'à 10 Go
8	Au-delà de 10 Go jusqu'à 20 Go
10	Au-delà de 20 Go jusqu'à 40 Go
15	Au-delà de 40 Go jusqu'à 80 Go
20	Au-delà de 80 Go jusqu'à 120 Go
25	Au-delà de 120 Go jusqu'à 160 Go
35	Au-delà de 160 Go jusqu'à 250 Go
45	Au-delà de 250 Go jusqu'à 400 Go
50	Au-delà de 400 Go jusqu'à 560 Go

Décision du 17 septembre 2008,

De la commission prévue à l'article L. 214-4 du code de la propriété intellectuelle.

Art. 1er La rémunération due au titre de l'article L. 214-1 du code de la propriété intellectuelle par les organismes du secteur public pour l'exploitation de chacun de leurs services de radiodiffusion sonore est obtenue en appliquant à l'assiette définie à l'article 2 un taux progressif de 4 % à 7 %, par tranche d'assiette, selon le tableau ci-après :

ASSIETTE (€)	TAUX
Jusqu'à 500 000	4 %
De 500 001 à 3 000 000	5 %
De 3 000 001 à 13 000 000	6 %
Au-dessus de 13 000 001	7 %

Au résultat de ce calcul est appliqué le taux annuel d'utilisation des phonogrammes du service considéré par rapport à la totalité des programmes diffusés ainsi que les abattements prévus à l'article 3.

Sont actuellement considérés comme des services pour l'application de la présente décision : RFO, RFI et chacun de ses filiales redevables de la rémunération équitable en France, chacun des programmes de Radio France, à savoir : France Inter, France Bleu, le Mouv', France Musique, France Culture, FIP et France Info.

Art. 2 L'assiette de calcul de la rémunération est constituée par les ressources liées à l'activité de radiodiffusion sonore et comprend notamment la redevance, les subventions d'exploitation, les recettes de prestations de services liées à l'antenne et le chiffre d'affaire publicitaire, y compris celui généré par les données associées au programme principal, hors taxe sur la valeur ajoutée.

Par chiffre d'affaires publicitaire, on entend l'ensemble des sommes facturées aux annonceurs pour la diffusion de leurs messages publicitaires sur l'antenne, y compris celles qui représentent des échanges publicitaires ou de marchandises, avant déduction des frais et commissions de régie publicitaire.

Sont exclues de l'assiette, comme n'étant pas liées à l'activité de radiodiffusion sonore :

— les subventions spécifiques d'aide à l'emploi ;

— les ressources liées à la télématique, aux services téléphoniques surtaxés et assimilés (SMS, etc.), aux licences de marque, à l'organisation de concerts, aux manifestations et aux services hors antenne de toute nature.

Sont déduites de l'assiette les rémunérations et charges sociales des artistes-interprètes engagés pour la réalisation des programmes musicaux de chaque organisme.

Les créances irrécouvrables sont déduites de l'assiette sur présentation de justificatifs.

Art. 3 La rémunération définie à l'article 1er est réduite, par application des abattements suivants :

1° Un abattement de 26 % permettant de tenir compte des contraintes imposées aux programmes et liées aux missions de service public des organismes, telles qu'elles résultent de leurs cahiers des missions et des charges.

2° Un abattement de 10 % pour les organismes qui communiquent aux sociétés de perception et de répartition des droits voisins, dans les cinq mois à compter de la clôture de chaque exercice comptable, les éléments et les justificatifs nécessaires à la perception et à la répartition (relevés de diffusion) de la rémunération, et qui, en cours d'exercice, s'acquittent des montants provisionnels de rémunération.

Art. 4 Si la rémunération due en application des trois articles précédents est supérieure à celle qui aurait résulté des dispositions antérieurement appliquées pour déterminer la rémunération versée par les organismes du secteur public jusqu'à l'entrée en vigueur de la présente décision, elle est réduite pour ces organismes concernés de :

18 % pour la première année d'application de la présente décision ;

12 % pour la deuxième année d'application de la présente décision ;

6 % pour la troisième année d'application de la présente décision,

sans que cette réduction puisse avoir pour effet de ramener la rémunération due au titre de l'une quelconque de ces trois années à un niveau inférieur à celui qui aurait résulté des dispositions antérieurement appliquées pour déterminer la rémunération versée par ces organismes,

Art. 5 La présente décision prendra effet le 1er janvier 2009 et sera publiée au *Journal officiel* de la République française *[au JO du 13 nov.]*.

Décision n° 11 du 17 décembre 2008,

De la commission prévue à l'article L. 311-5 du code de la propriété intellectuelle.

Décision annulée par : CE 17 juin 2011, n° 324816 (Dalloz actualité, 7 juill. 2011, obs. Daleau ; D. 2011. AJ 1678), à compter du 17 déc. 2011.

Art. 1er *Les déclarations concernant les supports assujettis figurant aux tableaux nos 1, 5, 6, 7, 8 et 9 en annexe de la présente décision, faites par les redevables aux sociétés chargées de percevoir la rémunération, devront mentionner de façon distincte, pour chaque catégorie de support, le nombre de supports assujettis à la rémunération ainsi que, pour chacun d'eux, leur capacité d'enregistrement. La capacité d'enregistrement desdits supports est présumée être celle déclarée par le redevable concerné.*

Les déclarations concernant les supports assujettis figurant aux tableaux n°s 2, 3, 4 et 10 en annexe de la présente décision, faites par les redevables aux sociétés chargées de percevoir ladite rémunération, devront mentionner de façon distincte, pour chaque catégorie d'appareil, le nombre d'appareils assujettis à la rémunération ainsi que, pour chacun d'eux, leur capacité d'enregistrement. La capacité d'enregistrement desdits appareils est présumée être celle déclarée par le redevable concerné.

Les modalités de versement des rémunérations arrêtées par la présente décision sont celles prévues par les dispositions de l'article 6 de la décision du 30 juin 1986 susvisée.

Art. 2 *Pour les supports d'enregistrement du type de ceux mentionnés aux tableaux nos 2, 3, 4, 5, 6, 7, 8, 9 et 10 figurant en annexe, dont les caractéristiques techniques et les pratiques d'utilisation ne diffèrent de celles des supports mentionnés auxdits tableaux que par une capacité nominale supérieure d'enregistrement, la rémunération prévue pour la capacité nominale maximale des supports mentionnés auxdits tableaux sera appliquée à titre conservatoire, dans l'attente de la fixation d'une rémunération spécifique pour cette capacité nominale d'enregistrement.*

Pour les supports d'enregistrement du type de ceux mentionnés au tableau nº 1 figurant en annexe, dont les caractéristiques techniques et les pratiques d'utilisation ne diffèrent de celles des supports mentionnés audit tableau que par la capacité nominale d'enregistrement, la rémunération est égale au produit de la rémunération fixée pour le support figurant audit tableau par la capacité nominale du support considéré, divisé par la capacité nominale d'enregistrement du support figurant audit tableau.

Art. 3 *Les rémunérations mentionnées pour les supports de type CD-R et RW Data et DVD-Ram, DVD-R et DVD-RW Data dans le tableau de la rémunération due par type de support en annexe de la décision nº 1 du 4 janvier 2001, tel que modifié par la décision nº 2 du 6 décembre 2001, et le tableau de rémunération due par type de support en annexe de la décision nº 5 du 6 juin 2005 sont remplacées par les rémunérations mentionnées pour ces mêmes supports dans le tableau nº 1 en annexe de la présente décision.*

Art. 4 *Le tableau de la rémunération due par type de support en annexe de la décision nº 3 du 4 juillet 2002 est remplacé par le tableau nº 2 en annexe de la présente décision.*

Art. 5 *Le tableau de la rémunération due par type de support en annexe de la décision nº 6 du 22 novembre 2005 est remplacé par le tableau nº 3 en annexe de la présente décision.*

Art. 6 *Sont éligibles à la rémunération due au titre des articles L. 311-1 et suivants du code de la propriété intellectuelle les mémoires et disques durs intégrés à un baladeur ou à un appareil de salon dédiés à la fois à l'enregistrement numérique des phonogrammes et des vidéogrammes.*

Le montant de la rémunération unitaire est établi suivant les modalités définies par l'article 2 de la décision nº 3 du 4 juillet 2002 susvisée. Il est fixé par palier de capacité conformément au tableau nº 4 annexé à la présente décision

Art. 7 *Sont éligibles à la rémunération due au titre des articles L. 311-1 et suivants du code de la propriété intellectuelle les supports d'enregistrements hybrides amovibles tels que définis ci-après :*
— les clés USB non dédiées ;
— les cartes mémoires non dédiées ;
— les supports de stockage externes (Abrogé par Décis. 20 sept. 2010) *« à disque » utilisables directement avec un micro-ordinateur personnel, c'est-à-dire sans qu'il soit nécessaire de leur adjoindre un équipement complémentaire hormis les câbles de connexion et d'alimentation.*

Selon les supports susvisés, le montant de la rémunération est assis sur une capacité d'enregistrement nominale faisant l'objet :
— d'une pondération selon le taux de copiage retenu par la commission à partir des informations portées à sa connaissance sur les pratiques de copie privée d'œuvres protégées relevant de chacun des domaines sonore, audiovisuel, écrit et image fixe ;
— d'un coefficient de conversion horaire des capacités nominales correspondant aux pratiques de compression reconnues ;
— d'un abattement correspondant à la proportion du support non utilisée par le copiste, telle que définie à partir des informations portées à la connaissance de la commission sur les caractéristiques techniques des supports et les usages en copie privée ;
— d'un abattement correspondant à la possibilité que lesdits supports soient utilisés conjointement avec d'autres supports sur lesquels une rémunération aurait été perçue au profit des ayants droit ;
— d'un abattement prenant en compte la grande capacité de certains supports.

Par application des règles susvisées, le montant de la rémunération unitaire est fixé par type de support et par palier de capacité conformément aux tableaux nº 5, nº 6 et nº 7 annexés à la présente décision.

(Décis. 20 sept. 2010) *« Cette catégorie comprend également les supports de stockage externes NAS de salon : supports de stockage externes de type NAS (Network Attached Storage) ou de type NDAS (Network Direct Attached Storage) destinés à être posés sur un meuble (version dite "Desktop") ;*

« Ne sont pas assujettissables les supports de stockage externes appartenant à des systèmes présentant l'une des caractéristiques suivantes :

« – systèmes de stockage qualifié(s) et certifié(s) pour pouvoir fonctionner simultanément avec au moins trois systèmes d'exploitation ;

« – systèmes de stockage utilisables exclusivement dans le cadre d'un environnement technique professionnel, c'est-à-dire avec des équipements complémentaires tels que des serveurs, des racks ou autres. Ceci inclut les supports de stockage NAS (Network Attached Storage) destinés à être montés dans des racks (version dite "Rackmount"). »

Art. 7-1 (Décis. 12 janv. 2011) *Les cartes mémoire vendues sous le même emballage qu'un appareil d'enregistrement ou vendues avec l'appareil sous plusieurs emballages sertis ensemble, constituant ainsi un lot unique dénommé "offre groupée (bundle)", sont assujetties à la rémunération pour copie privée en vigueur pour les capacités d'enregistrement lorsque celles-ci sont intégrées auxdits appareils, le tarif applicable étant déterminé en considération de la capacité totale d'enregistrement disponible résultant de la capacité d'enregistrement éventuellement déjà intégrée dans l'appareil et de celle de la ou des carte(s) mémoire vendue(s) en "offre groupée (bundle)" avec ledit appareil.*

Les déclarations relatives aux cartes mémoire visées ci-dessus faites par les redevables aux sociétés chargées de percevoir la rémunération devront mentionner de façon distincte :

– l'appareil avec lequel les cartes mémoires visées ci-dessus sont vendues en "offre groupée (bundle)" ;

– le nombre de cartes vendues en "offre groupée (bundle)" avec cet appareil ;

– la capacité d'enregistrement éventuellement déjà intégrée à cet appareil ;

– ainsi que la capacité de la ou des carte(s) mémoire concernée(s).

Les capacités d'enregistrement desdites cartes et desdits appareils sont présumées être celles déclarées par le redevable concerné.

Ne sont pas assujetties à la rémunération pour copie privée les cartes mémoire vendues en "offre groupée (bundle)" avec des appareils dont les capacités d'enregistrement éventuellement intégrées ne sont pas elles-mêmes susceptibles d'être assujetties à cette rémunération.

Art. 8 *Sont éligibles à la rémunération due au titre des articles L. 311-1 et suivants du code de la propriété intellectuelle, dans les conditions prévues ci-après, les supports d'enregistrement tels que définis ci-après :*

– les supports de stockage externes (Abrogé par Décis. du 20 sept. 2010) *« à disque » dits "multimédia" disposant d'une ou plusieurs sorties audio et/ou vidéo* (Décis. du 20 sept. 2010) *« et/ou ports informatiques » permettant la restitution d'images animées et/ou du son sans nécessiter l'emploi à cet effet d'un micro-ordinateur ;*

– les supports de stockage externes (Abrogé par Décis. du 20 sept. 2010) *« à disque » dits "multimédia" comportant en outre une ou plusieurs entrées audio et/ou vidéo* (Décis. 20 sept. 2010) *« et/ou ports informatiques » permettant d'enregistrer des images animées et/ou du son sans nécessiter l'emploi à cet effet d'un micro-ordinateur.*

Le montant de la rémunération unitaire sur les supports de stockage externes à disque dits "multimédia" disposant d'une ou plusieurs sorties audio et/ou vidéo permettant la restitution d'images animées et/ou du son sans nécessiter l'emploi à cet effet d'un micro-ordinateur est assis sur une capacité d'enregistrement nominale faisant l'objet d'une pondération, retenue par la commission à partir des informations portées à sa connaissance sur les pratiques de copie privée d'œuvres protégées relevant de chacun des domaines sonore, audiovisuel, écrit et image fixe, entre les rémunérations fixées à l'article 6 de la présente décision pour les mémoires et disques durs intégrés à un baladeur ou à un appareil de salon dédiés à la fois à l'enregistrement numérique des phonogrammes et des vidéogrammes, d'une part, et à l'article 7 de la présente décision pour les supports de stockage externes à disque utilisables directement avec un micro-ordinateur personnel, c'est-à-dire sans qu'il soit nécessaire de leur adjoindre un équipement complémentaire hormis les câbles de connexion et d'alimentation, d'autre part. Il est fixé par palier de capacité conformément au tableau n° 8 annexé à la présente décision.

Le montant de la rémunération unitaire sur les supports de stockage externes à disque dits "multimédia" comportant en outre une ou plusieurs entrées audio et/ou vidéo permettant d'enregistrer des images animées et/ou du son sans nécessiter l'emploi d'un micro-ordinateur est établi suivant les modalités définies par l'article 7 de la présente décision. Il est fixé par palier de capacité conformément au tableau n° 9 annexé à la présente décision.

Art. 9 *Sont éligibles à la rémunération due au titre des articles L. 311-1 et suivants du code de la propriété intellectuelle les mémoires et disques durs intégrés à un téléphone mobile permettant d'écouter des phonogrammes ou de visionner des vidéogrammes.*

Le montant de la rémunération unitaire sur les mémoires et disques durs intégrés à un téléphone mobile permettant d'écouter des phonogrammes ou de visionner des vidéogrammes est fixé par palier de capacité conformément au tableau n° 10 annexé à la présente décision.

Art. 10 *Les décisions n° 7 du 20 juillet 2006, n° 8 du 9 juillet 2007 et n° 9 du 11 décembre 2007 sont abrogées à compter de la date d'entrée en vigueur de la présente décision.*

Art. 11 *La présente décision sera publiée au Journal officiel de la République française et entrera en vigueur à compter du premier jour du mois suivant sa publication.*

V. Annexe tableaux de rémunération 🏛.

Décision du 5 janvier 2010,

De la commission prévue à l'article L. 214-4 du code de la propriété intellectuelle.

Art. 1er *(Décis. du 30 nov. 2011)* **« La rémunération due par les établissements exerçant une activité de cafés et restaurants (dont restauration rapide) qui diffusent une musique de sonorisation, constituant une composante accessoire à l'activité commerciale, est déterminée selon le tableau suivant :**

(en euros)

NOMBRE de places assises	NOMBRE d'HABITANTS				
	≤ 2 000	2 001-15 000	15 001-50 000	> 50 000	Paris
Petits cafés	90	90	110	140	210
≤ 30	116	144	195	283	431
31-60	168	210	284	411	627
61-100	193	242	326	453	690
≥ 101	222	278	359	498	759

A défaut de connaître le nombre de places assises, l'établissement est facturé selon la tranche "31-60 places".

« Les établissements dont la diffusion musicale est faite à partir d'une seule source musicale (poste de radio ou de télévision sans haut-parleur supplémentaire) sont dénommés "petits cafés", quel que soit le nombre de places assises.

« Les établissements qui exercent également une activité de bars et/ou de restaurants à ambiance musicale, tels que définis à l'article 2, pour la même période et dans le même lieu, et sont facturés à ce titre se voient appliquer un abattement de 25 % sur les montants facturés selon le tableau ci-dessus.

« Le montant minimum de la rémunération ne peut être inférieur à 90 € HT par établissement et par an. Le minimum exclut l'application de tout abattement ou réduction, dans cet article comme dans les suivants. »

Art. 2 La rémunération due par les établissements exerçant une activité de bars et/ou de restaurants à ambiance musicale, ci-après dénommés respectivement BAM et RAM est déterminée comme suit.

Sont considérés comme BAM et/ou RAM tous établissements recevant du public diffusant de la musique amplifiée attractive constituant une composante essentielle de l'activité commerciale.

La rémunération due est déterminée sur la base d'une assiette qui comprend l'ensemble des recettes brutes produites par les entrées, les vestiaires, les points-phone, les locations de salles, les participations publicitaires, les rétrocessions diverses ainsi que par la vente des consommations ou la restauration, services inclus, hors taxes, confirmées par la production des éléments comptables et fiscaux permettant à la fois la vérification par la société de perception et de répartition et, le cas échéant, la prise en compte des particularités d'un établissement.

Le taux applicable à cette assiette est de 1,65 %.

Sont déduits de cette assiette :

1° Un abattement de 12 % pour les établissements qui communiquent dans les quatre mois suivant la clôture de leur exercice social une déclaration certifiée de l'ensemble des recettes brutes détaillées, réalisées au titre de cet exercice et une copie certifiée conforme par un expert-comptable ou un comptable agréé de la déclaration effectuée auprès de l'administration fiscale au titre de cet exercice ;

2° Un abattement supplémentaire de 15 % pour les établissements qui s'acquittent, avant le 25 du mois d'émission de la facture, du montant facturé ; cet abattement est porté à 17 % en cas de paiement par prélèvement automatique.

Les établissements qui ne déclarent pas leurs recettes annuelles sont facturés sur la base du dernier chiffre d'affaires connu ou avec un minimum de 580 € HT par mois.

Les établissements dont les recettes annuelles sont inférieures à 153 000 € HT, ainsi que ceux qui sont dans leur premier exercice fiscal, se voient appliquer un forfait calculé à partir de deux critères :

– nombre de jours d'ouverture par an (critère dénommé O) ;

– capacité d'accueil ou administrative (dénommée C) de l'établissement au sens de l'article P2 du règlement de sécurité contre les risques d'incendie et de panique dans les établissements recevant du public. A défaut, est pris en compte pour le calcul de la rémunération le nombre de mètres carrés de la surface commerciale ouverte au public (l'équivalence étant 1 mètre carré = 1 personne) : ainsi, par exemple, n'est pas pris en compte l'espace derrière le comptoir ou dans les cuisines.

Partant d'un forfait annuel de base de 460 €, le calcul du forfait est le suivant : 460 × O × C.

Les valeurs des critères O et C sont données dans la table suivante :

JOUR	O	CAPACITÉ	C
≤ 52	1	≤ 100	1
53-104	1,25	101-150	1,25
105-156	1,5	151-200	1,5
157-208	2	201-250	2
209-260	2,25	251-300	2,25
> 260	2,5	301-400	2,5
		401-500	3
		> 500	3,5

Ces deux critères doivent être justifiés par les documents appropriés, communiqués en même temps que les documents comptables et fiscaux.

Le forfait exclut l'application des abattements, de même que le minimum de facturation ci-dessous.

Le montant minimum de la rémunération due par les redevables relevant des dispositions du présent article ne peut être inférieur à 460 € HT par établissement et par an.

Art. 3 *(Décis. 8 déc. 2010)* La rémunération due par les établissements relevant du commerce de détail, exploitations traditionnelles ou « libre-service » est déterminée comme suit :

Le calcul de la rémunération est effectué à partir du tableau suivant :

NOMBRE d'employés	RÉMUNÉRATION ANNUELLE
0 à 2	90 € HT
3 à 5	160 € HT

NOMBRE d'employés	RÉMUNÉRATION ANNUELLE
6 à 10	190 € HT
11 à 15	290 € HT
Au-delà de 15	390 € HT

Le personnel à prendre en considération pour la détermination du nombre d'employés est celui qui est en contact direct avec la clientèle, à savoir la direction, les caissiers, les vendeurs, le personnel de réception, les animateurs, etc.

Sont *a contrario* exclus les personnels administratifs, les représentants, les ouvriers en atelier, les employés affectés à l'entretien et d'une manière générale toutes catégories de personnels dont la fonction n'est pas d'accueillir le client, de l'informer ou de le conseiller, d'assurer le conditionnement de ses achats ou encore de lui permettre d'en effectuer le paiement.

Le nombre d'employés à comptabiliser est la moyenne annuelle des équivalents plein temps des personnels définis ci-dessus, le temps de présence légal annuel étant actuellement de 1 600 heures, les apprentis étant inclus dans le calcul.

En cas de déclaration regroupée (plus de 10 établissements), la rémunération totale est réduite de 15 %.

Le montant minimum de la rémunération ne peut être inférieur à 90 € HT par établissement et par an.

Art. 4 *(Décis. 8 déc. 2010)* La rémunération due par les établissements relevant de la grande distribution généraliste est déterminée comme suit.

Appartiennent à la grande distribution généraliste les établissements suivants :
– les supermarchés de toutes tailles ;
– les hypermarchés ;
– les magasins populaires ;
– les magasins électroménagers de plus de 500 m² ;
– les grands magasins ;
– les galeries marchandes ;
– les halls d'exposition (voitures, gros matériels).

Le calcul de la rémunération est l'addition d'un montant fixe par magasin et d'un montant variable calculé selon la surface, selon le tableau suivant :

SURFACE (en m²)	MONTANT FIXE annuel par magasin (en euros HT)	MONTANT VARIABLE par m² (en euros HT)
Moins de 400	90	0
401-1 000	90	0,25
1 001-5 000	90	0,22
5 000-10 000	90	0,19
Plus de 10 000	90	0,16

En cas de déclaration regroupée de tous les magasins d'une chaîne ou d'un groupe (au moins 10 établissements, quel que soit leur statut juridique au sein de la chaîne ou du groupe), la rémunération est l'addition des deux variables suivantes :

– nombre de magasins : jusqu'à 2 000 magasins, 45 € HT par magasin, à partir de 2 000 magasins, 30 € HT par magasin ; et

– surface totale des magasins : jusqu'à 800 000 m², 0,21 € HT par m², à partir de 800 000 m², 0,17 € HT par m².

La surface à prendre en compte pour les calculs ci-dessus est la surface commerciale sonorisée ouverte au public, à l'exclusion des entrepôts, des locaux administratifs, etc.

Le montant minimum de la rémunération ne peut être inférieur à 90 € HT par établissement et par an.

Art. 4 *bis* *(Décis. 8 déc. 2010)* La rémunération due par les établissements relevant de la grande distribution spécialisée est déterminée comme suit. Appartiennent à la grande distribution spécialisée les établissements suivants :

— les magasins de plus de 500 m^2 spécialisés notamment dans la vente de meubles, d'articles de sports, d'habillement, de matériel de bricolage et/ou de matériel sanitaire ;

— les magasins de plus de 500 m^2 suivants : les magasins de gros, les magasins dits « cash and carry », les jardineries, les solderies.

MONTANT FIXE ANNUEL par magasin (en euros HT)	MONTANT VARIABLE par m^2 (en euros HT)
55	0,05

Le calcul de la rémunération est l'addition d'un montant fixe par magasin et d'un montant variable calculé selon la surface, selon le tableau suivant :

La surface à prendre en compte pour les calculs ci-dessus est la surface commerciale sonorisée ouverte au public, à l'exclusion des entrepôts, des locaux administratifs, etc.

Le montant minimum de la rémunération ne peut être inférieur à 90 € HT par établissement et par an.

Art. 5 *(Décis. 8 déc. 2010)* La rémunération due par les établissements de coiffure est déterminée selon le tableau suivant :

NOMBRE D'EMPLOYÉS	RÉMUNÉRATION ANNUELLE
Petits salons	90 € HT
0 à 2	90 € HT
3 à 5	110 € HT
6 à 10	120 € HT
11 à 15	190 € HT
Au-delà de 15	280 € HT

Le personnel à prendre en considération pour la détermination du nombre d'employés est celui qui est en contact direct avec la clientèle, tel que défini à l'article 1er ci-dessus.

En cas de déclaration regroupée (plus de 10 établissements), la rémunération totale est réduite de 10 %.

Les établissements dont la diffusion musicale est faite à partir d'une seule source musicale (poste de radio ou de télévision sans haut-parleur supplémentaire) sont facturés au minimum de facturation de 90 € HT, quel que soit le nombre d'employés. Cette catégorie est dénommée « petits salons » dans la grille ci-dessus.

Le montant minimum de la rémunération ne peut être inférieur à 90 € HT par établissement et par an.

Art. 6 Sauf adoption par la commission de tarifs spécifiques à chaque secteur concerné, indépendants de la rémunération du droit d'auteur, la rémunération due par tous les autres établissements, espaces et lieux sonorisés non visés aux articles 1er à 5 ci-dessus, est déterminée comme suit :

— l'assiette est constituée par le montant des droits dus au titre de l'exercice du droit d'auteur correspondant à l'utilisation des œuvres pour cette sonorisation ;

— le taux applicable à cette assiette est de 65 %.

Sont concernés notamment par les dispositions de cet article les établissements, activités, espaces et lieux sonorisés suivants :

Véhicules sonorisés, parcs de stationnement, parcs d'attraction, aéroports, centres et aires de jeux et/ou sports individuels et collectifs, détente, soins corporels, piscines et plages payantes, cours de danse et de gymnastique, chambres d'hôtels (y compris dans les établissements de santé, et la parahôtellerie à caractère social et/ou médical), chambres d'hôtes, établissements d'enseignement, espaces communs sonorisés comme les salons, salles d'attente et de détente, salles de jeux, halls, couloirs, paliers, ascenseurs, locaux associatifs, espaces en plein air, bureaux ouverts au public ; séances occasionnelles.

Le montant minimum de la rémunération ne peut être inférieur à 90 € HT par établissement et par an.

Par exception, les séances occasionnelles non commerciales, organisées par des associations de bénévoles, à but non lucratif, bénéficient d'une réduction de 50 % sur le minimum de facturation.

Art. 7 A défaut de dispositions spécifiques, les modalités et les délais de versement de la rémunération équitable sont ceux résultant des conventions et usages en matière de droit d'auteur.

Les redevables sont tenus de fournir tout justificatif des éléments nécessaires au calcul de la rémunération aux bénéficiaires représentés par la société pour la rémunération équitable de la communication au public des phonogrammes du commerce (SPRE) ou par une société, mandatée par elle. Le relevé des programmes diffusés, ou à défaut la source du programme diffusé, est également transmis aux mêmes sociétés ; il doit permettre l'identification des bénéficiaires de la rémunération dans des formes et délais analogues à ceux établis dans le domaine du droit d'auteur, sous réserve d'accords particuliers.

Art. 8 Les redevables bénéficient d'une réduction sur la rémunération annuelle, de 45 % la première année d'application du barème, de 30 % la deuxième année, et 15 % la troisième année, les minima de la rémunération tels que visés aux articles 1er à 6 de la présente décision n'étant pas affectés par cette disposition.

Toutefois, pour la première année, les minima des redevables visés aux articles 1er et 3 à 6 de la présente décision seront fixés à 60 € HT, la facturation des séances occasionnelles non commerciales, organisées par des associations de bénévoles, à but non lucratif, n'étant pas affectée par cette disposition.

Par exception à ce qui est dit aux articles 1er et 3 à 5 de la présente décision, et pour permettre la mise en place des outils de gestion des barèmes, les redevables visés auxdits articles sont facturés pendant la première année d'application de la décision selon les dispositions de l'article 6.

Par année, on entend toute période de douze mois suivant la date d'entrée en vigueur du contrat d'auteur des redevables ou de son renouvellement à l'échéance, ou suivant la date de début d'activité du redevable, à compter de la date d'entrée en vigueur de la décision.

Pour les redevables visés à l'article 2 de la présente décision, ou les redevables non signataires de contrat d'auteur, on entend par année l'année civile ou les douze mois suivant le début d'activité.

Art. 9 Les forfaits et les montants minima de rémunération sont indexés suivant les pratiques et usages en matière de droit d'auteur.

Art. 10 La présente décision prendra effet le 1er février 2010 et sera publiée au *Journal officiel* de la République française.

Décision du 19 mai 2010,

De la commission prévue à l'article L. 214-4 du code de la propriété intellectuelle (JO 18 juin).

Art. 1er La rémunération due par les services de télévision est égale à 2 % d'une assiette déterminée comme suit :

– l'assiette brute comprend l'ensemble des recettes y compris les recettes publicitaires ;

– l'assiette nette est obtenue, d'une part, après déduction des frais de régie publicitaire au taux maximum de 28 %, des dépenses de diffusion et de distribution de programmes ainsi que des rémunérations et charges sociales des artistes-interprètes engagés pour la réalisation des programmes musicaux de chaque service, d'autre part, après application du taux annuel d'utilisation des phonogrammes par rapport à la totalité des programmes diffusés. Le taux précité est celui qui résulte des relevés de programmes fournis par chaque service.

Art. 2 Les services de télévision, dont l'assiette brute telle que définie à l'article 1er est inférieure ou égale à 125 millions d'euros hors taxes et dont le taux d'utilisation de phonogrammes publiés à des fins de commerce est inférieur ou égal à 10 %, peuvent opter pour le calcul de la rémunération due en application de l'article 1er selon la grille de calcul ci-après :

Grille de calcul optionnelle d'application de l'article 1er

TRANCHES ASSIETTE BRUTE (CA annuel HT de la chaîne) (en €)		MONTANT ANNUEL HT (en €)
–	1 000 000	250
1 000 001	5 000 000	1 500
5 000 001	10 000 000	2 000
10 000 001	20 000 000	5 000
20 000 001	40 000 000	8 000
40 000 001	60 000 000	15 000
60 000 001	80 000 000	20 000
80 000 001	100 000 000	25 000
100 000 001	125 000 000	30 000
> 125 000 000	Barème proportionnel	

Art. 3 Les services de télévision sont tenus de fournir tout justificatif des éléments nécessaires au calcul de la rémunération aux bénéficiaires représentés par la société pour la rémunération équitable de la communication au public des phonogrammes du commerce (SPRE).

Art. 4 La présente décision prendra effet le 1er juillet 2010 et sera publiée au *Journal officiel* de la République française.

Décision n° 13 du 12 janvier 2011,

Relative à la rémunération pour copie privée.

Décis. annulée par CE 25 juin 2014, n° 347914. Abrogée par Décis. n° 15 du 14 déc. 2012, ci-dessous.

Décision n° 14 du 9 février 2012,

De la commission prévue à l'article L. 311-5 du code de la propriété intellectuelle relative à la rémunération pour copie privée.

Abrogée par Décis. n° 15 du 14 déc. 2012, ci-dessous.

Décision n° 15 du 14 décembre 2012,

De la commission prévue à l'article L. 311-5 du code de la propriété intellectuelle.

Le Conseil d'État a rejeté la requête en annulation dirigée contre cette décision (CE 19 nov. 2014, n° 366322 : RLDI janv. 2015. 17, obs. Costes).

Considérant que l'article L. 311-1 du code de la propriété intellectuelle dispose que les auteurs et les artistes-interprètes des œuvres fixées sur phonogrammes ou vidéogrammes, les producteurs de ces phonogrammes ou vidéogrammes ainsi que les auteurs et éditeurs des œuvres fixées sur tout autre support ont droit à une rémunération au titre de la reproduction desdites œuvres réalisée à partir d'une source licite dans les conditions prévues au 2° de l'article L. 122-5 du code susvisé et au 2° de l'article L. 211-3 du code susvisé ;

Considérant que l'article L. 311-5 du code de la propriété intellectuelle attribue à la commission la mission de déterminer les supports assujettis à ladite rémunération et de fixer les taux et les modalités de versement de cette rémunération ;

Considérant que, au titre du II de l'article L. 311-8 du code de la propriété intellectuelle, la rémunération pour copie privée n'est pas due pour les supports d'enregistrement acquis notamment à des fins professionnelles dont les conditions d'utilisation ne permettent pas de présumer un usage à des fins de copie privée ;

Considérant que l'article 6-I de la loi n° 2011-1898 susvisée implique que la commission fixe les barèmes de rémunération relatifs aux supports visés par cet article ;

Considérant, en outre, que la commission a décidé de procéder à une actualisation des barèmes de rémunération pour les supports concernés par les décisions n° 13 du 12 janvier 2011 et n° 14 du 9 février 2012 de la commission ;

Considérant que la commission a fait procéder au cours de l'année 2011 à une étude des fonctionnalités, des caractéristiques techniques et des pratiques de copie privée des tablettes multimédias utilisables à des fins de copie privée ;

Considérant que les résultats de cette étude ont été présentés à la commission lors de la séance du 13 septembre 2011 ;

Considérant que, à la suite de la décision du Conseil d'État du 17 juin 2011, la commission a adopté à l'unanimité, le 8 août 2011, un questionnaire en vue d'une étude sur les fonctionnalités, les caractéristiques techniques et les pratiques de copie privée sur les supports d'enregistrement assujettis à la rémunération pour copie privée par les décisions n° 11 du 17 décembre 2008 et n° 13 du 12 janvier 2011 ;

Considérant que, par délibération du 13 septembre 2011, la commission a confié à la société Copie France et aux organisations de consommateurs Familles rurales, Association études et consommation dite "ASSECO", Union nationale des associations familiales (UNAF) et Familles de France le soin de faire procéder à cette étude conformément au questionnaire adopté le 8 août 2011 ;

Considérant que les résultats de cette seconde étude ont été présentés à la commission lors des séances du 8 novembre 2011 et du 22 novembre 2011 ;

Considérant que les éléments d'information recueillis par ces deux études ont été examinés par la commission à l'occasion de huit séances entre le 4 octobre 2011 et le 11 mai 2012 ;

Considérant que la commission estime avoir réuni suffisamment d'éléments d'information fiables et objectifs sur les pratiques de copie privée portant sur les supports et appareils visés par ces deux études pour adopter une décision sur ces supports ;

Considérant que la commission a dans le même temps procédé, dans le cadre de ses travaux, à un examen détaillé des paramètres de la méthode de calcul des rémunérations pour copie privée appliquée jusqu à présent à l'occasion de neuf séances entre le 29 juin 2011 et le 6 mars 2012 ;

Considérant qu'à l'issue de cet examen la commission a décidé de faire évoluer certains paramètres afin de tenir compte de la décision du Conseil d'État du 17 juin 2011 qui précise que "la rémunération pour copie privée doit être fixée à un niveau permettant de produire un revenu, à partager entre les ayants droit, globalement analogue à celui que procurerait la somme des paiements d'un droit par chaque auteur d'une copie privée s'il était possible de l'établir et de le percevoir" ;

Considérant que, conformément à l'article L. 311-1 du code de la propriété intellectuelle, la commission a procédé à l'exclusion des copies de source illicite de l'assiette de calcul des barèmes de rémunération ;

Considérant que la présente décision ne préjuge pas du statut juridique des services de l'informatique en nuage (*"cloud computing"*) au regard de l'exception et de la rémunération pour copie privée,

Décide :

Art. 1er I. – Sont éligibles à la rémunération due au titre des articles L. 311-1 et suivants du code de la propriété intellectuelle les supports d'enregistrement suivants :

1° Les supports de type CD R et RW data ;

2° Les supports de type DVD Ram, DVD R et DVD RW data ;

3° Les mémoires et disques durs intégrés à un téléviseur, un enregistreur ou un boîtier assurant l'interface entre l'arrivée de signaux de télévision et le téléviseur (décodeur ou "box"), autres que ceux mentionnés au 9°, comportant une fonctionnalité d'enregistrement numérique de vidéogrammes, ou un baladeur dédié à l'enregistrement de vidéogrammes ;

4° Les mémoires et disques durs intégrés à un baladeur ou à un appareil de salon dédiés à la lecture d'œuvres fixées sur des phonogrammes ;

5° Les mémoires et disques durs intégrés à un baladeur ou à un appareil de salon dédiés à la fois à l'enregistrement numérique des phonogrammes et des vidéogrammes ;

6° Les clés USB non dédiées ;

7° Les cartes mémoires non dédiées ;

8° Les supports de stockage externes, autres que ceux mentionnés au 9°, utilisables directement avec un micro-ordinateur personnel, c'est-à-dire sans qu'il soit nécessaire de leur adjoindre un équipement complémentaire hormis les câbles de connexion et d'alimentation ;

9° Les supports de stockage externes dits "multimédias" qui :

– disposent d'une ou plusieurs sorties audio et/ou vidéo et/ou ports informatiques permettant la restitution d'images animées et/ou du son, sans nécessiter l'emploi d'un micro-ordinateur à cet effet ; ou

– comportent en outre une ou plusieurs entrées audio et/ou vidéo et/ou ports informatiques permettant d'enregistrer des images animées et/ou du son, sans nécessiter l'emploi d'un micro-ordinateur à cet effet ; ou

– sont intégrés ou reliés à un boîtier assurant l'interface entre l'arrivée de signaux de télévision et un téléviseur et qui ne sont pas exclusivement dédiés à l'enregistrement de vidéogrammes ("box à disque dur ou à mémoire de stockage multimédia") ;

10° Les mémoires et disques durs intégrés à un téléphone mobile permettant d'écouter des phonogrammes ou de visionner des vidéogrammes ;

11° Les mémoires et disques durs dédiés à l'enregistrement et à la lecture d'œuvres fixées sur des phonogrammes intégrés à des systèmes de navigation et/ou à des autoradios destinés à des véhicules automobiles ;

12° Les mémoires et disques durs intégrés aux tablettes tactiles multimédias avec fonction baladeur, munies d'un système d'exploitation pour terminaux mobiles ou d'un système d'exploitation propre.

II. – Le montant de la rémunération unitaire sur ces supports est fixé par type de support et par capacité ou palier de capacité conformément aux tableaux n°s 1 à 12 figurant en annexe de la présente décision.

Art. 2 I. – Les supports d'enregistrement vendus sous le même emballage qu'un appareil d'enregistrement ou vendus avec un appareil sous plusieurs emballages sertis ensemble, constituant ainsi un lot unique dénommé "offre groupée" (*bundle*), ainsi que ceux commercialisés, de façon séparée ou groupée, manifestement destinés à être utilisés avec un appareil d'enregistrement dont ils constituent le complément ("offre de complément") sont assujettis à la rémunération pour copie privée en vigueur pour les capacités d'enregistrement lorsque celles-ci sont intégrées auxdits appareils, le tarif étant déterminé en considération de la capacité totale d'enregistrement disponible résultant de la capacité d'enregistrement éventuellement déjà intégrée dans l'appareil et de celle du support d'enregistrement.

II. – Ne sont pas assujettis à la rémunération pour copie privée les supports d'enregistrement vendus en "offre groupée" (*bundle*) ou en "offre de complément" avec des appareils dont les capacités d'enregistrement éventuellement intégrées ne sont pas elles-mêmes susceptibles d'être assujetties à cette rémunération.

Art. 3 I. – Les catégories de supports de stockage externes mentionnées aux 8° et 9° de l'article 1er comprennent les supports de stockage externes NAS (*Network Attached Storage*) de salon, à savoir les supports de stockage externes destinés à être posés sur un meuble (version dite "Desktop") de type NAS ou de type NDAS (*Network Direct Attached Storage*).

II. – Ne sont pas assujettis à la rémunération pour copie privée les supports de stockage externes mentionnés au 8° de l'article 1er appartenant à des systèmes présentant l'une des caractéristiques suivantes :

1° Systèmes de stockage, autres que ceux mentionnés au I, qualifiés et certifiés pour pouvoir fonctionner simultanément avec au moins trois systèmes d'exploitation ;

2° Systèmes de stockage utilisables exclusivement dans le cadre d'un environnement technique professionnel, c'est-à-dire avec des équipements complémentaires tels que des serveurs, des racks ou autres. Ceci inclut les supports de stockage NAS (*Network Attached Storage*) destinés à être montés dans des racks (version dite "Rackmount").

Art. 4 I. – La méthode de calcul des rémunérations fixées en annexe de la présente décision pour les supports mentionnés à l'article 1er repose sur la combinaison des paramètres suivants :

– détermination, à partir des résultats des études d'usages, du volume moyen de copies privées de source licite (V) par type d'œuvre copiée et pour une capacité moyenne d'enregistrement (CM) évaluée par les études pour chaque famille de support ou d'appareil ;

– détermination du taux de rémunération pour copie privée de référence (TR) correspondant à une somme équivalente à 15 % des revenus générés par l'exploitation, autorisée en application des droits exclusifs, de chaque type d'œuvre (sonore, audiovisuel, écrit, image fixe), mesurés à partir des données économiques connues du marché ;

– détermination d'un tarif de rémunération pour copie privée par gigaoctet (TGo) pour chaque famille de support, excepté pour les supports de type CD R et RW data et DVD Ram, DVD R et DVD RW data auxquels s'applique un tarif de rémunération pour copie privée unitaire par support ;

– détermination, le cas échéant, du niveau d'un abattement (A) applicable au tarif de rémunération pour copie privée par gigaoctet visant à tenir compte de la non-linéarité des usages de copie privée mesurés par rapport à l'augmentation des capacités de stockage des appareils et supports d'enregistrement concernés (abattement "pour grande capacité") ainsi que de l'incidence de la rémunération sur le marché des supports concernés ;

– détermination par voie de conséquence du montant de la rémunération pour copie privée applicable au support concerné en fonction du nombre de gigaoctets (n) de sa capacité d'enregistrement, excepté pour les supports de type CD R et RW data et DVD Ram, DVD R et DVD RW data auxquels s'applique un montant de rémunération pour copie privée unitaire par support.

Pour les supports mentionnés aux tableaux n°s 3 et 9 et au A du tableau n° 8 figurant en annexe de la présente décision, le montant de la rémunération ainsi déterminé est appliqué à des tranches de capacité.

II. – Le montant de la rémunération pour copie privée applicable aux supports mentionnés à l'article 1er est égal à :

RCP = n (TGo – A)

dans laquelle TGo = V × TR / CM

Art. 5 I. – Pour les supports d'enregistrement du type de ceux mentionnés aux tableaux n°s 1 et 2 figurant en annexe de la présente décision, dont les caractéristiques techniques et les pratiques d'utilisation ne diffèrent de celles des supports mentionnés auxdits tableaux que par la capacité d'enregistrement, la rémunération est égale au produit de la rémunération fixée pour les supports figurant auxdits tableaux par la capacité d'enregistrement du support considéré, divisé par la capacité d'enregistrement des supports figurant auxdits tableaux.

II. – Pour les supports d'enregistrement du type de ceux mentionnés aux tableaux n°s 3 à 10 et 12 figurant en annexe de la présente décision, dont les caractéristiques techniques et les pratiques d'utilisation ne diffèrent de celles des supports mentionnés aux dits tableaux que par une capacité d'enregistrement supérieure, le montant de la rémunération perçue pour la capacité d'enregistrement maximale des supports mentionnés auxdits tableaux sera appliqué à titre conservatoire.

Art. 6 I. – Les déclarations concernant les supports d'enregistrement mentionnés aux tableaux n°s 1 à 12 figurant en annexe de la présente décision, faites par les redevables aux sociétés chargées de percevoir la rémunération due au titre des articles L. 311-1 et suivants du code de la propriété intellectuelle, doivent mentionner de façon distincte, pour chaque catégorie de support ou d'appareil, le nombre de supports assujettis à ladite rémunération ainsi que, pour chacun d'eux, leur capacité d'enregistrement.

La capacité d'enregistrement mentionnée à l'alinéa précédent est présumée être celle déclarée par le redevable concerné.

II. – Pour les supports d'enregistrement mentionnés au tableau n° 11 figurant en annexe de la présente décision, la capacité d'enregistrement à déclarer est celle dédiée à la lecture de phonogrammes.

III. – Pour les supports d'enregistrement mentionnés au I de l'article 2, les déclarations mentionnent de façon distincte :

– l'appareil avec lequel les supports d'enregistrement sont vendus en "offre groupée (*bundle*)" ou en "offre de complément" ;

– le nombre de supports d'enregistrement vendus en "offre groupée (*bundle*)" avec cet appareil ;

– le nombre de supports d'enregistrement vendus en "offre de complément" avec cet appareil ;

– la capacité d'enregistrement éventuellement déjà intégrée à cet appareil ;

– la capacité du support d'enregistrement concerné.

Art. 7 I. – Les fabricants et les importateurs des supports mentionnés à l'article 1er sont tenus au paiement de la rémunération pour copie privée aux dates suivantes :

– pour les fabricants et importateurs, agents dits "exclusifs" : quatre-vingts jours francs à compter de la fin du mois des dates d'exigibilité ;

– pour les importateurs-grossistes : quarante jours francs à compter de la fin du mois des dates d'exigibilité ;

— pour les autres importateurs : à la date d'exigibilité.

II. — La date d'exigibilité correspond, pour les première et deuxième catégories d'importateurs et de fabricants, à la sortie de stock. Les relevés de sortie de stock sont établis et transmis par les redevables aux organismes de perception mentionnés à l'article L. 311-6 du code de la propriété intellectuelle, au plus tard le 20 de chaque mois, pour le mois précédent.

Pour la troisième catégorie d'importateurs, la date d'exigibilité correspond à la date d'acquisition.

Art. 8 I. — Les rémunérations afférentes aux CD R et RW data et DVD Ram, DVD R et DVD RW data figurant au point 2 en annexe de la décision n° 1 du 4 janvier 2001, tel que modifié par la décision n° 2 du 6 décembre 2001, sont abrogées à compter de la date d'entrée en vigueur de la présente décision.

II. — La rémunération afférente aux baladeurs enregistreurs en format MP3 figurant au point 3 en annexe de la décision n° 1 du 4 janvier 2001, tel que modifié par la décision n° 2 du 6 décembre 2001, est abrogée à compter de la date d'entrée en vigueur de la présente décision.

III. — Les décisions n° 3 du 4 juillet 2002, n° 5 du 6 juin 2005, n° 6 du 22 novembre 2005, n° 12 du 20 septembre 2010, n° 13 du 12 janvier 2011 et n° 14 du 9 février 2012 sont abrogées à compter de la date d'entrée en vigueur de la présente décision.

Art. 9 La présente décision sera publiée au *Journal officiel* de la République française et entrera en vigueur à compter du premier jour du mois suivant sa publication.

ANNEXE

Tableau n° 1. *CD R et RW data*

	CAPACITÉ D'ENREGISTREMENT	RÉMUNÉRATION (en euros)
CD R et RW data	700 Mo	0,35

Tableau n° 2. *DVD Ram, DVD R et DVD RW data*

	CAPACITÉ D'ENREGISTREMENT	RÉMUNÉRATION (en euros)
DVD R et RW data	4,7 Go	0,90

Tableau n° 3. *Mémoires et disques durs intégrés à un téléviseur, un enregistreur ou un boîtier assurant l'interface entre l'arrivée de signaux de télévision et le téléviseur (décodeur ou « box »), autres que ceux mentionnés au tableau n° 9 comportant une fonctionnalité d'enregistrement numérique de vidéogrammes ou un baladeur dédié à l'enregistrement de vidéogrammes*

CAPACITÉ D'ENREGISTREMENT	RÉMUNÉRATION (en euros)
Jusqu'à 8 Go	6,30
Au-delà de 8 Go et jusqu'à 40 Go	12,00
Au-delà de 40 Go et jusqu'à 80 Go	18,00
Au-delà de 80 Go et jusqu'à 160 Go	25,00
Au-delà de 160 Go et jusqu'à 250 Go	30,00

CAPACITÉ D'ENREGISTREMENT	RÉMUNÉRATION (en euros)
Au-delà de 250 Go et jusqu'à 320 Go	37,50
Au-delà de 320 Go et jusqu'à 500 Go	45,00

Tableau n° 4. *Mémoires et disques durs intégrés à un baladeur ou à un appareil de salon dédié à la lecture d'œuvres fixées sur des phonogrammes*

CAPACITÉ D'ENREGISTREMENT	TARIF DE RÉMUNÉRATION en euros par gigaoctet (€/Go) après abattement (TGo – A)
Jusqu'à 8 Go	1,50
Au-delà de 8 Go et jusqu'à 32 Go	1,00

Tableau n° 5. *Mémoires et disques durs intégrés à un baladeur ou à un appareil de salon dédié à la fois à l'enregistrement numérique des phonogrammes et des vidéogrammes*

CAPACITÉ D'ENREGISTREMENT	TARIF DE RÉMUNÉRATION en euros par gigaoctet (€/Go) après abattement (TGo – A)
Jusqu'à 4 Go	1,50
Au-delà de 4 Go et jusqu'à 8 Go	0,88
Au-delà de 8 Go et jusqu'à 16 Go	0,50
Au-delà de 16 Go et jusqu'à 32 Go	0,35
Au-delà de 32 Go et jusqu'à 96 Go	0,33

Tableau n° 6. *Clés USB non dédiées*

CAPACITÉ D'ENREGISTREMENT	TARIF DE RÉMUNÉRATION en euros par gigaoctet (€/Go) après abattement (TGo – A)
Inférieure ou égale à 2 Go	0,20
Supérieure à 2 Go et inférieure ou égale à 4 Go	0,16
Supérieure à 4 Go et inférieure ou égale à 8 Go	0,13
Au-delà de 8 Go	0,10

Tableau n° 7. *Cartes mémoires non dédiées*

CAPACITÉ D'ENREGISTREMENT	TARIF DE RÉMUNÉRATION en euros par gigaoctet (€/Go) après abattement (TGo – A)
Inférieure ou égale à 2 Go	0,09
Supérieure à 2 Go et inférieure ou égale à 4 Go	0,08
Supérieure à 4 Go et inférieure ou égale à 8 Go	0,07
Au-delà de 8 Go	0,06

Tableau n° 8. *Supports de stockage externes autres que ceux mentionnés au tableau n° 9 utilisables directement avec un micro-ordinateur personnel, c'est-à-dire sans qu'il soit nécessaire de leur adjoindre un équipement complémentaire hormis les câbles de connexion et d'alimentation*

A – CAPACITÉ D'ENREGISTREMENT	TARIF DE RÉMUNÉRATION en euros par gigaoctet (€/Go) après abattement (TGo – A)
Inférieure ou égale à 120 Go	8,40
Supérieure à 120 Go et inférieure ou égale à 320 Go	9,60
Supérieure à 320 Go et inférieure ou égale à 500 Go	11,00
Supérieure à 500 Go et inférieure ou égale à 1 000 Go	20,00

B – CAPACITÉ D'ENREGISTREMENT	RÉMUNÉRATION (en euros)
Supérieure à 1 000 Go et inférieure ou égale à 5 000 Go	0,015
Supérieure à 5 000 Go et inférieure ou égale à 10 000 Go	0,012

Tableau n° 9 *Supports de stockage externes dits « multimédia » qui :*
— disposent d'une ou de plusieurs sorties audio et/ou vidéo et/ou ports informatiques permettant la restitution d'images animées et/ou du son, sans nécessiter l'emploi d'un micro-ordinateur à cet effet ; ou
— comportent en outre une ou plusieurs entrées audio et/ou vidéo et/ou ports informatiques permettant d'enregistrer des images animées et/ou du son, sans nécessiter l'emploi d'un micro-ordinateur à cet effet ; ou
— sont intégrés ou reliés à un boîtier assurant l'interface entre l'arrivée de signaux de télévision et un téléviseur et qui ne sont pas exclusivement dédiés à l'enregistrement de vidéogrammes (« box » à disque dur ou à mémoire de stockage multimédia).

CAPACITÉ D'ENREGISTREMENT	RÉMUNÉRATION (en euros)
Jusqu'à 8 Go	6,30

CAPACITÉ D'ENREGISTREMENT	RÉMUNÉRATION (en euros)
Au-delà de 8 Go et jusqu'à 40 Go	9,30
Au-delà de 40 Go et jusqu'à 80 Go	12,50
Au-delà de 80 Go et jusqu'à 160 Go	16,00
Au-delà de 160 Go et jusqu'à 250 Go	23,00
Au-delà de 250 Go et jusqu'à 320 Go	27,00
Au-delà de 320 Go et jusqu'à 500 Go	30,00
Au-delà de 500 Go et jusqu'à 1 To	31,00
Au-delà de 1 To et jusqu'à 2 To	32,00

Tableau n° 10. *Mémoires et disques durs intégrés à un téléphone mobile permettant d'écouter des phonogrammes ou de visionner des vidéogrammes*

CAPACITÉ D'ENREGISTREMENT	TARIF DE RÉMUNÉRATION en euros par gigaoctet (€/Go) après abattement (TGo – A)
Jusqu'à 8 Go	0,700 0
Au-delà de 8 Go et jusqu'à 16 Go	0,500 0
Au-delà de 16 Go et jusqu'à 32 Go	0,309 5
Au-delà de 32 Go et jusqu'à 64 Go	0,236 0

Tableau n° 11. *Mémoires et disques durs dédiés à la lecture d'œuvres fixées sur des phonogrammes intégrés à un système de navigation et/ou à un autoradio destinés à un véhicule automobile*

CAPACITÉ DU SUPPORT d'enregistrement dédiée à la lecture de phonogrammes	TARIF DE RÉMUNÉRATION en euros par gigaoctet (€/Go) après abattement (TGo – A)
Toutes capacités	1,25

Tableau n° 12. *Mémoires et disques durs intégrés aux tablettes tactiles multimédia avec fonction baladeur, munies d'un système d'exploitation pour terminaux mobiles ou d'un système d'exploitation propre*

CAPACITÉ D'ENREGISTREMENT	TARIF DE RÉMUNÉRATION en euros par gigaoctet (€/Go) après abattement (TGo – A)
Jusqu'à 8 Go	0,800 0
Au-delà de 8 Go et jusqu'à 16 Go	0,525 0
Au-delà de 16 Go et jusqu'à 32 Go	0,328 1
Au-delà de 32 Go et jusqu'à 64 Go	0,196 9

Décision n° 16 du 19 juin 2017,

De la commission prévue à l'article L. 311-5 du code de la propriété intellectuelle.

La commission, *[...]*

Considérant que l'article L. 311-1 du code de la propriété intellectuelle dispose que les auteurs et les artistes-interprètes des œuvres fixées sur phonogrammes ou vidéogrammes, les producteurs de ces phonogrammes ou vidéogrammes, ainsi que les auteurs et éditeurs des œuvres fixées sur tout autre support, ont droit à une rémunération au titre de la reproduction desdites œuvres réalisée à partir d'une source licite dans les conditions prévues au 2° de l'article L. 122-5 du code susvisé et au 2° de l'article L. 211-3 du code susvisé ;

Considérant que l'article L. 311-5 du code de la propriété intellectuelle attribue à la commission la mission de déterminer les supports assujettis à ladite rémunération, de fixer les taux et les modalités de versement de cette rémunération ;

Considérant que l'article L. 311-4 du code de la propriété intellectuelle, modifié par l'article 15 de la loi n° 2016-925 du 7 juillet 2016, dispose notamment que ladite rémunération est désormais due par l'éditeur d'un service de télévision ou son distributeur, au sens de la loi n° 86-1067 du 30 septembre 1986 relative à la liberté de communication, qui fournit à une personne physique, par voie d'accès à distance, la reproduction à usage privé d'œuvres à partir d'un programme diffusé de manière linéaire par cet éditeur ou son distributeur, sous réserve que cette reproduction soit demandée par cette personne physique avant la diffusion du programme ou au cours de celle-ci pour la partie restante, ci-après le "Service" ;

Considérant que la commission a recueilli des éléments d'information concernant ce type de Services à l'occasion de dix séances plénières ou réunions de groupes de travail entre le 8 novembre 2016 et le 30 mai 2017, en procédant notamment à l'audition de plusieurs opérateurs concernés par ces Services ;

Considérant qu'à l'issue de ces travaux, la commission a jugé nécessaire d'adopter un barème provisoire pour ces Services ;

Considérant que l'article L. 311-4 du code de la propriété intellectuelle permet à la commission d'assujettir des capacités de stockage sans une étude préalable des pratiques de copie privée et pour une durée qui ne peut excéder un an ;

Considérant que les délais nécessaires à la réalisation d'une étude des pratiques de copie privée concernant ces Services et à l'adoption d'une décision au vu des résultats de cette étude sont de nature à porter préjudice aux ayants-droit en les privant, en attendant cette décision, de la rémunération pour copie privée prévue par la loi ;

Considérant qu'il résulte des auditions conduites par la commission que ces Services présentent *a priori* de fortes similitudes d'usages avec les mémoires et disques durs intégrés à un téléviseur, un enregistreur ou un boîtier assurant l'interface entre l'arrivée de signaux de télévision et le téléviseur (décodeur ou "box"), comportant une fonctionnalité d'enregistrement numérique de vidéogrammes ou un baladeur dédié à l'enregistrement de vidéogrammes, tels que mentionnés au tableau n° 3 de la décision n° 15 précitée ;

Considérant qu'il convient néanmoins de prendre en considération certaines spécificités de ces Services, notamment la durée d'utilisation du Service, les capacités de stockage exprimées en heures d'enregistrement de programmes de télévision et non pas nécessairement uniquement en gigaoctets, et la possibilité pour le prestataire du Service ou son utilisateur d'ajuster les capacités de stockage offertes ou souscrites afin de tenir compte de l'impact éventuel des restrictions imposées par certains éditeurs de programmes ;

Considérant toutefois que les conventions préalables à la mise à disposition de ces Services prévues par le législateur à l'article L. 331-9 du code de la propriété intellectuelle ne devraient viser qu'à permettre aux parties de fixer les capacités de stockage de ces Services, de garantir la sécurisation des programmes copiés par les consommateurs au moyen de ces Services et de prévenir d'éventuels risques de contrefaçon, tout en garantissant aux consommateurs le bénéfice de l'exception pour copie privée ;

Considérant que la commission estime avoir réuni, au jour de sa décision, suffisamment d'éléments d'information fiables et objectifs sur les Services précités pour adopter une décision provisoire en retenant notamment pour postulat la fourniture d'un service analogue à celui fourni par les équipements relevant du tableau n° 3 de la décision n° 15 précitée,

Décide :

Art. 1er Sont éligibles à la rémunération due au titre des articles L. 311-1 et suivants du code de la propriété intellectuelle les Services, par lesquels les éditeurs de services de télévision ou leurs distributeurs, au sens de la loi n° 86-1067 du 30 septembre 1986 relative à la liberté de communication, fournissent à une personne physique, par voie d'accès à distance, la reproduction à usage privé d'œuvres à partir d'un programme diffusé de manière linéaire par cet éditeur ou son distributeur, sous réserve que cette reproduction soit demandée par cette personne physique avant la diffusion du programme ou au cours de celle-ci pour la partie restante.

Art. 2 Le montant de la rémunération sur les Services mentionnés à l'article 1er est fixé par palier de capacité ainsi qu'en fonction du nombre d'utilisateurs ou d'abonnés ayant accès auxdits Services conformément au tableau annexé à la présente décision.

Les déclarations concernant les Services assujettis par la présente décision, faites par les redevables aux sociétés chargées de percevoir ladite rémunération, devront mentionner de façon distincte le nombre d'utilisateurs ou d'abonnés ayant accès auxdits Services par capacité d'enregistrement mise à leur disposition. Ladite capacité d'enregistrement ainsi que le nombre d'utilisateurs ou d'abonnés ayant accès auxdits Services sont présumés être ceux déclarés par le redevable concerné.

Art. 3 I. – La rémunération fixée en annexe de la présente décision est une rémunération mensuelle par utilisateur ou abonné déterminée :

– par analogie avec le barème applicable aux supports mentionnés au tableau n° 3 figurant en annexe de la décision n° 15 du 14 décembre 2012 susvisée ;

– en tenant compte d'une durée moyenne d'utilisation de cinq ans ;

– en introduisant une rémunération nouvelle pour la tranche allant de 8 à 20 gigaoctets ou heures.

II. – Ladite rémunération peut être liée à une capacité de stockage exprimée en heures d'enregistrement de programmes de télévision, avec l'équivalence suivante :

1 heure = 1 gigaoctet.

Art. 4 Pour les Services du type de ceux mentionnés à l'article 1er, dont les caractéristiques techniques ne diffèrent de celles des Services mentionnés audit article que par une capacité de stockage (exprimée en heures d'enregistrement ou en gigaoctets) supérieure, la rémunération prévue pour la capacité de stockage maximale des Services mentionnés au tableau annexé à la présente décision sera appliquée à titre conservatoire, dans l'attente de la fixation d'une rémunération spécifique pour cette capacité de stockage.

Art. 5 I. – La rémunération est due tant que les utilisateurs ou les abonnés ont accès aux Services mentionnés à l'article 1er.

II. – Les déclarations mentionnées à l'article 2 de la présente décision sont établies et transmises par les redevables aux organismes de perception mentionnés à l'article L. 311-6 du code de la propriété intellectuelle, au plus tard le 20 de chaque mois, pour le mois précédent.

III. – Les redevables sont tenus au paiement de la rémunération pour copie privée prévue par la présente décision quarante jours francs à compter de la fin du mois de la date d'exigibilité.

IV. – La date d'exigibilité correspond à la mise à disposition des services mentionnés à l'article 1er à chaque utilisateur ou abonné.

Art. 6 La présente décision s'applique de manière provisoire et pour une durée qui ne peut excéder un an jusqu'à l'entrée en vigueur du barème définitif.

Art. 7 La présente décision sera publiée au *Journal officiel* de la République française et entrera en vigueur à compter du premier jour du mois suivant sa publication

ANNEXE

TABLEAU DE RÉMUNÉRATION

Capacité de stockage maximale offerte par les Services				Tarif de rémunération pour copie privée en €/mois et par abonné ou par utilisateur
Capacité de stockage en gigaoctets		Capacité de stockage en heures		
A partir de	Jusqu'à (y inclus)	A partir de	Jusqu'à (y inclus)	
-	8	-	8.00	0,105 €
8	20.00	8.00	20.00	0,150 €
20.00	40.00	20.00	40.00	0,200 €
40.00	80.00	40.00	80.00	0,300 €
80.00	160.00	80.00	160.00	0,417 €
160.00	250.00	160.00	250.00	0,500 €
250.00	320.00	250.00	320.00	0,625 €
320.00	500.00	320.00	500.00	0,750 €

IV USAGES PROFESSIONNELS

Code des usages en matière d'illustration par dessin du 20 juin 1978,

Signé entre le Syndicat national des peintres illustrateurs et le Syndicat national de l'édition.

I. Participation principale

Le dessin constitue un élément essentiel de la création intellectuelle de l'œuvre (par exemple, illustration abondante dans un livre, dessins dans un album pour enfants, bandes dessinées, œuvres vidéographiques, etc.).

a) Rémunération au pourcentage

Participation proportionnelle aux recettes provenant de la vente de l'ouvrage sous forme d'un pourcentage librement débattu entre les parties.

En cas de commande par l'éditeur, un à-valoir sur les droits d'auteurs est garanti à ces derniers, dont l'importance et le mode de règlement sont fixés dans le contrat.

b) Rémunération forfaitaire pour une première édition, formellement demandée par le dessinateur, et proportionnelle au-delà

L'article 36 de la loi du 11 mars 1957 *[CPI, art. L. 132-6.]* **permet de convenir d'un forfait pour la première édition, à la condition que le dessinateur en fasse la demande expresse. Pour éviter tout malentendu sur la définition de cette première édition, le contrat devra préciser le nombre d'exemplaires qu'elle comporte tant en langue française qu'en langues étrangères en cas de coédition ou de tirages groupés. Au-delà de la vente de ce nombre d'exemplaires, le contrat déterminera le pourcentage convenu entre les parties.**

***Il est de règle qu'en raison du risque de mévente pris* par l'éditeur, et du refus de ce risque par le dessinateur, le pourcentage ne pourra être que moins important que s'il avait été convenu dès le premier franc de recette.**

c) Dans le cas de traduction, de reproduction par tout autre procédé que l'édition, visuel, actuel ou à venir, la participation proportionnelle aux recettes sera fixée sous forme de pourcentage, après entente entre les parties, ou, à défaut, à dire d'experts.

II. Participation secondaire

a) Lorsque la participation de l'illustrateur ne constitue pas l'un des éléments essentiels de la création intellectuelle d'une œuvre, la rémunération sera forfaitaire selon les principes énoncés par les exceptions à la participation proportionnelle prévues par l'article 35 de la loi du 11 mars 1957 *[CPI, art. L. 131-4]*.

b) Toutefois, sera versée une rémunération nouvelle égale à la moitié de la rémunération originelle actualisée, lorsque l'éditeur réutilise les illustrations d'une édition originelle pour une édition nouvelle ou dérivée.

Par édition nouvelle, on entend l'édition notablement modifiée ou complétée d'un livre préexistant.

Par édition dérivée, on entend l'édition d'un même ouvrage, sous une présentation différente, réalisée par le même éditeur, ou un tiers éditeur, et comportant une part notable du texte et des illustrations originelles sous le même titre ou encore d'un titre différent, notamment dans le cas d'une traduction de l'ouvrage.

Si une autre utilisation du dessin était faite sur un support autre que le livre, le dessinateur et l'éditeur se partageraient par moitié le montant de la redevance qui serait payée par le tiers utilisateur. En pareil cas l'éditeur demanderait l'autorisation préalable du dessinateur avant de traiter avec le tiers exploitant.

III. Propriété des dessins originaux et exclusivité d'exploitation

Sauf convention contraire, expressément précisée dans le contrat, les dessins originaux doivent être restitués à l'auteur.

Celui-ci cède à l'éditeur l'exclusivité d'exploitation de ses dessins, dans les termes de l'article 54 de la loi du 11 mars 1957 *[CPI, art. L. 132-8]*.

IV. Avance aux illustrateurs dans le cas d'une participation secondaire ou principale

a) Principe général

Lorsqu'un éditeur commande des dessins à un illustrateur, il est le plus souvent admis une avance d'un tiers sur le prix convenu

Cet usage sera recommandé par le SNE à ses adhérents.

b) Toute étude ou esquisse demandée par une maison d'édition doit faire l'objet d'une rémunération convenue d'avance entre les parties, que cette étude ou ces esquisses soient ultérieurement utilisées ou non.

L'utilisation sera concrétisée par le contrat de commande.

Le refus aura pour conséquence le règlement immédiat au dessinateur de la somme convenue et la liberté pour lui de disposer à son gré des études ou esquisses.

c) Lorsque l'édition d'un livre est retardée, le dessinateur sera payé au plus tard 6 mois après la date de remise des dessins.

Lorsque le livre paraît, il est recommandé d'actualiser le prix convenu, et de calculer le solde à verser sur ce prix actualisé.

V. Barème

En raison :

de la diversité des livres édités,

de la part plus ou moins grande des illustrations dans un livre,

des écarts parfois considérables des droits d'auteurs demandés par les dessinateurs eux-mêmes,

le SNE n'a pas jugé possible d'admettre l'établissement d'un barème, n'aurait-il été que de référence.

Cependant, le SNE, conscient de l'importance de la collaboration ou de la contribution du dessin dans l'édition, et soucieux d'entretenir des rapports confiants et permanents avec le Syndicat National des Peintres Illustrateurs, appellera la vigilante attention de ses adhérents sur la nécessité d'accorder aux illustrateurs, notamment lorsqu'il y a commande une rémunération véritablement appropriée aux temps présents.

Le Syndicat National des Peintres Illustrateurs se propose d'éditer un barème de référence, à l'usage interne de ses adhérents.

VI. Promotion du livre

L'accord intervenu entre l'éditeur et l'illustrateur implique l'acceptation par ce dernier, sans rémunération, de l'utilisation par l'éditeur de l'une ou plusieurs illustrations pour le besoin de la promotion du livre.

VII. Commission paritaire

En cas de différend entre éditeur et illustrateur, une Commission paritaire s'efforcera de résoudre dans un esprit de conciliation les problèmes de principe et même tarifaires.

Code des usages en matière de littérature générale,

Issu du protocole d'accord du 15 décembre 1980. — Ratifié le 5 juin 1981 par le Syndicat national de l'édition, le Groupe des éditeurs de littérature et le Conseil permanent des écrivains.

I. Édition seconde

Préambule

Les délégations du syndicat national de l'Édition et du conseil permanent des Écrivains animés du désir de définir les conditions permettant d'assurer aux œuvres littéraires une exploitation permanente et suivie conforme aux intérêts légitimes des auteurs, arrêtent, dans le respect des dispositions de la loi du 11 mars 1957 *[Abrogée par L. n° 92-597 du 1er juill. 1992 — V. CPI, partie législative]*, le principe suivant destiné à permettre une nouvelle exploitation de l'œuvre dans les conditions et selon les modalités ci-après définies.

Principe

Au terme de la cinquième année d'exploitation du dernier tirage de l'œuvre sous sa forme première, si le nombre des exemplaires vendus annuellement s'abaisse à un niveau inférieur à 50 exemplaires, l'auteur dispose alors de la faculté de proposer un nouvel éditeur pour une *édition seconde* en librairie faite dans les conditions conformes aux usages de la profession.

La dénomination « auteur » telle qu'employée ici recouvre l'auteur, ses héritiers et ayants droit, la dénomination « éditeur » recouvrant, quant à elle, la personne physique ou morale cessionnaire des droits d'exploitation de l'œuvre dans les conditions prévues au contrat.

Par *édition seconde,* il faut entendre la remise en vente en librairie d'une édition semblable à l'édition première selon des modalités propres à lui assurer de nouvelles chances de succès, notamment par une modification de la présentation de l'ouvrage, une remise à l'office, une nouvelle campagne de promotion.

Modalités d'application

1. L'auteur doit informer l'éditeur de sa proposition par lettre recommandée avec accusé de réception à laquelle l'éditeur est tenu de répondre dans un délai de 3 mois ; à défaut de réponse de l'éditeur, l'auteur lui adressera une seconde lettre recommandée avec accusé de réception à laquelle l'éditeur sera tenu de répondre dans un délai de 15 jours.

Passé ce délai, à défaut de réponse de l'éditeur, le contrat sera résilié de plein droit, sans que cette résiliation porte atteinte à la validité des cessions de droits dérivés et annexes que l'éditeur aurait pu, antérieurement, consentir à des tiers.

2. Dans sa réponse, l'éditeur doit indiquer son choix pour l'une des trois solutions suivantes :

a) soit traiter dans un délai de 2 mois avec l'éditeur proposé par l'auteur pour l'édition seconde ;

b) soit traiter dans un délai de 2 mois avec un autre éditeur de son choix à des conditions au moins équivalentes à celles de l'éditeur proposé par l'auteur ;

c) soit procéder personnellement à une nouvelle mise en vente dans un délai de 12 mois selon des conditions et modalités analogues à celles prévues ci-dessus pour l'édition seconde.

A défaut d'accord avec un second éditeur ou d'une nouvelle mise en vente dans les délais prévus ci-dessus, le contrat sera résilié de plein droit, sans que cette résiliation ne porte atteinte à la validité des cessions des droits dérivés et annexes consenties antérieurement par l'éditeur à des tiers.

3. Dans le cas où l'édition seconde est réalisée par un second éditeur proposé par l'auteur ou choisi par le premier éditeur :

a) L'exploitation de l'œuvre par l'un ou l'autre éditeur dans les conditions énoncées aux alinéas *a*) et *b*) du paragraphe 2 ci-dessus doit répondre aux exigences légales et plus particulièrement aux dispositions des articles 57 et 63 de la loi du 11 mars 1957 *[CPI, art. L. 132-12 et L. 132-17]*. Cette exploitation ne porte pas atteinte à la cession des droits annexes et dérivés consentis par l'auteur à l'éditeur initial ; par ailleurs, celui-ci aura le droit de garder le titre à son catalogue mais s'interdira toute forme de promotion pour la vente en librairie de l'édition première.

b) Les conventions passées entre les deux éditeurs doivent être contresignées par l'auteur.

Cette exploitation seconde est consentie pour une durée déterminée dont le minimum ne saurait être inférieur à trois années et ce, indépendamment de l'importance des tirages auxquels aura procédé le second éditeur. Au-delà de cette période, la vente des stocks restants ne pourra excéder 12 mois.

Il incombe au premier éditeur d'assurer la gestion de ce contrat, à charge pour lui de rendre compte à l'auteur et de lui régler les sommes perçues.

A compter de la signature de cette convention et pour la durée totale d'exploitation convenue de l'édition seconde, le premier éditeur s'interdit de procéder à une vente en solde total ou partiel des exemplaires de l'œuvre.

4. Par exception aux autres dispositions de ce protocole, les dispositions relatives à l'édition seconde sont applicables immédiatement à tous les contrats en cours.

II. Droit de préférence

Auteurs et éditeurs conviennent, toujours dans le domaine de la littérature générale, d'aménager ainsi qu'il suit l'exercice du droit de préférence.

a) Ce droit est limité, par contrat et quel que soit le nombre de genres nettement déterminés qui y sont prévus, à la production de l'auteur pendant cinq années à compter de la signature du contrat ou à un maximum de cinq ouvrages y compris la première œuvre objet du contrat initial.

b) L'auteur recouvre immédiatement et de plein droit sa liberté à la suite de deux refus, successifs ou non, d'ouvrages nouveaux présentés par l'auteur dans le cadre du pacte de préférence et sans qu'il soit nécessaire que les refus portent sur des ouvrages du même genre dans le cas où le pacte de préférence porterait sur plusieurs genres.

c) Chacune des œuvres couvertes par le pacte de préférence doit faire l'objet d'un contrat distinct. Chacun de ces contrats doit préciser les modalités d'application du pacte de préférence qui fait l'objet du contrat initial et, notamment, d'œuvres futures pour lequel l'auteur reste encore lié à l'éditeur.

d) Aucune nouvelle clause de préférence ne peut intervenir avant expiration des effets de celle stipulée au premier contrat, même si les conditions ont été modifiées ; cette interdiction ne vise que les clauses portant sur les genres prévus au contrat initial.

III. Communication des relevés de comptes

Reddition des comptes

Sauf volonté contraire formellement exprimée par l'auteur, l'éditeur est tenu d'adresser à celui-ci et au moins une fois l'an un relevé des droits d'auteur dans la présentation conforme aux prescriptions de l'article 59 de la loi du 11 mars 1957 *[CPI, art. L. 132-13]*.

Les relevés de comptes créditeurs sont adressés au cours du 4e mois suivant la date de l'arrêté des comptes, les relevés de comptes débiteurs étant, quant à eux, adressés aux auteurs dans les 6 mois de cette même date.

Cette obligation d'envoi systématique des comptes est limitée aux 5 premières années d'exploitation de l'ouvrage ; au-delà, le compte est établi chaque année et tenu à disposition au siège de la société ou communiqué à l'auteur à sa demande.

Assiette des droits

Il est rappelé que le taux des droits d'auteur est appliqué, à défaut d'un prix de vente au public, sur son équivalent, le prix de référence technique hors taxes.

Passe

La passe traditionnelle d'usage dans l'édition est supprimée lorsque les droits sont calculés par référence au nombre des exemplaires réellement vendus en France.

Taux

Le taux des droits prévu au contrat peut faire l'objet d'aménagements déterminés d'un commun accord en fonction des conditions nécessaires à une meilleure commercialisation de l'œuvre.

Droits dérivés et annexes

Par accord entre l'éditeur et l'auteur, il peut être convenu que les droits principaux et les droits dérivés et annexes feront l'objet de comptes séparés.

Dans ce cas, la part revenant à l'auteur à la suite de la cession des droits dérivés et annexes doit être réglée dans le mois suivant l'encaissement par l'éditeur.

Édition seconde

La part des droits revenant à l'auteur pour l'édition seconde doit être réglée dans le mois suivant son encaissement par l'éditeur chargé de la gestion.

IV. Obligation d'information

Exploitation

L'éditeur est tenu d'informer l'auteur :

a) • de l'importance du tirage de l'ouvrage, par l'envoi de la photocopie de la fiche du dépôt légal,
• du prix de cession de base de l'ouvrage,
• de la date de mise en vente théorique,
• du prix de référence technique hors taxes et taxes comprises.

b) • de l'importance des réimpressions par envoi de la photocopie du dépôt légal et des changements du prix de cession de base et du prix de référence technique intervenus,
• des cessions importantes de droits dérivés et annexes (poche, club, audiovisuels, etc.).

Pilon

L'éditeur est également tenu d'informer l'auteur de tout pilonnage important et de tenir à sa disposition, une fois l'opération réalisée, un certificat de pilonnage attestant de la destruction effective des exemplaires en stock.

Soldes

Il incombe à l'éditeur d'informer l'auteur des soldes partiels auxquels il est procédé et de suivre strictement les prescriptions légales en ce qui concerne la vente en solde totale des stocks de telle façon que l'auteur puisse exercer sa faculté de rachat à des conditions acceptables.

V. Présentation de l'ouvrage

L'éditeur reste maître de la présentation de l'ouvrage sous réserve que cette dernière ne porte pas atteinte au droit moral de l'auteur.

VI. Droits dérivés et annexes

Il n'a pas été possible aux deux délégations de s'entendre sur le principe de la cession des droits dérivés et annexes et sur ses modalités d'application.

Pour ne pas entraver la conclusion du présent protocole les deux délégations sont convenues d'en rester provisoirement, sur ce point, à la situation actuelle.

Toutefois, elles se sont mises d'accord sur les aménagements suivants :

Toute clause du contrat d'édition prévoyant la cession des droits dérivés et annexes doit être présentée de telle façon :

– que chacun des droits cédés fasse l'objet d'une mention distincte permettant à l'auteur d'y apporter les limitations qu'il désire ;

– que ces droits soient clairement répartis en trois catégories distinctes, à savoir :

• droit de reproduction et d'adaptation graphique (livre de poche, édition club, pré ou post publication, etc.),
• droit de traduction,
• droit d'adaptation et de représentation dramatique, cinématographique et, d'une façon générale, audiovisuelle,

– qu'à chacune de ces catégories de droits corresponde un pourcentage de répartition des recettes entre l'auteur et l'éditeur dont le quantum est déterminé à la signature du contrat après accord entre les parties.

VII. Fabrication, promotion et publicité

Dépôt du manuscrit

Un récépissé est remis à l'auteur pour tout manuscrit remis au siège de la maison d'édition.

Délais de fabrication

A défaut de convention spéciale, l'éditeur doit réaliser l'édition dans un délai maximum de 18 mois après la remise enregistrée du manuscrit prêt pour l'impression.

Corrections d'épreuves

En règle générale, les premières épreuves remises à l'auteur pour corrections doivent avoir été préalablement corrigées par un correcteur professionnel.

Les corrections apportées par l'auteur au texte définitif et complet (manuscrits et documents) sont à la charge de l'auteur au-dessus de 10 % des frais de composition.

Exemplaires gratuits

Les exemplaires gratuits sont : les exemplaires d'auteur, les exemplaires destinés au service de presse, à la promotion et à la publicité, au dépôt légal et à l'envoi des justificatifs.

Le nombre maximum de chacune de ces catégories d'exemplaires gratuits est fixé au contrat.

Toute autre utilisation d'exemplaires gratuits doit recevoir l'accord de l'auteur.

Promotion

Sauf convention contraire, les textes promotionnels, verso de couverture et rabats, prière d'insérer, doivent être soumis à l'auteur.

VIII. Commission paritaire auteurs-éditeurs

Les délégations du conseil permanent des Écrivains et du syndicat national de l'Édition conviennent de créer une commission paritaire auteurs-éditeurs composée à part égale de représentants désignés par chacune de ces deux délégations.

Cette commission sera tenue informée de toutes difficultés résultant de l'interprétation et de l'exécution de ce protocole et veillera à ce qu'il en soit donné la meilleure application possible.

Elle sera également chargée de formuler toute proposition destinée à en améliorer le contenu et, en outre, elle poursuivra l'étude des points de négociation qui n'ont pu faire l'objet d'un accord.

Elle se saisira de toute question nouvelle concernant la création, l'édition ou la diffusion sur laquelle il serait souhaitable que les éditeurs et les écrivains définissent une position commune.

Cette commission se réunira 4 fois par an et exceptionnellement à la demande de l'une ou l'autre des deux délégations.

Convention en matière de reproduction d'œuvre d'art,

Issue du protocole conclu le 1er mars 1983, ratifié le 1er septembre 1983 et signé le 15 novembre 1983 entre l'Association pour la diffusion des arts graphiques et plastiques et le Syndicat national de l'édition.

I. Dispositions générales

A. *Accord préalable*

1. La reproduction d'une œuvre d'art préexistante de peinture, de sculpture, de gravure ou de dessin, d'un auteur membre de l'ADAGP, doit faire l'objet d'un accord écrit et préalable entre l'éditeur et cette association.

2. L'ADAGP est investie du mandat de tout adhérent pour traiter au nom de celui-ci avec les éditeurs. Elle engage, dans ces conditions, l'auteur, ses ayants droit et ayants cause, conformément à la loi du 11 mars 1957, relative à la propriété littéraire et artistique *[abrogée par L. n° 92-597 du 1er juill. 1992. — V. CPI, partie législative]*. Elle garantit à l'éditeur la jouissance entière et libre de toute servitude du droit de reproduction contre tout trouble, revendication ou éviction quelconque dans les conditions prévues à la présente convention.

3. L'accord confère à l'éditeur, dans les conditions prévues à la présente convention, le droit non exclusif :

– d'imprimer, publier, reproduire et vendre un ouvrage comportant la reproduction de l'œuvre en langue française et en langue étrangère, en tous pays et sous toutes formes d'édition ;

– de reproduire l'œuvre sous tous supports strictement destinés à la promotion de l'ouvrage ;

– de conférer à des tiers tout ou partie de ces droits.

4. L'auteur ou ses ayants droit peuvent demander à signer le bon à tirer sur épreuves de photogravure pour la reproduction d'une de leurs œuvres. L'éditeur est tenu d'accepter cette demande.

Sous réserve du droit moral de l'auteur, ce bon à tirer conserve sa validité pour les différentes éditions du même ouvrage visées à la présente convention ainsi que pour les reproductions lorsque les mêmes éléments de fabrication (typon, film...) sont utilisés.

B. *Mentions obligatoires : signature*

Chaque reproduction doit être accompagnée de la signature suivante :

– nom et, si possible, prénom de l'auteur ;

– titre de l'œuvre ;

– si possible, date de création de l'œuvre ;
– lieu de conservation ;
– mention© by ADAGP 19..
Cette signature doit être portée, soit à la proximité de la reproduction, soit dans une table des illustrations comportant l'indication de la page et, si nécessaire, de l'emplacement ou du numéro de référence de la reproduction.
La signature doit permettre l'identification aisée et certaine de l'œuvre par le lecteur.
L'ADAGP peut éventuellement demander, avec l'accord de l'auteur, une indemnité égale à :
– 100 % du barème applicable en cas d'indications incomplètes, inidentifiables ou erronées ;
– 200 % du barème applicable en cas d'absence totale d'indications.

C. *Droits d'auteur*

L'auteur a droit, conformément à la loi du 11 mars 1957 relative à la propriété littéraire et artistique *[abrogée par L. n° 92-597 du 1er juill. 1992 . – V. CPI, partie législative]*, à des droits proportionnels ou à des droits forfaitaires.

1. *Droits proportionnels*

Lorsque les œuvres sont reproduites dans le cadre d'une monographie consacrée à un auteur, il est recherché, à son bénéfice, une rémunération proportionnelle aux recettes provenant de la vente de l'ouvrage.
– Ces droits sont déterminés par accord particulier entre l'éditeur et l'ADAGP.
Les parties doivent notamment tenir compte :
• De l'importance du texte par rapport à l'ensemble des pages, d'une part, et à la surface occupée par l'illustration, d'autre part,
• De la présentation et du conditionnement de l'ouvrage (reliure, coffret, etc.) qui font l'objet, sur justification, d'une réduction des droits d'auteur.
– Lorsqu'un à-valoir est versé par l'éditeur, il constitue un minimum garanti et reste acquis à l'auteur quelle que soit la fortune de l'ouvrage.
– Ces droits sont payés sur l'état des ventes.

2. *Droits forfaitaires*

En cas de reproduction isolée d'une ou plusieurs œuvres, il est versé une rémunération forfaitaire dont le montant est défini par le barème applicable.
Le barème applicable est celui en vigueur le jour de l'envoi des justificatifs à l'ADAGP.
Le barème des droits forfaitaires est modifié chaque année par accord entre le Syndicat National de l'Édition et l'ADAGP.

D. *Justificatifs*

1. *Envoi des justificatifs*

Lorsqu'un ouvrage en langue française comporte la reproduction d'une ou plusieurs œuvres d'un auteur membre de l'ADAGP, l'éditeur doit communiquer un exemplaire complet à cette association dans les trois mois qui suivent la mise en vente.
Cette communication doit être faite pour l'édition d'origine, l'édition annexe, l'édition nouvelle, l'édition partielle, chacun des cahiers d'une édition par fascicules et chaque support de promotion à l'exception des publications professionnelles de l'édition (Livres de France, Livres Hebdo, ouvrages publiés par Les éditions du Cercle de la Librairie, etc.).
Pour les ouvrages traduits en langue étrangère, l'éditeur qui a conclu avec l'ADAGP l'accord préalable doit adresser un relevé justificatif dans les 4 mois qui suivent la mise en vente et tenir un exemplaire de l'ouvrage traduit à la disposition de cette association.
Il est responsable des erreurs et omissions dans le paiement des droits d'auteur pour les œuvres reproduites à la fois dans l'édition en langue française et dans l'édition en langue étrangère.

2. *Retard dans l'envoi des justificatifs*

L'ADAGP peut demander une indemnité en cas de retard notable.

3. *Preuve de l'envoi des justificatifs*

L'éditeur doit conserver la preuve de l'envoi des justificatifs.

II. Barèmes de droits forfaitaires livres et fascicules

A. *Catégories d'ouvrages et de formats*

1. Trois catégories d'ouvrages sont retenues :
– Les encyclopédies, les dictionnaires et les livres scolaires ;

– Les livres illustrés (sauf monographies) ;
– Les livres d'un format inférieur à 13 × 20.

2. Dans chacune de ces catégories, il est tenu compte :
– de la nature de la reproduction : noir et blanc ou couleur ;
– du format de la reproduction ou de son support :
- 1/6 de page et inférieur ;
- 1/4 de page et inférieur ;
- 1/2 page et inférieur ;
- 3/4 de page et inférieur ;
- double page ;
- dépliant de 3 pages ;
- couverture ou jaquette.

Le format de la reproduction est défini par le rapport entre la surface de la reproduction et la surface de la page (texte, illustration et marge compris).

Une reproduction unique dans une page qui ne compte aucun texte est considérée, quel que soit son format, comme une reproduction en pleine page.

La signature ou toute autre indication d'ordre technique (format ou nom du propriétaire de l'œuvre originale...) n'est pas considérée comme texte.

3. Pour les livres d'un format inférieur à 13 × 20, une réduction de 25 % sur le barème applicable est accordée lorsque le tirage est inférieur à 20 000 exemplaires.

4. *Cas particuliers*

a) Double page

Droits d'une pleine page majorés de 60 %.

b) Dépliants de trois pages

Droits d'une pleine page majorés de 100 %.

c) Couverture ou jaquette

– Format de la reproduction supérieur au tiers de la page : droits d'une couverture.
– Format de la reproduction inférieur ou égal au tiers d'une page : droits d'une pleine page.
– Assemblage de plusieurs reproductions : droits correspondant au format de chaque reproduction majorés d'un tiers.

Le montant total des droits dus pour cet assemblage ne peut être inférieur aux droits d'une couverture.

d) Double couverture ou double jaquette (plat-recto, dos, plat-verso, rabats)

B. *Reproductions multiples d'une œuvre dans le même ouvrage*

La seconde reproduction d'une même œuvre dans un ouvrage donne lieu au paiement d'un demi-droit.

Un tiers de droit est dû pour les autres reproductions d'une même œuvre dans cet ouvrage.

C. *Différentes éditions d'un même ouvrage*

1. *Éditions similaires*

L'exploitation d'un même ouvrage par des circuits de vente différents sous une présentation semblable ou différente par l'éditeur ou par un tiers éditeur, ne donne pas lieu à un nouvel accord entre l'éditeur et l'ADAGP, ni au paiement d'un nouveau droit.

2. *Éditions annexes*

L'édition annexe est l'édition d'un même ouvrage sous une forme semblable ou différente, réalisée par le même éditeur ou un tiers éditeur et comportant l'essentiel du texte et une part notable des illustrations.

Dans ce cas :
– L'accord conclu entre l'éditeur et l'ADAGP pour la reproduction d'œuvres dans l'édition d'origine vaut pour l'édition annexe.

Un nouveau droit est dû. Son montant est fixé par accord entre l'éditeur et l'ADAGP, mais ne peut être supérieur à 50 % du droit correspondant au barème applicable.
– Des œuvres ne figurant pas dans l'édition d'origine peuvent être reproduites dans l'édition annexe par ajout ou substitution.

Un accord écrit et préalable doit être conclu pour chacune de ces œuvres entre l'éditeur et l'ADAGP et un droit correspondant au barème applicable est dû.

3. *Édition nouvelle*

L'édition nouvelle est l'édition d'un même ouvrage sous une forme semblable ou différente, par l'éditeur ou un tiers éditeur, avec des modifications considérables dans le texte et l'illustration.

Dans ce cas :
– L'accord entre l'éditeur et l'ADAGP conclu pour la reproduction d'œuvres dans l'édition d'origine vaut pour l'édition nouvelle.
Un nouveau droit est dû. Son montant est fixé par accord entre l'éditeur et l'ADAGP, mais ne peut être supérieur à 75 % du droit correspondant au barème applicable ;
– Des œuvres ne figurant pas dans l'édition d'origine peuvent être reproduites dans l'édition nouvelle par ajout ou substitution.
Un accord écrit et préalable doit être conclu pour chacune de ces œuvres entre l'éditeur et l'ADAGP et un droit correspondant au barème applicable est dû.

4. *Édition partielle*
L'édition partielle est l'édition d'un même ouvrage, sous une présentation semblable ou différente par l'éditeur ou un tiers éditeur, de même format que l'édition d'origine mais ne comportant qu'une partie de ses cahiers.
Dans ce cas :
– l'accord donné par l'ADAGP pour la reproduction d'œuvres dans l'édition d'origine vaut pour l'édition partielle ;
– un nouveau droit est dû. Son montant est fixé par accord entre l'éditeur et l'ADAGP mais ne peut être supérieur à 25 % du droit correspondant au barème applicable.

5. *Livres scolaires – Sous-ensembles vrais*
Un sous-ensemble vrai est une partie d'ouvrage scolaire reproduite à l'identique dans plusieurs manuels publiés par le même éditeur et correspondant à des sections différentes d'une même classe.
L'ADAGP donne un seul accord pour la reproduction d'une œuvre dans le sous-ensemble vrai ; un seul droit est dû par l'éditeur.

6. *Publications par fascicules*
a) Définition
Le barème fascicules est seul applicable aux publications vendues :
– par des circuits de vente multiples : presse, librairies, grandes surfaces, courtage, vente par correspondance, clubs, etc. ;
– sous des présentations différentes et notamment :
• cahiers vendus isolément, périodiquement ou non ;
• ensemble de cahiers réunis dans un ordre quelconque et par un procédé quelconque.

b) Conditions d'application
– L'éditeur doit opter pour la vente par circuits multiples dès la mise en fabrication des cahiers et en informer l'ADAGP lors de l'envoi des justificatifs.
– La publication doit, sous ses différentes présentations, comporter pour chacun des cahiers le même texte, les mêmes illustrations et la même mise en page.
L'éditeur peut cependant accompagner chaque présentation de notices, d'introductions, de tables des matières ou d'index particuliers.

c) Collections reliées
Lorsque les fascicules, outre leur vente en l'état, sont vendus sous la seule présentation de collection reliée, un abattement de 10 % est appliqué sur le barème.

d) Tranches de tirage
Le barème fascicules tient compte du nombre d'exemplaires tirés de chaque fascicule :
– moins de 100 000 exemplaires ;
– 100 000 exemplaires et plus ;
– 200 000 exemplaires et plus ;
– 500 000 exemplaires et plus.

7. Les dispositions visées au présent chapitre ne sont pas applicables aux éditions en langue étrangère.

D. *Traductions*

L'accord écrit et préalable conclu entre l'éditeur et l'ADAGP pour la reproduction d'une œuvre dans un ouvrage en langue française confère également à l'éditeur le droit de :
– reproduire l'œuvre dans une édition du même ouvrage en langue étrangère ;
– conférer à un tiers le droit de reproduire l'œuvre dans une édition du même ouvrage en langue étrangère.
Lorsque l'éditeur use de cette faculté, il doit, quel que soit le mode de rémunération choisi pour l'édition en langue française, verser à l'ADAGP un nouveau droit.
Il choisit, pour ce nouveau droit, une des modalités suivantes :
– droits par langue ;
– droits mondiaux.

1. *Droits par langue*

a) 50 % des droits du barème applicable pour les langues allemande, anglaise (sauf USA), américaine, espagnole, japonaise et portugaise (Brésil compris).

b) 40 % des droits du barème applicable pour les langues néerlandaise, suédoise et italienne.

c) 25 % des droits du barème applicable pour toutes autres traductions, y compris la langue portugaise (sauf Brésil) sous réserve que l'utilisateur étranger utilise au moins 20 % de l'iconographie de l'édition française, faute de quoi l'éditeur français se verrait appliquer les 50 % prévus au paragraphe *a*).

Les livres scolaires bénéficient d'un abattement de 10 % des droits dus.

2. *Droits mondiaux*

– L'éditeur dispose d'un délai de 4 ans à compter de la première mise en vente pour acquérir les droits mondiaux. Leur montant correspond aux droits d'origine multipliés par 2 (soit 100 % des droits du barème applicable). Toutefois, en ce qui concerne les dictionnaires et encyclopédies, le délai est porté à 5 ans. Le délai court à compter de la parution du dernier tome de l'ouvrage.

– Lorsque le total des droits dus par l'éditeur au titre de différents droits par langue atteint 100 % du barème applicable, il est réputé avoir acquis les droits mondiaux.

III. Conciliation

En cas de différend concernant l'application ou l'interprétation de la présente convention, les parties ont la faculté de recourir d'un commun accord à la conciliation.

Cette mission est confiée à deux conciliateurs qui l'acceptent, l'un étant désigné par le Syndicat National de l'Édition et l'autre par l'ADAGP.

Les conciliateurs proposent un compromis aux parties qui demeurent libres de l'accepter ou de le refuser.

Un compromis accepté par les parties met fin à toute action de revendication.

Code des usages pour la traduction d'une œuvre de littérature générale du 17 mars 1993.

Signé entre la Société des gens de lettres de France, l'Association des traducteurs littéraires de France, la Société française des traducteurs, d'une part, et le Syndicat national de l'édition, d'autre part.

Préambule

Dans le souci de promouvoir la qualité de la traduction des ouvrages étrangers publiés en France et d'améliorer la situation matérielle, morale et juridique des traducteurs, ils sont convenus de consigner dans le présent code, qui annule et remplace celui signé en 1984, les dispositions auxquelles ils entendent se référer pour les relations entre éditeurs et traducteurs de littérature générale, dans le respect du principe de la liberté contractuelle.

Ils rappellent que ces relations sont régies par le code de la Propriété Intellectuelle (CPI), par la loi du 31 décembre 1975 sur la Sécurité Sociale des Auteurs *[V. L. nº 75-1348 du 31 déc. 1975 (JO 4 janv., Rect. 29 avr.)]* et la loi du 26 juillet 1991 sur la TVA applicable aux droits d'auteur *[V. L. nº 91-716 du 26 juil. 1991 (JO 27 juill.)]*

I. Contrat

Un contrat écrit est établi entre l'éditeur et le traducteur, qui est auteur et investi à ce titre des droits moraux et patrimoniaux sur sa traduction. Le traducteur a donc vocation à percevoir une rémunération dans les conditions définies par les articles L. 131-4 et L. 132-6 du CPI.

Les modalités en sont définies dans les clauses particulières du contrat.

Une fraction de l'à-valoir prévu au contrat est versée à la signature.

La traduction est une œuvre dérivée qui doit respecter l'œuvre d'origine ; l'éditeur informera donc le traducteur des clauses du contrat qui lient l'éditeur à l'auteur ou à son représentant, dans la mesure où celles-ci peuvent avoir une influence sur l'exécution du contrat. C'est le cas notamment quand l'auteur de l'œuvre d'origine souhaite prendre connaissance de la traduction. Dans ce cas, l'éditeur sera juge d'un éventuel conflit entre le traducteur et l'auteur.

Lorsque la traduction doit respecter des critères particuliers, ces critères sont spécifiés au contrat.

Ces critères peuvent être, à titre indicatif :
– l'adaptation du style à un certain public (public jeune, public spécialisé, juriste, financier, etc.) ;
– l'adaptation à un format, une collection (ce qui peut entraîner des coupures) ;
– l'adaptation de l'ouvrage à un contexte français.

II. Remise de la traduction

Le traducteur remet à l'éditeur le texte complet dactylographié au recto seulement (feuillet de 25 lignes × 60 signes) de la traduction sous sa forme achevée, à la date prévue au contrat.
Tout délai supplémentaire doit faire l'objet d'un avenant au contrat.
Le traducteur déclare conserver un double de son manuscrit.
L'éditeur accuse réception par écrit de cette remise. L'accusé de réception ne vaut pas acceptation de la traduction.
Si le traducteur ne remet pas le manuscrit dans le délai convenu, et après mise en demeure fixant un délai supplémentaire et raisonnable, le contrat peut être rompu à l'initiative de l'éditeur. Dans ce cas, le traducteur devra, sauf accord particulier, restituer la fraction de l'à-valoir déjà perçue.

III. Qualité et révision de la traduction

Le traducteur remet un texte de qualité littéraire consciencieuse et soignée, conforme aux règles de l'art et aux exigences de la profession, ainsi qu'aux dispositions particulières du contrat.
Il signale à la remise de son texte les points sur lesquels il a effectué des corrections ou des vérifications particulières.
Tout apport critique du traducteur doit être approuvé par l'éditeur, qui assure la direction technique et littéraire de l'ouvrage.
L'éditeur doit, dans un délai fixé au contrat, accepter formellement la traduction, la refuser ou en demander la révision ; les parties recommandent que ce délai soit de deux mois. Il court à compter de l'accusé de réception de la traduction. Le solde de l'à-valoir est dû à l'échéance de ce délai, sauf refus de la traduction ou demande de révision.
– En cas d'acceptation de la traduction, l'éditeur verse le solde de l'à-valoir. Toute modification apportée au texte d'une traduction acceptée doit être soumise au traducteur avant la mise en composition.
– Si la traduction remise ne répond pas aux dispositions du contrat, celui-ci pourra être rompu à l'initiative de l'éditeur. Le traducteur ne pourra réclamer le solde de l'à-valoir, mais il conservera la fraction déjà versée.
– Dans le cas où l'éditeur demande la révision de la traduction, celle-ci peut être effectuée par le traducteur ou par un tiers.
Si le traducteur accepte de revoir lui-même sa traduction, il perçoit les droits prévus au contrat sans diminution ni augmentation. Le délai de révision et la date de paiement du solde de l'à-valoir sont fixés d'un commun accord.
Si le traducteur refuse de revoir sa traduction, l'éditeur peut effectuer lui-même la révision ou la confier à un tiers.
Un contrat doit, dans ce dernier cas, être conclu entre l'éditeur et le réviseur. Ce contrat devra notamment prévoir le délai de la révision et les modalités de sa rémunération.
Les droits d'auteur prévus au contrat de traduction sont alors répartis entre le traducteur et le réviseur en fonction de leur participation respective à la traduction achevée et acceptée.

IV. Remaniement ou mise à jour de la traduction

Lorsqu'un éditeur demande au traducteur un remaniement important du texte pour des raisons étrangères à la qualité de sa traduction (coupe, mise à jour, adaptation à un nouveau public, insertion d'un apparat critique) et que cette éventualité n'a pas été prévue au contrat, un droit complémentaire est dû.
Si le traducteur refuse de remanier sa traduction, l'éditeur peut effectuer lui-même le remaniement ou le confier à un tiers.
Dans ce cas, le traducteur perçoit, sans diminution, les droits prévus au contrat.

V. Correction des épreuves

L'éditeur communique au traducteur pour lecture, correction et bon à tirer des épreuves qui ont été préalablement corrigées.

L'éditeur informe le traducteur, aussitôt que possible, de la date à laquelle les épreuves corrigées lui seront remises et du délai qui lui sera imparti.
Dans le cas où le traducteur ne remet pas les épreuves dans les délais fixés, l'éditeur est fondé à considérer que le bon à tirer a été donné.
Le coût des corrections d'auteur apportées par le traducteur de son propre chef à un texte définitif et complet est à sa charge pour la part excédant 10 % des frais de composition.

VI. Rémunération du traducteur

Les parties rappellent que, sauf convention contraire, la rémunération du traducteur doit être calculée et versée ouvrage par ouvrage.
La traduction est une œuvre créée à l'initiative de l'éditeur. Son acceptation emporte la cession du droit d'exploitation de la traduction à l'éditeur dans les conditions définies par les articles L. 131-4 et L. 132-6 du CPI.
Sauf cas particulier d'une rémunération forfaitaire, la rémunération du traducteur est assurée par :
– Un à-valoir sur droits d'auteur proportionnels, dont le montant, négocié entre les parties et fixé au contrat, dépend notamment de la longueur et de la difficulté de la traduction, ainsi que de la compétence et de la notoriété du traducteur ;
– Un droit d'auteur proportionnel aux recettes provenant de l'exploitation de l'ouvrage.
Les parties recommandent, afin de mieux associer les traducteurs au succès de leur ouvrage, que les modalités d'application du droit proportionnel soient par exemple :
– Un à-valoir et deux taux différents de droit d'auteur proportionnel, le premier taux s'appliquant jusqu'à l'amortissement de l'à-valoir, le second après l'amortissement de l'à-valoir.
Le premier de ces taux, plus élevé que le second, permet un amortissement accéléré de l'à-valoir. Il cesse d'être applicable quand l'à-valoir est amorti.
Sauf convention contraire, les droits provenant des exploitations dérivées et annexes ne viennent pas en amortissement de l'à-valoir ;
– Un à-valoir et un seul taux qui s'applique au-delà de ... exemplaires vendus. Ce nombre est fixé au contrat en fonction notamment de la nature de l'ouvrage, du type de collection dans laquelle il est publié, et de la notoriété de l'auteur de l'œuvre originale.
Dans ce cas, les droits provenant d'exploitations dérivées et annexes ne peuvent venir en amortissement de l'à-valoir.

Passe

Les droits étant calculés par référence au nombre des exemplaires réellement vendus, la passe ne s'applique pas.

VII. Publication de la traduction

L'éditeur est tenu de respecter la traduction, et doit demander au traducteur son bon à tirer.
Si, après publication, il apparaît que l'éditeur a procédé à des altérations graves, le traducteur est en droit de demander une indemnité.
– Si l'éditeur ne publie pas, dans le délai fixé au contrat, une traduction acceptée, l'intégralité de l'à-valoir est acquise au traducteur.
– La résiliation du contrat a lieu de plein droit lorsque, sur mise en demeure du traducteur lui impartissant un délai convenable, l'éditeur n'a pas procédé, sauf cas de force majeure, à la publication de l'ouvrage ou, en cas d'épuisement, à sa réédition.
Le traducteur reprend tous les droits sur son œuvre sans que cette résiliation du contrat porte atteinte à la validité des cessions de droits dérivés et annexes que l'éditeur aurait pu, antérieurement, consentir à des tiers.
– Si l'éditeur a conservé les droits et publie ultérieurement la traduction, les droits d'auteurs proportionnels s'imputent, dans les conditions prévues au contrat, sur l'à-valoir déjà versé.
– L'éditeur informe le traducteur de la résiliation du contrat d'édition en langue française.
Le traducteur obtient la résiliation du contrat dans les formes visées à l'article L. 132-17 du CPI.
La résiliation du contrat de traduction ne porte pas atteinte à la validité des cessions de droits dérivés et annexes que l'éditeur aurait pu antérieurement consentir à des tiers.
L'éditeur ne peut transmettre, à titre gratuit ou onéreux ou par voie d'apport en société, le bénéfice du contrat de traduction à un tiers, indépendamment de son fonds de commerce, sans avoir préalablement obtenu l'autorisation du traducteur.

Les parties rappellent que les droits du traducteur doivent être préservés.

VIII. Mention du nom du traducteur

1. Les parties rappellent :
– que le traducteur jouit conformément à l'article L. 121-1 du CPI du droit au respect de son nom, de sa qualité et de son œuvre ;
– que le nom du traducteur doit figurer sur chacun des exemplaires, sauf convention contraire, en application de l'article L. 132-11 du CPI.
2. Les parties conviennent que le nom du traducteur, qui figure sur la page du titre, doit apparaître distinctement sur la première page de couverture du livre, ou à défaut, sur la quatrième page de couverture.
3. Les parties recommandent que le nom du traducteur figure également sur les documents de promotion et de publicité.

Les auteurs de traductions des œuvres de l'esprit jouissent de la protection du droit perpétuel, inaliénable et imprescriptible au respect de leur nom, qui leur confère la possibilité d'exiger à tout moment que ce dernier figure sur l'œuvre en cause. • Paris, 20 janv. 1999 : *RIDA avr. 1999, p. 374.*

IX. Information du traducteur

1. *Exploitation de l'œuvre*
L'éditeur informe le traducteur :
– de la date de mise en vente théorique ;
– des cessions importantes de droits dérivés et annexes.
2. *Reddition des comptes*
L'éditeur est tenu de rendre compte, conformément à l'article L. 132-13 du CPI.
L'éditeur adresse au traducteur le relevé de son compte dans les six mois de l'arrêté des comptes.
Les relevés de comptes comportent notamment, outre l'indication des sommes dues, l'indication :
– des différents tirages du livre,
– du prix public hors taxes et de ses éventuelles variations,
– sauf convention contraire, du nombre d'exemplaires vendus, inutilisables ou détruits.
La date habituelle d'arrêté des comptes est communiquée au traducteur à la signature du contrat.

X. Procédure de conciliation

Tout différend entre un éditeur et un traducteur peut être soumis, d'un commun accord, à la conciliation.
Les demandes de conciliation sont transmises par les parties signataires.
Le Syndicat National de l'Édition, d'une part et, selon le cas, la Société des Gens de Lettres de France, l'Association des Traducteurs Littéraires de France et la Société Française des Traducteurs, d'autre part, confient cette mission à un conciliateur, qui l'accepte.
Le conciliateur propose un compromis aux parties qui demeurent libres de l'accepter ou de le refuser.
Un compromis accepté par l'éditeur et le traducteur met fin à toute action ou revendication.

Code des usages en matière d'illustration photographique du 5 mai 1993,

Issu de l'accord signé le 5 mai 1993. – Ce texte est abrogé et remplacé par un nouveau code des usages en matière d'illustration photographique issu de l'accord signé le 28 nov. 2017 entre la FNAPPI, le SAPHIR, le SNAPIG et l'UPP et, d'autre part, le SNE. – V. infra.

Dans les rapports entre une société d'édition et un photographe, le code des usages en matière d'illustration photographique ne présente aucun caractère obligatoire, dès lors que les parties au contrat ne s'y sont pas référées. • Paris, 9 févr. 1996 : *Gaz. Pal. 1996. 1. Somm. 19.*

CHAPITRE PREMIER *Principes : reproduction et représentation – Responsabilités – Légendes et références*

11. *Reproduction et représentation.*

111. Obligations des photographes et de leurs mandataires

Les photographies sont expressément communiquées par les photographes ou leurs mandataires aux fins de reproduction et de représentation ; ceux-ci garantissent donc à l'éditeur, sous réserve d'une utilisation préjudiciable ou diffamatoire à l'égard d'une personne physique ou morale, qu'aucun obstacle ne s'oppose à la reproduction ou à la représentation.

Dans le cadre de la loi du 17 juillet 1970 *[V. L. nº 70-643 du 17 juill. 1970 (JO 19 juill.)]*, ***le photographe, ou son mandataire, est responsable à l'égard des personnes photographiées du document fourni. Il s'engage à signaler tout truquage et photomontage comportant des personnes.***

112. Obligations des éditeurs

Les photographies sont communiquées pour reproduction et représentation pour un ouvrage déterminé et ne peuvent être transmises à qui que ce soit sans accord exprès de l'auteur ou de son mandataire.

Il appartient à l'éditeur de s'assurer des droits de propriété intellectuelle sur les œuvres reproduites. A l'exception des dispositions prévues pour les éditions dérivées, et les traductions réalisées par un tiers éditeur, prévues aux articles 31, 32, 33, 34 et 35, il est interdit de rétrocéder à quiconque, et pour quelque motif que ce soit, des duplicata, des typons ou des matériaux de reproduction archivés chez l'éditeur sans autorisation préalable des photographes ou de leurs mandataires et accord de règlement de droits. En cas d'inobservation de cette règle, les éditeurs seront tenus pour responsables de toutes les conséquences pouvant en découler.

12. *Droit des personnes photographiées.*

121. Responsabilité de l'éditeur

L'éditeur, décidant du choix de la mise en pages du texte accompagnant les images, est seul responsable vis-à-vis des personnes photographiées lorsque le texte ou le contexte, ou encore la légende, autre que celle fournie par l'auteur, sont jugés préjudiciables à celles-ci.

De plus, tout truquage ou falsification de documents est interdit.

122. Photographies mentionnées d'emploi restreint

Certains documents ne peuvent être reproduits qu'en regard d'une légende ou d'un texte pour lesquels les photographes ou leurs mandataires sont amenés à prendre des précautions vis-à-vis des personnes photographiées.

Il s'agit notamment des personnalités politiques et artistiques, des photographies montrant des spectacles et des œuvres artistiques.

Les restrictions d'emploi jouant pour chaque reproduction, l'accord préalable du photographe ou de son mandataire est nécessaire pour un autre ouvrage.

13. *Légendes – références.*

131. Légendes

Les photographes et leurs mandataires sont conscients que les photographies ne peuvent être reproduites sans légende précise et qu'un effort d'information doit être poursuivi à cet égard. C'est pourquoi ils s'engagent à veiller de façon minutieuse à la précision et à l'exactitude de localisation, de date ou d'époque, d'identification des éléments tant humains que géographiques et divers portés sur les photographies.

En outre, il sera veillé à l'identification des personnages principaux et importants dans le cas de photographies prises à l'occasion d'événements publics.

La date de prise de vue elle-même sera communiquée sur demande, étant entendu que les photographes ou leurs mandataires s'efforceront de l'indiquer spontanément pour les photographies d'actualité.

Lorsque l'éditeur fournira la preuve qu'une légende est erronée, il pourra demander à l'auteur ou à son mandataire l'abandon des droits de reproduction.

132. Références

De leur côté, les éditeurs s'engagent à veiller de façon tout aussi minutieuse à ce que le nom du photographe, suivi le cas échéant du nom de son mandataire, soit bien porté soit à proximité du document reproduit, soit dans une table des illustrations établie page par page et sans ambiguïté.

En cas de signature incomplète, inidentifiable ou erronée, le photographe ou son mandataire pourra demander une indemnité, sous forme d'une majoration de 50 % des droits.

Pour l'absence totale de signature, cette indemnité sera portée à 100 % des droits sans préjudice de tous autres recours.

CHAPITRE II *Bordereaux-contrat – Nature des documents – Frais de gestion – Droits de garde – Perte et détérioration*

21. *Documentalistes.*

En cas d'emploi par l'éditeur d'un documentaliste indépendant de la maison, une lettre accréditive, auprès du photographe ou de son mandataire, devra être remise à ce documentaliste ; cette lettre précisera le nom ou l'objet de l'ouvrage de la maison d'édition pour lequel il recherche des photographies.

22. *Bordereaux-contrat des photographes ou de leurs mandataires.*

221. Descriptions des photographies communiquées

Les photographes ou leurs mandataires ne pourront délivrer de photographies aux éditeurs que si celles-ci sont accompagnées d'un bordereau-contrat détaillé.

Sur le bordereau-contrat, il devra être indiqué pour chaque photographie une description telle que chacune d'entre elles soit clairement identifiable (sujet, format, nature, nom du photographe, éventuellement nom interne).

222. Nature des documents communiqués

222.1. Définition du document de base

Le document de base est soit un original, soit un document ayant valeur d'original, soit un document dont la garde abusive est préjudiciable au photographe ou à son mandataire. Le bordereau-contrat doit permettre d'identifier la nature du document.

222.2. Duplicata

Dans le cas où les photographes ou leurs mandataires fournissent des duplicata, ils devront obligatoirement en aviser l'éditeur.

Cette caractéristique devra figurer sur les bordereaux-contrat et sur la photographie elle-même ou son cache.

L'inobservation de cette clause autorise l'éditeur à exiger l'abandon de la moitié du droit de reproduction correspondant.

222.3. Épreuves noir et blanc originales

Les épreuves noir et blanc portant la mention « document original » ou « document de base » obéissent aux règles des documents de base (paragraphes 233-234-251).

223. Documents exceptionnels

Un document exceptionnel, tel que défini par l'auteur ou son mandataire, est une photographie d'une indiscutable rareté. Toute prétention à des conditions de rémunération plus élevées de tels documents n'est possible que si l'éditeur est prévenu par une mention sur le bordereau-contrat et, si possible, sur les photographies elles-mêmes ou sur leur cache.

224. Conditions générales énoncées sur le bordereau-contrat

Les conditions générales du photographe ou de son mandataire énoncées sur le bordereau-contrat de remise des documents n'engagent la responsabilité de l'éditeur que dans la mesure où elles sont conformes aux dispositions du présent protocole.

23. *Frais de gestion – Droits de garde des documents de base.*

231. Les éditeurs reconnaissent aux photographes ou à leurs mandataires le principe d'une facturation au titre des frais de gestion et des droits de garde des documents de base.

232. Le droit de base utilisé pour le calcul des frais de gestion et des droits de garde est égal au droit de reproduction en 1/4 de page couleur dans la première tranche de la catégorie des ouvrages à caractère encyclopédique.

233. Frais de gestion

La communication par un photographe ou son mandataire de documents photographiques donne lieu au calcul d'un minimum garanti par ouvrage. La notion d'ouvrage est limitée à un tome pour les ouvrages à caractère encyclopédique.

Ce minimum garanti est égal à 12 % du droit de base par document communiqué, à partir du seizième document.

Dans le cas d'une recherche limitée à 15 documents, le montant forfaitaire global des frais de gestion est égal à un tiers du montant du droit de base.

Si le minimum garanti est supérieur aux droits de reproduction, 50 % de la différence fera l'objet d'une facturation au titre des frais de gestion.

Dans le cas d'une recherche de documents pour les couvertures, une franchise quantitative, pour laquelle aucun frais de gestion ne peut être facturé, est fixée à 20 documents. Cette franchise est limitée à un mois.

234. Garde des documents de base
Le photographe ou son mandataire communique pour choix à l'éditeur les documents photographiques pendant un délai de trois mois, porté à six mois pour les documents utilisés, sauf accord particulier.
Au-delà de ces délais, le photographe ou son mandataire facturera des droits de garde. Ceux-ci seront calculés selon les modalités prévues aux paragraphes 234.1 et 234.2.
L'éditeur a la possibilité de demander la réalisation d'un duplicata, qui sera effectué à ses frais. Le duplicata ne peut être conservé au-delà de l'envoi des justificatifs.
Le photographe ou son mandataire devra avoir réclamé par écrit le retour des documents avant toute facturation des droits de garde.
234.1. Documents conservés au-delà de trois mois
Les documents inutilisés conservés au-delà de trois mois feront l'objet du calcul d'un minimum garanti correspondant à 20 % du droit de base par document.
Si le minimum garanti est supérieur aux droits de reproduction, la différence fera l'objet d'une facturation au titre des droits de garde.
234.2. Documents conservés au-delà de six mois
Les documents inutilisés et conservés au-delà de six mois feront l'objet du calcul d'un minimum garanti correspondant à 60 % du droit de base par document.
Si le minimum garanti est supérieur aux droits de reproduction, la différence fera l'objet d'une facturation au titre des droits de garde.
234.3. Documents conservés au-delà d'un an
Les documents conservés au-delà d'un an font l'objet d'une facturation de 100 % du droit de base. Toutefois, si l'éditeur ne peut restituer ces documents dans un délai de trois mois, ils sont considérés comme perdus et sont facturés comme prévu au paragraphe 251.
235. Facturation des frais de gestion et des droits de garde
Le photographe ou son mandataire facture le minimum garanti le plus élevé (paragraphes 233 ou 234), si les droits de reproduction lui sont inférieurs.
La facturation des frais de gestion ou des droits de garde intervient lors de la facturation des droits de reproduction. Dans le cas où les documents communiqués n'ont donné lieu à aucune reproduction, la facturation des frais de gestion ou des droits de garde intervient au plus tard un an après la communication des documents

24. *Recommandations aux éditeurs lors du retour des documents.*
Les documents couleur doivent être rendus dans leurs caches originaux, portant leurs références, ou, à tout le moins, accompagnés de leur cache d'origine joint au nouveau cache de telle manière qu'aucune confusion ne soit possible.
Lors du retour des documents, il est recommandé aux éditeurs de faire référence aux bordereaux-contrat.

25. *Détérioration ou perte des documents.*
251. Documents de base
Lorsque les documents de base auront été soit perdus, soit détériorés, c'est-à-dire restitués par l'éditeur mais inutilisables, ils feront l'objet d'une indemnité de dédommagement.
Pour les documents originaux ou les documents ayant valeur d'originaux, cette indemnité correspondra à la valeur indiquée sur le bordereau-contrat.
A défaut d'une telle précision sur le bordereau-contrat, cette indemnité sera fixée à cinq fois le droit de base.
Toutefois, lorsque d'un commun accord la photographie pourra être refaite par son auteur, elle sera facturée à l'éditeur selon les conditions de reportage commandé.
252. Documents originaux exceptionnels
Cependant, pour les documents originaux exceptionnels, un dédommagement plus élevé peut être déterminé préalablement, par mention spéciale, prévue sur les bordereaux-contrat.
253. Duplicata
En cas de perte ou de détérioration d'un duplicata, si un duplicata de remplacement proposé par l'éditeur n'est pas accepté, l'éditeur devra au photographe ou à son mandataire la moitié du droit de base, à défaut de précision d'une autre indemnité sur le bordereau-contrat.
254. Délai de réclamation
254.1. Détériorations
Le photographe ou son mandataire s'interdit toute réclamation ou demande d'indemnité passé un délai de deux semaines après réception des documents retournés par l'éditeur.
254.2. Perte
Le photographe ou son mandataire aura un délai de six mois à compter de l'envoi des justificatifs pour réclamer à l'éditeur le retour de documents qui ne lui auraient pas été restitués, faute de quoi il ne pourrait revendiquer par la suite auprès de l'éditeur l'indemnité pour perte.

CHAPITRE III *Différents types d'édition – Droits nouveaux – Dispense d'information préalable*

31. ***Réimpression – édition similaire – édition mise à jour.***

On distingue, dans le cadre de l'exploitation continue d'un ouvrage, les notions suivantes :

311. Réimpression

La réimpression est la reproduction à l'identique du contenu de l'ouvrage, sous la même présentation et avec le même titre.

312. Édition similaire

L'édition similaire est la reproduction à l'identique du contenu de l'ouvrage, quelle que soit sa présentation, avec le même titre ou un titre différent.

313. Édition mise à jour

L'édition mise à jour est la reproduction du contenu de l'ouvrage, quelle que soit sa présentation, modifiée en fonction de contraintes extérieures, dues notamment à l'actualité, aux modifications législatives et réglementaires et, d'une façon générale, à la nécessité de le maintenir conforme à son objet.

Le total des modifications résultant de la mise à jour ne devra pas affecter plus de 20 % du contenu.

314. Pour les réimpressions, éditions similaires et éditions mises à jour, l'éditeur pourra, sans autorisation ni information préalables, réutiliser les documents photographiques ou les typons ou un autre matériel de reproduction, à l'exception des documents destinés à être nouvellement utilisés en couverture.

315. Les réimpressions, éditions similaires et éditions mises à jour ne donnent pas lieu au paiement d'un nouveau droit mais à l'application des conditions de rémunération en vigueur.

32. ***Éditions dérivées.***

321. L'édition dérivée est l'édition d'un même ouvrage, quelle que soit sa présentation extérieure, réalisée par le même éditeur ou un tiers éditeur, comportant le même titre ou un titre différent, et dont le total des modifications affectera 20 à 50 % du texte ou 20 à 50 % du nombre des photographies.

L'éditeur ou le tiers éditeur pourra, sans autorisation ni information préalables, réutiliser les documents photographiques ou les typons ou un autre matériel de reproduction, à l'exception des documents destinés à être nouvellement utilisés en couverture.

Cette réutilisation dans l'édition dérivée doit faire l'objet d'une information par l'envoi de justificatifs dans les conditions prévues au présent code. Cette information est à la charge de l'éditeur qui détient le droit de reproduction sur l'édition dérivée.

Cette réutilisation donnera lieu au paiement d'un nouveau droit égal à 50 % du droit d'origine actualisé, à la charge de l'éditeur qui a acquis les droits auprès du photographe ou de son mandataire.

322. La facturation prévue pour les éditions dérivées s'applique à chacun des éléments d'un ensemble ayant le même objet.

33. ***Éditions partielles.***

L'édition partielle est l'édition d'une partie des cahiers d'un ouvrage, sans retrait ni ajout, avec le même format et le rappel du titre principal.

L'éditeur pourra, sans autorisation ni information préalables, réutiliser les documents photographiques ou les typons ou un autre matériel de reproduction, à l'exception des documents destinés à être nouvellement utilisés en couverture.

Cette réutilisation dans l'édition partielle doit faire l'objet d'une information par l'envoi de justificatifs dans les conditions prévues au présent code. Cette information est à la charge de l'éditeur qui détient le droit de reproduction sur l'édition partielle.

Cette réutilisation donnera lieu au paiement d'un nouveau droit égal à 30 % du droit d'origine actualisé, à la charge de l'éditeur qui a acquis les droits auprès du photographe ou de son mandataire.

34. ***Édition nouvelle.***

L'édition nouvelle est l'édition dont le contenu comporte plus de 50 % de modification du texte ou du nombre de photographies.

L'éditeur pourra, après demande au photographe ou à son mandataire, qui devra répondre dans les 30 jours, réutiliser les typons ou autres matériels de reproduction.

Cette réutilisation dans l'édition nouvelle doit faire l'objet d'une information par l'envoi de justificatifs dans les conditions prévues au présent code. Cette information est à la charge de l'éditeur qui détient le droit de reproduction sur l'édition nouvelle.
L'édition nouvelle donnera lieu au paiement d'un nouveau droit égal à 75 % du droit d'origine actualisé.

35. *Traduction.*
Les éditeurs sont dispensés d'autorisation préalable pour toute traduction, dans les mêmes conditions que pour les éditions dérivées ou partielles.
351. Droits européens et mondiaux
Dans le cadre des conditions convenues entre les parties, le montant des droits mondiaux correspondra aux droits français multipliés par 2,2, le montant des droits européens aux droits français multipliés par 1,8.
Les droits mondiaux ou européens incluent les droits français.
Toutefois, en cas d'acquisition simultanée à l'édition originale des droits mondiaux ou européens, l'éditeur pourra bénéficier d'une réduction de 10 % sur les conditions convenues avec le photographe ou son mandataire.
352. Autres traductions
Si l'ouvrage est traduit et édité en langue étrangère, soit par l'éditeur lui-même, soit par un éditeur étranger, il sera dû par l'éditeur français si celui-ci négocie lui-même la cession des droits iconographiques :
a) 60 % du droit convenu actualisé pour la langue anglaise avec les États-Unis.
b) 50 % du droit convenu actualisé pour les langues allemande et japonaise.
c) 40 % du droit convenu actualisé pour la langue anglaise sans les États-Unis, la langue anglaise uniquement pour les États-Unis, la langue portugaise avec le Brésil.
d) 30 % du droit convenu actualisé pour les langues espagnole et italienne.
e) 25 % du droit convenu actualisé pour la langue portugaise sans le Brésil ou la langue portugaise uniquement pour le Brésil, les langues néerlandaise et suédoise.
f) 20 % du droit convenu actualisé pour les autres langues.
Les retenues à la source (accords fiscaux entre la France et certains pays étrangers) seront déduites des droits dus lorsqu'elles n'entraînent pas de double imposition.
Les pourcentages prévus pour chaque langue peuvent faire l'objet d'une renégociation à la demande de l'une des parties signataires du présent code.
Dans le cas où l'éditeur français ne négocie pas lui-même la cession des droits iconographiques, mais fournit à l'éditeur étranger le support matériel des reproductions, il devra en informer le photographe ou son mandataire, et préciser le nom de l'éditeur étranger.
Il sera alors garant du paiement par celui-ci des droits iconographiques.

36. *Réutilisation des typons.*
La réutilisation des typons dans un autre ouvrage de librairie nécessite l'autorisation préalable du photographe ou de son mandataire, qui devra répondre dans les 15 jours suivant la demande qui lui en sera faite.
Cette réutilisation de typons donne lieu, lors de la publication, au paiement d'un droit nouveau égal à 75 % des conditions convenues actualisées.

37. *Réutilisation de duplicata.*
Les dispositions prévues à l'article 36 (sauf la réduction de 25 %) s'appliquent à la réutilisation de duplicata réalisée par l'éditeur conformément à la recommandation figurant au paragraphe 234.

CHAPITRE IV *Dispositions diverses*

41. *Reproduction sur un format supérieur à la page.*
Lorsque la surface de reproduction est égale à une page plus un quart de page, les droits seront ceux d'une pleine page majorés de 60 % du droit pour le quart de page.
Lorsque la surface de reproduction est égale à une page plus une demi-page, les droits seront ceux d'une pleine page majorés de 60 % du droit pour la demi-page.
Lorsque la surface de reproduction est égale à une page plus un 3/4 de page, les droits seront ceux d'une pleine page majorés de 60 % du droit pour le 3/4 de page.

42. *Dépliant de trois pages.*
Lorsque la surface de reproduction est égale à une double page, les droits seront ceux d'une pleine page majorés de 60 %.

La valeur des droits sera celle d'une pleine page des conditions convenues majorées de 100 %.

43. *Couverture.*

Lorsque la surface de la reproduction sera égale ou inférieure au tiers de la page, les droits correspondront aux conditions convenues pour une pleine page in-texte.

Lorsque plusieurs photographies seront assemblées, le règlement aura lieu au prorata de la dimension de chacune des photographies selon les conditions convenues pour une reproduction in-texte, majorées d'un tiers.

44. *Double couverture (plat-recto, dos, plat-verso, rabats).*

Les droits seront ceux d'une page de couverture selon les conditions convenues majorées de 60 %.

45. *Réemploi dans un même ouvrage.*

Une photographie déjà publiée en couverture et réutilisée dans le corps de l'ouvrage bénéficie, pour cette seconde utilisation, quel que soit son format, d'un abattement de 50 % sur les conditions convenues entre les parties.

Le réemploi pour la promotion et la publicité de l'ouvrage sera réglé par les conditions à établir, prévues aux paragraphes 472 et 473.

46. *Éditions de livres paraissant en fascicules.*

461. Définition des ouvrages concernés

Il s'agit d'ouvrages qui sont offerts au public :

a) par des circuits de vente multiples : presse, librairies, grandes surfaces, courtage, vente par correspondance, clubs, etc.

b) sous des présentations différentes, notamment :

— cahiers vendus isolément (ex. : fascicules périodiques),

— ensembles de cahiers reliés, dans l'ordre de parution ou dans le désordre, par sujets particuliers ou par thèmes plus généraux.

Les conditions suivantes sont exigées pour l'application des conditions de rémunération des reproductions dans les fascicules :

— l'option de l'édition à circuits de vente multiples doit être décidée à la mise en fabrication des cahiers, l'information devant être communiquée au plus tard à l'envoi des justificatifs,

— la publication doit être vendue sous ses différentes formes avec le même titre principal, le même texte, les mêmes illustrations, une mise en pages identique et le même format. L'éditeur pourra, pour chacune des présentations, accompagner les cahiers d'une notice de présentation, d'une table des matières et d'un index propre à la présentation en cause.

Toute modification dans le texte, autre que des corrections et de simples mises à jour (cf. réimpressions), ou dans le titre général de la publication, qui ferait de la réunion des fascicules en un volume relié un sous-produit aux caractéristiques nouvelles pour le public, serait une édition dérivée telle que définie à l'article 32 du présent code des usages.

Dans le cas précité où l'éditeur choisirait d'apporter à la réunion des fascicules en volumes reliés des modifications telles qu'elles entraîneraient le paiement d'un nouveau droit pour chaque réutilisation de fascicules, le barème de base serait celui du barème livre concerné.

462. Conditions

462.1. Les conditions applicables aux livres paraissant en fascicule sont les conditions générales du présent code, à l'exception des conditions particulières définies au paragraphe suivant.

462.2. Droits mondiaux

L'éditeur pourra acquérir les droits mondiaux dans les conditions prévues au paragraphe 351 du présent code des usages, en prenant pour référence les conditions convenues pour les fascicules, dans la catégorie inférieure à celle du tirage de l'édition française, la première catégorie ne subissant pas de décalage.

463. Montant des droits de reproduction

Les différents montants de droits couvrent la reproduction des photographies pour toutes les présentations commerciales mentionnées à l'article 461, quel qu'en soit le nombre.

Lorsque les fascicules, outre leur vente en l'état, ne sont vendus que sous la seule présentation supplémentaire de la collection reliée, un abattement de 20 % est appliqué sur les conditions convenues.

464. Réimpressions

Si l'exploitation de l'ouvrage réclame des réimpressions pures et simples des cahiers originaux sans modification de la mise en pages et des illustrations, mais faisant changer de catégorie, l'éditeur devra en prévenir le photographe ou son mandataire aux fins de facturation, les textes et les illus-

trations pouvant faire l'objet de corrections (erreurs, fautes d'impression) et de mises à jour (ex. : statistiques, illustration technique, etc.).

465. Nouvelles éditions – éditions dérivées

En cas de nouvelle édition et d'édition dérivée telles qu'elles sont prévues et définies dans les articles 31, 32, 33 et 34 du présent code des usages, l'éditeur acquittera, lors de la publication de l'une ou de l'autre, 50 % des droits prévus pour toute photographie réutilisée.

47. *Promotion et publicité des livres illustrés.*

471. Autorisation préalable

L'autorisation préalable du photographe ou de son mandataire est requise pour l'utilisation des photographies à des fins publicitaires ou promotionnelles.

472. Promotion

472.1. Toute utilisation nouvelle d'une photographie ou toute utilisation d'une photographie reproduite dans l'ouvrage à promouvoir, si elle est extraite de son contexte, fait l'objet du paiement d'un droit de reproduction, en fonction du média utilisé, avec une réduction de 10 %.

472.2. La promotion ne donnera lieu au paiement d'aucun droit lorsque la reproduction en fac-similé de l'ouvrage, de la couverture, de la jaquette ou de pages intérieures est d'un format identique ou inférieur au format original ;

Quand cette reproduction est d'un format supérieur au format original, il sera dû un droit de 50 % des conditions applicables à la promotion convenues entre l'éditeur et le photographe ou son mandataire.

473. Publicité

La publicité se définit par l'achat d'espace dans la Presse ou sur le réseau d'affichage payant.

Les messages reproduits dans les publications professionnelles de l'édition ne donnent lieu au paiement d'aucun droit.

Le message publicitaire ne donnera lieu au paiement d'aucun droit lorsque la reproduction en fac-similé de l'ouvrage, de la couverture, de la jaquette ou de pages intérieures est d'un format identique ou inférieur au format original.

Si le format est supérieur à l'original, il sera dû un droit de 50 % applicable sur les conditions convenues entre l'éditeur et le photographe ou son mandataire applicables à la publicité.

Toute utilisation nouvelle d'une photographie ou toute utilisation d'une photographie reproduite dans l'ouvrage qui fait l'objet d'une publicité, si elle est extraite de son contexte, fait l'objet d'un droit de reproduction, en fonction du média utilisé, avec une réduction de 10 %.

474. Maquettes

– Instrument de travail : toute présentation interne à une entreprise n'est soumise à aucun droit autre que ceux justifiés éventuellement par une garde prolongée ou abusive des documents.

– Instrument de vente : toute présentation à un tiers est soumise au paiement d'un droit correspondant à 50 % du « barème convenu » Ces droits sont déductibles du droit entier en cas de parution.

CHAPITRE V *Justificatifs – Règlement*

51. *Envoi de justificatifs.*

511. Définition du justificatif

A valeur de justificatif :

– l'ouvrage entier,

– les feuilles découpées d'un exemplaire original avec une photocopie de l'ensemble du crédit photographique, et de la page de titre.

512. Délai d'envoi des justificatifs

Les justificatifs des ouvrages publiés (première édition, édition nouvelle, édition partielle, édition similaire, édition dérivée, édition mise à jour) doivent obligatoirement être envoyés aux photographes ou à leur mandataire dès la parution et au plus tard dans les deux mois qui suivent la mise en vente.

Si le justificatif est incomplet, l'éditeur devra rappeler dans un courrier qu'il tient à la disposition du photographe ou de son mandataire un exemplaire de l'ouvrage.

La mise à disposition de l'ouvrage vaut, s'il a été consulté, envoi d'un justificatif complet.

513. Traduction

513.1. Dans le cas où l'éditeur assure lui-même le contrôle de l'édition du ou des ouvrages traduits, si les droits étrangers n'ont pas encore été acquis, il dispose d'un délai de deux mois pour

informer le photographe ou son mandataire. L'éditeur devra communiquer lui-même l'ouvrage sur demande.
513.2. Dans le cas où l'éditeur français n'assure pas le contrôle de l'édition du ou des ouvrages traduits, si les droits étrangers n'ont pas été acquis, il dispose d'un délai de quatre mois pour informer le photographe ou son mandataire.
514. Lorsque l'éditeur confie à un tiers la recherche iconographique et la gestion des droits, il garantit l'envoi des justificatifs et le paiement des droits.

52. *Responsabilité.*
L'éditeur sera exonéré de sa responsabilité si le justificatif est adressé dans les délais, et ne comporte pas d'erreurs qui lui soient imputables.
Si une erreur imputable à l'éditeur figure sur le justificatif, sa responsabilité sera engagée sans limite de temps.
Lorsque l'éditeur envoie un justificatif incomplet ou des pages extraites, il est responsable des erreurs ou omissions dans le paiement des droits.
Le cas échéant, il appartient à l'éditeur d'apporter la preuve de sa bonne foi dans l'envoi des justificatifs.

53. *Indemnité en cas d'absence de justificatifs.*
Le photographe ou son mandataire pourra, si le justificatif n'a pas été envoyé dans le délai prévu, facturer une indemnité de 25 % des droits iconographiques.
Au-delà de six mois, une indemnité sera facturée, correspondant à 100 % des droits iconographiques.
Les conditions de rémunération appliquées sont celles de la date de mise en vente de l'ouvrage, qui devra être précisée dans l'envoi du justificatif.

54. *Délai de règlement.*
Sauf convention particulière, la facture de droits d'auteur du photographe ou de son mandataire doit être réglée par l'éditeur dans les 30 jours fin de mois.

CHAPITRE VI *Commission de conciliation*

61. *Commission de conciliation.*
Afin d'assurer à la présente convention entre les organisations professionnelles de photographes et d'agences photographiques signataires du présent code, d'une part, et le Syndicat National de l'Édition, d'autre part, une application conforme à l'esprit même dans lequel elle a été conçue entre les parties, il a été convenu la création d'une commission de conciliation.
Cette commission pourra être saisie avant toute instance judiciaire de tout différend relatif à l'interprétation de l'une quelconque des clauses de ce protocole.
Cette commission sera composée de deux ou trois membres de chaque partie.

Contrat type entre un annonceur et un agent de publicité

(*Avis, JO 19 sept. 1961, p. 8633*).

L'annonceur confirme à l'agent de publicité l'accord par lequel l'agent est chargé – en accord avec l'annonceur qui reste seul maître de son budget – de la publicité de ceux de ses produits ou services désignés ci-dessous :

....

dans les supports décidés d'un commun accord et dans les territoires suivants :

....

IV. Propriété littéraire et artistique

L'exploitation par l'agent pour le compte de l'annonceur de tous ses travaux de création publicitaires (tels que graphiques, littéraires, artistiques) ou leur règlement, implique la cession automatique à l'annonceur de tous les droits de reproduction résultant notamment de la propriété littéraire et artistique, tels qu'ils sont définis par la législation en vigueur.
Au cas où, pour une création publicitaire, les droits ci-dessus désignés ne seraient pas, en totalité ou en partie, la propriété de l'agent, il appartient à celui-ci de signaler à son client les limites de ses droits pour cette création et de faire connaître à ce dernier les conditions auxquelles ces droits pourraient lui être cédés pour la France, et, éventuellement, pour l'étranger si celui-ci le désire.

Tant qu'une création publicitaire présentée par l'agent n'a pas été exploitée ou facturée par lui, les droits de reproduction de cette création, sauf convention particulière, restent sa propriété.

Une cour d'appel retient souverainement que la commune intention des parties a été de se soumettre au contrat type élaboré par un comité d'experts sous l'égide du secrétariat d'État au Commerce qui ne faisait que traduire les usages commerciaux qui s'étaient instaurés dans le domaine de la publicité. Il ne saurait donc être reproché à celle-ci d'avoir admis que le client était titulaire d'une sous-cession des droits cédés par l'auteur conformément aux stipulations du contrat type. • Civ. 1re, 13 oct. 1993 : *D. 1994. 166, note Gautier*.

Charte des bonnes pratiques dans la publicité pour le respect du droit d'auteur et des droits voisins

Signée le 23 mars 2015. — Annexe au document « Plan d'action du Gouvernement pour la lutte contre le piratage. Signature de la charte des bonnes pratiques dans la publicité en ligne pour le respect du droit d'auteur et des droits voisins. Soutien à la création », Ministère de la Culture et de la Communication, dossier de presse du 23 mars 2015.

BIBL. ▶ BOULET et FROSSARD, *CCE 2015. Chron. 7, n° 5*. – BRUGUIÈRE, *Propr. intell. 2015, n° 56, p. 299.*

Les organisations professionnelles, qui représentent l'ensemble des professionnels de la publicité et des annonceurs, affirment leur attachement à la propriété intellectuelle et artistique et s'engagent à faire leurs meilleurs efforts pour inciter leurs adhérents et l'ensemble des acteurs de leurs secteurs respectifs à ne pas proposer à la vente, ni conseiller, ni acheter des espaces médias sur des sites qui contreviennent massivement au droit d'auteur et aux droits voisins.

La lutte contre la contrefaçon du droit d'auteur et des droits voisins est un facteur essentiel pour l'essor de la création et l'offre légale culturelle en ligne.

Certains sites de communication au public par voie électronique, qui peuvent être établis à l'étranger, déploient des activités lucratives reposant sur la diffusion ou l'encouragement à la diffusion non autorisée d'œuvres protégées par le droit d'auteur et les droits voisins. Les sites contrevenant massivement au droit d'auteur et aux droits voisins (ci-après dénommés « les sites contrevenants ») tirent l'essentiel de leurs revenus de la publicité en ligne puisque des messages publicitaires sont diffusés sur leurs sites de communication au public par voie électronique. Leur activité porte atteinte à l'offre légale culturelle en ligne.

Les entreprises signataires ont un rôle essentiel dans le développement de l'économie numérique.

Elles sont attachées à maintenir des standards de qualité pour les annonceurs comme pour l'ensemble du marché de la publicité et à la nécessité de lutter contre les sites contrevenants. En effet, les annonceurs et les professionnels de la publicité souhaitent la mise en œuvre de tous les moyens à leur disposition pour éviter la diffusion des publicités sur des sites contrevenants puisqu'elle est particulièrement préjudiciable à leur image et leur réputation.

Les différents professionnels de la publicité peuvent maîtriser, sur le plan opérationnel, *via* différents outils, la diffusion des messages publicitaires et peuvent ainsi, dans le cadre de la présente charte, mettre en œuvre, avec leurs meilleurs efforts, des mesures permettant d'éviter que les messages publicitaires de leurs clients soient publiés sur des sites contrevenants, chacun selon son rôle et sa place.

Les signataires affirment le rôle prépondérant qui doit être joué par la filière culturelle pour défendre ses droits et reconnaissent la pertinence de la démarche qui consiste à assécher les revenus des sites contrevenants et souhaitent s'y associer.

C'est pourquoi, sous l'impulsion du ministère de la Culture et de la Communication, les signataires de cette charte décident les mesures qui suivent, mesures volontaires et solidaires qui sont destinées à enrayer le phénomène de la contrefaçon d'œuvres sur ces sites.

Principes généraux

Les professionnels de la publicité et les annonceurs signataires s'engagent à mettre en place une ou plusieurs procédures destinées à renforcer la lutte contre les sites contrevenants, notamment celles mentionnées aux articles suivants, sans préjudice de l'utilisation complémentaire d'autres moyens qu'ils estimeraient appropriés.

Les ayants droit signataires s'engagent à poursuivre les démarches de sensibilisation et d'éducation dans lesquelles ils sont engagés en matière de lutte et de prévention contre les activités illicites, en France ou à l'étranger. Se trouvant les mieux placés pour identifier et apprécier la violation des droits d'auteur, au contraire des services publicitaires qui doivent se reposer sur eux pour ce faire, ils s'engagent à collaborer.

Engagements

1. Les entreprises signataires de la présente charte établissent et mettent en œuvre des recommandations claires et transparentes destinées à empêcher les sites contrevenants d'engager toute relation commerciale avec eux.

2. Ces recommandations seront publiées sur le ou les sites des services publicitaires concernés et sur leur site et/ou celui de l'organisme professionnel qui les représente, de façon très visible et à des endroits appropriés. Les organisations professionnelles signataires communiquent et mettent à la disposition de leurs adhérents, et plus généralement de tout acteur de leur secteur en faisant la demande, tous les outils utiles permettant le respect de ces bonnes pratiques. Les signataires encouragent également par tous les moyens d'information et de communication à leur disposition leurs partenaires professionnels de la publicité à mettre en place les recommandations de la présente charte.

3. Les signataires de la présente charte s'engagent à mettre en œuvre les moyens à leur disposition, chacun selon son rôle et sa place, afin d'éviter de diffuser des publicités sur les sites contrevenants.

a) Chaque signataire peut établir une liste d'adresses URL de sites internet en se référant aux informations fournies par les autorités compétentes *[organismes professionnels dont les agents sont assermentés par le ministère de la Culture et de la Communication, sites signalés sur la plateforme PHAROS du ministère de l'Intérieur, autorités administratives indépendantes, décisions de justice...]*, en utilisant éventuellement des outils technologiques, et en collaboration avec les ayants droit qui sont les seuls à avoir la connaissance des droits qui s'appliquent. Cette liste est établie selon des critères définis en plein accord avec l'ensemble des parties prenantes, notamment dans le cadre du comité de suivi (cf. point 4) et sera mise à jour en tant que de besoin par chacun.

b) Chaque entreprise signataire, selon les modalités qu'elle juge les plus appropriées, oriente ses relations contractuelles et/ou commerciales en fonction de sa propre liste. Les annonceurs, ainsi que les agences médias, les régies et les services de publicité indiquent, le cas échéant, qu'ils ne souhaitent pas faire apparaître de publicité sur les sites contrevenants et ainsi y associer leurs marques ou services. Ils peuvent insérer dans les contrats les liant à leurs prestataires une disposition rappelant cette obligation. Cette clause pourra s'appuyer sur une liste de sites que leurs prestataires pourront éventuellement compléter dans le cadre de leur obligation de conseil.

c) Chaque signataire peut également décider de mettre en place tous les outils opérationnels existants pour détecter et refuser de collaborer avec les sites contrevenants figurant sur sa liste.

4. Il est créé un comité de suivi au sein duquel les parties prenantes, représentées par les organisations professionnelles signataires *[composé d'un nombre paritaire de représentants des annonceurs et professionnels de la publicité, d'une part, et des ayants droit, d'autre part]*, sous l'impulsion des pouvoirs publics, pourront apprécier sur une base régulière les effets des pratiques issues de la présente charte.

a) Le comité de suivi fait état des bonnes pratiques mises en place par les signataires.

b) Le comité fait circuler toute information utile sur les sites contrevenants.

c) Les signataires tiennent compte des observations du comité dans le retrait des sites considérés comme contrevenants et s'engagent à prendre les mesures qu'ils jugeront nécessaires pour sensibiliser leur profession et en assurer l'effectivité.

d) Les pouvoirs publics, notamment le ministère de la Culture et de la Communication, sur la recommandation du comité, peuvent conduire des actions de valorisation des acteurs vertueux participant à cette démarche, auprès des professionnels et du grand public.

e) Le comité se réunit deux fois par an et rédige un rapport de synthèse qui est communiqué au ministre de la Culture et de la Communication, que ce dernier peut rendre public.

f) L'évolution des missions et/ou l'extinction du comité de suivi sont décidées d'un commun accord entre ses membres et le ministère de la Culture et de la Communication.

5. Les signataires s'engagent à donner à la présente charte la publicité adéquate, y compris à l'égard du grand public, et à y rechercher l'adhésion du plus grand nombre de parties prenantes.

6. La présente charte entre en vigueur le 1er en présence du ministère de la Culture et de la communication.

Les signataires

– pour les acteurs de la communication digitale représentés par Interactive Advertising Bureau (IAB France), le représentant légal,

– pour les régies représentées par le Syndicat des régies internet (SRI), le représentant légal,

– pour les agences médias représentées par l'Union des entreprises de conseil et achat média (UDECAM), le représentant légal,

– pour les annonceurs représentés par l'Union des annonceurs (UDA), le représentant légal,

– pour les organismes représentant les ayants droit : l'Association de lutte contre la piraterie audiovisuelle (ALPA), le représentant légal, le Syndicat national de l'édition (SNE), le représentant légal, le Syndicat des éditeurs de logiciels de loisirs (SELL), le représentant légal, le Syndicat national du jeu vidéo (SNJV), le représentant légal, la Société des auteurs, compositeurs et éditeurs de musique (SACEM), le représentant légal, la Société civile des producteurs phonographiques (SCPP), le représentant légal, et la Société civile des producteurs de phonogrammes en France (SPPF), le représentant légal.

Code des usages et des bonnes pratiques de l'édition des œuvres musicales

Issu de l'accord signé le 4 octobre 2017 entre le Syndicat national des auteurs et des compositeurs, l'Union des compositeurs de musique de films, l'Union nationale des auteurs et compositeurs, d'une part, et la Chambre syndicale de l'édition musicale, la Chambre syndicale des éditeurs de musique de France et l'Union des librairies musicales, d'autre part.

Préambule

Sur plusieurs points de contenu des contrats d'édition dans le domaine musical, le code de la propriété intellectuelle, notamment dans ses articles L132-11, L132-12 et L132-13, renvoie explicitement aux usages de la profession.

Il est donc apparu utile aux organisations professionnelles d'auteurs, de compositeurs et d'éditeurs, de préciser ces usages et d'en donner, par le présent document, un référentiel complet, équilibré et partagé.

Le présent code des usages et des bonnes pratiques a été élaboré et signé par la CSDEM, la CEMF, l'ULM, le SNAC, l'UNAC et l'UCMF [état actuel des signataires], organisations professionnelles représentatives des éditeurs de musique et des auteurs d'œuvres musicales, terme incluant les paroliers, compositeurs, traducteurs, arrangeurs, adaptateurs et librettistes.

Il vise :

- **à assurer au métier d'éditeur de musique un cadre juridique équilibré permettant l'exercice paisible et économiquement viable des droits cédés et offrant les conditions de la meilleure exploitation des œuvres musicales,**
- **à assurer aux auteurs un cadre juridique équilibré pour la cession des droits patrimoniaux que la loi leur reconnaît sur leurs œuvres musicales, la transparence de la gestion des œuvres par les éditeurs et leur association équilibrée aux résultats financiers de l'exploitation des œuvres musicales.**

Le présent code des usages et des bonnes pratiques concerne l'ensemble de l'édition musicale, indépendamment du genre de répertoire (variété, classique, musique à l'image, librairie musicale), certaines de ses dispositions étant toutefois signalées explicitement comme concernant plus spécifiquement certains genres.

La mise en œuvre du présent code est sans préjudice des contrats et conventions liant les éditeurs et les auteurs d'œuvres musicales à leurs organismes de gestion collective.

Les organisations signataires appelleront leurs adhérents à respecter les usages et bonnes pratiques ici rappelés pour toute la durée des contrats d'édition à venir, ainsi que des contrats en cours, pour ce qui concerne celles de leurs stipulations dont l'application est impactée par le présent code.

Le présent code a vocation à être étendu à l'ensemble des professionnels du secteur selon les procédures habituelles en matière de négociation collective dès lors que le code de la propriété intellectuelle comportera des dispositions prévoyant cette extension. Il a également vocation à servir de référence pour d'éventuelles évolutions du code de la propriété intellectuelle à venir concernant l'édition musicale.

1. *La définition du métier d'éditeur*

A la qualité d'éditeur d'une œuvre musicale la personne physique ou morale qui, conformément aux usages et bonnes pratiques ici rappelés, fabrique ou fait fabriquer en nombre des exemplaires de l'œuvre, en assure la publication, la diffusion et l'exploitation, et assure le suivi et le versement à l'auteur des rémunérations générées par l'exploitation de l'œuvre. Ces composantes forment un tout indissociable et ne sauraient être exercées de façon partielle, sans risquer de générer un préjudice pour les auteurs et pour les éditeurs.

A travers le contrat de préférence et le contrat d'édition, l'éditeur fixe avec l'auteur les éventuels modes de soutien à la création de l'œuvre musicale, notamment par le versement d'un minimum garanti ou d'une avance récupérable dans les conditions ci-dessous décrites. Il peut en outre assurer le financement de la création sous toute autre forme de soutien matériel ou logistique.

L'éditeur respecte le droit moral de l'auteur dans toutes les exploitations qu'il est amené à négocier et apprécie sous sa responsabilité si une exploitation envisagée nécessite l'accord de l'auteur à ce titre. En revanche, il consulte toujours l'auteur si l'exploitation de l'œuvre nécessite son arrangement ou son adaptation, notamment audiovisuelle. En dehors des cas où un organisme de gestion collective est seul habilité à les faire cesser et à ester en justice, l'éditeur intervient par tous moyens pour mettre fin aux exploitations de l'œuvre dont il a connaissance réalisées en infraction aux droits qui lui ont été cédés. Il intervient également par tous moyens pour corriger les anomalies qu'il constate ou qui lui sont signalées dans le versement des rémunérations.

2. *Le contrat de préférence*

Concéder un droit de préférence à un éditeur est une pratique plus ou moins étendue selon le genre musical. Dérogatoire au principe de prohibition de cession globale des œuvres futures prévu par l'article L. 131-1 du code de la propriété intellectuelle, il doit être encadré.

L'éditeur a l'obligation d'informer l'auteur des conséquences de la signature d'un tel contrat et de l'inciter à se faire assister d'un conseil avant de s'engager. Le contrat mentionne que cette obligation d'information a été respectée. — *La dernière phrase n'est applicable qu'aux seuls contrats conclus après le 1er juill. 2018 (V. Annexe).*

Le contrat de préférence formalise le droit de préférence prévu au code de la propriété intellectuelle. Il est négocié de gré à gré notamment quant à sa durée, au nombre et au genre des œuvres, dans le cadre prévu par l'article L. 132-4 du code de la propriété intellectuelle.

Il prévoit les éventuels modes de soutien à la création mis à disposition de l'auteur par l'éditeur.

Si ce soutien prend la forme d'une avance récupérable sur les recettes d'exploitation de l'œuvre, les conditions de récupération de l'avance sont précisées dans ce contrat (fractionnement dans le temps, récupération sur les rémunérations versées par l'éditeur à l'auteur, sur les droits collectés par les organismes de gestion collective, sur l'œuvre considérée ou sur l'ensemble du catalogue, etc.). — *Ces dispositions ne sont applicables qu'aux seuls contrats conclus après le 1er juill. 2018 (V. Annexe).*

L'auteur propose à l'éditeur toutes les œuvres créées pendant la durée du contrat de préférence et dans le ou les genres prévus au contrat.

En cas de manquement de l'auteur à ses obligations au titre du contrat de préférence, l'éditeur peut demander le remboursement des avances qui ont été consenties à l'auteur.

Conformément à l'article L. 132-4 du code de la propriété intellectuelle, le refus successif de deux œuvres nouvelles par l'éditeur dans le genre prévu au contrat permet à l'auteur de reprendre sa liberté quant aux œuvres futures qu'il créera dans le genre des œuvres refusées. Il est cependant tenu de rembourser à l'éditeur les avances consenties pour la réalisation des œuvres futures dans ce genre.

3. *Le contrat d'édition*

Le contrat d'édition musicale fixe les obligations réciproques de l'auteur et de l'éditeur.

Le contrat d'édition s'applique œuvre par œuvre, même dans le cas où un même dispositif contractuel est signé pour plusieurs œuvres.

Aux termes de l'article L. 132-12 du code de la propriété intellectuelle, l'éditeur est tenu *d'assurer à l'œuvre une exploitation permanente et suivie et* une diffusion commerciale conformément aux usages de la profession. Il est, à ce titre, tenu de faire de façon continue sur toute la durée du contrat, y compris de façon qui peut être modulée dans le temps, les diligences nécessaires pour que l'œuvre connaisse la meilleure exploitation possible.

Lorsque l'auteur est adhérent à un organisme de gestion collective, il en informe l'éditeur préalablement à la cession des droits sur son œuvre.

3.1. *Soutiens à la création et avances récupérables*

Le contrat d'édition fixe, le cas échéant, les modes de soutien à la création consentis à l'auteur par l'éditeur, indépendamment de ceux qui figurent dans un contrat de préférence s'il en existe un. — *Ces dispositions ne sont applicables qu'aux seuls contrats conclus après le 1er juill. 2018 (V. Annexe).*

S'agissant des avances récupérables, il en fixe le montant, les modalités de leur récupération sur les revenus d'exploitation (notamment sur tout ou partie des droits collectés par les organismes de gestion collective, des droits gérés directement par l'éditeur, sur tout ou partie des œuvres de l'auteur), ainsi que les modalités de remboursement en cas de résiliation du contrat. — *Ces dispositions ne sont applicables qu'aux seuls contrats conclus après le 1er juill. 2018 (V. Annexe).*

L'éditeur ne peut faire porter des intérêts sur les avances récupérables versées aux auteurs.

L'auteur informe l'éditeur de l'existence de toute mesure d'exécution forcée venant grever son compte dans un organisme de gestion collective (avis à tiers détenteurs, saisies – y compris conservatoires – prêt bancaire cautionné, caution, etc.) et ce avant tout versement d'une avance par l'éditeur.

3.2. *La remise de l'œuvre par l'auteur*

Le contrat d'édition fixe les conditions et formes dans lesquelles l'auteur remet l'œuvre à l'éditeur pour en permettre, en cohérence avec les droits cédés, la publication, l'exploitation permanente et suivie et la diffusion commerciale.

Si, l'auteur ayant remis l'œuvre sous la forme d'un fichier (informatique ou sonore), il est établi que la réalisation d'une partition est par ailleurs nécessaire, les frais de copiste sont à la charge de l'éditeur.

La cession par l'auteur, le cas échéant, du support original de l'œuvre à l'éditeur doit faire l'objet d'une mention expresse dans le contrat d'édition. — *Ces dispositions ne sont applicables qu'aux seuls contrats conclus après le 1er juill. 2018 (V. Annexe).*

La cession d'un support original est consentie sans préjudice des droits des éventuels titulaires de droits voisins. Elle peut être consentie soit gratuitement soit moyennant une rémunération spécifique, partagée entre tous les titulaires de droits, notamment lorsque le support matériel cédé permet l'exploitation de l'œuvre musicale sans autre investissement de l'éditeur pour utiliser le master fourni (ou, s'agissant de la musique classique, la matrice ou la gravure).

L'auteur informe l'éditeur de l'utilisation d'une œuvre préexistante dans l'œuvre qu'il lui remet.

L'auteur informe l'éditeur de toute déclaration de l'œuvre à un organisme de gestion collective qu'il aurait pu faire préalablement à la cession des droits à l'éditeur sur cette même œuvre.

3.3. *La publication de l'œuvre*

La publication d'une œuvre musicale peut être envisagée lorsque l'auteur a considéré que son œuvre peut être divulguée et l'a remise à l'éditeur avec lequel il a signé un contrat d'édition. La remise de l'œuvre à l'éditeur et la signature du contrat d'édition traduisent l'exercice du droit de divulgation.

Le contrat d'édition fixe les délais et formes de la publication par l'éditeur de l'œuvre, déterminés en relation avec le public auquel elle est destinée. — *Ces dispositions ne sont applicables qu'aux seuls contrats conclus après le 1er juill. 2018 (V. Annexe).*

En fonction du périmètre de cession des droits et de la destination de l'œuvre, la publication d'une œuvre peut se faire sous diverses formes : graphique, enregistrement sonore, représentation publique... La première communication de l'œuvre au public auquel elle est destinée vaut publication par l'éditeur. Ainsi, l'incorporation de la bande originale dans un film vaut publication de ladite bande originale.

Le contrat d'édition fixe *[ces dispositions ne sont applicables qu'aux seuls contrats conclus après le 1er juill. 2018 (V. Annexe)] :*

- **les modalités de délivrance du "bon à tirer" par l'auteur à l'éditeur,**
- **le(s) format(s) ou la (es) forme(s) dans lesquels la publication doit être assurée par l'éditeur,**
- **le nombre minimum d'exemplaires constituant le premier tirage ou le minimum de droits d'auteur garanti par l'éditeur,**
- **le délai convenu pour la publication de l'œuvre, qui ne peut être supérieur à un an après la remise par l'auteur du matériel approprié.**

Le délai ci-dessus ne s'applique pas aux œuvres de musique classique et au champ de la librairie musicale, pour lesquels le délai de publication est de deux ans. – *Ces dispositions ne sont applicables qu'aux seuls contrats conclus après le 1er juill. 2018 (V. Annexe).*

Le non-respect par l'éditeur, après mise en demeure par l'auteur, par lettre recommandée avec demande d'avis de réception du tirage minimum d'exemplaires, du paiement du minimum de droits garantis ou des délais de publication fixés au contrat entraîne la possibilité pour l'auteur de résilier le contrat dans les conditions prévues au 5.1. – *Ces dispositions ne sont applicables qu'aux seuls contrats conclus après le 1er juill. 2018 (V. Annexe).*

A défaut de stipulations spécifiques du contrat, la réalisation de matériels d'orchestre ainsi que, s'agissant de la variété, la taille, le grammage et la couleur de la partition sont laissés à l'appréciation de l'éditeur.

Figurent sur la partition commercialisée :

• les nom, prénom ou pseudonyme des auteurs, selon leur choix et dans le respect de leur droit moral ;

• leurs qualités respectives (parolier, compositeur, arrangeur, adaptateur, traducteur, librettiste) ;

• la raison sociale de l'éditeur, ses coordonnées et, le cas échéant, son logo ;

• l'année de publication ;

• le numéro de cotage.

La partition est commercialisée après la remise à l'auteur d'une épreuve qu'il valide par la mention "bon à tirer". Sans réponse de l'auteur dans le délai fixé par le contrat, l'éditeur peut procéder à la commercialisation de la dernière épreuve adressée par l'auteur.

3.4. *L'exploitation permanente et suivie et la diffusion commerciale de l'œuvre*

Une fois la publication de l'œuvre musicale assurée ou obtenue par l'éditeur, celui-ci est, aux termes de l'article L. 132-12 du code de la propriété intellectuelle, tenu d'assurer à l'œuvre une exploitation permanente et suivie et une diffusion commerciale conformément aux usages de la profession. Cette obligation est destinée à permettre l'exposition de l'œuvre au public, à favoriser sa promotion, à contribuer à sa notoriété et à générer des revenus de droits d'auteur. Elle implique que l'éditeur conserve, pendant toute la durée du contrat, un exemplaire de l'œuvre ou de tout élément constitutif de l'œuvre musicale (enregistrement phonographique, partitions, scores, matériel d'orchestre...) et puisse les rendre accessibles à l'auteur sur sa demande.

L'exploitation permanente et suivie et la diffusion commerciale supposent, quel que soit le genre musical :

• que l'œuvre soit mise puis tenue à la disposition du public et des professionnels pendant toute la durée de cession des droits, donc diffusée, dans une qualité respectueuse de l'œuvre quel que soit le circuit de diffusion ;

• que parallèlement soient mises en œuvre par l'éditeur lui-même ou par l'intermédiaire d'un tiers autorisé à cet effet, diverses modalités d'exploitation qui peuvent varier selon la nature de l'œuvre afin de les optimiser.

L'exploitation permanente et suivie et la diffusion commerciale ne sont pas considérées comme assurées si la seule exploitation réalisée est celle de la diffusion de l'œuvre audiovisuelle pour laquelle l'œuvre musicale a été spécialement créée.

Quel que soit le genre de l'œuvre, l'auteur peut solliciter de l'éditeur, à échéance de cinq ans après la signature du contrat et tous les cinq ans ensuite, un examen des moyens mis en œuvre par l'éditeur pour l'exploitation et la diffusion commerciale de son œuvre, ainsi que des modalités de leur amélioration ou de leur réorientation vers d'autres modes exploitations et de diffusion ou d'autres partenaires de l'éditeur. Cet examen ne peut lui être refusé.

3.4.1. L'exploitation permanente et suivie et la diffusion commerciale des œuvres ne relevant pas de la librairie musicale et de la musique classique

1°) La mise à disposition du public et des professionnels et la diffusion commerciale de l'œuvre sont assurées par les moyens suivants :

• sa présentation dans des catalogues papier ou numériques accessibles sur demande ou sur des sites Internet,

• la possibilité d'accéder à l'œuvre sous forme graphique et/ou sonore, sur Internet ou dans des compilations ou recueils,

• la commercialisation de la partition imprimée ou numérique ou d'un exemplaire mécanique (vinyle, CD, Karaoké, DVD) et du texte au siège social de l'éditeur, dans ses filiales ou des magasins,

• sa présentation dans au moins une base de données répertoriant les œuvres disponibles commercialement et sur son site Internet si l'éditeur dispose d'un tel outil,

• la satisfaction dans les meilleurs délais de toute commande de l'œuvre.

2°) L'exploitation permanente et suivie est parallèlement réalisée notamment à travers :
• la proposition de l'œuvre à des interprètes ou des orchestres ou des chorales,
• la création et la diffusion par tous moyens de playlists ou de compilations promotionnelles physiques ou numériques, incluant l'œuvre,
• la recherche et l'incitation à des diffusions de l'œuvre en concert ou sur des radios ou des chaînes de télévision,
• la recherche et le placement de l'œuvre dans des œuvres audiovisuelles ou publicitaires ou multimédia,
• l'incitation à la création d'adaptation ou d'arrangement ou à l'utilisation d'un sample,
• l'export de l'œuvre à l'étranger ou la concession de la sous-édition,
• l'exploitation de l'œuvre en merchandising,
• la participation au financement de vidéoclips ou de documentaires ou de biopic ou de tournées ou de sites Internet dédiés à l'auteur de l'œuvre ou à ses interprètes,

L'exploitation permanente et suivie de l'œuvre est satisfaite si l'éditeur prouve qu'il a mis en œuvre, lui-même ou par l'intermédiaire d'an tiers autorisé à cet effet, au moins trois actions les mieux adaptées à la nature de l'œuvre parmi celles cités au 2° ci-dessus, si les droits d'exploitation afférents lui sont cédés.

3.4.2. L'exploitation permanente et suivie et la diffusion commerciale des œuvres de librairie musicale

L'œuvre de librairie musicale est mise et tenue à la disposition du public et sa diffusion commerciale est assurée dès lors qu'un enregistrement phonographique de l'œuvre est :
• présent sur le site Internet de l'éditeur ou de tout autre site présentant des catalogues thématiques actualisés par genre musicaux mettant à disposition les œuvres auprès du public, notamment des professionnels de l'audiovisuel,
• présent sur des supports physiques (CD, vinyles, disques durs, clés USB...) destinés aux exploitants potentiels représentants, distributeurs et sous-éditeurs.

L'exploitation permanente et suivie de l'œuvre est assurée si, parallèlement, toutes les actions suivantes sont réalisées :
• la production ou l'acquisition de l'enregistrement phonographique de l'œuvre,
• la fixation de l'œuvre sur un support physique ou numérique,
• la recherche et le placement de l'œuvre dans des œuvres audiovisuelles ou publicitaires ou multimédia,
• la création et l'actualisation de playlists, incluant l'œuvre, à destination des professionnels de l'audiovisuel,
• l'export de l'œuvre à l'étranger ou la concession de la sous-édition.

3.4.3. L'exploitation permanente et suivie et la diffusion commerciale de l'œuvre de musique classique

L'œuvre de musique classique est mise et tenue à la disposition du public, et sa diffusion commerciale est assurée par :
• sa présentation dans des catalogues papier ou numérique accessibles sur demande ou sur des sites internet,
• la commercialisation de la partition au siège social de l'éditeur ou dans ses filiales ou dans des magasins,
• la location du matériel d'orchestre de l'œuvre par l'éditeur ou ses représentants.

L'exploitation permanente et suivie de l'œuvre de musique classique est notamment réalisée à travers :
• la proposition de l'œuvre, selon sa nature et la personnalité des auteurs, aux professionnels de la représentation et de la diffusion musicale notamment :
– des chefs d'orchestre, des directeurs musicaux, des chefs de chœur ou des solistes,
– des programmateurs, des radiodiffuseurs ou des télédiffuseurs,
– des directeurs de festival ou des producteurs phonographiques,
– des établissements d'enseignement musical ou leurs professeurs,
– des organisateurs de concours.
• la proposition de l'œuvre, selon sa nature et la personnalité des auteurs, dans des œuvres audiovisuelles ou publicitaires ou multimédia,
• l'export de l'œuvre à l'étranger par tous moyens ou la concession de la sous-édition.

3.5. *Les conditions de rémunération*

Le contrat d'édition fixe les conditions de rémunération de l'auteur pour les diverses exploitations de l'œuvre. Ces stipulations sont un volet essentiel du contrat d'édition. – *Ces dispositions ne sont applicables qu'aux seuls contrats conclus après le 1er juill. 2018 (V. Annexe).*

Les stipulations du contrat d'édition relatives à la rémunération de l'auteur pour les exploitations assurées ou autorisées par l'éditeur permettent à l'auteur de connaître de façon explicite et transparente *[Ces dispositions ne sont applicables qu'aux seuls contrats conclus après le 1er juill. 2018 (V. Annexe)]* :

- le partage des revenus des différents modes d'exploitation entre auteur et éditeur,
- les assiettes et modalités de calcul des droits d'auteur,
- le cas échéant, l'existence de frais ou de commissions grevant les recettes d'exploitation, et leur justification.

Hors fabrication et vente de partitions par l'éditeur, pour lesquels la base de calcul de la rémunération est le prix public de vente hors taxes, la rémunération de l'auteur est calculée sur la totalité des sommes encaissées par l'éditeur. Seuls les prélèvements sociaux et fiscaux obligatoires sont déduits de la rémunération de l'auteur.

En l'absence de stipulation spécifique, les sommes dues sont versées, quel que soit leur montant, après chaque reddition des comptes. Le versement des rémunérations intervient dans le délai de 45 jours après la reddition des comptes, pour les auteurs fiscalement domiciliés en France.

Le contrat d'édition peut cependant prévoir la possibilité pour l'éditeur de conserver pour versement unique les rémunérations dues à l'auteur lorsque leur montant cumulé est inférieur à une somme de 50 euros ou à toute autre somme prévue par le contrat. – *Ces dispositions ne sont applicables qu'aux seuls contrats conclus après le 1er juill. 2018 (V. Annexe).*

Toutefois, même en cas de pratique ou de clause contractuelle en ce sens, l'auteur peut à tout moment demander à l'éditeur qu'à l'avenir il soit procédé au paiement de ses rémunérations avant que leur montant cumulé n'atteigne le seuil ci-dessus.

L'auteur s'interdit d'accepter tout arrangement ou contrat prévoyant au bénéfice d'un tiers (producteur phonographique ou audiovisuel par exemple), un reversement pris sur la part de son éditeur ou la cession de tout ou partie de cette part.

3.6. *La reddition des comptes*

Les conditions de la reddition des comptes doivent permettre de rendre compte à l'auteur du calcul de sa rémunération de façon explicite et transparente.

A cette fin, l'état des comptes mentionne toutes les informations nécessaires à l'auteur pour contrôler que la rémunération qui lui est versée est basée sur l'ensemble des sommes générées par l'exploitation, directe ou indirecte, de son œuvre.

La reddition des comptes s'opère deux fois par an, au plus tard 3 mois après une échéance semestrielle (1er semestre, fin septembre et 2e semestre, fin mars), à l'exception de l'édition de musique classique pour laquelle la reddition des comptes est annuelle.

L'obligation de reddition des comptes est remplie par l'éditeur mettant à la disposition de l'auteur, sauf opposition expresse de ce dernier, un espace sécurisé d'accès à ses relevés de comptes accessibles en ligne sous un format téléchargeable et imprimable pendant une durée d'au moins un an.

La reddition des comptes des éditeurs domiciliés sur le territoire national est rédigée en français ou comporte au moins une synthèse complète dans cette langue. Elle est détaillée œuvre par œuvre, type de droits par type de droits et, si les règles de rémunération varient, territoire par territoire.

L'état des comptes porte l'indication :

- du premier et dernier jour de la période des encaissements qu'ils couvrent,
- du titre de l'œuvre,
- du nom de l'auteur,
- de l'origine de la rémunération et du type d'exploitation qui l'a générée,
- s'il y a lieu, du nombre d'exemplaires vendus, gratuits, détruits ou rendus inutilisables par cas fortuit ou force majeure,
- du montant global,
- du montant dû à l'auteur ou ses ayants-droit.

Lorsqu'une exploitation génère un montant exceptionnel (par exemple en cas d'utilisation d'une œuvre préexistante dans une publicité), dès lors que la rémunération afférente a été perçue par l'éditeur, l'auteur peut faire une demande de versement de ses droits d'auteur sans attendre la reddition de comptes semestrielle.

Le contrat d'édition peut fixer le seuil de rémunération exceptionnelle au-delà duquel l'éditeur, dès lors qu'il a perçu la rémunération afférente, doit en prévenir l'auteur sans délai. – *Ces dispositions ne sont applicables qu'aux seuls contrats conclus après le 1er juill. 2018 (V. Annexe).*

Le fait qu'une œuvre n'apparaisse pas sur un état de comptes signifie qu'elle n'a généré aucun revenu sur la période relativement aux droits gérés directement par l'éditeur de musique.

Afin que l'auteur puisse connaître l'état d'exploitation de l'ensemble de ses œuvres, il peut demander qu'à l'avenir, l'éditeur communique une fois par an la liste des œuvres de l'auteur dont l'éditeur est cessionnaire et, si aucune œuvre n'a généré de revenu, le compte global à zéro.

Le contrat d'édition prévoit qu'en cas de non reddition des comptes, l'auteur peut demander par lettre recommandée avec demande d'avis de réception la production de la reddition des comptes dans les formes ci-dessus sous un délai de trois mois et que l'absence de régularisation dans ce délai permet à l'auteur de notifier à l'éditeur la résiliation de plein droit du contrat dans les conditions prévues au 5.1. – *Ces dispositions ne sont applicables qu'aux seuls contrats conclus après le 1er juill. 2018 (V. Annexe).*

Le contrat d'édition prévoit également que la résiliation est de droit, dans les conditions prévues à l'article 5.2 du présent code, en cos de répétition d'un défaut de reddition spontanée des comptes à terme échu à trois reprises sur une période de moins de trois ans. – *Ces dispositions ne sont applicables qu'aux seuls contrats conclus après le 1er juillet 2018 (V. Annexe).*

Le contrat d'édition prévoit une clause d'audit des comptes de l'éditeur. – *Ces dispositions ne sont applicables qu'aux seuls contrats conclus après le 1er juillet 2018 (V. Annexe).*

3.7. *La durée du contrat d'édition*

La durée du contrat d'édition est négociée de gré à gré entre l'auteur et l'éditeur.

Tout au long de la durée du contrat d'édition, l'auteur communique sans délai à l'éditeur :
- tout changement de coordonnées y compris bancaires ;
- tout pseudonyme qu'il adopte, tout nom de groupe auquel il appartient.

Tout au long de la durée du contrat d'édition, l'éditeur indique à l'auteur ses changements d'adresse, de coordonnées et de dénomination sociale.

4. *Litiges sur l'exploitation permanente et suivie et la diffusion commerciale de l'œuvre et résolution des conflits*

Passé un délai de cinq ans après la publication de l'œuvre, puis au maximum une fois par période de 3 ans (cinq ans pour les œuvres de musique classique), l'auteur peut demander la remise en cause du contrat, selon la procédure qui suit :

- s'il considère que l'éditeur n'a pas respecté sur cette période ses obligations d'exploitation permanente et suivie et de diffusion commerciale de l'œuvre en termes de moyens mis en œuvre ;
- s'il estime que les droits d'auteur qu'il a perçus pour l'œuvre objet du contrat, sont insuffisants sur cette même période, qu'il s'agisse des droits gérés directement par l'éditeur ou des droits en gestion collective.

4.1. *La procédure*

Cette procédure concerne essentiellement les cas de désaccord quant aux moyens mis en œuvre pour l'exploitation permanente et suivie et la diffusion commerciale de l'œuvre, mais elle peut être utilisée pour la résolution de tout autre litige survenu pendant la durée du contrat.

Elle s'applique aux contrats en cours au 1er juillet 2018. Elle doit, pour assurer la meilleure information des parties, être mentionnée dans les contrats à venir. – *Les dispositions de la dernière phrase ne sont applicables qu'aux seuls contrats conclus après le 1er juill. 2018 (V. Annexe).*

La procédure est la suivante :

1°) l'auteur adresse à l'éditeur une lettre recommandée avec demande d'avis de réception, comportant le titre de l'œuvre ou des œuvres objet de la réclamation, avec demande d'avis de réception, lui donnant un délai de deux mois pour indiquer les moyens qu'il mettra en œuvre dans les six mois suivant sa réponse pour mettre en place les conditions d'une amélioration de l'exploitation permanente et suivie et de la diffusion commerciale de l'œuvre ;

2°) l'éditeur, par lettre recommandée avec demande d'avis de réception, indique à l'auteur les moyens qu'il mettra en œuvre en ce sens ou l'informe qu'il saisit la commission de conciliation ; il dispose en ce cas d'un délai de 30 jours pour y procéder ;

3°) à défaut de réponse de l'éditeur dans le délai de deux mois, l'auteur adresse à l'éditeur une lettre de relance par courrier recommandé avec demande d'avis de réception lui donnant un nouveau délai de 30 jours ;

4°) à défaut de réponse de l'éditeur dans ce délai, ou d'absence de saisine de la commission de conciliation, le contrat est résilié de plein droit selon la procédure précisée au 5.2 ; *— Ces dispositions ne sont applicables qu'aux seuls contrats conclus après le 1er juill. 2018 (V. Annexe).*

5°) si, informé des moyens mis en œuvre par l'éditeur, l'auteur en est satisfait, la procédure s'arrête ;

6°) si, informé des moyens mis en œuvre par l'éditeur, l'auteur en demeure insatisfait, il peut saisir la commission de conciliation et en informe alors l'éditeur par lettre recommandée avec demande d'avis de réception.

En l'absence de saisine de la commission de conciliation dans un délai de trois mois, l'auteur est réputé avoir renoncé à cette saisine et l'éditeur n'est pas tenu, au cours de la même période de trois ans, de répondre à d'autres réclamations de l'auteur ayant le même objet.

Si l'auteur, dûment prévenu qu'il doit se présenter, ne se présente pas devant la commission de conciliation sans excuse valable, il est réputé avoir renoncé à la demande de résiliation. Si l'éditeur, dûment prévenu qu'il doit se présenter, ne se présente pas devant la commission de conciliation sans excuse valable, le contrat d'édition est résilié de plein droit à la demande de l'auteur selon la procédure précisée au 5.2. *— Ces dispositions ne sont applicables qu'aux seuls contrats conclus après le 1er juill. 2018 (V. Annexe).*

Si l'œuvre objet du litige est coéditée, l'auteur saisit tous les coéditeurs cosignataires du contrat d'édition.

Si l'œuvre objet de la réclamation est coécrite, les démarches susvisées doivent, conformément aux dispositions de l'article L. 113-3 du code de la propriété intellectuelle, être exercées en commun.

4.2. *La commission de conciliation*

La commission de conciliation est composée de 6 membres, à raison de 3 membres désignés, selon l'œuvre en cause, parmi les membres des conseils d'administration des organisations représentatives des éditeurs signataires du présent code, d'une part, et de 3 membres désignés par les organisations représentatives des auteurs signataires du présent code, d'autre part.

La commission désigne le président de séance.

La commission de conciliation peut examiner tout litige relatif à l'application des contrats d'édition, et notamment avant saisine juridictionnelle, en application des articles 56 et 58 du code de procédure civile.

Son secrétariat est assuré conjointement par des salariés permanents des organisations signataires, qui :

• enregistrent la saisine et en vérifient la validité,

• assurent la convocation de la commission,

• établissent l'ordre du jour,

• présentent au besoin les litiges devant la commission,

• proposent à la signature conjointe des parties le PV résumant les termes de leur accord ou constatant l'échec de la conciliation, et en remettent un exemplaire à chaque partie.

La présence des parties devant la commission est obligatoire.

S'agissant de la possibilité pour les parties de se faire accompagner ou représenter devant la commission :

a) La règle est que l'auteur, d'une part, et le représentant légal de la maison d'édition signataire du contrat en litige, d'autre part, se présentent seuls à la conciliation.

b) Toutefois, l'auteur peut être accompagné d'une personne de confiance et l'éditeur peut se faire représenter par un mandataire social, sous réserve dans les deux cas de l'accord exprès de l'autre partie sur le nom proposé.

c) Si une des parties refuse à deux reprises un nom proposé par l'autre partie, le principe du a) ci-dessus s'applique.

L'existence de la commission de conciliation et la possibilité pour l'auteur et pour l'éditeur de la saisir en cas de conflit, sont mentionnées dans le contrat d'édition. *— Ces dispositions ne sont applicables qu'aux seuls contrats conclus après le 1er juill. 2018 (V. Annexe).*

5. *La résiliation du contrat d'édition*

Le *contrat d'édition fixe les conditions de résiliation du contrat* en cas de manquement par l'une ou l'autre partie à ses obligations.

Dans tous les cas de figure, la résiliation du contrat d'édition signé entraîne celle de l'ensemble des documents et accords attachés à l'édition de cette œuvre.

Si l'éditeur et l'auteur sont membres d'un organisme de gestion collective, celui-ci est mis en copie des courriers échangés en application du présent code. La résiliation du contrat lui

est notifiée à la fin de la procédure de résiliation afin de modifier la documentation de l'organisme de gestion se rapportant à l'œuvre musicale qui faisait l'objet du contrat d'édition.

5.1. *Résiliation de plein droit en l'absence de régularisation après mise en demeure*

5.1.1. En application du code de la propriété intellectuelle, l'auteur peut, par lettre recommandée avec demande d'avis de réception, mettre en demeure l'éditeur de régulariser la situation dans un délai de trois mois dans les cas :

- **de non-publication de l'œuvre,**
- **de non-réédition en cas d'épuisement.**

Si cette mise en demeure n'est pas suivie d'effet dans le délai imparti, le contrat est résilié de plein droit sur notification par lettre recommandée avec demande d'avis de réception de l'auteur à l'éditeur ou, si plusieurs éditeurs sont signataires du contrat, à l'ensemble de ceux-ci, avec demande d'avis de réception.

5.1.2. Le contrat d'édition prévoit que l'auteur peut, par lettre recommandée avec demande d'avis de réception, mettre en demeure l'éditeur de régulariser la situation dans un délai de trois mois :

Les dispositions du 5.1.2 ne sont applicables qu'aux seuls contrats conclus après le 1er juill. 2018 (V. Annexe).

- **dans le cas, prévu à l'article 3.3 du présent code, de non-respect par l'éditeur du tirage minimum d'exemplaires ou du paiement du minimum de droits garantis ou des délais de publication fixés au contrat ;**
- **dans le cas, prévu à l'article 3.6 du présent code, de non-reddition des comptes à terme échu.**

Si cette mise en demeure n'est pas suivie d'effet dans le délai imparti, le contrat est résilié de plein droit sur notification par lettre recommandée avec demande d'avis de réception de l'auteur à l'éditeur ou, si plusieurs éditeurs sont signataires du contrat, à l'ensemble de ceux-ci, avec demande d'avis de réception.

5.2. *Résiliation de plein droit suite à des manquements non régularisables*

5.2.1. En application du code de la propriété intellectuelle, l'auteur peut demander la résiliation de plein droit du contrat :

- **dans le cas de destruction totale des exemplaires de l'œuvre,**
- **lorsque l'éditeur est en liquidation judiciaire ou a cessé son activité depuis plus de trois mois.**

Le contrat est alors résilié sur simple notification par lettre recommandée avec demande d'avis de réception de l'auteur à l'éditeur ou, si plusieurs éditeurs sont signataires du contrat, à l'ensemble de ceux-ci, avec demande d'avis de réception.

5.2.2. Le contrat d'édition prévoit que l'auteur peut demander larésiliation de plein droit du contrat dans le cadre de la procédure de l'article 4.1 du présent code :

Les dispositions du 5.2.2 ne sont applicables qu'aux seuls contrats conclus après le 1er juill. 2018 (V. Annexe).

- **si l'éditeur n'a pas répondu dans les délais prévus à la lettre recommandée avec demande d'avis de réception de l'auteur demandant les indications sur les moyens qu'il entend mettre en œuvre pour remédier à l'insuffisance d'exploitation permanente et suivie et de diffusion commerciale de l'œuvre,**
- **si l'éditeur n'a pas saisi la commission de conciliation dans les délais prévus,**
- **si l'éditeur ne s'est pas présenté à la commission de conciliation.**

Le contrat est alors résilié sur notification par lettre recommandée avec demande d'avis de réception de l'auteur à l'éditeur ou, si plusieurs éditeurs sont signataires du contrat, à l'ensemble de ceux-ci, avec demande d'avis de réception.

5.2.3. Le contrat d'édition prévoit que la résiliation peut être demandée par l'auteur si à trois reprises sur une période de moins de trois ans, la reddition des comptes n'a été effectuée qu'après mise en demeure de l'auteur dans les conditions de l'article 3.6 du présent code

Les dispositions du 5.2.3 ne sont applicables qu'aux seuls contrats conclus après le 1er juill. 2018 (V. Annexe).

Le contrat est alors résilié sur notification par lettre recommandée avec demande d'avis de réception de l'auteur à l'éditeur ou, si plusieurs éditeurs sont signataires du contrat, à l'ensemble de ceux-ci, avec demande d'avis de réception.

6. *Le contrat de coédition*

La coédition ne peut être consentie sans l'accord de l'auteur. Conformément à l'article L. 132-16 du code de la propriété intellectuelle, l'éditeur ne peut céder à des tiers, sans l'accord de l'auteur, une partie des droits qu'il a acquis sur l'œuvre.

Si un organisme de gestion collective doit répartir directement aux coéditeurs, un bulletin de déclaration commun informe l'auteur de la situation.

7. *Le contrat de sous-édition*

L'éditeur informe l'auteur des contrats de sous-édition qu'il pratique et qui peuvent être utilisés pour l'exploitation de son œuvre.

Lorsque l'éditeur a mis en place des contrats de sous édition pour l'ensemble de son catalogue, le contrat d'édition en fait explicitement mention, ainsi que des éventuelles conséquences sur la rémunération versée à l'auteur. — *Ces dispositions ne sont applicables qu'aux seuls contrats conclus après le 1er juill. 2018 (V. Annexe).*

Pendant toute la durée du contrat d'édition, l'auteur peut, sous réserve d'en faire la demande au moins un mois à l'avance, consulter le(s) contrat(s) de sous-édition concernant son œuvre. Ce droit de consultation s'exerce :

• personnellement, l'auteur ne pouvant se faire représenter ou assister en cette occasion,

• dans les bureaux de l'éditeur, aux heures ouvrables en présence d'un membre du personnel de l'éditeur, sans faculté de prendre ou d'obtenir copie.

8. *Dispositions finales et transitoires relatives à la mise en œuvre des dispositions du présent code des usages et des bonnes pratiques*

Sans préjudice de leur application anticipée par la libre volonté des parties, les usages et bonnes pratiques définis dans le présent code s'appliquent :

• aux contrats conclus après le 1er juillet 2018,

• à compter du 1er juillet 2018 aux contrats en cours à cette date, sous réserve de certaines des dispositions du présent code détaillées en annexe supposant des mentions explicites dans les contrats préalablement à leur signature ou concernant les cas de résiliation de plein droit non prévus par le code de la propriété intellectuelle.

9. *Engagement des parties sur la bonne mise en œuvre du présent code des usages et des bonnes pratiques*

Les parties s'engagent :

• à ce que la commission de conciliation puisse se réunir à partir du 1er juillet 2018 au plus tard,

• dès lors qu'elles ont élaboré des modèles de contrats ou des clauses-types, à les rendre conformes à l'ensemble des usages et bonnes pratiques du présent code au plus tard le 1er juillet 2018.

10. *Révision du présent code des usages et des bonnes pratiques*

Les parties signataires s'accordent pour l'application pour une durée indéterminée du présent code des usages et des bonnes pratiques, et conviennent d'engager tous les cinq ans les discussions paritaires qui permettront la révision conjointe des dispositions qui s'avéreraient inadaptées ou obsolètes du fait des évolutions du secteur d'activité de la création et de l'édition musicale.

ANNEXE

Dispositions du code des usages et des bonnes pratiques applicables aux seuls contrats conclus après le 1er juillet 2018

1 — Les dispositions du présent code des usages et des bonnes pratiques supposant des mentions explicites dans les contrats passés entre éditeurs et auteurs préalablement à leur signature ne peuvent s'appliquer qu'aux contrats conclus postérieurement au 1er juillet 2018. C'est le cas de :

• La mention par le contrat de préférence de l'information préalable de l'auteur par l'éditeur sur les conséquences de la signature d'un contrat de préférence (article 2 alinéa 2) ;

• La fixation par le contrat de préférence des conditions de récupération des avances remboursables (article 2 alinéa 5) ;

• La fixation par le contrat d'édition des modes de soutien à la création et des modalités de récupération ou de remboursement des avances (article 3.1 alinéas 1 et 2) ;

• La mention expresse dans le contrat d'edition de la cession du support original de l'œuvre (article 3.2 alinéa 3) ;

• L'information préalable par l'auteur de l'utilisation d'une œuvre préexistante dans l'œuvre, de déclaration de l'œuvre ou d'adhesion de l auteur à un organisme de gestion collective (article 3.2 alinéas 5 et 6) ;

• La fixation par le contrat d'édition des délais et formes de la publication de l'œuvre (article 3.3 alinéas 2, 4 et 5) ;

• La fixation par le contrat d'édition des conditions de rémunération de l'auteur et d'information de l'auteur à ce sujet (article 3.5 alinéas 1 et 2) et la possibilité de cumuler pour versement unique les rémunérations de faible montant (article 3.5 alinéa 5) ;

• La fixation par le contrat d'édition du seuil de montant de rémunération au-delà duquel l'éditeur doit prévenir l'auteur qu'il l'a encaissé (article 3.6 alinéa 8) ;

• La clause d'audit que doit prévoir le contrat d'édition (article 3.6 dernier alinéa) ;

• Le rappel explicite dans le contrat d'édition, pour la bonne information des parties, de l'existence de la procédure de résolution des conflits (article 4.1, 2e alinéa), et notamment de l'existence de la commission de conciliation (article 4.2 dernier alinéa) ;

• La fixation par le contrat d'édition des conditions de résiliation du contrat en cas de manquement de l'une ou l'autre partie (1er alinéa de l'article 5) ;

• La mention dans le contrat d'édition des contrats de sous-édition conclus par l'éditeur pour l'ensemble de son catalogue (article 7, 2e alinéa).

2 — Ne peuvent également s'appliquer qu'aux contrats conclus postérieurement au 1er juillet 2018, les dispositions concernant les cas de résiliation de plein droit non prévus par le code de la propriété intellectuelle, telles que précisées aux articles :

• 3.3 (6e alinéa),
• 3.6 (alinéas 11 et 12),
• 4.1 (4° du 3e alinéa),
• 4.1 (5e alinéa)
• 5.1.2, 5.2.2, 5.2.3.

Code des usages en matière d'illustration photographique du 28 novembre 2017,

Issu de l'accord signé le 28 novembre 2017 entre la Fédération Nationale des Agences de Presse Photos et Informations (FNAPPI), le Syndicat des Agences Photographiques d'illustration et de Reportage (SAPHIR), le Syndicat National des Agences Photographiques d'Illustration Générales (SNAPIG), l'Union des Photographes Professionnels (UPP). Il concerne tous les producteurs et utilisateurs d'images, d'une part, et le Syndicat national de l'édition (SNE), d'autre part.

DEUXIÈME PARTIE
PROPRIÉTÉ INDUSTRIELLE

I DISPOSITIONS GÉNÉRALES

Droit international

RÉP. INTERNAT. v° *Propriété industrielle*, par DERRUPPÉ.

Convention de Paris du 20 mars 1883,

Pour la protection de la propriété industrielle. — Révisée à Bruxelles le 14 déc. 1900, à Washington le 2 juin 1911, à La Haye le 6 nov. 1925, à Londres le 2 juin 1934, à Lisbonne le 31 oct. 1958 et à Stockholm le 14 juill. 1967. — Modifiée le 28 sept. 1979. — Publiée par Décr. n° 75-762 du 6 août 1975, entrée en vigueur pour la France le 12 août 1975.

Art. 1er 1. Les pays auxquels s'applique la présente Convention sont constitués à l'état d'Union pour la protection de la propriété industrielle.

2. La protection de la propriété industrielle a pour objet les brevets d'invention, les modèles d'utilité, les dessins ou modèles industriels, les marques de fabrique ou de commerce, les marques de service, le nom commercial et les indications de provenance ou appellations d'origine, ainsi que la répression de la concurrence déloyale.

3. La propriété industrielle s'entend dans l'acception la plus large et s'applique non seulement à l'industrie et au commerce proprement dits, mais également au domaine des industries agricoles et extractives et à tous produits fabriqués ou naturels, par exemple : vins, grains, feuilles de tabac, fruits, bestiaux, minéraux, eaux minérales, bières, fleurs, farines.

4. Parmi les brevets d'invention sont comprises les diverses espèces de brevets industriels admises par les législations des pays de l'Union, telles que brevets d'importation, brevets de perfectionnement, brevets et certificats d'addition, etc.

Art. 2 1. Les ressortissants de chacun des pays de l'Union jouiront dans tous les autres pays de l'Union, en ce qui concerne la protection de la propriété industrielle, des avantages que les lois respectives accordent actuellement ou accorderont par la suite aux nationaux, le tout sans préjudice des droits spécialement prévus par la présente Convention. En conséquence, ils auront la même protection que ceux-ci et le même recours légal contre tout atteinte portée à leurs droits, sous réserve de l'accomplissement des conditions et formalités imposées aux nationaux.

2. Toutefois, aucune condition de domicile ou d'établissement dans le pays où la protection est réclamée ne peut être exigée des ressortissants de l'Union pour la jouissance d'aucun des droits de propriété industrielle.

3. Sont expressément réservées les dispositions de la législation de chacun des pays de l'Union relatives à la procédure judiciaire et administrative et à la compétence, ainsi qu'à l'élection de domicile ou à la constitution d'un mandataire, qui seraient requises par les lois sur la propriété industrielle.

Sur l'application du principe de reciprocité de l'art. 2, 1°, en matière de modèles, V. • Paris, 21 oct. 2005 : *D. 2006. Pan. 2605, obs. Galloux.*

Art. 3 Sont assimilés aux ressortissants des pays de l'Union les ressortissants des pays ne faisant pas partie de l'Union qui sont domiciliés ou ont des établissements industriels ou commerciaux effectifs et sérieux sur le territoire de l'un des pays de l'Union.

Art. 4 A. — 1. Celui qui aura régulièrement fait le dépôt d'une demande de brevet d'invention, d'un modèle d'utilité, d'un dessin ou modèle industriel, d'une marque de fabrique ou de commerce, dans l'un des pays de l'Union, ou son ayant cause, jouira, pour effectuer le dépôt dans les autres pays, d'un droit de priorité pendant les délais déterminés ci-après.

2. Est reconnu comme donnant naissance au droit de priorité tout dépôt ayant la valeur d'un dépôt national régulier, en vertu de la législation nationale de chaque pays de l'Union ou de traités bilatéraux ou multilatéraux conclus entre des pays de l'Union.

3. Par dépôt national régulier on doit entendre tout dépôt qui suffit à établir la date à laquelle la demande a été déposée dans le pays en cause, quel que soit le sort ultérieur de cette demande.

B. – En conséquence, le dépôt ultérieurement opéré dans l'un des autres pays de l'Union, avant l'expiration de ces délais, ne pourra être invalidé par des faits accomplis dans l'intervalle soit, notamment, par un autre dépôt, par la publication de l'invention ou son exploitation, par la mise en vente d'exemplaires du dessin ou du modèle, par l'emploi de la marque, et ces faits ne pourront faire naître aucun droit de tiers ni aucune possession personnelle. Les droits acquis par des tiers avant le jour de la première demande qui sert de base au droit de priorité sont réservés par l'effet de la législation intérieure de chaque pays de l'Union.

C. – 1. Les délais de priorité mentionnés ci-dessus seront de douze mois pour les brevets d'invention et les modèles d'utilité, et de six mois pour les dessins ou modèles industriels et pour les marques de fabrique ou de commerce.

2. Ces délais commencent à courir de la date du dépôt de la première demande ; le jour du dépôt n'est pas compris dans le délai.

3. Si le dernier jour du délai est un jour férié légal, ou un jour où le bureau n'est pas ouvert pour recevoir le dépôt des demandes dans le pays où la protection est réclamée, le délai sera prorogé jusqu'au premier jour ouvrable qui suit.

4. Doit être considérée comme première demande dont la date de dépôt sera le point de départ du délai de priorité, une demande ultérieure ayant le même objet qu'une première demande antérieure au sens de l'alinéa 2 ci-dessus, déposée dans le même pays de l'Union, à la condition que cette demande antérieure, à la date du dépôt de la demande ultérieure, ait été retirée, abandonnée, ou refusée, sans avoir été soumise à l'inspection publique et sans laisser subsister de droits, et qu'elle n'ait pas encore servi de base pour la revendication du droit de priorité. La demande antérieure ne pourra plus alors servir de base pour la revendication du droit de priorité.

D. – 1. Quiconque voudra se prévaloir de la priorité d'un dépôt antérieur sera tenu de faire une déclaration indiquant la date et le pays de ce dépôt. Chaque pays déterminera à quel moment, au plus tard, cette déclaration devra être effectuée.

2. Ces indications seront mentionnées dans les publications émanant de l'Administration compétente, notamment sur les brevets et les descriptions y relatives.

3. Les pays de l'Union pourront exiger de celui qui fait une déclaration de priorité la production d'une copie de la demande (description, dessins, etc.) déposée antérieurement. La copie, certifiée conforme par l'Administration qui aura reçu cette demande, sera dispensée de toute légalisation et elle pourra en tout cas être déposée, exempte de frais, à n'importe quel moment dans le délai de trois mois à dater du dépôt de la demande ultérieure. On pourra exiger qu'elle soit accompagnée d'un certificat de la date du dépôt émanant de cette Administration et d'une traduction.

4. D'autres formalités ne pourront être requises pour la déclaration de priorité au moment du dépôt de la demande. Chaque pays de l'Union déterminera les conséquences de l'omission des formalités prévues par le présent article, sans que ses conséquences puissent excéder la perte du droit de priorité.

5. Ultérieurement, d'autres justifications pourront être demandées.

Celui qui se prévaut de la priorité d'un dépôt antérieur sera tenu d'indiquer le numéro de ce dépôt ; cette indication sera publiée dans les conditions prévues par l'alinéa 2 ci-dessus.

E. – 1. Lorsqu'un dessin ou modèle industriel aura été déposé dans un pays en vertu d'un droit de priorité basé sur le dépôt d'un modèle d'utilité, le délai de priorité ne sera que celui fixé pour les dessins ou modèles industriels.

2. En outre, il est permis de déposer dans un pays un modèle d'utilité en vertu d'un droit de priorité basé sur le dépôt d'une demande de brevet et inversement.

F. – Aucun pays de l'Union ne pourra refuser une priorité ou une demande de brevet pour le motif que le déposant revendique des priorités multiples, même provenant de pays différents, ou pour le motif qu'une demande revendiquant une ou plusieurs priorités contient *un ou plusieurs éléments qui n'étaient pas compris* dans la ou les demandes dont la priorité est revendiquée, à la condition, dans les deux cas, qu'il y ait unité d'invention, au sens de la loi du pays.

En ce qui concerne les éléments non compris dans la ou les demandes dont la priorité est revendiquée, le dépôt de la demande ultérieure donne naissance à un droit de priorité dans les conditions ordinaires.

G. – 1. Si l'examen révèle qu'une demande de brevet est complexe, le demandeur pourra diviser la demande en un certain nombre de demandes divisionnaires, en conservant comme date de chacune la date de la demande initiale et, s'il y a lieu, le bénéfice du droit de priorité.

2. Le demandeur pourra aussi, de sa propre initiative, diviser la demande de brevet, en conservant comme date de chaque demande divisionnaire la date de la demande initiale et, s'il y a lieu, le bénéfice du droit de priorité. Chaque pays de l'Union aura la faculté de déterminer les conditions auxquelles cette division sera autorisée.

H. – La priorité ne peut être refusée pour le motif que certains éléments de l'invention pour lesquels on revendique la priorité ne figurent pas parmi les revendications formulées dans la demande au pays d'origine, pourvu que l'ensemble des pièces de la demande révèle d'une façon précise lesdits éléments.

I. – 1. Les demandes de certificats d'auteur d'invention, déposées dans un pays où les déposants ont le droit de demander à leur choix soit un brevet, soit un certificat d'auteur d'invention, donneront naissance au droit de priorité institué par le présent article dans les mêmes conditions et avec les mêmes effets que les demandes de brevets d'invention.

2. Dans un pays où les déposants ont le droit de demander à leur choix soit un brevet, soit un certificat d'auteur d'invention, le demandeur d'un certificat d'auteur d'invention bénéficiera, selon les dispositions du présent article applicables aux demandes de brevets, du droit de priorité basé sur le dépôt d'une demande de brevet d'invention, de modèle d'utilité ou de certificat d'auteur d'invention.

Art. 4 *bis* 1. Les brevets demandés dans les différents pays de l'Union par des ressortissants de l'Union seront indépendants des brevets obtenus pour la même invention dans les autres pays, adhérents ou non à l'Union.

2. Cette disposition doit s'entendre d'une façon absolue, notamment en ce sens que les brevets demandés pendant le délai de priorité sont indépendants, tant au point de vue des causes de nullité et de déchéance qu'au point de vue de la durée normale.

3. Elle s'applique à tous les brevets existant au moment de sa mise en vigueur.

4. Il en sera de même, en cas d'accession de nouveaux pays, pour les brevets existant de part et d'autre au moment de l'accession.

5. Les brevets obtenus avec le bénéfice de la priorité jouiront, dans les différents pays de l'Union, d'une durée égale à celle dont ils jouiraient s'ils étaient demandés ou délivrés sans le bénéfice de la priorité.

Art. 4 *ter* L'inventeur a le droit d'être mentionné comme tel dans le brevet.

Art. 4 *quater* La délivrance d'un brevet ne pourra être refusée et un brevet ne pourra être invalidé pour le motif que la vente du produit breveté ou obtenu par un procédé breveté est soumise à des restrictions ou limitations résultant de la législation nationale.

Art. 5 A. – 1. L'introduction, par le breveté, dans le pays où le brevet a été délivré, d'objets fabriqués dans l'un ou l'autre des pays de l'Union, n'entraînera pas la déchéance.

2. Chacun des pays de l'Union aura la faculté de prendre des mesures législatives prévoyant la concession de licences obligatoires pour prévenir les abus qui pourraient résulter de l'exercice du droit exclusif conféré par le brevet, par exemple faute d'exploitation.

3. La déchéance du brevet ne pourra être prévue que pour le cas où la concession de licences obligatoires n'aurait pas suffi pour prévenir ces abus. Aucune action en déchéance ou en révocation d'un brevet ne pourra être introduite avant l'expiration de deux années à compter de la concession de la première licence obligatoire.

4. Une licence obligatoire ne pourra pas être demandée pour cause de défaut ou d'insuffisance d'exploitation avant l'expiration d'un délai de quatre années à compter du dépôt de la demande de brevet, ou de trois années à compter de la délivrance du brevet, le délai qui *expire le plus* tard devant être appliqué ; elle sera refusée si le breveté justifie son inaction par des excuses légitimes. Une telle licence obligatoire sera non exclusive et ne pourra être transmise, même sous la forme de concession de sous-licence, qu'avec la partie de l'entreprise ou du fonds de commerce exploitant cette licence.

5. Les dispositions qui précèdent seront applicables, sous réserve des modifications nécessaires, aux modèles d'utilité.

B. – La protection des dessins et modèles industriels ne peut être atteinte par une déchéance quelconque, soit pour défaut d'exploitation, soit pour introduction d'objets conformes à ceux qui sont protégés.

C. – 1. Si, dans un pays, l'utilisation de la marque enregistrée est obligatoire, l'enregistrement ne pourra être annulé qu'après un délai équitable et si l'intéressé ne justifie pas des causes de son inaction.

2. L'emploi d'une marque de fabrique ou de commerce, par le propriétaire, sous une forme qui diffère, par des éléments n'altérant pas le caractère distinctif de la marque dans la forme sous laquelle celle-ci a été enregistrée dans l'un des pays de l'Union, n'entraînera pas l'invalidation de l'enregistrement et ne diminuera pas la protection accordée à la marque.

3. L'emploi simultané de la même marque sur des produits identiques ou similaires, par des établissements industriels ou commerciaux considérés comme copropriétaires de la marque d'après les dispositions de la loi nationale du pays où la protection est réclamée, n'empêchera pas l'enregistrement, ni ne diminuera d'aucune façon la protection accordée à ladite marque dans n'importe quel pays de l'Union, pourvu que ledit emploi n'ait pas pour effet d'induire le public en erreur et qu'il ne soit pas contraire à l'intérêt public.

D. — Aucun signe ou mention du brevet, du modèle d'utilité, de l'enregistrement de la marque de fabrique ou de commerce, ou du dépôt du dessin ou modèle industriel ne sera exigé sur le produit pour la reconnaissance du droit.

BIBL. ▶ Le Bihan, *Propr. ind. 2013. Étude 16* (le retour à une juste interprétation de l'article 5 C (2) de la Convention d'Union de Paris du 20 mars 1883 en cas de pluralité d'enregistrements de marques).

Art. 5 *bis* 1. Un délai de grâce, qui devra être au minimum de six mois, sera accordé pour le paiement des taxes prévues pour le maintien des droits de propriété industrielle, moyennant le versement d'une surtaxe, si la législation nationale en impose une.

2. Les pays de l'Union ont la faculté de prévoir la restauration des brevets d'invention tombés en déchéance par suite de non-paiement de taxes.

Le délai de grâce ne concerne que le paiement des taxes prévues pour le maintien des droits de la propriété industrielle ; il ne peut être accordé pour l'accomplissement des formalités de renouvellement de l'enregistrement de la marque. • Com. 26 mars 1996 : *D. Affaires 1996. 657 ; Ann. propr. ind. 1996. 121 ; RTD com. 1997. 251 ; RDPI 1996, n° 65, p. 55 ; RIPIA 1996. 215 ; PIBD 1996. III. 252 ; RJDA 1996. 421* • 26 mars 1996 : *RIPIA 1996. 218.*

Art. 5 *ter* Dans chacun des pays de l'Union ne seront pas considérés comme portant atteinte aux droits du breveté :

1° L'emploi, à bord des navires des autres pays de l'Union, des moyens faisant l'objet de son brevet dans le corps du navire, dans les machines, agrès, apparaux et autres accessoires, lorsque ces navires pénétreront temporairement ou accidentellement dans les eaux du pays, sous réserve que ces moyens y soient employés exclusivement pour les besoins du navire ;

2° L'emploi des moyens faisant l'objet du brevet dans la construction ou le fonctionnement des engins de locomotion aérienne ou terrestre des autres pays de l'Union ou des accessoires de ces engins, lorsque ceux-ci pénétreront temporairement ou accidentellement dans ce pays.

Pour un rejet de l'application de ce texte, V. • Com. 12 févr. 2008 : *D. 2009. Pan. 459, obs.* *Raynard ; PIBD 2008. III. 237.*

Art. 5 *quater* Lorsqu'un produit est introduit dans un pays de l'Union où il existe un brevet protégeant un procédé de fabrication dudit produit, le breveté aura, à l'égard du produit introduit, tous les droits que la législation du pays d'importation lui accorde, sur la base du brevet de procédé, à l'égard des produits fabriqués dans le pays même.

Art. 5 *quinquies* Les dessins et modèles industriels seront protégés dans tous les pays de l'Union.

Art. 6 1. Les conditions de dépôt et d'enregistrement des marques de fabrique ou de commerce seront déterminées dans chaque pays de l'Union par sa législation nationale.

2. Toutefois, une marque déposée par un ressortissant d'un pays de l'Union dans un quelconque des pays de l'Union ne pourra être refusée ou invalidée pour le motif qu'elle n'aura pas été déposée, enregistrée ou renouvelée au pays d'origine.

3. Une marque régulièrement enregistrée dans un pays de l'Union sera considérée comme indépendante des marques enregistrées dans les autres pays de l'Union, y compris le pays d'origine.

Art. 6 *bis* 1. Les pays de l'Union s'engagent soit d'office si la législation du pays le permet, soit à la requête de l'intéressé, à refuser ou à invalider l'enregistrement et à interdire l'usage d'une marque de fabrique ou de commerce qui constitue la reproduction, l'imitation ou la traduction, susceptibles de créer une confusion, d'une marque que l'autorité compétente du pays de l'enregistrement ou de l'usage estimera y être notoirement connue comme étant déjà la marque d'une personne admise à bénéficier de la présente Convention et utilisée

pour des produits identiques ou similaires. Il en sera de même lorsque la partie essentielle de la marque constitue la reproduction d'une telle marque notoirement connue ou une imitation susceptible de créer une confusion avec celle-ci.

2. Un délai minimum de cinq années à compter de la date de l'enregistrement devra être accordé pour réclamer la radiation d'une telle marque. Les pays de l'Union ont la faculté de prévoir un délai dans lequel l'interdiction d'usage devra être réclamée.

3. Il ne sera pas fixé de délai pour réclamer la radiation ou l'interdiction d'usage des marques enregistrées ou utilisées de mauvaise foi.

L'art. 6 bis s'applique mutatis mutandis aux services. Il s'applique également aux produits et services qui ne sont pas similaires à ceux pour lesquels une marque est enregistrée, à condition que l'usage de cette marque pour ces produits ou services indique un lien entre ces produits et le titulaire de la marque enregistrée et à condition que cet usage risque de nuire aux intérêts du titulaire de la marque enregistrée (ADPIC, art. 16, § 2).

Pour déterminer si une marque de fabrique ou de commerce est notoirement connue, les États membres tiennent compte de la notoriété de cette marque dans la partie du public concernée, y compris la notoriété dans l'État membre où a lieu la promotion de cette marque (ADPIC, art. 16, § 3).

La marque « Orient Express » est notoire non seulement pour désigner des services de transport ferroviaire, mais aussi des produits portant cette marque pouvant être achetés à bord de l'Orient Express ou des boutiques cadeaux de l'Orient Express. • Paris, 25 févr. 2003 : *D. 2003. Somm. 2631, obs. Durrande*.

Art. 6 ter **1. *a*) Les pays de l'Union conviennent de refuser ou d'invalider l'enregistrement et d'interdire, par des mesures appropriées, l'utilisation, à défaut d'autorisation des pouvoirs compétents soit comme marque de fabrique ou de commerce, soit comme élément de ces marques, des armoiries, drapeaux et autres emblèmes d'État des pays de l'Union, signes et poinçons officiels de contrôle et de garantie adoptés par eux, ainsi que toute imitation au point de vue héraldique.**

***b*) Les dispositions figurant sous la lettre *a*) ci-dessus s'appliquent également aux armoiries, drapeaux et autres emblèmes, sigles ou dénominations des organisations internationales intergouvernementales dont un ou plusieurs pays de l'Union sont membres, à l'exception des armoiries, drapeaux et autres emblèmes, sigles ou dénominations qui ont déjà fait l'objet d'accords internationaux en vigueur destinés à assurer leur protection.**

***c*) Aucun pays de l'Union ne pourra être tenu d'appliquer des dispositions figurant sous la lettre *b*) ci-dessus au détriment des titulaires de droits acquis de bonne foi avant l'entrée en vigueur, dans ce pays, de la présente Convention. Les pays de l'Union ne sont pas tenus d'appliquer lesdites dispositions lorsque l'utilisation ou l'enregistrement visé sous la lettre *a*) ci-dessus n'est pas de nature à suggérer, dans l'esprit du public un lien entre l'organisation en cause et les armoiries, drapeaux, emblèmes, sigles ou dénominations, ou si cette utilisation ou enregistrement n'est vraisemblablement pas de nature à abuser le public sur l'existence d'un lien entre l'utilisateur et l'organisation.**

2. L'interdiction des signes et poinçons officiels de contrôle et de garantie s'appliquera seulement dans les cas où les marques qui les comprendront seront destinées à être utilisées sur des marchandises du même genre ou d'un genre similaire.

3. *a*) Pour l'application de ces dispositions, les pays de l'Union conviennent de se communiquer réciproquement, par l'intermédiaire du Bureau international, la liste des emblèmes d'État, signes et poinçons officiels de contrôle et de garantie, qu'ils désirent ou désireront placer, d'une façon absolue ou dans certaines limites, sous la protection du présent article, ainsi que toutes modifications ultérieures apportées à cette liste. Chaque pays de l'Union mettra à la disposition du public, en temps utile, les listes notifiées.

Toutefois, cette notification n'est pas obligatoire en ce qui concerne les drapeaux des États ;

***b*) Les dispositions figurant sous la lettre *b*) de l'alinéa 1 du présent article ne sont applicables qu'aux armoiries, drapeaux et autres emblèmes, sigles ou dénominations des organisations internationales intergouvernementales que celles-ci ont communiqués aux pays de l'Union par l'intermédiaire du Bureau international.**

4. Tout pays de l'Union pourra, dans un délai de douze mois à partir de la réception de la notification, transmettre, par l'intermédiaire du Bureau international, au pays ou à l'organisation internationale intergouvernementale intéressés, ses objections éventuelles.

5. Pour les drapeaux de l'État, les mesures prévues à l'alinéa 1 ci-dessus s'appliqueront seulement aux marques enregistrées après le 6 novembre 1925.

6. Pour les emblèmes d'État autres que les drapeaux, pour les signes et poinçons officiels des pays de l'Union et pour les armoiries, drapeaux et autres emblèmes, sigles ou dénomi-

nation des organisations internationales intergouvernementales, ces dispositions ne seront applicables qu'aux marques enregistrées plus de deux mois après réception de la notification prévue à l'alinéa 3 ci-dessus.

7. En cas de mauvaise foi, les pays auront la faculté de faire radier même les marques enregistrées avant le 6 novembre 1925 et comportant des emblèmes d'État, signes et poinçons.

8. Les nationaux de chaque pays qui seraient autorisés à faire usage des emblèmes d'État, signes et poinçons de leur pays, pourront les utiliser, même s'il y avait similitude avec ceux d'un autre pays.

9. Les pays de l'Union s'engagent à interdire l'usage non autorisé, dans le commerce, des armoiries d'État des autres pays de l'Union, lorsque cet usage sera de nature à induire en erreur sur l'origine des produits.

10. Les dispositions qui précèdent ne font pas obstacle à l'exercice, par les pays, de la faculté de refuser ou d'invalider, par application du chiffre 3 de la lettre B de l'article 6 *quinquies*, les marques contenant, sans autorisation, des armoiries, drapeaux et autres emblèmes d'État, ou des signes et poinçons officiels adoptés par un pays de l'Union, ainsi que des signes distinctifs des organisations internationales intergouvernementales mentionnés à l'alinéa 1 ci-dessus.

Les organismes intergouvernementaux peuvent se prévaloir des dispositions spéciales prévues par l'alinéa 1, *a)* et *b)*, et disposent de la qualité pour agir contre toute personne physique ou morale qui porte atteinte à son emblème, à son signe et à sa dénomination (Interpol). • Paris, 17 déc. 1997 : *PIBD 1998. III. 170.*

Art. 6 *quater* 1. Lorsque, conformément à la législation d'un pays de l'Union, la cession d'une marque n'est valable que si elle a lieu en même temps que le transfert de l'entreprise ou du fonds de commerce auquel la marque appartient, il suffira, pour que cette validité soit admise, que la partie de l'entreprise ou du fonds de commerce située dans ce pays soit transmise au cessionnaire avec le droit exclusif d'y fabriquer ou d'y vendre les produits portant la marque cédée.

2. Cette disposition n'impose pas aux pays de l'Union l'obligation de considérer comme valable le transfert de toute marque dont l'usage par le cessionnaire serait, en fait, de nature à induire le public en erreur, notamment en ce qui concerne la provenance, la nature ou les qualités substantielles des produits auxquels la marque est appliquée.

Art. 6 *quinquies* A. — 1. Toute marque de fabrique ou de commerce régulièrement enregistrée dans le pays d'origine sera admise au dépôt et protégée telle quelle dans les autres pays de l'Union, sous les réserves indiquées au présent article. Ces pays pourront, avant de procéder à l'enregistrement définitif, exiger la production d'un certificat d'enregistrement au pays d'origine, délivré par l'autorité compétente. Aucune légalisation ne sera requise pour ce certificat.

2. Sera considéré comme pays d'origine le pays de l'Union où le déposant a un établissement industriel ou commercial effectif et sérieux et, s'il n'a pas un tel établissement dans l'Union, le pays de l'Union où il a son domicile et, s'il n'a pas de domicile dans l'Union, le pays de sa nationalité, au cas où il est ressortissant d'un pays de l'Union.

B. — Les marques de fabrique ou de commerce, visées par le présent article, ne pourront être refusées à l'enregistrement ou invalidées que dans les cas suivants :

1° Lorsqu'elles sont de nature à porter atteinte à des droits acquis par des tiers dans le pays où la protection est réclamée ;

2° Lorsqu'elles sont dépourvues de tout caractère distinctif, ou bien composées exclusivement de signes ou d'indication pouvant servir, dans le commerce, pour désigner l'espèce, la qualité, la quantité, la destination, la valeur, le lieu d'origine des produits ou l'époque de production, ou devenus usuels dans le langage courant ou les habitudes loyales et constantes du commerce du pays où la protection est réclamée ;

3° Lorsqu'elles sont contraires à la morale ou à l'ordre public, et notamment de nature à tromper le public. Il est entendu qu'une marque ne pourra être considérée comme contraire à l'ordre public pour la seule raison qu'elle n'est pas conforme à quelque disposition de la législation sur les marques, sauf le cas où cette disposition elle-même concerne l'ordre public.

Est toutefois réservée l'application de l'article 10 *bis*.

C. — 1. Pour apprécier si la marque est susceptible de protection, on devra tenir compte de toutes les circonstances de fait, notamment de la durée de l'usage de la marque.

2. Ne pourront être refusées dans les autres pays de l'Union les marques de fabrique ou de commerce pour le seul motif qu'elles ne diffèrent des marques protégées dans le pays

d'origine que par des éléments n'altérant pas le caractère distinctif et ne touchant pas à l'identité des marques, dans la forme sous laquelle celles-ci ont été enregistrées audit pays d'origine.

D. – Nul ne pourra bénéficier des dispositions du présent article si la marque dont il revendique la protection n'est pas enregistrée au pays d'origine.

E. – Toutefois, en aucun cas, le renouvellement de l'enregistrement d'une marque dans le pays d'origine n'entraînera l'obligation de renouveler l'enregistrement dans les autres pays de l'Union où la marque aura été enregistrée.

F. – Le bénéfice de la priorité reste acquis aux dépôts de marques effectués dans le délai de l'article 4, même lorsque l'enregistrement dans le pays d'origine n'intervient qu'après l'expiration de ce délai.

1. Selon les dispositions de l'art. 6 *quinquies*, C. 1, un signe qui n'était pas distinctif lors de son dépôt peut acquérir ce caractère par l'effet de son usage. • Paris, 13 nov. 1996 : *PIBD 1937. III. 119 ; RIPIA 1997. 30.*

2. L'usage constant de la marque « Tour de France », antérieurement à son dépôt, depuis la création en 1903 de l'événement sportif qu'elle désigne, et l'exploitation intensive, soutenue par des investissements publicitaires importants, qui en a été faite, justifient sa protection conformément aux dispositions de l'art. 6 *quinquies* C de la CUP. • Paris, 13 juin 2001 : *D. 2002. Somm. 1136, obs. Durrande* ; *PIBD 2001. III. 537.* – Pourvoi rejeté par • Com. 6 mai 2003 : *Propr. intell. 2003, n° 9, p. 441, obs. Buffet Delmas.*

Art. 6 *sexies* **Les pays de l'Union s'engagent à protéger les marques de service. Ils ne sont pas tenus de prévoir l'enregistrement de ces marques.**

Art. 6 *septies* **1. Si l'agent ou le représentant de celui qui est titulaire d'une marque dans un des pays de l'Union demande, sans l'autorisation de ce titulaire, l'enregistrement de cette marque en son propre nom, dans un ou plusieurs de ces pays, le titulaire aura le droit de s'opposer à l'enregistrement demandé ou de réclamer la radiation ou, si la loi du pays le permet, le transfert à son profit dudit enregistrement, à moins que cet agent ou représentant ne justifie de ses agissements.**

2. Le titulaire de la marque aura, sous les réserves de l'alinéa 1 ci-dessus, le droit de s'opposer à l'utilisation de sa marque par son agent ou représentant, s'il n'a pas autorisé cette utilisation.

3. Les législations nationales ont la faculté de prévoir un délai équitable dans lequel le titulaire d'une marque devra faire valoir les droits prévus au présent article.

Art. 7 **La nature du produit sur lequel la marque de fabrique ou de commerce doit être apposée ne peut, dans aucun cas, faire obstacle à l'enregistrement de la marque.**

Art. 7 *bis* **1. Les pays de l'Union s'engagent à admettre au dépôt et à protéger les marques collectives appartenant à des collectivités dont l'existence n'est pas contraire à la loi du pays d'origine, même si ces collectivités ne possèdent pas un établissement industriel ou commercial.**

2. Chaque pays sera juge des conditions particulières sous lesquelles une marque collective sera protégée, et il pourra refuser la protection si cette marque est contraire à l'intérêt public.

3. Cependant, la protection de ces marques ne pourra être refusée à aucune collectivité dont l'existence n'est pas contraire à la loi du pays d'origine, pour le motif qu'elle n'est pas établie dans le pays où la protection est requise ou qu'elle n'est pas constituée conformément à la législation de ce pays.

Art. 8 **Le nom commercial sera protégé dans tous les pays de l'Union sans obligation de dépôt ou d'enregistrement, qu'il fasse ou non partie d'une marque de fabrique ou de commerce.**

Art. 9 **1. Tout produit portant illicitement une marque de fabrique ou de commerce ou un nom commercial, sera saisi à l'importation dans ceux des pays de l'Union dans lesquels cette marque ou ce nom commercial ont droit à la protection légale.**

2. La saisie sera également effectuée dans le pays où l'apposition illicite aura eu lieu, ou dans les pays où aura été importé le produit.

3. La saisie aura lieu à la requête soit du Ministère public, soit de toute autre autorité compétente, soit d'une partie intéressée, personne physique ou morale, conformément à la législation intérieure de chaque pays.

4. Les autorités ne seront pas tenues d'effectuer la saisie en cas de transit.

5. Si la législation d'un pays n'admet pas la saisie à l'importation, la saisie sera remplacée par la prohibition d'importation ou la saisie à l'intérieur.

6. Si la législation d'un pays n'admet ni la saisie à l'importation, ni la prohibition d'importation, ni la saisie à l'intérieur, et en attendant que cette législation soit modifiée en conséquence, ces mesures seront remplacées par les actions et moyens que la loi de ce pays assurerait en pareil cas aux nationaux.

Art. 10 1. Les dispositions de l'article précédent seront applicables en cas d'utilisation directe ou indirecte d'une indication fausse concernant la provenance du produit ou l'identité du producteur, fabricant ou commerçant.

2. Sera en tout cas reconnu comme partie intéressée, que ce soit une personne physique ou morale, tout producteur, fabricant ou commerçant engagé dans la production, la fabrication ou le commerce de ce produit et établi soit dans la localité faussement indiquée comme lieu de provenance, soit dans la région où cette localité est située, soit dans le pays faussement indiqué, soit dans le pays où la fausse indication de provenance est employée.

Art. 10 *bis* 1. Les pays de l'Union sont tenus d'assurer aux ressortissants de l'Union une protection effective contre la concurrence déloyale.

2. Constitue un acte de concurrence déloyale tout acte de concurrence contraire aux usages honnêtes en matière industrielle ou commerciale.

3. Notamment devront être interdits :

1° Tous faits quelconques de nature à créer une confusion par n'importe quel moyen avec l'établissement, les produits ou l'activité industrielle ou commerciale d'un concurrent ;

2° Les allégations fausses, dans l'exercice du commerce, de nature à discréditer l'établissement, les produits ou l'activité industrielle ou commerciale d'un concurrent ;

3° Les indications ou allégations dont l'usage, dans l'exercice du commerce, est susceptible d'induire le public en erreur sur la nature, le mode de fabrication, les caractéristiques, l'aptitude à l'emploi ou la qualité des marchandises.

Art. 10 *ter* 1. Les pays de l'Union s'engagent à assurer aux ressortissants des autres pays de l'Union des recours légaux appropriés pour réprimer efficacement tous les actes visés aux articles 9, 10 et 10 *bis*.

2. Ils s'engagent, en outre, à prévoir des mesures pour permettre aux syndicats et associations représentant les industriels, producteurs ou commerçants intéressés et dont l'existence n'est pas contraire aux lois de leurs pays, d'agir en justice ou auprès des autorités administratives, en vue de la répression des actes prévus par les articles 9, 10 et 10 *bis*, dans la mesure où la loi du pays dans lequel la protection est réclamée le permet aux syndicats et associations de ce pays.

Art. 11 1. Les pays de l'Union accorderont, conformément à leur législation intérieure, une protection temporaire aux inventions brevetables, aux modèles d'utilité, aux dessins ou modèles industriels ainsi qu'aux marques de fabrique ou de commerce, pour les produits qui figureront aux expositions internationales officielles ou officiellement reconnues organisées sur le territoire de l'un d'eux.

2. Cette protection temporaire ne prolongera pas les délais de l'article 4. Si, plus tard, le droit de priorité est invoqué, l'administration de chaque pays pourra faire partir le délai de la date de l'introduction du produit dans l'exposition.

3. Chaque pays pourra exiger, comme preuve de l'identité de l'objet exposé et de la date d'introduction, les pièces justificatives qu'il jugera nécessaire.

Art. 12 1. Chacun des pays de l'Union s'engage à établir un service spécial de la propriété industrielle et un dépôt central pour la communication au public des brevets d'invention, des modèles d'utilité, des dessins ou modèles industriels et des marques de fabrique ou de commerce.

2. Ce service publiera une feuille périodique officielle. Il publiera régulièrement :

a) Les noms des titulaires des brevets délivrés, avec une brève désignation des inventions brevetées ;

b) Les reproductions des marques enregistrées.

Art. 13 *1. a*) *L'Union a une Assemblée* composée des pays de l'Union liés par les articles 13 à 17 ;

b) Le Gouvernement de chaque pays est représenté par un délégué, qui peut être assisté de suppléants, de conseillers et d'experts ;

c) Les dépenses de chaque délégation sont supportées par le Gouvernement qui l'a désignée.

2. *a*) **L'Assemblée :**

i) traite de toutes les questions concernant le maintien et le développement de l'Union et l'application de la présente Convention ;

ii) donne au Bureau international de la Propriété intellectuelle (ci-après dénommé « le Bureau international ») visé dans la Convention instituant l'Organisation Mondiale de la Propriété Intellectuelle (ci-après dénommée « l'Organisation ») des directives concernant la préparation des conférences de revision, compte étant dûment tenu des observations des pays de l'Union qui ne sont pas liés par les articles 13 à 17 ;

iii) examine et approuve les rapports et les activités du Directeur général de l'Organisation relatifs à l'Union et lui donne toutes directives utiles concernant les questions de la compétence de l'Union ;

iv) élit les membres du Comité exécutif de l'Assemblée ;

v) examine et approuve les rapports et les activités de son Comité exécutif et lui donne des directives ;

vi) arrête le programme, adopte le budget triennal de l'Union et approuve ses comptes de clôture ;

vii) adopte le règlement financier de l'Union ;

viii) crée les comités d'experts et groupes de travail qu'elle juge utiles à la réalisation des objectifs de l'Union ;

ix) décide quels sont les pays non membres de l'Union et quelles sont les organisations intergouvernementales et internationales non gouvernementales qui peuvent être admis à ses réunions en qualité d'observateurs ;

x) adopte les modifications des articles 13 à 17 ;

xi) entreprend toute autre action appropriée en vue d'atteindre les objectifs de l'Union ;

xii) s'acquitte de toutes autres tâches qu'implique la présente Convention ;

xiii) exerce, sous réserve qu'elle les accepte, les droits qui lui sont conférés par la Convention instituant l'Organisation.

b) **Sur les questions qui intéressent également d'autres Unions administrées par l'Organisation, l'Assemblée statue connaissance prise de l'avis du Comité de Coordination de l'Organisation.**

3. *a*) **Sous réserve des dispositions du sous-alinéa** *b*)**, un délégué ne peut représenter qu'un seul pays ;**

b) **Des pays de l'Union groupés en vertu d'un arrangement particulier au sein d'un office commun ayant pour chacun d'eux le caractère de service national spécial de la propriété industrielle visé à l'article 12 peuvent être, au cours des discussions, représentés dans leur ensemble par l'un d'eux.**

4. *a*) **Chaque pays membre de l'Assemblée dispose d'une voix ;**

b) **La moitié des pays membres de l'Assemblée constitue le quorum ;**

c) **Nonobstant les dispositions du sous-alinéa** *b*)**, si, lors d'une session, le nombre des pays représentés est inférieur à la moitié mais égal ou supérieur au tiers des pays membres de l'Assemblée, celle-ci peut prendre des décisions ; toutefois, les décisions de l'Assemblée, à l'exception de celles qui concernent sa procédure, ne deviennent exécutoires que lorsque les conditions énoncées ci-après sont remplies. Le Bureau international communique lesdites décisions aux pays membres de l'Assemblée qui n'étaient pas représentés, en les invitant à exprimer par écrit, dans un délai de trois mois à compter de la date de ladite communication, leur vote ou leur abstention. Si, à l'expiration de ce délai, le nombre des pays ayant ainsi exprimé leur vote ou leur abstention est au moins égal au nombre de pays qui faisait défaut pour que le quorum fût atteint lors de la session, lesdites décisions deviennent exécutoires, pourvu qu'en même temps la majorité nécessaire reste acquise ;**

d) **Sous réserve des dispositions de l'article 17-2, les décisions de l'Assemblée sont prises à la majorité des deux tiers des votes exprimés ;**

e) **L'abstention n'est pas considérée comme un vote.**

5. *a*) **Sous réserve du sous-alinéa** *b*)**, un délégué ne peut voter qu'au nom d'un seul pays ;**

b) **Les pays de l'Union visés à l'alinéa 3,** *b*) **s'efforcent, en règle générale, de se faire représenter aux sessions de l'Assemblée par leurs propres délégations. Toutefois, si, pour des raisons exceptionnelles, l'un desdits pays ne peut se faire représenter par sa propre délégation, il peut donner à la délégation d'un autre de ces pays le pouvoir de voter en son nom, étant entendu qu'une délégation ne peut voter par procuration que pour un seul pays. Tout pouvoir à cet effet doit faire l'objet d'un acte signé par le chef de l'État ou par le ministre compétent.**

6. Les pays de l'Union qui ne sont pas membres de l'Assemblée sont admis à ses réunions en qualité d'observateurs.

7. *a*) L'Assemblée se réunit une fois tous les trois ans en session ordinaire sur convocation du Directeur général et, sauf cas exceptionnels, pendant la même période et au même lieu que l'Assemblée générale de l'Organisation ;

b) L'Assemblée se réunit en session extraordinaire sur convocation adressée par le Directeur général, à la demande du Comité exécutif ou à la demande d'un quart des pays membres de l'Assemblée.

8. L'Assemblée adopte son règlement intérieur.

Art. 14 1. L'Assemblée a un Comité exécutif.

2. *a)* Le Comité exécutif est composé des pays élus par l'Assemblée parmi les pays membres de celle-ci. En outre, le pays sur le territoire duquel l'Organisation a son siège dispose, *ex officio,* d'un siège au Comité, sous réserve des dispositions de l'article 16-7, *b*) ;

b) Le Gouvernement de chaque pays membre du Comité exécutif est représenté par un délégué, qui peut être assisté de suppléants, de conseillers et d'experts ;

c) Les dépenses de chaque délégation sont supportées par le Gouvernement qui l'a désignée.

3. Le nombre des pays membres du Comité exécutif correspond au quart du nombre des pays membres de l'Assemblée. Dans le calcul des sièges à pourvoir, le reste subsistant après la division par quatre n'est pas pris en considération.

4. Lors de l'élection des membres du Comité exécutif, l'Assemblée tient compte d'une répartition géographique équitable et de la nécessité pour tous les pays parties aux Arrangements particuliers établis en relation avec l'Union d'être parmi les pays constituant le Comité exécutif.

5. *a*) Les membres du Comité exécutif restent en fonctions à partir de la clôture de la session de l'Assemblée au cours de laquelle ils ont été élus jusqu'au terme de la session ordinaire suivante de l'Assemblée ;

b) Les membres du Comité exécutif sont rééligibles dans la limite maximale des deux tiers d'entre eux ;

c) L'Assemblée réglemente les modalités de l'élection et de la réélection éventuelle des membres du Comité exécutif.

6. *a*) Le Comité exécutif :

i) prépare le projet d'ordre du jour de l'Assemblée ;

ii) soumet à l'Assemblée des propositions relatives aux projets de programme et de budget triennal de l'Union préparés par le Directeur général ;

iii) se prononce, dans les limites du programme et du budget triennal, sur les programmes et budgets annuels préparés par le Directeur général ;

iv) soumet à l'Assemblée, avec les commentaires appropriés, les rapports périodiques du Directeur général et les rapports annuels de vérification des comptes ;

v) prend toutes mesures utiles en vue de l'exécution du programme de l'Union par le Directeur général, conformément aux décisions de l'Assemblée et en tenant compte des circonstances survenant entre deux sessions ordinaires de ladite Assemblée ;

vi) s'acquitte de toutes autres tâches qui lui sont attribuées dans le cadre de la présente Convention ;

b) Sur les questions qui intéressent également d'autres Unions administrées par l'Organisation, le Comité exécutif statue connaissance prise de l'avis du Comité de coordination de l'Organisation.

7. *a*) Le Comité exécutif se réunit une fois par an en session ordinaire, sur convocation du Directeur général, autant que possible pendant la même période et au même lieu que le Comité de coordination de l'Organisation ;

b) Le Comité exécutif se réunit en session extraordinaire sur convocation adressée par le Directeur général soit à l'initiative de celui-ci, soit à la demande de son président ou d'un quart de ses membres.

8. *a*) Chaque pays membre du Comité exécutif dispose d'une voix ;

b) La moitié des pays membres du Comité exécutif constitue le quorum ;

c) Les décisions sont prises à la majorité simple des votes exprimés ;

d) L'abstention n'est pas considérée comme un vote ;

e) Un délégué ne peut représenter qu'un seul pays et ne peut voter qu'au nom de celui-ci.

9. Les pays de l'Union qui ne sont pas membres du Comité exécutif sont admis à ses réunions en qualité d'observateurs.

10. Le Comité exécutif adopte son règlement intérieur.

Art. 15 1. *a*) Les tâches administratives incombant à l'Union sont assurées par le Bureau international, qui succède au Bureau de l'Union réuni avec le Bureau de l'Union institué par la Convention internationale pour la protection des œuvres littéraires et artistiques.

b) Le Bureau international assure notamment le secrétariat des divers organes de l'Union.

c) Le Directeur général de l'Organisation est le plus haut fonctionnaire de l'Union et la représente.

2. Le Bureau international rassemble et publie les informations concernant la protection de la propriété industrielle. Chaque pays de l'Union communique aussitôt que possible au Bureau international le texte de toute nouvelle loi ainsi que tous textes officiels concernant la protection de la propriété industrielle. Il fournit, en outre, au Bureau international toutes publications de ses services compétents en matière de propriété industrielle qui touchent directement la protection de la propriété industrielle et sont jugées par le Bureau international comme présentant un intérêt pour ses activités.

3. Le Bureau international publie un périodique mensuel.

4. Le Bureau international fournit, à tout pays de l'Union, sur sa demande, des renseignements sur les questions relatives à la protection de la propriété industrielle.

5. Le Bureau international procède à des études et fournit des services destinés à faciliter la protection de la propriété industrielle.

6. Le Directeur général et tout membre du personnel désigné par lui prennent part, sans droit de vote, à toutes les réunions de l'Assemblée, du Comité exécutif et de tout autre comité d'experts ou groupe de travail. Le Directeur général ou un membre du personnel désigné par lui est d'office secrétaire de ces organes.

7. *a)* Le Bureau international, selon les directives de l'Assemblée et en coopération avec le Comité exécutif, prépare les conférences de revision des dispositions de la Convention autres que les articles 13 à 17.

b) Le Bureau international peut consulter des organisations intergouvernementales et internationales non gouvernementales sur la préparation des conférences de revision.

c) Le Directeur général et les personnes désignées par lui prennent part, sans droit de vote, aux délibérations dans ces conférences.

8. Le Bureau international exécute toutes autres tâches qui lui sont attribuées.

Art. 16 1. *a)* L'Union a un budget.

b) Le budget de l'Union comprend les recettes et les dépenses propres à l'Union, sa contribution au budget des dépenses communes aux Unions ainsi que, le cas échéant, la somme mise à la disposition du budget de la Conférence de l'Organisation.

c) Sont considérées comme dépenses communes aux Unions les dépenses qui ne sont pas attribuées exclusivement à l'Union, mais également à une ou plusieurs autres Unions administrées par l'Organisation. La part de l'Union dans ces dépenses communes est proportionnelle à l'intérêt que ces dépenses présentent pour elle.

2. Le budget de l'Union est arrêté compte tenu des exigences de coordination avec les budgets des autres Unions administrées par l'Organisation.

3. Le budget de l'Union est financé par les ressources suivantes :

i) les contributions des pays de l'Union ;

ii) les taxes et sommes dues pour les services rendus par le Bureau international au titre de l'Union ;

iii) le produit de la vente des publications du Bureau international concernant l'Union et les droits afférents à ces publications ;

iv) les dons, legs et subventions ;

v) les loyers, intérêts et autres revenus divers.

4. *a)* Pour déterminer sa part contributive dans le budget, chaque pays de l'Union est rangé dans une classe et paie ses contributions annuelles sur la base d'un nombre d'unités fixé comme suit :

Classe I 25
Classe II 20
Classe III 15
Classe IV 10
Classe V 5
Classe VI 3
Classe VII 1

b) A moins qu'il ne l'ait fait précédemment, chaque pays indique, au moment du dépôt de son instrument de ratification ou d'adhésion, la classe dans laquelle il désire être rangé. Il peut changer de classe. S'il choisit une classe inférieure, le pays doit en faire part à l'Assemblée lors d'une de ses sessions ordinaires. Un tel changement prend effet au début de l'année civile suivant ladite session ;

c) La contribution annuelle de chaque pays consiste en un montant dont le rapport à la somme totale des contributions annuelles au budget de l'Union de tous les pays est le même que le rapport entre le nombre des unités de la classe dans laquelle il est rangé et le nombre total des unités de l'ensemble des pays ;

d) Les contributions sont dues au 1er janvier de chaque année ;

e) Un pays en retard dans le paiement de ses contributions ne peut exercer son droit de vote, dans aucun des organes de l'Union dont il est membre, si le montant de son arriéré est égal ou supérieur à celui des contributions dont il est redevable pour les deux années complètes écoulées. Cependant, un tel pays peut être autorisé à conserver l'exercice de son droit de vote au sein dudit organe aussi longtemps que ce dernier estime que le retard résulte de circonstances exceptionnelles et inévitables ;

f) Dans le cas où le budget n'est pas adopté avant le début d'un nouvel exercice, le budget de l'année précédente est reconduit selon les modalités prévues par le règlement financier.

5. Le montant des taxes et sommes dues pour des services rendus par le Bureau international au titre de l'Union est fixé par le Directeur général, qui en fait rapport à l'Assemblée et au Comité exécutif.

6. *a*) L'Union possède un fonds de roulement constitué par un versement unique effectué par chaque pays de l'Union. Si le fonds devient insuffisant, l'Assemblée décide de son augmentation ;

b) Le montant du versement initial de chaque pays au fonds précité ou de sa participation à l'augmentation de celui-ci est proportionnel à la contribution de ce pays pour l'année au cours de laquelle le fonds est constitué ou l'augmentation décidée ;

c) La proportion et les modalités de versement sont arrêtées par l'Assemblée sur proposition du Directeur général et après avis du Comité de coordination de l'Organisation.

7. *a*) L'Accord de siège conclu avec le pays sur le territoire duquel l'Organisation a son siège prévoit que, si le fonds de roulement est insuffisant, ce pays accorde des avances. Le montant de ces avances et les conditions dans lesquelles elles sont accordées font l'objet, dans chaque cas, d'accords séparés entre le pays en cause et l'Organisation. Aussi longtemps qu'il est tenu d'accorder des avances, ce pays dispose *ex officio* d'un siège au Comité exécutif ;

b) Le pays visé au sous-alinéa *a*) et l'Organisation ont chacun le droit de dénoncer l'engagement d'accorder des avances moyennant notification par écrit. La dénonciation prend effet trois ans après la fin de l'année au cours de laquelle elle a été notifiée.

8. La vérification des comptes est assurée, selon les modalités prévues par le règlement financier, par un ou plusieurs pays de l'Union ou par des contrôleurs extérieurs, qui sont, avec leur consentement, désignés par l'Assemblée.

Art. 17 1. Des propositions de modification des articles 13, 14, 15, 16 et du présent article peuvent être présentées par tout pays membre de l'Assemblée, par le Comité exécutif ou par le Directeur général. Ces propositions sont communiquées par ce dernier aux pays membres de l'Assemblée six mois au moins avant d'être soumises à l'examen de l'Assemblée.

2. Toute modification des articles visés à l'alinéa 1 est adoptée par l'Assemblée. L'adoption requiert les trois quarts des votes exprimés ; toutefois, toute modification de l'article 13 et du présent alinéa requiert les quatre cinquièmes des votes exprimés.

3. Toute modification des articles visés à l'alinéa 1 entre en vigueur un mois après la réception par le Directeur général des notifications écrites d'acceptation, effectuées en conformité avec leurs règles constitutionnelles respectives, de la part des trois quarts des pays qui étaient membres de l'Assemblée au moment où la modification a été adoptée. Toute modification desdits articles ainsi acceptée lie tous les pays qui sont membres de l'Assemblée au moment où la modification entre en vigueur ou qui en deviennent membres à une date ultérieure ; toutefois, toute modification qui augmente les obligations financières des pays de l'Union ne lie que ceux d'entre eux qui ont notifié leur acceptation de ladite modification.

Art. 18 1. La présente Convention sera soumise à des revisions en vue d'y introduire les améliorations de nature à perfectionner le système de l'Union.

2. A cet effet, des conférences auront lieu, successivement, dans l'un des pays de l'Union, entre les délégués desdits pays.

3. Les modifications des articles 13 à 17 sont régies par les dispositions de l'article 17.

Art. 19 Il est entendu que les pays de l'Union se réservent le droit de prendre séparément, entre eux, des arrangements particuliers pour la protection de la propriété industrielle, en tant que ces arrangements ne contreviendraient pas aux dispositions de la présente Convention.

Art. 20 1. *a*) Chacun des pays de l'Union qui a signé le présent Acte peut le ratifier et, s'il ne l'a pas signé, peut y adhérer. Les instruments de ratification et d'adhésion sont déposés auprès du Directeur général.

b) Chacun des pays de l'Union peut déclarer, dans son instrument de ratification ou d'adhésion, que sa ratification ou son adhésion n'est pas applicable :

i) aux articles 1 à 12 ou

ii) aux articles 13 à 17.

c) Chacun des pays de l'Union qui, conformément au sous-alinéa *b*), a exclu des effets de sa ratification ou de son adhésion l'un des deux groupes d'articles visés dans ledit sous-alinéa peut, à tout moment ultérieur, déclarer qu'il étend les effets de sa ratification ou de son adhésion à ce groupe d'articles. Une telle déclaration est déposée auprès du Directeur général.

2. *a*) Les articles 1 à 12 entrent en vigueur, à l'égard des dix premiers pays de l'Union qui ont déposé des instruments de ratification ou d'adhésion sans faire une déclaration comme le permet l'alinéa 1 *b* i) trois mois après le dépôt du dixième de ces instruments de ratification ou d'adhésion.

b) Les articles 13 à 17 entrent en vigueur, à l'égard des dix premiers pays de l'Union qui ont déposé des instruments de ratification ou d'adhésion sans faire une déclaration comme le permet l'alinéa 1 *b* ii), trois mois après le dépôt du dixième de ces instruments de ratification ou d'adhésion.

c) Sous réserve de l'entrée en vigueur initiale, conformément aux dispositions des sous-alinéas *a*) et *b*), de chacun des deux groupes d'articles visés à l'alinéa 1 *b* i) et ii), et sous réserve des dispositions de l'alinéa 1 *b*), les articles 1 à 17 entrent en vigueur à l'égard de tout pays de l'Union, autres que ceux visés aux sous-alinéas *a*) et *b*), qui dépose un instrument de ratification ou d'adhésion, ainsi qu'à l'égard de tout pays de l'Union qui dépose une déclaration en application de l'alinéa 1 *c*), trois mois après la date de la notification, par le Directeur général, d'un tel dépôt, à moins qu'une date postérieure n'ait été indiquée dans l'instrument ou la déclaration déposés. Dans ce dernier cas, le présent Acte entre en vigueur à l'égard de ce pays à la date ainsi indiquée.

3. A l'égard de chaque pays de l'Union qui dépose un instrument de ratification ou d'adhésion, les articles 18 à 30 entrent en vigueur à la première date à laquelle l'un quelconque des groupes d'articles visés à l'alinéa 1 *b*) entre en vigueur à l'égard de ce pays conformément à l'alinéa 2 *a*), *b*), ou *c*).

Art. 21 1. Tout pays étranger à l'Union peut adhérer au présent Acte et devenir, de ce fait, membre de l'Union. Les instruments d'adhésion sont déposés auprès du Directeur général.

2. *a*) A l'égard de tout pays étranger à l'Union qui a déposé son instrument d'adhésion un mois ou plus avant la date d'entrée en vigueur des dispositions du présent Acte, celui-ci entre en vigueur à la date à laquelle les dispositions sont entrées en vigueur pour la première fois en application de l'article 20-2 *a*) ou *b*), à moins qu'une date postérieure n'ait été indiquée dans l'instrument d'adhésion ; toutefois :

i) si les articles 1 à 12 ne sont pas entrés en vigueur à cette date, un tel pays sera lié, durant la période intérimaire avant l'entrée en vigueur de ces dispositions et en remplacement de celles-ci, par les articles 1 à 12 de l'Acte de Lisbonne ;

ii) si les articles 13 à 17 ne sont pas entrés en vigueur à cette date, un tel pays sera lié, durant la période intérimaire avant l'entrée en vigueur de ces dispositions et en remplacement de celles-ci, par les articles 13 et 14-3, 4 et 5 de l'Acte de Lisbonne.

Si un pays indique une date postérieure dans son instrument d'adhésion, le présent Acte entre en vigueur à l'égard de ce pays à la date ainsi indiquée ;

b) A l'égard de tout pays étranger à l'Union qui a déposé son instrument d'adhésion à une date postérieure à l'entrée en vigueur d'un seul groupe d'articles du présent Acte ou à une date qui la précède de moins d'un mois, le présent Acte entre en vigueur, sous réserve de ce qui est prévu au sous-alinéa *a*), trois mois après la date à laquelle son adhésion a été notifiée par le Directeur général, à moins qu'une date postérieure n'ait été indiquée dans l'instrument d'adhésion. Dans ce dernier cas, le présent Acte entre en vigueur à l'égard de ce pays à la date ainsi indiquée.

3. A l'égard de tout pays étranger à l'Union qui a déposé son instrument d'adhésion après la date d'entrée en vigueur du présent Acte dans sa totalité, ou moins d'un mois avant cette date, le présent Acte entre en vigueur trois mois après la date à laquelle son adhésion a été notifiée par le Directeur général, à moins qu'une date postérieure n'ait été indiquée dans l'instrument d'adhésion. Dans ce dernier cas, le présent acte entre en vigueur à l'égard de ce pays à la date ainsi indiquée.

Art. 22 Sous réserve des exceptions possibles prévues aux articles 20-1 *b*) et 28-2, la ratification ou l'adhésion emporte de plein droit accession à toutes les clauses et admission à tous les avantages stipulés par le présent Acte.

Art. 23 Après l'entrée en vigueur du présent Acte dans sa totalité, un pays peut adhérer à des Actes antérieurs de la présente Convention.

Art. 24 1. Tout pays peut déclarer dans son instrument de ratification ou d'adhésion, ou peut informer le Directeur général par écrit à tout moment ultérieur, que la présente Convention est applicable à tout ou partie des territoires, désignés dans la déclaration ou la notification, pour lesquels il assume la responsabilité des relations extérieures.

2. Tout pays qui a fait une telle déclaration ou effectué une telle notification peut, à tout moment, notifier au Directeur général que la présente Convention cesse d'être applicable à tout ou partie de ces territoires.

3. *a*) Toute déclaration faite en vertu de l'alinéa 1 prend effet à la même date que la ratification ou l'adhésion dans l'instrument de laquelle elle a été incluse, et toute notification effectuée en vertu de cet alinéa prend effet trois mois après sa réception par le Directeur général ;

b) Toute notification effectuée en vertu de l'alinéa 2 prend effet douze mois après sa réception par le Directeur général.

Art. 25 1. Tout pays partie à la présente Convention s'engage à adopter, conformément à sa Constitution, les mesures nécessaires pour assurer l'application de la présente Convention.

2. Il est entendu qu'au moment où un pays dépose son instrument de ratification ou d'adhésion, il sera en mesure, conformément à sa législation interne, de donner effet aux dispositions de la présente Convention.

Art. 26 1. La présente Convention demeure en vigueur sans limitation de durée.

2. Tout pays peut dénoncer le présent Acte par notification adressée au Directeur général. Cette dénonciation emporte aussi dénonciation de tous les Actes antérieurs et ne produit son effet qu'à l'égard du pays qui l'a faite, la Convention restant en vigueur et exécutoire à l'égard des autres pays de l'Union.

3. La dénonciation prend effet un an après le jour où le Directeur général a reçu la notification.

4. La faculté de dénonciation prévue par le présent article ne peut être exercée par un pays avant l'expiration d'un délai de cinq ans à compter de la date à laquelle il est devenu membre de l'Union.

Art. 27 1. Le présent Acte remplace, dans les rapports entre les pays auxquels il s'applique, et dans la mesure où il s'applique, la Convention de Paris du 20 mars 1883 et les Actes de révision subséquents.

2. *a*) A l'égard des pays auxquels le présent Acte n'est pas applicable, ou n'est pas applicable dans sa totalité, mais auxquels l'Acte de Lisbonne du 31 octobre 1958 est applicable, ce dernier reste en vigueur dans sa totalité, ou dans la mesure où le présent Acte ne le remplace pas en vertu de l'alinéa 1.

b) De même, à l'égard des pays auxquels ni le présent Acte, ni des parties de celui-ci, ni l'Acte de Lisbonne ne sont applicables, l'Acte de Londres du 2 juin 1934 reste en vigueur dans sa totalité, ou dans la mesure où le présent Acte ne le remplace pas en vertu de l'alinéa 1.

c) De même, à l'égard des pays auxquels ni le présent Acte, ni des parties de celui-ci, ni l'Acte de Lisbonne, ni l'Acte de Londres ne sont applicables, l'Acte de La Haye du 6 novembre 1925 reste en vigueur dans sa totalité, ou dans la mesure où le présent Acte ne le remplace pas en vertu de l'alinéa 1.

3. Les pays étrangers à l'Union qui deviennent parties au présent Acte l'appliquent à l'égard de tout pays de l'Union qui n'est pas partie à cet Acte ou qui, bien qu'y étant partie, a fait la déclaration prévue à l'article 20-1 *b*) i). Lesdits pays admettent que le pays de l'Union considéré applique dans ses relations avec eux les dispositions de l'Acte le plus récent auquel il est partie.

Art. 28 1. Tout différend entre deux ou plusieurs pays de l'Union concernant l'interprétation ou l'application de la présente Convention qui ne sera pas réglé par voie de négociation peut être porté par l'un quelconque des pays en cause devant la Cour internationale de Justice par voie de requête conforme au Statut de la Cour, à moins que les pays en cause ne conviennent d'un autre mode de règlement. Le Bureau international sera informé par le pays requérant du différend soumis à la Cour ; il en donnera connaissance aux autres pays de l'Union.

2. Tout pays peut, au moment où il signe le présent Acte ou dépose son instrument de ratification ou d'adhésion, déclarer qu'il ne se considère pas lié par les dispositions de l'alinéa 1. En ce qui concerne tout différend entre un tel pays et tout autre pays de l'Union, les dispositions de l'alinéa 1 ne sont pas applicables.

3. Tout pays qui a fait une déclaration conformément aux dispositions de l'alinéa 2 peut, à tout moment, la retirer par une notification adressée au Directeur général.

Art. 29 **1. *a*) Le présent Acte est signé en un seul exemplaire en langue française et déposé auprès du Gouvernement de la Suède.**

***b*) Des textes officiels sont établis par le Directeur général, après consultation des Gouvernements intéressés, dans les langues allemande, anglaise, espagnole, italienne, portugaise et russe, et dans les autres langues que l'Assemblée pourra indiquer.**

***c*) En cas de contestation sur l'interprétation des divers textes, le texte français fait foi.**

2. Le présent Acte reste ouvert à la signature, à Stockholm, jusqu'au 13 janvier 1968.

3. Le Directeur général transmet deux copies, certifiées conformes par le Gouvernement de la Suède, du texte signé du présent Acte aux Gouvernements de tous les pays de l'Union et, sur demande, au Gouvernement de tout autre pays.

4. Le Directeur général fait enregistrer le présent Acte auprès du Secrétariat de l'Organisation des Nations Unies.

5. Le Directeur général notifie aux Gouvernements de tous les pays de l'Union les signatures, les dépôts d'instruments de ratification ou d'adhésion et de déclarations comprises dans ces instruments ou faites en application de l'article 20-1 *c*), l'entrée en vigueur de toutes dispositions du présent Acte, les notifications de dénonciation et les notifications faites en application de l'article 24.

Art. 30 **1. Jusqu'à l'entrée en fonction du premier Directeur général, les références, dans le présent Acte, au Bureau international de l'Organisation ou au Directeur général sont considérées comme se rapportant respectivement au Bureau de l'Union ou à son Directeur.**

2. Les pays de l'Union qui ne sont pas liés par les articles 13 à 17 peuvent, pendant cinq ans après l'entrée en vigueur de la Convention instituant l'Organisation, exercer, s'ils le désirent les droits prévus par les articles 13 à 17 du présent Acte comme s'ils étaient liés par ces articles. Tout pays qui désire exercer lesdits droits dépose à cette fin auprès du Directeur général une notification écrite qui prend effet à la date de sa réception. De tels pays sont réputés être membres de l'Assemblée jusqu'à l'expiration de ladite période.

3. Aussi longtemps que tous les pays de l'Union ne sont pas devenus membres de l'Organisation, le Bureau international de l'Organisation agit également en tant que Bureau de l'Union, et le Directeur général en tant que Directeur de ce Bureau.

4. Lorsque tous les pays de l'Union sont devenus membres de l'Organisation, les droits, obligations et biens du Bureau de l'Union sont dévolus au Bureau international de l'Organisation.

En foi de quoi les soussignés, dûment autorisés à cet effet, ont signé le présent Acte.

Convention de Stockholm du 14 juillet 1967,

Instituant l'Organisation mondiale de la propriété intellectuelle. — Modifiée le 28 sept. 1979. — Publiée par Décr. n° 74-976 du 20 nov. 1974 (JO 27 nov.). — Entrée en vigueur pour la France le 18 oct. 1974. — V. ce texte, en début d'App., v° Dispositions générales.

BIBL. ▶ FRANÇON, L'action de l'OMPI, L'avenir de la propriété intellectuelle, *Litec 1993*. – MASOUYE, *Mélanges Françon, Dalloz 1974* (l'Organisation mondiale de la propriété intellectuelle).

Accord de Marrakech du 15 avril 1994,

Instituant l'Organisation mondiale du commerce ; Annexe 1 C : Accord sur les aspects des droits de propriété intellectuelle qui touchent au commerce. — Publié par Décr. n° 95-1242 du 24 nov. 1995 (annexe JO 26 nov.). — Entré en vigueur le 1er janv. 1995. — V. ce texte en début d'App., v° Dispositions générales.

Droit européen

Règlement (CE) n° 2821/71 du 20 décembre 1971,

Concernant l'application de l'article 85 paragraphe 3 [désormais art. 81] du traité à des catégories d'accords, de décisions et de pratiques concertées. - Le Traité d'Amsterdam du 2 oct. 1997 ayant modifié et renuméroté le Traité de Rome, l'art. 85 est devenu art. 81 (JOCE C 340 du 10 nov. 1997).

Art. 1er **1. Sans préjudice de l'application du règlement n° 17, la Commission peut déclarer, par voie de règlement et conformément à l'article 85 paragraphe 3 du traité, que l'arti-**

cle 85 paragraphe 1 *[désormais art. 81.]* n'est pas applicable à des catégories d'accords entre entreprises, de décisions d'associations d'entreprises et de pratiques concertées qui ont pour objet :

a) l'application de normes et de types,

b) la recherche et le développement de produits ou procédés jusqu'au stade de l'application industrielle ainsi que l'exploitation des résultats, y compris les dispositions relatives au droit de la propriété industrielle et à la connaissance technique non divulguée,

c) la spécialisation, y compris les accords nécessaires à sa réalisation.

2. Le règlement doit comprendre une définition des catégories d'accords, de décisions et de pratiques concertées auxquels il s'applique et préciser notamment :

a) les restrictions ou les clauses qui peuvent ou qui ne peuvent pas figurer dans les accords, les décisions et les pratiques concertées,

b) les clauses qui doivent figurer dans les accords, les décisions et les pratiques concertées ou les autres conditions qui doivent être remplies.

Art. 2 1. Un règlement pris en vertu de l'article 1er est arrêté pour une durée limitée.

2. Il peut être abrogé ou modifié lorsque les circonstances se sont modifiées à l'égard d'un élément qui a été essentiel pour l'arrêter ; dans ce cas, une période d'adaptation pour les accords, les décisions et les pratiques concertées visés par le règlement antérieur est prévue.

Art. 3 Un règlement pris en vertu de l'article 1er peut disposer qu'il s'applique avec effet rétroactif aux accords, décisions et pratiques concertées qui, au jour de son entrée en vigueur, auraient pu bénéficier d'une décision à effet rétroactif en application de l'article 6 du règlement n° 17.

Art. 4 1. Un règlement pris en vertu de l'article 1er peut disposer que l'interdiction édictée à l'article 85 paragraphe 1 *[désormais art. 81.]* du traité ne s'applique pas, pour la période qu'il fixe, aux accords, décisions et pratiques concertées qui existaient le 13 mars 1962 et qui ne remplissent pas les conditions de l'article 85 paragraphe 3 *[désormais art. 81.]* :

— s'ils sont modifiés dans les six mois de l'entrée en vigueur du règlement, de telle sorte qu'ils répondent auxdites conditions selon les dispositions du règlement et

— si les modifications sont portées à la connaissance de la Commission dans le délai fixé par le règlement.

(Acte d'adhésion du 24 juin 1994, art. 29 ; Décis. n° 95/1 du 1er janv. 1995) « Les dispositions de l'alinéa précédent sont applicables pareillement dans le cas de l'adhésion de l'Autriche, de la Finlande et de la Suède. »

2. Le paragraphe 1 n'est applicable aux accords, décisions et pratiques concertées qui étaient à notifier avant le 1er février 1963, conformément à l'article 5 du règlement n° 17, que s'ils l'ont été avant cette date.

(Acte d'adhésion du 24 juin 1994, art. 29 ; Décis. n° 95/1 du 1er janv. 1995, art. 39) « Le paragraphe 1 n'est applicable aux accords et pratiques concertées qui, du fait de l'adhésion de l'Autriche, de la Finlande et de la Suède, entrent dans le champ d'application de l'article 85 paragraphe 1 *[désormais art. 81]* du traité et qui doivent être notifiés dans les six mois suivant l'adhésion, conformément aux articles 5 et 25 du règlement n° 17, que s'ils l'ont été durant cette période. Le présent alinéa ne s'applique pas aux accords et pratiques concertées qui, à la date de l'adhésion, relevaient déjà de l'article 53 paragraphe 1 de l'accord EEE. »

3. Le bénéfice des dispositions prises en vertu du paragraphe 1 ne peut être invoqué dans les litiges en instance à la date d'entrée en vigueur d'un règlement arrêté en vertu de l'article 1er ; il ne peut non plus être invoqué pour motiver une demande de dommages-intérêts à l'encontre de tiers.

Pour l'application des dispositions de l'article ci-dessus, en ce qui concerne le Royaume-Uni, l'Irlande et le Royaume du Danemark, V. Règl. n° 2743/72 du 19 déc. 1972, JOCE L 291 du 19 déc. 1972 ; en ce qui concerne la République hellénique, V. Acte d'adhésion du 28 mai 1979, art. 21, JOCE n° L 291 du 19 nov. ; Rect. JOCE n° L 346 du 2 déc. 1981, et en ce qui concerne le Royaume d'Espagne et la République portugaise, V. Acte d'adhésion du 12 juin 1985, art. 26, JOCE n° L 302 du 15 nov. 1985.

Art. 5 Lorsque la Commission se propose d'arrêter un règlement elle en publie le projet afin de permettre à toutes les personnes et organisations intéressées de lui faire connaître leurs observations dans le délai qu'elle fixe et qui ne peut être inférieur à un mois.

Art. 6 1. La Commission consulte le Comité consultatif en matière d'ententes et de positions dominantes :

a) avant de publier un projet de règlement,

b) avant d'arrêter un règlement.

2. Les paragraphes 5 et 6 de l'article 10 du règlement n° 17 relatifs à la consultation du Comité consultatif s'appliquent par analogie, étant entendu que les réunions communes avec la Commission auront lieu au plus tôt un mois après l'envoi de la convocation.

Art. 7 *Abrogé par Règl. (CE) n° 1/2003 du 16 déc. 2002, art. 40, à compter du 1er mai 2004.*

Règlement de procédure du Tribunal de première instance des Communautés européennes du 2 mai 1991

Ce texte est remplacé, depuis le 1er juill. 2015, par le Règl. de procédure du 4 mars 2015 (V. infra). Toutefois, les dispositions des art. 131 et 135, § 2, restent applicables aux recours introduits devant le Tribunal avant l'entrée en vigueur du nouveau règlement. Les dispositions de l'art. 135 bis restent également applicables aux recours pendants devant le Tribunal dont la phase écrite de la procédure a été close avant l'entrée en vigueur du règlement de 2015 (Règl. du 4 mars 2015, art. 227 pts 6 et 7, JO L 105 du 23 avr. 2015).

TITRE IV Du contentieux relatif aux droits de la propriété intellectuelle

(Mod. du 6 juill. 1995. — Entrée en vigueur le 1er sept. 1995).

Art. 131 1. La requête doit être rédigée dans l'une des langues prévues à l'article 35 paragraphe 1 choisie par le requérant.

2. La langue dans laquelle est rédigée la requête devient la langue de procédure si la partie requérante était la seule partie à la procédure devant la chambre de recours ou si aucune autre partie à cette procédure ne s'y oppose dans un délai fixé à cet effet par le greffier après le dépôt de la requête.

Si, dans ce délai, les parties à la procédure devant la chambre de recours informent le greffier de leur accord sur le choix de l'une des langues visées à l'article 35 paragraphe 1 comme langue de procédure, cette langue devient la langue de procédure devant le Tribunal.

En cas d'opposition au choix de la langue de procédure effectué par le requérant dans le délai visé ci-dessus et en l'absence d'un accord à ce sujet entre les parties à la procédure devant la chambre de recours, la langue dans laquelle la demande d'enregistrement en cause a été déposée devant l'Office devient la langue de procédure. Toutefois, si, à la demande motivée d'une partie et après avoir entendu les autres parties, le président constate que l'utilisation de cette langue ne permettrait pas à toutes les parties à la procédure devant la chambre de recours de suivre la procédure et d'assurer leur défense et que seule l'utilisation d'une autre langue parmi celles mentionnées à l'article 35 paragraphe 1 permet de remédier à cette situation, il peut désigner cette dernière langue comme langue de procédure ; le président peut déférer cette question au Tribunal.

3. Dans les mémoires et autres écrits adressés au Tribunal ainsi qu'au cours de la procédure orale, la partie requérante peut utiliser la langue choisie par elle conformément au paragraphe 1 et chacune des autres parties peut utiliser une langue choisie par elle parmi les langues mentionnées à l'article 35 paragraphe 1.

4. Si, en vertu du paragraphe 2, une autre langue que celle dans laquelle est rédigée la requête devient la langue de procédure, le greffier veille à assurer la traduction de la requête dans la langue de procédure.

Chaque partie est tenue, dans un délai raisonnable fixé à cet effet par le greffier, de produire la traduction dans la langue de procédure des mémoires ou écrits autres que la requête déposés par elle dans une langue autre que la langue de procédure en application du paragraphe 3. La fidélité de cette traduction, qui fait foi au sens de l'article 37, doit être certifiée exacte par la partie qui la produit. Si cette traduction n'est pas produite dans le délai fixé, le mémoire ou l'acte de procédure en question est retiré du dossier.

Le greffier veille à ce que tout ce qui est dit au cours de la procédure orale soit traduit dans la langue de procédure et, à la demande d'une partie, dans une autre langue utilisée par elle conformément au paragraphe 3.

....

Art. 135 (...) 2. La requête et les mémoires en réponse peuvent être complétés par des mémoires en réplique et en duplique des parties, y compris les intervenants visés à l'article 134 paragraphe 1, lorsque le président, à la suite d'une demande motivée présentée dans un délai de deux semaines à compter de la notification des mémoires en réponse ou en réplique, le juge nécessaire et l'autorise pour permettre à la partie concernée de défendre son point de vue.

Le président fixe le délai pour la présentation de ces mémoires. (...)

Art. 135 *bis* *(Créé par mod. du 12 juin 2008, JOUE L 179 du 8 juill., en vigueur le 1er sept. 2008)* **Après la présentation des mémoires visés à l'article 135, paragraphe 1, le cas échéant, à l'article 135, paragraphes 2 et 3, le Tribunal, sur rapport du juge rapporteur, l'avocat général et les parties entendus, peut décider de statuer sur le recours sans phase orale de la procédure, sauf si une des parties présente une demande en indiquant les motifs pour lesquels elle souhaite être entendue. Cette demande est présentée dans un délai d'un mois à compter de la signification à la partie de la clôture de la procédure écrite. Ce délai peut être prorogé par le président.**

Règlement (CE) n° 2790/1999 du 22 décembre 1999,

Concernant l'application de l'article 81, paragraphe 3, du traité à des catégories d'accords verticaux et de pratiques concertées.

Ce règlement a été remplacé à compter du 1er juin 2010 par le Règl. (UE) n° 330/2010 du 20 avr. 2010 (V. ce texte infra).

Règlement (CE) n° 2658/2000 du 29 novembre 2000,

Concernant l'application de l'article 81, paragraphe 3, du traité à des catégories d'accords de spécialisation.

Ce règlement a été remplacé à compter du 1er janv. 2011 par le Règl. (UE) n° 1218/2010 du 14 déc. 2010 (V. ce texte infra).

Règlement (CE) n° 2659/2000 du 29 novembre 2000,

Concernant l'application de l'article 81, paragraphe 3, du traité à des catégories d'accords de recherche et de développement.

Ce règlement a été remplacé à compter du 1er janv. 2011 par le Règl. (UE) n° 1217/2010 du 14 déc. 2010 (V. ce texte infra).

Règlement (CE) n° 772/2004 du 27 avril 2004,

Concernant l'application de l'article 81, paragraphe 3, du traité à des catégories d'accords de transfert de technologie (JOUE L 123 du 27 avr. 2004).

Ce règlement a été remplacé à compter du 1er mai 2014 par le règlement (UE) n° 316/2014 du 21 mars 2014 (V. ce texte infra).

BIBL. ▶ BONET, *RTD eur. 2004. 716*. – EL BAROUDI-KOSTRIKIS, *Propr. ind. 2008. Étude 26* (l'application en droit communautaire des ententes aux accords de transfert de technologie). – GALLOUX, *Propr. intell. 2005, n° 14, p. 4* (le règlement n° 772/2004/CE de la Commission du 27 avril 2004 concernant l'application de l'article 81, § 3, du traité à des catégories d'accords de transfert de technologie).

Règlement (UE) n° 330/2010 du 20 avril 2010,

Concernant l'application de l'article 101, paragraphe 3, du traité sur le fonctionnement de l'Union européenne à des catégories d'accords verticaux et de pratiques concertées.

LA COMMISSION EUROPÉENNE,

considérant ce qui suit :

(1) En vertu du règlement n° 19/65/CEE, la Commission est compétente pour appliquer, par voie de règlement, l'article 101, paragraphe 3, du traité sur le fonctionnement de l'Union européenne à certaines catégories d'accords verticaux et de pratiques concertées correspondantes relevant de l'article 101, paragraphe 1, du traité.

(2) Le règlement (CE) n° 2790/1999 de la Commission du 22 décembre 1999 concernant l'application de l'article 81, paragraphe 3, du traité à des catégories d'accords verticaux et de pratiques concertées définit une catégorie d'accords verticaux dont la Commission a considéré qu'ils remplissaient normalement les conditions prévues à l'article 101, paragraphe 3, du traité. Eu égard aux résultats globalement positifs de l'application de ce règlement, qui expire le 31 mai 2010, et à l'expérience supplémentaire acquise depuis son adoption, il y a lieu d'adopter un nouveau règlement d'exemption par catégorie.

(3) La catégorie d'accords dont la Commission a considéré qu'ils remplissaient normalement les conditions prévues à l'article 101, paragraphe 3, du traité comprend les accords verticaux d'achat ou de vente de biens ou de services lorsque ces accords sont conclus entre entreprises non concurrentes, entre certaines entreprises concurrentes ou par certaines associations de détaillants de biens. Elle inclut aussi des accords verticaux contenant des dispositions accessoires sur la cession ou l'utilisation de droits de propriété intellectuelle. Le terme « accords verticaux » doit inclure les pratiques concertées correspondantes.

(4) Il n'est pas nécessaire, pour l'application de l'article 101, paragraphe 3, du traité par voie de règlement, de définir les accords verticaux susceptibles de relever de l'article 101, paragraphe 1, du traité. L'évaluation individuelle d'accords au regard de l'article 101, paragraphe 1, du traité exige la prise en compte de plusieurs facteurs, notamment la structure de marché du côté de l'offre et de la demande.

(5) Il y a lieu de limiter le bénéfice de l'exemption par catégorie prévue par le présent règlement aux accords verticaux dont on peut présumer avec suffisamment de certitude qu'ils remplissent les conditions prévues à l'article 101, paragraphe 3, du traité.

(6) Certains types d'accords verticaux peuvent améliorer l'efficience économique à l'intérieur d'une chaîne de production ou de distribution grâce à une meilleure coordination entre les entreprises participantes. Ils peuvent, en particulier, entraîner une diminution des coûts de transaction et de distribution des parties et assurer à celles-ci un niveau optimal d'investissements et de ventes.

(7) La probabilité que de tels gains d'efficience l'emportent sur les éventuels effets anticoncurrentiels des restrictions contenues dans les accords verticaux dépend du pouvoir de marché des parties à l'accord et, dès lors, du degré de concurrence que celles-ci doivent affronter de la part d'autres fournisseurs de biens et de services que les clients considèrent comme interchangeables ou substituables en raison de leurs caractéristiques, de leur prix et de l'usage auquel ils sont destinés.

(8) On peut présumer, lorsque la part de marché détenue par chaque entreprise partie à l'accord sur le marché en cause ne dépasse pas 30%, que les accords verticaux qui ne contiennent pas certaines restrictions graves de concurrence ont généralement pour effet d'améliorer la production ou la distribution et de réserver aux consommateurs une partie équitable des avantages qui en résultent.

(9) Au-dessus du seuil de part de marché de 30 %, il n'est pas possible de présumer que les accords verticaux relevant de l'article 101, paragraphe 1, du traité entraînent généralement des avantages objectifs de nature et de taille à compenser les inconvénients que ces accords produisent sur la concurrence. En même temps, ces accords verticaux ne sont pas présumés relever de l'article 101, paragraphe 1, du traité ni ne pas remplir les conditions de l'article 101, paragraphe 3, du traité.

(10) Le présent règlement ne doit pas exempter des accords verticaux contenant des restrictions qui risquent de restreindre la concurrence et d'être préjudiciables aux consommateurs ou qui ne sont pas indispensables pour produire les gains d'efficience. En particulier, les accords verticaux contenant certains types de restrictions graves de concurrence, comme l'imposition d'un prix de vente minimal ou d'un prix de vente fixe ou certains types de protection territoriale, doivent être exclus du bénéfice de l'exemption par catégorie prévue par le présent règlement, quelle que soit la part de marché des entreprises concernées.

(11) Afin de garantir l'accès au marché en cause ou de prévenir toute collusion sur ce marché, l'exemption par catégorie doit être subordonnée à certaines conditions. A cette fin, l'exemption des obligations de non-concurrence doit être limitée à celles qui ne dépassent pas une certaine durée. Pour les mêmes raisons, toute obligation directe ou indirecte imposant aux membres d'un système de distribution sélective l'obligation de ne pas vendre les marques de certains fournisseurs concurrents doit être exclue du bénéfice du présent règlement.

(12) Le seuil de part de marché, l'exclusion de certains accords verticaux de l'exemption prévue par le présent règlement ainsi que les conditions auxquelles celui-ci subordonne l'exemption font normalement en sorte que les accords auxquels s'applique l'exemption par catégorie ne donnent pas la possibilité aux entreprises participantes d'éliminer la concurrence pour une partie substantielle des produits en cause.

(13) Conformément à l'article 29, paragraphe 1, du règlement (CE) n° 1/2003 du Conseil du 16 décembre 2002 relatif à la mise en œuvre des règles de concurrence prévues aux articles 81 et 82 du traité, la Commission peut retirer le bénéfice de l'application du présent

règlement si elle constate que, dans un cas déterminé, un accord exempté en vertu du présent règlement produit néanmoins des effets incompatibles avec l'article 101, paragraphe 3, du traité.

(14) L'autorité de concurrence d'un État membre peut, en vertu de l'article 29, paragraphe 2, du règlement (CE) n° 1/2003, retirer le bénéfice de l'application du présent règlement pour l'ensemble ou pour une partie du territoire d'un État membre, si dans un cas déterminé, un accord exempté en vertu du présent règlement produit néanmoins des effets incompatibles avec l'article 101, paragraphe 3, du traité sur l'ensemble ou sur une partie du territoire de cet État membre et lorsque ce territoire présente toutes les caractéristiques d'un marché géographique distinct.

(15) Pour déterminer si le bénéfice de l'application du présent règlement doit être retiré en vertu de l'article 29 du règlement (CE) n° 1/2003, les effets anti-concurrentiels qui peuvent résulter de l'existence de réseaux parallèles d'accords verticaux ayant des effets similaires qui restreignent de manière significative l'accès à un marché en cause ou la concurrence à l'intérieur de celui-ci, sont particulièrement importants. Ces effets cumulatifs peuvent, par exemple, se produire dans le cas de la distribution sélective ou des obligations de non-concurrence.

(16) Pour renforcer le contrôle des réseaux parallèles d'accords verticaux qui ont des effets anti-concurrentiels similaires et qui couvrent plus de 50 % d'un marché donné, la Commission peut, par voie de règlement, déclarer le présent règlement inapplicable à des accords verticaux contenant des restrictions déterminées qui sont pratiquées sur le marché en cause, restaurant ainsi la pleine application de l'article 101 du traité à l'égard de ces accords.

A adopté le présent règlement :

Art. 1er *Définitions.* 1. Aux fins du présent règlement, on entend par :

a) "accord vertical", un accord ou une pratique concertée entre deux ou plusieurs entreprises opérant chacune, aux fins de l'accord ou de la pratique concertée, à un niveau différent de la chaîne de production ou de distribution, et relatif aux conditions auxquelles les parties peuvent acheter, vendre ou revendre certains biens ou services ;

b) "restriction verticale", une restriction de concurrence dans un accord vertical entrant dans le champ d'application de l'article 101, paragraphe 1, du traité ;

c) "entreprise concurrente", un concurrent actuel ou potentiel ; "concurrent actuel", une entreprise présente sur le même marché en cause ; "concurrent potentiel", une entreprise qui, en l'absence de l'accord vertical, pourrait entreprendre, de façon réaliste et non selon une possibilité purement théorique, les investissements supplémentaires nécessaires ou supporter les autres coûts de transformation nécessaires pour pénétrer sur le marché en cause rapidement en cas d'augmentation légère, mais permanente, des prix relatifs ;

d) "obligation de non-concurrence", toute obligation directe ou indirecte interdisant à l'acheteur de fabriquer, d'acheter, de vendre ou de revendre des biens ou des services qui sont en concurrence avec les biens ou les services contractuels, ou toute obligation directe ou indirecte imposant à l'acheteur l'obligation d'acquérir auprès du fournisseur ou d'une autre entreprise désignée par le fournisseur plus de 80 % de ses achats annuels en biens ou en services contractuels et en biens et en services substituables sur le marché en cause, calculés sur la base de la valeur ou, si cela est de pratique courante dans le secteur, du volume des achats qu'il a effectués au cours de l'année civile précédente ;

e) "système de distribution sélective", un système de distribution dans lequel le fournisseur s'engage à ne vendre les biens ou les services contractuels, directement ou indirectement, qu'à des distributeurs sélectionnés sur la base de critères définis, et dans lequel ces distributeurs s'engagent à ne pas vendre ces biens ou ces services à des distributeurs non agréés dans le territoire réservé par le fournisseur pour l'opération de ce système ;

f) "droits de propriété intellectuelle", les droits de propriété industrielle, les savoir-faire, les droits d'auteur et les droits voisins ;

g) "savoir-faire", un ensemble secret, substantiel et identifié d'informations pratiques non brevetées, résultant de l'expérience du fournisseur et testées par celui-ci ; dans ce contexte, "secret" signifie que le savoir-faire n'est pas généralement connu ou facilement accessible ; "substantiel" se réfère au savoir-faire qui est significatif et utile à l'acheteur aux fins de l'utilisation, de la vente ou de la revente des biens ou des services contractuels ; "identifié" signifie que le savoir-faire est décrit d'une façon suffisamment complète pour permettre de vérifier s'il remplit les conditions de secret et de substantialité ;

h) "acheteur", entre autres, une entreprise qui, en vertu d'un accord relevant de l'article 101, paragraphe 1, du traité, vend des biens ou des services pour le compte d'une autre entreprise ;

i) "client de l'acheteur", une entreprise non partie à l'accord qui achète les biens ou services contractuels à un acheteur partie à l'accord.

2. Aux fins du présent règlement, les termes "entreprise", "fournisseur" et "acheteur" comprennent leurs entreprises liées respectives.

Sont considérées comme "entreprises liées" :

a) les entreprises dans lesquelles une partie à l'accord dispose, directement ou indirectement :

i) de plus de la moitié des droits de vote, ou

ii) du pouvoir de désigner plus de la moitié des membres du conseil de surveillance, du conseil d'administration ou des organes représentant légalement l'entreprise, ou

iii) du droit de gérer les affaires de l'entreprise ;

b) les entreprises qui, dans une entreprise partie à l'accord, disposent, directement ou indirectement, des droits ou des pouvoirs énumérés au point a) ;

c) les entreprises dans lesquelles une entreprise visée au point b) dispose, directement ou indirectement, des droits ou des pouvoirs énumérés au point a) ;

d) les entreprises dans lesquelles une entreprise partie à l'accord et une ou plusieurs des entreprises visées aux points a), b) ou c), ou dans lesquelles deux ou plus de deux de ces dernières entreprises disposent ensemble des droits ou des pouvoirs énumérés au point a) ;

e) les entreprises dans lesquelles les droits ou les pouvoirs énumérés au point a) sont détenus conjointement par :

i) des parties à l'accord ou leurs entreprises liées respectives visées aux points a) à d), ou

ii) une ou plusieurs des parties à l'accord ou une ou plusieurs des entreprises qui leur sont liées visées aux points a) à d) et un ou plusieurs tiers.

Art. 2 *Exemption.* 1. Conformément à l'article 101, paragraphe 3, du traité, et sous réserve des dispositions du présent règlement l'article 101, paragraphe 1, du traité est déclaré inapplicable aux accords verticaux.

La présente exemption s'applique dans la mesure où ces accords contiennent des restrictions verticales.

2. L'exemption prévue au paragraphe 1 ne s'applique qu'aux accords verticaux conclus entre une association d'entreprises et ses membres, ou entre une telle association et ses fournisseurs, si tous ses membres sont détaillants de biens et sous réserve qu'aucun des membres individuels de cette association, conjointement avec ses entreprises liées, ne réalise un chiffre d'affaires annuel total qui dépasse 50 millions d'euros. Les accords verticaux conclus par ces associations sont couverts par le présent règlement sans préjudice de l'application de l'article 101 du traité aux accords horizontaux conclus par les membres de l'association et aux décisions adoptées par l'association.

3. L'exemption prévue au paragraphe 1 s'applique aux accords verticaux contenant des dispositions concernant la cession à l'acheteur ou l'utilisation par l'acheteur de droits de propriété intellectuelle, à condition que ces dispositions ne constituent pas l'objet principal de ces accords et qu'elles soient directement liées à l'utilisation, à la vente ou à la revente de biens ou de services par l'acheteur ou ses clients. L'exemption s'applique sous réserve qu'en relation avec les biens ou les services contractuels, ces dispositions ne comportent pas de restrictions de concurrence ayant un objet identique à celui de restrictions verticales non exemptées en vertu du présent règlement.

4. L'exemption prévue au paragraphe 1 ne s'applique pas aux accords verticaux conclus entre entreprises concurrentes. Toutefois, l'exemption s'applique lorsque des entreprises concurrentes concluent entre elles un accord vertical non réciproque et que :

a) le fournisseur est un producteur et un distributeur de biens, tandis que l'acheteur est un distributeur et non une entreprise qui fabrique des biens concurrents ; ou que

b) le fournisseur est un prestataire de services à plusieurs niveaux d'activité commerciale, tandis que l'acheteur fournit ses biens ou services au stade de la vente au détail et n'est pas une entreprise concurrente au niveau de l'activité commerciale où il achète les services contractuels.

5. Le présent règlement ne s'applique pas aux accords verticaux faisant l'objet d'un autre règlement d'exemption par catégorie, sauf si ce dernier le prévoit.

Art. 3 *Seuil de part de marché.* 1. L'exemption prévue à l'article 2 s'applique à condition que la part de marché détenue par le fournisseur ne dépasse pas 30 % du marché en cause sur lequel il vend les biens ou services contractuels et que la part de marché détenue par l'acheteur ne dépasse pas 30 % du marché en cause sur lequel il achète les biens ou services contractuels.

2. Aux fins du paragraphe 1, lorsque, aux termes d'un accord multipartite, une entreprise achète les biens ou services contractuels à une entreprise partie à l'accord et vend les biens ou services contractuels à une autre entreprise partie à l'accord, la part de marché de la première entreprise doit respecter le seuil de part de marché prévu dans ce paragraphe, en tant qu'acheteur et fournisseur, pour que l'exemption prévue à l'article 2 s'applique.

Art. 4 *Restrictions retirant le bénéfice de l'exemption par catégorie — restrictions caractérisées.* L'exemption prévue à l'article 2 ne s'applique pas aux accords verticaux qui, directement ou indirectement, isolément ou cumulés avec d'autres facteurs sur lesquels les parties peuvent influer, ont pour objet :

a) de restreindre la capacité de l'acheteur de déterminer son prix de vente, sans préjudice de la possibilité pour le fournisseur d'imposer un prix de vente maximal ou de recommander un prix de vente, à condition que ces derniers n'équivaillent pas à un prix de vente fixe ou minimal sous l'effet de pressions exercées ou d'incitations par l'une des parties ;

b) de restreindre le territoire sur lequel, ou la clientèle à laquelle, un acheteur partie à l'accord peut vendre les biens ou services contractuels sans préjudice d'une restriction quant à son lieu d'établissement, sauf s'il s'agit de :

i) restreindre ses ventes actives sur un territoire ou à une clientèle que le fournisseur s'est exclusivement réservés ou qu'il a alloués à un autre acheteur, lorsque cette restriction ne limite pas les ventes réalisées par les clients de l'acheteur,

ii) restreindre les ventes aux utilisateurs finals par un acheteur agissant en tant que grossiste sur le marché,

iii) restreindre les ventes par les membres d'un système de distribution sélective à des distributeurs non agréés, dans le territoire réservé par le fournisseur pour l'opération de ce système, et

iv) restreindre la capacité de l'acheteur de vendre des composants destinés à l'incorporation à des clients qui pourraient les utiliser pour la fabrication de biens analogues à ceux qui sont produits par le fournisseur ;

c) de restreindre les ventes actives ou les ventes passives aux utilisateurs finals par les membres d'un système de distribution sélective qui agissent en tant que détaillants sur le marché, sans préjudice de la possibilité d'interdire à un membre du système d'exercer ses activités à partir d'un lieu d'établissement non autorisé ;

d) de restreindre les fournitures croisées entre distributeurs à l'intérieur d'un système de distribution sélective, y compris entre des distributeurs agissant à des stades commerciaux différents ;

e) de restreindre, dans le cadre d'un accord entre un fournisseur de composants et un acheteur qui incorpore ces composants, la capacité du fournisseur de vendre ces composants en tant que pièces détachées à des utilisateurs finals, à des réparateurs ou à d'autres prestataires de services qui n'ont pas été désignés par l'acheteur pour la réparation ou l'entretien de ses biens.

Art. 5 *Restrictions exclues.* 1. L'exemption prévue à l'article 2 ne s'applique pas aux obligations suivantes contenues dans des accords verticaux :

a) toute obligation directe ou indirecte de non-concurrence dont la durée est indéterminée ou dépasse cinq ans ;

b) toute obligation directe ou indirecte interdisant à l'acheteur, à l'expiration de l'accord, de fabriquer, d'acheter, de vendre ou de revendre des biens ou des services ;

c) toute obligation directe ou indirecte imposée aux membres d'un réseau de distribution sélective de ne pas vendre les marques de fournisseurs concurrents déterminés.

Aux fins du premier alinéa du paragraphe 1, point a), une obligation de non-concurrence tacitement renouvelable au-delà d'une période de cinq ans est considérée comme ayant été conclue pour une durée indéterminée.

2. Par dérogation au paragraphe 1, point a), la limitation de la durée à cinq ans n'est toutefois pas applicable lorsque les biens ou services contractuels sont vendus par l'acheteur à partir de locaux et de terrains dont le fournisseur est propriétaire ou que le fournisseur loue à des tiers non liés à l'acheteur, à condition que la durée de l'obligation de non-concurrence ne dépasse pas la période d'occupation des locaux et des terrains par l'acheteur.

3. Par dérogation au paragraphe 1, point b), l'exemption prévue à l'article 2 s'applique à toute obligation directe ou indirecte interdisant à l'acheteur, à l'expiration de l'accord, de fabriquer, d'acheter, de vendre ou de revendre des biens ou des services, lorsque les conditions suivantes sont remplies :

a) l'obligation concerne des biens ou des services en concurrence avec les biens ou services contractuels ;

b) l'obligation est limitée aux locaux et aux terrains à partir desquels l'acheteur a exercé ses activités pendant la durée du contrat ;

c) l'obligation est indispensable à la protection d'un savoir-faire transféré par le fournisseur à l'acheteur ;

d) la durée de l'obligation est limitée à un an à compter de l'expiration de l'accord.

Le paragraphe 1, point b), ne porte pas atteinte à la possibilité d'imposer, pour une durée indéterminée, une restriction à l'utilisation et à la divulgation d'un savoir-faire qui n'est pas tombé dans le domaine public.

Art. 6 *Non-application du présent règlement.* Conformément à l'article 1 *bis* du règlement n° 19/65/CEE, la Commission peut déclarer, par voie de règlement, lorsque des réseaux parallèles de restrictions verticales similaires couvrent plus de 50 % d'un marché en cause, que le présent règlement ne s'applique pas aux accords verticaux qui comportent des restrictions spécifiques concernant ce marché.

Art. 7 *Application du seuil de part de marché.* Aux fins de l'application du seuil de part de marché prévu à l'article 3, les règles suivantes s'appliquent :

a) la part de marché du fournisseur est calculée sur la base de données relatives à la valeur des ventes sur le marché et la part de marché de l'acheteur est calculée sur la base de données relatives à la valeur des achats sur le marché. A défaut, la détermination de la part de marché de l'entreprise considérée peut s'effectuer sur la base d'estimations fondées sur d'autres informations fiables relatives au marché, y compris le volume des ventes et des achats sur celui-ci ;

b) la part de marché est calculée sur la base de données relatives à l'année civile précédente ;

c) la part de marché du fournisseur inclut les biens ou les services fournis aux distributeurs verticalement intégrés aux fins de la vente ;

d) si la part de marché est initialement inférieure ou égale à 30 %, mais franchit ensuite ce seuil sans dépasser 35 %, l'exemption prévue à l'article 2 continue à s'appliquer pendant deux années civiles consécutives suivant l'année pendant laquelle le seuil de 30 % a été dépassé pour la première fois ;

e) si la part de marché est initialement inférieure ou égale à 30 % mais dépasse ensuite 35 %, l'exemption prévue à l'article 2 continue à s'appliquer pendant une année civile suivant l'année pendant laquelle le seuil de 35 % a été dépassé pour la première fois ;

f) le bénéfice des points d) et e) ne peut pas être combiné de manière à dépasser une période de deux années civiles ;

g) la part de marché détenue par les entreprises visées à l'article 1er, paragraphe 2, second alinéa, point e), doit être imputée à parts égales à chaque entreprise disposant des droits ou des pouvoirs énumérés à l'article 1er, paragraphe 2, second alinéa, point a).

Art. 8 *Application du seuil de chiffre d'affaires.* 1. Le chiffre d'affaires annuel total au sens de l'article 2, paragraphe 2, résulte de l'addition du chiffre d'affaires, hors taxes et autres redevances, réalisé au cours de l'exercice précédent par la partie à l'accord vertical concernée et du chiffre d'affaires réalisé par ses entreprises liées, en ce qui concerne tous les biens et services. A cette fin, il n'est pas tenu compte des transactions intervenues entre la partie à l'accord vertical et ses entreprises liées ni de celles intervenues entre ces dernières entreprises.

2. L'exemption prévue à l'article 2 reste applicable si, pendant une période de deux exercices annuels consécutifs, le seuil du chiffre d'affaires annuel total n'est pas dépassé de plus de 10 %.

Art. 9 *Période de transition.* L'interdiction énoncée à l'article 101, paragraphe 1, du traité ne s'applique pas, pendant la période allant du 1er juin 2010 au 31 mai 2011, aux accords qui, au 31 mai 2010, sont déjà en vigueur et ne remplissent pas les conditions d'exemption prévues par le présent règlement, mais satisfont à celles qui sont prévues par le règlement (CE) n° 2790/1999. — *V. ce Règl., supra.*

Art. 10 *Période de validité.* Le présent règlement entre en vigueur le 1er juin 2010.

Il expire le 31 mai 2022.

Règlement (UE) n° 1217/2010 de la Commission du 14 décembre 2010,

Relatif à l'application de l'article 101, paragraphe 3, du traité sur le fonctionnement de l'Union européenne à certaines catégories d'accords de recherche et de développement.

La Commission européenne,

considérant ce qui suit :

(1) Le règlement (CEE) n° 2821/71 habilite la Commission à appliquer l'article 101, paragraphe 3, du traité sur le fonctionnement de l'Union européenne par voie de règlement à certaines catégories d'accords, de décisions et de pratiques concertées relevant de l'article 101, paragraphe 1, du traité, qui ont pour objet la recherche et le développement de produits, de technologies ou de procédés jusqu'au stade de l'application industrielle, ainsi que l'exploitation des résultats, y compris les dispositions relatives aux droits de propriété intellectuelle.

(2) L'article 179, paragraphe 2, du traité invite l'Union à encourager les entreprises, y compris les petites et moyennes entreprises, dans leurs efforts de recherche et de développement technologique de haute qualité, et à soutenir leurs efforts de coopération. Le présent règlement vise à faciliter la recherche et le développement tout en assurant, en même temps, une protection efficace de la concurrence.

(3) Le règlement (CE) n° 2659/2000 de la Commission du 29 novembre 2000 concernant l'application de l'article 81, paragraphe 3, du traité à des catégories d'accords de recherche et de développement définit des catégories d'accords de recherche et de développement dont la Commission a considéré qu'ils remplissaient normalement les conditions prévues à l'article 101, paragraphe 3, du traité. Eu égard aux résultats globalement positifs de l'application de ce règlement, qui expire le 31 décembre 2010, et à l'expérience supplémentaire acquise depuis son adoption, il y a lieu d'adopter un nouveau règlement d'exemption par catégorie.

(4) Le présent règlement doit satisfaire à deux exigences, à savoir assurer une protection efficace de la concurrence et garantir une sécurité juridique suffisante aux entreprises. Ces objectifs doivent être poursuivis en tenant compte de la nécessité de simplifier, dans toute la mesure du possible, la surveillance administrative et le cadre législatif. On peut en général présumer, aux fins de l'application de l'article 101, paragraphe 3, du traité, qu'en dessous d'un certain niveau de pouvoir de marché, les effets positifs des accords de recherche et de développement compenseront leurs éventuels effets négatifs sur la concurrence.

(5) Il n'est pas nécessaire, pour l'application de l'article 101, paragraphe 3, du traité par voie de règlement, de définir les accords qui sont susceptibles de relever de l'article 101, paragraphe 1, dudit traité. L'appréciation individuelle d'accords au regard de l'article 101, paragraphe 1, du traité exige la prise en compte de plusieurs facteurs, en particulier la structure du marché en cause.

(6) Les accords conclus en vue d'entreprendre une recherche conjointe ou de développer en commun les résultats de la recherche jusqu'au stade de l'application industrielle, celle-ci n'étant pas comprise, ne relèvent généralement pas de l'article 101, paragraphe 1, du traité. Toutefois, dans certaines circonstances, de tels accords peuvent relever de l'article 101, paragraphe 1, du traité, notamment lorsque les parties s'interdisent de poursuivre d'autres activités de recherche et de développement dans le même domaine et renoncent ainsi à la possibilité d'acquérir des avantages concurrentiels par rapport aux autres parties. Il convient donc de les inclure dans le champ d'application du présent règlement.

(7) Il y a lieu de limiter le bénéfice de l'exemption établie par le présent règlement aux accords dont on peut présumer avec suffisamment de certitude qu'ils remplissent les conditions prévues à l'article 101, paragraphe 3, du traité.

(8) La coopération en matière de recherche et de développement et en matière d'exploitation des résultats est la plus susceptible de favoriser le progrès technique et économique quand les parties apportent, à titre de contribution à la coopération, des compétences, des actifs ou des activités complémentaires. Cela inclut aussi les scénarios dans lesquels une partie se borne à financer les activités de recherche et de développement d'une autre partie.

(9) L'exploitation en commun des résultats peut être considérée comme l'aboutissement naturel d'activités conjointes de recherche et de développement. Elle peut prendre différentes formes, comme la fabrication de produits, l'exploitation de droits de propriété intel-

lectuelle qui apportent une contribution importante au progrès technique ou économique, ou la commercialisation de nouveaux produits.

(10) Les consommateurs sont généralement censés profiter de l'accroissement des activités de recherche et de développement et du renforcement de l'efficacité de celles-ci grâce à l'introduction de produits ou de services nouveaux ou améliorés, au lancement plus rapide de tels produits ou services ou à une réduction des prix résultant de technologies ou de procédés nouveaux ou améliorés.

(11) Pour justifier l'exemption, l'exploitation en commun doit s'appliquer à des produits, des technologies ou des procédés pour lesquels l'utilisation des résultats de la recherche et du développement est déterminante. De plus, toutes les parties doivent convenir dans leur accord de recherche et de développement qu'elles auront toutes un accès illimité aux résultats finaux des travaux conjoints de recherche et de développement, y compris aux droits de propriété intellectuelle et au savoir-faire qui en découlent, à des fins d'activités de recherche et de développement ou d'exploitation complémentaires, dès que ces résultats finaux sont disponibles. En règle générale, l'accès aux résultats ne doit pas être limité s'il s'agit de les utiliser pour des travaux complémentaires de recherche et de développement. Toutefois, si les parties limitent, en vertu du présent règlement, leurs droits d'exploitation des résultats, notamment lorsqu'elles se spécialisent dans l'exploitation, l'accès aux résultats dans un but d'exploitation peut être limité en conséquence. De plus, lorsque des centres universitaires, des instituts de recherche ou des entreprises qui réalisent des travaux de recherche et de développement sur une base commerciale sans s'occuper en principe de l'exploitation des résultats participent à la recherche et au développement, ils peuvent convenir d'utiliser les résultats de la recherche et du développement aux seules fins de recherches complémentaires. Les parties, selon leurs capacités et leurs besoins commerciaux, peuvent contribuer de manière inégale à la coopération dans le domaine de la recherche et du développement. C'est pourquoi, afin de refléter et pour compenser les différences de valeur ou de nature des contributions des parties, un accord de recherche et de développement bénéficiant des dispositions du présent règlement peut prévoir qu'une partie indemnise une autre partie pour l'accès consenti aux résultats en vue de travaux complémentaires de recherche ou d'exploitation. Toutefois, le montant de l'indemnisation ne doit pas être tel qu'il empêche en réalité l'accès aux résultats.

(12) De la même manière, dans le cas où l'accord de recherche et de développement ne prévoit pas d'exploitation en commun des résultats, les parties doivent convenir dans leur accord de s'accorder mutuellement l'accès à leur savoir-faire préexistant respectif, pour autant que ce savoir-faire soit indispensable à l'exploitation des résultats par les autres parties. Le montant du droit de licence appliqué ne doit pas être tel qu'il empêche en réalité l'accès des autres parties au savoir-faire.

(13) L'exemption établie par le présent règlement doit être limitée aux accords de recherche et de développement qui ne permettent pas aux entreprises concernées d'éliminer la concurrence pour une partie substantielle des produits, des services ou des technologies en cause. Il y a lieu d'exclure du bénéfice de l'exemption par catégorie les accords conclus entre entreprises concurrentes dont la part de marché cumulée pour les produits, les services ou les technologies susceptibles d'être améliorés ou remplacés par les résultats de la recherche et du développement dépasse un certain niveau au moment de la conclusion de l'accord. Les accords de recherche et de développement ne sont, toutefois, pas présumés entrer dans le champ d'application de l'article 101, paragraphe 1, du traité, ou ne pas remplir les conditions de l'article 101, paragraphe 3, du traité dès que le seuil de part de marché établi dans le présent règlement est dépassé ou que d'autres conditions prévues par le présent règlement ne sont pas remplies. Dans de tels cas, il convient de procéder à une appréciation individuelle de l'accord de recherche et de développement au regard de l'article 101 du traité.

(14) Afin de garantir le maintien d'une concurrence effective pendant l'exploitation en commun des résultats, il convient de prévoir que l'exemption par catégorie cesse de s'appliquer si la part de marché cumulée détenue par les parties pour les produits, les services ou les technologies issus des activités conjointes de recherche et de développement devient trop importante. L'exemption par catégorie doit continuer de s'appliquer, quelles que soient les parts de marché des parties, durant une période déterminée après le début de l'exploitation en commun, pour permettre aux parties d'attendre, notamment après l'introduction d'un produit entièrement nouveau, une stabilisation de leurs parts de marché, et afin d'assurer une durée minimale de rentabilisation des capitaux investis.

(15) Le présent règlement ne doit pas exempter les accords contenant des restrictions qui ne sont pas indispensables pour atteindre les effets positifs engendrés par un accord de

recherche et de développement. Les accords contenant certains types de restrictions graves de la concurrence, telles que des restrictions imposées à la liberté des parties de mener des activités de recherche et de développement dans un domaine sans rapport avec celui qui est visé par l'accord, ou encore la fixation des prix appliqués aux tiers, les limitations de la production ou des ventes et les limitations des ventes passives des produits ou des technologies contractuels dans des territoires ou à une clientèle réservés à d'autres parties, doivent, en principe, être exclus du bénéfice de l'exemption par catégorie prévue par le présent règlement, quelle que soit la part de marché des parties. Dans ce contexte, les restrictions relatives au domaine d'utilisation ne constituent pas des limitations de la production ou de la vente, et ne constituent pas non plus des restrictions territoriales ou de clientèle.

(16) Le seuil de part de marché, l'exclusion de certains accords du bénéfice de l'exemption prévue par le présent règlement ainsi que les conditions auxquelles il subordonne l'exemption garantissent en général que les accords auxquels s'applique l'exemption par catégorie n'offriront pas aux parties la possibilité d'éliminer la concurrence pour une partie substantielle des produits ou des services en cause.

(17) On ne peut exclure l'apparition d'effets de verrouillage anticoncurrentiels lorsqu'une partie finance plusieurs projets de recherche et de développement réalisés par des concurrents pour les mêmes produits ou les mêmes technologies contractuels, en particulier si elle obtient le droit d'exclusivité sur l'exploitation des résultats vis-à-vis de tiers. Il convient donc d'accorder le bénéfice du présent règlement aux accords de recherche et de développement qui sont ainsi rémunérés uniquement si la part de marché cumulée de l'ensemble des parties participant à ces accords, c'est-à-dire la partie qui finance et l'ensemble des parties qui effectuent les travaux de recherche et de développement, ne dépasse pas 25 %.

(18) Les accords entre des entreprises qui ne sont pas des producteurs concurrents de produits, de technologies ou de procédés susceptibles d'être améliorés, substitués ou remplacés par les résultats de la recherche et du développement aboutissent seulement dans des circonstances exceptionnelles à l'élimination de la concurrence effective dans la recherche et le développement. Il y a donc lieu de permettre à ces accords de bénéficier de l'exemption établie par le présent règlement, quelle que soit la part de marché détenue par les parties, et de traiter tout cas exceptionnel en retirant le bénéfice de ladite exemption.

(19) La Commission peut retirer le bénéfice du présent règlement, en vertu de l'article 29, paragraphe 1, du règlement (CE) n° 1/2003 du Conseil du 16 décembre 2002 relatif à la mise en œuvre des règles de concurrence prévues aux articles 81 et 82 du traité si elle constate, dans un cas déterminé, qu'un accord auquel s'applique l'exemption prévue par le présent règlement, produit néanmoins des effets incompatibles avec l'article 101, paragraphe 3, du traité.

(20) L'autorité de concurrence d'un État membre peut, en vertu de l'article 29, paragraphe 2, du règlement (CE) n° 1/2003, retirer le bénéfice du présent règlement, pour l'ensemble ou pour une partie du territoire de cet État membre, si elle estime, dans un cas déterminé, qu'un accord auquel s'applique l'exemption établie par le présent règlement produit néanmoins des effets incompatibles avec l'article 101, paragraphe 3, du traité sur l'ensemble ou sur une partie du territoire de cet État membre, et si ce territoire présente toutes les caractéristiques d'un marché géographique distinct.

(21) Le bénéfice du présent règlement peut être retiré en vertu de l'article 29 du règlement (CE) n° 1/2003 dans les cas, par exemple, où l'existence d'un accord de recherche et développement restreint sensiblement la possibilité pour les tiers de mener des activités de recherche et de développement dans le domaine en cause en raison de la limitation des capacités de recherche disponibles par ailleurs, où, du fait d'une structure particulière de l'offre, l'existence de l'accord de recherche et de développement entrave sensiblement l'accès des tiers au marché des produits ou des technologies contractuels, où les parties, sans raison objectivement justifiée, n'exploitent pas les résultats des activités conjointes de la recherche et du développement vis-à-vis des tiers, où les produits ou les technologies contractuels ne sont pas soumis, sur l'ensemble du marché intérieur ou une partie substantielle de celui-ci, à la concurrence effective de produits, de technologies ou de procédés considérés comme équivalents par les utilisateurs en raison de leurs propriétés, de leur prix et de l'usage auquel ils sont destinés, ou encore dans les cas où l'existence d'un accord de recherche et développement limite la concurrence sur le plan de l'innovation ou élimine la concurrence effective dans la recherche et le développement sur un marché particulier.

(22) Les accords de recherche et de développement étant souvent conclus à long terme, surtout lorsque la coopération s'étend à l'exploitation des résultats, la durée de validité du présent règlement doit être fixée à douze ans,

A adopté le présent règlement :

Art. 1er *Définitions.* 1. Aux fins du présent règlement, on entend par :

a) "accord de recherche et de développement" : un accord conclu entre deux ou plusieurs parties qui porte sur les conditions dans lesquelles ces parties assurent :

i) des activités conjointes de recherche et de développement de produits ou de technologies contractuels ainsi que l'exploitation en commun de leurs résultats ;

ii) l'exploitation en commun des résultats issus de la recherche et du développement de produits ou de technologies contractuels effectués conjointement en vertu d'un accord conclu antérieurement par les mêmes parties ;

iii) des activités conjointes de recherche et de développement de produits ou de technologies contractuels, à l'exclusion de l'exploitation en commun de leurs résultats ;

iv) des activités rémunérées de recherche et de développement de produits ou de technologies contractuels ainsi que l'exploitation en commun de leurs résultats ;

v) l'exploitation en commun des résultats issus de la recherche et du développement rémunérés de produits ou de technologies contractuels en vertu d'un accord conclu antérieurement par les mêmes parties ; ou

vi) des activités rémunérées de recherche et de développement de produits ou de technologies contractuels, à l'exclusion de l'exploitation en commun de leurs résultats ;

b) "accord" : un accord, une décision émanant d'une association d'entreprises ou une pratique concertée ;

c) "recherche et développement" : l'acquisition d'un savoir-faire relatif à des produits, des technologies ou des procédés, ainsi que la réalisation d'analyses théoriques, d'études ou d'expérimentations systématiques, y compris la production expérimentale, les tests techniques de produits ou de procédés, la réalisation des installations nécessaires et l'obtention de droits de propriété intellectuelle pour les résultats obtenus ;

d) "produit" : un bien ou un service, qu'il soit final ou intermédiaire ;

e) "technologie contractuelle" : une technologie ou un procédé issu(e) des activités conjointes de recherche et de développement ;

f) "produit contractuel" : un produit issu des activités conjointes de recherche et de développement, ou fabriqué ou fourni en utilisant les technologies contractuelles ;

g) "exploitation des résultats" : la production ou la distribution des produits contractuels, l'utilisation des technologies contractuelles, la cession de droits de propriété intellectuelle, la concession de licences sur de tels droits ou la communication d'un savoir-faire nécessaire pour permettre cette fabrication ou cette utilisation ;

h) "droits de propriété intellectuelle" : les droits de propriété intellectuelle, y compris les droits de propriété industrielle, les droits d'auteur et les droits voisins ;

i) "savoir-faire" : un ensemble secret, substantiel et identifié d'informations pratiques non brevetées, résultant de l'expérience et testées ;

j) "secret" dans le contexte du savoir-faire : un savoir-faire qui n'est pas généralement connu ou facilement accessible ;

k) "substantiel" dans le contexte du savoir-faire : un savoir-faire qui est important et utile pour la production des produits contractuels ou l'utilisation des technologies contractuelles ;

l) "identifié" dans le contexte du savoir-faire : un savoir-faire qui est décrit d'une façon suffisamment complète pour permettre de vérifier s'il remplit les conditions de secret et de substantialité ;

m) "conjointes" dans le contexte d'activités dans le cadre d'un accord de recherche et de développement : des activités où les tâches y afférentes sont :

i) executées par une équipe, une organisation ou une entreprise commune ;

ii) confiées en commun à un tiers ; ou

iii) réparties entre les parties en fonction d'une spécialisation dans la recherche et le développement ou l'exploitation ;

n) "spécialisation dans la recherche et le développement" : que chacune des parties participe aux activités de recherche et de développement couvertes par l'accord de recherche et de développement et qu'elles se répartissent les travaux de la manière qu'elles considèrent comme la plus appropriée ; cela n'inclut pas les travaux rémunérés de recherche et de développement ;

o) "spécialisation dans l'exploitation" : que les parties se répartissent les tâches comme la production ou la distribution, ou s'imposent des restrictions concernant l'exploitation des résultats, telles que des restrictions concernant, un certain territoire, une certaine clientèle ou un domaine d'utilisation ; cela inclut la situation dans laquelle une seule partie produit et distribue les produits contractuels sous le couvert d'une licence exclusive accordée par les autres parties ;

p) "activités rémunérées de recherche et de développement" : activités de recherche et de développement effectuées par une partie et financées par une partie qui finance ;

q) "partie qui finance" : une partie qui finance des activités rémunérées de recherche et de développement sans effectuer elle-même aucune de ces activités de recherche et de développement ;

r) "entreprise concurrente" : un concurrent existant ou potentiel ;

s) "concurrent existant" : une entreprise qui fournit un produit, une technologie ou un procédé susceptible d'être amélioré, substitué ou remplacé par le produit ou la technologie contractuels sur le marché géographique en cause ;

t) "concurrent potentiel" : une entreprise qui, en l'absence de l'accord de recherche et de développement, est susceptible, dans une optique réaliste et non pas simplement théorique, de consentir, dans un délai n'excédant pas trois ans, en cas d'augmentation légère mais permanente des prix relatifs, les investissements supplémentaires ou les autres dépenses d'adaptation nécessaires pour fournir un produit, une technologie ou un procédé susceptible d'être amélioré, substitué ou remplacé par le produit ou la technologie contractuels sur le marché géographique en cause ;

u) "marché en cause des produits" : le marché en cause des produits susceptibles d'être améliorés, substitués ou remplacés par les produits contractuels ;

v) "marché technologique en cause" : le marché en cause des technologies ou des procédés susceptibles d'être améliorés, substitués ou remplacés par les technologies contractuelles.

2. Aux fins du présent règlement, les termes "entreprise" et "partie" englobent leurs entreprises liées respectives.

On entend par "entreprises liées" :

a) les entreprises dans lesquelles une partie à l'accord de recherche et de développement dispose directement ou indirectement :

i) soit de plus de la moitié des droits de vote ;

ii) soit du pouvoir de désigner plus de la moitié des membres du conseil de surveillance, du conseil d'administration ou des organes représentant légalement l'entreprise ;

iii) soit du droit de gérer les affaires de l'entreprise ;

b) les entreprises qui disposent, directement ou indirectement, dans une entreprise partie à l'accord de recherche et de développement des droits ou des pouvoirs énumérés au point a) ;

c) les entreprises dans lesquelles une entreprise visée au point b) dispose, directement ou indirectement, des droits ou des pouvoirs énumérés au point a) ;

d) les entreprises dans lesquelles une entreprise partie à l'accord de recherche et de développement et une ou plusieurs des entreprises visées aux points a), b) ou c), ou dans lesquelles deux ou plusieurs de ces dernières entreprises disposent ensemble des droits ou des pouvoirs énumérés au point a) ;

e) les entreprises dans lesquelles les droits ou les pouvoirs énumérés au point a) sont détenus conjointement par :

i) des parties à l'accord de recherche et de développement ou leurs entreprises liées respectives visées aux points a) à d) ; ou

ii) une ou plusieurs des parties à l'accord de recherche et de développement ou une ou plusieurs de leurs entreprises liées visées aux points a) à d) et un ou plusieurs tiers.

Art. 2 *Exemption.* 1. Conformément à l'article 101, paragraphe 3, du traité, et sous réserve des dispositions du présent règlement, l'article 101, paragraphe 1, du traité est déclaré inapplicable aux accords de recherche et de développement.

La présente exemption s'applique dans la mesure où ces accords contiennent des restrictions de concurrence relevant de l'article 101, paragraphe 1, du traité.

2. L'exemption prévue au paragraphe 1 s'applique aux accords de recherche et de développement contenant des dispositions relatives à la cession de droits de propriété intellectuelle ou à la concession de licences sur de tels droits à une ou plusieurs des parties ou à une entité établie par les parties pour effectuer les activités conjointes de recherche et de développement, les activités rémunérées de recherche et de développement, ou l'exploitation en commun des résultats, pour autant que ces dispositions ne constituent pas l'objectif premier de ces accords, mais soient directement liées à leur mise en œuvre et nécessaires à celle-ci.

Art. 3 *Conditions d'exemption.* 1. L'exemption prévue à l'article 2 s'applique sous réserve des conditions énoncées aux paragraphes 2 à 5.

2. L'accord de recherche et de développement doit stipuler que toutes les parties ont un accès illimité aux résultats finaux des travaux conjoints ou rémunérés de recherche et de développement, y compris aux droits de propriété intellectuelle et au savoir-faire qui en

découlent, à des fins d'activités de recherche et de développement ou d'exploitation complémentaires, dès qu'ils sont disponibles. Lorsque les parties limitent leurs droits d'exploitation des résultats, conformément au présent règlement, en particulier lorsqu'elles se spécialisent dans l'exploitation, l'accès aux résultats dans un but d'exploitation peut être limité en conséquence. Les instituts de recherche, les centres universitaires ou les entreprises qui exécutent des travaux de recherche et de développement sur une base commerciale sans normalement participer à l'exploitation des résultats, peuvent en outre convenir de limiter leur utilisation desdits résultats à des fins de recherches complémentaires. L'accord de recherche et de développement peut prévoir que les parties s'indemnisent pour l'accès consenti aux résultats dans un but de travaux de recherche complémentaires ou d'exploitation, mais le montant de l'indemnisation ne doit pas être tel qu'il empêche en réalité l'accès à ces résultats.

3. Sans préjudice du paragraphe 2, si l'accord de recherche et de développement ne concerne que les activités conjointes ou rémunérées de recherche et de développement, il doit stipuler que chacune des parties doit avoir accès au savoir-faire préexistant des autres parties si ce savoir-faire lui est indispensable aux fins de l'exploitation des résultats. L'accord de recherche et de développement peut prévoir que les parties s'indemnisent pour l'accès consenti à leur savoir-faire préexistant, mais le montant de l'indemnisation ne doit pas être tel qu'il empêche en réalité l'accès à ce savoir-faire.

4. L'exploitation en commun ne peut concerner que des résultats protégés par des droits de propriété intellectuelle ou constituant un savoir-faire, qui sont déterminants pour la production des produits contractuels ou l'utilisation des technologies contractuelles.

5. Les parties chargées de la production des produits contractuels à la suite d'une spécialisation dans l'exploitation doivent être tenues de satisfaire aux demandes de livraison des produits contractuels émanant des autres parties, sauf lorsque l'accord de recherche et de développement prévoit également la distribution conjointe au sens de l'article 1er, paragraphe 1, point m) i) ou ii), ou lorsque les parties ont convenu que seule la partie qui fabrique les produits contractuels peut les distribuer.

Art. 4 *Seuil de part de marché et durée de l'exemption.* 1. Lorsque les parties ne sont pas des entreprises concurrentes, l'exemption prévue à l'article 2 s'applique pendant toute la durée de la recherche et du développement. En cas d'exploitation en commun des résultats, l'exemption continue de s'appliquer pendant une période de sept ans à compter de la date de la première mise sur le marché des produits ou des technologies contractuels au sein du marché intérieur.

2. Lorsque deux ou plusieurs parties sont des entreprises concurrentes, l'exemption prévue à l'article 2 s'applique pendant la période visée au paragraphe 1 du présent article, à condition qu'à la date de conclusion de l'accord de recherche et de développement,

a) la part de marché cumulée des parties ne dépasse pas 25 % du marché du produit ou de la technologie en cause, lorsqu'il s'agit des accords de recherche et de développement visés à l'article 1er, paragraphe 1, point a) i), ii) ou iii) ; ou

b) la part de marché cumulée de la partie qui finance et de l'ensemble des parties avec lesquelles la partie qui finance a conclu des accords de recherche et de développement concernant les mêmes produits ou technologies contractuels ne dépasse pas 25 % du marché du produit ou de la technologie en cause, lorsqu'il s'agit des accords de recherche et de développement visés à l'article 1er, paragraphe 1, point a) iv), v) ou vi).

3. A l'issue de la période visée au paragraphe 1, l'exemption continue de s'appliquer tant que la part de marché cumulée des parties n'est pas supérieure à 25 % du marché du produit ou de la technologie en cause.

Art. 5 *Restrictions caractérisées.* L'exemption prévue à l'article 2 ne s'applique pas aux accords de recherche et de développement qui, directement ou indirectement, isolément ou cumulés avec d'autres facteurs sous le contrôle des parties, ont pour objet :

a) soit la restriction de la liberté des parties de poursuivre, indépendamment ou en coopération avec des tiers, des activités de recherche et de développement soit dans un domaine sans rapport avec le domaine visé par l'accord de recherche et de développement, soit, à l'issue des travaux conjoints ou rémunérés de recherche et de développement, dans le domaine visé par cet accord ou dans un domaine qui lui est lié ;

b) soit la limitation de la production ou de la vente, à l'exception :

i) de la fixation d'objectifs de production lorsque l'exploitation en commun des résultats s'étend à la production conjointe des produits contractuels ;

ii) de la fixation d'objectifs de vente lorsque l'exploitation en commun des résultats s'étend à la distribution conjointe des produits contractuels ou à la concession conjointe de licences relatives aux technologies contractuelles au sens de l'article 1er, paragraphe 1, point m) i) ou ii) ;

iii) des pratiques constituant une spécialisation dans le cadre de l'exploitation ; et

iv) de la restriction de la liberté des parties en ce qui concerne la fabrication, la vente, la mise à disposition de produits, de technologies ou de procédés ou la cession de licences sur des produits, technologies ou procédés qui concurrencent les produits ou les technologies contractuels pendant la période pendant laquelle les parties ont convenu d'exploiter en commun les résultats ;

c) la fixation des prix pour la vente du produit contractuel à des tiers ou du montant de la licence sur les technologies contractuelles octroyée à des tiers, à l'exception de la fixation des prix appliqués aux clients directs ou de la fixation du montant de la licence appliqué aux preneurs directs de licences lorsque l'exploitation en commun des résultats s'étend à la distribution conjointe des produits contractuels ou à la concession conjointe de licences relatives aux technologies contractuelles au sens de l'article 1er, paragraphe 1, point m) i) ou ii) ;

d) la restriction du territoire sur lequel, ou de la clientèle à laquelle, les parties peuvent passivement vendre les produits contractuels ou octroyer la licence sur les technologies contractuelles, à l'exception de l'obligation d'accorder à une autre partie une licence exclusive sur les résultats ;

e) l'obligation de ne pas réaliser de ventes actives des produits ou des technologies contractuels, ou de les limiter, sur les territoires ou à la clientèle qui n'ont pas été attribués exclusivement à l'une des parties par voie de spécialisation dans l'exploitation ;

f) l'obligation de refuser de satisfaire les demandes de clients établis sur le territoire respectif des parties, ou de clients répartis autrement entre les parties par voie de spécialisation dans l'exploitation, qui écouleraient les produits contractuels dans d'autres territoires au sein du marché intérieur ;

g) l'obligation de restreindre la possibilité pour les utilisateurs ou les revendeurs d'obtenir les produits contractuels auprès d'autres revendeurs au sein du marché intérieur.

Art. 6 *Restrictions exclues.* L'exemption prévue à l'article 2 ne s'applique à aucune des obligations suivantes contenues dans des accords de recherche et de développement :

a) l'obligation de ne pas contester, après la réalisation des travaux de recherche et de développement, la validité des droits de propriété intellectuelle qui sont détenus par les parties dans le marché intérieur et qui sont utiles à la recherche et au développement, ou, au terme de l'accord de recherche et de développement, la validité des droits de propriété intellectuelle qui sont détenus par les parties dans le marché intérieur et qui protègent les résultats de la recherche et du développement, sans préjudice de la possibilité de mettre fin à l'accord de recherche et de développement au cas où l'une des parties contesterait la validité de pareils droits de propriété intellectuelle ;

b) l'obligation de ne pas octroyer de licences de production des produits contractuels ou d'utilisation des technologies contractuelles à des tiers à moins que l'accord ne prévoie l'exploitation par au moins une des parties des résultats des activités conjointes ou rémunérées de recherche et de développement et que cette exploitation s'effectue au sein du marché intérieur vis-à-vis de tiers.

Art. 7 *Application du seuil de part de marché.* Aux fins de l'application du seuil de part de marché prévu à l'article 4, les règles suivantes s'appliquent :

a) la part de marché est calculée sur la base de la valeur des ventes réalisées sur le marché ; en l'absence de données relatives à la valeur des ventes sur le marché, la détermination de la part de marché des parties peut s'effectuer sur la base d'estimations fondées sur d'autres informations fiables concernant le marché, notamment le volume des ventes sur celui-ci ;

b) la part de marché est calculée sur la base de données relatives à l'année civile précédente ;

c) la part de marché détenue par les entreprises visées à l'article 1er, paragraphe 2, deuxième alinéa, point e), est imputée à parts égales à chaque entreprise disposant des droits ou des pouvoirs énumérés au point a) dudit alinéa ;

d) si la part de marché visée à l'article 4, paragraphe 3, est initialement inférieure ou égale à 25 % mais franchit ensuite ce seuil sans dépasser 30 %, l'exemption prévue à l'article 2 continue de s'appliquer pendant deux années civiles consécutives suivant l'année au cours de laquelle le seuil de 25 % a été dépassé pour la première fois ;

e) si la part de marché visée à l'article 4, paragraphe 3, est initialement inférieure ou égale à 25 % mais dépasse ensuite 30 %, l'exemption prévue à l'article 2 continue à s'appliquer pendant une année civile suivant l'année au cours de laquelle le niveau de 30 % a été dépassé pour la première fois ;

f) le bénéfice des points d) et e) ne peut être cumulé de manière à dépasser une durée de deux années civiles.

Art. 8 *Période transitoire.* L'interdiction énoncée à l'article 101, paragraphe 1, du traité ne s'applique pas, pendant la période allant du 1er janvier 2011 au 31 décembre 2012, aux accords déjà en vigueur au 31 décembre 2010 qui ne remplissent pas les conditions d'exemption prévues par le présent règlement, mais satisfont à celles prévues par le règlement (CE) n° 2659/2000.

Art. 9 *Période de validité.* Le présent règlement entre en vigueur le 1[r] janvier 2011.
Il expire le 31 décembre 2022.

Règlement (UE) n° 1218/2010 de la Commission du 14 décembre 2010,

Relatif à l'application de l'article 101, paragraphe 3, du traité sur le fonctionnement de l'Union européenne à certaines catégories d'accords de spécialisation.

La Commission européenne,

considérant ce qui suit :

(1) Le règlement (CEE) n° 2821/71 habilite la Commission à appliquer l'article 101, paragraphe 3, du traité sur le fonctionnement de l'Union européenne par voie de règlement à certaines catégories d'accords, de décisions et de pratiques concertées relevant de l'article 101, paragraphe 1, du traité, qui ont pour objet la spécialisation, y compris les accords nécessaires à la réalisation de celle-ci.

(2) Le règlement (CE) n° 2658/2000 de la Commission du 29 novembre 2000 concernant l'application de l'article 81, paragraphe 3, du traité à des catégories d'accords de spécialisation définit des catégories d'accords de spécialisation dont la Commission a considéré qu'ils remplissaient normalement les conditions prévues à l'article 101, paragraphe 3, du traité. Eu égard aux résultats globalement positifs de l'application de ce règlement, qui expire le 31 décembre 2010, et à l'expérience supplémentaire acquise depuis son adoption, il y a lieu d'adopter un nouveau reglement d'exemption par catégorie.

(3) Le présent règlement doit satisfaire à deux exigences, à savoir assurer une protection efficace de la concurrence et garantir une sécurité juridique suffisante aux entreprises. Ces objectifs doivent être poursuivis en tenant compte de la nécessité de simplifier, dans toute la mesure du possible, la surveillance administrative et le cadre législatif. On peut en général présumer, aux fins de l'application de l'article 101, paragraphe 3, du traité que, en dessous d'un certain niveau de pouvoir de marché, les effets positifs des accords de spécialisation compenseront leurs éventuels effets négatifs sur la concurrence.

(4) Il n'est pas nécessaire pour l'application de l'article 101, paragraphe 3, du traité par voie de règlement, de définir les accords qui sont susceptibles de relever de l'article 101, paragraphe 1, dudit traité. L'appréciation individuelle d'accords au regard de l'article 101, paragraphe 1, du traité exige la prise en compte de plusieurs facteurs, en particulier la structure du marché en cause.

(5) Il y a lieu de limiter le bénéfice de l'exemption établie par le présent règlement aux accords dont on peut présumer avec suffisamment de certitude qu'ils remplissent les conditions prévues à l'article 101, paragraphe 3, du traité.

(6) Les accords de spécialisation de la production sont les plus à même de contribuer à l'amélioration de la production ou de la distribution des produits lorsque les parties possèdent des compétences, des actifs ou des activités complémentaires, puisqu'elles peuvent concentrer leurs activités sur la fabrication de certains produits, travailler ainsi de façon plus efficace et offrir ces produits à des prix plus favorables. Il en va de même des accords de spécialisation dans la préparation de services. Il est probable que, par le jeu d'une concurrence effective, les consommateurs recevront une partie équitable du profit qui en résulte.

(7) De tels avantages peuvent découler des accords en vertu desquels une partie renonce, en tout ou partie, en faveur d'une autre partie, à fabriquer certains produits ou à préparer certains services ("spécialisation unilatérale"), des accords en vertu desquels chacune des parties renonce, en tout ou partie, en faveur d'une autre partie, à fabriquer certains produits ou à préparer certains services ("spécialisation réciproque") ou encore des accords aux

termes desquels les parties s'engagent à fabriquer conjointement certains produits ou à préparer conjointement certains services ("production conjointe"). Dans le cadre du présent règlement, les notions de spécialisation réciproque et de spécialisation unilatérale n'obligent pas une partie à réduire ses capacités puisqu'il lui suffit de réduire ses volumes de production. La notion de production conjointe, n'oblige toutefois pas les parties à réduire leurs activités de production individuelles, qui ne relèvent pas du champ d'application de l'accord de production conjointe qu'elles envisagent de mettre en œuvre.

(8) La nature des accords de spécialisation unilatérale et de spécialisation réciproque présuppose que les parties opèrent sur le même marché de produits. Il n'est pas pour autant nécessaire que les parties soient présentes sur le même marché géographique. L'application du présent règlement aux accords de spécialisation unilatérale ou réciproque doit donc être limitée aux scénarios dans lesquels les parties sont actives sur le même marché de produits. Les accords de production conjointe peuvent être conclus entre des parties qui opèrent déjà sur le même marché de produits, mais aussi par des parties qui souhaitent entrer sur un marché de produits par le biais d'un accord. Ce type d'accords doit donc relever du champ d'application du présent règlement, que les parties soient ou non déjà présentes sur le même marché de produits.

(9) Afin de garantir que les avantages de la spécialisation se concrétisent sans qu'une des parties abandonne complètement le marché en aval de la production, les accords de spécialisation unilatérale ou réciproque ne doivent être couverts par le présent règlement que lorsqu'ils prévoient des obligations de fourniture et d'achat ou une distribution conjointe. Les obligations de fourniture et d'achat peuvent être exclusives, sans que cela soit obligatoire.

(10) Il peut être présumé que, lorsque la part détenue par les parties sur le marché en cause des produits qui font l'objet d'un accord de spécialisation ne dépasse pas un certain niveau, les accords génèrent, en règle générale, des avantages économiques sous forme d'économies d'échelle ou de gamme, ou sous forme d'une amélioration des techniques de production, tout en réservant aux consommateurs une partie équitable du profit qui en résulte. Cependant, si les produits fabriqués au titre d'un accord de spécialisation sont des produits intermédiaires que l'une ou plusieurs des parties utilisent en tout ou partie comme intrants pour leur propre production de certains produits en aval qu'elles vendent ensuite sur le marché, l'exemption que confère le présent règlement doit aussi être subordonnée à la condition que la part des parties sur le marché en cause de ces produits en aval ne dépasse pas un certain niveau. Dans un tel cas, en se bornant à observer la part de marché des parties au niveau du produit intermédiaire, on ne tiendrait aucun compte du risque potentiel d'un verrouillage du marché ou d'une augmentation du prix des intrants pour les concurrents au niveau des produits en aval. Les accords de spécialisation ne sont toutefois pas présumés entrer dans le champ d'application de l'article 101, paragraphe 1, du traité, ou ne pas remplir les conditions de l'article 101, paragraphe 3, du traité dès que le seuil de part de marché établi dans le présent règlement est dépassé ou que d'autres conditions prévues par le présent règlement ne sont pas remplies. Dans de tels cas, il convient de procéder à une appréciation individuelle de l'accord de spécialisation au regard de l'article 101 du traité.

(11) Le présent règlement ne doit pas exempter les accords contenant des restrictions qui ne sont pas indispensables pour atteindre les effets positifs produits par un accord de spécialisation. En principe, les accords contenant certains types de restrictions graves de la concurrence, telles que la fixation des prix appliqués aux tiers, la limitation de la production ou des ventes, et la répartition des marchés ou de la clientèle, doivent être exclus du bénéfice de l'exemption prévue par le présent règlement, quelle que soit la part de marché des parties.

(12) Le seuil de part de marché, l'exclusion de certains accords du bénéfice de l'exemption prévue par le présent règlement ainsi que les conditions auxquelles il subordonne l'exemption garantissent en général que les accords auxquels s'applique l'exemption par catégorie ne permettent pas aux parties d'éliminer la concurrence pour une partie substantielle des produits ou des services en cause.

(13) La Commission peut retirer le bénéfice du présent règlement en vertu de l'article 29, paragraphe 1, du règlement (CE) n° 1/2003 du Conseil du 16 décembre 2002 relatif à la mise en œuvre des règles de concurrence prévues aux articles 81 et 82 du traité si elle constate que, dans un cas déterminé, un accord auquel s'applique l'exemption prévue par le présent règlement produit néanmoins des effets incompatibles avec l'article 101, paragraphe 3, du traité.

(14) L'autorité de concurrence d'un État membre peut, en vertu de l'article 29, paragraphe 2, du règlement (CE) n° 1/2003, retirer le bénéfice du présent règlement pour l'ensemble ou une partie du territoire de cet État membre, si elle estime, dans un cas déterminé, qu'un accord auquel s'applique l'exemption établie par le présent règlement produit néanmoins des effets incompatibles avec l'article 101, paragraphe 3, du traité sur l'ensemble ou sur une partie du territoire de cet État membre, et si ce territoire présente toutes les caractéristiques d'un marché géographique distinct.

(15) Le bénéfice du présent règlement peut être retiré, en vertu de l'article 29 du règlement (CE) n° 1/2003, lorsque, par exemple, le marché en cause est très concentré et que la concurrence est déjà faible, en raison en particulier de la position détenue individuellement par d'autres acteurs sur le marché ou des liens créés entre d'autres acteurs du marché par des accords de spécialisation parallèles.

(16) Afin de faciliter la conclusion d'accords de spécialisation qui peuvent avoir pour les parties des incidences d'ordre structurel, la durée de validité du présent règlement doit être fixée à douze ans,

A adopté le présent règlement :

Art. 1er *Définitions.* 1. Aux fins du présent règlement, on entend par :

a) "accord de spécialisation", un accord de spécialisation unilatérale, un accord de spécialisation réciproque ou un accord de production conjointe ;

b) "accord de spécialisation unilatérale", un accord entre deux parties présentes sur le même marché de produits, en vertu duquel l'une des parties accepte de cesser complètement ou partiellement la production de certains produits ou de s'abstenir de produire ces produits et s'engage à les acheter à l'autre partie, qui accepte de les produire et de les lui fournir ;

c) "accord de spécialisation réciproque", un accord entre deux ou plusieurs parties présentes sur le même marché de produits, en vertu duquel deux ou plusieurs parties acceptent, sur une base réciproque, de cesser complètement ou partiellement ou de s'abstenir de produire certains produits, qui ne sont pas les mêmes, et s'engagent à les acheter à les autres parties, qui acceptent de les produire et de les leur fournir,

d) "accord de production conjointe", un accord en vertu duquel deux ou plusieurs parties acceptent de produire certains produits conjointement ;

e) "accord", un accord, une décision d'association d'entreprises ou une pratique concertée ;

f) "produit", un bien ou un service, qu'il soit final ou intermédiaire, à l'exception des services de distribution et de location ;

g) "production", la production de biens ou la préparation de services, y compris la production confiée à des sous-traitants ;

h) "préparation de services", les activités situées en amont de la fourniture de services aux clients ;

i) "marché en cause", le marché de produits en cause ainsi que le marché géographique en cause auxquels appartiennent les produits faisant l'objet d'un accord de spécialisation, et, en outre, lorsque les produits de spécialisation sont des produits intermédiaires que l'une ou plusieurs des parties utilisent, en tout ou partie, de manière captive pour la production de produits en aval, le marché de produits en cause ainsi que le marché géographique en cause auxquels appartiennent les produits en aval ;

j) "produit de spécialisation", un produit fabriqué dans le cadre d'un accord de spécialisation ;

k) "produit en aval", un produit pour la production duquel une ou plusieurs parties utilisent un produit de spécialisation comme intrant et qui est vendu par celles-ci sur le marché ;

l) "entreprise concurrente", un concurrent existant ou potentiel ;

m) "concurrent existant", une entreprise qui opère sur le même marché en cause ;

n) "concurrent potentiel" : une entreprise qui, en l'absence de l'accord de spécialisation, est susceptible, dans une optique réaliste et non pas simplement théorique, de consentir, dans un délai n'excédant pas trois ans, en cas d'augmentation légère mais permanente des prix relatifs, les investissements supplémentaires ou les autres dépenses d'adaptation nécessaires pour pouvoir entrer sur le marché en cause ;

o) "obligation de fourniture exclusive", l'obligation de ne pas vendre à une entreprise concurrente autre qu'une partie à l'accord le produit de spécialisation ;

p) "obligation d'achat exclusif" : l'obligation de n'acheter le produit de spécialisation qu'auprès d'une partie à l'accord ;

q) "conjointe", dans le contexte de la distribution, que les parties :

i) distribuent les produits par l'intermédiaire d'une équipe, d'une organisation ou d'une entreprise commune, ou

ii) désignent un distributeur tiers sur une base exclusive ou non exclusive, pour autant que ce tiers ne soit pas une entreprise concurrente ;

r) "distribution", la distribution, notamment la vente de biens et la fourniture de services.

2. Aux fins du présent règlement, les termes "entreprise" et "partie" englobent leurs entreprises liées respectives.

On entend par "entreprises liées" :

a) les entreprises dans lesquelles une entreprise partie à l'accord de spécialisation dispose, directement ou indirectement :

i) soit de plus de la moitié des droits de vote,

ii) soit du pouvoir de désigner plus de la moitié des membres du conseil de surveillance, du conseil d'administration ou des organes représentant légalement l'entreprise,

iii) soit du droit de gérer les affaires de l'entreprise ;

b) les entreprises qui disposent directement ou indirectement, dans une entreprise partie à l'accord de spécialisation, des droits ou des pouvoirs énumérés au point a) ;

c) les entreprises dans lesquelles une entreprise visée au point b) dispose, directement ou indirectement, des droits ou des pouvoirs énumérés au point a) ;

d) les entreprises dans lesquelles une entreprise partie à l'accord de spécialisation et une ou plusieurs des entreprises visées aux points a), b) ou c), ou dans lesquelles deux ou plusieurs de ces dernières entreprises disposent ensemble des droits ou des pouvoirs énumérés au point a) ;

e) les entreprises dans lesquelles les droits ou les pouvoirs énumérés au point a) sont détenus conjointement par :

i) des parties à l'accord de spécialisation ou leurs entreprises liées respectives visées aux points a) à d), ou

ii) une ou plusieurs des parties à l'accord de spécialisation ou une ou plusieurs de leurs entreprises liées visées aux points a) à d), et un ou plusieurs tiers.

Art. 2 *Exemption.* 1. Conformément à l'article 101, paragraphe 3, du traité, et sous réserve des dispositions du présent règlement, l'article 101, paragraphe 1, du traité est déclaré inapplicable aux accords de spécialisation.

La présente exemption s'applique dans la mesure où ces accords contiennent des restrictions de concurrence relevant de l'article 101, paragraphe 1, du traité.

2. L'exemption prévue au paragraphe 1 s'applique aux accords de spécialisation contenant des dispositions relatives à la cession de droits de propriété intellectuelle ou à la concession de licences sur de tels droits à une ou plusieurs des parties, pour autant que ces dispositions ne constituent pas l'objectif premier de ces accords, mais soient directement liées à leur mise en œuvre et nécessaires à celle-ci.

3. L'exemption prévue au paragraphe 1 s'applique aux accords de spécialisation en vertu desquels :

a) les parties acceptent une obligation d'achat exclusif ou de fourniture exclusive ; ou

b) les parties ne vendent pas de manière indépendante les produits de spécialisation, mais les distribuent conjointement.

Art. 3 *Seuil de part de marché.* L'exemption prévue à l'article 2 s'applique à condition que la part de marché cumulée des parties n'excède pas 20 % du marché en cause, quel qu'il soit.

Art. 4 *Restrictions caractérisées.* L'exemption prévue à l'article 2 ne s'applique pas aux accords de spécialisation qui, directement ou indirectement, isolément ou cumulés à d'autres facteurs sous le contrôle des parties, ont pour objet :

a) soit la fixation des prix pour la vente des produits à des tiers, à l'exception de la fixation des prix appliqués aux clients directs dans le cadre de la distribution conjointe ;

b) soit la limitation de la production ou de la vente, à l'exception :

i) des dispositions relatives à la quantité convenue de produits dans le cadre d'accords de spécialisation unilatérale ou réciproque, ou à la fixation des capacités et du volume de production dans le cadre d'un accord de production conjointe, et

ii) de la fixation d'objectifs de ventes dans le cadre de la distribution conjointe ;

c) soit la répartition des marchés ou de la clientèle.

Art. 5 *Application du seuil de part de marché.* Aux fins de l'application du seuil de part de marché prévu à l'article 3, les règles suivantes s'appliquent :

a) la part de marché est calculée sur la base de la valeur des ventes réalisées sur le marché ; en l'absence de données relatives à la valeur des ventes sur le marché, la détermination de la part de marché des parties peut s'effectuer sur la base d'estimations fondées sur d'autres informations fiables concernant le marché, notamment le volume des ventes sur celui-ci ;

b) la part de marché est calculée sur la base des données relatives à l'année civile précédente ;

c) la part de marché détenue par les entreprises visées à l'article 1er, paragraphe 2, deuxième alinéa, point e), est imputée à parts égales à chaque entreprise disposant des droits ou des pouvoirs énumérés au point a) dudit alinéa ;

d) si la part de marché visée à l'article 3 est initialement inférieure ou égale à 20 %, mais franchit ensuite ce seuil sans dépasser 25 %, l'exemption prévue à l'article 2 continue de s'appliquer pendant deux années civiles consécutives suivant l'année au cours de laquelle le seuil de 20 % a été dépassé pour la première fois ;

e) si la part de marché visée à l'article 3 est initialement inférieure ou égale à 20 %, mais dépasse ensuite 25 %, l'exemption prévue à l'article 2 continue de s'appliquer pendant une année civile suivant l'année au cours de laquelle le niveau de 25 % a été dépassé pour la première fois ;

f) le bénéfice des points d) et e) ne peut être cumulé de manière à dépasser une durée de deux années civiles.

Art. 6 *Période transitoire.* L'interdiction énoncée à l'article 101, paragraphe 1, du traité ne s'applique pas, pendant la période allant du 1er janvier 2011 au 31 décembre 2012, aux accords déjà en vigueur au 31 décembre 2010 qui ne remplissent pas les conditions d'exemption prévues par le présent règlement, mais satisfont à celles prévues par le règlement (CE) n° 2658/2000.

Art. 7 *Période de validité.* Le présent règlement entre en vigueur le 1er janvier 2011.

Il expire le 31 décembre 2022.

Règlement (UE) n° 316/2014 du 21 mars 2014,

Relatif à l'application de l'article 101, paragraphe 3, du traité sur le fonctionnement de l'Union européenne à des catégories d'accords de transfert de technologie.

V. également : Communication de la Commission — Lignes directrices concernant l'application de l'art. 101 du traité sur le fonctionnement de l'Union européenne à des catégories d'accords de transfert de technologie (JOUE C 89 du 28 mars 2014, p. 3).

(1) Le règlement n° 19/65/CEE autorise la Commission à appliquer, par voie de règlement, l'article 101, paragraphe 3, du traité à des catégories d'accords de transfert de technologie auxquels ne participent que deux entreprises et aux pratiques concertées y afférentes, qui relèvent de l'article 101, paragraphe 1, du traité.

(2) Sur la base du règlement n° 19/65/CEE, la Commission a notamment adopté le règlement (CE) n° 772/2004, qui définit des catégories d'accords de transfert de technologie dont la Commission a considéré qu'ils remplissaient normalement les conditions prévues à l'article 101, paragraphe 3, du traité. Eu égard aux résultats globalement positifs de l'application de ce règlement, qui expire le 30 avril 2014, et à l'expérience supplémentaire acquise depuis son adoption, il y a lieu d'adopter un nouveau règlement d'exemption par catégorie.

(3) Le présent règlement doit satisfaire à deux exigences, à savoir assurer une protection efficace de la concurrence et garantir une sécurité juridique suffisante aux entreprises. Ces objectifs doivent être poursuivis en tenant compte de la nécessité de simplifier, dans toute la mesure du possible, la surveillance administrative et le cadre législatif.

(4) Les accords de transfert de technologie portent sur la concession de licences de droits sur technologie. Ils améliorent généralement l'efficience économique et favorisent la concurrence, dans la mesure où ils peuvent réduire la duplication des actions de recherche-développement, mieux inciter les entreprises à lancer de nouvelles actions de recherche-développement, encourager l'innovation incrémentale, faciliter la diffusion des technologies et susciter de la concurrence sur les marchés de produits.

(5) La probabilité que ces effets favorables à l'efficience et à la concurrence l'emportent sur les éventuels effets anticoncurrentiels des restrictions contenues dans les accords de

transfert de technologie dépend du pouvoir de marché des entreprises concernées et, dès lors, de la mesure dans laquelle elles sont confrontées à la concurrence d'entreprises détenant des technologies de substitution ou d'entreprises fabriquant des produits de substitution.

(6) Le présent règlement ne doit couvrir que les accords de transfert de technologie entre un donneur de licence et un preneur de licence. Il doit couvrir de tels accords, même lorsque ceux-ci contiennent des conditions applicables à plus d'un niveau commercial, par exemple lorsqu'ils imposent au preneur de licence l'obligation de mettre sur pied un système de distribution particulier et définissent les obligations que le preneur de licence doit ou peut imposer aux revendeurs des produits fabriqués sous licence. Toutefois, ces conditions et obligations doivent respecter les règles de concurrence applicables aux accords de fourniture et de distribution énoncées dans le règlement (UE) n° 330/2010 de la Commission. Les accords de fourniture et de distribution conclus entre un preneur de licence et les acheteurs de ses produits contractuels ne doivent pas être exemptés par le présent règlement.

(7) Le présent règlement ne doit concerner que les accords dans lesquels le donneur de licence autorise le preneur de licence et/ou son ou ses sous-traitants à exploiter les droits sur technologie concédés, éventuellement après avoir poursuivi des activités de recherche et de développement, aux fins de la production de biens ou de services. Il ne doit pas s'appliquer à la concession de licences dans le contexte des accords de recherche et de développement qui relèvent du règlement (UE) n° 1217/2010 de la Commission, ni à la concession de licences dans le contexte des accords de spécialisation qui sont concernés par le règlement (UE) n° 1218/2010 de la Commission. Il ne doit pas davantage s'appliquer aux accords dont l'objet est la reproduction et la distribution pures et simples de produits logiciels protégés par des droits d'auteur, étant donné que les accords de ce type ne portent pas sur la concession sous licence d'une technologie devant servir pour des activités de production, mais s'apparentent davantage à des accords de distribution. Il ne doit pas non plus s'appliquer aux accords visant le regroupement de technologies, c'est-à-dire aux accords ayant pour objet de regrouper des technologies en vue de les concéder sous licence à des tiers, ni aux accords par lesquels les technologies regroupées sont concédées sous licence à ces tiers.

(8) Il n'est pas nécessaire, pour l'application de l'article 101, paragraphe 3, du traité par voie de règlement, de définir les accords de transfert de technologie qui sont susceptibles de tomber sous le coup de l'article 101, paragraphe 1, du traité. L'appréciation individuelle d'accords au regard de l'article 101, paragraphe 1, exige la prise en compte de plusieurs facteurs, en particulier la structure et la dynamique des marchés de technologies et de produits en cause.

(9) Il y a lieu de limiter le bénéfice de l'exemption par catégorie accordée par le présent règlement aux accords dont on peut présumer avec suffisamment de certitude qu'ils satisfont aux conditions de l'article 101, paragraphe 3, du traité. Pour que les objectifs et les avantages du transfert de technologie puissent être atteints, le présent règlement doit couvrir non seulement le transfert de technologie en tant que tel, mais aussi d'autres clauses des accords de transfert de technologie si et dans la mesure où ces clauses sont directement liées à la production ou à la vente des produits contractuels.

(10) Dans le cas des accords de transfert de technologie entre concurrents, on peut présumer, lorsque la part cumulée des parties sur les marchés en cause ne dépasse pas 20 %, que les accords qui ne contiennent pas certaines restrictions ayant de graves effets anticoncurrentiels ont généralement pour effet d'améliorer la production ou la distribution et de réserver aux consommateurs une partie équitable du profit qui en résulte.

(11) Dans le cas des accords de transfert de technologie entre non-concurrents, on peut présumer, lorsque la part individuelle détenue par chacune des parties sur les marchés en cause ne dépasse pas 30 %, que les accords qui ne contiennent pas certaines restrictions ayant de graves effets anticoncurrentiels ont généralement pour effet d'améliorer la production ou la distribution et de réserver aux consommateurs une partie équitable du profit qui en résulte.

(12) Si la part de marché détenue est supérieure au seuil applicable sur un ou plusieurs *marchés de produits ou de technologies*, l'accord ne doit pas bénéficier de l'exemption par catégorie pour le ou les marchés en cause concernés.

(13) Il n'est pas possible de présumer qu'au-delà de ces seuils de parts de marché, les accords de transfert de technologie relèvent de l'article 101, paragraphe 1, du traité. A titre d'exemple, un accord de licence exclusif entre entreprises non concurrentes ne tombe généralement pas sous le coup de cette disposition. On ne peut pas non plus présumer qu'au-

delà de ces seuils de parts de marché, des accords de transfert de technologie relevant de l'article 101, paragraphe 1, ne respectent pas les conditions de l'exemption. On ne peut cependant pas non plus présumer qu'ils produisent en général des avantages objectifs de nature et de taille à compenser leurs inconvénients sur le plan de la concurrence.

(14) Le présent règlement ne doit pas exempter des accords de transfert de technologie contenant des restrictions qui ne sont pas indispensables à l'amélioration de la production ou de la distribution. En particulier, les accords de transfert de technologie contenant certains types de restrictions ayant de graves effets anticoncurrentiels, tels que la fixation des prix facturés aux tiers, doivent être exclus du bénéfice de l'exemption par catégorie prévue par le présent règlement, quelle que soit la part de marché des entreprises concernées. Lorsqu'il existe des restrictions caractérisées de ce type, l'ensemble de l'accord doit être exclu du bénéfice de l'exemption par catégorie.

(15) Afin de sauvegarder l'incitation à innover ainsi qu'une application appropriée des droits de propriété intellectuelle, certaines restrictions doivent être exclues du bénéfice de l'exemption par catégorie. Doivent notamment en être exclues certaines obligations de rétrocession exclusive et les clauses de non-contestation. Lorsqu'une telle restriction est incluse dans un accord de licence, seule la restriction en question doit être exclue du bénéfice de l'exemption par catégorie.

(16) En prévoyant des seuils de part de marché et en excluant du bénéfice de l'exemption par catégorie les accords de transfert de technologie comportant les restrictions ayant de graves effets anticoncurrentiels de même que les restrictions exclues par le présent règlement, celui-ci garantira en principe que les accords auxquels s'applique l'exemption par catégorie ne permettent pas aux entreprises participantes d'éliminer la concurrence pour une partie substantielle des produits en cause.

(17) La Commission peut retirer le bénéfice du présent règlement, en vertu de l'article 29, paragraphe 1, du règlement (CE) n° 1/2003 du Conseil, lorsqu'elle estime, dans un cas déterminé, qu'un accord auquel s'applique l'exemption prévue par le présent règlement produit néanmoins des effets qui sont incompatibles avec l'article 101, paragraphe 3, du traité. Cela peut notamment se produire lorsque l'incitation à l'innovation est réduite ou lorsque l'accès à certains marchés est entravé.

(18) L'autorité de concurrence d'un État membre peut retirer le bénéfice de l'application du présent règlement, en vertu de l'article 29, paragraphe 2, du règlement (CE) n° 1/2003, pour l'ensemble ou une partie de son territoire lorsque, dans un cas déterminé, un accord auquel s'applique l'exemption prévue par le présent règlement produit néanmoins des effets qui sont incompatibles avec l'article 101, paragraphe 3, du traité sur l'ensemble ou sur une partie de son territoire, et que ce territoire présente toutes les caractéristiques d'un marché géographique distinct.

(19) Pour renforcer le contrôle des réseaux parallèles d'accords de transfert de technologie qui ont des effets restrictifs similaires et qui couvrent plus de 50 % d'un marché donné, la Commission peut, par voie de règlement, déclarer le présent règlement inapplicable à des accords de transfert de technologie contenant des restrictions déterminées qui sont pratiquées sur le marché en cause, restaurant ainsi la pleine application de l'article 101 du traité à l'égard de ces accords,

Art. 1er *Définitions.* 1. Aux fins du présent règlement, on entend par :

a) "accord" : un accord, une décision d'association d'entreprises ou une pratique concertée ;

b) "droits sur technologie" : le savoir-faire ainsi que les droits suivants, ou une combinaison de ces droits, de même que les demandes ou demandes d'enregistrement de ces droits :

i) les brevets ;

ii) les modèles d'utilité ;

iii) les droits des dessins et modèles ;

iv) les topographies de produits semi-conducteurs ;

v) les certificats de protection supplémentaire pour produits pharmaceutiques ou pour d'autres produits pour lesquels de tels certificats de protection supplémentaire peuvent être obtenus ;

vi) les certificats d'obtention végétale ; et

vii) les droits d'auteur sur logiciels ;

c) "accord de transfert de technologie" :

i) un accord de concession de licence de droits sur technologie conclu entre deux entreprises aux fins de la production de produits contractuels par le preneur de licence et/ou son ou ses sous-traitants ;

ii) une cession de droits sur technologie entre deux entreprises aux fins de la production de produits contractuels lorsque le cédant continue de supporter une partie du risque lié à l'exploitation de la technologie ;

d) "accord réciproque" : un accord de transfert de technologie par lequel deux entreprises s'accordent mutuellement, dans le même contrat ou dans des contrats distincts, une licence de droits sur technologie, lorsque ces licences portent sur des technologies concurrentes ou peuvent être utilisées pour la production de produits concurrents ;

e) "accord non réciproque" : un accord de transfert de technologie par lequel une entreprise concède à une autre entreprise une licence de droits sur technologie, ou par lequel deux entreprises s'accordent mutuellement une telle licence, mais à condition que ces licences ne portent pas sur des technologies concurrentes et ne puissent pas être utilisées pour la production de produits concurrents ;

f) "produit" : un bien ou un service, qu'il soit final ou intermédiaire ;

g) "produit contractuel" : un produit fabriqué, directement ou indirectement, sur la base des droits sur technologie concédés sous licence ;

h) "droits de propriété intellectuelle" : les droits de propriété industrielle, notamment les brevets et les marques, le droit d'auteur et les droits voisins ;

i) "savoir-faire" : un ensemble d'informations pratiques, résultant de l'expérience et testées, qui est :

i) secret, c'est-à-dire qu'il n'est pas généralement connu ou facilement accessible,

ii) substantiel, c'est-à-dire important et utile pour la production des produits contractuels, et

iii) identifié, c'est-à-dire décrit d'une façon suffisamment complète pour permettre de vérifier qu'il remplit les conditions de secret et de substantialité ;

j) "marché de produits en cause" : le marché des produits contractuels et de leurs substituts, c'est-à-dire tous les produits qui sont considérés par l'acheteur comme interchangeables ou substituables entre eux, en raison de leurs caractéristiques, de leur prix et de l'usage auquel ils sont destinés ;

k) "marché de technologies en cause" : le marché des droits sur technologie concédés et de leurs substituts, c'est-à-dire tous les droits sur technologie considérés par le preneur de licence comme interchangeables ou substituables entre eux, en raison de leurs caractéristiques, des redevances dont ils font l'objet et de l'usage auquel ils sont destinés ;

l) "marché géographique en cause" : le territoire sur lequel les entreprises concernées sont engagées dans l'offre et la demande de produits ou la licence de droits sur technologie, sur lequel les conditions de concurrence sont suffisamment homogènes et qui peut être distingué de zones géographiques voisines parce que les conditions de concurrence y diffèrent sensiblement ;

m) "marché en cause" : la combinaison du marché de produits ou de technologies en cause et du marché géographique en cause ;

n) "entreprises concurrentes" : des entreprises qui sont en concurrence sur le marché en cause, étant entendu que :

i) les entreprises concurrentes sur le marché en cause où les droits sur technologie sont concédés sont des entreprises qui concèdent sous licence des droits sur technologie concurrents (concurrents réels sur le marché concerné) ;

ii) les entreprises concurrentes sur le marché en cause où les produits contractuels sont vendus sont des entreprises qui, en l'absence de l'accord de transfert de technologie, exerceraient toutes deux leurs activités sur le ou les marchés en cause où les produits contractuels sont vendus (concurrents réels sur le marché en cause) ou qui, en l'absence de l'accord de transfert de technologiet en réaction à une augmentation légère, mais permanente, des prix relatifs, seraient susceptibles, pour des motifs réalistes et non de façon purement hypothétique, d'entreprendre rapidement les investissements supplémentaires nécessaires ou de supporter d'autres coûts nécessaires liés à un changement de fournisseur pour pénétrer sur le ou les marchés en cause (concurrents potentiels sur le marché en cause) ;

o) "système de distribution sélective" : un système de distribution dans lequel le donneur de licence s'engage à ne concéder la production des produits contractuels, directement ou indirectement, qu'à des preneurs de licence sélectionnés sur la base de critères définis, et dans lequel ces preneurs de licence s'engagent à ne pas vendre les produits contractuels à des distributeurs non agréés sur le territoire défini par le donneur de licence pour pratiquer ce système ;

p) "licence exclusive" : une licence en vertu de laquelle le donneur de licence lui-même n'est pas autorisé à produire sur la base des droits sur technologie concédés et n'est pas

autorisé à concéder les droits sur technologie concédés à des tiers, en général, pour un usage déterminé ou sur un territoire déterminé ;

q) "territoire exclusif" : un territoire déterminé sur lequel une seule entreprise est autorisée à produire les produits contractuels mais sur lequel il est néanmoins possible d'autoriser un autre preneur de licence à ne produire les produits contractuels sur ce territoire que pour un acheteur déterminé, lorsque la seconde licence a été accordée en vue de créer une source d'approvisionnement de substitution pour cet acheteur ;

r) "groupe d'acheteurs exclusif" : un groupe d'acheteurs auquel une seule partie à l'accord de transfert de technologie est autorisée à vendre activement les produits contractuels produits à partir de la technologie concédée.

2. Aux fins du présent règlement, les termes "entreprise", "donneur de licence" et "preneur de licence" comprennent leurs entreprises liées respectives.

On entend par "entreprises liées" :

a) les entreprises dans lesquelles une partie à l'accord de transfert de technologie dispose directement ou indirectement :

i) de plus de la moitié des droits de vote ; ou

ii) du pouvoir de désigner plus de la moitié des membres du conseil de surveillance, du conseil d'administration ou des organes représentant légalement l'entreprise ; ou

iii) du droit de gérer les affaires de l'entreprise ;

b) les entreprises qui, dans une entreprise partie à l'accord de transfert de technologie, détiennent, directement ou indirectement, les droits ou les pouvoirs énumérés au point a) ;

c) les entreprises dans lesquelles une entreprise visée au point b) dispose, directement ou indirectement, des droits ou des pouvoirs énumérés au point a) ;

d) les entreprises dans lesquelles une partie à l'accord de transfert de technologie et une ou plusieurs des entreprises visées aux points a), b) ou c), ou deux ou plusieurs de ces dernières, détiennent ensemble les droits ou les pouvoirs énumérés au point a) ;

e) les entreprises dans lesquelles les droits ou les pouvoirs énumérés au point a) sont détenus conjointement par :

i) des parties à l'accord de transfert de technologie ou leurs entreprises liées respectives visées aux points a) à d), ou

ii) une ou plusieurs des parties à l'accord de transfert de technologie ou une ou plusieurs de leurs entreprises liées visées aux points a) à d), et un ou plusieurs tiers.

Art. 2 ***Exemption.*** **1. Conformément à l'article 101, paragraphe 3, du traité, et sous réserve des dispositions du présent règlement, l'article 101, paragraphe 1, du traité ne s'applique pas aux accords de transfert de technologie.**

2. L'exemption prévue au paragraphe 1 s'applique dans la mesure où les accords de transfert de technologie contiennent des restrictions de concurrence tombant sous le coup de l'article 101, paragraphe 1. L'exemption s'applique tant que les droits sur technologie concédés n'ont pas expiré, ne sont pas devenus caducs ou n'ont pas été invalidés ou, dans le cas du savoir-faire, tant que celui-ci demeure secret. En revanche, si le savoir-faire est rendu public du fait du preneur de licence, l'exemption s'applique pendant toute la durée de l'accord.

3. L'exemption prévue au paragraphe 1 s'applique également aux clauses des accords de transfert de technologie relatives à l'achat de produits par le preneur de licence ou à la concession ou à la cession d'autres droits de propriété intellectuelle ou du savoir-faire au preneur de licence si et dans la mesure où ces clauses sont directement liées à la production ou à la vente des produits contractuels.

Art. 3 ***Seuils de part de marché.*** **1. Lorsque les entreprises parties à l'accord sont des entreprises concurrentes, l'exemption prévue à l'article 2 s'applique à condition que la part de marché cumulée détenue par les parties n'excède pas 20 % sur le ou les marchés en cause.**

2. Lorsque les entreprises parties à l'accord ne sont pas des entreprises concurrentes, l'exemption prévue à l'article 2 s'applique à condition que la part de marché détenue par chacune des parties n'excède pas 30 % sur le ou les marchés en cause.

Art. 4 ***Restrictions caractérisées.*** **1. Lorsque les entreprises parties à l'accord sont des entreprises concurrentes, l'exemption prévue à l'article 2 ne s'applique pas aux accords qui, directement ou indirectement, individuellement ou combinés avec d'autres facteurs contrôlés par les parties, ont pour objet l'une ou l'autre forme de restriction suivante :**

a) la restriction de la capacité d'une partie à l'accord de déterminer ses prix de vente à des tiers ;

b) la limitation de la production, exception faite de la limitation de la production de produits contractuels imposée au preneur de licence dans un accord non réciproque ou imposée à l'un seulement des preneurs de licence dans un accord réciproque ;

c) la répartition des marchés ou des clients, exception faite :

i) de l'obligation imposée au donneur de licence et/ou au preneur de licence, dans un accord non réciproque, de ne pas produire à partir des droits sur technologie concédés sur le territoire exclusif réservé à l'autre partie et/ou de ne pas vendre, activement et/ou passivement, sur le territoire exclusif ou à un groupe d'acheteurs exclusif réservé à l'autre partie ;

ii) de la restriction, dans un accord non réciproque, des ventes actives par le preneur de licence sur le territoire exclusif ou au groupe d'acheteurs exclusif attribués par le donneur de licence à un autre preneur de licence, à condition que ce dernier n'ait pas été une entreprise concurrente du donneur de licence au moment de la conclusion de son propre accord de licence ;

iii) de l'obligation imposée au preneur de licence de ne produire les produits contractuels que pour son propre usage, à condition qu'il puisse vendre librement, activement et passivement, les produits contractuels en tant que pièces de rechange pour ses propres produits ;

iv) de l'obligation imposée au preneur de licence dans un accord non réciproque de ne produire les produits contractuels que pour un acheteur déterminé, lorsque la licence a été concédée en vue de créer une source d'approvisionnement de substitution pour cet acheteur ;

d) la restriction de la capacité du preneur de licence à exploiter ses propres droits sur technologie ou la restriction de la capacité de l'une des parties à l'accord à effectuer de la recherche-développement, sauf si cette restriction est indispensable pour empêcher la divulgation du savoir-faire concédé à des tiers.

2. Lorsque les entreprises parties à l'accord ne sont pas des entreprises concurrentes, l'exemption prévue à l'article 2 ne s'applique pas aux accords qui, directement ou indirectement, individuellement ou combinés avec d'autres facteurs contrôlés par les parties, ont pour objet l'une ou l'autre forme de restriction suivante :

a) la restriction de la capacité d'une partie de déterminer ses prix de vente à des tiers, sans préjudice de la possibilité d'imposer un prix de vente maximal ou de recommander un prix de vente, à condition que ces derniers n'équivaillent pas à un prix de vente fixe ou minimal imposé à la suite d'une pression exercée par l'une des parties ou de mesures d'incitation prises par elle ;

b) des restrictions concernant le territoire sur lequel, ou la clientèle à laquelle, le preneur de licence peut vendre passivement les produits contractuels, exception faite :

i) de la restriction des ventes passives sur un territoire exclusif ou à un groupe d'acheteurs exclusif qui est réservé au donneur de licence ;

ii) de l'obligation de ne produire les produits contractuels que pour son propre usage, à condition que le preneur de licence puisse vendre librement, activement et passivement, les produits contractuels en tant que pièces de rechange pour ses propres produits ;

iii) de l'obligation de ne produire les produits contractuels que pour un acheteur déterminé, lorsque la licence a été concédée en vue de créer une source d'approvisionnement de substitution pour cet acheteur ;

iv) de la restriction des ventes aux utilisateurs finals par un preneur de licence qui opère en tant que grossiste sur le marché ;

v) de la restriction des ventes par les membres d'un système de distribution sélective à des distributeurs non agréés ;

c) la restriction des ventes actives ou des ventes passives aux utilisateurs finals par les preneurs de licence membres d'un système de distribution sélective qui opèrent en tant que détaillants sur le marché, sans préjudice de la possibilité d'interdire à un membre du système d'exercer ses activités à partir d'un lieu d'établissement non autorisé.

3. Lorsque les entreprises parties à l'accord ne sont pas concurrentes au moment de la conclusion de l'accord, mais qu'elles le deviennent ultérieurement, le paragraphe 2, et non le paragraphe 1, s'applique pendant toute la durée de l'accord, à moins que celui-ci ne soit *modifié ultérieurement sur un point essentiel*. Est notamment considérée comme une telle modification la conclusion entre les parties d'un nouvel accord de transfert de technologie concernant des droits sur technologie concurrents.

Art. 5 *Restrictions exclues.* 1. L'exemption prévue à l'article 2 ne s'applique à aucune des obligations suivantes contenues dans des accords de transfert de technologie :

a) toute obligation directe ou indirecte imposée au preneur de licence de concéder une licence exclusive au donneur de licence ou à un tiers désigné par celui-ci ou de leur céder l'intégralité ou une partie des droits sur les améliorations que le preneur de licence aura lui-même apportées à la technologie concédée ou sur les nouvelles applications qu'il en aura faites ;

b) toute obligation directe ou indirecte imposée à une partie de ne pas mettre en cause la validité des droits de propriété intellectuelle que l'autre partie détient dans l'Union, sans préjudice de la possibilité, dans le cas d'une licence exclusive, de résilier l'accord de transfert de technologie si le preneur de licence met en cause la validité de l'un des droits sur technologie concédés, quel qu'il soit.

2. Lorsque les entreprises parties à l'accord ne sont pas concurrentes, l'exemption prévue à l'article 2 ne s'applique pas aux obligations directes ou indirectes limitant la capacité du preneur de licence d'exploiter ses propres droits sur technologie ou la capacité de l'une des parties à l'accord d'effectuer de la recherche-développement, sauf si cette dernière restriction est indispensable pour empêcher la divulgation du savoir-faire concédé à des tiers.

Art. 6 *Retrait individuel.* 1. La Commission peut retirer le bénéfice du présent règlement, en vertu de l'article 29, paragraphe 1, du règlement (CE) n° 1/2003, lorsqu'elle estime, dans un cas déterminé, qu'un accord de transfert de technologie auquel s'applique l'exemption prévue à l'article 2 du présent règlement produit néanmoins des effets qui sont incompatibles avec l'article 101, paragraphe 3, du traité, et notamment lorsque :

a) l'accès au marché de technologies appartenant à des tiers est restreint, par exemple en raison de l'effet cumulatif de réseaux parallèles d'accords restrictifs similaires interdisant aux preneurs d'utiliser les technologies de tiers ;

b) l'accès au marché de preneurs de licence potentiels est restreint, par exemple en raison de l'effet cumulatif de réseaux parallèles d'accords restrictifs similaires interdisant aux donneurs de licence d'accorder des licences à d'autres preneurs de licence ou parce que le seul propriétaire de technologie qui concède sous licence les droits sur technologie pertinents conclut une licence exclusive avec un preneur de licence qui est déjà actif sur le marché de produits sur la base de droits sur technologie substituables.

2. Lorsque, dans un cas déterminé, un accord de transfert de technologie visé par l'exemption prévue à l'article 2 du présent règlement produit des effets incompatibles avec l'article 101, paragraphe 3, du traité sur le territoire d'un État membre, ou sur une partie de ce territoire, qui présente toutes les caractéristiques d'un marché géographique distinct, l'autorité de concurrence de cet État membre peut, en vertu de l'article 29, paragraphe 2, du règlement (CE) n° 1/2003, retirer le bénéfice du présent règlement sur ce territoire, dans les conditions prévues au paragraphe 1 du présent article.

Art. 7 *Non-application du présent règlement.* 1. Conformément à l'article 1er *bis* du règlement n° 19/65/CEE, la Commission peut déclarer, par voie de règlement, lorsque des réseaux parallèles d'accords de transfert de technologie similaires couvrent plus de 50 % d'un marché en cause, que le présent règlement ne s'applique pas aux accords de transfert de technologie qui comportent des restrictions spécifiques concernant ce marché.

2. Tout règlement adopté en vertu du paragraphe 1 ne s'applique qu'après au moins six mois à compter de son adoption.

Art. 8 *Application des seuils de part de marché.* Aux fins de l'application des seuils de part de marché prévus à l'article 3, les règles suivantes s'appliquent :

a) la part de marché est calculée sur la base de données relatives à la valeur des ventes sur le marché ; à défaut, la détermination de la part de marché de l'entreprise considérée peut s'effectuer sur la base d'estimations fondées sur d'autres informations fiables relatives au marché, y compris le volume des ventes sur celui-ci ;

b) la part de marché est calculée sur la base de données relatives à l'année civile précédente ;

c) la part de marché détenue par les entreprises visées à l'article 1er, paragraphe 2, second alinéa, point e), doit être imputée à parts égales à chaque entreprise disposant des droits ou des pouvoirs énumérés à l'article 1er, paragraphe 2, second alinéa, point a) ;

d) la part de marché d'un donneur de licence sur un marché en cause pour les droits sur technologie concédés est calculée en fonction de la présence des droits sur technologie concédés sur le ou les marchés en cause (c'est-à-dire le ou les marchés de produits et le ou les marchés géographiques où les produits contractuels sont vendus, c'est-à-dire sur la base de la valeur des ventes liées aux produits contractuels produits par le donneur de licence et ses preneurs de licence cumulés ;

e) si la part de marché visée à l'article 3, paragraphe 1 ou 2, est initialement inférieure ou égale à 20 % ou à 30 % respectivement, mais franchit ensuite ces seuils, l'exemption prévue à l'article 2 continue à s'appliquer pendant deux années civiles consécutives suivant l'année au cours de laquelle le seuil de 20 % ou de 30 % a été dépassé pour la première fois.

Art. 9 *Rapport avec d'autres règlements d'exemption par catégorie.* **Le présent règlement ne s'applique pas aux arrangements de licence dans les accords de recherche et de développement qui relèvent du champ d'application du règlement (UE) n° 1217/2010 ou dans les accords de spécialisation qui relèvent du champ d'application du règlement (UE) n° 1218/2010.**

Art. 10 *Période transitoire.* **L'interdiction énoncée à l'article 101, paragraphe 1, du traité ne s'applique pas, pendant la période du 1er mai 2014 au 30 avril 2015, aux accords déjà en vigueur au 30 avril 2014 qui ne remplissent pas les conditions d'exemption prévues par le présent règlement, mais satisfont à celles prévues par le règlement (CE) n° 772/2004 au 30 avril 2014.**

Art. 11 *Période de validité.* **Le présent règlement entre en vigueur le 1er mai 2014.**

Il expire le 30 avril 2026.

Règlement de procédure du Tribunal de l'Union européenne du 4 mars 2015

(JOUE L 105 du 23 avr. 2015, p. 1).

Ce texte, entré en vigueur le 1er juill. 2015, remplace le Règl. du TPICE du 2 mai 1991. Toutefois, les dispositions des art. 131, 135, § 2, du Règl. de procédure de 1991 restent applicables aux recours introduits devant le Tribunal avant l'entrée en vigueur du présent règlement. Les dispositions des art. 135 bis et 146 de ce règlement restent également applicables aux recours pendants devant le Tribunal dont la phase écrite de la procédure a été close avant l'entrée en vigueur du présent règlement (Règl. du 4 mars 2015, art. 227 pts 6 et 7, JO L 105 du 23 avr. 2015 ; V. Règl. du 2 mai 1991, supra).

Dispositions liminaires

Art. 1er *Définitions.* **1. Dans le présent règlement :**

a) les dispositions du traité sur l'Union européenne sont désignées par le numéro de l'article concerné dudit traité suivi du sigle "TUE" ;

b) les dispositions du traité sur le fonctionnement de l'Union européenne sont désignées par le numéro de l'article concerné dudit traité suivi du sigle "TFUE" ;

c) les dispositions du traité instituant la Communauté européenne de l'énergie atomique sont désignées par le numéro de l'article concerné dudit traité suivi du sigle "TCEEA" ;

d) le protocole sur le statut de la Cour de justice de l'Union européenne est dénommé "statut" ;

e) l'accord sur l'Espace économique européen est dénommé "accord EEE" ;

f) le règlement n° 1 du Conseil du 15 avril 1958 portant fixation du régime linguistique de la Communauté économique européenne est dénommé "règlement n° 1 du Conseil".

2. Aux fins de l'application du présent règlement :

a) le terme "Tribunal" désigne, pour les affaires attribuées à ou renvoyées devant une chambre, cette chambre et, pour les affaires dévolues ou attribuées au juge unique, ce dernier ;

b) le terme "président", utilisé sans autre indication, désigne :

– pour les affaires non encore attribuées à une formation de jugement, le président du Tribunal,

– pour les affaires attribuées aux chambres, le président de la chambre à laquelle l'affaire est attribuée,

– pour les affaires dévolues ou attribuées au juge unique, ce dernier ;

c) les termes "partie" et "parties", utilisés sans autre indication, désignent toute partie à l'instance, y compris les intervenants ;

d) les expressions "partie principale" et "parties principales" désignent, selon le cas, le requérant ou le défendeur ou les deux ;

e) l'expression "représentants des parties" désigne les avocats et les agents, ces derniers assistés, le cas échéant, d'un conseil ou d'un avocat, qui représentent les parties devant le Tribunal conformément à l'article 19 du statut ;

f) les termes "institution" et "institutions" désignent les institutions de l'Union visées à l'article 13, paragraphe 1, TUE ainsi que les organes ou organismes créés par les traités ou par un acte pris pour leur exécution et qui peuvent être parties devant le Tribunal ;

g) le terme "Office" désigne, selon le cas, l'Office de l'Union européenne pour la propriété intellectuelle ou l'Office communautaire des variétés végétales ;

h) l'expression "Autorité de surveillance AELE" désigne l'autorité de surveillance de l'Association européenne de libre-échange, visée par l'accord EEE ;

(mod. JOUE L 217 du 12 août 2016, en vigueur le 1er sept. 2016) « i) l'expression "recours directs" désigne les recours introduits sur le fondement des articles 263 TFUE, 265 TFUE, 268 TFUE, 270 TFUE et 272 TFUE ;

« j) l'expression "statut des fonctionnaires" désigne le règlement établissant le statut des fonctionnaires de l'Union européenne ainsi que le régime applicable aux autres agents de l'Union. »

....

TITRE II Du régime linguistique

Art. 44 *Langues de procédure.* Les langues de procédure sont l'allemand, l'anglais, le bulgare, le croate, le danois, l'espagnol, l'estonien, le finnois, le français, le grec, le hongrois, l'irlandais, l'italien, le letton, le lituanien, le maltais, le néerlandais, le polonais, le portugais, le roumain, le slovaque, le slovène, le suédois et le tchèque.

Art. 45 *Détermination de la langue de procédure.* 1. Dans les recours directs au sens de l'article 1er, la langue de procédure est choisie par le requérant, sous réserve des dispositions ci-après :

a) si le défendeur est un État membre ou une personne physique ou morale ressortissant d'un État membre, la langue de procédure est la langue officielle de cet État ; dans le cas où il existe plusieurs langues officielles, le requérant a la faculté de choisir celle qui lui convient ;

b) à la demande conjointe des parties principales, l'emploi total ou partiel d'une autre des langues mentionnées à l'article 44 peut être autorisé ;

c) à la demande d'une partie, les autres parties entendues, l'emploi total ou partiel comme langue de procédure d'une autre des langues mentionnées à l'article 44 peut être autorisé par dérogation aux dispositions sous b) ; cette demande ne peut être introduite par l'une des institutions. (...)

4. Sans préjudice des dispositions prévues au paragraphe 1, sous b) et c), dans les recours dirigés contre les décisions des chambres de recours de l'Office, visé à l'article 1er, et portant sur l'application des règles relatives à un régime de propriété intellectuelle :

a) la langue de procédure est choisie par le requérant s'il était la seule partie à la procédure devant la chambre de recours de l'Office ;

b) la langue de la requête, choisie par le requérant parmi les langues visées à l'article 44, devient la langue de procédure si aucune autre partie à la procédure devant la chambre de recours de l'Office ne s'y oppose dans le délai fixé à cet effet par le greffier après le dépôt de la requête ;

c) en cas d'opposition à la langue de la requête d'une partie à la procédure devant la chambre de recours de l'Office autre que le requérant, la langue de la décision attaquée devant le Tribunal devient la langue de procédure ; dans un tel cas, le greffier veille à assurer la traduction de la requête dans la langue de procédure.

TITRE III Des recours directs

....

CHAPITRE PREMIER *Dispositions générales*

SECTION I *De la représentation des parties*

Art. 51 *Obligation de représentation.* (...) 2. L'avocat représentant ou assistant une partie est tenu de déposer au greffe un document de légitimation certifiant qu'il est habilité à exercer devant une juridiction d'un État membre ou d'un autre État partie à l'accord EEE.

3. Les avocats sont tenus, lorsque la partie qu'ils représentent est une personne morale de droit privé, de déposer au greffe un mandat délivré par cette dernière. (...)

....

SECTION III *Des significations*

Art. 57 *Modes de signification.* (...) 4. Le Tribunal peut, par décision, déterminer les conditions dans lesquelles un acte de procédure peut être signifié par voie électronique. Cette décision est publiée au *Journal officiel de l'Union européenne*.

....

CHAPITRE III *De la phase écrite de la procédure*

....

Art. 77 *Informations relatives aux significations.* 1. Aux fins de la procédure, la requête indique si le mode de signification auquel le représentant du requérant consent est celui visé à l'article 57, paragraphe 4, ou le télécopieur.

2. Si la requête n'est pas conforme aux conditions visées au paragraphe 1, toutes les significations aux fins de la procédure à la partie concernée, tant que ce défaut n'a pas été régularisé, sont faites par envoi postal recommandé adressé au représentant de la partie. La signification régulière est alors réputée avoir lieu par le dépôt de l'envoi recommandé à la poste du lieu où le Tribunal a son siège.

Art. 78 *Annexes de la requête.* 1. La requête est accompagnée, s'il y a lieu, des pièces indiquées à l'article 21, second alinéa, du statut.

2. *(mod. JOUE L 217 du 12 août 2016, en vigueur le 1er sept. 2016)* La requête présentée en vertu de l'article 270 TFUE doit être accompagnée, s'il y a lieu, de la réclamation au sens de l'article 90, paragraphe 2, du statut des fonctionnaires et de la décision portant réponse à la réclamation avec indication des dates d'introduction et de notification.

3. La requête présentée en vertu d'une clause compromissoire contenue dans un contrat de droit public ou de droit privé passé par l'Union ou pour son compte conformément à l'article 272 TFUE doit être accompagnée d'un exemplaire du contrat qui contient cette clause.

4. Si le requérant est une personne morale de droit privé, il joint à la requête une preuve récente de son existence juridique (extrait du registre du commerce, extrait du registre des associations ou tout autre document officiel).

5. La requête est accompagnée des documents visés à l'article 51, paragraphes 2 et 3.

6. Si la requête n'est pas conforme aux conditions énumérées *(mod. JOUE L 217 du 12 août 2016, en vigueur le 1er sept. 2016)* « aux paragraphes 1 à 5 », le greffier fixe au requérant un délai raisonnable aux fins de la production des pièces mentionnées ci-dessus. A défaut de cette régularisation dans le délai imparti, le Tribunal décide si l'inobservation de ces conditions entraîne l'irrecevabilité formelle de la requête.

....

CHAPITRE XIII *Des dépens et frais de procédure*

....

Art. 134 *Règles générales d'allocation des dépens.* 1. Toute partie qui succombe est condamnée aux dépens, s'il est conclu en ce sens.

2. Si plusieurs parties succombent, le Tribunal décide du partage des dépens.

3. Si les parties succombent respectivement sur un ou plusieurs chefs, chaque partie supporte ses propres dépens. Toutefois, si cela apparaît justifié au vu des circonstances de l'espèce, le Tribunal peut décider que, outre ses propres dépens, une partie supporte une fraction des dépens de l'autre partie.

Art. 135 *Équité et frais frustratoires ou vexatoires.* 1. *(Abrogé par mod. JOUE L 217 du 12 août 2016, en vigueur le 1er sept. 2016) « A titre exceptionnel, »* lorsque l'équité l'exige, le Tribunal peut décider qu'une partie qui succombe supporte, outre ses propres dépens, uniquement une fraction des dépens de l'autre partie, voire qu'elle ne doit pas être condamnée à ce titre.

2. Le Tribunal peut condamner une partie, même gagnante, partiellement ou totalement aux dépens, si cela apparaît justifié en raison de son attitude, y compris avant l'introduction de l'instance, en particulier si elle a fait exposer à l'autre partie des frais que le Tribunal reconnaît comme frustratoires ou vexatoires.

....

Art. 139 *Frais de procédure.* La procédure devant le Tribunal est gratuite, sous réserve des dispositions suivantes :

a) si le Tribunal a exposé des frais qui auraient pu être évités, notamment si le recours a un caractère manifestement abusif, il peut condamner la partie qui les a provoqués à les rembourser ;

b) les frais de tout travail de copie et de traduction effectué à la demande d'une partie, considérés par le greffier comme extraordinaires, sont remboursés par cette partie sur la base du tarif du greffe visé à l'article 37 ;

c) en cas de méconnaissances répétées des prescriptions du présent règlement ou des dispositions pratiques, visées à l'article 224, nécessitant de demander la régularisation, les frais liés au traitement requis par le Tribunal sont remboursés par la partie concernée à la demande du greffier sur la base du tarif du greffe visé à l'article 37.

....

TITRE IV Du contentieux relatif aux droits de la propriété intellectuelle

Art. 171 *Champ d'application.* Les dispositions du présent titre s'appliquent aux recours dirigés contre les décisions des chambres de recours de l'Office, visé à l'article 1er, et portant sur l'application des règles relatives à un régime de propriété intellectuelle.

CHAPITRE PREMIER *Des parties à la procédure*

Art. 172 *Défendeur.* La requête est formée contre l'Office auquel appartient la chambre de recours qui a adopté la décision attaquée, en qualité de défendeur.

Art. 173 *Statut devant le Tribunal des autres parties à la procédure devant la chambre de recours.* 1. Une partie à la procédure devant la chambre de recours autre que le requérant peut participer à la procédure devant le Tribunal en tant qu'intervenant en répondant à la requête dans les formes et délais prescrits.

2. Avant l'expiration du délai prévu pour le dépôt du mémoire en réponse, une partie à la procédure devant la chambre de recours autre que le requérant devient partie à la procédure devant le Tribunal en tant qu'intervenant avec le dépôt d'un acte de procédure. Il perd son statut d'intervenant devant le Tribunal lorsqu'il ne répond pas à la requête dans les formes et délais prescrits. Dans ce cas, l'intervenant supporte ses propres dépens afférents aux actes de procédure qu'il a déposés.

3. L'intervenant, visé aux paragraphes 1 et 2, dispose des mêmes droits procéduraux que les parties principales. Il peut soutenir les conclusions d'une partie principale ainsi que formuler des conclusions et des moyens autonomes par rapport à ceux des parties principales.

4. Une partie à la procédure devant la chambre de recours autre que le requérant, qui devient partie devant le Tribunal, conformément aux paragraphes 1 et 2, est représentée selon les dispositions de l'article 19 du statut.

5. L'article 77 et *(mod. JOUE L 217 du 12 août 2016, en vigueur le 1er sept. 2016)* « l'article 78, paragraphes 4 à 6, » sont applicables à l'acte de procédure visé au paragraphe 2.

6. Par dérogation à l'article 123, la procédure par défaut ne s'applique pas lorsqu'un intervenant, visé aux paragraphes 1 et 2, a répondu à la requête dans les formes et délais prescrits.

Art. 174 *Substitution d'une partie.* Lorsqu'un droit de propriété intellectuelle concerné par le litige a été transféré d'une partie à la procédure devant la chambre de recours de l'Office à un tiers, l'ayant cause peut demander à se substituer à la partie initiale dans le cadre de la procédure devant le Tribunal.

Art. 175 *Demande de substitution.* 1. La demande de substitution est présentée par acte séparé. Elle peut être déposée à tout stade de la procédure.

2. Cette demande contient :

a) l'indication de l'affaire ;

b) l'indication des parties à l'affaire ainsi que de la partie à laquelle le demandeur entend se substituer ;

c) les nom et domicile du demandeur ;

d) l'indication de la qualité et de l'adresse du représentant du demandeur ;

e) l'exposé des circonstances justifiant la substitution, accompagné des preuves à l'appui.

3. Le demandeur en substitution est représenté selon les dispositions de l'article 19 du statut.

4. L'article 77, *(mod. JOUE L 217 du 12 août 2016, en vigueur le 1er sept. 2016)* « l'article 78, paragraphes 4 à 6, » et l'article 139 sont applicables à la demande de substitution.

Art. 176 *Décision sur la demande de substitution.* 1. La demande de substitution est signifiée aux parties.

2. Le président met les parties en mesure de présenter leurs observations écrites ou orales sur la demande de substitution.

3. Il est statué sur la demande de substitution par voie d'ordonnance motivée du président ou dans la décision mettant fin à l'instance.

4. En cas de rejet de la demande de substitution, il est statué sur les dépens afférents à ladite demande, y compris les dépens du demandeur en substitution, en application des dispositions des articles 134 et 135.

5. S'il est fait droit à la demande de substitution, l'ayant cause accepte le litige dans l'état où il se trouve lors de la substitution. Il est lié par les actes de procédure déposés par la partie à laquelle il se substitue.

CHAPITRE II *De la requête et des mémoires en réponse*

Art. 177 *Requête.* 1. La requête contient :

a) les nom et domicile du requérant ;

b) l'indication de la qualité et de l'adresse du représentant du requérant ;

c) la désignation de l'Office contre lequel le recours est formé ;

d) l'objet du litige, les moyens et arguments invoqués ainsi qu'un exposé sommaire desdits moyens ;

e) les conclusions du requérant.

2. Lorsque le requérant n'était pas la seule partie à la procédure devant la chambre de recours de l'Office, la requête doit également contenir les noms de toutes les parties à cette procédure et les adresses que celles-ci avaient indiquées aux fins des notifications.

3. La décision attaquée de la chambre de recours doit être annexée à la requête. Mention doit être faite de la date à laquelle cette décision a été notifiée au requérant.

4. Si le requérant est une personne morale de droit privé, il joint à la requête une preuve récente de son existence juridique (extrait du registre du commerce, extrait du registre des associations ou tout autre document officiel).

5. La requête est accompagnée des documents visés à l'article 51, paragraphes 2 et 3.

6. L'article 77 est applicable.

7. Si la requête n'est pas conforme aux paragraphes 2 à 5, le greffier fixe au requérant un délai raisonnable aux fins de régularisation de la requête. A défaut de cette régularisation dans le délai imparti, le Tribunal décide si l'inobservation de cette formalité entraîne l'irrecevabilité formelle de la requête.

Art. 178 *Signification de la requête.* 1. Le greffier informe le défendeur et toutes les parties à la procédure devant la chambre de recours du dépôt de la requête selon le mode prévu à l'article 80, paragraphe 1. Il procède à la signification de la requête après la détermination de la langue de procédure, conformément à l'article 45, paragraphe 4, et, le cas échéant, à la signification de la traduction de la requête dans la langue de procédure.

2. La requête est signifiée au défendeur par envoi postal recommandé, avec accusé de réception, d'une copie certifiée conforme de la requête ou par remise de cette copie contre reçu. Lorsque le défendeur a, au préalable, consenti à ce que des requêtes lui soient adressées par le mode visé à l'article 57, paragraphe 4, ou par télécopieur, la signification de la requête peut être effectuée par ce moyen.

3. La signification de la requête à une partie à la procédure devant la chambre de recours est effectuée par le mode auquel celle-ci a consenti lors du dépôt de l'acte de procédure visé à l'article 173, paragraphe 2, et, à défaut d'un tel acte, par envoi postal recommandé, avec accusé de réception, à l'adresse indiquée par la partie concernée aux fins des notifications à effectuer au cours de la procédure devant la chambre de recours.

4. Dans les cas prévus à l'article 177, paragraphe 7, la signification est faite dès la régularisation ou dès que le Tribunal a admis la recevabilité eu égard aux conditions énumérées dans cet article.

5. Dès la signification de la requête, le défendeur transmet au Tribunal le dossier de la procédure devant la chambre de recours.

Art. 179 *Parties autorisées à déposer un mémoire en réponse.* Le défendeur et les parties à la procédure devant la chambre de recours autres que le requérant présentent des mémoires en réponse à la requête dans un délai de deux mois à compter de la signification de celle-ci. Ce délai peut, dans des circonstances exceptionnelles, être prorogé par le président à la demande motivée de la partie concernée.

Art. 180 *Mémoire en réponse.* 1. Le mémoire en réponse contient :
a) les nom et domicile de la partie qui le dépose ;
b) l'indication de la qualité et de l'adresse du représentant de la partie ;
c) les moyens et arguments invoqués ;
d) les conclusions de la partie qui le dépose.
2. L'article 177, paragraphes 4 à 7, est applicable au mémoire en réponse.

Art. 181 *Clôture de la phase écrite de la procédure.* Sans préjudice des dispositions du chapitre troisième, la phase écrite de la procédure est close après la présentation du mémoire en réponse du défendeur et, le cas échéant, de l'intervenant au sens de l'article 173.

CHAPITRE III *Du recours incident*

Art. 182 *Recours incident.* 1. Les parties à la procédure devant la chambre de recours autres que le requérant peuvent présenter un recours incident dans le même délai que celui prévu pour la présentation du mémoire en réponse.
2. Le recours incident doit être présenté par acte séparé, distinct du mémoire en réponse.

Art. 183 *Contenu du recours incident.* Le recours incident contient :
a) les nom et domicile de la partie qui le dépose ;
b) l'indication de la qualité et de l'adresse du représentant de la partie ;
c) les moyens et arguments invoqués ;
d) les conclusions.

Art. 184 *Conclusions, moyens et arguments du recours incident.* 1. Les conclusions du recours incident tendent à l'annulation ou à la réformation de la décision de la chambre de recours sur un point non soulevé dans la requête.
2. Les moyens et arguments invoqués identifient avec précision les points de motifs de la décision attaquée qui sont contestés.

Art. 185 *Réponse au recours incident.* Lorsqu'un recours incident est déposé, les autres parties peuvent présenter un mémoire dont l'objet est limité à la réponse aux conclusions, moyens et arguments invoqués dans le recours incident, dans un délai de deux mois à compter de sa signification. Ce délai peut, dans des circonstances exceptionnelles, être prorogé par le président à la demande motivée de la partie concernée.

Art. 186 *Clôture de la phase écrite de la procédure.* Lorsqu'un recours incident a été déposé, la phase écrite de la procédure est close après la présentation du dernier mémoire en réponse à ce recours incident.

Art. 187 *Relation entre le recours principal et le recours incident.* Le recours incident est réputé dépourvu d'objet :
a) lorsque le requérant se désiste du recours principal ;
b) lorsque le recours principal est déclaré manifestement irrecevable.

CHAPITRE IV *Autres aspects de la procédure*

Art. 188 *Objet du litige devant le Tribunal.* Les mémoires déposés par les parties dans le cadre de la procédure devant le Tribunal ne peuvent modifier l'objet du litige devant la chambre de recours.

Art. 189 *Longueur des mémoires.* 1. Le Tribunal fixe, conformément à l'article 224, la longueur maximale des mémoires déposés dans le cadre du présent titre.
2. Le dépassement de la longueur maximale des mémoires peut être autorisé par le président uniquement dans des cas particulièrement complexes en droit ou en fait.

Art. 190 *Règlement des dépens.* 1. Lorsqu'il est fait droit à un recours contre une décision d'une chambre de recours, le Tribunal peut ordonner que le défendeur ne supporte que ses propres dépens.
2. Les frais indispensables exposés par les parties aux fins de la procédure devant la chambre de recours sont considérés comme dépens récupérables.

Art. 191 *Autres dispositions applicables.* Sous réserve des dispositions particulières du présent titre, les dispositions du titre troisième sont applicables aux procédures visées par le présent titre.

Droit interne

Loi du 13 avril 1908,

Relative à la protection temporaire de la propriété industrielle dans les expositions internationales étrangères officielles ou officiellement reconnues, et dans les expositions organisées en France ou dans les colonies avec l'autorisation de l'administration ou avec son patronage.

Art. 1er Une protection temporaire est accordée aux inventions brevetables aux dessins et modèles industriels, ainsi qu'aux marques de fabrique ou de commerce pour les produits qui seront régulièrement admis aux expositions étrangères internationales, officielles ou officiellement reconnues. – Cette protection, dont la durée est fixée à douze mois à dater de l'ouverture officielle de l'exposition, aura pour effet de conserver aux exposants ou à leurs ayants cause, sous les conditions ci-après, le droit de réclamer, pendant ce délai, la protection dont leurs découvertes, dessins, modèles ou marques seraient légalement susceptibles. – La durée de la protection temporaire ne sera augmentée ni des délais de priorité prévus par l'article 4 de la Convention internationale du 20 mars 1883, modifiée par l'acte additionnel de Bruxelles du 14 décembre 1900, ni de ceux fixés par l'article 11 de la loi du 5 juillet 1844, modifiée par celle du 7 avril 1902.

Art. 2 Les exposants qui voudront jouir de la protection temporaire devront se faire délivrer, par l'autorité chargée de représenter officiellement la France à l'exposition, un certificat de garantie qui constatera que l'objet pour lequel la protection est demandée est réellement exposé. – La demande dudit certificat devra être faite au cours de l'exposition et au plus tard dans les trois premiers mois de l'ouverture officielle de l'exposition ; elle sera accompagnée d'une description exacte de l'objet à garantir et, s'il y a lieu, de dessins dudit objet. – Les demandes seront inscrites sur un registre spécial, qui sera transmis avec lesdites demandes et les pièces jointes au ministère du commerce et de l'industrie aussitôt après la clôture officielle de l'exposition, et communiquées sans frais à toute réquisition par les soins de l'Institut national de la propriété industrielle.

Art. 3 Un décret déterminera, à l'occasion de chaque exposition présentant les caractères visés à l'article 1er, les mesures nécessaires pour l'application de la présente loi. – *V. Décr. 17 juill. 1908. , ci-dessous.*

Art. 4 La même protection est accordée aux inventions brevetables, aux dessins et modèles, ainsi qu'aux marques de fabrique ou de commerce pour les produits qui seront régulièrement admis aux expositions organisées, en France ou dans les colonies, avec l'autorisation de l'administration ou avec son patronage.

Un décret déterminera les mesures nécessaires pour l'application du présent article *[V. Décr.-L. 7 juill. 1908]. – Est abrogée la loi du 23 mai 1868.*

V. aussi la Convention sur les expositions internationales, signée à Paris le 22 nov. 1928, modifiée par les protocoles du 10 mai 1948, du 16 nov. 1966, du 30 nov. 1972 et du 24 juin 1982. – Entrée en vigueur le 17 janv. 1931. – Publiée au JO 10 févr. 1931.

Décret du 17 juillet 1908,

Relatif à la protection temporaire de la propriété industrielle dans les expositions organisées en France avec l'autorisation de l'administration ou avec son patronage.

Art. 1er Tout exposant ou ses ayants droit qui voudront bénéficier de la protection temporaire accordée par la loi du 13 avril 1908 aux inventions brevetables, aux dessins et modèles industriels et aux marques de fabrique ou de commerce pour les produits qui seront régulièrement admis aux expositions organisées en France avec l'autorisation de l'Administration ou avec son patronage, devront se faire délivrer par le préfet si l'exposition a lieu dans l'arrondissement chef-lieu, ou par le sous-préfet si l'exposition a lieu dans les autres arrondissements, un certificat de garantie.

Art. 2 La demande du certificat de garantie devra être faite au cours de l'exposition et, au plus tard, dans les trois mois de l'ouverture officielle de l'exposition, si sa durée excède ce délai ; elle sera accompagnée :

1° D'une description exacte en langue française des objets à garantir et, s'il y a lieu, de dessins desdits objets. Les descriptions et dessins doivent être établis par les soins des exposants ou de leurs mandataires qui certifieront, sous leur responsabilité, la conformité des objets décrits ou reproduits avec ceux qui sont exposés ;

2° D'une attestation descriptive signée du commissaire de l'exposition ou de l'autorité chargée de délivrer le certificat d'admission, constatant que les objets pour lesquels la protection temporaire est requise sont réellement et régulièrement exposés. – La délivrance du certificat est gratuite.

Art. 3 Le certificat de garantie assure aux exposants ou à leurs ayants cause, à l'exception du droit de poursuite et sous les réserves insérées à l'article 1er, paragraphe 2 de la loi du 13 avril 1908, pendant une durée de douze mois à dater de l'ouverture officielle de l'exposition, les mêmes droits que leur conférerait le dépôt légal d'une demande de brevet d'invention, d'un dessin ou modèle de fabrique ou d'une marque de fabrique ou de commerce, sans préjudice du brevet qu'ils peuvent prendre ou du dépôt qu'ils peuvent opérer avant l'expiration du délai précité.

Art. 4 Les demandes, ainsi que les décisions prises par le préfet et le sous-préfet, sont inscrites sur un registre spécial qui doit être transmis immédiatement après la clôture de l'exposition au ministère du commerce et de l'industrie, pour être communiqué sans frais par les soins de l'institut national de la propriété industrielle, à toute réquisition.

Loi de finances (n° 51-598) du 24 mai 1951,

(D. 1951. 225 ; BLD 1951. 487)

Art. 46 *(Décr. n° 81-599 du 15 mai 1981)* Le montant et les modalités d'application des taxes instituées par les lois et règlements en vigueur en ce qui concerne la propriété industrielle, les registres du commerce et des métiers *[répertoire des métiers]* et les dépôts d'actes de sociétés seront fixés par arrêtés conjoints du ministre de l'industrie et du commerce, du ministre du budget et du ministre des finances et des affaires économiques. – *V. CPI, art. R. 411-17.*

Al. 2 abrogé par Décr. n° 61-460 du 3 mai 1961.

Décret n° 65-622 du 27 juillet 1965,

Relatif aux taxes et redevances perçues en matière de propriété industrielle.

TITRE PREMIER Brevets d'invention

Art. 1er Tout dépôt de demande de brevet d'invention ou de certificat d'addition donne lieu à la perception d'une taxe dite "taxe de dépôt".

La taxe versée pour une demande de brevet couvre la première annuité de ce brevet.

L'arrêté fixant le taux de cette taxe détermine également les facilités de paiement accordées aux personnes physiques effectuant un dépôt pour leur propre compte.

En cas de rejet ou de retrait de la demande, la moitié de la taxe de dépôt est remboursée à l'intéressé.

Art. 2 La taxe de publication prévue aux articles 1er à 3 de la loi du 19 mars 1937 est supprimée.

Art. 3 *(Modifie L. 5 juill. 1844, art. 6 bis).*

Art. 4 Sont admis moyennant le paiement de taxes supplémentaires :

1° les descriptions annexées aux demandes de brevets d'invention ou certificats d'addition dépassant 500 lignes de 50 caractères chacune ;

2° les dessins annexés aux demandes de brevets d'invention ou de certificats d'addition comprenant plus de 6 feuilles de petit format ou 3 feuilles de grand format.

Art. 5 Les taxes supplémentaires mentionnées à l'article 4 ci-dessus sont exigibles dans un délai de deux mois à compter de la notification au demandeur du montant de la somme à payer.

Le défaut de paiement de ces taxes dans le délai précité vaut renonciation à la demande. Cette disposition est mentionnée dans la notification prévue à l'alinéa précédent.

Ces taxes sont remboursées en cas de retrait ou de rejet de la demande.

Art. 6 La rectification des erreurs matérielles sur les descriptions et dessins de brevets ou certificats d'addition donne lieu à la perception d'une taxe.

Art. 7 *(Modifie L. 5 juill. 1844, art. 32).*

Art. 8 Des taxes ou redevances sont perçues par l'institut national de la propriété industrielle au titre des services ci-après :

1° Délivrance de copie officielle de demande de brevet ou de certificat d'addition ;

2° Délivrance de copie officielle de brevet ou de certificat d'addition ;

3° Délivrance de reproduction de documents de priorité ;

4° Délivrance de duplicata d'une pièce ou d'une attestation concernant un brevet ou un certificat d'addition ;

5° Authentification du fascicule imprimé d'un brevet ou d'un certificat d'addition ;

6° Délivrance d'un état sur la situation du versement des annuités ;

7° Réception d'une demande d'avis sur la nouveauté d'une invention.

La taxe d'établissement de copie dactylographiée de brevet ou de certificat d'addition, la taxe de collationnement et la taxe de communication d'originaux de brevet sont supprimées.

TITRE II Taxes relatives aux marques de fabrique, de commerce ou de service

Art. 9 Le dépôt d'une marque ou le dépôt en renouvellement d'une marque donne lieu au paiement d'une taxe de dépôt et d'une taxe par classe de produits ou de services.

Si le dépôt en renouvellement d'une marque est effectué dans les six mois de l'expiration du dépôt précédent, il donne lieu au paiement d'une taxe supplémentaire de retard.

Art. 10 La revendication du droit de priorité prévu à l'article 6 de la loi modifiée du 31 décembre 1964 donne lieu, pour chaque droit de priorité revendiqué, au paiement d'une taxe.

Lorsqu'elle est effectuée dans les six mois qui suivent le dépôt de la marque, la revendication du droit de priorité donne lieu au paiement d'une taxe supplémentaire. — *V. L. 31 déc. 1964, v° Marques.*

Art. 11 Donnent également lieu au paiement d'une taxe :

1° Le dépôt du règlement déterminant les conditions auxquelles est subordonné l'emploi d'une marque collective ;

2° Le dépôt d'un texte modificatif du règlement lorsqu'il est effectué après l'enregistrement de la marque collective ;

3° La déclaration d'existence de droits antérieurs, prévue à l'alinéa 3 de l'article 35 de la loi modifiée du 31 décembre 1964, lorsqu'elle est faite postérieurement au dépôt de la marque. — *V. L. 31 déc. 1964, v° Marques.*

Art. 12 En cas de rejet du dépôt ou de retrait avant l'enregistrement de la marque, les taxes versées sont remboursées, à l'exclusion de la moitié des taxes de dépôt de la marque et de dépôt du règlement.

En cas de rejet ou de renonciation portant sur une partie des produits ou services, avant l'enregistrement de la marque, les taxes par classe, perçues en trop, sont remboursées.

Art. 13 Donnent lieu au paiement d'une taxe :

1° Toute inscription au registre national des marques faite en application des articles 19, 21 et 23 du décret n° 65-621 du 27 juillet 1965 ;

2° Toute inscription au registre national des marques faite en application de l'article 26 du décret n° 65-621 du 27 juillet 1965 ;

3° La radiation au registre national des marques d'une inscription relative à une marque donnée en gage ;

4° La délivrance d'une reproduction des inscriptions portées au registre national des marques ou d'un certificat constatant qu'il n'en existe aucune relative à une marque.

Art. 14 La délivrance d'un certificat d'identité d'une marque comprenant le modèle de la marque, la liste des produits ou services pour lesquels elle a été déposée, et, s'il y a lieu, les limitations à cette liste résultant d'une renonciation ou d'une décision judiciaire, ainsi que les indications relatives au dépôt et le numéro d'enregistrement, est subordonnée au paiement d'une taxe.

Art. 15 La délivrance d'une reproduction du règlement d'une marque collective est subordonnée au paiement d'une taxe.

Art. 16 Les recherches d'antériorité sur les marques de fabrique, de commerce ou de service effectuées par l'Institut national de la propriété industrielle donnent lieu au paiement d'une taxe.

TITRE III Taxes relatives aux dessins et modèles

Art. 17 Avant l'acceptation d'un dépôt de dessin ou modèle et l'établissement du procès-verbal de ce dépôt, le secrétaire du conseil des prud'hommes ou le greffier du tribunal de commerce ou du tribunal de grande instance perçoit, en même temps que les autres droits, une taxe de dépôt au profit de l'Institut national de la propriété industrielle.

Art. 18 La délivrance d'une copie des mentions explicatives et de la déclaration de dépôt d'un dessin ou modèle donne lieu à la perception d'une taxe, sans préjudice des frais de reproduction photographique de l'objet.

Art. 19 L'estampillage avant usage des registres de dessins établis conformément aux dispositions du décret susvisé du 10 mars 1914 *[CPI, art. R. 511-1 s.]* est subordonné au paiement d'une taxe.

Art. 20 Le dépôt de dessins prévu à l'article 5 du décret susvisé du 10 mars 1914 *[CPI, art. R. 511-6.]* s'effectue au moyen d'enveloppes spéciales éditées et délivrées par l'Institut national de la propriété industrielle.

Une taxe est perçue pour l'enregistrement et le gardiennage de chaque dépôt, ainsi que pour son renouvellement.

TITRE IV Dispositions diverses

Art. 21 Les modalités de perception et le montant des taxes et redevances prévues au présent décret sont fixés par arrêtés interministériels *[V. ss. CPI, art. R. 411-17]* pris en application de l'article 46 de la loi du 24 mai 1951. Les conditions de vente des diverses publications de l'Institut national de la propriété industrielle, ainsi que des copies de documents détenus par cet établissement public non visés aux articles précédents sont également fixées par arrêté pris en application de l'article 46 modifié de la loi du 24 mai 1951.

Art. 22 Les dispositions contraires à celles du présent décret sont abrogées, et notamment les articles 1er à 3 de la loi du 19 mars 1937, l'article 3 de la loi n° 48-1974 du 31 décembre 1948, le décret n° 49-243 du 23 février 1949, le dernier alinéa de l'article 6 de la loi du 14 juillet 1909 sur les dessins et modèles et l'article 21 du décret du 26 juin 1911 pris pour l'exécution de ladite loi.

Art. 23 Le présent décret est applicable aux territoires d'outre-mer.

II APPELLATIONS ET INDICATIONS D'ORIGINE

RÉP. COM. v° *Appellations d'origine et indications de provenance*, par OLSZAK.

BIBL. ▶ AUDIER, *Propr. intell. 2003, n° 8, p. 252* (indications géographiques : le virus « générique »). – DEBREZ, *D. 2005. Chron. 282* (les tendances jurisprudentielles « des délimitations » des appellations d'origine contrôlées viti-vinicoles). – PIATTI, *RTD com. 1999. 557* (appellation d'origine, essai de qualification).

Droit international

RÉP. INTERNAT. v° *Appellations et indications d'origine*, par DERRUPPÉ.

Arrangement de Lisbonne du 31 octobre 1958,

Concernant la protection des appellations d'origine et leur enregistrement international, révisé à Stockholm le 14 juillet 1967, et modifié le 28 septembre 1979. — Publié par Décr. n° 75-762 du 6 août 1975. — Entré en vigueur le 12 août 1975. — V. infra, Acte de Genève du 20 mai 2015.

BIBL. ▶ GEIGER, GERVAIS, OLSZAK et RUZEK, *Propr. intell. 2010, n° 35, p. 691* (l'arrangement de Lisbonne, un véhicule pour l'internationalisation du droit des indications géographiques ?).

Art. 1er 1. Les pays auxquels s'applique le présent Arrangement sont constitués à l'état d'Union particulière dans le cadre de l'Union pour la protection de la propriété industrielle.

2. Ils s'engagent à protéger, sur leurs territoires, selon les termes du présent Arrangement, les appellations d'origine des produits des autres pays de l'Union particulière, reconnues et protégées à ce titre dans le pays d'origine et enregistrées au Bureau international de la pro-

priété intellectuelle (ci-après dénommé « le Bureau international » ou « le Bureau ») visé dans la Convention instituant l'Organisation Mondiale de la Propriété Intellectuelle (ci-après dénommée « l'Organisation »). – *V. ce texte, v° Dispositions générales.*

Art. 2 1. On entend par appellation d'origine, au sens du présent Arrangement, la dénomination géographique d'un pays, d'une région ou d'une localité servant à désigner un produit qui en est originaire et dont la qualité ou les caractères sont dus exclusivement ou essentiellement au milieu géographique, comprenant les facteurs naturels et les facteurs humains.

2. Le pays d'origine est celui dont le nom, ou dans lequel est située la région ou la localité dont le nom, constitue l'appellation d'origine qui a donné au produit sa notoriété.

Art. 3 La protection sera assurée contre toute usurpation ou imitation, même si l'origine véritable du produit est indiquée ou si l'appellation est employée en traduction ou accompagnée d'expressions telles que « genre », « type », « façon », « imitation » ou similaires.

Art. 4 Les dispositions du présent Arrangement n'excluent en rien la protection existant déjà en faveur des appellations d'origine dans chacun des pays de l'Union particulière, en vertu d'autres instruments internationaux, tels que la Convention de Paris du 20 mars 1883 pour la protection de la propriété industrielle et ses revisions subséquentes, et l'Arrangement de Madrid du 14 avril 1891 concernant la répression des indications de provenance fausses ou fallacieuses sur les produits et ses revisions subséquentes, ou en vertu de la législation nationale ou de la jurisprudence.

Art. 5 1. L'enregistrement des appellations d'origine sera effectué auprès du Bureau international, à la requête des Administrations des pays de l'Union particulière, au nom des personnes physiques ou morales, publiques ou privées, titulaires du droit d'user de ces appellations selon leur législation nationale.

2. Le Bureau international notifiera sans retard les enregistrements aux Administrations des divers pays de l'Union particulière et les publiera dans un recueil périodique.

3. Les Administrations des pays pourront déclarer qu'elles ne peuvent assurer la protection d'une appellation d'origine, dont l'enregistrement leur aura été notifié, mais pour autant seulement que leur déclaration soit notifiée au Bureau international, avec l'indication des motifs, dans un délai d'une année à compter de la réception de la notification de l'enregistrement, et sans que cette déclaration puisse porter préjudice, dans le pays en cause, aux autres formes de protection de l'appellation auxquelles le titulaire de celle-ci pourrait prétendre, conformément à l'article 4 ci-dessus.

4. Cette déclaration ne pourra pas être opposée par les Administrations des pays unionistes après l'expiration du délai d'une année prévu à l'alinéa précédent.

5. Le Bureau international donnera connaissance, dans le plus bref délai, à l'Administration du pays d'origine de toute déclaration faite aux termes de l'alinéa 3 par l'Administration d'un autre pays. L'intéressé, avisé par son Administration nationale de la déclaration faite par un autre pays, pourra exercer dans cet autre pays tous recours judiciaires ou administratifs appartenant aux nationaux de ce pays.

6. Si une appellation, admise à la protection dans un pays sur notification de son enregistrement international, se trouvait déjà utilisée par des tiers dans ce pays, depuis une date antérieure à cette notification, l'Administration compétente de ce pays aurait la faculté d'accorder à ces tiers un délai, ne pouvant dépasser deux ans, pour mettre fin à cette utilisation, à condition d'en aviser le Bureau international dans les trois mois suivant l'expiration du délai d'une année stipulé à l'alinéa 3 ci-dessus.

Art. 6 Une appellation admise à la protection dans un des pays de l'Union particulière, suivant la procédure prévue à l'article 5, n'y pourra être considérée comme devenue générique, aussi longtemps qu'elle se trouve protégée comme appellation d'origine dans le pays d'origine.

Art. 7 1. L'enregistrement effectué auprès du Bureau international conformément à l'article 5 assure, sans renouvellement, la protection pour toute la durée mentionnée à l'article précédent.

2. Il sera payé pour l'enregistrement de chaque appellation d'origine une taxe unique.

Art. 8 Les poursuites nécessaires pour assurer la protection des appellations d'origine pourront être exercées, dans chacun des pays de l'Union particulière, suivant la législation nationale :

1° à la diligence de l'Administration compétente ou à la requête du Ministère public ;

2° par toute partie intéressée, personne physique ou morale, publique ou privée.

Art. 9 1. *a)* L'Union particulière a une Assemblée composée des pays qui ont ratifié le présent Acte ou y ont adhéré ;

b) le Gouvernement de chaque pays est représenté par un délégué, qui peut être assisté de suppléants, de conseillers et d'experts ;

c) les dépenses de chaque délégation sont supportées par le Gouvernement qui l'a désignée.

2. *a)* L'Assemblée :

i) traite de toutes les questions concernant le maintien et le développement de l'Union particulière et l'application du présent Arrangement ;

ii) donne au Bureau international des directives concernant la préparation des conférences de revision, compte étant dûment tenu des observations des pays de l'Union particulière qui n'ont pas ratifié le présent Acte ou n'y ont pas adhéré ;

iii) modifie le Règlement, ainsi que le montant de la taxe prévue à l'article 7.2 et des autres taxes relatives à l'enregistrement international ;

iv) examine et approuve les rapports et les activités du Directeur général de l'Organisation (ci-après dénommé « le Directeur général ») relatifs à l'Union particulière et lui donne toutes directives utiles concernant les questions de la compétence de l'Union particulière ;

v) arrête le programme, adopte le budget triennal de l'Union particulière et approuve ses comptes de clôture ;

vi) adopte le règlement financier de l'Union particulière ;

vii) crée les comités d'experts et groupes de travail qu'elle juge utiles à la réalisation des objectifs de l'Union particulière ;

viii) décide quels sont les pays non membres de l'Union particulière et quelles sont les organisations intergouvernementales et internationales non gouvernementales qui peuvent être admis à ses réunions en qualité d'observateurs ;

ix) adopte les modifications des articles 9 à 12 ;

x) entreprend toute autre action appropriée en vue d'atteindre les objectifs de l'Union particulière ;

xi) s'acquitte de toutes autres tâches qu'implique le présent Arrangement.

b) Sur les questions qui intéressent également d'autres Unions administrées par l'Organisation, l'Assemblée statue connaissance prise de l'avis du Comité de coordination de l'Organisation.

3. *a)* Chaque pays membre de l'Assemblée dispose d'une voix ;

b) La moitié des pays membres de l'Assemblée constitue le quorum ;

c) Nonobstant les dispositions du sous-alinéa *b*, si, lors d'une session, le nombre des pays représentés est inférieur à la moitié mais égal ou supérieur au tiers des pays membres de l'Assemblée, celle-ci peut prendre des décisions ; toutefois, les décisions de l'Assemblée, à l'exception de celles qui concernent sa procédure, ne deviennent exécutoires que lorsque les conditions énoncées ci-après sont remplies. Le Bureau international communique lesdites décisions aux pays membres de l'Assemblée qui n'étaient pas représentés, en les invitant à exprimer par écrit, dans un délai de trois mois à compter de la date de ladite communication, leur vote ou leur abstention. Si, à l'expiration de ce délai, le nombre des pays ayant ainsi exprimé leur vote ou leur abstention est au moins égal au nombre de pays qui faisait défaut pour que le quorum fût atteint lors de la session, lesdites décisions deviennent exécutoires, pourvu qu'en même temps la majorité nécessaire reste acquise ;

d) Sous-réserve des dispositions de l'article 12.2, les décisions de l'Assemblée sont prises à la majorité des deux tiers des votes exprimés ;

e) L'abstention n'est pas considérée comme un vote ;

f) Un délégué ne peut représenter qu'un seul pays et ne peut voter qu'au nom de celui-ci ;

g) Les pays de l'Union particulière qui ne sont pas membres de l'Assemblée sont admis à ses réunions en qualité d'observateurs.

4. *a)* L'Assemblée se réunit une fois tous les trois ans en session ordinaire sur convocation du Directeur général et, sauf cas exceptionnels, pendant la même période et au même lieu que l'Assemblée générale de l'Organisation ;

b) L'Assemblée se réunit en session extraordinaire sur convocation adressée par le Directeur général, à la demande d'un quart des pays membres de l'Assemblée ;

c) L'ordre du jour de chaque session est préparé par le Directeur général.

5. L'Assemblée adopte son règlement intérieur.

Art. 10 1. *a)* L'enregistrement international et les tâches y relatives, ainsi que toutes les autres tâches administratives incombant à l'Union particulière, sont assurés par le Bureau international ;

b) En particulier, le Bureau international prépare les réunions et assure le secrétariat de l'Assemblée et des comités d'experts et groupes de travail qu'elle peut créer ;

c) Le Directeur général est le plus haut fonctionnaire de l'Union particulière et la représente.

2. Le Directeur général et tout membre du personnel désigné par lui prennent part, sans droit de vote, à toutes les réunions de l'Assemblée et de tout comité d'experts ou groupe de travail qu'elle peut créer. Le Directeur général ou un membre du personnel désigné par lui est d'office secrétaire de ces organes.

3. *a*) Le Bureau international, selon les directives de l'Assemblée, prépare les conférences de revision des dispositions de l'Arrangement autres que les articles 9 à 12 ;

b) Le Bureau international peut consulter des organisations intergouvernementales et internationales non gouvernementales sur la préparation des conférences de revision ;

c) Le Directeur général et les personnes désignées par lui prennent part, sans droit de vote, aux délibérations dans ces conférences.

4. Le Bureau international exécute toutes autres tâches qui lui sont attribuées.

Art. 11 1. *a*) L'Union particulière a un budget ;

b) Le budget de l'Union particulière comprend les recettes et les dépenses propres à l'Union particulière, sa contribution au budget des dépenses communes aux Unions, ainsi que, le cas échéant, la somme mise à la disposition du budget de la Conférence de l'Organisation ;

c) Sont considérées comme dépenses communes aux Unions les dépenses qui ne sont pas attribuées exclusivement à l'Union particulière mais également à une ou plusieurs autres Unions administrées par l'Organisation. La part de l'Union particulière dans ces dépenses communes est proportionnelle à l'intérêt que ces dépenses présentent pour elle.

2. Le budget de l'Union particulière est arrêté compte tenu des exigences de coordination avec les budgets des autres Unions administrées par l'Organisation.

3. Le budget de l'Union particulière est financé par les ressources suivantes :

i) les taxes d'enregistrement international perçues conformément à l'article 7.2 et les taxes et sommes dues pour les autres services rendus par le Bureau international au titre de l'Union particulière ;

ii) le produit de la vente des publications du Bureau international concernant l'Union particulière et les droits afférents à ces publications ;

iii) les dons, legs et subventions ;

iv) les loyers, intérêts et autres revenus divers ;

v) les contributions des pays de l'Union particulière, dans la mesure où les recettes provenant des sources mentionnées aux points i à iv ne suffisent pas à couvrir les dépenses de l'Union particulière.

4. *a*) Le montant de la taxe mentionnée à l'article 7.2 est fixé par l'Assemblée, sur proposition du Directeur général ;

b) Le montant de cette taxe est fixé de manière que les recettes de l'Union particulière soient, normalement, suffisantes pour couvrir les dépenses occasionnées au Bureau international par le fonctionnement du service de l'enregistrement international sans qu'il soit recouru au versement des contributions mentionnées à l'alinéa 3, v, ci-dessus.

5. *a*) Pour déterminer sa part contributive au sens de l'alinéa 3, v, chaque pays de l'Union particulière appartient à la classe dans laquelle il est rangé pour ce qui concerne l'Union de Paris pour la protection de la propriété industrielle, et paie ses contributions annuelles sur la base du nombre d'unités déterminé pour cette classe dans cette Union ;

b) La contribution annuelle de chaque pays de l'Union particulière consiste en un montant dont le rapport à la somme totale des contributions annuelles au budget de l'Union particulière de tous les pays est le même que le rapport entre le nombre des unités de la classe dans laquelle il est rangé et le nombre total des unités de l'ensemble des pays ;

c) La date à laquelle les contributions sont dues sera fixée par l'Assemblée ;

d) Un pays en retard dans le paiement de ses contributions ne peut exercer son droit de vote dans aucun des organes de l'Union particulière si le montant de son arriéré est égal ou supérieur à celui des contributions dont il est redevable pour les deux années complètes écoulées. Cependant, un tel pays peut être autorisé à conserver l'exercice de son droit de vote au sein dudit organe aussi longtemps que ce dernier estime que le retard résulte de circonstances exceptionnelles et inévitables ;

e) Dans le cas où le budget n'est pas adopté avant le début d'un nouvel exercice, le budget de l'année précédente est reconduit selon les modalités prévues par le règlement financier.

6. Sous réserve des dispositions de l'alinéa 4 *a*, le montant des taxes et sommes dues pour les autres services rendus par le Bureau international au titre de l'Union particulière est fixé par le Directeur général, qui en fait rapport à l'Assemblée.

7\. *a*) L'Union particulière possède un fonds de roulement constitué par un versement unique effectué par chaque pays de l'Union particulière. Si le fonds devient insuffisant, l'Assemblée décide de son augmentation ;

b) Le montant du versement initial de chaque pays au fonds précité ou de sa participation à l'augmentation de celui-ci est proportionnel à la contribution de ce pays, en tant que membre de l'Union de Paris pour la protection de la propriété industrielle, au budget de ladite Union pour l'année au cours de laquelle le fonds est constitué ou l'augmentation décidée ;

c) La proportion et les modalités de versement sont arrêtées par l'Assemblée, sur proposition du Directeur général et après avis du Comité de coordination de l'Organisation.

8\. *a*) L'Accord de siège conclu avec le pays sur le territoire duquel l'Organisation a son siège prévoit que, si le fonds de roulement est insuffisant, ce pays accorde des avances. Le montant de ces avances et les conditions dans lesquelles elles sont accordées font l'objet, dans chaque cas, d'accords séparés entre le pays en cause et l'Organisation ;

b) Le pays visé au sous-alinéa *a* et l'Organisation ont chacun le droit de dénoncer l'engagement d'accorder des avances moyennant notification par écrit. La dénonciation prend effet trois ans après la fin de l'année au cours de laquelle elle a été notifiée.

9\. La vérification des comptes est assurée, selon les modalités prévues par le règlement financier, par un ou plusieurs pays de l'Union particulière ou par des contrôleurs extérieurs, qui sont, avec leur consentement, désignés par l'Assemblée.

Art. 12 1. Des propositions de modification des articles 9, 10, 11 et du présent article peuvent être présentées par tout pays membre de l'Assemblée ou par le Directeur général. Ces propositions sont communiquées par ce dernier aux pays membres de l'Assemblée six mois au moins avant d'être soumises à l'examen de l'Assemblée.

2\. Toute modification des articles visés à l'alinéa 1 est adoptée par l'Assemblée. L'adoption requiert les trois quarts des votes exprimés ; toutefois, toute modification de l'article 9 et du présent alinéa requiert les quatre cinquièmes des votes exprimés.

3\. Toute modification des articles visés à l'alinéa 1 entre en vigueur un mois après la réception par le Directeur général des notifications écrites d'acceptation, effectuée en conformité avec leurs règles constitutionnelles respectives, de la part des trois quarts des pays qui étaient membres de l'Assemblée au moment où la notification a été adoptée. Toute modification desdits articles ainsi acceptée lie tous les pays qui sont membres de l'Assemblée au moment où la modification entre en vigueur ou qui en deviennent membres à une date ultérieure ; toutefois, toute modification qui augmente les obligations financières des pays de l'Union particulière ne lie que ceux d'entre eux qui ont notifié leur acceptation de ladite modification.

Art. 13 1. Les détails d'exécution du présent Arrangement sont déterminés par un Règlement.

2\. Le présent Arrangement pourra être révisé par des conférences tenues entre les délégués des pays de l'Union particulière.

Art. 14 1. Chacun des pays de l'Union particulière qui a signé le présent Acte peut le ratifier et, s'il ne l'a pas signé, peut y adhérer.

2\. *a*) Tout pays étranger à l'Union particulière, partie à la Convention de Paris pour la protection de la propriété industrielle, peut adhérer au présente Acte et devenir, de ce fait, membre de l'Union particulière ;

b) La notification d'adhésion assure, par elle-même, sur le territoire du pays adhérent, le bénéfice des dispositions ci-dessus aux appellations d'origine qui, au moment de l'adhésion, bénéficient de l'enregistrement international ;

c) Toutefois, chaque pays, en adhérant au présent Arrangement, peut, dans un délai d'une année, déclarer quelles sont les appellations d'origine, déjà enregistrées au Bureau international, pour lesquelles il exerce la faculté prévue à l'article 5.3.

3\. Les instruments de ratification et d'adhésion sont déposés auprès du Directeur général.

4\. Les dispositions de l'article 24 de la Convention de Paris pour la protection de la propriété industrielle s'appliquent au présent Arrangement.

5\. *a*) A l'égard des cinq pays qui ont, les premiers, déposé leurs instruments de ratification ou d'adhésion, le présent Acte entre en vigueur trois mois après le dépôt du cinquième de ces instruments ;

b) A l'égard de tout autre pays, le présent Acte entre en vigueur trois mois après la date à laquelle sa ratification ou son adhésion a été notifiée par le Directeur général, à moins qu'une date postérieure n'ait été indiquée dans l'instrument de ratification ou d'adhésion. Dans ce dernier cas, le présent Acte entre en vigueur, à l'égard de ce pays, à la date ainsi indiquée.

6. La ratification ou l'adhésion emporte de plein droit accession à toutes les clauses et admission à tous les avantages stipulés par le présent Acte.

7. Après l'entrée en vigueur du présent Acte, un pays ne peut adhérer à l'Acte du 31 octobre 1958 du présent Arrangement que conjointement avec la ratification du présent Acte ou l'adhésion à celui-ci.

Art. 15 1. Le présent Arrangement demeure en vigueur aussi longtemps que cinq pays au moins en font partie.

2. Tout pays peut dénoncer le présent Acte par notification adressée au Directeur général. Cette dénonciation emporte aussi dénonciation de l'Acte du 31 octobre 1958 du présent Arrangement et ne produit son effet qu'à l'égard du pays qui l'a faite, l'Arrangement restant en vigueur et exécutoire à l'égard des autres pays de l'Union particulière.

3. La dénonciation prend effet un an après le jour où le Directeur général a reçu la notification.

4. La faculté de dénonciation prévue par le présent article ne peut être exercée par un pays avant l'expiration d'un délai de cinq ans à compter de la date à laquelle il est devenu membre de l'Union particulière.

Art. 16 1. *a*) Le présent Acte remplace, dans les rapports entre les pays de l'Union particulière qui l'ont ratifié ou qui y ont adhéré, l'Acte du 31 octobre 1958 ;

b) Toutefois, tout pays de l'Union particulière qui a ratifié le présent Acte ou qui y a adhéré est lié par l'Acte du 31 octobre 1958 dans ses rapports avec les pays de l'Union particulière qui n'ont pas ratifié le présent Acte ou qui n'y ont pas adhéré.

2. Les pays étrangers à l'Union particulière qui deviennent parties au présent Acte l'appliquent aux enregistrements internationaux d'appellations d'origine effectués au Bureau international à la requête de l'Administration de tout pays de l'Union particulière qui n'est pas partie au présent Acte pourvu que ces enregistrements satisfassent, quant auxdits pays, aux conditions prescrites par le présent Acte. Quant aux enregistrements internationaux effectués au Bureau international à la requête d'une Administration desdits pays étrangers à l'Union particulière qui deviennent partie au présent Acte, ceux-ci admettent que le pays visé ci-dessus exige l'accomplissement des conditions prescrites par l'Acte du 31 octobre 1958.

Art. 17 1. *a*) Le présent Acte est signé en un seul exemplaire en langue française et déposé auprès du Gouvernement de la Suède ;

b) Des textes officiels sont établis par le Directeur général, après consultation des Gouvernements intéressés, dans les autres langues que l'Assemblée pourra indiquer.

2. Le présent Acte reste ouvert à la signature, à Stockholm, jusqu'au 13 janvier 1968.

3. Le Directeur général transmet deux copies, certifiées conformes par le Gouvernement de la Suède, du texte signé du présent Acte aux Gouvernements de tous les pays de l'Union particulière et, sur demande, au Gouvernement de tout autre pays.

4. Le Directeur général fait enregistrer le présent Acte auprès du Secrétariat de l'Organisation des Nations Unies.

5. Le Directeur général notifie aux Gouvernements de tous les pays de l'Union particulière les signatures, les dépôts d'instruments de ratification ou d'adhésion, l'entrée en vigueur de toutes dispositions du présent Acte, les dénonciations et les déclarations faites en application de l'article 14.2, *c*, et 4.

Art. 18 1. Jusqu'à l'entrée en fonction du premier Directeur général, les références, dans le présent Acte, au Bureau international de l'Organisation ou au Directeur général sont considérées comme se rapportant respectivement au Bureau de l'Union établie par la Convention de Paris pour la protection de la propriété industrielle ou à son Directeur.

2. Les pays de l'Union particulière qui n'ont pas ratifié le présent Acte, ou n'y ont pas adhéré, peuvent, pendant cinq ans après l'entrée en vigueur de la Convention instituant l'Organisation, exercer, s'ils le désirent, les droits prévus par les articles 9 à 12 du présent Acte, comme s'ils étaient liés par ces articles. Tout pays qui désire exercer lesdits droits dépose à cette fin auprès du Directeur général une notification écrite qui prend effet à la date de sa réception. De tels pays sont réputés être membres de l'Assemblée jusqu'à l'expiration de ladite période.

DÉCLARATION CONTENUE DANS L'INSTRUMENT DE RATIFICATION DE LA FRANCE :

« Le Gouvernement de la République française se référant à l'article 14, paragraphe 4, de l'Arrangement de Lisbonne concernant la protection des appellations d'origine et leur enregistrement international déclare que cet Arrangement est applicable dans le territoire de la République française en Europe, dans les départements de la Guyane, de la Guadeloupe, de la Martinique, de la Réunion et dans les territoires d'outre-mer de la Nouvelle-Calédonie, de la Polynésie française, de Saint-Pierre-et-Miquelon, de Wallis-et-Futuna et des Terres australes et antarctiques françaises. »

Arrangement de Madrid,

Concernant la répression des indications de provenance fausses ou fallacieuses. — Révisé à Lisbonne le 31 octobre 1958. — Complété par l'acte additionnel signé à Stockholm le 14 juill. 1967. — Publié par Décr. n° 68-308 du 26 mars 1968. — Entré en vigueur le 1er juin 1963.

Art. 1er 1. Tout produit portant une indication fausse ou fallacieuse par laquelle un des pays auxquels s'applique le présent arrangement, ou un lieu situé dans l'un d'entre eux, serait directement ou indirectement indiqué comme pays ou comme lieu d'origine, sera saisi à l'importation dans chacun desdits pays.

2. La saisie sera également effectuée dans le pays où l'indication fausse ou fallacieuse de provenance aura été apposée ou dans celui où aura été introduit le produit muni de cette indication fausse ou fallacieuse.

3. Si la législation d'un pays n'admet pas la saisie à l'importation, cette saisie sera remplacée par la prohibition d'importation.

4. Si la législation d'un pays n'admet ni la saisie à l'importation, ni la prohibition d'importation, ni la saisie à l'intérieur, et en attendant que cette législation soit modifiée en conséquence, ces mesures seront remplacées par les actions et moyens que la loi de ce pays assure en pareil cas aux nationaux.

5. A défaut de sanctions spéciales assurant la répression des indications fausses ou fallacieuses de provenance, les sanctions prévues par les dispositions correspondantes des lois sur les marques ou les noms commerciaux seront applicables.

Art. 2 1. La saisie aura lieu à la diligence de l'administration des douanes, qui avertira immédiatement l'intéressé, personne physique ou morale, pour lui permettre de régulariser, s'il le désire, la saisie opérée conservatoirement ; toutefois, le ministère public ou toute autre autorité compétente pourra requérir la saisie, soit à la demande de la partie lésée, soit d'office ; la procédure suivra alors son cours ordinaire.

2. Les autorités ne seront pas tenues d'effectuer la saisie en cas de transit.

Art. 3 Les présentes dispositions ne font pas obstacle à ce que le vendeur indique son nom ou son adresse sur les produits provenant d'un pays différent de celui de la vente ; mais, dans ce cas, l'adresse ou le nom doit être accompagné de l'indication précise, et en caractères apparents, du pays ou du lieu de fabrication ou de production, ou d'une autre indication suffisante pour éviter toute erreur sur l'origine véritable des marchandises.

Art. 3 *bis* Les pays auxquels s'applique le présent arrangement s'engagent également à prohiber l'emploi, relativement à la vente, à l'étalage ou à l'offre des produits, de toutes indications ayant un caractère de publicité et susceptibles de tromper le public sur la provenance des produits, en les faisant figurer sur les enseignes, annonces, factures, cartes relatives aux vins, lettres ou papiers de commerce ou sur toute autre communication commerciale.

Art. 4 Les tribunaux de chaque pays auront à décider quelles sont les appellations qui, à raison de leur caractère générique, échappent aux dispositions du présent Arrangement, les appellations régionales de provenance des produits vinicoles n'étant cependant pas comprises dans la réserve spécifiée par cet article.

Accord de Marrakech du 15 avril 1994,

Instituant l'Organisation mondiale du commerce (Annexe 1C : Accord sur les aspects des droits de propriété intellectuelle qui touchent au commerce).

V. art. 22 à 24, en début d'App., v° Dispositions générales.

BIBL. ▶ LACKERT, *PIBD 1998. II. 200* (indications géographiques : quelles obligations en vertu de l'accord ADPIC ?). - ORTIZ, *PIED 1998. II. 57* (indications géographiques selon l'accord relatif aux ADPIC).

Acte de Genève de l'Arrangement de Lisbonne du 20 mai 2015,

Sur les appellations d'origine et les indications géographiques. Ce texte, adopté le 20 mai au cours d'une conférence diplomatique qui s'est tenue à Genève, entrera en vigueur trois mois après que cinq parties remplissant les conditions requises auront déposé leur instrument de ratification ou d'adhésion.

CHAPITRE PREMIER *Dispositions générales et liminaires*

Art. 1er *Expressions abrégées.* Aux fins du présent Acte, et sauf lorsqu'un sens différent est expressément indiqué, il faut entendre par :

i) "Arrangement de Lisbonne", l'Arrangement de Lisbonne concernant la protection des appellations d'origine et leur enregistrement international du 31 octobre 1958 ;

ii) "Acte de 1967", l'Arrangement de Lisbonne tel qu'il a été révisé à Stockholm le 14 juillet 1967 et modifié le 28 septembre 1979 ;

iii) "présent Acte", l'Arrangement de Lisbonne sur les appellations d'origine et les indications géographiques tel qu'il résulte du présent Acte ;

iv) "règlement d'exécution", le règlement d'exécution visé à l'article 25 ;

v) "Convention de Paris", la Convention de Paris pour la protection de la propriété industrielle du 20 mars 1883, telle qu'elle a été révisée et modifiée ;

vi) "appellation d'origine", une dénomination visée à l'article 2.1)i) ;

vii) "indication géographique", une indication visée à l'article 2.1)ii) ;

viii) "registre international", le registre international tenu par le Bureau international conformément à l'article 4 en tant que collection officielle des données concernant les enregistrements internationaux d'appellations d'origine et d'indications géographiques, quel que soit le support sur lequel lesdites données sont conservées ;

ix) "enregistrement international", un enregistrement international inscrit au registre international ;

x) "demande", une demande d'enregistrement international ;

xi) "enregistré", inscrit au registre international conformément au présent Acte ;

xii) "aire géographique d'origine", une aire géographique visée à l'article 2.2) ;

xiii) "aire géographique transfrontalière", une aire géographique située dans des parties contractantes adjacentes ou couvrant celles-ci ;

xiv) "partie contractante", tout État ou toute organisation intergouvernementale partie au présent Acte ;

xv) "partie contractante d'origine", la partie contractante sur le territoire de laquelle est située l'aire géographique d'origine ou les parties contractantes sur le territoire desquelles est située l'aire géographique d'origine transfrontalière ;

xvi) "administration compétente", une entité désignée conformément à l'article 3 ;

xvii) "bénéficiaires", les personnes physiques ou morales habilitées, en vertu de la législation de la partie contractante d'origine, à utiliser une appellation d'origine ou une indication géographique ;

xviii) "organisation intergouvernementale", une organisation intergouvernementale remplissant les conditions requises selon l'article 28.1)iii) pour devenir partie au présent Acte ;

xix) "Organisation", l'Organisation mondiale de la propriété intellectuelle ;

xx) "Directeur général", le Directeur général de l'Organisation ;

xxi) "Bureau international", le Bureau international de l'Organisation.

Art. 2 *Objet.* 1) *[Appellations d'origine et indications géographiques]* Le présent Acte s'applique à l'égard de

i) toute dénomination protégée dans la partie contractante d'origine, constituée du nom d'une aire géographique ou comprenant ce nom, ou toute autre dénomination connue comme faisant référence à cette aire, servant à désigner un produit qui est originaire de cette aire géographique, dans les cas où la qualité ou les caractères du produit sont dus exclusivement ou essentiellement au milieu géographique, comprenant les facteurs naturels et les facteurs humains, et qui a donné au produit sa notoriété ; et

ii) toute indication protégée dans la partie contractante d'origine, constituée du nom d'une aire géographique ou comprenant ce nom, ou toute autre indication connue comme faisant référence à cette aire, servant à identifier un produit comme étant originaire de cette aire géographique, dans les cas où une qualité, réputation ou autre caractéristique déterminée du produit peut être attribuée essentiellement à son origine géographique.

2) *[Aires géographiques d'origine possibles]* Une aire géographique d'origine décrite à l'alinéa 1) peut comprendre l'ensemble du territoire de la partie contractante d'origine, ou une région, une localité ou un lieu de la partie contractante d'origine. Cela n'exclut pas l'application du présent Acte à l'égard d'une aire géographique d'origine décrite à l'alinéa 1) consistant en une aire géographique transfrontalière, ou une partie de celle-ci.

Art. 3 *Administration compétente.* Chaque partie contractante désigne une entité chargée de l'administration du présent Acte sur son territoire et des communications avec le Bureau international prévues par le présent Acte et son règlement d'exécution. La partie contractante notifie le nom et les coordonnées de l'administration compétente au Bureau international, comme précisé dans le règlement d'exécution.

Art. 4 *Registre international.* Le Bureau international tient un registre international consignant les enregistrements internationaux effectués en vertu du présent Acte, en vertu de l'Arrangement de Lisbonne et de l'Acte de 1967, ou en vertu des deux, ainsi que les données relatives auxdits enregistrements internationaux.

CHAPITRE II *Demande et enregistrement international*

Art. 5 *Demande.* 1) *[Lieu du dépôt]* Les demandes doivent être déposées auprès du Bureau international.

2) *[Demande déposée par l'administration compétente]* Sous réserve de l'alinéa 3), la demande d'enregistrement international d'une appellation d'origine ou d'une indication géographique est déposée par l'administration compétente au nom :

i) des bénéficiaires ; ou

ii) d'une personne physique ou morale habilitée en vertu de la législation de la partie contractante d'origine à revendiquer les droits des bénéficiaires ou d'autres droits relatifs à l'appellation d'origine ou à l'indication géographique.

3) *[Demande déposée directement]*

a) Sans préjudice de l'alinéa 4), si la législation de la partie contractante d'origine le permet, la demande peut être déposée par les bénéficiaires ou par une personne physique ou morale visée à l'alinéa 2)ii).

b) Le sous-alinéa a) s'applique sous réserve d'une déclaration de la partie contractante indiquant que sa législation le permet. Cette déclaration peut être faite par la partie contractante au moment du dépôt de son instrument de ratification ou d'adhésion ou à tout moment ultérieur. Lorsque la déclaration est faite au moment du dépôt de l'instrument de ratification ou d'adhésion, elle prend effet à l'entrée en vigueur du présent Acte à l'égard de cette partie contractante. Lorsque la déclaration est faite après l'entrée en vigueur du présent Acte à l'égard de la partie contractante, elle prend effet trois mois après la date à laquelle le Directeur général a reçu la déclaration.

4) *[Possibilité de demande conjointe dans le cas d'une aire géographique transfrontalière]* Dans le cas d'une aire géographique d'origine qui consiste en une aire géographique transfrontalière, les parties contractantes adjacentes peuvent, conformément à leur accord, déposer une demande conjointement par l'intermédiaire d'une administration compétente désignée en commun.

5) *[Contenu obligatoire]* Le règlement d'exécution détermine les données devant obligatoirement figurer dans la demande, en sus de celles précisées à l'article 6.3).

6) *[Contenu facultatif]* Le règlement d'exécution peut déterminer les données facultatives pouvant figurer dans la demande.

Art. 6 *Enregistrement international.* 1) *[Examen quant à la forme effectué par le Bureau international]* Dès réception d'une demande d'enregistrement international d'une appellation d'origine ou d'une indication géographique en bonne et due forme, comme prévu dans le règlement d'exécution, le Bureau international enregistre l'appellation d'origine ou l'indication géographique au registre international.

2) *[Date de l'enregistrement international]* Sous réserve de l'alinéa 3), la date de l'enregistrement international est la date à laquelle la demande internationale a été reçue par le Bureau international.

3) *[Date de l'enregistrement international en cas de données manquantes]* Lorsque la demande ne contient pas toutes les données suivantes :

i) l'indication de l'administration compétente ou, dans le cas visé à l'article 5.3), du déposant ou des déposants ;

ii) les données servant à identifier les bénéficiaires et, le cas échéant, la personne physique ou morale visée à l'article 5.2)ii) ;

iii) l'appellation d'origine, ou l'indication géographique, dont l'enregistrement international est demandé ;

iv) le produit ou les produits auxquels s'applique l'appellation d'origine ou l'indication géographique ;

la date de l'enregistrement international est la date à laquelle la dernière des données faisant défaut est reçue par le Bureau international.

4) *[Publication et notification des enregistrements internationaux]* Sans délai, le Bureau international publie chaque enregistrement international et le notifie à l'administration compétente de chaque partie contractante.

5) *[Date d'effet de l'enregistrement international]*

a) Sous réserve du sous-alinéa b), une appellation d'origine ou indication géographique enregistrée est protégée, dans chaque partie contractante qui n'a pas refusé la protection conformément à l'article 15 ou qui a envoyé au Bureau international une notification d'octroi de la protection conformément à l'article 18, à compter de la date de l'enregistrement international.

b) Toute partie contractante peut, dans une déclaration, notifier au Directeur général que, conformément à sa législation nationale ou régionale, une appellation d'origine ou indication géographique enregistrée est protégée à compter d'une date qui est mentionnée dans la déclaration, cette date ne pouvant toutefois être postérieure à la date d'expiration du délai de refus prescrit dans le règlement d'exécution conformément à l'article 15.1)a).

Art. 7 *Taxes.* 1) *[Taxe d'enregistrement international]* L'enregistrement international de chaque appellation d'origine et indication géographique donne lieu au paiement de la taxe prescrite dans le règlement d'exécution.

2) *[Taxes pour les autres inscriptions au registre international]* Le règlement d'exécution prescrit les taxes à payer à l'égard des autres inscriptions au registre international et pour la fourniture d'extraits, d'attestations ou d'autres informations concernant le contenu de l'enregistrement international.

3) *[Réduction de taxes]* Un régime de taxes réduites est établi par l'Assemblée à l'égard de certains enregistrements internationaux d'appellations d'origine et à l'égard de certains enregistrements internationaux d'indications géographiques, notamment ceux pour lesquels la partie contractante d'origine est un pays en développement ou un pays figurant parmi les moins avancés.

4) *[Taxe individuelle]*

a) Toute partie contractante peut, dans une déclaration, notifier au Directeur général que la protection découlant de l'enregistrement international ne s'étend à elle que si une taxe est acquittée pour couvrir le coût de l'examen quant au fond de l'enregistrement international. Le montant de cette taxe individuelle est indiqué dans la déclaration et peut être modifié dans des déclarations ultérieures. Ce montant ne peut pas dépasser le montant équivalant à celui exigé en vertu de la législation nationale ou régionale de la partie contractante, déduction faite des économies découlant de la procédure internationale. En outre, la partie contractante peut, dans une déclaration, notifier au Directeur général qu'elle exige une taxe administrative relative à l'utilisation par les bénéficiaires de l'appellation d'origine ou de l'indication géographique dans cette partie contractante.

b) Le non-paiement d'une taxe individuelle a pour effet, conformément au règlement d'exécution, qu'il est renoncé à la protection à l'égard de la partie contractante exigeant la taxe.

Art. 8 *Durée de validité des enregistrements internationaux.* 1) *[Dépendance]* Les enregistrements internationaux sont valables indéfiniment, étant entendu que la protection d'une appellation d'origine ou indication géographique enregistrée n'est plus exigée si la dénomination constituant l'appellation d'origine ou l'indication constituant l'indication géographique n'est plus protégée dans la partie contractante d'origine.

2) *[Radiation]*

a) L'administration compétente de la partie contractante d'origine, ou, dans le cas visé à l'article 5.3), les bénéficiaires ou la personne physique ou morale visée à l'article 5.2)ii) ou l'administration compétente de la partie contractante d'origine, peuvent en tout temps demander au Bureau international la radiation de l'enregistrement international concerné.

b) Dans le cas où la dénomination constituant une appellation d'origine enregistrée ou l'indication constituant une indication géographique enregistrée n'est plus protégée dans la partie contractante d'origine, l'administration compétente de la partie contractante d'origine demande la radiation de l'enregistrement international.

CHAPITRE III *Protection*

Art. 9 *Engagement à protéger.* Chaque partie contractante protège sur son territoire les appellations d'origine et indications géographiques enregistrées, dans le cadre de son système et de ses pratiques juridiques mais conformément aux dispositions du présent Acte, sous réserve de tout refus, de toute renonciation, de toute invalidation ou de toute radiation qui pourrait prendre effet à l'égard de son territoire et étant entendu que les parties contractantes qui ne font pas de distinction dans leur législation nationale ou régionale entre les appellations d'origine et les indications géographiques ne sont pas tenues de prévoir une telle distinction dans leur législation nationale ou régionale.

Art. 10 *Protection découlant des lois des parties contractantes ou d'autres instruments.* **1)** *[Forme de la protection juridique]* **Chaque partie contractante est libre de choisir le type de législation en vertu de laquelle elle prévoit la protection établie en vertu du présent Acte, pour autant que cette législation satisfasse aux exigences de fond du présent Acte.**

2) *[Protection conférée par d'autres instruments]* **Les dispositions du présent Acte n'affectent en rien toute autre protection qu'une partie contractante peut accorder à l'égard des appellations d'origine enregistrées ou des indications géographiques enregistrées en vertu de sa législation nationale ou régionale, ou en vertu d'autres instruments internationaux.**

3) *[Relation avec d'autres instruments]* **Aucune disposition du présent Acte n'emporte dérogation aux obligations qu'ont les parties contractantes les unes à l'égard des autres en vertu de tout autre instrument international ni ne porte atteinte aux droits qu'ont les parties contractantes en vertu de tout autre instrument international.**

Art. 11 *Protection à l'égard des appellations d'origine et indications géographiques enregistrées.* **1)** *[Contenu de la protection]* **Sous réserve des dispositions du présent Acte, s'agissant d'une appellation d'origine enregistrée ou d'une indication géographique enregistrée, chaque partie contractante prévoit les moyens juridiques d'empêcher :**

a) l'utilisation de l'appellation d'origine ou de l'indication géographique

i) à l'égard de produits du même type que ceux auxquels l'appellation d'origine ou l'indication géographique s'applique, qui ne sont pas originaires de l'aire géographique d'origine ou qui ne remplissent pas l'une des autres conditions requises pour utiliser l'appellation d'origine ou l'indication géographique ;

ii) à l'égard de produits qui ne sont pas du même type que ceux auxquels l'appellation d'origine ou l'indication géographique s'applique ou à l'égard de services, si cette utilisation est de nature à indiquer ou suggérer un lien entre ces produits ou services et les bénéficiaires de l'appellation d'origine ou de l'indication géographique et risque de nuire à leurs intérêts, ou, le cas échéant, si, en raison de la notoriété de l'appellation d'origine ou de l'indication géographique dans la partie contractante concernée, cette utilisation risque de porter atteinte à cette notoriété ou de l'affaiblir de manière déloyale ou bénéficierait indûment de cette notoriété ;

b) toute autre pratique susceptible d'induire le consommateur en erreur quant à la véritable origine, la provenance ou la nature des produits.

2) *[Contenu de la protection à l'égard de certaines utilisations]* **L'alinéa 1)a) s'applique également à toute utilisation de l'appellation d'origine ou de l'indication géographique qui équivaudrait à son imitation, même si la véritable origine du produit est indiquée, ou si l'appellation d'origine ou l'indication géographique est employée en traduction ou accompagnée d'expressions telles que "style", "genre", "type", "façon", "imitation", "méthode", "comme produit en", "comme", "analogue" ou autres.** – *Déclaration commune concernant l'article 11.2) : Aux fins du présent Acte, il est entendu que, lorsque certains éléments de la dénomination ou de l'indication constituant l'appellation d'origine ou l'indication géographique ont un caractère générique dans la partie contractante d'origine, leur protection en vertu de cet alinéa n'est pas exigée dans les autres parties contractantes. Dans une perspective de sécurité juridique, le refus ou l'invalidation d'une marque, ou la constatation d'une atteinte, dans les parties contractantes en vertu des dispositions de l'article 11 ne peut se fonder sur l'élément ayant un caractère générique.*

3) *[Utilisation dans une marque]* **Sans préjudice de l'article 13.1), une partie contractante refuse ou invalide, soit d'office si sa législation le permet, soit à la requête d'une partie intéressée, l'enregistrement d'une marque ultérieure si l'utilisation de cette marque aboutirait à l'une des situations visées à l'alinéa 1).**

Art. 12 *Protection pour éviter de devenir générique.* **Sous réserve des dispositions du présent Acte, les appellations d'origine enregistrées et les indications géographiques enregistrées ne peuvent pas être considérées comme étant devenues génériques dans une partie contractante.** – *Déclaration commune concernant l'article 12 : Aux fins du présent Acte, il est entendu que l'article 12 est sans préjudice de l'application des dispositions du présent Acte concernant l'utilisation antérieure étant donné que, avant l'enregistrement international, la dénomination ou l'indication constituant l'appellation d'origine ou l'indication géographique peut déjà, en totalité ou en partie, être générique dans une partie contractante autre que la partie contractante d'origine, par exemple parce que la dénomination ou l'indication, ou une partie de celle-ci, est identique à un terme usuel employé dans le langage courant comme nom commun d'un produit ou d'un service dans la partie contractante en question ou est identique au nom usuel d'une variété de raisin dans cette partie contractante.*

Art. 13 *Garanties à l'égard d'autres droits.* **1)** *[Droits antérieurs sur des marques]* **Les dispositions du présent Acte ne peuvent pas porter atteinte à une marque antérieure déposée ou enregistrée de bonne foi, ou acquise par un usage de bonne foi, dans une partie contractante.**

Lorsque la législation d'une partie contractante prévoit une exception limitée aux droits conférés par une marque à l'effet qu'une telle marque antérieure peut dans certaines circonstances ne pas donner le droit à son titulaire d'empêcher qu'une appellation d'origine ou indication géographique enregistrée soit protégée ou utilisée dans cette partie contractante, la protection de l'appellation d'origine ou indication géographique enregistrée ne limite en aucune autre façon les droits conférés par cette marque.

2) *[Nom personnel utilisé en affaires]* Les dispositions du présent Acte ne peuvent pas porter atteinte au droit de toute personne d'utiliser, au cours d'opérations commerciales, son nom ou celui de son prédécesseur en affaires, sauf si ce nom est utilisé de manière à induire le public en erreur.

3) *[Droits fondés sur des dénominations de variétés végétales ou de races animales]* Les dispositions du présent Acte ne peuvent pas porter atteinte au droit de toute personne d'utiliser, au cours d'opérations commerciales, une dénomination de variété végétale ou de race animale, sauf lorsqu'il est fait usage de cette dénomination de variété végétale ou de race animale de manière à induire le public en erreur.

4) *[Garanties en cas de notification de retrait d'un refus ou d'octroi de la protection]* Lorsqu'une partie contractante qui a refusé les effets d'un enregistrement international*[,]* en vertu de l'article 15 au motif d'une utilisation fondée sur un droit antérieur sur une marque ou un autre droit visé au présent article, notifie le retrait de ce refus en vertu de l'article 16 ou un octroi de protection en vertu de l'article 18, la protection de l'appellation d'origine ou de l'indication géographique qui en résulte ne peut pas porter atteinte à ce droit ou à son utilisation, à moins que la protection n'ait été accordée à la suite de la radiation, du non-renouvellement, de la révocation ou de l'invalidation du droit.

Art. 14 *Procédures destinées à faire respecter les droits et moyens de recours.* Chaque partie contractante prévoit des moyens de recours effectifs pour la protection des appellations d'origine enregistrées et des indications géographiques enregistrées et fait en sorte que les poursuites nécessaires pour assurer leur protection puissent être exercées par un organisme public ou par toute partie intéressée, personne physique ou morale, publique ou privée, selon son système et sa pratique juridiques.

CHAPITRE IV *Refus et autres mesures relatives à l'enregistrement international*

Art. 15 *Refus.* 1) *[Refus des effets de l'enregistrement international]*

a) Dans le délai prévu par le règlement d'exécution, l'administration compétente d'une partie contractante peut notifier au Bureau international le refus des effets d'un enregistrement international sur son territoire. La notification de refus peut être effectuée par l'administration compétente d'office, si sa législation le permet, ou à la demande d'une partie intéressée.

b) La notification de refus doit indiquer les motifs sur lesquels se fonde le refus.

2) *[Protection conférée par d'autres instruments]* La notification de refus est sans incidence sur toute autre protection dont la dénomination ou l'indication concernée peut bénéficier, conformément à l'article 10.2), dans la partie contractante à laquelle s'applique le refus.

3) *[Obligation de prévoir une possibilité pour les parties intéressées]* Chaque partie contractante prévoit une possibilité raisonnable, pour toute personne dont les intérêts seraient affectés par un enregistrement international, de demander à l'administration compétente de notifier un refus à l'égard de cet enregistrement international.

4) *[Inscription, publication et communication des refus]* Le Bureau international inscrit le refus et les motifs du refus au registre international. Il publie le refus et les motifs du refus et communique la notification de refus à l'administration compétente de la partie contractante d'origine ou, lorsque la demande a été déposée directement conformément à l'article 5.3), aux bénéficiaires ou à la personne physique ou morale visée à l'article 5.2)ii)*[,]* ainsi qu'à l'administration compétente de la partie contractante d'origine.

5) *[Traitement national]* Chaque partie contractante met à la disposition des parties intéressées affectées par un refus les recours judiciaires ou administratifs à la disposition de ses propres ressortissants en ce qui concerne le refus de la protection d'une appellation d'origine ou d'une indication géographique.

Art. 16 *Retrait de refus.* Un refus peut être retiré conformément aux procédures prescrites dans le règlement d'exécution. Le retrait est inscrit au registre international.

Art. 17 *Période de transition.* 1) *[Possibilité d'accorder une période de transition]* Sans préjudice de l'article 13, une partie contractante qui n'a pas refusé les effets d'un enregistrement international au motif d'une utilisation antérieure par un tiers ou qui a retiré un tel refus, ou qui a notifié un octroi de protection, peut, si sa législation le permet, accorder un délai défini, prescrit dans le règlement d'exécution, pour mettre fin à cette utilisation.

2) *[Notification d'une période de transition]* La partie contractante notifie ce délai au Bureau international conformément aux procédures prescrites dans le règlement d'exécution.

Art. 18 *Notification d'octroi de la protection.* L'administration compétente d'une partie contractante peut notifier au Bureau international l'octroi de la protection à une appellation d'origine ou indication géographique enregistrée. Le Bureau international inscrit cette notification au registre international et la publie.

Art. 19 *Invalidation.* 1) *[Possibilité de faire valoir ses droits]* L'invalidation des effets, en totalité ou en partie, d'un enregistrement international sur le territoire d'une partie contractante ne peut être prononcée qu'après avoir donné aux bénéficiaires une possibilité de faire valoir leurs droits. Cette possibilité doit également être donnée à la personne physique ou morale visée à l'article 5.2)ii).

2) *[Notification, inscription au registre et publication]* La partie contractante notifie l'invalidation des effets d'un enregistrement international au Bureau international, qui inscrit cette invalidation au registre international et la publie.

3) *[Protection conférée par d'autres instruments]* L'invalidation est sans incidence sur toute autre protection dont la dénomination ou l'indication concernée peut bénéficier, conformément à l'article 10.2), dans la partie contractante qui a invalidé les effets de l'enregistrement international.

Art. 20 *Modifications et autres inscriptions au registre international.* Les procédures relatives à la modification des enregistrements internationaux et aux autres inscriptions au registre international sont prescrites dans le règlement d'exécution.

CHAPITRE V *Dispositions administratives*

Art. 21 *Appartenance à l'Union de Lisbonne.* Les parties contractantes sont membres de la même Union particulière que les États parties à l'Arrangement de Lisbonne ou à l'Acte de 1967, qu'elles soient ou non parties à l'Arrangement de Lisbonne ou à l'Acte de 1967.

Art. 22 *Assemblée de l'Union particulière.* 1) *[Composition]*

a) Les parties contractantes sont membres de la même assemblée que les États parties à l'Acte de 1967.

b) Chaque Partie contractante est représentée par un délégué, qui peut être assisté de suppléants, de conseillers et d'experts.

c) Chaque délégation supporte ses propres dépenses.

2) *[Fonctions]*

a) L'Assemblée :

i) traite de toutes les questions concernant le maintien et le développement de l'Union particulière et l'application du présent Acte ;

ii) donne au Directeur général des directives concernant la préparation des conférences de révision visées à l'article 26.1), compte étant dûment tenu des observations des membres de l'Union particulière qui n'ont pas ratifié le présent Acte ou n'y ont pas adhéré ;

iii) modifie le règlement d'exécution ;

iv) examine et approuve les rapports et les activités du Directeur général relatifs à l'Union particulière, et lui donne toutes directives utiles concernant les questions de la compétence de l'Union particulière ;

v) arrête le programme, adopte le budget biennal de l'Union particulière et approuve ses comptes de clôture ;

vi) adopte le Règlement financier de l'Union particulière ;

vii) crée les comités et groupes de travail qu'elle juge utiles à la réalisation des objectifs de l'Union particulière ;

viii) décide quels États, organisations intergouvernementales et organisations non gouvernementales sont admis à ses réunions en qualité d'observateurs ;

ix) adopte les modifications des articles 22 à 24 et 27 ;

x) entreprend toute autre action appropriée en vue d'atteindre les objectifs de l'Union particulière et s'acquitte de toutes autres tâches qu'implique le présent Acte.

b) Sur les questions qui intéressent également d'autres unions administrées par l'Organisation, l'Assemblée statue après avoir pris connaissance de l'avis du Comité de coordination de l'Organisation.

3) *[Quorum]*

a) La moitié des membres de l'Assemblée qui ont le droit de vote sur une question donnée constitue le quorum aux fins du vote sur cette question.

b) Nonobstant les dispositions du sous-alinéa a), si, lors d'une session, le nombre des membres de l'Assemblée qui sont des États, qui ont le droit de vote sur une question donnée et qui sont représentés est inférieur à la moitié mais égal ou supérieur au tiers des membres de l'Assemblée qui sont des États et qui ont le droit de vote sur cette question, l'Assemblée peut prendre des décisions ; toutefois, les décisions de l'Assemblée, à l'exception de celles qui concernent sa procédure, ne deviennent exécutoires que lorsque les conditions énoncées ci-après sont remplies. Le Bureau international communique lesdites décisions aux membres de l'Assemblée qui sont des États, qui ont le droit de vote sur ladite question et qui n'étaient pas représentés, en les invitant à exprimer par écrit, dans un délai de trois mois à compter de la date de la communication, leur vote ou leur abstention. Si, à l'expiration de ce délai, le nombre desdits membres ayant ainsi exprimé leur vote ou leur abstention est au moins égal au nombre de membres qui faisait défaut pour que le quorum fût atteint lors de la session, lesdites décisions deviennent exécutoires, pourvu qu'en même temps la majorité nécessaire reste acquise.

4) *[Prise des décisions au sein de l'Assemblée]*

a) L'Assemblée s'efforce de prendre ses décisions par consensus.

b) Lorsqu'il n'est pas possible d'arriver à une décision par consensus, la décision sur la question à l'examen est mise aux voix. Dans ce cas,

i) chaque partie contractante qui est un État dispose d'une voix et vote uniquement en son propre nom ; et

ii) toute partie contractante qui est une organisation intergouvernementale peut participer au vote à la place de ses États membres, avec un nombre de voix égal au nombre de ses États membres qui sont parties au présent Acte. Aucune organisation intergouvernementale ne participe au vote si l'un de ses États membres exerce son droit de vote, et inversement.

c) Sur les questions qui ne concernent que les États liés par l'Acte de 1967, les parties contractantes qui ne sont pas liées par l'Acte de 1967 n'ont pas le droit de vote, alors que, sur les questions qui ne concernent que les parties contractantes, seules ces dernières ont le droit de vote.

5) *[Majorités]*

a) Sous réserve des articles 25.2) et 27.2), les décisions de l'Assemblée sont prises à la majorité des deux tiers des votes exprimés.

b) L'abstention n'est pas considérée comme un vote.

6) *[Sessions]*

a) L'Assemblée se réunit sur convocation du Directeur général et, sauf cas exceptionnels, pendant la même période et au même lieu que l'Assemblée générale de l'Organisation.

b) L'Assemblée se réunit en session extraordinaire sur convocation du Directeur général, celui-ci agissant soit à la demande d'un quart des membres de l'Assemblée, soit de sa propre initiative.

c) L'ordre du jour de chaque session est préparé par le Directeur général.

7) *[Règlement intérieur]* L'Assemblée adopte son propre règlement intérieur.

Art. 23 *Bureau international.* 1) *[Fonctions administratives]*

a) Les tâches relatives à l'enregistrement international ainsi que les autres tâches administratives incombant à l'Union particulière sont assurées par le Bureau international.

b) En particulier, le Bureau international prépare les réunions et assure le secrétariat de l'Assemblée et des comités et groupes de travail qu'elle peut créer.

c) Le Directeur général est le plus haut fonctionnaire de l'Union particulière et la représente.

2) *[Rôle du Bureau international à l'Assemblée et à d'autres réunions]* Le Directeur général et tout membre du personnel désigné par lui prennent part, sans droit de vote, à toutes les réunions de l'Assemblée et des comités et groupes de travail qu'elle peut créer. Le Directeur général ou un membre du personnel désigné par lui est d'office secrétaire de cet organe.

3) *[Conférences]*

a) Le Bureau international, selon les directives de l'Assemblée, prépare les conférences de révision.

b) Le Bureau international peut consulter des organisations intergouvernementales ainsi que des organisations non gouvernementales internationales et nationales sur la préparation de ces conférences.

c) Le Directeur général et les personnes désignées par lui prennent part, sans droit de vote, aux délibérations dans les conférences de révision.

4) *[Autres fonctions]* **Le Bureau international exécute toutes autres tâches qui lui sont attribuées en relation avec le présent Acte.**

Art. 24 *Finances.* **1)** *[Budget]* **Les recettes et les dépenses de l'Union particulière sont présentées dans le budget de l'Organisation de façon objective et transparente.**

2) *[Sources de financement du budget]* **Les recettes de l'Union particulière proviennent des ressources suivantes :**

i) les taxes perçues en vertu de l'article 7.1) et 2) ;

ii) le produit de la vente des publications du Bureau international et les droits afférents à ces publications ;

iii) les dons, legs et subventions ;

iv) les loyers, les revenus provenant des actifs financiers et autres revenus, y compris les revenus divers ;

v) les contributions spéciales des parties contractantes ou toute autre ressource provenant des parties contractantes ou des bénéficiaires, ou les deux, si et dans la mesure où les recettes provenant des sources mentionnées aux points i) à iv) ne suffisent pas à couvrir les dépenses, sous réserve de la décision de l'Assemblée.

3) *[Fixation des taxes ; montant du budget]*

a) Le montant des taxes mentionnées à l'alinéa 2) est fixé par l'Assemblée, sur proposition du Directeur général[,] et est fixé de manière à ce que, avec les recettes tirées des autres sources visées à l'alinéa 2), les recettes de l'Union particulière soient, normalement, suffisantes pour couvrir les dépenses occasionnées au Bureau international par le fonctionnement du service de l'enregistrement international.

b) Dans le cas où le budget de l'Organisation n'est pas adopté avant le début d'un nouvel exercice, le Directeur général est autorisé à engager des dépenses et à effectuer des paiements à hauteur des dépenses engagées et des paiements effectués lors de l'exercice précédent.

4) *[Détermination des contributions spéciales visées à l'alinéa 2)v)]* **Pour déterminer sa part contributive, chaque partie contractante appartient à la classe dans laquelle elle est rangée dans le contexte de la Convention de Paris ou, si elle n'est pas partie contractante de la Convention de Paris, dans laquelle elle serait rangée si elle était partie contractante de la Convention de Paris. Les organisations intergouvernementales sont considérées comme appartenant à la classe de contribution I (un), sous réserve d'une décision unanime contraire de l'Assemblée. La part contributive est partiellement pondérée en fonction du nombre d'enregistrements émanant de la partie contractante, sous réserve de la décision de l'Assemblée.**

5) *[Fonds de roulement]* **L'Union particulière possède un fonds de roulement constitué par les versements effectués à titre d'avance par chaque membre de l'Union particulière lorsque l'Union particulière le décide. Si le fonds devient insuffisant, l'Assemblée peut décider de son augmentation. La proportion et les modalités de versement sont arrêtées par l'Assemblée, sur proposition du Directeur général. Si l'Union particulière enregistre un excédent des recettes par rapport aux dépenses pendant un exercice, les avances versées au titre du fonds de roulement peuvent être remboursées à chaque membre proportionnellement à son versement initial sur proposition du Directeur général et décision de l'Assemblée.**

6) *[Avances consenties par l'État hôte]*

a) L'accord de siège conclu avec l'État sur le territoire duquel l'Organisation a son siège prévoit que, si le fonds de roulement est insuffisant, cet État accorde des avances. Le montant de ces avances et les conditions dans lesquelles elles sont accordées font l'objet, dans chaque cas, d'accords séparés entre l'État en cause et l'Organisation.

b) L'État visé au sous-alinéa a) et l'Organisation ont chacun le droit de dénoncer l'engagement d'accorder des avances moyennant notification par écrit. La dénonciation prend effet trois ans après la fin de l'année au cours de laquelle elle a été notifiée.

7) *[Vérification des comptes]* **La vérification des comptes est assurée, selon les modalités prévues par le règlement financier de l'Organisation, par un ou plusieurs États membres de l'Union particulière ou par des contrôleurs extérieurs qui sont, avec leur consentement, désignés par l'Assemblée.**

Art. 25 *Règlement d'exécution.* **1)** *[Objet]* **Les modalités d'application du présent Acte sont établies dans le règlement d'exécution.**

2) *[Modification de certaines dispositions du règlement d'exécution]*

a) L'Assemblée peut décider que certaines dispositions du règlement d'exécution peuvent être modifiées seulement à l'unanimité ou seulement à la majorité des trois quarts.

b) Pour que l'exigence de l'unanimité ou d'une majorité des trois quarts ne s'applique plus à l'avenir à la modification d'une disposition du règlement d'exécution, l'unanimité est requise.

c) Pour que l'exigence de l'unanimité ou d'une majorité des trois quarts s'applique à l'avenir à la modification d'une disposition du règlement d'exécution, une majorité des trois quarts est requise.

3) *[Divergence entre le présent Acte et le règlement d'exécution]* En cas de divergence entre les dispositions du présent Acte et celles du règlement d'exécution, les premières priment.

CHAPITRE VI *Révision et modification*

Art. 26 *Révision.* 1) *[Conférences de révision]* Le présent Acte peut être révisé par une conférence diplomatique des parties contractantes. La convocation d'une conférence diplomatique est décidée par l'Assemblée.

2) *[Révision ou modification de certains articles]* Les articles 22 à 24 et 27 peuvent être modifiés soit par une conférence de révision, soit par l'Assemblée conformément aux dispositions de l'article 27.

Art. 27 *Modification de certains articles par l'Assemblée.* 1) *[Propositions de modification]*

a) Des propositions de modification des articles 22 à 24 et du présent article peuvent être présentées par toute partie contractante ou par le Directeur général.

b) Ces propositions sont communiquées par le Directeur général aux parties contractantes six mois au moins avant d'être soumises à l'examen de l'Assemblée.

2) *[Majorités]* L'adoption de toute modification des articles visés à l'alinéa 1) requiert une majorité des trois quarts ; toutefois, l'adoption de toute modification de l'article 22 ou du présent alinéa requiert une majorité des quatre cinquièmes.

3) *[Entrée en vigueur]*

a) Sauf lorsque le sous-alinéa b) s'applique, toute modification des articles visés à l'alinéa 1) entre en vigueur un mois après que le Directeur général a reçu, de la part des trois quarts des parties contractantes qui étaient membres de l'Assemblée au moment où la modification a été adoptée et qui avaient le droit de voter sur cette modification, des notifications écrites faisant état de l'acceptation de cette modification conformément à leurs règles constitutionnelles respectives.

b) Une modification de l'article 22.3) ou 4) ou du présent sous-alinéa n'entre pas en vigueur si, dans les six mois suivant son adoption par l'Assemblée, une partie contractante notifie au Directeur général qu'elle n'accepte pas cette modification.

c) Toute modification qui entre en vigueur conformément aux dispositions du présent alinéa lie tous les États et toutes les organisations intergouvernementales qui sont des parties contractantes au moment où la modification entre en vigueur ou qui le deviennent à une date ultérieure.

CHAPITRE VII *Clauses finales*

Art. 28 *Conditions et modalités pour devenir partie au présent Acte.* 1) *[Conditions à remplir]* Sous réserve de l'article 29 et des alinéas 2) et 3) du présent article,

i) tout État qui est partie à la Convention de Paris peut signer le présent Acte et devenir partie à celui-ci ;

ii) tout autre État membre de l'Organisation peut signer le présent Acte et devenir partie à celui-ci s'il déclare que sa législation est conforme aux dispositions de la Convention de Paris qui concernent les appellations d'origine, les indications géographiques et les marques ;

iii) toute organisation intergouvernementale peut signer le présent Acte et devenir partie à celui-ci si au moins un de ses États membres est partie à la Convention de Paris et si l'organisation intergouvernementale déclare qu'elle a été dûment autorisée, conformément à ses procédures internes, à devenir partie au présent Acte et que s'applique, en vertu du traité constitutif de l'organisation intergouvernementale, une législation selon laquelle des titres de protection régionaux peuvent être obtenus à l'égard des indications géographiques.

2) *[Ratification ou adhésion]* Tout État ou organisation intergouvernementale visé à l'alinéa 1) peut déposer :

i) un instrument de ratification s'il a signé le présent Acte ; ou

ii) un instrument d'adhésion s'il n'a pas signé le présent Acte.

3) *[Date de prise d'effet du dépôt]*

a) Sous réserve du sous-alinéa b), la date de prise d'effet du dépôt d'un instrument de ratification ou d'adhésion est la date à laquelle cet instrument est déposé.

b) La date de prise d'effet du dépôt de l'instrument de ratification ou d'adhésion de tout État qui est membre d'une organisation intergouvernementale, et pour lequel la protection des appellations d'origine ou des indications géographiques ne peut être obtenue que sur la base d'une législation s'appliquant entre les États membres de cette organisation intergouvernementale, est la date à laquelle l'instrument de ratification ou d'adhésion de cette organisation intergouvernementale est déposé, si cette date est postérieure à la date à laquelle a été déposé l'instrument dudit État. Toutefois, le présent sous-alinéa ne s'applique pas à l'égard des États qui sont parties à l'Arrangement de Lisbonne ou à l'Acte de 1967 et est sans préjudice de l'application de l'article 31 à l'égard desdits États.

Art. 29 *Date de prise d'effet des ratifications et des adhésions.* 1) *[Instruments à prendre en considération]* Aux fins du présent article, seuls sont pris en considération les instruments de ratification ou d'adhésion qui sont déposés par les États ou organisations intergouvernementales visés à l'article 28.1) et pour lesquels les conditions de l'article 28.3), régissant la date de prise d'effet, sont remplies.

2) *[Entrée en vigueur du présent Acte]* Le présent Acte entre en vigueur trois mois après que cinq parties remplissant les conditions requises visées à l'article 28 ont déposé leur instrument de ratification ou d'adhésion.

3) *[Entrée en vigueur des ratifications et adhésions]*

a) Tout État ou toute organisation intergouvernementale qui a déposé son instrument de ratification ou d'adhésion au moins trois mois avant l'entrée en vigueur du présent Acte devient lié par celui-ci à la date de son entrée en vigueur.

b) Tout autre État ou organisation intergouvernementale devient lié par le présent Acte trois mois après la date à laquelle il a déposé son instrument de ratification ou d'adhésion ou à toute date ultérieure indiquée dans cet instrument.

4) *[Enregistrements internationaux effectués avant l'adhésion]* Sur le territoire de l'État adhérent et, lorsque la partie contractante est une organisation intergouvernementale, le territoire sur lequel s'applique le traité constitutif de cette organisation intergouvernementale, les dispositions du présent Acte s'appliquent à l'égard des appellations d'origine et indications géographiques déjà enregistrées en vertu du présent Acte au moment où l'adhésion prend effet, sous réserve de l'article 7.4) et des dispositions du chapitre IV, qui s'appliquent *mutatis mutandis*. L'État adhérent ou l'organisation intergouvernementale adhérente peut également, dans une déclaration jointe à son instrument de ratification ou d'adhésion, indiquer que le délai visé à l'article 15.1) et les délais visés à l'article 17 sont prolongés, conformément aux procédures prescrites dans le règlement d'exécution à cet égard.

Art. 30 *Interdiction de faire des réserves.* Aucune réserve ne peut être faite à l'égard du présent Acte.

Art. 31 *Application de l'Arrangement de Lisbonne et de l'Acte de 1967.* 1) *[Relations entre les États parties à la fois au présent Acte et à l'Arrangement de Lisbonne ou à l'Acte de 1967]* Seul le présent Acte lie, dans leurs relations mutuelles, les États parties à la fois au présent Acte et à l'Arrangement de Lisbonne ou à l'Acte de 1967. Toutefois, en ce qui concerne les enregistrements internationaux d'appellations d'origine en vigueur au titre de l'Arrangement de Lisbonne ou de l'Acte de 1967, les États accordent une protection non moins élevée que ne le prescrit l'Arrangement de Lisbonne ou l'Acte de 1967.

2) *[Relations entre les États parties à la fois au présent Acte et à l'Arrangement de Lisbonne ou à l'Acte de 1967 et les États parties à l'Arrangement de Lisbonne ou à l'Acte de 1967 qui ne sont pas parties au présent Acte]* Tout État partie à la fois au présent Acte et à l'Arrangement de Lisbonne ou à l'Acte de 1967 continue d'appliquer l'Arrangement de Lisbonne ou l'Acte de 1967, selon le cas, dans ses relations avec les États parties à l'Arrangement de Lisbonne ou à l'Acte de 1967 qui ne sont pas parties au présent Acte.

Art. 32 *Dénonciation.* 1) *[Notification]* Toute partie contractante peut dénoncer le présent Acte par notification adressée au Directeur général.

2) *[Prise d'effet]* La dénonciation prend effet un an après la date à laquelle le Directeur général a reçu la notification ou à toute date ultérieure indiquée dans la notification. Elle n'a aucune incidence sur l'application du présent Acte aux demandes qui sont en instance et aux enregistrements internationaux qui sont en vigueur, à l'égard de la partie contractante en cause, au moment de la prise d'effet de la dénonciation.

Art. 33 *Langues du présent Acte ; signature.* 1) *[Textes originaux ; textes officiels]*

a) Le présent Acte est signé en un seul exemplaire original en langues française, anglaise, arabe, chinoise, espagnole et russe, tous ces textes faisant également foi.

b) Des textes officiels sont établis par le Directeur général, après consultation des Gouvernements intéressés, dans les autres langues que l'Assemblée pourra indiquer.

2) *[Délai pour la signature]* **Le présent Acte reste ouvert à la signature au siège de l'Organisation pendant un an après son adoption.**

Art. 34 *Dépositaire.* **Le Directeur général est le dépositaire du présent Acte.**

Droit européen

Règlement (CE) n° 510/2006 du Conseil du 20 mars 2006,

Relatif à la protection des indications géographiques et des appellations d'origine des produits agricoles et des denrées alimentaires (JOUE L 93 du 31 mars 2006).

Ce texte a été abrogé par le Règl. (CE) n° 1151/2012 du 21 nov. 2012 (V. ce texte infra).

Règlement (CE) n° 1898/2006 de la Commission du 14 décembre 2006,

Portant modalités d'application du règlement (CE) n° 510/2006 du Conseil relatif à la protection des indications géographiques et des appellations d'origine des produits agricoles et des denrées alimentaires.

Ce règlement a été abrogé par le Règl. délégué (UE) n° 664/2014 du 18 déc. 2013 (V. ce texte infra).

Règlement (UE) n° 1151/2012 du Parlement européen et du Conseil du 21 novembre 2012,

Relatif aux systèmes de qualité applicables aux produits agricoles et aux denrées alimentaires.

Ce texte abroge et fusionne en un cadre juridique unique les Règl. (CE) du 20 mars 2006 n° 509/2006 - relatif aux spécialités traditionnelles garanties des produits agricoles et des denrées alimentaires, et n° 510/2006 - relatif à la protection des indications géographiques et des appellations d'origine des produits agricoles et des denrées alimentaires.

BIBL. ▸ **Règl. n° 510/2006 du 20 mars 2006 :** SCHMIDT-SZALEWSKI, *RTD eur. 2007. 347* (législation 2006).

▸ **Règl. n° 1151/2012 du 21 nov. 2012 :** MATTERA, *Rev. dr. de l'Union européenne 2012, n° 4, p. 719* (le nouveau règlement relatif aux systèmes de qualité applicables aux produits agricoles et aux denrées alimentaires).

LE PARLEMENT EUROPÉEN ET LE CONSEIL DE L'UNION EUROPÉENNE,

vu le traité sur le fonctionnement de l'Union européenne, et notamment son article 43, paragraphe 2, et son article 118, premier alinéa,

vu la proposition de la Commission européenne,

après transmission du projet d'acte législatif aux parlements nationaux,

vu l'avis du Comité économique et social européen,

vu l'avis du Comité des régions,

statuant conformément à la procédure législative ordinaire *[position du Parlement européen du 13 sept. 2012 (non encore parue au Journal officiel) et décis. du Conseil du 13 nov. 2012]*,

considérant ce qui suit :

(1) La qualité et la diversité de la production agricole, halieutique et aquacole de l'Union constituent l'un de ses grands atouts, conférant un avantage concurrentiel aux producteurs de l'Union et apportant une contribution majeure à son patrimoine culturel et gastronomique vivant. Cela tient aux compétences et à la détermination des agriculteurs et des producteurs de l'Union qui ont su préserver les traditions tout en tenant compte de l'évolution des nouvelles méthodes et des nouveaux matériels de production.

(2) Les citoyens et les consommateurs de l'Union exigent de plus en plus des produits de qualité ainsi que des produits traditionnels. Ils souhaitent également préserver la diversité de la production agricole dans l'Union. Cette volonté se traduit par une demande de produits agricoles ou de denrées alimentaires aux caractéristiques spécifiques identifiables, en particulier celles liées à leur origine géographique.

(3) Les producteurs ne peuvent continuer à produire une gamme variée de produits de qualité que s'ils sont équitablement récompensés de leurs efforts. Cela exige qu'ils soient en mesure d'informer les acheteurs et les consommateurs au sujet des caractéristiques de leurs produits dans des conditions de concurrence loyale. Il faut également qu'ils soient en mesure d'identifier correctement leurs produits sur le marché.

(4) Il peut être profitable à l'économie rurale que l'on mette en place des systèmes de qualité en faveur des producteurs qui les récompensent des efforts qu'ils consentent pour produire une gamme variée de produits de qualité. Cela est particulièrement vrai dans les zones défavorisées, les zones de montagne et les régions ultrapériphériques, dans lesquelles l'agriculture constitue un secteur économique important et les coûts de production sont élevés. De cette manière, les systèmes de qualité peuvent apporter une contribution et un complément à la politique de développement rural, ainsi qu'aux mesures de soutien du marché et aux politiques de soutien aux revenus de la politique agricole commune (PAC). Ils peuvent notamment apporter une contribution dans les zones où le secteur agricole revêt une importance économique plus marquée, et en particulier dans les zones défavorisées.

(5) Les priorités stratégiques Europe 2020 établies dans la communication de la Commission intitulée « EUROPE 2020 – Une stratégie pour une croissance intelligente, durable et inclusive » visent entre autres à développer une économie compétitive fondée sur la connaissance et l'innovation et à encourager une économie à fort taux d'emploi favorisant la cohésion sociale et territoriale. Il convient donc que la politique de qualité des produits agricoles fournisse aux producteurs les outils appropriés leur permettant de mieux identifier et promouvoir parmi leurs produits ceux qui sont dotés de caractéristiques spécifiques tout en protégeant ces producteurs contre les pratiques déloyales.

(6) Il convient que l'ensemble des mesures complémentaires envisagées respectent les principes de subsidiarité et de proportionnalité.

(7) Les mesures relatives à la politique de qualité des produits agricoles sont établies dans le règlement (CEE) n° 1601/91 du Conseil du 10 juin 1991 établissant les règles générales relatives à la définition, à la désignation et à la présentation des vins aromatisés, des boissons aromatisées à base de vin et des cocktails aromatisés de produits vitivinicoles ; la directive 2001/110/CE du Conseil du 20 décembre 2001 relative au miel, et notamment son article 2 ; le règlement (CE) n° 247/2006 du Conseil du 30 janvier 2006 portant mesures spécifiques dans le domaine de l'agriculture en faveur des régions ultrapériphériques de l'Union, et notamment son article 14 ; le règlement (CE) n° 509/2006 du Conseil du 20 mars 2006 relatif aux spécialités traditionnelles garanties des produits agricoles et des denrées alimentaires ; le règlement (CE) n° 510/2006 du Conseil du 20 mars 2006 relatif à la protection des indications géographiques et des appellations d'origine des produits agricoles et des denrées alimentaires ; le règlement (CE) n° 1234/2007 du Conseil du 22 octobre 2007 portant organisation commune des marchés dans le secteur agricole et dispositions spécifiques en ce qui concerne certains produits de ce secteur (règlement « OCM unique »), et notamment la section I, du chapitre I, du titre II de sa partie II et la sous-section I de sa section I *bis* ; le règlement (CE) n° 834/2007 du Conseil du 28 juin 2007 relatif à la production biologique et à l'étiquetage des produits biologiques ; ainsi que le règlement (CE) n° 110/2008 du Parlement européen et du Conseil du 15 janvier 2008 concernant la définition, la désignation, la présentation, l'étiquetage et la protection des indications géographiques des boissons spiritueuses.

(8) Il convient que les produits agricoles et les denrées alimentaires soient soumis, en ce qui concerne leur étiquetage, aux règles générales établies dans la directive 2000/13/CE du Parlement européen et du Conseil du 20 mars 2000 relative au rapprochement des législations des États membres concernant l'étiquetage et la présentation des denrées alimentaires ainsi que la publicité faite à leur égard, et en particulier aux dispositions visant à empêcher tout étiquetage susceptible de créer des confusions chez les consommateurs ou de les induire en erreur.

(9) La communication de la Commission au Parlement européen, au Conseil, au Comité économique et social européen et au Comité des régions sur la politique de qualité des produits agricoles a défini comme une priorité le renforcement de la cohérence et de l'homogénéité globales de la politique de qualité des produits agricoles.

(10) Le système des indications géographiques des produits agricoles et des denrées alimentaires et le système des spécialités traditionnelles garanties partagent certains objectifs et dispositions.

(11) L'Union suit, depuis un certain temps, une approche visant à simplifier le cadre réglementaire de la PAC. Il y a lieu d'appliquer cette approche également aux règlements dans le domaine de la politique de qualité des produits agricoles, sans pour autant remettre en question les caractéristiques spécifiques de ces produits.

(12) Certains règlements s'inscrivant dans la politique de qualité des produits agricoles ont été réexaminés récemment mais ne sont pas encore intégralement mis en œuvre. Par conséquent, ils ne devraient pas être inclus dans le présent règlement. Toutefois, ils pourraient être intégrés à un stade ultérieur, une fois la législation intégralement mise en œuvre.

(13) Compte tenu des considérations qui précèdent, il convient de fusionner en un cadre juridique unique les dispositions nouvelles ou mises à jour des règlements (CE) n° 509/2006 et (CE) n° 510/2006 ainsi que les dispositions des règlements (CE) n° 509/2006 et (CE) n° 510/2006 qui sont maintenues.

(14) Dans un souci de clarté et de transparence, il y a donc lieu d'abroger les règlements (CE) n° 509/2006 et (CE) n° 510/2006 et de les remplacer par le présent règlement.

(15) Il convient que le champ d'application du présent règlement soit restreint aux produits agricoles destinés à la consommation humaine énumérés à l'annexe I du traité et à une liste de produits, ne relevant pas de ladite annexe, qui sont étroitement liés à la productionagricole ou à l'économie rurale.

(16) Il convient que les règles prévues au présent règlement s'appliquent sans préjudice de la législation de l'Union concernant les vins, les vins aromatisés, les boissons spiritueuses, les produits de l'agriculture biologique ou les régions ultrapériphériques.

(17) Il y a lieu de restreindre le champ d'application des appellations d'origine et des indications géographiques aux produits pour lesquels il existe un lien intrinsèque entre les caractéristiques du produit ou de la denrée alimentaire et l'origine géographique. L'inclusion de seulement certains types de chocolat en tant que produits de confiserie dans le système actuel constitue une anomalie qu'il y a lieu de corriger.

(18) En ce qui concerne la protection des appellations d'origine et des indications géographiques, les objectifs spécifiques sont de garantir un revenu équitable pour les agriculteurs et les producteurs au vu des qualités et des caractéristiques d'un produit déterminé ou de son mode de production et de fournir des informations claires sur les produits possédant des caractéristiques spécifiques liées à l'origine géographique, de manière à permettre aux consommateurs de prendre leur décision d'achat en meilleure connaissance de cause.

(19) Garantir le respect uniforme dans l'ensemble de l'Union des droits de propriété intellectuelle liés à des dénominations protégées dans l'Union constitue un objectif prioritaire qui peut être réalisé plus efficacement au niveau de l'Union.

(20) Un cadre établi au niveau de l'Union qui protège les appellations d'origine et les indications géographiques en prévoyant leur inscription dans un registre facilite le développement de ces instruments du fait que l'approche plus uniforme qui en résulte garantit des conditions de concurrence égale entre les producteurs de produits portant ces mentions et renforce la crédibilité de ces produits aux yeux des consommateurs. Il convient de prévoir des dispositions visant au développement des appellations d'origine et des indications géographiques au niveau de l'Union et d'œuvrer en faveur de la création de mécanismes pour leur protection dans les pays tiers, dans le cadre de l'Organisation mondiale du commerce (OMC) ou d'accords multilatéraux et bilatéraux, qui contribueraient ainsi à ce que la qualité des produits et leur mode de production soient reconnus comme des facteurs de plus-value.

(21) A la lumière de l'expérience acquise à la suite de la mise en œuvre du règlement (CEE) n° 2081/92 du Conseil du 14 juillet 1992 relatif à la protection des indications géographiques et des appellations d'origine des produits agricoles et des denrées alimentaires et du règlement (CE) n° 510/2006, il est nécessaire de remédier à certaines difficultés, de clarifier et de simplifier certaines règles et de rationaliser les procédures de ce système.

(22) A la lumière des pratiques existantes, il convient de définir plus précisément et de maintenir les deux instruments différents permettant d'identifier le lien entre le produit et son origine géographique, à savoir l'appellation d'origine protégée et l'indication géographique protégée. Sans changer le concept de ces instruments, il y a lieu d'adopter certaines modifications de leurs définitions afin de mieux prendre en compte la définition des indications géographiques établie dans l'accord sur les aspects des droits de propriété intellectuelle touchant au commerce et d'en rendre la compréhension plus simple et plus claire pour les opérateurs.

(23) Il convient qu'un produit agricole ou une denrée alimentaire portant une telle référence géographique réponde à un certain nombre de conditions énumérées dans un cahier des charges, telles que des exigences particulières visant à protéger les ressources naturelles ou le paysage de la zone de production ou à améliorer le bien-être des animaux d'élevage.

(24) Pour bénéficier d'une protection sur les territoires des États membres, il convient que les appellations d'origine et les indications géographiques soient enregistrées uniquement au niveau de l'Union. Il convient que les États membres puissent octroyer, avec effet à compter de la date de la demande de cet enregistrement au niveau de l'Union, une protection transitoire au niveau national sans porter préjudice au commerce à l'intérieur de l'Union ou au

commerce international. Il y a lieu d'offrir de la même manière la protection conférée par le présent règlement, dès l'enregistrement, aux appellations d'origine et aux indications géographiques des pays tiers qui respectent les critères correspondants et qui sont protégées dans leur pays d'origine.

(25) Il convient que la procédure d'enregistrement au niveau de l'Union permette à toute personne physique ou morale d'un État membre, autre que l'État membre de demande, ou d'un pays tiers, ayant un intérêt légitime, de faire valoir ses droits en notifiant son opposition.

(26) L'inscription dans le registre des appellations d'origine protégées et des indications géographiques protégées devrait permettre également de fournir des informations aux consommateurs et aux acteurs commerciaux.

(27) L'Union négocie avec ses partenaires commerciaux des accords internationaux, qui incluent des accords portant sur la protection d'appellations d'origine et d'indications géographiques. Afin de faciliter l'information du public au sujet des dénominations ainsi protégées et notamment de garantir la protection et le contrôle de l'utilisation prévue pour ces dénominations, les dénominations peuvent être inscrites dans le registre des appellations d'origine protégées et des indications géographiques protégées. A moins qu'elles ne soient spécifiquement désignées comme des appellations d'origine dans ces accords internationaux, il convient d'inscrire les dénominations dans le registre en tant qu'indications géographiques protégées.

(28) Compte tenu de leur spécificité, il convient d'arrêter des dispositions particulières concernant l'étiquetage en matière d'appellations d'origine protégées et d'indications géographiques protégées, qui exigent que les producteurs fassent figurer sur les conditionnements les symboles de l'Union ou les mentions appropriés. Pour les dénominations de l'Union, l'emploi de ces symboles ou de ces mentions devrait être rendu obligatoire afin de mieux faire connaître aux consommateurs cette catégorie de produits et les garanties y afférentes et de rendre l'identification de ces produits sur le marché plus aisée, ce qui facilitera les contrôles. Compte tenu des exigences de l'OMC, il y a lieu de rendre facultative l'utilisation de tels symboles ou mentions pour les indications géographiques et les appellations d'origine de pays tiers.

(29) Il y a lieu d'octroyer une protection aux dénominations incluses dans le registre, l'objectif étant de garantir leur bonne utilisation et de prévenir des pratiques pouvant induire le consommateur en erreur. En outre, il convient que les moyens assurant la protection des indications géographiques et des appellations d'origine soient clarifiés, en ce qui concerne en particulier le rôle des groupements de producteurs et des autorités compétentes des États membres.

(30) Il y a lieu de prévoir des dérogations spécifiques permettant, pendant des périodes transitoires, l'utilisation d'une dénomination enregistrée parallèlement à d'autres dénominations. Ces dérogations devraient être simplifiées et clarifiées. Dans certains cas, afin de surmonter des difficultés temporaires et dans l'objectif à long terme de s'assurer que tous les producteurs respectent le cahier des charges, ces dérogations peuvent être accordées pour une durée maximale de dix ans.

(31) Il y a lieu de clarifier le champ de la protection octroyée au titre du présent règlement, en particulier pour ce qui est des limitations applicables à l'enregistrement de nouvelles marques énoncées dans la directive 2008/95/CE du Parlement européen et du Conseil du 22 octobre 2008 rapprochant les législations des États membres sur les marques, lorsqu'il existe un conflit avec l'enregistrement d'appellations d'origine protégées et d'indications géographiques protégées, comme c'est déjà le cas pour l'enregistrement de nouvelles marques au niveau de l'Union. Cette clarificationest également nécessaire en ce qui concerne les détenteurs de droits de propriété intellectuelle antérieurs, notamment pour ce qui touche aux marques et aux dénominations homonymes enregistrés en tant qu'appellations d'origine protégées ou en tant qu'indications géographiques protégées.

(32) Il y a lieu d'étendre la protection des appellations d'origine et des indications géographiques aux usurpations, imitations et évocations des dénominations enregistrées concernant des biens ainsi que des services afin de garantir un niveau de protection élevé et l'aligner sur celle applicable au secteur du vin. Lorsque des appellations d'origine protégées ou des indications géographiques protégées sont employées comme ingrédients, il convient de tenir compte de la communication de la Commission intitulée "Lignes directrices sur l'étiquetage des denrées alimentaires utilisant des appellations d'origine protégées (AOP) et des indications géographiques protégées (IGP) comme ingrédients".

(33) Il convient que les dénominations déjà enregistrées au titre du règlement (CE) n° 510/2006 au 3 janvier 2013 continuent à être protégées au titre du présent règlement et soient automatiquement inscrites au registre.

(34) L'objectif spécifique du système des spécialités traditionnelles garanties est d'aider les producteurs de produits traditionnels à informer les consommateurs des propriétés conférant une valeur ajoutée à leurs produits. Toutefois, étant donné que seulement quelques dénominations ont été enregistrées, le système actuel des spécialités traditionnelles garanties n'a pas réalisé tout son potentiel. Il convient donc d'améliorer, de clarifier et de préciser les dispositions actuelles afin de rendre le système plus compréhensible, plus opérationnel et plus attrayant pour les demandeurs éventuels.

(35) Le système actuel offre la possibilité d'enregistrer une dénomination à des fins d'identification sans que la dénomination soit réservée dans l'Union. Étant donné que cette option n'a pas été bien comprise par les parties prenantes et que l'identification d'un produit traditionnel peut être mieux réalisée au niveau national ou régional en application du principe de subsidiarité, il y a lieu de supprimer cette possibilité. A la lumière de l'expérience acquise, il convient que le système ne concerne que la réservation de dénominations pour l'ensemble de l'Union.

(36) Afin de garantir que les dénominations de produits traditionnels authentiques soient enregistrées dans le cadre du système, il y a lieu d'adapter les critères et les conditions pour l'enregistrement d'une dénomination, notamment ceux concernant la définition de "traditionnel", qui devrait couvrir des produits qui ont été produits pendant une période de temps significative.

(37) Pour garantir la conformité des spécialités traditionnelles garanties avec le cahier des charges et leur cohérence, il convient que les producteurs rassemblés en groupements définissent eux-mêmes le produit dans un cahier des charges. Il convient d'offrir aux producteurs des pays tiers la possibilité de faire enregistrer une dénomination en tant que spécialité traditionnelle garantie.

(38) Pour bénéficier d'une réservation, il convient que les spécialités traditionnelles garanties soient enregistrées au niveau de l'Union. L'inscription dans un registre devrait permettre également d'assurer l'information des consommateurs et des acteurs commerciaux.

(39) Pour éviter que ne se créent des conditions de concurrence déloyale, il importe que tous les producteurs, y compris ceux des pays tiers, puissent utiliser une dénomination enregistrée d'une spécialité traditionnelle garantie, pour autant que le produit en question respecte les exigences du cahier des charges correspondant et que le producteur soit soumis à un système de contrôle. Pour les spécialités traditionnelles garanties produites dans l'Union, il convient que le symbole de l'Union figure sur l'étiquetage et qu'il puisse être associé à la mention "spécialité traditionnelle garantie".

(40) Afin de protéger les dénominations enregistrées contre toute usurpation ou toute pratique pouvant induire le consommateur en erreur, il y a lieu de réserver leur utilisation.

(41) En ce qui concerne les dénominations déjà enregistrées au titre du règlement (CE) n° 509/2006 qui autrement n'entreraient pas dans le champ d'application du présent règlement au 3 janvier 2013, il convient que les conditions d'utilisation établies dans le règlement (CE) n° 509/2006 continuent à s'appliquer pendant une période transitoire.

(42) Il convient de prévoir une procédure d'enregistrement des dénominations qui ont été enregistrées sans réservation du nom, en application du règlement (CE) n° 509/2006, qui permette leur enregistrement avec réservation du nom.

(43) Il convient par ailleurs de prévoir des mesures transitoires applicables aux demandes d'enregistrement parvenues à la Commission avant le 3 janvier 2013.

(44) Il y a lieu d'introduire un deuxième niveau de systèmes de qualité, fondé sur des mentions de qualité conférant une valeur ajoutée, qui peuvent faire l'objet d'une communication sur le marché intérieur et qui doivent être utilisées volontairement. Ces mentions de qualité facultatives devraient se référer à des caractéristiques horizontales spécifiques en ce qui concerne une ou plusieurs catégories de produits, aux méthodes de production ou aux propriétés de transformation qui s'appliquent dans des zones spécifiques. La mention de qualité facultative "produit de montagne" a rempli jusqu'ici les conditions requises et apportera une valeur ajoutée au produit sur le marché. Afin de faciliter l'application de la directive 2000/13/CE lorsque l'étiquetage des denrées alimentaires risque d'entraîner une confusion dans l'esprit des consommateurs à propos des mentions de qualité facultatives, en particulier celle de "produit de montagne", la Commission peut adopter des lignes directrices.

(45) Afin d'offrir aux producteurs de montagne un véritable outil permettant de mieux commercialiser leurs produits et de réduire les risques réels de confusion dans l'esprit des consommateurs quant au fait que les produits présents sur le marché proviennent bien d'une zone de montagne, il convient de prévoir la définition au niveau de l'Union d'une mention de qualité facultative pour les produits de montagne. La définition des zones de montagne devrait reposer sur les critères généraux de classification retenus pour qualifier une zone de montagne dans le règlement (CE) n° 1257/1999 du 17 mai 1999 concernant

le soutien au développement rural par le Fonds européen d'orientation et de garantie agricole (FEOGA).

(46) La valeur ajoutée des indications géographiques et des spécialités traditionnelles garanties repose sur la confiance du consommateur. Elle ne peut être crédible que si elle s'accompagne de vérifications et de contrôles efficaces. Il convient que ces systèmes de qualité soient soumis à un système de suivi au moyen de contrôles officiels conformes aux principes énoncés dans le règlement (CE) n° 882/2004 du Parlement européen et du Conseil du 29 avril 2004 relatif aux contrôles officiels effectués pour s'assurer de la conformité avec la législation sur les aliments pour animaux et les denrées alimentaires et avec les dispositions relatives à la santé animale et au bien-être des animaux, et qu'ils comprennent un système de vérifications réalisées à tous les stades de la production, de la transformation et de la distribution. Afin d'aider les États membres à mieux appliquer les dispositions du règlement (CE) n° 882/2004 relatives aux contrôles des indications géographiques et des spécialités traditionnel les garanties, il convient de mentionner les références aux articles les plus pertinents dans le présent règlement.

(47) Dans le but de garantir au consommateur que le produit possède les caractéristiques spécifiques des indications géographiques et des spécialités traditionnelles garanties, il convient que les opérateurs soient soumis à un systèmequi vérifie si le cahier des charges du produit a été respecté.

(48) Il importe que les autorités compétentes satisfassent à un certain nombre de critères opérationnels, de manière à garantir leur impartialité et leur efficacité. Il y a lieu d'envisager la délégation de certaines compétences à des organismes de contrôle pour la réalisation de contrôles spécifiques.

(49) Il convient d'utiliser les normes européennes (normes EN) mises au point par le Comité européen de normalisation (CEN) et les normes internationales mises au point par l'Organisation internationale de normalisation (ISO) en ce qui concerne l'accréditation des organismes de contrôle et il convient que ces organismes les utilisent en ce qui concerne leur fonctionnement. Il y a lieu que ces organismes soient accrédités conformément au règlement (CE) n° 765/2008 du Parlement européen et du Conseil du 9 juillet 2008 fixant les prescriptions relatives à l'accréditation et à la surveillance du marché pour la commercialisation des produits.

(50) Il y a lieu d'inclure les informations relatives aux activités de contrôle pour les indications géographiques et les spécialités traditionnelles garanties dans les plans de contrôle nationaux pluriannuels et dans les rapports annuels élaborés par les États membres conformément au règlement (CE) n° 882/2004.

(51) Il convient que les États membres soient autorisés à percevoir une redevance destinée à couvrir les frais supportés.

(52) Il convient de clarifier les règles existantes relatives au maintien de l'utilisation de dénominations génériques de manière que les mentions génériques qui sont similaires à une dénomination ou à une mention protégée ou réservée, ou qui la composent, conservent leur caractère générique.

(53) La date permettant d'établir l'ancienneté d'une marque et d'une appellation d'origine ou d'une indication géographique devrait être, pour une marque, la date de demande d'enregistrement dans l'Union ou dans les États membres et, pour une appellation d'origine ou une indication géographique, la date de demande de protection auprès de la Commission.

(54) Il y a lieu de maintenir les dispositions relatives au refus ou à la coexistence d'une appellation d'origine ou d'une indication géographique en raison d'un conflit avec une marque préexistante.

(55) Les critères selon lesquels des marques apparues par la suite devraient être refusées ou, si elles sont déjà enregistrées, annulées, au motif qu'elles entrent en conflit avec une appellation d'origine ou une indication géographique préexistante devraient correspondre au champ de la protection d'une appellation d'origine ou d'une indication géographique établie.

(56) Il convient que les dispositions des systèmes établissant des droits de propriété intellectuelle, et notamment les droits établis par le système de qualité applicable aux appellations d'origine et aux indications géographiques ou ceux établis dans le cadre de la législation relative aux marques, ne soient pas affectées par la réservation de dénominations et la définition de mentions et de symboles conformément aux systèmes de qualité applicables aux spécialités traditionnelles garanties et aux mentions de qualité facultatives.

(57) Il convient de clarifier et de reconnaître le rôle des groupements. Les groupements jouent un rôle essentiel dans la procédure de demande d'enregistrement des dénominations des appellations d'origine et indications géographiques et des spécialités traditionnelles garanties, ainsi que pour la modification de cahiers des charges et les demandes d'annulation. Les groupements peuvent également mettre en place des activités liées à la surveillance de la

mise en œuvre de la protection des dénominations enregistrées, à la conformité de la production avec le cahier des charges du produit, à l'information et à la promotion des dénominations enregistrées ainsi que, de façon générale, toute activité visant à améliorer la valeur des dénominations enregistrées et l'efficacité des systèmes de qualité. Ils devraient en outre surveiller la position des produits sur le marché. Néanmoins, il importe que ces activités ne favorisent ni n'entraînent de comportement anticoncurrentiel qui serait incompatible avec les articles 101 et 102 du traité.

(58) Afin de veiller à ce que les dénominations enregistrées des appellations d'origine et indications géographiques et des spécialités traditionnelles garanties satisfassent aux conditions établies par le présent règlement, il convient que l'examen des demandes soit effectué par les autorités nationales de l'État membre concerné, dans le respect de dispositions communes minimales incluant une procédure nationale d'opposition. Il convient que la Commission procède ensuite à un examen approfondi des demandes afin de s'assurer qu'elles ne comportent pas d'erreurs manifestes et qu'elles ont tenu compte du droit de l'Union et des intérêts des parties prenantes en dehors de l'État membre de demande.

(59) Il y a lieu d'ouvrir aux dénominations de produits originaires de pays tiers l'enregistrement en tant qu'appellations d'origine, indications géographiques et spécialités traditionnelles garanties qui satisfont aux conditions établies par le présent règlement.

(60) Il y a lieu de protéger dans l'Union ainsi que dans les pays tiers les symboles, mentions et abréviations démontrant la participation à un système de qualité, ainsi que les droits sur ceux-ci relatifs à l'Union, afin de garantir qu'ils sont utilisés pour des produits authentiques et que les consommateurs ne sont pas trompés sur les qualités des produits. En outre, aux fins d'une protection efficace, il convient que la Commission ait recours à des ressources budgétaires raisonnables sur une base centralisée dans le cadre du règlement (CE) n° 1698/2005 du Conseil du 20 septembre 2005 concernant le soutien au développement rural par le Fonds européen agricole pour le développement rural (Feader) et conformément à l'article 5 du règlement (CE) n° 1290/2005 du Conseil du 21 juin 2005 relatif au financement de la politique agricole commune.

(61) Il y a lieu de raccourcir et d'améliorer, notamment en ce qui concerne la prise de décision, la procédure d'enregistrement des appellations d'origine protégées, des indications géographiques protégées et des spécialités traditionnelles garanties, y compris les périodes d'examen et d'opposition. La Commission, assistée dans certains cas des États membres, devrait être responsable de la prise de décision en matière d'enregistrement. Il convient que des procédures soient établies afin de permettre la modification du cahier des charges du produit après l'enregistrement ainsi que l'annulation des dénominations enregistrées, notamment si le produit ne respecte plus le cahier des charges correspondant ou si une dénomination n'est plus utilisée sur le marché.

(62) Il convient de prévoir des procédures appropriées afin de faciliter les demandes transfrontières visant l'enregistrement conjoint d'appellations d'origine protégées, d'indications géographiques protégées ou de spécialités traditionnelles garanties.

(63) Il convient de déléguer à la Commission, conformément à l'article 290 du traité, le pouvoir d'adopter des actes qui complètent ou modifient certains éléments non essentiels du présent règlement, à savoir compléter la liste de produits énoncée à l'annexe I du présent règlement ; établir les restrictions et les dérogations concernant la provenance des aliments pour animaux dans le cas d'une appellation d'origine ; établir des restrictions et des dérogations concernant l'abattage d'animaux vivants ou la provenance des matières premières ; établir des règles limitant les informations contenues dans le cahier des charges du produit ; définir les symboles de l'Union ; établir des règles transitoires supplémentaires afin de protéger les droits et les intérêts légitimes des producteurs et des parties prenantes concernés ; détailler les critères d'admissibilité des dénominations des spécialités traditionnelles garanties ;établir des règles détaillées relatives aux mentions de qualité facultatives ; réserver une mention de qualité facultative supplémentaire, préciser ses conditions d'utilisation et les modifier ; établir des dérogations aux conditions d'utilisation de la mention "produit de montagne" et définir les méthodes de production et d'autres critères pertinents pour l'application de cette mention de qualité facultative, notamment les conditions dans lesquelles les matières premières ou les aliments pour animaux peuvent provenir de l'extérieur des zones de montagne ; fixer des règles supplémentaires afin de déterminer le caractère générique de mentions dans l'Union ; établir des règles pour l'utilisation du nom d'une variété végétale ou d'une race animale ; définir les règles d'exécution de la procédure nationale d'opposition pour ce qui est des demandes communes concernant plusieurs territoires nationaux ; et compléter les règles relatives à la procédure de demande, à la procédure d'opposition, à la procédure de demande de modification et à la procédure d'annulation en général. Il importe particulièrement que la Commission procède aux consultations appropriées durant son tra-

vail préparatoire, y compris au niveau des experts. Il convient que, lorsqu'elle prépare et élabore des actes délégués, la Commission veille à ce que les documents pertinents soient transmis simultanément, en temps utile et de façon appropriée, au Parlement européen et au Conseil.

(64) Afin d'assurer des conditions uniformes d'exécution du présent règlement, il convient de conférer des compétences d'exécution à la Commission en ce qui concerne l'établissement de règles relatives à la forme du cahier des charges du produit ; l'établissement de règles détaillées relatives à la forme et au contenu du registre des appellations d'origine protégées et des indications géographiques protégées ; la définition des caractéristiques techniques des symboles de l'Union et des mentions, ainsi que les règles relatives à leur utilisation sur les produits, y compris en ce qui concerne les versions linguistiques adéquates à utiliser ; l'octroi et l'extension de périodes transitoires concernant des dérogations temporaires pour l'utilisation des appellations d'origine protégées et des indications géographiques protégées ; l'établissement de règles détaillées relatives à la forme et au contenu du registre des spécialités traditionnelles garanties ; l'établissement de règles pour la protection des spécialités traditionnelles garanties ; l'établissement de toutes les mesures relatives aux formulaires, procédures et autres détails techniques nécessaires à l'application du titre IV ; l'établissement des règles relatives à l'utilisation des mentions de qualité facultatives ; l'établissement des règles relatives à la protection uniforme des mentions, abréviations et symboles concernant les systèmes de qualité ; l'établissement de règles détaillées relatives aux procédures, à la forme et à la présentation des demandes d'enregistrement et d'opposition ; le rejet des demandes ; la décision d'enregistrer une dénomination si aucun accord n'a pu être trouvé ; l'établissement de règles détaillées relatives aux procédures, à la forme et à la présentation des demandes de modification ; l'annulation de l'enregistrement d'une appellation d'origine protégée, d'une indication géographique protégée ou d'une spécialité traditionnelle garantie et l'établissement de règles détaillées relatives aux procédures et à la forme de la procédure d'annulation, ainsi qu'à la présentation des demandes d'annulation. Ces compétences devraient être exercées en conformité avec le règlement (UE) n° 182/2011 du Parlement européen et du Conseil du 16 février 2011, établissant les règles et principes généraux relatifs aux modalités de contrôle par les États membres de l'exercice des compétences d'exécution par la Commission.

(65) En ce qui concerne l'établissement et la tenue des registres des appellations d'origine protégées, des indications géographiques protégées et des spécialités traditionnelles garanties, reconnues au titre du présent système ; la définition des moyens par lesquels sont rendus publics le nom et l'adresse des organismes de certification de produits ; et l'enregistrement d'une dénomination en l'absence d'acte d'opposition ou de déclaration d'opposition motivée recevable ou dans le cas contraire si un accord a été trouvé, il y a lieu de conférer à la Commission le pouvoir d'adopter des actes d'exécution sans appliquer le règlement (UE) n° 182/2011,

TITRE PREMIER Dispositions générales

Art. 1er *Objectifs.* 1. Le présent règlement vise à aider les producteurs de produits agricoles et de denrées alimentaires à communiquer aux acheteurs et aux consommateurs les caractéristiques des produits et les propriétés de production de ces produits et denrées alimentaires en garantissant de la sorte :

a) une concurrence loyale pour les agriculteurs et les producteurs dont les produits agricoles et les denrées alimentaires présentent des caractéristiques et des propriétés leur conférant une valeur ajoutée ;

b) la disponibilité pour les consommateurs d'informations fiables relatives à ces produits ;

c) le respect des droits de propriété intellectuelle ; et

d) l'intégrité du marché intérieur.

Les mesures énoncées au présent règlement visent à promouvoir les activités agricoles et de transformation, ainsi que les modes de production associés à des produits de haute qualité, et contribuent ainsi à la mise en œuvre des objectifs de la politique de développement rural.

2. Le présent règlement établit des systèmes de qualité, qui constituent le cadre de base permettant l'identification et, le cas échéant, la protection des dénominations et des mentions qui, en particulier, indiquent ou décrivent des produits agricoles possédant :

a) des caractéristiques conférant une valeur ajoutée, ou

b) des propriétés conférant une valeur ajoutée en raison des méthodes de production ou de transformation utilisées lors de la production ou en raison du lieu de production ou de commercialisation.

Art. 2 *Champ d'application.* 1. Le présent règlement couvre les produits agricoles destinés à la consommation humaine énumérés à l'annexe I du traité et d'autres produits agricoles et denrées alimentaires énumérés à l'annexe I du présent règlement.

Afin de tenir compte des engagements internationaux, des nouvelles méthodes de production ou des nouveaux matériaux, la Commission est habilitée, en conformité avec l'article 56, à adopter des actes délégués complétant la liste de produits énoncée à l'annexe I du présent règlement. Ces produits sont étroitement liés à des produits agricoles ou à l'économie rurale.

2. Le présent règlement ne s'applique pas aux boissons spiritueuses, aux vins aromatisés ou aux produits de la vigne définis à l'annexe XI *ter* du règlement (CE) n° 1234/2007, à l'exception des vinaigres de vin.

3. Le présent règlement s'applique sans préjudice d'autres dispositions spécifiques de l'Union relatives à la mise de produits sur le marché, et notamment à l'organisation commune unique des marchés et à l'étiquetage alimentaire.

4. La directive 98/34/CE du Parlement européen et du Conseil du 22 juin 1998 prévoyant une procédure d'information dans le domaine des normes et réglementations techniques et des règles relatives aux services de la société de l'information ne s'applique pas aux systèmes de qualité établis par le présent règlement.

Art. 3 *Définitions.* Aux fins du présent règlement, on entend par :

1) "systèmes de qualité" : les systèmes établis en vertu des titres II, III et IV ;

2) "groupement" : toute association principalement composée de producteurs ou de transformateurs concernés par le même produit, quelle que soit sa forme juridique ;

3) "traditionnel" : dont l'utilisation sur le marché intérieur pendant une période permettant une transmission entre générations a été prouvée ; cette période doit être d'au moins trente ans ;

4) "étiquetage" : les mentions, indications, marques de fabrique ou de commerce, images ou signes se rapportant à une denrée alimentaire et figurant sur tout emballage, document, écriteau, étiquette, bague ou collerette accompagnant ou se référant à cette denrée alimentaire ;

5) "spécificités" : en ce qui concerne un produit, les propriétés de production caractéristiques qui permettent de distinguer clairement un produit d'autres produits similaires de la même catégorie ;

6) "mentions génériques" : les dénominations de produits qui, bien que se rapportant au lieu, à la région ou au pays de production ou de commercialisation initiale, sont devenues la dénomination commune d'un produit dans l'Union ;

7) "étape de production" : la production, la transformation ou l'élaboration ;

8) "produits transformés" : les denrées alimentaires résultant de la transformation de produits non transformés. Les produits transformés peuvent contenir des substances qui sont nécessaires à leur fabrication ou pour leur conférer des caractéristiques spécifiques.

TITRE II Appellations d'origine protégées et indications géographiques protégées

Art. 4 *Objectif.* Un système d'appellations d'origine protégées et d'indications géographiques protégées est établi afin d'aider les producteurs de produits liés à une zone géographique :

a) en assurant des revenus équitables au regard des qualités de leurs produits ;

b) en garantissant une protection uniforme des dénominations en tant que droit de propriété intellectuelle sur le territoire de l'Union ;

c) en fournissant aux consommateurs des informations claires sur les propriétés du produit lui conférant une valeur ajoutée.

Art. 5 *Exigences applicables aux appellations d'origine et aux indications géographiques.* 1. Aux fins du présent règlement, on entend par "appellation d'origine" une dénomination qui identifie un produit :

a) comme étant originaire d'un lieu déterminé, d'une région, ou, dans des cas exceptionnels, d'un pays ;

b) dont la qualité ou les caractéristiques sont dues essentiellement ou exclusivement au milieu géographique comprenant les facteurs naturels et humains ; et

c) dont toutes les étapes de production ont lieu dans l'aire géographique délimitée.

2. Aux fins du présent règlement, on entend par "indication géographique" une dénomination qui identifie un produit :

a) comme étant originaire d'un lieu déterminé, d'une région ou d'un pays ;

b) dont une qualité déterminée, la réputation ou une autre propriété peut être attribuée essentiellement à son origine géographique ; et

c) dont au moins une des étapes de production a lieu dans l'aire géographique délimitée.

3. Nonobstant le paragraphe 1, certaines dénominations sont assimilées à des appellations d'origine bien que les matières premières des produits concernés proviennent d'une aire géographique plus vaste ou différente de l'aire géographique délimitée, pour autant que :

a) l'aire de production des matières premières soit délimitée ;

b) il existe des conditions particulières pour la production des matières premières ;

c) il existe un régime de contrôle assurant le respect des conditions visées au point *b)* ; et

d) que les appellations d'origine en question aient été reconnues comme appellations d'origine dans le pays d'origine avant le 1er mai 2004.

Seuls les animaux vivants, la viande et le lait peuvent être considérés comme des matières premières aux fins du présent paragraphe.

4. Afin de tenir compte des spécificités de la production de produits d'origine animale, la Commission est habilitée, en conformité avec l'article 56, à adopter des actes délégués relatifs à des restrictions et à des dérogations concernant la provenance des aliments pour animaux dans le cas d'une appellation d'origine.

En outre, afin de tenir compte des spécificités de certains produits ou zones, la Commission est habilitée, en conformité avec l'article 56, à adopter des actes délégués relatifs à des restrictions et à des dérogations concernant l'abattage d'animaux vivants ou la provenance des matières premières.

Ces restrictions et dérogations tiennent compte, sur la base de critères objectifs, de la qualité ou de l'usage et du savoir-faire reconnu ou des facteurs naturels.

Art. 6 *Caractère générique, conflits avec des noms de variétés végétales et de races animales, des homonymes et des marques.* 1. Les dénominations génériques ne peuvent être enregistrées en tant qu'appellations d'origine protégées ou indications géographiques protégées.

2. Une dénomination ne peut être enregistrée en tant qu'appellation d'origine ou indication géographique lorsqu'elle entre en conflit avec le nom d'une variété végétale ou d'une race animale et qu'elle est susceptible d'induire le consommateur en erreur quant à la véritable origine du produit.

3. Une dénomination proposée à l'enregistrement qui est partiellement ou totalement homonyme avec une dénomination déjà inscrite dans le registre établi conformément à l'article 11 ne peut être enregistrée à moins que les conditions d'usages locaux et traditionnels et la présentation de l'homonyme enregistré ultérieurement soient suffisamment distinctes en pratique de la dénomination déjà inscrite au registre, compte étant tenu de la nécessité d'assurer un traitement équitable des producteurs concernés et de ne pas induire le consommateur en erreur.

Une dénomination homonyme qui laisse le consommateur penser à tort que les produits sont originaires d'un autre territoire n'est pas enregistrée, même si elle est exacte pour ce qui est du territoire, de la région ou du lieu dont les produits en question sont originaires.

4. Une dénomination proposée à l'enregistrement en tant qu'appellation d'origine ou indication géographique n'est pas enregistrée lorsque, compte tenu de la réputation d'une marque, de sa renommée et de la durée de son usage, cet enregistrement est de nature à induire le consommateur en erreur quant à la véritable identité du produit.

Art. 7 *Cahier des charges du produit.* 1. Une appellation d'origine protégée ou une indication géographique protégée respecte un cahier des charges qui comporte au moins les éléments suivants :

a) la dénomination devant être protégée en tant qu'appellation d'origine ou indication géographique telle qu'elle est utilisée dans le commerce ou dans le langage commun, et uniquement dans les langues qui sont ou étaient historiquement utilisées pour décrire le produit spécifique dans l'aire géographique délimitée ;

b) une description du produit, y compris les matières premières, le cas échéant, ainsi que les principales caractéristiques physiques, chimiques, microbiologiques ou organoleptiques du produit ;

c) la définition de l'aire géographique délimitée au regard du lien visé au point *f)[,]* i) ou ii), du présent paragraphe, et, le cas échéant, les exigences indiquant le respect des conditions prévues à l'article 5, paragraphe 3 ;

d) des éléments prouvant que le produit est originaire de l'aire géographique délimitée visée à l'article 5, paragraphes 1 ou 2 ;

e) une description de la méthode d'obtention du produit et, le cas échéant, des méthodes locales, loyales et constantes, ainsi que des informations relatives au conditionnement, lorsque le groupement demandeur estime et justifie de manière satisfaisante par des arguments spécifiques au produit que le conditionnement doit avoir lieu dans l'aire géographique délimitée afin de sauvegarder la qualité, de garantir l'origine ou d'assurer le contrôle, compte tenu du droit de l'Union, notamment en matière de libre circulation des biens et de libre prestation des services ;

f) les éléments établissant :

i) le lien entre la qualité ou les caractéristiques du produit et le milieu géographique visé à l'article 5, paragraphe 1 ; ou

ii) le cas échéant, le lien entre une qualité déterminée, la réputation ou une autre caractéristique du produit et l'origine géographique visée à l'article 5, paragraphe 2 ;

g) le nom et l'adresse des autorités ou, s'ils sont disponibles, le nom et l'adresse des organismes contrôlant le respect des dispositions du cahier des charges du produit conformément à l'article 37 ainsi que leurs tâches spécifiques ;

h) toute règle spécifique d'étiquetage pour le produit en question.

2. Afin de garantir que le cahier des charges du produit fournisse des informations appropriées et succinctes, la Commission est habilitée, en conformité avec l'article 56, à adopter des actes délégués établissant des règles limitant les informations comprises dans le cahier des charges qui sont visées au paragraphe 1 du présent article si cette limitation est nécessaire pour éviter que les demandes d'enregistrement ne soient trop volumineuses.

La Commission peut adopter des actes d'exécution établissant des règles relatives à la forme du cahier des charges. Ces actes d'exécution sont adoptés en conformité avec la procédure d'examen visée à l'article 57, paragraphe 2.

Art. 8 *Contenu de la demande d'enregistrement.* 1. Une demande d'enregistrement d'une appellation d'origine ou d'une indication géographique en vertu de l'article 49, paragraphe 2 ou 5, comprend au moins les éléments suivants :

a) le nom et l'adresse du groupement demandeur et des autorités ou, s'ils sont disponibles, des organismes vérifiant le respect des dispositions du cahier des charges du produit ;

b) le cahier des charges du produit prévu à l'article 7 ;

c) un document unique dans lequel figurent :

i) les éléments principaux du cahier des charges du produit : la dénomination, une description du produit, y compris, le cas échéant, les règles spécifiques applicables à son conditionnement et à son étiquetage, ainsi qu'une description succincte de la délimitation de l'aire géographique ;

ii) une description du lien entre le produit et le milieu géographique ou l'origine géographique visés à l'article 5, paragraphe 1 ou 2, selon le cas, y compris, le cas échéant, les éléments spécifiques de la description du produit ou de la méthode de production justifiant le lien.

Une demande visée à l'article 49, paragraphe 5, inclut en outre la preuve que la dénomination du produit est protégée dans son pays d'origine.

2. Le dossier de demande visé à l'article 49, paragraphe 4, comprend :

a) le nom et l'adresse du groupement demandeur ;

b) le document unique visé au paragraphe 1, point *c)*, du présent article ;

c) une déclaration de l'État membre indiquant qu'il estime que la demande déposée par le groupement demandeur et bénéficiant de la décision favorable remplit les conditions du présent règlement et les dispositions adoptées en vertu de celui-ci ;

d) la référence de la publication du cahier des charges du produit.

Art. 9 *Protection nationale transitoire.* Un État membre peut, à titre transitoire uniquement, accorder à une dénomination une protection au niveau national au titre du présent règlement, celle-ci prenant effet à compter de la date de dépôt d'une demande auprès de la Commission.

Cette protection nationale cesse d'exister à la date à laquelle une décision sur l'enregistrement est prise au titre du présent règlement ou à la date à laquelle la demande est retirée.

Dans le cas où une dénomination n'est pas enregistrée conformément au présent règlement, les conséquences de cette protection nationale relèvent de la seule responsabilité de l'État membre concerné.

Les mesures prises par les États membres au titre du premier alinéa ne produisent leurs effets qu'au niveau national et n'ont aucune incidence sur le commerce à l'intérieur de l'Union ou le commerce international.

Art. 10 *Motifs d'opposition.* 1. Une déclaration d'opposition motivée telle que visée à l'article 51, paragraphe 2, est recevable uniquement si elle parvient à la Commission dans les délais énoncés au présent paragraphe et si :

a) elle démontre que les conditions visées à l'article 5 et à l'article 7, paragraphe 1, ne sont pas remplies ;

b) elle démontre que l'enregistrement de la dénomination proposée serait contraire à l'article 6, paragraphe 2, 3 ou 4 ;

c) elle démontre que l'enregistrement de la dénomination proposée porterait préjudice à l'existence d'une dénomination totalement ou partiellement identique ou d'une marque, ou à l'existence de produits qui se trouvent légalement sur le marché depuis au moins cinq ans précédant la date de la publication prévue à l'article 50, paragraphe 2, point *a)* ; ou

d) elle précise les éléments permettant de conclure que la dénomination dont l'enregistrement est demandé est générique.

2. Les motifs d'opposition sont évalués par rapport au territoire de l'Union.

Art. 11 *Registre des appellations d'origine protégées et des indications géographiques protégées.* 1. La Commission adopte, sans appliquer la procédure visée à l'article 57, paragraphe 2, des actes d'exécution qui établissent et tiennent à jour un registre accessible au public des appellations d'origine protégées et des indications géographiques protégées reconnues au titre du présent système.

2. Les indications géographiques relatives à des produits de pays tiers qui sont protégés dans l'Union au titre d'un accord international auquel l'Union est partie contractante peuvent être inscrites dans le registre. Les dénominations en question sont inscrites dans le registre en tant qu'indications géographiques protégées à moins qu'elles n'aient été spécifiquement désignées dans ledit accord comme étant des appellations d'origine protégées au titre du présent règlement.

3. La Commission peut adopter des actes d'exécution qui établissent des règles détaillées relatives à la forme et au contenu du registre. Ces actes d'exécution sont adoptés en conformité avec la procédure d'examen visée à l'article 57, paragraphe 2.

4. La Commission rend publique et met régulièrement à jour la liste des accords internationaux visés au paragraphe 2, ainsi que la liste des indications géographiques protégées au titre de ces accords.

Art. 12 *Dénominations, symboles et mentions.* 1. Les appellations d'origine protégées et les indications géographiques protégées peuvent être utilisées par tout opérateur commercialisant un produit conforme au cahier des charges correspondant.

2. Des symboles de l'Union conçus pour assurer la publicité des appellations d'origine protégées et des indications géographiques protégées sont établis.

3. Dans le cas de produits originaires de l'Union, commercialisés sous une appellation d'origine protégée ou une indication géographique protégée enregistrée conformément aux procédures établies dans le présent règlement, les symboles de l'Union qui y sont associés figurent sur l'étiquetage. En outre, il convient que la dénomination enregistrée du produit figure dans le même champ visuel. Les mentions "appellation d'origine protégée" ou "indication géographique protégée" ou les abréviations "AOP" ou "IGP" correspondantes peuvent également figurer sur l'étiquetage.

4. En outre, peuvent également figurer sur l'étiquetage : des reproductions de l'aire géographique d'origine visée à l'article 5, tout comme des références sous forme de texte, de représentation graphique ou de symboles relatives à l'État membre et/ou à la région où est située l'aire géographique d'origine.

5. Sans préjudice de la directive 2000/13/CE, il est permis de faire figurer sur l'étiquetage, outre l'appellation d'origine protégée ou l'indication géographique protégée, les marques collectives géographiques visées à l'article 15 de la directive 2008/95/CE.

6. Dans le cas de produits originaires de pays tiers commercialisés sous une dénomination inscrite dans le registre, les mentions visées au paragraphe 3 ou les symboles de l'Union qui y sont associés peuvent figurer sur l'étiquetage.

7. Afin de garantir la communication des informations appropriées au consommateur, la Commission est habilitée, en conformité avec l'article 56, à adopter des actes délégués établissant les symboles de l'Union.

La Commission peut adopter des actes d'exécution qui établissent les caractéristiques techniques des symboles de l'Union et des mentions, ainsi que les règles relatives à leur utilisation sur les produits commercialisés sous une appellation d'origine protégée ou une indication géographique protégée, y compris les règles concernant les versions linguistiques adéquates à utiliser. Ces actes d'exécution sont adoptés en conformité avec la procédure d'examen visée à l'article 57, paragraphe 2.

Art. 13 *Protection.* 1. Les dénominations enregistrées sont protégées contre :

a) toute utilisation commerciale directe ou indirecte d'une dénomination enregistrée à l'égard des produits non couverts par l'enregistrement, lorsque ces produits sont comparables à ceux enregistrés sous cette dénomination ou lorsque cette utilisation permet de profiter de la réputation de la dénomination protégée, y compris quand ces produits sont utilisés en tant qu'ingrédients ;

b) toute usurpation, imitation ou évocation, même si l'origine véritable des produits ou des services est indiquée ou si la dénomination protégée est traduite ou accompagnée d'une expression telle que "genre", "type", "méthode", "façon", "imitation", ou d'une expression similaire, y compris quand ces produits sont utilisés en tant qu'ingrédients ;

c) toute autre indication fausse ou fallacieuse quant à la provenance, l'origine, la nature ou les qualités essentielles du produit qui figure sur le conditionnement ou l'emballage, sur la publicité ou sur des documents afférents au produit concerné, ainsi que contre l'utilisation pour le conditionnement d'un récipient de nature à créer une impression erronée sur l'origine du produit ;

d) toute autre pratique susceptible d'induire le consommateur en erreur quant à la véritable origine du produit.

Lorsqu'une appellation d'origine protégée ou une indication géographique protégée contient en elle-même le nom d'un produit considéré comme générique, l'utilisation de ce nom générique n'est pas considérée comme contraire au premier alinéa, point *a)* ou *b)*.

2. Les appellations d'origine protégées et les indications géographiques protégées ne peuvent pas devenir génériques.

3. Les États membres prennent les mesures administratives ou judiciaires appropriées pour prévenir ou arrêter l'utilisation illégale visée au paragraphe 1 d'appellations d'origine protégées ou d'indications géographiques protégées qui sont produites ou commercialisées sur leur territoire.

A cette fin, les États membres désignent, conformément aux procédures que chaque État membre a établies, les autorités chargées de prendre ces mesures.

Ces autorités offrent des garanties adéquates d'objectivité et d'impartialité et disposent du personnel qualifié et des ressources nécessaires à l'exercice de leurs fonctions.

Art. 14 *Relations entre marques, appellations d'origine et indications géographiques.* 1. Lorsqu'une appellation d'origine ou une indication géographique est enregistrée au titre du présent règlement, l'enregistrement d'une marque dont l'utilisation enfreindrait l'article 13, paragraphe 1, et qui concerne un produit de même type est refusé si la demande d'enregistrement de la marque est présentée après la date de dépôt auprès de la Commission de la demande d'enregistrement relative à l'appellation d'origine ou à l'indication géographique.

Les marques enregistrées en violation du premier alinéa sont annulées.

Les dispositions du présent paragraphe s'appliquent sans préjudice des dispositions de la directive 2008/95/CE.

2. Sans préjudice de l'article 6, paragraphe 4, une marque dont l'utilisation enfreint l'article 13, paragraphe 1, et qui a été déposée, enregistrée, ou acquise par l'usage dans les cas où cela est prévu par la législation concernée, de bonne foi sur le territoire de l'Union, avant la date du dépôt auprès de la Commission de la demande de protection relative à l'appellation d'origine ou à l'indication géographique, peut continuer à être utilisée et renouvelée pour ce produit nonobstant l'enregistrement d'une appellation d'origine ou d'une indication géographique, pour autant qu'aucun motif de nullité ou de déchéance, au titre du règlement (CE) nº 207/2009 du Conseil du 26 février 2009 sur la marque communautaire ou de la directive 2008/95/CE, ne pèse sur la marque. En pareil cas, l'utilisation tant de l'appellation d'origine protégée ou de l'indication géographique protégée que des marques concernées est autorisée.

Art. 15 *Périodes transitoires pour l'utilisation des appellations d'origine protégées et des indications géographiques protégées.* 1. Sans préjudice de l'article 14, la Commission peut adopter des actes d'exécution qui octroient une période transitoire de cinq ans au maximum afin que des produits qui sont originaires d'un État membre ou d'un pays tiers et dont l'appellation est constituée ou composée d'un nom enfreignant l'article 13, paragraphe 1, puissent continuer à utiliser l'appellation sous laquelle ils étaient commercialisés, à condition qu'une déclaration d'opposition recevable au titre de l'article 49, paragraphe 3, ou de l'article 51 démontre que :

a) l'enregistrement de la dénomination porterait préjudice à l'existence d'une dénomination totalement ou partiellement identique ; ou *b)* ces produits ont été légalement commercialisés sous cette dénomination sur le territoire concerné pendant au moins cinq ans précédant la date de la publication prévue à l'article 50, paragraphe 2, point *a)*.

Ces actes d'exécution sont adoptés en conformité avec la procédure d'examen visée à l'article 57, paragraphe 2.

2. Sans préjudice de l'article 14, la Commission peut adopter des actes d'exécution qui étendent à 15 ans la période transitoire mentionnée au paragraphe 1 du présent article, dans des cas dûment justifiés, lorsqu'il est démontré que :

a) l'appellation visée au paragraphe 1 du présent article a été utilisée légalement sur la base des usages constants et loyaux pendant au moins vingt-cinq ans avant le dépôt de la demande d'enregistrement auprès de la Commission ;

b) l'utilisation de l'appellation visée au paragraphe 1 du présent article n'a eu, à aucun moment, pour objet de profiter de la réputation de la dénomination enregistrée et elle n'a pas induit ni n'a pu induire le consommateur en erreur quant à la véritable origine du produit.

Ces actes d'exécution sont adoptés en conformité avec la procédure d'examen visée à l'article 57, paragraphe 2.

3. Lorsqu'une appellation visée aux paragraphes 1 et 2 est utilisée, la mention du pays d'origine figure de façon claire et visible sur l'étiquetage.

4. Afin de surmonter certaines difficultés temporaires liées à la réalisation de l'objectif à long terme qui est de faire respecter le cahier des charges par tous les producteurs de la zone concernée, un État membre peut accorder une période transitoire de dix ans au maximum, prenant effet à compter de la date du dépôt de la demande auprès de la Commission, à condition que les opérateurs concernés aient légalement commercialisé les produits en question en utilisant les dénominations concernées de façon continue pendant au moins les cinq années précédant le dépôt de la demande auprès des autorités de l'État membre et qu'ils aient précisé ce fait dans la procédure nationale d'opposition visée à l'article 49, paragraphe 3.

Le premier alinéa s'applique *mutatis mutandis* à une appellation d'origine protégée ou à une indication géographique protégée se référant à une zone géographique située dans un pays tiers, à l'exception de la procédure d'opposition.

Les périodes transitoires sont indiquées dans le dossier de demande visé à l'article 8, paragraphe 2.

Art. 16 *Dispositions transitoires.* 1. Les dénominations inscrites dans le registre prévu à l'article 7, paragraphe 6, du règlement (CE) n° 510/2006 sont automatiquement inscrites dans le registre visé à l'article 11 du présent règlement. Les cahiers des charges correspondants sont assimilés aux cahiers des charges visés à l'article 7 du présent règlement. Toute disposition transitoire particulière liée à ces enregistrements reste applicable.

2. Afin de protéger les droits et les intérêts légitimes des producteurs ou des parties prenantes concernés, la Commission est habilitée, en conformité avec l'article 56, à adopter des actes délégués établissant des règles transitoires supplémentaires.

3. Le présent règlement s'applique sans préjudice de tout droit de coexistence, reconnu au titre du règlement (CE) n° 510/2006, des appellations d'origine et des indications géographiques d'une part, et des marques d'autre part.

TITRE III Spécialités traditionnelles garanties

Art. 17 *Objectif.* Un système applicable aux spécialités traditionnelles garanties est établi afin de sauvegarder les méthodes de production et recettes traditionnelles en aidant les producteurs de produits traditionnels à commercialiser leur production et à communiquer aux consommateurs les propriétés conférant une valeur ajoutée à leurs recettes et produits traditionnels.

Art. 18 *Critères.* 1. Une dénomination peut être enregistrée en tant que spécialité traditionnelle garantie lorsqu'elle décrit un produit ou une denrée alimentaire spécifique :

a) qui résulte d'un mode de production, d'une transformation ou d'une composition correspondant à une pratique traditionnelle pour ce produit ou cette denrée alimentaire ; ou

b) qui est produit à partir de matières premières ou d'ingrédients qui sont ceux traditionnellement utilisés.

2. Pour être enregistrée en tant que spécialité traditionnelle garantie, une dénomination :

a) a été traditionnellement utilisée en référence au produit spécifique ; ou

b) identifie le caractère traditionnel du produit ou ses spécificités.

3. Si, dans le cadre de la procédure d'opposition engagée au titre de l'article 51, il est démontré que la dénomination est également utilisée dans un autre État membre ou dans un pays tiers, afin de distinguer des produits comparables ou des produits ayant une dénomination identique ou similaire, la décision d'enregistrement adoptée conformément à l'article 52, paragraphe 3, peut prévoir que la dénomination de la spécialité traditionnelle garantie doit être accompagnée de la mention "produit selon la tradition" immédiatement suivie du nom du pays ou de la région en question.

4. Une dénomination ne peut être enregistrée si elle fait référence uniquement à des allégations d'ordre général utilisées pour un ensemble de produits ou à des allégations prévues par une législation particulière de l'Union.

5. Afin de garantir le bon fonctionnement du système, la Commission est habilitée, en conformité avec l'article 56, à adopter des actes délégués qui détaillent les critères d'admissibilité établis dans le présent article.

Art. 19 *Cahier des charges du produit.* 1. Une spécialité traditionnelle garantie respecte un cahier des charges comportant les éléments suivants :

a) la dénomination proposée à l'enregistrement, dans les versions linguistiques adéquates ;

b) une description du produit, comprenant ses principales caractéristiques physiques, chimiques, microbiologiques ou organoleptiques, démontrant ses spécificités ;

c) une description de la méthode de production à suivre par les producteurs, comprenant, le cas échéant, la nature et les caractéristiques des matières premières ou des ingrédients utilisés, et la méthode d'élaboration du produit ; ainsi que

d) les éléments essentiels qui prouvent le caractère traditionnel du produit.

2. Afin de garantir que le cahier des charges du produit fournit des informations appropriées et succinctes, la Commission est habilitée, en conformité avec l'article 56, à adopter des actes délégués établissant des règles limitant les informations contenues dans le cahier des charges qui sont visées au paragraphe 1 du présent article si cette limitation est nécessaire pour éviter que les demandes d'enregistrement ne soient trop volumineuses.

La Commission peut adopter des actes d'exécution établissant les règles relatives à la forme du cahier des charges. Ces actes d'exécution sont adoptés en conformité avec la procédure d'examen visée à l'article 57, paragraphe 2.

Art. 20 *Contenu de la demande d'enregistrement.* 1. Une demande d'enregistrement d'une dénomination en tant que spécialité traditionnelle garantie telle que visée à l'article 49, paragraphe 2 ou 5, comprend :

a) le nom et l'adresse du groupement demandeur ;

b) le cahier des charges du produit tel que prévu à l'article 19.

2. Le dossier de demande visé à l'article 49, paragraphe 4, comprend :

a) les éléments visés au paragraphe 1 du présent article ; et

b) une déclaration de l'État membre indiquant qu'il estime que la demande déposée par le groupement et bénéficiant de la décision favorable remplit les conditions du présent règlement et les dispositions adoptées en vertu de celui-ci.

Art. 21 *Motifs d'opposition.* 1. Une déclaration d'opposition motivée visée à l'article 51, paragraphe 2, est recevable uniquement si elle parvient à la Commission dans les délais impartis et si :

a) elle fournit des motifs dûment étayés de l'incompatibilité de l'enregistrement proposé avec les dispositions du présent règlement ; ou

b) elle démontre que l'utilisation de la dénomination est légale et renommée et revêt une importance économique pour des produits agricoles ou des denrées alimentaires similaires.

2. Les critères visés au paragraphe 1, point *b)*, sont évalués par rapport au territoire de l'Union.

Art. 22 *Registre des spécialités traditionnelles garanties.* 1. La Commission adopte, sans appliquer la procédure visée à l'article 57, paragraphe 2, des actes d'exécution qui établissent et tiennent à jour un registre accessible au public des spécialités traditionnelles garanties reconnues au titre du présent système.

2. La Commission peut adopter des actes d'exécution qui établissent des règles détaillées relatives à la forme et au contenu du registre. Ces actes d'exécution sont adoptés en conformité avec la procédure d'examen visée à l'article 57, paragraphe 2.

Art. 23 *Dénominations, symbole et mention.* 1. Une dénomination enregistrée en tant que spécialité traditionnelle garantie peut être utilisée par tout opérateur commercialisant un produit qui est conforme au cahier des charges correspondant.

2. Il est établi un symbole de l'Union destiné à assurer la publicité des spécialités traditionnelles garanties.

3. Dans le cas de produits originaires de l'Union, qui sont commercialisés en tant que spécialité traditionnelle garantie enregistrée conformément au présent règlement, le symbole visé au paragraphe 2 figure, sans préjudice du paragraphe 4, sur l'étiquetage. En outre, la dénomination du produit devrait figurer dans le même champ visuel. La mention "spécialité traditionnelle garantie" ou l'abréviation correspondante "STG" peut également figurer sur l'étiquetage.

L'apposition du symbole sur l'étiquetage des spécialités traditionnelles garanties produites en dehors de l'Union est facultative.

4. Afin de garantir la communication des informations appropriées au consommateur, la Commission est habilitée, en conformité avec l'article 56, à adopter des actes délégués établissant le symbole de l'Union.

La Commission peut adopter des actes d'exécution établissant les caractéristiques techniques du symbole de l'Union et de la mention, ainsi que les règles relatives à leur utilisation sur les produits portant la dénomination d'une spécialité traditionnelle garantie, y compris en ce qui concerne les versions linguistiques adéquates à utiliser. Ces actes d'exécution sont adoptés en conformité avec la procédure d'examen visée à l'article 57, paragraphe 2.

Art. 24 *Restriction concernant l'utilisation des dénominations enregistrées.* 1. Les dénominations enregistrées sont protégées contre toute usurpation, imitation ou évocation ou contre toute autre pratique susceptible d'induire le consommateur en erreur.

2. Les États membres veillent à ce qu'il ne puisse y avoir de confusion entre les dénominations de vente utilisées au niveau national et les dénominations qui sont enregistrées.

3. La Commission peut adopter des actes d'exécution établissant des règles relatives à la protection des spécialités traditionnelles garanties. Ces actes d'exécution sont adoptés en conformité avec la procédure d'examen visée à l'article 57, paragraphe 2.

Art. 25 *Dispositions transitoires.* 1. Les dénominations enregistrées conformément à l'article 13, paragraphe 2, du règlement (CE) n° 509/2006 sont automatiquement inscrites dans le registre visé à l'article 22 du présent règlement. Les cahiers des charges correspondants sont assimilés aux cahiers des charges visés à l'article 19 du présent règlement. Toute disposition transitoire particulière liée à ces enregistrements reste applicable.

2. Les dénominations enregistrées conformément aux exigences établies à l'article 13, paragraphe 1, du règlement (CE) n° 509/2006, y compris celles enregistrées en vertu des demandes visées à l'article 58, paragraphe 1, deuxième aliéna, du présent règlement, peuvent continuer à être utilisées conformément aux conditions prévues par le règlement (CE) n° 509/2006 jusqu'au 4 janvier 2023, à moins que les États membres n'aient recours à la procédure énoncée à l'article 26 du présent règlement.

3. Afin de protéger les droits et les intérêts légitimes des producteurs ou des parties prenantes concernés, la Commission est habilitée, en conformité avec l'article 56, à adopter des actes délégués établissant des règles transitoires supplémentaires.

Art. 26 *Procédure simplifiée.* 1. A la demande d'un groupement, un État membre peut soumettre, au plus tard le 4 janvier 2016, à la Commission des dénominations de spécialités traditionnelles garanties qui sont enregistrées conformément à l'article 13, paragraphe 1, du règlement (CE) n° 509/2006 et qui sont conformes au présent règlement.

Avant de soumettre une dénomination, l'État membre engage une procédure d'opposition selon les modalités définies à l'article 49, paragraphes 3 et 4.

Si, au cours de cette procédure, il est démontré que la dénomination est également utilisée à propos de produits comparables ou de produits ayant une dénomination identique ou semblable, la dénomination peut être complétée d'une mention identifiant son caractère traditionnel ou ses spécificités.

Un groupement d'un pays tiers peut soumettre ces dénominations à la Commission, soit directement, soit par l'intermédiaire des autorités de son pays.

2. La Commission publie les dénominations visées au paragraphe 1, accompagnées de leur cahier des charges respectif, au *Journal officiel de l'Union européenne* dans les deux mois suivant leur réception.

3. Les articles 51 et 52 s'appliquent.

4. A l'issue de la procédure d'opposition, la Commission adapte, le cas échéant, les mentions dans le registre visé à l'article 22. Les cahiers des charges correspondants sont assimilés aux cahiers des charges visés à l'article 19.

TITRE IV **Mentions de qualité facultatives**

Art. 27 *Objectif.* Un système applicable aux mentions de qualité facultatives est établi afin d'aider les producteurs dont les produits agricoles présentent des caractéristiques ou des propriétés leur conférant une valeur ajoutée à communiquer ces caractéristiques ou propriétés sur le marché intérieur.

Art. 28 *Règles nationales.* Les États membres peuvent conserver des règles nationales concernant les mentions de qualité facultatives qui ne sont pas couvertes par le présent règlement, pour autant que ces règles soient conformes au droit de l'Union.

Art. 29 *Mentions de qualité facultatives.* 1. Les mentions de qualité facultatives répondent aux critères suivants :

a) la mention a trait à une caractéristique d'une ou plusieurs catégories de produits, ou à une propriété de production ou de transformation s'appliquant à des zones spécifiques ;

b) l'utilisation de la mention apporte une valeur ajoutée au produit par rapport aux produits comparables ; et

c) la mention a une dimension européenne.

2. Les mentions de qualité facultatives qui décrivent les qualités techniques d'un produit aux fins de l'application de normes de commercialisation obligatoires et ne sont pas destinées à informer les consommateurs de ces qualités sont exclues de ce système.

3. Les mentions de qualité facultatives excluent les mentions réservées facultatives utilisées à l'appui et en complément de normes de commercialisation spécifiques définies sur une base sectorielle ou de catégorie de produit.

4. Afin de tenir compte des spécificités de certains secteurs ainsi que des attentes des consommateurs, la Commission est habilitée, en conformité avec l'article 56, à adopter des actes délégués établissant des règles détaillées relatives aux critères visés au paragraphe 1 du présent article.

5. La Commission peut adopter des actes d'exécution établissant toutes les mesures relatives aux formulaires, procédures et autres détails techniques nécessaires à l'application du présent titre. Ces actes d'exécution sont adoptés en conformité avec la procédure d'examen visée à l'article 57, paragraphe 2.

6. Lorsqu'elle adopte des actes délégués et des actes d'exécution conformément aux paragraphes 4 et 5 du présent article, la Commission tient compte de toute norme internationale pertinente.

Art. 30 *Réservation et modification.* 1. Afin de tenir compte des attentes des consommateurs, des progrès en matière de connaissances scientifiques et techniques, de la situation du marché et de l'évolution des normes de commercialisation et des normes internationales, la Commission est habilitée, en conformité avec l'article 56, à adopter des actes délégués réservant une mention de qualité facultative supplémentaire et établissant ses conditions d'utilisation.

2. Dans des cas dûment justifiés et afin de tenir compte de l'utilisation appropriée de la mention de qualité facultative supplémentaire, la Commission est habilitée à adopter, en conformité avec l'article 56, des actes délégués établissant les modifications des conditions d'utilisation visées au paragraphe 1 du présent article.

Art. 31 *Produit de montagne.* 1. La mention "produit de montagne" est établie en tant que mention de qualité facultative.

Cette mention ne peut être utilisée que pour décrire des produits destinés à la consommation humaine énumérés à l'annexe I du traité à l'égard desquels :

a) à la fois, les matières premières et les aliments pour animaux d'élevage proviennent essentiellement de zones de montagne ;

b) en ce qui concerne les produits transformés, la transformation a également lieu dans des zones de montagne.

2. Aux fins du présent article, les zones de montagne de l'Union sont celles délimitées en vertu de l'article 18, paragraphe 1, du règlement (CE) n° 1257/1999. Pour les produits de pays tiers, les zones de montagne incluent les zones officiellement désignées comme zones de montagne par le pays tiers ou répondant à des critères équivalents à ceux qui sont énoncés à l'article 18, paragraphe 1, du règlement (CE) n° 1257/1999.

3. Dans des cas dûment justifiés et afin de tenir compte de contraintes naturelles ayant une incidence sur la production agricole dans les zones de montagne, la Commission est habilitée à adopter, en conformité avec l'article 56, des actes délégués établissant des dérogations aux conditions d'utilisation visées au paragraphe 1 du présent article. En particulier,

la Commission est habilitée à adopter un acte délégué établissant les conditions selon lesquelles les matières premières ou les aliments pour animaux peuvent provenir de l'extérieur des zones de montagne, les conditions selon lesquelles la transformation des produits est autorisée à l'extérieur des zones de montagne dans une zone géographique à définir, ainsi que la définition de ladite zone géographique.

4. Afin de tenir compte des contraintes naturelles ayant une incidence sur la production agricole dans les zones de montagne, la Commission est habilitée à adopter des actes délégués, en conformité avec l'article 56, en ce qui concerne la définition des méthodes de production et d'autres critères pertinents pour l'application de la mention de qualité facultative visée au paragraphe 1 du présent article.

Art. 32 *Produits de l'agriculture insulaire.* Au plus tard le 4 janvier 2014, la Commission présente un rapport au Parlement européen et au Conseil sur l'opportunité d'établir une nouvelle mention "produit de l'agriculture insulaire". La mention ne peut être utilisée que pour décrire les produits destinés à la consommation humaine qui sont énumérés à l'annexe I du traité dont les matières premières proviennent de zones insulaires. En outre, pour ce qui concerne la mention à utiliser pour les produits transformés, la transformation doit elle aussi avoir lieu dans des zones insulaires lorsqu'elle influence considérablement les caractéristiques spécifiques du produit final.

Ce rapport est, si nécessaire, accompagné de propositions législatives appropriées visant à réserver la mention de qualité facultative "produit de l'agriculture insulaire".

Art. 33 *Restrictions concernant l'utilisation.* 1. Une mention de qualité facultative peut uniquement être utilisée pour décrire des produits qui respectent les conditions d'utilisation correspondantes.

2. La Commission peut adopter des actes d'exécution établissant des règles relatives à l'utilisation des mentions de qualité facultatives. Ces actes d'exécution sont adoptés en conformité avec la procédure d'examen visé à l'article 57, paragraphe 2.

Art. 34 *Suivi.* Les États membres réalisent des contrôles, sur la base d'une analyse de risques, afin de veiller au respect des exigences établies au présent titre et, en cas de violation, appliquent les sanctions administratives appropriées.

TITRE V Dispositions communes

CHAPITRE PREMIER *Contrôles officiels applicables aux appellations d'origine protégées, aux indications géographiques protégées et aux spécialités traditionnelles garanties*

Art. 35 *Champ d'application.* Les dispositions du présent chapitre s'appliquent aux systèmes de qualité énoncés aux titres II et III.

Art. 36 *Désignation de l'autorité compétente.* 1. Conformément au règlement (CE) n° 882/2004, les États membres désignent la ou les autorités compétentes responsables des contrôles officiels effectués afin de vérifier le respect des exigences légales relatives aux systèmes de qualité établis par le présent règlement.

Les procédures et exigences prévues au règlement (CE) n° 882/2004 s'appliquent *mutatis mutandis* aux contrôles officiels effectués afin de vérifier le respect des exigences légales relatives aux systèmes de qualité pour tous les produits couverts par l'annexe I du présent règlement.

2. Les autorités compétentes visées au paragraphe 1 offrent des garanties d'objectivité et d'impartialité adéquates et disposent du personnel qualifié ainsi que des ressources nécessaires pour s'acquitter de leurs fonctions.

3. Les contrôles officiels comprennent :

a) la vérification de la conformité d'un produit avec le cahier des charges correspondant ; et

b) le suivi de l'utilisation des dénominations enregistrées pour décrire le produit mis sur le marché conformément à l'article 13 pour les dénominations enregistrées en vertu du titre II et conformément à l'article 24 pour les dénominations enregistrées en vertu du titre III.

Nouvel art. 36 *(Règl. 2017/625 du 15 mars 2017, art. 162, en vigueur le 14 déc. 2019)* « Contenu des contrôles officiels. *Al. 1 et 2* abrogés.

« *3. Les contrôles officiels effectués conformément au règlement (UE) 2017/625 du 15 mars 2017 du Parlement européen et du Conseil* [concernant les contrôles officiels et les autres activités officielles servant à assurer le respect de la législation alimentaire et de la législation relative aux aliments pour animaux ainsi que des règles relatives à la santé et au bien-être des animaux, à la santé des végétaux et aux produits phytopharmaceutiques (JO L 95 du 7 avr. 2017)] *comprennent : »*

a) la vérification de la conformité d'un produit avec le cahier des charges correspondant ; et

b) le suivi de l'utilisation des dénominations enregistrées pour décrire le produit mis sur le marché conformément à l'article 13 pour les dénominations enregistrées en vertu du titre II et conformément à l'article 24 pour les dénominations enregistrées en vertu du titre III.

Art. 37 *Vérification du respect du cahier des charges du produit.* 1. En ce qui concerne les appellations d'origine protégées, les indications géographiques protégées et les spécialités traditionnelles garanties désignant des produits originaires de l'Union, la vérification du respect du cahier des charges du produit, avant la mise sur le marché des produits, est assurée par :

a) une ou plusieurs autorités compétentes visées à l'article 36 du présent règlement ; et/ou

b) un ou plusieurs organismes de contrôle au sens de l'article 2, point 5), du règlement (CE) n° 882/2004 agissant en tant qu'organisme de certification de produits.

Les coûts afférents à cette vérification du respect du cahier des charges peuvent être supportés par les opérateurs soumis à ces contrôles. Les États membres peuvent aussi contribuer à la prise en charge de ces coûts.

2. En ce qui concerne les appellations d'origine, les indications géographiques et les spécialités traditionnelles garanties désignant des produits originaires d'un pays tiers, la vérification du respect du cahier des charges, avant la mise sur le marché des produits, est assurée par :

a) une ou plusieurs autorités publiques désignées par le pays tiers ; et/ou

b) un ou plusieurs organismes de certification de produits.

3. Les États membres rendent publics et mettent à jour de manière périodique le nom et l'adresse des autorités et organismes visés au paragraphe 1 du présent article.

La Commission rend publics et met à jour de manière périodique le nom et l'adresse des autorités et organismes visés au paragraphe 2 du présent article.

4. La Commission peut adopter des actes d'exécution, sans appliquer la procédure visée à l'article 57, paragraphe 2, définissant les moyens par lesquels sont rendus publics le nom et l'adresse des organismes de certification de produits visés aux paragraphes 1 et 2 du présent article.

Nouvel art. 37 Vérification du respect du cahier des charges du produit. (Règl. 2017/625 du 15 mars 2017, art. 162, en vigueur le 14 déc. 2019) *« 1. En ce qui concerne les appellations d'origine protégées, les indications géographiques protégées et les spécialités traditionnelles garanties désignant des produits originaires de l'Union, la vérification du respect du cahier des charges du produit, avant la mise sur le marché des produits, est assurée par :*

« a) les autorités compétentes désignées conformément à l'article 4 du règlement (UE) 2017/625 du 15 mars 2017 ; ou

« b) les organismes délégataires au sens de l'article 3, point 5), du règlement (UE) 2017/625 du 15 mars 2017 ».

Les coûts afférents à cette vérification du respect du cahier des charges peuvent être supportés par les opérateurs soumis à ces contrôles. Les États membres peuvent aussi contribuer à la prise en charge de ces coûts.

2. En ce qui concerne les appellations d'origine, les indications géographiques et les spécialités traditionnelles garanties désignant des produits originaires d'un pays tiers, la vérification du respect du cahier des charges, avant la mise sur le marché des produits, est assurée par :

a) une ou plusieurs autorités publiques désignées par le pays tiers ; et/ou

b) un ou plusieurs organismes de certification de produits.

3. Al. abrogé par Règl. 2017/625 du 15 mars 2017, art. 162, à compter du 14 déc. 2019.

La Commission rend publics et met à jour de manière périodique le nom et l'adresse des autorités et organismes visés au paragraphe 2 du présent article.

4. La Commission peut adopter des actes d'exécution, sans appliquer la procédure visée à l'article 57, paragraphe 2, définissant les moyens par lesquels sont rendus publics le nom et l'adresse des organismes de certification de produits visés (Règl. 2017/625 du 15 mars 2017, art. 162, en vigueur le 14 déc. 2019) *« au paragraphe 2 » du présent article.*

Art. 38 (Abrogé par Règl. 2017/625 du 15 mars 2017, art. 162, à compter du 14 déc. 2019) Surveillance de l'utilisation de la dénomination sur le marché. *Les États membres communiquent à la Commission le nom et l'adresse des autorités compétentes visées à l'article 36. La Commission rend publics le nom et l'adresse de ces autorités.*

Les États membres effectuent des contrôles, sur la base d'une analyse de risques, afin de veiller au respect des exigences du présent règlement et, en cas de violation, prennent toutes les mesures nécessaires.

Art. 39 *Délégation à des organismes de contrôle par les autorités compétentes.* 1. Les autorités compétentes peuvent déléguer des tâches spécifiques liées aux contrôles officiels des systèmes de qualité à un ou plusieurs organismes de contrôle, conformément à l'article 5 du règlement (CE) n° 882/2004.

2. Ces organismes de contrôle sont accrédités selon la norme européenne EN 45011 ou au guide ISO/CEI 65 (exigences générales relatives aux organismes procédant à la certification de produits).

3. L'accréditation visée au paragraphe 2 du présent article peut être réalisée uniquement :

a) par un organisme national d'accréditation situé dans l'Union conformément aux dispositions du règlement (CE) n° 765/2008 ; ou

b) par un organisme d'accréditation situé hors de l'Union qui est signataire d'un dispositif multilatéral de reconnaissance mis en place par le Forum international de l'accréditation.

Nouvel art. 39 *(Règl. 2017/625 du 15 mars 2017, art. 162, en vigueur le 14 déc. 2019)* Organismes délégataires effectuant des contrôles dans les pays tiers. *Les organismes délégataires effectuant des contrôles dans les pays tiers visés à l'article 37, paragraphe 2, point b), sont accrédités selon la norme harmonisée pertinente, intitulée "Évaluation de la conformité – exigences pour les organismes certifiant les produits, les procédés et les services". Ces organismes délégataires peuvent être accrédités soit par un organisme national d'accréditation situé en dehors de l'Union conformément au règlement (CE) n° 765/2008, soit par un organisme d'accréditation situé hors de l'Union qui est signataire d'un dispositif multilatéral de reconnaissance mis en place par le Forum international de l'accréditation.*

Art. 40 *Planification et compte rendu des activités de contrôle.* 1. Les États membres veillent à ce que les activités de contrôle des obligations prévues au titre du présent chapitre soient spécifiquement incluses dans une section distincte dans les plans de contrôle nationaux pluriannuels conformément aux articles 41, 42 et 43 du règlement (CE) n° 882/2004.

2. Les rapports annuels concernant le contrôle des obligations établies par le présent règlement incluent une section distincte comprenant les informations établies à l'article 44 du règlement (CE) n° 882/2004.

CHAPITRE II *Exceptions pour certaines utilisations antérieures*

Art. 41 *Mentions génériques.* 1. Sans préjudice de l'article 13, le présent règlement n'a pas d'incidence sur l'utilisation des mentions qui sont génériques dans l'Union, même si la mention générique fait partie d'une dénomination qui est protégée au titre d'un système de qualité.

2. Pour déterminer si une mention est devenue générique, il est tenu compte de tous les facteurs pertinents et notamment :

a) de la situation existante dans les zones de consommation ;

b) des actes juridiques pertinents de l'Union ou nationaux.

3. Afin de protéger pleinement les droits des parties intéressées, la Commission est habilitée, en conformité avec l'article 56, à adopter des actes délégués établissant des règles supplémentaires afin de déterminer le caractère générique de mentions visées au paragraphe 1 du présent article.

Art. 42 *Variétés végétales et races animales.* 1. Le présent règlement n'empêche pas la mise sur le marché de produits dont l'étiquetage comprend une dénomination ou une mention protégée ou réservée au titre d'un système de qualité décrit au titre II, III ou IV qui contient ou constitue le nom d'une variété végétale ou d'une race animale, pour autant que les conditions suivantes soient remplies :

a) le produit en question constitue la variété ou la race indiquée ou en est issu ;

b) les consommateurs ne sont pas trompés ;

c) l'utilisation du nom de la variété ou de la race respecte les règles de concurrence loyale ;

d) l'utilisation ne profite pas de la réputation de la mention protégée ; et

e) dans le cas du système de qualité décrit au titre II, la production et la commercialisation du produit se sont étendues au-delà de sa zone d'origine avant la date de demande d'enregistrement de l'indication géographique.

2. Afin de préciser davantage la portée des droits et des libertés des opérateurs du secteur alimentaire d'utiliser le nom d'une variété végétale ou d'une race animale visé au paragraphe 1 du présent article, la Commission est habilitée à adopter des actes délégués en conformité avec l'article 56 en ce qui concerne les règles relatives à la détermination des conditions d'utilisation de ces noms.

Art. 43 *Lien avec la propriété intellectuelle.* Les systèmes de qualité décrits aux titres III et IV s'appliquent sans préjudice des règles de l'Union ou des règles des États membres régissant la propriété intellectuelle et notamment de celles qui concernent les appellations d'origine, les indications géographiques et les marques, ainsi que les droits octroyés en vertu de ces règles.

CHAPITRE III *Mentions et symboles des systèmes de qualité et rôle des producteurs*

Art. 44 *Protection des mentions et symboles.* 1. Les mentions, abréviations et symboles se référant aux systèmes de qualité peuvent uniquement être utilisés en lien avec les produits élaborés conformément aux règles du système de qualité correspondant. Cette disposition s'applique notamment aux mentions, abréviations et symboles suivants :

a) "appellation d'origine protégée", "indication géographique protégée", "indication géographique", "AOP", "IGP", et les symboles associés, tel que prévu au titre II ;

b) "spécialité traditionnelle garantie", "STG", et le symbole associé, tel que prévu au titre III ;

c) "produit de montagne", tel que prévu au titre IV.

2. Conformément à l'article 5 du règlement (CE) n° 1290/2005, le Fonds européen agricole pour le développement rural (Feader) peut, à l'initiative de la Commission ou pour son compte, financer, de manière centralisée, les actions de soutien administratif concernant le développement, les travaux de préparation, le suivi, l'appui administratif et juridique, la défense juridique, les frais d'enregistrement, les frais de renouvellement, les frais de surveillance des marques, les frais de contentieux et toute autre mesure associée nécessaire afin de protéger l'utilisation des mentions, abréviations et symboles faisant référence à des systèmes de qualité contre toute usurpation, imitation ou évocation ou contre toute autre pratique susceptible d'induire le consommateur en erreur, dans l'Union et dans les pays tiers.

3. La Commission adopte des actes d'exécution établissant des règles relatives à la protection uniforme des mentions, abréviations et symboles visés au paragraphe 1 du présent article. Ces actes d'exécution sont adoptés en conformité avec la procédure d'examen visée à l'article 57, paragraphe 2.

Art. 45 *Rôle des groupements.* 1. Sans préjudice des dispositions spécifiques concernant les organisations de producteurs et les organisations interprofessionnelles telles qu'elles sont établies dans le règlement (CE) n° 1234/2007, un groupement est habilité à :

a) contribuer à garantir la qualité, la réputation et l'authenticité de leurs produits sur le marché en assurant le suivi de l'utilisation de la dénomination dans le commerce et, si nécessaire, en informant les autorités compétentes visées à l'article 36, ou tout autre autorité compétente dans le cadre de l'article 13, paragraphe 3 ;

b) agir pour assurer la protection juridique adéquate de la dénomination d'origine protégée ou de l'indication géographique protégée et des droits de propriété intellectuelle qui lui sont directement liés ;

c) mettre en place des activités d'information et de promotion visant à communiquer aux consommateurs les propriétés conférant une valeur ajoutée aux produits ;

d) mettre en place des actions visant à garantir la conformité d'un produit à son cahier des charges ;

e) prendre des mesures pour améliorer la performance du système, notamment en développant une expertise économique, en effectuant des analyses économiques, en diffusant des informations économiques sur le système et en fournissant des conseils aux producteurs ;

f) lancer des initiatives visant à valoriser les produits et, le cas échéant, prendre des mesures destinées à empêcher ou à contrecarrer les initiatives affectant ou susceptibles d'affecter l'image de ces produits.

2. Les États membres peuvent encourager, par des moyens administratifs, la constitution et le fonctionnement de groupements sur leur territoire. En outre, ils communiquent à la Commission le nom et l'adresse des groupements visés à l'article 3, point 2. La Commission rend publiques ces informations.

Art. 46 *Droit d'utiliser les systèmes.* 1. Les États membres veillent à ce que tout opérateur qui respecte les règles d'un système de qualité énoncé aux titres II et III soit en droit d'être couvert par le système de vérification du respect du cahier des charges établi en vertu de l'article 37.

2. Les opérateurs qui élaborent et stockent un produit commercialisé au titre des systèmes de "spécialité traditionnelle garantie", d'appellation d'origine protégée ou d'indication géographique protégée ou qui mettent ces produits sur le marché sont également soumis au système de contrôle établi au chapitre I du présent titre.

3. Les États membres veillent à ce que les opérateurs souhaitant adhérer aux règles d'un système de qualité énoncées aux titres III et IV soient en mesure de le faire et ne rencontrent pas d'obstacles à leur participation qui soient discriminatoires ou qui ne soient pas objectivement fondés.

Art. 47 *Redevances.* Sans préjudice du règlement (CE) n° 882/2004 et notamment des dispositions du titre II, chapitre VI, les États membres peuvent exiger le paiement d'une redevance destinée à couvrir les frais encourus pour la gestion des systèmes de qualité, y compris ceux exposés lors du traitement des demandes, des déclarations d'opposition, des demandes de modification et des demandes d'annulation prévues au présent règlement.

CHAPITRE IV *Procédures de demande et d'enregistrement applicables aux appellations d'origine, indications géographiques et spécialités traditionnelles garanties*

Art. 48 *Champ d'application des procédures de demande.* Les dispositions du présent chapitre s'appliquent aux systèmes de qualité énoncés aux titres II et III.

Art. 49 *Demande d'enregistrement de dénominations.* 1. Les demandes d'enregistrement de dénominations au titre des systèmes de qualité visés à l'article 48 ne peuvent être présentées que par des groupements travaillant avec les produits dont la dénomination doit être enregistrée. Dans le cas d'une "appellation d'origine protégée" ou d'une "indication géographique protégée" qui désignent une zone géographique transfrontalière ou dans le cas d'une "spécialité traditionnelle garantie", plusieurs groupements émanant de différents États membres ou pays tiers peuvent déposer une demande d'enregistrement commune.

Une personne physique ou morale unique peut être assimilée à un groupement lorsqu'il est démontré que les deux conditions suivantes sont remplies :

a) la personne concernée est le seul producteur disposé à présenter une demande ;

b) en ce qui concerne les appellations d'origine protégées et les indications géographiques protégées, l'aire géographique délimitée possède des caractéristiques sensiblement différentes de celles des zones voisines ou les caractéristiques du produit diffèrent de celles des produits élaborés dans les zones voisines.

2. Lorsque la demande au titre du système énoncé au titre II concerne une aire géographique dans un État membre ou lorsqu'une demande au titre du système énoncé au titre III est préparée par un groupement établi dans un État membre, la demande est adressée aux autorités de cet État membre.

L'État membre examine la demande par les moyens appropriés afin de vérifier qu'elle est justifiée et qu'elle remplit les conditions du système correspondant.

3. Dans le cadre de l'examen visé au paragraphe 2, deuxième alinéa, du présent article, l'État membre entame une procédure nationale d'opposition garantissant une publicité suffisante de la demande et octroyant une période raisonnable pendant laquelle toute personne physique ou morale ayant un intérêt légitime et établie ou résidant sur son territoire peut déclarer son opposition à la demande.

L'État membre examine la recevabilité des oppositions reçues au titre du système énoncé au titre II à la lumière des critères visés à l'article 10, paragraphe 1, ou la recevabilité des oppositions reçues au titre du système énoncé au titre III à la lumière des critères visés à l'article 21, paragraphe 1.

4. Si, après avoir évalué les déclarations d'opposition reçues, l'État membre considère que les exigences du présent règlement sont respectées, il peut rendre une décision favorable et déposer un dossier de demande auprès de la Commission. Dans ce cas, il informe la Commission des oppositions recevables déposées par une personne physique ou morale ayant légalement commercialisé les produits en question en utilisant les dénominations concernées de façon continue pendant au moins cinq ans précédant la date de publication visée au paragraphe 3.

L'État membre veille à ce que sa décision favorable soit portée à la connaissance du public et à ce que toute personne physique ou morale ayant un intérêt légitime dispose de voies de recours.

L'État membre veille à ce que la version du cahier des charges du produit sur laquelle il a fondé sa décision favorable soit publiée et soit accessible par voie électronique.

En ce qui concerne les appellations d'origine protégée et les indications géographiques protégées, l'État membre veille également à ce que soit publiée la version du cahier des charges du produit sur laquelle la Commission prend sa décision conformément à l'article 50, paragraphe 2.

5. Lorsque la demande au titre du système énoncé au titre II concerne une aire géographique dans un pays tiers ou lorsqu'une demande au titre du système énoncé au titre III est préparée par un groupement établi dans un pays tiers, la demande est déposée auprès de la Commission, soit directement, soit par l'intermédiaire des autorités du pays tiers concerné.

6. Les documents visés au présent article qui sont envoyés à la Commission sont rédigés dans l'une des langues officielles de l'Union.

7. Afin de faciliter la procédure de demande, la Commission est habilitée, en conformité avec l'article 56, à adopter des actes délégués définissant les règles d'exécution de la procédure nationale d'opposition pour ce qui est des demandes communes concernant plusieurs territoires nationaux et complétant les règles relatives à la procédure de demande.

La Commission peut adopter des actes d'exécution établissant des règles détaillées relatives aux procédures, à la forme et à la présentation des demandes, y compris pour les demandes concernant plusieurs territoires nationaux. Ces actes d'exécution sont adoptés en conformité avec la procédure d'examen visée à l'article 57, paragraphe 2.

Art. 50 *Examen par la Commission et publication aux fins d'opposition.* 1. La Commission examine par des moyens appropriés toute demande qu'elle reçoit conformément à l'article 49, afin de vérifier qu'elle est justifiée et qu'elle remplit les conditions du système correspondant. Cet examen ne devrait pas durer plus de six mois. Lorsque ce délai est dépassé, la Commission indique par écrit les raisons de ce retard au demandeur.

Au moins une fois par mois, la Commission rend publique la liste des dénominations ayant fait l'objet d'une demande d'enregistrement, ainsi que la date de leur dépôt.

2. Lorsque, en se fondant sur l'examen réalisé en vertu du paragraphe 1, premier alinéa, la Commission estime que les conditions définies dans le présent règlement sont remplies, elle publie au *Journal officiel de l'Union européenne* :

a) pour les demandes au titre du système énoncé au titre II, le document unique et la référence à la publication du cahier des charges du produit ;

b) pour les demandes au titre du système énoncé au titre III, le cahier des charges.

Art. 51 *Procédure d'opposition.* 1. Dans un délai de trois mois à compter de la date de publication au *Journal officiel de l'Union européenne*, les autorités d'un État membre ou d'un pays tiers ou une personne physique ou morale ayant un intérêt légitime et étant établie dans un pays tiers peuvent déposer un acte d'opposition auprès de la Commission.

Toute personne physique ou morale ayant un intérêt légitime, établie ou résidant dans un État membre autre que celui dont émane la demande, peut déposer un acte d'opposition auprès de l'État membre dans lequel elle est établie dans des délais permettant de déposer une opposition conformément au premier alinéa.

Un acte d'opposition contient une déclaration selon laquelle la demande pourrait enfreindre les conditions fixées dans le présent règlement. Un acte d'opposition ne contenant pas cette déclaration est nul.

La Commission transmet sans délai l'acte d'opposition à l'autorité ou l'organisme qui avait déposé la demande.

2. Si un acte d'opposition est déposé auprès de la Commission et est suivi dans les deux mois d'une déclaration d'opposition motivée, la Commission examine la recevabilité de ladite déclaration.

3. Dans un délai de deux mois suivant la réception d'une déclaration d'opposition motivée recevable, la Commission invite l'autorité ou la personne à l'origine de l'opposition et l'autorité ou l'organisme qui a déposé la demande à engager des consultations appropriées pendant une période de temps raisonnable ne dépassant pas trois mois.

L'autorité ou la personne à l'origine de l'opposition et l'autorité ou l'organisme qui a déposé la demande engagent dans les meilleurs délais les consultations appropriées. Chacune des parties communique à l'autre les informations pertinentes afin d'évaluer si la demande d'enregistrement répond aux conditions du présent règlement. Si aucun accord n'a été trouvé, ces informations sont également transmises à la Commission.

A tout moment au cours de ces trois mois, la Commission peut, à la demande du demandeur, proroger le délai imparti pour les consultations de trois mois au maximum.

4. Si, à la suite des consultations appropriées visées au paragraphe 3 du présent article, les éléments publiés conformément à l'article 50, paragraphe 2, ont été substantiellement modifiés, la Commission procède de nouveau à l'examen visé à l'article 50.

5. L'acte d'opposition, la déclaration d'opposition motivée et les documents y relatifs qui sont envoyés à la Commission conformément aux paragraphes 1 à 4 du présent article sont rédigés dans l'une des langues officielles de l'Union.

6. Afin de définir des procédures et des délais clairs pour l'opposition, la Commission est habilitée à adopter, en conformité avec l'article 56, des actes délégués complétant les règles applicables à la procédure d'opposition.

La Commission peut adopter des actes d'exécution fixant des règles détaillées relatives aux procédures, à la forme et à la présentation des oppositions. Ces actes d'exécution sont adoptés en conformité avec la procédure d'examen visée à l'article 57, paragraphe 2.

Art. 52 *Décision concernant l'enregistrement.* 1. Lorsque, sur la base des informations dont elle dispose et à partir de l'examen effectué conformément à l'article 50, paragraphe 1, premier alinéa, la Commission estime que les conditions requises pour l'enregistrement ne sont pas remplies, elle adopte des actes d'exécution rejetant la demande. Ces actes d'exécution sont adoptés en conformité avec la procédure d'examen visée à l'article 57, paragraphe 2.

2. Si la Commission ne reçoit aucun acte d'opposition ou aucune déclaration d'opposition motivée recevable au titre de l'article 51, elle adopte des actes d'exécution sans appliquer la procédure visée à l'article 57, paragraphe 2, pour enregistrer la dénomination.

3. Si la Commission reçoit une déclaration d'opposition motivée recevable, elle procède, à la suite des consultations appropriées visées à l'article 51, paragraphe 3, et compte tenu des résultats de ces consultations :

a) si un accord a été trouvé, à l'enregistrement de la dénomination au moyen d'actes d'exécution adoptés sans appliquer la procédure visée à l'article 57, paragraphe 2, et, si nécessaire, à la modification des informations publiées en vertu de l'article 50, paragraphe 2, pour autant que les changements ne soient pas substantiels ; ou

b) si aucun accord n'a pu être trouvé, à l'adoption d'actes d'exécution décidant de l'enregistrement. Ces actes d'exécution sont adoptés en conformité avec la procédure d'examen visée à l'article 57, paragraphe 2.

4. Les actes d'enregistrement et les décisions de rejet sont publiés au *Journal officiel de l'Union européenne.*

Art. 53 *Modification du cahier des charges d'un produit.* 1. Un groupement ayant un intérêt légitime peut demander l'approbation d'une modification du cahier des charges d'un produit.

La demande décrit les modifications sollicitées et les justifie.

2. Lorsque la modification entraîne une ou plusieurs modifications du cahier des charges qui ne sont pas mineures, la demande de modification est soumise à la procédure établie aux articles 49 à 52.

Toutefois, si les modifications proposées sont mineures, la Commission approuve ou rejette la demande. En cas d'approbation de modifications impliquant un changement des éléments visés à l'article 50, paragraphe 2, la Commission publie ces éléments au *Journal officiel de l'Union européenne.*

Pour qu'une modification soit considérée comme mineure dans le cas du système de qualité décrit au titre II, elle ne doit pas :

a) avoir trait aux caractéristiques essentielles du produit ;

b) altérer le lien visé à l'article 7, paragraphe 1, point *f)*, i) ou ii) ;

c) comporter un changement en tout ou en partie de la dénomination du produit ;

d) affecter l'aire géographique délimitée ; ou

e) entraîner des restrictions supplémentaires en ce qui concerne la commercialisation du produit ou de ses matières premières.

Pour qu'une modification soit considérée comme mineure dans le cas du système de qualité décrit au titre III, elle ne doit pas :

a) avoir trait aux caractéristiques essentielles du produit ;

b) apporter des changements majeurs à la méthode de production ; ou

c) comporter un changement en tout ou en partie de la dénomination du produit.

L'examen de la demande porte principalement sur la modification proposée.

3. Afin de faciliter la procédure administrative relative à une demande de modification, y compris lorsque la modification n'implique pas de changement du document unique et lorsqu'elle concerne une modification temporaire du cahier des charges résultant de l'adoption par les pouvoirs publics de mesures sanitaires ou phytosanitaires obligatoires, la Commission est habilitée à adopter, en conformité avec l'article 56, des actes délégués complétant les règles de la procédure de demande de modification.

La Commission peut adopter des actes d'exécution fixant des règles détaillées relatives aux procédures, à la forme et à la présentation des demandes de modification. Ces actes d'exécution sont adoptés en conformité avec la procédure d'examen visée à l'article 57, paragraphe 2.

Art. 54 *Annulation.* 1. La Commission peut, de sa propre initiative ou à la demande d'une personne physique ou morale ayant un intérêt légitime, adopter des actes d'exécution afin d'annuler l'enregistrement d'une appellation d'origine protégée, d'une indication géographique protégée ou d'une spécialité traditionnelle garantie dans les cas suivants :

a) lorsque le respect des conditions du cahier des charges n'est pas assuré,

b) lorsque aucun produit n'a été mis sur le marché sous la spécialité traditionnelle garantie, l'appellation d'origine protégée ou l'indication géographique protégée pendant au moins sept ans.

La Commission peut, à la demande des producteurs du produit commercialisé sous la dénomination enregistrée, annuler l'enregistrement correspondant.

Ces actes d'exécution sont adoptés en conformité avec la procédure d'examen visée à l'article 57, paragraphe 2.

2. Afin *[de]* garantir la sécurité juridique quant au fait que toutes les parties aient la possibilité de défendre leurs droits et intérêts légitimes, la Commission est habilitée à adopter, en conformité avec l'article 56, des actes délégués complétant les règles concernant la procédure d'annulation.

La Commission peut adopter des actes d'exécution fixant des règles détaillées relatives aux procédures et à la forme de la procédure d'annulation, ainsi qu'à la présentation des demandes visées au paragraphe 1 du présent article. Ces actes d'exécution sont adoptés en conformité avec la procédure d'examen visée à l'article 57, paragraphe 2.

TITRE VI Procédures et dispositions finales

CHAPITRE PREMIER *Agriculture locale et vente directe*

Art. 55 *Rapports concernant l'agriculture locale et la vente directe.* Au plus tard le 4 janvier 2014, la Commission présente un rapport au Parlement européen et au Conseil sur l'opportunité d'établir un nouveau système d'étiquetage applicable à l'agriculture locale et à la vente directe, visant à aider les producteurs à commercialiser leurs produits localement. Ce rapport porte principalement sur la capacité de l'exploitant à conférer une valeur ajoutée à ses produits grâce à la nouvelle étiquette et devrait tenir compte d'autres critères, tels que les possibilités de réduire les émissions de carbone et les déchets grâce au raccourcissement des chaînes de production et de distribution.

Ce rapport est, si nécessaire, accompagné de propositions législatives appropriées concernant la création d'un système d'étiquetage applicable à l'agriculture locale et à la vente directe.

CHAPITRE II *Règles de procédure*

Art. 56 *Exercice de la délégation.* 1. Le pouvoir d'adopter des actes délégués conféré à la Commission est soumis aux conditions fixées au présent article.

2. Le pouvoir d'adopter des actes délégués visé à l'article 2, paragraphe 1, deuxième alinéa, à l'article 5, paragraphe 4, à l'article 7, paragraphe 2, premier alinéa, à l'article 12, paragraphe 5, premier alinéa, à l'article 16, paragraphe 2, à l'article 18, paragraphe 5, à l'article 19, paragraphe 2, premier alinéa, à l'article 23, paragraphe 4, premier alinéa, à l'article 25, paragraphe 3, à l'article 29, paragraphe 4, à l'article 30, à l'article 31, paragraphes 3 et 4, à l'article 41, paragraphe 3, à l'article 42, paragraphe 2, à l'article 49, paragraphe 7, premier alinéa, à l'article 51, paragraphe 6, premier alinéa, à l'article 53, paragraphe 3, premier alinéa et à l'article 54, paragraphe 2, premier alinéa, est conféré à la Commission pour une période de cinq ans à compter du 3 janvier 2013. La Commission élabore un rapport relatif à la délégation de pouvoir au plus tard neuf mois avant la fin de la période de cinq ans. La délégation de pouvoir est tacitement prorogée pour des périodes d'une durée identique, sauf si le Parlement européen ou le Conseil s'oppose à cette prorogation trois mois au plus tard avant la fin de chaque période.

3. La délégation de pouvoir visée à l'article 2, paragraphe 1, deuxième alinéa, à l'article 5, paragraphe 4, à l'article 7, paragraphe 2, premier alinéa, à l'article 12, paragraphe 5, premier alinéa, à l'article 16, paragraphe 2, à l'article 18, paragraphe 5, à l'article 19, paragraphe 2, premier alinéa, à l'article 23, paragraphe 4, premier alinéa, à l'article 25,

paragraphe 3, à l'article 29, paragraphe 4, à l'article 30, à l'article 31, paragraphes 3 et 4, à l'article 41, paragraphe 3, à l'article 42, paragraphe 2, à l'article 49, paragraphe 7, premier alinéa, à l'article 51, paragraphe 6, premier alinéa, à l'article 53, paragraphe 3, premier alinéa et à l'article 54, paragraphe 2, premier alinéa, peut être révoquée à tout moment par le Parlement européen ou le Conseil. La décision de révocation met fin à la délégation de pouvoir qui y est précisée. La révocation prend effet le jour suivant celui de la publication de ladite décision au *Journal officiel de l'Union européenne,* ou à une date ultérieure qui est précisée dans ladite décision. Elle ne porte pas atteinte à la validité des actes délégués déjà en vigueur.

4. Aussitôt qu'elle adopte un acte délégué, la Commission le notifie au Parlement européen et au Conseil simultanément.

5. Un acte délégué adopté en vertu de l'article 2, paragraphe 1, deuxième alinéa, de l'article 5, paragraphe 4, de l'article 7, paragraphe 2, premier alinéa, de l'article 12, paragraphe 5, premier alinéa, de l'article 16, paragraphe 2, de l'article 18, paragraphe 5, de l'article 19, paragraphe 2, premier alinéa, de l'article 23, paragraphe 4, premier alinéa, de l'article 25, paragraphe 3, de l'article 29, paragraphe 4, de l'article 30, de l'article 31, paragraphes 3 et 4, de l'article 41, paragraphe 3, de l'article 42, paragraphe 2, de l'article 49, paragraphe 7, premier alinéa, de l'article 51, paragraphe 6, premier alinéa, de l'article 53, paragraphe 3, premier alinéa et de l'article 54, paragraphe 2, premier alinéa, n'entre en vigueur que si le Parlement européen ou le Conseil n'a pas exprimé d'objections dans un délai de deux mois à compter de la notification de cet acte au Parlement européen et au Conseil ou si, avant l'expiration de ce délai, le Parlement européen et le Conseil ont tous deux informé la Commission de leur intention de ne pas exprimer d'objections. Ce délai est prolongé de deux mois à l'initiative du Parlement européen ou du Conseil.

Art. 57 *Comité.* 1. La Commission est assistée par le comité de la politique de qualité des produits agricoles. Ledit comité est un comité au sens du règlement (UE) n° 182/2011.

2. Lorsqu'il est fait référence au présent paragraphe, l'article 5 du règlement (UE) n° 182/2011 s'applique.

Lorsque le comité n'émet aucun avis, la Commission n'adopte pas le projet d'acte d'exécution et l'article 5, paragraphe 4, troisième alinéa, du règlement (UE) n° 182/2011 s'applique.

CHAPITRE III *Abrogation et dispositions finales*

Art. 58 *Abrogation.* 1. Les règlements (CE) n° 509/2006 et (CE) n° 510/2006 sont abrogés.

L'article 13 du règlement (CE) n° 509/2006 continue cependant à s'appliquer pour les demandes relatives à des produits ne relevant pas du champ d'application du titre III du présent règlement, reçues par la Commission avant la date d'entrée en vigueur du présent règlement.

2. Les références faites aux règlements abrogés s'entendent comme faites au présent règlement et sont à lire selon le tableau de correspondance figurant à l'annexe II du présent règlement.

Art. 59 *Entrée en vigueur.* Le présent règlement entre en vigueur le vingtième jour suivant celui de sa publication au *Journal officiel de l'Union européenne.*

Toutefois, l'article 12, paragraphe 3, et l'article 23, paragraphe 3, sont applicables à partir du 4 janvier 2016, sans préjudice des produits déjà mis sur le marché avant cette date.

Le présent règlement est obligatoire dans tous ses éléments et directement applicable dans tout État membre.

ANNEXE I

PRODUITS AGRICOLES ET DENRÉES ALIMENTAIRES VISÉS À L'ARTICLE 2, PARAGRAPHE 1

I. Appellations d'origine et indications géographiques

— bière,
— chocolat et produits dérivés,
— produits de la boulangerie, pâtisserie, confiserie, biscuiterie,
— boissons à base d'extraits de plantes,
— pâtes alimentaires,
— sel,
— gommes et résines naturelles,
— pâte de moutarde,
— foin,
— huiles essentielles,

— liège,
— cochenille,
— fleurs et plantes ornementales,
— coton,
— laine,
— osier,
— lin teillé,
— cuir,
— fourrure,
— plumes.

II. Spécialités traditionnelles garanties
— plats cuisinés,
— bière,
— chocolat et produits dérivés,
— produits de la boulangerie, pâtisserie, confiserie, biscuiterie,
— boissons à base d'extraits de plantes,
— pâtes alimentaires,
— sel.

Règlement délégué (UE) nº 664/2014 du 18 décembre 2013,

Complétant le règlement (UE) nº 1151/2012 du Parlement européen et du Conseil en ce qui concerne l'établissement des symboles de l'Union pour les appellations d'origine protégées, les indications géographiques protégées et les spécialités traditionnelles garanties et en ce qui concerne certaines règles relatives à la provenance, certaines règles procédurales et certaines règles transitoires supplémentaires.

(1) Le règlement (UE) nº 1151/2012 a abrogé et remplacé les règlements (CE) nº 509/2006 du Conseil du 20 mars 2006 relatif aux spécialités traditionnelles garanties des produits agricoles et des denrées alimentaires et (CE) nº 510/2006 du Conseil du 20 mars 2006 relatif à la protection des indications géographiques et des appellations d'origine des produits agricoles et des denrées alimentaires. Le règlement (UE) nº 1151/2012 confère à la Commission le pouvoir d'adopter des actes délégués et des actes d'exécution. Afin de garantir le bon fonctionnement des systèmes de qualité applicables aux produits agricoles et aux denrées alimentaires dans le nouveau cadre juridique, certaines règles doivent être adoptées au moyen de tels actes. Il convient que les nouvelles règles remplacent les modalités d'application des règlements (CE) nº 509/2006 et (CE) nº 510/2006 prévues respectivement par les règlements (CE) nº 1898/2006 de la Commission du 14 décembre 2006 portant modalités d'application du règlement (CE) nº 510/2006 du Conseil relatif à la protection des indications géographiques et des appellations d'origine des produits agricoles et des denrées alimentaires et (CE) nº 1216/2007 du 18 octobre 2007 établissant les modalités d'application du règlement (CE) nº 509/2006 du Conseil relatif aux spécialités traditionnelles garanties des produits agricoles et des denrées alimentaires.

(2) Afin de tenir compte du caractère spécifique, et notamment des contraintes physiques et matérielles, de la production des produits d'origine animale dont la dénomination est enregistrée en tant qu'appellation d'origine protégée, il convient d'autoriser des dérogations concernant la provenance des aliments pour animaux dans le cahier des charges de ce type de produits. Il importe que lesdites dérogations n'affectent en aucune manière le lien entre le milieu géographique et la qualité ou les caractéristiques spécifiques du produit dues essentiellement ou exclusivement à ce milieu.

(3) En ce qui concerne les indications géographiques protégées, afin de tenir compte du caractère spécifique de certains produits, il convient d'autoriser, dans le cahier des charges de ces produits, des restrictions concernant la provenance des matières premières. Il convient de justifier lesdites restrictions au regard de critères objectifs qui soient conformes aux principes généraux du système des indications géographiques protégées et qui renforcent la cohérence de ces produits avec les objectifs du système.

(4) Afin que les informations appropriées soient communiquées au consommateur, il convient d'établir les symboles de l'Union destinés à assurer la publicité des appellations d'origine protégées, des indications géographiques protégées et des spécialités traditionnelles garanties.

(5) Afin de garantir que les cahiers des charges des spécialités traditionnelles garanties fournissent uniquement des informations appropriées et succinctes et d'éviter des demandes

d'enregistrement ou des demandes d'approbation d'une modification d'un cahier des charges d'une spécialité traditionnelle garantie excessivement volumineuses, il convient de fixer une limite à la longueur du cahier des charges.

(6) Afin de faciliter la procédure de demande, il convient d'établir des règles supplémentaires pour les procédures nationales d'opposition dans le cas des demandes communes concernant plusieurs territoires nationaux. Étant donné qu'il est nécessaire de garantir le droit d'opposition sur l'ensemble du territoire de l'Union, il y a lieu de prévoir l'obligation de mettre en œuvre des procédures nationales d'opposition dans l'ensemble des États membres concernés par les demandes communes.

(7) Afin que la procédure d'opposition se déroule selon des étapes clairement définies, il est nécessaire de préciser les obligations procédurales du demandeur dans le cas où les consultations appropriées faisant suite à l'introduction d'une déclaration d'opposition motivée aboutissent à un accord.

(8) Afin de faciliter le traitement des demandes de modification d'un cahier des charges, il convient d'établir des règles complémentaires concernant, d'une part, l'examen des demandes de modification et, d'autre part, la transmission et l'évaluation des modifications mineures. En raison de leur caractère urgent, il convient que les modifications temporaires soient soustraites à la procédure standard et ne soient pas soumises à l'approbation formelle par la Commission. Toutefois, il importe que la Commission soit pleinement informée du contenu et de la motivation de ces modifications.

(9) Afin que toutes les parties aient la possibilité de défendre leurs droits et leurs intérêts légitimes, il convient d'établir des règles complémentaires concernant la procédure d'annulation. Il y a lieu d'aligner la procédure d'annulation sur la procédure d'enregistrement standard prévue aux articles 49 à 52 du règlement (UE) n° 1151/2012. Il convient également de préciser que les États membres font partie des personnes morales qui peuvent avoir un intérêt légitime à présenter une demande d'annulation au titre de l'article 54, paragraphe 1, premier alinéa, dudit règlement.

(10) Afin de protéger les intérêts légitimes des producteurs et des acteurs concernés, il convient de prévoir que les documents uniques concernant les appellations d'origine protégées et les indications géographiques protégées enregistrées avant le 31 mars 2006 et pour lesquelles aucun document unique n'a été publié, puissent encore être publiés à la demande des États membres concernés.

(11) L'article 12, paragraphe 3, et l'article 23, paragraphe 3, premier alinéa, du règlement (UE) n° 1151/2012 prévoient que, dans le cas des produits originaires de l'Union qui sont commercialisés sous une appellation d'origine protégée, une indication géographique protégée ou une spécialité traditionnelle garantie, les symboles de l'Union qui sont associés à ces produits figurent sur l'étiquetage et que les mentions ou abréviations correspondantes peuvent également figurer sur l'étiquetage. L'article 23, paragraphe 3, deuxième alinéa, dispose que le symbole est facultatif sur l'étiquetage des spécialités traditionnelles garanties produites en dehors de l'Union. Ces dispositions ne seront applicables qu'à compter du 4 janvier 2016. Toutefois, les règlements (CE) n° 509/2006 et (CE) n° 510/2006, qui ont été abrogés par le règlement (UE) n° 1151/2012, prévoyaient l'obligation de faire figurer sur l'étiquetage des produits originaires de l'Union soit le symbole, soit la mention complète, et accordaient la possibilité d'utiliser la mention "spécialité traditionnelle garantie" sur l'étiquetage des spécialités traditionnelles garanties produites en dehors de l'Union. Pour garantir la continuité entre les deux règlements abrogés et le règlement (UE) n° 1151/2012, il y a lieu de considérer l'obligation de faire figurer sur l'étiquetage des produits originaires de l'Union soit les symboles de l'Union, soit la mention correspondante, et la faculté d'utiliser la mention "spécialité traditionnelle garantie" sur l'étiquetage des spécialités traditionnelles garanties produites en dehors de l'Union comme implicitement établies par le règlement (UE) n° 1151/2012 et déjà applicables. Afin de garantir la sécurité juridique et de protéger les droits et les intérêts légitimes des producteurs et des acteurs concernés, il convient de continuer à appliquer jusqu'au 3 janvier 2016 les conditions d'utilisation des symboles et des mentions sur les étiquetages établies par les règlements (CE) n° 509/2006 et (CE) n° 510/2006.

(12) Pour des raisons de clarté et de sécurité juridique, il y a lieu d'abroger les règlements (CE) n° 1898/2006 et (CE) n° 1216/2007,

Art. 1er *Règles spécifiques relatives à la provenance des aliments pour animaux et des matières premières.* 1. Aux fins de l'article 5 du règlement (UE) n° 1151/2012, les aliments pour animaux proviennent intégralement de l'aire géographique délimitée pour ce qui est des produits d'origine animale dont la dénomination est enregistrée en tant qu'appellation d'origine protégée.

Dans la mesure où il n'est techniquement pas possible de garantir une provenance intégrale de l'aire géographique délimitée, des aliments pour animaux ne provenant pas de ladite aire peuvent être ajoutés, à condition que la qualité ou les caractéristiques du produit dues essentiellement au milieu géographique ne soient pas altérées. Les aliments pour animaux ne provenant pas de l'aire géographique délimitée ne doivent en aucun cas représenter plus de 50 % de matière sèche sur une base annuelle.

2. Toute restriction concernant l'origine des matières premières prévues dans le cahier des charges d'un produit dont la dénomination est enregistrée en tant qu'indication géographique protégée doit être motivée au regard du lien visé à l'article 7, paragraphe 1, point f), ii), du règlement (UE) n° 1151/2012.

Art. 2 *Symboles de l'Union.* Les symboles de l'Union visés à l'article 12, paragraphe 2, et à l'article 23, paragraphe 2, du règlement (UE) n° 1151/2012 sont établis conformément à l'annexe du présent règlement.

Art. 3 *Limitation du cahier des charges des spécialités traditionnelles garanties.* Le cahier des charges visé à l'article 19 du règlement (UE) n° 1151/2012 est concis et ne dépasse pas 5 000 mots, excepté dans des cas dûment justifiés.

Art. 4 *Procédures nationales d'opposition pour les demandes communes.* Dans le cas des demandes communes visées à l'article 49, paragraphe 1, du règlement (UE) n° 1151/2012, les procédures nationales d'opposition correspondantes sont mises en œuvre dans l'ensemble des États membres concernés.

Art. 5 *Obligation de notification concernant les accords dans le cadre des procédures d'opposition.* Lorsque les parties intéressées parviennent à un accord à l'issue des consultations visées à l'article 51, paragraphe 3, du règlement (UE) n° 1151/2012, les autorités de l'État membre ou du pays tiers desquelles la demande émane notifient à la Commission tous les facteurs qui ont permis d'aboutir audit accord, y compris les avis du demandeur et des autorités d'un État membre, d'un pays tiers ou d'autres personnes physiques et morales ayant formé une opposition.

Art. 6 *Modifications du cahier des charges d'un produit.* 1. La demande visée à l'article 53, paragraphe 1, du règlement (UE) n° 1151/2012 concernant une modification non mineure d'un cahier des charges contient une description complète et l'exposé des raisons spécifiques de chaque modification. La description compare en détail, pour chaque modification, le cahier des charges initial et, le cas échéant, le document unique initial avec la version modifiée proposée.

Cette demande est autonome. Elle contient l'ensemble des modifications apportées au cahier des charges et, le cas échéant, au document unique pour lesquelles une approbation est demandée.

Une demande de modification qui n'est pas mineure et ne respecte pas les premier et deuxième alinéas n'est pas recevable. Si la demande est réputée irrecevable, la Commission en informe le demandeur.

L'approbation par la Commission d'une demande de modification qui n'est pas mineure d'un cahier des charges porte exclusivement sur les modifications incluses dans la demande elle-même.

2. Les demandes de modification mineure d'un cahier des charges relatif à des appellations d'origine protégées ou à des indications géographiques protégées sont présentées aux autorités de l'État membre dans lequel se situe l'aire géographique d'appellation ou de l'indication. Les demandes de modification mineure d'un cahier des charges relatif à des spécialités traditionnelles garanties sont présentées aux autorités de l'État membre dans lequel le groupement est établi. Si la demande de modification mineure d'un cahier des charges n'émane pas du groupement qui a présenté la demande d'enregistrement de la ou des dénominations auxquelles se réfère le cahier des charges, l'État membre accorde la possibilité à ce groupement de formuler des observations concernant la demande, pour autant que ce groupement existe toujours. Si l'État membre estime que les conditions figurant dans le règlement (UE) n° 1151/2012 et dans les dispositions adoptées en vertu dudit règlement sont remplies, il peut présenter un dossier de demande de modification mineure auprès de la Commission. Les demandes de modification mineure d'un cahier des charges concernant des produits originaires de pays tiers peuvent être présentées par un groupement ayant un intérêt légitime, soit directement à la Commission, soit par l'intermédiaire des autorités dudit pays tiers.

La demande de modification mineure ne propose que des modifications mineures au sens de l'article 53, paragraphe 2, du règlement (UE) n° 1151/2012. Elle décrit ces modifications mineures, fournit un résumé du motif pour lequel une modification est nécessaire et démontre que les modifications proposées peuvent être qualifiées de mineures conformément à l'article 53, paragraphe 2, du règlement (UE) n° 1151/2012. Elle compare, pour chaque modification, le cahier des charges initiales et, le cas échéant, le document unique initial avec la version modifiée proposée. La demande est autonome et contient l'ensemble des modifications apportées au cahier des charges et, le cas échéant, au document unique pour lesquelles une approbation est demandée.

Les modifications mineures visées à l'article 53, paragraphe 2, deuxième alinéa, du règlement (UE) n° 1151/2012 sont réputées approuvées si la Commission ne communique aucune information contraire au demandeur dans les trois mois suivant la réception de la demande.

Une demande de modification mineure qui ne respecte pas les dispositions du deuxième alinéa du présent paragraphe est irrecevable. L'approbation tacite visée au troisième alinéa du présent paragraphe ne s'applique pas à ce type de demandes. La Commission informe le demandeur, dans un délai de trois mois à compter de la réception de la demande, si cette dernière est réputée irrecevable.

La Commission rend publique la modification mineure approuvée qui a été apportée à un cahier des charges et n'implique pas une modification des éléments visés à l'article 50, paragraphe 2, du règlement (UE) n° 1151/2012.

3. La procédure prévue aux articles 49 à 52 du règlement (UE) n° 1151/2012 ne s'applique pas aux modifications concernant une modification temporaire du cahier des charges résultant de l'adoption par les pouvoirs publics de mesures sanitaires et phytosanitaires obligatoires ni aux modifications liées à des catastrophes naturelles ou à de mauvaises conditions météorologiques formellement reconnues par les autorités compétentes.

Ces modifications ainsi que les motifs les justifiant sont communiqués à la Commission au plus tard dans les deux semaines qui suivent l'approbation. Les modifications temporaires d'un cahier des charges relatif à des appellations d'origine protégées ou à des indications géographiques protégées sont communiquées à la Commission par les autorités de l'État membre dans lequel se situe l'aire géographique de l'appellation ou de l'indication. Les modifications temporaires d'un cahier des charges relatif à des spécialités traditionnelles garanties sont communiquées à la Commission par les autorités de l'État membre dans lequel le groupement est établi. Les modifications temporaires concernant des produits originaires de pays tiers sont communiquées à la Commission soit par un groupe ayant un intérêt légitime, soit par les autorités du pays tiers concerné. Les États membres publient les modifications temporaires apportées au cahier des charges. Dans les communications concernant une modification temporaire d'un cahier des charges relatif à une appellation d'origine protégée ou à une indication géographique protégée, les États membres ne joignent que la référence à la publication. Dans les communications concernant une modification temporaire d'un cahier des charges relatif à une spécialité traditionnelle garantie, ils joignent la modification temporaire apportée au cahier des charges telle que publiée. Dans les communications concernant des produits originaires de pays tiers, les modifications temporaires du cahier des charges qui ont été approuvées sont transmises à la Commission. Les États membres et les pays tiers apportent, pour toutes les communications de modifications temporaires qu'ils transmettent, des preuves des mesures sanitaires et phytosanitaires qui ont été prises et présentent une copie du document attestant la survenue de catastrophes naturelles ou de phénomènes météorologiques défavorables. La Commission rend publique ces modifications.

Art. 7 *Annulation.* 1. La procédure établie aux articles 49 à 52 du règlement (UE) n° 1151/2012 s'applique *mutatis mutandis* à l'annulation d'un enregistrement au sens de l'article 54, paragraphe 1, premier et deuxième alinéas, dudit règlement.

2. Les États membres sont autorisés à introduire une demande d'annulation de leur propre initiative conformément à l'article 54, paragraphe 1, premier alinéa, du règlement (UE) n° 1151/2012.

3. La demande d'annulation est rendue publique conformément à l'article 50, paragraphe 1, deuxième alinéa, du règlement (UE) n° 1151/2012.

4. Les déclarations d'opposition motivées concernant l'annulation ne sont recevables que si elles mettent en évidence une utilisation commerciale ininterrompue de la dénomination enregistrée par une personne intéressée.

Art. 8 *Règles transitoires.* 1. En ce qui concerne les appellations d'origine protégées et les indications géographiques protégées enregistrées avant le 31 mars 2006, la Commission, à la

demande d'un État membre, publie au *Journal officiel de l'Union européenne* un document unique soumis par ledit État membre. Ladite publication est accompagnée d'une référence à la publication du cahier des charges.

2. Jusqu'au 3 janvier 2016, les règles suivantes s'appliquent :

a) pour les produits originaires de l'Union, lorsque la dénomination enregistrée est utilisée sur l'étiquetage, elle est accompagnée soit du symbole correspondant de l'Union, soit de la mention correspondante visée à l'article 12, paragraphe 3, ou à l'article 23, paragraphe 3, du règlement (UE) n° 1151/2012 ;

b) pour les produits fabriqués en dehors de l'Union, l'apposition de la mention visée à l'article 23, paragraphe 3, du règlement (UE) n° 1151/2012 est facultative sur l'étiquetage des spécialités traditionnelles garanties.

Art. 9 *Abrogation.* **Les règlements (CE) n° 1898/2006 et (CE) n° 1216/2007 sont abrogés.**

Art. 10 ***Entrée en vigueur et application.*** **Le présent règlement entre en vigueur le troisième jour suivant celui de sa publication au *Journal officiel de l'Union européenne*.**

L'article 5 s'applique uniquement aux procédures d'opposition pour lesquelles le délai de trois mois fixé à l'article 51, paragraphe 1, premier alinéa, du règlement (UE) n° 1151/2012 n'a pas expiré à la date d'entrée en vigueur du présent règlement.

Droit interne

Code de la consommation

PARTIE LÉGISLATIVE

(Ord. n° 2016-301 du 14 mars 2016, en vigueur le 1er juill. 2016)

Falsifications et infractions relatives aux produits

Art. L. 413-8 Il est interdit, sur des produits naturels ou fabriqués, détenus ou transportés en vue de la vente, mis en vente ou vendus, d'apposer ou d'utiliser une marque de fabrique ou de commerce, un nom, un signe ou une indication quelconque de nature à faire croire, s'ils sont étrangers, qu'ils ont été fabriqués en France ou qu'ils sont d'origine française et, dans tous les cas, qu'ils ont une origine différente de leur véritable origine française ou étrangère.

Toutefois, ces dispositions ne sont pas applicables lorsque le produit porte, en caractères manifestement apparents, l'indication de la véritable origine.

En ce qui concerne les produits français, la raison sociale, le nom et l'adresse du vendeur ne constituent pas nécessairement une indication d'origine. – *[C. consom., art. L. 217-6, hors sanction.]*

Sur les sanctions, V., ci-dessous, art. L. 451-13, L. 451-15 et L. 451-16.

Sur la lutte contre les fausses indications d'origine, V. Rép. min. n° 20293 (JO débat Sénat, 3 avr. 1997, p. 1049).

Sur l'absence d'obligation générale d'indication de l'origine de fabrication sur les produits, V. Rép. min. : JOAN Q, 8 juin 1992, n° 23.

BIBL. ▶ BONET, *JCP E 1990. II. 15931* (marque constituée par un nom géographique).

Art. L. 413-9 Il est interdit de faire croire à l'origine française de produits étrangers ou, pour tous produits, à une origine différente de leur véritable origine, par addition, retranchement ou par une altération quelconque des mentions primitivement portées sur le produit, par des annonces, brochures, circulaires, prospectus ou affiches, par la production de factures ou de certificats d'origine mensongers, par une affirmation verbale ou par tout autre moyen. – *[C. consom., art. L. 217-7, hors sanction.]*

V. supra l'Arrangement de Madrid concernant la répression des indications de provenance fausses ou fallacieuses du 14 avr. 1891.

Sur les sanctions, V. ci-dessous art. L. 451-13, L. 451-15 et L. 451-16.

…………………………………………………………………………………………

Appellation d'origine protégée, indication géographique protégée, spécialité traditionnelle garantie

Art. L. 432-3 Les dispositions applicables aux appellations d'origine protégées, aux indications géographiques protégées et aux spécialités traditionnelles garanties sont prévues au chapitre Ier du titre IV du livre VI du code rural et de la pêche maritime. – *[C. consom., art. L. 115-21.] – V. C. rur., art. L. 641-5 s. –* ***C. rur.***

Sur les procédures d'examen des demandes d'enregistrement des appellations d'origine protégées et des indications géographiques protégées, V. C. rur., art. R. 642-1 s. – ***C. rur.*** *; ... des demandes d'enregistrement des attestations de spécificité, V. C. rur., art. R. 642-16 s., ibid. –* ***C. rur.***

Art. L. 432-4 Il est interdit :

1° De délivrer une appellation d'origine protégée, une indication géographique protégée ou une spécialité traditionnelle garantie sans satisfaire aux conditions prévues à l'article L. 642-3 du code rural et de la pêche maritime ;

2° De délivrer une appellation d'origine protégée, une indication géographique protégée ou une spécialité traditionnelle garantie qui n'a pas fait l'objet de l'homologation prévue respectivement aux articles L. 641-10, L. 641-11 et L. 641-12 du code rural et de la pêche maritime ;

3° D'utiliser ou de tenter d'utiliser frauduleusement une appellation d'origine protégée, une indication géographique protégée ou une spécialité traditionnelle garantie ;

4° D'apposer ou de faire apparaître, par addition, retranchement ou par une altération quelconque, sur des produits, naturels ou fabriqués, mis en vente ou destinés à être mis en vente, une appellation d'origine protégée, une indication géographique protégée ou une spécialité traditionnelle garantie en les sachant inexactes ;

5° D'utiliser un mode de présentation faisant croire ou de nature à faire croire qu'un produit bénéficie d'une appellation d'origine protégée, d'une indication géographique protégée ou d'une spécialité traditionnelle garantie ;

6° De faire croire ou de tenter de faire croire qu'un produit assorti d'une spécialité traditionnelle garantie, d'une appellation d'origine protégée ou d'une indication géographique protégée est garanti par l'État ou par un organisme public. – *[C. consom., art. L. 115-22, al. 1er à 7, hors sanction.]*

Sur les sanctions, V. ci-dessous art. L. 453-5, L. 453-9 et L. 453-10.

....

Sanctions

Art. L. 451-13 La violation des interdictions prévues à l'article L. 413-8 est punie d'une peine d'emprisonnement de deux ans et d'une amende de 300 000 euros. – *[C. consom., art. L. 217-6, sanction.]*

Art. L. 451-14 La violation des interdictions prévues à l'article L. 413-9 est punie d'une peine d'emprisonnement de deux ans et d'une amende de 300 000 euros. – *[C. consom., art. L. 217-7, sanction.]*

Art. L. 451-15 Les personnes physiques coupables des délits punis aux articles L. 451-9 à L. 451-14 encourent également à titre de peines complémentaires l'interdiction, suivant les modalités prévues à l'article 131-27 du code pénal, soit d'exercer une fonction publique ou d'exercer l'activité professionnelle ou sociale dans l'exercice ou à l'occasion de l'exercice de laquelle l'infraction a été commise, soit d'exercer une profession commerciale ou industrielle, de diriger, d'administrer, de gérer ou de contrôler à un titre quelconque, directement ou indirectement, pour leur propre compte ou pour le compte d'autrui, une entreprise commerciale ou industrielle ou une société commerciale.

Ces interdictions d'exercice ne peuvent excéder une durée de cinq ans. Elles peuvent être prononcées cumulativement.

Les personnes morales déclarées responsables pénalement, dans les conditions prévues à l'article 121-2 du code pénal, des délits punis aux articles L. 451-9 à L. 451-14 encourent, outre l'amende suivant les modalités prévues à l'article 131-38 du même code, les peines prévues aux 2° à 9° de l'article 131-39 de ce code.

L'interdiction mentionnée au 2° du même article 131-39 porte sur l'activité dans l'exercice ou à l'occasion de l'exercice de laquelle l'infraction a été commise. Les peines prévues aux 2° à 7° de cet article ne peuvent être prononcées que pour une durée de cinq ans au plus. – *[C. consom., art. L. 217-12, peines complémentaires - conformité.]*

Art. L. 451-16 En cas de condamnation pour les faits punis aux articles L. 451-9 à L. 451-12, le tribunal peut en outre ordonner l'affichage et la diffusion du jugement dans les conditions prévues à l'article 131-35 du code pénal. – *[C. consom., art. L. 217-4.]*

....

Art. L. 453-5 La violation des interdictions prévues à l'article L. 432-4 est punie d'une peine d'emprisonnement de deux ans et d'une amende de 300 000 euros. – *[C. consom., art. L. 115-22, peine principale.]*

Lorsqu'une sanction administrative est susceptible de se cumuler avec une sanction pénale, le principe de proportionnalité implique qu'en tout état de cause le montant global des sanctions éventuellement prononcées ne dépasse pas le montant le plus élevé de l'une des sanctions encourues ; il appartiendra donc aux autorités administratives et judiciaires compétentes de veiller au respect de cette exigence. Sous cette réserve, les modifications apportées par la L. n° 2014-344 du 17 mars 2014 au 1er al. des art. L. 115-20, L. 115-22, L. 115-24 et L. 115-26, repris aux art. L. 453-4, L. 453-5, L. 453-6 et L. 453-7 par l'Ord. n° 2016-301 du 14 mars 2016, sont conformes à la Constitution (Cons. const. n° 2014-690 DC du 13 mars 2014).

....

Art. L. 453-8 La violation des interdictions prévues à l'article L. 433-9 est punie d'une peine d'emprisonnement de deux ans et d'une amende de 300 000 euros. – *[C. consom., art. L. 115-30, peine principale.]*

Art. L. 453-9 Les personnes physiques coupables des délits punis aux articles L. 453-1 à L. 453-8 encourent également à titre de peines complémentaires l'interdiction, suivant les modalités prévues par l'article 131-27 du code pénal, soit d'exercer une fonction publique ou d'exercer l'activité professionnelle ou sociale dans l'exercice ou à l'occasion de l'exercice de laquelle l'infraction a été commise, soit d'exercer une profession commerciale ou industrielle, de diriger, d'administrer, de gérer ou de contrôler à un titre quelconque, directement ou indirectement, pour leur propre compte ou pour le compte d'autrui, une entreprise commerciale ou industrielle ou une société commerciale.

Ces interdictions d'exercice ne peuvent excéder une durée de cinq ans. Elles peuvent être prononcées cumulativement.

Les personnes morales déclarées responsables pénalement, dans les conditions prévues à l'article 121-2 du code pénal, des délits punis aux articles L. 453-1 à L. 453-8 encourent, outre l'amende suivant les modalités prévues à l'article 131-38 du code pénal, les peines prévues aux 2° à 9° de l'article 131-39 du même code.

L'interdiction mentionnée au 2° du même article 131-39 porte sur l'activité dans l'exercice ou à l'occasion de l'exercice de laquelle l'infraction a été commise. Les peines prévues aux 2° à 7° de cet article ne peuvent être prononcées que pour une durée de cinq ans au plus. – *[C. consom., art. L. 115-16, peines complémentaires pers. physiques et morales en facteur commun.]*

Art. L. 453-10 En cas de condamnation pour les délits punis aux articles L. 453-1 à L. 453-8, le tribunal peut en outre ordonner l'affichage et la diffusion du jugement dans les conditions prévues à l'article 131-35 du code pénal. – *[C. consom., art. L. 115-16, affichage en facteur commun.]*

Code rural et de la pêche maritime

PARTIE RÉGLEMENTAIRE

(Décr. n° 2003-851 du 1er sept. 2003)

TITRE IV La valorisation des produits agricoles, forestiers ou alimentaires et des produits de la mer

CHAPITRE PREMIER *Les modes de valorisation de la qualité et de l'origine*

SECTION I *Les signes d'identification de la qualité et de l'origine*

SOUS-SECTION 1 *Le label rouge*

....

SOUS-SECTION 2 *L'appellation d'origine, l'indication géographique et la spécialité traditionnelle garantie (Décr. n° 2017-775 du 4 mai 2017, art. 5-I).*

§ 1er *Dispositions applicables aux demandes déposées en France*

Art. R. 641-11 *(Décr. n° 2007-30 du 5 janv. 2007)* **Toute demande tendant à la reconnaissance d'une appellation d'origine, d'une indication géographique** *(Abrogé par Décr. n° 2017-775 du 4 mai 2017, art. 5-I) « **protégée** »* **ou d'une spécialité traditionnelle garantie par homologation d'un cahier des charges est déposée auprès de l'Institut national de l'origine et de la qualité.**

Art. R. 641-12 *(Décr. n° 2007-30 du 5 janv. 2007)* **I. — Le dossier** *(Décr. n° 2017-775 du 4 mai 2017, art. 2-10°)* **« de demande de reconnaissance » comprend :**

1° La désignation précise du produit ;

2° La demande de reconnaissance de l'organisme chargé d'assurer la défense et la gestion du produit pour lequel le bénéfice du signe de qualité est sollicité *(Abrogé par Décr. n° 2009-1195 du 7 oct. 2009, art. 2) « **ou la décision par laquelle la qualité d'organisme de défense et de gestion lui a été reconnue** »* **;**

3° Le projet de cahier des charges *(Décr. n° 2017-775 du 4 mai 2017, art. 2-10°)* **« et, le cas échéant, de document unique prévu par le règlement (CE) n° 110/2008 du Parlement européen et du Conseil du 15 janvier 2008, le règlement (UE) n° 1151/2012 du Parlement européen et du Conseil du 21 novembre 2012, le règlement (UE) n° 1308/2013 du Parlement européen et du Conseil du 17 décembre 2013 ou le règlement (UE) n° 251/2014 du Parlement européen et du Conseil du 26 février 2014 ; »**

4° Le nom de l'organisme de contrôle déjà agréé pour la catégorie de produits concernée ou la demande d'agrément de cet organisme prévue à l'article R. 642-42 ;

(Décr. n° 2017-775 du 4 mai 2017, art. 2-10°) **« 5° Une étude d'impact technique et économique ;**

« 6° Un document établissant que les dispositions du projet de cahier des charges sont contrôlables ;

« 7° Le cas échéant, la demande de protection nationale transitoire de la dénomination dont l'enregistrement est demandé au titre du règlement (UE) n° 1151/2012 du Parlement européen et du Conseil du 21 novembre 2012. »

Le cahier des charges décrit la spécificité du produit, définit ses conditions de production, de transformation et éventuellement de conditionnement *(Décr. n° 2009-996 du 20 août 2009, art. 2)* **« et d'étiquetage », précise s'il y a lieu l'aire et les zones dans lesquelles les différentes opérations sont réalisées et indique les principaux points à contrôler ainsi que leurs méthodes d'évaluation** *(Décr. n° 2017-775 du 4 mai 2017, art. 2-10°)* **« et, pour une spécialité traditionnelle garantie, les éléments essentiels qui prouvent le caractère traditionnel du produit. »**

II. — *Abrogé par Décr. n° 2017-775 du 4 mai 2017, art. 2.*

Art. R. 641-13 *(Décr. n° 2007-30 du 5 janv. 2007)* **La demande de reconnaissance d'une appellation d'origine, d'une indication géographique** *(Abrogé par Décr. n° 2017-775 du 4 mai 2017, art. 5-I) « **protégée** »* **ou d'une spécialité traditionnelle garantie est soumise à une procédure nationale d'opposition d'une durée de deux mois organisée par le directeur de l'Institut national de l'origine et de la qualité après avis du comité national compétent.**

L'annonce de l'ouverture de cette procédure, de son objet et de son terme, est publiée au *Journal officiel* de la République française *(Abrogé par Décr. n° 2017-775 du 4 mai 2017, art. 2-11°) « **et au Bulletin officiel de la propriété industrielle** »*. **Elle indique également l'adresse de l'Institut national de l'origine et de la qualité ainsi que celle du site internet de cet établissement où le projet de cahier des charges et, le cas échéant, le projet de document unique mentionné** *(Décr. n° 2017-775 du 4 mai 2017, art. 2-11°)* **« à » l'article R. 641-12 peuvent être consultés.**

Les oppositions motivées sont adressées par écrit à l'Institut national de l'origine et de la qualité dans le délai de deux mois prévu pour la consultation.

Lorsque l'opposition porte sur le nom envisagé, l'opposant précise les conditions d'utilisation, l'antériorité d'utilisation et les quantités commercialisées sous ce nom ou son évocation ainsi que, le cas échéant, les investissements spécifiques réalisés, leur date de réalisation et les aides éventuellement obtenues pour ces investissements.

(Décr. n° 2009-1195 du 7 oct. 2009, art. 2) **« Lorsqu'une opposition est fondée sur un droit antérieur conféré par l'enregistrement d'une marque, l'Institut national de l'origine et de la qualité consulte l'Institut national de la propriété industrielle. Celui-ci dispose d'un délai de deux mois suivant sa saisine pour émettre son avis motivé. »**

Les oppositions et, le cas échéant, l'avis de l'Institut national de la propriété industrielle sont notifiés par l'institut au demandeur qui dispose d'un délai de deux mois pour y répondre. *(Abrogé par Décr. n° 2017-775 du 4 mai 2017, art. 2-11°)* *« La réponse est portée par l'institut à la connaissance de l'opposant qui dispose d'un délai de quinze jours pour formuler d'autres observations. »*

L'Institut national de l'origine et de la qualité notifie aux auteurs des oppositions les suites qui y ont été données.

Art. R. 641-14 *Abrogé par Décr. n° 2010-899 du 30 juill. 2010.*

Art. R. 641-15 *(Décr. n° 2009-1195 du 7 oct. 2009, art. 2 ; Décr. n° 2010-899 du 30 juill. 2010)* Lorsque l'Institut national de l'origine et de la qualité estime qu'un produit ne remplit pas les conditions posées par le *(Décr. n° 2017-775 du 4 mai 2017, art. 2-12°)* « règlement (CE) n° 110/2008 du Parlement européen et du Conseil du 15 janvier 2008, le règlement (UE) n° 1151/2012 du Parlement européen et du Conseil du 21 novembre 2012, le règlement (UE) n° 1308/2013 du Parlement européen et du Conseil du 17 décembre 2013 ou le règlement (UE) n° 251/2014 du Parlement européen et du Conseil du 26 février 2014, ou par l'article L. 641-5 »*[,]* il notifie au demandeur et, le cas échéant, aux opposants son refus de proposer la reconnaissance du signe sollicité pour ce produit.

Art. R. 641-16 *(Décr. n° 2017-775 du 4 mai 2017, art. 2-13°)* A l'intérieur de l'aire géographique délimitée par le cahier des charges d'une appellation d'origine ou d'une indication géographique, des zones affectées à l'une des phases de la production ou de l'élaboration ou de la transformation du produit peuvent être définies.

Art. R. 641-17 *(Décr. n° 2017-775 du 4 mai 2017, art. 2-13°)* L'arrêté homologuant le cahier des charges d'une appellation d'origine, d'une indication géographique ou d'une spécialité traditionnelle garantie relevant du règlement (UE) n° 1151/2012 du Parlement européen et du Conseil du 21 novembre 2012 relatif aux systèmes de qualité applicables aux produits agricoles et aux denrées alimentaires est pris par les ministres chargés de l'agriculture et de la consommation.

L'arrêté homologuant le cahier des charges d'une appellation d'origine ou d'une indication géographique relevant du règlement (CE) n° 110/2008 du Parlement européen et du Conseil du 15 janvier 2008, du règlement (UE) n° 1308/2013 du Parlement européen et du Conseil du 17 décembre 2013 ou du règlement (UE) n° 251/2014 du Parlement européen et du Conseil du 26 février 2014 est pris par les ministres chargés de l'agriculture, de la consommation et du budget.

Il est fait mention de ces arrêtés au *Journal officiel* de la République française.

Les cahiers des charges mentionnés par le présent article sont publiés au *Bulletin officiel* du ministère chargé de l'agriculture.

Art. R. 641-18 *(Décr. n° 2017-775 du 4 mai 2017, art. 2-14°)* L'arrêté homologuant le cahier des charges d'une appellation d'origine ou d'une indication géographique comprend, le cas échéant, une période transitoire dans les conditions définies au paragraphe 4 de l'article 15 du règlement (UE) n° 1151/2012 du Parlement européen et du Conseil du 21 novembre 2012.

La période *(Décr. n° 2017-775 du 4 mai 2017, art. 2-14°)* « transitoire » est fixée par décret en Conseil d'État si le nom envisagé pour l'appellation d'origine ou l'indication géographique protégée concerne un fromage défini par l'annexe *(Décr. n° 2009-1195 du 7 oct. 2009, art. 2)* « du décret n° 2007-628 du 27 avril 2007 relatif aux fromages et spécialités fromagères ».

Art. R. 641-19 *(Décr. n° 2017-775 du 4 mai 2017, art. 2-15°)* L'arrêté homologuant le cahier des charges d'une appellation d'origine ou d'une indication géographique comprend, le cas échéant, les dispositions organisant la protection nationale transitoire de cette dénomination dans les conditions prévues par l'article 9 du règlement (UE) n° 1151/2012 du Parlement européen et du Conseil du 21 novembre 2012.

Art. R. 641-20 *(Décr. n° 2007-30 du 5 janv. 2007)* Le ministre chargé de l'agriculture transmet à la Commission européenne les décisions de reconnaissance des appellations d'origine, des indications géographiques *(Abrogé par Décr. n° 2017-775 du 4 mai 2017, art. 5-II)* *« protégées »* ou des spécialités traditionnelles garanties aux fins d'enregistrement.

Art. R. 641-20-1 *(Décr. n° 2010-899 du 30 juill. 2010)* I. – La demande de modification d'un cahier des charges d'une appellation d'origine, d'une indication géographique *(Abrogé par Décr. n° 2017-775 du 4 mai 2017, art. 5-I)* *« protégée »* ou d'une spécialité traditionnelle garantie est soumise pour approbation au comité national compétent de l'Institut national de l'origine et de la qualité. Lorsque ce dernier estime qu'elle comporte des modifications majeures, la demande est soumise à une procédure nationale d'opposition dans les conditions prévues à l'article R. 641-13.

II. — Toutefois, lorsqu'une modification du cahier des charges doit intervenir au cours de la procédure *(Décr. n° 2017-775 du 4 mai 2017, art. 2-16°)* « européenne » d'instruction des demandes d'enregistrement en appellation d'origine *(Abrogé par Décr. n° 2017-775 du 4 mai 2017, art. 5-I)* « *protégée* », en indication géographique *(Abrogé par Décr. n° 2017-775 du 4 mai 2017, art. 5-I)* « *protégée* » ou en spécialité traditionnelle garantie ou de modification des cahiers des charges enregistrés de ces mêmes signes, la demande est soumise à une procédure nationale d'opposition d'une durée de quinze jours organisée par le directeur de l'Institut national de l'origine et de la qualité après avis du comité national compétent.

L'annonce de l'ouverture de cette procédure, de son objet et de son terme est publiée au *Journal officiel* de la République française *(Abrogé par Décr. n° 2017-775 du 4 mai 2017, art. 2-16°)* « *et au Bulletin officiel de la propriété industrielle* ». Elle indique également l'adresse de l'Institut national de l'origine et de la qualité ainsi que celle du site internet de cet établissement où le projet de cahier des charges et, le cas échéant, le projet de document unique mentionné *(Décr. n° 2017-775 du 4 mai 2017, art. 2-16°)* « à » l'article R. 641-12 peuvent être consultés.

Les oppositions motivées sont adressées par écrit à l'Institut national de l'origine et de la qualité dans un délai de quinze jours.

Lorsque l'opposition porte sur le nom envisagé, l'opposant précise les conditions d'utilisation, l'antériorité d'utilisation et les quantités commercialisées sous ce nom ou son évocation ainsi que, le cas échéant, les investissements spécifiques réalisés, leur date de réalisation et les aides éventuellement obtenues pour ces investissements.

Lorsqu'une opposition est fondée sur un droit antérieur conféré par l'enregistrement d'une marque, l'Institut national de l'origine et de la qualité consulte l'Institut national de la propriété industrielle qui dispose d'un délai de quinze jours suivant sa saisine pour émettre son avis motivé.

Les oppositions et, le cas échéant, l'avis de l'Institut national de la propriété industrielle sont notifiés par l'INAO au demandeur qui dispose d'un délai de quinze jours pour transmettre ses observations à l'INAO.

L'INAO examine les oppositions dans le cadre de l'instruction de la demande et notifie aux opposants les suites qui y sont données.

III. — Le cahier des charges modifié de l'appellation d'origine, de l'indication géographique *(Abrogé par Décr. n° 2017-775 du 4 mai 2017, art. 5-I)* « *protégée* » ou de la spécialité traditionnelle garantie fait l'objet d'une nouvelle homologation.

(Décr. n° 2017-775 du 4 mai 2017, art. 2-16°) « Toutefois, les cahiers des charges relevant du règlement (UE) n° 1151/2012 du Parlement européen et du Conseil du 21 novembre 2012 modifiés dans le cadre du II du présent article ne font pas l'objet d'une nouvelle homologation. »

IV. — Lorsque l'INAO estime que la modification demandée du cahier des charges n'est pas justifiée, il notifie au demandeur et, le cas échéant, aux opposants son refus de l'approuver.

Art. D. 641-20-2 *(Décr. n° 2017-775 du 4 mai 2017, art. 2-17°)* En application de l'article L. 642-4, une modification temporaire d'une condition de production d'un cahier des charges d'une appellation d'origine, d'une indication géographique ou d'une spécialité traditionnelle garantie est soumise pour adoption au comité national compétent de l'Institut national de l'origine et de la qualité et est approuvée par un arrêté des ministres chargés de l'agriculture et de la consommation et, le cas échéant, du budget, publié au *Journal officiel* de la République française.

Les modifications mentionnées au premier alinéa sont communiquées à la Commission européenne dans les conditions fixées par le règlement délégué (UE) n° 664/2014 de la Commission du 18 décembre 2013.

Art. R. 641-21 *(Décr. n° 2007-30 du 5 janv. 2007)* Les modalités d'application des articles *(Décr. n° 2010-899 du 30 juill. 2010)* « R. 641-18 et R. 641-20-1 » sont, en tant que de besoin, fixées par un arrêté conjoint des ministres chargés de l'agriculture et de la consommation, *(Décr. n° 2009-1195 du 7 oct. 2009, art. 2)* « et, en outre, pour ce qui concerne les vins, » *(Décr. n° 2017-775 du 4 mai 2017, art. 2-18°)* « les boissons spiritueuses et les produits vinicoles aromatisés, du ministre chargé du budget, pris après avis du comité national compétent » de l'Institut national de l'origine et de la qualité.

L'étiquetage d'un produit bénéficiant d'une appellation d'origine protégée peut comporter, outre les mentions autorisées par les réglementations nationale et communautaire, la mention « appellation d'origine contrôlée » ou le logo « appellation d'origine contrôlée » jusqu'au 1er janv. 2012 (Décr. n° 2007-30 du 5 janv. 2007, art. 6, JO 7 janv.).

Art. R. 641-21-1 *(Décr. n° 2009-996 du 20 août 2009, art. 3)* **L'étiquetage des produits bénéficiant d'un des signes mentionnés à l'article R. 641-11 doit être conforme aux dispositions précisées par leur cahier des charges, dans le respect des dispositions prévues par les règlements** *(Décr. n° 2017-775 du 4 mai 2017, art. 2-19°)* **« (CE) n° 110/2008 du Parlement européen et du Conseil du 15 janvier 2008, (UE) n° 1151/2012 du Parlement européen et du Conseil du 21 novembre 2012, (UE) n° 1308/2013 du Parlement européen et du Conseil du 17 décembre 2013 et (UE) n° 251/2014 du Parlement européen et du Conseil du 26 février 2014 » et par les règlements qui les modifieraient ou seraient pris pour leur application.**

§ 2 *Dispositions applicables à la procédure d'opposition aux demandes émanant d'un autre État membre de l'Union européenne ou d'un pays tiers (Décr. n° 2017-775 du 4 mai 2017, art. 2-20°).*

Art. R. 641-22 *(Décr. n° 2009-1195 du 7 oct. 2009, art. 2)* **Les demandes d'enregistrement d'une appellation d'origine protégée, d'une indication géographique** *(Abrogé par Décr. n° 2017-775 du 4 mai 2017, art. 2-20°)* ***« protégée »*** **ou d'une spécialité traditionnelle garantie ou les demandes de modification de leur cahier des charges émanant d'un autre État membre de** *(Décr. n° 2017-775 du 4 mai 2017, art. 2-21°)* **« l'Union européenne » ou d'un pays tiers et publiées au *Journal officiel* de l'Union européenne peuvent faire l'objet d'une opposition de la part de toute personne physique ou morale ayant un intérêt légitime.**

L'opposition *(Décr. n° 2017-775 du 4 mai 2017, art. 2-21°)* **« déposée dans les conditions prévues à l'article 51 du règlement (UE) n° 1151/2012 du 21 novembre 2012 » est adressée, par écrit, à l'Institut national de l'origine et de la qualité dans le délai d'opposition** *(Décr. n° 2017-775 du 4 mai 2017, art. 2-21°)* **« prévu par cet article ».**

L'Institut national de l'origine et de la qualité informe de l'existence de ces oppositions les ministres chargés, respectivement, de l'agriculture et de la consommation *(Abrogé par Décr. n° 2017-775 du 4 mai 2017, art. 2-21°)* ***« et, pour ce qui concerne les vins, en outre, le ministre chargé du budget ».***

Art. R. 641-23 *(Décr. n° 2009-1195 du 7 oct. 2009, art. 2)* **Lorsqu'une opposition est fondée sur un droit antérieur conféré par l'enregistrement d'une marque, l'Institut national de l'origine et de la qualité consulte l'Institut national de la propriété industrielle. Celui-ci dispose d'un délai de deux mois suivant sa saisine pour émettre son avis motivé. L'avis de l'Institut national de la propriété industrielle est, le cas échéant, communiqué à l'opposant.**

Art. R. 641-24 *(Décr. n° 2007-30 du 5 janv. 2007)* **En cas d'opposition ou s'il le juge utile, le directeur de l'Institut national de l'origine et de la qualité émet un avis sur le bien-fondé de la demande d'enregistrement ou de modification du cahier des charges et transmet cet avis aux ministres chargés de l'agriculture et de la consommation.** *(Abrogé par Décr. n° 2017-775 du 4 mai 2017, art. 2-22°) (Décr. n° 2009-1195 du 7 oct. 2009, art. 2)* ***« Lorsque sont concernées une indication géographique protégée ou une appellation d'origine protégée relatives à des vins, il transmet son avis, en outre, au ministre chargé du budget. »***

Art. R. 641-25 *(Décr. n° 2009-1195 du 7 oct. 2009, art. 2)* **« Le ministre de l'agriculture et le ministre chargé de la consommation** *(Abrogé par Décr. n° 2017-775 du 4 mai 2017, art. 2-23°)* ***« ou, pour les demandes concernant une indication géographique protégée ou une appellation d'origine protégée relatives à des vins, les ministres chargés, respectivement, de l'agriculture, de la consommation et du budget »*** **déclarent, le cas échéant, à la Commission européenne leur opposition à la demande d'enregistrement ou de modification du cahier des charges dans** *(Décr. n° 2017-775 du 4 mai 2017, art. 23)* **« le délai d'opposition mentionné » à l'article R. 641-22. »**

(Décr. n° 2007-30 du 5 janv. 2007) **« S'ils ne reprennent pas à leur compte une opposition, ils en informent, par décision motivée, les personnes qui l'ont formulée. »**

III BREVETS

DROIT INTERNATIONAL

RÉP. INTERNAT. v° *Brevet d'invention*, par Derruppé.

Accord de La Haye du 6 juin 1947,

Relatif à la création d'un Bureau international des brevets. – Révisé à La Haye le 16 févr. 1961. – Publié par Décr. n° 73-1033 du 9 nov. 1973 (JO 16 nov.). – Entré en vigueur le 30 déc. 1971.

Art. 1er I. – Le Bureau international des Brevets, créé par l'Accord de La Haye du 6 juin 1947, dénommé Institut international des Brevets, est chargé d'établir des avis motivés sur la nouveauté des inventions, objet de demandes de brevet reçues ou de brevets délivrés par l'administration nationale de chacun des États membres ou par toute organisation internationale intergouvernementale qui, répondant à la définition de l'article 2, est membre de l'Institut.

Au sens du présent Accord, ne sont pas considérées comme demandes de brevet reçues par l'administration nationale d'un État membre les demandes qui sont déposées auprès de cette administration à seule fin de leur transmission à l'administration d'un autre État ou à une organisation internationale intergouvernementale.

II. – Des avis d'une nature autre que celle des avis prévus au paragraphe I du présent article peuvent en outre, sous réserve de l'accord préalable du Conseil d'administration institué par l'article 6, être fournis par l'Institut sur les inventions visées audit paragraphe.

III. – Accessoirement, l'Institut peut procéder, pour le compte de tout requérant, à toute recherche documentaire sur l'état de la technique.

Art. 2 Toute organisation internationale intergouvernementale ayant pour mission l'octroi de brevets d'invention et qui confie à l'Institut le soin d'établir des avis motivés tels qu'ils sont prévus à l'article 1er, paragraphes I ou II, peut, par la voie d'un accord conclu avec l'Institut dans les conditions fixées à l'article 9, paragraphe I, devenir membre de l'Institut avec les droits et obligations définis aux articles 5, 6, 8, 9, 12, 13, 14 et 17 du présent Accord *[V. JO 16 nov.]* ainsi qu'à l'article 1er du Protocole. – *V. note ss. art. 3.*

Ce Protocole fait partie intégrante du présent Accord.

Art. 3 L'avis motivé visé à l'article 1er, paragraphe I, est un avis documentaire fondé sur une recherche dont la nature et l'étendue sont fixées dans l'article 1er, paragraphes I, II et III, du Protocole.

L'art. 1er du Protocole susvisé précise : « I. Pour la recherche visée à l'art. 3 de l'Accord, les documents mentionnés dans l'annexe au présent Protocole [publié au JO 16 nov.] constituent le minimum de la documentation à consulter. Sont pris en considération les documents contenus dans les subdivisions de la classification en usage à l'Institut auxquelles appartient par sa nature l'invention soumise à l'examen et les documents contenus dans les subdivisions apparentées.

« II. Tout État ou toute organisation membre a le droit d'exiger des avis fondés sur une recherche plus limitée que celle définie au paragraphe I du présent article.

« Toutefois, sauf décision contraire du Conseil d'administration [de l'Institut international des brevets] prise à l'unanimité, ce droit ne peut être exercé à l'égard des demandes de brevet ou des brevets qui, en vertu de la revendication d'un droit de priorité, concernent la même invention qu'une autre demande de brevet ou qu'un autre brevet ayant fait l'objet d'un avis antérieur fondé sur une recherche telle qu'elle est définie au paragraphe I du présent article.

« III. Sous réserve de l'accord préalable du Conseil [de l'Institut international des brevets], tout État ou toute organisation membre peut obtenir des avis fondés sur une recherche plus étendue que celle définie au paragraphe I du présent article. »

Art. 4 Les États membres s'engagent à prévoir dans leur législation nationale ou par la voie d'accords internationaux que tout ou partie des demandes de brevet ou des brevets ayant effet sur leur territoire font obligatoirement l'objet d'un avis motivé tel qu'il est visé à l'article 1er, paragraphe I.

Art. 5 Pour être en mesure de remplir sa mission, l'Institut a le droit d'obtenir gratuitement des États ou organisations membres les fascicules de brevets délivrés et les demandes de brevets publiées par les administrations de ces États ou par ces organisations.

Accord pour la sauvegarde mutuelle du secret des inventions intéressant la défense et ayant fait l'objet de demandes de brevet du 21 septembre 1960,

Publié par Décr. n° 65-234 du 26 mars 1965 (JO 1er avr.). – Entré en vigueur pour la France le 17 févr. 1965.

Cet accord a été signé le 21 sept. 1960 par l'Allemagne, la Belgique, le Canada, le Danemark, les États-Unis, la France, la Grèce, l'Italie, le Luxembourg, la Norvège, les Pays-Bas, le Portugal, le Royaume-Uni et la Turquie. Il a été révisé à Paris le 15 mars 1967, puis à Bruxelles le 15 sept. 1973, par l'Allemagne, la Belgique, le Danemark, les États-Unis, la France, le Luxembourg, la Norvège, le Portugal et le Royaume-Uni.

Art. 1er Les gouvernements parties au présent accord assurent et font assurer la sauvegarde du secret des inventions ayant fait l'objet de demandes de brevet reçues selon les procédures convenues toutes les fois que le secret a été imposé sur ces inventions dans l'intérêt de la défense nationale par le gouvernement, dénommé ci-après « gouvernement d'origine », qui a été le premier à recevoir une demande de brevet couvrant lesdites inventions.

Toutefois, la présente disposition ne porte pas atteinte au droit du gouvernement d'origine d'interdire le dépôt d'une demande de brevet couvrant cette invention auprès d'un ou plusieurs autres gouvernements parties au présent accord.

Les gouvernements parties au présent accord conviennent de mettre au point les procédures nécessaires à la mise en œuvre du présent article.

Art. 2 Les dispositions de l'article 1er sont applicables, sur requête soit du gouvernement d'origine, soit du demandeur du brevet, pour autant que ce dernier apporte la preuve de la mise au secret par le gouvernement d'origine et de l'autorisation qu'il a reçue de ce même gouvernement de déposer sous le sceau du secret sa demande de brevet dans le pays considéré.

Art. 3 Le gouvernement appelé à sauvegarder le secret d'une invention conformément aux dispositions de l'article 1er a le droit d'exiger du déposant de la demande de brevet une renonciation à toute action en indemnité à son encontre, fondée sur le seul fait de la mise au secret de l'invention, à titre de condition préalable à l'application de ladite sauvegarde.

Art. 4 Les mesures de secret imposées au titre de l'article 1er ne sont levées qu'à la demande du gouvernement d'origine. Ce gouvernement fait part de son intention de lever ses propres mesures six semaines à l'avance aux autres gouvernements intéressés.

Le gouvernement d'origine tiendra compte, dans la mesure du possible et eu égard à la sécurité de l'Organisation du traité de l'Atlantique Nord, des représentations faites par les autres gouvernements pendant ladite période de six semaines.

Art. 5 Le présent accord ne saurait être interprété comme interdisant aux gouvernements contractants de conclure des accords bilatéraux dans le même sens. Il n'affecte pas les accords bilatéraux existants.

V. Accord entre la France et la Suède pour la sauvegarde mutuelle du secret des inventions intéressant la défense et ayant fait l'objet de demandes de brevets, fait à Stockholm le 15 mars 1984. — Publié par Décr. n° 84-488 du 19 juin 1984 (JO 24 juin).

Convention de Strasbourg du 27 novembre 1963.

Sur l'unification de certains éléments du droit des brevets d'invention. — Publiée par Décr. n° 80-1152 du 30 déc. 1980 (JO 4 janv.) — Entrée en vigueur le 1er août 1980.

Art. 1er Dans les États contractants, des brevets seront accordés pour toute invention qui est susceptible d'application industrielle, est nouvelle et implique une activité inventive. Une invention qui ne répond pas à ces conditions ne peut faire l'objet d'un brevet valable. Un brevet annulé au motif que l'invention ne répond pas à ces conditions est réputé nul dès l'origine.

Art. 2 Les États contractants ne sont pas tenus de prévoir l'octroi de brevets pour :

a) les inventions dont la publication ou la mise en œuvre serait contraire à l'ordre public ou aux bonnes mœurs, la mise en œuvre d'une invention ne pouvant être considérée comme telle du seul fait qu'elle est interdite par une disposition légale ou réglementaire ;

b) les variétés végétales ou les races animales ainsi que les procédés essentiellement biologiques d'obtention de végétaux ou d'animaux, cette disposition ne s'appliquant pas aux procédés microbiologiques et aux produits obtenus par ces procédés.

Art. 3 Une invention est considérée comme susceptible d'application industrielle si son objet peut être produit ou utilisé dans tout genre d'industrie, y compris l'agriculture.

Art. 4 1. Une invention est considérée comme nouvelle si elle n'est pas comprise dans l'état de la technique.

2. Sous réserve des dispositions du paragraphe 4 du présent article, l'état de la technique est constitué par tout ce qui a été rendu accessible au public, par une description écrite ou orale, un usage ou tout autre moyen, avant le jour du dépôt de la demande de brevet ou d'une demande étrangère dont la priorité est valablement revendiquée.

3. Tout État contractant peut considérer comme compris dans l'état de la technique le contenu des demandes de brevets déposées ou des brevets délivrés dans ledit État et ayant fait l'objet d'une publication officielle à la date ou après la date mentionnée au paragraphe 2 du présent article, dans la mesure où ce contenu bénéficie d'une date de priorité antérieure.

4. Un brevet ne peut être refusé ou invalidé au seul motif que l'invention a été rendue publique dans les six mois précédant le dépôt de la demande, si la divulgation résulte directement ou indirectement :

a) d'un abus évident à l'égard du demandeur ou de son prédécesseur en droit ;

b) du fait que le demandeur ou son prédécesseur en droit a exposé l'invention dans des expositions officielles ou officiellement reconnues, au sens de la Convention concernant les expositions internationales, signée à Paris le 22 novembre 1928 et modifiée le 10 mai 1948.

Art. 5 Une invention est considérée comme impliquant une activité inventive si elle ne découle pas d'une manière évidente de l'état de la technique. Toutefois, pour déterminer si une invention implique ou non une activité inventive, la législation de tout État contractant peut, soit d'une manière générale, soit pour des catégories particulières de brevets ou demandes de brevets, tels que les brevets d'addition, prévoir que tout ou partie des brevets ou demandes de brevets visés au paragraphe 3 de l'article 4 sont exclus de l'état de la technique.

Art. 6 Tout État contractant qui ne fait pas usage de la faculté visée au paragraphe 3 de l'article 4 est néanmoins tenu de prévoir qu'une invention ne peut être valablement brevetée dans la mesure où elle fait l'objet, dans ledit État, d'un brevet qui, sans être compris dans l'état de la technique, bénéficie, pour les éléments communs, d'une date de priorité antérieure.

Art. 7 Tout groupe d'États contractants ayant institué un système comportant un dépôt commun des demandes de brevet peut être considéré comme un seul État aux fins de l'application de l'article 4, paragraphe 3, et de l'article 6.

Art. 8 1. La demande de brevet doit comprendre une description de l'invention avec, le cas échéant, les dessins auxquels elle se réfère, ainsi qu'une ou plusieurs revendications définissant la protection demandée.

2. La description doit exposer l'invention de façon suffisamment claire et complète pour qu'un homme du métier puisse l'exécuter.

3. L'étendue de la protection conférée par le brevet est déterminée par la teneur des revendications. Toutefois, la description et les dessins servent à interpréter les revendications.

Art. 9 1. La présente Convention est ouverte à la signature des États membres du Conseil de l'Europe. Elle sera ratifiée ou acceptée. Les instruments de ratification ou d'acceptation seront déposés près le secrétaire général du Conseil de l'Europe.

2. La Convention entrera en vigueur trois mois après la date du dépôt du huitième instrument de ratification ou d'acceptation.

3. Elle entrera en vigueur à l'égard de tout État signataire qui la ratifiera ou l'acceptera ultérieurement, trois mois après la date du dépôt de son instrument de ratification ou d'acceptation.

Art. 10 1. Après l'entrée en vigueur de la présente Convention, le Comité des ministres du Conseil de l'Europe pourra inviter tout Membre de l'Union internationale pour la protection de la propriété industrielle qui n'est pas Membre du Conseil de l'Europe à adhérer à la Convention.

2. L'adhésion s'effectuera par le dépôt, près le secrétaire général du Conseil de l'Europe, d'un instrument d'adhésion qui prendra effet trois mois après la date de son dépôt.

Art. 11 1. Toute Partie contractante peut, au moment de la signature ou au moment du dépôt de son instrument de ratification, d'acceptation ou d'adhésion, désigner le ou les territoires auxquels s'appliquera la présente Convention.

2. Toute Partie contractante peut, au moment du dépôt de son instrument de ratification, d'acceptation ou d'adhésion ou à tout autre moment par la suite, étendre l'application de la présente Convention, par notification adressée au secrétaire général du Conseil de l'Europe, à tout autre territoire désigné dans la déclaration et dont elle assure les relations internationales ou pour lequel elle est habilitée à stipuler.

3. Toute déclaration faite en vertu du paragraphe précédent pourra être retirée, en ce qui concerne tout territoire désigné dans cette déclaration, aux conditions prévues par l'article 13 de la présente Convention.

Art. 12 1. Nonobstant les dispositions de la présente Convention, chacune des Parties contractantes peut, au moment de la signature ou au moment du dépôt de son instrument de ratification, d'acceptation ou d'adhésion, se réserver, pour la période transitoire définie ci-après, la faculté :

a) de ne pas prévoir l'octroi de brevets pour les produits alimentaires et pharmaceutiques en tant que tels, ainsi que pour les procédés agricoles ou horticoles autres que ceux auxquels s'applique l'article 2, lettre *b*) ;

b) d'octroyer valablement des brevets pour des inventions divulguées dans les six mois précédant le dépôt de la demande, soit en dehors du cas prévu sous l'article 4, paragraphe 4 *b*), par l'inventeur lui-même, soit en dehors du cas prévu à l'article 4, paragraphe 4 *a*), par un tiers ayant reçu des informations provenant de l'inventeur.

2. La période transitoire visée au paragraphe 1 est de dix ans dans le cas prévu à l'alinéa *a*) et de cinq dans le cas prévu à l'alinéa *b*). Elle se compte à partir de l'entrée en vigueur de la présente Convention à l'égard de la Partie contractante considérée.

3. Toute Partie contractante qui fait une réserve en vertu du présent article la retirera aussitôt que les circonstances le permettront. Le retrait de la réserve sera fait par notification adressée au secrétaire général du Conseil de l'Europe ; cette notification prendra effet un mois après la date de sa réception.

Traité de Washington du 19 juin 1970,

Relatif à la coopération en matière de brevets (PCT). - Modifié le 28 sept. 1979, le 3 févr. 1984 et le 3 oct. 2001. — Publié par Décr. n° 78-550 du 21 avr. 1978 (JO 25 avr.). — Entré en vigueur pour la France le 25 févr. 1978. — V. CPI, art. L. 614-17.

COMMENTAIRE

Les demandes internationales sont de l'ordre de 160 000 par an (chiffre 2010) : 25 % proviennent des États-Unis, 20 % du Japon, 10 % de l'Allemagne. Viennent ensuite la Chine, la Corée du Sud, la France, le Royaume-Uni et les Pays-Bas. Le secteur des technologies de l'information représente à lui seul 8 % des demandes.

Commentaire complémentaire sous titre VI, chapitre IV, section II.

V. aussi le règlement d'exécution du Traité, publié par Décr. n° 78-550 du 21 avr. 1978 (JO 25 avr.), modifié à Genève le 14 avr. 1978 (Décr. n° 78-1102 du 13 nov. 1978 ; JO 28 nov.), le 3 oct. 1978, le 1er mai 1979, le 16 juin 1980, le 26 sept. 1980, le 3 juill. 1981, le 10 sept. 1982, le 4 oct. 1983, le 3 févr. 1984, le 28 sept. 1984, le 1er oct. 1985, le 12 juill. 1991, le 2 oct. 1991, le 29 sept. 1992, le 29 sept. 1993, le 3 oct. 1995, le 1er oct. 1997, le 15 sept. 1998, le 29 sept. 1999, le 17 mars 2000, le 3 oct. 2000, le 3 oct. 2001, le 1er oct. 2002, le 1er oct. 2003, le 5 oct. 2004, le 5 oct. 2005, le 3 oct. 2006, le 12 nov. 2007, le 15 mai 2008, le 29 sept. 2008, le 1er oct. 2009, le 29 sept. 2010, le 5 oct. 2011, le 9 oct. 2012, le 2 oct. 2013, le 30 sept. 2014, le 14 oct. 2015 (entrée en vigueur le 1er juill. 2016).

Le texte est disponible sur le site de l'OMPI (http ://www.wipo.int).

Lors du dépôt de son instrument de ratification, la France a déclaré le présent Traité applicable au territoire de la République française, y compris les départements d'outre-mer, à l'exception des dispositions des art. 31 à 42 (chap. II) et art. 59.

BIBL. ▶ BOUTILLON, *J.-Cl. Brevets, fasc. 4482, 4485 à 4488-4* (le traité de coopération en matière de brevets (PCT), cadre juridique et institutionnel) ; *Propr. ind. 2004. Chron. 18 ; ibid. 2005. Chron. 16* (cadre juridique et institutionnel du Traité de coopération en matière de brevets).

Dispositions introductives

Art. 1er *Établissement d'une union.* 1. Les États parties au présent Traité (ci-après dénommés « États contractants ») sont constitués à l'état d'union pour la coopération dans le domaine du dépôt, de la recherche et de l'examen des demandes de protection des inventions, ainsi que pour la prestation de services techniques spéciaux. Cette union est dénommée Union internationale de coopération en matière de brevets.

2. Aucune disposition du présent Traité ne peut être interprétée comme restreignant les droits prévus par la Convention de Paris pour la protection de la propriété industrielle en faveur des nationaux des pays parties à cette Convention ou des personnes domiciliées dans ces pays.

Art. 2 *Définitions.* Au sens du présent Traité et du règlement d'exécution, et sauf lorsqu'un sens différent est expressément indiqué :

i) on entend par « demande » une demande de protection d'une invention : toute référence à une « demande » s'entend comme une référence aux demandes de brevets d'invention, de certificats d'auteur d'invention, de certificats d'utilité, de modèles d'utilité, de brevets ou certificats d'addition, de certificats d'auteur d'invention additionnels et de certificats d'utilité additionnels ;

ii) toute référence à un « brevet » s'entend comme une référence aux brevets d'invention, aux certificats d'auteur d'invention, aux certificats d'utilité, aux modèles d'utilité, aux brevets ou certificats d'addition, aux certificats d'auteur d'invention additionnels et aux certificats d'utilité additionnels ;

iii) on entend par « brevet national » un brevet délivré par une administration nationale ;

iv) on entend par « brevet régional » un brevet délivré par une administration nationale ou intergouvernementale habilitée à délivrer des brevets ayant effet dans plus d'un État ;

v) on entend par « demande régionale » une demande de brevet régional ;

vi) toute référence à une « demande nationale » s'entend comme une référence aux demandes de brevets nationaux et de brevets régionaux, autres que les demandes déposées conformément au présent Traité ;

vii) on entend par « demande internationale » une demande déposée conformément au présent Traité ;

viii) toute référence à une « demande » s'entend comme une référence aux demandes internationales et nationales ;

ix) toute référence à un « brevet » s'entend comme une référence aux brevets nationaux et régionaux ;

x) toute référence à la « législation nationale » s'entend comme une référence à la législation nationale d'un État contractant ou, lorsqu'il s'agit d'une demande régionale ou d'un brevet régional, au traité qui prévoit le dépôt de demandes régionales ou la délivrance de brevets régionaux ;

xi) on entend par « date de priorité », aux fins du calcul des délais :

a) lorsque la demande internationale comporte une revendication de priorité selon l'article 8, la date du dépôt de la demande dont la priorité est ainsi revendiquée ;

b) lorsque la demande internationale comporte plusieurs revendications de priorité selon l'article 8, la date du dépôt de la demande la plus ancienne dont la priorité est ainsi revendiquée ;

c) lorsque la demande internationale ne comporte aucune revendication de priorité selon l'article 8, la date du dépôt international de cette demande ;

xii) on entend par « office national » l'administration gouvernementale d'un État contractant chargée de délivrer des brevets ; toute référence à un « office national » s'entend également comme une référence à toute administration intergouvernementale chargée par plusieurs États de délivrer des brevets régionaux, à condition que l'un de ces États au moins soit un État contractant et que ces États aient autorisé ladite administration à assumer les obligations et à exercer les pouvoirs que le présent Traité et le règlement d'exécution attribuent aux offices nationaux ;

xiii) on entend par « office désigné » l'office national de l'État désigné par le déposant conformément au chapitre Ier du présent Traité, ainsi que tout office agissant pour cet État ;

xiv) on entend par « office élu » l'office national de l'État élu par le déposant conformément au chapitre II du présent Traité, ainsi que tout office agissant pour cet État ;

xv) on entend par « office récepteur » l'office national ou l'organisation intergouvernementale où la demande internationale a été déposée ;

xvi) on entend par « Union » l'Union internationale de coopération en matière de brevets ;

xvii) on entend par « Assemblée » l'Assemblée de l'Union ;

xviii) on entend par « Organisation » l'Organisation mondiale de la propriété intellectuelle ;

xix) on entend par « Bureau international » le Bureau international de l'Organisation et, tant qu'ils existeront, les Bureaux internationaux réunis pour la protection de la propriété intellectuelle (BIRPI) ;

xx) on entend par « Directeur général » le Directeur général de l'Organisation et, tant que les BIRPI existeront, le directeur des BIRPI.

CHAPITRE PREMIER *Demande internationale et recherche internationale*

Art. 3 *Demande internationale.* **1.** Les demandes de protection des inventions dans tout État contractant peuvent être déposées en tant que demandes internationales au sens du présent Traité.

2. Une demande internationale doit comporter, conformément au présent Traité et au règlement d'exécution, une requête, une description, une ou plusieurs revendications, un ou plusieurs dessins (lorsqu'ils sont requis) et un abrégé.

3. L'abrégé sert exclusivement à des fins d'information technique ; il ne peut être pris en considération pour aucune autre fin, notamment pour apprécier l'étendue de la protection demandée.

4. La demande internationale :

i) doit être rédigée dans une des langues prescrites ;

ii) doit remplir les conditions matérielles prescrites ;

iii) doit satisfaire à l'exigence prescrite d'unité de l'invention ;

iv) est soumise au paiement des taxes prescrites.

Art. 4 *Requête.* 1. La requête doit comporter :

i) une pétition selon laquelle la demande internationale doit être traitée conformément au présent Traité ;

ii) la désignation du ou des États contractants où la protection de l'invention est demandée sur la base de la demande internationale (« États désignés ») ; si le déposant peut et désire, pour tout État désigné, obtenir un brevet régional au lieu d'un brevet national, la requête doit l'indiquer ; si le déposant ne peut, en vertu d'un traité relatif à un brevet régional, limiter sa demande à certains des États parties audit Traité, la désignation de l'un de ces États et l'indication du désir d'obtenir un brevet régional doivent être assimilées à une désignation de tous ces États ; si, selon la législation nationale de l'État désigné, la désignation de cet État a les effets d'une demande régionale, cette désignation doit être assimilée à l'indication du désir d'obtenir un brevet régional ;

iii) le nom et les autres renseignements prescrits relatifs au déposant et au mandataire (le cas échéant) ;

iv) le titre de l'invention ;

v) le nom de l'inventeur et les autres renseignements prescrits le concernant, dans le cas où la législation d'au moins l'un des États désignés exige que ces indications soient fournies dès le dépôt d'une demande nationale ; dans les autres cas, lesdites indications peuvent figurer soit dans la requête, soit dans des notices distinctes adressées à chaque office désigné dont la législation nationale exige ces indications mais permet qu'elles ne soient données qu'après le dépôt de la demande nationale.

2. Toute désignation est soumise au paiement, dans le délai prescrit, des taxes prescrites.

3. Si le déposant ne demande pas d'autres titres de protection visés à l'article 43, la désignation signifie que la protection demandée consiste en la délivrance d'un brevet par ou pour l'État désigné. Aux fins du présent alinéa, l'article 2, ii) ne s'applique pas.

4. L'absence, dans la requête, du nom de l'inventeur et des autres renseignements concernant l'inventeur n'entraîne aucune conséquence dans les États désignés dont la législation nationale exige ces indications mais permet qu'elles ne soient données qu'après le dépôt de la demande nationale. L'absence de ces indications dans une notice distincte n'entraîne aucune conséquence dans les États désignés où ces indications ne sont pas exigées par la législation nationale.

Art. 5 *Description.* La description doit exposer l'invention d'une manière suffisamment claire et complète pour qu'un homme du métier puisse l'exécuter.

Art. 6 *Revendications.* La ou les revendications doivent définir l'objet de la protection demandée. Les revendications doivent être claires et concises. Elles doivent se fonder entièrement sur la description.

Art. 7 *Dessins.* 1. Sous réserve de l'alinéa 2, ii), des dessins doivent être fournis lorsqu'ils sont nécessaires à l'intelligence de l'invention.

2. Si l'invention est d'une nature telle qu'elle peut être illustrée par des dessins, même s'ils ne sont pas nécessaires à son intelligence :

i) le déposant peut inclure de tels dessins dans la demande internationale lors de son dépôt ;

ii) tout office désigné peut exiger que le déposant lui fournisse de tels dessins dans le délai prescrit.

Art. 8 *Revendication de priorité.* 1. La demande internationale peut comporter une déclaration, conforme aux prescriptions du règlement d'exécution, revendiquant la priorité d'une ou de plusieurs demandes antérieures déposées dans ou pour tout pays partie à la Convention de Paris pour la protection de la propriété industrielle.

2. *a*) Sous réserve du sous-alinéa *b*), les conditions et les effets de toute revendication de priorité présentée conformément à l'alinéa 1 sont ceux que prévoit l'article 4 de l'Acte de Stockholm de la Convention de Paris pour la protection de la propriété industrielle.

b) La demande internationale qui revendique la priorité d'une ou plusieurs demandes antérieures déposées dans ou pour un État contractant peut désigner cet État. Si la demande internationale revendique la priorité d'une ou de plusieurs demandes nationales déposées dans ou pour un État désigné ou la priorité d'une demande internationale qui avait désigné un seul État, les conditions et les effets produits par la revendication de priorité dans cet État sont ceux que prévoit la législation nationale de ce dernier.

V. Convention de Paris du 20 mars 1883, v° Dispositions générales.

Art. 9 *Déposant.* 1. Toute personne domiciliée dans un État contractant et tout national d'un tel État peuvent déposer une demande internationale.

2. L'Assemblée peut décider de permettre aux personnes domiciliées dans tout pays partie à la Convention de Paris pour la protection de la propriété industrielle qui n'est pas partie au présent Traité, ainsi qu'aux nationaux de ce pays, de déposer des demandes internationales.

3. Les notions de domicile et de nationalité, ainsi que l'application de ces notions lorsqu'il y a plusieurs déposants ou lorsque les déposants ne sont pas les mêmes pour tous les États désignés, sont définies dans le règlement d'exécution.

Art. 10 *Office récepteur.* La demande internationale doit être déposée auprès de l'office récepteur prescrit, qui la contrôle et la traite conformément au présent Traité et au règlement d'exécution.

Art. 11 *Date du dépôt et effets de la demande internationale.* 1. L'office récepteur accorde, en tant que date du dépôt international, la date de réception de la demande internationale pour autant qu'il constate, lors de cette réception, que :

i) le déposant n'est pas dépourvu manifestement, pour des raisons de domicile ou de nationalité, du droit de déposer une demande internationale auprès de l'office récepteur ;

ii) la demande internationale est rédigée dans la langue prescrite ;

iii) la demande internationale comporte au moins les éléments suivants :

a) une indication selon laquelle elle a été déposée à titre de demande internationale ;

b) la désignation d'un État contractant au moins ;

c) le nom du déposant, indiqué de la manière prescrite ;

d) une partie qui, à première vue, semble constituer une description ;

e) une partie qui, à première vue, semble constituer une ou des revendications.

2. *a*) Si l'office récepteur constate que la demande internationale ne remplit pas, lors de sa réception, les conditions énumérées à l'alinéa 1, il invite le déposant, conformément au règlement d'exécution, à faire la correction nécessaire.

b) Si le déposant donne suite à cette invitation, conformément au règlement d'exécution, l'office récepteur accorde, en tant que date du dépôt international, la date de réception de la correction exigée.

3. Sous réserve de l'article 64.4, toute demande internationale remplissant les conditions énumérées aux points i) à iii) de l'alinéa 1 et à laquelle une date de dépôt international a été accordée a, dès la date du dépôt international, les effets d'un dépôt national régulier dans chaque État désigné ; cette date est considérée comme date de dépôt effectif dans chaque État désigné.

4. Toute demande internationale remplissant les conditions énumérées aux points i) à iii) de l'alinéa 1 est considérée comme ayant la valeur d'un dépôt national régulier au sens de la Convention de Paris pour la protection de la propriété industrielle.

Art. 12 *Transmission de la demande internationale au Bureau international et à l'administration chargée de la recherche internationale.* 1. Un exemplaire de la demande internationale est conservé par l'office récepteur (« copie pour l'office récepteur »), un exemplaire (« exemplaire original ») est transmis au Bureau international et un autre exemplaire (« copie de recherche ») est transmis à l'administration compétente chargée de la recherche internationale visée à l'article 16, conformément au règlement d'exécution.

2. L'exemplaire original est considéré comme l'exemplaire authentique de la demande internationale.

3. La demande internationale est considérée comme retirée si le Bureau international ne reçoit pas l'exemplaire original dans le délai prescrit.

Art. 13 *Possibilité pour les offices désignés de recevoir copie de la demande internationale.* 1. Tout office désigné peut demander au Bureau international une copie de la demande internationale avant la communication prévue à l'article 20 ; le Bureau international lui remet cette copie dès que possible après l'expiration d'un délai d'une année à compter de la date de priorité.

2. *a*) Le déposant peut, en tout temps, remettre à tout office désigné une copie de sa demande internationale.

b) Le déposant peut, en tout temps, demander au Bureau international de remettre à tout office désigné une copie de sa demande internationale ; le Bureau international remet dès que possible cette copie audit office.

c) Tout office national peut notifier au Bureau international qu'il ne désire pas recevoir les copies visées au sous-alinéa *b*) ; dans ce cas, ledit sous-alinéa ne s'applique pas pour cet office.

Art. 14 *Irrégularités dans la demande internationale.* 1. *a*) L'office récepteur vérifie si la demande internationale :

i) est signée conformément au règlement d'exécution ;

ii) comporte les indications prescrites au sujet du déposant ;

iii) comporte un titre ;

iv) comporte un abrégé ;

v) remplit, dans la mesure prévue par le règlement d'exécution, les conditions matérielles prescrites.

b) Si l'office récepteur constate que l'une de ces prescriptions n'est pas observée, il invite le déposant à corriger la demande internationale dans le délai prescrit ; à défaut, cette demande est considérée comme retirée et l'office récepteur le déclare.

2. Si la demande internationale se réfère à des dessins bien que ceux-ci ne soient pas inclus dans la demande, l'office récepteur le notifie au déposant, qui peut remettre ces dessins dans le délai prescrit ; la date du dépôt international est alors la date de réception desdits dessins par l'office récepteur. Sinon, toute référence à de tels dessins est considérée comme inexistante.

3. *a*) Si l'office récepteur constate que les taxes prescrites par l'article 3, 4, iv) n'ont pas été payées dans le délai prescrit ou que la taxe prescrite par l'article 4. 2 n'a pas été payée pour aucun des États désignés, la demande internationale est considérée comme retirée et l'office récepteur le déclare.

b) Si l'office récepteur constate que la taxe prescrite par l'article 4. 2 a été payée dans le délai prescrit pour un ou plusieurs États désignés (mais non pour tous ces États), la désignation de ceux desdits États pour lesquels la taxe n'a pas été payée dans le délai prescrit est considérée comme retirée et l'office récepteur le déclare.

4. Si, après qu'il a accordé à la demande internationale une date de dépôt international, l'office récepteur constate, dans le délai prescrit, que l'une quelconque des conditions énumérées aux points i) à iii) de l'article 11.1 n'était pas remplie à cette date, cette demande est considérée comme retirée et l'office récepteur le déclare.

Art. 15 *Recherche internationale.* 1. Chaque demande internationale fait l'objet d'une recherche internationale.

2. La recherche internationale a pour objet de découvrir l'état de la technique pertinent.

3. La recherche internationale s'effectue sur la base des revendications, compte tenu de la description et des dessins (le cas échéant).

4. L'administration chargée de la recherche internationale visée à l'article 16 s'efforce de découvrir l'état de la technique pertinent dans toute la mesure où ses moyens le lui permettent et doit, en tout cas, consulter la documentation spécifiée par le règlement d'exécution.

5. *a*) Le titulaire d'une demande nationale déposée auprès de l'office national d'un État contractant ou de l'office agissant pour un tel État peut, si la législation nationale de cet État le permet, et aux conditions prévues par cette législation, demander qu'une recherche semblable à une recherche internationale (« recherche de type international ») soit effectuée sur cette demande.

b) L'office national d'un État contractant ou l'office agissant pour un tel État peut, si la législation nationale de cet État le permet, soumettre à une recherche de type international toute demande nationale déposée auprès de lui.

c) La recherche de type international est effectuée par l'administration chargée de la recherche internationale, visée à l'article 16, qui serait compétente pour procéder à la recherche internationale si la demande nationale était une demande internationale déposée auprès de l'office visé aux sous-alinéas *a*) et *b*). Si la demande nationale est rédigée dans une langue dans laquelle l'administration chargée de la recherche internationale estime n'être pas à même de traiter la demande, la recherche de type international est effectuée sur la base d'une traduction préparée par le déposant dans une des langues prescrites pour les demandes internationales que ladite administration s'est engagée à accepter pour les demandes internationales. La demande nationale et la traduction, lorsqu'elle est exigée, doivent être présentées dans la forme prescrite pour les demandes internationales.

Art. 16 *Administration chargée de la recherche internationale.* 1. La recherche internationale est effectuée par une administration chargée de la recherche internationale : celle-ci peut être soit un office national, soit une organisation intergouvernementale, telle que l'Institut international des brevets, dont les attributions comportent l'établissement de rapports de recherche documentaire sur l'état de la technique relatif à des inventions objet de demandes de brevets.

2. Si, en attendant l'institution d'une seule administration chargée de la recherche internationale, il existe plusieurs administrations chargées de la recherche internationale, chaque office récepteur spécifie, conformément aux dispositions de l'accord applicable mentionné à l'alinéa 3, *b*), celle ou celles de ces administrations qui seront compétentes pour procéder à la recherche pour les demandes internationales déposées auprès de cet office.

3. *a*) Les administrations chargées de la recherche internationale sont nommées par l'Assemblée. Tout office national et toute organisation intergouvernementale qui satisfont aux exigences visées au sous-alinéa *c*) peuvent être nommés en qualité d'administration chargée de la recherche internationale.

b) La nomination dépend du consentement de l'office national ou de l'organisation intergouvernementale en cause et de la conclusion d'un accord, qui doit être approuvé par l'Assemblée, entre cet office ou cette organisation et le Bureau international. Cette accord spécifie les droits et obligations des parties et contient en particulier l'engagement formel dudit office ou de ladite organisation d'appliquer et d'observer toutes les règles communes de la recherche internationale.

c) Le règlement d'exécution prescrit les exigences minimales, particulièrement en ce qui concerne le personnel et la documentation, auxquelles chaque office ou organisation doit satisfaire avant qu'il puisse être nommé et auxquelles il doit continuer de satisfaire tant qu'il demeure nommé.

d) La nomination est faite pour une période déterminée, qui est susceptible de prolongation.

e) Avant de prendre une décision quant à la nomination d'un office national ou d'une organisation intergouvernementale ou quant à la prolongation d'une telle nomination, de même qu'avant de laisser une telle nomination prendre fin, l'Assemblée entend l'office ou l'organisation en cause et prend l'avis du Comité de coopération technique visé à l'article 56, une fois ce Comité établi.

Art. 17 *Procédure au sein de l'administration chargée de la recherche internationale.* 1. La procédure au sein de l'administration chargée de la recherche internationale est déterminée par le présent Traité, le règlement d'exécution et l'accord que le Bureau international conclut, conformément au présent Traité et au règlement d'exécution, avec cette administration.

2. *a*) Si l'administration chargée de la recherche internationale estime :

i) que la demande internationale concerne un objet à l'égard duquel elle n'est pas tenue, selon le règlement d'exécution, de procéder à la recherche, et décide en l'espèce de ne pas procéder à la recherche, ou

ii) que la description, les revendications ou les dessins ne remplissent pas les conditions prescrites, dans une mesure telle qu'une recherche significative ne peut pas être effectuée,

elle le déclare et notifie au déposant et au Bureau international qu'un rapport de recherche internationale ne sera pas établi.

b) Si l'une des situations mentionnées au sous-alinéa *a*) n'existe qu'en relation avec certaines revendications, le rapport de recherche internationale l'indique pour ces revendications et il est établi, pour les autres revendications, conformément à l'article 18.

3. *a*) Si l'administration chargée de la recherche internationale estime que la demande internationale ne satisfait pas à l'exigence d'unité de l'invention telle qu'elle est définie dans le règlement d'exécution, elle invite le déposant à payer des taxes additionnelles. L'administration chargée de la recherche internationale établit le rapport de recherche internationale sur les parties de la demande internationale qui ont trait à l'invention mentionnée en premier lieu dans les revendications (« invention principale ») et, si les taxes additionnelles requises ont été payées dans le délai prescrit, sur les parties de la demande internationale qui ont trait aux inventions pour lesquelles lesdites taxes ont été payées.

b) La législation nationale de tout État désigné peut prévoir que, lorsque l'office national de cet État estime justifiée l'invitation, mentionnée au sous-alinéa *a*), de l'administration chargée de la recherche internationale et lorsque le déposant n'a pas payé toutes les taxes additionnelles, les parties de la demande internationale qui n'ont par conséquent pas fait l'objet d'une recherche sont considérées comme retirées pour ce qui concerne les effets dans cet État, à moins qu'une taxe particulière ne soit payée par le déposant à l'office national dudit État.

Art. 18 *Rapport de recherche internationale.* 1. Le rapport de recherche internationale est établi dans le délai prescrit et dans la forme prescrite.

2. Le rapport de recherche internationale est, dès qu'il a été établi, transmis par l'administration chargée de la recherche internationale au déposant et au Bureau international.

3. Le rapport de recherche internationale ou la déclaration visée à l'article 17.2, *a*) est traduit conformément au règlement d'exécution. Les traductions sont préparées par le Bureau international ou sous sa responsabilité.

Art. 19 *Modification des revendications auprès du Bureau international.* 1. Le déposant, après réception du rapport de recherche internationale, a le droit de modifier une fois les revendications de la demande internationale en déposant des modifications, dans le délai prescrit, auprès du Bureau international. Il peut y joindre une brève déclaration, conformément au règlement d'exécution, expliquant les modifications et précisant les effets que ces dernières peuvent avoir sur la description et sur les dessins.

2. Les modifications ne doivent pas aller au-delà de l'exposé de l'invention figurant dans la demande internationale telle qu'elle a été déposée.

3. L'inobservation des dispositions de l'alinéa 2 n'a pas de conséquence dans les États désignés dont la législation nationale permet que les modifications aillent au-delà de l'exposé de l'invention.

Art. 20 *Communication aux offices désignés.* 1. *a*) La demande internationale, avec le rapport de recherche internationale (y compris toute indication visée à l'article 17, 2, *b*) ou la déclaration mentionnée à l'article 17, 2, *a*), est communiquée, conformément au règlement d'exécution, à tout office désigné qui n'a pas renoncé, totalement ou partiellement, à cette communication.

b) La communication comprend la traduction (telle qu'elle est prescrite) dudit rapport ou de ladite déclaration.

2. Si les revendications ont été modifiées selon l'article 19, 1, la communication doit soit comporter le texte intégral des revendications telles qu'elles ont été déposées et telles qu'elles ont été modifiées, soit comporter le texte intégral des revendications telles qu'elles ont été déposées et préciser les modifications apportées ; elle doit en outre, le cas échéant, comporter la déclaration visée à l'article 19, 1.

3. Sur requête de l'office désigné ou du déposant, l'administration chargée de la recherche internationale leur adresse, conformément au règlement d'exécution, copie des documents cités dans le rapport de recherche internationale.

Art. 21 *Publication internationale.* 1. Le Bureau international procède à la publication de demandes internationales.

2. *a*) Sous réserve des exceptions prévues au sous-alinéa *b*) et à l'article 64.3, la publication internationale de la demande internationale a lieu à bref délai après l'expiration d'un délai de dix-huit mois à compter de la date de priorité de cette demande.

b) Le déposant peut demander au Bureau international de publier sa demande internationale en tout temps avant l'expiration du délai mentionné au sous-alinéa *a*). Le Bureau international procède en conséquence, conformément au règlement d'exécution.

3. Le rapport de recherche internationale ou la déclaration visée à l'article 17, 2, *a*) est publié conformément au règlement d'exécution.

4. La langue et la forme de la publication internationale, ainsi que d'autres détails, sont fixés par le règlement d'exécution.

5. Il n'est procédé à aucune publication internationale si la demande internationale est retirée ou considérée comme retirée avant l'achèvement de la préparation technique de la publication.

6. Si le Bureau international estime que la demande internationale contient des expressions ou des dessins contraires aux bonnes mœurs ou à l'ordre public, ou des déclarations dénigrantes au sens du règlement d'exécution, il peut les omettre de ses publications, en indiquant la place et le nombre des mots ou des dessins omis. Il fournit, sur demande, des copies spéciales des passages ainsi omis.

Art. 22 *Copies, traductions et taxes pour les offices désignés.* 1. *(Mod. du 3 oct. 2001, en vigueur le 1er avr. 2002)* Le déposant remet à chaque office désigné une copie de la demande

internationale (sauf si la communication visée à l'article 20 a déjà eu lieu) et une traduction (telle qu'elle est prescrite) de cette demande et lui paie (le cas échéant) la taxe nationale au plus tard à l'expiration d'un délai de trente mois à compter de la date de priorité. Dans le cas où le nom de l'inventeur et les autres renseignements, prescrits par la législation de l'État désigné, relatifs à l'inventeur ne sont pas exigés dès le dépôt d'une demande nationale, le déposant doit, s'ils ne figurent pas déjà dans la requête, les communiquer à l'office national de cet État ou à l'office agissant pour ce dernier au plus tard à l'expiration d'un délai de trente mois à compter de la date de priorité. – *Le délai de trente mois, en vigueur à compter du 1er avr. 2002, ne s'applique pas pour ce qui concerne tout office désigné qui a notifié au Bureau international l'incompatibilité de ce délai avec la législation nationale appliquée par l'office en question. Le délai de vingt mois, en vigueur jusqu'au 31 mars 2002, continue de s'appliquer après cette date pour ce qui concerne l'office désigné en question tant que l'art. 22.1), tel que modifié, reste incompatible avec la législation nationale applicable. Les informations reçues par le Bureau international concernant une telle incompatibilité sont publiées dans la gazette et sur le site Internet de l'OMPI à l'adresse suivante : www.wipo.int/pct/fr/texts/reservations/res_incomp.html.*

2. *(Mod. du 3 févr. 1984, en vigueur le 1er janv. 1985)* **Lorsque l'administration chargée de la recherche internationale déclare, conformément à l'article 17.2) a), qu'un rapport de recherche internationale ne sera pas établi, le délai pour l'accomplissement des actes mentionnés à l'alinéa 1 du présent article est le même que celui que prévoit l'alinéa 1.**

3. La législation de tout État contractant peut, pour l'accomplissement des actes visés aux alinéas 1 et 2, fixer des délais expirant après ceux qui figurent auxdits alinéas.

Art. 23 *Suspension de la procédure nationale.* **1. Aucun office désigné ne traite ni n'examine la demande internationale avant l'expiration du délai applicable selon l'article 22.**

2. Nonobstant les dispositions de l'alinéa 1, tout office désigné peut, sur requête expresse du déposant, traiter ou examiner en tout temps la demande internationale.

Art. 24 *Perte possible des effets dans des États désignés.* **1. Sous réserve de l'article 25 dans le cas visé au point ii) ci-après, les effets de la demande internationale prévus à l'article 11, 3 cessent dans tout État désigné et cette cessation a les mêmes conséquences que le retrait d'une demande nationale dans cet État :**

i) si le déposant retire sa demande internationale ou la désignation de cet État ;

ii) si la demande internationale est considérée comme retirée en raison des articles 12.3, 14.1 *b*), 14.3 *a*) ou 14.4, ou si la désignation de cet État est considérée comme retirée selon l'article 14.3 *b*) ;

iii) si le déposant n'accomplit pas, dans le délai applicable, les actes mentionnés à l'article 22.

2. Nonobstant les dispositions de l'alinéa 1, tout office désigné peut maintenir les effets prévus à l'article 11.3 même lorsqu'il n'est pas exigé que de tels effets soient maintenus en raison de l'article 25.2.

Art. 25 *Révision par des offices désignés.* **1. *a*) Lorsque l'office récepteur refuse d'accorder une date de dépôt international ou déclare que la demande internationale est considérée comme retirée, ou lorsque le Bureau international fait une constatation selon l'article 12.3, ce Bureau adresse à bref délai, sur requête du déposant, à tout office désigné indiqué par celui-ci, copie de tout document contenu dans le dossier.**

***b*) Lorsque l'office récepteur déclare que la désignation d'un État est considérée comme retirée, le Bureau international, sur requête du requérant, adresse à bref délai à l'office national de cet État copie de tout document contenu dans le dossier.**

***c*) Les requêtes fondées sur les sous-alinéas *a*) ou *b*) doivent être présentées dans le délai prescrit.**

2. *a*) Sous réserve des dispositions du sous-alinéa *b*), tout office désigné, si la taxe nationale *(le cas échéant) a été payée* et si la traduction appropriée (telle qu'elle est prescrite) a été remise dans le délai prescrit, décide si le refus, la déclaration ou la constatation mentionnés à l'alinéa 1 étaient justifiés au sens du présent Traité et du règlement d'exécution ; s'il constate que le refus ou la déclaration est le résultat d'une erreur ou d'une omission de l'office récepteur, ou que la constatation est le résultat d'une erreur ou d'une omission du Bureau international, il traite la demande internationale, pour ce qui concerne ses effets dans l'État de l'office désigné, comme si une telle erreur ou omission ne s'était pas produite.

***b*) Lorsque l'exemplaire original parvient au Bureau international après l'expiration du délai prescrit à l'article 12.3 en raison d'une erreur ou d'une omission du déposant, le sous-alinéa *a*) ne s'applique que dans les circonstances mentionnées à l'article 48.2.**

Art. 26 *Occasion de corriger auprès des offices désignés.* **Aucun office désigné ne peut rejeter une demande internationale pour le motif que cette dernière ne remplit pas les conditions**

du présent Traité et du règlement d'exécution sans donner d'abord au déposant l'occasion de corriger ladite demande dans la mesure et selon la procédure prévues par la législation nationale pour des situations identiques ou comparables se présentant à propos de demandes nationales.

Art. 27 *Exigences nationales.* 1. Aucune législation nationale ne peut exiger que la demande internationale satisfasse, quant à sa forme ou son contenu, à des exigences différentes de celles qui sont prévues dans le présent Traité et dans le règlement d'exécution ou à des exigences supplémentaires.

2. Les dispositions de l'alinéa 1 ne sauraient affecter l'application de l'article 7.2 ni empêcher aucune législation nationale d'exiger, une fois que le traitement de la demande internationale a commencé au sein de l'office désigné :

i) lorsque le déposant est une personne morale, l'indication du nom d'un dirigeant de cette dernière autorisé à la représenter ;

ii) la remise de documents qui n'appartiennent pas à la demande internationale mais qui constituent la preuve d'allégations ou de déclarations figurant dans cette demande, y compris la confirmation de la demande internationale par signature du déposant lorsque cette demande, telle qu'elle avait été déposée, était signée de son représentant ou de son mandataire.

3. Lorsque le déposant, aux fins de tout État désigné, n'a pas qualité selon la législation nationale de cet État pour procéder au dépôt d'une demande nationale pour la raison qu'il n'est pas l'inventeur, la demande internationale peut être rejetée par l'office désigné.

4. Lorsque la législation nationale prévoit, pour ce qui concerne la forme ou le contenu des demandes nationales, des exigences qui, du point de vue des déposants, sont plus favorables que celles que prévoient le présent Traité et le règlement d'exécution pour les demandes internationales, l'office national, les tribunaux et tous autres organes compétents de l'État désigné ou agissant pour ce dernier peuvent appliquer les premières exigences, en lieu et place des dernières, aux demandes internationales, sauf si le déposant requiert que les exigences prévues par le présent Traité et par le règlement d'exécution soient appliquées à sa demande internationale.

5. Rien dans le présent Traité ni dans le règlement d'exécution ne peut être compris comme pouvant limiter la liberté d'aucun État contractant de prescrire toutes conditions matérielles de brevetabilité qu'il désire. En particulier, toute disposition du présent Traité et du règlement d'exécution concernant la définition de l'état de la technique doit s'entendre exclusivement aux fins de la procédure internationale ; par conséquent, tout État contractant est libre d'appliquer, lorsqu'il détermine la brevetabilité d'une invention faisant l'objet d'une demande internationale, les critères de sa législation nationale relatifs à l'état de la technique et d'autres conditions de brevetabilité qui ne constituent pas des exigences relatives à la forme et au contenu des demandes.

6. La législation nationale peut exiger du déposant qu'il fournisse des preuves quant à toute condition de droit matériel de brevetabilité qu'elle prescrit.

7. Tout office récepteur, de même que tout office désigné qui a commencé à traiter la demande internationale, peut appliquer toute disposition de sa législation nationale relative à la représentation obligatoire du déposant par un mandataire habilité auprès de cet office et à l'indication obligatoire d'une adresse de service dans l'État désigné aux fins de la réception de notifications.

8. Rien dans le présent Traité ni dans le règlement d'exécution ne peut être compris comme pouvant limiter la liberté d'aucun État contractant d'appliquer les mesures qu'il considère nécessaires en matière de défense nationale ou de limiter, pour protéger ses intérêts économiques, le droit de ses nationaux ou des personnes qui sont domiciliées sur son territoire de déposer des demandes internationales.

Art. 28 *Modification des revendications, de la description et des dessins auprès des offices désignés.* 1. Le déposant doit avoir l'occasion de modifier les revendications, la description et les dessins, dans le délai prescrit, auprès de chaque office désigné. Aucun office désigné ne peut délivrer de brevet ni refuser d'en délivrer avant l'expiration de ce délai, sauf accord exprès du déposant.

2. Les modifications ne doivent pas aller au-delà de l'exposé de l'invention qui figure dans la demande internationale telle qu'elle a été déposée, sauf si la législation nationale de l'État désigné le permet expressément.

3. Les modifications doivent être conformes à la législation nationale de l'État désigné pour tout ce qui n'est pas fixé par le présent Traité ou par le règlement d'exécution.

4. Lorsque l'office désigné exige une traduction de la demande internationale, les modifications doivent être établies dans la langue de la traduction.

Art. 29 *Effets de la publication internationale.* 1. Pour ce qui concerne la protection de tout droit du déposant dans un État désigné, la publication internationale d'une demande internationale a, dans cet État, sous réserve des dispositions des alinéas 2 à 4, les mêmes effets que ceux qui sont attachés par la législation nationale de cet État à la publication nationale obligatoire de demandes nationales non examinées comme telles.

2. Si la langue de la publication internationale diffère de celle des publications requises par la législation nationale de l'État désigné, ladite législation nationale peut prévoir que les effets prévus à l'alinéa 1 ne se produisent qu'à partir de la date où :

i) une traduction dans cette dernière langue est publiée conformément à la législation nationale ; ou

ii) une traduction dans cette dernière langue est mise à la disposition du public pour inspection, conformément à la législation nationale ; ou

iii) une traduction dans cette dernière langue est transmise par le déposant à l'utilisateur non autorisé, effectif ou éventuel, de l'invention faisant l'objet de la demande internationale ; ou

iv) les deux actes visés aux points i) et iii), ou les deux actes visés aux points ii) et iii), ont été accomplis.

3. La législation nationale de tout État désigné peut prévoir que, lorsque la publication internationale a été effectuée, sur requête du déposant, avant l'expiration d'un délai de dix-huit mois à compter de la date de priorité, les effets prévus à l'alinéa 1 ne se produisent qu'à partir de l'expiration d'un délai de dix-huit mois à compter de la date de priorité.

4. La législation nationale de tout État désigné peut prévoir que les effets prévus à l'alinéa 1 ne se produisent qu'à partir de la date de réception, par son office national ou par l'office agissant pour cet État, d'un exemplaire de la publication, effectuée conformément à l'article 21, de la demande internationale. Cet office publie, dès que possible, la date de réception dans sa gazette.

Art. 30 *Caractère confidentiel de la demande internationale.* 1. *a*) Sous réserve du sous-alinéa *b*), le Bureau international et les administrations chargées de la recherche internationale ne doivent permettre à aucune personne ou administration d'avoir accès à la demande internationale avant sa publication internationale, sauf requête ou autorisation du déposant.

b) Le sous-alinéa *a*) ne s'applique pas aux transmissions à l'administration compétente chargée de la recherche internationale, aux transmissions prévues à l'article 13 ni aux communications prévues à l'article 20.

2. *a*) Aucun office national ne peut permettre à des tiers d'avoir accès à la demande internationale, sauf requête ou autorisation du déposant, avant celle des dates suivantes qui intervient la première :

i) date de la publication internationale de la demande internationale ;

ii) date de réception de la communication de la demande internationale selon l'article 20 ;

iii) date de réception d'une copie de la demande internationale selon l'article 22.

b) Le sous-alinéa *a*) ne saurait empêcher un office national d'informer des tiers qu'il a été désigné, ni de publier ce fait. Une telle information ou publication ne peut toutefois contenir que les indications suivantes : identification de l'office récepteur, nom du déposant, date du dépôt international, numéro de la demande internationale et titre de l'invention.

c) Le sous-alinéa *a*) ne saurait empêcher un office désigné de permettre aux autorités judiciaires d'avoir accès à la demande internationale.

3. L'alinéa 2 *a*) s'applique à tout office récepteur, sauf pour les transmissions prévues à l'article 12.1.

4. Au sens du présent article, l'expression « avoir accès » comprend tout moyen par lequel des tiers peuvent prendre connaissance, et comprend donc la communication individuelle et la publication générale ; toutefois, aucun office national ne peut publier une demande internationale ou sa traduction avant la publication internationale ou avant l'expiration d'un délai de vingt mois à compter de la date de priorité si la publication internationale n'a pas eu lieu à l'expiration de ce délai.

CHAPITRE II *Examen préliminaire international*

En application de l'art. 64 § 1 du présent traité consacré aux réserves, la France a écarté l'application de ce chapitre (art. 31 à 42).

Art. 31 *Demande d'examen préliminaire international.* 1. Sur demande du déposant, la demande internationale fait l'objet d'un examen préliminaire international conformément aux dispositions ci-après et au règlement d'exécution.

2. *a*) Tout déposant qui, au sens du règlement d'exécution, est domicilié dans un État contractant lié par le chapitre II ou est le national d'un tel État et dont la demande internationale a été déposée auprès de l'office récepteur de cet État ou agissant pour le compte de cet État, peut présenter une demande d'examen préliminaire international.

b) L'Assemblée peut décider de permettre aux personnes autorisées à déposer des demandes internationales de présenter des demandes d'examen préliminaire international même si elles sont domiciliées dans un État non contractant ou non lié par le chapitre II ou ont la nationalité d'un tel État.

3. La demande d'examen préliminaire international doit être établie indépendamment de la demande internationale. Elle doit contenir les indications prescrites et être établie dans la langue et dans la forme prescrites.

4. *a*) La demande d'examen préliminaire international doit indiquer celui ou ceux des États contractants où le déposant a l'intention d'utiliser les résultats de l'examen préliminaire international (« États élus »). Des États contractants additionnels peuvent être élus ultérieurement. Les élections ne peuvent porter que sur des États contractants déjà désignés conformément à l'article 4.

b) Les déposants visés à l'alinéa 2 *a*) peuvent élire tout État contractant lié par le chapitre II. Les déposants visés à l'alinéa 2 *b*) ne peuvent élire que les États contractants liés par le chapitre II qui se sont déclarés disposés à être élus par de tels déposants.

5. La demande d'examen préliminaire international donne lieu au paiement des taxes prescrites dans le délai prescrit.

6. *a*) La demande d'examen préliminaire international doit être présentée à l'administration compétente chargée de l'examen préliminaire international mentionnée à l'article 32.

b) Toute élection ultérieure doit être soumise au Bureau international.

7. Chaque office élu reçoit notification de son élection.

Art. 32 *Administration chargée de l'examen préliminaire international.* 1. L'examen préliminaire international est effectué par l'administration chargée de l'examen préliminaire international.

2. Pour les demandes d'examen préliminaire international visées à l'article 31.2 *a*) et à l'article 31.2 *b*), l'office récepteur ou l'Assemblée, respectivement, précise, conformément aux dispositions de l'accord applicable conclu entre l'administration ou les administrations intéressées chargées de l'examen préliminaire international et le Bureau international, celle ou celles de ces administrations qui seront compétentes pour procéder à l'examen préliminaire.

3. Les dispositions de l'article 16.3 s'appliquent, *mutatis mutandis,* aux administrations chargées de l'examen préliminaire international.

Art. 33 *Examen préliminaire international.* 1. L'examen préliminaire international a pour objet de formuler une opinion préliminaire et sans engagement sur les questions de savoir si l'invention dont la protection est demandée semble être nouvelle, impliquer une activité inventive (n'être pas évidente) et être susceptible d'application industrielle.

2. Aux fins de l'examen préliminaire international, l'invention dont la protection est demandée est considérée comme nouvelle s'il n'est pas trouvé d'antériorité dans l'état de la technique tel qu'il est défini dans le règlement d'exécution.

3. Aux fins de l'examen préliminaire international, l'invention dont la protection est demandée est considérée comme impliquant une activité inventive si, compte tenu de l'état de la technique tel qu'il est défini dans le règlement d'exécution, elle n'est pas, à la date pertinente prescrite, évidente pour un homme du métier.

4. Aux fins de l'examen préliminaire international, l'invention dont la protection est demandée est considérée comme susceptible d'application industrielle si, conformément à sa nature, elle peut être produite ou utilisée (au sens technologique) dans tout genre d'industrie. Le terme « industrie » doit être compris dans son sens le plus large, comme dans la Convention de Paris pour la protection de la propriété industrielle.

5. Les critères qui précèdent ne servent qu'aux fins de l'examen préliminaire international. Tout État contractant peut appliquer des critères additionnels ou différents afin de décider si, dans cet État, l'invention est brevetable ou non.

6. L'examen préliminaire international doit prendre en considération tous les documents cités dans le rapport de recherche internationale. Il peut prendre en considération tous documents additionnels considérés comme pertinents dans le cas d'espèce.

Art. 34 *Procédure au sein de l'administration chargée de l'examen préliminaire international.* 1. La procédure au sein de l'administration chargée de l'examen préliminaire international est déterminée par le présent Traité, le règlement d'exécution et l'accord que le Bureau international conclut, conformément au présent Traité et au règlement d'exécution, avec cette administration.

2. *a*) Le déposant a le droit de communiquer, verbalement et par écrit, avec l'administration chargée de l'examen préliminaire international.

b) Le déposant a le droit de modifier les revendications, la description et les dessins, de la manière prescrite et dans le délai prescrit, avant l'établissement du rapport d'examen préliminaire international. Les modifications ne doivent pas aller au-delà de l'exposé de l'invention figurant dans la demande internationale telle qu'elle a été déposée.

c) Le déposant reçoit de l'administration chargée de l'examen préliminaire international au moins un avis écrit, sauf si ladite administration estime que toutes les conditions suivantes sont remplies :

i) l'invention répond aux critères figurant à l'article 33.1 ;

ii) la demande internationale remplit les conditions du présent Traité et du règlement d'exécution dans la mesure où elles sont contrôlées par ladite administration ;

iii) il n'est pas envisagé de présenter des observations au sens de l'article 35.2, dernière phrase.

d) Le déposant peut répondre à l'avis écrit.

3. *a*) Si l'administration chargée de l'examen préliminaire international estime que la demande internationale ne satisfait pas à l'exigence d'unité de l'invention telle qu'elle est définie dans le règlement d'exécution, elle peut inviter le déposant, au choix de ce dernier, soit à limiter les revendications de manière à satisfaire à cette exigence, soit à payer des taxes additionnelles.

b) La législation nationale de tout État élu peut prévoir que, lorsque le déposant choisit de limiter les revendications au sens du sous-alinéa *a*), les parties de la demande internationale qui, en conséquence de la limitation, ne font pas l'objet d'un examen préliminaire international sont, pour ce qui concerne les effets dans cet État, considérées comme retirées, à moins qu'une taxe particulière ne soit payée par le déposant à l'office national dudit État.

c) Si le déposant ne donne pas suite à l'invitation mentionnée au sous-alinéa *a*) dans le délai prescrit, l'administration chargée de l'examen préliminaire international établit un rapport d'examen préliminaire international sur les parties de la demande internationale qui ont trait à ce qui semble constituer l'invention principale et donne sur ce point des indications dans le rapport. La législation nationale de tout État élu peut prévoir que, lorsque l'office national de cet État estime justifiée l'invitation de l'administration chargée de l'examen préliminaire international, les parties de la demande internationale qui n'ont pas trait à l'invention principale sont, pour ce qui concerne les effets dans cet État, considérées comme retirées, à moins qu'une taxe particulière ne soit payée par le déposant à cet office.

4. *a*) Si l'administration chargée de l'examen préliminaire international estime :

i) que la demande internationale concerne un objet à l'égard duquel elle n'est pas tenue, selon le règlement d'exécution, d'effectuer un examen préliminaire international et décide en l'espèce de ne pas effectuer un tel examen, ou

ii) que la description, les revendications ou les dessins ne sont pas clairs, ou que les revendications ne se fondent pas de façon adéquate sur la description, de sorte qu'une opinion valable ne peut être formée au sujet de la nouveauté, de l'activité inventive (non-évidence) ou de l'application industrielle de l'invention dont la protection est demandée,

elle n'aborde pas les questions mentionnées à l'article 33.1 et fait connaître au déposant cette opinion et ses motifs.

b) Si l'une des situations mentionnées au sous-alinéa *a*) n'existe qu'à l'égard de certaines revendications ou en relation avec certaines revendications, les dispositions dudit sous-alinéa *a*) ne s'appliquent qu'à l'égard de ces revendications.

Art. 35 *Rapport d'examen préliminaire international.* 1. Le rapport d'examen préliminaire international est établi dans le délai prescrit et dans la forme prescrite.

2. Le rapport d'examen préliminaire international ne contient aucune déclaration quant à la question de savoir si l'invention dont la protection est demandée est ou semble être brevetable ou non au regard d'une législation nationale quelconque. Il déclare, sous réserve de l'alinéa 3, en relation avec chaque revendication, si cette revendication semble répondre aux critères de nouveauté, d'activité inventive (non-évidence) et d'application industrielle, tels que ces critères sont définis, aux fins de l'examen préliminaire international, à l'article 33, 1 à 4. Cette déclaration doit être accompagnée de la citation des documents qui semblent étayer la conclusion déclarée, et de toutes explications qui peuvent s'imposer en l'espèce. A cette déclaration doivent également être jointes les autres observations prévues par le règlement d'exécution.

3. *a*) Si l'administration chargée de l'examen préliminaire international estime, lors de l'établissement du rapport d'examen préliminaire international, que l'une quelconque des situations mentionnées à l'article 34.4 *a*) existe, le rapport en fait état et indique les motifs. Il ne doit contenir aucune déclaration au sens de l'alinéa 2.

b) Si l'une des situations mentionnées à l'article 34.4 *b*) existe, le rapport d'examen préliminaire international contient, pour les revendications en question, l'indication prévue au sous-alinéa *a*) et, pour les autres revendications, la déclaration indiquée à l'alinéa 2.

Art. 36 *Transmission, traduction et communication du rapport d'examen préliminaire international.* 1. Le rapport d'examen préliminaire international est, avec les annexes prescrites, transmis au déposant et au Bureau international.

2. *a*) Le rapport d'examen préliminaire international et ses annexes sont traduits dans les langues prescrites.

b) Toute traduction dudit rapport est préparée par le Bureau international ou sous sa responsabilité ; toute traduction de ses annexes est préparée par le déposant.

3. *a*) Le rapport d'examen préliminaire international, avec sa traduction (telle qu'elle est prescrite) et ses annexes (dans la langue d'origine), est communiqué par le Bureau international à chaque office élu.

b) La traduction prescrite des annexes est transmise, dans le délai prescrit, par le déposant aux offices élus.

4. L'article 20.3 s'applique, *mutatis mutandis,* aux copies de tout document qui est cité dans le rapport d'examen préliminaire international et qui n'a pas été cité dans le rapport de recherche internationale.

Art. 37 *Retrait de la demande d'examen préliminaire international ou d'élections.* 1. Le déposant peut retirer tout ou partie des élections.

2. Si l'élection de tous les États élus est retirée, la demande d'examen préliminaire international est considérée comme retirée.

3. *a*) Tout retrait doit être notifié au Bureau international.

b) Le Bureau international le notifie aux offices élus intéressés et à l'administration intéressée chargée de l'examen préliminaire international.

4. *a*) Sous réserve du sous-alinéa *b*), le retrait de la demande d'examen préliminaire international ou de l'élection d'un État contractant est, si la législation nationale de cet État n'en dispose pas autrement, considéré comme un retrait de la demande internationale pour ce qui concerne cet État.

b) Le retrait de la demande d'examen préliminaire international ou de l'élection n'est pas considéré comme un retrait de la demande internationale s'il est effectué avant l'expiration du délai applicable selon l'article 22 ; toutefois, tout État contractant peut prévoir dans sa législation nationale, qu'il n'en ira ainsi que si son office national reçoit, dans ce délai, copie de la demande internationale, une traduction (telle qu'elle est prescrite) de ladite demande et la taxe nationale.

Art. 38 *Caractère confidentiel de l'examen préliminaire international.* 1. Sauf requête ou autorisation du déposant, le Bureau international et l'administration chargée de l'examen préliminaire international ne peuvent permettre à aucun moment, à aucune personne ou administration — à l'exception des offices élus, après l'établissement du rapport d'examen préliminaire international — d'avoir accès, au sens et aux conditions de l'article 30.4, au dossier de l'examen préliminaire international.

2. Sous réserve de l'alinéa 1 et des articles 36.1 et 3 et 37.3 *b*), le Bureau international et l'administration chargée de l'examen préliminaire international ne peuvent donner, sauf requête ou autorisation du déposant, aucune information relative à la délivrance ou au refus de délivrance d'un rapport d'examen préliminaire international, ou encore au retrait ou au maintien de la demande d'examen préliminaire international ou d'une élection quelconque.

Art. 39 *Copies, traductions et taxes pour les offices élus.* 1. *a*) *(Mod. du 3 févr. 1984, en vigueur le 1er janv. 1985)* Si l'élection d'un État contractant a été effectuée avant l'expiration du dix-neuvième mois à compter de la date de priorité, l'article 22 ne s'applique pas à cet État ; le déposant remet à chaque office élu une copie de la demande internationale (sauf si la communication visée à l'article 20 a déjà eu lieu) et une traduction (telle qu'elle est prescrite) de cette demande et lui paie (le cas échéant) la taxe nationale au plus tard à l'expiration d'un délai de vingt-cinq mois à compter de la date de priorité.

b) Toute législation nationale peut, pour l'accomplissement des actes mentionnés au sous-alinéa *a*), fixer des délais expirant après celui qui figure audit sous-alinéa.

2. Les effets prévus à l'article 11.3 cessent dans l'État élu avec les mêmes conséquences que celles qui découlent du retrait d'une demande nationale dans cet État si le déposant n'exécute pas les actes mentionnés à l'alinéa 1. *a*) dans le délai applicable selon l'alinéa 1. *a*) ou *b*).

3. Tout office élu peut maintenir les effets prévus à l'article 11.3, même lorsque le déposant ne remplit pas les conditions prévues à l'alinéa 1. *a*) ou *b*).

Art. 40 *Suspension de l'examen national et des autres procédures.* 1. Si l'élection d'un État contractant est effectuée avant l'expiration du dix-neuvième mois à compter de la date de priorité, l'article 23 ne s'applique pas à cet État et son office national, ou tout office agissant pour cet État, n'effectue pas l'examen et n'engage aucune autre procédure relative à la demande internationale, sous réserve de l'alinéa 2, avant l'expiration du délai applicable selon l'article 39.

2. Nonobstant les dispositions de l'alinéa 1, tout office élu peut, sur requête expresse du déposant, en tout temps procéder à l'examen et engager toute autre procédure relative à la demande internationale.

Art. 41 *Modification des revendications, de la description et des dessins auprès des offices élus.* 1. Le déposant doit avoir l'occasion de modifier les revendications, la description et les dessins, dans le délai prescrit, auprès de chaque office élu. Aucun office élu ne peut délivrer de brevet ni refuser d'en délivrer avant l'expiration de ce délai, sauf accord exprès du déposant.

2. Les modifications ne doivent pas aller au-delà de l'exposé de l'invention qui figure dans la demande internationale telle qu'elle a été déposée, sauf si la législation nationale de l'État élu le permet expressément.

3. Les modifications doivent être conformes à la législation nationale de l'État élu pour tout ce qui n'est pas fixé par le présent traité ou par le règlement d'exécution

4. Lorsque l'office élu exige une traduction de la demande internationale, les modifications doivent être établies dans la langue de la traduction.

Art. 42 *Résultat de l'examen national des offices élus.* Les offices élus recevant le rapport d'examen préliminaire international ne peuvent exiger du déposant qu'il leur remette des copies de documents liés à l'examen relatif à la même demande internationale dans tout autre office élu, ou qu'il leur remette des informations relatives au contenu de tels documents.

CHAPITRE III *Dispositions communes*

Art. 43 *Recherche de certains titres de protection.* Le déposant peut indiquer, conformément au règlement d'exécution, que sa demande internationale tend à la délivrance d'un certificat d'auteur d'invention, d'un certificat d'utilité ou d'un modèle d'utilité et non à celle d'un brevet, ou à la délivrance d'un brevet ou certificat d'addition, d'un certificat d'auteur d'invention additionnel ou d'un certificat d'utilité additionnel, dans tout État désigné ou élu dont la législation prévoit la délivrance de certificats d'auteur d'invention, de certificats d'utilité, de modèles d'utilité, de brevets ou certificats d'addition, de certificats d'auteur d'invention additionnels ou de certificats d'utilité additionnels ; les effets découlant de cette indication sont déterminés par le choix effectué par le déposant. Aux fins du présent article et de toute règle y relative, l'article 2. ii) ne s'applique pas.

Art. 44 *Recherche de deux titres de protection.* Pour tout État désigné ou élu dont la législation permet qu'une demande tendant à la délivrance d'un brevet ou de l'un des autres titres de protection mentionnés à l'article 43 puisse également viser un autre de ces titres de protection, le déposant peut indiquer, conformément au règlement d'exécution, les deux titres de protection dont il demande la délivrance ; les effets qui en découlent sont déterminés par les indications du déposant. Aux fins du présent article, l'article 2. ii) ne s'applique pas.

Art. 45 *Traité de brevet régional.* 1. Tout traité prévoyant la délivrance d'un brevet régional (« traité de brevet régional ») et donnant à toute personne, autorisée par l'article 9 à déposer des demandes internationales, le droit de déposer des demandes tendant à la délivrance de tels brevets peut stipuler que les demandes internationales contenant la désignation ou l'élection d'un État partie à la fois au traité de brevet régional et au présent Traité peuvent être déposées en vue de la délivrance de brevets régionaux.

2. La législation nationale d'un tel État désigné ou élu peut prévoir que toute désignation ou élection dudit État dans la demande internationale sera considérée comme l'indication que le déposant désire obtenir un brevet régional conformément au traité de brevet régional.

Art. 46 *Traduction incorrecte de la demande internationale.* Si, en raison d'une traduction incorrecte de la demande internationale, l'étendue d'un brevet délivré à la suite de cette demande dépasse l'étendue de la demande internationale dans sa langue d'origine, les autorités compétentes de l'État contractant considéré peuvent limiter en conséquence et d'une manière rétroactive l'étendue du brevet et déclarer qu'il est nul et non avenu dans la mesure où son étendue dépasse celle de la demande internationale dans sa langue d'origine.

Art. 47 *Délais.* 1. Le calcul des délais prévus dans le présent Traité est fixé par le règlement d'exécution.

2. *a*) Tous les délais fixés dans les chapitres I et II du présent Traité peuvent, en dehors de toute révision selon l'article 60, être modifiés par décision des États contractants ;

b) La décision est prise par l'Assemblée ou par vote par correspondance et doit être unanime ;

c) Les détails de la procédure sont fixés par le règlement d'exécution.

Art. 48 *Retards dans l'observation de certains délais.* 1. Lorsqu'un délai, fixé dans le présent Traité ou dans le règlement d'exécution, n'est pas observé pour cause d'interruption des services postaux, de perte ou de retard inévitables du courrier, ce délai est considéré comme observé dans les cas précisés au règlement d'exécution et sous réserve que soient remplies les conditions de preuve et autres conditions prescrites dans ledit règlement.

2. *a*) Tout État contractant doit, pour ce qui le concerne, excuser pour des motifs admis par sa législation nationale tout retard dans l'observation d'un délai ;

b) Tout État contractant peut, pour ce qui le concerne, excuser pour des motifs autres que ceux qui figurent au sous-alinéa *a*) tout retard dans l'observation d'un délai.

Art. 49 *Droit d'exercer auprès d'administrations internationales.* Tout avocat, agent de brevets ou autre personne, ayant le droit d'exercer auprès de l'office national auprès duquel la demande internationale a été déposée, a le droit d'exercer, en ce qui concerne cette demande, auprès du Bureau international, de l'administration compétente chargée de la recherche internationale et de l'administration compétente chargée de l'examen préliminaire international.

CHAPITRE IV *Services techniques*

Art. 50 *Services d'information sur les brevets.* 1. Le Bureau international peut fournir des services (dénommés dans le présent article « services d'information »), en donnant des informations techniques ainsi que d'autres informations pertinentes dont il dispose, sur la base de documents publiés, principalement de brevets et de demandes publiées.

2. Le Bureau international peut fournir ces services d'information soit directement, soit par l'intermédiaire d'une ou de plusieurs administrations chargées de la recherche internationale ou d'autres institutions spécialisées, nationales ou internationales, avec lesquelles il aura pu conclure des accords.

3. Les services d'information fonctionnent de manière à faciliter tout particulièrement l'acquisition, par les États contractants qui sont des pays en voie de développement, des connaissances techniques et de la technologie, y compris le « know-how » publié disponible.

4. Les services d'information peuvent être obtenus par les gouvernements des États contractants, par leurs nationaux et par les personnes qui sont domiciliées sur leur territoire. L'Assemblée peut décider d'étendre ces services à d'autres intéressés.

5. *a*) Tout service fourni aux gouvernements des États contractants doit l'être à son prix de revient ; toutefois, pour les gouvernements des États contractants qui sont des pays en voie de développement, le service est fourni au-dessous de ce prix si la différence peut être couverte par les bénéfices réalisés sur la prestation de services à des destinataires autres que les gouvernements d'État contractants ou par les moyens mentionnés à l'article 51.4.

b) Le prix de revient visé au sous-alinéa *a*) doit être entendu comme consistant dans les frais qui s'ajoutent à ceux que l'office national ou l'administration chargée de la recherche internationale doivent engager de toute façon pour s'acquitter de leurs tâches.

6. Les détails relatifs à l'application du présent article sont réglementés par décisions de l'Assemblée et, dans les limites fixées par cette dernière, par les groupes de travail qu'elle pourra instituer à cette fin.

7. Si elle l'estime nécessaire, l'Assemblée recommande d'autres modes de financement pour compléter ceux qui sont prévus à l'alinéa 5.

Art. 51 *Assistance technique.* 1. L'Assemblée établit un Comité d'assistance technique (dénommé dans le présent article « le Comité »).

2. *a*) Les membres du Comité sont élus parmi les États contractants de façon à assurer une représentation appropriée des pays en voie de développement ;

b) Le Directeur général invite, de sa propre initiative ou sur la requête du Comité, des représentants des organisations intergouvernementales s'occupant d'assistance technique aux pays en voie de développement à prendre part aux travaux du Comité.

3. *a*) Le Comité a pour tâche l'organisation et la supervision de l'assistance technique accordée aux États contractants qui sont des pays en voie de développement, afin de développer leurs systèmes de brevets, soit au niveau national, soit au niveau régional.

b) L'assistance technique comprend notamment la formation de spécialistes, la mise à disposition d'experts et la fourniture d'équipements à des fins de démonstration et de fonctionnement.

4. En vue du financement de projets entrant dans le cadre du présent article, le Bureau international s'efforce de conclure des accords, d'une part avec des organisations internationales de financement et des organisations intergouvernementales, en particulier avec l'Organisation des Nations Unies, les agences des Nations Unies ainsi qu'avec les institutions spécialisées des Nations Unies ayant compétence en matière d'assistance technique, de même que, d'autre part, avec les gouvernements des États bénéficiaires de l'assistance technique.

5. Les détails relatifs à l'application du présent article sont réglementés par décisions de l'Assemblée et, dans les limites fixées par cette dernière, par les groupes de travail qu'elle pourra instituer à cette fin.

Art. 52 *Rapports avec les autres dispositions du Traité.* Aucune disposition du présent chapitre n'affecte les dispositions financières figurant dans les autres chapitres du présent Traité. Ces dispositions ne sont pas applicables au présent chapitre ni à sa mise en œuvre.

CHAPITRE V ***Dispositions administratives***

....

CHAPITRE VI ***Différends***

Art. 59 *Différends.* Sous réserve de l'article 64.5, tout différend entre deux ou plusieurs États contractants concernant l'interprétation ou l'application du présent Traité et du règlement d'exécution qui ne sera pas réglé par voie de négociation peut être porté par l'un quelconque des États en cause devant la Cour internationale de Justice par voie de requête conforme au statut de la Cour, à moins que les États en cause ne conviennent d'un autre mode de règlement. Le Bureau international sera informé par l'État contractant requérant du différend soumis à la Cour et en donnera connaissance aux autres États contractants. – *En application de l'art. 64, § 5, du présent Traité, consacré aux réserves, la France a écarté l'application de cet article lors du dépôt de son instrument de ratification.*

Arrangement de Strasbourg du 24 mars 1971,

Concernant la classification internationale des brevets. – Modifié le 28 sept. 1979. – Publié par Décr. n° 76-265 du 8 mars 1976 (JO 27 mars). – Entré en vigueur pour la France le 7 oct. 1975.

Art. 1er *Constitution d'une Union particulière. – Adoption d'une classification internationale.* Les pays auxquels s'applique le présent Arrangement sont constitués à l'état d'Union particulière et adoptent une classification commune, appelée « classification internationale des brevets » (dénommée ci-après « classification »), pour les brevets d'invention, les certificats d'auteur d'invention, les modèles d'utilité et les certificats d'utilité.

Art. 2 *Définition de la classification.* 1. *a*) La classification est constituée par :

i) le texte qui a été établi conformément aux dispositions de la Convention européenne sur la classification internationale des brevets d'invention, du 19 décembre 1954 (dénommée ci-après « Convention européenne »), et qui est entré en vigueur et a été publié par le Secrétaire général du Conseil de l'Europe le 1er septembre 1968 ;

ii) les modifications qui sont entrées en vigueur en vertu de l'article 2.2 de la Convention européenne avant l'entrée en vigueur du présent Arrangement ;

iii) les modifications apportées par la suite en vertu de l'article 5 et qui entrent en vigueur conformément à l'article 6.

b) Le guide d'utilisation et les notes qui sont contenus dans le texte de la classification font partie intégrante de celle-ci.

2. *a*) Le texte visé à l'alinéa 1, *a*) i) est contenu dans deux exemplaires authentiques, en langues anglaise et française, déposés, au moment où le présent Arrangement est ouvert à la signature, l'un auprès du Secrétaire général du Conseil de l'Europe et l'autre auprès du Directeur général de l'Organisation mondiale de la propriété intellectuelle (dénommés respectivement ci-après « Directeur général » et « Organisation ») instituée par la Convention du 14 juillet 1967.

b) Les modifications visées à l'alinéa 1, *a*) ii) sont déposées en deux exemplaires authentiques, en langues anglaise et française, l'un auprès du Secrétaire général du Conseil de l'Europe et l'autre auprès du Directeur général.

c) Les modifications visées à l'alinéa 1, *a*) iii) sont déposées en un seul exemplaire authentique, en langues anglaise et française, auprès du Directeur général.

Art. 3 *Langues de la classification.* 1. La classification est établie dans les langues anglaise et française, les deux textes faisant également foi.

2. Le Bureau international de l'Organisation (dénommé ci-après « Bureau international ») établit, en consultation avec les gouvernements intéressés, soit sur la base d'une traduction proposée par ces gouvernements, soit en ayant recours à tout autre moyen qui n'aurait aucune incidence financière sur le budget de l'Union particulière ou pour l'Organisation, des textes officiels de la classification dans les langues allemande, espagnole, japonaise, portugaise, russe et dans les autres langues que pourra désigner l'Assemblée visée à l'article 7.

Art. 4 *Application de la classification.* 1. La classification n'a qu'un caractère administratif.

2. Chacun des pays de l'Union particulière a la faculté d'appliquer la classification à titre de système principal ou de système auxiliaire.

3. Les administrations compétentes des pays de l'Union particulière feront figurer :

i) dans les brevets, certificats d'auteur d'invention, modèles d'utilité et certificats d'utilité qu'elles délivrent, ainsi que dans les demandes de tels titres, qu'elles les publient ou les mettent seulement à la disposition du public pour inspection ;

ii) dans les communications par lesquelles des périodiques officiels font connaître la publication ou la mise à la disposition du public des documents mentionnés au sous-alinéa i),

les symboles complets de la classification donnés à l'invention qui est l'objet du document mentionné au sous-alinéa i).

4. Au moment de la signature du présent Arrangement ou du dépôt de l'instrument de ratification ou d'adhésion :

i) tout pays peut déclarer qu'il se réserve de ne pas faire figurer les symboles relatifs aux groupes ou sous-groupes de la classification dans les demandes visées à l'alinéa 3 qui sont seulement mises à la disposition du public pour inspection et dans les communications y relatives ;

ii) tout pays qui ne procède pas à l'examen de la nouveauté des inventions, qu'il soit immédiat ou différé, et dont la procédure de délivrance des brevets ou des autres titres de protection ne prévoit pas une recherche sur l'état de la technique peut déclarer qu'il se réserve de ne pas faire figurer les symboles relatifs aux groupes et sous-groupes de la classification dans les documents et les communications visés à l'alinéa 3. Si ces conditions n'existent que pour certaines catégories de titres de protection ou certains domaines de la technique, le pays en cause ne peut faire usage de la réserve que dans cette mesure. – *Lors du dépôt de son instrument de ratification, la France a fait la déclaration suivante : « Compte tenu de la loi nº 68-1 du 2 janv. 1968 tendant à valoriser l'activité inventive et à modifier le régime des brevets d'invention, et eu égard aux dispositions de ladite loi, aux termes desquelles a été instituée l'application progressive de la procédure d'avis documentaire, procédure qui ne couvre pas encore, au stade actuel, la totalité des domaines de la technique, la France se réserve de ne pas faire figurer les symboles relatifs aux groupes et sous-groupes de la classification dans les documents relatifs et les communications qui sont visés à l'art. 4, al. 3, de l'Arrangement et qui concernent les domaines de la technique qui ne sont pas encore soumis à la procédure d'avis documentaire, aussi longtemps que celle-ci ne sera pas étendue aux domaines en cause ». – V. CPI, art. L. 612-23.*

5. Les symboles de la classification, précédés de la mention « classification internationale des brevets » ou d'une abréviation arrêtée par le Comité d'experts visé à l'article 5, seront imprimés, en caractères gras ou d'une autre façon bien visible, en tête de chaque document visé à l'alinéa 3, i) dans lequel ils doivent figurer.

6. Si un pays de l'Union particulière confie la délivrance des brevets à une administration intergouvernementale, il prend toutes mesures en son pouvoir pour que cette administration applique la classification conformément au présent article.

Art. 5 *Comité d'experts.* 1. Il est institué un Comité d'experts dans lequel chacun des pays de l'Union particulière est représenté.

2. *a*) Le Directeur général invite les organisations intergouvernementales spécialisées dans le domaine des brevets et dont un au moins des pays membres est partie au présent Arrangement à se faire représenter par des observateurs aux réunions du Comité d'experts.

b) Le Directeur général peut, et, à la demande du Comité d'experts, doit inviter des représentants d'autres organisations intergouvernementales et internationales non gouvernementales à prendre part aux discussions qui les intéressent.

3. Le Comité d'experts :

i) modifie la classification ;

ii) adresse aux pays de l'Union particulière des recommandations tendant à faciliter l'utilisation de la classification et à en promouvoir l'application uniforme ;

iii) prête son concours en vue de promouvoir la coopération internationale dans la reclassification de la documentation servant à l'examen des inventions, en prenant notamment en considération les besoins des pays en voie de développement ;

iv) prend toutes autres mesures qui, sans avoir d'incidences financières sur le budget de l'Union particulière ou pour l'Organisation, sont de nature à faciliter l'application de la classification par les pays en voie de développement ;

v) est habilité à instituer des sous-comités et des groupes de travail.

4. Le Comité d'experts adopte son règlement intérieur. Ce dernier donne aux organisations intergouvernementales mentionnées à l'alinéa 2, *a*), qui peuvent apporter une contribution substantielle au développement de la classification la possibilité de prendre part aux réunions des sous-comités et groupes de travail du Comité d'experts.

5. Les propositions de modifications de la classification peuvent être faites par l'administration compétente de tout pays de l'Union particulière, le Bureau international, les organisations intergouvernementales représentées au Comité d'experts en vertu de l'alinéa 2, *a*), et toutes autres organisations spécialement invitées par le Comité d'experts à formuler de telles propositions. Les propositions sont communiquées au Bureau international, qui les soumet aux membres du Comité d'experts et aux observateurs au plus tard deux mois avant la session du Comité d'experts au cours de laquelle elles seront examinées.

6. *a*) Chaque pays membre du Comité d'experts dispose d'une voix.

b) Le Comité d'experts prend ses décisions à la majorité simple des pays représentés et votants.

c) Toute décision qu'un cinquième des pays représentés et votants considèrent comme impliquant une transformation de la structure fondamentale de la classification ou comme entraînant un important travail de reclassification doit être prise à la majorité des trois quarts des pays représentés et votants.

d) L'abstention n'est pas considérée comme un vote.

Art. 6 *Notification, entrée en vigueur et publication des modifications et des autres décisions.* 1. Toutes les décisions du Comité d'experts relatives à des modifications apportées à la classification, de même que les recommandations du Comité d'experts, sont notifiées par le Bureau international aux administrations compétentes des pays de l'Union particulière. Les modifications entrent en vigueur six mois après la date de l'envoi des notifications.

2. Le Bureau international incorpore dans la classification les modifications entrées en vigueur. Les modifications font l'objet d'avis publiés dans les périodiques désignés par l'Assemblée visée à l'article 7.

Art. 7 *Assemblée de l'Union particulière.* 1. *a*) L'Union particulière a une Assemblée composée des pays de l'Union particulière.

b) Le Gouvernement de chaque pays de l'Union particulière est représenté par un délégué, qui peut être assisté de suppléants, de conseillers et d'experts.

c) Toute organisation intergouvernementale visée à l'article 5, 2, *a*) peut se faire représenter par un observateur aux réunions de l'Assemblée et, si cette dernière en décide ainsi, à celle des comités et groupes de travail institués par l'Assemblée.

d) Les dépenses de chaque délégation sont supportées par le Gouvernement qui l'a désignée.

2. *a*) Sous réserve des dispositions de l'article 5, l'Assemblée :

i) traite de toutes les questions concernant le maintien et le développement de l'Union particulière et l'application du présent Arrangement ;

ii) donne au Bureau international des directives concernant la préparation des conférences de révision ;

iii) examine et approuve les rapports et les activités du Directeur général relatifs à l'Union particulière et lui donne toutes directives utiles concernant les questions de la compétence de l'Union particulière ;

iv) arrête le programme, adopte le budget biennal de l'Union particulière et approuve ses comptes de clôture ;

v) adopte le règlement financier de l'Union particulière ;

vi) décide de l'établissement des textes officiels de la classification en d'autres langues que l'anglais, le français et celles énumérées à l'article 3, 2 ;

vii) crée les comités et groupes de travail qu'elle juge utiles à la réalisation des objectifs de l'Union particulière ;

viii) décide, sous réserve de l'alinéa 1, *c*), quels sont les pays non membres de l'Union particulière et quelles sont les organisations intergouvernementales et internationales non gouvernementales qui peuvent être admis comme observateurs à ses réunions et à celles des comités et groupes de travail créés par elle ;

ix) entreprend toute autre action appropriée en vue d'atteindre les objectifs de l'Union particulière ;

x) s'acquitte de toutes autres tâches qu'implique le présent Arrangement.

***b*) Sur les questions qui intéressent également d'autres Unions administrées par l'Organisation, l'Assemblée statue, connaissance prise de l'avis du Comité de coordination de l'Organisation.**

3. *a*) Chaque pays membre de l'Assemblée dispose d'une voix.

***b*) La moitié des pays membres de l'Assemblée constitue le quorum.**

***c*) Si ce quorum n'est pas atteint, l'Assemblée peut prendre des décisions ; toutefois, les décisions de l'Assemblée, à l'exception de celles qui concernent sa procédure, ne deviennent exécutoires que lorsque les conditions énoncées ci-après sont remplies. Le Bureau international communique lesdites décisions aux pays membres de l'Assemblée qui n'étaient pas représentés, en les invitant à exprimer par écrit, dans un délai de trois mois à compter de la date de cette communication, leur vote ou leur abstention. Si, à l'expiration de ce délai, le nombre des pays ayant ainsi exprimé leur vote ou leur abstention est au moins égal au nombre de pays qui faisaient défaut pour que le quorum fût atteint lors de la session, lesdites décisions deviennent exécutoires, pourvu qu'en même temps la majorité nécessaire reste acquise.**

***d*) Sous réserve des dispositions de l'article 11-2, les décisions de l'Assemblée sont prises à la majorité des deux tiers des votes exprimés.**

***e*) L'abstention n'est pas considérée comme un vote.**

***f*) Un délégué ne peut représenter qu'un seul pays et ne peut voter qu'au nom de celui-ci.**

4. *a*) L'Assemblée se réunit une fois tous les deux ans en session ordinaire, sur convocation du Directeur général et, sauf cas exceptionnels, pendant la même période et au même lieu que l'Assemblée générale de l'Organisation.

***b*) L'Assemblée se réunit en session extraordinaire, sur convocation adressée par le Directeur général, à la demande d'un quart des pays membres de l'Assemblée.**

***c*) L'ordre du jour de chaque session est préparé par le Directeur général.**

5. L'Assemblée adopte son règlement intérieur.

Art. 8 *Bureau international.* **1. *a*) Les tâches administratives incombant à l'Union particulière sont assurées par le Bureau international.**

***b*) En particulier, le Bureau international prépare les réunions et assure le secrétariat de l'Assemblée, du Comité d'experts et de tout autre comité ou groupe de travail que l'Assemblée ou le Comité d'experts peuvent créer.**

***c*) Le Directeur général est le plus haut fonctionnaire de l'Union particulière et la représente.**

2. Le Directeur général et tout membre du personnel désigné par lui prennent part, sans droit de vote, à toutes les réunions de l'Assemblée, du Comité d'experts et de tout autre comité ou groupe de travail que l'Assemblée ou le Comité d'experts peuvent créer. Le Directeur général ou un membre du personnel désigné par lui est d'office secrétaire de ces organes.

3. *a*) Le Bureau international prépare les conférences de révision selon les directives de l'Assemblée.

***b*) Le Bureau international peut consulter des organisations intergouvernementales et internationales non gouvernementales sur la préparation des conférences de révision.**

***c*) Le Directeur général et les personnes désignées par lui prennent part, sans droit de vote, aux délibérations des conférences de révision.**

4. Le Bureau international exécute toutes autres tâches qui lui sont attribuées.

Traité de Budapest du 28 avril 1977,

Sur la reconnaissance internationale du dépôt de micro-organismes aux fins de la procédure en matière de brevets. — Modifié le 26 sept. 1980. — Publié par Décr. nº 80-954 du 25 nov. 1980 (JO 2 déc.). — Entré en vigueur le 19 août 1980. — V. aussi le Règl. d'exécution du présent Traité, publié par Décr. nº 80-954 du 25 nov. 1980 (JO 2 déc.) et disponible sur le site de l'OMPI : www.wipo.int.

Dispositions introductives

Art. 1er *Constitution d'une union.* **Les États parties au présent Traité (ci-après dénommés « les États contractants ») sont constitués à l'état d'Union pour la reconnaissance internationale du dépôt des micro-organismes aux fins de la procédure en matière de brevets.**

Art. 2 *Définitions.* **Aux fins du présent Traité et du Règlement d'exécution :**

i) toute référence à un « brevet » s'entend comme une référence aux brevets d'invention, aux certificats d'auteur d'invention, aux certificats d'utilité, aux modèles d'utilité, aux brevets ou certificats d'addition, aux certificats d'auteur d'invention additionnels et aux certificats d'utilité additionnels ;

ii) on entend par « dépôt d'un micro-organisme », selon le contexte dans lequel ces mots figurent, les actes suivants, accomplis conformément au présent Traité et au Règlement d'exécution : la transmission d'un micro-organisme à une autorité de dépôt internationale, qui le reçoit et l'accepte, ou la conservation d'un tel micro-organisme par l'autorité de dépôt internationale, ou à la fois ladite transmission et ladite conservation ;

iii) on entend par « procédure en matière de brevets » toute procédure administrative ou judiciaire relative à une demande de brevet ou à un brevet ;

iv) on entend par « publication aux fins de la procédure en matière de brevets » la publication officielle, ou la mise officielle à la disposition du public pour inspection, d'une demande de brevet ou d'un brevet ;

v) on entend par « organisation intergouvernementale de propriété industrielle » une organisation qui a présenté une déclaration en vertu de l'article 9.1 ;

vi) on entend par « office de la propriété industrielle » une autorité d'un État contractant ou d'une organisation intergouvernementale de propriété industrielle qui est compétente pour la délivrance de brevets ;

vii) on entend par « institution de dépôt » une institution qui assure la réception, l'acceptation et la conservation des micro-organismes et la remise d'échantillons de ceux-ci ;

viii) on entend par « autorité de dépôt internationale » une institution de dépôt qui a acquis le statut d'autorité de dépôt internationale conformément à l'article 7 ;

ix) on entend par « déposant » la personne physique ou morale qui transmet un micro-organisme à une autorité de dépôt internationale, laquelle le reçoit et l'accepte, et tout ayant cause de ladite personne ;

x) on entend par « Union » l'Union visée à l'article 1er ;

xi) on entend par « Assemblée » l'Assemblée visée à l'article 10 ;

xii) on entend par « Organisation » l'Organisation mondiale de la propriété intellectuelle ;

xiii) on entend par « Bureau international » le Bureau international de l'Organisation et, tant qu'ils existeront, les Bureaux internationaux réunis pour la protection de la propriété intellectuelle (BIRPI) ;

xiv) on entend par « Directeur général » le Directeur général de l'Organisation ;

xv) on entend par « Règlement d'exécution » le Règlement d'exécution visé à l'article 12.

CHAPITRE PREMIER *Dispositions de fond*

Art. 3 *Reconnaissance et effets du dépôt des micro-organismes.* **1.** ***a)*** **Les États contractants qui permettent ou exigent le dépôt des micro-organismes aux fins de la procédure en matière de brevets reconnaissent, aux fins de cette procédure, le dépôt d'un micro-organisme effectué auprès d'une autorité de dépôt internationale. Cette reconnaissance comprend la reconnaissance du fait et de la date du dépôt tels que les indique l'autorité de dépôt internationale, ainsi que la reconnaissance du fait que ce qui est remis en tant qu'échantillon est un échantillon du micro-organisme déposé.**

b) **Tout État contractant peut exiger une copie du récépissé du dépôt visé au sous-alinéa** ***a)*****, délivré par l'autorité de dépôt internationale.**

2. En ce qui concerne les matières régies par le présent Traité et le Règlement d'exécution, aucun État contractant ne peut exiger qu'il soit satisfait à des exigences différentes de celles

qui sont prévues dans le présent Traité et dans le Règlement d'exécution ou à des exigences supplémentaires.

Art. 4 *Nouveau dépôt.* 1. *a*) Lorsque, pour quelque raison que ce soit, l'autorité de dépôt internationale ne peut pas remettre d'échantillons du micro-organisme déposé, en particulier :

i) lorsque le micro-organisme n'est plus viable, ou

ii) lorsque la remise d'échantillons nécessiterait leur envoi à l'étranger et que des restrictions à l'exportation ou à l'importation empêchent l'envoi ou la réception des échantillons à l'étranger,

cette autorité notifie au déposant qu'elle est dans l'impossibilité de remettre des échantillons, à bref délai après avoir constaté cette impossibilité, et lui en indique la raison ; sous réserve de l'alinéa 2 et conformément aux dispositions du présent alinéa, le déposant a le droit d'effectuer un nouveau dépôt du micro-organisme qui faisait l'objet du dépôt initial.

b) Le nouveau dépôt est effectué auprès de l'autorité de dépôt internationale auprès de laquelle a été effectué le dépôt initial ; toutefois :

i) il est effectué auprès d'une autre autorité de dépôt internationale si l'institution auprès de laquelle a été effectué le dépôt initial a cessé d'avoir le statut d'autorité de dépôt internationale soit totalement, soit à l'égard du type de micro-organisme auquel le micro-organisme déposé appartient, ou si l'autorité de dépôt internationale auprès de laquelle a été effectué le dépôt initial cesse, temporairement ou définitivement, d'exercer ses fonctions à l'égard de micro-organismes déposés ;

ii) il peut être effectué auprès d'une autre autorité de dépôt internationale dans le cas visé au sous-alinéa *a* ii).

c) Tout nouveau dépôt est accompagné d'une déclaration signée du déposant, aux termes de laquelle celui-ci affirme que le micro-organisme qui fait l'objet du nouveau dépôt est le même que celui qui faisait l'objet du dépôt initial. Si l'affirmation du déposant est contestée, le fardeau de la preuve est régi par le droit applicable.

d) Sous réserve des sous-alinéas *a*) à *c*) et *e*), le nouveau dépôt est traité comme s'il avait été effectué à la date à laquelle a été effectué le dépôt initial si toutes les déclarations antérieures sur la viabilité du micro-organisme qui faisait l'objet du dépôt initial ont indiqué que le micro-organisme était viable et si le nouveau dépôt a été effectué dans un délai de trois mois à compter de la date à laquelle le déposant a reçu la notification visée au sous-alinéa *a*).

e) Lorsque le sous-alinéa *b*) i) s'applique et que le déposant ne reçoit pas la notification visée au sous-alinéa *a*) dans un délai de six mois à compter de la date à laquelle la cessation, la limitation ou l'arrêt de l'exercice des fonctions, visés au sous-alinéa *b*) i), a été publié par le Bureau international, le délai de trois mois visé au sous-alinéa *d*) est calculé à partir de la date de cette publication.

2. Le droit visé à l'alinéa 1, *a*) n'existe pas lorsque le micro-organisme déposé a été transféré à une autre autorité de dépôt internationale aussi longtemps que cette autorité est en mesure de remettre des échantillons de ce micro-organisme.

Art. 5 *Restrictions à l'exportation et à l'importation.* Chaque État contractant reconnaît qu'il est hautement souhaitable que, si et dans la mesure où est restreinte l'exportation à partir de son territoire ou l'importation sur son territoire de certains types de micro-organismes, une telle restriction ne s'applique aux micro-organismes qui sont déposés ou destinés à être déposés en vertu du présent Traité que lorsque la restriction est nécessaire en considération de la sécurité nationale ou des risques pour la santé ou l'environnement.

Art. 6 *Statut d'autorité de dépôt internationale.* 1. Pour avoir droit au statut d'autorité de dépôt internationale, une institution de dépôt doit être située sur le territoire d'un État contractant et doit bénéficier d'assurances fournies par cet État aux termes desquelles cette institution remplit et continuera de remplir les conditions énumérées à l'alinéa 2. Ces assurances peuvent également être fournies par une organisation intergouvernementale de propriété industrielle ; dans ce cas, l'institution de dépôt doit être située sur le territoire d'un État membre de cette organisation.

2. L'institution de dépôt doit, à titre d'autorité de dépôt internationale :

i) avoir une existence permanente ;

ii) posséder conformément au Règlement d'exécution, le personnel et les installations nécessaires à l'accomplissement des tâches scientifiques et administratives qui lui incombent en vertu du présent Traité ;

iii) être impartiale et objective ;

iv) être, aux fins du dépôt, à la disposition de tous les déposants aux mêmes conditions ;

v) accepter en dépôt des micro-organismes de tous les types ou de certains d'entre eux, examiner leur viabilité et les conserver, conformément au Règlement d'exécution ;

vi) délivrer un récépissé au déposant et toute déclaration requise sur la viabilité, conformément au Règlement d'exécution ;

vii) observer le secret, à l'égard des micro-organismes déposés, conformément au Règlement d'exécution ;

viii) remettre, dans les conditions et selon la procédure prescrites dans le Règlement d'exécution, des échantillons de tout micro-organisme déposé.

3. Le Règlement d'exécution prévoit les mesures à prendre :

i) lorsqu'une autorité de dépôt internationale cesse, temporairement ou définitivement, d'exercer ses fonctions à l'égard de micro-organismes déposés ou refuse d'accepter des types de micro-organismes qu'elle devrait accepter en vertu des assurances fournies ;

ii) en cas de cessation ou de limitation du statut d'autorité de dépôt internationale d'une autorité de dépôt internationale.

Art. 7 *Acquisition du statut d'autorité de dépôt internationale.* 1. *a*) Une institution de dépôt acquiert le statut d'autorité de dépôt internationale en vertu d'une communication écrite qui est adressée au Directeur général par l'État contractant sur le territoire duquel est située l'institution de dépôt et qui comprend une déclaration contenant des assurances aux termes desquelles ladite institution remplit et continuera de remplir les conditions énumérées à l'article 6-2. Ledit statut peut également être acquis en vertu d'une communication écrite qui est adressée au Directeur général par une organisation intergouvernementale de propriété industrielle et qui comprend ladite déclaration.

b) La communication contient également des renseignements sur l'institution de dépôt, conformément au Règlement d'exécution, et peut indiquer la date à laquelle devrait prendre effet le statut d'autorité de dépôt internationale.

2. *a*) Si le Directeur général constate que la communication comprend la déclaration requise et que tous les renseignements requis ont été reçus, la communication est publiée à bref délai par le Bureau international.

b) Le statut d'autorité de dépôt internationale est acquis à compter de la date de publication de la communication ou, lorsqu'une date a été indiquée en vertu de l'alinéa 1, *b*) et que cette date est postérieure à la date de publication de la communication, à compter de cette date.

3. Le Règlement d'exécution prévoit les détails de la procédure visée aux alinéas 1 et 2.

Art. 8 *Cessation et limitation du statut d'autorité de dépôt internationale.* 1. *a*) Tout État contractant ou toute organisation intergouvernementale de propriété industrielle peut requérir de l'Assemblée qu'elle mette fin au statut d'autorité de dépôt internationale d'une autorité ou qu'elle le limite à certains types de micro-organismes, en raison du fait que les conditions énumérées à l'article 6 n'ont pas été remplies ou ne le sont plus. Toutefois, une telle requête ne peut pas être présentée par un État contractant ou une organisation intergouvernementale de propriété industrielle à l'égard d'une autorité de dépôt internationale pour laquelle cet État ou cette organisation a fait la déclaration visée à l'article 7-1, *a*).

b) Avant de présenter la requête en vertu du sous-alinéa *a*), l'État contractant ou l'organisation intergouvernementale de propriété industrielle notifie par l'intermédiaire du Directeur général à l'État contractant ou à l'organisation intergouvernementale de propriété industrielle qui a fait la communication visée à l'article 7-1 les motifs de la requête envisagée, afin que ledit État ou ladite organisation puisse prendre, dans un délai de six mois à compter de la date de ladite notification, les mesures appropriées pour que la présentation de la requête ne soit plus nécessaire.

c) L'Assemblée, si elle constate le bien-fondé de la requête, décide de mettre fin au statut d'autorité de dépôt internationale de l'autorité visée au sous-alinéa *a*) ou de le limiter à certains types de micro-organismes. La décision de l'Assemblée exige qu'une majorité des deux tiers des votes exprimés soit en faveur de la requête.

2. *a*) L'État contractant ou l'organisation intergouvernementale de propriété industrielle qui a fait la déclaration visée à l'article 7-1, *a*) peut, par une communication adressée au Directeur général, retirer cette déclaration entièrement ou à l'égard seulement de certains types de micro-organismes et doit en tout cas le faire lorsque et dans la mesure où ses assurances ne sont plus applicables.

b) A compter de la date prévue dans le Règlement d'exécution, une telle communication entraîne, si elle se rapporte à la déclaration en entier, la cessation du statut d'autorité de dépôt internationale ou, si elle se rapporte seulement à certains types de micro-organismes, une limitation correspondante de ce statut.

3. Le Règlement d'exécution prévoit les détails de la procédure visée aux alinéas 1 et 2.

Art. 9 *Organisations intergouvernementales de propriété industrielle.* 1. *a*) Toute organisation intergouvernementale à laquelle plusieurs États ont confié le soin de délivrer des brevets de caractère régional et dont tous les États membres sont membres de l'Union internationale pour la protection de la propriété industrielle (Union de Paris) peut présenter au Directeur général une déclaration aux termes de laquelle elle accepte l'obligation de reconnaissance prévue à l'article 3-1, *a*), l'obligation concernant les exigences visées à l'article 3-2, et tous les effets des dispositions du présent Traité et du Règlement d'exécution qui sont applicables aux organisations intergouvernementales de propriété industrielle. Si elle est présentée avant l'entrée en vigueur du présent Traité conformément à l'article 16-1, la déclaration visée à la phrase précédente prend effet à la date de cette entrée en vigueur. Si elle est présentée après cette entrée en vigueur, ladite déclaration prend effet trois mois après sa présentation, à moins qu'une date ultérieure ne soit indiquée dans la déclaration. Dans ce dernier cas, la déclaration prend effet à la date ainsi indiquée.

b) Ladite organisation a le droit prévu à l'article 3-1, *b*).

2. En cas de révision ou de modification de toute disposition du présent Traité ou du Règlement d'exécution qui affecte les organisations intergouvernementales de propriété industrielle, toute organisation intergouvernementale de propriété industrielle peut retirer sa déclaration visée à l'alinéa 1 par notification adressée au Directeur général. Le retrait prend effet :

i) si la notification a été reçue avant la date de l'entrée en vigueur de la révision ou de la modification, à cette date ;

ii) si la notification a été reçue après la date visée au point i), à la date indiquée dans la notification ou, en l'absence d'une telle indication, trois mois après la date à laquelle la notification a été reçue.

3. Outre le cas visé à l'alinéa 2, toute organisation de propriété industrielle peut retirer sa déclaration visée à l'alinéa 1, *a*) par notification adressée au Directeur général. Le retrait prend effet deux ans après la date à laquelle le Directeur général a reçu la notification. Aucune notification de retrait selon le présent alinéa n'est recevable durant une période de cinq ans à compter de la date à laquelle la déclaration a pris effet.

4. Le retrait, visé à l'alinéa 2 ou 3, par une organisation intergouvernementale de propriété industrielle dont la communication selon l'article 7-1 a abouti à l'acquisition, par une institution de dépôt, du statut d'autorité de dépôt internationale entraîne la cessation de ce statut un an après la date à laquelle le Directeur général a reçu la notification de retrait.

5. Toute déclaration visée à l'alinéa 1, *a*), toute notification de retrait visée à l'alinéa 2 ou 3, toutes assurances fournies en vertu de l'article 6-1, deuxième phrase, et comprises dans une déclaration faite conformément à l'article 7-1, *a*), toute requête présentée en vertu de l'article 8-1 et toute communication de retrait visée à l'article 8-2 requièrent l'approbation préalable expresse de l'organe souverain de l'organisation intergouvernementale de propriété industrielle dont les membres sont tous les États membres de ladite organisation et dans lequel les décisions sont prises par les représentants officiels des gouvernements de ces États.

Accord de Marrakech du 15 avril 1994,

Instituant l'Organisation mondiale du commerce (Annexe 1C : Accord sur les aspects des droits de propriété intellectuelle qui touchent au commerce). — V. art. 27 à 34, en début d'App., v° Dispositions générales.

Traité du 14 septembre 2000,

De l'Organisation mondiale de la propriété intellectuelle (OMPI) sur le droit des brevets (Patent law treaty, PLT).

Ce traité, publié par le Décr. n° 2010-10 du 6 janv. 2010 (JO 8 janv.), a été adopté à Genève le 1er juin 2000. Il a été signé par la France le 14 sept. 2000. Il est entré en vigueur le 28 avr. 2005, soit trois mois après le dépôt de dix instruments de ratification ou d'adhésion par des États auprès du Directeur général de l'OMPI et, pour la France, le 5 janv. 2010. Il est complété par un règlement d'exécution et par une déclaration commune.

Art. 1er *Expressions abrégées.* Au sens du présent traité, et sauf lorsqu'un sens différent est expressément indiqué :

i) on entend par "office" l'organisme d'une Partie contractante chargé de la délivrance des brevets ou d'autres questions se rapportant au présent traité ;

ii) on entend par "demande" une demande de délivrance d'un brevet visée à l'article 3 ;

iii) on entend par "brevet" un brevet visé à l'article 3 ;

iv) le terme "personne" désigne notamment une personne physique ou une personne morale ;

v) on entend par "communication" toute demande, ou toute requête, déclaration, pièce, correspondance ou autre information relative à une demande ou à un brevet, qui est déposée, présentée ou transmise à l'office, en relation ou non avec une procédure s'inscrivant dans le cadre du présent traité ;

vi) on entend par "dossiers de l'office" la collection d'informations tenue par l'office, concernant et réunissant les demandes déposées auprès de cet office ou d'un autre organisme et les brevets délivrés par l'un ou par l'autre et produisant leurs effets sur le territoire de la Partie contractante intéressée, quel que soit le support sur lequel lesdites informations sont conservées ;

vii) on entend par "inscription" tout acte consistant à introduire un élément d'information dans les dossiers de l'office ;

viii) on entend par "déposant" la personne inscrite dans les dossiers de l'office comme étant, selon la législation applicable, la personne qui demande le brevet ou une autre personne qui dépose la demande ou poursuit la procédure y relative ;

ix) on entend par "titulaire" la personne inscrite dans les dossiers de l'office en tant que titulaire du brevet ;

x) on entend par "mandataire" un mandataire en vertu de la législation applicable ;

xi) on entend par "signature" tout moyen d'identification personnelle ;

xii) on entend par "langue acceptée par l'office" toute langue acceptée par celui-ci aux fins de la procédure particulière engagée devant lui ;

xiii) on entend par "traduction" une traduction dans une langue acceptée par l'office ou, le cas échéant, une translittération dans un alphabet ou un type de caractères accepté par l'office ;

xiv) on entend par "procédure devant l'office" toute procédure engagée devant l'office en ce qui concerne une demande ou un brevet ;

xv) à moins que le contexte ne s'y oppose, les mots employés au singulier s'entendent aussi comme englobant la forme plurielle et inversement, et les pronoms personnels masculins s'entendent aussi comme englobant le féminin ;

xvi) on entend par "Convention de Paris" la Convention de Paris pour la protection de la propriété industrielle, signée à Paris le 20 mars 1883, révisée et modifiée ;

xvii) on entend par "Traité de coopération en matière de brevets" (PCT) le Traité de coopération en matière de brevets, signé le 19 juin 1970, ainsi que le règlement d'exécution et les instructions administratives de ce traité, révisés et modifiés ;

xviii) on entend par "Partie contractante" tout État ou toute organisation intergouvernementale qui est partie au présent traité ;

xix) on entend par "législation", lorsque la Partie contractante est un État, la législation de cet État et, lorsque la Partie contractante est une organisation intergouvernementale, les normes juridiques de cette organisation intergouvernementale ;

xx) on entend par "instrument de ratification" également les instruments d'acceptation ou d'approbation ;

xxi) on entend par "Organisation" l'Organisation Mondiale de la Propriété Intellectuelle *[mondiale de la propriété intellectuelle]* ;

xxii) on entend par "Bureau international" le Bureau international de l'Organisation ;

xxiii) on entend par "Directeur général" le Directeur général de l'Organisation.

Art. 2 *Principes généraux.* 1. Conditions plus favorables.

Une Partie contractante est libre d'imposer des conditions qui, du point de vue des déposants et des titulaires, sont plus favorables que les conditions applicables en vertu du présent traité ou de son règlement d'exécution, exception faite de l'article 5.

2. Non-réglementation du droit matériel des brevets.

Aucune disposition du présent traité ou de son règlement d'exécution ne saurait être interprétée comme pouvant limiter la liberté qu'a une Partie contractante de prescrire dans la législation applicable les conditions relevant du droit matériel des brevets qu'elle désire.

Art. 3 *Demandes et brevets auxquels le traité s'applique.* 1. Demandes :

a) Les dispositions du présent traité et de son règlement d'exécution sont applicables aux demandes nationales et régionales de brevet d'invention ou de brevet d'addition qui sont déposées auprès de l'office, ou pour l'office, d'une Partie contractante et qui appartiennent

i) à des catégories déterminées de demandes qu'il est permis de déposer comme demandes internationales selon le Traité de coopération en matière de brevets ;

ii) aux demandes divisionnaires de brevet d'invention ou de brevet d'addition qui relèvent des catégories de demandes visées au point i) et à l'article 4 G. 1) ou 2) de la Convention de Paris.

b) Sous réserve des dispositions du Traité de coopération en matière de brevets, les dispositions du présent traité et de son règlement d'exécution sont applicables aux demandes internationales de brevet d'invention ou de brevet d'addition déposées en vertu du Traité de coopération en matière de brevets

i) en ce qui concerne les délais applicables au sein de l'office d'une Partie contractante en vertu des articles 22 et 39.1) du Traité de coopération en matière de brevets ;

ii) en ce qui concerne toute procédure engagée à la date ou après la date à laquelle le traitement ou l'examen de la demande internationale peut commencer en vertu de l'article 23 ou 40 dudit traité.

2. Brevets.

Les dispositions du présent traité et de son règlement d'exécution sont applicables aux brevets d'invention nationaux ou régionaux et aux brevets d'addition nationaux ou régionaux qui ont été délivrés avec effet à l'égard d'une Partie contractante.

Art. 4 *Exception concernant la sécurité.* Aucune disposition du présent traité ou de son règlement d'exécution ne limite la liberté qu'ont les Parties contractantes de prendre toutes mesures qu'elles jugent nécessaires aux fins de la préservation d'intérêts essentiels en matière de sécurité.

Art. 5 *Date de dépôt.* 1. Éléments de la demande :

a) Sauf disposition contraire du règlement d'exécution, et sous réserve des alinéas 2) à 8), une Partie contractante doit prévoir que la date de dépôt d'une demande est la date à laquelle son office a reçu tous les éléments suivants, déposés, au choix du déposant, sur papier ou par tout autre moyen autorisé par l'office aux fins de l'attribution de la date de dépôt :

i) l'indication explicite ou implicite selon laquelle les éléments sont censés constituer une demande ;

ii) des indications permettant d'établir l'identité du déposant ou permettant à l'office d'entrer en relation avec le déposant ;

iii) une partie qui, à première vue, semble constituer une description.

b) Une Partie contractante peut, aux fins de l'attribution de la date de dépôt, accepter que l'élément visé au sous-alinéa *a)* iii) soit un dessin.

c) Aux fins de l'attribution de la date de dépôt, une Partie contractante peut exiger tant les indications permettant d'établir l'identité du déposant que les indications permettant à l'office d'entrer en relation avec le déposant, ou peut accepter que les preuves permettant d'établir l'identité du déposant ou permettant à l'office d'entrer en relation avec lui soient l'élément visé au sous-alinéa a) ii).

2. Langue :

a) Une Partie contractante peut exiger que les indications visées à l'alinéa 1 *a)* i) et ii) soient données dans une langue acceptée par l'office.

b) La partie visée à l'alinéa 1) a) iii) peut, aux fins de l'attribution de la date de dépôt, être déposée dans n'importe quelle langue.

3. Notification.

Lorsque la demande ne remplit pas une ou plusieurs des conditions prévues par la Partie contractante en vertu des alinéas 1) et 2), l'office le notifie dans les meilleurs délais possibles au déposant, en lui donnant la possibilité de régulariser sa demande et de présenter des observations, dans le délai prescrit dans le règlement d'exécution.

4. Conditions remplies ultérieurement :

a) Lorsque la demande telle qu'elle a été déposée initialement ne remplit pas une ou plusieurs des conditions prévues par la Partie contractante en vertu des alinéas 1) et 2), la date de dépôt est la date à laquelle toutes les conditions prévues par la Partie contractante en vertu des alinéas 1) et 2) sont remplies ultérieurement, sous réserve du sous-alinéa b) et de l'alinéa 6).

b) Une Partie contractante peut prévoir que, lorsqu'une ou plusieurs des conditions visées au sous-alinéa *a)* ne sont pas remplies dans le délai prescrit dans le règlement d'exécution, la demande est réputée ne pas avoir été déposée. Lorsque la demande est réputée ne pas avoir été déposée, l'office notifie ce fait au déposant en lui en indiquant les raisons.

5. Notification concernant une partie de la description ou un dessin manquant.

Lorsque, en attribuant la date de dépôt, l'office remarque qu'une partie de la description ne semble pas figurer dans la demande ou que la demande renvoie à un dessin qui ne semble pas y figurer, il le notifie au déposant à bref délai.

6. Date de dépôt lorsqu'une partie manquante de la description ou un dessin manquant est déposé :

a) Lorsqu'une partie manquante de la description ou un dessin manquant est déposé auprès de l'office dans le délai prescrit dans le règlement d'exécution, cette partie de la description ou ce dessin est incorporé à la demande et, sous réserve des sous-alinéas *b)* et *c)*, la date de dépôt est soit la date à laquelle l'office a reçu cette partie de la description ou ce dessin, soit la date à laquelle toutes les conditions prévues par la Partie contractante en vertu des alinéas 1) et 2) sont remplies, selon celle de ces deux dates qui est postérieure.

b) Lorsque la partie manquante de la description ou le dessin manquant est déposé en vertu du sous-alinéa a) de manière à remédier à son omission d'une demande qui, à la date à laquelle l'office a initialement reçu l'un au moins des éléments indiqués à l'alinéa 1) a), revendique la priorité d'une demande antérieure, la date de dépôt, sur requête du déposant présentée dans le délai prescrit dans le règlement d'exécution, et sous réserve des conditions prescrites dans ledit règlement, est la date à laquelle toutes les conditions prévues par la Partie contractante en vertu des alinéas 1) et 2) sont remplies.

c) Lorsque la Partie manquante de la description ou le dessin manquant déposé en vertu du sous-alinéa a) est retiré dans un délai fixé par la Partie contractante, la date de dépôt est la date à laquelle les conditions prévues par la Partie contractante en vertu des alinéas 1) et 2) sont remplies.

7. Remplacement de la description et des dessins par un renvoi à une demande déposée antérieurement :

a) Sous réserve des conditions prescrites dans le règlement d'exécution, un renvoi, fait lors du dépôt de la demande, dans une langue acceptée par l'office, à une demande déposée antérieurement remplace, aux fins d'attribution de la date de dépôt de la demande, la description et tous dessins.

b) Lorsque les conditions visées au sous-alinéa *a)* ne sont pas remplies, la demande peut être réputée ne pas avoir été déposée. Dans ce cas, l'office doit en aviser le déposant, en motivant sa décision.

8. Exceptions.

Aucune disposition du présent article ne limite

i) le droit reconnu à un déposant en vertu de l'article 4 G. 1) ou 2) de la Convention de Paris de conserver, comme date d'une demande divisionnaire visée dans ledit article, la date de la demande initiale visée dans ce même article et, s'il y a lieu, le bénéfice du droit de priorité ;

ii) la faculté reconnue à toute Partie contractante d'appliquer toute condition nécessaire pour accorder le bénéfice de la date de dépôt de la demande antérieure à tout type de demande prescrit dans le règlement d'exécution.

Art. 6 *Demande.* 1. Forme ou contenu de la demande.

Sauf disposition contraire du présent traité, aucune Partie contractante ne peut exiger qu'une demande remplisse, quant à sa forme ou à son contenu, des conditions différentes

i) des conditions relatives à la forme ou au contenu qui sont prévues en ce qui concerne les demandes internationales déposées en vertu du Traité de coopération en matière de brevets ;

ii) des conditions relatives à la forme ou au contenu qui, en vertu du Traité de coopération en matière de brevets, peuvent être requises par l'office d'un État partie audit traité, ou par l'office agissant pour cet État, une fois engagé le traitement ou l'examen de la demande internationale en vertu de l'article 23 ou 40 de ce traité ;

iii) des conditions supplémentaires prescrites dans le règlement d'exécution, ou des conditions qui s'y ajouteraient.

2. Formulaire de requête :

a) Une Partie contractante peut exiger que le contenu d'une demande correspondant au contenu de la requête d'une demande internationale déposée en vertu du Traité de coopération en matière de brevets soit présenté sur un formulaire de requête prescrit par elle. Une Partie contractante peut aussi exiger que tout contenu supplémentaire autorisé en vertu de l'alinéa 1) ii) ou prescrit dans le règlement d'exécution en vertu de l'alinéa 1) iii) figure dans ce formulaire de requête.

b) Nonobstant le sous-alinéa *a)*, et sous réserve de l'article 8.1), une Partie contractante accepte la présentation du contenu visé au sous-alinéa *a)* sur un formulaire de requête prévu dans le règlement d'exécution.

3. Traduction.

Une Partie contractante peut exiger une traduction de toute partie de la demande qui n'est pas rédigée dans une langue acceptée par son office. Une Partie contractante peut aussi exiger que les parties de la demande qui sont précisées dans le règlement d'exécution et rédigées dans une langue acceptée par l'office soient traduites dans toute autre langue acceptée par celui-ci.

4. Taxes.

Une Partie contractante peut exiger que des taxes soient payées au titre de la demande. Une Partie contractante peut appliquer les dispositions du Traité de coopération en matière de brevets en ce qui concerne le paiement de taxes de dépôt.

5. Document de priorité.

Lorsque la priorité d'une demande antérieure est revendiquée, une Partie contractante peut exiger qu'une copie de la demande antérieure, et une traduction lorsque la demande antérieure n'est pas rédigée dans une langue acceptée par son office, soient remises conformément aux conditions prescrites dans le règlement d'exécution.

6. Preuves.

En ce qui concerne une indication ou un élément visé à l'alinéa 1) ou 2) ou dans une déclaration de priorité, ou en ce qui concerne toute traduction visée à l'alinéa 3) ou 5), une Partie contractante ne peut exiger que des preuves soient fournies à son office au cours du traitement de la demande que dans le cas où celui-ci peut raisonnablement douter de la véracité de l'indication ou de l'élément en question ou de l'exactitude de cette traduction.

7. Notification.

Lorsqu'une ou plusieurs des conditions requises par la Partie contractante en vertu des alinéas 1) à 6) ne sont pas remplies, l'office le notifie au déposant, en lui donnant la possibilité de remplir cette ou ces conditions, et de présenter des observations dans le délai prescrit dans le règlement d'exécution.

8. Conditions non remplies :

a) Lorsqu'une ou plusieurs des conditions requises par la Partie contractante en vertu des alinéas 1) à 6) ne sont pas remplies dans le délai prescrit dans le règlement d'exécution, la Partie contractante peut, sous réserve du sous-alinéa *b)* et des articles 5 et 10, appliquer la sanction prévue dans sa législation.

b) Lorsque l'une des conditions requises par la Partie contractante en vertu de l'alinéa 1), 5) ou 6) en ce qui concerne une revendication de priorité n'est pas remplie dans le délai prescrit dans le règlement d'exécution, la revendication de priorité peut, sous réserve de l'article 13, être réputée inexistante. Sous réserve de l'article 5.7) *b)*, aucune autre sanction ne peut être appliquée.

Art. 7 *Mandataire.* 1. Mandataires :

a) Une Partie contractante peut exiger qu'un mandataire constitué aux fins d'une procédure devant l'office

i) ait le droit, en vertu de la législation applicable, d'exercer auprès de celui-ci, en ce qui concerne les demandes et les brevets ;

ii) indique comme étant son adresse une adresse sur un territoire prescrit par la Partie contractante.

b) Sous réserve du sous-alinéa *c)*, un acte accompli au titre d'une quelconque procédure devant l'office par un mandataire, ou à l'intention d'un mandataire, qui remplit les conditions appliquées par la Partie contractante en vertu du sous-alinéa *a)* a les effets d'un acte accompli par le déposant, le titulaire ou une autre personne intéressée ayant constitué ce mandataire ou à son intention.

c) Une Partie contractante peut prévoir que, dans le cas d'un serment ou d'une déclaration ou en cas de révocation d'un pouvoir, la signature d'un mandataire n'a pas l'effet de la signature du déposant, du titulaire ou d'une autre personne intéressée ayant constitué ce mandataire.

2. Constitution obligatoire de mandataire :

a) Une Partie contractante peut exiger qu'un déposant, un titulaire ou une autre personne intéressée constitue un mandataire aux fins de toute procédure devant l'office, étant entendu qu'un déposant, un titulaire, un cessionnaire d'une demande ou une autre personne intéressée peut agir lui-même devant l'office aux fins des procédures suivantes :

i) dépôt d'une demande aux fins de l'attribution d'une date de dépôt ;

ii) simple paiement d'une taxe ;

iii) toute autre procédure prescrite dans le règlement d'exécution ;

iv) délivrance d'un reçu ou d'une notification de l'office en rapport avec toute procédure visée aux points i) à iii).

b) Toute personne peut payer une taxe de maintien en vigueur.

3. Constitution de mandataire.

Une Partie contractante accepte que la constitution de mandataire soit communiquée à l'office de la manière prescrite par le règlement d'exécution.

4. Interdiction d'autres conditions.

Aucune Partie contractante ne peut exiger que des conditions de forme autres que celles qui sont énoncées aux alinéas 1) à 3) soient remplies en ce qui concerne les éléments sur lesquels portent ces alinéas, sauf disposition contraire du présent traité ou de son règlement d'exécution.

5. Notifications.

Lorsqu'une ou plusieurs des conditions requises par la Partie contractante en vertu des alinéas 1) à 3) ne sont pas remplies, l'office le notifie au déposant, au titulaire, au cessionnaire de la demande ou à une autre personne intéressée, en lui donnant la possibilité de remplir cette ou ces conditions et de présenter des observations, dans le délai prescrit dans le règlement d'exécution.

6. Conditions non remplies.

Lorsqu'une ou plusieurs des conditions prévues par la Partie contractante en vertu des alinéas 1) à 3) ne sont pas remplies dans le délai prescrit dans le règlement d'exécution, la Partie contractante peut appliquer la sanction prévue dans sa législation.

Art. 8 *Communications ; adresses.* 1. Forme et mode de transmission des communications :

a) Sauf pour l'attribution d'une date de dépôt en vertu de l'article 5.1), et sous réserve de l'article 6.1), le règlement d'exécution énonce, sous réserve des sous-alinéas *b)* à *d)*, les conditions qu'une Partie contractante est autorisée à imposer en ce qui concerne la forme et le mode de transmission des communications.

b) Aucune Partie contractante n'est tenue d'accepter le dépôt des communications autrement que sur papier.

c) Aucune Partie contractante n'est tenue d'exclure le dépôt des communications sur papier.

d) Une Partie contractante accepte le dépôt des communications sur papier aux fins du respect d'un délai.

2. Langue des communications.

Une Partie contractante peut, sauf disposition contraire du présent traité ou de son règlement d'exécution, exiger qu'une communication soit établie dans une langue acceptée par l'office.

3. Formulaires internationaux types.

Nonobstant l'alinéa 1) *a)* et sous réserve de l'alinéa 1) *b)* et de l'article 6.2) b), une Partie contractante accepte la présentation du contenu d'une communication sur un formulaire qui correspond à un formulaire international type prévu pour cette communication, le cas échéant, par le règlement d'exécution.

4. Signature des communications :

a) Lorsqu'une Partie contractante exige une signature aux fins d'une communication, elle accepte toute signature remplissant les conditions prescrites dans le règlement d'exécution.

b) Aucune Partie contractante ne peut exiger qu'une signature communiquée à son office soit attestée, reconnue conforme par un officier public, authentifiée, légalisée ou certifiée d'une autre manière, sauf dans le cas d'une procédure quasi judiciaire ou sauf disposition contraire du règlement d'exécution.

c) Sous réserve du sous-alinéa *b)*, une Partie contractante ne peut exiger que des preuves soient fournies à l'office que dans le cas où celui-ci peut raisonnablement douter de l'authenticité d'une signature.

5. Indications dans les communications.

Une Partie contractante peut exiger que toute communication contienne une ou plusieurs indications prescrites dans le règlement d'exécution.

6. Adresse pour la correspondance, domicile élu et autre adresse.

Une Partie contractante peut, sous réserve des dispositions prescrites dans le règlement d'exécution, exiger que le déposant, le titulaire ou une autre personne intéressée indique dans toute communication

i) une adresse pour la correspondance ;

ii) un domicile élu ;

iii) toute autre adresse prévue dans le règlement d'exécution.

7. Notification.

Lorsqu'une ou plusieurs des conditions requises par la Partie contractante en vertu des alinéas 1) à 6) ne sont pas remplies en ce qui concerne les communications, l'office le notifie au déposant, au titulaire ou à une autre personne intéressée, en lui donnant la possibilité de remplir cette ou ces conditions et de présenter des observations, dans le délai prescrit dans le règlement d'exécution.

8. Conditions non remplies.

Lorsqu'une ou plusieurs des conditions prévues par la Partie contractante en vertu des alinéas 1) à 6) ne sont pas remplies dans le délai prescrit dans le règlement d'exécution, la Partie contractante peut, sous réserve des articles 5 et 10 et de toute exception prescrite dans le règlement d'exécution, appliquer la sanction prévue dans sa législation.

Art. 9 *Notifications.* 1. Notification suffisante.

Toute notification visée dans le présent traité ou dans son règlement d'exécution qui est envoyée par l'office à l'adresse pour la correspondance ou au domicile élu indiqué en vertu de l'article 8.6), ou à toute autre adresse prévue dans le règlement d'exécution aux fins de la présente disposition, et qui satisfait aux dispositions y relatives, constitue une notification suffisante aux fins du présent traité et de son règlement d'exécution.

2. Défaut de fourniture des indications permettant l'envoi d'une notification.

Aucune disposition du présent traité ou de son règlement d'exécution n'oblige une Partie contractante à envoyer une notification au déposant, au titulaire ou à une autre personne intéressée si aucune indication permettant de joindre ceux-ci n'a été fournie à l'office.

3. Défaut de notification.

Sous réserve de l'article 10.1), lorsqu'un office ne notifie pas au déposant, au titulaire ou à une autre personne intéressée l'inobservation de conditions énoncées dans le présent traité ou dans son règlement d'exécution, cette absence de notification ne libère pas le déposant, le titulaire ou l'autre personne intéressée de l'obligation de remplir ces conditions.

Art. 10 *Validité du brevet ; révocation.* 1. Inobservation de certaines conditions de forme sans incidence sur la validité du brevet.

L'inobservation d'une ou de plusieurs des conditions de forme relatives à une demande, énoncées aux articles 6.1), 2), 4) et 5) et 8.1) à 4), ne peut pas constituer un motif de révocation ou d'annulation du brevet, dans sa totalité ou en partie, sauf lorsque l'inobservation de la condition de forme résulte d'une intention frauduleuse.

2. Possibilité de présenter des observations et d'apporter des modifications ou des rectifications lorsque la révocation ou l'annulation est envisagée.

Un brevet ne peut pas être révoqué ni annulé, dans sa totalité ou en partie, sans que le titulaire ait la possibilité de présenter des observations sur la révocation ou l'annulation envisagée et d'apporter les modifications et les rectifications autorisées par la loi, dans un délai raisonnable.

3. Aucune obligation concernant des procédures spéciales.

Les alinéas 1) et 2) ne créent aucune obligation de mettre en place, en ce qui concerne la sanction des droits attachés aux brevets, des procédures judiciaires distinctes de celles qui ont trait à la sanction des droits en général.

Art. 11 *Sursis en matière de délais.* 1. Prorogation de délais.

Une Partie contractante peut prévoir la prorogation, pour la durée prescrite dans le règlement d'exécution, d'un délai fixé par l'office pour l'accomplissement d'un acte dans une procédure devant lui à l'égard d'une demande ou d'un brevet, si une requête à cet effet est présentée à l'office conformément aux conditions prescrites dans le règlement d'exécution, et si cette requête est présentée, au choix de la Partie contractante

i) avant l'expiration du délai considéré ; ou

ii) après l'expiration du délai considéré et dans le délai prescrit dans le règlement d'exécution.

2. Poursuite de la procédure.

Lorsqu'un déposant ou un titulaire n'a pas observé un délai fixé par l'office d'une Partie contractante pour l'accomplissement d'un acte dans une procédure devant lui à l'égard d'une demande ou d'un brevet, et que la Partie contractante en question ne prévoit pas la prorogation d'un délai en vertu de l'alinéa 1) ii), la Partie contractante prévoit la poursuite de la procédure à l'égard de la demande ou du brevet et, le cas échéant, le rétablissement des droits du déposant ou du titulaire à l'égard de cette demande ou de ce brevet, si

i) une requête à cet effet est présentée à l'office conformément aux conditions prescrites dans le règlement d'exécution ;

ii) la requête est présentée, et toutes les conditions à l'égard desquelles le délai fixé pour l'accomplissement de l'acte en question s'applique sont remplies, dans le délai prescrit dans le règlement d'exécution.

3. Exceptions.

Aucune Partie contractante n'est tenue de prévoir le sursis visé à l'alinéa 1) ou 2) dans le cas des exceptions prescrites dans le règlement d'exécution.

4. Taxes.

Une Partie contractante peut exiger qu'une taxe soit payée au titre de la requête visée à l'alinéa 1) ou 2).

5. Interdiction d'autres conditions.

Sauf disposition contraire du présent traité ou de son règlement d'exécution, aucune Partie contractante ne peut exiger que des conditions, autres que celles qui sont indiquées aux alinéas 1) à 4), soient remplies en ce qui concerne le sursis prévu à l'alinéa 1) ou 2).

6. Possibilité de présenter des observations lorsqu'un refus est envisagé.

Une requête formulée en vertu de l'alinéa 1) ou 2) ne peut pas être rejetée sans que soit donnée au déposant ou au titulaire la possibilité de présenter dans un délai raisonnable des observations sur le refus envisagé.

Art. 12 *Rétablissement des droits après que l'office a constaté que toute la diligence requise a été exercée ou que l'inobservation n'était pas intentionnelle.* 1. Requête en rétablissement des droits.

Une Partie contractante doit prévoir que, lorsqu'un déposant ou un titulaire n'a pas observé un délai fixé pour l'accomplissement d'un acte dans une procédure devant l'office, et que cette inobservation a pour conséquence directe la perte des droits relatifs à la demande ou au brevet, l'office rétablit les droits du déposant ou du titulaire à l'égard de la demande ou du brevet, si

i) une requête à cet effet lui est présentée conformément aux conditions prescrites dans le règlement d'exécution ;

ii) la requête est présentée, et toutes les conditions à l'égard desquelles le délai fixé pour l'accomplissement de l'acte en question s'applique sont remplies, dans le délai prescrit dans le règlement d'exécution ;

iii) la requête expose les raisons pour lesquelles le délai fixé n'a pas été observé ; et

iv) l'office constate que l'inobservation du délai est intervenue bien que la diligence requise en l'espèce ait été exercée ou, au choix de la Partie contractante, que le retard n'était pas intentionnel.

2. Exceptions.

Aucune Partie contractante n'est tenue de prévoir le rétablissement des droits en vertu de l'alinéa 1) dans le cas des exceptions prescrites dans le règlement d'exécution.

3. Taxes.

Une Partie contractante peut exiger qu'une taxe soit payée au titre de la requête visée à l'alinéa 1).

4. Preuves

Une Partie contractante peut exiger qu'une déclaration ou d'autres preuves soient fournies à l'office, dans le délai fixé par celui-ci, à l'appui des raisons visées à l'alinéa 1) iii).

5. Possibilité de présenter des observations lorsqu'un refus est envisagé.

Une requête formulée en vertu de l'alinéa 1) ne peut pas être rejetée, totalement ou en partie, sans que soit donnée au requérant la possibilité de présenter dans un délai raisonnable des observations sur le refus envisagé.

Art. 13 *Correction ou adjonction d'une revendication de priorité ; restauration du droit de priorité.* 1. Correction ou adjonction d'une revendication de priorité.

Sauf disposition contraire du règlement d'exécution, une Partie contractante prévoit la correction d'une revendication de priorité ou son adjonction à une demande (la « demande ultérieure »), si

i) une requête à cet effet est présentée à l'office conformément aux conditions prescrites dans le règlement d'exécution ;

ii) la requête est présentée dans le délai prescrit dans le règlement d'exécution ; et

iii) la date de dépôt de la demande ultérieure n'est pas postérieure à la date d'expiration du délai de priorité calculé à compter de la date de dépôt de la demande la plus ancienne dont la priorité est revendiquée.

2. Dépôt tardif de la demande ultérieure :

a) Compte tenu de l'article 15 du présent traité, une Partie contractante doit prévoir que, lorsqu'une demande (la « demande ultérieure ») qui revendique ou aurait pu revendiquer la priorité d'une demande antérieure a une date de dépôt postérieure à la date d'expiration du délai de priorité, mais s'inscrivant dans le délai prescrit dans le règlement d'exécution, l'office restaure le droit de priorité, si

i) une requête à cet effet lui est présentée conformément aux conditions prescrites dans le règlement d'exécution ;

ii) la requête est présentée dans le délai prescrit dans le règlement d'exécution ;
iii) la requête expose les raisons pour lesquelles le délai de priorité n'a pas été observé ; et
iv) l'office constate que la demande ultérieure n'a pas été déposée dans le délai de priorité bien que la diligence requise en l'espèce ait été exercée ou, au choix de la Partie contractante, que l'inobservation du délai n'était pas intentionnelle.

3. Défaut de fourniture d'une copie d'une demande antérieure.

Une Partie contractante doit prévoir que, lorsqu'une copie d'une demande antérieure exigée en vertu de l'article 6.5) n'est pas remise à l'office dans le délai prescrit dans le règlement d'exécution en application de l'article 6, l'office rétablit le droit de priorité, si

i) une requête à cet effet lui est présentée conformément aux conditions prescrites dans le règlement d'exécution ;
ii) la requête est présentée dans le délai prescrit dans le règlement d'exécution en application de l'article 6.5) pour la remise de la copie de la demande antérieure ;
iii) l'office constate que la copie à fournir a été demandée dans le délai prescrit dans le règlement d'exécution à l'office auprès duquel la demande antérieure a été déposée ; et
iv) une copie de la demande antérieure est remise dans le délai prescrit dans le règlement d'exécution.

4. Taxes.

Une Partie contractante peut exiger qu'une taxe soit payée au titre des requêtes visées aux alinéas 1) à 3).

5. Preuves.

Une Partie contractante peut exiger qu'une déclaration ou d'autres preuves soient fournies à l'office, dans le délai fixé par celui-ci, à l'appui des raisons visées à l'alinéa 2) iii).

6. Possibilité de présenter des observations lorsqu'un refus est envisagé.

Une requête formulée en vertu des alinéas 1) à 3) ne peut pas être rejetée, dans sa totalité ou en partie, sans que soit donnée au requérant la possibilité de présenter dans un délai raisonnable des observations sur le refus envisagé.

Art. 14 *Règlement d'exécution.* 1. Teneur :

a) Le règlement d'exécution annexé au présent traité comporte des règles relatives
i) aux questions qui, aux termes du présent traité, doivent faire l'objet de prescriptions du règlement d'exécution ;
ii) aux précisions utiles pour l'application des dispositions du présent traité ;
iii) aux conditions, questions ou procédures d'ordre administratif.

b) Le règlement d'exécution contient aussi des règles concernant les conditions de forme qu'une Partie contractante est autorisée à appliquer en ce qui concerne les requêtes
i) en inscription d'un changement de nom ou d'adresse ;
ii) en inscription d'un changement de déposant ou de titulaire ;
iii) en inscription d'une licence ou d'une sûreté réelle ;
iv) en rectification d'une erreur.

c) Le règlement d'exécution prévoit en outre l'établissement par l'Assemblée, avec l'aide du Bureau international, de formulaires internationaux types et d'un formulaire de requête aux fins de l'article 6.2) *b).*

2. Modification du règlement d'exécution.

Sous réserve de l'alinéa 3), toute modification du règlement d'exécution requiert les trois quarts des votes exprimés.

3. Exigence de l'unanimité :

a) Le règlement d'exécution peut indiquer les règles qui ne peuvent être modifiées qu'à l'unanimité.

b) Toute modification du règlement d'exécution ayant pour effet d'ajouter ou de supprimer des règles visées au sous-alinéa *a)* doit être adoptée à l'unanimité.

c) Pour déterminer s'il y a unanimité, seuls les votes exprimés sont pris en considération. L'abstention n'est pas considérée comme un vote.

4. Divergence entre le traité et le règlement d'exécution.

En cas de divergence entre les dispositions du présent traité et celles du règlement d'exécution, ce sont les dispositions du traité qui priment.

Art. 15 *Rapports avec la Convention de Paris.* 1. Obligation de se conformer à la Convention de Paris.

Chaque Partie contractante se conforme aux dispositions de la Convention de Paris qui concernent les brevets.

2. Obligations et droits découlant de la Convention de Paris :

a) Aucune disposition du présent traité n'emporte dérogation aux obligations qu'ont les Parties contractantes les unes à l'égard des autres en vertu de la Convention de Paris.

b) Aucune disposition du présent traité n'emporte dérogation aux droits dont jouissent les déposants et les titulaires en vertu de la Convention de Paris.

Art. 16 *Effet des révisions et modifications du Traité de coopération en matière de brevets.* 1. Applicabilité des révisions et modifications du Traité de coopération en matière de brevets.

Sous réserve de l'alinéa 2), toute révision ou modification du Traité de coopération en matière de brevets postérieure au 2 juin 2000 qui est compatible avec les articles du présent traité est applicable aux fins du présent traité et de son règlement d'exécution si l'Assemblée en décide ainsi, dans le cas considéré, à la majorité des trois quarts des votes exprimés.

2. Non-applicabilité des dispositions transitoires du Traité de coopération en matière de brevets.

Une disposition du Traité de coopération en matière de brevets en vertu de laquelle une disposition révisée, ou modifiée de ce traité n'est pas applicable à l'égard d'un État partie audit traité, ou à l'égard de l'office d'un tel État ou d'un office agissant pour un tel État, tant qu'elle reste incompatible avec la législation nationale appliquée par cet État ou cet office n'est pas applicable aux fins du présent traité et de son règlement d'exécution.

Art. 17 *Assemblée.* 1. Composition :

a) Les Parties contractantes ont une Assemblée.

b) Chaque Partie contractante est représentée à l'Assemblée par un délégué, qui peut être assisté de suppléants, de conseillers et d'experts. Chaque délégué ne peut représenter qu'une seule Partie contractante.

2. Fonctions.

L'Assemblée

i) traite des questions concernant le maintien et le développement du présent traité ainsi que son application et son fonctionnement ;

ii) établit, avec l'aide du Bureau international, des formulaires internationaux types et le formulaire de requête visé à l'article 14.1) c) ;

iii) modifie le règlement d'exécution ;

iv) fixe les conditions concernant la date à partir de laquelle chaque formulaire international type et le formulaire de requête visé au point ii) pourront être utilisés et la date de prise d'effet de chaque modification visée au point iii) ;

v) décide conformément à l'article 16.1) si une révision ou modification du Traité de coopération en matière de brevets est applicable aux fins du présent traité et de son règlement d'exécution ;

vi) s'acquitte de toute autre tâche qu'implique le présent traité.

3. Quorum :

a) La moitié des membres de l'Assemblée qui sont des États constitue le quorum.

b) Nonobstant les dispositions du sous-alinéa *a)*, si, lors d'une session, le nombre des membres de l'Assemblée qui sont des États et qui sont représentés est inférieur à la moitié mais égal ou supérieur au tiers des membres de l'Assemblée qui sont des États, l'Assemblée peut prendre des décisions ; toutefois, les décisions de l'Assemblée, à l'exception de celles qui concernent sa procédure, ne deviennent exécutoires que lorsque les conditions énoncées ci-après sont remplies. Le Bureau international communique lesdites décisions aux membres de l'Assemblée qui sont des États et qui n'étaient pas représentés, en les invitant à exprimer par écrit, dans un délai de trois mois à compter de la date de la communication, leur vote ou leur abstention. Si, à l'expiration de ce délai, le nombre desdits membres ayant ainsi exprimé leur vote ou leur abstention est au moins égal au nombre de membres qui faisait défaut pour que le quorum fût atteint lors de la session, lesdites décisions deviennent exécutoires, pourvu qu'en même temps la majorité nécessaire reste acquise.

4. Prise des décisions au sein de l'Assemblée :

a) L'Assemblée s'efforce de prendre ses décisions par consensus.

b) Lorsqu'il n'est pas possible d'arriver à une décision par consensus, la décision sur la question à l'examen est mise aux voix. Dans ce cas,

i) chaque Partie contractante qui est un État dispose d'une voix et vote uniquement en son propre nom ; et

ii) toute Partie contractante qui est une organisation intergouvernementale peut participer au vote à la place de ses États membres, avec un nombre de voix égal au nombre de ses États membres qui sont parties au présent traité. Aucune organisation intergouvernementale ne participe au vote si l'un de ses États membres exerce son droit de vote et inversement. En outre, aucune organisation intergouvernementale ne participe au vote si l'un de ses États membres qui est partie au présent traité est membre d'une autre organisation intergouvernementale et si cette dernière participe au vote.

5. Majorités :

a) Sous réserve des articles 14.2) et 3), 16.1) et 19.3), les décisions de l'Assemblée sont prises à la majorité des deux tiers des votes exprimés.

b) Pour déterminer si la majorité requise est atteinte, seuls les votes exprimés sont pris en considération. L'abstention n'est pas considérée comme un vote.

6. Sessions.

L'Assemblée se réunit en session ordinaire une fois tous les deux ans sur convocation du Directeur général.

7. Règlement intérieur.

L'Assemblée établit son propre règlement intérieur, y compris en ce qui concerne sa convocation en session extraordinaire.

Art. 18 *Bureau international.* 1. Fonctions administratives :

a) Le Bureau international assure les tâches administratives concernant le présent traité.

b) En particulier, le Bureau international prépare les réunions et assure le secrétariat de l'Assemblée et des comités d'experts et groupes de travail qu'elle peut créer.

2. Réunions autres que les sessions de l'Assemblée.

Le Directeur général convoque tout comité ou groupe de travail créé par l'Assemblée.

3. Rôle du Bureau international à l'Assemblée et à d'autres réunions :

a) Le Directeur général et les personnes désignées par le Directeur général prennent part, sans droit de vote, à toutes les réunions de l'Assemblée et des comités et groupes de travail créés par l'Assemblée.

b) Le Directeur général ou un membre du personnel désigné par le Directeur général est d'office secrétaire de l'Assemblée et des comités et groupes de travail visés au sous-alinéa a).

4. Conférences :

a) Le Bureau international, selon les directives de l'Assemblée, prépare les conférences de révision.

b) Le Bureau international peut consulter des États membres de l'Organisation, des organisations intergouvernementales ainsi que des organisations non gouvernementales internationales et nationales sur la préparation de ces conférences.

c) Le Directeur général et les personnes désignées par le Directeur général prennent part, sans droit de vote, aux délibérations des conférences de révision.

5. Autres fonctions.

Le Bureau international exécute toutes les autres tâches qui lui sont assignées en relation avec le présent traité.

Art. 19 *Révisions.* 1. Révision du traité.

Sous réserve de l'alinéa 2), le présent traité peut être révisé par une conférence des Parties contractantes. La convocation d'une conférence de révision est décidée par l'Assemblée.

2. Révision ou modification de certaines dispositions du traité.

L'article 17.2) et 6) peut être modifié soit par une conférence de révision, soit par l'Assemblée conformément aux dispositions de l'alinéa 3).

3. Modification de certaines dispositions du traité par l'Assemblée :

a) Des propositions de modification de l'article 17.2) et 6) par l'Assemblée peuvent être présentées par toute Partie contractante ou par le Directeur général. Ces propositions sont communiquées par le Directeur général aux Parties contractantes six mois au moins avant d'être soumises à l'examen de l'Assemblée.

b) L'adoption de toute modification des dispositions visées au sous-alinéa *a)* requiert les trois quarts des votes exprimés.

c) Toute modification des dispositions visées au sous-alinéa *a)* entre en vigueur un mois après que le Directeur général a reçu, de la part des trois quarts des Parties contractantes qui étaient membres de l'Assemblée au moment où celle-ci a adopté la modification, des notifications écrites faisant état de l'acceptation de cette modification conformément à leurs règles constitutionnelles respectives. Toute modification desdites dispositions ainsi acceptée lie toutes les Parties contractantes qui sont liées par le présent traité au moment où la modification entre en vigueur et les États ou organisations intergouvernementales qui le deviennent à une date ultérieure.

Art. 20 *Conditions et modalités pour devenir partie au traité.* 1. États.

Tout État qui est partie à la Convention de Paris ou qui est membre de l'Organisation et pour lequel des brevets peuvent être délivrés soit par l'intermédiaire de son propre office, soit par l'intermédiaire de l'office d'un autre État ou d'une organisation intergouvernementale, peut devenir partie au présent traité.

2. Organisations intergouvernementales.

Toute organisation intergouvernementale peut devenir partie au présent traité si au moins un de ses États membres est partie à la Convention de Paris ou membre de l'Organisation et si l'organisation intergouvernementale déclare qu'elle a été dûment autorisée, conformément à ses procédures internes, à devenir partie au présent traité et

i) qu'elle a compétence pour délivrer des brevets produisant effet pour ses États membres ; ou

ii) qu'elle a compétence à l'égard des questions qui font l'objet du présent traité et que sa propre législation lie tous ses États membres à l'égard de ces questions, et qu'elle gère un office régional qui délivre des brevets produisant leurs effets sur son territoire conformément à sa législation ou qu'elle a chargé un office régional de cette tâche.

Sous réserve de l'alinéa 3), toute déclaration de ce type doit être faite au moment du dépôt de l'instrument de ratification ou d'adhésion.

3. Organisations régionales de brevets.

L'Organisation européenne des brevets, l'Organisation eurasienne des brevets et l'Organisation régionale africaine de la propriété industrielle, ayant fait la déclaration visée à l'alinéa 2) i) ou ii) lors de la conférence diplomatique qui a adopté le présent traité, peuvent devenir parties au présent traité en tant qu'organisations intergouvernementales, si elles déclarent, au moment du dépôt de leur instrument de ratification d'adhésion, qu'elles ont été dûment autorisées, conformément à leurs procédures internes, à devenir parties au présent traité.

4. Ratification ou adhésion.

Tout État ou organisation intergouvernementale remplissant les conditions prévues à l'alinéa 1), 2) ou 3) peut déposer

i) un instrument de ratification s'il a signé le présent traité ; ou

ii) un instrument d'adhésion s'il n'a pas signé le présent traité.

Art. 21 *Entrée en vigueur ; date de prise d'effet des ratifications et des adhésions.* 1. Entrée en vigueur du présent traité.

Le présent traité entre en vigueur trois mois après que dix instruments de ratification ou d'adhésion ont été déposés auprès du Directeur général par des États.

2. Date de prise d'effet des ratifications et adhésions.

Le présent traité lie

i) les dix États visés à l'alinéa 1), à compter de la date à laquelle le présent traité est entré en vigueur ;

ii) les autres États, à l'expiration d'un délai de trois mois à compter de la date à laquelle l'État a déposé son instrument de ratification ou d'adhésion auprès du Directeur général ou à partir d'une date ultérieure indiquée dans cet instrument mais pas plus de six mois après la date de ce dépôt ;

iii) chacune des organisations suivantes, à savoir l'Organisation européenne des brevets, l'Organisation eurasienne des brevets et l'Organisation régionale africaine de la propriété industrielle, à l'expiration d'un délai de trois mois suivant le dépôt de son instrument de ratification ou d'adhésion ou à partir d'une date ultérieure indiquée dans cet instrument mais pas plus de six mois après la date de ce dépôt, si celui-ci a été déposé après l'entrée en vigueur du présent traité conformément à l'alinéa 1), ou trois mois après l'entrée en vigueur du présent traité si l'instrument a été déposé avant l'entrée en vigueur du présent traité ;

iv) toute autre organisation intergouvernementale qui remplit les conditions prévues pour devenir partie au présent traité, à l'expiration d'un délai de trois mois suivant le dépôt de son instrument de ratification ou d'adhésion ou à partir d'une date ultérieure indiquée dans cet instrument mais pas plus de six mois après la date de ce dépôt.

Art. 22 *Application du traité aux demandes en instance et aux brevets en vigueur.* 1. Principe.

Sous réserve de l'alinéa 2), une Partie contractante applique les dispositions du présent traité et de son règlement d'exécution, à l'exception des articles 5 et 6.1) et 2) et des règles correspondantes, aux demandes en instance et aux brevets en vigueur à la date à laquelle elle devient liée par le présent traité en vertu de l'article 21.

2. Procédures.

Aucune Partie contractante n'est tenue d'appliquer les dispositions du présent traité et de son règlement d'exécution à une démarche s'inscrivant dans une procédure relative à une demande ou à un brevet visé à l'alinéa 1), si cette démarche a été engagée avant la date à laquelle la Partie contractante en question devient liée par le présent traité en vertu de l'article 21.

Art. 23 *Réserves.* 1. Réserve.

Tout État ou organisation intergouvernementale peut déclarer au moyen d'une réserve que les dispositions de l'article 6.1) ne s'appliquent à aucune exigence d'unité de l'invention applicable, en vertu du Traité de coopération en matière de brevets, à une demande internationale.

2. Modalités.

Toute réserve faite en vertu de l'alinéa 1) doit figurer dans une déclaration accompagnant l'instrument de ratification du présent traité ou d'adhésion à celui-ci déposé par l'État ou l'organisation intergouvernementale formulant cette réserve.

3. Retrait.

Toute réserve formulée en vertu de l'alinéa 1) peut être retirée à tout moment.

4. Interdiction d'autres réserves.

Aucune autre réserve que celle qui est autorisée en vertu de l'alinéa 1) ne peut être formulée à l'égard du présent traité.

Art. 24 *Dénonciation du traité.* 1. Notification.

Toute Partie contractante peut dénoncer le présent traité par notification adressée au Directeur général.

2. Date de prise d'effet.

La dénonciation prend effet un an après la date à laquelle le Directeur général a reçu la notification ou à une date ultérieure indiquée dans celle-ci. Elle n'a aucune incidence sur l'application du présent traité aux demandes qui sont en instance ou aux brevets qui sont en vigueur, en ce qui concerne la Partie contractante qui dénonce le traité, au moment de la prise d'effet de la dénonciation.

Art. 25 *Langues du traité.* 1. Textes authentiques.

Le présent traité est signé en un seul exemplaire original en langues française, anglaise, arabe, chinoise, espagnole et russe, tous ces textes faisant également foi, à l'exclusion de tout autre.

2. Textes officiels.

Un texte officiel dans toute langue autre que les langues indiquées à l'alinéa 1) est établi par le Directeur général, après consultation de toutes les parties intéressées. Aux fins du présent alinéa, on entend par « partie intéressée » tout État qui est partie au traité, ou qui remplit les conditions pour devenir partie au traité en vertu de l'article 20.1), dont la langue officielle ou l'une des langues officielles est en cause, ainsi que l'Organisation européenne des brevets, l'Organisation eurasienne des brevets, l'Organisation régionale africaine de la propriété industrielle et toute autre organisation intergouvernementale qui est partie ou peut devenir partie au traité, si l'une de ses langues officielles est en cause.

3. Primauté des textes authentiques.

En cas de divergence quant à l'interprétation des textes authentiques et des textes officiels, ce sont les textes authentiques qui priment.

Art. 26 *Signature du traité.* Le présent traité reste ouvert à la signature au siège de l'Organisation pendant un an après son adoption et peut être signé par tout État remplissant les conditions pour devenir partie au traité en vertu de l'article 20.1) et par l'Organisation européenne des brevets, l'Organisation eurasienne des brevets et l'Organisation régionale africaine de la propriété industrielle.

Art. 27 *Dépositaire ; enregistrement.* 1. Dépositaire. Le Directeur général est le dépositaire du présent traité.

2. Enregistrement.

Le Directeur général fait enregistrer le présent traité auprès du Secrétariat de l'Organisation des Nations unies.

Fait à Genève, le 1er juin 2000.

ANNEXE

Règlement d'exécution du Traité sur le droit des brevets

RÈGLE 1 EXPRESSIONS ABRÉGÉES

1. « Traité » ; « article » :

a) Dans le présent règlement d'exécution, on entend par « traité » le Traité sur le droit des brevets.

b) Dans le présent règlement d'exécution, le mot « article » renvoie à l'article indiqué du traité.

2. Expressions abrégées définies dans le traité.

Les expressions abrégées définies à l'article premier aux fins du traité ont le même sens aux fins du règlement d'exécution.

RÈGLE 2 PRÉCISIONS RELATIVES À LA DATE DE DÉPÔT VISÉE À L'ARTICLE 5

1. Délais visés à l'article 5.3) et 4) *b)*.

Sous réserve de l'alinéa 2), les délais visés à l'article 5.3) et 4) *b)* sont de deux mois au moins à compter de la date de la notification visée dans l'article 5.3).

2. Exception au délai visé à l'article 5.4) *b)*.

Lorsqu'il n'y a pas eu de notification en vertu de l'article 5.3) parce que les indications permettant à l'office d'entrer en relation avec le déposant n'ont pas été fournies, le délai visé à l'article 5.4)

b) est de deux mois au moins à compter de la date à laquelle l'office a initialement reçu l'un au moins des éléments indiqués à l'article 5.1) *a)*.

3. Délais visés à l'article 5.6) *a)* et *b)*.

Les délais visés à l'article 5.6) *a)* et *b)* sont,

i) lorsqu'une notification a été faite en vertu de l'article 5.5), de deux mois au moins à compter de la date de la notification ;

ii) lorsqu'il n'y a pas eu de notification, de deux mois au moins à compter de la date à laquelle l'office a initialement reçu l'un au moins des éléments indiqués à l'article 5.1) *a)*.

4. Conditions énoncées à l'article 5.6) *b)*.

Toute Partie contractante peut, sous réserve de la règle 4.3), exiger que, aux fins de la détermination de la date de dépôt en vertu de l'article 5.6) *b)*,

i) une copie de la demande antérieure soit remise dans le délai applicable en vertu de l'alinéa 3) ;

ii) une copie de la demande antérieure, et la date de dépôt de la demande antérieure, certifiées par l'office auprès duquel la demande antérieure a été déposée, soient remises à l'invitation de l'office, dans un délai de quatre mois au moins à compter de la date de ladite invitation, ou dans le délai applicable en vertu de la règle 4.1), le délai qui expire en premier étant retenu ;

iii) lorsque la demande antérieure n'est pas rédigée dans une langue acceptée par l'office, une traduction de la demande antérieure soit remise dans le délai applicable en vertu de l'alinéa 3) ;

iv) la partie manquante de la description ou le dessin manquant ait figuré en totalité dans la demande antérieure ;

v) la demande, à la date à laquelle l'office a initialement reçu un ou plusieurs des éléments visés à l'article 5.1) *a)*, comporte une indication selon laquelle le contenu de la demande antérieure y est incorporé par renvoi ;

vi) une indication de l'endroit, dans la demande antérieure ou dans la traduction visée au point iii), où figure la partie manquante de la description ou le dessin manquant soit remise dans le délai applicable en vertu de l'alinéa 3).

5. Conditions énoncées à l'article 5.7) a) :

a) Le renvoi à la demande déposée antérieurement mentionné à l'article 5.7) a) doit indiquer que, aux fins d'attribution de la date de dépôt, il remplace la description et tous dessins ; il doit en outre indiquer le numéro de la demande antérieure et l'office auprès duquel elle a été déposée. Une Partie contractante peut exiger que le renvoi indique aussi la date de dépôt de la demande déposée antérieurement.

b) Une Partie contractante peut, sous réserve de la règle 4.3), exiger que

i) une copie de la demande déposée antérieurement et, lorsque celle-ci n'est pas rédigée dans une langue acceptée par l'office, une traduction de cette demande soient remises à l'office dans un délai de deux mois au moins à compter de la date à laquelle l'office a reçu la demande contenant le renvoi visé à *l'article 5.7) a)* ;

ii) une copie certifiée conforme de la demande déposée antérieurement soit remise à l'office dans un délai de quatre mois au moins à compter de la date de réception de la demande contenant le renvoi visé à l'article 5.7) *a)*.

c) Une Partie contractante peut exiger que le renvoi visé à l'article 5.7) a) indique une demande déposée antérieurement par le déposant, son prédécesseur en droit ou son ayant cause.

6. Exceptions visées à l'article 5.8) ii).

Les types de demande visés à l'article 5.8) ii) sont :

i) les demandes divisionnaires ;

ii) les demandes de *continuation* ou de *continuation-in-part* ;

iii) les demandes de nouveaux déposants dont le droit à une invention faisant l'objet d'une demande antérieure a été reconnu.

RÈGLE 3

(Mod. du 5 oct. 2005, en vigueur le 1er janv. 2006)

Précisions relatives à la demande, en ce qui concerne l'article 6.1), 2) et 3)

1. Conditions supplémentaires visées à l'article 6.1) iii) :

a) Une Partie contractante peut exiger qu'un déposant qui souhaite qu'une demande soit traitée en tant que demande divisionnaire au titre de la règle 2.6) i) indique :

i) qu'il souhaite que la demande soit traitée comme telle ;

ii) le numéro et la date de dépôt de la demande initiale.

b) Une Partie contractante peut exiger qu'un déposant qui souhaite qu'une demande soit traitée comme relevant de la règle 2.6) iii) indique :

i) qu'il souhaite que la demande soit traitée comme telle ;

ii) le numéro et la date de dépôt de la demande antérieure.

c) Une Partie contractante peut exiger qu'un déposant qui souhaite qu'une demande soit traitée en tant que demande de brevet d'addition indique :

i) qu'il souhaite que la demande soit traitée comme telle ;

ii) le numéro et la date de dépôt de la demande principale.

d) Une Partie contractante peut exiger que le déposant qui souhaite qu'une demande soit traitée en tant que demande de "continuation" ou de "continuation-in-part" d'une demande antérieure indique :

i) qu'il souhaite que la demande soit traitée comme telle ;

ii) le numéro et la date de dépôt de la demande antérieure.

e) Lorsqu'une Partie contractante est une organisation intergouvernementale, elle peut exiger que le déposant indique :

i) qu'il souhaite obtenir un brevet régional ;

ii) les États membres de cette organisation intergouvernementale dans lesquels la protection de l'invention est recherchée.

2) Formulaire de requête visé à l'article 6. 2) *b)*

Toute Partie contractante accepte la présentation du contenu visé à l'article 6. 2) *a)* :

i) sur un formulaire de requête, si ce formulaire correspond au formulaire de requête prévu par le Traité de coopération en matière de brevets, avec les modifications qui pourront être prescrites en vertu de la règle 20. 2) ;

ii) sur le formulaire de requête prévu par le Traité de coopération en matière de brevets, si ce formulaire est accompagné d'une indication selon laquelle le déposant souhaite que la demande soit traitée comme une demande nationale ou régionale, auquel cas le formulaire de requête est réputé contenir les modifications visées au point i) ;

iii) sur le formulaire de requête prévu par le Traité de coopération en matière de brevets mais dans lequel serait incluse une indication selon laquelle le déposant souhaite que la demande soit traitée comme une demande nationale ou régionale, pour autant qu'un tel formulaire de requête soit mis à disposition dans le cadre du Traité de coopération en matière de brevets.

3) Conditions visées à l'article 6. 3) Une Partie contractante peut exiger, en vertu de l'article 6. 3), qu'une traduction du titre, des revendications et de l'abrégé d'une demande rédigée dans une langue acceptée par l'office soit établie dans toute autre langue acceptée par cet office.

RÈGLE 4 ACCESSIBILITÉ DE LA DEMANDE ANTÉRIEURE EN VERTU DE L'ARTICLE 6.5) ET DE LA RÈGLE 2.4), OU DE LA DEMANDE DÉPOSÉE ANTÉRIEUREMENT EN VERTU DE LA RÈGLE 2.5) B)

1. Copie de la demande antérieure visée à l'article 6.5).

Sous réserve de l'alinéa 3), une Partie contractante peut exiger que la copie de la demande antérieure visée à l'article 6.5) soit remise à l'office dans un délai d'au moins 16 mois à compter de la date de dépôt de la demande antérieure en question ou, lorsqu'il y en a plusieurs, à compter de la date de dépôt la plus ancienne de ces demandes antérieures.

2. Certification.

Sous réserve de l'alinéa 3), une Partie contractante peut exiger que la copie visée à l'alinéa 1) et la date de dépôt de la demande antérieure soient certifiées par l'office auprès duquel la demande antérieure a été déposée.

3. Accessibilité de la demande antérieure ou de la demande déposée antérieurement.

Aucune Partie contractante ne peut exiger la remise d'une copie ou d'une copie certifiée conforme de la demande antérieure, une certification de la date de dépôt, comme il est prévu aux alinéas 1) et 2) et à la règle 2.4), ou la remise d'une copie ou d'une copie certifiée conforme de la demande déposée antérieurement comme il est prévu à la règle 2.5) *b)*, lorsque la demande antérieure ou la demande déposée antérieurement a été déposée auprès de son office, ou est accessible à cet office auprès d'une bibliothèque numérique agréée par lui à cet effet.

4. Traduction.

Lorsque la demande antérieure n'est pas rédigée dans une langue acceptée par l'office et que la validité de la revendication de priorité a une incidence pour déterminer si l'invention en cause est brevetable, la Partie contractante peut exiger qu'une traduction de la demande antérieure visée à l'alinéa 1) soit remise par le déposant, sur invitation de l'office ou autre autorité compétente, dans un délai de deux mois au moins à compter de la date de cette invitation, et au minimum égal au délai éventuellement applicable en vertu de cet alinéa.

RÈGLE 5 PREUVES À FOURNIR EN VERTU DES ARTICLES 6.6) ET 8.4) C) ET DES RÈGLES 7.4), 15.4), 16.6), 17.6) ET 18.4)

Lorsque l'office notifie au déposant, au titulaire ou à une autre personne que des preuves sont exigées en vertu de l'article 6.6) ou 8.4) *c)* ou des règles 7.4), 15.4), 16.6), 17.6) ou 18.4), il indique dans la notification la raison pour laquelle il doute de la véracité de l'élément, de l'indication ou de la signature, ou de l'exactitude de la traduction, selon le cas.

RÈGLE 6 DÉLAIS CONCERNANT LA DEMANDE VISÉS À L'ARTICLE 6.7) ET 8)

1. Délais visés à l'article 6.7) et 8).

Sous réserve des alinéas 2) et 3), les délais visés à l'article 6.7) et 8) sont de deux mois au moins à compter de la date de la notification visée dans l'article 6.7).

2. Exception au délai visé à l'article 6.8).

Sous réserve de l'alinéa 3), lorsqu'il n'y a pas eu de notification en vertu de l'article 6.7) parce que les indications permettant à l'office de se mettre en relation avec le déposant n'ont pas été fournies, le délai visé à l'article 6.8) est de trois mois au moins à compter de la date à laquelle l'office a reçu initialement l'un au moins des éléments indiqués à l'article 5.1) *a)*.

3. *(Mod. du 5 oct. 2005, en vigueur le 1er janv. 2006)* Délais visés à l'article 6.7) et 8) en ce qui concerne le paiement de la taxe de dépôt conformément au Traité de coopération en matère de brevets.

Lorsque des taxes dont le paiement est exigé en vertu de l'article 6.4) pour le dépôt d'une demande ne sont pas payées, une Partie contractante peut, en vertu de l'article 6.7) et 8), fixer des délais de paiement, y compris dans le cas d'un paiement tardif, qui sont les mêmes que les délais applicables en vertu du Traité de coopération en matière de brevets en ce qui concerne la taxe internationale de dépôt.

RÈGLE 7 PRÉCISIONS RELATIVES À LA CONSTITUTION DE MANDATAIRE EN VERTU DE L'ARTICLE 7

1. Autres procédures visées à l'article 7.2) *a)* iii).

Les autres procédures visées à l'article 7.2) *a)* iii) pour lesquelles une Partie contractante ne peut pas exiger la constitution de mandataire sont *i)* la remise d'une copie d'une demande antérieure en vertu de la règle 2.4) ;

ii) la remise d'une copie d'une demande antérieure en vertu de la règle 2.5) *b)*.

2. Constitution de mandataire en vertu de l'article 7.3) :

a) Une Partie contractante accepte que la constitution de mandataire soit communiquée à l'office

i) dans une communication distincte (ci-après dénommée « pouvoir ») portant la signature du déposant, du titulaire ou d'une autre personne intéressée et indiquant les nom et adresse du mandataire ; ou, au choix du déposant,

ii) dans le formulaire de requête visé à l'article 6.2) signé par le déposant.

b) Un seul pouvoir suffit même s'il se rapporte à plusieurs demandes ou brevets d'une même personne ou à une ou plusieurs demandes et à un ou plusieurs brevets d'une même personne, à condition que toutes les demandes et tous les brevets en question soient indiqués dans le pouvoir. Un seul pouvoir est également suffisant même lorsqu'il se rapporte, sous réserve de toute exception mentionnée par la personne qui constitue le mandataire, à toutes les demandes ou à tous les brevets existants ou futurs de cette personne. L'office peut exiger que, lorsque ce pouvoir unique est déposé sur papier ou de toute autre manière acceptée par l'office, il en soit remis une copie distincte pour chaque demande et chaque brevet auquel il se rapporte.

3. Traduction du pouvoir.

Une Partie contractante peut exiger que, si un pouvoir n'est pas rédigé dans une langue acceptée par l'office, il soit accompagné d'une traduction.

4. Preuves.

Une Partie contractante ne peut exiger que des preuves soient fournies à l'office que lorsque celui-ci peut raisonnablement douter de la véracité d'une indication figurant dans une des communications visées à l'alinéa 2) *a)*.

5. Délais visés à l'article 7.5) et 6).

Sous réserve de l'alinéa 6), les délais visés à l'article 7.5) et 6) sont de deux mois au moins à compter de la date de la notification visée à l'article 7.5).

6. Exception au délai visé à l'article 7.6).

Lorsqu'il n'a pas été procédé à la notification visée à l'article 7.5) parce que les indications permettant à l'office de se mettre en relation avec le déposant, le titulaire ou une autre personne intéressée n'ont pas été fournies, le délai visé à l'article 7.6) est de trois mois au moins à compter de la date du début de la procédure visée dans l'article 7.5).

RÈGLE 8 DÉPÔT DES COMMUNICATIONS VISÉ À L'ARTICLE 8.1)

1. Communications déposées sur papier :

a) Après le 2 juin 2005, toute Partie contractante pourra, sous réserve des articles 5.1) et 8.1) *d),* exclure ou continuer d'autoriser le dépôt des communications sur papier. Jusqu'à cette date, toutes les Parties contractantes doivent autoriser le dépôt des communications sur papier.

b) Sous réserve de l'article 8.3) et du sous-alinéa *c),* une Partie contractante peut prescrire les conditions relatives à la forme des communications sur papier.

c) Lorsqu'une Partie contractante autorise le dépôt des communications sur papier, l'office doit autoriser le dépôt des communications sur papier conformément aux prescriptions du Traité de coopération en matière de brevets relatives à la forme des communications sur papier.

d) Nonobstant le sous-alinéa *a),* lorsque la réception ou le traitement d'une communication sur papier est considéré comme impossible de par sa nature ou son volume, une Partie contractante peut exiger le dépôt de cette communication sous une autre forme ou par d'autres moyens de transmission.

2. Communications déposées sous forme électronique ou par des moyens de transmission électroniques :

a) Lorsqu'une Partie contractante autorise le dépôt des communications sous forme électronique par des moyens de transmission électroniques dans une langue déterminée auprès de son office, y compris le dépôt des communications par télégraphe, téléimprimeur, télécopieur ou par tout autre moyen de transmission analogue, et que des conditions s'appliquent à cette Partie contractante, en vertu du Traité de coopération en matière de brevets, à l'égard des communications déposées sous forme électronique ou par des moyens de transmission électroniques dans cette langue, l'office doit autoriser le dépôt des communications sous forme électronique ou par des moyens de transmission électroniques dans ladite langue conformément à ces conditions.

b) Une Partie contractante qui autorise le dépôt des communications auprès de son office sous forme électronique ou par des moyens de transmission électroniques notifie au Bureau international les conditions applicables à ce type de dépôt en vertu de sa législation applicable. Le Bureau international publie toute notification de ce genre dans la langue dans laquelle elle est rédigée et dans les langues dans lesquelles les textes authentiques et officiels du traité sont rédigés en vertu de l'article 25.

c) Lorsque, conformément au sous-alinéa *a),* une Partie contractante autorise le dépôt des communications par télégraphe, téléimprimeur, télécopieur ou par tout autre moyen de transmission analogue, elle peut exiger que l'original de tout document transmis par ces moyens de transmission, accompagné d'une lettre permettant d'identifier la transmission antérieure, soit déposé sur papier auprès de l'office dans un délai d'un mois au moins à compter de la date de la transmission.

3. Copies, déposées sous forme électronique ou par des moyens de transmission électroniques, des communications déposées sur papier :

a) Lorsqu'une Partie contractante autorise le dépôt d'une copie, sous forme électronique ou par des moyens de transmission électroniques, d'une communication déposée sur papier dans une langue acceptée par l'office, et que des conditions s'appliquent à cette Partie contractante, en vertu du Traité de coopération en matière de brevets, à l'égard du dépôt de ces copies des communications, l'office doit autoriser le dépôt de copies des communications sous forme électronique ou par des moyens de transmission électroniques, conformément à ces conditions.

b) L'alinéa 2) *b)* est applicable *mutatis mutandis* aux copies, sous forme électronique ou par des moyens de transmission électroniques, des communications déposées sur papier.

RÈGLE 9 PRÉCISIONS RELATIVES À LA SIGNATURE VISÉE À L'ARTICLE 8.4)

1. *Indications* accompagnant la signature.

Une Partie contractante peut exiger que la signature de la personne physique qui signe soit accompagnée :

i) de l'indication en lettres du nom de famille ou du nom principal et du ou des prénoms ou noms secondaires de cette personne ou, au choix de celle-ci, du ou des noms qu'elle utilise habituellement ;

ii) de l'indication de la qualité en laquelle cette personne a signé, lorsque cette qualité ne ressort pas clairement à la lecture de la communication.

2. Date de la signature.

Une Partie contractante peut exiger qu'une signature soit accompagnée de l'indication de la date à laquelle elle a été apposée. Lorsqu'une telle indication est exigée mais n'est pas fournie, la date à laquelle la signature est réputée avoir été apposée est la date à laquelle la communication qui porte la signature a été reçue par l'office ou, si la Partie contractante le permet, une date antérieure à cette dernière date.

3. Signature d'une communication sur papier.

Lorsqu'une communication à l'office d'une Partie contractante est faite sur papier et qu'une signature est exigée, cette Partie contractante

i) doit, sous réserve du point iii), accepter une signature manuscrite ;

ii) peut permettre, en lieu et place d'une signature manuscrite, l'utilisation d'autres formes de signature, telles qu'une signature imprimée ou apposée au moyen d'un timbre, ou l'utilisation d'un sceau ou d'une étiquette portant un code à barres ;

iii) peut exiger, lorsque la personne physique qui signe la communication est ressortissante de ladite Partie contractante et qu'elle a son adresse sur le territoire de celle-ci, ou lorsque la personne morale au nom de laquelle la communication est signée est constituée dans le cadre de la législation de ladite Partie contractante et a un domicile ou un établissement industriel ou commercial effectif et sérieux sur le territoire de celle-ci, qu'un sceau soit utilisé en lieu et place d'une signature manuscrite.

4. Signature des communications déposées sous forme électronique ou par des moyens de transmission électroniques consistant en une représentation graphique.

Lorsqu'une Partie contractante autorise le dépôt de communications sous forme électronique ou par des moyens de transmission électroniques, elle considère la communication comme signée si une représentation graphique d'une signature acceptée par elle en vertu de l'alinéa 3) figure sur cette communication reçue par son office.

5. Signature des communications déposées sous forme électronique ne consistant pas en une représentation graphique :

a) Lorsqu'une Partie contractante autorise le dépôt des communications sous forme électronique et qu'une représentation graphique de la signature acceptée par elle en vertu de l'alinéa 3) ne figure pas sur une communication reçue par son office, elle peut exiger que cette communication porte une signature sous forme électronique répondant aux conditions prescrites par elle.

b) Nonobstant le sous-alinéa *a)*, lorsqu'une Partie contractante autorise le dépôt des communications sous forme électronique dans une langue déterminée et que des conditions s'appliquent à cette Partie contractante, en vertu du Traité de coopération en matière de brevets, à l'égard de la signature sous forme électronique des communications déposées sous forme électronique dans cette langue, lorsqu'elle ne consiste pas en une représentation graphique de la signature, l'office doit accepter une signature sous forme électronique effectuée conformément à ces conditions.

c) La règle 8.2) *b)* est applicable *mutatis mutandis.*

6. Exception visée à l'article 8.4) *b)* concernant la certification de signature.

Une Partie contractante peut exiger qu'une signature prévue à l'alinéa 5) soit confirmée par un procédé de certification des signatures sous forme électronique spécifié par elle.

RÈGLE 10 PRÉCISIONS RELATIVES AUX INDICATIONS VISÉES À L'ARTICLE 8.5), 6) ET 8)

1. Indications visées à l'article 8.5) :

a) Une Partie contractante peut exiger que toute communication

i) indique le nom et l'adresse du déposant, du titulaire ou d'une autre personne intéressée ;

ii) indique le numéro de la demande ou du brevet auquel elle se rapporte ;

iii) contienne, lorsque le déposant, le titulaire ou une autre personne intéressée est inscrit auprès de l'office, le numéro ou une autre indication sous laquelle il est inscrit.

b) Une Partie contractante peut exiger que toute communication adressée par un mandataire aux fins d'une procédure devant l'office contienne

i) le nom et l'adresse du mandataire ;

ii) la mention du pouvoir, ou d'une autre communication portant constitution de ce mandataire, en vertu duquel le mandataire agit ;

iii) lorsque le mandataire est inscrit auprès de l'office, le numéro ou une autre indication sous laquelle ce mandataire est inscrit.

2. Adresse pour la correspondance et domicile élu.

Une Partie contractante peut exiger que l'adresse pour la correspondance visée à l'article 8 6) i) et le domicile élu visé à l'article 8.6) ii) soient sur un territoire prescrit par elle.

3. Adresse en cas de non-constitution de mandataire.

Lorsqu'il n'y a pas constitution de mandataire et qu'un déposant, un titulaire ou une autre personne intéressée a indiqué, comme étant son adresse, une adresse sur un territoire prescrit par la Partie contractante en vertu de l'alinéa 2), cette Partie contractante considère, selon ce qu'elle exige, que cette adresse est l'adresse pour la correspondance visée à l'article 8.6) i) ou le domicile élu visé à l'article 8.6) ii), à moins que le déposant, le titulaire ou l'autre personne intéressée n'indique expressément une autre adresse aux fins de l'article 8.6).

4. Adresse en cas de constitution de mandataire.

En cas de constitution de mandataire, une Partie contractante considère, selon ce qu'elle exige, que l'adresse du mandataire est l'adresse pour la correspondance visée à l'article 8.6) i) ou le domicile élu visé à l'article 8.6) ii), à moins que le déposant, le titulaire ou une autre personne intéressée n'indique expressément une autre adresse aux fins de l'article 8.6).

5. Sanctions visées à l'article 8.8) concernant le non-respect de conditions.

Aucune Partie contractante ne peut prévoir le refus d'une demande au motif qu'un numéro d'inscription ou une autre indication exigée en vertu de l'alinéa 1) *a)* iii) et *b)* iii) n'a pas été fourni.

RÈGLE 11 DÉLAIS CONCERNANT LES COMMUNICATIONS VISÉS À L'ARTICLE 8.7) ET 8)

1. Délais visés à l'article 8.7) et 8).

Sous réserve de l'alinéa 2), les délais visés à l'article 8.7) et 8) sont de deux mois au moins à compter de la date de la notification mentionnée dans l'article 8.7).

2. Exception au délai visé à l'article 8.8).

Lorsqu'il n'y a pas eu de notification en vertu de l'article 8.7) parce que les indications permettant à l'office de se mettre en relation avec le déposant, le titulaire ou une autre personne intéressée n'ont pas été fournies, le délai visé à l'article 8.8) est de trois mois au moins à compter de la date à laquelle l'office a reçu la communication mentionnée dans l'article 8.7).

RÈGLE 12 PRÉCISIONS RELATIVES AU SURSIS EN MATIÈRE DE DÉLAIS PRÉVU À L'ARTICLE 11

1. Conditions autorisées aux fins de l'article 11.1) :

a) Une Partie contractante peut exiger que la requête visée à l'article 11.1)

i) soit signée par le déposant ou le titulaire ;

ii) contienne une indication selon laquelle il est demandé une prorogation d'un délai, et la désignation du délai en question.

b) Lorsqu'une requête en prorogation d'un délai, est présentée après l'expiration de ce délai, une Partie contractante peut exiger que toutes les conditions à l'égard desquelles s'applique le délai imparti pour l'accomplissement de l'acte en question soient remplies à la date de présentation de la requête.

2. Durée et délai visés à l'article 11.1) :

a) La durée de prorogation d'un délai visée à l'article 11.1) est de deux mois au moins à compter de la date d'expiration du délai initial.

b) Le délai visé à l'article 11.1) ii) expire deux mois au moins après la date d'expiration du délai initial.

3. Conditions visées à l'article 11.2) i).

Une Partie contractante peut exiger que la requête visée à l'article 11.2)

i) soit signée par le déposant ou le titulaire ;

ii) contienne une indication selon laquelle il est demandé un sursis pour inobservation d'un délai et la désignation du délai en question.

4. Délai pour présenter une requête en vertu de l'article 11.2) ii).

Le délai visé à l'article 11.2) ii) expire deux mois au moins après notification par l'office du fait que le déposant ou le titulaire n'a pas respecté le délai fixé par l'office.

5. Exceptions visées à l'article 11.3) :

a) Aucune Partie contractante n'est tenue en vertu de l'article 11.1) ou 2) d'accorder

i) un deuxième sursis ou tout autre sursis ultérieur en ce qui concerne un délai pour lequel un sursis a déjà été accordé en vertu de l'article 11.1) ou 2) ;

ii) un sursis pour la présentation d'une requête en sursis en vertu de l'article 11.1) ou 2) ou d'une requête en rétablissement des droits en vertu de l'article 12.1) ;

iii) un sursis en ce qui concerne un délai imparti pour le paiement des taxes de maintien en vigueur ;

iv) un sursis en ce qui concerne un délai visé à l'article 13.1), 2) ou 3) ;

v) un sursis en ce qui concerne un délai imparti pour l'accomplissement d'un acte devant une commission de recours ou tout autre organe de réexamen constitué dans le cadre de l'office ;

vi) un sursis en ce qui concerne un délai imparti pour l'accomplissement d'un acte dans une procédure *inter partes*.

b) Aucune Partie contractante qui prévoit un délai maximal pour l'observation de toutes les conditions applicables à une procédure devant l'office n'est tenue en vertu de l'article 11.1) ou 2) d'accorder un sursis au-delà de ce délai maximal en ce qui concerne l'accomplissement d'un acte dans cette procédure à l'égard de l'une quelconque de ces conditions.

RÈGLE 13 PRÉCISIONS RELATIVES AU RÉTABLISSEMENT DES DROITS EN VERTU DE L'ARTICLE 12 APRÈS QUE L'OFFICE A CONSTATÉ QUE TOUTE LA DILIGENCE REQUISE A ÉTÉ EXERCÉE OU QUE L'INOBSERVATION N'ÉTAIT PAS INTENTIONNELLE

1. Conditions autorisées aux fins de l'article 12.1) i).

Une Partie contractante peut exiger que la requête visée à l'article 12.1) i) soit signée par le déposant ou le titulaire.

2. Délai visé à l'article 12.1) ii).

Le délai à observer pour présenter la requête, et pour remplir les conditions visées à l'article 12.1) ii) est le premier des deux suivants à arriver à expiration :

i) deux mois au moins à compter de la date de la suppression de la cause de l'inobservation du délai imparti pour l'accomplissement de l'acte considéré ;

ii) douze mois au moins à compter de la date d'expiration du délai imparti pour l'accomplissement de l'acte considéré, ou, lorsque la requête se rapporte au défaut de paiement d'une taxe de maintien en vigueur, douze mois au moins à compter de la date d'expiration du délai de grâce prévu à l'article 5 *bis* de la Convention de Paris.

3. Exceptions visées à l'article 12.2).

Les exceptions visées à l'article 12.2) sont les cas d'inobservation d'un délai

i) pour l'accomplissement d'un acte devant une commission de recours ou tout autre organe de réexamen constitué dans le cadre de l'office ;

ii) pour la présentation d'une requête en sursis en vertu de l'article 11.1) ou 2) ou d'une requête en rétablissement des droits en vertu de l'article 12.1) ;

iii) visé à l'article 13.1), 2) ou 3) ;

iv) pour l'accomplissement d'un acte dans une procédure *inter partes*.

RÈGLE 14 PRÉCISIONS RELATIVES À LA CORRECTION OU À L'ADJONCTION D'UNE REVENDICATION DE PRIORITÉ ET À LA RESTAURATION DU DROIT DE PRIORITÉ EN VERTU DE L'ARTICLE 13

1. Exception visée à l'article 13.1).

Aucune Partie contractante n'est tenue de prévoir la correction ou l'adjonction d'une revendication de priorité en vertu de l'article 13.1) lorsque la requête visée à l'article 13.1) i) est reçue après que le déposant a présenté une demande de publication anticipée ou de traitement accéléré, à moins que cette demande de publication anticipée ou de traitement accéléré soit retirée avant l'achèvement des préparatifs techniques de publication de la demande.

2. Conditions visées à l'article 13.1) i).

Une Partie contractante peut exiger que la requête prévue à l'article 13.1) i) soit signée par le déposant.

3. Délai visé à l'article 13.1) ii).

Le délai visé à l'article 13.1) ii) ne doit pas être inférieur au délai applicable, en vertu du Traité de coopération en matière de brevets, à l'égard d'une demande internationale pour la présentation d'une revendication de priorité après le dépôt d'une demande internationale.

4. Délais visés à l'article 13.2) :

a) Le délai visé dans la partie introductive de l'article 13.2) expire deux mois au moins à compter de la date d'expiration du délai de priorité.

b) Le délai visé à l'article 13.2) ii) est le délai applicable en vertu du sous-alinéa *a)*, ou le temps nécessaire à l'achèvement des préparatifs techniques de publication de la demande ultérieure, le délai qui expire en premier étant retenu.

5. Conditions visées à l'article 13.2) i).

Une partie contractante peut exiger que la requête visée à l'article 13.2) i)

i) soit signée par le déposant ; et

ii) soit accompagnée de la revendication de la priorité de la demande antérieure, lorsque cette revendication ne figurait pas dans la demande.

6. Conditions visées à l'article 13.3) :

a) Une Partie contractante peut exiger que la requête prévue à l'article 13.3) i)

i) soit signée par le déposant ; et

ii) contienne l'indication de l'office auquel une copie de la demande antérieure a été demandée et de la date à laquelle cette copie a été demandée.

b) Une Partie contractante peut exiger que

i) une déclaration ou d'autres preuves à l'appui de la requête visée à l'article 13.3) soient remises à l'office dans un délai fixé par ce dernier ;

ii) la copie de la demande antérieure visée à l'article 13.3) iv) soit remise à l'office dans un délai d'un mois au moins à compter de la date à laquelle cette copie est fournie au déposant par l'office auprès duquel la demande antérieure a été déposée.

7. Délai visé à l'article 13.3) iii).

Le délai visé à l'article 13.3) iii) expire deux mois avant l'expiration du délai prescrit à la règle 4.1).

RÈGLE 15 REQUÊTE EN INSCRIPTION D'UN CHANGEMENT DE NOM OU D'ADRESSE

1. Requête.

Lorsqu'il n'y a pas de changement quant à la personne du déposant ou du titulaire mais que son nom ou son adresse ont changé, une Partie contractante accepte que la requête en inscription du changement soit présentée dans une communication signée par le déposant ou le titulaire et contenant les indications suivantes :

i) l'indication du fait que l'inscription d'un changement de nom ou d'adresse est demandée ;

ii) le numéro de la demande ou du brevet concerné ;

iii) le changement à inscrire ;

iv) le nom et l'adresse du déposant ou du titulaire avant le changement.

2. Taxes.

Une Partie contractante peut exiger qu'une taxe soit payée au titre de la requête visée à l'alinéa 1).

3. Requête unique :

a) Une seule requête suffit même lorsque le changement concerne à la fois le nom et l'adresse du déposant ou du titulaire.

b) Une seule requête suffit même lorsque le changement concerne plusieurs demandes ou brevets de la même personne, ou une ou plusieurs demandes et un ou plusieurs brevets de la même personne, à condition que les numéros de toutes les demandes et de tous les brevets en question soient indiqués dans la requête. Une Partie contractante peut exiger que, lorsque cette requête unique est déposée sur papier ou de toute autre manière acceptée par l'office, il en soit remis une copie distincte pour chaque demande et chaque brevet auquel elle se rapporte.

4. Preuves.

Une Partie contractante ne peut exiger que des preuves soient fournies à l'office que dans le cas où celui-ci peut raisonnablement douter de la véracité d'une indication figurant dans la requête.

5. Interdiction d'autres conditions.

Sauf disposition contraire du traité ou du présent règlement d'exécution, aucune Partie contractante ne peut exiger que des conditions de forme autres que celles qui sont énoncées aux alinéas 1) à 4) soient remplies en ce qui concerne la requête visée à l'alinéa 1). Il ne peut notamment pas être exigé la remise d'un certificat concernant le changement.

6. Notification.

Lorsqu'une ou plusieurs des conditions requises par la Partie contractante en vertu des alinéas 1) à 4) ne sont pas remplies, l'office le notifie au déposant ou au titulaire, en lui donnant la possibilité de remplir cette ou ces conditions, et de présenter des observations, dans un délai de deux mois au moins à compter de la date de la notification.

7. Conditions non remplies :

a) Lorsqu'une ou plusieurs des conditions requises par la Partie contractante en vertu des alinéas 1) à 4) ne sont pas remplies dans le délai prévu au sous-alinéa b), la Partie contractante peut prévoir le refus de la requête, mais il ne doit pas être appliqué de sanction plus sévère.

b) Le délai visé au sous-alinéa *a)* est,

i) sous réserve du point ii), de deux mois au moins à compter de la date de la notification ;

ii) lorsque les indications permettant à l'office d'entrer en relation avec l'auteur de la requête visée à l'alinéa 1) n'ont pas été fournies, de trois mois au moins à compter de la date à laquelle l'office a reçu cette requête.

8. Changement de nom ou d'adresse du mandataire, ou changement d'adresse pour la correspondance ou de domicile élu.

Les alinéas 1) à 7) sont applicables, *mutatis mutandis*, à tout changement de nom ou d'adresse du *mandataire, et à tout* changement concernant l'adresse pour la correspondance ou le domicile élu.

RÈGLE 16 REQUÊTE EN INSCRIPTION D'UN CHANGEMENT DE DÉPOSANT OU DE TITULAIRE

1. Requête en inscription d'un changement de déposant ou de titulaire :

a) En cas de changement quant à la personne du déposant ou du titulaire, une Partie contractante accepte que la requête en inscription du changement soit présentée dans une communication signée par le déposant ou le titulaire, ou par le nouveau déposant ou le nouveau titulaire, contenant les indications suivantes :

i) l'indication du fait que l'inscription d'un changement de déposant ou de titulaire est demandée ;

ii) le numéro de la demande ou du brevet concerné ;

iii) le nom et l'adresse du déposant ou du titulaire ;

iv) le nom et l'adresse du nouveau déposant ou du nouveau titulaire ;

v) la date du changement quant à la personne du déposant ou du titulaire ;

vi) le nom d'un État dont le nouveau déposant ou le nouveau titulaire est ressortissant s'il est ressortissant d'un État, le nom d'un État dans lequel le nouveau déposant ou le nouveau titulaire a son domicile, le cas échéant, et le nom d'un État dans lequel le nouveau déposant ou le nouveau titulaire a un établissement industriel ou commercial effectif et sérieux, le cas échéant

vii) la justification du changement demandé.

b) Une Partie contractante peut exiger que la requête contienne

i) une déclaration confirmant que l'information contenue dans la requête est véridique et exacte ;

ii) des renseignements concernant les droits éventuels de cette Partie contractante.

2. Justificatifs du changement de déposant ou de titulaire :

a) Lorsque le changement de déposant ou de titulaire résulte d'un contrat, une Partie contractante peut exiger que la requête comprenne des renseignements sur l'enregistrement du contrat dans le cas où l'enregistrement est obligatoire en vertu de la législation applicable, et que la requête soit accompagnée, au choix du requérant, d'un des documents suivants :

i) une copie du contrat ; il pourra être exigé que cette copie soit certifiée conforme à l'original, au choix du requérant, par un officier public ou toute autre autorité publique compétente ou, lorsque la législation applicable le permet, par un mandataire habilité à exercer auprès de l'office ;

ii) un extrait du contrat établissant le changement ; il pourra être exigé que cet extrait soit certifié conforme à l'original, au choix du requérant, par un officier public ou toute autre autorité publique compétente ou, lorsque la législation applicable le permet, par un mandataire habilité à exercer auprès de l'office ;

iii) un certificat de cession contractuelle de propriété non certifié conforme, établi conformement au formulaire international type de certificat de cession quant au contenu et signé à la fois par le déposant et le nouveau déposant ou par le titulaire et le nouveau titulaire.

b) Lorsque le changement de déposant ou de titulaire résulte d'une fusion, ou de la réorganisation ou scission d'une personne morale, une Partie contractante peut exiger que la requête soit accompagnée d'une copie d'un document émanant de l'autorité compétente et apportant la preuve de la fusion, ou de la réorganisation ou scission de la personne morale, et de toute attribution de droits en cause, par exemple la copie d'un extrait de registre du commerce. Une Partie contractante peut aussi exiger que la copie soit certifiée conforme à l'original, au choix du requérant, par l'autorité qui a établi le document ou par un officier public ou toute autre autorité publique compétente ou, lorsque la législation applicable le permet, par un mandataire habilité à exercer auprès de l'office.

c) Lorsque le changement de déposant ou de titulaire ne résulte pas d'un contrat, d'une fusion, ni de la réorganisation ou scission d'une personne morale mais d'un autre motif, par exemple de l'effet de la loi ou d'une décision judiciaire, une Partie contractante peut exiger que la requête soit accompagnée d'une copie d'un document apportant la preuve de celui-ci. Une Partie contractante peut aussi exiger que la copie soit certifiée conforme à l'original, au choix du requérant, par l'autorité qui a établi le document ou par un officier public ou toute autre autorité publique compétente ou, lorsque la législation applicable le permet, par un mandataire habilité à exercer auprès de l'office.

d) Lorsque le changement a trait à la personne d'un ou de plusieurs codéposants ou cotitulaires, mais pas de tous, une Partie contractante peut exiger que soit fournie à l'office la preuve du fait que chacun des codéposants ou des cotitulaires qui le restent consent au changement.

3. Traduction.

Une Partie contractante peut exiger une traduction de tout document remis en vertu de l'alinéa 2) qui n'est pas rédigé dans une langue acceptée par l'office.

4. Taxes.

Une Partie contractante peut exiger le paiement d'une taxe pour la requête visée à l'alinéa 1).

5. Requête unique.

Une seule requête suffit même lorsque le changement concerne plusieurs demandes ou brevets de la même personne, ou une ou plusieurs demandes et un ou plusieurs brevets de la même personne, à condition que le changement de déposant ou de titulaire soit le même pour toutes les demandes et tous les brevets en question et que les numéros de toutes les demandes et de tous les brevets en question soient indiqués dans la requête. Une Partie contractante peut exiger que, lorsque cette requête unique est déposée sur papier ou de toute autre manière acceptée par l'office, il en soit remis une copie distincte pour chaque demande et chaque brevet auquel elle se rapporte.

6. Preuves.

Une Partie contractante ne peut exiger que des preuves ou, lorsque l'alinéa 2) est applicable, des preuves supplémentaires soient fournies à l'office que lorsque celui-ci peut raisonnablement douter de la véracité d'une indication figurant dans la requête ou dans tout document visé dans la présente règle, ou de la fidélité de toute traduction visée à l'alinéa 3).

7. Interdiction d'autres conditions.

Sauf disposition contraire du traité ou du présent règlement d'exécution, aucune Partie contractante ne peut exiger que des conditions de forme autres que celles qui sont énoncées aux alinéas 1) à 6) soient remplies en ce qui concerne la requête visée dans la présente règle.

8. Notification ; conditions non remplies.

La règle 15.6) et 7) est applicable, *mutatis mutandis*, lorsqu'une ou plusieurs des conditions applicables en vertu des alinéas 1) à 5) ne sont pas remplies ou lorsque des preuves, ou des preuves supplémentaires, sont exigées en vertu de l'alinéa 6).

9. Exclusion quant à la qualité d'inventeur.

Une Partie contractante peut exclure du champ d'application de la présente règle les changements ayant trait à la qualité d'inventeur. Les critères de détermination de la qualité d'inventeur relèvent de la législation applicable.

RÈGLE 17 REQUÊTE EN INSCRIPTION D'UNE LICENCE OU D'UNE SÛRETÉ RÉELLE

1. Requête en inscription d'une licence :

a) Lorsqu'une licence concernant une demande ou un brevet peut faire l'objet d'une inscription en vertu de la législation applicable, la Partie contractante accepte que la requête en inscription de cette licence soit présentée dans une communication signée par le donneur ou par le preneur de licence et contenant les indications suivantes :

i) l'indication du fait que l'inscription d'une licence est demandée ;

ii) le numéro de la demande ou du brevet concerné ;

iii) le nom et l'adresse du donneur de licence ;

iv) le nom et l'adresse du preneur de licence ;

v) une indication à l'effet de préciser si la licence est exclusive ou non exclusive ;

vi) le nom d'un État dont le preneur de licence est ressortissant s'il est ressortissant d'un État, le nom d'un État où le preneur de licence a son domicile, le cas échéant, et le nom d'un État où le preneur de licence a un établissement industriel ou commercial effectif et sérieux, le cas échéant.

b) Une Partie contractante peut exiger que la requête contienne

i) une déclaration confirmant que l'information contenue dans la requête est véridique et exacte ;

ii) des renseignements concernant les droits éventuels de la Partie contractante ;

iii) des renseignements sur l'inscription de la licence dans le cas où l'inscription est obligatoire en vertu de la législation applicable ;

iv) la date de la licence et sa durée.

2. Justificatifs de la licence :

a) Lorsque la licence est un accord librement conclu, une Partie contractante peut exiger que la requête soit accompagnée, au choix du requérant, d'un des documents suivants :

i) une copie de l'accord ; il pourra être exigé que cette copie soit certifiée conforme à l'original, au choix du requérant, par un officier public ou toute autre autorité publique compétente ou, lorsque la législation applicable le permet, par un mandataire habilité à exercer auprès de l'office ;

ii) un extrait de l'accord comprenant les parties de l'accord relatives aux droits cédés et à l'étendue de ces droits ; il pourra être exigé que cet extrait soit certifié conforme à l'original, au choix du requérant, par un officier public ou toute autre autorité publique compétente ou, lorsque la législation applicable le permet, par un mandataire habilité à exercer auprès de l'office.

b) Lorsque la licence est un accord librement conclu, une Partie contractante peut exiger que tout déposant, titulaire, titulaire d'une licence exclusive, codéposant, cotitulaire ou cotitulaire d'une licence exclusive qui n'est pas partie à cet accord consente expressément à l'inscription dudit accord dans une communication adressée à l'office.

c) Lorsque la licence n'est pas un accord librement conclu mais résulte par exemple de l'effet de la loi ou d'une décision judiciaire, une Partie contractante peut exiger que la requête soit accompagnée d'une copie d'un document apportant la preuve de cette licence. Une Partie contractante peut *aussi exiger que la copie* soit certifiée conforme à l'original, au choix du requérant, par l'autorité qui a établi ce document ou par un officier public ou toute autre autorité publique compétente ou, lorsque la législation applicable le permet, par un mandataire habilité à exercer auprès de l'office.

3. Traduction.

Une Partie contractante peut exiger une traduction de tout document déposé conformément à l'alinéa 2) qui n'est pas rédigé dans une langue acceptée par l'office.

4. Taxes.
Une Partie contractante peut exiger le paiement d'une taxe pour la requête visée à l'alinéa 1).
5. Requête unique.
La règle 16.5) est applicable, *mutatis mutandis*, aux requêtes en inscription d'une licence.
6. Preuves.
La règle 16.6) est applicable, *mutatis mutandis*, aux requêtes en inscription d'une licence.
7. Interdiction d'autres conditions.
Sauf disposition contraire du traité ou du présent règlement d'exécution, aucune Partie contractante ne peut exiger que des conditions de forme autres que celles qui sont énoncées aux alinéas 1) à 6) soient remplies en ce qui concerne la requête visée à l'alinéa 1).
8. Notification ; conditions non remplies.
La règle 15.6) et 7) est applicable, *mutatis mutandis*, lorsqu'une ou plusieurs des conditions applicables en vertu des alinéas 1) à 5) ne sont pas remplies ou lorsque des preuves, ou des preuves supplémentaires, sont exigées en vertu de l'alinéa 6).
9. Requête en inscription d'une sûreté réelle ou en radiation de l'inscription d'une licence ou d'une sûreté réelle.
Les alinéas 1) à 8) sont applicables, *mutatis mutandis*,
i) aux requêtes en inscription d'une sûreté réelle portant sur une demande ou sur un brevet ;
ii) aux requêtes en radiation de l'inscription d'une licence ou d'une sûreté réelle portant sur une demande ou sur un brevet.

RÈGLE 18 REQUÊTE EN RECTIFICATION D'UNE ERREUR

1. Requête :
a) Lorsqu'une demande, un brevet ou toute requête communiquée à l'office en ce qui concerne une demande ou un brevet contient une erreur ne se rapportant pas à la recherche ou à l'examen quant au fond, qui peut être rectifiée par l'office en vertu de la législation applicable, l'office accepte que la requête en rectification de cette erreur dans les dossiers et publications de l'office soit présentée dans une communication à l'office signée par le déposant ou le titulaire et contenant les indications suivantes :
i) l'indication du fait que la rectification d'une erreur est demandée ;
ii) le numéro de la demande ou du brevet en question ;
iii) l'erreur à rectifier ;
iv) la rectification à apporter ;
v) le nom et l'adresse du requérant.
b) Une Partie contractante peut exiger que la requête soit accompagnée d'un élément de remplacement ou d'un élément contenant la rectification ou, lorsque l'alinéa 3) s'applique, d'un élément de remplacement ou d'un élément contenant la rectification pour chaque demande et chaque brevet visé dans la requête.
c) Une Partie contractante peut exiger que la requête soit subordonnée à une déclaration du requérant selon laquelle l'erreur a été commise de bonne foi.
d) Une Partie contractante peut exiger que la requête soit subordonnée à une déclaration du requérant selon laquelle ladite requête a été présentée dans les meilleurs délais ou, au choix de la Partie contractante, sans retard délibéré, après la découverte de l'erreur.
2. Taxes :
a) Sous réserve du sous-alinéa *b)*, une Partie contractante peut exiger le paiement d'une taxe pour une requête en vertu de l'alinéa 1).
b) L'office rectifie ses propres erreurs, de sa propre initiative ou sur requête, sans exiger de taxe.
3. Requête unique.
La règle 16.5) est applicable, *mutatis mutandis*, aux requêtes en rectification d'une erreur, à condition que l'erreur et la rectification demandée soient les mêmes pour toutes les demandes et tous les brevets concernés.
4. Preuves.
Une Partie contractante ne peut exiger que des preuves soient fournies à l'office que lorsque celui-ci peut raisonnablement douter que l'erreur signalée soit effectivement une erreur ou lorsqu'il peut raisonnablement douter de la véracité d'une indication ou d'un élément figurant dans la requête en rectification d'une erreur, ou de tout document remis en relation avec cette requête.
5. Interdiction d'autres conditions.
Sauf disposition contraire du traité ou du présent règlement d'exécution, aucune Partie contractante ne peut exiger que des conditions de forme autres que celles qui sont énoncées aux alinéas 1) à 4) soient remplies en ce qui concerne la requête visée à l'alinéa 1).
6. Notification ; conditions non remplies.

La règle 15.6) et 7) est applicable, *mutatis mutandis*, lorsqu'une ou plusieurs des conditions applicables en vertu des alinéas 1) à 3) ne sont pas remplies ou lorsque des preuves sont exigées en vertu de l'alinéa 4).

7. Exclusions :

a) Une Partie contractante peut exclure du champ d'application de la présente règle les changements ayant trait à la qualité d'inventeur. Les critères de détermination de la qualité d'inventeur relèvent de la législation applicable.

b) Une Partie contractante peut exclure du champ d'application de la présente règle les erreurs qu'elle est tenue de rectifier dans le cadre d'une procédure de redélivrance d'un brevet.

RÈGLE 19 MOYENS D'IDENTIFIER UNE DEMANDE EN L'ABSENCE DE SON NUMÉRO

1. Moyens d'identification.

Lorsqu'il est exigé qu'une demande soit désignée par son numéro et qu'elle n'a pas encore de numéro ou que son numéro n'est pas connu de la personne intéressée ou de son mandataire, l'indication ou la remise de l'un des éléments ci-après, au choix de cette personne, est réputée suffire à l'identification de cette demande :

i) un numéro provisoire attribué le cas échéant à la demande par l'office ;

ii) une copie de la requête figurant dans la demande, ainsi que la date à laquelle la demande a été envoyée à l'office ;

iii) un numéro de référence attribué à la demande par le déposant ou son mandataire et indiqué dans la demande, ainsi que le nom et l'adresse du déposant, le titre de l'invention et la date à laquelle la demande a été envoyée à l'office.

2. Interdiction d'autres conditions.

Aucune Partie contractante ne peut exiger que des moyens d'identification autres que ceux qui sont visés à l'alinéa 1) soient fournis aux fins d'identification d'une demande lorsque celle-ci n'a pas encore de numéro ou que son numéro n'est pas connu de la personne intéressée ou de son mandataire.

RÈGLE 20 ÉTABLISSEMENT DE FORMULAIRES INTERNATIONAUX TYPES

1. Formulaires internationaux types.

L'Assemblée établit, en vertu de l'article 14.1) *c)*, des formulaires internationaux types dans chacune des langues visées à l'article 25.1), pour

i) le pouvoir ;

ii) la requête en inscription d'un changement de nom ou d'adresse ;

iii) la requête en inscription d'un changement de déposant ou de titulaire ;

iv) le certificat de cession ;

v) la requête en inscription, ou en radiation de l'inscription, d'une licence ;

vi) la requête en inscription, ou en radiation de l'inscription, d'une sûreté réelle ;

vii) la requête en rectification d'une erreur.

2. Modifications visées dans la règle 3.2) i).

L'Assemblée détermine les modifications, visées à la règle 3.2) i), à apporter au formulaire de requête prévu par le Traité de coopération en matière de brevets.

3. Propositions présentées par le Bureau international.

Le Bureau international présente à l'Assemblée des propositions concernant

i) l'établissement des formulaires internationaux types visés à l'alinéa 1) ;

ii) les modifications du formulaire de requête prévu par le Traité de coopération en matière de brevets visées à l'alinéa 2).

RÈGLE 21 EXIGENCE DE L'UNANIMITÉ EN VERTU DE L'ARTICLE 14.3)

L'établissement ou la modification des règles ci-après requiert l'unanimité :

i) toute règle établie en vertu de l'article 5.1) *a)* ;

ii) toute règle établie en vertu de l'article 6.1) iii) ;

iii) toute règle établie en vertu de l'article 6.3) ;

iv) toute règle établie en vertu de l'article 7.2) *a)* iii) ;

v) la règle 8.1) *a)* ;

vi) la présente règle.

DÉCLARATIONS COMMUNES DE LA CONFÉRENCE DIPLOMATIQUE CONCERNANT LE TRAITÉ SUR LE DROIT DES BREVETS ET LE RÈGLEMENT D'EXÉCUTION DU TRAITÉ SUR LE DROIT DES BREVETS

1. Lors de l'adoption de l'article 1.xiv) par la conférence diplomatique, il a été entendu que les mots : « procédure devant l'office » ne désignent pas les procédures judiciaires engagées en vertu de la législation applicable.

2. Lors de l'adoption des articles 1.xvii), 16 et 17.2) v) par la conférence diplomatique, il a été entendu que

1° L'Assemblée du PLT sera, s'il y a lieu, invitée à se réunir à l'occasion des réunions de l'Assemblée du PCT.

2° Les Parties contractantes du PLT seront consultées, s'il y a lieu, au même titre que les États parties au PCT, au sujet des propositions de modification des instructions administratives du PCT.

3° Le Directeur général proposera, s'il y a lieu, à l'Assemblée du PCT de décider que les Parties contractantes du PLT qui ne sont pas parties au PCT soient invitées avec la qualité d'observateur aux réunions de l'Assemblée du PCT et à celles d'autres organes du PCT.

4° Si l'Assemblée du PLT décide, en vertu de l'article 16, qu'une révision ou une modification du PCT est applicable aux fins du PLT, elle peut prévoir dans le cas considéré des dispositions transitoires en vertu du PLT.

3. Lors de l'adoption des articles 6.5) et 13.3) et des règles 4 et 14 par la conférence diplomatique, l'Organisation Mondiale de la Propriété Intellectuelle *[mondiale de la propriété intellectuelle.]* a été instamment priée d'accélérer la création d'un système de bibliothèques numériques pour les documents de priorité. Ce système serait avantageux pour les titulaires de brevets et les autres personnes souhaitant avoir accès aux documents de priorité.

4. Afin de faciliter la mise en œuvre de la règle 8.1) *a)* du présent traité, la conférence diplomatique demande à l'Assemblée générale de l'Organisation Mondiale de la Propriété Intellectuelle (OMPI) et aux Parties contractantes de fournir, avant même l'entrée en vigueur du traité, une assistance technique supplémentaire aux pays en développement, aux pays les moins avancés et aux pays en transition pour leur permettre de remplir leurs obligations à l'égard du traité.

En outre, la conférence diplomatique prie instamment les pays industrialisés à économie de marché d'offrir, sur demande et selon des modalités mutuellement convenues, une coopération technique et financière aux pays en développement, aux pays les moins avancés et aux pays en transition.

La conférence diplomatique demande à l'Assemblée générale de l'OMPI, une fois le traité entré en vigueur, de surveiller et d'évaluer les progrès de cette coopération à chaque session ordinaire.

5. Lors de l'adoption des règles 12.5) vi) et 13.3) iv) par la conférence diplomatique, il a été entendu que, s'il est opportun d'exclure le bénéfice des mesures prévues aux articles 11 et 12 en ce qui concerne les actes se rapportant à une procédure *inter partes*, il est souhaitable que la législation applicable des Parties contractantes prévoie en pareil cas l'application de mesures appropriées compte tenu des intérêts concurrents des tiers ainsi que des intérêts de tierces personnes qui ne sont pas parties à la procédure.

6. Il a été convenu que tout différend entre deux Parties contractantes ou plus concernant l'interprétation ou l'application du présent traité et de son règlement d'exécution peut être réglé à l'amiable par voie de consultation ou de médiation sous les auspices du Directeur général.

Droit européen

Convention de Munich du 5 octobre 1973,

Sur la délivrance de brevets européens (CBE). Publiée par Décr. n° 77-1151 du 27 sept. 1977 (JO 16 oct.), entrée en vigueur le 7 oct. 1977. Modifiée par Acte du 17 déc. 1991, Décis. du 5 déc. 1996, Décis. du 10 déc. 1998 puis par Acte du 29 nov. 2000 (Décr. n° 2008-428 du 2 mai 2008, JO 4 mai). Entrée en vigueur dans sa version modifiée le 13 déc. 2007.

COMMENTAIRE

La Convention de Munich, ou Convention sur le brevet européen (CBE), définit un système de brevet partagé par les trente-six États membres. Il s'agit des pays de l'Union européenne (dont la Croatie depuis le 1er juill. 2013) auxquels s'ajoutent la Turquie, l'Islande, la Norvège, la Macédoine, la Suisse, le Lichtenstein, Monaco et Saint-Marin. Un accord de coopération avec l'Albanie, la Bosnie et la Serbie permet d'étendre les effets du brevet européen à ces pays.

C'est à ce jour le système de brevets le plus développé : plus de 230 000 demandes (dont 60 % hors pays membres de la CBE) et près de 60 000 titres délivrés en 2010 (source OEB : http ://documents.epo.org/projects/babylon/eponet.nsf/0/7bacb229e032863dc12577ec004ada98/$FILE/EPC_14th_edition_FR_bookmarks.pdf).

La CBE est considérée au regard du Traité de Washington (PCT) comme un traité de brevet régional (V. PCT, art. 45.1, App., v° *Propriété industrielle, Brevets*). En conséquence, il est possible d'obtenir un brevet européen par le truchement d'une demande internationale dite alors Euro-PCT.

Entré en vigueur en France en 1977, ce système s'articule autour de l'Office européen des brevets (OEB). Il permet essentiellement d'éviter un dépôt pays par pays avec les problèmes linguistiques y afférents (sur la question, V. Accords de Londres du 17 oct. 2000, App., v° *Propriété industrielle*, *Brevets*, et comm. ss. art. L. 614-7) et garantit de surcroît une unité des conditions d'accès au brevet. En effet, la procédure d'examen est uniforme, centralisée et autonome.

La Convention est complétée par un Règlement d'exécution (V. App., v° *Propriété industrielle, Brevets*) adopté en décembre 2006 par le conseil d'administration. Comme le font les décrets d'application insérés dans la partie réglementaire du code de la propriété intellectuelle, il donne des précisions sur la mise en œuvre de certains articles.

Malgré l'autonomie du système, les liens avec les systèmes nationaux demeurent étroits. D'abord les conditions d'accès à la protection sont énoncées de la même façon qu'au code de la propriété intellectuelle. Les cas de nullité, définis à l'article 138 de la CBE, sont similaires à ceux retenus par la loi française. Le régime, quant à lui, est en général directement celui des pays désignés dans la demande.

Ensuite, les offices nationaux, et notamment l'INPI, servent de relais à l'Office européen des brevets (OEB).

Enfin, les juges nationaux ont une compétence exclusive pour trancher les litiges en matière de contrefaçon mais aussi en matière de validité en application du règlement communautaire n° 44/2001 du 22 décembre 2000 (en dehors du contentieux de l'opposition, V. ci-dessous). Cette règle s'applique strictement et interdit à une décision nationale de produire des effets dans les autres pays (pour l'exemple de filiales étrangères d'une société mère titulaire du brevet, V. CJCE 13 juill. 2006, *Roche c/Primus*, n° C-539/03).

Pour éviter cet éparpillement, il est envisagé depuis 2003 un système unifié de règlement des litiges appelé « EPLA » pour *European patent litigation agreement*. La CJUE semble avoir mis un veto définitif à ce projet (Avis des avocats généraux du 2 juill. 2010 et Avis de l'assemblée plénière du 8 mars 2011), considérant qu'il relève de la compétence exclusive de l'Union européenne au sens de l'article 292 du traité. Une solution sera sans doute trouvée à l'avenir dans le cadre très légèrement différent du brevet unitaire de l'Union européenne (V. comm. ss. le titre VI, chapitre IV, section III).

L'OEB exerce à son niveau les mêmes missions que l'office national. Il délivre les brevets européens à l'issue d'une procédure d'examen. Les déposants peuvent être représentés par un mandataire agréé auprès de l'OEB.

Le coût d'un tel dépôt est assez élevé (au minimum : 3 000 €) et les annuités de maintien en vigueur bien plus encore : paiement auprès de tous les offices des pays désignés, redevance plus chère qu'un titre national dans certains pays (environ 10 fois plus pour la France).

Comme en droit français, la publication de la demande intervient dix-huit mois après son dépôt. Le délai d'obtention du titre est néanmoins plus long, car à la recherche d'antériorité réalisée avant la publication s'ajoute notamment un examen au fond. L'OEB se prononce en effet sur l'activité inventive. Cette dernière est vérifiée si, pour le problème exposé dans la demande, la solution proposée n'est pas évidente pour l'homme du métier.

L'OEB est aussi chargé de la diffusion des demandes et des brevets délivrés. Il propose sur internet un service documentaire gratuit : Esp@cenet.

L'OEB exerce aussi des fonctions originales. Il statue sur les requêtes en limitation ou révocation effectuées par le titulaire du brevet européen. Il examine les oppositions formées par des tiers contre des brevets délivrés. La demande doit être réalisée dans les neuf mois suivant la délivrance. En France, l'INPI propose un système similaire en matière de marques. Elle possède son propre organe juridictionnel compétent pour connaître des recours formés contre les décisions liées au dépôt, à l'examen et à l'opposition. Les chambres des recours sont indépendantes. La procédure est régie par la CBE (art. 106 s.). Les vingt-six chambres des recours techniques sont complétées par une chambre de recours juridique et une chambre disciplinaire pour les mandataires européens. La grande chambre des recours intervient en appel (requête en révision) depuis l'entrée en vigueur de la CBE 2000. Elle peut être saisie par le président de l'Office ou l'une des chambres en cas de difficultés. Les quelque mille six cents décisions rendues par an sont publiées en ligne. On observera, que si elle ne lie pas en principe les juges nationaux, la jurisprudence des chambres est généralement respectée par les premiers.

La version de la CBE en vigueur depuis le 13 décembre 2007 est issue d'une révision adoptée par la conférence diplomatique de novembre 2000. Elle a notamment visé à prendre en compte les accords de Marrakech du 15 avril 1994, dits ADPIC (V. App., v° *Dispositions générales*), et à mettre les dispositions en conformité avec le Traité mondial d'harmonisation du droit des brevets de juin 2000 dit PLT. Le texte actuel est souvent dénommé CBE 2000.

De façon générale, la CBE 2000 assouplit certaines règles de recevabilité formelle des demandes de brevet. En conséquence, l'application de mesures transitoires n'est pas utile.

Les aménagements concernent pour l'essentiel les points suivants :

– les inventions brevetables peuvent être issues de tous les domaines technologiques (art. 52) mais la liste des exclusions n'est pas modifiée, notamment en ce qui concerne les programmes d'ordinateur ;

– l'état de la technique comprend les demandes de brevet européen même non publiées à la date de dépôt (art. 54.3) ;

– la brevetabilité des secondes applications thérapeutiques est expressément reconnue (art. 54.5) ;

– les éléments requis pour obtenir une **date de dépôt** sont limités. Le demandeur peut remédier ultérieurement aux irrégularités liées par exemple à la langue ou à l'absence de revendication (art. 14 et règle 40 du règlement d'exécution) ;

– une priorité peut être déclarée ou sa date corrigée dans un délai de 16 mois (règle 52 du règlement d'exécution).

– les requêtes en limitation ou en révocation font l'objet de nouvelles règles de dépôt (art. 105 *bis*) ;

– une requête en *restitutio in integrum* est désormais possible (art. 122, sur cette notion, V. comm. ss. art. L. 612-16 CPI) ;

– une voie de recours est ouverte contre les décisions des chambres (art. 112 *bis*).

Commentaire complémentaire sous le titre VI, chapitre IV, section première.

La CBE de 1973 a été révisée dans son ensemble lors d'une conférence diplomatique des États parties (Allemagne, Autriche, Belgique, Chypre, Danemark, Espagne, Finlande, France, Grèce, Irlande, Italie, Liechtenstein, Luxembourg, Monaco, Pays-Bas, Portugal, Royaume-Uni, Suède, Suisse, Turquie) qui s'est tenue du 20 au 29 nov. 2000 à Munich. L'acte portant révision ouvert à la signature jusqu'au 1er sept. 2001 est entré en vigueur le 13 déc. 2007. Les modifications des articles 16, 17 et 18 CBE, ainsi que des articles 37, 38, 42 et 50 décidées par la Conférence applicables à titre provisoire ont pris effet immédiatement (PIBD 2001, I, p. 26 ; JO OEB 2001, p. 1).

V. Communiqué du Président de l'OEB du 24 mars 2000, PIBD 2000. I. 41 ; JO OEB, avr. 2000, p. 195.

V. les protocoles sur les privilèges et immunités, sur les effectifs et sur la centralisation de l'Organisation européenne des brevets et le Règl. sur les taxes (consultable sur le site www.epo.org).

V. également le Règl. d'exécution de la CBE et le protocole sur la compétence judiciaire et la reconnaissance de décision portant sur le droit à l'obtention du brevet européen, reproduits ci-dessous.

Le Règl. d'exécution de la présente Convention a été publié par le Décr. n° 77-1151 du 27 sept. 1977 (JO 16 oct.). Il a été modifié à plusieurs reprises et en dernier lieu par la décision du Conseil d'administration du 14 oct. 2015 qui entrera en vigueur le 1er nov. 2016 (JO OEB 2015, A. 83).

Sur la question de la compatibilité du droit européen des brevets avec le droit communautaire tel qu'il résulte de la Dir. (CE) n° 98-44 du 6 juill. 1998 relative à la protection juridique des inventions biotechnologiques, V. Décis. du Conseil d'administration de l'OEB du 16 juin 1999 (JO OEB 1999, p. 437) qui énonce que la directive constitue un moyen complémentaire d'interprétation de la CBE. – V. aussi le communiqué de l'OEB du 21 déc. 2000 concernant la modification des directives relatives à l'examen pratiqué à l'OEB (PIBD 2001, I, p. 25 ; JO OEB févr. 2000, p. 115).

Sur la création d'un brevet commautaire, V. Rép. min. n° 49655, JOAN Q, 16 avr. 2001 ; PIBD 2001, I, p. 37. Sur le projet de règlement de brevet commautaire, V. la proposition de règlement du 1er août 2000 (JOCE C 337 E du 28 nov. 2000, p. 278), Dossier Brevets 2000. 1 ; RTD com. 2000. 639, obs. Galloux. – Sur cette proposition, V. l'avis du Comité économique et social du 29 mars 2001 (JOCE C 155 du 29 mai 2001, p. 80 ; PIBD 2001, I, p. 61).

Sur le brevet européen à effet unitaire, V. infra : Règl. (UE) n° 1257/2012 du 17 déc. 2012 mettant en œuvre la coopération renforcée dans le domaine de la création d'une protection unitaire conférée par un brevet, Règl. (UE) n° 1260/2012 du 17 déc. 2012 mettant en œuvre la coopération renforcée dans le domaine de la création d'une protection unitaire conférée par un brevet, en ce qui concerne les modalités applicables en matière de traduction et Accord du 19 févr. 2013 relatif à une juridiction unifiée du brevet.

RÉP. EUR. v° *Brevet*, par SCHMIDT-SZALEWSKI et RODÀ

BIBL. ▸ CASALONGA, *RLDA, sept. 1999, n° 1184* (le brevet européen face aux tribunaux : retour vers le futur) ; *Propr. intell. 2006, n° 20, p. 253* (le contentieux futur du brevet européen. Enfin une solution ?). – CHIARINY-DAUDET, *Propr. ind. 2007. Étude 3* (quand les magistrats de la CJCE interprètent strictement les textes clés du contentieux sur portefeuille de brevets). – CHRÉTIEN, *Propr. ind. 2006. Étude 30* (l'avenir du système brevet en Europe). – DESAIX, *Propr. ind. 2008. Étude 1* (la réforme de la Convention sur le brevet européen). – GALLOUX, GUTMANN et WARUSFEL, *Propr. intell. 2008, n° 26, p. 77* (l'entrée en vigueur de la CBE 2000). – SCORDAMAGLIA, *Propr. ind. 2007. Étude 1* (les contraintes du droit communautaire qui pèsent sur la création d'une Cour européenne chargée de connaître des litiges concernant les brevets européens).

PREMIÈRE PARTIE **Dispositions générales et institutionnelles**

CHAPITRE PREMIER *Dispositions générales*

Art. 1er *Droit européen de délivrance de brevets.* **Il est institué par la présente Convention un droit commun aux États contractants en matière de délivrance de brevets d'invention.**

Art. 2 *Brevet européen.* **1. Les brevets délivrés en vertu de la présente Convention sont dénommés Brevets européens.**

2. Dans chacun des États contractants pour lesquels il est délivré, le Brevet européen a les mêmes effets et est soumis au même régime qu'un brevet national délivré dans cet État, pour autant que la présente Convention n'en dispose pas autrement.

Art. 3 *Portée territoriale.* **La délivrance d'un Brevet européen peut être demandée pour tous les États contractants, pour plusieurs ou pour l'un d'entre eux seulement.**

Art. 4 *Organisation européenne des brevets.* **1. Il est institué par la présente Convention une Organisation européenne des brevets, ci-après dénommée l'Organisation. Elle est dotée de l'autonomie administrative et financière.**

2. Les organes de l'Organisation sont :

a) L'Office européen des brevets ;

b) Le Conseil d'administration.

3. L'Organisation a pour tâche de délivrer les Brevets européens. Cette tâche est exécutée par l'Office européen des brevets sous le contrôle du Conseil d'administration.

Art. 4 *bis* (*Acte portant révision du 29 nov. 2000*) *Conférence des ministres des États contractants.* **Une conférence des ministres des États contractants compétents en matière de brevets se réunit au moins tous les cinq ans pour examiner les questions relatives à l'organisation et au système du brevet européen.**

CHAPITRE II *L'Organisation européenne des brevets*

Art. 5 *Statut juridique.* **1. L'Organisation a la personnalité juridique.**

2. Dans chacun des États contractants, l'Organisation possède la capacité juridique la plus large reconnue aux personnes morales par la législation nationale ; elle peut notamment acquérir ou aliéner des biens immobiliers et mobiliers et ester en justice.

3. Le Président de l'Office européen des brevets représente l'Organisation.

Art. 6 *Siège.* 1. L'Organisation a son siège à Munich.

2. L'Office européen des brevets est situé à Munich. Il a un département à La Haye.

Art. 7 *Agences de l'Office européen des brevets.* Par décision du Conseil d'administration, des agences de l'Office européen des brevets peuvent être créées, en tant que de besoin, dans un but d'information ou de liaison, dans les États contractants ou auprès d'organisations intergouvernementales compétentes en matière de propriété industrielle, sous réserve du consentement de l'État contractant ou de l'organisation intéressée.

Art. 8 *Privilèges et immunités.* Le Protocole sur les privilèges et immunités annexé à la présente Convention définit les conditions dans lesquelles l'Organisation, les membres du Conseil d'administration, les agents de l'Office européen des brevets et toutes autres personnes mentionnées dans ce Protocole qui participent aux activités de l'Organisation, jouissent, sur le territoire des États contractants, des privilèges et immunités nécessaires à l'accomplissement de leur mission.

Art. 9 *Responsabilité.* 1. La responsabilité contractuelle de l'Organisation est régie par la loi applicable au contrat en cause.

2. La responsabilité non contractuelle de l'Organisation en ce qui concerne les dommages causés par elle et par les agents de l'Office européen des brevets dans l'exercice de leurs fonctions est réglementée conformément aux dispositions de la loi en vigueur en République fédérale d'Allemagne. Si les dommages ont été causés par le département de La Haye ou par une agence, ou par des agents relevant du département ou de cette agence, la loi applicable est celle de l'État contractant dans lequel le département ou l'agence est situé.

3. La responsabilité personnelle des agents de l'Office européen des brevets envers l'Organisation est réglée dans les dispositions fixant leur statut ou le régime qui leur est applicable.

4. Les juridictions compétentes pour régler les litiges visés aux paragraphes 1 et 2 sont :

a) en ce qui concerne les litiges visés au paragraphe 1, les juridictions compétentes de la République fédérale d'Allemagne, à défaut de la désignation de la juridiction d'un autre État dans le contrat conclu entre les Parties ;

b) en ce qui concerne les litiges visés au paragraphe 2, selon le cas, soit les juridictions compétentes de la République fédérale d'Allemagne, soit les juridictions compétentes de l'État dans lequel le département ou l'agence est situé.

CHAPITRE III *L'Office européen des brevets*

Art. 10 *Direction.* 1. La direction de l'Office européen des brevets est assurée par le Président, qui est responsable de l'activité de l'Office devant le Conseil d'administration.

2. A cet effet, le Président a notamment les compétences ci-après :

a) il prend toutes mesures utiles, notamment l'adoption d'instructions administratives internes et la publication d'indications pour le public, en vue d'assurer le fonctionnement de l'Office européen des brevets ;

b) il détermine, dans la mesure où la présente Convention ne comporte aucune disposition à cet égard, les formalités qui doivent être accomplies respectivement auprès de l'Office européen des brevets à Munich ou de son département à La Haye ;

c) il peut soumettre au Conseil d'administration tout projet de modification de la présente Convention ainsi que tout projet de réglementation générale ou de décision qui relève de la compétence du Conseil d'administration ;

d) il prépare et exécute le budget ainsi que tout budget modificatif ou additionnel ;

e) il soumet annuellement au Conseil d'administration un rapport d'activité ;

f) il exerce l'autorité hiérarchique sur le personnel ;

g) *sous réserve des dispositions de l'article 11,* il nomme les agents et statue sur leur avancement ;

h) il exerce le pouvoir disciplinaire sur les agents autres que ceux visés à l'article 11 et peut proposer au Conseil d'administration des sanctions disciplinaires à l'encontre des agents visés à l'article 11, paragraphes 2 et 3 ;

i) il peut déléguer ses pouvoirs.

3. Le Président est assisté de plusieurs vice-présidents. En cas d'absence ou d'empêchement du Président, un des vice-présidents assume ses fonctions suivant la procédure fixée par le Conseil d'administration. — *V. Décis. du conseil d'administration du 6 juill. 1978 concernant la suppléance du président de l'OEB (JO OEB 1978, 326).*

Art. 11 *Nomination du personnel supérieur. (Acte portant révision du 29 nov. 2000)* 1. Le président de l'Office européen des brevets est nommé par le conseil d'administration.

2. Les vice-présidents sont nommés par le conseil d'administration, le Président de l'Office européen des brevets entendu.

3. Les membres des chambres de recours et de la grande chambre de recours, y compris leurs présidents, sont nommés par le conseil d'administration sur proposition du président de l'Office européen des brevets. Ils peuvent être reconduits dans leurs fonctions par le Conseil d'administration, le président de l'Office européen des brevets entendu.

4. Le conseil d'administration exerce le pouvoir disciplinaire sur les agents visés aux paragraphes 1 à 3 du présent article.

5. Le conseil d'administration peut, le président de l'Office européen des brevets entendu, également nommer en qualité de membres de la grande chambre de recours des juristes appartenant aux juridictions nationales ou autorités quasi judiciaires des États contractants, qui peuvent continuer à assumer leurs fonctions judiciaires au niveau national. Ils sont nommés pour une période de trois ans et peuvent être reconduits dans leurs fonctions.

Art. 12 *Devoirs de la fonction.* Les agents de l'Office européen des brevets sont tenus, même après la cessation de leurs fonctions, de ne pas divulguer ni utiliser les informations qui, par leur nature, sont couvertes par le secret professionnel.

Art. 13 *Litiges entre l'Organisation et les agents de l'Office européen des brevets.* 1. Un agent ou un ancien agent de l'Office européen des brevets, ou leurs ayants droit, peuvent recourir au Tribunal administratif de l'Organisation internationale du travail pour les litiges qui les opposent à l'Organisation européenne des brevets, conformément au statut dudit tribunal et dans les limites et conditions déterminées par le statut des fonctionnaires, par le règlement des pensions ou résultant du régime applicable aux autres agents.

2. Un recours n'est recevable que si l'intéressé a épuisé tous les moyens de recours qui lui sont ouverts par le statut des fonctionnaires, par le règlement des pensions ou par le régime applicable aux autres agents, selon le cas.

Art. 14 *Langues de l'Office européen des brevets, des demandes de brevet européen et d'autres pièces. (Acte portant révision du 29 nov. 2000)* 1. Les langues officielles de l'Office européen des brevets sont l'allemand, l'anglais et le français.

2. Toute demande de brevet européen doit être déposée dans une des langues officielles ou, si elle est déposée dans une autre langue, traduite dans une des langues officielles, conformément au règlement d'exécution. Pendant toute la durée de la procédure devant l'Office européen des brevets, cette traduction peut être rendue conforme au texte de la demande telle qu'elle a été déposée. Si la traduction requise n'a pas été produite dans les délais, la demande est réputée retirée.

3. La langue officielle de l'Office européen des brevets dans laquelle la demande de brevet européen a été déposée ou traduite doit être utilisée comme langue de la procédure, sauf s'il en est disposé autrement par le règlement d'exécution, dans toutes les procédures devant l'Office européen des brevets.

4. Les personnes physiques et morales ayant leur domicile ou leur siège dans un État contractant ayant une langue autre que l'allemand, l'anglais ou le français comme langue officielle, et les nationaux de cet État ayant leur domicile à l'étranger peuvent déposer, dans une langue officielle de cet État, des pièces devant être produites dans un délai déterminé. Toutefois, ils sont tenus de produire une traduction dans une langue officielle de l'Office européen des brevets conformément au règlement d'exécution. Si une pièce qui n'est pas comprise dans les pièces de la demande de brevet européen n'est pas produite dans la langue prescrite ou si une traduction requise n'est pas produite dans les délais, la pièce est réputée n'avoir pas été produite.

5. Les demandes de brevet européen sont publiées dans la langue de la procédure.

6. Les fascicules de brevet européen sont publiés dans la langue de la procédure et comportent une traduction des revendications dans les deux autres langues officielles de l'Office européen des brevets.

7. Sont publiés dans les trois langues officielles de l'Office européen des brevets :

a) le *Bulletin européen des brevets* ;

b) le *Journal officiel* de l'Office européen des brevets.

8. Les inscriptions au Registre européen des brevets sont effectuées dans les trois langues officielles de l'Office européen de brevets. En cas de doute, l'inscription dans la langue de la procédure fait foi.

1. Les conditions relatives à l'attribution d'une date de dépôt, énoncée à l'art. 80 CBE, ne sont pas remplies si la description et les revendications sont produites dans deux langues officielles différentes. • OEB 1er oct. 1997 : *PIBD 1998. III. 561.*

2. Un montant de 20% correspondant à la réduction accordéee, application de la règle de l'art. 14, 1, ne peut être qualifié de minime. En conséquence, le recours formé dans une langue non officielle par une personne n'y ayant pas droit doit être déclaré non formé. • OEB 11 janv. 2013 : *Propr. ind. 2013, n° 85, obs. Vigand.*

Art. 15 *Instances chargées des procédures.* Pour l'application des procédures prescrites par la présente Convention, il est institué à l'Office européen des brevets :

a) une section de dépôt ;
b) des divisions de la recherche ;
c) des divisions d'examen ;
d) des divisions d'opposition ;
e) une division juridique ;
f) des chambres de recours ;
g) une Grande chambre de recours.

Art. 16 *Section de dépôt. (Acte portant révision du 29 nov. 2000)* La section de dépôt est compétente pour examiner les demandes de brevet européen lors du dépôt et quant aux exigences de forme.

Art. 17 *Divisions de la recherche. (Acte portant révision du 29 nov. 2000)* Les divisions de la recherche sont compétentes pour établir les rapports de recherche européenne.

Art. 18 *Divisions d'examen. (Acte portant révision du 29 nov. 2000)* 1. Les divisions d'examen sont compétentes pour examiner les demandes de brevet européen.

2. Une division d'examen se compose de trois examinateurs techniciens. Toutefois, l'instruction de la demande de brevet européen est, en règle générale, confiée à l'un des examinateurs de la division. La procédure orale est de la compétence de la division d'examen elle-même. Si elle estime que la nature de la décision l'exige, la division d'examen est complétée par un examinateur juriste. En cas de partage égal des voix, la voix du président de la division d'examen est prépondérante.

Art. 19 *Divisions d'opposition.* 1. Les divisions d'opposition sont compétentes pour examiner les oppositions aux Brevets européens.

2. Une division d'opposition se compose de trois examinateurs techniciens, dont deux au moins ne doivent pas avoir participé à la procédure de délivrance du brevet qui est l'objet de l'opposition. Un examinateur qui a participé à la procédure de délivrance du Brevet européen ne peut assumer la présidence. La division d'opposition peut confier à l'un de ses membres l'instruction de l'opposition. La procédure orale est de la compétence de la division d'opposition elle-même. Si elle estime que la nature de la décision l'exige, la division d'opposition est complétée par un examinateur juriste qui ne doit pas avoir participé à la procédure de délivrance du brevet. En cas de partage des voix, la voix du président de la division d'opposition est prépondérante.

Art. 20 *Division juridique.* 1. La division juridique est compétente pour toute décision relative, d'une part, aux mentions à porter sur le Registre européen des brevets, d'autre part, à l'inscription sur la liste des mandataires agréés et à leur radiation de celle-ci.

2. Les décisions de la division juridique sont prises par un membre juriste.

Art. 21 *Chambres de recours. (Acte portant révision du 29 nov. 2000)* 1. Les chambres de recours sont compétentes pour examiner les recours formés contre les décisions de la section de dépôt, des divisions d'examen, des divisions d'opposition et de la division juridique.

2. Dans le cas d'un recours formé contre une décision de la section de dépôt ou de la division juridique, la chambre de recours se compose de trois membres juristes.

3. Dans le cas d'un recours formé contre une décision d'une division d'examen, la chambre de recours se compose de :

a) deux membres techniciens et un membre juriste lorsque la décision est relative au rejet d'une demande de brevet européen ou à la délivrance, la limitation ou la révocation d'un brevet européen et qu'elle a été prise par une division d'examen composée de moins de quatre membres ;

b) trois membres techniciens et deux membres juristes lorsque la décision a été prise par une division d'examen composée de quatre membres ou si la chambre de recours estime que la nature du recours l'exige ;

c) trois membres juristes dans les autres cas.

4. Dans le cas d'un recours formé contre une décision d'une division d'opposition, la chambre de recours se compose de :

a) deux membres techniciens et un membre juriste lorsque la décision a été prise par une division d'opposition composée de trois membres ;

b) trois membres techniciens et deux membres juristes lorsque la décision a été prise par une division d'opposition composée de quatre membres ou si la chambre de recours estime que la nature du recours l'exige.

Art. 22 *Grande chambre de recours. (Acte portant révision du 29 nov. 2000)* 1. La grande chambre de recours est compétente pour :

a) statuer sur les questions de droit qui lui sont soumises par les chambres de recours ;

b) donner des avis sur les questions de droit qui lui sont soumises par le président de l'Office européen des brevets conformément à l'article 112 ;

c) statuer sur les requêtes en révision des décisions des chambres de recours conformément à l'article 112 *bis*.

2. Dans les procédures prévues au paragraphe 1, lettres a) et b), la grande chambre de recours se compose de cinq membres juristes et de deux membres techniciens. Dans les procédures prévues au paragraphe 1, lettre c), la grande chambre de recours se compose de trois ou cinq membres comme prévu par le règlement d'exécution. Dans toutes les procédures, la présidence est assurée par un membre juriste.

Art. 23 *Indépendance des membres des chambres. (Acte portant révision du 29 nov. 2000)* 1. Les membres de la Grande Chambre de recours et des chambres de recours sont nommés pour une période de cinq ans et ne peuvent être relevés de leurs fonctions pendant cette période, sauf pour motifs graves et si le Conseil d'administration, sur proposition de la Grande Chambre de recours, prend une décision à cet effet. Sans préjudice des dispositions de la première phrase, le mandat des membres des chambres de recours prend fin en cas de démission ou de mise à la retraite conformément au statut des fonctionnaires de l'Office européen des brevets.

2. Les membres des chambres ne peuvent être membres de la section de dépôt, des divisions d'examen, des divisions d'opposition ou de la division juridique.

3. Dans leurs décisions, les membres des chambres ne sont liés par aucune instruction et ne doivent se conformer qu'aux seules dispositions de la présente convention.

4. Les règlements de procédure des chambres de recours et de la Grande Chambre de recours sont arrêtés conformément au règlement d'exécution. Ils sont soumis à l'approbation du Conseil d'administration.

Art. 24 *Récusation.* 1. Les membres d'une chambre de recours et de la Grande chambre de recours ne peuvent participer au règlement d'une affaire s'ils y possèdent un intérêt personnel, s'ils y sont antérieurement intervenus en qualité de représentants de l'une des parties ou s'ils ont pris part à la décision qui fait l'objet du recours.

2. Si, pour l'une des raisons mentionnées au paragraphe 1 ou pour tout autre motif, un membre d'une chambre de recours ou de la Grande chambre de recours estime ne pas pouvoir participer au règlement d'une affaire, il en avertit la chambre.

3. Les membres d'une chambre de recours ou de la Grande chambre de recours peuvent être récusés par toute partie pour l'une des raisons mentionnées au paragraphe 1 ou s'ils peuvent être soupçonnés de partialité. La récusation n'est pas recevable lorsque la partie en cause a fait des actes de procédure, bien qu'elle ait déjà eu connaissance du motif de récusation. Aucune récusation ne peut être fondée sur la nationalité des membres.

4. Les chambres de recours et la Grande chambre de recours statuent, dans les cas visés aux paragraphes 2 et 3, sans la participation du membre intéressé. Pour prendre cette décision, le membre récusé est remplacé, au sein de la chambre, par son suppléant.

Art. 25 *Avis technique.* A la requête du tribunal national compétent saisi de l'action en contrefaçon ou en nullité, l'Office européen des brevets est tenu de fournir, contre paiement d'une redevance appropriée, un avis technique sur le Brevet européen en cause. Les divisions d'examen sont compétentes pour la délivrance de ces avis.

CHAPITRE IV *Le Conseil d'administration*

Art. 26 *Composition.* 1. Le Conseil d'administration se compose des représentants des États contractants et de leurs suppléants. Chaque État contractant a le droit de désigner un représentant au Conseil d'administration et un suppléant.

2. Les membres du Conseil d'administration peuvent se faire assister de conseillers ou d'experts dans les limites prévues par son règlement intérieur.

Art. 27 *Présidence.* 1. Le Conseil d'administration élit parmi les représentants des États contractants et leurs suppléants un Président et un vice-président. Le vice-président remplace de droit le Président en cas d'empêchement.

2. La durée du mandat du Président et du vice-président est de trois ans. Ce mandat est renouvelable.

Art. 28 *Bureau.* 1. Le Conseil d'administration peut instituer un Bureau composé de cinq de ses membres, dès lors que le nombre des États contractants est de huit au minimum.

2. Le Président et le vice-président du Conseil d'administration sont de droit membres du Bureau ; les trois autres membres sont élus par le Conseil d'administration.

3. La durée du mandat des membres élus par le Conseil d'administration est de trois ans. Ce mandat n'est pas renouvelable.

4. Le Bureau assume l'exécution des tâches que le Conseil d'administration lui confie dans le cadre du règlement intérieur.

Art. 29 *Sessions.* 1. Le Conseil d'administration se réunit sur convocation de son Président.

2. Le Président de l'Office européen des brevets prend part aux délibérations.

3. Le Conseil d'administration tient une session ordinaire une fois par an ; en outre, il se réunit à l'initiative de son Président ou à la demande du tiers des États contractants.

4. Le Conseil d'administration délibère sur un ordre du jour déterminé, conformément à son règlement intérieur.

5. Toute question dont l'inscription est demandée par un État contractant dans les conditions prévues par le règlement intérieur est inscrite à l'ordre du jour provisoire.

Art. 30 *Participation d'observateurs.* 1. L'Organisation mondiale de la propriété intellectuelle est représentée aux sessions du Conseil d'administration, conformément aux dispositions d'un accord à conclure entre l'Organisation européenne des brevets et l'Organisation mondiale de la propriété intellectuelle.

2. D'autres organisations intergouvernementales, qui sont chargées de la mise en œuvre de procédures internationales dans le domaine des brevets avec lesquelles l'Organisation a conclu un Accord, sont représentées aux sessions du Conseil d'administration, conformément aux dispositions figurant éventuellement à cet effet dans ledit Accord.

3. Toute autre organisation intergouvernementale ou internationale non gouvernementale exerçant une activité intéressant l'Organisation peut être invitée par le Conseil d'administration à se faire représenter à ses sessions lors de toute discussion de questions d'intérêt commun.

Art. 31 *Langues du Conseil d'administration.* 1. Les langues utilisées dans les délibérations du Conseil d'administration sont l'allemand, l'anglais et le français.

2. Les documents soumis au Conseil d'administration et les procès-verbaux de ses délibérations sont établis dans les trois langues visées au paragraphe 1.

Art. 32 *Personnel, locaux et matériel.* L'Office européen des brevets met à la disposition du Conseil d'administration et des comités que celui-ci a institués le personnel, les locaux et les moyens matériels nécessaires à l'accomplissement de leur mission.

Art. 33 *Compétence du conseil d'administration dans certains cas. (Acte portant révision du 29 nov. 2000)* 1. Le Conseil d'administration a compétence pour modifier :

a) les dispositions de la présente convention dans la mesure où elles fixent la durée d'un délai ;

b) les dispositions de la deuxième à la huitième partie ainsi que de la dixième partie de la présente convention pour assurer leur conformité avec un traité international en matière de brevets ou la législation de la Communauté européenne en matière de brevets ;

c) les dispositions du règlement d'exécution.

2. Le Conseil d'administration a compétence, conformément à la présente convention, pour arrêter et modifier :

a) le règlement financier ;

b) le statut des fonctionnaires et le régime applicable aux autres agents de l'Office européen des brevets, le barème de leurs rémunérations ainsi que la nature et les règles d'octroi des avantages accessoires ;

c) le règlement de pensions et toute augmentation des pensions existantes correspondant aux relèvements des traitements ;

d) le règlement relatif aux taxes ;

e) son règlement intérieur.

3. Nonobstant les dispositions de l'article 18, paragraphe 2, le Conseil d'administration a compétence pour décider, si l'expérience le justifie, que, dans certaines catégories de cas, les divisions d'examen se composent d'un seul examinateur technicien. Cette décision peut être rapportée.

4. Le Conseil d'administration a compétence pour autoriser le Président de l'Office européen des brevets à négocier et, sous réserve de son approbation, à conclure, au nom de l'Organisation européenne des brevets, des accords avec des États ou des organisations intergouvernementales ainsi qu'avec des centres de documentation créés en vertu d'accords conclus avec ces organisations.

5. Le Conseil d'administration ne peut prendre de décision en vertu du paragraphe 1, lettre b) :

– en ce qui concerne un traité international, avant l'entrée en vigueur de ce traité ;

– en ce qui concerne un acte législatif de la communauté européenne, avant son entrée en vigueur ou, lorsque cet acte prévoit un délai pour sa transposition, avant l'expiration de ce délai.

Art. 34 *Droit de vote.* 1. Les États contractants ont seuls droit de vote au Conseil d'administration.

2. Chaque État contractant dispose d'une voix, sous réserve de l'application des dispositions de l'article 36.

Art. 35 *Votes. (Acte portant révision du 29 nov. 2000)* 1. Sous réserve des dispositions des paragraphes 2 et 3, le Conseil d'administration prend ses décisions à la majorité simple des États contractants représentés et votants.

2. Requièrent la majorité des trois quarts des États contractants représentés et votants les décisions que le Conseil d'administration est compétent pour prendre en vertu de l'article 7, de l'article 11, paragraphe 1, de l'article 33, paragraphes 1, lettres a) et c), et 2 à 4, de l'article 39, paragraphe 1, de l'article 40, paragraphes 2 et 4, de l'article 46, de l'article 134 *bis*, de l'article 149 *bis*, paragraphe 2, de l'article 152, de l'article 153, paragraphe 7, de l'article 166 et de l'article 172.

3. Requièrent l'unanimité des États contractants votants les décisions que le Conseil d'administration est compétent pour prendre en vertu de l'article 33, paragraphe 1, lettre b). Le Conseil d'administration ne prend ces décisions que si tous les États contractants sont représentés. Une décision prise en vertu de l'article 33, paragraphe 1, lettre b), ne prend pas effet si un État contractant déclare, dans un délai de douze mois à compter de la date de la décision, qu'il désire ne pas être lié par cette décision.

4. L'abstention n'est pas considérée comme un vote.

Art. 36 *Pondération des voix.* 1. Pour l'adoption et la modification du règlement relatif aux taxes ainsi que, si la charge financière des États contractants s'en trouve accrue, pour l'adoption du budget de l'Organisation et des budgets modificatifs ou additionnels, tout État contractant peut exiger, après un premier scrutin dans lequel chaque État contractant dispose d'une voix et quel que soit le résultat de ce scrutin, qu'il soit procédé immédiatement à un second scrutin dans lequel les voix sont pondérées conformément aux dispositions du paragraphe 2. La décision résulte de ce second scrutin.

2. Le nombre de voix dont chaque État contractant dispose dans le nouveau scrutin se calcule comme suit :

a) le nombre correspondant au pourcentage qui résulte pour chaque État contractant de la clé de répartition des contributions financières exceptionnelles prévue à l'article 40, paragraphes 3 et 4, est multiplié par le nombre d'États contractants et divisé par cinq ;

b) le nombre de voix ainsi calculé est arrondi au nombre entier supérieur ;

c) à ce nombre de voix s'ajoutent cinq voix supplémentaires ;

d) toutefois, aucun État contractant ne peut disposer de plus de trente voix.

CHAPITRE V *Dispositions financières*

Art. 37 *Financement du budget. (Acte portant révision du 29 nov. 2000)* Le budget de l'Organisation est financé :

a) par les ressources propres de l'Organisation ;

b) par les versements des États contractants au titre des taxes de maintien en vigueur des brevets européens perçues dans ces États ;

c) éventuellement, par des contributions financières exceptionnelles des États contractants ;

d) le cas échéant, par les recettes prévues à l'article 146 ;

e) le cas échéant et exclusivement pour les immobilisations corporelles, par des emprunts contractés auprès de tiers et garantis par des terrains ou des bâtiments ;

f) le cas échéant, par des fonds provenant de tiers pour des projets spécifiques.

Art. 38 *Ressources propres de l'Organisation. (Acte portant révision du 29 nov. 2000)* Les ressources propres de l'Organisation comprennent :

a) toutes les recettes provenant des taxes et d'autres sources ainsi que des réserves de l'Organisation ;

b) les ressources du Fonds de réserve pour pensions, qui doit être considéré comme un patrimoine spécial de l'Organisation servant à assister le régime de pensions par la constitution de réserves appropriées.

Art. 39 *Versements des États contractants au titre des taxes de maintien en vigueur des Brevets européens.* 1. Chaque État contractant verse à l'Organisation, au titre de chaque taxe perçue pour le maintien en vigueur d'un brevet européen dans cet État, une somme dont le montant correspond à un pourcentage de cette taxe, à fixer par le Conseil d'administration, qui ne peut excéder 75 p. 100 et est uniforme pour tous les États contractants. Si ledit pourcentage correspond à un montant inférieur au minimum uniforme fixé par le Conseil d'administration, l'État contractant verse ce minimum à l'Organisation.– *cf. Décis. du CA du 8 juin 1984 (JO OEB 1984. 296).*

2. Chaque État contractant communique à l'Organisation tous les éléments jugés nécessaires par le Conseil d'administration pour déterminer le montant de ces versements.

3. La date à laquelle les versements doivent être effectués est fixée par le Conseil d'administration.

4. Si un versement n'est pas intégralement effectué à la date fixée, l'État contractant est redevable, à compter de cette date, d'un intérêt sur le montant impayé.

Art. 40 *Niveau des taxes et des versements. Contributions financières exceptionnelles.* 1. Le montant des taxes et le pourcentage, visés respectivement aux articles 38 et 39, doivent être déterminés de manière que les recettes correspondantes permettent d'assurer l'équilibre du budget de l'Organisation.

2. Toutefois, lorsque l'Organisation se trouve dans l'impossibilité de réaliser l'équilibre du budget dans les conditions prévues au paragraphe 1, les États contractants versent à l'Organisation des contributions financières exceptionnelles, dont le montant est fixé par le Conseil d'administration pour l'exercice budgétaire considéré.

3. Les contributions financières exceptionnelles sont déterminées pour chacun des États contractants par référence au nombre des demandes de brevets déposées au cours de l'avant-dernière année précédant celle de l'entrée en vigueur de la présente Convention et selon la clé de répartition ci-après :

a) pour moitié, proportionnellement au nombre des demandes de brevet déposées dans l'État contractant concerné ;

b) pour moitié, proportionnellement au nombre des demandes de brevet déposées par les personnes physiques et morales ayant leur domicile ou leur siège sur le territoire de cet État dans celui des autres États contractants placé en seconde position, dans l'ordre décroissant des dépôts effectués par lesdites personnes dans les autres États contractants.

Toutefois, les sommes mises à la charge des États dans lesquels le nombre des demandes de brevet déposées est supérieur à 25 000 sont reprises globalement et réparties à nouveau proportionnellement au nombre total des demandes de brevet déposées dans ces mêmes États.

4. Lorsque le montant de la contribution d'un État contractant ne peut être déterminé dans les conditions visées au paragraphe 3, le Conseil d'administration fixe ce montant en accord avec l'État intéressé.

5. Les dispositions de l'article 39, paragraphes 3 et 4, sont applicables aux contributions financières exceptionnelles.

6. Les contributions financières exceptionnelles sont remboursées avec un intérêt dont le taux est uniforme pour tous les États contractants. Les remboursements interviennent dans la mesure où il est possible de prévoir des crédits à cet effet dans le budget et le montant ainsi prévu sera réparti entre les États contractants en fonction de la clé de répartition mentionnée aux paragraphes 3 et 4 du présent article.

7. Les contributions financières exceptionnelles versées au cours d'un exercice déterminé sont intégralement remboursées avant qu'il ne soit procédé au remboursement total ou partiel de toute contribution exceptionnelle versée au cours d'un exercice ultérieur.

Art. 41 *Avances.* 1. Sur demande du Président de l'Office européen des brevets, les États contractants consentent à l'Organisation des avances de trésorerie, à valoir sur leurs versements et contributions, dans la limite du montant fixé par le Conseil d'administration. Ces avances sont réparties au prorata des sommes dues par les États contractants pour l'exercice considéré.

2. Les dispositions de l'article 39, paragraphes 3 et 4, sont applicables aux avances.

Art. 42 *Budget. (Acte portant révision du 29 nov. 2000)* 1. Le budget de l'Organisation doit être équilibré. Il est établi selon les principes comptables généralement admis, tels que définis au règlement financier. En tant que de besoin, des budgets modificatifs ou additionnels peuvent être établis.

2. Le budget est établi dans l'unité de compte fixée par le règlement financier.

Art. 43 *Autorisations de dépenses.* 1. Les dépenses inscrites au budget sont autorisées pour la durée de l'exercice budgétaire, sauf dispositions contraires du règlement financier.

2. Dans les conditions qui seront déterminées par le règlement financier, les crédits qui ne sont pas utilisés à la fin de l'exercice budgétaire, à l'exception de ceux relatifs aux dépenses de personnel, peuvent faire l'objet d'un report qui sera limité au seul exercice suivant.

3. Les crédits sont spécialisés par chapitres groupant les dépenses selon leur nature ou leur destination et subdivisés, en tant que de besoin, conformément au règlement financier.

Art. 44 *Crédits pour dépenses imprévisibles.* 1. Des crédits pour dépenses imprévisibles peuvent être inscrits au budget de l'Organisation.

2. L'utilisation de ces crédits par l'Organisation est subordonnée à l'autorisation préalable du Conseil d'administration.

Art. 45 *Exercice budgétaire.* L'exercice budgétaire commence le 1er janvier et s'achève le 31 décembre.

Art. 46 *Préparation et adoption du budget.* 1. Le Président de l'Office européen des brevets saisit le Conseil d'administration du projet de budget, au plus tard à la date fixée par le règlement financier.

2. Le budget, ainsi que tout budget modificatif ou additionnel, sont arrêtés par le Conseil d'administration.

Art. 47 *Budget provisoire.* 1. Si, au début d'un exercice budgétaire, le budget n'a pas encore été arrêté par le Conseil d'administration, les dépenses pourront être effectuées mensuellement par chapitre ou par une autre division, d'après les dispositions du règlement financier, dans la limite du douzième des crédits ouverts au budget de l'exercice précédent, sans que cette mesure puisse avoir pour effet de mettre à la disposition du Président de l'Office européen des brevets des crédits supérieurs au douzième de ceux prévus dans le projet du budget.

2. Le Conseil d'administration peut, sous réserve que les autres conditions fixées au paragraphe premier soient respectées, autoriser les dépenses excédant le douzième.

3. A titre provisionnel, les versements visés à l'article 37, lettre *b*) continueront à être effectués dans les conditions fixées par l'article 39 pour l'exercice précédant celui auquel se rapporte le projet de budget.

4. Les États contractants versent chaque mois, à titre provisionnel et conformément à la clé de répartition mentionnée à l'article 40, paragraphes 3 et 4, toutes contributions financières spéciales nécessaires en vue d'assurer l'application des paragraphes 1 et 2 du présent article. L'article 39, paragraphe 4, est applicable à ces contributions.

Art. 48 *Exécution du budget.* 1. Le Président de l'Office européen des brevets exécute le budget ainsi que les budgets modificatifs ou additionnels, sous sa propre responsabilité et dans la limite des crédits alloués.

2. A l'intérieur du budget, le Président de l'Office européen des brevets peut procéder, dans les limites et conditions fixées par le règlement financier, à des virements de crédits, soit de chapitre à chapitre, soit de subdivision à subdivision.

Art. 49 *Vérification des comptes.* 1. Les comptes de la totalité des recettes et dépenses du budget, ainsi que le bilan de l'Organisation sont examinés par des commissaires aux comptes offrant toutes les garanties d'indépendance, nommés par le Conseil d'administration pour une période de cinq ans qui peut être prolongée ou renouvelée.

2. La vérification, qui a lieu sur pièces, et au besoin sur place, a pour objet de constater la légalité et la régularité des recettes et dépenses et de s'assurer de la bonne gestion financière. Les commissaires établissent un rapport après la clôture de chaque exercice.

3. Le Président de l'Office européen des brevets soumet chaque année au Conseil d'administration les comptes de l'exercice écoulé afférents aux opérations du budget, ainsi que le bilan de l'actif et du passif de l'Organisation, accompagnés du rapport des commissaires aux comptes.

4. Le Conseil d'administration approuve le bilan annuel ainsi que le rapport des commissaires aux comptes et donne décharge au Président de l'Office européen des brevets pour l'exécution du budget.

Art. 50 *Règlement financier. (Acte portant révision du 29 nov. 2000)* **Le règlement financier détermine notamment :**

a) les modalités relatives à l'établissement et à l'exécution du budget ainsi qu'à la reddition et à la vérification des comptes ;

b) les modalités et la procédure selon lesquelles les versements et contributions prévus à l'article 37, ainsi que les avances prévues à l'article 41, doivent être mis à la disposition de l'Organisation par les États contractants ;

c) les règles et l'organisation du contrôle et la responsabilité des ordonnateurs et comptables ;

d) les taux d'intérêts prévus aux articles 39, 40 et 47 ;

e) les modalités de calcul des contributions à verser au titre de l'article 146 ;

f) la composition et les tâches d'une commission du budget et des finances qui devrait être instituée par le conseil d'administration ;

g) les principes comptables généralement admis sur lesquels se fondent le budget et les états financiers annuels.

Art. 51 *Taxes. (Acte portant révision du 29 nov. 2000)* **1. L'Office européen des brevets peut percevoir des taxes pour toute tâche ou procédure officielle exécutée en vertu de la présente convention.**

2. Les délais de paiement des taxes autres que ceux fixés par la présente convention sont fixés dans le règlement d'exécution.

3. Lorsque le règlement d'exécution prescrit le paiement d'une taxe, il prévoit également les conséquences du défaut de paiement dans les délais.

4. Le règlement relatif aux taxes fixe notamment le montant des taxes et leur mode de perception.

DEUXIÈME PARTIE **Droit des brevets**

CHAPITRE PREMIER *Brevetabilité*

Art. 52 *Inventions brevetables. (Acte portant révision du 29 nov. 2000)* **1. Les brevets européens sont délivrés pour toute invention dans tous les domaines technologiques, à condition qu'elle soit nouvelle, qu'elle implique une activité inventive et qu'elle soit susceptible d'application industrielle.**

2. Ne sont pas considérés comme des inventions au sens du paragraphe 1 notamment :

a) les découvertes ainsi que les théories scientifiques et les méthodes mathématiques ;

b) les créations esthétiques ;

c) les plans, principes et méthodes dans l'exercice d'activités intellectuelles, en matière de jeu ou dans le domaine des activités économiques, ainsi que les programmes d'ordinateur ;

d) les présentations d'informations.

3. Le paragraphe 2 n'exclut la brevetabilité des éléments qu'il énumère que dans la mesure où la demande de brevet européen ou le brevet européen ne concerne que l'un de ces éléments, considéré en tant que tel.

BIBL. ▶ CARON, *RIDA avr. 2000, p. 3* (réflexion sur la coexistence du droit d'auteur et du droit des brevets sur un même logiciel). – COLOMBO et BOHLAND, *Propr. ind. 2008. Étude 27* (la brevetabilité des interfaces graphiques). – HUGHES, *Résumé in PIBD 2000. II. 33* (la brevetabilité des logiciels à l'Office européen des brevets). – NAUMANN, *JCP 2000. I, p. 1853* (la brevetabilité des méthodes commerciales en Europe : règles et risques). – STELLMACH, *Propr. ind. 2006. Étude 26* (brevetabilité des composés ayant une activité biologique).

1. Plan, principe et méthode. Les méthodes de traitement de données dans le domaine des activités économiques ont un caractère technique mais présentent un défaut d'activité inventive si elles n'apportent pas de contribution à l'état de la technique. • OEB ch. rec. tech., 8 sept. 2000 : *Propr. ind. 2002, n° 77, note Vigand.* ♦ Sur l'exclusion de la brevetabilité de méthodes de diagnostic appliquées au corps humain et animal, V. • OEB ch. rec. tech., 29 juin 2001 : *Propr.*

intell. 2001, n° 4, p. 68, obs. Galloux • OEB, Gr. ch., 16 déc. 2005 : *Propr. intell. 2006, n° 19, p. 188, obs. Galloux.* ♦ N'est pas exclue de la brevetabilité une méthode dépilatoire à but esthétique. • OEB ch. rec. tech., 1er oct. 2004 : *Propr. intell. 2006, n° 19, p. 187, obs. Galloux.* ♦ ... D'une méthode d'enchères automatique exécutée dans un ordinateur serveur, V. • OEB ch. rec. tech., 21 avr. 2004 : *RTD com. 2006. 340, obs. Galloux* ; *Propr. intell. 2005, n° 16, p. 352, obs. Warusfel.* ♦ V. aussi • OEB ch. rec. tech., 22 mars 2007 : *Propr. intell. 2007, n° 23, p. 229, obs. Galloux.*

2. Programme d'ordinateur. Un produit d'ordinateur n'est pas exclu de la brevetabilité si sa mise en œuvre sur un ordinateur produit un effet technique supplémentaire, allant au-delà des interactions physiques « normales » entre programme (logiciel) et ordinateur (matériel). • OEB ch. rec. tech., 1er juill. 1998 : *PIBD 2000. III. 187.*

3. Biotechnologie et santé. Sur la brevetabilité de la seconde application médicale d'un médicament connu, V. • OEB 29 oct. 2004 : *RTD com. 2006. 342, obs. Galloux* ; *Propr. intell. 2006, n° 19, p. 186, obs. Galloux.*

Art. 53 *Exceptions à la brevetabilité. (Acte portant révision du 29 nov. 2000)* **Les brevets européens ne sont pas délivrés pour :**

a) les inventions dont l'exploitation commerciale serait contraire à l'ordre public ou aux bonnes mœurs, une telle contradiction ne pouvant être déduite du seul fait que l'exploitation est interdite, dans tous les États contractants ou dans plusieurs d'entre eux, par une disposition légale ou réglementaire ;

b) les variétés végétales ou les races animales ainsi que les procédés essentiellement biologiques d'obtention de végétaux ou d'animaux, cette disposition ne s'appliquant pas aux procédés microbiologiques et aux produits obtenus par ces procédés ; – *V. comm. ss. art. L. 611-19.*

c) les méthodes de traitement chirurgical ou thérapeutique du corps humain ou animal et les méthodes de diagnostic appliquées au corps humain ou animal, cette disposition ne s'appliquant pas aux produits, notamment aux substances ou compositions, pour la mise en œuvre d'une de ces méthodes.

BIBL. ▶ SCHATZ, *Ann. propr. ind. 1997. 95* (brevetabilité des inventions en matière de génie génétique).

Une revendication dans laquelle une variété végétale spécifique n'est pas individuellement revendiquée n'est pas exclue de la brevetabilité de l'art. 53 b) de la CBE même si elle « inclut » des variétés végétales. • OEB, Gr. ch. recours, 20 déc. 1999 : *D. 2001. Somm. 1353, obs. Galloux* . ♦ Sur la protection d'inventions portant sur des cellules sources humaines et impliquant l'utilisation d'embryons humains, V. • OEB ch. rec. tech., 7 avr. 2006 : *Propr. intell. 2007, n° 23, p. 227, obs. Galloux.*

Art. 54 *Nouveauté. (Acte portant révision du 29 nov. 2000)* **1. Une invention est considérée comme nouvelle si elle n'est pas comprise dans l'état de la technique.**

2. L'état de la technique est constitué par tout ce qui a été rendu accessible au public avant la date de dépôt de la demande de brevet européen par une description écrite ou orale, un usage ou tout autre moyen.

3. Est également considéré comme compris dans l'état de la technique le contenu de demandes de brevet européen telles qu'elles ont été déposées, qui ont une date de dépôt antérieure à celle mentionnée au paragraphe 2 et qui n'ont été publiées qu'à cette date ou qu'à une date postérieure.

4. Les paragraphes 2 et 3 n'excluent pas la brevetabilité d'une substance ou composition comprise dans l'état de la technique pour la mise en œuvre d'une méthode visée à l'article 53, lettre c), à condition que son utilisation pour l'une quelconque de ces méthodes ne soit pas comprise dans l'état de la technique.

5. Les paragraphes 2 et 3 n'excluent pas non plus la brevetabilité d'une substance ou composition visée au paragraphe 4 pour toute utilisation spécifique dans toute méthode visée à l'article 53, lettre c), à condition que cette utilisation ne soit pas comprise dans l'état de la technique.

1. Appréciation de la nouveauté. Une revendication portant sur l'utilisation d'une substance connue pour un usage non médical jusque-là inconnu, c'est-à-dire nouveau, reflétant un effet technique nouvellement découvert, peut être considérée comme nouvelle au sens de l'article 54. Toutefois, un effet technique nouvellement découvert ne confère pas un caractère de nouveauté à une revendication portant sur l'utilisation d'une substance connue pour un usage non médical connu, si l'effet technique nouvellement découvert sous-tend déjà à l'utilisation connue de la substance connue. • OEB ch. rec. tech., 19 janv. 1999 : *PIBD 2000. III. 336.* ♦

Sur la distinction entre état de la technique et preuve de l'état de la technique, V. • OEB ch. rec. tech., 4 oct. 2004 : *Propr. intell. 2006, n° 19, p. 193, obs. Galloux.* ♦ Sur l'acceptation qu'une divulgation sur internet fasse partie de l'état de la technique, V. • OEB ch. rec. tech., 16 janv. 2007 : *Propr. ind. 2008, n° 37, note Vigand.* ♦ Si le droit de priorité d'une demande de brevet européen fondé sur une demande de brevet européen antérieure n'est pas valable, par l'effet d'un *disclaimer* se trouvant seulement dans la demande postérieure, le contenu d'une demande de brevet européen antérieure constitue un état de la technique opposable. • OEB ch. rec. tech., 4 juill. 2008 : *Propr. ind. 2009, n° 9, note Vigand.* ♦ Lorsque les documents sont cités dans la partie introductive d'un brevet relative à l'état de la technique, ils ne font pas partie de la divulgation de l'invention et ne peuvent servir à l'interprétation de celle-ci lorsque le brevet est opposé à titre d'antériorité. • OEB ch. rec. tech, 24 juin 2008 : *Propr. ind. 2009, n° 25, note Vigand.* ♦ La vente par un fabricant de pièces d'une machine vendue auparavant à un client constitue une divulgation, peu importe que ces pièces aient été conçues spécialement pour le client ou aient été déjà disponibles. • OEB ch. rec. tech., 16 juill. 2008 : *Propr. ind. 2009, n° 37, note Vigand.* ♦ Sur l'appréciation de la nouveauté dans le cadre de la brevetabilité d'un sous-domaine, V. • OEB ch. rec. tech., 13 janv. 2010 : *Propr. ind. 2010, n° 77, obs. Vigand.* ♦ Le remplacement d'une expression du texte de priorité par une autre expression non strictement équivalente dans le texte commautaire fait perdre la priorité. • OEB, ch. rec. tech., 24 nov. 2009 : *Propr. ind. 2011. 29, note. Vigand.* ♦ Un document divulguant un composé chimique rend disponible ce produit au sens de l'art. 54 dans tous les degrés de pureté (à propos d'un médicament). • TGI Paris, 31 mars 2010 et • Paris, 30 juin 2010 : *PIBD 2010. III. 663 ; Propr. ind. 2011. 39, note Vigand.*

2. Information accessible au public. L'information transmise avec obligation de confidentialité ne devient pas « accessible au public » du simple fait de l'expiration de cette obligation. Un acte séparé rendant cette information au public est nécessaire. • OEB ch. rec. tech., 27 sept. 2004 : *RTD com. 2006. 349, obs. Galloux ; Propr. ind. 2005, n° 25, note Vigand ; Propr. intell. 2006, n° 19, p. 193, obs. Galloux.*

3. Connaissances générales. Les bases de données connues de la personne du métier comme étant la source adéquate de l'information requise, à partir desquelles cette information peut être retrouvée sans effort excessif et qui la donne de manière simple dépourvue d'ambiguïté sans qu'aucune autre démarche soit nécessaire, représentent les connaissances générales de la personne du métier telles que définies par la jurisprudence. • OEB 14 oct. 2004 : *Propr. ind. 2006, n° 71, obs. Vigand ; Propr. intell. 2006, n° 19, p. 193, obs. Galloux.*

4. Portée d'une antériorité. La demande antérieure qui comporte une erreur peut être corrigée en se servant du texte de priorité de cette demande. • OEB ch. rec. tech., 26 sept. 2008 : *Propr. ind. 2009, n° 59, note Vigand.*

Art. 55 ***Divulgations non opposables.*** **1. Pour l'application de l'article 54, une divulgation de l'invention n'est pas prise en considération si elle n'est pas intervenue plus tôt que six mois avant le dépôt de la demande de Brevet européen et si elle résulte directement ou indirectement :**

a) d'un abus évident à l'égard du demandeur ou de son prédécesseur en droit ou

b) du fait que le demandeur ou son prédécesseur en droit a exposé l'invention dans des expositions officielles ou officiellement reconnues au sens de la Convention concernant les expositions internationales, signée à Paris le 22 novembre 1928 et revisée en dernier lieu le 30 novembre 1972.

2. Dans le cas visé sous la lettre b) du paragraphe 1, ce dernier n'est applicable que si le demandeur déclare, lors du dépôt de la demande, que l'invention a été réellement exposée et produit une attestation à l'appui de sa déclaration dans le délai et dans les conditions prévus par le règlement d'exécution.

1. La date déterminante pour le calcul du délai de six mois est la date à laquelle la demande de brevet européen a été effectivement déposée ; la date de priorité ne doit pas être prise en considération pour le calcul de ce délai. • OEB, Gr. ch. recours, 12 juill. 2000 : *PIBD 2001. III. 277.*

2. La divulgation lors d'un congrès scientifique, de la séquence en acides aminés d'une protéine humaine antérieurement au dépôt de la demande de brevet européen la revendiquant est sans effet sur la nouveauté de ce dernier dès lors que cette séquence a été régulièrement visée dans le document de priorité qui, lui, est antérieur de quelques semaines à la tenue de ce congrès. • OEB ch. rec. tech., 5 sept. 2000 : *D. 2001. Somm. 1354, obs. Galloux.* ♦ Sur la preuve de la divulgation par présentation d'un poster lors d'un congrès, V. • OEB, ch. rec. tech., 24 janv. 2008 : *Propr. ind. 2009, n° 1, note Vigand.*

Art. 56 ***Activité inventive.*** **Une invention est considérée comme impliquant une activité inventive si, pour un homme du métier, elle ne découle pas d'une manière évidente de l'état**

de la technique. Si l'état de la technique comprend des documents visés à l'article 54, paragraphe 3, ils ne sont pas pris en considération pour l'appréciation de l'activité inventive.

Art. 57 *Application industrielle.* Une invention est considérée comme susceptible d'application industrielle si son objet peut être fabriqué ou utilisé dans tout genre d'industrie, y compris l'agriculture.

Si la jurisprudence a tendance à se montrer généreuse en faveur des demandeurs, une limite doit exister entre ce qui peut être accepté et ce qui ne peut être catégorisé qu'en tant que résultat de recherche intéressant qui, en soi, ne permet pas l'identification d'une application industrielle pratique. Même si des résultats de la recherche peuvent constituer un accomplissement scientifique dont le mérite est considérable, ils ne constituent pas nécessairement une invention pouvant être industriellement applicables. • OEB ch. rec. tech., 11 mai 2005 : *Propr. intell. 2006, n° 20, p. 340.*

CHAPITRE II *Personnes habilitées à demander et à obtenir un brevet européen. – Désignation de l'inventeur*

Art. 58 *Habilitation à déposer une demande de brevet européen.* Toute personne physique ou morale et toute société, assimilée à une personne morale en vertu du droit dont elle relève, peut demander un Brevet européen.

Art. 59 *Pluralité de demandeurs.* Une demande de brevet européen peut être également déposée soit par des codemandeurs, soit par plusieurs demandeurs qui désignent des États contractants différents.

Art. 60 *Droit au brevet européen. (Acte portant révision du 29 nov. 2000)* 1. Le droit au brevet européen appartient à l'inventeur ou à son ayant cause. Si l'inventeur est un employé, le droit au brevet européen est défini selon le droit de l'État sur le territoire duquel l'employé exerce son activité principale ; si l'État sur le territoire duquel s'exerce l'activité principale ne peut être déterminé, le droit applicable est celui de l'État sur le territoire duquel se trouve l'établissement de l'employeur auquel l'employé est attaché.

2. Si plusieurs personnes ont réalisé l'invention indépendamment l'une de l'autre, le droit au brevet européen appartient à celle qui a déposé la demande de brevet européen dont la date de dépôt est la plus ancienne, sous réserve que cette première demande ait été publiée.

3. Dans la procédure devant l'Office européen des brevets, le demandeur est réputé habilité à exercer le droit au brevet européen.

Art. 61 *Demande de brevet européen par une personne non habilitée. (Acte portant révision du 29 nov. 2000)* 1. Si une décision passée en force de chose jugée a reconnu le droit à l'obtention du brevet européen à une personne autre que le demandeur, cette personne peut, conformément au règlement d'exécution :

a) poursuivre, aux lieu et place du demandeur, la procédure relative à la demande de brevet européen, en prenant cette demande à son compte,

b) déposer une nouvelle demande de brevet européen pour la même invention,

ou

c) demander le rejet de la demande de brevet européen.

2. L'article 76, paragraphe 1, est applicable à toute nouvelle demande de brevet européen déposée en vertu du paragraphe 1, lettre b).

Art. 62 *Droit de l'inventeur à être désigné.* L'inventeur a le droit, à l'égard du titulaire de la demande de brevet européen ou du brevet européen, d'être désigné en tant que tel auprès de l'Office européen des brevets.

CHAPITRE III *Effets du brevet européen et de la demande de brevet européen*

Art. 63 *Durée du brevet européen. (Acte du 17 déc. 1991)* 1. La durée du brevet européen est de vingt années à compter de la date de dépôt de la demande.

2. Le paragraphe 1 ne saurait limiter le droit d'un État contractant de prolonger la durée d'un Brevet européen ou d'accorder une protection correspondante dès l'expiration de cette durée aux mêmes conditions que celles applicables aux brevets nationaux :

a) Pour tenir compte d'un état de guerre ou d'un état de crise comparable affectant ledit État ;

b) Si l'objet du brevet européen est un produit ou un procédé de fabrication ou une utilisation d'un produit qui, avant sa mise sur le marché dans cet État, est soumis à une procédure administrative d'autorisation instituée par la loi.

3. Les dispositions du paragraphe 2 s'appliquent aux brevets européens délivrés conjointement pour tout groupe d'États contractants visé à l'article 142.

4. Tout État contractant qui prévoit une prolongation de la durée du brevet ou une protection correspondante conformément au paragraphe 2, lettre b, peut, sur la base d'un accord conclu avec l'Organisation, transférer à l'Office européen des brevets des tâches afférentes à l'application de ces dispositions.

La L. n° 94-541 du 28 juin 1994 (JO 30 juin) a autorisé la ratification de l'acte portant révision de l'art. 63, fait à Munich le 17 déc. 1991. – Cet acte, publié par le Décr. n° 97-802 du 22 août 1997, est entré en vigueur le 4 juill. 1997 (JO 30 août).

Art. 64 ***Droits conférés par le brevet européen.*** **1. Sous réserve du paragraphe 2, le brevet européen confère à son titulaire, à compter du jour de la publication de la mention de sa délivrance et dans chacun des États contractants pour lesquels il a été délivré, les mêmes droits que lui conférerait un brevet national délivré dans cet État.**

2. Si l'objet du brevet européen porte sur un procédé, les droits conférés par ce brevet s'étendent aux produits obtenus directement par ce procédé.

3. Toute contrefaçon du brevet européen est appréciée conformément aux dispositions de la législation nationale.

Art. 65 *(Acte portant révision du 29 nov. 2000)* ***Traduction du brevet européen.*** **1. Tout État contractant peut prescrire, lorsque le brevet européen délivré, maintenu tel que modifié ou limité par l'Office européen des brevets, n'est pas rédigé dans l'une de ses langues officielles, que le titulaire du brevet doit fournir à son service central de la propriété industrielle une traduction du brevet tel que délivré, modifié ou limité dans l'une de ses langues officielles, à son choix, ou, dans la mesure où cet État a imposé l'utilisation d'une langue officielle déterminée, dans cette dernière langue. La traduction doit être produite dans un délai de trois mois à compter de la date de publication au *Bulletin européen des brevets* de la mention de la délivrance du brevet européen ou de son maintien tel qu'il a été modifié, ou de sa limitation, à moins que l'État considéré n'accorde un délai plus long.**

2. Tout État contractant qui a adopté des dispositions en vertu du paragraphe 1 peut prescrire que le titulaire du brevet acquitte, dans un délai fixé par cet État, tout ou partie des frais de publication de la traduction.

3. Tout État contractant peut prescrire que, si les dispositions adoptées en vertu des paragraphes 1 et 2 ne sont pas observées, le brevet européen est, dès l'origine, réputé sans effet dans cet État.

V., infra, Accord de Londres du 17 oct. 2000 sur l'application de l'article 65.

BIBL. ▶ FOYER, *Propr. ind. 2005. Étude 25* (les traductions françaises du brevet européen).

La faculté laissée aux États membres de prévoir qu'un brevet européen non traduit dans sa langue officielle peut être dénué d'effet dans cet État (CPI, art. L. 614-7) ne constitue pas une entrave au sens du droit communautaire. • CJCE 21 sept. 1999, n° C-44/98 : *PIBD 1999. III. 535 ; RTD com. 2000. 356, obs. Azéma et Galloux*.

Art. 66 ***Valeur de dépôt national du dépôt européen.*** **La demande de brevet européen à laquelle une date de dépôt a été accordée a, dans les États contractants désignés, la valeur d'un dépôt national régulier, compte tenu, le cas échéant, du droit de priorité invoqué à l'appui de la demande de Brevet européen.**

Art. 67 ***Droits conférés par la demande de brevet européen après sa publication.*** *(Acte portant révision du 29 nov. 2000)* **1. A compter de sa publication, la demande de brevet européen assure provisoirement au demandeur, dans les États contractants désignés dans la demande de brevet, la protection prévue à l'article 64.**

2. Chaque État contractant peut prévoir que la demande de brevet européen n'assure pas la protection prévue à l'article 64. Toutefois, la protection attachée à la publication de la demande de brevet européen ne peut être inférieure à celle que la législation de l'État considéré attache à la publication obligatoire des demandes de brevet national non examinées. En tout état de cause, chaque État contractant doit, pour le moins, prévoir qu'à partir de la publication de la demande de brevet européen, le demandeur peut exiger une indemnité raisonnable, fixée suivant les circonstances, de toute personne ayant exploité, dans cet État contractant, l'invention qui fait l'objet de la demande de brevet européen, dans des conditions qui, selon le droit national, mettraient en jeu sa responsabilité s'il s'agissait d'une contrefaçon d'un brevet national.

3. Chaque État contractant qui n'a pas comme langue officielle la langue de la procédure peut prévoir que la protection provisoire visée aux paragraphes 1 et 2 n'est assurée qu'à

partir de la date à laquelle une traduction des revendications, soit dans l'une des langues officielles de cet État, au choix du demandeur, soit, dans la mesure où l'État en question a imposé l'utilisation d'une langue officielle déterminée, dans cette dernière langue :

a) a été rendue accessible au public dans les conditions prévues par sa législation nationale, ou

b) a été remise à la personne exploitant, dans celui-ci, l'invention qui fait l'objet de la demande de brevet européen.

4. Les effets de la demande de brevet européen prévus aux paragraphes 1 et 2 sont réputés nuls et non avenus lorsque la demande de brevet européen a été retirée, ou est réputée retirée, ou a été rejetée en vertu d'une décision passée en force de chose jugée. Il en est de même des effets de la demande de brevet européen dans un État contractant dont la désignation a été retirée ou est réputée retirée.

Art. 68 *Effets de la révocation du brevet européen. (Acte portant révision du 29 nov. 2000)* La demande de brevet européen ainsi que le brevet européen auquel elle a donné lieu sont réputés n'avoir pas eu dès l'origine les effets prévus aux articles 64 et 67 dans toute la mesure où le brevet a été révoqué ou limité au cours d'une procédure d'opposition, de limitation ou de nullité.

Art. 69 *Étendue de la protection. (Acte portant révision du 29 nov. 2000)* 1. L'étendue de la protection conférée par le brevet européen ou par la demande de brevet européen est déterminée par les revendications. Toutefois, la description et les dessins servent à interpréter les revendications.

2. Pour la période allant jusqu'à la délivrance du brevet européen, l'étendue de la protection conférée par la demande de brevet européen est déterminée par les revendications contenues dans la demande telle que publiée. Toutefois, le brevet européen tel que délivré ou tel que modifié au cours de la procédure d'opposition, de limitation ou de nullité détermine rétroactivement cette protection pour autant que celle-ci n'est pas étendue.

Celui qui ne revendique qu'un moyen particulier permettant de remplir une fonction ne peut bénéficier de la protection d'un moyen général couvrant cette fonction, quel que soit son mode de réalisation. • Paris, 5 juill. 2002 : *Ann. propr. ind. 2002. 456 ; Propr. ind. 2003, n° 26, note Vigand.*

Protocole interprétatif de l'article 69 CBE

(Acte portant révision du 29 nov. 2000).

Le nouveau texte du Protocole, adopté par la décision du Conseil d'administration de l'Organisation européenne des brevets le 28 juin 2001 (voir JO OEB 2001, Édition spéciale n° 4, p. 55), est devenu partie intégrante de l'Acte du 29 novembre 2000 portant révision de la Convention sur le brevet européen, en vertu de l'article 3(2), 2e phrase, de cet Acte.

Art. 1er *Principes généraux.* L'article 69 ne doit pas être interprété comme signifiant que l'étendue de la protection conférée par le brevet européen est déterminée au sens étroit et littéral du texte des revendications et que la description et les dessins servent uniquement à dissiper les ambiguïtés que pourraient recéler les revendications. Il ne doit pas davantage être interprété comme signifiant que les revendications servent uniquement de ligne directrice et que la protection s'étend également à ce que, de l'avis d'un homme du métier ayant examiné la description et les dessins, le titulaire du brevet a entendu protéger. L'article 69 doit, par contre, être interprété comme définissant entre ces extrêmes une position qui assure à la fois une protection équitable au titulaire du brevet et un degré raisonnable de certitude aux tiers.

Art. 2 *Équivalents.* Pour la détermination de l'étendue de la protection conférée par le brevet européen, il est dûment tenu compte de tout élément équivalent à un élément indiqué dans les revendications.

Art. 70 *Texte de la demande de brevet européen ou du brevet européen faisant foi. (Acte portant révision du 29 nov. 2000)* 1. Le texte de la demande de brevet européen ou du brevet européen rédigé dans la langue de la procédure est le texte qui fait foi dans toutes les procédures devant l'Office européen des brevets et dans tous les États contractants.

2. Toutefois, si la demande de brevet européen a été déposée dans une langue qui n'est pas une des langues officielles de l'Office européen des brevets, ce texte constitue la demande telle qu'elle a été déposée, au sens de la présente convention.

3. Tout État contractant peut prévoir qu'une traduction dans une langue officielle de cet État, ainsi qu'en dispose la présente convention, est considérée dans ledit État comme étant le texte qui fait foi, hormis les cas d'actions en nullité, si la demande de brevet européen ou le brevet européen dans la langue de la traduction confère une protection moins étendue que celle conférée par ladite demande ou par ledit brevet dans la langue de la procédure.

4. Tout État contractant qui arrête une disposition en application du paragraphe 3 :

a) doit permettre au demandeur ou au titulaire du brevet de produire une traduction révisée de la demande de brevet européen ou du brevet européen. Cette traduction révisée n'a pas d'effet juridique aussi longtemps que les conditions fixées par l'État contractant en application de l'article 65, paragraphe 2, et de l'article 67, paragraphe 3, n'ont pas été remplies ;

b) peut prévoir que, celui qui, dans cet État, a, de bonne foi, commencé à exploiter une invention ou a fait des préparatifs effectifs et sérieux à cette fin, sans que cette exploitation constitue une contrefaçon de la demande ou du brevet dans le texte de la traduction initiale, peut, après que la traduction révisée a pris effet, poursuivre à titre gratuit son exploitation dans son entreprise ou pour les besoins de celle-ci.

CHAPITRE IV *De la demande de brevet européen comme objet de propriété*

Art. 71 *Transfert et constitution de droits.* La demande de brevet européen peut être transférée ou donner lieu à la constitution de droits pour un ou plusieurs des États contractants désignés.

Art. 72 *Cession.* La cession de la demande de brevet européen doit être faite par écrit et requiert la signature des parties au contrat.

Art. 73 *Licence contractuelle.* Une demande de brevet européen peut faire, en sa totalité ou en partie, l'objet de licences pour tout ou partie des territoires des États contractants désignés.

Art. 74 *Droit applicable.* Sauf dispositions contraires de la présente Convention, la demande de brevet européen comme objet de propriété est soumise, dans chaque État contractant désigné et avec effet dans cet État, à la législation applicable dans ledit État aux demandes de brevet national.

TROISIÈME PARTIE La demande de brevet européen

CHAPITRE PREMIER *Dépôt de la demande de brevet européen et conditions auxquelles elle doit satisfaire*

Art. 75 *Dépôt de la demande de brevet européen.* (*Acte portant révision du 29 nov. 2000*) 1. La demande de brevet européen peut être déposée :

a) soit auprès de l'Office européen des brevets ;

b) soit, si la législation d'un État contractant le permet, et sous réserve des dispositions de l'article 76, paragraphe 1, auprès du service central de la propriété industrielle ou des autres services compétents de cet État. Toute demande ainsi déposée a les mêmes effets que si elle avait été déposée à la même date à l'Office européen des brevets.

2. Le paragraphe 1 ne peut faire obstacle à l'application des dispositions législatives ou réglementaires qui, dans un État contractant :

a) régissent les inventions qui ne peuvent, en raison de leur objet, être communiquées à l'étranger sans autorisation préalable des autorités compétentes de l'État en cause, ou

b) prescrivent que toute demande de brevet doit être initialement déposée auprès d'une autorité nationale, ou soumettent à une autorisation préalable le dépôt direct auprès d'une autre autorité.

Sur le dépôt électronique des demandes de brevet européen et de documents produits ultérieurement, V. Décis. Président OEB, 7 déc. 2000, JO OEB, suppl. n° 4/2000, p. 45 ; PIBD 2001. I. 29.

Art. 76 *Demandes divisionnaires européennes.* [*Cf. l'avis/la décision de la Grande Chambre de recours G 4/98, G 1/05, G 1/06 (Annexe I)*] (*Acte portant révision du 29 nov. 2000*) 1. Toute demande divisionnaire de brevet européen doit être déposée directement auprès de l'Office européen des brevets conformément au règlement d'exécution. Elle ne peut être déposée que pour des éléments qui ne s'étendent pas au-delà du contenu de la demande antérieure telle qu'elle a été déposée ; dans la mesure où il est satisfait à cette exigence, la demande divisionnaire est considérée comme déposée à la date de dépôt de la demande antérieure et bénéficie du droit de priorité.

2. Tous les États contractants désignés dans la demande antérieure lors du dépôt d'une demande divisionnaire de brevet européen sont réputés désignés dans la demande divisionnaire.

BIBL. ▶ TARDO-DINO, *Propr. ind. 2009. Étude 6* (demande divisionnaire et demande de brevet antérieur en instance).

1. Lorsqu'on examine la validité d'une demande divisionnaire de seconde génération, il y a lieu de vérifier si la demande divisionnaire de première génération dont elle est issue peut bénéficier de la date de dépôt de la demande de base en application de l'art. 76 de la Convention de Munich. Si ce n'est pas le cas, la demande de deuxième génération n'est pas valable. • OEB ch. rec. tech., 13 juill. 2004 : *Propr. ind. 2005, n° 62, obs. Vigand.*

2. Il n'est pas possible de protéger dans une demande divisionnaire une variante de l'invention objet du brevet principal délivré car ce serait contraire au principe de prohibition de la double protection qui découle de l'art. 60 de la Convention de Munich. • OEB ch. rec. tech., 3 juill. 2007 : *Propr. ind. 2009, n° 31, note Vigand.*

Art. 77 *Transmission des demandes de brevet européen. (Acte portant révision du 29 nov. 2000)* 1. Le service central de la propriété industrielle de l'État contractant transmet à l'Office européen des brevets les demandes de brevet européen déposées auprès dudit service ou auprès de tout autre service compétent de cet État, conformément au règlement d'exécution.

2. Toute demande de brevet européen dont l'objet a été mis au secret n'est pas transmise à l'Office européen des brevets.

3. Toute demande de brevet européen qui n'est pas transmise à l'Office européen des brevets dans les délais est réputée retirée.

Art. 78 *Conditions auxquelles doit satisfaire la demande de brevet européen. (Acte portant révision du 29 nov. 2000)* 1. La demande de brevet européen doit contenir :

a) une requête en délivrance d'un brevet européen ;
b) une description de l'invention ;
c) une ou plusieurs revendications ;
d) les dessins auxquels se réfèrent la description ou les revendications ;
e) un abrégé,
et satisfaire aux conditions prévues par le règlement d'exécution.

2. La demande de brevet européen donne lieu au paiement de la taxe de dépôt et de la taxe de recherche. Si la taxe de dépôt ou la taxe de recherche n'a pas été acquittée dans les délais, la demande est réputée retirée.

Art. 79 *Désignation des États contractants. (Acte portant révision du 29 nov. 2000)* 1. Tous les États contractants parties à la présente convention lors du dépôt de la demande de brevet européen sont réputés désignés dans la requête en délivrance du brevet européen.

2. La désignation d'un État contractant peut donner lieu au paiement d'une taxe de désignation.

3. La désignation d'un État contractant peut être retirée à tout moment jusqu'à la délivrance du brevet européen.

Art. 80 *Date de dépôt. (Acte portant révision du 29 nov. 2000)* La date de dépôt d'une demande de brevet européen est celle à laquelle les conditions prévues par le règlement d'exécution sont remplies.

Art. 81 *Désignation de l'inventeur.* La demande de brevet européen doit comprendre la désignation de l'inventeur. Si le demandeur n'est pas l'inventeur ou l'unique inventeur, cette désignation doit comporter une déclaration indiquant l'origine de l'acquisition du droit au brevet.

Art. 82 *Unité d'invention.* La demande de brevet européen ne peut concerner qu'une invention ou une pluralité d'inventions liées entre elles de telle sorte qu'elles ne forment qu'un seul concept inventif général.

Sur l'appréciation de l'exigence d'unité d'invention, V. • OEB ch. rec. tech., 25 juin 2003 : *Propr. intell. 2004, n° 10, p. 573, obs. Galloux.*

Art. 83 *Exposé de l'invention.* L'invention doit être exposée dans la demande de brevet européen de façon suffisamment claire et complète pour qu'un homme du métier puisse l'exécuter.

Art. 84 *Revendications.* **Les revendications définissent l'objet de la protection demandée. Elles doivent être claires et concises et se fonder sur la description.**

1. Est nulle la revendication qui ne reprend pas une des caractéristiques essentielles de l'invention. • TGI Paris, 2 déc. 2003 : *Propr. ind. 2004, n° 70, note Vigand.*

2. Clarté des revendications. Sur la clarté des revendications comportant un paramètre déterminable par plusieurs méthodes, V. • OEB, ch. rec. tech., 16 sept. 2008 : *Propr. ind. 2010, n° 21, note Vigand.*

3. En opposition, lorsque la revendication principale antériorisée est limitée par l'adjonction d'une revendication dépendante dont le contenu contredit la revendication principale, cette limitation doit être refusée en application de l'art. 101, § 3, de la Conv. de Munich pour contrariété avec l'art. 84. • OEB, 13 déc. 2012 : *Propr. ind. 2013, n° 78, note Vigand.*

Art. 85 *Abrégé.* **L'abrégé sert exclusivement à des fins d'information technique ; il ne peut être pris en considération pour aucune autre fin, notamment pour apprécier l'étendue de la protection demandée et pour l'application de l'article 54, paragraphe 3.**

Le contenu d'abrégés de brevets japonais en langue anglaise doit être interprété et, le cas échéant, réévalué à la lumière du document initial lorsqu'il est disponible. S'il s'avère que l'abrégé ajoute un élément au document initial, il faut en déduire qu'il comporte une erreur, ou du moins que son interprétation est erronée. • OEB ch. rec. tech., 31 oct. 2001 : *Propr ind. 2003, n° 16, note Vigand ; Propr. intell. 2004, n° 10, p. 572, obs. Galloux.*

Art. 86 *Taxes annuelles pour la demande de brevet européen. (Acte portant révision du 29 nov. 2000)* **1. Des taxes annuelles doivent, conformément au règlement d'exécution, être payées à l'Office européen des brevets pour toute demande de brevet européen. Ces taxes sont dues pour la troisième année, à compter de la date de dépôt de la demande, et pour chacune des années suivantes. Si une taxe annuelle n'a pas été acquittée dans les délais, la demande est réputée retirée.**

2. Aucune taxe annuelle n'est exigible après le paiement de celle qui doit être acquittée au titre de l'année au cours de laquelle est publiée la mention de la délivrance du brevet européen.

CHAPITRE II *Priorité*

Art. 87 *Droit de priorité. (Acte portant révision du 29 nov. 2000)* **1. Celui qui a régulièrement déposé, dans ou pour :**

a) un État partie à la Convention de Paris pour la protection de la propriété industrielle ou

b) un membre de l'Organisation mondiale du commerce,

une demande de brevet d'invention, de modèle d'utilité ou de certificat d'utilité, ou son ayant cause, jouit, pour effectuer le dépôt d'une demande de brevet européen pour la même invention, d'un droit de priorité pendant un délai de douze mois à compter de la date de dépôt de la première demande.

2. Est reconnu comme donnant naissance au droit de priorité tout dépôt ayant la valeur d'un dépôt national régulier en vertu de la législation nationale de l'État dans lequel il a été effectué ou d'accords bilatéraux ou multilatéraux, y compris la présente convention.

3. Par dépôt national régulier, on doit entendre tout dépôt qui suffit à établir la date à laquelle la demande a été déposée, quel que soit le sort ultérieur de cette demande.

4. Est considérée comme première demande, dont la date de dépôt est le point de départ du délai de priorité, une demande ultérieure ayant le même objet qu'une première demande antérieure, déposée dans ou pour le même État, à la condition que cette demande antérieure, à la date de dépôt de la demande ultérieure, ait été retirée, abandonnée ou refusée, sans avoir été soumise à l'inspection publique et sans laisser subsister de droits, et qu'elle n'ait pas encore servi de base pour la revendication du droit de priorité. La demande antérieure ne peut plus alors servir de base pour la revendication du droit de priorité.

5. Si le premier dépôt a été effectué auprès d'un service de la propriété industrielle qui n'est pas lié par la Convention de Paris pour la protection de la propriété industrielle ou par l'Accord instituant l'Organisation mondiale du commerce, les paragraphes 1 à 4 s'appliquent si, suivant une communication émanant du président de l'Office européen des brevets, ce service reconnaît qu'un premier dépôt effectué auprès de l'Office européen des brevets donne naissance à un droit de priorité soumis à des conditions et ayant des effets équivalents à ceux prévus par la Convention de Paris.

1. Même invention. Sur l'interprétation du critère de « même invention », V. • OEB, gr. ch. recours, 31 mai 2001 : *Propr. ind. 2002, n° 42, note Vigand ; Propr. intell. 2002, n° 4, p. 67, obs. Galloux.* ♦ Une priorité n'est recevable que si la demande antérieure couvre la même invention au sens où l'homme du métier est susceptible de déduire directement et sans ambiguïté l'objet de la revendication de cette dernière. • Com. 22 nov. 2016, n° 15-16.647 : *PIBD 2017. III. 1.*

2. Épuisement du droit de priorité. On ne peut déposer dans un pays deux demandes de brevet protégeant la même invention en revendiquant pour chacune la priorité d'une demande étrangère. • OEB, ch. rec. tech., 15 sept. 2003 : *Propr. ind. 2004, n° 1, note Vigand.* ♦ Sur l'absence de reconnaissance d'un épuisement du droit de priorité, V. • OEB, ch. rec. tech., 17 juin 2004 : *Propr. ind. 2005, n° 83, note Vigand.*

3. Priorités multiples. Sur l'appréciation d'une revendication bénéficiant de plusieurs priorités plus ou moins larges, V. • OEB, 4 déc. 2012 : *Propr. ind. 2013, n° 64, note Vigand.*

Art. 88 *Revendication de priorité. (Acte portant révision du 29 nov. 2000)* **1. Le demandeur qui veut se prévaloir de la priorité d'un dépôt antérieur est tenu de produire une déclaration de priorité et tout autre document exigé, conformément au règlement d'exécution.**

2. Des priorités multiples peuvent être revendiquées pour une demande de brevet européen même si elles proviennent d'États différents. Le cas échéant, des priorités multiples peuvent être revendiquées pour une même revendication. Si des priorités multiples sont revendiquées, les délais qui ont pour point de départ la date de priorité sont calculés à compter de la date de la priorité la plus ancienne.

3. Lorsqu'une ou plusieurs priorités sont revendiquées pour la demande de brevet européen, le droit de priorité ne couvre que les éléments de la demande de brevet européen qui sont contenus dans la demande ou dans les demandes dont la priorité est revendiquée.

4. Si certains éléments de l'invention pour lesquels la priorité est revendiquée ne figurent pas parmi les revendications formulées dans la demande antérieure, il suffit, pour que la priorité puisse être accordée, que l'ensemble des pièces de la demande antérieure révèle d'une façon précise lesdits éléments.

V. Décis. de la Présidente, Édition spéciale n° 3, JO OEB 2007, B.2, et la décision du Président, JO OEB 2012, 492.

Art. 89 *Effet du droit de priorité.* **Par l'effet du droit de priorité, la date de priorité est considérée comme celle du dépôt de la demande de Brevet européen pour l'application de l'article 54, paragraphes 2 et 3, et de l'article 60, paragraphe 2.**

Le demandeur d'un brevet européen qui veut se prévaloir de la priorité d'un dépôt antérieur étant tenu de produire une copie de la demande antérieure, cette seule référence dans le préambule des revendications n'implique pas que le déposant reconnaisse que les caractéristiques protégées par ce brevet faisaient partie de l'état de la technique à la date de son dépôt. • Com. 12 févr. 2002 : *PIBD 2002. III. 203.*

QUATRIÈME PARTIE Procédure jusqu'à la délivrance

Art. 90 *Examen lors du dépôt. (Acte portant révision du 29 nov. 2000)* **1. L'Office européen des brevets examine conformément au règlement d'exécution si la demande remplit les conditions pour que lui soit accordée une date de dépôt.**

2. Si une date de dépôt ne peut être accordée après que l'examen au titre du paragraphe 1 a été effectué, la demande n'est pas traitée en tant que demande de brevet européen.

3. Si une date de dépôt a été accordée à la demande de brevet européen, l'Office européen des brevets examine conformément au règlement d'exécution s'il est satisfait aux exigences des articles 14, 78, 81 et, le cas échéant, des articles 88, paragraphe 1, et 133, paragraphe 2, ainsi qu'à toute autre exigence prévue par le règlement d'exécution.

4. Lorsque l'Office européen des brevets constate, lors de l'examen effectué au titre des paragraphes 1 ou 3, l'existence d'irrégularités auxquelles il peut être remédié, il donne au demandeur la possibilité de remédier à ces irrégularités.

5. Lorsqu'il n'est pas remédié à une irrégularité constatée lors de l'examen effectué au titre du paragraphe 3, la demande de brevet européen est rejetée. Lorsque l'irrégularité concerne le droit de priorité, elle entraîne la perte de ce droit pour la demande.

Art. 91 *Supprimé par l'Acte portant révision du 29 nov. 2000.*

Art. 92 *Établissement du rapport de recherche européenne. (Acte portant révision du 29 nov. 2000)* **L'Office européen des brevets établit et publie, conformément au règlement d'exécution, un rapport de recherche européenne relatif à la demande de brevet européen sur la**

base des revendications, en tenant dûment compte de la description et, le cas échéant, des dessins existants.

Art. 93 ***Publication de la demande de brevet européen.*** *(Acte portant révision du 29 nov. 2000)*
1. L'Office européen des brevets publie la demande de brevet européen dès que possible :

a) après l'expiration d'un délai de dix-huit mois à compter de la date de dépôt ou, si une priorité a été revendiquée, à compter de la date de priorité ou

b) avant l'expiration de ce délai sur requête du demandeur.

2. La demande de brevet européen est publiée à la même date que le fascicule du brevet européen lorsque la décision relative à la délivrance du brevet européen prend effet avant l'expiration du délai visé au paragraphe 1, lettre a).

V. Décis. de la Présidente (Édition spéciale n° 3, JO OEB 2007, D. 3).

Art. 94 ***Examen de la demande du brevet européen.*** *(Acte portant révision du 29 nov. 2000)* **1. Sur requête, l'Office européen des brevets examine conformément au règlement d'exécution si la demande de brevet européen et l'invention qui en fait l'objet satisfont aux conditions prévues par la présente convention. La requête n'est considérée comme présentée qu'après le paiement de la taxe d'examen.**

2. Lorsque la requête n'est pas présentée dans les délais, la demande est réputée retirée.

3. S'il résulte de l'examen que la demande ou l'invention qui en fait l'objet ne satisfait pas aux conditions prévues par la présente convention, la division d'examen invite le demandeur, aussi souvent qu'il est nécessaire, à présenter ses observations et, sous réserve des dispositions de l'article 123, paragraphe 1, à modifier la demande.

4. Si le demandeur ne répond pas dans les délais à une notification de la division d'examen, la demande est réputée retirée.

V. communiqués, JO OEB 2010, 352 et 2014, A31.

Art. 95 et 96 *Supprimés par l'Acte portant révision du 29 nov. 2000.*

Art. 97 ***Délivrance du brevet ou rejet de la demande.*** *(Acte portant révision du 29 nov. 2000)* **1. Si la division d'examen estime que la demande de brevet européen et l'invention qui en fait l'objet satisfont aux conditions prévues par la présente convention, elle décide de délivrer le brevet européen à condition que les exigences prévues par le règlement d'exécution soient remplies.**

2. Si la division d'examen estime que la demande de brevet européen ou l'invention qui en fait l'objet ne satisfait pas aux conditions prévues par la présente convention, elle rejette la demande, à moins que des sanctions différentes du rejet ne soient prévues par la présente convention.

3. La décision relative à la délivrance du brevet européen prend effet au jour de la publication au *Bulletin européen des brevets* de la mention de la délivrance.

1. Lorsqu'une division d'examen décide de délivrer un brevet européen, cette décision ne prend pas effet le jour où s'achève le processus de prise de décision engagé à l'issue de la procédure écrite devant cette division, mais le jour de la publication au *Bulletin européen des brevets* de la mention de la délivrance. Dans l'intervalle, la procédure de délivrance reste en instance devant l'OEB. • OEB ch. rec. jur., 20 janv. 1998 : *JO OEB, juill. 1999, p. 443 ; PIBD 1999. III. 508.*

2. Dans les procédures *ex parte,* la règle 71 *bis* CBE confère à la division d'examen un pouvoir d'appréciation pour autoriser ou refuser des modifications des revendications avant de prendre une décision au titre de l'art. 97 CBE. La division d'examen doit exercer un pouvoir d'appréciation en tenant compte de l'ensemble des facteurs pertinents en l'espèce et en s'efforçant d'établir un juste équilibre entre l'intérêt du demandeur, qui doit pouvoir obtenir une protection appropriée par brevet de l'invention qu'il revendique, et l'intérêt de l'OEB, qui doit pouvoir conclure rapidement la procédure par la prise d'une décision. Si dans l'exercice de ce pouvoir d'appréciation, la division d'examen choisit de ne pas autoriser des modifications des revendications, elle doit exposer les motifs de son refus. Le simple fait de mentionner que les revendications ont été produites tardivement au regard de la règle 71 *bis* CBE ne constitue pas un motif suffisant de refus au sens où l'entend la règle 68 (2) CBE. • OEB ch. rec. tech.. 6 août 1999 : *PIBD 2000. III. 575.*

Art. 98 ***Publication du fascicule du brevet européen.*** *(Acte portant révision du 29 nov. 2000)*
L'Office européen des brevets publie le fascicule du brevet européen dès que possible après la publication de la mention de la délivrance du brevet européen au *Bulletin européen des brevets.*

CINQUIÈME PARTIE **Procédure d'opposition et de limitation** *(Acte portant révision du 29 nov. 2000).*

Art. 99 *Opposition. (Acte portant révision du 29 nov. 2000)* **1. Dans un délai de neuf mois à compter de la publication de la mention de la délivrance du brevet européen au *Bulletin européen des brevets*, toute personne peut faire opposition à ce brevet auprès de l'Office européen des brevets, conformément au règlement d'exécution. L'opposition n'est réputée formée qu'après paiement de la taxe d'opposition.**

2. L'opposition au brevet européen affecte ce brevet dans tous les États contractants dans lesquels il produit ses effets.

3. Les tiers qui ont fait opposition sont parties, avec le titulaire du brevet, à la procédure d'opposition.

4. Si une personne apporte la preuve que, dans un État contractant, elle est inscrite au registre des brevets, en vertu d'un jugement passé en force de chose jugée, aux lieu et place du titulaire précédent, elle est, sur requête, substituée à ce dernier pour ledit État. Nonobstant les dispositions de l'article 118, le titulaire précédent du brevet et la personne qui fait ainsi valoir ses droits ne sont pas considérés comme copropriétaires, à moins qu'ils ne demandent tous deux à l'être.

1. La recevabilité de l'opposition doit être appréciée d'après le contenu exact de l'acte d'opposition tel qu'il a été déposé, en tenant compte des documents supplémentaires produits avant expiration du délai d'opposition, afin de remédier à toutes les irrégularités fatales pour la recevabilité de l'opposition. • OEB ch. rec. tech., 22 sept. 1997 : *PIBD 1998. III. 578.*

2. Il ne peut être autorisé dans le cours d'une opposition, après la délivrance du brevet, de rétablir les éléments qui avaient été supprimés ou dont il avait été précisé avant la délivrance du titre qu'ils n'avaient plus de rapport avec l'invention. • OEB ch. rec. tech., 7 mai 1999 : *D. 2002. Somm. 1191, obs. Galloux*.

Art. 100 *Motifs d'opposition.* **L'opposition ne peut être fondée que sur les motifs selon lesquels :**

a) l'objet du brevet européen n'est pas brevetable aux termes des articles 52 à 57 ;

b) le brevet européen n'expose pas l'invention de façon suffisamment claire et complète pour qu'un homme du métier puisse l'exécuter ;

c) l'objet du brevet européen s'étend au-delà du contenu de la demande telle qu'elle a été déposée ou, si le brevet a été délivré sur la base d'une demande divisionnaire ou d'une nouvelle demande déposée en vertu de l'article 61, au-delà du contenu de la demande initiale telle qu'elle a été déposée.

Lorsqu'il a été fait opposition à un brevet en vertu de l'art. 100 *a)* CBE, au motif que les revendications sont dénuées d'activité inventive par rapport aux documents cités dans l'acte d'opposition, le motif concernant l'absence de nouveauté au regard des art. 52 (1) et 54 CBE constitue un nouveau motif d'opposition qui ne peut donc être invoqué dans la procédure de recours sans le consentement du titulaire du brevet. Toutefois, lorsqu'il s'agit de statuer sur le motif concernant l'absence d'activité inventive, il est possible d'examiner le grief selon lequel les revendications sont dépourvues de nouveauté par rapport au document représentant l'état de la technique la plus proche. • OEB, 19 juill. 1996 : *PIBD 1997. III. 180.*

Art. 101 *Examen de l'opposition. – Révocation ou maintien du brevet européen. (Acte portant révision du 29 nov. 2000)* **1. Si l'opposition est recevable, la division d'opposition examine conformément au règlement d'exécution si au moins un motif d'opposition visé à l'article 100 s'oppose au maintien du brevet européen. Au cours de cet examen, la division d'opposition invite les parties, aussi souvent qu'il est nécessaire, à présenter leurs observations sur les notifications qu'elle leur a adressées ou sur les communications qui émanent d'autres parties.**

2. Si la division d'opposition estime qu'au moins un motif d'opposition s'oppose au maintien du brevet européen, elle révoque le brevet. Dans le cas contraire, elle rejette l'opposition.

3. Si la division d'opposition estime que, compte tenu des modifications apportées par le titulaire du brevet au cours de la procédure d'opposition, le brevet et l'invention qui en fait l'objet :

a) satisfont aux conditions de la présente convention, elle décide de maintenir le brevet tel qu'il a été modifié, à condition que les exigences prévues par le règlement d'exécution soient remplies ;

b) ne satisfont pas aux conditions de la présente convention, elle révoque le brevet.

Art. 102 *Supprimé par l'Acte portant révision du 29 nov. 2000.*

Art. 103 *Publication d'un nouveau fascicule du brevet européen. (Acte portant révision du 29 nov. 2000)* Si le brevet européen a été maintenu tel qu'il a été modifié en vertu de l'article 101, paragraphe 3, lettre a), l'Office européen des brevets publie un nouveau fascicule du brevet européen dès que possible après que la mention de la décision concernant l'opposition a été publiée au *Bulletin européen des brevets.*

Art. 104 *Frais. (Acte portant révision du 29 nov. 2000)* 1. Chacune des parties à la procédure d'opposition supporte les frais qu'elle a exposés, à moins que la division d'opposition, conformément au règlement d'exécution, n'arrête, dans la mesure où l'équité l'exige, une répartition différente des frais.

2. Le règlement d'exécution détermine la procédure de fixation des frais.

3. Toute décision finale de l'Office européen des brevets fixant le montant des frais est, aux fins de son exécution dans les États contractants, réputée être une décision passée en force de chose jugée rendue par une juridiction civile de l'État sur le territoire duquel cette exécution doit être poursuivie. Le contrôle d'une telle décision ne peut porter que sur son authenticité.

Art. 105 *Intervention du contrefacteur présumé. (Acte portant révision du 29 nov. 2000)* 1. Tout tiers peut, après l'expiration du délai d'opposition, intervenir dans la procédure d'opposition conformément au règlement d'exécution, à condition qu'il apporte la preuve :

a) qu'une action en contrefaçon fondée sur ce brevet a été introduite à son encontre, ou

b) qu'après avoir été requis par le titulaire du brevet de cesser la contrefaçon alléguée de ce brevet, il a introduit à l'encontre dudit titulaire une action tendant à faire constater qu'il n'est pas contrefacteur.

2. Une intervention recevable est assimilée à une opposition.

L'intervention ne peut porter que sur ce qui est encore en instance et non sur ce qui a déjà été jugé dans le cadre de la procédure d'opposition. • OEB ch. rec. tech., 4 juill. 2002 : *Propr. ind. 2003, n° 74, note Vigand ; Propr. intell. 2004, n° 11, p. 657, obs. Galloux.*

Art. 105 *bis* *(Acte portant révision du 29 nov. 2000) Requête en limitation ou en révocation.* 1. Sur requête du titulaire du brevet, le brevet européen peut être révoqué ou limité sous forme d'une modification des revendications. La requête doit être présentée auprès de l'Office européen des brevets conformément au règlement d'exécution. Elle n'est réputée présentée que lorsque la taxe de limitation ou de révocation a été acquittée.

2. La requête ne peut être présentée tant qu'une procédure d'opposition relative au brevet européen est pendante.

Art. 105 *ter* *(Acte portant révision du 29 nov. 2000) Limitation ou révocation du brevet européen.* 1. L'Office européen des brevets examine si les conditions requises dans le règlement d'exécution pour une limitation ou la révocation du brevet européen sont remplies.

2. Si l'Office européen des brevets estime que la requête en limitation ou en révocation du brevet européen répond à ces conditions, il décide, conformément au règlement d'exécution, de limiter ou de révoquer le brevet européen. Dans le cas contraire, il rejette la requête.

3. La décision relative à la limitation ou à la révocation affecte le brevet européen avec effet dans tous les États contractants pour lesquels il a été délivré. Elle prend effet à la date de la publication au *Bulletin européen des brevets* de la mention de la décision.

Art. 105 *quater* *(Acte portant révision du 29 nov. 2000) Publication d'un fascicule de brevet européen modifié.* Lorsque le brevet européen a été limité en vertu de l'article 105 *ter*, paragraphe 2, l'Office européen des brevets publie le fascicule de brevet européen modifié dès que possible après la publication de la mention de la limitation au *Bulletin européen des brevets.*

SIXIÈME PARTIE Procédure de recours

Art. 106 *Décisions susceptibles de recours. (Acte portant révision du 29 nov. 2000)* 1. Les décisions de la section de dépôt, des divisions d'examen, des divisions d'opposition et de la division juridique sont susceptibles de recours. Le recours a un effet suspensif.

2. Une décision qui ne met pas fin à une procédure à l'égard d'une des parties ne peut faire l'objet d'un recours qu'avec la décision finale, à moins que ladite décision ne prévoie un recours indépendant.

3. Le droit de former recours contre des décisions portant sur la répartition ou la fixation des frais de la procédure d'opposition peut être limité dans le règlement d'exécution.

Art. 107 *Personnes admises à former le recours et à être parties à la procédure.* Toute partie à la procédure ayant conduit à une décision peut recourir contre cette décision pour autant qu'elle n'ait pas fait droit à ses prétentions. Les autres parties à ladite procédure sont de droit parties à la procédure de recours.

Art. 108 *Délai et forme. (Acte portant révision du 29 nov. 2000)* Le recours doit être formé, conformément au règlement d'exécution, auprès de l'Office européen des brevets dans un délai de deux mois à compter de la signification de la décision. Le recours n'est considéré comme formé qu'après le paiement de la taxe de recours. Un mémoire exposant les motifs du recours doit être déposé dans un délai de quatre mois à compter de la signification de la décision, conformément au règlement d'exécution.

Art. 109 *Révision préjudicielle.* 1. Si l'instance dont la décision est attaquée considère le recours comme recevable et fondé, elle doit y faire droit. Cette disposition ne s'applique pas lorsque la procédure oppose celui qui a introduit le recours à une autre partie.

2. *(Décis. 10 déc. 1998)* « S'il n'est pas fait droit au recours dans un délai de trois mois après réception du mémoire exposant les motifs, le recours doit être immédiatement déféré à la chambre de recours, sans avis sur le fond. » — *Le nouveau délai de trois mois s'applique aux recours formés à partir du 1er janv. 1999.*

Art. 110 *Examen du recours. (Acte portant révision du 29 nov. 2000)* Si le recours est recevable, la chambre de recours examine s'il peut y être fait droit. L'examen du recours se déroule conformément au règlement d'exécution.

Art. 111 *Décision sur le recours.* 1. A la suite de l'examen au fond du recours, la chambre de recours statue sur le recours. Elle peut, soit exercer les compétences de l'instance qui a pris la décision attaquée, soit renvoyer l'affaire à ladite instance pour suite à donner.

2. Si la chambre de recours renvoie l'affaire pour suite à donner à l'instance qui a pris la décision attaquée, cette instance est liée par les motifs et le dispositif de la décision de la chambre de recours pour autant que les faits de la cause soient les mêmes. Si la décision attaquée a été prise par la section de dépôt, la division d'examen est également liée par les motifs et le dispositif de la décision de la chambre de recours.

Art. 112 *Décisions ou avis de la Grande Chambre de recours.* 1. Afin d'assurer une application uniforme du droit ou si une question de droit d'importance fondamentale se pose :

a) la chambre de recours, soit d'office, soit à la requête de l'une des parties, saisit en cours d'instance la Grande Chambre de recours lorsqu'une décision est nécessaire à ces fins. Lorsque la chambre de recours rejette la requête, elle doit motiver son refus dans sa décision finale ;

b) le président de l'Office européen des brevets peut soumettre une question de droit à la Grande chambre de recours lorsque deux chambres de recours ont rendu des décisions divergentes sur cette question.

2. Dans les cas visés au paragraphe 1, lettre *a*), les parties à la procédure de recours sont parties à la procédure devant la Grande Chambre de recours.

3. La décision de la Grande Chambre de recours à laquelle il est fait référence au paragraphe 1, lettre *a*), lie la chambre de recours pour le recours en instance.

Art. 112 *bis* *(Acte portant révision du 29 nov. 2000) Requête en révision par la Grande Chambre de recours.* 1. Toute partie à une procédure de recours, aux prétentions de laquelle la décision de la chambre de recours n'a pas fait droit, peut présenter une requête en révision de la décision par la Grande Chambre de recours.

2. La requête ne peut être fondée que sur l'un des motifs suivants :

a) un membre de la chambre de recours a participé à la décision en violation de l'article 24, paragraphe 1, ou malgré son exclusion suivant une décision au titre de l'article 24, paragraphe 4 ;

b) une personne n'ayant pas qualité de membre des chambres de recours a participé à la décision ;

c) la procédure de recours a été entachée d'une violation fondamentale de l'article 113 ;

d) la procédure de recours a été entachée d'un autre vice fondamental de procédure tel que défini dans le règlement d'exécution ; ou

e) une infraction pénale établie dans les conditions prévues au règlement d'exécution a pu avoir une incidence sur la décision.

3. La requête en révision n'a pas d'effet suspensif.

4. La requête doit être présentée et motivée conformément au règlement d'exécution. Si la requête est basée sur le paragraphe 2, lettres a) à d), elle doit être présentée dans un délai de deux mois à compter de la signification de la décision de la chambre de recours. Si la requête est basée sur le paragraphe 2, lettre e), elle doit être présentée dans un délai de deux mois après que l'infraction pénale a été établie et en toute hypothèse pas plus de cinq ans après la signification de la décision de la chambre de recours. La requête en révision n'est pas réputée avoir été présentée avant que la taxe prescrite n'ait été payée.

5. La Grande Chambre de recours examine la requête en révision conformément au règlement d'exécution. Si la requête est fondée, la Grande Chambre de recours annule la décision faisant l'objet de la révision et rouvre, conformément au règlement d'exécution, la procédure devant les chambres de recours.

6. Quiconque, dans un État contractant désigné, a, de bonne foi, dans la période entre la décision de la chambre de recours faisant l'objet de la révision et la publication de la mention de la décision de la Grande Chambre de recours sur la requête en révision, commencé à exploiter ou a fait des préparatifs effectifs et sérieux pour exploiter l'invention qui fait l'objet d'une demande de brevet européen publiée ou d'un brevet européen, peut, à titre gratuit, poursuivre cette exploitation dans son entreprise ou pour les besoins de son entreprise.

L'art. 112 *bis* n'a pas pour objet de prévoir une troisième instance pour décider d'un cas mais de fournir le droit à une révision judiciaire fondée sur un nombre limité de motifs qui ont été définis de façon exhaustive par le législateur. • OEB, gr. ch., 15 juill. 2008 : *Propr. ind. 2008, n° 84, note Vigand.*

SEPTIÈME PARTIE **Dispositions communes**

CHAPITRE PREMIER *Dispositions générales de procédure*

Art. 113 *Fondement des décisions.* 1. Les décisions de l'Office européen des brevets ne peuvent être fondées que sur des motifs au sujet desquels les parties ont pu prendre position.

2. L'Office européen des brevets n'examine et ne prend de décision sur la demande de Brevet européen ou le Brevet européen que dans le texte proposé ou accepté par le demandeur ou par le titulaire du brevet.

Art. 114 *Examen d'office.* 1. Au cours de la procédure, l'Office européen des brevets procède à l'examen d'office des faits ; cet examen n'est limité ni aux moyens invoqués ni aux demandes présentées par les parties.

2. L'Office européen des brevets peut ne pas tenir compte des faits que les parties n'ont pas invoqués ou des preuves qu'elles n'ont pas produites en temps utile.

Art. 115 *Observations des tiers. (Acte portant révision du 29 nov. 2000)* Après la publication de la demande de brevet européen, tout tiers peut, dans toute procédure devant l'Office européen des brevets, présenter, conformément au règlement d'exécution, des observations sur la brevetabilité de l'invention faisant l'objet de la demande ou du brevet. Le tiers n'acquiert pas la qualité de partie à la procédure. — *V. Communiqué du 5 juill. 2017, JO OEB 2017, 186.*

Sur le rejet d'observations déposées par un tiers de façon anonyme. • OEB, ch. rec. tech., 13 déc. 2011 : *Propr. ind. 2012, n° 71, note Vigand.* ♦ Sur l'acceptation d'observations déposées tardivement par un tiers de façon anonyme. • OEB, ch. rec. tech., 14 déc. 2011 : *Propr. ind. 2012, n° 71, note Vigand.*

Art. 116 *Procédure orale.* 1. Il est recouru à la procédure orale soit d'office lorsque l'Office européen des brevets le juge utile, soit sur requête d'une partie à la procédure. Toutefois, l'Office européen des brevets peut rejeter une requête tendant à recourir à nouveau à la procédure orale devant une même instance pour autant que les parties ainsi que les faits de la cause soient les mêmes.

2. Toutefois, il n'est recouru, sur requête du demandeur, à la procédure orale devant la section de dépôt que lorsque celle-ci le juge utile ou lorsqu'elle envisage de rejeter la demande de Brevet européen.

3. La procédure orale devant la section de dépôt, les divisions d'examen et la division juridique n'est pas publique.

4. La procédure orale, y compris le prononcé de la décision, est publique devant les chambres de recours et la Grande chambre de recours après la publication de la demande de Bre-

vet européen ainsi que devant les divisions d'opposition, sauf décision contraire de l'instance saisie, au cas où la publicité pourrait présenter, notamment pour une partie à la procédure, des inconvénients graves et injustifiés.

Sur l'utilisation de la visioconférence, V. note d'information (JO OEB 2012, 354) et Décis. Grande Chambre de recours nos G 2/94, G 4/95.

Art. 117 *(Acte portant révision du 29 nov. 2000) Moyens de preuve et instruction.* **1. Dans les procédures devant l'Office européen des brevets, les mesures d'instruction suivantes peuvent notamment être prises :**

a) l'audition des parties ;

b) la demande de renseignements ;

c) la production de documents ;

d) l'audition de témoins ;

e) l'expertise ;

f) la descente sur les lieux ;

g) les déclarations écrites faites sous la foi du serment.

2. Le règlement d'exécution détermine la procédure relative à l'instruction.

Art. 118 *Unicité de la demande ou du brevet européen.* **Lorsque les demandeurs ou les titulaires d'un brevet européen ne sont pas les mêmes pour différents États contractants désignés, il sont considérés comme codemandeurs ou comme copropriétaires aux fins de la procédure devant l'Office européen des brevets. L'unicité de la demande ou du brevet au cours de cette procédure n'en est pas affectée ; en particulier, le texte de la demande ou du brevet doit être identique pour tous les États désignés, à moins que la présente Convention n'en dispose autrement.**

Art. 119 *Signification. (Acte portant révision du 29 nov. 2000)* **Les décisions, citations, notifications et communications sont signifiées d'office par l'Office européen des brevets conformément au règlement d'exécution. Les significations peuvent être faites, lorsque des circonstances exceptionnelles l'exigent, par l'intermédiaire des services centraux de la propriété industrielle des États contractants.**

V. Décis. du Président relative au projet pilote visant à introduire de nouveaux moyens de communication électronique pour les procédures devant l'OEB (JO OEB 2015, A28) et le communiqué concernant l'utilisation d'une adresse pour la correspondance (JO OEB 2014, A99).

Art. 120 *Délais. (Acte portant révision du 29 nov. 2000)* **Le règlement d'exécution détermine :**

a) les délais qui doivent être observés dans les procédures devant l'Office européen des brevets et qui ne sont pas fixés par la présente convention ;

b) le mode de calcul des délais ainsi que les conditions dans lesquelles ils peuvent être prorogés ;

c) les durées minimales et maximales des délais qui sont impartis par l'Office européen des brevets.

Art. 121 *Poursuite de la procédure de la demande de brevet européen. (Acte portant révision du 29 nov. 2000)* **1. Lorsque le demandeur n'a pas observé un délai à respecter à l'égard de l'Office européen des brevets, il peut requérir la poursuite de la procédure relative à la demande de brevet européen.**

2. L'Office européen des brevets fait droit à la requête lorsque les conditions prévues dans le règlement d'exécution sont remplies. Dans le cas contraire, il rejette la requête.

3. Lorsqu'il est fait droit à la requête, les conséquences de l'inobservation du délai sont réputées ne pas s'être produites.

4. Sont exclus de la poursuite de la procédure, les délais prévus aux articles 87, paragraphe 1, 108 et 112 *bis*, paragraphe 4, ainsi que les délais de présentation de la requête en poursuite de la procédure et de la requête en *restitutio in integrum*. Le règlement d'exécution peut exclure d'autres délais de la poursuite de la procédure.

Sur l'inobservation du délai pour désigner un mandataire communautaire pour se faire représenter, et la poursuite de la procédure, V. • OEB, ch. rec. tech., 3 avr. 2009 : *Propr. ind. 2011. 78, note Vigand.*

Art. 122 *Restitutio in integrum. (Acte portant révision du 29 nov. 2000)* **1. Le demandeur ou le titulaire d'un brevet européen qui, bien qu'ayant fait preuve de toute la vigilance nécessitée par les circonstances, n'a pas été en mesure d'observer un délai à l'égard de l'Office européen des brevets est, sur requête, rétabli dans ses droits si l'inobservation de ce délai a**

pour conséquence directe le rejet de la demande de brevet européen ou d'une requête, le fait que la demande de brevet européen est réputée retirée, la révocation du brevet européen, la perte de tout autre droit ou d'un moyen de recours.

2. L'Office européen des brevets fait droit à la requête lorsque les conditions requises au paragraphe 1 et les exigences prévues par le règlement d'exécution sont remplies. Dans le cas contraire, il rejette la requête.

3. Lorsqu'il est fait droit à la requête, les conséquences de l'inobservation du délai sont réputées ne pas s'être produites.

4. Est exclu de la *restitutio in integrum*, le délai de présentation de la requête en *restitutio in integrum*. Le règlement d'exécution peut exclure d'autres délais de la *restitutio in integrum*.

5. Quiconque, dans un État contractant désigné, a, de bonne foi, dans la période entre la perte d'un droit visé au paragraphe 1 et la publication de la mention du rétablissement dudit droit, commencé à exploiter ou a fait des préparatifs effectifs et sérieux pour exploiter l'invention qui fait l'objet d'une demande de brevet européen publiée ou d'un brevet européen, peut, à titre gratuit, poursuivre cette exploitation dans son entreprise ou pour les besoins de son entreprise.

6. Le présent article n'affecte pas le droit pour un État contractant d'accorder la *restitutio in integrum* quant aux délais prévus par la présente convention et qui doivent être observés vis-à-vis des autorités de cet État.

1. Obligation de vigilance. Sur le contrôle de la mission de vigilance quant au respect des délais, V. • OEB, ch. rec. tech., 23 févr. 2001 : *CCE 2002, n° 66, note Vigand.* ♦ Le mandataire qui délègue certaines tâches auxiliaires comme la surveillance des délais, ne peut s'en remettre pleinement à cette délégation. • OEB, ch. rec. tech., 31 janv. 2007 : *Propr. ind. 2007, n° 47, note Vigand.*

Registre texte2. Point de départ du délai. Le délai de deux mois pour présenter la requête court à compter de la date effective et non de la date présumée de la cessation de l'empêchement. • OEB, ch. rec. tech., 23 févr. 2001 : *CCE 2002, n° 65, note Vigand.*

Art. 123 *Modifications. (Acte portant révision du 29 nov. 2000)* **1. La demande de brevet européen ou le brevet européen peut être modifié dans les procédures devant l'Office européen des brevets conformément au règlement d'exécution. En tout état de cause, le demandeur peut, de sa propre initiative, modifier au moins une fois la demande.**

2. La demande de brevet européen ou le brevet européen ne peut être modifié de manière que son objet s'étende au-delà du contenu de la demande telle qu'elle a été déposée.

3. Le brevet européen ne peut être modifié de façon à étendre la protection qu'il confère.

BIBL. ▶ Colombo, *Propr. ind. 2009, n° 22* (la généralisation intermédiaire, un piège redoutable ?).

1. Il ne peut être autorisé dans le cours d'une opposition, après la délivrance du brevet, de rétablir les éléments qui avaient été supprimés ou dont il avait été précisé avant la délivrance du titre qu'ils n'avaient plus de rapport avec l'invention. • OEB, ch. rec. tech., 7 mai 1999 : *D. 2002. Somm. 1191, obs. Galloux*. ♦ Sur la possibilité de réintroduire une partie de la matière, retranchée au cours de l'examen, dans la description de l'invention qui, de ce fait, devenait insuffisamment décrite, V. • OEB, ch. rec. tech., 24 sept. 2004 : *Propr. ind. 2005, n° 36, note Vigand.* ♦ La suppression lors de l'examen d'une définition entre parenthèses dans une revendication a été jugée contraire à l'art. 123. Sa réintroduction dans la revendication lors de l'opposition est possible, mais sans les parenthèses. • OEB, ch. rec. tech., 3 mars 2007 : *Propr. ind. 2008, n° 59, note Vigand.* ♦ Le présent art. permet au déposant de reformuler le problème technique sous réserve que les précisions ainsi apportées puissent être déduites de la demande initiale. Les dessins ayant simple vocation à éclairer la description, il ne peut être soutenu que les ajouts sont de simples retranscriptions écrites de ceux-ci. • Paris, pôle 5, ch. 2, 7 oct. 2016, n° 2014/16544 : *PIBD 2016. III. 904.*

2. Disclaimer. L'introduction d'un « *disclaimer* » (texte du manuel d'utilisation par lequel le titulaire du brevet se décharge de sa responsabilité) est une modification qui doit comme toute modification respecter l'art. 123 de la Convention de Munich. Tout « *disclaimer* » qui ne trouve aucun fondement dans la demande est prohibé. • OEB, gr. ch. recours, 17 sept. 2001 : *Propr. ind. 2002, n° 86, note Vigand ; Propr. intell. 2002, n° 4, p. 68, obs. Galloux.* ♦ Sur la recevabilité des « *disclaimers* », V. • OEB, gr. ch. recours, 8 avr. 2004 : *Propr. ind. 2004, n° 59, note Vigand ; Propr. intell. 2004, n° 12, p. 784, obs. Gutmann ; Propr. intell. 2006, n° 19, p. 200, obs. Galloux* • OEB, ch. rec. tech., 1er mars 2005 : *Propr. ind. 2005, n° 44, note Vigand.* ♦ Un *disclaimer* pris pour échapper à une antériorité et qui est pertinent pour évaluer l'activité inventive doit être déclaré inadmissible comme contraire à l'art. 123. • OEB, ch. rec. tech., 8 mai 2007 : *Propr. ind. 2008, n° 26, obs. Vigand.* ♦ Une réalisation préférentielle prise dans un domaine large peut être exclue de ce domaine par *disclaimer*, même en présence d'une antériorité non fortuite détruisant l'activité inventive de cette réalisation. • OEB, ch. rec. tech., 3 déc. 2008 :

Propr. ind. 2010, n° 55, note Vigand. ♦ Bien que la borne inférieure de la fourchette soit différente dans le texte de priorité et dans le texte communautaire, il y a lieu d'admettre la priorité dans la mesure où la borne inférieure du texte communautaire est légèrement supérieure à celle du texte de priorité et fait l'objet d'un *disclaimer*, étant entendu que cette différence est sans signification technique. • OEB, ch. rec. tech., 15 avr. 2010 : *Propr. ind. 2011. 46, note Vigand.* ♦ Le test de G2/20 s'applique également à un amendement portant sur un *disclaimer* non divulgué servant à rétablir la nouveauté vis-à-vis d'une demande de brevet antérieure opposable au titre de l'art. 54, § 3, de la Conv. de Munich. L'examen de l'admissibilité de ce *disclaimer* au regard de l'art. 123, §2, doit être fait séparément pour le *disclaimer* lui-même et pour l'objet restant dans la revendication. • OEB, ch. rec. tech., 13 mars 2012 : *Propr. ind. 2013, n° 19, note Vigand.*

Art. 124 *(Acte portant révision du 29 nov. 2000)* ***Informations sur l'état de la technique.*** **1. L'Office européen des brevets peut inviter le demandeur, conformément au règlement d'exécution, à lui communiquer des informations sur l'état de la technique qui a été pris en considération dans des procédures de brevet nationales ou régionales et qui porte sur une invention faisant l'objet de la demande de brevet européen.**

2. Si dans le délai qui lui a été imparti, le demandeur ne défère pas à l'invitation visée au paragraphe 1, la demande de brevet européen est réputée retirée.

Art. 125 *Référence aux principes généraux.* **En l'absence d'une disposition de procédure dans la présente Convention, l'Office européen des brevets prend en considération les principes généralement admis en la matière dans les États contractants.**

Art. 126 *Supprimé par l'Acte portant révision du 29 nov. 2000.*

CHAPITRE II *Information du public et des instances officielles*

Art. 127 *Registre européen des brevets. (Acte portant révision du 29 nov. 2000)* **L'Office européen des brevets tient un Registre européen des brevets, où toutes les indications mentionnées dans le règlement d'exécution sont inscrites. Aucune inscription n'est portée au Registre européen des brevets avant que la demande européenne ait été publiée. Le Registre européen des brevets est ouvert à l'inspection publique.**

Art. 128 *Inspection publique. (Acte portant révision du 29 nov. 2000)* **1. Les dossiers relatifs à des demandes de brevet européen qui n'ont pas encore été publiées ne peuvent être ouverts à l'inspection publique qu'avec l'accord du demandeur.**

2. Quiconque prouve que le demandeur s'est prévalu de sa demande de brevet européen à son encontre peut consulter le dossier dès avant la publication de cette demande et sans l'accord du demandeur.

3. Lorsqu'une demande divisionnaire ou une nouvelle demande de brevet européen déposée en vertu de l'article 61, paragraphe 1, est publiée, toute personne peut consulter le dossier de la demande initiale avant la publication de cette demande et sans l'accord du demandeur.

4. Après la publication de la demande de brevet européen, les dossiers de la demande et du brevet européen auquel elle a donné lieu peuvent, sur requête, être ouverts à l'inspection publique, sous réserve des restrictions prévues par le règlement d'exécution.

5. L'Office européen des brevets peut, avant même la publication de la demande de brevet européen, communiquer à des tiers ou publier les indications mentionnées dans le règlement d'exécution.

Sur les pièces exclues de l'inspection publique, V. Décis. du Président de l'OEB du 3 sept. 1999, JO OEB oct. 1999, p. 663 ; PIBD 1999. I. 115.

Art. 129 *Publications périodiques. (Acte portant révision du 29 nov. 2000)* **L'Office européen des brevets publie périodiquement :**

a) un *Bulletin européen des brevets* contenant les indications dont la publication est prescrite par la présente convention, le règlement d'exécution ou le président de l'Office européen des brevets ;

b) un *Journal officiel* contenant les communications et les informations d'ordre général émanant du président de l'Office européen des brevets ainsi que toutes autres informations relatives à la présente convention et à son application.

Art. 130 *Échange d'informations. (Acte portant révision du 29 nov. 2000)* **1. Sauf dispositions contraires de la présente convention ou des législations nationales, l'Office européen des**

brevets et les services centraux de la propriété industrielle des États contractants se communiquent, sur requête, toutes informations utiles sur des demandes de brevets européens ou nationaux et des brevets européens ou nationaux ainsi que les procédures les concernant.

2. Le paragraphe 1 s'applique à l'échange d'informations, en vertu d'accords de travail, entre l'Office européen des brevets, d'une part, et, d'autre part :

a) les services centraux de la propriété industrielle d'autres États ;

b) toute organisation intergouvernementale chargée de la délivrance de brevets ;

c) toute autre organisation.

3. Les communications d'informations faites conformément au paragraphe 1 et au paragraphe 2, lettres a) et b), ne sont pas soumises aux restrictions prévues à l'article 128. Le Conseil d'administration peut décider que les communications faites conformément au paragraphe 2, lettre c), ne sont pas soumises aux restrictions prévues à l'article 128, à condition que l'organisation intéressée s'engage à considérer les informations communiquées comme confidentielles jusqu'à la date de publication de la demande de brevet européen.

Art. 131 *Coopération administrative et judiciaire.* 1. Sauf dispositions contraires de la présente Convention ou des législations nationales, l'Office européen des brevets et les juridictions ou autres autorités compétentes des États contractants s'assistent mutuellement, sur demande, en se communiquant des informations ou des dossiers. Lorsque l'Office européen des brevets communique les dossiers aux juridictions, aux ministères publics ou aux services centraux de la propriété industrielle, la communication n'est pas soumise aux restrictions prévues à l'article 128.

2. Sur commissions rogatoires émanant de l'Office européen des brevets, les juridictions ou autres autorités compétentes des États contractants procèdent pour ledit Office et dans les limites de leur compétence, aux mesures d'instruction ou autres actes juridictionnels.

Art. 132 *Échange de publications.* 1. L'Office européen des brevets et les services centraux de la propriété industrielle des États contractants échangent sur requête, pour leurs propres besoins et gratuitement, un ou plusieurs exemplaires de leurs publications respectives.

2. L'Office européen des brevets peut conclure des accords portant sur l'échange ou l'envoi de publications.

CHAPITRE III *Représentation*

Art. 133 *Principes généraux relatifs à la représentation. (Acte portant révision du 29 nov. 2000)* 1. Sous réserve des dispositions du paragraphe 2, nul n'est tenu de se faire représenter par un mandataire agréé dans les procédures instituées par la présente convention.

2. Les personnes physiques et morales qui n'ont ni leur domicile ni leur siège dans un État contractant doivent être représentées par un mandataire agréé, et agir par son entremise, dans toute procédure instituée par la présente convention, sauf pour le dépôt d'une demande de brevet européen ; d'autres exceptions peuvent être prévues par le règlement d'exécution.

3. Les personnes physiques et morales qui ont leur domicile ou leur siège dans un État contractant peuvent agir par l'entremise d'un employé dans toute procédure instituée par la présente convention ; cet employé, qui doit disposer d'un pouvoir conforme aux dispositions du règlement d'exécution, n'est pas tenu d'être un mandataire agréé. Le règlement d'exécution peut prévoir si et dans quelles conditions l'employé d'une personne morale visée au présent paragraphe peut également agir pour d'autres personnes morales qui ont leur siège dans un État contractant et ont des liens économiques avec elle.

4. Des dispositions particulières relatives à la représentation commune de parties agissant en commun peuvent être fixées par le règlement d'exécution.

Art. 134 *(Acte portant révision du 29 nov. 2000) Représentation devant l'Office européen des brevets.* 1. La représentation de personnes physiques ou morales dans les procédures instituées par la présente convention ne peut être assurée que par les mandataires agréés inscrits sur une liste tenue à cet effet par l'Office européen des brevets.

2. Toute personne physique qui :

a) possède la nationalité d'un État contractant,

b) a son domicile professionnel ou le lieu de son emploi dans un État contractant et

c) a satisfait aux épreuves de l'examen européen de qualification,

peut être inscrite sur la liste des mandataires agréés.

3. Pendant une période d'un an à compter de la date à laquelle l'adhésion d'un État à la présente convention prend effet, peut demander à être inscrite sur la liste des mandataires agréés, toute personne physique qui :

a) possède la nationalité, d'un État contractant,

b) a son domicile professionnel ou le lieu de son emploi dans l'État ayant adhéré à la convention et

c) est habilitée à représenter en matière de brevets d'invention des personnes physiques ou morales devant le service central de la propriété industrielle de cet État. Dans le cas où cette habilitation n'est pas subordonnée à l'exigence d'une qualification professionnelle spéciale, cette personne doit avoir agi dans cet État en tant que représentant à titre habituel pendant cinq ans au moins.

4. L'inscription est faite sur requête accompagnée d'attestations indiquant que les conditions visées au paragraphe 2 ou 3 sont remplies.

5. Les personnes qui sont inscrites sur la liste des mandataires agréés sont habilitées à agir dans toute procédure instituée par la présente convention.

6. Aux fins d'agir en qualité de mandataire agréé, toute personne inscrite sur la liste visée au paragraphe 1 est habilitée à avoir un domicile professionnel dans un État contractant dans lequel se déroulent les procédures instituées par la présente convention, compte tenu du protocole sur la centralisation annexé à la présente convention. Les autorités de cet État ne peuvent retirer cette habilitation que dans des cas particuliers et en vertu de la législation nationale relative à l'ordre public et à la sécurité publique. Le président de l'Office européen des brevets doit être consulté avant qu'une telle mesure soit prise.

7. Le président de l'Office européen des brevets peut consentir une dérogation :

a) à l'exigence visée au paragraphe 2, lettre a), ou paragraphe 3, lettre a), dans des cas tenant à une situation particulière ;

b) à l'exigence visée au paragraphe 3, lettre c), deuxième phrase, si le candidat apporte la preuve qu'il a acquis d'une autre manière les qualifications requises.

8. La représentation au même titre qu'un mandataire agréé dans les procédures instituées par la présente convention peut être assurée par tout avocat habilité à exercer dans l'un des États contractants et y possédant son domicile professionnel, dans la mesure où il peut agir dans ledit État en qualité de mandataire en matière de brevets d'invention. Les dispositions du paragraphe 6 sont applicables.

V. Décis. du Président de l'OEB (JO OEB 2013, 600) et le communiqué (JO OEB 2015, A55).

Art. 134 *bis* *(Acte portant révision du 29 nov. 2000) **Institut des mandataires agréés près l'Office européen des brevets.*** 1. Le conseil d'administration a compétence pour arrêter et modifier des dispositions relatives :

a) à l'Institut des mandataires agréés près l'Office européen des brevets, ci-après dénommé l'Institut ;

b) à la qualification et à la formation exigées pour l'admission à l'examen européen de qualification et à l'organisation des épreuves de cet examen ;

c) au pouvoir disciplinaire de l'Institut ou de l'Office européen des brevets sur les mandataires agréés ;

d) à l'obligation de confidentialité du mandataire agréé et au droit du mandataire agréé de refuser de divulguer dans des procédures devant l'Office européen des brevets les communications échangées entre lui et son client ou toute autre personne.

2. Toute personne inscrite sur la liste des mandataires agréés visée à l'article 134, paragraphe 1, est membre de l'Institut.

HUITIÈME PARTIE **Incidences sur le droit national**

CHAPITRE PREMIER *Transformation en demande de brevet national*

Art. 135 *Demande d'engagement de la procédure nationale. (Acte portant révision du 29 nov. 2000)* 1. Le service central de la propriété industrielle d'un État contractant désigné engage, sur requête du demandeur ou du titulaire d'un brevet européen, la procédure de délivrance d'un brevet national dans les cas suivants :

a) si la demande de brevet européen est réputée retirée en vertu de l'article 77, paragraphe 3 ;

b) dans les autres cas prévus par la législation nationale où, en vertu de la présente convention, la demande de brevet européen est soit rejetée, soit retirée, soit réputée retirée ou le brevet européen révoqué.

2. Dans le cas visé au paragraphe 1, lettre a), la requête doit être présentée au service central national de la propriété industrielle auprès duquel la demande de brevet européen avait été déposée. Sous réserve des dispositions de la législation nationale relatives à la défense nationale, ce service transmet directement la requête aux services centraux des États contractants qui y sont mentionnés.

3. Dans les cas visés au paragraphe 1, lettre b), la requête en transformation doit être présentée à l'Office européen des brevets conformément au règlement d'exécution. Elle n'est réputée présentée qu'après le paiement de la taxe de transformation. L'Office européen des brevets transmet la requête aux services centraux de la propriété industrielle des États qui y sont mentionnés.

4. La demande de brevet européen cesse de produire les effets visés à l'article 66 si la requête en transformation n'est pas transmise dans les délais.

Art. 136 *Supprimé par l'Acte portant révision du 29 nov. 2000.*

Art. 137 *Conditions de forme de la transformation. (Acte portant révision du 29 nov. 2000)* 1. Une demande de brevet européen transmise conformément à l'article 135, paragraphe 2 ou 3, ne peut, quant à sa forme, être soumise par la loi nationale à des conditions différentes de celles qui sont prévues par la présente convention ou à des conditions supplémentaires.

2. Le service central de la propriété industrielle auquel la demande est transmise peut exiger que, dans un délai qui ne peut être inférieur à deux mois, le demandeur :

a) acquitte la taxe nationale de dépôt ;

b) produise, dans l'une des langues officielles de l'État en cause, une traduction du texte original de la demande de brevet européen ainsi que, le cas échéant, une traduction du texte modifié au cours de la procédure devant l'Office européen des brevets, sur la base duquel il désire que se déroule la procédure nationale.

CHAPITRE II *Nullité et droits antérieurs*

Art. 138 *(Acte portant révision du 29 nov. 2000) Nullité des brevets européens.* 1. Sous réserve des dispositions de l'article 139, le brevet européen ne peut être déclaré nul, avec effet pour un État contractant, que si :

a) l'objet du brevet européen n'est pas brevetable aux termes des articles 52 à 57 ;

b) le brevet européen n'expose pas l'invention de façon suffisamment claire et complète pour qu'un homme du métier puisse l'exécuter ;

c) l'objet du brevet européen s'étend au-delà du contenu de la demande telle qu'elle a été déposée ou, lorsque le brevet a été délivré sur la base d'une demande divisionnaire ou d'une nouvelle demande déposée conformément à l'article 61, si l'objet du brevet s'étend au-delà du contenu de la demande antérieure telle qu'elle a été déposée ;

d) la protection conférée par le brevet européen a été étendue ; ou

e) le titulaire du brevet européen n'avait pas le droit de l'obtenir aux termes de l'article 60, paragraphe 1.

2. Si les motifs de nullité n'affectent le brevet européen qu'en partie, celui-ci est limité sous la forme d'une modification correspondante des revendications et est déclaré partiellement nul.

3. Dans les procédures devant la juridiction ou l'administration compétente concernant la validité du brevet européen, le titulaire du brevet est habilité à limiter le brevet en modifiant les revendications. Le brevet ainsi limité sert de base à la procédure.

1. Qualité pour agir. Une personne qui ne prétend pas avoir les droits sur le brevet européen n'a pas qualité pour agir en nullité. • Paris, 15 sept. 2002 : *Propr. ind. 2002, n° 30, note Vigand.* ♦ Rien ne s'oppose à ce que la convention sur le brevet européen prévoie une disposition spécifique relative à l'ouverture de l'action en annulation pour défaut de droit au titre. • Lyon, 2 déc. 2010 : *PIBD 2011. III. 205 ; Propr. ind. 2011. 62, note Vigand.* ♦ Est irrecevable l'action en nullité formée sur le terrain de l'art. 138 de la Convention de Munich par un prétendu contrefacteur qui n'alléguait aucun droit au brevet opposé. • Paris, 15 févr. 2013 : *D. 2013. Pan. 1379, obs. Raynard.*

2. Cause de nullité. L'extension de l'objet du brevet au-delà de la demande d'origine est une cause de nullité. • TGI Paris, 18 nov. 2003 : *Propr. ind. 2004, n° 86, obs. Vigand.* ♦ La revendication 1 du brevet qui indique que la douille de maintien entoure partiellement le récipient n'est pas conforme à la demande en ce que cette rédaction nouvelle permet d'envisager un mode de réalisation qui n'était pas visé antérieurement et il y a lieu en conséquence d'annuler cette revendication en application de l'art. 138, § 1, c). • TGI Paris, 27 janv. 2009 : *PIBD 2009. III. 1264 ; Propr. ind. 2010, n° 7, obs. Vigand.*

3. Nullité relative. La nullité du brevet sur le fondement de l'art. 138, § 1 e), qui vient sanctionner la méconnaissance des droits du véritable titulaire du brevet et qui vise ainsi à assurer la protection d'intérêts privés, doit s'analyser en une nullité relative. • TGI Paris, 28 sept. 2007 : *D. 2009. Pan. 459, obs. Raynard ; PIBD 2007. III. 694 ; Propr. ind. 2008, n° 92, note Raynard* • Com. 14 févr. 2012 : *D. 2012. Pan. 1379, obs. Raynard ; CCE 2012, n° 70, note Raynard.*

4. L'absence de toute mention de recherche et

de résultat est la démonstration du caractère spéculatif de la demande de brevet et a pour conséquence de cacher l'absence d'activité inventive. • TGI Paris, 6 oct. 2009 : *PIBD 2009. III. 161 ; Propr. ind. 2010, n° 70, note Vigand.*

Art. 139 *Droits antérieurs et droits ayant pris naissance à la même date.* 1. Dans tout État contractant désigné, une demande de Brevet européen ou un Brevet européen est traité du point de vue des droits antérieurs, par rapport à une demande de brevet national ou à un brevet national, de la même manière que s'il s'agissait d'une demande de brevet national ou d'un brevet national.

2. Une demande de brevet national ou un brevet national d'un État contractant est traité du point de vue des droits antérieurs, par rapport à un Brevet européen qui désigne cet État contractant, de la même manière que si ce Brevet européen était un brevet national.

3. Tout État contractant demeure libre de décider si et dans quelles conditions peuvent être cumulées les protections assurées à une invention exposée à la fois dans une demande de brevet ou un Brevet européen et dans une demande de brevet ou un brevet national ayant la même date de dépôt ou, si une priorité est revendiquée, la même date de priorité.

CHAPITRE III *Autres incidences sur le droit national*

Art. 140 *Modèles d'utilité et certificats d'utilité nationaux. (Acte portant révision du 29 nov. 2000)* Les articles 66, 124, 135, 137 et 139 sont applicables aux modèles d'utilité ou aux certificats d'utilité ainsi qu'aux demandes correspondantes, dans les États contractants dont la législation prévoit de tels titres de protection.

Art. 141 *Taxes annuelles pour le brevet européen. (Acte portant révision du 29 nov. 2000)* 1. Les taxes annuelles dues au titre du brevet européen ne peuvent être perçues que pour les années suivant celle qui est visée à l'article 86, paragraphe 2.

2. Si des taxes annuelles dues au titre du brevet européen viennent à échéance dans les deux mois à compter de la date à laquelle la mention de la délivrance du brevet a été publiée, lesdites taxes annuelles sont réputées avoir été valablement acquittées sous réserve d'être payées dans le délai mentionné. Il n'est perçu aucune surtaxe prévue au titre d'une réglementation nationale.

NEUVIÈME PARTIE Accords particuliers

Art. 142 *Brevet unitaire.* 1. Tout groupe d'États contractants qui, dans un Accord particulier, a disposé que les Brevets européens délivrés pour ces États auront un caractère unitaire sur l'ensemble de leurs territoires, peut prévoir que les Brevets européens ne pourront être délivrés que conjointement pour tous ces États.

2. Les dispositions de la présente partie sont applicables lorsqu'un groupe d'États contractants a fait usage de la faculté visée au paragraphe 1.

Le groupe d'États membres UE participant à une coopération renforcée dans le domaine de la création d'une protection unitaire conférée par un brevet a mis en œuvre cette coopération par le Règl. (UE) n° 1257/2012 du 17 déc. 2012 et le Règl. (UE) n° 1260/2012 du 17 déc. 2012 (JO OEB 2013, 110, 111 et 132), en faisant ainsi usage de l'autorisation conformément à l'art. 142(1) et aux dispositions de la neuvième partie de la CBE. Le 3e élément du « paquet brevet » de l'UE est l'accord sur la Juridiction Unifiée du Brevet (JO OEB 2013, 286, 287). — V. ces textes infra.

Art. 143 *Instances spéciales de l'Office européen des brevets.* 1. Le groupe d'États contractants peut confier des tâches supplémentaires à l'Office européen des brevets.

2. Il peut, pour l'exécution de ces tâches supplémentaires, être créé à l'Office européen des brevets des instances spéciales communes aux États appartenant à ce groupe. Le Président de l'Office européen des brevets assure la direction de ces instances spéciales ; les dispositions de l'article 10, paragraphes 2 et 3, sont applicables.

Art. 144 *Représentation devant les instances spéciales.* Le groupe d'États contractants peut prévoir une réglementation spéciale pour la représentation des parties devant les instances visées à l'article 143, paragraphe 2.

Art. 145 *Comité restreint du Conseil d'administration.* 1. Le groupe d'États contractants peut instituer un Comité restreint du Conseil d'administration afin de contrôler l'activité des instances spéciales créées en vertu de l'article 143, paragraphe 2 ; l'Office européen des brevets met à la disposition de ce Comité le personnel, les locaux et les moyens matériels nécessaires à l'accomplissement de sa mission. Le Président de l'Office européen des brevets est responsable des activités des instances spéciales devant le Comité restreint du Conseil d'administration.

2. La composition, les compétences et les activités du Comité restreint sont déterminées par le groupe d'États contractants.

Art. 146 *Couverture des dépenses pour les tâches spéciales.* Pour autant qu'un groupe d'États contractants ait attribué des tâches supplémentaires à l'Office européen des brevets au sens de l'article 143, il prend à sa charge les frais qu'entraîne pour l'Organisation l'exécution de ces tâches. Si des instances spéciales ont été instituées au sein de l'Office européen des brevets pour l'exécution de ces tâches supplémentaires, le groupe d'États contractants prend à sa charge les dépenses de personnel, de locaux et de matériel imputables auxdites instances. Les articles 39, paragraphes 3 et 4, 41 et 47 sont applicables.

Art. 147 *Versements au titre des taxes de maintien en vigueur du brevet unitaire.* Si le groupe d'États contractants a établi un barème unique pour les taxes annuelles, le pourcentage visé à l'article 39, paragraphe 1, est calculé sur ce barème unique ; le minimum visé à l'article 39, paragraphe 1, est également un minimum en ce qui concerne le brevet unitaire. L'article 39, paragraphes 3 et 4, est applicable.

Art. 148 *De la demande de brevet européen comme objet de propriété.* 1. L'article 74 est applicable lorsque le groupe d'États contractants n'a pas prévu d'autres dispositions.

2. Le groupe d'États contractants peut prescrire que la demande de brevet européen, pour autant que ces États contractants sont désignés, ne peut être transférée, faire l'objet d'un nantissement ou d'une exécution forcée que pour tous ces États contractants et conformément aux dispositions de l'Accord particulier.

Art. 149 *Désignation conjointe.* 1. Le groupe d'États contractants peut prescrire que la désignation des États du groupe ne peut se faire que conjointement et que la désignation d'un ou de plusieurs États dudit groupe vaut désignation de l'ensemble de ceux-ci.

2. Lorsque l'Office européen des brevets est l'Office désigné au sens de l'article 153, paragraphe 1, le paragraphe 1 du présent article est applicable si le demandeur fait connaître dans la demande internationale qu'il entend obtenir un brevet européen pour les États du groupe qu'il a désignés ou pour l'un d'entre eux seulement. La présente disposition est également applicable lorsque le demandeur a désigné dans la demande internationale un État contractant appartenant à ce groupe, si la législation de cet État prévoit qu'une désignation dudit État a les effets d'une demande de brevet européen.

Art. 149 *bis* (*Acte portant révision du 29 nov. 2000*) *Autres accords entre les États contractants.* 1. La présente convention ne saurait être interprétée en ce sens qu'elle limite le droit de tous les États contractants ou de plusieurs d'entre eux de conclure des accords particuliers sur des questions relatives aux demandes de brevet européen ou aux brevets européens qui, aux termes de la présente convention, relèvent du droit national et sont régis par lui, comme notamment :

a) un accord portant création d'une cour des brevets européens commune aux États contractants parties audit accord ;

b) un accord portant création d'une entité commune aux États contractants parties audit accord qui donne, sur requête des juridictions ou autorités quasi judiciaires nationales, des avis sur des questions relatives au droit européen des brevets ou au droit national harmonisé avec celui-ci ;

c) un accord aux termes duquel les États contractants parties audit accord renoncent en tout ou en partie aux traductions de brevets européens conformément à l'article 65 ;

d) un accord aux termes duquel les États contractants parties audit accord prévoient que les traductions de brevets européens exigées conformément à l'article 65 peuvent être produites auprès de l'Office européen des brevets et publiées par celui-ci.

2. Le Conseil d'administration a compétence pour décider que :

a) les membres des chambres de recours ou de la Grande Chambre de recours peuvent faire partie d'une cour des brevets européens ou d'une entité commune ;

et prendre part aux procédures engagées devant cette cour ou cette entité aux termes d'un tel accord ;

b) l'Office européen des brevets fournit à une entité commune le personnel de soutien, les locaux et les équipements nécessaires à l'exercice de ses fonctions, et que l'organisation prend en charge en tout ou en partie les frais liés à cette entité.

DIXIÈME PARTIE **Demandes internationales au sens du Traité de coopération en matière de brevets – demandes euro-PCT** *(Acte portant révision du 29 nov. 2000).*

Art. 150 *Application du Traité de coopération en matière de brevets. (Acte portant révision du 29 nov. 2000)* **1. Le Traité de coopération en matière de brevets du 19 juin 1970, ci-après dénommé PCT, s'applique conformément aux dispositions de la présente partie.**

2. Des demandes internationales déposées conformément au PCT peuvent faire l'objet de procédures devant l'Office européen des brevets. Dans ces procédures, les dispositions du PCT, de son règlement d'exécution et, à titre complémentaire, celles de la présente convention sont applicables. Les dispositions du PCT ou de son règlement d'exécution prévalent en cas de divergence.

V. Décis. du Président relative au projet pilote visant à introduire de nouveaux moyens de communication électronique pour les procédures devant l'Office européen des brevets (JO OEB 2015, A28).

Art. 151 *L'Office européen des brevets, office récepteur. (Acte portant révision du 29 nov. 2000)* **L'Office européen des brevets agit en qualité d'office récepteur au sens du PCT, conformément au règlement d'exécution. L'article 75, paragraphe 2 est applicable.** *— V. communiqué relatif aux conditions à observer lors du dépôt d'une demande internationale auprès de l'OEB agissant en qualité d'office récepteur au titre du PCT (JO OEB 2014, A33) et la décision du Président relative au dépôt, à l'aide du système ePCT-Filing, de demandes internationales auprès de l'OEB agissant en qualité d'office récepteur (JO OEB 2014, A107).*

Art. 152 *(Acte portant révision du 29 nov. 2000) L'Office européen des brevets, administration chargée de la recherche internationale ou administration chargée de l'examen préliminaire international.* **L'Office européen des brevets agit en qualité d'administration chargée de la recherche internationale et en qualité d'administration chargée de l'examen préliminaire international au sens du PCT, conformément à un accord conclu entre l'Organisation et le Bureau international de l'organisation mondiale de la Propriété intellectuelle, pour les demandeurs qui soit ont la nationalité d'un État contractant de la présente convention, soit y ont leur domicile ou leur siège.**

Cet accord peut prévoir que l'Office européen des brevets agit aussi pour tout autre demandeur.

V. l'accord entre l'OEB et le Bureau international de l'OMPI au titre du PCT en date du 18-24 oct. 2007 tel que modifié avec effet au 1er juill. 2010 (JO OEB 2010, 304 et JO OEB 2014, A40 et 2014, A117 pour les dernières modifications).

Sur l'exécution de recherches internationales supplémentaires au titre du PCT, V. le communiqué aux JO OEB 2010, 316 et 2014, A117, n° 3.

Sur le traitement des observations informelles relatives aux résultats de recherches antérieures par l'OEB agissant en qualité d'administration chargée de la recherche internationale au titre du PCT (« PCT Direct »), V. le communiqué au JO OEB 2015, A55.

Sur l'introduction d'une recherche complémentaire dans le cadre de la procédure au titre du chapitre II du PCTV, V. le communiqué au JO OEB 2014, A57.

Sur le dépôt en ligne de la demande d'examen préliminaire international au titre du chapitre II du PCT, V. le communiqué au JO OEB 2014, A71.

Art. 153 *(Acte portant révision du 29 nov. 2000) L'Office européen des brevets, office désigné ou office élu.* **1. L'Office européen des brevets est :**

a) office désigné pour tout État partie à la présente convention pour lequel le PCT est en vigueur, qui est désigné dans la demande internationale et pour lequel le demandeur indique qu'il entend obtenir un brevet européen, et

b) office élu, lorsque le demandeur a élu un État désigné selon la lettre a).

2. Une demande internationale pour laquelle l'Office européen des brevets est office désigné ou élu et à laquelle une date de dépôt internationale a été attribuée a la valeur d'une demande européenne régulière (demande euro-PCT).

3. La publication internationale d'une demande euro-PCT dans une langue officielle de l'Office européen des brevets remplace la publication de la demande de brevet européen et elle est mentionnée au *Bulletin européen des brevets*.

4. Si la demande euro-PCT est publiée dans une autre langue, une traduction dans une des langues officielles doit être produite auprès de l'Office européen des brevets, qui la publie. Sous réserve des dispositions de l'article 67, paragraphe 3, la protection provisoire visée à l'article 67, paragraphes 1 et 2, n'est assurée qu'à partir de la date de cette publication.

5. La demande euro-PCT est traitée comme une demande de brevet européen et est considérée comme comprise dans l'état de la technique au sens de l'article 54, paragraphe 3, si les conditions prévues au paragraphe 3 ou 4 et dans le règlement d'exécution sont remplies.
6. Le rapport de recherche internationale relatif à une demande euro-PCT ou la déclaration qui le remplace et leur publication internationale remplacent le rapport de recherche européenne et la mention de sa publication au *Bulletin européen des brevets*.
7. Il est procédé à l'établissement d'un rapport complémentaire de recherche européenne relatif à toute demande euro-PCT conformément au paragraphe 5. Le conseil d'administration peut décider qu'il est renoncé à un rapport complémentaire de recherche ou que la taxe de recherche est réduite.

Art. 154 à 158 *Supprimés par l'Acte portant révision du 29 nov. 2000.*

ONZIÈME PARTIE Dispositions transitoires

Art. 159 à 163 *Supprimés par l'Acte portant révision du 29 nov. 2000.*

DOUZIÈME PARTIE Dispositions finales

Art. 164 *Règlement d'exécution et protocoles. (Acte portant révision du 29 nov. 2000)* 1. Le règlement d'exécution, le protocole sur la reconnaissance, le protocole sur les privilèges et immunités, le protocole sur la centralisation, le protocole interprétatif de l'article 69 et le protocole sur les effectifs font partie intégrante de la présente convention.
2. En cas de divergence entre les dispositions de la présente convention et celles du règlement d'exécution, les dispositions de la convention prévalent.

Art. 165 *Signature. – Ratification.* 1. La présente Convention est ouverte jusqu'au 5 avril 1974 à la signature des États qui ont participé à la Conférence intergouvernementale pour l'institution d'un système européen de délivrance de brevets ou qui ont été informés de la tenue de cette conférence et auxquels la faculté d'y participer a été offerte. – *[États signataires : AT, BE, CH, DE, DK, FR, GB, GR, IE, IT, LI, LU, MC, NL, NO, SE ; Participants à la Conférence : États signataires plus ES, FI, PT, TR, YU ; États invités : participants à la Conférence plus CY, IS].*
2. La présente Convention est soumise à ratification ; les instruments de ratification sont déposés auprès du Gouvernement de la République fédérale d'Allemagne.

Art. 166 *Adhésion.* 1. La présente Convention est ouverte à l'adhésion :
a) des États visés à l'article 165, paragraphe 1 ;
b) de tout autre État européen sur invitation du Conseil d'administration.
2. Tout État qui a été partie à la présente Convention et qui a cessé de l'être en application de l'article 172, paragraphe 4, peut à nouveau devenir Partie à la Convention en y adhérant.
3. Les instruments d'adhésion sont déposés auprès du Gouvernement de la République fédérale d'Allemagne.

Art. 167 *Supprimé par l'Acte portant révision du 29 nov. 2000.*

Art. 168 *Champ d'application territorial.* 1. Tout État contractant peut déclarer, dans son instrument de ratification ou d'adhésion, ou à tout moment ultérieur, dans une notification adressée au gouvernement de la République fédérale d'Allemagne, que la Convention est applicable à un ou plusieurs territoires pour lesquels il assume la responsabilité des relations extérieures. Les brevets européens délivrés pour cet État ont également effet sur les territoires pour lesquels cette déclaration a pris effet.
2. Si la déclaration visée au paragraphe 1 est incluse dans l'instrument de ratification ou d'adhésion, elle prend effet à la même date que la ratification ou l'adhésion ; si la déclaration est faite dans une notification postérieure au dépôt de l'instrument de ratification ou d'adhésion, cette notification prend effet six mois après la date de sa réception par le Gouvernement de la République fédérale d'Allemagne.
3. Tout État contractant peut à tout moment déclarer que la Convention cesse d'être applicable à certains ou à l'ensemble des territoires pour lesquels il a fait une déclaration en vertu du paragraphe 1. Cette déclaration prend effet à l'expiration d'un délai d'une année à compter du jour où le gouvernement de la République fédérale d'Allemagne en a reçu notification.

Art. 169 *Entrée en vigueur.* 1. La présente Convention entre en vigueur trois mois après le dépôt du dernier des instruments de ratification ou d'adhésion de six États sur le territoire desquels le nombre total de demandes de brevet déposées en 1970 s'est élevé à 180 000 au moins pour l'ensemble desdits États.

2. Toute ratification ou adhésion postérieure à l'entrée en vigueur de la présente Convention prend effet le premier jour du troisième mois suivant le dépôt de l'instrument de ratification ou d'adhésion.

Pour la Belgique, la France, le Luxembourg, les Pays-Bas, l'Allemagne, le Royaume-Uni et la Suisse : le 7 oct. 1977 ; pour la Suède : le 1er mai 1978 ; pour l'Italie : le 1er déc. 1978 ; pour l'Autriche : le 1er mai 1979 ; pour le Liechtenstein : le 1er avril 1980 ; pour la Grèce et l'Espagne : le 1er octobre 1986 ; pour le Danemark : le 1er janvier 1990 ; pour Monaco : le 1er décembre 1991 ; pour le Portugal : le 1er janvier 1992 ; pour l'Irlande : le 1er août 1992 ; pour la Finlande : le 1er mars 1996 ; pour Chypre : le 1er avril 1998 ; pour la Turquie : le 1er novembre 2000 ; pour la Bulgarie, l'Estonie, la Slovaquie, la République tchèque : le 1er juillet 2002 ; pour la Slovénie : le 1er décembre 2002 ; pour la Hongrie : le 1er janvier 2003 ; pour la Roumanie : le 1er mars 2003 ; pour la Pologne : le 1er mars 2004 ; pour l'Islande : le 1er novembre 2004 ; pour la Lituanie : le 1er décembre 2004 ; pour la Lettonie : le 1er juillet 2005 ; pour Malte : le 1er mars 2007 ; pour la Croatie et la Norvège : le 1er janvier 2008 ; pour l'ex-République yougoslave de Macédoine : le 1er janvier 2009 ; pour Saint-Marin : le 1er juillet 2009 ; pour l'Albanie : le 1er mai 2010 ; pour la Serbie : le 1er octobre 2010.

Art. 170 *Cotisation initiale.* 1. Tout État qui ratifie la présente Convention ou y adhère après son entrée en vigueur verse à l'Organisation une cotisation initiale qui ne sera pas remboursée.

2. La cotisation initiale est égale à 5 p. 100 du montant qui résulte, pour un tel État, de l'application, au montant total des sommes dues par les autres États contractants au titre des exercices budgétaires antérieurs, de la clé de répartition des contributions financières exceptionnelles, prévues à l'article 40, paragraphes 3 et 4, telle qu'elle est en vigueur à la date à laquelle la ratification ou l'adhésion dudit État prend effet.

3. Dans le cas où des contributions financières exceptionnelles n'ont pas été exigées pour l'exercice budgétaire qui précède celui où se situe la date visée au paragraphe 2, la clé de répartition à laquelle ledit paragraphe fait référence est celle qui aurait été applicable à l'État en cause pour le dernier exercice budgétaire au titre duquel des contributions financières exceptionnelles ont été appelées.

Art. 171 *Durée de la Convention.* La présente Convention est conclue sans limitation de durée.

Art. 172 *Révision.* 1. La présente Convention peut être révisée par une conférence des États contractants.

2. La conférence est préparée et convoquée par le Conseil d'administration. Elle ne délibère valablement que si les trois quarts au moins des États parties à la Convention y sont représentés. Pour être adopté, le texte révisé de la Convention doit être approuvé par les trois quarts des États parties représentés à la conférence et votants. L'abstention n'est pas considérée comme un vote.

3. Le texte révisé de la Convention entre en vigueur après le dépôt des instruments de ratification ou d'adhésion d'un nombre d'États déterminé par la conférence et à la date qu'elle a fixée.

4. Les États qui, à la date d'entrée en vigueur de la Convention revisée, ne l'ont pas ratifiée ou n'y ont pas adhéré, cessent d'être parties à la présente Convention à compter de ladite date.

Art. 173 *Différends entre États contractants.* 1. Tout différend entre États contractants, qui concerne l'interprétation ou l'application de la présente Convention et n'a pas été réglé par voie de négociation, est, sur demande de l'un des États intéressés, soumis au Conseil d'administration qui s'emploie à provoquer un accord entre lesdits États.

2. Si un tel accord n'est pas réalisé dans un délai de six mois à compter de la date à laquelle le Conseil d'administration a été saisi du différend, l'un quelconque des États en cause peut porter le différend devant la Cour internationale de justice en vue d'une décision liant les parties en cause.

Art. 174 *Dénonciation.* Tout État contractant peut à tout moment dénoncer la présente Convention. La dénonciation est notifiée au Gouvernement de la République fédérale d'Allemagne. Elle prend effet à l'expiration du délai d'une année à compter de la date de réception de cette notification.

Art. 175 *Réserve des droits acquis.* 1. Lorsqu'un État cesse d'être partie à la Convention en vertu de l'article 172, paragraphe 4, ou de l'article 174, il n'est pas porté atteinte aux droits acquis antérieurement en vertu de la présente Convention.

2. Les demandes de brevet européen, en instance à la date à laquelle un État désigné cesse d'être partie à la Convention, continuent à être instruites par l'Office européen des brevets, en ce qui concerne ledit État, comme si la Convention, telle qu'elle est en vigueur après cette date, lui était applicable.

3. Les dispositions du paragraphe 2 sont applicables aux brevets européens à l'égard desquels, à la date mentionnée audit paragraphe, une opposition est en instance ou le délai d'opposition n'est pas expiré.

4. Le présent article ne porte pas atteinte au droit d'un État qui a cessé d'être partie à la présente Convention d'appliquer aux brevets européens les dispositions du texte de la Convention à laquelle il était partie.

Art. 176 *Droits et obligations en matière financière d'un État contractant ayant cessé d'être partie à la Convention.* 1. Tout État qui a cessé d'être partie à la présente Convention, en application de l'article 172, paragraphe 4, ou de l'article 174 n'est remboursé par l'Organisation des contributions financières exceptionnelles qu'il a versées au titre de l'article 40, paragraphe 2, qu'à la date et dans les conditions où l'Organisation rembourse les contributions financières exceptionnelles qui lui ont été versées par d'autres États au cours du même exercice budgétaire.

2. Les sommes dont le montant correspond au pourcentage des taxes perçues pour le maintien en vigueur des Brevets européens dans l'État visé au paragraphe 1, telles qu'elles sont définies à l'article 39, sont dues par cet État, alors même qu'il a cessé d'être partie à la présente Convention ; le montant de ces sommes est celui qui devait être versé par l'État en cause à la date à laquelle il a cessé d'être partie à la présente Convention.

Art. 177 *Langues de la Convention.* 1. La présente Convention est rédigée en un exemplaire en langues allemande, anglaise et française, qui est déposé aux archives du gouvernement de la République fédérale d'Allemagne, les trois textes faisant également foi.

2. Les textes de la présente Convention, établis dans des langues officielles des États contractants autres que celles visées au paragraphe 1 et agréés par le Conseil d'administration, sont considérés comme textes officiels. En cas de contestation sur l'interprétation des divers textes, les textes visés au paragraphe 1 font foi.

Art. 178 *Transmissions et notifications.* 1. Le gouvernement de la République fédérale d'Allemagne établit des copies certifiées conformes de la présente convention et les transmet aux gouvernements des États signataires ou adhérents.

2. Le gouvernement de la République fédérale d'Allemagne notifie aux gouvernements des États visés au paragraphe 1 :

a) les signatures ;

b) le dépôt de tout instrument de ratification ou d'adhésion ;

c) toute réserve et tout retrait de réserve en application des dispositions de l'article 167 ;

d) toute déclaration ou notification reçue en application des dispositions de l'article 168 ;

e) la date d'entrée en vigueur de la présente convention ;

f) toute dénonciation reçue en application des dispositions de l'article 174 et la date à laquelle la dénonciation prend effet.

3. Le gouvernement de la République fédérale d'Allemagne fait enregistrer la présente convention auprès du Secrétariat de l'Organisation des Nations unies.

Règlement d'exécution de la Convention sur la délivrance de brevets européens du 5 octobre 1973,

Tel qu'adopté par décision du conseil d'administration de l'Organisation européenne des brevets en date du 7 décembre 2006 et tel que modifié en dernier lieu par décision du conseil d'administration de l'Organisation européenne des brevets en date du 13 décembre 2013.

PREMIÈRE PARTIE **Dispositions d'application de la première partie de la Convention**

CHAPITRE PREMIER *Dispositions générales*

Règle 1 *Procédure écrite.* Dans la procédure écrite devant l'Office européen des brevets, il est satisfait à l'exigence relative à l'utilisation de la forme écrite si le contenu des documents peut être reproduit lisiblement sur papier.

Règle 2 *[Cf. les décisions du (de la) Président(e) de l'OEB : Édition spéciale n° 3 JO OEB 2007, A. 3 et A. 5 ; JO OEB 2009, 182 ; JO OEB 2012, 348 ; JO OEB 2015, A26 ; JO OEB 2015, A27 (décision relative au dépôt de pièces à l'aide du système de gestion des dossiers) ; JO OEB 2014, A98 (décision relative à l'aide du service de dépôt par formulaire en ligne) ; JO OEB 2015, A28 (décision relative au projet pilote visant à introduire de nouveaux moyens de communication électronique pour les procédures devant l'Office européen des brevets)]* ***Dépôt des documents et exigences de forme auxquelles ils doivent satisfaire.*** *[Modifié par la décision du conseil d'administration CA/D 6/14 du 15 oct. 2014 (JO OEB 2015, A 17), entrée en vigueur le 1er avr. 2015]* **« (1) Dans la procédure devant l'Office européen des brevets, les documents peuvent être déposés par remise directe, par un service postal ou par des moyens de communication électronique. Le Président de l'Office européen des brevets arrête les modalités d'application et les conditions requises ainsi que, le cas échéant, des exigences de forme et des exigences techniques particulières régissant le dépôt de documents. Il peut en particulier prévoir qu'il y a lieu de produire une confirmation. Si cette confirmation n'est pas produite dans les délais, la demande de brevet européen est rejetée ; les documents produits ultérieurement sont réputés ne pas avoir été reçus. »**

(2) Si la convention prévoit l'obligation de signer un document, l'authenticité de celui-ci peut être confirmée par une signature manuscrite ou par d'autres moyens appropriés dont l'utilisation a été autorisée par le président de l'Office européen des brevets. Un document authentifié par ces autres moyens est réputé remplir les conditions juridiques relatives à la signature au même titre qu'un document portant une signature manuscrite et déposé sur papier.

Règle 3 *[Cf. la décision de la Grande Chambre de recours G 3/99 (Annexe I)]* ***Langues admissibles dans la procédure écrite.*** **(1) Dans toute procédure écrite devant l'Office européen des brevets, toute partie peut utiliser l'une des langues officielles de l'Office européen des brevets. La traduction visée à l'article 14, paragraphe 4, peut être produite dans toute langue officielle de l'Office européen des brevets.**

(2) Les modifications de la demande de brevet européen ou du brevet européen doivent être déposées dans la langue de la procédure.

(3) Les documents utilisés comme moyens de preuve, en particulier les publications, peuvent être produits en toute langue. Toutefois, l'Office européen des brevets peut exiger qu'une traduction soit produite dans l'une de ses langues officielles dans un délai qu'il impartit. Si la traduction requise n'est pas produite dans les délais, l'Office européen des brevets peut ne pas tenir compte du document en question.

Règle 4 *Langues admissibles lors de la procédure orale.* **(1) Toute partie à une procédure orale devant l'Office européen des brevets peut utiliser une langue officielle de l'Office européen des brevets autre que la langue de la procédure, à condition soit d'en aviser l'Office européen des brevets un mois au moins avant la date de la procédure orale, soit d'assurer l'interprétation dans la langue de la procédure. Toute partie peut utiliser une langue officielle de l'un des États contractants à condition d'assurer l'interprétation dans la langue de la procédure. L'Office européen des brevets peut autoriser des dérogations aux présentes dispositions.**

(2) Au cours de la procédure orale, les agents de l'Office européen des brevets peuvent utiliser une langue officielle de l'Office européen des brevets autre que la langue de la procédure.

(3) Lors de l'instruction, les parties, témoins ou experts appelés à être entendus, qui ne possèdent pas une maîtrise suffisante d'une langue officielle de l'Office européen des brevets ou d'un État contractant, peuvent utiliser une autre langue. Si la mesure d'instruction est ordonnée sur requête d'une partie, les parties, témoins ou experts qui s'expriment dans une langue autre qu'une langue officielle de l'Office européen des brevets ne sont entendus que si cette partie assure l'interprétation dans la langue de la procédure. L'Office européen des brevets peut toutefois autoriser l'interprétation dans l'une de ses autres langues officielles.

(4) Sous réserve de l'accord des parties et de l'Office européen des brevets, toute langue peut être utilisée.

(5) L'Office européen des brevets assure à ses frais, en tant que de besoin, l'interprétation dans la langue de la procédure, ou, le cas échéant, dans ses autres langues officielles, à moins que cette interprétation ne doive être assurée par l'une des parties.

(6) Les interventions des agents de l'Office européen des brevets, des parties, témoins et experts faites dans une langue officielle de l'Office européen des brevets sont consignées au procès-verbal dans cette langue. Les interventions faites dans une autre langue sont consignées dans la langue officielle dans laquelle elles sont traduites. Les modifications apportées

à une demande de brevet européen ou à un brevet européen sont consignées au procès-verbal dans la langue de la procédure.

Règle 5 *Certification de traductions.* Lorsque la traduction d'un document est requise, l'Office européen des brevets peut exiger la production, dans un délai qu'il impartit, d'une attestation certifiant que la traduction est conforme au texte original. Si l'attestation n'est pas produite dans les délais, le document est réputé n'avoir pas été produit, sauf s'il en est disposé autrement.

Règle 6 *Production des traductions et réduction des taxes. [Remplacée par la décision du conseil d'administration CA/D 19/13 du 13 déc. 2013 (JO OEB 2014, A4) et applicable aux demandes de brevet européen déposées à compter du 1er avr. 2014, ainsi qu'aux demandes internationales entrant dans la phase européenne]* (1) La traduction prévue à l'article 14, paragraphe 2, doit être produite dans un délai de deux mois à compter du dépôt de la demande de brevet européen.

(2) La traduction prévue à l'article 14, paragraphe 4, doit être produite dans un délai d'un mois à compter du dépôt de la pièce. Cela vaut également pour les requêtes présentées conformément à l'article 105 *bis*. Lorsque cette pièce est un acte d'opposition, un acte de recours, un mémoire exposant les motifs du recours ou une requête en révision, la traduction peut être produite, selon le cas, dans le délai d'opposition, de recours, de dépôt du mémoire exposant les motifs du recours ou de présentation d'une requête en révision, si ce délai expire ultérieurement.

(3) *[Cf. la décision de la Grande Chambre de recours G 6/91 (Annexe I)]* Lorsqu'une personne visée à l'article 14, paragraphe 4, dépose une demande de brevet européen ou présente une requête en examen dans une langue autorisée dans cette disposition, la taxe de dépôt ou la taxe d'examen est réduite conformément au règlement relatif aux taxes.

(4) Peuvent bénéficier de la réduction visée au paragraphe 3 :

a) les petites et moyennes entreprises ;

b) les personnes physiques ; ou

c) les organisations sans but lucratif, les universités et les organismes de recherche publics.

(5) Aux fins du paragraphe 4 a), la recommandation 2003/361/CE de la Commission du 6 mai 2003 concernant la définition des micro, petites et moyennes entreprises, telle que publiée au *Journal officiel de l'Union européenne* (L 124, p. 36) du 20 mai 2003, s'applique.

(6) Un demandeur qui souhaite bénéficier de la réduction de taxe visée au paragraphe 3 doit déclarer être une entité ou une personne physique au sens du paragraphe 4. Si l'Office a des raisons de douter de la véracité de cette déclaration, il peut inviter le demandeur à produire des preuves.

(7) En cas de pluralité de demandeurs, chaque demandeur doit être une entité ou une personne physique au sens du paragraphe 4.

Règle 7 *Valeur juridique de la traduction de la demande de brevet européen.* Sauf preuve contraire, l'Office européen des brevets présume, pour déterminer si l'objet de la demande de brevet européen ou du brevet européen s'étend au-delà du contenu de la demande telle qu'elle a été déposée, que la traduction produite conformément à l'article 14, paragraphe 2, ou à la règle 40, paragraphe 3, est conforme au texte original de la demande.

CHAPITRE II *Organisation de l'Office européen des brevets*

SECTION I *Dispositions générales*

Règle 8 *Classification des brevets.* L'Office européen des brevets utilise la classification des brevets prévue à l'article premier de l'Arrangement de Strasbourg du 24 mars 1971 concernant la classification internationale des brevets, ci-après dénommée classification internationale.

Règle 9 *Structure administrative de l'Office européen des brevets.* (1) L'Office européen des brevets est organisé sur le plan administratif en directions générales, auxquelles sont rattachés les instances visées à l'article 15 ainsi que les services créés pour traiter les questions juridiques et l'administration interne de l'Office.

(2) Chaque direction générale est dirigée par un vice-président. L'affectation d'un vice-président à une direction générale est décidée par le conseil d'administration, le président de l'Office européen des brevets entendu.

Règle 10 *Compétences de la section de dépôt et de la division d'examen.* (1) La section de dépôt est compétente pour examiner une demande de brevet européen lors du dépôt et quant aux exigences de forme jusqu'au moment où la division d'examen devient compétente pour examiner la demande de brevet européen conformément à l'article 94, paragraphe 1.

(2) Sous réserve des paragraphes 3 et 4, la division d'examen est compétente pour examiner une demande de brevet européen conformément à l'article 94, paragraphe 1, dès qu'une requête en examen est présentée.

(3) Si une requête en examen est présentée avant que le rapport de recherche européenne ait été transmis au demandeur, la division d'examen est compétente, sous réserve du paragraphe 4, dès que l'Office européen des brevets reçoit la déclaration visée à la règle 70, paragraphe 2.

(4) Si une requête en examen est présentée avant que le rapport de recherche européenne ait été transmis au demandeur, et si ce dernier a renoncé au droit découlant de la règle 70, paragraphe 2, la division d'examen est compétente dès que le rapport de recherche est transmis au demandeur.

Règle 11 *[Cf. l'avis de la Grande Chambre de recours G 1/02 (Annexe I)] Répartition des attributions entre les instances du premier degré.* (1) Les examinateurs techniciens agissant en qualité de membres des divisions de la recherche, d'examen ou d'opposition sont rattachés à des directions. Le président de l'Office européen des brevets répartit les attributions entre ces directions par référence à la classification internationale.

(2) *[Cf. la décision du président de l'OEB, JO OEB 2013, 600]* Le président de l'Office européen des brevets peut confier à la section de dépôt, aux divisions de la recherche, d'examen et d'opposition, ainsi qu'à la division juridique d'autres attributions en plus de celles qui leur sont dévolues par la convention.

(3) *[Cf. la décision du président de l'OEB, JO OEB 2014, A6 et le communiqué, JO OEB 2014, A32]* Le président de l'Office européen des brevets peut confier à des agents qui ne sont pas des examinateurs techniciens ou juristes des tâches incombant aux divisions de la recherche, d'examen ou d'opposition et ne présentant aucune difficulté technique ou juridique particulière.

SECTION II *Organisation des chambres de recours et de la Grande Chambre de recours*

Règle 12 *[Cf. la décision de la Grande Chambre de recours G 6/95 (Annexe I)] Praesidium des chambres de recours.* (1) L'instance autonome au sein de l'unité organisationnelle comprenant les chambres de recours (le "Praesidium des chambres de recours") se compose du vice-président en charge des chambres de recours, président, et de douze membres des chambres de recours, parmi lesquels six sont présidents et six sont membres.

(2) Tous les membres du Praesidium sont élus par les présidents et les membres des chambres de recours pour deux années d'activité données. Si la composition du Praesidium n'est pas complète, il est pourvu aux vacances en désignant les présidents et les membres qui ont le plus d'ancienneté.

(3) *[Cf. le règlement de procédure des chambres de recours, dont les dernières modifications ont été approuvées par la décision du conseil d'administration CA/D 35/07 en date du 25 oct. 2007 (JO OEB 2007, 536) ; la décision du praesidium des chambres de recours du 12 nov. 2007 relative aux tâches confiées aux greffiers des chambres de recours (suppl. au JO OEB 1/2008, 49)]* Le Praesidium arrête le règlement de procédure des chambres de recours ainsi que le règlement de procédure relatif à l'élection et à la désignation de ses membres. Le Praesidium conseille également le vice-président en charge des chambres de recours sur des questions concernant le fonctionnement des chambres de recours en général.

(4) *[Cf. les plans de répartition des affaires des chambres de recours pour l'année 2015 (publ. Suppl. 1, JO OEB 2015, 11)]* Avant le début de chaque année d'activité, le Praesidium, élargi de façon à comprendre tous les présidents, répartit les attributions entre les chambres de recours. Il décide, dans la même composition, sur les conflits d'attribution entre plusieurs chambres de recours. Le Praesidium élargi désigne les membres titulaires et les membres suppléants des différentes chambres de recours. Tout membre d'une chambre de recours peut être désigné membre de plusieurs chambres de recours. Ces mesures peuvent être modifiées, en tant que de besoin, au cours de l'année d'activité considérée.

(5) Le Praesidium ne peut valablement délibérer que si cinq au moins de ses membres sont présents, parmi lesquels doivent figurer le vice-président en charge des chambres de recours ou son suppléant et deux présidents de chambres de recours. S'agissant des tâches mentionnées au paragraphe 4, neuf membres doivent être présents, parmi lesquels doivent figurer le vice-président en charge des chambres de recours ou son suppléant et trois présidents de chambres de recours. Les décisions sont prises à la majorité des voix ; en cas de

partage égal des voix, la voix du président ou de son suppléant est prépondérante. L'abstention n'est pas considérée comme un vote.

(6) Le conseil d'administration peut confier aux chambres de recours des compétences en vertu de l'article 134 *bis*, paragraphe 1 c).

Règle 13 *[Cf. la décision de la Grande Chambre de recours G 6/95 (Annexe I)]* ***Répartition des attributions au sein de la Grande Chambre de recours et adoption de son règlement de procédure.*** (1) *[Cf. le plan de répartition des affaires de la Grande Chambre de recours pour l'année 2015 (publ. suppl. 1, JO OEB 2015, 3)]* Avant le début de chaque année d'activité, les membres de la Grande Chambre de recours qui ont été nommés en vertu de l'article 11, paragraphe 3, désignent les membres titulaires et les membres suppléants de la Grande Chambre de recours dans les procédures visées à l'article 22, paragraphe 1 a) et b), ainsi que les membres titulaires et les membres suppléants dans la procédure visée à l'article 22, paragraphe 1 c).

(2) *[Cf. le règlement de procédure de la Grande Chambre de recours dont les dernières modifications ont été approuvées par la décision du conseil d'administration CA/D 3/15 du 25 mars 2015 (JO OEB 2015, A35) ; la décision de la Grande Chambre de recours du 12 nov. 2007 concernant les tâches confiées au greffe (suppl. au JO OEB 1/2008, 34)]* Les membres de la Grande Chambre de recours qui ont été nommés en vertu de l'article 11, paragraphe 3, arrêtent le règlement de procédure de la Grande Chambre de recours.

(3) Les décisions relatives aux questions mentionnées aux paragraphes 1 et 2 ne peuvent être prises que si au moins cinq membres sont présents, parmi lesquels doit figurer le président de la Grande Chambre de recours ou son suppléant ; en cas de partage égal des voix, la voix du Président ou de son suppléant est prépondérante. L'abstention n'est pas considérée comme un vote.

DEUXIÈME PARTIE Dispositions d'application de la deuxième partie de la Convention

CHAPITRE PREMIER *Procédure prévue lorsque le demandeur n'est pas une personne habilitée*

Règle 14 *[Cf. la décision de la présidente de l'OEB, JO OEB 2013, 600]* ***Suspension de la procédure.*** (1) Si un tiers apporte la preuve qu'il a introduit une procédure contre le demandeur afin d'obtenir une décision au sens de l'article 61, paragraphe 1, la procédure de délivrance est suspendue, à moins que ce tiers ne déclare par écrit à l'Office européen des brevets qu'il consent à la poursuite de la procédure. Ce consentement est irrévocable. Toutefois, la procédure de délivrance n'est pas suspendue tant que la demande de brevet européen n'a pas été publiée.

(2) Si la preuve est apportée qu'une décision passée en force de chose jugée au sens de l'article 61, paragraphe 1, a été rendue, l'Office européen des brevets notifie au demandeur et, le cas échéant, aux autres parties que la procédure de délivrance est reprise à compter de la date fixée dans la notification, à moins qu'une nouvelle demande de brevet européen n'ait été déposée conformément à l'article 61, paragraphe 1 b), pour l'ensemble des États contractants désignés. Si la décision est prononcée en faveur du tiers, la procédure ne peut pas être reprise avant l'expiration d'un délai de trois mois après que la décision est passée en force de chose jugée, à moins que le tiers n'ait demandé la reprise de la procédure.

(3) Lorsqu'il suspend la procédure de délivrance, ou à une date ultérieure, l'Office européen des brevets peut fixer la date à laquelle il envisage de reprendre la procédure de délivrance, sans tenir compte de l'état de la procédure nationale engagée conformément au paragraphe 1. Il notifie cette date au tiers, au demandeur et, le cas échéant, aux autres parties. Si la preuve n'est pas apportée avant cette date qu'une décision passée en force de chose jugée a été rendue, l'Office européen des brevets peut reprendre la procédure.

(4) La suspension de la procédure entraîne celle de tous les délais qui courent à la date de la suspension, à l'exception des délais de paiement des taxes annuelles. La partie du délai non encore expirée commence à courir à la date de la reprise de la procédure. Toutefois, le délai restant à courir après la reprise de la procédure ne peut être inférieur à deux mois.

Le temps mis par le tiers revendiquant la propriété de la demande de brevet européen pour initier son action en revendication est un indice important qui joue en faveur de la reprise de la procédure. • OEB, ch. rec. jur., 13 nov. 2012 : *Propr. ind. 2013, n° 13, note Vigand.*

Règle 15 *[Cf. la décision de la Grande Chambre de recours G 3/92 (Annexe I)] Limitation des retraits.* A compter du jour où un tiers apporte la preuve qu'il a introduit une procédure nationale conformément à la règle 14, paragraphe 1, et jusqu'au jour où la procédure de délivrance est reprise, ni la demande de brevet européen ni la désignation de tout État contractant ne peuvent être retirées.

Règle 16 *Procédure prévue dans les cas visés à l'article 61, paragraphe 1.* (1) La personne qui a droit à l'obtention du brevet européen ne peut faire usage des facultés qui lui sont ouvertes par l'article 61, paragraphe 1, que si :

a) elle agit dans un délai de trois mois après que la décision qui lui reconnaît ce droit est passée en force de chose jugée, et si

b) le brevet européen n'a pas encore été délivré.

(2) Il ne peut être fait usage de ces facultés que pour les États contractants désignés dans la demande de brevet européen dans lesquels la décision a été rendue ou reconnue, ou doit être reconnue en vertu du protocole sur la reconnaissance.

Règle 17 *[Cf. l'avis de la Grande Chambre de recours G 4/98 (Annexe I)] Dépôt d'une nouvelle demande de brevet européen par la personne habilitée.* (1) Si la personne à laquelle a été reconnu le droit à l'obtention du brevet européen en vertu d'une décision passée en force de chose jugée dépose une nouvelle demande de brevet européen, conformément à l'article 61, paragraphe 1 b), la demande initiale est réputée retirée à compter du dépôt de la nouvelle demande en ce qui concerne les États contractants désignés dans lesquels la décision a été rendue ou reconnue, ou doit être reconnue en vertu du protocole sur la reconnaissance.

(2) La taxe de dépôt et la taxe de recherche doivent être acquittées dans un délai d'un mois à compter du dépôt de la nouvelle demande. Si la taxe de dépôt ou la taxe de recherche n'est pas acquittée dans les délais, la demande est réputée retirée.

(3) *[Modifié par la décision du conseil d'administration CA/D 4/08 en date du 21 oct. 2008 (JO OEB 2008, 513) et entré en vigueur le 1er avr. 2009.]* La taxe de désignation doit être acquittée dans un délai de six mois à compter de la date à laquelle le *Bulletin européen des brevets* a mentionné la publication du rapport de recherche européenne établi pour la nouvelle demande. La règle 39, paragraphes 2 et 3, est applicable.

Règle 18 *[Cf. la décision de la Grande Chambre de recours G 3/92 (Annexe I)] Transfert partiel du droit au brevet européen.* (1) Si une décision passée en force de chose jugée a reconnu le droit à l'obtention du brevet européen à un tiers pour une partie seulement de l'objet de la demande initiale de brevet européen, l'article 61 ainsi que les règles 16 et 17 s'appliquent à la partie en cause.

(2) S'il y a lieu, la demande de brevet européen initiale comporte, pour les États contractants désignés dans lesquels la décision a été rendue ou reconnue, ou doit être reconnue en vertu du protocole sur la reconnaissance, des revendications, une description et des dessins différents de ceux que la demande comporte pour les autres États contractants désignés.

CHAPITRE II *Mention de l'inventeur*

Règle 19 *Désignation de l'inventeur.* (1) La désignation de l'inventeur doit être effectuée dans la requête en délivrance du brevet européen. Toutefois, si le demandeur n'est pas l'inventeur ou l'unique inventeur, cette désignation doit être effectuée dans un document produit séparément. Elle doit comporter le nom, les prénoms et l'adresse complète de l'inventeur, la déclaration visée à l'article 81 et la signature du demandeur ou celle de son mandataire.

(2) L'Office européen des brevets ne contrôle pas l'exactitude de la désignation de l'inventeur.

(3) Si le demandeur n'est pas l'inventeur ou l'unique inventeur, l'Office européen des brevets notifie à l'inventeur désigné les indications contenues dans la désignation et les indications suivantes :

a) le numéro de la demande de brevet européen ;

b) la date du dépôt de la demande de brevet européen et, si une priorité a été revendiquée, la date, l'État et le numéro de dépôt de la demande antérieure ;

c) le nom du demandeur ;

d) le titre de l'invention ;

e) les États contractants désignés.

(4) Le demandeur ou l'inventeur ne peuvent se prévaloir ni de l'omission de la notification visée au paragraphe 3 ni des erreurs dont elle pourrait être entachée.

Règle 20 ***Publication de la désignation de l'inventeur.*** **(1) La personne désignée comme inventeur est mentionnée dans la demande de brevet européen publiée et dans le fascicule du brevet européen, à moins qu'elle ne déclare par écrit à l'Office européen des brevets qu'elle a renoncé au droit d'être mentionnée en tant qu'inventeur.**

(2) Le paragraphe 1 est applicable lorsqu'un tiers produit auprès de l'Office européen des brevets une décision passée en force de chose jugée en vertu de laquelle le demandeur ou le titulaire d'un brevet européen est tenu de le désigner comme inventeur.

Règle 21 *[Cf. les décisions du président de l'OEB, JO OEB 2013, 600 et 2013, 601]* ***Rectification de la désignation d'un inventeur.*** **(1) Une désignation erronée de l'inventeur n'est rectifiée sur requête qu'avec le consentement de la personne désignée à tort et, si la requête est présentée par un tiers, le consentement du demandeur ou du titulaire du brevet. La règle 19 est applicable.**

(2) Si une désignation erronée de l'inventeur a été inscrite au Registre européen des brevets ou publiée au *Bulletin européen des brevets*, sa rectification ou sa radiation y est également inscrite ou publiée.

CHAPITRE III *Inscription au Registre des transferts, licences et autres droits*

Règle 22 *[Cf. la décision de la présidente de l'OEB, JO OEB 2013, 600 et 2013, 601]* ***Inscription des transferts.*** **(1) Le transfert d'une demande de brevet européen est inscrit au Registre européen des brevets à la requête de toute partie intéressée, sur production de documents prouvant ce transfert.**

(2) La requête n'est réputée présentée qu'après le paiement d'une taxe d'administration. Elle ne peut être rejetée que s'il n'a pas été satisfait aux dispositions du paragraphe 1.

(3) Un transfert n'a d'effet à l'égard de l'Office européen des brevets que dans la mesure où les documents visés au paragraphe 1 lui ont été fournis et à partir de la date à laquelle ils ont été produits.

Règle 23 *[Cf. la décision de la présidente de l'OEB, JO OEB 2013, 600]* ***Inscription de licences et d'autres droits.*** **(1) La règle 22, paragraphes 1 et 2, est applicable à l'inscription de la concession ou du transfert d'une licence ainsi qu'à l'inscription de la constitution ou du transfert d'un droit réel sur une demande de brevet européen et de l'exécution forcée sur une telle demande.**

(2) Les inscriptions visées au paragraphe 1 sont radiées sur requête accompagnée soit des documents prouvant que le droit s'est éteint, soit de la déclaration écrite du titulaire du droit par laquelle il consent à la radiation de l'inscription. La règle 22, paragraphe 2, est applicable.

Règle 24 *[Cf. la décision de la présidente de l'OEB, JO OEB 2013, 600]* ***Mentions spéciales pour l'inscription d'une licence.*** **Une licence sur une demande de brevet européen est inscrite :**

a) en tant que licence exclusive si le demandeur et le licencié le requièrent ;

b) en tant que sous licence, lorsqu'elle est concédée par le titulaire d'une licence inscrite au Registre européen des brevets.

CHAPITRE IV *Attestation d'exposition*

Règle 25 *[Cf. les décisions de la Grande Chambre de recours G 3/98, G 2/99 (Annexe I)]* ***Attestation d'exposition.*** **Le demandeur doit produire, dans un délai de quatre mois à compter du dépôt de la demande de brevet européen, l'attestation visée à l'article 55, paragraphe 2. Cette attestation doit :**

a) être délivrée au cours de l'exposition par l'autorité chargée d'assurer la protection de la propriété industrielle dans cette exposition ;

b) constater que l'invention y a été réellement exposée ;

c) mentionner la date d'ouverture de l'exposition et, lorsque l'invention a été divulguée à une date ultérieure, la date à laquelle l'invention a été divulguée pour la première fois ; et

d) être accompagnée des pièces permettant d'identifier l'invention, dûment authentifiées par l'autorité susmentionnée.

CHAPITRE V *Inventions biotechnologiques*

Règle 26 *[Cf. les décisions de la Grande Chambre de recours G 1/98, G 2/06 et G 1/08 (Annexe I)] Généralités et définitions.* **(1) Pour les demandes de brevet européen et les brevets européens qui ont pour objet des inventions biotechnologiques, les dispositions pertinentes de la convention sont appliquées et interprétées conformément aux prescriptions du présent chapitre.** La directive 98/44/CE du 6 juillet 1998 *[Cf. JO OEB 1999, 101.]* **relative à la protection juridique des inventions biotechnologiques constitue un moyen complémentaire d'interprétation.**

(2) Les "inventions biotechnologiques" sont des inventions qui portent sur un produit composé de matière biologique ou en contenant, ou sur un procédé permettant de produire, de traiter ou d'utiliser de la matière biologique.

(3) On entend par "matière biologique" toute matière contenant des informations génétiques et qui est autoreproductible ou reproductible dans un système biologique.

(4) On entend par "variété végétale" tout ensemble végétal d'un seul taxon botanique du rang le plus bas connu qui, qu'il réponde ou non pleinement aux conditions d'octroi d'une protection des obtentions végétales, peut :

a) être défini par l'expression des caractères résultant d'un certain génotype ou d'une certaine combinaison de génotypes,

b) être distingué de tout autre ensemble végétal par l'expression d'au moins un desdits caractères, et

c) être considéré comme une entité eu égard à son aptitude à être reproduit sans changement.

(5) Un procédé d'obtention de végétaux ou d'animaux est essentiellement biologique s'il consiste intégralement en des phénomènes naturels tels que le croisement ou la sélection.

(6) On entend par "procédé microbiologique" tout procédé utilisant une matière microbiologique, comportant une intervention sur une matière microbiologique ou produisant une matière microbiologique.

Règle 27 *Inventions biotechnologiques brevetables.* **Les inventions biotechnologiques sont également brevetables lorsqu'elles ont pour objet :**

a) une matière biologique isolée de son environnement naturel ou produite à l'aide d'un procédé technique, même lorsqu'elle préexistait à l'état naturel ;

(Modif. par Décis. du conseil d'administration CA/D 6/17 du 29 juin 2017, en vigueur le 1er juill. 2017) **« b) sans préjudice de la règle 28, paragraphe 2, des végétaux ou des animaux si la faisabilité technique de l'invention n'est pas limitée à une variété végétale ou à une race animale déterminée** *[ancienne rédaction : b) des végétaux ou des animaux si la faisabilité technique de l'invention n'est pas limitée à une variété végétale ou à une race animale déterminée]* **; »**

c) *[Cf. les décisions de la Grande Chambre de recours G 2/07 et G 1/08 (Annexe I)]* **un procédé microbiologique ou d'autres procédés techniques, ou un produit obtenu par ces procédés, dans la mesure où il ne s'agit pas d'une variété végétale ou d'une race animale.**

Les règles 27 et 28, telles que modifiées par la décision CA/D 6/17 du 29 juin 2017, s'appliquent aux demandes de brevet européen déposées à compter de cette date, ainsi qu'aux brevets européens et aux demandes de brevet européen en instance à cette date (Décis. préc., art. 3).

BIBL. ▸ BORGES, *Propr. ind. 2017. Étude 26* (les nouvelles règles de brevetabilité des végétaux à la lumière des modifications du règlement d'exécution de la Convention sur le brevet européen).

Règle 28 *Exceptions à la brevetabilité. (Modif. par Décis. du conseil d'administration CA/D 6/17 du 29 juin 2017, en vigueur le 1er juill. 2017)* **« (1) » Conformément à l'article 53 a), les brevets européens ne sont pas délivrés notamment pour les inventions biotechnologiques qui ont pour objet :**

a) des procédés de clonage des êtres humains ;

b) des procédés de modification de l'identité génétique germinale de l'être humain ;

c) *[Cf. la décision de la Grande Chambre de recours G 2/06 (Annexe I).]* **des utilisations d'embryons humains à des fins industrielles ou commerciales ;**

d) des procédés de modification de l'identité génétique des animaux de nature à provoquer chez eux des souffrances sans utilité médicale substantielle pour l'homme ou l'animal, ainsi que les animaux issus de tels procédés.

(Modif. par Décis. du conseil d'administration CA/D 6/17 du 29 juin 2017, en vigueur le 1er juill. 2017) **« (2) Conformément à l'article 53 b), les brevets européens ne sont pas déli-**

vrés pour des végétaux ou animaux obtenus exclusivement au moyen d'un procédé essentiellement biologique. »

V. note ss. règle 27.

Règle 29 *Le corps humain et ses éléments.* (1) Le corps humain, aux différents stades de sa constitution et de son développement, ainsi que la simple découverte d'un de ses éléments, y compris la séquence ou la séquence partielle d'un gène, ne peuvent constituer des inventions brevetables.

(2) Un élément isolé du corps humain ou autrement produit par un procédé technique, y compris la séquence ou la séquence partielle d'un gène, peut constituer une invention brevetable, même si la structure de cet élément est identique à celle d'un élément naturel.

(3) L'application industrielle d'une séquence ou d'une séquence partielle d'un gène doit être concrètement exposée dans la demande de brevet.

Règle 30 *[Cf. la décision du président de l'OEB, JO OEB 2013, 372, et le communiqué de l'OEB, JO OEB 2013, 542]* ***Prescriptions régissant les demandes de brevet européen portant sur des séquences de nucléotides et d'acides aminés.*** (1) Si des séquences de nucléotides ou d'acides aminés sont exposées dans la demande de brevet européen, la description doit contenir un listage de séquences établi conformément aux règles arrêtées par le président de l'Office européen des brevets pour la représentation normalisée de séquences de nucléotides et d'acides aminés.

(2) Un listage de séquences produit après la date de dépôt ne fait pas partie de la description.

(3) Si, à la date de dépôt, le demandeur n'a pas produit un listage de séquences établi conformément aux exigences prévues au paragraphe 1, l'Office européen des brevets invite le demandeur à fournir ce listage de séquences et à acquitter la taxe pour remise tardive. Si le demandeur ne fournit pas le listage de séquences requis et n'acquitte pas la taxe pour remise tardive dans un délai de deux mois à compter de cette invitation, la demande est rejetée.

Règle 31 *[Cf. le communiqué de l'OEB relatif aux inventions qui comportent l'utilisation d'une matière biologique ou qui concernent une matière biologique (JO OEB 2010, 498) et la décision de la Grande Chambre de recours G 2/93 (Annexe I)]* ***Dépôt de matière biologique.*** (1) Lorsqu'une invention comporte l'utilisation d'une matière biologique ou qu'elle concerne une matière biologique à laquelle le public n'a pas accès et qui ne peut être décrite dans la demande de brevet européen de façon à permettre à un homme du métier d'exécuter l'invention, celle-ci n'est considérée comme exposée conformément à l'article 83 que si :

a) un échantillon de la matière biologique a été déposé auprès d'une autorité de dépôt habilitée, dans les mêmes conditions que celles prévues par le Traité de Budapest sur la reconnaissance internationale du dépôt des micro-organismes aux fins de la procédure en matière de brevets du 28 avril 1977, au plus tard à la date de dépôt de la demande ;

b) la demande telle que déposée contient les informations pertinentes dont dispose le demandeur sur les caractéristiques de la matière biologique ;

c) la demande comporte l'indication de l'autorité de dépôt et le numéro d'ordre de la matière biologique déposée, et

d) lorsque la matière biologique a été déposée par une personne autre que le demandeur, le nom et l'adresse du déposant sont mentionnés dans la demande et il est fourni à l'Office européen des brevets un document prouvant que le déposant a autorisé le demandeur à se référer dans la demande à la matière biologique déposée et a consenti sans réserve et de manière irrévocable à mettre la matière déposée à la disposition du public, conformément à la règle 33.

(2) Les indications mentionnées au paragraphe 1 c) et d) peuvent être communiquées :

a) dans un délai de seize mois à compter de la date de dépôt ou, si une priorité a été revendiquée, à compter de la date de priorité, le délai étant réputé observé si les indications sont communiquées avant la fin des préparatifs techniques en vue de la publication de la demande de brevet européen ;

b) jusqu'à la date de présentation d'une requête en vertu de l'article 93, paragraphe 1 b) ;

c) dans un délai d'un mois après que l'Office européen des brevets a notifié au demandeur l'existence du droit de consulter le dossier prévu à l'article 128, paragraphe 2.

Est applicable celui des délais qui expire le premier. Du fait de la communication de ces indications, le demandeur est considéré comme consentant sans réserve et de manière irrévocable à mettre la matière biologique déposée à la disposition du public, conformément à la règle 33.

Règle 32 *Solution de l'expert.*

[Modifiée par la Décis. du conseil d'administration CA/D 3/17 du 28 juin 2017 (JO OEB 2017, A55), en vigueur le 1er oct. 2017] **(1) Jusqu'à la fin des préparatifs techniques en vue de la publication de la demande de brevet européen, le demandeur peut informer l'Office européen des brevets que,**

a) jusqu'à la publication de la mention de la délivrance du brevet européen ou, le cas échéant,

b) pendant vingt ans à compter de la date du dépôt, si la demande est rejetée, retirée ou réputée retirée,

l'accessibilité prévue à la règle 33 ne peut être réalisée que par la remise d'un échantillon à un expert indépendant désigné par le requérant.

(2) Peut être désignée comme expert toute personne physique, à condition qu'elle respecte les exigences et obligations arrêtées par le Président de l'Office européen des brevets.

La désignation est accompagnée d'une déclaration de l'expert indiquant qu'il s'engage à respecter les exigences et obligations précitées et qu'il n'a pas connaissance de circonstances qui seraient de nature à soulever des doutes justifiés quant à son indépendance ou qui pourraient faire obstacle d'une quelconque autre manière à sa fonction d'expert.

La désignation est également accompagnée d'une déclaration de l'expert par laquelle il assume à l'égard du demandeur l'engagement visé à la règle 33, et ce, soit jusqu'à la date à laquelle le brevet européen s'éteint dans tous les États désignés, soit jusqu'à la date visée au paragraphe 1 b), si la demande est rejetée, retirée ou réputée retirée, le requérant étant considéré comme un tiers.

Les règles 32 et 33, telles que modifiées par la Décis. CA/D 3/17, entrent en vigueur le 1er oct. 2017. Elles s'appliquent aux demandes de brevet européen en instance à la date d'entrée en vigueur de la décision et aux demandes de brevet européen déposées après cette date (Décis. préc., art. 2, JO OEB 2017, A 55).

V. communiqué OEB du 7 juill. 2010 relatif aux inventions qui comportent l'utilisation d'une matière biologique ou qui concernent une matière biologique (JO OEB 2010, 498).

Règle 33 *[Cf. le communiqué de l'OEB relatif aux inventions qui comportent l'utilisation d'une matière biologique ou qui concernent une matière biologique (JO OEB 2010, 498)]* ***Accès à une matière biologique.*** **(1) A compter du jour de la publication de la demande de brevet européen, la matière biologique déposée conformément à la règle 31 est, sur requête, accessible à toute personne et, avant cette date, à toute personne ayant le droit de consulter le dossier en vertu de l'article 128, paragraphe 2. Sous réserve de la règle 32, cette accessibilité est réalisée par la remise au requérant d'un échantillon de la matière biologique déposée.**

(2) Cette remise n'a lieu que si le requérant s'est engagé à l'égard du demandeur ou du titulaire du brevet à ne pas communiquer à des tiers la matière biologique ou une matière biologique qui en est dérivée et à n'utiliser cette matière qu'à des fins expérimentales jusqu'à la date à laquelle la demande de brevet est rejetée ou retirée ou réputée retirée, ou à laquelle le brevet européen s'éteint dans tous les États désignés, à moins que le demandeur ou le titulaire du brevet ne renonce expressément à un tel engagement.

L'engagement de n'utiliser la matière biologique qu'à des fins expérimentales n'est pas applicable dans la mesure où le requérant utilise cette matière pour une exploitation résultant d'une licence obligatoire. L'expression "licence obligatoire" est entendue comme couvrant les licences d'office et tout droit d'utilisation dans l'intérêt public d'une invention brevetée.

(3) On entend par matière biologique dérivée aux fins du paragraphe 2 toute matière qui présente encore les caractéristiques de la matière déposée essentielles à la mise en œuvre de l'invention. Les engagements visés au paragraphe 2 ne font pas obstacle à un dépôt d'une matière biologique dérivée, nécessaire aux fins de la procédure en matière de brevets.

(4) La requête visée au paragraphe 1 est adressée à l'Office européen des brevets au moyen d'un formulaire agréé par lui. L'Office européen des brevets certifie sur ce formulaire qu'une demande de brevet européen faisant état du dépôt de la matière biologique a été déposée et que le requérant ou l'expert qu'il a désigné conformément à la règle 32 a droit à la remise d'un échantillon de cette matière. La requête est également adressée à l'Office européen des brevets après la délivrance du brevet européen.

(5) L'Office européen des brevets transmet à l'autorité de dépôt, ainsi qu'au demandeur ou au titulaire du brevet, une copie de la requête assortie de la certification prévue au paragraphe 4.

(6) *[Modifié par la Décis. du conseil d'administration CA/D 3/17 du 28 juin 2017 (JO OEB 2017, A55), entrée en vigueur le 1er oct. 2017]* **« L'Office européen des brevets publie au *Journal officiel* la liste des autorités de dépôt habilitées aux fins de l'application des règles 31, 33 et 34. »**

V. notes ss. Règle 32.

Règle 34 *[Cf. le communiqué de l'OEB relatif aux inventions qui comportent l'utilisation d'une matière biologique ou qui concernent une matière biologique (JO OEB 2010, 498)]* ***Nouveau dépôt de matière biologique.*** **Si de la matière biologique déposée conformément à la règle 31 cesse d'être disponible auprès de l'autorité de dépôt habilitée, l'interruption de l'accessibilité est réputée non avenue à condition qu'un nouveau dépôt de cette matière ait été effectué auprès d'une autorité de dépôt habilitée, dans les mêmes conditions que celles prévues par le Traité de Budapest sur la reconnaissance internationale du dépôt des micro-organismes aux fins de la procédure en matière de brevets du 28 avril 1977, et qu'une copie du récépissé de ce nouveau dépôt délivré par l'autorité de dépôt, accompagnée de l'indication du numéro de la demande de brevet européen ou du brevet européen, ait été communiquée à l'Office européen des brevets dans un délai de quatre mois à compter de la date du nouveau dépôt.**

TROISIÈME PARTIE Dispositions d'application de la troisième partie de la Convention

CHAPITRE PREMIER *Dépôt de la demande de brevet européen*

Règle 35 *[Cf. les décisions du (de la) président(e) de l'OEB : Édition spéciale n° 3, JO OEB 2007, A1, A3, A5 ; JO OEB 2009, 182 ; JO OEB 2015, A26 ; JO OEB 2015, A27(décision relative au dépôt de pièces l'aide du système de gestion des dossiers) ; JO OEB 2014, A98 (décision relative à l'aide du service de dépôt par formulaire en ligne)]* ***Dispositions générales.*** **(1) Les demandes de brevet européen peuvent être déposées par écrit auprès de l'Office européen des brevets à Munich, La Haye ou Berlin, ou auprès des administrations visées à l'article 75, paragraphe 1 b).**

(2) L'administration auprès de laquelle la demande de brevet européen est déposée appose sur les pièces de cette demande la date de leur réception et délivre sans délai au demandeur un récépissé indiquant au moins le numéro de la demande, la nature et le nombre des pièces ainsi que la date de leur réception.

(3) Si la demande de brevet européen est déposée auprès d'une administration visée à l'article 75, paragraphe 1 b), celle-ci informe sans délai l'Office européen des brevets de la réception de la demande, et indique en particulier la nature des pièces déposées, le jour de leur réception, le numéro donné à la demande et, le cas échéant, la date de toute priorité revendiquée.

(4) Lorsque l'Office européen des brevets reçoit une demande de brevet européen par l'intermédiaire du service central de la propriété industrielle d'un État contractant, il en informe le demandeur en lui indiquant la date à laquelle il a reçu la demande.

Règle 36 *[Cf. les décisions de la Grande Chambre de recours G 1/05, G 1/06 et G 1/09 (Annexe I)]* ***Demandes divisionnaires européennes.*** **(1)** *[Modifié par la décision du conseil d'administration CA/D 15/13 du 16 oct. 2013, entré en vigueur le 1er avr. 2014 (JO OEB 2013, 501), V. communiqué (JO OEB 2014, A22, corr. JO OEB 2014, A109)]* **Le demandeur peut déposer une demande divisionnaire relative à toute demande de brevet européen antérieure encore en instance.**

(2) *[Modifié par la décision du conseil d'administration CA/D 2/09 du 25 mars 2009, entré en vigueur le 1er avr. 2010 (JO OEB 2009, 296)]* **Une demande divisionnaire doit être déposée dans la langue de la procédure de la demande antérieure. Elle peut être déposée dans la langue de la demande antérieure si cette dernière n'a pas été rédigée dans une langue officielle de l'Office européen des brevets ; une traduction doit être produite dans la langue de la procédure de la demande antérieure dans un délai de deux mois à compter du dépôt de la demande divisionnaire. La demande divisionnaire doit être déposée auprès de l'Office européen des brevets à Munich, La Haye ou Berlin.**

(3) La taxe de dépôt et la taxe de recherche doivent être acquittées dans un délai d'un mois à compter du dépôt de la demande divisionnaire. Si la taxe de dépôt ou la taxe de recherche n'est pas acquittée dans les délais, la demande est réputée retirée.

(4) *[Modifié par la décision du conseil d'administration CA/D 4/08 du 21 oct. 2008, entré en vigueur le 1er avr. 2009 (JO OEB 2008, 513)]* **La taxe de désignation doit être acquittée dans un délai de six mois à compter de la date à laquelle le *Bulletin européen des brevets* a mentionné la publication du rapport de recherche européenne établi pour la demande divisionnaire. La règle 39, paragraphes 2 et 3, est applicable.**

Règle 37 ***Transmission des demandes de brevet européen.*** **(1) Le service central de la propriété industrielle d'un État contractant transmet les demandes de brevet européen à l'Office européen des brevets dans le plus court délai compatible avec sa législation nationale relative à la mise au secret des inventions dans l'intérêt de l'État, et prend toutes mesures utiles pour s'assurer que ces demandes soient transmises :**

a) dans un délai de six semaines à compter de leur dépôt, lorsque l'objet de ces demandes n'est manifestement pas susceptible d'être mis au secret en vertu de la législation nationale ; ou

b) dans un délai de quatre mois à compter de leur dépôt ou, si une priorité a été revendiquée, de quatorze mois à compter de la date de priorité, lorsqu'il y a lieu d'examiner si l'objet de ces demandes est susceptible d'être mis au secret.

(2) Une demande de brevet européen qui ne parvient pas à l'Office européen des brevets dans un délai de quatorze mois à compter de son dépôt ou, si une priorité a été revendiquée, à compter de la date de priorité, est réputée retirée. Les taxes acquittées pour cette demande sont remboursées.

Règle 38 *[Modifiée par la décision du conseil d'administration CA/D 4/08 du 21 oct. 2008, entrée en vigueur le 1er avr. 2009 (JO OEB 2008, 513)] Taxe de dépôt et taxe de recherche.* (1) La taxe de dépôt et la taxe de recherche doivent être acquittées dans un délai d'un mois à compter du dépôt de la demande de brevet européen.

(2) Le règlement relatif aux taxes peut prévoir une taxe additionnelle faisant partie de la taxe de dépôt si la demande compte plus de 35 pages.

(3) La taxe additionnelle visée au paragraphe 2 doit être acquittée dans un délai d'un mois à compter du dépôt de la demande de brevet européen ou d'un mois à compter du dépôt du premier jeu de revendications ou d'un mois à compter du dépôt de la copie certifiée conforme visée à la règle 40, paragraphe 3, selon celui de ces délais qui expire le plus tard.

(4) *[Créé par la décision du conseil d'administration CA/D 15/13 du 16 oct. 2013, entré en vigueur le 1er avr. 2014 (JO OEB 2013, 501) ; V. aussi le communiqué (JO OEB 2014, A22, corr. JO OEB 2014, A109)]* Le règlement relatif aux taxes peut prévoir une taxe additionnelle faisant partie de la taxe de dépôt dans le cas d'une demande divisionnaire déposée sur la base d'une demande antérieure qui est elle-même une demande divisionnaire.

Règle 39 *[Modifiée par la décision du conseil d'administration CA/D 4/08 du 21 oct. 2008, entrée en vigueur le 1er avr. 2009 (JO OEB 2008, 513)] Taxes de désignation.* (1) La taxe de désignation doit être acquittée dans un délai de six mois à compter de la date à laquelle le *Bulletin européen des brevets* a mentionné la publication du rapport de recherche européenne.

(2) *[Cf. l'avis de la Grande Chambre de recours G 4/98 (Annexe I).]* Si la taxe de désignation n'est pas acquittée dans les délais ou si la désignation de tous les États contractants est retirée, la demande de brevet européen est réputée retirée.

(3) Sans préjudice de la règle 37, paragraphe 2, deuxième phrase, la taxe de désignation n'est pas remboursée.

Règle 40 *[Cf. la décision/l'avis de la Grande Chambre de recours G 2/95, G 4/98 (Annexe I)] Date de dépôt.* (1) La date de dépôt d'une demande de brevet européen est celle à laquelle le demandeur a produit des documents qui contiennent :

a) une indication selon laquelle un brevet européen est demandé ;

b) les indications qui permettent d'identifier le demandeur ou de prendre contact avec lui ;

c) une description ou un renvoi à une demande déposée antérieurement.

(2) Un renvoi à une demande déposée antérieurement effectué conformément au paragraphe 1 c) doit indiquer la date de dépôt et le numéro de cette demande, ainsi que l'office auprès duquel elle a été déposée. Un tel renvoi doit préciser qu'il remplace la description et, le cas échéant, les dessins.

(3) Si la demande contient un renvoi conformément au paragraphe 2, une copie certifiée conforme de la demande déposée antérieurement doit être produite dans un délai de deux mois à compter du dépôt de la demande. Si la demande déposée antérieurement n'est pas rédigée dans une langue officielle de l'Office européen des brevets, une traduction de la demande dans l'une de ces langues doit être produite dans ce délai. La règle 53, paragraphe 2, est applicable.

CHAPITRE II *Dispositions régissant les demandes*

Règle 41 *[La version actualisée du formulaire est régulièrement publiée sur le site internet de l'OEB et au JO OEB] Requête en délivrance.* (1) La requête en délivrance d'un brevet européen doit être présentée sur un formulaire établi par l'Office européen des brevets.

(2) La requête doit :

a) contenir une demande en vue de la délivrance d'un brevet européen ;

b) contenir le titre de l'invention, qui doit faire apparaître de manière claire et concise la désignation technique de l'invention et ne comporter aucune dénomination de fantaisie ;

c) *[Cf. également la décision de la Grande Chambre de recours G 3/99 (Annexe I).]* indiquer le nom, l'adresse, la nationalité ainsi que l'État du domicile ou du siège du demandeur. Les personnes physiques doivent être désignées par leurs noms suivis de leurs prénoms. Les personnes morales et les sociétés assimilées aux personnes morales en vertu du droit dont elles relèvent doivent figurer sous leur désignation officielle. Les adresses doivent être indiquées selon les exigences usuelles en vue d'une distribution postale rapide à l'adresse indiquée et comporter en tout état de cause toutes les indications administratives pertinentes, y compris, le cas échéant, le numéro de la maison. Il est recommandé d'indiquer les numéros de télécopie et de téléphone ;

d) indiquer, si le demandeur a constitué un mandataire, le nom et l'adresse professionnelle de ce dernier, dans les conditions prévues à la lettre c) ;

e) le cas échéant, préciser que la demande constitue une demande divisionnaire et indiquer le numéro de la demande antérieure de brevet européen ;

f) indiquer, dans le cas prévu à l'article 61, paragraphe 1 b), le numéro de la demande initiale de brevet européen ;

g) contenir, si la priorité d'une demande antérieure est revendiquée, une déclaration à cet effet qui mentionne la date de cette demande et l'État dans lequel ou pour lequel elle a été déposée ;

h) être revêtue de la signature du demandeur ou de celle de son mandataire ;

i) contenir la liste des pièces jointes à la requête. Cette liste doit également indiquer le nombre de feuilles de la description, des revendications, des dessins et de l'abrégé qui sont joints à la requête ;

j) comporter la désignation de l'inventeur, si celui-ci est le demandeur.

(3) En cas de pluralité de demandeurs, la requête doit, de préférence, contenir la désignation d'un demandeur ou d'un mandataire comme représentant commun.

Règle 42 *[Cf. les décisions de la Grande Chambre de recours G 1/03, G 2/03 (Annexe I)]* ***Contenu de la description.*** (1) La description doit :

a) préciser le domaine technique auquel se rapporte l'invention ;

b) indiquer l'état de la technique antérieure qui, dans la mesure où le demandeur le connaît, peut être considéré comme utile à la compréhension de l'invention, à l'établissement du rapport de recherche européenne et à l'examen de la demande de brevet européen, et de préférence citer les documents reflétant cet état de la technique ;

c) exposer l'invention, telle qu'elle est caractérisée dans les revendications, en des termes permettant la compréhension du problème technique, même s'il n'est pas expressément désigné comme tel, et celle de la solution de ce problème ; indiquer en outre, le cas échéant, les avantages apportés par l'invention par rapport à l'état de la technique antérieure ;

d) décrire brièvement les figures des dessins, s'il en existe ;

e) indiquer en détail au moins un mode de réalisation de l'invention revendiquée, en utilisant des exemples, si cela s'avère approprié, et en se référant aux dessins, s'il y en a ;

f) expliciter, dans le cas où elle ne résulte pas à l'évidence de la description ou de la nature de l'invention, la manière dont celle-ci est susceptible d'application industrielle.

(2) La description doit être présentée de la manière et suivant l'ordre indiqués au paragraphe 1, à moins qu'en raison de la nature de l'invention, une présentation différente ne soit plus concise ou ne permette une meilleure compréhension.

Règle 43 *[Cf. les décisions de la Grande Chambre de recours G 2/03, G 1/04 (Annexe I)]* ***Forme et contenu des revendications.*** (1) Les revendications doivent définir, en indiquant les caractéristiques techniques de l'invention, l'objet de la demande pour lequel la protection est recherchée. S'il y a lieu, les revendications doivent contenir :

a) un préambule mentionnant la désignation de l'objet de l'invention et les caractéristiques techniques qui sont nécessaires à la définition de l'objet revendiqué mais qui, combinées entre elles, font partie de l'état de la technique ;

b) une partie caractérisante introduite par l'expression "caractérisé en" ou "caractérisé par" et exposant les caractéristiques techniques pour lesquelles, en liaison avec les caractéristiques indiquées à la lettre a), la protection est recherchée.

(2) Sans préjudice de l'article 82, une demande de brevet européen ne peut contenir plus d'une revendication indépendante de la même catégorie (produit, procédé, dispositif ou utilisation) que si l'objet de la demande se rapporte :

a) à plusieurs produits ayant un lien entre eux,

b) à différentes utilisations d'un produit ou d'un dispositif, ou

c) à des solutions alternatives à un problème particulier dans la mesure où ces solutions ne peuvent pas être couvertes de façon appropriée par une seule revendication.

(3) Toute revendication énonçant les caractéristiques essentielles de l'invention peut être suivie d'une ou de plusieurs revendications concernant des modes particuliers de réalisation de cette invention.

(4) Toute revendication qui contient l'ensemble des caractéristiques d'une autre revendication (revendication dépendante) doit comporter une référence à cette autre revendication, si possible dans le préambule, et préciser les caractéristiques additionnelles. Une revendication dépendante peut également se référer directement à une autre revendication dépendante. Toutes les revendications dépendantes qui se réfèrent à une ou plusieurs revendications antérieures doivent, dans toute la mesure du possible, être groupées de la façon la plus appropriée.

(5) Le nombre des revendications doit être raisonnable, compte tenu de la nature de l'invention revendiquée. Les revendications doivent être numérotées consécutivement en chiffres arabes.

(6) Sauf en cas d'absolue nécessité, les revendications ne doivent pas se fonder sur des références à la description ou aux dessins pour ce qui concerne les caractéristiques techniques de l'invention. En particulier, elles ne doivent pas contenir des expressions telles que "comme décrit dans la partie... de la description" ou "comme illustré dans la figure... des dessins".

(7) Si la demande de brevet européen contient des dessins comprenant des signes de référence, les caractéristiques techniques mentionnées dans les revendications doivent en principe être suivies des signes de référence à ces caractéristiques, mis entre parenthèses, si la compréhension de la revendication s'en trouve facilitée. Les signes de référence ne sauraient être interprétés comme une limitation de la revendication.

Règle 44 *Unité de l'invention.* (1) Lorsqu'une pluralité d'inventions est revendiquée dans une demande de brevet européen, il n'est satisfait à l'exigence d'unité de l'invention prévue à l'article 82 que s'il existe une relation technique entre ces inventions, portant sur un ou plusieurs éléments techniques particuliers identiques ou correspondants. L'expression "éléments techniques particuliers" s'entend des éléments techniques qui déterminent une contribution de chacune des inventions revendiquées, considérée comme un tout, par rapport à l'état de la technique.

(2) Pour déterminer si plusieurs inventions sont liées entre elles de telle sorte qu'elles ne forment qu'un seul concept inventif général, il est indifférent que les inventions fassent l'objet de revendications distinctes ou soient présentées comme des variantes dans le cadre d'une seule et même revendication.

Règle 45 *Revendications donnant lieu au paiement de taxes.* (1) *[Modifiée par la décision du conseil d'administration CA/D 2/08 du 6 mars 2008, entrée en vigueur le 1er avr. 2008 (JO OEB 2008, 124)]* Si une demande de brevet européen comporte plus de quinze revendications, des taxes de revendication doivent être acquittées pour toutes les revendications à partir de la seizième conformément au règlement relatif aux taxes.

(2) Les taxes de revendication doivent être acquittées dans un délai d'un mois à compter du dépôt du premier jeu de revendications. Si les taxes de revendication ne sont pas acquittées dans les délais, elles peuvent encore l'être dans un délai d'un mois à compter de la notification signalant que le délai n'a pas été observé.

(3) Si une taxe de revendication n'est pas acquittée dans les délais, la revendication correspondante est réputée abandonnée.

Règle 46 *Forme des dessins.* (1) La surface utile des feuilles contenant les dessins ne doit pas excéder 26,2 cm × 17 cm. La surface utile ou la surface utilisée de ces feuilles ne doit pas comporter de cadres. Les marges minimales sont les suivantes :

marge du haut : 2,5 cm
marge de gauche : 2,5 cm
marge de droite : 1,5 cm
marge du bas : 1 cm

(2) Les dessins doivent être exécutés comme suit :

a) Les dessins doivent être exécutés en lignes et traits durables, noirs, suffisamment denses et foncés, uniformément épais et bien délimités, sans couleurs ni lavis.

b) Les coupes doivent être indiquées par des hachures qui ne doivent pas nuire à une lecture facile des signes de référence et des lignes directrices.

c) L'échelle des dessins et leur exécution graphique doivent être telles qu'une reproduction électronique ou photographique effectuée avec réduction linéaire aux deux tiers permette d'en distinguer sans peine tous les détails. Si, par exception, l'échelle figure sur un dessin, elle doit être représentée graphiquement.

d) Tous les chiffres, lettres et signes de référence figurant dans les dessins doivent être simples et clairs. L'utilisation de parenthèses, cercles ou guillemets, en combinaison avec des chiffres et des lettres, n'est pas autorisée.

e) Toutes les lignes des dessins doivent en principe être tracées à l'aide d'instruments de dessin technique.

f) Les éléments d'une même figure doivent être proportionnés les uns par rapport aux autres, à moins qu'une différence de proportion ne soit indispensable pour la clarté de la figure.

g) La hauteur des chiffres et des lettres ne doit pas être inférieure à 0,32 cm. L'alphabet latin et, si telle est la pratique usuelle, l'alphabet grec, doivent être utilisés lorsque des lettres figurent sur les dessins.

h) Une même feuille de dessin peut contenir plusieurs figures. Lorsque des figures dessinées sur plusieurs feuilles sont censées constituer une seule figure, elles doivent être présentées de sorte que la figure d'ensemble puisse être composée sans que soit cachée aucune partie des figures qui se trouvent sur les différentes feuilles. Les différentes figures doivent être disposées, de préférence verticalement, sur une ou plusieurs feuilles, chacune étant clairement séparée des autres mais sans place perdue. Lorsque les figures ne sont pas disposées verticalement, elles doivent être présentées horizontalement, la partie supérieure des figures étant orientée du côté gauche de la feuille ; elles doivent être numérotées consécutivement en chiffres arabes, indépendamment de la numérotation des feuilles.

i) Des signes de référence ne peuvent être utilisés pour les dessins que s'ils figurent dans la description et dans les revendications et vice-versa. Les signes de référence des mêmes éléments doivent être uniformes dans toute la demande.

j) Les dessins ne doivent pas contenir de texte, à l'exception de quelques mots clés tels que "eau", "vapeur", "ouvert", "fermé", "coupe suivant AB", lorsque ceux-ci sont indispensables à la compréhension des dessins. Ces mots-clés doivent être placés de telle manière que leur traduction éventuelle puisse leur être substituée sans que soit cachée aucune ligne des dessins.

(3) Les schémas d'étapes de processus et les diagrammes sont réputés être des dessins.

Règle 47 *Forme et contenu de l'abrégé.* (1) L'abrégé doit mentionner le titre de l'invention.

(2) L'abrégé doit comprendre un résumé concis de ce qui est exposé dans la description, les revendications et les dessins. Le résumé doit indiquer le domaine technique auquel appartient l'invention et doit être rédigé de manière à permettre une claire compréhension du problème technique, de l'essence de la solution de ce problème par le moyen de l'invention et de l'usage principal ou des usages principaux de l'invention. L'abrégé comporte, le cas échéant, la formule chimique qui, parmi celles qui figurent dans la demande de brevet, caractérise le mieux l'invention. Il ne doit pas contenir de déclarations relatives aux avantages ou à la valeur allégués de l'invention ou à ses éventuelles applications.

(3) L'abrégé ne doit pas, de préférence, comporter plus de cent cinquante mots.

(4) Si la demande de brevet européen comporte des dessins, le demandeur doit indiquer la figure du dessin ou, exceptionnellement, les figures des dessins qui devraient être publiées avec l'abrégé. L'Office européen des brevets peut décider de publier une ou plusieurs autres figures s'il estime qu'elles caractérisent mieux l'invention. Chacune des caractéristiques essentielles mentionnées dans l'abrégé et illustrées par le dessin doit être suivie d'un signe de référence entre parenthèses.

(5) L'abrégé doit être rédigé de façon à constituer un instrument efficace de sélection dans le domaine technique en cause. En particulier, il doit permettre d'apprécier s'il y a lieu de consulter la demande de brevet elle-même.

Règle 48 *Éléments prohibés.* (1) La demande de brevet européen ne doit pas contenir :

a) des éléments ou dessins contraires à l'ordre public ou aux bonnes mœurs ;

b) des déclarations dénigrantes concernant des produits ou procédés de tiers ou le mérite ou la validité de demandes de brevet ou de brevets de tiers. De simples comparaisons avec l'état de la technique ne sont pas considérées comme dénigrantes en elles-mêmes ;

c) des éléments manifestement étrangers au sujet ou superflus.

(2) Lorsque la demande contient des éléments ou dessins visés au paragraphe 1 a), l'Office européen des brevets peut les omettre de la demande telle que publiée, en indiquant la place ainsi que le nombre des mots et des dessins omis.

(3) Lorsque la demande contient des déclarations visées au paragraphe 1 b), l'Office européen des brevets peut les omettre de la demande telle que publiée, en indiquant la place et

le nombre des mots omis. L'Office européen des brevets fournit sur requête une copie des passages omis.

Règle 49 *Dispositions générales relatives à la présentation des pièces de la demande.* **(1) Toute traduction produite conformément à l'article 14, paragraphe 2, ou à la règle 40, paragraphe 3, est réputée être une pièce de la demande de brevet européen.**

(2) Les pièces de la demande doivent être présentées de manière à permettre leur reproduction tant électronique que directe, en particulier par le moyen de la numérisation, de la photographie, de procédés électrostatiques, de l'offset et du microfilm en un nombre illimité d'exemplaires. Les feuilles ne doivent pas être déchirées, froissées ou pliées. Un seul côté des feuilles doit être utilisé.

(3) *[Modifié par la décision du conseil d'administration CA/D 4/08 du 21 oct. 2008, entré en vigueur le 1er avr. 2009 (JO OEB 2008, 513)]* **Les pièces de la demande doivent être remises sur papier souple, fort, blanc, lisse, mat et durable, de format A4 (29,7 cm × 21 cm). Sous réserve du paragraphe 9 et de la règle 46, paragraphe 2 h), chaque feuille doit être utilisée de façon à ce que les petits côtés se trouvent en haut et en bas (sens vertical).**

(4) Chaque pièce de la demande (requête, description, revendications, dessins, abrégé) doit commencer sur une nouvelle feuille. Toutes les feuilles doivent être réunies de façon à pouvoir être facilement feuilletées et aisément séparées et réunies à nouveau.

(5) Sous réserve de la règle 46, paragraphe 1, les marges minimales doivent être les suivantes :

marge du haut : 2 cm
marge de gauche : 2,5 cm
marge de droite : 2 cm
marge du bas : 2 cm

Le maximum recommandé des marges citées ci-dessus est le suivant :

marge du haut : 4 cm
marge de gauche : 4 cm
marge de droite : 3 cm
marge du bas : 3 cm

(6) Toutes les feuilles de la demande doivent être numérotées consécutivement en chiffres arabes. Les numéros des feuilles doivent être inscrits en haut des feuilles au milieu, mais non dans la marge du haut.

(7) Les lignes de chaque feuille de la description et des revendications doivent en principe être numérotées de cinq en cinq, les numéros étant portés sur le côté gauche, à droite de la marge.

(8) *[Cf. le communiqué de l'OEB, JO OEB 2013, 603]* **La requête en délivrance du brevet européen, la description, les revendications et l'abrégé doivent être dactylographiés ou imprimés. Seuls les symboles et caractères graphiques, les formules chimiques ou mathématiques peuvent être manuscrits ou dessinés, en cas de nécessité. Pour les textes dactylographiés, l'interligne doit être de 1 ½. Tous les textes doivent être écrits en caractères dont les majuscules ont au moins 0,21 cm de haut, dans une couleur noire et indélébile.**

(9) La requête en délivrance du brevet européen, la description, les revendications et l'abrégé ne doivent pas comporter de dessins. La description, les revendications et l'abrégé peuvent comporter des formules chimiques ou mathématiques. La description et l'abrégé peuvent comporter des tableaux. Les revendications ne peuvent comporter des tableaux que si l'objet desdites revendications en fait apparaître l'intérêt. Les tableaux et les formules mathématiques ou chimiques peuvent être disposés horizontalement sur la feuille s'ils ne peuvent être présentés convenablement verticalement. Les tableaux ou les formules mathématiques ou chimiques présentés horizontalement doivent être disposés de telle sorte que les parties supérieures des tableaux ou des formules soient orientées du côté gauche de la feuille.

(10) *[Modifié par la décision du conseil d'administration CA/D 4/08 du 21 oct. 2008, entrée en vigueur le 1er avr. 2009 (JO OEB 2008, 513)]* **Les valeurs doivent être exprimées en unités conformes aux normes internationales, et, s'il y a lieu, selon le système métrique en utilisant les unités SI. Toute indication ne répondant pas à cette exigence doit en outre être exprimée en unités conformes aux normes internationales. Seuls les termes, formules, signes et symboles techniques généralement admis dans le domaine considéré doivent être utilisés.**

(11) La terminologie et les signes utilisés doivent être uniformes dans toute la demande de brevet européen.

(12) Aucune feuille ne doit être gommée plus qu'il n'est raisonnable ni comporter de corrections. Des dérogations à cette règle peuvent être autorisées si l'authenticité du contenu

n'est pas en cause et si elles ne nuisent pas aux conditions nécessaires à une bonne reproduction.

Règle 50 *[Cf. la décision de la présidente de l'OEB, Édition spéciale n° 3, JO OEB 2007, A. 3 ; le communiqué de l'OEB (JO OEB 2013, 603) ; la décision de la Grande Chambre de recours G 3/99 (Annexe I)]* ***Documents produits ultérieurement.*** (1) Les règles 42, 43 et 46 à 49 s'appliquent aux documents remplaçant des pièces de la demande de brevet européen. La règle 49, paragraphes 2 à 12, s'applique en outre aux traductions des revendications visées à la règle 71.

(2) Tous les documents autres que les pièces de la demande doivent, en principe, être dactylographiés ou imprimés. Une marge d'environ 2,5 cm doit être réservée sur le côté gauche de la feuille.

(3) A l'exclusion des pièces annexes, les documents postérieurs au dépôt de la demande doivent être signés. Si un document n'est pas signé, l'Office européen des brevets invite l'intéressé à remédier à cette irrégularité dans un délai qu'il lui impartit. Si le document est signé dans les délais, il garde le bénéfice de sa date. Dans le cas contraire, le document est réputé non déposé.

CHAPITRE III *Taxes annuelles*

Règle 51 *Paiement des taxes annuelles.* (1) *[Modifié par la décision du conseil d'administration CA/D 4/08 en date du 21 oct. 2008 (JO OEB 2008, 513) et entré en vigueur le 1er avr. 2009.]* La taxe annuelle due au titre de l'année à venir pour une demande de brevet européen vient à échéance le dernier jour du mois de la date anniversaire du dépôt de la demande de brevet européen. La taxe annuelle ne peut être valablement acquittée plus de trois mois avant son échéance.

(2) *[Modifié par la décision du conseil d'administration CA/D 17/16 en date du 14 déc. 2016, entrée en vigueur le 1er janv. 2017 (JO OEB 2016, A 202) ; cf. communiqué OEB (JO OEB 2016, A 203)]* « Si une taxe annuelle n'est pas acquittée à l'échéance visée au paragraphe 1, elle peut encore être acquittée dans un délai de six mois à compter de ladite échéance, sous réserve du paiement d'une surtaxe dans ce délai. La conséquence juridique prévue par l'article 86, paragraphe 1, se produit à l'expiration du délai de six mois. »

(3) Les taxes annuelles dues pour une demande antérieure à la date à laquelle une demande divisionnaire est déposée doivent également être acquittées pour la demande divisionnaire à la date de son dépôt. Ces taxes ainsi que toute taxe annuelle due dans un délai de quatre mois à compter du dépôt de la demande divisionnaire peuvent être acquittées sans surtaxe dans ce délai. Le paragraphe 2 est applicable.

(4) Si l'inobservation d'un délai a eu pour conséquence qu'une demande de brevet européen a été rejetée ou était réputée retirée et si le demandeur a été rétabli dans ses droits en vertu de l'article 122, une taxe annuelle

a) qui serait venue à échéance conformément au paragraphe 1 au cours de la période débutant à la date à laquelle la perte de droits s'est produite, et allant jusqu'à la date incluse à laquelle est signifiée la décision rétablissant les droits, échoit à cette dernière date.

Cette taxe ainsi que toute taxe annuelle due dans un délai de quatre mois à compter de cette dernière date peuvent encore être acquittées sans surtaxe dans un délai de quatre mois à compter de cette dernière date. Le paragraphe 2 est applicable.

b) qui était déjà échue à la date à laquelle la perte de droits s'est produite, sans que le délai prévu au paragraphe 2 ait toutefois déjà expiré, peut encore être acquittée dans un délai de six mois à compter de la date à laquelle est signifiée la décision rétablissant les droits, sous réserve du paiement de la surtaxe visée au paragraphe 2 dans ce délai.

(5) Si la Grande Chambre de recours rouvre la procédure devant la chambre de recours en vertu de l'article 112 *bis*, paragraphe 5, deuxième phrase, une taxe annuelle

a) qui serait venue à échéance conformément au paragraphe 1 au cours de la période débutant à la date à laquelle a été rendue la décision de la chambre de recours faisant l'objet de la requête en révision, et allant jusqu'à la date incluse à laquelle est signifiée la décision de la Grande Chambre de recours relative à la réouverture de la procédure devant la chambre de recours, échoit à cette dernière date.

Cette taxe ainsi que toute taxe annuelle due dans un délai de quatre mois à compter de cette dernière date peuvent encore être acquittées sans surtaxe dans un délai de quatre mois à compter de cette dernière date. Le paragraphe 2 est applicable.

b) qui était déjà échue à la date à laquelle a été rendue la décision de la chambre de recours, sans que le délai prévu au paragraphe 2 ait toutefois déjà expiré, peut encore être acquittée dans un délai de six mois à compter de la date à laquelle est signifiée la décision de la Grande Chambre de recours relative à la réouverture de la procédure devant la chambre de recours, sous réserve du paiement de la surtaxe visée au paragraphe 2 dans ce délai.

(6) Lorsqu'une nouvelle demande de brevet européen est déposée conformément à l'article 61, paragraphe 1 b), aucune taxe annuelle n'est due au titre de l'année au cours de laquelle cette demande a été déposée et de toute année antérieure.

CHAPITRE IV *Priorité*

Règle 52 *Déclaration de priorité.* (1) La déclaration de priorité visée à l'article 88, paragraphe 1, indique la date du dépôt antérieur, l'État partie à la Convention de Paris ou le membre de l'Organisation mondiale du commerce dans lequel ou pour lequel il a été effectué et le numéro de ce dépôt. La première phrase s'applique dans le cas prévu à l'article 87, paragraphe 5.

(2) La déclaration de priorité doit, de préférence, être effectuée lors du dépôt de la demande de brevet européen. Elle peut encore être effectuée dans un délai de seize mois à compter de la date de priorité la plus ancienne qui a été revendiquée.

(3) Le demandeur peut corriger la déclaration de priorité dans un délai de seize mois à compter de la date de priorité la plus ancienne ou, dans le cas où la correction entraîne une modification de la date de priorité la plus ancienne, dans un délai de seize mois à compter de la date de priorité la plus ancienne corrigée, le délai de seize mois qui expire en premier devant être appliqué, étant entendu que la correction peut être demandée jusqu'à l'expiration d'un délai de quatre mois à compter de la date de dépôt attribuée à la demande de brevet européen.

(4) Toutefois, une déclaration de priorité ne peut être effectuée ou corrigée après qu'une requête a été présentée en vertu de l'article 93, paragraphe 1 b).

(5) Les indications contenues dans la déclaration de priorité sont mentionnées dans la demande de brevet européen publiée et dans le fascicule du brevet européen.

Règle 53 *Documents de priorité.* (1) Le demandeur qui revendique une priorité doit produire une copie de la demande antérieure dans un délai de seize mois à compter de la date de priorité la plus ancienne. Cette copie et la date de dépôt de la demande antérieure doivent être certifiées par l'administration auprès de laquelle cette demande a été déposée.

(2) *[Cf. les décisions de la (du) Président(e) de l'OEB, JO OEB 2009, 236, Édition spéciale n° 3, JO OEB 2007, B.2 et JO OEB 2012, 492]* La copie de la demande antérieure est réputée dûment produite si une copie de cette demande, qui est à la disposition de l'Office européen des brevets, doit être versée au dossier de la demande de brevet européen dans les conditions déterminées par le président de l'Office européen des brevets.

[Modifié par la décision du conseil d'administration CA/D 7/12 du 27 juin 2012 (JO OEB 2012, 442) et entré en vigueur le 1er avr. 2013] « (3) Lorsque la demande antérieure n'est pas rédigée dans une langue officielle de l'Office européen des brevets et que la validité de la revendication de priorité est pertinente pour établir si l'invention en cause est brevetable, l'Office européen des brevets invite le demandeur ou le titulaire du brevet européen à produire, dans un délai qu'il lui impartit, une traduction de cette demande dans l'une des langues officielles. Au lieu de cette traduction, une déclaration peut être présentée selon laquelle la demande de brevet européen est une traduction intégrale de la demande antérieure. Le paragraphe 2 est applicable. Si la traduction requise d'une demande antérieure n'est pas produite dans les délais, le droit de priorité découlant de cette demande est perdu pour la demande de brevet européen ou le brevet européen. Le demandeur ou le titulaire du brevet européen en est informé. »

La règle 53 CBE telle que modifiée par l'art. 1er de la présente décision s'applique aux demandes européennes et aux demandes euro-PCT, ainsi qu'aux brevets européens pour lesquels il n'a pas encore été émis d'invitation au titre de la règle 53(3) CBE à la date d'entrée en vigueur de la disposition modifiée (Décis. CA/D 7/12 du 27 juin 2012, JO OEB 2012, 442, art. 2).

Règle 54 *Délivrance de documents de priorité.* Sur requête, l'Office européen des brevets délivre au demandeur une copie certifiée conforme de la demande de brevet européen (le document de priorité), dans les conditions déterminées par le président de l'Office européen des brevets, telles que notamment la forme du document de priorité et les cas dans lesquels il y a lieu d'acquitter une taxe d'administration.

QUATRIÈME PARTIE Dispositions d'application de la quatrième partie de la Convention

CHAPITRE PREMIER *Examen par la section de dépôt*

Règle 55 *Examen lors du dépôt.* S'il résulte de l'examen prévu à l'article 90, paragraphe 1, que la demande ne satisfait pas aux exigences de la règle 40, paragraphe 1 a) ou c), paragraphe 2 ou paragraphe 3, première phrase, l'Office européen des brevets notifie au demandeur les irrégularités constatées et l'informe que, s'il n'y est pas remédié dans un délai de deux mois, la demande ne sera pas traitée en tant que demande de brevet européen. Si le demandeur remédie dans ce délai aux irrégularités constatées, la date de dépôt accordée par l'Office lui est notifiée.

Règle 56 *Parties manquantes de la description ou dessins manquants.* (1) S'il résulte de l'examen prévu à l'article 90, paragraphe 1, que des parties de la description, ou des dessins auxquels il est fait référence dans la description ou dans les revendications, ne semblent pas figurer dans la demande, l'Office européen des brevets invite le demandeur à déposer les parties manquantes dans un délai de deux mois. Le demandeur ne peut se prévaloir de l'omission d'une telle notification.

(2) Si des parties manquantes de la description ou des dessins manquants sont déposés après la date de dépôt, mais dans un délai de deux mois à compter de la date de dépôt ou, lorsqu'une invitation est émise conformément au paragraphe 1, dans un délai de deux mois à compter de cette invitation, la date de dépôt de la demande est celle à laquelle les parties manquantes de la description ou les dessins manquants ont été déposés. L'Office européen des brevets en informe le demandeur.

(3) Si les parties manquantes de la description ou les dessins manquants sont déposés dans le délai prévu au paragraphe 2, et si la demande revendique la priorité d'une demande antérieure, la date de dépôt reste la date à laquelle il a été satisfait aux exigences de la règle 40, paragraphe 1, sous réserve que les parties manquantes de la description ou les dessins manquants figurent intégralement dans la demande antérieure et que, dans le délai prévu au paragraphe 2, le demandeur en fasse la demande et :

a) produise une copie de la demande antérieure, à moins qu'une telle copie ne soit à la disposition de l'Office européen des brevets en vertu de la règle 53, paragraphe 2 ;

b) produise, lorsque la demande antérieure n'est pas rédigée dans une langue officielle de l'Office européen des brevets, une traduction de la demande antérieure dans l'une de ces langues, à moins qu'une telle traduction ne soit à la disposition de l'Office européen des brevets en vertu de la règle 53, paragraphe 3, et

c) indique l'endroit où les parties manquantes de la description ou les dessins manquants figurent intégralement dans la demande antérieure et, le cas échéant, dans la traduction de celle-ci.

(4) Si le demandeur :

a) ne dépose pas les parties manquantes de la description ou les dessins manquants dans le délai prévu au*[x]* paragraphe*[s]* 1 ou 2,

ou

b) retire, conformément au paragraphe 6, des parties manquantes de la description ou des dessins manquants déposés conformément au paragraphe 2, les références visées au paragraphe 1 sont réputées être supprimées et le dépôt des parties manquantes de la description ou des dessins manquants est réputé ne pas avoir été effectué. L'Office européen des brevets en informe le demandeur.

(5) Si le demandeur ne satisfait pas aux exigences énoncées au paragraphe 3 a) à c) dans *le délai prévu au paragraphe 2*, la date de dépôt de la demande est celle à laquelle les parties manquantes de la description ou les dessins manquants ont été déposés. L'Office européen des brevets en informe le demandeur.

(6) Dans un délai d'un mois à compter de la notification visée au*[x]* paragraphe*[s]* 2 ou 5, dernière phrase, le demandeur peut retirer les parties manquantes de la description ou les dessins manquants déposés, auquel cas la nouvelle date est réputée ne pas avoir été attribuée. L'Office européen des brevets en informe le demandeur.

Pour l'application de la règle 56, il faut considérer le texte tel que déposé, qui comporte une description et des dessins, qui permet d'obtenir une date de dépôt. Si ce texte présente des parties manquantes, celles-ci peuvent être ajoutées à certaines conditions, mais il n'est pas permis de modifier, remplacer ou supprimer tout ou partie de la description qui a permis d'obtenir une date de dépôt. • OEB, ch. rec. tech., 9 déc 2011 : *Propr. ind. 2012, n° 77, note Vigand.*

Règle 57 *Examen quant aux exigences de forme.* Si une date de dépôt a été accordée à une demande de brevet européen, l'Office européen des brevets examine, conformément à l'article 90, paragraphe 3 :

a) *[Modifié par la décision du conseil d'administration CA/D 2/09 en date du 25 mars 2009 (JO OEB 2009, 296) et entré en vigueur le 1er avr. 2010.]* si la traduction de la demande requise en vertu de l'article 14, paragraphe 2, de la règle 36, paragraphe 2, deuxième phrase, ou de la règle 40, paragraphe 3, deuxième phrase, a été produite dans les délais ;

b) si la requête en délivrance d'un brevet européen satisfait aux exigences de la règle 41 ;

c) si la demande contient une ou plusieurs revendications conformément à l'article 78, paragraphe 1 c), ou un renvoi à une demande déposée antérieurement conformément à la règle 40, paragraphes 1 c), 2 et 3, précisant qu'il remplace également les revendications ;

d) si la demande contient un abrégé conformément à l'article 78, paragraphe 1 e) ;

e) si la taxe de dépôt et la taxe de recherche ont été acquittées conformément à la règle 17, paragraphe 2, à la règle 36, paragraphe 3, ou à la règle 38 ;

f) si la désignation de l'inventeur a été effectuée conformément à la règle 19, paragraphe 1 ;

g) le cas échéant, s'il est satisfait aux exigences des règles 52 et 53 concernant la revendication de priorité ;

h) le cas échéant, s'il est satisfait aux exigences de l'article 133, paragraphe 2 ;

i) si la demande satisfait aux exigences de la règle 46 et de la règle 49, paragraphes 1 à 9 et 12 ;

j) *[Modifié par la décision du conseil d'administration CA/D 4/08 en date du 21 oct. 2008 (JO OEB 2008, 513) et entré en vigueur le 1er avr. 2009.]* si la demande satisfait aux exigences de la règle 30.

Règle 58 *Correction d'irrégularités dans les pièces de la demande.* Si la demande de brevet européen n'est pas conforme aux exigences de la règle 57 a), b), c), d), h) et i), l'Office européen des brevets le notifie au demandeur et l'invite à remédier, dans un délai de deux mois, aux irrégularités constatées. La description, les revendications et les dessins ne peuvent être modifiés que dans la mesure nécessaire pour remédier à ces irrégularités.

Règle 59 *Irrégularités dans la revendication de priorité.* Si le numéro de dépôt de la demande antérieure visé à la règle 52, paragraphe 1, ou la copie de cette demande visée à la règle 53, paragraphe 1, n'a pas été produit dans les délais, l'Office européen des brevets le notifie au demandeur et l'invite à les produire dans un délai qu'il lui impartit.

Règle 60 *Désignation ultérieure de l'inventeur.* (1) Si la désignation de l'inventeur n'a pas été effectuée conformément à la règle 19, l'Office européen des brevets notifie au demandeur que la demande de brevet européen sera rejetée si cette désignation n'est pas effectuée dans un délai de seize mois à compter de la date de dépôt ou, si une priorité a été revendiquée, de la date de priorité, étant entendu que ce délai est réputé avoir été respecté si l'information est communiquée avant la fin des préparatifs techniques en vue de la publication de la demande de brevet européen.

(2) Si la désignation de l'inventeur n'a pas été effectuée conformément à la règle 19 dans une demande divisionnaire ou une nouvelle demande déposée conformément à l'article 61, paragraphe 1 b), l'Office européen des brevets invite le demandeur à effectuer cette désignation dans un délai qu'il lui impartit.

CHAPITRE II *Rapport de recherche européenne*

Règle 61 *[Cf. les communications de l'OEB relatives à l'annexe au rapport de recherche européenne (JO OEB 1982, 448 s. ; 1984, 381 ; 1990, 90)]* *Contenu du rapport de recherche européenne.* (1) Le rapport de recherche européenne cite les documents dont dispose l'Office européen des brevets à la date d'établissement du rapport, qui peuvent être pris en considération pour apprécier la nouveauté et l'activité inventive de l'invention objet de la demande de brevet européen.

(2) Chaque document est cité en relation avec les revendications qu'il concerne. S'il y a lieu, les parties pertinentes du document cité sont identifiées.

(3) Le rapport de recherche européenne doit distinguer entre les documents cités qui ont été publiés avant la date de priorité, entre la date de priorité et la date de dépôt et à la date de dépôt ou postérieurement.

(4) Tout document se référant à une divulgation orale, à un usage ou à toute autre divulgation ayant eu lieu avant la date de dépôt de la demande de brevet européen est cité dans

le rapport de recherche européenne en précisant la date de publication du document, si elle existe, et celle de la divulgation non écrite.

(5) Le rapport de recherche européenne est rédigé dans la langue de la procédure.

(6) Le rapport de recherche européenne mentionne le classement de l'objet de la demande de brevet européen selon la classification internationale.

Règle 62 *[Insérée par la décision du conseil d'administration en date du 9 déc. 2004 et entrée en vigueur le 1er juill. 2005 (JO OEB 2005, 5)]* ***Rapport de recherche européenne élargi.*** **(1) Le rapport de recherche européenne est accompagné d'un avis sur la question de savoir si la demande et l'invention qui en fait l'objet semblent satisfaire aux exigences de la présente convention, à moins qu'une notification ne puisse être émise au titre de la règle 71, paragraphe***[s]* **1 ou 3.**

(2) L'avis visé au paragraphe 1 n'est pas publié avec le rapport de recherche.

Règle 62 *bis* *[Insérée par la décision du conseil d'administration CA/D 3/09 en date du 25 mars 2009 (JO OEB 2009, 299) et entrée en vigueur le 1er avr. 2010]* ***Demandes contenant plusieurs revendications indépendantes.*** **(1) Si l'Office européen des brevets estime que les revendications telles que déposées ne sont pas conformes à la règle 43, paragraphe 2, il invite le demandeur à indiquer, dans un délai de deux mois, les revendications conformes à la règle 43, paragraphe 2, sur la base desquelles la recherche doit être effectuée. Si le demandeur ne fournit pas cette indication dans les délais, la recherche est effectuée sur la base de la première revendication de chaque catégorie.**

(2) La division d'examen invite le demandeur à limiter les revendications aux éléments qui ont fait l'objet de la recherche, à moins qu'elle ne constate que l'objection visée au paragraphe 1 n'était pas justifiée.

Règle 63 *[Modifiée par la décision du conseil d'administration CA/D 3/09 en date du 25 mars 2009 (JO OEB 2009, 299) et entrée en vigueur le 1er avr. 2010]* ***Recherche incomplète.*** **(1) Si l'Office européen des brevets estime que la demande de brevet européen n'est pas conforme aux dispositions de la convention, au point qu'une recherche significative sur l'état de la technique ne peut être effectuée au regard de tout ou partie de l'objet revendiqué, il invite le demandeur à déposer, dans un délai de deux mois, une déclaration indiquant les éléments qui doivent faire l'objet de la recherche.**

(2) Si la déclaration visée au paragraphe 1 n'est pas produite dans les délais ou si elle ne permet pas de remédier à l'irrégularité visée au paragraphe 1, l'Office européen des brevets établit soit une déclaration motivée selon laquelle la demande de brevet européen n'est pas conforme aux dispositions de la convention, au point qu'une recherche significative sur l'état de la technique ne peut être effectuée au regard de tout ou partie de l'objet revendiqué, soit, dans la mesure du possible, un rapport partiel de recherche. La déclaration motivée ou le rapport partiel de recherche est considéré, aux fins de la procédure ultérieure, comme le rapport de recherche européenne.

(3) Lorsqu'un rapport partiel de recherche a été établi, la division d'examen invite le demandeur à limiter les revendications aux éléments qui ont fait l'objet de la recherche, à moins qu'elle ne constate que l'objection visée au paragraphe 1 n'était pas justifiée.

Règle 64 *[Cf. l'avis de la Grande Chambre de recours G 2/92 (Annexe I)]* ***Rapport de recherche européenne en cas d'absence d'unité d'invention.*** **(1)** *[Modifié par la décision du conseil d'administration CA/D 3/09 en date du 25 mars 2009 (JO OEB 2009, 299) et entré en vigueur le 1er avr. 2010.]* **Si l'Office européen des brevets estime que la demande de brevet européen ne satisfait pas à l'exigence d'unité d'invention, il établit un rapport partiel de recherche pour les parties de la demande qui se rapportent à l'invention, ou à la pluralité d'inventions au sens de l'article 82, mentionnée en premier lieu dans les revendications. Il notifie au demandeur que si le rapport de recherche européenne doit couvrir les autres inventions, une nouvelle taxe de recherche doit être acquittée pour chaque invention concernée dans un délai de deux mois. Le rapport de recherche européenne est établi pour les parties de la demande qui se rapportent aux inventions pour lesquelles les taxes de recherche ont été acquittées.**

(2) Toute taxe acquittée en vertu du paragraphe 1 est remboursée si, au cours de l'examen de la demande de brevet européen, le demandeur le requiert et si la division d'examen constate que la notification émise conformément au paragraphe 1 n'était pas justifiée.

Règle 65 ***Transmission du rapport de recherche européenne.*** **Dès qu'il est établi, le rapport de recherche européenne est transmis au demandeur avec les copies de tous les documents cités.**

Règle 66 ***Contenu définitif de l'abrégé.*** **Lorsqu'il établit le rapport de recherche européenne, l'Office européen des brevets arrête simultanément le contenu définitif de l'abrégé et le transmet au demandeur avec le rapport de recherche.**

CHAPITRE III *Publication de la demande de brevet européen*

Règle 67 *[Cf. la décision de la présidente de l'OEB, Édition spéciale nº 3, JO OEB 2007, D. 1]* ***Préparatifs techniques en vue de la publication.*** **(1) Le président de l'Office européen des brevets détermine quand les préparatifs techniques entrepris en vue de la publication de la demande de brevet européen sont réputés achevés.**

(2) La demande n'est pas publiée si elle a été rejetée définitivement ou a été retirée ou est réputée retirée avant la fin des préparatifs techniques entrepris en vue de la publication.

Règle 68 *[Cf. les décisions de la présidente de l'OEB, Édition spéciale nº 3, JO OEB 2007, D. 3, D. 4]* ***Forme de la publication des demandes de brevet européen et des rapports de recherche européenne.***

(1) La publication de la demande de brevet européen comporte la description, les revendications et, le cas échéant, les dessins, tels que ces documents ont été déposés, ainsi que l'abrégé ou, si ces pièces de la demande n'ont pas été déposées dans une langue officielle de l'Office européen des brevets, leur traduction dans la langue de la procédure, et, en annexe, le rapport de recherche européenne si celui-ci est disponible avant la fin des préparatifs techniques entrepris en vue de la publication. Si le rapport de recherche ou l'abrégé n'est pas publié à la même date que la demande, il est publié séparément.

(2) Le président de l'Office européen des brevets détermine la forme sous laquelle les demandes sont publiées ainsi que les indications qui doivent y figurer. Ceci vaut également lorsque le rapport de recherche européenne et l'abrégé sont publiés séparément.

(3) Les États contractants désignés sont indiqués dans la demande publiée.

(4) *[Version anglaise modifiée par la décision du conseil d'administration CA/D 4/08 en date du 21 oct. 2008 (JO OEB 2008, 513) et entrée en vigueur le 1er avr. 2009.]* **Si les revendications n'ont pas été déposées à la date de dépôt de la demande, cela est indiqué lors de la publication. Si, avant la fin des préparatifs techniques entrepris en vue de la publication de la demande, les revendications ont été modifiées en vertu de la règle 137, paragraphe 2, les revendications nouvelles ou modifiées figurent dans la publication en sus des revendications telles que déposées.**

Règle 69 *[Modifiée par la décision du conseil d'administration CA/D 3/09 en date du 25 mars 2009 (JO OEB 2009, 299) et entrée en vigueur le 1er avr. 2010]* ***Renseignements concernant la publication.***

(1) L'Office européen des brevets notifie au demandeur la date à laquelle le *Bulletin européen des brevets* mentionne la publication du rapport de recherche européenne et appelle son attention sur les dispositions de la règle 70, paragraphe 1, de l'article 94, paragraphe 2, et de la règle 70 *bis*, paragraphe 1.

(2) Si la notification visée au paragraphe 1 indique une date de publication qui est postérieure à la date de publication effective, la date postérieure est considérée comme déterminante pour les délais visés à la règle 70, paragraphe 1, et à la règle 70 *bis*, paragraphe 1, à moins que l'erreur ne soit évidente.

Règle 70 *Requête en examen.* **(1)** *[Cf. communiqué de l'OEB, JO OEB 2014, A31]* **Le demandeur peut présenter une requête en examen de la demande de brevet européen jusqu'à l'expiration d'un délai de six mois à compter de la date à laquelle le *Bulletin européen des brevets* a mentionné la publication du rapport de recherche européenne. La requête ne peut pas être retirée.**

(2) Si la requête en examen est présentée avant que le rapport de recherche européenne ait été transmis au demandeur, l'Office européen des brevets invite le demandeur à déclarer, dans un délai qu'il lui impartit, s'il souhaite maintenir sa demande, et lui donne la possibilité de prendre position sur le rapport de recherche européenne et de modifier, s'il y a lieu, la description, les revendications et les dessins.

(3) Si le demandeur ne répond pas dans les délais à l'invitation émise conformément au paragraphe 2, la demande est réputée retirée.

CHAPITRE IV *Examen par la division d'examen*

Règle 70 *bis* *[Insérée par la décision du conseil d'administration CA/D 3/09 en date du 25 mars 2009 (JO OEB 2009, 299) et entrée en vigueur le 1er avr. 2010]* ***Réponse au rapport de recherche européenne élargi.*** **(1) Dans l'avis qui accompagne le rapport de recherche européenne, l'Office européen des brevets donne la possibilité au demandeur de prendre position sur le rapport de recherche européenne élargi et, s'il y a lieu, l'invite à remédier aux irrégularités constatées dans l'avis précité et à modifier la description, les revendications et les dessins dans le délai prévu à la règle 70, paragraphe 1.**

(2) Dans le cas visé à la règle 70, paragraphe 2, ou si un rapport complémentaire de recherche européenne est établi pour une demande euro-PCT, l'Office européen des brevets donne la

possibilité au demandeur de prendre position sur le rapport de recherche européenne élargi et, s'il y a lieu, l'invite à remédier aux irrégularités constatées dans l'avis qui accompagne le rapport de recherche européenne et à modifier la description, les revendications et les dessins dans le délai qui lui a été imparti pour déclarer s'il souhaite maintenir sa demande.

(3) Si le demandeur ne donne pas suite à une invitation émise conformément au *[x]* **paragraphe***[s]* **1 ou 2 ni ne prend position au sujet de cette invitation, la demande est réputée retirée.**

Règle 70 *ter* *[Insérée par la décision du conseil d'administration CA/D 18/09 en date du 28 oct. 2009, entrée en vigueur le 1er janv. 2011 (JO OEB 2009, 585) ; cf. communiqués de l'OEB, JO OEB 2010, 410 et 2015, A3]* ***Demande de copie des résultats de la recherche.*** **(1) Si l'Office européen des brevets constate, au moment où la division d'examen devient compétente pour examiner la demande, que la copie visée à la règle 141, paragraphe 1, n'a pas été produite par le demandeur et n'est pas réputée dûment produite en vertu de la règle 141, paragraphe 2, il invite le demandeur à produire dans un délai de deux mois cette copie ou une déclaration selon laquelle les résultats de la recherche visés à la règle 141, paragraphe 1, ne sont pas encore à sa disposition.**

(2) Si le demandeur ne répond pas dans les délais à l'invitation émise conformément au paragraphe 1, la demande de brevet européen est réputée retirée.

Règle 71 *[Cf. les décisions de la Grande Chambre de recours G 10/93, G 1/02, G 1/10 (Annexe I) et le communiqué de l'OEB, JO OEB 2012, 52], [Paragraphes 3-7 modifiés, paragraphes 8-11 supprimés et règle 71 bis insérée par décision du conseil d'administration CA/D 2/10 en date du 26 oct. 2010 (JO OEB 2010, 637) et entrée en vigueur le 1er avr. 2012]* ***Procédure d'examen.*** **(1) Dans toute notification émise conformément à l'article 94, paragraphe 3, la division d'examen invite le demandeur, s'il y a lieu, à remédier aux irrégularités constatées et à modifier la description, les revendications et les dessins dans un délai qu'elle lui impartit.**

(2) La notification prévue à l'article 94, paragraphe 3, doit être motivée et indiquer s'il y a lieu, l'ensemble des motifs qui s'opposent à la délivrance du brevet européen.

(3) *[Cf. le communiqué de l'OEB, concernant la possibilité de renoncer au droit de recevoir une nouvelle notification au titre de la règle 71(3) CBE (JO OEB 2015, A52)]* **Avant de prendre la décision de délivrer le brevet européen, la division d'examen notifie au demandeur le texte dans lequel elle envisage de délivrer le brevet européen, ainsi que les données bibliographiques pertinentes. Dans cette notification, la division d'examen invite le demandeur à acquitter la taxe de délivrance et de publication ainsi qu'à produire une traduction des revendications dans les deux langues officielles de l'Office européen des brevets autres que la langue de la procédure dans un délai de quatre mois.**

(4) Si le texte dans lequel il est envisagé de délivrer le brevet européen comporte plus de quinze revendications, la division d'examen invite le demandeur à acquitter dans le délai prévu au paragraphe 3 des taxes de revendication pour toutes les revendications à partir de la seizième, dans la mesure où ces taxes n'ont pas déjà été acquittées en vertu de la règle 45 ou de la règle 162.

(5) Si, dans le délai prévu au paragraphe 3, le demandeur acquitte les taxes visées au paragraphe 3 et, le cas échéant, au paragraphe 4, et produit les traductions visées au paragraphe 3, il est réputé avoir donné son accord sur le texte qui lui a été notifié conformément au paragraphe 3 et avoir vérifié les données bibliographiques.

(6) Si, dans le délai prévu au paragraphe 3, le demandeur requiert des modifications ou des corrections motivées concernant le texte notifié ou maintient la dernière version du texte qu'il a soumise, la division d'examen émet une nouvelle notification conformément au paragraphe 3 dans la mesure où elle approuve lesdites modifications ou corrections ; dans le cas contraire, elle reprend la procédure d'examen.

(7) Si la taxe de délivrance et de publication ou les taxes de revendication ne sont pas acquittées dans les délais, ou si les traductions ne sont pas produites dans les délais, la demande de brevet européen est réputée retirée.

Règle 71 *bis* *[Insérée par décision du conseil d'administration CA/D 2/10 du 26 oct. 2010, entrée en vigueur le 1er avr. 2012 (JO OEB 2010, 637) ; cf. communiqué de l'OEB, JO OEB 2012, 52]* ***Conclusion de la procédure de délivrance.*** **(1) La décision de délivrance du brevet européen est prise si toutes les taxes ont été acquittées, si une traduction des revendications dans les deux langues officielles de l'Office européen des brevets autres que la langue de la procédure a été produite et s'il y a accord sur le texte dans lequel il est envisagé de délivrer le brevet européen. Cette décision indique le texte de la demande de brevet européen sur la base duquel elle a été prise.**

(2) La division d'examen peut reprendre à tout moment la procédure d'examen jusqu'à la décision de délivrance du brevet européen.

(3) Si la taxe de désignation vient à échéance après la notification visée à la règle 71, paragraphe 3, la mention de la délivrance du brevet européen n'est publiée que lorsque la taxe de désignation est acquittée. Le demandeur en est informé.

(4) Si une taxe annuelle vient à échéance après la notification visée à la règle 71, paragraphe 3, et avant la date la plus proche possible de publication de la mention de la délivrance du brevet européen, cette mention n'est publiée que lorsque la taxe annuelle est acquittée. Le demandeur en est informé.

(5) Si le demandeur a déjà acquitté la taxe de délivrance et de publication ou les taxes de revendication en réponse à une invitation émise conformément à la règle 71, paragraphe 3, le montant payé est pris en considération si une telle invitation est émise une nouvelle fois.

(6) Si la demande de brevet européen est rejetée, ou si elle est retirée ou réputée retirée avant la signification de la décision relative à la délivrance d'un brevet européen, la taxe de délivrance et de publication est remboursée.

Règle 72 ***Délivrance du brevet européen à plusieurs demandeurs.*** **Si des personnes différentes sont inscrites au Registre européen des brevets en tant que titulaires de la demande de brevet dans différents États contractants, l'Office européen des brevets délivre en conséquence le brevet européen pour chacun desdits États contractants.**

CHAPITRE V *Fascicule du brevet européen*

Règle 73 *[Cf. les décisions de la présidente de l'OEB, Édition spéciale n° 3, JO OEB 2007, D. 3, D. 4]* ***Contenu et forme du fascicule.*** **(1) Le fascicule du brevet européen comprend la description, les revendications et, le cas échéant, les dessins. Il mentionne également le délai pendant lequel le brevet européen peut faire l'objet d'une opposition.**

(2) Le président de l'Office européen des brevets détermine la forme sous laquelle le fascicule est publié ainsi que les indications qui doivent y figurer.

(3) Les États contractants désignés sont indiqués dans le fascicule.

Règle 74 *[Cf. Décision du président de l'OEB (JO OEB 2013, 416) et communiqué (JO OEB 2013, 41, 48)]* ***Certificat de brevet européen.*** **Dès que le fascicule du brevet européen a été publié, l'Office européen des brevets délivre au titulaire du brevet un certificat de brevet européen. Le président de l'Office européen des brevets arrête le contenu, la forme et les moyens de communication du certificat et détermine les cas dans lesquels il y a lieu d'acquitter une taxe d'administration.**

CINQUIÈME PARTIE Dispositions d'application de la cinquième partie de la Convention

CHAPITRE PREMIER *Procédure d'opposition*

Règle 75 ***Renonciation au brevet ou extinction de celui-ci.*** **Une opposition peut être formée même s'il a été renoncé au brevet européen dans tous les États contractants désignés ou si le brevet s'est éteint dans tous ces États.**

V. Communiqué de l'OEB relatif à la procédure d'opposition à compter du 1er juill. 2016 (JO OEB 2016, A42).

Règle 76 *[Cf. les décisions de la Grande Chambre de recours G 9/91, G 10/91, G 1/95, G 7/95, G 4/97, G 3/99, G 1/04 (Annexe I)]* ***Forme et contenu de l'opposition.*** **(1) L'opposition doit être formée par écrit et motivée.**

(2) L'acte d'opposition doit contenir :

a) les indications concernant l'opposant telles que prévues à la règle 41, paragraphe 2 c) ;

b) le numéro du brevet européen contre lequel l'opposition est formée, ainsi que le nom du titulaire du brevet et le titre de l'invention ;

c) une déclaration précisant la mesure dans laquelle le brevet européen est mis en cause par l'opposition, les motifs sur lesquels l'opposition se fonde ainsi que les faits et les preuves invoqués à l'appui de ces motifs ;

d) si l'opposant a constitué un mandataire, les indications concernant le mandataire telles que prévues à la règle 41, paragraphe 2 d).

(3) La troisième partie du règlement d'exécution s'applique à l'acte d'opposition.

V. note ss. Règle 75.

Règle 77 *[Cf. les décisions de la Grande Chambre de recours G 9/91, G 10/91, G 1/95, G 7/95, G 3/99, G 1/02 (Annexe I)]* ***Rejet de l'opposition pour irrecevabilité.*** **(1)** *[Version anglaise modifiée par la décision du conseil d'administration CA/D 4/08 en date du 21 oct. 2008 (JO OEB 2008, 513) et entrée en vigueur le 1er avr. 2009.]*

Si la division d'opposition constate que l'opposition n'est pas conforme à l'article 99, paragraphe 1, ou à la règle 76, paragraphe 2 c), ou ne désigne pas le brevet en cause de manière suffisante, elle rejette l'opposition comme irrecevable, à moins qu'il n'ait été remédié à ces irrégularités avant l'expiration du délai d'opposition.

(2) Si la division d'opposition constate que l'opposition n'est pas conforme aux dispositions autres que celles visées au paragraphe 1, elle le notifie à l'opposant et l'invite à remédier, dans un délai qu'elle lui impartit, aux irrégularités constatées. S'il n'est pas remédié à ces irrégularités dans les délais, la division d'opposition rejette l'opposition comme irrecevable.

(3) La décision par laquelle une opposition est rejetée pour irrecevabilité est notifiée, avec une copie de l'acte d'opposition, au titulaire du brevet.

V. note ss. Règle 75.

Règle 78 *[Cf. la décision de la Grande Chambre de recours G 3/92 (Annexe I)]* ***Procédure prévue lorsque le titulaire du brevet n'est pas une personne habilitée.*** **(1) Si, lors d'une procédure d'opposition ou au cours du délai d'opposition, un tiers apporte la preuve qu'il a introduit une procédure contre le titulaire du brevet européen afin d'obtenir une décision au sens de l'article 61, paragraphe 1, la procédure d'opposition est suspendue, à moins que ce tiers ne déclare par écrit à l'Office européen des brevets qu'il consent à la poursuite de la procédure. Ce consentement est irrévocable. Toutefois, la procédure n'est suspendue que lorsque la division d'opposition considère l'opposition recevable. La règle 14, paragraphes 2 à 4, est applicable.**

(2) Si un tiers a été substitué, en vertu de l'article 99, paragraphe 4, au titulaire précédent pour un ou plusieurs États contractants désignés, le brevet européen maintenu dans la procédure d'opposition peut contenir pour ces États des revendications, une description et des dessins différents de ceux que le brevet comporte pour d'autres États désignés.

V. note ss. Règle 75.

Règle 79 *[Cf. l'avis de la Grande Chambre de recours G 1/02 (Annexe I)]* ***Mesures préparatoires à l'examen de l'opposition.*** **(1) La division d'opposition notifie au titulaire du brevet l'acte d'opposition et lui donne la possibilité de présenter ses observations et de modifier, s'il y a lieu, la description, les revendications et les dessins dans un délai qu'elle lui impartit.**

(2) Si plusieurs oppositions ont été formées, la division d'opposition les notifie aux différents opposants en même temps que la notification visée au paragraphe 1.

(3) La division d'opposition notifie aux autres parties toutes observations et modifications présentées par le titulaire du brevet, et les invite, si elle le juge opportun, à répliquer dans un délai qu'elle leur impartit.

(4) En cas d'intervention dans la procédure en vertu de l'article 105, la division d'opposition peut s'abstenir d'appliquer les dispositions des paragraphes 1, 2 et 3.

V. note ss. Règle 75.

Règle 80 *[Cf. la décision de la Grande Chambre de recours G 1/99 (Annexe I)]* ***Modification du brevet européen.*** **Sans préjudice de la règle 138, la description, les revendications et les dessins peuvent être modifiés dans la mesure où ces modifications sont apportées pour pouvoir répondre à un motif d'opposition visé à l'article 100, même si ce motif n'a pas été invoqué par l'opposant.**

V. note ss. Règle 75.

Règle 81 *[Cf. les décisions de la Grande Chambre de recours G 9/92, G 1/99 (Annexe I)]* ***Examen de l'opposition.*** **(1)** *[Cf. communiqué de l'OEB relatif à l'accélération de procédures d'opposition (JO OEB 2008, 221)]* **La division d'opposition examine les motifs d'opposition qui sont invoqués dans la déclaration de l'opposant visée à la règle 76, paragraphe 2 c). Elle peut également examiner d'office les motifs d'opposition qui n'ont pas été invoqués par l'opposant s'ils sont susceptibles de s'opposer au maintien du brevet européen.**

(2) Les notifications émises conformément à l'article 101, paragraphe 1, deuxième phrase, ainsi que les réponses à ces notifications sont envoyées à toutes les parties. Si la division d'opposition le juge opportun, elle invite les parties à répliquer dans un délai qu'elle leur impartit.

(3) Dans toute notification émise conformément à l'article 101, paragraphe 1, deuxième phrase, il doit, si nécessaire, être donné au titulaire du brevet la possibilité de modifier, s'il y a lieu, la description, les revendications et les dessins. Si nécessaire, la notification est motivée et indique les motifs qui s'opposent au maintien du brevet européen.

V. note ss. Règle 75.

Règle 82 *[Cf. les décisions de la Grande Chambre de recours G 1/88, G 1/90 (Annexe I)]* ***Maintien du brevet européen sous une forme modifiée.*** **(1) Avant de prendre la décision de maintenir le brevet européen sous une forme modifiée, la division d'opposition notifie aux parties le texte dans lequel elle envisage de maintenir le brevet et les invite à présenter leurs observations dans un délai de deux mois si elles ne sont pas d'accord avec ce texte.**

[Modifié par la décision du conseil d'administration CA/D 9/15 du 14 oct. 2015, JO OEB 2015, A 82, en vigueur le 1er mai 2016] **« (2) Si une partie n'est pas d'accord avec le texte notifié par la division d'opposition, l'examen de l'opposition peut être poursuivi. Dans le cas contraire, la division d'opposition, à l'expiration du délai visé au paragraphe 1, invite le titulaire du brevet européen à acquitter la taxe prescrite et à produire une traduction des revendications modifiées dans les langues officielles de l'Office européen des brevets autres que celle de la procédure, dans un délai de trois mois. Si, lors d'une procédure orale, une décision a été prise au titre de l'article 106, paragraphe 2, ou de l'article 111, paragraphe 2, sur la base de documents qui ne sont pas conformes à la règle 49, paragraphe 8, le titulaire du brevet européen est invité à déposer le texte modifié sous une forme conforme à la règle 49, paragraphe 8, dans le délai de trois mois. »**

(3) Si les actes requis au paragraphe 2 ne sont pas accomplis dans les délais, ils peuvent encore être accomplis dans un délai de deux mois à compter de la notification signalant que le délai prévu n'a pas été observé, sous réserve du paiement d'une surtaxe dans ce délai. Dans le cas contraire, le brevet est révoqué.

(4) La décision de maintenir le brevet européen sous une forme modifiée indique le texte du brevet sur la base duquel elle a été prise.

Les dispositions du (2) de l'art. 82, dans leur rédaction issue de la décision du conseil d'administration du 14 oct. 2015, s'appliquent à tous les brevets européens pour lesquels une décision est prise au titre de l'art. 106 (2), ou de l'art. 111 (2) CBE lors d'une procédure orale à compter de leur date d'entrée en vigueur (Décis. préc., art. 2).

V. Communiqué OEB du 9 mars 2016 (JO OEB 2016, A 22).

V. note ss. Règle 75.

Règle 83 *Demande de documents.* **Les documents mentionnés par une partie à la procédure d'opposition doivent être déposés avec l'acte d'opposition ou les conclusions écrites. Si ces documents ne sont pas joints audit acte ou auxdites conclusions ou déposés en temps utile à l'invitation de l'Office européen des brevets, celui-ci peut ne pas tenir compte des arguments à l'appui desquels ils sont invoqués.**

Règle 84 *[Cf. les décisions de la Grande Chambre de recours G 4/88, G 7/91, G 8/91, G 8/93, G 3/99 (Annexe I)]* ***Poursuite d'office de la procédure d'opposition.***

(1) Si le titulaire du brevet a renoncé au brevet européen dans tous les États contractants désignés ou si le brevet s'est éteint dans tous ces États, la procédure d'opposition peut être poursuivie sur requête de l'opposant ; cette requête doit être présentée dans un délai de deux mois à compter de la notification de l'Office européen des brevets informant l'opposant de la renonciation ou de l'extinction.

(2) Si un opposant décède ou devient incapable, la procédure d'opposition peut être poursuivie d'office, même sans la participation de ses héritiers ou représentants légaux. Il en va de même en cas de retrait de l'opposition.

V. note ss. Règle 75.

Règle 85 *Transfert du brevet européen.* **La règle 22 s'applique au transfert du brevet européen pendant le délai d'opposition ou pendant la procédure d'opposition.**

V. note ss. Règle 75.

Règle 86 *[Cf. la décision de la Grande Chambre de recours G 1/91 (Annexe I)]* ***Documents produits au cours de la procédure d'opposition.*** **La troisième partie du règlement d'exécution s'applique aux documents produits au cours de la procédure d'opposition.**

V. note ss. Règle 75.

Règle 87 ***Contenu et forme du nouveau fascicule du brevet européen.*** **Le nouveau fascicule du brevet européen comprend la description, les revendications et les dessins tels que modifiés. La règle 73, paragraphes 2 et 3, et la règle 74 sont applicables.**

V. note ss. Règle 75.

Règle 88 *Frais.* **(1) La répartition des frais est ordonnée dans la décision rendue sur l'opposition. Seules sont prises en considération les dépenses nécessaires pour assurer une défense adéquate des droits en cause. Les frais incluent la rémunération des représentants des parties.**

(2) La division d'opposition fixe sur requête le montant des frais à rembourser en vertu d'une décision de répartition des frais passée en force de chose jugée. Le décompte des frais et les pièces justificatives doivent être annexés à cette requête. Pour la fixation des frais, il suffit que leur présomption soit établie.

(3) Une décision de la division d'opposition peut être requise dans un délai d'un mois à compter de la notification relative à la fixation des frais qui est prévue au paragraphe 2. La requête doit être présentée par écrit et motivée. Elle n'est réputée présentée qu'après le paiement de la taxe prescrite.

(4) La division d'opposition statue sur la requête visée au paragraphe 3 sans procedure orale.

V. note ss. Règle 75.

Règle 89 *[Cf. les décisions de la Grande Chambre de recours G 4/91, G 1/94, G 2/04, G 3/04, G 1/05 (Annexe I)]* ***Intervention du contrefacteur présumé.*** **(1) La déclaration d'intervention doit être présentée dans un délai de trois mois à compter de la date à laquelle l'une des actions visées à l'article 105 a été introduite.**

(2) La déclaration d'intervention doit être présentée par écrit et motivée ; les règles 76 et 77 sont applicables. La déclaration d'intervention n'est réputée présentée qu'après le paiement de la taxe d'opposition.

V. note ss. Règle 75.

CHAPITRE II *Procédure de limitation ou de révocation*

Règle 90 ***Objet de la procédure.*** **La procédure de limitation ou de révocation visée à l'article 105 *bis* a pour objet le brevet européen tel que délivré ou tel que modifié dans la procédure d'opposition ou de limitation devant l'Office européen des brevets.**

Règle 91 ***Compétence pour la procédure.*** **La division d'examen statue sur les requêtes en limitation ou en révocation du brevet européen présentées conformément à l'article 105 *bis*. L'article 18, paragraphe 2, est applicable.**

Règle 92 ***Exigences auxquelles doit satisfaire la requête.*** **(1)** *[Modifié par la décision du conseil d'administration CA/D 4/08 en date du 21 oct. 2008 (JO OEB 2008, 513) et entré en vigueur le 1er avr. 2009.]* **La requête en limitation ou en révocation d'un brevet européen doit être présentée par écrit dans l'une des langues officielles de l'Office européen des brevets. Elle peut également être présentée dans une langue officielle d'un État contractant, à condition qu'une traduction dans l'une des langues officielles de l'Office européen des brevets soit produite dans le délai prévu à la règle 6, paragraphe 2. La troisième partie du règlement d'exécution s'applique aux documents produits au cours de la procédure de limitation ou de révocation.**

(2) La requête doit contenir :

a) les indications concernant le titulaire du brevet européen qui présente la requête (le requérant), telles que prévues à la règle 41, paragraphe 2 c), ainsi que l'indication des États contractants pour lesquels le requérant est le titulaire du brevet ;

b) le numéro du brevet dont la limitation ou la révocation est requise, ainsi que la liste des États contractants dans lesquels ce brevet a pris effet ;

c) le cas échéant, le nom et l'adresse des titulaires du brevet pour les États contractants dans lesquels le requérant n'est pas le titulaire du brevet, ainsi que la preuve que le requérant est autorisé à agir en leur nom dans la procédure ;

d) lorsque la limitation du brevet est requise, le texte complet des revendications modifiées et, le cas échéant, de la description et des dessins tels que modifiés ;

e) si le requérant a constitué un mandataire, les indications concernant le mandataire telles que prévues à la règle 41, paragraphe 2 d).

Règle 93 *Primauté de la procédure d'opposition.* (1) La requête en limitation ou en révocation est réputée ne pas avoir été présentée si une procédure d'opposition est en instance à l'encontre du brevet à la date à laquelle la requête est présentée.

(2) Si, à la date à laquelle une opposition est formée à l'encontre d'un brevet européen, une procédure de limitation est en instance à l'encontre de ce brevet, la division d'examen clôt la procédure de limitation et ordonne le remboursement de la taxe de limitation. Le remboursement de la taxe visée à la règle 95, paragraphe 3, première phrase, est également ordonné si le requérant a déjà acquitté cette taxe.

Règle 94 *Rejet de la requête pour irrecevabilité.* Si la division d'examen constate que la requête en limitation ou en révocation du brevet européen n'est pas conforme aux exigences de la règle 92, elle invite le requérant à remédier, dans un délai qu'elle lui impartit, aux irrégularités constatées. S'il n'est pas remédié à ces irrégularités dans les délais, la division d'examen rejette la requête comme irrecevable.

Règle 95 *Décision sur la requête.* (1) Si la requête en révocation est recevable, la division d'examen révoque le brevet et le notifie au requérant.

(2) Si la requête en limitation est recevable, la division d'examen examine si les revendications modifiées représentent une limitation par rapport aux revendications du brevet tel que délivré ou tel que modifié dans la procédure d'opposition ou de limitation, et si elles satisfont à l'article 84 ainsi qu'à l'article 123, paragraphes 2 et 3. Si la requête ne satisfait pas à ces exigences, la division d'examen donne au requérant une seule possibilité de remédier aux irrégularités constatées et de modifier les revendications ainsi que, s'il y a lieu, la description et les dessins, dans un délai qu'elle lui impartit.

(3) *[Modifié par la décision du conseil d'administration CA/D 2/10 en date du 26 oct. 2010 (JO OEB 2010, 637) et entré en vigueur le 1er avr. 2012.]* S'il y a lieu de faire droit à la requête en limitation en vertu du paragraphe 2, la division d'examen le notifie au requérant et l'invite à acquitter la taxe prescrite et à produire une traduction des revendications modifiées dans les langues officielles de l'Office européen des brevets autres que la langue de la procédure, dans un délai de trois mois ; la règle 82, paragraphe 3, première phrase, est applicable. Si le requérant accomplit ces actes dans les délais, la division d'examen limite le brevet.

(4) Si le requérant ne répond pas dans les délais à la notification émise conformément au paragraphe 2, s'il ne peut être fait droit à la requête en limitation ou si le requérant n'accomplit pas dans les délais les actes requis au paragraphe 3, la division d'examen rejette la requête.

Règle 96 *Contenu et forme du fascicule du brevet européen modifié.* Le fascicule du brevet européen modifié comprend la description, les revendications et les dessins tels que modifiés. La règle 73, paragraphes 2 et 3, et la règle 74 sont applicables.

SIXIÈME PARTIE Dispositions d'application de la sixième partie de la Convention

CHAPITRE PREMIER *Procédure de recours*

Règle 97 *[Cf. la décision de la Grande Chambre de recours G 3/03 (Annexe I)] Recours contre la répartition et la fixation des frais.* (1) Aucun recours ne peut avoir pour seul objet la répartition des frais de la procédure d'opposition.

(2) Une décision fixant le montant des frais de la procédure d'opposition ne peut faire l'objet d'un recours que si le montant est supérieur à celui de la taxe de recours.

Règle 98 *Renonciation au brevet ou extinction de celui-ci.* Un recours peut être formé contre la décision d'une division d'opposition même s'il a été renoncé au brevet européen dans tous les États contractants désignés ou si le brevet s'est éteint dans tous ces États.

Règle 99 *[Cf. les décisions de la Grande Chambre de recours G 9/92, G 1/99 (Annexe I)] Contenu de l'acte de recours et du mémoire exposant les motifs du recours.* (1) L'acte de recours doit comporter :

a) le nom et l'adresse du requérant tels que prévus à la règle 41, paragraphe 2 c) ;

b) l'indication de la décision attaquée, et

c) une requête définissant l'objet du recours.

(2) Dans le mémoire exposant les motifs du recours, le requérant doit présenter les motifs pour lesquels il y a lieu d'annuler la décision attaquée ou la mesure dans laquelle elle doit être modifiée, ainsi que les faits et les preuves sur lesquels le recours est fondé.

(3) La troisième partie du règlement d'exécution s'applique à l'acte de recours, au mémoire exposant les motifs du recours et aux documents produits pendant la procédure de recours.

Règle 100 *[Cf. les décisions de la Grande Chambre de recours G 7/91, G 8/91, G 9/91, G 10/91, G 9/92, G 8/93, G 10/93, G 6/95, G 1/99, G 3/99 (Annexe I)]* ***Examen du recours.*** (1) *[Cf. communiqué du vice-président chargé de la DG 3 relatif à l'accélération de procédures de recours (JO OEB 2008, 220)]* Sauf s'il en est disposé autrement, les dispositions régissant la procédure devant l'instance qui a rendu la décision attaquée s'appliquent à la procédure de recours.

(2) Au cours de l'examen du recours, la chambre de recours invite les parties, aussi souvent qu'il est nécessaire, à présenter, dans un délai qu'elle leur impartit, leurs observations sur les notifications qu'elle leur a adressées ou sur les communications qui émanent d'autres parties.

(3) Si le demandeur ne répond pas dans les délais à une invitation émise conformément au paragraphe 2, la demande de brevet européen est réputée retirée, à moins que la décision attaquée n'ait été rendue par la division juridique.

Règle 101 *[Cf. les décisions de la Grande Chambre de recours G 9/92, G 2/04 (Annexe I)]* ***Rejet du recours pour irrecevabilité.*** (1) Si le recours n'est pas conforme aux articles 106 à 108, à la règle 97 ou à la règle 99, paragraphe 1 b) ou c) ou paragraphe 2, la chambre de recours le rejette comme irrecevable, à moins qu'il n'ait été remédié aux irrégularités avant l'expiration du délai applicable en vertu de l'article 108.

(2) Si la chambre de recours constate que le recours n'est pas conforme à la règle 99, paragraphe 1 a), elle le notifie au requérant et l'invite à remédier aux irrégularités constatées dans un délai qu'elle lui impartit. S'il n'est pas remédié à ces irrégularités dans les délais, la chambre de recours rejette le recours comme irrecevable.

Règle 102 *[Cf. la décision de la Grande Chambre de recours G 1/05 (Annexe I)]* ***Forme des décisions des chambres de recours.*** La décision est authentifiée par le président de la chambre de recours et l'agent du greffe de ladite chambre habilité à cet effet, soit par leur signature, soit par tout autre moyen approprié *[Cf. communiqué du vice-président chargé de la DG 3 (JO OEB 2012, 14)]*. La décision contient :

a) l'indication qu'elle a été rendue par la chambre de recours ;

b) la date à laquelle elle a été rendue ;

c) les noms du président et des autres membres de la chambre de recours qui y ont pris part ;

d) la désignation des parties et de leurs représentants ;

e) les requêtes des parties ;

f) l'exposé sommaire des faits ;

g) les motifs ;

h) le dispositif, y compris, le cas échéant, la décision relative aux frais de procédure.

Règle 103 ***Remboursement de la taxe de recours.*** *[Modifiée par la décision du conseil d'administration CA/D 16/13 du 13 déc. 2013, entrée en vigueur le 1er avr. 2014 (JO OEB 2014, A 3) ; cf. Décis. de la Grande Chambre de recours G 3/03 (Annexe I)]* (1) La taxe de recours est remboursée intégralement :

a) en cas de révision préjudicielle ou lorsque la chambre de recours fait droit au recours, si le remboursement est équitable en raison d'un vice substantiel de procédure, ou

b) lorsque le recours est retiré avant le dépôt du mémoire exposant les motifs du recours et avant l'expiration du délai de dépôt de ce mémoire.

(2) La taxe de recours est remboursée à 50 % lorsque le recours est retiré après l'expiration du délai visé au paragraphe 1, lettre b), à condition que le retrait intervienne :

a) au moins quatre semaines avant la date de procédure orale, si une telle date a été fixée, ou

b) avant l'expiration du délai que la chambre de recours a imparti dans une notification invitant le requérant à présenter ses observations, si aucune date de procédure orale n'a été fixée et qu'une telle notification a été émise par la chambre de recours, ou

c) avant que la décision ne soit rendue, dans tous les autres cas.

(3) En cas de révision préjudicielle, l'instance dont la décision est attaquée ordonne le remboursement si elle le juge équitable en raison d'un vice substantiel de procédure. Dans tous les autres cas, la chambre de recours statue sur le remboursement.

CHAPITRE II *Requête en révision par la Grande Chambre de recours*

Règle 104 *Autres vices fondamentaux de procédure.* Il peut y avoir vice fondamental de procédure au sens de l'article 112 *bis*, paragraphe 2 d), lorsque la chambre de recours :

a) n'a pas tenu, en violation de l'article 116, une procédure orale requise par le requérant, ou

b) a statué sur le recours sans statuer sur une requête pertinente pour cette décision.

Règle 105 *Infractions pénales.* Une requête en révision peut être fondée sur l'article 112 *bis*, paragraphe 2 e), si l'infraction pénale a été constatée par une juridiction ou une administration compétente dans une décision passée en force de chose jugée ; il n'est pas nécessaire qu'une condamnation ait été prononcée.

Règle 106 *Obligation de soulever des objections.* Une requête présentée en vertu de l'article 112 *bis*, paragraphe 2 a) à d), n'est recevable que si une objection a été soulevée à l'encontre du vice de procédure pendant la procédure de recours et a été rejetée par la chambre de recours, à moins qu'une telle objection n'ait pas pu être soulevée durant la procédure de recours.

Règle 107 *Contenu de la requête en révision.* (1) La requête doit comporter :

a) le nom et l'adresse du requérant tels que prévus à la règle 41, paragraphe 2 c) ;

b) l'indication de la décision à réviser.

(2) La requête doit exposer les motifs pour lesquels il y a lieu d'annuler la décision de la chambre de recours, ainsi que les faits et les preuves sur lesquels elle est fondée.

(3) La troisième partie du règlement d'exécution s'applique à la requête en révision et aux documents produits pendant la procédure.

Règle 108 *Examen de la requête.* (1) Si la requête n'est pas conforme à l'article 112 *bis*, paragraphe 1, 2 ou 4, à la règle 106 ou à la règle 107, paragraphe 1 b) ou 2, la Grande Chambre de recours la rejette comme irrecevable, à moins qu'il n'ait été remédié aux irrégularités avant l'expiration du délai applicable en vertu de l'article 112 *bis*, paragraphe 4.

(2) Si la Grande Chambre de recours constate que la requête n'est pas conforme à la règle 107, paragraphe 1 a), elle le notifie au requérant et l'invite à remédier aux irrégularités constatées dans un délai qu'elle lui impartit. S'il n'est pas remédié à ces irrégularités dans les délais, la Grande Chambre de recours rejette le recours comme irrecevable.

(3) Si la requête est fondée, la Grande Chambre de recours annule la décision de la chambre de recours et ordonne la réouverture de la procédure devant la chambre de recours compétente en vertu de la règle 12, paragraphe 4. La Grande Chambre de recours peut ordonner que des membres de la chambre de recours qui ont pris part à la décision annulée soient remplacés.

Règle 109 *Procédure en cas de requête en révision.* (1) Sauf s'il en est disposé autrement, les dispositions régissant la procédure devant les chambres de recours s'appliquent à la procédure prévue à l'article 112 *bis*. La règle 115, paragraphe 1, deuxième phrase, la règle 118, paragraphe 2, première phrase, et la règle 132, paragraphe 2, ne sont pas applicables. La Grande Chambre de recours peut impartir un délai s'écartant de la règle 4, paragraphe 1, première phrase.

(2) La Grande Chambre de recours statue :

a) dans une formation de deux membres juristes et un membre technicien, lorsqu'elle examine les requêtes en révision et qu'elle rejette celles qui sont manifestement irrecevables ou non fondées ; une telle décision requiert l'unanimité ;

b) dans une formation de quatre membres juristes et un membre technicien, lorsque la requête n'est pas rejetée conformément à la lettre a).

(3) Lorsque la Grande Chambre de recours siège dans la formation prévue au paragraphe 2 a), elle statue sans la participation des autres parties et sur la base de la requête.

Règle 110 *Remboursement de la taxe de requête en révision.* La Grande Chambre de recours ordonne le remboursement de la taxe de requête en révision lorsque la procédure devant les chambres de recours est rouverte.

SEPTIÈME PARTIE **Dispositions d'application de la septième partie de la Convention**

CHAPITRE PREMIER *Décisions et notifications de l'Office européen des brevets*

Règle 111 [*Cf. la décision de la Grande Chambre de recours G 12/91 (Annexe I)*] ***Forme des décisions.*** **(1) Les décisions prises dans le cadre d'une procédure orale devant l'Office européen des brevets peuvent être prononcées à l'audience. Elles sont ensuite formulées par écrit et signifiées aux parties.**

(2) Les décisions de l'Office européen des brevets contre lesquelles un recours est ouvert doivent être motivées et être accompagnées d'un avertissement selon lequel la décision en cause peut faire l'objet d'un recours et qui appelle l'attention des parties sur les dispositions des articles 106 à 108 dont le texte est annexé. Les parties ne peuvent se prévaloir de l'omission de cet avertissement.

Règle 112 [*Cf. les décisions de la Grande Chambre de recours G 1/90, G 2/97, G 1/02 (Annexe I)*] ***Constatation de la perte d'un droit.*** **(1) Si l'Office européen des brevets constate qu'une perte de droit s'est produite sans qu'une décision de rejet de la demande de brevet européen, de délivrance, de révocation ou de maintien du brevet européen ou une décision concernant une mesure d'instruction n'ait été prise, il le notifie à la partie intéressée.**

(2) Si la partie intéressée estime que les conclusions de l'Office européen des brevets ne sont pas fondées, elle peut, dans un délai de deux mois à compter de la notification visée au paragraphe 1, requérir une décision en l'espèce. L'Office européen des brevets ne prend une telle décision que dans le cas où il ne partage pas le point de vue de la partie intéressée ; dans le cas contraire, il en informe cette dernière.

Règle 113 ***Signature, nom, sceau.*** **(1) Toute décision, citation, communication et notification de l'Office européen des brevets doit être revêtue de la signature et du nom de l'agent responsable.**

(2) Si un document mentionné au paragraphe 1 est produit par l'agent responsable à l'aide d'un ordinateur, un sceau peut remplacer la signature. Si ce document est produit automatiquement par ordinateur, il n'est pas non plus nécessaire d'indiquer le nom de l'agent responsable. Ceci vaut également pour les notifications et communications préimprimées.

CHAPITRE II *Observations des tiers*

Règle 114 [*Cf. Décis. du président de l'OEB et communiqués, JO OEB 2011, 418, 420*] ***Observations des tiers.*** **(1) Les observations des tiers doivent être présentées par écrit dans une langue officielle de l'Office européen des brevets et être motivées. La règle 3, paragraphe 3, est applicable.**

(2) Ces observations sont notifiées au demandeur ou au titulaire du brevet, qui peut prendre position.

CHAPITRE III *Procédure orale et instruction*

Règle 115 [*Cf. la décision/l'avis de la Grande Chambre de recours G 6/95, G 4/92 (Annexe I)*] ***Citation à une procédure orale.*** **(1) La citation des parties à une procédure orale conformément à l'article 116 fait mention du paragraphe 2 de la présente règle. Elle comporte un délai minimum de deux mois, à moins que les parties ne conviennent d'un délai plus bref.**

(2) Si une partie régulièrement citée à une procédure orale devant l'Office européen des brevets n'a pas comparu, la procédure peut être poursuivie en son absence.

Règle 116 [*Cf. la décision de la Grande Chambre de recours G 6/95 (Annexe I)*] ***Préparation de la procédure orale.*** **(1) Dans la citation, l'Office européen des brevets signale les questions qu'il juge nécessaire d'examiner aux fins de la décision à rendre. En même temps, il fixe une date jusqu'à laquelle des documents peuvent être produits en vue de la préparation de la procédure orale. La règle 132 n'est pas applicable. De nouveaux faits ou preuves présentés après cette date peuvent ne pas être pris en considération, à moins qu'il ne convienne de les admettre en raison d'un changement intervenu dans les faits de la cause.**

(2) Si le demandeur ou le titulaire du brevet a reçu notification des motifs s'opposant à la délivrance ou au maintien du brevet, il peut être invité à produire, au plus tard à la date

visée au paragraphe 1, deuxième phrase, des pièces satisfaisant aux exigences de la convention. Le paragraphe 1, troisième et quatrième phrases, est applicable.

Règle 117 *Décision ordonnant une mesure d'instruction.* Lorsque l'Office européen des brevets estime nécessaire d'entendre une partie, un témoin ou un expert ou de procéder à une descente sur les lieux, il rend à cet effet une décision qui énonce la mesure d'instruction envisagée, les faits pertinents à prouver, ainsi que les jour, heure et lieu où il sera procédé à ladite mesure d'instruction. Si l'audition d'un témoin ou d'un expert a été demandée par une partie, la décision fixe le délai dans lequel cette partie doit communiquer le nom et l'adresse du témoin ou de l'expert.

Règle 118 *Citation à comparaître devant l'Office européen des brevets.* (1) Les parties, témoins ou experts qui doivent être entendus sont cités devant l'Office européen des brevets.

(2) La citation des parties, des témoins ou des experts doit comporter un délai minimum de deux mois, à moins que les intéressés ne conviennent d'un délai plus bref. La citation doit contenir :

a) un extrait de la décision visée à la règle 117, précisant les jour, heure et lieu où il sera procédé à la mesure d'instruction ordonnée ainsi que les faits sur lesquels les parties, témoins ou experts seront entendus ;

b) le nom des parties et l'indication des droits auxquels les témoins et experts peuvent prétendre en vertu de la règle 122, paragraphes 2 à 4 ;

c) une indication selon laquelle toute partie, tout témoin ou tout expert peut demander à être entendu par les autorités judiciaires compétentes de l'État dans lequel il a son domicile, conformément à la règle 120, et une invitation à faire savoir à l'Office européen des brevets, dans un délai qui lui est imparti, s'il est disposé à comparaître devant l'Office européen des brevets.

Règle 119 *Exécution des mesures d'instruction devant l'Office européen des brevets.* (1) La division d'examen, la division d'opposition et la chambre de recours peuvent charger un de leurs membres de procéder aux mesures d'instruction.

(2) Les parties, témoins ou experts sont informés avant leur audition que l'Office européen des brevets peut demander aux autorités judiciaires compétentes de l'État dans lequel ils ont leur domicile de les entendre à nouveau sous la foi du serment ou sous une autre forme également contraignante.

(3) Les parties peuvent assister à l'instruction et poser toute question pertinente à la partie, au témoin ou à l'expert entendu.

Règle 120 *Audition devant les autorités judiciaires compétentes d'un État.* (1) Une partie, un témoin ou un expert cité devant l'Office européen des brevets peut lui demander l'autorisation d'être entendu par les autorités judiciaires compétentes de l'État dans lequel il a son domicile. Si une telle requête est présentée ou si aucune suite n'a été donnée à la citation dans le délai imparti dans cette citation, l'Office européen des brevets peut, conformément à l'article 131, paragraphe 2, demander aux autorités judiciaires compétentes de recueillir la déposition de la personne concernée.

(2) Si une partie, un témoin ou un expert a été entendu par l'Office européen des brevets, ce dernier peut, s'il estime souhaitable que la déposition soit recueillie sous la foi du serment ou sous une autre forme également contraignante, demander, conformément à l'article 131, paragraphe 2, aux autorités judiciaires compétentes de l'État dans lequel la personne concernée a son domicile de l'entendre à nouveau dans ces conditions.

(3) Lorsque l'Office européen des brevets demande à une autorité judiciaire compétente de recueillir une déposition, il peut lui demander de recueillir la déposition sous la foi du serment ou sous une autre forme également contraignante et d'autoriser un des membres de l'instance concernée à assister à l'audition de la partie, du témoin ou de l'expert et à l'interroger, soit par l'entremise de cette autorité, soit directement.

Règle 121 *Commission d'experts.* (1) L'Office européen des brevets décide de la forme dans laquelle doit être présenté l'avis de l'expert qu'il désigne.

(2) Le mandat de l'expert doit contenir :

a) une description précise de sa mission ;

b) le délai qui lui est imparti pour la présentation de son avis ;

c) le nom des parties à la procédure ;

d) l'indication des droits auxquels il peut prétendre en vertu de la règle 122, paragraphes 2 à 4.

(3) Une copie de l'avis écrit est remise aux parties.

(4) Les parties peuvent récuser un expert. L'instance concernée de l'Office européen des brevets statue sur la récusation.

Règle 122 *Frais de l'instruction.* (1) L'Office européen des brevets peut subordonner l'exécution de l'instruction au dépôt auprès de l'Office, par la partie qui a demandé cette instruction, d'une provision dont il fixe le montant par référence à une estimation des frais.

(2) Les témoins ou les experts qui ont été cités par l'Office européen des brevets et comparaissent devant lui ont droit à un remboursement adéquat de leurs frais de déplacement et de séjour. Une avance peut leur être accordée sur ces frais. Ceci vaut également pour les personnes qui comparaissent devant l'Office européen des brevets sans qu'il les ait citées et sont entendues comme témoins ou experts.

(3) Les témoins qui ont droit à un remboursement en application du paragraphe 2 ont en outre droit à une indemnité adéquate pour manque à gagner ; les experts ont droit à des honoraires pour la rémunération de leurs travaux. Ces indemnités ou honoraires sont payés aux témoins ou experts après l'accomplissement de leurs devoirs ou de leur mission.

(4) *[Cf. le règlement du conseil d'administration en date du 21 oct. 1977 relatif aux indemnités et honoraires alloués aux témoins et experts (JO OEB 1983, 102).]* Le conseil d'administration détermine les modalités d'application des paragraphes 2 et 3. Les sommes dues en vertu de ces dispositions sont acquittées par l'Office européen des brevets.

Règle 123 *Conservation de la preuve.* (1) L'Office européen des brevets peut, sur requête, procéder sans délai à une mesure d'instruction, en vue de conserver la preuve de faits qui peuvent affecter une décision qu'il sera vraisemblablement appelé à prendre au sujet d'une demande de brevet européen ou d'un brevet européen, lorsqu'il y a lieu d'appréhender que l'instruction ne devienne ultérieurement plus difficile ou même impossible. La date de la mesure d'instruction doit être notifiée au demandeur ou au titulaire du brevet en temps utile pour lui permettre de participer à l'instruction. Il peut poser toutes questions pertinentes.

(2) La requête doit contenir :

a) les indications concernant le requérant telles que prévues à la règle 41, paragraphe 2 c) ;

b) des indications suffisantes pour permettre l'identification de la demande de brevet européen ou du brevet européen en cause ;

c) l'indication des faits qui nécessitent la mesure d'instruction ;

d) l'indication de la mesure d'instruction ;

e) un exposé du motif justifiant la présomption selon laquelle l'instruction pourra être ultérieurement plus difficile ou même impossible.

(3) La requête n'est réputée présentée qu'après le paiement de la taxe prescrite.

(4) La décision sur la requête ainsi que toute mesure d'instruction en résultant sont prises par l'instance de l'Office européen des brevets qui aurait été appelée à prendre la décision susceptible d'être affectée par les faits dont la preuve doit être apportée. Les dispositions relatives à l'instruction dans les procédures devant l'Office européen des brevets sont applicables.

Règle 124 *Procès-verbal des procédures orales et des instructions.* (1) Les procédures orales et les instructions donnent lieu à l'établissement d'un procès-verbal contenant l'essentiel de la procédure orale ou de l'instruction, les déclarations pertinentes des parties et les dépositions des parties, des témoins ou des experts ainsi que le résultat de toute descente sur les lieux.

(2) Le procès-verbal de la déposition d'un témoin, d'un expert ou d'une partie lui est lu, *lui est soumis pour qu'il en prenne connaissance ou*, lorsque le procès-verbal est enregistré par des moyens techniques, est réentendu par lui pour autant qu'il ne renonce pas à ce droit. Mention est portée au procès-verbal que cette formalité a été accomplie et que le procès-verbal a été approuvé par l'auteur de la déposition. Lorsque le procès verbal n'est pas approuvé, mention y est faite des objections formulées. Il n'est pas nécessaire de faire réentendre le procès-verbal ou de le faire approuver si la déposition a été enregistrée textuellement et directement à l'aide de moyens techniques.

[Modifié par la décision du conseil d'administration CA/D 6/14 du 15 oct. 2014, entrée en vigueur le 1er avr. 2015 (JO OEB 2015, A 17) ; cf. communiqué de l'OEB, JO OEB 2015, A36] « (3) Le procès-verbal est authentifié par l'agent chargé de l'établir et par l'agent qui a dirigé la procédure orale ou l'instruction, soit par leur signature, soit par tout autre moyen approprié. »

(4) Une copie du procès-verbal est remise aux parties.

CHAPITRE IV *Significations*

Règle 125 *Dispositions générales. [Paragraphes 1 et 2 a) et b) modifiés par la décision du conseil d'administration CA/D 6/14 du 15 oct. 2014, entrés en vigueur le 1er avr. 2015 (JO OEB 2015, A 17) ; cf. communiqué de l'OEB, JO OEB 2015, A36]* **« (1) L'Office européen des brevets signifie d'office toutes les décisions et citations ainsi que les notifications ou communications qui font courir un délai ou dont la signification est prévue par d'autres dispositions de la convention ou prescrite par le Président de l'Office européen des brevets. Les significations portent sur l'original de la pièce, sur une copie de cette pièce certifiée conforme ou portant le sceau de l'Office européen des brevets, sur un imprimé établi par ordinateur et portant un tel sceau ou sur une pièce électronique comportant un tel sceau ou certifiée par un autre moyen. Les copies de pièces produites par les parties elles-mêmes ne requièrent pas une telle certification. »**

« (2) La signification directe est faite, soit :

« a) par un service postal conformément à la règle 126 ;

« b) par des moyens de communication électronique conformément à la règle 127 ; »

c) par remise dans les locaux de l'Office européen des brevets conformément à la règle 128 ;

d) par publication conformément à la règle 129.

(3) La signification par l'intermédiaire du service central de la propriété industrielle d'un État contractant est faite conformément au droit applicable à ce service dans les procédures nationales.

(4) Si, une pièce étant parvenue à son destinataire, l'Office européen des brevets n'est pas en mesure de prouver qu'elle a été régulièrement signifiée, ou si les dispositions relatives à la signification n'ont pas été observées, la pièce est réputée signifiée à la date à laquelle l'Office européen des brevets prouve qu'elle a été reçue.

Règle 126 *[Remplacée par la décision du conseil d'administration CA/D 6/14 du 15 oct. 2014, entrée en vigueur le 1er avr. 2015 (JO OEB 2015, A 17) ; cf. communiqué de l'OEB, JO OEB 2015, A36] Signification par un service postal.*

(1) Les décisions qui font courir un délai pour former un recours ou présenter une requête en révision, les citations et toutes autres pièces pour lesquelles le Président de l'Office européen des brevets prescrit qu'il sera fait usage de ce mode de signification sont signifiées par lettre recommandée avec accusé de réception ou envoi équivalent. Les autres significations par un service postal sont faites par lettre recommandée *[Cf. également le communiqué de l'OEB concernant l'utilisation d'une adresse pour la correspondance, JO OEB 2014, A99]*.

(2) Lorsque la signification est faite conformément au paragraphe 1, la lettre est réputée remise à son destinataire le dixième jour après sa remise au prestataire de services postaux, à moins qu'elle ne lui soit pas parvenue ou ne lui soit parvenue qu'à une date ultérieure ; en cas de contestation, il incombe à l'Office européen des brevets d'établir que la lettre est parvenue à destination ou d'établir, le cas échéant, la date de sa remise au destinataire.

(3) La signification prévue au paragraphe 1 est réputée faite même si la lettre a été refusée.

(4) Si la signification par un service postal n'est pas entièrement réglée par les paragraphes 1 à 3, le droit applicable est celui de l'État dans lequel la signification est faite.

Règle 127 *[Remplacée par la décision du conseil d'administration CA/D 6/14 du 15 oct. 2014, entrée en vigueur le 1er avr. 2015 (JO OEB 2015, A 17) ; cf. communiqué de l'OEB (JO OEB 2015, A36) et Décis. du président de l'OEB relative au projet pilote visant à introduire de nouveaux moyens de communication électronique pour les procédures devant l'Office européen des brevets (JO OEB 2015, A28)] Signification par des moyens de communication électronique.* **(1) La signification peut être faite par des moyens de communication électronique que détermine le Président de l'Office européen des brevets et dans les conditions qu'il arrête.**

(2) Lorsque la signification est faite par des moyens de communication électronique, la pièce électronique est réputée remise à son destinataire le dixième jour après sa transmission, à moins qu'elle ne soit pas parvenue à destination ou qu'elle ne soit parvenue à destination qu'à une date ultérieure ; en cas de contestation, il incombe à l'Office européen des brevets d'établir que la pièce électronique est parvenue à destination ou d'établir, le cas échéant, la date à laquelle elle est parvenue à destination.

Règle 128 *Signification par remise directe.* **La signification peut être effectuée dans les locaux de l'Office européen des brevets par remise directe de la pièce à signifier au destinataire qui**

en accuse réception. La signification est réputée faite même si le destinataire refuse d'accepter la pièce à signifier ou d'en accuser réception.

Règle 129 *Signification publique.* (1) S'il n'est pas possible de connaître l'adresse du destinataire ou si la signification prévue à la règle 126, paragraphe 1, s'est révélée impossible même après une seconde tentative, la signification est faite sous forme de publication.

(2) *[Cf. la décision de la présidente de l'OEB, Edition spéciale nº 3, JO OEB 2007, K.1.]* Le président de l'Office européen des brevets détermine les modalités de la publication ainsi que le point de départ du délai d'un mois à l'expiration duquel le document est réputé signifié.

Règle 130 *Signification au mandataire ou au représentant.* (1) Si un mandataire a été désigné, les significations lui sont faites.

(2) Si plusieurs mandataires ont été désignés pour une seule partie, il suffit que la signification soit faite à l'un d'entre eux.

(3) Si plusieurs parties ont un représentant commun, il suffit que la signification soit faite au représentant commun.

CHAPITRE V *Délais*

Règle 131 *Calcul des délais.* (1) Les délais sont fixés en années, mois, semaines ou jours entiers.

(2) Le délai part du jour suivant celui où a eu lieu l'événement par référence auquel son point de départ est fixé, cet événement pouvant être soit un acte, soit l'expiration d'un délai antérieur. Sauf s'il en est disposé autrement, lorsque l'acte est une signification, l'événement considéré est la réception de la pièce signifiée.

(3) Lorsqu'un délai est exprimé en une ou plusieurs années, il expire, dans l'année ultérieure à prendre en considération, le mois portant le même nom et le jour ayant le même quantième que le mois et le jour où ledit événement a eu lieu ; si le mois ultérieur à prendre en considération n'a pas de jour ayant le même quantième, le délai considéré expire le dernier jour de ce mois.

(4) Lorsqu'un délai est exprimé en un ou plusieurs mois, il expire, dans le mois ultérieur à prendre en considération, le jour ayant le même quantième que le jour où ledit événement a eu lieu ; si le mois ultérieur à prendre en considération n'a pas de jour ayant le même quantième, le délai considéré expire le dernier jour de ce mois.

(5) Lorsqu'un délai est exprimé en une ou plusieurs semaines, il expire, dans la semaine à prendre en considération, le jour portant le même nom que celui où ledit événement a eu lieu.

Règle 132 *Délais impartis par l'Office européen des brevets.* (1) Lorsque la convention ou le règlement d'exécution se réfère à un délai "imparti", ce délai est imparti par l Office européen des brevets.

(2) Sauf s'il en est disposé autrement, un délai imparti par l'Office européen des brevets ne peut ni être inférieur à deux mois ni supérieur à quatre mois ; dans certaines circonstances, il peut être porté jusqu'à six mois. Dans certains cas particuliers, le délai peut être prorogé sur requête présentée avant son expiration.

Règle 133 *[Cf. Décis. du président de l'OEB, JO OEB 2015, A29] Pièces reçues tardivement. [Modifié par la décision du conseil d'administration CA/D 6/14 du 15 oct. 2014 (JO OEB 2015, A 17) et entré en vigueur le 1er avr. 2015]* « (1) Une pièce reçue en retard par l'Office européen des brevets est réputée avoir été reçue dans les délais lorsque, avant l'expiration du délai et conformément aux conditions fixées par le Président de l'Office européen des brevets, ladite pièce a, en temps utile, été remise à un prestataire reconnu de services postaux, sauf si elle a été reçue plus de trois mois après l'expiration du délai. »

(2) Le paragraphe 1 est applicable lorsqu'il s'agit d'actes accomplis auprès de l'administration compétente visée à l'article 75, paragraphe[s] 1 b) ou 2 b).

Règle 134 *Prorogation des délais.* *[Modifié par la décision du conseil d'administration CA/D 6/14 du 15 oct. 2014, entrée en vigueur le 1er avr. 2015 (JO OEB 2015, A 17) ; cf. la liste des jours de fermeture des bureaux de réception de l'OEB et des services nationaux de la propriété industrielle des États parties à la CBE en 2015 (JO OEB 2015, A9)]* « (1) Si un délai expire soit un jour où l'un des bureaux de réception de l'Office européen des brevets au sens de la règle 35, paragraphe 1, n'est pas ouvert pour recevoir des documents, soit un jour où le courrier n'y est pas distribué, pour des raisons autres que celles indiquées au paragraphe 2, le délai est prorogé jusqu'au premier jour suivant où tous les bureaux de réception sont ouverts pour recevoir ces documents et où le courrier est distribué. La première phrase est applicable si des documents déposés par l'un des moyens de communication électronique autorisés par le Président de l'Office européen des brevets en vertu de la règle 2, paragraphe 1, ne peuvent pas être reçus. »

(2) Si un délai expire un jour où se produit une perturbation générale concernant la distribution ou l'acheminement du courrier dans un État contractant, le délai est prorogé jusqu'au premier jour suivant la fin de cette période de perturbation pour les parties qui ont leur domicile ou leur siège dans cet État ou qui ont désigné des mandataires ayant leur domicile professionnel dans cet État. Lorsque l'État concerné est l'État où l'Office européen des brevets a son siège, la présente disposition est applicable à toutes les parties et à leurs mandataires. Le présent paragraphe est applicable au délai prévu à la règle 37, paragraphe 2.

(3) Les paragraphes 1 et 2 sont applicables lorsqu'il s'agit d'actes accomplis auprès de l'administration compétente visée à l'article 75, paragraphe*[s]* 1 b) ou 2 b).

(4) Les dates de début et de fin d'une éventuelle perturbation au sens du paragraphe 2 sont publiées par l'Office européen des brevets.

[Modifié par la décision du conseil d'administration CA/D 6/14 du 15 oct. 2014, (JO OEB 2015, A 17) et entré en vigueur le 1er avr. 2015] « (5) Sans préjudice des paragraphes 1 à 4, toute partie intéressée peut apporter la preuve que, lors de l'un quelconque des dix jours qui ont précédé la date d'expiration d'un délai, la distribution ou l'acheminement du courrier ont été perturbés en raison de circonstances exceptionnelles telles que calamité naturelle, guerre, désordre civil, panne générale de l'un quelconque des moyens de communication électronique autorisés par le Président de l'Office européen des brevets conformément à la règle 2, paragraphe 1, ou pour d'autres raisons semblables qui ont touché la localité où la partie intéressée ou son mandataire a son domicile ou son siège. Si la preuve produite est convaincante pour l'Office européen des brevets, le document reçu tardivement sera réputé avoir été reçu dans les délais, à condition que l'expédition ou l'acheminement du courrier aient été effectués au plus tard le cinquième jour suivant la fin de la perturbation. »

Règle 135 *Poursuite de la procédure.* (1) La poursuite de la procédure prévue à l'article 121, paragraphe 1, doit être requise, au moyen du paiement de la taxe prescrite, dans un délai de deux mois à compter de la notification signalant l'inobservation d'un délai ou une perte de droits. L'acte non accompli doit l'être dans le délai de présentation de la requête.

(2) *[Modifié par la décision du conseil d'administration CA/D 17/13 du 16 oct. 2013 (JO OEB 2013, 503) et entré en vigueur le 1er nov. 2014.]* Sont exclus de la poursuite de la procédure les délais visés à l'article 121, paragraphe 4, ainsi que les délais prévus à la règle 6, paragraphe 1, à la règle 16, paragraphe 1 a), à la règle 31, paragraphe 2, à la règle 36, paragraphe 2, à la règle 40, paragraphe 3, à la règle 51, paragraphes 2 à 5, à la règle 52, paragraphes 2 et 3, aux règles 55, 56, 58, 59, 62 *bis*, 63, 64, à la règle 112, paragraphe 2 et à la règle 164, paragraphes 1 et 2.

(3) L'instance qui est compétente pour statuer sur l'acte non accompli statue sur la requête en poursuite de la procédure.

Règle 136 *Restitutio in integrum.* (1) La requête en *restitutio in integrum* prévue à l'article 122, paragraphe 1, doit être présentée par écrit dans un délai de deux mois à compter de la cessation de l'empêchement, mais au plus tard dans un délai d'un an à compter de l'expiration du délai non observé. Cependant, une requête en *restitutio in integrum* quant à l'un quelconque des délais prévus à l'article 87, paragraphe 1, et à l'article 112 *bis*, paragraphe 4, doit être présentée dans un délai de deux mois à compter de l'expiration de ce délai. La requête en *restitutio in integrum* n'est réputée présentée qu'après le paiement de la taxe prescrite.

(2) La requête doit être motivée et indiquer les faits invoqués à son appui. L'acte non accompli doit l'être dans le délai de présentation de la requête qui est applicable en vertu du paragraphe 1.

(3) Sont exclus de la *restitutio in integrum* les délais pour lesquels la poursuite de la procédure peut être requise en vertu de l'article 121, ainsi que le délai de présentation d'une requête en *restitutio in integrum*.

(4) L'instance qui est compétente pour statuer sur l'acte non accompli statue sur la requête en *restitutio in integrum*.

CHAPITRE VI *Modifications et corrections*

Règle 137 *[Cf. l'avis/la décision de la Grande Chambre de recours G 3/89, G 11/91 (Annexe I)], [Modifiée par la décision du conseil d'administration CA/D 3/09 en date du 25 mars 2009 (JO OEB 2009, 299) et entrée en vigueur le 1er avr. 2010]* ***Modification de la demande de brevet européen.*** (1) Sauf s'il en est disposé autrement, le demandeur ne peut modifier la description, les revendications ou les dessins d'une demande de brevet européen avant d'avoir reçu le rapport de recherche européenne.

(2) Outre les éventuelles observations, corrections ou modifications apportées en réponse aux notifications émises par l'Office européen des brevets au titre de la règle 70 *bis*, paragraphe 1 ou 2, ou de la règle 161, paragraphe 1, le demandeur peut simultanément, de sa propre initiative, modifier la description, les revendications et les dessins.

(3) Toutes autres modifications sont subordonnées à l'autorisation de la division d'examen.

(4) Lorsqu'il produit des modifications conformément aux paragraphes 1 à 3, le demandeur identifie celles-ci et indique leur base dans la demande telle qu'elle a été déposée. Si la division d'examen constate qu'il n'est pas satisfait à l'une de ces deux exigences, elle peut demander qu'il soit remédié à cette irrégularité dans un délai d'un mois.

(5) Les revendications modifiées ne doivent pas porter sur des éléments qui n'ont pas fait l'objet de la recherche et qui ne sont pas liés à l'invention ou à la pluralité d'inventions initialement revendiquées de manière à former un seul concept inventif général. Elles ne doivent pas non plus porter sur des éléments qui n'ont pas fait l'objet de la recherche conformément à la règle 62 *bis* ou à la règle 63.

Règle 138 *[Cf. la décision de la Grande Chambre de recours G 1/99 (Annexe I)]* ***Revendications, descriptions et dessins différents pour des États différents.*** Si l'Office européen des brevets est informé de l'existence d'un droit antérieur au sens de l'article 139, paragraphe 2, la demande de brevet européen ou le brevet européen peut comporter, pour cet État ou ces États, des revendications et, s'il y a lieu, une description et des dessins différents de ceux que la demande ou le brevet comporte pour d'autres États désignés.

Règle 139 *[Cf. les décisions de la Grande Chambre de recours G 3/89, G 11/91, G 2/95 (Annexe I)]* ***Correction d'erreurs dans les pièces produites auprès de l'Office européen des brevets.*** Les fautes d'expression ou de transcription et les erreurs contenues dans toute pièce produite auprès de l'Office européen des brevets peuvent être rectifiées sur requête. Toutefois, si la requête en rectification porte sur la description, les revendications ou les dessins, la rectification doit s'imposer à l'évidence, en ce sens qu'il apparaît immédiatement qu'aucun texte autre que celui résultant de la rectification n'a pu être envisagé par le demandeur.

Règle 140 *[Cf. la décision de la Grande Chambre de recours G 8/95 (Annexe I)]* ***Rectification d'erreurs dans les décisions.*** Dans les décisions de l'Office européen des brevets, seules les fautes d'expression, de transcription et les erreurs manifestes peuvent être rectifiées.

CHAPITRE VII *Informations sur l'état de la technique*

Règle 141 *[Modifiée par la décision du conseil d'administration CA/D 18/09 en date du 28 oct. 2009 (JO OEB 2009, 585) et entrée en vigueur le 1er janv. 2011. Cf. la décision du président de l'OEB du 05 oct. 2010, relative à la production de copies des résultats de la recherche, conformément à la règle 141(1) CBE - système d'utilisation (JO OEB 2010, 600) et les décisions du président de l'OEB du 9 déc. 2010, exemptant les demandeurs qui revendiquent la priorité d'un premier dépôt effectué aux États-Unis d'Amérique, au Japon ou au Royaume-Uni de produire une copie des résultats de la recherche au titre de la règle 141(1) CBE - système d'utilisation (JO OEB 2011, 62 ; JO OEB 2013, 216 ; JO OEB 2015, A2). Cf. également les communiqués de l'OEB, JO OEB 2010, 410 ; 2015, A3]* ***Informations sur l'état de la technique.*** (1) Un demandeur qui revendique une priorité au sens de l'article 87 doit produire une copie des résultats de toute recherche effectuée par l'administration auprès de laquelle la demande antérieure a été déposée, conjointement à la demande de brevet européen, au moment de l'entrée dans la phase européenne s'il s'agit d'une demande euro-PCT, ou sans délai dès que ces résultats sont à sa disposition.

(2) La copie visée au paragraphe 1 est réputée dûment produite si elle est à la disposition de l'Office européen des brevets et si elle doit être versée au dossier de la demande de brevet européen dans les conditions déterminées par le président de l'Office européen des brevets.

(3) Sans préjudice des paragraphes 1 et 2, l'Office européen des brevets peut inviter le demandeur à lui communiquer, dans un délai de deux mois, des informations sur l'état de la technique au sens de l'article 124, paragraphe 1.

CHAPITRE VIII *Interruption de la procédure*

Règle 142 *[Cf. Décis. du président de l'OEB, JO OEB 2013, 60]* ***Interruption de la procédure.*** (1) La procédure devant l'Office européen des brevets est interrompue :

a) en cas de décès ou d'incapacité, soit du demandeur ou du titulaire du brevet européen, soit de la personne qui est habilitée, en vertu du droit national du demandeur ou du titulaire du brevet, à représenter l'un ou l'autre. Toutefois, si ces événements n'affectent pas le pouvoir du mandataire désigné conformément à l'article 134, la procédure n'est interrompue qu'à la demande du mandataire ;

b) si le demandeur ou le titulaire du brevet se trouve dans l'impossibilité juridique de poursuivre la procédure en raison d'une action engagée contre ses biens ;

c) en cas de décès ou d'incapacité du mandataire du demandeur ou du mandataire du titulaire du brevet, ou si le mandataire se trouve dans l'impossibilité juridique de poursuivre la procédure en raison d'une action engagée contre ses biens.

(2) Si l'Office européen des brevets a connaissance de l'identité de la personne habilitée à poursuivre la procédure dans les cas visés au paragraphe 1 a) ou b), il notifie à cette personne et, le cas échéant, à toute autre partie que la procédure sera reprise à l'expiration du délai qu'il a imparti.

(3) Dans le cas visé au paragraphe 1 c), la procédure est reprise lorsque l'Office européen des brevets est avisé de la constitution d'un nouveau mandataire du demandeur ou lorsque l'Office a notifié aux autres parties qu'un nouveau mandataire du titulaire du brevet a été constitué. Si, dans un délai de trois mois à compter du début de l'interruption de la procédure, l'Office européen des brevets n'a pas reçu d'avis relatif à la constitution d'un nouveau mandataire, il notifie au demandeur ou au titulaire du brevet que :

a) dans le cas visé à l'article 133, paragraphe 2, la demande de brevet européen est réputée retirée ou le brevet européen est révoqué, si l'avis n'est pas produit dans un délai de deux mois à compter de cette notification ; ou que

b) dans les autres cas, la procédure est reprise avec le demandeur ou le titulaire du brevet à compter de la signification de cette notification.

(4) Les délais en cours à la date d'interruption de la procédure, à l'exception des délais de présentation de la requête en examen et de paiement des taxes annuelles, recommencent à courir dans leur intégralité à compter de la date de la reprise de la procédure. Si cette date se situe dans les deux mois qui précèdent l'expiration du délai de présentation de la requête en examen, la requête peut encore être présentée dans un délai de deux mois à compter de cette date.

CHAPITRE IX *Information du public*

Règle 143 *[Cf. les décisions du président de l'OEB, JO OEB 2013, 600 ; 2013, 601]* ***Inscriptions au Registre européen des brevets.*** (1) Les mentions suivantes sont inscrites au Registre européen des brevets :

a) le numéro de la demande de brevet européen ;

b) la date de dépôt de la demande ;

c) le titre de l'invention ;

d) les symboles de la classification attribués à la demande ;

e) les États contractants désignés ;

f) les indications concernant le demandeur ou le titulaire du brevet telles que prévues à la règle 41, paragraphe 2 c) ;

g) les nom, prénoms et adresse de l'inventeur désigné par le demandeur ou par le titulaire du brevet, à moins que l'inventeur n'ait renoncé au droit d'être mentionné en tant que tel en vertu de la règle 20, paragraphe 1 ;

h) les indications concernant le mandataire du demandeur ou du titulaire du brevet telles que prévues à la règle 41, paragraphe 2 d) ; en cas de pluralité de mandataires, uniquement les indications concernant le premier mandataire cité, suivies de la mention "et autres", et dans le cas d'un groupement visé à la règle 152, paragraphe 11, uniquement sa dénomination et son adresse ;

i) les indications relatives à la priorité (date, État et numéro de dépôt de la demande antérieure) ;

j) en cas de division de la demande, le numéro de toutes les demandes divisionnaires ;

k) lorsqu'il s'agit d'une demande divisionnaire ou d'une nouvelle demande déposée conformément à l'article 61, paragraphe 1 b), les indications visées aux lettres a), b) et i) pour ce qui est de la demande antérieure ;

l) la date de la publication de la demande et, le cas échéant, la date de la publication du rapport de recherche européenne ;

m) la date de la présentation de la requête en examen ;

n) la date à laquelle la demande est rejetée, retirée ou réputée retirée ;

o) la date de la publication de la mention de la délivrance du brevet européen ;

p) la date de la déchéance du brevet européen dans un État contractant pendant le délai d'opposition et, le cas échéant, pendant la période ayant pour terme la date à laquelle la décision relative à l'opposition est passée en force de chose jugée ;

q) la date du dépôt de l'acte d'opposition ;

r) la date et la nature de la décision relative à l'opposition ;

s) les dates de la suspension et de la reprise de la procédure dans les cas visés à la règle 14 et à la règle 78 ;

t) les dates de l'interruption et de la reprise de la procédure dans le cas visé à la règle 142 ;

u) la date du rétablissement dans un droit, pour autant qu'une mention a été inscrite en vertu des lettres n) ou r) ;

v) la présentation d'une requête en transformation conformément à l'article 135, paragraphe 3 ;

w) la constitution de droits sur la demande ou sur le brevet européen et le transfert de ces droits, pour autant que l'inscription de ces mentions est prévue par le présent règlement d'exécution ;

x) la date et la nature de la décision relative à la requête en limitation ou en révocation du brevet européen ;

y) la date et la nature de la décision de la Grande Chambre de recours relative à la requête en révision.

(2) *[Cf. Décis. du président de l'OEB, JO OEB 2014, A86]* Le président de l'Office européen des brevets peut prescrire que des mentions autres que celles prévues au paragraphe 1 seront inscrites au Registre européen des brevets.

Règle 144 *[Cf. la décision de la présidente de l'OEB, Édition spéciale n° 3, JO OEB 2007, J.3] Pièces du dossier exclues de l'inspection publique.* Sont exclues de l'inspection publique, en vertu de l'article 128, paragraphe 4, les pièces du dossier suivantes :

a) les pièces concernant l'abstention ou la récusation de membres des chambres de recours ou de la Grande Chambre de recours ;

b) les projets de décisions et de notifications, ainsi que toutes autres pièces qui servent à la préparation des décisions et des notifications et ne sont pas communiquées aux parties ;

c) les pièces concernant la désignation de l'inventeur s'il a renoncé au droit d'être mentionné en tant que tel, en vertu de la règle 20, paragraphe 1 ;

d) toute autre pièce exclue de l'inspection publique par le président de l'Office européen des brevets au motif que sa consultation ne répondrait pas aux fins d'information du public en ce qui concerne la demande de brevet européen ou le brevet européen.

Règle 145 *[Cf. la décision de la présidente de l'OEB, Édition spéciale n° 3, JO OEB 2007, J.2.] Modalités de l'inspection publique.* (1) L'inspection publique des dossiers de demandes de brevet européen et de brevets européens porte soit sur les pièces originales, soit sur des copies de ces pièces, soit sur des moyens techniques de stockage de données si les dossiers sont conservés sous cette forme.

(2) Le président de l'Office européen des brevets arrête toutes les modalités de l'inspection publique, y compris les cas dans lesquels il y a lieu d'acquitter une taxe d'administration.

Règle 146 *Communication d'informations contenues dans les dossiers.* Sous réserve des restrictions prévues à l'article 128, paragraphes 1 à 4, et à la règle 144, l'Office européen des brevets peut, sur requête, communiquer des informations contenues dans les dossiers de demandes de brevet européen ou de brevets européens, moyennant le paiement d'une taxe d'administration. Toutefois, l'Office européen des brevets peut signaler la possibilité de recourir à l'inspection publique du dossier, s'il l'estime opportun en raison de la quantité des informations à fournir.

Règle 147 *[Modifiée par la décision du conseil d'administration CA/D 9/15 du 14 oct. 2015, JO OEB 2015, A 83, en vigueur le 1er nov. 2016]* ***Constitution, tenue et conservation des dossiers.***

« (1) L'Office européen des brevets constitue, tient et conserve sous forme électronique des dossiers pour toutes les demandes de brevet européen et tous les brevets européens.

« (2) Le Président de l'Office européen des brevets arrête toutes les modalités techniques et administratives nécessaires à la gestion des dossiers électroniques, telle que prévue au paragraphe 1.

« (3) Les documents incorporés dans un dossier électronique sont considérés comme des originaux. La version initialement produite sur papier d'un tel document ne sera détruite qu'après l'expiration d'une période d'au moins cinq années. Ce délai de conservation commence à courir à compter de l'expiration de l'année au cours de laquelle le document a été incorporé dans le dossier électronique. »

(4) Les dossiers sont conservés pendant cinq années au moins après l'expiration de l'année au cours de laquelle, selon le cas :

a) la demande a été rejetée, retirée ou réputée retirée ;

b) le brevet a été révoqué par l'Office européen des brevets ;

c) le brevet ou la protection correspondante visée à l'article 63, paragraphe 2, est venu à expiration dans le dernier des États désignés.

(5) Sans préjudice du paragraphe 4, les dossiers relatifs aux demandes ayant donné lieu au dépôt de demandes divisionnaires au sens de l'article 76, ou à de nouvelles demandes au sens de l'article 61, paragraphe 1 b), sont conservés pendant au moins la même durée que le dossier correspondant à l'une quelconque de ces dernières. cela vaut également pour les dossiers relatifs aux brevets auxquels ces demandes ont donné lieu.

Les dispositions des (1) à (3) de l'art. 147, dans leur rédaction issue de la Décis. CA/ D 9/15 du 14 oct. 2015, s'appliquent à toutes les demandes de brevet européen et à tous les brevets européens, sous réserve que le délai de conservation de cinq années prévu à la règle 147(3) CBE n'expire pas avant le 31 déc. 2018, quelle que soit la date à laquelle le document a été incorporé dans le dossier électronique (Décis. préc., art. 2).

CHAPITRE X *Assistance judiciaire et administrative*

Règle 148 *Communications entre l'Office européen des brevets et les administrations des États contractants.* (1) L'Office européen des brevets et les services centraux de la propriété industrielle des États contractants correspondent directement lorsque les communications qu'ils échangent découlent de l'application de la présente convention. L'Office européen des brevets et les juridictions ou les autres administrations des États contractants peuvent correspondre par l'intermédiaire de ces services centraux.

(2) Les frais résultant de toute communication au titre du paragraphe 1 sont à la charge de l'administration qui a fait la communication ; ces communications ne donnent lieu à la perception d'aucune taxe.

Règle 149 *Communication de dossiers aux juridictions et administrations des États contractants ou par leur intermédiaire.* (1) La communication des dossiers de demandes de brevet européen ou de brevets européens aux juridictions et administrations des États contractants porte soit sur les pièces originales, soit sur des copies de ces pièces ; la règle 145 n'est pas applicable.

(2) Les juridictions et ministères publics des États contractants peuvent, au cours de procédures en instance devant eux, communiquer à des tiers les dossiers ou copies de dossiers qui leur sont transmis par l'Office européen des brevets. Ces communications sont faites conformément à l'article 128 et ne donnent lieu au paiement d'aucune taxe.

(3) Lorsqu'il transmet des dossiers, l'Office européen des brevets signale les restrictions auxquelles peut être soumise, conformément à l'article 128, paragraphes 1 et 4, la communication à des tiers d'un dossier.

Règle 150 *Procédure des commissions rogatoires.* (1) Chaque État contractant désigne une administration centrale chargée de recevoir les commissions rogatoires émanant de l'Office européen des brevets et de les transmettre à la juridiction ou à l'administration compétente aux fins d'exécution.

(2) L'Office européen des brevets rédige les commissions rogatoires dans la langue de la juridiction ou de l'administration compétente ou joint une traduction dans cette langue.

(3) Sans préjudice des paragraphes 5 et 6, la juridiction ou l'administration compétente applique la législation nationale en ce qui concerne la procédure à suivre pour l'exécution des commissions rogatoires et notamment les moyens de contrainte appropriés.

(4) En cas d'incompétence de la juridiction ou de l'administration requise, la commission rogatoire est remise d'office et sans retard à l'administration centrale prévue au paragraphe 1. Celle-ci transmet la commission rogatoire à une autre juridiction ou administration compétente de cet État, ou à l'Office européen des brevets si aucune juridiction ou administration n'est compétente dans cet État.

(5) L'Office européen des brevets est informé de la date et du lieu où il sera procédé à l'instruction ou à toute autre mesure judiciaire, et il en informe les parties, témoins et experts concernés.

(6) Sur requête de l'Office européen des brevets, la juridiction ou l'administration compétente autorise les membres de l'instance concernée à assister à l'exécution et à interroger

toute personne faisant une déposition soit directement, soit par l'intermédiaire de cette juridiction ou administration.

(7) L'exécution de commissions rogatoires ne peut donner lieu au remboursement de taxes ou de frais de quelque nature que ce soit. Toutefois, l'État dans lequel les commissions rogatoires sont exécutées a le droit d'exiger de l'Organisation le remboursement des indemnités payées aux experts ou aux interprètes et des frais résultant de la procédure prévue au paragraphe 6.

(8) Si la législation appliquée par la juridiction ou l'administration compétente laisse aux parties le soin de réunir les preuves, et si cette juridiction ou administration n'est pas en mesure d'exécuter elle-même la commission rogatoire, elle peut, avec le consentement de l'Office européen des brevets, en charger une personne habilitée à cet effet. En demandant ce consentement, la juridiction ou l'administration compétente indique le montant approximatif des frais qui résulteraient de cette intervention. Le consentement de l'Office européen des brevets implique pour l'Organisation l'obligation de rembourser ces frais ; s'il n'a pas donné son consentement, l'Organisation n'est pas redevable de ces frais.

CHAPITRE XI ***Représentation***

Règle 151 *[Cf. la décision de la Grande Chambre de recours G 3/99 (Annexe I)]* ***Désignation d'un représentant commun.*** **(1) Si une demande est déposée par plusieurs personnes et si la requête en délivrance du brevet européen ne désigne pas de représentant commun, le demandeur cité en premier lieu dans la requête est réputé être le représentant commun. Toutefois, si un des demandeurs est soumis à l'obligation de désigner un mandataire agréé, ce mandataire est réputé être le représentant commun, à moins que le demandeur cité en premier lieu n'ait lui-même désigné un mandataire agréé. Cela vaut également pour des tiers agissant conjointement pour former une opposition ou présenter une déclaration d'intervention, ainsi que pour des cotitulaires d'un brevet européen.**

(2) Si la demande de brevet européen est transférée à plusieurs personnes et si ces personnes n'ont pas désigné de représentant commun, le paragraphe 1 est applicable. Si son application est impossible, l'Office européen des brevets invite les ayants droit à désigner ce représentant commun dans un délai qu'il leur impartit. S'il n'est pas déféré à cette invitation, l'Office européen des brevets désigne lui-même le représentant commun.

Règle 152 ***Pouvoir.*** **(1)** *[Cf. les décisions du (de la) président(e) de l'OEB : Édition spéciale n° 3, JO OEB 2007, L. 1 et JO OEB 2012, 352]* **Le président de l'Office européen des brevets détermine les cas dans lesquels les mandataires agissant devant l'Office européen des brevets doivent déposer un pouvoir signé.**

(2) Lorsqu'un mandataire ne dépose pas un tel pouvoir, l'Office européen des brevets l'invite à y remédier dans un délai qu'il lui impartit. Si le pouvoir est donné pour plusieurs demandes de brevet européen ou pour plusieurs brevets européens, il doit en être fourni un nombre correspondant d'exemplaires.

(3) S'il n'est pas satisfait aux exigences de l'article 133, paragraphe 2, le même délai est imparti pour la constitution d'un mandataire et pour le dépôt du pouvoir.

(4) *[Cf. Décis. du président de l'OEB, JO OEB 2013, 600]* **Toute partie peut donner un pouvoir général autorisant un mandataire à la représenter pour toutes les affaires de brevet la concernant. Ce pouvoir peut n'être déposé qu'en un exemplaire.**

(5) Le président de l'Office européen des brevets peut prescrire la forme et le contenu :

a) du pouvoir déposé pour représenter une des personnes visées à l'article 133, paragraphe 2,

b) du pouvoir général.

(6) Si le pouvoir requis n'est pas déposé dans les délais, les actes accomplis par le mandataire, à l'exception du dépôt d'une demande de brevet européen, sont réputés non avenus, sans préjudice d'autres conséquences juridiques prévues par la présente convention.

(7) Les paragraphes 2 et 4 sont applicables à la révocation du pouvoir.

(8) Un mandataire est réputé être mandaté aussi longtemps que la cessation de son mandat n'a pas été notifiée à l'Office européen des brevets.

(9) Sauf s'il en dispose autrement, le pouvoir ne prend pas fin, à l'égard de l'Office européen des brevets, au décès du mandant.

(10) *[Cf. communiqué de l'OEB, JO OEB 2013, 535, section II]* **Si une partie désigne plusieurs mandataires, ceux-ci, nonobstant toute disposition contraire de l'avis de leur constitution ou du pouvoir, peuvent agir soit en commun, soit séparément.**

(11) *[Cf. Décis. du conseil d'administration CA/D 9/13 du 16 oct. 2013, JO OEB 2013, 500, et communiqué de l'OEB, JO OEB 2013, 535, section I ; cf. égal. Décis. du président de l'OEB, JO OEB 2013,*

600] La désignation d'un groupement de mandataires est réputée conférer pouvoir d'agir à tout mandataire qui peut prouver qu'il exerce au sein du groupement.

Règle 153 *Protection du secret professionnel [Titre modifié par la décision du conseil d'administration CA/D 4/08 en date du 21 oct. 2008 (JO OEB 2008, 513)].* (1) *[Version française modifiée par la décision du conseil d'administration CA/D 4/08 en date du 21 oct. 2008 (JO OEB 2008, 513) et entrée en vigueur le 1er avr. 2009.]* Lorsqu'un mandataire agréé est consulté en cette qualité, nul ne peut être contraint, dans les procédures devant l'Office européen des brevets, de divulguer les communications échangées à ce propos entre ce mandataire et son mandant ou toute autre personne et relevant de l'article 2 du règlement en matière de discipline des mandataires agréés, à moins que le mandant n'ait expressément renoncé à ce droit.

(2) Sont notamment concernés toute communication ou tout document portant sur :

a) l'appréciation de la brevetabilité d'une invention ;

b) la préparation de la demande de brevet européen ou la procédure y relative ;

c) tout avis concernant la validité, l'étendue de la protection ou la contrefaçon de l'objet d'un brevet européen ou d'une demande de brevet européen.

Règle 154 *[Cf. Décis. du président de l'OEB, JO OEB 2013, 600 et communiqué, JO OEB 2015, A55] Modification de la liste des mandataires agréés.* (1) Tout mandataire agréé est radié de la liste des mandataires agréés sur sa requête ou si, en dépit de rappels répétés, il n'a pas acquitté la cotisation annuelle à l'Institut avant la fin du mois de septembre de l'année pour laquelle la cotisation était due.

(2) Sans préjudice des mesures disciplinaires prises conformément à l'article 134 *bis*, paragraphe 1 c), un mandataire agréé ne peut être radié d'office que :

a) en cas de décès ou d'incapacité ;

b) s'il ne possède plus la nationalité d'un État contractant, à moins qu'il n'ait obtenu une dérogation en vertu de l'article 134, paragraphe 7 a) ;

c) s'il n'a plus son domicile professionnel ou le lieu de son emploi dans l'un des États contractants.

(3) Toute personne qui a été inscrite sur la liste des mandataires agréés en vertu de l'article 134, paragraphe*[s]* 2 ou 3, et qui en est radiée, est sur requête réinscrite sur cette liste si les motifs qui ont conduit à sa radiation n'existent plus.

HUITIÈME PARTIE Dispositions d'application de la huitième partie de la Convention

Règle 155 *Présentation et transmission de la requête en transformation.* (1) La requête en transformation visée à l'article 135, paragraphe 1 a) et b), doit être présentée dans un délai de trois mois à compter soit du retrait de la demande de brevet européen, soit de la notification signalant que la demande est réputée retirée, soit de la décision de rejet de la demande ou de révocation du brevet européen. La demande de brevet européen cesse de produire les effets visés à l'article 66 si la requête n'est pas présentée dans les délais.

(2) Lorsqu'il transmet la requête en transformation aux services centraux de la propriété industrielle des États contractants qui y sont mentionnés, le service central concerné ou l'Office européen des brevets joint à la requête une copie du dossier de la demande de brevet européen ou du brevet européen.

(3) *[Version anglaise modifiée par la décision du conseil d'administration CA/D 4/08 en date du 21 oct. 2008 (JO OEB 2008, 513) et entrée en vigueur le 1er avr. 2009.]* L'article 135, paragraphe 4, s'applique si la requête en transformation visée à l'article 135, paragraphes 1 a) et 2, n'est pas transmise avant l'expiration d'un délai de vingt mois à compter de la date de dépôt ou, si une priorité a été revendiquée, de la date de priorité.

Règle 156 *Information du public en cas de transformation.* (1) Les pièces jointes à la requête en transformation, conformément à la règle 155, paragraphe 2, sont mises à la disposition du public par le service central national de la propriété industrielle dans les mêmes conditions et dans les mêmes limites que les pièces relatives à la procédure nationale.

(2) Le fascicule du brevet national résultant de la transformation d'une demande de brevet européen doit faire mention de cette demande.

NEUVIÈME PARTIE Dispositions d'application de la dixième partie de la Convention

Règle 157 *[Cf. communiqués de l'OEB relatif à la procédure de délivrance d'un récépissé pour les demandes internationales déposées sur papier (JO OEB 2010, 642) et relatif aux conditions* *à observer lors du dépôt d'une demande internationale auprès de l'OEB agissant en qualité d'office récepteur au titre du PCT (JO OEB 2014, A33) ; cf. aussi Décis. du président de l'OEB relative au dépôt, à l'aide du système ePCT-Filing, de demandes internationales auprès de l'OEB agissant en qualité d office récepteur (JO OEB 2014, A107)] L'Office européen des brevets agissant en qualité d'office récepteur.* (1) L'Office européen des brevets est compétent pour agir en qualité d'office récepteur au sens du PCT, lorsque le demandeur a la nationalité d'un État partie à la présente convention et au PCT ou y a son domicile ou son siège. Si le demandeur choisit l'Office européen des brevets en qualité d'office récepteur, la demande internationale doit, sans préjudice du paragraphe 3, être déposée directement auprès de l'Office européen des brevets. L'article 75, paragraphe 2, est applicable.

(2) Lorsque l'Office européen des brevets agit en qualité d'office récepteur au sens du PCT, la demande internationale doit être déposée en allemand, en anglais ou en français. Le président de l'Office européen des brevets peut décider que la demande internationale et toute pièce y afférente doivent être déposées en plus d'un exemplaire.

(3) Si une demande internationale est déposée auprès d'une administration d'un État contractant en vue de sa transmission à l'Office européen des brevets agissant en qualité d'office récepteur, l'État contractant prend toutes mesures utiles pour que la demande parvienne à l'Office européen des brevets au plus tard deux semaines avant l'expiration du treizième mois à compter de son dépôt ou, si une priorité est revendiquée, de la date de priorité.

(4) La taxe de transmission afférente à la demande internationale doit être acquittée dans un délai d'un mois à compter du dépôt de la demande.

Règle 158 *L'Office européen des brevets agissant en qualité d'administration chargée de la recherche internationale ou d'administration chargée de l'examen préliminaire international.*

(1) Dans le cas visé à l'article 17, paragraphe 3 a) PCT, une taxe additionnelle de recherche internationale doit être acquittée pour chacune des autres inventions devant faire l'objet d'une recherche internationale.

(2) Dans le cas visé à l'article 34, paragraphe 3 a) PCT, une taxe additionnelle d'examen préliminaire international doit être acquittée pour chacune des autres inventions devant faire l'objet d'un examen préliminaire international.

(3) *[Cf. la décision de la présidente de l'OEB, JO OEB 2015, A59, et le communiqué de l'OEB, JO OEB 2010, 322.]* Lorsqu'une taxe additionnelle a été acquittée sous réserve, l'Office européen des brevets examine la réserve conformément à la règle 40.2 c) à e) ou à la règle 68.3 c) à e) PCT, moyennant le paiement de la taxe de réserve prescrite. Le président de l'Office européen des brevets arrête les autres modalités de cette procédure.

Règle 159 *[Cf. communiqué de l'OEB concernant la requête en traitement anticipé (JO OEB 2013, 156)] L'Office européen des brevets agissant en qualité d'office désigné ou élu – Exigences à satisfaire pour l'entrée dans la phase européenne.* (1) Dans le cas d'une demande internationale visée à l'article 153, le demandeur doit effectuer les actes énumérés ci-après dans un délai de trente et un mois à compter de la date de dépôt de la demande ou, si une priorité a été revendiquée, de la date de priorité :

a) *[Cf. la décision de la Grande Chambre de recours G 4/08 (Annexe I)]* remettre, le cas échéant, la traduction de la demande internationale requise en vertu de l'article 153, paragraphe 4 ;

b) préciser les pièces de la demande, telles que déposées ou modifiées, sur lesquelles la procédure de délivrance européenne doit se fonder ;

c) payer la taxe de dépôt prévue à l'article 78, paragraphe 2 ;

d) *[Cf. l'avis de la Grande Chambre de recours G 4/98 (Annexe I).], [Modifié par la décision du conseil d'administration CA/D 4/08 en date du 21 oct. 2008 (JO OEB 2008, 513) et entré en vigueur le 1er avr. 2009.]* payer la taxe de désignation si le délai prévu à la règle 39, paragraphe 1, a expiré plus tôt ;

e) payer la taxe de recherche lorsqu'un rapport complémentaire de recherche européenne doit être établi ;

f) présenter la requête en examen prévue à l'article 94 si le délai visé à la règle 70, paragraphe 1, a expiré plus tôt ;

g) payer la taxe annuelle due pour la troisième année, prévue à l'article 86, paragraphe 1, si cette taxe est exigible plus tôt conformément à la règle 51, paragraphe 1 ;

h) produire, le cas échéant, l'attestation d'exposition visée à l'article 55, paragraphe 2, et à la règle 25.

(2) Les divisions d'examen sont compétentes pour prendre les décisions prévues à l'article 25, paragraphe 2 a) PCT.

Règle 160 *[Modifiée par la décision du conseil d'administration CA/D 4/08 en date du 21 oct. 2008 (JO OEB 2008, 513) et entrée en vigueur le 1er avr. 2009]* ***Conséquences de l'inobservation de certaines conditions.*** **(1) Si la traduction de la demande internationale n'est pas produite dans les délais, si la requête en examen n'est pas présentée dans les délais, si la taxe de dépôt, la taxe de recherche ou la taxe de désignation n'est pas acquittée dans les délais, la demande de brevet européen est réputée retirée.**

(2) *[Cf. l'avis de la Grande Chambre de recours G 4/98 (Annexe I).]* **Si l'Office européen des brevets constate que la demande est réputée retirée en vertu du paragraphe 1, il le notifie au demandeur. La règle 112, paragraphe 2, est applicable.**

Règle 161 *[Modifiée par la décision du conseil d'administration CA/D 12/10 du 26 oct. 2010, entrée en vigueur le 1er mai 2011 (JO OEB 2010, 634) ; cf. égal. le communiqué de l'OEB, JO OEB 2010, 406]* ***Modification de la demande.*** **(1) Si l'Office européen des brevets a agi en qualité d'administration chargée de la recherche internationale et, lorsqu'une demande d'examen préliminaire international a été déposée au titre de l'article 31 PCT, d'administration chargée de l'examen préliminaire international pour une demande euro-PCT, il donne la possibilité au demandeur de prendre position sur l'opinion écrite de l'administration chargée de la recherche internationale ou sur le rapport d'examen préliminaire international et, s'il y a lieu, l'invite à remédier aux irrégularités constatées dans l'opinion écrite ou dans le rapport d'examen préliminaire international et à modifier la description, les revendications et les dessins dans un délai de six mois à compter de la notification correspondante. Si l'Office européen des brevets a établi un rapport de recherche internationale supplémentaire, l'invitation émise conformément à la première phrase concerne les explications fournies en vertu de la règle 45 *bis* 7 e) PCT. Si le demandeur ne donne pas suite à une invitation émise conformément à la première ou à la deuxième phrase ni ne prend position au sujet de cette invitation, la demande est réputée retirée.**

(2) Lorsque l'Office européen des brevets établit un rapport complémentaire de recherche européenne pour une demande euro-PCT, la demande peut être modifiée une seule fois, dans un délai de six mois à compter de la notification en informant le demandeur. La demande modifiée sert de base à la recherche européenne complémentaire.

Règle 162 *[Modifiée par la décision du conseil d'administration CA/D 12/10 du 26 oct. 2010 (JO OEB 2010, 634) et entrée en vigueur le 1er mai 2011]* ***Revendications donnant lieu au paiement de taxes.*** **(1) Si les pièces de la demande sur lesquelles la procédure de délivrance européenne doit se fonder comportent plus de quinze revendications, des taxes de revendication doivent être acquittées pour toutes les revendications à partir de la seizième, conformément au règlement relatif aux taxes, dans le délai prévu à la règle 159, paragraphe 1.**

(2) *[Modifié par la décision du conseil d'administration CA/D 17/16 en date du 14 déc. 2016, entrée en vigueur le 1er janv. 2017 (JO OEB 2016, A 202) ; cf. communiqué OEB (JO OEB 2016, A 203)]* **« Si les taxes de revendication ne sont pas acquittées dans les délais, elles peuvent encore l'être dans le délai prévu à la règle 161, paragraphe 1 ou paragraphe 2, selon le cas. Si des revendications modifiées sont produites dans ce délai, les taxes de revendication exigibles sont calculées sur la base de ces revendications modifiées et doivent être acquittées dans ce délai. »**

(3) Les taxes de revendication acquittées dans le délai prévu au paragraphe 1 en sus de celles exigibles conformément au paragraphe 2, deuxième phrase, sont remboursées.

(4) Si une taxe de revendication n'est pas acquittée dans les délais, la revendication correspondante est réputée abandonnée.

La règle 162 (2) CBE, modifiée par la décision du 14 déc. 2016, s'applique à toute demande euro-PCT pour laquelle la notification au titre des règles 161 et 162 CBE n'a pas été émise à la date d'entrée en vigueur (Décis. préc., art. 3).

Règle 163 ***Examen de certaines conditions de forme par l'Office européen des brevets.*** **(1) Si la désignation de l'inventeur prévue à la règle 19, paragraphe 1, n'a pas été effectuée dans le délai prévu à la règle 159, paragraphe 1, l'Office européen des brevets invite le demandeur à effectuer cette désignation dans un délai de deux mois.**

(2) *[Modifié par la décision du conseil d'administration CA/D 4/08 en date du 21 oct. 2008, entrée en vigueur le 1er avr. 2009 (JO OEB 2008, 513) ; cf. la décision du président de l'OEB relative à la production de documents de priorité (JO OEB 2012, 492)]* **Si la priorité d'une demande antérieure est revendiquée et que le numéro de dépôt ou la copie de la demande antérieure prévus à la règle 52, paragraphe 1, et à la règle 53 n'ont pas encore été produits dans le délai prévu à la règle 159, paragraphe 1, l'Office européen des brevets invite le demandeur à produire ce numéro ou cette copie dans un délai de deux mois. La règle 53, paragraphe 2, est applicable.**

(3) *[Cf. Décis. du président de l'OEB, JO OEB 2011, 372 et communiqué, JO OEB 2013, 542]* **Si, à l'expiration du délai prévu à la règle 159, paragraphe 1, un listage de séquences établi**

conformément à la norme fixée dans les Instructions administratives du PCT n'est pas parvenu à l'Office européen des brevets, le demandeur est invité à déposer dans un délai de deux mois un listage de séquences établi conformément aux règles arrêtées par le président de l'Office européen des brevets. La règle 30, paragraphes 2 et 3, est applicable.

(4) Si, à l'expiration du délai prévu à la règle 159, paragraphe 1, l'adresse, la nationalité, ou l'État du domicile ou du siège d'un demandeur font défaut, l'Office européen des brevets invite le demandeur à fournir ces indications dans un délai de deux mois.

(5) Si, à l'expiration du délai prévu à la règle 159, paragraphe 1, il n'a pas été satisfait aux exigences de l'article 133, paragraphe 2, l'Office européen des brevets invite le demandeur à constituer un mandataire agréé dans un délai de deux mois.

(6) Lorsqu'il n'est pas remédié aux irrégularités constatées au titre des paragraphes 1, 4 ou 5 dans les délais, la demande de brevet européen est rejetée. Lorsqu'il n'est pas remédié à l'irrégularité constatée au titre du paragraphe 2 dans les délais, le droit de priorité est perdu pour la demande.

Règle 164 *Unité d'invention et recherches supplémentaires. [Modifiée par la décision du conseil d'administration CA/D 17/13 du 16 oct. 2013, entrée en vigueur le 1er nov. 2014 (JO OEB 2013, 503) ; cf. le communiqué de l'OEB, JO OEB 2014, A70]* **(1) Si l'Office européen des brevets estime que les pièces de la demande qui doivent servir de base à la recherche européenne complémentaire ne satisfont pas à l'exigence d'unité d'invention,**

a) il établit un rapport complémentaire partiel de recherche pour les parties de la demande qui se rapportent à l'invention, ou à la pluralité d'inventions au sens de l'article 82, mentionnée en premier lieu dans les revendications ;

b) il notifie au demandeur que si le rapport complémentaire de recherche européenne doit couvrir les autres inventions, une nouvelle taxe de recherche doit être acquittée dans un délai de deux mois pour chaque invention concernée ; et

c) il établit le rapport complémentaire de recherche européenne pour les parties de la demande qui se rapportent aux inventions pour lesquelles des taxes de recherche ont été acquittées.

(2) S'il est renoncé au rapport complémentaire de recherche européenne et que la division d'examen estime que les pièces de la demande qui doivent servir de base à l'examen revendiquent une invention, ou une pluralité d'inventions au sens de l'article 82, qui n'a pas fait l'objet d'une recherche effectuée par l'Office européen des brevets en qualité d'administration chargée de la recherche internationale ou d'administration indiquée pour la recherche internationale supplémentaire, la division d'examen :

a) notifie au demandeur qu'une recherche sera effectuée pour toute invention telle que susvisée pour laquelle une taxe de recherche est acquittée dans un délai de deux mois ;

b) envoie les résultats de toute recherche effectuée conformément à la lettre a) avec :

– une notification émise en vertu de l'article 94, paragraphe 3, et de la règle 71 paragraphes 1 et 2, dans laquelle elle donne au demandeur la possibilité de prendre position sur ces résultats et de modifier la description, les revendications et les dessins, ou

– une notification émise en vertu de la règle 71, paragraphe 3, et

c) invite le cas échéant le demandeur, dans la notification émise en vertu de la lettre b), à limiter la demande à une invention, ou pluralité d'inventions au sens de l'article 82, pour laquelle l'Office européen des brevets a établi un rapport de recherche en qualité d'administration chargée de la recherche internationale ou d'administration indiquée pour la recherche internationale supplémentaire, ou pour laquelle une recherche a été effectuée conformément à la procédure visée à la lettre a).

(3) Les règles 62 *bis* et 63 s'appliquent par analogie à la procédure visée au paragraphe 2 a).

(4) Les règles 62 et 70, paragraphe 2, ne s'appliquent pas aux résultats de toute recherche effectuée conformément au paragraphe 2.

(5) Toute taxe acquittée en vertu du paragraphe 1 ou 2 est remboursée si le demandeur le requiert et si la division d'examen constate que la notification émise conformément au paragraphe 1 b) ou 2 a) n'était pas justifiée.

La règle 164 (1) CBE, telle que modifiée par l'article premier de la Décis. CA/017/13, s'applique à toute demande pour laquelle le rapport complémentaire de recherche européenne visé à l'article 153(7) CBE n'a pas été établi à la date à laquelle elle entre en vigueur (Décis. du 16 oct. 2013).

La règle 164 (2) CBE, telle que modifiée par l'article premier de la Décis. précitée, s'applique à toute demande pour laquelle la première notification prévue à l'article 94 (3) CBE et à la règle 71(1) et (2) CBE ou, le cas échéant, à la règle 71(3) CBE n'a pas été émise à la date à laquelle elle entre en vigueur (Décis. préc., art. 3).

Règle 165 *La demande euro-PCT en tant que demande interférente au sens de l'article 54, paragraphe 3.* Une demande euro-PCT est considérée comme comprise dans l'état de la technique au sens de l'article 54, paragraphe 3, si les conditions prévues à l'article 153, paragraphe*[s]* 3 ou 4, sont remplies, et si la taxe de dépôt visée à la règle 159, paragraphe 1 c), a été payée.

Protocole,

Sur la compétence judiciaire et la reconnaissance de décisions portant sur le droit à l'obtention du brevet européen.

SECTION I *Compétence*

Art. 1er *[cf. Décis. Grande Chambre de recours G 3/92 (Annexe I)]* 1. Pour les actions intentées contre le titulaire d'une demande de brevet européen visant à faire valoir le droit à l'obtention du brevet européen pour un ou plusieurs des États contractants désignés dans la demande de brevet européen, la compétence des tribunaux des États contractants est déterminée conformément aux articles 2 à 6.

2. Sont assimilées aux tribunaux, au sens du présent protocole, les autorités qui, selon la loi nationale d'un État contractant, sont compétentes pour statuer sur les actions visées au paragraphe 1. Les États contractants donnent connaissance à l'Office européen des brevets des autorités auxquelles est conférée une telle compétence ; l'Office européen des brevets en avise les autres États contractants.

3. Au sens du présent protocole, on entend par États contractants ceux des États parties à la convention qui n'ont pas exclu l'application de ce protocole en vertu de l'article 167 de la convention.

Art. 2 Sous réserve des articles 4 et 5, le titulaire d'une demande de brevet européen ayant son domicile ou son siège dans l'un des États contractants est attrait devant les juridictions dudit État contractant.

Art. 3 Sous réserve des articles 4 et 5, lorsque le titulaire d'une demande de brevet européen n'a ni domicile ni siège dans aucun des États contractants, et lorsque la personne qui fait valoir le droit à l'obtention du brevet européen a son domicile ou son siège dans l'un des États contractants, les juridictions de ce dernier État sont seules compétentes.

Art. 4 Si l'objet de la demande de brevet européen est une invention d'un employé, sont seules compétentes pour connaître des actions opposant l'employeur et l'employé, sous réserve de l'article 5, les juridictions de l'État contractant selon le droit duquel est déterminé le droit au brevet européen conformément à l'article 60, paragraphe 1, deuxième phrase de la convention.

Art. 5 1. Si, par une convention écrite ou par une convention verbale confirmée par écrit, les parties à un différend relatif au droit à l'obtention du brevet européen ont désigné un tribunal ou les tribunaux d'un État contractant particulier pour connaître de ce différend, le tribunal ou les tribunaux de cet État sont seuls compétents.

2. Toutefois, si les parties sont un employé et son employeur, le paragraphe 1 n'est applicable que dans la mesure où le droit national qui régit le contrat de travail autorise une telle convention.

Art. 6 Pour les cas où les articles 2 à 4 et l'article 5, paragraphe 1, ne s'appliquent pas, les juridictions de la République fédérale d'Allemagne sont seules compétentes.

Art. 7 Les juridictions des États contractants saisies de l'une des actions visées à l'article 1er vérifient d'office si elles sont compétentes conformément aux articles 2 à 6.

Art. 8 1. Lorsque des demandes ayant le même objet et la même cause sont formées entre les mêmes parties devant des juridictions d'États contractants différents, la juridiction saisie ultérieurement doit, même d'office, se dessaisir en faveur du tribunal premier saisi.

2. La juridiction qui devrait se dessaisir en vertu du paragraphe 1 surseoit à statuer jusqu'à ce que la décision du tribunal premier saisi soit passée en force de chose jugée, si la compétence de ce dernier tribunal est contestée.

SECTION II *Reconnaissance*

Art. 9 *[cf. Décis. Grande Chambre de recours G 3/92 (Annexe I)]* 1. Sous réserve des dispositions de l'article 11, paragraphe 2, les décisions passées en force de chose jugée rendues dans un

État contractant, en ce qui concerne le droit à l'obtention du brevet européen pour un ou plusieurs États désignés dans la demande de brevet européen, sont reconnues dans les autres États contractants, sans qu'il soit nécessaire de recourir à aucune procédure.

2. Il ne peut être procédé ni au contrôle de la compétence de la juridiction dont la décision doit être reconnue ni à la révision au fond de cette décision.

Art. 10 **L'article 9, paragraphe 1, n'est pas applicable lorsque :**

a) **le titulaire d'une demande de brevet européen qui a été attrait devant une juridiction et n'a pas comparu établit que l'acte introductif d'instance ne lui a pas été signifié régulièrement et en temps utile pour lui permettre de se défendre, ou**

b) **le titulaire d'une demande de brevet européen établit qu'une décision rendue dans un État contractant au terme d'une procédure opposant les mêmes parties et introduite antérieurement à celle qui a conduit à la décision dont la reconnaissance est demandée, est inconciliable avec cette dernière décision.**

Art. 11 **1. Dans les rapports entre États contractants, les dispositions du présent protocole priment les dispositions contraires d'autres conventions relatives à la compétence judiciaire ou à la reconnaissance des décisions.**

2. Le présent protocole ne fait pas obstacle à l'application d'un autre accord entre un État contractant et un État qui n'est pas lié par ce protocole.

Accord du 17 octobre 2000,

Sur l'application de l'article 65 de la Convention sur la délivrance des brevets européens (accord de Londres). — Publié par Décr. n° 2008-469 du 20 mai 2008 (JO du 22 mai).

BIBL. ▶ GALLOUX, *Propr. ind. 2007. Étude 5* (Londres, le brouillard et les gens sérieux).

Art. 1er ***Renonciation aux exigences en matière de traduction.*** **1. Tout État partie au présent accord ayant une langue officielle en commun avec une des langues officielles de l'Office européen des brevets renonce aux exigences en matière de traduction prévues à l'article 65, paragraphe 1, de la Convention sur le brevet européen.**

2. Tout État partie au présent accord n'ayant aucune langue officielle en commun avec une des langues officielles de l'Office européen des brevets renonce aux exigences en matière de traduction prévues à l'article 65, paragraphe 1 de la Convention sur le brevet européen, si le brevet européen a été délivré dans la langue officielle de l'Office européen des brevets prescrite par cet État, ou traduit dans cette langue et fourni dans les conditions prévues à l'article 65, paragraphe 1, de la Convention sur le brevet européen.

3. Les États visés au paragraphe 2 conservent le droit d'exiger qu'une traduction des revendications dans une de leurs langues officielles soit fournie dans les conditions prévues à l'article 65, paragraphe 1, de la Convention sur le brevet européen.

4. Le présent accord ne saurait être interprété en vue de restreindre le droit des États parties au présent accord de renoncer à toute exigence en matière de traduction ou d'appliquer en matière de traduction des règles moins contraignantes que celles visées aux paragraphes 2 et 3.

Les dispositions de l'art. 1er, al. 1er, de l'Accord de Londres du 17 oct. 2000, ratifié par la France, et celles de l'article 10 de la loi n° 2007-1544 du 29 oct. 2007 s'analysent comme des règles ne touchant pas à l'existence même des droits sur un brevet européen et en tant que telles s'appliquent à compter du 1er mai 2008, date d'entrée en vigueur de ces textes, peu important que le texte du brevet européen dans sa version initiale ait été publié antérieurement. • Com 2 nov. 2011 : *D. 2011. AJ 2654*.

Art. 2 ***Traductions en cas de litige.*** **Le présent accord ne saurait être interprété en vue de restreindre le droit des États parties au présent accord de prescrire que, en cas de litige relatif à un brevet européen, le titulaire du brevet fournit, à ses frais,**

a) **à la demande du prétendu contrefacteur, une traduction complète du brevet dans une langue officielle de l'État où la contrefaçon alléguée du brevet a eu lieu,**

b) **à la demande de la juridiction compétente ou d'une autorité quasi juridictionnelle dans le cadre d'une procédure, une traduction complète du brevet dans une langue officielle de l'État concerné.**

Art. 3 ***Signature – Ratification.*** **1. Le présent accord est ouvert jusqu'au 30 juin 2001 à la signature de tout État partie à la Convention sur le brevet européen.**

2. Le présent accord est soumis à ratification. Les instruments de ratification sont déposés auprès du gouvernement de la République fédérale d'Allemagne.

Art. 4 *Adhésion.* Après l'expiration du délai de signature mentionné à l'article 3, paragraphe 1, le présent accord est ouvert à l'adhésion de tout État partie à la Convention sur le brevet européen et de tout État habilité à adhérer à ladite Convention. Les instruments d'adhésion sont déposés auprès du gouvernement de la République fédérale d'Allemagne.

Art. 5 *Interdiction des réserves.* Aucun État partie au présent accord ne peut faire de réserves à son égard.

Art. 6 *Entrée en vigueur.* 1. Le présent accord entre en vigueur le premier jour du quatrième mois suivant le dépôt du dernier des instruments de ratification ou d'adhésion de huit États parties à la Convention sur le brevet européen, dont les trois États dans lesquels le plus grand nombre de brevets européens a pris effet en 1999.

2. Toute ratification ou adhésion postérieure à l'entrée en vigueur du présent accord prend effet le premier jour du quatrième mois suivant le dépôt de l'instrument de ratification ou d'adhésion.

Art. 7 *Durée de l'accord.* Le présent accord est conclu sans limitation de durée.

Art. 8 *Dénonciation.* Tout État partie au présent accord peut à tout moment le dénoncer, dès lors que ce dernier a été en vigueur pendant trois ans. La dénonciation est notifiée au gouvernement de la République fédérale d'Allemagne. Elle prend effet à l'expiration du délai d'une année à compter de la date de réception de cette notification. En ce cas, il n'est pas porté atteinte aux droits acquis antérieurement à la prise d'effet de cette dénonciation.

Art. 9 *Champ d'application.* Le présent accord s'applique aux brevets européens pour lesquels la mention de la délivrance a été publiée dans le *Bulletin européen des brevets*, après que l'accord est entré en vigueur pour l'État concerné.

Art. 10 *Langues de l'accord.* Le présent accord est rédigé en un exemplaire en langues allemande, anglaise et française, qui est déposé auprès du gouvernement de la République fédérale d'Allemagne, les trois textes faisant également foi.

Art. 11 *Transmissions et notifications.* 1. Le gouvernement de la République fédérale d'Allemagne établit des copies certifiées conformes du présent accord et les transmet aux gouvernements des États signataires ou adhérents.

2. Le gouvernement de la République fédérale d'Allemagne notifie aux gouvernements des États visés au paragraphe 1 :

a) les signatures ;

b) le dépôt de tout instrument de ratification ou d'adhésion ;

c) la date d'entrée en vigueur du présent accord ;

d) toute dénonciation reçue en application de l'article 8 et la date à laquelle celle-ci prend effet.

3. Le gouvernement de la République fédérale d'Allemagne fait enregistrer le présent accord auprès du Secrétariat de l'Organisation des Nations Unies.

En foi de quoi les plénipotentiaires désignés à cette fin, après avoir présenté leurs pleins pouvoirs, reconnus en bonne et due forme, ont signé le présent accord.

L'Accord de Londres n'est pas contraire à la Constitution. • Cons. const. 28 sept. 2006 : *D. 2006. AJ 2462, obs. Daleau ; CCE 2006, n° 150, note Caron ; Propr. intell. 2006, n° 21, p. 478, obs. Warusfel.*

Convention de Luxembourg du 15 décembre 1975,

Relative au brevet européen pour le Marché commun (Convention sur le brevet européen). — Ratification autorisée par L. n° 77-681 du 30 juin 1977 (JO 1er juill.). — Cette convention n'est pas encore entrée en vigueur. — V. CPI, art. L. 614-25 s.

Accord en matière de brevets communautaires,

Signé à Luxembourg le 15 déc. 1989. — Publié au JOCE n° L 401, 30 déc. 1989. — Ratification autorisée par L. n° 91-1288 du 21 déc. 1991 (JO 24 déc.) — Ce texte n'est pas entré en vigueur.

La loi n° 91-1288 du 21 déc. 1991 a autorisé la ratification de l'accord en matière de brevets communautaires, ensemble la Convention susvisée, relative au brevet européen pour le Marché commun (Convention sur le brevet européen) et un règlement d'exécution, le protocole sur le règlement des litiges en matière de contrefaçon et de validité des brevets européens (protocole sur les litiges), le protocole sur les privilèges et immunités de la cour d'appel commune, ainsi que la ratification du protocole relatif à une éventuelle modification des conditions d'entrée en vigueur de l'accord en matière de brevets européens, faits à Luxembourg le 15 déc. 1989.

Sur la non-protection des brevets au sein de l'Union européenne, V. Rép. min. n° 41800 du 29 juill. 1996 (JOAN 30 sept.).

Règlement (CE) n° 1768/92 du 18 juin 1992,

Concernant la création d'un certificat complémentaire de protection pour les médicaments. — Entrée en vigueur le 2 janv. 1993.

Ce texte a été abrogé par le Règl. (CE) n° 469/2009 du 6 mai 2009 qui l'a codifié (V. infra).

Directive (CE) n° 98/44 du 6 juillet 1998,

Relative à la protection juridique des inventions biotechnologiques. - Entrée en vigueur le 30 juill. 1998.

Cette directive a été transposée par la L. n° 2004-1338 du 8 déc. 2004 relative à la protection des inventions biotechnologiques.

Sur la question de la compatibilité du droit européen des brevets avec le droit communautaire tel qu'il résulte de la Dir. (CE) n° 98-44 du 6 juill. 1998, V. Décis. du Conseil d'administration de l'OEB du 16 juin 1999 (JO OEB 1999, p. 437) qui énonce que la directive constitue un moyen complémentaire d'interprétation de la CBE. — V. aussi le communiqué de l'OEB du 21 déc. 2000 concernant la modification des directives relatives à l'examen pratiqué à l'OEB (PIBD 2001, I, p. 25 ; JO OEB févr. 2000, p. 115).

Sur les enjeux liés à la transposition de la directive communautaire relative à la protection juridique des inventions biotechnologiques, V. Rép. min. n° 57063 du 29 janv. 2001 : PIBD 2001, n° 720, I, p. 31. — Sur la brevetabilité du vivant, V. Rép. min. n° 56692 du 15 janv. 2001 : PIBD 2001, I, p. 32. — Sur les brevets sur le génome humain, V. Rép. min., n° 26139, JO Sénat Q, 10 mai 2001 ; PIBD 2001, I, p. 42.

BIBL. ▶ Chrétien, *Propr. ind. 2005. Chron. 6* (la directive communautaire n° 98/44/CE sur la protection juridique des inventions biotechnologiques : une saga européenne). - Galloux, *JCP 1998. I. 172* (premières vues sur la directive 98/44). - Gaumont-Prat, *PIBD 2002. II. 39* (les tribulations en France de la directive du 6 juillet 1998 relative à la protection juridique des inventions biotechnologiques) ; *Propr. ind. 2005. Chron. 5* (la laborieuse transposition de la directive n° 98/44/CE du 6 juillet 1998 relative à la protection des inventions biotechnologiques, suite et fin ?) ; *Propr. ind. 2014 Chron. 6* (médicaments issus des biotechnologies et brevetabilité). - Gutmann, *RDPI sept. 2000, p. 11* (la protection juridique des inventions biotechnologiques dérivées d'éléments isolés à partir du corps humain ou autrement produits par des procédés techniques : vrais et faux problèmes). - Hirsch et Mortreux, *Gaz. Pal. 1999. 1. Doctr. 129* (les inventions biotechnologiques : la voie étroite de la brevetabilité). - Le Cohennec, *LPA 10 juin 1999, p. 5* (la directive du 6 juillet 1998). - Mascret, *LPA 16 juin 1999, p. 14* (la brevetabilité des gènes). - Mathieu, *D. 2001. Chron. 13* (la directive européenne relative à la brevetabilité des inventions biotechnologiques, le droit français et les normes internationales). - Tellier-Loniewski, *Gaz. Pal. 1999. 1. Doctr. 107* (la protection juridique des inventions biotechnologiques après l'adoption de la directive européenne).

Sur la validité de la directive, V. • CJCE 9 oct. 2001, n° C 377/98 : *D. 2002. 2925, note Galloux ; JCP E 2001. Pan. 1793 ; Propr. intell. 2002, n° 3, p. 83, obs. Galloux.*

(1) Considérant que la biotechnologie et le génie génétique jouent un rôle croissant dans un nombre considérable d'activités industrielles ; que la protection des inventions biotechnologiques revêtira certainement une importance essentielle pour le développement industriel de la Communauté ;

(2) Considérant que, notamment, dans le domaine du génie génétique, la recherche et le développement exigent une somme considérable d'investissements à haut risque que seule une protection juridique adéquate peut permettre de rentabiliser ;

(3) Considérant qu'une protection efficace et harmonisée dans l'ensemble des États membres est essentielle en vue de préserver et d'encourager les investissements dans le domaine de la biotechnologie ;

(4) Considérant que, à la suite du rejet par le Parlement européen du projet commun, approuvé par le comité de conciliation, de directive du Parlement européen et du Conseil relative à la protection juridique des inventions biotechnologiques, le Parlement européen et

le Conseil ont constaté que la protection juridique des inventions biotechnologiques avait besoin d'être clarifiée ;

(5) Considérant qu'il existe des divergences, dans le domaine de la protection des inventions biotechnologiques, entre les législations et pratiques des différents États membres ; que de telles disparités sont de nature à créer des entraves aux échanges et à faire ainsi obstacle au fonctionnement du marché intérieur ;

(6) Considérant que ces divergences risquent de s'accentuer au fur et à mesure que les États membres adopteront de nouvelles lois et pratiques administratives différentes ou que les interprétations jurisprudentielles nationales se développeront diversement ;

(7) Considérant qu'une évolution hétérogène des législations nationales relatives à la protection juridique des inventions biotechnologiques dans la Communauté risque de décourager encore plus les échanges commerciaux, au détriment du développement industriel de ces inventions et du bon fonctionnement du marché intérieur ;

(8) Considérant que la protection juridique des inventions biotechnologiques ne nécessite pas la création d'un droit particulier se substituant au droit national des brevets ; que le droit national des brevets reste la référence essentielle pour la protection juridique des inventions biotechnologiques, étant entendu qu'il doit être adapté ou complété sur certains points spécifiques pour tenir compte de façon adéquate de l'évolution de la technologie faisant usage de matière biologique, mais répondant néanmoins aux conditions de brevetabilité ;

(9) Considérant que, dans certains cas, comme celui de l'exclusion de la brevetabilité des variétés végétales et des races animales ainsi que des procédés essentiellement biologiques d'obtention de végétaux ou d'animaux, certaines notions des législations nationales, fondées sur les conventions internationales relatives aux brevets et aux variétés végétales, ont suscité des incertitudes concernant la protection des inventions biotechnologiques et de certaines inventions microbiologiques ; que, dans ce domaine, l'harmonisation est nécessaire pour dissiper ces incertitudes ;

(10) Considérant qu'il convient de prendre en compte le potentiel de développement des biotechnologies pour l'environnement et en particulier l'utilité de ces technologies pour le développement de méthodes culturales moins polluantes et plus économes des sols ; qu'il convient d'encourager, par le système des brevets, la recherche et la mise en œuvre de tels procédés ;

(11) Considérant que le développement des biotechnologies est important pour les pays en voie de développement, tant dans le domaine de la santé et de la lutte contre les grandes épidémies et endémies que dans le domaine de la lutte contre la faim dans le monde ; qu'il convient d'encourager de même, par le système des brevets, la recherche dans ces domaines ; qu'il convient par ailleurs de promouvoir des mécanismes internationaux assurant la diffusion de ces technologies dans le tiers monde et au profit des populations concernées ;

(12) Considérant que l'accord sur les aspects des droits de propriété intellectuelle qui touchent au commerce (ADPIC), signé par la Communauté européenne et ses États membres est entré en vigueur ; que cet accord prévoit que la protection conférée par un brevet doit être assurée pour les produits et les procédés dans tous les domaines de la technologie ;

(13) Considérant que le cadre juridique communautaire pour la protection des inventions biotechnologiques peut se limiter à la définition de certains principes applicables à la brevetabilité de la matière biologique en tant que telle, principes ayant notamment pour but de déterminer la différence entre inventions et découvertes à propos de la brevetabilité de certains éléments d'origine humaine, à l'étendue de la protection conférée par un brevet sur une invention biotechnologique, à la possibilité de recourir à un système de dépôt complétant la description écrite et, enfin, à la possibilité d'obtenir des licences obligatoires non exclusives pour dépendance entre des variétés végétales et des inventions, et inversement ;

(14) Considérant qu'un brevet d'invention n'autorise pas son titulaire à mettre l'invention en œuvre, mais se borne à lui conférer le droit d'interdire aux tiers de l'exploiter à des fins industrielles et commerciales ; que, dès lors, le droit des brevets n'est pas susceptible de remplacer ni de rendre superflues les législations nationales, européennes ou internationales, fixant d'éventuelles limitations ou interdictions, ou organisant un contrôle de la recherche et de l'utilisation ou de la commercialisation de ses résultats, notamment par rapport aux exigences de santé publique, de sécurité, de protection de l'environnement, de protection des animaux, de préservation de la diversité génétique et par rapport au respect de certaines normes éthiques ;

(15) Considérant que ni le droit national ni le droit européen des brevets (convention de Munich) ne comportent, en principe, d'interdiction ou d'exclusion frappant la brevetabilité de la matière biologique ;

(16) Considérant que le droit des brevets doit s'exercer dans le respect des principes fondamentaux garantissant la dignité et l'intégrité de l'Homme ; qu'il importe de réaffirmer le

principe selon lequel le corps humain, dans toutes les phases de sa constitution et de son développement, cellules germinales comprises, ainsi que la simple découverte d'un de ses éléments ou d'un de ses produits, y compris la séquence ou séquence partielle d'un gène humain, ne sont pas brevetables ; que ces principes sont conformes aux critères de brevetabilité prévus par le droit des brevets, critères selon lesquels une simple découverte ne peut faire l'objet d'un brevet ;

(17) Considérant que des progrès décisifs dans le traitement des maladies ont d'ores et déjà pu être réalisés grâce à l'existence de médicaments dérivés d'éléments isolés du corps humain et/ou autrement produits, médicaments résultant de procédés techniques visant à obtenir des éléments d'une structure semblable à celle d'éléments naturels existant dans le corps humain ; que, dès lors, il convient d'encourager, par le système des brevets, la recherche tendant à obtenir et à isoler de tels éléments précieux pour la production de médicaments ;

(18) Considérant que, dans la mesure où le système des brevets s'avère insuffisant pour inciter à la recherche et à la production de médicaments issus de biotechnologies et nécessaires pour lutter contre les maladies rares ou dites « orphelines », la Communauté et les États membres ont l'obligation d'apporter une réponse adéquate à ce problème ;

(19) Considérant que l'avis n° 8 du groupe de conseillers pour l'éthique de la biotechnologie de la Commission européenne a été pris en compte ;

(20) Considérant, en conséquence, qu'il est nécessaire d'indiquer qu'une invention qui porte sur un élément isolé du corps humain ou autrement produit par un procédétechnique,et qui est susceptible d'application industrielle, n'est pas exclue de la brevetabilité, même si la structure de cet élément est identique à celle d'un élément naturel, étant entendu que les droits conférés par le brevet ne s'étendent pas au corps humain et à ses éléments dans leur environnement naturel ;

(21) Considérant qu'un tel élément isolé du corps humain ou autrement produit n'est pas exclu de la brevetabilité puisqu'il est, par exemple, le résultat de procédés techniques l'ayant identifié, purifié, caractérisé et multiplié en dehors du corps humain, techniques que seul l'être humain est capable de mettre en œuvre et que la nature est incapable d'accomplir par elle-même ;

(22) Considérant que le débat sur la brevetabilité de séquences ou de séquences partielles de gènes donne lieu à des controverses ; que, aux termes de la présente directive, l'octroi d'un brevet à des inventions portant sur de telles séquences ou séquences partielles doit être soumis aux mêmes critères de brevetabilité que pour tous les autres domaines technologiques, nouveauté, activité inventive et application industrielle ; que l'application industrielle d'une séquence ou d'une séquence partielle doit être exposée de façon concrète dans la demande de brevet telle que déposée ;

(23) Considérant qu'une simple séquence d'ADN sans indication d'une fonction ne contient aucun enseignement technique ; qu'elle ne saurait, par conséquent constituer une invention brevetable ;

(24) Considérant que, pour que le critère d'application industrielle soit respecté il est nécessaire, dans le cas où une séquence ou une séquence partielle d'un gène est utilisée pour la production d'une protéine ou d'une protéine partielle, de préciser quelle protéine ou protéine partielle est produite ou quelle fonction elle assure ;

(25) Considérant, pour l'interprétation des droits conférés par un brevet, que lorsque des séquences se chevauchent seulement dans les parties qui ne sont pas essentielles à l'invention, le droit des brevets considère chacune d'entre elles comme une séquence autonome ;

(26) Considérant que, si une invention porte sur une matière biologique d'origine humaine ou utilise une telle matière, dans le cadre du dépôt d'une demande de brevet, la personne sur laquelle le prélèvement est effectué doit avoir eu l'occasion d'exprimer son consentement éclairé et libre à celui-ci, conformément au droit national ;

(27) Considérant que, si une invention porte sur une matière biologique d'origine végétale ou animale ou utilise une telle matière, la demande de brevet devrait, le cas échéant, comporter une information concernant le lieu géographique d'origine de cette matière, si celui-ci est connu ; que ceci est sans préjudice de l'examen des demandes de brevet et de la validité des droits résultant des brevets délivrés ;

(28) Considérant que la présente directive n'affecte en rien les fondements du droit des brevets en vigueur selon lequel un brevet peut être accordé pour toute nouvelle application d'un produit déjà breveté ;

(29) Considérant que la présente directive ne concerne pas l'exclusion de la brevetabilité des variétés végétales et des races animales ; que, en revanche, les inventions portant sur des plantes ou des animaux sont brevetables si leur application n'est pas techniquement limitée à une variété végétale ou à une race animale ;

(30) Considérant que la notion de variété végétale est définie par la législation relative à la protection des obtentions végétales ; que, selon ce droit, une obtention est caractérisée par l'intégralité de son génome et qu'elle est par conséquent individualisée et se différencie nettement d'autres obtentions ;

(31) Considérant qu'un ensemble végétal caractérisé par un gène déterminé (et non par l'intégralité de son génome) n'est pas soumis à la protection des obtentions ; que, de ce fait, il n'est pas exclu de la brevetabilité, même lorsqu'il englobe des obtentions végétales ;

(32) Considérant que, si l'invention se borne à modifier génétiquement une variété végétale déterminée et si une nouvelle variété végétale est obtenue, elle reste exclue de la brevetabilité, même lorsque cette modification génétique n'est pas le résultat d'un procédé essentiellement biologique mais d'un procédé biotechnologique ;

(33) Considérant qu'il est nécessaire de définir aux fins de la présente directive quand un procédé d'obtention de végétaux ou d'animaux est essentiellement biologique ;

(34) Considérant que la présente directive n'affecte pas les notions d'invention et de découverte telles que déterminées par le droit des brevets, que celui-ci soit national, européen ou international ;

(35) Considérant que la présente directive n'affecte pas les dispositions des législations nationales en matière de brevets selon lesquelles les procédés de traitement chirurgical ou thérapeutique du corps humain ou animal et les méthodes de diagnostic pratiquées sur l'organisme humain ou animal sont exclus de la brevetabilité ;

(36) Considérant que l'accord ADPIC prévoit, pour les membres de l'Organisation mondiale du commerce, la possibilité d'exclure de la brevetabilité les inventions dont il est nécessaire d'empêcher l'exploitation commerciale sur leur territoire pour protéger l'ordre public ou la moralité, y compris pour protéger la santé et la vie des personnes et des animaux ou préserver les végétaux, ou pour éviter de graves atteintes à l'environnement, à condition que cette exclusion ne tienne pas uniquement au fait que l'exploitation est interdite par leur législation ;

(37) Considérant que la présente directive se doit d'insister sur le principe selon lequel des inventions dont l'exploitation commerciale serait contraire à l'ordre public ou aux bonnes mœurs doivent être exclues de la brevetabilité ;

(38) Considérant qu'il importe aussi de mentionner dans le dispositif de la présente directive une liste indicative des inventions exclues de la brevetabilité afin de donner aux juges et aux offices de brevets nationaux des orientations générales aux fins de l'interprétation de la référence à l'ordre public ou aux bonnes mœurs ; que cette liste ne saurait bien entendu prétendre à l'exhaustivité ; que les procédés dont l'application porte atteinte à la dignité humaine, comme par exemple les procédés de production d'êtres hybrides, issus de cellules germinales ou de cellules totipotentes humaines et animales, doivent, bien évidemment, être exclus eux aussi de la brevetabilité ;

(39) Considérant que l'ordre public et les bonnes mœurs correspondent notamment à des principes éthiques ou moraux reconnus dans un État membre, dont le respect s'impose tout particulièrement en matière de biotechnologie en raison de la portée potentielle des inventions dans ce domaine et de leur lien inhérent avec la matière vivante ; que ces principes éthiques ou moraux complètent les examens juridiques normaux de la législation sur les brevets, quel que soit le domaine technique de l'invention ;

(40) Considérant qu'un consensus existe au sein de la Communauté quant au fait que l'intervention génique germinale sur l'homme et le clonage de l'être humain sont contraires à l'ordre public et aux bonnes mœurs ; qu'il importe par conséquent d'exclure sans équivoque de la brevetabilité les procédés de modification de l'identité génétique germinale de l'être humain et les procédés de clonage des êtres humains ;

(41) Considérant que les procédés de clonage des êtres humains peuvent se définir comme tout procédé, y compris les techniques de scission des embryons, ayant pour but de créer un être humain qui aurait la même information génétique nucléaire qu'un autre être humain vivant ou décédé ;

(42) Considérant, en outre, que les utilisations d'embryons humains à des fins industrielles ou commerciales doivent égalementêtreexclues de la brevetabilité ; que, en tout état de cause, une telle exclusion ne concerne pas les inventions ayant un objectif thérapeutique ou de diagnostic qui s'appliquent à l'embryon humain et lui sont utiles ;

(43) Considérant que l'article F, paragraphe 2, du traité sur l'Union européenne prévoit que l'Union respecte les droits fondamentaux, tels qu'ils sont garantis par la Convention européenne de sauvegarde des droits de l'Homme et des libertés fondamentales, signée à Rome le 4 novembre 1950, et tels qu'ils résultent des traditions constitutionnelles communes aux États membres, en tant que principes généraux du droit communautaire ;

(44) Considérant que le Groupe européen d'éthique des sciences et des nouvelles technologies de la Commission évalue tous les aspects éthiques liés à la biotechnologie ; que, à cet égard, il convient de remarquer que la consultation de ce groupe, y compris en ce qui concerne le droit des brevets, ne peut se situer qu'au niveau de l'évaluation de la biotechnologie au regard des principes éthiques fondamentaux ;

(45) Considérant que les procédés de modification de l'identité génétique des animaux de nature à provoquer chez eux des souffrances sans utilité médicale substantielle dans le domaine de la recherche, de la prévention, du diagnostic ou de la thérapeutique, pour l'homme ou l'animal, ainsi que les animaux issus de tels procédés, doivent être exclus de la brevetabilité ;

(46) Considérant que, le brevet ayant pour fonction de récompenser l'inventeur par l'octroi d'un droit exclusif, mais limité dans le temps, au titre de sa créativité, et d'encourager ainsi l'activité inventive, le titulaire du brevet doit avoir le droit d'interdire l'utilisation d'une matière autoreproductible brevetée dans des circonstances analogues à celles où l'utilisation de produits brevetés non autoreproductibles pourrait être interdite, c'est-à-dire la production du produit breveté lui-même ;

(47) Considérant qu'il est nécessaire de prévoir une première dérogation aux droits du titulaire du brevet lorsque du matériel de reproduction incorporant l'invention protégée est vendu à un agriculteur à des fins d'exploitation agricole par le titulaire du brevet ou avec son consentement ; que cette première dérogation doit autoriser l'agriculteur à utiliser le produit de sa récolte pour reproduction ou multiplication ultérieure sur sa propre exploitation et que l'étendue et les modalités de cette dérogation doivent être limitées à l'étendue et aux modalités prévues par le règlement (CE) n° 2100/94 du Conseil du 27 juillet 1994 instituant un régime de protection communautaire des obtentions végétales ;

(48) Considérant que seule la rémunération envisagée par le droit communautaire des obtentions végétales en tant que modalité d'application de la dérogation à la protection communautaire des obtentions végétales peut être exigée de l'agriculteur ;

(49) Considérant, cependant, que le titulaire du brevet peut défendre ses droits contre l'agriculteur abusant de la dérogation ou contre l'obtenteur qui a développé la variété végétale incorporant l'invention protégée si celui-ci ne respecte pas ses engagements ;

(50) Considérant qu'une deuxième dérogation aux droits du titulaire du brevet doit autoriser l'agriculteur à utiliser le bétail protégé à un usage agricole ;

(51) Considérant que l'étendue et les modalités de cette deuxième dérogation doivent être réglées par les lois, les dispositions réglementaires et les pratiques nationales, en l'absence de législation communautaire concernant l'obtention de races animales ;

(52) Considérant que, dans le domaine de l'exploitation des nouvelles caractéristiques végétales issues du génie génétique, un accès garanti moyennant rémunération doit être accordé sous forme de licence obligatoire lorsque, par rapport au genre ou à l'espèce concerné, la variété végétale représente un progrès technique important d'un intérêt économique considérable par rapport à l'invention revendiquée dans le brevet ;

(53) Considérant que, dans le domaine de l'utilisation en génie génétique de nouvelles caractéristiques végétales issues de nouvelles variétés végétales, un accès garanti moyennant rémunération doit être accordé sous forme de licence obligatoire lorsque l'invention représente un progrès technique important d'un intérêt économique considérable ;

(54) Considérant que l'article 34 de l'accord ADPIC contient une réglementation détaillée de la charge de la preuve qui s'impose à tous les États membres ; que, par conséquent, il n'y a pas lieu de prévoir dans la présente directive une disposition à ce sujet ;

(55) Considérant que la Communauté, à la suite de la décision 93/626/CEE, est partie à la convention sur la diversité biologique du 5 juin 1992 ; que, à cet égard, les États membres, dans le cadre de la mise en vigueur des dispositions législatives, réglementaires et administratives nécessaires pour se conformer à la présente directive, tiennent compte notamment de l'article 3, de l'article 8, point j), et de l'article 16, paragraphe 2, deuxième phrase, et paragraphe 5, de ladite convention ;

(56) Considérant que la troisième conférence des parties signataires de la convention sur la diversité biologique, qui s'est tenue en novembre 1996, a reconnu, dans la décision III/17, que « des travaux supplémentaires sont nécessaires pour contribuer au développement d'une appréciation commune de la relation entre les droits de propriété intellectuelle et les dispositions afférentes de l'accord sur les aspects commerciaux des droits de propriété intellectuelle et de la convention sur la diversité biologique, notamment sur les questions relatives aux transferts de technologies, la conservation et l'utilisation durable de la biodiversité et le partage équitable des bénéfices de l'utilisation des ressources génétiques, y compris la protection des connaissances, innovations et pratiques des communautés indigènes et

locales incarnant des modes de vie traditionnels importants pour la conservation et l'utilisation durable de la biodiversité ».

CHAPITRE PREMIER *Brevetabilité*

Art. 1er 1. Les États membres protègent les inventions biotechnologiques au moyen de leur droit national des brevets. Ils adaptent leur droit national des brevets, si nécessaire, pour tenir compte des dispositions de la présente directive.

2. La présente directive n'affecte pas les obligations découlant, pour les États membres, des conventions internationales, et notamment de l'accord ADPIC et de la convention sur la diversité biologique.

Art. 2 1. Aux fins de la présente directive, on entend par :

a) « matière biologique » : une matière contenant des informations génétiques et qui est autoreproductible ou reproductible dans un système biologique ;

b) « procédé microbiologique » : tout procédé utilisant une matière microbiologique, comportant une intervention sur une matière microbiologique ou produisant une matière microbiologique.

2. Un procédé d'obtention de végétaux ou d'animaux est essentiellement biologique s'il consiste intégralement en des phénomènes naturels tels que le croisement ou la sélection.

3. La notion de variété végétale est définie à l'article 5 du règlement (CE) nº 2100/94.

Art. 3 1. Aux fins de la présente directive, sont brevetables les inventions nouvelles, impliquant une activité inventive et susceptibles d'application industrielle, même lorsqu'elles portent sur un produit composé de matière biologique ou en contenant, ou sur un procédé permettant de produire, de traiter ou d'utiliser de la matière biologique.

2. Une matière biologique isolée de son environnement naturel ou produite à l'aide d'un procédé technique peut être l'objet d'une invention, même lorsqu'elle préexistait à l'état naturel.

Art. 4 1. Ne sont pas brevetables :

a) les variétés végétales et les races animales ;

b) les procédés essentiellement biologiques pour l'obtention de végétaux ou d'animaux.

2. Les inventions portant sur des végétaux ou des animaux sont brevetables si la faisabilité technique de l'invention n'est pas limitée à une variété végétale ou à une race animale déterminée.

3. Le paragraphe 1, point *b)*, n'affecte pas la brevetabilité d'inventions ayant pour objet un procédé microbiologique, ou d'autres procédés techniques, ou un produit obtenu par ces procédés.

Art. 5 1. Le corps humain, aux différents stades de sa constitution et de son développement, ainsi que la simple découverte d'un de ses éléments, y compris la séquence ou la séquence partielle d'un gène, ne peuvent constituer des inventions brevetables.

2. Un élément isolé du corps humain ou autrement produit par un procédé technique, y compris la séquence ou la séquence partielle d'un gène, peut constituer une invention brevetable, même si la structure de cet élément est identique à celle d'un élément naturel.

3. L'application industrielle d'une séquence ou d'une séquence partielle d'un gène doit être concrètement exposée dans la demande de brevet.

Sur la brevetabilité de gènes humains (séquençage de gènes), V. • OEB 19 sept. 2005 : *Propr. intell. 2006, nº 19, p. 191, obs. Galloux.*

Art. 6 1. Les inventions dont l'exploitation commerciale serait contraire à l'ordre public ou aux bonnes mœurs sont exclues de la brevetabilité, l'exploitation ne pouvant être considérée comme telle du seul fait qu'elle est interdite par une disposition légale ou réglementaire.

2. Au titre du paragraphe 1 ne sont notamment pas brevetables :

a) les procédés de clonage des êtres humains ;

b) les procédés de modification de l'identité génétique germinale de l'être humain ;

c) les utilisations d'embryons humains à des fins industrielles ou commerciales ;

d) les procédés de modification de l'identité génétique des animaux de nature à provoquer chez eux des souffrances sans utilité médicale substantielle pour l'homme ou l'animal, ainsi que les animaux issus de tels procédés.

L'art. 6, § 2, sous c), de la Dir. 98/44/CE du 6 juill. 1998 doit être interprété en ce sens qu'un ovule humain non fécondé qui, par voie de parthénogenèse, a été induit à se diviser et à se développer ne constitue pas un « embryon humain », au sens de cette disposition, si, à la lumière des connaissances actuelles de la science, il ne dispose pas, en tant que tel, de la capacité intrinsèque de se développer en un être humain, ce qu'il appartient à la juridiction nationale de vérifier. • CJUE, gr. ch., 18 déc. 2014, n° C-364/13 : *D. 2015, obs. Galloux et Gaumont-Prat ; RTD-civ. 2015. 97, obs. Hauser*.

Art. 7 Le Groupe européen d'éthique des sciences et des nouvelles technologies de la Commission évalue tous les aspects éthiques liés à la biotechnologie.

CHAPITRE II *Étendue de la protection*

Art. 8 1. La protection conférée par un brevet relatif à une matière biologique dotée, du fait de l'invention, de propriétés déterminées s'étend à toute matière biologique obtenue à partir de cette matière biologique par reproduction ou multiplication sous forme identique ou différenciée et dotée de ces mêmes propriétés.

2. La protection conférée par un brevet relatif à un procédé permettant de produire une matière biologique dotée, du fait de l'invention, de propriétés déterminées s'étend à la matière biologique directement obtenue par ce procédé et à toute autre matière biologique obtenue, à partir de la matière biologique directement obtenue, par reproduction ou multiplication sous forme identique ou différenciée et dotée de ces mêmes propriétés.

Art. 9 La protection conférée par un brevet à un produit contenant une information génétique ou consistant en une information génétique s'étend à toute matière, sous réserve de l'article 5, paragraphe 1, dans laquelle le produit est incorporé et dans laquelle l'information génétique est contenue et exerce sa fonction.

Une information génétique ne peut être brevetée que si le brevet vise le produit contenant cette information et que cette protection s'étend à toute matière dans laquelle le produit est incorporé et dans laquelle l'information génétique est contenue et exerce sa fonction. • CJUE 6 juill. 2010 : *D. 2011. Pan. 333, obs. Raynard ; JCP 2010. 909, obs. Marino*.

Art. 10 La protection visée aux articles 8 et 9 ne s'étend pas à la matière biologique obtenue par reproduction ou multiplication d'une matière biologique mise sur le marché sur le territoire d'un État membre par le titulaire du brevet ou avec son consentement, lorsque la reproduction ou la multiplication résulte nécessairement de l'utilisation pour laquelle la matière biologique a été mise sur le marché, pourvu que la matière obtenue ne soit pas utilisée ensuite pour d'autres reproductions ou multiplications.

Art. 11 1. Par dérogation aux articles 8 et 9, la vente ou une autre forme de commercialisation de matériel de reproduction végétal par le titulaire du brevet ou avec son consentement à un agriculteur à des fins d'exploitation agricole implique pour celui-ci l'autorisation d'utiliser le produit de sa récolte pour reproduction ou multiplication par lui-même sur sa propre exploitation, l'étendue et les modalités de cette dérogation correspondant à celles prévues à l'article 14 du règlement (CE) n° 2100/94.

2. Par dérogation aux articles 8 et 9, la vente ou une autre forme de commercialisation d'animaux d'élevage ou autre matériel de reproduction animal par le titulaire du brevet ou avec son consentement à un agriculteur implique pour celui-ci l'autorisation d'utiliser le bétail protégé à un usage agricole. Ceci inclut la mise à disposition de l'animal ou autre matériel de reproduction animal pour la poursuite de son activité agricole mais non la vente dans le cadre ou le but d'une activité de reproduction commerciale.

3. L'étendue et les modalités de la dérogation prévue au paragraphe 2 sont régies par les lois, les dispositions réglementaires et les pratiques nationales.

CHAPITRE III *Licences obligatoires pour dépendance*

Art. 12 1. Lorsqu'un obtenteur ne peut obtenir ou exploiter un droit d'obtention végétale sans porter atteinte à un brevet antérieur, il peut demander une licence obligatoire pour l'exploitation non exclusive de l'invention protégée par ce brevet, dans la mesure où cette licence est nécessaire pour l'exploitation de la variété végétale à protéger, moyennant une redevance appropriée. Les États membres prévoient que, lorsqu'une telle licence est accordée, le titulaire du brevet a droit à une licence réciproque à des conditions raisonnables pour utiliser la variété protégée.

2. Lorsque le titulaire d'un brevet concernant une invention biotechnologique ne peut exploiter celle-ci sans porter atteinte à un droit d'obtention végétale antérieur sur une variété, il peut demander une licence obligatoire pour l'exploitation non exclusive de la

variété protégée par ce droit d'obtention, moyennant une redevance appropriée. Les États membres prévoient que, lorsqu'une telle licence est accordée, le titulaire du droit d'obtention a droit à une licence réciproque à des conditions raisonnables pour utiliser l'invention protégée.

3. Les demandeurs des licences visées aux paragraphes 1 et 2 doivent établir :

a) qu'ils se sont vainement adressés au titulaire du brevet ou du droit d'obtention végétale pour obtenir une licence contractuelle ;

b) que la variété ou l'invention représente un progrès technique important d'un intérêt économique considérable par rapport à l'invention revendiquée dans le brevet ou à la variété végétale protégée.

4. Chaque État membre désigne la ou les autorités compétentes pour octroyer la licence. Lorsqu'une licence sur une variété végétale ne peut être octroyée que par l'Office communautaire des variétés végétales, l'article 29 du règlement (CE) n° 2100/94 s'applique.

CHAPITRE IV *Dépôt d'une matière biologique, accès à une telle matière et nouveau dépôt*

Art. 13 1. Lorsqu'une invention porte sur de la matière biologique non accessible au public et ne pouvant être décrite dans la demande de brevet pour permettre à une personne du métier de réaliser l'invention, ou implique l'utilisation d'une telle matière, la description n'est réputée suffisante pour l'application du droit des brevets que si :

a) la matière biologique a été déposée au plus tard le jour du dépôt de la demande de brevet auprès d'une institution de dépôt reconnue. Sont reconnues au moins les institutions de dépôt internationales ayant acquis ce statut conformément à l'article 7 du traité de Budapest du 28 avril 1977 sur la reconnaissance internationale du dépôt de micro-organismes aux fins de la procédure en matière de brevets, ci-après dénommé « traité de Budapest » ;

b) la demande déposée contient les informations pertinentes dont dispose le déposant sur les caractéristiques de la matière biologique déposée ;

c) la demande de brevet mentionne l'institution de dépôt et le numéro de dépôt.

2. L'accès à la matière biologique déposée est assuré par la remise d'un échantillon :

a) jusqu'à la première publication de la demande de brevet, uniquement aux personnes autorisées en vertu du droit national des brevets ;

b) entre la première publication de la demande de brevet et la délivrance du brevet, à toute personne qui en fait la requête ou, si le déposant le demande, uniquement à un expert indépendant ;

c) après la délivrance du brevet et nonobstant une révocation ou annulation du brevet, à toute personne qui en fait la requête.

3. La remise n'a lieu que si le requérant s'engage, pour la durée des effets du brevet :

a) à ne communiquer à des tiers aucun échantillon de la matière biologique déposée ou d'une matière qui en serait dérivée
et

b) à n'utiliser aucun échantillon de la matière biologique déposée ou d'une matière qui en serait dérivée, sauf à des fins expérimentales, à moins que le demandeur ou le titulaire du brevet ne renonce expressément à un tel engagement.

4. En cas de rejet ou de retrait de la demande, l'accès à la matière déposée est limité, à la demande du déposant, à un expert indépendant pendant vingt ans à compter de la date de dépôt de la demande de brevet. Dans ce cas, les dispositions du paragraphe 3 sont applicables.

5. Les demandes du déposant visées au paragraphe 2, point *b*), et au paragraphe 4 ne peuvent être introduites que jusqu'à la date où les préparatifs techniques de la publication de la demande de brevet sont réputés achevés.

Art. 14 1. Lorsque la matière biologique déposée conformément à l'article 13 cesse d'être disponible auprès de l'institution de dépôt reconnue, un nouveau dépôt de la matière est autorisé dans les mêmes conditions que celles prévues par le traité de Budapest.

2. Tout nouveau dépôt doit être accompagné d'une déclaration signée par le déposant certifiant que la matière biologique qui fait l'objet du nouveau dépôt est la même que celle qui faisait l'objet de dépôt initial.

CHAPITRE V *Dispositions finales*

Art. 15 1. Les États membres mettent en vigueur les dispositions législatives, réglementaires et administratives nécessaires pour se conformer à la présente directive au plus tard le 30 juillet 2000. Ils en informent immédiatement la Commission.

Lorsque les États membres adoptent ces dispositions, celles-ci contiennent une référence à la présente directive ou sont accompagnées d'une telle référence lors de leur publication officielle. Les modalités de cette référence sont arrêtées par les États membres.

2. Les États membres communiquent à la Commission le texte des dispositions de droit interne qu'ils adoptent dans le domaine régi par la présente directive.

Art. 16 La Commission transmet au Parlement européen et au Conseil :

a) tous les cinq ans à compter de la date prévue à l'article 15, paragraphe 1, un rapport sur la question de savoir si la présente directive a soulevé des problèmes au regard des accords internationaux sur la protection des droits de l'homme, auxquels les États membres ont adhéré ;

b) dans un délai de deux ans après l'entrée en vigueur de la présente directive, un rapport tendant à évaluer les implications dans le domaine de la recherche fondamentale en génie génétique de la non-publication ou publication tardive de documents dont l'objet pourrait être brevetable ;

c) tous les ans à compter de la date prévue à l'article 15, paragraphe 1, un rapport sur l'évolution et les implications du droit des brevets dans le domaine de la biotechnologie et du génie génétique.

Art. 17 La présente directive entre en vigueur le jour de sa publication au *Journal officiel* des Communautés européennes *[JOCE L 213 du 30 juill. 1998].*

Règlement (CE) n° 816/2006 du 17 mai 2006,

Concernant l'octroi de licences obligatoires pour des brevets visant la fabrication de produits pharmaceutiques destinés à l'exportation vers des pays connaissant des problèmes de santé publique.

BIBL. ▶ SCHMIDT-SZALEWSKI, *RTD eur. 2007. 347* (législation 2006). – GALLOUX, *RTD com. 2007. 52* (règlement CE n° 816/2006 du 17 mai 2006).

LE PARLEMENT EUROPÉEN ET LE CONSEIL DE L'UNION EUROPÉENNE,

Vu le traité instituant la Communauté européenne, et notamment ses articles 95 et 133.

Vu la proposition de la Commission.

Vu l'avis du Comité économique et social européen(1).

statuant conformément à la procédure visée à l'article 251 du traité(2).

considérant ce qui suit :

(1) Le 14 novembre 2001, la quatrième conférence ministérielle de l'Organisation mondiale du commerce (OMC) a adopté la déclaration de Doha sur l'accord sur les aspects des droits de propriété intellectuelle qui touchent au commerce, ci-après dénommé "accord sur les ADPIC", et la santé publique. La déclaration reconnaît à chaque membre de l'OMC le droit d'accorder des licences obligatoires et la liberté de déterminer les motifs présidant à l'octroi de telles licences. Elle reconnaît aussi que les membres de l'OMC dont les capacités de fabrication dans le secteur pharmaceutique sont insuffisantes ou inexistantes pourraient rencontrer des difficultés pour recourir de manière effective aux licences obligatoires.

(2) Le 30 août 2003, le Conseil général de l'OMC a adopté, à la lumière de la déclaration prononcée par son président, la décision sur la mise en œuvre du paragraphe 6 de la déclaration de Doha sur l'accord sur les ADPIC et la santé publique, ci-après dénommée "la décision". Sous réserve de certaines conditions, la décision prévoit des dérogations à certaines obligations concernant l'octroi de licences obligatoires visées dans l'accord sur les ADPIC, afin de répondre aux besoins des membres de l'OMC ayant des capacités de fabrication insuffisantes.

(3) Compte tenu du rôle actif de la Communauté dans l'adoption de la décision, de son engagement auprès de l'OMC à contribuer pleinement à la mise en œuvre de la décision et de son appel à tous les membres de l'OMC en vue de garantir la mise en place des conditions permettant un fonctionnement efficace du système mis en place par la décision, il importe que la Communauté exécute la décision dans son ordre juridique.

(4) Une mise en œuvre uniforme de la décision est nécessaire pour garantir que les conditions d'octroi de licences obligatoires pour la fabrication et la vente de produits pharmaceutiques, dès lors que ces produits sont destinés à l'exportation, sont identiques dans tous les États membres, et pour éviter la distorsion de la concurrence entre les opérateurs sur le marché unique. Des règles uniformes devraient également être appliquées afin d'éviter la réimportation sur le territoire de la Communauté de produits pharmaceutiques fabriqués en vertu de la décision.

(5) Le présent règlement s'inscrit dans l'action européenne et internationale au sens large visant à remédier aux problèmes de santé publique qui touchent les pays les moins avancés

et autres pays en développement, et entend en particulier améliorer l'accès à des médicaments à prix abordable qui soient sûrs et efficaces, y compris les combinaisons thérapeutiques, et de qualité garantie. A cet égard, les procédures établies par la législation communautaire en matière de produits pharmaceutiques garantissant la qualité scientifique de tels produits pourront être utilisées, notamment celle prévue à l'article 58 du règlement (CE) n° 726/2004 du Parlement européen et du Conseil du 31 mars 2004 établissant des procédures communautaires pour l'autorisation et la surveillance en ce qui concerne les médicaments à usage humain et à usage vétérinaire, et instituant une Agence européenne des médicaments[(3)].

(6) Étant donné qu'il vise à remédier à des problèmes de santé publique, le système de licences obligatoires mis en place par le présent règlement devrait être appliqué de bonne foi. Ce système ne devrait pas être utilisé par les pays pour atteindre des objectifs de politique industrielle ou commerciale. Le présent règlement a pour objet de mettre en place un cadre juridique sûr et de décourager les contentieux.

(7) Étant donné que le présent règlement s'inscrit dans le cadre d'une action plus large visant à résoudre le problème de l'accès des pays en développement à des médicaments à prix abordables, des actions complémentaires sont prévues dans le programme d'action de la Commission intitulé "Accélération de la lutte contre le VIH/sida, le paludisme et la tuberculose dans le cadre de la réduction de la pauvreté" et dans la communication de la Commission intitulée "Élaboration d'un cadre politique européen cohérent pour les actions extérieures visant à lutter contre le VIH/sida, le paludisme et la tuberculose". Il est nécessaire de poursuivre d'urgence les progrès, notamment en mettant en œuvre des actions visant à soutenir la recherche destinée à lutter contre ces maladies et à renforcer la capacité dans les pays en développement.

(8) Il est impératif que les produits fabriqués conformément au présent règlement ne parviennent qu'aux personnes qui en ont besoin et ne soient pas détournés de leurs destinataires. L'octroi de licences obligatoires en vertu du présent règlement doit donc être lié à des conditions claires pour le titulaire de la licence concernant les actes couverts par la licence, l'identification des produits pharmaceutiques fabriqués en vertu de la licence et les pays vers lesquels ces produits seront exportés.

(9) Des mesures devraient être prises pour les contrôles douaniers aux frontières extérieures en ce qui concerne les produits fabriqués et vendus à l'exportation en vertu d'une licence obligatoire et qu'une personne essaie de réimporter sur le territoire de la Communauté.

(10) Lorsque des produits pharmaceutiques fabriqués en vertu d'une licence obligatoire sont saisis dans le cadre du présent règlement, l'autorité compétente peut décider, conformément à la législation nationale et en vue de garantir que l'utilisation prévue des produits pharmaceutiques saisis est respectée, d'expédier ces produits au pays importateur concerné en fonction de la licence obligatoire accordée.

(11) Pour éviter l'encouragement de la surproduction et l'éventuel détournement des produits, les autorités compétentes doivent tenir compte des licences obligatoires existantes pour les mêmes produits et les mêmes pays, ainsi que des demandes parallèles indiquées par le demandeur.

(12) Étant donné que les objectifs du présent règlement, à savoir l'établissement de procédures harmonisées pour l'octroi des licences obligatoires en vue d'une mise en œuvre efficace du système prévu par la décision, ne peuvent pas être réalisés de manière suffisante par les États membres en raison des options ouvertes aux pays d'exportation dans la décision et peuvent donc, en raison des effets potentiels sur les opérateurs du marché intérieur, être mieux réalisés au niveau communautaire, la Communauté peut prendre des mesures, conformément au principe de subsidiarité prévu à l'article 5 du traité.

Conformément au principe de proportionnalité, tel qu'énoncé audit article, le présent règlement n'excède pas ce qui est nécessaire pour atteindre ces objectifs.

(13) La Communauté reconnaît qu'il est extrêmement souhaitable de promouvoir le transfert de technologie et la mise en place de capacités dans les pays où les capacités de fabrication dans le secteur pharmaceutique sont insuffisantes ou inexistantes, ce afin de favoriser et d'accroître la production de produits pharmaceutiques par lesdits pays.

(14) Afin de garantir un traitement efficace des demandes de licence obligatoire effectuées en vertu du présent règlement, les États membres devraient être en mesure d'imposer des critères purement formels ou administratifs tels que des règles relatives à la langue dans laquelle la demande doit être introduite, le formulaire à utiliser, l'identification du/des brevet(s) et/ou du/des certificat(s) complémentaire(s) de protection pour lesquels une licence obligatoire est demandéeetdes règles applicables aux demandes introduites sous forme électronique.

(15) La formule simple appliquée pour calculer le montant de la rémunération est destinée à accélérer la procédure d'octroi des licences obligatoires en cas d'urgence nationale ou d'autres circonstances d'extrême urgence ou en cas d'utilisation publique à des fins non commerciales conformément à l'article 31, point *b)*, de l'accord sur les ADPIC. Le chiffre de 4 % pourrait être utilisé comme point de référence pour les délibérations visant à déterminer le montant d'une rémunération appropriée dans des circonstances autres que celles énumérées ci-dessus,

(1) JO C 286 du 17 nov. 2005, p. 4.
(2) Avis du Parlement européen du 1er décembre 2005 et décision du Conseil du 28 avril 2006.
(3) JO L 136 du 30.4.2004, p. 1.

Art. 1er *Champ d'application.* **Le présent règlement établit une procédure l'octroi de licences obligatoires pour des brevets et certificats complémentaires de protection concernant la fabrication et la vente de produits pharmaceutiques dès lors que ces produits sont destinés à l'exportation vers des pays importateurs admissibles ayant besoin de tels produits pour faire face à des problèmes de santé publique.**

Les États membres ordonnent l'octroi d'une licence obligatoire à toute personne déposant une demande conformément à l'article 6 et sous réserve des conditions fixées aux articles 6 à 10.

Art. 2 *Définitions.* **Aux fins du présent règlement, on entend par :**

1) "produit pharmaceutique" : tout produit du secteur pharmaceutique, y inclus les médicaments tels que définis par l'article 1, paragraphe 2, de la directive 2001/83/CE du Parlement européen et du Conseil du 6 novembre 2001 instituant un code communautaire relatif aux médicaments à usage humain (1), les principes actifs, et les kits de diagnostic *ex vivo* ;

2) "titulaire des droits" : le titulaire d'un brevet ou d'un certificat complémentaire de protection faisant l'objet d'une demande de licence obligatoire en vertu du présent règlement ;

3) "pays importateur" : le pays vers lequel le produit pharmaceutique doit être exporté ;

4) "autorité compétente" aux fins des articles 1 à 11 et des articles 16 et 17 : toute autorité nationale ayant compétence, dans un État membre donné, pour l'octroi de licences obligatoires en vertu du présent règlement.

Art. 3 *Autorité compétente.* **L'autorité compétente telle que définie à l'article 2 point 4), est celle ayant compétence pour l'octroi de licences obligatoires en vertu du droit national des brevets, à moins que l'État membre n'en décide autrement.**

Les États membres notifient à la Commission l'autorité compétente désignée telle que définie à l'article 2, point 4).

Les notifications sont publiées au *Journal officiel* de l'Union européenne.

Art. 4 *Pays importateurs admissibles.* **Est considéré comme pays importateur admissible :**

***a)* tout pays moins avancé figurant à ce titre sur la liste des Nations unies ;**

***b)* tout membre de l'OMC autre que les pays moins avancés visés au point *a)* qui a notifié au Conseil des ADPIC son intention d'utiliser le système en tant qu'importateur, qu'il utilise le système en totalité ou en partie ;**

***c)* tout pays qui n'est pas membre de l'OMC, mais qui figure dans la liste des pays à faible revenu établie par le comité de l'aide au développement de l'OCDE dont le produit national brut par habitant est inférieur à 745 dollars des États-Unis, et qui a notifié à la Commission son intention d'utiliser le système en tant qu'importateur, qu'il utilise le système en totalité ou en partie.**

Néanmoins, tout membre de l'OMC ayant déclaré à l'OMC qu'il n'utilisera pas le système en tant que membre importateur n'est pas un pays importateur admissible.

Art. 5 *Extension aux pays moins avancés et aux pays en développement non membres de l'OMC.* **Les dispositions suivantes sont applicables aux pays importateurs admissibles relevant de l'article 4 qui ne sont pas membres de l'OMC :**

***a)* le pays importateur adresse directement à la Commission la notification prévue à l'article 8, paragraphe 1, du présent règlement ;**

***b)* le pays importateur déclare, dans la notification prévue à l'article 8, paragraphe 1, qu'il utilisera le système pour faire face à des problèmes de santé publique et non pour poursuivre des objectifs de politique commerciale ou industrielle et qu'il adoptera les mesures visées au paragraphe 4 de la décision ;**

***c)* l'autorité compétente peut, à la demande du titulaire des droits, ou de sa propre initiative si le droit national l'y autorise, décider le retrait d'une licence obligatoire accordée en vertu du présent article, si le pays importateur n'a pas respecté les obligations qui lui incom-**

bent en vertu du point *b)*. Avant de retirer une licence obligatoire, l'autorité compétente tient compte des avis exprimés par les organismes visés à l'article 6, paragraphe 3, point *f)*.

Art. 6 *Demande d'une licence obligatoire.* 1. Toute personne peut déposer une demande de licence obligatoire en vertu du présent règlement auprès des autorités compétentes de l'État membre ou des États membres où les brevets ou certificats complémentaires de protection produisent leurs effets et couvrent les activités de fabrication et de vente à l'exportation qu'elle entend exercer.

2. Si la personne qui demande une licence obligatoire a introduit, pour le même produit, une demande auprès des autorités de plusieurs pays, elle le signale dans chaque demande, en indiquant les quantités et les pays importateurs concernés.

3. La demande faite en vertu du paragraphe 1 devra comporter les indications suivantes :

a) le nom et les coordonnées du demandeur et de tout agent ou représentant que le demandeur a nommé pour agir en son nom auprès de l'autorité compétente ;

b) la dénomination commune du ou des produits pharmaceutiques que le demandeur a l'intention de fabriquer et de vendre à l'exportation en vertu de la licence obligatoire ;

c) les quantités de produits pharmaceutiques que le demandeur a l'intention de produire en vertu de la licence obligatoire ;

d) le ou les pays importateurs ;

e) le cas échéant, la preuve que des négociations préalables ont eu lieu avec le titulaire des droits conformément à l'article 9 ;

f) la preuve qu'une demande spécifique a été adressée par :

i) les représentants autorisés du pays ou des pays importateur(s) ; ou

ii) une organisation non gouvernementale agissant avec l'autorisation formelle d'un ou de plusieurs pays importateurs ; ou

iii) des organes des Nations unies ou d'autres organisations internationales dans le domaine de la santé, agissant avec l'autorisation formelle d'un ou de plusieurs pays importateurs,

ainsi que la quantité de produit nécessaire.

4. Des exigences purement formelles ou administratives nécessaires pour le traitement efficace de la demande peuvent être prescrites dans le cadre du droit national. Ces exigences ne doivent pas grever inutilement les coûts ou charges que supporte le demandeur et, en tout état de cause, ne doivent pas rendre la procédure d'octroi des licences obligatoires prévue dans le cadre du présent règlement plus lourde que la procédure d'octroi d'autres licences obligatoires dans le cadre du droit national.

Art. 7 *Droits du titulaire des droits.* L'autorité compétente notifie sans délai au titulaire des droits la demande de licence obligatoire. Avant d'accorder la licence obligatoire, l'autorité compétente donne au titulaire des droits la possibilité de formuler des observations sur la demande et de fournir à l'autorité compétente toute information pertinente concernant cette demande.

Art. 8 *Vérification.* 1. L'autorité compétente vérifie que :

a) chaque pays importateur, membre de l'OMC, cité dans la demande, a réalisé une notification à l'OMC en vertu de la décision ;

ou

b) chaque pays importateur, non membre de l'OMC, cité dans la demande, a réalisé une notification à la Commission en vertu du présent règlement concernant chacun des produits couverts par la demande qui :

i) spécifie les noms et les quantités attendues du/des produits nécessaires ;

ii) confirme que le pays importateur en question, autre qu'un pays moins avancé, a établi qu'il avait des capacités de fabrication insuffisantes ou inexistantes dans le secteur pharmaceutique s'agissant d'un ou de plusieurs produits en particulier, d'une des façons indiquées dans l'annexe de la décision ;

iii) confirme que lorsqu'un produit pharmaceutique est breveté sur le territoire du pays importateur, ce pays importateur a accordé ou entend accorder une licence obligatoire pour l'importation du produit concerné conformément à l'article 31 de l'accord sur les ADPIC et aux dispositions de la décision.

Le présent paragraphe s'applique sans préjudice de la flexibilité dont disposent les pays moins avancés en vertu de la décision du Conseil des ADPIC du 27 juin 2002.

2. L'autorité compétente vérifie que la quantité de produit visée dans la demande ne dépasse pas celle notifiée à l'OMC par un pays importateur qui est membre de l'OMC ou à la Commission par un pays importateur qui n'est pas membre de l'OMC, et que, compte tenu des autres licences obligatoires octroyées ailleurs, la quantité totale de produit autorisée à être produite pour un pays importateur ne dépasse pas de façon significative la quantité

notifiée par ledit pays à l'OMC, pour le cas des pays importateurs qui sont membres de l'OMC, ou à la Commission par les pays importateurs qui ne sont pas membres de l'OMC.

Art. 9 *Négociations préalables.* 1. Le demandeur doit fournir des éléments de preuve pour convaincre l'autorité compétente qu'il s'est efforcé d'obtenir une autorisation du titulaire des droits et que ces efforts n'ont pas abouti dans un délai de trente jours avant le dépôt de la demande.

2. Les exigences prévues au paragraphe 1 ne s'appliquent pas dans des situations d'urgence nationale ou d'autres circonstances d'extrême urgence ou en cas d'utilisation publique à des fins non commerciales, conformément à l'article 31, point *b)*, de l'accord sur les ADPIC.

Art. 10 *Conditions applicables aux licences obligatoires.* 1. La licence accordée est incessible, sauf avec la partie de l'entreprise ou du fonds de commerce qui en a la jouissance, et non exclusive. Elle énonce les conditions spécifiques énumérées dans les paragraphes 2 à 9 que doit remplir le titulaire de la licence.

2. Les quantités du/des produits fabriqués en vertu de la licence ne dépassent pas les quantités nécessaires pour répondre aux besoins du ou des pays cités dans la demande, compte tenu de la quantité de produits fabriqués en vertu d'autres licences obligatoires octroyées par ailleurs.

3. La durée de la licence est indiquée.

4. La licence est strictement limitée à tous les actes nécessaires à la fabrication du produit en question pour l'exportation ainsi que la distribution dans le pays ou les pays cités dans la demande. Aucun produit fabriqué ou importé en vertu de la licence obligatoire n'est proposé à la vente ou mis sur le marché dans un pays autre que celui ou ceux cités dans la demande, sauf si un pays importateur recourt aux possibilités prévues à l'alinéa 6, point *i)*, de la décision, d'exporter vers des pays parties à un accord commercial régional qui partagent le problème de santé en question.

5. Les produits fabriqués en vertu de la licence sont clairement identifiés, par un étiquetage ou un marquage spécifique, comme étant fabriqués en vertu du présent règlement. Les produits sont distingués de ceux fabriqués par le titulaire des droits par un emballage spécial et/ou une coloration/mise en forme spéciale, à condition que cette distinction soit matériellement possible et n'ait pas un impact significatif sur le prix.

L'emballage et toute la documentation y associée portent l'indication selon laquelle le produit est soumis à une licence obligatoire en vertu du présent règlement, précisant le nom de l'autorité compétente et tout numéro ou référence d'identification, et indiquant clairement que le produit est destiné exclusivement à l'exportation et à la distribution dans le/les pays importateurs concernés. Les informations concernant les caractéristiques du produit sont mises à la disposition des autorités douanières des États membres.

6. Avant l'envoi dans le/les pays importateurs cités dans la demande, le titulaire de la licence indique sur un site internet les renseignements suivants :

a) les quantités fournies au titre de la licence et les pays importateurs auxquels elles sont fournies ;

b) les caractéristiques distinctives du/des produits concernés.

L'adresse du site internet est communiquée à l'autorité compétente.

7. Si le/les produits couverts par la licence obligatoire sont brevetés dans les pays importateurs cités dans la demande, ils ne seront exportés que si ces pays ont délivré une licence obligatoire pour l'importation, la vente et/ou la distribution des produits.

8. L'autorité compétente peut, à la demande du titulaire des droits, ou de sa propre initiative si le droit national l'y autorise, demander l'accès aux cahiers et registres tenus par le titulaire de la licence, à la seule fin de vérifier si les conditions de la licence et, en particulier, celles concernant la destination finale des produits, ont été respectées. Les cahiers et registres comportent la preuve de l'exportation du produit, par une déclaration d'exportation certifiée par l'autorité douanière concernée, et la preuve de l'importation, apportée par l'un des organismes visés à l'article 6, paragraphe 3, point *f)*.

9. Le titulaire de la licence est responsable d'une rémunération adéquate du titulaire des droits, telle que déterminée par l'autorité compétente comme suit :

a) dans les cas visés à l'article 9, paragraphe 2, la rémunération est fixée à un maximum de 4 % du prix total à verser par le pays importateur ou en son nom ;

b) dans tous les autres cas, la rémunération est déterminée compte tenu d'une part de la valeur économique de l'utilisation autorisée au/aux pays importateurs concernés dans le cadre de la licence, tout comme, d'autre part, des circonstances humanitaires ou non commerciales liées à l'octroi de la licence.

10. Les conditions de licence sont sans préjudice de la méthode de distribution dans le pays importateur.

La distribution peut par exemple être effectuée par l'un des organismes visés à l'article 6, paragraphe 3, point *f)*, et selon des conditions commerciales ou non commerciales, y compris à titre gratuit.

Art. 11 *Rejet de la demande.* L'autorité compétente rejette toute demande si l'une des conditions fixées aux articles 6 à 9 n'est pas remplie, ou si la demande ne comporte pas les éléments nécessaires permettant à l'autorité compétente d'accorder la licence conformément à l'article 10. Avant de rejeter une demande, l'autorité compétente donne au demandeur la possibilité de rectifier la situation et d'être entendu.

Art. 12 *Notification.* Lorsqu'une licence obligatoire est accordée, l'État membre notifie au Conseil des ADPIC, par l'intermédiaire de la Commission, l'octroi de la licence et les conditions spécifiques qui s'y rattachent. Les informations communiquées incluent les précisions suivantes :

a) le nom et l'adresse du titulaire de la licence ;
b) le/les produits concernés ;
c) les quantités à fournir ;
d) le/les pays vers lesquels le/les produits doivent être exportés ;
e) la durée de la licence ;
f) l'adresse du site internet visé à l'article 10, paragraphe 6.

Art. 13 *Interdiction d'importation.* 1. L'importation dans la Communauté de produits fabriqués au titre d'une licence obligatoire octroyée conformément à la décision et/ou au présent règlement en vue de leur mise en libre pratique, de leur réexportation ou de leur placement sous un régime suspensif, dans une zone franche ou dans un entrepôt franc, est interdite.

2. Le paragraphe 1 n'est pas applicable en cas de réexportation vers le pays importateur cité dans la demande et identifié sur l'emballage et dans la documentation associée au produit, ou de placement sous un régime de transit ou d'entrepôt douanier ou dans une zone franche ou un entrepôt franc en vue de la réexportation dans ce pays importateur.

Art. 14 *Intervention des autorités douanières.* 1. S'il existe des motifs suffisants pour soupçonner que des produits fabriqués au titre d'une licence obligatoire accordée conformément à la décision et/ou au présent règlement sont importés dans la communauté, en violation de l'article 13, paragraphe 1, les autorités douanières suspendent la mainlevée des produits concernés ou les retiennent pendant le temps nécessaire à la prise d'une décision de l'autorité compétente sur la nature des marchandises en question. Les États membres veillent à ce qu'une autorité ait compétence pour contrôler si une telle importation a lieu. La période de suspension ou de rétention ne dépasse pas dix jours ouvrables, à moins que des circonstances particulières s'appliquent, auquel cas la période peut être prolongée de dix jours ouvrables au maximum. A l'expiration de cette période, la mainlevée des produits est accordée, pour autant que toutes les formalités douanières aient été respectées.

2. L'autorité compétente, le titulaire des droits et le fabricant ou l'exportateur des produits sont informés sans tarder que la mainlevée a été suspendue ou que les produits ont été retenus, et ils reçoivent toutes les informations disponibles au sujet des produits concernés. Les dispositions nationales applicables à la protection des données personnelles, au secret commercial et industriel et à la confidentialité professionnelle et administrative sont dûment prises en compte.

L'importateur et, le cas échéant, l'exportateur, disposent de nombreuses possibilités pour communiquer à l'autorité compétente les informations qu'ils jugent utiles concernant ces produits.

3. S'il se confirme que les produits dont la mainlevée est suspendue ou qui sont retenus par les autorités douanières étaient destinés à l'importation dans la Communauté en violation de l'interdiction visée à l'article 13, paragraphe 1, l'autorité compétente veille à ce que ces produits soient saisis et à ce qu'il en soit disposé conformément à la législation nationale.

4. La procédure de suspension, de rétention ou de saisie des marchandises est à la charge de l'importateur. S'il n'est pas possible de recouvrer ces frais auprès de l'importateur, ceux-ci peuvent être recouvrés, conformément à la législation nationale, auprès de toute autre personne responsable de la tentative d'importation illicite.

5. Si les produits dont la mainlevée est suspendue ou qui sont retenus par les autorités douanières sont reconnus par la suite comme ne violant pas l'interdiction visée à l'article 13, paragraphe 1, l'autorité douanière accorde la mainlevée des produits au destinataire à la condition que toutes les formalités douanières aient été respectées.

6. L'autorité compétente informe la Commission de toute décision de saisie ou de destruction adoptée en vertu du présent règlement.

Art. 15 *Exception applicable aux bagages personnels.* Les articles 13 et 14 ne sont pas applicables aux marchandises dépourvues de tout caractère commercial contenues dans les bagages personnels des voyageurs et réservées à leur usage personnel, dans les limites s'appliquant à l'exonération des droits de douane.

Art. 16 *Retrait ou contrôle de la licence.* 1. Sous réserve d'une protection appropriée des intérêts légitimes du titulaire de la licence, une licence obligatoire accordée en vertu du présent règlement peut être retirée par décision de l'autorité compétente ou par l'une des instances visées à l'article 17 si les conditions de la licence ne sont pas respectées par le titulaire de la licence.

L'autorité compétente est habilitée à contrôler, à la demande motivée du titulaire des droits ou du titulaire de la licence, si les conditions de la licence ont été respectées. Ce contrôle est fondé sur l'évaluation faite, le cas échéant, dans le pays importateur.

2. Le retrait d'une licence accordée en vertu du présent règlement est notifié au Conseil des ADPIC par l'intermédiaire de la Commission.

3. Après le retrait de la licence, l'autorité compétente, ou toute autre instance désignée par l'État membre, peut fixer des délais raisonnables, dans lesquels le titulaire de la licence doit faire le nécessaire pour que tout produit qu'il a en sa possession, sous sa garde, en son pouvoir ou sous son contrôle soit réacheminé à ses frais vers les pays qui en ont besoin visés à l'article 4, ou que lui soit appliqué un autre traitement tel que prescrit par l'autorité compétente, ou par une autre instance désignée par l'État membre, en concertation avec le titulaire des droits.

4. Dès lors que le pays importateur notifie à l'autorité compétente que les quantités de produits pharmaceutiques sont devenues insuffisantes pour répondre à ses besoins, celle-ci peut, à la suite d'une demande formulée par le titulaire de la licence, modifier les conditions de la licence de sorte que des quantités supplémentaires de ces produits soient fabriquées et exportées dans la mesure nécessaire pour répondre aux besoins du pays importateur concerné. Dans ce cas, la demande du titulaire de la licence est traitée selon une procédure accélérée et simplifiée, au titre de laquelle les informations prévues à l'article 6, paragraphe 3, points *a)* et *b)*, ne sont pas requises, à condition que le titulaire de la licence indique la licence obligatoire initiale. Dans les cas où l'article 9, paragraphe 1, est applicable mais la dérogation prévue par l'article 9, paragraphe 2, ne s'applique pas, aucune preuve supplémentaire des négociations avec le titulaire des droits ne sera requise, à condition que les quantités supplémentaires demandées ne représentent pas plus de 25 % des quantités accordées dans la licence initiale.

Dans les cas où l'article 9, paragraphe 2, est applicable, aucune preuve des négociations avec le titulaire des droits ne sera requise.

Art. 17 *Recours.* 1. Les recours contre une décision de l'autorité compétente ainsi que les litiges concernant le respect des conditions de la licence sont traités par l'instance compétente en vertu du droit national.

2. Les États membres veillent à ce que l'autorité compétente et/ou l'instance visée au paragraphe 1 soit habilitée à se prononcer sur l'effet suspensif d'un recours contre une décision d'accorder une licence obligatoire.

Art. 18 *Sécurité et efficacité des médicaments.* 1. Lorsque la demande de licence obligatoire concerne un médicament, le demandeur peut recourir :

a) à la procédure d'avis scientifique telle que prévue à l'article 58 du règlement (CE) n° 726/2004 ; ou

b) à d'autres procédures similaires prévues dans le droit national, telles que des avis scientifiques ou des certificats d'exportation destinés exclusivement à des marchés situés en dehors de la Communauté.

2. Lorsqu'une demande relative à l'une des procédures susmentionnées concerne un produit générique d'un médicament de référence qui est ou a été autorisé en vertu de l'article 6 de la directive 2001/83/CE, les périodes de protection visées à l'article 14, paragraphe 11, du règlement (CE) n° 726/2004 et à l'article 10, paragraphes 1 et 5, de la directive 2001/83/CE, ne sont pas applicables.

Art. 19 *Contrôle.* Trois ans après l'entrée en vigueur du présent règlement, puis tous les trois ans par la suite, la Commission présente un rapport au Parlement européen, au Conseil et au Comité économique et social européen sur le fonctionnement du présent règlement, y compris toute proposition appropriée en vue d'y apporter des modifications. Le rapport porte, en particulier, sur :

a) l'application de l'article 10, paragraphe 9, relatif à la détermination de la rémunération du titulaire des droits ;

b) l'application de la procédure simplifiée et accélérée visée à l'article 16, paragraphe 4 ;

c) la pertinence des exigences prévues à l'article 10, paragraphe 5, afin d'éviter tout détournement des échanges ; et

d) le rôle que le présent règlement a joué dans la mise en œuvre du système mis en place par la décision.

Art. 20 *Entrée en vigueur.* Le présent règlement entre en vigueur le vingtième jour suivant celui de sa publication au *Journal officiel* de l'Union européenne.

Règlement (CE) n° 469/2009 du Parlement européen et du Conseil du 6 mai 2009,

Concernant le certificat complémentaire de protection pour les médicaments.

Ce texte codifie le Règl. (CE) n° 1768/92 du 18 juin 1992.

V. la jurispr. ss. l'art. L. 611-3.

Pour les produits phytopharmaceutiques, V. Règl. (CE) n° 1610/96 du 27 juin 2006 (JOCE n° L 198 du 8 août 1996).

Pour les médicaments à usage pédiatrique, V. Règl. (CE) n° 1901/2006 du 12 déc. 2006 (JOCE n° L 378 du 27 déc. 2006).

BIBL. ▶ SCHMITT, *Propr. intell. 2012, n° 44, p. 317* (l'oxymore de la propriété industrielle : le certificat complémentaire de protection à durée négative). – GAUMONT-PRAT, *Propr. ind. 2014. Chron. 6, p. 23* (médicament et CCP).

LE PARLEMENT EUROPÉEN ET LE CONSEIL DE L'UNION EUROPÉENNE,

vu le traité instituant la Communauté européenne, et notamment son article 95,

vu la proposition de la Commission,

vu l'avis du Comité économique et social européen,

statuant selon la procédure prévue à l'article 251 du traité *[avis du Parlement européen du 21 oct. 2008 (non encore paru au Journal officiel) et décis. du Conseil du 6 avr. 2009.]*,

considérant ce qui suit :

(1) Le règlement (CEE) n° 1768/92 du Conseil du 18 juin 1992 concernant la création d'un certificat complémentaire de protection pour les médicaments a été modifié à plusieurs reprises et de façon substantielle. Il convient, dans un souci de clarté et de rationalité, de procéder à la codification dudit règlement.

(2) La recherche dans le domaine pharmaceutique contribue de façon décisive à l'amélioration continue de la santé publique.

(3) Les médicaments, et notamment ceux résultant d'une recherche longue et coûteuse, ne continueront à être développés dans la Communauté et en Europe que s'ils bénéficient d'une réglementation favorable prévoyant une protection suffisante pour encourager une telle recherche.

(4) A l'heure actuelle, la période qui s'écoule entre le dépôt d'une demande de brevet pour un nouveau médicament et l'autorisation de mise sur le marché dudit médicament réduit la protection effective conférée par le brevet à une durée insuffisante pour amortir les investissements effectués dans la recherche.

(5) Ces circonstances conduisent à une insuffisance de protection qui pénalise la recherche pharmaceutique.

(6) Il existe un risque de déplacement des centres de recherche situés dans les États membres vers des pays offrant une meilleure protection.

(7) Il convient de prévoir une solution uniforme au niveau communautaire et de prévenir ainsi une évolution hétérogène des législations nationales aboutissant à de nouvelles disparités qui seraient de nature à entraver la libre circulation des médicaments au sein de la Communauté et à affecter, de ce fait, directement le fonctionnement du marché intérieur.

(8) Il est donc nécessaire de prévoir un certificat complémentaire de protection pour les médicaments ayant donné lieu à une autorisation de mise sur le marché, qui puisse être obtenu par le titulaire d'un brevet national ou européen selon les mêmes conditions dans chaque État membre. En conséquence, le règlement est l'instrument juridique le plus approprié.

(9) La durée de la protection conférée par le certificat devrait être déterminée de telle *sorte qu'elle permette* une protection effective suffisante. A cet effet, le titulaire, à la fois d'un brevet et d'un certificat, doit pouvoir bénéficier au total de quinze années d'exclusivité au maximum à partir de la première autorisation de mise sur le marché, dans la Communauté, du médicament en question.

(10) Néanmoins, tous les intérêts en jeu, y compris ceux de la santé publique, dans un secteur aussi complexe et sensible que le secteur pharmaceutique devraient être pris en

compte. A cet effet, le certificat ne saurait être délivré pour une durée supérieure à cinq ans. La protection qu'il confère devrait en outre être strictement limitée au produit couvert par l'autorisation de sa mise sur le marché en tant que médicament.

(11) Il convient de prévoir une limitation adéquate de la durée du certificat dans le cas particulier d'un brevet déjà prolongé en vertu d'une législation nationale spécifique,

ONT ARRÊTÉ LE PRÉSENT RÈGLEMENT :

Art. 1er ***Définitions.*** **Aux fins du présent règlement, on entend par :**

a) **"médicament" : toute substance ou composition présentée comme possédant des propriétés curatives ou préventives à l'égard des maladies humaines ou animales, ainsi que toute substance ou composition pouvant être administrée à l'homme ou à l'animal en vue d'établir un diagnostic médical ou de restaurer, de corriger ou de modifier des fonctions organiques chez l'homme ou l'animal ;**

b) **"produit" : le principe actif ou la composition de principes actifs d'un médicament ;**

c) **"brevet de base" : un brevet qui protège un produit en tant que tel, un procédé d'obtention d'un produit ou une application d'un produit et qui est désigné par son titulaire aux fins de la procédure d'obtention d'un certificat ;**

d) **"certificat" : le certificat complémentaire de protection ;**

e) **"demande de prorogation" : une demande de prorogation du certificat au titre de l'article 13, paragraphe 3, du présent règlement et de l'article 36 du règlement (CE) n° 1901/2006 du Parlement européen et du Conseil du 12 décembre 2006 relatif aux médicaments à usage pédiatrique.** — *[Règl. (CE) n° 1768/92 du 18 juin 1992, art. 1er.]*

1. V. notes ss. art. L. 611-3.

2. Un produit ayant pour vocation de détecter la présence du virus du SIDA dans des échantillons de sang n'entre pas dans le champ d'application de l'art. 1er. • Com. 3 avr. 2007 : *D. 2007. AJ 1280.*

3. Lorsqu'un médicament est protégé par plusieurs brevets de base, le règlement ne fait pas obstacle à ce qu'un CCP soit accordé à chaque titulaire d'un brevet de base. • CJCE 23 janv. 1997 : *PIBD 1997. III. 281 ; D. 1997. Somm. 338, obs. Galloux.*

Art. 2 ***Champ d'application.*** **Tout produit protégé par un brevet sur le territoire d'un État membre et soumis, en tant que médicament, préalablement à sa mise sur le marché, à une procédure d'autorisation administrative en vertu de la directive 2001/83/CE du Parlement européen et du Conseil du 6 novembre 2001 instituant un code communautaire relatif aux médicaments à usage humain ou de la directive 2001/82/CE du Parlement européen et du Conseil du 6 novembre 2001 instituant un code communautaire relatif aux médicaments vétérinaires peut, dans les conditions et selon les modalités prévues par le présent règlement, faire l'objet d'un certificat.** — *[Règl. (CE) n° 1768/92 du 18 juin 1992, art. 2.]*

Art. 3 ***Conditions d'obtention du certificat.*** **Le certificat est délivré, si, dans l'État membre où est présentée la demande visée à l'article 7 et à la date de cette demande :**

a) **le produit est protégé par un brevet de base en vigueur ;**

b) **le produit, en tant que médicament, a obtenu une autorisation de mise sur le marché en cours de validité conformément à la directive 2001/83/CE ou à la directive 2001/82/CE suivant les cas ;**

c) **le produit n'a pas déjà fait l'objet d'un certificat ;**

d) **l'autorisation mentionnée au point *b)* est la première autorisation de mise sur le marché du produit, en tant que médicament.** — *[Règl. (CE) n° 1768/92 du 18 juin 1992, art. 3, termes introductifs, a), b) première phrase, c) et d).]*

L'art. 3, sous *a)* doit être interprété en ce sens qu'il s'oppose à ce que les services compétents de la propriété industrielle d'un État membre octroient un certificat complémentaire de protection (CCP) portant sur des principes actifs qui ne sont pas mentionnés dans le libellé des revendications du brevet de base invoqué au soutien d'une telle demande. L'art. 3, sous *b)* doit être interprété en ce sens que, sous réserve que les autres conditions prévues à cet article soient également remplies, il ne s'oppose pas à ce que les services compétents de la propriété industrielle d'un État membre octroient un CCP pour une composition de deux principes actifs, correspondant à celle figurant dans le libellé des revendications du brevet de base invoqué, lorsque le médicament dont l'autorisation de mise sur le marché est présentée au soutien de la demande de CCP comprend non seulement cette composition des deux principes actifs, mais également d'autres principes actifs. • CJUE 24 nov. 2011, *Medeva : inédit.* ♦ Sur le rejet de l'octroi d'un CCP pour une composition en application de l'arrêt de la CJUE du 24 nov. 2011 préc., V. • Com. 26 nov. 2013 : *Bull. civ. IV, n° 172 ; D. 2013. AJ 2844.*

Art. 4 *Objet de la protection.* Dans les limites de la protection conférée par le brevet de base, la protection conférée par le certificat s'étend au seul produit couvert par l'autorisation de mise sur le marché du médicament correspondant, pour toute utilisation du produit, en tant que médicament, qui a été autorisée avant l'expiration du certificat. – *[Règl. (CE) n° 1768/92 du 18 juin 1992, art. 4.]*

Art. 5 *Effets du certificat.* Sous réserve de l'article 4, le certificat confère les mêmes droits que ceux qui sont conférés par le brevet de base et est soumis aux mêmes limitations et aux mêmes obligations. – *[Règl. (CE) n° 1768/92 du 18 juin 1992, art. 5.]*

Art. 6 *Droit au certificat.* Le droit au certificat appartient au titulaire du brevet de base ou à son ayant droit. – *[Règl. (CE) n° 1768/92 du 18 juin 1992, art. 6.]*

Art. 7 *Demande de certificat.* 1. La demande de certificat doit être déposée dans un délai de six mois à compter de la date à laquelle le produit, en tant que médicament, a obtenu l'autorisation de mise sur le marché mentionnée à l'article 3, point *b)*.

2. Nonobstant le paragraphe 1, lorsque l'autorisation de mise sur le marché intervient avant la délivrance du brevet de base, la demande de certificat doit être déposée dans un délai de six mois à compter de la date de délivrance du brevet.

3. La demande de prorogation du certificat peut être présentée lorsque la demande de certificat est déposée ou à l'examen et que les exigences appropriées de l'article 8, paragraphe 1, point *d)*, ou de l'article 8, paragraphe 2, respectivement, sont respectées.

4. La demande de prorogation d'un certificat déjà délivré est déposée au plus tard deux ans avant l'expiration du certificat.

5. Nonobstant le paragraphe 4, pendant cinq ans après l'entrée en vigueur du règlement (CE) n° 1901/2006, toute demande de prorogation du certificat déjà accordé est introduite au plus tard six mois avant l'expiration dudit certificat. – *[Règl. (CE) n° 1768/92 du 18 juin 1992, art. 7.]*

Art. 8 *Contenu de la demande de certificat.* 1. La demande de certificat doit contenir :

a) une requête de délivrance du certificat, mentionnant notamment :

i) le nom et l'adresse du demandeur ;

ii) le nom et l'adresse du mandataire, le cas échéant ;

iii) le numéro du brevet de base, ainsi que le titre de l'invention ;

iv) le numéro et la date de la première autorisation de mise sur le marché du produit visée à l'article 3, point *b)*, et, dans la mesure où celle-ci n'est pas la première autorisation de mise sur le marché dans la Communauté, le numéro et la date de ladite autorisation ;

b) une copie de l'autorisation de mise sur le marché, visée à l'article 3, point *b)*, par laquelle se trouve identifié le produit et comprenant notamment le numéro et la date de l'autorisation, ainsi que le résumé des caractéristiques du produit conformément à l'article 11 de la directive 2001/83/CE ou à l'article 14 de la directive 2001/82/CE ;

c) si l'autorisation visée au point *b)* n'est pas la première autorisation de mise sur le marché du produit, en tant que médicament, dans la Communauté, l'indication de l'identité du produit ainsi autorisé et de la disposition légale en vertu de laquelle cette procédure d'autorisation est intervenue, ainsi qu'une copie de la publication de cette autorisation au *Journal officiel* ;

d) si la demande de certificat contient une demande de prorogation :

i) une copie de la déclaration attestant la conformité à un plan d'investigation pédiatrique approuvé, mené à son terme, tel que visé à l'article 36, paragraphe 1, du règlement (CE) n° 1901/2006 ;

ii) le cas échéant, outre la copie de l'autorisation de mise sur le marché visée au point *b)*, la preuve de la détention des autorisations de mise sur le marché de tous les autres États membres, telles que visées à l'article 36, paragraphe 3, du règlement (CE) n° 1901/2006.

2. Lorsqu'une demande de certificat est à l'examen, conformément à l'article 7, paragraphe 3, une demande de prorogation inclut les éléments visés au paragraphe 1, point *d)*, du présent article, ainsi qu'une mention relative à la demande de certificat déjà déposée.

3. La demande de prorogation d'un certificat déjà délivré contient les éléments visés au paragraphe 1, point *d)*, ainsi qu'une copie du certificat déjà délivré.

4. Les États membres peuvent prévoir que le dépôt d'une demande de certificat et le dépôt d'une demande de prorogation donnent lieu au paiement d'une taxe. – *[Règl. (CE) n° 1768/92 du 18 juin 1992, art. 8.]*

Lorsque le titulaire du brevet et le titulaire de l'AMM sont des personnes différentes, la demande de CCP ne doit pas être rejetée du seul fait que le titulaire du brevet n'est pas en mesure de fournir copie de l'AMM, l'exigence de cette copie n'étant qu'une formalité de forme. • CJCE 23 janv. 1997 : PIBD 1997. III. 281 ; *D. 1997. Somm. 338, obs. Galloux*. ♦ V. aussi notes ss. art. L. 611-3.

Art. 9 ***Dépôt de la demande de certificat.*** **1. La demande de certificat doit être déposée auprès du service compétent de la propriété industrielle de l'État membre qui a délivré ou pour lequel a été délivré le brevet de base et dans lequel a été obtenue l'autorisation de mise sur le marché prévue à l'article 3, point *b*), à moins que l'État membre ne désigne une autre autorité à cet effet.**

La demande de prorogation d'un certificat est déposée auprès de l'autorité compétente de l'État membre concerné.

2. Mention de la demande de certificat est publiée par l'autorité visée au paragraphe 1. Cette mention doit comporter au moins les indications suivantes :

***a*) le nom et l'adresse du demandeur ;**

***b*) le numéro du brevet de base ;**

***c*) le titre de l'invention ;**

***d*) le numéro et la date de l'autorisation de mise sur le marché visée à l'article 3, point *b*), ainsi que le produit qu'elle identifie ;**

***e*) le cas échéant, le numéro et la date de la première autorisation de mise sur le marché dans la Communauté ;**

***f*) le cas échéant, une mention selon laquelle la demande inclut une demande de prorogation.**

3. Le paragraphe 2 s'applique à la notification de la demande de prorogation d'un certificat déjà délivré ou lorsqu'une demande de certificat est à l'examen. La notification contient en outre une mention relative à la demande de prorogation du certificat. – *[Règl (CE) nº 1768/92 du 18 juin 1992, art. 9.]*

Art. 10 ***Délivrance du certificat ou rejet de la demande de certificat.*** **1. Lorsque la demande de certificat et le produit qui en fait l'objet satisfont aux conditions prévues par le présent règlement, l'autorité visée à l'article 9, paragraphe 1, délivre le certificat.**

2. Sous réserve du paragraphe 3, l'autorité visée à l'article 9, paragraphe 1, rejette la demande de certificat si cette demande ou le produit qui en fait l'objet ne satisfait pas aux conditions prévues par le présent règlement.

3. Si la demande de certificat ne satisfait pas aux conditions prévues à l'article 8, l'autorité visée à l'article 9, paragraphe 1, invite le demandeur à remédier aux irrégularités constatées ou à acquitter la taxe dans le délai imparti.

4. S'il n'est pas remédié dans le délai prescrit aux irrégularités ou au défaut de paiement notifiés en application du paragraphe 3, la demande est rejetée.

5. Les États membres peuvent prévoir que la délivrance du certificat par l'autorité visée à l'article 9, paragraphe 1, se fait sans examen des conditions prévues à l'article 3, points *c*) et *d*).

6. Les paragraphes 1 à 4 s'appliquent, *mutatis mutandis*, à la demande de prorogation du certificat. – *[Règl. (CE) nº 1768/92 du 18 juin 1992, art. 10.]*

Art. 11 ***Publication.*** **1. Mention de la délivrance du certificat est publiée par l'autorité visée à l'article 9, paragraphe 1. Cette mention doit comporter au moins les indications suivantes :**

***a*) le nom et l'adresse du titulaire du certificat ;**

***b*) le numéro du brevet de base ;**

***c*) le titre de l'invention ;**

***d*) le numéro et la date de l'autorisation de mise sur le marché visée à l'article 3, point *b*), ainsi que le produit qu'elle identifie ;**

***e*) le cas échéant, le numéro et la date de la première autorisation de mise sur le marché dans la Communauté ;**

***f*) la durée du certificat.**

2. Mention du rejet de la demande de certificat est publiée par l'autorité visée à l'article 9, paragraphe 1. Cette mention doit comporter au moins les indications mentionnées à l'article 9, paragraphe 2.

3. Les paragraphes 1 et 2 s'appliquent à la notification de l'acceptation de la prorogation d'un certificat ou du rejet d'une demande de telle prorogation. – *[Règl. (CE) nº 1768/92 du 18 juin 1992, art. 11.]*

Art. 12 ***Taxes annuelles.*** **Les États membres peuvent prévoir que le certificat donne lieu au paiement de taxes annuelles.** – *[Règl. (CE) nº 1768/92 du 18 juin 1992, art. 12.]*

Art. 13 *Durée du certificat.* 1. Le certificat produit effet au terme légal du brevet de base pour une durée égale à la période écoulée entre la date du dépôt de la demande du brevet de base et la date de la première autorisation de mise sur le marché dans la Communauté, réduite d'une période de cinq ans.

2. Nonobstant le paragraphe 1, la durée du certificat ne peut être supérieure à cinq ans à compter de la date à laquelle il produit effet.

3. Les périodes prévues aux paragraphes 1 et 2 sont prorogées de six mois en cas d'application de l'article 36 du règlement (CE) n° 1901/2006. Dans ce cas, la période prévue au paragraphe 1 du présent article ne peut faire l'objet que d'une seule prorogation. – *[Règl. (CE) n° 1768/92 du 18 juin 1992, art. 13, § 1 à § 3.]*

4. Si un certificat est délivré pour un produit protégé par un brevet qui, avant le 2 janvier 1993, a été prolongé ou a fait l'objet d'une demande de prolongation, en vertu de la législation nationale, la durée de ce certificat est réduite du nombre d'années excédant vingt ans de durée du brevet. – *[Règl. (CE) n° 1768/92 du 18 juin 1992, art. 22.]*

• CJUE 6 oct. 2015, *Seattle Genetics Inc.*, n° C-471/14 : *V. note 9 ss. art. L. 611-3.*

Art. 14 *Extinction du certificat.* Le certificat s'éteint :

a) au terme de la durée prévue à l'article 13 ;

b) si le titulaire du certificat y renonce ;

c) si la taxe annuelle fixée conformément à l'article 12 n'est pas acquittée dans les délais ;

d) si et aussi longtemps que le produit couvert par le certificat n'est plus autorisé à être mis sur le marché par suite du retrait de l'autorisation ou des autorisations de mise sur le marché correspondantes, conformément à la directive 2001/83/CE ou à la directive 2001/82/CE. L'autorité visée à l'article 9, paragraphe 1, du présent règlement est habilitée à statuer sur l'extinction du certificat soit d'office, soit sur requête d'un tiers. – *[Règl. (CE) n° 1768/92 du 18 juin 1992, art. 14.]*

Art. 15 *Nullité du certificat.* 1. Le certificat est nul :

a) s'il a été délivré contrairement aux dispositions de l'article 3 ;

b) si le brevet de base s'est éteint avant l'expiration de sa durée légale ;

c) si le brevet de base est annulé ou limité de telle sorte que le produit pour lequel le certificat a été délivré n'est plus protégé par les revendications du brevet de base ou si, après l'extinction du brevet de base, il existe des motifs de nullité qui auraient justifié l'annulation ou la limitation.

2. Toute personne peut présenter une demande ou intenter une action en nullité du certificat auprès de l'instance compétente, en vertu de la législation nationale, pour annuler le brevet de base correspondant. – *[Règl. (CE) n° 1768/92 du 18 juin 1992, art. 15.]*

Art. 16 *Révocation d'une prorogation de certificat.* 1. Une prorogation de certificat peut être révoquée lorsqu'elle a été accordée contrairement aux dispositions de l'article 36 du règlement (CE) n° 1901/2006.

2. Toute personne peut présenter une demande de révocation de la prorogation du certificat à l'instance compétente, en vertu de la législation nationale, pour annuler le brevet de base correspondant. – *[Règl. (CE) n° 1768/92 du 18 juin 1992, art. 15 bis.]*

Art. 17 *Publication de l'extinction ou de la nullité.* 1. Si le certificat s'éteint en application de l'article 14, point *b)*, *c)* ou *d)*, ou s'il est nul conformément à l'article 15, une mention est publiée par l'autorité visée à l'article 9, paragraphe 1.

2. Si la prorogation du certificat est révoquée en vertu de l'article 16, une notification de cette révocation est publiée par les autorités visées à l'article 9, paragraphe 1. – *[Règl. (CE) n° 1768/92 du 18 juin 1992, art. 16.]*

Art. 18 *Recours.* Les décisions de l'autorité visée à l'article 9, paragraphe 1, ou des instances visées à l'article 15, paragraphe 2, et à l'article 16, paragraphe 2, prises en application du présent règlement, sont susceptibles des mêmes recours que ceux prévus par la législation nationale contre des décisions analogues prises en matière de brevets nationaux. – *[Règl. (CE) n° 1768/92 du 18 juin 1992, art. 17.]*

Art. 19 *Procédure.* 1. En l'absence de dispositions de procédure dans le présent règlement, les dispositions de procédure applicables en vertu de la législation nationale au brevet de base correspondant s'appliquent à l'égard du certificat, à moins que la législation nationale ne fixe des dispositions de procédure spéciales relatives aux certificats.

2. Nonobstant le paragraphe 1, la procédure d'opposition à un certificat délivré est exclue. – *[Règl. (CE) n° 1768/92 du 18 juin 1992, art. 18.]*

Art. 20 *Dispositions complémentaires concernant l'élargissement de la Communauté.* Sans préjudice des autres dispositions du présent règlement, les dispositions suivantes sont applicables :

a) tout médicament qui est protégé par un brevet de base en vigueur pour lequel, en tant que médicament, une première autorisation de mise sur le marché a été obtenue après le 1er janvier 2000 peut donner lieu à délivrance d'un certificat en Bulgarie, à condition que la demande de certificat ait été déposée dans les six mois suivant le 1er janvier 2007 ;

b) tout médicament qui est protégé par un brevet de base en vigueur en République tchèque et pour lequel, en tant que médicament, une première autorisation de mise sur le marché a été obtenue :

i) en République tchèque, après le 10 novembre 1999, peut donner lieu à délivrance d'un certificat, à condition que la demande de certificat ait été déposée dans les six mois suivant la date à laquelle a été obtenue la première autorisation de mise sur le marché ;

ii) dans la Communauté, six mois au maximum avant le 1er mai 2004, peut donner lieu à délivrance d'un certificat, à condition que la demande de certificat ait été déposée dans les six mois suivant la date à laquelle a été obtenue la première autorisation de mise sur le marché ;

c) tout médicament qui est protégé par un brevet de base en vigueur et pour lequel, en tant que médicament, une première autorisation de mise sur le marché a été obtenue en Estonie avant le 1er mai 2004 peut donner lieu à délivrance d'un certificat, à condition que la demande de certificat ait été déposée dans les six mois suivant la date à laquelle a été obtenue la première autorisation de mise sur le marché ou, dans le cas des brevets octroyés avant le 1er janvier 2000, dans le délai de six mois prévu dans la loi sur les brevets d'octobre 1999 ;

d) tout médicament qui est protégé par un brevet de base en vigueur et pour lequel, en tant que médicament, une première autorisation de mise sur le marché a été obtenue à Chypre avant le 1er mai 2004 peut donner lieu à délivrance d'un certificat, à condition que la demande de certificat ait été déposée dans les six mois suivant la date à laquelle a été obtenue la première autorisation de mise sur le marché ; nonobstant ce qui précède, lorsque l'autorisation de mise sur le marché a été obtenue avant l'octroi du brevet de base, la demande de certificat doit avoir été déposée dans les six mois suivant la date à laquelle le brevet a été octroyé ;

e) tout médicament qui est protégé par un brevet de base en vigueur et pour lequel, en tant que médicament, une première autorisation de mise sur le marché a été obtenue en Lettonie avant le 1er mai 2004 peut donner lieu à délivrance d'un certificat. Dans les cas où le délai prévu à l'article 7, paragraphe 1, a expiré, la possibilité de présenter une demande de certificat est ouverte pendant un délai de six mois commençant à courir au plus tard le 1er mai 2004 ;

f) tout médicament qui est protégé par un brevet de base en vigueur demandé après le 1er février 1994 et pour lequel, en tant que médicament, une première autorisation de mise sur le marché a été obtenue en Lituanie avant le 1er mai 2004 peut donner lieu à délivrance d'un certificat, à condition que la demande de certificat ait été déposée dans les six mois suivant le 1er mai 2004 ;

g) tout médicament qui est protégé par un brevet de base en vigueur pour lequel, en tant que médicament, une première autorisation de mise sur le marché a été obtenue après le 1er janvier 2000 peut donner lieu à délivrance d'un certificat en Hongrie, à condition que la demande de certificat ait été déposée dans les six mois suivant le 1er mai 2004 ;

h) tout médicament qui est protégé par un brevet de base en vigueur et pour lequel, en tant que médicament, une première autorisation de mise sur le marché a été obtenue à Malte avant le 1er mai 2004 peut donner lieu à délivrance d'un certificat. Dans les cas où le délai prévu à l'article 7, paragraphe 1, a expiré, la possibilité de présenter une demande de certificat est ouverte pendant un délai de six mois commençant à courir au plus tard le 1er mai 2004 ;

i) tout médicament qui est protégé par un brevet de base en vigueur et pour lequel, en tant que médicament, une première autorisation de mise sur le marché a été obtenue après le 1er janvier 2000 peut donner lieu à délivrance d'un certificat en Pologne, à condition que la demande de certificat ait été déposée dans un délai de six mois commençant à courir au plus tard le 1er mai 2004 ;

j) tout médicament qui est protégé par un brevet de base en vigueur et pour lequel, en tant que médicament, une première autorisation de mise sur le marché a été obtenue après le 1er janvier 2000 peut donner lieu à délivrance d'un certificat en Roumanie. Dans les cas où le délai prévu à l'article 7, paragraphe 1, a expiré, la possibilité de présenter une demande de certificat est ouverte pendant un délai de six mois commençant à courir au plus tard le 1er janvier 2007 ;

k) tout médicament qui est protégé par un brevet de base en vigueur et pour lequel, en tant que médicament, une première autorisation de mise sur le marché a été obtenue en Slovénie avant le 1er mai 2004 peut donner lieu à délivrance d'un certificat, à condition que la demande de certificat ait été déposée dans les six mois suivant le 1er mai 2004, y compris dans les cas où le délai prévu à l'article 7, paragraphe 1, a expiré ;

l) tout médicament qui est protégé par un brevet de base en vigueur et pour lequel, en tant que médicament, une première autorisation de mise sur le marché a été obtenue en Slovaquie après le 1er janvier 2000 peut donner lieu à délivrance d'un certificat, à condition que la demande de certificat ait été déposée dans les six mois suivant la date à laquelle a été obtenue la première autorisation de mise sur le marché ou dans les six mois suivant le 1er juillet 2002 si l'autorisation de mise sur le marché a été obtenue avant cette date. – *[Règl. (CE) n° 1768/92 du 18 juin 1992, art. 19 bis.]*

(Acte relatif aux conditions d'adhésion à l'UE de la Rép. de Croatie, Annexe III, II.2) « *m)* tout médicament qui est protégé par un brevet de base en vigueur pour lequel, en tant que médicament, une première autorisation de mise sur le marché a été obtenue après le 1er janvier 2003 peut donner lieu à délivrance d'un certificat en Croatie, à condition que la demande de certificat ait été déposée dans les six mois à compter de la date d'adhésion. ». – *[Règl. (CE) n° 1768/92 du 18 juin 1992, art. 19 bis.]*

Art. 21 *Dispositions transitoires.* 1. Le présent règlement ne s'applique ni aux certificats délivrés conformément à la législation nationale d'un État membre avant le 2 janvier 1993 ni aux demandes de certificat déposées conformément à cette législation avant le 2 juillet 1992.

En ce qui concerne l'Autriche, la Finlande et la Suède, le présent règlement ne s'applique pas aux certificats délivrés conformément à la législation nationale de ces pays avant le 1er janvier 1995.

(Acte relatif aux conditions d'adhésion à l'UE de la Rép. de Croatie, Annexe III, II.2) 2. Le présent règlement s'applique aux certificats complémentaires de protection délivrés conformément à la législation nationale de la République tchèque, de l'Estonie, de la Croatie, de Chypre, de la Lettonie, de la Lituanie, de Malte, de la Pologne, de la Roumanie, de la Slovénie et de la Slovaquie avant leurs dates respectives d'adhésion. – *[Règl. (CE) n° 1768/92 du 18 juin 1992, art. 20.]*

Art. 22 *Abrogation.* Le règlement (CEE) n° 1768/92, tel que modifié par les actes figurant à l'annexe I, est abrogé.

Les références faites au règlement abrogé s'entendent comme faites au présent règlement et sont à lire selon le tableau de correspondance figurant à l'annexe II.

Art. 23 *Entrée en vigueur.* Le présent règlement entre en vigueur le vingtième jour suivant celui de sa publication au *Journal officiel* de l'Union européenne.

Le présent règlement est obligatoire dans tous ses éléments et directement applicable dans tout État membre. – *[Règl. (CE) n° 1768/92 du 18 juin 1992, art. 23.]*

Règlement (UE) n° 1257/2012 du Parlement européen et du Conseil du 17 décembre 2012,

Mettant en œuvre la coopération renforcée dans le domaine de la création d'une protection unitaire conférée par un brevet.

Dans les conditions prévues à l'art. 38 Const., le Gouvernement est autorisé à prendre par ordonnances les mesures relevant du domaine de la loi nécessaires pour assurer la compatibilité de la législation, notamment, avec le Règl. (UE) n° 1257/2012 dans un délai de dix-huit mois à compter de la promulgation de la L. n° 2016-1547 du 18 nov. 2016 (L. préc., art. 109, JO 19 nov.).

BIBL. ▶ CASALONGA, *Propr. ind. 2016. Étude 12* (période transitoire et *opt-out* pour la juridiction unifiée du brevet). – CHRÉTIEN, *Propr. ind. 2016. Étude 11* (brevet européen à effet unitaire : comment les déposants envisagent-ils de l'utiliser). – CORDIER et JOBARD, *Propr. ind. 2014. Étude 8* (point d'étape sur le futur brevet unitaire européen). – GALLOUX, *RTD com. 2013. 423* (le brevet européen à effet unitaire et l'accord relatif à une juridiction unifiée du brevet). – GALLOUX et WARUSFEL, *Propr. intell. 2013, n° 47, p. 152* (le brevet unitaire et la future juridiction unifiée). – KUPFER ET MEILLER, *Propr. ind. 2014. Étude 14* (sept ans de réflexion : une période transitoire pour lever les doutes des justiciables de la future juridiction unifiée du brevet). – MAROLLÉ et MIGNON, *Propr. ind. 2017. Étude 4* (« to ratify or not ratify » : le brevet européen à effet unitaire et la juridiction unifiée du brevet à l'épreuve du Brexit). – MASSON et ABELLA, *JCP E 2014, n° 1293* (le brevet unitaire – il faut saisir la balle au bond). – PEZARD, *Propr. intell. 2013, n° 49, p. 379* (l'Europe se dote d'un brevet européen à effet unitaire et d'une juridiction unifiée). – Treppoz, *RTD eur. 2013. 909* (règlement n° 1257/2012 et n° 1260/2012 du 17 décembre 2012 ; Accord relatif à une juridiction unifiée du brevet). – Véron et Bouche, *Cah. dr. entr. mars 2014. Dossier 10* (la juridiction unifiée du brevet – une révolution dans le contentieux européen). – Vivant, *Cah. dr. entr. mars 2014. Dossier 6* (un brevet pour l'Europe : titre et juridiction) ; *ibid. Dossier 9* (le brevet unitaire, une complexité pas si complexe).

(1) La création des conditions juridiques permettant aux entreprises d'adapter leurs activités de fabrication et de distribution de produits au-delà de leurs frontières nationales et leur offrant un choix et des possibilités plus vastes contribue à la réalisation des objectifs de l'Union énoncés à l'article 3, paragraphe 3, du traité sur l'Union européenne. La protection uniforme conférée par un brevet au sein du marché intérieur, ou du moins dans une grande partie de celui-ci, devrait figurer parmi les instruments juridiques à la disposition des entreprises.

(2) Conformément à l'article 118, premier alinéa, du traité sur le fonctionnement de l'Union européenne, les mesures à prendre dans le cadre de l'établissement et du fonctionnement du marché intérieur comprennent la création d'une protection uniforme conférée par un brevet dans l'ensemble de l'Union et la mise en place de régimes d'autorisation, de coordination et de contrôle centralisés au niveau de l'Union.

(3) Le 10 mars 2011, le Conseil a adopté la décision 2011/167/UE autorisant une coopération renforcée entre la Belgique, la Bulgarie, la République tchèque, le Danemark, l'Allemagne, l'Estonie, l'Irlande, la Grèce, la France, Chypre, la Lettonie, la Lituanie, le Luxembourg, la Hongrie, Malte, les Pays-Bas, l'Autriche, la Pologne, le Portugal, la Roumanie, la Slovénie, la Slovaquie, la Finlande, la Suède et le Royaume-Uni (ci-après dénommés "les États membres participants") dans le domaine de la création d'une protection unitaire conférée par un brevet.

(4) La protection unitaire conférée par un brevet favorisera le progrès scientifique et technique ainsi que le fonctionnement du marché intérieur en rendant l'accès au système de brevet plus facile, moins coûteux et juridiquement sûr. Elle relèvera également le niveau de protection conféré par un brevet en donnant la possibilité d'obtenir une protection uniforme conférée par un brevet dans les États membres participants et supprimera les frais et la complexité du système pour les entreprises de toute l'Union. Elle devrait être accessible aux titulaires d'un brevet européen issus des États membres participants et d'autres États, indépendamment de leur nationalité, de leur lieu de résidence ou de leur lieu d'établissement.

(5) La convention sur la délivrance de brevets européens du 5 octobre 1973, telle que modifiée le 17 décembre 1991 et le 29 novembre 2000 (ci-après abrégée "CBE"), a créé l'Organisation européenne des brevets et l'a chargée de la délivrance des brevets européens. Cette tâche est réalisée par l'Office européen des brevets ("OEB"). Un brevet européen délivré par l'OEB devrait, à la demande de son titulaire, se voir conférer un effet unitaire dans les États membres participants en vertu du présent règlement. Un tel brevet est dénommé ci-après "brevet européen à effet unitaire".

(6) Conformément à la neuvième partie de la CBE, un groupe d'États parties à la CBE peut prévoir que les brevets européens délivrés pour ces États auront un caractère unitaire. Le présent règlement constitue un accord particulier au sens de l'article 142 de la CBE, un traité de brevet régional au sens de l'article 45, paragraphe 1, du traité de coopération en matière de brevets du 19 juin 1970 tel que modifié en dernier lieu le 3 février 2001 et un arrangement particulier au sens de l'article 19 de la convention pour la protection de la propriété industrielle, signée à Paris le 20 mars 1883 et modifiée en dernier lieu le 28 septembre 1979.

(7) Il convient de réaliser une protection unitaire par un brevet en attribuant un effet unitaire aux brevets européens après leur délivrance, en vertu du présent règlement et à l'égard de tous les États membres participants. La principale caractéristique d'un brevet européen à effet unitaire devrait être son caractère unitaire, c'est-à-dire la faculté de fournir une protection uniforme et de produire les mêmes effets dans tous les États membres participants. En conséquence, un brevet européen à effet unitaire ne devrait être limité, transféré ou révoqué ou ne devrait s'éteindre qu'à l'égard de tous les États membres participants. Un brevet européen à effet unitaire devrait pouvoir faire l'objet de licences pour tout ou partie des territoires des États membres participants. Pour garantir l'uniformité du champ d'application matériel de la protection unitaire conférée par un brevet, seuls les brevets européens délivrés pour tous les États membres participants avec le même jeu de revendications devraient se voir conférer un effet unitaire. Enfin, l'effet unitaire conféré à un brevet euro-

péen devrait avoir un caractère accessoire et être réputé ne pas avoir existé dans la mesure où le brevet européen d'origine a été révoqué ou limité.

(8) Conformément aux principes généraux du droit des brevets et à l'article 64, paragraphe 1, de la CBE, la protection unitaire conférée par un brevet devrait prendre effet rétroactivement dans les États membres participants, à compter de la date de publication de la mention de la délivrance du brevet européen dans le bulletin européen des brevets. Lorsque la protection unitaire conférée par le brevet prend effet, les États membres participants devraient veiller à ce que le brevet européen concerné soit réputé ne pas avoir pris effet sur leur territoire en tant que brevet national, afin d'éviter que le brevet ne confère une double protection.

(9) Le brevet européen à effet unitaire devrait conférer à son titulaire le droit d'empêcher tout tiers de commettre des actes contre lesquels le brevet assure une protection. Ceci devrait être garanti par la mise en place d'une juridiction unifiée du brevet. Les dispositions de la CBE, l'accord relatif à une juridiction unifiée du brevet, y compris ses dispositions définissant la portée de ce droit et ses limitations, et le droit national, notamment les règles de droit international privé, devraient s'appliquer aux matières non couvertes par le présent règlement ou par le règlement (UE) n° 1260/2012 du Conseil du 17 décembre 2012 mettant en œuvre la coopération renforcée dans le domaine de la création d'une protection unitaire conférée par un brevet, en ce qui concerne les modalités applicables en matière de traduction *[JO n° L 361 du 31 déc. 2012.]*.

(10) Les licences obligatoires pour les brevets européens à effet unitaire devraient être régies par le droit des États membres participants en ce qui concerne leurs territoires respectifs.

(11) Dans son rapport sur le fonctionnement du présent règlement, la Commission devrait évaluer le fonctionnement des limitations applicables et, le cas échéant, soumettre des propositions appropriées, en tenant compte de la contribution du système des brevets à l'innovation et au progrès technique, des intérêts légitimes de tiers et des intérêts supérieurs de la société. L'accord relatif à une juridiction unifiée du brevet n'exclut pas que l'Union européenne exerce ses compétences dans ce domaine.

(12) Conformément à la jurisprudence de la Cour de justice de l'Union européenne, il y a lieu d'appliquer le principe de l'épuisement des droits aussi aux brevets européens à effet unitaire. Par conséquent, les droits conférés par un brevet européen à effet unitaire ne devraient pas s'étendre aux actes qui concernent le produit breveté et qui sont réalisés dans les États membres participants après que le titulaire du brevet a mis sur le marché ce produit dans l'Union.

(13) Le régime applicable aux dommages-intérêts devrait être régi par le droit des États membres participants, en particulier les dispositions mettant en œuvre l'article 13 de la directive 2004/48/CE du Parlement européen et du Conseil du 29 avril 2004 relative au respect des droits de propriété intellectuelle *[JO L 157 du 30.4.2004, p. 45]*.

(14) En tant qu'objet de propriété, un brevet européen à effet unitaire devrait être assimilé dans son intégralité, et dans tous les États membres participants, à un brevet national de l'État membre participant déterminé conformément à des critères spécifiques tels que le domicile, le principal établissement ou l'établissement du demandeur.

(15) Afin d'encourager et de faciliter l'exploitation économique d'une invention protégée par un brevet européen à effet unitaire, le titulaire de ce brevet devrait pouvoir autoriser son exploitation sous licence, contre paiement d'une compensation adéquate. A cette fin, le titulaire du brevet devrait pouvoir déposer une déclaration devant l'OEB selon laquelle il est prêt à octroyer une licence contre paiement d'une compensation adéquate. Dans ce cas, une réduction des taxes annuelles devrait être accordée au titulaire du brevet à partir de la réception par l'OEB de sa déclaration.

(16) Le groupe d'États contractants*[,]* faisant usage des dispositions de la neuvième partie de la CBE, peut confier des tâches à l'OEB et instituer un comité restreint du conseil d'administration de l'Organisation européenne des brevets (ci-après dénommé "comité restreint").

(17) Les États membres participants devraient confier à l'OEB certaines tâches administratives dans le domaine des brevets européens à effet unitaire, notamment la gestion des demandes d'effet unitaire, l'enregistrement de l'effet unitaire et toute limitation, toute licence, tout transfert, toute révocation ou extinction des brevets européens à effet unitaire, la collecte et la distribution des taxes annuelles, la publication de traductions à des fins

purement informatives durant une période de transition et la gestion d'un système de compensation pour le remboursement des coûts de traduction supportés par les demandeurs qui déposent leur demande de brevet européen dans une langue autre que l'une des langues officielles de l'OEB.

(18) Dans le cadre du comité restreint, les États membres participants devraient assurer la gouvernance et la surveillance des activités liées aux tâches confiées par les États membres participants à l'OEB, veiller à ce que les demandes d'effet unitaire soient déposées auprès de l'OEB dans le mois à compter de la date de publication de la mention de la délivrance du brevet dans le bulletin européen des brevets et s'assurer que ces demandes sont présentées dans la langue de la procédure devant l'OEB accompagnées, durant une période de transition, de la traduction prescrite par le règlement (UE) n° 1260/2012. Les États membres participants devraient également veiller à fixer, selon les règles de vote fixées à l'article 35, paragraphe 2, de la CBE, le niveau des taxes annuelles et leur clé de répartition conformément aux critères établis dans le présent règlement.

(19) Les titulaires de brevets devraient payer une taxe annuelle unique pour un brevet européen à effet unitaire. Il convient que ces taxes soient progressives tout au long de la durée de la protection conférée par le brevet et couvrent, ajoutées aux taxes à payer à l'Organisation européenne des brevets avant la délivrance, tous les coûts liés à la délivrance du brevet européen et à la gestion de la protection unitaire conférée par le brevet. Le niveau des taxes annuelles devrait être fixé de manière à faciliter l'innovation et à promouvoir la compétitivité des entreprises européennes en tenant compte de la situation d'entités spécifiques telles que les petites et moyennes entreprises, par exemple sous la forme de taxes réduites. Il devrait également refléter la taille du marché couvert par le brevet et être comparable au niveau des taxes annuelles nationales appliquées à un brevet européen moyen prenant effet dans les États membres participants au moment où le niveau des taxes annuelles est fixé pour la première fois.

(20) Le niveau et la répartition adéquats des taxes annuelles devraient être déterminés de manière à garantir qu'en ce qui concerne la protection unitaire conférée par le brevet, tous les coûts des tâches confiées à l'OEB sont intégralement couverts par les ressources provenant des brevets européens à effet unitaire et que les recettes tirées des taxes annuelles, ensemble avec les taxes à payer à l'Organisation européenne des brevets avant la délivrance, garantissent l'équilibre budgétaire de l'Organisation européenne des brevets.

(21) Les taxes annuelles devraient être payées à l'Organisation européenne des brevets. L'OEB devrait prélever un montant destiné à couvrir les frais qu'il a engagés pour exécuter les tâches qui lui ont été confiées dans le domaine de la protection unitaire conférée par le brevet conformément à l'article 146 de la CBE. Le montant restant devrait être réparti entre les États membres participants et devrait être utilisé à des fins liées aux brevets. La clé de répartition devrait être basée sur des critères justes, équitables et pertinents, à savoir le niveau d'activité ayant trait aux brevets et la taille du marché, et devrait garantir la distribution d'un montant minimum à chaque État membre participant en vue de préserver un fonctionnement équilibré et durable du système. La distribution devrait prévoir une compensation pour le fait d'avoir une langue officielle autre que l'une des langues officielles de l'OEB, une activité en matière de brevets, déterminée sur la base du tableau de bord européen de l'innovation, en comparaison particulièrement faible et/ou le fait d'avoir adhéré relativement récemment à l'Organisation européenne des brevets.

(22) Un partenariat renforcé entre l'OEB et les services centraux de la propriété industrielle des États membres devrait permettre à l'OEB d'utiliser régulièrement, le cas échéant, les résultats de toute recherche réalisée par lesdits services sur une demande de brevet national dont la priorité est revendiquée lors du dépôt ultérieur d'une demande de brevet ***européen. Tous les services centraux*** **de la propriété industrielle, y compris ceux qui ne procèdent pas à des recherches au cours de la procédure de délivrance d'un brevet national, peuvent jouer un rôle essentiel dans le cadre de ce partenariat renforcé, notamment en conseillant et en assistant les demandeurs potentiels de brevets, en particulier les petites et moyennes entreprises, en recevant les demandes, en les transmettant à l'OEB et en diffusant des informations sur les brevets.**

(23) Le présent règlement est complété par le règlement (UE) n° 1260/2012, adopté par le Conseil conformément à l'article 118, second alinéa, du traité sur le fonctionnement de l'Union européenne.

(24) La juridiction compétente à l'égard des brevets européens à effet unitaire devrait être mise en place et régie par un instrument instituant un système unifié de règlement des litiges pour les brevets européens et les brevets européens à effet unitaire.

(25) Il est essentiel de mettre en place une juridiction unifiée du brevet compétente pour connaître des affaires relatives au brevet européen à effet unitaire, afin de garantir le bon fonctionnement de ce brevet, la cohérence de la jurisprudence et, partant, la sécurité juridique, ainsi qu'un bon rapport coût-efficacité pour les titulaires de brevets. Il est donc extrêmement important que les États membres participants ratifient l'accord sur une juridiction unifiée du brevet conformément à leurs procédures constitutionnelles et parlementaires nationales et prennent les mesures nécessaires pour que cette juridiction devienne opérationnelle au plus vite.

(26) Le présent règlement ne devrait pas porter atteinte au droit des États membres participants de délivrer des brevets nationaux et ne devrait pas se substituer à leur droit des brevets. Il convient de laisser aux demandeurs de brevets la possibilité d'obtenir, au choix, un brevet national, un brevet européen à effet unitaire, un brevet européen produisant ses effets dans un ou plusieurs États parties à la CBE ou un brevet européen à effet unitaire validé également dans un ou plusieurs États parties à la CBE qui ne figurent pas parmi les États membres participants.

(27) Étant donné que l'objectif du présent règlement, à savoir la création d'une protection unitaire conférée par un brevet, ne peut être atteint de manière suffisante par les États membres et peut donc, en raison des dimensions et des effets du présent règlement, être mieux atteint au niveau de l'Union, celle-ci peut prendre des mesures, le cas échéant, dans le cadre d'une coopération renforcée, conformément au principe de subsidiarité consacré par l'article 5 du traité sur l'Union européenne. Conformément au principe de proportionnalité tel qu'énoncé audit article, le présent règlement n'excède pas ce qui est nécessaire pour atteindre cet objectif,

Sur le rejet du recours en annulation du Règl. (UE) n° 1257/2012, V. • CJUE 5 mai 2015, *Espagne c/ Parlement et Conseil*, n° C-146/13.

CHAPITRE PREMIER *Dispositions générales*

Art. 1er *Objet.* 1. Le présent règlement met en œuvre la coopération renforcée dans le domaine de la création d'une protection unitaire conférée par un brevet autorisée par la décision 2011/167/UE.

2. Le présent règlement constitue un accord particulier au sens de l'article 142 de la convention sur la délivrance de brevets européens du 5 octobre 1973, telle que modifiée le 17 décembre 1991 et le 29 novembre 2000 (ci-après abrégée "CBE").

Art. 2 *Définitions.* Aux fins du présent règlement, on entend par :

a) "État membre participant", un État membre qui, au moment de la présentation de la demande d'effet unitaire visée à l'article 9, participe à une coopération renforcée dans le domaine de la création d'une protection unitaire conférée par un brevet en vertu de la décision 2011/167/UE, ou d'une décision adoptée conformément à l'article 331, paragraphe 1, deuxième ou troisième alinéa, du traité sur le fonctionnement de l'Union européenne ;

b) "brevet européen", un brevet délivré par l'Office européen des brevets ("OEB") conformément aux règles et procédures prévues dans la CBE ;

c) "brevet européen à effet unitaire", un brevet européen auquel est conféré un effet unitaire dans les États membres participants en vertu du présent règlement ;

d) "registre européen des brevets", le registre tenu par l'OEB en application de l'article 127 de la CBE ;

e) "registre de la protection unitaire conférée par un brevet", le registre faisant partie du registre européen des brevets dans lequel sont enregistrés l'effet unitaire ainsi que toute limitation, toute licence, tout transfert, toute révocation ou extinction des brevets européens à effet unitaire ;

f) "bulletin européen des brevets", la publication périodique prévue à l'article 129 de la CBE.

Art. 3 *Brevet européen à effet unitaire.* 1. Un brevet européen délivré avec le même jeu de revendications pour tous les États membres participants se voit conférer un effet unitaire dans les États membres participants, à la condition que son effet unitaire ait été enregistré dans le registre de la protection unitaire conférée par un brevet.

Aucun effet unitaire n'est conféré à un brevet européen qui a été délivré avec des jeux de revendications différentes pour différents États membres participants.

2. Un brevet européen à effet unitaire a un caractère unitaire. Il assure une protection uniforme et produit des effets identiques dans tous les États membres participants.

Il ne peut être limité, transféré, ou révoqué ou s'éteindre qu'à l'égard de tous les États membres participants.

Il peut faire l'objet d'un contrat de licence pour tout ou partie des territoires des États membres participants.

3. L'effet unitaire d'un brevet européen est réputé ne pas avoir existé dans la mesure où le brevet européen a été révoqué ou limité.

Art. 4 *Date de prise d'effet.* 1. Un brevet européen à effet unitaire prend effet dans les États membres participants le jour de la publication par l'OEB de la mention de la délivrance du brevet européen dans le bulletin européen des brevets.

2. Les États membres participants prennent les mesures nécessaires pour garantir que, lorsque l'effet unitaire d'un brevet européen a été enregistré et s'étend à leur territoire, ce brevet européen est réputé n'avoir pas pris effet en tant que brevet national sur leur territoire à la date de publication de la mention de sa délivrance dans le bulletin européen des brevets.

CHAPITRE II *Effets d'un brevet européen à effet unitaire*

Art. 5 *Protection uniforme.* 1. Le brevet européen à effet unitaire confère à son titulaire le droit d'empêcher tout tiers de commettre des actes contre lesquels ce brevet assure une protection sur l'ensemble du territoire des États membres participants dans lesquels il a un effet unitaire, sous réserve des limitations applicables.

2. La portée de ce droit et ses limitations sont uniformes dans tous les États membres participants dans lesquels le brevet a un effet unitaire.

3. Les actes contre lesquels le brevet assure une protection visés au paragraphe 1 et les limitations applicables sont ceux définis dans la loi applicable aux brevets européens à effet unitaire dans l'État membre participant dont le droit national s'applique au brevet européen à effet unitaire en tant qu'objet de propriété conformément à l'article 7.

4. Dans son rapport visé à l'article 16, paragraphe 1, la Commission évalue le fonctionnement des limitations applicables et soumet, le cas échéant, des propositions appropriées.

Art. 6 *Épuisement des droits conférés par un brevet européen à effet unitaire.* Les droits conférés par un brevet européen à effet unitaire ne s'étendent pas aux actes qui concernent un produit couvert par ce brevet et qui sont accomplis dans les États membres participants dans lesquels ce brevet a un effet unitaire après que ce produit a été mis sur le marché dans l'Union par le titulaire du brevet ou avec son consentement, à moins qu'il n'existe des motifs légitimes justifiant que le titulaire du brevet s'oppose à la poursuite de la commercialisation du produit.

CHAPITRE III *Le brevet européen à effet unitaire en tant qu'objet de propriété*

Art. 7 *Assimilation d'un brevet européen à effet unitaire à un brevet national.* 1. En tant qu'objet de propriété, le brevet européen à effet unitaire est assimilé dans son intégralité et dans tous les États membres participants à un brevet national de l'État membre participant dans lequel ce brevet a un effet unitaire et où, conformément au registre européen des brevets :

a) le demandeur avait son domicile ou son principal établissement à la date du dépôt de la demande de brevet européen ; ou

b) lorsque le point a) ne s'applique pas, le demandeur avait un établissement à la date du dépôt de la demande de brevet européen.

2. Si plusieurs personnes sont inscrites au registre européen des brevets en tant que codemandeurs, le paragraphe 1, point a), s'applique au premier codemandeur inscrit. À défaut, le paragraphe 1, point a), s'applique au codemandeur suivant, dans l'ordre d'inscription. Lorsque le paragraphe 1, point a), ne s'applique à aucun des codemandeurs, le paragraphe 1, point b), s'applique en conséquence.

3. Si aucun demandeur n'est domicilié, n'a son principal établissement, ou n'a d'établissement dans un État membre participant dans lequel le brevet a un effet unitaire aux fins du paragraphe 1 ou 2, le brevet européen à effet unitaire comme objet de propriété est assimilé, dans son intégralité et dans tous les États membres participants, à un brevet national de l'État dans lequel l'Organisation européenne des brevets a son siège, conformément à l'article 6, paragraphe 1, de la CBE.

4. L'acquisition d'un droit ne peut pas dépendre d'une inscription à un registre national des brevets.

Art. 8 *Licences de droit.* 1. Le titulaire d'un brevet européen à effet unitaire peut déposer une déclaration devant l'OEB selon laquelle il est prêt à autoriser quiconque à utiliser l'invention, en tant que licencié, contre paiement d'une compensation adéquate.

2. Une licence délivrée en vertu du présent règlement est assimilée à une licence contractuelle.

CHAPITRE IV *Dispositions institutionnelles*

Art. 9 *Tâches administratives dans le cadre de l'Organisation européenne des brevets.* 1. Les États membres participants confient, au sens de l'article 143 de la CBE, les tâches suivantes à l'OEB, qui les exécute en conformité avec son règlement intérieur :

a) gérer les demandes d'effet unitaire déposées par les titulaires de brevets européens ;

b) insérer le registre de la protection unitaire conférée par un brevet dans le registre européen des brevets et gérer le registre de la protection unitaire conférée par un brevet ;

c) recevoir et enregistrer les déclarations relatives aux licences visées à l'article 8, le retrait des licences et les engagements en matière d'octroi de licences souscrits devant les organismes internationaux de normalisation par le titulaire du brevet européen à effet unitaire ;

d) publier les traductions visées à l'article 6 du règlement (UE) n° 1260/2012 durant la période de transition visée à ce même article ;

e) collecter et gérer les taxes annuelles afférentes aux brevets européens à effet unitaire, pour les années qui suivent l'année de publication de la mention de la délivrance dans le bulletin européen des brevets ; collecter et gérer les surtaxes en cas de paiement tardif des taxes annuelles lorsque ce paiement tardif est effectué dans les six mois qui suivent la date d'exigibilité, et distribuer une partie des taxes annuelles collectées aux États membres participants ;

f) gérer le système de compensation pour le remboursement des coûts de traduction visé à l'article 5 du règlement (UE) n° 1260/2012 ;

g) veiller à ce que les titulaires des brevets européens présentent leurs demandes d'effet unitaire dans la langue de la procédure, telle que définie à l'article 14, paragraphe 3, de la CBE, au plus tard un mois après la publication de la mention de la délivrance au bulletin européen des brevets ; et

h) veiller à ce que l'effet unitaire soit mentionné dans le registre de la protection unitaire conférée par un brevet, lorsqu'une demande d'effet unitaire a été déposée et, durant la période de transition prévue à l'article 6 du règlement (UE) n° 1260/2012, a été présentée avec les traductions visées audit article, et à ce que l'OEB soit informé de toutes les limitations, licences, transferts ou révocations de brevets européens à effet unitaire.

2. Les États membres participants veillent au respect du présent règlement lors de l'accomplissement de leurs obligations internationales au titre de la CBE et coopèrent dans ce but. En qualité d'États parties à la CBE, les États membres participants assurent la gouvernance et le suivi des activités liées aux tâches visées au paragraphe 1 du présent article et veillent à fixer le niveau des taxes annuelles conformément à l'article 12 du présent règlement et la clé de répartition des taxes annuelles conformément à l'article 13 du présent règlement.

A cette fin, ils instituent un comité restreint du conseil d'administration de l'Organisation européenne des brevets (ci-après dénommé "comité restreint"), au sens de l'article 145 de la CBE.

Le comité restreint est composé de représentants des États membres participants et d'un représentant de la Commission à titre d'observateur, ainsi que de suppléants qui les représenteront en leur absence. Les membres du comité restreint peuvent se faire assister par des conseillers ou des experts.

Le comité restreint arrête ses décisions en tenant dûment compte de la position de la Commission et en conformité avec les règles fixées à l'article 35, paragraphe 2, de la CBE.

3. Les États membres participants garantissent une protection juridictionnelle effective, devant une juridiction compétente d'un ou plusieurs États membres participants, à l'égard des décisions prises par l'OEB dans l'exercice des tâches visées au paragraphe 1.

CHAPITRE V *Dispositions financières*

Art. 10 *Principe relatif aux frais.* Les frais engagés par l'OEB pour exécuter les tâches supplémentaires, au sens de l'article 143 de la CBE, qui lui sont confiées par les États membres participants, sont couverts par les taxes provenant des brevets européens à effet unitaire.

Art. 11 *Taxes annuelles.* 1. Les taxes annuelles pour les brevets européens à effet unitaire et les surtaxes en cas de paiement tardif sont payées à l'Organisation européenne des brevets par le titulaire du brevet. Ces taxes sont dues pour les années qui suivent l'année de publication de la mention de la délivrance du brevet européen auquel est conféré un effet unitaire dans le bulletin européen des brevets.

2. Un brevet européen à effet unitaire s'éteint si une taxe annuelle et, le cas échéant, une surtaxe n'ont pas été payées dans le délai prescrit.

3. Les taxes annuelles exigibles après la réception de la déclaration visée à l'article 8, paragraphe 1, sont réduites.

Art. 12 *Niveau des taxes annuelles.* 1. Les taxes annuelles afférentes aux brevets européens à effet unitaire sont :

a) progressives tout au long de la durée de la protection unitaire conférée par un brevet ;

b) suffisantes pour couvrir tous les coûts liés à la délivrance du brevet européen et à la gestion de la protection unitaire conférée par un brevet ; et

c) suffisantes, en y ajoutant les taxes à payer à l'Organisation européenne des brevets avant la délivrance, pour garantir l'équilibre budgétaire de l'Organisation européenne des brevets.

2. Le niveau des taxes annuelles est fixé en tenant compte, entre autres, de la situation d'entités spécifiques telles que les petites et moyennes entreprises, de manière à :

a) faciliter l'innovation et à promouvoir la compétitivité des entreprises européennes ;

b) refléter la taille du marché couvert par le brevet ; et

c) être comparable au niveau des taxes annuelles nationales afférentes à un brevet européen moyen prenant effet dans les États membres participants au moment où le niveau des taxes annuelles est fixé pour la première fois.

3. Afin d'atteindre les objectifs du présent chapitre, les taxes annuelles sont fixées à un niveau qui :

a) équivaut à celui de la taxe annuelle à payer correspondant à la portée géographique moyenne des brevets européens actuels ;

b) reflète le taux de renouvellement des brevets européens actuels ; et

c) reflète le nombre de demandes d'effet unitaire.

Art. 13 *Distribution.* 1. L'OEB prélève 50 % du montant des taxes annuelles visées à l'article 11 et payées pour les brevets européens à effet unitaire. Le montant restant est réparti entre les États membres participants, conformément à la clé de répartition des taxes annuelles fixée en vertu de l'article 9, paragraphe 2.

2. Afin d'atteindre les objectifs du présent chapitre, la clé de répartition des taxes annuelles entre les États membres participants repose sur les critères justes, équitables et pertinents suivants :

a) le nombre de demandes de brevets ;

b) la taille du marché, tout en veillant à ce qu'un montant minimum soit distribué à chaque État membre participant ;

c) l'octroi d'une compensation aux États membres participants qui ont :

i) une langue officielle autre que l'une des langues officielles de l'OEB ;

ii) en comparaison un niveau particulièrement faible d'activité en matière de brevets ; et/ou

iii) adhéré relativement récemment à l'Organisation européenne des brevets.

CHAPITRE VI *Dispositions finales*

Art. 14 *Coopération entre la Commission et l'OEB.* La Commission coopère étroitement, dans le cadre d'un accord de travail, avec l'OEB dans les domaines couverts par le présent règlement. Cette coopération comprend des échanges de vues réguliers sur le fonctionnement de l'accord de travail et, plus particulièrement, sur la question des taxes annuelles et de leur impact sur le budget de l'Organisation européenne des brevets.

Art. 15 *Application du droit de la concurrence et du droit relatif à la concurrence déloyale.* Le présent règlement s'entend sans préjudice de l'application du droit de la concurrence et du droit relatif à la concurrence déloyale.

Art. 16 *Rapport sur le fonctionnement du présent règlement.* 1. Au plus tard trois ans après le jour de la prise d'effet du premier brevet européen à effet unitaire, et tous les cinq ans par la suite, la Commission présente au Parlement européen et au Conseil un rapport sur le fonctionnement du présent règlement et, le cas échéant, soumet des propositions appropriées en vue de le modifier.

2. La Commission présente périodiquement au Parlement européen et au Conseil des rapports sur le fonctionnement des taxes annuelles visées à l'article 11, en accordant une attention toute particulière au respect de l'article 12.

Art. 17 *Notification par les États membres participants.* 1. Les États membres participants informent la Commission des mesures qu'ils ont prises conformément à l'article 9 au plus tard à la date d'application du présent règlement.

2. Chaque État membre participant notifie à la Commission les mesures prises conformément à l'article 4, paragraphe 2, à la date d'application du présent règlement ou, dans le cas d'un État membre participant dans lequel la juridiction unifiée du brevet n'a pas de compétence exclusive en ce qui concerne les brevets européens à effet unitaire à la date d'application du présent règlement, à la date à partir de laquelle la juridiction unifiée du brevet acquiert une telle compétence exclusive dans cet État membre participant.

Art. 18 *Entrée en vigueur et application.* 1. Le présent règlement entre en vigueur le vingtième jour suivant celui de sa publication au *Journal officiel de l'Union européenne.*

2. Il est applicable à partir du 1er janvier 2014 ou à la date d'entrée en vigueur de l'accord sur une juridiction unifiée du brevet (ci-après dénommé "accord"), la date retenue étant la plus tardive.

Par dérogation à l'article 3, paragraphes 1 et 2, et à l'article 4, paragraphe 1, un brevet européen pour lequel l'effet unitaire est enregistré au registre de la protection unitaire conférée par un brevet, n'a un effet unitaire que dans les États membres participants dans lesquels la juridiction unifiée du brevet a une compétence exclusive en ce qui concerne les brevets européens à effet unitaire à la date de l'enregistrement.

3. Chaque État membre participant notifie à la Commission sa ratification de l'accord au moment où il dépose son instrument de ratification. La Commission publie au *Journal officiel de l'Union européenne* la date d'entrée en vigueur de l'accord ainsi qu'une liste des États membres qui l'ont ratifié à la date de son entrée en vigueur. La Commission met par la suite régulièrement à jour la liste des États membres participants qui ont ratifié l'accord et publie cette liste mise à jour au *Journal officiel de l'Union européenne.*

4. Les États membres participants veillent à ce que les mesures visées à l'article 9 soient en place au plus tard à la date d'application du présent règlement.

5. Chaque État membre participant veille à ce que les mesures visées à l'article 4, paragraphe 2, soient en place au plus tard à la date d'application du présent règlement ou, dans le cas d'un État membre participant dans lequel la juridiction unifiée du brevet n'a pas de compétence exclusive en ce qui concerne les brevets européens à effet unitaire à la date d'application du présent règlement, au plus tard à la date à partir de laquelle la juridiction unifiée du brevet acquiert une telle compétence exclusive dans cet État membre participant.

6. La protection unitaire conférée par un brevet peut être demandée pour tout brevet européen délivré à partir de la date d'application du présent règlement.

Le présent règlement est obligatoire dans tous ses éléments et directement applicable dans les États membres participants conformément aux traités.

Règlement (UE) n° 1260/2012 du Conseil du 17 décembre 2012,

Mettant en œuvre la coopération renforcée dans le domaine de la création d'une protection unitaire conférée par un brevet, en ce qui concerne les modalités applicables en matière de traduction.

Dans les conditions prévues à l'art. 38 Const., le Gouvernement est autorisé à prendre par ordonnances les mesures relevant du domaine de la loi nécessaires pour assurer la compatibilité de la législation, notamment du CPI, avec le Règl. (UE) n° 1260/2012 dans un délai de dix-huit mois à compter de la promulgation de la L. n° 2016-1547 du 18 nov. 2016 (L. préc., art. 109, JO 19 nov.).

LE CONSEIL DE L'UNION EUROPÉENNE,

vu le traité sur le fonctionnement de l'Union européenne, et notamment son article 118, second alinéa,

vu la décision 2011/167/UE du Conseil du 10 mars 2011 autorisant une coopération renforcée dans le domaine de la création d'une protection par brevet unitaire *[JOUE L 76 du 22 mars 2011, p. 53]*,

vu la proposition de la Commission européenne,

après transmission du projet d'acte législatif aux parlements nationaux,

vu l'avis du Parlement européen,

statuant conformément à une procédure législative spéciale,

considérant ce qui suit :

(1) Conformément à la décision 2011/167/UE, la Belgique, la Bulgarie, la République tchèque, le Danemark, l'Allemagne, l'Estonie, l'Irlande, la Grèce, la France, Chypre, la Lettonie, la Lituanie, le Luxembourg, la Hongrie, Malte, les Pays-Bas, l'Autriche, la Pologne, le Portugal, la Roumanie, la Slovénie, la Slovaquie, la Finlande, la Suède et le Royaume-Uni (ci-après dénommés "États membres participants") ont été autorisés à instaurer entre eux une coopération renforcée dans le domaine de la création d'une protection unitaire conférée par un brevet.

(2) En vertu du règlement (UE) n° 1257/2012 du Parlement européen et du Conseil du 17 décembre 2012 mettant en œuvre la coopération renforcée dans le domaine de la création d'une protection unitaire conférée par un brevet, certains brevets européens délivrés par l'Office européen des brevets (ci-après dénommé « OEB ») conformément aux règles et procédures prévues par la convention sur la délivrance de brevets européens du 5 octobre 1973, telle que modifiée le 17 décembre 1991 et le 29 novembre 2000 (ci-après dénommée "CBE"), devraient, à la demande de leur titulaire, se voir conférer un effet unitaire dans les États membres participants.

(3) Les modalités de traduction des brevets européens auquel *[auxquels]* **est conféré un effet unitaire dans les États membres participants (ci-après dénommés "brevets européens à effet unitaire") devraient faire l'objet d'un règlement distinct, conformément à l'article 118, second alinéa, du traité sur le fonctionnement de l'Union européenne (TFUE).**

(4) Conformément à la décision 2011/167/UE, les modalités de traduction des brevets européens à effet unitaire devraient être simples et présenter un bon rapport coût-efficacité. Elles devraient correspondre à celles prévues dans la proposition de règlement du Conseil sur les dispositions relatives à la traduction pour le brevet de l'Union européenne, présentée par la Commission le 30 juin 2010, et aux éléments de compromis proposés par la présidence en novembre 2010 et largement soutenus par le Conseil.

(5) Ces modalités de traduction devraient garantir la sécurité juridique et stimuler l'innovation et profiter tout particulièrement aux petites et moyennes entreprises (PME). Elles devraient rendre plus facile, moins coûteux, juridiquement sûr, l'accès au brevet européen à effet unitaire et au système de brevet en général.

(6) L'OEB étant responsable de la délivrance des brevets européens, les modalités de traduction du brevet européen à effet unitaire devraient se fonder sur la procédure en vigueur à l'OEB. Ces modalités devraient avoir pour objectif d'assurer le nécessaire équilibre entre les intérêts des opérateurs économiques, d'une part, et l'intérêt public, d'autre part, en termes de coût des procédures et de disponibilité des informations techniques.

(7) Sans préjudice des dispositions transitoires, dès lors que le fascicule d'un brevet européen à effet unitaire est publié conformément à l'article 14, paragraphe 6, de la CBE, aucune autre traduction ne devrait être requise. L'article 14, paragraphe 6, de la CBE dispose que le fascicule d'un brevet européen est publié dans la langue de la procédure engagée devant l'OEB et comporte une traduction des revendications dans les deux autres langues officielles de l'OEB.

(8) En cas de litige concernant un brevet européen à effet unitaire, il est légitime d'exiger que le titulaire du brevet fournisse, à la demande du prétendu contrefacteur, une traduction intégrale du brevet dans une langue officielle de l'État membre participant dans lequel la prétendue contrefaçon a eu lieu ou dans lequel est domicilié le prétendu contrefacteur. A la demande d'une juridiction compétente dans les États membres participants pour les litiges concernant le brevet européen à effet unitaire, le titulaire du brevet devrait aussi être tenu d'en fournir une traduction intégrale dans la langue de procédure de cette juridiction. Ces traductions ne devraient pas être effectuées par des moyens automatiques et devraient être fournies aux frais du titulaire du brevet.

(9) En cas de litige concernant une demande de dommages-intérêts, la juridiction saisie devrait tenir compte du fait qu'avant de recevoir une traduction dans sa propre langue, le prétendu contrefacteur a pu agir de bonne foi, sans savoir ou sans avoir de motif raisonnable de savoir qu'il portait atteinte au brevet. La juridiction compétente devrait procéder à une analyse au cas par cas en examinant, entre autres, si le prétendu contrefacteur est une PME n'exerçant d'activités qu'au niveau local et en tenant compte de la langue de la procé-

dure engagée devant l'OEB et, durant la période transitoire, de la traduction accompagnant la demande d'effet unitaire.

(10) Afin de faciliter l'accès au brevet européen à effet unitaire, notamment pour les PME, les demandeurs devraient pouvoir déposer devant l'OEB leur demande dans n'importe quelle langue officielle de l'Union. En outre, certains demandeurs obtenant un brevet européen à effet unitaire, ayant déposé une demande de brevet européen dans une des langues officielles de l'Union, qui n'est pas une langue officielle de l'OEB et ayant leur domicile ou leur principal établissement dans un État membre, devraient recevoir des remboursements supplémentaires des coûts de traduction de la langue de la demande de brevet dans la langue de la procédure devant l'OEB, allant au-delà de ce qui est actuellement prévu dans le cadre de l'OEB. De tels remboursements devraient être gérés par l'OEB conformément à l'article 9 du règlement (UE) n° 1257/2012.

(11) Afin de favoriser la mise à disposition des informations sur les brevets et la diffusion des connaissances technologiques, il conviendrait de pouvoir disposer dès que possible de traductions automatiques des demandes de brevet et des fascicules dans toutes les langues officielles de l'Union. Le système de traduction automatique actuellement mis au point par l'OEB est un outil très important pour améliorer l'accès aux informations sur les brevets et pour diffuser largement les connaissances technologiques. Le fait de pouvoir disposer rapidement, pour les demandes de brevet européen et les fascicules de ces brevets, de traductions automatiques de haute qualité dans toutes les langues officielles de l'Union profiterait à tous les utilisateurs du système européen de brevet. Les traductions automatiques jouent un rôle important dans la politique de l'Union européenne. Ces traductions automatiques ne devraient être fournies qu'à des fins d'information et ne devraient avoir aucun effet juridique.

(12) Durant la période transitoire, jusqu'à ce qu'un système de traduction automatique de haute qualité soit disponible dans toutes les langues officielles de l'Union, toute demande d'effet unitaire visée par l'article 9 du règlement (UE) n° 1257/2012 devrait être accompagnée d'une traduction en anglais de l'intégralité du fascicule du brevet, si la langue de la procédure devant l'OEB est le français ou l'allemand, ou d'une traduction de l'intégralité du fascicule du brevet dans une langue officielle d'un État membre qui soit une langue officielle de l'Union, si la langue de la procédure devant l'OEB est l'anglais. Ces modalités garantiraient que, durant la période transitoire, tous les brevets européens à effet unitaire sont disponibles en anglais, langue usuelle pour la recherche et les publications technologiques internationales. En outre, pour les brevets européens à effet unitaire, ces modalités assureraient la publication de traductions dans les autres langues officielles des États membres participants. Ces traductions ne devraient pas être effectuées par des moyens automatiques et, s'agissant de traductions de haute qualité, elles devraient être mises à profit par l'OEB pour perfectionner les moteurs de traduction. Elles contribueraient aussi à la diffusion des informations sur les brevets.

(13) La période transitoire devrait prendre fin dès qu'il sera possible de disposer de traductions automatiques de haute qualité dans toutes les langues officielles de l'Union, sous réserve d'une évaluation qualitative objective régulière par un comité d'experts indépendants institué par les États membres participants dans le cadre de l'Organisation européenne des brevets et composé de représentants de l'OEB et des utilisateurs du système européen de brevet. Compte tenu de l'état de l'évolution des technologies, le délai maximal à prévoir pour la mise au point d'un système de traduction automatique de haute qualité ne saurait dépasser douze ans. La période transitoire devrait donc prendre fin douze ans après la date d'application du présent règlement, sauf s'il est décidé d'y mettre fin plus tôt.

(14) Puisque les dispositions de fond applicables aux brevets européens à effet unitaire sont régies par le règlement (UE) n° 1257/2012 et complétées par les modalités de traduction prévues par le présent règlement, celui-ci devrait s'appliquer à partir de la même date que le règlement (UE) n° 1257/2012.

(15) Le présent règlement est sans préjudice du régime linguistique des institutions de l'Union institué conformément à l'article 342 du TFUE et du règlement n° 1 du Conseil du 15 avril 1958 portant fixation du régime linguistique de la Communauté économique européenne *[JO 17 du 6 oct. 1958, p. 385/58.]*. Le présent règlement se fonde sur le régime linguistique de l'OEB et ne devrait pas être considéré comme dotant l'Union d'un régime linguistique spécifique ni comme constituant un précédent pour l'instauration d'un régime linguistique limité dans le cadre d'un futur instrument juridique de l'Union.

(16) Étant donné que l'objectif du présent règlement, à savoir la création d'un régime simplifié et uniforme de traduction pour les brevets européens à effet unitaire, ne peut pas être

réalisé de manière suffisante par les États membres et peut donc en raison des dimensions et des effets du présent règlement être mieux réalisé au niveau de l'Union, celle-ci peut prendre des mesures, dans le cadre d'une coopération renforcée, le cas échéant, conformément au principe de subsidiarité énoncé à l'article 5 du traité sur l'Union européenne. Conformément au principe de proportionnalité tel qu'énoncé audit article, le présent règlement n'excède pas ce qui est nécessaire pour atteindre cet objectif,

Sur le rejet du recours en annulation du Règl. (UE) n° 1260/2012 du 17 déc. 2012, V : • CJUE 5 mai 2015, *Espagne c/ Conseil,* n° C-147/13.

A ADOPTÉ LE PRÉSENT RÈGLEMENT :

Art. 1er *Objet.* **Le présent règlement met en œuvre la coopération renforcée dans le domaine de la création d'une protection unitaire conférée par un brevet autorisée par la décision 2011/167/UE, en ce qui concerne les modalités applicables en matière de traduction.**

Art. 2 *Définitions.* **Aux fins du présent règlement, on entend par :**

a) "brevet européen à effet unitaire", un brevet européen auquel est conféré un effet unitaire dans les États membres participants en vertu du règlement (UE) n° 1257/2012 ;

b) "langue de la procédure", la langue de la procédure utilisée dans la procédure devant l'OEB, au sens de l'article 14, paragraphe 3, de la convention sur la délivrance de brevets européens du 5 octobre 1973, telle que modifiée le 17 décembre 1991 et le 29 novembre 2000 (ci-après dénommée "CBE").

Art. 3 *Modalités de traduction pour le brevet européen à effet unitaire.* **1. Sans préjudice des articles 4 et 6 du présent règlement, dès lors que le fascicule d'un brevet europeen qui bénéficie d'un effet unitaire a été publié conformément à l'article 14, paragraphe 6, de la CBE, aucune autre traduction n'est requise.**

2. Toute demande d'effet unitaire visée par l'article 9 du règlement (UE) n° 1257/2012 est déposée dans la langue de la procédure.

Art. 4 *Traduction en cas de litige.* **1. En cas de litige concernant une prétendue contrefaçon d'un brevet européen à effet unitaire, le titulaire du brevet fournit, à la demande et au choix d'un prétendu contrefacteur, une traduction intégrale du brevet européen à effet unitaire dans une langue officielle de l'État membre participant dans lequel la prétendue contrefaçon a eu lieu ou dans lequel le prétendu contrefacteur est domicilié.**

2. En cas de litige concernant un brevet européen à effet unitaire, le titulaire du brevet fournit, au cours de la procédure et à la demande d'une juridiction compétente dans les États membres participants pour les litiges concernant des brevets européens à effet unitaire, une traduction intégrale du brevet dans la langue de procédure de cette juridiction.

3. Le coût des traductions visées aux paragraphes 1 et 2 est supporté par le titulaire du brevet.

4. En cas de litige concernant une demande de dommages-intérêts, la juridiction saisie évalue et tient compte du fait, en particulier s'il s'agit d'une PME, une personne physique ou une organisation sans but lucratif, une université ou une organisation publique de recherche, qu'avant de recevoir la traduction prévue au paragraphe 1, le prétendu contrefacteur a agi sans savoir ou sans avoir de motif raisonnable de savoir qu'il portait atteinte au brevet européen à effet unitaire.

Art. 5 *Gestion d'un système de compensation.* **1. L'article 14, paragraphe 2, de la CBE permettant de déposer une demande de brevet européen dans n'importe quelle langue, les États membres participants, conformément à l'article 9 du règlement (UE) n° 1257/2012, confient à l'OEB, au sens de l'article 143 de la CBE, la tâche de gérer un système de compensation pour le remboursement de tous les coûts de traduction jusqu'à un certain plafond pour des demandeurs qui déposent leur demande de brevet auprès de l'OEB dans une langue officielle de l'Union autre que l'une des langues officielles de l'OEB.**

2. Le système de compensation*[,]* **visé au paragraphe 1, est alimenté par les taxes visées à l'article 11 du règlement (UE) n° 1257/2012 et est disponible uniquement pour les PME, les personnes physiques, les organisations sans but lucratif, les universités et les organisations publiques de recherche ayant leur domicile ou leur principal établissement dans un État membre.**

Art. 6 *Mesures transitoires.* **1. Durant une période transitoire qui commence à la date d'application du présent règlement, toute demande d'effet unitaire visée à l'article 9 du règlement (UE) n° 1257/2012 est accompagnée :**

a) d'une traduction en anglais de l'intégralité du fascicule du brevet européen, si la langue de la procédure est le français ou l'allemand ; ou

b) d'une traduction de l'intégralité du fascicule du brevet européen dans une autre langue officielle de l'Union, si la langue de la procédure est l'anglais.

2. Conformément à l'article 9 du règlement (UE) n° 1257/2012, les États membres participants confient à l'OEB, au sens de l'article 143 de la CBE, la tâche de publier les traductions visées au paragraphe 1 du présent article le plus rapidement possible après la date de dépôt de la demande d'effet unitaire visée à l'article 9 du règlement (UE) n° 1257/2012. Le texte de ces traductions n'a pas d'effet juridique et ne peut servir qu'à titre d'information.

3. Six ans après la date d'application du présent règlement et tous les deux ans par la suite, un comité d'experts indépendants évalue de manière objective si, pour les demandes de brevet et les fascicules, il est possible de disposer de traductions automatiques de haute qualité, à partir du système mis au point par l'OEB, dans toutes les langues officielles de l'Union. Ce comité d'experts est institué par les États membres participants dans le cadre de l'Organisation européenne des brevets et se compose de représentants de l'OEB et des organisations non gouvernementales représentatives des utilisateurs du système européen de brevet que le conseil d'administration de l'Organisation européenne des brevets invite en qualité d'observateurs conformément à l'article 30, paragraphe 3, de la CBE.

4. La Commission, se fondant sur la première des évaluations prévues au paragraphe 3 du présent article et tous les deux ans par la suite sur la base des évaluations ultérieures, présente un rapport au Conseil et propose, le cas échéant, de mettre fin à la période transitoire.

5. S'il n'est pas mis fin à la période transitoire sur proposition de la Commission, cette période prend fin douze ans après la date d'application du présent règlement.

Art. 7 *Entrée en vigueur.* 1. Le présent règlement entre en vigueur le vingtième jour suivant celui de sa publication au *Journal officiel de l'Union européenne.*

2. Il s'applique à partir du 1er janvier 2014 ou de la date d'entrée en vigueur de l'accord sur la juridiction unifiée du brevet, si cette date est ultérieure.

Le présent règlement est obligatoire dans tous ses éléments et directement applicable dans les États membres participants conformément aux traités.

Accord du 19 février 2013,

Relatif à une juridiction unifiée du brevet (JOUE C175 du 20 juin 2013, p. 1).

Autorisée par la L. n° 2014-199 du 24 févr. 2014 (JO 25 févr.), la France a ratifié cet accord le 14 mars 2014.

BIBL. ▶ VÉRON et BOUCHE, *Propr. intell. déc. 2014, n° 53, p. 332* (la saisie-contrefaçon devant la juridiction unifiée du brevet). – V. Bibl. ss. Règl. (UE) n° 1257/2012 du Parlement européen et du Conseil du 17 déc. 2012.

LES ÉTATS MEMBRES CONTRACTANTS,

CONSIDÉRANT que la coopération entre les États membres de l'Union européenne dans le domaine des brevets contribue de manière significative au processus d'intégration en Europe, notamment à l'établissement d'un marché intérieur au sein de l'Union européenne caractérisé par la libre circulation des marchandises et des services, ainsi qu'à la création d'un système garantissant que la concurrence n'est pas faussée dans le marché intérieur ;

CONSIDÉRANT que la fragmentation du marché des brevets et les variations importantes entre les systèmes juridictionnels nationaux sont préjudiciables à l'innovation, en particulier pour les petites et moyennes entreprises, qui ont des difficultés à faire respecter leurs brevets et à se défendre contre des actions non fondées et des actions relatives à des brevets qui devraient être annulés ;

CONSIDÉRANT que la Convention sur le brevet européen (ci-après dénommée "CBE"), qui a été ratifiée par tous les États membres de l'Union européenne, prévoit une procédure unique pour la délivrance de brevets européens par l'Office européen des brevets ;

CONSIDÉRANT que, en vertu du règlement (UE) n° 1257/2012 *[V. ce texte supra]*, les titulaires de brevets peuvent demander que leurs brevets européens aient un effet unitaire afin d'obtenir la protection unitaire conférée par un brevet dans les États membres de l'Union européenne qui participent à la coopération renforcée ;

DÉSIREUX d'améliorer le respect des brevets, de renforcer les moyens permettant de se défendre contre des actions non fondées et des brevets qui devraient être annulés et d'accroître la sécurité juridique par la création d'une juridiction unifiée du brevet pour le contentieux lié à la contrefaçon et à la validité des brevets ;

CONSIDÉRANT que la juridiction unifiée du brevet devrait être conçue pour rendre des décisions rapides et de qualité, recherchant un juste équilibre entre les intérêts des titulaires

de droits et d'autres parties et tenant compte de la proportionnalité et de la souplesse nécessaires ;

CONSIDÉRANT que la juridiction unifiée du brevet devrait être une juridiction commune aux États membres contractants et, par conséquent, faire partie de leur système judiciaire, et qu'elle devrait jouir d'une compétence exclusive en ce qui concerne les brevets européens à effet unitaire et les brevets européens délivrés en vertu des dispositions de la CBE ;

CONSIDÉRANT que la Cour de justice de l'Union européenne doit veiller à l'uniformité de l'ordre juridique de l'Union et à la primauté du droit de l'Union européenne ;

RAPPELANT les obligations qui incombent aux États membres contractants en vertu du traité sur l'Union européenne (TUE) et du traité sur le fonctionnement de l'Union européenne (TFUE), y compris l'obligation de coopération loyale énoncée à l'article 4, paragraphe 3, du TUE et l'obligation d'assurer, par la création de la juridiction unifiée du brevet, la pleine application et le respect du droit de l'Union sur leurs territoires respectifs, ainsi que la protection juridictionnelle des droits conférés par ce droit aux particuliers ;

CONSIDÉRANT que, comme toute juridiction nationale, la juridiction unifiée du brevet est tenue de respecter et d'appliquer le droit de l'Union et, en collaboration avec la Cour de justice de l'Union européenne qui est la gardienne du droit de l'Union, de veiller à sa bonne application et à son interprétation uniforme ; la juridiction unifiée du brevet est, en particulier, tenue de coopérer avec la Cour de justice de l'Union européenne aux fins de l'interprétation correcte du droit de l'Union en s'appuyant sur la jurisprudence de la Cour et en saisissant celle-ci de demandes préjudicielles conformément à l'article 267 du TFUE ;

CONSIDÉRANT que les États membres contractants devraient, conformément à la jurisprudence de la Cour de justice de l'Union européenne relative à la responsabilité non contractuelle, être responsables des dommages résultant de violations du droit de l'Union commises par la juridiction unifiée du brevet, y compris le manquement à l'obligation de saisir la Cour de justice de l'Union européenne de demandes préjudicielles ;

CONSIDÉRANT que les violations du droit de l'Union commises par la juridiction unifiée du brevet, y compris le manquement à l'obligation de saisir la Cour de justice de l'Union européenne de demandes préjudicielles, sont directement imputables aux États membres contractants et qu'une procédure en manquement peut, par conséquent, être engagée en vertu des articles 258, 259 et 260 du TFUE contre tout État membre contractant afin de garantir le respect de la primauté du droit de l'Union et sa bonne application ;

RAPPELANT la primauté du droit de l'Union, qui comprend le TUE, le TFUE, la Charte des droits fondamentaux de l'Union européenne, les principes fondamentaux du droit de l'Union tels que développés par la Cour de justice de l'Union européenne, et en particulier le droit à un recours effectif devant un tribunal et le droit à ce qu'une cause soit entendue équitablement, publiquement et dans un délai raisonnable par un tribunal indépendant et impartial, la jurisprudence de la Cour de justice de l'Union européenne et le droit dérivé de l'Union ;

CONSIDÉRANT que le présent accord devrait être ouvert à l'adhésion de tout État membre de l'Union européenne ; les États membres qui ont décidé de ne pas participer à la coopération renforcée dans le domaine de la création d'une protection unitaire conférée par un brevet peuvent participer au présent accord pour ce qui concerne les brevets européens délivrés pour leur territoire respectif ;

CONSIDÉRANT que le présent accord devrait entrer en vigueur le 1er janvier 2014 ou le premier jour du quatrième mois suivant celui du treizième dépôt, à condition que parmi les États membres contractants qui auront déposé leur instrument de ratification ou d'adhésion figurent les trois États dans lesquels le plus grand nombre de brevets européens étaient en vigueur au cours de l'année précédant celle au cours de laquelle intervient la signature de l'accord, ou le premier jour du quatrième mois après la date d'entrée en vigueur des modifications du règlement (UE) n° 1215/2012 *[V. ce texte supra]* **portant sur le lien entre ce dernier et le présent accord, la date la plus tardive étant retenue,**

SONT CONVENUS DES DISPOSITIONS QUI SUIVENT :

PREMIÈRE PARTIE **Dispositions générales et institutionnelles**

CHAPITRE PREMIER *Dispositions générales*

Art. 1er *Juridiction unifiée du brevet.* **Il est institué par le présent accord une juridiction unifiée du brevet pour le règlement des litiges liés aux brevets européens et aux brevets européens à effet unitaire.**

La juridiction unifiée du brevet est une juridiction commune aux États membres contractants et est donc soumise aux mêmes obligations en vertu du droit de l'Union que celles qui incombent à toute juridiction nationale des États membres contractants.

Art. 2 *Définitions.* Aux fins du présent accord, on entend par :

a) "Juridiction", la juridiction unifiée du brevet créée par le présent accord ;

b) "État membre", un État membre de l'Union européenne ;

c) "État membre contractant", un État membre partie au présent accord ;

d) "CBE", la Convention sur la délivrance de brevets européens du 5 octobre 1973, y compris toute modification ultérieure ;

e) "brevet européen", un brevet délivré conformément aux dispositions de la CBE auquel n'est pas conféré d'effet unitaire en vertu du règlement (UE) n° 1257/2012 ;

f) "brevet européen à effet unitaire", un brevet européen délivré conformément aux dispositions de la CBE auquel est conféré un effet unitaire en vertu du règlement (UE) n° 1257/2012 ;

g) "brevet", un brevet européen et/ou un brevet européen à effet unitaire ;

h) "certificat complémentaire de protection", un certificat complémentaire de protection délivré en vertu du règlement (CE) n° 469/2009 *[Règl. (CE) n° 469/2009 du Parlement européen et du Conseil du 6 mai 2009 concernant le certificat complémentaire de protection pour les médicaments (JOUE L 152 du 16.6.2009, p. 1), y compris toute modification ultérieure]* ou du règlement (CE) n° 1610/96 *[Règl. (CE) n° 1610/96 du Parlement européen et du Conseil du 23 juill. 1996 concernant la création d'un certificat complémentaire de protection pour les produits phytopharmaceutiques (JOUE L 198 du 8.8.1996, p. 30), y compris toute modification ultérieure]* ;

i) "statuts", les statuts de la Juridiction figurant à l'annexe I, qui font partie intégrante du présent accord ;

j) "règlement de procédure", le règlement de procédure de la Juridiction, établi conformément à l'article 41.

Art. 3 *Champ d'application.* Le présent accord s'applique à :

a) tout brevet européen à effet unitaire ;

b) tout certificat complémentaire de protection délivré pour un produit protégé par un brevet ;

c) tout brevet européen qui n'est pas encore éteint à la date d'entrée en vigueur du présent accord ou qui a été délivré après cette date, sans préjudice de l'article 83 ; et

d) toute demande de brevet européen en instance à la date d'entrée en vigueur du présent accord ou qui a été introduite après cette date, sans préjudice de l'article 83.

Art. 4 *Statut juridique.* 1. La Juridiction a la personnalité juridique dans chaque État membre contractant et possède la capacité juridique la plus large reconnue aux personnes morales par le droit national de l'État concerné.

2. La Juridiction est représentée par le président de la cour d'appel, qui est élu conformément aux statuts.

Art. 5 *Responsabilité.* 1. La responsabilité contractuelle de la Juridiction est régie par la loi applicable au contrat en cause conformément au règlement (CE) n° 593/2008 *[Règl. (CE) n° 593/2008 du Parlement européen et du Conseil du 17 juin 2008 sur la loi applicable aux obligations contractuelles (Rome I) (JOUE L 177 du 4 juill. 2008, p. 6), y compris toute modification ultérieure]* (Rome I), le cas échéant, ou à défaut conformément au droit de l'État membre de la juridiction saisie.

2. La responsabilité non contractuelle de la Juridiction pour tout dommage causé par elle et par les membres de son personnel dans l'exercice de leurs fonctions, dans la mesure où il ne s'agit pas d'une matière civile ou commerciale au sens du règlement (CE) n° 864/2007 *[Règl. (CE) n° 864/2007 du Parlement européen et du Conseil du 11 juill. 2007 sur la loi applicable aux obligations contractuelles (Rome II) (JOUE L 199 du 31 juill. 2007, p. 40), y compris toute modification ultérieure]* (Rome II), est régie par la loi de l'État membre contractant dans lequel le dommage s'est produit. Cette disposition s'entend sans préjudice de l'application de l'article 22.

3. La juridiction compétente pour régler les litiges relevant du paragraphe 2 est une juridiction de l'État membre contractant dans lequel le dommage s'est produit.

CHAPITRE II *Dispositions institutionnelles*

Art. 6 *La Juridiction.* 1. La Juridiction comprend un tribunal de première instance, une cour d'appel et un greffe.

2. La Juridiction exerce les fonctions qui lui sont attribuées en vertu du présent accord.

Art. 7 *Le tribunal de première instance.* 1. Le tribunal de première instance comprend une division centrale ainsi que des divisions locales et régionales.

2. La division centrale a son siège à Paris, ainsi que des sections à Londres et à Munich. Les affaires portées devant la division centrale sont réparties conformément à l'annexe II, qui fait partie intégrante du présent accord.

3. Une division locale est créée dans un État membre contractant à la demande de ce dernier, conformément aux statuts. Un État membre contractant sur le territoire duquel est située une division locale désigne le siège de cette dernière.

4. Une division locale supplémentaire est créée dans un État membre contractant à la demande de ce dernier pour chaque centaine de procédures par année civile concernant des brevets ayant été, pendant trois années consécutives avant ou après la date d'entrée en vigueur du présent accord, engagées dans cet État membre contractant. Un État membre contractant ne compte pas plus de quatre divisions locales.

5. Une division régionale est créée pour deux États membres contractants ou plus à la demande de ceux-ci, conformément aux statuts. Ces États membres contractants désignent le siège de la division concernée. La division régionale peut tenir ses audiences dans plusieurs localités.

Art. 8 *Composition des chambres du tribunal de première instance.* 1. Les chambres du tribunal de première instance ont une composition multinationale. Sans préjudice du paragraphe 5 du présent article et de l'article 33, paragraphe 3, point a), elles siègent en formation de trois juges.

2. Les chambres d'une division locale située dans un État membre contractant dans lequel, sur une période de trois années consécutives avant ou après la date d'entrée en vigueur du présent accord, en moyenne moins de cinquante procédures concernant les brevets ont été engagées par année civile, siègent en formation d'un juge qualifié sur le plan juridique qui est un ressortissant de l'État membre contractant sur le territoire duquel est située la division locale concernée et de deux juges qualifiés sur le plan juridique qui ne sont pas des ressortissants de l'État membre contractant concerné, issus du *pool* de juges et affectés au cas par cas, conformément à l'article 18, paragraphe 3.

3. Nonobstant le paragraphe 2, les chambres d'une division locale située dans un État membre contractant dans lequel, sur une période de trois années consécutives avant ou après la date d'entrée en vigueur du présent accord, en moyenne au moins cinquante procédures concernant les brevets ont été engagées par année civile, siègent en formation de deux juges qualifiés sur le plan juridique qui sont des ressortissants de l'État membre contractant sur le territoire duquel est située la division locale concernée et d'un juge qualifié sur le plan juridique, qui n'est pas un ressortissant de l'État membre contractant concerné, issu du *pool* de juges et affecté conformément à l'article 18, paragraphe 3. Ce troisième juge est affecté à la division locale à long terme lorsque cela est nécessaire au bon fonctionnement des divisions dont la charge de travail est importante.

4. Les chambres d'une division régionale siègent en formation de deux juges qualifiés sur le plan juridique choisis sur une liste régionale de juges, qui sont des ressortissants des États membres contractants concernés et d'un juge qualifié sur le plan juridique, qui n'est pas un ressortissant des États membres contractants concernés, issu du *pool* de juges et affecté conformément à l'article 18, paragraphe 3.

5. A la demande d'une des parties, une chambre d'une division locale ou régionale demande au président du tribunal de première instance de lui affecter, conformément à l'article 18, paragraphe 3, un juge supplémentaire qualifié sur le plan technique, issu du *pool* de juges, et ayant des qualifications ainsi qu'une expérience dans le domaine technique concerné. En outre, une chambre d'une division locale ou régionale peut, après avoir entendu les parties, présenter une telle demande de sa propre initiative, lorsqu'elle le juge appropriée.

Dans les cas où un tel juge qualifié sur le plan technique est affecté, aucun autre juge qualifié sur le plan technique ne peut être affecté au titre de l'article 33, paragraphe 3, point a).

6. Les chambres de la division centrale siègent en formation de deux juges qualifiés sur le plan juridique qui sont des ressortissants de différents États membres contractants et d'un juge qualifié sur le plan technique, issu du *pool* de juges et affecté conformément à l'article 18, paragraphe 3, ayant des qualifications ainsi qu'une expérience dans le domaine technique concerné. Cependant, les chambres de la division centrale qui connaissent des actions visées à l'article 32, paragraphe 1, point i), siègent en formation de trois juges qualifiés sur le plan juridique qui sont des ressortissants de différents États membres contractants.

7. Nonobstant les paragraphes 1 à 6 et conformément au règlement de procédure, les parties peuvent convenir que leur litige sera porté devant un juge unique qualifié sur le plan juridique.

8. Les chambres du tribunal de première instance sont présidées par un juge qualifié sur le plan juridique.

Art. 9 *La cour d'appel.* 1. Les chambres de la cour d'appel siègent en formation multinationale de cinq juges. Elles comprennent trois juges qualifiés sur le plan juridique qui sont des ressortissants de différents États membres contractants et deux juges qualifiés sur le plan technique ayant des qualifications ainsi qu'une expérience dans le domaine technique concerné. Les juges qualifiés sur le plan technique sont affectés à la chambre par le président de la cour d'appel qui les choisit parmi les juges qui composent le *pool* de juges, visé à l'article 18.

2. Nonobstant le paragraphe 1, les chambres qui connaissent des actions visées à l'article 32, paragraphe 1, point i), siègent en formation de trois juges qualifiés sur le plan juridique qui sont des ressortissants de différents États membres contractants.

3. Les chambres de la cour d'appel sont présidées par un juge qualifié sur le plan juridique.

4. Les chambres de la cour d'appel sont instituées conformément aux statuts.

5. La cour d'appel a son siège à Luxembourg.

Art. 10 *Le greffe.* 1. Il est institué un greffe au siège de la cour d'appel. Celui-ci est dirigé par le greffier et exerce les fonctions qui lui sont attribuées conformément aux statuts. Sous réserve des conditions énoncées dans le présent accord et dans le règlement de procédure, le registre tenu par le greffe est public.

2. Il est institué des sous-greffes auprès de toutes les divisions du tribunal de première instance.

3. Le greffe conserve les minutes de toutes les affaires portées devant la Juridiction. Au moment du dépôt, le sous-greffe concerné notifie chaque affaire au greffe.

4. La Juridiction nomme son greffier conformément à l'article 22 des statuts et arrête les règles régissant l'exercice de ses fonctions.

Art. 11 *Comités.* Il est institué un comité administratif, un comité budgétaire et un comité consultatif en vue d'assurer la mise en œuvre et le fonctionnement effectifs du présent accord. Ces comités exercent notamment les fonctions prévues par le présent accord et par les statuts.

Art. 12 *Le comité administratif.* 1. Le comité administratif est composé d'un représentant de chaque État membre contractant. La Commission européenne est représentée aux réunions du comité administratif à titre d'observateur.

2. Chaque État membre contractant dispose d'une voix.

3. Le comité administratif adopte ses décisions à la majorité des trois quarts des États membres contractants représentés et votants, sauf si le présent accord ou les statuts en disposent autrement.

4. Le comité administratif adopte son règlement intérieur.

5. Le comité administratif élit son président parmi ses membres pour un mandat de trois ans. Ce mandat est renouvelable.

Art. 13 *Le comité budgétaire.* 1. Le comité budgétaire est composé d'un représentant de chaque État membre contractant.

2. Chaque État membre contractant dispose d'une voix.

3. Le comité budgétaire adopte ses décisions à la majorité simple des représentants des États membres contractants. Toutefois, la majorité des trois quarts des représentants des États membres contractants est requise pour l'adoption du budget.

4. Le comité budgétaire adopte son règlement intérieur.

5. Le comité budgétaire élit son président parmi ses membres pour un mandat de trois ans. Ce mandat est renouvelable.

Art. 14 *Le comité consultatif.* 1. Le comité consultatif :

a) assiste le comité administratif pour préparer la nomination des juges de la Juridiction ;

b) formule des propositions à l'intention du présidium visé à l'article 15 des statuts en ce qui concerne les orientations relatives au cadre de formation des juges visé à l'article 19 ; et

c) rend des avis au comité administratif concernant les exigences de qualifications visées à l'article 48, paragraphe 2.

2. Le comité consultatif est composé de juges des brevets et de praticiens du droit des brevets et du contentieux en matière de brevets ayant le plus haut niveau de compétence reconnu. Ses membres sont nommés, conformément à la procédure prévue dans les statuts, pour un mandat de six ans. Ce mandat est renouvelable.

3. La composition du comité consultatif garantit un large éventail de compétences dans le domaine concerné et la représentation de chacun des États membres contractants. Les membres du comité consultatif exercent leurs fonctions en toute indépendance et ne sont liés par aucune instruction.

4. Le comité consultatif adopte son règlement intérieur.

5. Le comité consultatif élit son président parmi ses membres pour un mandat de trois ans. Ce mandat est renouvelable.

CHAPITRE III *Juges de la juridiction*

Art. 15 ***Conditions à remplir pour être nommé juge.*** **1. La Juridiction comprend des juges qualifiés sur le plan juridique et des juges qualifiés sur le plan technique. Les juges font preuve du plus haut niveau de compétence et d'une expérience avérée dans le domaine du contentieux des brevets.**

2. Les juges qualifiés sur le plan juridique possèdent les qualifications requises pour être nommés à des fonctions judiciaires dans un État membre contractant.

3. Les juges qualifiés sur le plan technique sont titulaires d'un diplôme universitaire dans un domaine technique et disposent d'une compétence avérée dans ce domaine. Ils ont aussi une connaissance avérée du droit civil et de la procédure civile dans le domaine du contentieux des brevets.

Art. 16 ***Procédure de nomination.*** **1. Le comité consultatif établit une liste des candidats les plus qualifiés pour être nommés juges à la Juridiction, conformément aux statuts.**

2. Sur la base de cette liste, le comité administratif nomme, d'un commun accord, les juges de la Juridiction.

3. Les dispositions d'exécution relatives à la nomination des juges sont prévues dans les statuts.

Art. 17 ***Indépendance judiciaire et impartialité.*** **1. La Juridiction, les juges qui y siègent et le greffier bénéficient de l'indépendance judiciaire. Dans l'exercice de leurs fonctions, les juges ne sont liés par aucune instruction.**

2. Les juges qualifiés sur le plan juridique, ainsi que les juges qualifiés sur le plan technique siégeant de manière permanente à la Juridiction, ne peuvent exercer aucune autre activité professionnelle, rémunérée ou non, sauf dérogation accordée par le comité administratif.

3. Nonobstant le paragraphe 2, l'exercice du mandat de juge n'exclut pas l'exercice d'autres fonctions judiciaires au niveau national.

4. L'exercice du mandat de juge qualifié sur le plan technique ne siégeant pas de manière permanente à la Juridiction n'exclut pas l'exercice d'autres fonctions, pour autant qu'il n'y ait pas conflit d'intérêt.

5. En cas de conflit d'intérêt, le juge concerné ne prend pas part à la procédure. Les règles régissant les conflits d'intérêt sont énoncées dans les statuts.

Art. 18 ***Pool de juges.*** **1. Il est institué un *pool* de juges conformément aux statuts.**

2. Le *pool* de juges comprend tous les juges qualifiés sur le plan juridique et tous les juges qualifiés sur le plan technique du tribunal de première instance qui siègent de manière permanente ou non à la Juridiction. Le *pool* de juges comprend, pour chaque domaine technique, au moins un juge qualifié sur le plan technique ayant les qualifications et l'expérience requises. Les juges qualifiés sur le plan technique issus du *pool* de juges sont également à la disposition de la cour d'appel.

3. Lorsque le présent accord ou les statuts le prévoient, les juges du *pool* sont affectés à la division concernée par le président du tribunal de première instance. L'affectation des juges tient compte de leurs compétences juridiques ou techniques, de leurs aptitudes linguistiques et de l'expérience requise. Elle garantit le même niveau élevé de qualité des travaux et de compétences juridiques et techniques dans toutes les chambres du tribunal de première instance.

Art. 19 ***Cadre de formation.*** **1. Il est institué un cadre de formation pour les juges, dont les modalités sont précisées dans les statuts, en vue d'améliorer et d'accroître les compétences disponibles dans le domaine du contentieux des brevets et d'assurer une large diffusion géographique de ces connaissances et expériences spécifiques. Les infrastructures nécessaires à ce cadre sont situées à Budapest.**

2. Le cadre de formation se concentre en particulier sur :

a) l'organisation de stages dans les juridictions nationales compétentes en matière de brevets ou dans les divisions du tribunal de première instance connaissant un nombre important d'affaires dans le domaine du contentieux des brevets ;

b) l'amélioration des aptitudes linguistiques ;

c) les aspects techniques du droit des brevets ;

d) la diffusion des connaissances et des expériences en matière de procédure civile, à l'intention des juges qualifiés sur le plan technique ;

e) la préparation des candidats aux fonctions de juge.

3. Le cadre de formation prévoit une formation continue. Des réunions sont organisées régulièrement entre tous les juges de la Juridiction afin de débattre des évolutions dans le domaine du droit des brevets et d'assurer la cohérence de la jurisprudence de la Juridiction.

CHAPITRE IV *Primauté du droit de l'Union et responsabilité des États membres contractants*

Art. 20 *Primauté et respect du droit de l'Union.* La Juridiction applique le droit de l'Union dans son intégralité et respecte sa primauté.

Art. 21 *Demandes préjudicielles.* En tant que juridiction commune aux États membres contractants et dans la mesure où elle fait partie de leur système judiciaire, la Juridiction coopère avec la Cour de justice de l'Union européenne afin de garantir la bonne application et l'interprétation uniforme du droit de l'Union, comme toute juridiction nationale, conformément, en particulier, à l'article 267 du TFUE. Les décisions de la Cour de justice de l'Union européenne sont contraignantes pour la Juridiction.

Art. 22 *Responsabilité pour les dommages résultant de violations du droit de l'Union.* 1. Les États membres contractants sont solidairement responsables des dommages résultant d'une violation du droit de l'Union par la cour d'appel, conformément au droit de l'Union en matière de responsabilité non contractuelle des États membres pour les dommages résultant d'une violation du droit de l'Union par leurs juridictions nationales.

2. Une action relative à de tels dommages est formée contre l'État membre contractant dans lequel le requérant a son domicile ou son principal établissement ou, en l'absence de domicile ou de principal établissement, son établissement, devant l'autorité compétente de cet État membre contractant. Si le requérant n'a pas son domicile ou son principal établissement ou, en l'absence de domicile ou de principal établissement, son établissement dans un État membre contractant, il peut former une telle action contre l'État membre contractant dans lequel la cour d'appel a son siège, devant l'autorité compétente de cet État membre contractant.

L'autorité compétente applique la loi du for, exception faite de son droit international privé, à toutes les questions qui ne sont pas régies par le droit de l'Union ou par le présent accord. Le requérant a le droit d'obtenir l'intégralité du montant des dommages-intérêts exigés par l'autorité compétente de la part de l'État membre contractant contre lequel l'action a été formée.

3. L'État membre contractant qui a payé les dommages-intérêts a le droit d'obtenir une contribution proportionnelle, déterminée conformément à la méthode prévue à l'article 37, paragraphes 3 et 4, de la part des autres États membres contractants. Les règles détaillées régissant la contribution due par les États membres contractants au titre du présent paragraphe sont fixées par le comité administratif.

Art. 23 *Responsabilité des États membres contractants.* Les actions de la Juridiction sont directement imputables individuellement à chacun des États membres contractants, y compris aux fins des articles 258, 259 et 260 du TFUE, ainsi que collectivement à l'ensemble des États membres contractants.

CHAPITRE V *Sources du droit et droit matériel*

Art. 24 *Sources du droit.* 1. En parfaite conformité avec l'article 20, lorsqu'elle a à connaître d'une affaire dont elle est saisie en vertu du présent accord, la Juridiction fonde ses décisions sur :

a) le droit de l'Union, y compris le règlement (UE) nº 1257/2012 et le règlement (UE) nº 1260/2012 *[V. ce texte supra]* ;

b) le présent accord ;

c) la CBE ;

d) les autres accords internationaux applicables aux brevets et contraignants à l'égard de tous les États membres contractants ; et

e) les droits nationaux.

2. Dans les cas où la Juridiction fonde ses décisions sur le droit national, y compris, le cas échéant, le droit d'États non contractants, le droit applicable est déterminé :

a) par les dispositions directement applicables du droit de l'Union qui contiennent des règles de droit international privé ; ou

b) en l'absence de dispositions directement applicables du droit de l'Union ou si celles-ci ne s'appliquent pas, par les instruments internationaux contenant des règles de droit international privé ; ou

c) en l'absence de dispositions visées aux points a) et b), par les dispositions nationales de droit international privé déterminées par la Juridiction.

3. Le droit d'États non contractants s'applique lorsqu'il est désigné en application des règles visées au paragraphe 2, en particulier pour ce qui est des articles 25 à 28, 54, 55, 64, 68 et 72.

Art. 25 *Droit d'empêcher l'exploitation directe de l'invention.* Un brevet confère à son titulaire le droit d'empêcher, en l'absence de son consentement, tout tiers :

a) de fabriquer, d'offrir, de mettre sur le marché ou d'utiliser un produit qui fait l'objet du brevet, ou bien d'importer ou de détenir ce produit à ces fins ;

b) d'utiliser le procédé qui fait l'objet du brevet ou, lorsque le tiers sait ou aurait dû savoir que l'utilisation du procédé est interdite sans le consentement du titulaire du brevet, d'en offrir l'utilisation sur le territoire des États membres contractants dans lesquels le brevet produit ses effets ;

c) d'offrir, de mettre sur le marché, d'utiliser ou bien d'importer ou de détenir à ces fins un produit obtenu directement par un procédé qui fait l'objet du brevet.

Art. 26 *Droit d'empêcher l'exploitation indirecte de l'invention.* 1. Un brevet confère à son titulaire le droit d'empêcher, en l'absence de son consentement, tout tiers, de fournir ou d'offrir de fournir, sur le territoire des États membres contractants dans lesquels le brevet produit ses effets, à une personne autre que celle habilitée à exploiter l'invention brevetée, des moyens de mise en œuvre, sur ce territoire, de cette invention se rapportant à un élément essentiel de celle-ci, lorsque le tiers sait, ou aurait dû savoir, que ces moyens sont aptes et destinés à cette mise en œuvre.

2. Le paragraphe 1 ne s'applique pas lorsque les moyens sont des produits de consommation courants, sauf si le tiers incite la personne à qui ils sont fournis à commettre tout acte interdit par l'article 25.

3. Ne sont pas considérées comme des personnes habilitées à exploiter l'invention au sens du paragraphe 1 celles qui accomplissent les actes visés à l'article 27, points a) à e).

Art. 27 *Limitations des effets d'un brevet.* Les droits conférés par un brevet ne s'étendent à aucun des actes suivants :

a) les actes accomplis dans un cadre privé et à des fins non commerciales ;

b) les actes accomplis à titre expérimental qui portent sur l'objet de l'invention brevetée ;

c) l'utilisation de matériel biologique en vue de créer ou de découvrir et de développer d'autres variétés végétales ;

d) les actes autorisés en vertu de l'article 13, paragraphe 6, de la directive 2001/82/CE *[Dir. 2001/82/CE du Parlement européen et du Conseil du 6 nov. 2001 instituant un code communautaire relatif aux médicaments vétérinaires (JOUE L 311 du 28 nov. 2001, p. 1), y compris toute modification ultérieure]* ou de l'article 10, paragraphe 6, de la directive 2001/83/CE *[Dir. 2001/83/CE du Parlement européen et du Conseil du 6 nov. 2001 instituant un code communautaire relatif aux médicaments à usage humain (JOUE L 311 du 28 nov. 2001, p. 67), y compris toute modification ultérieure]* en ce qui concerne tout brevet portant sur le produit au sens de l'une ou l'autre de ces directives ;

e) la préparation de médicaments faite extemporanée et par unité dans les officines de pharmacie, sur ordonnance médicale, ou les actes concernant les médicaments ainsi préparés ;

f) l'utilisation de l'invention brevetée à bord de navires de pays membres de l'Union internationale pour la protection de la propriété industrielle (Union de Paris) ou membres de l'Organisation mondiale du commerce autres que les États membres contractants dans lesquels le brevet concerné produit ses effets, dans le corps dudit navire, dans les machines, agrès, apparaux et autres accessoires, lorsque ces navires pénètrent temporairement ou accidentellement dans les eaux d'un État membre contractant dans lequel le brevet concerné produit ses effets, sous réserve que ladite invention soit utilisée exclusivement pour les besoins du navire ;

g) l'utilisation de l'invention brevetée dans la construction ou le fonctionnement des engins de locomotion aérienne ou terrestre ou d'autres moyens de transport de pays membres de l'Union internationale pour la protection de la propriété industrielle (Union de Paris) ou membres de l'Organisation mondiale du commerce autres que les États membres contractants dans lesquels le brevet concerné produit ses effets, ou des accessoires de ces engins, lorsque ceux-ci pénètrent temporairement ou accidentellement sur le territoire d'un État membre contractant dans lequel le brevet concerné produit ses effets ;

h) les actes prévus par l'article 27 de la Convention relative à l'aviation civile internationale du 7 décembre 1944 *[Organisation de l'aviation civile internationale (OACI), "Convention de Chicago", document 7300/9 (9e éd., 2006).]*, lorsque ces actes concernent des aéronefs d'un pays partie à ladite Convention autre qu'un État membre contractant dans lequel ce brevet produit ses effets ;

i) l'utilisation par un agriculteur du produit de sa récolte pour reproduction ou multiplication sur sa propre exploitation, pour autant que le matériel de reproduction végétale ait été vendu ou commercialisé sous une autre forme à l'agriculteur par le titulaire du brevet ou avec son consentement à des fins d'exploitation agricole. L'étendue et les conditions d'une telle utilisation correspondent à celles fixées à l'article 14 du règlement (CE) n° 2100/94 *[Règl. (CE) n° 2100/94 du Conseil du 27 juill. 1994 instituant un régime de protection communautaire des obtentions végétales (JOUE L 227 du 1 sept. 1994, p. 1), y compris toute modification ultérieure.]* ;

j) l'utilisation par un agriculteur de bétail protégé pour un usage agricole, pour autant que les animaux d'élevage ou autre matériel de reproduction animal aient été vendus ou commercialisés sous une autre forme à l'agriculteur par le titulaire du brevet ou avec son consentement. Une telle utilisation comprend la mise à disposition de l'animal ou autre matériel de reproduction animal pour la poursuite de l'activité agricole de l'agriculteur, mais non la vente de ceux-ci dans le cadre ou dans le but d'une activité de reproduction commerciale ;

k) les actes et l'utilisation des informations obtenues tels qu'autorisés en vertu des articles 5 et 6 de la directive 2009/24/CE *[Dir. 2009/24/CE du Parlement européen et du Conseil du 23 avr. 2009 concernant la protection juridique des programmes d'ordinateur (JOUE L 111 du 5 mai 2009, p. 16), y compris toute modification ultérieure.]*, en particulier par ses dispositions relatives à la décompilation et à l'interopérabilité ; et

l) les actes autorisés en vertu de l'article 10 de la directive 98/44/CE *[Dir. 98/44/CE du Parlement européen et du Conseil du 6 juill. 1998 relative à la protection juridique des inventions biotechnologiques (JOUE L 213 du 30 juill. 1998, p. 13), y compris toute modification ultérieure.]*.

Art. 28 *Droit fondé sur une utilisation antérieure de l'invention.* Quiconque, dans le cas où un brevet national a été délivré pour une invention, aurait acquis, dans un État membre contractant, un droit fondé sur une utilisation antérieure de cette invention ou un droit de possession personnelle sur cette invention jouit, dans cet État membre contractant, des mêmes droits à l'égard du brevet ayant cette invention pour objet.

Art. 29 *Épuisement des droits conférés par un brevet européen.* Les droits conférés par un brevet européen ne s'étendent pas aux actes qui concernent un produit couvert par ce brevet après que ce produit a été mis sur le marché dans l'Union européenne par le titulaire du brevet ou avec son consentement, à moins qu'il n'existe des motifs légitimes justifiant que le titulaire s'oppose à la poursuite de la commercialisation du produit.

Art. 30 *Effets des certificats complémentaires de protection.* Un certificat complémentaire de protection confère les mêmes droits que ceux qui sont conférés par le brevet et est soumis aux mêmes limitations et aux mêmes obligations.

CHAPITRE VI *Compétence internationale*

Art. 31 *Compétence internationale.* La compétence internationale de la Juridiction est établie conformément au règlement (UE) n° 1215/2012 ou, le cas échéant, sur la base de la Convention concernant la compétence judiciaire, la reconnaissance et l'exécution des décisions en matière civile et commerciale (Convention de Lugano) *[Convention sur la compétence judiciaire, la reconnaissance et l'exécution des décisions en matière civile et commerciale, signée le 30 oct. 2007, y compris toute modification ultérieure.]*.

Art. 32 *Compétence de la Juridiction.* 1. La Juridiction a une compétence exclusive pour :

a) les actions en contrefaçon ou en menace de contrefaçon de brevets et de certificats complémentaires de protection et les défenses y afférentes, y compris les demandes reconventionnelles concernant les licences ;

b) les actions en constatation de non-contrefaçon de brevets et de certificats complémentaires de protection ;

c) les actions visant à obtenir des mesures provisoires et conservatoires et des injonctions ;

d) les actions en nullité de brevets et de certificats complémentaires de protection ;

e) les demandes reconventionnelles en nullité de brevets et de certificats complémentaires de protection ;

f) les actions en dommages-intérêts ou en réparation découlant de la protection provisoire conférée par une demande de brevet européen publiée ;

g) les actions relatives à l'utilisation de l'invention avant la délivrance du brevet ou au droit fondé sur une utilisation antérieure de l'invention ;

h) les actions en réparation concernant les licences formées sur la base de l'article 8 du règlement (UE) n° 1257/2012 ; et

i) les actions concernant les décisions prises par l'Office européen des brevets dans l'exercice des tâches visées à l'article 9 du règlement (UE) n° 1257/2012.

2. Les juridictions nationales des États membres contractants demeurent compétentes pour les actions relatives aux brevets et aux certificats complémentaires de protection qui ne relèvent pas de la compétence exclusive de la Juridiction.

Art. 33 *Compétence des divisions du tribunal de première instance.* 1. Sans préjudice du paragraphe 7 du présent article, les actions visées à l'article 32, paragraphe 1, points a), c), f) et g), sont portées devant :

a) la division locale située sur le territoire de l'État membre contractant où la contrefaçon ou la menace de contrefaçon s'est produite ou est susceptible de se produire, ou devant la division régionale à laquelle ledit État membre contractant participe ; ou

b) la division locale située sur le territoire de l'État membre contractant dans lequel le défendeur ou, s'il y a plusieurs défendeurs, l'un des défendeurs a son domicile ou son principal établissement ou, en l'absence de domicile ou de principal établissement, son établissement, ou devant la division régionale à laquelle ledit État membre contractant participe. Une action ne peut être exercée contre plusieurs défendeurs que si ceux-ci ont un lien commercial et si l'action porte sur la même contrefaçon alléguée.

Les actions visées à l'article 32, paragraphe 1, point h), sont portées devant la division locale ou régionale conformément au point b) du premier alinéa.

Les actions contre des défendeurs ayant leur domicile ou leur principal établissement ou, en l'absence de domicile ou de principal établissement, leur établissement en dehors du territoire des États membres contractants sont portées devant la division locale ou régionale conformément au point a) du premier alinéa ou devant la division centrale.

Si aucune division locale ne se trouve sur le territoire de l'État membre contractant concerné et que celui-ci ne participe pas à une division régionale, les actions sont portées devant la division centrale.

2. Si une action visée à l'article 32, paragraphe 1, points a), c), f), g) ou h) est pendante devant une division du tribunal de première instance, aucune action visée à l'article 32, paragraphe 1, points a), c), f), g) ou h), ne peut être engagée entre les mêmes parties au sujet du même brevet devant aucune autre division.

Si une action visée à l'article 32, paragraphe 1, point a), est pendante devant une division régionale et que la contrefaçon s'est produite sur le territoire d'au moins trois divisions régionales, à la demande du défendeur, la division régionale concernée renvoie l'affaire devant la division centrale.

Si une action est engagée entre les mêmes parties au sujet du même brevet devant plusieurs divisions différentes, la division première saisie est compétente pour l'intégralité de l'affaire et toute division saisie ultérieurement déclare l'action irrecevable conformément au règlement de procédure.

3. Une demande reconventionnelle en nullité visée à l'article 32, paragraphe 1, point e), peut être introduite dans le cadre d'une action en contrefaçon visée à l'article 32, paragraphe 1, point a). Après avoir entendu les parties, la division locale ou régionale concernée, a la faculté :

a) soit de statuer tant sur l'action en contrefaçon que sur la demande reconventionnelle en nullité et de demander au président du tribunal de première instance l'affectation, conformément à l'article 18, paragraphe 3, d'un juge qualifié sur le plan technique issu du *pool* de juges et ayant des qualifications et une expérience dans le domaine technique concerné ;

b) soit de renvoyer la demande reconventionnelle en nullité devant la division centrale pour décision et de suspendre l'action en contrefaçon ou de statuer sur celle-ci ; ou

c) soit, avec l'accord des parties, de renvoyer l'affaire devant la division centrale pour décision.

4. Les actions visées à l'article 32, paragraphe 1, points b) et d), sont portées devant la division centrale. Si, toutefois, une action en contrefaçon visée à l'article 32, paragraphe 1,

point a), a été engagée entre les mêmes parties au sujet du même brevet devant une division locale ou régionale, les actions précitées ne peuvent être portées que devant la même division locale ou régionale.

5. Si une action en nullité visée à l'article 32, paragraphe 1, point d), est pendante devant la division centrale, une action en contrefaçon visée à l'article 32, paragraphe 1, point a), peut être engagée entre les mêmes parties au sujet du même brevet devant n'importe quelle division, conformément au paragraphe 1 du présent article, ou devant la division centrale. La division locale ou régionale concernée a la faculté de statuer conformément au paragraphe 3 du présent article.

6. Une action en constatation de non-contrefaçon visée à l'article 32, paragraphe 1, point b), pendante devant la division centrale est suspendue dès qu'une action en contrefaçon visée à l'article 32, paragraphe 1, point a), est engagée entre les mêmes parties ou entre le titulaire d'une licence exclusive et la partie demandant la constatation de non-contrefaçon au sujet du même brevet devant une division locale ou régionale dans un délai de trois mois à compter de la date à laquelle l'action a été engagée devant la division centrale.

7. Les parties peuvent convenir de porter les actions visées à l'article 32, paragraphe 1, points a) à h), devant la division de leur choix, y compris la division centrale.

8. Les actions visées à l'article 32, paragraphe 1, points d) et e), peuvent être engagées sans que le requérant ait à former opposition devant l'Office européen des brevets.

9. Les actions visées à l'article 32, paragraphe 1, point i), sont portées devant la division centrale.

10. Les parties informent la Juridiction de toute procédure de nullité, de limitation ou d'opposition pendante devant l'Office européen des brevets, ainsi que de toute demande de procédure accélérée présentée auprès de l'Office européen des brevets. La Juridiction peut suspendre la procédure lorsqu'une décision rapide peut être attendue de l'Office européen des brevets.

Art. 34 *Champ d'application territorial des décisions.* Les décisions de la Juridiction couvrent, dans le cas d'un brevet européen, le territoire des États membres contractants pour lesquels le brevet produit ses effets.

CHAPITRE VII *Médiation et arbitrage en matière de brevets*

Art. 35 *Centre de médiation et d'arbitrage en matière de brevets.* 1. Il est institué un centre de médiation et d'arbitrage en matière de brevets (ci-après dénommé "centre"). Il a ses sièges à Ljubljana et à Lisbonne.

2. Le centre fournit des services de médiation et d'arbitrage des litiges en matière de brevets qui relèvent du champ d'application du présent accord. L'article 82 s'applique *mutatis mutandis* à tout règlement d'un différend par le biais des services fournis par le centre, y compris la médiation. Toutefois, un brevet ne peut pas être annulé ou limité dans le cadre d'une procédure de médiation ou d'arbitrage.

3. Le centre définit des règles régissant la médiation et l'arbitrage.

4. Le centre établit une liste de médiateurs et d'arbitres chargés d'aider les parties à régler leur différend.

DEUXIÈME PARTIE **Dispositions financières**

Art. 36 *Budget de la Juridiction.* 1. Le budget de la Juridiction est financé sur les recettes financières propres de la Juridiction et, à tout le moins au cours de la période transitoire visée à l'article 83, si nécessaire, sur les contributions des États membres contractants. Le budget est en équilibre.

2. Les recettes financières propres de la Juridiction comprennent le paiement des frais de procédure et d'autres recettes.

3. Les frais de procédure sont fixés par le comité administratif. Ils comprennent un montant fixe, combiné à un montant fondé sur la valeur du litige, au-delà d'un plafond prédéfini. Le montant des frais de procédure est fixé à un niveau garantissant un juste équilibre entre le principe d'accès équitable à la justice, en particulier pour les petites et moyennes entreprises, les micro-entités, les personnes physiques, les organisations à but non lucratif, les universités et les organismes publics de recherche, et une contribution adéquate des parties aux frais exposés par la Juridiction, tenant compte des avantages économiques pour les parties concernées et de l'objectif visant à ce que la Juridiction s'autofinance et ait des comptes en équilibre. Le montant des frais de procédure est revu périodiquement par le

comité administratif. Des mesures de soutien ciblées en faveur des petites et moyennes entreprises et des micro-entités peuvent être envisagées.

4. Si la Juridiction n'est pas en mesure d'équilibrer son budget au moyen de ses ressources propres, les États membres contractants lui versent des contributions financières spéciales.

Art. 37 *Financement de la Juridiction.* 1. Les coûts opérationnels de la Juridiction sont couverts par son budget, conformément aux statuts.

Les États membres contractants qui créent une division locale fournissent les infrastructures nécessaires à cette fin. Les États membres contractants qui partagent une division régionale fournissent conjointement les infrastructures nécessaires à cette fin. Les États membres contractants sur le territoire desquels est située la division centrale, ses sections ou la cour d'appel fournissent les infrastructures nécessaires à celles-ci. Durant une période transitoire initiale de sept ans à partir de la date d'entrée en vigueur du présent accord, les États membres contractants concernés fournissent également le personnel d'appui administratif, sans préjudice du statut de ce personnel.

2. A la date d'entrée en vigueur du présent accord, les États membres contractants apportent les contributions financières initiales nécessaires à la création de la Juridiction.

3. Pendant la période transitoire initiale de sept ans à partir de la date d'entrée en vigueur du présent accord, la contribution de chaque État membre contractant ayant ratifié l'accord ou y ayant adhéré avant son entrée en vigueur est calculée en fonction du nombre de brevets européens produisant leurs effets sur le territoire de l'État concerné à la date d'entrée en vigueur du présent accord et du nombre de brevets européens au sujet lesquels *[desquels]* des actions en contrefaçon ou en nullité ont été engagées devant les juridictions nationales dudit État au cours des trois années précédant l'entrée en vigueur du présent accord.

Pendant la même période transitoire initiale de sept ans, les contributions des États membres qui ratifient le présent accord ou y adhèrent après son entrée en vigueur sont calculées en fonction du nombre de brevets européens produisant leurs effets sur le territoire de l'État membre ratifiant l'accord ou y adhérant à la date de la ratification ou de l'adhésion et du nombre de brevets européens au sujet desquels des actions en contrefaçon ou en nullité ont été engagées devant les juridictions nationales de l'État membre ratifiant l'accord ou y adhérant au cours des trois années précédant la ratification ou l'adhésion.

4. A l'expiration de la période transitoire initiale de sept ans, au terme de laquelle il est prévu que la Juridiction s'autofinance, si des contributions des États membres contractants s'avèrent nécessaires, celles-ci sont déterminées conformément à la clé de répartition des taxes annuelles des brevets européens à effet unitaire applicable au moment où la contribution devient nécessaire.

Art. 38 *Financement du cadre de formation des juges.* Le cadre de formation des juges est financé sur le budget de la Juridiction.

Art. 39 *Financement du centre.* Les coûts de fonctionnement du centre sont financés sur le budget de la Juridiction.

TROISIÈME PARTIE **Organisation et dispositions procédurales**

CHAPITRE PREMIER *Dispositions générales*

Art. 40 *Statuts.* 1. Les statuts fixent les modalités de l'organisation et du fonctionnement de la Juridiction.

2. Les statuts sont annexés au présent accord. Ils peuvent être modifiés par décision du comité administratif sur la base d'une proposition de la Juridiction ou d'une proposition d'un État membre contractant après consultation de la Juridiction. Toutefois, ces modifications ne sont pas contraires au présent accord et ne l'altèrent pas.

3. Les statuts garantissent que le fonctionnement de la Juridiction est organisé de la manière la plus efficace et économique qui soit et assure un accès équitable à la justice.

Art. 41 *Règlement de procédure.* 1. Le règlement de procédure fixe les modalités de la procédure devant la Juridiction. Il est conforme au présent accord et aux statuts.

2. Le règlement de procédure est adopté par le comité administratif sur la base de larges consultations avec les parties intéressées. L'avis préalable de la Commission européenne sur la compatibilité du règlement de procédure avec le droit de l'Union est demandé.

Le règlement de procédure peut être modifié par décision du comité administratif sur la base d'une proposition de la Juridiction et après consultation de la Commission européenne.

Toutefois, ces modifications ne sont pas contraires au présent accord ou aux statuts et ne les altèrent pas.

3. Le règlement de procédure garantit que les décisions rendues par la Juridiction sont de la plus haute qualité et que la procédure est organisée de la manière la plus efficace et la plus économique qui soit. Il établit un juste équilibre entre les intérêts légitimes de toutes les parties. Il assure aux juges le niveau requis de pouvoir d'appréciation sans compromettre la prévisibilité de la procédure pour les parties.

Art. 42 *Proportionnalité et équité.* 1. La Juridiction traite les litiges de manière proportionnée à leur importance et à leur complexité.

2. La Juridiction veille à ce que les règles, procédures et recours prévus par le présent accord et par les statuts soient utilisés de manière juste et équitable et ne faussent pas la concurrence.

Art. 43 *Traitement des affaires.* La Juridiction traite avec diligence les affaires dont elle est saisie conformément à son règlement de procédure sans compromettre la liberté dont disposent les parties de déterminer l'objet de l'affaire et les éléments de preuve qui l'étayent.

Art. 44 *Procédures électroniques.* La Juridiction utilise au mieux les procédures électroniques, notamment pour le dépôt des conclusions des parties et la communication des éléments de preuve, ainsi que la vidéoconférence, conformément à son règlement de procédure.

Art. 45 *Débats publics.* Les débats de la Juridiction sont publics sauf si elle décide, dans la mesure où cela est nécessaire, de les rendre confidentiels dans l'intérêt d'une des parties ou d'autres personnes concernées, ou dans l'intérêt général de la justice ou de l'ordre public.

Art. 46 *Capacité juridique.* Toute personne physique ou morale, ou tout organisme équivalent à une personne morale habilité à engager une procédure conformément à son droit national, a la capacité d'ester devant la Juridiction.

Art. 47 *Parties.* 1. Le titulaire d'un brevet est habilité à former une action devant la Juridiction.

2. Sauf si l'accord de licence en dispose autrement, le titulaire d'une licence exclusive sur un brevet est habilité à former une action devant la Juridiction dans les mêmes conditions que le titulaire du brevet, à condition que le titulaire du brevet soit informé au préalable.

3. Le titulaire d'une licence non exclusive n'est pas habilité à former une action devant la Juridiction, sauf si le titulaire du brevet est informé au préalable et dans la mesure où cela est expressément autorisé par l'accord de licence.

4. Dans le cadre des actions formées par le titulaire d'une licence, le titulaire du brevet a le droit de se joindre à l'action formée devant la Juridiction.

5. La validité d'un brevet ne peut pas être contestée dans une action en contrefaçon engagée par le titulaire d'une licence si le titulaire du brevet ne participe pas à la procédure. La partie à l'action en contrefaçon qui souhaite contester la validité d'un brevet est tenue d'engager une action contre le titulaire du brevet.

6. Toute autre personne physique ou morale, ou tout organisme habilité à engager une action conformément à son droit national, qui est concerné par un brevet, peut engager une action conformément au règlement de procédure.

7. Toute personne physique ou morale, ou tout organisme habilité à engager une action conformément à son droit national et qui est affecté par une décision prise par l'Office européen des brevets dans l'exercice des tâches visées à l'article 9 du règlement (UE) n° 1257/2012 a le droit de former une action en vertu de l'article 32, paragraphe 1, point i).

Art. 48 *Représentation.* 1. Les parties sont représentées par un avocat autorisé à exercer devant une juridiction d'un État membre contractant.

2. Les parties ont également la possibilité d'être représentées par des mandataires en brevets européens habilités à agir en tant que représentants professionnels devant l'Office européen des brevets en vertu de l'article 134 de la CBE et qui possèdent les qualifications appropriées, telles qu'un certificat européen dans le domaine du contentieux des brevets.

3. Les exigences de qualifications prévues au paragraphe 2 sont établies par le comité administratif. Une liste des mandataires en brevets européens habilités à représenter les parties devant la Juridiction est tenue par le greffier.

4. Les représentants des parties peuvent être assistés de mandataires en brevets, qui sont autorisés à prendre la parole à l'audience devant la Juridiction conformément au règlement de procédure.

5. Les représentants des parties jouissent des droits et garanties nécessaires à l'exercice indépendant de leurs fonctions, y compris du privilège de confidentialité couvrant les communications entre un représentant et la partie représentée ou tout autre personne dans le cadre des procédures engagées devant la Juridiction, dans les conditions fixées par le règlement de procédure, sauf si la partie concernée renonce expressément à ce privilège.

6. Les représentants des parties sont tenus de ne pas dénaturer des points de droit ou des faits devant la Juridiction, sciemment ou alors qu'ils avaient tout lieu d'en avoir connaissance.

7. La représentation visée aux paragraphes 1 et 2 du présent article n'est pas requise dans les procédures engagées en vertu de l'article 32, paragraphe 1, point i).

CHAPITRE II *Langue de procédure*

Art. 49 *Langue de procédure devant le tribunal de première instance.* 1. La langue de procédure devant les divisions locales ou régionales est une langue officielle de l'Union européenne qui est la langue officielle ou l'une des langues officielles de l'État membre contractant sur le territoire duquel est située la division concernée, ou la ou les langues officielles désignées par les États membres contractants qui partagent une division régionale.

2. Nonobstant le paragraphe 1, les États membres contractants peuvent désigner une ou plusieurs langue(s) officielle(s) de l'Office européen des brevets comme langue de procédure de leur division locale ou régionale.

3. Les parties peuvent convenir d'utiliser comme langue de procédure la langue dans laquelle le brevet a été délivré, sous réserve de l'approbation de la chambre compétente. Si la chambre n'approuve pas le choix des parties, celles-ci peuvent demander que l'affaire soit renvoyée à la division centrale.

4. Avec l'accord des parties, la chambre compétente peut, pour des raisons de commodité et d'équité, décider d'utiliser comme langue de procédure la langue dans laquelle le brevet a été délivré.

5. A la demande d'une des parties et après avoir entendu les autres parties et la chambre compétente, le président du tribunal de première instance peut, pour des raisons d'équité et compte tenu de toutes les circonstances pertinentes, y compris la position des parties, en particulier la position du défendeur, décider d'utiliser comme langue de procédure la langue dans laquelle le brevet a été délivré. Dans ce cas, le président du tribunal de première instance détermine s'il est nécessaire de prendre des dispositions particulières en matière de traduction et d'interprétation.

6. La langue de procédure devant la division centrale est la langue dans laquelle le brevet en cause a été délivré.

Art. 50 *Langue de procédure devant la cour d'appel.* 1. La langue de procédure devant la cour d'appel est celle qui a été utilisée devant le tribunal de première instance.

2. Nonobstant le paragraphe 1, les parties peuvent convenir d'utiliser comme langue de procédure la langue dans laquelle le brevet a été délivré.

3. Dans des cas exceptionnels et dans la mesure où cela est approprié, la cour d'appel peut décider d'utiliser, pour tout ou partie de la procédure, une autre langue officielle d'un État membre contractant comme langue de procédure, sous réserve de l'accord des parties.

Art. 51 *Autres dispositions linguistiques.* 1. Toute chambre du tribunal de première instance ainsi que la cour d'appel peuvent, dans la mesure où cela est jugé approprié, passer outre aux exigences en matière de traduction.

2. A la demande d'une des parties, et dans la mesure où cela est jugé approprié, toute division du tribunal de première instance ainsi que la cour d'appel assurent un service d'interprétation pour assister les parties concernées dans une procédure orale.

3. Nonobstant l'article 49, paragraphe 6, dans les cas où une action en contrefaçon est engagée devant la division centrale, un défendeur ayant son domicile, son établissement principal ou son établissement dans un État membre a le droit d'obtenir, sur demande, une traduction des documents pertinents dans la langue de l'État membre dans lequel il a son domicile, son principal établissement ou, en l'absence de domicile ou de principal établissement, son établissement, dans les circonstances suivantes :

a) la division centrale est saisie conformément à l'article 33, paragraphe 1, troisième ou quatrième alinéa ; et

b) la langue de procédure devant la division centrale n'est pas une langue officielle de l'État membre dans lequel le défendeur a son domicile, son principal établissement ou, en l'absence de domicile ou de principal établissement, son établissement ; et

c) le défendeur n'a pas une connaissance suffisante de la langue de procédure.

CHAPITRE III *Procédure devant la Juridiction*

Art. 52 *Procédure écrite, procédure de mise en état et procédure orale.* 1. La procédure devant la Juridiction comprend une procédure écrite, une procédure de mise en état et une procédure orale, conformément au règlement de procédure. Toutes les procédures sont organisées de manière souple et équilibrée.

2. Dans le cadre de la procédure de mise en état, une fois la procédure écrite terminée et si nécessaire, le juge agissant en tant que rapporteur, dans le cadre d'un mandat reçu du collège plénier, est chargé de convoquer une audience de mise en état. En particulier, le juge étudie avec les parties les possibilités de parvenir à un règlement, y compris par la voie de la médiation et/ou de l'arbitrage en recourant aux services du centre visé à l'article 35.

3. La procédure orale offre aux parties l'occasion d'exposer dûment leurs arguments. La Juridiction peut, avec l'accord des parties, renoncer à l'audience.

Art. 53 *Moyens de preuve.* 1. Dans les procédures devant la Juridiction, les mesures d'instruction ci-après peuvent notamment être prises :

a) l'audition des parties ;
b) les demandes de renseignements ;
c) la production de documents ;
d) l'audition de témoins ;
e) l'expertise ;
f) la descente sur les lieux ;
g) les tests comparatifs ou les expériences ;
h) les déclarations écrites faites sous la foi du serment.

2. Le règlement de procédure régit la procédure relative à l'obtention de ces preuves. L'interrogatoire des témoins et des experts s'effectue sous le contrôle de la Juridiction et est limité à ce qui est nécessaire.

Art. 54 *Charge de la preuve.* Sans préjudice de l'article 24, paragraphes 2 et 3, la charge de la preuve des faits incombe à la partie qui les invoque.

Art. 55 *Renversement de la charge de la preuve.* 1. Sans préjudice de l'article 24, paragraphes 2 et 3, si l'objet d'un brevet est un procédé permettant d'obtenir un nouveau produit, tout produit identique fabriqué sans le consentement du titulaire du brevet est, jusqu'à preuve du contraire, considéré comme ayant été obtenu par le procédé breveté.

2. Le principe énoncé au paragraphe 1 s'applique également lorsque la probabilité est grande que le produit identique ait été obtenu par le procédé breveté et que le titulaire du brevet n'ait pas pu, en dépit d'efforts raisonnables, déterminer quel procédé a été en fait utilisé pour le produit identique.

3. Dans la présentation de la preuve contraire, sont pris en considération les intérêts légitimes du défendeur pour la protection de ses secrets de fabrication et des affaires.

CHAPITRE IV *Pouvoirs de la Juridiction*

Art. 56 *Les pouvoirs généraux de la Juridiction.* 1. La Juridiction peut imposer les mesures, procédures et recours prévus par le présent accord et assortir ses ordonnances de conditions, conformément au règlement de procédure.

2. La Juridiction tient dûment compte de l'intérêt des parties et, avant de rendre une ordonnance, elle donne à toutes les parties la possibilité d'être entendues, sauf si cela est incompatible avec une exécution efficace de ladite ordonnance.

Art. 57 *Experts auprès de la Juridiction.* 1. Sans préjudice de la possibilité qu'ont les parties de produire des preuves d'expert, la Juridiction peut à tout moment nommer des experts chargés d'apporter un éclairage spécialisé sur des aspects particuliers de l'espèce. La Juridiction fournit à ces experts toutes les informations nécessaires pour leur permettre de donner leur avis en leur qualité d'experts.

2. A cette fin, une liste indicative d'experts est établie par la Juridiction conformément au règlement de procédure. Cette liste est tenue par le greffier.

3. Les experts auprès de la Juridiction offrent toute garantie d'indépendance et d'impartialité. Les règles régissant les conflits d'intérêt applicables aux juges énoncées à l'article 7 des statuts s'appliquent par analogie à leur égard.

4. Les avis rendus par des experts devant la Juridiction sont mis à la disposition des parties, qui ont la possibilité de faire part de leurs observations sur ces avis.

Art. 58 *Protection des informations confidentielles.* Afin de protéger les secrets des affaires, les données à caractère personnel ou d'autres informations confidentielles d'une partie à la procédure ou d'un tiers, ou afin d'empêcher un détournement de preuve, la Juridiction peut ordonner que la collecte et l'utilisation de preuves au cours de la procédure soient restreintes ou interdites ou que l'accès à ces preuves soit limité à des personnes déterminées.

Art. 59 *Ordonnance de production des preuves.* 1. A la demande d'une partie qui a présenté des éléments de preuve raisonnablement accessibles et suffisants pour étayer ses allégations et a précisé les éléments de preuve à l'appui de ses allégations qui se trouvent sous le contrôle de la partie adverse ou d'un tiers, la Juridiction peut ordonner que ces éléments de preuve soient produits par la partie adverse ou un tiers, sous réserve que la protection des informations confidentielles soit assurée. Cette ordonnance n'emporte pas obligation pour cette partie de déposer contre elle-même.

2. A la demande d'une partie, la Juridiction peut, dans les mêmes conditions que celles prévues au paragraphe 1, ordonner la communication de documents bancaires, financiers ou commerciaux qui se trouvent sous le contrôle de la partie adverse, sous réserve que la protection des informations confidentielles soit assurée.

Art. 60 *Ordonnance de conservation des preuves et de descente sur les lieux.* 1. A la demande du requérant qui a présenté des éléments de preuve raisonnablement accessibles pour étayer ses allégations selon lesquelles son brevet a été contrefait ou qu'une telle contrefaçon est imminente, la Juridiction peut, avant même l'engagement d'une action au fond, ordonner des mesures provisoires rapides et efficaces pour conserver les éléments de preuve pertinents au regard de la contrefaçon alléguée, sous réserve que la protection des informations confidentielles soit assurée.

2. De telles mesures peuvent inclure la description détaillée, avec ou sans prélèvement d'échantillons, ou la saisie matérielle des produits litigieux et, dans les cas appropriés, des matériels et instruments utilisés pour produire et/ou distribuer ces produits ainsi que des documents s'y rapportant.

3. La Juridiction peut, avant même l'engagement d'une action au fond, à la demande du requérant qui a présenté des éléments de preuve pour étayer ses allégations selon lesquelles son brevet a été contrefait ou qu'une telle contrefaçon est imminente, ordonner une descente sur les lieux. Cette descente sur les lieux est effectuée par une personne nommée par la Juridiction conformément au règlement de procédure.

4. Lors de la descente sur les lieux, le requérant n'est pas présent en personne, mais il peut être représenté par un professionnel indépendant dont le nom figure dans l'ordonnance de la Juridiction.

5. Des mesures sont ordonnées, le cas échéant, sans que l'autre partie soit entendue, notamment lorsque tout retard est susceptible de causer un préjudice irréparable au titulaire du brevet ou lorsqu'il existe un risque démontrable de destruction des éléments de preuve.

6. Dans les cas où des mesures de conservation des preuves ou une descente sur les lieux sont ordonnées sans que l'autre partie ait été entendue, les parties affectées en sont avisées, sans délai et au plus tard immédiatement après l'exécution des mesures. Une révision, y compris le droit d'être entendu, a lieu à la demande des parties affectées afin qu'il soit décidé, dans un délai raisonnable après la notification des mesures, si celles-ci doivent être modifiées, abrogées ou confirmées.

7. Les mesures de conservation des preuves peuvent être subordonnées à la constitution par le requérant d'une caution ou d'une garantie équivalente adéquate, destinée à assurer l'indemnisation de tout préjudice subi par le défendeur conformément au paragraphe 9.

8. La Juridiction veille à ce que les mesures de conservation des preuves soient abrogées ou cessent de produire leurs effets d'une autre manière, à la demande du défendeur, sans préjudice des dommages-intérêts qui peuvent être réclamés, si le requérant n'a pas engagé, dans un délai ne dépassant pas trente et un jours civils ou vingt jours ouvrables, le délai le plus long étant retenu, d'action conduisant à une décision au fond devant la Juridiction.

9. Dans les cas où les mesures de conservation des preuves sont abrogées ou cessent d'être applicables en raison de toute action ou omission du requérant, ou dans les cas où il est constaté ultérieurement qu'il n'y a pas eu contrefaçon ou menace de contrefaçon d'un brevet, la Juridiction peut ordonner au requérant, à la demande du défendeur, d'accorder à ce dernier une indemnisation appropriée de tout dommage subi à la suite de ces mesures.

Art. 61 *Décisions de gel.* 1. A la demande du requérant qui a présenté des éléments de preuve raisonnablement accessibles pour étayer ses allégations selon lesquelles son brevet a été contrefait ou qu'une telle contrefaçon est imminente, la Juridiction peut, avant même l'engagement d'une action au fond, ordonner à une partie de ne pas sortir du territoire qui relève de sa compétence des avoirs situés sur ce territoire ou de ne pas réaliser des transactions sur des avoirs, qu'ils soient ou non situés sur ce territoire.

2. L'article 60, paragraphes 5 à 9, s'applique par analogie aux mesures visées dans le présent article.

Art. 62 *Mesures provisoires et conservatoires.* 1. La Juridiction peut, par voie d'ordonnance, prononcer des injonctions à l'encontre du contrefacteur supposé ou d'un intermédiaire dont les services sont utilisés par le contrefacteur supposé, visant à prévenir toute contrefaçon imminente, à interdire, à titre provisoire et sous réserve, le cas échéant, du paiement d'une astreinte, que la contrefaçon présumée se poursuive, ou à subordonner sa poursuite à la constitution de garanties destinées à assurer l'indemnisation du titulaire du droit.

2. La Juridiction dispose d'un pouvoir d'appréciation pour mettre en balance les intérêts des parties et, notamment, tenir compte des effets préjudiciables éventuels pour l'une ou l'autre des parties résultant de sa décision de prononcer ou non l'injonction en question.

3. La Juridiction peut également ordonner la saisie ou la remise des produits qui sont soupçonnés de contrefaire un brevet pour empêcher leur introduction ou leur circulation dans les circuits commerciaux. Si le requérant justifie de circonstances susceptibles de compromettre le recouvrement des dommages-intérêts, la Juridiction peut ordonner la saisie conservatoire des biens mobiliers et immobiliers du contrefacteur supposé, y compris le blocage de ses comptes bancaires et autres avoirs.

4. La Juridiction peut, dans le cadre des mesures visées aux paragraphes 1 et 3, exiger du requérant qu'il fournisse tout élément de preuve raisonnable afin d'acquérir avec une certitude suffisante la conviction qu'il est le titulaire du droit et qu'il est porté atteinte à son droit ou que cette atteinte est imminente.

5. L'article 60, paragraphes 5 à 9, s'applique par analogie aux mesures visées dans le présent article.

Art. 63 *Injonctions permanentes.* 1. Lorsqu'une décision constatant la contrefaçon d'un brevet est rendue, la Juridiction peut prononcer à l'encontre du contrefacteur une injonction visant à interdire la poursuite de la contrefaçon. La Juridiction peut également prononcer une telle injonction à l'encontre d'un intermédiaire dont les services sont utilisés par un tiers pour contrefaire un brevet.

2. Le cas échéant, le non-respect de l'injonction visée au paragraphe 1 est passible d'une astreinte à payer à la Juridiction.

Art. 64 *Mesures correctives dans une procédure en contrefaçon.* 1. Sans préjudice des éventuels dommages-intérêts dus à la partie lésée en raison de la contrefaçon, et sans indemnisation d'aucune sorte, la Juridiction peut ordonner, à la demande du requérant, que des mesures appropriées soient prises à l'égard des produits dont elle aura constaté qu'ils contrefont un brevet et, dans les cas appropriés, à l'égard des matériels et instruments ayant principalement servi à la création ou à la fabrication de ces produits.

2. Parmi ces mesures figureront :

a) une déclaration de contrefaçon ;

b) le rappel des produits des circuits commerciaux ;

c) l'élimination du caractère litigieux des produits ;

d) la mise à l'écart définitive des produits des circuits commerciaux ; ou

e) la destruction des produits et/ou des matériels et instruments concernés.

3. La Juridiction ordonne que ces mesures soient mises en œuvre aux frais du contrefacteur, à moins que des raisons particulières s'y opposant ne soient invoquées.

4. Lors de l'examen d'une demande de mesures correctives en vertu du présent article, la Juridiction tient compte du fait qu'il doit y avoir proportionnalité entre la gravité de la contrefaçon et les mesures correctives devant être ordonnées, du fait que le contrefacteur est disposé à remettre les matériels dans un état non litigieux, ainsi que des intérêts des tiers.

Art. 65 *Décision sur la validité d'un brevet.* 1. La Juridiction statue sur la validité d'un brevet sur la base d'une action en nullité ou d'une demande reconventionnelle en nullité.

2. La Juridiction ne peut annuler un brevet, en tout ou en partie, que pour les motifs visés à *l'article 138*, paragraphe 1, et à l'article 139, paragraphe 2, de la CBE.

3. Sans préjudice de l'article 138, paragraphe 3, de la CBE, si les motifs de nullité ne visent le brevet que partiellement, le brevet est limité par une modification correspondante des revendications et est annulé en partie.

4. Dans la mesure où un brevet a été annulé, il est réputé avoir été, d'emblée, dépourvu des effets précisés aux articles 64 et 67 de la CBE.

5. Lorsque la Juridiction, dans une décision définitive, annule un brevet en tout ou en partie, elle transmet une copie de la décision à l'Office européen des brevets et, s'il s'agit d'un brevet européen, à l'office national des brevets de tout État membre contractant concerné.

Art. 66 *Pouvoirs de la Juridiction concernant les décisions de l'Office européen des brevets.* 1. Dans le cadre des actions engagées en vertu de l'article 32, paragraphe 1, point i), la Juridiction peut exercer tout pouvoir qui a été confié à l'Office européen des brevets en vertu de l'article 9 du règlement (UE) n° 1257/2012, y compris procéder à la rectification du registre de la protection unitaire conférée par un brevet.

2. Dans le cadre des actions engagées au titre de l'article 32, paragraphe 1, point i), par dérogation à l'article 69, les parties supportent leurs propres frais.

Art. 67 *Pouvoir d'ordonner la communication d'informations.* 1. La Juridiction peut, en réponse à une demande justifiée et proportionnée du requérant et conformément au règlement de procédure, ordonner à un contrefacteur d'informer le requérant en ce qui concerne :

a) l'origine et les canaux de distribution des produits ou procédés litigieux ;

b) les quantités produites, fabriquées, livrées, reçues ou commandées, ainsi que le prix obtenu pour les produits litigieux ; et

c) l'identité de tout tiers intervenant dans la production ou la distribution des produits litigieux ou dans l'utilisation du procédé litigieux.

2. La Juridiction peut aussi, conformément au règlement de procédure, ordonner à tout tiers :

a) dont il a été constaté qu'il se trouvait en possession de produits litigieux à une échelle commerciale ou qu'il utilisait un procédé litigieux à une échelle commerciale ;

b) dont il a été constaté qu'il fournissait des services utilisés aux fins d'activités litigieuses à une échelle commerciale ; ou

c) désigné par la personne visée au point a) ou b) comme ayant participé à la production, à la fabrication ou à la distribution des produits ou des procédés litigieux ou à la fourniture des services ;

de fournir au requérant les informations visées au paragraphe 1.

Art. 68 *Octroi de dommages-intérêts.* 1. La Juridiction, à la demande de la partie lésée, ordonne au contrefacteur qui s'est livré à une activité de contrefaçon d'un brevet sciemment ou en ayant des motifs raisonnables de le savoir, de payer à la partie lésée des dommages-intérêts correspondant au préjudice effectivement subi par cette partie en raison de la contrefaçon.

2. La partie lésée est, dans la mesure du possible, placée dans la situation dans laquelle elle aurait été si aucune contrefaçon n'avait eu lieu. Le contrefacteur ne saurait bénéficier de la contrefaçon. Toutefois, les dommages-intérêts ne sont pas punitifs.

3. Lorsque la Juridiction fixe les dommages-intérêts :

a) elle prend en considération tous les aspects appropriés tels que les conséquences économiques négatives, notamment le manque à gagner, subies par la partie lésée, les éventuels bénéfices injustement réalisés par le contrefacteur et, dans des cas appropriés, des éléments autres que des facteurs économiques, comme le préjudice moral causé à la partie lésée du fait de la contrefaçon ; ou

b) en lieu et place de la solution prévue au point a), elle peut décider, dans des cas appropriés, de fixer un montant forfaitaire de dommages-intérêts sur la base d'éléments tels que, au moins, le montant des redevances ou droits qui auraient été dus si le contrefacteur avait demandé l'autorisation d'utiliser le brevet en question.

4. Lorsque le contrefacteur ne s'est pas livré à une activité de contrefaçon sciemment ou en ayant des motifs raisonnables de le savoir, la Juridiction peut ordonner le recouvrement des bénéfices ou le versement d'indemnités.

Art. 69 *Frais de justice.* 1. Les frais de justice raisonnables et proportionnés et les autres dépenses exposées par la partie ayant obtenu gain de cause sont, en règle générale, supportés par la partie qui succombe, à moins que l'équité ne s'y oppose, dans la limite d'un plafond fixé conformément au règlement de procédure.

2. Lorsqu'une partie n'obtient que partiellement gain de cause ou dans des circonstances exceptionnelles, la Juridiction peut ordonner que les frais soient répartis équitablement ou que les parties supportent leurs propres frais.

3. Chaque partie devrait supporter les frais inutiles qu'elle a fait engager par la Juridiction ou par l'autre partie.

4. A la demande du défendeur, la Juridiction peut ordonner au requérant de fournir une garantie appropriée pour les frais de justice et autres dépenses exposés par le défendeur qui pourraient incomber au requérant, notamment dans les cas visés aux articles 59 à 62.

Art. 70 *Frais de procédure.* 1. Les parties à la procédure devant la Juridiction supportent les frais de procédure.

2. Les frais de procédure sont payés d'avance, sauf disposition contraire du règlement de procédure. Toute partie n'ayant pas acquitté les frais de procédure prescrits peut se voir exclure de toute participation à la suite de la procédure.

Art. 71 *Aide juridictionnelle.* 1. Une partie ayant la qualité de personne physique et étant dans l'incapacité d'acquitter, en totalité ou en partie, les frais de la procédure peut à tout moment demander à bénéficier de l'aide juridictionnelle. Les conditions d'octroi de l'aide juridictionnelle sont énoncées dans le règlement de procédure.

2. La Juridiction décide, conformément au règlement de procédure, s'il convient d'accorder l'aide juridictionnelle en totalité ou en partie, ou de la refuser.

3. Sur proposition de la Juridiction, le comité administratif fixe le niveau et les règles de prise en charge de l'aide juridictionnelle.

Art. 72 *Prescription.* Sans préjudice de l'article 24, paragraphes 2 et 3, les actions relatives à toutes les formes d'indemnisation financière se prescrivent par cinq ans à compter de la date à laquelle le requérant a eu connaissance ou avait raisonnablement lieu d'avoir connaissance du dernier fait justifiant l'action.

CHAPITRE V *Voies de recours*

Art. 73 *Appel.* 1. Un appel contre une décision du tribunal de première instance peut être formé devant la cour d'appel par toute partie ayant partiellement ou totalement succombé en ses conclusions, dans un délai de deux mois à compter de la date de la notification de la décision.

2. Un appel contre une ordonnance du tribunal de première instance peut être formé devant la cour d'appel par toute partie ayant partiellement ou totalement succombé en ses conclusions :

a) pour les ordonnances visées à l'article 49, paragraphe 5, ainsi qu'aux articles 59 à 62 et 67, dans les quinze jours civils suivant la notification de l'ordonnance au requérant ;

b) pour les ordonnances autres que celles visées au point a) :

i) en même temps que l'appel contre la décision, ou

ii) si la Juridiction accorde l'autorisation d'interjeter appel, dans les quinze jours suivant la notification de la décision de la Juridiction à cet effet.

3. L'appel contre une décision ou une ordonnance du tribunal de première instance peut porter sur des points de droit et des questions de fait.

4. De nouveaux éléments de fait et de preuve ne peuvent être introduits que conformément au règlement de procédure et que lorsqu'on ne saurait raisonnablement attendre de la partie concernée qu'elle les ait produits au cours de la procédure devant le tribunal de première instance.

Art. 74 *Effets de l'appel.* 1. Un appel n'a pas d'effet suspensif sauf décision contraire de la cour d'appel statuant sur demande motivée de l'une des parties. Le règlement de procédure garantit qu'une telle décision est rendue sans délai.

2. Nonobstant le paragraphe 1, un appel contre une décision rendue sur des actions en nullité ou des demandes reconventionnelles en nullité, et sur des actions fondées sur l'article 32, paragraphe 1, point i), a toujours un effet suspensif.

3. Un appel contre une ordonnance visée à l'article 49, paragraphe 5, ainsi qu'aux articles 59 à 62 ou 67, n'empêche pas la poursuite de la procédure au principal. Toutefois, le tribunal de première instance ne rend pas de décision dans la procédure au principal avant qu'ait été rendue la décision de la cour d'appel concernant l'ordonnance frappée d'appel.

Art. 75 *Décision sur appel et renvoi.* 1. Si un appel formé conformément à l'article 73 est fondé, la cour d'appel annule la décision du tribunal de première instance et rend une décision définitive. La cour d'appel peut, dans des cas exceptionnels et conformément au règlement de procédure, renvoyer l'affaire devant le tribunal de première instance pour qu'il rende une décision.

2. Lorsqu'une affaire est renvoyée devant le tribunal de première instance en vertu du paragraphe 1, celui-ci est lié par la décision de la cour d'appel concernant les points de droit.

CHAPITRE VI *Décisions*

Art. 76 *Fondement des décisions et droit d'être entendu.* 1. La Juridiction statue conformément aux demandes présentées par les parties et n'accorde pas plus que ce qui est demandé.

2. Les décisions sur le fond ne peuvent être fondées que sur des moyens, des faits et des preuves présentés par les parties ou introduits dans la procédure sur ordonnance de la Juridiction et sur lesquels les parties ont eu l'occasion de présenter leurs observations.

3. La Juridiction apprécie les preuves librement et en toute indépendance.

Art. 77 *Exigences formelles.* 1. Les décisions et ordonnances de la Juridiction sont motivées et formulées par écrit conformément au règlement de procédure.

2. Les décisions et ordonnances de la Juridiction sont rendues dans la langue de procédure.

Art. 78 *Décisions de la Juridiction et avis dissidents.* 1. Les décisions et ordonnances de la Juridiction sont prises à la majorité des membres de la chambre, conformément aux statuts. En cas d'égalité des voix, celle du président est prépondérante.

2. Dans des circonstances exceptionnelles, tout juge de la chambre peut exprimer un avis dissident séparément de la décision de la Juridiction.

Art. 79 *Transaction.* Les parties peuvent, à tout moment pendant le déroulement de l'instance, mettre fin au litige par la conclusion d'une transaction, qui est confirmée par une décision de la Juridiction. Un brevet ne peut être annulé ou limité par voie de transaction.

Art. 80 *Publication des décisions.* La Juridiction peut ordonner, à la demande du requérant et aux frais du contrefacteur, des mesures appropriées en vue de la diffusion des informations concernant la décision de la Juridiction, y compris l'affichage de la décision et sa publication en tout ou partie dans les médias publics.

Art. 81 *Révision.* 1. La cour d'appel peut faire droit, à titre exceptionnel, à une demande de révision après une décision définitive de la Juridiction dans les circonstances suivantes :

a) en raison de la découverte, par la partie demandant la révision, d'un fait de nature à exercer une influence décisive et qui, au moment où la décision a été rendue, était inconnu de la partie demandant la révision ; il ne peut être fait droit à une telle demande que sur le fondement d'un acte qualifié d'infraction pénale par une décision définitive d'une juridiction nationale ; ou

b) en cas de vice de procédure fondamental, en particulier lorsqu'un défendeur qui n'a pas comparu devant la Juridiction ne s'est pas vu signifier l'acte introductif d'instance ou un acte équivalent en temps utile et de telle manière qu'il puisse se défendre.

2. Une demande de révision est formée dans les dix ans suivant la date de la décision et au plus tard deux mois après la date de la découverte du fait nouveau ou du vice de procédure. Une telle demande n'a pas d'effet suspensif, sauf décision contraire de la cour d'appel.

3. Si la demande de révision est fondée, la cour d'appel infirme, en tout ou partie, la décision faisant l'objet du réexamen et rouvre la procédure en vue d'une nouvelle instance et d'une nouvelle décision, conformément au règlement de procédure.

4. Les personnes utilisant des brevets qui font l'objet d'une décision soumise à un réexamen et qui agissent de bonne foi devraient être autorisées à continuer à utiliser ces brevets.

Art. 82 *Exécution des décisions et des ordonnances.* 1. Les décisions et ordonnances de la Juridiction sont exécutoires dans tout État membre contractant. Une formule exécutoire est apposée à la décision de la Juridiction.

2. Au besoin, l'exécution d'une décision peut être subordonnée au dépôt d'une caution ou à la constitution d'une garantie équivalente afin d'assurer l'indemnisation de tout dommage subi, en particulier dans le cas d'injonctions.

3. Sans préjudice du présent accord et des statuts, les procédures d'exécution sont régies par le droit de l'État membre contractant dans lequel l'exécution a lieu. Toute décision de la Juridiction est exécutée dans les mêmes conditions qu'une décision rendue dans l'État membre contractant dans lequel l'exécution a lieu.

4. Si une partie ne se conforme pas aux termes d'une ordonnance de la Juridiction, cette partie peut être sanctionnée par une astreinte à payer à la Juridiction. L'astreinte individuelle est proportionnée à l'importance que revêt l'ordonnance à exécuter et est sans préjudice du droit de la partie de réclamer des dommages-intérêts ou une caution.

QUATRIÈME PARTIE Dispositions transitoires

Art. 83 *Régime transitoire.* 1. Pendant une période transitoire de sept ans à partir de la date d'entrée en vigueur du présent accord, une action en contrefaçon ou en nullité d'un brevet européen, ou une action en contrefaçon ou une demande en nullité d'un certificat complémentaire de protection délivré pour un produit protégé par un brevet européen, peut encore être engagée devant les juridictions nationales ou d'autres autorités nationales compétentes.

2. L'expiration de la période transitoire n'a pas d'incidence sur une action pendante devant une juridiction nationale à la fin de cette période.

3. A moins qu'une action n'ait déjà été engagée devant la Juridiction, un titulaire ou un demandeur de brevet européen délivré ou demandé avant la fin de la période transitoire conformément au paragraphe 1 et, le cas échéant, au paragraphe 5, ainsi qu'un titulaire d'un certificat complémentaire de protection délivré pour un produit protégé par un brevet européen, a la possibilité de décider de déroger à la compétence exclusive de la Juridiction. A cet effet, il notifie sa décision au greffe au plus tard un mois avant l'expiration de la période transitoire. La dérogation prend effet au moment de son inscription au registre.

4. A moins qu'une action n'ait déjà été engagée devant une juridiction nationale, un titulaire ou un demandeur de brevet européen ou un titulaire d'un certificat complémentaire de protection délivré pour un produit protégé par un brevet européen qui fait usage de la dérogation prévue au paragraphe 3 a le droit de retirer cette dérogation à tout moment. Dans ce cas, il en informe le greffe. Le retrait de la dérogation prend effet au moment de son inscription au registre.

5. Cinq ans après l'entrée en vigueur du présent accord, le comité administratif mène une large consultation auprès des utilisateurs du système de brevets ainsi qu'une étude sur le nombre de brevets européens et de certificats complémentaires de protection délivrés pour des produits protégés par un brevet européen au sujet desquels des actions en contrefaçon ou en nullité ou de demande en nullité demeurent engagées devant les juridictions nationales en vertu du paragraphe 1, ainsi que sur les motifs et les conséquences de cette situation. Sur la base de cette consultation et d'un avis de la Juridiction, le comité administratif peut décider de prolonger la période transitoire jusqu'à sept ans.

CINQUIÈME PARTIE **Dispositions finales**

Art. 84 *Signature, ratification et adhésion.* 1. Le présent accord est ouvert à la signature de tout État membre le 19 février 2013.

2. Le présent accord est soumis à ratification conformément aux règles constitutionnelles respectives des États membres. Les instruments de ratification sont déposés auprès du secrétariat général du Conseil de l'Union européenne (ci-après dénommé "dépositaire").

3. Chaque État membre ayant signé le présent accord notifie sa ratification à la Commission européenne au moment du dépôt de l'instrument de ratification conformément à l'article 18, paragraphe 3, du règlement (UE) n° 1257/2012.

4. Le présent accord est ouvert à l'adhésion de tout État membre. Les instruments d'adhésion sont déposés auprès du dépositaire.

Art. 85 *Fonctions du dépositaire.* 1. Le dépositaire établit des copies certifiées conformes du présent accord et les transmet aux gouvernements de tous les États membres signataires ou adhérents.

2. Le dépositaire notifie aux gouvernements des États membres signataires ou adhérents :
a) toute signature ;
b) le dépôt de tout instrument de ratification ou d'adhésion ;
c) la date d'entrée en vigueur du présent accord.

3. Le dépositaire enregistre le présent accord auprès du Secrétariat des Nations unies.

Art. 86 *Durée de l'accord.* Le présent accord a une durée indéterminée.

Art. 87 *Révision de l'accord.* 1. Sept ans après l'entrée en vigueur du présent accord ou après que la Juridiction aura tranché 2 000 litiges en matière de contrefaçon, la date la plus tardive étant retenue, et si nécessaire à intervalles réguliers par la suite, le comité administratif mène auprès des utilisateurs du système de brevets une large consultation portant sur le fonctionnement, l'efficacité et le rapport coût-efficacité de la Juridiction, ainsi que sur la confiance des utilisateurs du système dans la qualité des décisions rendues par la Juridiction. Sur la base de cette consultation et d'un avis de la Juridiction, le comité administratif peut décider de réviser le présent accord en vue d'améliorer le fonctionnement de la Juridiction.

2. Le comité administratif peut modifier le présent accord pour le mettre en conformité avec un traité international portant sur les brevets ou avec le droit de l'Union.

3. Une décision prise par le comité administratif en vertu des paragraphes 1 et 2 ne prend pas effet si un État membre contractant déclare, dans un délai de douze mois à partir de la date de la décision, sur la base de ses procédures décisionnelles internes applicables, qu'il ne souhaite pas être lié par la décision. Dans ce cas, une conférence de révision réunissant les États membres contractants est convoquée.

Art. 88 *Langues de l'accord.* 1. Le présent accord est établi en un seul exemplaire, dans les langues allemande, anglaise et française, chacun de ces textes faisant également foi.

2. Les textes du présent accord établis dans des langues officielles des États membres contractants autres que celles mentionnées au paragraphe 1 sont, s'ils ont été approuvés par le comité administratif, considérés comme des textes officiels. En cas de divergences entre les différents textes, les textes visés au paragraphe 1 prévalent.

Art. 89 *Entrée en vigueur.* 1. Le présent accord entre en vigueur le 1er janvier 2014 ou le premier jour du quatrième mois suivant celui du dépôt du treizième instrument de ratification ou d'adhésion conformément à l'article 84, y compris par les trois États membres dans lesquels le plus grand nombre de brevets européens produisaient leurs effets au cours de l'année précédant celle lors de laquelle la signature du présent accord a lieu, ou le premier jour du quatrième mois après la date d'entrée en vigueur des modifications du règlement (UE) n° 1215/2012 portant sur le lien entre ce dernier et le présent accord, la date la plus tardive étant retenue.

2. Toute ratification ou adhésion intervenant après l'entrée en vigueur du présent accord prend effet le premier jour du quatrième mois suivant celui du dépôt de l'instrument de ratification ou d'adhésion.

En foi de quoi les soussignés, dûment habilités à cet effet, ont signé le présent accord.

Fait à Bruxelles le 19 février 2013 en allemand, anglais et français, les trois textes faisant également foi, en un seul exemplaire déposé dans les archives du secrétariat général du Conseil de l'Union européenne.

....

ANNEXE I

STATUTS DE LA JURIDICTION UNIFIÉE DU BREVET

Art. 1er *Champ d'application des statuts.* Les présents statuts contiennent des dispositions institutionnelles et financières relatives à la juridiction unifiée du brevet, établie conformément à l'article 1er de l'accord.

CHAPITRE Ier JUGES

Art. 2 *Conditions à remplir pour exercer les fonctions de juge.* 1. Toute personne qui est un ressortissant d'un État membre contractant et qui remplit les conditions fixées à l'article 15 de l'accord et dans les présents statuts peut être nommée juge.

2. Les juges ont une bonne maîtrise d'au moins une langue officielle de l'Office européen des brevets.

3. Une expérience dans le domaine du contentieux des brevets, qui doit être démontrée aux fins de la nomination visée à l'article 15, paragraphe 1, de l'accord, peut s'acquérir par une formation conformément à l'article 11, paragraphe 4, point a), des présents statuts.

Art. 3 *Nomination des juges.* 1. Les juges sont nommés conformément à la procédure prévue à l'article 16 de l'accord.

2. Les offres d'emploi font l'objet d'une publication et indiquent les conditions requises visées à l'article 2. Le comité consultatif rend un avis sur la qualification des candidats pour exercer les fonctions de juge de la Juridiction. L'avis comprend une liste des candidats les plus qualifiés. La liste contient au moins deux fois plus de candidats qu'il y a de postes à pourvoir. Au besoin, le comité consultatif peut recommander que, avant qu'une décision portant nomination ne soit prise, un candidat aux fonctions de juge suive une formation dans le domaine du contentieux des brevets conformément à l'article 11, paragraphe 4, point a).

3. Lors de la nomination des juges, le comité administratif veille à obtenir les meilleures compétences juridiques et techniques et à assurer une composition équilibrée de la Juridiction sur une base géographique aussi large que possible parmi les ressortissants des États membres contractants.

4. Le comité administratif nomme autant de juges qu'il est nécessaire au bon fonctionnement de la Juridiction. Il nomme, dans un premier temps, le nombre de juges nécessaire pour constituer au moins une chambre dans chacune des divisions du tribunal de première instance et au moins deux chambres au sein de la cour d'appel.

5. La décision du comité administratif portant nomination des juges qualifiés sur le plan juridique qui siègent de manière permanente ou non et de juges qualifiés sur le plan technique qui siègent de manière permanente mentionne l'instance de la Juridiction et/ou la division du tribunal de première instance à laquelle chaque juge est nommé, ainsi que le ou les domaines techniques pour lesquels un juge qualifié sur le plan technique est nommé.

6. Les juges qualifiés sur le plan technique qui ne siègent pas de manière permanente sont nommés juges de la Juridiction et intégrés au *pool* de juges sur la base de leurs qualifications et de leur

expérience particulières. La nomination de ces juges à la Juridiction se fait de manière à ce que tous les domaines techniques soient couverts.

Art. 4 *Mandat des juges.* 1. Les juges sont nommés pour un mandat de six ans, débutant à la date prévue dans l'instrument de nomination. Ils peuvent être reconduits dans leurs fonctions.

2. En l'absence de dispositions concernant la date, le mandat débute à la date à laquelle l'instrument de nomination a été établi.

Art. 5 *Nomination des membres du comité consultatif.* 1. Chaque État membre contractant propose, en vue de la nomination d'un membre du comité consultatif, un candidat qui remplit les conditions énoncées à l'article 14, paragraphe 2, de l'accord.

2. Les membres du comité consultatif sont nommés par le comité administratif d'un commun accord.

Art. 6 *Serment.* Avant d'entrer en fonctions, les juges prêtent, en séance publique, serment d'exercer leurs fonctions en toute impartialité et en toute conscience et de ne rien divulguer du secret des délibérations de la Juridiction.

Art. 7 *Impartialité.* 1. Immédiatement après avoir prêté serment, les juges signent une déclaration par laquelle ils s'engagent solennellement, pendant la durée de leurs fonctions et après la cessation de celles-ci, à respecter les obligations découlant de leur charge, notamment les devoirs d'honnêteté et de délicatesse quant à l'acceptation, après cette cessation, de certaines fonctions ou de certains avantages.

2. Les juges ne peuvent connaître d'une affaire dans laquelle :

a) ils sont intervenus en tant que conseils ;

b) ils ont été parties ou ont agi pour le compte de l'une des parties ;

c) ils ont été appelés à se prononcer en tant que membres d'un tribunal, d'une cour, d'une chambre de recours, d'une commission d'arbitrage ou de médiation, d'une commission d'enquête ou à tout autre titre ;

d) ils ont un intérêt personnel ou financier, ou en rapport avec l'une des parties ; ou

e) ils sont liés à l'une des parties ou aux représentants de celles-ci par des liens familiaux.

3. Si, pour une raison spéciale, un juge estime ne pas devoir participer au jugement ou à l'examen d'une affaire déterminée, il en fait part au président de la cour d'appel ou, s'il s'agit d'un juge nommé au tribunal de première instance, au président du tribunal de première instance. Si, pour une raison spéciale, le président de la cour d'appel ou, s'il s'agit d'un juge nommé au tribunal de première instance, le président du tribunal de première instance estime qu'un juge ne devrait pas siéger ou conclure dans une affaire déterminée, le président de la cour d'appel ou le président du tribunal de première instance justifie cette appréciation par écrit et en avertit le juge concerné.

4. Toute partie à une action peut s'opposer à ce qu'un juge participe à la procédure pour l'un des motifs énumérés au paragraphe 2 ou si le juge est, à juste titre, suspecté de partialité.

5. En cas de difficulté sur l'application du présent article, le présidium statue, conformément au règlement de procédure. Le juge concerné est entendu, mais il ne participe pas aux délibérations.

Art. 8 *Immunité des juges.* 1. Les juges jouissent de l'immunité de juridiction. Après la cessation de leurs fonctions, ils continuent à bénéficier de l'immunité en ce qui concerne les actes accomplis par eux en rapport avec leur qualité officielle.

2. Le présidium peut lever l'immunité.

3. Au cas où, l'immunité ayant été levée, une action pénale est engagée contre un juge, celui-ci n'est justiciable, dans chacun des États membres contractants, que de la juridiction compétente pour juger les magistrats appartenant à la plus haute juridiction nationale.

4. Le Protocole sur les privilèges et immunités de l'Union européenne est applicable aux juges de la Juridiction, sans préjudice des dispositions relatives à l'immunité de juridiction des juges qui figurent dans les présents statuts.

Art. 9 *Cessation des fonctions.* 1. En dehors des renouvellements après expiration d'un mandat en application de l'article 4 et des décès, les fonctions de juge prennent fin individuellement par démission.

2. En cas de démission d'un juge, la lettre de démission est adressée au président de la cour d'appel ou, s'il s'agit d'un juge nommé au tribunal de première instance, au président du tribunal de première instance pour être transmise au président du comité administratif.

3. Sauf dans les cas où l'article 10 reçoit application, un juge continue à siéger jusqu'à l'entrée en fonctions de son successeur.

4. Il est pourvu à toute vacance par la nomination d'un nouveau juge pour la durée du mandat restant à courir.

Art. 10 *Révocation.* 1. Un juge ne peut être relevé de ses fonctions ni déclaré déchu d'autres avantages que si le présidium décide qu'il a cessé de répondre aux conditions requises ou de satisfaire aux obligations découlant de sa charge. Le juge concerné est entendu, mais il ne participe pas aux délibérations.

2. Le greffier de la Juridiction porte la décision à la connaissance du président du comité administratif.

3. En cas de décision relevant un juge de ses fonctions, ladite notification emporte vacance de siège.

Art. 11 *Formation.* 1. Une formation appropriée et régulière des juges est dispensée dans le cadre de formation prévu à l'article 19 de l'accord. Le présidium adopte des règles en matière de formation qui assurent la mise en œuvre et la cohérence globale du cadre de formation.

2. Le cadre de formation prévoit la mise en place d'une plateforme pour l'échange de connaissances spécialisées et d'un forum de discussion, notamment :

a) en organisant des cours, des conférences, des séminaires, des ateliers et des colloques ;

b) en coopérant avec des organisations internationales et des établissements d'enseignement dans le domaine de la propriété intellectuelle ; et

c) en promouvant et en appuyant la formation professionnelle continue.

3. Il est établi un programme de travail annuel et des orientations relatives à la formation, qui prévoient, pour chaque juge, un plan de formation annuel dans lequel sont recensés ses principaux besoins en formation, conformément aux règles en matière de formation.

4. En outre, le cadre de formation :

a) assure la formation appropriée des candidats aux fonctions de juge et des juges nouvellement nommés à la Juridiction ;

b) appuie les projets destinés à faciliter la coopération entre les représentants, les mandataires en brevets et la Juridiction.

Art. 12 *Rémunération.* Le comité administratif fixe le montant de la rémunération du président de la cour d'appel, du président du tribunal de première instance, des juges, du greffier, du greffier adjoint et des membres du personnel.

CHAPITRE II DISPOSITIONS RELATIVES À L'ORGANISATION

Section I Dispositions communes

Art. 13 *Président de la cour d'appel.* 1. Le président de la cour d'appel est élu par tous les juges de la cour d'appel, parmi ses membres, pour un mandat de trois ans. Le président de la cour d'appel peut être réélu deux fois.

2. L'élection du président de la cour d'appel a lieu au scrutin secret. Si un juge obtient la majorité absolue, il est élu. Si aucun juge n'obtient la majorité absolue, un deuxième vote est organisé et le juge qui obtient le plus grand nombre de voix est élu.

3. Le président de la cour d'appel dirige les activités juridictionnelles et l'administration de la cour d'appel et préside la cour d'appel siégeant en assemblée plénière.

4. Si le poste de président de la cour d'appel devient vacant avant le terme du mandat, un successeur est élu pour la durée du mandat restant à courir.

Art. 14 *Président du tribunal de première instance.* 1. Le président du tribunal de première instance est élu par tous les juges permanents du tribunal de première instance, parmi ses membres, pour un mandat de trois ans. Le président du tribunal de première instance peut être réélu deux fois.

2. Le premier président du tribunal de première instance est un ressortissant de l'État membre contractant sur le territoire duquel se trouve le siège de la division centrale.

3. Le président du tribunal de première instance dirige les activités juridictionnelles et l'administration du tribunal de première instance.

4. L'article 13, paragraphes 2 et 4, s'applique par analogie au président du tribunal de première instance.

Art. 15 *Présidium.* 1. Le présidium est composé du président de la cour d'appel, qui agit en qualité de président, du président du tribunal de première instance, de deux juges de la cour d'appel élus parmi ses membres, de trois juges permanents du tribunal de première instance élus parmi ses membres et du greffier, qui est membre non votant.

2. Le présidium exerce les fonctions qui lui sont conférées conformément aux présents statuts. Il peut, sans préjudice de sa propre responsabilité, déléguer certaines tâches à l'un de ses membres.

3. Le présidium est responsable de la gestion de la Juridiction et, en particulier :

a) élabore des propositions de modification du règlement de procédure conformément à l'article 41 de l'accord et des propositions concernant le règlement financier de la Juridiction ;

b) prépare le budget annuel, les comptes annuels et le rapport annuel de la Juridiction et les soumet au comité budgétaire ;

c) établit les orientations relatives au programme de formation des juges et supervise leur mise en œuvre ;

d) prend les décisions concernant la nomination et la révocation du greffier et du greffier adjoint ;

e) définit les règles régissant le greffe ainsi que les sous-greffes ;

f) rend un avis conformément à l'article 83, paragraphe 5, de l'accord.

4. Le présidium prend les décisions visées aux articles 7, 8, 10 et 22 sans la participation du greffier.

5. Le présidium ne peut prendre de décisions valables que si tous ses membres sont présents ou dûment représentés. Les décisions sont prises à la majorité des voix.

Art. 16 *Personnel.* 1. Les fonctionnaires et autres agents de la Juridiction sont chargés d'assister le président de la cour d'appel, le président du tribunal de première instance, les juges et le greffier. Ils relèvent du greffier, sous l'autorité du président de la cour d'appel et du président du tribunal de première instance.

2. Le comité administratif établit le statut des fonctionnaires et autres agents de la Juridiction.

Art. 17 *Vacances judiciaires.* 1. Après consultation du présidium, le président de la cour d'appel fixe la durée des vacances judiciaires et les règles concernant le respect des jours fériés légaux.

2. Pendant la période de vacances judiciaires, la présidence de la cour d'appel et la présidence du tribunal de première instance peuvent être exercées par un juge que le président concerné a invité à assumer ce rôle. Le président de la cour d'appel peut, en cas d'urgence, convoquer les juges.

3. Le président de la cour d'appel et le président du tribunal de première instance peuvent, pour de justes motifs, accorder des congés respectivement aux juges de la cour d'appel et aux juges du tribunal de première instance.

Section II Le tribunal de première instance

Art. 18 *Création et suppression d'une division locale ou d'une division régionale.* 1. Une demande émanant d'un ou de plusieurs États membres contractants en vue de la création d'une division locale ou régionale est adressée au président du comité administratif. Elle mentionne le siège de la division locale ou régionale concernée.

2. La décision du comité administratif portant création d'une division locale ou régionale mentionne le nombre de juges de la division concernée et est publique.

3. Le comité administratif décide, à la demande de l'État membre contractant sur le territoire duquel est située la division locale ou à la demande des États membres contractants participant à la division régionale, de supprimer une division locale ou régionale. La décision portant suppression d'une division locale ou régionale mentionne la date après laquelle les nouvelles affaires ne pourront plus être portées devant la division concernée et la date à laquelle la division cessera d'exister.

4. A compter de la date à laquelle une division locale ou régionale cesse d'exister, les juges affectés à la division locale ou régionale concernée sont affectés à la division centrale, et les affaires en instance devant la division locale ou régionale concernée sont transférées, avec le sous-greffe et l'ensemble de sa documentation, à la division centrale.

Art. 19 *Chambres.* 1. L'affectation des juges et l'attribution des affaires au sein d'une division à ses chambres sont régies par le règlement de procédure. Un juge de la chambre est nommé président, conformément au règlement de procédure.

2. La chambre peut déléguer, conformément au règlement de procédure, certaines fonctions à un ou plusieurs des juges qui la composent.

3. Un juge de permanence chargé de connaître des affaires urgentes pour chaque division peut être nommé conformément au règlement de procédure.

4. Dans les cas où le litige est porté devant un juge unique conformément à l'article 8, paragraphe 7, de l'accord, ou un juge de permanence, conformément au paragraphe 3 du présent article, celui-ci exerce toutes les fonctions d'une chambre.

5. Un juge de la chambre agit en qualité de rapporteur, conformément au règlement de procédure.

Art. 20 *Pool de juges.* 1. Une liste comportant les noms des juges intégrés dans le *pool* de juges est établie par le greffier. Pour chaque juge, la liste indique au moins les aptitudes linguistiques, le domaine technique et l'expérience y afférente, ainsi que les affaires déjà traitées par ce juge.

2. Une demande adressée au président du tribunal de première instance en vue d'affecter un juge issu du *pool* de juges indique notamment l'objet de l'affaire, la langue officielle de l'Office européen des brevets utilisée par les juges de la chambre, la langue de procédure et le domaine technique requis.

Section III La cour d'appel

Art. 21 *Chambres.* 1. La composition des chambres et l'attribution des affaires aux chambres sont régies par le règlement de procédure. Un juge de la chambre est nommé président, conformément au règlement de procédure.

2. Lorsqu'une affaire revêt une importance exceptionnelle, et en particulier lorsque la décision est susceptible d'avoir des incidences sur l'unité et la cohérence de la jurisprudence de la Juridiction, la cour d'appel peut décider, sur la base d'une proposition de son président, de renvoyer l'affaire devant l'assemblée plénière.

3. La chambre peut déléguer, conformément au règlement de procédure, certaines fonctions à un ou plusieurs des juges qui la composent.

4. Un juge de la chambre agit en qualité de rapporteur, conformément au règlement de procédure.

Section IV Le greffe

Art. 22 *Nomination et révocation du greffier.* 1. Le présidium nomme le greffier de la Juridiction pour un mandat de six ans. Il peut être reconduit dans ses fonctions.

2. Le président de la cour d'appel informe le présidium, deux semaines avant la date fixée pour la nomination du greffier, des candidatures qui ont été présentées.

3. Avant d'entrer en fonctions, le greffier prête serment devant le présidium d'exercer ses fonctions en toute impartialité et en toute conscience.

4. Le greffier ne peut être relevé de ses fonctions que s'il a cessé de satisfaire aux obligations découlant de sa charge. Le présidium prend sa décision après avoir entendu le greffier.

5. Si le poste de greffier devient vacant avant l'expiration de son mandat, le présidium nomme un nouveau greffier pour un mandat de six ans.

6. En cas d'absence ou d'empêchement du greffier ou de vacance de son poste, le président de la cour d'appel, après avoir consulté le présidium, désigne parmi les membres du personnel de la Juridiction la personne chargée de remplir les fonctions de greffier.

Art. 23 *Fonctions du greffier.* 1. Le greffier assiste la Juridiction, le président de la cour d'appel, le président du tribunal de première instance et les juges dans l'exercice de leurs fonctions. Il est responsable de l'organisation et des activités du greffe, sous l'autorité du président de la cour d'appel.

2. Le greffier est notamment chargé de :

a) tenir le registre répertoriant toutes les affaires portées devant la Juridiction ;

b) tenir et administrer les listes établies conformément à l'article 18, à l'article 48, paragraphe 3, et à l'article 57, paragraphe 2, de l'accord ;

c) tenir et publier une liste des notifications et des retraits des décisions de dérogation conformément à l'article 83 de l'accord ;

d) publier les décisions de la Juridiction, sous réserve de la protection des informations confidentielles ;

e) publier des rapports annuels comportant des données statistiques ; et

f) veiller à ce que les informations relatives aux décisions de dérogation prises conformément à l'article 83 de l'accord soient notifiées à l'Office européen des brevets.

Art. 24 *Tenue du registre.* 1. Des règles détaillées relatives à la tenue du registre de la Juridiction sont prévues dans les règles régissant le greffe adoptées par le présidium.

2. Les règles relatives à l'accès aux documents du greffe sont prévues dans le règlement de procédure.

Art. 25 *Sous-greffes et greffier adjoint.* 1. Un greffier adjoint est nommé pour un mandat de six ans par le présidium. Il peut être reconduit dans ses fonctions.

2. Les dispositions de l'article 22, paragraphes 2 à 6, s'appliquent par analogie.

3. Le greffier adjoint est chargé de l'organisation et des activités des sous-greffes sous l'autorité du greffier et du président du tribunal de première instance. Les fonctions du greffier adjoint comprennent en particulier :

a) la tenue des registres de toutes les affaires portées devant le tribunal de première instance ;

b) la notification au greffe de chaque affaire portée devant le tribunal de première instance.

4. Le greffier adjoint fournit également aux divisions du tribunal de première instance une assistance administrative et une assistance en matière de secrétariat.

CHAPITRE III DISPOSITIONS FINANCIÈRES

Art. 26 *Budget.* 1. Le budget est adopté par le comité budgétaire sur proposition du présidium. Il est établi conformément aux principes comptables généralement admis, définis dans le règlement financier, arrêté conformément à l'article 33.

2. A l'intérieur du budget, le présidium peut, conformément au règlement financier, procéder à des virements de crédits entre les différentes rubriques ou sous-rubriques.

3. Le greffier est responsable de l'exécution du budget conformément au règlement financier.

4. Le greffier établit chaque année un état relatif à l'exécution du budget pour l'exercice écoulé, qui est approuvé par le présidium.

Art. 27 *Autorisation des dépenses.* 1. Les dépenses inscrites au budget sont autorisées pour la durée de l'exercice budgétaire, sauf si le règlement financier en dispose autrement.

2. Conformément au règlement financier, les crédits qui ne sont pas utilisés à la fin de l'exercice budgétaire, à l'exception de ceux relatifs aux dépenses de personnel, peuvent faire l'objet d'un report qui sera limité au seul exercice suivant.

3. Les crédits figurent sous différentes rubriques selon le type et la destination des dépenses et sont subdivisés, dans la mesure nécessaire, conformément au règlement financier.

Art. 28 *Crédits pour dépenses imprévisibles.* 1. Des crédits pour dépenses imprévisibles peuvent être inscrits au budget de la Juridiction.

2. L'utilisation de ces crédits par la Juridiction est subordonnée à l'autorisation préalable du comité budgétaire.

Art. 29 *Exercice budgétaire.* L'exercice budgétaire commence le 1er janvier et s'achève le 31 décembre.

Art. 30 *Préparation du budget.* Le présidium soumet le projet de budget de la Juridiction au comité budgétaire au plus tard à la date fixée par le règlement financier.

Art. 31 *Budget provisoire.* 1. Si, au début d'un exercice budgétaire, le budget n'a pas encore été arrêté par le comité budgétaire, les dépenses peuvent être effectuées mensuellement par rubrique ou par une autre subdivision du budget, conformément au règlement financier, dans la limite d'un douzième des crédits ouverts au budget de l'exercice précédent, sans que cette mesure puisse avoir pour effet de mettre à la disposition du présidium des crédits supérieurs à un douzième de ceux prévus par le projet de budget.

2. Le comité budgétaire peut, sous réserve que les autres conditions prévues au paragraphe 1 soient respectées, autoriser des dépenses dépassant un douzième des crédits ouverts au budget de l'exercice précédent.

Art. 32 *Vérification des comptes.* 1. Les états financiers annuels de la Juridiction sont examinés par des commissaires aux comptes indépendants. Les commissaires aux comptes sont nommés et, au besoin, relevés de leurs fonctions par le comité budgétaire.

2. La vérification, qui a lieu sur la base des normes professionnelles en matière de vérification des comptes, et au besoin sur place, établit la légalité et la régularité de l'exécution du budget et s'assure que la Juridiction a été administrée sur le plan financier conformément aux principes d'économie et de bonne gestion financière. Les commissaires aux comptes établissent après la clôture de chaque exercice un rapport qui contient une certification des comptes signée.

3. Le présidium soumet au comité budgétaire les états financiers annuels de la Juridiction et l'état annuel relatif à l'exécution du budget pour l'exercice précédent, accompagnés du rapport des commissaires aux comptes.

4. Le comité budgétaire approuve les comptes annuels ainsi que le rapport des commissaires aux comptes et donne décharge au présidium pour l'exécution du budget.

Art. 33 *Règlement financier.* 1. Le règlement financier est adopté par le comité administratif. Il est modifié par le comité administratif sur proposition de la Juridiction.

2. Le règlement financier détermine notamment :

a) les modalités relatives à l'établissement et à l'exécution du budget, ainsi qu'à la reddition et à la vérification des comptes ;

b) les modalités et la procédure selon lesquelles les versements et contributions, y compris les contributions financières initiales, prévus à l'article 37 de l'accord sont mis à la disposition de la Juridiction ;

c) les règles relatives aux responsabilités des ordonnateurs et comptables et les modalités relatives au contrôle dont ils font l'objet ; et

d) les principes comptables généralement admis sur lesquels se fondent le budget et les états financiers annuels.

CHAPITRE IV DISPOSITIONS PROCÉDURALES

Art. 34 *Secret des délibérations.* Les délibérations de la Juridiction sont et restent secrètes.

Art. 35 *Décisions.* 1. Lorsqu'une chambre siège dans une formation composée d'un nombre pair de juges, la Juridiction statue à la majorité des membres composant la chambre. En cas d'égalité des voix, celle du président est prépondérante.

2. En cas d'empêchement de l'un des juges composant une chambre, il peut être fait appel à un juge faisant partie d'une autre chambre conformément au règlement de procédure.

3. Dans les cas où les présents statuts prévoient que la cour d'appel statue en assemblée plénière, la décision prise n'est valable que si elle est adoptée par au moins trois quarts des juges composant l'assemblée plénière.

4. Les décisions de la Juridiction mentionnent les noms des juges qui ont statué.

5. Les décisions sont signées par les juges qui ont statué, ainsi que par le greffier pour les décisions de la cour d'appel et par le greffier adjoint pour les décisions du tribunal de première instance. Elles sont lues en séance publique.

Art. 36 *Avis dissidents.* Un avis dissident exprimé séparément par un juge d'une chambre conformément à l'article 78 de l'accord est motivé, formulé par écrit et signé par le juge exprimant cet avis.

Art. 37 *Décision rendue par défaut.* 1. A la demande d'une partie à une action, une décision peut être rendue par défaut conformément au règlement de procédure lorsque l'autre partie, après s'être vu signifier l'acte introductif d'instance ou un acte équivalent, s'abstient de déposer des conclusions écrites ou s'abstient de comparaître à l'audience. La décision est susceptible d'opposition dans le délai d'un mois à compter de sa signification à la partie à l'encontre de laquelle elle a été rendue.

2. Sauf décision contraire de la Juridiction, l'opposition ne suspend pas l'exécution de la décision rendue par défaut.

Art. 38 *Questions portées devant la Cour de justice de l'Union européenne.* 1. Les procédures établies par la Cour de justice de l'Union européenne en matière de renvoi préjudiciel au sein de l'Union européenne s'appliquent.

2. Lorsque le tribunal de première instance ou la cour d'appel a décidé de saisir la Cour de justice de l'Union européenne d'une question portant sur l'interprétation du traité sur l'Union européenne ou du traité sur le fonctionnement de l'Union européenne, ou d'une question concernant la validité ou l'interprétation des actes adoptés par les institutions de l'Union européenne, il ou elle suspend la procédure.

ANNEXE II

RÉPARTITION DES AFFAIRES AU SEIN DE LA DIVISION CENTRALE (1)

Section de LONDRES	Siège de PARIS	Section de MUNICH
A) Nécessités courantes de la vie C) Chimie, métallurgie	Bureau du président B) Techniques industrielles, transports D) Textiles, papier E) Constructions fixes G) Physique H) Électricité	F) Mécanique, éclairage, chauffage, armement, sautage

(1) La classification en huit sections (A à H) est fondée sur la classification internationale des brevets de l'Organisation mondiale de la propriété intellectuelle (http://www.wipo.int/classifications/ipc/fr/).

....

Règlement du 19 décembre 2015,

D'application relatif à la protection unitaire conférée par un brevet.

V. ce Règl. et la Décis. SC/D 1/15 du 15 déc. 2015 du Comité restreint du conseil d'administration de l'Office européen des brevets au JO OEB de mai 2016, A39.

Règlement du 19 décembre 2015,

Relatif aux taxes pour la protection unitaire (RRT-PBU).

V. ce Règl. et la Décis. SC/D 2/15 du 15 déc. 2015 du Comité restreint du conseil d'administration de l'Office européen des brevets au JO OEB de mai 2016, A40.

Droit interne

Note importante. *De nombreux articles de l'ancienne L. n° 68-1 du 2 janv. 1968 sur les brevets d'invention, désormais abrogée et codifiée au CPI, art. L. 611-1 s., par la L. n° 92-597 du 1er juill. 1992, avaient été modifiés par la L. n° 78-742 du 13 juill. 1978, entrée en vigueur le 1er juill. 1979.*

Toutefois, les demandes de brevet et brevets déposés avant cette date restant soumis aux règles applicables à la date de leur dépôt (V. CPI, art. L. 611-4), l'ancien texte de la loi du 2 janv. 1968 a été reproduit dans le présent ouvrage.

D'autre part, bien que le titre VII de ladite loi de 1968, relatif au certificat d'addition, ait été abrogé par la loi n° 90-1052 du 26 nov. 1990, les certificats d'addition demandés antérieurement à l'entrée en vigueur de cette loi restent soumis aux règles applicables à la date de leur demande (V. CPI, art. L. 611-5). Aussi les dispositions de ce titre ont-elles également été reprises dans le présent appendice.

V. aussi la table de concordance entre les dispositions législatives du CPI et les dispositions relatives aux brevets d'invention abrogées et codifiées par la L. n° 92-597 du 1er juill. 1992.

Loi n° 68-1 du 2 janvier 1968,

Tendant à valoriser l'activité inventive et à modifier le régime des brevets d'invention.

Note importante. *Est reproduit ci-après le texte de la L. n° 68-1 du 2 janv. 1968 dans sa rédaction antérieure à la réforme opérée par la L. n° 78-742 du 13 juill. 1978 . — Le texte de la loi du 2 janv. 1968 tel qu'il résultait de la loi de 1978 et des lois subséquentes a été abrogé et codifié au CPI, art. L. 611-1 s. par la L. n° 92-597 du 1er juill. 1992 . — V. ce texte partie législative. — Sur les dispositions transitoires, V. CPI, art. L. 611-4.*

TITRE PREMIER Dispositions générales

Art. 1er Sous les conditions et dans les limites fixées par la présente loi, toute invention peut faire l'objet d'un titre de propriété industrielle délivré par le directeur de l'institut national de la propriété industrielle qui confère à son titulaire ou à ses ayants cause un droit exclusif d'exploitation.

Ce droit appartient au premier déposant, personne physique ou morale.

Art. 2 Si un titre de propriété industrielle a été demandé, soit pour une invention soustraite à l'inventeur ou à ses ayants cause, soit en violation d'une obligation légale ou conventionnelle, la personne lésée peut revendiquer la propriété de la demande ou du titre délivré.

Art. 3 Les titres de propriété industrielle sont délivrés soit pour une durée de vingt années, soit, sauf s'ils ont pour objet un médicament, pour une durée de six années à compter du jour du dépôt de la demande.

Ils sont dénommés dans le premier cas "brevets d'invention", dans le second cas "certificats d'utilité".

Les dispositions de la présente loi concernant les brevets sont applicables aux certificats d'utilité, à l'exception de celles prévues aux articles 19, 20, 21 (premier alinéa), 55 (deuxième et troisième alinéas), 73 (deuxième et troisième alinéas).

Art. 4 L'inventeur a le droit d'être mentionné comme tel dans le brevet ; il peut également s'opposer à cette mention.

Art. 5 Sans préjudice de l'application des dispositions de la Convention de Paris pour la protection de la propriété industrielle, les étrangers dont le domicile ou l'établissement est situé en dehors du territoire où la présente loi est applicable jouissent du bénéfice de la présente loi, sous la condition que les Français bénéficient de la réciprocité de protection dans les pays dont lesdits étrangers sont ressortissants.

Art. 6 Peut être brevetée, toute invention portant notamment sur un produit, un procédé, une application ou une combinaison de moyens.

L'invention doit avoir un caractère industriel, être nouvelle et impliquer une activité inventive.

Art. 7 Est considérée comme industrielle toute invention concourant dans son objet, son application et son résultat, tant par la main de l'homme que par la machine, à la production de biens ou de résultats techniques.

Ne constituent pas, en particulier, des inventions industrielles :

1° les principes, découvertes et conceptions théoriques ou purement scientifiques ;

2° les créations de caractère exclusivement ornemental ;

3° les méthodes financières ou comptables, les règles de jeux et tous autres systèmes de caractère abstrait, et notamment les programmes ou séries d'instructions pour le déroulement des opérations d'une machine calculatrice ;

(L. nº 70-489 du 11 juin 1970) « 4° Les obtentions végétales d'un genre ou d'une espèce bénéficiant du régime de protection institué par la loi nº 70-489 du 11 juin 1970 relative à la protection des obtentions végétales. »

Art. 8 Une invention est considérée comme nouvelle si elle n'est pas comprise dans l'état de la technique.

L'état de la technique est constitué par tout ce qui a été rendu accessible au public par une description écrite ou orale, un usage ou tout autre moyen, avant le jour du dépôt de la demande de brevet ou d'une demande déposée à l'étranger et dont la priorité est valablement revendiquée.

Par dérogation aux dispositions du présent article, ne fait pas échec à la nouveauté d'une invention la divulgation dont cette invention a fait l'objet dans les six mois précédant le dépôt de la demande de brevet, si cette divulgation résulte directement ou indirectement :

1° d'un abus caractérisé à l'égard du demandeur ou de son prédécesseur en droit ;

2° du fait que le demandeur ou son prédécesseur en droit a exposé l'invention dans des expositions officielles ou officiellement reconnues au sens de la convention concernant les expositions internationales signée à Paris le 22 novembre 1928 et modifiée le 10 mai 1948.

Art. 9 Une invention est considérée comme impliquant une activité inventive si elle ne découle pas de manière évidente de l'état de la technique.

Art. 10 Une invention portant sur un médicament ne peut être valablement brevetée que si elle a pour objet un produit, une substance ou une composition présenté pour la première fois comme constituant un médicament au sens de l'article L. 5111-1 *[ancien L. 511.]* du code de la santé publique.

Art. 11 Ne sont pas susceptibles d'être brevetées les inventions dont la publication ou la mise en œuvre serait contraire à l'ordre public ou aux bonnes mœurs, la mise en œuvre d'une invention ne pouvant être considérée comme telle du seul fait qu'elle est interdite par une disposition législative ou réglementaire.

Art. 12 Ne peut être valablement revendiquée dans une demande de brevet toute invention contenue dans les revendications d'un brevet français qui n'était pas encore publié à la date du dépôt de la demande considérée, mais qui bénéficie d'une date antérieure. Si les demandes ont la même date de dépôt ou de priorité, l'ordre chronologique des dépôts est déterminant pour l'application du présent article.

TITRE II Délivrance des brevets

Art. 13 La demande de brevet est présentée dans les formes et conditions fixées par la présente loi et précisées par les décrets prévus à l'article 73.

Elle doit comporter notamment :

La description de l'invention complétée s'il y a lieu par des dessins ;

Des revendications définissant l'étendue de la protection demandée.

Art. 14 Un brevet ne peut être délivré que pour une invention unique ou pour un groupe d'inventions reliées entre elles de façon à former une unité.

Toute demande qui ne satisfait pas aux dispositions de l'alinéa précédent doit être divisée dans le délai prescrit ; les demandes divisionnaires bénéficient de la date de dépôt et, le cas échéant, de la date de priorité de la demande initiale.

Art. 15 Le droit de priorité attaché à un dépôt étranger antérieur ne peut être valablement revendiqué que dans un délai de deux mois à compter de la date du dépôt de la demande.

Les documents justificatifs du droit de priorité doivent, sous peine de déchéance de ce droit, être fournis dans un délai de quatre mois à compter du dépôt de la demande.

Le droit de l'exposant, défini à l'article 8, 2°, doit, à peine de déchéance, être revendiqué et justifié au moment du dépôt de la demande de brevet.

Art. 16 Est rejetée toute demande de brevet :

1° qui ne satisfait pas aux conditions visées à l'article 13 ;

2° qui n'a pas été divisée conformément à l'article 14 ;

3° qui porte sur une demande divisionnaire dont l'objet s'étend au-delà du contenu de la description de la demande initiale ;

4° qui a pour objet une invention non brevetable en application de l'article 11 ;

5° dont l'objet est manifestement dépourvu de caractère industriel au sens de l'article 7 tel que limité par les alinéas 2° et 3° dudit article ;

6° dont la description ne permet pas d'appliquer les dispositions de l'article 19 ;

(*L. nº 70-489 du 11 juin 1970*) « 7° Qui a pour objet une obtention végétale d'un genre ou d'une espèce bénéficiant du régime de protection institué par la loi nº 70-489 du 11 juin 1970 relative à la protection des obtentions végétales. »

Art. 17 Le dossier de la demande de brevet est rendu public au terme d'un délai de dix-huit mois à compter du dépôt de ladite demande ou à compter de la date de priorité si une priorité a été revendiquée ; toutefois, le dossier de la demande peut être rendu public à tout moment avant le terme de ce délai sur réquisition du déposant.

Art. 18 Du jour de la publication de la demande de brevet en application de l'article 17 et jusqu'à l'expiration du délai prévu à l'article 20, 2°, deuxième alinéa, tout tiers peut adresser à l'institut national de la propriété industrielle des observations écrites sur la brevetabilité au sens des articles 8 et 9 de l'invention, objet de ladite demande. Ces observations sont communiquées au propriétaire de la demande.

Art. 19 La demande de brevet, dès qu'elle a été reconnue conforme aux dispositions de l'article 16, donne lieu à l'établissement d'un avis documentaire sur l'invention.

Cet avis, établi sur la base des revendications, cite les éléments de l'état de la technique qui, au sens des articles 8 et 9, sont susceptibles d'affecter la brevetabilité de l'invention.

Le déposant d'une demande de brevet, sauf si le dépôt a pour objet un médicament, peut demander que l'établissement de l'avis documentaire soit différé pendant deux ans ; il peut renoncer expressément à cette demande à tout moment ; il doit le faire avant d'ouvrir une action en contrefaçon. A partir de la publication prévue à l'article 17 tout tiers peut requérir l'établissement de l'avis documentaire.

Pendant le délai prévu à l'alinéa précédent, le déposant peut également transformer sa demande de brevet en une demande de certificat d'utilité ; au terme dudit délai, si le déposant n'a pas requis l'avis documentaire, cette transformation est prononcée d'office.

Art. 20 L'avis documentaire prévu à l'article 19 est établi selon la procédure suivante, dont les délais seront fixés par décret :

1° Un premier projet d'avis documentaire est établi, et immédiatement notifié au propriétaire de la demande.

Celui-ci, dans le délai prescrit, peut présenter des observations et déposer une nouvelle rédaction des revendications.

S'il use de l'une ou l'autre de ces facultés ou, à défaut, à l'expiration de ce délai, un second projet d'avis lui est notifié, qui maintient ou modifie la teneur du premier projet d'avis documentaire.

Le propriétaire de la demande peut, dans le délai prescrit, présenter des observations sur le second projet d'avis documentaire et déposer une nouvelle rédaction des revendications.

2° Le dossier de la demande est alors rendu public s'il ne l'a pas déjà été en application de l'article 17.

Dans le délai prescrit, toute personne peut présenter des observations sur le second projet d'avis documentaire.

Ces observations sont notifiées au demandeur qui peut, dans le délai prescrit, présenter des observations en réponse et déposer une nouvelle rédaction des revendications.

3° L'avis documentaire est établi dans sa forme définitive.

Art. 21 Après l'accomplissement de la procédure prévue à l'article 20, le brevet est délivré.

Tous les titres délivrés comprennent la description, s'il y a lieu les dessins, les revendications et, s'il s'agit d'un brevet, l'avis documentaire définitif.

Art. 22 Les mentions relatives à la délivrance des brevets sont publiées au *Bulletin officiel de la propriété industrielle.*

Art. 23 Le droit exclusif visé à l'article 1er prend effet à compter du dépôt de la demande.

Art. 24 Le ministre chargé de la défense nationale est habilité à prendre connaissance auprès de l'institut national de la propriété industrielle, à titre strictement confidentiel, des demandes de brevet.

Art. 25 Les inventions faisant l'objet de demandes de brevet ne peuvent être divulguées et exploitées librement aussi longtemps qu'une autorisation n'a été accordée à cet effet.

Pendant cette période, les demandes de brevet ne peuvent être rendues publiques, aucune copie conforme de la demande de brevet ne peut être délivrée sauf autorisation, et les procédures prévues aux articles 17, 19 et 20 ne peuvent être engagées.

Sous réserve de l'article 26, l'autorisation prévue à l'alinéa 1er du présent article peut être accordée à tout moment. Elle est acquise de plein droit au terme d'un délai de cinq mois à compter du jour du dépôt de la demande de brevet.

Les autorisations prévues aux premier et deuxième alinéas du présent article sont accordées par le ministre chargé de la propriété industrielle sur avis du ministre chargé de la défense nationale.

Art. 26 Avant le terme du délai prévu à l'article 25, avant-dernier alinéa, les interdictions prescrites à l'alinéa 1er dudit article peuvent être prorogées, sur réquisition du ministre chargé de la défense nationale, pour une durée d'un an renouvelable. Les interdictions prorogées peuvent être levées à tout moment, sous la même condition.

La prorogation des interdictions prononcée en vertu du présent article ouvre droit à une indemnité au profit du titulaire de la demande de brevet, dans la mesure du préjudice subi. A défaut d'accord amiable, cette indemnité est fixée par le tribunal de grande instance. A tous les degrés de juridiction, les débats ont lieu en chambre du conseil.

Art. 27 Une demande de revision de l'indemnité prévue à l'article 26 peut être introduite par le titulaire du brevet à l'expiration du délai d'un an qui suit la date du jugement définitif fixant le montant de l'indemnité.

Le titulaire du brevet doit apporter la preuve que le préjudice qu'il subit est supérieur à l'estimation du tribunal.

TITRE III Droits et obligations attachés au brevet

Art. 28 L'étendue de la protection conférée par le brevet est déterminée par les revendications. La description et les dessins servent à interpréter les revendications.

L'objet des revendications ne peut s'étendre au-delà du contenu de la description complétée, le cas échéant, par les dessins.

Art. 29 Le droit exclusif conféré par le brevet comporte l'interdiction à tout tiers d'exploiter l'invention brevetée, et notamment :

1° de fabriquer le produit, objet de l'invention brevetée ;

2° d'utiliser, d'introduire, sur le territoire où la présente loi est applicable, de vendre, d'offrir en vente ou de mettre dans le commerce sous une autre forme le produit breveté, ainsi que de détenir ledit produit en vue de l'utiliser ou de le mettre dans le commerce ;

3° d'employer ou mettre en œuvre, de vendre ou d'offrir en vente le procédé ou les moyens, objet de l'invention brevetée ;

4° d'accomplir les actes mentionnés au 2° ci-dessus, relativement à un produit obtenu directement par un procédé breveté.

Le droit exclusif conféré par le brevet comporte également l'interdiction à tout tiers de livrer ou d'offrir de livrer à une personne non titulaire d'une licence des moyens en vue de la mise en œuvre d'une invention brevetée.

Ne sont pas considérés comme portant atteinte aux droits du breveté, les actes accomplis à des fins personnelles ou domestiques ou en vue d'expérimenter l'objet de l'invention brevetée.

Art. 30 Les droits attachés à un brevet de produit qui ne décrit pas d'application thérapeutique de ce produit, ne s'étendent pas à l'utilisation dudit produit pour la fabrication de médicaments ni aux autres actes prévus à l'article 29, 2°, relatifs à ces médicaments.

Les dispositions du présent article ne portent pas atteinte aux droits attachés aux brevets concernant des procédés de fabrication du produit en cause.

Les droits attachés aux brevets ne s'étendent pas à la fabrication et à la vente de médicaments sous forme de préparation magistrale effectuée extemporanément et par unité.

Art. 31 Toute personne qui, de bonne foi, à la date de dépôt ou de priorité d'un brevet, était, sur le territoire où la présente loi est applicable, en possession de l'invention, objet du brevet, a le droit, à titre personnel, d'exploiter l'invention malgré l'existence du brevet.

Le droit reconnu par le présent article ne peut être transmis qu'avec l'entreprise à laquelle il est attaché.

Art. 32 Toute personne de droit public ou privé peut, à l'expiration d'un délai de trois ans après la délivrance d'un brevet, ou de quatre ans à compter de la date du dépôt de la demande, obtenir une licence obligatoire de ce brevet, dans les conditions prévues aux articles suivants, si, au moment de la requête, et sauf excuses légitimes, l'exploitation sérieuse et effective du brevet n'a pas été entreprise ou a été abandonnée depuis plus de trois ans.

Art. 33 La demande de licence obligatoire est formée auprès du tribunal de grande instance ; elle doit être accompagnée de la justification que le demandeur n'a pu obtenir du propriétaire du brevet une licence d'exploitation et qu'il est en état d'exploiter l'invention de manière à satisfaire aux besoins du marché.

La licence obligatoire ne peut être que non exclusive ; elle est accordée à des conditions déterminées, notamment quant à sa durée, son champ d'application et le montant des redevances auxquelles elle donne lieu. Ces conditions peuvent être modifiées par décision du tribunal, à la requête du propriétaire du brevet ou du licencié. – *V. Décr. n° 69-975 du 18 oct. 1969, art. 1er s.,* ***C. com.****, éd. 1994-95 et antérieures.*

Art. 34 Le titulaire d'une licence obligatoire ou d'une licence d'office visée aux articles 38, 39 et 40 peut exercer l'action en contrefaçon si, après mise en demeure, le propriétaire du brevet n'exerce pas cette action.

Toute cession des droits attachés à une licence obligatoire, est, à peine de nullité, soumise à l'autorisation du tribunal.

Les droits attachés à une licence d'office ne peuvent être ni cédés ni transmis.

Art. 35 Si le titulaire d'une licence obligatoire ne satisfait pas aux conditions auxquelles cette licence a été accordée, le propriétaire du brevet, et, le cas échéant, les autres licenciés, peuvent obtenir du tribunal le retrait de cette licence.

Art. 36 Le propriétaire d'un brevet portant sur un perfectionnement à une invention déjà brevetée au profit d'un tiers ne peut exploiter son invention sans l'autorisation du titulaire du brevet antérieur ; ledit titulaire ne peut exploiter le perfectionnement breveté sans l'autorisation du titulaire du brevet de perfectionnement.

Le tribunal de grande instance peut, le ministère public entendu, dans l'intérêt public, accorder sur sa demande, qui ne peut être antérieure à l'expiration du délai prévu à l'article 32, une licence non exclusive au titulaire du brevet de perfectionnement dans la mesure nécessaire à l'exploitation de l'invention qui fait l'objet de ce brevet et pour autant que l'invention, objet du brevet de perfectionnement, présente à l'égard du brevet antérieur un progrès technique important. Le propriétaire du premier brevet obtient, sur requête présentée au tribunal, la concession d'une licence sur le brevet de perfectionnement.

Les dispositions des articles 33 à 35 sont applicables.

Art. 37 Si l'intérêt de la santé publique l'exige, les brevets délivrés pour des médicaments ou pour des procédés d'obtention de tels médicaments peuvent, au cas où ces médicaments ne sont mis à la disposition du public qu'en quantité ou qualité insuffisantes, ou à des prix anormalement élevés, être soumis, par arrêté du ministre chargé de la propriété industrielle, sur la demande du ministre chargé de la santé publique, au régime de la licence d'office dans les conditions prévues à l'article suivant. – *V. Décr. n° 69-975 du 18 oct. 1969, art. 7 s.,* ***C. com.****, éd. 1994-95 et antérieures. – Sans préjudice de l'application des dispositions de l'art. 37 de la loi n° 68-1 du 2 janv. 1968 [CPI, art. L. 613-16.], les brevets délivrés pour les médicaments vétérinaires peuvent également, lorsque l'économie de l'élevage l'exige, être soumis au régime de la licence d'office par arrêté du ministre de l'industrie et de la recherche sur la demande du ministre de l'agriculture (CSP, art. L. 5141-13 ; ancien art. L. 617-9).*

Art. 38 Du jour de la publication de l'arrêté qui soumet le brevet au régime de la licence d'office, toute personne qualifiée peut demander au ministre chargé de la propriété industrielle l'octroi d'une licence d'exploitation. Cette licence est accordée par arrêté dudit ministre à des conditions déterminées, notamment quant à sa durée et son champ d'application, mais à l'exclusion des redevances auxquelles elle donne lieu. Elle prend effet à la date de la notification de l'arrêté aux parties.

A défaut d'accord amiable approuvé par le ministre chargé de la propriété industrielle et le ministre chargé de la santé publique, le montant des redevances est fixé par le tribunal de grande instance.

Art. 39 Le ministre chargé de la propriété industrielle peut mettre en demeure les propriétaires de brevets d'invention autres que ceux ayant pour objet un médicament, d'en entreprendre l'exploitation de manière à satisfaire aux besoins de l'économie nationale.

Si la mise en demeure n'a pas été suivie d'effet dans le délai d'un an et si l'absence d'exploitation ou l'insuffisance en qualité ou en quantité de l'exploitation entreprise porte gravement préjudice au développement économique et à l'intérêt public, les brevets, objets de la mise en demeure, peuvent être soumis au régime de licence d'office par décret en Conseil d'État.

Le ministre chargé de la propriété industrielle peut prolonger le délai d'un an prévu ci-dessus lorsque le titulaire du brevet justifie d'excuses légitimes et compatibles avec les exigences de l'économie nationale.

Du jour de la publication du décret qui soumet le brevet au régime de la licence d'office, toute personne qualifiée peut demander au ministre chargé de la propriété industrielle l'octroi d'une licence d'exploitation. Cette licence ne peut être que non exclusive ; elle est accordée par arrêté dudit ministre à des conditions déterminées, notamment quant à sa durée et son champ d'application, mais à l'exclusion des redevances auxquelles elle donne lieu. Elle prend effet à la date de la notification de l'arrêté aux parties.

A défaut d'accord amiable, le montant des redevances est fixé par le tribunal de grande instance. – *V. Décr. n° 69-975 du 18 oct. 1969, art. 23 s., **C. com.**, éd. 1994-95 et antérieures.*

Art. 40 L'État peut obtenir d'office, à tout moment, pour les besoins de la défense nationale, une licence pour l'exploitation d'une invention, objet d'une demande de brevet ou d'un brevet, que cette exploitation soit faite par lui-même ou pour son compte.

La licence d'office est accordée à la demande du ministre chargé de la défense nationale par arrêté du ministre chargé de la propriété industrielle. Cet arrêté fixe les conditions de la licence à l'exclusion de celles relatives aux redevances auxquelles elle donne lieu. La licence prend effet à la date de la demande de licence d'office.

A défaut d'accord amiable, le montant des redevances est fixé par le tribunal de grande instance. A tous les degrés de juridiction, les débats ont lieu en chambre du conseil. – *V. Décr. n° 69-975 du 18 oct. 1969, art. 31 s., **C. com.**, éd. 1994-95 et antérieures.*

Art. 41 Toute demande de brevet ou tout brevet donne lieu au paiement de taxes annuelles qui doivent être acquittées au plus tard au jour fixé par décret pris en Conseil d'État.

Lorsque le paiement d'une taxe annuelle n'a pas été effectué à la date prévue à l'alinéa précédent, ladite taxe peut être valablement versée dans un délai supplémentaire de six mois, moyennant le paiement d'une surtaxe dans le même délai.

TITRE IV **Du brevet comme objet de propriété**

Art. 42 I. – La copropriété d'une demande de brevet ou d'un brevet est régie par les dispositions suivantes :

1° Chacun des copropriétaires peut exploiter personnellement l'invention dans la proportion de ses droits et agir en contrefaçon à son profit ;

2° Un copropriétaire ne peut concéder une licence d'exploitation à un tiers qu'avec l'accord de tous les autres copropriétaires ou avec l'autorisation de justice ;

3° Chaque copropriétaire peut, à tout moment, céder sa quote-part. Les copropriétaires disposent d'un droit de préemption pendant un délai de trois mois à compter de la notification du projet de cession. A défaut d'accord sur le prix, celui-ci est fixé par le tribunal, à moins que le vendeur ne retire son offre.

II. – Les dispositions du présent article s'appliquent en l'absence de stipulation contraire. Les copropriétaires peuvent y déroger, à tout moment, par un règlement de copropriété.

Art. 43 Les droits attachés à une demande de brevet ou à un brevet sont transmissibles en totalité ou en partie.

Les actes comportant une transmission des droits visés à l'alinéa précédent sont constatés par écrit à peine de nullité.

Art. 44 La saisie d'un brevet est effectuée par acte extrajudiciaire signifié au propriétaire du brevet, à l'institut national de la propriété industrielle ainsi qu'aux personnes possédant des droits sur le brevet ; elle rend inopposable au créancier saisissant toute modification ultérieure des droits attachés au brevet.

A peine de nullité de la saisie, le créancier saisissant doit, dans le délai prescrit, se pourvoir devant le tribunal, en validité de la saisie et aux fins de mise en vente du brevet. – *V. Décr. n° 69-975 du 18 oct. 1969, art. 42, **C. com.**, éd. 1994-95 et antérieures.*

Art. 45 L'État peut, à tout moment, par décret pris sur le rapport du ministre chargé de la propriété industrielle et du ministre chargé de la défense nationale, exproprier, en tout ou en partie, pour les besoins de la défense nationale, les inventions, objet de demandes de brevet ou de brevets.

A défaut d'accord amiable, l'indemnité d'expropriation est fixée par le tribunal de grande instance.

A tous les degrés de juridiction, les débats ont lieu en chambre du conseil.

Art. 46 Tous les actes transmettant ou modifiant les droits attachés à une demande de brevet ou à un brevet doivent, pour être opposables aux tiers, être inscrits sur un registre, dit Registre national des brevets, tenu par l'institut national de la propriété industrielle.

Pour l'application des dispositions des art. 42, 43, 44 et 46 ci-dessus aux certificats d'obtention végétale, V. L. n° 70-489 du 11 juin 1970, art. 35 (D. et BLD 1970. 146), désormais abrogé et codifié à l'art. L. 623-24 CPI.

TITRE V Extinction et nullité du brevet

Art. 47 Le propriétaire du brevet peut, à tout moment, renoncer, soit à la totalité du brevet, soit à une ou plusieurs revendications du brevet.

La renonciation est faite par écrit auprès de l'institut national de la propriété industrielle. Elle prend effet à compter du jour de sa publication.

Si des droits réels, de gage ou de licence, ont été inscrits au Registre national des brevets, la renonciation n'est recevable que si les titulaires de ces droits y consentent.

Les dispositions des deuxième et troisième alinéas du présent article ne s'appliquent pas aux renonciations effectuées en application des dispositions de l'article 20.

Pour l'application des dispositions de l'art. 47 ci-dessus aux certificats d'obtention végétale, V. L. n° 70-489 du 11 juin 1970, art. 35 (D. et BLD 1970. 146), désormais abrogé et codifié à l'art. L. 623-24 CPI.

Art. 48 Est déchu de ses droits le propriétaire d'une demande de brevet ou d'un brevet qui n'a pas acquitté la taxe annuelle prévue à l'article 41 dans le délai prescrit par ledit article.

La déchéance prend effet à la date de l'échéance de la taxe annuelle non acquittée. Elle est constatée par le directeur de l'institut national de la propriété industrielle qui la notifie au breveté.

Sous réserve des droits acquis par les tiers, le breveté peut, dans les six mois qui suivent le terme du délai prévu à l'article 41, présenter un recours en vue d'être restauré dans ses droits s'il justifie d'une excuse légitime du non-paiement de l'annuité. A l'expiration du délai de recours ou, le cas échéant, après le rejet du recours, l'institut national de la propriété industrielle procède à la publication de la déchéance.

Art. 49 La nullité du brevet est prononcée si l'invention n'est pas brevetable aux termes des articles 6 à 12 ou si la description n'expose pas l'invention d'une façon suffisante pour qu'un homme du métier puisse l'exécuter.

Si le brevet n'est annulé que partiellement, la nullité est prononcée sous la forme d'une limitation des revendications.

Art. 50 Le ministère public peut agir d'office en nullité d'un brevet d'invention.

La nullité prononcée à la demande du ministère public a un effet absolu. Lorsque la décision d'annulation est passée en force de chose jugée, elle est notifiée à l'institut national de la propriété industrielle qui la rend publique.

TITRE VI De la contrefaçon, des poursuites et des peines

Art. 51 Toute atteinte portée aux droits du propriétaire du brevet, tels qu'ils sont définis aux articles 29 à 31, constitue une contrefaçon, engageant la responsabilité de son auteur.

Toutefois, l'utilisation, la vente ou la mise dans le commerce, la détention en vue de l'utilisation ou de la mise dans le commerce d'un produit contrefait, lorsque ces faits sont commis par une autre personne que le fabricant du produit contrefait, ou la livraison des moyens en vue de la mise en œuvre de l'invention brevetée, ne constituent la contrefaçon que si elles ont été commises en connaissance de cause.

Art. 52 Toute atteinte portée sciemment aux droits du propriétaire du brevet, tels qu'ils sont définis aux articles 29 à 31, constitue un délit puni d'une amende de 300 à 3 000 euros. En cas de récidive, un emprisonnement de deux à six mois peut, en outre, être prononcé. Il y a récidive, au sens du présent article, lorsqu'il a été rendu contre le prévenu, dans les cinq années antérieures, une condamnation pour le même délit.

L'action publique pour l'application des peines prévues au premier alinéa du présent article ne peut être exercée par le ministère public que sur plainte de la partie lésée.

Le tribunal correctionnel saisi ne peut statuer qu'après que la juridiction civile a constaté la réalité de la contrefaçon par une décision passée en force de chose jugée. Les exceptions tirées par le défendeur de la nullité du brevet ou des questions relatives à la propriété dudit brevet ne peuvent être soulevées que devant la juridiction.

Art. 53 L'action en contrefaçon est engagée par le propriétaire du brevet.

Toutefois, le bénéficiaire d'un droit exclusif d'exploitation et, sous les conditions énoncées à l'article 34, le titulaire d'une licence obligatoire, peut, sauf disposition contraire du contrat de licence, exercer l'action en contrefaçon si, après mise en demeure, le propriétaire du brevet n'exerce pas cette action.

Le breveté est recevable à intervenir dans l'instance en contrefaçon engagée par le licencié conformément à l'alinéa précédent.

Également, tout licencié est recevable à intervenir dans l'instance en contrefaçon engagée par le breveté, afin d'obtenir la réparation du préjudice qui lui est propre.

Art. 54 Les actions en contrefaçon de brevet sont de la compétence exclusive du tribunal de grande instance.

Toutes les actions mettant en jeu une contrefaçon de brevet et une question de concurrence déloyale connexe sont portées exclusivement devant le tribunal de grande instance.

Art. 55 Par exception aux dispositions de l'article 23, les faits antérieurs à la publication de la délivrance du brevet ne sont pas considérés comme ayant porté atteinte aux droits attachés au brevet. Cependant, pourront être constatés et poursuivis les faits postérieurs à la date à laquelle la demande de brevet a été rendue publique en vertu de l'article 17 ou de l'article 20, 2°, ou à la notification au présumé contrefacteur d'une copie certifiée de cette demande.

Le propriétaire de la demande de brevet ne peut engager une instance en contrefaçon ou procéder à la constatation prévue à l'alinéa précédent que si l'établissement de l'avis documentaire sur la nouveauté a été requis conformément à l'article 20.

Le tribunal saisi sursoit à statuer jusqu'à la délivrance du brevet.

Art. 56 Le propriétaire d'une demande de brevet sous les conditions prévues au deuxième alinéa de l'article 55, ou le propriétaire d'une demande de certificat d'utilité, ou le propriétaire d'un brevet ou d'un certificat d'utilité, est en droit de faire procéder, sur ordonnance du président du tribunal de grande instance, par tous huissiers assistés d'experts de son choix, à la description détaillée, avec ou sans saisie réelle, des objets prétendus contrefaits. Ce droit est ouvert au concessionnaire d'un droit exclusif d'exploitation sous la condition prévue à l'article 53, ainsi qu'au titulaire d'une licence obligatoire ou au titulaire d'une licence octroyée en vertu de l'article 36, sous la condition prévue à l'article 34. – *V. Décr. n° 69-190 du 15 févr. 1969,* ***C. com.****, éd. 1994-95 et antérieures.*

A défaut par le requérant de s'être pourvu devant le tribunal dans le délai prescrit, la description ou saisie est nulle de plein droit, sans préjudice des dommages-intérêts qui peuvent être réclamés s'il y a lieu.

Art. 57 La juridiction civile peut, sur la demande de la partie lésée, prononcer, au profit de celle-ci, la confiscation des objets reconnus contrefaits, et, le cas échéant, celle des instruments ou ustensiles spécialement destinés à leur fabrication.

Art. 58 Les actions civiles et pénales prévues par la présente loi sont prescrites par trois ans à compter des faits qui en sont la cause.

L'action civile introduite suspend la prescription de l'action pénale.

Art. 59 Lorsqu'une invention, objet d'une demande de brevet ou d'un brevet, est exploitée pour les besoins de la défense nationale par l'État ou ses fournisseurs, sous-traitants et titulaires de sous-commandes, sans qu'une licence d'exploitation leur ait été octroyée, l'action civile est portée devant la chambre du conseil du tribunal de grande instance. Celui-ci ne peut ordonner ni la cessation ou l'interruption de l'exploitation, ni la confiscation prévue à l'article 57.

Si une expertise ou une description avec ou sans saisie réelle telle que prévue à l'article 56 est ordonnée par le président du tribunal, l'officier public commis doit surseoir à la saisie, à la description et à toute recherche dans les archives et documents de l'entreprise, si le contrat d'études ou de fabrication comporte une classification de sécurité de défense.

Il en est de même si les études ou fabrications sont exécutées dans un établissement des armées.

Le président du tribunal de grande instance peut, s'il en est requis par l'ayant droit, ordonner une expertise qui ne peut être effectuée que par des personnes agréées par le ministre chargé de la défense nationale et devant ses représentants.

Les dispositions de l'article 55 ne sont pas applicables aux demandes de brevet exploité dans les conditions définies au présent article aussi longtemps que ces demandes sont soumises aux interdictions prévues par les articles 25 et 26. Une telle exploitation fait encourir de plein droit à ses auteurs la responsabilité définie au présent article.

Art. 60 Quiconque se prévaut indûment de la qualité de propriétaire d'un brevet ou d'une demande de brevet est puni d'une amende de 300 € à 1 200 €. En cas de récidive, l'amende peut être portée au double. Il y a récidive au sens du présent article lorsqu'il a été rendu contre le prévenu dans les cinq années antérieures une condamnation pour le même délit.

Art. 61 Sans préjudice, s'il échet, des peines plus graves prévues en matière d'atteinte à la sûreté de l'État, quiconque a sciemment enfreint une des interdictions portées aux articles 25 et 26 est puni d'une amende de 450 à 6 000 euros. Si la violation a porté préjudice à la défense nationale, une peine d'emprisonnement d'un à cinq ans pourra, en outre, être prononcée.

TITRE VII Du certificat d'addition

Art. 62 Pendant toute la durée du brevet, le propriétaire du brevet peut demander des certificats d'addition pour des inventions dont l'objet est rattaché à au moins une revendication du brevet principal.

Le certificat d'addition prend effet à la date de son dépôt et expire avec le brevet principal auquel il est rattaché.

Toute demande de certificat d'addition peut, sur requête du déposant, être transformée en une demande de brevet. La transformation prend effet à la date du dépôt de la demande de certificat d'addition et le brevet délivré bénéficie de la date de ce dépôt.

Art. 63 Le certificat d'addition est soumis aux dispositions de la présente loi ; toutefois, l'invention, objet d'un certificat d'addition, n'est pas soumise à l'exigence de l'activité inventive prévue à l'article 9 à l'égard du contenu du brevet principal ; en outre, le certificat d'addition ne donne pas lieu au paiement des taxes prévues à l'article 41.

Art. 64 Le titulaire d'une licence octroyée en vertu des articles 32 et 36 peut, dans les formes et conditions prévues par lesdits articles, obtenir la licence d'exploitation d'un certificat d'addition rattaché au brevet quelle que soit la date de dépôt ou de délivrance de ce certificat, et même si celui-ci est exploité ou a été cédé.

Art. 65 Un certificat d'addition dont l'objet n'est pas reconnu comme étant rattaché au brevet principal dans les termes de l'article 62, premier alinéa, peut être déclaré nul pour défaut d'activité inventive à l'égard du contenu du brevet principal.

Art. 66 La nullité du brevet principal n'entraîne pas, de plein droit, la nullité des certificats d'addition s'y rattachant ; ceux-ci demeurent en vigueur jusqu'au terme de la durée normale du brevet principal. Toutefois, si la nullité absolue du brevet principal a été prononcée en application de l'article 50, le maintien en vigueur des certificats d'addition est subordonné à la continuation du paiement des taxes annuelles qui auraient été dues si ledit brevet n'avait pas été annulé.

TITRE VIII Dispositions diverses

Art. 67 Le directeur de l'institut national de la propriété industrielle examine la conformité des demandes de brevet avec les dispositions législatives et réglementaires visées à l'article 16.

Il délivre le brevet ou, par décision motivée, rejette la demande. Cette décision est notifiée au demandeur dans des conditions et délai qui seront fixés par décret.

Dans l'exercice de cette fonction, il n'est pas soumis à l'autorité de tutelle.

Art. 68 L'ensemble du contentieux né de la présente loi est attribué aux tribunaux de grande instance et aux cours d'appel auxquelles ils sont rattachés, à l'exception des recours formés contre les décrets et les arrêtés du ministre chargé de la propriété industrielle, qui relèvent de la juridiction administrative.

La cour d'appel de Paris connaît directement des recours formés contre les décisions du directeur de l'institut national de la propriété industrielle prises en application de la présente loi.

Un décret pris sur le rapport du garde des sceaux, ministre de la justice, détermine les tribunaux de grande instance appelés à connaître des actions civiles. Le nombre de ceux-ci ne pourra être inférieur à dix. *— V. CPI, art. D. 631-1. — V. aussi COJ, art. R. 312-2. —* ***C. pr. civ.***

Il fixe également le ressort dans lequel ces juridictions exerceront les attributions qui leur sont ainsi dévolues.

Art. 69 Les actions en fixation d'indemnités intentées en application des dispositions des articles 26, 38, 40 et 45 sont portées devant le tribunal de grande instance de la Seine.

Art. 70 Les taxes perçues au profit de l'institut national de la propriété industrielle sont établies par décret dans les conditions prévues à l'article 5 de l'ordonnance n° 59-2 du 2 janvier 1959 portant loi organique relative aux lois de finances.

Art. 71 La présente loi s'applique aux brevets demandés à compter du jour de son entrée en vigueur, sous réserve des droits acquis au titre de la loi du 13 avril 1908 sur la protection temporaire de la propriété industrielle dans les expositions.

Les brevets demandés avant le jour de l'entrée en vigueur de la présente loi resteront soumis aux règles applicables à la date de leur demande.

Cependant, l'exercice des droits résultant de ces brevets sera régi par les dispositions de la présente loi, à compter du jour de son entrée en vigueur, sous réserve des droits acquis qui seront maintenus.

Dans une instance en contrefaçon, introduite sur la base d'un brevet demandé avant le jour de l'entrée en vigueur de la présente loi, le demandeur devra produire un "avis de nouveauté" portant sur les parties de son brevet présumées par lui contrefaites et citant les éléments de l'état de la technique qui sont susceptibles d'affecter sa nouveauté.

Art. 72 Sont abrogés la loi du 5 juillet 1844, ensemble les textes qui l'ont complétée et modifiée, le décret du 30 octobre 1935 relatif aux brevets d'invention intéressant la défense nationale, le décret du 29 novembre 1939 relatif aux inventions intéressant la défense nationale, les articles L. 5124-11 *[ancien art. L. 603.]* et L. 5124-5 *[ancien art. L. 604.]* du code de la santé publique, le décret n° 53-971 du 30 septembre 1953 instituant des licences spéciales en matière de brevets relatifs à l'obtention de produits pharmaceutiques ou remèdes et toutes dispositions contraires à la présente loi.

Art. 73 La présente loi entrera en vigueur au plus tard le premier jour du douzième mois suivant sa publication au *Journal officiel.* Des décrets en Conseil d'État en fixeront les modalités d'application. *— Ces modalités d'application, en ce qui concerne la rédaction de la loi du 2 janv. 1968 antérieure à la réforme de 1978, avaient été fixées par le Décr. n° 68-1100 du 5 déc. 1968, mod. par Décr. n° 75-153 du 10 mars 1975, dont le texte était reproduit dans les éditions 1979-1980 et antérieures du* ***C. com.*** *Ce décret a été abrogé par le Décr. n° 79-822 du 19 sept. 1979 pris en application de la L. n° 78-742 du 13 juill. 1978. — V. aussi, Décr. n° 69-190 du 15 févr. 1969 et Décr. n° 69-975 du 18 oct. 1969,* ***C. com.****, éd. 1994-95 et antérieures.*

Les dispositions prévues aux articles 19 et 20 seront appliquées progressivement aux divers secteurs de la technique et par référence à la classification internationale des brevets d'invention instituée par la Convention du 19 décembre 1954.

Toutefois, les propriétaires des brevets issus de demandes déposées après la date d'entrée en vigueur de la présente loi, et qui ne seraient pas encore soumis aux dispositions des articles 19 et 20 en vertu de l'alinéa précédent, ne pourront former une action en contrefaçon qu'après avoir demandé l'avis de nouveauté établi contradictoirement comme il est dit à l'article 20 ci-dessus.

Art. 74 La présente loi est applicable dans les territoires d'outre-mer, de la Nouvelle-Calédonie, de la Polynésie française, de Saint-Pierre-et-Miquelon, de Wallis-et-Futuna et des Terres australes et antarctiques françaises.

Décret n° 79-822 du 19 septembre 1979,

Relatif aux demandes de brevet d'invention et de certificat d'utilité, à la délivrance et au maintien en vigueur de ces titres.

Art. 119-1 *(Décr. n° 93-1142 du 5 oct. 1993)* Les dispositions issues du décret n° 93-1142 du 5 octobre 1993 *[désormais codifiées dans la partie réglementaire du CPI]* s'appliquent aux demandes de brevet déposées antérieurement à sa date d'entrée en vigueur. *— V. ces modifications apportées au décret, maintenant abrogé, n° 79-822 du 19 sept. 1979 au* ***C. com.****, éd. 1994-95.*

Les demandes de certificat d'addition déposées avant la date de publication de la loi n° 90-1052 du 26 novembre 1990 *[JO 28 nov.]* sont délivrées et publiées conformément aux dispo-

sitions applicables à la date de leur dépôt. – *V. art. 84 à 89 du décret n° 79-822 du 19 sept. 1979, dans leur rédaction antérieure au décret n° 93-1142 du 5 oct. 1993, au* **C. com.**, *éd. 1993-94 et antérieures.*

Les demandes de certificat d'addition déposées entre la date de publication de la loi n° 90-1052 du 26 novembre 1990 et celle du décret n° 93-1142 du 5 octobre 1993 *[JO 6 oct.]* **sont à peine de rejet transformées en demandes de brevet dans un délai de deux mois à compter de l'invitation faite au déposant.**

Les demandes de certificats complémentaires de protection déposées avant le 2 juillet 1992 sont examinées, publiées et délivrées selon la procédure applicable à la date de leur dépôt. – *V. art. 93-1 à 93-9 du décret n° 79-822 du 19 sept. 1979, dans leur rédaction antérieure au décret n° 93-1142 du 5 oct. 1993, au* **C. com.**, *éd. 1993-94 et antérieures.*

IV CERTIFICATS DE QUALIFICATION

RÉP. COM. v° *Marques de fabrique, de commerce ou de service*, par SCHMIDT-SZALEWSKI.

Code de la consommation

PARTIE LÉGISLATIVE

(Ord. n° 2016-301 du 14 mars 2016, en vigueur le 1er juill. 2016)

Certification des services et des produits autres qu'agricoles, forestiers, alimentaires ou de la mer

Art. L. 433-3 Constitue une certification de produit ou de service soumise aux dispositions de la présente section l'activité par laquelle un organisme, distinct du fabricant, de l'importateur, du vendeur, du prestataire ou du client, atteste qu'un produit, un service ou une combinaison de produits et de services est conforme à des caractéristiques décrites dans un référentiel de certification.

Le référentiel de certification est un document technique définissant les caractéristiques que doit présenter un produit, un service ou une combinaison de produits et de services, et les modalités de contrôle de la conformité à ces caractéristiques.

L'élaboration du référentiel de certification incombe à l'organisme certificateur qui recueille le point de vue des parties intéressées. – *[C. consom., art. L. 115-27.]*

Art. L. 433-4 Peuvent seuls procéder à la certification de produits ou de services les organismes qui bénéficient d'une accréditation délivrée par l'instance nationale d'accréditation, ou l'instance nationale d'accréditation d'un autre État membre de l'Union européenne, membre de la coopération européenne pour l'accréditation et ayant signé les accords de reconnaissance mutuelle multilatéraux couvrant la certification considérée. – *[C. consom., art. L. 115-28, al. 1er.] – V. L. n° 2008-776 du 4 août 2008, art. 137-I (JO 5 août) et Décr. n° 2008-1401 du 19 déc. 2008 (JO 26 déc.).*

Art. L. 433-5 Un organisme non encore accrédité pour la certification considérée peut, dans des conditions définies par décret, effectuer des certifications, sous réserve d'avoir déposé une demande d'accréditation. – *[C. consom., art. L. 115-28, al. 2.]*

Art. L. 433-6 Toute référence à la certification dans la publicité, l'étiquetage ou la présentation de tout produit ou service, ainsi que sur les documents commerciaux qui s'y rapportent est accompagnée d'informations claires permettant au consommateur ou à l'utilisateur d'avoir facilement accès aux caractéristiques certifiées.

La consultation des référentiels de certification s'effectue soit gratuitement auprès de l'organisme certificateur, soit par la délivrance d'exemplaires aux frais du demandeur. – *[C. consom., art. L. 115-28, al. 3.]*

Art. L. 433-7 Le signe distinctif qui, le cas échéant, accompagne ou matérialise la certification est déposé comme marque collective de certification, conformément à la législation sur les marques de fabrique, de commerce et de service. – *[C. consom., art. L. 115-28, al. 4.]*

Art. L. 433-8 Les dispositions des articles L. 433-3 à L. 433-7 ne sont pas applicables :

1° A la certification des produits agricoles, forestiers, alimentaires ou de la mer ;

2° Aux autorisations de mise sur le marché des médicaments à usage humain ou vétérinaire faisant l'objet des dispositions de la Vème partie du code de la santé publique ;

3° A la délivrance des poinçons, estampilles, visas, certificats d'homologation, marques collectives ou attestations de conformité aux dispositions européennes par l'autorité publique ou par des organismes désignés à cet effet et soumis à un contrôle technique ou administratif de l'autorité publique en vertu de dispositions législatives ou réglementaires ;

4° A la délivrance de labels ou marques prévus par l'article L. 2134-1 du code du travail *[marques syndicales]* ainsi que des marques d'artisan et de maître artisan pour autant que ces marques ne tendent qu'à attester l'origine d'un produit ou d'un service et la mise en œuvre des règles de l'art et usages quand ils leur sont spécifiques. – *[C. consom., art. L. 115-29.]*

Art. L. 433-9 Il est interdit :

1° De délivrer, en violation des dispositions prévues aux articles L. 433-3 à L. 433-7, un titre, un certificat ou tout autre document attestant qu'un produit ou un service présente certaines caractéristiques ayant fait l'objet d'une certification ;

2° D'utiliser tout moyen de nature à faire croire faussement qu'un organisme satisfait aux conditions définies aux articles L. 433-3 à L. 433-7. – *[C. consom., art. L. 115-30, al. 1er à 4, hors sanction.]*

Art. L. 433-10 Les modalités d'application des articles L. 433-3 à L. 433-7 sont fixées par décret en Conseil d'État. – *[C. consom., art. L. 115-32.]*

....

Pouvoirs d'enquête et suites données aux contrôles. Recherche et constatation. Habilitation

Art. L. 511-11 Les agents sont habilités à rechercher et constater les infractions aux dispositions du livre IV *(L. nº 2017-203 du 21 févr. 2017, art. 12)* « ainsi qu'à l'article L. 521-1, à la section II du chapitre Ier du titre II et à la section Ire du chapitre Ier du titre III du présent livre ». – *[C. consom., art. L. 115-31, al. 4, agents CCRF, et L. 215-1, I, 1º, habilitation agents CCRF, et L. 218-7, al. 3.]*

....

Art. L. 511-22 I – Sont habilités à rechercher et à constater, dans l'exercice de leurs fonctions, les infractions aux dispositions du livre IV et les infractions et les manquements mentionnés aux articles L. 511-12 et L. 511-13 *(L. nº 2017-203 du 21 févr. 2017, art. 12)* « , à l'article L. 521-1, à la section II du chapitre Ier du titre II et à la section Ire du chapitre Ier du titre III du présent livre » :

1° Les agents des douanes*[;]*

2° Les agents de la direction générale des finances publiques*[;]*

3° Les inspecteurs du travail ;

4° Les agents mentionnés aux 1° à 6° et au dernier tiret du dernier alinéa du I de l'article L. 205-1 du code rural et de la pêche maritime ;

5° Les agents de l'Institut français de recherche pour l'exploitation de la mer ;

6° Les agents assermentés de l'État chargés du contrôle des instruments de mesure ;

7° Les agents de l'État agréés et commissionnés par le ministre chargé de l'agriculture ;

8° Des agents chargés de mission de contrôle de conformité et de sécurité des produits et services désignés par arrêté du ministre chargé de la consommation ;

9° Les administrateurs des affaires maritimes, les officiers du corps technique et administratif des affaires maritimes et les fonctionnaires affectés dans les services exerçant des missions de contrôle sous l'autorité ou à la disposition du ministre chargé de la mer :

a) Dans le domaine des affaires maritimes ;

b) Au titre de la surveillance du marché, dans les domaines de la conformité et de la sécurité des bateaux de plaisance et de leurs pièces et de leurs pièces et éléments d'équipement ;

10° Les agents mentionnés au 2° du II de l'article L. 172-1 du code de l'environnement ;

11° Les agents mentionnés à l'article L. 40 du code des postes et des communications électroniques.

Ils disposent à cet effet des pouvoirs définis aux sections I et II du chapitre II du présent titre et peuvent mettre en œuvre les mesures prévues à l'article L. 521-1 ainsi qu'à la section II du chapitre Ier du titre II.

II – Sont habilités à rechercher et à constater les infractions aux dispositions du livre IV et les infractions et les manquements mentionnés aux articles L. 511-12 et L. 511-13 :

1° Les agents mentionnés à l'article L. 1312-1 du code de la santé publique, qui disposent à cet effet des pouvoirs prévus aux articles L. 1421-2 à L. 1421-3 du même code ;

2° Les inspecteurs de l'Agence nationale de sécurité du médicament et des produits de santé mentionnée à l'article L. 5311-1 du code de la santé publique, qui disposent à cet effet des pouvoirs prévus à l'article L. 5313-1 du même code ;

3° Les inspecteurs de l'Agence nationale chargée de la sécurité sanitaire de l'alimentation, de l'environnement et du travail mentionnée à l'article L. 1313-1 du code de la santé publique qui disposent à cet effet des pouvoirs prévus à l'article L. 5146-2 du même code. — *[C. consom., art. L. 115-31, autres agents sauf santé, et L. 215-1, al. 1er à 17 - autres agents, et L. 218-1-1, autres agents.]*

Art. L. 511-23 Les agents mentionnés aux articles L. 1421-1 et L. 1435-7 du code de la santé publique ayant la qualité de médecin ou de pharmacien sont habilités à procéder à la recherche et à la constatation des infractions aux dispositions du chapitre III du titre III du livre IV et des textes pris pour son application *(L. n° 2017-203 du 21 févr. 2017, art. 12)* « ainsi qu'à l'article L. 521-1, à la section II du chapitre Ier du titre II et à la section Ire du chapitre Ier du titre III du présent livre ».

Ils disposent à cet effet des pouvoirs définis à la section I et aux sous-sections 1 à 8 de la section II du chapitre II du présent titre et peuvent mettre en œuvre les mesures prévues à l'article L. 521-1 ainsi qu'à la section II du chapitre Ier du titre II. — *[C. consom., art. L. 115-31, agents santé.]*

....

Sanctions

V. art. L. 453-8 à L. 453-10, supra, v° Appellations et indications d'origine.

V CONSEILS EN PROPRIÉTÉ INDUSTRIELLE

Loi n° 66-879 du 29 novembre 1966,

Relative aux sociétés civiles professionnelles.

CHAPITRE PREMIER *Dispositions générales*

Art. 1er Il peut être constitué, entre personnes physiques exerçant une même profession libérale soumise à un statut législatif ou réglementaire ou dont le titre est protégé, et notamment entre officiers publics et ministériels, des sociétés civiles professionnelles qui jouissent de la personnalité morale et sont soumises aux dispositions de la présente loi.

Ces sociétés ont pour objet l'exercice en commun de la profession de leurs membres, nonobstant toute disposition législative ou réglementaire réservant aux personnes physiques l'exercice de cette profession.

(L. n° 90-1258 du 31 déc. 1990) « L'immatriculation de la société ne peut intervenir qu'après l'agrément de celle-ci par l'autorité compétente ou son inscription sur la liste ou au tableau de l'ordre professionnel. »

Les conditions d'application des articles 1er à 32 de la présente loi à chaque profession seront déterminées par un décret en Conseil d'État pris après avis des organismes chargés de représenter la profession auprès des pouvoirs publics ou, à défaut, des organisations les plus représentatives de la profession considérée. — *V. CPI, art. R. 422-12 s.*

Art. 2 *(L. n° 72-1151 du 23 déc. 1972)* Un décret peut autoriser, dans les conditions qu'il détermine, les personnes physiques exerçant une profession libérale visée à l'article 1er, et notamment les officiers publics et ministériels, à constituer des sociétés régies par la présente loi avec des personnes physiques exerçant d'autres professions libérales en vue de l'exercice en commun de leurs professions respectives.

Les membres des professions visées à l'article 1er ne peuvent entrer dans une société civile professionnelle groupant des personnes appartenant à des professions libérales non visées à l'article 1er qu'à la condition d'y avoir été autorisés par l'organisme exerçant à leur égard la juridiction disciplinaire. En cas de refus d'autorisation, appel peut être fait dans les conditions prévues au règlement décret.

Les sociétés visées au présent article ne peuvent accomplir les actes d'une profession déterminée que par l'intermédiaire d'un de leurs membres ayant qualité pour exercer cette profession.

Art. 2-1 *Abrogé par L. n° 90-1258 du 31 déc. 1990, art. 30.*

Art. 3 *(L. nº 72-1151 du 23 déc. 1972)* Peuvent seules être associées, sous réserve des dispositions de l'article 24, les personnes qui, préalablement à la constitution de la société, exerçaient régulièrement la profession ainsi que celles qui, réunissant toutes les conditions exigées par les lois et règlements en vigueur, ont vocation à l'exercer.

Art. 4 Sauf disposition contraire du décret particulier à chaque profession, tout associé ne peut être membre que d'une seule société civile professionnelle et ne peut exercer la même profession à titre individuel.

Art. 5 Des personnes physiques titulaires d'un office public ou ministériel et exerçant la même profession, peuvent également constituer entre elles des sociétés civiles professionnelles pour l'exercice en commun de leur profession, sans que ces sociétés soient elles-mêmes nommées titulaires d'un office.

L'application de l'alinéa précédent est soumise aux dispositions de l'article 1er, alinéa 3, de la présente loi.

Les articles 6 (2e alinéa) et 18 (3e alinéa) ne sont pas applicables aux sociétés constituées en application du présent article.

(L. nº 72-1151 du 23 déc. 1972) « Les dispositions *(L. nº 90-1258 du 31 déc. 1990)* « de l'article 2 » sont applicables aux sociétés constituées en application du présent article »

CHAPITRE II *Constitution de la société*

Art. 6 Les sociétés civiles professionnelles sont librement constituées dans les conditions prévues au décret particulier à chaque profession, qui déterminera la procédure d'agrément ou d'inscription et le rôle des organismes professionnels.

En ce qui concerne les offices publics et ministériels, la société doit être agréée *(L. nº 90-1258 du 31 déc. 1990)* « ou titularisée » dans l'office selon les conditions prévues par le décret.

Art. 7 Les statuts de la société doivent être établis par écrit. Le décret particulier à chaque profession détermine les indications qui doivent obligatoirement figurer dans les statuts.

Art. 8 *(L. nº 2011-331 du 28 mars 2011, art. 30)* La dénomination sociale de la société doit être immédiatement précédée ou suivie de la mention : "société civile professionnelle" ou des initiales : "SCP", elles-mêmes suivies de l'indication de la profession exercée.

Le nom d'un ou de plusieurs associés peut être inclus dans la dénomination sociale.

Art. 9 Le capital social est divisé en parts égales qui ne peuvent être représentées par des titres négociables.

Le décret particulier à chaque profession peut limiter le nombre des associés

Art. 10 Les parts sociales doivent être souscrites en totalité par les associés. Celles qui représentent des apports en nature doivent être libérées intégralement dès la constitution de la société.

(L. nº 72-1151 du 23 déc. 1972 ; L. nº 90-1258 du 31 déc. 1990) « La répartition des parts sociales est mentionnée dans les statuts. Elle tient compte des apports en numéraire, et, selon l'évaluation qui en est faite, des apports en nature et notamment des apports de droits incorporels. »

(L. nº 2011-331 du 28 mars 2011, art. 30-2) « Les statuts peuvent*[,]* à l'unanimité des associés, fixer les principes et les modalités applicables à la détermination de la valeur des parts sociales.

« Sauf dispositions contraires du décret particulier à chaque profession, la valeur des parts sociales prend en considération une valeur représentative de la clientèle civile. Toutefois, à l'unanimité des associés, les statuts peuvent exclure cette valeur représentative de la clientèle civile de la valorisation des parts sociales. »

CHAPITRE III *Fonctionnement de la société*

Art. 11 Tous les associés sont gérants sauf stipulation contraire des statuts qui peuvent désigner un ou plusieurs gérants parmi les associés ou en prévoir la désignation par un acte ultérieur.

Les conditions de nomination et de révocation des gérants, leurs pouvoirs et la durée de leur mandat sont déterminés par les statuts. Les pouvoirs des gérants ne peuvent en aucun cas avoir pour effet de créer une subordination des associés à la société pour l'accomplissement de leurs actes professionnels.

Art. 12 Les gérants sont responsables, individuellement ou solidairement selon les cas, envers la société ou envers les tiers, soit des infractions aux lois et règlements, soit de la violation des statuts, soit des fautes commises dans leur gestion. Si plusieurs gérants ont coopéré aux mêmes faits, le tribunal détermine la part contributive de chacun dans la répartition du dommage.

Art. 13 Les décisions qui excèdent les pouvoirs des gérants sont prises par les associés.

(L. nº 72-1151 du 23 déc. 1972) « Chaque associé dispose, sauf dispositions particulières du décret propre à chaque profession ou, à son défaut, des statuts, d'une seule voix, quel que soit le nombre de parts sociales qu'il détient. »

Le décret particulier à chaque profession détermine le mode de consultation des associés, les règles de quorum et de majorité exigées pour la validité de leurs décisions et les conditions dans lesquelles ils sont informés de l'état des affaires sociales.

Art. 14 Les rémunérations de toute nature, versées en contrepartie de l'activité professionnelle des associés, constituent des recettes de la société et sont perçues par celle-ci.

(L. nº 72-1151 du 23 déc. 1972) « Le décret particulier à chaque profession et, à son défaut, les statuts peuvent déterminer des modalités de répartition des bénéfices qui ne seraient pas proportionnelles aux apports en capital.

« En l'absence de disposition réglementaire ou de clause statutaire, chaque associé a droit à la même part dans les bénéfices. »

Art. 15 Les associés répondent indéfiniment des dettes sociales à l'égard des tiers. Cette disposition ne fait pas obstacle à ce que deux époux soient associés dans une même société civile professionnelle.

Les créanciers de la société ne peuvent poursuivre le paiement des dettes sociales contre un associé qu'après avoir vainement mis en demeure la société et à la condition de la mettre en cause.

Les statuts peuvent stipuler que, dans les rapports entre associés, chacun de ceux-ci est tenu des dettes sociales dans la proportion qu'ils déterminent.

Art. 16 Chaque associé répond sur l'ensemble de son patrimoine, des actes professionnels qu'il accomplit.

La société est solidairement responsable avec lui des conséquences dommageables de ces actes.

La société ou les associés doivent contracter une assurance de responsabilité civile professionnelle, dans les conditions prévues par le décret particulier à chaque profession.

Art. 17 Le décret particulier à chaque profession détermine les attributions et les pouvoirs de chaque associé et de la société pour l'exercice de la profession, et procède, le cas échéant, à l'adaptation des règles de déontologie et de discipline qui leur sont applicables.

Art. 18 Un associé peut se retirer de la société, soit qu'il cède ses parts sociales, soit que la société lui rembourse la valeur de ses parts.

(L. nº 90-1258 du 31 déc. 1990 ; L. nº 2015-990 du 6 août 2015, art. 57-III, en vigueur le 1er févr. 2016) L'officier public ou ministériel qui se retire d'une société en raison d'une mésentente entre associés peut solliciter sa nomination à un office créé à cet effet à la même résidence dans des conditions prévues par le décret particulier à chaque profession, à l'expiration d'un délai de cinq ans à compter de sa nomination en qualité d'officier public ou ministériel associé au sein de cette société.

Lors du retrait d'un associé, la société civile professionnelle est soumise aux modifications d'inscription et le cessionnaire des parts sociales à la procédure d'agrément, prévues par le décret particulier à chaque profession.

En ce qui concerne les offices publics et ministériels, le décret particulier à chaque profession détermine les conditions dans lesquelles devra être agréé par l'autorité de nomination le cessionnaire des parts sociales et approuvé le retrait de l'associé auquel est remboursée la valeur de ses parts.

Art. 19 Les parts sociales peuvent être transmises ou cédées à des tiers avec le consentement des associés représentant au moins les trois quarts des voix. Toutefois, les statuts peuvent imposer l'exigence d'une majorité plus forte ou de l'unanimité des associés.

La transmission ou le projet de cession est notifié à la société et à chacun des associés. Si la société n'a pas fait connaître sa décision dans le délai de deux mois, à compter de la dernière des notifications prévues au présent alinéa, le consentement est implicitement donné.

Si la société a refusé de donner son consentement, les associés sont tenus, dans le délai de six mois à compter de ce refus, d'acquérir ou de faire acquérir les parts sociales, *(Ord.*

n° 2016-394 du 31 mars 2016, art. 4) « à un prix représentant leur valeur déterminée en application des troisième et quatrième alinéas de l'article 10 ou, lorsque les statuts ne prévoient pas les modalités de détermination du prix, » *(L. n° 90-1258 du 31 déc. 1990)* « à un prix fixé dans les conditions prévues par l'article 1843-4 du code civil ».

(L. n° 72-1151 du 23 déc. 1972) « Le décret peut augmenter les délais prévus aux alinéas 2 et 3 du présent article. »

Art. 20 Sauf disposition contraire des statuts, les parts sociales sont librement cessibles entre associés.

Si les statuts contiennent une clause limitant la liberté de cession, les dispositions de l'article 19, alinéas 2 et 3, sont applicables à défaut de stipulations statutaires.

Art. 21 Lorsqu'un associé le demande, la société est tenue, soit de faire acquérir ses parts par d'autres associés ou des tiers, soit de les acquérir elle-même, dans les conditions déterminées par le décret particulier à chaque profession. Dans le second cas, la société est tenue de réduire son capital du montant de la valeur nominale de ces parts.

Art. 22 *Abrogé par L. n° 90-1258 du 31 déc. 1990, art. 30.*

CHAPITRE IV *Dispositions diverses*

Art. 23 Sauf dispositions contraires du décret particulier à chaque profession, les statuts fixent librement la durée de la société.

Art. 24 *(L. n° 72-1151 du 23 déc. 1972)* « Sauf dispositions contraires du décret particulier à chaque profession ou, à défaut, des statuts, la société civile professionnelle n'est pas dissoute par le décès, l'incapacité ou le retrait de la société d'un associé pour toute autre cause. Elle n'est pas non plus dissoute lorsqu'un des associés est frappé de l'interdiction définitive d'exercer sa profession. »

En cas de décès, les ayants droit de l'associé décédé n'acquièrent pas la qualité d'associé. Toutefois, ils ont la faculté, dans le délai fixé par le décret, de céder les parts sociales de l'associé décédé, dans les conditions prévues aux articles 19 et 22 ; en outre, si un ou plusieurs d'entre eux remplissent les conditions exigées par l'article 3, ils peuvent demander le consentement de la société dans les conditions prévues à l'article 19. Si le consentement est donné, les parts sociales de l'associé décédé peuvent faire l'objet d'une attribution préférentielle au profit de l'ayant droit agréé, à charge de soulte s'il y a lieu. En cas de refus, le délai ci-dessus est prolongé du temps écoulé entre la demande de consentement et le refus de celui-ci. Si aucune cession ni aucun consentement n'est intervenu à l'expiration du délai, la société ou les associés remboursent la valeur des parts sociales aux ayants droit dans les conditions prévues à l'article 21.

L'associé frappé d'une interdiction définitive d'exercer la profession perd, au jour de cette interdiction, la qualité d'associé. Les dispositions de l'alinéa précédent sont applicables, à l'exception de celles concernant les ayants droit de l'intéressé.

Pendant le délai prévu à l'alinéa 2 ci-dessus, l'associé, ses héritiers ou ayants droit selon les cas, ne peuvent exercer aucun droit dans la société. Toutefois, et à moins qu'ils n'en soient déchus, ils conservent vocation à la répartition des bénéfices, dans les conditions prévues par les statuts.

Art. 25 Le décret particulier à chaque profession détermine les effets de l'interdiction temporaire d'exercer la profession dont un associé ou la société serait frappé.

Art. 26 La dissolution ou la prorogation de la société est décidée par les associés, statuant à la majorité qui sera déterminée par le décret particulier à la profession.

Al. 2 abrogé par L. n° 90-1258 du 31 déc. 1990, art. 30.

(L. n° 72-1151 du 23 déc. 1972) « Lorsque la société constituée entre associés exerçant des professions différentes ne comprend plus, au moins, un associé exerçant chacune des professions considérées, les associés peuvent, dans le délai d'un an, régulariser la situation ou décider la modification de l'objet social. A défaut, la société est dissoute dans les conditions fixées par décret. »

(L. n° 90-1258 du 31 déc. 1990) « En cas de dissolution d'une société civile professionnelle titulaire d'un office public ou ministériel, sous réserve des dispositions de l'article 3 de l'ordonnance du 10 septembre 1817 *[fixation à soixante du nombre d'avocats au Conseil d'État et à la Cour de cassation. — V.* ***C. pr. civ.****]*, les associés peuvent solliciter leur nomination à des offices créés à cet effet, à la même résidence, dans les conditions prévues par le décret particulier à chaque profession. L'associé qui a fait apport d'un droit de présentation à la société ne peut toutefois bénéficier de cette faculté lorsque ce droit est exercé en sa faveur. »

Art. 27 *(Ord. n° 2016-394 du 31 mars 2016, art. 4)* Par dérogation aux dispositions de l'article 1836 et du quatrième alinéa de l'article 1844-4 du code civil, un décret en Conseil d'État peut, pour chaque profession, fixer la majorité qui, à défaut de clause contraire des statuts, sera requise pour transformer une société civile professionnelle en une société pluri-professionnelle d'exercice régie par le titre IV *bis* de la loi n° 90-1258 du 31 décembre 1990 relative à l'exercice sous forme de sociétés des professions libérales soumises à un statut législatif ou réglementaire ou dont le titre est protégé et aux sociétés de participations financières de professions libérales ou pour participer, par voie de fusion, à la constitution d'une telle société, existante ou nouvelle.

Lorsqu'un associé a exprimé son refus d'approuver une des opérations mentionnées à l'alinéa précédent, la société est tenue soit de faire acquérir ses parts par d'autres associés ou des tiers, soit de les acquérir elle-même à l'issue d'un délai de six mois à compter de la date d'expression du refus. Dans le second cas, la société est tenue de réduire son capital du montant de la valeur nominale de ces parts. Dans les deux cas, la valeur des parts est déterminée dans les conditions prévues à l'article 19.

Art. 28 *Abrogé par L. n° 90-1258 du 31 déc. 1990, art. 30.*

Art. 29 L'appellation "société civile professionnelle" ne peut être utilisée que par les sociétés soumises aux dispositions de la présente loi.

L'emploi illicite de cette appellation ou de toute expression de nature à prêter à confusion avec celle-ci est puni d'un emprisonnement d'un an et d'une amende de 6 000 euros, ou de l'une de ces deux peines seulement.

Le tribunal pourra, en outre, ordonner la publication du jugement, aux frais du condamné, dans trois journaux au maximum et son affichage dans les conditions prévues à l'article 131-35 du code pénal.

Art. 30 Les articles 1832 à 1872 du code civil sont applicables aux sociétés civiles professionnelles, dans leurs dispositions qui ne sont pas contraires à celles de la présente loi.

Art. 31 La présente loi ne déroge ni aux dispositions des articles 6, 7, 10, 11 et 15 de l'ordonnance n° 45-2138 du 19 septembre 1945 portant institution de l'ordre des experts comptables et des comptables agréés et réglementant les titres et les professions d'expert comptable et de comptable agréé, ni à celles de l'article 75 du code de commerce.

Art. 32 *Modification de l'art. 91 de la loi du 28 avr. 1816 (droit de présentation des officiers publics et ministériels). — V.* ***C. civ.*** *;* ***C. pr. civ.***

Art. 33 Les dispositions de l'article 78 de la loi n° 48-1360 du 1er septembre 1948 *[interdiction de sous-louer ou de céder le bail.]* ne sont pas applicables aux sous-locations et aux cessions de bail faites au profit d'une société civile professionnelle.

Les dispositions du présent article sont applicables aux baux en cours.

Art. 34 *Modification de l'art. 4 de la loi n° 48-1360 du 1er sept. 1948. — V.* ***C. civ.*** *ou* ***C. baux.***

Art. 35 I. — Les associés des sociétés civiles professionnelles constituées et fonctionnant conformément aux dispositions de la présente loi sont personnellement soumis à l'impôt sur le revenu des personnes physiques pour la part des bénéfices sociaux qui leur est attribuée même lorsque ces sociétés ont adopté le statut de coopérative.

II. — Pour l'application de l'article 93-1 et 3 *[abrogé.]* du code général des impôts, la transmission à titre onéreux ou à titre gratuit ou le rachat des parts d'un associé est considéré comme portant sur la quote-part des éléments de l'actif social qui correspond aux droits sociaux faisant l'objet de la transmission ou du rachat.

III. — L'imposition de la plus-value constatée lors de l'apport par un associé de la clientèle ou des éléments d'actif affectés à l'exercice de sa profession à une société civile professionnelle est reportée au moment où s'opérera la transmission ou le rachat des droits sociaux de cet associé.

L'application de cette disposition est subordonnée à la condition que l'apport soit réalisé dans le délai de cinq ans à compter de la publication du décret propre à la profession considérée.

CHAPITRE V *Sociétés civiles de moyens*

Art. 36 *(L. n° 72-1151 du 23 déc. 1972)* « Nonobstant toutes dispositions législatives ou réglementaires contraires, les personnes physiques ou morales exerçant des professions libé-

rales et notamment les officiers publics et ministériels, peuvent constituer entre elles des sociétés civiles ayant pour objet exclusif de faciliter à chacun de leurs membres l'exercice de son activité. »

A cet effet, les associés mettent en commun les moyens utiles à l'exercice de leurs professions, sans que la société puisse elle-même exercer celle-ci.

CHAPITRE VI *Disposition commune*

Art. 37 **Les sociétés régies par la présente loi peuvent adopter le statut de société coopérative. En ce cas, les dispositions de cette loi ne leur sont applicables que dans la mesure où elles ne sont pas contraires à celles de la loi n° 47-1775 du 10 septembre 1947 portant statut de la coopération.**

Toutefois, en cas de dissolution d'une société ayant adopté le statut de coopérative et nonobstant l'article 19 de la loi précitée du 10 septembre 1947, l'actif net de la société subsistant après extinction du passif et remboursement du capital versé peut être réparti entre les associés dans les conditions fixées par le décret particulier à chaque profession.

Art. 38 *(L. n° 72-1151 du 23 déc. 1972)* **La présente loi est applicable, à l'exception des articles 31 à 35, dans les territoires de la Nouvelle-Calédonie, de la Polynésie française, de Wallis-et-Futuna et des Terres australes et antarctiques françaises** *(L. n° 93-1 du 4 janv. 1993)* **« ainsi que dans la collectivité territoriale de Mayotte ».**

Loi n° 90-1258 du 31 décembre 1990,

Relative à l'exercice sous forme de sociétés des professions libérales soumises à un statut législatif ou réglementaire ou dont le titre est protégé « et aux sociétés de participations financières de professions libérales » (L. n° 2001-1168 du 11 déc. 2001).

TITRE PREMIER Exercice sous forme de sociétés d'exercice libéral des professions libérales soumises à un statut législatif ou réglementaire ou dont le titre est protégé

Art. 1er **Il peut être constitué, pour l'exercice d'une profession libérale soumise à un statut législatif ou réglementaire ou dont le titre est protégé, des sociétés à responsabilité limitée,** *(L. n° 2001-420 du 15 mai 2001)* **« des sociétés anonymes, des sociétés par actions simplifiées ou des sociétés en commandite par actions régies par les dispositions du livre II du code de commerce », sous réserve des dispositions du titre Ier de la présente loi.**

(L. n° 99-515 du 23 juin 1999) **« Ces sociétés » peuvent également, dans des conditions fixées par décret en Conseil d'État, avoir pour objet l'exercice en commun de plusieurs des professions libérales définies au premier alinéa.**

(Ord. n° 2016-394 du 31 mars 2016, art. 1er) **« Les sociétés constituées pour l'exercice en commun des professions d'avocat, d'avocat au Conseil d'État et à la Cour de cassation, de commissaire-priseur judiciaire, d'huissier** *[nouvelle rédaction issue de l'Ord. n° 2016-728 du 2 juin 2016, art. 23, en vigueur le 1er juill. 2022 : « commissaire »]* **de justice, de notaire, d'administrateur judiciaire, de mandataire judiciaire, de conseil en propriété industrielle et d'expert-comptable sont régies par les dispositions du titre IV *bis*. »**

(L. n° 99-515 du 23 juin 1999) **« Elles » ne peuvent accomplir les actes d'une profession déterminée que par l'intermédiaire d'un de leurs membres ayant qualité pour exercer cette profession.**

Art. 2 **La dénomination sociale de la société doit être, immédiatement, précédée ou suivie, selon le cas, soit de la mention "société d'exercice libéral à responsabilité limitée" ou des initiales "SELARL", soit de la mention "société d'exercice libéral à forme anonyme" ou des initiales "SELAFA",** *(L. n° 2001-420 du 15 mai 2001)* **« soit de la mention « société d'exercice libéral par actions simplifiée » ou des initiales « SELAS », » soit de la mention "société d'exercice libéral en commandite par actions" ou des initiales "SELCA"** *(L. n° 2011-331 du 28 mars 2011, art. 31-1°)* **« ainsi que de l'indication de la profession exercée et de son capital social ».**

Le nom d'un ou plusieurs associés exerçant leur profession au sein de la société peut être inclus dans sa dénomination sociale.

La société peut faire suivre ou précéder sa dénomination sociale du nom et du sigle de l'association, du groupement ou réseau professionnel, national ou international, dont elle est

membre, sans préjudice des dispositions de l'article 27 de la loi n° 90-1259 du 31 décembre 1990 portant réforme de certaines professions judiciaires et juridiques. – *V. note ci-dessous et art. 19.*

Sur l'application de la L. n° 2011-331 du 28 mars 2011 à l'outre-mer, V. ce texte, art. 36 (JO 29 mars).

Art. 3 La société ne peut exercer la ou les professions constituant son objet social qu'après son agrément par l'autorité ou les autorités compétentes ou son inscription sur la liste ou les listes ou au tableau de l'ordre ou des ordres professionnels.

En ce qui concerne les offices publics ou ministériels, la société doit être agréée ou titularisée dans l'office selon des conditions fixées par décret en Conseil d'État.

L'immatriculation de la société ne peut intervenir qu'après l'agrément de celle-ci par l'autorité compétente ou son inscription sur la liste ou au tableau de l'ordre professionnel.

(L. n° 2015-990 du 6 août 2015, art. 67-I-1°) « Une fois par an, la société adresse à l'ordre professionnel dont elle relève un état de la composition de son capital social. »

Art. 4 *Abrogé par L. n° 2016-563 du 10 mai 2016, art. 3.*

Art. 5 *(L. n° 2015-990 du 6 août 2015, art. 67-I-2°)* « I. – Sous réserve de l'article 6 :

« A. – Plus de la moitié du capital social et des droits de vote doit être détenue, directement ou par l'intermédiaire des sociétés mentionnées au 4° du B du présent I, par des professionnels en exercice au sein de la société ;

« B. – Le complément peut être détenu par : »

1° Des personnes physiques ou morales exerçant la ou les professions constituant l'objet social de la société ;

2° Pendant un délai de dix ans, des personnes physiques qui, ayant cessé toute activité professionnelle, ont exercé cette ou ces professions au sein de la société ;

3° Les ayants droit des personnes physiques mentionnées ci-dessus pendant un délai de cinq ans suivant leur décès ;

4° *(L. n° 2011-331 du 28 mars 2011, art. 32-1°)* « Une société constituée dans les conditions prévues à l'article 220 *quater* A du code général des impôts *[société constituée exclusivement pour le rachat, par ses salariés, de tout ou partie du capital d'une entreprise]*, si les membres de cette société exercent leur profession au sein de la société d'exercice libéral, ou une société de participations financières de professions libérales régie par le titre IV de la présente loi ; »

5° Des personnes exerçant soit l'une quelconque des professions libérales de santé, soit l'une quelconque des professions libérales juridiques ou judiciaires, soit l'une quelconque des autres professions libérales, visées au premier alinéa de l'article 1er, selon que l'exercice de l'une de ces professions constitue l'objet social ;

(L. n° 2015-990 du 6 août 2015, art. 67-I-2°) « 6° Toute personne physique ou morale légalement établie dans un autre État membre de l'Union européenne ou partie à l'accord sur l'Espace économique européen ou dans la Confédération suisse qui exerce, dans l'un de ces États, une activité soumise à un statut législatif ou réglementaire ou subordonnée à la possession d'une qualification nationale ou internationale reconnue et dont l'exercice constitue l'objet social de la société et, s'il s'agit d'une personne morale, qui répond, directement ou indirectement par l'intermédiaire d'une autre personne morale, aux exigences de détention du capital et des droits de vote prévues par la présente loi ;

« C. – Pour les professions de santé, le nombre de sociétés constituées pour l'exercice d'une même profession, dans lesquelles une même personne physique ou morale figurant parmi celles mentionnées aux 1° et 5° du B est autorisée » à détenir des participations, peut être limité pour une profession par décret en Conseil d'État.

(L. n° 2015-990 du 6 août 2015, art. 67-I-2°) « II. – » Dans l'hypothèse où l'une des conditions visées au présent article viendrait à ne plus être remplie, la société dispose d'un délai d'un an pour se mettre en conformité avec les dispositions de la présente loi. A défaut, tout intéressé peut demander en justice la dissolution de la société. Le tribunal peut accorder à la société un délai maximal de six mois pour régulariser la situation. La dissolution ne peut être prononcée si, au jour où il est statué sur le fond, cette régularisation a eu lieu.

(L. n° 2015-990 du 6 août 2015, art. 67-I-2°) « III. – Lorsque, à l'expiration du délai de cinq ans prévu au 3° du B du I, les ayants droit » des associés ou anciens associés n'ont pas cédé les parts ou actions qu'ils détiennent, la société peut, nonobstant leur opposition, décider de réduire son capital du montant de la valeur nominale de leurs parts ou actions et de les racheter à un prix fixé dans les conditions prévues à l'article 1843-4 du code civil. – *V. cet art. au **C. civ.***

Art. 5-1 *Abrogé par L. n° 2015-990 du 6 août 2015, art. 67-I-3°.*

Art. 6 *(L. n° 2015-990 du 6 août 2015, art. 67-I-4°)* I. — Par dérogation au A du I de l'article 5 :

1° Sauf pour les sociétés ayant pour objet l'exercice d'une profession de santé, plus de la moitié du capital et des droits de vote des sociétés d'exercice libéral peut aussi être détenue par des personnes, établies en France ou mentionnées au 6° du B du I de l'article 5, exerçant la profession constituant l'objet social de la société ou par des sociétés de participations financières de professions libérales dans les conditions prévues au II du présent article et au titre IV de la présente loi ;

2° Pour les sociétés ayant pour objet l'exercice d'une profession de santé, plus de la moitié du capital social des sociétés d'exercice libéral peut aussi être détenue par des personnes exerçant la profession constituant l'objet social ou par des sociétés de participations financières de professions libérales dans les conditions prévues au II du présent article et au titre IV de la présente loi ;

3° Pour les sociétés ayant pour objet l'exercice d'une profession juridique ou judiciaire, plus de la moitié du capital et des droits de vote peut aussi être détenue par des personnes, établies en France ou mentionnées au 6° du B du I de l'article 5, exerçant l'une quelconque des professions juridiques ou judiciaires.

Cette société doit au moins comprendre, parmi ses associés, une personne exerçant la profession constituant l'objet social de la société.

II. — La majorité du capital ou des droits de vote de la société d'exercice libéral ne peut être détenue :

1° Sous réserve du III de l'article 31-1, par une société de participations financières régie par ce même article qu'à la condition que la majorité du capital et des droits de vote de cette société soit détenue par des personnes exerçant la même profession que celle exercée par les sociétés faisant l'objet de la détention des parts ou actions ;

2° Sous réserve du III de l'article 31-2, par une société de participations financières régie par ce même article qu'à la condition que la majorité du capital et des droits de vote de la société de participations financières soit détenue par des professionnels exerçant la même profession que celle constituant l'objet social de la société d'exercice libéral.

III. — Par dérogation au B du I de l'article 5 :

1° Des décrets en Conseil d'État peuvent prévoir, compte tenu des nécessités propres à chaque profession, qu'une personne autre que celle mentionnée au même article 5 puisse détenir une part du capital ou des droits de vote, inférieure à la moitié de celui-ci, des sociétés constituées sous la forme de sociétés à responsabilité limitée, de sociétés d'exercice libéral par actions simplifiées ou de sociétés d'exercice libéral à forme anonyme. Toutefois, pour celles de ces sociétés ayant pour objet l'exercice d'une profession de santé, la part du capital pouvant être détenue par toute personne ne peut dépasser le quart de celui-ci ;

2° Les statuts d'une société d'exercice libéral en commandite par actions peuvent prévoir que la quotité du capital détenue par des personnes autres que celles mentionnées audit article 5 peut être supérieure au quart, tout en demeurant inférieure à la moitié dudit capital.

IV. — Compte tenu des nécessités propres à chaque profession et dans la mesure nécessaire au bon exercice de la profession concernée, au respect de l'indépendance de ses membres ou de ses règles déontologiques propres, des décrets en Conseil d'État peuvent :

1° Écarter l'application des 1° et 2° du I du présent article ;

2° Pour les professions de santé, limiter le nombre de sociétés d'exercice libéral constituées pour l'exercice de cette profession dans lesquelles une même personne exerçant cette profession ou une même société de participations financières de professions libérales peut détenir des participations directes ou indirectes ;

3° Limiter le nombre de sociétés d'exercice libéral constituées pour l'exercice d'une même profession dans lesquelles une même personne mentionnée au 1° du III peut détenir des participations directes ou indirectes ;

4° Interdire la détention, directe ou indirecte, de parts ou d'actions représentant tout ou partie du capital social non détenu par des personnes mentionnées au A du I de l'article 5 ou aux 1° à 4° et 6° du B du même I, à des catégories de personnes physiques ou morales déterminées, lorsque cette détention serait de nature à mettre en péril l'exercice des professions concernées dans le respect de l'indépendance de leurs membres et de leurs règles déontologiques propres.

V. — Les III et IV ne sont pas applicables aux professions juridiques ou judiciaires.

Art. 7 Les dispositions des articles 5 et 6 autorisant la détention d'une part du capital social par des personnes n'exerçant pas au sein de la société ne peuvent bénéficier aux personnes faisant l'objet d'une interdiction d'exercice de la profession ou de l'une des professions dont l'exercice constitue l'objet de la société.

Art. 8 Les actions des sociétés d'exercice libéral à forme anonyme *(L. n° 2001-420 du 15 mai 2001)* « , par actions simplifiée » ou en commandite par actions revêtent la forme nominative.

Par dérogation aux dispositions de l'article 175 de la loi n° 66-537 du 24 juillet 1966 précitée *[C. com., art. L. 225-123]*, aucun droit de vote double ne peut être attribué aux actions des sociétés visées à l'alinéa précédent détenues par des actionnaires autres que des professionnels en exercice au sein de la société.

Lorsque les statuts prévoient qu'il est créé ou que pourront être créées des actions à droit de vote double, celles-ci sont attribuées à tous les professionnels actionnaires exerçant au sein de la société. Il peut être prévu que cette attribution est suspendue à la condition d'une ancienneté dans l'actionnariat qui ne pourra dépasser deux années.

Par dérogation à l'article 176 de la loi n° 66-537 du 24 juillet 1966 précitée *[C. com., art. L. 225-124]*, les actions à droit de vote double transférées, pour quelque cause que ce soit, perdent leur droit de vote double dès lors que le bénéficiaire du transfert n'est pas un professionnel en exercice au sein de la société.

(L. n° 2005-882 du 2 août 2005, art. 26-III) « Les parts ou actions des sociétés d'exercice libéral ne peuvent faire l'objet du contrat de bail prévu aux articles L. 239-1 à L. 239-5 du code de commerce, sauf au profit de professionnels salariés ou collaborateurs libéraux exerçant au sein de celles-ci » *(L. n° 2014-1545 du 20 déc. 2014, art. 23-III)* « et, à l'exception des sociétés intervenant dans le domaine de la santé ou exerçant les fonctions d'officier public ou ministériel, de professionnels exerçant la profession constituant l'objet social de ces sociétés. »

(L. n° 2015-990 du 6 août 2015, art. 67-I-6°) « Les deuxième, troisième et quatrième alinéas du présent article ne sont pas applicables aux cas mentionnés aux 1° et 3° du I de l'article 6. »

Art. 9 *(L. n° 2005-882 du 2 août 2005, art. 74)* Les actions à dividende prioritaire sans droit de vote existantes au jour de l'entrée en vigueur de l'ordonnance n° 2004-604 du 24 juin 2004 portant réforme du régime des valeurs mobilières émises par les sociétés commerciales et extension à l'outre-mer de dispositions ayant modifié la législation commerciale ou créées en application de l'article L. 228-29-8 du code de commerce ne peuvent être détenues par des professionnels exerçant leur activité au sein de la société.

Les droits particuliers attachés aux actions de préférence mentionnées à l'article L. 228-11 du code de commerce ne peuvent faire obstacle ni à l'application des règles de répartition du capital et des droits de vote, ni aux dispositions de l'article 12 de la présente loi.

Art. 10 *(L. n° 2012-387 du 22 mars 2012, art. 29-II)* « Pour l'application des articles L. 223-14 et L. 228-24 du code de commerce et par exception à l'article 1843-4 du code civil, les statuts peuvent, à l'unanimité des associés, fixer les principes et les modalités applicables à la détermination de la valeur des parts sociales.

« Sauf dispositions contraires du décret particulier à chaque profession, la valeur des parts sociales prend en considération une valeur représentative de la clientèle civile. Toutefois, à l'unanimité des associés, les statuts peuvent exclure cette valeur représentative de la clientèle civile de la valorisation des parts sociales. »

Pour l'application des dispositions de l'article 45 de la loi n° 66-537 du 24 juillet 1966 précitée *[C. com., art. L. 223-14]*, l'exigence d'une majorité des trois quarts des porteurs de parts exerçant la profession au sein de la société est substituée à celle d'une majorité des associés représentant au moins les trois quarts des parts sociales.

Nonobstant toute disposition contraire *(L. n° 2015-990 du 6 août 2015, art. 67-I-7°)* « prévue par les statuts ou par une disposition législative autre que le dernier alinéa du présent article », les cessions d'actions de sociétés d'exercice libéral à forme anonyme sont soumises à un agrément préalable donné, dans les conditions prévues par les statuts, soit par les deux tiers des actionnaires exerçant leur profession au sein de la société, soit par les deux tiers des membres du conseil de surveillance ou du conseil d'administration exerçant leur profession dans la société. Dans les sociétés d'exercice libéral en commandite par actions, l'agrément de nouveaux actionnaires est donné par les associés commandités à la majorité des deux tiers.

(L. n° 2001-420 du 15 mai 2001) « Dans les sociétés d'exercice libéral par actions simplifiées, l'agrément de nouveaux associés est donné par les associés exerçant leur activité au sein de la société à la majorité des deux tiers. Pour l'application des clauses statutaires conformes aux articles L. 227-16 et L. 227-17 du code de commerce, il est fait application de cette même règle de majorité. »

(L. n° 2015-990 du 6 août 2015, art. 67-I-7°) « Les troisième à avant-dernier alinéas du présent article ne sont pas applicables aux cas mentionnés aux 1° et 3° du I de l'article 6. »

Art. 11 *Abrogé par L. n° 2015-990 du 6 août 2015, art. 67-I-8°.*

Art. 12 Les gérants, *(L. n° 2001-420 du 15 mai 2001)* « le président et les dirigeants de la société par actions simplifiée, » le président du conseil d'administration, les membres du directoire, le président du conseil de surveillance et les directeurs généraux ainsi que les deux tiers au moins des membres du conseil d'administration ou du conseil de surveillance doivent être des associés exerçant leur profession au sein de la société.

(L. n° 2001-420 du 15 mai 2001) « Les dispositions des premier et deuxième alinéas de l'article L. 225-22, de l'article L. 225-44 et de l'article L. 225-85 du code de commerce ne sont pas applicables aux sociétés d'exercice libéral.

« Pour l'application des articles L. 223-19, L. 225-38, L. 225-40, L. 225-86, L. 225-88, L. 226-10 et L. 227-10 du même code, seuls les professionnels exerçant au sein de la société prennent part aux délibérations prévues par ces textes lorsque les conventions en cause portent sur les conditions dans lesquelles ils y exercent leur profession. »

(L. n° 2015-990 du 6 août 2015, art. 67-I-9°) « Lorsqu'il est fait application de la possibilité mentionnée au 1° du I de l'article 6, le premier alinéa du présent article n'est pas applicable.

« Lorsqu'il est fait application de la possibilité mentionnée au 3° du même I, le premier alinéa du présent article n'est pas applicable. Toutefois, le conseil d'administration ou le conseil de surveillance de la société doit comprendre au moins un membre, en exercice au sein de la société, de la profession constituant l'objet social de la société. »

Art. 13 Le ou les commandités d'une société d'exercice libéral en commandite par actions sont des personnes physiques exerçant régulièrement leur profession au sein de la société.

Les associés commandités d'une société d'exercice libéral en commandite par actions n'ont pas de ce fait la qualité de commerçants. Ils répondent néanmoins indéfiniment et solidairement des dettes sociales.

Les actionnaires commanditaires ne peuvent faire aucun acte de gestion externe ou interne, même en vertu d'une procuration. Tout acte intervenu en contrevenant à cette interdiction est nul sans que pour autant cette nullité puisse être opposée aux tiers de bonne foi ni invoquée pour dégager l'actionnaire commanditaire en cause de la responsabilité solidaire prévue par le second alinéa de l'article 28 de la loi n° 66-537 du 24 juillet 1966 précitée *[C. com., art. L. 222-6]*.

Nonobstant toute disposition contraire législative ou statutaire, les cessions d'actions de société d'exercice libéral en commandite par actions sont soumises à un agrément préalable dans les conditions prévues à l'article 10.

L'acquisition de la qualité d'associé commandité est soumise à une décision d'agrément prise à l'unanimité des associés commandités et qui résulte soit de la signature des statuts, soit, en cours de vie sociale, d'une décision prise dans les formes prescrites par lesdits statuts à l'unanimité des associés commandités et à la majorité des deux tiers des actionnaires.

La qualité d'associé commandité se perd par décès, retraite, démission, radiation ou destitution. Sous réserve des dispositions prévues à l'article 10 en ce qui concerne les officiers publics ou ministériels, les statuts peuvent prévoir une procédure de révocation qui doit comporter une décision prise à l'unanimité des commandités non concernés par la révocation. Le commandité qui quitte la société ou ses ayants droit sont indemnisés dans les conditions prévues à l'article 1843-4 du code civil. – *V. cet art. au* ***C. civ.***

(L. n° 2015-990 du 6 août 2015, art. 67-I-10°) « Lorsqu'il est fait application de la possibilité mentionnée au 1° du I de l'article 6, le premier alinéa du présent article n'est pas applicable.

« Lorsqu'il est fait application de la possibilité mentionnée au 3° du même I, le premier alinéa du présent article n'est pas applicable et au moins un associé commandité doit être une personne physique exerçant régulièrement sa profession au sein de la société. »

Art. 14 Un décret en Conseil d'État réglemente les comptes d'associés et fixe, notamment, le montant maximum des sommes susceptibles d'être mises à la disposition de la société et les conditions applicables au retrait de ces sommes. Cette réglementation, qui peut comporter des dispositions différentes selon la forme sociale choisie, selon que la société a pour objet l'exercice d'une ou de plusieurs professions ou selon la catégorie d'associé concernée au regard des articles 5, 6, 8 et 13, s'applique à toutes les professions libérales visées au premier alinéa de l'article 1er. – *V. Décr. n° 92-704 du 23 juill. 1992.*

Art. 15 *(Compétence des tribunaux civils pour connaître des actions en justice dans lesquelles l'une des parties est une société d'exercice libéral ; possibilité, pour les associés, de convenir, dans les statuts, de soumettre à arbitrage les contestations entre eux pour raison de leur société.)*

Art. 16 **Chaque associé répond sur l'ensemble de son patrimoine des actes professionnels qu'il accomplit.**

La société est solidairement responsable avec lui.

Art. 17 **Les dispositions de la présente loi ne font pas obstacle à l'exercice des professions mentionnées à l'article 1**[er] **selon les modalités prévues par les textes particuliers à chacune d'elles.** – *V. notamment, pour les commissaires aux comptes, C. com., art. L. 822-9, IV. Commissaires aux comptes.*

Art. 18 **Les sociétés de conseils juridiques autres que les sociétés civiles professionnelles constituées avant la date d'entrée en vigueur de la présente loi** *[V. art. 33]* **doivent, dans un délai de cinq ans à compter de cette date, se mettre en conformité avec les dispositions de la présente loi.** *(L. n° 93-1415 du 28 déc. 1993)* **« A l'expiration de ce délai, si un ou plusieurs associés ne satisfaisant pas aux conditions fixées à l'article 5 de la présente loi n'ont pas cédé les parts ou actions qu'ils détiennent, la société peut, nonobstant leur opposition, décider de réduire son capital du montant de la valeur nominale de leurs parts ou actions et de les racheter à un prix fixé, sauf accord entre les parties, dans les conditions prévues à l'article 1843-4 du code civil ». A défaut, tout intéressé peut demander en justice la dissolution de la société. Le tribunal peut accorder à la société un délai maximal de six mois pour régulariser la situation. La dissolution ne peut être prononcée si, au jour où il est statué sur le fond, cette régularisation a eu lieu.**

Art. 19 *(L. n° 2001-420 du 15 mai 2001)* **Pour l'application des dispositions** *(L. n° 2012-387 du 22 mars 2012, art. 133)* **« de l'article L. 238-3 » du code de commerce, les mots : « société d'exercice libéral à responsabilité limitée », « société d'exercice libéral à forme anonyme » et « société d'exercice libéral par actions simplifiée » et les initiales "SELARL", "SELAFA" et "SELAS" sont substitués aux mots : « société à responsabilité limitée », « société anonyme » et « société par actions simplifiée » et aux initiales "SARL", "SA" et "SAS", ainsi que les mots : « société d'exercice libéral en commandite par actions » ou les initiales "SELCA" aux mots : "société en commandite par actions".**

Les art. L. 241-7, L. 244-2, al. 1er*, et L. 246-1 C. com. ont été abrogés par la L. n° 2003-721 du 1*[er] *août 2003. Aux sanctions pénales prévues par ces art. a été substituée une sanction civile, définie à l'art. L. 238-3 C. com.*

Art. 20 *(Dispositions fiscales.)*

Art. 21 Des décrets en Conseil d'État, pris après avis des organismes chargés de représenter les professions concernées auprès des pouvoirs publics ainsi que des organisations les plus représentatives de ces professions, déterminent en tant que de besoin les conditions d'application du présent titre.

Ces décrets peuvent prévoir des cas où un associé peut être exclu de la société en précisant les garanties morales, procédurales et patrimoniales qui lui sont accordées dans ce cas.

Ils peuvent également prévoir qu'un associé n'exerce sa profession qu'au sein d'une seule société d'exercice libéral et ne peut exercer la même profession à titre individuel ou au sein d'une société civile professionnelle.

Ils déterminent les effets de l'interdiction temporaire d'exercer la profession dont la société ou un associé serait frappé.

TITRE II Exercice sous forme de sociétés en participation des professions libérales soumises à un statut législatif ou réglementaire ou dont le titre est protégé

RÉP. SOCIÉTÉS v° *Participation (Société en participation de professions libérales)*, par SAINTOURENS.

Art. 22 **Nonobstant toute disposition législative ou réglementaire déterminant limitativement les modes d'exercice en commun de la profession, il peut être constitué entre personnes physiques exerçant une profession libérale soumise à un statut législatif ou réglementaire ou dont le titre est protégé une société en participation, régie par les dispositions ci-après et celles non contraires des articles 1871 à 1872-1 du code civil.** – *V. ces art. au C. civ.*

Une société en participation peut également être constituée, dans des conditions fixées par décret en Conseil d'État, entre personnes physiques exerçant plusieurs des professions libérales définies au premier alinéa.

(L. n° 2011-331 du 28 mars 2011, art. 31-2°) **« La dénomination sociale de la société doit être immédiatement précédée ou suivie de la mention : "société en participation" ou des initiales : "SEP", elles-mêmes suivies de l'indication de la ou des professions exercées.**

« Le nom d'un ou de plusieurs associés peut être inclus dans la dénomination sociale. »

Ces sociétés *(Abrogé par L. n° 2011-331 du 28 mars 2011, art. 31-2°)* **« , *qui doivent avoir une dénomination,* » sont soumises à publicité dans des conditions fixées par décret.** — *V. pour les sociétés en participation de médecins, de chirurgiens-dentistes et de sages-femmes, CSP, art. D. 4113-102 et D. 4113-103 (Décr. n° 2004-802 du 29 juill. 2004) ; ... de professions paramédicales, CSP, art. R. 4381-36 et R. 4381-37 (Décr. n° 2004-802 du 29 juill. 2004) ; ... de directeurs et directeurs adjoints de laboratoires d'analyses de biologie médicale, CSP, art. D. 6212-70 et D. 6212-71 (Décr. n° 2005-840 du 20 juill. 2005, JO 26 juill.) ; ... de conseils en propriété industrielle, CPI, art. R. 422-50 et R. 422-51 (Décr. n° 95-385 du 10 avr. 1995).*

Leur durée peut être illimitée.

Sur l'application de la L. n° 2011-331 du 28 mars 2011 à l'outre-mer, V. ce texte, art. 36 (JO 29 mars).

Art. 23 **Les associés sont tenus** *(Abrogé par L. n° 2011-331 du 28 mars 2011, art. 31-3°)* **« *solidairement et* » indéfiniment à l'égard des tiers des engagements pris par chacun d'eux en qualité d'associé.**

Si la convention qui fonde la société en participation ne prévoit pas les modalités de l'admission et de la révocation d'un associé, la décision est prise à l'unanimité des associés non concernés.

Cette convention peut prévoir le versement d'une prestation compensatrice en cas de retrait de l'un des associés.

Les bénéfices réalisés par les sociétés en participation constituées entre personnes physiques exerçant une ou des professions libérales soumises à un statut législatif ou réglementaire ou dont le titre est protégé sont imposés selon les règles prévues par le code général des impôts pour les sociétés en participation.

L'art. 31-3° de la L. n° 2011-331 du 28 mars 2011 est applicable aux obligations nées postérieurement à la publication de cette loi (L. préc., art. 37, al. 5, JO 29 mars).

Sur l'application de la L. n° 2011-331 du 28 mars 2011 à l'outre-mer, V. ce texte, art. 36 (JO 29 mars).

V., sur les sociétés en participation de commissaires aux comptes, C. com., art. R. 822-145 à R. 822-148, IV. Commissaires aux comptes ; ... d'huissiers de justice, Décr. n° 92-1448 du 30 déc. 1992, art. 73 à 78 (JO 1er janv. 1993) ; ... de commissaires-priseurs, Décr. n° 92-1449 du 30 déc. 1992, art. 73 à 78 (JO 1er janv. 1993) ; ... de notaires, Décr. n° 93-78 du 13 janv. 1993, art. 74 à 79 ; ... de greffiers de tribunal de commerce, C. com., art. R. 743-135 à R. 743-139 **(C. com.)** *; ... d'avoués près les cours d'appel, Décr. n° 93-362 du 16 mars 1993, art. 71 à 76 (JO 19 mars) ; ... d'avocats, Décr. n° 93-492 du 25 mars 1993, art. 44 à 48 ; ... d'administrateurs judiciaires ou de mandataires judiciaires, C. com., art. R. 814-155 à R. 814-157* **(C. com.** *ou* **C. pr. coll.)** *; ... de géomètres-experts, Décr. n° 95-128 du 2 févr. 1995 (JO 9 févr.) ; ... d'architectes, Décr. n° 95-129 du 2 févr. 1995 (JO 9 févr.).*

TITRE III Dispositions modifiant la loi n° 66-879 du 29 novembre 1966 relative aux sociétés civiles professionnelles

Art. 24 à 30 *V. L. n° 66-879 du 29 nov. 1966, art. 1er, 2-1, 5, 6, 10, 18, 19, 22 et 26 à 28, IX. Sociétés civiles professionnelles.*

Art. 31 *Modifie l'art. 151 octies CGI.*

TITRE IV Sociétés de participations financières de professions libérales

(L. n° 2001-1168 du 11 déc. 2001)

RÉP. SOCIÉTÉS v° *Société de participations financières de professions libérales*, par MAURY.

Art. 31-1 *(L. n° 2015-990 du 6 août 2015, art. 67-I-11°)* **« I. — » Il peut être constitué entre personnes physiques ou morales exerçant une ou plusieurs professions libérales soumises à un statut législatif ou réglementaire ou dont le titre est protégé** *(L. n° 2015-990 du 6 août*

2015, art. 67-I-11°) « ou des personnes mentionnées au 6° du B du I de l'article 5 » des sociétés de participations financières ayant pour objet *(Abrogé par L. n° 2004-130 du 11 févr. 2004, art. 72) « exclusif »* la détention des parts ou d'actions de sociétés mentionnées au premier alinéa de l'article 1er ayant pour objet l'exercice *(L. n° 2015-990 du 6 août 2015, art. 67-I-11°)* « de cette » même profession *(L. n° 2004-130 du 11 févr. 2004, art. 72)* « ainsi que la participation à tout groupement de droit étranger ayant pour objet l'exercice de la même profession. Ces sociétés peuvent *(L. n° 2015-990 du 6 août 2015, art. 67-I-11°)* « exercer toute autre activité sous réserve d'être destinée » exclusivement aux sociétés ou aux groupements dont elles détiennent des participations. »

Ces sociétés peuvent être constituées sous la forme de sociétés à responsabilité limitée, de sociétés anonymes, de sociétés par actions simplifiées ou de sociétés en commandite par actions régies par le livre II du code de commerce, sous réserve des dispositions contraires du présent *(L. n° 2011-331 du 28 mars 2011, art. 32-3°)* « article ».

(L. n° 2015-990 du 6 août 2015, art. 67-I-11°) « II. — » Plus de la moitié du capital et des droits de vote doit être détenue par des personnes exerçant la même profession que celle exercée par les sociétés faisant l'objet de la détention des parts ou actions.

Le complément peut être détenu par les personnes mentionnées aux 2°, 3° et 5° *(L. n° 2015-990 du 6 août 2015, art. 67-I-11°)* « du B du I » de l'article 5. Toutefois, des décrets en Conseil d'État, propres à chaque profession, pourront interdire la détention, directe ou indirecte, de parts ou d'actions représentant tout ou partie du capital social non détenu par des personnes visées à l'alinéa précédent, à des catégories de personnes physiques ou morales déterminées, lorsqu'il apparaîtrait que cette détention serait de nature à mettre en péril l'exercice de la ou des professions concernées dans le respect de l'indépendance de ses membres et de leurs règles déontologiques propres.

(L. n° 2015-990 du 6 août 2015, art. 67-I-11°) « Les gérants, le président, les dirigeants, le président du conseil d'administration, les membres du directoire, le président du conseil de surveillance et les directeurs généraux, ainsi que les deux tiers au moins des membres du conseil d'administration ou du conseil de surveillance de la société par actions simplifiée, doivent être choisis parmi les personnes mentionnées au premier alinéa du II.

« III. — Par dérogation aux I et II du présent article, la société de participations financières peut également avoir pour objet la détention de parts ou d'actions de sociétés mentionnées au premier alinéa de l'article 1er ou relevant du livre II du code de commerce lorsque ces sociétés ont pour objet l'exercice d'une même profession juridique ou judiciaire. Le capital social et les droits de vote de cette société de participations financières peuvent être détenus par toute personne exerçant une profession juridique ou judiciaire ou par toute personne mentionnée au 6° du B du I de l'article 5 exerçant l'une quelconque desdites professions.

« Une part du capital et des droits de vote, demeurant inférieure à la moitié, peut également être détenue par des personnes mentionnées aux 2° et 3° du même B.

« Les organes de contrôle de la société doivent comprendre au moins une personne exerçant la même profession que celle exercée par les sociétés faisant l'objet de la détention des parts ou actions.

« IV. — » La dénomination sociale de ces sociétés doit, outre les mentions obligatoires liées à la forme de la société, être précédée ou suivie de la mention "Société de participations financières de profession libérale" suivie de l'indication de la profession exercée par les associés majoritaires *(L. n° 2015-990 du 6 août 2015, art. 67-I-11°)* « ou, dans le cas mentionné au III, de l'objet social exercé par les sociétés faisant l'objet de la détention des parts ou actions ».

Al. abrogé par L. n° 2015-990 du 6 août 2015, art. 67-I-11°.

Les actions de sociétés de prises de participations à forme anonyme, en commandite par actions ou par actions simplifiées, revêtent obligatoirement la forme nominative.

Les sociétés de participations financières doivent être inscrites sur la liste ou au tableau de l'ordre ou des ordres professionnels concernés. *(L. n° 2015-990 du 6 août 2015, art. 67-I-11°)* « Une fois par an, la société de participations financières adresse à l'ordre professionnel dont elle relève un état de la composition de son capital social. »

(Abrogé par L. n° 2010-1609 du 22 déc. 2010, art. 29) ***« Le présent titre n'est pas applicable à la profession de greffier des tribunaux de commerce. »*** *(L. n° 2015-990 du 6 août 2015, art. 67-I-11°)* « Une fois par an, la société de participations financières adresse à l'ordre professionnel dont elle relève un état de la composition de son capital social. »

Dernier al. *abrogé par L. n° 2015-990 du 6 août 2015, art. 67-I-11°. — Pour les conseils en propriété industrielle, V. CPI, art. R. 422-51-1 à R. 422-51-14. — ... Les avocats, V. Décr. n° 93-492 du 25 mars 1993, mod., art. 48-1 s. — ... Les commissaires-priseurs, V. Décr. n° 92-1449 du 30 déc. 1992, mod., art. 80 s. — ... Les huissiers de justice, V. Décr. n° 92-1448 du 30 déc. 1992, mod., art. 78-1 s. —*

... Les notaires, V. Décr. n° 93-78 du 13 janv. 1993, mod., art. 79-1 s. — ... Les greffiers des tribunaux de commerce, V. C. com., art. R. 743-139-1 à R. 743-139-11.

Art. 31-2 *(L. n° 2011-331 du 28 mars 2011, art. 32-4°) (L. n° 2015-990 du 6 août 2015, art. 67-I-12°)* « I. — » Les sociétés de participations financières mentionnées à l'article 31-1 peuvent également avoir pour objet la détention des parts ou d'actions de sociétés mentionnées au premier alinéa de l'article 1er ou relevant du livre II du code de commerce ayant pour objet l'exercice de deux ou plusieurs des professions d'avocat *(Ord. n° 2016-394 du 31 mars 2016, art. 2)* « , d'avocat au Conseil d'État et à la Cour de cassation », de notaire, d'huissier de justice, de commissaire-priseur judiciaire *[nouvelle rédaction issue de l'Ord. n° 2016-728 du 2 juin 2016, art. 23, en vigueur le 1er juill. 2022 : « de commissaire de justice »]*, d'expert-comptable *(Ord. n° 2016-394 du 31 mars 2016, art. 2)* « , d'administrateur judiciaire, de mandataire judiciaire », de commissaire aux comptes ou de conseil en propriété industrielle ainsi que la participation à tout groupement de droit étranger ayant pour objet l'exercice de l'une ou de plusieurs de ces professions. *(L. n° 2015-990 du 6 août 2015, art. 67-I-12°)* « Est regardée comme exerçant une de ces professions, pour l'application du présent article, toute personne mentionnée au 6° du B du I de l'article 5 et exerçant l'une quelconque desdites professions.

« II. — Sous réserve du III du présent article, plus de la moitié du capital et des droits de vote doit être détenue par des personnes exerçant la ou les mêmes professions que celles exercées par les sociétés faisant l'objet d'une prise de participation et, lorsqu'au moins une des sociétés faisant l'objet d'une prise de participation exerce une profession juridique ou judiciaire, par toute autre personne admise à détenir la majorité du capital social et des droits de vote de ladite société. » Le complément peut être détenu par :

1° Des personnes physiques ou morales exerçant la ou les professions constituant l'objet social de ces sociétés, sous réserve, s'agissant des personnes morales, du caractère civil de leur objet social et de la détention exclusive du capital et des droits de vote par des membres et anciens membres de professions libérales soumises à un statut législatif ou réglementaire ou dont le titre est protégé, ainsi que leurs ayants droit ;

2° Pendant un délai de dix ans, des personnes physiques qui, ayant cessé toute activité professionnelle, ont exercé cette ou ces professions au sein de l'une de ces sociétés ;

3° Les ayants droit des personnes physiques mentionnées ci-dessus pendant un délai de cinq ans suivant leur décès ;

4° Des personnes exerçant l'une des professions mentionnées au premier alinéa ;

5° Des ressortissants des États membres de l'Union européenne, des autres États parties à l'accord sur l'Espace économique européen ou de la Confédération suisse, qui exercent en qualité de professionnel libéral, dans l'un de ces États membres ou parties ou dans la Confédération suisse, une activité soumise à un statut législatif ou réglementaire ou subordonnée à la possession d'une qualification nationale ou internationale reconnue et dont l'exercice constitue l'objet social de l'une des sociétés ou de l'un des groupements faisant l'objet d'une prise de participation.

(L. n° 2015-990 du 6 août 2015, art. 67-I-12°) « III. — Lorsque la société a pour objet la détention de parts ou d'actions de sociétés ayant pour objet l'exercice de deux ou plusieurs des professions juridiques ou judiciaires, le capital social et les droits de vote peuvent être détenus par toute personne, établie en France ou mentionnée au 6° du B du I de l'article 5, exerçant une ou plusieurs des professions juridiques ou judiciaires.

« Une part du capital et des droits de vote, demeurant inférieure à la moitié, peut également être détenue par des personnes mentionnées aux 1° à 5° du II du présent article.

« IV. — » La dénomination sociale de ces sociétés doit, outre les mentions obligatoires liées à la forme de la société, être précédée ou suivie de la mention : "Société de participations financières de professions libérales", elle-même suivie de l'indication des professions exercées par les sociétés faisant l'objet d'une prise de participation.

Les gérants, le président et les dirigeants de la société par actions simplifiée, le président du conseil d'administration, les membres du directoire, le président du conseil de surveillance et les directeurs généraux ainsi que les deux tiers au moins des membres du conseil d'administration ou du conseil de surveillance doivent être choisis parmi les *(L. n° 2015-990 du 6 août 2015, art. 67-I-12°)* « personnes exerçant les mêmes professions que celles exercées par les sociétés faisant l'objet de la détention des parts ou actions et, lorsqu'au moins une des sociétés faisant l'objet d'une prise de participation exerce une profession juridique ou judiciaire, par toute autre personne admise à détenir la majorité du capital social et des droits de vote de ladite société. »

Un décret en Conseil d'État précise les conditions d'application du présent article. — *V. Décr. n° 2014-354 du 19 mars 2014 (JO 21 mars).*

TITRE IV *BIS* Dispositions relatives aux sociétés constituées pour l'exercice en commun de certaines professions libérales

(*Ord. n° 2016-394 du 31 mars 2016, art. 3*)

Art. 31-3 Il peut être constitué une société ayant pour objet l'exercice en commun de plusieurs des professions d'avocat, d'avocat au Conseil d'État et à la Cour de cassation, de commissaire-priseur judiciaire, d'huissier [*nouvelle rédaction issue de l'Ord. n° 2016-728 du 2 juin 2016, art. 23, en vigueur le 1er juill. 2022 : « commissaire »*] de justice, de notaire, d'administrateur judiciaire, de mandataire judiciaire, de conseil en propriété industrielle et d'expert-comptable. Une telle société est dénommée "société pluri-professionnelle d'exercice".

Art. 31-4 La société peut revêtir toute forme sociale, à l'exception de celles qui confèrent à leurs associés la qualité de commerçant. Elle est régie par les règles particulières à la forme sociale choisie et par les dispositions du présent titre.

Quelle que soit la forme sociale choisie par la société pluri-professionnelle d'exercice, et y compris lorsqu'elle n'a pas été constituée sous forme de société d'exercice libéral, les dispositions suivantes du titre Ier lui sont applicables :

1° Le troisième alinéa de l'article 1er ;

2° L'article 3, à l'exception de son troisième alinéa ;

3° L'article 7, pour lequel la référence aux articles 5 et 6 est remplacée par la référence à l'article 31-6 ;

4° Le premier alinéa de l'article 8 ;

5° L'article 16.

Art. 31-5 La société peut exercer, à titre accessoire, toute activité commerciale dont la loi ou le décret n'interdit pas l'exercice à l'une au moins des professions qui constituent son objet social.

Art. 31-6 La totalité du capital et des droits de vote est détenue par les personnes suivantes :

1° Toute personne physique exerçant, au sein de la société ou en dehors, l'une des professions mentionnées à l'article 31-3 et exercées en commun au sein de la société ;

2° Toute personne morale dont la totalité du capital et des droits de vote est détenue directement ou indirectement par une ou des personnes mentionnées au 1° ;

3° Toute personne physique ou morale, légalement établie dans un autre État membre de l'Union européenne ou partie à l'accord sur l'Espace économique européen ou dans la Confédération suisse, qui exerce effectivement, dans l'un de ces États, une activité soumise à un statut législatif ou réglementaire ou subordonnée à la possession d'une qualification nationale ou internationale reconnue, dont l'exercice relève en France de l'une des professions mentionnées à l'article 31-3 et qui est exercée en commun au sein de la société ; pour les personnes morales, la totalité du capital et des droits de vote est détenue dans les conditions prévues aux 1° ou 2°.

La société pluri-professionnelle d'exercice doit comprendre, parmi ses associés, au moins un membre de chacune des professions qu'elle exerce.

Art. 31-7 La dénomination sociale de la société est immédiatement précédée ou suivie de la mention "société pluri-professionnelle d'exercice" ou des initiales "SPE", ainsi que de l'indication de la forme sociale choisie, des professions exercées conformément à son objet social et du montant de son capital social.

Le nom d'un ou [*de*] plusieurs associés exerçant leur profession au sein de la société peut être inclus dans la dénomination sociale.

Art. 31-8 Les statuts de la société comportent des stipulations propres à garantir, d'une part, l'indépendance de l'exercice professionnel des associés et des salariés et, d'autre part, le respect des dispositions réglementaires encadrant l'exercice de chacune des professions qui constituent son objet social, notamment celles relatives à la déontologie.

Chaque professionnel qui exerce au sein de la société informe celle-ci et les autres professionnels, dès qu'il en a connaissance, de l'existence de tout conflit d'intérêt [*intérêts*] susceptible de naître, d'une part, entre sa qualité de professionnel et toute autre activité professionnelle qu'il exerce ou tout intérêt qu'il détient en dehors de la société, d'autre part, entre l'exercice de son activité professionnelle et l'exercice par les autres professionnels de leur activité.

Art. 31-9 I. – La société pluri-professionnelle d'exercice informe le client qui envisage de contracter avec elle de la nature de l'ensemble des prestations qui peuvent lui être fournies

par les différentes professions qu'elle exerce et de la possibilité dont il dispose de s'adresser à l'une ou*[à]* plusieurs de ces professions pour les prestations qu'elles offrent. Le client désigne les professionnels exerçant au sein de la société auxquels il entend confier ses intérêts.
II. – Lorsque la société exerce la profession d'administrateur judiciaire ou de mandataire judiciaire, la juridiction désigne en son sein le professionnel auquel est confié le mandat de justice.

Art. 31-10 Le professionnel exerçant au sein de la société une des professions qui en constituent l'objet social est tenu aux obligations de loyauté, de confidentialité ou de secret professionnel conformément aux dispositions encadrant l'exercice de sa profession.

Toutefois, les obligations de confidentialité ou de secret professionnel ne font pas obstacle à ce qu'il communique à d'autres professionnels toute information nécessaire à l'accomplissement des actes professionnels et à l'organisation du travail au sein de la société dans l'intérêt du client et à condition que ce dernier ait été préalablement informé de cette faculté de communication et y ait donné son accord. Cet accord mentionne, le cas échéant, la ou les professions constituant l'objet social de la société auxquelles le client s'adresse et entend limiter la communication des informations le concernant.

Lorsque le professionnel est un administrateur judiciaire ou un mandataire judiciaire, il peut communiquer à d'autres professionnels toute information nécessaire à l'accomplissement des actes professionnels et à l'organisation du travail au sein de la société dans les limites de ce que lui permet le mandat de justice pour lequel il a été désigné.

Art. 31-11 La société souscrit une assurance couvrant les risques relatifs à sa responsabilité civile professionnelle.

Art. 31-12 Un décret en Conseil d'État fixe les conditions d'application du présent titre, notamment :

1° Les règles de fonctionnement spécifiques à la société pluri-professionnelle d'exercice ;

2° Les modalités selon lesquelles les personnes physiques associées et les salariés exercent leur profession au sein de la société ;

3° Les règles concernant la tenue des comptabilités et la présentation des documents comptables ;

4° Les effets de l'interdiction ou de l'incapacité, temporaire ou définitive, d'exercer la profession dont la société ou une personne physique ou morale associée serait frappée ;

5° Les cas où une personne physique ou morale associée peut être exclue de la société, en précisant les garanties morales, procédurales et patrimoniales qui lui sont accordées dans ces cas ;

6° La détermination de l'autorité administrative ou de l'autorité professionnelle compétente pour exercer le contrôle sur la société, les modalités de ce contrôle et notamment les conditions dans lesquelles le secret professionnel est opposable.

TITRE V Dispositions diverses *(L. n° 2001-1168 du 11 déc. 2001).*

Art. 32 Le titre Ier et le titre II de la présente loi sont applicables dans la collectivité territoriale de Mayotte. *(Ord. n° 2013-516 du 20 juin 2013, art. 11)* « Ils sont applicables dans les collectivités d'outre-mer régies par l'article 74 de la Constitution sous réserve des compétences reconnues à la Polynésie française par la loi organique n° 2004-192 du 27 février 2004 portant statut d'autonomie de la Polynésie française.

« Le titre III est applicable dans les collectivités d'outre-mer à l'exception de Saint-Pierre-et-Miquelon.

« Les titres Ier, II et IV de la présente loi sont applicables en Nouvelle-Calédonie à la date de la publication de l'ordonnance n° 2013-516 du 20 juin 2013 et dans leur rédaction en vigueur à cette date, sous réserve des compétences qui lui sont dévolues par la loi organique n° 99-209 du 19 mars 1999 relative à la Nouvelle-Calédonie. »

Art. 33 Les titres Ier et II de la présente loi entrent en vigueur le 1er janvier 1992. Les autres dispositions de la loi entrent en vigueur le jour de sa publication *[JO 5 janv. 1991.]*.

Art. 34 *(L. n° 2015-990 du 6 août 2015, art. 67-I-13°)* I. – Les sociétés constituées avant l'entrée en vigueur des décrets prévus 1 aux deuxième et troisième alinéas de l'article 5-1, dans sa rédaction antérieure à la loi n° 2015-990 du 6 août 2015 pour la croissance, l'activité et l'égalité des chances économiques et aux III et IV de l'article 6, dans sa rédaction résultant de la même loi, se mettent en conformité avec ces décrets, dans un délai de deux ans à compter de l'entrée en vigueur desdits décrets.

II. – A l'expiration de ce délai, si un ou plusieurs associés ne remplissant pas les conditions fixées par ces décrets n'ont pas cédé les parts ou actions qu'ils détiennent, la société peut, nonobstant leur opposition, décider de réduire son capital du montant de la valeur nominale des parts ou actions de ceux-ci et de les racheter à un prix fixé, sauf accord entre les parties, dans les conditions prévues à l'article 1843-4 du code civil. A défaut, tout intéressé peut demander en justice la dissolution de la société. Le tribunal peut accorder à la société un délai maximal de six mois pour régulariser la situation. La dissolution ne peut être prononcée si, au jour où il est statué sur le fond, cette régularisation a eu lieu.

Sur l'exercice au sein de sociétés d'exercice libéral ou de sociétés en participation prévues par la loi nº 90-1258 du 31 déc. 1990 des professions : – ... d'avocat, V. aussi L. nº 71-1130 du 31 déc. 1971, art. 7 et 8. – ***C. pr. civ.*** *– ... de notaire, V. aussi Ord. nº 45-2590 du 2 nov. 1945, art. 1er bis. –* ***C. pr. civ.*** *– ... d'administrateur judiciaire et de mandataire judiciaire, V. C. com., art. L. 811-7 et L. 812-5. –* ***C. com.*** *ou* ***C. pr. coll.*** *– ... de greffier de tribunaux de commerce, V. aussi C. com., art. L. 743-12. –* ***C. com.***

Décret nº 92-360 du 1er avril 1992,

Relatif à la qualification et à l'organisation professionnelle en matière de propriété industrielle.

Dispositions transitoires

Art. 35 Les personnes inscrites sur la liste des personnes qualifiées en brevets d'invention à la date d'entrée en vigueur de la loi susvisée du 26 novembre 1990 *[publiée au JO 28 nov.]* sont inscrites sur la liste des personnes qualifiées en propriété industrielle avec la mention « Brevets d'invention ».

L'inscription est effectuée de plein droit après vérification de la condition de moralité prévue à l'article 1er (II) du présent décret *[CPI, art. R. 421-2.]*.

La mention de spécialisation prévue à l'article 2 du présent décret *[CPI, art. R. 421-4.]* peut être complétée après justification.

Art. 36 I. Toute personne ayant exercé l'activité prévue à l'article 3 (1er alinéa) du présent décret *[CPI, art. R. 421-5.]*, et répondant à la condition de moralité prévue à l'article 1er (II) *[CPI, art. R. 421-2.]*, peut demander son inscription sur la liste des personnes qualifiées en propriété industrielle :

a) avec la mention « Juriste », si elle justifie d'une pratique professionnelle d'au moins trois années et d'une maîtrise en droit ;

b) avec la mention « Marques » ou « Dessins et modèles », si elle justifie d'une pratique professionnelle d'au moins douze années ; toutefois, cette durée est réduite à six années pour les titulaires d'un diplôme de l'enseignement supérieur du premier cycle et à trois années pour les titulaires d'un diplôme de l'enseignement supérieur du deuxième cycle.

La pratique professionnelle doit avoir été, pour partie au moins, exercée pendant les cinq années qui précèdent la demande.

II. A peine de forclusion, les demandes d'inscription prévues au paragraphe précédent sont présentées au directeur général de l'Institut dans les six mois suivant l'entrée en vigueur du présent décret *[publié au JO 3 avr. 1992.]*.

Le refus d'inscription est pris par décision motivée qui est notifiée à l'intéressé.

Art. 37 Les personnes ayant droit au titre de conseil en brevets d'invention à la date d'entrée en vigueur du présent décret sont inscrites par le directeur général de l'Institut sur la liste des conseils en propriété industrielle avec la mention « brevets d'invention ».

Art. 38 I. La Compagnie nationale des conseils en propriété industrielle est, à compter de l'entrée en vigueur du présent décret, substituée à la Compagnie nationale des conseils en brevets d'invention créée par le décret nº 76-671 du 13 juillet 1976 modifié *[Abrogé par Décr. nº 92-360 du 1er avr. 1992, art. 40.]* relatif à la qualification professionnelle en matière de brevets d'invention et portant organisation et régime disciplinaire de la profession de conseil en brevets d'invention.

L'ensemble des droits et obligations de cette dernière lui est dévolu, notamment ses contrats, biens, documents, dossiers, archives professionnelles et fonds.

II. Les dispositions du règlement intérieur de la Compagnie nationale des conseils en brevets en vigueur à la date de publication du présent décret demeurent applicables au sein de la nouvelle compagnie jusqu'à leur remplacement par un nouveau règlement en tant qu'elles ne sont pas contraires à celles du présent décret.

Les organes de la Compagnie nationale des conseils en brevets d'invention prennent les appellations et exercent les attributions dévolues à ceux de la Compagnie nationale des

conseils en propriété industrielle jusqu'à la date de réunion de la première assemblée nationale de la Compagnie nationale des conseils en propriété industrielle. Cette réunion doit être convoquée dans les six mois de l'entrée en vigueur du présent décret. – *[V. JO 3 avr.]*

Arrêté du 23 septembre 2004,

Portant application des (Arr. du 7 janv. 2008) « dispositions des articles R. 421-1, R. 421-1-1, R. 421-2 et R. 421-5 à R. 421-8 du code de la propriété intellectuelle ».

Art. 1er **Pour l'application des dispositions de l'article R. 421-1 (1°) du code de la propriété intellectuelle susvisé, sont reconnus comme équivalents à un diplôme national de deuxième cycle juridique, scientifique ou technique délivré par un établissement public à caractère scientifique, culturel et professionnel, défini par le code de l'éducation nationale susvisé :**

Un diplôme correspondant à 60 crédits ECTS après la licence régi par l'arrêté du 23 avril 2002 susvisé, sanctionnant une formation juridique, scientifique ou technique ;

Un titre d'ingénieur délivré par une école figurant sur la liste des écoles techniques publiques, des écoles techniques privées reconnues par l'État et des écoles techniques privées habilitées à délivrer un titre d'ingénieur diplômé, établie annuellement par la commission des titres d'ingénieur en application de l'article 11 de la loi du 10 juillet 1934 susvisée ;

Un titre d'ingénieur-maître décerné dans les conditions prévues par le décret n° 92-84 du 23 janvier 1992 susvisé ;

Un diplôme de docteur en médecine ;

Un diplôme d'État de docteur en pharmacie ;

Un diplôme de docteur en chirurgie dentaire ;

Un diplôme de docteur vétérinaire ;

Un diplôme de fin de deuxième cycle d'études médicales ou pharmaceutiques ;

Un diplôme d'architecte DPLG ;

Un diplôme d'un institut d'études politiques ;

Tout diplôme revêtu du visa du ministre chargé de l'enseignement supérieur, sanctionnant une formation au moins égale à trois années après le baccalauréat et délivré par un établissement d'enseignement supérieur de commerce et de gestion reconnu par l'État et autorisé à délivrer un tel diplôme ;

Tout titre ou diplôme universitaire ou technique étranger exigé pour accéder à la qualification professionnelle en matière de propriété industrielle dans l'État où ce titre a été délivré.

Art. 2 **Pour l'application des dispositions** *(Arr. du 7 janv. 2008)* **« des articles R. 421-1 (2°) et R. 421-1-1 (2°, b) » du code de la propriété intellectuelle, sont admis comme titres équivalents au diplôme national délivré par le Centre d'études internationales de la propriété industrielle de l'université de Strasbourg-III :**

Pour la spécialisation "Marques, dessins et modèles", un diplôme national de troisième cycle ou un diplôme national de master régi par l'arrêté du 25 avril 2002 susvisé sanctionnant une formation dans le domaine de la propriété industrielle ;

Pour la spécialisation "Brevets d'invention", le titre de mandataire agréé inscrit sur la liste tenue par l'Office européen des brevets avant le 1er avril 1992.

Art. 3 **L'Institut national de la propriété industrielle est chargé de l'organisation de l'examen d'aptitude prévu aux articles R. 421-1 et R. 421-8 du code de la propriété intellectuelle. Un examen est organisé pour chaque mention de spécialisation, "Brevets d'invention", d'une part, "Marques, dessins et modèles", d'autre part. Les modalités particulières de l'examen prévu à l'article R. 421-8 susvisé sont régies par l'article 23 du présent arrêté.**

Art. 4 **Une session d'examen pour chaque mention de spécialisation est organisée au moins tous les deux ans. La date d'ouverture de chaque session est fixée par le directeur général de l'Institut national de la propriété industrielle. Avis en est donné par voie d'insertion au *Journal officiel* de la République française et au *Bulletin officiel* de la propriété industrielle ainsi que par mention sur le site internet de l'Institut national de la propriété industrielle, quatre mois au moins avant la date de la première épreuve.**

Art. 5 **Peuvent demander leur inscription les candidats satisfaisant aux conditions réglementaires à la date de clôture des inscriptions.**

Art. 6 **La demande d'inscription est adressée au directeur général de l'Institut national de la propriété industrielle par lettre recommandée avec avis de réception au plus tard six semaines avant la date prévue pour la première épreuve.**

Elle comporte :

Une requête datée et signée par le candidat ; pour tous les candidats à la mention « Brevets d'invention », la requête indique le secteur technique choisi pour les épreuves conformément à l'article 9 et, pour les mandataires agréés auprès de l'OEB, la renonciation éventuelle à la dispense prévue à l'article 8 ;

Une copie d'une pièce d'identité ;

Une copie d'un des diplômes mentionnés à l'article R. 421-1 du code de la propriété intellectuelle ou à l'article 1er du présent arrêté ;

Une copie du diplôme du CEIPI ou du titre reconnu équivalent par l'article 2 du présent arrêté ;

Un certificat attestant la pratique professionnelle prévue à l'article R. 421-5 du code de la propriété intellectuelle et délivré par la ou les personnes qualifiées en propriété industrielle sous la responsabilité de laquelle ou desquelles elle a été acquise. Le certificat décrit les fonctions exercées par le candidat au cours de l'expérience professionnelle et en mentionne la durée effective ; lorsque la pratique professionnelle a été acquise sous la responsabilité successive de plusieurs personnes qualifiées, des certificats doivent être établis pour chaque période correspondante. L'attestation de pratique professionnelle doit être rédigée sous la forme reproduite en annexe ;

La justification du paiement du montant de la participation aux frais fixé par délibération du conseil d'administration de l'Institut national de la propriété industrielle ;

Pour les candidats admissibles à la session précédente qui souhaitent conserver le bénéfice de cette admissibilité dans les conditions prévues à l'article 18, dernier alinéa, une requête à cet effet.

Art. 7 Le directeur général de l'Institut national de la propriété industrielle arrête, quatre semaines avant la date prévue pour la première épreuve de la session, la liste des candidats admis à se présenter à l'examen d'aptitude.

Une convocation en vue des épreuves écrites est adressée aux candidats quinze jours au moins avant la date fixée pour la première épreuve écrite. La convocation précise la date, l'heure et le lieu des épreuves ; elle est accompagnée d'un exemplaire du règlement de l'examen valable pour la session.

Art. 8 L'examen d'aptitude comporte des épreuves écrites d'admissibilité et, selon la mention de spécialisation, une ou deux épreuves orales. Pour l'examen en vue de la mention "Brevets d'invention", les mandataires agréés près l'Office européen des brevets sont dispensés de la première épreuve écrite, toutefois, ils peuvent renoncer à cette dispense au moment de l'inscription.

Art. 9 A. – Pour l'examen en vue de la mention "Brevets d'invention", chacune des épreuves écrites comporte un sujet dans l'un des secteurs techniques suivants :

Mécanique, électricité ;

Chimie, pharmacie.

Le candidat opte, au moment de l'inscription, pour l'un de ces secteurs techniques. Il garde toutefois la possibilité de composer sur un sujet appartenant à un autre secteur technique.

L'épreuve orale porte sur un sujet appartenant au secteur technique choisi au moment de l'inscription.

B. – Les épreuves écrites portent :

La première, sur la rédaction d'une ou plusieurs demandes de protection d'après le droit français à partir d'une note technique relative à une invention ;

La seconde, sur la rédaction d'une note en forme de consultation ou d'avis sur la validité et la contrefaçon d'un brevet français ou d'un brevet européen désignant la France ou sur la procédure de délivrance d'un brevet par l'Institut national de la propriété industrielle.

C. – L'épreuve orale consiste en un exposé, suivi d'un entretien avec la commission d'examen, sur l'acquisition et l'exploitation d'un brevet en France, notamment sur les aspects techniques, juridiques et/ou contentieux d'un problème de validité, de propriété et/ou de contrefaçon. Lors de l'entretien, des questions concernant la déontologie professionnelle, l'application des conventions européennes ou internationales et des règlements et directives communautaires ainsi que les droits étrangers fixés dans les conditions de l'article 13 pourront être soulevées.

Art. 10 Une partie de la documentation afférente aux différentes épreuves précisées à l'article 9 peut être rédigée soit en langue anglaise, soit en langue allemande. Un glossaire des principaux termes utilisés dans ces documents est fourni.

Art. 11 L'examen en vue de la mention « Marques, dessins et modèles » a le contenu suivant :

A. — Les épreuves écrites sont au nombre de quatre et portent sur :

1. La rédaction d'un avis sur la validité et sur la disponibilité d'un signe à partir des résultats d'une recherche de droits antérieurs d'après le droit français ;

2. La formation d'une opposition à une demande d'enregistrement de marque devant l'INPI ou devant l'OHMI en langue française ou la rédaction d'observations en réponse à une telle opposition ;

3. La rédaction d'une note en forme de consultation ou d'avis sur un problème pratique du droit des marques et des signes distinctifs, y compris noms de domaines, et du droit de la concurrence déloyale ou des agissements parasitaires en droit français et communautaire et des conventions et arrangements internationaux auxquels la France est partie ;

4. La rédaction d'une note en forme de consultation ou d'avis sur un problème pratique du droit des dessins et modèles, y compris en droit d'auteur, en droit français et communautaire et des conventions et arrangements internationaux auxquels la France est partie ;

B. — Les épreuves orales portent sur l'analyse et la discussion de problèmes juridiques relatifs à l'application du droit français, des conventions internationales, des règlements et directives communautaires et des principaux droits étrangers fixés dans les conditions de l'article 13 :

La première en matière de droit des marques, signes distinctifs, y compris les noms de domaine, concurrence déloyale et agissements parasitaires ;

La seconde en matière de droits des dessins et modèles, y compris en droit d'auteur ; des questions concernant la déontologie professionnelle pourront être soulevées dans le cadre de cette épreuve.

Art. 12 Les membres du jury d'examen, composé conformément à l'article R. 421-6 du code de la propriété intellectuelle, sont désignés, pour chaque spécialisation, par :

Le premier président de la cour d'appel de Paris, pour le magistrat président ;

Le ministre chargé de l'enseignement supérieur, pour le professeur d'université enseignant le droit privé ;

Le bâtonnier du barreau de Paris, pour l'avocat ;

Le directeur général de l'Institut national de la propriété industrielle, pour les quatre personnes qualifiées en propriété industrielle *(Arr. du 7 janv. 2008)* « et les deux personnes compétentes en propriété industrielle ».

Un suppléant est nommé pour chaque membre dans les mêmes conditions.

Le directeur général de l'Institut national de la propriété industrielle établit la composition du jury pour chaque session. Au cas où le nombre de candidats le justifie, il peut désigner, en outre, des examinateurs spécialisés appartenant aux catégories ci-dessus et ayant voix consultative.

Les membres du jury et les examinateurs spécialisés sont tenus à une obligation de confidentialité. Aucun membre du jury ni examinateur spécialisé ne peut siéger plus de cinq sessions consécutives.

Art. 13 Le jury se réunit un mois au moins avant l'ouverture de chaque session, sur convocation de son président.

Il arrête les sujets des épreuves, fixe la liste des pays étrangers dont la législation pourra faire l'objet de questions à l'oral conformément aux dispositions des articles 9 et 11 du présent arrêté et il établit le règlement de l'examen valable pour la session.

Le règlement décide en particulier de la liste des ouvrages et documents dont les candidats pourront disposer pendant les épreuves et fixe, en tant que de besoin, les détails de l'organisation matérielle de l'examen, notamment les dates des épreuves écrites et le calendrier des épreuves orales.

Le règlement est porté à la connaissance des candidats dans une annexe jointe à la convocation. Il est en outre affiché à l'entrée de la salle d'examen.

Art. 14 Les copies des épreuves écrites sont soumises à la double correction.

Pour les épreuves orales, le jury constitue des commissions d'examen comprenant trois personnes, dont l'un au moins de ses membres. Le jury arrête les notes définitives sur rapport des correcteurs et des commissions.

Art. 15 Les épreuves écrites sont organisées de manière à assurer l'anonymat des candidats.

Art. 16 La durée des épreuves est fixée comme suit :

A. – Pour la mention "Brevets d'invention", la durée de chaque épreuve écrite est fixée à cinq heures. La durée de l'épreuve orale n'excède pas quarante-cinq minutes. Un temps de préparation d'une heure trente est accordé aux candidats avant l'épreuve orale.

B. – Pour la mention "Marques, dessins et modèles", le candidat dispose d'une durée totale de cinq heures pour l'ensemble des épreuves écrites 1 et 2 et d'une durée totale de cinq heures pour l'ensemble des épreuves écrites 3 et 4. La durée de chaque épreuve orale est limitée à trente minutes. Un temps de préparation d'une heure est accordé aux candidats avant chaque épreuve orale.

C. – Les épreuves orales sont publiques.

Art. 17 La surveillance des épreuves est assurée par des agents de l'Institut national de la propriété industrielle désignés à cet effet par le directeur général. Un membre du jury est présent lors de la distribution des sujets des épreuves écrites.

Les candidats sont tenus de respecter le règlement de l'examen.

En cas de fraude, de tentative de fraude ou d'infraction au règlement de l'examen, le surveillant responsable de la salle d'examen prend toutes mesures pour la faire cesser sans interrompre la participation à l'épreuve du ou des candidats. Il saisit les pièces ou matériels permettant d'établir ultérieurement la réalité des faits. Il dresse un procès-verbal contresigné par les autres surveillants et par le ou les auteurs de la fraude – ou tentative de fraude – ou de l'infraction. En cas de refus de contresigner, mention est portée au procès-verbal.

Des sanctions peuvent être infligées à l'auteur de la fraude, de la tentative de fraude ou de l'infraction par le jury siégeant en formation disciplinaire. Le jury est alors complété par le directeur général de l'Institut national de la propriété industrielle.

Les sanctions qui peuvent être infligées sont :

L'exclusion de la session en cours ;

L'interdiction de se présenter à la prochaine session ou à des sessions ultérieures.

Art. 18 Toutes les épreuves, écrites et orales, sont notées de 0 à 20. Toute note égale ou inférieure à 7 est éliminatoire.

A. – Pour la mention "Brevets d'invention", les épreuves écrites sont uniformément affectées du coefficient 1.

L'épreuve orale est affectée :

– du coefficient 2 pour les candidats passant toutes les épreuves ;

– du coefficient 1 pour les candidats bénéficiant de la dispense de la première épreuve écrite.

B. – Pour la mention "Marques, dessins et modèles", toutes les épreuves, écrites et orales, sont uniformément affectées du coefficient 1.

Sont admis à se présenter aux épreuves orales les candidats qui ont obtenu une note moyenne au moins égale à 10 à l'écrit. Les candidats peuvent conserver le bénéfice de l'admissibilité pour la session suivante ; la moyenne de 10 est alors attribuée d'office.

Art. 19 La liste des personnes admissibles est rendue publique sur le site internet de l'Institut national de la propriété industrielle dès l'issue des délibérations du jury. Les candidats sont informés par écrit de leurs résultats.

Une convocation en vue des épreuves orales est adressée aux candidats déclarés admissibles à l'écrit, deux semaines au moins avant la date fixée pour l'ouverture de l'épreuve orale. Cette convocation précise, pour chaque candidat, la date, l'heure et le lieu de l'épreuve.

Art. 20 Sont déclarés reçus à l'examen les candidats admissibles à l'écrit qui ont obtenu, après l'épreuve orale, une moyenne au moins égale à 10 sur 20.

Art. 21 A la fin de la session, le jury arrête la liste des candidats reçus à l'examen d'aptitude et le directeur général de l'Institut national de la propriété industrielle procède à leur inscription sur la liste des personnes qualifiées en propriété industrielle prévue à l'article R. 421-1 du code de la propriété intellectuelle, avec la mention de spécialisation correspondante.

Art. 22 L'examen d'aptitude prévu à l'article R. 421-8 du code de la propriété intellectuelle est organisé pour chaque mention de spécialisation dans le cadre des sessions prévues à l'article 4 ci-dessus. Les conditions générales fixées aux articles 3, 4, 5, 7, 10, 12, 13, 14, 15, 16, 17, 18, 19, 20 et 21 du présent arrêté et les conditions particulières définies ci-après sont applicables.

I. – Le dossier de candidature comprend les pièces suivantes :

a) Dans tous les cas :

Une requête datée et signée. Pour les candidats à la mention "Brevets d'invention", la requête indique le secteur technique choisi conformément à l'article 9 (A) du présent arrêté ;

Une copie d'une pièce d'identité ;

Une copie des diplômes, certificats ou titres obtenus ;

Un document de l'autorité ayant délivré les diplômes, certificats ou titres attestant soit que cette formation a été effectuée dans une université, un établissement d'enseignement supérieur ou dans un autre établissement du même niveau de formation, avec indication de cette durée de formation, soit qu'elle est reconnue dans l'État membre comme étant de niveau équivalent et confère dans cet État les mêmes droits d'accès à la profession ou l'exercice de celle-ci ;

Un descriptif du contenu des études et des stages effectués pendant la formation avec le nombre d'heures annuel par matière pour les enseignements théoriques, la durée des stages et le secteur dans lequel ils ont été réalisés, délivrés et attestés par la structure de formation ;

b) Pour les personnes exerçant dans un pays de la Communauté européenne qui réglemente l'accès à la profession : une copie du diplôme, certificat ou titre permettant l'exercice de la profession ;

c) Pour les personnes exerçant dans un pays de la Communauté européenne qui ne réglemente pas l'accès à la profession et pour les personnes titulaires d'un diplôme, certificat ou titre délivré par un pays tiers et reconnu par un État membre :

Une attestation émanant de l'autorité compétente de l'État membre certifiant la durée de l'exercice professionnel avec les dates correspondantes ;

Un relevé des stages de formation permanente éventuellement suivis avec indication du contenu et de la durée de ces stages ;

d) Toutes les pièces doivent être remises en langue française, le cas échéant après traduction.

II. – Le dossier est adressé par lettre recommandée avec avis de réception au directeur général de l'Institut national de la propriété industrielle. La décision d'admission à subir les épreuves de l'examen d'aptitude doit être notifiée dans les quatre mois de la réception de la candidature.

Lorsque la formation du candidat est jugée substantiellement différente de celle requise en France, notamment eu égard à l'exigence d'une connaissance précise du droit national, le directeur général de l'Institut national de la propriété industrielle consulte le jury. Après avis de ce dernier, il notifie au candidat les matières sur lesquelles portera l'examen d'aptitude, la nature des épreuves écrites et/ou orales qu'il devra passer et leur programme.

III. – L'examen d'aptitude comporte :

Quelle que soit la mention de spécialisation à laquelle il est postulé, une épreuve orale portant, à la lumière d'un cas pratique relatif à l'acquisition et l'exploitation d'un titre, sur les connaissances de droit civil, procédure civile et droit commercial – y compris le droit de la concurrence – français nécessaires pour la pratique de la propriété industrielle ;

Pour la mention "Brevets d'invention", la rédaction d'une consultation sur la validité et la contrefaçon d'un brevet français ou d'un brevet européen désignant la France ou sur la procédure de délivrance d'un brevet par l'Institut national de la propriété industrielle ;

Pour la mention "Marques, dessins et modèles", une épreuve comportant :

La rédaction d'un avis sur la validité ou la disponibilité d'un signe en droit français à partir des résultats d'une recherche de droits antérieurs, ou d'un mémoire d'opposition ou de réponse à une opposition dans une procédure d'enregistrement de marque devant l'Institut national de la propriété industrielle, ou d'une consultation sur la contrefaçon d'une marque en France ;

La rédaction d'un avis sur un problème pratique du droit des dessins et modèles en France, y compris en droit d'auteur.

Art. 23 L'arrêté du 16 septembre 1993, modifié par l'arrêté du 9 octobre 1996, portant application des dispositions des articles 1er, 4 et 5 du décret n° 92-360 du 1er avril 1992 relatif à la qualification et à l'organisation professionnelle en matière de propriété industrielle est abrogé.

ANNEXE

Certificat émanant de la personne sous la responsabilité de laquelle la pratique professionnelle a été acquise *(1) (2)*

(au sens de l'article R.421-5 du code de la propriété intellectuelle)

Candidat

Nom : ______________________ Prénom : ______________

Formation

Identité du signataire : (nom, adresse, n° de téléphone)

____

____

Qualité du signataire :

____

Périodes de formation (jour, mois, année) du : ______________ au :

Si le candidat exerce à ce jour sous votre responsabilité, le fera t-il encore à la date de l'examen ?

Oui ☐ Non ☐

Le candidat a-t-il été formé à temps complet pendant les périodes indiquées ci dessus ?
Dans la négative, préciser la durée effective et pourquoi l'activité n'a pas été exercée à temps complet

____

La pratique professionnelle a-t-elle été acquise directement sous votre direction et au sein de votre service ?

Oui ☐ Non ☐

Dans la négative, préciser dans quelles conditions elle a été acquise. Dans le cas d'une société, indiquer le service :

____

Nature des fonctions exercées par le candidat — **Le nombre n'a pas été inférieur à** *(en chiffre et non en pourcentage)*

- Rédaction de premières demandes de brevet français ______
- Suivi de procédures de délivrance française ______
- Suivi de procédures de délivrance européenne et étrangère ______
- Réponses à des rapports de recherche ______
- Etude de contrefaçon ______
- Étude et rédaction de contrat (licence, cession) ______
- Etude de liberté d'exploitation ______
- Suivi de contentieux en matière de droit des brevets ______

Dans le cas où les indications précédentes ne permettent pas de décrire les fonctions exercées les préciser ci-dessous et établir le cas échéant l'objet d'une annexe à ce document

____

____

Je certifie l'exactitude des indications fournies ci dessus

Nom : ______________________ Prénom : ______________

Date : Signature

(1) si la pratique a été acquise sous la responsabilité de plusieurs personnes qualifiées et si aucune période n'atteint 3 ans, fournir plusieurs attestations.

(2) Si la pratique n'a pas été acquise sous la responsabilité d'une personne qualifiée, fournir des attestation concernant toute la durée de cette pratique

Certificat émanant de la personne sous la responsabilité de laquelle la pratique professionnelle a été acquise *(1) (2)*

(au sens de l'article R.421-5 du code de la propriété intellectuelle)

Candidat

Nom : ______________________ Prénom : ______________________

Formation

Identité du signataire : (nom, adresse, n° de téléphone)

____

____

Qualité du signataire :

____

Périodes de formation (jour, mois, année) du : ____________ au : ____________

Si le candidat exerce à ce jour sous votre responsabilité, le fera t-il encore à la date de l'examen ?

Oui ☐ Non ☐

Le candidat a-t-il été formé à temps complet pendant les périodes indiquées ci dessus ?
Dans la négative, préciser la durée effective et pourquoi l'activité n'a pas été exercée à temps complet

La pratique professionnelle a-t-elle été acquise directement sous votre direction et au sein de votre service ?

Oui ☐ Non ☐

Dans la négative, préciser dans quelles conditions elle a été acquise. Dans le cas d'une société, indiquer le service :

____

Nature des fonctions exercées par le candidat — **Le nombre n'a pas été inférieur à** *(en chiffre et non en pourcentage)*

- Recherches d'antériorités de marques ______
- Suivi de procédures de délivrance française ______
- Suivi de procédures de délivrance communautaire et étrangère ______
- Rédaction d'oppositions et réponses à oppositions ______
- Étude et rédaction de contrat (licence, cession)
  - marques ______
  - dessins et modèles ______
- Suivi de contentieux
  - marques ______
  - dessins et modèles ______
- autres (fournir une attestation détaillée décrivant la nature des fonctions exercées par le candidat)

Dans le cas où les indications précédentes ne permettent pas de décrire les fonctions exercées les préciser ci-dessous et établir le cas échéant l'objet d'une annexe à ce document

____

Je certifie l'exactitude des indications fournies ci dessus

Nom : ______________________ Prénom : ______________________

Date : Signature

(1) si la pratique a été acquise sous la responsabilité de plusieurs personnes qualifiées et si aucune période n'atteint 3 ans, fournir plusieurs attestations.

(2) Si la pratique n'a pas été acquise sous la responsabilité d'une personne qualifiée, fournir des attestation concernant toute la durée de cette pratique

Arrêté du 31 janvier 2017,

Approuvant le règlement intérieur de la Compagnie nationale des conseils en propriété industrielle.

Art. 1er Est approuvé le règlement intérieur adopté par l'assemblée générale de la Compagnie nationale des conseils en propriété industrielle par la délibération du 13 décembre 2016 susvisée.

Art. 2 L'arrêté du 29 juillet 1994 portant approbation du règlement intérieur de la Compagnie nationale des conseils en propriété industrielle est abrogé.

ANNEXE

Règlement intérieur de la Compagnie nationale des conseils en propriété industrielle

Tel qu'approuvé par l'assemblée générale du 13 décembre 2016

PRÉAMBULE

La Compagnie nationale des conseils en propriété industrielle, instituée par la loi n° 90-1052 du 26 novembre 1990 *[CPI, art. L. 422-9]* et placée auprès de l'Institut national de la propriété industrielle, a été substituée depuis l'entrée en vigueur du décret n° 92-360 du 1er avril 1992 à la Compagnie nationale des conseils en brevets d'invention, dont l'ensemble des droits et obligations lui est dévolu, et notamment ses contrats, biens, documents, dossiers, archives professionnelles et fonds. Elle a établi le présent règlement intérieur, qui a pour objet de définir les règles et les usages déontologiques et professionnels de la profession de conseil en propriété industrielle, profession technique et juridique, libérale et indépendante et d'en garantir le respect par l'ensemble de ses membres.

Chapitre I Dispositions générales

Art. 1er *Définitions.* 1.1. La Compagnie nationale des conseils en propriété industrielle, dite dans le présent règlement "la Compagnie", est constituée par les personnes physiques inscrites sur la liste des conseils en propriété industrielle. Elle représente les conseils en propriété industrielle.

1.2. En application de l'article L. 422-9 du code de la propriété intellectuelle, la Compagnie jouit de la personnalité morale, des pouvoirs et de la capacité qui y sont attachés.

1.3. La Compagnie a son siège à Paris.

Art. 2 *Liste des conseils en propriété industrielle.* 2.1. Toute personne qualifiée en propriété industrielle inscrite sur la liste dressée annuellement par le directeur général de l'Institut national de la propriété industrielle ayant l'intention d'exercer la profession de conseil en propriété industrielle dans les conditions prévues à l'article L. 422-6 du code de la propriété intellectuelle peut demander d'être inscrite, avec la même mention de spécialisation, sur la liste des conseils en propriété industrielle. Une même personne ne peut être à la fois inscrite sur la liste des conseils en propriété industrielle et sur la liste spéciale visée à l'article L. 422-5 du code de la propriété intellectuelle.

2.2. La demande d'inscription ou de radiation de la liste des conseils en propriété industrielle est présentée au directeur général de l'Institut national de la propriété industrielle. Lorsque la profession de conseil en propriété industrielle est exercée en société, une demande d'inscription de la société dans une section spéciale de la liste des conseils en propriété industrielle est faite collectivement par tous les associés.

2.3. L'avis de la Compagnie sur l'inscription ou la radiation est transmis au directeur général de l'Institut national de la propriété industrielle par le secrétaire de la Compagnie, après examen du dossier et accord du président de la Compagnie, qui peut s'il y a lieu, consulter le bureau.

Art. 3 *Missions de la Compagnie.* 3.1. La Compagnie exerce toutes les attributions prévues par les lois et les règlements. Elle assure notamment :

— la représentation des conseils en propriété industrielle auprès des pouvoirs publics et plus particulièrement de l'Institut national de la propriété industrielle ;

— la défense de leurs intérêts professionnels ;

— le respect de leurs règles de déontologie ;

— le contrôle de l'obligation de formation professionnelle continue des conseils en propriété industrielle.

Elle assure les relations de la profession avec les organismes nationaux et internationaux, avec les ordres, instituts ou associations de conseils ou mandataires français ou étrangers, avec les organisations représentant les professions juridiques voisines françaises ou étrangères ainsi qu'avec le public.

La Compagnie peut émettre des recommandations sur l'exercice de l'activité de conseil en propriété industrielle et sur les usages de loyauté et les pratiques habituellement admises dans cette profession.

3.2. La Compagnie participe aux travaux ayant pour objet l'information du public, le développement et la promotion de la profession, la protection des inventions, des signes distinctifs, des dessins et des modèles et, plus généralement, de tous droits de propriété industrielle, droits annexes et droits portant sur toutes questions connexes. Elle procède à toutes études relatives aux législations, réglementations et jurisprudences en ces matières, adresse aux pouvoirs publics ses remarques ou ses propositions et met à la disposition de ses membres toutes informations qu'elle juge utiles à l'exercice de la profession de conseil en propriété industrielle.

Chapitre II Organisation de la Compagnie

Art. 4 *Organes constitutifs.* Les organes de la Compagnie sont le bureau, le président de la Compagnie, le conseil consultatif, l'assemblée générale et les commissions.

Art. 5 *Le bureau de la Compagnie.* 5.1. Le bureau de la Compagnie est constitué de membres élus parmi les personnes physiques inscrites sur la liste des conseils en propriété industrielle qui sont en règle avec leurs obligations vis-à-vis de la Compagnie et qui ont fait acte de candidature dans les conditions fixées par l'article 5.2 du présent règlement.

5.2. L'assemblée générale élit dans cet ordre et pour deux ans parmi ses membres le président de la Compagnie, trois vice-présidents, un secrétaire, un trésorier et trois membres, qui constituent le bureau de la Compagnie.

Les fonctions de président, de secrétaire et de trésorier font l'objet d'un scrutin distinct uninominal à deux tours pour chaque fonction.

Au premier tour, le candidat ayant obtenu la majorité absolue des suffrages exprimés est élu. Au second tour, la majorité relative des suffrages exprimés suffit. En cas de partage égal des voix, le candidat le plus âgé est élu.

A peine de nullité, chaque bulletin ne doit comporter qu'un seul nom et ne comprendre ni rature ni surcharge.

Il est pourvu par un scrutin plurinominal à un tour pour chaque fonction à l'élection respective des trois vice-présidents puis des trois autres membres. Sont élus respectivement les trois candidats ayant obtenu le plus grand nombre de voix pour chaque fonction.

Les votes se font à bulletins secrets. A peine de nullité, chaque bulletin ne doit comprendre ni rature ni surcharge.

Seuls les bulletins nuls ne sont pas considérés comme suffrages exprimés.

Au cours de la même élection, aucun membre de la Compagnie déjà élu à une fonction au sein du bureau, ou faisant partie du même cabinet de conseils en propriété industrielle qu'un membre déjà élu à une fonction au sein du bureau, ne peut être élu à une autre fonction.

Les suffrages exprimés sont décomptés sous peine de nullité pour chaque candidat à l'élection du bureau. Après proclamation du décompte des résultats au cours de l'assemblée générale, ceux-ci sont consignés au procès-verbal de ladite assemblée.

5.3. Toute candidature en vue de l'élection du bureau doit parvenir au président de la Compagnie un mois avant la date de l'assemblée générale qui doit procéder à cette élection et comporter :

— les nom, prénom, date, lieu de naissance, numéro d'inscription sur la liste des conseils en propriété industrielle, adresse du domicile professionnel du candidat ainsi que son adresse électronique professionnelle ;

— l'indication de la fonction pour laquelle elle est présentée : président, vice-président, secrétaire, trésorier, membre du bureau et éventuellement, l'indication des autres fonctions auxquelles le candidat se réserve le droit de se présenter en cas d'échec de sa première candidature.

La réception de ces candidatures peut être effectuée indistinctement par voie postale ou par voie électronique. Pour ce faire, le secrétariat de la Compagnie met en place, avant chaque élection, une adresse électronique spécifique temporaire, dédiée à cet effet, sur laquelle sont reçues les candidatures.

Toute candidature reçue par voie postale ou électronique fait l'objet dans les deux jours ouvrés suivant sa réception d'un courrier électronique adressé sur l'adresse électronique professionnelle du candidat lui confirmant la bonne réception de sa candidature, sans préjuger de sa recevabilité.

Aucune candidature parvenue au président après l'expiration du délai visé au premier alinéa du présent article ou, si elle s'est révélée incomplète, qui n'a pas été régularisée dans le même délai, n'est retenue.

La liste, par fonction, des candidatures retenues est envoyée à tous les membres de la Compagnie quinze jours au moins avant la date de l'assemblée générale qui doit procéder à l'élection.

Au cas où la convocation d'une deuxième assemblée générale s'avère nécessaire, les formalités prévues au présent article n'ont pas à être renouvelées.

5.4. Le mandat du bureau est de deux ans et commence le 1er janvier de l'année suivant son élection. L'élection du nouveau bureau doit intervenir avant l'expiration du mandat du bureau sortant.

En cas de vacance en cours de mandat de l'un des postes du bureau, il est procédé à l'élection d'un remplaçant à ce poste dont le mandat prendra fin à la date normale d'expiration du mandat du bureau. Aucun membre de la Compagnie déjà élu à une fonction au sein du bureau, ou faisant partie du même cabinet de conseils en propriété industrielle qu'un membre déjà élu à une fonction au sein du bureau, ne peut être élu comme remplaçant.

Cette élection a lieu dans les conditions des articles 5.1 à 5.3 du présent règlement. L'assemblée générale des membres de la Compagnie est convoquée par le président de la Compagnie dans les trois mois de la survenance de la vacance pour procéder à cette élection.

En cas de démission du bureau, il est procédé à l'élection d'un bureau de remplacement dont le mandat prend fin à la date normale d'expiration du mandat du bureau démissionnaire. Cette élection doit intervenir deux mois au plus tard après la date de démission. Pendant ce délai les membres du bureau démissionnaire demeurent en fonction.

5.5. A l'exception de l'établissement du règlement intérieur, du vote du budget annuel de la Compagnie et sous réserve des attributions des assemblées générales et du président, le bureau assure l'administration de la Compagnie, il veille à l'application des résolutions arrêtées en assemblée générale. Il définit la mission des commissions permanentes ou temporaires, il dispose d'un secrétariat permanent.

5.6. Le bureau communique au directeur général de l'Institut national de la propriété industrielle les renseignements dont il a connaissance et qui sont utiles pour tenir à jour la liste nationale des conseils en propriété industrielle. Par croisement avec les informations dont dispose également l'Institut national de la propriété industrielle, il établit et tient à jour une liste des conseils en propriété industrielle et de leurs structures d'exercice aux fins notamment de sa publication sur le site internet de la Compagnie.

5.7. Les décisions du bureau sont prises à la majorité des membres présents. En cas de partage égal des voix, le président a voix prépondérante. Les débats au sein du bureau sont confidentiels et la communication sur ces travaux ne peut être décidée que par le président.

Les membres du bureau ne peuvent se faire représenter. Toutefois, dans le cas où le président ne peut assurer la présidence d'une réunion du bureau, il peut désigner pour assurer cette fonction l'un des vice-présidents. A défaut de cette désignation, le vice-président le plus âgé assure les fonctions de président du bureau.

Art. 6 *Le président de la Compagnie.* Le président de la Compagnie représente la Compagnie, personne morale, et exerce en son nom la capacité juridique. Il convoque les assemblées générales de la Compagnie et arrête, après avis du bureau, leur ordre du jour. Il ne peut déléguer ses pouvoirs. Toutefois, il peut désigner l'un des vice-présidents pour assurer une mission temporaire ou ponctuelle.

En cas d'empêchement temporaire du président, le vice-président le plus âgé assure les fonctions de président de la Compagnie.

En cas d'empêchement définitif du président, le vice-président le plus âgé assure les fonctions de président de la Compagnie jusqu'à l'élection d'un nouveau président.

Art. 7 *Le conseil consultatif.* 7.1. Le conseil consultatif donne son avis sur les questions qui lui sont soumises par le bureau. Il se réunit au moins deux fois par an.

7.2. Le président de la Compagnie préside les réunions du conseil.

7.3. Le conseil consultatif se compose des anciens présidents, membres de droit, et de vingt membres élus. Les membres du conseil sont élus par l'assemblée générale pour deux ans au scrutin secret plurinominal à un tour. En cas d'égalité, le candidat le plus âgé est élu.

7.4. Les candidatures doivent avoir été enregistrées par le bureau un mois avant la date de l'assemblée générale, dans les mêmes conditions que celles prévues pour les candidatures au bureau. La liste alphabétique des candidats est envoyée à tous les membres avant l'assemblée générale et distribuée au cours de cette assemblée.

Les suffrages exprimés sont publiés et décomptés sous peine de nullité pour chaque candidat au conseil consultatif.

Après proclamation du décompte des résultats, ceux-ci sont consignés dans le procès-verbal de l'assemblée générale.

7.5. Les fonctions de membre du bureau de la Compagnie sont incompatibles avec celles de membre du conseil consultatif.

7.6. Le bureau convoque le conseil consultatif à des réunions auxquelles les membres du bureau *peuvent assister. Il* peut y faire participer toutes personnes de son choix, et notamment les présidents des différentes commissions, permanentes ou temporaires.

Sauf indication contraire du président, les informations communiquées et débattues lors des séances du conseil consultatif sont librement communicables aux seuls membres de la Compagnie.

Lorsque le président le demande, les membres du conseil sont tenus à une obligation de confidentialité sur les éléments non publics qui leur sont communiqués et sur la teneur de ses travaux.

Art. 8 *L'assemblée générale.* 8.1. Les personnes physiques inscrites sur la liste des conseils en propriété industrielle en règle avec leurs obligations vis-à-vis de la Compagnie composent l'assemblée générale de la Compagnie.

8.2. L'assemblée générale est convoquée par le président de la Compagnie, qui en fixe, après avis du bureau, l'ordre du jour.

La convocation à l'assemblée générale doit comporter son ordre du jour. Il est adressé à chacun des membres de la Compagnie au moins quinze jours avant la date de la réunion. Toutefois lorsque l'assemblée générale doit procéder à l'élection du bureau ou du conseil consultatif ou à une élection partielle au sein du bureau, un avis préalable indiquant l'objet de l'assemblée générale et sa date doit être adressé à chaque membre de la Compagnie quarante-cinq jours au moins avant la date de l'assemblée.

Cet avis rappelle, selon les cas, les dispositions sur les modalités d'élection du bureau ou du conseil consultatif.

L'ordre du jour peut être modifié ou complété à la demande d'un membre de la Compagnie si cette demande est acceptée par le bureau.

8.3. Le président de la Compagnie préside l'assemblée générale. Le bureau de l'assemblée générale est composé des membres présents du bureau de la Compagnie.

Lorsque l'assemblée générale doit procéder à une élection, un bureau de vote est constitué au sein de l'assemblée. Ce bureau est présidé par le président de la Compagnie qui désigne au moins deux assesseurs parmi les Conseils en propriété industrielle présents.

Le bureau de vote procède au dépouillement du scrutin en présence des membres de l'assemblée qui le souhaitent. Le président proclame les résultats en précisant le nombre de voix recueilli par chaque candidat.

Le bureau peut se faire assister par d'autres membres de l'assemblée.

8.4. Tout conseil en propriété industrielle pourra voter par correspondance ou par voie electronique si une assemblée générale votant à la majorité simple adopte les modalités et conditions d'un tel vote.

Tout conseil en propriété industrielle empêché peut également être représenté par l'un des membres présents à l'assemblée, porteur d'une procuration nominative écrite. Un membre ne peut représenter plus de quatre membres empêchés.

Toute procuration doit être remise au bureau avant l'ouverture du premier vote auquel le mandataire entend participer.

L'assemblée ne peut valablement délibérer sur les questions à l'ordre du jour que si la moitié au moins des membres sont présents ou représentés au moment des votes. Ce nombre est déterminé par la feuille de présence ainsi que par le nombre des votes par correspondance ou, le cas échéant, par voie électronique éventuellement reçus et est annoncé par le président avant le vote.

Si ce quorum n'est pas atteint, une nouvelle assemblée est convoquée dans la quinzaine, avec le même ordre du jour.

Aucun quorum n'est exigé pour la deuxième assemblée.

Sous réserve des dispositions des articles 5 et 7 précisant les conditions des élections du bureau et du conseil consultatif, les votes ont lieu à main levée, sauf si un scrutin secret est soutenu par quinze membres présents ; ils sont acquis à la majorité des suffrages exprimés, sous réserve des dispositions de l'article 8-5, troisième alinéa, concernant la modification du règlement intérieur.

Les résolutions sont rédigées à l'avance et adressées à chaque membre au moins deux semaines avant l'assemblée générale. Elles sont adoptées en séance en comptant les voix des membres présents ainsi que celles exprimées par les membres ayant voté par correspondance ou, le cas échéant, par voie électronique. Elles ne peuvent être élaborées ou modifiées en séance que si elles n'ont pas été soumises à un vote par correspondance ou électronique.

Le procès-verbal est signé par le président et le secrétaire ; une copie en est adressée aux membres dans les deux mois suivant l'assemblée.

Toute réclamation émanant d'un membre de l'assemblée concernant ce procès-verbal doit, à peine d'irrecevabilité être présentée par écrit au président de la Compagnie dans les trois mois de l'assemblée concernée. Le procès-verbal définitif est soumis au vote de la prochaine assemblée générale.

8.5. L'assemblée générale se prononce sur toutes les questions qui lui sont soumises par le bureau. Elle est obligatoirement consultée sur les recommandations relatives aux usages de loyauté et aux pratiques habituellement admises dans la profession de conseil en propriété industrielle ainsi que sur les règles professionnelles auxquelles doivent se conformer tous les membres.

Dans le cas où l'ordre du jour prévoit une modification du règlement intérieur, la décision de modification doit être approuvée par les deux tiers au moins des membres de la Compagnie, présents ou représentés. L'entrée en vigueur de cette modification est subordonnée à son approbation par arrêté.

8.6. L'assemblée générale est réunie au moins une fois par an dans les quatre mois de la clôture de l'exercice.

Les comptes de l'exercice écoulé et le projet de budget du nouvel exercice sont envoyés aux membres de la Compagnie, une semaine au moins avant la tenue de l'assemblée générale.

Après audition des rapports du bureau et du trésorier, l'assemblée générale délibère et se prononce sur l'approbation des comptes de l'exercice écoulé.

Elle arrête, sur proposition du bureau, le budget du nouvel exercice et fixe le taux de base des cotisations ainsi que les paramètres de calcul du complément, conformément aux dispositions de l'article 10.

L'assemblée générale est réunie également, s'il y a lieu, pour procéder à l'élection de tout remplaçant en cas de vacance de poste au bureau ou au conseil consultatif.

8.7. Le président de la Compagnie est tenu de convoquer une assemblée générale lorsque la demande lui en est faite par le quart au moins des membres de la Compagnie. La demande indique les questions sur lesquelles l'assemblée générale devra se prononcer. Ces questions deviennent l'ordre du jour de l'assemblée. Le président de la Compagnie peut, après avis du bureau, compléter cet ordre du jour.

L'assemblée doit être convoquée dans le délai de six semaines à compter de la date de réception de la demande.

Art. 8 ***bis*** *La communication électronique entre la Compagnie et ses membres.* Conformément aux dispositions de l'article 1369-3 du code civil, chaque conseil en propriété industrielle qui a communiqué une adresse électronique reconnaît accepter que toute communication de la Compagnie puisse lui être valablement adressée par la Compagnie par la voie d'un courrier électronique envoyé à cette adresse.

En conséquence, il appartient à chaque conseil en propriété industrielle d'informer la Compagnie de tout changement d'adresse électronique.

Art. 9 *Les commissions.* 9.1. Des commissions peuvent être constituées à titre permanent ou temporaire par le bureau qui en définit la mission.

9.2. Chaque commission, qui comprend un président élu parmi ses membres, est renouvelable à chaque renouvellement du bureau par appel aux candidatures des membres de la Compagnie.

9.3. Le président de chacune des commissions peut présenter des rapports d'activité au conseil consultatif ou à l'assemblée générale. Ces rapports sont communiqués à tous les membres de la Compagnie.

Art. 10 *Dispositions financières.* 10.1. L'exercice comptable va du 1er janvier au 31 décembre de chaque année.

10.2. Les dépenses de la Compagnie sont couvertes par ses ressources propres.

Outre les dons et legs qui lui sont faits, les ressources de la Compagnie proviennent des cotisations annuelles de ses membres.

Chaque membre est tenu de verser une cotisation annuelle qui comprend une partie de base (K1) qui est la même pour tous les membres et un complément, partie variable qui tient compte du chiffre d'affaires (CA) du cabinet où exerce le membre :

$$K_2 \frac{\sqrt{CA}}{n}$$

Cette cotisation est donc calculée selon la formule :

$$C = K_1 + K_2 \frac{\sqrt{CA}}{n}$$

où :

CA est le chiffre d'affaires total (débours compris, hors TVA et exprimé en millions d'euros, avec deux chiffres après la virgule, le deuxième chiffre étant arrondi au chiffre supérieur si le troisième chiffre après la virgule est supérieur ou égal à 5), réalisé au cours de l'exercice précédant de deux ans l'année pour laquelle la cotisation est due, pour l'ensemble des activités du cabinet où exerce le membre, et n est le nombre total de conseils en propriété industrielle exerçant dans le cabinet du membre en question au 1er janvier de l'année pour laquelle la cotisation est due.

Dans la formule ci-dessus, les coefficients K1 et K2 sont déterminés chaque année par le bureau de la Compagnie, d'une part en fonction du budget pour l'année considérée et, d'autre part, de façon que la contribution au budget provenant de la somme des parties de base K1 des cotisations de l'ensemble des membres de la Compagnie soit sensiblement égale à la contribution au budget provenant de la somme des parties variables des cotisations de l'ensemble des membres de la Compagnie. Le budget et les coefficients K1 et K2 ainsi déterminés par le bureau sont soumis au vote de l'assemblée générale.

10.3. La cotisation d'un nouveau membre inscrit sur la liste des conseils en propriété industrielle au cours de l'exercice est calculée au prorata du temps restant à courir jusqu'à la fin de cet exercice. Lorsque ce nouveau membre exerce dans un cabinet dont au moins un membre a déjà acquitté sa cotisation, la cotisation de ce nouveau membre est calculée sur la seule partie de base K1.

10.4. La cotisation d'un membre exerçant dans plus d'un cabinet, calculée comme indiqué ci-dessus, tient compte du chiffre d'affaires de chaque cabinet et de la répartition du temps de présence au sein de chacun de ceux-ci.

10.5. La cotisation due pour l'année en cours par un membre suspendu ou radié au cours de ladite année est intégralement exigible.

Sauf disposition contraire du contrat de travail, le conseil en propriété industrielle employeur prend en charge la partie variable de la cotisation de ses employés conseils en propriété industrielle.

10.6. Les cotisations doivent être versées au trésorier dans les deux mois qui suivent l'appel de cotisation qui est adressé aux membres.

En cas de manquement à cette obligation de versement de cotisation de la part d'un membre, auquel il ne serait pas remédié dans le mois suivant la réception d'un rappel adressé à cet égard à ce membre par le trésorier de la Compagnie, ce dernier en fait part au président et, après mise en demeure, dépose plainte auprès de la chambre de discipline.

Chapitre III Activités du conseil en propriété industrielle

Art. 11 *Des principes généraux.* Le conseil en propriété industrielle conseille, assiste, représente et rédige en vue de l'obtention, du maintien, de l'exploitation ou de la défense des droits de propriété industrielle, droits annexes et droits portant sur toutes questions connexes.

Les services visés à l'alinéa précédent incluent les consultations juridiques et la rédaction d'actes sous seing privé.

Le conseil en propriété industrielle ne peut accepter que des missions particulières à caractère non commercial.

Art. 12 *Des rapports du conseil en propriété industrielle avec ses clients.* 12.1. Généralités

Le conseil en propriété industrielle exerce ses fonctions avec dignité, conscience, indépendance et probité.

Le conseil en propriété industrielle doit en toute circonstance observer les règles, de prudence et de diligence qu'impose la sauvegarde des intérêts qui lui sont confiés par ses clients.

Le conseil en propriété industrielle doit disposer d'une installation professionnelle convenable. Il peut se rendre en tous lieux compatibles avec la dignité de la profession et préservant son indépendance et le secret professionnel.

Le conseil en propriété industrielle est attentif aux situations de conflit d'intérêts, observe le secret professionnel et sauvegarde son indépendance.

12.2. Des conflits d'intérêts. Le conseil en propriété industrielle s'abstient dans une même affaire de conseiller, assister, représenter des clients ayant des intérêts opposés. En tout état de cause, il peut accepter d'intervenir comme amiable compositeur.

Le conseil en propriété industrielle ne peut accepter de traiter l'affaire d'un client si le secret d'informations préalablement confiées par un tiers risque d'être violé.

Le conseil en propriété industrielle s'interdit, sauf accord des ayants droit, de remettre en cause devant toutes instances administratives ou judiciaires la validité intrinsèque d'un titre de propriété industrielle qu'il a lui-même contribué à obtenir pour un de ses clients ; cette interdiction ne s'étend pas à la remise en cause du titre pour en faire constater une déchéance ou la forclusion.

Pour l'application du présent article, le client d'un conseil en propriété industrielle est celui qui fait appel à lui pour le conseiller, l'assister ou le représenter, à l'exclusion de simples opérations de paiement de taxes et redevances.

12.3. Du secret professionnel. Le conseil en propriété industrielle est le confident nécessaire du client. En toute matière, conformément aux dispositions de l'article L. 422-11 du code de la propriété intellectuelle, les pièces du dossier et en particulier les consultations adressées par un conseil en propriété industrielle à son client ou destinées à celui-ci, les correspondances échangées entre le client et son conseil en propriété industrielle, ainsi que les échanges entre confrères et avec un avocat sont couvertes par le secret professionnel et doivent demeurer confidentielles.

Ce secret professionnel s'inscrit dans le cadre et avec les limites imposées par les conditions législatives et réglementaires générales.

12.4. De la communauté d'obligations. Lorsque des conseils en propriété industrielle exercent en commun, ils sont pour les besoins des articles 12-1 à 12-3 considérés comme une entité unique tenue d'en respecter les dispositions.

Ces conseils en propriété industrielle peuvent, dans l'intérêt du client, coopérer dans une même affaire sans qu'il puisse leur être reproché une violation du secret professionnel.

Le conseil en propriété industrielle doit faire respecter le secret par les membres du personnel de sa structure d'exercice et par toute personne qui coopère avec lui dans son activité professionnelle. Il répond des violations du secret qui seraient ainsi commises.

12.5. De l'acceptation et du dessaisissement. Le conseil en propriété industrielle agit dans le respect de la liberté de son client.

Il demeure maître de ses conseils et de son argumentation.

Il est libre, pour des raisons qui relèvent de sa seule conscience, de refuser ou rejeter un dossier, sauf à avertir sans délai son client et à lui donner les informations que peut requérir un état d'urgence.

Il conduit jusqu'à son terme l'affaire dont il est chargé, sauf si son client l'en dessaisit. Le conseil en propriété industrielle est réputé dessaisi en cas de défaut de paiement par le client des honoraires, frais et redevances justifiés qui sont demandés pour ladite affaire, et après que le client a été dûment prévenu de ce dessaisissement.

Le conseil en propriété industrielle ne dispose d'aucun droit de rétention et remet au client qui l'a dessaisi ou au nouveau mandataire de celui-ci tous les documents ayant un caractère officiel dont il est dépositaire et qui ne sont pas librement accessibles sur les bases de données officielles en ligne, ainsi que toutes les pièces et informations nécessaires à l'exécution ou à l'achèvement de la mission qui lui était confiée ; la remise doit intervenir dans un délai permettant d'éviter toute forclusion ou prescription.

12.6. De l'indépendance économique. Le conseil en propriété industrielle, quelles que soient les modalités d'exercice de sa profession, ne doit jamais aliéner son indépendance professionnelle. Il ne doit pas notamment acquérir d'intérêt financier dans un droit de propriété industrielle quelconque dans des circonstances propres à donner naissance à un conflit entre ses obligations professionnelles et son intérêt.

Même dans ses missions relatives au transfert de technologie et de droits de propriété industrielle ou dans ses missions de création de marques, il ne peut accomplir aucun acte susceptible de donner un caractère commercial à ses activités.

12.7. Des frais et honoraires. Le conseil en propriété industrielle établit un barème indicatif du montant de ses honoraires, distincts des remboursements des frais et redevances. Le détail de toutes ces charges est communiqué à toute personne qui en fait la demande.

Pour chaque affaire, le conseil en propriété industrielle fixe ses honoraires en accord avec son client.

Les honoraires tiennent compte des difficultés, des conditions et de l'urgence de l'affaire, de la nature du dossier, du temps passé, des intérêts en cause et de la notoriété du conseil en propriété industrielle.

Sauf convention contraire, les notes de débours et honoraires sont payables à leur réception. A défaut de paiement de la provision demandée ou d'une note d'honoraires antérieure, le conseil en propriété industrielle peut renoncer à s'occuper de l'affaire ou s'en retirer. Il fournit à son client toute information nécessaire à cet effet.

12.8. Il est interdit au conseil en propriété industrielle de prendre à sa charge ou d'offrir de prendre à sa charge les risques financiers ou les frais d'une opération ou d'une intervention pour autrui ainsi que de fixer sa rémunération exclusivement en fonction du résultat escompté d'une telle opération ou intervention.

12.9. Le conseil en propriété industrielle rend compte de l'exécution de son mandat, notamment en ce qui concerne le maniement des fonds ; à cet effet, il remet à son client un compte qui fait ressortir distinctement, d'une part, les honoraires, d'autre part, les frais et redevances ; ce compte indique les sommes précédemment reçues à titre de provision ou de paiement.

Est licite la convention qui, outre la rémunération des prestations effectuées, prévoit la fixation d'un honoraire complémentaire en fonction du résultat obtenu ou du service rendu.

12.10. De la présentation de clientèle. La rémunération pour apport d'affaires est interdite.

Les dispositions de l'alinéa précédent ne sauraient s'appliquer aux conventions de présentation de clientèle.

Art. 13 *Des missions du conseil en propriété industrielle.* 13.1 De la rédaction et de la consultation

Le conseil en propriété industrielle rédige pour ses clients des demandes de titres de propriété industrielle ou des actes en matière de propriété industrielle, droits annexes et droits portant sur toutes questions connexes. Dans ces mêmes matières, il établit à leur demande des consultations juridiques.

Il s'attache à recueillir de son client toutes informations sur ses activités et projets ainsi que sur ses objectifs, sur l'état de la technique, sur les droits existants, sur l'état de la concurrence, pour lui proposer et lui fournir une prestation adaptée à la situation. En retour, il informe son client des limites éventuelles de ses prestations et des effets prévisibles des actes qu'il prépare.

Le conseil en propriété industrielle refuse de participer à la rédaction d'un acte ou d'une convention manifestement illicite ou frauduleux.

Le conseil en propriété industrielle seul rédacteur d'un acte veille à l'équilibre des intérêts des parties. Lorsqu'il a été saisi par une seule des parties, il prend les dispositions permettant à l'autre partie d'être informée de la possibilité qu'elle a d'être conseillée et de se faire assister par un autre conseil ou par un avocat.

13.2. De la négociation. Dans une situation de négociation, le conseil en propriété industrielle doit lorsqu'il se met en rapport avec l'interlocuteur de son client, l'inviter à lui faire connaître le nom de son propre conseil (conseil en propriété industrielle, avocat, juriste d'entreprise, spécialiste d'entreprise en propriété industrielle ...).

Le conseil en propriété industrielle chargé d'assister un client dans une négociation ne peut conduire des pourparlers qu'en présence de son client ou avec son accord. Il doit tenir son client informé de l'état d'avancement des pourparlers.

Lorsque des pourparlers sont conduits avec une partie assistée d'un conseil ou d'un avocat, le conseil en propriété industrielle ne peut la recevoir seule, sauf accord préalable du conseil de cette partie.

Lorsque cette partie n'a pas de conseil, le conseil en propriété industrielle doit dès l'abord, suggérer l'assistance d'un conseil.

13.3. Du conseil en propriété industrielle mandataire. Le conseil en propriété industrielle peut recevoir mandat d'agir, de signer et de négocier au nom et pour le compte de son client. Un tel mandat doit être spécifique et ne peut en conséquence avoir un caractère global.

Toutefois, le conseil en propriété industrielle peut recevoir et accepter d'un client un mandat général aux fins de déposer et obtenir des titres de propriété industrielle auprès de toute instance administrative compétente.

Tout mandat donné à un conseil en propriété industrielle doit être écrit. Il doit préciser les nom et qualité du mandant et l'objet pour lequel il est établi.

Le conseil en propriété industrielle doit respecter strictement l'objet du mandat et veiller à obtenir du mandant une extension de ses pouvoirs si les circonstances l'exigent.

S'il se trouve dans l'impossibilité d'accomplir le mandat qui lui est confié, il doit en aviser sans délai le mandant.

Dans le cas où il est dispensé de présenter un mandat, le conseil en propriété industrielle doit toujours faire connaître clairement le nom de son mandant, notamment dans ses rapports avec les administrations et organismes traitant de la propriété industrielle.

Le conseil en propriété industrielle, agissant à titre de mandataire d'un client pour l'obtention d'un titre de propriété industrielle, agit dans le cadre du mandat reçu de son client, et dans le respect des dispositions légales et réglementaires relatives au titre à obtenir.

Il tient son client au courant du déroulement de la procédure et des délais impartis pour l'exécution des actes de procédure. Il sollicite les instructions de son client chaque fois qu'une décision doit être prise dans une situation susceptible d'entraîner une perte de droits.

Sauf convention contraire, le mandat prend fin lorsque la délivrance du titre est devenue définitive.

13.4. Des missions de justice du conseil en propriété industrielle. Les conseils en propriété industrielle peuvent accepter les missions de justice et figurer sur une liste d'experts auprès de toutes juridictions.

Dans son activité d'expert judiciaire, outre les cas prévus au code de procédure civile, le conseil en propriété industrielle doit se récuser lorsque l'une des parties risque de se trouver en situation de conflit d'intérêts avec l'un de ses clients, lorsque le secret professionnel risque d'être violé ou lorsque son indépendance risque de n'être plus entière.

Il prend soin de distinguer son activité d'expert judiciaire de son activité de conseil.

Chapitre IV Devoirs du conseil en propriété industrielle

Art. 14 *Dispositions générales.* 14.1. Le conseil en propriété industrielle exerce sa profession dans le respect des lois et des règlements qui la régissent.

Il est tenu d'observer les règles et usages professionnels, notamment envers ses confrères, ses clients et les professionnels intervenant dans le cadre d'un dossier.

14.2. Le conseil en propriété industrielle doit exercer sa profession avec dignité, indépendance, conscience et probité. En toutes circonstances, il se comporte avec honneur, loyauté, délicatesse courtoisie et désintéressement.

14.3. Même en dehors de sa profession, le conseil en propriété industrielle doit s'abstenir de tout acte de nature à la déconsidérer.

14.4. Qu'il exerce en qualité d'associé d'une société de conseils en propriété industrielle ou en vertu d'un contrat de travail ou de collaboration, le conseil en propriété industrielle reste, libre, pour des raisons qui relèvent de sa seule conscience, de refuser d'exécuter ou de poursuivre une mission. En tout état de cause, il doit s'assurer que toutes les mesures soient prises, le cas échéant, pour que les intérêts légitimes du client soient sauvegardés.

14.5. Le conseil en propriété industrielle doit s'abstenir, sauf s'il agit en cette qualité, de se prévaloir de ses fonctions au sein de la Compagnie.

Art. 15 *Des rapports entre conseils en propriété industrielle.* 15.1. Les rapports entre confrères doivent être empreints de courtoisie et d'une totale loyauté. Le conseil en propriété industrielle doit s'abstenir de tout acte susceptible de porter préjudice à un confrère.

15.2. Le président de la Compagnie, informé d'une décision définitive sanctionnant des actes de concurrence déloyale entre confrères, saisit la chambre de discipline.

15.3. Respectueux de ses obligations confraternelles, le conseil en propriété industrielle, s'il fait appel, pour un dossier, à l'intervention d'un confrère, doit s'assurer que ledit confrère n'est pas en situation de conflit d'intérêts et il veille à ce que le secret professionnel soit préservé. En tout état de cause, il demeure responsable devant son client.

15.4. Le conseil en propriété industrielle, sollicité par un client pour reprendre un dossier précédemment suivi par un confrère doit agir, à l'égard de ce dernier, avec courtoisie et loyauté et avant toute diligence, le prévenir par écrit et s'assurer notamment du règlement de ses honoraires.

Le nouveau conseil s'efforce d'obtenir de son client qu'il règle les sommes restant éventuellement dues à son prédécesseur en charge du dossier.

Toutes difficultés relatives à la rémunération du conseil initialement saisi ou à la restitution par ce dernier des pièces du dossier sont obligatoirement soumises au président.

15.5. La rédaction en collaboration d'un même acte ne peut donner lieu à un cumul d'honoraires, sous réserve, s'il y a lieu, des honoraires d'études, assistance et travaux préparatoires propres à chaque conseil.

Toute rémunération commune doit être partagée équitablement.

15.6. Le conseil en propriété industrielle assistant un client devant un tribunal arbitral ou toute autre juridiction, administrative ou judiciaire, à laquelle il peut avoir légalement accès, doit communiquer au conseil de la partie adverse les pièces qu'il entend produire dans le respect de l'obligation de confidentialité prévue à l'article 12.3 et des garanties du procès équitable.

15.7 En cas de décès ou d'empêchement grave d'un conseil en propriété industrielle seul civilement responsable de son cabinet, le président de la Compagnie peut consulter tous les intéressés et désigner un membre de la Compagnie pour gérer provisoirement le cabinet et veiller à la sauvegarde des intérêts de ses clients et de ceux du conseil ou de ses ayants droit, jusqu'à la reprise d'activité du conseil empêché ou la désignation d'un successeur.

15.8. En cas d'administration judiciaire d'une société de conseils en propriété industrielle, le président de la Compagnie se met en rapport avec l'administrateur en vue de veiller à la sauvegarde des intérêts des clients de la société.

Art. 16 *Des rapports avec les professions libérales juridiques règlementées, les experts-comptables et les administrations.* 16.1. Dans ses rapports avec les professions libérales juridiques règlementées, les experts-comptables et les représentants des administrations et organismes français, étrangers, européens, communautaires et internationaux, le conseil en propriété industrielle se doit de respecter les règles de courtoisie et de loyauté auxquelles il est tenu à l'égard de ses confrères.

16.2. Le conseil en propriété industrielle, préalablement à toute action personnelle auprès des pouvoirs publics ou autres organisations nationales ou internationales et susceptible d'entraver l'une quelconque des missions de la Compagnie, doit en informer le président de la Compagnie.

16.3. Le conseil en propriété industrielle doit respecter les accords nationaux ou régionaux conclus par la Compagnie sur le plan professionnel et déontologique avec les professions libérales juridiques règlementées, les experts-comptables, les administrations et les organismes.

Le conseil en propriété industrielle doit respecter les règles de déontologie des autres professions auxquelles il peut appartenir et en particulier, s'il y a lieu, celles de l'institut des mandataires agréés près l'Office européen des brevets.

16.4. Tout litige professionnel survenant entre un conseil en propriété industrielle et un membre d'une profession libérale juridique réglementée ou un expert-comptable doit être porté à la connaissance du président de la Compagnie, avant toute action.

Le litige peut faire l'objet, à l'initiative du conseil en propriété industrielle ou du professionnel, d'une tentative de conciliation par les représentants qualifiés des deux professions.

16.5. Au-delà des dispositions impératives de l'article L. 422-11 du code de la propriété intellectuelle, les règles relatives à la communication des pièces et au caractère confidentiel des consultations et correspondances échangées s'appliquent sous réserve de réciprocité dans les rapports entre les conseils en propriété industrielle et les membres des professions libérales juridiques réglementées et les experts-comptables.

16.6. Le conseil en propriété industrielle ne peut coopérer, pour la défense des intérêts de son client, avec un avocat sans l'accord dudit client.

16.7. Toutes les dispositions régissant les rapports entre les conseils en propriété industrielle s'appliquent *mutatis mutandis* à l'égard des correspondants étrangers des conseils en propriété industrielle et des membres des professions libérales juridiques réglementées et des experts-comptables.

Le conseil en propriété industrielle procède ponctuellement, dans un délai raisonnable, au règlement des notes de frais et honoraires qui lui sont adressées par ses correspondants étrangers.

Art. 17 Tout conseil en propriété industrielle est soumis à une obligation de formation continue organisée conformément au code de la propriété intellectuelle et particulièrement ses articles L. 422-10-1 R. 422-55-1.

Art. 18 *Des consultations gratuites.* 18.1. A l'exception des membres du bureau en exercice et des anciens présidents de la Compagnie, tout conseil est tenu de déférer à la désignation dont il est l'objet en vue de participer au service de consultations gratuites organisé conjointement par l'Institut national de la propriété industrielle ou certaines chambres de commerce et la Compagnie.

18.2. Le conseil en propriété industrielle assurant des permanences dans le cadre des conventions de régionalisation est tenu d'apporter tout son concours à la mise en œuvre desdites conventions, notamment en faisant part de tout empêchement, suffisamment à temps pour que la Compagnie puisse pourvoir à son remplacement.

18.3. Tout refus de tenir de telles consultations ou permanences ou toute absence à l'une d'entre elles constitue une faute déontologique qui est passible, outre une admonestation du président et l'obligation d'avoir à compenser par la tenue d'une ou plusieurs autres consultations ou permanences, de sanctions disciplinaires.

18.4. Le conseil en propriété industrielle tenant lesdites consultations ou permanences fournit à titre gracieux des informations d'ordre général et il prend à sa charge ses frais de déplacement. Le conseil en propriété industrielle est tenu de fournir la liste des membres de la Compagnie dans l'hypothèse où les renseignements ou les informations demandés lors de telles permanences nécessiteraient une étude ou une consultation de la part d'un conseil. Dans ce cas, la prestation du conseil ainsi choisi, qui peut être celui ayant donné les informations au cours d'une permanence, sera effectuée à titre onéreux, en dehors du cadre de la permanence et selon les règles habituelles de la profession.

Art. 19 *Publicité.* 19.1. La publicité fonctionnelle, destinée à faire connaître la Compagnie, la profession et ses activités, relève de la compétence exclusive de la Compagnie.

19.2. Le conseil en propriété industrielle participe à l'action de promotion de la propriété industrielle et de la profession, mise en œuvre par le bureau de la Compagnie.

19.3. A moins d'y être autorisé par le président de la Compagnie, le conseil en propriété industrielle s'interdit de faire, au nom de la Compagnie, toute communication écrite ou orale.

19.4. Le conseil en propriété industrielle est libre de faire en son propre nom toute publication ou communication qu'il estime utile, concernant directement ou indirectement la propriété industrielle, sous réserve du respect des dispositions législatives et réglementaires concernant la publicité et notamment les articles L. 423-1 et R. 423-2 du code de la propriété intellectuelle.

Art. 20 *Information des clients et correspondants étrangers.* Le conseil en propriété industrielle est libre de diffuser au sein de sa clientèle française et étrangère, et de ses correspondants étrangers, toutes informations sur son organisation, celle de son cabinet, et le droit de la propriété industrielle, à condition que celles-ci soient rédigées en respectant les règles de dignité, de probité, de délicatesse, de discrétion et de loyauté que s'impose la profession.

Chapitre V Conditions d'admission sur la liste

Art. 21 *Stages.* 21.1. L'inscription sur la liste des conseils en propriété industrielle suppose l'inscription préalable sur la liste des personnes qualifiées en matière de propriété industrielle, laquelle est elle-même subordonnée, entre autres, à une pratique professionnelle de trois années au moins. La pratique professionnelle est acquise sous la responsabilité d'une personne qualifiée en propriété industrielle.

21.2. Lorsque la pratique professionnelle est acquise sous la responsabilité d'un conseil en propriété industrielle agissant en qualité de maître de stage, elle est effectuée dans les conditions ci-après.

21.3. Le maître de stage est tenu de participer activement, dans la mesure de ses moyens, à la formation du stagiaire, dans le but d'aider celui-ci à compléter ses connaissances théoriques et à acquérir les connaissances pratiques devant lui permettre de se présenter dans les meilleures conditions à l'examen d'aptitude prévu à l'issue du stage, et ultérieurement d'exercer de manière qualifiée la profession.

Au début du stage, le maître de stage remet au stagiaire un exemplaire du règlement intérieur de la Compagnie afin notamment de le sensibiliser aux règles déontologiques de la profession.

21.4. Les travaux du stagiaire, orientés sur une formation progressive et diversifiée, couvrent l'ensemble des activités d'un conseil en propriété industrielle et sont contrôlés régulièrement par le maître de stage.

Le maître de stage remet sous sa propre responsabilité au stagiaire un certificat de stage attestant la nature et l'étendue de la pratique professionnelle, ce certificat étant à joindre à la demande d'inscription aux épreuves de l'examen d'aptitude.

21.5. Le stagiaire doit se conformer aux directives professionnelles du maître de stage. Il est tenu au secret professionnel et doit de manière plus générale respecter la déontologie de la profession.

Sauf accord du maître de stage et sous réserve des dispositions légales et/ou réglementaires, le stagiaire ne peut accomplir d'actes professionnels pour son compte personnel.

Le stage est rémunéré.

21.6. Lorsque le directeur général de l'Institut national de la propriété industrielle sollicite l'avis réglementaire de la Compagnie au sujet d'une demande d'inscription sur la liste des conseils en propriété industrielle, le bureau se réserve la possibilité d'entendre le postulant et le ou les maîtres de stage pour éclairer l'avis de la Compagnie.

Chapitre VI Procédures disciplinaires

Art. 22 *Des radiations.* 22.1. Le conseil en propriété industrielle radié de la liste prévue à l'article L. 422-1 du code de la propriété intellectuelle ne peut exercer, pendant la durée de la radiation, aucune activité professionnelle de conseil en propriété industrielle.

22.2. Si le conseil en propriété industrielle radié de la liste précitée est associé d'une société de conseils en propriété industrielle, il cesse son activité mais ne perd pas nécessairement sa qualité d'associé ; sous réserve des dispositions statutaires de la société et sans préjudice des dispositions de l'article 27 du décret du 1er avril 1992, il conserve ses droits dans la répartition des bénéfices de la société.

22.3. En cas de radiation temporaire ou définitive, tout conseil en propriété industrielle ou les mandataires sociaux de toute société de conseils en propriété industrielle doivent déterminer avec le président de la Compagnie les mesures propres à assurer la sauvegarde des intérêts de leur clientèle. A défaut de mention contraire, et s'il le juge utile, le président de la Compagnie peut communiquer à tout tiers concerné, afin qu'il puisse préserver ses droits, un extrait du BOPI qui a publié la radiation prévue à l'article R. 422-66 du code de la propriété intellectuelle.

Art. 23 *De la publicité des sanctions.* 23.1 L'avertissement ou le blâme infligé à un conseil en propriété industrielle ou à une société de conseils en propriété industrielle ne reçoivent aucune publicité ; ces sanctions font néanmoins l'objet des notifications prévues à l'article 26 du décret du 1er avril 1992.

23.2. La radiation temporaire ou définitive d'un conseil en propriété industrielle ou d'une société de conseils en propriété industrielle est publiée dans les conditions prévues par l'article 28 dudit décret.

23.3. Le secrétaire de la Compagnie peut établir à la demande du président des rapports d'activité donnant anonymement l'essentiel des décisions rendues par la chambre de discipline, des griefs formulés et des motifs retenus, lesquels peuvent être diffusés, avec l'accord du bureau de la Compagnie.

Chapitre VII Exercice collectif

Art. 24 *Généralités.* 24-1. La profession de conseil en propriété industrielle peut être exercée :

— à titre individuel ;

— en société civile ;

— en société civile professionnelle ;

— en société en participation ;

— en société soumise aux dispositions des articles L. 422-3, L. 422-7 et L. 422-7-1 du code de la propriété intellectuelle et 30 du décret n° 92-360 du 1er avril 1992 ;

— en société d'exercice libéral ;

— en association ne disposant pas de la personnalité morale ;

— en qualité de salarié ou de collaborateur libéral d'un autre conseil en propriété industrielle ou d'un groupe organisé sous forme de société ou d'association de conseils en propriété industrielle.

24.2. Les conseils en propriété industrielle peuvent constituer, en vue de faciliter ou de développer leurs activités professionnelles, des sociétés civiles de moyens, des groupements d'intérêt économique et des groupements européens d'intérêt économique, à objet civil, entre eux ou avec des personnes exerçant d'autres professions libérales voisines, pour autant qu'aucune disposition légale ou réglementaire propre à ces autres professions ne l'interdise. Ils peuvent également constituer des Sociétés de participation financière de profession libérale (SFPPL) afin de prendre des participations dans le capital de sociétés d'exercice libéral de conseil en propriété industrielle.

Tous statuts ou convention tendant à organiser une telle structure ainsi que toute modification de tels statuts ou d'une telle convention sont portés sans délai à la connaissance du président de la Compagnie.

24.3. Les conseils en propriété industrielle relevant de l'article 24.2 veillent au respect des règles relatives aux conflits d'intérêts et au secret professionnel.

24.4. Les règles de déontologie que doivent observer les conseils en propriété industrielle sont applicables à tout groupe, société et association de conseils en propriété industrielle.

24.5. En matière de représentation auprès de l'Institut national de la propriété industrielle dans les procédures visées à l'article L. 422-4 du code de la propriété intellectuelle un groupe organisé sous forme de société ou d'association de conseils en propriété industrielle ne peut agir que par l'intermédiaire d'un conseil en propriété industrielle.

Art. 25 *Information du public.* 25.1. Le conseil en propriété industrielle veille à porter à la connaissance du public toute circonstance de son exercice susceptible d'affecter son indépendance.

25.2. Dans le cas d'un exercice en société, le papier à lettres émanant de cette société mentionne le nom de tous les conseils en propriété industrielle qui y exercent ou à défaut l'indication des coordonnées du site professionnel mettant cette liste à disposition du public. Il indique également s'il est dérogé aux dispositions du 2° de l'article L. 422-7 du code de la propriété intellectuelle.

Le papier à lettres ainsi que tout document d'information émanant d'un conseil en propriété industrielle ou d'un groupe, de quelque type qu'il soit, de conseils en propriété industrielle font état de tout lien de coopération professionnelle avec une autre entité susceptible d'offrir les mêmes prestations.

25.3. Le papier à lettres et les documents d'information indiquent si le conseil en propriété industrielle ou un des conseils en propriété industrielle exerçant au sein d'un groupe exerce également au sein d'une autre entité susceptible d'offrir les mêmes prestations, ainsi que le nom de cette entité. Si le conseil en propriété industrielle est membre d'un groupement professionnel, il indique également cette appartenance sur son papier à lettres et ses documents d'information.

25.4. Dès lors que le nom d'un conseil en propriété industrielle est mentionné sur le papier à lettres ou les documents d'information, sa qualité de conseil en propriété industrielle doit l'être également.

Art. 26 *Bureaux secondaires.* Un cabinet de conseils en propriété industrielle ne peut faire état d'un bureau secondaire en France ou dans l'Espace économique européen que pour autant qu'un des conseils en propriété industrielle exerçant en son sein y possède une adresse professionnelle. Un conseil en propriété industrielle, personne physique, ne peut avoir plus de trois adresses professionnelles.

Ces dispositions ne font pas obstacle à ce qu'un conseil en propriété industrielle informe le public qu'il tient des permanences périodiquement ou sur rendez-vous en d'autres lieux, pour autant qu'il y dispose d'une installation professionnelle et sérieuse.

Art. 27 *Salariat.* Sous réserve des dispositions du contrat de travail, l'établissement du salarié, lors de la cessation de sa collaboration, demeure libre, à condition que cet établissement ne s'accompagne pas d'actes de concurrence déloyale, notamment d'interventions directes ou indirectes auprès d'un client du conseil en propriété industrielle, ancien employeur.

Chapitre VIII Relations avec les autres professionnels

Art. 28 *Principes généraux des groupements professionnels.* 28.1. Accords de coopération sans structure.

Les conseils en propriété industrielle sont libres de choisir les correspondants étrangers avec lesquels ils souhaitent collaborer pour répondre aux besoins de leurs clients.

28.2. Accords de coopération avec structure. Les conseils en propriété industrielle qui le souhaitent peuvent constituer une société civile de moyens (SCM), un groupement d'intérêt économique (GIE) ou groupement européen d'intérêt économique (GEIE) avec une ou plusieurs personnes habilitées à exercer en France ou à l'étranger une profession similaire ou voisine.

Le conseil en propriété industrielle peut participer à la SCM, au GIE ou au GEIE à titre de personne physique, ou par l'intermédiaire d'une société dûment inscrite sur la liste des sociétés de conseils en propriété industrielle conformément à la loi.

Une SCM, un GIE ou un GEIE auquel participe un conseil en propriété industrielle ne peut avoir qu'un objet civil et doit respecter les règles légales et déontologiques relatives aux conditions d'exercice de la profession de conseil en propriété industrielle. Il ne peut avoir pour objet que de faciliter ou développer l'activité professionnelle de ses membres à l'exclusion de tout exercice en commun. L'activité de la SCM, du GIE ou du GEIE doit se rattacher à l'activité économique de ses membres et ne peut avoir qu'un caractère auxiliaire par rapport à celle-ci. Il ne peut exercer lui-même la ou les professions de ses membres.

Art. 28 ***bis*** *Réseaux interprofessionnels.* Sous réserve du respect de l'ensemble des dispositions législatives et réglementaires, y compris celles du présent règlement, les conseils en propriété industrielle peuvent participer à des réseaux interprofessionnels.

Art. 29 *Inscription en France des ressortissants de l'Union européenne ou d'un État partie à l'accord sur l'Espace économique européen ou partie à un accord avec la France reconnaissant cette pratique professionnelle.* 29.1. Les ressortissants de l'Union européenne ou d'un État partie à l'accord sur l'Espace économique européen ou partie à un accord avec la France reconnaissant cette pratique professionnelle inscrits sur la liste des conseils en propriété industrielle sont membres de la Compagnie.

29.2. Les ressortissants de l'Union européenne ou d'un État partie à l'accord sur l'Espace économique européen ou partie à un accord avec la France reconnaissant cette pratique professionnelle inscrits sur la liste des conseils en propriété industrielle sont soumis à toutes les dispositions qui régissent la profession, et notamment à celles du présent règlement même s'ils conservent un titre ou poursuivent une activité professionnelle dans un autre État membre.

29.3. Tout ressortissant de l'Union européenne ou d'un État partie à l'accord sur l'Espace économique européen ou partie à un accord avec la France reconnaissant cette pratique professionnelle inscrit sur la liste des conseils en propriété industrielle doit immédiatement déclarer au président de la Compagnie toute nouvelle habilitation à exercer dans un autre État membre, et toute modification apportée aux habilitations antérieurement déclarées.

29.4. Lorsqu'un ressortissant de l'Union européenne ou d'un État partie à l'accord sur l'Espace économique européen ou partie à un accord avec la France reconnaissant cette pratique professionnelle inscrit sur la liste des conseils en propriété industrielle fait l'objet d'une sanction disciplinaire publiée, la décision correspondante est communiquée le cas échéant aux instances adéquates des États membres auprès desquels il possède aussi une habilitation à exercer.

Chapitre IX Conciliation du président

Art. 30 *Généralités.* D'une manière générale, toutes difficultés, toutes contestations et tous litiges entre conseils en propriété industrielle en raison de relations professionnelles, d'exercice professionnel ou de relations de collaboration doivent, préalablement à toute instance et action, être portés à la connaissance du président de la Compagnie par le conseil en propriété industrielle le plus diligent.

Si les parties en sont d'accord, le président peut engager une procédure de conciliation.

Toute contestation entre un conseil en propriété industrielle et l'un de ses clients peut également faire l'objet d'une procédure de conciliation par le président si le client concerné le demande ou l'accepte.

Art. 31 *Procédure de conciliation.* 31.1. La demande de conciliation présentée par l'une des parties expose sommairement les faits, les questions en litige et les prétentions du demandeur. La demande de conciliation est simultanément transmise à l'autre partie qui dispose d'un délai d'un mois pour faire connaître sommairement son point de vue.

Dès réception de la réponse à la demande de conciliation, ou à l'expiration du délai de réponse, le président décide, selon les circonstances, de procéder lui-même à la conciliation ou désigne, à cet effet l'un des vice-présidents.

Le président ou, le cas échéant, le vice-président désigné peut choisir un rapporteur conseil en propriété industrielle, afin de procéder à l'instruction du litige.

Les parties sont invitées à présenter par écrit et oralement les faits et les moyens de droit qu'elles entendent faire valoir. La procédure de conciliation respecte, en toute occasion, le principe du contradictoire.

31.2. En cas de conciliation totale ou partielle, une proposition de conciliation est rédigée et soumise aux parties en vue de la signature d'un accord mutuel. A défaut de conciliation totale, les points contestés sont consignés.

31.3. Le délai de conciliation est de six mois à compter de la demande de conciliation. A défaut de conciliation totale ou partielle dans ce délai, la procédure devient caduque.

31.4 Les délais visés aux alinéas précédents tiennent compte d'éventuels délais de prescription d'une action judiciaire.

31.5 Au cas où le mandat du président ou du vice-président désigné vient à expiration, il poursuit de plein droit la conciliation entreprise.

Art. 32 *Confidentialité.* L'ensemble de la procédure de conciliation reste confidentiel entre les parties, nonobstant toute communication rendue nécessaire par la saisine du tribunal compétent.

Chapitre X Mesures transitoires

Art. 33 *Le présent règlement intérieur produit ses effets à la date de son entrée en vigueur.* Toutefois, par dérogation, les conseils en propriété industrielle et les cabinets de conseil en propriété industrielle qui ne respecteraient pas à cette date les conditions fixées aux articles 25, 26 et 28 *bis* ci-dessus, bénéficieront d'un délai maximal d'une année pour régulariser leur situation et pour en justifier auprès du secrétaire de la Compagnie nationale des conseils en propriété industrielle.

VI DÉSIGNATION DES MARCHANDISES (NOM, ENVELOPPES, ÉTIQUETTES, COULEURS, ETC.)

RÉP. COM. v° *Nom commercial*, par LOISEAU.

Code de la consommation

PARTIE LÉGISLATIVE

(Ord. n° 2016-301 du 14 mars 2016, en vigueur le 1er juill. 2016)

Art. L. 411-2 Tout opérateur ayant connaissance, après avoir acquis ou cédé des produits, d'une non-conformité à la réglementation portant sur une qualité substantielle de tout ou partie de ces produits, en informe sans délai, par tous moyens dont il peut justifier, celui qui lui a fourni ces produits et ceux à qui il les a cédés. — *[C. consom., art. L. 217-5, al. 1er.]*

Sur les sanctions, V. art. L. 451-1.

Ancien art. L. 217-5, al. 2 *Le fait pour l'opérateur de ne pas procéder à cette information est puni d'un an d'emprisonnement et de 150 000 € d'amende.*

....

Art. L. 413-6 Il est interdit de supprimer, masquer, altérer ou modifier frauduleusement de quelque façon que ce soit, les noms, signatures, monogrammes, lettres, chiffres, numéros de série, emblèmes, signes de toute nature apposés ou intégrés sur ou dans les marchandises et servant à les identifier de manière physique ou électronique. — *[C. consom., art. L. 217-2, hors sanction.]*

Art. L. 413-7 Il est interdit d'exposer, mettre en vente, vendre ou détenir dans des locaux utilisés à des fins professionnelles, des marchandises dont les signes d'identification ont été altérés. — *[C. consom., art. L. 217-3, hors sanction.]*

....

Art. L. 451-1 *(L. n° 2017-203 du 21 févr. 2017, art. 11)* Le fait pour l'opérateur de ne pas procéder à l'information prévue à l'article L. 411-2 est puni d'une peine d'un an d'emprisonnement et de 150 000 euros d'amende.

....

Art. L. 451-11 La violation des interdictions prévues à l'article L. 413-6 est punie d'une peine d'emprisonnement de deux ans et d'une amende de 300 000 euros. — *[C. consom., art. L. 217-2, sanction.]*

Art. L. 451-12 La violation des interdictions prévues à l'article L. 413-7 est punie d'une peine d'emprisonnement d'un an et d'une amende de 150 000 euros. — *[C. consom., art. L. 217-3, sanction.]*

....

VII DESSINS ET MODÈLES

Droit international

RÉP. INTERNAT. v° *Dessins et modèles*, par DERRUPPÉ.
RÉP. COM. v° *Dessins et modèles*, par PASSA.

Arrangement de La Haye du 6 novembre 1925,

Concernant l'enregistrement international des dessins et modèles industriels. — Publié par Décr. 5 oct. 1930 (JO 9 oct.). — Entré en vigueur pour la France le 20 oct. 1930. — Révisé à Londres le 2 juin 1934. — Entré en vigueur pour la France, dans sa version révisée, le 25 juin 1939. — Extinction le 18 oct. 2016.

« L'application de l'Acte de 1934 a été gelée à compter du 1er janvier 2010, ce qui signifie qu'aucun nouvel enregistrement et aucune nouvelle désignation selon l'Acte de 1934 ne peuvent être inscrits

depuis cette date au registre international. Toutefois, le renouvellement des désignations existantes effectuées en vertu de l'Acte de 1934 et l'inscription au registre international de tout changement concernant ces désignations resteront possibles jusqu'à la durée maximale de protection accordée en vertu de cet acte (15 ans). » (OMPI, résumé de l'Arrangement de La Haye et communiqué de presse du 25 sept. 2009).

La France a notifié, le 20 sept. 2010, son acceptation d'extinction de l'Acte de 1934.

L'extinction de l'Acte de Londres de l'Arrangement de La Haye concernant le dépôt international des dessins et modèles industriels du 6 nov. 1925, tel que révisé le 2 juin 1934 ("Acte de Londres") et de l'Acte additionnel de Monaco du 18 nov. 1961 audit Arrangement a pris effet le 18 oct. 2016 (OMPI, notification La Haye n° 130 du 18 juill. 2016).

Les références, dans le présent acte, au « Bureau international de la propriété industrielle à Berne », au « Bureau international de Berne » ou au « Bureau international » sont à considérer comme se rapportant au « Bureau international de la propriété intellectuelle » (Acte de Stockholm du 14 juill. 1967, art. 6).

Art. 1er ***Les ressortissants de chacun des pays contractants, ainsi que les personnes ayant satisfait sur le territoire de l'Union restreinte aux conditions établies par l'article 3 de la convention générale, pourront s'assurer dans tous les autres pays contractants, la protection de leurs dessins ou modèles industriels, au moyen d'un dépôt international effectué au bureau international pour la protection de la propriété industrielle, à Berne.***

Art. 2 ***1. Le dépôt international comprendra les dessins ou modèles, soit sous la forme du produit industriel auquel ils sont destinés, soit sous celle d'un dessin, d'une photographie ou de toute autre représentation graphique suffisante dudit dessin ou modèle.***

2. Les objets seront accompagnés d'une demande de dépôt international, en double exemplaire, contenant en langue française les indications que précisera le règlement d'exécution.

Art. 3 ***1. Aussitôt que le bureau international aura reçu la demande de procéder à un dépôt international, il inscrira cette demande dans un registre spécial et la publiera en remettant gratuitement à chaque administration le nombre d'exemplaires voulu de la feuille périodique dans laquelle il publiera les inscriptions.***

2. Les dépôts seront conservés dans les archives du bureau international.

Art. 4 ***1. Celui qui effectue le dépôt international d'un dessin ou modèle industriel est considéré jusqu'à preuve du contraire comme propriétaire de l'œuvre.***

2. Le dépôt international est purement déclaratif. En tant que dépôt, il produira dans les pays contractants les mêmes effets que si les dessins ou modèles y avaient été directement déposés à la date du dépôt international, sous bénéfice toutefois des règles spéciales établies par le présent arrangement.

3. La publicité mentionnée dans l'article précédent sera considérée dans tous les pays contractants comme pleinement suffisante et aucune autre ne pourra être exigée du déposant, sous réserve des formalités à remplir pour l'exercice du droit conformément à la loi intérieure.

4. Le droit de priorité établi par l'article 4 de la convention générale sera garanti à tout dessin ou modèle qui a fait l'objet d'un dépôt international, sans l'obligation d'aucune des formalités prévues par ce même article.

Art. 5 ***Les pays contractants conviennent de ne pas exiger que les dessins ou modèles ayant fait l'objet d'un dépôt international soient revêtus d'une mention obligatoire. Ils ne les frapperont de déchéance ni pour défaut d'exploitation ni pour introduction d'objets conformes à ceux protégés.***

Art. 6 ***1. Le dépôt international peut comprendre soit un seul dessin ou modèle, soit plusieurs, dont le nombre devra être précisé dans la demande.***

2. Il pourra être opéré soit sous pli ouvert, soit sous pli cacheté. Seront acceptées notamment comme moyens de dépôt sous pli cacheté les enveloppes doubles avec numéro de contrôle perforées (système Soleau) ou tout autre système approprié pour assurer l'identification.

3. Les dimensions maxima des plis ou paquets susceptibles d'être déposés seront déterminées par le règlement d'exécution.

Art. 7 ***La durée de la protection internationale est fixée à quinze ans, comptée à partir de la date du dépôt au bureau international : ce délai est divisé en deux périodes, savoir une période de cinq ans et une période de dix ans.***

Art. 8 ***Pendant la première période de protection, les dépôts seront admis soit sous pli ouvert, soit sous pli cacheté : pendant la deuxième période ils ne seront admis qu'à découvert.***

Art. 9 *Au cours de la première période, les dépôts sous pli cacheté pourront être ouverts sur la demande du déposant ou d'un tribunal compétent : à l'expiration de la première période, ils seront ouverts en vue du passage à la seconde période, sur une demande de prorogation.*

La revendication, lors d'un dépôt international de modèle d'un droit de priorité en vertu de l'art. 9 de l'arrangement de la Haye, acte de 1960, est indépendante de l'étendue de la protection conférée par un tel dépôt qui ne produit ses effets que dans les pays expressément désignés par le déposant lors de ce dépôt. • Com. 15 mars 2011 : *D. 2011. AJ 1010*.

Art. 10 *Dans les six premiers mois de la cinquième année de la première période, le bureau international donnera un avis officieux de l'échéance au déposant du dessin ou modèle.*

Art. 11 *1. Lorsque le déposant désirera obtenir la prolongation de la protection par le passage à la deuxième période, il devra remettre au bureau international, avant l'expiration du délai, une demande de prorogation.*

2. Le bureau international procédera à l'ouverture du pli, s'il est cacheté, publiera dans son journal la prorogation intervenue et la notifiera à toutes les administrations par la remise du nombre d'exemplaires voulu de ce journal.

Art. 12 *Les dessins ou modèles contenus dans les dépôts non prorogés, de même que ceux dont la protection est expirée, seront rendus tels quels à leurs propriétaires, sur leur demande et à leurs frais. S'ils ne sont pas réclamés, ils seront détruits au bout de deux ans.*

Art. 13 *1. Les déposants pourront à toute époque renoncer à leur dépôt, soit en totalité, soit partiellement, au moyen d'une déclaration qui sera adressée au bureau international : ce dernier lui donnera la publicité prévue à l'article 3.*

2. La renonciation comporte la restitution du dépôt aux frais du déposant.

Art. 14 *Lorsqu'un tribunal ou toute autre autorité compétente ordonnera qu'un dessin ou modèle secret lui soit communiqué, le bureau international, régulièrement requis, procédera à l'ouverture du paquet déposé, en extraira le dessin ou modèle demandé et le fera parvenir à l'autorité requérante. La même communication aura lieu sur demande pour un dessin ou modèle ouvert. L'objet ainsi communiqué devra être restitué dans le plus bref délai possible et réincorporé, le cas échéant, dans le pli cacheté ou dans l'enveloppe. Ces opérations pourront être soumises à une taxe qui sera fixée par le règlement d'exécution.*

Art. 15 *Abrogé par Acte de Stockholm du 14 juill. 1967, art. 6.*

Art. 16 *Le produit net annuel des taxes sera réparti, conformément aux modalités prévues par l'article 8 du règlement, entre les pays contractants, par les soins du bureau international, après déduction des frais communs nécessités par l'exécution du présent arrangement.*

Art. 17 *1. Le bureau international inscrira dans ses registres tous les changements affectant la propriété des dessins ou modèles dont il aura reçu notification de la part des intéressés ; il les publiera dans son journal et les dénoncera à toutes les administrations par la remise du nombre d'exemplaires voulu de ce journal.*

2. Ces opérations peuvent être soumises à une taxe qui sera fixée par le règlement d'exécution.

3. Le titulaire d'un dépôt international peut en céder la propriété pour une partie seulement des dessins ou modèles compris dans un dépôt multiple ou pour un ou plusieurs pays contractants seulement ; mais, dans ces cas, s'il s'agit d'un dépôt effectué sous pli cacheté, le bureau international devra procéder, avant l'inscription de la transmission sur ses registres, à l'ouverture du dépôt.

Art. 18 *1. Le bureau international délivrera à toute personne, sur demande, contre une taxe fixée par le règlement, une expédition des mentions inscrites dans le registre au sujet d'un dessin ou modèle déterminé.*

2. L'expédition pourra, si le dessin ou modèle s'y prête, être accompagnée d'un exemplaire ou d'une reproduction du dessin ou modèle, qui auront pu être fournis au bureau international, et qu'il certifiera conforme à l'objet déposé à découvert. Si le bureau n'est pas en possession d'exemplaires ou de reproductions semblables, il en fera faire, sur la demande des intéressés et à leurs frais.

Art. 19 *Les archives du bureau international pour autant qu'elles contiennent des dépôts ouverts sont accessibles au public. Toute personne peut en prendre connaissance, en présence d'un des fonctionnaires, ou obtenir de ce bureau des renseignements écrits sur le contenu du registre, et cela moyennant payement des taxes à fixer par le règlement.*

Art. 20 *Les détails d'application du présent arrangement seront déterminés par un règlement d'exécution dont les prescriptions pourront être, à toute époque, modifiées d'un commun accord par les administrations des pays contractants.*

Art. 21 *Les dispositions du présent arrangement ne comportent qu'un minimum de protection ; elles n'empêchent pas de revendiquer l'application des prescriptions plus larges qui seraient édictées par la législation intérieure d'un pays contractant ; elles laissent également subsister l'application des dispositions de la convention de Berne* (Acte de Stockholm du 14 juill. 1967, art. 6) *« pour la protection des œuvres littéraires et artistiques » relatives à la protection des œuvres artistiques et des œuvres d'art appliqué à l'industrie.*

Art. 22 *1. Les pays membres de l'Union qui n'ont pas pris part au présent arrangement seront admis à y adhérer sur leur demande et dans la forme prescrite par les articles 16 et 16 bis de la convention générale.*

2. La notification d'adhésion assurera, par elle–même, sur le territoire du pays adhérent, le bénéfice des dispositions ci–dessus aux dessins ou modèles industriels qui, au moment de l'adhésion, bénéficient du dépôt international.

3. Toutefois, chaque pays, en adhérant au présent arrangement, pourra déclarer que l'application de cet acte sera limitée aux dessins et modèles qui seront déposés à partir du jour où cette adhésion deviendra effective.

4. En cas de dénonciation du présent arrangement, l'article 17 bis de la convention générale fait règle. Les dessins et modèles internationaux déposés jusqu'à la date à laquelle la dénonciation devient effective continueront, pendant la durée de la protection internationale, à bénéficier, dans le pays qui a dénoncé ainsi que dans les autres pays de l'Union restreinte, de la même protection que s'ils y avaient été directement déposés. — Les références aux art. 16, 16 bis et 17 bis de la « Convention générale » sont à considérer comme se rapportant à celles des dispositions de l'Acte signé à Stockholm le 14 juill. 1967, remplaçant la Convention de Paris du 20 mars 1883 pour la protection de la propriété industrielle qui, dans ledit Acte de Stockholm, correspondent aux art. 16, 16 bis et 17 bis des Actes antérieurs de la Convention de Paris (Acte de Stockholm du 14 juill. 1967, art. 6). — V. ces textes App., v° Dispositions générales.

Art. 23 *1. Le présent arrangement sera ratifié et les ratifications en seront déposées à Londres, au plus tard le 1er juillet 1938.*

2. Il entrera en vigueur, entre les pays qui l'auront ratifié, un mois après cette date et aura la même force et durée que la convention générale.

3. Cet acte remplacera, dans les rapports entre les pays qui l'auront ratifié, l'arrangement de La Haye de 1925. Toutefois, celui-ci restera en vigueur dans les rapports avec les pays qui n'auront pas ratifié le présent acte.

Acte de La Haye du 28 novembre 1960,

Acte de l'Arrangement de La Haye concernant l'enregistrement international des dessins et modèles industriels — Entré en vigueur le 1er août 1984.

....

Art. 2 Au sens du présent Arrangement, il faut entendre par :

« Arrangement de 1925 », l'Arrangement de La Haye concernant le dépôt international des dessins ou modèles industriels du 6 novembre 1925 ;

« Arrangement de 1934 », l'Arrangement de La Haye concernant le dépôt international des dessins ou modèles industriels du 6 novembre 1925, revisé à Londres le 2 juin 1934 ;

« le présent Arrangement », l'Arrangement de La Haye concernant le dépôt international des dessins ou modèles industriels, tel qu'il résulte du présent Acte ;

« le Règlement », le Règlement d'exécution du présent Arrangement ;

« Bureau international », le Bureau de l'Union internationale pour la protection de la propriété industrielle ;

« dépôt international », un dépôt effectué auprès du Bureau international ;

« dépôt national », un dépôt effectué auprès de l'Administration nationale d'un État contractant ;

« dépôt multiple », un dépôt comprenant plusieurs dessins ou modèles ;

« État d'origine d'un dépôt international », l'État contractant où le déposant a un établissement industriel ou commercial effectif et sérieux ou, si le déposant a de tels établissements dans plusieurs États contractants, celui de ces États contractants qu'il a désigné dans sa demande ; s'il n'a pas un tel établissement dans un État contractant, l'État contractant où il a son domicile ; s'il n'a pas son domicile dans un État contractant, l'État contractant dont il est le ressortissant ;

« État procédant à un examen de nouveauté », un État dont la législation nationale prévoit un système qui comporte une recherche et un examen préalables d'office, effectués par son Administration nationale et portant sur la nouveauté de tous les dessins ou modèles déposés.

Art. 3 Les ressortissants des États contractants ou les personnes qui, bien que n'étant pas ressortissantes de l'un de ces États, sont domiciliées ou ont un établissement industriel ou commercial effectif et sérieux sur le territoire de l'un desdits États, peuvent déposer des dessins ou modèles auprès du Bureau international.

Art. 4 1. Le dépôt international peut être effectué au Bureau international :

1° Directement, ou

2° Par l'intermédiaire de l'Administration nationale d'un État contractant si la législation de cet État le permet.

2. La législation nationale de tout État contractant peut exiger que tout dépôt international pour lequel cet État est réputé État d'origine soit présenté par l'intermédiaire de son Administration nationale. Le défaut d'observation d'une telle prescription n'affecte pas les effets du dépôt international dans les autres États contractants.

Art. 5 1. Le dépôt international comporte une demande, une ou plusieurs photographies ou toutes autres représentations graphiques du dessin ou modèle ainsi que le paiement des taxes prévu par le Règlement.

2. La demande contient :

1° La liste des États contractants dans lesquels le déposant demande que le dépôt international produise ses effets ;

2° La désignation de l'objet ou des objets auxquels le dessin ou modèle est destiné à être incorporé ;

3° Si le déposant désire revendiquer la priorité visée à l'article 9, l'indication de la date, de l'État et du numéro du dépôt qui donne naissance au droit de priorité ;

4° Tous autres renseignements prévus par le Règlement.

3. *a)* La demande peut en outre contenir :

1° Une courte description d'éléments caractéristiques du dessin ou modèle ;

2° Une déclaration indiquant le nom du véritable créateur du dessin ou modèle ;

3° Une requête d'ajournement de la publication telle que prévue à l'article 6, alinéa 4.

b) Des exemplaires ou maquettes de l'objet auquel est incorporé le dessin ou modèle peuvent également être joints à la demande.

4. Un dépôt multiple peut comprendre plusieurs dessins ou modèles destinés à être incorporés dans des objets figurant dans la même classe de la classification internationale des dessins ou modèles visée à l'article 21, alinéa 2, chiffre 4°.

Art. 6 1. Le Bureau international tient le Registre international des dessins ou modèles et procède à l'enregistrement des dépôts internationaux.

2. Le dépôt international est considéré comme ayant été effectué à la date à laquelle le Bureau international a reçu la demande en due forme, les taxes payables avec la demande et la ou les photographies, ou toutes autres représentations graphiques du dessin ou modèle ou, si elles n'ont pas été reçues simultanément, à la date à laquelle la dernière de ces formalités a été accomplie. L'enregistrement porte la même date.

3. *a)* Pour chaque dépôt international, le Bureau international publie dans un bulletin périodique :

1° Des reproductions en noir et blanc ou, à la requête du déposant, des reproductions en couleurs, des photographies ou toutes autres représentations graphiques déposées ;

2° La date du dépôt international ;

3° Les renseignements prévus par le Règlement.

b) Le Bureau international doit envoyer, dans le plus court délai, le bulletin périodique aux Administrations nationales.

4. *a)* La publication visée à l'alinéa 3, lettre *a)*, est, à la demande du déposant, ajournée pendant la période requise par celui-ci. Cette période ne peut excéder un délai de douze mois à compter de la date du dépôt international. Toutefois, si une priorité est revendiquée, le point de départ de cette période est la date de la priorité.

b) Pendant la période visée à la lettre *a)* ci-dessus, le déposant peut, à tout moment, requérir la publication immédiate ou retirer son dépôt. Le retrait du dépôt peut être limité à un ou plusieurs États contractants seulement et, en cas de dépôt multiple, à une partie des dessins ou modèles compris dans ledit dépôt.

c) Si le déposant ne paie pas dans les délais prescrits les taxes exigibles avant l'expiration de la période visée à la lettre *a)* ci-dessus, le Bureau international procède à la radiation du dépôt et n'effectue pas la publication visée à l'alinéa 3, lettre *a)*.

d) Jusqu'à l'expiration de la période visée à la lettre *a)* ci-dessus, le Bureau international tient secret l'enregistrement d'un dépôt assorti d'une requête de publication différée, et le public ne peut prendre connaissance d'aucun document ou objet concernant ledit dépôt. Ces dispositions s'appliquent sans limitation de durée, pour autant que le déposant a retiré son dépôt avant l'expiration de ladite période.

5. A l'exception des cas visés à l'alinéa 4, le public peut prendre connaissance du Registre ainsi que de tous les documents et objets déposés au Bureau international.

Art. 7 1. *a)* Tout dépôt enregistré au Bureau international produit, dans chacun des États contractants désignés par le déposant dans sa demande, les mêmes effets que si toutes les formalités prévues par la loi nationale pour obtenir la protection avaient été remplies par le déposant et que si tous les actes administratifs prévus à cette fin avaient été accomplis par l'Administration de cet État.

b) Sous réserve des dispositions de l'article 11, la protection des dessins ou modèles ayant fait l'objet d'un dépôt enregistré au Bureau international est régie dans chacun des États contractants par les dispositions de la loi nationale qui s'appliquent dans ledit État aux dessins ou modèles dont la protection est revendiquée par la voie du dépôt national et pour lesquels toutes les formalités ont été remplies et tous les actes administratifs ont été accomplis.

2. Le dépôt international ne produit pas d'effets dans l'État d'origine si la législation de cet État le prévoit.

Viole l'art. 7-1-a une cour d'appel qui pour déclarer irrecevable une action en contrefaçon retient qu'aucune publication du dépôt effectué auprès du bureau international n'a eu lieu en France dans les formes exigées par le droit interne français. • Com. 17 juill. 2001 : *PIBD 2001. III. 547.*

Art. 8 1. Nonobstant les dispositions de l'article 7, l'Administration nationale d'un État contractant dont la législation nationale prévoit le refus de la protection à la suite d'un examen administratif d'office ou à la suite de l'opposition d'un tiers doit, en cas de refus, faire connaître, dans un délai de six mois, au Bureau international, que le dessin ou modèle ne satisfait pas aux exigences que cette législation impose en sus des formalités et actes administratifs visés à l'article 7, alinéa 1. Si le refus n'est pas notifié dans le délai de six mois, le dépôt international produit ses effets dans ledit État à compter de la date de ce dépôt. Toutefois, dans tout État contractant qui procède à un examen de nouveauté, si un refus n'a pas été notifié au cours du délai de six mois, le dépôt international, tout en conservant sa priorité, produit ses effets dans ledit État à compter de l'expiration dudit délai, à moins que la législation nationale ne prévoie une date antérieure pour les dépôts effectués auprès de son Administration nationale.

2. Le délai de six mois visé à l'alinéa 1 doit se calculer à compter de la date à laquelle l'Administration nationale a reçu le numéro du bulletin périodique dans lequel l'enregistrement du dépôt international est publié. L'Administration nationale doit donner connaissance de cette date à tout tiers sur sa demande.

3. Le déposant a les mêmes moyens de recours contre la décision de refus de l'Administration nationale visée à l'alinéa 1 que s'il avait déposé son dessin ou modèle auprès de cette Administration ; en tout état de cause, la décision de refus doit pouvoir faire l'objet d'un réexamen ou d'un recours. La notification de la décision doit indiquer :

1° Les raisons pour lesquelles il a été statué que le dessin ou modèle ne répond pas aux exigences de la loi nationale ;

2° La date visée à l'alinéa 2 ;

3° Le délai accordé pour demander un réexamen ou présenter un recours ;

4° L'Autorité à laquelle cette demande ou ce recours peuvent être adressés.

4. *a)* L'Administration nationale d'un État contractant dont la législation nationale comporte des dispositions de la nature de celles prévues à l'alinéa 1 et qui requièrent une déclaration indiquant le nom du véritable créateur du dessin ou modèle ou une description dudit dessin ou modèle, peut exiger que, dans un délai qui ne peut être inférieur à soixante jours à compter de l'envoi d'une requête à cet effet, par cette Administration, le déposant fournisse, dans la langue dans laquelle la demande déposée au Bureau international a été rédigée :

1° Une déclaration indiquant le véritable créateur du dessin ou modèle ;

2° Une courte description soulignant les éléments caractéristiques essentiels du dessin ou modèle, tels qu'ils apparaissent dans les photographies ou autres représentations graphiques.

b) Aucune taxe n'est prélevée par une Administration nationale pour la remise d'une telle déclaration ou d'une telle description ou pour leur publication éventuelle par les soins de cette Administration nationale.

5. *a)* Chacun des États contractants dont la législation nationale comporte des dispositions de la nature de celles prévues à l'alinéa 1 doit en informer le Bureau international.

b) Si la législation d'un État contractant prévoit plusieurs systèmes de protection des dessins ou modèles, et si l'un de ces systèmes comporte un examen de nouveauté, les dispositions du présent Arrangement relatives aux États qui pratiquent un tel examen ne s'appliquent qu'en ce qui concerne ce système.

Art. 9 Si le dépôt international du dessin ou modèle est effectué dans les six mois suivant le premier dépôt du même dessin ou modèle dans un des États membres de l'Union internationale pour la protection de la propriété industrielle et si la priorité est revendiquée pour le dépôt international, la date de la priorité est celle de ce premier dépôt.

Art. 10 1. Le dépôt international peut être renouvelé tous les cinq ans par le seul paiement, au cours de la dernière année de chaque période de cinq ans, des taxes de renouvellement fixées par le Règlement.

2. Moyennant le versement d'une surtaxe fixée par le Règlement, un délai de grâce de six mois est accordé pour les renouvellements du dépôt international.

3. Lors du paiement des taxes de renouvellement, doivent être indiqués le numéro du dépôt international et, si le renouvellement ne doit pas être effectué pour tous les États contractants où le dépôt est sur le point d'expirer, ceux de ces États où le renouvellement doit être effectué.

4. Le renouvellement peut être limité à une partie seulement des dessins ou modèles compris dans un dépôt multiple.

5. Le Bureau international enregistre et publie les renouvellements.

Art. 11 1. *a)* La durée de la protection accordée par un État contractant aux dessins ou modèles ayant fait l'objet d'un dépôt international ne peut être inférieure à :

1° Dix ans à compter de la date du dépôt international si ce dépôt a fait l'objet d'un renouvellement ;

2° Cinq ans à compter de la date du dépôt international en l'absence d'un renouvellement.

b) Toutefois si, en vertu des dispositions de la législation nationale d'un État contractant qui procède à un examen de nouveauté, la protection commence à une date postérieure à celle du dépôt international, les durées minima prévues à la lettre *a)* sont calculées à compter du point de départ de la protection dans ledit État. Le fait que le dépôt international n'est pas renouvelé ou n'est renouvelé qu'une seule fois n'affecte en rien la durée minimum de protection ainsi définie.

2. Si la législation d'un État contractant prévoit, pour les dessins ou modèles ayant fait l'objet d'un dépôt national, une protection dont la durée, avec ou sans renouvellement, est supérieure à dix ans, une protection d'une égale durée est accordée dans cet État sur la base du dépôt international et de ses renouvellements aux dessins ou modèles ayant fait l'objet d'un dépôt international.

3. Tout État contractant peut, dans sa législation nationale, limiter la durée de la protection des dessins ou modèles ayant fait l'objet d'un dépôt international aux durées prévues à l'alinéa 1.

4. Sous réserve des dispositions de l'alinéa 1, lettre *b)*, la protection prend fin dans les États contractants à la date d'expiration du dépôt international, à moins que la législation nationale de ces États ne dispose que la protection continue après la date d'expiration du dépôt international.

Art. 12 1. Le Bureau international doit enregistrer et publier tout changement affectant la propriété d'un dessin ou modèle faisant l'objet d'un dépôt international en vigueur. Il est entendu que le transfert de la propriété peut être limité aux droits découlant du dépôt international dans un ou plusieurs États contractants seulement et, en cas de dépôt multiple, à *une partie seulement* des dessins ou modèles compris dans ledit dépôt.

2. L'enregistrement visé à l'alinéa 1 produit les mêmes effets que s'il avait été effectué par les Administrations nationales des États contractants.

Art. 13 1. Le titulaire d'un dépôt international peut, au moyen d'une déclaration qui est adressée au Bureau international, renoncer à ses droits pour tous les États contractants ou pour un certain nombre d'entre eux seulement et, en cas de dépôt multiple, pour une partie seulement des dessins ou modèles compris dans ledit dépôt.

2. Le Bureau international enregistre la déclaration et la publie.

Art. 14 1. Un État contractant ne peut exiger, pour la reconnaissance du droit, qu'un signe ou mention du dépôt du dessin ou modèle soit apposé sur l'objet auquel est incorporé ce dessin ou modèle.

2. Si la législation nationale d'un État contractant prévoit l'apposition d'une mention de réserve à toute autre fin, ledit État devra considérer cette exigence comme satisfaite si tous les objets présentés au public avec l'autorisation du titulaire du droit sur le dessin ou modèle, ou si les étiquettes dont sont munis ces objets, portent la mention de réserve internationale.

3. Doit être considéré comme mention de réserve internationale le symbole (D) (lettre majuscule D dans un cercle) accompagné soit :

1° De l'indication de l'année du dépôt international et du nom ou de l'abréviation usuelle du nom du déposant, soit

2° Du numéro du dépôt international.

4. La seule apposition de la mention de réserve internationale sur les objets ou les étiquettes ne peut en aucune manière être interprétée comme impliquant la renonciation à la protection au titre du droit d'auteur ou à tout autre titre, lorsque, en l'absence d'une telle mention, cette protection peut être obtenue.

Art. 15 **1. Les taxes prévues par le Règlement comprennent :**

1° Les taxes pour le Bureau international ;

2° Des taxes pour les États contractants désignés par le déposant, à savoir :

***a)* une taxe pour chacun des États contractants ;**

***b)* une taxe pour chacun des États contractants qui procède à un examen de nouveauté et requiert le paiement d'une taxe pour procéder audit examen.**

2. Pour un même dépôt, les taxes payées pour un État contractant, en vertu des dispositions de l'alinéa 1, chiffre 2°, lettre *a)*, sont déduites du montant de la taxe visée à l'alinéa 1, chiffre 2°, lettre *b)*, lorsque cette dernière taxe devient exigible pour ledit État.

....

Art. 18 **Les dispositions du présent Arrangement n'empêchent pas de revendiquer l'application des prescriptions plus larges qui seraient édictées par la législation nationale d'un État contractant et n'affectent en aucune manière la protection accordée aux œuvres artistiques et aux œuvres d'art appliqué par des Traités et Conventions internationaux sur le droit d'auteur.**

....

Acte additionnel de Monaco du 18 novembre 1961,

Concernant l'enregistrement international des dessins et modèles industriels. — Publié par Décr. n° 62-1515 du 13 déc. 1962 (JO 19 déc.). — Entré en vigueur le 1er déc. 1962. — Extinction le 18 oct. 2016.

V. note supra ss. Arrangement de La Haye du 6 nov. 1925.

Art. 1er ***(1) En sus des taxes instituées par l'article 15 de l'Arrangement de La Haye revisé à Londres, les taxes additionnelles suivantes sont perçues pour les opérations ci-après désignées :***

1) Pour le dépôt d'un seul dessin ou modèle et pour la première période de cinq ans : 20 francs suisses ;

2) Pour le dépôt d'un seul dessin ou modèle, à l'expiration de la première période et pour la durée de la deuxième période de dix ans : 40 francs suisses ;

3) Pour un dépôt multiple et pour la première période de cinq ans : 50 francs suisses ;

4) Pour un dépôt multiple, à l'expiration de la première période et pour la durée de la deuxième période de dix ans : 200 francs suisses.

(2) Si les taxes prévues sous les numéros 2 et 4 de l'article 15 de l'Arrangement de La Haye révisé à Londres ont été acquittées après la date du présent Acte, mais avant son entrée en vigueur — celle-ci étant déterminée pour chacun des États conformément aux dispositions de l'article 7 (§§ 2 et 3) — alors que la première période de protection expire après cette entrée en vigueur, le déposant doit payer la taxe additionnelle de prolongation prévue sous les numéros 2 et 4 du paragraphe (1) du présent article. A l'entrée en vigueur du présent Acte, le bureau international avise les déposants intéressés qu'ils doivent payer la taxe additionnelle dans un délai de six mois à compter de la réception de cet avis. Si le paiement n'est pas effectué dans ce délai, la prolongation est considérée comme nulle et la mention en est radiée du registre. Dans ce cas, la taxe de prolongation précédemment payée est restituée.

Art. 2 ***Des taxes additionnelles de 20 francs suisses ou de 10 francs suisses sont également perçues pour toute autre opération prévue par l'Arrangement de La Haye revisé à Londres, et pour laquelle le règlement d'exécution dudit Arrangement prévoit une taxe de 5 francs suisses ou de 2,50 francs suisses.***

Art. 3 *Les taxes prévues aux articles 1er et 2 du présent Acte peuvent être modifiées, sur proposition du bureau international ou du Gouvernement suisse, selon la procédure définie ci-après.*

Les propositions sont communiquées aux administrations des États parties au présent Acte, qui font connaître leur avis au bureau international dans un délai de six mois. Si, après ce délai, une modification de taxe est adoptée par la majorité desdites administrations sans qu'il se soit manifesté aucune opposition, cette modification entre en vigueur le premier jour du mois suivant la date de l'envoi de la notification qui en est faite par le bureau international aux administrations précitées.

Toute modification des taxes visées à cet article s'effectue selon la procédure prescrite par l'art. 2.2 a iii et art. 3 d, de l'Acte de Stockholm du 14 juillet 1967 (Acte de Stockholm du 14 juill. 1967, art. 6).

Art. 4 *Al.* abrogé par Acte de Stockholm du 14 juill. 1967, art. 6.

Les excédents éventuels de recettes sont distribués aux États parties au présent Acte proportionnellement au nombre des dépôts de dessins ou modèles effectués par leurs ressortissants ou par les autres personnes visées à l'article 1er de l'Arrangement de La Haye revisé à Londres.

Art. 5 *Aussi longtemps que tous les pays membres de l'union créée par l'Arrangement de La Haye revisé à Londres ne seront pas parties au présent Acte ou à l'Arrangement de La Haye du 28 novembre 1960, le bureau international établira des comptes séparés pour les pays parties au présent Acte et pour ceux qui ne seront parties qu'au seul Arrangement de La Haye revisé à Londres.*

Art. 6 *(1) Le présent Acte reste ouvert à la signature jusqu'au 31 mars 1962.*

(2) Les États parties à l'Arrangement de La Haye revisé à Londres qui n'auraient pas signé le présent Acte seront admis à y adhérer. Les dispositions des articles 16 et 16 bis de la Convention de Paris pour la protection de la propriété industrielle seront applicables dans ce cas. — Les références aux art. 16 et 16 bis de la Convention de Paris du 20 mars 1883 pour la protection de la propriété industrielle sont à considérer comme se rapportant à celles des dispositions de l'Acte de Stockholm du 14 juill. 1967, remplaçant ladite Convention de Paris, qui correspondent aux art. 16 et 16 bis des Actes antérieurs de la Convention de Paris (Acte de Stockholm du 14 juill. 1967, art. 6). — V. ces textes App., v° Dispositions générales.

Art. 7 *(1) Le présent Acte sera ratifié et les instruments de ratification en seront déposés auprès du Gouvernement de la principauté de Monaco. Ces dépôts seront notifiés par ce gouvernement au Gouvernement de la Confédération suisse, qui les notifiera aux États contractants.*

(2) Le présent Acte entrera en vigueur à l'expiration d'un délai d'un mois à compter de la date de l'envoi par le Gouvernement de la Confédération suisse aux États contractants de la notification du dépôt du deuxième instrument de ratification.

(3) A l'égard des États qui déposeront leur instrument de ratification postérieurement au dépôt du deuxième instrument de ratification visé au paragraphe précédent, le présent Acte entrera en vigueur à l'expiration d'un délai d'un mois à compter de la date de l'envoi par le Gouvernement de la Confédération suisse aux États contractants de la notification du dépôt de l'instrument de ratification en cause.

Les références au Gouvernement de la Confédération suisse sont à considérer comme se rapportant au Directeur général (Acte de Stockholm du 14 juill. 1967, art. 6).

Acte de Stockholm du 14 juillet 1967,

Complémentaire à l'Arrangement de La Haye concernant l'enregistrement international des dessins et modèles industriels du 6 novembre 1925, révisé à Londres le 2 juin 1934 et à La Haye le 28 novembre 1960 et complété par l'acte additionnel de Monaco le 18 novembre 1961, modifié le 28 septembre 1979. — Publié par Décr. n° 75-908 du 2 oct. 1975. — Entré en vigueur le 27 sept. 1975.

Art. 1er **Au sens du présent Acte complémentaire, il faut entendre par :**

« Acte de 1934 », l'Acte signé à Londres le 2 juin 1934 de l'Arrangement de La Haye concernant le dépôt international des dessins et modèles industriels ;

« Acte de 1960 », l'Acte signé à La Haye le 28 novembre 1960 de l'Arrangement de La Haye concernant le dépôt international des dessins et modèles industriels ;

« Acte additionnel de 1961 », l'Acte signé à Monaco le 18 novembre 1961, additionnel à l'Acte de 1934 ;

« Organisation », l'Organisation Mondiale de la Propriété Intellectuelle ;

« Bureau international », le Bureau international de la propriété intellectuelle ;

« Directeur général », le Directeur général de l'Organisation ;

« Union particulière », l'Union de La Haye, créée par l'Arrangement de La Haye du 6 novembre 1925 concernant le dépôt international des dessins et modèles industriels, et maintenue par les Actes de 1934 et de 1960, et par l'Acte additionnel de 1961, ainsi que par le présent Acte complémentaire.

Art. 2 1. *a*) L'Union particulière a une Assemblée composée des pays qui ont ratifié le présent Acte ou y ont adhéré ;

b) Le Gouvernement de chaque pays est représenté par un délégué, qui peut être assisté de suppléants, de conseillers et d'experts ;

c) Les dépenses de chaque délégation sont supportées par le Gouvernement qui l'a désignée.

2. *a*) L'Assemblée :

i) traite de toutes les questions concernant le maintien et le développement de l'Union particulière et l'application de son Arrangement ;

ii) donne au Bureau international des directives concernant la préparation des conférences de révision, compte étant dûment tenu des observations des pays de l'Union particulière qui n'ont pas ratifié le présent Acte ou n'y ont pas adhéré ;

iii) modifie le règlement d'exécution et fixe le montant des taxes relatives au dépôt international des dessins et modèles industriels ;

iv) examine et approuve les rapports et les activités du Directeur général relatifs à l'Union particulière et lui donne toutes directives utiles concernant les questions de la compétence de l'Union particulière ;

v) arrête le programme, adopte le budget biennal de l'Union particulière et approuve ses comptes de clôture ;

vi) adopte le Règlement financier de l'Union particulière ;

vii) crée les comités d'experts et groupes de travail qu'elle juge utiles à la réalisation des objectifs de l'Union particulière ;

viii) décide quels sont les pays non membres de l'Union particulière et quelles sont les organisations intergouvernementales et internationales non gouvernementales qui peuvent être admis à ses réunions en qualité d'observateur ;

ix) adopte les modifications des articles 2 à 5 ;

x) entreprend toute autre action appropriée en vue d'atteindre les objectifs de l'Union particulière ;

xi) s'acquitte de toutes autres tâches qu'implique le présent Acte complémentaire.

b) Sur les questions qui intéressent également d'autres Unions administrées par l'Organisation, l'Assemblée statue connaissance prise de l'avis du Comité de coordination de l'Organisation.

3. *a*) Chaque pays membre de l'Assemblée dispose d'une voix ;

b) La moitié des pays membres de l'Assemblée constitue le quorum ;

c) Nonobstant les dispositions du sous-alinéa *b*, si, lors d'une session, le nombre des pays représentés est inférieur à la moitié mais égal ou supérieur au tiers des pays membres de l'Assemblée, celle-ci peut prendre des décisions ; toutefois, les décisions de l'Assemblée, à l'exception de celles qui concernent sa procédure, ne deviennent exécutoires que lorsque les conditions énoncées ci-après sont remplies. Le Bureau international communique lesdites décisions aux pays membres de l'Assemblée qui n'étaient pas représentés, en les invitant à exprimer par écrit, dans un délai de trois mois à compter de la date de ladite communication, leur vote ou leur abstention. Si, à l'expiration de ce délai, le nombre des pays ayant ainsi exprimé leur vote ou leur abstention est au moins égal au nombre de pays qui faisaient défaut pour que le quorum fût atteint lors de la session, lesdites décisions deviennent exécutoires, pourvu qu'en même temps la majorité nécessaire reste acquise ;

d) Sous réserve des dispositions de l'article 5.2, les décisions de l'Assemblée sont prises à la majorité des deux tiers des votes exprimés ;

e) L'abstention n'est pas considérée comme un vote ;

f) Un délégué ne peut représenter qu'un seul pays et ne peut voter qu'au nom de celui-ci ;

g) Les pays de l'Union particulière qui ne sont pas membres de l'Assemblée sont admis à ses réunions en qualité d'observateurs.

4. *a*) L'Assemblée se réunit une fois *(Mod. du 2 oct. 1979, en vigueur le 3 nov. 1980)* « tous les deux ans » en session ordinaire, sur convocation du Directeur général et, sauf cas exceptionnels, pendant la même période et au même lieu que l'Assemblée générale de l'Organisation ;

b) L'Assemblée se réunit en session extraordinaire sur convocation adressée par le Directeur général, à la demande d'un quart des pays membres de l'Assemblée ;

c) L'ordre du jour de chaque session est préparé par le Directeur général.

5. L'Assemblée adopte son règlement intérieur.

Art. 3 1. *a*) Les tâches relatives au dépôt international des dessins et modèles industriels ainsi que les autres tâches administratives incombant à l'Union particulière sont assurées par le Bureau international ;

b) En particulier, le Bureau international prépare les réunions et assure le secrétariat de l'Assemblée et des comités d'experts et groupes de travail qu'elle peut créer ;

c) Le Directeur général est le plus haut fonctionnaire de l'Union particulière et la représente.

2. Le Directeur général et tout membre du personnel désigné par lui prennent part, sans droit de vote, à toutes les réunions de l'Assemblée et de tout comité d'experts ou groupe de travail qu'elle peut créer. Le Directeur général ou un membre du personnel désigné par lui est d'office secrétaire de ces organes.

3. *a*) Le Bureau international, selon les directives de l'Assemblée, prépare les conférences de revision des dispositions de l'Arrangement ;

b) Le Bureau international peut consulter des organisations intergouvernementales et internationales non gouvernementales sur la préparation des conférences de revision ;

c) Le Directeur général et les personnes désignées par lui prennent part, sans droit de vote, aux délibérations dans ces conférences.

4. Le Bureau international exécute toutes autres tâches qui lui sont attribuées.

Art. 4 1. *a*) L'Union particulière a un budget ;

b) Le budget de l'Union particulière comprend les recettes et les dépenses propres à l'Union particulière, sa contribution au budget des dépenses communes aux Unions, ainsi que, le cas échéant, la somme mise à la disposition du budget de la Conférence de l'Organisation ;

c) Sont considérées comme dépenses communes aux Unions, les dépenses qui ne sont pas attribuées exclusivement à l'Union particulière, mais également à une ou plusieurs autres Unions administrées par l'Organisation. La part de l'Union particulière dans ces dépenses communes est proportionnelle à l'intérêt que ces dépenses présentent pour elle.

2. Le budget de l'Union particulière est arrêté compte tenu des exigences de coordination avec les budgets des autres Unions administrées par l'Organisation.

3. Le budget de l'Union particulière est financé par les ressources suivantes :

i) les taxes relatives au dépôt international et les taxes et sommes dues pour les autres services rendus par le Bureau international au titre de l'Union particulière ;

ii) le produit de la vente des publications du Bureau international concernant l'Union particulière et les droits afférents à ces publications ;

iii) les dons, legs et subventions ;

iv) les loyers, intérêts et autres revenus divers.

4. *a*) Le montant des taxes mentionnées à l'alinéa 3, i, est fixé par l'Assemblée, sur proposition du Directeur général ;

b) Ce montant est fixé de manière à ce que les recettes de l'Union particulière provenant des taxes et des autres sources de revenus permettent au moins de couvrir les dépenses du Bureau international intéressant l'Union particulière ;

c) Dans le cas où le budget n'est pas adopté avant le début d'un nouvel exercice, le budget de l'année précédente est reconduit selon les modalités prévues par le règlement financier.

5. Sous réserve des dispositions de l'alinéa 4, *a*, le montant des taxes et sommes dues pour les autres services rendus par le Bureau international au titre de l'Union particulière est fixé par le Directeur général, qui en fait rapport à l'Assemblée.

6. *a*) L'Union particulière possède un fonds de roulement constitué par les excédents de recettes et, si de tels excédents ne suffisent pas, par un versement unique effectué par chaque pays de l'Union particulière. Si le fonds devient insuffisant, l'Assemblée décide de son augmentation ;

b) Le montant du versement initial de chaque pays au fonds précité ou de sa participation à l'augmentation de celui-ci est proportionnel à la contribution de ce pays, en tant que membre de l'Union de Paris pour la protection de la propriété industrielle, au budget de ladite Union pour l'année au cours de laquelle le fonds est constitué ou l'augmentation est décidée ;

c) La proportion et les modalités de versement sont arrêtées par l'Assemblée, sur proposition du Directeur général et après avis du Comité de coordination de l'Organisation.

7. *a*) L'Accord de siège conclu avec le pays sur le territoire duquel l'Organisation a son siège prévoit que, si le fonds de roulement est insuffisant, ce pays accorde des avances. Le

montant de ces avances et les conditions dans lesquelles elles sont accordées font l'objet, dans chaque cas, d'accords séparés entre le pays en cause et l'Organisation ;

b) Le pays visé au sous-alinéa *a* et l'Organisation ont chacun le droit de dénoncer l'engagement d'accorder des avances moyennant notification par écrit. La dénonciation prend effet trois ans après la fin de l'année au cours de laquelle elle a été notifiée.

8. La vérification des comptes est assurée, selon les modalités prévues par le règlement financier, par un ou plusieurs pays de l'Union particulière ou par des contrôleurs extérieurs, qui sont, avec leur consentement, désignés par l'Assemblée.

Art. 5 1. Des propositions de modification au présent Acte complémentaire peuvent être présentées par tout pays membre de l'Assemblée ou par le Directeur général. Ces propositions sont communiquées par ce dernier aux pays membres de l'Assemblée six mois au moins avant d'être soumises à l'examen de l'Assemblée.

2. Toute modification visée à l'alinéa 1 est adoptée par l'Assemblée. L'adoption requiert les trois quarts des votes exprimés : toutefois, toute modification de l'article 2 et du présent alinéa requiert les quatre cinquièmes des votes exprimés.

3. Toute modification visée à l'alinéa 1 entre en vigueur un mois après la réception par le Directeur général des notifications écrites d'acceptation, effectuée en conformité avec leurs règles constitutionnelles respectives, de la part des trois quarts des pays qui étaient membres de l'Assemblée au moment où la modification a été adoptée. Toute modification ainsi acceptée lie tous les pays qui sont membres de l'Assemblée au moment où la modification entre en vigueur ou qui en deviennent membres à une date ultérieure.

Art. 6 *Modifie l'Arrangement de La Haye du 6 nov. 1925.*

Art. 7 *Modifie l'Acte de La Haye du 28 nov. 1960.*

Art. 8 1. *a*) Les pays qui, avant le 13 janvier 1968, ont ratifié l'Acte de 1934 ou l'Acte de 1960, ainsi que les pays qui ont adhéré à l'un au moins de ces Actes, peuvent signer et ratifier le présent Acte complémentaire ou peuvent y adhérer ;

b) La ratification du présent Acte complémentaire, ou l'adhésion à celui-ci, par un pays qui est lié par l'Acte de 1934 sans être lié également par l'Acte additionnel de 1961, comporte la ratification automatique de l'Acte additionnel de 1961, ou l'adhésion automatique à celui-ci.

2. Les instruments de ratification et d'adhésion sont déposés auprès du Directeur général.

Art. 9 1. A l'égard des cinq pays qui ont, les premiers, déposé leurs instruments de ratification ou d'adhésion, le présent Acte complémentaire entre en vigueur trois mois après le dépôt du cinquième instrument de ratification ou d'adhésion.

2. A l'égard de tout autre pays, le présent Acte complémentaire entre en vigueur trois mois après la date à laquelle sa ratification ou son adhésion a été notifiée par le Directeur général, à moins qu'une date postérieure n'ait été indiquée dans l'instrument de ratification ou d'adhésion. Dans ce dernier cas, le présent Acte entre en vigueur, à l'égard de ce pays, à la date ainsi indiquée.

Art. 10 1. Sous réserve de l'article 8 et de l'alinéa suivant, tout pays qui n'a pas ratifié l'Acte de 1934 ou qui n'y a pas adhéré devient lié par l'Acte additionnel de 1961 et par les articles 1 à 6 du présent Acte complémentaire à partir de la date à laquelle son adhésion à l'Acte de 1934 prend effet ; toutefois, si à cette date le présent Acte complémentaire n'est pas encore entré en vigueur selon les termes de l'article 9.1, alors ce pays ne devient lié par lesdits articles du présent Acte complémentaire qu'à partir de l'entrée en vigueur de ce dernier Acte selon les termes de l'article 9.1.

2. Sous réserve de l'article 8 et de l'alinéa précédent, tout pays qui n'a pas ratifié l'Acte de 1960 ou qui n'y a pas adhéré devient lié par les articles 1 à 7 du présent Acte complémentaire à partir de la date à laquelle sa ratification de l'Acte de 1960 ou son adhésion à celui-ci prend effet : toutefois, si à cette date le présent Acte complémentaire n'est pas encore entré en vigueur selon les termes de l'article 9.1, alors ce pays ne devient lié par lesdits articles du présent Acte complémentaire qu'à partir de l'entrée en vigueur de ce dernier Acte selon les termes de l'article 9.1.

Art. 11 1. *a*) Le présent Acte complémentaire est signé en un seul exemplaire en langue française et déposé auprès du Gouvernement de la Suède ;

b) Des textes officiels sont établis par le Directeur général, après consultation des Gouvernements intéressés, dans les autres langues que l'Assemblée pourra indiquer.

2. Le présent Acte complémentaire reste ouvert à la signature, à Stockholm, jusqu'au 13 janvier 1968.

3. Le Directeur général transmet deux copies, certifiées conformes par le Gouvernement de la Suède, du texte signé du présent Acte complémentaire aux Gouvernements de tous les pays de l'Union particulière et, sur demande, au Gouvernement de tout autre pays.

4. Le Directeur général fait enregistrer le présent Acte complémentaire auprès du Secrétariat de l'Organisation des Nations Unies.

5. Le Directeur général notifie aux Gouvernements de tous les pays de l'Union particulière les signatures, les dépôts d'instruments de ratification ou d'adhésion, l'entrée en vigueur et toute autre notification appropriée.

Art. 12 Jusqu'à l'entrée en fonction*[s]* du premier Directeur général, les références, dans le présent Acte complémentaire, au Bureau international de l'Organisation ou au Directeur général sont considérées comme se rapportant respectivement au Bureau de l'Union établi par la Convention de Paris pour la protection de la propriété industrielle, ou à son Directeur.

Arrangement de Locarno du 8 octobre 1968,

Instituant une classification internationale pour les dessins et modèles industriels. – Modifié le 28 sept. 1979. — Publié par Décr. n° 75-890 du 22 nov. 1975 (JO 1er oct.). — Entré en vigueur le 13 sept. 1975.

Art. 1er *Constitution d'une Union particulière : adoption d'une classification internationale.* 1. Les pays auxquels s'applique le présent Arrangement sont constitués à l'état d'Union particulière.

2. Ils adoptent une même classification pour les dessins et modèles industriels (ci-après dénommée « classification internationale »).

3. La classification internationale comprend :

i) une liste des classes et des sous-classes ;

ii) une liste alphabétique des produits auxquels sont incorporés des dessins et des modèles, avec indication des classes et sous-classes dans lesquelles ils sont rangés ;

iii) des notes explicatives.

4. La liste des classes et des sous-classes est celle qui est annexée au présent Arrangement, sous réserve des modifications et compléments que le Comité d'experts institué par l'article 3 (ci-après dénommé « Comité d'experts ») pourrait y apporter.

5. La liste alphabétique des produits et les notes explicatives seront adoptées par le Comité d'experts selon la procédure fixée par l'article 3.

6. La classification internationale pourra être modifiée ou complétée par le Comité d'experts selon la procédure fixée par l'article 3.

7. a) La classification internationale est établie dans les langues anglaise et française.

b) Des textes officiels de la classification internationale sont, après consultation des Gouvernements intéressés, établis dans les autres langues que pourra désigner l'Assemblée visée à l'article 5, par le Bureau international de la propriété intellectuelle (ci-après dénommé « le Bureau international ») visé dans la Convention instituant l'Organisation mondiale de la propriété intellectuelle (ci-après dénommée « l'Organisation »).

Art. 2 *Application et portée juridique de la classification internationale.* 1. Sous réserve des obligations imposées par le présent Arrangement, la classification internationale n'a par elle-même qu'un caractère administratif. Toutefois, chaque pays peut lui attribuer la portée juridique qui lui convient. Notamment, la classification internationale ne lie pas les pays de l'Union particulière quant à la nature et à l'étendue de la protection du dessin ou modèle dans ces pays.

2. Chacun des pays de l'Union particulière se réserve la faculté d'appliquer la classification internationale à titre de système principal ou de système auxiliaire.

3. Les Administrations des pays de l'Union particulière feront figurer, dans les titres officiels des dépôts ou enregistrements des dessins ou modèles et, s'ils sont publiés officiellement, dans ces publications, les numéros des classes et sous-classes de la classification internationale dans lesquelles sont rangés les produits auxquels sont incorporés les dessins ou modèles.

4. Dans le choix des dénominations à porter dans la liste alphabétique des produits, le Comité d'experts évitera, autant qu'il sera raisonnable de le faire, de se servir de dénominations sur lesquelles des droits exclusifs pourraient exister. Toutefois, l'inclusion d'un terme quelconque dans la liste alphabétique ne pourra être interprétée comme exprimant l'opinion du Comité d'experts sur le point de savoir si ledit terme est ou n'est pas couvert par des droits exclusifs.

Art. 3 *Comité d'experts.* 1. Il est institué auprès du Bureau international un Comité d'experts chargé des tâches visées à l'article 1.4, 1.5 et 1.6. Chacun des pays de l'Union particulière est représenté au Comité d'experts, lequel s'organise par un règlement intérieur adopté à la majorité simple des pays représentés.

2. Le Comité d'experts adopte, à la majorité simple des pays de l'Union particulière, la liste alphabétique et les notes explicatives.

3. Des propositions de modifications ou compléments de la classification internationale peuvent être faites par l'Administration de tout pays de l'Union particulière ou par le Bureau international. Toute proposition émanant d'une Administration est communiquée par celle-ci au Bureau international. Les propositions des Administrations et du Bureau international sont transmises par ce dernier aux membres du Comité d'experts au plus tard deux mois avant la session de celui-ci au cours de laquelle ces propositions seront examinées.

4. Les décisions du Comité d'experts relatives aux modifications et compléments à apporter à la classification internationale sont prises à la majorité simple des pays de l'Union particulière. Toutefois, si elles impliquent la création d'une nouvelle classe ou le transfert de produits d'une classe à une autre, l'unanimité est requise.

5. Les experts ont la faculté de voter par correspondance.

6. Dans le cas où un pays n'aurait pas désigné de représentant pour une session déterminée du Comité d'experts, ainsi que dans le cas où l'expert désigné n'aurait pas exprimé son vote séance tenante ou dans un délai qui sera fixé par le règlement intérieur du Comité d'experts, le pays en cause serait considéré comme acceptant la décision du Comité.

Art. 4 *Notification et publication de la classification et de ses modifications et compléments.* 1. La liste alphabétique des produits et les notes explicatives adoptées par le Comité d'experts, ainsi que toute modification et tout complément de la classification internationale décidés par lui, sont notifiés aux Administrations des pays de l'Union particulière par le Bureau international. Les décisions du Comité d'experts entreront en vigueur dès réception de la notification. Toutefois, si elles impliquent la création d'une nouvelle classe ou le transfert de produits d'une classe à une autre, elles entreront en vigueur dans un délai de six mois à compter de la date d'envoi de la notification.

2. Le Bureau international, en sa qualité de dépositaire de la classification internationale, y incorpore les modifications et compléments entrés en vigueur. Les modifications et compléments font l'objet d'avis publiés dans les périodiques à désigner par l'Assemblée.

Art. 5 *Assemblée de l'Union.* 1. *a*) L'Union particulière a une Assemblée composée des pays de l'Union particulière.

b) Le Gouvernement de chaque pays de l'Union particulière est représenté par un délégué, qui peut être assisté de suppléants, de conseillers et d'experts.

c) Les dépenses de chaque délégation sont supportées par le Gouvernement qui l'a désignée.

2. *a*) Sous réserve des dispositions de l'article 3, l'Assemblée :

i) traite de toutes les questions concernant le maintien et le développement de l'Union particulière et l'application du présent Arrangement ;

ii) donne au Bureau international des directives concernant la préparation des conférences de revision ;

iii) examine et approuve les rapports et les activités du directeur général de l'Organisation (ci-après dénommé « le Directeur général ») relatifs à l'Union particulière et lui donne toutes directives utiles concernant les questions de la compétence de l'Union particulière ;

iv) arrête le programme, adopte le budget triennal de l'Union particulière et approuve ses comptes de clôture ;

v) adopte le règlement financier de l'Union particulière ;

vi) décide de l'établissement des textes officiels de la classification internationale en d'autres langues que l'anglais et le français ;

vii) crée, indépendamment du Comité d'experts institué par l'article 3, les autres comités d'experts et les groupes de travail qu'elle juge utiles à la réalisation des objectifs de l'Union particulière ;

viii) décide quels sont les pays non-membres de l'Union particulière et quelles sont les organisations intergouvernementales et internationales non gouvernementales qui peuvent être admis à ses réunions en qualité d'observateurs ;

ix) adopte les modifications à apporter aux articles 5 à 8 ;

x) entreprend toute autre action appropriée en vue d'atteindre les objectifs de l'Union particulière ;

xi) s'acquitte de toutes autres tâches qu'implique le présent Arrangement.

b) Sur les questions qui intéressent également d'autres Unions administrées par l'Organisation, l'Assemblée statue, connaissance prise de l'avis du Comité de coordination de l'Organisation.

3. *a*) Chaque pays membre de l'Assemblée dispose d'une voix.

b) La moitié des pays membres de l'Assemblée constitue le quorum.

c) Nonobstant les dispositions du sous-alinéa *b*), si, lors d'une session, le nombre des pays représentés est inférieur à la moitié, mais égal ou supérieur au tiers, des pays membres de l'Assemblée, celle-ci peut prendre des décisions : toutefois, les décisions de l'Assemblée, à l'exception de celles qui concernent sa procédure, ne deviennent exécutoires que lorsque les conditions énoncées ci-après sont remplies. Le Bureau international communique lesdites décisions aux pays membres de l'Assemblée qui n'étaient pas représentés, en les invitant à exprimer par écrit, dans un délai de trois mois à compter de la date de ladite communication, leur vote ou leur abstention. Si, à l'expiration de ce délai, le nombre des pays ayant ainsi exprimé leur vote ou leur abstention est au moins égal au nombre de pays qui faisait défaut pour que le quorum fût atteint lors de la session, lesdites décisions deviennent exécutoires, pourvu qu'en même temps la majorité nécessaire reste acquise.

d) Sous réserve des dispositions de l'article 8.2, les décisions de l'Assemblée sont prises à la majorité des deux tiers des votes exprimés.

e) L'abstention n'est pas considérée comme un vote.

f) Un délégué ne peut représenter qu'un seul pays et ne peut voter qu'au nom de celui-ci.

4. *a*) L'Assemblée se réunit une fois tous les trois ans en session ordinaire, sur convocation du Directeur général et, sauf cas exceptionnels, pendant la même période et au même lieu que l'Assemblée générale de l'Organisation.

b) L'Assemblée se réunit en session extraordinaire sur convocation adressée par le Directeur général, à la demande d'un quart des pays membres de l'Assemblée.

c) L'ordre du jour de chaque session est préparé par le Directeur général.

5. L'Assemblée adopte son règlement intérieur.

Art. 6 *Bureau international.* 1. *a*) Les tâches administratives incombant à l'Union particulière sont assurées par le Bureau international.

b) En particulier, le Bureau international prépare les réunions et assure le secrétariat de l'Assemblée, du Comité d'experts, et de tous autres comités d'experts et de tous groupes de travail que l'Assemblée ou le Comité d'experts peut créer.

c) Le Directeur général est le plus haut fonctionnaire de l'Union particulière et la représente.

2. Le Directeur général et tout membre du personnel désigné par lui prennent part, sans droit de vote, à toutes les réunions de l'Assemblée, du Comité d'experts, et de tout autre comité d'experts ou tout groupe de travail que l'Assemblée ou le Comité d'experts peut créer. Le Directeur général ou un membre du personnel désigné par lui est d'office secrétaire de ces organes.

3. *a*) Le Bureau international, selon les directives de l'Assemblée, prépare les conférences de revision des dispositions de l'Arrangement autres que les articles 5 à 8.

b) Le Bureau international peut consulter des organisations intergouvernementales et internationales non gouvernementales sur la préparation des conférences de revision.

c) Le Directeur général et les personnes désignées par lui prennent part, sans droit de vote, aux délibérations dans ces conférences.

4. Le Bureau international exécute toutes autres tâches qui lui sont attribuées.

Art. 7 *Finances.* 1. *a*) L'Union particulière a un budget.

b) Le budget de l'Union particulière comprend les recettes et les dépenses propres à l'Union particulière, sa contribution au budget des dépenses communes aux Unions, ainsi que, le cas échéant, la somme mise à la disposition du budget de la Conférence de l'Organisation.

c) Sont considérées comme dépenses communes aux Unions les dépenses qui ne sont pas attribuées exclusivement à l'Union particulière mais également à une ou plusieurs autres Unions administrées par l'Organisation. La part de l'Union particulière dans ces dépenses communes est proportionnelle à l'intérêt que ces dépenses présentent pour elle.

2. Le budget de l'Union particulière est arrêté compte tenu des exigences de coordination avec les budgets des autres Unions administrées par l'Organisation.

3. Le budget de l'Union particulière est financé par les ressources suivantes :

i) les contributions des pays de l'Union particulière ;

ii) les taxes et sommes dues pour les services rendus par le Bureau international au titre de l'Union particulière ;

iii) le produit de la vente des publications du Bureau international concernant l'Union particulière et les droits afférents à ces publications ;

iv) les dons, legs et subventions ;

v) les loyers, intérêts et autres revenus divers.

4. *a*) Pour déterminer sa part contributive au sens de l'alinéa 3. i), chaque pays de l'Union particulière appartient à la classe dans laquelle il est rangé pour ce qui concerne l'Union de Paris pour la protection de la propriété industrielle, et paie ses contributions annuelles sur la base du nombre d'unités déterminé pour cette classe dans cette Union.

b) La contribution annuelle de chaque pays de l'Union particulière consiste en un montant dont le rapport à la somme totale des contributions annuelles au budget de l'Union particulière de tous les pays est le même que le rapport entre le nombre des unités de la classe dans laquelle il est rangé et le nombre total des unités de l'ensemble des pays.

c) Les contributions sont dues au 1er janvier de chaque année.

d) Un pays en retard dans le paiement de ses contributions ne peut exercer son droit de vote dans aucun des organes de l'Union particulière si le montant de son arriéré est égal ou supérieur à celui des contributions dont il est redevable pour les deux années complètes écoulées. Cependant, un tel pays peut être autorisé à conserver l'exercice de son droit de vote au sein dudit organe aussi longtemps que ce dernier estime que le retard résulte de circonstances exceptionnelles et inévitables.

e) Dans le cas où le budget n'est pas adopté avant le début d'un nouvel exercice, le budget de l'année précédente est reconduit selon les modalités prévues par le règlement financier.

5. Le montant des taxes et sommes dues pour des services rendus par le Bureau international au titre de l'Union particulière est fixé par le Directeur général, qui fait rapport à l'Assemblée.

6. *a*) L'Union particulière possède un fonds de roulement constitué par un versement unique effectué par chaque pays de l'Union particulière. Si le fonds devient insuffisant, l'Assemblée décide de son augmentation.

b) Le montant du versement initial de chaque pays au fonds précité ou de sa participation à l'augmentation de celui-ci est proportionnel à la contribution de ce pays pour l'année au cours de laquelle le fonds est constitué ou l'augmentation décidée.

c) La proportion et les modalités de versement sont arrêtées par l'Assemblée, sur proposition du Directeur général et après avis du Comité de coordination de l'Organisation.

7. *a*) L'Accord de siège conclu avec le pays sur le territoire duquel l'Organisation a son siège prévoit que, si le fonds de roulement est insuffisant, ce pays accorde des avances. Le montant de ces avances et les conditions dans lesquelles elles sont accordées font l'objet, dans chaque cas, d'accords séparés entre le pays en cause et l'Organisation.

b) Le pays visé au sous-alinéa *a*) et l'Organisation ont chacun le droit de dénoncer l'engagement d'accorder des avances, moyennant notification par écrit. La dénonciation prend effet trois ans après la fin de l'année au cours de laquelle elle a été notifiée.

8. La vérification des comptes est assurée, selon les modalités prévues par le règlement financier, par un ou plusieurs pays de l'Union particulière ou par des contrôleurs extérieurs, qui sont, avec leur consentement, désignés par l'Assemblée.

Art. 8 ....

Art. 9 *Ratification, adhésion : entrée en vigueur.* 1. Tout pays partie à la Convention de Paris pour la protection de la propriété industrielle qui a signé le présent Arrangement peut le ratifier et, s'il ne l'a pas signé, peut y adhérer.

2. Les instruments de ratification et d'adhésion sont déposés auprès du Directeur général.

3. *a*) A l'égard des cinq pays qui ont, les premiers, déposé leurs instruments de ratification ou d'adhésion, le présent Arrangement entre en vigueur trois mois après le dépôt du cinquième de ces instruments.

b) A l'égard de tout autre pays, le présent Arrangement entre en vigueur trois mois après la date à laquelle sa ratification ou son adhésion a été notifiée par le Directeur général, à moins qu'une date postérieure n'ait été indiquée dans l'instrument de ratification ou d'adhésion. Dans ce dernier cas, le présent Arrangement entre en vigueur, à l'égard de ce pays, à la date ainsi indiquée.

4. La ratification ou l'adhésion emporte de plein droit accession à toutes les clauses et admission à tous les avantages stipulés par le présent Arrangement.

Art. 10 *Force et durée de l'Arrangement.* Le présent Arrangement a la même force et durée que la Convention de Paris pour la protection de la propriété industrielle.

Art. 11 *Révision des articles 1er à 4 et 9 à 15.* ....

Art. 12 *Dénonciation.* **1. Tout pays peut dénoncer le présent Arrangement par notification adressée au Directeur général. Cette dénonciation ne produit son effet qu'à l'égard du pays qui l'a faite, l'Arrangement restant en vigueur et exécutoire à l'égard des autres pays de l'Union particulière.**

2. La dénonciation prend effet un an après le jour où le Directeur général a reçu la notification.

3. La faculté de dénonciation prévue par le présent article ne peut être exercée par un pays avant l'expiration d'un délai de cinq ans à compter de la date à laquelle il est devenu membre de l'Union particulière.

Art. 13 *Territoires.* **Les dispositions de l'article 24 de la Convention de Paris pour la protection de la propriété industrielle s'appliquent au présent Arrangement.** — *V. ce texte, App., v° Dispositions générales.*

Art. 14 *Signature, langues, notifications.* **1. *a*) Le présent Arrangement est signé en un seul exemplaire en langues anglaise et française, ces textes faisant également foi ; il est déposé auprès du Gouvernement de la Suisse.**

***b*) Le présent Arrangement reste ouvert à la signature, à Berne, jusqu'au 30 juin 1969.**

2. Des textes officiels sont établis par le Directeur général, après consultation des Gouvernements intéressés, dans les autres langues que l'Assemblée pourra désigner.

3. Le Directeur général transmet deux copies, certifiées conformes par le Gouvernement de la Suisse, du texte signé du présent Arrangement aux Gouvernements des pays qui l'ont signé et, sur demande, au Gouvernement de tout autre pays.

4. Le Directeur général fait enregistrer le présent Arrangement auprès du Secrétariat de l'Organisation des Nations Unies.

5. Le Directeur général notifie aux Gouvernements de tous les pays de l'Union particulière la date d'entrée en vigueur de l'Arrangement, les signatures, les dépôts d'instruments de ratification ou d'adhésion, les acceptations de modifications du présent Arrangement et les dates auxquelles ces modifications entrent en vigueur, et les notifications de dénonciation.

Art. 15 *Disposition transitoire.* **Jusqu'à l'entrée en fonctions du premier Directeur général, les références, dans le présent Arrangement, au Bureau international de l'Organisation ou au Directeur général sont considérées comme se rapportant respectivement aux Bureaux internationaux réunis pour la protection de la propriété intellectuelle (BIRPI), ou à leur Directeur.**

ANNEXE

Liste des classes et des sous-classes de la classification internationale

La liste des classes et des sous-classes de la classification internationale est disponible, dans sa dernière version en vigueur, sur le site de l'OMPI (www.wipo.int).

Protocole de Genève du 29 août 1975,

Relatif à l'Arrangement de La Haye concernant le dépôt international des dessins et modèles industriels. — Publié par Décr. n° 80-891 du 12 nov. 1980 (JO 16 nov.). — Entré en vigueur le 18 févr. 1980.

Art. 1er *Expressions abrégées.* **Au sens du présent Protocole, il faut entendre par :**

i) « Arrangement de La Haye », l'Arrangement de La Haye concernant le dépôt international des dessins et modèles industriels conclu le 6 novembre 1925 ;

ii) « Acte de 1934 », l'Acte de l'Arrangement de La Haye revisé à Londres le 2 juin 1934 ;

iii) « Acte de 1960 », l'Acte de l'Arrangement de La Haye revisé à La Haye le 28 novembre 1960 ;

iv) « Acte de 1967 », l'Acte de Stockholm du 14 juillet 1967, complémentaire à l'Arrangement de La Haye ;

v) « Union de La Haye », l'Union instituée par l'Arrangement de La Haye ;

vi) « État contractant », tout État lié par le présent protocole ;

vii) « ressortissant » d'un État, également toute personne qui, sans être un ressortissant de cet État, est domiciliée ou a un établissement industriel ou commercial effectif et sérieux sur le territoire dudit État ;

viii) « Bureau international », le Bureau international de l'Organisation mondiale de la propriété intellectuelle et, tant qu'ils existeront, les Bureaux internationaux réunis pour la protection de la propriété intellectuelle (BIRPI) ;

ix) « Directeur général », le Directeur général de l'Organisation mondiale de la propriété intellectuelle.

Art. 2 *Dépôts effectués par les ressortissants des États contractants liés par l'Acte de 1934.* 1. A l'égard de tout dépôt international de dessin ou modèle industriel effectué par le ressortissant d'un État contractant lié par l'Acte de 1934 et sous réserve de l'alinéa 2, les articles 1er à 14 et 17 à 21 de l'Acte de 1934 sont appliqués par les États contractants liés par l'Acte de 1934, alors que les articles 2 à 15 et 18 de l'Acte de 1960, qui sont reproduits en annexe, sont appliqués par les États contractants non liés par l'Acte de 1934 : le Bureau international applique le premier ensemble d'articles pour ce qui concerne les États contractants liés par l'Acte de 1934 et le second ensemble d'articles pour ce qui concerne les États contractants non liés par l'Acte de 1934.

2. Au moment d'effectuer le dépôt international d'un dessin ou modèle industriel, le déposant qui est le ressortissant d'un État contractant lié par l'Acte de 1934 peut demander que les dispositions de l'Acte de 1960 soient appliquées pour ce qui concerne tout État contractant lié par l'Acte de 1934 ; à l'égard de tout dépôt international accompagné d'une telle demande et pour ce qui concerne l'État ou les États nommés dans la demande, les articles 2 à 15 et 18 de l'Acte de 1960 sont appliqués par ce dernier État ou ces derniers États et par le Bureau international.

Art. 3 *Dépôts effectués par les ressortissants des États contractants non liés par l'Acte de 1934.* A l'égard de tout dépôt international de dessin ou modèle industriel effectué par le ressortissant d'un État contractant non lié par l'Acte de 1934, les articles 2 à 15 et 18 de l'Acte de 1960, qui sont reproduits en annexe, sont appliqués par tous les États contractants et par le Bureau international.

Art. 4 *Règlement d'exécution.* 1. Les modalités d'application du présent Protocole sont prescrites par un règlement d'exécution adopté par l'Assemblée de l'Union de La Haye au plus tard deux mois après l'entrée en vigueur du présent Protocole. Le règlement d'exécution ainsi adopté entre en vigueur un mois après son adoption.

2. Le règlement intérieur de l'Assemblée de l'Union de La Haye règle le droit de vote relatif à l'adoption et à toute modification des dispositions du règlement d'exécution qui ne concernent que les États contractants.

Art. 5 *Accession à l'Acte de 1967.* En ce qui concerne tout État qui préalablement n'a pas ratifié l'Acte de 1967 ou n'y a pas adhéré, la ratification du présent Protocole ou l'adhésion au présent Protocole comporte la ratification automatique de l'Acte de 1967 ou l'adhésion automatique à cet Acte.

Art. 6 *Entrée dans l'Union de La Haye.* En ce qui concerne tout État qui n'est pas un pays de l'Union de La Haye, la ratification du présent Protocole ou l'adhésion au présent Protocole a également pour effet que ledit État devient un pays de l'Union de La Haye à la date à laquelle le présent Protocole entre en vigueur à son égard.

Art. 7 *Modalités selon lesquelles les États peuvent devenir parties au Protocole.* 1. Le présent Protocole peut être signé par :

i) tout État qui est ou qui a été lié par l'Acte de 1934 ;

ii) tout autre État qui, le 1er décembre 1975 au plus tard, a déposé un instrument de ratification ou d'adhésion concernant l'Acte de 1934 ou l'Acte de 1960.

2. Tout État peut devenir partie au présent Protocole par :

i) le dépôt d'un instrument de ratification, s'il a signé le présent Protocole,

ii) le dépôt d'un instrument d'adhésion, s'il n'a pas signé le présent Protocole,

à condition que cet État, au moment où il dépose son instrument de ratification ou d'adhésion concernant le présent Protocole, soit lié par l'Acte de 1934 ou, sans être lié par ledit Acte, ait déposé un instrument de ratification ou d'adhésion concernant l'Acte de 1934 ou l'Acte de 1960.

3. Les instruments de ratification ou d'adhésion concernant le présent Protocole sont déposés auprès du Directeur général.

Art. 8 *Groupes régionaux.* 1. Si plusieurs États forment un groupe régional avec une administration commune en matière de dessins et modèles industriels, chacun des États qui forment ce groupe régional peut, au moment du dépôt de son instrument de ratification ou d'adhésion concernant le présent Protocole ou à une date ultérieure à ce dépôt, déposer auprès du Directeur général une notification indiquant les États qui forment le groupe régional et aux termes de laquelle :

i) une administration commune se substitue à l'administration nationale de chacun des États qui forment le groupe régional, et

ii) les États qui forment le groupe régional doivent être considérés comme un seul État pour l'application des articles 2 et 3 du présent Protocole.

2. Une telle notification produit les effets visés à l'alinéa 1 un mois après la date à laquelle le Directeur général a reçu les notifications et dépôts visés à l'alinéa 1 de tous les États qui forment le groupe régional ou, au cas où cette date serait antérieure de plus d'un mois à la date d'entrée en vigueur du présent Protocole à l'égard de tous les États qui forment le groupe régional, à ladite date d'entrée en vigueur.

Art. 9 *Entrée en vigueur.* 1. Sous réserve de l'article 11.1, le présent Protocole entre en vigueur un mois après le dépôt des instruments de ratification ou d'adhésion de deux États liés par l'Acte de 1934 et de deux États non liés par l'Acte de 1934 : toutefois, aucun dépôt international de dessin ou modèle industriel ne peut être effectué en vertu du présent Protocole avant l'entrée en vigueur du règlement d'exécution visé à l'article 4.

2. A l'égard de tout État autre que ceux dont les instruments provoquent l'entrée en vigueur du présent Protocole en vertu de l'alinéa 1, le présent Protocole entre en vigueur un mois après le dépôt de son instrument de ratification ou d'adhésion.

Art. 10 *Dénonciation.* 1. Tout État peut dénoncer le présent Protocole en tout temps après l'expiration d'un délai de cinq ans à compter de la date à laquelle le présent Protocole est entré en vigueur à l'égard de cet État.

2. Toute dénonciation du présent Protocole s'effectue par notification adressée au Directeur général. Elle prend effet un an après le jour où le Directeur général a reçu la notification.

3. La dénonciation du présent Protocole par un État contractant ne le relève pas de ses obligations telles qu'elles découlent du présent Protocole en ce qui concerne les dessins ou modèles industriels dont la date du dépôt international est antérieur à la date à laquelle la dénonciation devient effective.

Art. 11 *Effets de l'entrée en vigueur de l'Acte de 1960.* 1. Le présent Protocole n'entre pas en vigueur si, à la date à laquelle il entrerait en vigueur en vertu de l'article 9.1, l'Acte de 1960 est déjà en vigueur.

2. *a*) Le présent Protocole cesse d'avoir effet à compter de la date d'entrée en vigueur de l'Acte de 1960.

b) Le fait que le présent Protocole cesse d'avoir effet conformément au sous-alinéa *a*) ne relève pas les États contractants de leurs obligations telles qu'elles découlent du présent Protocole en ce qui concerne les dessins ou modèles industriels dont la date du dépôt international est antérieure à la date d'entrée en vigueur de l'Acte de 1960.

Accord de Marrakech du 15 avril 1994,

Instituant l'Organisation mondiale du commerce ; Annexe 1 C : Accord sur les aspects des droits de la propriété intellectuelle qui touchent au commerce, art. 25 et 26. — V. en début d'Appendice v° Dispositions générales.

Acte de Genève du 2 juillet 1999,

Acte de l'Arrangement de La Haye concernant l'enregistrement international des dessins et modèles industriels.

La loi n° 2006-244 du 2 mars 2006 a autorisé la ratification de l'Acte de Genève. Cet Acte est entré en vigueur le 18 mars 2007 ; il a été publié en France par le décret n° 2007-410 du 23 mars 2007.

BIBL. ▶ GALLOUX, *RTD com. 2007. 58* (loi n° 2006-244 du 2 mars 2006 autorisant la ratification de l'Acte de Genève).

Dispositions liminaires

Art. 1er Expressions abrégées

Au sens du présent Acte, il faut entendre par :

i) "Arrangement de La Haye", l'Arrangement de La Haye concernant le dépôt international des dessins et modèles industriels, désormais intitulé Arrangement de La Haye concernant l'enregistrement international des dessins et modèles industriels ;

ii) "le présent Acte", l'Arrangement de La Haye tel qu'il résulte du présent Acte ;

iii) "règlement d'exécution", le règlement d'exécution du présent Acte ;

iv) "prescrit" et "prescriptions", respectivement, prescrit par le règlement d'exécution et prescriptions du règlement d'exécution ;

v) "Convention de Paris", la Convention de Paris pour la protection de la propriété industrielle, signée à Paris, le 20 mars 1883, telle que révisée et modifiée ;

vi) "enregistrement international", l'enregistrement international d'un dessin ou modèle industriel effectué en vertu du présent Acte ;

vii) "demande internationale", une demande d'enregistrement international ;

viii) "registre international" », la collection officielle, tenue par le Bureau international, des données concernant les enregistrements internationaux dont l'inscription est exigée ou autorisée par le présent Acte ou le règlement d'exécution, quel que soit le support sur lequel ces données sont conservées ;

ix) "personne", une personne physique ou une personne morale ;

x) "déposant", la personne au nom de laquelle une demande internationale est déposée ;

xi) "titulaire", la personne au nom de laquelle un enregistrement international est inscrit au registre international ;

xii) "organisation intergouvernementale", une organisation intergouvernementale remplissant les conditions requises selon l'article 27.1)ii) pour devenir partie au présent Acte ;

xiii) "Partie contractante", un État ou une organisation intergouvernementale partie au présent Acte ;

xiv) "Partie contractante du déposant", la Partie contractante ou l'une des Parties contractantes dont le déposant tire son droit de déposer une demande internationale du fait qu'il remplit, à l'égard de ladite Partie contractante, au moins une des conditions énoncées à l'article 3 ; lorsque le déposant peut, en vertu de l'article 3, tirer son droit de déposer une demande internationale de plusieurs Parties contractantes, il faut entendre par « Partie contractante du déposant » celle qui, parmi ces Parties contractantes, est indiquée comme telle dans la demande internationale ;

xv) "territoire d'une Partie contractante", lorsque la Partie contractante est un État, le territoire de cet État et, lorsque la Partie contractante est une organisation intergouvernementale, le territoire sur lequel s'applique le traité constitutif de cette organisation intergouvernementale ;

xvi) "office", l'organisme chargé par une Partie contractante d'accorder la protection aux dessins et modèles industriels sur le territoire de cette Partie contractante ;

xvii) "office procédant à un examen", un office qui, d'office, examine les demandes de protection des dessins et modèles industriels déposées auprès de lui afin de déterminer, pour le moins, si ces dessins ou modèles satisfont à la condition de nouveauté ;

xviii) "désignation", une demande tendant à ce qu'un enregistrement international produise ses effets dans une Partie contractante ; ce terme s'applique également à l'inscription, dans le registre international, de cette demande ;

xix) "Partie contractante désignée" et "office désigné", respectivement, la Partie contractante et l'office de la Partie contractante auxquels une désignation s'applique ;

xx) "Acte de 1934", l'Acte signé à Londres, le 2 juin 1934 de l'Arrangement de La Haye ;

xxi) "Acte de 1960", l'Acte signé à La Haye, le 28 novembre 1960 de l'Arrangement de La Haye ;

xxii) "Acte additionnel de 1961", l'Acte signé à Monaco, le 18 novembre 1961, additionnel à l'Acte de 1934 ;

xxiii) "Acte complémentaire de 1967", l'Acte complémentaire signé à Stockholm, le 14 juillet 1967, tel que modifié, de l'Arrangement de La Haye ;

xxiv) "Union", l'Union de La Haye créée par l'Arrangement de La Haye du 6 novembre 1925 et maintenue par les Actes de 1934 et de 1960, l'Acte additionnel de 1961, l'Acte complémentaire de 1967 et le présent Acte ;

xxv) "Assemblée", l'Assemblée visée à l'article 21.1 a ou tout organe remplaçant cette assemblée ;

xxvi) "Organisation", l'Organisation mondiale de la propriété intellectuelle ;

xxvii) "Directeur général", le Directeur général de l'Organisation ;

xxviii) "Bureau international", le Bureau international de l'Organisation ;

xxix) "instrument de ratification", également les instruments d'acceptation ou d'approbation.

Art. 2 *Autre protection découlant des lois des Parties contractantes et de certains traités internationaux.* 1. Lois des Parties contractantes et certains traités internationaux.

Les dispositions du présent Arrangement n'affectent pas l'application de toute protection plus large pouvant être accordée par la législation d'une Partie contractante et n'affectent en aucune manière la protection accordée aux œuvres artistiques et aux œuvres d'art appliqué par des traités et conventions internationaux sur le droit d'auteur ni la protection accordée aux dessins et modèles industriels en vertu de l'Accord sur les aspects des droits de propriété intellectuelle qui touchent au commerce annexé à l'Accord instituant l'Organisation mondiale du commerce.

2. Obligation de se conformer à la Convention de Paris.

Chaque Partie contractante se conforme aux dispositions de la Convention de Paris qui concernent les dessins et modèles industriels.

CHAPITRE PREMIER *Demande internationale et enregistrement international*

Art. 3 *Droit de déposer une demande internationale.* Est habilité à déposer une demande internationale tout ressortissant d'un État qui est une Partie contractante ou d'un État membre d'une organisation intergouvernementale qui est une Partie contractante, ou toute personne ayant son domicile, sa résidence habituelle ou un établissement industriel ou commercial effectif et sérieux sur le territoire d'une Partie contractante.

Art. 4 *Procédure de dépôt de la demande internationale.* 1. Dépôt direct ou indirect :

a) La demande internationale peut être déposée, au choix du déposant, soit directement auprès du Bureau international, soit par l'intermédiaire de l'office de la Partie contractante du déposant ;

b) Nonobstant le sous-alinéa a, toute Partie contractante peut, dans une déclaration, notifier au Directeur général le fait qu'il ne peut pas être déposé de demandes internationales par l'intermédiaire de son office.

2. Taxe de transmission en cas de dépôt indirect.

L'office de toute Partie contractante peut exiger que le déposant lui verse, pour son propre compte, une taxe de transmission pour toute demande internationale déposée par son intermédiaire.

Art. 5 *Contenu de la demande internationale.* 1. Contenu obligatoire de la demande internationale :

La demande internationale est rédigée dans la langue prescrite ou l'une des langues prescrites ; doivent y figurer ou y être jointes :

i) une requête en enregistrement international selon le présent Acte ;

ii) les données prescrites concernant le déposant ;

iii) le nombre prescrit d'exemplaires d'une reproduction ou, au choix du déposant, de plusieurs reproductions différentes du dessin ou modèle industriel qui fait l'objet de la demande internationale, présentés de la manière prescrite ; cependant, lorsqu'il s'agit d'un dessin industriel (bidimensionnel) et qu'une demande d'ajournement de la publication est faite en vertu de l'alinéa 5, la demande internationale peut être accompagnée du nombre prescrit de spécimens du dessin au lieu de contenir des reproductions ;

iv) une indication du ou des produits qui constituent le dessin ou modèle industriel ou en relation avec lesquels le dessin ou modèle doit être utilisé, de la manière prescrite ;

v) une indication des Parties contractantes désignées ;

vi) les taxes prescrites ;

vii) toutes autres indications prescrites.

2. Contenu supplémentaire obligatoire de la demande internationale :

a) Toute Partie contractante dont l'office est un office procédant à un examen et dont la législation, au moment où elle devient partie au présent Acte, exige qu'une demande de protection d'un dessin ou modèle industriel contienne un ou plusieurs des éléments spécifiés au sous-alinéa b pour l'attribution, en vertu de cette législation, d'une date de dépôt à cette demande peut notifier ces éléments au Directeur général dans une déclaration :

b) Les éléments qui peuvent être notifiés en vertu du sous-alinéa a sont les suivants :

i) des indications concernant l'identité du créateur du dessin ou modèle industriel qui fait l'objet de la demande ;

ii) une brève description de la reproduction ou des éléments caractéristiques du dessin ou modèle industriel qui fait l'objet de la demande ;

iii) une revendication ;

c) Lorsque la demande internationale contient la désignation d'une Partie contractante qui a fait une notification en vertu du sous-alinéa a, elle doit aussi contenir, de la manière prescrite, tout élément qui a fait l'objet de cette notification.

3. Autre contenu possible de la demande internationale.

La demande internationale peut contenir tous autres éléments spécifiés dans le règlement d'exécution ou être accompagnée de ceux-ci.

4. Plusieurs dessins ou modèles industriels dans la même demande internationale.

Sous réserve des conditions prescrites, une demande internationale peut contenir plusieurs dessins ou modèles industriels.

5. Demande d'ajournement de la publication.

La demande internationale peut contenir une demande d'ajournement de la publication.

Art. 6 *Priorité.* 1. Revendication de priorité :

a) La demande internationale peut contenir une déclaration revendiquant, en vertu de l'article 4 de la Convention de Paris, la priorité d'une ou de plusieurs demandes antérieures déposées dans un pays partie à cette convention ou pour un tel pays, ou dans un membre de l'Organisation mondiale du commerce ou pour un tel membre ;

b) Le règlement d'exécution peut prévoir que la déclaration visée au sous-alinéa a peut être faite après le dépôt de la demande internationale. Dans ce cas, le règlement d'exécution prescrit à quel moment, au plus tard, cette déclaration peut être effectuée.

2. Demande internationale servant de base à une revendication de priorité.

A compter de sa date de dépôt, la demande internationale a la valeur d'un dépôt régulier au sens de l'article 4 de la Convention de Paris, quel que soit son sort ultérieur.

Art. 7 *Taxes de désignation.* 1. Taxe de désignation prescrite.

Les taxes prescrites comprennent, sous réserve de l'alinéa 2, une taxe de désignation pour chaque Partie contractante désignée.

2. Taxe de désignation individuelle.

Toute Partie contractante dont l'office est un office procédant à un examen et toute Partie contractante qui est une organisation intergouvernementale peut, dans une déclaration, notifier au Directeur général que, pour toute demande internationale dans laquelle elle est désignée, ainsi que pour le renouvellement de tout enregistrement international découlant d'une telle demande internationale, la taxe de désignation prescrite visée à l'alinéa 1 est remplacée par une taxe de désignation individuelle dont le montant est indiqué dans la déclaration et peut être modifié dans des déclarations ultérieures. Ce montant peut être fixé par ladite Partie contractante pour la période initiale de protection et pour chaque période de renouvellement ou pour la durée maximale de protection qu'elle autorise. Cependant, il ne peut pas dépasser le montant équivalant à celui que l'office de ladite Partie contractante aurait le droit de recevoir du déposant pour une protection accordée, pour une durée équivalente, au même nombre de dessins et modèles industriels, le montant en question étant diminué du montant des économies résultant de la procédure internationale.

3. Transfert des taxes de désignation.

Les taxes de désignation visées aux alinéas 1 et 2 sont transférées par le Bureau international aux Parties contractantes à l'égard desquelles elles ont été payées.

Art. 8 *Régularisation.* 1. Examen de la demande internationale.

Si le Bureau international constate que la demande internationale ne remplit pas, au moment de sa réception par le Bureau international, les conditions du présent Acte et du règlement d'exécution, il invite le déposant à la régulariser dans le délai prescrit.

2. Défaut de régularisation :

a) Si le déposant ne donne pas suite à l'invitation dans le délai prescrit, la demande internationale est, sous réserve du sous-alinéa b, réputée abandonnée ;

b) Dans le cas d'une irrégularité concernant l'article 5.2 ou une exigence spéciale notifiée au Directeur général par une Partie contractante conformément au règlement d'exécution, si le déposant ne donne pas suite à l'invitation dans le délai prescrit, la demande internationale est réputée ne pas contenir la désignation de cette Partie contractante.

Art. 9 *Date de dépôt de la demande internationale.* 1. Demande internationale déposée directement.

Lorsque la demande internationale est déposée directement auprès du Bureau international, la date de dépôt est, sous réserve de l'alinéa 3, la date à laquelle le Bureau international reçoit la demande internationale.

2. Demande internationale déposée indirectement.

Lorsque la demande internationale est déposée par l'intermédiaire de l'office de la Partie contractante du déposant, la date de dépôt est déterminée de la manière prescrite.

3. Demande internationale comportant certaines irrégularités.

Lorsque, à la date à laquelle elle est reçue par le Bureau international, la demande internationale comporte une irrégularité qui est prescrite comme une irrégularité entraînant le report de la date de dépôt de la demande internationale, la date de dépôt est la date à laquelle la correction de cette irrégularité est reçue par le Bureau international.

Art. 10 *Enregistrement international, date de l'enregistrement international, publication et copies confidentielles de l'enregistrement international.* 1. Enregistrement international.

Le Bureau international enregistre chaque dessin ou modèle industriel qui fait l'objet de la demande internationale dès qu'il la reçoit ou, lorsque le déposant est invité à régulariser la demande en vertu de l'article 8, dès réception des éléments nécessaires à la régularisation. L'enregistrement est effectué, que la publication soit ajournée ou non en vertu de l'article 11.

2. Date de l'enregistrement international :

a) Sous réserve du sous-alinéa b, la date de l'enregistrement international est la date de dépôt de la demande internationale.

b) Lorsque, à la date à laquelle elle est reçue par le Bureau international, la demande internationale comporte une irrégularité concernant l'article 5.2, la date de l'enregistrement international est la date à laquelle la correction de cette irrégularité est reçue par le Bureau international ou, si la date de dépôt de la demande internationale est postérieure à ladite date, la date de dépôt de la demande internationale.

3. Publication :

a) L'enregistrement international est publié par le Bureau international. Cette publication est considérée dans toutes les Parties contractantes comme une publicité suffisante, et aucune autre publicité ne peut être exigée du titulaire ;

b) Le Bureau international envoie un exemplaire de la publication de l'enregistrement international à chaque office désigné.

4. Maintien du secret avant la publication.

Sous réserve de l'alinéa 5 et de l'article 11.4-b, le Bureau international tient secrets chaque demande internationale et chaque enregistrement international jusqu'à la publication.

5. Copies confidentielles :

a) Immédiatement après que l'enregistrement a été effectué, le Bureau international envoie une copie de l'enregistrement international, ainsi que toute déclaration, tout document ou tout spécimen pertinents accompagnant la demande internationale, à chaque office qui lui a notifié son souhait de recevoir une telle copie et qui a été désigné dans la demande internationale ;

b) Jusqu'à la publication de l'enregistrement international par le Bureau international, l'office garde secret tout enregistrement international dont une copie lui a été envoyée par le Bureau international et ne peut utiliser cette copie qu'aux fins de l'examen de l'enregistrement international et de demandes de protection de dessins ou modèles industriels déposées dans la Partie contractante pour laquelle il est compétent ou pour cette Partie contractante. En particulier, il ne peut divulguer le contenu d'un tel enregistrement international à aucune personne extérieure à ses services autre que le titulaire de cet enregistrement international, excepté aux fins d'une procédure administrative ou judiciaire portant sur un conflit relatif au droit de déposer la demande internationale sur laquelle est fondé l'enregistrement international. Dans le cas d'une telle procédure administrative ou judiciaire, le contenu de l'enregistrement international peut seulement être divulgué à titre confidentiel aux parties impliquées dans la procédure, qui sont tenues de respecter le caractère confidentiel de la divulgation.

Art. 11 ***Ajournement de la publication.*** **1. Dispositions législatives des Parties contractantes relatives à l'ajournement de la publication :**

a) Lorsque la législation d'une Partie contractante prévoit l'ajournement de la publication d'un dessin ou modèle industriel pour une période inférieure à celle qui est prescrite, cette Partie contractante notifie au Directeur général, dans une déclaration, la période d'ajournement autorisée ;

b) Lorsque la législation d'une Partie contractante ne prévoit pas l'ajournement de la publication d'un dessin ou modèle industriel, cette Partie contractante notifie ce fait au Directeur général dans une déclaration.

2. Ajournement de la publication.

Lorsque la demande internationale contient une demande d'ajournement de la publication, la publication intervient :

i) si aucune des Parties contractantes désignées dans la demande internationale n'a fait de déclaration selon l'alinéa 1, à l'expiration de la période prescrite ou,

ii) si l'une des Parties contractantes désignées dans la demande internationale a fait une déclaration selon l'alinéa 1 a, à l'expiration de la période qui est notifiée dans cette déclaration ou, si plusieurs Parties contractantes désignées ont fait de telles déclarations, à l'expiration de la plus courte période qui est notifiée dans leurs déclarations.

3. Traitement des demandes d'ajournement lorsque l'ajournement n'est pas possible en vertu de la législation applicable.

Lorsque l'ajournement de la publication a été demandé et qu'une des Parties contractantes désignées dans la demande internationale a fait, en vertu de l'alinéa 1 b, une déclaration selon laquelle l'ajournement de la publication n'est pas possible en vertu de sa législation :

i) Sous réserve du point ii, le Bureau international notifie ce fait au déposant ; si, dans le délai prescrit, le déposant n'avise pas, par écrit, le Bureau international du retrait de la désignation de ladite Partie contractante, le Bureau international ne tient pas compte de la demande d'ajournement de la publication ;

ii) si, au lieu de contenir des reproductions du dessin ou modèle industriel, la demande internationale était accompagnée de spécimens du dessin ou modèle industriel, le Bureau international ne tient pas compte de la désignation de ladite Partie contractante et notifie ce fait au déposant.

4. Requête en publication anticipée de l'enregistrement international ou en autorisation spéciale d'accès à celui-ci :

a) Pendant la période d'ajournement applicable en vertu de l'alinéa 2, le titulaire peut, à tout moment, requérir la publication d'un, de plusieurs ou de la totalité des dessins ou modèles industriels qui font l'objet de l'enregistrement international ; dans ce cas, la période d'ajournement pour ce ou ces dessins ou modèles industriels est considérée comme ayant expiré à la date de la réception de cette requête par le Bureau international ;

b) Pendant la période d'ajournement applicable en vertu de l'alinéa 2, le titulaire peut aussi, à tout moment, demander au Bureau international de fournir à un tiers qu'il a désigné un extrait d'un, de plusieurs ou de la totalité des dessins ou modèles industriels faisant l'objet de l'enregistrement international, ou d'autoriser à ce tiers l'accès à ce ou ces dessins ou modèles industriels.

5. Renonciation et limitation :

a) Si, à n'importe quel moment pendant la période d'ajournement applicable en vertu de l'alinéa 2, le titulaire renonce à l'enregistrement international à l'égard de toutes les Parties contractantes désignées, le ou les dessins ou modèles industriels faisant l'objet de l'enregistrement international ne sont pas publiés ;

b) Si, à n'importe quel moment de la période d'ajournement applicable en vertu de l'alinéa 2, le titulaire limite l'enregistrement international, à l'égard de toutes les Parties contractantes désignées, à un ou plusieurs des dessins ou modèles industriels faisant l'objet de l'enregistrement international, le ou les autres dessins ou modèles industriels faisant l'objet de l'enregistrement international ne sont pas publiés.

6. Publication et fourniture de reproductions :

a) A l'expiration de toute période d'ajournement applicable en vertu des dispositions du présent article, le Bureau international publie l'enregistrement international sous réserve du paiement des taxes prescrites. Si ces taxes ne sont pas payées de la manière prescrite, l'enregistrement international est radié et la publication n'est pas effectuée ;

b) Lorsque la demande internationale était accompagnée d'un ou de plusieurs spécimens du dessin industriel en application de l'article 5.1-iii, le titulaire remet au Bureau international dans le délai prescrit le nombre prescrit d'exemplaires d'une reproduction de chaque dessin industriel faisant l'objet de cette demande. Dans la mesure où le titulaire ne le fait pas, l'enregistrement international est radié et la publication n'est pas effectuée.

Art. 12 *Refus.* 1. Droit de refuser.

L'office d'une Partie contractante désignée peut, lorsque les conditions auxquelles la législation de cette Partie contractante subordonne la protection ne sont pas réunies en ce qui concerne un, plusieurs ou la totalité des dessins ou modèles industriels faisant l'objet d'un enregistrement international, refuser, partiellement ou totalement, les effets de l'enregistrement international sur le territoire de ladite Partie contractante ; toutefois, aucun office ne peut refuser, partiellement ou totalement, les effets d'un enregistrement international au motif que la demande internationale ne satisfait pas, quant à sa forme ou son contenu, en vertu de la législation de la Partie contractante intéressée, à des exigences qui sont énoncées dans le présent Acte ou le règlement d'exécution ou à des exigences qui s'y ajoutent ou en diffèrent.

2. Notification de refus :

a) Le refus des effets d'un enregistrement international est communiqué dans le délai prescrit par l'office au Bureau international dans une notification de refus ;

b) Toute notification de refus indique tous les motifs sur lesquels le refus est fondé.

3. Transmission de la notification de refus ; moyens de recours :

a) Le Bureau international transmet sans délai au titulaire une copie de la notification de refus ;

b) Le titulaire dispose des mêmes moyens de recours que si un dessin ou modèle industriel qui fait l'objet de l'enregistrement international avait fait l'objet d'une demande de protection en vertu de la législation applicable à l'office qui a communiqué le refus. Ces moyens de recours comprennent au moins la possibilité d'une révision ou d'un réexamen du refus ou d'un recours contre le refus.

4. Retrait du refus.

Tout refus peut être retiré, partiellement ou totalement, en tout temps par l'office qui l'a communiqué.

Art. 13 *Exigences spéciales concernant l'unité de dessin ou modèle.* 1. Notification des exigences spéciales.

Toute Partie contractante dont la législation, au moment où elle devient partie au présent Acte, exige que les dessins ou modèles faisant l'objet d'une même demande satisfassent à une règle d'unité de conception, d'unité de production ou d'unité d'utilisation ou appartiennent au même ensemble d'articles ou à la même composition d'articles, ou qu'un seul dessin ou modèle indépendant et distinct puisse être revendiqué dans une même demande, peut notifier cette exigence au Directeur général dans une déclaration. Toutefois, une telle déclaration n'affecte pas le droit du déposant d'une demande internationale, même si celle-ci désigne la Partie contractante qui a fait cette déclaration, d'inclure plusieurs dessins ou modèles industriels dans cette demande conformément à l'article 5.4.

2. Effet de la déclaration.

Cette déclaration permet à l'office de la Partie contractante qui l'a faite de refuser les effets de l'enregistrement international conformément à l'article 12.1 jusqu'à ce qu'il soit satisfait à l'exigence notifiée par cette Partie contractante.

3. Taxes supplémentaires dues en cas de division d'un enregistrement.

Si, à la suite d'une notification de refus en vertu de l'alinéa 2, un enregistrement international est divisé auprès de l'office concerné pour remédier à un motif de refus indiqué dans la notification, cet office a le droit de percevoir une taxe pour chaque demande internationale supplémentaire qui aurait été nécessaire afin d'éviter ce motif de refus.

Art. 14 *Effets de l'enregistrement international.* 1. Effets identiques à ceux d'une demande selon la législation applicable.

A compter de la date de l'enregistrement international, l'enregistrement international produit dans chaque Partie contractante désignée au moins les mêmes effets qu'une demande régulièrement déposée en vue de l'obtention de la protection du dessin ou modèle industriel en vertu de la législation de cette Partie contractante.

2. Effets identiques à ceux de l'octroi d'une protection selon la législation applicable :

a) Dans chaque Partie contractante désignée dont l'office n'a pas communiqué de refus conformément à l'article 12, l'enregistrement international produit les mêmes effets que l'octroi de la protection du dessin ou modèle industriel en vertu de la législation de cette Partie contractante, au plus tard à compter de la date d'expiration du délai pendant lequel elle peut communiquer un refus ou, lorsqu'une Partie contractante a fait une déclaration à cet égard en vertu du règlement d'exécution, au plus tard au moment précisé dans cette déclaration ;

b) Lorsque l'office d'une Partie contractante désignée a communiqué un refus et a ultérieurement retiré ce refus, partiellement ou totalement, l'enregistrement international produit dans cette Partie contractante, dans la mesure où le refus est retiré, les mêmes effets que l'octroi de la protection du dessin ou modèle industriel en vertu de la législation de ladite Partie contractante, au plus tard à compter de la date à laquelle le refus a été retiré ;

c) Les effets conférés à l'enregistrement international en vertu du présent alinéa s'appliquent aux dessins ou modèles industriels faisant l'objet de cet enregistrement tels qu'ils ont été reçus du Bureau international par l'office désigné ou, le cas échéant, tels qu'ils ont été modifiés pendant la procédure devant cet office.

3. Déclaration concernant l'effet de la désignation de la Partie contractante du déposant :

a) Toute Partie contractante dont l'office est un office procédant à un examen peut, dans une déclaration, notifier au Directeur général que, dans le cas où cette Partie contractante est celle du déposant, la désignation de cette Partie contractante dans un enregistrement international est sans effet ;

b) Lorsqu'une Partie contractante qui a fait la déclaration visée au sous-alinéa a est indiquée dans une demande internationale comme étant à la fois la Partie contractante du déposant et une Partie contractante désignée, le Bureau international ne tient pas compte de la désignation de cette Partie contractante.

Art. 15 *Invalidation.* 1. Possibilité pour le titulaire de faire valoir ses droits.

L'invalidation partielle ou totale, par les autorités compétentes d'une Partie contractante désignée, des effets de l'enregistrement international sur le territoire de cette Partie contractante ne peut pas être prononcée sans que le titulaire ait été mis en mesure de faire valoir ses droits en temps utile.

2. Notification de l'invalidation.

L'office de la Partie contractante sur le territoire de laquelle les effets de l'enregistrement international ont été invalidés notifie l'invalidation, lorsqu'il en a connaissance, au Bureau international.

Art. 16 *Inscription de modifications et autres inscriptions concernant les enregistrements internationaux.* 1. Inscription de modifications et autres inscriptions.

Le Bureau international inscrit au registre international, de la manière prescrite :

i) tout changement de titulaire de l'enregistrement international à l'égard d'une, de plusieurs ou de la totalité des Parties contractantes désignées et à l'égard d'un, de plusieurs ou de la totalité des dessins ou modèles industriels qui font l'objet de l'enregistrement international, sous réserve que le nouveau propriétaire ait le droit de déposer une demande internationale en vertu de l'article 3 ;

ii) tout changement de nom ou d'adresse du titulaire ;

iii) la constitution d'un mandataire du déposant ou du titulaire et toute autre donnée pertinente concernant ce mandataire ;

iv) toute renonciation du titulaire à l'enregistrement international à l'égard d'une, de plusieurs ou de la totalité des Parties contractantes désignées ;

v) toute limitation de l'enregistrement international à l'un ou à plusieurs des dessins ou modèles industriels qui en font l'objet, faite par le titulaire à l'égard d'une, de plusieurs ou de la totalité des Parties contractantes désignées ;

vi) toute invalidation par les autorités compétentes d'une Partie contractante désignée, sur le territoire de cette Partie contractante, des effets de l'enregistrement international à l'égard d'un, de plusieurs ou de la totalité des dessins ou modèles industriels faisant l'objet de cet enregistrement ;

vii) toute autre donnée pertinente, indiquée dans le règlement d'exécution, concernant les droits sur un, plusieurs ou la totalité des dessins ou modèles industriels faisant l'objet de l'enregistrement international.

2. Effets de l'inscription au registre international.

Toute inscription visée aux points i, ii, iv, v, vi et vii de l'alinéa 1 produit les mêmes effets que si elle avait été faite au registre de l'office de chacune des Parties contractantes concernées, si ce n'est qu'une Partie contractante peut, dans une déclaration, notifier au Directeur général qu'une inscription visée au point i de l'alinéa 1 ne produit pas lesdits effets dans cette Partie contractante tant que l'office de cette Partie contractante n'a pas reçu les déclarations ou les documents précisés dans la déclaration susmentionnée.

3. Taxes.

Toute inscription faite en vertu de l'alinéa 1 peut donner lieu au paiement d'une taxe.

4. Publication.

Le Bureau international publie un avis concernant toute inscription faite en vertu de l'alinéa 1. Il envoie un exemplaire de la publication de l'avis à l'office de chacune des Parties contractantes concernées.

Art. 17 *Période initiale et renouvellement de l'enregistrement international et durée de la protection.* 1. Période initiale de l'enregistrement international.

L'enregistrement international est effectué pour une période initiale de cinq ans à compter de la date de l'enregistrement international.

2. Renouvellement de l'enregistrement international.

L'enregistrement international peut être renouvelé pour des périodes supplémentaires de cinq ans, conformément à la procédure prescrite et sous réserve du paiement des taxes prescrites.

3. Durée de la protection dans les Parties contractantes désignées :

a) A condition que l'enregistrement international soit renouvelé et sous réserve du sous-alinéa b, la durée de la protection, dans chaque Partie contractante désignée, est de quinze ans à compter de la date de l'enregistrement international ;

b) Lorsque la législation d'une Partie contractante désignée prévoit une durée de protection supérieure à quinze ans pour un dessin ou modèle industriel auquel la protection a été accordée en vertu de cette législation, la durée de la protection est, à condition que l'enregistrement international soit renouvelé, la même que celle que prévoit la législation de cette Partie contractante ;

c) Chaque Partie contractante notifie au Directeur général, dans une déclaration, la durée maximale de protection prévue dans sa législation.

4. Possibilité de renouvellement limité.

Le renouvellement de l'enregistrement international peut être effectué pour une, plusieurs ou la totalité des Parties contractantes désignées et pour un, plusieurs ou la totalité des dessins ou modèles industriels faisant l'objet de l'enregistrement international.

5. Inscription et publication du renouvellement.

Le Bureau international inscrit les renouvellements dans le registre international et publie un avis à ce sujet. Il envoie un exemplaire de la publication de l'avis à l'office de chacune des Parties contractantes concernées.

Art. 18 ***Informations relatives aux enregistrements internationaux publiés.*** **1. Accès à l'information.**

Le Bureau international fournit à toute personne qui en fait la demande, moyennant le paiement de la taxe prescrite, des extraits du registre international, ou des informations sur le contenu du registre international, pour ce qui concerne tout enregistrement international publié.

2. Dispense de légalisation.

Les extraits du registre international fournis par le Bureau international sont dispensés de toute exigence de légalisation dans chaque Partie contractante.

CHAPITRE II *Dispositions administratives*

Art. 19 ***Office commun à plusieurs États.*** **1. Notification relative à un office commun.**

Si plusieurs États ayant l'intention de devenir parties au présent Acte ont réalisé, ou si plusieurs États parties au présent Acte conviennent de réaliser, l'unification de leurs lois nationales sur les dessins et modèles industriels, ils peuvent notifier au Directeur général :

i) qu'un office commun se substituera à l'office national de chacun d'eux, et

ii) que l'ensemble de leurs territoires respectifs auxquels s'applique la loi unifiée devra être considéré comme une seule Partie contractante pour l'application des articles 1er, 3 à 18 et 31 du présent Acte.

2. Moment auquel la notification doit être faite.

La notification visée à l'alinéa 1 est faite :

i) s'agissant d'États ayant l'intention de devenir parties au présent Acte, au moment du dépôt des instruments visés à l'article 27.2 ;

ii) s'agissant d'États parties au présent Acte, à tout moment après l'unification de leurs lois nationales.

3. Date de prise d'effet de la notification.

La notification visée aux alinéas 1 et 2 prend effet :

i) s'agissant d'États ayant l'intention de devenir parties au présent Acte, au moment où ces États deviennent liés par le présent Acte ;

ii) s'agissant d'États parties au présent Acte, trois mois après la date de la communication qui en est faite par le Directeur général aux autres Parties contractantes ou à toute date ultérieure indiquée dans la notification.

Art. 20 ***Appartenance à l'Union de La Haye.*** **Les Parties contractantes sont membres de la même Union que les États parties à l'Acte de 1934 ou à l'Acte de 1960.**

Art. 21 ***Assemblée.*** **1. Composition :**

a) Les Parties contractantes sont membres de la même Assemblée que les États liés par l'article 2 de l'Acte complémentaire de 1967 ;

b) Chaque membre de l'Assemblée y est représenté par un délégué, qui peut être assisté de suppléants, de conseillers et d'experts, et chaque délégué ne peut représenter qu'une seule Partie contractante ;

c) Les membres de l'Union qui ne sont pas membres de l'Assemblée sont admis aux réunions de l'Assemblée en qualité d'observateurs.

2. Fonctions.

a) L'Assemblée :

i) traite de toutes les questions concernant le maintien et le développement de l'Union et l'application du présent Acte ;

ii) exerce les droits qui lui sont spécialement conférés et s'acquitte des tâches qui lui sont spécialement assignées aux termes du présent Acte ou de l'Acte complémentaire de 1967 ;

iii) donne au Directeur général des directives concernant la préparation des conférences de révision et décide de la convocation de ces conférences ;

iv) modifie le règlement d'exécution ;

v) examine et approuve les rapports et activités du Directeur général relatifs à l'Union et lui donne toutes instructions utiles concernant les questions relevant de la compétence de l'Union ;

vi) arrête le programme, adopte le budget biennal de l'Union et approuve ses comptes de clôture ;

vii) adopte le règlement financier de l'Union ;

viii) crée les comités et groupes de travail qu'elle juge utiles pour permettre d'atteindre les objectifs de l'Union ;

ix) sous réserve de l'alinéa 1-c, décide quels États, organisations intergouvernementales et organisations non gouvernementales seront admis à ses réunions en qualité d'observateurs ;

x) entreprend toute autre action appropriée en vue d'atteindre les objectifs de l'Union et s'acquitte de toutes autres fonctions utiles dans le cadre du présent Acte ;

b) Sur les questions qui intéressent également d'autres unions administrées par l'Organisation, l'Assemblée statue après avoir pris connaissance de l'avis du Comité de coordination de l'Organisation.

3. Quorum :

a) La moitié des membres de l'Assemblée qui sont des États et qui ont le droit de vote sur une question donnée constitue le quorum aux fins du vote sur cette question ;

b) Nonobstant les dispositions du sous-alinéa a, si, lors d'une session, le nombre des membres de l'Assemblée qui sont des États, qui ont le droit de vote sur une question donnée et qui sont représentés est inférieur à la moitié mais égal ou supérieur au tiers des membres de l'Assemblée qui sont des États et qui ont le droit de vote sur cette question, l'Assemblée peut prendre des décisions ; toutefois, les décisions de l'Assemblée, à l'exception de celles qui concernent sa procédure, ne deviennent exécutoires que lorsque les conditions énoncées ci-après sont remplies. Le Bureau international communique lesdites décisions aux membres de l'Assemblée qui sont des États, qui ont le droit de vote sur ladite question et qui n'étaient pas représentés, en les invitant à exprimer par écrit, dans un délai de trois mois à compter de la date de la communication, leur vote ou leur abstention. Si, à l'expiration de ce délai, le nombre desdits membres ayant ainsi exprimé leur vote ou leur abstention est au moins égal au nombre de membres qui faisait défaut pour que le quorum fût atteint lors de la session, lesdites décisions deviennent exécutoires, pourvu qu'en même temps la majorité nécessaire reste acquise.

4. Prise des décisions au sein de l'Assemblée :

a) L'Assemblée s'efforce de prendre ses décisions par consensus ;

b) Lorsqu'il n'est pas possible d'arriver à une décision par consensus, la décision sur la question à l'examen est mise aux voix. Dans ce cas,

i) chaque Partie contractante qui est un État dispose d'une voix et vote uniquement en son propre nom, et

ii) toute Partie contractante qui est une organisation intergouvernementale peut participer au vote à la place de ses États membres, avec un nombre de voix égal au nombre de ses États membres qui sont parties au présent Acte ; aucune organisation intergouvernementale ne participe au vote si l'un de ses États membres exerce son droit de vote, et inversement ;

c) Sur les questions qui ne concernent que les États liés par l'article 2 de l'Acte complémentaire de 1967, les Parties contractantes qui ne sont pas liées par ledit article n'ont pas le droit de vote, alors que, sur les questions qui ne concernent que les Parties contractantes, seules ces dernières ont le droit de vote.

5. Majorités :

a) Sous réserve des articles 24.2 et 26.2, les décisions de l'Assemblée sont prises à la majorité des deux tiers des votes exprimés ;

b) L'abstention n'est pas considérée comme un vote.

6. Sessions :

a) L'Assemblée se réunit une fois tous les deux ans en session ordinaire sur convocation du Directeur général et, sauf cas exceptionnels, pendant la même période et aux mêmes lieux que l'Assemblée générale de l'Organisation ;

b) L'Assemblée se réunit en session extraordinaire sur convocation du Directeur général, le Directeur général agissant soit à la demande d'un quart des membres de l'Assemblée, soit de sa propre initiative ;

c) L'ordre du jour de chaque session est établi par le Directeur général.

7. Règlement intérieur.

L'Assemblée adopte son propre règlement intérieur.

Art. 22 *Bureau international.* 1. Fonctions administratives :

a) L'enregistrement international et les tâches connexes ainsi que les autres tâches administratives concernant l'Union sont assurés par le Bureau international ;

b) En particulier, le Bureau international prépare les réunions et assure le secrétariat de l'Assemblée et des comités d'experts et groupes de travail qu'elle peut créer.

2. Directeur général.

Le Directeur général est le plus haut fonctionnaire de l'Union et la représente.

3. Réunions autres que les sessions de l'Assemblée.

Le Directeur général convoque tout comité ou groupe de travail créé par l'Assemblée et toute autre réunion traitant de questions intéressant l'Union.

4. Rôle du Bureau international à l'Assemblée et à d'autres réunions :

a) Le Directeur général et les personnes désignées par le Directeur général prennent part, sans droit de vote, à toutes les réunions de l'Assemblée et des comités et groupes de travail créés par l'Assemblée ainsi qu'à toute autre réunion convoquée par le Directeur général sous les auspices de l'Union ;

b) Le Directeur général ou un membre du personnel désigné par le Directeur général est d'office secrétaire de l'Assemblée et des comités, groupes de travail et autres réunions visés au sous-alinéa a.

5. Conférences :

a) Le Bureau international, selon les directives de l'Assemblée, prépare les conférences de révision ;

b) Le Bureau international peut consulter des organisations intergouvernementales ainsi que des organisations non gouvernementales internationales et nationales sur la préparation de ces conférences ;

c) Le Directeur général et les personnes désignées par le Directeur général prennent part, sans droit de vote, aux délibérations des conférences de révision.

6. Autres fonctions.

Le Bureau international exécute toutes les autres tâches qui lui sont assignées en relation avec le présent Acte.

Art. 23 *Finances.* 1. Budget :

a) L'Union a un budget ;

b) Le budget de l'Union comprend les recettes et les dépenses propres à l'Union et sa contribution au budget des dépenses communes aux unions administrées par l'Organisation ;

c) Sont considérées comme dépenses communes aux unions les dépenses qui ne sont pas attribuées exclusivement à l'Union mais également à une ou plusieurs autres unions administrées par l'Organisation. La part de l'Union dans ces dépenses communes est proportionnelle à l'intérêt que ces dépenses présentent pour elle.

2. Coordination avec les budgets d'autres unions.

Le budget de l'Union est arrêté compte tenu des exigences de coordination avec les budgets des autres unions administrées par l'Organisation.

3. Sources de financement du budget.

Le budget de l'Union est financé par les ressources suivantes :

i) les taxes relatives aux enregistrements internationaux ;

ii) les sommes dues pour les autres services rendus par le Bureau international au titre de l'Union ;

iii) le produit de la vente des publications du Bureau international concernant l'Union et les droits afférents à ces publications ;

iv) les dons, legs et subventions ;

v) les loyers, intérêts et autres revenus divers.

4. Fixation des taxes et des sommes dues ; montant du budget :

a) Le montant des taxes visées à l'alinéa 3-i est fixé par l'Assemblée, sur proposition du Directeur général. Les sommes dues visées à l'alinéa 3-ii sont fixées par le Directeur général et sont provisoirement applicables jusqu'à ce que l'Assemblée se prononce à sa session suivante ;

b) Le montant des taxes visées à l'alinéa 3-i est fixé de manière à ce que les recettes de l'Union provenant des taxes et des autres sources de revenus permettent au moins de couvrir toutes les dépenses du Bureau international intéressant l'Union ;

c) Dans le cas où le budget n'est pas adopté avant le début d'un nouvel exercice, le budget de l'année précédente est reconduit selon les modalités prévues par le règlement financier.

5. Fonds de roulement.

L'Union possède un fonds de roulement constitué par les excédents de recettes et, si ces excédents ne suffisent pas, par un versement unique effectué par chaque membre de l'Union.

Si le fonds devient insuffisant, l'Assemblée décide de son augmentation. La proportion et les modalités de versement sont arrêtées par l'Assemblée, sur proposition du Directeur général.

6. Avances consenties par l'État hôte :

a) L'accord de siège conclu avec l'État sur le territoire duquel l'Organisation a son siège prévoit que, si le fonds de roulement est insuffisant, cet État accorde des avances. Le montant de ces avances et les conditions dans lesquelles elles sont accordées font l'objet, dans chaque cas, d'accords séparés entre l'État en cause et l'Organisation ;

b) L'État visé au sous-alinéa a et l'Organisation ont chacun le droit de dénoncer l'engagement d'accorder des avances moyennant notification par écrit. La dénonciation prend effet trois ans après la fin de l'année au cours de laquelle elle a été notifiée.

7. Vérification des comptes.

La vérification des comptes est assurée, selon les modalités prévues par le règlement financier, par un ou plusieurs États membres de l'Union ou par des contrôleurs extérieurs, qui sont, avec leur consentement, désignés par l'Assemblée.

Art. 24 *Règlement d'exécution.* 1. Objet.

Le règlement d'exécution régit les modalités d'application du présent Acte. Il comporte en particulier des dispositions relatives :

i) aux questions qui, aux termes du présent Acte, doivent faire l'objet de prescriptions ;

ii) à des points de détail destinés à compléter les dispositions du présent Acte ou à tous détails utiles pour leur application ;

iii) à toutes exigences, questions ou procédures d'ordre administratif.

2. Modification de certaines dispositions du règlement d'exécution :

a) Le règlement d'exécution peut préciser que certaines de ses dispositions peuvent être modifiées seulement à l'unanimité ou seulement à la majorité des quatre cinquièmes ;

b) Pour que l'exigence de l'unanimité ou d'une majorité des quatre cinquièmes ne s'applique plus à l'avenir à la modification d'une disposition du règlement d'exécution, l'unanimité est requise ;

c) Pour que l'exigence de l'unanimité ou d'une majorité des quatre cinquièmes s'applique à l'avenir à la modification d'une disposition du règlement d'exécution, une majorité des quatre cinquièmes est requise.

3. Divergence entre le présent Acte et le règlement d'exécution.

En cas de divergence entre les dispositions du présent Acte et celles du règlement d'exécution, les premières priment.

CHAPITRE III *Révision et modification*

Art. 25 *Révision du présent Acte.* 1. Conférences de révision.

Le présent Acte peut être révisé par une conférence des Parties contractantes.

2. Révision ou modification de certains articles.

Les articles 21, 22, 23 et 26 peuvent être modifiés soit par une conférence de révision, soit par l'Assemblée conformément aux dispositions de l'article 26.

Art. 26 *Modification de certains articles par l'Assemblée.* 1. Propositions de modification :

a) Des propositions de modification des articles 21, 22, 23 et du présent article par l'Assemblée peuvent être présentées par toute Partie contractante ou par le Directeur général ;

b) Ces propositions sont communiquées par le Directeur général aux Parties contractantes six mois au moins avant d'être soumises à l'examen de l'Assemblée.

2. Majorités.

L'adoption de toute modification des articles visés à l'alinéa 1 requiert une majorité des trois quarts ; toutefois, l'adoption de toute modification de l'article 21 ou du présent alinéa requiert une majorité des quatre cinquièmes.

3. Entrée en vigueur :

a) Sauf lorsque le sous-alinéa b s'applique, toute modification des articles visés à l'alinéa 1 entre en vigueur un mois après que le Directeur général a reçu, de la part des trois quarts des Parties contractantes qui étaient membres de l'Assemblée au moment où la modification a été adoptée et qui avaient le droit de voter sur cette modification, des notifications écrites faisant état de l'acceptation de cette modification conformément à leurs règles constitutionnelles respectives ;

b) Une modification de l'article 21.3 ou 4 ou du présent sous-alinéa n'entre pas en vigueur si, dans les six mois suivant son adoption par l'Assemblée, une Partie contractante notifie au Directeur général qu'elle n'accepte pas cette modification ;

c) Toute modification qui entre en vigueur conformément aux dispositions du présent alinéa lie tous les États et toutes les organisations intergouvernementales qui sont des Parties contractantes au moment où la modification entre en vigueur ou qui le deviennent à une date ultérieure.

CHAPITRE IV *Clauses finales*

Art. 27 *Conditions et modalités pour devenir partie au présent Acte.* 1. Conditions à remplir. Sous réserve des alinéas 2 et 3 et de l'article 8 :

i) tout État membre de l'Organisation peut signer le présent Acte et devenir partie à celui-ci ;

ii) toute organisation intergouvernementale qui gère un office auprès duquel la protection des dessins et modèles industriels peut être obtenue avec effet sur le territoire où s'applique le traité constitutif de l'organisation intergouvernementale peut signer le présent Acte et devenir partie à celui-ci, sous réserve qu'au moins un des États membres de l'organisation intergouvernementale soit membre de l'Organisation et que cet office n'ait pas fait l'objet d'une notification en vertu de l'article 19.

2. Ratification ou adhésion.

Tout État ou organisation intergouvernementale visé à l'alinéa 1 peut déposer :

i) un instrument de ratification s'il a signé le présent Acte, ou

ii) un instrument d'adhésion s'il n'a pas signé le présent Acte.

3. Date de prise d'effet du dépôt :

a) Sous réserve des sous-alinéas *b* à *d*, la date de prise d'effet du dépôt d'un instrument de ratification ou d'adhésion est la date à laquelle cet instrument est déposé ;

b) La date de prise d'effet du dépôt de l'instrument de ratification ou d'adhésion de tout État pour lequel la protection des dessins et modèles industriels peut être obtenue uniquement par l'intermédiaire de l'office géré par une organisation intergouvernementale dont cet État est membre est la date à laquelle est déposé l'instrument de cette organisation intergouvernementale si cette date est postérieure à la date à laquelle a été déposé l'instrument dudit État ;

c) La date de prise d'effet du dépôt de tout instrument de ratification ou d'adhésion qui contient la notification visée à l'article 19 ou en est accompagné est la date à laquelle est déposé le dernier des instruments des États membres du groupe d'États ayant fait ladite notification ;

d) Tout instrument de ratification ou d'adhésion d'un État peut contenir une déclaration, ou être accompagné d'une déclaration, aux termes de laquelle il ne doit être considéré comme déposé que si l'instrument d'un autre État ou d'une organisation intergouvernementale, ou ceux de deux autres États, ou ceux d'un autre État et d'une organisation intergouvernementale, dont les noms sont spécifiés et qui remplissent les conditions nécessaires pour devenir parties au présent Acte, sont aussi déposés. L'instrument contenant une telle déclaration ou accompagné d'une telle déclaration est considéré comme ayant été déposé le jour où la condition indiquée dans la déclaration est remplie. Toutefois, lorsqu'un instrument indiqué dans la déclaration contient lui-même une déclaration du même type ou est lui-même accompagné d'une déclaration du même type, cet instrument est considéré comme déposé le jour où la condition indiquée dans cette dernière déclaration est remplie ;

e) Toute déclaration faite en vertu du sous-alinéa d peut, à tout moment, être retirée, en totalité ou en partie. Le retrait prend effet à la date à laquelle la notification de retrait est reçue par le Directeur général.

Art. 28 *Date de prise d'effet des ratifications et des adhésions.* 1. Instruments à prendre en considération.

Aux fins du présent article, seuls sont pris en considération les instruments de ratification ou d'adhésion qui sont déposés par les États ou organisations intergouvernementales visés à l'article 27-1 et pour lesquels les conditions de l'article 27-3, régissant la date de prise d'effet, sont remplies.

2. Entrée en vigueur du présent Acte.

Le présent Acte entre en vigueur trois mois après que six États ont déposé leur instrument de ratification ou d'adhésion, à condition que, d'après les statistiques annuelles les plus récentes réunies par le Bureau international, trois au moins de ces États remplissent au moins une des conditions suivantes :

i) au moins 3 000 demandes de protection de dessins ou modèles industriels ont été déposées dans l'État considéré ou pour cet État, ou

ii) au moins 1 000 demandes de protection de dessins ou modèles industriels ont été déposées dans l'État considéré ou pour celui-ci par des résidents d'États autres que cet État.

3. Entrée en vigueur des ratifications et adhésions :

a) Tout État ou toute organisation intergouvernementale qui a déposé son instrument de ratification ou d'adhésion au moins trois mois avant l'entrée en vigueur du présent Acte devient lié par celui-ci à la date de son entrée en vigueur ;

b) Tout autre État ou organisation intergouvernementale devient lié par le présent Acte trois mois après la date à laquelle il a déposé son instrument de ratification ou d'adhésion ou à toute date ultérieure indiquée dans cet instrument.

Art. 29 *Interdiction de faire des réserves.* Aucune réserve ne peut être faite à l'égard du présent Acte.

Art. 30 *Déclarations faites par les Parties contractantes.* 1. Moment auquel les déclarations peuvent être faites :

Toute déclaration selon les articles 4.1-b, 5.2-a, 7.2, 11.1, 13.1, 14.3, 16.2 ou 17.3-c peut être faite :

i) au moment du dépôt d'un instrument visé à l'article 27.2, auquel cas elle prend effet à la date à laquelle l'État ou l'organisation intergouvernementale ayant fait la déclaration devient lié par le présent Acte, ou

ii) après le dépôt d'un instrument visé à l'article 27.2, auquel cas elle prend effet trois mois après la date de sa réception par le Directeur général ou à toute date ultérieure qui y est indiquée mais ne s'applique qu'aux enregistrements internationaux dont la date est identique ou postérieure à la date à laquelle elle a pris effet.

2. Déclarations d'États ayant un office commun.

Nonobstant l'alinéa 1, toute déclaration visée dans ledit alinéa qui a été faite par un État ayant, en même temps qu'un ou plusieurs autres États, notifié au Directeur général, en vertu de l'article 19.1, la substitution d'un office commun à leurs offices nationaux ne prend effet que si cet autre État ou ces autres États font une déclaration correspondante.

3. Retrait de déclarations.

Toute déclaration visée à l'alinéa 1 peut être retirée en tout temps par notification adressée au Directeur général. Un tel retrait prend effet trois mois après la date de réception de la notification par le Directeur général ou à toute date ultérieure indiquée dans la notification. Dans le cas d'une déclaration selon l'article 7.2, le retrait n'a pas d'incidence sur les demandes internationales déposées avant la prise d'effet dudit retrait.

Art. 31 *Applicabilité des Actes de 1934 et de 1960.* 1. Relations entre les États parties à la fois au présent Acte et à l'Acte de 1934 ou à celui de 1960 :

Seul le présent Acte lie, dans leurs relations mutuelles, les États parties à la fois au présent Acte et à l'Acte de 1934 ou à l'Acte de 1960. Toutefois, lesdits États sont tenus d'appliquer, dans leurs relations mutuelles, les dispositions de l'Acte de 1934 ou celles de l'Acte de 1960, selon le cas, aux dessins et modèles déposés auprès du Bureau international antérieurement à la date à laquelle le présent Acte les lie dans leurs relations mutuelles.

2. Relations entre les États parties à la fois au présent Acte et à l'Acte de 1934 ou à celui de 1960 et les États parties à l'Acte de 1934 ou à celui de 1960 qui ne sont pas parties au présent Acte :

a) Tout État partie à la fois au présent Acte et à l'Acte de 1934 est tenu d'appliquer les dispositions de l'Acte de 1934 dans ses relations avec les États qui sont parties à l'Acte de 1934 sans être en même temps parties à l'Acte de 1960 ou au présent Acte ;

b) Tout État partie à la fois au présent Acte et à l'Acte de 1960 est tenu d'appliquer les dispositions de l'Acte de 1960 dans ses relations avec les États qui sont parties à l'Acte de 1960 sans être en même temps parties au présent Acte.

Art. 32 Dénonciation du présent Acte

1. Notification.

Toute Partie contractante peut dénoncer le présent Acte par notification adressée au Directeur général.

2. Prise d'effet.

La dénonciation prend effet un an après la date à laquelle le Directeur général a reçu la notification ou à toute date ultérieure indiquée dans la notification. Elle n'a aucune incidence sur l'application du présent Acte aux demandes internationales qui sont en instance et aux enregistrements internationaux qui sont en vigueur, en ce qui concerne la Partie contractante en cause, au moment de la prise d'effet de la dénonciation.

Art. 33 *Langues du présent Acte ; signature.* 1. Textes originaux ; textes officiels :

a) Le présent Acte est signé en un seul exemplaire original en langues française, anglaise, arabe, chinoise, espagnole et russe, tous ces textes faisant également foi ;

b) Des textes officiels sont établis par le Directeur général, après consultation des gouvernements intéressés, dans les autres langues que l'Assemblée peut indiquer.

2. Délai pour la signature.

Le présent Acte reste ouvert à la signature au siège de l'Organisation pendant un an après son adoption.

Art. 34 *Dépositaire.* Le Directeur général est le dépositaire du présent Acte.

Fait à Genève, le 2 juillet 1999.

DÉCLARATIONS FRANÇAISES

Déclaration relative à l'article 4.1 b) :

« Les demandes internationales de dessins et modèles ne pourront pas être déposées par l'intermédiaire de l'INPI. »

Déclaration relative à l'article 17.3 c) :

« La durée maximale de protection prévue par la législation française est de vingt-cinq ans. »

Règlement d'exécution commun à l'Acte de 1999 et l'Acte de 1960 de l'Arrangement de La Haye

Adopté par l'Assemblée de l'Union de La Haye le 1er oct. 2003, entré en vigueur le 1er avr. 2004.

Ce texte a remplacé les Règl. d'exécution de l'acte de Genève, du 2 juill. 1999 (Décr. nº 2007-410 du 30 mai 2007, JO 19 juill. 2007), et des actes de La Haye de 1960 et de Londres de 1934, du 1er janv. 2002.

Il a été modifié par les décisions de l'Assemblée de l'Union de La Haye des 30 sept. 2008, 1er oct. 2009, 5 oct. 2011, 2 oct. 2013, 30 sept. 2014 et 7 déc. 2016.

La version reproduite ci-dessous est celle en vigueur au 1er janv. 2017.

CHAPITRE PREMIER *Dispositions générales*

Règle 1 *(Mod. par Décis. du 1er oct. 2009, en vigueur le 1er janv. 2010)* ***Définitions.*** 1) *[Expressions abrégées]* Aux fins du présent règlement d'exécution, il faut entendre par

i) "Acte de 1999", l'Acte signé à Genève le 2 juillet 1999 de l'Arrangement de La Haye ;

ii) "Acte de 1960", l'Acte signé à La Haye le 28 novembre 1960 de l'Arrangement de La Haye ;

iii) une expression utilisée dans le présent règlement d'exécution et qui est définie à l'article premier de l'Acte de 1999 a le même sens que dans cet Acte ;

iv) "instructions administratives" s'entend des instructions administratives visées à la règle 34 ;

v) "communication" s'entend de toute demande internationale ou de toute requête, déclaration, invitation, notification ou information relative ou jointe à une demande internationale ou à un enregistrement international qui est adressée à l'office d'une partie contractante, au Bureau international, au déposant ou au titulaire par tout moyen autorisé par le présent règlement d'exécution ou les instructions administratives ;

vi) *(Mod. par Décis. du 2 oct. 2013, en vigueur le 1er janv. 2014)* « formulaire officiel » s'entend d'un formulaire établi par le Bureau international ou d'une interface électronique mise à disposition par le Bureau international sur le site Internet de l'Organisation, ou de tout formulaire ou interface électronique ayant le même contenu et la même présentation ;

vii) "classification internationale" s'entend de la classification établie en vertu de l'Arrangement de Locarno instituant une classification internationale pour les dessins et modèles industriels ;

viii) "taxe prescrite" s'entend de la taxe applicable indiquée dans le barème des taxes ;

ix) "bulletin" s'entend du bulletin périodique dans lequel le Bureau international effectue les publications prévues dans l'Acte de 1999, dans l'Acte de 1960 ou dans le présent règlement d'exécution, quel que soit le support utilisé.

x) "partie contractante désignée en vertu de l'Acte de 1999" s'entend d'une partie contractante désignée à l'égard de laquelle l'Acte de 1999 est applicable, soit parce qu'il s'agit du seul Acte commun auquel cette partie contractante désignée et la partie contractante du déposant sont liées, soit par application de l'article 31.1), première phrase, de l'Acte de 1999 ;

xi) "partie contractante désignée en vertu de l'Acte de 1960" s'entend d'une partie contractante désignée à l'égard de laquelle l'Acte de 1960 est applicable, soit parce qu'il s'agit du seul Acte commun auquel cette partie contractante désignée et l'État d'origine visé à l'article 2 de l'Acte de 1960 sont liés, soit par application de l'article 31.1), deuxième phrase, de l'Acte de 1999 ;

xii) "demande internationale régie exclusivement par l'Acte de 1999" s'entend d'une demande internationale à l'égard de laquelle toutes les parties contractantes désignées sont des parties contractantes désignées en vertu de l'Acte de 1999 ;

xiii) "demande internationale régie exclusivement par l'Acte de 1960" s'entend d'une demande internationale à l'égard de laquelle toutes les parties contractantes désignées sont des parties contractantes désignées en vertu de l'Acte de 1960 ;

xiv) "demande internationale régie à la fois par l'Acte de 1999 et l'Acte de 1960" s'entend d'une demande internationale à l'égard de laquelle :

– au moins une partie contractante a été désignée en vertu de l'Acte de 1999 ;

– au moins une partie contractante a été désignée en vertu de l'Acte de 1960.

2) *[Correspondance entre certaines expressions utilisées dans l'Acte de 1999 et l'Acte de 1960]* Aux fins du présent règlement d'exécution :

i) une référence aux expressions "demande internationale" ou "enregistrement international" est réputée inclure, le cas échéant, une référence à l'expression "dépôt international" visée à l'Acte de 1960 ;

ii) une référence aux termes "déposant" et "titulaire" est réputée inclure, le cas échéant, une référence aux termes "déposant" et "titulaire" visés à l'Acte de 1960 *[Cette disposition se justifie par le fait que, dans la version anglaise des textes, la terminologie utilisée à l'égard des concepts concernés est différente selon l'Acte de 1999, d'une part, et l'Acte de 1960, d'autre part – respectivement, "applicant" et "holder", et "depositor" et "owner".]* ;

iii) une référence à l'expression "partie contractante" est réputée inclure, le cas échéant, une référence à un État partie à l'Acte de 1960 ;

iv) une référence à l'expression "partie contractante dont l'office est un office procédant à un examen" est réputée inclure, le cas échéant, une référence à l'expression "État procédant à un examen de nouveauté" telle que définie à l'article 2 de l'Acte de 1960 ;

v) une référence à l'expression "taxe de désignation individuelle" est réputée inclure, le cas échéant, une référence à la taxe mentionnée à l'article 15.1) 2° b) de l'Acte de 1960.

La décision de l'Assemblée du 1er oct. 2009, entrée en vigueur le 1er janv. 2010, a supprimé, dans la règle 1, les références à l'Acte de 1934 et a renuméroté les subdivisions du 1) en conséquence.

Règle 2 *Communications avec le Bureau international.* Les communications adressées au Bureau international doivent être effectuées selon les modalités spécifiées dans les instructions administratives.

Règle 3 *Représentation devant le Bureau international.* 1) *[Mandataire ; nombre de mandataires]* a) Le déposant ou le titulaire peut constituer un mandataire auprès du Bureau international.

b) Il ne peut être constitué qu'un seul mandataire pour une demande internationale donnée ou un enregistrement international donné. Lorsque plusieurs mandataires sont indiqués dans l'acte de constitution, seul celui qui est indiqué en premier lieu est considéré comme mandataire et inscrit comme tel.

c) Lorsqu'un cabinet ou un bureau d'avocats, ou de conseils en brevets ou en marques, a été indiqué au Bureau international comme mandataire, il est considéré comme étant un seul mandataire.

2) *[Constitution de mandataire]* a) La constitution de mandataire peut être faite dans la demande internationale, à condition que la demande soit signée par le déposant.

b) La constitution de mandataire peut aussi être faite dans une communication distincte qui peut se rapporter à une ou plusieurs demandes internationales spécifiées ou à un ou plusieurs enregistrements internationaux spécifiés du même déposant ou titulaire. Cette communication doit être signée par le déposant ou le titulaire.

c) Lorsque le Bureau international considère que la constitution de mandataire est irrégulière, il le notifie au déposant ou au titulaire et au mandataire présumé.

3) *[Inscription et notification de la constitution de mandataire ; date de prise d'effet de la constitution de mandataire]* a) Lorsque le Bureau international constate que la constitution d'un mandataire remplit les conditions applicables, il inscrit au registre international le fait que le déposant ou le titulaire a un mandataire, ainsi que le nom et l'adresse du mandataire. Dans ce cas, la

date de prise d'effet de la constitution de mandataire est la date à laquelle le Bureau international a reçu la demande internationale ou la communication distincte dans laquelle le mandataire est constitué.

b) Le Bureau international notifie l'inscription visée au sous-alinéa a) à la fois au déposant ou au titulaire et au mandataire.

4) *[Effets de la constitution de mandataire]* a) Sauf disposition expresse contraire du présent règlement d'exécution, la signature d'un mandataire inscrit selon l'alinéa 3) a) remplace la signature du déposant ou du titulaire.

b) Sauf lorsque le présent règlement d'exécution requiert expressément qu'une communication soit adressée à la fois au déposant ou au titulaire et au mandataire, le Bureau international adresse au mandataire inscrit selon l'alinéa 3)a) toute communication qui, en l'absence de mandataire, devrait être adressée au déposant ou au titulaire ; toute communication ainsi adressée audit mandataire a les mêmes effets que si elle avait été adressée au déposant ou au titulaire.

c) Toute communication adressée au Bureau international par le mandataire inscrit selon l'alinéa 3) a) a les mêmes effets que si elle lui avait été adressée par le déposant ou le titulaire.

5) *[Radiation de l'inscription ; date de prise d'effet de la radiation]*

a) Toute inscription faite en vertu de l'alinéa 3) a) est radiée lorsque la radiation est demandée au moyen d'une communication signée par le déposant, le titulaire ou le mandataire. L'inscription est radiée d'office par le Bureau international soit lorsqu'un nouveau mandataire est constitué, soit lorsqu'un changement de titulaire est inscrit et que le nouveau titulaire de l'enregistrement international n'a pas constitué de mandataire.

b) La radiation prend effet à la date à laquelle le Bureau international reçoit la communication correspondante.

c) Le Bureau international notifie la radiation et la date à laquelle elle prend effet au mandataire dont l'inscription a été radiée et au déposant ou au titulaire.

Règle 4 *Calcul des délais.* 1) *[Délais exprimés en années]* Tout délai exprimé en années expire, dans l'année subséquente à prendre en considération, le mois portant le même nom et le jour ayant le même quantième que le mois et le jour de l'événement qui fait courir le délai ; toutefois, si l'événement s'est produit un 29 février et que dans l'année subséquente à prendre en considération le mois de février compte 28 jours, le délai expire le 28 février.

2) *[Délais exprimés en mois]* Tout délai exprimé en mois expire, dans le mois subséquent à prendre en considération, le jour ayant le même quantième que le jour de l'événement qui fait courir le délai ; toutefois, si le mois subséquent à prendre en considération n'a pas de jour ayant le même quantième, le délai expire le dernier jour de ce mois.

3) *[Délais exprimés en jours]* Tout délai exprimé en jours commence à courir le jour suivant celui où l'événement considéré a lieu et expire en conséquence.

4) *[Expiration d'un délai un jour où le Bureau international ou un office n'est pas ouvert au public]* Si un délai expire un jour où le Bureau international ou l'office intéressé n'est pas ouvert au public, le délai expire, nonobstant les alinéas 1) à 3), le premier jour suivant où le Bureau international ou l'office intéressé est ouvert au public.

Règle 5 *Perturbations dans le service postal et dans les entreprises d'acheminement du courrier.* 1) *[Communications envoyées par l'intermédiaire d'un service postal]* L'inobservation, par une partie intéressée, d'un délai pour une communication adressée au Bureau international et expédiée par l'intermédiaire d'un service postal est excusée si la partie intéressée apporte la preuve, d'une façon satisfaisante pour le Bureau international, que

i) la communication a été expédiée au moins cinq jours avant l'expiration du délai ou, lorsque le service postal a été interrompu lors de l'un quelconque des dix jours qui ont précédé la date d'expiration du délai pour raison de guerre, de révolution, de désordre civil, de grève, de calamité naturelle ou d'autres raisons semblables, la communication a été expédiée au plus tard cinq jours après la reprise du service postal ; que

ii) l'expédition de la communication a été effectuée par le service postal sous pli recommandé ou que les données relatives à l'expédition ont été enregistrées par le service postal au moment de l'expédition ; et que,

iii) lorsque le courrier, dans certaines catégories, n'arrive normalement pas au Bureau international dans les deux jours suivant son expédition, la communication a été expédiée dans une catégorie de courrier qui parvient normalement au Bureau international dans les deux jours suivant l'expédition, ou l'a été par avion.

2) *[Communications envoyées par l'intermédiaire d'une entreprise d'acheminement du courrier]* L'inobservation, par une partie intéressée, d'un délai pour une communication adressée au Bureau international et envoyée par l'intermédiaire d'une entreprise d'acheminement du courrier est

excusée si la partie intéressée apporte la preuve, d'une façon satisfaisante pour le Bureau international ; que

i) la communication a été envoyée au moins cinq jours avant l'expiration du délai ou, lorsque le fonctionnement de l'entreprise d'acheminement du courrier a été interrompu lors de l'un quelconque des dix jours qui ont précédé la date d'expiration du délai pour raison de guerre, de révolution, de désordre civil, de calamité naturelle ou d'autres raisons semblables, la communication a été envoyée au plus tard cinq jours après la reprise du fonctionnement de l'entreprise d'acheminement du courrier ; et que

ii) les données relatives à l'envoi de la communication ont été enregistrées par l'entreprise d'acheminement du courrier au moment de l'envoi.

[Mod. par Décis. OMPI du 11 oct. 2016, en vigueur le 1er janv. 2017] **« 3)** *[Communication envoyée par voie électronique]* **L'inobservation, par une partie intéressée, d'un délai pour une communication adressée au Bureau international et envoyée par voie électronique est excusée si la partie intéressée apporte la preuve, d'une façon satisfaisante pour le Bureau international, que le délai n'a pas été respecté en raison de défaillances dans la communication électronique avec le Bureau international, ou concernant la localité de la partie intéressée en raison de circonstances extraordinaires indépendantes de la volonté de la partie intéressée, et que la communication a été effectuée au plus tard cinq jours après la reprise du service de communication électronique.**

« 4) *[Limites à l'excuse]* **L'inobservation d'un délai n'est excusée en vertu de la présente règle que si la preuve visée à l'alinéa 1), 2) ou 3) et la communication ou, le cas échéant, un double de celle-ci, sont reçus par le Bureau international au plus tard six mois après l'expiration du délai.**

« 5) *[Exception]* **La présente règle ne s'applique pas au paiement de la deuxième partie de la taxe de désignation individuelle par l'intermédiaire du Bureau international prévu à la règle 12.3)c). »**

Règle 6 *(Mod. par Décis. du 1er oct. 2009, en vigueur le 1er avr. 2010)* ***Langues.*** **1)** *[Demande internationale]* **La demande internationale doit être rédigée en français, en anglais ou en espagnol.**

2) *[Inscription et publication]* **L'inscription au registre international et la publication dans le bulletin de l'enregistrement international et de toutes données relatives à cet enregistrement international qui doivent faire l'objet à la fois d'une inscription et d'une publication en vertu du présent règlement d'exécution sont faites en français, en anglais et en espagnol. L'inscription et la publication de l'enregistrement international comportent l'indication de la langue dans laquelle le Bureau international a reçu la demande internationale.**

3) *[Communications]* **Toute communication relative à une demande internationale ou un enregistrement international doit être rédigée :**

i) en français, en anglais ou en espagnol lorsque cette communication est adressée au Bureau international par le déposant ou le titulaire ou par un office ;

ii) dans la langue de la demande internationale lorsque la communication est adressée par le Bureau international à un office, à moins que cet office n'ait notifié au Bureau international que toutes les communications de ce type doivent être rédigées en français, en anglais ou en espagnol ;

iii) dans la langue de la demande internationale lorsque la communication est adressée par le Bureau international au déposant ou au titulaire, à moins que ce déposant ou ce titulaire n'ait indiqué qu'il désire que ces communications soient toutes rédigées en français, rédigées en anglais ou rédigées en espagnol.

4) *[Traduction]* **Les traductions qui sont nécessaires aux fins des inscriptions et publications effectuées en vertu de l'alinéa 2) sont établies par le Bureau international. Le déposant peut joindre à la demande internationale une proposition de traduction de tout texte contenu dans la demande internationale. Si le Bureau international considère que la traduction proposée n'est pas correcte, il la corrige après avoir invité le déposant à faire, dans un délai d'un mois à compter de l'invitation, des observations sur les corrections proposées.**

La décision de l'Assemblée du 1er oct. 2009 modifie la règle 6 en ajoutant l'espagnol aux langues de procédure et procède aux adaptations rédactionnelles rendues nécessaires par cette modification.

CHAPITRE II *Demande internationale et enregistrement international*

Règle 7 ***Conditions relatives à la demande internationale.*** **1)** *[Formulaire et signature]* **La demande internationale doit être présentée sur le formulaire officiel. La demande internationale doit être signée par le déposant.**

2) *[Taxes]* **Les taxes prescrites qui sont applicables à la demande internationale doivent être payées conformément aux règles 27 et 28.**

3) *[Contenu obligatoire de la demande internationale]* **La demande internationale doit contenir ou indiquer**

i) le nom du déposant, indiqué conformément aux instructions administratives ;

ii) l'adresse du déposant, indiquée conformément aux instructions administratives ;

iii) la ou les parties contractantes à l'égard desquelles le déposant remplit les conditions pour être le titulaire d'un enregistrement international ;

iv) le ou les produits qui constituent le dessin ou modèle industriel ou en relation avec lesquels le dessin ou modèle industriel doit être utilisé, et préciser si le ou les produits constituent le dessin ou modèle industriel ou sont des produits en relation avec lesquels le dessin ou modèle industriel doit être utilisé ; le ou les produits doivent être indiqués de préférence au moyen des termes figurant dans la liste des produits de la classification internationale ;

v) le nombre de dessins et modèles industriels inclus dans la demande internationale, qui ne peut dépasser 100, et le nombre de reproductions ou de spécimens des dessins ou modèles industriels accompagnant la demande internationale conformément à la règle 9 ou 10 ;

vi) les parties contractantes désignées ;

vii) le montant des taxes payées et le mode de paiement, ou des instructions à l'effet de prélever le montant requis des taxes sur un compte ouvert auprès du Bureau international, et l'identité de l'auteur du paiement ou des instructions.

4) *(Mod. par Décis. du 2 oct. 2013, en vigueur le 1er janv. 2014) [Contenu supplémentaire obligatoire de la demande internationale]* **a) A l'égard des parties contractantes désignées en vertu de l'Acte de 1999 dans une demande internationale, cette demande doit contenir, en plus des indications visées à l'alinéa 3), l'indication de la partie contractante du déposant.**

b) Lorsqu'une partie contractante désignée en vertu de l'Acte de 1999 a notifié au directeur général, conformément à l'article 5.2) a) de l'Acte de 1999, que sa législation exige un ou plusieurs des éléments visés à l'article 5.2) b) de l'Acte de 1999, la demande internationale doit contenir cet élément ou ces éléments, présentés de la manière prescrite à la règle 11.

c) Lorsque la règle 8 s'applique, la demande internationale doit, selon le cas contenir les indications visées aux alinéas 2) et 3) de cette règle et être accompagnée de toute déclaration, tout document, tout serment ou toute attestation visés dans cette règle.

5) *[Contenu facultatif de la demande internationale]*

a) Tout élément visé au point i) ou ii) de l'article 5.2) b) de l'Acte de 1999 ou à l'article 8.4) a) de l'Acte de 1960 peut, au choix du déposant, être inclus dans la demande internationale même s'il n'est pas exigé en conséquence d'une notification faite conformément à l'article 5.2) a) de l'Acte de 1999 ou en conséquence d'une exigence selon l'article 8.4) a) de l'Acte de 1960.

b) Lorsque le déposant a un mandataire, la demande internationale doit contenir les nom et adresse de celui-ci, indiqués conformément aux instructions administratives.

c) Lorsque le déposant souhaite, en vertu de l'article 4 de la Convention de Paris, bénéficier de la priorité d'un dépôt antérieur, la demande internationale doit contenir une déclaration revendiquant la priorité de ce dépôt antérieur, assortie de l'indication du nom de l'office auprès duquel il a été effectué ainsi que de la date et, s'il est disponible, du numéro de ce dépôt et, lorsque la revendication de priorité ne s'applique pas à l'ensemble des dessins et modèles industriels inclus dans la demande internationale, de l'indication de ceux auxquels elle s'applique ou ne s'applique pas.

d) Lorsque le déposant souhaite se prévaloir de l'article 11 de la Convention de Paris, la demande internationale doit contenir une déclaration selon laquelle le ou les produits qui constituent ou incorporent le dessin ou modèle industriel ont figuré dans une exposition internationale officielle ou officiellement reconnue, ainsi que le lieu de l'exposition et la date à laquelle ce ou ces produits y ont été présentés pour la première fois ; lorsque les dessins ou modèles industriels inclus dans la demande internationale ne sont pas tous concernés, la demande internationale doit indiquer ceux auxquels la déclaration s'applique ou ne s'applique pas.

e) Lorsque le déposant souhaite que la publication du dessin ou modèle industriel soit ajournée, la demande internationale doit contenir une demande d'ajournement de la publication.

f) La demande internationale peut aussi contenir toute déclaration, tout document ou toute autre indication pertinente que les instructions administratives peuvent spécifier.

g) La demande internationale peut être accompagnée d'une déclaration indiquant les informations qui, à la connaissance du déposant, sont pertinentes pour établir que le dessin ou modèle concerné satisfait aux conditions de protection.

6) *(Mod. par Décis. du 1er oct. 2009, en vigueur le 1er janv. 2010) [Exclusion d'éléments supplémentaires]* Si la demande internationale contient des indications autres que celles qui sont requises ou autorisées par l'Acte de 1999, l'Acte de 1960, le présent règlement d'exécution ou les instructions administratives, le Bureau international les supprime d'office. Si la demande internationale est accompagnée de documents autres que ceux qui sont requis ou autorisés, le Bureau international peut s'en défaire.

7) *[Tous les produits doivent appartenir à la même classe]* Tous les produits qui constituent les dessins ou modèles industriels inclus dans la demande internationale, ou en relation avec lesquels ces dessins ou modèles doivent être utilisés, doivent appartenir à la même classe de la classification internationale.

Règle 8 *(Mod. par Décis. du 2 oct. 2013, en vigueur le 1er janv. 2014)* ***Exigences spéciales concernant le déposant et le créateur.*** 1) *[Notification des exigences spéciales concernant le déposant et le créateur]*

a) i) Lorsque la législation d'une partie contractante liée par l'Acte de 1999 exige qu'une demande de protection d'un dessin ou modèle industriel soit déposée au nom du créateur du dessin ou modèle, cette partie contractante peut notifier ce fait au directeur général dans une déclaration.

ii) Lorsque la législation d'une partie contractante liée par l'Acte de 1999 exige un serment ou une attestation du créateur, cette partie contractante peut notifier ce fait au directeur général dans une déclaration.

b) La déclaration visée au sous-alinéa a) i) doit préciser la forme et le contenu obligatoire de toute déclaration ou document exigé aux fins de l'alinéa 2). La déclaration visée au sous-alinéa a) ii) doit préciser la forme et le contenu obligatoire du serment ou de l'attestation requis.

2) *[Identité du créateur et cession de la demande internationale]* Lorsqu'une demande internationale contient la désignation d'une partie contractante qui a fait la déclaration visée à l'alinéa 1) a) i),

i) elle doit aussi contenir des indications concernant l'identité du créateur du dessin ou modèle industriel, ainsi qu'une déclaration, conforme aux exigences énoncées en vertu de l'alinéa 1) b), selon laquelle celui-ci croit être le créateur du dessin ou modèle industriel ; la personne ainsi indiquée comme étant le créateur est réputée être le déposant aux fins de la désignation de cette partie contractante, quelle que soit la personne indiquée comme étant le déposant en vertu de la règle 7.3) i) ;

ii) si la personne indiquée comme étant le créateur n'est pas celle indiquée comme étant le déposant en vertu de la règle 7.3) i), la demande internationale doit être accompagnée d'une déclaration ou d'un document, conforme aux exigences énoncées en vertu de l'alinéa 1) b), établissant qu'elle a été cédée par la personne indiquée comme étant le créateur à la personne indiquée comme étant le déposant. Cette dernière est inscrite comme titulaire de l'enregistrement international.

[Identité du créateur et serment ou attestation du créateur] Lorsqu'une demande internationale contient la désignation d'une partie contractante qui a fait la déclaration visée à l'alinéa 1) a) ii), elle doit aussi contenir des indications concernant l'identité du créateur du dessin ou modèle industriel.

Règle 9 ***Reproductions du dessin ou modèle industriel.*** 1) *[Forme et nombre des reproductions du dessin ou modèle industriel]*

a) Les reproductions du dessin ou modèle industriel doivent consister, au choix du déposant, en des photographies ou d'autres représentations graphiques du dessin ou modèle industriel proprement dit ou du ou des produits qui le constituent. Le même produit peut être montré sous différents angles ; des vues correspondant à différents angles doivent figurer sur des photographies ou autres représentations graphiques distinctes.

b) Toute reproduction doit être remise en un nombre déterminé d'exemplaires spécifié dans les instructions administratives.

2) *[Conditions relatives aux reproductions]*

a) Les reproductions doivent être d'une qualité suffisante pour que tous les détails du dessin ou modèle industriel apparaissent nettement et pour qu'une publication soit possible.

b) Les éléments qui figurent dans une reproduction mais qui ne font pas l'objet d'une demande de protection peuvent être indiqués de la façon prévue dans les instructions administratives.

3) *[Vues exigées]*

a) Sous réserve du sous-alinéa b), toute partie contractante liée par l'Acte de 1999 qui exige certaines vues précises du ou des produits qui constituent le dessin ou modèle industriel ou en relation avec lesquels le dessin ou modèle industriel doit être utilisé doit le notifier au directeur général dans une déclaration, en spécifiant les vues qui sont exigées et les circonstances dans lesquelles elles le sont.

b) Aucune partie contractante ne peut exiger plus d'une vue dans le cas d'un dessin industriel ou d'un produit à deux dimensions ou plus de six vues lorsque le produit est tridimensionnel.

4) *[Refus pour des motifs relatifs aux reproductions du dessin ou modèle industriel]* Une partie contractante ne peut pas refuser les effets de l'enregistrement international au motif que des conditions relatives à la forme des reproductions du dessin ou modèle industriel qui s'ajoutent aux conditions notifiées par cette partie contractante conformément à l'alinéa 3) a) ou qui en diffèrent n'ont, selon sa législation, pas été remplies. Une partie contractante peut toutefois refuser les effets de l'enregistrement international au motif que les reproductions figurant dans l'enregistrement international ne suffisent pas à divulguer pleinement le dessin ou modèle industriel.

Règle 10 *Spécimens du dessin industriel en cas de demande d'ajournement de la publication.* 1) *[Nombre de spécimens]* Lorsqu'une demande internationale régie exclusivement par l'Acte de 1999 contient une demande d'ajournement de la publication en ce qui concerne un dessin industriel (bidimensionnel) et que, au lieu d'être accompagnée des reproductions visées à la règle 9, elle est accompagnée de spécimens du dessin industriel, elle doit être accompagnée du nombre ci-après de spécimens :

i) un pour le Bureau international ; et

ii) un pour chaque office désigné qui a notifié au Bureau international, en vertu de l'article 10.5) de l'Acte de 1999, qu'il souhaite recevoir copie des enregistrements internationaux.

2) *[Spécimens]* Tous les spécimens doivent tenir dans un seul paquet. Les spécimens peuvent être pliés. Les dimensions et le poids maximums [maximum] du paquet sont spécifiés dans les instructions administratives.

Règle 11 *Identité du créateur ; description ; revendication.* 1) *[Identité du créateur]* Lorsque la demande internationale contient des indications relatives à l'identité du créateur du dessin ou modèle industriel, les nom et adresse de celui-ci doivent être donnés conformément aux instructions administratives.

2) *[Description]* Lorsque la demande internationale contient une description, celle-ci doit concerner les éléments qui apparaissent sur les reproductions du dessin ou modèle industriel et ne peut faire état de détails techniques concernant le fonctionnement du dessin ou modèle industriel ou ses possibilités d'emploi. Si la description excède 100 mots, une taxe supplémentaire, prévue dans le barème des taxes, doit être payée.

3) *[Revendication]* Une déclaration faite en vertu de l'article 5.2) a) de l'Acte de 1999 selon laquelle la législation d'une partie contractante exige une revendication pour qu'une date de dépôt soit attribuée à une demande de protection d'un dessin ou modèle industriel en vertu de cette législation doit indiquer le libellé exact de la revendication exigée. Lorsque la demande internationale contient une revendication, le libellé de cette revendication doit être conforme aux termes de ladite déclaration.

Règle 12 *Taxes relatives à la demande internationale.* 1) *[Taxes prescrites]*

a) La demande internationale donne lieu au paiement des taxes suivantes :

i) une taxe de base ;

ii) une taxe de désignation standard pour chaque partie contractante désignée qui n'a pas fait la déclaration prévue à l'article 7.2) de l'Acte de 1999 ou à la règle 36.1), dont le niveau dépend de la déclaration prévue au sous-alinéa c) ;

iii) une taxe de désignation individuelle pour chaque partie contractante designée qui a fait la déclaration prévue à l'article 7.2) de l'Acte de 1999 ou à la règle 36.1) ;

iv) une taxe de publication.

b) Le niveau de la taxe de désignation standard visée au sous-alinéa a) ii) est le suivant :

i) pour les parties contractantes dont l'office n'effectue pas un examen quant au fond : ... niveau un

ii) pour les parties contractantes dont l'office effectue un examen quant au fond qui n'est pas un examen de nouveauté : ... niveau deux

iii) pour les parties contractantes dont l'office effectue un examen quant au fond, y compris un examen d'office quant à la nouveauté ou un examen de nouveauté à la suite d'une opposition formée par des tiers : ... niveau trois

c) i) Toute partie contractante dont la législation l'habilite à appliquer les niveaux deux ou trois visés au sous-alinéa b) peut, dans une déclaration, notifier ce fait au directeur général. Une partie contractante peut aussi préciser, dans sa déclaration, qu'elle opte pour l'application du niveau deux, même si sa législation l'habilite à appliquer le niveau trois.

ii) Toute déclaration visée au point i) prend effet trois mois après sa réception par le directeur général ou à toute date ultérieure indiquée dans la déclaration. Elle peut aussi être retirée en tout temps par notification adressée au directeur général ; dans ce cas, le retrait prend effet un mois après sa réception par le directeur général ou à toute date ultérieure indiquée dans la notification. En l'absence d'une telle déclaration ou lorsque la déclaration a été retirée, le niveau un est réputé être le niveau applicable à la taxe de désignation standard pour ladite partie contractante.

2) *[Date à laquelle les taxes doivent être payées]* Les taxes visées à l'alinéa 1) doivent, sous réserve de l'alinéa 3), être payées au moment du dépôt de la demande internationale, à l'exception de la taxe de publication qui, lorsque la demande internationale contient une demande d'ajournement de la publication, peut être payée postérieurement conformément à la règle 16.3) a).

3) *[Taxe de désignation individuelle payable en deux parties]* a) La déclaration visée à l'article 7.2) de l'Acte de 1999 ou à la règle 36.1) peut également préciser que la taxe de désignation individuelle due pour la partie contractante concernée comprend deux parties, la première devant être payée au moment du dépôt de la demande internationale et la seconde à une date ultérieure qui est fixée conformément à la législation de la partie contractante concernée.

b) Lorsque le sous-alinéa a) s'applique, la référence à l'alinéa 1) iii) à une taxe de désignation individuelle s'entend comme une référence à la première partie de la taxe de désignation individuelle.

c) La seconde partie de la taxe de désignation individuelle peut être payée soit directement à l'office concerné, soit par l'intermédiaire du Bureau international, au choix du titulaire. Lorsqu'elle est payée directement à l'office concerné, celui-ci notifie ce fait au Bureau international, et le Bureau international inscrit cette notification au registre international. Lorsqu'elle est payée par l'intermédiaire du Bureau international, celui-ci inscrit le paiement au registre international et notifie ce fait à l'office concerné.

d) Lorsque la seconde partie de la taxe de désignation individuelle n'est pas payée dans le délai applicable, l'office concerné le notifie au Bureau international et demande au Bureau international de radier l'inscription de l'enregistrement international dans le registre international à l'égard de la partie contractante concernée. Le Bureau international agit en conséquence et notifie ce fait au titulaire.

Règle 13 *Demande internationale déposée par l'intermédiaire d'un office.* 1) *[Date de réception par l'office et transmission au Bureau international]* Lorsqu'une demande internationale régie exclusivement par l'Acte de 1999 est déposée par l'intermédiaire de l'office de la partie contractante du déposant, cet office notifie au déposant la date à laquelle il a reçu la demande. En même temps qu'il transmet la demande internationale au Bureau international, l'office notifie au Bureau international la date à laquelle il a reçu la demande. L'office notifie au déposant le fait qu'il a transmis la demande internationale au Bureau international.

2) *[Taxe de transmission]* Un office qui exige une taxe de transmission, comme le prévoit l'article 4.2) de l'Acte de 1999, notifie au Bureau international le montant de cette taxe, qui ne devrait pas dépasser les coûts administratifs correspondant à la réception et à la transmission de la demande internationale, ainsi que sa date d'exigibilité.

3) *[Date de dépôt d'une demande internationale déposée indirectement]* Sous réserve de la règle 14.2), la date de dépôt d'une demande internationale déposée par l'intermédiaire d'un office est

i) lorsque la demande internationale est régie exclusivement par l'Acte de 1999, la date à laquelle cet office a reçu la demande internationale, à condition que celle-ci soit reçue par le Bureau international dans un délai d'un mois à compter de cette date ;

ii) dans tous les autres cas, la date à laquelle le Bureau international reçoit la demande internationale.

4) *[Date de dépôt lorsque la partie contractante du déposant exige un contrôle de sécurité]* Nonobstant l'alinéa 3), une partie contractante dont la législation, à la date à laquelle elle devient partie

à l'Acte de 1999, exige un contrôle de sécurité peut, dans une déclaration, notifier au directeur général que le délai d'un mois indiqué dans ledit alinéa est remplacé par un délai de six mois.

Règle 14 *Examen par le Bureau international.* 1) *[Délai pour corriger les irrégularités]* Si le Bureau international constate que la demande internationale ne remplit pas, au moment de sa réception par le Bureau international, les conditions requises, il invite le déposant à la régulariser dans un délai de trois mois à compter de la date de l'invitation adressée par le Bureau international.

2) *(Mod. par Décis. du 1er oct. 2009, en vigueur le 1er janv. 2010) [Irrégularités entraînant le report de la date de dépôt de la demande internationale]* Lorsque, à la date à laquelle elle est reçue par le Bureau international, la demande internationale comporte une irrégularité qui est prescrite comme une irrégularité entraînant le report de la date de dépôt de la demande internationale, la date de dépôt est la date à laquelle la correction de cette irrégularité est reçue par le Bureau international. Les irrégularités qui sont prescrites comme des irrégularités entraînant le report de la date de dépôt de la demande internationale sont les suivantes :

a) la demande internationale n'est pas rédigée dans la langue prescrite ;

b) l'un des éléments suivants ne figure pas dans la demande internationale :

i) l'indication expresse ou implicite selon laquelle il est demandé un enregistrement international en vertu de l'Acte de 1999 ou de l'Acte de 1960 ;

ii) des indications permettant d'établir l'identité du déposant ;

iii) des indications suffisantes pour permettre d'entrer en relations avec le déposant ou son mandataire éventuel ;

iv) une reproduction ou, conformément à l'article 5.1) iii) de l'Acte de 1999, un spécimen de chaque dessin ou modèle industriel faisant l'objet de la demande internationale ;

v) la désignation d'au moins une partie contractante.

3) *[Demande internationale réputée abandonnée ; remboursement des taxes]* Lorsqu'une irrégularité, autre qu'une irrégularité visée à l'article 8.2) b) de l'Acte de 1999, n'est pas corrigée dans le délai visé à l'alinéa 1), la demande internationale est réputée abandonnée et le Bureau international rembourse les taxes payées pour cette demande, après déduction d'un montant correspondant à la taxe de base.

La décision de l'Assemblée du 1er oct. 2009 (en vigueur le 1er janv. 2010) a supprimé la référence à l'Acte de 1934.

Règle 15 *Inscription du dessin ou modèle industriel au registre international.* 1) *[Inscription du dessin ou modèle industriel au registre international]* Lorsque le Bureau international considère que la demande internationale remplit les conditions requises, il inscrit le dessin ou modèle industriel au registre international et adresse un certificat au titulaire.

2) *[Contenu de l'enregistrement]* L'enregistrement international contient

i) toutes les données figurant dans la demande internationale, à l'exception de toute revendication de priorité selon la règle 7.5) c) lorsque la date du dépôt antérieur précède de plus de six mois la date de dépôt de la demande internationale ;

ii) toute reproduction du dessin ou modèle industriel ;

iii) la date de l'enregistrement international ;

iv) le numéro de l'enregistrement international ;

v) la classe pertinente, déterminée par le Bureau international, de la classification internationale.

Règle 16 *Ajournement de la publication.* 1) *[Période maximum d'ajournement]*

a) La période prescrite pour l'ajournement de la publication à l'égard d'une demande internationale régie exclusivement par l'Acte de 1999 est de 30 mois à compter de la date de dépôt ou, lorsqu'une priorité est revendiquée, à compter de la date de priorité de la demande concernée.

b) La période maximum d'ajournement de la publication à l'égard d'une demande internationale régie exclusivement par l'Acte de 1960 ou à la fois par l'Acte de 1999 et l'Acte de 1960 est de 12 mois à compter de la date de dépôt ou, lorsqu'une priorité est revendiquée, à compter de la date de priorité de la demande concernée.

2) *[Délai pour retirer une désignation lorsque l'ajournement n'est pas possible selon la législation applicable]* Le délai visé à l'article 11.3) i) de l'Acte de 1999 pour que le déposant retire la désignation d'une partie contractante dont la législation ne permet pas l'ajournement de la publication est d'un mois à compter de la date de la notification adressée par le Bureau international.

3) *(Mod. par Décis. du 2 oct. 2013, en vigueur le 1er janv. 2014) [Délai pour payer la taxe de publication]* a) La taxe de publication visée à la règle 12.1) a) iv) doit être payée au plus tard trois semaines avant l'expiration de la période d'ajournement applicable en vertu de l'article 11.2) de l'Acte de 1999 ou en vertu de l'article 6.4) a) de l'Acte de 1960, ou au plus tard trois semaines avant que la période d'ajournement soit considérée comme ayant expiré conformément à l'article 11.4) a) de l'Acte de 1999 ou à l'article 6.4) b) de l'Acte de 1960.

b) Trois mois avant l'expiration de la période d'ajournement visée au sous-alinéa a), le Bureau international adresse au titulaire de l'enregistrement international un avis officieux lui rappelant, le cas échéant, la date avant laquelle la taxe de publication visée au sous-alinéa a) doit être payée.

4) *(Mod. par Décis. du 2 oct. 2013, en vigueur le 1er janv. 2014) [Délai pour remettre les reproductions et enregistrement des reproductions]* a) Lorsque des spécimens ont été remis au lieu des reproductions conformément à la règle 10, ces reproductions doivent être remises au plus tard trois mois avant l'expiration du délai pour payer la taxe de publication prévu à l'alinéa 3.a).

b) Le Bureau international enregistre toute reproduction remise en vertu du sous-alinéa a) dans le registre international, pour autant que les exigences de la règle 9.1) et 2) soient satisfaites.

5) *(Mod. par Décis. du 2 oct. 2013, en vigueur le 1er janv. 2014) [Exigences non satisfaites]* Si les exigences des alinéas 3) et 4) ne sont pas satisfaites, l'enregistrement international est radié et n'est pas publié.

Règle 17 *Publication de l'enregistrement international.* 1) *[Date de la publication]* L'enregistrement international est publié

i) lorsque le déposant le demande, immédiatement après l'enregistrement,

ii) lorsque l'ajournement de la publication a été demandé et que cette demande a été prise en compte, immédiatement après la date à laquelle la période d'ajournement a expiré ou est considérée comme ayant expiré,

iii) dans tous les autres cas, six mois après la date de l'enregistrement international ou dès que possible après cette date.

2) *[Contenu de la publication]* La publication de l'enregistrement international dans le bulletin doit contenir

i) les données inscrites au registre international ;

ii) la ou les reproductions du dessin ou modèle industriel ;

iii) lorsque la publication a été ajournée, l'indication de la date à laquelle la période d'ajournement a expiré ou est considérée comme ayant expiré.

CHAPITRE III *Refus et invalidations*

Règle 18 *Notification de refus.* 1) *[Délai pour notifier un refus]* a) Le délai prescrit pour la notification d'un refus des effets d'un enregistrement international conformément à l'article 12.2) de l'Acte de 1999 ou à l'article 8.1) de l'Acte de 1960 est de six mois à compter de la publication de l'enregistrement international telle que prévue à la règle 26.3).

b) Nonobstant le sous-alinéa a), toute partie contractante dont l'office est un office procédant à un examen, ou dont la législation prévoit la possibilité de former opposition à l'octroi de la protection, peut, dans une déclaration, notifier au directeur général que, lorsqu'elle est désignée en vertu de l'Acte de 1999, le délai de six mois mentionné dans ledit sous-alinéa est remplacé par un délai de 12 mois.

c) Dans la déclaration visée au sous-alinéa b), il peut aussi être indiqué que l'enregistrement international produira les effets mentionnés à l'article 14.2) a) de l'Acte de 1999 au plus tard

i) à un moment, précisé dans la déclaration, qui pourra être postérieur à la date visée audit article mais pas de plus de six mois ou

ii) au moment où la protection est octroyée conformément à la législation de la partie contractante, lorsque la communication, dans le délai applicable en vertu du sous-alinéa a) ou b), d'une décision relative à l'octroi de la protection a été involontairement omise ; dans ce cas, l'office de la partie contractante concernée notifie ce fait au Bureau international et s'efforce de communiquer sans délai la décision au titulaire de l'enregistrement international concerné.

2) *[Notification de refus]* a) La notification de tout refus doit se rapporter à un seul enregistrement international, être datée et être signée par l'office qui la fait.

b) La notification doit contenir ou indiquer
i) l'office qui fait la notification,
ii) le numéro de l'enregistrement international,
iii) tous les motifs sur lesquels le refus est fondé, accompagnés d'un renvoi aux dispositions essentielles correspondantes de la loi,
iv) lorsque les motifs sur lesquels le refus est fondé font état de la similitude avec un dessin ou modèle industriel qui a fait l'objet d'une demande ou d'un enregistrement antérieur national, régional ou international, la date et le numéro de dépôt, la date de priorité (le cas échéant), la date et le numéro de l'enregistrement (s'ils sont disponibles), une copie d'une reproduction du dessin ou modèle industriel antérieur (si cette reproduction est accessible au public) et le nom et l'adresse du propriétaire dudit dessin ou modèle industriel, de la manière prévue aux instructions administratives,
v) lorsque le refus ne concerne pas tous les dessins ou modèles industriels qui font l'objet de l'enregistrement international, ceux qu'il concerne ou ne concerne pas,
vi) le fait que le refus est ou n'est pas susceptible de réexamen ou de recours et, dans l'affirmative, le délai, raisonnable eu égard aux circonstances, pour présenter une requête en réexamen du refus ou un recours contre celui-ci ainsi que l'autorité compétente pour connaître de cette requête en réexamen ou de ce recours, avec indication, le cas échéant, de l'obligation de présenter la requête en réexamen ou le recours par l'intermédiaire d'un mandataire qui a son adresse sur le territoire de la partie contractante dont l'office a prononcé le refus, et
vii) la date à laquelle le refus a été prononcé.

3) *[Notification de la division d'un enregistrement international]* Si, à la suite d'une notification de refus visée à l'article 13.2) de l'Acte de 1999, un enregistrement international est divisé auprès de l'office d'une partie contractante désignée pour remédier à un motif de refus indiqué dans ladite notification, cet office notifie au Bureau international les données relatives à la division, telles que spécifiées dans les instructions administratives.

4) *(Mod. par Décis. du 30 sept. 2014, en vigueur le 1er janv. 2015) [Notification de retrait d'un refus]* a) Toute notification de retrait d'un refus doit se rapporter à un seul enregistrement international, être datée et être signée par l'office qui la fait.

b) La notification doit contenir ou indiquer
i) l'office qui fait la notification,
ii) le numéro de l'enregistrement international,
iii) si le retrait ne concerne pas tous les dessins ou modèles auxquels le refus s'appliquait, ceux qu'il concerne ou ne concerne pas,
iv) la date à laquelle l'enregistrement international produit les mêmes effets que l'octroi de la protection en vertu de la législation applicable, et
v) la date à laquelle le refus a été retiré.

c) Lorsque l'enregistrement international a été modifié dans une procédure devant l'office, la notification doit également contenir ou indiquer toutes les modifications.

5) *[Inscription]* Le Bureau international inscrit au registre international toute notification reçue en vertu de l'alinéa 1) c) ii), 2) ou 4) avec une indication, dans le cas d'une notification de refus, de la date à laquelle cette notification de refus a été envoyée au Bureau international.

6) *[Transmission de copies des notifications]* Le Bureau international transmet au titulaire une copie des notifications reçues en vertu de l'alinéa 1) c) ii), 2) ou 4).

Règle 18 *bis* *(Créée par Décis. du 30 sept. 2008, en vigueur le 1er janv. 2009) **Déclaration d'octroi de la protection.*** 1) *(Mod. par Décis. du 30 sept. 2014, en vigueur le 1er janv. 2015) [Déclaration d'octroi de la protection lorsque aucune notification de refus n'a été communiquée]* a) Un office qui n'a pas communiqué de notification de refus peut, dans le délai applicable en vertu de la règle 18.1)a) ou b), envoyer au Bureau international une déclaration selon laquelle la protection des dessins ou modèles industriels, ou de certains dessins ou modèles industriels, selon le cas, qui font l'objet de l'enregistrement international est accordée dans la partie contractante concernée, étant entendu que, lorsque la règle 12.3) s'applique, l'octroi de la protection est subordonné au paiement de la deuxième partie de la taxe de désignation individuelle.

b) La déclaration doit indiquer
i) l'office qui fait la déclaration,
ii) le numéro de l'enregistrement international,
iii) lorsque la déclaration ne concerne pas tous les dessins ou modèles industriels qui font l'objet de l'enregistrement international, ceux auxquels elle se rapporte,

iv) la date à laquelle l'enregistrement international produit ou produira les mêmes effets que l'octroi de la protection en vertu de la législation applicable, et

v) la date de la déclaration.

c) Lorsque l'enregistrement international a été modifié dans une procédure devant l'office, la déclaration doit également contenir ou indiquer toutes les modifications.

d) Nonobstant le sous-alinéa a), lorsque la règle 18.1) c) i) ou ii) s'applique, selon le cas, ou lorsque la protection est accordée aux dessins ou modèles industriels suite à [à la suite] des modifications apportées dans une procédure devant l'office, celui-ci doit envoyer au Bureau international la déclaration visée au sous-alinéa a).

e) Le délai applicable visé au sous-alinéa a) doit être le délai accordé conformément à la règle 18.1)c)i) ou ii), selon le cas, pour produire les mêmes effets que l'octroi de la protection en vertu de la législation applicable, en ce qui concerne la désignation de la partie contractante ayant fait une déclaration en vertu de l'une des règles susmentionnées.

2) *(Mod. par Décis. du 30 sept. 2014, en vigueur le 1er janv. 2015) [Déclaration d'octroi de la protection à la suite d'un refus]* a) Un office qui a communiqué une notification de refus et a décidé de retirer, partiellement ou totalement, ce refus peut, en lieu et place d'une notification de retrait du refus conformément à la règle 18.4)a), envoyer au Bureau international une déclaration selon laquelle la protection des dessins ou modèles industriels, ou de certains des dessins ou modèles industriels, qui font l'objet de l'enregistrement international est accordée dans la partie contractante concernée, étant entendu que, lorsque la règle 12.3) s'applique, l'octroi de la protection est subordonné au paiement de la deuxième partie de la taxe de désignation individuelle.

b) La déclaration doit indiquer

i) l'office qui fait la déclaration,

ii) le numéro de l'enregistrement international,

iii) si la déclaration ne concerne pas tous les dessins ou modèles industriels faisant l'objet de l'enregistrement international, ceux qu'elle concerne ou ne concerne pas,

iv) la date à laquelle l'enregistrement international produit les mêmes effets que l'octroi de la protection en vertu de la législation applicable, et

v) la date de la déclaration.

c) Lorsque l'enregistrement international a été modifié dans une procédure devant l'office, la déclaration doit également contenir ou indiquer toutes les modifications.

3) *[Inscription, information du titulaire et transmission de copies]* Le Bureau international inscrit au registre international toute déclaration reçue en vertu de la présente règle, il en informe le titulaire et, lorsque la déclaration a été communiquée, ou peut être reproduite, sous forme de document distinct, il transmet une copie de ce document au titulaire.

Règle 19 *Refus irréguliers.* 1) *[Notification non considérée comme telle]* a) Une notification de refus n'est pas considérée comme telle par le Bureau international et n'est pas inscrite au registre international

i) si elle n'indique pas le numéro de l'enregistrement international correspondant, à moins que d'autres indications figurant dans la notification permettent d'identifier cet enregistrement,

ii) si elle n'indique aucun motif de refus, ou

iii) si elle est adressée au Bureau international après l'expiration du délai applicable en vertu de la règle 18.1).

b) Lorsque le sous-alinéa a) s'applique, le Bureau international, sauf s'il ne peut pas identifier l'enregistrement international concerné, transmet une copie de la notification au titulaire, informe en même temps le titulaire et l'office qui a envoyé la notification de refus que celle-ci n'est pas considérée comme telle par le Bureau international et n'a pas été inscrite au registre international, et en indique les raisons.

2) *[Notification irrégulière]* Si la notification de refus

i) n'est pas signée au nom de l'office qui a communiqué le refus, ou ne remplit pas les conditions fixées en vertu de la règle 2,

ii) ne satisfait pas, le cas échéant, aux exigences de la règle 18.2) b) iv),

iii) n'indique pas, le cas échéant, l'autorité compétente pour connaître de la requête en réexamen ou du recours et le délai, raisonnable eu égard aux circonstances, dans lequel cette requête ou ce recours doit être présenté (règle 18.2) b) vi)),

iv) ne contient pas la date à laquelle le refus a été prononcé (règle 18.2) b) vii)), le Bureau international inscrit toutefois le refus au registre international et transmet au titulaire copie de la notification. Si le titulaire le lui demande, le Bureau international invite l'office qui a communiqué le refus à régulariser sa notification sans délai.

Règle 20 *Invalidation dans des parties contractantes désignées.* 1) *[Contenu de la notification d'invalidation]* Lorsque les effets d'un enregistrement international sont invalidés dans une partie contractante désignée et que l'invalidation ne peut plus faire l'objet d'un réexamen ou d'un recours, l'office de la partie contractante dont l'autorité compétente a prononcé l'invalidation notifie, lorsqu'il en a connaissance, ce fait au Bureau international. La notification doit indiquer

i) l'autorité qui a prononcé l'invalidation,

ii) le fait que l'invalidation ne peut plus faire l'objet d'un recours,

iii) le numéro de l'enregistrement international,

iv) lorsque l'invalidation ne concerne pas tous les dessins ou modèles industriels qui font l'objet de l'enregistrement international, ceux qu'elle concerne ou ne concerne pas,

v) la date à laquelle l'invalidation a été prononcée ainsi que la date à laquelle elle prend effet.

2) *[Inscription de l'invalidation]* Le Bureau international inscrit l'invalidation au registre international avec les données figurant dans la notification d'invalidation.

CHAPITRE IV *Modifications et rectifications*

Règle 21 *Inscription d'une modification.* 1) *[Présentation de la demande]* a) Une demande d'inscription doit être présentée au Bureau international sur le formulaire officiel approprié lorsque cette demande se rapporte à

i) un changement de titulaire de l'enregistrement international pour tout ou partie des dessins ou modèles industriels qui font l'objet de l'enregistrement international ;

ii) un changement de nom ou d'adresse du titulaire ;

iii) une renonciation à l'enregistrement international à l'égard d'une, de plusieurs ou de la totalité des parties contractantes désignées ;

iv) une limitation, à l'égard d'une, de plusieurs ou de la totalité des parties contractantes désignées, portant sur une partie des dessins ou modèles industriels qui font l'objet de l'enregistrement international.

b) La demande doit être présentée par le titulaire et signée par celui-ci ; toutefois, une demande d'inscription de changement de titulaire peut être présentée par le nouveau propriétaire, à condition qu'elle soit

i) signée par le titulaire, ou

ii) signée par le nouveau propriétaire et accompagnée d'une attestation établie par l'autorité compétente de la partie contractante du titulaire selon laquelle le nouveau propriétaire semble être l'ayant cause du titulaire.

2) *[Contenu de la demande]* La demande d'inscription d'une modification doit contenir ou indiquer, en sus de la modification demandée,

i) le numéro de l'enregistrement international concerné,

ii) le nom du titulaire, sauf lorsque la modification porte sur le nom ou l'adresse du mandataire,

iii) en cas de changement de titulaire de l'enregistrement international, le nom et l'adresse, indiqués conformément aux instructions administratives, du nouveau propriétaire de l'enregistrement international,

iv) en cas de changement de titulaire de l'enregistrement international, la ou les parties contractantes à l'égard desquelles le nouveau propriétaire remplit les conditions pour être le titulaire d'un enregistrement international,

v) en cas de changement de titulaire de l'enregistrement international qui ne concerne pas tous les dessins ou modèles industriels et toutes les parties contractantes, les numéros des dessins ou modèles industriels et les parties contractantes désignées concernés par le changement de titulaire, et

vi) le montant des taxes payées et le mode de paiement, ou l'instruction de prélever le montant requis des taxes sur un compte ouvert auprès du Bureau international, ainsi que l'identité de l'auteur du paiement ou des instructions.

3) *[Demande irrecevable]* Un changement de titulaire d'un enregistrement international ne peut être inscrit à l'égard d'une partie contractante désignée lorsque cette partie contractante n'est pas liée par un Acte auquel la partie contractante, ou l'une des parties contractantes, indiquée selon l'alinéa 2) iv) est liée.

4) *[Demande irrégulière]* Lorsque la demande d'inscription ne remplit pas les conditions requises, le Bureau international notifie ce fait au titulaire et, si la demande a été présentée par une personne qui prétend être le nouveau propriétaire, à cette personne.

5) *[Délai pour corriger l'irrégularité]* L'irrégularité peut être corrigée dans un délai de trois mois à compter de la date de sa notification par le Bureau international. Si l'irrégularité

n'est pas corrigée dans ce délai, la demande d'inscription est réputée abandonnée et le Bureau international notifie ce fait en même temps au titulaire ainsi que, si la demande a été présentée par une personne qui prétend être le nouveau propriétaire, à cette personne, et il rembourse toutes les taxes payées après déduction d'un montant correspondant à la moitié des taxes pertinentes.

6) *[Inscription et notification d'une modification]* a) Pour autant que la demande soit régulière, le Bureau international inscrit à bref délai la modification au registre international et en informe le titulaire. S'agissant de l'inscription d'un changement de titulaire, le Bureau international informe à la fois le nouveau titulaire et le titulaire antérieur.

b) La modification doit être inscrite à la date de la réception par le Bureau international de la demande remplissant les conditions requises. Toutefois, lorsque la demande indique que la modification doit être inscrite après une autre modification, ou après le renouvellement de l'enregistrement international, le Bureau international donne suite à cette demande.

7) *[Inscription d'un changement partiel de titulaire]* La cession ou toute autre transmission de l'enregistrement international pour une partie seulement des dessins ou modèles industriels ou pour certaines seulement des parties contractantes désignées est inscrite au registre international sous le numéro de l'enregistrement international dont une partie a été cédée ou transmise ; la partie cédée ou transmise est radiée sous le numéro dudit enregistrement international et fait l'objet d'un enregistrement international distinct. Cet enregistrement international distinct porte le numéro, accompagné d'une lettre majuscule, de l'enregistrement international dont une partie a été cédée ou transmise.

8) *[Inscription de la fusion d'enregistrements internationaux]* Lorsque la même personne devient titulaire de plusieurs enregistrements internationaux issus d'un changement partiel de titulaire, ces enregistrements sont fusionnés à la demande de ladite personne et les alinéas 1) à 6) s'appliquent *mutatis mutandis*. L'enregistrement international issu de la fusion porte le numéro, accompagné, le cas échéant, d'une lettre majuscule, de l'enregistrement international dont une partie a été cédée ou transmise.

Règle 21 *bis* *(Créée par Décis. du 5 oct. 2011, en vigueur le 1er janv. 2012)* ***Déclaration selon laquelle un changement de titulaire est sans effet.*** 1) *[La déclaration et ses effets]* L'office d'une partie contractante désignée peut déclarer qu'un changement de titulaire inscrit au registre international est sans effet dans ladite partie contractante. Cette déclaration a pour effet que, à l'égard de ladite partie contractante, l'enregistrement international concerné reste au nom du cédant.

2) *[Contenu de la déclaration]* La déclaration visée à l'alinéa 1) doit indiquer

a) les motifs pour lesquels le changement de titulaire est sans effet,

b) les dispositions essentielles correspondantes de la loi,

c) lorsque la déclaration ne concerne pas tous les dessins ou modèles industriels qui font l'objet du changement de titulaire, ceux qu'elle concerne, et

d) le fait que cette déclaration est ou n'est pas susceptible de réexamen ou de recours et, dans l'affirmative, le délai, raisonnable eu égard aux circonstances, pour présenter une requête en réexamen de cette déclaration ou un recours contre celle-ci ainsi que l'autorité compétente pour connaître de cette requête en réexamen ou de ce recours, avec indication, le cas échéant, de l'obligation de présenter la requête en réexamen ou le recours par l'intermédiaire d'un mandataire qui a son adresse sur le territoire de la partie contractante dont l'office a prononcé la déclaration.

3) *[Délai pour envoyer la déclaration]* La déclaration visée à l'alinéa 1) doit être envoyée au Bureau international dans les six mois suivant la date de la publication dudit changement de titulaire ou dans le délai de refus applicable en vertu de l'article 12.2) de l'Acte de 1999 ou de l'article 8.1) de l'Acte de 1960, le délai qui expire le plus tard étant retenu.

4) *[Inscription et notification de la déclaration ; modification corrélative du registre international]* Le Bureau international inscrit au registre international toute déclaration faite conformément à l'alinéa 3) et modifie le registre international de sorte que la partie de l'enregistrement international qui a fait l'objet de ladite déclaration soit inscrite en tant qu'enregistrement international distinct au nom du précédent titulaire (cédant). Le Bureau international notifie ce fait au précédent titulaire (cédant) et au nouveau titulaire (cessionnaire).

5) *[Retrait d'une déclaration]* Toute déclaration faite conformément à l'alinéa 3) peut être retirée, en totalité ou en partie. Le retrait de la déclaration est notifié au Bureau international qui l'inscrit au registre international. Le Bureau international modifie le registre international en conséquence et notifie ce fait au précédent titulaire (cédant) et au nouveau titulaire (cessionnaire).

Règle 22 *Rectifications apportées au registre international.* 1) *[Rectification]* Si le Bureau international, agissant d'office ou sur demande du titulaire, considère que le registre internatio-

nal contient une erreur relative à un enregistrement international, il modifie le registre et informe le titulaire en conséquence.

2) *(Mod. par Décis. du 30 sept. 2008, en vigueur le 1er janv. 2009) [Refus des effets de la rectification]* **L'office de toute partie contractante désignée a le droit de déclarer, dans une notification adressée au Bureau international, qu'il refuse de reconnaître les effets de la rectification. Les règles 18 à 19 s'appliquent** ***mutatis mutandis.***

CHAPITRE V *Renouvellements*

Règle 23 *Avis officieux d'échéance.* **Six mois avant l'expiration d'une période de cinq ans, le Bureau international adresse au titulaire et au mandataire éventuel un avis indiquant la date d'expiration de l'enregistrement international. Le fait que cet avis d'échéance n'est pas reçu ne constitue pas une excuse de l'inobservation de l'un quelconque des délais prévus à la règle 24.**

Règle 24 *Précisions relatives au renouvellement.* **1)** *[Taxes]* **a) L'enregistrement international est renouvelé moyennant le paiement des taxes suivantes :**

i) une taxe de base,

ii) une taxe de désignation standard pour chaque partie contractante désignée en vertu de l'Acte de 1999 qui n'a pas fait la déclaration prévue à l'article 7.2) de l'Acte de 1999, et pour chaque partie contractante désignée en vertu de l'Acte de 1960, pour lesquelles l'enregistrement international doit être renouvelé,

iii) une taxe de désignation individuelle pour chaque partie contractante désignée en vertu de l'Acte de 1999 qui a fait la déclaration prévue à l'article 7.2) de l'Acte de 1999 et pour laquelle l'enregistrement international doit être renouvelé.

b) Le montant des taxes visées aux points i) et ii) du sous-alinéa a) est fixé dans le barème des taxes.

c) Le paiement des taxes visées au sous-alinéa a) doit être fait au plus tard à la date à laquelle le renouvellement de l'enregistrement international doit être effectué. Toutefois, il peut encore être fait dans un délai de six mois à compter de la date à laquelle le renouvellement de l'enregistrement international doit être effectué, à condition que la surtaxe indiquée dans le barème des taxes soit payée en même temps.

d) Tout paiement aux fins du renouvellement qui est reçu par le Bureau international plus de trois mois avant la date à laquelle le renouvellement de l'enregistrement international doit être effectué est considéré comme ayant été reçu trois mois avant cette date.

2) *[Précisions supplémentaires]* **a) Lorsque le titulaire ne souhaite pas renouveler l'enregistrement international**

i) à l'égard d'une partie contractante désignée, ou

ii) à l'égard de l'un quelconque des dessins ou modèles industriels qui font l'objet de l'enregistrement international, le paiement des taxes requises doit être accompagné d'une déclaration indiquant la partie contractante ou les numéros des dessins ou modèles industriels pour lesquels l'enregistrement international ne doit pas être renouvelé.

b) Lorsque le titulaire souhaite renouveler l'enregistrement international à l'égard d'une partie contractante désignée nonobstant le fait que la durée maximale de protection des dessins ou modèles industriels dans cette partie contractante a expiré, le paiement des taxes requises, y compris la taxe de désignation standard ou la taxe de désignation individuelle, selon le cas, pour cette partie contractante, doit être accompagné d'une déclaration selon laquelle le renouvellement de l'enregistrement international doit être inscrit au registre international à l'égard de cette partie contractante.

c) Lorsque le titulaire souhaite renouveler l'enregistrement international à l'égard d'une partie contractante désignée nonobstant le fait qu'un refus est inscrit au registre international pour cette partie contractante en ce qui concerne l'ensemble des dessins ou modèles industriels concernés, le paiement des taxes requises, y compris la taxe de désignation standard ou la taxe de désignation individuelle, selon le cas, pour cette partie contractante, doit être accompagné d'une déclaration spécifiant que le renouvellement de l'enregistrement international doit être inscrit au registre international à l'égard de cette partie contractante.

d) L'enregistrement international ne peut pas être renouvelé à l'égard d'une partie contractante désignée à l'égard de laquelle une invalidation a été inscrite pour tous les dessins ou modèles industriels en vertu de la règle 20 ou à l'égard de laquelle une renonciation a été inscrite en vertu de la règle 21. L'enregistrement international ne peut pas être renouvelé à l'égard d'une partie contractante désignée pour les dessins ou modèles industriels pour lesquels une invalidation dans cette partie contractante a été inscrite en vertu de la règle 20 ou pour lesquels une limitation a été inscrite en vertu de la règle 21.

3) *[Paiement insuffisant]* a) Si le montant des taxes reçu est inférieur à celui qui est requis pour le renouvellement, le Bureau international notifie ce fait à bref délai et en même temps au titulaire et au mandataire éventuel. La notification précise le montant restant dû.

b) Si, à l'expiration du délai de six mois visé à l'alinéa 1) c), le montant des taxes reçu est inférieur à celui qui est requis pour le renouvellement, le Bureau international n'inscrit pas le renouvellement, rembourse le montant reçu et notifie cet état de fait au titulaire et au mandataire éventuel.

Règle 25 *Inscription du renouvellement ; certificat.* 1) *[Inscription et date d'effet du renouvellement]* Le renouvellement est inscrit au registre international et porte la date à laquelle il devait être effectué, même si les taxes requises sont payées pendant le délai de grâce visé à la règle 24.1) c).

2) *[Certificat]* Le Bureau international envoie un certificat de renouvellement au titulaire.

CHAPITRE VI *Publication (Décis. du 5 oct. 2011, en vigueur le 1er janv. 2012)*

Règle 26 *Publication.* 1) *(Mod. par Décis. du 2 oct. 2013, en vigueur le 1er janv. 2014) [Informations concernant les enregistrements internationaux]* Le Bureau international publie dans le bulletin les données pertinentes relatives

i) aux enregistrements internationaux, conformément à la règle 17 ;

ii) aux refus, en indiquant s'il y a une possibilité de réexamen ou de recours, mais sans publier les motifs de refus, et aux autres communications inscrites en vertu des règles 18.5) et 18 *bis*.3) ;

iii) aux invalidations inscrites en vertu de la règle 20.2) ;

iv) aux changements de titulaire et fusions, modifications du nom ou de l'adresse du titulaire, renonciations et limitations inscrits en vertu de la règle 21 ;

v) aux rectifications effectuées en vertu de la règle 22 ;

vi) aux renouvellements inscrits en vertu de la règle 25.1) ;

vii) aux enregistrements internationaux qui n'ont pas été renouvelés

viii) aux radiations inscrites en vertu de la règle 12.3) d) ;

ix) aux déclarations selon lesquelles un changement de titulaire est sans effet, et au retrait de telles déclarations, inscrits en vertu de la règle 21 *bis*.

2) *(Mod. par Décis. du 5 oct. 2011, en vigueur le 1er janv. 2012) [Informations concernant les déclarations ; autres informations]* Le Bureau international publie sur le site Internet de l'Organisation toute déclaration faite par une partie contractante en vertu de l'Acte de 1999, de l'Acte de 1960 ou du présent règlement d'exécution ainsi que la liste des jours où il est prévu que le Bureau international ne sera pas ouvert au public pendant l'année civile en cours et l'année suivante.

3) *(Mod. par Décis. du 5 oct. 2011, en vigueur le 1er janv. 2012) [Mode de publication du bulletin]* Le bulletin est publié sur le site Internet de l'Organisation. La publication de chaque numéro du bulletin est réputée remplacer l'envoi du bulletin visé aux articles 10.3) b) et 16.4) de l'Acte de 1999 et à l'article 6.3) b) de l'Acte de 1960, et, aux fins de l'article 8.2) de l'Acte de 1960, chaque numéro du bulletin est réputé être reçu par chaque office concerné à la date de sa publication sur le site Internet de l'Organisation.

CHAPITRE VII *Taxes*

Règle 27 *Montants et paiement des taxes.* 1) *(Mod. par Décis. du 1er oct. 2009, en vigueur le 1er janv. 2010) [Montants des taxes]* Les montants des taxes dues en vertu de l'Acte de 1999, de l'Acte de 1960 et du présent règlement d'exécution, autres que la taxe de désignation individuelle visée à la règle 12.1)a)iii), sont indiqués dans le barème des taxes qui est annexé au présent règlement d'exécution et en fait partie intégrante.

2) *[Paiement]* a) Sous réserve du sous-alinéa b) et de la règle 12.3) c), les taxes sont payées directement au Bureau international.

b) Lorsque la demande internationale est déposée par l'intermédiaire de l'office de la partie contractante du déposant, les taxes qui doivent être payées en relation avec cette demande peuvent l'être par l'intermédiaire de cet office si celui-ci accepte de les percevoir et de les transférer et que le déposant ou le titulaire le souhaite. Tout office qui accepte de percevoir et de transférer lesdites taxes notifie ce fait au directeur général.

3) *[Modes de paiement]* Les taxes sont payées au Bureau international conformément aux instructions administratives.

4) *[Indications accompagnant le paiement]* Lors du paiement d'une taxe au Bureau international, il y a lieu d'indiquer,

i) avant l'enregistrement international, le nom du déposant, le dessin ou modèle industriel concerné et l'objet du paiement ;

ii) après l'enregistrement international, le nom du titulaire, le numéro de l'enregistrement international concerné et l'objet du paiement.

5) *[Date du paiement]* a) Sous réserve de la règle 24.1) d) et du sous-alinéa b), une taxe est réputée payée au Bureau international le jour où le Bureau international reçoit le montant requis.

b) Lorsque le montant requis est disponible sur un compte ouvert auprès du Bureau international et que le Bureau a reçu du titulaire du compte l'instruction d'opérer un prélèvement, la taxe est réputée payée au Bureau international le jour où le Bureau international reçoit une demande internationale, une demande d'inscription de modification ou l'instruction de renouveler un enregistrement international.

6) *[Modification du montant des taxes]* a) Lorsqu'une demande internationale est déposée par l'intermédiaire de l'office de la partie contractante du déposant et que le montant des taxes dues pour le dépôt de la demande internationale est modifié entre, d'une part, la date de réception par cet office de la demande internationale et, d'autre part, la date de réception de la demande internationale par le Bureau international, la taxe applicable est celle qui était en vigueur à la première de ces deux dates.

b) Lorsque le montant des taxes dues pour le renouvellement d'un enregistrement international est modifié entre la date du paiement et la date à laquelle le renouvellement doit être effectué, le montant qui est applicable est celui qui était en vigueur à la date du paiement, ou à la date considérée comme étant celle du paiement conformément à la règle 24.1)d). Lorsque le paiement a lieu après la date à laquelle le renouvellement devait être effectué, le montant qui est applicable est celui qui était en vigueur à cette date.

c) Lorsque le montant d'une taxe autre que les taxes visées aux sous-alinéas a) et b) est modifié, le montant applicable est celui qui était en vigueur à la date à laquelle la taxe a été reçue par le Bureau international.

Règle 28 *Monnaie de paiement.* 1) *[Obligation d'utiliser la monnaie suisse]* Tous les paiements adressés au Bureau international en application du présent règlement d'exécution doivent être effectués en monnaie suisse nonobstant le fait que, si les taxes sont payées par l'intermédiaire d'un office, cet office a pu les percevoir dans une autre monnaie.

2) *[Établissement du montant des taxes de désignation individuelles en monnaie suisse]* a) Lorsqu'une partie contractante fait, en vertu de l'article 7.2) de l'Acte de 1999 ou en vertu de la règle 36.1), une déclaration selon laquelle elle désire recevoir une taxe de désignation individuelle, elle indique au Bureau international le montant de cette taxe exprimé dans la monnaie utilisée par son office.

b) Lorsque, dans la déclaration visée au sous-alinéa a), la taxe est indiquée dans une monnaie autre que la monnaie suisse, le Directeur général établit le montant de la taxe en monnaie suisse, après consultation de l'office de la partie contractante intéressée, sur la base du taux de change officiel des Nations Unies.

c) *(Mod. par Décis. du 5 oct. 2011, en vigueur le 1er janv. 2012)* Lorsque, pendant plus de trois mois consécutifs, le taux de change officiel des Nations unies entre la monnaie suisse et la monnaie dans laquelle le montant d'une taxe de désignation individuelle a été indiqué par une partie contractante est supérieur ou inférieur d'au moins 5% au dernier taux de change appliqué pour la détermination du montant de la taxe en monnaie suisse, l'office de cette partie contractante peut demander au directeur général d'établir un nouveau montant de la taxe en monnaie suisse sur la base du taux de change officiel des Nations unies applicable le jour précédant celui où cette demande est faite. Le directeur général prend les dispositions nécessaires à cet effet. Le nouveau montant est applicable à partir de la date fixée par le directeur général, étant entendu que cette date est située au plus tôt un mois et au plus tard deux mois après la date de la publication dudit montant sur le site Internet de l'Organisation.

d) *(Mod. par Décis. du 5 oct. 2011, en vigueur le 1er janv. 2012)* Lorsque, pendant plus de trois mois consécutifs, le taux de change officiel des Nations unies entre la monnaie suisse et la monnaie dans laquelle le montant d'une taxe de désignation individuelle a été indiqué par une partie contractante est inférieur d'au moins 10% au dernier taux de change appliqué pour la détermination du montant de la taxe en monnaie suisse, le directeur général établit un nouveau montant de la taxe en monnaie suisse, sur la base du taux de change officiel des Nations unies applicable. Le nouveau montant est applicable à partir de la date fixée par le directeur général, étant entendu que cette date est située au plus tôt un mois et au plus tard deux mois après la date de la publication dudit montant sur le site Internet de l'Organisation.

Règle 29 *Inscription du montant des taxes au crédit des parties contractantes concernées.* Toute taxe de désignation standard ou toute taxe de désignation individuelle payée au Bureau international à l'égard d'une partie contractante est créditée sur le compte de cette partie contractante auprès du Bureau international au cours du mois qui suit celui de l'inscription de l'enregistrement international ou du renouvellement pour lequel cette taxe a été payée ou, en ce qui concerne la seconde partie de la taxe de désignation individuelle, dès sa réception par le Bureau international.

CHAPITRE VIII *[ABROGÉ]*

(Abrogé par Décis. du 1er oct. 2009, à compter du 1er janv. 2010)

Règles 30 et 31 *Abrogées par Décis. du 1er oct. 2009, à compter du 1er janv. 2010.*

CHAPITRE IX ***Dispositions diverses***

Règle 32 *Extraits, copies et renseignements concernant les enregistrements internationaux publiés.* 1) *[Modalités]* Contre paiement d'une taxe dont le montant est fixé dans le barème des taxes, toute personne peut obtenir du Bureau international, à l'égard de tout enregistrement international publié :

i) des extraits du registre international ;

ii) des copies certifiées conformes des inscriptions faites au registre international ou des pièces du dossier de l'enregistrement international ;

iii) des copies non certifiées conformes des inscriptions faites au registre international ou des pièces du dossier de l'enregistrement international ;

iv) des renseignements écrits sur le contenu du registre international ou sur les pièces du dossier de l'enregistrement international ;

v) une photographie d'un spécimen.

2) *[Dispense d'authentification, de légalisation ou de toute autre certification]* Lorsqu'un document visé à l'alinéa 1) i) et ii) porte le sceau du Bureau international et qu'il est signé du directeur général ou d'une personne agissant en son nom, aucune autorité d'une partie contractante ne peut demander une authentification, légalisation ou toute autre certification de ce document, sceau ou signature, par une autre personne ou une autre autorité. Le présent alinéa s'applique *mutatis mutandis* au certificat d'enregistrement international visé à la règle 15.1).

Règle 33 *Modification de certaines règles.* 1) *[Exigence de l'unanimité]* La modification des dispositions ci-après du présent règlement d'exécution requiert l'unanimité des parties contractantes liées par l'Acte de 1999 :

i) la règle 13.4) ;

ii) la règle 18.1).

2) *[Exigence d'une majorité des quatre cinquièmes]* La modification des dispositions ci-après du présent règlement d'exécution et de l'alinéa 3) de la présente règle requiert une majorité des quatre cinquièmes des parties contractantes liées par l'Acte de 1999 :

i) la règle 7.7) ;

ii) la règle 9.3) b) ; iii) la règle 16.1) (a) ; iv) la règle 17.1) iii).

3) *[Procédure]* Toute proposition à l'effet de modifier une disposition visée à l'alinéa 1) ou 2) est envoyée à l'ensemble des parties contractantes au moins deux mois avant l'ouverture de la session de l'Assemblée qui est convoquée pour se prononcer sur cette proposition.

Règle 34 *Instructions administratives.* 1) *[Établissement des instructions administratives et matières traitées]* a) Le directeur général établit des instructions administratives. Le directeur général peut les modifier. Le directeur général consulte les offices des parties contractantes sur les instructions administratives proposées ou sur leurs modifications proposées.

b) Les instructions administratives traitent des questions pour lesquelles le présent règlement d'exécution renvoie expressément auxdites instructions et des détails relatifs à l'application du présent règlement d'exécution.

2) *[Contrôle par l'Assemblée]* L'Assemblée peut inviter le directeur général à modifier toute disposition des instructions administratives, et le directeur général agit en conséquence.

3) *(Mod. par Décis.du 5 oct. 2011, en vigueur le 1er janv. 2012) [Publication et entrée en vigueur]* a) Les instructions administratives et toute modification qui leur est apportée sont publiées sur le site Internet de l'Organisation.

b) Chaque publication précise la date à laquelle les dispositions publiées entrent en vigueur. Les dates peuvent être différentes pour des dispositions différentes, étant entendu qu'aucune

disposition ne peut entrer en vigueur avant sa publication sur le site Internet de l'Organisation.

4) *(Mod. par Décis. du 1er oct. 2009, en vigueur le 1er janv. 2010) [Divergence entre les instructions administratives et l'Acte de 1999, l'Acte de 1960 ou le présent règlement d'exécution]* **En cas de divergence entre une disposition des instructions administratives, d'une part, et une disposition de l'Acte de 1999, de l'Acte de 1960 ou du présent règlement d'exécution, d'autre part, c'est cette dernière qui prime.**

Règle 35 *Déclarations faites par les parties contractantes à l'Acte de 1999.* **1)** *[Établissement et prise d'effet des déclarations]* **L'article 30.1) et 2) de l'Acte de 1999 s'applique *mutatis mutandis* à toute déclaration faite en vertu des règles 8.1), 9.3) a), 13.4) ou 18.1) b) et à sa prise d'effet.**

2) *[Retrait des déclarations]* **Toute déclaration visée à l'alinéa 1) peut être retirée en tout temps au moyen d'une notification adressée au directeur général. Le retrait prend effet à la date de réception de cette notification par le directeur général ou à toute date ultérieure indiquée dans cette notification. Dans le cas d'une déclaration faite en vertu de la règle 18.1) b), le retrait n'a pas d'incidence sur un enregistrement international dont la date est antérieure à celle de la prise d'effet du retrait.**

Règle 36 *Déclarations faites par les parties contractantes à l'Acte de 1960.* **1)** *[Taxe de désignation individuelle]* **Aux fins de l'article 15.1) 2°b) de l'Acte de 1960, toute partie contractante à l'Acte de 1960 dont l'office est un office procédant à un examen peut, dans une déclaration, notifier au Directeur général que, pour toute demande internationale dans laquelle elle est désignée en vertu de l'Acte de 1960, la taxe de désignation prescrite visée à la règle 12.1) a) ii) est remplacée par une taxe de désignation individuelle dont le montant est indiqué dans la déclaration et peut être modifié dans des déclarations ultérieures. Ce montant ne peut pas dépasser le montant équivalant à celui que l'office de ladite partie contractante aurait le droit de recevoir du déposant pour une protection accordée, pour une durée équivalente, au même nombre de dessins et modèles industriels, le montant en question étant diminué du montant des économies résultant de la procédure internationale.**

Note de l'OMPI — Recommandation adoptée par l'Assemblée de l'Union de La Haye : « Les parties contractantes qui font, ou qui ont fait, la déclaration prévue à l'article 7.2) de l'Acte de 1999 ou à la règle 36.1) du règlement d'exécution commun sont encouragées à indiquer, dans cette déclaration ou dans une nouvelle déclaration, que, pour les demandes internationales déposées par des déposants dont le droit à cet égard découle exclusivement d'un rattachement à un pays de la catégorie des pays les moins avancés, conformément à la liste établie par l'Organisation des Nations Uunies, ou à une organisation intergouvernementale dont la majorité des États membres sont des pays de la catégorie des pays les moins avancés, la taxe individuelle à payer pour leur désignation est ramenée à 10 % du montant normalement perçu (arrondi, le cas échéant, au nombre entier le plus proche). Ces parties contractantes sont en outre encouragées à indiquer que la réduction s'applique également à l'égard d'une demande internationale déposée par un déposant dont le droit à cet égard ne découle pas exclusivement d'un rattachement à une telle organisation intergouvernementale, pour autant que tout autre droit du déposant à cet égard découle d'un rattachement à une partie contractante qui appartient à la catégorie des pays les moins avancés ou, à défaut, qui est un État membre de cette organisation intergouvernementale et que, dans ce cas, la demande internationale soit régie exclusivement par l'Acte de 1999. »

2) *[Durée maximum [maximale] de protection]* **Chaque partie contractante à l'Acte de 1960 notifie au directeur général, dans une déclaration, la durée maximale de protection prévue dans sa législation.**

3) *[Moment auquel les déclarations peuvent être faites]* **Toute déclaration selon les alinéas 1) et 2) peut être faite**

i) au moment du dépôt d'un instrument visé à l'article 26.2) de l'Acte de 1960, auquel cas elle prend effet à la date à laquelle l'État ayant fait la déclaration devient lié par le présent Acte, ou

ii) après le dépôt d'un instrument visé à l'article 26.2) de l'Acte de 1960, auquel cas elle prend effet un mois après la date de sa réception par le directeur général ou à toute date ultérieure qui y est indiquée mais ne s'applique qu'aux enregistrements internationaux dont la date est identique ou postérieure à la date à laquelle elle a pris effet.

Règle 37 *(Créée par Décis. du 1er oct. 2009, en vigueur le 1er janv. 2010)* ***(Disposition transitoire.*** **1)** *[Dispositions transitoires relatives à l'Acte de 1934]* **a) Aux fins de la présente disposition,**

i) "Acte de 1934" s'entend de l'acte signé à Londres le 2 juin 1934 de l'Arrangement de La Haye ;

ii) "partie contractante désignée en vertu de l'Acte de 1934" s'entend d'une partie contractante inscrite en tant que telle au registre international ;

iii) une référence aux expressions "demande internationale" ou "enregistrement international" est réputée inclure, le cas échéant, une référence à l'expression "dépôt international" visée à l'Acte de 1934.

b) Le règlement d'exécution commun à l'Acte de 1999, l'Acte de 1960 et l'Acte de 1934 de l'Arrangement de La Haye tel qu'il était applicable avant le [1er janvier 2010] reste applicable à l'égard d'une demande internationale déposée avant cette date et encore en instance à cette date, et à l'égard de toute partie contractante désignée en vertu de l'Acte de 1934 dans un enregistrement international issu d'une demande internationale déposée avant cette date.

2) *[Disposition transitoire relative aux langues]* **La règle 6 telle qu'elle était applicable avant le 1er avril 2010 reste applicable à l'égard d'une demande internationale déposée avant cette date et de l'enregistrement international qui en est issu.** – *Cette disposition est entrée en vigueur le 1er avr. 2010 (V. Décis. de l'Ass. de l'Union de la Haye du 1er oct. 2009).*

BARÈME DES TAXES

(en vigueur le 1er janv. 2015)

Mis à jour selon les Décis. de l'Ass. de l'Union de la Haye du 30 sept. 2008, du 1er oct. 2009 et du 30 sept. 2014, en vigueur depuis le 1er janv. 2015.

	Francs suisses
I. *Demandes internationales*	
1. Taxe de base *	
1.1 Pour un dessin ou modèle	397
1.2 Pour chaque dessin ou modèle supplémentaire compris dans la même demande internationale	19
2. Taxe de publication *	
2.1 Pour chaque reproduction à publier	17
2.2 Pour chaque page, en sus de la première, sur laquelle sont présentées une ou plusieurs reproductions (lorsque les reproductions sont présentées sur papier)	150
3. Taxe supplémentaire lorsque la description excède 100 mots (par mot au-delà du 100e)*	2
4. Taxe de désignation standard **	
4.1 Lorsque le niveau un s'applique :	
4.1.1 Pour un dessin ou modèle	42
4.1.2 Pour chaque dessin ou modèle supplémentaire compris dans la même demande internationale	2
4.2 Lorsque le niveau deux s'applique :	
4.2.1 Pour un dessin ou modèle	60
4.2.2 Pour chaque dessin ou modèle supplémentaire compris dans la même demande internationale	20
4.3 Lorsque le niveau trois s'applique :	
4.3.1 Pour un dessin ou modèle	90
4.3.2 Pour chaque dessin ou modèle supplémentaire compris dans la même demande internationale	50

	Francs suisses
5. Taxe de désignation individuelle (le montant de la taxe de désignation individuelle est fixé par chaque partie contractante concernée) ***	
II. [*Supprimé*]	
6. [*Supprimé*]	
III. *Renouvellement d'un enregistrement international issu d'une demande internationale régie exclusivement ou partiellement par l'Acte de 1960 ou par l'Acte de 1999*	
7. Taxe de base	
7.1 Pour un dessin ou modèle	200
7.2 Pour chaque dessin ou modèle supplémentaire compris dans le même enregistrement international	17
8. Taxe de désignation standard	
8.1 Pour un dessin ou modèle	21
8.2 Pour chaque dessin ou modèle supplémentaire compris dans le même enregistrement international	1
9. Taxe de désignation individuelle (le montant de la taxe de désignation individuelle est fixé par chaque partie contractante concernée)	
10. Surtaxe (délai de grâce)	*50 % de la taxe de base de renouvellement.*
IV. [*Supprimé*]	
11. [*Supprimé*]	
12. [*Supprimé*]	
V. *Inscriptions diverses*	
13. Changement de titulaire	144
14. Changement de nom ou d'adresse du titulaire	
14.1 Pour un enregistrement international	144
14.2 Pour chaque enregistrement international supplémentaire du même titulaire inclus dans la même demande d'inscription	72
15. Renonciation	144
16. Limitation	144
VI. *Informations concernant les enregistrements internationaux publiés*	
17. Fourniture d'un extrait du registre international relatif à un enregistrement international publié	144
18. Fourniture de copies, non certifiées conformes, du registre international ou de pièces du dossier d'un enregistrement international publié	

	Francs suisses
18.1 Jusqu'à cinq pages	26
18.2 Par page en sus de la cinquième, si les copies sont demandées en même temps et se rapportent au même enregistrement international publié	2
19. Fourniture de copies, certifiées conformes, du registre international ou de pièces du dossier d'un enregistrement international publié	
19.1 Jusqu'à cinq pages	46
19.2 Par page en sus de la cinquième, si les copies sont demandées en même temps et se rapportent au même enregistrement international	2
20. Fourniture d'une photographie d'un spécimen	57
21. Fourniture par écrit d'un renseignement sur le contenu du registre international ou du dossier d'un enregistrement international publié	
21.1 Pour un enregistrement international	82
21.2 Pour tout enregistrement international supplémentaire concernant le titulaire, si le même renseignement est demandé en même temps	10
22. Recherche dans la liste des titulaires d'enregistrements internationaux publiés	
22.1 Par recherche portant sur le nom d'une personne physique ou morale déterminée	82
22.2 Pour chaque enregistrement international trouvé en sus du premier	10
23. Surtaxe pour la communication d'extraits, de copies, de renseignements ou de rapports de recherche par télécopie (par page)	4
VII. *Services fournis par le Bureau international*	
24. Le Bureau international est autorisé à percevoir une taxe, dont il fixe lui-même le montant, pour les services qui ne sont pas couverts par le présent barème des taxes.	

* *Pour les demandes internationales déposées par des déposants dont le droit à cet égard découle exclusivement d'un rattachement à un pays de la catégorie des pays les moins avancés (PMA), conformément à la liste établie par l'Organisation des Nations unies, ou à une organisation intergouvernementale dont la majorité des États membres sont des PMA, les taxes à l'intention du Bureau international sont ramenées à 10 % du montant prescrit (arrondi au nombre entier le plus proche). Cette réduction s'applique également à l'égard d'une demande internationale déposée par un déposant dont le droit à cet égard ne découle pas exclusivement d'un rattachement à une telle organisation intergouvernementale, pour autant que tout autre droit du déposant à cet égard découle d'un rattachement à une partie contractante qui appartient à la catégorie des PMA ou, à défaut, qui est un État membre de cette organisation intergouvernementale et que, dans ce cas, la demande internationale soit régie exclusivement par l'Acte de 1999. En cas de pluralité de déposants, chacun d'entre eux doit satisfaire à ces critères.*

Lorsque cette réduction de taxe s'applique, la taxe de base s'établit à 40 francs suisses (pour un dessin ou modèle) et à 2 francs suisses (pour chaque dessin ou modèle supplémentaire compris dans la même demande internationale), la taxe de publication s'établit à 2 francs suisses pour chaque reproduction et à 15 francs suisses pour chaque page, en sus de la première, sur laquelle sont présentées une ou plusieurs reproductions, et la taxe supplémentaire lorsque la description excède 100 mots s'établit à 1 franc suisse par groupe de cinq mots au-delà du 100e.

** *Pour les demandes internationales déposées par des déposants dont le droit à cet égard découle exclusivement d'un rattachement à un pays de la catégorie des pays les moins avancés (PMA), conformément à la liste établie par l'Organisation des Nations unies, ou à une organisation intergouvernementale dont la majorité des États membres sont des PMA, les taxes standard sont ramenées à 10 % du montant prescrit* *(arrondi au nombre entier le plus proche). Cette réduction s'applique également à l'égard d'une demande internationale déposée par un déposant dont le droit à cet égard ne découle pas exclusivement d'un rattachement à une telle organisation intergouvernementale, pour autant que tout autre droit du déposant à cet égard découle d'un rattachement à une partie contractante qui appartient à la catégorie des PMA ou, à défaut, qui est un État membre de cette organisation intergouvernementale et que, dans ce cas, la demande internationale soit régie exclusivement par l'Acte de 1999. En cas de pluralité de déposants, chacun d'entre eux doit satisfaire à ces critères. Lorsque cette réduction de taxe s'applique, la taxe de désignation standard s'établit à 4 francs suisses (pour un dessin ou modèle) et à 1 franc suisse (pour chaque dessin ou modèle supplémentaire compris dans la même demande internationale) pour le niveau un, à 6 francs suisses (pour un dessin ou modèle) et à 2 francs suisses (pour chaque dessin ou modèle supplémentaire compris dans la même demande internationale) pour le niveau deux et à 9 francs suisses (pour un dessin ou modèle) et à 5 francs suisses (pour chaque dessin ou modèle supplémentaire compris dans la même demande internationale) pour le niveau trois.*

**** [Note de l'OMPI] : Recommandation adoptée par l'Assemblée de l'Union de La Haye : « Les parties contractantes qui font, ou qui ont fait, la déclaration prévue à l'article 7.2) de l'Acte de 1999 ou à la règle 36.1) du règlement d'exécution commun sont encouragées à indiquer, dans cette déclaration ou dans une nouvelle déclaration, que, pour les demandes internationales déposées par des déposants dont le droit à cet égard découle exclusivement d'un rattachement à un pays de la catégorie des pays les moins avancés, conformément à la liste établie par l'Organisation des Nations unies, ou à une organisation intergouvernementale dont la majorité des États membres sont des pays de la catégorie des pays les moins avancés, la taxe individuelle à payer pour leur désignation est ramenée à 10 % du montant normalement perçu (arrondi, le cas échéant, au nombre entier le plus proche). Ces parties contractantes sont en outre encouragées à indiquer que la réduction s'applique également à l'égard d'une demande internationale déposée par un déposant dont le droit à cet égard ne découle pas exclusivement d'un rattachement à une telle organisation intergouvernementale, pour autant que tout autre droit du déposant à cet égard découle d'un rattachement à une partie contractante qui appartient à la catégorie des pays les moins avancés ou, à défaut, qui est un État membre de cette organisation intergouvernementale et que, dans ce cas, la demande internationale soit régie exclusivement par l'Acte de 1999. »*

Droit européen

Directive (CE) n° 98/71 du 13 octobre 1998,

Sur la protection juridique des dessins ou modèles.

La présente directive a été transposée dans le CPI par l'Ord. n° 2001-670 du 25 juil. 2001. — V. art. L. 511-1 à L. 511-11, L. 512-1 à L. 512-6, L. 513-1 à L. 513-8, L. 514-1 et L. 514-2.

BIBL. ▶ DE CANDÉ, *D. Affaires 1999. 10 ; Propr. intell. 2002, n° 3, p. 16* (la protection en France des dessins et modèles déposés depuis l'ordonnance n° 2001-670 du 25 juill. 2001). – KAMINA, *JCP 1999. I. 104 ; JCP E 1999. 358.* – VELARDOCCIO, *Dr. et patr. avr. 1999, p. 86.*

(1) Considérant que les objectifs de la Communauté, tels que définis dans le traité, comprennent l'établissement des fondements d'une union sans cesse plus étroite entre les peuples européens, le resserrement des relations entre les États membres de la Communauté ainsi que l'assurance de leur progrès économique et social par une action commune destinée à éliminer les barrières qui divisent l'Europe ; que, à cette fin, le traité prévoit l'établissement d'un marché intérieur caractérisé par l'abolition des obstacles à la libre circulation des marchandises ainsi que la création d'un régime assurant que la concurrence n'est pas faussée dans le marché intérieur ; que le rapprochement des législations des États membres relatives à la protection juridique des dessins ou modèles contribue à la réalisation de ces objectifs ;

(2) Considérant que la disparité des protections juridiques des dessins ou modèles offertes par les législations des États membres a une incidence directe sur l'établissement et le fonctionnement du marché intérieur pour les produits incorporant des dessins ou modèles ; que cette disparité peut fausser le jeu de la concurrence sur le marché intérieur ;

(3) Considérant qu'il est donc nécessaire, pour le bon fonctionnement du marché intérieur, de rapprocher les législations des États membres relatives à la protection des dessins ou modèles ;

(4) Considérant qu'il importe en l'occurrence de tenir compte des solutions et des avantages que le régime communautaire du dessin ou modèle peut offrir aux entreprises désireuses d'acquérir des droits sur des dessins ou modèles ;

(5) Considérant qu'il n'apparaît pas nécessaire de procéder à un rapprochement total des législations des États membres sur les dessins ou modèles et qu'il suffit de limiter le rappro-

chement aux dispositions nationales qui ont l'incidence la plus directe sur le fonctionnement du marché intérieur ; qu'il conviendrait que les dispositions relatives aux sanctions, aux voies de recours et à l'application de la loi continuent de relever du droit national ; que les objectifs de ce rapprochement limité ne peuvent pas être réalisés de manière suffisante par les États membres agissant seuls ;

(6) Considérant que, en conséquence, les États membres devraient rester libres de fixer les dispositions de procédure concernant l'enregistrement, le renouvellement et la nullité des droits sur des dessins ou modèles ainsi que les dispositions relatives aux effets de la nullité ;

(7) Considérant que la présente directive n'exclut pas l'application aux dessins ou modèles des dispositions de droit national ou communautaire qui prévoient une protection autre que celle que les dessins ou modèles acquièrent par leur enregistrement ou leur publication, telles que les dispositions relatives aux dessins ou modèles non enregistrés, aux marques, aux brevets et modèles d'utilité, à la concurrence déloyale et à la responsabilité civile ;

(8) Considérant que, en l'absence d'harmonisation de la législation sur les droits d'auteur, il importe de consacrer le principe du cumul, d'une part, de la protection spécifique des dessins ou modèles par l'enregistrement et, d'autre part, de la protection par le droit d'auteur, tout en laissant aux États membres la liberté de déterminer l'étendue de la protection par le droit d'auteur et les conditions auxquelles cette protection est accordée ;

(9) Considérant que la réalisation des objectifs du marché intérieur exige que l'acquisition par l'enregistrement du droit sur un dessin ou modèle enregistré soit soumise à des conditions identiques dans tous les États membres ; que, à cette fin, il est nécessaire d'arrêter une définition unitaire du concept de dessin ou modèle ainsi que des exigences de nouveauté et de caractère individuel auxquelles le dessin ou modèle enregistré doit satisfaire ;

(10) Considérant qu'il est essentiel, pour faciliter la libre circulation des produits, de faire en sorte qu'en principe l'enregistrement d'un dessin ou modèle confère à son titulaire une protection équivalente dans tous les États membres ;

(11) Considérant que la protection conférée au titulaire par l'enregistrement porte sur les caractéristiques d'un dessin ou modèle d'un produit ou d'une partie de produit qui sont représentées visiblement dans la demande d'enregistrement et qui sont divulguées au public par voie de publication ou de consultation du dossier correspondant ;

(12) Considérant que la protection ne devrait pas être étendue aux pièces qui ne sont pas visibles lors d'une utilisation normale d'un produit ni aux caractéristiques d'une pièce qui ne sont pas visibles lorsque celle-ci est montée, ni aux caractéristiques des pièces qui ne rempliraient pas, en tant que telles, les exigences de nouveauté et de caractère individuel ; que les caractéristiques d'un dessin ou modèle qui sont exclues de la protection pour ces motifs ne devraient pas être prises en considération pour apprécier si d'autres caractéristiques de ce dessin ou modèle remplissent les conditions d'obtention de la protection ;

(13) Considérant que l'appréciation du caractère individuel d'un dessin ou modèle devrait consister à déterminer s'il existe une différence claire entre l'impression globale qu'il produit sur un utilisateur averti qui le regarde et celle produite sur lui par le patrimoine des dessins ou modèles, compte tenu de la nature du produit auquel le dessin ou modèle s'applique ou dans lequel celui-ci est incorporé et, notamment, du secteur industriel dont il relève et du degré de liberté du créateur dans l'élaboration du dessin ou modèle ;

(14) Considérant que l'innovation technologique ne doit pas être entravée par l'octroi de la protection des dessins ou modèles à des caractéristiques imposées exclusivement par une fonction technique ; qu'il est entendu qu'il n'en résulte pas qu'un dessin ou modèle doit présenter un caractère esthétique ; que, de même l'interopérabilité de produits de fabrications différentes ne devrait pas être entravée par l'extension de la protection aux dessins ou modèles des raccords mécaniques ; que les caractéristiques d'un dessin ou modèle qui sont exclues de la protection pour ces motifs ne devraient pas être prises en considération pour apprécier si d'autres caractéristiques de ce dessin ou modèle remplissent les conditions d'obtention de la protection ;

(15) Considérant que, toutefois, les raccords mécaniques de produits modulaires peuvent constituer un élément important des caractéristiques innovatrices de produits modulaires et un atout précieux pour leur commercialisation, de sorte qu'ils devraient être admis à bénéficier de la protection ;

(16) Considérant que l'enregistrement d'un dessin ou modèle ne confère pas de droits lorsque le dessin ou modèle est contraire à l'ordre public ou à la moralité publique ; que la présente directive ne constitue pas une harmonisation des notions nationales d'ordre public ou de moralité publique ;

(17) Considérant qu'il est fondamental pour le bon fonctionnement du marché intérieur d'unifier la durée de la protection conférée par les enregistrements des dessins ou modèles ;

(18) Considérant que les dispositions de la présente directive ne portent pas préjudice à l'application des règles de la concurrence en vertu des articles 85 et 86 du traité ;

(19) Considérant que l'adoption rapide de la présente directive revêt désormais un caractère d'urgence pour un certain nombre de secteurs industriels ; qu'il n'est pas possible, au stade actuel, de procéder à un rapprochement total des législations des États membres relatives à l'utilisation de dessins ou modèles protégés dans le but de permettre la réparation d'un produit complexe en vue de lui rendre son apparence initiale, lorsque le produit dans lequel le dessin ou modèle est incorporé ou auquel le dessin ou modèle est appliqué constitue une pièce d'un produit complexe dont l'apparence conditionne le dessin ou modèle protégé ; que l'absence de rapprochement total des législations des États membres relatives à l'utilisation de dessins ou modèles protégés à des fins deréparationd'un produit complexe ne devrait pas faire obstacle au rapprochement des autres dispositions nationales du droit des dessins ou modèles qui ont l'incidence la plus directe sur le fonctionnement du marché intérieur ; que, pour cette raison, les États membres devraient, dans l'intervalle, maintenir en vigueur toute disposition conforme au traité et relative à l'utilisation du dessin ou modèle d'une pièce utilisée à des fins de réparation d'un produit complexe en vue de lui rendre son apparence initiale ou, s'ils introduisent de nouvelles dispositions relatives à une telle utilisation, ces dernières devraient avoir pour seul objectif de libéraliser le marché relatif auxdites pièces ; que les États membres qui, à la date d'entrée en vigueur de la présente directive, ne prévoient pas la protection des dessins ou modèles pour les pièces ne sont pas tenus d'introduire l'enregistrement des dessins ou modèles pour de telles pièces ; que, trois ans après la date limite de transposition, la Commission devrait présenter une analyse des effets des dispositions de la présente directive sur l'industrie communautaire, les consommateurs, la concurrence et le fonctionnement du marché intérieur ; que, concernant les pièces qui constituent les produits complexes, cette analyse devrait notamment examiner la possibilité d'une harmonisation sur la base d'options éventuelles, y compris un système de rémunération et une durée limitée de la période d'exclusivité ; que, au plus tard un an après la présentation de son analyse, la Commission devrait, après consultation des parties les plus touchées, proposer au Parlement européen et au Conseil toute modification de la présente directive nécessaire pour achever le marché intérieur en ce qui concerne les pièces de produits complexes et toute autre modification qu'elle jugera nécessaire ;

(20) Considérant que la disposition transitoire contenue à l'article 14 concernant le dessin ou modèle d'une pièce utilisée dans le but de permettre la réparation d'un produit complexe en vue de lui rendre son apparence initiale ne doit en aucun cas être interprétée comme constituant un obstacle à la libre circulation d'un produit qui constitue cette pièce ;

(21) Considérant que les motifs matériels de refus de l'enregistrement dans les États membres qui soumettent les demandes à un examen sur le fond préliminaire à l'enregistrement et les motifs matériels d'annulation du dessin ou modèle enregistré dans tous les États membres doivent être énumérés de manière exhaustive.

Art. 1er *Définitions.* Aux fins de la présente directive, on entend par :

a) "dessin ou modèle" : l'apparence d'un produit ou d'une partie de produit que lui confèrent, en particulier, les caractéristiques des lignes, des contours, des couleurs, de la forme, de la texture et/ou des matériaux du produit lui-même et/ou de son ornementation ;

b) "produit" : tout article industriel ou artisanal, y compris, entre autres, les pièces conçues pour être assemblées en un produit complexe, emballage, présentation, symbole graphique et caractère typographique, à l'exclusion, toutefois, des programmes d'ordinateur ;

c) "produit complexe" : un produit se composant de pièces multiples qui peuvent être remplacées de manière à permettre le démontage et le remontage du produit.

Art. 2 *Champ d'application.* 1. La présente directive s'applique :

a) aux enregistrements de dessins ou modèles auprès des services centraux de la propriété industrielle des États membres ;

b) aux enregistrements de dessins ou modèles auprès du bureau Benelux des dessins ou modèles ;

c) aux enregistrements de dessins ou modèles effectués en application d'un accord international produisant ses effets dans un État membre ;

d) aux demandes d'enregistrement de dessins ou modèles visées aux points *a*), *b*) et *c*).

2. Aux fins de la présente directive, l'enregistrement d'un dessin ou modèle comprend également la publication suivant le dépôt d'un dessin ou modèle auprès du service de la propriété industrielle d'un État membre dans lequel cette publication a pour effet de créer des droits sur un dessin ou modèle.

Art. 3 *Conditions de protection.* 1. Les États membres protègent les dessins ou modèles par l'enregistrement et confèrent à leurs titulaires des droits exclusifs conformément aux dispositions de la présente directive.

2. La protection d'un dessin ou modèle par l'enregistrement n'est assurée que dans la mesure où il est nouveau et présente un caractère individuel.

3. Un dessin ou modèle appliqué à un produit ou incorporé dans un produit qui constitue une pièce d'un produit complexe n'est considéré comme nouveau et présentant un caractère individuel que dans la mesure où :

a) la pièce, une fois incorporée dans le produit complexe, reste visible lors d'une utilisation normale de ce produit, et

b) les caractéristiques visibles de la pièce remplissent en tant que telles les conditions de nouveauté et de caractère individuel.

4. Par « utilisation normale » au sens du paragraphe 3, point *a*), on entend l'utilisation par l'utilisateur final, à l'exception de l'entretien, du service ou de la réparation.

Art. 4 *Nouveauté.* Un dessin ou modèle est considéré comme nouveau si, à la date de présentation de la demande d'enregistrement ou à la date de priorité, si une priorité est revendiquée, aucun dessin ou modèle identique n'a été divulgué au public. Des dessins ou modèles sont considérés comme identiques lorsque leurs caractéristiques ne diffèrent que par des détails insignifiants.

Art. 5 *Caractère individuel.* 1. Un dessin ou modèle est considéré comme présentant un caractère individuel si l'impression globale qu'il produit sur l'utilisateur averti diffère de celle que produit un un tel utilisateur tout dessin ou modèle qui a été divulgué au public avant la date de présentation de la demande d'enregistrement ou la date de priorité, si une priorité est revendiquée.

2. Pour apprécier le caractère individuel, il est tenu compte du degré de liberté du créateur dans l'élaboration du dessin ou modèle.

Art. 6 *Divulgation.* 1. Aux fins de l'application des articles 4 et 5, un dessin ou modèle est réputé avoir été divulgué au public s'il a été publié après enregistrement ou autrement, ou exposé, utilisé dans le commerce ou rendu public de toute autre manière, sauf si ces faits, dans la pratique normale des affaires, ne pouvaient raisonnablement être connus des milieux spécialisés du secteur concerné, opérant dans la Communauté avant la date de présentation de la demande d'enregistrement ou la date de priorité, si une priorité est revendiquée. Toutefois, le dessin ou modèle n'est pas réputé avoir été divulgué au public uniquement parce qu'il a été divulgué à un tiers à des conditions explicites ou implicites de secret.

2. Aux fins de l'application des articles 4 et 5, il n'est pas tenu compte d'une divulgation si un dessin ou modèle, pour lequel la protection est revendiquée au titre d'un enregistrement dans un État membre, a été divulgué au public :

a) par le créateur ou son ayant droit ou par un tiers sur la base d'informations fournies ou d'actes accomplis par le créateur ou son ayant droit, et ce,

b) pendant la période de douze mois précédant la date de présentation de la demande d'enregistrement ou la date de priorité, si une priorité est revendiquée.

3. Le paragraphe 2 est également applicable lorsque le dessin ou modèle a été divulgué au public à la suite d'une conduite abusive à l'égard du créateur ou de son ayant droit.

Art. 7 *Dessins ou modèles imposés par leur fonction technique et dessins ou modèles d'interconnexions.* 1. L'enregistrement d'un dessin ou modèle ne confère pas de droits sur les caractéristiques de l'apparence d'un produit qui sont exclusivement imposées par sa fonction technique.

2. L'enregistrement d'un dessin ou modèle ne confère pas de droits sur les caractéristiques de l'apparence d'un produit qui doivent nécessairement être reproduites dans leur forme et leurs dimensions exactes pour que le produit dans lequel est incorporé ou auquel est appliqué le dessin ou modèle puisse mécaniquement être raccordé à un autre produit, être placé à l'intérieur ou autour d'un autre produit, ou être mis en contact avec un autre produit, de manière que chaque produit puisse remplir sa fonction.

3. Par dérogation au paragraphe 2, l'enregistrement confère des droits sur un dessin ou modèle répondant aux conditions fixées aux articles 4 et 5, qui a pour objet de permettre l'assemblage ou la connexion multiple de produits interchangeables à l'intérieur d'un système modulaire.

Art. 8 *Dessins et modèles contraires à l'ordre public ou à la moralité publique.* L'enregistrement d'un dessin ou modèle ne confère pas de droits lorsque le dessin ou modèle est contraire à l'ordre public ou à la moralité publique.

Art. 9 *Étendue de la protection.* 1. La protection conférée par l'enregistrement d'un dessin ou modèle s'étend à tout dessin ou modèle qui ne produit pas sur l'utilisateur averti une impression visuelle globale différente.

2. Pour apprécier l'étendue de la protection, il est tenu compte du degré de liberté du créateur dans l'élaboration du dessin ou modèle.

Art. 10 *Durée de la protection.* Par l'enregistrement, un dessin ou modèle qui remplit les conditions prévues à l'article 3, paragraphe 2, est protégé pendant une ou plusieurs périodes de cinq ans à compter de la date de présentation de la demande d'enregistrement. Le titulaire du droit pourra faire proroger la durée de la protection d'une ou de plusieurs périodes de cinq ans jusqu'à un maximum de vingt-cinq ans à compter de la date de présentation de la demande.

Art. 11 *Nullité ou refus d'enregistrement.* 1. L'enregistrement est refusé ou, si un dessin ou modèle a été enregistré, la nullité de l'enregistrement du dessin ou modèle est prononcée :

a) si le dessin ou modèle ne répond pas à la définition visée à l'article 1er, point *a*), ou

b) s'il ne remplit pas les conditions fixées aux articles 3 à 8, ou

c) si le demandeur ou le titulaire de l'enregistrement ne possède pas le droit au dessin ou modèle selon la législation de l'État membre concerné, ou

d) si le dessin ou modèle est en conflit avec un dessin ou modèle antérieur qui a fait l'objet d'une divulgation au public après la date de présentation de la demande d'enregistrement ou après la date de priorité, si une priorité est revendiquée, et qui est protégé depuis une date antérieure par l'enregistrement d'un dessin ou modèle communautaire ou par une demande d'enregistrement d'un dessin ou modèle communautaire, par l'enregistrement d'un dessin ou modèle dans l'État membre concerné ou par une demande d'obtention du droit afférent.

2. Tout État membre peut prévoir que l'enregistrement d'un dessin ou modele est refusé ou, si le dessin ou modèle a été enregistré, que la nullité de l'enregistrement est prononcée :

a) s'il est fait usage d'un signe distinctif dans un dessin ou modèle ultérieur et que le droit communautaire ou la législation de l'État membre concerné régissant ce signe confere au titulaire du signe le droit d'interdire cette utilisation, ou

b) si le dessin ou modèle constitue une utilisation non autorisée d'une œuvre protégée par la législation sur le droit d'auteur de l'État membre concerné, ou

c) si le dessin ou modèle constitue un usage abusif de l'un des éléments qui sont énumérés à l'article 6 *ter* de la convention de Paris pour la protection de la propriété industrielle, ou un usage abusif de signes, emblèmes et armoiries autres que ceux visés à l'article 6 *ter* de ladite convention, et qui présentent un intérêt public particulier pour l'État membre concerné.

3. Le motif prévu au paragraphe 1, point *c*), peut être invoqué uniquement par la personne qui est titulaire du droit sur le dessin ou modèle au regard de la législation de l'État membre concerné.

4. Les motifs prévus au paragraphe 1, point *d*), et au paragraphe 2, points *a*) et *b*), peuvent être invoqués uniquement par le demandeur ou le titulaire du droit litigieux.

5. Le motif prévu au paragraphe 2, point *c*), peut être invoqué uniquement par la personne ou l'organe concerné par l'usage.

6. Les paragraphes 4 et 5 ne portent pas atteinte à la faculté des États membres de prévoir que les motifs prévus au paragraphe 1, point *d*), et au paragraphe 2, point *c*), peuvent également être invoqués par l'autorité compétente de tel État membre de sa propre initiative.

7. Si un dessin ou modèle a été refusé à l'enregistrement ou qu'un enregistrement a été annulé conformément au paragraphe 1, point *b*), ou au paragraphe 2, le dessin ou modèle peut être enregistré ou l'enregistrement être maintenu sous une forme modifiée si, sous ladite forme, il répond aux critères d'octroi de la protection et que l'identité du dessin ou modèle est conservée. Par enregistrement ou maintien sous une forme modifiée, on peut entendre l'enregistrement assorti d'une renonciation partielle de la part du titulaire du dessin ou modèle ou l'inscription au registre des dessins et modèles d'une décision judiciaire prononçant la nullité partielle du dessin ou modèle.

8. Par dérogation aux paragraphes 1 à 7, tout État membre peut prévoir que des motifs de refus d'enregistrement ou de nullité, valables dans cet État avant la date d'entrée en vigueur des dispositions nécessaires pour transposer la présente directive, sont applicables aux demandes d'enregistrement de dessins ou modèles qui ont été introduites antérieurement à cette date, ainsi qu'aux enregistrements qui en résultent.

9. La nullité de l'enregistrement d'un dessin ou modèle peut être prononcée même après extinction du droit ou renonciation à ce droit.

Art. 12 *Droits conférés par l'enregistrement.* 1. L'enregistrement d'un dessin ou modèle confère à son titulaire le droit exclusif de l'utiliser et d'interdire à tout tiers n'ayant pas son consentement de l'utiliser. Par utilisation au sens de la présente disposition, on entend en particulier la fabrication, l'offre, la mise sur le marché, l'importation, l'exportation ou l'utilisation d'un produit dans lequel le dessin ou modèle est incorporé ou auquel celui-ci est appliqué, ou le stockage du produit aux fins précitées.

2. Pour autant que, en vertu de la législation d'un État membre, les actes visés au paragraphe 1 n'aient pas pu être empêchés avant la date d'entrée en vigueur des dispositions nécessaires pour se conformer à la présente directive, les droits conférés par l'enregistrement du dessin ou modèle ne peuvent être invoqués pour empêcher la poursuite de tels actes par toute personne ayant commencé à se livrer auxdits actes avant cette date.

Art. 13 *Limitation des droits conférés par l'enregistrement.* 1. Les droits conférés dès l'enregistrement d'un dessin ou modèle ne s'exercent pas à l'égard :

a) d'actes accomplis à titre privé et à des fins non commerciales ;

b) d'actes accomplis à des fins expérimentales ;

c) d'actes de reproduction à des fins d'illustration ou d'enseignement, pour autant que ces actes soient compatibles avec les pratiques commerciales loyales, ne portent pas indûment préjudice à l'exploitation normale du dessin ou modèle et que la source en soit indiquée.

2. En outre, les droits conférés dès l'enregistrement d'un dessin ou modèle ne s'exercent pas à l'égard :

a) des équipements à bord de navires ou d'aéronefs immatriculés dans un autre pays lorsqu'ils pénètrent temporairement sur le territoire de l'État membre concerné ;

b) de l'importation, dans cet État membre, de pièces détachées et d'accessoires aux fins de la réparation de ces véhicules ;

c) de l'exécution de réparations sur ces véhicules.

Art. 14 *Disposition transitoire.* Jusqu'à la date d'adoption des modifications apportées à la présente directive, sur proposition de la Commission, conformément aux dispositions de l'article 18, les États membres maintiennent en vigueur leurs dispositions juridiques existantes relatives à l'utilisation du dessin ou modèle d'une pièce utilisée dans le but de permettre la réparation d'un produit complexe en vue de lui rendre son apparence initiale et n'introduisent des modifications à ces dispositions que si l'objectif en est de libéraliser le marché de ces pièces.

Art. 15 *Épuisement des droits.* (*Décis. comité EEE n° 21/2000 du 25 févr. 2000*) Les droits conférés par l'enregistrement d'un dessin ou modèle ne s'étendent pas aux actes portant sur un produit dans lequel est incorporé ou auquel s'applique un dessin ou modèle entrant dans le champ de la protection, lorsque le produit a été mis sur le marché d'une partie contractante par le titulaire de l'enregistrement ou avec son consentement.

Art. 16 *Rapports avec les autres formes de protection.* La présente directive s'applique sans préjudice des dispositions du droit communautaire ou du droit de l'État membre concerné qui s'appliquent aux dessins ou modèles non enregistrés, aux marques et autres signes distinctifs, aux brevets et modèles d'utilité, aux caractères typographiques, à la responsabilité civile et à la concurrence déloyale.

Art. 17 *Rapports avec le droit d'auteur.* Un dessin ou modèle ayant fait l'objet d'un enregistrement dans ou pour un État membre, conformément aux dispositions de la présente directive, bénéficie également de la protection accordée par la législation sur le droit d'auteur de cet État à partir de la date à laquelle le dessin ou modèle a été créé ou fixé sous une forme quelconque. La portée et les conditions d'obtention de cette protection, y compris le degré d'originalité requis, sont déterminées par chaque État membre.

L'art. 17 doit être interprété en ce sens qu'il s'oppose à la législation d'un État membre qui exclut, soit pour une période substantielle de dix ans, soit totalement, de la protection par le droit d'auteur les dessins ou modèles qui, bien qu'ils satisfassent à toutes les conditions requises pour bénéficier de cette protection, sont tombés dans le domaine public avant la date de l'entrée en vigueur de cette législation, à l'égard de tout tiers qui a fabriqué ou commercialisé sur le territoire national des produits réalisés selon lesdits dessins et modèles, et ce quelle que soit la date à laquelle ces actes ont été accomplis. • CJUE 27 janv. 2011 : *D. 2011. 440 ; RTD com. 2011. 341, obs. Pollaud-Dulian ; CCE 2011, n° 33, note Caron.*

Art. 18 *Révision.* Trois ans après la date limite de transposition fixée à l'article 19, la Commission présente une analyse des effets des dispositions de la présente directive sur l'industrie communautaire, en particulier sur les secteurs industriels les plus touchés notamment les fabricants de produits complexes et de pièces, les consommateurs, la concurrence et le fonctionnement du marché intérieur. Au plus tard un an après, la Commission propose au Parlement européen et au Conseil toute modification à la présente directive nécessaire pour achever le marché intérieur en ce qui concerne les pièces de produits complexes et toute autre modification qu'elle juge nécessaire au vu de ses consultations avec les parties les plus touchées.

Art. 19 *Mise en œuvre.* **1. Les États membres mettent en vigueur les dispositions législatives, réglementaires et administratives nécessaires pour se conformer à la présente directive au plus tard le 28 octobre 2001.**

Lorsque les États membres adoptent ces dispositions, celles-ci contiennent une référence à la présente directive ou sont accompagnées d'une telle référence lors de leur publication officielle. Les modalités de cette référence sont arrêtées par les États membres.

2. Les États membres communiquent à la Commission les dispositions de droit interne qu'ils adoptent dans le domaine régi par la présente directive.

Art. 20 *Entrée en vigueur.* **La présente directive entre en vigueur le vingtième jour suivant celui de sa publication au *Journal officiel des Communautés européennes*** *[JOCE L 289 du 28 oct. 1998].*

Règlement (CE) n° 6/2002 du 12 décembre 2001,

Sur les dessins ou modèles communautaires.

BIBL. ▶ Buffet Delmas d'Autane et Cordier, *JCP 2002. I. 175* (le nouveau règlement communautaire sur les dessins et modèles). – De Cande, *Propr. ind. 2008. Étude 21* (le dessin et modèle communautaire non enregistré). – Duchemin, *Propr. intell. 2002, n° 5, p. 11* (intérêt et limites du nouveau système de protection des dessins et modèles en Europe). – Sabatier *Propr. intell. 2008, n° 26, p. 93* (le modèle communautaire couvert par un modèle international). – Schmidt-Szalewski, *RTD eur. 2007. 347* (législation 2006 – modifications issues du Règl. (CE) n° 1891/2006). – Scordamaglia, *Propr. ind. 2002. Chron. 1* (un nouveau venu dans le monde de la propriété intellectuelle : le dessin ou modèle communautaire non enregistré) ; *Propr. ind. 2004. Chron. 6* (les dessins et modèles communautaires et l'élargissement).

(1) Un système unifié d'obtention d'un dessin ou modèle communautaire bénéficiant d'une protection uniforme et produisant des effets uniformes sur tout le territoire de la Communauté contribue à la réalisation des objectifs de la Communauté définis dans le traité.

(2) Seuls les pays du Benelux ont introduit une législation uniforme pour protéger les dessins ou modèles. Dans tous les autres États membres, la protection des dessins ou modèles relève du droit national et est limitée au territoire de l'État membre concerné. Les dessins ou modèles identiques peuvent donc bénéficier d'une protection qui diffère selon l'État membre et couvre des propriétaires différents, ce qui entraîne inévitablement des conflits lors des échanges entre États membres.

(3) Les différences substantielles existant entre les législations des États membres qui régissent les dessins ou modèles constituent autant d'obstacles et de sources de distorsion de la concurrence au niveau communautaire. A la différence du commerce intérieur des produits intégrant un dessin ou un modèle et de la concurrence entre ces produits au niveau national, le commerce et la concurrence dans la Communauté sont empêchés et faussés par le nombre important de demandes, de bureaux, de procédures, de réglementations, de droits exclusifs limités à un pays ainsi que par les dépenses administratives cumulées qui entraînent pour le demandeur des frais et taxes élevés. La directive 98/71/CE du Parlement européen et du Conseil du 13 octobre 1998 sur la protection juridique des dessins ou modèles contribue à remédier à cette situation.

(4) La limitation de la protection des dessins ou modèles au territoire des différents États membres, que leurs législations soient ou non rapprochées, peut entraîner une division du marché intérieur dans le cas de produits qui incorporent un dessin ou modèle faisant l'objet de droits nationaux détenus par des personnes différentes, ce qui est de nature à faire obstacle à la libre circulation des marchandises.

(5) Il est donc nécessaire de créer un dessin ou modèle communautaire directement applicable dans chaque État membre parce que ce n'est qu'ainsi que l'on pourra, en présentant une demande unique devant l'office de l'harmonisation dans le marché intérieur (marques, dessins et modèles) suivant une procédure unique en vertu d'une législation unique, obtenir une protection d'un dessin ou d'un modèle pour un territoire unique comprenant tous les États membres.

(6) Étant donné que les objectifs de l'action envisagée, à savoir notamment une protection d'un dessin ou d'un modèle pour un territoire unique comprenant tous les États membres, ne peuvent pas être réalisés de manière suffisante par les États membres en raison de l'importance et des effets de la création d'un dessin ou modèle communautaire et d'une autorité communautaire en la matière, et peuvent donc être mieux réalisés au niveau communautaire, la Communauté peut prendre des mesures conformément au principe de subsidiarité consacré à l'article 5 du traité. Conformément au principe de proportionnalité tel qu'énoncé audit article, le présent règlement n'excède pas ce qui est nécessaire pour atteindre ces objectifs.

(7) Une protection accrue de l'esthétique industrielle a pour effet non seulement d'encourager les créateurs individuels à contribuer à établir la supériorité communautaire dans ce domaine, mais également de favoriser l'innovation et le développement de nouveaux produits et l'investissement dans leur production.

(8) Un système de protection des dessins ou modèles plus accessible et mieux adapté aux nécessités du marché intérieur est de ce fait essentiel pour l'économie communautaire.

(9) Les dispositions matérielles du présent règlement relatives à la législation sur les dessins ou modèles devraient être alignées sur les dispositions correspondantes de la directive 98/71/CE.

(10) L'innovation technologique ne devrait pas être entravée par l'octroi de la protection des dessins ou modèles à des caractéristiques imposées exclusivement par une fonction technique, étant entendu qu'il n'en résulte pas qu'un dessin ou modèle doit présenter un caractère esthétique. De même, l'interopérabilité de produits de fabrications différentes ne devrait pas être entravée par l'extension de la protection aux dessins ou modèles des raccords mécaniques. Par conséquent, les caractéristiques d'un dessin ou modèle qui sont exclues de la protection pour ces motifs ne devraient pas être prises en considération pour apprécier si d'autres caractéristiques de ce dessin ou modèle remplissent les conditions d'obtention de la protection.

(11) Toutefois, les raccords mécaniques de produits modulaires peuvent constituer un élément important des caractéristiques innovatrices de produits modulaires et un atout précieux pour leur commercialisation, de sorte qu'ils devraient être admis à bénéficier de la protection.

(12) La protection ne devrait pas être étendue aux pièces qui ne sont pas visibles lors d'une utilisation normale d'un produit ni aux caractéristiques d'une pièce qui ne sont pas visibles lorsque celle-ci est montée, ni aux caractéristiques des pièces qui ne rempliraient pas, en tant que telles, les exigences de nouveauté et de caractère individuel. Les caractéristiques d'un dessin ou modèle qui sont exclues de la protection pour ces motifs ne devraient, par conséquent, pas être prises en considération pour apprécier si d'autres caractéristiques de ce dessin ou modèle remplissent les conditions d'obtention de la protection.

(13) La directive 98/71/CE ne permet pas de procéder à un rapprochement total des législations des États membres relatives à l'utilisation de dessins ou modèles protégés dans le but de permettre la réparation d'un produit complexe en vue de lui rendre son apparence initiale, lorsque le dessin ou modèle est appliqué à un produit ou incorporé dans un produit qui constitue une pièce d'un produit complexe dont l'apparence conditionne le dessin ou modèle protégé. Dans le cadre de la procédure de conciliation concernant ladite directive, la Commission s'est engagée à analyser l'impact des dispositions de cette directive trois ans après la date limite de transposition de celle-ci, en particulier sur les secteurs industriels les plus concernés. Dans ces conditions, il convient de ne pas conférer de protection au titre de dessin ou modèle communautaire à l'égard d'un dessin ou modèle qui est appliqué à un produit, ou incorporé dans un produit qui constitue une pièce d'un produit complexe dont l'apparence conditionne le dessin ou modèle et qui est utilisée dans le but de permettre la réparation d'un produit complexe en vue de lui rendre son apparence initiale, tant que le Conseil n'a pas arrêté sa politique en la matière sur la base d'une proposition de la Commission.

(14) L'appréciation du caractère individuel d'un dessin ou modèle devrait consister à déterminer s'il existe une différence claire entre l'impression globale qu'il produit sur un utilisateur averti qui le regarde et celle produite sur lui par le patrimoine des dessins ou modèles, compte tenu de la nature du produit auquel le dessin ou modèle s'applique ou dans lequel celui-ci est incorporé et, notamment, du secteur industriel dont il relève et du degré de liberté du créateur dans l'élaboration du dessin ou modèle.

(15) Le dessin ou modèle communautaire devrait autant que possible répondre aux besoins de tous les secteurs de l'économie de la Communauté.

(16) Certains de ces secteurs produisent d'importantes quantités de dessins ou modèles destinés à des produits qui ont souvent un cycle de vie économique court, pour lesquels il

est avantageux d'obtenir la protection sans devoir supporter les formalités d'enregistrement et pour lesquels la durée de protection joue un rôle secondaire. En revanche, il existe des secteurs qui apprécient les avantages de l'enregistrement en raison du degré plus élevé de sécurité juridique qu'il procure et qui demandent à bénéficier d'une protection plus longue correspondantà la durée de vie prévisible de leurs produits sur le marché.

(17) Cette situation requiert deux formes de protection, à savoir une protection à court terme correspondant au dessin ou modèle non enregistré et une protection à plus long terme correspondant au dessin ou modèle enregistré.

(18) Un dessin ou modèle communautaire enregistré exige la création et la tenue d'un registre sur lequel seront inscrites toutes les demandes qui satisfont à des conditions formelles et ont obtenu une date de dépôt de demande d'enregistrement. En principe, le système d'enregistrement ne devrait pas être basé sur un examen visant à déterminer préalablement à l'enregistrement si le dessin ou modèle remplit les conditions d'obtention de la protection, ce qui permettrait de réduire au minimum les modalités de l'enregistrement et autres démarches à accomplir par le demandeur.

(19) Pour être valide, un dessin ou modèle communautaire devrait être nouveau et posséder un caractère individuel par rapport à d'autres dessins ou modèles.

(20) Il est également nécessaire de permettre au créateur ou à son ayant droit de tester les produits intégrant le dessin ou modèle sur le marché avant de décider si la protection offerte par l'enregistrement communautaire est souhaitable. A cette fin, il est nécessaire de prévoir que la divulgation du dessin ou modèle par le créateur ou son ayant droit, ou la divulgation abusive pendant une période de douze mois précédant la date de dépôt de la demande d'enregistrement, ne devrait pas empêcher d'évaluer la nouveauté ou le caractère individuel du dessin ou modèle en question.

(21) La nature exclusive du droit conféré par le dessin ou modèle communautaire enregistré correspond à la volonté de lui donner une sécurité juridique plus grande. En revanche, le dessin ou modèle communautaire non enregistré ne devrait conférer que le droit d'empêcher la copie. La protection ne peut donc s'étendre à des produits auxquels sont appliqués des dessins ou modèles qui sont le résultat d'un dessin ou modèle conçu de manière indépendante par un deuxième créateur. Ce droit devrait également être étendu au commerce des produits auxquels sont appliqués des dessins ou modèles délictueux.

(22) Les mesures destinées à garantir l'exercice de ces droits sont du ressort du législateur national. Il est donc nécessaire de prévoir certaines sanctions de base uniformes dans tous les États membres. Ces sanctions devraient permettre, quelle que soit la juridiction saisie, de mettre fin aux actes délictueux.

(23) Tout tiers qui établit avoir commencé à utiliser de bonne foi, même dans le commerce, dans la Communauté – ou fait des préparatifs sérieux et effectifs à cette fin – un dessin ou modèle qui est compris dans l'étendue de la protection d'un dessin ou modèle communautaire enregistré et qui ne constitue pas une copie de ce dernier, peut bénéficier d'un droit d'exploitation limité de ce dessin ou modèle.

(24) L'un des objectifs fondamentaux du présent règlement est que la procédure à suivre pour faire enregistrer un dessin ou modèle communautaire s'accompagne pour le demandeur d'un minimum de frais et de difficultés, afin de la rendre facilement accessible aux petites et moyennes entreprises ainsi qu'aux créateurs indépendants.

(25) Les secteurs de l'économie qui produisent, sur de brèves périodes de temps, un grand nombre de dessins ou modèles à cycle de vie relativement court, dont une faible proportion seulement sera finalement commercialisée, trouveront avantage à utiliser le dessin ou modèle communautaire non enregistré. Ces secteurs ont également besoin de pouvoir recourir plus facilement aux dessins ou modèles communautaires enregistrés. Ce besoin serait, par conséquent, satisfait par la possibilité de combiner plusieurs dessins ou modèles dans une demande multiple. Les dessins ou modèles compris dans une demande multiple peuvent, toutefois, être traités indépendamment les uns des autres en ce qui concerne la mise en œuvre, les licences, les droits réels, l'exécution forcée, les procédures d'insolvabilité, la renonciation, le renouvellement, la cession, l'ajournement de la publication ou la déclaration de nullité.

(26) La publication normale après enregistrement d'un dessin ou modèle communautaire pourrait dans certains cas ruiner ou mettre en péril le succès d'une opération commerciale englobant ce dessin ou ce modèle. Dans de tels cas, la solution consisterait à obtenir l'ajournement de la publication pendant un délai raisonnable.

(27) L'examen des recours en nullité d'un dessin ou modèle communautaire enregistré par une seule instance se traduirait par des économies de coût et de temps par rapport aux procédures faisant intervenir des tribunaux nationaux différents.

(28) Il est de ce fait nécessaire de prévoir des garanties comprenant un droit de recours auprès d'une chambre de recours et, en dernier ressort, auprès de la Cour de justice. Cette

solution contribuerait à une interprétation uniforme des conditions de validité des dessins ou modèles communautaires.

(29) Il est essentiel que l'exercice des droits conférés par un dessin ou modèle communautaire puisse être garanti d'une manière efficace sur tout le territoire de la Communauté.

(30) Le système de règlement des litiges devrait éviter dans toute la mesure du possible le « forum shopping ». Il est donc nécessaire d'établir des règles claires de compétence internationale.

(31) Le présent règlement n'exclut pas l'application aux dessins ou modèles protégés par le dessin ou modèle communautaire des réglementations relatives à la propriété industrielle ou d'autres réglementations pertinentes des États membres, telles que celles relatives à la protection acquise par voie d'enregistrement ou celles relatives aux dessins ou modèles non enregistrés, aux marques commerciales, aux brevets et aux modèles d'utilité, à la concurrence déloyale et à la responsabilité civile.

(32) Il importe, en l'absence d'une harmonisation complète du droit d'auteur, de consacrer le principe du cumul de la protection spécifique des dessins ou modèles communautaires et de la protection par le droit d'auteur, tout en laissant aux États membres toute liberté pour déterminer l'étendue de la protection par le droit d'auteur et les conditions auxquelles cette protection est accordée.

(33) Les mesures nécessaires pour la mise en œuvre du présent règlement sont arrêtées en conformité avec la décision 1999/468/CE du Conseil du 28 juin 1999 fixant les modalités de l'exercice des compétences d'exécution conférées à la Commission.

TITRE PREMIER Dispositions générales

Art. 1er *Dessin ou modèle communautaire.* 1. Les dessins ou modèles qui remplissent les conditions énoncées dans le présent règlement sont ci-après dénommés « dessins ou modèles communautaires ».

2. Un dessin ou modèle communautaire est protégé :

a) en qualité de « dessin ou modèle communautaire non enregistré », s'il est divulgué au public selon les modalités prévues par le présent règlement ;

b) en qualité de « dessin ou modèle communautaire enregistré », s'il est enregistré selon les modalités prévues par le présent règlement.

3. Le dessin ou modèle communautaire a un caractère unitaire. Il produit les mêmes effets dans l'ensemble de la Communauté. Il ne peut être enregistré, transféré, faire l'objet d'une renonciation ou d'une décision de nullité et son usage ne peut être interdit que pour l'ensemble de la Communauté. Ce principe s'applique sauf disposition contraire du présent règlement.

Art. 2 *Office.* L'Office de l'harmonisation dans le marché intérieur (marques, dessins et modèles), ci-après dénommé « Office », institué par le règlement (CE) n° 40/94 du Conseil du 20 décembre 1993 sur la marque communautaire, ci-après dénommé « règlement sur la marque communautaire », accomplit les tâches qui lui sont dévolues par le présent règlement.

TITRE II Droit des dessins et modèles

SECTION I *Conditions de protection*

Art. 3 *Définitions.* Aux fins du présent règlement, on entend par :

a) « dessin ou modèle » : l'apparence d'un produit ou d'une partie de produit que lui confèrent, en particulier, les caractéristiques des lignes, des contours, des couleurs, de la forme, de la texture et/ou des matériaux du produit lui-même et/ou de son ornementation ;

b) « produit » : tout article industriel ou artisanal, y compris, entre autres, les pièces conçues pour être assemblées en un produit complexe, emballage, présentation, symboles graphiques et caractères typographiques, à l'exclusion, toutefois, des programmes d'ordinateur ;

c) « produit complexe » : un produit se composant de pièces multiples qui peuvent être remplacées de manière à permettre le démontage et le remontage du produit.

Art. 4 *Conditions de protection.* 1. La protection d'un dessin ou modèle par un dessin ou modèle communautaire n'est assurée que dans la mesure où il est nouveau et présente un caractère individuel. – *V. note 2 ss. art. L. 511-5.*

2. Un dessin ou modèle appliqué à un produit ou incorporé dans un produit qui constitue une pièce d'un produit complexe n'est considéré comme nouveau et présentant un caractère individuel que dans la mesure où :

a) la pièce, une fois incorporée dans le produit complexe, reste visible lors d'une utilisation normale de ce produit, et

b) les caractéristiques visibles de la pièce remplissent en tant que telles les conditions de nouveauté et de caractère individuel.

3. Par « utilisation normale » au sens du paragraphe 2, point a), on entend l'utilisation par l'utilisateur final, à l'exception de l'entretien, du service ou de la réparation.

Art. 5 *Nouveauté.* **1. Un dessin ou modèle est considéré comme nouveau si aucun dessin ou modèle identique n'a été divulgué au public :**

a) dans le cas d'un dessin ou modèle communautaire non enregistré, avant la date à laquelle le dessin ou modèle pour lequel la protection est revendiquée a été divulgué au public pour la première fois ;

b) dans le cas d'un dessin ou modèle communautaire enregistré, avant la date de dépôt de la demande d'enregistrement du dessin ou modèle pour lequel la protection est demandée ou, si une priorité est revendiquée, la date de priorité.

2. Des dessins ou modèles sont considérés comme identiques lorsque leurs caractéristiques ne diffèrent que par des détails insignifiants.

Art. 6 *Caractère individuel.* **1. Un dessin ou modèle est considéré comme présentant un caractère individuel si l'impression globale qu'il produit sur l'utilisateur averti diffère de celle que produit sur un tel utilisateur tout dessin ou modèle qui a été divulgué au public :**

a) dans le cas d'un dessin ou modèle communautaire non enregistré, avant la date à laquelle le dessin ou modèle pour lequel la protection est revendiquée a été divulgué au public pour la première fois ;

b) dans le cas d'un dessin ou modèle communautaire enregistré, avant la date de dépôt de la demande d'enregistrement ou, si une priorité est revendiquée, avant la date de priorité.

2. Pour apprécier le caractère individuel, il est tenu compte du degré de liberté du créateur dans l'élaboration du dessin ou modèle.

1. Impression globale. Sur la méthode d'appréciation de l'impression globale. V. • CJUE 18 oct. 2012 : *D. 2013. Pan. 1927, obs. Lapousterle.*

2. Utilisateur averti. L'utilisateur averti est identifié en fonction de la classe de produits dans laquelle la demande d'enregistrement est présentée. • OHMI 17 avr. 2008 : *Propr. ind. 2009, n° 14, note Gasnier.* ♦ Sur l'impression globale produite par des modèles devenant une caractéristique fondamentale gardée en mémoire par l'utilisateur averti, V. • Trib. UE 16 déc. 2010 : *Propr. ind. 2011. 43, note Gasnier.* ♦ L'utilisateur averti peut être tant le consommateur moyen que le professionnel qui achète et revend le produit incorporant le dessin ou modèle, dès lors qu'il utilise le produit conformément à sa finalité. Il suffit que l'un des groupes d'utilisateurs avertis perçoive les dessins ou modèles concernés comme produisant la même impression globale pour que le dessin ou modèle contesté soit dépourvu de caractère individuel. • Trib. UE 14 juin 2011 : *Propr. ind. 2011. 66, note Gasnier.*

3. Degré de liberté. Sur l'appréciation du degré de liberté du créateur défini à partir notamment des contraintes liées aux caractéristiques imposées par la fonction technique du produit ou d'un élément du produit, ou encore des prescriptions légales applicables au produit auquel le dessin ou modèle est appliqué, V. • Trib. UE, 13 nov. 2012 : *D. 2013. Pan. 1927, obs. Lapousterle* ; *Prop. ind. 2013. comm. 16, obs. Gasnier* • CJUE 20 nov. 2011, n° C-281/10 : *D. 2013. Pan. 1927, obs. Lapousterle* ; *PIBD 2011. Comm. 93, obs. Gasnier.* ♦ L'appréciation du degré de liberté du créateur ne constitue pas une étape préalable et abstraite à la comparaison de l'impression globale produite par chacun des dessins ou modèles en cause. Le facteur relatif à la liberté du créateur ne conditionne pas à lui seul l'appréciation du caractère individuel d'un dessin ou d'un modèle. Il est, en revanche, un élément dont il faut tenir compte, car il permet de nuancer cette appréciation. • Trib. UE 10 sept. 2015, *H&M Hennes & Mauritz c/ OHMI –Yves Saint Laurent,* n[os] T-525/13 et T-526/13 : *D. 2016. 1677, obs. Galloux* ; *Propr. intell. 2016, n° 59, p. 243, obs. De Candé.*

4. Divulgation. La divulgation d'un modèle (non enregistré) est vérifiée par la seule publication par un office de propriété intellectuelle d'un pays de l'UE qui le rend accessible aux milieux professionnels intéressés. • TGI, 3e ch., sect. 4, 10 juill. 2014, n° 2012/17303 : *PIBD, 2015. III. 827.*

Art. 7 *Divulgation.* **1. Aux fins de l'application des articles 5 et 6, un dessin ou modèle est réputé avoir été divulgué au public s'il a été publié à la suite de l'enregistrement ou autrement, ou exposé, utilisé dans le commerce ou rendu public de toute autre manière, avant la date visée à l'article 5, paragraphe 1, point *a*), et à l'article 6, paragraphe 1, point *a*), ou à l'article 5, paragraphe 1, point *b*), et à l'article 6, paragraphe 1, point *b*), selon le cas, sauf si ces faits, dans la pratique normale des affaires, ne pouvaient raisonnablement être connus des milieux spécialisés du secteur concerné, opérant dans la Communauté. Toutefois, le des-**

sin ou modèle n'est pas réputé avoir été divulgué au public s'il a seulement été divulgué à un tiers sous des conditions explicites ou implicites de secret.

2. Aux fins des articles 5 et 6, il n'est pas tenu compte d'une divulgation si un dessin ou modèle pour lequel la protection est revendiquée au titre de dessin ou modèle communautaire enregistré a été divulgué au public :

a) par le créateur ou son ayant droit ou par un tiers sur la base d'informations fournies ou d'actes accomplis par le créateur ou son ayant droit, et ce,

b) pendant la période de douze mois précédant la date de dépôt de la demande d'enregistrement ou la date de priorité, si une priorité est revendiquée.

3. Le paragraphe 2 est également applicable lorsque le dessin ou modèle a été divulgué au public à la suite d'une conduite abusive à l'égard du créateur ou de son ayant droit.

BIBL. ▶ Izquierdo Peris, *Propr. ind. 2008. Étude 28* (dessins et modèles communautaires : la preuve de la divulgation dans la procédure déclarative de nullité auprès de l'OHMI).

Divulgation. La divulgation résulte d'actes de publication ou d'exposition, ou d'utilisation dans le commerce dont le modèle a pu faire l'objet. La preuve d'actes de commercialisation auprès des professionnels du secteur concerné opérant dans la Communauté justifie de l'existence d'une telle divulgation. • OHMI, 31 mars 2008 : *Propr. ind. 2008, nº 80, note Gasnier.* ♦ Un dessin ou modèle n'est pas considéré comme divulgué au public (art. 7, §1, 1re phrase), dès lors qu'il n'a été divulgué qu'à une seule entreprise du secteur concerné ou n'a été présenté que dans les locaux d'exposition d'une entreprise située en dehors du territoire de l'Union. Ce qu'il appartient au tribunal des dessins ou modèles communautaires d'apprécier au regard des circonstances de l'affaire dont il est saisi. • CJUE 13 févr. 2014, nº C-479-12 : *D. 2014. 2207, obs. Galloux et Lapousterle* ; *Propr. ind. 2015. Chron. 5, obs. Greffe ; Propr. ind. 2013, nº 94, note Gasnier.* ♦ Les déclinaisons d'un même modèle déposées successivement sont nulles et ne peuvent se prévaloir du délai de grâce ou exception d'autodivulgation du présent article. • OHMI, 3e ch. rec., 27 oct. 2015, nº R 2427/2013-3 : *Propr. ind. 2016, nº 56, note Marino.*

Art. 8 *Dessins ou modèles imposés par leur fonction technique et dessins ou modèles d'interconnexions.* 1. Un dessin ou modèle communautaire ne confère pas de droits sur les caractéristiques de l'apparence d'un produit qui sont exclusivement imposées par sa fonction technique.

2. Un dessin ou modèle communautaire ne confère pas de droits sur les caractéristiques de l'apparence d'un produit qui doivent nécessairement être reproduites dans leur forme et leurs dimensions exactes pour que le produit dans lequel est incorporé ou auquel est appliqué le dessin ou modèle puisse mécaniquement être raccordé à un autre produit, être placé à l'intérieur ou autour d'un autre produit, ou être mis en contact avec un autre produit, de manière que chaque produit puisse remplir sa fonction.

3. Par dérogation au paragraphe 2, un dessin ou modèle communautaire confère des droits sur un dessin ou modèle répondant aux conditions fixées aux articles 5 et 6, qui a pour objet de permettre l'assemblage ou la connexion multiples de produits interchangeables à l'intérieur d'un système modulaire.

Les caractéristiques d'un dessin ou modèle dont les formes et dimensions doivent exactement être reproduites pour assurer l'interconnexion avec un autre produit ne peuvent bénéficier de la protection en application de l'art. 8, même si ces caractéristiques sont susceptibles dans d'autres utilisations de n'avoir pas nécessairement de fonction technique mise en œuvre dans une utilisation donnée. • OHMI 20 nov. 2007 : *Propr. ind. 2008, nº 6, note Gasnier.* ♦ « L'inexistence de formes alternatives pouvant remplir [la] même fonction », ce critère, dit *critère de la multiplicité des formes*, ne suffit pas à écarter le caractère exclusivement fonctionnel. Le juge doit déduire l'absence de « rôle créatif » du concepteur en établissant « que la recherche d'une fonction technique donnée est le seul facteur ayant dicté le choix du dessin ou modèle concerné ». • CJUE, concl. avoc. gén., 19 oct. 2017, *Doceram c/ CeramTec*, nº C-395/16.

Art. 9 *Dessins ou modèles contraires à l'ordre public ou aux bonnes mœurs.* Un dessin ou modèle communautaire ne confère pas de droits lorsque le dessin ou modèle est contraire à l'ordre public ou aux bonnes mœurs.

SECTION II *Étendue et durée de la protection*

Art. 10 *Étendue de la protection.* 1. La protection conférée par le dessin ou modèle communautaire s'étend à tout dessin ou modèle qui ne produit pas sur l'utilisateur averti une impression visuelle globale différente.

2. Pour apprécier l'étendue de la protection, il est tenu compte du degré de liberté du créateur dans l'élaboration du dessin ou modèle.

BIBL. ▶ Ringeisen, *Propr. ind. 2006. Étude 29* (synthèse des décisions de la division d'annulation de l'OHMI en matière de dessins ou modèles communautaires enregistrés).

Art. 11 *Durée de la protection du dessin ou modèle communautaire non enregistré.* **1. Un dessin ou modèle qui remplit les conditions énoncées dans la section I est protégé en qualité de dessin ou modèle communautaire non enregistré pendant une période de trois ans à compter de la date à laquelle le dessin ou modèle a été divulgué au public pour la première fois au sein de la Communauté.**

2. Aux fins du paragraphe 1, un dessin ou modèle est réputé avoir été divulgué au public au sein de la Communauté s'il a été publié, exposé, utilisé dans le commerce ou rendu public de toute autre manière de telle sorte que, dans la pratique normale des affaires, ces faits pouvaient raisonnablement être connus des milieux spécialisés du secteur concerné, opérant dans la Communauté. Toutefois, le dessin ou modèle n'est pas réputé avoir été divulgué au public uniquement parce qu'il a été divulgué à un tiers à des conditions explicites ou implicites de secret.

L'art. 11, § 2, doit être interprété en ce sens que, dans la pratique normale des affaires, un dessin ou modèle peut raisonnablement être connu des milieux spécialisés du secteur concerné, opérant dans l'Union européenne, dès lors que des représentations dudit dessin ou modèle ont été diffusées à des commerçants opérant dans le secteur concerné. Ce qu'il appartient au tribunal des dessins ou modèles communautaires d'apprécier au regard des circonstances de l'affaire dont il est saisi. • CJUE 13 févr. 2014, n° C-479-12 : *D. 2014. 2207, obs. Galloux et Lapousterle* ; *Propr. ind. 2015. Chron. 5, obs. Greffe ; concl. av. gén., Propr. ind. 2013, n° 91, note Gasnier.*

Art. 12 *Durée de la protection du dessin ou modèle communautaire enregistré.* **Par l'enregistrement par l'Office, un dessin ou modèle qui remplit les conditions énoncées dans la section 1 est protégé en qualité de dessin ou modèle communautaire enregistré pendant une période de cinq ans à compter de la date de dépôt de la demande d'enregistrement. Le titulaire du droit peut faire proroger la durée de la protection d'une ou de plusieurs périodes de cinq ans jusqu'à un maximum de vingt-cinq ans à compter de la date de dépôt de la demande.**

Art. 13 *Renouvellement.* **1. L'enregistrement du dessin ou modèle communautaire est renouvelé sur demande du titulaire ou de toute personne expressément autorisée par lui, pour autant que la taxe de renouvellement ait été acquittée.**

2. En temps utile avant l'expiration de l'enregistrement, l'Office informe de cette expiration le titulaire du dessin ou modèle communautaire enregistré ainsi que tout titulaire d'un droit inscrit au registre des dessins ou modèles communautaires, visé à l'article 72, ci-après dénommé « registre », sur ce dessin ou modèle communautaire enregistré. L'absence d'information n'engage pas la responsabilité de l'Office.

3. La demande de renouvellement est à présenter et la taxe de renouvellement à acquitter dans un délai de six mois expirant le dernier jour du mois au cours duquel la période de protection prend fin. A défaut, la demande peut encore être présentée et la taxe acquittée dans un délai supplémentaire de six mois prenant cours le lendemain du jour visé dans la première phrase, sous réserve du paiement d'une surtaxe au cours dudit délai supplémentaire.

4. Le renouvellement prend effet le jour suivant la date d'expiration de l'enregistrement. Il est inscrit au registre.

SECTION III *Droit au dessin ou modèle communautaire*

Art. 14 *Droit au dessin ou modèle communautaire.* **1. Le droit au dessin ou modèle communautaire appartient au créateur ou à son ayant droit.**

2. Si plusieurs personnes ont réalisé conjointement un dessin ou modèle, le droit au dessin ou modèle communautaire leur appartient conjointement.

3. Cependant, lorsqu'un dessin ou modèle est réalisé par un salarié dans l'exercice de ses obligations ou suivant les instructions de son employeur, le droit au dessin ou modèle appartient à l'employeur, sauf convention contraire ou sauf disposition contraire de la législation nationale applicable.

BIBL. ▶ De Candé, *Propr. ind. 2014. Étude 12* (de la titularité du dessin ou modèle communautaire non enregistré dans les relations employeur/employé : vers une application plus compréhensive de l'article 14-3 du règlement (CE) n° 6/2001).

1. Dessin ou modèle non enregistré. Seules les personnes visées par l'art. 14 peuvent se prévaloir d'un dessin ou modèle commautaire non enregistré. Il en résulte que la divulgation au public faite par un distributeur ne lui permet pas de se revendiquer titulaire du dessin ou modèle commautaire non enregistré. • TGI Paris, 28 nov. 2008 : *PIBD 2009. III. 985 ; Propr. ind. 2009, nº 41, note Gasnier.* ♦ La divulgation par l'employeur d'un dessin réalisé par ses salariés lui permet d'invoquer légitimement la titularité du dessin ou modèle européen non enregistré. • TGI Paris, 27 janv. 2011 : *Propr. ind. 2011. 59, note Gasnier.*

2. Contrat de commande. Le droit au dessin ou modèle appartient à son créateur, même lorsqu'il est réalisé dans le cadre d'un contrat de commande, et peut être transféré par contrat à un ayant droit (cette solution pose une difficulté lorsque la titularité sur un dessin ou modèle communautaire non enregistré est revendiquée en France, la règle communautaire se distinguant du droit d'auteur français instituant une présomption de titularité au profit de celui qui divulgue l'œuvre : (art. L. 113-1 et L. 113-5). • CJCE 2 juill. 2009 : *CCE 2009, nº 112, note Caron.*

Art. 15 *Revendication du droit à un dessin ou modèle communautaire.* **1. Si un dessin ou modèle communautaire non enregistré est divulgué ou revendiqué par une personne qui n'est pas habilitée en vertu de l'article 14 ou si un dessin ou modèle communautaire enregistré a été déposé ou enregistré au nom d'une telle personne, la personne habilitée aux termes dudit article peut, sans préjudice de tous autres droits ou actions, revendiquer d'être reconnue en tant que titulaire légitime du dessin ou modèle communautaire.**

2. Lorsqu'une personne possède conjointement à une autre le droit à un dessin ou modèle communautaire, elle peut, conformément au paragraphe l, revendiquer d'être reconnue en tant que cotitulaire.

3. Les actions visées aux paragraphes 1 ou 2 se prescrivent par trois ans à compter de la date de la publication pour un dessin ou modèle communautaire enregistré ou de la date de la divulgation pour le dessin ou modèle communautaire non enregistré. Cette disposition ne s'applique pas si la personne qui n'a pas droit au dessin ou modèle communautaire était de mauvaise foi au moment où ce dessin ou ce modèle a été déposé ou divulgué, ou lui a été transféré.

4. Dans le cas d'un dessin ou d'un modèle communautaire enregistré, les éléments suivants font l'objet d'une inscription au registre :

***a)* la mention de l'introduction d'une demande en justice en vertu du paragraphe 1 ;**

***b)* la décision passée en force de chose jugée concernant la demande en justice ou toute autre mesure mettant fin à la procédure ;**

***c)* tout changement de propriété du dessin ou modèle communautaire enregistré dû à la décision passée en force de chose jugée.**

Art. 16 *Effets de la décision de justice sur la titularité au dessin ou modèle communautaire enregistré.* **1. Lorsqu'un changement intégral de propriété d'un dessin ou modèle communautaire enregistré intervient à la suite d'une demande en justice formée en application de l'article 15, paragraphe 1, les licences et autres droits s'éteignent par l'inscription de la personne habilitée au registre.**

2. Si, avant l'inscription au registre de l'introduction de la demande en justice prévue à l'article 15, paragraphe 1, le titulaire du dessin ou modèle communautaire enregistré ou un licencié a exploité le dessin ou modèle dans la Communauté ou fait des préparatifs effectifs et sérieux à cette fin, il peut poursuivre cette exploitation à condition de demander, dans le délai prescrit par le règlement d'exécution, une licence non exclusive au nouveau titulaire inscrit au registre. La licence doit être concédée pour une période et à des conditions raisonnables.

3. Le paragraphe 2 n'est pas applicable si le titulaire du dessin ou modèle communautaire enregistré ou de la licence était de mauvaise foi au moment du début de l'exploitation ou des préparatifs effectués à cette fin.

Art. 17 *Présomption en faveur du titulaire enregistré.* **La personne au nom de laquelle le dessin ou modèle communautaire est enregistré ou, avant l'enregistrement, la personne au nom de laquelle la demande d'enregistrement d'un dessin ou modèle communautaire a été déposée est réputée être la personne possédant la titularité du droit dans toute procédure devant l'Office ainsi que dans toute autre procédure.**

Art. 18 *Droit du créateur d'être désigné.* **Le créateur a le droit, à l'instar du demandeur ou du titulaire du dessin ou modèle communautaire enregistré, d'être désigné en tant que tel auprès de l'Office et dans le registre. Si le dessin ou modèle résulte d'un travail d'équipe, la désignation du créateur peut être remplacée par la désignation de l'équipe.**

La cour d'appel qui, pour déclarer irrecevable M. X... à agir pour la défense de son droit moral d'auteur sur un modèle, retient que la mention de son nom, en qualité de créateur, dans les demandes d'enregistrement du modèle de meubles, ayant date certaine, n'est pas dénuée d'ambiguïté, compte tenu du nombre important de modèles déposés dans les mêmes conditions par la société Interior's, laquelle est représentée par M. X..., alors qu'il appartenait à la société de démontrer que M. X... n'était pas le créateur du modèle en cause, a inversé la charge de la preuve. • Com. 29 janv. 2013 : *Propr. intell. 2013, n° 47, p. 178, obs. A. Lucas.*

SECTION IV *Effets du dessin ou modèle communautaire*

Art. 19 ***Droits conférés par le dessin ou modèle communautaire.*** **1. Le dessin ou modèle communautaire enregistré confère à son titulaire le droit exclusif de l'utiliser et d'interdire à tout tiers de l'utiliser sans son consentement. Par utilisation au sens de la présente disposition, on entend en particulier la fabrication, l'offre, la mise sur le marché, l'importation, l'exportation ou l'utilisation d'un produit dans lequel le dessin ou modèle est incorporé ou auquel celui-ci est appliqué, ou le stockage du produit à ces mêmes fins.**

2. Le dessin ou modèle communautaire non enregistré ne confère cependant à son titulaire le droit d'interdire les actes visés au paragraphe 1 que si l'utilisation contestée résulte d'une copie du dessin ou modèle protégé.

L'utilisation contestée n'est pas considérée comme résultant d'une copie du dessin ou modèle protégé si elle résulte d'un travail de création indépendant réalisé par un créateur dont on peut raisonnablement penser qu'il ne connaissait pas le dessin ou modèle divulgué par le titulaire.

3. Le paragraphe 2 s'applique également à un dessin ou modèle communautaire enregistré soumis à un ajournement de publication tant que les inscriptions pertinentes au registre et le dossier n'ont pas été divulgués au public conformément à l'article 50, paragraphe 4.

Preuve de la copie. L'art. 19, § 2, 1er al., doit être interprété en ce sens qu'il incombe au titulaire du dessin ou modèle protégé d'établir que l'utilisation contestée résulte d'une copie de ce dessin ou modèle. Cependant, si le tribunal des dessins ou modèles communautaires constate que le fait de faire supporter cette charge audit titulaire est susceptible de rendre impossible ou excessivement difficile l'administration de la preuve, il est tenu, afin d'assurer le respect du principe d'effectivité, d'avoir recours à tous les moyens procéduraux mis à sa disposition par le droit national pour pallier cette difficulté, en ce compris, le cas échéant, les règles de droit interne prévoyant des aménagements ou des allégements de la charge de la preuve. • CJUE 13 févr. 2014, n° C-479-12 : *préc. ss art. 7.*

Art. 20 ***Limitation des droits conférés par le dessin ou modèle communautaire.*** **1. Les droits conférés par un dessin ou modèle communautaire ne s'exercent pas à l'égard :**

a) **d'actes accomplis à titre privé et à des fins non commerciales ;**

b) **d'actes accomplis à des fins expérimentales ;**

c) **d'actes de reproduction à des fins d'illustration ou d'enseignement, pour autant que ces actes soient compatibles avec les pratiques commerciales loyales, ne portent pas indûment préjudice à l'exploitation normale du dessin ou modèle et que la source en soit indiquée.**

2. En outre, les droits conférés par un dessin ou modèle communautaire ne s'exercent pas à l'égard :

a) **des équipements à bord de navires ou d'aéronefs immatriculés dans un pays tiers, lorsqu'ils pénètrent temporairement sur le territoire de la Communauté ;**

b) **de l'importation, dans la Communauté, de pièces détachées et d'accessoires aux fins de réparation de ces véhicules ;**

c) **de l'exécution de réparations sur ces véhicules.**

Est licite la reproduction sans autorisation à des fins d'illustration d'images de modèles protégés, y compris sur internet, accompagnant la commercialisation licite d'accessoires auxdits modèles. La pratique doit être loyale comme en matière de marque (• CJUE 17 mars 2005, *Gillette*, n° C-228/03 : *V. note 3 ss. art. 6 de la Dir. 2008/95 du 22 oct. 2008)* en n'engendrant aucun risque de confusion, et en ne tirant pas profit de la renommée du titulaire de droits. Elle ne doit pas porter atteinte à l'exploitation normale du modèle. Elle doit permettre au consommateur d'identifier l'origine du produit en indiquant la source des modèles protégés. • CJUE 27 sept. 2017, *Nintendo c/ BigBen Interactive GmbH et BigBen Interactive SA*, nos C-24/16 et C-25/16 : *D. 2017. 1977 ; JCP 2017, n° 42, p. 1897, obs. Berlin.* ♦ La reproduction d'un modèle protégé sur un site de commerce électronique est une illustration licite dès lors qu'elle montre l'emploi conjoint avec l'accessoire vendu et que le juge national vérifie les conditions cumulatives. • CJUE 27 sept. 2017, nos C-24/16 et C-25/16 : *D. 2017. 1977 ; PIBD 2017. III. 752.*

Art. 21 *Épuisement des droits.* Les droits conférés par le dessin ou modèle communautaire ne s'étendent pas aux actes portant sur un produit dans lequel est incorporé ou auquel s'applique un dessin ou modèle entrant dans le champ de la protection du dessin ou modèle communautaire, lorsque le produit a été mis sur le marché, sur le territoire de la Communauté, par le titulaire du dessin ou modèle communautaire ou avec son consentement.

Art. 22 *Droits au dessin ou modèle communautaire enregistré fondés sur une utilisation antérieure.* 1. Peut se prévaloir d'un droit fondé sur une utilisation antérieure, tout tiers qui établit avoir, avant la date de dépôt de la demande, ou, si la priorité est revendiquée, avant la date de priorité, commencé à utiliser de bonne foi dans la Communauté — ou effectué des préparatifs sérieux et effectifs à cette fin — un dessin ou modèle qui est compris dans l'étendue de la protection d'un dessin ou modèle communautaire enregistré et qui ne constitue pas une copie de ce dernier.

2. Le droit fondé sur une utilisation antérieure donne la faculté à ce tiers d'exploiter le dessin ou le modèle aux fins pour lesquelles il avait commencé à utiliser celui-ci ou pour lesquelles il avait réalisé des préparatifs sérieux et effectifs avant la date de dépôt ou la date de priorité du dessin ou modèle communautaire enregistré.

3. Le droit fondé sur une utilisation antérieure ne donne pas la faculté d'octroyer une licence à autrui aux fins de l'exploitation du dessin ou modèle.

4. Le droit fondé sur une utilisation antérieure ne peut être transféré, si le tiers concerné est une entreprise, qu'avec la partie de l'activité de ladite entreprise dans le cadre de laquelle l'utilisation a été faite ou les préparatifs réalisés.

Art. 23 *Utilisation par le gouvernement.* Toute disposition du droit d'un État membre autorisant l'utilisation de dessins ou modèles nationaux par le gouvernement ou pour le compte de celui-ci peut être appliquée aux dessins ou modèles communautaires, mais uniquement dans la mesure où cette utilisation est nécessaire à des fins essentielles de défense ou de sécurité.

SECTION V *Nullité*

Art. 24 *Déclaration de la nullité.* 1. Un dessin ou modèle communautaire enregistré est déclaré nul sur demande introduite auprès de l'Office, conformément à la procédure prévue aux titres VI et VII, ou par un tribunal des dessins ou modèles communautaires à la suite d'une demande reconventionnelle dans le cadre d'une action en contrefaçon.

2. La nullité de l'enregistrement d'un dessin ou modèle communautaire peut être prononcée même après extinction du droit ou renonciation à ce droit.

3. Un dessin ou modèle communautaire non enregistré est déclaré nul par un tribunal des dessins ou modèles communautaires sur demande introduite auprès dudit tribunal ou à la suite d'une demande reconventionnelle dans le cadre d'une action en contrefaçon.

Des dessins ou modèles communautaires non originaux sont jugés nuls en tant que dessins ou modèles non enregistrés. • TGI Paris, 8 juin 2010 : *Propr. ind. 2011, nº 83, note Gasnier.*

Art. 25 *Motifs de nullité.* 1. Un dessin ou modèle communautaire ne peut être déclaré nul que :

a) si le dessin ou modèle ne répond pas à la définition visée à l'article 3, point a) ;

b) s'il ne remplit pas les conditions fixées aux articles 4 à 9 ;

c) si, en vertu d'une décision de justice, le titulaire ne possède pas le droit au dessin ou modèle communautaire au sens de l'article 14 ;

d) *(Règl. (CE) nº 1891/2006 du 18 déc. 2006, art. 2)* « si le dessin ou modèle communautaire est en conflit avec un dessin ou modèle antérieur qui a fait l'objet d'une divulgation au public après la date de dépôt de la demande d'enregistrement ou après la date de priorité du dessin ou modèle communautaire, si une priorité est revendiquée, et qui est protégé depuis une date antérieure :

« i) par l'enregistrement d'un dessin ou modèle communautaire ou par une demande d'enregistrement d'un tel dessin ou modèle ;

ou

« ii) par l'enregistrement d'un dessin ou modèle dans un État membre ou par une demande d'obtention du droit afférent ;

ou

« iii) par un dessin ou modèle enregistré au titre de l'acte de Genève de l'arrangement de La Haye concernant l'enregistrement international des dessins et modèles industriels, adopté à Genève le 2 juillet 1999, ci-après dénommé "l'acte de Genève", qui a été approuvé par la décision 954/2006 du Conseil et qui produit ses effets dans la Communauté, ou par une demande d'obtention du droit afférent. »

e) s'il est fait usage d'un signe distinctif dans un dessin ou modèle ultérieur et que le droit communautaire ou la législation de l'État membre concerné régissant ce signe confère au titulaire du signe le droit d'interdire cette utilisation ;

f) si le dessin ou modèle constitue une utilisation non autorisée d'une œuvre protégée par la législation sur le droit d'auteur d'un État membre ;

g) si le dessin ou modèle constitue un usage abusif de l'un des éléments qui sont énumérés à l'article 6 *ter* de la convention de Paris pour la protection de la propriété industrielle, (ci-après dénommée « convention de Paris ») ou un usage abusif de signes, emblèmes et armoiries autres que ceux visés audit article 6 *ter*, et qui présentent un intérêt public particulier pour un État membre.

2. Le motif prévu au paragraphe 1, point c), peut être invoqué uniquement par la personne qui est titulaire du dessin ou modèle communautaire au regard de l'article 14.

3. Les motifs prévus au paragraphe 1, points d), e) et f), peuvent être invoqués uniquement par le demandeur ou le titulaire du droit antérieur.

4. Le motif prévu au paragraphe 1, point g), peut être invoqué uniquement par la personne ou l'organe concerné par l'usage.

5. Les paragraphes 3 et 4 ne portent pas atteinte à la liberté des États membres de prévoir que les motifs visés au paragraphe 1, points d) et g), peuvent également être invoqués d'office par l'autorité compétente de l'État membre en question.

6. Un dessin ou modèle communautaire enregistré qui a été annulé conformément au paragraphe 1, point b), e), f) ou g), peut être maintenu sous une forme modifiée si, sous ladite forme, il répond aux critères d'octroi de la protection et que l'identité du dessin ou modèle est conservée. Par « maintien sous une forme modifiée », on entend l'enregistrement assorti d'une renonciation partielle de la part du titulaire du dessin ou modèle communautaire enregistré ou l'inscription au registre d'une décision judiciaire ou d'une décision de l'Office prononçant la nullité partielle du dessin ou modèle communautaire enregistré.

Art. 26 *Effets de la nullité.* 1. Un dessin ou modèle communautaire est réputé n'avoir pas eu, dès l'origine, les effets prévus par le présent règlement, dès lors qu'il a été déclaré nul.

2. Sous réserve des dispositions nationales relatives soit aux recours en réparation du préjudice causé par la faute ou la mauvaise foi du titulaire du dessin ou modèle communautaire, soit à l'enrichissement sans cause, l'effet rétroactif de la nullité du dessin ou modèle communautaire n'affecte pas :

a) les décisions en contrefaçon ayant acquis l'autorité de la chose jugée et exécutées antérieurement à la décision de nullité ;

b) les contrats conclus antérieurement à la décision de nullité, dans la mesure où ils ont été exécutés antérieurement à cette décision ; toutefois, la restitution de sommes versées en vertu du contrat, dans la mesure où les circonstances le justifient, peut être réclamée pour des raisons d'équité.

TITRE III Des dessins et modèles communautaires comme objets de propriété

Art. 27 *Assimilation des dessins ou modèles communautaires à des dessins ou modèles nationaux.* 1. Sauf dispositions contraires prévues par les articles 28, 29, 30, 31 et 32, le dessin ou modèle communautaire en tant qu'objet de propriété est considéré en sa totalité et pour l'ensemble de la Communauté comme l'enregistrement d'un dessin ou modèle de l'État membre sur le territoire duquel :

a) le titulaire a son siège ou son domicile à la date considérée, ou

b) si le point *a)* n'est pas applicable, le titulaire a un établissement à la date considérée.

2. S'il s'agit d'un dessin ou modèle communautaire enregistré, l'application du paragraphe 1 se fait sur la base des inscriptions faites au registre.

3. En cas de cotitularité, si plusieurs titulaires remplissent la condition énoncée au paragraphe 1, l'État membre visé dans ce paragraphe est déterminé :

a) s'il s'agit d'un dessin ou modèle communautaire non enregistré, par référence au cotitulaire désigné d'un commun accord par les titulaires ;

b) s'il s'agit d'un dessin ou d'un modèle communautaire enregistré, par référence au premier des cotitulaires dans l'ordre de leur inscription au registre.

4. Lorsque les paragraphes 1, 2 et 3 ne sont pas applicables, l'État membre visé au paragraphe 1 est celui sur le territoire duquel l'Office a son siège.

Art. 28 *Transfert du dessin ou modèle communautaire enregistré.* Le transfert d'un dessin ou modèle communautaire enregistré est soumis aux dispositions suivantes :

a) sur demande d'une des parties le transfert est inscrit au registre et publié ;

b) tant que le transfert n'a pas été inscrit au registre, l'ayant cause ne peut se prévaloir des droits découlant de l'enregistrement du dessin ou modèle communautaire ;

c) lorsque des délais doivent être observés vis-à-vis de l'Office, l'ayant cause peut faire à l'Office les déclarations prévues à cet effet dès que celui-ci a reçu la demande d'enregistrement du transfert ;

d) tous les documents qui, en vertu de l'article 66, doivent être notifiés au titulaire du dessin ou modèle communautaire enregistré sont adressés par l'Office à la personne enregistrée en qualité de titulaire ou, le cas échéant, à son représentant.

Art. 29 *Droits réels sur un dessin ou modèle communautaire enregistré.* 1. Le dessin ou modèle communautaire enregistré peut être donné en gage ou faire l'objet de droits réels.

2. Sur demande d'une des parties, les droits visés au paragraphe 1 sont inscrits au registre et publiés.

Art. 30 *Exécution forcée.* 1. Le dessin ou modèle communautaire enregistré peut faire l'objet de mesures d'exécution forcée.

2. En matière de procédure d'exécution forcée sur un dessin ou modèle communautaire enregistré, la compétence exclusive appartient aux tribunaux et aux autorités de l'État membre déterminé en application de l'article 27.

3. Sur requête d'une des parties, l'exécution forcée est inscrite au registre et publiée.

Art. 31 *Procédure d'insolvabilité.* 1. La seule procédure d'insolvabilité dans laquelle un dessin ou modèle communautaire peut être inclus est celle qui a été ouverte dans l'État membre sur le territoire duquel est situé le centre des intérêts principaux du débiteur.

2. En cas de copropriété d'un dessin ou modèle communautaire, le paragraphe 1 est applicable à la part du copropriétaire.

3. Lorsqu'un dessin ou modèle communautaire est compris dans une procédure d'insolvabilité, une inscription en ce sens doit être portée au registre et publiée au *Bulletin des dessins ou modèles communautaires* visé à l'article 73, paragraphe 1, sur demande de l'autorité nationale compétente.

Art. 32 *Licences.* 1. Le dessin ou modèle communautaire peut faire l'objet de licences pour tout ou partie de la Communauté. Les licences peuvent être exclusives ou non exclusives.

2. Sans préjudice d'éventuelles actions fondées sur le droit du contrat, le titulaire peut invoquer les droits conférés par le dessin ou modèle communautaire à l'encontre d'un licencié qui enfreint l'une des clauses du contrat de licence en ce qui concerne sa durée, la forme couverte par le dessin ou modèle, la gamme des produits pour lesquels la licence est octroyée et la qualité des produits fabriqués par le licencié.

3. Sans préjudice des stipulations du contrat de licence, le licencié ne peut engager une procédure relative à la contrefaçon d'un dessin ou modèle communautaire qu'avec le consentement du titulaire de celui-ci. Toutefois, le titulaire d'une licence exclusive peut engager une telle procédure si, après mise en demeure, le titulaire du dessin ou modèle communautaire n'agit pas lui-même en contrefaçon dans le délai approprié.

4. Tout licencié est recevable à intervenir dans l'instance en contrefaçon engagée par le titulaire du dessin ou modèle communautaire afin d'obtenir réparation du préjudice qui lui est propre.

5. Sur requête d'une des parties, l'octroi ou le transfert d'une licence de dessin ou modèle communautaire enregistré est inscrit au registre et publié.

Art. 33 *Opposabilité aux tiers.* 1. L'opposabilité aux tiers des actes juridiques visés aux articles 28, 29, 30 et 32 est régie par la législation de l'État membre déterminé conformément à l'article 27.

2. Pour les dessins ou modèles communautaires enregistrés, les actes juridiques visés aux articles 28, 29 et 32 ne sont opposables aux tiers, dans tous les États membres, qu'après leur inscription au registre. Toutefois, avant son inscription, un tel acte est opposable aux tiers qui ont acquis des droits sur le dessin ou modèle communautaire enregistré après la date de cet acte, mais qui avaient connaissance de celui-ci lors de l'acquisition de ces droits.

3. Le paragraphe 2 n'est pas applicable à l'égard d'une personne qui acquiert le dessin ou modèle communautaire enregistré ou un droit sur le dessin ou modèle communautaire enregistré par transfert de l'entreprise dans sa totalité ou par toute autre succession à titre universel.

4. Jusqu'à l'entrée en vigueur dans les États membres de dispositions communes en matière d'insolvabilité, l'opposabilité aux tiers d'une procédure d'insolvabilité est régie par le droit de l'État membre où en premier lieu une telle procédure a été ouverte au sens de la loi nationale ou des réglementations applicables en la matière.

Un licencié peut agir en contrefaçon du dessin ou du modèle communautaire enregistré, objet de la licence, même en l'absence d'inscription de cette dernière au registre. Cette procédure lui permet de demander la réparation de son propre préjudice. • CJUE 22 juin 2016, n° C-419/15 : *Dalloz IP/IT 2016. 488, obs. Tricoire ; Propr. ind. 2016, n° 63, note Marino ; PIBD 2016. III. 674.*

Art. 34 *La demande d'enregistrement d'un dessin ou modèle communautaire en tant qu'objet de propriété.* 1. La demande d'enregistrement d'un dessin ou modèle communautaire en tant qu'objet de propriété est considérée, en sa totalité et pour l'ensemble du territoire de la Communauté, comme l'enregistrement d'un dessin ou modèle de l'État membre déterminé conformément à l'article 27.

2. Les articles 28, 29, 30, 31, 32 et 33 s'appliquent, *mutatis mutandis*, aux demandes d'enregistrement de dessins ou modèles communautaires. Lorsque la mise en œuvre de l'une de ces dispositions est subordonnée à l'inscription au registre, cette formalité doit être accomplie lors de l'enregistrement du dessin ou modèle communautaire.

TITRE IV Demande d'enregistrement d'un dessin ou modèle communautaire

SECTION I *Dépôt de la demande et conditions auxquelles elle doit satisfaire*

Art. 35 *Dépôt et transmission de la demande d'enregistrement.* 1. La demande d'enregistrement d'un dessin ou modèle communautaire est déposée, au choix du demandeur :

a) auprès de l'Office, ou

b) auprès du service central de la propriété industrielle d'un État membre, ou

c) dans les pays du Benelux, auprès du Bureau Benelux des dessins ou modèles.

2. Lorsque la demande est déposée auprès du service central de la propriété industrielle d'un État membre ou auprès du Bureau Benelux des dessins ou modèles, ce service ou ce Bureau prend toutes les mesures nécessaires pour transmettre la demande à l'Office dans un délai de deux semaines après son dépôt. Il peut exiger du demandeur une taxe qui ne dépasse pas le coût administratif correspondant à la réception et à la transmission de la demande.

3. Dès réception par l'Office d'une demande transmise par un service central de la propriété industrielle d'un État membre ou par le Bureau Benelux des dessins ou modèles, l'Office en informe le demandeur en indiquant la date de réception de la demande.

4. Dix ans après l'entrée en vigueur du présent règlement, la Commission établit un rapport sur le fonctionnement du système de dépôt des demandes d'enregistrement de dessins ou modèles communautaires assorti, le cas échéant, de propositions visant à modifier ce système

Art. 36 *Conditions auxquelles la demande doit satisfaire.* 1. La demande d'enregistrement d'un dessin ou modèle communautaire doit contenir :

a) une requête en enregistrement,

b) les indications qui permettent d'identifier le demandeur,

c) une représentation du dessin ou modèle apte à être reproduite. Toutefois, si la demande porte sur un dessin et qu'elle contient une demande d'ajournement de la publication en vertu de l'article 50, la représentation du dessin peut être remplacée par un spécimen,

2. La demande doit également contenir l'indication des produits dans lesquels le dessin ou modèle est destiné à être incorporé ou auxquels il est destiné à être appliqué.

3. En outre, la demande peut contenir :

a) une description expliquant la représentation ou le spécimen ;

b) une demande d'ajournement de la publication de l'enregistrement conforme à l'article 50 ;

c) des indications permettant d'identifier le représentant si le demandeur en a désigné un ;

d) une classification en classes des produits dans lesquels le dessin ou modèle est destiné à être incorporé ou auxquels il est destiné à être appliqué ;

e) la désignation du créateur ou de l'équipe de créateurs ou une déclaration sous la responsabilité du demandeur attestant que le créateur ou l'équipe de créateurs a renoncé au droit à être désigné.

4. La demande donne lieu au paiement de la taxe d'enregistrement et de la taxe de publication. Lorsqu'une demande d'ajournement est faite conformément au paragraphe 3, point *b)*, la taxe de publication est remplacée par la taxe d'ajournement de la publication.

5. La demande doit satisfaire aux conditions prévues par le règlement d'exécution.

6. Les informations visées au paragraphe 2 et au paragraphe 3, points *a)* et *d)*, ne portent pas atteinte à l'étendue de la protection du dessin ou du modèle en tant que tel.

Art. 37 *Demande multiple.* 1. Plusieurs dessins et modèles peuvent être combinés en une demande d'enregistrement multiple de dessins ou modèles communautaires. Sauf lorsqu'il s'agit d'ornementations, cette possibilité est subordonnée à la condition que les produits dans lesquels les dessins ou modèles sont destinés à être incorporés ou auxquels ils sont destinés à être appliqués fassent tous partie de la même classe de la classification internationale pour les dessins et modèles industriels.

2. Outre le paiement des taxes visées à l'article 36, paragraphe 4, la demande d'enregistrement multiple donne lieu au paiement d'une taxe supplémentaire d'enregistrement et d'une taxe supplémentaire de publication. Pour autant que la demande d'enregistrement multiple contient une demande d'ajournement de la publication, la taxe supplémentaire de publication est remplacée par la taxe supplémentaire d'ajournement de la publication. Les taxes supplémentaires correspondent à un pourcentage des taxes de base exigibles pour chaque dessin ou modèle supplémentaire.

3. La demande d'enregistrement multiple doit satisfaire aux conditions prévues par le règlement d'exécution.

4. Chacun des dessins ou modèles compris dans une demande multiple ou un enregistrement multiple peut être traité indépendamment des autres aux fins du présent règlement. Il peut notamment, indépendamment des autres, être mis en œuvre, faire l'objet de licences, de droits réels, d'une exécution forcée, être compris dans une procédure d'insolvabilité, faire l'objet d'une renonciation, d'un renouvellement, d'une cession, d'un ajournement de la publication ou être déclaré nul. Une demande multiple ou un enregistrement multiple ne peut être divisé en demandes indépendantes ou en enregistrements indépendants que dans les conditions prévues par le règlement d'exécution.

Art. 38 *Date de dépôt.* 1. La date de dépôt de la demande d'enregistrement d'un dessin ou modèle communautaire est celle à laquelle les documents contenant les informations prévues à l'article 36, paragraphe 1, sont déposés auprès de l'Office ou, si la demande est déposée auprès du service central de la propriété industrielle d'un État membre ou auprès du Bureau Benelux des dessins ou modèles, auprès de ce service ou de ce bureau.

2. Lorsque la demande est déposée au service central de la propriété industrielle d'un État membre ou au Bureau Benelux des dessins ou modèles et parvient à l'Office plus de deux mois après le dépôt des documents contenant les éléments visés à l'article 36, paragraphe 1, la date de dépôt de la demande est celle à laquelle l'Office reçoit ces documents, par dérogation au paragraphe 1.

Art. 39 *Valeur de dépôt national du dépôt communautaire.* La demande d'enregistrement d'un dessin ou modèle communautaire à laquelle une date de dépôt a été accordée a, dans les États membres, la valeur d'un dépôt national régulier compte tenu, le cas échéant, du droit de priorité invoqué à l'appui de cette demande.

Art. 40 *Classification.* L'annexe de l'arrangement de Locarno du 8 octobre 1968 instituant une classification internationale pour les dessins et modèles industriels s'applique aux fins du présent règlement.

SECTION II *Priorité*

Art. 41 *Droit de priorité.* 1. Celui qui a régulièrement déposé une demande d'enregistrement d'un dessin ou modèle ou d'un modèle d'utilité dans ou pour l'un des États parties à la convention de Paris ou à l'accord instituant l'Organisation mondiale du commerce, ou son ayant cause, jouit, pour effectuer le dépôt d'une demande d'enregistrement d'un dessin ou modèle communautaire pour le même dessin ou modèle ou pour le même modèle d'utilité, d'un droit de priorité pendant un délai de six mois à compter de la date de dépôt de la première demande.

2. Est reconnu comme donnant naissance au droit de priorité, tout dépôt ayant la valeur d'un dépôt national régulier en vertu de la législation nationale de l'État dans lequel il a été effectué ou en vertu d'accords bilatéraux ou multilatéraux.

3. Par « dépôt national régulier », on entend tout dépôt qui suffit à établir la date à laquelle la demande a été déposée, quel que soit le sort ultérieur réservé à cette demande.

4. Afin de déterminer la priorité, est considérée comme première demande, une demande ultérieure d'enregistrement d'un dessin ou modèle qui a déjà fait l'objet d'une première demande antérieure dans ou pour le même État, sous réserve que, à la date de dépôt de la

demande ultérieure, la demande antérieure ait été retirée, abandonnée ou refusée sans avoir été soumise à l'inspection publique et sans laisser subsister de droits et qu'elle n'ait pas encore servi de base pour la revendication du droit de priorité. La demande antérieure ne peut plus servir alors pour la revendication du droit de priorité.

5. Si le premier dépôt a été effectué dans un État qui n'est pas partie à la convention de Paris ou à l'accord instituant l'Organisation mondiale du commerce, les paragraphes 1 à 4 ne s'appliquent que dans la mesure où cet État, selon des constatations publiées, accorde, sur la base d'un dépôt effectué auprès de l'Office, un droit de priorité soumis à des conditions et ayant des effets équivalents à ceux prévus par le présent règlement.

Art. 42 *Revendication de priorité.* Le demandeur d'enregistrement d'un dessin ou modèle communautaire qui veut se prévaloir de la priorité d'une demande antérieure est tenu de produire une déclaration de priorité et une copie de la demande antérieure. Si la langue de la demande antérieure n'est pas une des langues de l'Office, celui-ci peut exiger une traduction de la demande antérieure dans une de ces langues.

Art. 43 *Effet du droit de priorité.* Par l'effet du droit de priorité, la date de priorité est considérée comme date de dépôt de la demande d'enregistrement d'un dessin ou modèle communautaire, aux fins des articles 5, 6, 7 et 22, de l'article 25, paragraphe 1, point d), et de l'article 50, paragraphe 1.

Art. 44 *Priorité d'exposition.* 1. Si le demandeur d'un dessin ou modèle communautaire enregistré a divulgué des produits dans lesquels le dessin ou le modèle est incorporé ou auxquels il est appliqué, lors d'une exposition internationale officielle ou officiellement reconnue au sens de la convention sur les expositions internationales signée à Paris le 22 novembre 1928, il peut, à condition de déposer la demande dans un délai de six mois à compter de la date de la première divulgation de ces produits, se prévaloir à partir de cette date d'un droit de priorité au sens de l'article 43.

2. Tout demandeur qui souhaite se prévaloir de la priorité conformément au paragraphe 1 doit, dans les conditions fixées par le règlement d'exécution, apporter la preuve qu'il a présenté à l'exposition les produits dans lesquels le dessin ou modèle est incorporé ou auxquels il est appliqué.

3. Une priorité d'exposition accordée dans un État membre ou dans un pays tiers ne prolonge pas le délai de priorité prévu à l'article 41.

TITRE V Procédure d'enregistrement

Art. 45 *Examen de la conformité de la demande aux conditions de forme relatives au dépôt.* 1. L'Office examine si la demande répond aux conditions pour qu'il lui soit accordé une date de dépôt, conformément à l'article 36, paragraphe 1.

2. L'Office examine si :

a) la demande satisfait aux autres conditions prévues à l'article 36, paragraphes 2, 3, 4 et 5, et, en cas de demande multiple, à l'article 37, paragraphes 1 et 2 ;

b) la demande satisfait aux conditions de forme établies par le règlement d'exécution pour l'application des articles 36 et 37 ;

c) les conditions visées à l'article 77, paragraphe 2, sont remplies ;

d) au cas où une priorité est revendiquée, il est satisfait aux exigences relatives à cette revendication.

3. Le règlement d'exécution détermine les modalités de l'examen de la conformité de la demande avec les conditions de forme relatives au dépôt.

Art. 46 *Irrégularités auxquelles il peut être remédié.* 1. Lorsque l'Office constate, dans le cadre de l'examen prévu à l'article 45, des irrégularités qui peuvent être rectifiées, il invite le demandeur à y remédier dans le délai prescrit.

2. Si les irrégularités portent sur les conditions visées à l'article 36, paragraphe 1, et si le demandeur se conforme à l'invitation de l'Office dans le délai prescrit, celui-ci accorde comme date de dépôt la date à laquelle il est remédié aux irrégularités constatées. S'il n'est pas remédié aux irrégularités dans le délai prescrit, la demande n'est pas traitée en tant que demande d'enregistrement d'un dessin ou modèle communautaire.

3. Si les irrégularités portent sur les conditions visées à l'article 45, paragraphe 2, points *a)*, *b)* et *c)*, y compris le paiement des taxes, et si le demandeur se conforme à l'invitation de l'Office dans le délai prescrit, celui-ci accorde comme date de dépôt la date initiale de dépôt de la demande. S'il n'est pas remédié, dans le délai prescrit, aux irrégularités ou au défaut de paiement constatés, l'Office rejette la demande.

4. Si les irrégularités portent sur les conditions visées à l'article 45, paragraphe 2, point *d)*, et si le demandeur n'y remédie pas dans le délai prescrit, le droit de priorité pour la demande est perdu.

Art. 47 *Motifs de rejet des demandes d'enregistrement.* 1. Si l'Office constate, dans le cadre de l'examen prévu à l'article 45, que le dessin ou modèle qui fait l'objet d'une demande de protection :

a) ne répond pas à la définition visée à l'article 3, point *a)*, ou

b) est contraire à l'ordre public ou aux bonnes mœurs,

l'Office rejette la demande.

2. La demande ne peut être rejetée qu'après que le demandeur a été mis en mesure de retirer ou de modifier sa demande ou de présenter ses observations.

Art. 48 *Enregistrement.* Si la demande satisfait aux conditions que doit remplir une demande d'enregistrement d'un dessin ou modèle communautaire et dans la mesure où cette demande n'a pas été rejetée en vertu de l'article 47, l'Office inscrit la demande au registre des dessins ou modèles communautaires en qualité de dessin ou modèle communautaire enregistré. L'inscription au registre porte la date de dépôt de la demande visée à l'article 38.

Art. 49 *Publication.* Dès son enregistrement, le dessin ou modèle communautaire est publié par l'Office dans le *Bulletin des dessins ou modèles communautaires*, conformément à l'article 73, paragraphe 1. Le règlement d'exécution spécifie les éléments qui doivent faire l'objet de la publication.

Art. 50 *Ajournement de la publication.* 1. Le demandeur d'un dessin ou modèle communautaire enregistré peut demander, au moment du dépôt de sa demande, l'ajournement de la publication du dessin ou modèle communautaire enregistré pendant un délai de trente mois à compter de la date de dépôt de la demande ou, si une priorité a été revendiquée, à compter de la date de priorité.

2. A la suite de cette demande, si les conditions visées à l'article 48 sont remplies, le dessin ou modèle communautaire enregistré est inscrit au registre, mais ni la représentation du dessin ou modèle, ni aucun dossier relatif à la demande n'est ouvert à l'inspection publique, sous réserve de l'article 74, paragraphe 2.

3. L'Office publie dans le *Bulletin des dessins ou modèles communautaires* la mention de l'ajournement de la publication du dessin ou modèle communautaire enregistré. Cette mention est accompagnée d'informations permettant d'identifier le titulaire du dessin ou modèle communautaire enregistré, la date de dépôt de la demande et tous autres renseignements prescrits par le règlement d'exécution.

4. A l'expiration du délai d'ajournement, ou à toute date antérieure à la demande du titulaire, l'Office ouvre à l'inspection publique toutes les inscriptions au registre et le dossier concernant la demande d'enregistrement et publie le dessin ou modèle communautaire enregistré dans le *Bulletin des dessins ou modèles communautaires*, à condition que, dans le délai prescrit par le règlement d'exécution :

a) la taxe de publication et, dans le cas d'une demande multiple, la taxe supplémentaire de publication aient été payées ;

b) en cas d'utilisation de la faculté ouverte par l'article 36, paragraphe 1, point c), le titulaire ait déposé la représentation du dessin auprès de l'Office.

Si le titulaire ne se conforme pas à ces dispositions, le dessin ou modèle communautaire enregistré est réputé ne pas avoir eu, dès l'origine, les effets mentionnés dans le présent règlement.

5. Dans le cas d'une demande multiple, le paragraphe 4 peut ne s'appliquer qu'à certains des dessins ou modèles qui en font partie.

6. L'introduction d'actions en justice sur la base du dessin ou modèle communautaire enregistré pendant le délai d'ajournement de la publication est subordonnée à la condition que les informations contenues dans le registre et dans le dossier relatif à la demande aient été communiquées à la personne contre laquelle l'action est dirigée.

TITRE VI Renonciation et nullité du dessin ou modèle communautaire enregistré

Art. 51 *Renonciation.* 1. La renonciation à un dessin ou modèle communautaire enregistré est déclarée par écrit à l'Office par le titulaire. Elle n'a d'effet qu'après son inscription au registre.

2. En cas de renonciation à un dessin ou modèle communautaire dont la publication est ajournée, ledit dessin ou modèle communautaire est réputé ne pas avoir eu, dès l'origine, les effets mentionnés dans le présent règlement.

3. Un dessin ou modèle communautaire enregistré peut faire l'objet d'une renonciation partielle, à condition que la forme modifiée de ce dessin ou modèle réponde aux critères d'octroi de la protection et que l'identité du dessin ou modèle soit conservée.

4. La renonciation n'est inscrite au registre qu'avec l'accord du titulaire d'un droit inscrit au registre des dessins ou modèles communautaires. Si une licence a été inscrite au registre, la renonciation n'y est inscrite que si le titulaire du dessin ou modèle communautaire enregistré justifie qu'il a informé le licencié de son intention de renoncer. L'inscription est faite à l'issue du délai prescrit par le règlement d'exécution.

5. Si une action en revendication du droit à un dessin ou modèle communautaire enregistré en application de l'article 14 a été intentée devant un tribunal des dessins ou modèles communautaires, l'Office n'effectue pas l'inscription de la renonciation au registre sans l'accord du demandeur.

Art. 52 *Demande en nullité.* 1. Sous réserve de l'article 25, paragraphes 2, 3, 4 et 5 toute personne physique ou morale, ainsi qu'une autorité publique habilitée à cet effet, peut présenter à l'Office une demande en nullité d'un dessin ou modèle communautaire enregistré.

2. La demande est présentée par écrit et motivée. Elle n'est réputée présentée qu'après paiement de la taxe relative à la demande en nullité.

3. La demande en nullité est irrecevable si un tribunal des dessins ou modèles communautaires a statué entre les mêmes parties sur une demande ayant le même objet et la même cause et que cette décision a acquis l'autorité de la chose jugée.

Art. 53 *Examen de la demande.* 1. Si l'Office juge la demande en nullité recevable, il examine si les motifs de nullité visés à l'article 25 s'opposent au maintien du dessin ou modèle communautaire enregistré.

2. Au cours de l'examen de la demande, effectué conformément au règlement d'exécution, l'Office invite les parties, aussi souvent qu'il est nécessaire, à présenter, dans le délai qu'il leur impartit, leurs observations sur les communications qui émanent des autres parties ou qu'il leur a adressées.

3. La décision prononçant la nullité du dessin ou modèle communautaire enregistré est inscrite au registre des dessins ou modèles communautaires lorsqu'elle est définitive.

Art. 54 *Participation à la procédure du contrefacteur présumé.* 1. Au cas où une demande en nullité d'un dessin ou modèle communautaire enregistré a été présentée et aussi longtemps que l'Office n'a pas pris de décision définitive, tout tiers qui apporte la preuve qu'une procédure en contrefaçon fondée sur le même dessin ou modèle communautaire a été engagée à son encontre peut participer à la procédure de nullité, à condition qu'il en fasse la demande dans un délai de trois mois à compter de la date à laquelle l'action en contrefaçon a été introduite.

Cette disposition s'applique à tout tiers qui apporte la preuve que, après avoir été requis par le titulaire du dessin ou modèle communautaire de cesser la contrefaçon présumée dudit dessin ou modèle, il introduit à l'encontre dudit titulaire une action tendant à faire constater judiciairement qu'il n'est pas contrefacteur.

2. La demande de participation à l'instance doit être présentée par écrit et motivée. Elle ne prend effet qu'après paiement de la taxe visée à l'article 52, paragraphe 2. La demande est ensuite traitée, sous réserve des exceptions prévues par le règlement d'exécution, comme une demande en nullité.

TITRE VII Recours

Art. 55 *Décisions susceptibles de recours.* 1. Les décisions des examinateurs, de la division de l'administration des marques, dessins et modèles et des questions juridiques, ainsi que des divisions d'annulation sont susceptibles de recours. Le recours a un effet suspensif.

2. Une décision qui ne met pas fin à une procédure à l'égard de l'une des parties ne peut faire l'objet d'un recours qu'avec la décision finale, à moins que ladite décision ne prévoie un recours indépendant.

Art. 56 *Personnes admises à former le recours et à être parties à l'instance.* Toute partie à la procédure ayant conduit à une décision peut recourir contre cette décision pour autant que cette dernière n'ait pas fait droit à ses prétentions. Les autres parties à ladite procédure sont, de droit, parties à la procédure de recours.

Art. 57 *Délai et forme du recours.* Le recours doit être formé par écrit auprès de l'Office dans un délai de deux mois à compter du jour de la notification de la décision. Le recours n'est considéré comme formé qu'après paiement de la taxe de recours. Un mémoire exposant les motifs du recours doit être déposé dans un délai de quatre mois à compter de la date de notification de la décision.

Art. 58 *Révision préjudicielle.* 1. Si l'instance dont la décision est attaquée considère le recours comme recevable et fondé, elle doit y faire droit. Cette disposition ne s'applique pas lorsque la procédure oppose celui qui a introduit le recours à une autre partie.

2. S'il n'est pas fait droit au recours dans le délai d'un mois à compter de la réception du mémoire exposant les motifs, le recours doit être immédiatement déféré à la chambre de recours, sans avis sur le fond.

Art. 59 *Examen du recours.* 1. Si le recours est recevable, la chambre de recours examine s'il peut y être fait droit.

2. Au cours de l'examen du recours, la chambre de recours invite les parties, aussi souvent qu'il est nécessaire, à présenter, dans le délai qu'elle leur impartit, leurs observations sur les communications qui émanent des autres parties ou qu'elle leur a adressées.

Art. 60 *Décision sur le recours.* 1. A la suite de l'examen au fond du recours, la chambre de recours statue sur celui-ci. Elle peut soit exercer les compétences de l'instance qui a pris la décision attaquée, soit renvoyer l'affaire à ladite instance pour suite à donner.

2. Si la chambre de recours renvoie l'affaire pour suite à donner à l'instance qui a pris la décision attaquée, cette instance est liée par les motifs et le dispositif de la décision de la chambre de recours, pour autant que les faits de la cause soient les mêmes.

3. Les décisions des chambres de recours ne prennent effet qu'à dater de l'expiration du délai visé à l'article 61, paragraphe 5, ou, si un recours a été introduit devant la Cour de justice pendant ce délai, à compter du rejet de celui-ci.

Art. 61 *Recours devant la Cour de justice.* 1. Les décisions des chambres de recours statuant sur un recours sont susceptibles d'un recours devant la Cour de justice.

2. Le recours est ouvert pour incompétence, violation des formes substantielles, violation du traité, du présent règlement ou de toute règle de droit relative à leur application, ou détournement de pouvoir.

3. La Cour de justice est compétente aussi bien pour annuler que pour réformer la décision attaquée.

4. Le recours est ouvert à toute partie à la procédure devant la chambre de recours pour autant que la décision de celle-ci n'ait pas fait droit à ses prétentions.

5. Le recours est formé devant la Cour de justice dans un délai de deux mois à compter de la notification de la décision de la chambre de recours.

6. L'Office est tenu de prendre les mesures que comporte l'exécution de l'arrêt de la Cour de justice.

TITRE VIII Procédure devant l'Office

SECTION I *Dispositions générales*

Art. 62 *Motivation des décisions.* Les décisions de l'Office sont motivées. Elles ne peuvent être fondées que sur des motifs ou des preuves au sujet desquels les parties ont pu prendre position.

Art. 63 *Examen d'office des faits.* 1. Au cours de la procédure, l'Office procède à l'examen d'office des faits. Toutefois, dans une action en nullité, l'examen est limité aux moyens invoqués et aux demandes présentées par les parties.

2. L'Office peut ne pas tenir compte des faits que les parties n'ont pas invoqués ou des preuves qu'elles n'ont pas produites en temps utile.

Art. 64 *Procédure orale.* 1. L'Office recourt à la procédure orale, soit d'office, soit sur requête d'une des parties à la procédure, à condition qu'il le juge utile.

2. La procédure orale, y compris le prononcé de la décision, est publique, sauf décision contraire de l'instance saisie, au cas où la publicité de l'audience pourrait présenter, notamment pour une partie à la procédure, des inconvénients graves et injustifiés.

Art. 65 *Instruction.* 1. Dans toute procédure devant l'Office, les mesures d'instruction suivantes peuvent notamment être prises :

a) l'audition des parties ;

b) la demande de renseignements ;

c) la production de documents et de moyens de preuve ;

d) l'audition de témoins ;

e) l'expertise ;

f) les déclarations écrites faites sous serment ou solennellement ou qui ont un effet équivalent d'après la législation de l'État dans lequel elles sont faites.

2. L'instance compétente de l'Office peut charger un de ses membres de procéder aux mesures d'instruction.

3. Si l'Office estime nécessaire qu'une partie, un témoin ou un expert dépose oralement, il cite la personne concernée à comparaître devant lui.

4. Les parties sont informées de l'audition d'un témoin ou d'un expert devant l'Office. Elles ont le droit d'être présentes et de poser des questions au témoin ou à l'expert.

Art. 66 *Notification.* L'Office notifie d'office aux personnes concernées toutes les décisions et invitations à comparaître devant lui ainsi que les communications qui font courir un délai ou dont la notification est prévue par d'autres dispositions du présent règlement ou par le règlement d'exécution, ou prescrite par le président de l'Office.

Art. 67 *Restitutio in integrum.* 1. Le demandeur ou le titulaire d'un dessin ou modèle communautaire enregistré ou toute autre partie à une procédure devant l'Office qui bien qu'ayant fait preuve de toute la vigilance nécessitée par les circonstances, n'a pas été en mesure d'observer un délai à l'égard de l'Office est, sur requête, rétabli dans ses droits si l'empêchement a eu pour conséquence directe, en vertu du présent règlement, la perte d'un droit ou celle d'un moyen de recours.

2. La requête doit être présentée par écrit dans un délai de deux mois à compter de la cessation de l'empêchement. L'acte non accompli doit être réalisé dans ce délai. La requête n'est recevable que dans un délai d'un an à compter de l'expiration du délai non observé. En cas de non-présentation de la demande de renouvellement de l'enregistrement ou de non-paiement d'une taxe de renouvellement, le délai supplémentaire de six mois prévu à l'article 13, paragraphe 3, seconde phrase, est déduit de la période d'une année.

3. La requête doit être motivée et indiquer les faits et les justifications de fait invoqués à son appui. Elle n'est réputée présentée qu'après paiement de la taxe de *restitutio in integrum.*

4. L'instance qui est compétente pour statuer sur l'acte non accompli statue sur la requête.

5. Les dispositions du présent article ne sont pas applicables aux délais prévus à son paragraphe 2 et à l'article 41, paragraphe 1.

6. Lorsque le demandeur ou le titulaire d'un dessin ou modèle communautaire enregistré est rétabli dans ses droits, il ne peut invoquer ses droits contre un tiers qui, de bonne foi, pendant la période comprise entre la perte des droits sur la demande ou sur l'enregistrement du dessin ou modèle communautaire et la publication de la mention du rétablissement de ce droit, a mis dans le commerce des produits dans lesquels est incorporé ou auxquels est appliqué un dessin ou un modèle compris dans l'étendue de la protection du dessin ou modèle communautaire enregistré.

7. Le tiers qui peut se prévaloir du paragraphe 6 peut former tierce opposition contre la décision rétablissant dans ses droits le demandeur ou le titulaire du dessin ou modèle communautaire enregistré, dans un délai de deux mois à compter de la date de publication de la mention du rétablissement du droit.

8. Aucune disposition du présent article n'affecte le droit pour un État membre d'accorder la *restitutio in integrum* quant aux délais prévus par le présent règlement et qui doivent être observés vis-à-vis des autorités de cet État.

Art. 68 *Référence aux principes généraux.* En l'absence de dispositions de procédure dans le présent règlement, le règlement d'exécution, le règlement relatif aux taxes ou le règlement de procédure des chambres de recours, l'Office prend en considération les principes généralement admis en la matière dans les États membres.

Art. 69 *Fin des obligations financières.* 1. Le droit de l'Office d'exiger le paiement des taxes se prescrit par quatre ans à compter de la fin de l'année civile au cours de laquelle la taxe est devenue exigible.

2. Les droits à l'encontre de l'Office en matière de remboursement de taxes ou de trop-perçu par celui-ci lors du paiement de taxes se prescrivent par quatre ans à compter de la fin de l'année civile au cours de laquelle les droits ont pris naissance.

3. Le délai prévu aux paragraphes 1 et 2 est interrompu, dans le cas visé au paragraphe 1, par une invitation à acquitter la taxe et, dans le cas visé au paragraphe 2, par une requête écrite en vue de faire valoir ce droit. Ce délai recommence à courir à compter de la date de son interruption. Il expire au plus tard au terme d'une période de six ans calculée à compter de la fin de l'année civile au cours de laquelle il a commencé à courir initialement, à moins qu'une action en justice n'ait été engagée entre-temps pour faire valoir ce droit. Dans ce cas, le délai expire au plus tôt au terme d'une période d'une année à compter de la date à laquelle la décision est passée en force de chose jugée.

SECTION II *Frais*

Art. 70 *Répartition des frais.* 1. La partie perdante dans une action en nullité d'un dessin ou modèle communautaire enregistré ou dans un recours supporte les taxes exposées par l'autre partie, ainsi que tous les frais exposés par celle-ci, indispensables aux fins des procédures, y compris les frais de déplacement et de séjour et la rémunération d'un agent, conseil ou avocat, dans la limite des tarifs fixés pour chaque catégorie de frais, dans les conditions prévues par le règlement d'exécution.

2. Toutefois, dans la mesure où les parties succombent respectivement sur un ou plusieurs chefs ou dans la mesure où l'équité l'exige, la division d'annulation ou la chambre de recours décide d'une répartition différente des frais.

3. La partie qui met fin à une procédure par la renonciation au dessin ou modèle communautaire enregistré, ou par le non-renouvellement de son enregistrement ou par le retrait de la demande en nullité ou le recours, supporte les taxes ainsi que les frais encourus par l'autre partie, dans les conditions prévues aux paragraphes 1 et 2.

4. En cas de non-lieu à statuer, la division d'annulation ou la chambre de recours règle librement les frais.

5. Lorsque les parties concluent devant la division d'annulation ou la chambre de recours un règlement des frais différent de celui résultant de l'application des paragraphes 1, 2, 3 et 4, l'instance concernée prend acte de cet accord.

6. Sur requête, le greffe de la division d'annulation ou de la chambre de recours fixe le montant des frais à rembourser en vertu des paragraphes 1, 2, 3, 4 et 5. Ce montant peut, sur requête présentée dans le délai prescrit par le règlement d'exécution, être révisé par décision de la division d'annulation ou de la chambre de recours.

Art. 71 *Exécution des décisions fixant le montant des frais.* 1. Toute décision définitive de l'Office qui fixe le montant des frais forme titre exécutoire.

2. L'exécution forcée est régie par les règles de la procédure civile en vigueur dans l'État sur le territoire duquel elle a lieu. La formule exécutoire est apposée, sans autre contrôle que celui de la vérification de l'authenticité du titre, par l'autorité nationale que le gouvernement de chacun des États membres désigne à cet effet et dont il donnera connaissance à l'Office et à la Cour de justice.

3. Après l'accomplissement de ces formalités à la demande de l'intéressé, celui-ci peut poursuivre l'exécution forcée en saisissant directement l'organe compétent, suivant la législation nationale.

4. L'exécution forcée ne peut être suspendue qu'en vertu d'une décision de la Cour de justice. Toutefois, le contrôle de la régularité des mesures d'exécution relève de la compétence des juridictions de l'État membre concerné.

SECTION III *Information du public et des autorités des États membres*

Art. 72 *Registre des dessins ou modèles communautaires.* L'Office tient un registre, dénommé registre des dessins ou modèles communautaires, où sont portées les indications dont l'inscription est prévue par le présent règlement ou le règlement d'exécution. Le registre est ouvert à l'inspection publique, sous réserve de l'article 50, paragraphe 2.

Art. 73 *Publications périodiques.* 1. L'Office publie périodiquement un *Bulletin des dessins ou modèles communautaires* contenant les inscriptions ouvertes à l'inspection publique dans le registre des dessins ou modèles communautaires ainsi que toutes les autres indications dont la publication est prescrite par le présent règlement ou par le règlement d'exécution.

2. Les communications et les informations d'ordre général émanant du président de l'Office, ainsi que toutes autres informations relatives au présent règlement et à son application sont publiées au *Journal officiel* de l'Office.

Art. 74 *Inspection publique.* 1. Les dossiers relatifs à des demandes d'enregistrement de dessins ou modèles communautaires qui n'ont pas encore été publiées ainsi que les dossiers relatifs à des dessins ou modèles communautaires enregistrés qui font l'objet d'une mesure d'ajournement de publication conformément à l'article 50 ou qui, pendant l'application de cette mesure, ont fait l'objet d'une renonciation avant ou à l'expiration du délai d'ajournement, ne peuvent être ouverts à l'inspection publique qu'avec l'accord du demandeur ou du titulaire du dessin ou modèle communautaire enregistré.

2. Quiconque justifie d'un intérêt légitime peut procéder à l'inspection du dossier sans le consentement du demandeur ou du titulaire du dessin ou modèle communautaire enregistré avant la publication de celui-ci ou après la renonciation à celui-ci dans le cas prévu au paragraphe 1.

Cette disposition s'applique en particulier si l'intéressé prouve que le demandeur ou le titulaire du dessin ou modèle communautaire enregistré a entrepris des démarches pour se prévaloir, à son encontre, des droits conférés par le dessin ou modèle communautaire enregistré.

3. Après la publication du dessin ou modèle communautaire enregistré, le dossier est, sur requête, ouvert à l'inspection publique.

4. Toutefois, lorsque le dossier est ouvert à l'inspection publique conformément aux paragraphes 2 ou 3, des pièces du dossier peuvent en être exclues selon le règlement d'exécution.

Art. 75 *Coopération administrative.* Sauf dispositions contraires du présent règlement ou des législations nationales, l'Office et les juridictions ou autres autorités compétentes des États membres s'assistent mutuellement, sur demande, en se communiquant des informations ou en se donnant mutuellement accès à leurs dossiers.

Lorsque l'Office donne accès à ses dossiers aux juridictions, aux ministères publics ou aux services centraux de la propriété industrielle, cet accès n'est pas soumis aux restrictions prévues à l'article 74.

Art. 76 *Échange de publications.* 1. L'Office et les services centraux de la propriété industrielle des États membres échangent, sur requête, pour leurs propres besoins et gratuitement, un ou plusieurs exemplaires de leurs publications respectives.

2. L'Office peut conclure des accords portant sur l'échange ou l'envoi de publications.

SECTION IV *Représentation*

Art. 77 *Principes généraux relatifs à la représentation.* 1. Sous réserve du paragraphe 2, nul n'est tenu de se faire représenter devant l'Office.

2. Sans préjudice du paragraphe 3, deuxième alinéa, les personnes physiques ou morales qui n'ont ni domicile ni siège ni établissement industriel ou commercial effectif et sérieux dans la Communauté doivent être représentées devant l'Office, conformément à l'article 78, paragraphe 1, dans toute procédure auprès de l'Office instituée par le présent règlement, sauf pour le dépôt d'une demande d'enregistrement de dessin ou modèle communautaire. D'autres exceptions peuvent être prévues par le règlement d'exécution.

3. Les personnes physiques ou morales qui ont leur domicile, ou leur siège ou un établissement industriel ou commercial effectif et sérieux dans la Communauté peuvent agir devant l'Office par l'entremise d'un employé, qui dépose auprès de l'Office un pouvoir signé qui doit être versé au dossier et dont les modalités sont précisées par le règlement d'exécution.

L'employé d'une personne morale visé au présent paragraphe peut agir également pour d'autres personnes morales qui sont économiquement liées à cette personne, même si ces autres personnes morales n'ont ni domicile, ni siège ni établissement industriel ou commercial effectif et sérieux dans la Communauté.

Art. 78 *Représentation professionnelle.* 1. La représentation des personnes physiques ou morales dans le cadre des procédures introduites auprès de l'Office conformément au présent règlement ne peut être assurée que :

a) par un avocat habilité à exercer sur le territoire de l'un des États membres et possédant son domicile professionnel dans la Communauté, dans la mesure où il peut agir dans ledit État en qualité de mandataire en matière de propriété industrielle ;

b) par tout mandataire agréé inscrit sur la liste visée à l'article 89, paragraphe 1, point *b)*, du règlement sur la marque communautaire ;

c) par toute personne inscrite sur la liste spécifique des mandataires agréés en matière de dessins ou modèles prévue au paragraphe 4.

2. Les personnes visées au paragraphe 1, point c), ne sont habilitées à représenter des tiers que dans le cadre des procédures en matière de dessins ou modèles dont est saisi l'Office.

3. Le règlement d'exécution disposera si, et à quelles conditions, les représentants sont tenus de déposer auprès de l'Office un pouvoir signé à verser au dossier.

4. Peut être inscrite sur la liste spécifique des mandataires agréés en matière de dessins ou modèles, toute personne physique qui :

a) a la nationalité de l'un des États membres ;

b) a son domicile professionnel ou le lieu de son emploi dans la Communauté ;

c) est habilitée à représenter des personnes physiques ou morales en matière de dessins ou modèles devant le service central de la propriété industrielle d'un État membre ou devant le Bureau Benelux des dessins ou modèles. Lorsque, dans cet État, l'habilitation à représenter des personnes physiques ou morales en matière de dessins ou modèles n'est pas subordonnée à l'exigence d'une qualification professionnelle spéciale, les personnes demandant leur inscription sur la liste doivent avoir exercé à titre habituel en matière de dessins ou modèles devant le service central de la propriété industrielle dudit État pendant cinq ans au moins. Toutefois, sont dispensées de cette condition d'exercice de la profession, les personnes dont la qualification professionnelle pour assurer, en matière de dessins ou modèles, la représentation des personnes physiques ou morales devant le service central de la propriété industrielle de l'un des États membres est officiellement reconnue conformément à la réglementation de cet État.

5. L'inscription sur la liste prévue au paragraphe 4 est effectuée sur requête accompagnée d'une attestation fournie par le service central de la propriété industrielle de l'État membre concerné, indiquant que les conditions visées audit paragraphe sont remplies.

6. Le président de l'Office peut accorder une dérogation :

a) à l'exigence visée au paragraphe 4, point *a)*, dans des circonstances spéciales ;

b) à l'exigence visée au paragraphe 4, point *c)*, deuxième phrase, lorsque le requérant fournit la preuve qu'il a acquis la qualification requise d'une autre manière.

7. Le règlement d'exécution définit les conditions dans lesquelles une personne peut être radiée de la liste.

TITRE IX Compétence et procédure pour les actions en justice relatives aux dessins et modèles communautaires

SECTION I *Compétente judiciaire et exécution des décisions*

Art. 79 *Application de la convention d'exécution.* 1. A moins que le présent règlement n'en dispose autrement, les dispositions de la convention concernant la compétence judiciaire et l'exécution des décisions en matière civile et commerciale, signée à Bruxelles le 27 septembre 1968, ci-après dénommée « la convention d'exécution », sont applicables aux procédures concernant les dessins ou modèles communautaires et aux demandes d'enregistrement de dessins ou modèles communautaires, ainsi qu'aux procédures concernant les actions intentées sur la base de dessins ou modèles communautaires et de dessins ou modèles nationaux bénéficiant d'un cumul de protection.

2. Les dispositions de la convention d'exécution, applicables en vertu du paragraphe 1, ne produisent leurs effets à l'égard d'un État membre que dans le texte de la convention qui est en vigueur à l'égard de cet État à un moment donné.

3. En ce qui concerne les procédures résultant des actions et demandes visées à l'article 81 :

a) les articles 2 et 4, l'article 5, points 1, 3, 4 et 5, l'article 16, point 4, ainsi que l'article 24 de la convention d'exécution ne sont pas applicables ;

b) les articles 17 et 18 de la convention d'exécution sont applicables dans les limites prévues à l'article 82, paragraphe 4, du présent règlement ;

c) les dispositions du titre II de la convention d'exécution qui s'appliquent aux personnes domiciliées dans un État membre s'appliquent également aux personnes qui ne sont pas domiciliées dans un État membre, mais qui y ont un établissement.

4. Les dispositions de la convention d'exécution ne produisent pas leurs effets à l'égard d'un État membre dans lequel ladite convention n'est pas encore en application. Jusqu'à l'entrée en vigueur de ladite convention, les procédures visées au paragraphe 1 du présent article sont régies dans cet État membre par toute convention bilatérale ou multilatérale régissant ses relations avec un autre État membre concerné ou, à défaut d'une telle convention, par sa législation nationale en matière de compétence, de reconnaissance et d'exécution des décisions.

SECTION II *Litiges en matière de contrefaçon et de nullité des dessins ou modèles communautaires*

Art. 80 *Tribunaux des dessins ou modèles communautaires.* 1. Les États membres désignent sur leurs territoires un nombre aussi limité que possible de juridictions nationales de première et deuxième instance (tribunaux des dessins ou modèles communautaires), chargées de remplir les fonctions qui leur sont attribuées par le présent règlement.

2. Chaque État membre communique à la Commission au plus lard le 6 mars 2005 une liste des tribunaux des dessins ou modèles communautaires contenant l'indication de leur dénomination et de leur compétence territoriale.

3. Tout changement intervenant après la communication visée au paragraphe 2 et relatif au nombre, à la dénomination ou à la compétence territoriale desdits tribunaux est communiqué sans délai par l'État membre concerné à la Commission.

4. Les informations visées aux paragraphes 2 et 3 sont notifiées par la Commission aux États membres et publiées au *Journal officiel* des Communautés européennes.

5. Aussi longtemps qu'un État membre n'a pas procédé à la communication prévue au paragraphe 2, toute procédure résultant d'une action visée à l'article 81 et pour laquelle les tribunaux de cet État sont compétents en application de l'article 82, est portée devant le tribunal de cet État qui aurait compétence territoriale et d'attribution s'il s'agissait d'une procédure relative à un enregistrement de dessin ou modèle de l'État concerné.

En l'absence de communication des tribunaux compétents en matière de dessins ou modèles communautaires à la Commission des Communautés européennes, la République française a manqué aux obligations qui lui incombent en vertu de l'art. 80 du Règl. (CE) n° 2-2002. • CJCE 3 juin 2008 : *D. 2008. AJ 1898*.

Art. 81 *Compétence en matière de contrefaçon et de nullité.* Les tribunaux des dessins ou modèles communautaires ont compétence exclusive :

a) pour les actions en contrefaçon et — si la législation nationale les admet — en menace de contrefaçon d'un dessin ou modèle communautaire ;

b) pour les actions en constatation de non-contrefaçon, si la législation nationale les admet ;

c) pour les actions en nullité d'un dessin ou modèle communautaire non enregistré ;

d) pour les demandes reconventionnelles en nullité d'un dessin ou modèle communautaire présentées dans le cadre des actions visées au point *a)*.

Art. 82 *Compétence internationale.* 1. Sous réserve des dispositions du présent règlement ainsi que des dispositions de la convention d'exécution applicables en vertu de l'article 79, les procédures résultant des actions et demandes visées à l'article 81 sont portées devant les tribunaux de l'État membre sur le territoire duquel le défendeur a son domicile ou, si celui-ci n'est pas domicilié dans l'un des États membres, de tout État membre sur le territoire duquel il a un établissement.

2. Si le défendeur n'a ni son domicile ni un établissement sur le territoire d'un État membre, ces procédures sont portées devant les tribunaux de l'État membre sur le territoire duquel le demandeur a son domicile ou, si ce dernier n'est pas domicilié dans l'un des États membres, de tout État membre sur le territoire duquel il a un établissement.

3. Si ni le défendeur ni le demandeur ne sont ainsi domiciliés ou n'ont un tel établissement, ces procédures sont portées devant les tribunaux de l'État membre dans lequel l'Office a son siège.

4. Nonobstant les paragraphes 1, 2 et 3 :

a) l'article 17 de la convention d'exécution est applicable si les parties conviennent qu'un autre tribunal des dessins ou modèles communautaires est compétent ;

b) l'article 18 de la convention d'exécution est applicable si le défendeur comparaît devant un autre tribunal des dessins ou modèles communautaires.

5. Les procédures résultant des actions et demandes visées à l'article 81, points *a)* et *d)*, peuvent également être portées devant les tribunaux de l'État membre sur le territoire duquel le fait de contrefaçon a été commis ou menace d'être commis.

Art. 83 *Étendue de la compétence en matière de contrefaçon.* 1. Un tribunal des dessins ou modèles communautaires dont la compétence est fondée sur l'article 82, paragraphes 1, 2, 3 ou 4, est compétent pour statuer sur les faits de contrefaçon commis ou menaçant d'être commis sur le territoire de tout État membre.

2. Un tribunal des dessins ou modèles communautaires dont la compétence est fondée sur l'article 82, paragraphe 5, est compétent uniquement pour statuer sur les faits de contrefaçon commis ou menaçant d'être commis sur le territoire de l'État membre dans lequel est situé ce tribunal.

Art. 84 *Action ou demande reconventionnelle en nullité d'un dessin ou modèle communautaire.* 1. L'action ou la demande reconventionnelle en nullité d'un dessin ou modèle communautaire ne peut être fondée que sur les motifs de nullité énoncés à l'article 25.

2. Dans les cas visés à l'article 25, paragraphes 2, 3, 4 et 5, l'action ou la demande reconventionnelle ne peut être introduite que par la personne habilitée en vertu de ces dispositions.

3. Si la demande reconventionnelle est introduite dans un litige auquel le titulaire du dessin ou modèle communautaire n'est pas déjà partie, il en est informé et peut intervenir au litige conformément aux conditions prévues par la législation de l'État membre où le tribunal a son siège.

4. La validité d'un dessin ou modèle communautaire ne peut être contestée par une action en constatation de non-contrefaçon.

Art. 85 *Présomption de validité – Défense au fond.* 1. Dans les procédures résultant d'actions en contrefaçon ou en menace de contrefaçon d'un dessin ou modèle communautaire enregistré, les tribunaux des dessins ou modèles communautaires considèrent le dessin ou modèle communautaire comme valide. La validité ne peut être contestée que par une demande reconventionnelle en nullité. Toutefois, l'exception de nullité du dessin ou modèle communautaire présentée par une voie autre qu'une demande reconventionnelle est recevable dans la mesure où le défendeur fait valoir que le dessin ou modèle communautaire pourrait être déclaré nul en raison de l'existence d'un droit national antérieur du défendeur au sens de l'article 25, paragraphe 1, point d).

2. Dans les procédures résultant d'actions en contrefaçon ou en menace de contrefaçon d'un dessin ou modèle communautaire non enregistré, les tribunaux des dessins ou modèles communautaires considèrent le dessin ou modèle communautaire comme valide si le titulaire du dessin ou modèle apporte la preuve que les conditions prévues à l'article 11 sont remplies et s'il indique en quoi son dessin ou modèle communautaire présente un caractère individuel. Le défendeur peut, toutefois, en contester la validité par voie d'exception ou par une demande reconventionnelle en nullité.

• CJUE 19 juin 2014, n° C-345/13, *Karen Miller Fashion Ltd : V. note 1 ss. art. L. 511-9.*

Art. 86 *Décisions en matière de nullité.* 1. Lorsque, dans une procédure devant un tribunal des dessins ou modèles communautaires, la validité du dessin ou modèle communautaire a été contestée par une demande reconventionnelle :

a) si le tribunal estime qu'un des motifs de nullité visés à l'article 25 s'oppose au maintien du dessin ou modèle communautaire, il déclare la nullité du dessin ou du modèle communautaire ;

b) si le tribunal estime qu'aucun des motifs de nullité visés à l'article 25 ne s'oppose au maintien du dessin ou du modèle communautaire, il rejette la demande reconventionnelle.

2. Le tribunal des dessins ou modèles communautaires saisi d'une demande reconventionnelle en nullité d'un dessin ou modèle communautaire enregistré communique à l'Office la date à laquelle la demande a été introduite. L'Office inscrit ce fait au registre des dessins ou modèles communautaires.

3. Un tribunal des dessins ou modèles communautaires saisi d'une demande reconventionnelle en nullité d'un dessin ou modèle communautaire enregistré peut, à la demande du titulaire du dessin ou modèle communautaire enregistré et après audition des autres parties, surseoir à statuer et inviter le défendeur à présenter une demande en nullité à l'Office dans un délai que le tribunal lui impartit. Si cette demande n'est pas présentée dans ce délai, la procédure est poursuivie ; la demande reconventionnelle est réputée retirée. L'article 91, paragraphe 3, est applicable.

4. Lorsqu'un tribunal des dessins ou modèles communautaires a rendu une décision passée en force de chose jugée sur une demande reconventionnelle en nullité d'un dessin ou modèle communautaire enregistré, une copie de la décision est transmise à l'Office. Toute partie peut demander des informations quant à cette transmission. L'Office inscrit au registre des dessins ou modèles communautaires la mention de la décision dans les conditions prévues par le règlement d'exécution.

5. Aucune demande reconventionnelle en nullité d'un dessin ou modèle communautaire enregistré ne peut être introduite si une décision passée en force de chose jugée a déjà été rendue par l'Office entre les mêmes parties sur une demande ayant le même objet et la même cause.

Art. 87 *Effets de la décision en matière de nullité.* Lorsque la décision d'un tribunal des dessins ou modèles communautaires déclare la nullité d'un dessin ou modèle communautaire est passée en force de chose jugée, elle produit dans tous les États membres les effets énoncés à l'article 26.

Art. 88 *Droit applicable.* 1. Les tribunaux des dessins ou modèles communautaires appliquent les dispositions du présent règlement.

2. Pour toutes les questions qui n'entrent pas dans le champ d'application du présent règlement, le tribunal des dessins ou modèles communautaires applique son droit national, y compris son droit international privé.

3. A moins que le présent règlement n'en dispose autrement, le tribunal des dessins ou modèles communautaires applique les règles de procédure applicables au même type de procédures relatives à un enregistrement de dessin ou modèle dans l'État membre sur le territoire duquel ce tribunal est situé.

Art. 89 *Sanctions de l'action en contrefaçon.* 1. Lorsque, dans une action en contrefaçon ou en menace de contrefaçon, un tribunal des dessins ou modèles communautaires constate que le défendeur a contrefait ou menacé de contrefaire un dessin ou modèle communautaire, il rend, sauf s'il y a des raisons particulières de ne pas agir de la sorte, les ordonnances suivantes :

a) une ordonnance interdisant au défendeur de poursuivre les actes de contrefaçon ou de menace de contrefaçon ;

b) une ordonnance de saisie des produits de contrefaçon ;

c) une ordonnance de saisie des matériaux et instruments ayant principalement servi à la création ou à la fabrication des marchandises de contrefaçon, si leur propriétaire connaissait le but de l'utilisation de ces matériaux ou instruments ou si ce but était flagrant dans les circonstances considérées ;

d) toute ordonnance infligeant d'autres sanctions indiquées dans le cas d'espèce et prévues par la loi, y compris le droit international privé, de l'État membre dans lequel les actes de contrefaçon ou de menace de contrefaçon ont été commis.

2. Le tribunal des dessins ou modèles communautaires prend, conformément à la loi nationale, les mesures propres à garantir le respect des ordonnances visées au paragraphe 1.

Art. 90 *Mesures provisoires et conservatoires.* 1. Les mesures provisoires et conservatoires prévues par la loi d'un État membre à propos des dessins ou modèles nationaux peuvent être demandées, à propos d'un dessin ou modèle communautaire, aux autorités judiciaires, y compris les tribunaux des dessins ou modèles communautaires de cet État, même si en vertu du présent règlement une juridiction des dessins ou modèles communautaires d'un autre État membre est compétente pour connaître du fond.

2. Dans les procédures concernant des mesures provisoires et conservatoires, l'exception de nullité d'un dessin ou modèle communautaire soulevée par le défendeur autrement que par la voie d'une demande reconventionnelle est recevable. L'article 85, paragraphe 2, s'applique *mutatis mutandis.*

3. Un tribunal des dessins ou modèles communautaires dont la compétence est fondée sur l'article 82, paragraphes 1, 2, 3 ou 4, est compétent pour ordonner des mesures provisoires ou conservatoires qui, sous réserve de toute procédure requise aux fins de la reconnaissance et de l'exécution conformément au titre III de la convention d'exécution, sont applicables sur le territoire de tout État membre. Cette compétence n'appartient à aucune autre juridiction.

Art. 91 *Règles spécifiques en matière de connexité.* 1. Sauf s'il existe des raisons particulières de poursuivre la procédure, un tribunal des dessins ou modèles communautaires saisi d'une action visée à l'article 81, à l'exception d'une action en constatation de non-contrefaçon, sursoit à statuer de sa propre initiative après audition des parties ou à la demande de l'une des parties et après audition des autres parties, lorsque la validité du dessin ou modèle communautaire est déjà contestée par une demande reconventionnelle devant un autre tribunal des dessins ou modèles communautaires ou que, s'agissant d'un dessin ou modèle communautaire enregistré, une demande en nullité a déjà été introduite auprès de l'Office.

2. Sauf s'il existe des raisons particulières de poursuivre la procédure, l'Office saisi d'une demande en nullité d'un dessin ou modèle communautaire enregistré sursoit à statuer de sa propre initiative après audition des parties ou à la demande de l'une des parties et après audition des autres parties, lorsque la validité du dessin ou modèle communautaire enregistré est déjà contestée par une demande reconventionnelle devant un tribunal des dessins ou modèles communautaires. Toutefois, si l'une des parties à la procédure devant le tribunal des dessins ou modèles communautaires le demande, le tribunal peut, après audition des autres parties à cette procédure, surseoir à statuer. Dans ce cas, l'Office poursuit la procédure pendant devant lui.

3. Le tribunal des dessins ou modèles communautaires qui sursoit à statuer peut ordonner des mesures provisoires ou conservatoires pour la durée de la suspension.

Art. 92 *Compétence des tribunaux des dessins ou modèles communautaires de deuxième instance – Pourvoi en cassation.* 1. Les décisions des tribunaux des dessins ou modèles communautaires de première instance rendues dans les procédures résultant des actions et demandes visées à l'article 81 sont susceptibles de recours devant les tribunaux des dessins ou modèles communautaires de deuxième instance.

2. Les conditions dans lesquelles un recours peut être formé devant un tribunal des dessins ou modèles communautaires de deuxième instance sont déterminées par la loi nationale de l'État membre sur le territoire duquel ce tribunal est situé.

3. Les dispositions nationales relatives au pourvoi en cassation sont applicables aux décisions des tribunaux des dessins ou modèles communautaires de deuxième instance.

SECTION III *Autres litiges relatifs aux dessins et modèles communautaires*

Art. 93 *Dispositions complémentaires concernant la compétence des tribunaux nationaux autres que les tribunaux des dessins ou modèles communautaires.* 1. Dans l'État membre dont les tribunaux sont compétents conformément à l'article 79, paragraphes 1 ou 4, les actions en matière de dessins ou modèles communautaires autres que celles visées à l'article 81 sont portées devant les tribunaux qui auraient compétence territoriale et d'attribution s'il s'agissait d'actions relatives aux enregistrements nationaux de dessins ou modèles dans l'État concerné.

2. Lorsque, en vertu de l'article 79, paragraphes 1 et 4, et du paragraphe 1 du présent article, aucun tribunal n'est compétent pour connaître d'une action relative à un dessin ou modèle communautaire autre que celles visées à l'article 81, cette action peut être portée devant les tribunaux de l'État membre sur le territoire duquel l'Office a son siège.

Art. 94 *Obligation du tribunal national.* Le tribunal national saisi d'une action relative à un dessin ou modèle communautaire autre que les actions visées à l'article 81 doit tenir ce dessin ou modèle communautaire pour valide. L'article 85, paragraphe 2, et l'article 90, paragraphe 2, sont, toutefois, applicables *mutatis mutandis*.

TITRE X Incidences sur le droit des États membres

Art. 95 *Actions intentées parallèlement sur la base des dessins ou modèles communautaires et sur la base d'enregistrements nationaux de dessins ou modèles.* 1. Lorsque des actions en contrefaçon ou en menace de contrefaçon sont formées pour les mêmes faits et entre les mêmes parties devant des juridictions d'États membres différents saisies l'une sur la base d'un dessin ou modèle communautaire et l'autre sur la base d'un enregistrement national de dessin ou modèle ouvrant droit à un cumul de protection, la juridiction saisie en second lieu doit, même d'office, se dessaisir en faveur du tribunal premier saisi. La juridiction qui devrait se dessaisir peut surseoir à statuer si la compétence de l'autre juridiction est contestée.

2. Le tribunal des dessins ou modèles communautaires saisi d'une action en contrefaçon ou en menace de contrefaçon sur la base d'un dessin ou modèle communautaire rejette l'action si, sur les mêmes faits, un jugement définitif a été rendu sur le fond entre les mêmes parties sur la base d'un enregistrement national d'un sujet d'un dessin ou modèle ouvrant droit à un cumul de protection.

3. La juridiction saisie d'une action en contrefaçon ou en menace de contrefaçon sur la base de l'enregistrement national d'un dessin ou modèle rejette l'action si, sur les mêmes faits, un jugement définitif a été rendu sur le fond entre les mêmes parties sur la base d'un dessin ou modèle communautaire ouvrant droit à un cumul de protection.

4. Les paragraphes 1, 2 et 3 ne s'appliquent pas aux mesures provisoires et conservatoires.

Art. 96 *Rapports avec les autres formes de protection prévues par les législations nationales.* 1. Le présent règlement s'applique sans préjudice des dispositions du droit communautaire ou du droit de l'État membre concerné applicables aux dessins ou modèles non enregistrés, aux marques et autres signes distinctifs, aux brevets et modèles d'utilité, aux caractères typographiques, à la responsabilité civile et à la concurrence déloyale.

2. Un dessin ou modèle protégé par un dessin ou modèle communautaire bénéficie également de la protection accordée par la législation sur le droit d'auteur des États membres à partir de la date à laquelle il a été créé ou fixé sous une forme quelconque. La portée et les conditions d'obtention de cette protection, y compris le degré d'originalité requis, sont déterminées par chaque État membre.

TITRE XI Dispositions additionnelles relatives à l'Office

SECTION I *Dispositions générales*

Art. 97 *Disposition générale.* Sauf dispositions contraires du présent titre, le titre XII du règlement sur la marque communautaire s'applique à l'Office en ce qui concerne les missions qui lui sont dévolues en vertu du présent règlement.

Art. 98 *Langue de procédure.* 1. La demande d'enregistrement d'un dessin ou modèle communautaire est déposée dans une des langues officielles de la Communauté.

2. Le demandeur doit indiquer une deuxième langue qui est une langue de l'Office, dont il accepte l'usage comme langue éventuelle de procédure devant l'Office.

Si la demande a été faite dans une langue qui n'est pas une langue de l'Office, celui-ci veille à assurer la traduction de la demande dans la langue indiquée par le demandeur.

3. Lorsque l'auteur d'une demande d'enregistrement de dessin ou modèle communautaire est la seule partie aux procédures devant l'Office, la langue de procédure est la langue utilisée pour le dépôt de la demande d'enregistrement. Si le dépôt a été fait dans une langue autre que celles de l'Office, l'Office peut envoyer des communications écrites au demandeur dans la deuxième langue indiquée par lui dans la demande.

4. Dans le cas des procédures en nullité, la langue de procédure est la langue utilisée pour le dépôt de la demande d'enregistrement si celle-ci est une langue de l'Office. Si le dépôt a été fait dans une langue autre que celles de l'Office, la langue de procédure est la deuxième langue indiquée dans la demande.

La demande de nullité est déposée dans la langue de procédure.

Lorsque la langue de procédure n'est pas la langue utilisée pour le dépôt, le titulaire du dessin ou modèle communautaire peut produire des observations dans la langue de dépôt. L'Office veille à assurer la traduction de ces observations dans la langue de procédure.

Le règlement d'exécution peut prévoir que les dépenses de traduction mises à la charge de l'Office ne peuvent, sauf dérogation accordée par l'Office lorsque la complexité de l'affaire le justifie, dépasser un montant qui est fixé pour chaque type de procédure en fonction de la taille moyenne des mémoires reçus par l'Office. Les dépenses allant au-delà de ce montant pourront être mises à la charge de la partie perdante conformément à l'article 70.

5. Les parties dans la procédure en nullité peuvent convenir qu'une autre langue officielle de la Communauté soit la langue de procédure.

Art. 99 *Publication et registre.* 1. Toutes les informations dont la publication est prescrite par le présent règlement ou par le règlement d'exécution sont publiées dans toutes les langues officielles de la Communauté.

2. Toutes les inscriptions au registre des dessins ou modèles communautaires sont faites dans toutes les langues officielles de la Communauté.

3. En cas de doute, le texte dans la langue de l'Office dans lequel la demande de dessin ou modèle communautaire a été déposée fait foi. Si le dépôt a eu lieu dans une langue officielle de la Communauté autre que l'une des langues de l'Office, le texte établi dans la deuxième langue indiquée par le demandeur fait foi.

Art. 100 *Compétences supplémentaires du président.* En complément des fonctions et des compétences octroyées au président de l'Office par l'article 119 du règlement sur la marque communautaire, le président peut soumettre à la Commission tout projet de modification du présent règlement, du règlement d'exécution, du règlement relatif aux taxes, ou toute autre réglementation pour autant qu'elle s'applique aux dessins ou modèles communautaires enregistrés, après avoir entendu le conseil d'administration et, en ce qui concerne le règlement relatif au*[x.]* taxes, le comité budgétaire.

Art. 101 *Compétences supplémentaires du conseil d'administration.* En complément des compétences qui lui sont octroyées par l'article 121 et suivants du règlement sur la marque communautaire ou par d'autres dispositions du présent règlement, le conseil d'administration :

a) fixe la date à partir de laquelle les demandes d'enregistrement de dessins ou modèles communautaires peuvent être déposées conformément à l'article 111, paragraphe 2 ;

b) est consulté avant l'adoption des directives relatives à l'examen des conditions de forme, à l'examen des motifs de refus d'enregistrement et aux actions en nullité qui se déroulent devant l'Office ainsi que dans les autres cas prévus par le présent règlement.

SECTION II *Procédures*

Art. 102 *Compétence.* Sont compétents pour prendre toute décision dans le cadre des procédures prescrites par le présent règlement :
a) les examinateurs ;
b) la division de l'administration des marques, dessins et modèles et des questions juridiques ;
c) les divisions d'annulation ;
d) les chambres de recours.

Art. 103 *Examinateurs.* L'examinateur est compétent pour prendre au nom de l'Office toute décision concernant les demandes d'enregistrement d'un dessin ou modèle communautaire.

Art. 104 *Division de l'administration des marques, dessins et modèles et des questions juridiques.* 1. La division de l'administration des marques et des questions juridiques prévue par l'article 128 du règlement sur la marque communautaire devient la division de l'administration des marques, dessins et modèles et des questions juridiques.
2. En complément des compétences qui lui sont octroyées par le règlement sur la marque communautaire, elle est compétente pour toute décision requise par le présent règlement et qui ne relève pas de la compétence d'un examinateur ou d'une division d'annulation. Elle est compétente, en particulier, pour toute décision relative aux inscriptions au registre des dessins ou modèles communautaires.

Art. 105 *Divisions d'annulation.* 1. Une division d'annulation est compétente pour toute décision relative aux demandes en nullité d'un dessin ou modèle communautaire enregistré.
2. Une division d'annulation se compose de trois membres. Au moins l'un de ses membres est juriste.

Art. 106 *Chambres de recours.* En complément des compétences qui leur sont octroyées par l'article 131 du règlement sur la marque communautaire, les chambres de recours instaurées par ledit règlement sont compétentes pour statuer sur les recours formés contre les décisions relatives aux dessins ou modèles communautaires rendues par les examinateurs, les divisions d'annulation et la division de l'administration des marques, dessins et modèles et des questions juridiques.

TITRE XI *BIS* Enregistrement international des dessins ou modèles

(Règl. (CE) n° 1891/2006 du 18 déc. 2006, art. 2)

SECTION I *Généralités*

Art. 106 *bis* *Application des dispositions.* 1. Sauf disposition contraire dans le présent titre, le présent règlement et tout règlement d'exécution de celui-ci, adopté conformément à l'article 109, est applicable, *mutatis mutandis*, à tout enregistrement de dessins ou modèles industriels au registre international tenu par le bureau international de l'Organisation mondiale de la propriété intellectuelle (ci-après dénommés respectivement "l'enregistrement international" et "Bureau international") désignant la Communauté, au titre de l'acte de Genève.
2. Toute inscription d'un enregistrement international désignant la Communauté au registre international produit les mêmes effets que si elle avait été effectuée au registre des dessins ou modèles communautaires de l'Office, et toute publication d'un enregistrement international désignant la Communauté au Bulletin du bureau international produit les mêmes effets qu'une publication au *Bulletin des dessins et modèles communautaires*.

SECTION II *Enregistrements internationaux désignant la Communauté*

Art. 106 *ter* *Procédure de dépôt de la demande internationale.* Les demandes internationales faites conformément à l'article 4, paragraphe 1, de l'acte de Genève sont déposées directement auprès du bureau international.

Art. 106 *quater* *Taxes de désignation.* Les taxes de désignation prescrites, visées à l'article 7, paragraphe 1, de l'acte de Genève sont remplacées par une taxe de désignation individuelle.

Art. 106 *quinquies* *Effets d'un enregistrement.* 1. A partir de la date d'enregistrement visée à l'article 10, paragraphe 2, de l'acte de Genève, un enregistrement international désignant la Communauté produit les mêmes effets qu'une demande d'enregistrement d'un dessin ou modèle communautaire.

2. Si aucun refus n'a été notifié ou si un refus éventuel a été retiré, l'enregistrement international d'un dessin ou modèle désignant la Communauté produit, à partir de la date visée au paragraphe 1, les mêmes effets que l'enregistrement d'un dessin ou modèle en tant que dessin ou modèle communautaire enregistré.

3. L'Office fournit des informations sur les enregistrements internationaux visés au paragraphe 2, conformément aux conditions énoncées dans le règlement d'exécution.

Art. 106 *sexies* *Rejet.* 1. Les notifications de refus sont transmises par l'Office au bureau international dans un délai ne dépassant par six mois à compter de la date de publication de l'enregistrement international si, lors de l'examen d'un enregistrement international, l'Office constate que le dessin ou modèle faisant l'objet de la demande de protection ne répond pas à la définition visée à l'article 3, point a), ou qu'il est contraire à l'ordre public et aux bonnes mœurs.

La notification indique les motifs sur lesquels le refus est fondé.

2. Les effets d'un enregistrement international dans la Communauté ne sont pas refusés tant que le titulaire n'a pas été mis en mesure de renoncer à l'enregistrement international en ce qui concerne la Communauté ou de présenter ses observations.

3. Les conditions de l'examen relatif aux motifs de rejet sont énoncées dans le règlement d'exécution.

Art. 106 *septies* *Invalidation des effets d'un enregistrement international.* 1. Les effets d'un enregistrement international dans la Communauté peuvent être déclarés invalides en tout ou partie, conformément à la procédure visée aux titres VI et VII, ou par un tribunal des dessins ou modèles communautaires sur la base d'une demande reconventionnelle dans le cadre d'une action en contrefaçon.

2. Lorsque l'Office a connaissance de la nullité, il en informe le bureau international.

TITRE XII Dispositions finales

Art. 107 *Règlement d'exécution.* 1. Les modalités d'application du présent règlement sont fixées par un règlement d'exécution.

2. Outre les taxes déjà prévues par le présent règlement, des taxes sont exigibles, selon les modalités d'application fixées par le règlement d'exécution et par un règlement relatif aux taxes, dans les cas suivants :

a) paiement tardif de la taxe d'enregistrement ;
b) paiement tardif de la taxe de publication ;
c) paiement tardif de la taxe d'ajournement de la publication ;
d) paiement tardif des taxes additionnelles pour les demandes multiples ;
e) délivrance d'une copie du certificat d'enregistrement ;
f) enregistrement du transfert du dessin ou modèle communautaire enregistré ;
g) enregistrement d'une licence ou d'un autre droit sur un dessin ou modèle communautaire enregistré ;
h) radiation de l'enregistrement d'une licence ou d'un autre droit ;
i) délivrance d'un extrait du registre ;
j) inspection des dossiers ;
k) délivrance de copies de documents de dépôt ;
l) communication d'informations contenues dans un dossier ;
m) réexamen de la fixation des frais de procédure à rembourser ;
n) délivrance de copies certifiées d'une demande.

3. Le règlement d'exécution et le règlement relatif aux taxes sont adoptés et modifiés conformément à la procédure prévue à l'article 109, paragraphe 2.

Art. 108 *Règlements de procédure des chambres de recours.* Les règlements de procédure des chambres de recours s'appliquent aux recours dont sont saisies ces instances en vertu du présent règlement, sans préjudice de toute modification nécessaire ou de toute disposition supplémentaire, et sont adoptés conformément à la procédure prévue à l'article 109, paragraphe 2.

Art. 109 *Comité.* 1. La Commission est assistée par un comité.

2. Dans le cas où il est fait référence au présent paragraphe, les articles 5 et 7 de la décision 1999/468/CE s'appliquent.

La période prévue à l'article 5, paragraphe 6, de la décision 1999/468/CE est fixée à trois mois.

3. Le comité adopte son règlement intérieur.

Art. 110 *Disposition transitoire.* 1. Jusqu'à la date d'entrée en vigueur des modifications apportées au présent règlement, sur proposition de la Commission à ce sujet, une protection au titre de dessin ou modèle communautaire n'existe pas à l'égard d'un dessin ou modèle qui constitue une pièce d'un produit complexe qui est utilisée au sens de l'article 19, paragraphe 1, dans le but de permettre la réparation de ce produit complexe en vue de lui rendre son apparence initiale.

2. La proposition de la Commission, visée au paragraphe 1, sera présentée en même temps que les changements que la Commission soumettra sur le même sujet conformément à l'article 18 de la directive 98/71/CE et tiendra compte de ces changements.

Art. 110 *bis* *Dispositions liées à l'élargissement de la Communauté.* *(Acte d'adhésion, JOUE L 236 du 23 sept. 2003)* 1. A compter de la date d'adhésion de la République tchèque, de l'Estonie, de Chypre, de la Lettonie, de la Lituanie, de la Hongrie, de Malte, de la Pologne, de la Slovénie et de la Slovaquie (ci-après dénommés « nouvel(nouveaux) État(s) membre(s) »), la protection conférée par un dessin ou modèle communautaire ou par le dépôt de la demande conformément au présent règlement avant la date d 'adhésion est étendue au territoire de ces États membres afin de produire les mêmes effets dans l'ensemble de la Communauté.

2. Une demande d'enregistrement d'un dessin ou modèle communautaire ne saurait être rejetée sur la base d'un des motifs de rejet des demandes d'enregistrement énumérés à l'article 47, paragraphe 1, si ces motifs sont devenus applicables uniquement du fait de l'adhésion d'un nouvel État membre.

3. Un dessin ou modèle communautaire visé au paragraphe 1 ne peut être déclaré nul en vertu de l'article 25, paragraphe 1, si les motifs de nullité sont devenus applicables uniquement du fait de l'adhésion d'un nouvel État membre.

4. Le demandeur ou le détenteur d'un droit antérieur dans un nouvel État membre peut s'opposer à l'usage d'un dessin ou modèle communautaire relevant de l'article 25, paragraphe 1, points d), e) ou f) sur le territoire où le droit antérieur est protégé. Aux fins de la présente disposition, 'droit antérieur' signifie un droit acquis ou appliqué de bonne foi avant l'adhésion.

5. Les paragraphes 1, 3 et 4 ci-dessus s'appliquent également aux dessins et modèles communautaires non enregistrés. Conformément à l'article 11, un dessin ou modèle qui n'a pas été divulgué au public sur le territoire de la Communauté ne bénéficie pas de la protection en qualité de dessin ou modèle communautaire non enregistré.

Art. 111 *Entrée en vigueur.* 1. Le présent règlement entre en vigueur le soixantième jour suivant celui de sa publication au *Journal officiel* des Communautés européennes*[JOCE L 3 du 5 janv. 2002.]*.

2. Les demandes d'enregistrement des dessins ou modèles communautaires peuvent être déposées à l'Office à compter de la date fixée par le conseil d'administration sur recommandation du président de l'Office.

3. Les demandes d'enregistrement des dessins ou modèles communautaires déposées dans les trois mois précédant la date visée au paragraphe 2 sont réputées avoir été présentées à cette date.

Règlement (CE) n° 2245/2002 du 21 octobre 2002,

Portant modalités d'application du règlement (CE) n° 6/2002 du Conseil sur les dessins ou modèles communautaires.

(1) Le règlement (CE) n° 6/2002 crée un système qui permet d'obtenir un dessin ou modèle valable sur tout le territoire de la Communauté en déposant une demande auprès de l'Office de l'harmonisation dans le marché intérieur (marques, dessins et modèles), ci-après dénommé « l'Office ».

(2) A cet effet, le règlement (CE) n° 6/2002 contient les dispositions nécessaires pour une procédure aboutissant à l'enregistrement d'un dessin ou modèle communautaire, ainsi que pour l'administration des dessins ou modèles communautaires enregistrés, pour une procédure de recours contre les décisions de l'Office et pour une procédure d'annulation d'un dessin ou modèle communautaire.

(3) Le présent règlement prévoit les mesures qui sont nécessaires à la mise en œuvre des dispositions du règlement (CE) n° 6/2002.

(4) Le présent règlement doit assurer le bon déroulement des procédures en matière de dessins ou modèles communautaires devant l'Office.

(5) Les mesures prévues au présent règlement sont conformes à l'avis du comité institué par l'article 109 du règlement (CE) nº 6/2002.

CHAPITRE PREMIER *Procédure de dépôt*

Art. 1er *Contenu de la demande.* 1. La demande d'un dessin ou modèle communautaire enregistré doit contenir :

a) une requête en enregistrement d'un dessin ou modèle en tant que dessin ou modèle communautaire enregistré ;

b) le nom, l'adresse et la nationalité du demandeur, ainsi que l'État sur le territoire duquel le demandeur a son domicile, son siège ou un établissement. Les personnes physiques doivent être désignées par leurs nom et prénom(s). Les personnes morales doivent figurer sous leur dénomination officielle, éventuellement sous leur abréviation d'usage ; l'État dont la législation est applicable doit également être indiqué.

Les numéros de téléphone et de télécopieur et tout autre moyen de communication éventuel, tel que l'adresse électronique, peuvent être indiqués. Il est préférable de n'indiquer qu'une seule adresse par demandeur ; au cas où plusieurs adresses sont mentionnées, seule l'adresse figurant en première position est prise en considération, sauf lorsque le demandeur a élu domicile à l'une des adresses indiquées. Si l'Office a attribué un numéro d'identification au demandeur, il suffit d'indiquer ce numéro ainsi que le nom du demandeur ;

c) une représentation du dessin ou modèle conformément à l'article 4 du présent règlement ou, si la demande concerne un dessin ou modèle bidimensionnel et comprend une demande d'ajournement de la publication conformément à l'article 50 du règlement (CE) nº 6/2002, un spécimen, conformément à l'article 5 du présent règlement ;

d) une indication, conformément à l'article 3, paragraphe 3, des produits dans lesquels le dessin ou modèle est destiné à être incorporé ou auxquels il est destiné à être appliqué ;

e) si le demandeur a désigné un représentant, les nom et adresse professionnelle de ce dernier, conformément au point *b)* ; si le représentant a plusieurs adresses professionnelles ou si le demandeur a désigné plusieurs représentants ayant des adresses professionnelles différentes, la demande doit préciser l'adresse à laquelle il a été fait élection de domicile ; à défaut d'une telle précision, seule la première adresse indiquée est considérée comme le domicile élu. En cas de pluralité de demandeurs, il est possible de désigner, dans la demande, un seul demandeur ou représentant en qualité de représentant commun. Si l'Office a attribué un numéro d'identification au représentant, il suffit d'indiquer ce numéro d'identification ainsi que le nom du représentant ;

f) le cas échéant, une déclaration selon laquelle la priorité d'une demande antérieure est revendiquée en vertu de l'article 42 du règlement (CE) nº 6/2002, qui mentionne la date de cette demande antérieure et l'État dans lequel ou pour lequel elle a été déposée ;

g) le cas échéant, une déclaration selon laquelle la priorité d'exposition est revendiquée en application de l'article 44 du règlement (CE) nº 6/2002, qui mentionne le nom de l'exposition et la date de la première présentation des produits dans lesquels le dessin ou modèle est incorporé ou auxquels il est appliqué ;

h) l'indication de la langue dans laquelle la demande est déposée et de la deuxième langue, conformément à l'article 98, paragraphe 2, du règlement (CE) nº 6/2002 ;

i) la signature du demandeur ou de son représentant conformément à l'article 65.

2. La demande peut contenir :

a) une description unique par dessin ou modèle, de 100 mots au maximum, expliquant la représentation du dessin ou modèle ou du spécimen ; la description ne doit porter que sur les caractéristiques qui figurent sur les reproductions du dessin ou modèle ou du spécimen ; elle ne comporte pas de déclarations sur la prétendue nouveauté ou le caractère individuel du dessin ou modèle, ou sur sa valeur technique ;

b) une demande d'ajournement de la publication de l'enregistrement, conformément à l'article 50, paragraphe 1, du règlement (CE) nº 6/2002 ;

c) l'indication de la « classification de Locarno » des produits concernés par la demande, c'est-à-dire des classes ou sous-classes auxquelles ils appartiennent conformément à l'annexe de l'arrangement de Locarno du 8 octobre 1968 instituant une classification internationale pour les dessins et modèles industriels (ci-après dénommé « l'arrangement de Locarno »), visé à l'article 3 et sous réserve de l'article 2, paragraphe 2 ;

d) la désignation du créateur ou de l'équipe de créateurs ou une déclaration signée par le demandeur attestant que le créateur ou l'équipe de créateurs a renoncé au droit à être désigné conformément à l'article 36, paragraphe 3, point *e)*, du règlement (CE) nº 6/2002.

Art. 2 *Demande multiple.* 1. Une demande peut être une demande multiple, qui contient une requête en enregistrement de plusieurs dessins ou modèles.

2. Si plusieurs dessins ou modèles autres qu'une ornementation sont combinés en une demande multiple, la demande est divisée si les produits dans lesquels les dessins ou modèles sont destinés à être incorporés ou auxquels ils sont destinés à être appliqués font partie de plusieurs classes de la classification de Locarno.

3. Pour chaque dessin ou modèle compris dans une demande multiple, le demandeur fournit une représentation du dessin ou modèle conformément à l'article 4 et l'indication du produit dans lequel le dessin ou modèle est destiné à être incorporé ou auquel il est destiné à être appliqué.

4. Le demandeur numérote les dessins ou modèles compris dans une demande multiple, dans l'ordre et en chiffres arabes.

Art. 3 *Classification et désignation des produits.* 1. Les produits sont classifiés conformément à l'article 1er de l'arrangement de Locarno, tel que modifié et en vigueur à la date du dépôt du dessin ou modèle.

2. La classification des produits est effectuée à des fins exclusivement administratives.

3. La désignation des produits doit être établie de manière à faire apparaître clairement leur nature et à ne permettre la classification de chaque produit que dans une seule classe de la classification de Locarno, en utilisant de préférence les termes figurant sur la liste de produits de cette classification.

4. Les produits sont regroupés sur le modèle de la classification de Locarno, chaque groupe étant précédé du numéro de la classe à laquelle appartient le groupe de produits et présenté dans l'ordre des classes et sous-classes de cette classification.

Art. 4 *Représentation du dessin ou modèle.* 1. La représentation du dessin ou modèle consiste en une reproduction graphique ou photographique du dessin ou modèle en noir et blanc ou en couleur. Elle répond aux conditions suivantes :

a) sauf dans le cas où la demande est transmise par des moyens électroniques conformément à l'article 67, la représentation est introduite sur des feuilles de papier séparées ou reproduite sur la page prévue à cet effet sur le formulaire fourni par l'Office conformément à l'article 68 ;

b) dans le cas de feuilles de papier séparées, le dessin ou modèle est reproduit sur du papier blanc opaque, et collé ou directement imprimé. Seul un exemplaire est déposé et les feuilles de papier ne sont ni pliées ni agrafées ;

c) le format de la feuille séparée est le format DIN A4 [29,7 centimètres (cm) de haut, 21 cm de large] et l'espace utilisé pour la reproduction ne dépasse pas 26,2 cm × 17 cm. Une marge d'au moins 2,5 cm est prévue à gauche ; le nombre de vues est indiqué en haut de chaque feuille de papier conformément au paragraphe 2, ainsi que, dans le cas d'une demande multiple, le numéro d'ordre du dessin ou modèle ; aucun texte explicatif, terme ou symbole autres que la mention « haut » ou les nom et adresse du demandeur ne peut être indiqué ;

d) si la demande est transmise par des moyens électroniques, la reproduction graphique ou photographique des dessins ou modèles se présente dans le format de données déterminé par le président de l'Office ; la manière d'identifier les différents dessins ou modèles compris dans une demande multiple ou les différentes vues est déterminée par le président de l'Office ;

e) le dessin ou modèle est reproduit sur fond neutre et n'est pas retouché à l'encre ou au fluide correcteur. Il doit être d'une qualité suffisante pour distinguer clairement tous les détails de l'objet pour lequel la protection est demandée et permettre sa réduction ou son agrandissement au format maximal de 8 cm × 16 cm par vue pour son inscription au registre des dessins ou modèles communautaires prévu à l'article 72 du règlement (CE) n° 6/2002, ci-après dénommé « le registre », et pour sa publication directe dans le *Bulletin des dessins ou modèles communautaires* visé à l'article 73 dudit règlement.

2. La représentation ne peut contenir plus de sept vues différentes du dessin ou modèle. Une reproduction graphique ou photographique ne peut contenir qu'une seule vue. Le demandeur numérote chaque vue en chiffres arabes séparés par un point, le premier chiffre indiquant le numéro du dessin ou modèle, le second, le numéro de la vue.

Si plus de sept vues sont fournies, l'Office peut refuser l'enregistrement et la publication de toute vue supplémentaire. L'Office prend en considération les vues dans l'ordre dans lequel elles sont numérotées par le demandeur.

3. Si une demande concerne un dessin ou modèle qui consiste en un motif superficiel répétitif, la représentation du dessin ou modèle montre le motif entier et une part suffisante de la surface répétitive.

Les limitations de format prévues au paragraphe 1, point *c)*, sont applicables.

4. Si une demande concerne un dessin ou modèle qui consiste en une police typographique, la représentation du dessin ou modèle se compose d'une chaîne de l'ensemble des caractères alphabétiques, majuscules et minuscules, et de l'ensemble des caractères numériques en chiffres arabes, ainsi que d'un texte de cinq lignes produites en utilisant ladite police, les lettres et caractères numériques étant en taille de police 16.

Art. 5 *Spécimens.* 1. Si la demande porte sur un dessin ou modèle bidimensionnel et comprend une demande d'ajournement de la publication conformément à l'article 50, paragraphe 1, du règlement (CE) n° 6/2002, la représentation du dessin ou modèle peut être remplacée par un spécimen collé sur une feuille de papier.

Les demandes pour lesquelles un spécimen est introduit doivent être envoyées sous le même pli ou directement remises au bureau de dépôt.

La demande et le spécimen sont présentés ensemble.

2. Les spécimens ne doivent pas dépasser les dimensions de 26,2 cm × 17 cm, ni peser plus de 50 grammes, et leur épaisseur est limitée à 3 millimètres (mm). Ils doivent pouvoir être stockés sans être pliés, avec les documents du format prévu à l'article 4, paragraphe 1, point *c)*.

3. Les spécimens périssables et dont le stockage est dangereux ne sont pas déposés.

Le spécimen est déposé en cinq exemplaires ; dans le cas d'une demande multiple, cinq exemplaires du spécimen sont déposés pour chaque dessin ou modèle.

4. Si le dessin ou modèle est un motif superficiel répétitif, le spécimen montre le motif entier et une part suffisante de la surface répétitive dans le sens de la longueur et de la largeur. Les limitations prévues au paragraphe 2 sont applicables.

Art. 6 *Taxes à payer pour le dépôt.* 1. Les taxes suivantes doivent être payées au moment du dépôt de la demande à l'Office :

a) la taxe d'enregistrement ;

b) la taxe de publication ou la taxe d'ajournement si l'ajournement de la publication a été demandé ;

c) une taxe supplémentaire d'enregistrement pour chaque dessin ou modèle supplémentaire compris dans une demande multiple ;

d) une taxe supplémentaire de publication pour chaque dessin ou modèle supplémentaire compris dans une demande multiple, ou une taxe supplémentaire d'ajournement pour chaque dessin ou modèle supplémentaire compris dans une demande multiple si cet ajournement a été demandé.

2. Si la demande comprend une demande d'ajournement de la publication de l'enregistrement, la taxe de publication et toute taxe supplémentaire de publication pour chaque dessin ou modèle supplémentaire compris dans une demande multiple sont payées dans le délai fixé à l'article 15, paragraphe 4.

Art. 7 *Dépôt de la demande.* 1. L'Office appose, sur les documents dont se compose la demande, la date de réception et le numéro de dossier attribué à la demande.

Chaque dessin ou modèle compris dans une demande multiple est numéroté par l'Office selon un système déterminé par son président.

L'Office délivre sans délai au demandeur un récépissé sur lequel figurent le numéro de dossier, la représentation, la description ou tout autre moyen d'identification du dessin ou modèle, la nature des documents et leur nombre, ainsi que la date de réception de la demande.

Dans le cas d'une demande multiple, le récépissé délivré par l'Office identifie le premier dessin ou modèle ainsi que le nombre de dessins ou modèles déposés.

2. Lorsque la demande est déposée auprès du service central de la propriété industrielle d'un État membre ou auprès du Bureau Benelux des dessins ou modèles conformément à l'article 35 du règlement (CE) n° 6/2002, ces autorités numérotent toutes les pages de la demande en chiffres arabes. Elles indiquent sur les documents la date de réception et le nombre de pages avant de transmettre la demande à l'Office.

Elles délivrent sans délai au demandeur un récépissé indiquant la nature des documents et leur nombre, ainsi que la date de réception de la demande.

3. Lorsque l'Office reçoit une demande par l'intermédiaire d'un service central de la propriété industrielle d'un État membre ou du Bureau Benelux des dessins ou modèles, il appose sur la demande la date de réception et le numéro de dossier et délivre sans délai au demandeur, conformément au paragraphe 1, troisième et quatrième alinéas, un récépissé indiquant la date de réception par l'Office.

Art. 8 *Revendication de priorité.* 1. Si la priorité d'une ou de plusieurs demandes antérieures est revendiquée dans la demande en application de l'article 42 du règlement (CE) n° 6/2002, le demandeur dispose d'un délai de trois mois à compter de la date de dépôt visée à l'article 38 dudit règlement pour indiquer le numéro de dossier attribué à la demande antérieure et pour produire une copie de celle-ci. Le président de l'Office détermine les pièces justificatives à fournir par le demandeur.

2. Si, postérieurement au dépôt de la demande, le demandeur entend revendiquer la priorité d'une ou de plusieurs demandes antérieures en application de l'article 42 du règlement (CE) n° 6/2002, il produit, dans un délai d'un mois à compter de la date de dépôt de la demande, la déclaration de priorité, indiquant la date de la demande antérieure et l'État dans lequel ou pour lequel elle a été déposée.

Le demandeur soumet à l'Office les indications et les pièces justificatives visées au paragraphe 1 dans un délai de trois mois à compter de la réception de la déclaration de priorité.

Art. 9 *Priorité d'exposition.* 1. Si la priorité d'exposition est revendiquée dans la demande en application de l'article 44 du règlement (CE) n° 6/2002, le demandeur dispose d'un délai de trois mois à compter de la date de dépôt pour produire une attestation délivrée au cours de l'exposition par l'autorité chargée d'assurer la protection de la propriété industrielle à cette exposition.

L'attestation doit établir que le dessin ou modèle a été incorporé dans le produit ou appliqué au produit et présenté à l'exposition, et mentionner la date d'ouverture de l'exposition et la date de la première présentation du produit, lorsque celle-ci ne coïncide pas avec la date d'ouverture de l'exposition. Elle doit être accompagnée d'une description de la présentation effective du produit, dûment attestée par l'autorité susvisée.

2. Si le demandeur entend revendiquer la priorité d'exposition postérieurement au dépôt de la demande, la déclaration de priorité, indiquant le nom de l'exposition et la date de la première présentation du produit dans lequel le dessin ou modèle a été incorporé ou auquel il a été appliqué, doit être produite dans un délai d'un mois à compter de la date de dépôt. Les indications et les preuves visées au paragraphe 1 doivent être fournies à l'Office dans un délai de trois mois à compter de la réception de la déclaration de priorité.

Art. 10 *Examen des conditions de fixation d'une date de dépôt et des conditions de forme du dépôt.* 1. L'Office informe le demandeur qu'une date de dépôt ne peut être accordée si la demande ne contient pas :

a) une requête en enregistrement du dessin ou modèle en tant que dessin ou modèle communautaire enregistré ;

b) des indications qui permettent d'identifier le demandeur ;

c) une représentation du dessin ou modèle conformément à l'article 4, paragraphe 1, points *d)* et *e)*, ou, le cas échéant, un spécimen.

2. S'il est remédié aux irrégularités indiquées au paragraphe 1 dans un délai de deux mois à compter de la réception de la notification, la date de dépôt est déterminée par celle à laquelle il a été remédié à toutes les irrégularités.

S'il n'est pas remédié aux irrégularités dans ce délai, la demande n'est pas traitée en tant que demande de dessin ou modèle communautaire. Toute taxe éventuellement acquittée est remboursée.

3. L'Office invite le demandeur à remédier, dans le délai qu'il lui impartit, aux irrégularités constatées si, après qu'une date de dépôt a été accordée, il s'avère à l'examen que :

a) il n'est pas satisfait aux conditions énoncées aux articles 1er, 2, 4 et 5 ou aux autres conditions de forme du dépôt prévues par le règlement (CE) n° 6/2002 ou par le présent règlement ;

b) les taxes visées à l'article 6, paragraphe 1, en liaison avec le règlement (CE) n° 2246/2002 de la Commission *[V. p. 54, JOCE L. 341 du 17 déc. 2002]*, n'ont pas toutes été payées à l'Office ;

c) une priorité ayant été revendiquée conformément aux articles 8 et 9, soit dans la demande, soit dans le délai d'un mois à compter de la date de dépôt, les autres exigences prévues par lesdits articles ne sont pas respectées ;

d) dans le cas d'une demande multiple, les produits dans lesquels les dessins ou modèles sont destinés à être incorporés ou auxquels ils sont destinés à être appliqués font partie de plusieurs classes de la classification de Locarno.

En particulier, l'Office invite le demandeur à acquitter les taxes requises dans un délai de deux mois à compter de la date de notification, en même temps que les taxes pour paiement tardif prévues à l'article 107, paragraphe 2, points *a)* à *d)*, du règlement (CE) n° 6/2002, et selon les modalités fixées par le règlement (CE) n° 2246/2002.

Dans le cas des irrégularités visées au premier alinéa, point *d)*, l'Office invite le demandeur à diviser la demande multiple afin d'assurer que les conditions prévues à l'article 2, paragraphe 2, soient respectées. Il invite également le demandeur à payer, dans le délai qu'il lui impartit, la totalité du montant des taxes pour toutes les demandes résultant de la division de la demande multiple.

Après que le demandeur s'est soumis à l'invitation de diviser la demande dans le délai imparti, la date de dépôt de la ou des demandes qui en résultent est la date de dépôt accordée à la demande multiple initialement déposée.

4. S'il n'est pas remédié aux irrégularités visées au paragraphe 3, premier alinéa, points *a)* et *d)*, dans le délai prescrit, l'Office rejette la demande.

5. Si les taxes à payer conformément à l'article 6, paragraphe 1, points *a)* et *b)*, ne sont pas payées dans le délai prescrit, l'Office rejette la demande.

6. Si des taxes supplémentaires à payer conformément à l'article 6, paragraphe 1, points *c)* ou *d)*, relatives à des demandes multiples ne sont pas payées ou ne sont pas acquittées dans leur intégralité dans le délai prescrit, l'Office rejette la demande pour ce qui est de tous les dessins ou modèles supplémentaires qui ne sont pas couverts par le montant payé.

A défaut de critères permettant de déterminer les dessins ou modèles que le montant payé est destiné à couvrir, l'Office prend en considération les dessins ou modèles dans l'ordre numérique dans lequel ils sont représentés conformément à l'article 2, paragraphe 4. L'Office rejette la demande en ce qui concerne les dessins ou modèles pour lesquels les taxes supplémentaires n'ont pas été payées ou n'ont pas été acquittées dans leur intégralité.

7. S'il n'est pas remédié aux irrégularités visées au paragraphe 3, premier alinéa, point *c)*, dans le délai prescrit, le demandeur est déchu de son droit de priorité pour la demande.

8. S'il n'est pas remédié à l'une des irrégularités visées au paragraphe 3 dans le délai prescrit et si cette irrégularité ne concerne que certains des dessins ou modèles compris dans une demande multiple, l'Office ne rejette la demande ou ne refuse le droit de priorité que pour les dessins ou modèles entachés d'irrégularité.

Art. 11 *Examen des motifs de rejet des demandes d'enregistrement.* 1. Si, conformément à l'article 47 du règlement (CE) n° 6/2002, l'Office constate, dans le cadre de l'examen prévu à l'article 10 du présent règlement, que le dessin ou modèle qui fait l'objet d'une demande de protection ne répond pas à la définition de l'article 3, point *a)*, du règlement (CE) n° 6/2002 ou est contraire à l'ordre public ou aux bonnes mœurs, il informe le demandeur du rejet de la demande d'enregistrement du dessin ou modèle, en en indiquant le motif.

2. L'Office communique au demandeur un délai pour présenter ses observations, retirer sa demande ou la modifier en présentant une représentation modifiée du dessin ou modèle, à condition que l'identité du dessin ou modèle soit maintenue.

3. Si, dans le délai qui lui est imparti, le demandeur ne remédie pas au motif de rejet de la demande d'enregistrement, l'Office rejette la demande. Si le motif de rejet ne concerne que certains des dessins ou modèles compris dans une demande multiple, l'Office ne rejette la demande que pour les dessins ou modèles entachés d'irrégularité.

Art. 11 *bis* *(Règl. (CE) n° 876/2007 du 24 juill. 2007)* ***Examen des motifs de refus.*** 1. Si, conformément à l'article 106 *sexies*, paragraphe 1, du règlement (CE) n° 6/2002, l'Office constate, lors de l'examen d'un enregistrement international, que le dessin ou modèle faisant l'objet de la demande de protection ne répond pas à la définition visée à l'article 3, point *a)*, dudit règlement ou qu'il est contraire à l'ordre public ou aux bonnes mœurs, il transmet, au plus tard six mois après la date de publication de l'enregistrement international, une notification de refus au Bureau international de l'Organisation mondiale de la propriété intellectuelle (ci-après dénommé "Bureau international") en indiquant les motifs sur lesquels le refus est fondé conformément à l'article 12, paragraphe 2, de l'acte de Genève de l'arrangement de La Haye concernant l'enregistrement international des dessins et modèles industriels adopté le 2 juillet 1999 (ci-après dénommé "acte de Genève") et approuvé par la décision 2006/954/CE du Conseil.

2. L'Office fixe un délai dans lequel le titulaire de l'enregistrement international peut, conformément à l'article 106 *sexies*, paragraphe 2, du règlement (CE) n° 6/2002, renoncer à l'enregistrement international en ce qui concerne la Communauté, limiter l'enregistrement international à un ou plusieurs des dessins et modèles industriels en ce qui concerne la Communauté ou présenter ses observations.

3. Lorsque, conformément à l'article 77, paragraphe 2, du règlement (CE) n° 6/2002, le titulaire de l'enregistrement international doit être représenté dans une procédure engagée devant l'Office, la notification précise que le titulaire est tenu de désigner un représentant au sens de l'article 78, paragraphe 1, dudit règlement.

Le délai prévu au paragraphe 2 du présent article s'applique *mutatis mutandis*.

4. Si le titulaire ne désigne pas de représentant avant l'expiration du délai fixé, l'Office refuse la protection de l'enregistrement international.

5. Lorsque le titulaire présente des observations qui satisfont l'Office dans le délai fixé, l'Office retire le refus et en informe le Bureau international conformément à l'article 12, paragraphe 4, de l'acte de Genève.

Lorsque, conformément à l'article 12, paragraphe 2, de l'acte de Genève, le titulaire ne présente pas des observations qui satisfont l'office dans le délai fixé, l'Office confirme la décision de refus de protection concernant l'enregistrement international. Cette décision peut faire l'objet d'un recours conformément au titre VII du règlement (CE) n° 6/2002.

6. Lorsque le titulaire renonce à l'enregistrement international ou le limite à un ou plusieurs des dessins et modèles industriels en ce qui concerne la Communauté, il en informe le Bureau international par procédure d'enregistrement conformément à l'article 16, paragraphe 1, points *iv)* et *v)*, de l'acte de Genève. Le titulaire peut informer l'Office en présentant une déclaration correspondante.

Art. 12 *Retrait ou rectification de la demande.* 1. Le demandeur peut, à tout moment, retirer une demande de dessin ou modèle communautaire ou, dans le cas d'une demande multiple, certains des dessins ou modèles compris dans la demande.

2. Seuls les nom et adresse du demandeur, les fautes d'orthographe ou de copie ainsi que les erreurs manifestes peuvent être rectifiés, à la requête du demandeur, à condition que cette rectification n'altère pas la représentation du dessin ou modèle.

3. Une requête en rectification de la demande en vertu du paragraphe 2 contient :

a) le numéro de dossier de la demande ;

b) les nom et adresse du demandeur, conformément à l'article 1er, paragraphe 1, point *b)* ;

c) si le demandeur a désigné un représentant, les nom et adresse professionnelle de ce dernier, conformément à l'article 1er, paragraphe 1, point *e)* ;

d) l'indication de l'élément à rectifier dans la demande et de l'élément tel qu'il doit figurer après rectification.

4. Si les conditions auxquelles est subordonnée la rectification de la demande ne sont pas remplies, l'Office informe le demandeur des irrégularités constatées. S'il n'est pas remédié aux irrégularités dans le délai fixé par l'Office, celui-ci rejette la requête en rectification de la demande.

5. Le demandeur peut ne présenter qu'une seule requête lorsqu'il requiert la rectification d'un même élément dans plusieurs demandes qu'il a déposées.

6. Les paragraphes 2 à 5 s'appliquent *mutatis mutandis* aux requêtes en rectification du nom ou de l'adresse professionnelle d'un représentant désigné par le demandeur.

CHAPITRE II *Procédure d'enregistrement*

Art. 13 *Enregistrement du dessin ou modèle.* 1. Si la demande répond aux conditions visées à l'article 48 du règlement (CE) n° 6/2002, le dessin ou modèle faisant l'objet de la demande ainsi que les mentions et renseignements prévus à l'article 69, paragraphe 2, du présent règlement sont inscrits au registre.

2. Si la demande contient une demande d'ajournement de la publication conformément à l'article 50 du règlement (CE) n° 6/2002, ce fait et la date d'expiration de la période d'ajournement sont inscrits au registre.

3. Les taxes à payer conformément à l'article 6, paragraphe 1, ne sont pas remboursées même si le dessin ou modèle faisant l'objet de la demande n'est pas enregistré.

Art. 14 *Publication de l'enregistrement.* 1. L'enregistrement du dessin ou modèle est publié dans le *Bulletin des dessins ou modèles communautaires.*

2. Sous réserve du paragraphe 3, la publication de l'enregistrement contient :

a) les nom et adresse du titulaire du dessin ou modèle communautaire (ci-après dénommé « le titulaire ») ;

b) s'il y a lieu, les nom et adresse professionnelle du représentant désigné par le titulaire, pour autant qu'il ne s'agisse pas d'un représentant au sens de l'article 77, paragraphe 3, premier alinéa, du règlement (CE) n° 6/2002 ; si plusieurs représentants ont été désignés et que leur adresse professionnelle est la même, seuls sont publiés les nom et adresse professionnelle du premier représentant cité, le nom étant suivi des mots « et al » ; si plusieurs représentants ont été désignés et que leurs adresses professionnelles sont différentes, seule est publiée l'adresse du domicile élu en vertu de l'article 1er, paragraphe 1, point *e)*, du présent règlement ; en cas de groupement de représentants selon l'article 62, paragraphe 9, seuls sont publiés les nom et adresse professionnelle du groupement ;

c) la représentation du dessin ou modèle conformément à l'article 4 ; si la représentation du dessin ou modèle est en couleur, la publication est en couleur ;

d) s'il y a lieu, la mention qu'une description a été déposée conformément à l'article 1er, paragraphe 2, point *a)* ;

e) la désignation des produits dans lesquels le dessin ou modèle est destiné à être incorporé ou auxquels il est destiné à être appliqué, précédés du numéro des classes et sous-classes correspondantes de la classification de Locarno et regroupés suivant celles-ci ;

f) le cas échéant, le nom du créateur ou de l'équipe de créateurs ;

g) la date de dépôt et le numéro de dossier ainsi que, dans le cas d'une demande multiple, le numéro de dossier de chaque dessin ou modèle ;

h) le cas échéant, des indications relatives à la revendication de priorité conformément à l'article 42 du règlement (CE) n° 6/2002 ;

i) le cas échéant, des indications relatives à la revendication de la priorité d'exposition conformément à l'article 44 du règlement (CE) n° 6/2002 ;

j) la date et le numéro d'enregistrement et la date de publication de l'enregistrement ;

k) la langue dans laquelle la demande a été déposée et la deuxième langue indiquée par le demandeur conformément à l'article 98, paragraphe 2, du règlement (CE) n° 6/2002.

3. Si la demande contient une demande d'ajournement de la publication en vertu de l'article 50 du règlement (CE) n° 6/2002, une mention de l'ajournement est publiée dans le *Bulletin des dessins ou modèles communautaires*, accompagnée du nom du titulaire, du nom du représentant, s'il y a lieu, de la date de dépôt et d'enregistrement, ainsi que du numéro de dépôt de la demande. Ni la représentation du dessin ou modèle ni des informations permettant d'identifier son apparence ne sont publiées.

Art. 15 *Ajournement de la publication.* 1. Si la demande contient une demande d'ajournement de la publication en vertu de l'article 50 du règlement (CE) n° 6/2002, le titulaire doit, en même temps que la demande ou au moins trois mois avant l'expiration de la période d'ajournement de trente mois :

a) payer la taxe de publication visée à l'article 6, paragraphe 1, point *b)* ;

b) dans le cas d'un enregistrement multiple, payer les taxes supplémentaires de publication visées à l'article 6, paragraphe 1, point *d)* ;

c) dans le cas où une représentation du dessin ou modèle a été remplacée par un spécimen conformément à l'article 5, déposer une représentation du dessin ou modèle conformément à l'article 4. Cette obligation est applicable pour tous les dessins ou modèles compris dans une demande multiple pour lesquels la publication est requise ;

d) dans le cas d'un enregistrement multiple, indiquer clairement les dessins ou modèles compris dans l'enregistrement qui doivent faire l'objet de la publication ou de la renonciation ou, si la période d'ajournement n'est pas encore arrivée à expiration, pour lesquels l'ajournement doit continuer.

Si le titulaire demande la publication avant l'expiration de la période d'ajournement de trente mois, il doit s'acquitter des obligations prévues au premier alinéa, points *a)* à *d)*, au plus tard trois mois avant la date de publication demandée.

2. Si le titulaire ne respecte pas les conditions fixées au paragraphe 1, premier alinéa, points *c)* ou *d)*, l'Office l'invite à remédier aux irrégularités dans le délai qu'il lui impartit, mais qui ne doit en aucun cas expirer postérieurement à la période d'ajournement de trente mois.

3. Si le titulaire ne remédie pas aux irrégularités visées au paragraphe 2 dans le délai prescrit,

a) le dessin ou modèle communautaire enregistré est réputé ne pas avoir eu, dès l'origine, les effets mentionnés dans le règlement (CE) n° 6/2002 ;

b) si le titulaire a demandé la publication à une date antérieure conformément au paragraphe 1, deuxième alinéa, la demande est réputée ne pas avoir été déposée.

4. Si le titulaire ne paie pas les taxes visées au paragraphe 1, premier alinéa, points *a)* ou *b)*, l'Office l'invite à acquitter ces taxes en même temps que les taxes pour paiement tardif prévues à l'article 107, paragraphe 2, points *b)* ou *d)*, du règlement (CE) n° 6/2002, et selon les modalités fixées par le règlement (CE) n° 2246/2002, dans un délai qu'il lui impartit, mais qui ne doit en aucun cas expirer postérieurement à la période d'ajournement de trente mois.

A défaut de paiement dans ce délai, l'Office communique au titulaire que le dessin ou modèle communautaire enregistré est réputé ne pas avoir eu, dès l'origine, les effets mentionnés dans le règlement (CE) n° 6/2002.

Si, dans le cas d'un enregistrement multiple, un paiement intervient au cours de ce délai, mais ne suffit pas à couvrir l'ensemble des taxes dues en application du paragraphe 1, premier alinéa, points *a)* et *b)*, ainsi que la taxe pour paiement tardif, tous les dessins ou modèles pour lesquels les taxes n'ont pas été payées sont réputés ne pas avoir eu, dès l'origine, les effets mentionnés dans le règlement (CE) n° 6/2002.

A moins qu'il n'apparaisse clairement quels dessins ou modèles le montant payé est destiné à couvrir et à défaut d'autres critères permettant de déterminer les dessins ou modèles destinés à être couverts, l'Office prend en considération les dessins ou modèles dans l'ordre numérique dans lequel ils sont représentés conformément à l'article 2, paragraphe 4.

Tous les dessins ou modèles pour lesquels la taxe supplémentaire de publication n'a pas été payée ou n'a pas été acquittée dans son intégralité, ainsi que la taxe pour paiement tardif, sont réputés ne pas avoir eu, dès l'origine, les effets mentionnés dans le règlement (CE) n° 6/2002.

Art. 16 *Publication après la période d'ajournement.* 1. Si le titulaire a respecté les conditions prévues à l'article 15, l'Office, à l'expiration de la période d'ajournement ou, dans le cas d'une demande de publication à une date antérieure, dès que les conditions techniques le permettent,

a) publie le dessin ou modèle communautaire enregistré dans le *Bulletin des dessins ou modèles communautaires,* accompagné des indications prévues à l'article 14, paragraphe 2, et d'une mention du fait que la demande contenait une demande d'ajournement de la publication en vertu de l'article 50 du règlement (CE) n° 6/2002 et, le cas échéant, qu'un spécimen a été déposé conformément à l'article 5 du présent règlement ;

b) ouvre à l'inspection publique tout dossier relatif au dessin ou modèle ;

c) ouvre à l'inspection publique toutes les inscriptions au registre, y compris les inscriptions exclues de l'inspection en vertu de l'article 73.

2. Si l'article 15, paragraphe 4, s'applique, les actions visées au paragraphe 1 du présent article n'ont pas lieu pour les dessins ou modèles contenus dans l'enregistrement multiple qui sont réputés n'avoir pas eu, dès l'origine, les effets mentionnés par le règlement (CE) n° 6/2002.

Art. 17 *Certificat d'enregistrement.* 1. Après la publication, l'Office délivre au titulaire un certificat d'enregistrement qui reproduit les mentions et renseignements inscrits au registre et prévus à l'article 69, paragraphe 2, ainsi qu'une déclaration attestant que ces mentions et renseignements ont bien été inscrits au registre.

2. Le titulaire peut demander la délivrance de copies du certificat d'enregistrement, certifiées conformes ou non, contre paiement d'une taxe.

Art. 18 *Maintien du dessin ou modèle sous une forme modifiée.* 1. Si, conformément à l'article 25, paragraphe 6, du règlement (CE) n° 6/2002, le dessin ou modèle communautaire enregistré est maintenu sous une forme modifiée, il est inscrit sous cette forme au registre et publié dans le *Bulletin des dessins ou modèles communautaires.*

2. Le maintien d'un dessin ou modèle sous une forme modifiée peut inclure une renonciation partielle, de 100 mots au maximum, par le titulaire ou une inscription au registre d'une décision judiciaire ou d'une décision de l'Office prononçant la nullité partielle du droit sur le dessin ou modèle.

Art. 19 *Modification du nom ou de l'adresse du titulaire ou de son représentant enregistré.* 1. Une modification du nom ou de l'adresse du titulaire qui ne résulte pas d'un transfert du dessin ou modèle enregistré est inscrite au registre sur la requête du titulaire.

2. Une requête en modification du nom ou de l'adresse du titulaire comporte :

a) le numéro d'enregistrement du dessin ou modèle ;

b) le nom et l'adresse du titulaire tels qu'ils sont enregistrés. Si l'Office a attribué un numéro d'identification au titulaire, il suffit d'indiquer ce numéro ainsi que le nom du titulaire ;

c) le nom et l'adresse modifiés du titulaire, tels qu'ils doivent figurer conformément à l'article 1er, paragraphe 1, point *b)* ;

d) lorsque le titulaire a désigné un représentant, le nom et l'adresse professionnelle du représentant, conformément à l'article 1er, paragraphe 1, point *e)*.

3. La requête visée au paragraphe 2 ne donne pas lieu au paiement d'une taxe.

4. Une requête unique peut être présentée pour la modification du nom ou de l'adresse dans deux ou plusieurs enregistrements du même titulaire.

5. Si les conditions prévues aux paragraphes 1 et 2 ne sont pas remplies, l'Office informe le demandeur des irrégularités constatées.

S'il n'est pas remédié auxdites irrégularités dans le délai imparti par l'Office, ce dernier rejette la requête.

6. Les paragraphes 1 à 5 s'appliquent *mutatis mutandis* à la modification du nom ou de l'adresse du représentant enregistré.

7. Les paragraphes 1 à 6 s'appliquent *mutatis mutandis* aux demandes de dessins ou modèles communautaires. La modification est consignée dans les dossiers de l'Office concernant la demande de dessin ou modèle communautaire.

Art. 20 *Rectification des erreurs et des fautes figurant au registre et dans l'enregistrement publié.* Si l'enregistrement du dessin ou modèle ou l'enregistrement publié comporte une erreur ou une faute imputable à l'Office, ce dernier rectifie, d'office ou sur la requête du titulaire, l'erreur ou la faute constatée.

Si la requête en rectification est introduite par le titulaire, l'article 19 s'applique *mutatis mutandis.* La requête n'est pas subordonnée au paiement d'une taxe.

L'Office publie les rectifications apportées en vertu du présent article.

CHAPITRE III *Renouvellement*

Art. 21 *Notification de l'expiration de l'enregistrement.* Six mois au moins avant l'expiration de l'enregistrement, l'Office informe le titulaire et les titulaires de droits inscrits au registre, y compris les licenciés, que l'enregistrement arrive à expiration. L'absence d'information est sans effet sur l'expiration de l'enregistrement.

Art. 22 *(Règl. (CE) nº 867/2007 du 24 juill. 2007) Renouvellement de l'enregistrement d'un dessin ou modèle communautaire.* 1. Une demande de renouvellement de l'enregistrement comporte les renseignements suivants :

a) le nom du demandeur ;

b) le numéro d'enregistrement ;

c) le cas échéant, la mention que le renouvellement est demandé pour tous les dessins ou modèles compris dans un enregistrement multiple ou, si le renouvellement n'est pas demandé pour la totalité de ces dessins ou modèles, l'indication des dessins ou modèles pour lesquels le renouvellement est demandé.

2. Les taxes à payer en vertu de l'article 13 du règlement (CE) nº 6/2002 pour le renouvellement d'un enregistrement sont les suivantes :

a) une taxe de renouvellement qui, dans le cas de plusieurs dessins ou modèles compris dans un enregistrement multiple, est proportionnelle au nombre de dessins ou modèles pour lesquels le renouvellement est demandé ;

b) s'il y a lieu, la surtaxe fixée par le règlement (CE) nº 2246/2002 et prévue par l'article 13 du règlement (CE) nº 6/2002 pour paiement tardif de la taxe de renouvellement ou retard de présentation de la demande de renouvellement.

3. Le paiement visé au paragraphe 2 du présent article et effectué conformément aux dispositions de l'article 5, paragraphe 1, du règlement (CE) nº 2246/2002 vaut demande de renouvellement pour autant qu'il comporte toutes les indications prévues au paragraphe 1, points *a)* et *b)*, du présent article et à l'article 6, paragraphe 1, dudit règlement.

4. Lorsque la demande de renouvellement est présentée dans les délais visés à l'article 13, paragraphe 3, du règlement (CE) nº 6/2002, mais que les autres conditions régissant le renouvellement prévues à l'article 13 dudit règlement ainsi que par le présent règlement ne sont pas remplies, l'Office informe le demandeur des irrégularités constatées.

5. Si aucune demande de renouvellement n'est présentée avant l'expiration du délai visé à l'article 13, paragraphe 3, deuxième phrase, du règlement (CE) nº 6/2002 ou si la demande est présentée après l'expiration de ce délai, si les taxes n'ont pas été acquittées ou ne l'ont été qu'après expiration dudit délai ou s'il n'est pas remédié dans le délai imparti par l'Office aux irrégularités relevées, l'Office constate que l'enregistrement est arrivé à expiration et en informe le titulaire.

Dans le cas d'un enregistrement multiple, si les taxes acquittées ne suffisent pas à couvrir la totalité des dessins ou modèles pour lesquels le renouvellement est demandé, l'Office ne procède à une telle constatation qu'après avoir établi quels sont les dessins ou modèles que le montant payé est destiné à couvrir.

A défaut d'autres critères permettant de déterminer quels dessins ou modèles sont destinés à être couverts, l'Office prend en considération les dessins ou modèles dans l'ordre numérique dans lequel ils sont représentés conformément à l'article 2, paragraphe 4.

L'Office constate que l'enregistrement est arrivé à expiration pour tous les dessins ou modèles pour lesquels les taxes de renouvellement n'ont pas été payées ou n'ont pas été acquittées intégralement.

6. Si la constatation faite par l'Office conformément au paragraphe 5 est définitive, l'Office radie le dessin ou modèle du registre avec effet le jour suivant la date d'expiration de l'enregistrement existant.

7. Si les taxes de renouvellement prévues au paragraphe 2 ont été acquittées, alors que l'enregistrement n'est pas renouvelé, elles sont remboursées.

8. Une demande de renouvellement unique peut être présentée pour plusieurs dessins ou modèles, contenus ou non dans un même enregistrement multiple, moyennant le paiement des taxes requises pour chaque dessin ou modèle, à condition que les titulaires ou les représentants soient les mêmes dans chaque cas.

Art. 22 *bis* (*Règl. (CE) n° 876/2007 du 24 juill. 2007*) *Renouvellements d'enregistrements internationaux désignant la Communauté.* L'enregistrement international est renouvelé directement auprès du Bureau international conformément à l'article 17 de l'acte de Genève.

CHAPITRE IV *Transfert, licences et autres droits, modifications*

Art. 23 *Transfert.* 1. Une demande d'enregistrement d'un transfert en vertu de l'article 28 du règlement (CE) n° 6/2002 contient les informations suivantes :

a) le numéro d'enregistrement du dessin ou modèle communautaire ;

b) des renseignements détaillés sur le nouveau titulaire, selon les modalités prévues à l'article 1er, paragraphe 1, point *b)* ;

c) la liste des dessins ou modèles auxquels le transfert se rapporte, si celui-ci ne concerne pas tous les dessins ou modèles enregistrés compris dans un enregistrement multiple ;

d) les pièces établissant le transfert.

2. La demande peut comporter, le cas échéant, les nom et adresse professionnelle du représentant du nouveau titulaire, selon les modalités prévues à l'article 1er, paragraphe 1, point *e)*.

3. La demande n'est réputée déposée qu'après paiement de la taxe prescrite. Si la taxe n'est pas payée ou n'est pas acquittée intégralement, l'Office en informe le demandeur.

4. Les éléments suivants constituent des preuves suffisantes du transfert conformément au paragraphe 1, point *d)* :

a) la signature, par le titulaire enregistré, ou son représentant, et par son ayant cause, ou le représentant de ce dernier, de la demande d'enregistrement du transfert, ou

b) le fait pour la demande, lorsqu'elle est présentée par l'ayant cause, d'être accompagnée d'une déclaration signée par le titulaire enregistré ou son représentant, aux termes de laquelle le titulaire donne son accord en vue de l'enregistrement de son ayant cause, ou

c) la demande accompagnée du formulaire de déclaration de transfert ou du document de transfert, dûment remplis, et signée par le titulaire enregistré ou son représentant, et par son ayant cause ou le représentant de celui-ci.

5. Lorsque les conditions d'enregistrement du transfert ne sont pas remplies, l'Office informe le demandeur des irrégularités constatées.

S'il n'est pas remédié auxdites irrégularités dans le délai imparti par l'Office, celui-ci rejette la demande d'enregistrement du transfert.

6. Il est possible de ne présenter qu'une seule demande d'enregistrement d'un transfert pour deux ou plusieurs dessins ou modèles communautaires enregistrés, sous réserve que le titulaire enregistré et son ayant cause soient identiques dans tous les cas.

7. Les paragraphes 1 à 6 s'appliquent *mutatis mutandis* au transfert de demandes de dessins ou modèles communautaires enregistrés. Le transfert est mentionné dans les dossiers concernant la demande de dessin ou modèle communautaire qui sont tenus par l'Office.

Art. 24 *Enregistrement de licences et autres droits.* 1. L'article 23, paragraphe 1, points *a)*, *b)* et *c)*, et l'article 23, paragraphes 2, 3, 5 et 6, s'appliquent *mutatis mutandis* à l'enregistrement de l'octroi ou du transfert d'une licence, de la constitution ou de la cession d'un droit réel sur un dessin ou modèle communautaire enregistré, ainsi que des mesures d'exécution forcée. Toutefois, lorsqu'un dessin ou modèle communautaire enregistré est concerné par une procédure d'insolvabilité, la demande de l'autorité nationale compétente en vue de l'inscription au registre d'une mention à cet effet ne donne pas lieu au paiement d'une taxe.

Dans le cas d'un enregistrement multiple, chaque dessin ou modèle communautaire enregistré peut faire l'objet d'une licence, d'un droit réel, d'une exécution forcée ou d'une procédure d'insolvabilité, indépendamment des autres dessins ou modèles.

2. Lorsque le dessin ou modèle communautaire enregistré fait l'objet d'une licence pour une partie seulement de la Communauté ou pour une durée limitée, la demande d'enregistrement de la licence indique la partie de la Communauté ou la durée pour laquelle la licence est octroyée.

3. Lorsque les conditions d'enregistrement de licences et d'autres droits prévues aux articles 29, 30 ou 32 du règlement (CE) n° 6/2002, au paragraphe 1 du présent article ainsi qu'aux autres articles applicables du présent règlement ne sont pas remplies, l'Office informe le demandeur des irrégularités constatées.

S'il n'est pas remédié auxdites irrégularités dans le délai imparti par l'Office, celui-ci rejette la demande d'enregistrement.

4. Les paragraphes 1, 2 et 3 s'appliquent *mutatis mutandis* aux licences et autres droits relatifs à des demandes de dessins ou modèles communautaires enregistrés. Les licences, les droits réels et les mesures d'exécution forcée sont mentionnés dans les dossiers concernant la demande de dessin ou modèle communautaire qui sont tenus par l'Office.

5. La demande de licence non exclusive en vertu de l'article 16, paragraphe 2, du règlement (CE) n° 6/2002 est présentée dans un délai de trois mois à compter de l'inscription au registre du nouveau titulaire.

Art. 25 *Indications spéciales pour l'enregistrement d'une licence.* 1. Une licence de dessin ou modèle communautaire enregistré est inscrite au registre en tant que licence exclusive à la requête du titulaire du dessin ou modèle ou du licencié.

2. Une licence de dessin ou modèle communautaire enregistré est inscrite au registre en tant que sous-licence lorsqu'elle est octroyée par un licencié dont la licence est inscrite audit registre.

3. Une licence de dessin ou modèle communautaire enregistré est inscrite au registre en tant que licence territorialement limitée lorsqu'elle n'est octroyée que pour une partie de la Communauté.

4. Une licence de dessin ou modèle communautaire enregistré est inscrite au registre en tant que licence temporaire si elle est accordée pour une durée limitée.

Art. 26 *Radiation ou modification de l'enregistrement des licences et autres droits.* 1. L'enregistrement visé à l'article 24 peut faire l'objet d'une radiation à la demande de l'une des personnes concernées.

2. La demande comporte les renseignements suivants :

a) le numéro d'enregistrement du dessin ou modèle communautaire enregistré ou, dans le cas d'un enregistrement multiple, le numéro de chaque dessin ou modèle ;

b) des précisions sur le droit dont l'enregistrement doit être radié.

3. La demande de radiation de l'enregistrement d'une licence ou d'un autre droit n'est réputée déposée qu'après paiement de la taxe exigée.

Lorsque la taxe n'est pas payée ou n'est pas acquittée intégralement, l'Office en informe le demandeur. La demande présentée par une autorité nationale compétente pour obtenir la radiation d'une mention lorsqu'un dessin ou modèle communautaire enregistré est concerné par une procédure d'insolvabilité ne donne pas lieu au paiement d'une taxe.

4. La demande est accompagnée de documents établissant que le droit enregistré est éteint ou d'une déclaration par laquelle le licencié ou le titulaire d'un autre droit consent à la radiation.

5. Si les conditions de radiation de l'enregistrement ne sont pas remplies, l'Office informe le demandeur des irrégularités constatées. S'il n'est pas remédié auxdites irrégularités dans le délai imparti par l'Office, celui-ci rejette la demande de radiation.

6. Les paragraphes 1, 2, 4 et 5 s'appliquent *mutatis mutandis* à toute demande de modification d'un enregistrement effectué conformément à l'article 24.

7. Les paragraphes 1 à 6 s'appliquent *mutatis mutandis* aux mentions inscrites dans les dossiers conformément à l'article 24, paragraphe 4.

CHAPITRE V *Renonciation et nullité*

Art. 27 *Renonciation.* 1. Une déclaration de renonciation, introduite en vertu de l'article 51 du règlement (CE) n° 6/2002, contient les renseignements suivants :

a) le numéro d'enregistrement du dessin ou modèle communautaire enregistré ;

b) les nom et adresse du titulaire, conformément à l'article 1er, paragraphe 1, point *b)* ;

c) si un représentant a été désigné, les nom et adresse professionnelle de celui-ci, conformément à l'article 1er, paragraphe 1, point *e)* ;

d) si la renonciation ne porte que sur certains des dessins ou modèles contenus dans un enregistrement multiple, l'indication des dessins ou modèles concernés par la renonciation ou les dessins ou modèles pour lesquels l'enregistrement doit être maintenu ;

e) si, en vertu de l'article 51, paragraphe 3, du règlement (CE) n° 6/2002, le dessin ou modèle communautaire enregistré fait l'objet d'une renonciation partielle, une représentation du dessin ou modèle modifié conformément à l'article 4 du présent règlement.

2. Si le droit d'un tiers sur le dessin ou modèle communautaire enregistré est inscrit au registre, la déclaration selon laquelle le titulaire du droit ou son représentant consent à la renonciation, signée par lui-même, est une preuve suffisante de son accord.

Si une licence a été enregistrée, la renonciation à un dessin ou modèle est enregistrée trois mois après que le titulaire a présenté à l'Office des éléments attestant qu'il a informé le licencié de son intention de renoncer. S'il présente à l'Office, avant l'expiration de ce délai, des preuves de l'accord du licencié, la renonciation est immédiatement enregistrée.

3. Si le droit à un dessin ou modèle communautaire enregistré a fait l'objet d'une revendication devant un tribunal en vertu de l'article 15 du règlement (CE) n° 6/2002, la déclaration selon laquelle la personne qui a revendiqué le droit ou son représentant consent à la renonciation, signée par cette personne ou ce représentant, est une preuve suffisante de son accord.

4. Si les conditions applicables à la renonciation ne sont pas remplies, l'Office informe le déclarant des irrégularités constatées. S'il n'est pas remédié auxdites irrégularités dans le délai imparti par l'Office, celui-ci refuse l'inscription de la renonciation au registre.

Art. 28 *Demande en nullité.* **1.** Une demande en nullité, introduite auprès de l'Office en vertu de l'article 52 du règlement (CE) n° 6/2002, contient les renseignements suivants :

a) en ce qui concerne le dessin ou modèle communautaire enregistré pour lequel la nullité est demandée :

i) son numéro d'enregistrement ;

ii) les nom et adresse de son titulaire ;

b) en ce qui concerne les motifs invoqués dans la demande :

i) une déclaration précisant les motifs de nullité à l'appui de la demande en nullité ;

ii) en outre, dans le cas d'une demande présentée en vertu de l'article 25, paragraphe 1, point d), du règlement (CE) n° 6/2002, la représentation et des précisions sur le dessin ou modèle antérieur sur lequel est fondée la demande en nullité ainsi que des éléments démontrant que le demandeur est habilité à invoquer le dessin ou modèle antérieur comme motif de nullité en vertu de l'article 25, paragraphe 3, dudit règlement ;

iii) en outre, dans le cas d'une demande présentée en vertu de l'article 25, paragraphe 1, points *e)* ou *f)*, du règlement (CE) n° 6/2002, la représentation et des précisions sur le signe distinctif ou l'œuvre protégée par la législation sur le droit d'auteur sur lequel est fondée la demande en nullité ainsi que des éléments démontrant que le demandeur est titulaire du droit antérieur conformément à l'article 25, paragraphe 3, dudit règlement ;

iv) en outre, dans le cas d'une demande présentée en vertu de l'article 25, paragraphe 1, point *g)*, du règlement (CE) n° 6/2002, la représentation et des précisions sur l'élément pertinent visé audit article ainsi que des éléments démontrant que la demande est présentée par la personne ou l'organe concerné par l'usage abusif conformément à l'article 25, paragraphe 4, dudit règlement ;

v) lorsque les motifs de nullité sont fondés sur le fait que le dessin ou modèle communautaire enregistré ne remplit pas les conditions énoncées aux articles 5 et 6 du règlement (CE) n° 6/2002, l'indication et la reproduction des dessins ou modèles antérieurs susceptibles de faire obstacle à la nouveauté ou au caractère individuel du dessin ou modèle communautaire enregistré, ainsi que les documents prouvant l'existence de ces dessins ou modèles antérieurs ;

vi) les faits, preuves et observations présentés à l'appui de la demande ;

c) en ce qui concerne le demandeur :

i) ses nom et adresse conformément à l'article 1er, paragraphe 1, point *b)* ;

ii) si le demandeur a désigné un représentant, les nom et adresse professionnelle de ce dernier, selon les modalités prévues à l'article 1er, paragraphe 1, point *e)* ;

iii) en outre, dans le cas d'une demande présentée en vertu de l'article 25, paragraphe 1, point c), du règlement (CE) n° 6/2002, des éléments démontrant que la demande est présentée par une ou des personnes dûment habilitées en vertu de l'article 25, paragraphe 2, dudit règlement.

2. La demande est subordonnée au paiement de la taxe prévue à l'article 52, paragraphe 2, du règlement (CE) n° 6/2002.

3. L'Office informe le titulaire du dépôt d'une demande en nullité.

Le demandeur en nullité d'un dessin ou modèle est libre quant aux éléments de preuve qu'il produit pour prouver l'absence de nouveauté d'un dessin ou modèle. • Trib. UE 9 mars 2012 : *D. 2013. Pan. 1938, obs. Lapousterle* ; *Propr. ind. 2012, n° 53, note Gasnier.*

Art. 29 *Langues utilisées dans les procédures en nullité.* 1. La demande en nullité est déposée dans la langue de procédure conformément à l'article 98, paragraphe 4, du règlement (CE) n° 6/2002.

2. Lorsque la langue de procédure n'est pas la langue utilisée pour le dépôt de la demande et que le titulaire a produit ses observations dans la langue de dépôt, l'Office veille à assurer la traduction de ces observations dans la langue de procédure.

3. Dans un délai de trois ans à compter de la date fixée conformément à l'article 111, paragraphe 2, du règlement (CE) n° 6/2002, la Commission présentera au comité visé à l'article 109 dudit règlement un rapport sur l'application du paragraphe 2 du présent article et, s'il y a lieu, des propositions visant à déterminer le plafond des dépenses mises à la charge de l'Office à ce titre, conformément à l'article 98, paragraphe 4, quatrième alinéa, du règlement (CE) n° 6/2002.

4. La Commission peut décider de présenter plus tôt le rapport ainsi que les éventuelles propositions visés au paragraphe 3, qui seront traités en priorité par le comité si les dispositions prévues au paragraphe 2 se soldent par des dépenses disproportionnées.

5. Lorsque les preuves fournies à l'appui de la demande ne sont pas rédigées dans la langue de la procédure en nullité, le demandeur doit en produire une traduction dans cette langue dans un délai de deux mois à compter du dépôt des preuves.

6. Lorsque le demandeur qui introduit la demande en nullité ou le titulaire informent l'Office, dans un délai de deux mois à compter de la date de réception, par le titulaire, de la notification visée à l'article 31, paragraphe 1, du présent règlement, qu'ils sont convenus d'utiliser une autre langue de procédure conformément à l'article 98, paragraphe 5, du règlement (CE) n° 6/2002, le demandeur doit, si sa demande n'a pas été déposée dans la langue ainsi convenue, en fournir une traduction dans cette langue dans un délai d'un mois à compter de la date précitée.

Art. 30 *Rejet de la demande en nullité pour irrecevabilité.* 1. Si l'Office constate que la demande en nullité ne satisfait pas aux dispositions de l'article 52 du règlement (CE) n° 6/2002, de l'article 28, paragraphe 1, du présent règlement ou à toute autre disposition du règlement (CE) n° 6/2002 ou du présent règlement, il en informe le demandeur et l'invite à remédier, dans le délai qu'il lui impartit, aux irrégularités constatées.

S'il n'est pas remédié auxdites irrégularités dans le délai prescrit par l'Office, celui-ci rejette la demande pour irrecevabilité.

2. Lorsque l'Office constate que les taxes requises n'ont pas été acquittées, il en informe le demandeur en lui précisant que sa demande ne sera réputée avoir été déposée que si les taxes prescrites sont payées dans un délai qu'il lui impartit.

Si les taxes prescrites sont acquittées après l'expiration du délai fixé, elles sont remboursées au demandeur.

3. Toute décision de rejet d'une demande en nullité en vertu du paragraphe 1 est communiquée au demandeur.

Lorsque, en vertu du paragraphe 2, la demande est réputée n'avoir pas été déposée, le demandeur en est informé.

Art. 31 *Examen de la demande en nullité.* 1. Si l'Office ne rejette pas la demande en nullité en vertu de l'article 30, il la notifie au titulaire et l'invite à présenter ses observations dans le délai qu'il lui impartit.

2. Si le titulaire ne présente aucune observation, l'Office peut statuer sur la nullité en fonction des preuves dont il dispose.

3. L'Office communique au demandeur toute observation du titulaire et peut l'inviter à présenter ses observations en réponse dans un délai qu'il détermine.

4. Toutes les notifications et communications visées à l'article 53, paragraphe 2, du règlement (CE) n° 6/2002 et toutes les observations qui s'y rapportent sont adressées aux parties concernées.

5. L'Office peut inviter les parties à un règlement à l'amiable.

(Règl. (CE) n° 876/2007 du 24 juill. 2007) « 6. Lorsque l'Office constate la nullité des effets d'un enregistrement international sur le territoire de la Communauté, il informe le Bureau international de sa décision lorsqu'elle est définitive. »

Art. 32 *Demandes multiples en nullité.* 1. Lorsque plusieurs demandes en nullité d'un même dessin ou modèle communautaire enregistré ont été déposées, l'Office peut joindre les procédures d'examen.

L'Office peut ultérieurement décider de disjoindre les procédures.

2. S'il résulte d'un examen préliminaire d'une ou de plusieurs demandes qu'il est possible que le dessin ou modèle communautaire enregistré soit nul, l'Office peut suspendre les autres procédures en nullité.

L'Office informe les autres demandeurs de toute décision les concernant rendue dans le cadre des procédures qui ont été poursuivies.

3. Lorsqu'une décision déclarative de la nullité d'un dessin ou modèle est définitive, les demandes dont l'examen a été suspendu conformément au paragraphe 2 sont réputées éteintes et les demandeurs concernés en sont informés. L'extinction des procédures de ce fait constitue un non-lieu à statuer aux fins de l'article 70, paragraphe 4, du règlement (CE) n° 6/2002.

4. L'Office rembourse 50 % de la taxe d'annulation visée à l'article 52, paragraphe 2, du règlement (CE) n° 6/2002, acquittée par chacun des demandeurs dont la demande est réputée éteinte conformément aux paragraphes 1, 2 et 3 du présent article.

Art. 33 *Participation du contrefacteur présumé.* Lorsque, en vertu de l'article 54 du règlement (CE) n° 6/2002, un contrefacteur présumé demande à participer à la procédure, il est soumis aux dispositions pertinentes des articles 28, 29 et 30 du présent règlement et, en particulier, à l'obligation de déposer une déclaration motivée et de payer la taxe visée à l'article 52, paragraphe 2, du règlement (CE) n° 6/2002.

CHAPITRE VI *Procédure de recours*

Art. 34 *Contenu de l'acte de recours.* 1. L'acte de recours doit comporter les renseignements suivants :

a) les nom et adresse du requérant, conformément à l'article 1er, paragraphe 1, point *b)* ;

b) si le requérant a désigné un représentant, les nom et adresse professionnelle de ce dernier, conformément à l'article 1er, paragraphe 1, point *e)* ;

c) une déclaration indiquant la décision attaquée et précisant dans quelle mesure cette décision doit être réformée ou annulée.

2. L'acte de recours est déposé dans la langue de procédure de la décision attaquée.

Art. 35 *Rejet du recours pour irrecevabilité.* 1. Si le recours ne remplit ni les conditions prévues aux articles 55, 56 et 57 du règlement (CE) n° 6/2002, ni celles énoncées à l'article 34, paragraphe 1, point *c)*, et paragraphe 2, du présent règlement, la chambre de recours le rejette comme irrecevable, à moins qu'il n'ait été remédié, avant l'expiration du délai correspondant fixé à l'article 57 du règlement (CE) n° 6/2002, à toutes les irrégularités constatées.

2. Si la chambre de recours constate que le recours ne satisfait pas à d'autres dispositions du règlement (CE) n° 6/2002 ou à d'autres dispositions du présent règlement, et notamment à l'article 34, paragraphe 1, points *a)* et *b)*, elle en informe le requérant et l'invite à remédier aux irrégularités constatées dans le délai qu'elle lui impartit. S'il n'est pas remédié aux irrégularités dans le délai fixé, la chambre de recours rejette le recours comme irrecevable.

3. Si la taxe de recours est acquittée après expiration du délai de recours prévu à l'article 57 du règlement (CE) n° 6/2002, le recours est réputé ne pas avoir été formé et la taxe de recours est remboursée au requérant.

Art. 36 *Examen du recours.* 1. Sauf disposition contraire, les dispositions relatives aux procédures devant l'instance qui a rendu la décision attaquée sont applicables *mutatis mutandis* à la procédure de recours.

2. La décision de la chambre de recours contient les renseignements suivants :

a) une déclaration attestant que la décision a été rendue par la chambre de recours ;

b) la date de la décision ;

c) les noms du président et des autres membres de la chambre de recours ayant participé à la procédure de recours ;

d) le nom de l'agent compétent du greffe ;

e) les noms des parties et de leurs représentants ;

f) une liste des questions sur lesquelles la chambre de recours est appelée à statuer ;

g) un résumé des faits ;

h) les motifs de la décision ;

i) le dispositif, y compris, le cas échéant, la décision relative à la répartition des frais.

3. La décision est signée par le président et les autres membres de la chambre de recours et par l'agent du greffe de ladite chambre.

Art. 37 *Remboursement de la taxe de recours.* Le remboursement de la taxe de recours est ordonné en cas de révision préjudicielle ou lorsqu'il est fait droit au recours par la chambre de recours, dans la mesure où l'équité exige le remboursement en raison d'une violation des formes substantielles. Le remboursement est ordonné, en cas de révision préjudicielle, par l'instance dont la décision a été attaquée et, dans les autres cas, par la chambre de recours.

CHAPITRE VII *Décisions et communications de l'Office*

Art. 38 *Forme des décisions.* 1. Les décisions de l'Office sont écrites et sont motivées.

Dans le cadre d'une procédure orale devant l'Office, les décisions peuvent être prononcées verbalement. Elles sont ensuite formulées par écrit et notifiées aux parties.

2. Les décisions de l'Office qui sont susceptibles de recours doivent être accompagnées d'une communication écrite indiquant que l'acte de recours doit être déposé par écrit auprès de l'Office dans un délai de deux mois à compter de la date de notification de la décision susceptible de recours. Cette communication comporte également des indications visant à attirer l'attention des parties sur les dispositions des articles 55, 56 et 57 du règlement (CE) n° 6/2002.

Les parties ne peuvent se prévaloir de l'omission de la communication de la possibilité du recours.

Art. 39 *Rectification d'erreurs dans les décisions.* Dans les décisions de l'Office, seules les fautes linguistiques, les fautes de transcription et les erreurs manifestes peuvent être rectifiées. Elles sont rectifiées, d'office ou sur demande de l'une des parties intéressées, par l'instance qui a rendu la décision.

Art. 40 *Constatation de la perte d'un droit.* 1. Si l'Office constate que la perte d'un droit, quel qu'il soit, découle du règlement (CE) n° 6/2002 ou du présent règlement sans qu'une décision ait été prise, il le notifie à la personne intéressée conformément aux dispositions de l'article 66 du règlement (CE) n° 6/2002, en attirant son attention sur les recours visés au paragraphe 2 du présent article.

2. Si la personne intéressée estime que les conclusions de l'Office ne sont pas fondées, elle peut, dans un délai de deux mois à compter de la notification visée au paragraphe 1, demander une décision de l'Office en la matière.

Une telle décision n'est prise que dans le cas où l'Office ne partage pas le point de vue de la personne qui le demande ; dans le cas contraire, l'Office rectifie ses conclusions et en avise le requérant.

Art. 41 *Signature, nom et sceau.* 1. Toute décision, communication ou notification de l'Office doit indiquer le nom de l'instance ou de la division de l'Office, ainsi que le nom de l'agent ou des agents responsables. Elle doit être revêtue de la signature desdits agents ou, à défaut de signature, du sceau, imprimé ou apposé, de l'Office.

2. Le président de l'Office peut autoriser l'utilisation d'autres moyens permettant d'identifier l'instance ou la division de l'Office ainsi que le nom de l'agent ou des agents responsables, ou l'utilisation de moyens d'identification autres que le sceau de l'Office, lorsque les décisions, les communications ou les notifications sont transmises par télécopieur ou par tout autre moyen de télécommunication.

CHAPITRE VIII *Procédure orale et instruction*

Art. 42 *Convocation à la procédure orale.* 1. Dans la convocation des parties à la procédure orale prévue à l'article 64 du règlement (CE) n° 6/2002, l'Office attire leur attention sur le paragraphe 3 du présent article. Cette convocation comporte un délai de comparution d'un mois au minimum, à moins que les parties ne conviennent d'un délai plus court.

2. Lors de la convocation, l'Office attire l'attention des parties sur les points qui doivent, à son avis, être discutés pour lui permettre de statuer.

3. Si une partie régulièrement convoquée à une procédure orale devant l'Office ne comparait pas, la procédure peut être poursuivie en son absence.

Art. 43 *Instruction par l'Office.* 1. Lorsque l'Office estime nécessaire d'entendre des parties, des témoins ou des experts ou de procéder à une descente sur les lieux, il prend à cet effet une décision qui énonce la mesure d'instruction envisagée, les faits pertinents à prouver, ainsi que les jour, heure et lieu où il sera procédé à ladite mesure d'instruction.

Si l'audition de témoins et d'experts a été demandée par une partie, la décision de l'Office fixe le délai dans lequel cette partie doit communiquer à l'Office les noms et les adresses des témoins et experts dont elle souhaite l'audition.

2. Le délai de comparution indiqué dans la convocation de parties, de témoins ou d'experts doit être d'un mois au minimum, à moins que les intéressés ne conviennent d'un délai plus court.

La convocation doit contenir :

a) un extrait de la décision visée au paragraphe 1, premier alinéa, précisant notamment les jour, heure et lieu où il sera procédé à la mesure d'instruction ordonnée ainsi que les faits sur lesquels les parties, les témoins et les experts seront entendus ;

b) les noms des parties à la procédure et l'indication des droits dont les témoins et les experts peuvent se prévaloir en vertu de l'article 45, paragraphes 2 à 5.

Art. 44 *Commission d'experts.* 1. L'Office décide de la forme sous laquelle sont déposés les rapports des experts qu'il désigne.

2. Le mandat de l'expert doit contenir les renseignements suivants :

a) une description précise de sa mission ;

b) le délai qui lui est imparti pour le dépôt du rapport d'expertise ;

c) les noms des parties à la procédure ;

d) l'indication des droits dont l'expert peut se prévaloir en vertu de l'article 45, paragraphes 2, 3 et 4.

3. Un exemplaire du rapport écrit est remis aux parties.

4. Les parties peuvent récuser un expert au motif de son incompétence ou pour l'un des motifs de récusation d'un examinateur ou d'un membre d'une division ou d'une chambre de recours visés à l'article 132, paragraphes 1 et 3, du règlement (CE) n° 40/94 du Conseil *[Règl. (CE) n° 207/2009 du 26 févr. 2009, art. 137, § 1er et § 3].* L'instance de l'Office concernée statue sur la récusation.

Art. 45 *Frais de l'instruction.* 1. L'Office peut subordonner l'exécution de l'instruction au dépôt auprès de l'Office, par la partie qui a demandé l'instruction, d'une provision dont il fixe le montant sur la base d'une estimation des frais.

2. Les témoins et les experts, qui ont été convoqués par l'Office et comparaissent devant lui, ont droit à un remboursement de leurs frais de déplacement et de séjour, pour autant que ces derniers soient raisonnables. Une avance peut leur être accordée sur ces frais par l'Office. La première phrase du présent paragraphe est également applicable aux témoins et aux experts qui comparaissent devant l'Office sans avoir été convoqués par ce dernier et qui sont entendus en qualité de témoins ou d'experts.

3. Les témoins qui ont droit à un remboursement en application du paragraphe 2 ont, en outre, droit à une indemnité appropriée pour compenser leur manque à gagner et les experts ont droit à des honoraires pour la rémunération de leurs services. Les indemnités sont payées aux témoins après l'accomplissement de leurs obligations et les honoraires sont payés aux experts après l'accomplissement de leur mission, lorsque ces témoins et ces experts ont été convoqués par l'Office de sa propre initiative.

4. Les montants et les avances sur frais payables en vertu des paragraphes 1, 2 et 3 sont fixés par le président de l'Office et publiés au *Journal officiel* de l'Office.

Les montants sont calculés sur la même base que les rémunérations et le remboursement des frais des fonctionnaires des grades A 4 à A 8 fixés par le statut des fonctionnaires des Communautés européennes et son annexe VII.

5. Les sommes dues ou payées en vertu des paragraphes 1 à 4 sont en dernier ressort imputables :

a) à l'Office, lorsque celui-ci a, de sa propre initiative, jugé utile d'entendre les témoins ou les experts, ou

b) à la partie qui a demandé l'audition des témoins ou des experts, sous réserve de la décision relative à la répartition et à la fixation des frais prise en application des articles 70 et 71 du règlement (CE) n° 6/2002 et de l'article 79 du présent règlement.

La partie visée au premier alinéa, point *b)*, est tenue de rembourser à l'Office toute avance dûment payée sur les frais.

Art. 46 *Procès-verbaux de la procédure orale et de l'instruction.* 1. La procédure orale et l'instruction donnent lieu à l'établissement de procès-verbaux contenant l'essentiel de la procédure orale ou de l'instruction, les déclarations significatives des parties et les dépositions de ces parties, des témoins et des experts, ainsi que le résultat d'éventuelles descentes sur les lieux.

2. Le procès-verbal de la déposition d'un témoin, d'un expert ou d'une partie lui est lu ou lui est soumis pour qu'il ou elle en prenne connaissance. Mention est portée au procès-verbal que cette formalité a été accomplie et que le procès-verbal a été approuvé par l'auteur de la déposition. Lorsque celui-ci ne l'approuve pas, il est pris note de ses objections.

3. Le procès-verbal est signé par l'agent qui l'a établi et par l'agent qui a dirigé la procédure orale ou l'instruction.

4. Une copie du procès-verbal est remise aux parties.

5. L'Office met à la disposition des parties, sur leur demande, une transcription de l'enregistrement de la procédure orale sous forme écrite ou sous toute autre forme lisible par machine.

Cette transcription est délivrée moyennant paiement des frais supportés par l'Office pour sa réalisation. Le montant à acquitter est déterminé par le président de l'Office.

CHAPITRE IX *Notifications*

Art. 47 *Dispositions générales en matière de notification.* 1. Dans les procédures devant l'Office, les notifications auxquelles l'Office procède s'effectuent sous la forme soit du document original, soit d'une copie du document original certifiée conforme ou revêtue du sceau de l'Office, soit d'une sortie imprimée d'un document établi par ordinateur et revêtue de ce sceau. Cette certification n'est pas nécessaire pour les copies de documents produits par les parties elles-mêmes.

2. La notification est faite :

a) par voie postale, conformément à l'article 48 ;

b) par voie de signification, conformément à l'article 49 ;

c) par dépôt dans une boîte postale à l'Office, conformément à l'article 50 ;

d) par télécopieur ou tout autre moyen technique de communication, conformément à l'article 51 ;

e) par voie de publication, conformément à l'article 52.

(Règl. (CE) nº 876/2007 du 24 juill. 2007) « 3. Les communications entre l'Office et le Bureau international s'effectuent selon un mode et un format convenus d'un commun accord, par voie électronique dans la mesure du possible. Toute référence aux formulaires doit être interprétée comme incluant des formulaires disponibles sous forme électronique. »

Art. 48 *Notification par voie postale.* 1. Les décisions qui font courir un délai de recours, les convocations et tous les autres documents dont le président de l'Office prescrit la notification par voie postale sont notifiés par lettre recommandée avec accusé de réception.

Les décisions et les communications qui font courir un autre délai sont notifiées par lettre recommandée, à moins que le président de l'Office n'en décide autrement.

Les autres communications sont faites sous pli ordinaire.

2. Les notifications dont les destinataires n'ont ni domicile ni siège ni établissement dans la Communauté et qui n'ont pas désigné un représentant conformément à l'article 77, paragraphe 2, du règlement (CE) nº 6/2002 sont faites par l'envoi par la poste des documents à notifier, sous pli ordinaire, à la dernière adresse du destinataire connue de l'Office.

La notification est réputée effectuée dès que l'expédition par la poste a eu lieu.

3. Lorsque la notification est faite par lettre recommandée, avec ou sans accusé de réception, celle-ci est réputée avoir été remise à son destinataire le dixième jour après l'envoi par la poste, à moins que la lettre ne lui soit pas parvenue ou ne lui soit parvenue qu'à une date ultérieure.

En cas de contestation, il incombe à l'Office de faire la preuve que la lettre est parvenue à destination ou, selon le cas, d'établir la date de sa remise au destinataire.

4. La notification par lettre recommandée, avec ou sans accusé de réception, est réputée faite, même si le destinataire refuse la lettre.

5. Le droit de l'État sur le territoire duquel la notification est effectuée est applicable aux aspects de la notification par voie postale qui ne sont pas régis par les paragraphes 1 à 4.

Art. 49 *Notification par voie de signification.* La notification peut être effectuée dans les locaux de l'Office par signification du document à son destinataire, qui en accuse réception.

Art. 50 *Notification par dépôt dans une boîte postale à l'Office.* Lorsque le destinataire dispose d'une boîte postale à l'Office, la notification peut également se faire par le dépôt dans cette boîte du document à notifier. Une note écrite concernant le dépôt est ajoutée au dossier. La date du dépôt est à noter sur le document à notifier. La notification est réputée faite le cinquième jour suivant le dépôt dans la boîte postale.

Art. 51 *Notification par télécopieur ou par tout autre moyen technique de communication.* 1. La notification par télécopieur s'effectue par la transmission, soit de l'original, soit d'une copie, en vertu de l'article 47, paragraphe 1, du document à notifier. Les modalités de cette transmission sont arrêtées par le président de l'Office.

2. Les modalités de la notification par d'autres moyens techniques de communication sont arrêtées par le président de l'Office.

Art. 52 *Notification par voie de publication.* 1. S'il n'est pas possible de connaître l'adresse du destinataire ou si la notification prévue à l'article 48, paragraphe 1, n'a pu être effectuée, même après une seconde tentative de l'Office, la notification est faite par voie de publication.

La publication a lieu au moins dans le *Bulletin des dessins ou modèles communautaires.*

2. Le président de l'Office détermine les modalités de la publication ainsi que le point de départ du délai d'un mois à l'expiration duquel le document est réputé notifié.

Art. 53 *Notification au représentant.* 1. Si un représentant a été désigné ou lorsque le demandeur cité en premier lieu dans une demande commune est réputé être le représentant commun, conformément à l'article 61, paragraphe 1, les notifications sont faites au représentant désigné ou au représentant commun.

2. Si plusieurs représentants ont été désignés pour représenter une même partie, il suffit que la notification soit faite à l'un d'entre eux, à moins qu'ils aient élu domicile à une adresse déterminée, conformément à l'article 1er, paragraphe 1, point *e).*

3. Si plusieurs parties ont désigné un représentant commun, il suffit que la notification du document soit faite audit représentant en un seul exemplaire.

Art. 54 *Vices de la notification.* Lorsqu'un document est parvenu au destinataire, si l'Office n'est pas en mesure de prouver qu'il a été dûment notifié, ou si les dispositions applicables à sa notification n'ont pas été respectées, le document est réputé notifié à la date établie par l'Office comme date de réception.

Art. 55 *Notification des documents lorsque plusieurs personnes sont parties à une procédure.* Les documents produits par les parties, qui comportent des propositions sur le fond ou une déclaration de retrait d'une telle proposition, sont notifiés d'office aux autres parties. La notification est facultative lorsque le document considéré ne contient aucun élément nouveau et que l'état d'avancement du dossier permet de statuer.

CHAPITRE X *Délais*

Art. 56 *Calcul des délais.* 1. Tout délai est exprimé en années, en mois, en semaines ou en jours.

2. Le délai commence à courir le jour suivant la date de l'événement qui fait courir le délai, qu'il s'agisse d'un acte de procédure ou de l'expiration d'un délai antérieur. Sauf disposition contraire, lorsque l'acte de procédure est une notification, la réception du document notifié constitue l'événement qui fait courir le délai.

3. Lorsqu'un délai est exprimé en une ou plusieurs années, il expire, dans l'année à prendre en considération, le mois du même nom et le jour ayant le même quantième que le mois et le jour où l'événement qui fait courir le délai a eu lieu. A défaut de quantième identique, le délai considéré expire le dernier jour de ce mois.

4. Lorsqu'un délai est exprimé en un ou plusieurs mois, il expire, dans le mois à prendre en considération, le jour ayant le même quantième que le jour où l'événement qui fait courir le délai a eu lieu. Lorsque le jour où ledit événement a eu lieu était le dernier jour d'un mois ou que le mois à prendre en considération ne compte pas de jour ayant un quantième identique, le délai considéré expire le dernier jour de ce mois.

5. Lorsqu'un délai est exprimé en une ou plusieurs semaines, il expire, dans la semaine à prendre en considération, le jour du même nom que celui où l'événement qui fait courir le délai a eu lieu.

Art. 57 *Durée des délais.* 1. Lorsque le règlement (CE) n° 6/2002 ou le présent règlement prévoient un délai à fixer par l'Office, ce délai ne peut, dans le cas où la partie concernée a son domicile, son siège ou un établissement dans la Communauté, être inférieur à un mois ou, si ces conditions ne sont pas réunies, être inférieur à deux mois ni supérieur à six mois.

Lorsque les circonstances le justifient, le délai peut être prorogé par l'Office sur requête présentée, avant l'expiration dudit délai, par la partie concernée.

2. Lorsqu'il y a deux ou plusieurs parties à la procédure, l'Office peut subordonner la prorogation du délai à l'accord des autres parties.

Art. 58 *Expiration du délai dans des cas particuliers.* 1. Si un délai expire, soit un jour où on ne peut déposer de documents auprès de l'Office, soit un jour où le courrier ordinaire n'est pas distribué dans la localité du siège de l'Office, pour des raisons autres que celles indiquées au paragraphe 2, le délai est prorogé jusqu'au premier jour où les documents peuvent être déposés et où le courrier ordinaire est distribué.

Les jours où on ne peut déposer de documents devant l'Office sont fixés par le président de l'Office avant le début de chaque année civile.

2. Si un délai expire, soit un jour où se produit une interruption générale de la distribution du courrier dans un État membre ou entre un État membre et l'Office, soit un jour de perturbation résultant de cette interruption, le délai est prorogé jusqu'au premier jour suivant la fin de cette période d'interruption ou de perturbation pour les parties qui ont leur domicile ou leur siège dans cet État membre ou qui ont désigné des représentants ayant leur domicile professionnel dans ledit État membre.

Au cas où l'État membre concerné est l'État où l'Office a son siège, le premier alinéa est applicable à toutes les parties.

La période d'interruption ou de perturbation visée au premier alinéa est déterminée par le président de l'Office.

3. Les paragraphes 1 et 2 s'appliquent *mutatis mutandis* aux délais prévus par le règlement (CE) n° 6/2002 ou par le présent règlement lorsqu'il s'agit d'actes à accomplir auprès de l'autorité compétente au sens de l'article 35, paragraphe 1, points *b)* et *c)*, du règlement (CE) n° 6/2002.

4. En cas de retard, par suite de circonstances exceptionnelles telles que catastrophe naturelle ou grève ayant interrompu ou perturbé le fonctionnement normal de l'Office, dans les communications que ce dernier doit notifier aux parties et qui se rapportent à l'expiration de délais, les actes devant être accomplis dans ces délais peuvent encore être valablement accomplis dans un délai d'un mois à compter de la notification de ces communications tardives.

Le début et la fin de l'interruption ou de la perturbation sont déterminés par le président de l'Office.

CHAPITRE XI *Interruption de la procédure et renonciation au recouvrement forcé*

Art. 59 *Interruption de la procédure.* 1. La procédure devant l'Office est interrompue :

a) en cas de décès ou d'incapacité, soit du demandeur ou du titulaire d'un dessin ou modèle communautaire enregistré, soit de la personne qui est habilitée, en vertu du droit national, à représenter l'un ou l'autre ;

b) au cas où, en raison d'une action engagée contre ses biens, le demandeur ou le titulaire d'un dessin ou modèle communautaire enregistré est empêché, pour des raisons juridiques, de poursuivre la procédure devant l'Office ;

c) en cas de décès ou d'incapacité du représentant du demandeur ou du représentant du titulaire d'un dessin ou modèle communautaire enregistré, ou encore si le représentant est empêché, pour des motifs juridiques, en raison d'une action engagée contre ses biens, de poursuivre la procédure devant l'Office.

Pour autant que les événements visés au premier alinéa, point *a)*, n'affectent pas le pouvoir du représentant désigné en application de l'article 78 du règlement (CE) n° 6/2002, la procédure n'est interrompue qu'à la demande du représentant.

2. Si l'Office a connaissance de l'identité de la personne habilitée à poursuivre devant lui la procédure dans les cas visés au paragraphe 1, premier alinéa, points *a)* et *b)*, il informe cette personne et tout tiers intéressé de ce que la procédure sera reprise à compter de la date qu'il détermine.

3. Dans le cas visé au paragraphe 1, premier alinéa, point c), la procédure est reprise lorsque l'Office est avisé de la désignation d'un nouveau représentant du demandeur ou lorsqu'il a notifié aux autres parties la désignation d'un nouveau représentant du titulaire du dessin ou modèle.

Si, dans un délai de trois mois à compter du début de l'interruption de la procédure, l'Office n'a pas reçu l'information relative à la désignation d'un nouveau représentant, il communique au demandeur ou au titulaire du dessin ou modèle communautaire enregistré que :

a) lorsque l'article 77, paragraphe 2, du règlement (CE) n° 6/2002 est applicable, la demande de dessin ou modèle communautaire est réputée retirée si l'information n'est pas transmise dans les deux mois qui suivent cette communication, ou que

b) lorsque l'article 77, paragraphe 2, du règlement (CE) n° 6 2002 n'est pas applicable, la procédure reprend avec le demandeur ou le titulaire à compter de la date de cette communication.

4. Les délais en cours à l'égard du demandeur ou du titulaire du dessin ou modèle communautaire à la date d'interruption de la procédure, à l'exception du délai de paiement des taxes de renouvellement, recommencent à courir à compter du jour de la reprise de la procédure.

Art. 60 *Renonciation au recouvrement forcé.* Le président de l'Office peut renoncer à procéder au recouvrement forcé de toute somme due si celle-ci est minime ou si le recouvrement est trop aléatoire.

CHAPITRE XII *Représentation*

Art. 61 *Désignation d'un représentant commun.* 1. Si une demande de dessin ou modèle communautaire enregistré est déposée par plusieurs personnes et qu'elle ne désigne aucun représentant commun, le demandeur cité en premier lieu dans la demande est réputé être le représentant commun.

Toutefois, si l'un des demandeurs est soumis à l'obligation de désigner un mandataire agréé, ce mandataire est réputé être le représentant commun, à moins que le demandeur cité en premier lieu n'ait lui-même également désigné un mandataire agréé.

Les premier et deuxième alinéas sont applicables *mutatis mutandis* à des tiers agissant conjointement pour présenter une demande en nullité, ainsi qu'aux cotitulaires d'un dessin ou modèle communautaire enregistré.

2. Si, au cours de la procédure, un transfert intervient au profit de plusieurs personnes et que ces personnes n'ont pas désigné de représentant commun, le paragraphe 1 est applicable.

Si ledit paragraphe ne peut être appliqué, l'Office invite ces personnes à désigner un représentant commun dans un délai de deux mois. S'il n'est pas déféré à cette invitation, l'Office désigne lui-même le représentant commun.

Art. 62 *Pouvoir.* 1. Les avocats et les mandataires agréés inscrits sur les listes tenues par l'Office conformément à l'article 78, paragraphe 1, points *b)* ou *c)*, du règlement (CE) n° 6/2002 peuvent déposer auprès de l'Office un pouvoir signé à verser au dossier.

Ils sont tenus de déposer ce pouvoir si l'Office le demande expressément ou, lorsque plusieurs parties participent à la procédure dans laquelle le représentant agit devant l'Office, si l'une des parties le demande expressément.

2. Les employés agissant pour le compte de personnes physiques ou morales conformément à l'article 77, paragraphe 3, du règlement (CE) n° 6/2002 déposent auprès de l'Office un pouvoir signé à verser au dossier.

3. Le pouvoir peut être déposé dans une des langues officielles de la Communauté. Il peut être donné pour une ou plusieurs demandes de dessins ou modèles communautaires enregistrés ou être un pouvoir général autorisant un représentant à effectuer tous les actes de procédure devant l'Office pour le compte de la partie donnant pouvoir.

4. Lorsque, conformément aux paragraphes 1 ou 2, un pouvoir doit être déposé, l'Office fixe un délai de dépôt du pouvoir. Si le pouvoir n'est pas déposé dans ce délai, la procédure est poursuivie avec la personne représentée. Les actes accomplis par le représentant, à l'exception du dépôt de la demande, sont réputés non avenus si la personne représentée ne les confirme pas. La présente disposition n'affecte pas l'application de l'article 77, paragraphe 2, du règlement (CE) n° 6/2002.

5. Les dispositions des paragraphes 1, 2 et 3 sont applicables *mutatis mutandis* à la révocation du pouvoir.

6. Tout représentant dont la mission de représentation a pris fin conserve sa qualité de représentant aussi longtemps que la fin de sa mission n'a pas été notifiée à l'Office.

7. Sauf disposition contraire prévue par le pouvoir, la mission de représentation ne prend pas fin, à l'égard de l'Office, au décès de la personne représentée.

8. Si une partie désigne plusieurs représentants, ceux-ci peuvent, nonobstant toute disposition contraire du pouvoir, agir collectivement ou individuellement.

9. La désignation d'un groupement de représentants est réputée conférer pouvoir d'agir à tout représentant qui peut justifier qu'il exerce son activité au sein dudit groupement.

Art. 63 *Représentation.* Toute notification ou autre communication adressée par l'Office à un représentant dûment agréé a le même effet que si elle était adressée à la personne représentée.

Toute communication adressée à l'Office par un représentant dûment agréé a le même effet que si elle émanait de la personne représentée.

Art. 64 *Modification de la liste des mandataires agréés en matière de dessins ou modèles.* 1. Tout mandataire agréé est radié, à sa requête, de la liste spécifique des mandataires agréés en matière de dessins ou modèles prévue à l'article 78, paragraphe 4, du règlement (CE) n° 6/2002.

2. Tout mandataire agréé est radié d'office :

a) en cas de décès ou d'incapacité légale ;

b) s'il ne possède plus la nationalité d'un État membre, à moins que le président de l'Office n'ait accordé une dérogation en vertu de l'article 78, paragraphe 6, point *c)*, du règlement (CE) n° 6/2002 ;

c) s'il n'a plus son domicile professionnel ou le lieu de son emploi dans la Communauté ;

d) s'il n'est plus habilité au sens de l'article 78, paragraphe 4, point *c)*, première phrase, du règlement (CE) n° 6/2002.

3. L'Office suspend de son propre chef l'inscription de tout mandataire agréé dont l'habilitation à représenter des personnes physiques ou morales devant le Bureau Benelux des dessins ou modèles ou le service central de la propriété industrielle de l'État membre concerné, visée à l'article 78, paragraphe 4, point *c)*, première phrase, du règlement (CE) n° 6/2002 a été suspendue.

4. Sur sa requête, effectuée conformément à l'article 78, paragraphe 5, du règlement (CE) n° 6/2002, toute personne radiée fait l'objet d'une réinscription sur la liste des mandataires agréés, une fois disparus les motifs qui ont conduit à sa radiation.

5. Le Bureau Benelux des dessins ou modèles et les services centraux de la propriété industrielle des États membres concernés informent immédiatement l'Office de tout fait visé aux paragraphes 2 et 3 dont ils ont connaissance.

6. Toute modification de la liste spécifique des mandataires agréés en matière de dessins ou modèles est publiée au *Journal officiel* de l'Office.

CHAPITRE XIII *Communications écrites et formulaires*

Art. 65 *Transmission des communications par écrit ou par d'autres moyens.* 1. Sous réserve du paragraphe 2, les demandes d'enregistrement d'un dessin ou modèle communautaire ainsi que les autres demandes prévues par le règlement (CE) n° 6/2002 et toutes les autres communications adressées à l'Office sont transmises à ce dernier de la manière suivante :

a) par la transmission à l'Office d'un original signé du document correspondant par voie postale, par voie de signification ou par tout autre moyen ; la signature des annexes jointes aux documents ainsi transmis n'est pas nécessaire ;

b) par la transmission d'un original signé par télécopieur, conformément à l'article 66 ;

c) par la transmission du contenu de la communication par des moyens électroniques, conformément à l'article 67.

2. Lorsque le demandeur se prévaut lui-même de la possibilité prévue à l'article 36, paragraphe 1, point *c)*, du règlement (CE) n° 6/2002 de déposer un spécimen du dessin ou modèle, la demande et le spécimen sont déposés à l'Office sous le même pli et selon les modalités visées au paragraphe 1, point *a)*, du présent article. Si la demande et le spécimen, ou les spécimens dans le cas d'une demande multiple, ne sont pas déposés par le même courrier, l'Office n'attribue pas de date de dépôt jusqu'à l'arrivée du dernier élément conformément à l'article 10, paragraphe 1, du présent règlement.

Art. 66 *Transmission par télécopieur.* 1. Lorsqu'une demande d'enregistrement d'un dessin ou modèle communautaire est soumise à l'Office par télécopieur et qu'elle contient une reproduction du dessin ou modèle conformément à l'article 4, paragraphe 1, qui ne satisfait pas aux exigences dudit article, la reproduction requise en vue de l'enregistrement et de la publication est transmise à l'Office conformément à l'article 65, paragraphe 1, point *a)*.

Si la reproduction parvient à l'Office dans un délai d'un mois à compter de la date de réception de la télécopie par l'Office, la demande est réputée parvenue à ce dernier à la date de réception de ladite télécopie.

Si la reproduction ne parvient à l'Office qu'après l'expiration de ce délai, la demande est réputée être parvenue à l'Office à la date de réception de ladite reproduction.

2. Lorsqu'une communication reçue par télécopieur est incomplète ou illisible, ou que l'Office a des doutes sérieux quant à l'intégrité des données transmises, il en informe l'expéditeur et l'invite, dans le délai qu'il lui impartit, à transmettre à nouveau l'original par télécopie ou à lui fournir l'original conformément à l'article 65, paragraphe 1, point *a)*.

S'il est déféré à cette invitation en temps voulu, la date de réception de la nouvelle transmission ou de l'original est réputée être la date de réception de la communication originale, étant entendu que lorsque le défaut concerne l'attribution d'une date de dépôt pour une demande d'enregistrement d'un dessin ou modèle communautaire, les dispositions régissant la date de dépôt sont applicables.

S'il n'est pas déféré à cette invitation en temps voulu, la communication est réputée n'être jamais parvenue.

3. Toute communication transmise à l'Office par télécopieur est réputée être valablement signée si la signature apparaît sur le document imprimé par le télécopieur.

4. Le président de l'Office peut subordonner la transmission par télécopieur à des conditions supplémentaires, portant notamment sur l'équipement à utiliser, les aspects techniques détaillés de la transmission et les méthodes d'identification de l'expéditeur.

Art. 67 *Transmission par des moyens électroniques.* 1. Les demandes d'enregistrement d'un dessin ou modèle communautaire peuvent être transmises par des moyens électroniques, y compris la représentation du dessin ou modèle, et nonobstant l'article 65, paragraphe 2, dans le cas de la transmission d'un spécimen.

Le président de l'Office arrête les conditions de cette transmission.

2. Le président de l'Office arrête les conditions de la transmission par des moyens électroniques, notamment en ce qui concerne l'équipement à utiliser, les aspects techniques détaillés de la transmission et les méthodes d'identification de l'expéditeur.

3. Lorsqu'une communication est transmise par des moyens électroniques, l'article 66, paragraphe 2, est applicable *mutatis mutandis.*

4. Lorsqu'une communication est transmise à l'Office par des moyens électroniques, l'indication du nom de l'expéditeur vaut signature.

Art. 68 *Formulaires.* 1. L'Office fournit gratuitement des formulaires pour :

a) le dépôt d'une demande de dessin ou modèle communautaire enregistré ;

b) la requête en rectification d'une demande ou d'un enregistrement ;

c) la demande d'enregistrement d'un transfert, ainsi que le formulaire de déclaration de transfert et le document de transfert visés à l'article 23, paragraphe 4 ;

d) la requête en enregistrement d'une licence ;

e) la requête en renouvellement de l'enregistrement d'un dessin ou modèle communautaire enregistré ;

f) la demande en nullité d'un dessin ou modèle communautaire enregistré ;

g) la requête en *restitutio in integrum ;*

h) le recours contre une décision de l'Office ;

i) la désignation d'un représentant, sous forme d'un pouvoir individuel ou d'un pouvoir général.

2. L'Office peut fournir gratuitement d'autres formulaires.

3. L'Office fournit gratuitement, dans toutes les langues officielles de la Communauté, les formulaires visés aux paragraphes 1 et 2.

4. L'Office fournit gratuitement les formulaires au Bureau Benelux des dessins ou modèles ainsi qu'aux services centraux de la propriété industrielle des États membres.

5. L'Office peut également fournir les formulaires sous une forme lisible par machine.

6. Les parties à la procédure devant l'Office devraient utiliser les formulaires fournis par l'Office, des copies de ces formulaires ou des formulaires présentant le même contenu et le même format que ceux de l'Office, tels que des formulaires créés par ordinateur.

7. Les formulaires doivent être remplis de manière à permettre l'entrée automatisée de leur contenu sur ordinateur, par exemple, par un système de reconnaissance de caractères ou de lecture optique.

CHAPITRE XIV *Information du public*

Art. 69 *Registre des dessins ou modèles communautaires.* 1. Le registre peut être tenu sous la forme d'une base de données électronique.

2. Sont inscrits au registre :

a) la date du dépôt de la demande ;

b) le numéro de dossier attribué à la demande et le numéro de dossier attribué à chaque dessin ou modèle individuel compris dans une demande multiple ;

c) la date de publication de l'enregistrement ;

d) le nom, l'adresse et la nationalité du demandeur, ainsi que l'État sur le territoire duquel il a son domicile, son siège ou un établissement ;

e) le nom et l'adresse professionnelle du représentant, dans la mesure où il ne s'agit pas d'un employé désigné en tant que représentant conformément à l'article 77, paragraphe 3, premier alinéa, du règlement (CE) n° 6/2002 ; s'il y a plusieurs représentants, seuls sont inscrits les nom et adresse professionnelle du premier représentant cité, le nom étant suivi des mots « et al » ; en cas de groupement de représentants, seuls sont inscrits les nom et adresse du groupement ;

f) la représentation du dessin ou modèle ;

g) la désignation par leur nom des produits, précédés des numéros des classes et sous-classes de la classification de Locarno et regroupés suivant celles-ci ;

h) des indications relatives à la revendication d'une priorité en vertu de l'article 42 du règlement (CE) n° 6/2002 ;

i) des indications concernant la revendication d'une priorité d'exposition en vertu de l'article 44 du règlement (CE) n° 6/2002 ;

j) le cas échéant, la désignation du créateur ou de l'équipe de créateurs en vertu de l'article 18 du règlement (CE) n° 6/2002 ou une déclaration attestant que le créateur ou l'équipe de créateurs a renoncé au droit à être désigné ;

k) la langue de dépôt de la demande ainsi que la deuxième langue indiquée par le demandeur dans sa demande, conformément à l'article 98, paragraphe 2, du règlement (CE) n° 6/2002 ;

l) la date d'inscription du dessin ou modèle au registre et le numéro d'enregistrement ;

m) la mention de toute demande d'ajournement de la publication conformément à l'article 50, paragraphe 3, du règlement (CE) n° 6/2002, en précisant la date d'expiration de la période d'ajournement ;

n) la mention du dépôt d'un spécimen en vertu de l'article 5 ;

o) la mention du dépôt d'une description en vertu de l'article 1er, paragraphe 2, point *a)*.

3. Outre les inscriptions visées au paragraphe 2, sont également inscrits au registre, avec à chaque fois la date d'enregistrement :

a) les modifications de nom, d'adresse ou de nationalité du titulaire ou de l'État sur le territoire duquel il a son domicile, son siège ou un établissement ;

b) toute modification du nom ou de l'adresse professionnelle du représentant, dans la mesure où il ne s'agit pas d'un représentant relevant de l'article 77, paragraphe 3, premier alinéa, du règlement (CE) n° 6/2002 ;

c) en cas de désignation d'un nouveau représentant, les nom et adresse professionnelle de celui-ci ;

d) la mention qu'une demande multiple ou un enregistrement multiple a été divisé en demandes ou enregistrements séparés, conformément à l'article 37, paragraphe 4, du règlement (CE) n° 6/2002 ;

e) toute modification du dessin ou modèle conformément à l'article 25, paragraphe 6, du règlement (CE) n° 6/2002, y compris, s'il y a lieu, la référence à la renonciation faite ou à une décision judiciaire ou à une décision de l'Office prononçant la nullité partielle du dessin ou modèle et toute rectification d'erreurs ou de fautes conformément à l'article 20 du présent règlement ;

f) toute demande en justice en vertu de l'article 15, paragraphe 1, du règlement (CE) n° 6/2002, en ce qui concerne un dessin ou modèle communautaire enregistré ;

g) toute décision passée en force de chose jugée ou toute autre mesure mettant fin à la procédure, conformément à l'article 15, paragraphe 4, point *b)*, du règlement (CE) n° 6/2002 relatif à la revendication ;

h) tout changement de propriété au sens de l'article 15, paragraphe 4, point *c)*, du règlement (CE) n° 6/2002 ;

i) tout transfert au sens de l'article 28 du règlement (CE) n° 6/2002 ;

j) la constitution ou la cession d'un droit réel en vertu de l'article 29 du règlement (CE) n° 6/2002 et la nature du droit réel ;

k) les mesures d'exécution forcée en application de l'article 30 du règlement (CE) n° 6/2002, ainsi que les procédures d'insolvabilité en vertu de l'article 31 dudit règlement ;

l) l'octroi ou le transfert d'une licence au sens de l'article 16, paragraphe 2, ou de l'article 32 du règlement (CE) n° 6/2002, ainsi que, le cas échéant, le type de licence conformément à l'article 25 du présent règlement ;

m) le renouvellement d'un enregistrement au sens de l'article 13 du règlement (CE) n° 6/2002 et sa date de prise d'effet ;

n) la mention relative à la date d'expiration de l'enregistrement ;

o) la déclaration de renonciation totale ou partielle, au sens de l'article 51, paragraphes 1 et 3, du règlement (CE) n° 6/2002, par le titulaire ;

p) la date de la présentation de la demande ou d'une demande reconventionnelle en nullité en vertu, respectivement, de l'article 52 ou de l'article 86, paragraphe 2, du règlement (CE) n° 6/2002 ;

q) la date et le contenu de la décision sur la demande en nullité ou sur la demande reconventionnelle en nullité ou sur toute autre mesure mettant fin à la procédure en vertu, respectivement, de l'article 53 ou de l'article 86, paragraphe 4, du règlement (CE) n° 6/2002 ;

r) la mention, en vertu de l'article 50, paragraphe 4, du règlement (CE) n° 6/2002, que le dessin ou modèle communautaire enregistré est réputé ne pas avoir eu, dès l'origine, les effets mentionnés dans ledit règlement ;

s) la radiation du nom du représentant inscrit conformément au paragraphe 2, point *e)* ;

t) la modification ou la radiation des mentions visées aux points *j)*, *k)* et *l)*.

4. Le président de l'Office peut décider que les mentions autres que celles prévues aux paragraphes 2 et 3 seront inscrites au registre.

5. Toute modification apportée au registre est notifiée au titulaire.

6. Sous réserve de l'article 73, l'Office délivre, sur requête et moyennant paiement d'une taxe, des extraits certifiés ou non certifiés conformes du registre.

CHAPITRE XV *Bulletin des dessins ou modèles communautaires et base de données*

Art. 70 *Bulletin des dessins ou modèles communautaires.* 1. L'Office détermine la fréquence de la publication du *Bulletin des dessins ou modèles communautaires* et les modalités de cette publication.

2. Sans préjudice des dispositions de l'article 50, paragraphe 2, du règlement (CE) n° 6/2002 et sous réserve des articles 14 et 16 du présent règlement relatifs à l'ajournement de la publication, sont publiés dans le *Bulletin des dessins ou modèles communautaires* les enregistrements et les inscriptions portées au registre, ainsi que toutes les autres indications ou tous les autres renseignements détaillés relatifs aux enregistrements de dessins ou modèles dont la publication est prévue par le règlement (CE) n° 6/2002 ou par le présent règlement.

3. Lorsque des indications ou des renseignements détaillés, dont la publication est prévue par le règlement (CE) n° 6/2002 ou par le présent règlement, sont publiés au *Bulletin des dessins ou modèles communautaires*, la date de publication figurant sur le *Bulletin* vaut date de publication desdites indications ou desdits renseignements.

4. Toute information dont la publication est prescrite par les articles 14 et 16 est publiée, s'il y a lieu, dans toutes les langues officielles de la Communauté.

Art. 71 *Base de données.* 1. L'Office gère une base de données électronique dans laquelle sont enregistrés les indications et les renseignements détaillés relatifs aux demandes d'enregistrement des dessins ou modèles communautaires et les inscriptions portées au registre. L'Office peut, sous réserve des restrictions prévues à l'article 50, paragraphes 2 et 3, du règlement (CE) n° 6/2002, diffuser le contenu de cette base de données par accès direct, sur CD-ROM ou sous toute autre forme lisible par machine.

2. Le président de l'Office arrête les conditions d'accès à la base de données et les modalités de diffusion du contenu de la base de données sous une forme lisible par machine, notamment en ce qui concerne les tarifs à acquitter en contrepartie de ces services.

(Règl. (CE) n° 876/2007 du 24 juill. 2007) « 3. L'Office fournit des informations sur les enregistrements internationaux de dessins ou modèles désignant la Communauté en créant un lien électronique avec la base de données consultable du Bureau international. »

CHAPITRE XVI *Inspection publique et tenue des dossiers*

Art. 72 *Pièces du dossier exclues de l'inspection publique.* En vertu des dispositions de l'article 74, paragraphe 4, du règlement (CE) n° 6/2002, les pièces du dossier exclues de l'inspection publique sont :

a) les documents concernant l'exclusion ou la récusation au sens de l'article 132 du règlement (CE) n° 40/94, les dispositions de cet article étant considérées à cet effet comme applicables *mutatis mutandis* aux dessins ou modèles communautaires enregistrés et aux demandes y afférentes ;

b) les projets de décision et d'avis, ainsi que tous les autres documents internes qui servent à la préparation de décisions et d'avis ;

c) les pièces dont la partie concernée souhaite préserver la confidentialité et pour lesquelles elle a manifesté un intérêt particulier avant le dépôt de la requête en inspection publique, à moins que l'inspection publique de ces pièces ne soit justifiée par les intérêts légitimes de la partie qui requiert l'inspection, lesdits intérêts primant ceux de l'autre partie.

Art. 73 *Inspection du registre des dessins ou modèles communautaires.* Lorsque l'enregistrement fait l'objet d'un ajournement de la publication en vertu de l'article 50, paragraphe 1, du règlement (CE) n° 6/2002, *a)* l'accès au registre par des personnes autres que le titulaire est limité au nom du titulaire, au nom de tout représentant, à la date de dépôt et d'enregistrement, au numéro de dossier de la demande et à la mention de l'ajournement de la publication ;

b) les extraits certifiés conformes ou non certifiés du registre ne comportent que le nom du titulaire, le nom de tout représentant, la date de dépôt et d'enregistrement, le numéro de dossier de la demande et la mention de l'ajournement de la publication, sauf si la requête a été présentée par le titulaire ou son représentant.

Art. 74 *Modalités de l'inspection publique.* 1. L'inspection publique des dossiers de dessins ou modèles communautaires enregistrés porte soit sur les documents originaux, soit sur des copies de ces documents ou sur des moyens techniques de stockage des données dans le cas où les dossiers sont ainsi archivés.

La requête en inspection publique n'est réputée déposée qu'après paiement de la taxe requise.

Les modalités de l'inspection publique des dossiers sont arrêtées par le président de l'Office.

2. Toute requête en inspection publique des dossiers d'une demande de dessin ou modèle communautaire enregistré ou des dossiers d'un dessin ou modèle communautaire enregistré soumis à un ajournement de la publication et auquel il a été renoncé avant ou à l'expiration de cette période d'ajournement ou qui, en vertu de l'article 50, paragraphe 4, du règlement (CE) n° 6/2002, est réputé ne pas avoir eu, dès l'origine, les effets mentionnés dans ledit règlement, doit indiquer, preuves à l'appui, que :

a) le demandeur ou le titulaire du dessin ou modèle communautaire a donné son accord pour l'inspection, ou que

b) la personne demandant l'inspection a établi un intérêt légitime à l'inspection publique, en particulier lorsque le demandeur ou le titulaire du dessin ou modèle communautaire a déclaré que, après l'enregistrement du dessin ou modèle, il se prévaudrait de celui-ci à l'encontre de la partie qui requiert l'inspection.

3. L'inspection publique a lieu dans les locaux de l'Office.

4. Sur requête, l'inspection publique prend la forme d'une délivrance de copies des pièces versées aux dossiers, en contrepartie du paiement d'une taxe.

5. Sur requête, l'Office délivre des copies certifiées conformes ou non certifiées de la demande de dessin ou modèle communautaire enregistré ou des pièces versées aux dossiers qui peuvent être délivrées en vertu du paragraphe 4 moyennant paiement d'une taxe.

Art. 75 *Communication d'informations contenues dans les dossiers.* Sous réserve des restrictions prévues à l'article 74 du règlement (CE) n° 6/2002 et aux articles 72 et 73 du présent règlement, l'Office peut, sur requête et moyennant paiement d'une taxe, communiquer des informations contenues dans tous les dossiers relatifs à une demande de dessin ou modèle communautaire ou à un dessin ou modèle communautaire enregistré.

L'Office peut, toutefois, exiger de la personne demandant l'inspection de procéder à l'inspection publique du dossier sur place, s'il l'estime approprié compte tenu de la quantité d'informations à fournir.

Art. 76 *Conservation des dossiers.* 1. L'Office conserve les dossiers de demandes de dessin ou modèle communautaire et les dossiers de dessins ou modèles communautaires enregistrés pendant cinq ans au moins à compter de la fin de l'année au cours de laquelle :

a) la demande est rejetée ou retirée ;

b) l'enregistrement du dessin ou modèle communautaire enregistré vient à expiration ;

c) la renonciation intégrale au dessin ou modèle communautaire enregistré est inscrite au registre conformément à l'article 51 du règlement (CE) n° 6/2002 ;

d) le dessin ou modèle communautaire enregistré est définitivement radié du registre ;

e) le dessin ou modèle communautaire enregistré est réputé ne pas avoir eu les effets mentionnés dans le règlement (CE) n° 6/2002 conformément à l'article 50, paragraphe 4, dudit règlement.

2. Le président de l'Office arrête les modalités de conservation des dossiers.

CHAPITRE XVII *Assistance administrative*

Art. 77 *Échange d'informations et communications entre l'Office et les autorités des États membres.* 1. L'Office et les services centraux de la propriété industrielle des États membres et le Bureau Benelux des dessins ou modèles se communiquent, sur demande, les informations appropriées sur les demandes de dessin ou modèle communautaire enregistré, de dessin ou modèle Benelux ou de dessin ou modèle national enregistré et sur les procédures relatives à ces demandes et aux dessins ou modèles enregistrés à la suite du dépôt de ces demandes. Ces communications ne sont pas soumises aux restrictions prévues à l'article 74 du règlement (CE) n° 6/2002.

2. L'Office et les juridictions et autorités compétentes des États membres s'échangent directement entre eux les communications qui découlent de l'application du règlement (CE) n° 6/2002 ou du présent règlement.

Ces communications peuvent également être échangées par l'entremise des services centraux de la propriété industrielle des États membres ou du Bureau Benelux des dessins ou modèles.

3. Les dépenses au titre des communications effectuées en vertu des paragraphes 1 et 2 sont à la charge de l'autorité qui effectue ces communications, lesquelles ne donnent pas lieu au paiement de taxes.

Art. 78 *Inspection publique réalisée par des juridictions ou des autorités des États membres ou par leur intermédiaire.* 1. L'inspection publique, par des juridictions ou des autorités des États membres, des dossiers de demandes de dessin ou modèle communautaire ou des dossiers de dessins ou modèles communautaires enregistrés porte, sur demande, sur les documents originaux ou sur des copies de ces documents. L'article 74 n'est pas applicable.

2. Les juridictions et les ministères publics des États membres peuvent, au cours de procédures pendantes devant eux, permettre à des tiers de consulter les dossiers ou les copies de dossiers qui leur ont été transmis par l'Office. Cette consultation s'effectue dans les conditions prévues à l'article 74 du règlement (CE) n° 6/2002.

3. L'Office ne perçoit pas de taxes au titre des paragraphes 1 et 2.

4. L'Office signale aux juridictions et aux ministères publics des États membres, lorsqu'il leur transmet des dossiers ou des copies de dossiers, les restrictions auxquelles est soumise, en application de l'article 74 du règlement (CE) n° 6/2002 et de l'article 72 du présent règlement, l'inspection publique des dossiers de demandes de dessin ou modèle communautaire ou des dossiers de dessins ou modèles communautaires enregistrés.

CHAPITRE XVIII *Frais*

Art. 79 *Répartition et détermination des frais.* 1. La répartition des frais en vertu de l'article 70, paragraphes 1 et 2, du règlement (CE) n° 6/2002 est arrêtée dans la décision rendue sur la demande en nullité d'un dessin ou modèle communautaire enregistré ou dans la décision sur le recours.

2. La répartition des frais en vertu de l'article 70, paragraphes 3 et 4, du règlement (CE) n° 6/2002 est arrêtée dans le cadre d'une décision sur les frais rendue par la division d'annulation ou la chambre de recours.

3. Un état des frais accompagné de pièces justificatives doit être joint à la requête présentée aux fins de la détermination des frais en vertu de l'article 70, paragraphe 6, première phrase, du règlement (CE) n° 6/2002.

La requête n'est recevable que si la décision relativement à laquelle la détermination des frais est requise est définitive. Les frais peuvent être déterminés dès que leur crédibilité a été établie.

4. La requête prévue à l'article 70, paragraphe 6, deuxième phrase, du règlement (CE) n° 6/2002 et visant à obtenir un réexamen de la décision du greffe sur la détermination des frais doit être motivée et présentée à l'Office dans un délai d'un mois après la notification de la répartition des frais.

Elle n'est réputée présentée qu'après paiement de la taxe de réexamen du montant des frais.

5. La division d'annulation ou la chambre de recours, selon le cas, statue sans procédure orale sur la requête visée au paragraphe 4.

6. Les taxes que la partie perdante doit supporter en vertu de l'article 70, paragraphe 1, du règlement (CE) n° 6/2002 sont limitées aux taxes qui ont été exposées par l'autre partie dans le cadre d'une demande en nullité et/ou d'un recours.

7. Les frais indispensables aux fins des procédures qui ont été effectivement exposés par la partie gagnante doivent être supportés par la partie perdante en vertu de l'article 70, paragraphe 1, du règlement (CE) n° 6/2002, dans la limite des taux maximaux déterminés ci-après :

a) les frais de déplacement d'une partie, pour le voyage aller et retour entre le lieu de résidence ou le domicile professionnel et le lieu où la procédure orale ou l'instruction se déroule, sont supportés comme suit :

i) le coût du transport par chemin de fer en première classe, y compris les suppléments habituels, lorsque la distance totale par l'itinéraire ferroviaire ne dépasse pas 800 km ;

ii) le coût du transport aérien en classe « touriste », lorsque la distance totale par l'itinéraire ferroviaire dépasse 800 km ou que l'itinéraire comporte une traversée maritime ;

b) les frais de séjour d'une partie sont assimilés à l'indemnité journalière de mission applicable aux fonctionnaires des grades A 4 à A 8 fixée à l'article 13 de l'annexe VII du statut des fonctionnaires des Communautés européennes ;

c) les frais de déplacement des représentants au sens de l'article 78, paragraphe 1, du règlement (CE) n° 6/2002 ainsi que des témoins et des experts sont supportés conformément au point *a)* ;

d) les frais de séjour des représentants au sens de l'article 78, paragraphe 1, du règlement (CE) n° 6/2002 ainsi que des témoins et des experts sont supportés conformément au point *b)* ;

e) les frais au titre des mesures d'instruction exécutées sous forme d'audition de témoins, d'expertise ou de descente sur les lieux, à concurrence de 300 € par procédure ;

f) les frais de représentation, au sens de l'article 78, paragraphe 1, du règlement (CE) n° 6/2002 :

i) du demandeur dans une procédure d'annulation du dessin ou modèle communautaire enregistré, à concurrence de 400 € ;

ii) du titulaire dans une procédure d'annulation du dessin ou modèle communautaire enregistré, à concurrence de 400 € ;

iii) du requérant dans une procédure de recours, à concurrence de 500 € ;

iv) du défendeur dans une procédure de recours, à concurrence de 500 € ;

g) lorsque la partie gagnante a été représentée par plus d'un représentant au sens de l'article 78, paragraphe 1, du règlement (CE) n° 6/2002, la partie perdante ne doit supporter les frais visés aux points *c)*, *d)* et *f)* que pour un seul représentant ;

h) la partie perdante n'est pas tenue de rembourser à la partie gagnante les frais, dépens et honoraires autres que ceux visés aux points *a)* à *g)*.

Si, dans une des procédures visées au premier alinéa, point *f)*, une mesure d'instruction sous forme d'audition de témoins, d'expertise ou de descente sur les lieux intervient, un montant supplémentaire est accordé pour les frais de représentation à concurrence de 600 € par procédure.

CHAPITRE XIX *Langues*

Art. 80 *Demandes et déclarations.* Sans préjudice de l'article 98, paragraphe 4, du règlement (CE) n° 6/2002 :

a) toute demande ou déclaration concernant une demande de dessin ou modèle communautaire enregistré peut être effectuée dans la langue utilisée pour le dépôt de la demande de dessin ou modèle ou dans la deuxième langue que le demandeur a indiquée dans sa demande ;

b) toute demande ou déclaration autre qu'une demande en nullité en vertu de l'article 52 du règlement (CE) n° 6/2002 ou qu'une déclaration de renonciation en vertu de l'article 51 dudit règlement concernant un dessin ou modèle communautaire enregistré peut être effectuée dans l'une des langues de l'Office ;

c) lorsqu'un des formulaires fournis par l'Office, conformément à l'article 68, est utilisé, ce formulaire peut être rédigé dans l'une des langues officielles de la Communauté, sous réserve que le formulaire soit rempli dans l'une des langues de l'Office, dans la mesure où il s'agit d'explications écrites.

Art. 81 *Procédure écrite.* 1. Sans préjudice de l'article 98, paragraphes 3 et 5, du règlement (CE) n° 6/2002 et sauf disposition contraire prévue au présent règlement, toute partie peut, dans les procédures écrites devant l'Office, utiliser l'une des langues de l'Office.

Si la langue choisie n'est pas celle de la procédure, cette partie produit une traduction dans cette langue dans un délai d'un mois à compter de la date de dépôt du document original.

Lorsque le demandeur d'un dessin ou modèle communautaire enregistré est la seule partie aux procédures devant l'Office et que la langue utilisée pour le dépôt de la demande de dessin ou modèle communautaire enregistré n'est pas une des langues de l'Office, la traduction peut aussi être produite dans la deuxième langue que le demandeur a indiquée dans sa demande.

2. Sauf disposition contraire prévue dans le présent règlement, les documents qui doivent être utilisés dans les procédures devant l'Office peuvent être produits dans une des langues officielles de la Communauté.

Lorsque ces documents sont rédigés dans une langue qui n'est pas celle de la procédure, l'Office peut exiger qu'une traduction soit produite dans cette langue ou, au choix de la partie à la procédure, dans une des langues de l'Office, dans le délai qu'il impartit.

Art. 82 *Procédure orale.* 1. Toute partie à une procédure orale devant l'Office peut, en lieu et place de la langue de procédure, utiliser une des autres langues officielles de la Communauté, à condition qu'elle prenne les dispositions appropriées pour assurer l'interprétation dans la langue de procédure.

Lorsque la procédure orale a lieu dans le cadre d'une procédure portant sur une demande d'enregistrement d'un dessin ou modèle, le demandeur peut utiliser soit la langue de sa demande, soit la deuxième langue qu'il a indiquée dans sa demande.

2. Dans une procédure orale concernant une demande d'enregistrement d'un dessin ou modèle, le personnel de l'Office peut utiliser soit la langue de la demande, soit la deuxième langue indiquée par le demandeur.

Dans toutes les autres procédures orales, le personnel de l'Office peut utiliser, en lieu et place de la langue de procédure, une autre langue de l'Office, sous réserve de l'accord de la ou des parties à la procédure.

3. Dans le cadre de l'instruction, les parties, témoins ou experts qui doivent être entendus mais ne maîtrisent pas suffisamment la langue de procédure peuvent utiliser une des langues officielles de la Communauté.

Si l'instruction a été ordonnée à la demande d'une partie à la procédure, les parties, les témoins ou les experts dont l'audition est requise et qui s'expriment dans une langue autre que la langue de procédure ne sont entendus que dans la mesure où la partie qui a présenté la demande d'audition assure l'interprétation dans la langue de procédure.

Dans le cadre des procédures portant sur des demandes d'enregistrement de dessins ou modèles, la deuxième langue indiquée par le demandeur peut être utilisée en lieu et place de la langue de la demande.

Dans toute procédure à laquelle ne participe qu'une seule partie, l'Office peut accorder, sur demande de la partie concernée, une dérogation aux dispositions du présent paragraphe.

4. Si les parties et l'Office y consentent, n'importe quelle langue officielle de la Communauté peut être utilisée au cours d'une procédure orale.

5. Si nécessaire, l'Office assure, à ses propres frais, l'interprétation dans la langue de procédure ou, s'il y a lieu, dans les autres langues de l'Office, sauf si l'interprétation incombe à l'une des parties à la procédure.

6. Les déclarations faites au cours de la procédure orale par le personnel de l'Office, par des parties à la procédure, par des témoins et par des experts, dans une des langues de l'Office sont consignées au procès-verbal dans la langue utilisée. Les déclarations faites dans toute autre langue sont consignées au procès-verbal dans la langue de procédure.

Les rectifications de la demande ou de l'enregistrement d'un dessin ou modèle communautaire sont consignées au procès-verbal dans la langue de procédure.

Art. 83 *Attestations relatives aux traductions.* 1. Si la traduction d'un document doit être produite, l'Office peut exiger la production, dans le délai qu'il impartit, d'une attestation certifiant que la traduction est fidèle au texte original.

Si une telle attestation concerne la traduction d'une demande antérieure en vertu de l'article 42 du règlement (CE) n° 6/2002, ce délai ne peut être inférieur à trois mois à compter de la date de dépôt de cette demande.

Si l'attestation n'est pas présentée dans ce délai, le document est réputé ne jamais être parvenu.

2. Le président de l'Office peut arrêter les modalités des attestations relatives aux traductions.

Art. 84 *Valeur juridique des traductions.* Sauf preuve du contraire, l'Office peut présumer qu'une traduction est fidèle au texte original.

CHAPITRE XX *Réciprocité, période de transposition et entrée en vigueur*

Art. 85 *Publication relative à la réciprocité.* 1. Si nécessaire, le président de l'Office demande à la Commission de rechercher si un État qui n'est pas partie à la convention de Paris pour la protection de la propriété industrielle ou à l'accord instituant l'Organisation mondiale du commerce accorde une réciprocité de traitement au sens de l'article 41, paragraphe 5, du règlement (CE) n° 6/2002.

2. Lorsque la Commission établit que la réciprocité visée au paragraphe 1 est accordée, elle publie au *Journal officiel des Communautés européennes* une communication en ce sens.

3. L'article 41, paragraphe 5, du règlement (CE) nº 6/2002 prend effet à compter de la date de la publication au *Journal officiel des Communautés européennes* de la communication visée au paragraphe 2, à moins que celle-ci ne prévoie une date de prise d'effet antérieure.

L'article 41, paragraphe 5, du règlement (CE) nº 6/2002 cesse de déployer ses effets à compter de la date de publication au *Journal officiel des Communautés européennes* d'une communication de la Commission déclarant que la réciprocité n'est plus accordée, à moins que ladite communication ne prévoie une date de prise d'effet antérieure.

4. Les communications visées aux paragraphes 2 et 3 sont également publiées au *Journal officiel* de l'Office.

Art. 86 *Période de transition.* 1. Sur toute demande d'enregistrement d'un dessin ou modèle communautaire déposée dans un délai de trois mois avant la date fixée en application de l'article 111, paragraphe 2, du règlement (CE) nº 6/2002, l'Office appose la date de dépôt déterminée conformément à ladite disposition et la date de réception réelle de la demande.

2. En ce qui concerne la demande, le délai de priorité de six mois prévu aux articles 41 et 44 du règlement (CE) nº 6/2002 est calculé à compter de la date fixée en vertu de l'article 111, paragraphe 2, dudit règlement.

3. L'Office peut délivrer un récépissé au demandeur avant la date fixée en application de l'article 111, paragraphe 2, du règlement (CE) nº 6/2002.

4. L'Office peut examiner la demande avant la date fixée en vertu de l'article 111, paragraphe 2, du règlement (CE) nº 6/2002 et prendre contact avec le demandeur en vue de remédier avant cette date aux éventuelles irrégularités constatées.

Il ne peut prendre de décision sur la demande qu'après cette date.

5. Si la date de réception d'une demande d'enregistrement d'un dessin ou modèle communautaire par l'Office, le service central de la propriété industrielle d'un État membre ou le Bureau Benelux des dessins ou modèles est antérieure à la date à laquelle commence la période de trois mois spécifiée à l'article 111, paragraphe 3, du règlement (CE) nº 6/2002, la demande est réputée ne pas avoir été déposée.

Le demandeur en est avisé et la demande lui est retournée.

Art. 87 *Entrée en vigueur.* Le présent règlement entre en vigueur le septième jour suivant celui de sa publication au *Journal officiel des Communautés européennes [JOCE L 341 du 17 déc. 2002.]*.

Le présent règlement est obligatoire dans tous ses éléments et directement applicable dans tout État membre.

VIII ENSEIGNES

RÉP. COM. v[is] *Nom commercial*, par LOISEAU ; *Enseigne*, par OLSZAK.

V. comm. ss. art. L. 713-6.

IX MARQUES

Droit international

RÉP. INTERNAT. v° *Marque*, par DERRUPPÉ.

Arrangement de Madrid du 14 avril 1891,

Concernant l'enregistrement international des marques. - Révisé à Bruxelles le 14 décembre 1900, à Washington le 2 juin 1911, à La Haye le 6 novembre 1925, à Londres le 2 juin 1934, à Nice le 15 juin 1957 et à Stockholm le 14 juillet 1967. — Publié par Décr. nº 75-762 du 6 août 1975. — Entré en vigueur pour la France le 12 août 1975. — Modifié le 28 septembre 1979.

Ce texte est complété par un protocole signé à Madrid le 28 juin 1989 (V. infra), et un règlement d'exécution commun au protocole et à l'arrangement (www.wipo.int).

BIBL. ▶ BOCK, *PIBD 1997. II. 41* (aspects choisis du protocole relatif à l'arrangement de Madrid et du règlement d'exécution commun). - SABATIER, *Cahiers IRPI 2007, nº 8* (pratique de la marque internationale).

Art. 1er 1. Les pays auxquels s'applique le présent Arrangement sont constitués à l'état d'Union particulière pour l'enregistrement international des marques.

2. Les ressortissants de chacun des pays contractants pourront s'assurer, dans tous les autres pays parties au présent Arrangement, la protection de leurs marques applicables aux produits ou services enregistrés dans le pays d'origine, moyennant le dépôt desdites marques au Bureau international de la propriété intellectuelle (ci-après dénommé « Le Bureau international ») visé dans la Convention instituant l'Organisation mondiale de la propriété intellectuelle (ci-après dénommée « l'Organisation »), fait par l'entremise de l'Administration dudit pays d'origine.

3. Sera considéré comme pays d'origine le pays de l'Union particulière où le déposant a un établissement industriel ou commercial effectif et sérieux ; s'il n'a pas un tel établissement dans un pays de l'Union particulière, le pays de l'Union particulière où il a son domicile ; s'il n'a pas de domicile dans l'Union particulière, le pays de sa nationalité s'il est ressortissant d'un pays de l'Union particulière.

Art. 2 Sont assimilés aux ressortissants des pays contractants les ressortissants des pays n'ayant pas adhéré au présent Arrangement qui, sur le territoire de l'Union particulière constituée par ce dernier, satisfont aux conditions établies par l'article 3 de la Convention de Paris pour la protection de la propriété industrielle. — *V. ce texte v° Dispositions générales.*

Selon les dispositions des art. 2 et 3 de l'arrangement de Madrid, un ressortissant d'un pays n'ayant pas adhéré à cet arrangement peut bénéficier de sa protection s'il dispose d'un établissement industriel ou commercial effectif et sérieux sur le territoire de l'un des pays de l'Union. C'est à celui qui prétend remplir cette condition d'en rapporter la preuve. • Com. 24 sept. 2013, *David Austin Roses : PIBD 2013. III. 1543 ; Propr. ind. 2013, n° 12, obs. Bouche ; ibid. 2014, n° 1, obs. Tréfigny.*

Art. 3 1. Toute demande d'enregistrement international devra être présentée sur le formulaire prescrit par le Règlement d'exécution ; l'Administration du pays d'origine de la marque certifiera que les indications qui figurent sur cette demande correspondent à celles du registre national et mentionnera les date et les numéros du dépôt et de l'enregistrement de la marque au pays d'origine ainsi que la date de la demande d'enregistrement international.

2. Le déposant devra indiquer les produits ou les services pour lesquels la protection de la marque est revendiquée, ainsi que, si possible, la ou les classes correspondantes, d'après la classification établie par l'Arrangement de Nice concernant la classification internationale des produits et services aux fins de l'enregistrement des marques. Si le déposant ne donne pas cette indication, le Bureau international classera les produits ou les services dans les classes correspondantes de ladite classification. Le classement indiqué par le déposant sera soumis au contrôle du Bureau international, qui l'exercera en liaison avec l'Administration nationale. En cas de désaccord entre l'Administration nationale et le Bureau international, l'avis de ce dernier sera déterminant.

3. Si le déposant revendique la couleur à titre d'élément distinctif de sa marque, il sera tenu :

1° De le déclarer et d'accompagner son dépôt d'une mention indiquant la couleur ou la combinaison de couleurs revendiquée ;

2° De joindre à sa demande des exemplaires en couleur de ladite marque, qui seront annexés aux notifications faites par le Bureau international. Le nombre de ces exemplaires sera fixé par le Règlement d'exécution.

4. Le Bureau international enregistrera immédiatement les marques déposées conformément à l'article premier. L'enregistrement portera la date de la demande d'enregistrement international au pays d'origine pourvu que la demande ait été reçue par le Bureau international dans le délai de deux mois à compter de cette date. Si la demande n'a pas été reçue dans ce délai, le Bureau international l'inscrira à la date à laquelle il l'a reçue. Le Bureau international notifiera cet enregistrement sans retard aux Administrations intéressées. Les marques enregistrées seront publiées dans une feuille périodique éditée par le Bureau international, au moyen des indications contenues dans la demande d'enregistrement. En ce qui concerne les marques comportant un élément figuratif ou un graphisme spécial, le Règlement d'exécution déterminera si un cliché doit être fourni par le déposant.

5. En vue de la publicité à donner dans les pays contractants aux marques enregistrées, chaque Administration recevra du Bureau international un nombre d'exemplaires gratuits et un nombre d'exemplaires à prix réduit de la susdite publication proportionnels au nombre d'unités mentionné à l'article 16.4 *a* de la Convention de Paris pour la protection de la propriété industrielle dans les conditions fixées par le Règlement d'exécution. Cette publicité sera considérée dans tous les pays contractants comme pleinement suffisante et aucune autre ne pourra être exigée du déposant.

Art. 3 *bis* 1. Chaque pays contractant peut, en tout temps, notifier par écrit au Directeur général de l'Organisation (ci-après dénommé « le Directeur général ») que la protection résultant de l'enregistrement international ne s'étendra à ce pays que si le titulaire de la marque le demande expressément. — *La France a déclaré que la protection résultant de l'enregistrement international ne s'étend à la France que sur demande expresse du titulaire de la marque.*

2. Cette notification ne prendra effet que six mois après la date de la communication qui en sera faite par le Directeur général aux autres pays contractants.

Art. 3 *ter* 1. La demande d'extension à un pays ayant fait usage de la faculté ouverte par l'article 3 *bis* de la protection résultant de l'enregistrement international devra faire l'objet d'une mention spéciale dans la demande visée à l'article 3, alinéa 1.

2. La demande d'extension territoriale formulée postérieurement à l'enregistrement international devra être présentée par l'entremise de l'Administration du pays d'origine sur un formulaire prescrit par le Règlement d'exécution. Elle sera immédiatement enregistrée par le Bureau international, qui la notifiera sans retard à la ou aux Administrations intéressées. Elle sera publiée dans la feuille périodique éditée par le Bureau international. Cette extension territoriale produira ses effets à partir de la date à laquelle elle aura été inscrite sur le Registre international ; elle cessera d'être valable à l'échéance de l'enregistrement international de la marque à laquelle elle se rapporte.

Art. 4 1. A partir de l'enregistrement ainsi fait au Bureau international selon les dispositions des articles 3 et 3 *ter*, la protection de la marque dans chacun des pays contractants intéressés sera la même que si cette marque y avait été directement déposée. Le classement des produits ou des services prévu à l'article 3 ne lie pas les pays contractants quant à l'appréciation de l'étendue de la protection de la marque.

2. Toute marque qui a été l'objet d'un enregistrement international jouira du droit de priorité établi par l'article 4 de la Convention de Paris pour la protection de la propriété industrielle sans qu'il soit nécessaire d'accomplir les formalités prévues dans la lettre D de cet article.

Art. 4 *bis* 1. Lorsqu'une marque, déjà déposée dans un ou plusieurs des pays contractants, a été postérieurement enregistrée par le Bureau international au nom du même titulaire ou de son ayant cause, l'enregistrement international sera considéré comme substitué aux enregistrements nationaux antérieurs, sans préjudice des droits acquis par le fait de ces derniers.

2. L'Administration nationale est, sur demande, tenue de prendre acte, dans ses registres, de l'enregistrement international.

Art. 5 1. Dans les pays où leur législation les y autorise, les Administrations auxquelles le Bureau international notifiera l'enregistrement d'une marque, ou la demande d'extension de protection formulée conformément à l'article 3 *ter*, auront la faculté de déclarer que la protection ne peut être accordée à cette marque sur leur territoire. Un tel refus ne pourra être opposé que dans les conditions qui s'appliqueraient, en vertu de la Convention de Paris pour la protection de la propriété industrielle, à une marque déposée à l'enregistrement national. Toutefois, la protection ne pourra être refusée, même partiellement, pour le seul motif que la législation nationale n'autoriserait l'enregistrement que dans un nombre limité de classes ou pour un nombre limité de produits ou de services.

2. Les Administrations qui voudront exercer cette faculté devront notifier leur refus avec indication de tous les motifs, au Bureau international, dans le délai prévu par leur loi nationale et, au plus tard, avant la fin d'une année comptée à partir de l'enregistrement international de la marque ou de la demande d'extension de protection formulée conformément à l'article 3 *ter*.

3. Le Bureau international transmettra sans retard à l'Administration du pays d'origine et au titulaire de la marque ou à son mandataire, si celui-ci a été indiqué au Bureau par ladite Administration, un des exemplaires de la déclaration de refus ainsi notifiée. L'intéressé aura les mêmes moyens de recours que si la marque avait été par lui directement déposée dans le pays où la protection est refusée.

4. Les motifs de refus d'une marque devront être communiqués par le Bureau international aux intéressés qui lui en feront la demande.

5. Les Administrations qui, dans le délai maximum susindiqué d'un an, n'auront communiqué au sujet d'un enregistrement de marque ou d'une demande d'extension de protection aucune décision de refus provisoire ou définitif au Bureau international, perdront le bénéfice de la faculté prévue à l'alinéa 1 du présent article concernant la marque en cause.

6. L'invalidation d'une marque internationale ne pourra être prononcée par les autorités compétentes sans que le titulaire de la marque ait été mis en mesure de faire valoir ses droits en temps utile. Elle sera notifiée au Bureau international.

Art. 5 *bis* Les pièces justificatives de la légitimité d'usage de certains éléments contenus dans les marques, tels que armoiries, écussons, portraits, distinctions honorifiques, titres, noms commerciaux ou noms de personnes autres que celui du déposant, ou autres inscriptions analogues, qui pourraient être réclamées par les Administrations des pays contractants, seront dispensées de toute légalisation, ainsi que de toute certification autre que celle de l'Administration du pays d'origine.

Art. 5 *ter* 1. Le Bureau international délivrera à toute personne qui en fera la demande, moyennant une taxe fixée par le Règlement d'exécution, une copie des mentions inscrites dans le Registre relativement à une marque déterminée.

2. Le Bureau international pourra aussi, contre rémunération, se charger de faire des recherches d'antériorité parmi les marques internationales.

3. Les extraits du Registre international demandés en vue de leur production dans un des pays contractants seront dispensés de toute légalisation.

Art. 6 1. L'enregistrement d'une marque au Bureau international est effectué pour vingt ans, avec possibilité de renouvellement dans les conditions fixées à l'article 7.

2. A l'expiration d'un délai de cinq ans à dater de l'enregistrement international, celui-ci devient indépendant de la marque nationale préalablement enregistrée au pays d'origine, sous réserve des dispositions suivantes.

3. La protection résultant de l'enregistrement international, ayant ou non fait l'objet d'une transmission, ne pourra plus être invoquée en tout ou partie lorsque, dans les cinq ans de la date de l'enregistrement international, la marque nationale, préalablement enregistrée au pays d'origine selon l'article 1er, ne jouira plus en tout ou partie de la protection légale dans ce pays. Il en sera de même lorsque cette protection légale aura cessé ultérieurement par suite d'une action introduite avant l'expiration du délai de cinq ans.

4. En cas de radiation volontaire ou d'office, l'Administration du pays d'origine demandera la radiation de la marque au Bureau international, lequel procédera à cette opération. En cas d'action judiciaire, l'Administration susdite communiquera au Bureau international, d'office ou à la requête du demandeur, copie de l'acte d'introduction de l'instance ou de tout autre document justifiant cette introduction, ainsi que du jugement définitif ; le Bureau en fera mention au Registre international.

Art. 7 1. L'enregistrement pourra toujours être renouvelé pour une période de vingt ans, à compter de l'expiration de la période précédente, par le simple versement de l'émolument de base et, le cas échéant, des émoluments supplémentaires et des compléments d'émoluments prévus par l'article 8, alinéa 2.

2. Le renouvellement ne pourra comporter aucune modification par rapport au précédent enregistrement en son dernier état.

3. Le premier renouvellement effectué conformément aux dispositions de l'Acte de Nice du 15 juin 1957 ou du présent Acte devra comporter l'indication des classes de la classification internationale auxquelles se rapporte l'enregistrement.

4. Six mois avant l'expiration du terme de protection, le Bureau international rappellera au titulaire de la marque et à son mandataire, par l'envoi d'un avis officieux, la date exacte de cette expiration.

5. Moyennant le versement d'une surtaxe fixée par le Règlement d'exécution, un délai de grâce de six mois sera accordé pour le renouvellement de l'enregistrement international.

Art. 8 1. L'Administration du pays d'origine aura la faculté de fixer à son gré et de percevoir à son profit une taxe nationale qu'elle réclamera du titulaire de la marque dont l'enregistrement international ou le renouvellement est demandé.

2. L'enregistrement d'une marque au Bureau international sera soumis au règlement préalable d'un émolument international qui comprendra :

a) Un émolument de base ;

b) Un émolument supplémentaire pour toute classe de la classification internationale en sus de la troisième dans laquelle seront rangés les produits ou services auxquels s'applique la marque ;

c) Un complément d'émolument pour toute demande d'extension de protection conformément à l'article 3 *ter*.

3. Toutefois, l'émolument supplémentaire spécifié à l'alinéa 2, lettre *b*, pourra être réglé dans un délai à fixer par le Règlement d'exécution, si le nombre des classes de produits ou services a été fixé ou contesté par le Bureau international et sans qu'il soit porté préjudice à la date de l'enregistrement. Si, à l'expiration du délai susdit, l'émolument supplémentaire n'a pas été payé ou si la liste des produits ou services n'a pas été réduite par le déposant dans

la mesure nécessaire, la demande d'enregistrement international sera considérée comme abandonnée.

4. Le produit annuel des diverses recettes de l'enregistrement international, à l'exception de celles prévues sous *b* et *c* de l'alinéa 2, sera réparti par parts égales entre les pays parties au présent Acte par les soins du Bureau international, après déduction des frais et charges nécessités par l'exécution dudit Acte. Si, au moment de l'entrée en vigueur du présent Acte, un pays ne l'a pas encore ratifié ou n'y a pas encore adhéré, il aura droit, jusqu'à la date d'effet de sa ratification ou de son adhésion, à une répartition de l'excédent de recettes calculé sur la base de l'Acte antérieur qui lui est applicable.

5. Les sommes provenant des émoluments supplémentaires visés à l'alinéa 2, lettre *b*, seront réparties à l'expiration de chaque année entre les pays parties au présent Acte ou à l'Acte de Nice du 15 juin 1957 proportionnellement au nombre de marques pour lesquelles la protection aura été demandée dans chacun d'eux durant l'année écoulée, ce nombre étant affecté, en ce qui concerne les pays à examen préalable, d'un coefficient qui sera déterminé par le Règlement d'exécution. Si, au moment de l'entrée en vigueur du présent Acte, un pays ne l'a pas encore ratifié ou n'y a pas encore adhéré, il aura droit, jusqu'à la date d'effet de sa ratification ou de son adhésion, à une répartition des sommes calculées sur la base de l'Acte de Nice.

6. Les sommes provenant des compléments d'émoluments visés à l'alinéa 2, lettre *c*, seront réparties selon les règles de l'alinéa 5 entre les pays ayant fait usage de la faculté prévue à l'article 3 *bis*. Si, au moment de l'entrée en vigueur du présent Acte, un pays ne l'a pas encore ratifié ou n'y a pas encore adhéré, il aura droit, jusqu'à la date d'effet de sa ratification ou de son adhésion, à une répartition des sommes calculées sur la base de l'Acte de Nice.

Art. 8 *bis* Le titulaire de l'enregistrement international peut toujours renoncer à la protection dans un ou plusieurs des pays contractants, au moyen d'une déclaration remise à l'Administration de son pays, pour être communiquée au Bureau international, qui la notifiera aux pays que cette renonciation concerne. Celle-ci n'est soumise à aucune taxe.

Art. 9 1. L'Administration du pays du titulaire notifiera également au Bureau international les annulations, radiations, renonciations, transmissions et autres changements apportés à l'inscription de la marque dans le registre national, si ces changements affectent aussi l'enregistrement international.

2. Le Bureau inscrira ces changements dans le Registre international, les notifiera à son tour aux Administrations des pays contractants et les publiera dans son journal.

3. On procédera de même lorsque le titulaire de l'enregistrement international demandera à réduire la liste des produits ou services auxquels il s'applique.

4. Ces opérations peuvent être soumises à une taxe qui sera fixée par le Règlement d'exécution.

5. L'addition ultérieure d'un nouveau produit ou service à la liste ne peut être obtenue que par un nouveau dépôt effectué conformément aux prescriptions de l'article 3.

6. A l'addition est assimilée la substitution d'un produit ou service à un autre.

Art. 9 *bis* 1. Lorsqu'une marque inscrite dans le Registre international sera transmise à une personne établie dans un pays contractant autre que le pays du titulaire de l'enregistrement international, la transmission sera notifiée au Bureau international par l'Administration de ce même pays. Le Bureau international enregistrera la transmission, la notifiera aux autres Administrations et la publiera dans son journal. Si la transmission a été effectuée avant l'expiration du délai de cinq ans à compter de l'enregistrement international, le Bureau international demandera l'assentiment de l'Administration du pays du nouveau titulaire et publiera, si possible, la date et le numéro d'enregistrement de la marque dans le pays du nouveau titulaire.

2. Nulle transmission de marque inscrite dans le Registre international faite au profit d'une personne non admise à déposer une marque internationale ne sera enregistrée.

3. Lorsqu'une transmission n'aura pu être inscrite dans le Registre international, soit par suite du refus d'assentiment du pays du nouveau titulaire, soit parce qu'elle a été faite au profit d'une personne non admise à demander un enregistrement international, l'Administration du pays de l'ancien titulaire aura le droit de demander au Bureau international de procéder à la radiation de la marque sur son Registre.

Art. 9 *ter* 1. Si la cession d'une marque internationale pour une partie seulement des produits ou services enregistrés est notifiée au Bureau international, celui-ci l'inscrira dans son Registre. Chacun des pays contractants aura la faculté de ne pas admettre la validité de cette cession si les produits ou services compris dans la partie ainsi cédée sont similaires à ceux pour lesquels la marque reste enregistrée au profit du cédant.

2. Le Bureau international inscrira également une cession de la marque internationale pour un ou plusieurs des pays contractants seulement.

3. Si, dans les cas précédents, il intervient un changement du pays du titulaire, l'Administration à laquelle ressortit le nouveau titulaire devra, si la marque internationale a été transmise avant l'expiration du délai de cinq ans à compter de l'enregistrement international, donner l'assentiment requis conformément à l'article 9 *bis*.

4. Les dispositions des alinéas précédents ne sont applicables que sous la réserve de l'article 6 *quater* de la Convention de Paris pour la protection de la propriété industrielle. – *V. ce texte, App., v° Dispositions générales.*

Art. 9 *quater* 1. Si plusieurs pays de l'Union particulière conviennent de réaliser l'unification de leurs lois nationales en matière de marques, ils pourront notifier au Directeur général :

a) Qu'une Administration commune se substituera à l'Administration nationale de chacun d'eux, et

b) Que l'ensemble de leurs territoires respectifs devra être considéré comme un seul pays pour l'application de tout ou partie des dispositions qui précèdent le présent article.

2. Cette notification ne prendra effet que six mois après la date de la communication qui en sera faite par le Directeur général aux autres pays contractants.

....

Art. 14 1. Chacun des pays de l'Union particulière qui a signé le présent Acte peut le ratifier et, s'il ne l'a pas signé, peut y adhérer.

2. *a*) Tout pays étranger à l'Union particulière, partie à la Convention de Paris pour la protection de la propriété industrielle, peut adhérer au présent Acte et devenir, de ce fait, membre de l'Union particulière ;

b) Dès que le Bureau international est informé qu'un tel pays a adhéré au présent Acte, il adresse à l'Administration de ce pays, conformément à l'article 3, une notification collective des marques qui, à ce moment, jouissent de la protection internationale ;

c) Cette notification assure, par elle-même, auxdites marques, le bénéfice des précédentes dispositions sur le territoire dudit pays et fait courir le délai d'un an pendant lequel l'Administration intéressée peut faire la déclaration prévue par l'article 5 ;

d) Toutefois, un tel pays, en adhérant au présent Acte, peut déclarer que, sauf en ce qui concerne les marques internationales ayant déjà fait antérieurement dans ce pays l'objet d'un enregistrement national identique encore en vigueur et qui sont immédiatement reconnues sur la demande des intéressés, l'application de cet Acte est limitée aux marques qui sont enregistrées à partir du jour où cette adhésion devient effective ;

e) Cette déclaration dispense le Bureau international de faire la notification collective susindiquée. Il se borne à notifier les marques en faveur desquelles la demande d'être mis au bénéfice de l'exception prévue au sous-alinéa *d* lui parvient, avec les précisions nécessaires, dans le délai d'une année à partir de l'accession du nouveau pays ;

f) Le Bureau international ne fait pas de notification collective à de tels pays qui, en adhérant au présent Acte, déclarent user de la faculté prévue à l'article 3 *bis*. Ces pays peuvent en outre déclarer simultanément que l'application de cet Acte est limitée aux marques qui sont enregistrées à partir du jour où leur adhésion devient effective ; cette limitation n'atteint toutefois pas les marques internationales ayant déjà fait antérieurement, dans ce pays, l'objet d'un enregistrement national identique et qui peuvent donner lieu à des demandes d'extension de protection formulées et notifiées conformément aux articles 3 *ter* et 8.2 *c* ;

g) Les enregistrements de marques qui ont fait l'objet d'une des notifications prévues par cet alinéa sont considérés comme substitués aux enregistrements effectués directement dans le nouveau pays contractant avant la date effective de son adhésion.

3. Les instruments de ratification et d'adhésion sont déposés auprès du Directeur général.

4. *a*) A l'égard des cinq pays qui ont, les premiers, déposé leurs instruments de ratification ou d'adhésion, le présent Acte entre en vigueur trois mois après le dépôt du cinquième de ces instruments ;

b) A l'égard de tout autre pays, le présent Acte entre en vigueur trois mois après la date à laquelle sa ratification ou son adhésion a été notifiée par le Directeur général, à moins qu'une date postérieure n'ait été indiquée dans l'instrument de ratification ou d'adhésion. Dans ce dernier cas, le présent Acte entre en vigueur, à l'égard de ce pays, à la date ainsi indiquée.

5. La ratification ou l'adhésion emporte de plein droit accession à toutes les clauses et admission à tous les avantages stipulés par le présent Acte.

6. Après l'entrée en vigueur du présent Acte, un pays ne peut adhérer à l'Acte de Nice du 15 juin 1957 que conjointement avec la ratification du présent Acte ou l'adhésion à celui-ci. L'adhésion à des Actes antérieurs à l'Acte de Nice n'est pas admise, même conjointement avec la ratification du présent Acte ou l'adhésion à celui-ci.

7. Les dispositions de l'article 24 de la Convention de Paris pour la protection de la propriété industrielle s'appliquent au présent Arrangement. — *V. ladite Convention, App., Ve Dispositions générales.*

Art. 15 1. Le présent Arrangement demeure en vigueur sans limitation de durée.

2. Tout pays peut dénoncer le présent Acte par notification adressée au Directeur général. Cette dénonciation emporte aussi dénonciation de tous les Actes antérieurs et ne produit son effet qu'à l'égard du pays qui l'a faite, l'Arrangement restant en vigueur et exécutoire à l'égard des autres pays de l'Union particulière.

3. La dénonciation prend effet un an après le jour où le Directeur général a reçu la notification.

4. La faculté de dénonciation prévue par le présent article ne peut être exercée par un pays avant l'expiration d'un délai de cinq ans à compter de la date à laquelle il est devenu membre de l'Union particulière.

5. Les marques internationales enregistrées avant la date à laquelle la dénonciation devient effective, et non refusées dans l'année prévue à l'article 5, continuent, pendant la durée de la protection internationale, à bénéficier de la même protection que si elles avaient été directement déposées dans ce pays.

Art. 16 1. *a*) Le présent Acte remplace, dans les rapports entre les pays de l'Union particulière au nom desquels il a été ratifié ou qui y ont adhéré, à partir du jour où il entre en vigueur à leur égard, l'Arrangement de Madrid de 1891, dans ses textes antérieurs au présent Acte ;

b) Toutefois, chaque pays de l'Union particulière qui a ratifié le présent Acte ou qui y a adhéré, reste soumis aux textes antérieurs qu'il n'a pas antérieurement dénoncés en vertu de l'article 12.4 de l'Acte de Nice du 15 juin 1957 dans ses rapports avec les pays qui n'ont pas ratifié le présent Acte ou qui n'y ont pas adhéré.

2. Les pays étrangers à l'Union particulière qui deviennent parties au présent Acte l'appliquent aux enregistrements internationaux effectués au Bureau international par l'entremise de l'Administration nationale de tout pays de l'Union particulière qui n'est pas partie au présent Acte pourvu que ces enregistrements satisfassent, quant auxdits pays, aux conditions prescrites par le présent Acte. Quant aux enregistrements internationaux effectués au Bureau international par l'entremise des Administrations nationales desdits pays étrangers à l'Union particulière qui deviennent parties au présent Acte, ceux-ci admettent que le pays visé ci-dessus exige l'accomplissement des conditions prescrites par l'Acte le plus récent auquel il est partie.

Arrangement de Nice du 15 juin 1957,

Concernant la classification internationale des produits et des services aux fins de l'enregistrement des marques, révisé à Stockholm le 14 juill. 1967 et à Genève le 13 mai 1977. - Modifié le 28 sept. 1979. - Publié par Décr. n° 80-605 du 21 juill. 1980 (JO 1er août). - Entrée en vigueur le 22 avr. 1980.

Art. 1er *Constitution d'une Union particulière ; adoption d'une classification internationale ; définition et langues de la classification.* 1. Les pays auxquels s'applique le présent Arrangement sont constitués à l'état d'Union particulière et adoptent une classification commune des produits et des services aux fins de l'enregistrement des marques (ci-après dénommée « classification »).

2. La classification comprend :

i) une liste des classes, accompagnée, le cas échéant, de notes explicatives ;

ii) une liste alphabétique des produits et des services (ci-après dénommée « liste alphabétique »), avec l'indication de la classe dans laquelle chaque produit ou service est rangé.

3. La classification est constituée par :

i) la classification qui a été publiée en 1971 par le Bureau international de la propriété intellectuelle (ci-après dénommé « Bureau international ») visé dans la Convention instituant l'Organisation mondiale de la propriété intellectuelle, étant entendu, toutefois, que les notes explicatives de la liste des classes qui figurent dans cette publication seront considérées comme provisoires et comme étant des recommandations jusqu'à ce que des notes explicatives de la liste des classes soient établies par le Comité d'experts visé à l'article 3 ;

ii) les modifications et compléments qui sont entrés en vigueur, conformément à l'article 4.1 de l'Arrangement de Nice du 15 juin 1957 et de l'Acte de Stockholm du 14 juillet 1967 de cet Arrangement, avant l'entrée en vigueur du présent Acte ;

iii) les changements apportés par la suite en vertu de l'article 3 du présent Acte et qui entrent en vigueur conformément à l'article 4.1 du présent Acte.

4. La classification est en langues française et anglaise, les deux textes faisant également foi.

5. *a*) La classification visée à l'alinéa 3, i), ainsi que les modifications et compléments visés à l'alinéa 3, ii) qui sont entrés en vigueur avant la date à laquelle le présent Acte est ouvert à la signature, sont contenus dans un exemplaire authentique, en langue française, déposé auprès du Directeur général de l'Organisation mondiale de la propriété intellectuelle (ci-après dénommés respectivement « Directeur général » et « Organisation »). Les modifications et compléments visés à l'alinéa 3, ii) qui entrent en vigueur après la date à laquelle le présent Acte est ouvert à la signature sont également déposés en un exemplaire authentique, en langue française, auprès du Directeur général.

b) La version anglaise des textes visés au sous-alinéa *a*) est établie par le Comité d'experts visé à l'article 3 à bref délai après l'entrée en vigueur du présent Acte. Son exemplaire authentique est déposé auprès du Directeur général.

c) Les changements visés à l'alinéa 3, iii) sont déposés en un exemplaire authentique, en langues française et anglaise, auprès du Directeur général.

6. Le Directeur général établit, après consultation des Gouvernements intéressés, soit sur la base d'une traduction proposée par ces Gouvernements, soit en ayant recours à tout autre moyen qui n'aurait aucune incidence financière sur le budget de l'Union particulière ou pour l'Organisation, des textes officiels de la classification dans les langues allemande, arabe, espagnole, italienne, portugaise, russe et dans les autres langues que pourra désigner l'Assemblée visée à l'article 5. – *L'Assemblée est composée des pays qui ont ratifié le présent Acte ou y ont adhéré.*

7. La liste alphabétique mentionne, en regard de chaque indication de produit ou de service, un numéro d'ordre propre à la langue dans laquelle elle est établie, avec :

i) s'il s'agit de la liste alphabétique établie en langue anglaise, le numéro d'ordre que la même indication porte dans la liste alphabétique établie en langue française, et vice versa ;

ii) s'il s'agit d'une liste alphabétique établie conformément à l'alinéa 6, le numéro d'ordre que la même indication porte dans la liste alphabétique établie en langue française ou dans la liste alphabétique établie en langue anglaise.

Art. 2 *Portée juridique et application de la classification.* 1. Sous réserve des obligations imposées par le présent Arrangement, la portée de la classification est celle qui lui est attribuée par chaque pays de l'Union particulière. Notamment, la classification ne lie les pays de l'Union particulière ni quant à l'appréciation de l'étendue de la protection de la marque, ni quant à la reconnaissance des marques de service.

2. Chacun des pays de l'Union particulière se réserve la faculté d'appliquer la classification à titre de système principal ou de système auxiliaire.

3. Les administrations compétentes des pays de l'Union particulière feront figurer dans les titres et publications officiels des enregistrements des marques les numéros des classes de la classification auxquelles appartiennent les produits ou les services pour lesquels la marque est enregistrée.

4. Le fait qu'une dénomination figure dans la liste alphabétique n'affecte en rien les droits qui pourraient exister sur cette dénomination.

Art. 3 *Comité d'experts.* 1. Il est institué un Comité d'experts dans lequel chacun des pays de l'Union particulière est représenté.

2. *a*) Le Directeur général peut et, à la demande du Comité d'experts, doit inviter les pays étrangers à l'Union particulière qui sont membres de l'Organisation ou parties à la Convention de Paris pour la protection de la propriété industrielle à se faire représenter par des observateurs aux réunions du Comité d'experts.

b) Le Directeur général invite les organisations intergouvernementales spécialisées dans le domaine des marques dont un au moins des pays membres est un pays de l'Union particulière à se faire représenter par des observateurs aux réunions du Comité d'experts.

c) Le Directeur général peut et, à la demande du Comité d'experts, doit inviter des représentants d'autres organisations intergouvernementales et d'organisations internationales non gouvernementales à prendre part aux discussions qui les intéressent.

3. Le Comité d'experts :

i) décide des changements à apporter à la classification ;

ii) adresse aux pays de l'Union particulière des recommandations tendant à faciliter l'utilisation de la classification et à en promouvoir l'application uniforme ;

iii) prend toutes autres mesures qui, sans avoir d'incidences financières sur le budget de l'Union particulière ou pour l'Organisation, sont de nature à faciliter l'application de la classification par les pays en développement ;

iv) est habilité à instituer des sous-comités et des groupes de travail.

4. Le Comité d'experts adopte son règlement intérieur. Ce dernier donne aux organisations intergouvernementales mentionnées à l'alinéa 2, *b*) qui peuvent apporter une contribution substantielle au développement de la classification la possibilité de prendre part aux réunions des sous-comités et groupes de travail du Comité d'experts.

5. Les propositions de changements à apporter à la classification peuvent être faites par l'administration compétente de tout pays de l'Union particulière, le Bureau international, les organisations intergouvernementales représentées au Comité d'experts en vertu de l'alinéa 2, *b*) et tout pays ou organisation spécialement invité par le Comité d'experts à formuler de telles propositions. Les propositions sont communiquées au Bureau international, qui les soumet aux membres du Comité d'experts et aux observateurs au plus tard deux mois avant la session du Comité d'experts au cours de laquelle elles seront examinées.

6. Chaque pays de l'Union particulière dispose d'une voix.

7. *a*) Sous réserve du sous-alinéa *b*), le Comité d'experts prend ses décisions à la majorité simple des pays de l'Union particulière représentés et votants.

b) Les décisions relatives à l'adoption des modifications à apporter à la classification sont prises à la majorité des quatre cinquièmes des pays de l'Union particulière représentés et votants. Par modification, il faut entendre tout transfert de produits ou de services d'une classe à une autre, ou la création de toute nouvelle classe.

c) Le règlement intérieur visé à l'alinéa 4 prévoit que, sauf cas spéciaux, les modifications de la classification sont adoptées à la fin de périodes déterminées ; le Comité d'experts fixe la longueur de chaque période.

8. L'abstention n'est pas considérée comme un vote.

Art. 4 *Notification, entrée en vigueur et publication des changements.* 1. Les changements décidés par le Comité d'experts, de même que les recommandations du Comité d'experts, sont notifiés aux administrations compétentes des pays de l'Union particulière par le Bureau international. Les modifications entrent en vigueur six mois après la date de l'envoi de la notification. Tout autre changement entre en vigueur à la date que fixe le Comité d'experts au moment où le changement est adopté.

2. Le Bureau international incorpore dans la classification les changements entrés en vigueur. Ces changements font l'objet d'avis publiés dans les périodiques désignés par l'Assemblée visée à l'article 5. – *L'Assemblée est composée des pays qui ont ratifié le présent Acte ou y ont adhéré.*

Classification internationale des produits et services

Intitulé des classes (11e éd.).

La version reproduite ci-dessous est celle en vigueur le 1er janv. 2018.

PRODUITS

Classe 1

Produits chimiques destinés à l'industrie, aux sciences, à la photographie ainsi qu'à l'agriculture, l'horticulture et la sylviculture ; résines artificielles à l'état brut, matières plastiques à l'état brut ; compositions pour l'extinction d'incendies et la prévention d'incendies ; préparations pour la trempe et la soudure des métaux ; matières pour le tannage de cuirs et peaux d'animaux ; adhésifs (matières collantes) destinés à l'industrie ; mastics et autres matières de remplissage en pâte ; composts, engrais, fertilisants ; préparations biologiques destinées à l'industrie et aux sciences.

Classe 2

Peintures, vernis, laques ; produits antirouille et produits contre la détérioration du bois ; colorants, teintures ; encres d'imprimerie, encres de marquage et encres de gravure ; résines naturelles à l'état brut ; métaux en feuilles et en poudre pour la peinture, la décoration, l'imprimerie et les travaux d'art.

Classe 3

Produits cosmétiques et préparations de toilette non médicamenteux ; dentifrices non médicamenteux ; produits de parfumerie, huiles essentielles ; préparations pour blanchir et autres substances pour lessiver ; préparations pour nettoyer, polir, dégraisser et abraser.

Classe 4

Huiles et graisses industrielles ; cires ; lubrifiants ; produits pour absorber, arroser et lier la poussière ; combustibles et matières éclairantes ; bougies et mèches pour l'éclairage.

Classe 5

Produits pharmaceutiques, préparations médicales et vétérinaires ; produits hygiéniques pour la médecine ; aliments et substances diététiques à usage médical ou vétérinaire, aliments pour bébés ; compléments alimentaires pour êtres humains et animaux ; emplâtres, matériel pour pansements ; matières pour plomber les dents et pour empreintes dentaires ; désinfectants ; produits pour la destruction d'animaux nuisibles ; fongicides, herbicides.

Classe 6

Métaux communs et leurs alliages ; minerais ; matériaux de construction métalliques ; constructions transportables métalliques ; câbles et fils métalliques non électriques ; petits articles de quincaillerie métallique ; contenants métalliques de stockage ou de transport ; coffres-forts.

Classe 7

Machines, machines-outils et outils mécaniques ; moteurs, à l'exception des moteurs pour véhicules terrestres ; accouplements et organes de transmission, à l'exception de ceux pour véhicules terrestres ; instruments agricoles autres qu'outils à main à fonctionnement manuel ; couveuses pour œufs ; distributeurs automatiques.

Classe 8

Outils et instruments à main à fonctionnement manuel ; coutellerie, fourchettes et cuillers ; armes blanches ; rasoirs.

Classe 9

Appareils et instruments scientifiques, nautiques, géodésiques, photographiques, cinématographiques, optiques, de pesage, de mesurage, de signalisation, de contrôle (inspection), de secours (sauvetage) et d'enseignement ; appareils et instruments pour la conduite, la distribution, la transformation, l'accumulation, le réglage ou la commande du courant électrique ; appareils pour l'enregistrement, la transmission, la reproduction du son ou des images ; supports d'enregistrement magnétiques, disques acoustiques ; disques compacts, DVD et autres supports d'enregistrement numériques ; mécanismes pour appareils à prépaiement ; caisses enregistreuses, machines à calculer, équipement de traitement de données, ordinateurs ; logiciels ; extincteurs.

Classe 10

Appareils et instruments chirurgicaux, médicaux, dentaires et vétérinaires ; membres, yeux et dents artificiels ; articles orthopédiques ; matériel de suture ; dispositifs thérapeutiques et d'assistance conçus pour les personnes handicapées ; appareils de massage ; appareils, dispositifs et articles de puériculture ; appareils, dispositifs et articles pour activités sexuelles.

Classe 11

Appareils d'éclairage, de chauffage, de production de vapeur, de cuisson, de réfrigération, de séchage, de ventilation, de distribution d'eau et installations sanitaires.

Classe 12

Véhicules ; appareils de locomotion par terre, par air ou par eau.

Classe 13

Armes à feu ; munitions et projectiles ; explosifs ; feux d'artifice.

Classe 14

Métaux précieux et leurs alliages ; joaillerie, bijouterie, pierres précieuses et semi-précieuses ; horlogerie et instruments chronométriques.

Classe 15

Instruments de musique

Classe 16

Papier et carton ; produits de l'imprimerie ; articles pour reliures ; photographies ; papeterie et articles de bureau, à l'exception des meubles ; adhésifs (matières collantes) pour la papeterie ou le ménage ; matériel de dessin et matériel pour artistes ; pinceaux ; matériel d'instruction ou d'enseignement ; feuilles, films et sacs en matières plastiques pour l'empaquetage et le conditionnement ; caractères d'imprimerie, clichés.

Classe 17

Caoutchouc, gutta-percha, gomme, amiante, mica bruts et mi-ouvrés et succédanés de toutes ces matières ; matières plastiques et résines sous forme extrudée utilisées au cours d'opérations de fabrication ; matières à calfeutrer, à étouper et à isoler ; tuyaux flexibles non métalliques.

Classe 18

Cuir et imitations du cuir ; peaux d'animaux ; bagages et sacs de transport ; parapluies et parasols ; cannes ; fouets et sellerie ; colliers, laisses et vêtements pour animaux.

Classe 19

Matériaux de construction non métalliques ; tuyaux rigides non métalliques pour la construction ; asphalte, poix et bitume ; constructions transportables non métalliques ; monuments non métalliques.

Classe 20

Meubles, glaces (miroirs), cadres ; contenants de stockage ou de transport non métalliques ; os, corne, baleine ou nacre, bruts ou mi-ouvrés ; coquilles ; écume de mer ; ambre jaune.

Classe 21

Ustensiles et récipients pour le ménage ou la cuisine ; ustensiles de cuisson et vaisselle, à l'exception de *[des]* fourchettes, couteaux et cuillères ; peignes et éponges ; brosses, à l'exception des pinceaux ; matériaux pour la brosserie ; matériel de nettoyage ; verre brut ou mi-ouvré, à l'exception du verre de construction ; verrerie, porcelaine et faïence.

Classe 22

Cordes et ficelles ; filets ; tentes et bâches ; auvents en matières textiles ou synthétiques ; voiles ; sacs pour le transport et le stockage de marchandises en vrac ; matières de rembourrage à l'exception du papier, carton, caoutchouc ou des matières plastiques ; matières textiles fibreuses brutes et leurs succédanés.

Classe 23

Fils à usage textile.

Classe 24

Textiles et leurs succédanés ; linge de maison ; rideaux en matières textiles ou en matières plastiques.

Classe 25

Vêtements, chaussures, chapellerie.

Classe 26

Dentelles et broderies, rubans et lacets ; boutons, crochets et œillets, épingles et aiguilles ; fleurs artificielles ; décorations pour les cheveux ; cheveux postiches.

Classe 27

Tapis, paillassons, nattes, linoléum et autres revêtements de sols ; tentures murales non en matières textiles.

Classe 28

Jeux, jouets ; appareils de jeux vidéo ; articles de gymnastique et de sport ; décorations pour arbres de Noël.

Classe 29

Viande, poisson, volaille et gibier ; extraits de viande ; fruits et légumes conservés, congelés, séchés et cuits ; gelées, confitures, compotes ; œufs ; lait et produits laitiers ; huiles et graisses à usage alimentaire.

Classe 30

Café, thé, cacao et succédanés du café ; riz ; tapioca et sagou ; farines et préparations faites de céréales ; pain, pâtisseries et confiseries ; glaces alimentaires ; sucre, miel, sirop de mélasse ; levure, poudre pour faire lever ; sel ; moutarde ; vinaigre, sauces (condiments) ; épices ; glace à rafraîchir.

Classe 31

Produits agricoles, aquacoles, horticoles et forestier à l'état brut et non transformés ; graines et semences brutes et non transformées ; fruits et légumes frais ; herbes aromatiques fraîches ; plantes et fleurs naturelles ; bulbes, semis et semences ; animaux vivants ; produits alimentaires et boissons pour animaux ; malt.

Classe 32

Bières ; eaux minérales et gazeuses et autres boissons sans alcool ; boissons à base de fruits et jus de fruits ; sirops et autres préparations pour faire des boissons.

Classe 33

Boissons alcoolisées (à l'exception des bières).

Classe 34

Tabac ; articles pour fumeurs ; allumettes.

SERVICES

Classe 35

Publicité ; gestion des affaires commerciales ; administration commerciale ; travaux de bureau.

Classe 36

Services d'assurance ; affaires financières ; affaires monétaires ; affaires immobilières.

Classe 37

Construction ; réparation ; services d'installation.

Classe 38

Télécommunications.

Classe 39

Transport ; emballage et entreposage de marchandises ; organisation de voyages.

Classe 40

Traitement de matériaux.

Classe 41

Éducation ; formation ; divertissement ; activités sportives et culturelles.

Classe 42

Services scientifiques et technologiques ainsi que services de recherches et de conception y relatifs ; services d'analyses et de recherches industrielles ; conception et développement d'ordinateurs et de logiciels.

Classe 43

Services de restauration (alimentation) ; hébergement temporaire.

Classe 44

Services médicaux ; services vétérinaires ; soins d'hygiène et de beauté pour êtres humains ou pour animaux ; services d'agriculture, d'horticulture et de sylviculture.

Classe 45

Services juridiques ; services de sécurité pour la protection physique des biens matériels et des individus ; services personnels et sociaux rendus par des tiers destinés à satisfaire les besoins des individus.

Protocole de Madrid du 27 juin 1989,

Relatif à l'Arrangement de Madrid concernant l'enregistrement international des marques.

V. l'Arrangement de Madrid.

Le protocole relatif à l'Arrangement de Madrid a été publié au Journal officiel de la République française le 13 janv. 2004 par le Décr. n° 2004-41 du 6 janv. 2004. Il est entré en vigueur le 7 nov. 1997. Il a été modifié le 3 oct. 2006 et le 12 nov. 2007.

BIBL. ▶ SABATIER, *Propr. intell. 2006, n° 21, p. 418* (la pratique des marques internationales : bilan).

Art. 1er *Appartenance à l'Union de Madrid.* **Les États parties au présent Protocole (dénommés ci-après « les États contractants »), même s'ils ne sont pas parties à l'Arrangement de Madrid concernant l'enregistrement international des marques révisé à Stockholm en 1967 et modifié en 1979 (ci-après dénommé « l'Arrangement de Madrid (Stockholm) »), et les organisations visées à l'article 14.1)*b*) qui sont parties au présent Protocole (dénommées ci-après « les organisations contractantes ») sont membres de la même Union dont sont membres les pays qui sont parties à l'Arrangement de Madrid (Stockholm). Dans le présent Protocole, l'expression « parties contractantes » désigne aussi bien les États contractants que les organisations contractantes.**

Art. 2 *Obtention de la protection par l'enregistrement international.* **1) Lorsqu'une demande d'enregistrement d'une marque a été déposée auprès de l'Office d'une partie contractante, ou lorsqu'une marque a été enregistrée dans le registre de l'Office d'une partie contractante, la personne qui est le déposant de cette demande (ci-après dénommée « la demande de base ») ou le titulaire de cet enregistrement (ci-après dénommé « l'enregistrement de base ») peut, sous réserve des dispositions du présent Protocole, s'assurer la protection de sa marque sur le territoire des parties contractantes, en obtenant l'enregistrement de cette marque dans le registre du Bureau international de l'Organisation Mondiale de la Propriété Intellectuelle (ci-après dénommés respectivement « l'enregistrement international », « le registre international », « le Bureau international » et « l'Organisation »), sous réserve que,**

i) lorsque la demande de base a été déposée auprès de l'Office d'un État contractant ou lorsque l'enregistrement de base a été effectué par un tel Office, la personne qui est le déposant de cette demande ou le titulaire de cet enregistrement soit un ressortissant de cet État contractant ou soit domiciliée, ou ait un établissement industriel ou commercial effectif et sérieux, dans ledit État contractant ;

ii) lorsque la demande de base a été déposée auprès de l'Office d'une organisation contractante ou lorsque l'enregistrement de base a été effectué par un tel Office, la personne qui est le déposant de cette demande ou le titulaire de cet enregistrement soit le ressortissant d'un État membre de cette organisation contractante ou soit domiciliée, ou ait un établissement industriel ou commercial effectif et sérieux, sur le territoire de ladite organisation contractante.

2) La demande d'enregistrement international (dénommée ci-après « la demande internationale ») doit être déposée auprès du Bureau international par l'intermédiaire de l'Office auprès duquel la demande de base a été déposée ou par lequel l'enregistrement de base a été effectué (ci-après dénommé « l'Office d'origine »), selon le cas.

3) Dans le présent Protocole, le terme « Office » ou « Office d'une partie contractante » désigne l'office qui est chargé, pour le compte d'une partie contractante, de l'enregistrement des marques, et le terme « marques » désigne aussi bien les marques de produits que les marques de services.

4) Dans le présent Protocole, on entend par « territoire d'une partie contractante », lorsque la partie contractante est un État, le territoire de cet État et, lorsque la partie contractante est une organisation intergouvernementale, le territoire sur lequel s'applique le traité constitutif de cette organisation intergouvernementale.

Art. 3 *Demande internationale.* **1) Toute demande internationale faite en vertu du présent Protocole devra être présentée sur le formulaire prescrit par le règlement d'exécution. L'Office d'origine certifiera que les indications qui figurent dans la demande internationale correspondent à celles qui figurent, au moment de la certification, dans la demande de base ou l'enregistrement de base, selon le cas. En outre, ledit Office indiquera,**

***i*) dans le cas d'une demande de base, la date et le numéro de cette demande,**

***ii*) dans le cas d'un enregistrement de base, la date et le numéro de cet enregistrement ainsi que la date et le numéro de la demande dont est issu l'enregistrement de base.**

L'Office d'origine indiquera également la date de la demande internationale.

2) Le déposant devra indiquer les produits et les services pour lesquels la protection de la marque est revendiquée, ainsi que, si possible, la ou les classes correspondantes, d'après la classification établie par l'Arrangement de Nice concernant la classification internationale des produits et des services aux fins de l'enregistrement des marques. Si le déposant ne donne pas cette indication, le Bureau international classera les produits et les services dans

les classes correspondantes de ladite classification. L'indication des classes donnée par le déposant sera soumise au contrôle du Bureau international, qui l'exercera en liaison avec l'Office d'origine. En cas de désaccord entre ledit Office et le Bureau international, l'avis de ce dernier sera déterminant.

3) Si le déposant revendique la couleur à titre d'élément distinctif de sa marque, il sera tenu

i) de le déclarer et d'accompagner sa demande internationale d'une mention indiquant la couleur ou la combinaison de couleurs revendiquée ;

ii) de joindre à sa demande internationale des exemplaires en couleur de ladite marque, qui seront annexés aux notifications faites par le Bureau international ; le nombre de ces exemplaires sera fixé par le règlement d'exécution.

4) Le Bureau international enregistrera immédiatement les marques déposées conformément à l'article 2. L'enregistrement international portera la date à laquelle la demande internationale a été reçue par l'Office d'origine pourvu que la demande internationale ait été reçue par le Bureau international dans le délai de deux mois à compter de cette date. Si la demande internationale n'a pas été reçue dans ce délai, l'enregistrement international portera la date à laquelle ladite demande internationale a été reçue par le Bureau international. Le Bureau international notifiera sans retard l'enregistrement international aux Offices intéressés. Les marques enregistrées dans le registre international seront publiées dans une gazette périodique éditée par le Bureau international, sur la base des indications contenues dans la demande internationale.

5) En vue de la publicité à donner aux marques enregistrées dans le registre international, chaque Office recevra du Bureau international un nombre d'exemplaires gratuits et un nombre d'exemplaires à prix réduit de ladite gazette dans les conditions fixées par l'Assemblée visée à l'article 10 (ci-après dénommée « l'Assemblée »). Cette publicité sera considérée comme suffisante aux fins de toutes les parties contractantes, et aucune autre ne pourra être exigée du titulaire de l'enregistrement international.

Art. 3 *bis* *Effet territorial.* La protection résultant de l'enregistrement international ne s'étendra à une partie contractante qu'à la requête de la personne qui dépose la demande internationale ou qui est titulaire de l'enregistrement international. Toutefois, une telle requête ne peut être faite à l'égard d'une partie contractante dont l'Office est l'Office d'origine.

Art. 3 *ter* *Requête en « extension territoriale ».* 1) Toute requête en extension à une partie contractante de la protection résultant de l'enregistrement international devra faire l'objet d'une mention spéciale dans la demande internationale.

2) Une requête en extension territoriale peut aussi être faite postérieurement à l'enregistrement international. Une telle requête devra être présentée sur le formulaire prescrit par le règlement d'exécution. Elle sera immédiatement inscrite par le Bureau international, qui notifiera sans retard cette inscription à l'Office ou aux Offices intéressés. Cette inscription sera publiée dans la gazette périodique du Bureau international. Cette extension territoriale produira ses effets à partir de la date à laquelle elle aura été inscrite au registre international ; elle cessera d'être valable à l'échéance de l'enregistrement international auquel elle se rapporte.

Art. 4 *Effets de l'enregistrement international.* 1) *a)* A partir de la date de l'enregistrement ou de l'inscription effectué selon les dispositions des articles 3 et 3 *ter*, la protection de la marque dans chacune des parties contractantes intéressées sera la même que si cette marque avait été déposée directement auprès de l'Office de cette partie contractante. Si aucun refus n'a été notifié au Bureau international conformément à l'article 5.1) et 2) ou si un refus notifié conformément audit article a été retiré ultérieurement, la protection de la marque dans la partie contractante intéressée sera, à partir de ladite date, la même que si cette marque avait été enregistrée par l'Office de cette partie contractante.

b) L'indication des classes de produits et de services prévue à l'article 3 ne lie pas les parties contractantes quant à l'appréciation de l'étendue de la protection de la marque.

2) Tout enregistrement international jouira du droit de priorité établi par l'article 4 de la Convention de Paris pour la protection de la propriété industrielle, sans qu'il soit nécessaire d'accomplir les formalités prévues à la lettre D dudit article.

Art. 4 *bis* *Remplacement d'un enregistrement national ou régional par un enregistrement international.* 1) Lorsqu'une marque qui est l'objet d'un enregistrement national ou régional auprès de l'Office d'une partie contractante est également l'objet d'un enregistrement international et que les deux enregistrements sont inscrits au nom de la même personne, l'enregistrement international est considéré comme remplaçant l'enregistrement national ou régional, sans préjudice des droits acquis par le fait de ce dernier, sous réserve que

i) la protection résultant de l'enregistrement international s'étende à ladite partie contractante selon l'article 3 *ter* 1) ou 2),

ii) tous les produits et services énumérés dans l'enregistrement national ou régional soient également énumérés dans l'enregistrement international à l'égard de ladite partie contractante,

iii) l'extension susvisée prenne effet après la date de l'enregistrement national ou régional.

2) L'Office visé à l'alinéa 1) est, sur demande, tenu de prendre note, dans son registre, de l'enregistrement international.

Art. 5 *Refus et invalidation des effets de l'enregistrement international à l'égard de certaines parties contractantes.* 1) Lorsque la législation applicable l'y autorise, l'Office d'une partie contractante auquel le Bureau international a notifié une extension à cette partie contractante, selon l'article 3 *ter* 1) ou 2), de la protection résultant d'un enregistrement international aura la faculté de déclarer dans une notification de refus que la protection ne peut pas être accordée dans ladite partie contractante à la marque qui fait l'objet de cette extension. Un tel refus ne pourra être fondé que sur les motifs qui s'appliqueraient, en vertu de la Convention de Paris pour la protection de la propriété industrielle, dans le cas d'une marque déposée directement auprès de l'Office qui notifie le refus. Toutefois, la protection ne pourra être refusée, même partiellement, pour le seul motif que la législation applicable n'autoriserait l'enregistrement que dans un nombre limité de classes ou pour un nombre limité de produits ou de services.

2) *a)* Tout Office qui voudra exercer cette faculté devra notifier son refus au Bureau international, avec l'indication de tous les motifs, dans le délai prévu par la loi applicable à cet Office et au plus tard, sous réserve des sous-alinéas *b)* et *c)*, avant l'expiration d'une année à compter de la date à laquelle la notification de l'extension visée à l'alinéa 1) a été envoyée à cet Office par le Bureau international.

b) Nonobstant le sous-alinéa *a)*, toute partie contractante peut déclarer que, pour les enregistrements internationaux effectués en vertu du présent Protocole, le délai d'un an visé au sous-alinéa *a)* est remplacé par 18 mois.

c) Une telle déclaration peut en outre préciser que, lorsqu'un refus de protection peut résulter d'une opposition à l'octroi de la protection, ce refus peut être notifié au Bureau international par l'Office de ladite partie contractante après l'expiration du délai de 18 mois. Un tel Office peut, à l'égard d'un enregistrement international donné, notifier un refus de protection après l'expiration du délai de 18 mois, mais seulement si

i) il a, avant l'expiration du délai de 18 mois, informé le Bureau international de la possibilité que des oppositions soient déposées après l'expiration du délai de 18 mois, et que

ii) *(Mod. adoptée par l'Ass. de l'Union de Madrid le 3 oct. 2006)* « la notification du refus fondé sur une opposition est effectuée dans un délai d'un mois à compter de l'expiration du délai d'opposition et, en tout cas, pas plus tard que sept mois à compter de la date à laquelle commence à courir le délai d'opposition. »

d) Toute déclaration selon les sous-alinéas *b)* ou *c)* peut être faite dans les instruments visés à l'article 14.2), et la date à laquelle la déclaration prendra effet sera la même que la date d'entrée en vigueur du présent Protocole à l'égard de l'État ou de l'organisation intergouvernementale qui a fait la déclaration. Une telle déclaration peut également être faite ultérieurement, auquel cas la déclaration prendra effet trois mois après sa réception par le Directeur général de l'Organisation (ci-après dénommé « le Directeur général »), ou à toute date ultérieure indiquée dans la déclaration, à l'égard des enregistrements internationaux dont la date est la même que celle à laquelle la déclaration prend effet ou est postérieure à cette date.

e) (Mod. adoptée par l'Ass. de l'Union de Madrid le 3 oct. 2006) A l'expiration d'une période de dix ans à compter de l'entrée en vigueur du présent Protocole, l'Assemblée procédera à une vérification du fonctionnement du système établi par les sous-alinéas a) à d). Après cela, les dispositions desdits sous-alinéas pourront être modifiées par une décision unanime de l'Assemblée. — *Déclaration interprétative adoptée par l'Assemblée de l'Union de Madrid : « L'article 5.2) e) du Protocole est compris comme permettant à l'Assemblée de maintenir à l'examen le fonctionnement du système institué par les sous-alinéas a) à d), étant entendu que toute modification desdites dispositions nécessitera une décision unanime de l'Assemblée. »*

3) Le Bureau international transmettra sans retard au titulaire de l'enregistrement international un des exemplaires de la notification de refus. Ledit titulaire aura les mêmes moyens de recours que si la marque avait été directement déposée par lui auprès de l'Office qui a notifié son refus. Lorsque le Bureau international aura reçu une information selon

l'alinéa 2)*c)i)*, il transmettra sans retard ladite information au titulaire de l'enregistrement international.

4) Les motifs de refus d'une marque seront communiqués par le Bureau international aux intéressés qui lui en feront la demande.

5) Tout Office qui n'a pas notifié au Bureau international, à l'égard d'un enregistrement international donné, un refus provisoire ou définitif, conformément aux alinéas 1) et 2), perdra, à l'égard de cet enregistrement international, le bénéfice de la faculté prévue à l'alinéa 1).

6) L'invalidation, par les autorités compétentes d'une partie contractante, des effets, sur le territoire de cette partie contractante, d'un enregistrement international ne pourra être prononcée sans que le titulaire de cet enregistrement international ait été mis en mesure de faire valoir ses droits en temps utile. L'invalidation sera notifiée au Bureau international.

Art. 5 *bis* *Pièces justificatives de la légitimité d'usage de certains éléments de la marque.* Les pièces justificatives de la légitimité d'usage de certains éléments contenus dans les marques, tels que armoiries, écussons, portraits, distinctions honorifiques, titres, noms commerciaux ou noms de personnes autres que celui du déposant, ou autres inscriptions analogues, qui pourraient être réclamées par les Offices des parties contractantes, seront dispensées de toute légalisation, ainsi que de toute certification autre que celle de l'Office d'origine.

Art. 5 *ter* *Copie des mentions figurant au registre international ; recherches d'antériorité ; extraits du registre international.* 1) Le Bureau international délivrera à toute personne qui en fera la demande, moyennant le paiement d'une taxe fixée par le règlement d'exécution, une copie des mentions inscrites dans le registre international relativement à une marque déterminée.

2) Le Bureau international pourra aussi, contre rémunération, se charger de faire des recherches d'antériorité parmi les marques qui font l'objet d'enregistrements internationaux.

3) Les extraits du registre international demandés en vue de leur production dans une des parties contractantes seront dispensés de toute légalisation.

Art. 6 *Durée de validité de l'enregistrement international ; dépendance et indépendance de l'enregistrement international.* 1) L'enregistrement d'une marque au Bureau international est effectué pour dix ans, avec possibilité de renouvellement dans les conditions fixées à l'article 7.

2) A l'expiration d'un délai de cinq ans à compter de la date de l'enregistrement international, celui-ci devient indépendant de la demande de base ou de l'enregistrement qui en est issu, ou de l'enregistrement de base, selon le cas, sous réserve des dispositions suivantes.

3) La protection résultant de l'enregistrement international, ayant ou non fait l'objet d'une transmission, ne pourra plus être invoquée si, avant l'expiration de cinq ans à compter de la date de l'enregistrement international, la demande de base ou l'enregistrement qui en est issu, ou l'enregistrement de base, selon le cas, a fait l'objet d'un retrait, a expiré ou a fait l'objet d'une renonciation ou d'une décision finale de rejet, de révocation, de radiation ou d'invalidation, à l'égard de l'ensemble ou de certains des produits et des services énumérés dans l'enregistrement international. Il en sera de même si

i) un recours contre une décision refusant les effets de la demande de base,

ii) une action visant au retrait de la demande de base ou à la révocation, à la radiation ou à l'invalidation de l'enregistrement qui est issu de la demande de base, ou de l'enregistrement de base, ou

iii) une opposition à la demande de base

aboutit, après l'expiration de la période de cinq ans, à une décision finale de rejet, de révocation, de radiation ou d'invalidation, ou exigeant le retrait, de la demande de base ou de l'enregistrement qui en est issu, ou de l'enregistrement de base, selon le cas, à condition que le recours, l'action ou l'opposition en question ait commencé avant l'expiration de ladite période. Il en sera aussi de même si la demande de base est retirée, ou si l'enregistrement qui est issu de la demande de base, ou l'enregistrement de base, fait l'objet d'une renonciation, après l'expiration de la période de cinq ans, à condition que, lors du retrait ou de la renonciation, ladite demande ou ledit enregistrement fasse l'objet d'une procédure visée au point *i)*, *ii)* ou *iii)* et que cette procédure ait commencé avant l'expiration de ladite période.

4) L'Office d'origine notifiera au Bureau international, comme prescrit dans le règlement d'exécution, les faits et les décisions pertinents en vertu de l'alinéa 3), et le Bureau international informera les parties intéressées et procédera à toute publication correspondante, comme prescrit dans le règlement d'exécution. L'Office d'origine demandera, le cas échéant, au Bureau international de radier, dans la mesure applicable, l'enregistrement international, et le Bureau international donnera suite à sa demande.

Art. 7 *Renouvellement de l'enregistrement international.* 1) Tout enregistrement international peut être renouvelé pour une période de dix ans à compter de l'expiration de la période précédente, par le simple paiement de l'émolument de base et, sous réserve de l'article 8.7), des émoluments supplémentaires et des compléments d'émoluments prévus à l'article 8.2).

2) Le renouvellement ne pourra apporter aucune modification à l'enregistrement international en son dernier état.

3) Six mois avant l'expiration du terme de protection, le Bureau international rappellera au titulaire de l'enregistrement international et, le cas échéant, à son mandataire, par l'envoi d'un avis officieux, la date exacte de cette expiration.

4) Moyennant le versement d'une surtaxe fixée par le règlement d'exécution, un délai de grâce de six mois sera accordé pour le renouvellement de l'enregistrement international.

Art. 8 *Taxes pour la demande internationale et l'enregistrement international.* 1) L'Office d'origine aura la faculté de fixer à son gré et de percevoir à son profit une taxe qu'il réclamera au déposant ou au titulaire de l'enregistrement international à l'occasion du dépôt de la demande internationale ou à l'occasion du renouvellement de l'enregistrement international.

2) L'enregistrement d'une marque au Bureau international sera soumis au règlement préalable d'un émolument international qui comprendra, sous réserve des dispositions de l'alinéa 7)*a)*,

i) un émolument de base ;

ii) un émolument supplémentaire pour toute classe de la classification internationale en sus de la troisième dans laquelle seront rangés les produits ou services auxquels s'applique la marque ;

iii) un complément d'émolument pour toute demande d'extension de protection conformément à l'article 3 *ter*.

3) Toutefois, l'émolument supplémentaire spécifié à l'alinéa 2)*ii)* pourra être réglé dans un délai fixé par le règlement d'exécution, si le nombre des classes de produits ou services a été fixé ou contesté par le Bureau international et sans qu'il soit porté préjudice à la date de l'enregistrement international. Si, à l'expiration dudit délai, l'émolument supplémentaire n'a pas été payé ou si la liste des produits ou services n'a pas été réduite par le déposant dans la mesure nécessaire, la demande internationale sera considérée comme abandonnée.

4) Le produit annuel des diverses recettes de l'enregistrement international, à l'exception des recettes provenant des émoluments visés à l'alinéa 2)*ii)* et 2)*iii)*, sera réparti à parts égales entre les parties contractantes par les soins du Bureau international, après déduction des frais et charges nécessités par l'exécution du présent Protocole.

5) Les sommes provenant des émoluments supplémentaires visés à l'alinéa 2)*ii)* seront réparties, à l'expiration de chaque année, entre les parties contractantes intéressées proportionnellement au nombre de marques pour lesquelles la protection aura été demandée dans chacune d'elles durant l'année écoulée, ce nombre étant affecté, en ce qui concerne les Parties contractantes qui procèdent à un examen, d'un coefficient qui sera déterminé par le règlement d'exécution.

6) Les sommes provenant des compléments d'émoluments visés à l'alinéa 2)*iii)* seront réparties selon les mêmes règles que celles qui sont prévues à l'alinéa 5).

7) *a)* Toute partie contractante peut déclarer que, à l'égard de chaque enregistrement international dans lequel elle est mentionnée selon l'article 3 *ter*, ainsi qu'à l'égard du renouvellement d'un tel enregistrement international, elle veut recevoir, au lieu d'une part du revenu provenant des émoluments supplémentaires et des compléments d'émoluments, une taxe (ci-après dénommée « la taxe individuelle ») dont le montant est indiqué dans la déclaration, et qui peut être modifié dans des déclarations ultérieures, mais qui ne peut pas être supérieur à un montant équivalant au montant, après déduction des économies résultant de la procédure internationale, que l'Office de ladite partie contractante aurait le droit de recevoir d'un déposant pour un enregistrement de dix ans, ou du titulaire d'un enregistrement pour un renouvellement de dix ans de cet enregistrement, de la marque dans le registre dudit Office. Lorsqu'une telle taxe individuelle doit être payée,

i) aucun émolument supplémentaire visé à l'alinéa 2)*ii)* ne sera dû si uniquement des parties contractantes qui ont fait une déclaration selon le présent sous-alinéa sont mentionnées selon l'article 3 *ter*, et

ii) aucun complément d'émolument visé à l'alinéa 2)*iii)* ne sera dû à l'égard de toute partie contractante qui a fait une déclaration selon le présent sous-alinéa.

b) Toute déclaration selon le sous-alinéa *a)* peut être faite dans les instruments visés à l'article 14.2), et la date à laquelle la déclaration prendra effet sera la même que la date d'entrée en vigueur du présent Protocole à l'égard de l'État ou de l'organisation intergouvernementale qui a fait la déclaration. Une telle déclaration peut également être faite ultérieurement, auquel cas la déclaration prendra effet trois mois après sa réception par le Directeur général, ou à toute date ultérieure indiquée dans la déclaration, à l'égard des enregistrements internationaux dont la date est la même que celle à laquelle la déclaration prend effet ou est postérieure à cette date.

Art. 9 *Inscription d'un changement de titulaire de l'enregistrement international.* A la requête de la personne au nom de laquelle est inscrit l'enregistrement international, ou à la requête d'un Office intéressé faite d'office ou sur demande d'une personne intéressée, le Bureau international inscrit au registre international tout changement de titulaire de cet enregistrement, à l'égard de l'ensemble ou de certaines des parties contractantes sur le territoire desquelles ledit enregistrement a effet et à l'égard de tout ou partie des produits et des services énumérés dans l'enregistrement, sous réserve que le nouveau titulaire soit une personne qui, selon l'article 2.1), est habilitée à déposer des demandes internationales.

Art. 9 *bis* *Certaines inscriptions concernant un enregistrement international.* Le Bureau international inscrira au registre international

i) toute modification concernant le nom ou l'adresse du titulaire de l'enregistrement international,

ii) la constitution d'un mandataire du titulaire de l'enregistrement international et toute autre donnée pertinente concernant un tel mandataire,

iii) toute limitation, à l'égard de l'ensemble ou de certaines des parties contractantes, des produits et des services énumérés dans l'enregistrement international,

iv) toute renonciation, radiation ou invalidation de l'enregistrement international à l'égard de l'ensemble ou de certaines des parties contractantes,

v) toute autre donnée pertinente, identifiée dans le règlement d'exécution, concernant les droits sur une marque qui fait l'objet d'un enregistrement international.

Art. 9 *ter* *Taxes pour certaines inscriptions.* Toute inscription faite selon l'article 9 ou selon l'article 9 *bis* peut donner lieu au paiement d'une taxe.

Art. 9 *quater* *Office commun de plusieurs États contractants.* 1) Si plusieurs États contractants conviennent de réaliser l'unification de leurs lois nationales en matière de marques, ils pourront notifier au Directeur général

i) qu'un Office commun se substituera à l'Office national de chacun d'eux, et

ii) que l'ensemble de leurs territoires respectifs devra être considéré comme un seul État pour l'application de tout ou partie des dispositions qui précèdent le présent article ainsi que des dispositions des articles 9 *quinquies* et 9 *sexies*.

2) Cette notification ne prendra effet que trois mois après la date de la communication qui en sera faite par le Directeur général aux autres parties contractantes.

Art. 9 *quinquies* *Transformation d'un enregistrement international en demandes nationales ou régionales.* Lorsque, au cas où l'enregistrement international est radié à la requête de l'Office d'origine en vertu de l'article 6.4), à l'égard de tout ou partie des produits et des services énumérés dans ledit enregistrement, la personne qui était le titulaire de l'enregistrement international dépose une demande d'enregistrement de la même marque auprès de l'Office de l'une des parties contractantes sur le territoire desquelles l'enregistrement international avait effet, cette demande sera traitée comme si elle avait été déposée à la date de l'enregistrement international selon l'article 3.4) ou à la date d'inscription de l'extension territoriale selon l'article 3 *ter*.2) et, si l'enregistrement international bénéficiait d'une priorité, ladite demande bénéficiera de la même priorité, sous réserve

i) que ladite demande soit déposée dans les trois mois à compter de la date à laquelle l'enregistrement international a été radié,

ii) que les produits et services énumérés dans la demande soient couverts en fait par la liste des produits et des services figurant dans l'enregistrement international à l'égard de la partie contractante intéressée, et

iii) que ladite demande soit conforme à toutes les exigences de la législation applicable, y compris celles qui ont trait aux taxes.

Art. 9 *sexies* *(Mod. du 12 nov. 2007, en vigueur le 1er sept. 2008) Relations entre les États parties à la fois au présent Protocole et à l'Arrangement de Madrid (Stockholm).*

1) *a)* Seul le présent Protocole s'applique dans les relations mutuelles entre les États parties à la fois au présent Protocole et à l'Arrangement de Madrid (Stockholm).

b) Nonobstant le sous-alinéa *a)*, une déclaration faite selon l'article 5.2 *b)*, l'article 5.2 *c)* ou l'article 8.7) du présent Protocole par un État partie à la fois au présent Protocole et à l'Arrangement de Madrid (Stockholm) est sans effet sur les relations avec un autre État partie à la fois au présent Protocole et à l'Arrangement de Madrid (Stockholm).

2) L'Assemblée examinera, après l'expiration d'un délai de trois ans à compter du 1er septembre 2008, l'application de l'alinéa 1 *b)* et pourra, à tout moment après cela, l'abroger ou en restreindre la portée, à la majorité des trois quarts. Seuls les États qui sont parties à la fois à l'Arrangement de Madrid (Stockholm) et au présent Protocole auront le droit de prendre part au vote de l'Assemblée.

Art. 10 *Assemblée.* 1) *a)* Les parties contractantes sont membres de la même Assemblée que les pays parties à l'Arrangement de Madrid (Stockholm).

b) Chaque partie contractante est représentée dans cette Assemblée par un délégué, qui peut être assisté de suppléants, de conseillers et d'experts.

c) Les dépenses de chaque délégation sont supportées par la partie contractante qui l'a désignée, à l'exception des frais de voyage et des indemnités de séjour pour un délégué de chaque partie contractante qui sont à la charge de l'Union.

2) L'Assemblée, outre les fonctions qui lui incombent en vertu de l'Arrangement de Madrid (Stockholm),

i) traite de toutes les questions concernant l'application du présent Protocole ;

ii) donne au Bureau international des directives concernant la préparation des conférences de révision du présent Protocole, compte étant dûment tenu des observations des pays de l'Union qui ne sont pas parties au présent Protocole ;

iii) adopte et modifie les dispositions du règlement d'exécution qui concernent l'application du présent Protocole ;

iv) s'acquitte de toutes autres fonctions qu'implique le présent Protocole.

3) *a)* Chaque partie contractante dispose d'une voix dans l'Assemblée. Sur les questions qui concernent uniquement les pays qui sont parties à l'Arrangement de Madrid (Stockholm), les parties contractantes qui ne sont pas parties audit Arrangement n'ont pas le droit de vote, tandis que, sur les questions qui concernent uniquement les parties contractantes, seules ces dernières ont le droit de vote.

b) La moitié des membres de l'Assemblée qui ont le droit de vote sur une question donnée constitue le quorum aux fins du vote sur cette question.

c) Nonobstant les dispositions du sous-alinéa *b)*, si, lors d'une session, le nombre des membres de l'Assemblée qui ont le droit de vote sur une question donnée et qui sont représentés est inférieur à la moitié mais égal ou supérieur au tiers des membres de l'Assemblée qui ont le droit de vote sur cette question, l'Assemblée peut prendre des décisions ; toutefois, les décisions de l'Assemblée, à l'exception de celles qui concernent sa procédure, ne deviennent exécutoires que lorsque les conditions énoncées ci-après sont remplies. Le Bureau international communique lesdites décisions aux membres de l'Assemblée qui ont le droit de vote sur ladite question et qui n'étaient pas représentés, en les invitant à exprimer par écrit, dans un délai de trois mois à compter de la date de ladite communication, leur vote ou leur abstention. Si, à l'expiration de ce délai, le nombre desdits membres ayant ainsi exprimé leur vote ou leur abstention est au moins égal au nombre de membres qui faisait défaut pour que le quorum fût atteint lors de la session, lesdites décisions deviennent exécutoires, pourvu qu'en même temps la majorité nécessaire reste acquise.

d) Sous réserve des dispositions des articles 5.2) *e)*, 9 *sexies*.2), 12 et 13.2), les décisions de l'Assemblée sont prises à la majorité des deux tiers des votes exprimés.

e) L'abstention n'est pas considérée comme un vote.

f) Un délégué ne peut représenter qu'un seul membre de l'Assemblée et ne peut voter qu'au nom de celui-ci.

4) En plus de ses réunions en sessions ordinaires et en sessions extraordinaires conformément à l'Arrangement de Madrid (Stockholm), l'Assemblée se réunit en session extraordinaire sur convocation adressée par le Directeur général, à la demande d'un quart des membres de l'Assemblée qui ont le droit de vote sur les questions qu'il est proposé d'inclure dans l'ordre du jour de la session. L'ordre du jour d'une telle session extraordinaire est préparé par le Directeur général.

Art. 11 *Bureau international.* 1) Les tâches relatives à l'enregistrement international selon le présent Protocole ainsi que les autres tâches administratives concernant le présent Protocole sont assurées par le Bureau international.

2) *a)* Le Bureau international, selon les directives de l'Assemblée, prépare les conférences de révision du présent Protocole.

b) Le Bureau international peut consulter des organisations intergouvernementales et internationales non gouvernementales sur la préparation desdites conférences de révision.

c) Le Directeur général et les personnes désignées par lui prennent part, sans droit de vote, aux délibérations dans lesdites conférences de révision.

3) Le Bureau international exécute toutes autres tâches concernant le présent Protocole qui lui sont attribuées.

Art. 12 *Finances.* En ce qui concerne les parties contractantes, les finances de l'Union sont régies par les mêmes dispositions que celles qui figurent à l'article 12 de l'Arrangement de Madrid (Stockholm), étant entendu que tout renvoi à l'article 8 dudit Arrangement est considéré comme un renvoi à l'article 8 du présent Protocole. En outre, aux fins de l'article 12.6)*b)* dudit Arrangement, les organisations contractantes sont, sous réserve d'une décision unanime contraire de l'Assemblée, considérées comme appartenant à la classe de contribution I (un) selon la Convention de Paris pour la protection de la propriété industrielle.

Art. 13 *Modification de certains articles du Protocole.* 1) Des propositions de modification des articles 10, 11, 12 et du présent article peuvent être présentées par toute partie contractante ou par le Directeur général. Ces propositions sont communiquées par ce dernier aux parties contractantes six mois au moins avant d'être soumises à l'examen de l'Assemblée.

2) Toute modification des articles visés à l'alinéa 1) est adoptée par l'Assemblée. L'adoption requiert les trois quarts des votes exprimés ; toutefois, toute modification de l'article 10 et du présent alinéa requiert les quatre cinquièmes des votes exprimés.

3) Toute modification des articles visés à l'alinéa 1) entre en vigueur un mois après la réception par le Directeur général des notifications écrites d'acceptation, effectuée en conformité avec leurs règles constitutionnelles respectives, de la part des trois quarts des États et des organisations intergouvernementales qui étaient membres de l'Assemblée au moment où la modification a été adoptée et qui avaient le droit de voter sur la modification. Toute modification desdits articles ainsi acceptée lie tous les États et organisations intergouvernementales qui sont des parties contractantes au moment où la modification entre en vigueur ou qui le deviennent à une date ultérieure.

Art. 14 *Modalités pour devenir partie au Protocole ; entrée en vigueur.* 1) *a)* Tout État partie à la Convention de Paris pour la protection de la propriété industrielle peut devenir partie au présent Protocole.

b) En outre, toute organisation intergouvernementale peut également devenir partie au présent Protocole lorsque les conditions suivantes sont remplies :

i) au moins un des États membres de cette organisation est partie à la Convention de Paris pour la protection de la propriété industrielle ;

ii) ladite organisation possède un Office régional aux fins de l'enregistrement de marques ayant effet sur le territoire de l'organisation, sous réserve qu'un tel Office ne fasse pas l'objet d'une notification en vertu de l'article 9 *quater*.

2) Tout État ou organisation visé à l'alinéa 1) peut signer le présent Protocole. Tout État ou organisation visé à l'alinéa 1) peut, s'il a signé le présent Protocole, déposer un instrument de ratification, d'acceptation ou d'approbation du présent Protocole ou, s'il n'a pas signé le présent Protocole, déposer un instrument d'adhésion au présent Protocole.

3) Les instruments visés à l'alinéa 2) sont déposés auprès du Directeur général.

4) *a)* Le présent Protocole entre en vigueur trois mois après le dépôt de quatre instruments de ratification, d'acceptation, d'approbation ou d'adhésion, sous réserve qu'au moins un de ces instruments ait été déposé par un pays partie à l'Arrangement de Madrid (Stockholm) et qu'au moins un autre de ces instruments ait été déposé par un État non partie à l'Arrangement de Madrid (Stockholm) ou par une des organisations visées à l'alinéa 1)*b)*.

b) A l'égard de tout autre État ou organisation visé à l'alinéa 1), le présent Protocole entre en vigueur trois mois après la date à laquelle sa ratification, son acceptation, son approbation ou son adhésion a été notifiée par le Directeur général.

5) Tout État ou organisation visé à l'alinéa 1) peut, lors du dépôt de son instrument de ratification, d'acceptation ou d'approbation du présent Protocole, ou de son instrument d'adhésion audit Protocole, déclarer que la protection résultant d'un enregistrement international effectué en vertu du présent Protocole avant la date d'entrée en vigueur dudit Protocole à son égard ne peut faire l'objet d'une extension à son égard.

Art. 15 *Dénonciation.* 1) Le présent Protocole demeure en vigueur sans limitation de durée.

2) Toute partie contractante peut dénoncer le présent Protocole par notification adressée au Directeur général.

3) La dénonciation prend effet un an après le jour où le Directeur général a reçu la notification.

4) La faculté de dénonciation prévue par le présent article ne peut être exercée par une partie contractante avant l'expiration d'un délai de cinq ans à compter de la date à laquelle le présent Protocole est entré en vigueur à l'égard de cette partie contractante.

5) *a)* Lorsqu'une marque fait l'objet d'un enregistrement international ayant effet, dans l'État ou l'organisation intergouvernementale qui dénonce le présent Protocole, à la date à laquelle la dénonciation devient effective, le titulaire dudit enregistrement peut déposer, auprès de l'Office dudit État ou de ladite organisation, une demande d'enregistrement de la même marque, qui sera traitée comme si elle avait été déposée à la date de l'enregistrement international selon l'article 3.4) ou à la date d'inscription de l'extension territoriale selon l'article 3 *ter*.2) et qui, si l'enregistrement bénéficiait de la priorité, bénéficiera de la même priorité, sous réserve

i) que ladite demande soit déposée dans les deux ans à compter de la date à laquelle la dénonciation est devenue effective,

ii) que les produits et services énumérés dans la demande soient couverts en fait par la liste des produits et des services figurant dans l'enregistrement international à l'égard de l'État ou de l'organisation intergouvernementale qui a dénoncé le présent Protocole, et

iii) que ladite demande soit conforme à toutes les exigences de la législation applicable, y compris celles qui ont trait aux taxes.

***b)* Les dispositions du sous-alinéa *a)* s'appliquent aussi à l'égard de toute marque qui fait l'objet d'un enregistrement international ayant effet, dans des parties contractantes autres que l'État ou l'organisation intergouvernementale qui dénonce le présent Protocole, à la date à laquelle la dénonciation devient effective, et dont le titulaire, en raison de la dénonciation, n'est plus habilité à déposer des demandes internationales selon l'article 2.1).**

Art. 16 *Signature ; langues ; fonctions de dépositaire.* **1) *a)* Le présent Protocole est signé en un seul exemplaire en langues française, anglaise et espagnole et est déposé auprès du Directeur général lorsqu'il n'est plus ouvert à la signature à Madrid. Les textes dans les trois langues font également foi.**

***b)* Des textes officiels du présent Protocole sont établis par le Directeur général, après consultation des Gouvernements et organisations intéressés, dans les langues allemande, arabe, chinoise, italienne, japonaise, portugaise et russe, et dans les autres langues que l'Assemblée pourra indiquer.**

2) Le présent Protocole reste ouvert à la signature, à Madrid, jusqu'au 31 décembre 1989.

3) Le Directeur général transmet deux copies, certifiées conformes par le Gouvernement de l'Espagne, des textes signés du présent Protocole à tous les États et organisations intergouvernementales qui peuvent devenir parties au présent Protocole.

4) Le Directeur général fait enregistrer le présent Protocole auprès du Secrétariat de l'Organisation des Nations unies.

5) Le Directeur général notifie à tous les États et organisations internationales qui peuvent devenir parties ou sont parties au présent Protocole les signatures, les dépôts d'instruments de ratification, d'acceptation, d'approbation ou d'adhésion, ainsi que l'entrée en vigueur du présent Protocole et de toute modification de celui-ci, toute notification de dénonciation et toute déclaration prévue dans le présent Protocole.

Accord de Marrakech du 15 avril 1994,

Instituant l'Organisation mondiale du commerce ; Annexe 1 C : Accord sur les aspects des droits de la propriété intellectuelle qui touchent au commerce.

V. art. 15 à 20, en début d'Appendice, App., v° Dispositions générales.

Règlement d'exécution commun à l'Arrangement de Madrid concernant l'enregistrement international des marques et au Protocole relatif à cet Arrangement,

Ce texte est disponible sur le site de l'OMPI (http ://www.wipo.int).

Traité de Singapour du 27 mars 2006,

Sur le droit des marques (ensemble un règlement d'exécution et une résolution de la conférence diplomatique complétant le traité et son règlement d'exécution).

Ce traité a été publié par le Décr. n° 2013-845 du 23 sept. 2013 (JO 25 sept.). Il est entré en vigueur le 16 mars 2009 et pour la France le 28 nov. 2009.

Art. 1er *Expressions abrégées.* Au sens du présent traité, et sauf lorsqu'un sens différent est expressément indiqué :

i) on entend par "office" l'organisme chargé par une Partie contractante de l'enregistrement des marques ;

ii) on entend par "enregistrement" l'enregistrement d'une marque par un office ;

iii) on entend par "demande" une demande d'enregistrement ;

iv) on entend par "communication" toute demande, ou toute requête, déclaration, correspondance ou autre information relative à une demande ou à un enregistrement, qui est déposée, présentée ou transmise à l'office ;

v) le terme "personne" désigne aussi bien une personne physique qu'une personne morale ;

vi) on entend par "titulaire" la personne inscrite dans le registre des marques en tant que titulaire de l'enregistrement ;

vii) on entend par "registre des marques" la collection des données tenue par un office, qui comprend le contenu de tous les enregistrements et toutes les données inscrites en ce qui concerne tous les enregistrements, quel que soit le support sur lequel lesdites données sont conservées ;

viii) on entend par "procédure devant l'office" toute procédure engagée devant l'office en ce qui concerne une demande ou un enregistrement ;

ix) on entend par "Convention de Paris" la Convention de Paris pour la protection de la propriété industrielle, signée à Paris le 20 mars 1883, telle qu'elle a été révisée et modifiée ;

x) on entend par "classification de Nice" la classification instituée par l'Arrangement de Nice concernant la classification internationale des produits et des services aux fins de l'enregistrement des marques, signé à Nice le 15 juin 1957, tel qu'il a été révisé et modifié ;

xi) on entend par "licence" une licence de marque au sens de la législation d'une Partie contractante ;

xii) on entend par "preneur de licence" la personne à laquelle une licence a été concédée ;

xiii) on entend par "Partie contractante" tout État ou toute organisation intergouvernementale partie au présent traité ;

xiv) on entend par "conférence diplomatique" la convocation des Parties contractantes aux fins de la révision ou de la modification du traité ;

xv) on entend par "Assemblée" l'Assemblée visée à l'article 23 ;

xvi) le terme "instrument de ratification" désigne aussi les instruments d'acceptation et d'approbation ;

xvii) on entend par "Organisation" l'Organisation mondiale de la propriété intellectuelle ;

xviii) on entend par "Bureau international" le Bureau international de l'Organisation ;

xix) on entend par "Directeur général" le Directeur général de l'Organisation ;

xx) on entend par "règlement d'exécution" le règlement d'exécution du présent traité visé à l'article 22 ;

xxi) les termes "article" ou "alinéa", "sous-alinéa" ou "point" d'un article s'entendent comme englobant aussi la règle ou les règles correspondantes du règlement d'exécution ;

xxii) on entend par "TLT de 1994" le Traité sur le droit des marques fait à Genève le 27 octobre 1994.

Art. 2 *Marques auxquelles le traité est applicable.* 1. *Nature des marques.* — Toute Partie contractante applique le présent traité aux marques consistant en des signes qui peuvent être enregistrés en tant que marques en vertu de sa législation.

2. *Genres de marques.*

a) Le présent traité est applicable aux marques relatives à des produits (marques de produits) ou à des services (marques de services) ou à la fois à des produits et à des services.

b) Le présent traité n'est pas applicable aux marques collectives, aux marques de certification et aux marques de garantie.

Art. 3 *Demande.* 1. *Indications ou éléments figurant dans la demande ou accompagnant celle-ci ; taxe.*

a) Toute Partie contractante peut exiger qu'une demande contienne l'ensemble ou une partie des indications ou éléments suivants :

i) une requête en enregistrement ;

ii) le nom et l'adresse du déposant ;

iii) le nom d'un État dont le déposant est ressortissant s'il est ressortissant d'un État, le nom d'un État dans lequel le déposant a son domicile, le cas échéant, et le nom d'un État dans lequel le déposant a un établissement industriel ou commercial effectif et sérieux, le cas échéant ;

iv) lorsque le déposant est une personne morale, la forme juridique de cette personne morale ainsi que l'État, et, le cas échéant, la division territoriale de cet État, dont la législation a servi de cadre à la constitution de ladite personne morale ;

v) lorsque le déposant a un mandataire, le nom et l'adresse de celui-ci ;

vi) lorsque, en vertu de l'article 4.2 *b*), il doit être fait élection de domicile, le domicile élu ;

vii) lorsque le déposant souhaite bénéficier de la priorité d'une demande antérieure, une déclaration revendiquant la priorité de cette demande antérieure, accompagnée des indications et des justifications à l'appui de la déclaration de priorité qui peuvent être exigées conformément à l'article 4 de la Convention de Paris ;

viii) lorsque le déposant souhaite bénéficier d'une protection résultant de la présentation de produits ou de services dans une exposition, une déclaration dans ce sens, accompagnée d'indications à l'appui de cette déclaration, conformément aux dispositions de la législation de la Partie contractante ;

ix) au moins une représentation de la marque, conformément aux prescriptions du règlement d'exécution ;

x) le cas échéant, une déclaration, conformément aux prescriptions du règlement d'exécution, précisant le type de la marque ainsi que les exigences spécifiques applicables à ce type de marque ;

xi) le cas échéant, une déclaration, conformément aux prescriptions du règlement d'exécution, indiquant que le déposant souhaite que la marque soit enregistrée et publiée dans les caractères standard utilisés par l'office ;

xii) le cas échéant, une déclaration, conformément aux prescriptions du règlement d'exécution, indiquant que le déposant souhaite revendiquer la couleur comme élément distinctif de la marque ;

xiii) une translittération de la marque ou de certaines parties de la marque ;

xiv) une traduction de la marque ou de certaines parties de la marque ;

xv) les noms des produits ou des services pour lesquels l'enregistrement est demandé, groupés selon les classes de la classification de Nice, chaque groupe de produits ou de services étant précédé du numéro de la classe de cette classification à laquelle il appartient et étant présenté dans l'ordre des classes de ladite classification ;

xvi) une déclaration d'intention d'utiliser la marque, conformément aux dispositions de la législation de la Partie contractante.

b) Le déposant peut déposer, au lieu ou en plus de la déclaration d'intention d'utiliser la marque visée au sous-alinéa *a* xvi, une déclaration d'usage effectif de la marque et la preuve correspondante, conformément aux dispositions de la législation de la Partie contractante.

c) Toute Partie contractante peut exiger que, pour la demande, des taxes soient payées à l'office.

2. *Une seule demande pour des produits ou des services relevant de plusieurs classes.* — Une seule et même demande peut se rapporter à plusieurs produits ou services, qu'ils appartiennent à une ou à plusieurs classes de la classification de Nice.

3. *Usage effectif.* — Toute Partie contractante peut exiger que, lorsqu'une déclaration d'intention d'utiliser la marque a été déposée en vertu de l'alinéa 1 a xvi, le déposant fournisse à l'office, dans un délai fixé dans sa législation, sous réserve du délai minimum prescrit dans le règlement d'exécution, la preuve de l'usage effectif de la marque, conformément aux dispositions de ladite législation.

4. *Interdiction d'autres conditions.*

Aucune Partie contractante ne peut exiger que des conditions autres que celles qui sont énoncées aux alinéas 1 et 3 et à l'article 8 soient remplies en ce qui concerne la demande. Les conditions suivantes ne peuvent notamment pas être prescrites tant que la demande est en instance :

i) la remise d'un certificat, ou d'un extrait, d'un registre du commerce ;

ii) l'indication que le déposant exerce une activité industrielle ou commerciale, ainsi que la fourniture de la preuve correspondante ;

iii) l'indication que le déposant exerce une activité correspondant aux produits ou aux services énumérés dans la demande, ainsi que la fourniture de la preuve correspondante ;

iv) la fourniture de la preuve de l'inscription de la marque dans le registre des marques d'une autre Partie contractante ou d'un État partie à la Convention de Paris qui n'est pas une Partie contractante, à moins que le déposant n'invoque l'article 6 *quinquies* de la Convention de Paris.

5. *Preuves.* — Toute Partie contractante peut exiger qu'au cours de l'examen de la demande des preuves soient fournies à l'office lorsque l'office peut raisonnablement douter de la véracité d'une indication ou d'un élément quelconque figurant dans la demande.

Art. 4 *Mandataire ; élection de domicile.* 1. *Mandataires habilités à exercer.*

a) Toute Partie contractante peut exiger que tout mandataire constitué aux fins d'une procédure devant l'office :

i) ait le droit, en vertu de la législation applicable, d'exercer auprès de celui-ci, en ce qui concerne les demandes et les enregistrements, et, le cas échéant, soit agréé auprès de celui-ci ;

ii) indique comme étant son adresse une adresse sur un territoire prescrit par la Partie contractante.

b) Un acte accompli au titre d'une quelconque procédure devant l'office par un mandataire, ou à l'intention d'un mandataire, qui remplit les conditions prévues par la Partie contractante en vertu du sous-alinéa *a)* a les effets d'un acte accompli par le déposant, le titulaire ou une autre personne intéressée ayant constitué ce mandataire ou à son intention.

2. *Constitution obligatoire de mandataire ; élection de domicile.*

a) Toute Partie contractante peut exiger que, aux fins d'une procédure devant l'office, un déposant, un titulaire ou une autre personne intéressée qui n'a ni domicile ni établissement industriel ou commercial effectif et sérieux sur son territoire soit représenté par un mandataire.

b) Toute Partie contractante peut, dans la mesure où elle n'exige pas de constitution de mandataire conformément au sous-alinéa a), exiger que, aux fins d'une procédure devant l'office, un déposant, un titulaire ou une autre personne intéressée qui n'a ni domicile ni établissement industriel ou commercial effectif et sérieux sur son territoire élise un domicile sur ce territoire.

3. *Pouvoir.*

a) Lorsqu'une Partie contractante permet ou exige qu'un déposant, un titulaire ou toute autre personne intéressée soit représenté auprès de l'office par un mandataire, elle peut exiger que la constitution de mandataire soit faite dans une communication distincte (ci-après dénommée "pouvoir") portant le nom du déposant, du titulaire ou de l'autre personne, selon le cas.

b) Le pouvoir peut s'appliquer à une ou plusieurs demandes, ou à un ou plusieurs enregistrements, indiqués dans le pouvoir ou, sous réserve de toute exception mentionnée par la personne qui constitue le mandataire, à toutes les demandes ou à tous les enregistrements existants ou futurs de cette personne.

c) Le pouvoir peut limiter à certains actes le droit d'agir du mandataire. Toute Partie contractante peut exiger que tout pouvoir qui confère au mandataire le droit de retirer une demande ou de renoncer à un enregistrement en fasse expressément mention.

d) Lorsqu'une communication est remise à l'office par une personne qui se présente dans ladite communication comme mandataire mais que l'office n'est pas, au moment de la réception de la communication, en possession du pouvoir requis, la Partie contractante peut exiger que le pouvoir soit remis à l'office dans le délai qu'elle fixe, sous réserve du délai minimum prescrit dans le règlement d'exécution. Toute Partie contractante peut prévoir que, lorsque le pouvoir n'a pas été remis à l'office dans le délai qu'elle fixe, la communication faite par ladite personne n'a aucun effet.

4. *Mention du pouvoir.* — Toute Partie contractante peut exiger que toute communication adressée à l'office par un mandataire aux fins d'une procédure devant l'office contienne la mention du pouvoir en vertu duquel le mandataire agit.

5. *Interdiction d'autres conditions.* — Aucune Partie contractante ne peut exiger que des conditions autres que celles qui sont énoncées aux alinéas 3 et 4 et à l'article 8 soient remplies en ce qui concerne les éléments sur lesquels portent ces alinéas.

6. *Preuves.* — Toute Partie contractante peut exiger que des preuves soient fournies à l'office lorsque celui-ci peut raisonnablement douter de la véracité d'une indication quelconque figurant dans une des communications visées aux alinéas 3 et 4.

Art. 5 *Date de dépôt.* 1. *Conditions autorisées.*

a) Sous réserve du sous-alinéa *b)* et de l'alinéa 2, une Partie contractante attribue comme date de dépôt d'une demande la date à laquelle l'office a reçu les indications et les éléments ci-après dans la langue exigée en vertu de l'article 8.2 :

i) l'indication, explicite ou implicite, que l'enregistrement d'une marque est demandé ;

ii) des indications permettant d'établir l'identité du déposant ;

iii) des indications permettant à l'office d'entrer en relation avec le déposant ou son mandataire éventuel ;

iv) une représentation suffisamment nette de la marque dont l'enregistrement est demandé ;

v) la liste des produits ou des services pour lesquels l'enregistrement est demandé ;

vi) lorsque l'article 3.1 *a)* xvi) ou *b)* est applicable, la déclaration visée à l'article 3.1 *a)* xvi) ou la déclaration et la preuve visées à l'article 3.1 *b)*, respectivement, conformément aux dispositions de la législation de la Partie contractante.

b) Toute Partie contractante peut attribuer comme date de dépôt de la demande la date à laquelle l'office a reçu une partie seulement, et non la totalité, des indications et éléments visés au sous-alinéa *a)*, ou les a reçus dans une langue autre que celle qui est exigée en vertu de l'article 8.2.

2. *Condition supplémentaire autorisée.*

a) Une Partie contractante peut prévoir qu'aucune date de dépôt n'est attribuée tant que les taxes exigées ne sont pas payées.

b) Une Partie contractante ne peut appliquer la condition visée au sous-alinéa *a)* que si elle l'appliquait au moment de devenir partie au présent traité.

3. *Corrections et délais.* — Les modalités à suivre pour procéder à des corrections dans le cadre des alinéas 1 et 2 et les délais applicables en la matière sont fixés dans le règlement d'exécution.

4. *Interdiction d'autres conditions.* — Aucune Partie contractante ne peut exiger que des conditions autres que celles qui sont énoncées aux alinéas 1 et 2 soient remplies en ce qui concerne la date de dépôt.

Art. 6 *Un seul enregistrement pour des produits ou des services relevant de plusieurs classes.* Lorsque des produits ou des services appartenant à plusieurs classes de la classification de Nice figurent dans une seule et même demande, cette demande donne lieu à un seul enregistrement.

Art. 7 *Division de la demande et de l'enregistrement.* 1. *Division de la demande.*

a) Toute demande portant sur plusieurs produits ou services (ci-après dénommée "demande initiale") peut :

i) au moins jusqu'à la décision de l'office concernant l'enregistrement de la marque,

ii) au cours de toute procédure d'opposition à la décision de l'office d'enregistrer la marque,

iii) au cours de toute procédure de recours contre la décision concernant l'enregistrement de la marque,

être divisée par le déposant ou à la requête de celui-ci en plusieurs demandes (ci-après dénommées "demandes divisionnaires"), les produits ou les services de la demande initiale étant répartis entre les demandes divisionnaires. Les demandes divisionnaires conservent la date de dépôt de la demande initiale et, le cas échéant, le bénéfice du droit de priorité.

b) Sous réserve du sous-alinéa a), toute Partie contractante est libre d'imposer des conditions pour la division d'une demande, y compris le paiement de taxes.

2. *Division de l'enregistrement.*

L'alinéa 1 s'applique *mutatis mutandis* à la division d'un enregistrement. Cette division est autorisée :

i) au cours de toute procédure dans laquelle la validité de l'enregistrement est contestée par un tiers devant l'office ;

ii) au cours de toute procédure de recours contre une décision prise par l'office dans le cadre de la procédure précitée ;

toutefois, une Partie contractante peut exclure la possibilité de diviser les enregistrements si sa législation permet aux tiers de faire opposition à l'enregistrement d'une marque avant que celle-ci soit enregistrée.

Art. 8 *Communications.* 1. *Mode de transmission et forme des communications.* — Toute Partie contractante peut choisir le mode de transmission des communications et*[,]* si elle accepte des communications sur papier, des communications sous forme électronique ou toute autre forme de communication.

2. *Langue des communications.*

a) Toute Partie contractante peut exiger que toute communication soit établie dans une langue acceptée par l'office. Lorsque l'office accepte plusieurs langues, le déposant, le titulaire ou une autre personne intéressée peut être tenu de satisfaire à toute autre exigence linguistique applicable en ce qui concerne l'office, étant entendu qu'il ne peut pas être exigé qu'une indication ou un élément de la communication soit établi en plusieurs langues.

b) Aucune Partie contractante ne peut exiger que la traduction d'une communication soit attestée, reconnue conforme par un officier public, authentifiée, légalisée ou certifiée d'une autre manière, sauf disposition contraire du présent traité.

c) Lorsqu'une Partie contractante n'exige pas qu'une communication soit établie dans une langue acceptée par son office, celui-ci peut exiger qu'une traduction de cette communication dans une langue qu'il accepte, établie par un traducteur assermenté ou par un mandataire, soit remise dans un délai raisonnable.

3. *Signature des communications sur papier.*

a) Toute Partie contractante peut exiger qu'une communication sur papier soit signée par le déposant, le titulaire ou une autre personne intéressée. Lorsqu'une Partie contractante exige qu'une communication sur papier soit signée, elle accepte toute signature remplissant les conditions prescrites dans le règlement d'exécution.

b) Aucune Partie contractante ne peut exiger qu'une signature soit attestée, reconnue conforme par un officier public, authentifiée, légalisée ou certifiée d'une autre manière, sauf exception prévue par la législation de la Partie contractante pour le cas où la signature a trait à la renonciation à un enregistrement.

c) Nonobstant le sous-alinéa *b)*, une Partie contractante peut exiger que des preuves soient fournies à l'office dans le cas où celui-ci peut raisonnablement douter de l'authenticité d'une signature d'une communication sur papier.

4. *Communications déposées sous forme électronique ou par des moyens de transmission électroniques.* — Lorsqu'une Partie contractante autorise le dépôt des communications sous forme électronique ou par des moyens de transmission électroniques, elle peut exiger que toute communication ainsi déposée remplisse les conditions prescrites dans le règlement d'exécution.

5. *Présentation d'une communication.* — Toute Partie contractante accepte la présentation d'une communication dont le contenu correspond au formulaire international type pertinent prévu dans le règlement d'exécution, le cas échéant.

6. *Interdiction d'autres conditions.* — Aucune Partie contractante ne peut exiger que des conditions autres que celles qui sont énoncées dans le présent article soient remplies en ce qui concerne les alinéas 1 à 5.

7. *Moyens de communication avec le mandataire.* — Aucune disposition du présent article ne régit les moyens de communication entre le déposant, le titulaire ou une autre personne intéressée et son mandataire.

Art. 9 *Classement des produits ou des services.* 1. *Indication des produits ou des services.* — Chaque enregistrement et toute publication effectués par un office au sujet d'une demande ou d'un enregistrement et portant indication de produits ou de services mentionnent ces produits ou ces services par leurs noms, groupés selon les classes de la classification de Nice, chaque groupe de produits ou de services étant précédé du numéro de la classe de cette classification à laquelle il appartient et étant présenté dans l'ordre des classes de ladite classification.

2. *Produits ou services de la même classe ou de classes différentes.*

a) Des produits ou des services ne peuvent pas être considérés comme similaires au motif que, dans un enregistrement ou une publication de l'office, ils figurent dans la même classe de la classification de Nice.

b) Des produits ou des services ne peuvent pas être considérés comme dissemblables au motif que, dans un enregistrement ou une publication de l'office, ils figurent dans des classes différentes de la classification de Nice.

Art. 10 *Changement de nom ou d'adresse.* 1. *Changement de nom ou d'adresse du titulaire.*

a) Lorsqu'il n'y a pas de changement quant à la personne du titulaire mais que son nom ou son adresse ont changé, chaque Partie contractante accepte que la requête en inscription du changement par l'office dans son registre des marques soit présentée par le titulaire dans une communication indiquant le numéro de l'enregistrement en question et le changement à inscrire.

b) Toute Partie contractante peut exiger que la requête indique :

i) le nom et l'adresse du titulaire ;

ii) si le titulaire a un mandataire, le nom et l'adresse de celui-ci ;

iii) si le titulaire a fait élection de domicile, le domicile élu.

c) Toute Partie contractante peut exiger que, pour la requête, une taxe soit payée à l'office.

d) Une seule requête suffit même lorsque le changement concerne plusieurs enregistrements, à condition que les numéros de tous les enregistrements en question soient indiqués dans la requête.

2. *Changement de nom ou d'adresse du déposant.* — L'alinéa 1 est applicable *mutatis mutandis* lorsque le changement concerne une ou plusieurs demandes ou à la fois une ou plusieurs demandes et un ou plusieurs enregistrements ; toutefois, lorsqu'une demande n'a pas encore de numéro ou que son numéro n'est pas connu du déposant ou de son mandataire, la requête doit permettre d'identifier cette demande d'une autre manière conformément aux prescriptions du règlement d'exécution.

3. *Changement de nom ou d'adresse du mandataire ou changement de domicile élu.* — L'alinéa 1 est applicable *mutatis mutandis* à tout changement de nom ou d'adresse du mandataire éventuel et à tout changement de l'éventuel domicile élu.

4. *Interdiction d'autres conditions.* — Aucune Partie contractante ne peut exiger que des conditions autres que celles qui sont énoncées aux alinéas 1 à 3 et à l'article 8 soient remplies en ce qui concerne la requête visée dans le présent article. Il ne peut notamment pas être exigé que soit fourni un certificat concernant le changement.

5. Preuves. — Toute Partie contractante peut exiger que des preuves soient fournies à l'office lorsque celui-ci peut raisonnablement douter de la véracité d'une indication quelconque figurant dans la requête.

Art. 11 *Changement de titulaire.* 1. *Changement de titulaire de l'enregistrement.*

a) En cas de changement quant à la personne du titulaire, chaque Partie contractante accepte que la requête en inscription du changement par l'office dans son registre des marques soit présentée par le titulaire ou la personne qui est devenue propriétaire (ci-après dénommée "nouveau propriétaire") dans une communication indiquant le numéro de l'enregistrement visé et le changement à inscrire.

b) Lorsque le changement de titulaire résulte d'un contrat, toute Partie contractante peut exiger que la requête l'indique et qu'elle soit accompagnée, au choix du requérant, d'un des documents suivants :

i) une copie du contrat ; il pourra être exigé que cette copie soit certifiée conforme à l'original par un officier public ou toute autre autorité publique compétente ;

ii) un extrait du contrat établissant le changement de titulaire ; il pourra être exigé que cet extrait soit certifié conforme à l'original par un officier public ou toute autre autorité publique compétente ;

iii) un certificat de cession non certifié conforme, établi conformément aux prescriptions du règlement d'exécution quant à la forme et au contenu et signé par le titulaire et le nouveau propriétaire ;

iv) un document de cession non certifié conforme, établi conformément aux prescriptions du règlement d'exécution quant à la forme et au contenu et signé à la fois par le titulaire et le nouveau propriétaire.

c) Lorsque le changement de titulaire résulte d'une fusion, toute Partie contractante peut exiger que la requête l'indique et qu'elle soit accompagnée d'une copie d'un document émanant de l'autorité compétente et apportant la preuve de cette fusion, telle que la copie d'un extrait de registre du commerce, et que cette copie soit certifiée conforme à l'original par l'autorité qui a établi le document ou par un officier public ou toute autre autorité publique compétente.

d) Lorsqu'il y a un changement quant à la personne d'un ou de plusieurs cotitulaires, mais pas de tous, et que ce changement résulte d'un contrat ou d'une fusion, toute Partie contractante peut exiger que chacun des cotitulaires qui le reste consente expressément au changement dans un document signé par lui.

e) Lorsque le changement de titulaire ne résulte pas d'un contrat ou d'une fusion mais d'un autre motif, par exemple de l'effet de la loi ou d'une décision judiciaire, toute Partie contractante peut exiger que la requête l'indique et qu'elle soit accompagnée d'une copie d'un document apportant la preuve de ce changement et que cette copie soit certifiée conforme à l'original par l'autorité qui a établi ce document ou par un officier public ou toute autre autorité publique compétente.

f) Toute Partie contractante peut exiger que la requête indique :

i) le nom et l'adresse du titulaire ;

ii) le nom et l'adresse du nouveau propriétaire ;

iii) le nom d'un État dont le nouveau propriétaire est ressortissant s'il est ressortissant d'un État, le nom d'un État dans lequel le nouveau propriétaire a son domicile, le cas échéant, et le nom d'un État dans lequel le nouveau propriétaire a un établissement industriel ou commercial effectif et sérieux, le cas échéant ;

iv) lorsque le nouveau propriétaire est une personne morale, la forme juridique de cette personne morale ainsi que l'État, et, le cas échéant, la division territoriale de cet État, dont la législation a servi de cadre à la constitution de ladite personne morale ;

v) lorsque le titulaire a un mandataire, le nom et l'adresse de celui-ci ;
vi) si le titulaire a fait élection de domicile, le domicile élu ;
vii) si le nouveau propriétaire a un mandataire, le nom et l'adresse de celui-ci ;
viii) si le nouveau propriétaire est tenu de faire élection de domicile en vertu de l'article 4.2 *b)*, le domicile élu.

g) Toute Partie contractante peut exiger que, pour la requête, une taxe soit payée à l'office.

h) Une seule requête suffit même lorsque le changement concerne plusieurs enregistrements, à condition que le titulaire et le nouveau propriétaire soient les mêmes pour chaque enregistrement et que les numéros de tous les enregistrements en question soient indiqués dans la requête :

i) Lorsque le changement de titulaire ne concerne pas la totalité des produits ou services énumérés dans l'enregistrement du titulaire, et que la législation applicable permet l'inscription d'un tel changement, l'office crée un enregistrement distinct qui mentionne les produits ou services sur lesquels porte le changement de titulaire.

2. *Changement de titulaire de la demande.* — L'alinéa 1 est applicable *mutatis mutandis* lorsque le changement de titulaire concerne une ou plusieurs demandes ou à la fois une ou plusieurs demandes et un ou plusieurs enregistrements ; toutefois, lorsqu'une demande n'a pas encore de numéro ou que son numéro n'est pas connu du déposant ou de son mandataire, la requête doit permettre d'identifier cette demande d'une autre manière conformément aux prescriptions du règlement d'exécution.

3. *Interdiction d'autres conditions.*

Aucune Partie contractante ne peut exiger que soient remplies des conditions autres que celles qui sont énoncées aux alinéas 1 et 2 et à l'article 8 en ce qui concerne la requête visée dans le présent article. Les conditions suivantes ne peuvent notamment pas être prescrites :

i) sous réserve de l'alinéa 1 *c)*, la remise d'un certificat, ou d'un extrait, d'un registre du commerce ;
ii) l'indication que le nouveau propriétaire exerce une activité industrielle ou commerciale, ainsi que la fourniture de la preuve correspondante ;
iii) l'indication que le nouveau propriétaire exerce une activité correspondant aux produits ou aux services sur lesquels porte le changement de titulaire, ainsi que la fourniture de la preuve correspondante ;
iv) une indication selon laquelle le titulaire a cédé, entièrement ou en partie, au nouveau propriétaire son entreprise ou le fonds de commerce correspondant, ainsi que la fourniture de la preuve correspondante.

4. *Preuves.* — Toute Partie contractante peut exiger que des preuves ou, lorsque l'alinéa 1 *c)* ou *e)* est applicable, des preuves supplémentaires soient fournies à l'office lorsque celui-ci peut raisonnablement douter de la véracité d'une indication quelconque figurant dans la requête ou dans tout document visé dans le présent article.

Art. 12 *Rectification d'une erreur.* 1. *Rectification d'une erreur relative à un enregistrement.*

a) Chaque Partie contractante accepte que la requête en rectification d'une erreur qui a été faite dans la demande ou dans une autre requête communiquée à l'office, erreur qui est reproduite dans son registre des marques ou dans toute publication de l'office, soit présentée par le titulaire dans une communication indiquant le numéro de l'enregistrement visé, l'erreur à rectifier et la rectification à apporter.

b) Toute Partie contractante peut exiger que la requête indique :
i) le nom et l'adresse du titulaire ;
ii) si le titulaire a un mandataire, le nom et l'adresse de celui-ci ;
iii) si le titulaire a fait élection de domicile, le domicile élu.

c) Toute Partie contractante peut exiger que, pour la requête, une taxe soit payée à l'office.

d) Une seule requête suffit même lorsque la rectification porte sur plusieurs enregistrements dont le titulaire est une même personne, à condition que l'erreur et la rectification demandée soient les mêmes pour chaque enregistrement et que les numéros de tous les enregistrements en question soient indiqués dans la requête.

2. *Rectification d'une erreur relative à une demande.* — L'alinéa 1 est applicable *mutatis mutandis* lorsque l'erreur concerne une ou plusieurs demandes ou à la fois une ou plusieurs demandes et un ou plusieurs enregistrements ; toutefois, lorsqu'une demande n'a pas encore de numéro ou que son numéro n'est pas connu du déposant ou de son mandataire, la requête doit permettre d'identifier cette demande d'une autre manière conformément aux prescriptions du règlement d'exécution.

3. *Interdiction d'autres conditions.* — Aucune Partie contractante ne peut exiger que soient remplies des conditions autres que celles qui sont énoncées aux alinéas 1 et 2 et à l'article 8 en ce qui concerne la requête visée dans le présent article.

4. *Preuves.* — Toute Partie contractante peut exiger que des preuves soient fournies à l'office lorsque celui-ci peut raisonnablement douter que l'erreur signalée soit effectivement une erreur.

5. *Erreurs commises par l'office.* — L'office d'une Partie contractante rectifie ses propres erreurs, *ex officio* ou sur requête, sans exiger de taxe.

6. *Erreurs non rectifiables.* — Aucune Partie contractante n'est tenue d'appliquer les alinéas 1, 2 et 5 aux erreurs qui ne peuvent pas être rectifiées en vertu de sa législation.

Art. 13 *Durée et renouvellement de l'enregistrement.* 1. *Indications ou éléments figurant dans la requête en renouvellement ou accompagnant celle-ci ; taxe.*

a) Toute Partie contractante peut exiger que le renouvellement d'un enregistrement soit subordonné au dépôt d'une requête et que cette requête contienne l'ensemble ou une partie des indications suivantes :

i) l'indication qu'un renouvellement est demandé ;

ii) le nom et l'adresse du titulaire ;

iii) le numéro de l'enregistrement en question ;

iv) au choix de la Partie contractante, la date de dépôt de la demande dont est issu l'enregistrement en question ou la date de l'enregistrement en question ;

v) si le titulaire a un mandataire, le nom et l'adresse de celui-ci ;

vi) lorsque le titulaire a fait élection de domicile, le domicile élu ;

vii) lorsque la Partie contractante permet que le renouvellement d'un enregistrement soit effectué seulement pour certains des produits ou services inscrits dans le registre des marques et qu'un tel renouvellement est demandé, les noms des produits ou services inscrits au registre pour lesquels le renouvellement est demandé ou les noms des produits ou services inscrits au registre pour lesquels le renouvellement n'est pas demandé, groupés selon les classes de la classification de Nice, chaque groupe de produits ou services étant précédé du numéro de la classe de cette classification à laquelle il appartient et étant présenté dans l'ordre des classes de ladite classification ;

viii) lorsque la Partie contractante permet que la requête en renouvellement soit déposée par une personne autre que le titulaire ou son mandataire et que la requête est déposée par une telle personne, le nom et l'adresse de cette personne.

b) Toute Partie contractante peut exiger que, pour la requête en renouvellement, une taxe soit payée à l'office. Une fois que la taxe a été payée pour la période correspondant à la durée initiale de l'enregistrement ou pour la période pour laquelle il a été renouvelé aucun autre paiement ne peut être exigé pour le maintien en vigueur de l'enregistrement pendant la période en question. Les taxes liées à la remise d'une déclaration ou à la fourniture d'une preuve relatives à l'usage ne sont pas considérées, aux fins du présent sous-alinéa, comme des paiements exigés pour le maintien en vigueur d'un enregistrement, et le présent sous-alinéa n'a pas d'incidence sur ces taxes.

c) Toute Partie contractante peut exiger que la requête en renouvellement soit présentée, et que la taxe correspondante visée au sous-alinéa *b)* soit payée, à l'office pendant la période fixée par sa législation, sous réserve des périodes minimales prescrites dans le règlement d'exécution.

2. *Interdiction d'autres conditions.*

Aucune Partie contractante ne peut exiger que soient remplies des conditions autres que celles qui sont énoncées à l'alinéa 1 et à l'article 8 en ce qui concerne une requête en renouvellement. Les éléments suivants ne peuvent notamment pas être exigés :

i) une représentation ou un autre moyen permettant d'identifier la marque ;

ii) la fourniture d'une preuve établissant que la marque a été enregistrée, ou que son enregistrement a été renouvelé, dans un autre registre des marques ;

iii) la remise d'une déclaration ou la fourniture d'une preuve relatives à l'usage de la marque.

3. *Preuves.* — Toute Partie contractante peut exiger qu'au cours de l'examen de la requête en renouvellement des preuves soient fournies à l'office lorsque celui-ci peut raisonnablement douter de la véracité d'une indication ou d'un élément quelconque figurant dans la requête en renouvellement.

4. *Interdiction de procéder à un examen quant au fond.* — L'office d'aucune Partie contractante ne peut, aux fins du renouvellement, examiner l'enregistrement quant au fond.

5. *Durée.* — La durée initiale de l'enregistrement et la durée de chaque renouvellement sont de dix ans.

Art. 14 *Mesures de sursis en cas d'inobservation d'un délai.* 1. *Mesures de sursis avant l'expiration d'un délai.* — Une Partie contractante peut prévoir la prorogation d'un délai imparti pour l'accomplissement d'un acte dans une procédure devant l'office à l'égard d'une demande ou d'un enregistrement si une requête à cet effet est présentée à l'office avant l'expiration du délai.

2. *Mesures de sursis après l'expiration d'un délai.*

Lorsque le déposant, le titulaire ou une autre personne intéressée n'a pas observé un délai ("le délai considéré") imparti pour l'accomplissement d'un acte dans une procédure devant l'office d'une Partie contractante à l'égard d'une demande ou d'un enregistrement, la Partie contractante prévoit une ou plusieurs des mesures de sursis ci-après, conformément aux conditions prescrites dans le règlement d'exécution, si une requête à cet effet est présentée à l'office :

i) la prorogation du délai considéré pour la durée prescrite dans le règlement d'exécution ;

ii) la poursuite de la procédure à l'égard de la demande ou de l'enregistrement ;

iii) le rétablissement des droits du déposant, du titulaire ou de l'autre personne intéressée à l'égard de la demande ou de l'enregistrement, si l'office constate que l'inobservation du délai considéré a eu lieu bien que toute la diligence requise en l'espèce ait été exercée ou, au choix de la Partie contractante, que l'inobservation n'était pas intentionnelle.

3. *Exceptions.* — Aucune Partie contractante n'est tenue de prévoir l'une quelconque des mesures de sursis visées à l'alinéa 2 dans le cas des exceptions prescrites dans le règlement d'exécution.

4. *Taxes.* — Toute Partie contractante peut exiger qu'une taxe soit payée au titre d'une mesure de sursis visée aux alinéas 1 et 2.

5. *Interdiction d'autres conditions.* — Aucune Partie contractante ne peut exiger que des conditions autres que celles qui sont énoncées dans le présent article ou à l'article 8 soient remplies en ce qui concerne une mesure de sursis visée à l'alinéa 2.

Art. 15 *Obligation de se conformer à la Convention de Paris.* Toute Partie contractante se conforme aux dispositions de la Convention de Paris qui concernent les marques.

Art. 16 *Marques de services.* Toute Partie contractante enregistre les marques de services et applique à ces marques les dispositions de la Convention de Paris qui concernent les marques de produits.

Art. 17 *Requête en inscription d'une licence.* 1. *Conditions relatives à la requête en inscription.* Lorsque la législation d'une Partie contractante prévoit l'inscription des licences auprès de son office, cette Partie contractante peut exiger que la requête en inscription :

i) soit présentée conformément aux conditions prescrites dans le règlement d'exécution, et

ii) soit accompagnée des documents justificatifs prescrits dans le règlement d'exécution.

2. *Taxe.* — Toute Partie contractante peut exiger que, en ce qui concerne l'inscription d'une licence, une taxe soit payée à l'office.

3. *Requête unique se rapportant à plusieurs enregistrements.* — Une requête unique est suffisante même lorsque la licence se rapporte à plusieurs enregistrements, à condition que les numéros de tous les enregistrements soient indiqués dans la requête, que le titulaire et le preneur de licence soient les mêmes pour tous les enregistrements et que la portée de la licence soit indiquée dans la requête, conformément au règlement d'exécution, en ce qui concerne tous les enregistrements.

4. *Interdiction d'autres conditions.*

a) Aucune Partie contractante ne peut exiger que des conditions autres que celles qui sont énoncées aux alinéas 1 à 3 et à l'article 8 soient remplies en ce qui concerne l'inscription d'une licence auprès de son office. Les conditions ci-après ne peuvent en particulier pas être prescrites :

i) la remise du certificat d'enregistrement de la marque qui fait l'objet de la licence ;

ii) la remise du contrat de licence ou d'une traduction de celui-ci ;

iii) l'indication des modalités financières du contrat de licence.

b) Le sous-alinéa *a)* est sans préjudice des obligations existant en vertu de la législation d'une Partie contractante en ce qui concerne la divulgation d'informations à d'autres fins que l'inscription de la licence au registre des marques.

5. *Preuves.* — Toute Partie contractante peut exiger que des preuves soient fournies à l'office lorsque l'office peut raisonnablement douter de la véracité d'une indication quelconque figurant dans la requête ou dans tout document visé dans le règlement d'exécution.

6. *Requêtes se rapportant à des demandes.* — Les alinéas 1 à 5 sont applicables, *mutatis mutandis*, aux requêtes en inscription d'une licence se rapportant à une demande, lorsque la législation d'une Partie contractante prévoit une telle inscription.

Art. 18 *Requête en modification ou radiation de l'inscription d'une licence.* 1. *Conditions relatives à la requête.*

Lorsque la législation d'une Partie contractante prévoit l'inscription des licences auprès de son office, cette Partie contractante peut exiger que la requête en modification ou en radiation de l'inscription d'une licence :

i) soit présentée conformément aux conditions prescrites dans le règlement d'exécution, et

ii) soit accompagnée des documents justificatifs prescrits dans le règlement d'exécution.

2. *Autres conditions.* — L'article 17 (2 à 6) est applicable, *mutatis mutandis*, aux requêtes en modification ou en radiation de l'inscription d'une licence.

Art. 19 *Effets du défaut d'inscription d'une licence.* 1. *Validité de l'enregistrement et protection de la marque.* — Le défaut d'inscription d'une licence auprès de l'office ou de toute autre autorité de la Partie contractante est sans effet sur la validité de l'enregistrement de la marque qui fait l'objet de la licence ou sur la protection de cette marque.

2. *Certains droits du preneur de licence.* — Une Partie contractante ne peut pas subordonner à l'inscription d'une licence tout droit que le preneur de licence peut avoir, en vertu de la législation de cette Partie contractante, d'intervenir dans une procédure en contrefaçon engagée par le titulaire ou d'obtenir, dans le cadre de cette procédure, des dommages-intérêts à la suite d'une contrefaçon de la marque qui fait l'objet de la licence.

3. *Usage d'une marque lorsque la licence n'est pas inscrite.* — Une Partie contractante ne peut pas exiger l'inscription d'une licence comme condition pour que l'usage d'une marque par un preneur de licence soit réputé constituer un usage par le titulaire dans le cadre de procédures relatives à l'acquisition, au maintien en vigueur et à la défense des marques.

Art. 20 *Indication de la licence.* Si la législation d'une Partie contractante exige une indication selon laquelle la marque est utilisée dans le cadre d'une licence, le non-respect, total ou partiel, de cette exigence est sans effet sur la validité de l'enregistrement de la marque objet de la licence ou sur la protection de cette marque, et est aussi sans effet sur l'application de l'article 19.3.

Art. 21 *Observations lorsqu'un refus est envisagé.* Une demande selon l'article 3 ou une requête présentée en vertu des articles 7, 10 à 14, 17 et 18 ne peut donner lieu, entièrement ou partiellement, à un refus de la part d'un office sans qu'ait été donnée au déposant ou au requérant, selon le cas, la possibilité de présenter, dans un délai raisonnable, des observations sur le refus envisagé. En ce qui concerne l'article 14, aucun office ne sera tenu de donner la possibilité de présenter des observations lorsque le requérant aura déjà eu la possibilité de présenter une observation à propos des faits sur lesquels doit reposer la décision.

Art. 22 *Règlement d'exécution.* 1. *Teneur.*

a) Le règlement d'exécution annexé au présent traité comporte des règles relatives :

i) aux questions qui, aux termes du présent traité, doivent faire l'objet de "prescriptions du règlement d'exécution" ;

ii) à tous détails utiles pour l'application des dispositions du présent traité ;

iii) à toutes conditions, questions ou procédures d'ordre administratif.

b) Le règlement d'exécution contient aussi des formulaires internationaux types.

2. *Modification du règlement d'exécution.* — Sous réserve de l'alinéa 3, toute modification du règlement d'exécution requiert les trois quarts des votes exprimés.

3. *Exigence de l'unanimité.*

a) Le règlement d'exécution peut indiquer les règles qui ne peuvent être modifiées qu'à l'unanimité.

b) Toute modification du règlement d'exécution ayant pour effet d'ajouter ou de supprimer des règles visées au sous-alinéa *a)* doit être adoptée à l'unanimité.

c) Pour déterminer s'il y a unanimité, seuls les votes exprimés sont pris en considération. L'abstention n'est pas considérée comme un vote.

4. *Divergence entre le traité et le règlement d'exécution.* — En cas de divergence, les dispositions du présent traité priment sur celles du règlement d'exécution.

Art. 23 *Assemblée.* 1. *Composition.*

a) Les Parties contractantes ont une Assemblée.

b) Chaque Partie contractante est représentée à l'Assemblée par un délégué, qui peut être assisté de suppléants, de conseillers et d'experts. Chaque délégué ne peut représenter qu'une seule Partie contractante.

2. *Fonctions.*

L'Assemblée :

i) traite des questions concernant le développement du présent traité ;

ii) modifie le règlement d'exécution, y compris les formulaires internationaux types ;

iii) fixe les conditions concernant la date de prise d'effet de chaque modification visée au point ii) ;

iv) s'acquitte de toute autre tâche qu'implique la mise en œuvre des dispositions du présent traité.

3. *Quorum.*

a) La moitié des membres de l'Assemblée qui sont des États constitue le quorum.

b) Nonobstant les dispositions du sous-alinéa *a)*, si, lors d'une session, le nombre des membres de l'Assemblée qui sont des États et qui sont représentés est inférieur à la moitié mais égal ou supérieur au tiers des membres de l'Assemblée qui sont des États, l'Assemblée peut prendre des décisions ; toutefois, les décisions de l'Assemblée, à l'exception de celles qui concernent sa procédure, ne deviennent exécutoires que lorsque les conditions énoncées ci-après sont remplies. Le Bureau international communique lesdites décisions aux membres de l'Assemblée qui sont des États et qui n'étaient pas représentés, en les invitant à exprimer par écrit, dans un délai de trois mois à compter de la date de la communication, leur vote ou leur abstention. Si, à l'expiration de ce délai, le nombre desdits membres ayant ainsi exprimé leur vote ou leur abstention est au moins égal au nombre de membres qui faisait défaut pour que le quorum fût atteint lors de la session, lesdites décisions deviennent exécutoires, pourvu qu'en même temps la majorité nécessaire reste acquise.

4. *Prise des décisions au sein de l'Assemblée.*

a) L'Assemblée s'efforce de prendre ses décisions par consensus.

b) Lorsqu'il n'est pas possible d'arriver à une décision par consensus, la décision sur la question à l'examen est mise aux voix. Dans ce cas :

i) chaque Partie contractante qui est un État dispose d'une voix et vote uniquement en son propre nom ; et

ii) toute Partie contractante qui est une organisation intergouvernementale peut participer au vote à la place de ses États membres, avec un nombre de voix égal au nombre de ses États membres qui sont parties au présent traité. Aucune organisation intergouvernementale ne participe au vote si l'un de ses États membres exerce son droit de vote et inversement. En outre, aucune organisation intergouvernementale ne participe au vote si l'un de ses États membres qui est partie au présent traité est membre d'une autre organisation intergouvernementale et si cette dernière participe au vote.

5. *Majorités.*

a) Sous réserve de l'article 22 (2 et 3), les décisions de l'Assemblée sont prises à la majorité des deux tiers des votes exprimés.

b) Pour déterminer si la majorité requise est atteinte, seuls les votes exprimés sont pris en considération. L'abstention n'est pas considérée comme un vote.

6. *Sessions.* — L'Assemblée se réunit sur convocation du Directeur général et, sauf cas exceptionnels, pendant la même période et au même lieu que l'Assemblée générale de l'Organisation.

7. *Règlement intérieur.* — L'Assemblée établit son propre règlement intérieur, y compris en ce qui concerne sa convocation en session extraordinaire.

Art. 24 *Bureau international.* 1. *Fonctions administratives.*

a) Le Bureau international assure les tâches administratives concernant le présent traité.

b) En particulier, le Bureau international prépare les réunions et assure le secrétariat de l'Assemblée et des comités d'experts et groupes de travail qu'elle peut créer.

2. *Réunions autres que les sessions de l'Assemblée.* — Le Directeur général convoque tout comité ou groupe de travail créé par l'Assemblée.

3. *Rôle du Bureau international à l'Assemblée et à d'autres réunions.*

a) Le Directeur général et les personnes désignées par le Directeur général prennent part, sans droit de vote, à toutes les réunions de l'Assemblée et des comités et groupes de travail créés par l'Assemblée.

b) Le Directeur général ou un membre du personnel désigné par le Directeur général est d'office secrétaire de l'Assemblée et des comités et groupes de travail visés au sous-alinéa *a)*.

4. *Conférences.*

a) Le Bureau international, selon les directives de l'Assemblée, prépare les conférences de révision.

b) Le Bureau international peut consulter des États membres de l'Organisation, des organisations intergouvernementales ainsi que des organisations non gouvernementales internationales et nationales sur la préparation de ces conférences.

c) Le Directeur général et les personnes désignées par le Directeur général prennent part, sans droit de vote, aux délibérations des conférences de révision.

5. *Autres fonctions.* – Le Bureau international exécute toutes les autres tâches qui lui sont assignées en relation avec le présent traité.

Art. 25 *Révision ou modification.* Le présent traité ne peut être révisé ou modifié que par une conférence diplomatique. La convocation d'une conférence diplomatique est décidée par l'Assemblée.

Art. 26 *Conditions et modalités pour devenir partie au traité.* 1. *Conditions à remplir.* – Les entités ci-après peuvent signer et, sous réserve des alinéas 2 et 3 et de l'article 28 (1 et 3), devenir parties au présent traité :

i) tout État membre de l'Organisation pour lequel des marques peuvent être enregistrées auprès de son propre office ;

ii) toute organisation intergouvernementale qui gère un office auprès duquel peuvent être enregistrées des marques avec effet sur le territoire sur lequel s'applique le traité constitutif de l'organisation intergouvernementale, dans tous ses États membres ou dans ceux de ses États membres qui sont désignés à cette fin dans la demande correspondante, sous réserve que tous les États membres de l'organisation intergouvernementale soient membres de l'Organisation ;

iii) tout État membre de l'Organisation pour lequel des marques peuvent être enregistrées uniquement par l'intermédiaire de l'office d'un autre État spécifié qui est membre de l'Organisation ;

iv) tout État membre de l'Organisation pour lequel des marques peuvent être enregistrées uniquement par l'intermédiaire de l'office géré par une organisation intergouvernementale dont cet État est membre ;

v) tout État membre de l'Organisation pour lequel des marques peuvent être enregistrées uniquement par l'intermédiaire d'un office commun à un groupe d'États membres de l'Organisation.

2. *Ratification ou adhésion.*

Toute entité visée à l'alinéa 1 peut déposer :

i) un instrument de ratification, si elle a signé le présent traité ;

ii) un instrument d'adhésion, si elle n'a pas signé le présent traité.

3. *Date de prise d'effet du dépôt.*

La date de prise d'effet du dépôt d'un instrument de ratification ou d'adhésion est :

i) s'agissant d'un État visé à l'alinéa 1.i), la date à laquelle l'instrument de cet État est déposé ;

ii) s'agissant d'une organisation intergouvernementale, la date à laquelle l'instrument de cette organisation intergouvernementale est déposé ;

iii) s'agissant d'un État visé à l'alinéa 1.iii), la date à laquelle la condition ci-après est remplie : l'instrument de cet État a été déposé et l'instrument de l'autre État spécifié a été déposé ;

iv) s'agissant d'un État visé à l'alinéa 1.iv), la date à prendre en considération en vertu du point ii) ci-dessus ;

v) s'agissant d'un État membre d'un groupe d'États visé à l'alinéa 1.v), la date à laquelle les instruments de tous les États membres du groupe ont été déposés.

Art. 27 *Application du TLT de 1994 et du présent traité.* 1. *Relations entre les Parties contractantes à la fois du présent traité et du TLT de 1994.* – Seul le présent traité s'applique dans les relations mutuelles entre les Parties contractantes à la fois du présent traité et du TLT de 1994.

2. *Relations entre les Parties contractantes du présent traité et les Parties contractantes du TLT de 1994 qui ne sont pas parties au présent traité.* – Toute Partie contractante à la fois du pré-

sent traité et du TLT de 1994 continue d'appliquer le TLT de 1994 dans ses relations avec les Parties contractantes du TLT de 1994 qui ne sont pas parties au présent traité.

Art. 28 *Entrée en vigueur ; date de prise d'effet des ratifications et adhésions.* 1. *Instruments à prendre en considération.* — Aux fins du présent article, seuls les instruments de ratification ou d'adhésion qui sont déposés par les entités visées à l'article 26.1 et qui ont une date de prise d'effet conformément à l'article 26.3 sont pris en considération.

2. *Entrée en vigueur du traité.* — Le présent traité entre en vigueur trois mois après que 10 États ou organisations intergouvernementales visées à l'article 26.1.ii) ont déposé leur instrument de ratification ou d'adhésion.

3. *Entrée en vigueur des ratifications et adhésions postérieures à l'entrée en vigueur du traité.* — Toute entité autre que celles qui sont visées à l'alinéa 2 devient liée par le présent traité trois mois après la date à laquelle elle a déposé son instrument de ratification ou d'adhésion.

Art. 29 *Réserves.* 1. *Genres spéciaux de marques.* — Tout État ou organisation intergouvernementale peut déclarer au moyen d'une réserve que, nonobstant l'article 2 (1 et 2 *a*)), les dispositions des articles 3.1, 5, 7, 8.5, 11 et 13 ne sont pas applicables aux marques associées, aux marques défensives ou aux marques dérivées. Cette réserve doit préciser celles de ces dispositions auxquelles elle s'applique.

2. *Enregistrement multiclasse.* — Tout État ou organisation intergouvernementale dont la législation, à la date de l'adoption du présent traité, prévoit un enregistrement multiclasse pour les produits et un enregistrement multiclasse pour les services peut, lors de l'adhésion au présent traité, déclarer au moyen d'une réserve que les dispositions de l'article 6 ne sont pas applicables.

3. *Examen quant au fond lors du renouvellement.* — Tout État ou organisation intergouvernementale peut déclarer au moyen d'une réserve que, nonobstant l'article 13.4, l'office peut, lors du premier renouvellement d'un enregistrement portant sur des services, examiner cet enregistrement quant au fond ; toutefois, cet examen servira uniquement à éliminer les enregistrements multiples résultant de demandes déposées au cours d'une période de six mois suivant l'entrée en vigueur de la législation de cet État ou organisation qui a institué, avant l'entrée en vigueur du présent traité, la possibilité d'enregistrer les marques de services.

4. *Certains droits du preneur de licence.* — Tout État ou organisation intergouvernementale peut déclarer au moyen d'une réserve que, nonobstant l'article 19.2, il subordonne à l'inscription d'une licence tout droit que le preneur de licence peut avoir, en vertu de la législation de cet État ou de cette organisation intergouvernementale, d'intervenir dans une procédure en contrefaçon engagée par le titulaire ou d'obtenir, dans le cadre de cette procédure, des dommages-intérêts à la suite d'une contrefaçon de la marque qui fait l'objet de la licence.

5. *Modalités.* — Toute réserve faite en vertu des alinéas 1, 2, 3 ou 4 doit figurer dans une déclaration accompagnant l'instrument de ratification du présent traité ou d'adhésion à celui-ci déposé par l'État ou l'organisation intergouvernementale formulant cette réserve.

6. *Retrait.* — Toute réserve faite en vertu des alinéas 1, 2, 3 ou 4 peut être retirée à tout moment.

7. *Interdiction d'autres réserves.* — Aucune autre réserve que celles qui sont autorisées en vertu des alinéas 1, 2, 3 et 4 ne peut être formulée à l'égard du présent traité.

Art. 30 *Dénonciation du traité.* 1. *Notification.* — Toute Partie contractante peut dénoncer le présent traité par notification adressée au Directeur général.

2. *Prise d'effet.* — La dénonciation prend effet un an après la date à laquelle le Directeur général a reçu la notification. Elle n'a aucune incidence sur l'application du présent traité aux demandes qui sont en instance ou aux marques enregistrées, en ce qui concerne la Partie contractante qui dénonce le traité, au moment de l'expiration de ce délai d'un an ; toutefois, la Partie contractante qui dénonce le traité peut, à l'expiration de ce délai d'un an, cesser d'appliquer le présent traité à tout enregistrement à compter de la date à laquelle cet enregistrement doit être renouvelé.

Art. 31 *Langues du traité ; signature.* 1. *Textes originaux ; textes officiels.*

a) Le présent traité est signé en un seul exemplaire original en langues française, anglaise, arabe, chinoise, espagnole et russe, tous ces textes faisant également foi.

b) Un texte officiel dans une langue, non visée au sous-alinéa *a*), qui est une langue officielle d'une Partie contractante est établi par le Directeur général après consultation de ladite Partie contractante et de toute autre Partie contractante intéressée.

2. ***Délai pour la signature.*** **— Le présent traité reste ouvert à la signature au siège de l'Organisation pendant un an après son adoption.**

Art. 32 ***Dépositaire.*** **Le Directeur général est le dépositaire du présent traité.**

RÈGLEMENT D'EXÉCUTION DU TRAITÉ DE SINGAPOUR SUR LE DROIT DES MARQUES

LISTE DES RÈGLES

(texte en vigueur le 1er nov. 2011)

Règle 1 Expressions abrégées

1. *Expressions abrégées définies dans le règlement d'exécution.*

Au sens du présent règlement d'exécution et sauf lorsqu'un sens différent est expressément indiqué :

i) on entend par "traité" le traité de Singapour sur le droit des marques ;

ii) le mot "article" renvoie à l'article indiqué du traité ;

iii) on entend par "licence exclusive" une licence qui n'est concédée qu'à un seul preneur de licence et qui interdit au titulaire d'utiliser la marque et de concéder des licences à toute autre personne ;

iv) on entend par "licence unique" une licence qui n'est concédée qu'à un seul preneur de licence et qui interdit au titulaire de concéder des licences à toute autre personne, mais ne lui interdit pas d'utiliser la marque ;

v) on entend par "licence non exclusive" une licence qui n'interdit pas au titulaire d'utiliser la marque ni de concéder des licences à quiconque.

2. *Expressions abrégées définies dans le traité.* — Les expressions abrégées définies à l'article premier aux fins du traité ont le même sens aux fins du présent règlement d'exécution.

Règle 2 Indication du nom et de l'adresse

1. *Nom.*

a) Lorsque le nom d'une personne doit être indiqué, toute Partie contractante peut exiger :

i) dans le cas d'une personne physique, que le nom à indiquer soit le nom de famille ou le nom principal et le ou les prénoms ou noms secondaires de cette personne ou que le nom à indiquer soit, lorsque cette personne le préfère, le ou les noms utilisés habituellement par elle ;

ii) dans le cas d'une personne morale, que le nom à indiquer soit la dénomination officielle complète de cette personne.

b) Lorsque le nom d'un mandataire doit être indiqué et que ce mandataire est un cabinet d'avocats ou un cabinet de conseils en propriété industrielle, toute Partie contractante accepte que soit indiqué le nom que ce cabinet d'avocats ou ce cabinet de conseils utilise habituellement.

2. *Adresse.*

a) Lorsque l'adresse d'une personne doit être indiquée, toute Partie contractante peut exiger que l'adresse soit indiquée de la façon habituellement requise pour une distribution postale rapide à l'adresse en question et, en tout cas, comprenne toutes les unités administratives pertinentes jusques et y compris le numéro de la maison ou du bâtiment, s'il y en a un.

b) Lorsqu'une communication adressée à l'office d'une Partie contractante est faite au nom de plusieurs personnes ayant des adresses différentes, cette Partie contractante peut exiger que la communication indique une adresse unique en tant qu'adresse pour la correspondance.

c) L'adresse indiquée peut contenir un numéro de téléphone, un numéro de télécopieur et une adresse électronique et, pour la correspondance, une adresse différente de l'adresse indiquée en vertu du sous-alinéa *a)*.

d) Les sous-alinéas *a)* et *c)* sont applicables *mutatis mutandis* au domicile élu.

3. *Autres moyens d'identification.* — Toute Partie contractante peut exiger qu'une communication adressée à l'office comporte le numéro ou tout autre moyen d'identification, le cas échéant, sous lequel ou par lequel le déposant, le titulaire, le mandataire ou toute personne intéressée est enregistré auprès de l'office. Aucune Partie contractante ne peut refuser une communication au motif que cette condition n'est pas remplie, sauf lorsqu'il s'agit d'une demande déposée sous forme électronique.

4. *Caractères à utiliser.* — Toute Partie contractante peut exiger que les indications visées aux alinéas 1 à 3 soient données dans les caractères de la langue de l'office.

Règle 3 Précisions relatives à la demande

1. *Caractères standard.* — Lorsque l'office d'une Partie contractante utilise des caractères (lettres et chiffres) qu'il considère comme standard et lorsque la demande contient une déclaration indiquant que le déposant souhaite que la marque soit enregistrée et publiée dans les caractères standard utilisés par l'office, l'office enregistre et publie cette marque dans lesdits caractères standard.

2. *Marque revendiquant la couleur.* — Lorsque la demande contient une déclaration indiquant que le déposant souhaite revendiquer la couleur comme élément distinctif de la marque, l'office peut exiger que la demande indique le nom ou le code de la couleur ou des couleurs revendiquées et, pour chaque couleur, les parties principales de la marque qui ont cette couleur.

3. *Nombre de reproductions.*

a) Lorsque la demande ne contient pas de déclaration indiquant que le déposant souhaite revendiquer la couleur comme élément distinctif de la marque, une Partie contractante ne peut pas exiger plus :

i) de cinq reproductions de la marque en noir et blanc lorsque la demande ne peut pas contenir, selon la législation de cette Partie contractante, ou ne contient pas de déclaration indiquant que le déposant souhaite que la marque soit enregistrée et publiée dans les caractères standard utilisés par l'office de ladite Partie contractante ;

ii) d'une reproduction de la marque en noir et blanc lorsque la demande contient une déclaration indiquant que le déposant souhaite que la marque soit enregistrée et publiée dans les caractères standard utilisés par l'office de cette Partie contractante.

b) Lorsque la demande contient une déclaration indiquant que le déposant souhaite revendiquer la couleur comme élément distinctif de la marque, une Partie contractante ne peut pas exiger plus de cinq reproductions de la marque en noir et blanc et cinq reproductions de la marque en couleur.

4. *Marque tridimensionnelle.*

a) Lorsque la demande contient une déclaration indiquant que la marque est une marque tridimensionnelle, la reproduction de la marque doit consister en une reproduction graphique ou photographique en deux dimensions.

b) La reproduction fournie en vertu du sous-alinéa *a)* peut, au choix du déposant, consister en une seule vue ou en plusieurs vues différentes de la marque.

c) Lorsque l'office considère que la reproduction de la marque fournie par le déposant en vertu du sous-alinéa *a)* ne fait pas apparaître suffisamment les détails de la marque tridimensionnelle, il peut inviter le déposant à fournir, dans un délai raisonnable fixé dans l'invitation, jusqu'à six vues différentes de la marque ou une description verbale de cette marque, ou les deux à la fois.

d) Lorsque l'office considère que les vues différentes ou la description de la marque visées au sous-alinéa *c)* ne font pas encore apparaître suffisamment les détails de la marque tridimensionnelle, il peut inviter le déposant à fournir, dans un délai raisonnable fixé dans l'invitation, un spécimen de la marque.

e) Nonobstant les sous-alinéas *a)* à *d)*, une représentation suffisamment claire présentant le caractère tridimensionnel de la marque dans une vue unique est suffisante pour l'attribution d'une date de dépôt.

f) L'alinéa 3 *a)* i) et *b)* est applicable *mutatis mutandis.*

5) *Marque hologramme.* Lorsque la demande contient une déclaration indiquant que la marque est une marque hologramme, la représentation de la marque doit consister en une ou plusieurs vues de la marque qui rendent l'effet holographique dans son intégralité. Lorsque l'office considère que la ou les vues présentées ne rendent pas l'effet holographique dans son intégralité, il peut exiger que lui soient fournies des vues additionnelles. L'office peut également exiger du déposant qu'il fournisse une description de la marque hologramme.

6) *Marque de mouvement.* Lorsque la demande contient une déclaration indiquant que la marque est une marque de mouvement, la représentation de la marque doit, au choix de l'office, consister en une image ou en une série d'images fixes ou en mouvement décrivant le mouvement. Lorsque l'office considère que la ou les images présentées ne décrivent pas le mouvement, il peut exiger la présentation d'images additionnelles. L'office peut également exiger que le déposant remette une description expliquant le mouvement.

7) *Marque de couleur.* Lorsque la demande contient une déclaration indiquant que la marque est une marque de couleur en soi ou une combinaison de couleurs sans contour délimité, la reproduction de la marque doit consister en un échantillon de la couleur ou des couleurs. L'office peut exiger que la ou les couleurs soient désignées par leur nom commun. L'office peut également exiger qu' une description de la manière dont la ou les couleurs sont appliquées aux produits ou utilisées en rapport avec les services soit fournie. L'office peut en outre exiger que la ou les couleurs soient indiquées au moyen d'un code de couleurs reconnu choisi par le déposant et accepté par l'office.

8) *Marque de position.* Lorsque la demande contient une déclaration indiquant que la marque est une marque de position, la reproduction de la marque doit consister en une seule vue de la marque montrant sa position sur le produit. L'office peut exiger que les éléments dont la protection n'est pas revendiquée soient indiqués. L'office peut également exiger une description expliquant la position de la marque par rapport au produit.

9) *Marque sonore.* Lorsque la demande contient une déclaration indiquant que la marque est une marque sonore, la représentation de la marque doit, au choix de l'office, consister en une notation

musicale sur une portée, en une description du son constituant la marque, en un enregistrement analogique ou numérique du son ou en toute combinaison de ces éléments.

10) *Marque autre qu'une marque sonore consistant en un signe non visible*. Lorsque la demande contient une déclaration indiquant que la marque autre qu'une marque sonore consiste en un signe non visible, une Partie contractante peut exiger une ou plusieurs représentations de cette marque, une indication du type de la marque et des précisions sur celle-ci, selon ce que prévoit la législation de la Partie contractante.

11) *Translittération de la marque*. Aux fins de l'article 3.1) a) xiii), lorsque la marque se compose, en tout ou en partie, de caractères autres que les caractères utilisés par l'office ou de chiffres autres que les chiffres utilisés par l'office, une translittération de ces caractères et de ces chiffres en caractères et en chiffres utilisés par l'office peut être exigée.

12) *Traduction de la marque*. Aux fins de l'article 3.1) a) xiv), lorsque la marque se compose, en tout ou en partie, d'un ou plusieurs mots d'une langue autre que la langue ou que l'une des langues admises par l'office, une traduction de ce ou ces mots dans cette langue ou dans l'une de ces langues peut être exigée.

13) *Délai pour la fourniture d'une preuve établissant l'usage effectif de la marque*. Le délai visé à l'article 3.3) n'est pas inférieur à six mois à compter de la date d'acceptation de la demande par l'office de la Partie contractante auprès duquel la demande a été déposée. Le déposant ou le titulaire a droit à une prorogation de ce délai, sous réserve des conditions prévues par la législation de cette Partie contractante, pour des périodes d'au moins six mois chacune, la durée totale de la prorogation devant être d'au moins deux ans et demi.

Règle 4 Précisions relatives à la constitution d'un mandataire et à l'élection de domicile

1. *Adresse en cas de constitution de mandataire*. — En cas de constitution de mandataire, une Partie contractante considère que l'adresse du mandataire est le domicile élu.

2. *Adresse en cas de non-constitution de mandataire*. — Lorsqu'il n'y a pas constitution de mandataire et qu'un déposant, un titulaire ou une autre personne intéressée a indiqué, comme étant son adresse, une adresse sur le territoire de la Partie contractante, cette Partie contractante considère que cette adresse est le domicile élu.

3. *Délai*. — Le délai visé à l'article 4.3 *d)* est calculé à compter de la date de réception de la communication visée dans cet article par l'office de la Partie contractante intéressée et n'est pas inférieur à un mois lorsque l'adresse de la personne au nom de laquelle cette communication est faite se situe sur le territoire de cette Partie contractante et à deux mois lorsque cette adresse se situe hors du territoire de cette Partie contractante.

Règle 5 Précisions relatives à la date de dépôt

1. *Procédure à suivre lorsque les conditions ne sont pas remplies*. — Si, au moment où elle est reçue par l'office, la demande ne remplit pas l'une quelconque des conditions applicables énoncées à l'article 5.1 *a)* ou 2 *a)*, l'office invite à bref délai le déposant à remplir cette condition dans un délai indiqué dans l'invitation, qui est d'au moins un mois à compter de la date de l'invitation lorsque l'adresse du déposant se situe sur le territoire de la Partie contractante intéressée et d'au moins deux mois lorsque l'adresse du déposant se situe hors du territoire de la Partie contractante intéressée. Le fait de se conformer à l'invitation peut être soumis au paiement d'une taxe spéciale. Même si l'office n'envoie pas ladite invitation, cela est sans effet sur les conditions en question.

2. *Date de dépôt en cas de rectification*. — Si, dans le délai indiqué dans l'invitation, le déposant se conforme à l'invitation visée à l'alinéa 1 et acquitte toute taxe spéciale exigée, la date de dépôt est la date à laquelle l'office a reçu toutes les indications et tous les éléments exigés qui sont mentionnés à l'article 5.1 *a)* et à laquelle, lorsqu'il y a lieu, les taxes exigées qui sont visées à l'article 5.2 *a)* ont été payées à l'office. Sinon, la demande est considérée comme n'ayant pas été déposée.

Règle 6 Précisions relatives aux communications

1. *Indications accompagnant la signature de communications sur papier*.

Toute Partie contractante peut exiger que la signature de la personne physique qui signe soit accompagnée :

i) de l'indication en lettres du nom de famille ou du nom principal et du ou des prénoms ou noms secondaires de cette personne ou, lorsque ladite personne le préfère, du ou des noms qu'elle utilise habituellement ;

ii) de l'indication de la qualité en laquelle cette personne a signé, lorsque cette qualité ne ressort pas clairement à la lecture de la communication.

2. *Date de la signature.* — Toute Partie contractante peut exiger qu'une signature soit accompagnée de l'indication de la date à laquelle la signature a été apposée. Lorsqu'une telle indication est exigée mais n'est pas fournie, la date à laquelle la signature est réputée avoir été apposée est la date à laquelle la communication qui porte la signature a été reçue par l'office ou, si la Partie contractante le permet, une date antérieure à cette dernière date.

3. *Signature d'une communication sur papier.*

Lorsqu'une communication à l'office d'une Partie contractante est faite sur papier et qu'une signature est requise, cette Partie contractante :

i) doit, sous réserve du point iii), accepter une signature manuscrite ;

ii) peut permettre, en lieu et place d'une signature manuscrite, l'utilisation d'autres formes de signature, telles qu'une signature imprimée ou apposée au moyen d'un timbre, ou l'utilisation d'un sceau ou d'une étiquette portant un code à barres ;

iii) peut exiger, lorsque la personne physique qui signe la communication est ressortissante de ladite Partie contractante et qu'elle a son adresse sur le territoire de celle-ci, ou lorsque la personne morale au nom de laquelle la communication est signée est constituée dans le cadre de la législation de ladite Partie contractante et a un domicile ou un établissement industriel ou commercial effectif et sérieux sur le territoire de celle-ci, qu'un sceau soit utilisé en lieu et place d'une signature manuscrite.

4. *Signature des communications sur papier déposées par des moyens de transmission électroniques.* — Une Partie contractante qui prévoit le dépôt de communications sur papier par des moyens de transmission électroniques doit considérer une communication ainsi transmise comme signée si la représentation graphique d'une signature acceptée par cette Partie contractante en vertu de l'alinéa 3 figure sur la communication ainsi reçue.

5. *Original d'une communication sur papier déposée par des moyens de transmission électroniques.*

Une Partie contractante qui prévoit le dépôt de communications sur papier par des moyens de transmission électroniques peut exiger que l'original d'une communication ainsi transmise soit déposé :

i) auprès de l'office, accompagné d'une lettre permettant d'identifier cette transmission antérieure, et

ii) dans un délai d'un mois au moins à compter de la date à laquelle l'office a reçu la communication par des moyens de transmission électroniques.

6. *Authentification des communications sous forme électronique.* — Une Partie contractante qui autorise le dépôt de communications sous forme électronique peut exiger qu'une communication ainsi déposée soit authentifiée par un système d'authentification électronique qu'elle prescrit.

7. *Date de réception.*

Chaque Partie contractante est libre de déterminer les circonstances dans lesquelles la réception d'un document ou le paiement d'une taxe sont réputés constituer respectivement la réception du document par l'office ou le paiement de la taxe à l'office dans les cas où le document a été effectivement reçu par, ou la taxe a été effectivement payée à :

i) une agence ou un bureau subsidiaire de cet office ;

ii) un office national agissant pour le compte de l'office de la Partie contractante, lorsque la Partie contractante est une organisation intergouvernementale visée à l'article 26.1 ii) ;

iii) un service postal officiel ;

iv) une entreprise d'acheminement du courrier ou un organisme indiqués par la Partie contractante ;

v) une adresse autre que les adresses désignées de l'office.

8. *Dépôt électronique.* — Sous réserve de l'alinéa 7, lorsqu'une partie contractante prévoit le dépôt d'une communication sous forme électronique ou par des moyens de transmission électroniques, la date à laquelle l'office de cette partie contractante reçoit la communication déposée sous cette forme ou par de tels moyens constitue la date de réception de cette communication.

Règle 7 Moyens d'identifier une demande en l'absence de son numéro

1. *Moyens d'identification.* — Lorsqu'il est exigé qu'une demande soit désignée par son numéro et qu'elle n'a pas encore de numéro ou que son numéro n'est pas connu du déposant ou de son mandataire, l'indication ou la remise de l'un des éléments ci-après est réputée suffire à l'identification de cette demande :

i) le numéro provisoire attribué le cas échéant par l'office, ou

ii) une copie de la demande, ou

iii) une représentation de la marque, accompagnée de l'indication de la date à laquelle, à la connaissance du déposant ou du mandataire, l'office a reçu la demande et d'un numéro d'identification attribué à la demande par le déposant ou le mandataire.

2. *Interdiction d'autres conditions.* — Aucune Partie contractante ne peut exiger que des conditions autres que celles qui sont énoncées à l'alinéa 1 soient remplies aux fins d'identification d'une demande lorsque celle-ci n'a pas encore de numéro ou que son numéro n'est pas connu du déposant ou de son mandataire.

Règle 8 Précisions relatives à la durée et au renouvellement

Aux fins de l'article 13.1 *c)*, la période pendant laquelle la requête en renouvellement peut être présentée et la taxe de renouvellement être payée commence au moins six mois avant la date à laquelle le renouvellement doit être effectué et se termine au plus tôt six mois après cette date. Si la requête en renouvellement est présentée ou si les taxes de renouvellement sont acquittées après la date à laquelle le renouvellement doit être effectué, toute Partie contractante peut subordonner la recevabilité de la requête en renouvellement au paiement d'une surtaxe.

Règle 9 Mesures de sursis en cas d'inobservation d'un délai

1. *Conditions relatives à la prorogation de délais en vertu de l'article 14.2 i).*
Une Partie contractante qui prévoit la prorogation d'un délai selon l'article 14.2 i) proroge le délai pour une durée raisonnable à compter de la date de dépôt de la requête en prorogation et peut exiger que la requête :
i) contienne l'indication de l'identité du requérant, du numéro de la demande ou de l'enregistrement en cause et du délai considéré ; et
ii) soit présentée dans un délai qui ne doit pas être inférieur à deux mois à compter de la date d'expiration du délai considéré.
2. *Conditions relatives à la poursuite de la procédure en vertu de l'article 14.2 ii).*
Une Partie contractante peut exiger que la requête en poursuite de la procédure visée à l'article 14.2 ii) :
i) contienne l'indication de l'identité du requérant, du numéro de la demande ou de l'enregistrement en cause et du délai considéré ; et
ii) soit présentée dans un délai qui ne doit pas être inférieur à deux mois à compter de la date d'expiration du délai considéré. L'acte omis doit être accompli dans le même délai ou, lorsque la Partie contractante le prévoit, en même temps que la présentation de la requête.
3. *Conditions relatives au rétablissement des droits en vertu de l'article 14.2 iii).*
a) Une Partie contractante peut exiger que la requête en rétablissement des droits visée à l'article 14.2 iii) :
i) contienne l'indication de l'identité du requérant, du numéro de la demande ou de l'enregistrement en cause et du délai considéré, et
ii) indique les faits et les preuves à l'appui des raisons de l'inobservation du délai considéré.
b) La requête en rétablissement des droits doit être présentée à l'office dans un délai raisonnable, dont la durée est déterminée par la Partie contractante, à compter de la date de la suppression de la cause de l'inobservation du délai considéré. L'acte omis doit être accompli dans le même délai ou, lorsque la Partie contractante le prévoit, en même temps que la présentation de la requête.
c) Une Partie contractante peut prévoir, pour le respect des conditions visées aux sous-alinéas *a)* et *b)*, un délai maximum qui ne soit pas inférieur à six mois à compter de la date d'expiration du délai considéré.
4. *Exceptions visées à l'article 14.3.*
Les exceptions visées à l'article 14.3 sont les cas d'inobservation d'un délai :
i) pour lequel une mesure de sursis a déjà été accordée en vertu de l'article 14.2 ;
ii) pour la présentation d'une requête en mesure de sursis en vertu de l'article 14 ;
iii) pour le paiement d'une taxe de renouvellement ;
iv) pour l'accomplissement d'un acte devant une commission de recours ou tout autre organe de réexamen constitué dans le cadre de l'office ;
v) pour l'accomplissement d'un acte dans une procédure *inter partes* ;
vi) pour la remise de la déclaration visée à l'article 3.1 *a)* vii) ou de la déclaration visée à l'article 3.1 *a)* viii) ;
vii) pour la remise d'une déclaration qui, conformément à la législation de la Partie contractante, peut fixer une nouvelle date de dépôt pour une demande en instance, et
viii) pour la correction ou l'adjonction d'une revendication de priorité.

Règle 10 Conditions relatives à la requête en inscription d'une licence ou en modification ou radiation de l'inscription d'une licence

1. *Contenu de la requête.*
a) Une Partie contractante peut exiger que la requête en inscription d'une licence visée à l'article 17.1 contienne une partie ou la totalité des indications ou éléments suivants :

i) le nom et l'adresse du titulaire ;

ii) si le titulaire a un mandataire, le nom et l'adresse de celui-ci ;

iii) si le titulaire a fait élection de domicile, le domicile élu ;

iv) le nom et l'adresse du preneur de licence ;

v) si le preneur de licence a un mandataire, le nom et l'adresse de celui-ci ;

vi) si le preneur de licence a fait élection de domicile, le domicile élu ;

vii) s'il y a lieu, le nom d'un État dont le preneur de licence est ressortissant, le nom d'un État dans lequel le preneur de licence est domicilié et le nom d'un État dans lequel le preneur de licence a un établissement industriel ou commercial effectif et sérieux ;

viii) lorsque le titulaire ou le preneur de licence est une personne morale, la forme juridique de cette personne morale ainsi que l'État et, le cas échéant, la division territoriale de cet État, dont la législation a servi de cadre à la constitution de ladite personne morale ;

ix) le numéro d'enregistrement de la marque qui fait l'objet de la licence ;

x) les noms des produits ou des services pour lesquels la licence est concédée, groupés selon les classes de la classification de Nice, chaque groupe de produits ou de services étant précédé du numéro de la classe de cette classification à laquelle il appartient et étant présenté dans l'ordre des classes de ladite classification ;

xi) le fait que la licence est une licence exclusive, une licence non exclusive ou une licence unique ;

xii) le cas échéant, le fait que la licence ne concerne qu'une partie du territoire visé par l'enregistrement, avec une indication explicite de cette partie du territoire ;

xiii) la durée de la licence.

b) Une Partie contractante peut exiger que la requête en modification ou radiation de l'inscription d'une licence visée à l'article 18.1 contienne une partie ou la totalité des indications ou éléments suivants :

i) les indications mentionnées aux points i) à ix) du sous-alinéa *a)* ;

ii) si la modification ou la radiation concerne l'une des indications ou l'un des éléments mentionnés au sous-alinéa *a)*, la nature et la portée de la modification ou radiation dont l'inscription est demandée.

2. *Documents à l'appui de l'inscription d'une licence.*

a) Une Partie contractante peut exiger que la requête en inscription d'une licence soit accompagnée, au choix du requérant, de l'un des éléments suivants :

i) un extrait du contrat de licence indiquant les parties et les droits concédés, certifié conforme à l'original par un officier public ou toute autre autorité publique compétente ; ou

ii) une déclaration de licence non certifiée conforme, dont le contenu correspond au formulaire de déclaration de licence qui figure dans le présent règlement d'exécution, et signée à la fois par le titulaire et le preneur de licence.

b) Toute Partie contractante peut exiger qu'un cotitulaire qui n'est pas partie au contrat de licence consente expressément à la licence dans un document signé par lui.

3. *Documents à l'appui d'une modification de l'inscription d'une licence.*

a) Une Partie contractante peut exiger que la requête en modification de l'inscription d'une licence soit accompagnée, au choix du requérant, de l'un des éléments suivants :

i) des pièces à l'appui de la modification demandée de l'inscription de la licence ; ou

ii) une déclaration de modification de licence non certifiée conforme, dont le contenu correspond à celui du formulaire de déclaration de modification de licence prévu dans le présent règlement d'exécution, signée à la fois par le titulaire et le preneur de licence.

b) Toute Partie contractante peut exiger qu'un cotitulaire qui n'est pas partie au contrat de licence consente expressément à la modification de la licence dans un document signé par lui.

4. *Documents à l'appui d'une radiation de l'inscription d'une licence.*

Une Partie contractante peut exiger que la requête en radiation de l'inscription d'une licence soit accompagnée, au choix du requérant, de l'un des éléments suivants :

i) des pièces à l'appui de la radiation demandée de l'inscription de la licence, ou

ii) une déclaration de radiation de licence non certifiée conforme, dont le contenu correspond à celui du formulaire de déclaration de radiation de licence prévu dans le présent règlement d'exécution, signée à la fois par le titulaire et le preneur de licence.

RÉSOLUTION DE LA CONFÉRENCE DIPLOMATIQUE COMPLÉTANT LE TRAITÉ DE SINGAPOUR SUR LE DROIT DES MARQUES ET SON RÈGLEMENT D'EXÉCUTION

1. La Conférence diplomatique pour l'adoption d'un traité révisé sur le droit des marques tenue à Singapour en mars 2006 est convenue que le traité adopté par la conférence serait dénommé "Traité de Singapour sur le droit des marques" (ci-après dénommé "traité").

2. Lors de l'adoption du traité par la conférence diplomatique, il a été entendu que les mots : "procédure devant l'office" figurant à l'article 1 viii) ne désigneraient pas les procédures judiciaires engagées en vertu de la législation d'une Partie contractante.

3. Considérant que le traité prévoit pour les Parties contractantes des formalités efficaces et efficientes en matière de marques, la conférence diplomatique est convenue que les articles 2 et 8 n'imposaient aux Parties contractantes aucune obligation concernant respectivement :

i) l'enregistrement des nouveaux types de marques visés à la règle 3.4, 5 et 6 du règlement d'exécution ; et

ii) la mise en œuvre de systèmes de dépôt électronique ou d'autres systèmes d'automatisation.

Chaque Partie contractante aura la faculté de décider s'il convient de prévoir l'enregistrement des nouveaux types de marques visés ci-dessus, et à quel moment.

4. Afin de faciliter la mise en œuvre du traité dans les pays en développement et les pays les moins avancés (PMA), la conférence diplomatique a prié l'Organisation mondiale de la propriété intellectuelle (OMPI) et les Parties contractantes de leur fournir une assistance technique additionnelle et appropriée, comprenant un appui d'ordre technique, juridique et autre, en vue de renforcer leur capacité institutionnelle de mise en œuvre du traité et de leur permettre de tirer pleinement parti de ses dispositions.

5. Cette assistance devrait tenir compte du niveau de développement technologique et économique des pays bénéficiaires. L'appui technologique contribuerait à améliorer l'infrastructure des techniques de l'information et de la communication dans ces pays et à réduire ainsi la fracture technologique entre les Parties contractantes. La conférence diplomatique a noté que certains pays avaient souligné l'importance du Fonds de solidarité numérique (FSN) pour combler le fossé numérique.

6. Par ailleurs, dès l'entrée en vigueur du traité, les Parties contractantes s'engageront à échanger et à partager, sur une base multilatérale, des informations et des données d'expérience sur les aspects juridiques, techniques et institutionnels relatifs à la mise en œuvre du traité et sur les moyens de tirer pleinement parti des opportunités et des avantages qui en découlent.

7. Reconnaissant la situation et les besoins particuliers des PMA, la conférence diplomatique est convenue que les PMA bénéficieront d'un traitement spécial et différencié pour la mise en œuvre du traité, selon les modalités suivantes :

a) Les PMA seront les premiers et principaux bénéficiaires de l'assistance technique fournie par les Parties contractantes et l'Organisation mondiale de la propriété intellectuelle (OMPI) ;

b) Cette assistance technique comprendra les éléments suivants :

i) aide à l'établissement du cadre juridique pour la mise en œuvre du traité,

ii) information, éducation et sensibilisation concernant les incidences de l'adhésion au traité,

iii) assistance à la révision des pratiques et procédures administratives des autorités nationales chargées de l'enregistrement des marques,

iv) assistance à la mise en valeur des ressources humaines et au renforcement des moyens des offices de propriété intellectuelle, notamment dans le domaine des techniques de l'information et de la communication, pour mettre effectivement en œuvre le traité et son règlement d'exécution.

8. La conférence diplomatique a prié l'Assemblée de surveiller et d'évaluer, à chaque session ordinaire, l'évolution de l'assistance relative aux mesures de mise en œuvre et les avantages découlant de cette mise en œuvre.

9. La conférence diplomatique est convenue que tout différend pouvant survenir entre deux Parties contractantes ou plus concernant l'interprétation ou l'application du présent traité devrait être réglé à l'amiable par voie de consultation et de médiation sous les auspices du Directeur général.

Droit européen

Directive 89/104/CEE du 21 décembre 1988,

Rapprochant les législations des États membres sur les marques.

La Dir. 89/104/CEE a été abrogée par la Dir. 2008/95/CE du 22 oct. 2008 qui l'a codifiée (V. ce texte infra). La jurisprudence rendue sous l'empire de la Dir. (CE) 89/104 est reproduite avec le nouveau texte.

Règlement (CE) n° 40/94 du 20 décembre 1993,

Sur la marque communautaire.

Entrée en vigueur le 15 mars 1994.

Le Règl. (CE) n° 40/94 du 20 déc. 1993 a été abrogé par le Règl. (CE) n° 207/2009 du 26 févr. 2009 qui l'a codifié (V. ce texte infra). La jurisprudence rendue sous l'empire du Règl. (CE) 40/94 est transposée sous le nouveau texte.

Règlement (CE) [ABROGÉ] n° 2868/95 du 13 décembre 1995,

Portant modalités d'application du règlement (CE) n° 40/94 du Conseil sur la marque communautaire. — Entrée en vigueur le 22 déc. 1995.

(Abrogé par Règl. (UE) 2017/1430 du 18 mai 2017, art. 80, à compter du 1er oct. 2017)

Abrogation. Mesures transitoires. *Les dispositions du présent Règlement continuent de s'appliquer aux procédures en cours jusqu'à leur terme lorsque le Règl. délégué (UE) 2017/1430 du 18 mai 2017 ne s'applique pas, conformément à son art. 81 (V. ce texte infra, art. 80).*

Sans préjudice de l'art. 80 du Règl. délégué (UE) 2017/1430 du 18 mai 2017, elles continuent de s'appliquer aux procédures en cours jusqu'à leur terme lorsque le Règl. d'exécution (UE) 2017/1431 du 18 mai 2017 ne s'applique pas conformément à son art. 38 (V. Règl. 2017/1431, infra, art. 37).

BIBL. ▶ FOLLIARD-MONGUIRAL et BERTOLI, *Propr. ind. 2005. Chron. 17 (les procédures inter partes à l'épreuve de la réforme du règlement d'exécution sur la marque communautaire).*

(1) considérant que le règlement (CE) n° 40/94 (ci-après dénommé « le règlement ») crée un nouveau système de marques qui permet d'obtenir une marque valable sur tout le territoire de la Communauté en déposant une demande auprès de l'Office de l'harmonisation dans le marché intérieur (marques, dessins et modèles), ci-après dénommé « l'Office » ;

(2) considérant que, à cet effet, le règlement contient notamment les dispositions nécessaires pour une procédure aboutissant à l'enregistrement d'une marque communautaire, ainsi que pour l'administration des marques communautaires, pour une procédure de recours contre les décisions de l'Office et pour une procédure de déchéance ou d'annulation d'une marque communautaire ;

(3) considérant que l'article 140 du règlement dispose que les modalités d'application du règlement sont fixées par un règlement d'exécution ;

(4) considérant que le règlement d'exécution doit être adopté conformément à la procédure prévue à l'article 141 du règlement ;

(5) considérant que ce règlement d'exécution prévoit par conséquent les règles qui sont nécessaires à la mise en œuvre des dispositions du règlement ;

(6) considérant que ces règles doivent assurer le bon déroulement des procédures devant l'Office ;

(7) considérant que, conformément à l'article 116 paragraphe 1 du règlement, tous les éléments de la demande de marque communautaire, telle que décrite dans l'article 26 paragraphe 1, et toutes les autres informations dont la publication est prescrite par le présent règlement d'exécution sont publiés dans toutes les langues officielles de la Communauté ;

(8) considérant qu'il ne convient pas que la marque elle-même, les noms, adresses, dates et autres informations du même ordre soient traduits et publiés dans toutes les langues officielles de la Communauté ;

(9) considérant que l'Office fournira, pour les procédures engagées devant lui, des formulaires types rédigés dans toutes les langues officielles de la Communauté ;

(10) considérant que les mesures prévues au présent règlement sont conformes à l'avis du comité institué par l'article 141 du règlement,

Art. 1er *Les modalités d'application du règlement sont les suivantes : — V. note en tête du Règl.*

TITRE PREMIER [ABROGÉ] Procédure de dépôt

Règle 1re *Contenu de la demande. 1. La demande d'une marque communautaire doit contenir :*

a) une requête en enregistrement d'une marque communautaire ;

b) (Règl. (CE) n° 1041/2005 du 29 juin 2005) *« le nom, l'adresse et la nationalité du demandeur, ainsi que l'État sur le territoire duquel le demandeur a son domicile, son siège ou un établissement. Les personnes physiques doivent être désignées par leurs nom et prénom(s). Les personnes morales ainsi que les entités relevant de l'article 3 du règlement doivent figurer sous leur dénomination officielle en précisant leur forme juridique, éventuellement sous leur abréviation d'usage. Les numéros de téléphone et de télécopieur, l'adresse électronique et tous autres renseignements nécessaires à d'autres liens de communication de données par lesquels le demandeur accepte de recevoir des communications peuvent être donnés. Il est préférable de n'indiquer qu'une seule adresse par demandeur. Au cas où plusieurs adresses sont mentionnées, seule l'adresse figurant en première position est prise en considération, sauf lorsque le demandeur a élu domicile à l'une des adresses indiquées ; »*

c) une liste des produits et services pour lesquels l'enregistrement de la marque est demandé, conformément à la règle 2 (Règl. (CE) n° 1041/2005 du 29 juin 2005) *« ou une référence à la liste des produits et services visés par une demande de marque communautaire antérieure » ;*

d) une représentation de la marque, conformément à la règle 3 ;

e) si le demandeur a désigné un représentant, les nom et adresse professionnelle de ce dernier, conformément au point b) ; si le représentant a plusieurs adresses professionnelles ou si le demandeur a désigné plusieurs représentants ayant des adresses professionnelles différentes, la demande doit préciser l'adresse à laquelle il a été fait élection de domicile ; à défaut d'une telle précision, seule la première adresse indiquée est considérée comme étant le domicile élu ;

f) si la priorité d'une demande antérieure est revendiquée en vertu de l'article 30 du règlement, une déclaration à cet effet qui mentionne la date de cette demande et l'État dans lequel ou pour lequel elle a été déposée ;

g) si la priorité d'exposition est revendiquée en application de l'article 33 du règlement, une déclaration à cet effet qui mentionne le nom de l'exposition et la date de la première présentation des produits ou des services ;

h) si l'ancienneté d'une ou de plusieurs marques antérieures enregistrées dans un État membre, y compris d'une marque enregistrée sur le territoire du Benelux ou d'une marque ayant fait l'objet d'un enregistrement international ayant effet dans un État membre (ci-après dénommée « marque antérieure enregistrée », selon les termes de l'article 34 du règlement) est revendiquée en vertu de l'article 34 du règlement, une déclaration à cet effet qui indique l'État membre ou les États membres dans lesquels ou pour lesquels la marque antérieure est enregistrée, la date à laquelle l'enregistrement correspondant a pris effet, le numéro d'enregistrement et les produits et services pour lesquels la marque est enregistrée ;

i) le cas échéant, une déclaration indiquant que la demande concerne l'enregistrement d'une marque communautaire collective au sens de l'article 64 du règlement ;

j) l'indication de la langue dans laquelle la demande a été déposée et de la deuxième langue, conformément à l'article 115 paragraphe 3 du règlement ;

k) (Règl. (CE) n° 1041/2005 du 29 juin 2005) *« la signature du demandeur ou de son représentant, conformément à la règle 79 ;*

« l) le cas échéant, la demande de rapport de recherche visée à l'article 39, paragraphe 2, du règlement [ces dispositions sont entrées en vigueur le 10 mars 2008, Règl. (CE) n° 1041/2005 du 29 juin 2005.] *».*

2. Une demande de marque communautaire collective peut inclure un règlement d'usage.

3. Abrogé par Règl. (UE) 2015/2424 du 16 déc. 2015, art. 2-1, à compter du 23 mars 2016.

4. En cas de pluralité de demandeurs, il est préférable qu'un seul demandeur ou représentant soit désigné, dans la demande, en qualité de représentant commun.

V. note en tête du Règl.

Règle 2 Abrogée par Règl. (UE) 2015/2424 du 16 déc. 2015, art. 2-2, à compter du 23 mars 2016.

Règle 3 *Représentation de la marque. 1. Si le demandeur ne revendique pas de représentation graphique ni de couleur particulière, la marque est reproduite dans la demande en écriture standard, par exemple en lettres, chiffres et signes de ponctuation dactylographiés. Elle peut comporter des minuscules et des majuscules et est publiée et enregistrée par l'Office sous cette forme.*

2. (Règl. (CE) n° 1041/2005 du 29 juin 2005) *« Dans tous les cas autres que celui visé au paragraphe 1 et sauf si la demande est déposée par des moyens électroniques; la marque est reproduite sur une feuille séparée de la feuille sur laquelle apparaît le texte de la demande. Les dimensions de la feuille sur laquelle la marque est reproduite ne dépassent pas le format DIN A4 (29,7 cm × 21 cm), la surface utilisée pour la reproduction (format de composition) ne dépassant pas 26,2 cm × 17 cm. Une marge d'au moins 2,5 cm est prévue à gauche. Si la position exacte de la marque n'est pas évidente, elle est indiquée par la mention « haut » sur chaque reproduction. La reproduction de la marque doit être d'une qualité suffisante pour permettre sa réduction ou son agrandissement au format des textes publiés au Bulletin des marques communautaires, soit au maximum 16 cm de haut × 8 cm de large. »*

3. Dans les cas régis par le paragraphe 2, mention en est faite dans la demande. Celle-ci peut contenir une description de la marque.

4. Si l'enregistrement d'une marque tridimensionnelle est demandé, mention en est faite dans la demande. La représentation consiste en une reproduction photographique ou une représentation graphique de la marque. Elle peut contenir jusqu'à six vues en perspective de la marque.

5. (Règl. (CE) n° 1041/2005 du 29 juin 2005) *« Si l'enregistrement est demandé en couleur, la représentation de la marque visée au paragraphe 2 se compose de la reproduction en couleur de la marque. Les couleurs dont la marque se compose sont également indiquées en lettres et une référence à un code de couleurs reconnu peut être ajoutée.*

« 6. Lorsque l'enregistrement d'une marque sonore est demandé, la représentation de la marque se compose d'une représentation graphique du son, en particulier d'une notation musicale ; lorsque la demande est déposée par des moyens électroniques, elle peut être accompagnée d'un dossier électronique contenant le son. Le président de l'Office arrête les formats et la dimension maximale du dossier électronique. »

V. note en tête du Règl.

Règles 4 à 5 bis Abrogées par Règl. (UE) 2015/2424 du 16 déc. 2015, art. 2-3 à 2-5, à compter du 23 mars 2016.

Règle 6 *Revendication de priorité. 1. Si la priorité d'une ou de plusieurs demandes antérieures est revendiquée dans la demande en application de l'article 30 du règlement, le demandeur dispose d'un délai de trois mois à compter de la date de dépôt pour indiquer le numéro de dossier attribué à la demande antérieure et pour produire une copie de celle-ci. La copie doit être certifiée conforme à la demande antérieure par l'autorité ayant reçu cette dernière et être accompagnée d'une attestation de cette autorité indiquant la date de dépôt de la demande antérieure.* (Règl. (CE) n° 1041/2005 du 29 juin 2005) *« Si la demande antérieure est une demande de marque communautaire, l'Office verse d'office au dossier de la demande de marque communautaire une copie de la demande antérieure. »*

2. Si le demandeur entend revendiquer la priorité d'une ou de plusieurs demandes antérieures, en application de l'article 30 du règlement, postérieurement au dépôt de la demande, la déclaration de priorité, indiquant la date de la demande antérieure et l'État dans lequel ou pour lequel elle a été déposée, doit être produite dans un délai de deux mois à compter de la date de dépôt de la demande. Les indications et les pièces justificatives visées au paragraphe 1 doivent être soumises à l'Office dans un délai de trois mois à compter de la réception de la déclaration de priorité.

3. Si la langue de la demande antérieure n'est pas une des langues de l'Office, celui-ci invite le demandeur à produire, dans le délai qu'il lui impartit et qui ne peut être inférieur à trois mois, une traduction de la demande antérieure dans une de ces langues.

4. Le président de l'Office peut décider que les exigences en matière de pièces justificatives à fournir par le demandeur peuvent être moindres que celles qui sont énoncées au paragraphe 1, sous réserve que l'Office puisse disposer des informations requises auprès d'autres sources.

V. note en tête du Règl.

Règle 7 *Priorité d'exposition. 1. Si la priorité d'exposition au sens de l'article 33 du règlement est revendiquée dans la demande, le demandeur dispose d'un délai de trois mois à compter de la date de dépôt pour produire une attestation délivrée au cours de l'exposition par l'autorité chargée d'assurer la protection de la propriété industrielle à cette exposition. L'attestation doit établir que la marque a été effectivement utilisée pour les produits ou les services considérés, et mentionner la date d'ouverture de l'exposition et la date de la première utilisation publique, lorsque celle-ci ne coïncide pas avec la date d'ouverture de l'exposition. Elle doit être accompagnée d'une description de l'usage effectif de la marque, dûment attestée par l'autorité susvisée.*

2. Si le demandeur entend revendiquer la priorité d'exposition postérieurement au dépôt de la demande, la déclaration de priorité, indiquant le nom de l'exposition et la date de première présentation des produits ou des services, doit être produite dans un délai de deux mois à compter de la date de dépôt. Les indications et les preuves exigées en vertu du paragraphe 1 doivent être fournies à l'Office dans un délai de trois mois à compter de la réception de la déclaration de priorité.

V. note en tête du Règl.

Règle 8 *Revendication de l'ancienneté d'une marque nationale. 1. Lorsque l'ancienneté d'une ou de plusieurs marques antérieures enregistrées, conformément à l'article 34 du règlement, est revendiquée dans la demande, le demandeur dispose d'un délai de trois mois à compter de la date de dépôt pour produire une copie de l'enregistrement correspondant. Cette copie doit être certifiée conforme à l'enregistrement correspondant par l'autorité compétente.*

2. (Règl. (CE) n° 1041/2005 du 29 juin 2005) *« Lorsque le demandeur entend se prévaloir de l'ancienneté d'une ou de plusieurs marques antérieures enregistrées, conformément à l'article 34 du règlement, postérieurement au dépôt de la demande, la déclaration d'ancienneté, indiquant l'État membre ou les États membres dans lesquels ou pour lesquels la marque est enregistrée, le numéro et la date de dépôt de l'enregistrement correspondant et les produits et services pour lesquels la marque est enregistrée doivent être produits dans un délai de deux mois à compter de la date de dépôt. La preuve exigée en vertu du paragraphe 1 est fournie à l'Office dans un délai de trois mois à compter de la réception de la déclaration d'ancienneté. »*

3. Lorsque l'ancienneté a été revendiquée, l'Office en informe le Bureau Benelux des Marques ou le service central de la propriété industrielle de l'État membre concerné.

4. Le président de l'Office peut décider que les exigences en matière de pièces justificatives à fournir par le demandeur peuvent être moindres que celles qui sont stipulées au paragraphe 1, sous réserve que l'Office puisse disposer des informations requises auprès d'autres sources.

V. note en tête du Règl.

Règle 9 *Examen des conditions de fixation d'une date de dépôt et des conditions de forme du dépôt. 1. Si la demande ne satisfait pas aux conditions requises pour qu'il lui soit accordé une date de dépôt :*

a) parce qu'elle ne contient pas

i) la requête en enregistrement d'une marque communautaire ;

ii) des [les] indications qui permettent d'identifier le demandeur ;

iii) une liste des produits et services pour lesquels l'enregistrement de la marque est demandé ;

iv) une représentation de la marque

ou

b) parce que la taxe de base pour le dépôt de la demande n'a pas été payée à l'Office dans le délai d'un mois à compter du dépôt de la demande auprès de l'Office ou, si la demande a été déposée auprès du service central de la propriété industrielle d'un État membre ou auprès du Bureau Benelux des Marques, à cette autorité,

l'Office informe le demandeur qu'une date de dépôt ne peut être accordée en raison de ces irrégularités.

2. S'il est remédié aux irrégularités visées au paragraphe 1 dans un délai de deux mois à compter de la réception de la notification, la date de dépôt est déterminée par celle à laquelle il a été remédié à toutes les irrégularités. S'il n'est pas remédié aux irrégularités dans ce délai, la demande n'est pas traitée en tant que demande de marque communautaire. Toute taxe éventuellement acquittée est remboursée.

3. Si, après qu'une date de dépôt a été accordée, il s'avère à l'examen que :

a) il n'est pas satisfait aux conditions énoncées aux (Règl. (UE) 2015/2424 du 16 déc. 2015, art. 2-6, en vigueur le 23 mars 2016) *« règles 1 et 3 et à l'article 28 du règlement » ou aux autres conditions de forme du dépôt prévues par le règlement ou par les présentes règles ;*

b) les taxes par classe visées à l'(Règl. (UE) 2015/2424 du 16 déc. 2015, art. 2-6, en vigueur le 23 mars 2016) *« article 26, paragraphe 2, du règlement » en liaison avec le règlement (CE) n° 2869/95 de la Commission (ci-après dénommé le « règlement relatif aux taxes ») n'ont pas toutes été payées à l'Office ;*

c) une priorité ayant été revendiquée conformément aux règles 6 et 7, soit dans la demande soit dans le délai de deux mois à compter de la date de dépôt, les autres exigences prévues par lesdites règles ne sont pas respectées ;

d) l'ancienneté ayant été revendiquée conformément à la règle 8, soit dans la demande soit dans le délai de deux mois à compter de la date de dépôt, les autres exigences prévues à ladite règle ne sont pas respectées,

l'Office invite le demandeur à remédier, dans le délai qu'il lui impartit, aux irrégularités constatées.

4. S'il n'est pas remédié aux irrégularités visées au paragraphe 3 point a) dans le délai prescrit, l'Office rejette la demande.

5. Si les taxes par classe non acquittées ne sont pas payées avant l'expiration du délai imparti, la demande est réputée retirée, à moins qu'il ne ressorte clairement quelles sont la ou les classes que le montant payé est destiné à couvrir. A défaut d'autres critères permettant de déterminer les classes que le montant payé est destiné à couvrir, l'Office prend en considération les classes dans l'ordre de la classification. La demande est réputée retirée en ce qui concerne les classes pour lesquelles les taxes par classe n'ont pas été payées ou n'ont pas été acquittées dans leur intégralité.

6. Si les irrégularités visées au paragraphe 3 concernent la revendication de priorité, le demandeur est déchu de son droit de priorité pour la demande.

7. Si les irrégularités visées au paragraphe 3 concernent la revendication de l'ancienneté, le droit de revendication ne peut plus être invoqué pour la demande.

8. Si les irrégularités visées au paragraphe 3 ne concernent que certains des produits et services, l'Office ne rejette la demande ou ne refuse le droit de priorité ou le droit d'ancienneté que pour les produits et services entachés d'irrégularité.

V. note en tête du Règl.

Règle 10 *Recherches par les offices nationaux.* (Règl. (CE) n° 1041/2005 du 29 juin 2005, en vigueur le 10 mars 2008) **1. Lorsque la demande de rapport de recherche visée à l'article 39, paragraphe 2, du règlement n'est pas présentée dans la demande de marque communautaire ou lorsque la taxe de recherche visée à** (Règl. (UE) 2015/2424 du 16 déc. 2015 rectif. JOUE L 110 du 26 avr. 2016, art. 2-6 bis) **« l'article 38, paragraphe 2, du règlement » n'est pas payée dans le délai de paiement de la taxe de demande de base, la demande ne fait pas l'objet d'une recherche par les offices centraux de la propriété industrielle.**

2. Un enregistrement international désignant la Communauté européenne ne fait pas l'objet d'une recherche par les offices centraux de la propriété industrielle si la demande de rapport de recherche visée à l'article 39, paragraphe 2, du règlement n'est pas présentée à l'Office dans un délai d'un mois à compter de la date à laquelle le Bureau international notifie l'enregistrement international à l'Office, ou si la taxe de recherche n'est pas payée dans le même délai.

V. note en tête du Règl.

Règle 11 *Examen relatif aux motifs absolus de refus. 1. Si la marque communautaire ne peut être enregistrée en vertu de l'article 7 du règlement pour tout ou partie des produits ou des services pour lesquels elle est demandée, l'Office communique au demandeur les motifs de ce refus, en lui précisant un délai pour retirer ou modifier sa demande ou pour présenter ses observations.*

2. Abrogé par Règl. (UE) 2015/2424 du 16 déc. 2015, art. 2-7, à compter du 23 mars 2016.

3. Si, dans le délai qui lui est imparti, le demandeur ne remédie pas aux empêchements à l'enregistrement ou ne remplit pas la condition visée au paragraphe 2, l'Office rejette tout ou partie de la demande.

V. note en tête du Règl.

Règle 12 *Publication de la demande. La demande publiée comporte les renseignements suivants :*

a) les nom et adresse du demandeur ;

b) s'il y a lieu, les nom et adresse professionnelle du représentant désigné par le demandeur, pour autant qu'il ne s'agisse pas d'un représentant au sens de l'article 88 paragraphe 3 première phrase du règlement ; si plusieurs représentants ont été désignés et que leur adresse professionnelle est la même, seuls sont publiés les nom et adresse professionnelle du premier représentant cité, suivis des mots « et autres » ; si plusieurs représentants ont été désignés et que leurs adresses professionnelles sont différentes, seule est publiée l'adresse du domicile élu en vertu de la règle 1 paragraphe 1 point e) ; en cas de groupement de représentants selon la règle 76 paragraphe 9, seuls sont publiés les nom et adresse professionnelle du groupement ;

c) (Règl. (CE) n° 1041/2005 du 29 juin 2005) *« la reproduction de la marque, accompagnée des mentions et des descriptions visées à la règle 3 ; lorsque la reproduction de la marque est en couleur ou se compose de couleurs, la publication est en couleur et indique la ou les couleurs composant la marque et, le cas échéant, le code de couleur indiqué ; »*

d) la liste des produits et services regroupés par classe de la classification de Nice, chaque groupe étant précédé du numéro de la classe de ladite classification à laquelle appartient le groupe de produits et de services et présenté dans l'ordre de cette classification ;

e) la date de dépôt et le numéro de dossier ;

f) le cas échéant, des indications relatives à la priorité revendiquée, conformément à l'article 30 du règlement ;

g) le cas échéant, des indications relatives à la revendication de la priorité d'exposition conformément à l'article 33 du règlement ;

h) le cas échéant, des indications concernant la revendication de l'ancienneté conformément à l'article 34 du règlement ;

i) le cas échéant, l'indication que la marque a acquis un caractère distinctif après l'usage qui en a été fait, conformément à l'article 7 paragraphe 3 du règlement ;

j) le cas échéant, l'indication que la demande est déposée pour une marque communautaire collective ;

k) Abrogé par Règl. (UE) 2015/2424 du 16 déc. 2015, art. 2-7, à compter du 23 mars 2016.

l) la langue dans laquelle la demande a été déposée et la deuxième langue que le demandeur a indiquée conformément à l'article 115 paragraphe 3 du règlement ;

(Règl. (CE) n° 782/2004 du 26 avr. 2004) *« m) le cas échéant, une déclaration par laquelle la demande résulte de la transformation d'un enregistrement international désignant la Communauté européenne, conformément à l'article 156 du règlement, ainsi que la date de l'enregistrement international conformément à l'article 3, paragraphe 4, du protocole de Madrid, ou la date de l'enregistrement de l'extension territoriale à la Communauté européenne postérieure à l'enregistrement international conformément à l'article 3 ter, paragraphe 2, du protocole de Madrid et, si besoin est, la date de priorité de l'enregistrement international. »*

V. note en tête du Règl.

Règle 13 *Modification de la demande.* ***1. Une requête en modification de la demande présentée en application de l'article 44 du règlement comporte les renseignements suivants :***

a) le numéro de dossier attribué à la demande ;

b) les nom et adresse du demandeur, conformément à la règle 1 paragraphe 1 point b) ;

c) Abrogé par Règl. (CE) n° 1041/2005 du 29 juin 2005 ;

d) l'indication de l'élément à rectifier ou à modifier dans la demande et de l'élément tel qu'il doit figurer après rectification ou modification ;

e) si la modification porte sur la représentation de la marque, une représentation de la marque modifiée, conformément à la règle 3.

2. Abrogé par Règl. (CE) n° 1041/2005 du 29 juin 2005.

3. Si les conditions auxquelles est subordonnée la modification de la demande ne sont pas remplies, l'Office informe le demandeur des irrégularités constatées. S'il n'est pas remédié auxdites irrégularités dans le délai fixé par l'Office, celui-ci rejette la requête en modification de la demande.

4. Si la modification est publiée conformément à l'article 44 paragraphe 2 du règlement, les règles 15 à 22 s'appliquent mutatis mutandis.

5. Le demandeur peut ne présenter qu'une seule requête lorsqu'il requiert la modification d'un même élément dans plusieurs demandes qu'il a déposées. Si la requête est subordonnée au paiement d'une taxe, celle-ci doit être acquittée pour chacune des demandes à modifier.

6. Les paragraphes 1 à 5 s'appliquent mutatis mutandis aux requêtes en modification du nom ou de l'adresse professionnelle d'un représentant désigné par le demandeur. Ces requêtes ne sont pas subordonnées au paiement d'une taxe.

V. note en tête du Règl.

Règle 13 bis *Division de la demande.* (Règl. (CE) n° 1041/2005 du 29 juin 2005) ***1. Une déclaration de division de la demande présentée en application de l'article 44 bis du règlement comporte les renseignements suivants :***

a) le numéro de dossier attribué à la demande ;

b) les nom et adresse du demandeur, conformément à la règle 1, paragraphe 1, point b) ;

c) la liste des produits et services visés par la demande divisionnaire, ou, lorsque la division en plus d'une demande divisionnaire est demandée, la liste des produits et services visés par chaque demande divisionnaire ;

d) la liste des produits et services demeurant dans la demande originale.

2. Si l'Office constate que les conditions prévues au paragraphe 1 ne sont pas remplies ou que la liste des produits et services visés par la demande divisionnaire recoupe celle des produits et services demeurant dans la demande originale, il invite le demandeur à remédier aux irrégularités constatées dans le délai qu'il lui impartit.

S'il n'est pas remédié aux irrégularités dans le délai imparti, l'Office rejette la déclaration de division.

3. Les périodes prévues à l'article 44 bis, paragraphe 2, point b), du règlement durant lesquelles une déclaration de division de la demande est irrecevable sont les suivantes :

a) la période précédant la fixation d'une date de dépôt ;

b) la période de trois mois à compter de la publication de la demande visée à l'article 42, paragraphe 1, du règlement ;

4. Lorsque l'Office constate que la déclaration de division est irrecevable conformément à l'article 44 bis du règlement ou conformément au paragraphe 3, points a) et b), il rejette la déclaration de division.

5. L'Office ouvre un dossier séparé pour la demande divisionnaire ; ce dossier se compose d'une copie intégrale du dossier relatif à la demande originale, y compris la déclaration de division et la correspondance qui s'y rapporte. L'Office attribue un nouveau numéro de demande à la demande divisionnaire.

6. Lorsque la déclaration de division concerne une demande d'ores et déjà publiée conformément à l'article 40 du règlement, la division est publiée dans le Bulletin des marques communautaires. La demande divisionnaire est publiée ; la publication comporte les indications et éléments visés à la règle 12. La publication n'ouvre pas de nouveau délai pour le dépôt des oppositions.

V. note en tête du Règl.

Règle 14 *Rectification des erreurs et des fautes figurant dans les publications. 1. Si une demande publiée comporte une erreur ou une faute imputable à l'Office, ce dernier rectifie l'erreur ou la faute d'office ou à la requête du demandeur.*

2. Si le demandeur présente une requête visée au paragraphe 1, la règle 13 s'applique mutatis mutandis. La requête n'est pas subordonnée au paiement d'une taxe.

3. Les rectifications effectuées en application de la présente règle sont publiées.

4. L'article 42 paragraphe 2 du règlement et les règles 15 à 22 s'appliquent mutatis mutandis *si la rectification porte sur la liste des produits ou services ou sur la représentation de la marque.*

V. note en tête du Règl.

TITRE II [ABROGÉ] Procédure d'opposition et preuve de l'usage

Règle 15 *Procédure d'opposition.* (Règl. (CE) n° 1041/2005 du 29 juin 2005) *1. Une opposition peut être formée au motif qu'il existe une ou plusieurs marques antérieures au sens de l'article 8, paragraphe 2, du règlement (marques antérieures) et un et/ou plusieurs autres droits antérieurs au sens de l'article 8, paragraphe 4, du règlement (droits antérieurs), à condition que les marques antérieures ou droits antérieurs appartiennent tous au même titulaire ou aux mêmes titulaires. Si une marque antérieure et/ou un droit antérieur a plus d'un titulaire (cotitulaires), l'opposition peut être formée par un, plusieurs ou l'ensemble de ceux-ci.*

2. L'acte d'opposition doit comporter :

a) le numéro de dossier attribué à la demande à l'encontre de laquelle l'opposition est formée et le nom du demandeur de la marque communautaire ;

b) une identification claire de la marque antérieure ou du droit antérieur sur lesquels l'opposition est fondée, à savoir :

i) si l'opposition est fondée sur l'existence d'une marque antérieure au sens de l'article 8, paragraphe 2, points a) ou b), du règlement ou si l'opposition est fondée sur l'article 8, paragraphe 3, du règlement, l'indication du numéro de dossier ou du numéro d'enregistrement de la marque antérieure, la mention que la marque antérieure est enregistrée ou que l'enregistrement est demandé, ainsi que le nom de l'État membre, y compris, s'il y a lieu, le Benelux, dans lequel ou pour lequel la marque antérieure est protégée ou, le cas échéant, l'indication qu'il s'agit d'une marque communautaire ;

ii) si l'opposition est fondée sur l'existence d'une marque notoirement connue au sens de l'article 8, paragraphe 2, point c), du règlement, le nom de l'État membre dans lequel la marque est notoirement connue et soit les indications visées au point i), soit une représentation de la marque ;

iii) si l'opposition est fondée sur l'existence d'un droit antérieur au sens de l'article 8, paragraphe 4, du règlement, une indication de son type ou de sa nature, une représentation du droit antérieur et une mention de l'existence éventuelle de ce droit antérieur dans l'ensemble de la Communauté ou dans un ou plusieurs États membres et, dans l'affirmative, une indication des États membres ;

c) les motifs sur lesquels l'opposition est fondée, à savoir une déclaration selon laquelle les conditions correspondantes prévues à l'article 8, paragraphes 1, 3, 4 et 5, du règlement sont remplies ;

d) la date de dépôt et, le cas échéant, la date d'enregistrement et la date de priorité de la marque antérieure, à moins qu'il ne s'agisse d'une marque non enregistrée notoirement connue ;

e) une représentation de la marque antérieure telle qu'elle est enregistrée ou demandée ; si la marque antérieure est en couleur, la représentation doit elle aussi être en couleur ;

f) les produits et services à l'encontre desquels l'opposition est formée ;

g) si l'opposition est fondée sur l'existence d'une marque antérieure jouissant d'une renommée au sens de l'article 8, paragraphe 5, du règlement, le nom de l'État membre dans lequel la marque jouit d'une renommée ainsi que les produits et services pour lesquels la marque jouit d'une renommée ;

h) en ce qui concerne l'opposant :

i) les nom et adresse de l'opposant, conformément à la règle 1, paragraphe 1, point b) ;

ii) si l'opposant a désigné un représentant, les nom et adresse professionnelle de ce dernier, conformément à la règle 1, paragraphe 1, point e) ;

iii) lorsque l'opposition est formée par un licencié ou par une personne qui est habilitée, en vertu du droit national applicable, à exercer un droit antérieur, une déclaration à cet effet et des indications concernant l'autorisation ou l'habilitation à former opposition.

3. L'acte d'opposition peut contenir :

a) une indication des produits et services à l'encontre desquels l'opposition est formée ; à défaut de cette indication, l'opposition est réputée formée contre tous les produits et services de la demande de marque communautaire visée par l'opposition ;

b) une description précise des motifs sur lesquels l'opposition est fondée, et les preuves à l'appui.

4. Lorsque l'opposition est fondée sur l'existence de plus d'une marque antérieure ou de plus d'un droit antérieur, les paragraphes 2 et 3 s'appliquent à chaque marque ou droit.

V. note en tête du Règl.

Règle 16 *Langues de la procédure d'opposition.* (Règl. (CE) n° 1041/2005 du 29 juin 2005) *1. Le délai visé à l'article 115, paragraphe 6, du règlement dans lequel l'opposant est tenu de produire une traduction de son opposition est d'un mois à compter de l'expiration du délai d'opposition.*

2. Si l'opposant ou le demandeur informe l'Office, avant la date à laquelle la procédure d'opposition est réputée ouverte, conformément à la règle 18, paragraphe 1, que le demandeur et l'opposant ont convenu d'utiliser une autre langue pour la procédure d'opposition en application de l'article 115, paragraphe 7, du règlement, l'opposant doit, lorsque l'acte d'opposition n'a pas été déposé dans la langue ainsi convenue, en produire une traduction dans cette langue dans un délai d'un mois à compter de ladite date. Si la traduction n'est pas produite ou si elle l'est tardivement, la langue de procédure demeure inchangée.

V. note en tête du Règl.

Règle 16 bis *Information du demandeur.* (Règl. (CE) n° 1041/2005 du 29 juin 2005) *L'autre partie est informée de l'opposition par communication de tout acte d'opposition, de tout document produit par l'opposant ainsi que de toute communication adressée à l'une des parties par l'Office avant l'expiration de la période prévue à la règle 18.*

V. note en tête du Règl.

Règle 17 *Examen de la recevabilité.* (Règl. (CE) n° 1041/2005 du 29 juin 2005) *1. Si la taxe d'opposition n'est pas acquittée avant l'expiration du délai d'opposition, l'acte d'opposition est réputé ne pas avoir été déposé. Si la taxe d'opposition est acquittée après l'expiration du délai d'opposition, elle est remboursée à l'opposant.*

2. Si l'acte d'opposition n'a pas été déposé dans le délai d'opposition, s'il n'indique pas clairement la demande à l'encontre de laquelle l'opposition est formée ou la marque antérieure ou le droit antérieur sur la base de laquelle ou duquel l'opposition est formée conformément à la règle 15, paragraphe 2, points a) et b), ou s'il ne contient pas les motifs d'opposition conformément à la règle 15, paragraphe 2, point c), et s'il n'est pas remédié auxdites irrégularités avant l'expiration du délai d'opposition, l'Office rejette l'opposition pour irrecevabilité.

3. Lorsque l'opposant ne produit pas la traduction requise en vertu de la règle 16, paragraphe 1, l'opposition est rejetée pour irrecevabilité. Lorsque l'opposant produit une traduction incomplète, la partie non traduite de l'acte d'opposition n'est pas prise en considération dans l'examen de la recevabilité.

4. Si l'acte d'opposition ne satisfait pas aux autres dispositions de la règle 15, l'Office en informe l'opposant en l'invitant à remédier dans un délai de deux mois aux irrégularités constatées. S'il n'est pas remédié aux irrégularités dans le délai imparti, l'Office rejette l'opposition pour irrecevabilité.

5. Toute décision prise en vertu du paragraphe 1 selon laquelle l'acte d'opposition est réputé ne pas avoir été déposé ou toute décision de rejet d'une opposition pour irrecevabilité au titre des paragraphes 2, 3 et 4 est communiquée au demandeur.

V. note en tête du Règl.

Règle 18 *Ouverture de la procédure d'opposition.* (Règl. (CE) n° 1041/2005 du 29 juin 2005) *1. Lorsque l'opposition est jugée recevable conformément à la règle 17, l'Office informe les parties que la procédure d'opposition est réputée ouverte deux mois après la réception de la communication. Ce délai peut être prorogé jusqu'à un total de 24 mois si les deux parties présentent des requêtes de prorogation avant l'expiration du délai.*

2. Si, au cours du délai visé au paragraphe 1, la demande est retirée ou limitée à des produits et services non visés par l'opposition, si l'Office est informé d'un règlement entre les parties ou si la demande est rejetée dans une procédure parallèle, la procédure d'opposition est close.

3. Si, au cours de la période visée au paragraphe 1, le demandeur limite la demande en supprimant certains des produits et services visés par l'opposition, l'Office invite l'opposant à faire savoir, dans le délai qu'il lui impartit, s'il maintient l'opposition et, dans l'affirmative, à préciser, parmi les produits et services restants, ceux qui sont visés par l'opposition. Si l'opposant retire l'opposition compte tenu de la limitation, la procédure d'opposition est close.

4. Si, avant l'expiration de la période visée au paragraphe 1, la procédure d'opposition est close conformément aux paragraphes 2 ou 3, aucune décision sur les frais n'est prise.

5. Si, avant l'expiration de la période visée au paragraphe 1, la procédure d'opposition est close à la suite d'un retrait ou d'une limitation de la demande ou conformément au paragraphe 3, la taxe d'opposition est remboursée.

V. note en tête du Règl.

Règle 19 *Faits, preuves et observations présentés à l'appui de l'opposition.* (Règl. (CE) n° 1041/2005 du 29 juin 2005) *1. L'Office donne à l'opposant l'opportunité de présenter les faits, preuves et observations à l'appui de son opposition ou de compléter les faits, preuves et observations d'ores et déjà présentés conformément à la règle 15, paragraphe 3, dans un délai fixé par lui et qui doit être de deux mois au moins à partir de la date d'ouverture présumée de la procédure d'opposition conformément à la règle 18, paragraphe 1.*

2. Au cours du délai visé au paragraphe 1, l'opposant produit également la preuve de l'existence, de la validité et de l'étendue de la protection de sa marque antérieure ou de son droit antérieur, ainsi que des éléments de preuve de son habilitation à former opposition. L'opposant produit notamment les preuves suivantes :

a) si l'opposition est fondée sur l'existence d'une marque autre qu'une marque communautaire, la preuve de son dépôt ou enregistrement, en produisant :

i) si la marque n'est pas encore enregistrée, une copie du certificat de dépôt correspondant, ou tout autre document équivalent émanant de l'administration auprès de laquelle la demande de marque a été déposée ;

ii) si la marque est enregistrée, une copie du certificat d'enregistrement correspondant et, le cas échéant, du dernier certificat de renouvellement, attestant que le délai de protection de la marque dépasse le délai visé au paragraphe 1 et de toute extension de celui-ci, ou tout autre document équivalent émanant de l'administration auprès de laquelle la demande de marque a été déposée ;

b) si l'opposition est fondée sur l'existence d'une marque notoirement connue au sens de l'article 8, paragraphe 2, point c), du règlement, la preuve que cette marque est notoirement connue sur le territoire correspondant ;

c) si l'opposition est fondée sur l'existence d'une marque renommée au sens de l'article 8, paragraphe 5, du règlement, outre la preuve visée au point a) du présent paragraphe, la preuve que la marque est renommée, ainsi que la preuve ou des observations dont il résulte que l'usage sans juste motif tire indûment profit du caractère distinctif ou de la renommée de la marque antérieure ou lui porte préjudice ;

d) si l'opposition est fondée sur l'existence d'un droit antérieur au sens de l'article 8, paragraphe 4, du règlement, la preuve de son acquisition, de sa permanence et de l'étendue de la protection de ce droit ;

e) si l'opposition est fondée sur l'article 8, paragraphe 3, du règlement, la preuve de la propriété de l'opposant et de la nature de sa relation avec l'agent ou le représentant.

3. Les informations et les preuves visées aux paragraphes 1 et 2 sont présentées dans la langue de procédure ou accompagnées d'une traduction. La traduction est produite dans le délai fixé pour la production du document original.

4. L'Office ne prend pas en considération les observations écrites ou documents ou parties de ceux-ci qui ne sont pas présentés ou qui ne sont pas traduits dans la langue de procédure, dans le délai imparti par l'Office.

V. note en tête du Règl.

Règle 20 Examen de l'opposition. (Règl. (CE) n° 1041/2005 du 29 juin 2005) *1. Si, avant l'expiration du délai visé à la règle 19, paragraphe 1, l'opposant ne prouve pas l'existence, la validité et l'étendue de la protection de sa marque antérieure ou de son droit antérieur, ainsi que l'habilitation à former opposition, l'opposition est rejetée comme non fondée.*

2. Si l'opposition n'est pas rejetée conformément au paragraphe 1, l'Office communique au demandeur les observations de l'opposant et l'invite à présenter ses observations dans le délai qu'il lui précise.

3. Si le demandeur ne présente aucune observation, l'Office statue sur l'opposition en se fondant sur les preuves dont il dispose.

4. L'Office communique à l'opposant les observations du demandeur et l'invite, s'il l'estime nécessaire, à présenter ses observations en réponse dans le délai qu'il lui précise.

5. La règle 18, paragraphes 2 et 3, s'applique mutatis mutandis après la date d'ouverture présumée de la procédure d'opposition.

6. Le cas échéant, l'Office peut inviter les parties à limiter leurs observations à des questions particulières et les autoriser à soulever d'autres questions dans la suite de la procédure. En aucun cas, l'Office n'est tenu d'informer les parties des faits ou preuves qui pourraient être ou n'ont pas été produits.

7. L'Office peut suspendre la procédure d'opposition :

a) lorsque l'opposition est fondée sur l'existence d'une demande d'enregistrement conformément à l'article 8, paragraphe 2, point b), du règlement, jusqu'à ce qu'une décision définitive ait été rendue dans le cadre de cette procédure ;

b) lorsque l'opposition est fondée sur l'existence d'une demande d'enregistrement d'une indication géographique ou d'une appellation d'origine au titre du règlement (CEE) n° 2081/92 du Conseil [3.], *jusqu'à ce qu'une décision définitive ait été rendue dans le cadre de cette procédure ;*

c) lorsque les circonstances justifient une telle suspension.

V. note en tête du Règl.

Règle 21 Oppositions multiples. *1. L'Office peut joindre les procédures lorsque plusieurs oppositions ont été formées à l'encontre d'une même demande de marque communautaire. Il peut décider, par la suite, de disjoindre à nouveau les procédures.*

2. S'il résulte d'un examen préliminaire d'une ou de plusieurs oppositions qu'il est possible que la marque communautaire demandée ne puisse être enregistrée pour tout ou partie des produits ou services pour lesquels l'enregistrement est demandé, l'Office peut suspendre les autres procédures d'opposition. L'Office informe les autres opposants de toute décision les concernant rendue dans le cadre des procédures qui ont été poursuivies.

3. Lorsqu'une décision de rejet d'une demande est définitive, les procédures d'opposition dont l'examen a été suspendu conformément au paragraphe 2 sont réputées éteintes et les opposants concernés en sont informés. L'extinction des procédures de ce fait constitue un non-lieu à statuer au sens de l'article 81 paragraphe 4 du règlement.

4. L'Office rembourse 50 % de la taxe d'opposition acquittée par chacun des opposants dont l'opposition est réputée éteinte conformément aux paragraphes 1, 2 et 3.

V. note en tête du Règl.

Règle 22 Preuve de l'usage. (Règl. (CE) n° 1041/2005 du 29 juin 2005) *1. Une demande de preuve de l'usage conformément à l'article 43, paragraphes 2 ou 3, du règlement n'est recevable que si le demandeur présente une telle demande pendant le délai précisé par l'Office conformément à la règle 20, paragraphe 2.*

2. Si l'opposant doit apporter la preuve de l'usage de la marque ou de l'existence de justes motifs pour son non-usage, l'Office l'invite à le faire dans un délai qu'il lui impartit. Si l'opposant ne fournit pas cette preuve dans le délai imparti, l'Office rejette l'opposition.

3. Les indications et les preuves à produire afin de prouver l'usage de la marque comprennent des indications sur le lieu, la durée, l'importance et la nature de l'usage qui a été fait de la marque antérieure pour les produits et services pour lesquels elle est enregistrée et sur lesquels l'opposition est fondée, ces indications devant être fournies, preuves à l'appui, conformément au paragraphe 4.

4. Les preuves sont produites conformément aux règles 79 et 79 bis et se limitent, en principe, à la production de pièces justificatives comme, par exemple, des emballages, des étiquettes, des barèmes de prix, des catalogues, des factures, des photographies, des annonces dans les journaux, ainsi qu'aux déclarations écrites visées à l'article 76, paragraphe 1, point f), du règlement.

5. Une demande de preuve de l'usage peut être accompagnée ou non des observations sur les motifs sur lesquels l'opposition est fondée. Ces observations peuvent être déposées en même temps que les observations en réponse à la preuve de l'usage.

6. Si les preuves produites par l'opposant ne sont pas rédigées dans la langue de la procédure d'opposition, l'Office peut inviter l'opposant à produire, dans le délai qu'il lui impartit, une traduction dans cette langue.

V. note en tête du Règl.

TITRE III Procédure d'enregistrement

Règle 23 Abrogée par Règl. (UE) 2015/2424 du 16 déc. 2015, art. 8 bis (Rectif. JOUE L 110 du 26 avr. 2016, p. 4).

Règle 24 *Certificat d'enregistrement. 1. L'Office délivre au titulaire de la marque communautaire un certificat d'enregistrement qui reproduit les mentions et renseignements inscrits au registre et prévus à* (Règl. (UE) 2015/2424 du 16 déc. 2015 Rectif. JOUE L 110 du 26 avr. 2016, art. 2-8 ter *« l'article 87, paragraphe 2, du règlement » ainsi qu'une déclaration attestant que ces mentions et renseignements ont bien été inscrits au registre des marques communautaires.*

2. (Règl. (CE) n° 1041/2005 du 29 juin 2005) *« L'Office délivre des copies du certificat d'enregistrement, certifiées conformes ou non, contre paiement d'une taxe. »*

V. note en tête du Règl.

Règle 25 *Modification de l'enregistrement. 1. Une requête en modification de l'enregistrement présentée en vertu de l'article 48 paragraphe 2 du règlement doit comporter les renseignements suivants :*

a) le numéro d'enregistrement ;

b) les nom et adresse du titulaire de la marque, conformément à la règle 1 paragraphe 1 point b) ;

c) Abrogé par Règl. (CE) n° 1041/2005 du 29 juin 2005 ;

d) l'indication de l'élément de la représentation de la marque qui doit être modifié et cet élément dans sa version modifiée ;

e) une représentation de la marque modifiée, conformément à la règle 3.

2. La requête n'est réputée déposée qu'après paiement de la taxe prescrite. Si celle-ci n'est pas payée ou n'est pas acquittée intégralement, l'Office en informe le demandeur.

3. Si les conditions qui régissent la modification de l'enregistrement ne sont pas remplies, l'Office informe le demandeur des irrégularités constatées. S'il n'est pas remédié auxdites irrégularités dans le délai imparti par l'Office, ce dernier rejette la requête.

4. Si l'enregistrement de la modification est contesté en application de l'article 48 paragraphe 3 du règlement, les dispositions du règlement et des présentes règles relatives à l'opposition sont applicables mutatis mutandis.

5. Lorsque la modification porte sur un même élément de plusieurs enregistrements au nom du même titulaire, il est possible de n'introduire qu'une seule requête. La taxe prescrite est acquittée pour chaque enregistrement à modifier.

V. note en tête du Règl.

Règle 25 bis *Division de l'enregistrement.* (Règl. (CE) n° 1041/2005 du 29 juin 2005) *1. Une déclaration de division de l'enregistrement présentée conformément à l'article 48 bis du règlement comporte :*

a) le numéro d'enregistrement ;

b) les nom et adresse du titulaire de la marque, conformément à la règle 1, paragraphe 1, point b) ;

c) la liste des produits et services visés par l'enregistrement divisionnaire, ou, lorsque la division en plus d'un enregistrement divisionnaire est demandée, la liste des produits et services visés par chaque enregistrement divisionnaire ;

d) la liste des produits et services demeurant dans l'enregistrement original.

2. Si l'Office constate que les conditions prévues au paragraphe 1 ne sont pas remplies ou que la liste des produits et services visés par l'enregistrement divisionnaire recoupe celle des produits et services demeurant dans l'enregistrement original, il invite le demandeur à remédier aux irrégularités constatées dans le délai qu'il impartit.

S'il n'est pas remédié aux irrégularités dans le délai imparti, l'Office rejette la déclaration de division.

3. Lorsque l'Office constate que la déclaration de division est irrecevable conformément à l'article 48 bis du règlement, il rejette la déclaration de division.

4. L'Office ouvre un dossier séparé pour l'enregistrement divisionnaire ; ce dossier se compose d'une copie intégrale du dossier relatif à l'enregistrement original, y compris la déclaration de division et la correspondance qui s'y rapporte. L'Office attribue un nouveau numéro d'enregistrement à l'enregistrement divisionnaire.

V. note en tête du Règl.

Règle 26 *Modification du nom ou de l'adresse du titulaire de la marque communautaire ou de son représentant enregistré. 1. Une modification du nom ou de l'adresse du titulaire de la marque communautaire qui n'est pas une modification de la marque communautaire, conformément à l'article 48 paragraphe 2 du règlement et ne résulte pas d'un transfert total ou partiel de la marque enregistrée est enregistrée à la demande du titulaire.*

2. Une requête en modification du nom ou de l'adresse du titulaire de la marque enregistrée comporte :

a) le numéro d'enregistrement de la marque ;

b) le nom et l'adresse du titulaire tels qu'ils sont enregistrés ;

c) le nom et l'adresse modifiés du titulaire de la marque, tels qu'ils doivent figurer conformément à la règle 1 paragraphe 1 point b) ;

d) Abrogé par Règl. (CE) n° 1041/2005 du 29 juin 2005.

3. La requête ne donne pas lieu au paiement d'une taxe.

4. Une requête unique peut être présentée pour la modification du nom ou de l'adresse dans deux ou plusieurs enregistrements du même titulaire.

5. Si les conditions régissant l'enregistrement d'une modification ne sont pas remplies, l'Office informe le demandeur des irrégularités constatées. S'il n'est pas remédié auxdites irrégularités dans le délai imparti par l'Office, ce dernier rejette la requête.

6. Les paragraphes 1 à 5 s'appliquent mutatis mutandis à la modification du nom ou de l'adresse du représentant enregistré.

7. Les paragraphes 1 à 6 s'appliquent mutatis mutandis aux demandes de marques communautaires. La modification est consignée dans les dossiers de l'Office concernant la demande de marque communautaire.

V. note en tête du Règl.

Règle 27 *Rectification des erreurs et des fautes figurant au registre et dans l'enregistrement publié. 1. Si l'enregistrement de la marque ou l'enregistrement publié comporte une erreur ou une faute imputable à l'Office, ce dernier rectifie, d'office ou sur la requête du titulaire, l'erreur ou la faute constatée.*

2. Si la requête en rectification est introduite par le titulaire, la règle 26 s'applique mutatis mutandis. La requête n'est pas subordonnée au paiement d'une taxe.

3. L'Office publie les rectifications apportées conformément à la présente règle.

V. note en tête du Règl.

Règle 28 *Revendication de l'ancienneté après l'enregistrement de la marque communautaire. 1. Une demande en revendication de l'ancienneté, conformément à l'article 35 du règlement, d'une ou de plusieurs marques antérieures enregistrées, telles que visées à l'article 34 du règlement, doit comporter les renseignements suivants :*

a) le numéro d'enregistrement de la marque communautaire ;

b) les nom et adresse du titulaire de la marque communautaire, conformément à la règle 1 paragraphe 1 point b) ;

c) Abrogé par Règl. (CE) n° 1041/2005 du 29 juin 2005 ;

d) (Règl. (CE) n° 1041/2005 du 29 juin 2005) *« le nom de l'État membre ou des États membres dans lesquels ou pour lesquels la marque antérieure est enregistrée, le numéro et la date de dépôt de l'enregistrement correspondant, ainsi que les produits et services pour lesquels la marque antérieure a été enregistrée ; »*

e) la mention des produits et des services pour lesquels l'ancienneté est revendiquée ;

f) une copie de l'enregistrement correspondant, celle-ci devant être certifiée conforme à l'original par l'autorité compétente.

2. Si les conditions qui régissent la revendication d'ancienneté ne sont pas remplies, l'Office informe le demandeur des irrégularités constatées. S'il n'est pas remédié auxdites irrégularités dans le délai imparti par l'Office, ce dernier rejette la demande.

3. L'Office informe le Bureau Benelux des Marques ou le service central de la propriété industrielle de l'État membre concerné de la revendication d'ancienneté.

4. Le président de l'Office peut décider que les exigences, en ce qui concerne les documents à fournir par le demandeur, peuvent être moindres que celles qui sont énoncées au paragraphe 1 point f), à condition que l'Office puisse obtenir les informations requises auprès d'autres sources.

V. note en tête du Règl.

TITRE IV [ABROGÉ] Renouvellement

(Abrogé par Règl. (UE) 2015/2424 du 16 déc. 2015, art. 2-9, à compter du 23 mars 2016)

Règles 29 et 30 Abrogées par Règl. (UE) 2015/2424 du 16 déc. 2015, art. 2-9, à compter du 23 mars 2016.

TITRE V [ABROGÉ] Transfert, licences et autres droits, modifications

Règle 31 *Transfert. 1. Une demande d'enregistrement d'un transfert au sens de l'article 17 du règlement contient les informations suivantes :*

a) le numéro d'enregistrement de la marque communautaire ;

b) des renseignements détaillés sur le nouveau titulaire, selon les modalités prévues à la règle 1 paragraphe 1 point b) ;

c) la liste des produits et services auxquels le transfert se rapporte, si celui-ci ne concerne pas tous les produits et services enregistrés ;

d) les pièces établissant le transfert, conformément à l'article 17 paragraphes 2 et 3 du règlement.

2. La demande peut comporter, le cas échéant, les nom et adresse professionnelle du représentant du nouveau titulaire, selon les modalités prévues à la règle 1 paragraphe 1 point e).

3. Abrogé par Règl. (CE) n° 1041/2005 du 29 juin 2005.

4. Abrogé par Règl. (CE) n° 1041/2005 du 29 juin 2005.

5. Constituent des preuves suffisantes du transfert conformément au paragraphe 1 point d) les éléments suivants :

a) la signature, par le titulaire enregistré, ou son représentant, et par son ayant cause, ou le représentant de ce dernier, de la demande d'enregistrement du transfert

ou

b) le fait pour la demande, lorsqu'elle est présentée par l'ayant cause, d'être accompagnée d'une déclaration signée par le titulaire enregistré ou son représentant, aux termes de laquelle le titulaire donne son accord en vue de l'enregistrement de son ayant cause

ou

c) la demande accompagnée du formulaire de déclaration de transfert ou du document de transfert visés à la règle 83 paragraphe 1 point d) dûment remplis, et signée par le titulaire enregistré, ou son représentant, et par son ayant cause, ou le représentant de ce dernier.

6. Lorsque les conditions d'enregistrement du transfert prévues à l'article 17 paragraphes 1 à 4 du règlement, ainsi qu'aux paragraphes 1 à 4 de la présente règle, ainsi que par d'autres règles applicables, ne sont pas remplies, l'Office informe le demandeur des irrégularités constatées. S'il n'est pas remédié auxdites irrégularités dans le délai imparti par l'Office, celui-ci rejette la demande d'enregistrement du transfert.

7. Il est possible de ne présenter qu'une seule demande d'enregistrement d'un transfert pour deux ou plusieurs marques, sous réserve que le titulaire enregistré et son ayant cause soient identiques dans tous les cas.

8. Les paragraphes 1 à 7 s'appliquent mutatis mutandis aux demandes de marques communautaires. Le transfert est mentionné dans les dossiers concernant la demande de marque communautaire qui sont tenus par l'Office.

V. note en tête du Règl.

Règle 32 *Transferts partiels. 1. Si la demande d'enregistrement d'un transfert ne porte que sur une partie des produits et services pour lesquels la marque est enregistrée, la demande doit indiquer les produits et services concernés par ce transfert partiel.*

2. Les produits et services figurant dans l'enregistrement initial sont répartis entre l'enregistrement maintenu et le nouvel enregistrement de manière à éviter tout chevauchement entre les produits et services de l'enregistrement maintenu et ceux du nouvel enregistrement.

3. La règle 31 s'applique mutatis mutandis aux demandes d'enregistrement d'un transfert partiel.

4. (Règl. (CE) n° 1041/2005 du 29 juin 2005) *« L'Office ouvre un dossier séparé pour le nouvel enregistrement ; ce dossier se compose d'une copie intégrale du dossier relatif à l'enregistrement original, y compris la demande d'enregistrement du transfert partiel et de la correspondance qui s'y rapporte. L'Office attribue un nouveau numéro d'enregistrement au nouvel enregistrement. »*

5. Toute demande présentée par le titulaire initial et pendante pour l'enregistrement initial est réputée pendante en ce qui concerne l'enregistrement maintenu et le nouvel enregistrement. Si la demande est subordonnée au paiement de taxes et que celles-ci ont déjà été acquittées par le titulaire initial, le nouveau titulaire n'est pas tenu d'acquitter de nouvelles taxes pour cette demande.

V. note en tête du Règl.

Règle 33 *Enregistrement des licences et autres droits. 1.* (Règl. (CE) n° 1041/2005 du 29 juin 2005) *« La règle 31, paragraphes 1, 2, 5 et 7, s'applique mutatis mutandis à l'enregistrement d'une licence, d'un droit réel, d'une mesure d'exécution forcée ou d'une procédure d'insolvabilité, sous réserve des remarques suivantes :*

« a) la règle 31, paragraphe 1, point c), ne s'applique pas à la demande d'enregistrement d'un droit réel, d'une mesure d'exécution forcée ou d'une procédure d'insolvabilité ;

« b) la règle 31, paragraphe 1, point d), et paragraphe 5, ne s'applique pas lorsque la demande est présentée par le titulaire de la marque communautaire. »

2. (Règl. (CE) n° 1041/2005 du 29 juin 2005) *« La demande d'enregistrement d'une licence, d'un transfert de licence, d'un droit réel, d'un transfert de droit réel ou d'une mesure d'exécution forcée n'est réputée déposée qu'après paiement de la taxe exigée. »*

3. Lorsque les conditions d'enregistrement prévues aux (Règl. (CE) n° 1041/2005 du 29 juin 2005) *« articles 19 à 22 » du règlement,* (Règl. (CE) n° 1041/2005 du 29 juin 2005) *« au paragraphe 1 de la présente règle et à la règle 34, paragraphe 2 » ainsi que par les autres règles applicables ne sont pas remplies, l'Office informe le demandeur des irrégularités constatées. S'il n'est pas remédié auxdites irrégularités dans le délai fixé par l'Office, celui-ci rejette la demande d'enregistrement.*

4. (Règl. (CE) n° 1041/2005 du 29 juin 2005) *« Les paragraphes 1 et 3 s'appliquent mutatis mutandis aux demandes de marque communautaire. Les licences, les droits réels, les procédures d'insolvabilité et les mesures d'exécution forcée sont mentionnés dans les dossiers concernant la demande de marque communautaire qui sont tenus par l'Office. »*

V. note en tête du Règl.

Règle 34 *Indications spéciales pour l'enregistrement d'une licence.* (Règl. (CE) n° 1041/2005 du 29 juin 2005) *1. La demande d'enregistrement d'une licence peut comporter une demande d'enregistrement de la licence en tant que :*

a) licence exclusive ;

b) sous-licence lorsque la licence est octroyée par un licencié dont la licence est inscrite au registre ;

c) licence limitée à une partie des produits et services pour lesquels la marque est enregistrée ;

d) licence limitée à une partie de la Communauté ;

e) licence temporaire.

2. Lorsqu'une demande d'enregistrement d'une licence est présentée conformément au paragraphe 1, points c), d) et e), elle indique les produits et services, la partie de la Communauté et la période visés par la licence.

V. note en tête du Règl.

Règle 35 *Radiation ou modification de l'enregistrement des licences et autres droits. 1. L'enregistrement visé à la règle 33 paragraphe 1 peut faire l'objet d'une radiation à la demande de l'une des personnes concernées.*

2. La demande comporte les renseignements suivants :

a) le numéro d'enregistrement de la marque communautaire

et

b) des précisions sur le droit dont l'enregistrement doit être radié.

3. (Règl. (CE) n° 1041/2005 du 29 juin 2005) *« La demande de radiation d'une licence, d'un droit réel ou d'une mesure d'exécution forcée n'est réputée déposée qu'après paiement de la taxe exigée. »*

4. La demande est accompagnée de documents établissant que le droit enregistré est éteint ou d'une déclaration par laquelle le licencié ou le titulaire d'un autre droit consent à la radiation.

5. Si les conditions de radiation de l'enregistrement ne sont pas remplies, l'Office informe le demandeur des irrégularités constatées. S'il n'est pas remédié auxdites irrégularités dans le délai imparti par l'Office, celui-ci rejette la demande de radiation.

6. Les paragraphes 1, 2, 4 et 5 s'appliquent mutatis mutandis à toute demande de modification d'un enregistrement effectué aux termes de la règle 33 paragraphe 1.

7. Les paragraphes 1 à 6 s'appliquent mutatis mutandis aux mentions inscrites dans les dossiers en vertu de la règle 33 paragraphe 4.

V. note en tête du Règl.

TITRE VI [ABROGÉ] Renonciation

Règle 36 *Renonciation. 1. Une déclaration de renonciation, introduite en vertu de l'article 49 du règlement, contient les renseignements suivants :*

a) le numéro d'enregistrement de la marque communautaire ;

b) les nom et adresse du titulaire, conformément à la règle 1 paragraphe 1 point b) ;

c) Abrogé par Règl. (CE) n° 1041/2005 du 29 juin 2005 ;

d) si la renonciation ne porte que sur une partie des produits et services pour lesquels la marque est enregistrée, la liste des produits et services concernés par la renonciation ou la liste des produits et services pour lesquels la marque enregistrée est maintenue.

2. Si le droit d'un tiers sur la marque communautaire est inscrit au registre, la déclaration selon laquelle le titulaire du droit ou son représentant consent à la renonciation, signée par lui-même, est une preuve suffisante de son accord. Si une licence a été enregistrée, la renonciation est enregistrée trois mois après que le titulaire de la marque communautaire a présenté à l'Office des éléments attestant qu'il a informé le licencié de son intention de renoncer. S'il présente à l'Office, avant l'expiration de ce délai, des preuves de l'accord du licencié, la renonciation est immédiatement enregistrée.

3. Si les conditions applicables à la renonciation ne sont pas remplies, l'Office informe le déclarant des irrégularités constatées. S'il n'est pas remédié auxdites irrégularités dans le délai imparti par l'Office, celui-ci refuse l'inscription de la renonciation au registre.

V. note en tête du Règl.

TITRE VII [ABROGÉ] Déchéance et nullité

Règle 37 *Demande en déchéance ou en nullité. Une demande en déchéance ou en nullité de la marque communautaire, introduite auprès de l'Office, en vertu de l'article 55 du règlement, contient les renseignements suivants :*

a) en ce qui concerne l'enregistrement pour lequel la déchéance ou la nullité est demandée :

i) le numéro d'enregistrement de la marque communautaire pour laquelle la déchéance ou la nullité est demandée ;

ii) les nom et adresse du titulaire de la marque communautaire pour laquelle la déchéance ou la nullité est demandée ;

iii) la liste des produits et services enregistrés pour lesquels la déchéance ou la nullité est demandée ;

b) en ce qui concerne les causes invoquées dans la demande :

i) dans le cas d'une demande présentée en vertu de l'article 50 ou 51 du règlement, une déclaration précisant la cause de déchéance ou de nullité invoquée à l'appui de la demande ;

ii) dans le cas d'une demande présentée en vertu de l'article 52 paragraphe 1 du règlement, des précisions sur le droit sur lequel est fondée la demande en nullité, ainsi que, le cas échéant, des éléments démontrant que le demandeur est habilité à invoquer le droit antérieur comme cause de nullité ;

iii) dans le cas d'une demande présentée en application de l'article 52 paragraphe 2 du règlement, des précisions sur le droit sur lequel est fondée la demande en nullité, ainsi que des éléments démontrant que le demandeur est titulaire de l'un des droits antérieurs énoncés à l'article 52 paragraphe 2 du règlement ou qu'il est habilité, en vertu de la législation nationale applicable, à faire valoir ce droit ;

iv) les faits, preuves et observations présentés à l'appui de la demande ;

c) en ce qui concerne le demandeur :

i) ses nom et adresse conformément à la règle 1 paragraphe 1 point b) ;

ii) si le demandeur a désigné un représentant, les nom et adresse professionnelle de ce dernier, selon les modalités prévues à la règle 1 paragraphe 1 point e).

V. note en tête du Règl.

Règle 38 *Langues utilisées dans les procédures en déchéance ou en nullité.* **1.** (Règl. (CE) n° 1041/2005 du 29 juin 2005) *« Le délai visé à l'article 115, paragraphe 6, du règlement dans lequel le demandeur qui introduit une demande en déchéance ou en nullité doit produire une traduction de sa demande est d'un mois à compter de la date de dépôt de cette demande, faute de quoi la demande est rejetée pour irrecevabilité. »*

2. Lorsque les preuves fournies à l'appui de la demande ne sont pas rédigées dans la langue de la procédure en déchéance ou en nullité, le demandeur doit en produire une traduction dans cette langue dans un délai de deux mois à compter du dépôt des preuves.

3. Lorsque le demandeur qui introduit la demande en déchéance ou en nullité ou le titulaire de la marque communautaire informent l'Office, dans un délai de deux mois à compter de la date de réception, par le titulaire de la marque communautaire, de la notification visée à la règle 40 paragraphe 1, qu'ils sont convenus d'utiliser une autre langue de procédure conformément à l'article 115 paragraphe 7 du règlement, le demandeur doit, si sa demande n'a pas été déposée dans la langue ainsi convenue, en fournir une traduction dans cette langue dans un délai d'un mois à compter de la date précitée. (Règl. (CE) n° 1041/2005 du 29 juin 2005) *« Si la traduction n'est pas produite ou si elle l'est tardivement, la langue de procédure demeure inchangée. »*

V. note en tête du Règl.

Règle 39 (Règl. (CE) n° 1041/2005 du 29 juin 2005) *Rejet de la demande en déchéance ou en nullité pour irrecevabilité. 1. Lorsque l'Office constate que les taxes requises n'ont pas été acquittées, il invite le demandeur à s'acquitter des taxes dans le délai qu'il lui impartit. Si les taxes requises ne sont pas acquittées dans le délai imparti par l'Office, celui-ci informe le demandeur que la demande en déchéance ou en nullité est réputée ne pas avoir été déposée. Si les taxes prescrites sont acquittées après l'expiration du délai imparti, elles sont remboursées au demandeur.*

2. Lorsque la traduction requise au titre de la règle 38, paragraphe 1, n'est pas produite dans le délai imparti, l'Office rejette la demande en déchéance ou en nullité pour irrecevabilité.

3. Si l'Office constate que la demande ne satisfait pas à la règle 37, il invite le demandeur à remédier, dans le délai qu'il lui impartit, aux irrégularités constatées. S'il n'est pas remédié auxdites irrégularités dans le délai imparti par l'Office, celui-ci rejette la demande pour irrecevabilité.

4. Toute décision de rejet d'une demande en déchéance ou en nullité en vertu des paragraphes 2 ou 3 est communiquée au demandeur et au titulaire de la marque communautaire.

V. note en tête du Règl.

Règle 40 *Examen de la demande en déchéance ou en nullité.* **1.** (Règl. (CE) n° 1041/2005 du 29 juin 2005) *« Toute demande en déchéance ou en nullité qui est réputée avoir été déposée est notifiée au titulaire de la marque communautaire. Si l'Office juge la demande recevable, il invite le titulaire de la marque communautaire à déposer ses observations dans le délai qu'il lui impartit. »*

2. Si le titulaire ne présente aucune observation, l'Office peut statuer sur la déchéance ou la nullité en fonction des preuves dont il dispose.

3. L'Office communique au demandeur toute observation du titulaire de la marque communautaire et l'invite, s'il le juge nécessaire, à présenter ses observations en réponse dans un délai qu'il détermine.

4. (Règl. (CE) n° 1041/2005 du 29 juin 2005) *« Sauf dispositions contraires de la règle 69, toutes les observations déposées par les parties sont communiquées à l'autre partie concernée. »*

5. (Règl. (CE) n° 1041/2005 du 29 juin 2005) *« Dans le cas d'une demande en déchéance fondée sur l'article 50, paragraphe 1, point a), du règlement, l'Office demande au titulaire de la marque communautaire la preuve de l'usage de la marque au cours d'une période qu'il précise. Si la preuve n'est pas apportée dans le délai imparti, la déchéance de la marque communautaire est prononcée. La règle 22, paragraphes 2, 3 et 4, s'applique mutatis mutandis. »*

« 6. Si le demandeur doit apporter la preuve de l'usage ou de l'existence de justes motifs pour le non-usage au titre de l'article 56, paragraphes 2 ou 3, du règlement, l'Office invite le demandeur à prouver l'usage de la marque au cours d'une période qu'il précise. Si la preuve n'est pas apportée dans le délai imparti, la demande en nullité est rejetée. La règle 22, paragraphes 2, 3 et 4, s'applique mutatis mutandis. »

V. note en tête du Règl.

Règle 41 *Demandes multiples en déchéance ou en nullité. 1. Lorsque plusieurs demandes en déchéance ou en nullité d'une même marque communautaire ont été déposées, l'Office peut joindre les procédures d'examen. Il peut ultérieurement décider de disjoindre les procédures.*

2. La règle 21 paragraphes 2, 3 et 4 est applicable mutatis mutandis.

V. note en tête du Règl.

TITRE VIII [ABROGÉ] Marques communautaires collectives

Règle 42 *Dispositions applicables. Sous réserve des dispositions prévues à la règle 43, les présentes règles sont applicables aux marques communautaires collectives.*

V. note en tête du Règl.

Règle 43 *Règlement d'usage de la marque communautaire collective. 1. Lorsqu'une demande de marque communautaire collective ne comporte pas de règlement d'usage conformément à l'article 65 du règlement, ce règlement doit être communiqué à l'Office dans le délai de deux mois à compter de la date de dépôt de la demande.*

2. Le règlement d'usage de la marque communautaire collective comporte les renseignements suivants :

a) le nom du demandeur et l'adresse de son siège (social) ;

b) la finalité de l'association ou l'objet pour lequel la personne morale de droit public a été créée ;

c) les organismes habilités à représenter l'association ou ladite personne morale ;

d) les conditions d'affiliation ;

e) les personnes autorisées à utiliser la marque ;

f) le cas échéant, les conditions d'usage de la marque, y compris les sanctions ;

g) le cas échéant, l'autorisation visée à l'article 65 paragraphe 2 deuxième phrase du règlement.

V. note en tête du Règl.

TITRE IX [ABROGÉ] Transformation

Règle 44 *Requête en transformation.* (Règl. (CE) n° 1041/2005 du 29 juin 2005) *1. Une requête en transformation d'une demande de marque communautaire ou d'une marque communautaire enregistrée en demande de marque nationale qui est présentée en vertu de l'article 108 du règlement doit comporter les renseignements suivants :*

a) les nom et adresse du demandeur, conformément à la règle 1, paragraphe 1, point b) ;

b) le numéro de dossier attribué à la demande de marque communautaire ou le numéro d'enregistrement de la marque communautaire ;

c) l'indication du motif de la transformation conformément à l'article 108, paragraphe 1, points a) ou b), du règlement ;

d) le nom de l'État membre ou des États membres concernés par la requête en transformation ;

e) si la requête ne porte pas sur tous les produits et services pour lesquels la demande a été présentée ou pour lesquels la marque a été enregistrée, la liste des produits et services visés par la transformation et, si la transformation concerne plus d'un État membre et la liste des produits et services n'est pas la même dans tous les États membres, la liste des produits et services correspondants pour chaque État membre ;

f) si la requête en transformation est formée en application de l'article 108, paragraphe 6, du règlement, la date à laquelle la décision de la juridiction nationale est passée en force de chose jugée et une copie de la décision ; cette copie peut être produite dans la langue dans laquelle la décision a été rendue.

2. La requête en transformation peut être présentée dans le délai visé à l'article 108, paragraphes 4, 5 ou 6, du règlement. Si la requête en transformation est présentée du fait du non-renouvellement de l'enregistrement, le délai de trois mois visé à l'article 108, paragraphe 5, du règlement commence à courir le lendemain du dernier jour du délai visé à l'article 47, paragraphe 3, du règlement pour la présentation de la demande de renouvellement.

V. note en tête du Règl.

Règle 45 *Examen de la requête en transformation.* (Règl. (CE) n° 1041/2005 du 29 juin 2005) *1. Si la requête en transformation ne remplit pas les conditions énoncées à l'article 108, paragraphes 1 ou 2, du règlement, si elle n'a pas été présentée dans le délai de trois mois prévu ou si elle n'est pas conforme à la règle 44 ou à d'autres règles, l'Office en informe le demandeur en indiquant un délai au cours duquel il pourra modifier la requête ou fournir toute information ou indication manquante.*

2. Si la taxe de transformation n'a pas été acquittée dans le délai de trois mois prévu, l'Office informe le requérant que sa requête en transformation est réputée ne pas avoir été présentée.

3. Si les indications manquantes n'ont pas été fournies en temps voulu, l'Office rejette la requête en transformation.

Lorsque l'article 108, paragraphe 2, du règlement s'applique, l'Office rejette la requête en transformation pour irrecevabilité à l'encontre des États membres pour lesquels la transformation est exclue en vertu de cette disposition.

4. Si l'Office ou un tribunal des marques communautaires a rejeté la demande de marque communautaire ou a déclaré la marque communautaire nulle pour des motifs absolus par référence à la langue d'un État membre, la transformation est exclue en vertu de l'article 108, paragraphe 2, du règlement pour tous les États membres dans lesquels cette langue est l'une des langues officielles. Si l'Office ou un tribunal des marques communautaires a rejeté la demande de marque communautaire ou a déclaré la marque communautaire nulle pour des motifs absolus qui s'appliquent dans l'ensemble de la Communauté ou compte tenu d'une marque communautaire antérieure ou d'un autre droit communautaire de propriété industrielle, la transformation est exclue en vertu de l'article 108, paragraphe 2, du règlement pour tous les États membres.

V. note en tête du Règl.

Règle 46 *Publication de la requête en transformation. 1. Si la requête en transformation porte sur une demande de marque communautaire qui a déjà été publiée au Bulletin des marques communautaires conformément à l'article 40 du règlement ou que la requête concerne une marque communautaire, ladite requête est publiée au Bulletin des marques communautaires.*

2. La requête en transformation publiée contient les renseignements suivants :

a) le numéro de dossier ou le numéro d'enregistrement de la marque dont la tranformation est requise ;

b) une référence à la publication antérieure de la demande ou de l'enregistrement au Bulletin des marques communautaires ;

c) l'État membre ou les États membres visés par la requête en transformation ;

d) lorsque la requête ne porte pas sur la totalité des produits et services pour lesquels la demande de marque a été déposée ou pour lesquels la marque est enregistrée, la liste des produits et des services visés par la transformation ;

e) lorsque la requête en transformation concerne plus d'un État membre et que la liste des produits et des services n'est pas la même dans tous les États membres, la liste des produits et services correspondants pour chaque État membre ;

f) la date de la requête en transformation.

V. note en tête du Règl.

Règle 47 *Transmission aux services centraux de la propriété industrielle des États membres.* (Règl. (CE) n° 1041/2005 du 29 juin 2005) *Si la requête en transformation remplit les conditions prévues par le règlement et par les présentes règles, l'Office transmet immédiatement la requête en transformation et les données visées à* (Règl. (UE) 2015/2424 du 16 déc. 2016 rectif. JOUE L 110 du 26 avr. 2016, art. 2-9 bis) *« l'article 87, paragraphe 2, du règlement » aux services centraux de la propriété industrielle des États membres, y compris le Bureau Benelux des marques, pour lesquels la requête a été jugée recevable. L'Office communique au demandeur la date de transmission de sa requête en transformation.*

V. note en tête du Règl.

TITRE X [ABROGÉ] ***Procédure de recours***

Règle 48 *Contenu de l'acte de recours. 1. L'acte de recours doit comporter les renseignements suivants :*

a) les nom et adresse du requérant, conformément à la règle 1 paragraphe 1 point b) ;

b) si le requérant a désigné un représentant, les nom et adresse professionnelle de ce dernier, conformément à la règle 1 paragraphe 1 point e) ;

c) une déclaration indiquant la décision attaquée et précisant dans quelle mesure cette décision doit être réformée ou annulée.

2. L'acte de recours est déposé dans la langue de procédure de la décision attaquée.

V. note en tête du Règl.

Règle 49 *Rejet du recours pour irrecevabilité. 1. Si le recours ne remplit ni les conditions prévues aux articles 57, 58 et 59 du règlement ni celles énoncées à la règle 48 paragraphe 1 point c) et paragraphe 2, la chambre de recours le rejette comme irrecevable, à moins qu'il n'ait été remédié, avant l'expiration du délai correspondant fixé à l'article 59 du règlement, à toutes les irrégularités constatées.*

2. Si la chambre de recours constate que le recours ne satisfait pas à d'autres dispositions du règlement ou à d'autres dispositions des présentes règles, et notamment à celles prévues à la règle 48 paragraphe 1 points a) et b), elle en informe le requérant et l'invite à remédier aux irrégularités constatées dans le délai qu'elle lui impartit. Si le recours n'est pas régularisé dans le délai fixé, la chambre de recours le rejette comme irrecevable.

3. Si la taxe de recours est acquittée après expiration du délai de recours prévu à l'article 59 du règlement, le recours est réputé ne pas avoir été formé et la taxe de recours est remboursée au requérant.

V. note en tête du Règl.

Règle 50 *Examen du recours. 1. Sauf disposition contraire, les dispositions relatives aux procédures devant l'instance qui a rendu la décision attaquée sont applicables mutatis mutandis à la procédure de recours.* (Règl. (CE) n° 1041/2005 du 29 juin 2005) *« En particulier, lorsque le recours est dirigé contre une décision prise au cours d'une procédure d'opposition, l'article 78 bis du règlement ne s'applique pas aux délais fixés en vertu de l'article 61, paragraphe 2, du règlement.*

« Lorsque le recours est dirigé contre une décision d'une division d'opposition, la chambre de recours limite l'examen du recours aux faits et preuves présentés dans les délais fixés ou précisés par la division d'opposition conformément au règlement et aux présentes règles, à moins que la chambre ne considère que des faits et preuves nouveaux ou supplémentaires doivent être pris en compte conformément à l'article 74, paragraphe 2, du règlement. »

2. La décision de la chambre de recours contient les renseignements suivants :

a) une déclaration attestant que la décision a été rendue par la chambre de recours ;

b) la date de la décision ;

c) les noms du président et des autres membres de la chambre de recours ayant participé à la procédure de recours ;

d) le nom de l'agent compétent du greffe ;

e) les noms des parties et de leurs représentants ;

f) une liste des questions sur lesquelles la chambre de recours est appelée à se prononcer ;

g) un résumé des faits ;

h) les motifs de la décision ;

i) le dispositif, y compris, le cas échéant, la décision relative à la répartition des frais.

3. La décision est signée par le président et les autres membres de la chambre de recours et par l'agent du greffe de ladite chambre.

V. note en tête du Règl.

Règle 51 *Remboursement de la taxe de recours.* (Règl. (CE) n° 1041/2005 du 29 juin 2005) *Le remboursement de la taxe de recours ne peut être ordonné que par l'une des instances suivantes :*

a) l'instance dont la décision a été attaquée, lorsqu'elle fait droit à la révision conformément à l'article 60, paragraphe 1, ou à l'article 60 bis du règlement ;

b) la chambre de recours, lorsqu'elle fait droit au recours dans la mesure où l'équité exige le remboursement en raison d'une violation des formes substantielle.

V. note en tête du Règl.

TITRE XI [ABROGÉ] ***Dispositions générales***

SECTION A *[ABROGÉE]* ***Décisions et communications de l'Office***

Règle 52 *Forme des décisions. 1. Les décisions de l'Office sont écrites et sont motivées. Dans le cadre d'une procédure orale devant l'Office, les décisions peuvent être prononcées verbalement. Elles sont ensuite formulées par écrit et notifiées aux parties.*

2. Les décisions de l'Office qui sont susceptibles de recours doivent être accompagnées d'une communication écrite indiquant que l'acte de recours doit être déposé par écrit auprès de l'Office dans un délai de deux mois à compter de la date de notification de la décision susceptible de recours. Cette communication comporte également des indications visant à attirer l'attention des parties sur les dispositions des articles 57, 58 et 59 du règlement. Les parties ne peuvent se prévaloir de l'omission de la communication de la possibilité de recours.

V. note en tête du Règl.

Règle 53 *Rectification d'erreurs dans les décisions.* (Règl. (CE) n° 1041/2005 du 29 juin 2005) *Lorsque l'Office constate, d'office ou sur demande de l'une des parties intéressées, une faute linguistique, une faute de transcription ou une erreur manifeste dans une décision, il veille à ce que cette faute ou erreur soit rectifiée par le service ou la division compétente.*

V. note en tête du Règl.

Règle 53 bis *Révocation d'une décision ou suppression d'une inscription dans le registre.* (Règl. (CE) n° 1041/2005 du 29 juin 2005) *1. Lorsque l'Office constate, d'office ou sur indication de l'une des parties à la procédure, qu'une décision doit être révoquée ou une inscription dans le registre supprimée conformément à l'article 77 bis du règlement, il en informe la partie affectée par la révocation ou suppression prévue.*

2. La partie affectée peut présenter des observations sur la révocation ou suppression prévue dans le délai imparti par l'Office.

3. Lorsque la partie affectée accepte la révocation ou la suppression prévue ou ne présente pas d'observations dans le délai imparti, l'Office ordonne la révocation de la décision ou la suppression de l'inscription dans le registre. Si la partie affectée n'accepte pas la révocation ou suppression, l'Office rend une décision à ce sujet.

4. Les paragraphes 1, 2 et 3 s'appliquent mutatis mutandis si la révocation ou suppression est susceptible d'affecter plus d'une partie. Dans ces cas, les observations présentées par l'une des parties conformément au paragraphe 3 sont toujours communiquées à l'autre ou aux autres parties en les invitant à présenter leurs observations.

5. Lorsque la révocation d'une décision ou la suppression d'une inscription dans le registre affecte une décision ou une inscription publiée, la révocation ou suppression est également publiée.

6. Le service ou l'unité ayant pris la décision est compétent pour la révocation ou suppression en vertu des paragraphes 1 à 4.

V. note en tête du Règl.

Règle 54 *Constatation de la perte d'un droit. 1. Si l'Office constate que la perte d'un droit, quel qu'il soit, découle du règlement ou des présentes règles sans qu'une décision ait été prise, il le notifie à la personne intéressée conformément aux dispositions de l'article 77 du règlement, en attirant son attention sur la teneur du paragraphe 2 de la présente règle.*

2. Si la personne intéressée estime que les conclusions de l'Office ne sont pas fondées, elle peut, dans un délai de deux mois à compter de la notification visée au paragraphe 1, demander une décision de l'Office en la matière. Une telle décision n'est prise que dans le cas où l'Office ne partage pas le point de vue de la personne qui le demande ; dans le cas contraire, l'Office rectifie ses conclusions et en avise le requérant.

V. note en tête du Règl.

Règle 55 *Signature, nom et sceau. 1. Toute décision, communication ou notification de l'Office doit indiquer le nom de l'instance ou de la division de l'Office, ainsi que le nom de l'agent ou des agents responsables. Elle doit être revêtue de la signature desdits agents ou, à défaut de signature, du sceau, imprimé ou apposé, de l'Office.*

2. Le président de l'Office peut cependant autoriser l'utilisation d'autres moyens permettant d'identifier l'instance ou la division de l'Office ainsi que le nom de l'agent ou des agents responsables ou l'utilisation de moyens d'authentification autres que le sceau de l'Office, lorsque les décisions, communications ou notifications sont transmises par télécopieur ou par tout autre moyen de télécommunication.

V. note en tête du Règl.

SECTION B [ABROGÉE] ***Procédure orale et instruction***

Règle 56 *Convocation à la procédure orale. 1. Dans la convocation des parties à la procédure orale prévue à l'article 75 du règlement, l'Office attire leur attention sur le paragraphe 3 de la présente règle. Cette convocation comporte un délai de comparution d'un mois au minimum, à moins que les parties ne conviennent d'un délai plus court.*

2. L'Office attire également l'attention des parties sur les points qui doivent, à son avis, être discutés pour lui permettre de statuer.

3. Si une partie régulièrement convoquée à une procédure orale devant l'Office ne comparaît pas, la procédure peut être poursuivie en son absence.

V. note en tête du Règl.

Règle 57 *Instruction par l'Office. 1. Lorsque l'Office estime nécessaire d'entendre des parties, des témoins ou des experts ou de procéder à une descente sur les lieux, il prend à cet effet une décision qui énonce la mesure d'instruction envisagée, les faits pertinents à prouver, ainsi que les jour, heure et lieu où il sera procédé à ladite mesure d'instruction. Si l'audition de témoins et d'experts a été demandée par une partie, la décision de l'Office fixe le délai dans lequel cette partie doit communiquer à l'Office les noms et adresses des témoins et experts dont elle souhaite l'audition.*

2. Le délai de comparution indiqué dans la convocation de parties, de témoins ou d'experts doit être d'un mois au minimum, à moins que les intéressés ne conviennent d'un délai plus court. La convocation doit contenir :

a) un extrait de la décision visée au paragraphe 1, précisant notamment les jour, heure et lieu où il sera procédé à la mesure d'instruction ordonnée ainsi que les faits sur lesquels les parties, témoins et experts seront entendus ;

b) les noms des parties à la procédure et l'indication des droits dont les témoins et experts peuvent se prévaloir en vertu des dispositions de la règle 59 paragraphes 2 à 5.

V. note en tête du Règl.

Règle 58 *Commission d'experts. 1. L'Office décide de la forme sous laquelle sont déposés les rapports des experts qu'il désigne.*

2. Le mandat de l'expert doit contenir les renseignements suivants :

a) une description précise de sa mission ;

b) le délai qui lui est imparti pour le dépôt du rapport d'expertise ;

c) les noms des parties à la procédure ;

d) l'indication des droits dont il peut se prévaloir en vertu des dispositions de la règle 59 paragraphes 2, 3 et 4.

3. Un exemplaire du rapport écrit est remis aux parties.

4. Les parties peuvent récuser un expert au motif de son incompétence ou pour l'un des motifs de récusation d'un examinateur ou d'un membre d'une division ou d'une chambre de recours visés à l'article 132 paragraphes 1 et 3 du règlement. L'instance de l'Office concernée statue sur la récusation.

V. note en tête du Règl.

Règle 59 *Frais de l'instruction. 1. L'Office peut subordonner l'exécution de l'instruction au dépôt auprès de l'Office, par la partie qui a demandé l'instruction, d'une provision dont il fixe le montant sur la base d'une estimation des frais.*

2. Les témoins et les experts, qui ont été convoqués par l'Office et comparaissent devant lui, ont droit à un remboursement de leurs frais de déplacement et de séjour, pour autant que ces derniers sont raisonnables. Une avance peut leur être accordée sur ces frais par l'Office. La première phrase du présent paragraphe est également applicable aux témoins et aux experts qui comparaissent devant l'Office sans avoir été convoqués par ce dernier et qui sont entendus en qualité de témoins ou d'experts.

3. Les témoins qui ont droit à un remboursement en application du paragraphe 2 ont, en outre, droit à une indemnité appropriée pour compenser leur manque à gagner et les experts ont droit à des honoraires pour la rémunération de leurs travaux. Les indemnités sont payées aux témoins après l'accomplissement de leurs obligations et les honoraires sont payés aux experts après l'accomplissement de leur mission, lorsque ces témoins et ces experts ont été convoqués par l'Office de sa propre initiative.

4. (Règl. (CE) n° 1041/2005 du 29 juin 2005) *« Les montants et les avances sur frais payables en vertu des paragraphes 1, 2 et 3 sont fixés par le président de l'Office et publiés au Journal officiel de l'Office. Les montants sont calculés sur la même base que celle prévue par le statut des fonctionnaires des Communautés européennes et son annexe VII. »*

5. Les sommes dues ou payées en vertu des paragraphes 1 à 4 sont en dernier ressort imputables :

a) à l'Office, lorsque celui-ci a, de sa propre initiative, jugé utile d'entendre les témoins ou les experts

ou

b) à la partie qui a demandé l'audition des témoins ou des experts, sous réserve de la décision relative à la répartition et à la fixation des frais prise en application des articles 81 et 82 du règlement et de la règle 94 du présent règlement d'exécution. Cette partie est tenue de rembourser à l'Office toute avance dûment payée sur les frais.

V. note en tête du Règl.

Règle 60 *Procès-verbaux de la procédure orale.* (Règl. (CE) n° 1041/2005 du 29 juin 2005) *1. La procédure orale et l'instruction donnent lieu à l'établissement de procès-verbaux contenant :*

a) la date de la procédure ;

b) le nom des fonctionnaires compétents de l'Office, des parties, de leurs représentants, ainsi que des témoins et experts présents ;

c) les demandes et requêtes présentées par les parties ;

d) les mesures d'instruction ;

e) le cas échéant, les ordonnances ou la décision prises par l'Office.

2. Les procès-verbaux font partie intégrante du dossier de la demande ou de l'enregistrement correspondants de la marque communautaire. Une copie du procès-verbal est remise aux parties.

3. Lorsque des témoins, des experts ou des parties sont entendus conformément à l'article 76, paragraphe 1, points a) ou d), du règlement ou à la règle 59, paragraphe 2, leurs dépositions sont enregistrées.

V. note en tête du Règl.

SECTION C [ABROGÉE] Notifications

Règle 61 *Dispositions générales en matière de notification. 1.* (Règl. (CE) n° 1041/2005 du 29 juin 2005) *« Dans les procédures devant l'Office, les notifications auxquelles procède l'Office s'effectuent sous la forme soit du document original, soit d'une copie du document original non certifiée conforme, soit d'une sortie imprimée d'un document établi par ordinateur conformément à la règle 55, soit, en ce qui concerne les documents produits par les parties elles-mêmes, des duplicatas ou des copies non certifiées conformes. »*

2. La notification est faite :

a) par voie postale, conformément à la règle 62 ;

b) par voie de signification, conformément à la règle 63 ;

c) par dépôt dans une boîte postale à l'Office, conformément à la règle 64 ;

d) par télécopieur ou tout autre moyen technique de communication, conformément à la règle 65 ;

e) par voie de publication, conformément à la règle 66.

(Règl. (CE) n° 1041/2005 du 29 juin 2005) *« 3. Lorsque le destinataire a indiqué son numéro de télécopieur ou ses coordonnées pour la communication par d'autres moyens techniques, l'Office a le choix entre l'un de ces moyens de notification et la notification par la poste. »*

V. note en tête du Règl.

Contrairement à la notification par voie postale, c'est le jour de réception d'une décision qui fait courir le délai de recours devant le TPICE lorsque la décision des chambres de recours est notifiée par courrier exprès. • CJCE 2 oct. 2008 : *Propr. ind. 2008, n° 87, note Folliard-Monguiral.*

Règle 62 *Notification par voie postale. 1.* (Règl. (CE) n° 1041/2005 du 29 juin 2005) *« Les décisions qui font courir un délai de recours, les convocations et tous autres documents dont la liste est arrêtée par le président de l'Office sont notifiés par lettre recommandée avec accusé de réception. Les autres communications sont faites sous pli ordinaire. »*

2. Les notifications dont les destinataires n'ont ni domicile ni siège ni établissement (Règl. (UE) 2015/2424 du 16 déc. 2015, art. 2-10, en vigueur le 23 mars 2016) *« dans l'Espace économique européen » et qui n'ont pas désigné un représentant conformément à l'article 88 paragraphe 2 du règlement sont faites par l'envoi par la poste des documents à notifier, sous pli ordinaire, à la dernière adresse du destinataire connue de l'Office.*

3. Lorsque la notification est faite par lettre recommandée avec ou sans accusé de réception, celle-ci est réputée avoir été remise à son destinataire le dixième jour après l'envoi par la poste, à moins que la lettre ne lui soit pas parvenue ou ne lui soit parvenue qu'à une date ultérieure. En cas de contestation, il incombe à l'Office de faire la preuve que la lettre est parvenue à destination ou, selon le cas, d'établir la date de sa remise au destinataire.

4. La notification par lettre recommandée avec ou sans accusé de réception est réputée faite, même si le destinataire refuse la lettre.

5. (Règl. (CE) n° 1041/2005 du 29 juin 2005) *« La notification sous pli ordinaire est réputée faite le dixième jour suivant l'expédition par la poste. »*

V. note en tête du Règl.

Règle 63 *Notification par voie de signification. La notification peut être effectuée dans les locaux de l'Office par signification du document à son destinataire, qui en accuse réception.*

V. note en tête du Règl.

Règle 64 *Notification par dépôt dans une boîte postale à l'Office. Lorsque le destinataire dispose d'une boîte postale à l'Office, la notification peut également se faire par le dépôt dans cette boîte du document à notifier. Une note écrite concernant le dépôt est ajoutée au dossier. La date du dépôt est à noter sur le document à notifier. La notification est réputée faite le cinquième jour suivant le dépôt dans la boîte postale.*

V. note en tête du Règl.

Règle 65 *Notification par télécopieur ou par tout autre moyen technique de communication. 1. La notification par télécopieur s'effectue par la transmission, soit de l'original, soit d'une copie, en vertu de la règle 61 paragraphe 1, du document à notifier.* (Règl. (CE) n° 1041/2005 du 29 juin 2005) *« La notification est réputée faite à la date à laquelle la communication a été reçue par le télécopieur du destinataire ».*

2. Les modalités de la notification par d'autres moyens techniques de communication sont arrêtées par le président de l'Office.

V. note en tête du Règl.

Règle 66 *Notification par voie de publication. 1.* (Règl. (CE) n° 1041/2005 du 29 juin 2005) *« S'il n'est pas possible de connaître l'adresse du destinataire ou si la notification prévue à la règle 62 n'a pu être effectuée, après au moins une tentative, la notification est faite par voie de publication. »*

2. Le président de l'Office détermine les modalités de la publication ainsi que le point de départ du délai d'un mois à l'expiration duquel le document est réputé notifié.

V. note en tête du Règl.

Règle 67 *Notification au représentant. 1. Si un représentant a été désigné ou lorsque le demandeur cité en premier lieu dans une demande commune est réputé être le représentant commun, conformément à la règle 75 paragraphe 1, les notifications sont faites au représentant désigné ou au représentant commun.*

2. Si plusieurs représentants ont été désignés pour représenter une même partie, il suffit que la notification soit faite à l'un d'entre eux, à moins qu'ils aient élu domicile à une adresse déterminée, conformément à la règle 1 paragraphe 1 point e).

3. Si plusieurs parties ont désigné un représentant commun, il suffit que la notification du document soit faite audit représentant en un seul exemplaire.

V. note en tête du Règl.

Règle 68 *Vices de la notification. Lorsqu'un document est parvenu au destinataire, si l'Office n'est pas en mesure de prouver qu'il a été dûment notifié, ou si les dispositions applicables à sa notification n'ont pas été respectées, le document est réputé notifié à la date établie par l'Office comme date de réception.*

V. note en tête du Règl.

Règle 69 *Notification de documents lorsque plusieurs personnes sont parties à une procédure. Les documents produits par les parties, qui comportent des propositions sur le fond ou une déclaration de retrait d'une telle proposition, sont notifiés d'office aux autres parties. La notification est facultative lorsque le document considéré ne contient aucun élément nouveau et que l'état d'avancement du dossier permet de statuer.*

V. note en tête du Règl.

SECTION D [ABROGÉE] ***Délais***

Règle 70 ***Calcul des délais. 1. Tout délai est exprimé en années, en mois, en semaines ou en jours.***

2. Le délai commence à courir le jour suivant la date de l'événement qui fait courir le délai, qu'il s'agisse d'un acte de procédure ou de l'expiration d'un délai antérieur. Sauf disposition contraire, lorsque l'acte de procédure est une notification, la réception du document notifié constitue l'événement qui fait courir le délai.

3. Lorsqu'un délai est exprimé en une ou plusieurs années, il expire, dans l'année à prendre en considération, le mois du même nom et le jour ayant le même quantième que le mois et le jour où l'événement en question a eu lieu. A défaut de quantième identique, le délai considéré expire le dernier jour de ce mois.

4. Lorsqu'un délai est exprimé en un ou plusieurs mois, il expire, dans le mois à prendre en considération, le jour ayant le même quantième que le jour où l'événement en question a eu lieu. Lorsque le jour de l'événement était le dernier jour d'un mois ou que le mois à prendre en considération ne compte pas de jour ayant un quantième identique, le délai considéré expire le dernier jour de ce mois.

5. Lorsqu'un délai est exprimé en une ou plusieurs semaines, il expire, dans la semaine à prendre en considération, le jour du même nom que celui où ledit événement a eu lieu.

V. note en tête du Règl.

Règle 71 ***Durée des délais. 1. Lorsque le règlement ou le présent règlement d'exécution prévoit un délai à fixer par l'Office, ce délai ne peut, dans le cas où la partie concernée a son domicile, son siège ou un établissement*** (Règl. (UE) 2015/2424 du 16 déc. 2015, art. 2-11, en vigueur le 23 mars 2016) ***« dans l'Espace économique européen », être inférieur à un mois ou, si ces conditions ne sont pas réunies, être inférieur à deux mois ni supérieur à six mois. Lorsque les circonstances le justifient, le délai peut être prorogé par l'Office sur requête présentée, avant l'expiration dudit délai, par la partie concernée.***

2. Lorsqu'il y a deux ou plusieurs parties à la procédure, l'Office peut subordonner la prorogation du délai à l'accord des autres parties.

V. note en tête du Règl.

Règle 72 ***Expiration du délai dans des cas particuliers. 1. Si un délai expire, soit un jour où on ne peut déposer de documents auprès de l'Office, soit un jour où le courrier ordinaire n'est pas distribué dans la localité du siège de l'Office, pour des raisons autres que celles indiquées au paragraphe 2, le délai est prorogé jusqu'au premier jour où les documents peuvent être déposés et où le courrier ordinaire est distribué. Les jours visés à la première phrase sont fixés par le président de l'Office avant le début de chaque année civile.***

2. (Règl. (CE) n° 1041/2005 du 29 juin 2005) ***« Si un délai expire soit un jour où se produit une interruption générale de la distribution du courrier dans l'État membre où l'Office a son siège, soit, si et dans la mesure où le président de l'Office a autorisé les communications par les moyens électroniques conformément à la règle 82, en cas d'interruption effective de la connexion de l'Office à ces moyens de communication électroniques, le délai est prorogé jusqu'au premier jour suivant la fin de cette interruption au cours duquel l'Office est ouvert pour la réception des documents et le courrier ordinaire est distribué. La durée de la période d'interruption est déterminée par le président de l'Office. »***

3. Les paragraphes 1 et 2 s'appliquent mutatis mutandis aux délais prévus par le règlement ou par les présentes règles lorsqu'il s'agit d'actes à accomplir auprès de l'autorité compétente au sens de l'article 25 paragraphe 1 point b) du règlement.

4. (Règl. (CE) n° 1041/2005 du 29 juin 2005) ***« Si des circonstances exceptionnelles telles que catastrophe naturelle ou grève interrompent ou perturbent les communications entre les parties à la procédure et l'Office, le président de l'Office peut déterminer que pour les parties à la procédure qui ont leur domicile ou leur siège dans cet État membre ou qui ont désigné des représentants ayant leur siège dans cet État membre, tous les délais qui, à défaut, expireraient le jour de la survenance de ces circonstances, ou par la suite, tels qu'il les détermine, sont prorogés jusqu'à la date qu'il détermine. Si les circonstances affectent le siège de l'Office, cette décision du président précise qu'elle s'applique à toutes les parties à la procédure. »***

V. note en tête du Règl.

SECTION E [ABROGÉE] Interruption de la procédure

Règle 73 Interruption de la procédure. *1. La procédure devant l'Office est interrompue :*

a) en cas de décès ou d'incapacité, soit du demandeur ou du titulaire de la marque communautaire, soit de la personne qui est habilitée, en vertu du droit national, à représenter l'un ou l'autre. Pour autant que ces événements n'affectent pas le pouvoir du représentant désigné en application de l'article 89 du règlement, la procédure n'est interrompue qu'à la demande du représentant ;

b) au cas où, en raison d'une action engagée contre ses biens, le demandeur ou le titulaire de la marque communautaire est empêché, pour des raisons juridiques, de poursuivre la procédure devant l'Office ;

c) en cas de décès ou d'incapacité du représentant du demandeur ou du représentant du titulaire de la marque communautaire, ou encore si le représentant est empêché, pour des motifs juridiques, en raison d'une action engagée contre ses biens, de poursuivre la procédure devant l'Office.

2. Si l'Office a connaissance de l'identité de la personne habilitée à poursuivre devant lui la procédure dans les cas visés au paragraphe 1 points a) et b), il informe cette personne et tout tiers intéressé de ce que la procédure sera reprise à compter de la date qu'il détermine.

3. Dans le cas visé au paragraphe 1 point c), la procédure est reprise lorsque l'Office est avisé de la désignation d'un nouveau représentant du demandeur ou lorsqu'il a notifié aux autres parties la désignation d'un nouveau représentant du titulaire de la marque communautaire. Si, dans un délai de trois mois à compter du début de l'interruption de la procédure, l'Office n'a pas reçu l'information relative à la désignation d'un nouveau représentant, il communique au demandeur ou au titulaire de la marque communautaire que :

a) lorsque l'article 88 paragraphe 2 du règlement est applicable, la demande de marque communautaire est réputée retirée si l'information n'est pas transmise dans les deux mois qui suivent cette communication,

ou que,

b) lorsque l'article 88 paragraphe 2 du règlement n'est pas applicable, la procédure reprend avec le demandeur ou le titulaire de la marque communautaire à compter de la date de cette communication.

4. Les délais en cours à l'égard du demandeur ou du titulaire de la marque communautaire à la date d'interruption de la procédure, à l'exception du délai de paiement des taxes de renouvellement, recommencent à courir à compter du jour de la reprise de la procédure.

V. note en tête du Règl.

SECTION F [ABROGÉE] Renonciation au recouvrement forcé

Règle 74 Renonciation au recouvrement forcé. *Le président de l'Office peut renoncer à procéder au recouvrement forcé de toute somme due si celle-ci est minime ou si le recouvrement est trop aléatoire.*

V. note en tête du Règl.

SECTION G [ABROGÉE] Représentation

Règle 75 Désignation d'un représentant commun. *1. Si une demande de marque communautaire est déposée par plusieurs personnes et qu'elle ne désigne aucun représentant commun, le demandeur cité en premier lieu dans la demande est réputé être le représentant commun. Toutefois, si l'un des demandeurs est soumis à l'obligation de désigner un mandataire agréé, ce mandataire est réputé être le représentant commun, à moins que le demandeur cité en premier lieu n'ait lui-même désigné un mandataire agréé. Ces dispositions sont applicables mutatis mutandis à des tiers agissant conjointement pour former une opposition ou pour présenter une demande en déchéance ou en nullité, ainsi qu'aux cotitulaires d'une marque communautaire.*

2. Si, au cours de la procédure, un transfert intervient au profit de plusieurs personnes et que ces personnes n'aient pas désigné de représentant commun, le paragraphe 1 est applicable. Si ledit paragraphe ne peut être appliqué, l'Office invite ces personnes à désigner un représentant commun dans un délai de deux mois. S'il n'est pas déféré à cette invitation, l'Office désigne lui-même le représentant commun.

V. note en tête du Règl.

Règle 76 Pouvoir. 1. (Règl. (CE) n° 1041/2005 du 29 juin 2005) *« Les avocats et les mandataires agréés inscrits sur la liste tenue par l'Office conformément à l'article 89, paragraphe 2, du règlement déposent auprès de l'Office un pouvoir signé qui doit être versé au dossier seulement si l'Office le requiert expressément ou, lorsqu'il y a plusieurs parties à la procédure dans laquelle le représentant agit devant l'Office, si l'autre partie le demande expressément.*

2. Abrogé par Règl. (UE) 2015/2424 du 16 déc. 2015, art. 2-12, à compter du 23 mars 2016.

« 3. Le pouvoir peut être déposé dans une des langues officielles de la Communauté. Il peut porter sur une ou plusieurs demandes ou marques enregistrées ou peut se présenter sous la forme d'un pouvoir général autorisant le représentant à effectuer tous les actes de procédure devant l'Office dans lesquels la personne ayant donné pouvoir est partie.

« 4. Lorsqu'un pouvoir signé doit être déposé conformément aux paragraphes 1 ou 2, l'Office détermine un délai dans lequel ce pouvoir doit être déposé. Si le pouvoir n'est pas déposé dans ce délai, la procédure est poursuivie avec la personne représentée. Les actes accomplis par le représentant, à l'exception du dépôt de la demande, sont réputés non avenus si la personne représentée ne les confirme pas dans un délai fixé par l'Office. La présente disposition n'affecte pas l'application de l'article 88, paragraphe 2, du règlement. »

5. Les dispositions des paragraphes 1, 2 et 3 sont applicables mutatis mutandis à la révocation du pouvoir.

6. Tout représentant dont la mission de représentation a pris fin conserve sa qualité de représentant aussi longtemps que la fin de sa mission de représentation n'a pas été notifiée à l'Office.

7. Sauf disposition contraire prévue par le pouvoir, la mission de représentation ne prend pas fin, à l'égard de l'Office, au décès de la personne représentée.

8. (Règl. (CE) n° 1041/2005 du 29 juin 2005) *« Lorsque la désignation d'un représentant est communiquée à l'Office, les nom et adresse professionnelle du représentant sont indiqués conformément à la règle 1, paragraphe 1, point e). Lorsqu'un représentant d'ores et déjà désigné agit devant l'Office, il indique le nom et, de préférence, le numéro d'identification qui lui ont été attribués par l'Office. Si une partie désigne plusieurs représentants, ceux-ci peuvent, nonobstant toute disposition contraire du pouvoir, agir soit en commun, soit séparément.*

« 9. La désignation d'un groupement de représentants est réputée conférer pouvoir d'agir à tout représentant qui exerce son activité au sein dudit groupement. »

V. note en tête du Règl.

Règle 77 Représentation. *Toute notification ou autre communication adressée par l'Office à un représentant dûment agréé a le même effet que si elle était adressée à la personne représentée. Toute communication adressée à l'Office par un représentant dûment agréé a le même effet que si elle émanait de la personne représentée.*

V. note en tête du Règl.

Règle 78 *Modification de la liste des mandataires agréés. 1. Tout mandataire agréé est radié, à sa requête, de la liste des mandataires agréés prévue à l'article 89 du règlement.*

2. Tout mandataire agréé est radié d'office :

a) en cas de décès ou d'incapacité légale ;

b) s'il ne possède plus la nationalité d'un (Règl. (UE) 2015/2424 du 16 déc. 2015, art. 2-13, en vigueur le 23 mars 2016) *« État membre de l'Espace économique européen », à moins que le président de l'Office n'ait accordé une dérogation en vertu de l'article 89 paragraphe 4 point b) du règlement ;*

c) s'il n'a plus son domicile professionnel ou le lieu de son emploi (Règl. (UE) 2015/2424 du 16 déc. 2015, art. 2-13, en vigueur le 23 mars 2016) *« dans l'Espace économique européen » ;*

d) s'il n'est plus habilité au sens de l'article 89 paragraphe 2 point c) première phrase du règlement.

3. L'Office suspend de son propre chef l'inscription de tout mandataire agréé dont l'habilitation à représenter des personnes physiques ou morales devant le service central de la propriété industrielle de l'(Règl. (UE) 2015/2424 du 16 déc. 2015, art. 2-13, en vigueur le 23 mars 2016) *« État membre de l'Espace économique européen » concerné, visée à l'article 89 paragraphe 2 point c) première phrase, a été suspendue.*

4. Sur sa requête, effectuée conformément à l'article 89 paragraphe 3 du règlement, toute personne radiée fait l'objet d'une réinscription sur la liste des mandataires agréés, une fois disparus les motifs qui ont conduit à sa radiation.

5. Le Bureau Benelux des Marques et les services centraux de la propriété industrielle des (Règl. (UE) 2015/2424 du 16 déc. 2015, art. 2-13, en vigueur le 23 mars 2016) *« États membres de l'Espace économique européen » concernés informent immédiatement l'Office de tout fait visé aux paragraphes 2 et 3 dont ils ont connaissance.*

6. Toute modification de la liste des mandataires agréés est publiée au Journal officiel de l'Office.

V. note en tête du Règl.

SECTION H [ABROGÉE] ***Communications écrites et formulaires***

Règle 79 *Transmission des communications par écrit ou par d'autres moyens.* ***Les demandes d'enregistrement d'une marque communautaire ainsi que les autres demandes prévues par le règlement et toutes les autres communications adressées à l'Office sont transmises à ce dernier de la manière suivante :***

a) (Règl. (CE) n° 1041/2005 du 29 juin 2005) ***« par la transmission à l'Office d'un original signé du document correspondant par voie postale, par voie de signification ou par tout autre moyen ;***

« b) par la transmission d'un document par télécopieur, conformément à la règle 80 ; »

c) Abrogé par Règl. (CE) n° 1041/2005 du 29 juin 2005 ;

d) par la transmission du contenu de la communication par des moyens électroniques, conformément à la règle 82.

V. note en tête du Règl.

Règle 79 bis (Règl. (CE) n° 1041/2005 du 29 juin 2005) *Annexes des communications par écrit.* ***Lorsqu'un document ou un élément de preuve est transmis conformément à la règle 79, point a), par une partie à une procédure devant l'Office impliquant plus d'une partie à la procédure, le document ou l'élément de preuve, ainsi que toute annexe de celui-ci, sont transmis en autant d'exemplaires que de parties à la procédure.***

V. note en tête du Règl.

Règle 80 *Transmission par télécopieur.* 1. (Règl. (CE) n° 1041/2005 du 29 juin 2005) ***« Lorsqu'une demande d'enregistrement d'une marque communautaire est transmise à l'Office par télécopieur et qu'elle contient une reproduction de la marque conformément à la règle 3, paragraphe 2, qui ne satisfait pas aux exigences de ladite règle, la reproduction requise propre à être publiée est transmise à l'Office conformément à la règle 79, point a). Si la reproduction parvient à l'Office dans un délai d'un mois à compter de la réception de la télécopie, la reproduction est réputée parvenue à l'Office à la date de réception de la télécopie. »***

2. Lorsqu'une communication reçue par télécopieur est incomplète ou illisible, ou que l'Office a des doutes sérieux quant à l'intégrité des données transmises, il en informe l'expéditeur et l'invite, dans le délai qu'il lui impartit, à transmettre à nouveau l'original par télécopie ou à lui fournir l'original conformément à la règle 79 point a). Si l'expéditeur se conforme à cette invitation en temps voulu, la date de réception de la nouvelle transmission ou de l'original est réputée être la date de réception de la communication originale, étant entendu que lorsque le défaut concerne l'attribution d'une date de dépôt pour une demande d'enregistrement d'une marque communautaire, les dispositions régissant la date de dépôt sont applicables. Si l'expéditeur ne se conforme pas à cette invitation en temps voulu, la communication est réputée n'être jamais parvenue.

3. Toute communication transmise à l'Office par télécopieur est réputée être valablement signée si la signature apparaît sur le document imprimé par le télécopieur. (Règl. (CE) n° 1041/2005 du 29 juin 2005) ***« Lorsqu'une communication est transmise par télécopieur, l'indication du nom de l'expéditeur vaut signature. »***

V. note en tête du Règl.

Règle 81 Abrogée par Règl. (CE) n° 1041/2005 du 29 juin 2005.

Règle 82 *Transmission par des moyens électroniques.* 1. (Règl. (CE) n° 1041/2005 du 29 juin 2005) ***« Le président de l'Office arrête les conditions de la transmission par des moyens électroniques à l'Office. »***

2. Lorsqu'une communication est transmise par des moyens électroniques, la règle 80 paragraphe 2 est applicable mutatis mutandis.

3. Lorsqu'une communication est transmise à l'Office par des moyens électroniques, l'indication du nom de l'expéditeur vaut signature.

V. note en tête du Règl.

Règle 83 *Formulaires.* (Règl. (CE) n° 1041/2005 du 29 juin 2005) **1. L'Office fournit gratuitement au public des formulaires pour :**

a) le dépôt d'une demande de marque communautaire comprenant, le cas échéant, une demande de rapport de recherche ;

b) l'opposition ;

c) la requête en déchéance ou en nullité ;

d) la demande d'enregistrement d'un transfert, ainsi que le formulaire de déclaration de transfert et le document de transfert visés à la règle 31, paragraphe 5 ;

e) la requête en enregistrement d'une licence ;

f) la demande de renouvellement d'une marque communautaire ;

g) le recours ;

h) la désignation d'un représentant, sous forme d'un pouvoir individuel ou d'un pouvoir général ;

i) la transmission à l'Office d'une demande internationale ou d'une désignation subséquente au titre du protocole de Madrid.

2. Les parties à la procédure devant l'Office peuvent également utiliser :

a) les formulaires prévus par le traité sur le droit des marques ou à la suite des recommandations de l'Assemblée de l'Union de Paris pour la protection de la propriété industrielle ;

b) à l'exception du formulaire visé au paragraphe 1, point i), des formulaires présentant le même contenu et le même format.

3. L'Office fournit gratuitement, dans toutes les langues officielles de la Communauté, les formulaires visés au paragraphe 1.

V. note en tête du Règl.

SECTION I [ABROGÉE] Information du public

Règle 84 Abrogée par Règl. (UE) 2015/2424 du 16 déc. 2015, art. 2-14, à compter du 23 mars 2016.

SECTION J [ABROGÉE] Bulletin des marques communautaires et Journal officiel de l'Office

Règle 85 *Bulletin des marques communautaires.* 1. (Règl. (CE) n° 1041/2005 du 29 juin 2005) *« Le Bulletin des marques communautaires est publié selon les modalités et la fréquence arrêtées par le président de l'Office. »*

2. Dans le Bulletin des marques communautaires sont publiées les demandes et les inscriptions portées au registre, ainsi que toutes les autres indications ou tous les autres renseignements détaillés relatifs aux demandes ou aux enregistrements de marques dont la publication est prévue par le règlement ou par les présentes règles.

3. Lorsque des indications ou des renseignements détaillés, dont la publication est prévue par le règlement ou par les présentes règles, sont publiés au Bulletin des marques communautaires, la date de publication figurant sur le Bulletin vaut date de publication desdites indications ou desdits renseignements.

4. Dans la mesure où les inscriptions relatives à l'enregistrement d'une marque ne comportent aucune modification par rapport à la demande publiée, la publication desdites inscriptions s'effectue en faisant simplement référence aux inscriptions figurant dans la demande publiée.

5. Les éléments de la demande de marque communautaire énoncés à l'article 26 paragraphe 1 du règlement ainsi que toute autre information dont la publication est prescrite par la règle 12 sont publiés, s'il y a lieu, dans toutes les langues officielles de la Communauté.

6. L'Office prend en considération toute traduction fournie par le demandeur. Si la langue utilisée dans la demande n'est pas une des langues de l'Office, sa traduction dans la deuxième langue indiquée par le demandeur est transmise à ce dernier, qui peut alors proposer des modifications de la traduction dans le délai que lui impartit l'Office. Si le demandeur n'a proposé aucune modification dans ce délai ou que l'Office considère que les propositions de modification du demandeur sont inappropriées, c'est la traduction proposée par l'Office qui est publiée.

V. note en tête du Règl.

Règle 86 *Journal officiel de l'Office. 1. Le Journal officiel de l'Office est une publication périodique. L'Office peut mettre à la disposition du public des numéros du Journal officiel sur DOC ou sous toute autre forme lisible par machine.*

2. Le Journal officiel est publié dans les langues de l'Office. Le président de l'Office peut décider de la publication de certaines informations dans toutes les langues officielles de la Communauté.

V. note en tête du Règl.

Règle 87 Abrogée par Règl. (UE) 2015/2424 du 16 déc. 2015, art. 2-15, à compter du 23 mars 2016.

SECTION K [ABROGÉE] Inspection publique et tenue des dossiers

(Abrogée par Règl. (UE) 2015/2424 du 16 déc. 2015, art. 2-16, à compter du 23 mars 2016)

Règles 88 à 91 Abrogées par Règl. (UE) 2015/2424 du 16 déc. 2015, art. 2-16, à compter du 23 mars 2016.

SECTION L [ABROGÉE] Assistance administrative

Règle 92 *Échange d'informations et communications entre l'Office et les autorités des États membres. 1. L'Office et les services centraux de la propriété industrielle des États membres se communiquent, sur demande, des informations appropriées sur les demandes de marque communautaire ou de marque nationale et sur les procédures relatives à ces demandes et aux marques enregistrées à la suite du dépôt de ces demandes. Ces communications ne sont pas soumises aux restrictions prévues à l'article 84 du règlement.*

2. L'Office et les juridictions ou autorités compétentes des États membres s'échangent directement entre eux les communications qui découlent de l'application du règlement ou des présentes règles. Ces communications peuvent également être échangées par l'entremise des services centraux de la propriété industrielle des États membres.

3. Les dépenses au titre des communications visées aux paragraphes 1 et 2 sont à la charge de l'autorité qui effectue ces communications, lesquelles ne donnent pas lieu au paiement de taxes.

V. note en tête du Règl.

Règle 93 *Inspection publique réalisée par des juridictions ou des autorités des États membres ou par leur intermédiaire. 1. L'inspection publique, par des juridictions ou des autorités des États membres, des dossiers de demandes de marque communautaire ou des dossiers de marques communautaires enregistrées porte sur les documents originaux ou sur des copies de ces documents* (Abrogé par Règl. (UE) 2015/2424 du 16 déc. 2015 rectif. JOUE L 110 du 26 avr. 2016, art. 2-16 bis) *« ; dans les autres cas, la règle 89 n'est pas applicable ».*

2. Les juridictions et ministères publics des États membres peuvent, au cours de procédures pendantes devant eux, permettre à des tiers de consulter les dossiers ou les copies de dossiers qui leur ont été transmis par l'Office. Cette consultation s'effectue dans les conditions prévues à l'article 84 du règlement. L'Office ne perçoit pas de taxes à ce titre.

3. L'Office signale aux juridictions et ministères publics des États membres, lorsqu'il leur transmet des dossiers ou copies de dossiers, les restrictions auxquelles est soumise, en application de l'article 84 du règlement (Abrogé par Règl. (UE) 2015/2424 du 16 déc. 2015 rectif. JOUE L 110 du 26 avr. 2016, art. 2-16 ter) *« et de la règle 88 », l'inspection publique des dossiers de demandes de marque communautaire ou des dossiers de marques communautaires enregistrées.*

V. note en tête du Règl.

SECTION M [ABROGÉE] Frais

Règle 94 *Répartition et détermination des frais. 1. La répartition des frais en vertu de l'article 81 paragraphes 1 et 2 du règlement est arrêtée dans la décision rendue sur l'opposition, dans la décision sur la demande en déchéance ou en nullité d'une marque communautaire ou dans la décision sur le recours.*

2. La répartition des frais en vertu de l'article 81 paragraphes 3 et 4 du règlement est arrêtée dans le cadre d'une décision sur les frais rendue par la division d'opposition, la division d'annulation ou la chambre de recours.

3. (Règl. (CE) n° 1041/2005 du 29 juin 2005) *« Lorsque le montant des frais n'a pas été fixé conformément à l'article 81, paragraphe 6, première phrase, du règlement, la requête aux fins de la fixation des frais est accompagnée d'un état des frais et des preuves à l'appui. En ce qui concerne les frais de représentation visés au paragraphe 7, point d), de la présente règle, l'assurance donnée par le représentant que les frais ont été exposés est suffisante. Pour les autres frais, il suffit d'en établir la crédibilité. Lorsque le montant de ces frais est fixé conformément à l'article 81, paragraphe 6, première phrase, du règlement, les frais de représentation sont accordés au niveau établi par le paragraphe 7, point d), de la présente règle, qu'ils aient été effectivement exposés ou non. »*

4. La requête prévue (Règl. (CE) n° 1041/2005 du 29 juin 2005) *« à l'article 81, paragraphe 6, troisième phrase » du règlement et visant à obtenir un réexamen de la décision du greffe sur la détermination des frais doit être motivée et présentée à l'Office dans le délai d'un mois après la notification de la répartition des frais. Elle n'est réputée présentée qu'après paiement de la taxe de réexamen du montant des frais.*

5. La division d'opposition, la division d'annulation ou la chambre de recours, selon le cas, statue sans procédure orale sur la requête visée au paragraphe 4.

6. Les taxes que la partie perdante doit supporter en vertu de l'article 81 paragraphe 1 du règlement sont limitées aux taxes qui ont été exposées par l'autre partie dans le cadre d'une opposition, d'une demande en déchéance ou en nullité d'une marque communautaire ou d'un recours.

7. (Règl. (CE) n° 1041/2005 du 29 juin 2005) *Sous réserve du paragraphe 3 de la présente règle, les frais indispensables aux fins des procédures qui ont été effectivement exposés par la partie gagnante doivent être supportés par la partie perdante en vertu de l'article 81, paragraphe 1, du règlement, dans la limite des taux maximaux déterminés ci-après :*

a) lorsque la partie n'a pas désigné de représentant, les frais de déplacement et de séjour d'une personne, pour le voyage aller-retour entre le lieu de résidence ou le domicile professionnel et le lieu où la procédure orale ou l'instruction se déroule conformément à la règle 56, sont supportés comme suit :

i) le coût du transport par chemin de fer en première classe, y compris les suppléments habituels, lorsque la distance totale par l'itinéraire ferroviaire ne dépasse pas 800 kilomètres ;

ii) le coût du transport aérien en classe « touriste », lorsque la distance totale par l'itinéraire ferroviaire dépasse 800 kilomètres ou que l'itinéraire comporte une traversée maritime ;

iii) les frais de séjour tels que fixés à l'article 13 de l'annexe VII du statut des fonctionnaires des Communautés européennes ;

b) les frais de séjour des représentants au sens de l'article 89, paragraphe 1, du règlement, selon les taux prévus au point a) i) et ii) de la présente règle ;

c) les frais de déplacement, les frais de séjour, l'indemnité pour compenser le manque à gagner et les frais auxquels peuvent prétendre les témoins et les experts sont remboursés conformément à la règle 59, paragraphes 2, 3 ou 4, dans la mesure où les sommes sont en dernier ressort imputables à une partie à la procédure conformément à la règle 59, paragraphe 5, point b) ;

d) les frais de représentation – au sens de l'article 89, paragraphe 1, du règlement :

i) de l'opposant dans une procédure d'opposition :

à concurrence de 300 euros ;

ii) du demandeur dans une procédure d'opposition :

à concurrence de 300 euros ;

iii) du demandeur dans une procédure de déchéance ou de nullité d'une marque communautaire :

à concurrence de 450 euros ;

iv) du titulaire de la marque dans une procédure de déchéance ou de nullité d'une marque communautaire :

à concurrence de 450 euros ;

v) du requérant dans une procédure de recours :

à concurrence de 550 euros ;

vi) du défendeur dans une procédure de recours :

à concurrence de 550 euros ;

vii) lorsqu'une procédure orale a eu lieu à laquelle les parties ont été convoquées conformément à la règle 56, les montants visés aux points i) à vi) sont majorés de 400 euros ;

e) en cas de pluralité de demandeurs ou de titulaires de la demande ou de l'enregistrement de la marque communautaire ou en cas de pluralité d'opposants ou de demandeurs en déchéance ou en nullité ayant déposé conjointement l'opposition ou la requête en déchéance ou en nullité, la partie perdante ne doit supporter les frais visés au point a) que pour une seule personne ;

f) lorsque la partie gagnante a été représentée par plus d'un représentant au sens de l'article 89, paragraphe 1, du règlement, la partie perdante ne doit supporter les frais visés aux points b) et d) de la présente règle que pour un seul représentant ;

g) la partie perdante n'est pas tenue de rembourser à la partie gagnante les frais, dépens et honoraires autres que ceux visés aux points a) à f).

V. note en tête du Règl.

SECTION N [ABROGÉE] *Langues*

Règle 95 *Demandes et déclarations. Sans préjudice de l'article 115 paragraphe 5 du règlement,*

a) toute demande ou déclaration concernant une demande de marque communautaire peut être effectuée dans la langue utilisée pour le dépôt de la demande de marque communautaire ou dans la deuxième langue que le demandeur a indiquée dans sa demande ;

b) toute demande ou déclaration concernant une marque communautaire enregistrée peut être effectuée dans l'une des langues de l'Office. Toutefois, lorsque la demande est déposée au moyen de l'un des formulaires fournis par l'Office, conformément à la règle 83, ce formulaire peut être rédigé dans l'une des langues officielles de la Communauté, sous réserve que le formulaire soit rempli dans l'une des langues de l'Office, dans la mesure où il s'agit d'explications écrites.

V. note en tête du Règl.

Règle 96 *Procédure écrite. 1. Sans préjudice de l'article 115 paragraphes 4 et 7 du règlement et sauf disposition contraire prévue dans les présentes règles, toute partie peut, dans les procédures écrites devant l'Office, utiliser l'une des langues de l'Office. Si la langue choisie n'est pas celle de la procédure, cette partie produit une traduction dans cette langue dans un délai d'un mois à compter de la date de dépôt du document original. Lorsque le demandeur d'une marque communautaire est la seule partie aux procédures devant l'Office et que la langue utilisée pour le dépôt de la demande de marque communautaire n'est pas une des langues de l'Office, la traduction peut aussi être produite dans la deuxième langue que le demandeur a indiquée dans sa demande.*

2. Sauf disposition contraire prévue dans les présentes règles, les documents qui doivent être utilisés dans des procédures devant l'Office peuvent être produits dans une des langues officielles de la Communauté européenne. Lorsque ces documents sont rédigés dans une langue qui n'est pas celle de la procédure, l'Office peut exiger qu'une traduction soit produite dans cette langue ou, au choix de la partie à la procédure, dans une des langues de l'Office, dans le délai qu'il impartit.

V. note en tête du Règl.

Règle 97 *Procédure orale. 1. Toute partie à une procédure orale devant l'Office peut, en lieu et place de la langue de procédure, utiliser une des autres langues officielles de la Communauté, à condition qu'elle prenne les dispositions appropriées pour assurer l'interprétation dans la langue de procédure. Lorsque la procédure orale a lieu dans le cadre d'une procédure portant sur une demande d'enregistrement d'une marque, le demandeur peut utiliser soit la langue de sa demande, soit la deuxième langue qu'il a indiquée dans sa demande.*

2. Dans une procédure orale concernant une demande d'enregistrement d'une marque, le personnel de l'Office peut utiliser soit la langue de la demande, soit la deuxième langue indiquée par le demandeur. Dans toutes les autres procédures orales, le personnel de l'Office peut utiliser, en lieu et place de la langue de procédure, une autre langue de l'Office, sous réserve de l'accord de la ou des parties à la procédure.

3. Dans le cadre de l'instruction, les parties, témoins ou experts qui doivent être entendus mais ne maîtrisent pas suffisamment la langue de procédure peuvent utiliser une des langues officielles de la Communauté. Si l'instruction a été ordonnée à la demande d'une partie à la procédure, les parties, témoins ou experts dont l'audition est requise et qui s'expriment dans une langue autre que la langue de procédure ne sont entendus que dans la mesure où la partie qui a présenté la demande d'audition assure l'interprétation dans la langue de procédure. Dans le cadre des procédures portant sur des demandes d'enregistrement de marque, la deuxième langue indiquée par le demandeur peut être utilisée en lieu et place de la langue de la demande. Dans toute procédure à laquelle ne participe qu'une seule partie, l'Office peut accorder, sur demande de la partie concernée, des dérogations aux dispositions du présent paragraphe.

4. Si les parties et l'Office y consentent, n'importe quelle langue officielle de la Communauté peut être utilisée au cours d'une procédure orale.

5. Si nécessaire, l'Office assure, à ses propres frais, l'interprétation dans la langue de procédure ou, s'il y a lieu, dans les autres langues de l'Office, sauf si l'interprétation incombe à l'une des parties à la procédure.

6. Les déclarations faites au cours de la procédure orale par le personnel de l'Office, par des parties à la procédure, par des témoins et par des experts dans une des langues de l'Office sont consignées au procès-verbal dans la langue utilisée. Les déclarations faites dans toute autre langue sont consignées au procès-verbal dans la langue de procédure. Les modifications du texte de la demande ou de l'enregistrement d'une marque communautaire sont consignées au procès-verbal dans la langue de procédure.

V. note en tête du Règl.

Règle 98 *Traductions.* (Règl. (CE) n° 1041/2005 du 29 juin 2005) *1. Si la traduction d'un document doit être produite, elle identifie le document auquel elle se réfère et reproduit la structure et le contenu du document original. L'Office peut exiger la production, dans un délai qu'il impartit, d'une attestation certifiant que la traduction est fidèle au texte original. Le président de l'Office peut arrêter les modalités des attestations relatives aux traductions.*

2. Sauf dispositions contraires du règlement ou des présentes règles, un document pour lequel une traduction doit être produite est réputé n'être jamais parvenu à l'Office :

a) lorsque la traduction est parvenue à l'Office après l'expiration de la période correspondante pour la production du document original ou de la traduction ;

b) dans le cas du paragraphe 1, lorsque l'attestation n'est pas produite dans le délai imparti.

V. note en tête du Règl.

Règle 99 *Valeur juridique des traductions. Sauf preuve du contraire, l'Office peut présumer qu'une traduction est fidèle au texte original.*

V. note en tête du Règl.

SECTION O [ABROGÉE] Organisation de l'Office

Règle 100 *Décisions prises par un seul membre.* (Règl. (CE) n° 1041/2005 du 29 juin 2005) Les cas dans lesquels les décisions de la division d'opposition ou de la division d'annulation sont prises par un seul membre, conformément à l'article 127, paragraphe 2, ou à l'article 129, paragraphe 2, du règlement, sont les suivants :

a) les décisions de répartition des frais ;

b) les décisions de fixation des frais à rembourser conformément à l'article 81, paragraphe 6, première phrase, du règlement ;

c) les décisions de classement ou de non-lieu à statuer ;

d) les décisions de rejet d'une opposition pour irrecevabilité avant l'expiration du délai visé à la règle 18, paragraphe 1 ;

e) les décisions de suspension de la procédure ;

f) les décisions de jonction ou de disjonction d'oppositions multiples conformément à la règle 21, paragraphe 1.

V. note en tête du Règl.

TITRE XII [ABROGÉ] Réciprocité

Règle 101 *Publication relative à la réciprocité. 1.* (Règl. (CE) n° 1041/2005 du 29 juin 2005) *« Si nécessaire, le président de l'Office demande à la Commission de rechercher si un État qui n'est pas partie à la Convention de Paris ou à l'accord instituant l'Organisation mondiale du commerce accorde une réciprocité de traitement au sens de l'article 29, paragraphe 5, du règlement.*

« 2. Lorsque la Commission établit que la réciprocité visée au paragraphe 1 est accordée, elle publie au Journal officiel de l'Union européenne une communication en ce sens.

« 3. L'article 29, paragraphe 5, du règlement s'applique à compter de la date de la publication au Journal officiel de l'Union européenne de la communication visée au paragraphe 2, à moins que celle-ci ne prévoie une date de prise d'effet antérieure. Il cesse de déployer ses effets à compter de la date de la publication au Journal officiel de l'Union européenne d'une communication de la Commission déclarant que la réciprocité n'est plus accordée, à moins que ladite communication ne prévoie une date de prise d'effet antérieure. »

4. Les communications visées aux paragraphes 2 et 3 sont également publiées au Journal officiel de l'Office.

V. note en tête du Règl.

TITRE XIII [ABROGÉ] Procédures relatives à l'enregistrement international des marques

(Règl. (CE) n° 782/2004 du 26 avr. 2004)

Partie A Enregistrement international fondé sur une demande de marque communautaire ou sur une marque communautaire

Règle 102 *Dépôt d'une demande internationale. 1. Le formulaire mis à disposition par l'Office pour le dépôt d'une demande internationale, visé à l'article 142, paragraphe 1, du règlement s'inspire du formulaire officiel fourni par l'Organisation mondiale de la propriété intellectuelle (ci-après dénommée « Bureau international ») ; il présente le même format mais contient les indications et éléments supplémentaires qui sont nécessaires ou appropriés selon les présentes règles. Les demandeurs peuvent également utiliser le formulaire officiel fourni par le Bureau international.*

2. Le paragraphe 1 s'applique mutatis mutandis au formulaire de requête en extension territoriale postérieure à l'enregistrement international conformément à l'article 144 du règlement.

3. L'Office informe le déposant de la demande internationale de la date à laquelle il reçoit les documents composant la demande internationale.

4. Lorsque la demande internationale est déposée dans une langue officielle de la Communauté européenne autre que l'une des langues autorisées par le protocole de Madrid pour le dépôt d'une demande internationale et lorsque la demande internationale n'est pas accompagnée ou ne contient pas de traduction de la liste des produits ou des services dans la langue dans laquelle la demande internationale doit être présentée au Bureau international en vertu de l'article 142, paragraphe 2, du règlement, le demandeur autorise l'Office à joindre à la demande internationale une traduction de ladite liste de produits et de services et de tout autre texte dans la langue dans laquelle la demande doit être présentée au Bureau international conformément à l'article 142, paragraphe 2, du règlement. Si la traduction n'a pas été réalisée au cours de la procédure d'enregistrement de la demande de marque communautaire sur laquelle est fondée la demande internationale, l'Office prend sans délai les mesures nécessaires pour fournir cette traduction.

V. note en tête du Règl.

***Règle 103** Examen des demandes internationales. 1. Lorsque l'Office reçoit une demande internationale et que la taxe due au titre de la demande internationale visée à l'article 142, paragraphe 5, du règlement n'a pas été versée, l'Office informe le demandeur que la demande internationale est réputée ne pas avoir été déposée tant que la taxe n'a pas été acquittée.*

2. Lorsque l'examen de la demande internationale révèle l'une ou l'autre des irrégularités suivantes, l'Office invite le demandeur à y remédier dans le délai spécifié :

a) la demande internationale n'a pas été présentée sur l'un des formulaires visés à la règle 102, paragraphe 1, et ne contient pas toutes les indications et les informations requises par ce formulaire ;

b) les produits et services indiqués dans la demande internationale ne sont pas couverts par la liste de produits et services figurant dans la demande de base de marque communautaire ou dans la marque communautaire de base ;

c) la marque faisant l'objet de la demande internationale n'est pas la même que dans la demande de base de marque communautaire ou dans la marque communautaire de base ;

d) toutes les indications de la demande internationale relatives à la marque, autres qu'une déclaration de renonciation telle que celle visée à l'article 38, paragraphe 2, du règlement ou une revendication de couleur, n'apparaissent pas dans la demande de base de marque communautaire ou dans la marque communautaire de base ;

e) si la couleur est revendiquée, dans la demande internationale, comme un élément distinctif de la marque, la demande de base de marque communautaire ou la marque communautaire de base n'a pas la ou les mêmes couleurs ; ou

f) en fonction des indications contenues dans le formulaire international, le demandeur n'a pas qualité pour déposer une demande internationale auprès de l'Office, conformément à l'article 2, paragraphe 1, point ii), du protocole de Madrid.

3. Lorsque le demandeur n'a pas autorisé l'Office à joindre une traduction, conformément à la règle 102, paragraphe 4, ou qu'il n'apparaît pas clairement sur quelle liste de produits et de services la demande internationale doit se fonder, l'Office invite le demandeur à transmettre les indications requises dans le délai spécifié.

4. Si les irrégularités visées au paragraphe 2 ne sont pas corrigées ou si les indications requises par le paragraphe 3 ne sont pas fournies dans le délai assigné par l'Office, ce dernier rend une décision par laquelle il refuse de transmettre la demande internationale au Bureau international.

V. note en tête du Règl.

***Règle 104** Transmission de la demande internationale. L'Office transmet la demande internationale au Bureau international en même temps que la certification prévue à l'article 3, paragraphe 1, du protocole de Madrid dès que la demande internationale répond aux exigences stipulées aux règles 102 et 103 ainsi qu'aux articles 141 et 142 du règlement.*

V. note en tête du Règl.

***Règle 105** Désignations postérieures. 1. L'Office invite le déposant de la requête en extension territoriale postérieure à l'enregistrement international, conformément à l'article 144 du règlement, à corriger le cas échéant les irrégularités suivantes dans le délai spécifié :*

a) la requête en extension territoriale n'est pas présentée sur l'un des formulaires visés aux paragraphes 1 et 2 de la règle 102 et ne contient pas toutes les indications et informations exigées dans ledit formulaire [;]

b) la requête en extension territoriale ne précise pas le numéro de l'enregistrement international auquel il se rapporte ;

c) les produits et services ne sont pas couverts par la liste des produits et services figurant dans l'enregistrement international, ou

d) selon les indications fournies dans le formulaire international, le déposant de la requête en extension territoriale n'est pas habilité à formuler une désignation postérieure à l'enregistrement international par l'intermédiaire de l'Office, conformément à l'article 2, paragraphe 1, point ii, et à l'article 3 ter, paragraphe 2, du protocole de Madrid.

2. Si les irrégularités visées au paragraphe 1 ne sont pas corrigées dans le délai assigné par l'Office, ce dernier rend une décision par laquelle il refuse de transmettre au Bureau international la requête en extension territoriale présentée postérieurement à l'enregistrement international.

3. L'Office informe le déposant de la requête en extension territoriale de la date à laquelle il reçoit la requête en extension territoriale.

4. L'Office transmet au Bureau international la requête en extension territoriale présentée postérieurement à l'enregistrement international dès que les irrégularités visées au paragraphe 1 de la présente règle ont été corrigées et que les exigences spécifiées à l'article 144 sont satisfaites.

V. note en tête du Règl.

Règle 106 *Dépendance de l'enregistrement international vis-à-vis de la demande ou de l'enregistrement de base. 1. L'Office notifie au Bureau international lorsque, dans un délai de cinq ans à dater de l'enregistrement international,*

a) la demande de marque communautaire sur laquelle était fondé l'enregistrement international a été retirée, est réputée retirée ou a été rejetée en vertu d'une décision définitive ;

b) la marque communautaire sur laquelle était fondé l'enregistrement international a cessé de produire ses effets car elle a fait l'objet d'une renonciation, elle n'a pas été renouvelée, le titulaire a été déchu de ses droits ou elle a été déclarée nulle par l'Office en vertu d'une décision définitive ou par un tribunal des marques communautaires sur demande reconventionnelle dans une action en contrefaçon ;

c) la demande de marque communautaire ou la marque communautaire sur laquelle était fondé l'enregistrement international a été divisée en deux demandes ou enregistrements.

2. La notification visée au paragraphe 1 comprend :

a) le numéro de l'enregistrement international ;

b) le nom du titulaire de l'enregistrement international ;

c) les faits et décisions ayant trait à la demande ou à l'enregistrement de base ainsi que la date de prise d'effet de ces faits et décisions ;

d) dans le cas visé au paragraphe 1, point a)ou b), la requête en radiation de l'enregistrement international ;

e) lorsque l'acte visé au paragraphe 1, point a) ou b), concerne la demande ou l'enregistrement de base uniquement pour certains des produits et services, ces produits et services, ou les produits et services qui ne sont pas affectés ;

f) dans le cas visé au paragraphe 1, point c), le numéro de chaque demande de marque communautaire ou d'enregistrement en cause.

3. L'Office notifie au Bureau international lorsqu'à l'expiration d'un délai de cinq ans à dater de l'enregistrement international,

a) un recours est pendant contre une décision d'un examinateur rejetant la demande de marque communautaire sur laquelle était fondé l'enregistrement international conformément à l'article 38 du règlement ;

b) une opposition est pendante contre la demande de marque communautaire sur laquelle était fondé l'enregistrement international ;

c) une demande en déchéance ou en nullité est pendante contre la marque communautaire sur laquelle était fondé l'enregistrement international ;

d) il a été inscrit au registre des marques communautaires qu'une demande reconventionnelle en déchéance ou en nullité a été introduite devant un tribunal des marques communautaires contre la marque communautaire sur laquelle était fondé l'enregistrement international mais que la décision du tribunal des marques communautaires concernant la demande reconventionnelle ne figure pas encore dans le registre.

4. Lorsque la procédure visée au paragraphe 3 a donné lieu à une décision définitive ou à une inscription au registre, l'Office en fait part au Bureau international conformément au paragraphe 2.

5. Toute référence à une marque communautaire sur laquelle était fondé l'enregistrement international dans les paragraphes 1 et 3 s'entend également comme une référence à un enregistrement de marque communautaire résultant d'une demande de marque communautaire sur laquelle était fondée la demande internationale.

V. note en tête du Règl.

Règle 107 *Renouvellements. L'enregistrement international est renouvelé directement auprès du Bureau international.*

V. note en tête du Règl.

Partie B Enregistrement international désignant la Communauté européenne

Règle 108 *Revendication de l'ancienneté d'une demande internationale. 1. Lorsque l'ancienneté d'une ou de plusieurs marques antérieures enregistrées, conformément à l'article 34 du règlement, a été revendiquée dans une demande internationale en vertu de l'article 148, paragraphe 1, du règlement, le titulaire présente à l'Office, dans les trois mois suivant la date à laquelle le Bureau international notifie l'enregistrement international à l'Office, une copie de l'enregistrement en question. Cette copie doit être certifiée conforme à l'enregistrement correspondant par l'autorité compétente.*

2. Lorsque le titulaire de l'enregistrement international doit être représenté dans les procédures engagées devant l'Office, conformément à l'article 88, paragraphe 2, du règlement, la notification visée au paragraphe 1 contient la désignation d'un représentant au sens de l'article 89, paragraphe 1, du règlement.

3. Le président de l'Office peut décider que les exigences en matière de pièces justificatives à fournir par le titulaire peuvent être moindres que celles qui sont énoncées au paragraphe 1, sous réserve que l'Office puisse disposer des informations requises auprès d'autres sources.

V. note en tête du Règl.

Règle 109 *Examen des revendications d'ancienneté. 1. Lorsque l'Office estime que la revendication d'ancienneté au titre de la règle 108, paragraphe 1, n'est pas conforme à l'article 34 du règlement ou ne satisfait pas aux autres exigences de la règle 108, il invite le titulaire à remédier aux irrégularités constatées dans le délai qui lui impartit.*

2. Si les exigences visées à l'article 1 ne sont pas satisfaites dans le délai assigné, le droit d'ancienneté lié à cet enregistrement international s'éteint. Si les insuffisances ne portent que sur certains des produits et services, le droit d'ancienneté ne s'éteint que pour les produits et services concernés.

3. L'Office avertit le Bureau international de toute déclaration de perte du droit d'ancienneté conformément au paragraphe 2. Il informe également le Bureau international de tout retrait ou de toute restriction de la revendication d'ancienneté.

4. L'Office notifie au Bureau Benelux des marques ou au service central de la propriété industrielle de l'État membre concerné la revendication d'ancienneté à moins que le droit d'ancienneté ne soit déclaré éteint conformément au paragraphe 2.

V. note en tête du Règl.

Règle 110 *Revendication de l'ancienneté auprès de l'Office. 1. Le titulaire d'un enregistrement international désignant la Communauté européenne peut se prévaloir, directement auprès de l'Office, de l'ancienneté d'une ou plusieurs marques antérieures enregistrées, tel qu'il est indiqué à l'article 35 du règlement, à compter de la date à laquelle l'Office a publié, conformément à l'article 147, paragraphe 2, du règlement, qu'aucun refus de protection de l'enregistrement international désignant la Communauté européenne n'a été notifié ou qu'un tel refus a été levé, conformément à l'article 148, paragraphe 2, du règlement.*

2. Lorsque l'ancienneté est revendiquée auprès de l'Office avant la date visée au paragraphe 1, la revendication de l'ancienneté est réputée avoir été reçue par l'Office à la date visée au paragraphe 1.

3. Une demande de revendication d'ancienneté, conformément à l'article 148, paragraphe 2, du règlement, et au paragraphe 1, contient :

a) l'indication que la revendication d'ancienneté s'applique à un enregistrement international conforme au protocole de Madrid ;

b) le numéro d'enregistrement de l'enregistrement international ;

c) le nom et l'adresse du titulaire de l'enregistrement international conformément à la règle 1, paragraphe 1, point b) ;

d) lorsque le titulaire a désigné un représentant, le nom et l'adresse professionnelle du représentant, conformément à la règle 1, paragraphe 1, point e) ;

e) la mention de l'État membre ou des États membres dans ou pour lesquels la marque antérieure est enregistrée, la date à laquelle l'enregistrement correspondant a pris effet, le numéro de l'enregistrement concerné ainsi que les produits et les services pour lesquels la marque antérieure est enregistrée ;

f) lorsque l'ancienneté est revendiquée pour une partie des produits et services compris dans l'enregistrement antérieur, l'indication des produits et services qui font l'objet de la revendication d'ancienneté ;

g) une copie de l'enregistrement correspondant, qui est certifiée conforme par l'autorité compétente ;

h) lorsque le titulaire de l'enregistrement international doit être représenté dans les procédures engagées devant l'Office, conformément à l'article 88, paragraphe 2, du règlement, la désignation d'un représentant au sens de l'article 89, paragraphe 1, du règlement.

4. S'il n'est pas satisfait aux conditions relatives à la revendication de l'ancienneté visées au paragraphe 3, l'Office invite le titulaire de l'enregistrement international à remédier aux irrégularités. Si les irrégularités ne sont pas corrigées dans une période spécifiée par l'Office, ce dernier rejette la demande.

5. Lorsque l'Office a accepté la demande de revendication d'ancienneté, il en informe le Bureau international en lui précisant :

a) le numéro de l'enregistrement international concerné,

b) le nom de l'État membre ou des États membres dans ou pour lesquels la marque antérieure a été enregistrée,

c) le numéro de l'enregistrement concerné et

d) la date à partir de laquelle l'enregistrement correspondant a pris effet.

6. L'Office informe le Bureau Benelux des marques ou le service central de la propriété industrielle de l'État membre concerné de la demande de revendication d'ancienneté une fois qu'il l'a acceptée.

7. Le président de l'Office peut décider que les exigences en matière de pièces justificatives à fournir par le titulaire de l'enregistrement international peuvent être moindres que celles qui sont énoncées au paragraphe 1, point g), sous réserve que l'Office puisse disposer des informations requises auprès d'autres sources.

V. note en tête du Règl.

Règle 111 *Décisions relatives aux revendications d'ancienneté. Lorsqu'une revendication d'ancienneté qui a été formulée conformément à l'article 148, paragraphe 1, du règlement ou qui a été communiquée conformément à la règle 110, paragraphe 5, a été retirée ou annulée par l'Office, ce dernier en avertit le Bureau international.*

V. note en tête du Règl.

Règle 112 *Examen relatif aux motifs absolus de refus. 1. Si, au cours de l'examen réalisé conformément à l'article 149, paragraphe 1, du règlement, l'Office déclare qu'en vertu de l'article 38, paragraphe 1, du règlement, la protection ne peut être accordée à la marque qui fait l'objet de l'extension territoriale à la Communauté européenne pour tout ou partie des produits ou services pour lesquels elle a été enregistrée par le Bureau international, l'Office envoie au Bureau international une notification de refus provisoire ex officio conformément à l'article 5, paragraphes 1 et 2, du protocole de Madrid et à la règle 17, paragraphe 1, du règlement d'exécution commun.*

Lorsque le titulaire de l'enregistrement international doit être représenté devant l'Office conformément à l'article 88, paragraphe 1, du règlement, la notification comporte une invitation à désigner un représentant au sens de l'article 89, paragraphe 1, du règlement.

La notification du refus provisoire indique les motifs sur lesquels est fondé ce refus et fixe un délai dans lequel le titulaire de l'enregistrement international peut présenter ses observations et, le cas échéant, doit désigner un représentant.

Ce délai prend effet le jour où l'Office émet le refus provisoire.

2. Abrogé par Règl. (UE) 2015/2424 du 16 déc. 2015, art. 2-17, à compter du 23 mars 2016.

3. Lorsqu'au cours de l'examen effectué conformément à l'article 149, paragraphe 1, du règlement, l'Office estime que l'enregistrement international désignant la Communauté européenne ne contient pas la mention d'une deuxième langue en vertu de la règle 126 du présent règlement et de la règle 9, paragraphe 5, point g) ii), du règlement d'exécution commun, l'Office envoie au Bureau international une notification de refus provisoire ex officio au titre de l'article 5, paragraphes 1 et 2, du protocole de Madrid et de la règle 17, paragraphe 1, du règlement d'exécution commun. Le paragraphe 1, deuxième, troisième et quatrième phrases, est d'application.

4. Lorsque le titulaire de l'enregistrement international ne parvient pas à corriger les insuffisances qui avaient motivé le refus de la protection dans le délai imparti ou à satisfaire à la condition stipulée au paragraphe 2 ou, le cas échéant, à désigner un représentant ou à indiquer une deuxième langue, l'Office rend une décision par laquelle il refuse la protection pour tout ou partie des produits et services faisant l'objet de l'enregistrement international. La décision est susceptible de recours conformément aux articles 57 à 63 du règlement.

5. Lorsqu'avant l'ouverture du délai d'opposition visé à l'article 151, paragraphe 2, du règlement, l'Office n'a pas envoyé de notification de refus provisoire ex officio conformément au paragraphe 1, il transmet une déclaration d'octroi de protection au Bureau international, en précisant que l'examen relatif aux motifs absolus de refus, en vertu de l'article 38 du règlement, est achevé mais que l'enregistrement international peut encore faire l'objet d'oppositions ou d'observations de la part de tierces parties.

V. note en tête du Règl.

Règle 113 *Notification des refus provisoires ex officio au Bureau international. 1. La notification du refus provisoire ex officio de protection pour tout ou partie de l'enregistrement international, conformément à la règle 112, est envoyée au Bureau international et contient :*

a) le numéro de l'enregistrement international ;

b) tous les motifs sur lesquels le refus provisoire est fondé ainsi qu'un renvoi aux dispositions correspondantes du règlement ;

c) l'indication que le refus provisoire de protection sera confirmé par une décision de l'Office si le titulaire de l'enregistrement international ne remédie pas aux motifs de rejet en présentant ses observations à l'Office dans un délai de deux mois à compter de la date à laquelle l'Office émet le refus provisoire ;

d) si le refus provisoire se rapporte à une partie seulement des produits et services, l'indication de ces produits et services.

2. Pour toute notification de refus provisoire ex officio émis conformément au paragraphe 1 et à condition que le délai d'opposition ait expiré et qu'aucun refus provisoire fondé sur une opposition n'ait été prononcé en vertu de la règle 115, paragraphe 1, l'Office communique au Bureau international les informations suivantes :

a) lorsque le refus provisoire a été retiré à la suite des procédures engagées devant l'Office, le fait que la marque est protégée dans la Communauté européenne ;

b) lorsqu'une décision de rejet de la protection d'une marque est devenue définitive, le cas échéant à la suite d'un recours au titre de l'article 57 du règlement ou de l'article 63 du règlement, l'Office informe le Bureau international que la protection de la marque est refusée dans la Communauté européenne ;

c) lorsque le refus conformément au point a) ou b) ne concerne qu'une partie des produits et des services, les produits et les services pour lesquels la marque est protégée dans la Communauté européenne.

V. note en tête du Règl.

Règle 114 *Procédure d'opposition. 1. Lorsque l'opposition est formée contre un enregistrement international désignant la Communauté européenne conformément à l'article 151 du règlement, la notification de l'opposition contient :*

a) le numéro de l'enregistrement international faisant l'objet de l'opposition ;

b) la mention des produits et des services repris dans l'enregistrement international à l'encontre desquels l'opposition est formée ;

c) le nom du titulaire de l'enregistrement international ;

d) (Règl. (CE) n° 1041/2005 du 29 juin 2005) *« les indications et éléments visés à la règle 15, paragraphe 2, points b) à h). »*

2. (Règl. (CE) n° 1041/2005 du 29 juin 2005) *« La règle 15, paragraphes 1, 3 et 4, et les règles 16 à 22 s'appliquent, sous réserve des remarques suivantes : »*

a) toute référence à une demande d'enregistrement de la marque communautaire s'entend comme une référence à un enregistrement international ;

b) toute référence à un retrait de la demande d'enregistrement de la marque communautaire s'entend comme une référence à la renonciation de l'enregistrement international désignant la Communauté européenne ;

c) toute référence au demandeur s'entend comme une référence au titulaire de l'enregistrement international.

3. Si la notification d'opposition est déposée avant l'expiration de la période de six mois visée à l'article 151, paragraphe 2, du règlement, elle est réputée avoir été déposée le premier jour suivant l'expiration du délai de six mois. L'application de l'article 42, paragraphe 3, deuxième phrase, du règlement reste inchangée.

4. Lorsque le titulaire de l'enregistrement international doit être représenté devant l'Office, conformément à l'article 88, paragraphe 2, du règlement, et lorsqu'il n'a pas encore désigné de représentant au sens de l'article 89, paragraphe 1, du règlement, la communication de l'opposition au titulaire de l'enregistrement international conformément à la règle 19 contient l'invitation à désigner un représentant au sens de l'article 89, paragraphe 1, du règlement dans une période de deux mois à dater de la notification de la communication.

Lorsque le titulaire de l'enregistrement international ne désigne pas de représentant au cours de cette période, l'Office rend une décision par laquelle il refuse la protection de l'enregistrement international.

5. La procédure d'opposition est suspendue si un refus provisoire ex officio de protection est ou a été émis conformément à la règle 112. Lorsque le refus provisoire ex officio conduit à une décision définitive de rejet de la protection de la marque, l'Office ne statue pas, rembourse la taxe d'opposition et ne rend aucune décision sur la répartition des frais.

V. note en tête du Règl.

Règle 115 *Notification des refus provisoires fondés sur une opposition. 1. Lorsqu'une opposition est formée auprès de l'Office contre un enregistrement international conformément à l'article 151, paragraphe 2, du règlement ou est réputée avoir été formée conformément à la règle 114, paragraphe 3, l'Office envoie au Bureau international une notification de refus provisoire de protection fondé sur une opposition.*

2. La notification de refus provisoire de protection fondé sur une opposition contient :

a) le numéro de l'enregistrement international ;

b) l'indication que le refus est dû à une opposition, accompagnée d'un renvoi aux dispositions de l'article 8 du règlement sur lesquelles repose l'opposition ;

c) le nom et l'adresse de l'opposant.

3. Lorsque l'opposition se fonde sur une demande de marque ou un enregistrement, la notification visée au paragraphe 2 contient les indications suivantes :

i) la date de présentation, la date d'enregistrement et, le cas échéant, la date de priorité,

ii) le numéro de dépôt et, s'il est différent, le numéro d'enregistrement,

iii) le nom et l'adresse du titulaire,

iv) une reproduction de la marque et

v) la liste des produits et des services sur lesquels est fondée l'opposition.

4. Si le refus provisoire se rapporte à une partie seulement des produits et des services, la notification visée au paragraphe 2 fait mention de ces produits et services.

5. L'Office communique au Bureau international les informations suivantes :

a) lorsque le refus provisoire a été retiré à la suite des procédures engagées, le fait que la marque est protégée dans la Communauté européenne ;

b) lorsqu'une décision de rejet de la protection d'une marque est devenue définitive, le cas échéant à la suite d'un recours au titre de l'article 57 du règlement ou de l'article 63 du règlement, le fait que la protection de la marque est refusée dans la Communauté européenne ;

c) lorsque le refus conformément au point a) ou b) ne concerne qu'une partie des produits et des services, les produits et les services pour lesquels la marque est protégée dans la Communauté européenne.

6. Lorsque le même enregistrement international a fait l'objet de plus d'un refus provisoire conformément à (Règl. (UE) 2015/2424 du 16 déc. 2016 rectif. JOUE L 110 du 26 avr. 2016, art. 2-17 bis) *« la règle 112, paragraphe 1, » ou au paragraphe 1 de la présente règle, la communication visée au paragraphe 5 de la présente règle se rapporte au refus total ou partiel de protection de la marque à la suite des procédures engagées au titre des articles 149 et 151 du règlement.*

V. note en tête du Règl.

Règle 116 *Déclaration d'octroi de protection. 1. Lorsque l'Office n'a pas envoyé de notification de refus provisoire ex officio conformément à la règle 112 et que l'Office n'a reçu aucune opposition dans le délai visé à l'article 151, paragraphe 2 du règlement et que l'Office n'a pas émis de notification de refus provisoire ex officio à la suite des observations d'un tiers, l'Office envoie au Bureau international une autre déclaration d'octroi de protection, précisant que la marque est protégée dans la Communauté européenne.*

2. Aux fins de l'article 146, paragraphe 2, du règlement, la nouvelle déclaration d'octroi de protection visée au paragraphe 1 a le même effet qu'une déclaration de l'Office concernant le retrait d'une notification de refus.

V. note en tête du Règl.

Règle 117 *Notification de l'invalidation au Bureau international. 1. Lorsqu'en vertu de l'article 56 ou 96 et de l'article 153 du règlement, l'invalidation des effets d'un enregistrement international désignant la Communauté européenne a été prononcée et que cette décision est devenue définitive, l'Office en avertit le Bureau international.*

2. La notification est datée et contient :

a) l'indication que l'invalidation a été prononcée par l'Office ou la mention du tribunal des marques communautaires ayant statué sur l'invalidation ;

b) la mention que l'invalidation a été prononcée sous la forme d'une déchéance des droits du titulaire de l'enregistrement international, d'une déclaration de la nullité de la marque pour des motifs absolus ou d'une déclaration de la nullité de la marque pour des motifs relatifs ;

c) l'indication que la décision ayant prononcé l'invalidation n'est plus susceptible de recours ;

d) le numéro de l'enregistrement international ;

e) le nom du titulaire de l'enregistrement international ;

f) si l'invalidation ne porte pas sur l'ensemble des produits et services, les produits et services pour lesquels l'invalidation a été prononcée ou n'a pas été prononcée ;

g) la date à laquelle l'invalidation a été prononcée ainsi que l'indication si l'invalidation prend effet à cette date ou ex tunc.

V. note en tête du Règl.

Règle 118 *Effet juridique de l'enregistrement des transferts. Aux fins de l'article 17, et en liaison avec l'article 23, paragraphe 1 ou 2, et l'article 24, du règlement, l'inscription du changement de propriété de l'enregistrement international au registre international se substitue à l'inscription du transfert au registre des marques communautaires.*

V. note en tête du Règl.

Règle 119 *Effet juridique de l'enregistrement des licences et autres droits. Aux fins des articles 19, 20, 21 et 22, et en liaison avec les articles 23 et 24, du règlement, l'inscription au registre international d'une licence ou d'une restriction du droit du titulaire de disposer de l'enregistrement international se substitue à l'inscription au registre des marques communautaires d'une licence, d'un droit réel, d'une exécution forcée ou d'une procédure d'insolvabilité.*

V. note en tête du Règl.

Règle 120 *Examen des demandes d'enregistrement de transferts, de licences ou de restrictions du droit de disposer du titulaire. 1. Lorsqu'une personne autre que le titulaire de l'enregistrement international dépose auprès de l'Office une demande d'enregistrement d'un changement de propriété, d'une licence ou d'une restriction du droit de disposer du titulaire, l'Office refuse de transmettre la requête au Bureau international si cette dernière n'est pas accompagnée des pièces justificatives du transfert, de la licence ou de la restriction du droit de disposer.*

2. Lorsque le titulaire de l'enregistrement international demande à l'Office d'enregistrer la modification ou la radiation d'une licence ou la levée d'une restriction du droit de disposer du titulaire, l'Office rend une décision par laquelle il refuse de transmettre cette requête au Bureau international si cette dernière n'est pas accompagnée des preuves attestant que la licence n'existe plus ou a été modifiée ou que la restriction du droit de disposer a été levée.

V. note en tête du Règl.

Règle 121 *Marques collectives. 1. Lorsque l'enregistrement international indique qu'il est fondé sur une demande de base ou un enregistrement de base relatif à une marque collective, une marque de certification ou une marque de garantie, l'enregistrement international désignant la Communauté européenne est traité comme une marque collective communautaire.*

2. Le titulaire de l'enregistrement international présente le règlement d'usage de la marque, tel que prévu à l'article 65 du règlement et à la règle 43, directement à l'Office dans les deux mois suivant la date à laquelle le Bureau international notifie l'enregistrement international à l'Office.

3. Une notification de refus provisoire ex officio, conformément à la règle 112, est également transmise :

a) lorsque l'un des motifs de rejet prévus à l'article 66, paragraphe 1 ou 2, du règlement, en liaison avec le paragraphe 3 du présent article, existe ;

b) lorsque le règlement d'usage de la marque n'a pas été présenté conformément au paragraphe 2. (Règl. (UE) 2015/2424 du 16 déc. 2016 rectif. JOUE L 110 du 26 avr. 2016, art. 2-17 ter) *« La règle 112, paragraphe 3, » et la règle 113 sont d'application.*

4. La notification de la modification du règlement d'usage de la marque, conformément à l'article 69 du règlement, est publiée dans le Bulletin des marques communautaires.

V. note en tête du Règl.

Règle 122 *Transformation d'un enregistrement international en demande de marque nationale.*

1. Toute demande de transformation d'un enregistrement international désignant la Communauté européenne en demande de marque nationale, conformément aux articles 108 et 154 du règlement, contient :

a) le numéro de l'enregistrement international ;

b) la date de l'enregistrement international ou la date de la désignation de la Communauté européenne postérieure à l'enregistrement international, conformément à l'article 3 ter, paragraphe 2, du protocole de Madrid et, le cas échéant, les détails de la demande de priorité de l'enregistrement international, conformément à l'article 154, paragraphe 2, du règlement et les détails de la demande d'ancienneté conformément aux articles 34, 35 et 148 du règlement ;

c) (Règl. (CE) n° 1041/2005 du 29 juin 2005) *« les indications et éléments visés à la règle 44, paragraphe 1, points a), c), d), e) et f) ».*

2. Lorsque la requête en transformation est présentée conformément à l'article 108, paragraphe 5, et à l'article 154 du règlement du fait du non-renouvellement de l'enregistrement international désignant la Communauté européenne, la demande visée au paragraphe 1 contient une indication à cet effet et la date d'expiration de la protection. La période de trois mois prévue à l'article 108, paragraphe 5, du règlement doit commencer à courir le jour suivant le dernier jour auquel le renouvellement peut encore produire ses effets conformément à l'article 7, paragraphe 4, du protocole de Madrid ;

3. La règle 45, la règle 46, paragraphe 2, points a) et c), et la règle 47 s'appliquent mutatis mutandis.

V. note en tête du Règl.

Règle 123 *Transformation d'un enregistrement international en désignation d'un État membre partie au protocole de Madrid ou à l'arrangement de Madrid. 1. Une requête en transformation d'un enregistrement international désignant la Communauté européenne en désignation d'un État membre partie au protocole de Madrid ou à l'arrangement de Madrid, conformément à l'article 154 du règlement, contient les indications et éléments visés à la règle 122, paragraphes 1 et 2.*

2. La règle 45 s'applique mutatis mutandis. L'Office rejette également la requête en transformation lorsque les conditions de désignation de l'État membre qui est partie au protocole de Madrid ou à l'arrangement de Madrid n'étaient pas remplies tant à la date de la désignation de la Communauté européenne qu'à la date à laquelle la requête en transformation a été reçue ou, conformément à l'article 109, paragraphe 1, deuxième phrase, du règlement, est réputée avoir été reçue par l'Office.

3. La règle 46, paragraphe 2, points a) et c), s'applique mutatis mutandis. La publication de la requête en transformation précise également qu'il s'agit d'une demande de transformation en désignation d'un État membre partie au protocole de Madrid ou à l'arrangement de Madrid, conformément à l'article 154 du règlement.

4. Lorsque la requête en transformation satisfait aux exigences du règlement et aux présentes règles, l'Office la transmet sans retard au Bureau international. L'Office informe le titulaire de l'enregistrement international de la date de la transmission.

V. note en tête du Règl.

Règle 124 *Transformation d'un enregistrement international désignant la Communauté européenne en demande de marque communautaire. 1. Pour être considérée comme la transformation d'un enregistrement international qui a été radié par le Bureau international, à la requête de l'office d'origine, en vertu de l'article 9 quinquies du protocole de Madrid et de l'article 156 du règlement, une demande de marque communautaire doit contenir une indication à cet effet. Cette mention doit être effectuée lors du dépôt de la demande.*

2. La demande contient, outre les indications et éléments visés à la règle 1,

a) la mention du numéro de l'enregistrement international qui a été radié ;

b) la date à laquelle l'enregistrement international a été radié par le Bureau international ;

c) selon le cas, la date de l'enregistrement international conformément à l'article 3, paragraphe 4, du protocole de Madrid ou la date d'enregistrement de l'extension territoriale à la Communauté européenne postérieure à l'enregistrement international, conformément à l'article 3 ter, paragraphe 2, du protocole de Madrid ;

d) le cas échéant, la date de priorité revendiquée dans la demande internationale telle qu'elle apparaît dans le registre international tenu par le Bureau international.

3. Lorsqu'au cours de l'examen conformément à la règle 9, paragraphe 3, l'Office constate que la demande n'a pas été déposée dans les trois mois suivant la date à laquelle l'enregistrement international a été radié par le Bureau international ou que les produits et services pour lesquels la marque communautaire doit être enregistrée ne sont pas couverts par la liste des produits et services qui figurent dans l'enregistrement international désignant la Communauté européenne, l'Office invite le demandeur à remédier, dans le délai spécifié, aux irrégularités observées et en particulier à restreindre la liste des produits et services aux produits et services énumérés dans la liste des produits et les services qui figurent dans l'enregistrement international désignant la Communauté européenne.

4. Si les irrégularités visées au paragraphe 3 ne sont pas corrigées dans le délai imparti, le droit d'invoquer la date d'enregistrement international ou la date de l'extension territoriale et, le cas échéant, la date de la priorité de l'enregistrement international cesse d'exister.

V. note en tête du Règl.

Partie C Communications

Règle 125 *Communications avec le Bureau international et formulaires électroniques.* 1. Les communications avec le Bureau international s'effectuent selon un mode et un format convenus entre le Bureau international et l'Office, de préférence par voie électronique.

2. Toutes les références aux formulaires s'entendent également comme des références aux formulaires disponibles sous forme électronique.

V. note en tête du Règl.

Règle 126 *Langues utilisées. Aux fins de l'application du règlement et des présentes règles aux enregistrements internationaux désignant la Communauté européenne, la langue de dépôt des demandes internationales est la langue de procédure au sens de l'article 115, paragraphe 4, du règlement ; la deuxième langue indiquée dans la demande internationale est la deuxième langue au sens de l'article 115, paragraphe 3, du règlement.*

V. note en tête du Règl.

Art. 2 *Dispositions transitoires. 1. Sur toute demande d'enregistrement d'une marque communautaire déposée dans un délai de trois mois avant la date fixée en application de l'article 143 paragraphe 3 du règlement, l'Office appose la date de dépôt déterminée conformément à ladite disposition et la date de réception réelle de la demande.*

2. En ce qui concerne la demande, le délai de priorité de six mois prévu aux articles 29 et 33 du règlement est calculé à compter de la date fixée en vertu de l'article 143 paragraphe 3 du règlement.

3. L'Office peut délivrer un récépissé au demandeur avant la date fixée en application de l'article 143 paragraphe 3 du règlement.

4. L'Office peut examiner la demande avant la date fixée en vertu de l'article 143 paragraphe 3 du règlement et prendre contact avec le demandeur en vue de remédier avant cette date aux éventuelles irrégularités constatées. Il ne peut prendre de décision sur la demande qu'après cette date.

5. En ce qui concerne la demande, l'Office ne peut procéder à aucune recherche au sens de l'article 39 paragraphe 1 du règlement, indépendamment de l'existence ou non d'une revendication de priorité sur cette demande en vertu de l'article 29 ou 33 du règlement.

6. Si la date de réception d'une demande d'enregistrement d'une marque communautaire par l'Office, le service central de la propriété industrielle d'un État membre ou le Bureau Benelux des Marques est antérieure à la date à laquelle commence la période de trois mois spécifiée à l'article 143 paragraphe 4 du règlement, la demande est réputée ne pas avoir été déposée. Le demandeur en est avisé et la demande lui est retournée.

V. note en tête du Règl.

Art. 3 *Entrée en vigueur. Le présent règlement entre en vigueur le septième jour suivant celui de sa publication au Journal officiel des Communautés européennes [publié au JOCE n° L 303 du 15 déc. 1995].*

V. note en tête du Règl.

Règlement (CE) n° 2869/95 du 13 décembre 1995,

Relatif aux taxes à payer à l'Office de l'harmonisation dans le marché intérieur (marques, dessins et modèles). — Entré en vigueur le 22 déc. 1995. — Abrogé à compter du 23 mars 2016. Les références faites au Règl. abrogé s'entendent comme faites au Règl. (CE) n° 207/2009 du 26 févr. 2009 et sont à lire selon le tableau de correspondance figurant à l'annexe II du Règl. n° 207/2009, V. ce texte infra (Règl. 2015/2424 du 16 déc. 2015, art. 3).

Règlement (CE) *[ABROGÉ]* n° 216/96, du 5 février 1996,

Portant règlement de procédure des chambres de recours de l'Office de l'harmonisation dans le marché intérieur (marques, dessins et modèles).

(Abrogé par Règl. (UE) 2017/1430 du 18 mai 2017, art. 80, à compter du 1er oct. 2017)

Abrogation. Mesures transitoires. *Les dispositions du présent Règlement continuent de s'appliquer aux procédures en cours jusqu'à leur terme lorsque le Règl. délégué (UE) 2017/1430 du 18 mai 2017 ne s'applique pas, conformément à son art. 81 (V. ce texte infra, art. 80).*

Art. 1er *(Règl. (CE) n° 2082/2004 du 6 déc. 2004)* ***Présidium des chambres de recours. 1. L'instance mentionnée aux articles 130 et 131 du règlement est le présidium des chambres de recours (ci-après dénommé « présidium »).***

2. Le présidium est composé du président des chambres de recours, en qualité de président, des présidents de chambre et de membres des chambres élus en leur sein, pour chaque année civile, par l'ensemble des membres des chambres autres que le président des chambres et les présidents de chambre. Le nombre de membres ainsi élus s'élève à un quart des membres des chambres autres que le président des chambres et les présidents de chambre, arrondi si nécessaire à l'unité supérieure.

3. En cas d'empêchement du président des chambres de recours ou de vacance de son poste, la présidence du présidium est exercée :

a) par le président de chambre ayant la plus grande ancienneté au sein des chambres de recours, ou

b) à égalité d'ancienneté, par le président de chambre le plus âgé.

4. Le présidium ne peut valablement délibérer que si deux tiers au moins de ses membres sont présents, dont son président et deux présidents de chambre. Les décisions du présidium sont prises à la majorité des voix ; en cas de partage égal des voix, la voix du président est prépondérante.

5. Avant le début de chaque année civile, et sans préjudice de l'article 1er ter, le présidium établit les critères objectifs de répartition des affaires entre les chambres pour l'année civile considérée et désigne les membres titulaires et suppléants de chacune de ces chambres pour ladite année. Tout membre des chambres de recours peut être affecté à plusieurs chambres comme membre titulaire ou suppléant. Ces mesures peuvent être modifiées, le cas échéant, au cours de l'année civile considérée. Les décisions prises par le présidium en vertu du présent paragraphe sont publiées au Journal officiel de l'Office.

6. Le présidium est également compétent pour :

a) établir les règles de nature procédurale nécessaires à la conduite des affaires dont les chambres sont saisies et les règles nécessaires à l'organisation du travail des chambres ;

b) statuer sur tout conflit ayant trait à la répartition des affaires entre les chambres de recours ;

c) fixer son règlement intérieur ;

d) édicter des instructions pratiques de nature procédurale à l'intention des parties aux procédures devant les chambres de recours, notamment quant au dépôt de mémoires et d'observations écrites et au déroulement des procédures orales ;

e) exercer tout autre pouvoir qui lui est attribué par le présent règlement.

7. Le président des chambres de recours consulte le présidium sur la définition des besoins de dépenses des chambres qu'il communique au président de l'Office aux fins de l'établissement de l'état provisionnel des dépenses et, lorsqu'il le juge opportun, sur toute autre question relative à la gestion des chambres de recours.

V. note en tête du Règl.

Art. 1er *bis* *(Règl. (CE) n° 2082/2004 du 6 déc. 2004)* Grande chambre. *1. La chambre élargie instituée par l'article 130, paragraphe 3, du règlement est la Grande chambre.*

2. La Grande chambre est composée de neuf membres dont le président des chambres de recours, en qualité de président, les présidents de chambre, le rapporteur désigné avant renvoi à la Grande chambre si tel est le cas, et les membres tirés par rotation d'une liste composée de tous les membres des chambres de recours autres que le président des chambres et les présidents de chambre.

Le Présidium établit sur la base de critères objectifs la liste visée au premier alinéa ainsi que les règles pour sélectionner les membres de cette liste composant la Grande chambre. Cette liste ainsi que ces règles sont publiées au Journal officiel de l'Office. Si un rapporteur n'a pas été désigné avant renvoi devant la Grande chambre, le président de la Grande chambre nomme le rapporteur parmi les membres de la Grande chambre.

3. En cas d'empêchement du président des chambres de recours, de vacance de son poste ou d'exclusion ou de récusation en vertu de l'article 132 du règlement, la présidence de la Grande chambre est exercée :

a) par le président de chambre ayant la plus grande ancienneté au sein des chambres de recours ou

b) à égalité d'ancienneté, par le président de chambre le plus âgé.

4. En cas d'empêchement d'un autre membre de la Grande chambre ou d'exclusion ou de récusation en vertu de l'article 132 du règlement, il est pourvu à son remplacement au moyen et dans l'ordre de la liste mentionnée au paragraphe 2 du présent article.

5. La Grande chambre ne peut valablement délibérer et les procédures orales devant elle ne peuvent valablement avoir lieu que si sept au moins de ses membres sont présents, dont son président et le rapporteur.

Si la Grande chambre délibère en présence de seulement huit de ses membres, le membre ayant la moins grande ancienneté au sein des chambres de recours ne prend pas part au vote, sauf si ce membre est le président ou le rapporteur, auquel cas le membre ayant l'ancienneté immédiatement supérieure à celle du président ou du rapporteur ne prend pas part au vote.

V. note en tête du Règl.

Art. 1er *ter* *(Règl. (CE) n° 2082/2004 du 6 déc. 2004)* Saisine de la Grande chambre. *1. Une chambre peut renvoyer une affaire dont elle est saisie à la Grande chambre lorsqu'elle estime que la difficulté en droit, l'importance de l'affaire ou des circonstances particulières le justifient, notamment lorsque des chambres de recours ont rendu des décisions divergentes sur une question de droit soulevée par cette affaire.*

2. Une chambre renvoie une affaire dont elle est saisie à la Grande chambre lorsqu'elle estime devoir s'écarter d'une interprétation de la législation applicable donnée dans une décision antérieure de la Grande chambre.

3. Le présidium, sur proposition du président des chambres de recours faite de sa propre initiative ou à la demande d'un membre du présidium, peut renvoyer à la Grande chambre une affaire dont une chambre est saisie lorsqu'il estime que la difficulté en droit, l'importance de l'affaire ou des circonstances particulières le justifient, notamment lorsque des chambres de recours ont rendu des décisions divergentes sur une question de droit soulevée par cette affaire.

4. La Grande chambre renvoie sans délai l'affaire devant la chambre premièrement saisie lorsqu'elle estime que les conditions de la dévolution ne sont pas réunies.

5. Toutes les décisions relatives au renvoi devant la Grande chambre sont motivées. Elles sont communiquées aux parties.

V. note en tête du Règl.

Art. 1er *quater* *(Règl. (CE) n° 2082/2004 du 6 déc. 2004)* Décisions par un seul membre. *1. Le présidium établit une liste indicative des types d'affaires que, sauf circonstances particulières, les chambres peuvent attribuer à un seul membre, telles que les décisions qui clôturent la procédure par suite d'un accord entre les parties et les décisions sur les frais ou sur la recevabilité du recours.*

Le présidium peut aussi établir une liste des types d'affaires pour lesquelles la dévolution à un membre unique est exclue.

2. La décision d'attribuer à un seul membre toute affaire relevant des types d'affaires définis par le présidium conformément au paragraphe 1 peut être déléguée par la chambre à son président.

3. La décision sur l'attribution de l'affaire à un seul membre est communiquée aux parties.

Le membre à qui l'affaire a été attribuée la renvoie devant la chambre s'il constate que les conditions de la dévolution ne sont plus réunies.

V. note en tête du Règl.

Art. 1er *quinquies* *(Règl. (CE) n° 2082/2004 du 6 déc. 2004) Renvoi d'une affaire suite à un arrêt de la Cour de justice. 1. Si, en application de l'article 63, paragraphe 6, du règlement, les* *mesures que comporte l'exécution d'un arrêt de la Cour de justice annulant en tout ou en partie la décision d'une chambre de recours ou de la Grande chambre incluent un nouvel examen par les chambres de recours de l'affaire qui a fait l'objet de cette décision, le présidium décide si l'affaire est renvoyée à la chambre qui a pris cette décision, à une autre chambre ou à la Grande chambre.*

2. Lorsque l'affaire est renvoyée à une autre chambre, celle-ci est composée de façon à n'inclure aucun des membres ayant pris part à la décision attaquée. Cette dernière disposition ne s'applique pas lorsque l'affaire est renvoyée à la Grande chambre.

V. note en tête du Règl.

Art. 2 *Remplacement des membres.* 1. Les motifs de remplacement par des suppléants sont notamment les congés, la maladie, les engagements auxquels il n'est pas possible de se soustraire et les empêchements visés à l'article 132 du règlement.

2. Tout membre d'une chambre qui demande à être remplacé par un suppléant informe sans retard le président de la chambre de son empêchement.

V. note en tête du Règl.

Art. 3 Exclusion et récusation. *1. Si une chambre de recours a connaissance d'un motif possible d'exclusion ou de récusation au titre de l'article 132 paragraphe 3 du règlement et que ce motif n'est pas invoqué par le membre lui-même ou par l'une des parties en présence, c'est la procédure prévue à l'article 132 paragraphe 4 du règlement qui s'applique.*

2. Le membre concerné est invité à présenter ses observations sur l'existence d'un motif d'exclusion ou de récusation.

3. La procédure est suspendue jusqu'à ce qu'une décision soit prise conformément à l'article 132 paragraphe 4 du règlement.

V. note en tête du Règl.

Art. 4 Rapporteurs. *1. Le président de chaque chambre désigne pour chaque recours l'un des membres de sa chambre ou lui-même pour assumer les fonctions de rapporteur.*

2. Le rapporteur fait une étude préliminaire du recours. Le cas échéant, il rédige, sous la direction du président de chambre, les communications aux parties. Le rapporteur signe ces communications au nom de la chambre.

3. Le rapporteur rédige les projets de décision.

V. note en tête du Règl.

Art. 5 *(Règl. (CE) n° 2082/2004 du 6 déc. 2004)* Greffe. *1. Un greffe est institué auprès des chambres de recours, chargé notamment, sous l'autorité du président des chambres de recours, de la réception, de la transmission, de la conservation et de la notification de tous documents relatifs à la procédure devant les chambres de recours et de la constitution des dossiers y afférents.*

2. Le greffe est dirigé par un greffier. Le président des chambres désigne un agent du greffe chargé de remplir les fonctions de greffier en cas d'absence ou d'empêchement de celui-ci ou de vacance de son poste.

3. Le greffe veille, en particulier, au respect des délais et des autres conditions de forme relatifs à la présentation du recours et du mémoire exposant les motifs de recours.

Si une irrégularité susceptible d'entraîner l'irrecevabilité du recours est constatée, le greffier adresse sans tarder un avis motivé au président de la chambre de recours concernée.

4. Les procès-verbaux des procédures orales et des instructions sont établis par le greffier ou, si le président des chambres de recours marque son accord, par tout agent des chambres de recours désigné par le président de la chambre concernée.

5. Le président des chambres de recours peut confier au greffier l'attribution des affaires aux chambres de recours dans le cadre des critères d'attribution établis par le présidium.

Le présidium peut, sur proposition du président des chambres de recours, confier au greffe d'autres tâches relatives à la conduite de la procédure devant les chambres de recours.

V. note en tête du Règl.

Art. 6 Modification de la composition d'une chambre. *1. Si la composition d'une chambre est modifiée après une procédure orale, les parties sont informées que, si l'une d'elles le demande, une nouvelle procédure orale aura lieu devant la chambre dans sa nouvelle composition. Une nouvelle* *procédure orale a également lieu à la demande du nouveau membre de la chambre si les autres sont d'accord.*

2. Le nouveau membre de la chambre est lié, au même titre que les autres, par les décisions interlocutoires déjà prises.

3. Si l'un des membres d'une chambre a un empêchement alors que la chambre a déjà pris une décision définitive, il n'est pas remplacé. S'il s'agit du président de la chambre, la décision est signée, en lieu et place de celui-ci, par le plus ancien membre de la chambre ; à égalité d'ancienneté, c'est le plus âgé qui signe.

V. note en tête du Règl.

Art. 7 Jonction de procédures de recours. *1. Si plusieurs recours sont formés contre une même décision, ils sont examinés au cours d'une même procédure.*

2. Si des recours sont formés contre des décisions différentes et si tous ces recours doivent être examinés par la même chambre composée des mêmes membres, celle-ci peut, avec l'accord des parties, instruire ces recours dans le cadre d'une procédure conjointe.

V. note en tête du Règl.

Art. 8 *(Règl. (CE) n° 2082/2004 du 6 déc. 2004)* Déroulement de la procédure. *1. Lorsque le greffier adresse au président d'une chambre de recours un avis sur la recevabilité d'un recours conformément à l'article 5, paragraphe 3, deuxième alinéa, le président de la chambre concernée peut, soit suspendre la mise en état du dossier et inviter la chambre à se prononcer sur la recevabilité du recours, soit réserver l'appréciation de la recevabilité du recours à la décision mettant fin à la procédure devant la chambre de recours.*

2. Dans les procédures inter partes, et sans préjudice de l'article 61, paragraphe 2, du règlement, le mémoire exposant les motifs du recours et les observations en réponse peuvent être complétés par une réplique du requérant, présentée dans un délai de deux mois à compter de la notification qui lui est faite des observations en réponse, et une duplique de la partie défenderesse, présentée dans un délai de deux mois à compter de la notification qui lui est faite de la réplique.

3. Dans les procédures inter partes, la partie défenderesse peut, dans ses observations en réponse, formuler des conclusions visant à l'annulation ou à la réformation de la décision contestée sur un point non soulevé dans le recours. De telles conclusions deviennent sans objet en cas de désistement du requérant. — Les dispositions des § 2 et 3 ne s'appliquent qu'aux procédures pour lesquelles le recours a été introduit postérieurement à l'entrée en vigueur du Règl. du 6 déc. 2004, soit le 27 déc. 2004.

V. note en tête du Règl.

Art. 9 Procédure orale. *1. En cas de procédure orale, la chambre veille à ce que les parties fournissent tous les documents et informations utiles avant l'audience.*

2. En convoquant les parties à une procédure orale, la chambre peut leur signaler les points qui semblent présenter une importance particulière, le fait que certaines questions ne semblent plus être litigieuses ou faire des observations pouvant aider à concentrer la procédure sur les points essentiels.

3. La chambre s'assure que l'affaire est en état de faire l'objet d'une décision à la clôture de la procédure orale, à moins que des raisons particulières ne s'y opposent.

V. note en tête du Règl.

Art. 10 Information des parties. *Si une chambre considère qu'il est souhaitable d'informer les parties de la manière dont elle pourrait apprécier certaines questions de fait ou de droit, elle le fait de telle manière que cette information ne puisse être interprétée comme pouvant la lier.*

V. note en tête du Règl.

Art. 11 Observations sur des questions d'intérêt général. *La chambre peut, à son initiative ou sur demande écrite et motivée du président de l'Office, inviter celui-ci à présenter par écrit ou oralement ses observations sur des questions d'intérêt général qui se posent dans le cadre d'une procédure pendante devant elle. Les parties ont le droit de prendre position sur ces observations.*

V. note en tête du Règl.

Art. 12 Délibéré avant décision. *Le rapporteur soumet un projet de décision aux autres membres de la chambre et leur fixe un délai raisonnable pour s'y opposer ou demander qu'il soit modifié. La chambre se réunit pour délibérer sur la décision à prendre s'il apparaît que ses membres ne sont pas tous du même avis. Seuls les membres de la chambre concernée participent au délibéré. Toutefois, le président de la chambre peut autoriser d'autres agents, tels que des greffiers ou des interprètes, à y assister. Le délibéré est secret.*

V. note en tête du Règl.

Art. 13 Ordre à suivre pour le vote. *1. Lors du délibéré entre les membres d'une chambre, le rapporteur exprime son opinion en premier lieu et le président en dernier lieu, à moins qu'il ne soit lui-même rapporteur.*

2. S'il est nécessaire de voter, le même ordre est suivi sauf si le président est également rapporteur ; dans ce cas, il vote le dernier. Nul ne peut s'abstenir.

V. note en tête du Règl.

Art. 14 Entrée en vigueur. *Le présent règlement entre en vigueur le troisième jour suivant celui de sa publication au Journal officiel des Communautés européennes* [Publié au JOCE n° L 28 du 6 févr. 1996.].

V. note en tête du Règl.

Directive 2008/95/CE du Parlement européen et du Conseil du 22 octobre 2008,

Rapprochant les législations des États membres sur les marques. Ce texte codifie la Dir. 89/104/CEE du 21 déc. 1988.

COMMENTAIRE

La Directive 2008/95/CE est entrée en vigueur le vingtième jour suivant celui de sa publication au *Journal officiel de l'Union européenne*, soit le 28 novembre 2008. Selon son considérant 1, **cette directive** a simplement **opéré une codification de la directive 89/104/CEE**, dont les dispositions pertinentes n'ont subi aucune modification substantielle quant à leur libellé, leur contexte ou leur objectif (CJUE 19 juin 2014, n° C-217/13 : V. note 2 ss. art. 3), laquelle continue de s'appliquer aux affaires introduites devant les juridictions nationales avant le 28 novembre 2008 (même arrêt).

La Dir. 2008/95/CE est abrogée avec effet au 15 janv. 2019. Elle est remplacée par la Dir. (UE) n° 2015/2436 du Parlement européen et du Conseil du 16 déc. 2015 (V. ce texte, infra).

BIBL. ▶ Bonet, *Propr. intell. 2015, n° 54, p. 4* (la très prochaine réforme du droit des marques dans l'Union européenne).

Les dispositions de la Dir. 2008/95/CE du 22 oct. 2008 n'ont subi aucune modification substantielle quant à leur libellé, leur contexte ou leur objectif par rapport aux dispositions équivalentes de la Dir. 89/104/CEE du 21 déc. 1988. Pour la même raison, la jurisprudence relative aux dispositions de la Dir. 89/104/CEE demeure applicable aux dispositions équivalentes de la Dir. 2008/95/CE. • CJUE 17 juill. 2014, *Honda*, n° C-535/13 : *PIBD 2014. III. 857.*

(1) La directive 89/104/CEE du Conseil du 21 décembre 1988 rapprochant les législations des États membres sur les marques a été modifiée dans son contenu. Il convient, dans un souci de clarté et de rationalité, de procéder à la codification de ladite directive.

(2) Les législations qui s'appliquaient aux marques dans les États membres avant l'entrée en vigueur de la directive 89/104/CEE comportaient des disparités qui pouvaient entraver la libre circulation des produits ainsi que la libre prestation des services et fausser les conditions de concurrence dans le marché commun. Il était donc nécessaire de rapprocher ces législations pour assurer le bon fonctionnement du marché intérieur.

(3) Il importe de ne pas méconnaître les solutions et les avantages que le régime de la marque communautaire peut offrir aux entreprises désireuses d'acquérir des marques.

(4) Il n'apparaît pas nécessaire de procéder à un rapprochement total des législations des États membres en matière de marques. Il est suffisant de limiter le rapprochement aux dispositions nationales ayant l'incidence la plus directe sur le fonctionnement du marché intérieur.

(5) La présente directive ne devrait pas enlever aux États membres le droit de continuer à protéger les marques acquises par l'usage, mais ne devrait régir que leurs rapports avec les marques acquises par l'enregistrement.

(6) Les États membres devraient garder également toute liberté pour fixer les dispositions de procédure concernant l'enregistrement, la déchéance ou la nullité des marques acquises par l'enregistrement. Il leur appartient, par exemple, de déterminer la forme des procédures d'enregistrement et de nullité, de décider si les droits antérieurs doivent être invoqués dans

la procédure d'enregistrement ou dans la procédure de nullité ou dans les deux, ou encore, dans le cas où des droits antérieurs peuvent être invoqués dans la procédure d'enregistrement, de prévoir une procédure d'opposition ou un examen d'office ou les deux. Les États membres devraient conserver la faculté de déterminer les effets de la déchéance ou de la nullité des marques.

(7) La présente directive ne devrait pas exclure l'application aux marques des dispositions du droit des États membres, autres que le droit des marques, telles que les dispositions relatives à la concurrence déloyale, à la responsabilité civile ou à la protection des consommateurs.

(8) La réalisation des objectifs poursuivis par le rapprochement suppose que l'acquisition et la conservation du droit sur la marque enregistrée soient en principe subordonnées, dans tous les États membres, aux mêmes conditions. A cette fin, il convient d'établir une liste exemplative de signes susceptibles de constituer une marque s'ils sont propres à distinguer les produits ou les services d'une entreprise de ceux d'autres entreprises. Les motifs de refus ou de nullité concernant la marque elle-même, par exemple l'absence de caractère distinctif, ou concernant les conflits entre la marque et des droits antérieurs, devraient être énumérés de façon exhaustive, même si certains de ces motifs sont énumérés à titre facultatif pour les États membres qui peuvent donc maintenir ou introduire dans leur législation les motifs en question. Les États membres devraient pouvoir maintenir ou introduire dans leur législation des motifs de refus ou de nullité liés à des conditions d'acquisition ou de conservation du droit sur la marque pour lesquelles il n'existe pas de dispositions de rapprochement et qui sont relatives, par exemple, à la qualité du titulaire de la marque, au renouvellement de la marque, au régime des taxes ou au non-respect des règles de procédure.

(9) Pour réduire le nombre total des marques enregistrées et protégées dans la Communauté et, partant, le nombre des conflits qui surgissent entre elles, il importe d'exiger que les marques enregistrées soient effectivement utilisées sous peine de déchéance. Il est nécessaire de prévoir que la nullité d'une marque ne peut être prononcée en raison de l'existence d'une marque antérieure non utilisée, tout en laissant aux États membres la faculté d'appliquer le même principe en ce qui concerne l'enregistrement d'une marque ou de prévoir qu'une marque ne peut être valablement invoquée dans une procédure en contrefaçon s'il est établi, à la suite d'une exception, que le titulaire de la marque pourrait être déchu de ses droits. Pour tous ces cas, il appartient aux États membres de fixer les règles de procédure applicables.

(10) Il est fondamental, pour faciliter la libre circulation des produits et la libre prestation des services, de faire en sorte que les marques enregistrées jouissent de la même protection dans la législation de tous les États membres. Cela, cependant, n'enlève pas aux États membres la faculté d'accorder une protection plus large aux marques ayant acquis une renommée.

(11) La protection conférée par la marque enregistrée, dont le but est notamment de garantir la fonction d'origine de la marque, devrait être absolue en cas d'identité entre la marque et le signe et entre les produits ou services. La protection devrait valoir également en cas de similitude entre la marque et le signe et entre les produits ou services. Il est indispensable d'interpréter la notion de similitude en relation avec le risque de confusion. Le risque de confusion, dont l'appréciation dépend de nombreux facteurs et notamment de la connaissance de la marque sur le marché, de l'association qui peut en être faite avec le signe utilisé ou enregistré, du degré de similitude entre la marque et le signe et entre les produits ou services désignés, devrait constituer la condition spécifique de la protection. Les moyens par lesquels le risque de confusion peut être constaté, et en particulier la charge de la preuve, devraient relever des règles nationales de procédure auxquelles la présente directive ne devrait pas porter préjudice.

(12) Il importe, pour des raisons de sécurité juridique et sans porter atteinte de manière inéquitable aux intérêts du titulaire d'une marque antérieure, de prévoir que ce dernier ne peut plus demander la nullité ou s'opposer à l'usage d'une marque postérieure à la sienne dont il a sciemment toléré l'usage pendant une longue période, sauf si la marque postérieure a été demandée de mauvaise foi.

(13) Tous les États membres sont liés par la convention de Paris pour la protection de la propriété industrielle. Il est nécessaire que les dispositions de la présente directive soient en

harmonie complète avec celles de ladite convention. Les obligations des États membres découlant de cette convention ne devraient pas être affectées par la présente directive. Le cas échéant, l'article 307, deuxième alinéa, du traité devrait s'appliquer.

(14) La présente directive ne devrait pas porter atteinte aux obligations des États membres concernant le délai de transposition en droit national de la directive 89/104/CEE, indiqué à l'annexe I, partie B.

Effet de la directive. Une directive ne peut pas par elle-même créer d'obligation dans le chef d'un particulier et ne peut donc être invoquée en tant que telle à son encontre ; c'est à la juridiction nationale d'interpréter et d'appliquer son droit national à la lumière du texte et de la finalité de la directive pour atteindre le résultat visé par celle-ci et se conformer ainsi à l'art. 189-3° du traité CE. • CJCE 16 juill. 1998, *Silhouette : D. 1999. 128, obs. Schmidt-Szalewski ; PIBD 1998. III. 483 ; RTD eur. 2000. 112, obs. Bonet ; D. Affaires 1998. 1392, note Arnaud.*

Art. 1er ***Champ d'application.*** **La présente directive s'applique aux marques de produits ou de services individuelles, collectives, de garantie ou de certification, qui ont fait l'objet d'un enregistrement ou d'une demande d'enregistrement dans un État membre ou auprès de l'Office Benelux de la propriété intellectuelle ou qui ont fait l'objet d'un enregistrement international produisant ses effets dans un État membre.** – *[Dir. 89/104/CEE du 21 déc. 1988, art. 1er.]*

Art. 2 ***Signes susceptibles de constituer une marque.*** **Peuvent constituer des marques tous les signes susceptibles d'une représentation graphique, notamment les mots, y compris les noms de personnes, les dessins, les lettres, les chiffres, la forme du produit ou de son conditionnement, à condition que de tels signes soient propres à distinguer les produits ou les services d'une entreprise de ceux d'autres entreprises.** – *[Dir. 89/104/CEE du 21 déc. 1988, art. 2.]*

BIBL. ▸ **Dir. 89/104/CEE du 21 déc. 1988 :** Bonet, *Propr. intell. 2012, n° 43, p. 154* (les trois âges de la fonction de la marque selon la jurisprudence de la Cour de justice). – Breese, *Propr. intell. 2003, n° 8, p. 261* (la difficile mais irréversible émergence des marques olfactives). – Pollaud-Dulian, *RJDA 2003. 707* (les marques tridimensionnelles en droit communautaire). – Vilmart, *Propr. intell. 2003, n° 9, p. 345* (pour vos couleurs d'emballages : attention à vos marques !).

1. La Dir. 2008/95/CE doit être interprétée en ce sens qu'elle ne s'oppose pas à l'utilisation des indications générales des intitulés de classes de la classification de Nice afin d'identifier les produits et les services pour lesquels la protection de la marque est demandée pour autant qu'une telle identification soit suffisamment claire et précise. Le demandeur d'une marque nationale qui utilise toutes les indications générales de l'intitulé d'une classe particulière de la classification de Nice pour identifier les produits ou les services pour lesquels la protection de la marque est demandée doit préciser si sa demande vise l'ensemble des produits ou des services répertoriés dans la liste alphabétique de cette classe ou seulement certains d'entre eux. Dans ce cas, le demandeur est obligé de préciser quels produits ou services relevant de ladite classe sont visés : • CJUE 19 juin 2012, *IP Translator*, n° C-307/10 : *D. 2014. Pan. 331, obs. Clavier ; JCP E 2013. 1074, obs. Caron ; PIBD 2012. III. 536 ; CCE 2012, n° 133, note Caron ; Propr. ind. 2012, n° 65, note Folliard-Monguiral ; Europe 2012, n° 343, note Idot.* ♦ La règle énoncée par l'arrêt *IP Translator* du 19 juin 2012 (pt. 61) n'est pas applicable à l'enregistrement d'une marque intervenu avant le prononcé de celui-ci. • CJUE 16 févr. 2017, *Lambretta*, n° C-577/14 : *Propr. ind. 2017, n° 25, note Folliard-Monguiral.*

I. GÉNÉRALITÉS

2. Fonction de la marque. La fonction essentielle de la marque est de garantir au consommateur ou à l'utilisateur final l'identité d'origine du produit ou du service désigné par la marque, en lui permettant de distinguer sans confusion possible ce produit ou service de ceux qui ont une autre provenance. En effet, pour que la marque puisse jouer son rôle d'élément essentiel du système de concurrence non faussé que le traité entend établir et maintenir, elle doit constituer la garantie que tous les produits ou services qu'elle désigne ont été fabriqués ou fournis sous le contrôle d'une entreprise unique à laquelle peut être attribuée la responsabilité de leur qualité. • CJCE 22 juin 1976, *Terrapin/Terranova : RTD Eur. 1981, p. 136, obs. Bonet ; JCP E 1976, p. 2825, note Burst et Kovar* • 10 oct. 1978, *Centrafarm : Rec. p. I-1823* • 17 oct. 1990, *Hag II : RTD eur. 1991. 639, obs. Bonet ; PIBD 1991. III. 48 ; JCP E 1992. 109, obs. Vogel* • 22 juin 1994, n° C-9/93, *Idéal Standard : RTD eur. 1995. 848, obs. Bonet ; PIBD 1994. III. 502* • 29 sept. 1998, *Canon : Rec. I-5507 ; PIBD 1999. III. 28 ; RTD eur. 2000, p. 100, obs. Bonet.* • 12 oct. 1999, *Upjohn : Rec. p. I-6927* • 12 nov 2002, *Arsenal football club*, n° C-206/01 : *D. 2003. 755, note de Candé ; JCP E 2003. 1468,* *n° 10, obs. Boespflug, Greffe et Barthélemy ; PIBD 2003. III. 263 ; Propr. intell. 2003, n° 7, p. 200, obs. Bonet ; RDPI, nov. 2002, n° 141, p. 26* • 16 nov. 2004, *Anheuser-Busch : Prop. intell. 2005, n° 15, p. 189* • 25 janv. 2007, *Adam Opel : D. 2007. Pan. 2835, obs. Durrande ; RTD com. 2007. 712, obs. Azéma ; RTD eur. 2007. 685, obs. Schmidt-Szalewski ; PIBD 2007. III. 241 ; Propr. intell. 2007, n° 23, p. 237, obs. Bonet* • TGI Paris, réf., 28 nov. 2011 : *D. 2011. AJ 2993, obs. Agostini*. ♦ Pour que cette garantie de provenance, qui constitue la fonction essentielle de la marque, puisse être assurée, le titulaire de la marque doit être protégé contre les concurrents qui voudraient abuser de la position et de la réputation de la marque en vendant des produits indûment pourvus de celle-ci. • CJCE 23 mai 1978 : *« Hoffmann-La Roche »* • 11 juill. 1996 : *« Bristol-Myers Squibb » ; RTD eur. 1998. 111, obs. Bonet* , • 11 nov. 1997 : *« Loendersloot »* • 12 oct. 1999 : *« Upjohn » : RTD eur. 2000. 120, obs. Bonet*. ♦ Parmi les fonctions de la marque figurent non seulement la fonction essentielle qui est de garantir aux consommateurs la provenance du produit ou du service, mais également les autres fonctions de celle-ci, notamment celle consistant à garantir la qualité de ce produit ou de ce service, ou celles de communication, d'investissement ou de publicité. • CJCE 18 juin 2009, *L'Oréal : CCE 2009. Comm. n° 111, obs. Caron ; JCP 2009. 180, note Marino ; PIBD 2009. III. 1305 ; Propr. intell. 2010, p. 655, obs. Bonet ; Propr. ind. 2009. Comm. n° 51, note Folliard-Monguiral* • CJUE 23 mars 2010, *Google : D. 2011. Pan. 911, obs. Durrande ; CCE 2010. Étude 12, par Bonet ; ibid. Comm. n° 70, note Caron ; Légipresse 2010, n° 274, p. 158, note Maréchal ; PIBD 2010. III. 297 ; Propr. ind. 2010. Comm. n° 38, note Folliard-Monguiral*. ♦ Une marque est souvent, outre une indication de provenance du produit ou du service, un instrument de stratégie commerciale employé à des fins publicitaires ou pour acquérir une réputation afin de fidéliser le consommateur. • CJUE 22 sept. 2011, *Interflora : Dalloz actualité, 27 sept. 2011, obs. Manara ; D. 2012. Pan. 1362, obs. Durrande ; RTD com. 2012. 103, obs. Azéma ; Légipresse 2011, n° 288, p. 638, note Bouvel ; Propr. intell. 2012, n° 42 p. 68, obs. Bonet ; PIBD 2012. III. 12*. ♦ Si la fonction d'investissement peut présenter certains chevauchements avec celle de publicité, elle s'en distingue néanmoins par le fait que l'emploi de la marque pour acquérir une réputation s'effectue non seulement au moyen de la publicité mais aussi par le recours à diverses techniques commerciales. L'atteinte à la fonction d'investissement est caractérisée lorsque l'usage d'un mot-clé identique à la marque gêne de façon substantielle le titulaire de la marque dans l'emploi de son signe pour acquérir ou conserver une réputation susceptible d'attirer les consommateurs. • CJUE 22 sept. 2011, *Interflora : préc.*

3. *Marques tridimensionnelles.* L'art. 2 de la directive ne fait aucune distinction entre les différentes catégories de marques. En particulier, elle n'exige pas que la forme du produit en considération duquel le signe est enregistré doive comporter quelque addition arbitraire. La forme en question doit simplement être propre à distinguer le produit du titulaire de la marque de ceux d'autres entreprises et donc à remplir sa fonction essentielle à savoir garantir l'origine du produit. • CJCE 18 juin 2002, *Philips : RTD com. 2003. 500, obs. Azéma ; JCP E 2003. 1434, n° 1, obs. Boespflug, Greffe et Barthélemy ; PIBD 2003. III. 37 ; Propr. ind. 2002, n° 71, note Greffe ; Propr. intell. 2002, n° 5, p. 83, obs. Joly*. ♦ L'art. 2 de la directive doit être interprété en ce sens que l'objet d'une demande d'enregistrement de marques qui porte sur toutes les formes imaginables d'un réceptacle ou compartiment de collecte transparent faisant partie de la surface externe d'un aspirateur ne constitue pas un « signe » au sens de cette disposition et, partant, qu'il n'est pas susceptible de constituer une marque au sens de celle-ci. • CJCE 25 janv. 2007, *Dyson*, n° C-321/03 : *D. 2007. Pan. 2833, obs. Durrande ; Propr. intell. 2007, n° 23, p. 237, obs. Bonet.*

4. *Odeurs.* Peut constituer une marque un signe qui n'est pas en lui-même susceptible d'être perçu visuellement, à condition qu'il puisse faire l'objet d'une représentation graphique. • CJCE 12 déc. 2002, *Sieckman : CCE 2003, n° 13, note Caron ; JCP E 2003. 1434, n° 1, obs. Boespflug, Greffe et Barthélemy ; PIBD 2003. III. 125 ; Propr. ind. 2003, n° 19, note Tréfigny ; ibid. n° 69, obs. Mandel ; Propr. intell. 2003, n° 7, p. 205, obs. Joly ; ibid. n° 9, p. 456, obs. Bruguière.*

5. *Couleurs.* A la question de savoir si une couleur en elle-même est propre à distinguer les produits ou les services d'une entreprise de ceux d'autres entreprises, il faut apprécier si les couleurs en elles-mêmes sont aptes ou non à transmettre des informations précises notamment quant à l'origine d'un produit ou d'un service. Il ne peut pas être exclu qu'existent des situations dans lesquelles une couleur en elle-même puisse servir d'indication d'origine des produits ou des services d'une entreprise. • CJCE 6 mai 2003, *Libertel : D. 2003. AJ 1501, obs. Daleau ; D. 2005. Pan. 501, obs. Durrande ; PIBD 2003. III. 594 ; JCP E 2003. 1434, n° 1, obs. Boespflug, Greffe et Barthélemy ; Propr. ind. 2003, n° 76, note Tréfigny ; Propr. intell. 2003, n° 9, p. 420, obs. de Medrano-Caballero.*

II. REPRÉSENTATION GRAPHIQUE

6. *Principe.* La représentation graphique s'entend d'une représentation au moyen de figures, de lignes ou de caractères, qui soit claire, précise, complète par elle-même, facilement accessible, intelligible, durable et objective. • CJCE 12 déc. 2002, *Sieckman : préc. note 4.*

7. Applications. Signes non susceptibles d'être perçus visuellement. S'agissant d'un signe olfactif, ces exigences ne sont pas remplies par une formule chimique, par une description au moyen de mots écrits, par le dépôt d'un échantillon d'une odeur ou par la combinaison de ces éléments. • CJCE 12 déc. 2002, *Sieckman : préc. note 4.* ♦ S'agissant d'un signe sonore, la représentation graphique ne saurait consister dans une description écrite telle que l'indication que le signe est constitué des notes composant une œuvre musicale connue ou l'indication qu'il est le cri d'un animal, d'une simple onomatopée, ou d'une succession de notes de musique. En revanche, les conditions posées par l'arrêt Sieckman sont satisfaites lorsque le signe en cause est représenté au moyen d'une portée divisée en mesures et sur laquelle figurent, notamment, une clé, des notes de musique et des silences dont la forme indique la valeur relative et, le cas échéant, des altérations. • CJCE 27 nov. 2003, *Shield Mark : D. 2004. AJ 64 ; D. 2005. Pan. 502, obs. Durrande ; Propr. intell. 2004, p. 662, obs. de Medrano-Caballero ; RJDA 2004, n° 373.*

8. Couleurs. La représentation graphique d'une marque constituée par une couleur plate ne peut être satisfaite par un simple échantillon, faute de permanence suffisante ; en revanche, l'association d'un échantillon et d'une description verbale peut constituer une représentation graphique notamment lorsque cette description se réfère à un code d'identification internationalement reconnu. • CJCE 6 mai 2003, *Libertel : préc. note 5.* ♦ Lorsque le signe est composé de plusieurs couleurs, sa représentation graphique doit comporter, outre la description de chacune des couleurs par référence à un code international, l'agencement systématique associant les couleurs concernées de manière prédéterminée et constante. • CJCE 24 juin 2004, *Heidebelger Bauchemie : D. 2005. Pan. 501, obs. Durrande ; PIBD 2004. III. 553 ; Propr. intell. 2004, n° 13, p. 948, obs. de Medrano-Caballero.*

III. ÉNUMÉRATION DES PRODUITS ET DES SERVICES

9. La notion de services visée dans l'art. 2 de la Dir. comprend les services fournis dans le cadre du commerce de détail des produits. Aux fins d'enregistrement d'une marque de services, il n'est pas nécessaire de désigner concrètement le ou les services en cause. En revanche, il est indispensable de donner des précisions quant aux produits ou aux types de produits concernés par ces services. • CJCE 7 juill. 2005, *Praktiker Bau,* n° C-418/02 : *D. 2005. 2813, note Schahl et Bresson ; PIBD 2005. III. 624.* ♦ Les prestations d'un opérateur économique consistant à regrouper des services afin que le consommateur puisse facilement les comparer et les acquérir peuvent relever de la notion de services visée à l'art. 2. La Dir. 2008/95/CE doit être interprétée en ce sens qu'une demande d'enregistrement de marque pour un service de regroupement de services doit être formulée avec suffisamment de clarté et de précision pour permettre aux autorités compétentes et aux autres opérateurs économiques de savoir quels sont les services que le demandeur se propose de regrouper. • CJUE 10 juill. 2014, *Netto,* n° C-420/13 : *PIBD 2014. III. 755 ; D. 2014. 1542 ; Légipresse 2014. 634, obs. Basire ; Propr. ind. 2014, n° 62, obs. Folliard-Monguiral ; Propr. intell. 2014, n° 53, p. 422, obs. Geoffray ; Gaz. Pal. 2014, n° 310, p. 17, chron. Marino.*

Art. 3 ***Motifs de refus ou de nullité.*** **1. Sont refusés à l'enregistrement ou sont susceptibles d'être déclarés nuls s'ils sont enregistrés :**

a) les signes qui ne peuvent constituer une marque ;

b) les marques qui sont dépourvues de caractère distinctif ;

c) les marques qui sont composées exclusivement de signes ou d'indications pouvant servir, dans le commerce, pour désigner l'espèce, la qualité, la quantité, la destination, la valeur, la provenance géographique ou l'époque de la production du produit ou de la prestation du service, ou d'autres caractéristiques de ceux-ci ;

d) les marques qui sont composées exclusivement de signes ou d'indications devenus usuels dans le langage courant ou dans les habitudes loyales et constantes du commerce ;

e) les signes constitués exclusivement :

i) par la forme imposée par la nature même du produit,

ii) par la forme du produit nécessaire à l'obtention d'un résultat technique,

iii) par la forme qui donne une valeur substantielle au produit ;

f) les marques qui sont contraires à l'ordre public ou aux bonnes mœurs ;

g) les marques qui sont de nature à tromper le public, par exemple sur la nature, la qualité ou la provenance géographique du produit ou du service ;

h) les marques qui, à défaut d'autorisation des autorités compétentes, sont à refuser ou à invalider en vertu de l'article 6 *ter* de la convention de Paris pour la protection de la propriété industrielle, ci-après dénommée "convention de Paris".

2. Chaque État membre peut prévoir qu'une marque est refusée à l'enregistrement ou, si elle est enregistrée, est susceptible d'être déclarée nulle lorsque et dans la mesure où :

a) l'usage de cette marque peut être interdit en vertu de la législation autre que celle en matière de droit des marques de l'État membre concerné ou de la Communauté ;

b) la marque comporte un signe de haute valeur symbolique, et notamment un symbole religieux ;

c) la marque comporte des badges, emblèmes et écussons autres que ceux visés par l'article 6 *ter* de la convention de Paris et présentant un intérêt public, à moins que leur enregistrement n'ait été autorisé conformément à la législation de l'État membre par l'autorité compétente ;

d) la demande d'enregistrement de la marque a été faite de mauvaise foi par le demandeur.

3. Une marque n'est pas refusée à l'enregistrement ou, si elle est enregistrée, n'est pas susceptible d'être déclarée nulle en application du paragraphe 1, points b), c) ou d), si, avant la date de la demande d'enregistrement et après l'usage qui en a été fait, elle a acquis un caractère distinctif. En outre, les États membres peuvent prévoir que la présente disposition s'applique également lorsque le caractère distinctif a été acquis après la demande d'enregistrement ou après l'enregistrement.

4. Un État membre peut prévoir que, par dérogation aux paragraphes 1, 2 et 3, les motifs de refus ou de nullité qui étaient applicables dans cet État avant la date d'entrée en vigueur des dispositions nécessaires pour se conformer à la directive 2008/95/CEE s'appliquent aux marques dont la demande a été déposée avant cette date. – *[Dir. 89/104/CEE du 21 déc. 1988, art. 3.]*

BIBL. ▶ **Dir. 89/104/CEE du 21 déc. 1988 :** BAUD, *Propr. ind. 2006. Étude 7* (réflexions sur la notion d'usage du signe dans l'acquisition et dans la conservation du droit sur la marque). – FOLLIARD-MONGUIRAL, *Propr. ind. 2004. Chron. 14* (le caractère distinctif acquis par l'usage). – RUZECK, *Propr. ind. 2006. Étude 9* (l'appréciation de l'usage dans l'acquisition et la conservation de la marque communautaire).

I. ART 3, § 1, APPRÉCIATION DU CARACTÈRE DISTINCTIF. GÉNÉRALITÉS

1. Il convient d'interpréter les différents motifs de refus d'enregistrement énumérés à l'article 3 de la Directive à la lumière de l'intérêt général qui sous-tend chacun d'eux. • CJCE 4 mai 1999, *Windsurfing*, n^os^ C-108/97 et C-109/97 : *Rec. I. 2779 ; RTD eur. 2000. 127, obs. Bonet ; PIBD 1999. III. 381* • 18 juin 2002, *Philips*, n° C-299/99 : *RTD com. 2003. 500, obs. Azéma ; JCP E 2003. 1434, n° 1, obs. Boespflug, Greffe et Barthélemy ; PIBD 2003. III. 37 ; Propr. ind. 2002, n° 71, note Greffe ; Propr. intell. 2002, n° 5, p. 83, obs. Joly* • 8 avr. 2003, *Linde*, n^os^ C-53/01 à C-55/01 : *D. 2003. AJ 1232 ; RTD eur. 2004. 126, obs. Bonet ; JCP E 2003. 639 ; PIBD 2003. III. 505 ; Propr. ind. 2003, n° 52, note Folliard-Monguiral ; Propr. intell. 2003, n° 9, p. 420, obs. Bonet.*

2. Le caractère distinctif d'une marque au sens de l'art. 3, § 1 sous *b)*, de la directive signifie que cette marque est apte à identifier le produit pour lequel est demandé l'enregistrement comme provenant d'une entreprise déterminée et donc à distinguer ce produit de ceux d'autres entreprises. • CJCE 18 juin 2002, *Philips : préc. note 1.* • 8 avr. 2003, *Linde : préc. note 1* ♦ Dans l'appréciation de la distinctivité du signe, il ne saurait être fait abstraction des produits ou services que celui-ci a pour objet de distinguer. • CJCE 4 oct. 2001, *Merz & Krell GmbH*, n° C-517/99 : *Rec. p. 1-6959 ; RTD eur. 2004. 97, obs. Bonet*. ♦ Il convient de prendre en considération tous les éléments pertinents et notamment les qualités intrinsèques de la marque, y compris le fait qu'elle est dénuée ou non de tout élément descriptif des produits ou services pour lesquels elle a été enregistrée, la part de marché détenue par la marque, l'intensité, l'étendue géographique et la durée de l'usage de cette marque, l'importance des investissements réalisés par l'entreprise pour la promouvoir, la proportion des milieux intéressés qui identifie les produits ou les services comme provenant d'une entreprise déterminée grâce à la marque ainsi que les déclarations des chambres de commerce et d'industrie ou d'autres associations professionnelles. • CJCE 4 mai 1999, *Windsurfing : préc. note 1* • 22 juin 1999, *Lloyd*, n° C-342/97 : *RTD eur. 2000. 108, obs. Bonet ; PIBD 1999. III. 383 ; D. Affaires 1999. 1446* • 18 juin 2002, *Philips : préc. note 1.* ♦ Le caractère distinctif d'une marque doit être apprécié par rapport à la perception des milieux intéressés qui sont constitués par les consommateurs moyens de la catégorie de produits ou de services en cause, normalement informés et raisonnablement attentifs et avisés, dans le territoire duquel l'enregistrement est demandé. • CJCE 4 mai 1999, *Windsurfing : préc. note 1* • 18 juin 2002, *Philips : préc. note 1* • 8 avr. 2003, *Linde : préc. note 1* • CJCE 12 févr. 2004, *Henkel*, n° C-218/01 : *D. 2005. Pan. 500, obs. Durrande ; PIBD 2004. III. 327* • CJCE 9 mars 2006, *Matratzen Concord*, n° C-421/04 : *D. 2006. Pan. 2321, obs. Durrande ; Propr. ind. 2006, n° 45, note Folliard-Monguiral ; Propr. intell. 2006, n° 21, p. 483, obs. Bonet.* ♦ L'art. 3, § 1 sous *b)* et *c)*, ne s'oppose pas à l'enregistrement dans un État membre, en tant que marque nationale, d'un vocable emprunté à la langue d'un autre État membre dans lequel il est dépourvu de caractère distinctif ou est descriptif des produits ou des services pour lesquels l'enregistrement est demandé, à moins que les milieux intéressés dans l'État membre dans lequel l'enregistrement est demandé soient aptes à identifier la signification de ce vocable. • CJCE 9 mars 2006, *Matratzen Concord*, n° C-421/04 : *RTD eur. 2007. 525, obs. Schmidt-Szalewski*. ♦ L'art. 3, § 1 sous *b)*, ne fait pas de distinction entre les signes de nature différente ; l'appréciation du caractère distinctif d'une marque constituée d'un nom patronymique, même répandu, doit, comme pour les autres marques, se faire concrètement selon les critères applicables à tout signe visé par l'art. 2 de la Dir., par rapport d'une part aux produits ou aux services pour lesquels l'enregistrement est demandé, et d'autre part par rapport à la perception des milieux intéressés. Des critères d'appréciation plus stricts tirés par exemple d'un nombre préétabli de personnes portant le même nom au-delà duquel ce nom pourrait être considéré comme dépourvu de caractère distinctif, du nombre d'entreprises fournissant des produits du type de ceux en cause dans la demande d'enregistrement ou de l'utilisation répandue de patronymes dans le secteur concerné ne sauraient être appliqués. • CJCE 16 sept. 2004, *Nichols*, n° C-404/02 : *D. 2005. Pan. 503, obs. Durrande* ; *PIBD 2004. III. 618.*

II. MARQUES VERBALES

3. *Signes descriptifs. Art. 3, § 1 (c).* Les marques descriptives sont nécessairement dépourvues de caractère distinctif,... que la caractéristique décrite soit essentielle ou accessoire sur le plan commercial. • CJCE 12 févr. 2004, *Henkel : préc. note 2.* ♦ ... Qu'il existe ou non des synonymes permettant de désigner les mêmes caractéristiques des produits ou des services. • CJCE 12 févr. 2004, *Campina*, n° C-265/00 : *Rec. p. I-1699 ; D. 2004. 1024, et les obs.* ♦ L'autorité compétente peut autoriser l'enregistrement d'un signe dépourvu de caractère distinctif en limitant ses effets à des sous-catégories de produits ou services qui ne présentent pas les caractéristiques décrites. • CJCE 12 févr. 2004, *Henkel : préc. note 2.* ♦ Le caractère non enregistrable, aux termes de l'art. 3, § 1, sous *b)* et *c)*, de la Dir. 2008/95/CE, d'un signe composé d'une séquence de lettres juxtaposée à un syntagme doit être apprécié au cas par cas, suivant la perception qu'a le public pertinent de l'interdépendance entre les différents éléments du signe ainsi que de celui-ci dans son ensemble. • CJUE 15 mars 2012, *Alfred Strigl*, n° C-90/11 : *D. 2014. Pan. 329, obs. Zolynski* ; *Propr. ind. 2012. 40, obs. Folliard-Monguiral et Bouvel.* ♦ L'art. 3, § 1, sous *c)*, doit être interprété en ce sens qu'une marque constituée d'un néologisme composé d'éléments dont chacun est descriptif des caractéristiques du produit ou du service pour lequel l'enregistrement est demandé est en elle-même descriptive sauf s'il existe un écart perceptible entre le néologisme et la simple somme des éléments qui le composent. Ceci suppose qu'en raison du caractère inhabituel de la combinaison par rapport auxdits produits ou services, le néologisme crée une impression suffisamment éloignée de celle produite par la simple réunion des indications apportées par les éléments qui le composent. • CJCE 12 févr. 2004, *Campina : préc.*

4. *Noms géographiques.* L'art. 3, § 1er, sous *c)* ne se limite pas à interdire l'enregistrement des noms géographiques comme marque désignant dans les seuls cas des lieux qui présentent actuellement aux yeux des milieux intéressés un lien avec les produits concernés, mais il s'applique également aux noms géographiques susceptibles d'être utilisés dans l'avenir par les entreprises intéressées en tant qu'indication de provenance des produits en cause ; dans les cas où le nom géographique ne présente pas actuellement, aux yeux des milieux intéressés, un lien avec les produits concernés, l'autorité compétente doit apprécier s'il est raisonnable d'envisager qu'un tel nom puisse désigner la provenance géographique de cette catégorie de produits ; dans cette appréciation, il convient particulièrement de prendre en compte la connaissance plus ou moins grande que les milieux intéressés ont du nom géographique en cause ainsi que les caractéristiques du lieu désigné par celui-ci et la catégorie de produits concernée ; le lien entre le produit concerné et le lieu géographique ne dépend pas nécessairement de la fabrication du produit dans ce lieu. • CJCE 4 mai 1999, *Windsurfing : préc. note 1.*

5. *Signes usuels. Art. 3, § 1 (d).* L'article 3 § 1 sous *d)* subordonne le refus de l'enregistrement d'une marque à la seule condition que le signe ou les indications dont cette marque est exclusivement composée sont devenus usuels dans le langage courant ou les habitudes loyales et constantes du commerce pour désigner les produits ou les services pour lesquels ladite marque est présentée à l'enregistrement. Il est indifférent, dans le cadre de l'application de cette disposition, que les signes ou les indications en cause décrivent ou non les propriétés ou caractéristiques desdits produits ou services. • CJCE 4 oct. 2001, *Merz & Krell GmbH : préc. note 2.*

III. DESSINS

6. Les art. 2 et 3 de la Dir. 2008/95/CE doivent être interprétés en ce sens que la représentation par un simple dessin, sans indication de taille ni de proportions, de l'aménagement d'un espace de vente de produits peut être enregistré comme marque pour des services consistant en des prestations qui sont relatives à ces produits mais ne font pas partie intégrante de la mise en vente de ceux-ci, à condition qu'elle soit propre à distinguer les services de l'auteur de la demande d'enregistrement de ceux d'autres entreprises et qu'aucun des motifs de refus énoncés à la directive ne s'y oppose. • CJUE 10 juill. 2014, *Apple*, n° C-421/13 : *D. 2015. 230, obs. C. Cavier ; PIBD 2014. III. 735 ; CCE 2014, n° 7, obs. Caron ; Propr. intell 2014, n° 53, p. 422, obs. Geoffray.*

IV. ART. 3, § 1 e). MARQUES TRIDIMENSIONNELLES

7. Généralités. L'art. 3, § 1, sous *e)* poursuit un but d'intérêt général, lequel exige qu'une forme dont les caractéristiques essentielles répondent à une fonction technique et ont été choisies pour remplir celle-ci puisse être librement utilisée par tous. • CJUE 18 juin 2002, *Philips : préc. note 1.* • CJUE 18 sept. 2014, *Tripp Trapp*, n° C-205/13 : *PIBD 2014. III. 881 ; D. 2014. 1871 ; Propr. ind. 2014, n° 70, obs. Folliard-Monguiral ; ibid. Chron. 9, obs. Basire et Bouvel* • CJUE 16 sept. 2015, *Sté des Produits Nestlé SA c/ Cadbury UK*, n° C-215/14 : *D. 2016. 396, obs. Zolynski ; RTD com. 2015. 710, obs. Azéma ; Propr. ind. 2015, n° 67, obs. Folliard-Monguiral ; PIBD 2015. III. 660 ; LEPI oct. 2015, n° 161, p. 6, obs. Clavier.* ♦ Il s'agit d'empêcher que le droit exclusif permanent conféré par une marque puisse servir à perpétuer, sans limitation de temps, d'autres droits que le législateur de l'Union a voulu soumettre à des délais de péremption. • CJUE 18 sept. 2014, *Tripp Trapp : préc.* • 16 sept. 2015, *Nestlé SA c/ Cadbury UK : préc.* ♦ Les trois motifs de refus d'enregistrement prévus dans l'art. 3, § 1 sous *e)* sont de nature autonome ; leur citation successive ainsi que l'emploi du terme « exclusivement » impliquent que chacun d'eux doit s'appliquer indépendamment de l'autre. De ce fait, si un seul des critères mentionnés à cet article est rempli, le signe constitué exclusivement par la forme du produit, voire par une représentation graphique de cette forme, ne peut être enregistré en tant que marque... • CJUE 18 sept. 2014, *Tripp Trapp : préc.* • 16 sept. 2015, *Nestlé SA c/ Cadbury UK : préc.* ♦ ... A condition toutefois qu'au moins un des motifs de refus d'enregistrement énoncés à l'art. 3 § 1 ss. *e)* s'applique pleinement à la forme en cause. En effet, l'objectif d'intérêt général qui sous-tend cette disposition fait obstacle au refus d'enregistrement lorsque aucun de ces trois motifs n'est pleinement applicable. • CJUE 18 sept. 2014, *Tripp Trapp : préc.* • 16 sept. 2015, *Nestlé SA c/ Cadbury UK : préc.*

8. Forme du produit. Un signe constitué exclusivement par la forme d'un produit nécessaire à l'obtention d'un résultat technique n'est pas susceptible d'enregistrement s'il est démontré que les caractéristiques fonctionnelles essentielles de cette forme sont attribuables uniquement au résultat technique ; la démonstration de l'existence d'autres formes permettant d'obtenir le même résultat technique n'est pas de nature à écarter le motif de refus ou de nullité d'enregistrement contenu dans cette disposition. • CJCE 18 juin 2002, *Philips : préc. note 1* • 16 sept. 2015, *Nestlé SA c/ Cadbury UK :* n° C-215/14 : *préc. note 7.* ♦ Pour apprécier le caractère distinctif d'une marque tridimensionnelle, constituée par la forme du produit, il n'y a pas lieu d'appliquer un critère plus strict que celui utilisé pour d'autres types de marques ; en effet, l'art. 3, § 1, sous *b)*, ne fait aucune distinction entre les différents types de marques lors de l'appréciation de leur caractère distinctif. • CJCE 18 juin 2002, *Philips : préc. note 1* • 8 avr. 2003, *Linde : préc. note 1.* ♦ Dans l'application du motif de refus énoncé à l'art. 3, § 1, sous *e)*, premier tiret, de la directive sur les marques, il y a lieu de tenir compte du fait que la notion de « forme imposée par la nature même du produit » implique que les formes dont les caractéristiques essentielles sont inhérentes à la fonction ou aux fonctions génériques de ce produit doivent, en principe, être refusées à l'enregistrement. • CJUE 18 sept. 2014, *Tripp Trapp : préc. note 7.* ♦ Toutefois, le motif de refus visé dans cette disposition se limite à la manière dont le produit fonctionne et ne s'applique pas à la manière dont il est fabriqué. En effet, du point de vue du consommateur, les fonctionnalités du produit sont déterminantes et la manière dont il est fabriqué importe peu. • CJUE 18 sept. 2014, *Tripp Trapp : préc. note 7.*

9. Forme de l'emballage du produit. Pour les marques tridimensionnelles constituées de l'emballage des produits qui sont emballés dans le commerce pour des raisons liées à la nature même du produit, l'emballage doit être assimilé à la forme du produit au sens de l'art. 3, § 3, sous *e)*, de la directive. • CJCE 12 févr. 2004, *Henkel : préc. note 2.*

10. Forme donnant au produit sa valeur substantielle. La forme d'un produit qui lui donne une valeur substantielle ne peut constituer une marque en application de l'art. 3, § 3, lorsque, avant la demande d'enregistrement, elle a acquis une valeur attractive du fait de sa notoriété en tant que signe distinctif, à la suite de campagnes publicitaires présentant les caractéristiques spécifiques du produit en cause. • CJCE 20 sept. 2007, *Benetton group*, n° C-371/06 : *Propr. intell. 2009, n° 30, p. 86, obs. Bonet.* ♦ L'art. 3, § 1, sous *e)*, troisième tiret, de la directive sur les marques doit être interprété en ce sens que le motif de refus d'enregistrement prévu à cette disposition peut s'appliquer à un signe constitué exclusivement par la forme d'un produit ayant plusieurs caractéristiques pouvant lui conférer différentes valeurs substantielles.

• CJUE 18 sept. 2014, *Tripp Trapp : préc. note 7.* ♦ La perception présumée du signe par le consommateur moyen n'est pas un élément décisif dans le cadre de l'application de ce motif de refus ; elle peut, tout au plus, constituer un élément d'appréciation utile pour l'autorité compétente lorsque celle-ci identifie les caractéristiques essentiels du signe. • CJUE 18 sept. 2014, *Tripp Trapp : préc. note 7.*

V. Art. 3, § 1, f)

11. L'enregistrement à titre de marque d'une œuvre tombée dans le domaine public n'est pas en soit contraire à l'ordre public ou aux bonnes mœurs. Il peut toutefois le devenir s'il est perçu comme un détournement ou une désacralisation de l'œuvre, en particulier si cet enregistrement concerne des produits ou services en contradiction avec les valeurs de l'artiste ou du message porté par l'œuvre d'art en question. • Cour AELE, 6 avr. 2017, *Municipalité d'Oslo c/ Patentstyret,* n° E-5/16 : *Propr. ind. 2017, n° 38, obs. Folliard-Monguiral.*

VI. ART. 3, § 1, g)

12. Les cas de refus d'enregistrement visés par l'art. 3, § 1, sous *g)*, supposent que l'on puisse retenir l'existence d'une tromperie effective ou d'un risque suffisamment grave de tromperie du consommateur. • CJCE 30 mars 2006, *Elisabeth Florence Emanuel,* n° C-259/04 : *D. 2006. 2109, obs. Poraccia et Maetz ; ibid. 2326, obs. Durrande.*

VII. ART. 3, § 3. ACQUISITION DU CARACTÈRE DISTINCTIF PAR L'USAGE

13. Même si un sondage d'opinion peut faire partie des éléments permettant d'apprécier si une marque a acquis un caractère distinctif par l'usage, il ne saurait constituer le seul élément permettant de conclure à l'existence du caractère distinctif de la marque en cause. • CJUE 19 juin 2014, *Oberbank,* n° C-217/13 : *D. 2015. 230, obs. Martial-Braz ; PIBD 2014. III. 682.*

14. Si la question de la charge de la preuve de l'acquisition du caractère distinctif par l'usage relevait du droit national des États membres, il pourrait en résulter, pour les titulaires de marques, une protection variable selon la loi concernée de sorte que l'objectif fondamental d'une même protection dans la législation de tous les États membres visé dans le 10e considérant de la directive ne serait pas atteint. Dans le cadre d'une procédure en nullité, la charge de la preuve du caractère distinctif acquis par l'usage de la marque contestée doit incomber à celui qui invoque le caractère distinctif, à savoir le titulaire de cette marque. • CJUE 19 juin 2014, *Oberbank : préc. note 13.*

15. Lorsqu'un État membre n'a pas fait usage de la faculté prévue à l'art. 3, § 3, seconde phrase, de la Dir. 2008/95/CE (à savoir la possibilité de prendre en considération le caractère distinctif acquis par l'usage non seulement avant la demande d'enregistrement – art. 3, § 3, première phrase –, mais aussi après la demande d'enregistrement ou même après l'enregistrement), l'art. 3, § 3, première phrase, doit être interprété en ce sens que, dans le cadre d'une procédure de nullité visant une marque dépourvue de caractère distinctif intrinsèque, il convient, afin d'apprécier si cette marque a acquis un caractère distinctif par l'usage, d'examiner si un tel caractère a été acquis avant la date du dépôt de la demande d'enregistrement. Il est sans incidence que le titulaire de la marque contestée fasse valoir que celle-ci a acquis un caractère distinctif par l'usage après le dépôt de la demande d'enregistrement mais avant son enregistrement. • CJUE 19 juin 2014, *Oberbank : préc. note 13.*

16. Si la marque dont l'enregistrement est demandé a pu faire l'objet d'un usage en tant que partie d'une marque enregistrée ou en combinaison avec une telle marque, il n'en demeure pas moins que, en vue de l'enregistrement de la marque elle-même, le demandeur à l'enregistrement doit apporter la preuve que cette marque indique seule, par opposition à toute autre marque pouvant également être présente, l'origine des produits comme provenant d'une entreprise déterminée. • CJUE 16 sept. 2015, *Sté des Produits Nestlé SA c/ Cadbury UK : préc. note 7.*

Art. 4 ***Motifs supplémentaires de refus ou de nullité concernant les conflits avec des droits antérieurs.*** 1. Une marque est refusée à l'enregistrement ou, si elle est enregistrée, est susceptible d'être déclarée nulle :

a) lorsqu'elle est identique à une marque antérieure et que les produits ou services pour lesquels la marque a été demandée ou a été enregistrée sont identiques à ceux pour lesquels la marque antérieure est protégée ;

b) lorsqu'en raison de son identité ou de sa similitude avec la marque antérieure et en raison de l'identité ou de la similitude des produits ou des services que les deux marques désignent, il existe, dans l'esprit du public, un risque de confusion qui comprend le risque d'association avec la marque antérieure.

2. Aux fins du paragraphe 1, on entend par "marques antérieures" :

a) les marques dont la date de dépôt est antérieure à celle de la demande de marque, compte tenu, le cas échéant, du droit de priorité invoqué à l'appui de ces marques, et qui appartiennent aux catégories suivantes :

i) les marques communautaires,

ii) les marques enregistrées dans l'État membre ou, pour ce qui concerne la Belgique, le Luxembourg et les Pays-Bas, auprès de l'Office Benelux de la propriété intellectuelle,

iii) les marques qui ont fait l'objet d'un enregistrement international ayant effet dans l'État membre ;

b) les marques communautaires qui revendiquent valablement l'ancienneté, conformément au règlement (CE) n° 40/94 du Conseil du 20 décembre 1993 sur la marque communautaire, par rapport à une marque visée au point a), sous ii) et iii), même si cette dernière marque a fait l'objet d'une renonciation ou s'est éteinte ;

c) les demandes de marques visées aux points a) et b), sous réserve de leur enregistrement ;

d) les marques qui, à la date de dépôt de la demande de marque, ou, le cas échéant, à la date de la priorité invoquée à l'appui de la demande de marque, sont "notoirement connues" dans l'État membre au sens de l'article 6 *bis* de la convention de Paris.

3. Une marque est également refusée à l'enregistrement ou, si elle est enregistrée, est susceptible d'être déclarée nulle si elle est identique ou similaire à une marque communautaire antérieure au sens du paragraphe 2 et si elle est destinée à être enregistrée ou a été enregistrée pour des produits ou des services qui ne sont pas similaires à ceux pour lesquels la marque communautaire antérieure est enregistrée, lorsque la marque communautaire antérieure jouit d'une renommée dans la Communauté et que l'usage de la marque postérieure sans juste motif tirerait indûment profit du caractère distinctif ou de la renommée de la marque communautaire antérieure ou qu'il leur porterait préjudice.

4. Un État membre peut en outre prévoir qu'une marque est refusée à l'enregistrement ou, si elle est enregistrée, est susceptible d'être déclarée nulle lorsque et dans la mesure où :

a) la marque est similaire ou analogue à une marque nationale antérieure au sens du paragraphe 2 et si elle est destinée à être enregistrée ou a été enregistrée pour des produits ou des services qui ne sont pas similaires à ceux pour lesquels la marque antérieure est enregistrée, lorsque la marque antérieure jouit d'une renommée dans l'État membre concerné et que l'usage de la marque postérieure sans juste motif tirerait indûment profit du caractère distinctif ou de la renommée de la marque antérieure ou qu'il leur porterait préjudice ;

b) des droits à une marque non enregistrée ou un autre signe utilisé dans la vie des affaires ont été acquis avant la date de dépôt de la demande de marque postérieure ou, le cas échéant, avant la date de la priorité invoquée à l'appui de la demande de marque postérieure, et que cette marque non enregistrée ou cet autre signe donne à son titulaire le droit d'interdire l'utilisation d'une marque postérieure ;

c) l'usage de la marque peut être interdit en vertu d'un droit antérieur autre que les droits mentionnés au paragraphe 2 et au point b) du présent paragraphe, et notamment :

i) d'un droit au nom,

ii) d'un droit à l'image,

iii) d'un droit d'auteur,

iv) d'un droit de propriété industrielle ;

d) la marque est identique ou similaire à une marque collective antérieure ayant conféré un droit qui a expiré dans un délai maximal de trois ans avant le dépôt ;

e) la marque est identique ou similaire à une marque de garantie ou de certification antérieure ayant conféré un droit qui a expiré dans un délai précédant le dépôt et dont la durée est fixée par l'État membre ;

f) la marque est identique ou similaire à une marque antérieure enregistrée pour des produits ou des services identiques ou similaires et ayant conféré un droit qui s'est éteint à cause de non-renouvellement dans un délai maximal de deux ans avant le dépôt, à moins que le titulaire de la marque antérieure ait donné son consentement à l'enregistrement de la marque postérieure ou n'ait pas utilisé sa marque ;

g) la marque peut être confondue avec une marque utilisée à l'étranger au moment du dépôt de la demande et qui continue d'y être utilisée, si la demande a été faite de mauvaise foi par le demandeur.

5. Les États membres peuvent permettre que, dans des circonstances appropriées, une marque ne doive pas obligatoirement être refusée à l'enregistrement ou déclarée nulle lors-

que le titulaire de la marque antérieure ou du droit antérieur consent à l'enregistrement de la marque postérieure.

6. Un État membre peut prévoir que, par dérogation aux paragraphes 1 à 5, les motifs de refus ou de nullité qui étaient applicables dans cet État avant la date d'entrée en vigueur des dispositions nécessaires pour se conformer à la directive 2008/95/CEE s'appliquent aux marques dont la demande a été déposée avant cette date. – *[Dir. 89/104/CEE du 21 déc. 1988, art. 4.]*

1. La notion de « mauvaise foi » au sens de l'art. 4, § 4, sous g), de la Dir. 2008/95/CE constitue une notion autonome du droit de l'Union qui doit être interprétée de façon uniforme dans l'Union européenne. Pour établir l'existence de la mauvaise foi de l'auteur d'une demande d'enregistrement de marque au sens de la disposition précitée, il ne suffit pas d'établir que celui-ci savait ou aurait dû savoir, au moment du dépôt, qu'un tiers utilisait à l'étranger une marque susceptible d'être confondue avec celle dont il demande l'enregistrement ; il convient en outre de prendre en considération l'intention du demandeur au moment du dépôt, élément subjectif qui doit être déterminé par référence aux circonstances objectives de l'espèce (V. en ce sens l'arrêt *Chocoladefabriken Lindt & Sprüngli*, • CJCE 11 juin 2009, n° C-529/07, pts 37 et 40 à 42 : *PIBD 2009. III. 1225)* • CJUE 27 juin 2013, *Malaysia Diary Ind.*, n° C-320/12 : *D. 2014. Pan. 328, obs. Martial-Braz* ; *CCE 2013, n° 101, note Caron ; Légipresse 2013. 637, note Bazire ; PIBD 2013. III. 1393.* ♦ L'art. 4, § 1, sous *b)*, de la directive vise à protéger les intérêts individuels des titulaires de marques antérieures qui entrent en conflit avec le signe demandé et garantit ainsi la fonction d'origine de la marque dans l'hypothèse d'un risque de confusion. • CJUE 22 oct. 2015, *BGW*, n° C-20/14 : *D. 2016. 396, obs. Martial-Braz* ; *PIBD 2016. III. 64 ; Prop. ind. 2015, n° 81, obs. Folliard-Monguiral ; LEPI déc. 2015, p. 6, obs. Lefranc.*

2. Généralités. Les conditions d'application de l'art. 4, § 1, sous a, correspondant à celles de l'art. 5, § 1, sous a), qui détermine les cas dans lesquels le titulaire de la marque est habilité à interdire à des tiers de faire usage de son signe dans la vie des affaires, l'interprétation dégagée par la CJCE sur les notions communes à ces deux dispositions est transposable de l'une à l'autre. • CJCE 20 mars 2003, *LTJ Diffusion*, n° C-291/00 : *D. 2003. Somm. 2686, obs. Durrande* ; *RTD eur. 2004. 115, obs. Bonet* ; *RTD com. 2003. 501, obs. Azéma* ; *CCE 2003, n° 47, note Caron ; PIBD 2003. III. 341 ; Propr. intell. 2003, n° 7, p. 201, obs. Bonet* • 9 janv. 2003, *Davidoff*, n° C-292/00 : *D. 2003. AJ 350* ; *RTD eur. 2004. 110, obs. Bonet* ; *RTD com. 2003. 502, obs. Azéma* ; *PIBD 2003. III. 386 ; JCP E 2003. 1249, note Bouvel* • 27 nov. 2008, *Intel*, n° C-252/07 : *D. 2008. Pan. 851, obs. Durrande* ; *RTD com. 2009. 117, obs. Azéma* ; *Gaz. Pal. 29/31 mars 2009, note Pollaud-Dulian ; CCE 2009, n° 14, obs. Caron ; Propr. intell. 2010, n° 34, p. 651, obs. Bonet.* ♦ De ce fait, les conditions de la forclusion par tolérance sont identiques, que cette forclusion soit invoquée à l'occasion d'une action en nullité ou d'une action en protection de la marque. • CJUE 22 sept. 2011, *Budějovický Budvar c/ Anheuser Busch*, n° C-482/09 : *Prop. intell. 2012, n° 42, p. 63, obs. Bonet.*

I. SIGNE IDENTIQUE

3. Définition. Un signe est identique à la marque s'il reproduit, sans modification ni ajout, tous les éléments constituant la marque ou lorsque, considéré dans son ensemble, il recèle des différences si insignifiantes qu'elles peuvent passer inaperçues aux yeux d'un consommateur moyen. • CJCE 20 mars 2003, *LTJ Diffusion : préc. note 2.* ♦ Bien que des mots clés reproduisant la marque avec de petites erreurs ne reproduisent pas tous les éléments constituant la marque, ils pourraient toutefois être considérés comme recelant des différences si insignifiantes qu'elles peuvent passer inaperçues d'un consommateur moyen. Il appartient à la juridiction nationale d'apprécier si ces signes peuvent être qualifiés ainsi. • CJUE 8 juill. 2010, *Portakabin*, n° C-558/08 : *D. 2011. Pan. 908, obs. Durrande* ; *JCP E 2010. 1961, obs. Caron ; PIBD 2011. III. 4 ; Propr. ind. 2010, n° 55, note Folliard-Monguiral.*

4. Consommateur de référence. La perception de l'identité entre le signe et la marque doit être appréciée globalement dans le chef d'un consommateur moyen, qui est censé être normalement informé et raisonnablement attentif et avisé. Or, à l'égard d'un tel consommateur, le signe produit une impression d'ensemble : la perception d'une identité entre le signe et la marque n'étant pas le résultat d'une comparaison directe de toutes ses caractéristiques, des différences insignifiantes entre le signe et la marque peuvent passer inaperçues. • CJCE 20 mars 2003, *LTJ Diffusion : préc. note 2.* ♦ Ce consommateur moyennement attentif a rarement l'occasion de procéder à une comparaison directe des marques, d'où sa vision synthétique des signes en cause, et le rôle de sa mémoire dans la reconnaissance des marques qu'il recherche. • CJCE 22 juin 1999, *Lloyd*, n° C-342/97 : *RTD eur. 2000. 108, obs. Bonet* ; *D. Affaires 1999.1446 ; PIBD 1999. III. 363.* ♦ Le niveau d'attention du consommateur moyen est susceptible de varier en fonction de la catégorie de produits ou de services, notamment lorsqu'il s'agit de produits à visée thérapeutique. • CJCE 22 juin 1999 *Lloyd : préc.* • Trib. UE 9 déc. 2009, *Longevity Inc. c/ OHMI & Merck*, n° T-484/08 : *PIBD 2010. III. 201* • TPICE 13 févr. 2007, *Mundipharma c/ OHMI*, n° T-256/04. ♦

Si, dans le cadre de l'appréciation du caractère descriptif d'un signe, l'attention est focalisée sur les procédés mentaux susceptibles de conduire à établir des relations entre le signe ou ses différents composants et les produits et/ou les services concernés dans le cadre de l'appréciation du risque de confusion, l'examen porte sur le processus de mémorisation, de reconnaissance et d'évocation du signe, ainsi que sur les mécanismes associatifs. Si bien que, eu égard au contexte juridique différent, les constatations de l'arrêt *Strigl* (CJUE 15 mars 2012, n° C-90/11 : V. ss. art. 3, note 3) ne sont pas transposables à toutes les espèces. • CJUE 22 oct. 2015, *BGW : préc. note 1.*

II. RISQUE DE CONFUSION

A. DÉFINITION

5. Constitue un risque de confusion le fait que le public puisse croire que les produits ou services en cause proviennent de la même entreprise ou, le cas échéant, d'entreprises liées économiquement. • CJCE 28 sept. 1998, *Canon,* n° C-39/97 : *PIBD 1999. III. 28 ; RTD eur. 2000. 100, obs. Bonet*

B. ÉLÉMENTS D'APPRÉCIATION

6. Différents facteurs. Le risque de confusion dépend de nombreux facteurs et notamment de la connaissance de la marque sur le marché, de l'association qui peut en être faite avec le signe utilisé ou enregistré, du degré de similitude entre la marque et le signe et entre les produits ou services désignés. • CJCE 28 sept. 1998, *Canon : préc. note 5.* ♦ L'appréciation globale du risque de confusion implique une certaine interdépendance entre les facteurs ; ainsi un faible degré de similitude entre les produits ou services désignés peut être compensé par un degré élevé de similitude entre les marques et inversement. • Même arrêt. ♦ La circonstance qu'il existe, pour les opérateurs économiques, un besoin de disponibilité du signe ne saurait faire partie des facteurs pertinents d'appréciation du risque de confusion. En effet, la réponse à la question de savoir s'il existe un risque de confusion doit être fondée sur la perception par le public des produits couverts par la marque du titulaire, d'une part, et des produits couverts par le signe utilisé par le tiers, d'autre part. En outre, des signes devant en principe rester disponibles pour l'ensemble des opérateurs économiques sont susceptibles d'être utilisés de manière abusive dans le but de créer une confusion dans l'esprit du consommateur. Si, dans un tel contexte, le tiers pouvait se prévaloir de l'impératif de disponibilité pour utiliser librement un signe pourtant similaire à la marque, sans que le titulaire de cette dernière puisse s'y opposer en invoquant un risque de confusion, il serait porté atteinte à l'application effective de la règle prévue à l'art. 5, § 1, sous b), de la directive. • CJCE 10 avr. 2008, *Adidas et Adidas Benelux,* n° C-102/07 : *D. 2008. AJ 1205 ; RTD com. 2008, p. 542, obs. Azéma ; PIBD 2008. III. 336 ; Propr. ind. 2008, n° 41, note Folliard-Monguiral ; Propr. intell. 2009, n° 30, p. 87, obs. Bonet.*

7. Risque d'association. La notion de risque d'association n'est pas une alternative à la notion de risque de confusion mais sert à en préciser l'étendue. Les termes mêmes de cette disposition excluent donc qu'elle puisse être appliquée s'il n'existe pas, dans l'esprit du public, un risque de confusion. L'art. 4, § 1, sous b), doit être interprété en ce sens que la simple association entre deux marques que pourrait faire le public par le biais de la concordance de leur contenu sémantique ne suffit pas en elle-même pour conclure à l'existence d'un risque de confusion au sens de cette disposition. • CJCE 11 nov. 1997, *Sabel,* n° C-251/95 : *Rec. p. I-6191 ; RTD eur. 1998. 605, obs. Bonet ; D. Affaires 1998. 208, obs. J P-S ; PIBD 1998. III. 248 ; JCP 1999. II. 10017, obs. Naumann* • 22 juin 2000, *Marca Mode : PIBD 2000. III. 512 ; Propr. intell. oct. 2002, p. 89, obs. Bonet.*

8. Similitude entre les signes. Le risque de confusion doit s'apprécier globalement et se fonder, en ce qui concerne la similitude visuelle, auditive ou conceptuelle des marques en cause, sur l'impression d'ensemble produite par ces marques en tenant compte des éléments distinctifs dominants de celles-ci. • CJCE 11 nov. 1997, *Sabel : préc. note 7.* ♦ ... Et, le cas échéant évaluer l'importance qu'il convient d'attacher à ces différents éléments en fonction de la catégorie de produits ou de services en cause et des conditions dans lesquelles ils sont commercialisés. • CJCE 22 juin 1999, *Lloyd : préc. note 4.* ♦ L'appréciation de la similitude entre deux marques ne peut se limiter à prendre uniquement en considération un composant d'une marque complexe et à le comparer avec une autre marque. Il y a lieu, au contraire, d'opérer la comparaison en examinant les marques en cause considérées chacune dans son ensemble. Ce n'est que si tous les autres composants de la marque sont négligeables que l'appréciation de la similitude pourra se faire sur la seule base de l'élément dominant. Ce dernier peut n' être doté que d'un faible caractère distinctif si, en raison notamment de sa position dans le signe ou de sa dimension, il est susceptible de s'imposer à la perception du consommateur et d'être gardé en mémoire par celui-ci. • CJUE 22 oct. 2015, n° C-20/14 : *préc. note 1.*

9. Caractère distinctif de la marque antérieure. Le risque de confusion est d'autant plus élevé que le caractère distinctif de la marque antérieure est important. De ce fait, si la simple association que pourrait faire le public entre deux marques du fait de la concordance de leur contenu sémantique ne suffit pas à elle seule pour conclure à l'existence d'un risque de confusion, celui-ci ne peut être exclu dans un cas où la marque antérieure possède un élément distinctif particulier, soit intrinsèquement, soit grâce à la notoriété dont elle jouit auprès du public. • CJCE 22 juin 1999, *Lloyd : préc. note 4.* ♦ Toutefois, la renommée d'une marque ne permet pas de présumer l'existence d'un risque de confusion du seul fait d'un risque d'association au sens strict. • CJCE 22 juin 2000, *Marca Mode : préc. note 7.* ♦ Un risque de confusion peut exister dans l'esprit du public, en cas d'identité des produits ou des services, lorsque le signe contesté (« Thomson Life ») est constitué au moyen de la juxtaposition, d'une part, de la dénomination de l'entreprise du tiers (« Thomson ») et, d'autre part, de la marque enregistrée, dotée d'un pouvoir distinctif normal (« Life »), et que celle-ci, sans créer à elle seule l'impression d'ensemble du signe composé, conserve dans ce dernier une position distinctive autonome. • CJCE 6 oct. 2005, *Medion,* nº C-120/04 : *Rec. 2005, p. I-8551 ; D. 2005. AJ 2806, obs. Daleau ; Propr. ind. 2006, nº 2, note Folliard-Monguiral ; Propr. intell. 2006, nº 18, p. 72, obs. Bonet.* ♦ Pour une application par la jurisprudence française, V. • Paris, 21 déc. 2012, *Hyundai Eon : PIBD 2013. III. 987.*

10. Similitude de produits ou de services. La similitude entre les produits ou les services s'apprécie en tenant compte de tous les facteurs pertinents qui caractérisent le rapport entre les produits ou les services, en particulier leur nature, leur destination, leur utilisation ainsi que leur caractère concurrent ou complémentaire. • CJCE 28 sept. 1998, *Canon : préc. note 5.*

11. Agent de référence. Aux fins de l'appréciation globale du risque de confusion, le consommateur moyen de la catégorie de produits concernée est censé être normalement informé et raisonnablement attentif et avisé. Cependant, il convient de tenir compte de la circonstance que le consommateur moyen n'a que rarement la possibilité de procéder à une comparaison directe des différentes marques mais doit se fier à l'image non parfaite qu'il a gardée en mémoire. On doit également prendre en considération le fait que le niveau d'attention du consommateur moyen est susceptible de varier en fonction de la catégorie de produits ou services en cause. • CJCE 22 juin 1999, *Lloyd : préc. note 4.* – V. jurisprudence ss. art. 12.

12. Moment. Pour déterminer l'étendue de la protection d'une marque régulièrement acquise en fonction de son pouvoir distinctif, le juge doit prendre en considération la perception du public concerné au moment où le signe dont l'usage porte atteinte à ladite marque a commencé à faire l'objet d'une utilisation • CJCE 27 avr. 2006, *Levi Strauss :* nº C-145/05, *D. 2006. Pan. 2327, obs. Durrande ; RTD com. 2007. 343, obs. Azéma ; PIBD 2006. III. 532 ; Propr. ind. 2006, nº 52, note Folliard-Monguiral ; Propr. intell. 2006, nº 21, p. 489, obs. Bonet.*

III. MARQUE NOTOIREMENT CONNUE

13. Une marque est notoirement connue « dans un État membre » au sens de l'art. 5 de la CUP si elle est connue sur tout le territoire de l'État membre de l'enregistrement ou sur une partie substantielle de celui-ci. Le sens commun des termes utilisés s'oppose à ce que la notoriété soit limitée à une ville et à ses environs qui constitueraient une partie substantielle de l'État membre. • CJCE 22 nov. 2007, *Nieto Nuño,* nº C-328/06 : *CCE 2008, nº 19, note Caron ; PIBD 2008. III. 36 ; Propr. ind. 2008, nº 2, note Folliard-Monguiral ; Propr. intell. 2009, nº 30, p. 9, obs. Bonet.*

IV. MARQUE RENOMMÉE

14. Preuve. Dès lors que la renommée d'une marque communautaire antérieure est établie sur une partie substantielle du territoire de l'Union européenne, pouvant, le cas échéant, coïncider avec le territoire d'un seul État membre qui ne doit pas nécessairement être celui où une demande d'enregistrement de marque nationale postérieure a été déposée, il y a lieu de considérer que cette marque jouit d'une renommée dans l'Union européenne. Les critères qui ont été dégagés par la jurisprudence concernant l'usage sérieux de la marque communautaire ne sont pas, en tant que tels, pertinents pour établir l'existence d'une « renommée » au sens de l'art. 4, § 3, de la présente directive. • CJUE 3 sept. 2015, nº C-125/14 : *PIBD 2015. III. 666 ; CCE 2015, nº 77, obs. Caron ; LEPI oct. 2015, nº 160, p. 5, obs. Clavier.* ♦ Dès lors que la marque communautaire antérieure a déjà acquis une renommée sur une partie substantielle du territoire de l'Union européenne, mais pas auprès du public pertinent de l'État membre dans lequel l'enregistrement de la marque nationale postérieure concernée par l'opposition a été demandé, le titulaire de la marque communautaire peut bénéficier de la protection instaurée à l'art. 4, § 3, lorsqu'il s'avère qu'une partie commercialement non négligeable dudit public connaît cette marque, établit un lien entre celle-ci et la marque nationale postérieure, et qu'il existe, compte tenu de tous les facteurs pertinents du cas d'espèce, soit une atteinte effective et actuelle à la marque communautaire, au sens de cette disposition, soit, à défaut, un risque sérieux qu'une telle atteinte se produise dans le futur. • Même arrêt.

15. Les art. 4, § 4, sous a), et 5, § 2, de la directive sont libellés en des termes en substance identiques et visent à conférer la même protection aux marques renommées. • CJCE 27 nov. 2008, *« Intel » : préc. note 2.* ♦ Lorsqu'une opposition à l'enregistrement d'une marque nationale est fondée sur une marque communautaire antérieure renommée pour des produits ou services différents, il ne saurait être exigé du titulaire de cette marque qu'il apporte la preuve de cette renommée sur le territoire de l'État membre où la demande d'enregistrement de la marque nationale postérieure a été déposée. A supposer que la marque communautaire antérieure soit inconnue du public pertinent de l'État membre dans lequel l'enregistrement de la marque nationale postérieure a été demandé, l'usage de cette marque nationale ne permet pas, en principe, de tirer indûment profit du caractère distinctif ou de la renommée de la marque antérieure, ou de leur porter préjudice. Toutefois, le propriétaire de la marque communautaire renommée pourra bénéficier de la protection de l'art. 4, § 3 si, dans l'État membre où la demande d'enregistrement a été déposée, une partie commercialement non négligeable du public connaît cette marque et établit un lien entre celle-ci et la marque nationale postérieure. Il devra, en outre, rapporter la preuve que, si la marque nationale est enregistrée il subira une atteinte effective et actuelle à sa marque, ou encore qu'il existe un risque sérieux qu'une telle atteinte se produise dans le futur. • CJUE 3 sept. 2015, *Iron & Smith*, n° C-125/14 : *préc.* ♦ Sur la protection des marques renommées, V. note 15 ss. art. 5.

Art. 5 ***Droits conférés par la marque.*** **1. La marque enregistrée confère à son titulaire un droit exclusif. Le titulaire est habilité à interdire à tout tiers, en l'absence de son consentement, de faire usage dans la vie des affaires :**

a) d'un signe identique à la marque pour des produits ou des services identiques à ceux pour lesquels celle-ci est enregistrée ;

b) d'un signe pour lequel, en raison de son identité ou de sa similitude avec la marque et en raison de l'identité ou de la similitude des produits ou des services couverts par la marque et le signe, il existe, dans l'esprit du public, un risque de confusion qui comprend le risque d'association entre le signe et la marque.

2. Tout État membre peut également prescrire que le titulaire est habilité à interdire à tout tiers, en l'absence de son consentement, de faire usage dans la vie des affaires d'un signe identique ou similaire à la marque pour des produits ou des services qui ne sont pas similaires à ceux pour lesquels la marque est enregistrée, lorsque celle-ci jouit d'une renommée dans l'État membre et que l'usage du signe sans juste motif tire indûment profit du caractère distinctif ou de la renommée de la marque ou leur porte préjudice.

3. Si les conditions énoncées aux paragraphes 1 et 2 sont remplies, il peut notamment être interdit :

a) d'apposer le signe sur les produits ou sur leur conditionnement ;

b) d'offrir les produits, de les mettre dans le commerce ou de les détenir à ces fins, ou d'offrir ou de fournir des services sous le signe ;

c) d'importer ou d'exporter les produits sous le signe ;

d) d'utiliser le signe dans les papiers d'affaires et la publicité.

4. Lorsque, antérieurement à la date d'entrée en vigueur des dispositions nécessaires pour se conformer à la directive 89/104/CEE, le droit de cet État ne permettait pas d'interdire l'usage d'un signe dans les conditions visées au paragraphe 1, point b), ou au paragraphe 2, le droit conféré par la marque n'est pas opposable à la poursuite de l'usage de ce signe.

5. Les paragraphes 1 à 4 n'affectent pas les dispositions applicables dans un État membre et relatives à la protection contre l'usage qui est fait d'un signe à des fins autres que celle de distinguer les produits ou services, lorsque l'usage de ce signe sans juste motif tire indûment profit du caractère distinctif ou de la renommée de la marque ou leur porte préjudice. – *[Dir. 89/104/CEE du 21 déc. 1988, art. 5.]*

BIBL. ▶ **Dir. 89/104/CEE du 21 déc. 1988 :** Baud, *Propr. ind. 2006. Étude 7* (réflexions sur la notion d'usage du signe dans l'acquisition et dans la conservation du droit sur la marque). – Bonet, *Propr. intell. 2008, n° 29, p. 393* (articulation entre publicité comparative et protection de la marque, spécialement contre le risque de confusion). – de Candé, *Propr. intell. 2012, n° 43, p. 173* (régime de responsabilité aménagée des entreprises de la société de l'information et droit des marques). – Dhenne, *Propr. ind. 2008. Étude 14* (les conflits de marques et autres indications d'origine). – Passa, *RJDA 2003. 195* (l'usage de marque dans la jurisprudence récente de la CJCE) ; *Propr. ind. 2008. Étude 20* (les rapports en droit des marques et droit de la publication comparative) ; *Propr. ind. 2012. Étude 11* (les nouvelles fonctions de la marque dans la jurisprudence de la Cour de justice : portée ? utilité ?). – Ruzeck, *Propr. ind. 2006. Étude 9* (l'appréciation de l'usage dans l'acquisition et la conservation de la marque communautaire).

1. Sur les notions de signe identique et de risque de confusion, V. notes ss. art. 4.

I. GÉNÉRALITÉS

2. Portée. Les art. 5 à 7 de la Dir. (CE) n° 89-104 procèdent à une harmonisation complète des règles relatives aux droits conférés par la marque et définissent les droits dont jouissent les titulaires de marques dans la communauté. • CJCE 30 nov. 2004, *Peak Holding,* n° C-16/03. • 16 juill. 1998, *Silhouette,* n° C-355/96 : *RTD eur. 2000. 112, obs. Bonet ; PIBD 1998. III. 483* • 20 nov. 2001, *Zino Davidoff-Levi Strauss et a.,* n[os] C-414/99 à C-416/99 : *RTD com. 2002, p. 480, obs. Azéma ; RTD eur. 2002. 387, obs. Bonet ; PIBD 2002. III. 506* • 12 nov. 2002, *Arsenal Football Club,* n° C-206/01 : *D. 2003. 755, note de Candé ; JCP E 2003. 1468, n° 10, obs. Boespflug, Greffe et Barthélemy ; PIBD 2003. III. 263 ; Propr. intell. 2003, n° 7, p. 200, obs. Bonet ; RDPI, nov. 2002, n° 141, p. 26.* ♦ Dès lors, l'art. 5, § 1, de la Dir. 2008/95/CE doit être interprétée en ce sens que le droit exclusif du titulaire d'une marque d'interdire à tout tiers de faire usage dans la vie des affaires de signes identiques ou similaires à sa marque s'étend au titulaire d'une marque postérieure sans qu'il soit nécessaire que la nullité de cette dernière marque soit déclarée au préalable, nonobstant la solution contraire retenue par le droit interne d'un État membre. En effet les dispositions de la Dir. 2008/95/CE doivent être interprétées à la lumière du principe de priorité en vertu duquel la marque antérieure prime sur la marque postérieure dès lors qu'il découle de l'art. 4, § 1, de cette directive qu'en cas de conflit entre ces marques, celle enregistrée en premier lieu est présumée réunir toutes les conditions requises pour obtenir la protection avant celle enregistrée en second lieu. • CJUE 10 mars 2015, *Rossa dels vents,* n° C-491/14 : *PIBD 2015. III. 415.* ♦ Les conditions d'application de l'art. 4, § 1, sous *a),* correspondent à celles de l'art. 5, § 1, sous *a),* qui déterminent les cas dans lesquels le titulaire de la marque est habilité à interdire à des tiers de faire usage de son signe dans la vie des affaires ; l'interprétation dégagée par la Cour de justice sur les notions communes à ces deux dispositions est transposable de l'une à l'autre. • CJCE 20 mars 2003, *LTJ Diffusion : préc. note 2 ss. art. 4* • 9 janv. 2003, *Davidoff,* n° C-212/00 : *D. 2003. AJ 350 ; RTD eur. 2004. 110, obs. Bonet ; RTD com. 2003. 502, obs. Azéma ; PIBD 2003. III. 386 ; JCP E 2003. 1249, note Bouvel* • 27 nov. 2008, *Intel,* n° C-252/07 : *Gaz. Pal. 29/31 mars 2009, note Pollaud-Dulian ; RTD com. 2009. 117, obs. Azéma ; D. 2008. Pan. 851, obs. Durrande ; CCE 2009, n° 14, obs. Caron ; Propr. intell. 2010, n° 34, p. 651, obs. Bonet.*

3. Le fait que le public perçoive un signe comme un ornement ne saurait faire obstacle à la protection de la marque lorsque, malgré son caractère décoratif, ledit signe présente, avec la marque enregistrée, une similitude telle que le public concerné est susceptible de croire que les produits proviennent de la même entreprise ou, le cas échéant, d'entreprises liées économiquement. • CJCE 10 avr. 2008, *Adidas et Adidas Benelux,* n° C-102/07 : *D. 2008. AJ 1205 ; RTD com. 2008, p. 542, obs. Azéma ; PIBD 2008. III. 336 ; Propr. ind. 2008, n° 41, note Folliard-Monguiral ; Propr. intell. 2009, n° 30, p. 87, obs. Bonet.*

4. Présence d'un accord de coexistence. L'art. 5 de la première Dir. 89/104/CEE rapprochant la législation des États membres sur les marques telle que modifiée par l'accord sur l'Espace économique européen du 2 mai 1992 s'oppose à ce qu'un titulaire de marques qui, dans le cadre d'une exploitation partagée avec un tiers, avait consenti à l'usage par ce dernier d'un signe identique à ses marques pour certains produits relevant des classes pour lesquelles ces marques sont enregistrées, et qui n'y consent plus, soit privé de toute possibilité de lui opposer le droit exclusif qui lui est conféré par lesdites marques et d'exercer lui-même ce droit pour des produits identiques. • CJUE 19 sept. 2013, *Martin y Paz Diffusion,* n° C-661/11 : *D. 2014. 326, obs. Clavier, Martial-Braz et Zolynski ; PIBD 2013. III. 1540 ; CCE 2014, n° 2, obs. Caron ; LEPI nov. 2013, p. 4, obs. Clavier ; Propr. ind. 2013, n° 86, note Folliard-Monguiral.*

5. Art. 5, § 1, sous a). Le titulaire d'une marque enregistrée n'est habilité à interdire à un tiers l'usage d'un signe identique à sa marque en application de l'article 5, § 1, sous *a),* que si quatre conditions sont réunies :
– un usage dans la vie des affaires ;
– un usage sans le consentement du titulaire de la marque ;
– un usage pour des produits ou des services identiques à ceux pour lesquels la marque est enregistrée ;
– un usage qui doit porter atteinte aux fonctions de la marque, s'agissant de sa fonction essentielle qui est de garantir aux consommateurs la provenance des produits ou des services. • CJCE 12 nov. 2002, *Arsenal football club : préc. note 2* • 16 nov. 2004, *Anheuser-Busch,* n° C-245/02 : *Prop. intell. 2005, n° 15, p. 189* • 25 janv. 2007, *Adam Opel,* n° C-48/05 : *D. 2007. Pan. 2835, obs. Durrande ; RTD com. 2007. 712, obs. Azéma ; RTD eur. 2007. 685, obs. Schmidt-Szalewski ; PIBD 2007. III. 241 ; Propr. intell. 2007, n° 23, p. 237, obs. Bonet.* ♦ ... Ou de l'une de ses autres fonctions. • CJCE 18 juin 2009, *L'Oréal c/ Bellure,* n° C-487/07 : *CCE 2009, n° 111, obs. Caron ; JCP 2009. 180, note Marino ; PIBD 2009. III. 1305 ; Propr. intell. 2010, p. 655, obs. Bonet ; Propr. ind. 2009, n° 51, note Folliard-Monguiral* • 23 mars 2010, *Google c/ Louis Vuitton et a.,* n° C-236/08 : *D. 2011. Pan. 911, obs. Durrande ; CCE 2010. Étude 12, par Bonet ;*

ibid. n° 70, note Caron ; Légipresse 2010, n° 274, p. 158, note Maréchal ; PIBD 2010. III. 297 ; Propr. ind. 2010, n° 38, note Folliard-Monguiral.

6. Art. 5, § 1, sous b). Le titulaire d'une marque enregistrée ne peut interdire l'usage par un tiers d'un signe identique ou similaire à sa marque en application de l'article 5, § 1, sous *b)*, que si les quatre conditions suivantes sont réunies :
– un usage de la marque dans la vie des affaires ;
– un usage sans le consentement du titulaire de la marque ;
– un usage pour des produits ou des services identiques ou similaires à ceux pour lesquels la marque est enregistrée ;
– un usage qui doit porter atteinte ou être susceptible de porter atteinte à la fonction essentielle de la marque qui est de garantir au consommateur la provenance des produits ou des services, en raison d'un risque de confusion dans l'esprit du public. • CJCE 12 juin 2008, *O2 Holdings : V. note 8.* ♦ La protection conférée par l'art. 5, § 1, sous *a)*, est plus étendue que celle prévue au même article 5, § 1, sous *b)*, dont la mise en œuvre exige la démonstration d'un risque de confusion et donc la possibilité d'une atteinte à la fonction essentielle de la marque. • CJCE 18 juin 2009, *L'Oréal c/ Bellure : préc. note 5.* ♦ Sur le risque de confusion, V. Dir. 2008/95/CE, ss. art. 4.

II. ATTEINTE AUX FONCTIONS DE LA MARQUE

Sur les fonctions de la marque, V. note 2 ss. art. 2.

A. USAGES PORTANT ATTEINTE AUX FONCTIONS DE LA MARQUE

7. L'usage par un tiers non autorisé, d'une dénomination sociale, d'un nom commercial ou d'une enseigne identique à une marque antérieure, dans le cadre d'une activité de commercialisation de produits identiques à ceux pour lesquels cette marque a été enregistrée, constitue un usage que le titulaire de ladite marque est habilité à interdire conformément à l'art. 5, § 1, sous *a)*, s'il s'agit d'un usage pour des produits qui porte atteinte ou est susceptible de porter atteinte aux fonctions de la marque. Si tel est le cas, l'art. 6, § 1, sous *a)*, n'est susceptible de faire obstacle à cette interdiction que si l'usage par le tiers de sa dénomination sociale ou de son nom commercial est fait conformément aux usages honnêtes en matière industrielle et commerciale. • CJCE 11 sept. 2007, *Céline*, n° C-17/06 : *RTD com. 2007. 712, obs. Azéma ; RTD eur. 2007. 685, obs. Schmidt-Szalewski ; Propr. ind. 2007, n° 86, note Folliard-Monguiral ; Propr. intell. 2008, n° 26, p. 142, obs. Bonet ; CCE 2007, n° 132, obs. Caron.* ♦ L'usage d'une marque dans des tableaux de concordance poursuit non pas des fins purement descriptives, mais un but publicitaire susceptible de porter atteinte à l'une des fonctions de cette marque, telles que les fonctions de communication, d'investissement, ou de publicité. • CJCE 18 juin 2009, *L'Oréal c/ Bellure : préc. note 5.* ♦ L'objet spécifique de la condition posée par l'art. 3 *bis*, § 1, sous *h)*, de la directive n° 84-450 du 10 sept. 1984 consiste à interdire à l'annonceur de faire apparaître le fait que le produit ou le service qu'il commercialise constitue une imitation ou une reproduction du produit ou du service de marque auquel il se réfère. A cet égard, ne sont pas seulement interdits les messages publicitaires renvoyant explicitement à l'idée d'imitation ou de reproduction, mais ceux qui, tels les tableaux de concordance, sont aptes à transmettre implicitement cette idée. • CJCE 18 juin 2009, *L'Oréal c/ Bellure : préc. note 5.* ♦ L'affichage de la marque d'un tiers dans le cadre d'un service de référencement sur internet porte atteinte : à la fonction d'indication d'origine de la marque lorsque la publicité affichée à partir du mot-clé ne permet pas, ou permet seulement difficilement à l'internaute normalement informé et raisonnablement attentif, de savoir si les produits ou les services visés par l'annonce proviennent du titulaire de la marque ou d'une entreprise économiquement liée à celui-ci ou, au contraire, d'un tiers. • CJUE 23 mars 2010, *Google : préc. note 5.* ♦ ... Et porte atteinte à la fonction d'investissement s'il gêne de manière substantielle l'emploi, par ledit titulaire, de sa marque pour acquérir ou conserver une réputation susceptible d'attirer et de fidéliser des consommateurs. • CJUE 22 sept. 2011, *Interflora*, n° C-323/09 : *Dalloz actualité, 27 sept. 2011, obs. Manara ; RTD com. 2012. 103, obs. Azéma ; Légipresse 2011, n° 288, p. 638, note Bouvel ; Prop. intell. 2012. 68, obs. Bonet ; D. 2012. Pan. 1362, obs. Durrande ; PIBD 2012. III. 12.* ♦ L'art. 5, § 1, sous *a)* et *b)*, de la Dir. 2008/95/CE doit être interprété en ce sens qu'un tiers, qui est mentionné dans une annonce publiée sur un site internet, contenant un signe identique ou similaire à une marque de manière à donner l'impression qu'il existe une relation commerciale entre l'annonceur et le titulaire de la marque, ne fait pas un usage de ce signe susceptible d'être interdit par son titulaire lorsque cette annonce n'a pas été placée par ce tiers ou en son nom ou, lorsque ce tiers a expressément exigé de l'exploitant du site auprès duquel il avait commandé l'annonce de la supprimer ou de supprimer la mention de la marque qui y figurait. • CJUE 3 mars 2016, *Daimler*, n° C-179/15 : *PIBD 2016. III. 367 ; CCE 2016, n° 32, note Caron ; Propr. ind. 2016, n° 26, note Folliard-Monguiral ; LEPI mai 2016, p. 1, obs. Clavier.*

B. USAGES NE PORTANT PAS ATTEINTE AUX FONCTIONS DE LA MARQUE

8. Le titulaire d'une marque ne peut pas invoquer son droit exclusif lorsqu'un autre commerçant fait référence à sa marque dans le cadre de négociations avec un client potentiel lui-même professionnel pour lui communiquer les caractéristiques du produit offert à la vente. La référence à la marque ne peut pas être interprétée par le client comme indiquant la provenance du produit. • CJCE 14 mai 2002, *Hölterhoff*, n° C-2/00 : *D. 2002. 3137, note Passa ; RTD eur. 2004. 104, obs. Bonet ; PIBD 2002. III. 505 ; Propr. intell. 2002, n° 5, p. 93, obs. Bonet.* ♦ De la même façon, le titulaire de la marque n'est pas habilité à interdire l'usage, par un tiers, dans une publicité comparative qui satisfait à toutes les conditions de licéité énoncées par l'art. 3 *bis* de la directive CE n° 84-450 du 10 sept. 1984, d'un signe identique ou similaire à sa marque. • CJCE 12 juin 2008, *O2 Holdings*, n° C-533/06 : *D. 2008. AJ 1824 ; CCE 2008, n° 132, note Caron ; Propr. ind. 2008, n° 61, note Folliard-Monguiral.*

BIBL. Bonet, *Propr. intell. 2009, n° 29, p. 393* (articulation entre publicité comparative et protection de la marque).

III. USAGE DANS LA VIE DES AFFAIRES

9. *Définition.* L'usage d'un signe identique à la marque a lieu dans la vie des affaires, dès lors qu'il se situe dans le contexte d'une activité commerciale visant à un avantage économique et non dans le domaine privé. • CJCE 12 nov. 2002 *Arsenal Football Club : préc. note 2.*

10. *Ventes au consommateur.* Lorsque l'usage d'un signe identique à la marque se situe dans le cadre de ventes au consommateur et qu'il est de nature à accréditer l'existence d'un lien matériel dans la vie des affaires entre le titulaire de la marque et les produits concernés sur lesquels il n'a pourtant exercé aucun contrôle, un tel usage est susceptible de mettre en péril la garantie de provenance qui constitue la fonction essentielle de la marque et le titulaire de la marque peut s'y opposer. • CJCE 12 nov. 2002, *Arsenal Football Club : préc. note 2.* ♦ Cette conclusion ne saurait être remise en cause par la circonstance que l'usage du signe est perçu comme un témoignage de soutien, de loyauté ou d'attachement au titulaire de la marque. • Même arrêt.

11. *Importation.* Les actes d'un opérateur économique consistant à faire importer des produits dans l'Union, sans le consentement du titulaire de la marque et à les faire placer sous le régime de suspension des droits d'accise, les détenant ainsi en entrepôt fiscal dans l'attente de l'acquittement de ces droits et de la mise à la consommation doivent être qualifiés d'usage dans la vie des affaires. • CJUE 16 juill. 2015, *Bacardi*, n° C-379/14 : *D. 2016. 396, obs. Martial-Braz ; PIBD 2016. III. 751 ; Légipresse 2015. 624, obs. Basire.*

12. *Prestations de services. Référencement.* Un prestataire de service de référencement exerce une activité commerciale et vise un avantage économique lorsqu'il stocke pour le compte de ses clients des signes identiques à des marques en tant que mots-clés et organise l'affichage d'annonces à partir de ceux-ci. Il opère « dans la vie des affaires » lorsqu'il permet aux annonceurs de sélectionner ces signes et affiche les annonces de ses clients à partir de ceux-ci. Il n'en découle pas pour autant que ce prestataire fasse lui-même un « usage » de ces signes au sens de l'art. 5 de la Dir. 89/104/CEE, faute d'en faire une utilisation dans le cadre de sa propre communication commerciale. Cette conclusion n'est pas infirmée par le fait que ledit prestataire est rémunéré pour l'usage dudit signe par ses clients. • CJUE 23 mars 2010, *Google c/ Louis Vuitton et a. : préc. note 5.* ♦ Dans la mesure où il a permis à son client de faire usage d'un tel signe, son rôle doit, le cas échéant, être examiné sous l'angle d'autres règles de droit que l'art. 5 et notamment de la Dir. (CE) n° 2000/31 du 8 juin 2000 sur le commerce électronique et de la Dir. (CE) n° 2004/48 relative au respect des droits de propriété intellectuelle. • Même arrêt. ♦ L'art. 14, § 1, de la Dir. (CE) n° 2000/31 du 8 juin 2000 sur le commerce électronique doit être interprété en ce sens qu'il s'applique à l'exploitant d'une place de marché en ligne lorsque celui-ci n'a pas joué un rôle actif qui lui permette d'avoir une connaissance et un contrôle des données stockées, ce qui est notamment le cas lorsqu'il se borne à prêter une assistance à un annonceur pour optimiser ses offres à la vente ou les promouvoir. Il ne saurait néanmoins se prévaloir de l'exonération de responsabilité resultant de cette disposition s'il a eu connaissance de faits ou de circonstances qui auraient alerté un opérateur économique diligent sur l'illicéité des offres à la vente et s'est néanmoins abstenu d'agir promptement. L'art. 11, 3ᵉ phrase, de la Dir. (CE) n° 2004/48 du 29 avril 2004 relative au respect des droits de propriété intellectuelle doit être interprété en ce sens qu'il exige des États membres de s'assurer que les juridictions nationales compétentes en matière de droits de propriété intellectuelle puissent enjoindre à l'exploitant d'une place de marché en ligne de prendre des mesures qui contribuent non seulement à mettre fin aux atteintes portées à ces droits par les utilisateurs de cette place, mais aussi à prévenir de nouvelles atteintes de cette nature. Ces injonctions doivent être effectives, proportionnées, dissuasives et ne doivent pas créer d'obstacle au commerce légitime. • CJUE 12 juill. 2011, *L'Oréal c/ ebay*, n° C-324/09 : *D. 2011. 1965, obs. Manara ; ibid. 2054, point de vue Gautier ; ibid. 2363, obs. Tréfigny-Goy ; ibid. 2012. 1228, obs. Gaudemet-Tallon ; ibid. 2836, obs. Sirinelli ; RTD eur. 2011. 847, obs. Treppoz ; JCP E 2011, p. 5, obs. Caron ; Gaz. Pal. 26/27 oct. 2011, p. 19, note Marino ; CCE 2011, n° 99, note Caron ; PIBD 2011. III. 718.*

13. *Remplissage.* Si un prestataire de services

opère dans la vie des affaires, lorsqu'il remplit sur commande d'un tiers des canettes déjà pourvues de signes similaires à une marque qui lui ont été préalablement fournies par ce dernier, il n'en découle pas pour autant que ce prestataire fasse lui-même un usage de ces signes au sens de l'art. 5, § 1, sous b) quand bien même il serait rémunéré pour ce service. Son rôle ne saurait être apprécié au regard des dispositions de la Dir. 89/104/CEE mais doit, le cas échéant, être examiné sous l'angle d'autres règles de droit. • CJUE 15 déc. 2011, *Red Bull*, n° C-119/10 : *PIBD 2012. III. 303.*

14. Entreposage. La fourniture d'un service d'entreposage de marchandises revêtues de la marque d'autrui ne constitue pas un usage du signe identique à cette marque pour des produits identiques ou similaires à ceux pour lesquels ladite marque est enregistrée. Dans la mesure où ce prestataire permet à son client de faire un tel usage, son rôle ne saurait être apprécié au regard des dispositions de la Dir. 89/104/CEE mais le cas échéant sous l'angle d'autre règles de droit. • CJUE 16 juill. 2015, *Bacardi*, n° C-379/14 : *préc. note 11.*

IV. MARQUE RENOMMÉE

15. Définition. L'art. 5, § 2, de la directive doit être interprété en ce sens que, pour bénéficier d'une protection élargie à des produits ou à des services non similaires, une marque enregistrée doit être connue d'une partie significative du public concerné par les produits ou services couverts par elle. Le juge appréciera la situation en fonction de tous les éléments pertinents de la cause : part de marché détenue par la marque, intensité, étendue géographique et durée de l'usage, importance des investissements réalisés par l'entreprise du titulaire de la marque pour la promouvoir. Le public concerné par la marque est, en fonction du produit ou du service commercialisé soit le grand public, soit un public plus spécialisé, par exemple, un milieu professionnel donné mais ni la lettre ni l'esprit de l'art. 5, § 2, n'autorisent à exiger que la marque soit connue d'un pourcentage déterminé du public ainsi défini. Au plan territorial, la condition est remplie lorsque, conformément aux termes de l'art. 5, § 2, de la directive, la marque jouit d'une renommée « dans l'État membre » ; en l'absence de précision de la disposition communautaire, il ne peut être exigé que la renommée existe dans « tout » le territoire couvert par la marque. Il suffit qu'elle existe dans une partie substantielle de celui-ci. • CJCE 14 sept. 1999, *General Motors*, n° C-375/97 : *D. 2001. Somm. 473, obs. Durrande ; RTD eur. 2000. 134, obs. Bonet ; RTD com. 2000. 87, obs. Azéma et Galloux ; PIBD 2000. III. 39 ; RJDA 1999, n° 1266.* ♦ Les règles énoncées au § 2 de l'art. 5, même si elles ne se réfèrent expressément qu'à l'hypothèse où il est fait usage d'un signe similaire à une marque renommée pour des produits ou services qui ne sont pas similaires à ceux pour lesquels cette marque a été enregistrée, s'appliquent aussi à plus forte raison dans le cas où les produits seraient identiques ou similaires à ceux pour lesquels la marque est enregistrée. • CJCE 9 janv. 2003, *Davidoff*, n° C-292/00 : *D. 2003. AJ 350 ; RTD eur. 2004. 110, obs. Bonet ; RTD com. 2003. 502, obs. Azéma ; Propr. ind. 2003, n° 17, note Reboul ; PIBD 2003. III. 386 ; Propr. intell. 2003, n° 7, p. 197, obs. Bonet ; JCP E 2003, p. 1249, note Bouvel.* • 23 oct. 2003, *Adidas Salomon et Adidas Benelux*, n° C-408/01 : *RTD eur. 2004. 706, obs. Bonet* • 10 avr. 2008, *Adidas et Adidas Benelux : préc. note 3* • CJUE 22 sept. 2011, *Interflora : préc. note 7.*

16. Étendue de la protection. Les art. 4, § 4, *a)*, et 5, § 2, de la directive doivent être interprétés en ce sens qu'ils laissent aux États membres le pouvoir de prévoir une protection spécifique au profit d'une marque enregistrée qui jouit d'une renommée lorsque la marque ou le signe postérieur, identique ou similaire, à cette marque enregistrée, est destiné à être utilisé ou est utilisé pour des produits ou des services identiques ou similaires à ceux couverts par celle-ci. • CJCE 9 janv. 2003, *Davidoff : préc. note 15.* ♦ V. aussi dans le même sens : • CJCE 23 oct. 2003, *Adidas-Salomon et Adidas Benelux : préc. note 15* • CJCE 10 avr. 2008, *Adidas et Adidas Benelux : préc.* ♦ Un État membre, lorsqu'il exerce l'option offerte par l'art. 5, § 2, de la directive CE du 21 déc. 1988 est tenu d'accorder la protection spécifique en cause en cas d'usage par un tiers d'une marque ou d'un signe postérieur, identique ou similaire à la marque renommée enregistrée, aussi bien pour des produits ou des services non similaires que pour des produits ou des services identiques ou similaires à ceux couverts par celle-ci. L'option de l'État membre porte ainsi sur le principe même de l'octroi d'une protection renforcée au profit des marques renommées mais non sur les situations couvertes par la protection qu'il accorde. • CJCE 23 oct. 2003, *Adidas-Salomon et Adidas Benelux : préc. note 15* ♦ Dès lors, lorsque cette disposition a été introduite en droit national, l'apposition d'un signe identique à la marque sur des modèles réduits, lesquels ne sont pas des produits similaires aux véhicules automobiles, constitue un usage que le titulaire de la marque est habilité à interdire si cet usage, sans juste motif, tire indûment profit du caractère distinctif ou de la renommée de la marque enregistrée pour des véhicules automobiles ou lui porte préjudice • CJCE 25 janv. 2007, *Adam Opel : préc. note 5.*

17. Conditions de la protection : un lien entre le signe postérieur et la marque renommée. La protection conférée par l'art. 5, § 2, de la Dir. 89/104/CEE n'est pas subordonnée à la constatation d'un degré de similitude entre la marque renommée et le signe tel qu'il existe, dans l'esprit du public concerné, un risque de confusion entre ceux-ci. Il suffit que le degré de similitude entre la marque renommée et le signe ait pour effet que le public concerné établisse un lien entre le signe et la marque. • CJCE 23 oct. 2003, *Adidas Salomon et Adidas Benelux : préc. note 15* • 18 juin 2009, *L'Oréal c/ Bellure : préc. note 5* • 22 sept. 2011, *Interflora : préc. note 7.* ♦ Le fait que la marque postérieure évoque la marque antérieure renommée dans l'esprit du consommateur moyen, normalement informé et raisonnablement attentif et avisé, équivaut à l'existence d'un lien entre les marques en conflit (même arrêt). ♦ V. aussi • CJCE 27 nov. 2008, *Intel,* n° C-252/07 : *RTD com. 2009. 117, obs. Azéma ; D. 2008. Pan. 851, obs. Durrande ; CCE 2009, n° 14, obs. Caron ; Gaz. Pal. 29-31 mars 2009, note Pollaud-Dulian ; Propr. intell. 2010, n° 34, p. 651, obs. Bonet.* ♦ L'existence d'un tel lien doit être appréciée globalement en tenant compte notamment : du degré de similitude entre les marques en conflit, de la nature des produits ou des services pour lesquels les marques en cause sont enregistrées, de leur degré de proximité ainsi que du public concerné, de l'intensité de la renommée de la marque antérieure, de son caractère distinctif et de l'existence d'un risque de confusion dans l'esprit du public. • CJCE 23 oct. 2003, *Adidas Salomon et Adidas Benelux : préc. note 15* • 10 avr. 2008, *Adidas et Adidas Benelux : préc. note 3* • 27 nov. 2008, *Intel : préc. note 2.* ♦ Toutefois l'existence d'un tel lien ne saurait suffire à elle seule à conclure à l'existence de l'une des atteintes à la marque renommée, lesquelles constituent la condition spécifique de la protection. • Même arrêt.

18. Conditions de la protection : une atteinte à la marque. Le titulaire de la marque renommée doit démontrer soit l'existence d'une atteinte effective et actuelle à sa marque, soit, à défaut, l'existence d'éléments permettant de conclure à un risque sérieux qu'une telle atteinte se produise dans le futur. • CJCE 27 nov. 2008, *Inte : préc. note 2.* ♦ Plus le caractère distinctif et la renommée de cette marque seront importants, plus l'existence d'une atteinte sera aisément admise. • CJCE 14 sept. 1999, *General Motors : préc. note 15* • 27 nov. 2008, *Intel : préc. note 2* ♦ Les atteintes contre lesquelles la directive protège les marques renommées sont : le préjudice porté au caractère distinctif de la marque antérieure, le préjudice porté à la renommée de cette marque et le profit indûment tiré du caractère distinctif ou de la renommée de ladite marque. Un seul de ces trois types d'atteintes suffit pour déclencher l'application de la directive. • CJCE 27 nov. 2008, *Intel : préc. note 2.* ♦ Il en résulte que le profit tiré par un tiers du caractère distinctif ou de la renommée de la marque peut se révéler indû, même si l'usage du signe identique ou similaire ne porte préjudice ni au caractère distinctif ni à la renommée de la marque ni, plus généralement, au titulaire de celle-ci. • CJCE 18 juin 2009, *L'Oréal c/ Bellure : préc. note 5.* ♦ Le préjudice porté au caractère distinctif de la marque antérieure (dilution de la marque) est constitué lorsque l'usage d'un signe identique ou similaire à celle-ci réduit la capacité de cette marque à distinguer les produits ou services du titulaire de cette marque de ceux qui ont une autre origine. A l'issue du processus de dilution, la marque n'est plus en mesure de susciter, dans l'esprit du consommateur, un lien avec une origine commerciale spécifique et aboutit à la perte complète du caractère distinctif de la marque considérée comme un terme générique. • CJCE 22 sept. 2011, *Interflora : préc. note 7.* ♦ Le préjudice porté à la renommée de la marque (ternissement) intervient lorsque les produits ou les services identifiés par le signe utilisé par le tiers peuvent être ressentis par le public d'une manière telle que la force d'attraction de la marque en est diminuée. Tel est le cas lorsque les produits ou les services offerts par le tiers possèdent une caractéristique ou une qualité susceptibles d'exercer une influence négative sur l'image de la marque. • CJCE 18 juin 2009, *L'Oréal c/ Bellure : préc. note 5.* ♦ Le profit indûment tiré du caractère distinctif ou de la renommée de la marque (parasitisme) ne présuppose ni l'existence d'un risque de confusion, ni celle d'un risque de préjudice porté au caractère distinctif ou à la renommée de la marque. Il est réalisé lorsqu'un tiers, tente, par l'usage d'un signe similaire à une marque renommée, de se placer dans le sillage de cette marque afin de bénéficier de son pouvoir d'attraction, de sa réputation et de son prestige et d'exploiter, sans compensation financière et sans devoir déployer des efforts propres à cet égard, l'effort commercial réalisé par le titulaire de la marque renommée pour créer et entretenir l'image de celle-ci • Même arrêt. ♦ Le titulaire d'une marque renommée peut interdire à un concurrent de faire de la publicité à partir d'un mot-clé correspondant à sa marque que ce concurrent a, sans son consentement, sélectionné dans le cadre d'un service de référencement sur internet, lorsque ce concurrent tire ainsi un profit indû du caractère distinctif ou de la renommée de la marque (parasitisme) ou lorsque cette pratique porte atteinte à la renommée (ternissement) ou au caractère distinctif (dilution) de sa marque. En revanche, lorsque la publicité affichée sur internet à partir d'un mot-clé identique à une marque renommée propose une alternative aux produits offerts par le titulaire de la marque sans les imiter ou porter atteinte aux fonctions de la marque ni entraîner son ternissement ou sa dilution, cet usage relève d'une concurrence saine et loyale dans le secteur des produits ou services concernés. Il a donc lieu pour un « juste motif » au sens de l'art. 5, § 2, ce qui ne permet pas au titulaire de la marque de l'interdire. • CJUE 22 sept. 2011, *Interflora : préc. note 7.*

19. Éléments d'appréciation des atteintes à la marque. A l'instar de l'existence d'un lien entre les marques en conflit, l'existence de l'une des atteintes contre lesquelles la directive protège les marques renommées, ou celle d'un risque sérieux qu'une telle atteinte se produise dans le futur, doit être appréciée globalement, en tenant compte de tous les facteurs pertinents du cas d'espèce. • CJCE 23 oct. 2003, *Adidas Salomon et Adidas Benelux : préc. note 15* • 27 nov. 2008, *Intel : préc. note 15.* • 18 juin 2009, *L'Oréal c/ Bellure : préc. note 5* • CJUE 22 sept. 2011, *Interflora : préc. note 7.* ♦ L'existence des atteintes constituées par le préjudice porté au caractère distinctif ou à la renommée de la marque antérieure doit être appréciée dans le chef du consommateur moyen des produits ou services pour lesquels cette marque (la marque antérieure) a été enregistrée. En revanche, l'atteinte constituée par le profit indûment tiré du caractère distinctif ou de la renommée de la marque antérieure, doit, en raison du fait que ce qui est reproché à l'agent est l'avantage qu'il tire de la marque antérieure, être appréciée dans le chef du consommateur moyen des produits ou services pour lesquels la marque postérieure a été enregistrée. • CJCE 27 nov. 2008, *Intel : préc. note 2.*

20. Justes motifs d'usage. L'art. 5, § 2, de la première Dir. 89/104/CEE du 21 déc. 1988, rapprochant les législations des États membres sur les marques, doit être interprété en ce sens que le titulaire d'une marque renommée peut se voir contraint, en vertu d'un "juste motif" au sens de cette disposition, de tolérer l'usage par un tiers d'un signe similaire à cette marque pour un produit identique à celui pour lequel ladite marque a été enregistrée, dès lors qu'il est avéré que ce signe a été utilisé antérieurement au dépôt de la même marque et que l'usage fait pour le produit identique l'est de bonne foi. Pour apprécier si tel est le cas, il appartient à la juridiction nationale de tenir compte, en particulier : de l'implantation et de la réputation dudit signe auprès du public concerné ; du degré de proximité entre les produits et les services pour lesquels le même signe a été originairement utilisé et le produit pour lequel la marque renommée a été enregistrée ; et de la pertinence économique et commerciale de l'usage pour ce produit du signe similaire à cette marque. • CJUE 6 févr. 2014, *Red Bull,* n° C-65/12 : *D. 2014. 421* ; *Propr. ind. 2014, n° 21, obs. Folliard-Monguiral ; PIBD 2014. III. 448 ; CCE 2014, n° 45, obs Caron.*

21. Art. 5, § 5. L'art. 5, § 5, de la Dir. 89/104/CEE doit être interprété en ce sens qu'un État membre peut, s'il l'entend et aux conditions qu'il fixe, protéger une marque contre l'usage d'un signe qui est fait à des fins autres que celle de distinguer des produits ou des services, lorsque l'usage de ce signe sans juste motif tire indûment profit du caractère distinctif ou de la renommée de la marque ou leur porte préjudice. • CJCE 21 nov. 2002, *Robelco NV,* n° C-23/01 : *RTD eur. 2004. 119, obs. Bonet* ; *Propr. intell. 2003, n° 9, p. 415, obs. Bonet.*

V. TRANSIT – JURISPRUDENCE RENDUE OBSOLÈTE PAR LA DIR. (UE) 2015/2436 DU 16 DÉC. 2015 (V. COMM. SS. CPI, ART. L. 716-9)

22. La procédure de retenue en douane de marchandises suspectées de contrefaçon telle qu'elle est prévue par l'art. L. 716-8 CPI constitue une restriction à la libre circulation des marchandises légalement fabriquées dans un État membre de la Communauté et destinées, après avoir transité en France, à être mises sur le marché d'un autre État membre où elles peuvent être légalement commercialisées. • CJCE 26 sept. 2000, *Commission c/ France,* n° C-23/99 : *Rec. p. I-7653 ; D. 2001. AJ 440 ; RTD eur. 2002. 375, obs. Bonet* . ♦ L'opération de transit ne constituant pas une mise sur le marché, une mesure de retenue en douane ne saurait être justifiée par des raisons de propriété industrielle et commerciale. • CJCE 23 oct. 2000, *Rioglass,* n° C-115/02 : *Rec. p. I-2705 ; RTD eur. 2004. 133, obs. Bonet* . ♦ Les art. 5 de la directive 89/104/CEE et 1er du règlement n° 3295/94 ne permettent la saisie de marchandises extracommunautaires revêtues d'une marque, en transit vers un autre État membre où cette marque n'est pas protégée, que si le titulaire de la marque dans l'État membre de transit démontre que ces marchandises font l'objet d'un acte d'un tiers effectué pendant qu'elles sont placées sous le régime du transit externe et qui implique nécessairement leur mise dans le commerce de cet État membre de transit. Le caractère légal ou illégal de la fabrication des produits concernés dans le pays d'origine est sans pertinence. • CJCE 9 nov. 2006, *Montex Holdings,* n° C-281/05 : *PIBD 2007. III. 6 ; Propr. ind. 2007, n° 2, note Folliard-Monguiral.* ♦ Des marchandises provenant d'un État tiers et constituant une imitation d'un produit protégé dans l'Union par un droit de marque ou une copie d'un produit protégé dans l'Union par un droit d'auteur, un droit voisin, un modèle ou un dessin ne sauraient être qualifiées de « marchandises de contrefaçon » ou de « marchandises pirates » au sens des règlements nos 3295/94 et 1383/2003 en raison du seul fait qu'elles sont introduites sur le territoire douanier de l'Union sous un régime suspensif ;

– ces marchandises peuvent, en revanche, porter atteinte audit droit et donc être qualifiées de « marchandises de contrefaçon » ou de « marchandises pirates » lorsqu'il est prouvé qu'elles sont destinées à une mise en vente dans l'Union, une telle preuve étant fournie, notamment, lorsqu'il s'avère que lesdites marchandises ont fait l'objet d'une vente à un client dans l'Union ou d'une offre à la vente ou d'une publi-

cité adressée à des consommateurs dans l'Union, ou lorsqu'il ressort de documents ou d'une correspondance concernant ces marchandises qu'un détournement de celles-ci vers les consommateurs dans l'Union est envisagé ;
– pour que l'autorité compétente pour statuer sur le fond puisse utilement examiner l'existence d'une telle preuve et des autres éléments constitutifs d'une atteinte au droit de propriété intellectuelle invoqué, l'autorité douanière saisie d'une demande d'intervention doit, dès qu'elle dispose d'indices permettant de soupçonner l'existence de ladite atteinte, suspendre la mainlevée ou procéder à la retenue desdites marchandises, et parmi ces indices peuvent figurer, notamment, le fait que la destination des marchandises n'est pas déclarée alors que le régime suspensif sollicité exige une telle déclaration, l'absence d'informations précises ou fiables sur l'identité ou l'adresse du fabricant ou de l'expéditeur des marchandises, un manque de coopération avec les autorités douanières ou encore la découverte de documents ou d'une correspondance concernant les marchandises en cause de nature à laisser supposer qu'un détournement de celles-ci vers les consommateurs dans l'Union est susceptible de se produire. • CJUE 1er déc. 2011, *Philips et Nokia*, n° C-446/09 : *Prop. ind. 2012, n° 13, obs. Folliard-Monguiral.*

Art. 6 ***Limitation des effets de la marque.*** **1. Le droit conféré par la marque ne permet pas à son titulaire d'interdire à un tiers l'usage, dans la vie des affaires :**

a) de son nom et de son adresse ;

b) d'indications relatives à l'espèce, à la qualité, à la quantité, à la destination, à la valeur, à la provenance géographique, à l'époque de la production du produit ou de la prestation du service ou à d'autres caractéristiques de ceux-ci ;

c) de la marque lorsqu'elle est nécessaire pour indiquer la destination d'un produit ou d'un service, notamment en tant qu'accessoires ou pièces détachées,

pour autant que cet usage soit fait conformément aux usages honnêtes en matière industrielle ou commerciale.

2. Le droit conféré par la marque ne permet pas à son titulaire d'interdire à un tiers l'usage, dans la vie des affaires, d'un droit antérieur de portée locale si ce droit est reconnu par la loi de l'État membre concerné et dans la limite du territoire où il est reconnu. – *[Dir. 89/104/CEE du 21 déc. 1988, art. 6.]*

BIBL. ▸ **Dir. 89/104/CEE du 21 déc. 1988 :** BONET, *Propr. intell. 2005, n° 16, p. 252* (les conditions strictes de l'usage autorisé de la marque d'autrui selon la CJCE). – DE CANDÉ, PHIQUEPAL D'ARUSMONT, *Propr. intell. 2008, n° 28, p. 291* (art. 6 de la Dir. 89/104/CEE : la notion d'usage honnête, le cheval de Troie de la concurrence déloyale du droit communautaire).

1. Art. 6, § 1 (a). L'usage par un tiers qui n'a pas été autorisé, de sa dénomination sociale ou de son nom commercial identique à une marque antérieure, dans le cadre de la commercialisation de produits identiques à ceux pour lesquels cette marque a été enregistrée, constitue un usage que le titulaire de la marque est habilité à interdire. L'art. 6, § 1, sous a), n'est susceptible de faire obstacle à une telle interdiction que si l'usage par le tiers de ses éléments d'identification est fait conformément aux usages honnêtes en matière industrielle et commerciale. • CJCE 11 sept. 2007, *Céline*, n° C-17/06 : *RTD com. 2007. 712, obs. Azéma ; CCE 2007, n° 132, note Caron ; PIBD 2007. III. 698 ; Propr. ind. 2007, n° 86, note Folliard-Monguiral ; Prop. intell. 2008, n° 31, p. 142, obs. Bonet.*

2. Art. 6, § 1 (b). Le seul fait qu'il existe un risque de confusion auditive entre, d'une part, une marque verbale enregistrée dans un État membre (Gerry) et une indication de provenance géographique dans un autre État membre (Kerry Spring) ne saurait suffire pour conclure que l'usage de cette indication dans la vie des affaires n'est pas conforme à un usage honnête. Il incombe à la juridiction nationale de procéder à une appréciation globale de toutes les circonstances de l'espèce afin d'apprécier si l'opérateur économique qui utilise l'indication géographique pourrait être considéré comme pratiquant une concurrence déloyale vis-à-vis du titulaire de la marque. • CJCE 7 janv. 2004, n° C-100/02 : *D. 2004. AJ 352 ; PIBD 2004. III. 219.* ♦ Lorsqu'une marque est enregistrée notamment pour des véhicules automobiles, l'apposition par un tiers, sans autorisation du titulaire de la marque, d'un signe identique à cette marque sur des modèles réduits de véhicules de cette marque afin de les reproduire fidèlement ne constitue pas l'usage d'une indication relative à une caractéristique de ces modèles réduits au sens de l'art. 6, § 1, ss *b)*. • CJCE 25 janv. 2007, *Adam Opel*, n° C-48/05 : *D. 2007. Pan. 2835, obs. Durrande ; RTD com. 2007. 712, obs. Azéma ; RTD eur. 2007. 685, obs. Schmidt-Szalewski ; PIBD 2007. III. 261 ; Propr. intell. 2007, n° 23, p. 237, obs. Bonet.* ♦ Pour qu'un tiers puisse invoquer les limitations des effets de la marque prévues dans l'art. 6, § 1, sous b) de la directive et se prévaloir de l'impératif de disponibilité qui sous-tend cette disposition, il faut que l'indication utilisée par lui soit relative à l'une des caractéristiques du produit commercialisé ou du service fourni. • CJCE 4 mai 1999, *Windsurfing Chiemsee*, nos C-108/97 et 109/97 : *point 28* • 25 janv. 2007, *Adam Opel : préc.* ♦

L'apposition de motifs à bandes sur des vêtements ayant un caractère purement décoratif ne vise pas à fournir une indication relative à l'une des caractéristiques de ces produits et ne saurait donc relever de cette disposition. • CJCE 10 avr. 2008, *Adidas et Adidas Benelux*, n° C-102/07 : *D. 2008. AJ 1205 ; RTD com. 2008, p. 542, obs. Azéma ; PIBD 2008. III. 336 ; Propr. ind. 2008, n° 41, note Folliard-Monguiral ; Propr. intell. 2009, n° 30, p. 87, obs. Bonet.*

3. Art. 6, § 1, (c). Le caractère licite de l'utilisation de la marque en vertu de l'art. 6, § 1, sous c), dépend du point de savoir si cette utilisation est nécessaire pour indiquer la destination d'un produit ou d'un service. • CJCE 23 févr. 1999, n° C-63/97, *BMW : Rec. p. I-905 ; RTD eur. 2000. 122, obs. Bonet ; D. 1999. IR 81 ; PIBD 1999. III. 221.* ♦ Tel est le cas lorsqu'un tel usage constitue en pratique le seul moyen pour fournir au public une information compréhensible et complète sur cette destination afin de préserver le système de concurrence non faussé sur le marché de ce produit. • CJCE 17 mars 2005, *Gillette : D. 2005. AJ 1153 ; RTD com. 2005. 716, obs. Azéma ; Propr. ind. 2005, n° 337, note Folliard-Monguiral.* ♦ L'objectif de l'art. 6, § 1, sous c), est de permettre aux fournisseurs de produits ou de services complémentaires à des produits ou des services offerts par le titulaire d'une marque d'utiliser cette marque afin d'informer le public sur le lien utilitaire existant entre leurs produits ou services et ceux du titulaire de la marque. • CJCE 17 mars 2005, *Gillette : préc.* • CJUE 8 juill. 2010, *Portakabin*, n° C-558/08 : *D. 2011. Pan. 908, obs. Durrande ; PIBD 2011. III. 3.* ♦ La marque doit en outre être conforme aux usages honnêtes en matière industrielle et commerciale. Cette condition est l'expression d'une obligation de loyauté à l'égard des intérêts légitimes du titulaire d'une marque. La question de savoir si elle est respectée doit être appréciée notamment en tenant compte de la mesure dans laquelle l'usage fait par le tiers amène le public visé, ou à tout le moins une partie significative de ce public, à établir un lien entre les produits du tiers et ceux du titulaire de la marque ou tout au moins d'une personne habilitée à l'utiliser. • CJCE 23 févr. 1999, *BMW : préc.* • 16 nov. 2004, *Anheuser-Busch*, n° C-245/02 • 11 sept. 2007, *Céline : préc. note 1* • CJUE 8 juill. 2011, *Portakabin*, n° C-558/08 : *D. 2010. Pan. 911, obs. Durrande ; PIBD 2011. III. 3 ; JCP E 2010, p. 1961, obs. Caron ; PIBD 2011. III. 4 ; Prop. ind. 2010, p. 55, note Folliard-Monguiral.*

Jurisprudence antérieure au Règl. (UE) 2015/24/24 du 16 déc. 2015.

L'art. 14 de la Dir. 98/71/CE du 13 oct. 1998 sur la protection juridique des dessins ou modèles et l'art. 110 du Règl. (CE) n° 6/2002 du 12 déc. 2001 sur les dessins ou modèles communautaires doivent être interprétés en ce sens qu'ils n'autorisent pas, par dérogation aux dispositions de la Dir. 2008/95/CE du 22 oct. 2008 rapprochant les législations des États membres sur les marques et du Règl. (CE) n° 207/2009 du 26 févr. 2009 sur la marque communautaire, un fabricant de pièces détachées et d'accessoires pour véhicules automobiles, tels que des enjoliveurs, à apposer sur ses produits un signe identique à une marque enregistrée, entre autres choses pour de tels produits, par un producteur de véhicules automobiles, sans le consentement de ce dernier, au motif que l'usage qui serait ainsi fait de cette marque constituerait le seul moyen de réparer le véhicule concerné en lui restituant, en tant que produit complexe, son apparence initiale. • CJUE 6 oct. 2015, *Ford Motor Comp*, n° C-500/14 : *PIBD 2016. III. 15 ; D. 2016. 396, obs. Martial-Braz ; ibid. 1673, obs. Lapousterle ; Prop. ind. 2015, n° 75, obs. Folliard-Monguiral.*

Art. 7 ***Épuisement du droit conféré par la marque.*** **1. Le droit conféré par la marque ne permet pas à son titulaire d'interdire l'usage de celle-ci pour des produits qui ont été mis dans le commerce dans la Communauté sous cette marque par le titulaire ou avec son consentement.**

2. Le paragraphe 1 n'est pas applicable lorsque des motifs légitimes justifient que le titulaire s'oppose à la commercialisation ultérieure des produits, notamment lorsque l'état des produits est modifié ou altéré après leur mise dans le commerce. – *[Dir. 89/104/CEE du 21 déc. 1988, art. 7.]*

BIBL. ▶ **Dir. 89/104/CEE du 21 déc. 1988 :** Bonet, *D. 2000. Chron. 337* (le principe de l'épuisement du droit de marque dans la jurisprudence communautaire). – Burst et Kovar, *JCP E 1978. 12830* (le reconditionnement des produits marqués et le droit communautaire). – Raynard, *Propr. ind. 2003. Chron. 18* (droit de marque et réseau de distribution exclusive devant la CJCE : la présomption d'épuisement du droit ou le bonheur retrouvé du distributeur parallèle). – Tardieu Guigues, *Propr. intell. 2009, n° 32, p. 251* (droit de marque et contrat de licence. Un élargissement du pouvoir des titulaires de marques de luxe à l'égard de leurs licenciés).

I. ÉPUISEMENT COMMAUTAIRE

1. Principe. Le droit exclusif d'apposer sa marque sur un produit doit, dans certaines circonstances, être considéré comme épuisé aux fins de permettre à un importateur de commercialiser sous cette marque des produits qui ont été mis en circulation dans un autre État membre par le titulaire ou avec son consentement. • CJCE 23 mai 1978, *Hoffman-La Roche*, n° 102/77 : *Rec. p. 1139* • 10 oct. 1978, *Centrafarm,* n° C-3/78 : *Rec. p. 1823.* ♦ L'effet de la directive est de limiter l'épuisement du droit conféré au titulaire de la marque aux seuls cas où les produits ont déjà été mis dans le commerce dans l'EEE par le titulaire ou avec son consentement. • CJCE 20 nov. 2001, *Zino Davidoff-Levi Strauss et a.*, n[os] C-414/99 à C-416/99 : *Rec. p. I-8691 ; D. 2002. AJ 214, obs. Chevrier ; RTD com. 2002. 480, obs. Azéma ; RTD eur. 2002. 387, obs. Bonet ; CCE 2002, n° 55, note Caron ; PIBD 2002. III. 506 ; Propr. intell. 2002, n° 3, p. 9, obs. Bonet* • 8 avr. 2003, *Van Doren*, n° C-244/00 : *D. 2003. 2358, note Arnaud ; ibid. 1166, obs. Chevrier ; RTD eur. 2004. 122, obs. Bonet ; JCP E 2003. 640 ; ibid. 1468, n° 9, obs. Boespflug, Greffe et Barthélemy ; Propr. intell. 2003, n° 9, p. 426, obs. Bonet* • 30 nov. 2004, *Peak Holding*, n° C-16/03 : *RTD com. 2005. 74, obs. Azéma ; Propr. intell. 2005, n° 15, p. 185, obs. Bonet.* ♦ Lorsque à aucun moment les produits n'ont été mis dans le commerce à l'intérieur de l'EEE par le titulaire de la marque ou avec le consentement de ce dernier, l'exception énoncée à l'art. 7 de la directive ne saurait s'appliquer. De ce fait, l'art. 7 de la directive doit être interprété en ce sens que le titulaire d'une marque peut s'opposer à la première mise dans le commerce dans l'EEE ou dans l'Union sans son consentement de produits d'origine revêtus de cette marque. • CJUE 17 juill. 2014, *Honda*, n° C-535/13 : *PIBD 2014. III. 857.* ♦ Le principe de l'épuisement du droit joue lorsque le titulaire de la marque dans l'État d'importation et le titulaire de la marque dans l'État d'exportation sont identiques ou liés économiquement. Tel n'est pas le cas lorsque l'unicité des titulaires a été rompue à la suite d'une mise sous séquestre. • CJCE 17 oct. 1990, *Hag II*, n° C-10/89 : *RTD eur. 1991. 639, obs. Bonet ; PIBD 1991. III. 48 ; JCP E 1992. 109, obs. Vogel.* ♦ ... Ou d'une cession contractuelle, l'atteinte à la fonction de la marque, à savoir l'impossibilité pour le consommateur d'identifier avec certitude l'origine du produit étant la même. • CJCE 22 juin 1994, *Idéal Standard*, n° C-9/93 : *RTD eur. 1995. 548, obs. Bonet ; PIBD 1994. III. 502.*

2. Consentement implicite. L'art. 7, § 1, doit être interprété en ce sens que le consentement du titulaire d'une marque à la commercialisation dans l'Espace économique européen (EEE) de produits revêtus de sa marque antérieurement mis dans le commerce en dehors de l'EEE par lui-même ou avec son consentement peut être implicite. Tel est le cas lorsque le juge national estime que des éléments antérieurs, concomitants ou postérieurs à la mise dans le commerce en dehors de l'EEE, traduisent de façon certaine une renonciation du titulaire à son droit de s'opposer à une mise dans le commerce dans l'EEE. Un consentement implicite ne peut pas résulter : d'une absence de communication, par le titulaire de la marque, à tous les acquéreurs successifs des produits mis dans le commerce en dehors de l'EEE ; de son opposition à une commercialisation dans l'EEE ; d'une absence d'indication sur les produits d'une interdiction de mise sur le marché dans l'EEE ; de la circonstance que le titulaire de la marque a transféré la propriété des produits revêtus de la marque sans imposer de réserves contractuelles et que, selon la loi applicable au contrat, le transfert de propriété emporte, en l'absence de telles réserves, un droit de revente illimité ou, à tout le moins, un droit de commercialiser ultérieurement les produits dans l'EEE. • CJCE 20 nov. 2001, *Zino Davidoff-Levi Strauss et a. : préc. note 1.* ♦ Si, dans l'arrêt du 20 novembre 2001 (n° C-414/99, préc.), la Cour s'est référée à une première mise dans le commerce en dehors de l'EEE, rien dans le texte de l'arrêt ne permet de conclure que les précisions qu'elle apporte sur les éléments permettant de déduire un consentement implicite du titulaire de la marque n'ont pas une portée générale. Limiter aux seuls cas dans lesquels la première commercialisation des produits en cause est intervenue en dehors de l'EEE la possibilité de déduire de certaines circonstances et de certains éléments un consentement implicite du titulaire de la marque, au sens des arrêts *Zino Davidoff* et *Levi Strauss*, ne serait conforme ni à la lettre ni aux finalités dudit art. 7, § 1er. • CJCE 15 oct. 2009, *Makro*, n° C-324/08 : *D. 2009. AJ 2611 ; PIBD 2009. III. 1538 ; Propr. intell. 2010, n° 34, p. 3, obs. Folliard-Monguiral.* ♦ Dans des circonstances où la remise de « testeurs à parfum » aux intermédiaires liés par contrat au titulaire de la marque a lieu sans transfert de propriété et avec interdiction de vente, où le titulaire de la marque peut à tout moment rappeler cette marchandise et où la présentation de celle-ci se distingue de celle des flacons de parfum habituellement mis à la disposition desdits intermédiaires par le titulaire de la marque, le fait que ces testeurs comportent les mentions « démonstration » et « vente interdite » s'oppose à ce que le consentement du titulaire de la marque à leur mise dans le commerce soit implicitement reconnu en l'absence de tout élément probant en sens contraire dont l'appréciation incombe à la juridiction de renvoi. • CJUE 3 juin 2010, *Coty*, n° C-127/09 : *PIBD 2010. III. 480 ; Propr. intell. 2011, n° 39, p. 316, obs. Bonet.*

3. Mise dans le commerce. Les produits revêtus d'une marque ne peuvent pas être considérés comme mis dans le commerce dans l'EEE lorsque le titulaire de la marque les a importés en vue de les vendre dans celui-ci ou lorsqu'il les a offerts à la vente dans l'EEE sans pour autant parvenir à les vendre. • CJCE 30 nov. 2004, *Peak Holding : préc. note 1.* ♦ L'épuisement se produit par le seul effet de la mise dans le commerce dans l'EEE. La stipulation éventuelle, dans l'acte de vente opérant la première mise dans le commerce dans l'EEE, de restrictions territoriales au droit de revente des produits concerne les seuls rapports entre les parties et ne saurait faire obstacle à l'épuisement prévu par la Directive. • Même arrêt. ♦ La mise dans le commerce par un licencié en méconnaissance d'une clause du contrat de licence est faite sans le consentement du titulaire de la marque lorsqu'il est établi que cette clause correspond à l'une de celles prévues par l'art. 8, § 2. • CJCE 23 avr. 2009, *Copad*, n° C-59/08 : *D. 2009. AJ 1276, obs. Daleau* ; *CCE 2009, n° 62, note Caron* ; *PIBD 2009. III. 1086* ; *Propr. ind. 2009, n° 38, note Folliard-Monguiral* ; *RTD com. 2009, p. 706, obs. Azéma*. ♦ Sur l'application de la décision de la CJCE du 23 avr. 2009, V. • Com. 2 févr. 2010, n° 06-16.202 P : *D. 2010. AJ 503, obs. Daleau* ; *PIBD 2010. III. 164.* ♦ Puis, sur renvoi, V. • Paris, 1er juill. 2011 : *PIBD 2011. III. 622.* – V. note 4 ss. art. L. 713-4.

4. *Produits identiques.* Les droits conférés par la marque ne sont épuisés que pour les exemplaires du produit qui ont été mis dans le commerce dans l'EEE avec le consentement du titulaire. En adoptant l'art. 7, le législateur communautaire a précisé que la mise sur le marché en dehors de ce territoire n'épuise pas le droit du titulaire de s'opposer à l'importation de ses produits effectuée sans son consentement et de contrôler ainsi la première mise dans le commerce dans l'EEE. Or, cette protection serait vidée de sa substance s'il suffisait, pour qu'il y ait épuisement au sens de l'art. 7, que le titulaire de la marque ait consenti à la mise sur le marché dans ce territoire de produits identiques ou similaires à ceux pour lesquels l'épuisement est invoqué. • CJCE 1er juill. 1999, *Sebago*, n° C-173/98 : *RTD eur. 2000. 117, obs. Bonet* ; *RTD com. 1999. 668, obs. Azéma* ; *RJDA 1999, n° 1144* ; *PIBD 1999. III. 414.*

5. *Preuve.* Une règle de preuve en vertu de laquelle l'épuisement du droit de marque constitue un moyen de défense pour le tiers poursuivi par le titulaire de la marque, de sorte que les conditions de cet épuisement doivent, en principe, être prouvées par le tiers qui l'invoque, est compatible avec le droit communautaire. Cependant les exigences découlant de la protection de la libre circulation des marchandises peuvent nécessiter que cette règle subisse des aménagements, notamment dans l'hypothèse où le tiers parvient à démontrer qu'il existe un risque réel de cloisonnement des marchés nationaux si lui-même supporte la charge de cette preuve, en particulier lorsque le titulaire de la marque commercialise ses produits dans l'EEE au moyen d'un système de distribution exclusive. Il appartient alors au titulaire de la marque d'établir que ses produits ont été initialement mis dans le commerce par lui-même ou avec son consentement en dehors de l'EEE sans autorisation de réimportation dans l'EEE. Si cette preuve est rapportée, il incombera alors au tiers d'établir l'existence d'un consentement du titulaire à la commercialisation ultérieure des produits dans l'EEE. • CJCE 8 avr. 2003, *Van Doren : préc. note 1.*

6. Pour l'application de l'art. 7, il importe peu que le produit couvert par la marque ait été fabriqué dans un État tiers quand de toute façon il a été licitement écoulé sur le marché de l'État membre en provenance duquel il a été importé, par le titulaire de la marque ou avec son consentement, y compris par une autre société appartenant au même groupe. • CJCE 20 mars 1997, *Phytéron : D. Affaires 1997. 634* ; *D. 1997. IR 97* ; *RTD eur. 1998. 128, obs. Bonet* ; *PIBD 1997. III. 634.*

II. ÉPUISEMENT INTERNATIONAL

7. La directive ne saurait être interprétée en ce sens qu'elle laisserait aux États membres la possibilité de prévoir dans leur loi nationale l'épuisement des droits conférés par la marque pour des produits mis dans le commerce dans les pays tiers. Cette interprétation est la seule qui soit pleinement susceptible de réaliser la finalité de la directive qui est de sauvegarder le fonctionnement du marché intérieur. En effet, des entraves inéluctables à la libre circulation des marchandises et à la libre prestation de services découleraient d'une situation dans laquelle quelques États membres pourraient prévoir l'épuisement international tandis que d'autres ne prévoiraient que l'épuisement communautaire. • CJCE 16 juill. 1998, *Silhouette*, n° C-355/96 : *D. Affaires 1998. 1592* ; *RTD eur. 2000. 112, obs. Bonet* ; *PIBD 1998. III. 483* ; *RJDA 1998, n° 1170.* – Dans le même sens, V. • CJCE 1er juill. 1999, *Sebago : préc. note 4* • 8 avr. 2003, *Van Doren : préc. note 5* • 20 nov. 2001, *Zino Davidoff-Levi Strauss et a. : préc. note 1.*

III. MOTIFS LÉGITIMES

8. *Atteinte à la renommée.* L'atteinte portée à la renommée de la marque peut être un motif légitime au sens de l'art. 7, § 2, justifiant que le titulaire de la marque s'oppose à la commercialisation ultérieure de produits de prestige qu'il a mis dans le commerce dans l'EEE ou qui l'ont été avec son consentement. Peuvent constituer une telle atteinte : le mode de publicité choisi par un revendeur. • CJCE 4 nov. 1997, *Christian Dior*, n° C-337/95 : *Rec. p. I-6013* ; *D. Affaires 1997. 1427* ; *D. 1997. IR 54* ; *RTD eur. 1998. 595, obs. Bonet* ; *PIBD 1998. III. 105* ; *JCP E 1998. 100, note Vilmart et de Montblanc.* ♦ ... Ou la revente à des soldeurs. • CJCE 23 avr. 2009, *Copad : préc. note 3.* ♦ Mais, lorsque les produits revêtus d'une marque ont été mis sur le marché communautaire par le titulaire de la marque ou avec son consentement, un revendeur, outre la faculté de revendre ces produits, a également celle d'employer la marque afin d'annoncer au public la commercialisation ultérieure desdits produits. • CJCE 4 nov. 1997, *Christian.*

Dior : préc. ♦ Le simple fait que le revendeur tire un avantage de l'usage de la marque en raison du fait que la publicité pour la vente des produits couverts par la marque, par ailleurs correcte et loyale, confère à sa propre activité une aura de qualité ne constitue pas un motif légitime au sens de l'art. 7, § 2. • CJCE 23 févr. 1999, *BMW*, n° C-63/97 : *Rec. I. 905 ; RTD eur. 2000. 122, obs. Bonet ; PIBD 1999. III. 221.*

9. Reconditionnement. La fonction de garantie d'origine assurée par la marque implique que le consommateur ou l'utilisateur final puisse être certain que le produit marqué qui lui est offert n'a pas fait l'objet, à un stade antérieur de sa commercialisation, d'une intervention opérée par un tiers sans autorisation du titulaire de la marque qui atteint le produit dans son état originaire. Dans le cas contraire, le titulaire de la marque a des motifs légitimes pour écarter la règle de l'épuisement des droits et s'opposer à l'importation de produits marqués reconditionnés. Ceux qui sont énoncés à l'art. 7, § 2, de la directive (modification ou altération de l'état des produits) le sont à titre purement indicatif de sorte qu'il peut exister d'autres motifs légitimes. Ainsi en est-il d'une présentation inadéquate du produit reconditionné dont la réputation de la marque pourrait souffrir. • CJCE 11 juill. 1996, *Bristol Myers Squibb*, n° 427/93 : *RTD eur. 1998. 111, obs. Bonet ; PIBD 1997. III. 561 ; RJDA 1996, n° 1559* • 11 nov. 1997, *Loendersloot : PIBD 1998. III. 266 ; RTD eur. 1998. 600, obs. Bonet*. ♦ Toutefois, l'opposition du titulaire de la marque au reconditionnement n'est pas justifiée si celui-ci s'avère objectivement nécessaire pour permettre l'accès effectif du produit au marché de l' État d'importation. • CJCE 12 oct. 1999, *Upjohn*, n° 379/97 : *RTD eur. 2000. 120, obs. Bonet*. ♦ ... Par exemple en raison d'une forte résistance d'une proportion significative de consommateurs à l'égard d'un produit réétiqueté (en l'espèce, des médicaments). • CJCE 23 avr. 2002, n° C-143/00, *Boerhinger : Rec. p. I-3759* • 23 avr. 2002, *Merck, Sharp et Dhome*, n° C-443/99 : *Rec. p. I-7303 ; PIBD 2002. III.404 ; RTD eur. 2004. 101, obs. Bonet*. ♦ Lorsqu'il est établi que le reconditionnement d'un produit pharmaceutique par un nouvel emballage est nécessaire à sa commercialisation dans l'État membre d'importation, le nouveau mode de présentation du produit ne doit être apprécié qu'au regard de la condition selon laquelle il ne doit pas nuire à la réputation de la marque ou à celle de son titulaire. Il appartient à l'importateur parallèle de fournir au titulaire de la marque les informations nécessaires et suffisantes pour lui permettre de vérifier que le reconditionnement du produit est nécessaire à sa commercialisation dans l'État membre d'importation. • CJCE 22 déc. 2008, *The Wellcome Foundation Ltd*, n° C-276/05 : *PIBD 2009. III. 1005 ; Propr. ind. 2009, n° 11, note Folliard-Monguiral.* ♦ Afin de sauvegarder les intérêts légitimes du titulaire de la marque, l'importateur parallèle doit préalablement l'avertir de l'opération de reconditionnement qu'il envisage ; à défaut,le titulaire de la marque pourra s'opposer au reconditionnement. • CJCE 23 mai 1978, *Hoffmann-La Roche : préc. note 1.* ♦ L'importateur parallèle qui a omis de donner au titulaire de la marque l'avertissement préalable concernant un produit pharmaceutique reconditionné enfreint les droits de ce titulaire tant qu'il ne lui a pas donné un tel avertissement. La sanction de cette infraction doit être proportionnée, mais également suffisamment dissuasive pour garantir la pleine efficacité de la directive. Une mesure nationale en vertu de laquelle, dans le cas d'une telle infraction, le titulaire de la marque a droit à une réparation financière dans les mêmes conditions que dans le cas d'une contrefaçon n'apparaît pas en tant que telle contraire au principe de proportionnalité. Il appartient cependant au juge national de déterminer, au cas par cas, compte tenu notamment de l'étendue du dommage causé au titulaire du droit de marque, le montant de la réparation. • CJCE 26 avr. 2007, *Boehringer Ingelheim e.a.*, n° C-348/04 : *RTD eur. 2007. 685, obs. Schmidt-Szalewski ; PIBD 2007. III. 429 ; Propr. ind. 2007. Étude 19, obs. Hénin et Maillols-Perroy ; ibid. n° 61, note Folliard-Monguiral ; Propr. intell. 2008, n° 26, p. 138, obs. Bonet.* ♦ Le titulaire de la marque a la faculté d'exiger un spécimen du produit reconditionné afin de vérifier que le reconditionnement n'affecte pas de façon directe ou indirecte son état originaire et que la présentation réalisée est convenable. • CJCE 11 juill. 1996, *Bristol Myers Squibb : préc.* • 23 avr. 2002, *Boerhinger : préc.* ♦ Le titulaire de la marque peut s'opposer à la commercialisation lorsque le produit a été reconditionné avec réapposition de sa marque par l'importateur parallèle, dès lors que le médicament peut être commercialisé dans le pays d'importation dans son conditionnement d'origine et que l'importateur ne prouve pas la nécessité du reconditionnement pour pouvoir commercialiser sur une partie non limitée du marché d'importation. • CJUE 10 nov. 2016, n° C-297/15 : *Dalloz IP/IT 2017. 228, obs. Maréchal ; Propr. intell. 2017, n° 63, p. 94, note Basire ; LEPI janv. 2017. 6, obs. Chatry.*

10. Appartenance fictive au réseau de distribution du titulaire de la marque. Constitue un motif légitime au sens de l'art. 7, § 2, l'usage de la marque d'un fabricant d'automobiles d'une manière telle qu'elle peut donner l'impression qu'il existe un lien commercial entre le revendeur et le titulaire de la marque, et notamment que l'entreprise du revendeur appartient au réseau de distribution du titulaire de la marque ou qu'il existe une relation spéciale entre les deux entreprises. • CJCE 23 févr. 1999, *BMW : préc. note 8.*

11. Les art. 5 et 7 de la Dir. 89/104/CEE doivent être interprétés en ce sens qu'ils ne permettent pas au détenteur d'une licence exclusive pour l'utilisation de bouteilles de gaz composites destinées à être réutilisées, dont la forme est protégée en tant que marque tridimensionnelle et sur lesquelles ce détenteur a apposé son nom et son logo enregistrés en tant que marques verbale et figurative, de s'opposer à ce que ces bouteilles, après avoir été achetées par des consommateurs, lesquels ont, par la suite, consommé le gaz initialement contenu dans celles-ci, soient échangées par un tiers, moyennant paiement, contre des bouteilles composites remplies de gaz ne provenant pas de ce détenteur, à moins que ce même détenteur ne puisse se prévaloir d'un juste motif au sens de l'art. 7, § 2, de la Dir. 89/104/CEE. En particulier, l'étiquetage des bouteilles composites et les conditions dans lesquelles celles-ci sont échangées ne doivent pas amener le consommateur moyen à considérer qu'il existe un lien entre les deux entreprises ou que le gaz qui a servi au remplissage de ces bouteilles provient du titulaire de la marque. Afin d'apprécier si une telle impression erronée est écartée, il convient de tenir compte des pratiques dans ce secteur et, notamment, du point de savoir si les consommateurs sont habitués à ce que les bouteilles de gaz soient remplies par d'autres distributeurs. • CJUE 14 juill. 2011, *Viking Gas*, n° C-46/10 : *Dr. et patr. oct. 2012. 93, note Velardocchio ; Europe 2011, n° 366, note Idot.*

Art. 8 *Licence.* **1. La marque peut faire l'objet de licences pour tout ou partie des produits ou des services pour lesquels elle est enregistrée et pour tout ou partie du territoire d'un État membre. Les licences peuvent être exclusives ou non exclusives.**

2. Le titulaire de la marque peut invoquer les droits conférés par cette marque à l'encontre d'un licencié qui enfreint l'une des clauses du contrat de licence en ce qui concerne :

a) sa durée ;

b) la forme couverte par l'enregistrement sous laquelle la marque peut être utilisée ;

c) la nature des produits ou des services pour lesquels la licence est octroyée ;

d) le territoire sur lequel la marque peut être apposée ; ou

e) la qualité des produits fabriqués ou des services fournis par le licencié. — *[Dir. 89/104/CEE du 21 déc. 1988, art. 8.]*

L'art. 8, § 2, doit être interprété en ce sens que le titulaire de la marque peut invoquer les droits conférés par cette dernière à l'encontre d'un licencié qui enfreint une clause de la licence interdisant, pour des raisons de prestige de la marque, la vente à des soldeurs des produits fabriqués sous licence, dès lors qu'il est établi que cette violation porte atteinte à l'allure et à l'image de prestige qui confèrent à ces produits une sensation de luxe. • CJCE 23 avr. 2009, *Christian Dior,* n° C-59/08 : *D 2009. AJ 1276, obs. Daleau ; PIBD 2009. III. 1086.*

Art. 9 *Forclusion par tolérance.* **1. Le titulaire d'une marque antérieure telle que visée à l'article 4, paragraphe 2, qui a toléré, dans un État membre, l'usage d'une marque postérieure enregistrée dans cet État membre pendant une période de cinq années consécutives en connaissance de cet usage ne peut plus demander la nullité ni s'opposer à l'usage de la marque postérieure sur la base de cette marque antérieure pour les produits ou les services pour lesquels la marque postérieure a été utilisée, à moins que le dépôt de la marque postérieure n'ait été effectué de mauvaise foi.**

2. Tout État membre peut prévoir que le paragraphe 1 s'applique au titulaire d'une marque antérieure visée à l'article 4, paragraphe 4, point a), ou d'un autre droit antérieur visé à l'article 4, paragraphe 4, point b) ou c).

3. Dans les cas visés au paragraphe 1 ou 2, le titulaire d'une marque enregistrée postérieure ne peut pas s'opposer à l'usage du droit antérieur bien que ce droit ne puisse plus être invoqué contre la marque postérieure. — *[Dir. 89/104/CEE du 21 déc. 1988, art. 9.]*

La tolérance est une notion du droit de l'Union dont le sens et la portée doivent être identiques dans l'ensemble des États membres. La « tolérance » se distingue du « consentement », visé à l'art. 7, § 1, lequel doit être exprimé d'une manière qui traduise de façon certaine une volonté de renoncer à un droit. • CJCE 20 nov. 2001, *Zino Davidoff, Levi Strauss et a.*, n^{os} C-414/99 à C-416/99 : *RTD com. 2002, p. 480, obs. Azéma ; RTD eur. 2002. 387, obs. Bonet ; PIBD 2002. III. 506.* ♦ Elle doit être interprétée en ce sens que le titulaire d'une marque antérieure ne peut être réputé avoir toléré l'usage honnête bien établi et de longue durée, dont il a connaissance depuis longtemps, par un tiers d'une marque postérieure identique à la sienne s'il était privé de toute possibilité de s'opposer à cet usage.

La forclusion par tolérance, prévue à l'art. 9 de la directive, a été établie pour des raisons de sécurité juridique. Il ressort du libellé de ce texte que quatre conditions (que le juge national doit vérifier) doivent être réunies pour faire courir le délai de forclusion :

– l'enregistrement de la marque postérieure dans l'État membre concerné ;

– le fait que le dépôt de cette marque a été effectué de bonne foi ;

– l'usage de la marque postérieure par le titulaire de celle-ci dans l'État membre où elle a été enregistrée ;
– la connaissance par le titulaire de la marque antérieure de l'enregistrement, de la marque postérieure et de l'usage de celle-ci après son enregistrement. L'enregistrement de la marque antérieure dans l'État membre concerné ne constitue pas une condition nécessaire pour que le délai de forclusion par tolérance commence à courir. • CJUE 22 sept. 2011, *Budejovicky Budvar c/ Anheuser Busch,* n° C-482/09 : *Propr. intell. 2012, n° 42, p. 63, obs. Bonet.*

Art. 10 *Usage de la marque.* 1. Si, dans un délai de cinq ans à compter de la date à laquelle la procédure d'enregistrement est terminée, la marque n'a pas fait l'objet par le titulaire d'un usage sérieux dans l'État membre concerné pour les produits ou les services pour lesquels elle est enregistrée, ou si un tel usage a été suspendu pendant un délai ininterrompu de cinq ans, la marque est soumise aux sanctions prévues dans la présente directive, sauf juste motif pour le non-usage.

Sont également considérés comme usage aux fins du premier alinéa :

a) l'usage de la marque sous une forme qui diffère par des éléments n'altérant pas son caractère distinctif dans la forme sous laquelle celle-ci a été enregistrée ;

b) l'apposition de la marque sur les produits ou sur leur conditionnement dans l'État membre concerné dans le seul but de l'exportation. – *[Dir. 89/104/CEE du 21 déc. 1988, art. 10, §§ 1 et 2.]*

2. L'usage de la marque avec le consentement du titulaire ou par toute personne habilitée à utiliser une marque collective ou une marque de garantie ou de certification est considéré comme fait par le titulaire. – *[Dir. 89/104/CEE du 21 déc. 1988, art. 10, § 3.]*

3. En ce qui concerne les marques enregistrées avant la date d'entrée en vigueur dans l'État membre concerné des dispositions nécessaires pour se conformer à la directive 89/104/CEE :

a) lorsqu'une disposition en vigueur avant cette date prévoyait des sanctions pour le non-usage d'une marque durant une période ininterrompue, le délai de cinq ans visé au paragraphe 1, premier alinéa, est supposé avoir pris cours en même temps qu'une période de non-usage déjà en cours à cette date ;

b) lorsque aucune disposition relative à l'usage n'était en vigueur avant cette date, les délais de cinq ans visés au paragraphe 1, premier alinéa, sont réputés prendre cours au plus tôt à cette date. – *[Dir. 89/104/CEE du 21 déc. 1988, art. 10, § 4.]*

Usage sérieux. Sur la notion d'usage sérieux, V. ss. art. 12, note 2.

Art. 11 *Sanctions pour le non-usage d'une marque dans le cadre de procédures judiciaires ou administratives.* 1. La nullité d'une marque ne peut être prononcée en raison de l'existence d'une marque antérieure en conflit qui ne satisfait pas aux conditions d'usage énoncées à l'article 10, paragraphes 1 et 2, ou, selon le cas, à l'article 10, paragraphe 3.

2. Un État membre peut prévoir que l'enregistrement d'une marque ne peut être refusé en raison de l'existence d'une marque antérieure en conflit qui ne satisfait pas aux conditions d'usage énoncées à l'article 10, paragraphes 1 et 2, ou, selon le cas, à l'article 10, paragraphe 3.

3. Sans préjudice de l'application de l'article 12, en cas de demande reconventionnelle en déchéance, un État membre peut prévoir qu'une marque ne peut être valablement invoquée dans une procédure en contrefaçon s'il est établi, à la suite d'une exception, que le titulaire de la marque pourrait être déchu de ses droits en vertu de l'article 12, paragraphe 1.

4. Si la marque antérieure n'a été utilisée que pour une partie des produits ou des services pour lesquels elle est enregistrée, elle n'est réputée enregistrée, aux fins de l'application des paragraphes 1, 2 et 3, que pour cette partie des produits ou services. – *[Dir. 89/104/CEE du 21 déc. 1988, art. 11.]*

Art. 12 *Motifs de déchéance.* 1. Le titulaire d'une marque peut être déchu de ses droits si, pendant une période ininterrompue de cinq ans, la marque n'a pas fait l'objet d'un usage sérieux dans l'État membre concerné pour les produits ou les services pour lesquels elle est enregistrée et qu'il n'existe pas de justes motifs pour le non-usage.

Toutefois, nul ne peut faire valoir que le titulaire d'une marque est déchu de ses droits si, entre l'expiration de cette période et la présentation de la demande en déchéance, la marque a fait l'objet d'un commencement ou d'une reprise d'usage sérieux.

Le commencement ou la reprise d'usage qui a lieu dans un délai de trois mois avant la présentation de la demande en déchéance, ce délai commençant à courir au plus tôt à l'expiration de la période ininterrompue de cinq ans de non-usage, n'est pas pris en considération lorsque les préparatifs pour le commencement ou la reprise de l'usage interviennent

seulement après que le titulaire a appris que la demande en déchéance pourrait être présentée.

2. Sans préjudice du paragraphe 1, le titulaire d'une marque peut être déchu de ses droits lorsque, après la date de son enregistrement, la marque :

a) est devenue, par le fait de l'activité ou de l'inactivité de son titulaire, la désignation usuelle dans le commerce d'un produit ou d'un service pour lequel elle est enregistrée ;

b) est propre, par suite de l'usage qui en est fait par le titulaire ou avec son consentement pour les produits ou les services pour lesquels elle est enregistrée, à induire le public en erreur notamment sur la nature, la qualité ou la provenance géographique de ces produits ou de ces services. – *[Dir. 89/104/CEE du 21 déc. 1988, art. 12.]*

1. Marque ayant perdu son caractère distinctif (art. 12, § 2, a). La perception des utilisateurs finals du produit en cause joue un rôle déterminant. Dès lors qu'ils perçoivent le signe verbal comme la désignation usuelle du produit, la circonstance que les vendeurs sont conscients de l'existence de ladite marque et de l'origine de celle-ci ne saurait à elle seule exclure la déchéance. • CJUE 6 mars 2014, *The Kornspitz Co,* n° C-409/12 : *D. 2015. 230, obs. Clavier ; Propr. intell. 2015, n° 56, p. 304, note Bonet ; PIBD 2014. III. 496 ; CCE 2014, n° 44, obs. Caron.* ♦ L'« inactivité » au sens de l'art. 12, § 2, sous a), peut résulter du fait que le titulaire d'une marque se soit abstenu d'inciter les vendeurs à utiliser cette marque pour la commercialisation d'un produit pour lequel elle a été enregistrée. • Même arrêt. ♦ Lorsqu'une marque est devenue la désignation usuelle d'un produit dans le commerce, le fait qu'il puisse exister d'autres désignations pour ce produit est indifférent. • Même arrêt. – V. également note 5.

I. ARTICLE 12, § 1

2. Usage sérieux (art. 12, § 1). L'usage sérieux doit s'entendre d'un usage qui n'est pas effectué à un titre symbolique aux seules fins du maintien des droits sur la marque. Il doit s'agir d'un usage conforme à la fonction essentielle de la marque qui est de garantir au consommateur ou à l'utilisateur final l'identité d'origine d'un produit ou d'un service en lui permettant de distinguer, sans confusion possible, ce produit ou ce service de ceux qui ont une autre provenance. Une marque fait l'objet d'un usage sérieux lorsqu'elle est utilisée aux fins de créer ou de conserver un débouché pour les produits et services pour lesquels elle est enregistrée, à l'exclusion d'usages de caractère symbolique ayant pour seul objet le maintien des droits conférés par la marque. • CJCE 11 mars 2003, *Ansul BV,* n° C-40/01 : *D. 2003. Somm. 2691, obs. Durrande ; CCE 2003, n° 48, note Caron ; JCP E 2003. 1468, n° 12, obs. Boespflug, Greffe et Barthélemy ; Propr. ind. 2003, n° 43, note Folliard-Monguiral ; Propr. intell. 2003, n° 9, p. 429, obs. Bonet.* ♦ Un usage même minime de la marque ou qui n'est le fait que d'un seul importateur dans l'État membre concerné peut être suffisant pour établir l'existence d'un caractère sérieux au sens de la directive de 1988. • CJCE 27 janv. 2004, *La Mer Technology,* n° C-259/02 : *Rec., p. I-1159 ; Propr. ind. 2004, n° 32, note Folliard-Monguiral.* ♦ Il est nécessaire, eu égard au nombre de marques enregistrées et aux conflits susceptibles de surgir entre elles, de ne reconnaître le maintien des droits conférés par une marque pour une classe donnée de produits ou de services que lorsque cette marque a été utilisée sur le marché des produits ou services de cette classe. Cette condition n'est pas remplie lorsque des objets publicitaires sont distribués pour récompenser l'achat d'autres produits et pour promouvoir la vente de ces derniers. Aussi les art. 10 et 12 doivent-ils être interprétés en ce sens que le titulaire d'une marque ne fait pas un usage sérieux de son signe lorsqu'il l'appose gratuitement sur des objets qu'il offre aux acquéreurs d'autres produits pour lesquels il s'est réservé l'usage de la marque. • CJCE 15 janv. 2009, *Silberquelle,* n° C-495/07 : *D. 2009. AJ 429 ; PIBD 2009. III. 851 ; Propr. ind. 2009, n° 20, note Folliard-Monguiral.* ♦ L'usage sérieux n'est pas établi lorsque le titulaire de la marque ne justifie que d'actes préparatoires au sein de la société ou auprès des prestataires de services ou sous-traitants. • Com. 19 mars 2013, n° 12-14.626 : *D. 2014. Pan. 336, obs. Clavier ; Propr. intell. 2013, n° 48, p. 318, obs. Mendoza-Caminade.*

3. Justes motifs de non-usage. L'art. 12, § 1, doit être interprété en ce sens que constituent de « justes motifs pour le non-usage » d'une marque les obstacles qui présentent une relation directe avec cette marque rendant impossible ou déraisonnable l'usage de celle-ci et qui sont indépendants de la volonté du titulaire de ladite marque. • CJCE 14 juin 2007, *Armin Häupl,* n° C-256/05 : *CCE 2009, n° 23, obs. Caron ; PIBD 2007. III. 633 ; Propr. ind. 2007, n° 71, obs. Folliard-Monguiral.*

4. Usage sous une forme modifiée. Le titulaire d'une marque enregistrée peut, aux fins d'établir l'usage de celle-ci (...), se prévaloir de son utilisation dans une forme qui diffère de celle sous laquelle cette marque a été enregistrée sans que les différences entre ces deux formes altèrent le caractère distinctif de cette marque, et ce nonobstant le fait que cette forme différente est elle-même enregistrée en tant que marque. Toutefois cette dernière disposition ne s'applique pas à une marque « défensive » dont l'enregistrement n'a d'autre fin que de garantir ou d'élargir le champ de la protection d'une autre marque enregistrée qui l'est dans la forme sous laquelle elle est utilisée. L'usage d'une marque ne saurait non plus être invoqué aux fins de justifier de l'usage d'une autre marque, dès lors que le but est d'établir l'utilisation d'un nombre suffisant de marques d'une même famille. • CJUE 25 oct. 2012, *Bernhard Rintisch : PIBD 2012. III. 779 ; CCE 2012, n° 131, note Caron ; Propr. ind. 2012, n° 88, note Folliard-Monguiral.* ♦ Rien ne permet à une disposition nationale d'écarter cette interprétation en cas d'une marque dite « défensive » dont l'enregistrement n'a d'autre fin que de garantir ou d'élargir le champ de la protection d'une autre marque enregistrée. En effet, l'intention subjective qui préside à l'enregistrement d'une marque est dépourvue de toute pertinence aux fins de l'application de la directive et la notion de marques « défensives », auxquelles celle-ci ne s'appliquerait pas, ne trouve aucun fondement dans ce texte ou dans d'autres dispositions du droit de l'Union. Cependant, l'usage d'une marque ne saurait être invoqué aux fins de justifier de l'usage d'une autre marque, dès lors que le but est d'établir l'utilisation d'un nombre suffisant de marques d'une même « famille » (sur ce dernier point, V. à propos de la marque « Bainbridge » : • CJUE 13 sept. 2007, *Il Ponte Finanziaria*, n° C-234/06 : *D. 2007. 2815, point de vue Schaffner et Georges ; CCE 2008, n° 3, note Caron ; Propr. ind. 2007, n° 89, note Folliard-Monguiral.*

II. ARTICLE 12, § 2

5. Marque ayant perdu son caractère distinctif (art. 12, § 2, a). Dans l'hypothèse où des intermédiaires interviennent dans la distribution au consommateur ou à l'utilisateur final d'un produit couvert par une marque enregistrée, les milieux intéressés, dont le point de vue doit être pris en compte pour apprécier si la marque est devenue, dans le commerce, la désignation habituelle du produit en cause, sont constitués par l'ensemble des consommateurs ou des utilisateurs finaux et, en fonction des caractéristiques du marché du produit concerné, par l'ensemble des professionnels qui interviennent dans la commercialisation de celui-ci. • CJCE 29 avr. 2004, *Bjornekulla*, n° C-371/02 : *D. 2005. Pan. 504, obs. Durrande ; RTD com. 2004. 714, obs. Galloux ; Propr. ind. 2004, n° 62, note Folliard-Monguiral.* – V. toutefois note 1. ♦ Sur l'application de l'art. 12, § 2, a), aux marques figuratives, V. • CJCE 27 avr. 2006, *Levi Strauss*, n° C-145/05 : *D. 2006. Pan. 2327, obs. Durrande ; RTD com. 2007. 343, obs. Azéma ; PIBD 2006. III. 532 ; Propr. ind. 2006, n° 52, note Folliard-Monguiral ; Propr. intell. 2006, n° 21, p. 489, obs. Bonet.*

6. Marque devenue déceptive (art. 12, § 2, b). Le titulaire d'une marque correspondant au nom du créateur et premier fabricant des produits portant cette marque ne peut, en raison de cette seule particularité, être déchu de ses droits au motif que ladite marque induirait le public en erreur, notamment quand la clientèle attachée à cette marque a été cédée avec l'entreprise fabriquant les produits qui en sont revêtus. • CJCE 30 mars 2006, *Emanuel*, n° C-259/04 : *D. 2006. 2109, note Poracchia et Maetz ; ibid. Pan. 2326, obs. Durrande ; ibid. AJ 1455, obs. Daleau ; CCE 2006, n° 107, note Caron ; Propr. intell. 2006, n° 21, p. 485, obs. Bonet.*

Art. 13 *Motifs de refus, de déchéance ou de nullité pour une partie seulement des produits ou des services.* Si un motif de refus d'enregistrement, de déchéance ou d'invalidation d'une marque n'existe que pour une partie des produits ou des services pour lesquels cette marque est déposée ou enregistrée, le refus de l'enregistrement, la déchéance ou la nullité ne s'étend qu'aux produits ou aux services concernés. – *[Dir. 89/104/CEE du 21 déc. 1988, art. 13.]*

Art. 14 *Constatation a posteriori de la nullité d'une marque ou de la déchéance des droits du titulaire de celle-ci.* Lorsque l'ancienneté d'une marque antérieure, qui a fait l'objet d'une renonciation ou qui s'est éteinte, est invoquée pour une marque communautaire, la nullité de la marque antérieure ou la déchéance des droits du titulaire de celle-ci peut être constatée a posteriori. – *[Dir. 89/104/CEE du 21 déc. 1988, art. 14.]*

Art. 15 *Dispositions particulières concernant les marques collectives, les marques de garantie et les marques de certification.* 1. Sans préjudice de l'article 4, les États membres dont la législation autorise l'enregistrement de marques collectives ou de marques de garantie ou de certification peuvent prévoir que ces marques sont refusées à l'enregistrement, que leur titulaire est déchu de ses droits ou qu'elles sont déclarées nulles pour d'autres motifs que ceux visés aux articles 3 et 12, dans la mesure où la fonction de ces marques l'exige.

2. Par dérogation à l'article 3, paragraphe 1, point c), les États membres peuvent prévoir que les signes ou indications susceptibles de servir, dans le commerce, à désigner la provenance géographique des produits ou des services peuvent constituer des marques collectives ou des marques de garantie ou de certification. Une telle marque n'autorise pas le titulaire à interdire à un tiers d'utiliser dans le commerce ces signes ou indications, pour autant que cet usage soit fait conformément aux usages honnêtes en matière industrielle ou commer-

ciale ; en particulier, une telle marque ne peut être opposée à un tiers habilité à utiliser une dénomination géographique. – *[Dir. 89/104/CEE du 21 déc. 1988, art. 15.]*

Art. 16 *Communication.* **Les États membres communiquent à la Commission le texte des dispositions essentielles de droit interne qu'ils adoptent dans le domaine régi par la présente directive.** – *[Dir. 89/104/CEE du 21 déc. 1988, art. 16, § 3.]*

Art. 17 *Abrogation.* **La directive 89/104/CEE, telle que modifiée par la décision visée à l'annexe I, partie A, est abrogée, sans préjudice des obligations des États membres en ce qui concerne le délai de transposition en droit national de ladite directive, indiqué à l'annexe I, partie B.**

Les références faites à la directive abrogée s'entendent comme faites à la présente directive et sont à lire selon le tableau de correspondance figurant à l'annexe II.

Art. 18 *Entrée en vigueur.* **La présente directive entre en vigueur le vingtième jour suivant celui de sa publication au** ***Journal officiel de l'Union européenne*** *[publié au JOUE L 299/31, 8 nov. 2008].*

Art. 19 *Destinataires.* **Les États membres sont destinataires de la présente directive.** – *[Dir. 89/104/CEE du 21 déc. 1988, art. 17.]*

Règlement (CE) *[ABROGÉ]*, n° 207/2009 du Conseil du 26 février 2009,

Sur la marque de l'Union européenne.

(Abrogé par Règl. (UE) 2017/1001 du 14 juin 2017, art. 211 à 212, à compter du 1er oct. 2017)

Abrogation. *Ce texte codifiant le Règl. (CE) n° 40/94 du 20 déc. 1993, a été abrogé, à compter du 1er oct. 2017, par le Règl. (UE) 2017/1001 du 14 juin 2017 qui le codifie (V. infra). Les références faites au texte abrogé s'entendent comme faites au Règl. du 14 juin 2017 et sont à lire selon le tableau de correspondance figurant à son annexe III.*

Par soucis de clarté, les dispositions du présent règlement modifiées par le Règl. 2015/2424 du 16 déc. 2015 dont l'entrée en vigueur était différée au 1er oct. 2017 ne sont pas reproduites car elles sont reprises par le nouveau texte en vigueur.

BIBL. ▶ Berthet et Devevez, *Légicom 1997, n° 15, p. 23* (marque communautaire : intérêt et mode d'emploi) ; *Dr. et patr. mars 1998* (marque communautaire : premier bilan). – Bonet, *RTD eur. 1995. 59* (marque communautaire). – Folliard-Monguiral, *Propr. ind. 2003. Chron. 3* (la protection des formes par la marque communautaire) ; *Propr. ind. 2006. Étude 24* (conditions et effets de la coexistence de marques en droit communautaire). – Folliard-Monguiral et Bertoli, *Propr. ind. 2005. Chron. 17* (les procédures *inter partes* à l'épreuve de la réforme du règlement d'exécution sur la marque communautaire). – Heymann, Le juge de la marque communautaire, *thèse Paris X, 2004*. – Lancrenon, *Légicom 2010, n° 44, p. 51* (la marque communautaire renommée). – Mandel, *Propr. ind. 2003. Chron. 7* (l'influence des décisions prises à Luxembourg sur les chambres de recours de l'OHMI). – Pollaud-Dulian, *RJDA 2003, p. 707* (les marques tridimensionnelles en droit communautaire). – Schahl, *D. 2005. Point de vue. 1074* (marque communautaire et marque internationale : liaisons dangereuses ?). – Schennen, *PIBD 1998, II, p. 158* (transformation de marques communautaires en marques nationales). – Schmidt-Szalewski, *JCP E 1994. I. n° 379* (marque communautaire) ; *RTD eur. 2007. 347* [législation 2006 – modifications issues du Règl. (CE) n° 1891/2006]. – Von Bombard, *PIBD 1997, II, p. 185* (marque communautaire : effets de l'ancienneté et de la transformation dans les anciens protectorats et colonies).

Les dispositions du Règl. (CE) n° 207/2009 du 26 févr. 2009 n'ont subi aucune modification substantielle quant à leur libellé, leur contexte ou leur objectif par rapport aux dispositions équivalentes du Règl. (CE) n° 40/94 du 20 déc. 1993. Pour la même raison, la jurisprudence relative aux dispositions du règlement (CE) n° 40/94 demeure applicable aux dispositions équivalentes du Règl. (CE) n° 207/2009. • CJUE 17 juill. 2014, *Honda*, n° C-535/13 : *PIBD 2014. III. 857.*

TITRE PREMIER *[ABROGÉ]* Dispositions générales

(Abrogé par Règl. (UE) 2017/1001 du 14 juin 2017, art. 211 et 212, à compter du 1er oct. 2017)

Art. 1er **Marque de l'Union européenne.** ***1. Les marques de produits ou de services enregistrées dans les conditions et selon les modalités prévues par le présent règlement sont ci-après dénommées « marques de l'Union européenne ».***

2. La marque de l'Union européenne a un caractère unitaire. Elle produit les mêmes effets dans l'ensemble de l'Union : elle ne peut être enregistrée, transférée, faire l'objet d'une renonciation,

d'une décision de déchéance des droits du titulaire ou de nullité, et son usage ne peut être interdit que pour l'ensemble de l'Union. Ce principe s'applique sauf disposition contraire du présent règlement. – [Règl. (CE) n° 40/94 du 20 déc. 1993, art. 1er.]

Les art. 1er, § 2, 9, § 1 sous b), et 102, § 1, du Règl. (CE) 207/2009 doivent être interprétés en ce sens que, lorsqu'un tribunal des marques de l'UE constate que l'usage d'un signe crée un risque de confusion avec une marque de l'UE dans une partie du territoire de l'UE tout en ne créant pas, notamment pour des motifs linguistiques, un tel risque dans une autre partie de ce territoire où il n'est donc pas susceptible de porter atteinte à la fonction d'identification de la marque, ce tribunal doit conclure qu'il y a violation du droit exclusif conféré par la marque et prononcer un ordre de cessation dudit usage pour l'ensemble du territoire de l'UE à l'exception de la partie de celui-ci pour laquelle l'absence de risque de confusion a été constatée. Cette interprétation ne porte pas atteinte au caractère unitaire de la marque de l'Union européenne dès lors que se trouve préservé le droit du titulaire de celle-ci de faire interdire tout usage portant atteinte aux fonctions propres de cette marque. • CJUE 22 sept. 2016, *Combit Software*, n° C-223/15 : *PIBD 2016. III. 835 ; Propr. ind. nov. 2016, n° 74, obs. Folliard-Monguiral.*

Art. 2 Office. (Règl. (UE) 2015/2424 du 16 déc. 2015, art. 1er-7) ***1. Il est institué un Office de l'Union européenne pour la propriété intellectuelle (ci-après dénommé l'"Office").***

2. Toutes les références à l'Office de l'harmonisation dans le marché intérieur (marques, dessins et modèles) figurant dans le droit de l'Union s'entendent comme des références à l'Office.

Art. 3 Capacité d'agir. ***Aux fins de la mise en œuvre du présent règlement sont assimilées à des personnes morales les sociétés et les autres entités juridiques qui, aux termes de la législation qui leur est applicable, ont la capacité, en leur propre nom, d'être titulaires de droits et d'obligations de toute nature, de passer des contrats ou d'accomplir d'autres actes juridiques et d'ester en justice.*** – [Règl. (CE) n° 40/94 du 20 déc. 1993, art. 3.]

TITRE II *[ABROGÉ]* Droit des marques

(Abrogé par Règl. (UE) 2017/1001 du 14 juin 2017, art. 211 et 212, à compter du 1er oct. 2017)

SECTION I *[ABROGÉE]* *Définition et acquisition de la marque de l'Union européenne*

Art. 4 Signes susceptibles de constituer une marque de l'Union européenne. ***Peuvent constituer des marques de l'Union européenne tous les signes susceptibles d'une représentation graphique, notamment les mots, y compris les noms de personne, les dessins, les lettres, les chiffres, la forme du produit ou de son conditionnement, à condition que de tels signes soient propres à distinguer les produits ou les services d'une entreprise de ceux d'autres entreprises.*** – [Règl. (CE) n° 40/94 du 20 déc. 1993, art. 4.]

BIBL. ▸ Règl. (CE) n° 40/94 du 20 déc. 1993 : Breese, *Propr. intell. 2003, n° 8, p. 261* (la difficile mais irréversible émergence des marques olfactives). – Lipovetsky, *D. 2008. 1367* (une marque communautaire 3D à deux vitesses : l'esthétique au service de l'intellectuel).

1. Chiffre. La circonstance qu'un signe est exclusivement composé de chiffres n'empêche pas en soi son enregistrement en tant que marque non plus que le fait qu'il n'ait pas été stylisé de manière créative ou artistique par le demandeur de l'enregistrement, à condition toutefois qu'il soit propre à distinguer les produits ou les services d'une entreprise de ceux d'une autre entreprise. • CJUE 10 mars 2011, *Technopol c/ OHMI*, n° C-51/10 : *Propr. intell. 2011, n° 39, p. 229, obs. Geoffray.*

2. Marque olfactive. Contrairement aux marques tridimensionnelles et aux marques de couleur, le règlement d'exécution ne contient aucune disposition relative à la représentation des marques olfactives. On doit dès lors s'interroger sur le point de savoir si la description donnée par le déposant lors du dépôt de sa marque renseigne suffisamment le lecteur pour que celui-ci ait immédiatement une idée de la marque. En l'espèce, l'odeur de l'herbe fraîchement coupée revendiquée par le déposant comme marque pour des balles de tennis est une odeur distincte, que tout le monde reconnaît immédiatement sur la base de ses propres souvenirs. La chambre considère que cette description est appropriée et répond aux conditions de représentation graphique de l'art. 4 du RMC. • OHMI, 2e ch. rec., 11 févr. 1999 : *PIBD 2000. III. 10.* ♦ La description précise d'une odeur (« arôme de framboise ») peut satisfaire l'exigence de représentation graphique • OHMI 5 déc. 2001 : *PIBD 2002. III. 566 ; Propr. intell. 2002, n° 3, p. 92, obs. Joly.* ♦ Même solution concernant une « odeur de fraise mûre ». • TPICE 27 oct. 2005, *Eden SARL*, n° T-305/04 : *Propr. intell. 2006, n° 19, p. 213, obs. De Medrano Caballero.*

3. Couleur. L'art. 4 RMC doit être interprété en ce sens qu'une couleur en soi, sans forme associée, est susceptible de protection comme marque étant donné qu'elle rentre dans la catégorie désignée par les termes « tous signes » employée dans cet article. Ces termes doivent être interprétés dans le sens le plus large pour englober tous les types imaginables de marques (y compris les marques sonores et les marques tridimensionnelles). Limiter la protection des marques de couleur à une présentation spécifique serait contraire à l'esprit du droit communautaire des marques. Une couleur en soi peut être représentée graphiquement au sens de l'art. 4 du RMC au moyen d'une reproduction optique bidimensionnelle de la nuance revendiquée sur une bande de papier jointe à la demande. Les données étant enregistrées par voie électronique, il n'est plus nécessaire de préciser un code de couleur ce qui, dans le cas contraire, serait indispensable pour protéger indéfiniment la nuance de l'usure du temps. • OHMI, 3e ch. rec., 18 déc. 1998 : *PIBD 1999. III. 415.*

4. Marque figurative. Bien qu'il ressorte de la jurisprudence de la Cour que la représentation graphique d'une marque doit être complète par elle-même, facilement accessible et intelligible, les conditions que la représentation graphique doit remplir pour assurer sa fonction, lesquelles concernent l'aptitude générale d'un signe à constituer une marque au sens de l'art. 4 du RMC, ne sauraient restreindre l'examen de l'autorité compétente dans le cadre de l'art. 7, § 1, sous *e)* ii, du même règlement, d'une façon qui serait susceptible de porter atteinte à l'intérêt général qui sous-tend cette dernière disposition, lequel est d'éviter que le droit des marques aboutisse à conférer à une entreprise un monopole sur des solutions techniques ou des caractéristiques utilitaires d'un produit. • CJUE 6 mars 2014, *Bodum c/ OHMI,* n° C-337/12 : *PIBD 2014. III. 334 ; Propr. intell 2014, n° 51, p. 199, obs. Geoffray.* ♦ Il résulte de l'art. 4 RMC que la forme du produit peut constituer une marque communautaire à condition qu'elle soit propre à distinguer le produit de celui d'une autre entreprise et par là même qu'elle soit propre à assurer la fonction essentielle d'indication d'origine de la marque. Le visage de poupée déposé à titre de marque communautaire présente des traits spécifiques et produit une impression propre ; il ne constituait pas à la date du dépôt la désignation usuelle et générique d'une poupée mannequin ; il revêt en conséquence un caractère arbitraire et distinctif qui le rend apte, quand bien même il remplirait une fonction esthétique, à assurer la fonction essentielle de la marque. • Paris, 13 juin 2012 : *PIBD 2012. III. 553.* ♦ Le droit des marques est un droit d'occupation ; tout signe, même appartenant au domaine public, peut constituer une marque quand bien même il n'est pas original, ni ne procède d'aucune recherche ou innovation, à la condition toutefois qu'il présente un caractère distinctif. • Paris, 16 janv. 2015, *Géox : PIBD 2015. III. 193.*

5. Marques sonores. Les signes sonores ne sont pas impropres par nature à distinguer les produits ou les services d'une entreprise de ceux d'une autre entreprise. • CJCE 27 nov. 2003, *Shield Mark,* n° C-283/01 : *V. ss. Dir. 2008/95, art. 2, note 7.* Dans ces conditions, l'art. 4 du Règl. n° 207/2009 doit être interprété en ce sens que les sons peuvent constituer une marque, à condition qu'ils puissent faire, en outre, l'objet d'une représentation graphique (CJCE 27 nov. 2003, Shield Mark : *préc.*). L'indication de notes de musique sur une portée, accompagnée d'une clé, de silences et d'altérations, constitue une « représentation graphique » au sens de l'art. 4 du Règl. n° 207/2009. Même si une telle représentation n'est pas immédiatement intelligible, il n'en demeure pas moins qu'elle peut l'être aisément, permettant ainsi aux autorités compétentes et au public, en particulier aux opérateurs économiques, d'avoir une connaissance exacte du signe dont l'enregistrement en tant que marque est sollicité. • CJCE 27 nov. 2003, *Shield Mark : préc.* – V. Règl. (CE) n° 2868/95, règle 3, § 6 • Trib. UE 13 sept. 2016, *Globo Communicacao,* n° T-408/15 : *PIBD 2106. III. 798.*

Art. 5 **Titulaires de marques de l'Union européenne.** *Toute personne physique ou morale, y compris les entités de droit public, peut être titulaire d'une marque de l'Union européenne.* – [Règl. (CE) n° 40/94 du 20 déc. 1993, art. 5.]

Il résulte de l'art. 5, qui régit le champ d'application « *ratione personae* » du règlement, que toute personne morale, y compris une entité de droit public, peut demander à bénéficier de la protection de la marque communautaire. Il en va donc ainsi, non seulement d'une société sise sur le territoire d'un État tiers à l'Union, mais aussi de cet État lui-même, lequel, s'il est un sujet de droit international, n'en constitue pas moins, au sens du droit de l'Union, une personne morale de droit public. • Trib. UE 15 janv. 2015, *Marques de l'État de Monaco c/ OHMI,* n° T-197/13 : *PIBD 2015. III. 344.*

Art. 6 **Mode d'acquisition de la marque de l'Union européenne.** *La marque de l'Union européenne s'acquiert par l'enregistrement.* – [Règl. (CE) n° 40/94 du 20 déc. 1993, art. 6.]

Art. 7 **Motifs absolus de refus.** *1. Sont refusés à l'enregistrement :*

a) les signes qui ne sont pas conformes à l'article 4 ;

b) les marques qui sont dépourvues de caractère distinctif ;

c) les marques qui sont composées exclusivement de signes ou d'indications pouvant servir, dans le commerce, pour désigner l'espèce, la qualité, la quantité, la destination, la valeur, la provenance géographique ou l'époque de la production du produit ou de la prestation du service, ou d'autres caractéristiques de ceux-ci ;

d) les marques qui sont composées exclusivement de signes ou d'indications devenus usuels dans le langage courant ou dans les habitudes loyales et constantes du commerce ;

(Règl. (UE) 2015/2424 du 16 déc. 2015, art. 1er-9, en vigueur le 23 mars 2016) *« e) les signes constitués exclusivement :*

« i) par la forme, ou une autre caractéristique, imposée par la nature même du produit ;

« ii) par la forme, ou une autre caractéristique du produit, nécessaire à l'obtention d'un résultat technique ;

« iii) par la forme, ou une autre caractéristique du produit, qui donne une valeur substantielle au produit ; »

f) les marques qui sont contraires à l'ordre public ou aux bonnes mœurs ;

g) les marques qui sont de nature à tromper le public, par exemple sur la nature, la qualité ou la provenance géographique du produit ou du service ;

h) les marques qui, à défaut d'autorisation des autorités compétentes, sont à refuser en vertu de l'article 6 ter de la convention de Paris pour la protection de la propriété industrielle, ci-après dénommée « convention de Paris » ;

i) les marques qui comportent des badges, emblèmes ou écussons autres que ceux visés par l'article 6 ter de la convention de Paris et présentant un intérêt public particulier, à moins que leur enregistrement ait été autorisé par l'autorité compétente ;

(Règl. (UE) 2015/2424 du 16 déc. 2015, art. 1er-9, en vigueur le 23 mars 2016) *« j) les marques exclues de l'enregistrement en application de la législation de l'Union ou du droit national ou d'accords internationaux auxquels l'Union ou l'État membre concerné est partie, qui prévoient la protection des appellations d'origine et des indications géographiques ;*

« k) les marques exclues de l'enregistrement en application de la législation de l'Union ou d'accords internationaux auxquels l'Union est partie, qui prévoient la protection des mentions traditionnelles pour les vins ;

« l) les marques exclues de l'enregistrement en application de la législation de l'Union ou d'accords internationaux auxquels l'Union est partie, qui prévoient la protection des spécialités traditionnelles garanties ;

« m) les marques qui consistent en une dénomination d'une variété végétale antérieure enregistrée conformément à la législation de l'Union ou au droit national ou aux accords internationaux auxquels l'Union ou l'État membre concerné est partie, qui prévoient la protection des droits d'obtention végétale ou la reproduisent dans leurs éléments essentiels, et qui portent sur des variétés végétales de la même espèce ou d'une espèce étroitement liée. »

2. Le paragraphe 1 est applicable même si les motifs de refus n'existent que dans une partie de l'Union.

3. Le paragraphe 1, points b), c) et d) n'est pas applicable si la marque a acquis pour les produits ou services pour lesquels est demandé l'enregistrement un caractère distinctif après l'usage qui en a été fait. — [Règl. (CE) n° 40/94 du 20 déc. 1993, art. 7.]

Ancien art. 7 Motifs absolus de refus. *1. Sont refusés à l'enregistrement :*

[...]

e) les signes constitués exclusivement :

i) par la forme imposée par la nature même du produit,

ii) par la forme du produit nécessaire à l'obtention d'un résultat technique,

iii) par la forme qui donne une valeur substantielle au produit ;

[...]

j) les marques de vins qui comportent ou qui sont composées d'indications géographiques destinées à identifier les vins, ou les marques de spiritueux qui comportent ou qui sont composées d'indications géographiques destinées à identifier les spiritueux, lorsque ces vins ou spiritueux n'ont pas ces origines ;

k) les marques qui comportent ou qui sont composées d'une appellation d'origine ou d'une indication géographique enregistrée conformément au règlement (CE) n° 510/2006 du Conseil du 20 mars 2006 relatif à la protection des indications géographiques et des appellations d'origine des produits agricoles et des denrées alimentaires [JO L 93 du 31.3.2006, p. 12.] *lorsqu'elles correspondent à l'une des situations visées à l'article 13 dudit règlement et concernant le même type de produit, à condition que la demande d'enregistrement de la marque soit présentée après la date de dépôt, à la Commission, de la demande d'enregistrement de l'appellation d'origine ou de l'indication géographique.*

2. Le paragraphe 1 est applicable même si les motifs de refus n'existent que dans une partie de la Communauté. — [Règl. (CE) n° 40/94 du 20 déc. 1993, art. 7.]

[...]

BIBL. ▸ FOLLIARD-MONGUIRAL, *Propr. ind. 2004. Étude 14* (le caractère distinctif acquis par l'usage). – GEOFFRAY, *Propr. ind. 2009. Chron. 1* (un an [2008] de jurisprudence sur les motifs absolus de refus de marques communautaires). – LIPOVETSKY, *D. 2008. 1367* (une marque communautaire 3D à deux vitesses : l'esthétique au service de l'intellectuel). – MONTEIRO, *Propr. ind. 2006. Étude 6* (la marque valable : examen des décisions majeures concernant l'appréciation des motifs absolus) ; *Propr. ind. 2016. Chron. 2* (un an de jurisprudence sur les motifs absolus de refus de marques communautaires). – THRIERR et CLAVIER, *Propr. ind. 2010. Chron. 3* (un an de jurisprudence sur les motifs de refus absolus de marques communautaires – 2009).

I. GÉNÉRALITÉS

1. *Définition du caractère distinctif.* Le caractère distinctif d'une marque au sens de l'art. 7, § 1, sous b) signifie que cette marque permet d'identifier le produit pour lequel l'enregistrement est demandé comme provenant d'une entreprise déterminée et donc de distinguer ce produit de ceux d'autres entreprises. • CJCE 29 avr. 2004, *Henkel c/ OHMI*, n° C-456/01 : *Rec. CJCE I-5089* • 7 oct. 2004, *Mag Instrument c/ OHMI*, n° C-136/02 : *Rec. CJCE I-9165* • 22 juin 2006, *Stork c/ OHMI* : n° C-25/05 : *Rec. CJCE I-5719 ; RTD eur. 2007. 513, obs. Schmidt-Szalewski* • 25 oct. 2007, *Develey c/ OHMI*, n° C-238/06 : *Rec. CJCE I-9375 ; RTD eur. 2008. 927, obs. Schmidt-Szalewski* • CJUE 24 mai 2012, *Chocoladefabriken Lindt & Sprüngli AG c/ OHMI*, n° C-98/11 : *D. 2014. Pan. 330, obs. Zolynski ; Gaz. Pal. 2012, n° 292, p. 12, obs. Marino ; PIBD 2012. III. 167 ; Propr. ind. 2011, n° 24, obs. Folliard-Monguiral ; Propr. intell. 2013, n° 46, p. 117, obs. Geoffray.* ♦ Le fait qu'un signe remplisse plusieurs fonctions simultanées est sans incidence sur son caractère distinctif ; un signe peut identifier l'origine commerciale d'un produit tout en ayant une fonction décorative ou ornementale. • Paris, 12 déc. 2014, *Havaianas*, n° 14/06477 : *Propr. ind. 2015, n° 21, note Tréfigny ; PIBD 2015. III. 124* • 16 janv. 2015, *Géox : PIBD 2015. III. 193.* ♦ Chacun des motifs de refus d'enregistrement énumérés à l'art. 7, § 1, RMC doit être interprété à la lumière de l'intérêt général qui le sous-tend. • CJCE 29 avr. 2004, *Henkel c/ OHMI* : *n^{os} C-456/01 et C-457/01* • 12 janv. 2006, *Deutsche SiSi-Werke c/OHMI : RTD eur. 2007. 513, obs. Schmidt-Szalewski ; Propr. ind. 2006, n° 31, note Folliard-Monguiral* • CJUE 14 sept. 2010, *Lego Juris c/ OHMI*, n° C-48/09.

2. *Appréciation du caractère distinctif.* La constatation du caractère distinctif d'une marque, au sens de l'art. 7, § 1, sous b), du Règl. (CE) n° 207/2009, n'est pas subordonnée à la constatation d'un certain niveau de créativité ou d'imagination linguistique ou artistique de la part du titulaire de la marque. Il suffit que la marque permette au public pertinent d'identifier l'origine des produits ou des services visés par elle et de les distinguer de ceux d'autres entreprises. • Trib. UE 10 déc. 2015, *Futbol Club Barcelona*, n° T-615/14 : *PIBD 2016. III. 104 ; Propr. ind. 2016, n° 19, obs Tréfigny ; Propr. intell. 2016, n° 60, p. 369, obs. Basire.* ♦ Le caractère distinctif doit être apprécié, d'une part, par rapport aux produits ou aux services pour lesquels l'enregistrement est demandé : • Com. 25 janv. 2017, *Papauto*, n° 15-14.804 : *PIBD 2017. III. 214 ; Propr. ind. 2017, n° 31, obs. Tréfigny*, cassation de • Paris, 16 janv. 2015 : *PIBD 2015. III. 189.* ♦ Et, d'autre part, par rapport à la perception qu'en a le public pertinent. • CJUE 21 janv. 2010, *Audi AG c/ OHMI*, n° C-398/08 : *PIBD 2010. III. 230* • 11 sept. 2014, *Think Schuhwerk c/ OHMI*, n° C-521/13 : *PIBD 2014. III. 802.* ♦ Le consommateur moyen perçoit une marque comme un tout sans se livrer à un examen de ses différents détails. Aussi, dans l'appréciation de son caractère distinctif, il convient de prendre en considération l'impression d'ensemble qu'elle produit. • CJCE 7 oct. 2004, *Mag Instruments c/ OHMI*, n° C-136/02 : *préc. note 1* • 30 juin 2005, *Eurocermex c/ OHMI*, n° C-286/04. ♦ Cela ne saurait impliquer que l'autorité compétente, chargée de vérifier si la marque dont l'enregistrement est demandé peut être perçue par le public comme une indication de l'origine du produit, ne peut pas procéder dans un premier temps à un examen successif des différents éléments qui la composent pour ensuite poursuivre son analyse en s'attachant à la manière dont ils sont combinés. • CJCE 30 juin 2005, *Eurocermex : préc.* • CJUE 7 mai 2015, *Voos of Norway*, n° C-445/13 : *PIBD 2015. III. 485.* ♦ Lorsque les produits sont des produits de consommation courante, le public visé est composé du grand public des États membres qui constituaient la Communauté au moment du dépôt des demandes d'enregistrement. • CJUE 20 oct. 2011, *Freixenet SA*, n° C-344/01 : *PIBD 2012. III. 92.*

3. *Appréciation par l'Office.* Le fait qu'une marque figurative n'ait pas fait l'objet d'une description au dépôt n'affecte pas l'examen de sa validité dès lors que le signe revêt un caractère distinctif ou arbitraire à l'égard des produits et services visés à l'enregistrement à la date du dépôt. • Paris, 12 déc. 2014, *Havaianas : préc. note 1.* ♦ Les enregistrements parallèles de marques dans les États membres conformément aux droits harmonisés des marques peuvent dans une certaine mesure constituer une présomption mais ne lient pas l'Office. • OHMI, 3e ch. rec., 18 déc. 1998, *Light Green : PIBD 1999. III. 413.* ♦ L'examinateur appelé à apprécier le caractère distinctif d'une marque peut prendre en considération le fait que cette marque a déjà été enregistrée dans des pays non membres de l'Union européenne sous réserve que ces pays appliquent des normes similaires en matière d'enregistrement des marques, encore que l'existence d'un enregistrement dans les États membres soit plus pertinente. Toutefois, quel que soit l'État dans lequel un enregistrement a été accordé antérieurement, l'examinateur n'est pas tenu de parvenir à la même conclusion car il doit dans chaque cas se forger sa propre opinion sur l'existence de motifs absolus de refus. • OHMI, 1re ch. rec., 31 mai 1999, *Toptools : PIBD 2000. III. 41.* ♦ Dans le même sens, V. • OHMI, 1re ch. rec., 27 mai 1998, *Xtra : PIBD 1999. III. 85.*

4. Bien que la procédure d'examen doive être aussi objective que possible, l'examinateur jouit d'une certaine liberté de jugement si bien que ses décisions sur le caractère distinctif ou descriptif reposent dans une certaine mesure sur son appréciation subjective. Il est donc inévitable que certaines décisions soient perçues comme le résultat d'une approche plus restrictive que d'autres. La Chambre des recours ne considère pas que l'Office enfreint le principe de non-discrimination lorsqu'il accepte certaines marques contenant le mot « Top » et qu'il en refuse d'autres contenant le même mot. • OHMI, 1re ch. rec., 31 mai 1999, *Toptools : préc. note 3* • 27 mai 1998, *Xtra : préc. note 3.*

5. Les décisions de l'Office doivent être motivées ; aussi, l'examinateur qui est amené à exercer son pouvoir d'appréciation quant au caractère distinctif d'une marque doit expliquer les raisons pour lesquelles il a retenu la solution à laquelle il est parvenu et répondre, fût-ce de manière implicite, aux arguments mis en avant par le demandeur. Les directives d'examen fournies par l'Office ne doivent pas être regardées comme ayant force de règles obligatoires mais plutôt comme des aides utiles à prendre en compte parmi d'autres éléments tels les dispositions pertinentes du règlement de base, la jurisprudence, les intérêts en présence ou encore les circonstances spécifiques de l'affaire. • OHMI, 2e ch. rec., 11 mars 1998 : *PIBD 1999. III. 45.*

II. MARQUES NOMINALES

A. SIGNES DÉPOURVUS DE CARACTÈRE DISTINCTIF (ART. 7, § 1 SOUS B)

6. Marques composées d'une combinaison de mots. S'agissant de marques composées de mots, un éventuel caractère descriptif doit être constaté non seulement pour chacun des termes pris séparément mais également pour l'ensemble qu'ils composent. Tout écart perceptible dans la formulation du syntagme proposé à l'enregistrement par rapport à la terminologie employée, dans le langage courant de la catégorie de consommateurs concernée, pour désigner le produit ou le service ou leurs caractéristiques essentielles est propre à conférer à ce syntagme un caractère distinctif lui permettant d'être enregistré comme marque. • CJCE 20 sept. 2001, *Baby Dry*, n° C-383/99 : *PIBD 2002. III. 31.* ♦ La simple combinaison d'éléments dont chacun est descriptif est elle-même descriptive sauf si elle présente une structure inhabituelle ou qu'elle crée une impression d'ensemble suffisamment éloignée de celle produite par la simple juxtaposition des éléments qui la composent pour en modifier le sens et la portée. • CJUE 25 févr. 2010, *Color Edition*, n° C-408/08 : *PIBD 2010. III. 224.* ♦ La simple addition des mots « Simply » et « Soda » dans une marque visant à identifier « les eaux minérales et gazeuses et autres boissons non alcooliques » sans addition, contraction ou autre modification de fantaisie, est clairement dépourvue de tout caractère distinctif et ne peut exercer la fonction essentielle d'indication d'origine de ces produits. • OHMI, 3e ch. rec., 8 mars 2000 : *PIBD 2000. III. 472* • CJCE 19 sept. 2002, *CompanyLine*, n° C-104/00 : *D. 2002. AJ 2944* • 15 sept. 2005, *BioID*, n° C-37/03 : *Propr. intell. 2006, n° 19, p. 207, obs. De Medrano Caballero.*

7. Slogans. Il n'y a pas lieu d'apprécier le caractère distinctif des marques composées de signes ou d'indications qui sont par ailleurs utilisées en tant que slogan publicitaire, plus sévèrement que pour les autres signes. Aussi, pour autant que de telles marques ne soient pas descriptives, au sens de l'art. 7, § 1, sous c), elles peuvent exprimer un message objectif, même simple et être néanmoins aptes à indiquer au consommateur l'origine commerciale des produits ou des services en cause notamment lorsqu'elles possèdent une certaine originalité ou qu'il s'agit d'un slogan renommé utilisé depuis plusieurs années par une marque d'automobiles. • CJUE 21 janv. 2010, *Audi c/ OHMI*, n° C-398/08 : *CCE 2010, n° 34, note Caron ; LEPI mai 2010, p. 5, obs. Clavier ; PIBD 2010. III. 230.* ♦ Le signe « Best Buy » est dépourvu de caractère distinctif ; le consommateur le percevra exclusivement comme une indication du rapport avantageux entre la qualité et le prix et ne sera pas en mesure d'y voir une quelconque indication de l'origine commerciale des produits et des services en cause. Cette conclusion n'est pas incompatible avec le principe selon lequel, pour autant que le public concerné perçoit la marque en cause comme une indication de cette même origine commerciale, le fait qu'elle soit simultanément, voire en premier lieu, appréhendée comme une formule promotionnelle est sans incidence sur son caractère distinctif. • CJUE 13 janv. 2011, *Media Saturn GmbH c/ OHMI*, n° C-92/10 : *Propr. intell. 2011, n° 39, p. 228, obs. Geoffray.*

B. SIGNES DESCRIPTIFS (ART. 7, § 1, SOUS C)

8. Pour qu'un signe tombe sous le coup de l'art. 7 § 1, sous c), il suffit qu'il présente avec les produits ou services en cause un lien suffisamment direct et concret de nature à permettre au public concerné de percevoir immédiatement et sans autre réflexion, une description de ces produits ou de ces services ou d'une de leurs caractéristiques. • Trib. UE 13 sept. 2013, *Castel,* n° T-320/10 : *PIBD 2013. III. 162 ; Propr. intell. 2011, n° 39, p. 229, obs. Geoffray* • 27 févr. 2015, *Greenworld,* n° T-106/14. ♦ Un signe verbal peut être refusé à l'enregistrement si, dans l'une au moins de ses significations potentielles, il désigne une caractéristique des produits ou services concernés. • CJCE 23 oct. 2003, *OHMI/Wrigley (marque Doublemint),* n° C-191/01 : *préc.* • Trib. UE 10 févr. 2010, *O2c/ OHMI (Homezonz)*n° T-344/07. ♦ Ainsi, le nombre 1000 pour désigner des périodiques contenant des mots croisés ou des jeux doit être considéré comme descriptif, le signe en cause pouvant indiquer la quantité de pages, de jeux ou encore un classement hiérarchique. • CJUE 10 mars 2011, *Technopol c/ OHMI : préc.* ♦ Si l'art. 7, § 1, sous c) du règlement prévoit que, pour que la demande d'enregistrement soit rejetée, la marque doit être composée exclusivement de signes ou d'indications pouvant servir à désigner des caractéristiques des produits ou des services concernés, il n'exige pas, en revanche, que ces signes ou indications soient le mode exclusif de désignation desdites caractéristiques. Dès lors, le fait que la silhouette de culturiste dont l'enregistrement est demandé puisse se présenter sous une forme un peu différente n'enlève rien à son caractère descriptif pour les produits ou services visés. • Trib. UE 29 sept. 2016, *Universal protein suppléments corp,* n° T-335/15 : *PIBD 2016. III. 908*

9. Signes géographiques. S'agissant de signes ou d'indications pouvant servir à désigner la provenance ou la destination géographique de produits ou le lieu de prestation de services, il existe un intérêt général à préserver leur disponibilité en raison de leur capacité, non seulement de révéler la qualité ou d'autres propriétés de la catégorie de produits ou de services concernée, mais également d'influencer les préférences des consommateurs en rattachant les produits ou les services à un lieu qui peut susciter des sentiments positifs. • TPICE 15 oct. 2003, *Nordmilch c/ OHMI (Oldenburger),* n° T-295/01 : *Propr. intell. 2004, n° 11, p. 665, obs. Bonet, Buffet-Delmas et De Medrano Caballero* • 25 oct. 2005, *Peek & Cloppenburg c/ OHMI,* n° T-379/03 • Trib. UE 15 sept. 2011, *Mövenpick c/ OHMI (Passionately Swiss),* n° T-377/09 • 13 sept. 2013, *Castel,* n° T-320/10 : *PIBD 2013. III. 1627* • 15 janv. 2015, *Marques de l'État de Monaco c/ OHMI,* n° T-197/13 : *PIBD 2015. III. 344.* ♦ Sont exclus les noms géographiques qui désignent des lieux réputés ou connus pour la catégorie de produits concernée et qui dès lors présentent un lien avec celle-ci aux yeux des milieux intéressés. • TPICE 15 oct. 2003, *Nordmilch c/ OHMI (Oldenburger),* n° T-291/01 : *préc.* • 25 oct. 2005, *Peek & Cloppenburg c/ OHMI,* n° T-379/03. ♦ ... Ainsi que les noms géographiques susceptibles d'être utilisés par les entreprises en tant qu'indication de provenance géographique. • CJCE 4 mai 1999, *Windsurfing Chiemsee,* n° C-108/97 : *cité note 1 ss. art. 3 Dir. 2008/95/CE.* ♦ Toutefois, en principe, l'art. 7 § 1 *c)* ne s'oppose pas à l'enregistrement de noms géographiques qui sont inconnus dans les milieux intéressés ou à tout le moins inconnus en tant que désignation d'un lieu géographique, ou encore de noms pour lesquels, en raison de leurs caractéristiques, il n'est pas vraisemblable que les milieux intéressés puissent penser que la catégorie de produits ou de services concernée puisse provenir de ce lieu ou qu'elle y soit conçue. • TPICE 25 oct. 2005, *Peek & Cloppenburg c/ OHMI,* n° T-379/03 : *préc.* • Trib. UE, 13 sept. 2013, *Castel : préc.* • 15 janv. 2015, *Marques de l'État de Monaco c/ OHMI : préc.* ♦ S'agissant de déterminer si la marque contestée peut être perçue comme une description de l'origine géographique des produits, il y a lieu de considérer que le public pertinent est le consommateur moyen de l'État membre dans lequel est situé le lieu désigné par cette appellation. • TPICE 15 oct. 2003, *Oldenburger : préc.* ♦ Toutefois, en présence d'un enregistrement international désignant la Communauté européenne dans sa totalité, le public pertinent est constitué du public de l'Union, dans sa totalité, ayant un degré d'attention tantôt moyen tantôt élevé en fonction des produits ou des services concernés. • Trib. UE 15 janv. 2015, *Marques de l'État de Monaco c/ OHMI,* n° T-197/13 : *préc.*

10. Signes laudatifs. Le mot « Extra » est utilisé dans au moins cinq langues officielles de l'Union européenne pour désigner des produits de qualité supérieure. En tant que tel, le mot relève du domaine public. Il fait partie d'un ensemble de mots dont disposent tous les commerciaux pour décrire leur produit de manière à attirer le chaland. Nulle entreprise ne peut revendiquer le droit exclusif d'utiliser un tel mot. Il s'ensuit que, vu les termes des articles 7 § 1 *b)* et *c),* le mot « Extra » ne peut être enregistré en tant que marque communautaire. • OHMI, 1re ch. rec., 27 mai 1998 : *PIBD 1999. III. 85.* ♦ Le terme « Top » est une expression laudative couramment employée sous-entendant que le produit ou le service est d'une qualité exceptionnelle. Il fait partie d'un ensemble de termes à la disposition de tous les commerçants et ne peut pas être monopolisé par l'enregistrement d'une marque ; le mot « Tools », quant à lui, est descriptif puisqu'il se limite à indiquer qu'une chose peut être utilisée comme instrument pour obtenir un effet ou un résultat particulier. La marque « Toptools » est dépourvue de caractère distinctif, la juxtaposition des deux mots sans espace ne supprimant pas le caractère descriptif de la marque demandée. • OHMI, 1re ch. rec., 31 mai 1999 : *PIBD 2000. III. 41.* ♦ Dans le même sens, considérant que la marque « Topcut » associée à des produits de la classe 8 (outils actionnés manuellement pour la construction de machines ; tenailles) est dépourvue de caractère distinctif comme indiquant des instruments de coupe d'excellente qualité, la juxtaposition des deux mots sans espace ne suffisant pas à lui donner un caractère distinctif. • OHMI 12 janv. 2000, *Topcut : PIBD 2000. III. 576.*

C. SIGNES SIMPLEMENT ÉVOCATEURS

11. Une distinction doit être opérée entre d'une part le caractère suggestif et évocateur du signe choisi, d'autre part son caractère distinctif bien qu'une telle distinction suppose une difficile et inévitablement suggestive opération qui consiste à distinguer les signes trop banals pour être distinctifs de ceux qui, tout en étant très évocateurs, sont néanmoins pourvus d'un pouvoir distinctif, fût-il limité. L'expression « *Golden Care* » qui signifie « Soins d'or » ou « Soins en or » utilisée dans le but d'identification des services d'assurances ainsi que des affaires financières, monétaires et immobilières, tout en revêtant une connotation évidemment évocatrice, n'en est pas, pour autant purement descriptive des services ainsi désignés. • OHMI, 1re ch. rec., 17 févr. 2000 : *PIBD 2000. III. 282.*

12. Une marque peut être enregistrée si elle fait simplement allusion au caractère ou à la qualité des produits ; cette catégorie suppose qu'un individu confronté à la marque va se livrer à une longue réflexion à l'issue de laquelle il pourra imaginer vaguement ce dont il s'agit. La marque « *Safeguard* », directement descriptive de la destination d'une large gamme de produits pharmaceutiques et d'hygiène ne peut pas être classée dans cette catégorie. • OHMI, 2e ch. rec., 18 févr. 2000 : *PIBD 2000. III. 434.*

III. MARQUES COMPOSÉES D'UNE COULEUR

13. La fonction essentielle de la marque étant de garantir l'identité et l'origine du produit pour le consommateur, une marque doit posséder la propriété inhérente de distinguer les produits revendiqués par leur entreprise d'origine. Ces propriétés font normalement défaut à une couleur en soi, les consommateurs n'ayant pas pour habitude de présumer l'origine des produits en se basant sur leur couleur ou la couleur de leur emballage en l'absence d'un élément graphique et textuel. Cette règle peut ne pas s'appliquer dans le cas, premièrement, de produits très spécifiques pour une clientèle très spécifique et, deuxièmement, d'une couleur dont la nuance est extrêmement inhabituelle et particulière dans le commerce auquel elle se rapporte. Dans le cas présent (la couleur « vert clair » pour identifier des chewing-gums), ces propriétés sont absentes en ce qui concerne les produits et la nuance revendiquée. • OHMI, 3e ch. rec., 18 déc. 1998 : *PIBD 1999. III. 413.* – V. aussi • OHMI, 3e ch. rec., 12 févr. 1998, *Orange : PIBD 1998. III. 460* • CJCE 21 oct. 2004, *KWS Saat c/ OHMI*, no C-447/02 (couleur orange pour des produits agricoles) • 22 juin 2006, *Storck c/ OHMI : préc. note 1* (emballage doré pour une confiserie) • CJUE 21 janv. 2016, *Enercon GmbH c/ OHMI*, no C-170/15 : *PIBD 2016. III. 184* (dégradé de verts pour des éoliennes) et les décisions citées ss. Dir. 2008/95/CE, art. 2, notes 5 et 8. ♦ En constatant le caractère habituel des couleurs et leur absence d'agencement concret, la chambre des recours a décidé, à juste titre, que la juxtaposition des couleurs verte et grise n'est pas distinctive pour les produits en cause (tronçonneuses, haches, motobèches, tondeuses à gazon...). • TPICE 25 sept. 2002, no T-316/10 : *D. 2002. 3016* .

IV. MARQUES COMPOSÉES D'UN DESSIN

14. Un signe d'une simplicité excessive et constitué d'une figure géometrique de base, telle qu'un cercle, une ligne, un rectangle ou un pentagone conventionnel, n'est pas susceptible, en tant que tel, de transmettre un message dont les consommateurs peuvent se souvenir, de sorte que ces derniers ne le considéreront pas comme une marque, à moins qu'il ait acquis un caractère distinctif par l'usage : Trib. UE 12 sept. 2007, no T-304/05, Cain Cellars Inc c/ OHMI (m. représentant un pentagone) ; 29 septembre 2009, no T-139/08 The Smiley Com.pany/OHMI. La solution diffère, lorsque le signe ne représente pas une figure géometrique connue et qu'il s'accompagne d'éléments facilement mémorisables par le public lui permettant d'être appréhendé immédiatement comme une indication de l'origine commerciale du produit. • Trib. UE 15 déc. 2016, *Novartis*, no *T-678/15 (marque en forme de croissant de lune) : Propr. ind. 2017, no 18, obs. Folliard-Monguiral.* ♦ Admettre que toute forme géometrique, y compris la plus simple, soit dotée d'un caractère distinctif parce qu'elle est apposée selon une certaine orientation sur une portion particulière de la partie latérale d'un pantalon de sport conduirait à permettre à certains fabricants de s'approprier des formes simples, avant tout décoratives, qui doivent rester accessibles à tous, à l'exception des hypothèses dans lesquelles le caractère distinctif du signe a été acquis par l'usage. • Trib. UE 15 déc. 2015, *Shoe Branding Eur c/ OHMI*, no T-64/15 : *PIBD 2016. III. 161.*

V. MARQUES COMPOSÉES D'UNE FORME (ART. 7, § 1, SOUS e) [JURISPRUDENCE ANTÉRIEURE AU RÈGL. (UE) 2015/2424 DU 16 DÉC. 2015]

A. MARQUES COMPOSÉES DE LA FORME IMPOSÉE PAR LA NATURE DU PRODUIT

15. Les critères d'appréciation du caractère distinctif des marques tridimensionnelles constituées par l'apparence du produit lui-même ne sont pas différents de ceux applicables aux autres catégories de marques. • CJCE 7 oct. 2004, *Mag Instrument c/OHMI,* n° C-136/02 : *Rec. CJCE I-9165* • 12 janv. 2006, *Deutsche SiSi-Werke c/ OHMI : préc. note 1* • 4 oct. 2007, *Henkel c/ OHMI,* n° C-144/06 : *Rec. CJCE I-8109* • Trib. UE 14 déc. 2011, *LVMH,* n° T-237/10 : *PIBD 2012. III. 491* • CJUE 20 oct. 2011, *Freixenet c/ OHMI,* n° C-345/10 : *PIBD 2012. III. 92* • Paris, 12 déc. 2014, *Havaianas : PIBD 2015. III. 126.* ♦ Ainsi, comme en matière de marques nominales, la combinaison d'éléments banals ne rend pas l'ensemble distinctif. • TPICE 29 avr. 2004, *Eurocermex c/ OHMI,* n° T-399/02 : *Propr. ind. 2004, n° 63, note Folliard-Monguiral ; Propr. intell. 2004, n° 13, p. 953, obs. De Medrano Caballero.* ♦ Pourvoi rejeté par : • CJCE 30 juin 2005, n° C-286/04 : *Propr. intell. 2005, n° 17, p. 469, obs. De Medrano Caballero.* ♦ Toutefois, il convient de tenir compte, dans le cadre de l'application de ces critères, du fait que la perception du consommateur moyen n'est pas nécessairement la même dans le cas d'une marque tridimensionnelle constituée par l'apparence du produit lui-même que dans le cas d'une marque verbale ou figurative, qui consiste en un signe indépendant de l'aspect des produits qu'elle désigne. En effet, les consommateurs moyens n'ont pas pour habitude de présumer l'origine des produits en se fondant sur leur forme ou celle de leur emballage, en l'absence de tout élément graphique ou textuel, et il pourrait donc s'avérer plus difficile d'établir le caractère distinctif s'agissant d'une telle marque tridimensionnelle que s'agissant d'une marque verbale ou figurative. • CJCE 7 oct. 2004, *Mag Instrument c/ OHMI : préc.* • 12 janv. 2006, *Deutsche SiSi Werke c/ OHMI : préc.* • 22 juin 2006, *Storck c/ OHMI : préc. note 1* • CJUE 6 sept. 2012, *August Storck c/ OHMI,* n° C-96/11 : *D. 2014. Pan. 329, obs. Zolynski ; Propr. ind. 2013. 3, obs. Monteiro ; LEPI nov. 2012, p. 4, obs. Herpe.* • 20 oct. 2011, *Freixenet c/ OHMI : préc.* • 11 sept. 2014, *Think Schuhwerk c/ OHMI,* n° C-521/13 : *PIBD 2014. III. 802* • 7 mai 2015, *Voos of Norway,* n° C-445/13 : *PIBD 2015. III. 485.* ♦ Dans ces conditions, seule une marque qui, de manière significative, diverge de la norme ou des habitudes du secteur est susceptible de remplir sa fonction essentielle d'origine et possède un caractère distinctif au sens de l'art. 7, § 1, sous b). • CJCE 7 oct. 2004, *Mag Instrument c/ OHMI : préc.* • 12 janv. 2006, *Deutsche SiSi Werkec /OHMI : préc.* • 22 juin 2006, *Storck c/ OHMI : préc.* • CJUE 24 mai 2012, *Chocoladefabriken Lindt & Sprüngli AG c/ OHMI : préc. note 1* • 7 mai 2015, *Voos of Norway : préc.* ♦ Ainsi, la forme d'un sac peut constituer une marque lorsqu'il s'en dégage une impression d'ensemble qui diverge des formes habituelles de sacs à main, donc de la norme ou des habitudes du secteur. Elle est de nature à retenir l'attention du consommateur moyen de façon à ce que celui-ci le perçoive comme une origine commerciale du produit. • Paris, 27 janv. 2015, *Bottega Veneta : PIBD 2015. III. 302.* ♦ Le simple fait qu'une forme soit une « variante » de la forme habituelle d'un type de produit ne suffit pas à démontrer que la marque présente un caractère distinctif. Il convient toujours de vérifier si une telle marque permet au consommateur moyen de ce produit de distinguer, sans procéder à une analyse et sans faire preuve d'une attention particulière, le produit concerné de ceux des autres entreprises. • CJUE 7 mai 2015, *Voos of Norway,* n° C-445/13 : *préc. note 2.* ♦ Cette jurisprudence, développée au sujet des marques tridimensionnelles constituées par l'apparence du produit lui-même ou par l'emballage des produits, tels les liquides, qui sont emballés dans le commerce pour des raisons liées à la nature même du produit, vaut également lorsque la marque dont l'enregistrement est demandé est une marque constituée par l'aspect spécifique de la surface de l'emballage d'un produit liquide, l'apparence du conditionnement produit lui-même ne comportant pas d'inscription ou d'élément verbal étant susceptible d'être protégé par le règlement. • CJUE 20 oct. 2011, *Freixenet SA : préc. note 1.* ♦ ... Ou encore lorsque la marque est une marque figurative constituée par la représentation bidimensionnelle du produit, celle-ci n'étant pas considérée comme un signe indépendant de l'aspect des produits qu'elle désigne. • CJUE 4 oct. 2007, *Henkel c/ OHMI : préc.* • 11 sept. 2014, *Think Schuhwerk c/ OHMI : préc.* ♦ Le fait qu'une bouteille soit le résultat d'une activité artistique et créative est sans importance pour l'appréciation du caractère disinctif. • Trib. UE 14 janv. 2015, *Melt Water,* n° T-70/14 : *PIBD 2015. III. 269.*

B. MARQUES COMPOSÉES DE LA FORME NÉCESSAIRE À L'OBTENTION D'UN RÉSULTAT TECHNIQUE

16. Une application correcte de l'art. 7, § 1, sous e) ii), du RMC implique que les caractéristiques essentielles d'un signe dont l'enregistrement en tant que marque est demandé soient dûment identifiées par l'autorité statuant sur cette demande. Elle peut résulter d'une simple analyse visuelle du signe ou, au contraire être fondée sur un examen approfondi dans lequel sont pris en compte des éléments utiles à l'appréciation tels que des enquêtes, des expertises ou encore des données relatives à des droits de propriété intellectuelle conférés antérieurement en rapport avec le produit concerné. • CJUE 14 sept. 2010, *Lego Juris c/ OHMI*, n° C-48/09 : *PIBD 2010. III. 773 ; Propr. ind. 2010, n° 72, obs. Folliard-Monguiral* • 6 mars 2014, *Bodum c/ OHMI* : *PIBD 2014. III. 334 ; Propr. intell. 2014, n° 51, p. 199, obs. Geoffray.*

17. L'interdiction d'enregistrer en tant que marque tout signe constitué par la forme du produit nécessaire à l'obtention d'un résultat technique assure que des entreprises ne puissent utiliser le droit des marques pour perpétuer, sans limitation dans le temps, des droits exclusifs portant sur des solutions techniques. D'autre part, en limitant le motif de refus énoncé à l'art. 7, § 1, sous e), ii), aux signes constitués « exclusivement » par la forme du produit « nécessaire » à l'obtention d'un résultat technique, le législateur a considéré que toute forme de produit est, dans une certaine mesure, fonctionnelle et qu'il serait, par conséquent, inapproprié de refuser à l'enregistrement en tant que marque une forme de produit au simple motif qu'elle présente des caractéristiques utilitaires. Par les termes « exclusivement » et « nécessaire », ladite disposition assure que seules les formes de produit qui ne font qu'incorporer une solution technique et dont l'enregistrement en tant que marque gênerait donc réellement l'utilisation de cette solution technique par d'autres entreprises soient refusées à l'enregistrement. • CJUE 14 sept. 2010, *Lego Juris c/ OHMI : préc. note 16* • 6 mars 2014, *Bodum c/ OHMI : préc. note 16.* ♦ Afin d'analyser la fonctionnalité d'un signe au sens de l'art. 7, § 1, sous e), ii), du règlement, lequel ne concerne que les signes constitués par la forme du produit concret, les caractéristiques essentielles d'une forme doivent être appréciées au regard de la fonction technique du produit concret concerné. • CJUE 10 nov. 2016, *Simba Toys GmbH*, n° C-30/15 *(forme du Rubiks Cube) : PIBD 2016. III. 947 ; Propr. ind. 2017, n° 4, obs.Le Goffic*, annulant • Trib. UE 25 nov. 2014, n° T-450/09. ♦ Le fait qu'un signe remplisse plusieurs fonctions simultanées est sans incidence sur son caractère distinctif ; néanmoins, parmi ces fonctions, doit figurer celle d'indicateur de l'origine commerciale des produits concernés. • Trib. UE 16 mars 2016, *Työhönvalmennus Valma Oy c/ OHMI*, n° T-363/15 : *PIBD 2016. III. 456.* ♦ Sur la forme nécessaire à l'obtention d'un résultat technique, V. • Trib. UE 8 mai 2012 : *D. 2014. Pan. 326, obs. Zolynski* ; *LEPI juill. 2012, p. 5, obs. Clavier ; Propr. ind. 2012. 58, obs. Folliard-Monguiral ; Propr. intell. 2012, n° 45, p. 447, obs. Geoffray* (surface avec des pois noirs) • 19 sept. 2012, n° T-164/11 : *D. 2014. Pan. 329, obs. Zolynski* ; *Propr. ind. 2012. 58, obs. Folliard-Monguiral ; Propr. intell. 2012, n° 45, p. 447, obs. Geoffray* (forme d'un manche de couteau) • 25 nov. 2014, *Rubiks Cube*, n° T-450/09 : *PIBD 2015. III. 53 ; Propr. ind. 2015, n° 4, obs Folliard Monguiral* • 16 juin 2015, *Best Lock Europe c/ OHMI* et *Lego Juris*, n° T-395/14 : *PIBD 2015. III. 520.* ♦ Pourvoi rejeté par • CJUE 14 avr. 2016, n° C-451/15 : *PIBD 2016 III. 498*

VI. MARQUES TROMPEUSES (ART. 7, § 1, SS. G)

18. Les cas de refus d'enregistrement visés par cette disposition supposent que l'on puisse retenir l'existence d'une tromperie effective ou d'un risque suffisamment grave de tromperie du consommateur. • TPICE 24 sept. 2008, *Hup Uslugi Polska sp Zoo c/ OHMI*, n° T-248/05. ♦ C'est le signe en lui-même qui doit être trompeur au regard des produits ou services désignés dans le dépôt, dont l'appréciation du caractère déceptif ou non doit être faite par rapport à la perception qu'en a le public d'attention moyenne (en l'espèce le grand public, s'agissant de produits de consommation courante), en considération du risque d'erreur ou de confusion qu'il crée. • Paris, 12 avr. 2016, *Le Petit Marseillais : PIBD 2016. III. 403.* ♦ L'art. 52, § 1, sous a), et l'art. 7, § 1, sous g), du Règl. n° 207/2009 doivent être interprétés en ce sens qu'une marque individuelle ne saurait être déclarée nulle, sur le fondement d'une application conjointe de ces dispositions, en raison du fait que le titulaire de la marque ne garantit pas, par des contrôles de qualité réguliers auprès de ses preneurs de licence, la conformité des attentes, quant à la qualité, que le public associe à cette marque. • CJUE 8 juin 2017, *WF GÖZZE*, n° C-689/15 *(marque figurative Fleur de coton) : PIBD 2017. III. 539.*

VII. DRAPEAUX ET ARMOIRIES (ART. 7, § 1, SS. I)

19. La marque constituée d'un cadre bleu orné de douze étoiles jaunes doit être annulée, d'une part, parce qu'elle constitue une imitation au point de vue héraldique des emblèmes du drapeau européen (art. 6 *ter*, § 1, CUP) et, d'autre part, parce qu'elle est de nature à suggérer, dans l'esprit du public, un lien entre les produits qu'elle désigne et une organisation intergouvernementale utilisant le drapeau. • Trib. UE 15 janv. 2013, n° T-413/11 : *D. 2014. 326, obs Clavier, Martial-Braz et Zolynski* ; *PIBD 2013. III. 1101 ; Propr. ind. 2013, n° 14, note Folliard-Monguiral ; Propr. intell. 2013, n° 47, p. 227, obs. Geoffray.*

VIII. ART. 7, § 2

20. Conformément à cette disposition, une demande n'est pas susceptible d'être enregistrée même si des motifs absolus de refus n'existent que dans une partie de la communauté. Dans ce contexte, l'évaluation du caractère distinctif de la marque « Simply Soda » doit tenir compte de la langue anglaise dans la mesure où elle est comprise et parlée dans la communauté. • OHMI, 3e ch. rec., 8 mars 2000 : *PIBD 2000. III. 472.*

IX. ACQUISITION DU CARACTÈRE DISTINCTIF PAR L'USAGE (ART. 7, § 3)

21. Il résulte tant de l'art. 7, § 3, RMC que de l'art. 3, § 3, première phrase de la Dir. 89/104/CEE que, pour bénéficier de ces dispositions, la marque doit avoir acquis un caractère distinctif par un usage antérieur à la demande d'enregistrement. • CJCE 11 juin 2009, *Imagination Technologies Ltd,* n° C-542/07 : *PIBD 2010. III. 46* • Trib. UE 10 déc. 2015, *Futbol Club Barcelona c/ OHMI,* n° T-615/14 : *PIBD 2016. III. 104 ; Propr. ind. 2016, n° 19, obs. Tréfigny.* ♦ ... Dans la partie de l'Union dans laquelle elle en était dépourvue *ab initio.* • CJCE 22 juin 2006, *Storck c/ OHMI,* n° C-25/05 : *préc. note 1* • Trib. UE 14 déc. 2011, *LVMH : préc. note 15* • Trib. UE 10 déc. 2015, *Futbol Club Barcelona : préc.* ♦ C'est en application de cette jurisprudence que le TPICE a pu décider, sans commettre d'erreur de droit, que la marque tridimensionnelle dont l'enregistrement est demandé – le lapin de Pâques – doit avoir acquis un caractère distinctif par l'usage dans toute l'Union. • CJUE 24 mai 2012, *Chocoladefabriken Lindt & Sprüngli AG c/ OHMI : préc. note 1.* ♦ Il résulte du caractère unitaire de la marque communautaire que lorsque la marque est dépourvue de caractère distinctif dans l'ensemble du territoire de l'Union, la preuve du caractère distinctif acquis par l'usage de ladite marque doit être rapportée dans l'ensemble de ce territoire. • Trib. UE 16 mars 2016, *Työhönvalmennus Valma Oy c/ OHMI,* n° T-363/15 : *préc. note 17.*

22. L'art. 7, § 3, RMC, qui constitue une exception au refus d'enregistrer des marques n'ayant pas en elles-mêmes de caractère distinctif, doit être interprété de manière restrictive et prudente. Il exige qu'il soit démontré que la marque pour laquelle l'enregistrement est demandé sert à distinguer les produits du demandeur de produits identiques ou similaires présents sur le marché et provenant d'autres entreprises en tenant compte des éléments suivants : la part de marché détenue par la marque ; l'intensité, l'étendue géographique et la durée de l'usage de cette marque ; l'importance des investissements faits par l'entreprise pour la promouvoir, la proportion des milieux intéressés qui identifie le produit comme provenant d'une entreprise déterminée grâce à la marque ainsi que les déclarations des Chambres de Commerce et d'Industrie ou d'autres associations commerciales et professionnelles. • OHMI, 3ᵉ ch., 22 juin 1999 : *PIBD 2000. III. 228.* ♦ L'acquisition d'un caractère distinctif par l'usage de la marque exige qu'au moins une fraction significative du public pertinent identifie grâce à la marque les produits ou les services concernés comme provenant d'une entreprise déterminée. La preuve du caractère distinctif acquis par l'usage ne saurait être rapportée par la seule production des volumes de vente ou du matériel publicitaire non plus que sur la base de données générales et abstraites. Le seul fait que le signe ait été utilisé dans le territoire de l'Union depuis un certain temps ne suffit pas non plus pour démontrer que le public visé par les produits en cause le perçoit comme une indication d'origine commerciale. • Trib. UE 10 déc. 2015, *Futbol Club Barcelona : préc. note 21.*

23. Marques tridimensionnelles. Le seul fait qu'une forme ait été utilisée conjointement avec une (ou plusieurs) marques nominales ne signifie pas nécessairement qu'elle ne peut pas avoir acquis de caractère distinctif par l'usage. La question qu'il convient de se poser est de savoir si les consommateurs, à la vue de la forme nue de l'emballage, la reconnaîtraient et l'associeraient avec une origine commerciale particulière. • OHMI 20 déc. 2000 : *PIBD 2001. III. 471* • CJUE 24 mai 2012, *Chocoladefabriken Lindt & Sprüngli AG c/ OHMI : préc. note 1.*

Art. 8 Motifs relatifs de refus. 1. *Sur opposition du titulaire d'une marque antérieure, la marque demandée est refusée à l'enregistrement :*

a) lorsqu'elle est identique à la marque antérieure et que les produits ou les services pour lesquels la marque a été demandée sont identiques à ceux pour lesquels la marque antérieure est protégée ;

b) lorsqu'en raison de son identité ou de sa similitude avec la marque antérieure et en raison de l'identité ou de la similitude des produits ou des services que les deux marques désignent, il existe un risque de confusion dans l'esprit du public du territoire dans lequel la marque antérieure est protégée ; le risque de confusion comprend le risque d'association avec la marque antérieure.

2. Aux fins du paragraphe 1, on entend par « marques antérieures » :

a) les marques dont la date de dépôt est antérieure à celle de la demande de marque de l'Union européenne, compte tenu, le cas échéant, du droit de priorité invoqué à l'appui de ces marques, et qui appartiennent aux catégories suivantes :

i) les marques de l'Union européenne,

ii) les marques enregistrées dans un État membre ou, pour ce qui concerne la Belgique, le Luxembourg et les Pays-Bas, auprès de l'Office Benelux de la propriété intellectuelle,

iii) les marques qui ont fait l'objet d'un enregistrement international ayant effet dans un État membre,

iv) les marques qui ont fait l'objet d'un enregistrement international ayant effet dans l'Union ;

b) les demandes de marques visées au point a), sous réserve de leur enregistrement ;

c) les marques qui, à la date de dépôt de la demande de marque de l'Union européenne ou, le cas échéant, à la date de la priorité invoquée à l'appui de la demande de marque de l'Union européenne, sont « notoirement connues » dans un État membre au sens de l'article 6 bis de la convention de Paris.

3. Sur opposition du titulaire de la marque, une marque est refusée à l'enregistrement lorsqu'elle est demandée par l'agent ou le représentant du titulaire de la marque, en son propre nom et sans le consentement du titulaire, à moins que cet agent ou ce représentant ne justifie de ses agissements.

4. Sur opposition du titulaire d'une marque non enregistrée ou d'un autre signe utilisé dans la vie des affaires dont la portée n'est pas seulement locale, la marque demandée est refusée à l'enregistrement, lorsque et dans la mesure où, selon la législation de l'Union ou le droit de l'État membre qui est applicable à ce signe :

a) des droits à ce signe ont été acquis avant la date de dépôt de la demande de marque de l'Union européenne ou, le cas échéant, avant la date de la priorité invoquée à l'appui de la demande de marque de l'Union européenne ;

b) ce signe donne à son titulaire le droit d'interdire l'utilisation d'une marque plus récente

(Règl. (UE) 2015/2424 du 16 déc. 2015, art. 1er-10, en vigueur le 23 mars 2016) *« 4 bis. Sur opposition de toute personne autorisée en vertu de la législation applicable à exercer les droits qui découlent d'une appellation d'origine ou d'une indication géographique, la marque demandée est refusée à l'enregistrement lorsque et dans la mesure où, en application de la législation de l'Union ou du droit national qui prévoient la protection des appellations d'origine ou des indications géographiques :*

« i) une demande d'appellation d'origine ou d'indication géographique avait déjà été introduite, conformément à la législation de l'Union ou au droit national, avant la date de dépôt de la marque de l'Union européenne ou avant la date de la priorité invoquée à l'appui de la demande, sous réserve d'un enregistrement ultérieur ;

« ii) cette appellation d'origine ou cette indication géographique confère le droit d'interdire l'usage d'une marque postérieure.

« 5. Sur opposition du titulaire d'une marque antérieure enregistrée au sens du paragraphe 2, la marque demandée est refusée à l'enregistrement si elle est identique ou similaire à une marque antérieure, indépendamment du fait que les produits ou services pour lesquels elle est demandée sont identiques, similaires ou non similaires à ceux pour lesquels la marque antérieure est enregistrée, lorsque cette marque antérieure est une marque de l'Union européenne qui jouit d'une renommée dans l'Union ou une marque nationale qui jouit d'une renommée dans l'État membre concerné, et que l'usage sans juste motif de la marque demandée tirerait indûment profit du caractère distinctif ou de la renommée de cette marque antérieure ou leur porterait préjudice. »

Ancien art. 8 *5. Sur opposition du titulaire d'une marque antérieure au sens du paragraphe 2, la marque demandée est également refusée à l'enregistrement si elle est identique ou similaire à la marque antérieure et si elle est destinée à être enregistrée pour des produits ou des services qui ne sont pas similaires à ceux pour lesquels la marque antérieure est enregistrée, lorsque, dans le cas d'une marque communautaire antérieure, elle jouit d'une renommée dans la Communauté et dans le cas d'une marque nationale antérieure, elle jouit d'une renommée dans l'État membre concerné et que l'usage sans juste motif de la marque demandée tirerait indûment profit du caractère distinctif ou de la renommée de la marque antérieure ou qu'il leur porterait préjudice.* — [Règl (CE) nº 40/94 du 20 déc. 1993, art. 8.]

BIBL. ▶ FOLLIARD-MONGUIRAL, *Propr. ind. 2016. Chron. 1* (un an de jurisprudence sur les motifs de refus relatifs de marques communautaires – 2015). – FONTANT, *Propr. ind. 2009, nº 20* (la défense des indications géographiques protégées à titre de signes antérieurs utilisés dans la vie des affaires, dans le système de la marque communautaire). – GEOFFRAY, *Propr. ind 2006. Étude 7* (les motifs de refus dans le cadre de la procédure d'opposition communautaire) ; *ibid. 2008. Étude 11* (la protection des marques renommées en droit communautaire). – LANCRENON, *Légicom 2010, nº 1, p. 53* (la marque communautaire renommée).

1. Généralités. Sur la définition du signe identique à la marque, V. • CJCE 20 mars 2003, *LTJ Diffusion : V. note 2 ss. art. 4 Dir.* 2008/95/CE du 22 oct. 2008. ♦ L'intérêt du régime juridique de la marque communautaire réside dans le fait qu'il permet aux détenteurs de marques antérieures de s'opposer à l'enregistrement de marques ultérieures tirant indûment profit du caractère distinctif ou de la renommée de la marque antérieure. Loin d'accorder un monopole injuste et injustifié aux titulaires de marques antérieures, ledit régime permet à ces titulaires de protéger et de valoriser les investissements substantiels entrepris pour promouvoir leur marque. • Trib. UE 30 sept. 2015, *Lacoste*, nº T-364/13 : *Prop. intell. 2016, nº 58, p. 84, obs. Basire.*

I. ART. 8, § 1

2. Risque de confusion. Il ne découle pas de l'art. 8, § 1, sous *b)*, du Règl. nº 40/94/CEE que, pour que l'enregistrement d'une marque communautaire soit refusé sur le fondement de cette disposition, le risque de confusion doive exister dans tous les États membres et dans toutes les zones linguistiques de la Communauté. En effet, le caractère unitaire de la marque communautaire implique qu'une marque communautaire antérieure est opposable à toute demande d'enregistrement de marque communautaire qui porterait atteinte à la protection de la première marque, ne fût-ce que par rapport à la perception des consommateurs d'une partie du territoire communautaire. • CJCE 18 sept. 2009, *Armacell c/ OHMI*, n° C-514/06. ♦ Dans le cas où la marque antérieure invoquée à l'appui d'une opposition est une marque communautaire, la marque dont l'enregistrement est demandé est refusée à l'enregistrement lorsque, en raison de son identité ou de sa similitude avec la marque antérieure et en raison de l'identité ou de la similitude des produits ou des services que les deux marques désignent, il existe un risque de confusion dans l'esprit du public de l'Union. • CJCE 18 sept. 2009 : *préc.* • CJUE 20 nov. 2014, *Ballon d'or*, n° C-581/13 : *D. 2015. 230, obs. Zolynski* ; *Gaz. Pal. 5 mars 2015, p. 18, obs. Marino.* ♦ Lorsque le tribunal des marques de l'UE saisi constate que l'usage d'un signe crée, dans une partie de l'Union, un risque de confusion avec une marque de l'UE, tandis que, dans une autre partie de l'Union, le même usage ne crée pas un tel risque, il ne saurait conclure à l'absence de violation du droit exclusif conféré par cette marque. Il lui incombe, au contraire, de constater qu'il existe une atteinte à la fonction d'indication d'origine de ladite marque et que, en conséquence, il y a violation du droit exclusif conféré par celle-ci. • CJUE 22 sept. 2016, *Com.bit*, n° C-223/15 : *D. 2017. 318, obs. Martial-Braz* ; *Dalloz IP/IT 2016. 608, obs. Maréchal* ; *Propr. ind. 2016, n° 74, obs. Folliard-Monguiral* ; *Europe 2016, n° 421, obs. Idot.*

3. Similitude entre les marques. L'opposition doit être rejetée bien que les produits concernés soient identiques lorsqu'il n'existe pas de ressemblance sur les plans auditif, visuel ou conceptuel entre les signes « Siena » et « La Sirena ». • OHMI, Div. opp., 10 juill. 1998 : *PIBD 1998. III. 579.* ♦ L'appréciation globale du risque de confusion implique que les différences conceptuelles entre deux signes puissent neutraliser des similitudes auditives et visuelles entre eux, pour autant qu'au moins l'un de ces signes ait, dans la perspective du public pertinent, une signification claire et déterminée, de sorte que ce public est susceptible de la saisir directement. • CJCE 12 janv. 2006, *Ruiz-Picasso e.a. c/ OHMI*, n° C-361/04 : *Rec. CJCE I-643, point 20* • 23 mars 2006, *Mühlens c/ OHMI* : *Rec. CJCE I-2717, point 35* • TPICE 27 oct. 2005, *Éditions Albert René*, n° T-336/03. ♦ Rejet du pourvoi par : • CJCE 18 déc. 2008, n° C-16/06 : *Rec. CJCE I-10053.* ♦ Dans le cadre de l'appréciation globale du risque de confusion, les similitudes visuelles, phonétiques et conceptuelles entre les signes en conflit n'ont pas toujours le même poids, de sorte qu'il ne saurait être exclu que la similitude conceptuelle découlant du fait que deux marques utilisant des images qui concordent dans leur contenu sémantique puisse créer un risque de confusion pour des produits identiques ou similaires dans un cas où la marque antérieure possède un caractère distinctif particulier, soit intrinsèquement, soit grâce à la notoriété dont elle jouit auprès du public. • Trib. UE 30 sept. 2015, *Lacoste*, n° T-364/13 : *préc. note 1.* ♦ ***Marques complexes.*** L'appréciation de la similitude entre deux marques ne peut se limiter à prendre uniquement en considération un composant d'une marque complexe et à le comparer à une autre marque. Il y a lieu au contraire d'examiner chacune des marques en cause dans son ensemble, ce qui n'exclut pas que l'impression d'ensemble produite dans la mémoire du public pertinent d'une marque complexe puisse être dominée par une ou plusieurs de ses composantes. Néanmoins, dans certains cas exceptionnels, si toutes les autres composantes de la marque sont négligeables, l'appréciation de la similitude pourra se faire sur la seule base de l'élément dominant. • CJCE 12 juin 2007, *OHMI c/ Shaker*, n° C-335/05. • CJUE 6 sept. 2012, *US Polo Association c/ OHMI*, n° C-327/11 • 19 mars 2015, *Magnet*, n° C-182/14 : *PIBD 2015. III. 370.* • Trib. UE 5 mai 2015, *Lidl*, n° T-715/13 : *PIBD 2015. III. 624.* ♦ Tel pourrait être notamment le cas lorsque ce composant est susceptible de dominer à lui seul l'image de la marque que le public pertinent garde en mémoire de telle sorte que tous les autres composants sont négligeables dans l'impression d'ensemble produite par celle-ci : • CJCE 20 sept. 2007, *Nestlé c/ OHMI*, n° C-193/06 : *PIBD 2007. III. 655* • Trib. UE 5 mai 2015, *Lidl*, n° T-715/13 : *préc.* ♦ ***Famille de marques.*** Dans le cas particulier d'une « famille » ou d'une « série » de marques, le risque de confusion résulte plus précisément du fait que le consommateur peut se méprendre sur la provenance ou l'origine des produits ou des services couverts par la marque dont l'enregistrement est demandé et estime, à tort, que celle-ci fait partie de cette famille ou série de marques. Plusieurs marques présentent des caractéristiques permettant de les considérer comme faisant partie d'une même « famille » lorsque, notamment, elles reproduisent intégralement un même élément distinctif avec l'ajout d'un élément, graphique ou verbal, les différenciant l'une de l'autre ou lorsqu'elles se caractérisent par la répétition d'un même préfixe ou suffixe extrait d'une marque originaire. • TPICE 23 févr. 2006, n° T-194/03 • CJUE 13 sept. 2007, *Il Ponte Finanziaria c/ OHMI*, n° C-234/06 (marque « Bainbridge ») • Trib. UE 5 juill. 2016, *Mc Coffee*, n° T-518/13 : *PIBD 2016. III. 746.* ♦ Le titulaire des marques antérieures n'a pas à fournir la preuve du fait que ces marques sont perçues par le public concerné comme constituant une famille. • Trib. UE 25 nov. 2014, *Unicrédit c/ OHMI :* n° T-303/06. ♦ Toutefois, on ne saurait attendre d'un consommateur, en l'absence d'usage d'un nombre suffisant de marques susceptible de constituer une famille ou une série, qu'il détecte un élément commun dans ladite famille ou série de marques et/ou qu'il associe à cette famille ou série une autre marque contenant le même élément commun. Dès lors, pour qu'il existe un risque que le public se méprenne quant à l'appartenance à une « famille » ou « série » de la marque dont l'enregistrement est demandé, les marques antérieures faisant partie de cette « famille » ou « série » doivent être présentes sur le marché. • TPICE 23 févr. 2006 : *préc.* • CJUE 13 sept. 2007 : *préc.* • Trib. UE 5 juill. 2016 : *préc.*

4. Similitude entre les produits. Un certain degré, même minimal, de similitude entre les produits doit être constaté pour que la similitude, voire l'identité entre les signes puisse générer un risque de confusion. • Trib. UE 2 oct. 2015, *Darjeeling,* n° T-624/13 : *Prop. intell. 2016, n° 58, p. 86, obs Basire.* ♦ Les produits des classes 18 et 25, même s'ils ne sont pas achetés quotidiennement, sont des produits de grande consommation dont les caractéristiques objectives n'impliquent pas que le consommateur moyen fasse un examen particulièrement attentif lors de son achat. • Trib. UE 30 sept. 2015, *Lacoste,* n° T-364/13 : *préc. note 1* • 25 févr. 2016, *Puma,* n° T-692/14 : *PIBD 2016. III. 278.* ♦ Quand bien même les modalités objectives de commercialisation des produits désignés par les marques en conflit doivent être prises en compte dans l'appréciation du risque de confusion, tel n'est pas le cas des modalités de commercialisation particulières de ces produits, et notamment de leur prix, lesquelles peuvent varier dans le temps suivant la volonté des titulaires des marques. En effet, l'analyse prospective du risque de confusion ne saurait dépendre des intentions commerciales, par nature subjectives, des titulaires de ces marques : • Trib. UE 30 sept. 2015, *Lacoste : préc.* • 25 févr. 2016, *Puma : préc.* ♦ Dans le cadre de l'appréciation globale du risque de confusion, la juridiction saisie doit apprécier si la faible similitude entre les signes n'est pas compensée par la similitude ou la complémentarité entre les produits ou services désignés. • Com. 25 janv. 2017, *Papauto,* n° 15-14.804 : *PIBD 2017. III. 214 ; Propr. ind. 2017, n° 31, obs. Tréfigny,* cassation de • Paris, 16 janv. 2015 : *PIBD 2015. III. 189.*

5. Il découle du principe de la coexistence des marques communautaires et des marques nationales que la validité d'une marque nationale ne peut être mise en cause devant les instances communautaires lors d'une procédure d'opposition à l'enregistrement d'une marque communautaire. Si l'OHMI et le tribunal sont tenus de vérifier de quelle manière le public pertinent perçoit le signe dont l'enregistrement est demandé (par hypothèse identique à une marque nationale) et d'apprécier le cas échéant le degré de caractère distinctif de ce signe, ces vérifications ne peuvent aboutir à la constatation de l'absence de caractère distinctif de ce signe, ce qui remettrait en cause, par le fait même, la validité de la marque nationale antérieurement enregistrée. Or, l'art. 8, § 1, sous *a)*, ii, prévoit explicitement que sont considérées comme des marques antérieures les marques enregistrées dans un État membre. Il s'ensuit qu'il doit être reconnu un certain degré de distinctivité d'une marque nationale invoquée à l'appui de l'enregistrement d'une marque communautaire. • CJUE 24 mai 2012, *Formula one licensing,* n° C-196/11 : *D. 2012. 1751, point de vue Castets-Renard ; PIBD 2012. III. 572.*

II. ART. 8, § 4

6. L'opposition à l'enregistrement d'une marque communautaire fondée sur l'existence d'un signe antérieur (en l'occurrence une indication de provenance) doit obéir à deux conditions. D'une part, le signe antérieur doit avoir été utilisé « dans la vie des affaires » ; cette condition différente de celle d'« usage sérieux » de l'art. 43, § 2 et 3, du Règl. 40/94 [Règl. (CE) n° 207/2009 du 26 févr. 2009, art. 42, § 2 et 3], qui ne concerne que l'opposition fondée sur une marque antérieure, s'entend d'une utilisation commerciale servant à identifier une activité économique exercée par le titulaire du signe. D'autre part, le signe invoqué ne doit pas avoir une « portée purement locale », ce qui suppose non seulement que le signe en cause soit protégé dans un nombre significatif d'États membres, mais qu'il ait été effectivement présent sur le marché dans son territoire de protection à la date du dépôt de la demande d'enregistrement. • CJUE 29 mars 2011, *Anheuser Busch,* n° C-96/09 : *D. 2012. Pan. 1370, obs. Durrande ; PIBD 2011. III. 343.* ♦ Sur cette affaire, V. aussi, prononçant la nullité de la partie française de la marque sur le fondement de l'antériorité d'une appellation d'origine. • Paris, 22 avr.1986 : *PIBD 1986. III. 314.* ♦ Il résulte de la combinaison de l'art. 8, § 4, et de l'art. 53, § 1 sous *c)*, que l'existence d'un signe autre qu'une marque permet d'obtenir la nullité d'une marque communautaire si celui-ci remplit cumulativement quatre conditions : ce signe doit être utilisé dans la vie des affaires ; il doit avoir une portée qui n'est pas seulement locale ; le droit à ce signe doit avoir été acquis conformément au droit de l'État membre où le signe était utilisé avant la date de dépôt de la marque communautaire ; enfin le droit de l'État membre qui est applicable à ce signe doit reconnaître à son titulaire la faculté d'interdire l'utilisation d'une marque plus récente. Sur ce point, il ressort du droit français, d'une part que la protection d'une dénomination sociale s'étend exclusivement aux activités effectivement exercées par la personne morale à la date de la demande d'enregistrement de la marque (V. • Com. 10 juill. 2012, n° 08-12.010 : *V. note 5 ss. art. L. 711-4*), d'autre part qu'elle est subordonnée par l'art. L. 711-4-b à la démonstration d'un risque de confusion. • Trib. UE 21 oct. 2014, *Gilbert S c/ OHMI et Forge de Laguiole*, n° T-453/11. ♦ Pourvoi rejeté par • CJUE 5 avr. 2017, n° C-598/14 : *Dalloz IP/IT 2017. 398, obs. Le Goffic ; PIBD 2017. III. 358 ; Propr. ind. 2017, n° 37, obs. Folliard-Monguiral.*

III. ART. 8, § 5 (JURISPRUDENCE ANTÉRIEURE AU RÈGL. (UE) 2015/2424 DU 16 DÉC. 2015)

7. *Généralités.* Le fait qu'une opposition ait échoué sur la base de l'art. 8, § 1, ne signifie pas que l'on ne puisse mener avec succès une action sur le fondement de l'art. 8, § 5. Les conditions d'application sont différentes et l'analyse de chaque motif de refus doit être menée de façon indépendante. L'art. 8, § 1, exige des produits identiques ou similaires ; il doit exister en outre un risque de confusion dans l'esprit du public sur le territoire dans lequel la marque antérieure est protégée ; En revanche, en application de l'art. 8, § 5, il n'est pas nécessaire de démontrer l'identité ou la similitude des produits ou des services ni le risque de confusion. Cette disposition suppose la réunion de trois conditions :
1) l'identité ou la similitude des marques en conflit. A cet égard, la similitude même faible entre les marques est suffisante mais indispensable pour établir que le public établit un lien entre celles-ci. • CJUE 24 mars 2011, *Ferrero c/ OHMI* : n° C-552/09 • 20 nov 2014, *Ballon d'or*, n° C-581/13 : *Gaz. Pal. 5 mars 2015, p. 18, obs. Marino* • CJUE 10 déc. 2015, *El Corte Ingles*, n° C-603/14 P : *Europe 2016, n° 79, obs. Idot ; Prop. intell. 2016, n° 60, p. 371, obs. Basire* • Trib. UE 18 nov. 2015, *Mustang*, n° T-606/13 : *Prop. intell. 2016, n° 60, p. 372, obs. Basire ; Prop. ind. 2016, n° 3, obs. Folliard-Monguiral* • 2 oct. 2015, *Darjeeling*, n° T-624/13 : *Prop. intell. 2016, n° 57, p. 86, obs. Basire ;*
2) la renommée de la marque antérieure (V. *infra*, note 8) ;
3) l'existence d'un risque que l'usage sans juste motif de la marque dont l'enregistrement est demandé tirerait indûment profit du caractère distinctif ou de la renommée de la marque antérieure ou leur porterait préjudice. • CJCE 14 sept. 1999, *General Motors*, n° C-375/97 : *D. 2001. 473, obs. Durrande ; RTD com. 2000. 87, obs. Galloux ; ibid. 530, obs. Luby ; RTD eur. 2000. 134, obs. Bonet* • OHMI 5 juin 2000 : *PIBD 2001. III. 341* • TPICE 9 mars 2012, *Ella Valley Vineyards*, n° T-32/10 • Trib. UE 2 oct. 2015, *Darjeeling, n° T-624/13 : préc.* • 16 mars 2016, *Body Shop, n° T-201/14 : PIBD 2016. III. 317.* ♦ L'appréciation de l'existence d'une renommée de la ou des marques antérieures constitue une étape indispensable dans l'application de l'article 8, § 5, du Règl. n° 207/2009. Celle-ci implique nécessairement une conclusion définitive quant à l'existence ou non d'une telle renommée, ce qui exclut qu'une analyse soit entreprise sur la base d'une hypothèse qui ne reposerait pas sur l'admission d'une renommée d'une intensité spécifique. • Trib. UE 2 oct. 2015, *The tea board c/ OHMI*, n° T-627/13 (marque Darjeeling) • 28 sept. 2016, *The Lacamanda Group Ltd*, n° T-362/15 : *LEPI 2016, n° 11, p. 6.* ♦ Sur l'établissement de la renommée, V. *infra*, note 9.

8. *Établissement de la renommée.* L'application de l'art. 8, § 5, du Règl., requiert seulement que la marque antérieure jouisse d'une renommée et pas d'une renommée excellente (au sens d'exceptionnellement élevée). Toutefois, l'intensité de la renommée peut être pertinente pour la démonstration de la probabilité que le public fasse un lien entre les marques en cause. • Trib. UE 18 nov. 2015, *Mustang : préc. note 7.* ♦ Si le pourcentage de consommateurs qui reconnaissent la marque, mesuré par des études de marché, n'est pas le seul critère à prendre en considération pour évaluer la renommée d'une marque (CJCE 14 sept. 1999, arrêt *General Motors*, pt 25), un pourcentage élevé de reconnaissance de la marque par les consommateurs (94,4 %) suffit à établir que la marque en cause jouit d'une renommée au sens de l'art. 8, § 5. • OHMI 5 juin 2000 : *préc. note 7.* ♦ Le pourcentage de connaissances ne suffit pas à établir la renommée d'une marque dès lors que les documents produits n'exposent pas de manière suffisante la méthode utilisée pour recueillir et évaluer les données en cause. La part de marché constitue un des éléments pertinents pour apprécier la renommée d'une marque. L'absence de données sur les parts de marché de la requérante dans un marché qui, de l'aveu même de cette dernière, comporte un grand nombre d'opérateurs contribue, en l'espèce, au caractère insuffisant des preuves afin de démontrer une renommée « excellente » de la marque verbale antérieure. • Trib. UE 18 nov. 2015, *Mustang : préc. note 7.* ♦ Si une marque est renommée auprès du grand public, elle est présumée connue des professionnels. • CJUE 10 mai 2012, *Helena Rubinstein et L'Oréal c/ OHMI*, n° C-100/11 : *PIBD 2012. III. 542.*

9. *Date d'appréciation de la renommée.* Si la renommée de la marque antérieure doit être établie à la date du dépôt de la demande de marque contestée, les documents portant une date postérieure ne sauraient toutefois être privés de valeur probante s'ils permettent de tirer des conclusions sur la situation telle qu'elle se présentait à la même date. • CJUE 10 mai 2012, *Helena Rubinstein et L'Oréal c/ OHMI : préc. note 8.*

10. *Existence d'un lien.* Afin de satisfaire à la condition tenant à l'existence d'une identité ou d'une similitude entre les signes en conflit, posée par l'art. 8, § 5, du Règl. (CE) n° 207/2009, il n'est pas nécessaire de démontrer qu'il existe, dans l'esprit du public concerné, un risque de confusion entre la marque antérieure jouissant d'une renommée et la marque demandée. Il suffit que le degré de similitude entre ces deux marques ait pour effet que le public concerné établisse un lien entre elles. A cet égard, plus les marques en conflit sont similaires, plus il est vraisemblable que la marque demandée évoquera, dans l'esprit du public pertinent, la marque antérieure renommée. • Trib. UE 16 mars 2016, *Body Shop : préc. note 7.* ♦ Dans l'hypothèse où la demande de nullité d'une marque est fondée sur l'existence de plusieurs marques antérieures qui présentent des caractéristiques communes permettant de les considérer comme faisant partie d'une même famille, l'établissement, dans l'esprit du public concerné, d'un lien entre la marque dont la nullité est demandée et les marques antérieures peut résulter du fait que la première présente des caractéristiques susceptibles de la rattacher à la famille composée des secondes. • Trib. UE 5 juill. 2016, *Mc Coffee,* n° T-518/13 : *PIBD 2016. III. 746.* ♦ Toutefois, lorsque les produits visés sont très dissemblables, l'existence d'un lien entre les marques dans l'esprit du public pertinent doit être écartée malgré les similitudes entre les signes et la renommée importante de la marque verbale antérieure. • Trib. UE 18 nov. 2015, *Mustang : préc. note 7.*

11. *Préjudice subi par la marque renommée.* L'image de la marque constitue, avec son caractère distinctif, l'objet de la protection de l'art. 8, § 5. En sus d'être un indicateur d'origine, la marque est le vecteur d'un message qui lui est associé, présente une valeur économique et doit être protégé avec elle. • OHMI 25 avr. 2001, *Hollywood : D. 2002. Somm. 1134, obs Durrande* ; *PIBD 2001. III. 398.* ♦ Le préjudice porté à l'image d'une marque renommée (préjudice qui peut n'être que potentiel) est réalisé lorsque l'association faite par le consommateur entre la marque et les produits ou services pour lesquels elle est enregistrée est diminué par l'utilisation d'une autre marque provoquant des associations mentales malsaines, négatives ou discordantes avec son image. • Même arrêt. ♦ Même si le tabac est nocif pour la santé, le risque de perte d'attraction d'une marque renommée qui pourrait être associée au tabac en raison du dépôt d'une marque identique pour les produits du tabac ne peut être présumé. • Trib. UE 18 nov. 2015, *Mustang : préc. note 7.*

12. *Préjudice porté au caractère distinctif de la marque renommée.* La dilution du caractère distinctif résulte du fait que d'autres personnes que son propriétaire font usage de la marque ou d'un signe similaire pour des produits autres que ceux pour lesquels elle est enregistrée. Ce préjudice, qui peut n'être que potentiel, est différent du risque de confusion ou de l'atteinte à l'image de la marque ; il est caractérisé par un rapprochement appauvrissant ou amenuisant le caractère distinctif de la marque. • OHMI 25 avr. 2001, *Hollywood : préc. note 11.* ♦ Bien qu'il s'agisse d'un exercice difficile du fait de sa nature spéculative on peut néanmoins conclure que toute dilution du signe antérieur est improbable lorsque les produits revendiqués dans la demande sont de nature très éloignée de ceux de l'opposant (en l'espèce des chocolats et des fournitures de bureau). • OHMI 5 juin 2000 : *préc. note 7.* ♦ Selon la jurisprudence de la Cour (CJCE 27 nov. 2008, n° C-252 /07, *Intel Corp : cité ss. Dir. 2008/95, art. 5*) la preuve que l'usage de la marque postérieure porte ou porterait préjudice au caractère distinctif de la marque antérieure suppose que soit démontrée une modification du comportement économique du consommateur moyen des produits ou des services pour lesquels la marque antérieure est enregistrée consécutive à l'usage de la marque postérieure ou un risque sérieux qu'une telle modification se produise dans le futur. Il en résulte que, sans apporter la preuve que cette condition est remplie, le préjudice ou le risque de préjudice porté au caractère distinctif de la marque antérieure ne saurait être constaté. La notion de « modification du comportement économique du consommateur moyen » pose une condition de nature objective. Cette modification ne saurait être déduite uniquement d'éléments subjectifs tels que la seule perception des consommateurs. Le seul fait que ces derniers remarquent la présence d'un nouveau signe similaire à un signe antérieur ne suffit pas à lui seul à démontrer l'existence d'un préjudice ou d'un risque de préjudice porté au caractere distinctif de la marque au sens de l'art. 8, § 5, du Règl. (CE) n° 207/2009 dans la mesure où cette similitude ne crée pas de confusion dans leur esprit. Certes le précité et la jurisprudence de la Cour n'exigent pas de rapporter la preuve d'un préjudice réel ; ils admettent également le risque sérieux d'un tel préjudice permettant l'utilisation de déductions logiques. Néanmoins de telles déductions ne doivent pas résulter de simples suppositions ; elles doivent reposer sur une analyse des probabilités en prenant en compte les pratiques habituelles dans le secteur commercial pertinent ainsi que toute autre circonstance de l'espèce. • CJUE 14 nov. 2013, *Elmar Wolf,* n° C-383/12 : *D. 2014. Pan. 332, obs. Zolynski* ; *PIBD 2014. III. 6* ; *Propr. Ind. 2014, n° 5, note Folliard-Monguiral* ; *LEPI janv. 2014, p. 1, obs. Clavier.*

13. *Profit tiré du caractère distinctif ou de la renommée de la marque.* La seule renommée de la marque est insuffisante pour démontrer l'existence d'un profit indu ; dans le cas contraire, en effet, l'art. 8, § 5, empêcherait l'enregistrement de toutes les marques identiques ou similaires à une marque renommée. Le demandeur doit donc rapporter la preuve de l'existence d'une probabilité sérieuse qu'un profit soit indûment tiré du caractère distinctif ou de la renommée de la marque antérieure. • OHMI 25 avr. 2001, *Hollywood : préc. note 11.* • CJUE 10 mai 2012, *Helena Rubinstein et L'Oréal c/ OHMI : préc. note 8.* ♦ La notion de profit indûment tiré de la renommée de la marque antérieure, désignée sous le terme de « parasitisme », ne s'attache pas au préjudice subi par celle-ci, mais à l'avantage tiré par le tiers de l'usage sans juste motif du signe similaire ou identique à celle-ci. Elle englobe notamment les cas où, grâce à un transfert de l'image de la marque ou des caractéristiques projetées par celle-ci vers les produits désignés par le signe identique ou similaire, il existe une exploitation manifeste dans le sillage de la marque renommée. Le risque qu'un profit puisse être indûment tiré du caractère distinctif ou de la renommée de la marque antérieure se produit lorsque le public concerné, sans nécessairement confondre l'origine commerciale du produit ou du service en cause, est attiré par la marque demandée elle-même et achètera le produit ou le service visé par celle-ci au motif qu'il porte cette marque semblable à une marque antérieure renommée. • Trib. UE 16 mars 2016, *Body Shop : préc. note 7.* – Sur tous ces points, V. Dir. 2008/95/CE, art. 5, notes 15 s.

14. Juste motif de coexistence entre les marques. L'existence d'un juste motif permettant l'utilisation d'une marque portant atteinte à une marque renommée doit être interprétée de manière restrictive. • Trib. UE 16 mars 2016, *Body Shop : préc. note 7.* ♦ Il faut que le demandeur ait l'obligation de faire usage du signe en cause ou ait un droit propre à faire usage de ce signe qui ne soit pas primé par le titulaire de la marque opposante. • OHMI 25 avr. 2001, *Hollywood : préc. note 7.*

SECTION II *[ABROGÉE]* *Effets de la marque de l'Union européenne*

Art. 9 Droit conféré par la marque de l'Union européenne. (Règl. (UE) 2015/2424 du 16 déc. 2015, art. 1er-11, en vigueur le 23 mars 2016) *1. L'enregistrement d'une marque de l'Union européenne confère à son titulaire un droit exclusif.*

2. Sans préjudice des droits des titulaires acquis avant la date de dépôt ou la date de priorité d'une marque de l'Union européenne, le titulaire de cette marque de l'Union européenne est habilité à interdire à tout tiers, en l'absence de son consentement, de faire usage dans la vie des affaires d'un signe pour des produits ou services lorsque :

a) ce signe est identique à la marque de l'Union européenne et est utilisé pour des produits ou des services identiques à ceux pour lesquels la marque de l'Union européenne est enregistrée ;

b) ce signe est identique ou similaire à la marque de l'Union européenne et est utilisé pour des produits ou services identiques ou similaires aux produits ou services pour lesquels la marque de l'Union européenne est enregistrée, s'il existe un risque de confusion dans l'esprit du public ; le risque de confusion comprend le risque d'association entre le signe et la marque ;

c) ce signe est identique ou similaire à la marque de l'Union européenne, indépendamment du fait que les produits ou services pour lesquels il est utilisé soient identiques, similaires ou non similaires à ceux pour lesquels la marque de l'Union européenne est enregistrée, lorsque celle-ci jouit d'une renommée dans l'Union et que l'usage de ce signe sans juste motif tire indûment profit du caractère distinctif ou de la renommée de la marque de l'Union européenne ou leur porte préjudice.

3. Il peut notamment être interdit, en vertu du paragraphe 2 :

a) d'apposer le signe sur les produits ou sur leur conditionnement ;

b) d'offrir les produits, de les mettre sur le marché ou de les détenir à ces fins sous le signe, ou d'offrir ou de fournir des services sous le signe ;

c) d'importer ou d'exporter les produits sous le signe ;

d) de faire usage du signe comme nom commercial ou dénomination sociale ou comme partie d'un nom commercial ou d'une dénomination sociale ;

e) d'utiliser le signe dans les papiers d'affaires et la publicité ;

f) de faire usage du signe dans des publicités comparatives d'une manière contraire à la directive 2006/114/CE du Parlement européen et du Conseil [du 12 déc. 2006 en matière de publicité trompeuse et de publicité comparative].

4. Sans préjudice des droits des titulaires acquis avant la date de dépôt ou la date de priorité de la marque de l'Union européenne, le titulaire de cette marque de l'Union européenne est en outre habilité à empêcher tout tiers d'introduire des produits, dans la vie des affaires, dans l'Union sans qu'ils y soient mis en libre pratique, lorsque ces produits, conditionnement inclus, proviennent de pays tiers et portent sans autorisation une marque qui est identique à la marque de l'Union européenne enregistrée pour ces produits ou qui ne peut être distinguée, dans ses aspects essentiels, de cette marque.

Le droit conféré au titulaire d'une marque de l'Union européenne en vertu du premier alinéa s'éteint si, au cours de la procédure visant à déterminer s'il a été porté atteinte à la marque de l'Union européenne, engagée conformément au règlement (UE) n° 608/2013 du Parlement européen et du Conseil [du 12 juin 2013 concernant le contrôle, par les autorités douanières, du respect des droits de propriété intellectuelle] concernant le contrôle, par les autorités douanières, du respect des droits de propriété intellectuelle, le déclarant ou le détenteur des produits apporte la preuve que le titulaire de la marque de l'Union européenne n'a pas le droit d'interdire la mise sur le marché des produits dans le pays de destination finale.

Ancien art. 9 Droit conféré par la marque communautaire. 1. *La marque communautaire confère à son titulaire un droit exclusif. Le titulaire est habilité à interdire à tout tiers, en l'absence de son consentement, de faire usage dans la vie des affaires :*

a) d'un signe identique à la marque communautaire pour des produits ou des services identiques à ceux pour lesquels celle-ci est enregistrée ;

b) d'un signe pour lequel, en raison de son identité ou de sa similitude avec la marque communautaire et en raison de l'identité ou de la similitude des produits ou des services couverts par la marque communautaire et le signe, il existe un risque de confusion dans l'esprit du public ; le risque de confusion comprend le risque d'association entre le signe et la marque ;

c) d'un signe identique ou similaire à la marque communautaire pour des produits ou des services qui ne sont pas similaires à ceux pour lesquels la marque communautaire est enregistrée, lorsque celle-ci jouit d'une renommée dans la Communauté et que l'usage du signe sans juste motif tire indûment profit du caractère distinctif ou de la renommée de la marque communautaire ou leur porte préjudice.

2. Il peut notamment être interdit, si les conditions énoncées au paragraphe 1 sont remplies :

a) d'apposer le signe sur les produits ou sur leur conditionnement ;

b) d'offrir les produits ou de les mettre dans le commerce ou de les détenir à ces fins ou d'offrir ou de fournir des services sous le signe ;

c) d'importer ou d'exporter les produits sous le signe ;

d) d'utiliser le signe dans les papiers d'affaires et la publicité.

3. Le droit conféré par la marque communautaire n'est opposable aux tiers qu'à compter de la publication de l'enregistrement de la marque. Toutefois, une indemnité raisonnable peut être exigée pour des faits postérieurs à la publication d'une demande de marque communautaire qui, après la publication de l'enregistrement de la marque, seraient interdits en vertu de celle-ci. Le tribunal saisi ne peut statuer au fond tant que l'enregistrement n'a pas été publié. — [Règl. (CE) n° 40/94 du 20 déc. 1993, art. 9.]

Jurisprudence antérieure au Règl. (UE) 2015/24/24 du 16 déc. 2015.

1. Notions de signe identique. Risque de confusion. Protection des marques renommées. V. notes ss. art. 8.

2. Si l'utilisation d'un signe distinctif comme nom de domaine sur internet peut constituer un acte d'usage dans la vie des affaires au sens de l'art. 9 du Règl. n° 207/2009 du 26 févr. 2009, un tel usage ne peut, en vertu du principe de territorialité auquel est soumis le droit des marques, constituer la contrefaçon d'une marque produisant ses effets dans l'UE que si le public visé par le site litigieux est situé sur le territoire de l'UE. • Paris, 8 nov. 2016, *Moobitalk : PIBD 2017. III. 47 ; Propr. ind. 2017, n° 10, obs. Tréfigny.*

3. Les dispositions de l'art. 5, § 1, de la dir. 2008/95 et de l'art. 9, § 1, du Règlement 207/2009 doivent être interprétées en ce sens que le droit exclusif du titulaire d'une marque d'interdire à tout tiers de faire usage dans la vie des affaires de signes identiques ou similaires à sa marque s'étend au titulaire d'une marque postérieure sans qu'il soit nécessaire que la nullité de cette dernière marque soit déclarée au préalable, nonobstant la solution contraire retenue par le droit interne d'un État membre. En effet les dispositions de la directive 2008/95 doivent être interprétées à la lumière du principe de priorité en vertu duquel la marque antérieure prime sur la marque postérieure dès lors qu'il découle de l'art. 4, § 1, de cette directive que, en cas de conflit entre ces marques, celle enregistrée en premier lieu est présumée réunir toutes les conditions requises pour obtenir la protection avant celle enregistrée en second lieu. • CJUE 21 févr. 2013, n° C-561/11 : *Fédération cynologique internationale* • CJUE 10 mars 2015, n° C-491/14 : *Rosa dels vents, PIBD 2015. III. 415.* ♦ L'art. 9, §1, sous b), du Règl. n° 207/2009, lu en combinaison avec les art. 15, § 1, et 51, § 1, sous a), de ce règlement, doit être interprété en ce sens que, au cours de la période de 5 ans qui suit l'enregistrement d'une marque de l'Union européenne, son titulaire peut, en cas de risque de confusion, interdire aux tiers de faire usage, dans la vie des affaires, d'un signe identique ou similaire à sa marque pour tous les produits et les services identiques ou similaires à ceux pour lesquels cette marque a été enregistrée, sans devoir démontrer un usage sérieux de ladite marque pour ces produits ou ces services. • CJUE 21 déc. 2016, *Länsförsäkringar Ab,* n° C-654/15 : *D. 318, obs. Clavier ; PIBD 2017. III. 175.*

4. Art. 9, § 1, c). Marques renommées. Sur les marques renommées, V. aussi notes ss. art. 8 § 5.

a) Étendue de la renommée. L'art. 9, § 1, sous

c), du Règl. (CE) n° 40/94 [Régl. (CE) n° 207/2009, art. 9, § 1 ss. *c)*] doit être interprété en ce sens que, pour bénéficier de la protection prévue à cette disposition, une marque communautaire doit être connue d'une partie significative du public concerné par les produits ou les services couverts par elle, dans une partie substantielle du territoire de la Communauté, le territoire de l'État membre en cause pouvant être considéré comme constituant une partie substantielle du territoire de la Communauté. • CJCE 6 oct. 2009, *PAGO international,* n° C-301/07 : *Propr. intell. 2010, n° 34, p. 651, obs. Bonet, Geoffray et Sabatier ; Propr. ind. 2009, n° 71, note Folliard-Monguiral.* – V. par analogie : • CJCE 14 sept. 1999, *General Motors,* n° C-375/97. ♦ Dès lors que la renommée d'une marque communautaire antérieure est établie, il y a lieu de considérer que cette marque jouit d'une « renommée dans [l'Union] », au sens de l'art. 4, § 3, de la Dir. 2008/95/CE. Il ne saurait être exigé du titulaire de cette marque qu'il apporte la preuve de cette renommée sur le territoire de l'État membre où la demande d'enregistrement de la marque nationale postérieure, faisant l'objet d'une opposition, a été déposée. • CJUE 3 sept. 2015, *Iron & Smith,* n° C-125/14 : *Propr. ind. 2015, n° 66, obs. Folliard-Monguiral ; CCE 2015, n° 77, obs. Caron ; Propr. intell. 2016, n° 58, p. 87, obs. Basire.*

b) Conditions de la protection. Existence d'un lien. La protection des marques renommées est une protection élargie placée sur le terrain de la responsabilité délictuelle. Il suffit, selon les enseignements de la jurisprudence communautaire, que le public fasse un lien entre les signes en conflit même s'il ne les confond pas et que l'usage du signe contesté nuise au caractère distinctif ou à la renommée de la marque ou qu'il soit tiré profit de ce caractère. • Paris, 11 déc. 2015, *Pernod Ricard : PIBD 2016. III. 82.* • Com. 7 juin 2016, *Visa,* n° 14-16.885 : *PIBD 2016. III. 629 ; Propr. intell. 2016, n° 61, p. 479, obs. Bouvel.* ♦ Lorsque le public concerné n'établit pas de lien entre la marque communautaire renommée antérieure et la marque nationale postérieure, l'usage cette marque ne peut porter atteinte aux fonctions de la marque communautaire. • CJUE 3 sept. 2015, *Iron & Smith : préc.* ♦ Le risque d'une atteinte peut néanmoins être établi si la marque communautaire antérieure est connue par une « partie commercialement non négligeable » du public de cet État, de sorte que, dans l'esprit de ce public, il s'opère un lien entre celle-ci et la marque nationale postérieure. • CJUE 3 sept. 2015, *Iron & Smith : préc.* ♦ L'art. 9, § 1, sous *b)* et *c)* du Règl. (CE) n° 207/2009 doit être interprété en ce sens que lorsqu'une marque communautaire n'est pas enregistrée en couleur mais que son titulaire en a fait un large usage dans une couleur ou une combinaison de couleurs particulières, si bien que dans l'esprit d'une fraction importante du public, cette marque est désormais associée à cette couleur ou à cette combinaison de couleurs, la ou les couleurs qu'un tiers utilise pour la représentation d'un signe accusé de porter atteinte à ladite marque sont pertinentes dans le cadre de l'appréciation globale du risque de confusion ou de l'appréciation globale du profit indu au sens de cette disposition. • CJUE 18 juill. 2013, *Specsavers,* n° C-252/12 : *D. 2014. 326, obs. Martial-Braz ; PIBD 2013. III. 1517.*

c) Juste motif de coexistence entre les marques. La CJUE (6 févr. 2014, *Red Bull,* n° C-65/12 : V. ss. Dir. 2008/95/CE, art. 5, note 20), interprétant l'art. 5, § 2, de la Dir. 89/104/CE, dont les dispositions sont équivalentes à celles de l'art. 9, § 1, sous *c)* du Règl. (CE) n° 207/2009, a dit pour droit que cet article doit être interprété en ce sens que le titulaire d'une marque renommée peut se voir contraint, en vertu d'un « juste motif » au sens de cette disposition, de tolérer l'usage par un tiers d'un signe similaire à cette marque pour un produit identique à celui pour lequel ladite marque a été enregistrée, dès lors qu'il est avéré que ce signe a été utilisé antérieurement au dépôt de la même marque et que l'usage fait pour le produit identique l'est « de bonne foi ». Ces conditions ne sont pas réunies lorsque la marque, déposée par un tiers, est restée inexploitée pendant plusieurs années et que le défendeur ne démontre pas avoir commencé à l'exploiter avant que la marque qui lui est opposée n'ait acquis sa renommée. • Com. 7 juin 2016, *Visa : préc.* – V. aussi notes ss. art. 8, § 5.

5. Art. 9, § 3. Aucune indemnité ne peut être exigée au titre de l'art. 9, § 3 pour des faits qui se sont produits antérieurement à la publication de la demande d'enregistrement (marque « Holzprof »). • CJUE 22 juin 2016, *Irina Nikolaieva,* n° C-280/15 : *Propr. intell. 2016, n° 60, p. 375 obs. Basire ; Propr. ind. 2016, n° 69, note Folliard-Monguiral.* ♦ L'« indemnité raisonnable » visée à l'art. 9, § 3, est une notion autonome du droit de l'Union européenne devant recevoir une intérprétation uniforme. Elle n'a pas vocation à réparer intégralement le préjudice et doit avoir une portée inférieure à celle des dommages et intérêts que le titulaire d'une marque peut réclamer dans le cas d'une contrefaçon. • Même arrêt. ♦ Sur les dommages et intérêts, V. *infra,* note ss. art. 102.

Art. 9 *bis* Droit d'interdire les actes préparatoires portant sur l'utilisation du conditionnement ou d'autres moyens. (Règl. (UE) 2015/2424 du 16 déc. 2015, art. 1er-12, en vigueur le 23 mars 2016) ***Lorsqu'il existe un risque qu'il puisse être fait usage, pour des produits ou des services, d'un conditionnement, d'étiquettes, de marquages, de dispositifs de sécurité ou d'authentification ou de tout autre support sur lequel est apposée la marque, et que cet usage por-***

terait atteinte aux droits conférés au titulaire d'une marque de l'Union européenne au titre de l'article 9, paragraphes 2 et 3, le titulaire de cette marque a le droit d'interdire les actes ci-après s'ils sont effectués dans la vie des affaires :

a) l'apposition d'un signe identique ou similaire à la marque de l'Union européenne sur le conditionnement, les étiquettes, les marquages, les dispositifs de sécurité ou d'authentification ou tout autre support sur lequel la marque peut être apposée ;

b) l'offre, la mise sur le marché ou la détention à ces fins, l'importation ou l'exportation de conditionnements, d'étiquettes, de marquages, de dispositifs de sécurité ou d'authentification ou tout autre support sur lequel la marque est apposée.

Art. 9 *ter* Date d'opposabilité du droit aux tiers. (Règl. (UE) 2015/2424 du 16 déc. 2015, art. 1er-12, en vigueur le 23 mars 2016) ***1. Le droit conféré par une marque de l'Union européenne est opposable aux tiers à compter de la date de publication de l'enregistrement de la marque.***

2. Une indemnité raisonnable peut être exigée pour des faits postérieurs à la publication d'une demande de marque de l'Union européenne qui, après la publication de l'enregistrement de la marque, seraient interdits en vertu de celle-ci.

3. Le tribunal saisi ne statue pas au fond tant que l'enregistrement n'a pas été publié.

Art. 10 Reproduction de la marque de l'Union européenne dans les dictionnaires. ***Si la reproduction d'une marque de l'Union européenne dans un dictionnaire, une encyclopédie ou un ouvrage à consulter similaire donne l'impression qu'elle constitue le terme générique des biens ou services pour lesquels la marque est enregistrée, l'éditeur veille, sur demande du titulaire de la marque de l'Union européenne, à ce que la reproduction de la marque de l'Union européenne soit, au plus tard lors de l'édition suivante de l'ouvrage, accompagnée de l'indication qu'il s'agit d'une marque enregistrée.*** – [Règl. (CE) n° 40/94 du 20 déc. 1993, art. 10.]

Art. 11 Interdiction d'utiliser la marque de l'Union européenne enregistrée au nom d'un agent ou d'un représentant. ***Si une marque de l'Union européenne a été enregistrée au nom de l'agent ou du représentant de celui qui est titulaire de cette marque, sans l'autorisation du titulaire, celui-ci a le droit de s'opposer à l'utilisation de sa marque par son agent ou représentant, s'il n'a pas autorisé cette utilisation, à moins que l'agent ou le représentant ne justifie de ses agissements.*** – [Règl. (CE) n° 40/94 du 20 déc. 1993, art. 11.]

Art. 12 Limitation des effets de la marque de l'Union européenne. (Règl. (UE) 2015/2424 du 16 déc. 2015, art. 1er-3, en vigueur le 23 mars 2016) ***1. Une marque de l'Union européenne ne permet pas à son titulaire d'interdire à un tiers l'usage, dans la vie des affaires :***

a) de son nom ou de son adresse, lorsque le tiers est une personne physique ;

b) de signes ou d'indications qui sont dépourvus de caractère distinctif ou qui se rapportent à l'espèce, à la qualité, à la quantité, à la destination, à la valeur, à la provenance géographique, à l'époque de la production du produit ou de la prestation du service ou à d'autres caractéristiques de ceux-ci ;

c) de la marque de l'Union européenne pour désigner ou mentionner des produits ou des services comme étant ceux du titulaire de cette marque, en particulier lorsque l'usage de cette marque est nécessaire pour indiquer la destination d'un produit ou d'un service, notamment en tant qu'accessoire ou pièce détachée.

2. Le paragraphe 1 ne s'applique que lorsque l'usage par le tiers est fait conformément aux usages honnêtes en matière industrielle ou commerciale.

L'art. 14 de la Dir. 98/71/CE du 13 oct. 1998, sur la protection juridique des dessins ou modèles, et l'art. 110 du Règl. (CE) n° 6/2002 du 12 déc. 2001, sur les dessins ou modèles communautaires, doivent être interprétés en ce sens qu'ils n'autorisent pas, par dérogation aux dispositions de la Dir. 2008/95/CE du 22 oct. 2008, rapprochant les législations des États membres sur les marques et du Règl. (CE) n° 207/2009 du 26 févr. 2009, sur la marque communautaire, un fabricant de pièces détachées et d'accessoires pour véhicules automobiles, tels que des enjoliveurs, à apposer sur ses produits un signe identique à une marque enregistrée, entre autres choses pour de tels produits, par un producteur de véhicules automobiles, sans le consentement de ce dernier, au motif que l'usage qui serait ainsi fait de cette marque constituerait le seul moyen de réparer le véhicule concerné en lui restituant, en tant que produit complexe, son apparence initiale. • CJUE 6 oct. 2015, *Ford Motor Comp.*, n° C-500/14 : *PIBD 2016. III. 15 ; Propr. ind. 2015, n° 75, obs. Folliard-Monguiral.*

Art. 13 Épuisement du droit conféré par la marque de l'Union européenne. (Règl (UE) 2015/2424 du 16 déc. 2015, art. 1er-14, en vigueur le 23 mars 2016) « ***1. Une marque de l'Union européenne ne permet pas à son titulaire d'interdire l'usage de celle-ci pour des produits***

qui ont été mis sur le marché dans l'espace économique européen sous cette marque par le titulaire ou avec son consentement. »

2. Le paragraphe 1 n'est pas applicable lorsque des motifs légitimes justifient que le titulaire s'oppose à la commercialisation ultérieure des produits, notamment lorsque l'état des produits est modifié ou altéré après leur mise dans le commerce.

V. jurisprudence citée ss. art. 7 de la Dir. 2008/95/CE du 22 oct. 2008, notamment : • CJUE 17 juill. 2014, *Honda*, n° C-535/13 : *PIBD 2014. III. 857.*

Art. 13 *bis* Droit d'intervention du titulaire d'une marque enregistrée postérieurement comme moyen de défense dans une procédure en contrefaçon. (Règl. (UE) 2015/2424 du 16 déc. 2015, art. 1er-15, en vigueur le 23 mars 2016) *1. Lors d'une procédure en contrefaçon, le titulaire d'une marque de l'Union européenne ne peut interdire l'usage d'une marque de l'Union européenne enregistrée postérieurement lorsque cette marque postérieure n'aurait pas été déclarée nulle en vertu de l'article 53, paragraphe 1, 3 ou 4, de l'article 54, paragraphe 1 ou 2, ou de l'article 57, paragraphe 2, du présent règlement.*

2. Lors d'une procédure en contrefaçon, le titulaire d'une marque de l'Union européenne ne peut interdire l'usage d'une marque nationale enregistrée postérieurement lorsque cette marque postérieure n'aurait pas été déclarée nulle en vertu de l'article 8, ou de l'article 9, paragraphe 1 ou 2, ou de l'article 46, paragraphe 3, de la directive (UE) 2015/2436 du Parlement européen et du Conseil [du 16 déc. 2015 rapprochant les législations des États membres sur les marques]. — V. ce texte infra.

3. Lorsque le titulaire d'une marque de l'Union européenne ne peut pas interdire, en vertu du paragraphe 1 ou 2, l'usage d'une marque enregistrée postérieurement, le titulaire de cette marque enregistrée postérieurement ne peut pas interdire l'usage de la marque de l'Union européenne antérieure dans une action en contrefaçon.

Art. 14 Application complémentaire du droit national en matière de contrefaçon. *1. Les effets de la marque de l'Union européenne sont exclusivement déterminés par les dispositions du présent règlement. Par ailleurs, les atteintes à une marque de l'Union européenne sont régies par le droit national concernant les atteintes à une marque nationale conformément aux dispositions du titre X.*

2. Le présent règlement n'exclut pas que des actions portant sur une marque de l'Union européenne soient intentées sur la base du droit des États membres concernant notamment la responsabilité civile et la concurrence déloyale.

3. Les règles de procédure applicables sont déterminées conformément aux dispositions du titre X. — [Règl. (CE) n° 40/94 du 20 déc. 1993, art. 14.]

SECTION III *[ABROGÉE]* *Usage de la marque de l'Union européenne*

Art. 15 Usage de la marque de l'Union européenne. *1. Si, dans un délai de cinq ans à compter de l'enregistrement, la marque de l'Union européenne n'a pas fait l'objet par le titulaire d'un usage sérieux dans l'Union pour les produits ou les services pour lesquels elle est enregistrée, ou si un tel usage a été suspendu pendant un délai ininterrompu de cinq ans, la marque de l'Union européenne est soumise aux sanctions prévues au présent règlement, sauf juste motif pour le non-usage.* (Règl. (UE) 2015/2424 du 16 déc. 2015, art. 1er-16, en vigueur le 23 mars 2016) *« Constituent également un usage au sens du premier alinéa :*

« a) l'usage de la marque de l'Union européenne sous une forme qui diffère par des éléments n'altérant pas le caractère distinctif de la marque dans la forme sous laquelle elle a été enregistrée, que la marque soit ou non aussi enregistrée sous la forme utilisée au nom du titulaire ;

« b) l'apposition de la marque de l'Union européenne sur les produits ou sur leur conditionnement dans l'Union dans le seul but de l'exportation. »

2. L'usage de la marque de l'Union européenne avec le consentement du titulaire est considéré comme fait par le titulaire. — [Règl. (CE) n° 40/94 du 20 déc. 1993, art. 15.]

Ancien art. 15 Usage de la marque communautaire. *1. Si, dans un délai de cinq ans à compter de l'enregistrement, la marque communautaire n'a pas fait l'objet par le titulaire d'un usage sérieux dans la Communauté pour les produits ou les services pour lesquels elle est enregistrée, ou si un tel usage a été suspendu pendant un délai ininterrompu de cinq ans, la marque communautaire est soumise aux sanctions prévues au présent règlement, sauf juste motif pour le non-usage.*

Sont également considérés comme usage au sens du premier alinéa :

a) l'usage de la marque communautaire sous une forme qui diffère par des éléments n'altérant pas le caractère distinctif de la marque dans la forme sous laquelle celle-ci a été enregistrée ;

b) l'apposition de la marque communautaire sur les produits ou sur leur conditionnement dans la Communauté dans le seul but de l'exportation.

2. L'usage de la marque communautaire avec le consentement du titulaire est considéré comme fait par le titulaire. – [Règl. (CE) nº 40/94 du 20 déc. 1993, art. 15.]

BIBL. ▸ MOIGNET, *Propr. ind. 2011. Étude 18* (étendue géographique de l'usage sérieux de la marque communautaire et déchéance pour défaut d'exploitation). – MONTEIRO, *Propr. ind. 2008. Étude 15* (l'usage sérieux de la marque communautaire).

Jurisprudence antérieure au Règl. (UE) 2015/24/24 du 16 déc. 2015.

1. Il ressort du libellé et de la finalité de l'art. 15, § 1, et de l'art. 51, § 1, sous a), et § 2, du Règl. nº 207/2009 que, jusqu'à l'expiration du délai de 5 ans après l'enregistrement de la marque de l'UE, le titulaire ne saurait être déclaré déchu de ses droits, ni pour une partie, ni pour l'ensemble des produits ou des services pour lesquels cette marque est enregistrée. Ces dispositions confèrent ainsi au titulaire un délai de grâce pour entamer un usage sérieux de sa marque, au cours duquel il peut se prévaloir du droit exclusif conféré par celle-ci pour l'ensemble de ces produits et services, sans devoir démontrer un tel usage. • CJUE 21 déc. 2016, *Länsförsäkringar Ab, nº C-654/15 : D. 318, obs. Clavier ; CCE 2017, nº 21, obs. Caron ; JCP 2017, nº 10, p. 432, obs. Passa ; PIBD 2017. III. 175.*

2. Usage sérieux dans la communauté. a) Usage sérieux dans la communauté. Pour apprécier l'exigence de l'« usage sérieux dans la Communauté » d'une marque au sens de cette disposition, il convient de faire abstraction des frontières du territoire des États membres. Une marque communautaire fait l'objet d'un usage sérieux lorsqu'elle est utilisée conformément à sa fonction essentielle et en vue de maintenir ou de créer des parts de marché dans la Communauté européenne pour les produits ou les services désignés par ladite marque. Il appartient à la juridiction de renvoi d'apprécier si les conditions sont remplies dans l'affaire au principal en tenant compte de l'ensemble des faits et des circonstances pertinents tels que, notamment, les caractéristiques du marché en cause, la nature des produits ou des services protégés par la marque, l'étendue territoriale et quantitative de l'usage ainsi que la fréquence et la régularité de ce dernier. • CJUE 19 déc. 2012, *Leno Merken, nº C-149/11 : RTD com. 2013. 71, obs. Azéma ; PIBD 2013. III. 940 ; CCE 2013, nº 23, note Caron ; Propr. ind. 2013, nº 9, note Folliard-Monguiral ; Propr. intell. 2013, nº 47, p. 119, obs. Geoffray* • Paris, 12 avr. 2016, *Le petit Marseillais : PIBD 2016. III. 403.* ♦ Pour échapper à la déchéance, le titulaire de la marque doit justifier de l'exploitation de cette marque dans un État membre de la Communauté. Des catalogues écrits en français n'établissent pas une mise en contact concrète avec la clientèle et une commercialisation effective des produits sur un territoire pertinent ; ils ne permettent pas d'établir que les produits ont été adressés au public et offerts à la vente. • Paris, 10 avr. 2015, *Millipore : PIBD 2015. III. 418.* ♦ La seule vente de produits revêtus de la marque communautaire en provenance de pays tiers vers un opérateur situé dans un État membre n'établit pas un usage dans l'Union européenne à défaut de preuve que les droits de douane ont été acquittés et que les marchandises ont été effectivement mises en libre pratique. • Trib. UE 9 déc. 2015, *Zumex, nº T-354/14 : Propr. ind. 2016, nº 101, obs. Folliard-Monguiral.* ♦ L'absence de contestation, par le déposant, du sérieux de l'usage des marques antérieures ne prive pas l'Office de cet examen. • Trib. UE 28 nov. 2013, nº T-34/12 : *Propr. ind. 2014, nº 12, note Folliard-Monguiral* • Com. 21 janv. 2014, *Jawbreaker, nº 13-12.501 P : D. 2014. 271 ; PIBD 2014. III. 197 ; Propr. intell. 2014, nº 51, p. 204, obs. Geoffray.* ♦ L'art. 15, § 1, du Règl. (CE) nº 207/2009, doit être interprété en ce sens que l'apposition d'une marque individuelle de l'Union européenne, par le titulaire ou avec son consentement, sur des produits en tant que label de qualité n'est pas un usage en tant que marque relevant de la notion d'usage sérieux au sens de cette disposition. L'apposition de ladite marque constitue toutefois un tel usage sérieux si elle garantit aussi, et simultanément, aux consommateurs, que ces produits proviennent d'une entreprise unique sous le contrôle de laquelle ils sont fabriqués, et à laquelle peut être attribuée la responsabilité de leur qualité. Dans cette dernière hypothèse, le titulaire de cette marque est habilité à interdire, en vertu de l'art. 9, § 1, sous b), de ce règlement, l'apposition par un tiers d'un signe similaire sur des produits identiques, si cette apposition crée un risque de confusion dans l'esprit du public. • CJUE 8 juin 2017, *WF Gözze GmbH, nº C-289/15 : PIBD 2017. III. 539* (marque figurative Fleur de coton).

b) Cas particulier des marques complexes. Les art. 15, § 1, et 51, § 1, sous a) du Règl. (CE) nº 207/2009 doivent être interprétés en ce sens que la condition d'« usage sérieux » au sens de ces dispositions peut être satisfaite lorsqu'une marque communautaire figurative n'est utilisée qu'en combinaison avec une marque communautaire verbale qui lui est surimposée, la combinaison des deux marques étant de surcroît elle-même enregistrée comme marque communautaire, pour autant que les différences entre la forme sous laquelle la marque est utilisée et celle sous laquelle elle est enregistrée n'altèrent pas le caractère distinctif de ladite marque. • CJUE 18 juill. 2013, *Specsavers*

International, n° C-252/12 : *D. 2014. 326, obs. Martial-Braz* ; *PIBD 2013. III. 1517.* ♦ La condition d'usage sérieux d'une marque peut être remplie lorsqu'une marque enregistrée, qui a acquis son caractère distinctif par suite de l'usage d'une autre marque complexe dont elle constitue l'un des éléments, n'est utilisée que par l'intermédiaire de cette autre marque complexe, ou lorsqu'elle n'est utilisée que conjointement avec une autre marque, la combinaison de ces deux marques étant, de surcroît, elle-même enregistrée comme marque. • CJUE 18 avr. 2013, *Colloseum Holding,* n° C-12/12 : *D. 2014. Pan. 335, obs. Clavier* ; *PIBD 2013. III. 1245.*

3. Usage sous une forme modifiée. La CJUE a dit pour droit dans son arrêt *Rintisch* (25 oct. 2012, n° C-553/11 : V. Dir. 2008/95/CE, art. 12, note 4), que l'art. 10, § 2, sous *a),* de la Dir. 89/104/CEE doit être interprété en ce sens qu'il ne s'oppose pas à ce que le titulaire d'une marque enregistrée puisse, aux fins d'établir l'usage de celle-ci au sens de cette disposition, se prévaloir de son utilisation dans une forme qui diffère de celle sous laquelle cette marque a été enregistrée, sans que les différences entre ces deux formes altèrent le caractère distinctif de cette marque, et ce nonobstant le fait que cette forme différente est elle-même enregistrée en tant que marque ; il s'ensuit que l'art. 15, § 1, du Règl. (CE) n° 207/2009 exige seulement, pour justifier d'un usage sérieux, que la marque exploitée ne diffère des marques enregistrées que par des éléments n'en altérant pas le caractère distinctif, peu important que la marque modifiée ait été elle-même enregistrée. • Paris, 12 avr. 2016, *Le petit Marseillais : préc. note 2.* ♦ Dans le cas où le titulaire de la marque fait état, pour échapper à la déchéance, de l'exploitation de la marque sous une forme modifiée, le point de savoir si la marque enregistrée a subi une altération de son caractère distinctif requiert un examen du caractère distinctif et dominant des éléments ajoutés, en se fondant sur les qualités intrinsèques de chacun de ces éléments, ainsi que sur leur position dans la configuration de la marque. • Trib. UE 13 sept. 2016, *Hyphen GmbH,* n° T-146/15 : *D. 2017. 318, obs. Clavier* ; *LEPI nov. 2016, p. 5, obs. Lebois* (marque constituée d'un polygone). ♦ S'agissant d'une marque complexe tirant son caractère distinctif de son élément verbal dominant, l'élément figuratif occupe une position accessoire, et sa modification sera perçue par le public comme secondaire et n'altérant pas le caractère distinctif de la marque. • Trib. UE 14 déc. 2016, *Pal,* n° T-397/15 : *Propr. ind. 2017, n° 17, obs. Folliard-Monguiral* • 13 sept. 2016, n° T-146/15 : *préc.* ♦ Bien que l'art. 15, § 1, sous *a),* se réfère uniquement à l'usage de la marque communautaire, il doit s'appliquer par analogie à l'usage d'une marque nationale. • Trib. UE 5 déc. 2013, *Olive Line International c/ OHMI,* n° T-4/12 : *PIBD 2014. III. 285* ; *Propr. ind. 2014, n° 13, obs. Folliard-Monguiral.*

4. Condition de délai. Au visa des art. 15 du Règl. (CE) n° 40/94 [Règl. (CE) n° 207/2009 du 26 févr. 2009, art. 15] et 12 du C. pr. civ., la Cour de cassation a jugé que le délai de cinq ans à l'issue duquel une marque communautaire n'ayant pas fait l'objet d'un usage sérieux peut encourir la déchéance court à compter, non pas du dépôt de la marque, mais de son enregistrement, qui n'intervient, en application de l'art. 45 du Règl. préc., qu'à l'issue du délai d'opposition visé en son art. 42, § 1, ou après rejet de celle-ci par une décision définitive. • Com. 16 févr. 2010, *Abercrombie,* n° 08-21.079 : *D. 2012. 1362, obs. Durrande* ; *PIBD 2010. III. 242* ; *Propr. ind. 2010, n° 41, note Tréfigny* • 9 nov. 2010, *Abercrombie,* n° 09-13 144 : *D. 2012. 1362, obs. Durrande* ; *PIBD 2010. III. 818* (rectifié par un arrêt du 7 juin 2011). ♦ L'art. 9, § 1, sous b), lu en combinaison avec l'art. 15, § 1, et l'art. 51, § 1, sous a), doit être interprété en ce sens que, au cours de la période de cinq ans qui suit l'enregistrement d'une marque de l'Union européenne, son titulaire peut, en cas de risque de confusion, interdire aux tiers de faire usage, dans la vie des affaires, d'un signe identique ou similaire à sa marque pour tous les produits et les services identiques ou similaires à ceux pour lesquels cette marque a été enregistrée, sans devoir démontrer un usage sérieux de ladite marque pour ces produits ou ces services. • CJUE 21 déc. 2016, n° C-654/15 : *D. 2017. 318, obs. Clavier* ; *CCE 2017, n° 21, obs. Caron* ; *LEPI mars 2017. 6, note Lefranc.*

SECTION IV *[ABROGÉE]* *La marque de l'Union européenne comme objet de propriété*

Art. 16 Assimilation de la marque de l'Union européenne à la marque nationale. (Règl. (UE) 2015/2424 du 16 déc. 2015, art. 1er-17, en vigueur le 23 mars 2016) « ***1. Sauf disposition contraire des articles 17 à 24, la marque de l'Union européenne en tant qu'objet de propriété est considérée en sa totalité et pour l'ensemble du territoire de l'Union comme une marque nationale enregistrée dans l'État membre dans lequel, selon le registre :*** »

a) le titulaire a son siège ou son domicile à la date considérée ;

b) si le point a) n'est pas applicable, le titulaire a un établissement à la date considérée.

2. Dans les cas non prévus au paragraphe 1, l'État membre visé audit paragraphe est celui dans lequel l'Office a son siège.

3. Si plusieurs personnes sont inscrites au registre des marques de l'Union européenne en tant que cotitulaires, le paragraphe 1 est applicable au premier inscrit ; à défaut, il s'applique dans

l'ordre de leur inscription aux cotitulaires suivants. Lorsque le paragraphe 1 ne s'applique à aucun des cotitulaires, le paragraphe 2 est applicable. — [Règl. (CE) n° 40/94 du 20 déc. 1993, art. 16.]

Art. 17 Transfert. *1. La marque de l'Union européenne peut, indépendamment du transfert de l'entreprise, être transférée pour tout ou pour partie des produits ou des services pour lesquels elle est enregistrée.*

2. Le transfert de l'entreprise dans sa totalité implique le transfert de la marque de l'Union européenne, sauf si, en conformité avec la législation applicable au transfert, il existe une convention contraire ou si cela ressort clairement des circonstances. Cette disposition s'applique à l'obligation contractuelle de transférer l'entreprise.

3. Sans préjudice du paragraphe 2, la cession de la marque de l'Union européenne doit être faite par écrit et requiert la signature des parties au contrat, sauf si elle résulte d'un jugement ; à défaut, la cession est nulle.

(Abrogé par Règl. (UE) 2015/2424 du 16 déc. 2015, art. 1er-18, à compter du 1er oct. 2017) *« 4. S'il résulte de façon manifeste des pièces établissant le transfert qu'en raison de celui-ci la marque de l'Union européenne sera propre à induire le public en erreur, notamment sur la nature, la qualité ou la provenance géographique des produits ou des services pour lesquels elle est enregistrée, l'Office refuse d'enregistrer le transfert, à moins que l'ayant cause n'accepte de limiter l'enregistrement de la marque de l'Union européenne à des produits ou à des services pour lesquels elle ne sera pas trompeuse. »*

5. Sur requête d'une des parties, le transfert est inscrit au registre et publié.

(Règl. (UE) 2015/2424 du 16 déc. 2015, art. 1er-18, en vigueur le 23 mars 2017) *« 5 ter. La Commission adopte des actes d'exécution précisant :*

« a) les éléments à mentionner dans la demande d'enregistrement du transfert ;

« b) le type de documents requis pour établir un transfert, compte tenu des autorisations données par le titulaire enregistré et son ayant cause ;

« c) les modalités de traitement des demandes de transfert partiel, en veillant à ce que les produits et les services figurant dans l'enregistrement maintenu et dans le nouvel enregistrement ne se recouvrent pas et qu'un dossier distinct, assorti d'un nouveau numéro d'enregistrement, soit établi pour le nouvel enregistrement.

« Ces actes d'exécution sont adoptés en conformité avec la procédure d'examen visée à l'article 163, paragraphe 2. — V. rect. JOUE L 267 du 30 sept. 2016.

6. Tant que le transfert n'a pas été inscrit au registre, l'ayant cause ne peut pas se prévaloir des droits découlant de l'enregistrement de la marque de l'Union européenne.

7. Lorsque des délais doivent être observés vis-à-vis de l'Office, l'ayant cause peut faire à l'Office les déclarations prévues à cet effet dès que celui-ci a reçu la demande d'enregistrement du transfert.

8. Tous les documents qui doivent être notifiés au titulaire de la marque de l'Union européenne, conformément à l'article 79, sont adressés à la personne enregistrée en qualité de titulaire. — [Règl. (CE) n° 40/94 du 20 déc. 1993, art. 17.]

Art. 18 Transfert d'une marque enregistrée au nom d'un agent. *Si une marque de l'Union européenne a été enregistrée au nom de l'agent ou du représentant de celui qui est titulaire de cette marque, sans l'autorisation du titulaire, celui-ci a le droit de réclamer le transfert à son profit dudit enregistrement, à moins que cet agent ou représentant ne justifie de ses agissements.* — [Règl. (CE) n° 40/94 du 20 déc. 1993, art. 18.]

Art. 19 Droits réels. *1. La marque de l'Union européenne peut, indépendamment de l'entreprise, être donnée en gage ou faire l'objet d'un autre droit réel.*

2. Sur requête d'une des parties, les droits visés au paragraphe 1 sont inscrits au registre et publiés.

Art. 20 Exécution forcée. *1. La marque de l'Union européenne peut faire l'objet de mesures d'exécution forcée.*

2. En matière de procédure d'exécution forcée sur une marque de l'Union européenne, la compétence exclusive appartient aux tribunaux et aux autorités de l'État membre déterminé en application de l'article 16.

3. Sur requête d'une des parties, l'exécution forcée est inscrite au registre et publiée — [Règl. (CE) n° 40/94 du 20 déc. 1993, art. 20.]

Art. 21 Procédure d'insolvabilité. *1. La seule procédure d'insolvabilité dans laquelle une marque de l'Union européenne peut être incluse est celle qui a été ouverte dans l'État membre sur le territoire duquel est situé le centre des intérêts principaux du débiteur.*

Cependant, lorsque le débiteur est une entreprise d'assurance ou un établissement de crédit tels que définis respectivement par la directive 2001/17/CE du Parlement européen et du Conseil du

19 mars 2001 concernant l'assainissement et la liquidation des entreprises d'assurance et par la directive 2001/24/CE du Parlement européen et du Conseil du 4 avril 2001 concernant l'assainissement et la liquidation des établissements de crédit, la seule procédure d'insolvabilité dans laquelle une marque de l'Union européenne peut être incluse est celle qui a été ouverte dans l'État membre où cette entreprise ou cet établissement ont été agréés.

2. En cas de copropriété d'une marque de l'Union européenne, le paragraphe 1 est applicable à la part du copropriétaire.

3. Lorsqu'une marque de l'Union européenne est incluse dans une procédure d'insolvabilité, une inscription en ce sens est portée au registre et publiée au Bulletin des marques de l'Union européenne visé à l'article 89, sur demande de l'autorité nationale compétente. — [Règl. (CE) n° 40/94 du 20 déc. 1993, art. 21.]

Art. 22 Licence. *1. La marque de l'Union européenne peut faire l'objet de licences pour tout ou partie des produits ou des services pour lesquels elle est enregistrée et pour tout ou partie de l'Union. Les licences peuvent être exclusives ou non exclusives.*

2. Le titulaire de la marque de l'Union européenne peut invoquer les droits conférés par cette marque à l'encontre d'un licencié qui enfreint l'une des clauses du contrat de licence en ce qui concerne :

a) sa durée ;

b) la forme couverte par l'enregistrement sous laquelle la marque peut être utilisée ;

c) la nature des produits ou des services pour lesquels la licence est octroyée ;

d) le territoire sur lequel la marque peut être apposée ; ou

e) la qualité des produits fabriqués ou des services fournis par le licencié.

3. Sans préjudice des stipulations du contrat de licence, le licencié ne peut engager une procédure relative à la contrefaçon d'une marque de l'Union européenne qu'avec le consentement du titulaire de celle-ci. Toutefois, le titulaire d'une licence exclusive peut engager une telle procédure si, après mise en demeure, le titulaire de la marque n'agit pas lui-même en contrefaçon dans un délai approprié.

4. Tout licencié est recevable à intervenir dans la procédure en contrefaçon engagée par le titulaire de la marque de l'Union européenne afin d'obtenir réparation du préjudice qui lui est propre.

5. Sur requête d'une des parties, l'octroi ou le transfert d'une licence de marque de l'Union européenne est inscrit au registre et publié. — [Règl. (CE) n° 40/94 du 20 déc. 1993, art. 22.]

Art. 23 Opposabilité aux tiers. *1. Les actes juridiques concernant la marque de l'Union européenne visés aux articles 17, 19 et 22 ne sont opposables aux tiers dans tous les États membres qu'après leur inscription au registre.*

Toutefois, avant son inscription, un tel acte est opposable aux tiers qui ont acquis des droits sur la marque après la date de cet acte mais qui avaient connaissance de celui-ci lors de l'acquisition de ces droits.

2. Le paragraphe 1 n'est pas applicable à l'égard d'une personne qui acquiert la marque de l'Union européenne ou un droit sur la marque de l'Union européenne par transfert de l'entreprise dans sa totalité ou par toute autre succession à titre universel.

3. L'opposabilité aux tiers des actes juridiques visés à l'article 20 est régie par le droit de l'État membre déterminé en application de l'article 16.

4. Jusqu'à l'entrée en vigueur entre les États membres de dispositions communes en matière de faillite, l'opposabilité aux tiers d'une procédure de faillite ou de procédures analogues est réglée par le droit de l'État membre où en premier lieu une telle procédure a été ouverte au sens de la loi nationale ou des conventions applicables en la matière. — [Règl. (CE) n° 40/94 du 20 déc. 1993, art. 23.]

L'article 23, § 1, 1re phrase, du Règl. (CE) n° 207/2009 du 26 févr. 2009 doit être interprété en ce sens que le licencié peut agir en contrefaçon de la marque communautaire faisant l'objet de la licence bien que cette dernière n'ait pas été inscrite au registre des marques communautaires. • CJUE 4 févr. 2016, *Yussef Hassan,* n° C-163/15 : *Dalloz IP/IT 2016. 203, obs. Zolynski ; D. 2016. 927, note Pollaud-Dulian ; Propr. ind. 2016, n° 18, note Folliard-Monguiral ; LEPI 2016, n° 4, p. 5, obs. Herpe ; Propr. intell. 2016, n° 60, p. 374, obs. Basire ; Europe 2016, n° 143, obs. Idot.*

Art. 24 Demande de marque de l'Union européenne comme objet de propriété. *Les articles 16 à 23 sont applicables aux demandes de marque de l'Union européenne.* — [Règl. (CE) n° 40/94 du 20 déc. 1993, art. 24.]

TITRE III *[ABROGÉ]* La demande de marque de l'Union européenne

(Abrogé par Règl. (UE) 2017/1001 du 14 juin 2017, art. 211 et 212, à compter du 1er oct. 2017)

SECTION I *[ABROGÉE]* *Dépôt de la demande et conditions auxquelles elle doit satisfaire*

Art. 25 Dépôt de la demande. (Règl. (UE) 2015/2424 du 16 déc. 2015, art. 1er-25, en vigueur le 23 mars 2016) *1. La demande de marque de l'Union européenne est déposée auprès de l'Office.*

2. L'Office délivre sans tarder au demandeur un récépissé sur lequel figurent au moins le numéro de dossier, une représentation, une description ou tout autre moyen d'identification de la marque, la nature des documents et leur nombre, ainsi que leur date de réception. Ce récépissé peut être délivré par voie électronique.

Art. 26 Conditions auxquelles la demande doit satisfaire. *1. La demande de marque de l'Union européenne doit contenir :*

a) une requête en enregistrement d'une marque de l'Union européenne ;

b) les indications qui permettent d'identifier le demandeur ;

c) la liste des produits ou des services pour lesquels l'enregistrement est demandé ;

d) la reproduction de la marque.

(Règl. (UE) 2015/2424 du 16 déc. 2015, art. 1er-26, en vigueur le 23 mars 2016) *« 2. La demande de marque de l'Union européenne donne lieu au paiement de la taxe de dépôt couvrant une seule classe de produits ou de services et, le cas échéant, d'une ou de plusieurs taxes pour chaque classe de produits et de services au-delà de la première classe ainsi que, s'il y a lieu, de la taxe de recherche. »*

3. La demande de marque de l'Union européenne doit satisfaire aux conditions prévues par le règlement d'exécution visé à l'article 162, paragraphe 1, ci-après dénommé "le règlement d'exécution".

(Règl. (UE) 2015/2424 du 16 déc. 2015, art. 1er-26, en vigueur le 23 mars 2016) *« 4. La Commission adopte des actes d'exécution précisant les éléments à mentionner dans la demande. Ces actes d'exécution sont adoptés en conformité avec la procédure d'examen visée à l'article 163, paragraphe 2. »* – [Règl. (CE) n° 40/94 du 20 déc. 1993, art. 26.]

Art. 27 Date de dépôt. (Règl. (UE) 2015/2424 du 16 déc. 2015, art. 1er-27, en vigueur le 23 mars 2016) *La date de dépôt d'une demande de marque de l'Union européenne est la date à laquelle le demandeur a déposé auprès de l'Office les documents contenant les éléments visés à l'article 26, paragraphe 1, sous réserve du paiement de la taxe de dépôt dans un délai d'un mois à compter du dépôt de ces documents.*

Ancien art. 27 *La date de dépôt de la demande de marque communautaire est celle à laquelle le demandeur a produit à l'Office ou, si la demande a été déposée auprès du service central de la propriété industrielle d'un État membre ou auprès de l'Office Benelux de la propriété intellectuelle à celui-ci, des documents qui contiennent les éléments visés à l'article 26, paragraphe 1, sous réserve du paiement de la taxe de dépôt dans un délai d'un mois à compter de la production des documents susvisés.* – [Règl. (CE) n° 40/94 du 20 déc. 1993, art. 27.]

La notion de « date de dépôt de la demande de marque communautaire » contenue à l'art. 27 modifié implique la prise en compte du jour civil du dépôt d'une demande de marque communautaire, mais non de l'heure et de la minute de celui-ci. • CJUE 22 mars 2012, *Genesis : D. 2014. Pan. 331, obs. Clavier ; PIBD 2012. III. 47.*

Art. 28 *(Règl. (UE) 2015/2424 du 16 déc. 2015, art. 1er-28, en vigueur le 23 mars 2016)* Désignation et classification des produits et services. *1. Les produits et les services pour lesquels l'enregistrement d'une marque est demandé sont classés conformément au système de classification établi par l'Arrangement de Nice concernant la classification internationale des produits et des services aux fins de l'enregistrement des marques du 15 juin 1957 (ci-après dénommé la "classification de Nice").*

2. Les produits et les services pour lesquels la protection de la marque est demandée sont désignés par le demandeur avec suffisamment de clarté et de précision pour permettre aux autorités compétentes et aux opérateurs économiques de déterminer, sur cette seule base, l'étendue de la protection demandée.

3. Aux fins du paragraphe 2, les indications générales figurant dans les intitulés de classe de la classification de Nice ou d'autres termes généraux peuvent être utilisés, sous réserve qu'ils satisfassent aux normes requises en matière de clarté et de précision énoncées au présent article.

4. L'Office rejette une demande pour des indications ou des termes manquant de clarté ou imprécis lorsque le demandeur ne propose pas de formulation acceptable dans un délai fixé à cet effet par l'Office.

5. L'utilisation de termes généraux, y compris les indications générales figurant dans les intitulés de classe de la classification de Nice, est interprétée comme incluant tous les produits ou services relevant clairement du sens littéral de l'indication ou du terme. L'utilisation de tels termes ou indications n'est pas interprétée comme incluant une demande pour des produits ou des services ne pouvant être ainsi compris.

6. Lorsque le demandeur sollicite l'enregistrement pour plus d'une classe, il regroupe les produits et les services selon les classes de la classification de Nice, chaque groupe de produits ou de services étant précédé du numéro de la classe dont il relève, et il présente les différents groupes dans l'ordre des classes.

7. Des produits et services ne sont pas considérés comme similaires au motif qu'ils apparaissent dans la même classe de la classification de Nice. Des produits et services ne sont pas considérés comme différents au motif qu'ils apparaissent dans des classes différentes de la classification de Nice.

8. Les titulaires de marques de l'Union européenne qui ont été demandées avant le 22 juin 2012 et qui ont été enregistrées pour l'intitulé entier d'une classe de la classification de Nice peuvent déclarer que leur intention, à la date de dépôt de la demande, était de demander la protection de produits ou de services au-delà des produits ou des services relevant du sens littéral de l'intitulé de cette classe, à condition que les produits ou services ainsi désignés figurent sur la liste alphabétique de cette classe de la classification de Nice, dans l'édition en vigueur à la date du dépôt de la demande.

La déclaration est déposée auprès de l'Office au plus tard le 24 septembre 2016 et indique de manière claire, précise et spécifique les produits et services, autres que ceux relevant clairement du sens littéral des indications de l'intitulé de classe, que le titulaire avait l'intention de viser à l'origine. L'Office prend les mesures qui s'imposent pour modifier le registre en conséquence. La possibilité de faire une déclaration conformément au premier alinéa du présent paragraphe est sans préjudice de l'application de l'article 15, de l'article 42, paragraphe 2, de l'article 51, paragraphe 1, point a), et de l'article 57, paragraphe 2.

Les marques de l'Union européenne pour lesquelles il n'est pas déposé de déclaration dans le délai prévu au deuxième alinéa sont réputées, à compter de l'expiration de ce délai, ne désigner que les produits ou services qui relèvent clairement du sens littéral des indications figurant dans l'intitulé de la classe concernée.

9. En cas de modification du registre, les droits exclusifs conférés par la marque de l'Union européenne au titre de l'article 9 n'empêchent pas un tiers de continuer à utiliser une marque pour des produits ou des services si et dans la mesure où l'utilisation de la marque pour ces produits ou services concernés :

a) a commencé avant la modification du registre ; et

b) n'a pas porté atteinte aux droits du titulaire, compte tenu du sens littéral de l'intitulé dont relèvent les produits ou les services inscrits dans le registre à ce moment.

En outre, la modification de la liste de produits et de services inscrits dans le registre ne confère pas au titulaire de la marque de l'Union européenne le droit de s'opposer à une marque déposée ultérieurement ou de faire une demande en nullité la concernant si et dans la mesure où :

a) la marque déposée ultérieurement était utilisée, ou une demande d'enregistrement de ladite marque avait été soumise, pour des produits ou des services avant la modification du registre ; et

b) l'utilisation de la marque pour les produits ou les services concernés n'a pas porté atteinte, ou n'aurait pas porté atteinte, aux droits du titulaire, compte tenu du sens littéral de l'intitulé dont relèvent les produits ou les services inscrits dans le registre à ce moment.

Ancien art. 28 Classification. *Les produits et les services pour lesquels des marques communautaires sont déposées sont classés selon la classification prévue par le règlement d'exécution.* — [Règl. (CE) n° 40/94 du 20 déc. 1993, art. 28.]

Jurisprudence antérieure au Règl. (UE) 2015/24/24 du 16 déc. 2015.

1. A la suite de l'arrêt *IP Translator* (• CJUE 19 juin 2012, n° C-307/10 : *CCE 2012, n° 133, note Caron ; Propr. ind. 2012, n° 65, note Folliard-Monguiral ; Europe 2012. n° 343, note Idot*), le président de l'OHMI a publié une communication entrée en vigueur le 21 juin 2012 (*JO OHMI 7/2012*). Celle-ci distingue la portée des intitulés de classe selon que le dépôt communautaire est postérieur ou antérieur au 21 juin 2012. Pour les dépôts postérieurs à cette date, la désignation d'un intitulé de classe vaut revendication d'une protection pour « l'ensemble des produits ou des services répertoriés dans la liste alphabétique de la classe particulière concernée » si le déposant en manifeste la volonté de manière expresse ; en revanche, pour les dépôts effectués avant le 21 juin 2012, le recours à un intitulé de classe est présumé refléter l'intention du déposant de revendiquer une protection pour tous les produits et services de la liste alphabétique concernée. • Trib. UE 31 janv. 2013, n° T-66/11 : *Propr. ind. 2013, n° 23, note Folliard-Monguiral.* ♦ L'arrêt IP Translator (• CJUE 19 juin 2012, n° C-307/10 : *préc.*), en ce qu'il requiert qu'un demandeur de marque précise si l'intitulé d'une classe doit s'étendre à tous les produits et services de la liste alphabétique, n'est pas applicable aux marques déjà enregistrées avant son prononcé. • CJUE 16 févr. 2017, *Brandconcern BV c/ EUIPO*, n° C-577/14 P : *Propr. ind. 2017, n° 25, obs. Folliard Monguiral ; RTD eur. 2017. 400, obs. Coutron* (marque Lambretta).

2. Une marque communautaire, déposée avant la communication n° 2/12 du 20 juin 2012 du président de l'OHMI et couvrant toutes les indications générales de l'intitulé de la classe 35, est protégée pour les services de vente au détail de tous produits, peu important que ces services ne figurent pas dans la liste alphabétique de la classe 35. S'agissant d'une marque complexe dont les éléments verbal et figuratif concordent dans leur contenu sémantique, l'usage du seul élément figuratif n'altère pas le caractère distinctif de l'ensemble. • Trib. UE 15 juill. 2015, *Cactus SA c/ OHMI*, n° T-24/13 : *Propr. ind. 2015, n° 59, obs. crit. Folliard-Monguiral.*

SECTION II *[ABROGÉE]* ***Priorité***

Art. 29 Droit de priorité. *1. Une personne qui a régulièrement déposé une marque dans ou pour un des États parties à la convention de Paris ou à l'accord établissant l'Organisation mondiale du commerce, ou son ayant cause, jouit, pour effectuer le dépôt d'une demande de marque de l'Union européenne pour la même marque et pour des produits ou des services identiques à ceux pour lesquels cette marque est déposée ou contenus dans ces derniers, d'un droit de priorité pendant un délai de six mois à compter de la date de dépôt de la première demande.*

2. Est reconnu comme donnant naissance au droit de priorité tout dépôt ayant la valeur d'un dépôt national régulier en vertu de la législation nationale de l'État dans lequel il a été effectué ou d'accords bilatéraux ou multilatéraux.

3. Par dépôt national régulier, on doit entendre tout dépôt qui suffit à établir la date à laquelle la demande a été déposée, quel que soit le sort ultérieur de cette demande.

4. Est considérée comme première demande, dont la date de dépôt est le point de départ du délai de priorité, une demande ultérieure déposée pour la même marque, pour des produits ou des services identiques et dans ou pour le même État qu'une première demande antérieure, à la condition que cette demande antérieure, à la date du dépôt de la demande ultérieure, ait été retirée, abandonnée ou refusée, sans avoir été soumise à l'inspection publique et sans laisser subsister de droits, et qu'elle n'ait pas encore servi de base pour la revendication du droit de priorité. La demande antérieure ne peut plus alors servir de base pour la revendication du droit de priorité.

5. Si le premier dépôt a été effectué dans un État qui n'est pas partie à la convention de Paris ou à l'accord établissant l'Organisation mondiale du commerce, les dispositions des paragraphes 1 à 4 ne s'appliquent que dans la mesure où cet État, selon des constatations publiées, accorde, sur la base d'un premier dépôt effectué auprès de l'Office, un droit de priorité soumis à des conditions et ayant des effets équivalents à ceux prévus par le présent règlement. — [Règl. (CE) n° 40/94 du 20 déc. 1993, art. 29.]

1. Un enregistrement dans un des États signataires de la Convention d'Union de Paris (CUP) ne peut être automatiquement transposé dans le système de la marque communautaire sur la seule base de la règle « telle quelle ». Les règles contenues dans l'accord sur les ADPIC et les règles de la Convention de Paris ne sont ni exécutoires ni applicables dans le cadre du droit des marques communautaires (V. le dernier considérant de la Décis. (CE) n° 94/800 du Conseil du 22 déc. 1994 : *JOCE 1994, L 336, p. 1*). Toutefois la Convention de Paris est indirectement pertinente dans le cadre de l'application du RMC, en dépit du fait que la Communauté n'est pas signataire de cette Convention et que le RMC contient aucune référence à son art. 6 *quinquies*. • OHMI, 3e ch. rec., 8 mars 2000, *Simply Soda : PIBD 2000. III.*

2. Le dépôt répété de demandes de marques nationales, dans le seul but de les opposer à une demande de marque de l'UE, doit être considéré comme frauduleux. • Trib. UE, 7 juill. 2016, *Copernicus-Trademarks Ltd c/EUIPO*, n° T-82/14 : *Propr. ind. 2016, n° 70, obs. Folliard-Monguiral ; D. 2017. 318, obs. Clavier* (marque Lucea).

Art. 30 Revendication de priorité. (Règl. (UE) 2015/2424 du 16 déc. 2015, art. 1er-30) *1. Les revendications de priorité sont déposées en même temps que la demande de marque de l'Union* *européenne et indiquent à quelle date, sous quel numéro et dans quel pays a été déposée la demande antérieure. Les documents à l'appui des revendications de priorité sont présentés dans un délai de trois mois à compter de la date de dépôt.* — Entrée en vigueur de ces dispositions le 1er oct. 2017.

2. La Commission adopte des actes d'exécution précisant le type de documents à présenter pour revendiquer la priorité d'une demande antérieure conformément au paragraphe 1 du présent article. Ces actes d'exécution sont adoptés en conformité avec la procédure d'examen visée à l'article 163, paragraphe 2. — Entrée en vigueur de ces dispositions le 23 mars 2016.

3. Le directeur exécutif peut décider que les exigences en matière de documents à fournir par le demandeur à l'appui d'une revendication de priorité peuvent être moindres que ce que requièrent les dispositions adoptées conformément au paragraphe 2, à condition que l'Office puisse obtenir les informations requises auprès d'autres sources. — Entrée en vigueur de ces dispositions le 1er oct. 2017.

Art. 31 Effet du droit de priorité. *Par l'effet du droit de priorité, la date de priorité est considérée comme celle du dépôt de la demande de marque de l'Union européenne aux fins de la détermination de l'antériorité des droits.* — [Règl. (CE) n° 40/94 du 20 déc. 1993, art. 31.]

Art. 32 Valeur de dépôt national de la demande. *La demande de marque de l'Union européenne à laquelle une date de dépôt a été accordée a, dans les États membres, la valeur d'un dépôt national régulier, compte tenu, le cas échéant, du droit de priorité invoqué à l'appui de la demande de marque de l'Union européenne.* — [Règl. (CE) n° 40/94 du 20 déc. 1993, art. 32.]

SECTION III *[ABROGÉE]* *Priorité d'exposition*

Art. 33 Priorité d'exposition. *1. Si le demandeur d'une marque de l'Union européenne a présenté, sous la marque déposée, des produits ou des services lors d'une exposition internationale officielle ou officiellement reconnue au sens de la convention concernant les expositions internationales, signée à Paris le 22 novembre 1928 et révisée en dernier lieu le 30 novembre 1972, il peut, à condition de déposer la demande dans un délai de six mois à compter de la date de la première présentation des produits ou des services sous la marque déposée, se prévaloir, à partir de cette date, d'un droit de priorité au sens de l'article 31.*

2. Tout demandeur qui souhaite se prévaloir de la priorité conformément au paragraphe 1 doit, dans les conditions fixées par le règlement d'exécution, apporter la preuve que les produits ou les services ont été présentés à l'exposition sous la marque déposée.

3. Une priorité d'exposition accordée dans un État membre ou dans un pays tiers ne prolonge pas le délai de priorité prévu à l'article 29. — [Règl. (CE) n° 40/94 du 20 déc. 1993, art. 33.]

(Règl. (UE) 2015/2424 du 16 déc. 2015, art. 1er-31, en vigueur le le 23 mars 2016) « *4. La Commission adopte des actes d'exécution précisant le type et les caractéristiques précises des éléments de preuve à apporter pour revendiquer une priorité d'exposition conformément au paragraphe 2 du présent article. Ces actes d'exécution sont adoptés en conformité avec la procédure d'examen visée à l'article 163, paragraphe 2.* »

SECTION IV *[ABROGÉE]* *Revendication de l'ancienneté de la marque nationale*

Art. 34 Revendication de l'ancienneté de la marque nationale. *1. Le titulaire d'une marque antérieure enregistrée dans un État membre, y compris une marque enregistrée sur le territoire du Benelux, ou d'une marque antérieure qui a fait l'objet d'un enregistrement international ayant effet dans un État membre, qui dépose une demande de marque identique destinée à être enregistrée en tant que marque de l'Union européenne pour des produits ou services identiques à ceux pour lesquels la marque antérieure a été enregistrée ou contenus dans ceux-ci, peut se prévaloir pour la marque de l'Union européenne de l'ancienneté de la marque antérieure en ce qui concerne l'État membre dans lequel ou pour lequel elle a été enregistrée.*

2. Le seul effet de l'ancienneté, en vertu du présent règlement, est que, dans le cas où le titulaire de la marque de l'Union européenne renonce à la marque antérieure ou la laisse s'éteindre, il est réputé continuer à bénéficier des mêmes droits que ceux qu'il aurait eus si la marque antérieure avait continué à être enregistrée.

(Règl. (UE) 2015/2424 du 16 déc. 2015, art. 1er-32, en vigueur le 23 mars 2016) « *3. L'ancienneté revendiquée pour la marque de l'Union européenne s'éteint lorsque la marque antérieure dont l'ancienneté est revendiquée est déclarée nulle ou frappée de déchéance. Si la marque antérieure est frappée de déchéance, l'ancienneté s'éteint sous réserve que la déchéance prenne effet avant la date de dépôt ou la date de priorité de ladite marque de l'Union européenne.* » — [Règl. (CE) n° 40/94 du 20 déc. 1993, art. 34.] — V. Règl. (CE) n° 2868/95 du 13 déc. 1995, règles 8 s. — Sur l'examen des revendications d'ancienneté, V. Communication n° 1/97 du président de l'OHMI du 17 juin 1997 (PIBD 1997, I, p. 53).

4. Créé à compter du 1er oct. 2017 par Règl. (UE) 2015/2424 du 16 déc. 2015 ; abrogé à compter du 1er oct. 2017 par Règl. (UE) 2017/1001 du 14 juin 2017.

(Règl. (UE) 2015/2424 du 16 déc. 2015, art. 1er-32, en vigueur le 23 mars 2016) « *5. La Commission adopte des actes d'exécution précisant le type de documents à déposer pour revendiquer l'ancienneté d'une marque nationale ou d'une marque enregistrée en vertu d'accords internationaux ayant effet dans un État membre conformément au paragraphe 1 bis du présent article. Ces actes d'exécution sont adoptés en conformité avec la procédure d'examen visée à l'article 163, paragraphe 2.* »

Art. 35 Revendication de l'ancienneté après l'enregistrement de la marque de l'Union européenne. *1. Le titulaire d'une marque de l'Union européenne qui est titulaire d'une marque antérieure identique, enregistrée dans un État membre, y compris une marque enregistrée sur le territoire du Benelux, ou d'une marque identique antérieure qui a fait l'objet d'un enregistrement international ayant effet dans un État membre, pour des produits ou des services identiques à ceux pour lesquels la marque antérieure a été enregistrée ou contenus dans ceux-ci, peut se prévaloir de l'ancienneté de la marque antérieure en ce qui concerne l'État membre dans lequel ou pour lequel elle a été enregistrée.*

2. L'article 34, paragraphes 2 et 3, est applicable. – [Règl. (CE) n° 40/94 du 20 déc. 1993, art. 35.]

TITRE IV *[ABROGÉ]* Procédure d'enregistrement

(Abrogé par Règl. (UE) 2017/1001 du 14 juin 2017, art. 211 et 212, à compter du 1er oct. 2017)

SECTION I *[ABROGÉE]* *Examen de la demande*

Art. 36 Examen des conditions de dépôt. *1. L'Office examine :*

a) si la demande de marque de l'Union européenne remplit les conditions pour qu'il lui soit accordé une date de dépôt conformément à l'article 27 ;

b) si la demande de marque de l'Union européenne satisfait aux conditions prévues au présent règlement et aux conditions prévues au règlement d'exécution ;

c) si les taxes par classe, le cas échéant, ont été acquittées dans le délai prescrit.

2. Si la demande de marque de l'Union européenne ne satisfait pas aux exigences visées au paragraphe 1, l'Office invite le demandeur à remédier dans les délais prescrits aux irrégularités ou au défaut de paiement constatés.

3. S'il n'est pas remédié dans ces délais aux irrégularités ou au défaut de paiement constatés en application du paragraphe 1, point a), la demande n'est pas traitée en tant que demande de marque de l'Union européenne. Si le demandeur se conforme à l'invitation de l'Office, celui-ci accorde comme date de dépôt de la demande la date à laquelle il est remédié aux irrégularités ou au défaut de paiement constatés.

4. S'il n'est pas remédié, dans les délais prescrits, aux irrégularités constatées en application du paragraphe 1, point b), l'Office rejette la demande.

5. S'il n'est pas remédié, dans les délais prescrits, au défaut de paiement constaté en application du paragraphe 1, point c), la demande est réputée retirée à moins qu'il ne ressorte clairement quelles sont les classes de produits ou de services que le montant payé est destiné à couvrir.

6. L'inobservation des dispositions concernant la revendication de priorité entraîne la perte du droit de priorité pour la demande.

7. S'il n'est pas satisfait aux conditions relatives à la revendication de l'ancienneté d'une marque nationale, ce droit de revendication ne pourra plus être invoqué pour la demande. – [Règl (CE) n° 40/94 du 20 déc. 1993, art. 36.]

Art. 37 Examen relatif aux motifs absolus de refus. *1. Si la marque est exclue de l'enregistrement en vertu de l'article 7 pour tout ou partie des produits ou des services pour lesquels la marque de l'Union européenne est demandée, la demande est rejetée pour ces produits ou ces services.*

(Abrogé par Règl. (UE) 2015/2424 du 16 déc. 2015, art. 1er-35, à compter du 23 mars 2016) « *2. Lorsque la marque comporte un élément qui est dépourvu de caractère distinctif et que l'inclusion de cet élément dans la marque peut créer des doutes sur l'étendue de la protection de la marque, l'Office peut demander comme condition à l'enregistrement de la marque que le demandeur déclare qu'il n'invoquera pas de droit exclusif sur cet élément. Cette déclaration est publiée en même temps que la demande ou, le cas échéant, que l'enregistrement de la marque communautaire.* »

3. La demande ne peut être rejetée qu'après que le demandeur a été mis en mesure de retirer ou de modifier sa demande ou de présenter ses observations. – [Règl. (CE) n° 40/94 du 20 déc. 1993, art. 38.]

SECTION II *[ABROGÉE]* *Recherche*

Art. 38 *(Règl. (UE) 2015/2424 du 16 déc. 2015, art. 1er-36, en vigueur le 23 mars 2016)* Rapport de recherche. *1. L'Office établit, à la demande du demandeur de marque de l'Union européenne lorsqu'il dépose sa demande, un rapport de recherche de l'Union européenne dans lequel sont mentionnées les marques de l'Union européenne antérieures ou les demandes de marque de l'Union européenne antérieures dont l'existence a été découverte qui sont susceptibles d'être opposées conformément à l'article 8 à l'enregistrement de la marque de l'Union européenne faisant l'objet de la demande.*

2. Si, au moment du dépôt d'une demande de marque de l'Union européenne, le demandeur requiert l'établissement d'un rapport de recherche par les services centraux de la propriété industrielle des États membres et si la taxe de recherche à cet effet a été acquittée dans le délai prévu pour le paiement de la taxe de dépôt, l'Office transmet sans tarder une copie de la demande de marque de l'Union européenne au service central de la propriété industrielle de chaque État membre qui a communiqué à l'Office sa décision d'effectuer une recherche dans son propre registre des marques pour les demandes de marque de l'Union européenne.

3. Chacun des services centraux de la propriété industrielle des États membres visés au paragraphe 2 du présent article communique un rapport de recherche qui soit mentionne les marques nationales antérieures, les demandes de marques nationales antérieures ou les marques enregistrées au titre d'accords internationaux ayant effet dans l'État membre ou les États membres concernés dont l'existence a été découverte et qui sont susceptibles d'être opposées conformément à l'article 8 à l'enregistrement de la marque de l'Union européenne faisant l'objet de la demande, soit constate que la recherche n'a fourni aucune indication de tels droits.

4. L'Office, après consultation du conseil d'administration prévu à l'article 124 (ci-après dénommé le "conseil d'administration"), détermine le contenu et les modalités des rapports.

5. L'Office verse un certain montant à chaque service central de la propriété industrielle pour chaque rapport de recherche communiqué par ces services conformément au paragraphe 3. Ce montant, qui est le même pour chaque service, est fixé par le comité budgétaire, par une décision prise à la majorité des trois quarts des représentants des États membres.

6. L'Office transmet au demandeur de marque de l'Union européenne le rapport de recherche de l'Union européenne demandé ainsi que les rapports nationaux de recherche demandés qui lui ont été communiqués.

7. Dès la publication de la demande de marque de l'Union européenne, l'Office informe les titulaires de marques de l'Union européenne antérieures ou les auteurs des demandes de marques de l'Union européenne mentionnées dans le rapport de recherche de l'Union européenne de la publication de la demande de marque de l'Union européenne. Cette disposition s'applique indépendamment du fait que le demandeur ait demandé à recevoir le rapport de recherche de l'Union européenne, à moins que le titulaire d'un enregistrement antérieur ou l'auteur d'une demande antérieure demande à ne pas recevoir cette notification.

SECTION III *[ABROGÉE]* *Publication de la demande*

Art. 39 Publication de la demande. (Règl. (UE) 2015/2424 du 16 déc. 2015, art. 1er-37, en vigueur le 23 mars 2016) *« 1. Si les conditions auxquelles la demande de marque de l'Union européenne doit satisfaire sont remplies, la demande, dans la mesure où elle n'est pas rejetée conformément à l'article 37, est publiée aux fins de l'article 41. »*

2. Si, après avoir été publiée, la demande est rejetée conformément à l'article 37, la décision de rejet est publiée lorsqu'elle devient définitive. — [Règl. (CE) n° 40/94 du 20 déc. 1993, art. 40.]

3 et 4. créés par Règl. (UE) 2015/2424 du 16 déc. 2015 ; abrogés par Règl. (UE) 2017/1001 du 14 juin 2017 à compter du 1er oct. 2017.

(Règl. (UE) 2015/2424 du 16 déc. 2015, art. 1er-37, en vigueur le 23 mars 2016) *« 5. La Commission adopte des actes d'exécution fixant les éléments à mentionner dans la publication de la demande. Ces actes d'exécution sont adoptés en conformité avec la procédure d'examen visée à l'article 163, paragraphe 2. »*

SECTION IV *[ABROGÉE]* *Observations des tiers et opposition*

Art. 40 Observations des tiers. (Règl. (UE) 2015/2424 du 16 déc. 2015, art. 1er-38, en vigueur le 23 mars 2016) *1. Toute personne physique ou morale, ainsi que tout groupement ou organe représentant des fabricants, des producteurs, des prestataires de services, des commerçants ou des consommateurs peuvent présenter à l'Office des observations écrites précisant les motifs pour lesquels la marque devrait être refusée d'office à l'enregistrement en vertu des articles 5 et 7.*

Les personnes et groupements ou organes visés au premier alinéa n'acquièrent pas la qualité de parties à la procédure devant l'Office.

2. Les observations de tiers sont présentées avant la fin du délai d'opposition ou, si une opposition a été formée contre la marque, avant que la décision finale ne soit prise sur cette opposition.

3. La présentation d'observations prévue au paragraphe 1 ne préjudicie pas au droit de l'Office de reprendre de sa propre initiative, à tout moment avant l'enregistrement, l'examen des motifs absolus, s'il le juge opportun.

4. Les observations visées au paragraphe 1 sont notifiées au demandeur, qui peut prendre position.

Art. 41 Opposition. *1. Une opposition à l'enregistrement de la marque peut être formée dans un délai de trois mois à compter de la publication de la demande de marque de l'Union européenne, au motif que la marque devrait être refusée à l'enregistrement en vertu de l'article 8 :*

a) dans les cas de l'article 8, paragraphes 1 et 5, par les titulaires de marques antérieures visées à l'article 8, paragraphe 2, ainsi que par les licenciés habilités par les titulaires de ces marques ;

b) dans les cas de l'article 8, paragraphe 3, par les titulaires de marques visées à cette disposition ;

c) dans les cas de l'article 8, paragraphe 4, par les titulaires de marques ou de signes antérieurs visés à cette disposition, ainsi que par les personnes autorisées, en vertu du droit national applicable, à exercer ces droits[;]

(Règl. (UE) 2015/2424 du 16 déc. 2015, art. 1er-39, en vigueur le 23 mars 2016) *« d) par les personnes autorisées en vertu de la législation de l'Union ou du droit national pertinent à exercer les droits visés à l'article 8, paragraphe 4 bis. »*

2. Une opposition à l'enregistrement de la marque peut également être formée dans les conditions fixées au paragraphe 1 en cas de publication d'une demande modifiée conformément à l'article 43, paragraphe 2, deuxième phrase.

(Règl. (UE) 2015/2424 du 16 déc. 2015, art. 1er-39, en vigueur le 23 mars 2016) *« 3. L'opposition est formée par écrit et motivée. Elle n'est réputée formée qu'après paiement de la taxe d'opposition.*

« 4. Dans un délai à fixer par l'Office, celui qui a formé opposition peut présenter à son appui des faits, preuves et observations. » — [Règl. (CE) n° 40/94 du 20 déc. 1993, art. 42.]

Il découle de la coexistence des marques communautaires et des marques nationales, ainsi que du fait que l'enregistrement de ces dernières ne relève pas de la compétence de l'OHMI, ni leur contrôle juridictionnel de la compétence du Tribunal, que, lors d'une procédure d'opposition à une demande d'enregistrement d'une marque communautaire, la validité des marques nationales ne peut être mise en cause. • CJUE 24 mai 2012, *Formula one licencing BV*, n° C-196/11 : *D. 2012. 1751*, point de vue *Castets-Renard.*

Art. 42 Examen de l'opposition. *1. Au cours de l'examen de l'opposition, l'Office invite les parties, aussi souvent que cela est nécessaire, à présenter, dans un délai qu'il leur impartit, des observations sur les communications émanant des autres parties ou de lui-même.*

(Règl. (UE) 2015/2424 du 16 déc. 2015, art. 1er-40, en vigueur le 23 mars 2016) *« 2. Sur requête du demandeur, le titulaire d'une marque antérieure de l'Union européenne qui a formé opposition apporte la preuve que, au cours des cinq années qui précèdent la date de dépôt ou la date de priorité de la demande de marque de l'Union européenne, la marque antérieure de l'Union européenne a fait l'objet d'un usage sérieux dans l'Union européenne pour les produits ou les services pour lesquels elle est enregistrée et sur lesquels l'opposition est fondée, ou qu'il existe de justes motifs pour le non-usage, pour autant qu'à cette date, la marque antérieure soit enregistrée depuis cinq ans au moins. A défaut d'une telle preuve, l'opposition est rejetée. Si la marque antérieure de l'Union européenne n'a été utilisée que pour une partie des produits ou des services pour lesquels elle est enregistrée, elle n'est réputée enregistrée, aux fins de l'examen de l'opposition, que pour cette partie des produits ou services. »*

3. Le paragraphe 2 s'applique aux marques nationales antérieures visées à l'article 8, paragraphe 2, point a), étant entendu que l'usage dans l'Union est remplacé par l'usage dans l'État membre où la marque nationale antérieure est protégée.

4. S'il le juge utile, l'Office invite les parties à se concilier.

5. S'il résulte de l'examen de l'opposition que la marque est exclue de l'enregistrement pour tout ou partie des produits ou des services pour lesquels la marque de l'Union européenne est demandée, la demande est rejetée pour les produits ou les services concernés. Dans le cas contraire, l'opposition est rejetée.

6. La décision de rejet de la demande est publiée lorsqu'elle est définitive. — [Règl. (CE) n° 40/94 du 20 déc. 1993, art. 43.]

Sur la notion d'usage sérieux, V aussi notes ss. art. 15.

1. Nécessité d'un usage sérieux. La *ratio legis* de l'exigence selon laquelle la marque antérieure doit avoir fait l'objet d'un usage sérieux pour être opposable à une demande de marque de l'Union européenne consiste à limiter les conflits entre deux marques, pour autant qu'il n'existe pas de juste motif économique découlant d'une fonction effective de la marque sur le marché. • Trib. UE 14 avr. 2016, *Henkel,* n° T-20/15 : *PIBD 2016. III. 624 ; Prop. ind. 2016, n° 49, obs. Folliard-Monguiral.*

2. Définition de l'usage sérieux. Une marque fait l'objet d'un usage sérieux lorsqu'elle est utilisée, conformément à sa fonction essentielle qui est de garantir l'identité d'origine des produits ou des services pour lesquels elle a été enregistrée, aux fins de créer ou de conserver un débouché pour ces produits et ces services, à l'exclusion d'usages de caractère symbolique ayant pour seul objet le maintien des droits conférés par la marque. • Trib. UE 14 avr. 2016, *Henkel : préc. note 1.* – V. aussi notes ss. art. 15 et notes ss. Dir. 2008/95/CE, art. 12, § 1.

3. Usage sous une forme modifiée. Usage partiel. En vertu de l'application combinée de l'art. 15, § 1, sous *a)*, et de l'art. 51, § 1, sous *a)*, du Règl. (CE) n° 207/2009, la preuve de l'usage sérieux d'une marque antérieure à l'encontre de laquelle une demande en déchéance est formée comprend également la preuve de l'usage de la marque antérieure, sous une forme qui diffère par des éléments n'altérant pas le caractère distinctif de cette marque dans la forme sous laquelle elle a été enregistrée. Lorsqu'une marque complexe associe un élément verbal à l'élément figuratif correspondant, l'usage du seul logo n'altère pas le caractère distinctif de la marque antérieure et équivaut à l'usage de la marque complexe telle qu'enregistrée. • Trib. UE 15 juill. 2015, *Cactus SA c/ OHMI,* n° T-24/13 : *Propr. ind. 2015, n° 59, obs. crit. Folliard-Monguiral.* ♦ Si une marque a été enregistrée pour une catégorie de produits ou de services suffisamment large pour que puissent être distinguées, en son sein, plusieurs sous-catégories susceptibles d'être envisagées de manière autonome, la preuve de l'usage sérieux pour une partie de ces produits ou services n'emporte protection, dans une procédure d'opposition, que pour la ou les sous-catégories dont relèvent les produits ou services pour lesquels la marque a été effectivement utilisée. • TPICE 17 oct. 2006, n° T-483/04 : *Propr. ind. 2006, n° 95, note Folliard-Monguiral.*

4. Preuve de l'usage. En vertu de la règle 22, § 3, du Règl. (CE) n° 2868/95 du 13 déc. 1995, portant modalités d'application du Règl. (CE) n° 40/94 sur la marque communautaire, la preuve de l'usage doit porter sur le lieu, la durée, l'importance et la nature de l'usage qui a été fait de la marque antérieure pour les produits et les services pour lesquels elle est enregistrée et sur lesquels l'opposition est fondée. • Trib. UE 14 avr. 2016, *Henkel,* n° T-20/15 : *préc. note 1.* ♦ L'appréciation du caractère sérieux de l'usage de la marque doit reposer sur une appréciation globale de l'ensemble des facteurs pertinents du cas d'espèce, à savoir des faits et des circonstances propres à établir la réalité de l'exploitation commerciale de celle-ci, en particulier les usages considérés comme justifiés dans le secteur économique concerné pour maintenir ou créer des parts de marché au profit des produits ou des services protégés par la marque, la nature de ces produits ou de ces services, les caractéristiques du marché, l'étendue et la fréquence de l'usage de la marque. L'usage sérieux d'une marque ne peut pas être démontré par des probabilités ou des présomptions, mais doit reposer sur des éléments concrets et objectifs qui prouvent une utilisation effective et suffisante de la marque sur le marché concerné. • Même arrêt. ♦ Le public pertinent auquel les marques ont vocation à s'adresser ne comprend pas uniquement des consommateurs finaux, mais également des spécialistes, des clients industriels et d'autres utilisateurs professionnels. En effet, dans un marché tel que celui de l'Union, afin de créer ou de préserver des débouchés pour des produits de consommation courante, il est nécessaire, notamment lorsque le fabricant de tels produits ne dispose pas de son propre circuit de distribution, de s'adresser, par des actes commerciaux, à des revendeurs. Ainsi, il ne saurait être exclu, par principe, que l'usage d'une marque démontré par des actes commerciaux adressés uniquement à des professionnels du secteur concerné, puisse être considéré comme étant un usage conforme à la fonction essentielle de la marque. • Trib. UE 15 févr. 2017, *M.I Industries c/ EUIPO,* n° T-30/16 : *Propr. ind. 2017, n° 26, obs Folliard-Monguiral* (marque Natural Instinct). ♦ Le délai au cours duquel l'opposant doit produire les pièces justifiant de l'usage sérieux de la marque est un délai péremptoire qui exclut la prise en compte par l'OHMI de toute preuve produite tardivement. • TPICE 23 oct. 2002, ☎ n° T-388/00 : *Propr. intell. 2003, n° 7, p. 207, obs. Joly.* – V. aussi : • TPICE 4 oct. 2006, n° T-96/05 : *Propr. ind. 2006, n° 96, note Folliard-Monguiral.*

Art. 42 *bis* *(Règl. (UE) 2015/2424 du 16 déc. 2015, art. 1er-41, en vigueur le 23 mars 2016)* **Délégation de pouvoirs.** ***La Commission est habilitée à adopter des actes délégués en conformité avec l'article 163 bis précisant les modalités de la procédure de dépôt et d'examen d'une opposition visée aux articles 41 et 42.***

SECTION V *[ABROGÉE]* ***Retrait, limitation, modification et division de la demande***

Art. 43 **Retrait, limitation et modification de la demande.** 1. ***Le demandeur peut à tout moment retirer sa demande de marque de l'Union européenne ou limiter la liste des produits ou***

services qu'elle contient. Lorsque la demande a déjà été publiée, le retrait ou la limitation sont également publiés.

2. Par ailleurs, la demande de marque de l'Union européenne ne peut être modifiée, à la requête du demandeur, que pour rectifier le nom et l'adresse du demandeur, des fautes d'expression ou de transcription ou des erreurs manifestes pour autant qu'une telle rectification n'affecte pas substantiellement la marque ou n'étende pas la liste des produits ou services. Si les modifications portent sur la représentation de la marque ou la liste des produits ou services, et lorsque ces modifications sont apportées après la publication de la demande, celle-ci est publiée telle que modifiée. — [Règl. (CE) n° 40/94 du 20 déc. 1993, art. 44.]

(Règl. (UE) 2015/2424 du 16 déc. 2015, art. 1er-42, en vigueur le 23 mars 2016) « *3. La Commission est habilitée à adopter des actes délégués en conformité avec l'article 163 bis précisant les éléments de la procédure régissant la modification d'une demande.* »

1. La marque forme un tout unitaire et indivisible à compter de la date de la demande. Il s'ensuit que le requérant ne peut en aucun cas modifier la forme ou l'apparence de la marque de quelque façon que ce soit après le dépôt de la demande ; s'il souhaite changer l'apparence de la marque, la seule voie qui lui est ouverte est de déposer une nouvelle demande donnant lieu à une nouvelle date de dépôt. • OHMI, 3e ch. rec., 10 sept. 1998, *Natural Beauty : PIBD 1999. III. 223.*

2. L'art. 43, § 2, 1re phrase, doit être interprété en ce sens que la restriction figurant dans sa dernière partie « pour autant qu'une telle rectification n'affecte pas substantiellement la marque ou n'étende pas la liste des produits ou services » ne s'applique que dans le cas où la demande de modification est justifiée par un des motifs prévus précédemment. Dans le cas contraire, une telle demande doit être rejetée sans qu'il soit nécessaire d'examiner si la modification sollicitée affecterait substantiellement la marque ou étendrait la liste des produits ou des services. • CJUE 21 janv. 2016, *Enercon GmbH*, n° C-170/15 : *PIBD 2016. III. 184.*

Art. 44 Division de la demande. *1. Le demandeur peut diviser la demande en déclarant qu'une partie des produits ou services inclus dans la demande originale fera l'objet d'une ou plusieurs demandes divisionnaires. Les produits ou services de la demande divisionnaire ne peuvent recouvrir les produits ou services demeurant dans la demande originale ou figurant dans d'autres demandes divisionnaires.*

2. La déclaration de division n'est pas recevable :

a) si, dans le cas où une opposition a été formée contre la demande originale, cette déclaration a pour effet d'introduire une division parmi les produits ou services qui font l'objet de cette opposition, jusqu'à ce que la décision de la division d'opposition soit devenue définitive ou jusqu'à l'abandon de la procédure d'opposition ;

b) durant les périodes prévues dans le règlement d'exécution.

3. La déclaration de division doit être conforme aux dispositions prévues dans le règlement d'exécution.

4. La déclaration de division est soumise à une taxe. La déclaration est réputée ne pas avoir été faite tant que la taxe n'a pas été acquittée.

5. La division prend effet à la date à laquelle elle est transcrite dans les dossiers conservés par l'Office concernant la demande d'origine.

6. Toutes les requêtes et demandes effectuées et toutes les taxes payées en ce qui concerne la demande d'origine avant la date de réception par l'Office de la déclaration de division sont réputées avoir été introduites ou payées également en ce qui concerne la demande ou les demandes divisionnaires. Les taxes dûment acquittées pour la demande d'origine avant la date de réception de la déclaration de division ne sont pas remboursables.

7. La demande divisionnaire conserve la date de dépôt et toute date de priorité et d'ancienneté de la demande d'origine.

8. Créé par Règl. (UE) 2015/2424 du 16 déc. 2015 à compter du 1er oct. 2017 ; abrogé par Règl. (UE) 2017/1001 du 14 juin 2017 à compter du 1er oct. 2017.

(Règl. (UE) 2015/2424 du 16 déc. 2015, art. 1er-43, en vigueur le 23 mars 2016) « *9. La Commission adopte des actes d'exécution précisant :*

« *a) les éléments à mentionner dans une déclaration de division d'une demande faite en vertu du paragraphe 1 ;*

« *b) les modalités de traitement d'une déclaration de division d'une demande, en veillant à l'établissement d'un dossier distinct, comportant un nouveau numéro de demande, pour la demande divisionnaire*[;]

« *c) les éléments à mentionner dans la publication de la demande divisionnaire en vertu du paragraphe 8.*

« *Ces actes d'exécution sont adoptés en conformité avec la procédure d'examen visée à l'article 163, paragraphe 2.* » — [Règl. (CE) n° 40/94 du 20 déc. 1993, art. 44 bis.]

SECTION VI *[ABROGÉE]* *Enregistrement*

Art. 45 Enregistrement. (Règl. (UE) 2015/2424 du 16 déc. 2015, art. 1er-44, en vigueur le 23 mars 2016) *1. Lorsqu'une demande satisfait aux exigences énoncées dans le présent règlement et qu'aucune opposition n'a été formée dans le délai visé à l'article 41, paragraphe 1, ou lorsque, en cas d'opposition, la procédure est éteinte par le retrait ou le rejet de l'opposition ou par tout autre moyen, la marque et les indications visées à l'article 87, paragraphe 2, sont enregistrées dans le registre. Cet enregistrement est publié.*

2. L'Office délivre un certificat d'enregistrement. Ce certificat peut être délivré par voie électronique. Moyennant paiement d'une taxe, l'Office délivre des copies certifiées conformes ou non certifiées conformes du certificat, lorsque celles-ci sont délivrées par des moyens autres qu'électroniques.

3. La Commission adopte des actes d'exécution précisant les éléments à mentionner dans le certificat d'enregistrement visé au paragraphe 2 du présent article, et la forme de ce certificat. Ces actes d'exécution sont adoptés en conformité avec la procédure d'examen visée à l'article 163, paragraphe 2.

TITRE V *[ABROGÉ]* Durée, renouvellement, modification et division de la marque de l'Union européenne

(Abrogé par Règl. (UE) 2017/1001 du 14 juin 2017, art. 211 et 212, à compter du 1er oct. 2017)

Art. 46 Durée de l'enregistrement. *La durée de l'enregistrement de la marque de l'Union européenne est de dix années à partir de la date du dépôt de la demande. L'enregistrement peut être renouvelé, conformément à l'article 47, pour des périodes de dix années.* – [Règl. (CE) n° 40/94 du 20 déc. 1993, art. 46.]

Art. 47 Renouvellement. (Règl. (UE) 2015/2424 du 16 déc. 2015, art. 1er-45, en vigueur le 23 mars 2016) *1. L'enregistrement de la marque de l'Union européenne est renouvelé sur demande du titulaire de la marque de l'Union européenne ou de toute personne expressément autorisée par lui, pour autant que les taxes aient été acquittées.*

2. L'Office informe le titulaire de la marque de l'Union européenne et tout titulaire d'un droit enregistré sur la marque de l'Union européenne de l'expiration de l'enregistrement au moins six mois avant ladite expiration. L'absence d'information n'engage pas la responsabilité de l'Office et est sans effet sur l'expiration de l'enregistrement.

3. La demande de renouvellement est présentée dans le délai de six mois précédant l'expiration de l'enregistrement. La taxe de base pour le renouvellement et, le cas échéant, une ou plusieurs taxes pour chaque classe de produits ou de services au-delà de la première classe sont également acquittées dans ce délai. A défaut, la demande peut encore être présentée et les taxes acquittées dans un délai supplémentaire de six mois suivant l'expiration de l'enregistrement, pour autant qu'une surtaxe pour paiement tardif de la taxe de renouvellement ou présentation tardive de la demande de renouvellement soit acquittée au cours dudit délai supplémentaire.

4. La demande de renouvellement comprend :

a) le nom de la personne demandant le renouvellement ;

b) le numéro d'enregistrement de la marque de l'Union européenne qui doit être renouvelée ;

c) si le renouvellement n'est demandé que pour une partie des produits et services enregistrés, l'indication des classes ou des produits et services pour lesquels le renouvellement est demandé ou des classes ou des produits et services pour lesquels le renouvellement n'est pas demandé, regroupés par classe de la classification de Nice, chaque groupe étant précédé du numéro de la classe de cette classification à laquelle appartient ce groupe de produits ou de services, et présenté dans l'ordre des classes de cette classification.

Lorsque le paiement visé au paragraphe 3 est effectué, il est réputé être une demande de renouvellement à condition qu'il comporte toutes les indications nécessaires pour établir l'objet du paiement.

5. Si la demande n'est présentée ou si les taxes ne sont acquittées que pour une partie des produits ou des services pour lesquels la marque de l'Union européenne est enregistrée, l'enregistrement n'est renouvelé que pour les produits ou les services concernés. Si les taxes acquittées ne suffisent pas à couvrir la totalité des classes de produits et de services pour lesquelles le renouvellement est demandé, l'enregistrement est renouvelé s'il apparaît clairement quelles sont la ou les classes à couvrir. A défaut d'autres critères, l'Office prend en considération les classes dans l'ordre de la classification.

6. Le renouvellement prend effet le jour suivant la date d'expiration de l'enregistrement. Il est enregistré.

7. Lorsque la demande de renouvellement est présentée dans les délais visés au paragraphe 3, mais que les autres conditions régissant le renouvellement prévues au présent article ne sont pas remplies, l'Office informe le demandeur des irrégularités constatées.

8. Si aucune demande de renouvellement n'est présentée avant l'expiration du délai visé au paragraphe 3 ou si la demande est présentée après expiration de ce délai, ou si les taxes n'ont pas été acquittées ou ne l'ont été qu'après expiration dudit délai, ou s'il n'est pas remédié dans ce délai aux irrégularités visées au paragraphe 7, l'Office constate que l'enregistrement est arrivé à expiration et en informe le titulaire de la marque de l'Union européenne. Lorsque la constatation est devenue définitive, l'Office radie la marque du registre. Cette radiation prend effet le jour suivant la date d'expiration de l'enregistrement existant. Si les taxes de renouvellement ont été acquittées mais que l'enregistrement n'est pas renouvelé, elles sont remboursées.

9. Une seule demande de renouvellement peut être présentée pour deux ou plusieurs marques, moyennant paiement des taxes requises pour chacune des marques, à condition que les titulaires et les représentants soient les mêmes dans chaque cas. — [Règl. (CE) n° 40/94 du 20 déc. 1993, art. 47.]

L'art. 47, § 3, ne s'oppose pas à ce qu'une marque de l'UE fasse l'objet de demandes de renouvellement successives, pour différentes classes de produits et de services, que celles-ci soient présentées pendant la période de protection, ou même pendant le délai de grâce de 6 mois. • CJUE 22 juin 2016, *Nissan*, C-207/15 : *Propr. ind. 2016, n° 62, obs. Folliard-Monguiral.*

Art. 48 Modification. *1. La marque de l'Union européenne n'est pas modifiée dans le registre pendant la durée de l'enregistrement ni lors du renouvellement de celui-ci.*

2. Néanmoins, si la marque de l'Union européenne comporte le nom et l'adresse du titulaire, toute modification de ceux-ci n'affectant pas substantiellement l'identité de la marque telle qu'elle a été enregistrée à l'origine peut être enregistrée à la requête du titulaire. — [Règl. (CE) n° 40/94 du 20 déc. 1993, art. 48.]

(Règl. (UE) 2015/2424 du 16 déc. 2015, art. 1er-46, en vigueur le 23 mars 2016) *« 3. La demande de modification indique l'élément de la marque qui doit être modifié et cet élément dans sa version modifiée.*

« La Commission adopte des actes d'exécution précisant les éléments à mentionner dans la demande de modification. Ces actes d'exécution sont adoptés en conformité avec la procédure d'examen visée à l'article 163, paragraphe 2.

« 4. La demande est réputée ne pas avoir été déposée tant que la taxe prescrite n'a pas été acquittée. Si celle-ci n'a pas été acquittée ou ne l'a pas été intégralement, l'Office en informe le demandeur. Lorsque la modification porte sur un même élément de deux ou plusieurs enregistrements au nom du même titulaire, il est possible de n'introduire qu'une seule demande. La taxe prescrite est acquittée pour chaque enregistrement à modifier. Si les conditions qui régissent la modification de l'enregistrement ne sont pas remplies, l'Office informe le demandeur de l'irrégularité constatée. S'il n'est pas remédié à l'irrégularité dans le délai à fixer par l'Office, ce dernier rejette la demande.

« 5. La publication de l'enregistrement de la modification contient une représentation de la marque de l'Union européenne modifiée. Les tiers dont les droits peuvent être affectés par la modification peuvent contester l'enregistrement de celle-ci dans un délai de trois mois suivant la publication. »

Art. 49 Division de l'enregistrement. *1. Le titulaire de la marque de l'Union européenne peut diviser l'enregistrement en déclarant que certains des produits ou services inclus dans l'enregistrement d'origine feront l'objet d'un ou plusieurs enregistrements divisionnaires. Les produits ou services de l'enregistrement divisionnaire ne peuvent recouvrir les produits ou services demeurant dans l'enregistrement d'origine ou figurant dans d'autres enregistrements divisionnaires.*

2. La déclaration de division n'est pas recevable :

a) si, dans le cas où une demande en déchéance ou en nullité a été présentée à l'Office contre l'enregistrement d'origine, cette déclaration a pour effet d'introduire une division parmi les produits ou services qui font l'objet de la demande en déchéance ou en nullité jusqu'à ce que la décision de la division d'annulation soit devenue définitive ou jusqu'à ce que la procédure soit terminée d'une autre manière ;

b) si, dans le cas où une demande reconventionnelle en déchéance ou en nullité a été déposée dans le cadre d'une action devant un tribunal des marques de l'Union européenne, cette déclaration a pour effet d'introduire une division parmi les produits ou services qui font l'objet de la demande reconventionnelle, jusqu'à ce que la mention de la décision du tribunal des marques de l'Union européenne ait été inscrite au registre conformément à l'article 100, paragraphe 6.

3. La déclaration de division doit être conforme aux dispositions prévues dans le règlement d'exécution.

4. La déclaration de division est soumise à une taxe. La déclaration est réputée ne pas avoir été faite tant que la taxe n'a pas été acquittée.

5. La division prend effet à la date à laquelle elle est consignée au registre.

6. Toutes les requêtes et demandes effectuées et toutes les taxes payées en ce qui concerne l'enregistrement d'origine avant la date de réception par l'Office de la déclaration de division sont réputées avoir été introduites ou payées également en ce qui concerne l'enregistrement ou les enregistrements divisionnaires. Les taxes dûment acquittées pour l'enregistrement d'origine avant la date de réception de la déclaration de division ne sont pas remboursables.

7. L'enregistrement divisionnaire conserve la date de dépôt et toute date de priorité et d'ancienneté de l'enregistrement d'origine.

(Règl. (UE) 2015/2424 du 16 déc. 2015, art. 1er-48, en vigueur le 23 mars 2016) *« 8. La Commission adopte des actes d'exécution précisant :*

« a) les éléments à mentionner dans une déclaration de division d'un enregistrement en vertu du paragraphe 1 ;

« b) les modalités de traitement d'une déclaration de division d'un enregistrement, en veillant à l'établissement d'un dossier distinct, comportant un nouveau numéro d'enregistrement, pour l'enregistrement divisionnaire.

« Ces actes d'exécution sont adoptés en conformité avec la procédure d'examen visée à l'article 163, paragraphe 2. » — [Règl. (CE) n° 40/94 du 20 déc. 1993, art. 48 bis.]

TITRE VI *[ABROGÉ]* Renonciation, déchéance et nullité

(Abrogé par Règl. (UE) 2017/1001 du 14 juin 2017, art. 211 et 212, à compter du 1er oct. 2017)

SECTION I *[ABROGÉE]* *Renonciation*

Art. 50 Renonciation. *1. La marque de l'Union européenne peut faire l'objet d'une renonciation pour tout ou partie des produits ou des services pour lesquels elle est enregistrée.*

2. La renonciation est déclarée par écrit à l'Office par le titulaire de la marque. Elle n'a d'effet qu'après son enregistrement.

3. La renonciation n'est enregistrée qu'avec l'accord du titulaire d'un droit inscrit au registre. Si une licence a été enregistrée, la renonciation n'est inscrite au registre que si le titulaire de la marque justifie qu'il a informé le licencié de son intention de renoncer ; l'inscription est faite à l'issue du délai prescrit par le règlement d'exécution.

4. Créé par Règl. (UE) 2015/2424 du 16 déc. 2015 ; abrogé par Règl. (UE) 2017/1001 du 14 juin 2017.

(Règl. (UE) 2015/2424 du 16 déc. 2015, art. 1er-49, en vigueur le 23 mars 2016) *« 5. La Commission adopte des actes d'exécution précisant les éléments à mentionner dans une déclaration de renonciation en vertu du paragraphe 2 du présent article et précisant le type de documents qui sont requis pour pouvoir établir l'accord d'un tiers en vertu du paragraphe 3 du présent article. Ces actes d'exécution sont adoptés en conformité avec la procédure d'examen visée à l'article 163, paragraphe 2. »* — [Règl. (CE) n° 40/94 du 20 déc. 1993, art. 49.]

SECTION II *[ABROGÉE]* *Causes de déchéance*

Art. 51 Causes de déchéance. *1. Le titulaire de la marque marque de l'Union européenne est déclaré déchu de ses droits, sur demande présentée auprès de l'Office ou sur demande reconventionnelle dans une action en contrefaçon :*

a) si, pendant une période ininterrompue de cinq ans, la marque n'a pas fait l'objet d'un usage sérieux dans l'Union pour les produits ou les services pour lesquels elle est enregistrée, et qu'il n'existe pas de justes motifs pour le non-usage ; toutefois, nul ne peut faire valoir que le titulaire est déchu de ses droits, si, entre l'expiration de cette période et la présentation de la demande ou de la demande reconventionnelle, la marque a fait l'objet d'un commencement ou d'une reprise d'usage sérieux ; cependant, le commencement ou la reprise d'usage fait dans un délai de trois mois avant la présentation de la demande ou de la demande reconventionnelle, ce délai commençant à courir au plus tôt à l'expiration de la période ininterrompue de cinq ans de non-usage, n'est pas pris en considération lorsque des préparatifs pour le commencement ou la reprise de l'usage interviennent seulement après que le titulaire a appris que la demande ou la demande reconventionnelle pourrait être présentée ;

b) si la marque est devenue, par le fait de l'activité ou de l'inactivité de son titulaire, la désignation usuelle dans le commerce d'un produit ou d'un service pour lequel elle est enregistrée ;

c) si, par suite de l'usage qui en est fait par le titulaire de la marque ou avec son consentement pour les produits ou les services pour lesquels elle est enregistrée, la marque est propre à induire le

public en erreur notamment sur la nature, la qualité ou la provenance géographique de ces produits ou de ces services.

*2. **Si la cause de déchéance n'existe que pour une partie des produits ou des services pour lesquels la marque marque de l'Union européenne est enregistrée, le titulaire n'est déclaré déchu de ses droits que pour les produits ou les services concernés.*** – [Règl. (CE) n° 40/94 du 20 déc. 1993, art. 50.]

1. Notion d'usage. V. notes ss. art. 15.

2. Art. 51, § 1, a). La « période suspecte » commence à courir, non pas à la date de la demande en contrefaçon du titulaire de la marque mais à la date de la demande reconventionnelle en déchéance présentée par le prétendu contrefacteur. • Com. 21 janv. 2014, *Jawbreaker : Dalloz actualité, 12 févr. 2014, obs. Delpech ; D. 2014. 271 ; PIBD 2014. III. 197 ; Propr. intell. 2014, n° 51, p. 204, obs. Geoffray.*

3. Art. 51, § 2. Usage partiel. Si une marque a été enregistrée pour une catégorie de produits ou de services suffisamment large pour que puissent être distinguées, en son sein, plusieurs sous-catégories susceptibles d'être envisagées de manière autonome, la preuve de l'usage sérieux de la marque pour une partie de ces produits ou services n'emporte protection que pour la ou les sous-catégories dont relèvent les produits ou services pour lesquels la marque a été effectivement utilisée. En revanche, si une marque a été enregistrée pour des produits ou services définis de façon tellement précise et circonscrite qu'il n'est pas possible d'opérer des divisions significatives à l'intérieur de la catégorie concernée, alors la preuve de l'usage sérieux de la marque pour lesdits produits ou services couvre nécessairement toute cette catégorie. • TPICE 14 juill. 2005, *Reckitt Benckiser (España)*, n° T-123/03 : *Propr. ind. 2005, n° 74* (marque Aladin) • 13 févr. 2007, *Mundipharma*, n° T 256/04 (marque Respicur) • Trib. UE 18 oct. 2016, *August Storck*, n° T-307/14 : *PIBD 2017. III. 38 ; Propr. ind. 2016, n° 84, obs. Folliard-Monguiral* (marque Fruitfuls). ♦ Cependant, si la notion d'usage partiel a pour fonction de ne pas rendre indisponibles des marques dont il n'a pas été fait usage pour une catégorie de produits donnée, elle ne doit pas avoir pour effet de priver le titulaire de ladite marque de toute protection pour des produits qui, sans être rigoureusement identiques à ceux pour lesquels il a pu prouver un usage sérieux, ne sont pas essentiellement différents de ceux-ci et relèvent d'un même groupe qui ne peut être divisé autrement que de façon arbitraire. Par conséquent, la notion de « partie des produits ou des services » ne peut s'entendre de toutes les déclinaisons commerciales de produits ou de services analogues, mais seulement de produits ou de services suffisamment différenciés pour pouvoir constituer des catégories ou sous-catégories cohérentes. • TPICE 14 juill. 2005 : *préc.* • Trib. UE 10 déc. 2015, n° T-690/14 : *Propr. ind. 2016, n° 10, obs. Folliard-Monguiral* (marque Vieta) • Trib. UE 18 oct. 2016, n° T-307/14 : *préc.* ♦ Le critère décisif pour définir des sous-catégories de produits ou de services est la finalité et la destination des produits en cause, le consommateur recherchant avant tout un produit ou un service correspondant à ses besoins. En revanche, la nature et les caractéristiques desdits produits sont sans pertinence. Ainsi toutes les sucreries ont la même finalité même si leur nature ou leurs caractéristiques sont très différentes, au point que le consommateur final ne les considérerait pas comme interchangeables : les bonbons durs aux fruits ne constituent donc pas une sous-catégorie séparée des sucreries. • Même arrêt.

SECTION III *[ABROGÉE]* ***Causes de nullité***

Art. 52 Causes de nullité absolue. *1. **La nullité de la marque marque de l'Union européenne est déclarée, sur demande présentée auprès de l'Office ou sur demande reconventionnelle dans une action en contrefaçon :***

a) lorsque la marque marque de l'Union européenne a été enregistrée contrairement aux dispositions de l'article 7 ;

b) lorsque le demandeur était de mauvaise foi lors du dépôt de la demande de marque.

*2. **Lorsque la marque marque de l'Union européenne a été enregistrée contrairement à l'article 7, paragraphe 1, point b), c) ou d), elle ne peut toutefois être déclarée nulle si, par l'usage qui en a été fait, elle a acquis après son enregistrement un caractère distinctif pour les produits ou les services pour lesquels elle est enregistrée.***

*3. **Si la cause de nullité n'existe que pour une partie des produits ou des services pour lesquels la marque marque de l'Union européenne est enregistrée, la nullité de la marque ne peut être déclarée que pour les produits ou les services concernés.*** – [Règl. (CE) n° 40/94 du 20 déc. 1993, art. 51.]

1. Art. 52, § 1, sous a). Pour une illustration de la procédure d'annulation relative à une marque communautaire enregistrée contrairement aux dispositions de l'art. 7, V. • TPICE 5 mars 2003, *Alcon Inc. c/ OHMI*, n° T-237/01 : *Propr. intell. 2003, n° 9, p. 432, obs. De Medrano Caballero.*

2. Art. 52, § 1, sous b). Le régime d'enregistrement d'une marque communautaire repose sur le principe du « premier déposant » inscrit à l'art. 8, § 2, du Règl. (CE) n° 207/2009. L'application de ce principe est nuancée notamment par l'art. 52, § 1, sous b), en vertu duquel la nullité d'une marque communautaire doit être déclarée lorsque le demandeur était de mauvaise foi au moment du dépôt de la marque. • Trib. UE 14 févr. 2012, *Peter Landbouwmachines*, n° T-33/11 : *PIBD 2012. III. 201*. ♦ La mauvaise foi du demandeur doit être appréciée globalement, en tenant compte de tous les facteurs pertinents du cas d'espèce, et notamment : du fait que le demandeur sait ou doit savoir qu'un tiers utilise, dans au moins un État membre, un signe identique ou similaire pour un produit identique ou similaire, prêtant à confusion avec le signe dont l'enregistrement est demandé ; de l'intention du demandeur d'empêcher ce tiers de continuer à utiliser un tel signe ; du degré de protection dont jouissent le signe du tiers et le signe dont l'enregistrement est demandé. • CJCE 11 juin 2009, *Chocoladefabriken Lindt & Sprüngli*, n° C-529/07 : *D. 2009. 2396, note Lancrenon ; Propr. ind. 2009, n° 52, obs. Folliard-Monguiral*. ♦ Les trois facteurs dégagés par l'arrêt *Chocoladefabriken Lindt & Sprüngli* ne sont que des illustrations parmi un ensemble d'éléments susceptibles d'être pris en compte afin de se prononcer sur l'éventuelle mauvaise foi d'un demandeur de marque au moment du dépôt. Il peut également être tenu compte de l'origine du signe contesté et de son usage depuis sa création ainsi que de la logique commerciale dans lequel s'est inscrit le dépôt de la demande d'enregistrement. • Trib. UE 14 févr. 2012, *Peter Landbouwmachines : préc.* • 8 mai 2014, *Simca*, n° T-327/12 : *Propr. ind., 2014, n° 49, obs. Folliard-Monguiral*. ♦ L'intention d'empêcher la commercialisation d'un produit peut, dans certaines circonstances, caractériser la mauvaise foi du demandeur. Tel est notamment le cas lorsqu'il s'avère, ultérieurement, que ce dernier a fait enregistrer un signe en tant que marque communautaire sans avoir l'intention d'en faire usage, uniquement en vue d'empêcher l'entrée d'un tiers sur le marché. • CJCE 11 juin 2009, *Chocoladefabriken Lindt & Sprüngli : préc.* ♦ Ladite intention est un élément subjectif qui doit être déterminé par référence aux circonstances objectives du cas d'espèce et notamment du fait que le demandeur visait à exploiter de manière parasitaire la renommée des marques enregistrées et à tirer avantage de celle-ci. • Trib. UE 8 mai 2014, *Simca : préc.* ♦ Doit être considéré de mauvaise foi celui qui, par le dépôt d'une marque communautaire, cherche à se soustraire à la déchéance d'une marque nationale restée inexploitée depuis plus de 5 ans. • TGI Paris, 20 nov. 2012, *Moulin Rouge : PIBD 2013. III. 963*. ♦ Cependant, le dépôt d'une marque quasi identique à celle déjà enregistrée depuis plus de 5 ans au nom d'un même titulaire pour les mêmes classes de produits ou de services ne caractérise pas nécessairement un dépôt réitéré destiné à éviter la déchéance des marques antérieures, donc effectué de mauvaise foi, s'il apparaît que le déposant a, dans le dépôt postérieur, modernisé son signe et détaillé les services couverts par la marque. • Trib. UE 19 déc. 2012, *Pélikan*, n° T-164/11 : *Propr. intell. 2013, n° 46, p. 117, obs. Geoffray*.

3. Art. 52, § 3. La jurisprudence développée à l'égard de la notion d'usage sérieux de la marque, relevant de l'art. 42, § 2 et 3 du Règl. n° 207/2009, peut être appliquée à l'usage qui est invoqué aux fins d'établir le caractère distinctif de la marque, en vertu de l'art. 52, § 2, lu en combinaison avec l'art. 7, § 3. • Trib. UE 15 déc. 2016, *Mondelez UK Holdings*, n° T-112/13 : *D. 2017. 318, obs. Zolynski ; PIBD 2017. III. 122* (marque constituée de la barre de Kit Kat). V. note 3 ss art. 51.

Art. 53 Causes de nullité relative. *1. La marque marque de l'Union européenne est déclarée nulle sur demande présentée auprès de l'Office ou sur demande reconventionnelle dans une action en contrefaçon :*

a) lorsqu'il existe une marque antérieure visée à l'article 8, paragraphe 2, et que les conditions énoncées au paragraphe 1 ou au paragraphe 5 dudit article sont remplies ;

b) lorsqu'il existe une marque visée à l'article 8, paragraphe 3, et que les conditions énoncées audit paragraphe sont remplies ;

c) lorsqu'il existe un droit antérieur visé à l'article 8, paragraphe 4, et que les conditions énoncées audit paragraphe sont remplies ;

(Règl. (UE) 2015/2424 du 16 déc. 2015, art. 1er-50, en vigueur le 23 mars 2016) *« d) lorsqu'il existe une appellation d'origine antérieure ou une indication géographique antérieure visée à l'article 8, paragraphe 4 bis, et que les conditions énoncées audit paragraphe sont remplies.*

« Toutes les conditions visées au premier alinéa sont remplies à la date de dépôt ou à la date de priorité de la marque de l'Union européenne. »

2. La marque de l'Union européenne est également déclarée nulle sur demande présentée auprès de l'Office ou sur demande reconventionnelle dans une action en contrefaçon si son usage peut être interdit en vertu d'un autre droit antérieur selon la législation de l'Union ou le droit national qui en régit la protection, et notamment :

a) d'un droit au nom ;

b) d'un droit à l'image ;

c) d'un droit d'auteur ;

d) d'un droit de propriété industrielle.

3. La marque de l'Union européenne ne peut pas être déclarée nulle lorsque le titulaire d'un droit visé aux paragraphes 1 ou 2 donne expressément son consentement à l'enregistrement de cette marque avant la présentation de la demande en nullité ou de la demande reconventionnelle.

4. Le titulaire de l'un des droits visés aux paragraphes 1 ou 2, qui a préalablement demandé la nullité de la marque de l'Union européenne ou introduit une demande reconventionnelle dans une action en contrefaçon, ne peut présenter une nouvelle demande en nullité ou introduire une demande reconventionnelle fondée sur un autre de ces droits qu'il aurait pu invoquer à l'appui de la première demande.

5. L'article 52, paragraphe 3, est applicable. — [Règl. (CE) n° 40/94 du 20 déc. 1993, art. 52.]

Art. 54 Forclusion par tolérance. (Règl. (UE) 2015/2424 du 16 déc. 2015, art. 1er-51, en vigueur le 23 mars 2016) *« 1. Le titulaire d'une marque de l'Union européenne qui a toléré pendant cinq années consécutives l'usage d'une marque de l'Union européenne postérieure dans l'Union en connaissance de cet usage ne peut plus demander la nullité de la marque postérieure sur la base de la marque antérieure pour les produits ou les services pour lesquels la marque postérieure a été utilisée, à moins que l'enregistrement de la marque de l'Union européenne postérieure n'ait été effectué de mauvaise foi.*

« 2. Le titulaire d'une marque nationale antérieure visée à l'article 8, paragraphe 2, ou d'un autre signe antérieur visé à l'article 8, paragraphe 4, qui a toléré pendant cinq années consécutives l'usage d'une marque de l'Union européenne postérieure dans l'État membre où cette marque antérieure ou l'autre signe antérieur est protégé, en connaissance de cet usage, ne peut plus demander la nullité de la marque postérieure sur la base de la marque antérieure ou de l'autre signe antérieur pour les produits ou les services pour lesquels la marque postérieure a été utilisée, à moins que l'enregistrement de la marque de l'Union européenne postérieure n'ait été effectué de mauvaise foi. »

3. Dans les cas visés aux paragraphes 1 ou 2, le titulaire de la marque de l'Union européenne postérieure ne peut pas s'opposer à l'usage du droit antérieur bien que ce droit ne puisse plus être invoqué contre la marque de l'Union européenne postérieure.

Ancien art. 54 Forclusion par tolérance. *1. Le titulaire d'une marque communautaire qui a toléré pendant cinq années consécutives l'usage d'une marque communautaire postérieure dans la Communauté en connaissance de cet usage ne peut plus demander la nullité ni s'opposer à l'usage de la marque postérieure sur la base de cette marque antérieure pour les produits ou les services pour lesquels la marque postérieure a été utilisée, à moins que le dépôt de la marque communautaire postérieure n'ait été effectué de mauvaise foi.*

2. Le titulaire d'une marque nationale antérieure visée à l'article 8, paragraphe 2, ou d'un autre signe antérieur visé à l'article 8, paragraphe 4, qui a toléré pendant cinq années consécutives l'usage d'une marque communautaire postérieure dans l'État membre où cette marque antérieure ou l'autre signe antérieur est protégé, en connaissance de cet usage, ne peut plus demander la nullité ni s'opposer à l'usage de la marque postérieure sur la base de la marque antérieure ou de l'autre signe antérieur pour les produits ou les services pour lesquels la marque postérieure a été utilisée, à moins que le dépôt de la marque communautaire postérieure n'ait été effectué de mauvaise foi.

3. Dans les cas visés aux paragraphes 1 ou 2, le titulaire de la marque communautaire postérieure ne peut pas s'opposer à l'usage du droit antérieur bien que ce droit ne puisse plus être invoqué contre la marque communautaire postérieure. — [Règl. (CE) n° 40/94 du 20 déc. 1993, art. 53.]

1. La forclusion par tolérance peut être opposée à tout titulaire d'une antériorité et non pas seulement aux titulaires d'une marque ou d'un signe exploité dans la même spécialité. • Paris, 24 mai 2013, *Match.com : PIBD 2013. III. 1340.*

2. Conditions de la forclusion. Bonne foi. Il résulte de l'art. 54, § 2, du Règl. (CE) n° 207/2009 que la marque seconde doit avoir été déposée de bonne foi. La mauvaise foi ne peut résulter de la simple connaissance de la marque antérieure. La marque seconde doit avoir été exploitée sur le territoire français, le titulaire de la marque première doit en avoir connu l'existence et en avoir toléré l'usage pendant une période de 5 ans. • Paris, 24 mai 2013, *Match.com : préc. note 1.*

3. Point de départ du délai. On doit conclure de l'interprétation téléologique de l'art. 54, § 2, que la date pertinente permettant de calculer le point de départ du délai de forclusion par tolérance du titulaire d'une marque nationale vis-à-vis d'une marque de l'Union européenne enregistrée postérieurement (ou, inversement, du titulaire d'une marque de l'Union européenne vis-à-vis d'une marque nationale enregistrée postérieurement) est celle de la connaissance de l'usage de la marque postérieure après l'enregistrement de celle-ci ; il importe donc peu que cet usage ait commencé antérieurement à l'enregistrement. • CJUE 22 sept. 2011, n° C-482/09 : *Propr. intell. 2012, n° 42, p. 63, note Bonet ; Propr. ind. 2011, n° 1* (marque « Budweiser ») • Trib. UE 23 juin 2012, *B. Antonio Basile*, n° T-133/09 • 23 oct. 2013, *Aqua Flow*, n° T-417/12 • 20 avr. 2016, *Tronios Group. International BV, n° T-77/15 : Propr. ind. 2016, n° 42, obs. Folliard-Monguiral* (marque « Sky »).

4. *Connaissance effective.* La fin de non-recevoir tirée de la forclusion par tolérance suppose la démonstration de la "connaissance effective" par le titulaire de la marque antérieure, de l'usage de la marque plus récente, faute de quoi, il n'aurait pas été en mesure de s'y opposer. Cette démonstration ne peut pas faire l'objet de présomption. • Trib. UE 20 avr. 2016, *Tronios Group. International BV : préc. note 3.* ♦ Cette condition est établie lorsque le titulaire de la marque la plus récente rapporte la preuve que sa marque a fait l'objet de nombreuses annonces publicitaires dans des revues contenant aussi des publications promotionnelles pour des produits diffusés par le titulaire de la marque antérieure et que des produits portant sa marque ont été exposés dans des salons internationaux auxquels participait le titulaire de la marque antérieure. • Com. 5 juill. 2016, *NOA, n° 14-18.540 : PIBD 2016. III. 700 ; Propr. ind. 2016, n° 67, note Tréfigny.*

SECTION IV *[ABROGÉE]* *Effets de la déchéance et de la nullité*

Art. 55 Effets de la déchéance et de la nullité. *1. La marque de l'Union européenne est réputée n'avoir pas eu, à compter de la date de la demande en déchéance ou de la demande reconventionnelle, les effets prévus au présent règlement, selon que le titulaire est déclaré déchu de ses droits en tout ou en partie. Une date antérieure, à laquelle est survenue l'une des causes de la déchéance, peut être fixée dans la décision, sur demande d'une partie.*

2. La marque de l'Union européenne est réputée n'avoir pas eu, dès l'origine, les effets prévus au présent règlement, selon que la marque a été déclarée nulle en tout ou en partie.

3. Sous réserve des dispositions nationales relatives soit aux recours en réparation du préjudice causé par la faute ou la mauvaise foi du titulaire de la marque, soit à l'enrichissement sans cause, l'effet rétroactif de la déchéance ou de la nullité de la marque n'affecte pas :

a) les décisions en contrefaçon ayant acquis l'autorité de la chose jugée et exécutées antérieurement à la décision de déchéance ou de nullité ;

b) les contrats conclus antérieurement à la décision de déchéance ou de nullité, dans la mesure où ils ont été exécutés antérieurement à cette décision ; toutefois, la restitution de sommes versées en vertu du contrat, dans la mesure où les circonstances le justifient, peut être réclamée pour des raisons d'équité. – [Règl. (CE) n° 40/94 du 20 déc. 1993, art. 54.]

SECTION V *[ABROGÉE]* *Procédure de déchéance et de nullité devant l'Office*

Art. 56 Demande en déchéance ou en nullité. *1. Une demande en déchéance ou en nullité de la marque de l'Union européenne peut être présentée auprès de l'Office :*

a) dans les cas définis aux articles 51 et 52, par toute personne physique ou morale ainsi que par tout groupement constitué pour la représentation des intérêts de fabricants, de producteurs, de prestataires de services, de commerçants ou de consommateurs et qui, aux termes de la législation qui lui est applicable, a la capacité d'ester en justice ;

b) dans les cas définis à l'article 53, paragraphe 1, par les personnes visées à l'article 41, paragraphe 1 ;

c) dans les cas définis à l'article 53, paragraphe 2, par les titulaires des droits antérieurs visés dans cette disposition ou par les personnes habilitées à exercer les droits en question (Règl. (UE) 2015/2424 du 16 déc. 2015, art. 1er-52, en vigueur le 23 mars 2016) *« en vertu de la législation de l'Union ou du droit de l'État membre concerné ».*

2. La demande est présentée par écrit et motivée. Elle n'est réputée présentée qu'après paiement de la taxe.

(Règl. (UE) 2015/2424 du 16 déc. 2015, art. 1er-52, en vigueur le 23 mars 2016) *« 3. Une demande en déchéance ou en nullité est irrecevable lorsqu'une demande ayant le même objet et la même cause a été tranchée sur le fond entre les mêmes parties soit par l'Office soit par un tribunal des marques de l'Union européenne visé à l'article 95 et que la décision de l'Office ou de ce tribunal concernant cette demande est passée en force de chose jugée. »* – [Règl. (CE) n° 40/94 du 20 déc. 1993, art. 55.]

Sur la compétence territoriale en matière d'annulation de marque communautaire, V. • Com. 7 juill. 2009, n° 08-17.135 P : *D. 2009. 2037*.

Art. 57 Examen de la demande. *1. Au cours de l'examen de la demande en déchéance ou en nullité, l'Office invite les parties, aussi souvent qu'il est nécessaire, à présenter, dans un délai qu'il* *leur impartit, leurs observations sur les notifications qu'il leur a adressées ou sur les communications qui émanent des autres parties.*

(Règl. (UE) 2015/2424 du 16 déc. 2015, art. 1er-53, en vigueur le 23 mars 2016) *« 2. Sur requête du titulaire de la marque de l'Union européenne, le titulaire d'une marque de l'Union européenne antérieure, partie à la procédure de nullité, apporte la preuve qu'au cours des cinq années qui précèdent la date de la demande en nullité, la marque de l'Union européenne antérieure a fait l'objet d'un usage sérieux dans l'Union pour les produits ou les services pour lesquels elle est enregistrée et sur lesquels le titulaire de cette marque antérieure fonde sa demande en nullité, ou qu'il existe de justes motifs pour le non-usage, pour autant qu'à cette date, la marque de l'Union européenne antérieure ait été enregistrée depuis cinq ans au moins. En outre, si la marque de l'Union européenne antérieure était enregistrée depuis cinq ans au moins à la date de dépôt ou à la date de priorité de la demande de marque de l'Union européenne, le titulaire de la marque de l'Union européenne antérieure apporte la preuve que les conditions énoncées à l'article 42, paragraphe 2, étaient remplies à cette date. A défaut d'une telle preuve, la demande en nullité est rejetée. Si la marque de l'Union européenne antérieure n'a été utilisée que pour une partie des produits ou des services pour lesquels elle est enregistrée, elle n'est réputée enregistrée que pour cette partie des produits et services, aux fins de l'examen de la demande en nullité. »*

3. Le paragraphe 2 s'applique aux marques nationales antérieures visées à l'article 8, paragraphe 2, point a), étant entendu que l'usage dans l'Union est remplacé par l'usage dans l'État membre où la marque nationale antérieure est protégée.

4. S'il le juge utile, l'Office peut inviter les parties à se concilier.

5. S'il résulte de l'examen de la demande en déchéance ou en nullité que la marque aurait dû être refusée à l'enregistrement pour tout ou partie des produits ou des services pour lesquels elle est enregistrée, les droits du titulaire de la marque de l'Union européenne sont déclarés déchus ou la nullité de la marque est déclarée pour les produits ou les services concernés. Dans le cas contraire, la demande en déchéance ou en nullité est rejetée.

6. Une mention de la décision de l'Office concernant la demande en déchéance ou en nullité est inscrite au registre lorsqu'elle est définitive. — [Règl. (CE) n° 40/94 du 20 déc. 1993 art. 56.]

Ancien art. 57 [...] *2. Sur requête du titulaire de la marque communautaire, le titulaire d'une marque communautaire antérieure, partie à la procédure de nullité, apporte la preuve que, au cours des cinq années qui précèdent la date de la demande en nullité, la marque communautaire antérieure a fait l'objet d'un usage sérieux dans la Communauté pour les produits ou les services pour lesquels elle est enregistrée et sur lesquels la demande en nullité est fondée, ou qu'il existe de justes motifs pour le non-usage, pour autant qu'à cette date la marque communautaire antérieure était enregistrée depuis cinq ans au moins. En outre, si la marque communautaire antérieure était enregistrée depuis cinq ans au moins à la date de publication de la demande de marque communautaire, le titulaire de la marque communautaire antérieure apporte également la preuve que les conditions énoncées à l'article 42, paragraphe 2, étaient remplies à cette date. A défaut d'une telle preuve, la demande en nullité est rejetée. Si la marque communautaire antérieure n'a été utilisée que pour une partie des produits ou des services pour lesquels elle est enregistrée, elle n'est réputée enregistrée que pour cette partie des produits et services, aux fins de l'examen de la demande en nullité.* [...]

La recevabilité d'une demande en déchéance n'est pas soumise à la démonstration d'un intérêt à agir, ni même à une condition tenant à la nationalité ou au lieu d'établissement du demandeur pour autant que ce dernier ait la capacité d'ester en justice. • Trib. UE 3 déc. 2009, n° T-245/08 : *Propr. ind. 2010, n° 9, obs. Folliard-Monguiral.*

Art. 57 *bis* *(Règl. (UE) 2015/2424 du 16 déc. 2015, art. 1er-54, en vigueur le 23 mars 2016)* **Délégation de pouvoirs.** *La Commission est habilitée à adopter des actes délégués en conformité avec l'article 163 bis précisant les modalités des procédures de déchéance et de nullité d'une marque de l'Union européenne visées aux articles 56 et 57, ainsi que de transfert d'une marque de l Union européenne enregistrée au nom d'un agent visé à l'article 18.*

TITRE VII *[ABROGÉ]* Procédure de recours

(Abrogé par Règl. (UE) 2017/1001 du 14 juin 2017, art. 211 et 212, à compter du 1er oct. 2017)

Art. 58 Décisions susceptibles de recours. (Règl. (UE) 2015/2424 du 16 déc. 2015, art. 1er-55, en vigueur le 23 mars 2016) *« 1. Les décisions des instances de décision de l'Office énumérées à l'article 130, points a) à d), et, le cas échéant, point f) dudit article, sont susceptibles de* *recours. Ces décisions ne prennent effet qu'à dater de l'expiration du délai de recours visé à l'article 60. La formation du recours a un effet suspensif. »*

2. Une décision qui ne met pas fin à une procédure à l'égard d'une des parties ne peut faire l'objet d'un recours qu'avec la décision finale, à moins que ladite décision ne prévoie un recours indépendant. – [Règl. (CE) n° 40/94 du 20 déc. 1993, art. 57.]

Art. 59 Personnes admises à former le recours et à être parties à la procédure. *Toute partie à une procédure ayant conduit à une décision peut recourir contre cette décision pour autant que cette dernière n'a pas fait droit à ses prétentions. Les autres parties à ladite procédure sont de droit parties à la procédure de recours.* – [Règl. (CE) n° 40/94 du 20 déc. 1993, art. 58.]

Art. 60 Délai et forme du recours. (Règl. (UE) 2015/2424 du 16 déc. 2015, art. 1er-56, en vigueur le 23 mars 2016) *1. Le recours est formé par écrit auprès de l'Office dans un délai de deux mois à compter du jour de la notification de la décision. Le recours n'est considéré comme formé qu'après paiement de la taxe de recours. Il est déposé dans la langue de procédure de la décision attaquée. Un mémoire exposant les motifs du recours est déposé par écrit dans un délai de quatre mois à compter de la date de la notification de la décision.*

2. Dans les procédures inter partes, le défendeur peut, dans ses observations en réponse, formuler des conclusions visant à l'annulation ou à la réformation de la décision attaquée sur un point non soulevé dans le recours. De telles conclusions deviennent sans objet en cas de désistement du requérant.

Ancien art. 60 Délai et forme. *Le recours doit être formé par écrit auprès de l'Office dans un délai de deux mois à compter du jour de la notification de la décision. Le recours n'est considéré comme formé qu'après paiement de la taxe de recours. Un mémoire exposant les motifs du recours doit être déposé par écrit dans un délai de quatre mois à compter de la date de la notification de la décision.* – [Règl. (CE) n° 40/94 du 20 déc. 1993, art. 59.]

Celui qui intente un recours devant la chambre des recours de l'OHMI doit, sous peine d'irrecevabilité, justifier de sa qualité pour agir dans le délai de quatre mois prévu par l'art. 59 du Règl. (CE) n° 40/94 [Règl. (CE) n° 207/2009 du 26 févr. 2009, art. 60]. En cas de cession du signe sur lequel l'opposition était fondée sans que cette cession ait pu être prise en compte dans la procédure devant la division d'opposition de l'OHMI, il incombe au cessionnaire de rapporter la preuve qu'il est devenu titulaire du signe et de justifier ainsi de sa qualité pour agir dans ce même délai. • CJUE 19 janv. 2012, *OHMI c/ Nike International*, n° C-53/11 P : *PIBD 2012. III. 267 ; Propr. ind. 2012, n° 25, obs. Folliard-Monguiral.*

Art. 61 Révision des décisions dans des cas ex parte. *1. Si la partie qui a introduit le recours est la seule partie à la procédure et si l'instance dont la décision est attaquée considère le recours comme recevable et fondé, l'instance doit y faire droit.*

2. S'il n'est pas fait droit au recours dans un délai d'un mois après la réception du mémoire exposant les motifs, le recours doit être immédiatement déféré à la chambre de recours, sans avis sur le fond. – [Règl. (CE) n° 40/94 du 20 déc. 1993, art. 60.]

Art. 62 *Abrogé par Règl. (UE) 2015/2424 du 16 déc. 2015, art. 1er-57, à compter du 23 mars 2016.*

Art. 63 Examen du recours. *1. Si le recours est recevable, la chambre de recours examine s'il peut y être fait droit.*

2. Au cours de l'examen du recours, la chambre de recours invite les parties, aussi souvent qu'il est nécessaire, à présenter, dans un délai qu'elle leur impartit, leurs observations sur les notifications qu'elle leur a adressées ou sur les communications qui émanent des autres parties. – [Règl. (CE) n° 40/94 du 20 déc. 1993, art. 61.]

Art. 64 Décision sur le recours. *1. A la suite de l'examen au fond du recours, la chambre de recours statue sur le recours. Elle peut, soit exercer les compétences de l'instance qui a pris la décision attaquée, soit renvoyer l'affaire à ladite instance en vue de la poursuite de la procédure.*

2. Si la chambre de recours renvoie l'affaire en vue de la poursuite de la procédure, à l'instance qui a pris la décision attaquée, cette instance est liée par les motifs et le dispositif de la décision de la chambre de recours pour autant que les faits de la cause sont les mêmes.

(Règl. (UE) 2015/2424 du 16 déc. 2015, art. 1er-58, en vigueur le 23 mars 2016) *« 3. Les décisions de la chambre de recours ne prennent effet qu'à compter de la date d'expiration du délai visé à l'article 65, paragraphe 5, ou, si une action a été introduite devant le Tribunal dans ce délai, à compter de la date du rejet de celle-ci ou du rejet de tout pourvoi introduit devant la Cour de justice contre la décision du Tribunal. »* – [Règl. (CE) n° 40/94 du 20 déc. 1993, art. 62.]

Principe de « continuité fonctionnelle ». La chambre des recours, qui dispose des mêmes compétences que l'examinateur, ne peut se limiter à rejeter l'argumentation du requérant sur le motif qu'elle n'a pas été exposée devant l'examinateur mais doit soit statuer au fond soit renvoyer l'affaire audit examinateur. Ceci n'exclut pas qu'elle puisse ne pas tenir compte des faits que les parties n'ont pas invoqués ou des preuves qu'elles n'ont pas produites en temps utile devant elle. • TPICE 8 juill. 1999, n° T-163/98 : *RTD com. 2000. 271, obs. Luby ; PIBD 1999. III. 539.* ♦ Le principe de continuité fonctionnelle entre les examinateurs et les chambres des recours s'applique également aux procédures *inter partes.* • TPICE 23 sept. 2003, n° T-308/01 : *Propr. ind. 2003, n° 90, note Folliard-Monguiral.*

Art. 65 *(Règl. (UE) 2015/2424 du 16 déc. 2015, art. 1er-59, en vigueur le 23 mars 2016)* **Recours devant la Cour de justice.** « *1. Les décisions des chambres de recours statuant sur un recours sont susceptibles d'un recours devant le Tribunal.* »

2. Le recours est ouvert pour incompétence, violation des formes substantielles, violation du traité, du présent règlement ou de toute règle de droit relative à leur application, ou détournement de pouvoir.

(Règl. (UE) 2015/2424 du 16 déc. 2015, art. 1er-59, en vigueur le 23 mars 2016) « *3. Le Tribunal a compétence aussi bien pour annuler que pour réformer la décision attaquée.* »

4. Le recours est ouvert à toute partie à la procédure devant la chambre de recours pour autant que la décision de celle-ci n'a pas fait droit à ses prétentions.

(Règl. (UE) 2015/2424 du 16 déc. 2015, art. 1er-59, en vigueur le 23 mars 2016) « *5. Le recours est formé devant le Tribunal dans un délai de deux mois à compter de la date de notification de la décision de la chambre de recours.*

« *6. L'Office prend les mesures que comporte l'exécution de l'arrêt du Tribunal ou, en cas de pourvoi contre cet arrêt, de celui de la Cour de justice.* »

Ancien art. 65 Recours devant la Cour de justice. *1. Les décisions des chambres de recours statuant sur un recours sont susceptibles d'un recours devant la Cour de justice.*

2. Le recours est ouvert pour incompétence, violation des formes substantielles, violation du traité, du présent règlement ou de toute règle de droit relative à leur application, ou détournement de pouvoir.

3. La Cour de justice a compétence aussi bien pour annuler que pour réformer la décision attaquée.

4. Le recours est ouvert à toute partie à la procédure devant la chambre de recours pour autant que la décision de celle-ci n'a pas fait droit à ses prétentions.

5. Le recours est formé devant la Cour de justice dans un délai de deux mois à compter de la notification de la décision de la chambre de recours.

6. L'Office est tenu de prendre les mesures que comporte l'exécution de l'arrêt de la Cour de justice. – [Règl. (CE) n° 40/94 du 20 déc. 1993, art. 63.]

1. Le contrôle exercé par le Tribunal conformément à l'art. 63 du Règl. (CE) n° 40/94 [Règl. (CE) n° 207/2009 du 26 févr. 2009, art. 65] consiste en un contrôle de la légalité des décisions des chambres de recours de l'OHMI. Le tribunal ne peut annuler ou réformer la décision objet du recours que si, au moment où celle-ci a été prise, elle était entachée par l'un des motifs d'annulation ou de réformation énoncés à l'art. 63, § 2, de ce règlement. • CJCE 13 mars 2007, *OHMI c/ Kaul,* n° C-29/05 : *Rec. CJCE I-2213, point 53* • 18 déc. 2008, *Éditions Albert René c/ OHMI,* n° C-16/06 : *Rec. CJCE I-10053.*

2. Dans le cas où une demande en nullité d'une marque communautaire est fondée sur un droit antérieur protégé par une règle de droit national, il incombe en premier lieu aux instances compétentes de l'OHMI d'apprécier l'autorité et la portée des éléments apportés par le demandeur afin d'établir le contenu de ladite règle. En second lieu, le tribunal est compétent pour exercer un plein contrôle de légalité sur l'appréciation portée par l'OHMI sur les éléments apportés par le demandeur. Enfin, la Cour est compétente pour examiner si le tribunal n'a pas, sur le fondement des documents et des pièces qui lui ont été fournis, dénaturé les dispositions nationales, ainsi que la jurisprudence qui leur est relative ou encore les écrits de doctrine qui les concernent, ensuite si le tribunal ne s'est pas livré, au regard de ces éléments, à des constatations allant de façon manifeste à l'encontre de leur contenu et enfin si le tribunal n'a pas, dans l'examen de l'ensemble de ces éléments, attribué à l'un d'entre eux une portée qui ne lui revient pas. • CJCE 5 juill. 2011, *Edwin Co. Ltd c/ OHMI,* n° C-263/09 : *RTD civ. 2011. 741, obs. Hauser ; RTD eur 2012. 170, obs. Coutron ; PIBD 2012. III. 62.* • CJUE 5 avr. 2017, *Forges de Laguiole,* n° C-598/14 : *Dalloz IP/IT 2017. 398, obs. Le Goffic ; Propr. ind. 2017, n° 37, obs. Folliard Monguiral ; PIBD 2017. III. 358.* ♦ Lors de l'appréciation de la protection conférée par le droit national, le tribunal doit appliquer une règle du droit national telle qu'interprétée par les juridictions nationales à la date à laquelle il rend sa décision. Il doit donc pouvoir prendre en considération une décision émanant d'une juridiction nationale rendue postérieurement à la décision de la chambre des recours de l'EUIPO (en l'occurrence l'arrêt • Com. 10 juill. 2012, n° 08-12.210. V. note 5 ss. art. L. 711-4). • CJUE 5 avr. 2017, *Forges de Laguiole*, n° C-598/14 : *préc.*

3. Le régime communautaire des marques est un régime autonome poursuivant des objectifs qui lui sont spécifiques et son application est indépendante de tout système national. • Trib. UE 5 déc. 2000 *Messe Munchen c/ OHMI*, n° T-32/00. ♦ Dès lors, dans l'appréciation du caractère enregistrable d'un signe en tant que marque communautaire, la chambre des recours n'est pas liée par une décision intervenue au niveau d'un État membre ou d'un pays tiers. • Trib. UE 14 janv. 2015, *Melt Water*, n° T-70/14 : *PIBD 2015. III. 269.*

Art. 65 *bis* *(Règl. (UE) 2015/2424 du 16 déc. 2015, art. 1er-60, en vigueur le 23 mars 2016)* Délégation de pouvoirs. *La Commission est habilitée à adopter des actes délégués en conformité avec l'article 163 bis précisant :*

a) le contenu formel de l'acte de recours visé à l'article 60 et la procédure relative à la formation et à l'examen d'un recours ;

b) le contenu formel et la forme des décisions de la chambre de recours visées à l'article 64 ;

c) le remboursement de la taxe de recours visée à l'article 60.

TITRE VIII *[ABROGÉ]* Marques collectives de l'Union européenne

(Abrogé par Règl. (UE) 2017/1001 du 14 juin 2017, art. 211 et 212, à compter du 1er oct. 2017)

A compter du 1er oct. 2017, le titre VIII est intitulé « Dispositions particulières concernant les marques collectives et les marques de certification de l'Union européenne » (Règl. (UE) 2015/2424 du 16 déc. 2015, art. 1er-61).

SECTION I *[ABROGÉE]* *Marques collectives de l'Union européenne*

Art. 66 Marques collectives de l'Union européenne. *1. Peuvent constituer des marques collectives de l'Union européenne les marques de l'Union européenne ainsi désignées lors du dépôt et propres à distinguer les produits ou les services des membres de l'association qui en est le titulaire de ceux d'autres entreprises. Peuvent déposer des marques collectives de l'Union européenne les associations de fabricants, de producteurs, de prestataires de services ou de commerçants, qui, aux termes de la législation qui leur est applicable, ont la capacité, en leur propre nom, d'être titulaires de droits et d'obligations de toute nature, de passer des contrats ou d'accomplir d'autres actes juridiques et d'ester en justice, de même que les personnes morales relevant du droit public.*

2. Par dérogation à l'article 7, paragraphe 1, point c), peuvent constituer des marques collectives de l'Union européenne au sens du paragraphe 1 des signes ou indications pouvant servir, dans le commerce, à désigner la provenance géographique des produits ou des services. Une marque collective n'autorise pas le titulaire à interdire à un tiers d'utiliser dans le commerce ces signes ou indications, pour autant que cet usage soit fait conformément aux usages honnêtes en matière industrielle ou commerciale ; en particulier, une telle marque ne peut être opposée à un tiers habilité à utiliser une dénomination géographique. — [Règl. (CE) n° 40/94 du 20 déc. 1993, art. 64.]

3. Les dispositions du présent règlement s'appliquent aux marques collectives de l'Union européenne, sauf disposition contraire prévue aux articles 67 à 74.

1. Généralités. Le Règl. 207/2009 doit être interprété en ce sens que ses dispositions relatives aux marques collectives de l'UE ne peuvent pas, *mutatis mutandis*, être appliquées aux marques individuelles de l'UE. • CJUE 8 juin 2017, *WF Gözze GmbH*, n° C-289/15 : *PIBD 2017. III. 539* (marque figurative Fleur de coton).

1. Fonction essentielle d'une marque collective. Si la fonction essentielle d'une indication géographique est de garantir au consommateur l'origine géographique des produits et les qualités particulières qui leur sont intrinsèques, il n'en va pas de même pour la fonction essentielle d'une marque communautaire collective. Le fait que cette dernière soit constituée par une indication pouvant servir à désigner l'origine géographique des produits ne remet pas en cause la fonction essentielle de toute marque collective, à savoir distinguer les produits ou les services des membres de l'association qui en est titulaire de ceux d'autres associations ou entreprises. • Trib. UE 2 oct. 2015, *Darjeeling*, n° T-624/13 : *Prop. intell. 2016, n° 58, p. 86, obs. Basire.* ♦ Lorsque, dans le cadre d'une procédure d'opposition, les deux signes en conflit sont, d'une part. une marque collective, d'autre part, une marque individuelle, la comparaison des produits et services visés doit s'effectuer selon les mêmes critères que ceux qui s'appliquent lorsqu'est appréciée la similitude ou l'identité des produits ou services visés par deux marques individuelles. • Même arrêt.

Art. 67 Règlement d'usage de la marque. *1. Le demandeur d'une marque collective de l'Union européenne doit présenter un règlement d'usage dans le délai prescrit.*

2. Le règlement d'usage indique les personnes autorisées à utiliser la marque, les conditions d'affiliation à l'association ainsi que, dans la mesure où elles existent, les conditions d'usage de la marque, y compris les sanctions. Le règlement d'usage d'une marque visée à l'article 66, paragraphe 2, doit autoriser toute personne dont les produits ou services proviennent de la zone géographique concernée, à devenir membre de l'association qui est titulaire de la marque.

(Règl. (UE) 2015/2424 du 16 déc. 2015, art. 1er-64, en vigueur le 23 mars 2016) « *3. La Commission adopte des actes d'exécution précisant les éléments à mentionner dans le règlement visé au paragraphe 2 du présent article. Ces actes d'exécution sont adoptés en conformité avec la procédure d'examen visée à l'article 163, paragraphe 2.* » — [Règl. (CE) n° 40/94 du 20 déc. 1993, art. 65.]

Art. 68 Rejet de la demande. *1. Outre les motifs de rejet d'une demande de marque de l'Union européenne prévus aux articles 36 et 37, la demande de marque collective de l'Union européenne est rejetée lorsqu'il n'est pas satisfait aux dispositions de l'article 66 ou de l'article 67 ou que le règlement d'usage est contraire à l'ordre public ou aux bonnes mœurs.*

2. La demande de marque collective de l'Union européenne est rejetée en outre lorsque le public risque d'être induit en erreur sur le caractère ou la signification de la marque, notamment lorsqu'elle est susceptible d'apparaître comme étant autre chose qu'une marque collective.

3. La demande n'est pas rejetée, si le demandeur, par une modification du règlement d'usage, répond aux exigences énoncées aux paragraphes 1 et 2. — [Règl. (CE) n° 40/94 du 20 déc. 1993, art. 66.]

Art. 69 Observations des tiers. (Règl. (UE) 2015/2424 du 16 déc. 2015, art. 1er-65, en vigueur le 23 mars 2016) *Lorsque des observations écrites concernant une marque collective de l'Union européenne sont adressées à l'Office en vertu de l'article 40, ces observations peuvent également être fondées sur les motifs particuliers selon lesquels la demande de marque collective de l'Union européenne devrait être rejetée en vertu de l'article 68.* — [Règl. (CE) n° 40/94 du 20 déc. 1993, art. 67.]

Art. 70 Usage de la marque. *L'usage de la marque collective de l'Union européenne fait par toute personne habilitée à utiliser cette marque satisfait aux dispositions du présent règlement, pour autant que les autres conditions auxquelles celui-ci soumet l'usage de la marque de l'Union européenne soient remplies.* — [Règl. (CE) n° 40/94 du 20 déc. 1993, art. 68.]

Art. 71 Modification du règlement d'usage de la marque. *1. Le titulaire de la marque collective de l'Union européenne doit soumettre à l'Office tout règlement d'usage modifié.*

2. La modification n'est pas mentionnée au registre si le règlement d'usage modifié ne satisfait pas aux prescriptions de l'article 67 ou comporte un motif de rejet visé à l'article 68.

(Règl. (UE) 2015/2424 du 16 déc. 2015, art. 1er-66, en vigueur le 23 mars 2016) « *3. Des observations écrites faites conformément à l'article 69 peuvent également être adressées en ce qui concerne le règlement d'usage modifié.* »

4. Aux fins de l'application du présent règlement, la modification du règlement d'usage ne prend effet qu'à compter de la date d'inscription de la mention de la modification au registre. — [Règl. (CE) n° 40/94 du 20 déc. 1993, art. 69.]

Art. 72 Exercice de l'action en contrefaçon. *1. Les dispositions de l'article 22, paragraphes 3 et 4, relatives aux droits des licenciés s'appliquent à toute personne habilitée à utiliser une marque collective de l'Union européenne.*

2. Le titulaire d'une marque collective de l'Union européenne peut réclamer, au nom des personnes habilitées à utiliser la marque, réparation du dommage subi par celles-ci du fait de l'usage non autorisé de la marque. — [Règl. (CE) n° 40/94 du 20 déc. 1993, art. 70.]

Art. 73 Causes de déchéance. *Outre les causes de déchéance prévues à l'article 51, le titulaire de la marque collective de l'Union européenne est déclaré déchu de ses droits sur demande auprès de l'Office ou sur demande reconventionnelle dans une action en contrefaçon lorsque :*

a) le titulaire ne prend pas de mesures raisonnables en vue de prévenir un usage de la marque qui ne serait pas compatible avec les conditions d'usage prévues par le règlement d'usage, dont la modification a été, le cas échéant, mentionnée au registre ;

b) la manière selon laquelle la marque a été utilisée par le titulaire a eu pour conséquence qu'elle est devenue susceptible d'induire le public en erreur au sens de l'article 68, paragraphe 2 ;

c) la modification du règlement d'usage a été mentionnée au registre contrairement aux dispositions de l'article 71, paragraphe 2, sauf si le titulaire de la marque répond, par une nouvelle modi-

fication du règlement d'usage, aux exigences fixées par ces dispositions. – [Règl. (CE) n° 40/94 du 20 déc. 1993, art. 71.]

Art. 74 Causes de nullité. *Outre les causes de nullité prévues aux articles 52 et 53, la marque collective de l'Union européenne est déclarée nulle sur demande présentée auprès de l'Office ou sur demande reconventionnelle dans une action en contrefaçon lorsqu'elle a été enregistrée contrairement aux dispositions de l'article 68, sauf si le titulaire de la marque répond, par une modification du règlement d'usage, aux exigences fixées par ces dispositions.* – [Règl. (CE) n° 40/94 du 20 déc. 1993, art. 72.]

SECTION II *[ABROGÉE]* *Marques de certification de l'Union européenne*

(Règl. (UE) 2015/2424 du 16 déc. 2015, art. 1er-67, en vigueur le 1er oct. 2017)

V. note en tête du présent Règl.

Art. 74 *ter* Règlement d'usage de la marque de certification de l'Union européenne. (Règl. (UE) 2015/2424 du 16 déc. 2015, art. 1er-67 et 4, en vigueur le 23 mars 2016) « *3. La Commission adopte des actes d'exécution précisant les éléments à mentionner dans le règlement visé au paragraphe 2 du présent article. Ces actes d'exécution sont adoptés en conformité avec la procédure d'examen visée à l'article 163, paragraphe 2.* »

TITRE IX *[ABROGÉ]* Dispositions de procédure

(Abrogé par Règl. (UE) 2017/1001 du 14 juin 2017, art. 211 et 212, à compter du 1er oct. 2017)

SECTION I *[ABROGÉE]* *Dispositions générales*

Art. 75 Motivation des décisions. *Les décisions de l'Office sont motivées. Elles ne peuvent être fondées que sur des motifs sur lesquels les parties ont pu prendre position.* – [Règl. (CE) n° 40/94 du 20 déc. 1993, art. 73.]

Cette disposition constitue une application spécifique du principe général de protection des droits de la défense consacré à l'art. 41, § 2, sous *a)* de la Charte des droits fondamentaux de l'Union européenne, selon lequel les personnes dont les intérêts sont affectés par les décisions des autorités publiques doivent être mises en mesure de faire connaître utilement leur point de vue. Le droit d'être entendu s'étend à tous les éléments de fait ou de droit qui constituent le fondement de l'acte décisionnel : • Trib. UE 26 mars 2014, *Still c/ OHMI*, n° T-534/12 • 5 mai 2015, *Lidl*, n° T-715/13 : *PIBD 2015. III. 624.* ♦ Ce qui est le cas, dans une procédure d'opposition, des éléments susceptibles d'affecter la validité de la marque antérieure, tel que le certificat de renouvellement de cette marque. • Trib. UE 5 mai 2015, *Lidl : préc.* ♦ Toutefois, les droits de la défense ne sont violés du fait d'une irrégularité procédurale que dans la mesure où la procédure en cause aurait pu aboutir à un résultat différent si l'intéressé avait pu mieux assurer sa défense. • CJCE 1er oct. 2009, *Foshan Shunde Yongjian Housewares*, n° C-141/08 • Trib. UE 26 sept. 2014, *Flying Holding a c/ Commission*, n° T-91/12 • 5 mai 2015, *Lidl*, n° T-715/13 : *préc.*

Art. 76 Examen d'office des faits. *1. Au cours de la procédure, l'Office procède à l'examen d'office des faits ; toutefois, dans une procédure concernant des motifs relatifs de refus d'enregistrement, l'examen est limité aux moyens invoqués et aux demandes présentées par les parties.* (Règl. (UE) 2015/2424 du 16 déc. 2015, art. 1er-69, en vigueur le 23 mars 2016) « *Dans les procédures de nullité engagées en vertu de l'article 52, l'Office limite son examen aux moyens et arguments soumis par les parties.* »

2. L'Office peut ne pas tenir compte des faits que les parties n'ont pas invoqués ou des preuves qu'elles n'ont pas produites en temps utile. – [Règl. (CE) n° 40/94 du 20 déc. 1993, art. 74.]

1. Sur l'examen d'office par l'OHMI de faits notoires, V. • TPICE 22 juin 2004, n° T-66/03 : *Propr. ind. 2004, n° 71, note Folliard-Monguiral.*

2. Le pouvoir d'appréciation conféré par l'art. 76, § 2, peut s'appliquer à la production tardive, pour la première fois devant la chambre de recours de preuves additionnelles confirmant ou clarifiant les preuves initialement présentées dans les délais, à moins que celles-ci ne soient dépourvues de toute pertinence. • CJUE 26 sept. 2013, n° C-610/11 : *Propr. ind. 2013, n° 89, note Folliard-Monguiral.*

Art. 77 Procédure orale. *1. L'Office recourt à la procédure orale, soit d'office, soit sur requête d'une partie à la procédure, à condition qu'il le juge utile.*

2. La procédure orale devant les examinateurs, la division d'opposition et la division de l'administration des marques et des questions juridiques n'est pas publique.

3. La procédure orale, y compris le prononcé de la décision, est publique devant la division d'annulation et les chambres de recours, sauf décision contraire de l'instance saisie au cas où la publicité pourrait présenter, notamment pour une partie à la procédure, des inconvénients graves et injustifiés.

(Règl. (UE) 2015/2424 du 16 déc. 2015, art. 1er-70, en vigueur le 23 mars 2016) « *4. La Commission est habilitée à adopter des actes délégués en conformité avec l'article 163 bis pour préciser les modalités de la procédure orale, y compris celles concernant l'usage des langues conformément à l'article 119.* » — [Règl. (CE) n° 40/94 du 20 déc. 1993, art. 75.]

Art. 78 Instruction. *1. Dans toute procédure devant l'Office, les mesures d'instruction suivantes peuvent notamment être prises :*

a) l'audition des parties ;

b) la demande de renseignements ;

c) la production de documents et d'échantillons ;

d) l'audition de témoins ;

e) l'expertise ;

f) les déclarations écrites faites sous serment ou solennellement ou qui ont un effet équivalent d'après la législation de l'État dans lequel elles sont faites.

2. Le service saisi peut charger un de ses membres de procéder aux mesures d'instruction.

3. Si l'Office estime nécessaire qu'une partie, un témoin ou un expert dépose oralement, il invite la personne concernée à comparaître devant lui.

4. Les parties sont informées de l'audition d'un témoin ou expert devant l'Office. Elles ont le droit d'être présentes et de poser des questions au témoin ou à l'expert.

5. Créé par Règl. (UE) 2015/2424 du 16 déc. 2015 ; Abrogé par Règl. (UE) 2017/1001 du 14 juin 2017.

(Règl. (UE) 2015/2424 du 16 déc. 2015, art. 1er-71, en vigueur le 23 mars 2016) « *6. La Commission est habilitée à adopter des actes délégués en conformité avec l'article 163 bis pour préciser les modalités de l'instruction.* » — [Règl. (CE) n° 40/94 du 20 déc. 1993, art. 76.]

Art. 78, § 1, f). La valeur probante des attestations de l'importateur n'est pas amoindrie par l'existence de liens contractuels avec le titulaire de la marque, à défaut de preuve de la dépendance du premier vis-à-vis du second. • Trib. UE 15 févr. 2017, *M. I. Industries, Inc. c/ EUIPO*, n° T-30/16 : *Propr. ind. 2017, n° 26, obs. Folliard-Monguiral* (marque Natural Instinct).

Art. 79 *L'Office notifie d'office toutes les décisions et invitations à comparaître devant lui ainsi que les communications qui font courir un délai ou dont la notification est prévue par d'autres dispositions du présent règlement ou par le règlement, ou prescrite par le président de l'Office.* — [Règl. (CE) n° 40/94 du 20 déc. 1993, art. 77.]

Art. 79 *bis* *Créé par Règl. (UE) 2015/2424 du 16 déc. 2015 ; Abrogé par Règl. (UE) 2017/1001 du 14 juin 2017.*

Art. 79 *ter* *2. La Commission est habilitée à adopter des actes d'exécution en conformité avec l'article 163 bis pour préciser les règles applicables aux moyens de communication, y compris électroniques, à utiliser par les parties à la procédure devant l'Office, et aux formulaires que l'Office fournit.* — Entrée en vigueur de ce paragraphe le 23 mars 2016.

Art. 79 *quater* *5. La Commission est habilitée à adopter des actes délégués en conformité avec l'article 163 bis pour préciser les modalités relatives au calcul et à la durée des délais.* — Entrée en vigueur de ce paragraphe le 23 mars 2016.

Art. 80 Suppression ou révocation. *1. Lorsque l'Office effectue une inscription dans le registre ou prend une décision entachées d'une erreur de procédure manifeste, qui lui est imputable, il se charge de supprimer une telle inscription ou de révoquer cette décision. Dans le cas où il n'y a qu'une seule partie à la procédure dont les droits sont lésés par l'inscription ou l'acte, la suppression de l'inscription ou la révocation de la décision est ordonnée même si, pour la partie, l'erreur n'était pas manifeste.*

2. La suppression de l'inscription ou la révocation de la décision, visées au paragraphe 1, sont ordonnées, d'office ou à la demande de l'une des parties à la procédure, par l'instance ayant procédé à l'inscription ou ayant adopté la décision. La suppression ou la révocation sont ordonnées dans un délai de six mois à partir de la date d'inscription au registre ou de l'adoption de la décision, après avoir entendu les parties à la procédure ainsi que les éventuels titulaires de droits sur la marque communautaire en question qui sont inscrits au registre.

3. Le présent article ne porte pas atteinte au droit qu'ont les parties de former un recours en application des articles 58 et 65 ni à la possibilité, conformément aux modalités et aux conditions fixées par le règlement d'exécution d'obtenir la correction des erreurs linguistiques ou de transcrip-

tion et des erreurs manifestes figurant dans les décisions de l'Office, ainsi que des erreurs imputables à l'Office lors de l'enregistrement de la marque ou de la publication de cet enregistrement. – [Règl. (CE) n° 40/94 du 20 déc. 1993, art. 77 bis.]

Art. 81 Restitutio in integrum. *1. Le demandeur ou le titulaire d'une marque de l'Union européenne ou toute autre partie à une procédure devant l'Office qui, bien qu'ayant fait preuve de toute la vigilance nécessitée par les circonstances, n'a pas été en mesure d'observer un délai à l'égard de l'Office est, sur requête, rétabli dans ses droits si l'empêchement a eu pour conséquence directe, en vertu des dispositions du présent règlement, la perte d'un droit ou celle d'un moyen de recours.*

2. La requête doit être présentée par écrit dans un délai de deux mois à compter de la cessation de l'empêchement. L'acte non accompli doit l'être dans ce délai. La requête n'est recevable que dans un délai d'un an à compter de l'expiration du délai non observé. En cas de non-présentation de la demande de renouvellement de l'enregistrement ou de non-paiement d'une taxe de renouvellement, le délai supplémentaire de six mois prévu à l'article 47, paragraphe 3, troisième phrase, est déduit de la période d'une année.

3. La requête doit être motivée et indiquer les faits et les justifications invoqués à son appui. Elle n'est réputée présentée qu'après paiement de la taxe de restitutio in integrum.

4. L'instance qui est compétente pour statuer sur l'acte non accompli décide sur la requête.

5. Le présent article n'est pas applicable aux délais prévus au paragraphe 2 ni à l'article 41, paragraphes 1 et 3, ni à l'article 82.

6. Lorsque le demandeur ou le titulaire d'une marque de l'Union européenne est rétabli dans ses droits, il ne peut invoquer ses droits contre un tiers qui, de bonne foi, a mis des produits dans le commerce ou a fourni des services sous un signe identique ou similaire à la marque de l'Union européenne pendant la période comprise entre la perte du droit sur la demande ou sur la marque de l'Union européenne et la publication de la mention du rétablissement de ce droit.

7. Le tiers qui peut se prévaloir des dispositions du paragraphe 6 peut former tierce opposition contre la décision rétablissant dans ses droits le demandeur ou le titulaire d'une marque de l'Union européenne dans un délai de deux mois à compter de la date de publication de la mention du rétablissement du droit.

8. Le présent article n'affecte pas le droit pour un État membre d'accorder la restitutio in integrum quant aux délais prévus par le présent règlement et qui doivent être observés vis-à-vis des autorités de cet État. – [Règl. (CE) n° 40/94 du 20 déc. 1993, art. 78.]

Le délai de deux mois, au cours duquel la requête en *restitutio in integrum* doit être présentée, court à compter de la cessation de l'empêchement et non à compter de la révélation de l'inobservation. • TPICE 17 sept. 2003, n° T-71/02 : *Propr. ind. 2003, n° 91, note Folliard-Monguiral.*

Art. 82 Poursuite de la procédure. *1. Le demandeur ou le titulaire d'une marque de l'Union européenne ou toute autre partie à une procédure devant l'Office qui a omis d'observer un délai à l'égard de l'Office peut obtenir, sur requête, la poursuite de la procédure, à condition que, au moment où la requête est introduite, l'acte omis ait été accompli. La requête en poursuite de procédure est uniquement recevable lorsqu'elle est présentée dans un délai de deux mois à compter de la date d'expiration du délai non observé. La requête n'est réputée présentée qu'après paiement d'une taxe de poursuite de la procédure.*

2. Le présent article n'est pas applicable aux délais prévus à l'article 25, paragraphe 3, à l'article 27, à l'article 29, paragraphe 1, à l'article 33, paragraphe 1, à l'article 36, paragraphe 2, aux articles 41 et 42, à l'article 47, paragraphe 3, aux articles 60 et 62, à l'article 65, paragraphe 5, aux articles 81 et 112, aux délais prévus dans le présent article et aux délais prévus par le règlement d'exécution pour se prévaloir, après le dépôt de la demande, d'une priorité en application de l'article 30, d'une priorité d'exposition en vertu de l'article 33 ou d'une ancienneté au sens de l'article 34.

3. L'instance qui est compétente pour statuer sur l'acte omis se prononce sur la requête.

(Règl. (UE) 2015/2424 du 16 déc. 2015, art. 1er-75, en vigueur le 23 mars 2016) « *4. Dans le cas où l'Office fait droit à la requête, les conséquences de l'inobservation du délai sont réputées ne pas s'être produites. Si une décision a été prise entre la date d'expiration de ce délai et la requête en poursuite de procédure, l'instance qui est compétente pour statuer sur l'acte omis examine cette décision et, lorsque l'accomplissement de l'acte omis suffit, prend une décision différente. Si, à la suite de l'examen, l'Office conclut que la décision initiale n'a pas à être modifiée, il confirme cette décision par écrit.* »

5. Dans le cas où l'Office rejette la requête, la taxe est remboursée. – [Règl. (CE) n° 40/94 du 20 déc. 1993, art. 78 bis.]

Art. 82 *bis* *3. La Commission est habilitée à adopter des actes délégués en conformité avec l'article 163 bis pour préciser les modalités de reprise de la procédure devant l'Office.* – Entrée en vigueur de ce paragraphe le 23 mars 2016.

Art. 83 Référence aux principes généraux. *En l'absence d'une disposition de procédure dans le présent règlement, le règlement d'exécution, le règlement relatif aux taxes ou le règlement de procédure des chambres de recours, l'Office prend en considération les principes généralement admis en la matière dans les États membres.* – [Règl. (CE) n° 40/94 du 20 déc. 1993, art. 79.]

Art. 84 Fin des obligations financières. *1. Le droit de l'Office d'exiger le paiement de taxes se prescrit par quatre ans à compter de la fin de l'année civile au cours de laquelle la taxe est devenue exigible.*

2. Les droits à l'encontre de l'Office en matière de remboursement de taxes ou de trop-perçu par celui-ci lors du paiement de taxes se prescrivent par quatre ans à compter de la fin de l'année civile au cours de laquelle le droit a pris naissance.

3. Le délai prévu aux paragraphes 1 et 2 est interrompu dans le cas visé au paragraphe 1 par une invitation à acquitter la taxe, et dans le cas visé au paragraphe 2 par une requête écrite en vue de faire valoir ce droit. Ce délai recommence à courir à compter de la date de son interruption ; il expire au plus tard au terme d'une période de six ans calculée à compter de la fin de l'année civile au cours de laquelle il a commencé à courir initialement, à moins qu'une action en justice n'ait été engagée pour faire valoir ce droit ; en pareil cas, le délai expire au plus tôt au terme d'une période d'une année calculée à compter de la date à laquelle la décision est passée en force de chose jugée. – [Règl. (CE) n° 40/94 du 20 déc. 1993, art. 80.]

SECTION II *[ABROGÉE]* *Frais*

Art. 85 Répartition des frais. *1. La partie perdante dans une procédure d'opposition, de déchéance, de nullité ou de recours supporte les taxes exposées par l'autre partie, ainsi que, sans préjudice des dispositions de l'article 119, paragraphe 6, tous les frais exposés par celle-ci indispensables aux fins des procédures, y compris les frais de déplacement et de séjour et la rémunération d'un agent, conseil ou avocat, dans la limite des tarifs fixés pour chaque catégorie de frais dans les conditions prévues par le règlement d'exécution. »*

(Règl. (UE) 2015/2424 du 16 déc. 2015, art. 1er-78, en vigueur le 23 mars 2016) *« 1 bis. La Commission adopte des actes d'exécution précisant les taux maximaux applicables aux frais indispensables à la procédure et réellement exposés par la partie gagnante. Ces actes d'exécution sont adoptés en conformité avec la procédure d'examen visée à l'article 163, paragraphe 2*

« Aux fins de la détermination de ce montant en ce qui concerne les frais de déplacement et de séjour, la Commission tient compte de la distance entre le domicile ou le siège de la partie, du représentant, du témoin ou de l'expert et le lieu où la procédure orale se déroule, ainsi que de l'étape de la procédure au cours de laquelle les frais ont été exposés et, dans la mesure où il est question de frais de représentation au sens de l'article 93, paragraphe 1, de la nécessité de garantir que l'obligation de supporter les frais ne peut être exploitée par l'autre partie pour des motifs tactiques. Les frais de séjour sont calculés conformément au statut des fonctionnaires de l'Union et au régime applicable aux autres agents de l'Union, fixés par le règlement (CEE, Euratom, CECA) n° 259/68 du Conseil [du 29 févr. 1968 fixant le statut des fonctionnaires des Communautés européennes ainsi que le régime applicable aux autres agents de ces Communautés, et instituant des mesures particulières temporairement applicables aux fonctionnaires de la Commission].

« La partie perdante ne supporte les frais que pour un seul opposant et, le cas échéant, pour un seul représentant. »

2. Toutefois, dans la mesure où les parties succombent respectivement sur un ou plusieurs chefs ou dans la mesure où l'équité l'exige, la division d'opposition ou la division d'annulation ou la chambre de recours décide d'une répartition différente des frais.

3. La partie qui met fin à une procédure par le retrait de la demande de marque de l'Union européenne, de l'opposition, de la demande en déchéance ou en nullité, ou du recours, par le non-renouvellement de l'enregistrement de la marque de l'Union européenne ou par la renonciation à celle-ci, supporte les taxes ainsi que les frais exposés par l'autre partie dans les conditions prévues aux paragraphes 1 et 2.

4. En cas de non-lieu à statuer, la division d'opposition, la division d'annulation ou la chambre de recours règle librement les frais.

5. Lorsque les parties concluent devant la division d'opposition, la division d'annulation ou la chambre de recours un accord sur les frais différent de celui résultant de l'application des paragraphes précédents, l'instance concernée prend acte de cet accord.

6. La division d'opposition ou la division d'annulation ou la chambre de recours fixe le montant des frais à rembourser en vertu des paragraphes précédents lorsque ces frais se limitent aux taxes payées à l'Office et aux frais de représentation. Dans tous les autres cas, le greffe de la chambre de recours ou un membre du personnel de la division d'opposition ou de la division d'annulation fixe le montant des frais à rembourser sur requête. La requête n'est recevable que lorsqu'elle est présentée dans un délai de deux mois à partir de la date à laquelle la décision faisant l'objet de la demande de fixation des frais devient définitive. Ce montant peut, sur requête présentée dans le délai prescrit, être révisé par décision de la division d'opposition, de la division d'annulation ou de la chambre de recours. — [Règl. (CE) n° 40/94 du 20 déc. 1993, art. 81.]

Art. 86 Exécution des décisions fixant le montant des frais. *1. Toute décision définitive de l'Office qui fixe le montant des frais forme titre exécutoire.*

(Règl. (UE) 2015/2424 du 16 déc. 2015, art. 1er-79, en vigueur le 23 mars 2016) *« 2. Chaque État membre désigne une autorité unique chargée de la vérification de l'authenticité de la décision visée au paragraphe 1 et communique ses coordonnées à l'Office, à la Cour de justice et à la Commission. La formule exécutoire est annexée à la décision par cette autorité, sans autre formalité de contrôle que la vérification de l'authenticité de la décision. »*

3. Après l'accomplissement de ces formalités à la demande de la partie concernée, celle-ci peut poursuivre l'exécution forcée en saisissant directement l'organe compétent, suivant la législation nationale.

4. L'exécution forcée ne peut être suspendue qu'en vertu d'une décision de la Cour de justice. Toutefois, le contrôle de la régularité des mesures d'exécution relève de la compétence des juridictions du pays concerné. — [Règl. (CE) n° 40/94 du 20 déc. 1993, art. 82.]

SECTION III *[ABROGÉE]* *Information du public et des autorités des États membres*

Art. 87 *(Règl. (UE) 2015/2424 du 16 déc. 2015, art. 1er-80, en vigueur le 23 mars 2016)* Registre des marques de l'Union européenne. *1. L'Office tient un registre des marques de l'Union européenne et le tient à jour.*

2. Le registre contient les inscriptions suivantes relatives aux demandes et aux enregistrements de marques de l'Union européenne :

a) la date du dépôt de la demande ;

b) le numéro de dossier de la demande ;

c) la date de publication de la demande ;

d) le nom et l'adresse du demandeur ;

e) les nom et adresse professionnelle du représentant, dans la mesure où il ne s'agit pas d'un représentant visé à l'article 92, paragraphe 3, première phrase ;

f) la représentation de la marque, ainsi que les mentions relatives à sa nature ; et, le cas échéant, une description de la marque ;

g) la désignation par leur nom des produits et services ;

h) des indications relatives à la priorité revendiquée conformément à l'article 30 ;

i) des indications relatives à la priorité d'exposition revendiquée conformément à l'article 33 ;

j) des indications sur la revendication de l'ancienneté d'une marque antérieure enregistrée selon les termes de l'article 34 ;

k) une déclaration selon laquelle, après l'usage qui en a été fait, la marque a acquis un caractère distinctif conformément à l'article 7, paragraphe 3 ;

l) la mention qu'il s'agit d'une marque collective ;

m) la mention qu'il s'agit d'une marque de certification ; — Entrée en vigueur de ce paragraphe le 1er oct. 2017.

n) la langue de dépôt de la demande ainsi que la deuxième langue indiquée par le demandeur dans sa demande, conformément à l'article 119, paragraphe 3 ;

o) la date d'inscription de la marque au registre et le numéro d'enregistrement ;

p) une déclaration selon laquelle la demande résulte de la transformation d'un enregistrement international désignant l'Union, conformément à l'article 161 du présent règlement, ainsi que la date de l'enregistrement international conformément à l'article 3. 4) du protocole de Madrid ou la date de l'enregistrement de l'extension territoriale à l'Union intervenue postérieurement à l'enregistrement international conformément à l'article 3 ter. 2) du protocole de Madrid et, le cas échéant, la date de priorité de l'enregistrement international.

3. Sont également inscrits au registre, avec à chaque fois la date d'enregistrement :

a) les modifications du nom, de l'adresse ou de la nationalité du titulaire d'une marque de l'Union européenne ou une modification de l'État sur le territoire duquel il a son domicile, son siège ou un établissement ;

b) les modifications du nom ou de l'adresse professionnelle du représentant, dans la mesure où il ne s'agit pas d'un représentant visé à l'article 92, paragraphe 3, première phrase ;

c) en cas de désignation d'un nouveau représentant, les nom et adresse professionnelle de celui-ci ;

d) les modifications de la marque, en vertu des articles 43 et 48, et la rectification d'erreurs ;

e) la mention de la modification du règlement d'usage de la marque collective en vertu de l'article 71 ;

f) des indications sur la revendication de l'ancienneté d'une marque antérieure enregistrée telle que visée à l'article 34, en vertu de l'article 35 ;

g) les transferts totaux ou partiels en vertu de l'article 17 ;

h) la constitution ou la cession d'un droit réel en vertu de l'article 19, et la nature du droit réel ;

i) les mesures d'exécution forcée en vertu de l'article 20 et les procédures d'insolvabilité en vertu de l'article 21 ;

j) l'octroi ou le transfert d'une licence en vertu de l'article 22, ainsi que, le cas échéant, le type de licence ;

k) le renouvellement d'un enregistrement en vertu de l'article 47 et sa date de prise d'effet, ainsi que les limitations en vertu de l'article 47, paragraphe 4 ;

l) la mention relative à la date d'expiration d'un enregistrement en vertu de l'article 47 ;

m) les déclarations de retrait ou de renonciation par le titulaire de la marque en vertu des articles 43 et 50 respectivement ;

n) la date de présentation et les détails d'une opposition en vertu de l'article 41, d'une demande en vertu de l'article 56, ou d'une demande reconventionnelle en déchéance ou en nullité en vertu de l'article 100, paragraphe 4, ou d'un recours en vertu de l'article 60 ;

o) la date et le contenu d'une décision sur une opposition, sur une demande ou une demande reconventionnelle en vertu de l'article 57, paragraphe 6, ou de l'article 100, paragraphe 6, troisième phrase, ou sur un recours en vertu de l'article 64 ;

p) la mention de la réception d'une requête en transformation en vertu de l'article 113, paragraphe 2 ;

q) la radiation du représentant inscrit en vertu paragraphe 2, point e), du présent article ;

r) la radiation de l'ancienneté d'une marque nationale ;

s) la modification ou la radiation du registre des mentions visées aux points h), i) et j) du présent paragraphe ;

t) le remplacement d'une marque de l'Union européenne par un enregistrement international en vertu de l'article 157 ;

u) la date et le numéro des enregistrements internationaux fondés sur une demande de marque de l'Union européenne qui a abouti à l'enregistrement d'une marque de l'Union européenne conformément à l'article 148, paragraphe 1 ;

v) la date et le numéro des enregistrements internationaux fondés sur une marque de l'Union européenne conformément à l'article 148, paragraphe 2 ;

w) la division d'une demande en vertu de l'article 44 et la division d'un enregistrement en vertu de l'article 49, ainsi que les éléments visés au paragraphe 2 du présent article au regard de l'enregistrement divisionnaire, ainsi que la liste des produits et services de l'enregistrement original telle que modifiée ;

x) la révocation d'une décision ou la suppression d'une inscription au registre en vertu de l'article 80, lorsqu'il s'agit d'une décision ou d'une inscription qui a été publiée ;

y) la mention de la modification du règlement d'usage de la marque de certification en vertu de l'article 74 septies. — Entrée en vigueur de ces dispositions le 1er oct. 2017.

4. Le directeur exécutif peut décider que des éléments autres que ceux visés aux paragraphes 2 et 3 du présent article sont inscrits au registre, sous réserve de l'article 123, paragraphe 4.

5. Le registre peut être tenu sous une forme électronique. L'Office collecte, organise, rend publics et conserve les éléments visés aux paragraphes 2 et 3, y compris les données à caractère personnel, aux fins prévues au paragraphe 9. Il fait en sorte que le registre soit aisément accessible en vue d'une inspection publique.

6. Toute modification apportée au registre est notifiée au titulaire de la marque de l'Union européenne.

7. L'Office délivre, sur requête et moyennant paiement d'une taxe, des extraits certifiés conformes ou non certifiés conformes du registre.

8. Le traitement des données relatives aux inscriptions visées aux paragraphes 2 et 3, y compris les données à caractère personnel, est effectué aux fins de :

a) la gestion des demandes et/ou des enregistrements décrits dans le présent règlement et dans les actes adoptés en vertu de celui-ci ;

b) la tenue d'un registre public en vue de l'inspection par des autorités publiques et des opérateurs économiques et de leur information, afin de leur permettre d'exercer les droits que leur confère le présent règlement et de se renseigner sur l'existence de droits antérieurs de tiers ; et

c) l'établissement de rapports et de statistiques permettant à l'Office d'optimiser ses activités et d'améliorer le fonctionnement du système.

9. Toutes les données, y compris les données à caractère personnel, relatives aux inscriptions visées aux paragraphes 2 et 3 sont considérées comme présentant un intérêt public et sont accessibles aux tiers. Pour des raisons de sécurité juridique, les inscriptions au registre sont conservées pendant une durée indéterminée.

Art. 87 *bis* (Règl. (UE) 2015/2424 du 16 déc. 2015, art. 1er-81, en vigueur le 23 mars 2016) Base de données. *1. Outre l'obligation de tenir un registre au sens de l'article 87, l'Office collecte et conserve dans une base de données électronique toutes les informations fournies par les demandeurs ou toute autre partie à la procédure au titre du présent règlement ou des actes adoptés en vertu de celui-ci.*

2. La base de données électronique peut contenir des données à caractère personnel en plus de celles figurant dans le registre en vertu de l'article 87, dans la mesure où ces informations sont prescrites par le présent règlement ou par des actes adoptés en vertu de celui-ci. La collecte, la conservation et le traitement de ces données servent aux objectifs suivants :

a) la gestion des demandes et/ou des enregistrements décrits dans le présent règlement et dans les actes adoptés en vertu de celui-ci ;

b) l'accès aux informations nécessaires pour conduire plus aisément et plus efficacement la procédure correspondante ;

c) la communication avec les demandeurs et les autres parties à la procédure ;

d) l'établissement de rapports et de statistiques permettant à l'Office d'optimiser ses activités et d'améliorer le fonctionnement du système.

3. Le directeur exécutif arrête les conditions d'accès à la base de données électronique et les modalités de diffusion de son contenu, à l'exception des données à caractère personnel visées au paragraphe 2 du présent article mais y compris celles énumérées à l'article 87, sous une forme exploitable par ordinateur, y compris les tarifs à acquitter pour cet accès.

4. L'accès aux données à caractère personnel visées au paragraphe 2 est limité et ces données ne sont pas rendues publiques, à moins que la partie concernée n'ait donné son consentement explicite.

5. Toutes les données sont conservées pour une durée illimitée. Cependant, la partie concernée peut demander la suppression de toute donnée à caractère personnel figurant dans la base de données dix-huit mois à compter de l'expiration de la marque ou de la clôture de la procédure inter partes correspondante. La partie concernée a le droit d'obtenir à tout moment la rectification des données inexactes ou erronées.

Art. 87 *ter* (Règl. (UE) 2015/2424 du 16 déc. 2015, art. 1er-81, en vigueur le 23 mars 2016) Accès en ligne aux décisions. *1. Les décisions de l'Office sont mises en ligne à la disposition du public à des fins d'information et de consultation, dans un souci de transparence et de prévisibilité. Toute partie à la procédure qui a débouché sur l'adoption de la décision peut demander la suppression de toute donnée à caractère personnel figurant dans la décision.*

2. L'Office peut fournir un accès en ligne aux décisions des juridictions nationales et de l'Union en rapport avec ses missions afin de sensibiliser le public aux questions de propriété intellectuelle et de promouvoir la convergence des pratiques. L'Office respecte les conditions de la publication initiale applicables aux données à caractère personnel.

Art. 88 Inspection publique. *1. Les dossiers relatifs à des demandes de marques de l'Union européenne qui n'ont pas encore été publiées ne peuvent être ouverts à l'inspection publique qu'avec l'accord du demandeur.*

2. Quiconque prouve que le demandeur d'une marque de l'Union européenne a affirmé qu'après l'enregistrement de la marque il se prévaudra de celle-ci à son encontre peut consulter le dossier avant la publication de la demande et sans l'accord du demandeur.

3. Après la publication de la demande de marque de l'Union européenne, les dossiers de cette demande et de la marque à laquelle elle a donné lieu peuvent, sur requête, être ouverts à l'inspection publique.

(Règl. (UE) 2015/2424 du 16 déc. 2015, art. 1er-82, en vigueur le 23 mars 2016) « *4. Lorsque les dossiers sont ouverts à l'inspection publique en vertu du paragraphe 2 ou 3 du présent article, les pièces relatives à l'exclusion ou à la récusation au sens de l'article 137, les projets de décisions et d'avis ainsi que tous les documents internes utilisés pour la préparation de ces décisions et avis, peuvent en être exclus, de même que les parties du dossier pour lesquelles la partie concernée a fait valoir un intérêt particulier à les garder confidentielles avant le dépôt de la demande d'inspection des dossiers, à moins que l'inspection publique de ces parties du dossier ne soit justifiée par l'intérêt légitime supérieur de la partie qui requiert l'inspection.*

« *5. L'inspection publique des dossiers de demandes de marque de l'Union européenne et des dossiers de marques de l'Union européenne enregistrées porte sur les documents originaux, ou sur des copies de ces documents ou sur des moyens techniques de stockage des données dans le cas où les dossiers sont ainsi archivés. Le directeur exécutif fixe les moyens d'inspection.*

« 6. Lorsque l'inspection publique est effectuée comme le prévoit le paragraphe 7, la requête en inspection publique n'est réputée déposée qu'après paiement de la taxe requise. Aucune taxe n'est requise en cas d'inspection publique portant sur des moyens techniques de stockage réalisée en ligne.

« 7. L'inspection publique a lieu dans les locaux de l'Office. Sur requête, l'inspection publique prend la forme d'une délivrance de copies des pièces versées aux dossiers. Ces copies sont délivrées en contrepartie du paiement d'une taxe. Sur demande, l'Office délivre également des copies certifiées conformes ou non d'une demande de marque de l'Union européenne, en contrepartie du paiement d'une taxe.

« 8. Les dossiers conservés par l'Office se rapportant à des enregistrements internationaux désignant l'Union peuvent être inspectés, sur demande, à partir de la date de publication visée à l'article 152, paragraphe 1, conformément aux conditions fixées aux paragraphes 1, 3 et 4 du présent article.

« 9. Sous réserve des restrictions prévues au paragraphe 4, l'Office peut, sur requête et moyennant paiement d'une taxe, communiquer des informations contenues dans tous les dossiers relatifs à une demande de marque de l'Union européenne ou à une marque de l'Union européenne enregistrée. L'Office peut, toutefois, exiger qu'il soit fait usage de la possibilité de recours à l'inspection publique du dossier, s'il l'estime approprié compte tenu de la quantité d'informations à fournir. » – [Règl. (CE) n° 40/94 du 20 déc. 1993, art. 84.]

Art. 88 *bis* *(Règl. (UE) 2015/2424 du 16 déc. 2015, art. 1er-83, en vigueur le 23 mars 2016)* Conservation des dossiers. *1. L'Office conserve les dossiers de toute procédure relative à une demande de marque de l'Union européenne ou à un enregistrement de marque de l'Union européenne. Le directeur exécutif arrête la forme sous laquelle ces dossiers sont conservés*

2. Lorsque les dossiers sont conservés sous forme électronique, les dossiers électroniques ou leurs copies de sauvegarde sont conservés pour une durée illimitée. Les documents originaux déposés par les parties à la procédure et constituant la base de ces dossiers électroniques sont éliminés au terme d'une période dont la durée, à compter de leur réception par l'Office, est fixée par le directeur exécutif.

3. Si et dans la mesure où des dossiers ou parties de dossiers sont conservés sous toute forme autre qu'électronique, les documents ou éléments de preuve constituant une partie de ces dossiers sont conservés pendant cinq années au moins à compter de la fin de l'année au cours de laquelle la demande est rejetée, retirée ou réputée retirée, l'enregistrement de la marque de l'Union européenne vient à expiration conformément à l'article 47, la renonciation intégrale à la marque de l'Union européenne est enregistrée conformément à l'article 50 ou la marque de l'Union européenne est intégralement radiée du registre conformément à l'article 57, paragraphe 6, ou à l'article 100, paragraphe 6.

Art. 89 Publications périodiques. *1 à 3.* Créés par Règl. (UE) 2015/2424 du 16 déc. 2015 ; Abrogés par Règl. (UE) 2017/1001 du 14 juin 2017.

(Règl. (UE) 2015/2424 du 16 déc. 2015, art. 1er-84, en vigueur le 23 mars 2016) *« 4. La Commission adopte des actes d'exécution précisant :*

« a) la date à retenir comme étant la date de publication au Bulletin des marques de l'Union européenne ;

« b) les modalités de publication des inscriptions concernant l'enregistrement d'une marque ne contenant pas de modification par rapport à la publication de la demande ;

« c) les formes de la mise à disposition du public des éditions du Journal officiel de l'Office.

« Ces actes d'exécution sont adoptés en conformité avec la procédure d'examen visée à l'article 163, paragraphe 2. »

Art. 90 Coopération administrative. (Règl. (UE) 2015/2424 du 16 déc. 2015, art. 1er-85, en vigueur le 23 mars 2016) *« 1. » Sauf dispositions contraires du présent règlement ou des législations nationales, l'Office et les juridictions ou autres autorités compétentes des États membres s'assistent mutuellement, sur demande, en se communiquant des informations ou des dossiers. Lorsque l'Office communique les dossiers aux juridictions, aux ministères publics ou aux services centraux de la propriété industrielle, la communication n'est pas soumise aux restrictions prévues à l'article 88.* – [Règl. (CE) n° 40/94 du 20 déc. 1993, art. 86.]

(Règl. (UE) 2015/2424 du 16 déc. 2015, art. 1er-85, en vigueur le 23 mars 2016) *« 2. L'Office ne facture pas de frais pour la communication d'informations ou l'ouverture de dossiers à des fins d'inspection.*

« 3. La Commission adopte des actes d'exécution précisant les modalités selon lesquelles l'Office et les autorités des États membres s'échangent des informations et ouvrent des dossiers à des fins

d'inspection, en tenant compte des restrictions que l'article 88 impose à l'inspection des dossiers relatifs aux demandes ou aux enregistrements de marques de l'Union européenne lorsqu'elle est ouverte à des tiers. Ces actes d'exécution sont adoptés en conformité avec la procédure d'examen visée à l'article 163, paragraphe 2. »

Art. 91 Échange de publications. *1. L'Office et les services centraux de la propriété industrielle des États membres échangent, sur requête, pour leurs propres besoins et gratuitement, un ou plusieurs exemplaires de leurs publications respectives.*

2. L'Office peut conclure des accords portant sur l'échange ou l'envoi de publications. – [Règl. (CE) n° 40/94 du 20 déc. 1993, art. 87.]

SECTION IV *[ABROGÉE]* *Représentation*

Art. 92 Principes généraux relatifs à la représentation. *1. Sous réserve des dispositions du paragraphe 2, nul n'est tenu de se faire représenter devant l'Office.*

(Règl. (UE) 2015/2424 du 16 déc. 2015, art. 1er-86, en vigueur le 23 mars 2016) *« 2. Sans préjudice du paragraphe 3, deuxième phrase, du présent article, les personnes physiques ou morales qui n'ont ni domicile ni siège ni établissement industriel ou commercial effectif et sérieux dans l'Espace économique européen sont représentées devant l'Office conformément à l'article 93, paragraphe 1, dans toute procédure prévue par le présent règlement, sauf pour le dépôt d'une demande de marque de l'Union européenne.*

« 3. Les personnes physiques et morales qui ont leur domicile ou leur siège ou un établissement industriel ou commercial effectif et sérieux dans l'Espace économique européen peuvent agir, devant l'Office, par l'entremise d'un employé. L'employé d'une personne morale visée au présent paragraphe peut agir également pour d'autres personnes morales qui sont économiquement liées à cette personne, même si ces autres personnes morales n'ont ni domicile ni siège ni établissement industriel ou commercial effectif et sérieux dans l'Espace économique européen. Les employés qui agissent pour d'autres personnes au sens du présent paragraphe déposent, à la demande de l'Office ou, le cas échéant, de la partie à la procédure, auprès de celui-ci un pouvoir signé qui doit être versé au dossier.

« 4. Lorsqu'il y a plusieurs demandeurs ou plusieurs tiers agissant conjointement, un représentant commun est désigné. »

Art. 93 Représentation professionnelle. (Règl. (UE) 2015/2424 du 16 déc. 2015, art. 1er-87, en vigueur le 23 mars 2016) *« 1. La représentation des personnes physiques ou morales devant l'Office ne peut être assurée que :*

« a) par un avocat habilité à exercer sur le territoire de l'un des États membres de l'Espace économique européen et possédant son domicile professionnel dans l'Espace économique européen, dans la mesure où il peut agir dans ledit État membre en qualité de mandataire en matière de marques ;

« b) par les mandataires agréés inscrits sur une liste tenue à cet effet par l'Office.

« A la demande de l'Office ou, le cas échéant, de l'autre partie à la procédure, les représentants devant l'Office déposent auprès de celui-ci un pouvoir signé qui doit être versé au dossier.

« 2. Peut être inscrite sur la liste des mandataires agréés toute personne physique qui :

« a) est ressortissante d'un des États membres de l'Espace économique européen ;

« b) a son domicile professionnel ou le lieu de son emploi dans l'Espace économique européen ;

« c) est habilitée à représenter, en matière de marques, des personnes physiques ou morales devant l'Office Benelux de la propriété intellectuelle ou devant le service central de la propriété industrielle d'un État membre de l'Espace économique européen. Lorsque, dans l'État concerné, l'habilitation n'est pas subordonnée à l'exigence d'une qualification professionnelle spéciale, les personnes demandant leur inscription sur la liste de l'Office qui agissent en matière de marques devant l'Office Benelux de la propriété intellectuelle ou devant lesdits services centraux de la propriété industrielle doivent avoir exercé à titre habituel pendant cinq ans au moins. Toutefois, sont dispensées de cette condition relative à l'exercice de la profession, les personnes dont la qualification professionnelle pour assurer, en matière de marques, la représentation des personnes physiques ou morales devant l'Office Benelux de la propriété intellectuelle et lesdits services centraux de la propriété industrielle, est reconnue officiellement conformément à la réglementation établie par l'État concerné. »

3. L'inscription est faite sur requête accompagnée d'une attestation fournie par le service central de la propriété industrielle de l'État membre concerné indiquant que les conditions visées au paragraphe 2 sont remplies.

(Règl. (UE) 2015/2424 du 16 déc. 2015, art. 1er-87, en vigueur le 23 mars 2016) *« 4. Le directeur exécutif peut accorder une dérogation :*

« a) à l'exigence visée au paragraphe 2, point c), deuxième phrase, lorsque le requérant fournit la preuve qu'il a acquis la qualification requise d'une autre manière ;

« b) à l'exigence énoncée au paragraphe 2, point a), dans le cas de professionnels hautement qualifiés, sous réserve que les exigences énoncées au paragraphe 2, points b) et c), soient satisfaites.

« 5. Une personne peut être radiée de la liste des mandataires agréés à sa demande ou lorsqu'elle n'a plus qualité pour exercer cette fonction. Les modifications de la liste des mandataires agréés sont publiées au Journal officiel de l'Office. »

Art. 93 *bis* (Règl. (UE) 2015/2424 du 16 déc. 2015, art. 1er-88, en vigueur le 23 mars 2016) Délégation de pouvoirs. *La Commission est habilitée à adopter des actes délégués en conformité avec l'article 163 bis précisant :*

a) les conditions et la procédure de désignation du représentant commun visé à l'article 92, paragraphe 4 ;

b) les conditions du dépôt auprès de l'Office, par les employés visés à l'article 92, paragraphe 3, et les mandataires agréés visés à l'article 93, paragraphe 1, d'un pouvoir signé les habilitant à assurer une représentation, ainsi que le contenu de cette autorisation ;

c) les circonstances dans lesquelles une personne peut être radiée de la liste des mandataires agréés visés à l'article 93, paragraphe 5.

TITRE X *[ABROGÉ]* Compétence et procédure concernant les actions en justice relatives aux marques de l'Union européenne

(Abrogé par Règl. (UE) 2017/1001 du 14 juin 2017, art. 211 et 212, à compter du 1er oct. 2017)

SECTION I *[ABROGÉE]* *Application des règles de l'Union en matière de compétence, de reconnaissance et d'exécution des décisions en matière civile et commerciale* (Règl. (UE) 2015/2424 du 16 déc. 2015, art. 1er-89, en vigueur le 23 mars 2016).

Art. 94 (Règl. (UE) 2015/2424 du 16 déc. 2015, art. 1er-90, en vigueur le 23 mars 2016) « Application des règles de l'Union en matière de compétence, de reconnaissance et d'exécution des décisions en matière civile et commerciale ». *1. A moins que le présent règlement n'en dispose autrement, les* (Règl. (UE) 2015/2424 du 16 déc. 2015, art. 1er-90, en vigueur le 23 mars 2016) *« règles de l'Union en matière de compétence, de reconnaissance et d'exécution des décisions en matière civile et commerciale » sont applicables aux procédures concernant les marques de l'Union européenne et les demandes de marque de l'Union européenne ainsi qu'aux procédures concernant les actions simultanées ou successives menées sur la base de marques de l'Union européenne et de marques nationales.*

2. En ce qui concerne les procédures résultant des actions et demandes visées à l'article 96 :

a) l'article 2, l'article 4, l'article 5, points 1, 3, 4 et 5, et l'article 31 du règlement (CE) nº 44/2001 ne sont pas applicables ;

b) les articles 23 et 24 du règlement (CE) nº 44/2001 sont applicables dans les limites prévues à l'article 97, paragraphe 4, du présent règlement ;

c) les dispositions du chapitre II du règlement (CE) nº 44/2001 qui s'appliquent aux personnes domiciliées dans un État membre s'appliquent également aux personnes qui ne sont pas domiciliées dans un État membre, mais qui y ont un établissement.

(Règl. (UE) 2015/2424 du 16 déc. 2015, art. 1er-90, en vigueur le 23 mars 2016) *« 3. Les références dans le présent règlement au règlement (CE) nº 44/2001 comprennent, le cas échéant, l'accord entre la Communauté européenne et le Royaume de Danemark sur la compétence judiciaire, la reconnaissance et l'exécution des décisions en matière civile et commerciale conclu le 19 octobre 2005. »* — [Règl. (CE) nº 40/94 du 20 déc. 1993, art. 90.]

SECTION II *[ABROGÉE]* *Litiges en matière de contrefaçon et de validité des marques de l'Union européenne*

Art. 95 Tribunaux des marques de l'Union européenne. *1. Les États membres désignent sur leurs territoires un nombre aussi limité que possible de juridictions nationales de première et de deuxième instance, ci-après dénommées « tribunaux des marques de l'Union européenne, chargées de remplir les fonctions qui leur sont attribuées par le présent règlement.*

2. Chaque État membre communique à la Commission dans un délai de trois ans à compter de l'entrée en vigueur du règlement (CE) nº 40/94 une liste des tribunaux des marques de l'Union européenne contenant l'indication de leur dénomination et de leur compétence territoriale.

3. Tout changement intervenant après la communication de la liste visée au paragraphe 2 et relatif au nombre, à la dénomination ou à la compétence territoriale desdits tribunaux est communiqué sans délai par l'État membre concerné à la Commission.

4. Les informations visées aux paragraphes 2 et 3 sont notifiées par la Commission aux États membres et publiées au Journal officiel de l'Union européenne.

5. Aussi longtemps qu'un État membre n'a pas procédé à la communication prévue au paragraphe 2, toute procédure résultant d'une action ou demande visées à l'article 96 et pour laquelle les tribunaux de cet État sont compétents en application de l'article 97 est portée devant le tribunal de cet État qui aurait compétence territoriale et d'attribution s'il s'agissait d'une procédure relative à une marque nationale enregistrée dans l'État concerné. – [Règl. (CE) n° 40/94 du 20 déc. 1993, art. 91.]

Art. 96 Compétence en matière de contrefaçon et de validité. *Les tribunaux des marques de l'Union européenne ont compétence exclusive :*

a) pour toutes les actions en contrefaçon et – si la loi nationale les admet – en menace de contrefaçon d'une marque de l'Union européenne ;

b) pour les actions en constatation de non-contrefaçon, si la loi nationale les admet ;

c) pour toutes les actions intentées à la suite de faits visés (Règl. (UE) 2015/2424 du 16 déc. 2015, art. 1er-91, en vigueur le 23 mars 2016) *« à l'article 9 ter, paragraphe 2 » ;*

d) pour les demandes reconventionnelles en déchéance ou en nullité de la marque de l'Union européenne visées à l'article 100. – [Règl. (CE) n° 40/94 du 20 déc. 1993, art. 92.]

Art. 97 Compétence internationale. *1. Sous réserve des dispositions du présent règlement ainsi que des dispositions du règlement (CE) n° 44/2001 applicables en vertu de l'article 94, les procédures résultant des actions et demandes visées à l'article 96 sont portées devant les tribunaux de l'État membre sur le territoire duquel le défendeur a son domicile ou, si celui-ci n'est pas domicilié dans l'un des États membres, de l'État membre sur le territoire duquel il a un établissement.*

2. Si le défendeur n'a ni son domicile, ni un établissement sur le territoire d'un État membre, ces procédures sont portées devant les tribunaux de l'État membre sur le territoire duquel le demandeur a son domicile ou, si ce dernier n'est pas domicilié dans l'un des États membres, de l'État membre sur le territoire duquel il a un établissement.

3. Si ni le défendeur, ni le demandeur ne sont ainsi domiciliés ou n'ont un tel établissement, ces procédures sont portées devant les tribunaux de l'État membre dans lequel l'Office a son siège.

4. Nonobstant les dispositions des paragraphes 1, 2 et 3 :

a) l'article 23 du règlement (CE) n° 44/2001 est applicable si les parties conviennent qu'un autre tribunal des marques de l'Union européenne est compétent ;

b) l'article 24 du règlement (CE) n° 44/2001 est applicable si le défendeur comparaît devant un autre tribunal des marques de l'Union européenne.

5. Les procédures résultant des actions et demandes visées à l'article 96, à l'exception des actions en déclaration de non-contrefaçon d'une marque de l'Union européenne, peuvent également être portées devant les tribunaux de l'État membre sur le territoire duquel le fait de contrefaçon a été commis ou menace d'être commis ou sur le territoire duquel un fait visé à l'article 9, paragraphe 3, deuxième phrase, a été commis. – [Règl. (CE) n° 40/94 du 20 déc. 1993, art. 93.]

1. En vertu de l'art. 93, § 5, du Règl. (CE) n° 40/94 [Règl. (CE) n° 207/2009, art. 97], le demandeur à l'action en contrefaçon d'une marque communautaire a la possibilité d'assigner le défendeur devant les tribunaux de l'État membre sur le territoire duquel le fait de contrefaçon a été commis ou menace d'être commis. Le tribunal de grande instance de Paris, seul tribunal habilité en France à connaître des actions en contrefaçon de marque communautaire (COJ, art. L. 211-7), est de ce fait compétent pour juger l'action en contrefaçon d'une marque communautaire apposée sur des produits introduits sur le territoire français que leur détenteur a déclaré ne pas être destinés à sa consommation personnelle. • Paris, 10 avr. 2009, *Pfizer : PIBD 2009. III. 1241* • Paris, 5 juin 2013, *Parfums Lacoste : PIBD 2013. III. 1440.*

2. La notion d'établissement doit, dans le contexte de l'article 97(1) du RMUE, recevoir une interprétation large, peu importe qu'il ait participé directement ou indirectement à la commission du litige. Un établissement se définit par une forme de présence réelle et stable, à partir de laquelle une activité commerciale est exercée, et qui se manifeste par la présence de personnel ainsi que d'un équipement matériel ; cet établissement doit se manifester d'une façon durable vers l'extérieur, comme le prolongement d'une maison mère. Il n'est pas nécessaire que l'établissement dispose de la personnalité juridique : il suffit que les tiers aient des raisons objectives de se fonder sur l'apparence créée par l'établissement agissant en tant que prolongement de la maison mère. A ce titre, le point de savoir si l'établissement est totalement indépendant ou est une filiale ou sous-filiale est dépourvu de pertinence. • CJUE 18 mai 2017, *Hummel,* n° C-617/15 : *Dalloz IP/IT 2017. 471, obs. Treppoz ; Propr. ind. 2017, n° 44, obs. Folliard-Monguiral ; PIBD 2017. III. 563.*

Art. 98 Étendue de la compétence. *1. Un tribunal des marques de l'Union européenne dont la compétence est fondée sur l'article 97, paragraphes 1 à 4, est compétent pour statuer sur :*

a) les faits de contrefaçon commis ou menaçant d'être commis sur le territoire de tout État membre ;

b) les faits visés à l'article 9, paragraphe 3, deuxième phrase, commis sur le territoire de tout État membre.

2. Un tribunal des marques de l'Union européenne dont la compétence est fondée sur l'article 97, paragraphe 5, est compétent uniquement pour statuer sur les faits commis ou menaçant d'être commis sur le territoire de l'État membre dans lequel est situé ce tribunal. — [Règl. (CE) n° 40/94 du 20 déc. 1993, art. 94.]

Art. 99 Présomption de validité — Défenses au fond. *1. Les tribunaux des marques de l'Union européenne considèrent la marque de l'Union européenne comme valide, à moins que le défendeur n'en conteste la validité par une demande reconventionnelle en déchéance ou en nullité.*

2. La validité d'une marque de l'Union européenne ne peut être contestée par une action en constatation de non-contrefaçon.

(Règl. (UE) 2015/2424 du 16 déc. 2015, art. 1er-92, en vigueur le 23 mars 2016) *« 3. Dans les actions visées à l'article 96, points a) et c), l'exception de déchéance de la marque de l'Union européenne présentée par une voie autre qu'une demande reconventionnelle est recevable lorsque le défendeur fait valoir que la déchéance de la marque de l'Union européenne pourrait être prononcée pour défaut d'usage sérieux à l'époque où l'action en contrefaçon a été intentée. »* — [Règl. (CE) n° 40/94 du 20 déc. 1993, art. 95.]

Art. 100 Demande reconventionnelle. *1. La demande reconventionnelle en déchéance ou en nullité ne peut être fondée que sur les causes de déchéance ou de nullité prévues par le présent règlement.*

2. Un tribunal des marques de l'Union européenne rejette une demande reconventionnelle en déchéance ou en nullité, si une décision rendue par l'Office entre les mêmes parties sur une demande ayant le même objet et la même cause est déjà devenue définitive.

3. Si la demande reconventionnelle est introduite dans un litige auquel le titulaire de la marque n'est pas déjà partie, il en est informé et peut intervenir au litige conformément aux conditions prévues par la loi nationale.

(Règl. (UE) 2015/2424 du 16 déc. 2015, art. 1er-93, en vigueur le 23 mars 2016) *« 4. Le tribunal des marques de l'Union européenne devant lequel une demande reconventionnelle en déchéance ou en nullité de la marque de l'Union européenne a été introduite ne procède pas à l'examen de cette demande reconventionnelle tant que la date à laquelle celle-ci a été introduite n'a pas été communiquée à l'Office par la partie intéressée ou par le tribunal. L'Office inscrit cette information au registre. Si une demande en déchéance ou en nullité de la marque de l'Union européenne a déjà été introduite auprès de l'Office avant le dépôt de la demande reconventionnelle précitée, le tribunal en est informé par l'Office et sursoit à statuer conformément à l'article 104, paragraphe 1, jusqu'à ce que la décision concernant cette demande soit définitive ou que la demande soit retirée. »*

5. Les dispositions de l'article 57, paragraphes 2 à 5, sont applicables.

(Règl. (UE) 2015/2424 du 16 déc. 2015, art. 1er-93, en vigueur le 23 mars 2016) *« 6. Lorsqu'un tribunal des marques de l'Union européenne a rendu une décision passée en force de chose jugée sur une demande reconventionnelle en déchéance ou en nullité d'une marque de l'Union européenne, une copie de cette décision est transmise à l'Office sans tarder, soit par le tribunal, soit par l'une des parties à la procédure nationale. L'Office ou toute autre partie intéressée peut demander des informations quant à cette transmission. L'Office inscrit au registre la mention de la décision et prend les mesures nécessaires pour se conformer à son dispositif. »*

7. Le tribunal des marques de l'Union européenne saisi d'une demande reconventionnelle en déchéance ou en nullité peut surseoir à statuer à la demande du titulaire de la marque de l'Union européenne et après audition des autres parties et inviter le défendeur à présenter une demande en déchéance ou en nullité à l'Office dans un délai qu'il lui impartit. Si cette demande n'est pas présentée dans ce délai, la procédure est poursuivie ; la demande reconventionnelle est considérée comme retirée. L'article 104, paragraphe 3, est applicable. — [Règl. (CE) n° 40/94 du 20 déc. 1993, art. 96.]

Art. 101 Droit applicable. *1. Les tribunaux des marques de l'Union européenne appliquent les dispositions du présent règlement.*

(Règl. (UE) 2015/2424 du 16 déc. 2015, art. 1er-94, en vigueur le 23 mars 2016) *« 2. Pour toutes les questions en matière de marques qui n'entrent pas dans le champ d'application du présent règlement, le tribunal des marques de l'Union européenne compétent applique la législation nationale applicable. »*

3. A moins que le présent règlement n'en dispose autrement, le tribunal des marques de l'Union européenne applique les règles de procédure applicables au même type d'actions relatives à une mar-

que nationale dans l'État membre sur le territoire duquel ce tribunal est situé. — [Règl. (CE) n° 40/94 du 20 déc. 1993, art. 97.]

Art. 102 Sanctions. *1. Lorsqu'un tribunal des marques de l'Union européenne constate que le défendeur a contrefait ou menacé de contrefaire une marque de l'Union européenne, il rend, sauf s'il y a des raisons particulières de ne pas agir de la sorte, une ordonnance lui interdisant de poursuivre les actes de contrefaçon ou de menace de contrefaçon. Il prend également, conformément à la loi nationale, les mesures propres à garantir le respect de cette interdiction.*

(Règl. (UE) 2015/2424 du 16 déc. 2015, art. 1er-94, en vigueur le 23 mars 2016) *« 2. Le tribunal des marques de l'Union européenne peut également prendre les mesures ou rendre les ordonnances prévues par la législation applicable qui lui semblent appropriées dans les circonstances de l'espèce. »* — [Règl. (CE) n° 40/94 du 20 déc. 1993, art. 98.]

BIBL. ▶ FOLLIARD-MONGUIRAL, *Propr. ind. 2010. Chron. 2* (un an de jurisprudence sur les motifs de refus relatifs de marques communautaires - 2009) ; *ibid. 2011. Chron. 3* (un an de jurisprudence sur les motifs de refus relatifs de marques communautaires - 2010). - GEOFFRAY, *Propr. ind. 2006. Étude 7* (les motifs de refus dans le cadre de la procédure d'opposition communautaire) ; *ibid. 2008. Étude 11* (la protection des marques renommées en droit communautaire).

1. L'art. 102, § 1, du Règl. 207/2009 doit être interprété en ce sens qu'il ne s'oppose pas à ce que, en application de certains principes du droit national en matière de procédure, un tribunal des marques de l'UE s'abstienne de rendre une ordonnance interdisant à un tiers de poursuivre des actes de contrefaçon, au motif que, devant ce tribunal, le titulaire de la marque concernée n'a pas présenté de demande en ce sens. • CJUE 22 sept. 2016, *Com.bit*, n° C-223/15 : *D. 2017. 318, obs. Martial-Braz ; Dalloz IP/IT 2016. 608, obs. Maréchal ; Prop. ind. 2016, n° 74, obs. Folliard-Monguiral ; Europe 2016, n° 421, obs. Idot.*

2. L'art. 98, § 1, du Règl. (CE) n° 40/94 [Règl. (CE) n° 207/2009, art. 102, § 1] doit être interprété en ce sens que la portée de l'interdiction de poursuivre des actes de contrefaçon d'une marque communautaire prononcée par un tribunal des marques communautaires s'étend en principe à l'ensemble du territoire de l'UE. L'art. 98, § 1, seconde phr. [Règl. (CE) n° 207/2009 du 26 févr. 2009, art. 102, § 1, 2e phr.], doit être interprété en ce sens qu'une mesure coercitive, telle qu'une astreinte, ordonnée par un tribunal des marques communautaires en vertu de son droit national en vue de garantir le respect de l'interdiction de poursuivre les actes de contrefaçon qu'il a prononcée, produit effet dans les autres États membres. Lorsque le droit national d'un de ces autres États ne contient aucune mesure coercitive analogue à celle prononcée, l'objectif visé par cette dernière devra être atteint en recourant aux dispositions pertinentes du droit de l'État membre concerné de nature à garantir de manière équivalente le respect de cette interdiction. • CJUE 12 avr. 2011, *DHL Express France*, n° C-235/09 : *CCE 2011, n° 83, note Caron ; PIBD 2011. III. 427 ; Propr. ind. 2011, n° 47, obs. Folliard-Monguiral.* ♦ En vue de garantir la protection uniforme dont jouit la marque de l'UE sur l'ensemble du territoire de l'Union, l'interdiction de poursuivre les actes de contrefaçon ou de menace de contrefaçon doit, en principe, s'étendre à tout ce territoire. Toutefois dans le cas où le tribunal des marques de l'UE constate que l'usage d'un signe similaire pour des produits identiques à ceux pour lesquels la marque est enregistrée ne crée, notamment pour des motifs linguistiques, aucun risque de confusion dans une certaine partie de l'Union et n'y est donc pas susceptible de porter atteinte à la fonction d'indication d'origine de cette marque, ce tribunal doit limiter la portée territoriale de ladite interdiction. • CJUE 12 avr. 2011, *DHL Express France*, n° C-235/09 : *préc.* • CJUE 22 sept. 2016, *Com. bit.*, n° C-223/15 : *préc. note 1.* ♦ Il est essentiel que la partie de l'Union pour laquelle le tribunal des marques de l'Union européenne concerné constate l'absence d'atteinte ou de risque d'atteinte aux fonctions de la marque soit identifiée avec précision, de manière à ce qu'il découle sans ambiguïté de l'ordonnance rendue en vertu de l'art. 102 quelle partie du territoire de l'Union n'est pas visée par l'interdiction d'usage du signe en cause. • CJUE 22 sept. 2016, *Com.bit*, n° C-223/15 : *préc.* ♦ En limitant au seul territoire français la demande d'interdiction d'usage du signe « Webshipping » sous astreinte, au motif que l'existence d'un risque de confusion entre les signes n'avait été appréciée qu'au regard de la perception que pouvaient en avoir les consommateurs français ou parlant français, la cour d'appel s'est déterminée par des motifs desquels il ne résulte pas que l'existence d'un risque de confusion était limitée au seul territoire français. • Com. 29 nov. 2011, n° 08-13.729 P : *D. 2011. 2995 ; RTD com. 2012. 106, obs. Azéma ; PIBD 2011. III. 99* • CJUE 22 sept. 2016, *Com.bit*, n° C-223/15 : *préc.*

Art. 103 Mesures provisoires et conservatoires. *1. Les mesures provisoires et conservatoires prévues par la loi d'un État membre à propos d'une marque nationale peuvent être demandées, à propos d'une marque de l'Union européenne ou d'une demande de marque de l'Union européenne,* *aux autorités judiciaires, y compris aux tribunaux des marques de l'Union européenne, de cet État, même si, en vertu du présent règlement, un tribunal des marques de l'Union européenne d'un autre État membre est compétent pour connaître du fond.*

2. Un tribunal des marques de l'Union européenne dont la compétence est fondée sur l'article 97, paragraphes 1, 2, 3 ou 4, est compétent pour ordonner des mesures provisoires et conservatoires qui, sous réserve de toute procédure requise aux fins de la reconnaissance et de l'exécution conformément au titre III du règlement (CE) nº 44/2001, sont applicables sur le territoire de tout État membre. Cette compétence n'appartient à aucune autre juridiction. — [Règl. (CE) nº 40/94 du 20 déc. 1993, art. 99.]

Art. 104 Règles spécifiques en matière de connexité. *1. Sauf s'il existe des raisons particulières de poursuivre la procédure, un tribunal des marques de l'Union européenne saisi d'une action visée à l'article 96, à l'exception d'une action en constatation de non-contrefaçon, sursoit à statuer, de sa propre initiative après audition des parties ou à la demande de l'une des parties et après audition des autres parties, lorsque la validité de la marque de l'Union européenne est déjà contestée devant un autre tribunal des marques de l'Union européenne par une demande reconventionnelle ou qu'une demande en déchéance ou en nullité a déjà été introduite auprès de l'Office.*

2. Sauf s'il existe des raisons particulières de poursuivre la procédure, l'Office saisi d'une demande en déchéance ou en nullité sursoit à statuer, de sa propre initiative après audition des parties ou à la demande de l'une des parties et après audition des autres parties, lorsque la validité de la marque de l'Union européenne est déjà contestée devant un tribunal des marques de l'Union européenne par une demande reconventionnelle. Toutefois, si l'une des parties à la procédure devant le tribunal des marques de l'Union européenne le demande, le tribunal peut, après audition des autres parties à cette procédure, suspendre la procédure. Dans ce cas, l'Office poursuit la procédure pendante devant lui.

3. Le tribunal des marques de l'Union européenne qui sursoit à statuer peut ordonner des mesures provisoires et conservatoires pour la durée de la suspension. — [Règl. (CE) nº 40/94 du 20 déc. 1993, art. 100.]

Art. 105 Compétence des tribunaux des marques de l'Union européenne de deuxième instance — Pourvoi en cassation. *1. Les décisions des tribunaux des marques de l'Union européenne de première instance rendues dans les procédures résultant des actions et demandes visées à l'article 96 sont susceptibles de recours devant les tribunaux des marques de l'Union européenne de deuxième instance.*

2. Les conditions dans lesquelles un recours peut être formé devant un tribunal des marques de l'Union européenne de deuxième instance sont déterminées par la loi nationale de l'État membre sur le territoire duquel ce tribunal est situé.

3. Les dispositions nationales relatives au pourvoi en cassation sont applicables aux décisions des tribunaux des marques de l'Union européenne de deuxième instance. — [Règl. (CE) nº 40/94 du 20 déc. 1993, art. 101.]

SECTION III *[ABROGÉE]* ***Autres litiges relatifs aux marques de l'Union européenne***

Art. 106 Dispositions complémentaires concernant la compétence des tribunaux nationaux autres que les tribunaux des marques de l'Union européenne. *1. Dans l'État membre dont les tribunaux sont compétents conformément à l'article 94, paragraphe 1, les actions autres que celles visées à l'article 96 sont portées devant les tribunaux qui auraient compétence territoriale et d'attribution s'il s'agissait d'actions relatives à des marques nationales enregistrées dans l'État concerné.*

2. Lorsque, en vertu de l'article 94, paragraphe 1, et du paragraphe 1 du présent article, aucun tribunal n'est compétent pour connaître d'une action autre que celles visées à l'article 96 et relative à une marque de l'Union européenne, cette action peut être portée devant les tribunaux de l'État membre dans lequel l'Office a son siège. — [Règl. (CE) nº 40/94 du 20 déc. 1993, art. 102.]

Art. 107 Obligation du tribunal national. *Le tribunal national saisi d'une action autre que celles visées à l'article 96 et relative à une marque de l'Union européenne doit tenir cette marque pour valide.* — [Règl. (CE) nº 40/94 du 20 déc. 1993, art. 103.]

SECTION IV *[ABROGÉE]* ***Disposition transitoire***

(Abrogée par Règl. (UE) 2015/2424 du 16 déc. 2015, art. 1er-96, à compter au 23 mars 2016)

Art. 108 *Abrogé par Règl. (UE) 2015/2424 du 16 déc. 2015, art. 1er-96, à compter du 23 mars 2016.*

TITRE XI *[ABROGÉ]* Incidences sur le droit des États membres

(Abrogé par Règl. (UE) 2017/1001 du 14 juin 2017, art. 211 et 212, à compter du 1er oct. 2017)

SECTION I *[ABROGÉE]* *Actions civiles sur la base de plusieurs marques*

Art. 109 Actions civiles simultanées et successives sur la base de marques de l'Union européenne et de marques nationales. *1. Lorsque des actions en contrefaçon sont formées pour les mêmes faits entre les mêmes parties devant des juridictions d'États membres différents saisies l'une sur la base d'une marque de l'Union européenne et l'autre sur la base d'une marque nationale :*

a) la juridiction saisie en second lieu doit, même d'office, se dessaisir en faveur de la juridiction première saisie lorsque les marques en cause sont identiques et valables pour des produits ou services identiques. La juridiction qui devrait se dessaisir peut surseoir à statuer si la compétence de l'autre juridiction est contestée ;

b) la juridiction saisie en second lieu peut surseoir à statuer lorsque les marques en cause sont identiques et valables pour des produits ou services similaires ainsi que lorsque les marques en cause sont similaires et valables pour des produits ou services identiques ou similaires.

2. La juridiction saisie d'une action en contrefaçon sur la base d'une marque de l'Union européenne rejette l'action si, sur les mêmes faits, un jugement définitif a été rendu sur le fond entre les mêmes parties sur la base d'une marque nationale identique, valable pour des produits ou services identiques.

3. La juridiction saisie d'une action en contrefaçon sur la base d'une marque nationale rejette l'action si, sur les mêmes faits, un jugement définitif a été rendu sur le fond entre les mêmes parties sur la base d'une marque de l'Union européenne identique, valable pour des produits ou services identiques.

4. Les paragraphes 1, 2 et 3 ne s'appliquent pas aux mesures provisoires et conservatoires. — [Règl. (CE) n° 40/94 du 20 déc. 1993, art. 105.]

L'art. 105, § 1 *a)*, du Règl. (CE) n° 40/94 du 20 déc. 1993 [Règl. (CE) n° 207/2009, art. 109], qui prévoit dans certaines hypothèses le désistement ou le dessaisissement de la juridiction saisie en second lieu au profit de la première, suppose d'une part que les deux juridictions soient saisies des mêmes faits, d'autre part qu'une des actions soit fondée sur une marque communautaire et l'autre sur une marque nationale et non sur la même marque communautaire. • Paris, 13 mars 2013, *Hôtel Byblos : PIBD 2013. III. 1262.*

SECTION II *[ABROGÉE]* *Application du droit national aux fins d'interdiction de l'usage des marques de l'Union européenne*

Art. 110 Interdiction de l'usage des marques de l'Union européenne. *1. Sauf disposition contraire, le présent règlement n'affecte pas le droit, existant en vertu de la loi des États membres, d'intenter des actions en violation de droits antérieurs au sens de l'article 8 ou de l'article 53, paragraphe 2, contre l'usage d'une marque de l'Union européenne postérieure. Des actions en violation de droits antérieurs au sens de l'article 8, paragraphes 2 et 4, ne peuvent toutefois plus être intentées lorsque le titulaire du droit antérieur ne peut plus, en vertu de l'article 54, paragraphe 2, demander la nullité de la marque de l'Union européenne.*

2. Sauf disposition contraire, le présent règlement n'affecte pas le droit d'intenter sur la base du droit civil, administratif ou pénal d'un État membre ou sur la base de dispositions de droit de l'Union, des actions ayant pour objet d'interdire l'usage d'une marque de l'Union européenne dans la mesure où le droit de cet État membre ou le droit de l'Union européenne peut être invoqué pour interdire l'usage d'une marque nationale. — [Règl. (CE) n° 40/94 du 20 déc. 1993, art. 106.]

Cette disposition n'affecte pas le droit existant, en vertu de la loi des États membres, d'intenter des actions en violation des droits antérieurs contre l'usage d'une marque communautaire postérieure. La recevabilité de l'action en contrefaçon du titulaire d'une marque française antérieure identique à une marque communautaire déposée postérieurement pour des faits antérieurs à l'assignation n'est donc pas subordonnée à l'obligation d'avoir préalablement engagé une action en nullité. • Com. 10 juill. 2012, n° 11-13.924 P : *D. 2012. 195 ; ibid. 2014. 326, obs. Martial-Braz ; PIBD 2012. III. 610.*

Art. 111 Droits antérieurs de portée locale. *1. Le titulaire d'un droit antérieur de portée locale peut s'opposer à l'usage de la marque de l'Union européenne sur le territoire où ce droit est protégé dans la mesure où le droit de l'État membre concerné le permet.*

2. Le paragraphe 1 cesse d'être applicable si le titulaire du droit antérieur a toléré l'usage de la marque de l'Union européenne sur le territoire où ce droit est protégé, pendant cinq années consécutives en connaissance de cet usage, à moins que le dépôt de la marque de l'Union européenne n'ait été effectué de mauvaise foi.

3. Le titulaire de la marque de l'Union européenne ne peut pas s'opposer à l'usage du droit visé au paragraphe 1, même si ce droit ne peut plus être invoqué contre la marque de l'Union européenne. — [Règl. (CE) n° 40/94 du 20 déc. 1993, art. 107.]

SECTION III *[ABROGÉE]* *Transformation en demande de marque nationale*

Art. 112 Requête en vue de l'engagement de la procédure nationale. *1. Le demandeur ou le titulaire d'une marque de l'Union européenne peut requérir la transformation de sa demande ou de sa marque de l'Union européenne en demande de marque nationale :*

a) dans la mesure où la demande de marque de l'Union européenne est rejetée, retirée ou réputée retirée ;

b) dans la mesure où la marque de l'Union européenne cesse de produire ses effets.

2. La transformation n'a pas lieu :

a) lorsque le titulaire de la marque de l'Union européenne a été déchu de ses droits pour défaut d'usage de cette marque, à moins que dans l'État membre pour lequel la transformation a été demandée la marque de l'Union européenne n'ait été utilisée dans des conditions qui constituent un usage sérieux au sens de la législation dudit État membre ;

b) en vue d'une protection dans un État membre où, selon la décision de l'Office ou de la juridiction nationale, la demande ou la marque de l'Union européenne est frappée d'un motif de refus d'enregistrement, de révocation ou de nullité.

3. La demande de marque nationale issue de la transformation d'une demande ou d'une marque de l'Union européenne bénéficie, dans l'État membre concerné, de la date de dépôt ou de la date de priorité de cette demande ou de cette marque et, le cas échéant, de l'ancienneté d'une marque de cet État revendiquée conformément à l'article 34 ou à l'article 35.

4. Dans les cas où une demande de marque de l'Union européenne est réputée retirée, l'Office adresse au demandeur une communication lui impartissant un délai de trois mois à compter de cette communication pour présenter une requête en transformation.

5. Lorsque la demande de marque de l'Union européenne est retirée ou que la marque de l'Union européenne cesse de produire ses effets du fait de l'inscription d'une renonciation ou du non-renouvellement de l'enregistrement, la requête en transformation est déposée dans un délai de trois mois à compter de la date à laquelle la demande de marque de l'Union européenne a été retirée ou à laquelle la marque de l'Union européenne cesse de produire ses effets.

6. Lorsque la demande de marque de l'Union européenne est refusée par une décision de l'Office ou que la marque de l'Union européenne cesse de produire ses effets du fait d'une décision de l'Office ou d'un tribunal des marques de l'Union européenne, la requête en transformation doit être présentée dans un délai de trois mois à compter de la date à laquelle cette décision est passée en force de chose jugée.

7. La disposition faisant l'objet de l'article 32 cesse de produire ses effets si la requête n'est pas présentée dans le délai imparti. — [Règl. (CE) n° 40/94 du 20 déc. 1993, art. 108.]

Art. 113 Présentation, publication et transmission de la requête en transformation. *1. La requête en transformation est présentée à l'Office ; les États membres dans lesquels le requérant entend que soit engagée la procédure d'enregistrement d'une marque nationale sont mentionnés dans la requête. Cette requête n'est réputée présentée qu'après le paiement de la taxe de transformation.*

2. Si la demande de marque de l'Union européenne a été publiée, il est fait mention, le cas échéant, au registre des marques de l'Union européenne de la réception de la requête en transformation, et cette requête est publiée.

3. L'Office vérifie si la transformation demandée remplit les conditions du présent règlement, notamment de l'article 112, paragraphes 1, 2, 4, 5 et 6, et du paragraphe 1 du présent article, ainsi que les conditions formelles prévues par le règlement d'exécution. Si ces conditions sont remplies, l'Office transmet la requête en transformation aux services de la propriété industrielle des États membres qui y sont mentionnés.

4. et 5. créés par Règl. (UE) 2015/2424 à compter du 1er oct. 2017 ; abrogé par Règl. (UE) 2017/1001 du 14 juin 2017.

(Règl. (UE) 2015/2424 du 16 déc. 2015, art. 1er-97, en vigueur le 23 mars 2016) *« 6. La Commission adopte des actes d'exécution précisant :*

« a) les éléments à mentionner dans une requête en transformation d'une demande de marque de l'Union européenne ou d'une marque de l'Union européenne enregistrée en une demande de marque nationale conformément au paragraphe 1 ;

« b) les éléments dont la publication de la requête en transformation est assortie en application du paragraphe 2.

« Ces acte d'exécution sont adoptés en conformité avec la procédure d'examen visée à l'article 163, paragraphe 2. » – [Règl. (CE) n° 40/94 du 20 déc. 1993, art. 109.]

Art. 114 Conditions de forme de la transformation. *1. Tout service central de la propriété industrielle auquel la requête en transformation est transmise peut obtenir de l'Office toute information additionnelle concernant cette requête lorsqu'elle est de nature à permettre à ce service de se prononcer sur la marque nationale qui résulte de la transformation.*

2. La demande ou la marque de l'Union européenne, transmise conformément à l'article 113, ne peut, quant à sa forme, être soumise par la loi nationale à des conditions différentes de celles qui sont prévues par le présent règlement ou par le règlement, d'exécution ou à des conditions supplémentaires.

3. Le service central de la propriété industrielle auquel la requête est transmise peut exiger que, dans un délai qui ne peut être inférieur à deux mois, le demandeur :

a) acquitte la taxe nationale de dépôt ;

b) produise, dans l'une des langues officielles de l'État en cause, une traduction de la requête et des pièces jointes à celle-ci ;

c) élise domicile dans l'État en question ;

d) fournisse une reproduction de la marque en un nombre d'exemplaires précisé par l'État en question. – [Règl. (CE) n° 40/94 du 20 déc. 1993, art. 110.]

TITRE XII *[ABROGÉ]* L'Office

(Abrogé par Règl. (UE) 2017/1001 du 14 juin 2017, art. 211 et 212, à compter du 1er oct. 2017)

SECTION I *[ABROGÉE]* *Dispositions générales*

Art. 115 Statut juridique. *1.* (Règl. (UE) 2015/2424 du 16 déc. 2015, art. 1er-99, en vigueur le 23 mars 2016) *« L'Office est une agence de l'Union. » Il a la personnalité juridique.*

2. Dans chacun des États membres, il possède la capacité juridique la plus large reconnue aux personnes morales par les législations nationales ; il peut notamment acquérir ou aliéner des biens immobiliers et mobiliers et ester en justice.

3. L'Office est représenté par son directeur exécutif. – [Règl. (CE) n° 40/94 du 20 déc. 1993, art. 111.]

Art. 116 Personnel. *1. Sans préjudice de l'application de l'article 136 aux membres des chambres de recours, le statut des fonctionnaires de l'Union, ci-après dénommé « le statut », le régime applicable aux autres agents de l'Union et les réglementations d'exécution de ces dispositions, arrêtées d'un commun accord par les institutions de l'Union, s'appliquent au personnel de l'Office.*

(Règl. (UE) 2015/2424 du 16 déc. 2015, art. 1er-100, en vigueur le 23 mars 2016) *« 2. Sans préjudice du paragraphe 1, l'Office peut avoir recours à des experts nationaux détachés ou à d'autres personnes dont il n'est pas l'employeur. Le conseil d'administration adopte une décision établissant le régime applicable aux experts nationaux détachés auprès de l'Office. »* – [Règl. (CE) n° 40/94 du 20 déc. 1993, art. 112.]

Art. 117 Privilèges et immunités. *Le protocole sur les privilèges et immunités de l'Union est applicable* (Règl. (UE) 2015/2424 du 16 déc. 2015, art. 1er-101, en vigueur le 23 mars 2016) *« à l'Office et à son personnel. »* – [Règl. (CE) n° 40/94 du 20 déc. 1993, art. 113.]

Art. 118 Responsabilité. *1. La responsabilité contractuelle de l'Office est régie par la loi applicable au contrat en cause.*

2. La Cour de justice est compétente pour statuer en vertu d'une clause compromissoire contenue dans un contrat passé par l'Office.

3. En matière de responsabilité non contractuelle, l'Office doit réparer, conformément aux principes généraux communs aux droits des États membres, les dommages causés par ses services ou par ses agents dans l'exercice de leurs fonctions.

4. La Cour de justice est compétente pour connaître des litiges relatifs à la réparation des dommages visés au paragraphe 3.

5. La responsabilité personnelle des agents envers l'Office est réglée dans les dispositions fixant leur statut ou le régime qui leur est applicable. – [Règl. (CE) n° 40/94 du 20 déc. 1993, art. 114.]

Art. 119 Langues. *1. Les demandes de marque de l'Union européenne sont déposées dans une des langues officielles de l'Union.*

2. Les langues de l'Office sont l'allemand, l'anglais, l'espagnol, le français et l'italien.

3. Le demandeur doit indiquer une deuxième langue, qui est une langue de l'Office et dont il accepte l'usage comme langue éventuelle de procédure pour les procédures d'opposition, de déchéance et d'annulation.

Si le dépôt a été fait dans une langue qui n'est pas une langue de l'Office, celui-ci veille à assurer la traduction de la demande, telle que décrite à l'article 26, paragraphe 1, dans la langue indiquée par le demandeur.

4. Lorsque le demandeur d'une marque de l'Union européenne est la seule partie aux procédures devant l'Office, la langue de procédure est la langue utilisée pour le dépôt de la demande de marque de l'Union européenne. Si le dépôt a été fait dans une langue autre que celles de l'Office, l'Office peut envoyer des communications écrites au demandeur dans la deuxième langue indiquée par lui dans la demande.

5. L'acte d'opposition et la demande en déchéance ou en nullité sont déposés dans une des langues de l'Office.

6. Si la langue choisie, conformément au paragraphe 5, pour l'acte d'opposition ou la demande en déchéance ou en nullité est la langue de la demande de marque ou la deuxième langue indiquée lors du dépôt de cette demande, cette langue sera la langue de procédure.

Si la langue choisie, conformément au paragraphe 5, pour l'acte d'opposition ou la demande en déchéance ou en nullité n'est ni la langue de la demande de marque ni la deuxième langue indiquée lors du dépôt de cette demande, l'opposant ou le requérant en déchéance ou en nullité est tenu de produire à ses frais une traduction de son acte soit dans la langue de la demande de marque, à condition qu'elle soit une langue de l'Office, soit dans la deuxième langue indiquée lors du dépôt de la demande de marque. La traduction est produite dans le délai prévu par le règlement d'exécution. La langue vers laquelle l'acte a été traduit devient alors la langue de procédure.

7. Les parties dans les procédures d'opposition, de déchéance, de nullité et de recours peuvent convenir qu'une autre langue officielle de l'Union soit la langue de procédure.

8 et 9. créés par Règl. (UE) 2015/2424 du 16 déc. 2015 ; abrogés par Règl. (UE) 2017/1001 du 14 juin 2017.

(Règl. (UE) 2015/2424 du 16 déc. 2015, art. 1er-102, en vigueur le 23 mars 2016) « *10. La Commission adopte des actes d'exécution précisant :*

« a) dans quelle mesure les pièces justificatives à utiliser dans la procédure écrite devant l'Office peuvent être produites dans toute langue de l'Union et dans quelle mesure il faut produire une traduction ;

« b) quelles sont les normes à respecter pour les traductions à présenter à l'Office.

Ces actes d'exécution sont adoptés en conformité avec la procédure d'examen visée à l'article 163, paragraphe 2. » — [Règl. (CE) n° 40/94 du 20 déc. 1993, art. 115.]

Art. 120 Publication et enregistrements. *1. La demande de marque de l'Union européenne, telle que décrite dans l'article 26, paragraphe 1, et toutes les autres informations dont la publication est prescrite par le présent règlement ou par le règlement d'exécution sont publiées dans toutes les langues officielles de l'Union.*

2. Toutes les inscriptions au registre des marques de l'Union européenne sont faites dans toutes les langues officielles de l'Union.

3. En cas de doute, le texte dans la langue de l'Office dans laquelle la demande de marque de l'Union européenne a été déposée fait foi. Si le dépôt a eu lieu dans une langue officielle de l'Union autre que l'une des langues de l'Office, le texte établi dans la deuxième langue indiquée par le demandeur fait foi. — [Règl. (CE) n° 40/94 du 20 déc. 1993, art. 116.]

Art. 121 *Les services de traduction nécessaires au fonctionnement de l'Office sont assurés par le Centre de traduction des organes de l'Union européenne.* — [Règl. (CE) n° 40/94 du 20 déc. 1993, art. 117.]

Art. 122 *Abrogé par Règl. (UE) 2015/2424 du 16 déc. 2015, art. 1er-104, à compter du 23 mars 2016.*

Art. 123 Transparence. (Règl. (UE) 2015/2424 du 16 déc. 2015, art. 1er-105 en vigueur le 23 mars 2016) *1. Le règlement (CE) n° 1049/2001 du Parlement européen et du Conseil* [du 30 mai 2001 relatif à l'accès du public aux documents du Parlement européen, du Conseil et de la Commission] *s'applique aux documents détenus par l'Office.*

2. Le conseil d'administration adopte les modalités d'application du règlement (CE) n° 1049/2001.

3. Les décisions prises par l'Office en vertu de l'article 8 du règlement (CE) n° 1049/2001 peuvent être contestées auprès du Médiateur européen ou par le biais d'un recours devant la Cour de justice de l'Union européenne, dans les conditions prévues respectivement aux articles 228 et 263 du traité sur le fonctionnement de l'Union européenne.

4. Les opérations de traitement de données à caractère personnel effectuées par l'Office sont soumises au règlement (CE) n° 45/2001 du Parlement européen et du Conseil.

Art. 123 *bis* (*Règl. (UE) 2015/2424 du 16 déc. 2015, art. 1er-106, en vigueur le 23 mars 2016*) Règles de sécurité en matière de protection des informations classifiées et des informations sensibles non classifiées. *L'Office applique les principes de sécurité énoncés dans les règles de sécurité de la Commission visant à protéger les informations classifiées de l'Union européenne et les informations sensibles non classifiées, tels qu'ils sont définis dans les décisions de la Commission (UE, Euratom) 2015/443 et (UE, Euratom) 2015/444. Les principes de sécurité s'appliquent, entre autres, aux dispositions relatives à l'échange, au traitement et au stockage de telles informations.*

V. Décis. (UE, Euratom) 2015/443 de la Commission du 13 mars 2015 relative à la sécurité au sein de la Commission (JO L 72 du 17 mars 2015, p. 41) et Décis. (UE, Euratom) 2015/444 de la Commission du 13 mars 2015 concernant les règles de sécurité aux fins de la protection des informations classifiées de l'Union européenne (JO L 72 du 17 mars 2015, p. 53).

SECTION I *BIS [ABROGÉE]* ***Missions de l'Office et coopération visant à promouvoir la convergence***

(*Règl. (UE) 2015/2424 du 16 déc. 2015, art. 1er-107, en vigueur le 23 mars 2016*)

Art. 123 *ter* Missions de l'Office. *1. L'Office est chargé des missions suivantes :*

a) l'administration et la promotion du système de la marque de l'Union européenne établi dans le présent règlement ;

b) l'administration et la promotion du système des dessins et modèles de l'Union européenne établi par le règlement (CE) n° 6/2002 du Conseil [du 12 déc. 2001 sur les dessins ou modèles communautaires, V. App., v° Propriété industrielle] ;

c) la promotion de la convergence des pratiques et des instruments dans le domaine des marques et des dessins et modèles, en coopération avec les services centraux de la propriété industrielle dans les États membres, y compris l'Office Benelux de la propriété intellectuelle ;

d) les tâches visées dans le règlement (UE) n° 386/2012 du Parlement européen et du Conseil [du 19 avr. 2012 confiant à l'Office de l'harmonisation dans le marché intérieur (marques, dessins et modèles) des tâches liées au respect des droits de propriété intellectuelle, notamment la réunion de représentants des secteurs public et privé au sein d'un Observatoire européen des atteintes aux droits de propriété intellectuelle, JO L 129 du 16 mai 2012] ;

e) les missions qui lui sont conférées par la directive 2012/28/UE du Parlement européen et du Conseil [du 25 oct. 2012 sur certaines utilisations autorisées des œuvres orphelines, V. App., v° Propriété littéraire et artistique].

2. L'Office coopère avec les institutions, les autorités, les organes, les services de propriété industrielle, les organisations internationales et non gouvernementales en ce qui concerne les missions qui lui sont conférées en vertu du paragraphe 1.

3. L'Office peut fournir des services de médiation volontaire en vue d'aider les parties à parvenir à un règlement à l'amiable.

Art. 123 *quater* Coopération visant à promouvoir la convergence des pratiques et des instruments. *1. L'Office, les services centraux de la propriété industrielle des États membres et l'Office Benelux de la propriété intellectuelle coopèrent en vue de promouvoir la convergence des pratiques et des instruments dans le domaine des marques et des dessins et modèles.*

Sans préjudice du paragraphe 3, cette coopération porte en particulier sur les domaines d'activité suivants :

a) l'élaboration de critères d'examen communs ;

b) la création de bases de données et de portails communs ou connectés à des fins de consultation, de recherche et de classification à l'échelle de l'Union ;

c) la fourniture et l'échange permanents de données et d'informations, y compris aux fins d'alimentation des bases de données et des portails visés au point b) ;

d) la mise en place de normes et de pratiques communes, en vue d'assurer l'interopérabilité entre les procédures et les systèmes dans toute l'Union et de renforcer leur cohérence, leur efficience et leur efficacité ;

e) le partage d'informations sur les droits de propriété industrielle et sur les procédures, y compris un soutien mutuel aux services d'assistance et aux centres d'information ;

f) l'échange d'expertise et d'assistance techniques en ce qui concerne les activités visées aux points a) à e).

2. Sur la base d'une proposition du directeur exécutif, le conseil d'administration définit et coordonne des projets revêtant un intérêt pour l'Union et les États membres dans les domaines visés aux paragraphes 1 et 6, et invite les services centraux de la propriété industrielle des États membres et l'Office Benelux de la propriété intellectuelle à participer à ces projets.

La définition d'un projet comporte les obligations et responsabilités spécifiques de chaque service participant de la propriété industrielle des États membres, de l'Office Benelux de la propriété intellectuelle et de l'Office. L'Office consulte les représentants des utilisateurs en particulier lors des phases de définition des projets et d'évaluation de leurs résultats.

3. Les services centraux de la propriété industrielle des États membres et l'Office Benelux de la propriété intellectuelle peuvent décider de ne pas participer, ou limiter ou suspendre temporairement leur coopération aux projets visée au paragraphe 2, premier alinéa.

Lorsqu'ils recourent aux possibilités prévues au premier alinéa, les services centraux de la propriété industrielle des États membres et l'Office Benelux de la propriété intellectuelle présentent à l'Office une déclaration écrite exposant les motifs de leur décision.

4. Une fois qu'ils se sont engagés à participer à certains projets, les services centraux de la propriété industrielle des États membres et l'Office Benelux de la propriété intellectuelle, sans préjudice du paragraphe 3, participent de manière effective aux projets visés au paragraphe 2 en vue d'assurer leur développement, leur fonctionnement, leur interopérabilité et leur mise à jour.

5. L'Office apporte un soutien financier aux projets visés au paragraphe 2 dans la mesure où cela est nécessaire pour assurer, aux fins du paragraphe 4, la participation effective des services centraux de la propriété industrielle des États membres et de l'Office Benelux de la propriété intellectuelle à ces projets. Ce soutien financier peut prendre la forme de subventions et de contributions en nature. Le montant total des financements ne dépasse pas 15 % des recettes annuelles de l'Office. Les bénéficiaires de subventions sont les services centraux de la propriété industrielle des États membres et l'Office Benelux de la propriété intellectuelle. Les subventions peuvent être octroyées sans appel de propositions conformément aux règles financières applicables à l'Office et aux principes des procédures d'octroi de subventions énoncés dans le règlement (UE) nº 966/2012 du Parlement européen et du Conseil [du 25 oct. 2012 relatif aux règles financières applicables au budget général de l'Union] *et dans le règlement délégué (UE) nº 1268/2012 de la Commission* [du 29 oct. 2012 relatif aux règles d'application du règlement (UE, Euratom) nº 966/2012 du Parlement européen et du Conseil relatif aux règles financières applicables au budget général de l'Union].

6. L'Office et les autorités compétentes concernées des États membres coopèrent sur une base volontaire en vue de mieux faire connaître le système de marque et de promouvoir la lutte contre la contrefaçon. Cette coopération comprend des projets visant, en particulier, à faire appliquer les normes et pratiques établies ainsi qu'à organiser des activités d'éducation et de formation. Le soutien financier en faveur de ces projets entre dans le montant total des financements visé au paragraphe 5. Les paragraphes 2 à 5 s'appliquent mutatis mutandis.

SECTION II *[ABROGÉE]* ***Conseil d'administration***

(Règl. (UE) 2015/2424 du 16 déc. 2015, art. 1er-108, en vigueur le 23 mars 2016)

Art. 124 Fonctions du conseil d'administration. *1. Sans préjudice des fonctions attribuées au comité budgétaire à la section 5, le conseil d'administration est chargé des fonctions suivantes :*

a) sur la base d'un projet soumis par le directeur exécutif conformément à l'article 128, paragraphe 4, point c), adopter le programme de travail annuel de l'Office pour l'année à venir, en tenant compte de l'avis de la Commission, puis transmettre le programme de travail annuel adopté au Parlement européen, au Conseil et à la Commission ;

b) sur la base d'un projet soumis par le directeur exécutif conformément à l'article 128, paragraphe 4, point e), et en tenant compte de l'avis de la Commission, adopter un programme stratégique pluriannuel pour l'Office, comportant notamment la stratégie de coopération internationale de l'Office, à la suite d'un échange de vues entre le directeur exécutif et la commission compétente du Parlement européen, puis transmettre le programme stratégique pluriannuel adopté au Parlement européen, au Conseil et à la Commission ;

c) sur la base d'un projet soumis par le directeur exécutif conformément à l'article 128, paragraphe 4, point g), adopter le rapport annuel puis transmettre le rapport annuel adopté au Parlement européen, au Conseil, à la Commission et à la Cour des comptes ;

d) sur la base d'un projet soumis par le directeur exécutif conformément à l'article 128, paragraphe 4, point h), adopter le plan pluriannuel en matière de politique du personnel ;

e) exercer les pouvoirs que lui confère l'article 123 quater, paragraphe 2 ;

f) exercer les pouvoirs que lui confère l'article 139, paragraphe 5 ;

g) adopter des règles en matière de prévention et de gestion des conflits d'intérêts au sein de l'Office ;

h) conformément au paragraphe 2, exercer, à l'égard du personnel de l'Office, les compétences conférées par le statut des fonctionnaires à l'autorité investie du pouvoir de nomination et celles conférées par le régime applicable aux autres agents à l'autorité habilitée à conclure les contrats d'engagement (ci-après dénommées les "compétences relevant de l'autorité investie du pouvoir de nomination") ; — Ces dispositions s'appliquent à compter de la date à laquelle la décision prévue à l'art. 124, § 2, du présent Règl. entre en vigueur, ou le 1er oct. 2018, la date la plus proche étant retenue. Jusqu'à cette date, les compétences visées à l'art. 124, § 1, pt h), sont exercées par le directeur exécutif (Règl. (UE) 2015/2424 du 16 déc. 2015, art. 4, § 3 ; rect. JOUE L 71 du 16 mars, p. 322).

i) arrêter les modalités d'application nécessaires du statut des fonctionnaires et du régime applicable aux autres agents conformément à l'article 110 du statut des fonctionnaires ;

j) dresser la liste de candidats prévue à l'article 129, paragraphe 2 ;

k) veiller à ce que des suites adéquates soient données aux conclusions et recommandations émanant des rapports d'audit interne ou externe et des évaluations visées à l'article 165 bis, ainsi que des enquêtes de l'Office européen de lutte antifraude (OLAF) ;

l) être consulté avant l'adoption des directives relatives à l'examen pratiqué à l'Office et dans les autres cas prévus par le présent règlement ;

m) présenter des avis et demander des informations au directeur exécutif et à la Commission, s'il l'estime nécessaire.

2. Le conseil d'administration adopte, conformément à l'article 110 du statut des fonctionnaires et à l'article 142 du régime applicable aux autres agents, une décision fondée sur l'article 2, paragraphe 1, du statut des fonctionnaires et sur l'article 6 du régime applicable aux autres agents, déléguant au directeur exécutif les compétences correspondantes relevant de l'autorité investie du pouvoir de nomination et définissant les conditions dans lesquelles cette délégation de compétences relevant de l'autorité investie du pouvoir de nomination peut être suspendue.

Le directeur exécutif est autorisé à subdéléguer ces compétences.

Lorsque des circonstances exceptionnelles l'exigent, le conseil d'administration peut, par voie de décision, suspendre temporairement la délégation au directeur exécutif des compétences relevant de l'autorité investie du pouvoir de nomination et de celles subdéléguées par ce dernier, et les exercer lui-même ou les déléguer à l'un de ses membres ou à un membre du personnel autre que le directeur exécutif.

Art. 125 *(Règl. (UE) 2015/2424 du 16 déc. 2015, art. 1er-108, en vigueur le 23 mars 2016)* Composition du conseil d'administration. *1. Le conseil d'administration est composé d'un représentant de chaque État membre, de deux représentants de la Commission et d'un représentant du Parlement européen, ainsi que de leurs suppléants respectifs.*

2. Les membres du conseil d'administration peuvent se faire assister de conseillers ou d'experts, dans les limites prévues par son règlement intérieur.

Art. 126 *(Règl. (UE) 2015/2424 du 16 déc. 2015, art. 1er-108, en vigueur le 23 mars 2016)* Président du conseil d'administration. *1. Le conseil d'administration élit un président et un vice-président parmi ses membres. Le vice-président remplace de droit le président en cas d'empêchement.*

2. La durée du mandat du président et de celui du vice-président est de quatre ans. Ce mandat est renouvelable une fois. Cependant, si le président ou le vice-président perd sa qualité de membre du conseil d'administration à un moment quelconque de son mandat, ledit mandat expire automatiquement à la même date.

Art. 127 *(Règl. (UE) 2015/2424 du 16 déc. 2015, art. 1er-108, en vigueur le 23 mars 2016)* Sessions. *1. Le conseil d'administration se réunit sur convocation de son président.*

2. Le directeur exécutif prend part aux délibérations, à moins que le conseil d'administration n'en décide autrement.

3. Le conseil d'administration tient une session ordinaire au moins une fois par an. Il se réunit en outre à l'initiative de son président ou à la demande de la Commission ou du tiers des États membres.

4. Le conseil d'administration arrête son règlement intérieur.

5. Le conseil d'administration prend ses décisions à la majorité absolue de ses membres. La majorité des deux tiers de ses membres est toutefois requise pour les décisions que le conseil d'administration est habilité à prendre en vertu de l'article 124, paragraphe 1, points a) et b), de l'article 126, paragraphe 1, et de l'article 129, paragraphes 2 et 4. Dans les deux cas, chaque membre dispose d'une seule voix.

6. Le conseil d'administration peut inviter des observateurs à participer à ses sessions.

7. Le secrétariat du conseil d'administration est assuré par l'Office.

SECTION III *[ABROGÉE]* *Directeur exécutif*

(Règl. (UE) 2015/2424 du 16 déc. 2015, art. 1er-108, en vigueur le 23 mars 2016)

Art. 128 *(Règl. (UE) 2015/2424 du 16 déc. 2015, art. 1er-108, en vigueur le 23 mars 2016)* **Fonctions du directeur exécutif.** *1. La direction de l'Office est assurée par un directeur exécutif. Le directeur exécutif rend compte de ses activités au conseil d'administration.*

2. Sans préjudice des compétences de la Commission, du conseil d'administration et du comité budgétaire, le directeur exécutif exerce ses fonctions en toute indépendance et ne sollicite ni n'accepte d'instructions d'un gouvernement ni d'aucun autre organisme.

3. Le directeur exécutif est le représentant légal de l'Office.

4. Le directeur exécutif assume en particulier les fonctions suivantes, qui peuvent être déléguées :

a) prendre toutes mesures utiles, notamment l'adoption d'instructions administratives internes et la publication de communications, en vue d'assurer le fonctionnement de l'Office ;

b) assurer la mise en œuvre des décisions adoptées par le conseil d'administration ;

c) élaborer un projet de programme de travail annuel comportant une estimation des ressources humaines et financières nécessaires pour chaque activité, et le soumettre au conseil d'administration après consultation de la Commission ;

d) présenter au conseil d'administration des propositions conformément à l'article 123 quater, paragraphe 2 ;

e) préparer un projet de programme stratégique pluriannuel, comportant notamment la stratégie de coopération internationale de l'Office, et le soumettre au conseil d'administration après consultation de la Commission et à la suite d'un échange de vues avec la commission compétente du Parlement européen ;

f) assurer la mise en œuvre du programme de travail annuel et du programme stratégique pluriannuel et rendre compte de cette mise en œuvre au conseil d'administration ;

g) préparer le rapport annuel sur les activités de l'Office et le soumettre au conseil d'administration pour approbation ;

h) préparer un projet de plan pluriannuel en matière de politique du personnel et le soumettre au conseil d'administration après consultation de la Commission ;

i) préparer un plan d'action prenant en compte les conclusions des rapports d'audit interne ou externe et des évaluations, ainsi que les enquêtes de l'OLAF, et rendre compte deux fois par an des progrès accomplis à la Commission et au conseil d'administration ;

j) protéger les intérêts financiers de l'Union par l'application de mesures préventives contre la fraude, la corruption et toute autre activité illégale, par des contrôles efficaces et, si des irrégularités sont constatées, par le recouvrement des montants indûment payés et, le cas échéant, par des sanctions administratives et financières effectives, proportionnées et dissuasives ;

k) préparer une stratégie antifraude de l'Office et la présenter au comité budgétaire pour approbation ;

l) afin d'assurer une application uniforme du présent règlement, saisir, le cas échéant, la grande chambre de recours (ci-après dénommée la "grande chambre") sur des questions relatives à un point de droit, en particulier si les chambres de recours ont rendu des décisions divergentes sur ce point ;

m) dresser l'état prévisionnel des recettes et dépenses de l'Office et exécuter le budget ;

5. Le directeur exécutif est assisté d'un ou de plusieurs directeurs exécutifs adjoints. En cas d'absence ou d'empêchement du directeur exécutif, le directeur exécutif adjoint ou l'un des directeurs exécutifs adjoints le remplace conformément à la procédure fixée par le conseil d'administration.

Art. 129 *(Règl. (UE) 2015/2424 du 16 déc. 2015, art. 1er-108, en vigueur le 23 mars 2016)* **Nomination et révocation du directeur exécutif et prorogation du mandat.** *1. Le directeur exécutif est engagé en tant qu'agent temporaire de l'Office conformément à l'article 2, point a), du régime applicable aux autres agents.*

2. Le directeur exécutif est nommé par le Conseil à la majorité simple sur une liste de candidats proposés par le conseil d'administration, à la suite d'une procédure de sélection ouverte et transparente. Avant sa nomination, le candidat sélectionné par le conseil d'administration peut être invité à faire une déclaration devant toute commission compétente du Parlement européen et à répondre aux questions que lui posent les membres de celle-ci. Aux fins de la conclusion du contrat avec le directeur exécutif, l'Office est représenté par le président du conseil d'administration.

Le directeur exécutif ne peut être démis de ses fonctions que sur décision du Conseil, statuant sur proposition du conseil d'administration.

3. La durée du mandat du directeur exécutif est de cinq ans. Avant la fin de cette période, le conseil d'administration procède à un examen qui tient compte d'une évaluation des prestations du directeur exécutif et des missions et défis futurs de l'Office.

4. Le Conseil, tenant compte de l'examen visé au paragraphe 3, peut proroger une fois le mandat du directeur exécutif et pour une durée n'excédant pas cinq ans.

5. Un directeur exécutif dont le mandat a été prorogé ne peut ensuite, une fois ce mandat expiré, participer à une autre procédure de sélection pour le même poste.

6. Le ou les directeurs exécutifs adjoints sont nommés et démis de leurs fonctions conformément au paragraphe 2, après consultation du directeur exécutif et, le cas échéant, du futur directeur exécutif. La durée du mandat du directeur exécutif adjoint est de cinq ans. Il peut être prorogé une fois et pour une durée n'excédant pas cinq ans par le Conseil, après consultation du directeur exécutif.

SECTION IV *[ABROGÉE]* *Application des procédures*

Art. 130 Compétence. *Sont compétents pour prendre toute décision dans le cadre des procédures prescrites par le présent règlement :*

a) les examinateurs ;

b) les divisions d'opposition ;

(Règl. (UE) 2015/2424 du 16 déc. 2015, art. 1er-109, en vigueur le 23 mars 2016) *« c) une instance chargée de la tenue du registre ; »*

d) les divisions d'annulation ;

e) les chambres de recours ; — [Règl. (CE) n° 40/94 du 20 déc. 1993, art. 125.]

(Règl. (UE) 2015/2424 du 16 déc. 2015, art. 1er-109, en vigueur le 23 mars 2016) *« f) toute autre unité ou personne nommée par le directeur exécutif à cet effet. »*

Art. 131 Examinateurs. *L'examinateur est compétent pour prendre au nom de l'Office toute décision concernant les demandes d'enregistrement d'une marque de l'Union européenne y compris les questions visées aux* (Règl. (UE) 2015/2424 du 16 déc. 2015, art. 1er-110, en vigueur le 23 mars 2016) *« articles 36, 37, 68 et 74 quater », sauf dans la mesure où une division d'opposition est compétente.* — [Règl. (CE) n° 40/94 du 20 déc. 1993, art. 126.]

Art. 132 Divisions d'opposition. *1. Une division d'opposition est compétente pour toute décision concernant l'opposition à une demande d'enregistrement d'une marque de l'Union européenne.*

2. Les divisions d'opposition prennent leurs décisions en formation composée de trois membres. Au moins un de ces membres est juriste. Dans certains cas particuliers prévus par le règlement d'exécution, les décisions sont prises par un seul membre.

(Règl. (UE) 2015/2424 du 16 déc. 2015, art. 1er-111, en vigueur le 23 mars 2016) *« La Commission adopte des actes d'exécution précisant les types exacts de décisions qui sont prises par un seul membre. Ces actes d'exécution sont adoptés en conformité avec la procédure d'examen visée à l'article 163, paragraphe 2. »* — [Règl. (CE) n° 40/94 du 20 déc. 1993, art. 127.]

Art. 133 *(Règl. (UE) 2015/2424 du 16 déc. 2015, art. 1er-112, en vigueur le 23 mars 2016)* Instance chargée de la tenue du registre. *1. L'instance chargée de la tenue du registre est habilitée à prendre les décisions relatives aux inscriptions au registre.*

2. Elle est également chargée de tenir la liste des mandataires agréés visée à l'article 93, paragraphe 2.

3. Les décisions de l'instance sont prises par un seul membre.

Art. 134 Divisions d'annulation. *1. Une division d'annulation est compétente pour toute décision relative aux demandes en déchéance et en nullité d'une marque de l'Union européenne.*

2. Les divisions d'annulation prennent leurs décisions en formation composée de trois membres. Au moins un de ces membres est juriste. Dans certains cas particuliers prévus par le règlement d'exécution, les décisions sont prises par un seul membre. — [Règl. (CE) n° 40/94 du 20 déc. 1993, art. 129.]

Art. 134 *bis* *(Règl. (UE) 2015/2424 du 16 déc. 2015, art. 1er-114, en vigueur le 23 mars 2016)* Compétence générale. *Les décisions requises par le présent règlement qui ne relèvent pas de la compétence d'un examinateur, d'une division d'opposition, d'une division d'annulation ou de l'instance chargée de la tenue du registre sont prises par tout fonctionnaire ou unité désigné à cet effet par le directeur exécutif.*

Art. 135 Chambres de recours. (Règl. (UE) 2015/2424 du 16 déc. 2015, art. 1er-115, en vigueur le 23 mars 2016) *« 1. Les chambres de recours sont chargées de statuer sur les recours formés contre les décisions prises en vertu des articles 131 à 134 bis. »*

2. Les chambres de recours prennent leurs décisions en chambre composée de trois membres. Au moins deux de ces membres sont juristes. Dans certains cas particuliers, les décisions sont prises (Règl. (UE) 2015/2424 du 16 déc. 2015, art. 1er-115, en vigueur le 23 mars 2016) *« par la grande chambre » présidée par le président des chambres de recours ou sont prises par un seul membre, celui-ci devant être juriste.*

(Règl. (UE) 2015/2424 du 16 déc. 2015, art. 1er-115, en vigueur le 23 mars 2016) *« 3. Pour déterminer les cas particuliers relevant de la compétence de la grande chambre, il convient de tenir compte de la difficulté en droit, de l'importance de l'affaire ou de circonstances particulières qui le justifient. Ces affaires peuvent être déférées à la grande chambre :*

« a) par l'instance des chambres de recours visée à l'article 136, paragraphe 4, point a) ; ou

« b) par la chambre chargée de l'affaire.

« 4. La grande chambre est également chargée de rendre des avis motivés sur les points de droit qui lui sont soumis par le directeur exécutif en vertu de l'article 128, paragraphe 4, point l). »

5. Pour déterminer les cas particuliers relevant de la compétence d'un seul membre, il convient de tenir compte de l'absence de difficulté des questions de droit ou de fait soulevées, de l'importance limitée du cas d'espèce et de l'absence d'autres circonstances particulières. La décision d'attribuer une affaire à un seul membre dans les cas cités est prise par la chambre chargée de l'affaire. (Abrogé par Règl. (UE) 2015/2424 du 16 déc. 2015, art. 1er-115, à compter du 23 mars 2016) *« Des modalités plus précises sont fixées dans le règlement de procédure des chambres visé à l'article 162, paragraphe 3. »* — [Règl. (CE) n° 40/94 du 20 déc. 1993, art. 130.]

Art. 136 *(Règl. (UE) 2015/2424 du 16 déc. 2015, art. 1er-116, en vigueur le 23 mars 2016)* Indépendance des membres des chambres de recours. *1. Le président des chambres de recours et le président de chaque chambre sont nommés pour une période de cinq ans, conformément à la procédure prévue à l'article 129 pour la nomination du directeur exécutif. Ils ne sont pas démis de leurs fonctions pendant la période de leur mandat sauf pour motifs graves et si la Cour de justice, saisie par l'institution qui les a nommés, prend une décision en ce sens.*

2. Le mandat du président des chambres de recours peut être prorogé une seule fois pour une période additionnelle de cinq ans ou jusqu'à son départ à la retraite si l'âge de ce départ est atteint durant le nouveau mandat, après une évaluation positive par le conseil d'administration de ses prestations.

3. Le mandat du président de chaque chambre peut être prorogé pour des périodes additionnelles de cinq ans ou jusqu'à son départ à la retraite si l'âge de ce départ est atteint durant le nouveau mandat, après une évaluation positive de ses prestations par le conseil d'administration et après consultation du président des chambres de recours.

4. Le président des chambres de recours assume les fonctions de gestion et d'organisation suivantes :

a) présider le présidium des chambres de recours (ci-après dénommé le "présidium"), chargé de fixer les règles et d'organiser le travail des chambres ;

b) veiller à l'exécution des décisions du présidium ;

c) attribuer les affaires à une chambre sur la base de critères objectifs fixés par le présidium ;

d) communiquer au directeur exécutif les besoins financiers des chambres afin d'établir l'état prévisionnel des dépenses.

Le président des chambres de recours préside la grande chambre.

5. Les membres des chambres de recours sont nommés par le conseil d'administration pour une période de cinq ans. Leur mandat peut être prorogé pour des périodes additionnelles de cinq ans ou jusqu'à leur départ à la retraite si l'âge de ce départ est atteint durant le nouveau mandat, après une évaluation positive de leurs prestations par le conseil d'administration et après consultation du président des chambres de recours.

6. Les membres des chambres de recours ne sont pas démis de leurs fonctions sauf pour motifs graves et si la Cour de justice, saisie par le conseil d'administration agissant sur recommandation du président des chambres de recours, et après avoir consulté le président de la chambre à laquelle appartient le membre concerné, prend une décision en ce sens.

7. Le président des chambres de recours et le président de chaque chambre ainsi que les membres des chambres de recours sont indépendants. Dans leurs décisions, ils ne sont liés par aucune instruction.

8. Les décisions prises par la grande chambre sur les recours ou ses avis sur les points de droit qui lui ont été soumis par le directeur exécutif en vertu de l'article 135 sont contraignants pour les instances décisionnelles de l'Office visées à l'article 130.

9. Le président des chambres de recours et le président de chaque chambre ainsi que les membres des chambres de recours ne sont pas examinateurs ou membres des divisions d'opposition, de l'instance chargée de la tenue du registre ou des divisions d'annulation.

Art. 136 *bis* (*Règl. (UE) 2015/2424 du 16 déc. 2015, art. 1er-117, en vigueur le 23 mars 2016*) Présidium des chambres de recours et de la grande chambre. *1. Le présidium est composé du président des chambres de recours, en qualité de président, des présidents de chambre et de membres des chambres élus en leur sein, pour chaque année civile, par l'ensemble des membres des chambres autres que le président des chambres de recours et les présidents de chambre. Le nombre de membres ainsi élus s'élève à un quart des membres des chambres autres que le président des chambres de recours et les présidents de chambre, et ce nombre est arrondi si nécessaire à l'unité supérieure.*

2. La grande chambre visée à l'article 135, paragraphe 2, est composée de neuf membres, dont le président des chambres de recours, les présidents de chambre, le rapporteur désigné avant renvoi à la grande chambre si tel est le cas, et les membres tirés par rotation d'une liste composée de tous les membres des chambres de recours autres que le président des chambres de recours et les présidents de chambre.

Art. 136 *ter* (*Règl. (UE) 2015/2424 du 16 déc. 2015, art. 1er-118, en vigueur le 23 mars 2016*) Délégation de pouvoirs. *La Commission est habilitée à adopter des actes délégués en conformité avec l'article 163 bis précisant les modalités d'organisation des chambres de recours, y compris la mise en place et le rôle du présidium, la composition de la grande chambre et les règles relatives à sa saisine, ainsi que les conditions dans lesquelles les décisions sont prises par un seul membre conformément à l'article 135, paragraphes 2 et 5.*

Art. 137 Exclusion et récusation. *1. Les examinateurs et les membres des divisions instituées au sein de l'Office et des chambres de recours ne peuvent participer au règlement d'une affaire s'ils y possèdent un intérêt personnel, ou s'ils y sont antérieurement intervenus en qualité de représentants d'une des parties. Deux des trois membres d'une division d'opposition ne doivent pas avoir participé à l'examen de la demande. Les membres des divisions d'annulation ne peuvent participer au règlement d'une affaire s'ils ont participé à la décision finale sur cette affaire dans le cadre de la procédure d'enregistrement de la marque ou de la procédure d'opposition. Les membres des chambres de recours ne peuvent prendre part à une procédure de recours s'ils ont pris part à la décision qui fait l'objet du recours.*

2. Si, pour l'une des raisons mentionnées au paragraphe 1 ou pour tout autre motif, un membre d'une division ou d'une chambre de recours estime ne pas pouvoir participer au règlement d'une affaire, il en avertit la division ou la chambre.

3. Les examinateurs et les membres des divisions ou d'une chambre de recours peuvent être récusés par toute partie pour l'une des raisons mentionnées au paragraphe 1 ou s'ils peuvent être suspectés de partialité. La récusation n'est pas recevable lorsque la partie en cause a fait des actes de procédure, bien qu'elle ait déjà eu connaissance du motif de récusation. Aucune récusation ne peut être fondée sur la nationalité des examinateurs ou des membres.

4. Les divisions et les chambres de recours statuent, dans les cas visés aux paragraphes 2 et 3, sans la participation du membre intéressé. Pour prendre cette décision, le membre qui s'abstient ou qui est récusé est remplacé, au sein de la division ou de la chambre, par son suppléant. — [Règl. (CE) n° 40/94 du 20 déc. 1993, art. 132.]

Les chambres de recours de l'OHMI ne pouvant être qualifiées de « tribunal », le droit à un procès équitable de l'art. 6 Conv. EDH ne peut être invoqué devant elles. Devant l'OHMI, les droits de la défense sont protégés de façon spécifique par l'art. 132 du Règl. (CE) n° 40/94 [Règl. (CE) n° 207/2009, art. 137]. • TPICE 12 déc. 2002, n° T-63/01 : *Propr. intell. 2003, n° 7, p. 207, obs. Joly.*

Art. 137 *bis* (*Règl. (UE) 2015/2424 du 16 déc. 2015, art. 1er-119, en vigueur le 23 mars 2016*) Centre de médiation. *1. Aux fins de l'article 123 ter, paragraphe 3, l'Office peut mettre en place un centre de médiation (ci-après dénommé le "centre").*

2. Toute personne physique ou morale peut recourir aux services du centre sur une base volontaire et d'un commun accord en vue de parvenir à un règlement amiable des litiges relevant du présent règlement ou du règlement (CE) n° 6/2002.

3. Les parties ont recours à la médiation au moyen d'une requête conjointe. La requête n'est réputée présentée qu'après paiement de la taxe correspondante. Le directeur exécutif fixe le montant à percevoir conformément à l'article 144, paragraphe 1.

4. En cas de litiges faisant l'objet d'une procédure pendante devant les divisions d'opposition ou d'annulation ou devant les chambres de recours de l'Office, une requête conjointe en médiation peut être présentée à tout moment après l'introduction d'un acte d'opposition, d'une demande en déchéance ou en nullité ou la formation d'un recours contre des décisions des divisions d'opposition ou d'annulation.

5. La procédure en question est suspendue et les délais, à l'exception du délai de paiement de la taxe applicable, sont interrompus à compter de la date de dépôt de la requête conjointe en médiation. Les délais continuent à courir à compter de la reprise de la procédure.

6. Les parties sont invitées à choisir d'un commun accord, sur la liste visée au paragraphe 12, un médiateur qui a déclaré maîtriser la langue de la médiation en question. Si les parties ne désignent pas de médiateur dans un délai de vingt jours à compter de la date à laquelle elles y ont été invitées, la médiation est réputée avoir échoué.

7. Les parties conviennent avec le médiateur, dans le cadre d'un accord de médiation, des modalités de la médiation.

8. Le médiateur clôt la procédure de médiation dès que les parties parviennent à un accord, ou dès que l'une des parties déclare qu'elle souhaite mettre fin à la médiation ou dès qu'il constate que les parties ne sont pas parvenues à un accord.

9. Dès la clôture de la procédure de médiation, le médiateur en informe les parties ainsi que l'instance concernée de l'Office.

10. Les discussions et négociations menées dans le cadre de la médiation sont confidentielles pour toutes les personnes participant à la médiation, en particulier le médiateur, les parties et leurs représentants. Tous les documents et informations soumis au cours de la médiation sont conservés séparément des dossiers relatifs à toute autre procédure engagée devant l'Office et ne font pas partie de ces dossiers.

11. La médiation est menée dans une des langues officielles de l'Union, choisie d'un commun accord par les parties. Lorsque la médiation porte sur des litiges pendants devant l'Office, elle est menée dans la langue de procédure de l'Office, sauf convention contraire entre les parties.

12. L'Office établit une liste de médiateurs chargés d'aider les parties à régler leurs différends. Ces médiateurs sont indépendants et disposent de compétences et d'une expérience appropriées. Cette liste peut comprendre les médiateurs qui sont employés par l'Office et des médiateurs qui ne le sont pas.

13. Les médiateurs sont impartiaux dans l'exercice de leurs fonctions et déclarent tout conflit d'intérêt réel ou perçu comme tel au moment de leur désignation. Les membres des instances décisionnelles de l'Office énumérées à l'article 130 ne participent à aucune médiation portant sur une affaire dans laquelle :

a) ils ont été préalablement associés aux procédures soumises à médiation ;

b) ils ont un intérêt personnel dans lesdites procédures ; ou

c) ils ont été préalablement impliqués en tant que représentants de l'une des parties.

14. Les médiateurs ne participent pas en tant que membres des instances décisionnelles de l'Office énumérées à l'article 130 à la procédure reprise à la suite de l'échec d'une médiation.

15. L'Office peut coopérer avec d'autres organismes nationaux ou internationaux reconnus dans le domaine de la médiation.

SECTION V *[ABROGÉE]* ***Budget et contrôle financier***

Art. 138 Comité budgétaire. (Règl. (UE) 2015/2424 du 16 déc. 2015, art. 1er-120, en vigueur le 23 mars 2016) ***1. Le comité budgétaire remplit les fonctions qui lui sont attribuées dans la présente section.***

2. Les articles 125 et 126 et l'article 127, paragraphes 1 à 4, et 5 dans la mesure où il concerne l'élection du président et du vice-président, 6 et 7, s'appliquent au comité budgétaire mutatis mutandis.

3. Le comité budgétaire prend ses décisions à la majorité absolue de ses membres. La majorité des deux tiers de ses membres est néanmoins requise pour les décisions que le comité budgétaire est habilité à prendre en vertu de l'article 140, paragraphe 3, et de l'article 143. Dans les deux cas, chaque membre dispose d'une seule voix.

Art. 139 Budget. (Règl. (UE) 2015/2424 du 16 déc. 2015, art. 1er-121, en vigueur le 23 mars 2016) ***1. Toutes les recettes et les dépenses de l'Office font l'objet de prévisions pour chaque exercice budgétaire et sont inscrites au budget de l'Office. Chaque exercice budgétaire coïncide avec l'année civile.***

2. Le budget est équilibré en recettes et en dépenses.

3. Les recettes comprennent, sans préjudice d'autres types de recettes, le produit des taxes dues en vertu de l'annexe I du présent règlement, le produit des taxes dues en vertu du règlement (CE) nº 6/2002, le produit des taxes dues, en vertu du protocole de Madrid visé à l'article 145 du présent règlement, pour un enregistrement international désignant l'Union ainsi que les autres paiements faits aux parties contractantes du protocole de Madrid, le produit des taxes dues, en vertu de l'acte de Genève visé à l'article 106 quater du règlement (CE) nº 6/2002, pour un enregistrement international désignant l'Union et les autres paiements faits aux parties contractantes de l'acte de

Genève et, en tant que de besoin, une subvention inscrite au budget général de l'Union, section Commission, sous une ligne budgétaire spécifique.

4. Chaque année, l'Office compense les frais exposés par les services centraux de la propriété industrielle des États membres, par l'Office Benelux de la propriété intellectuelle et par toute autre autorité compétente à désigner par un État membre en raison des tâches spécifiques qu'ils effectuent en tant que parties fonctionnelles du système de la marque de l'Union européenne dans le cadre des services et procédures suivants :

a) les procédures d'opposition et de nullité engagées devant les services centraux de la propriété industrielle des États membres et l'Office Benelux de la propriété intellectuelle et portant sur des marques de l'Union européenne ;

b) la fourniture d'informations sur le fonctionnement du système de la marque de l'Union européenne par l'intermédiaire de services d'assistance et de centres d'information ;

c) les mesures visant à faire respecter les marques de l'Union européenne, y compris les actions entreprises en vertu de l'article 9, paragraphe 4.

5. La compensation globale des coûts visés au paragraphe 4 correspond à 5 % des recettes annuelles de l'Office. Sans préjudice du troisième alinéa du présent paragraphe, sur proposition de l'Office et après avoir consulté le comité budgétaire, le conseil d'administration détermine la clé de répartition sur la base des indicateurs justes, équitables et pertinents suivants :

a) le nombre annuel de demandes de marques de l'Union européenne déposées par des demandeurs dans chaque État membre ;

b) le nombre annuel de demandes de marques nationales déposées dans chaque État membre ;

c) le nombre annuel d'oppositions et de demandes en nullité formées par des titulaires de marques de l'Union européenne dans chaque État membre ;

d) le nombre annuel d'affaires portées devant les tribunaux des marques de l'Union européenne désignés par chaque État membre conformément à l'article 95.

Pour justifier les coûts visés au paragraphe 4, les États membres soumettent à l'Office, au plus tard le 31 mars de chaque année, des données statistiques relatives aux chiffres visés au premier alinéa, points a) à d), du présent paragraphe, pour l'année précédente, en vue de leur inclusion dans la proposition à présenter au conseil d'administration.

Pour des raisons d'équité, les frais exposés par les instances visées au paragraphe 4, dans chaque État membre sont réputés correspondre à 2 % au moins du montant total de compensation prévu au présent paragraphe.

6. L'obligation de compensation par l'Office des coûts visés au paragraphe 4 et exposés au cours d'une année donnée ne s'applique que dans la mesure où aucun déficit budgétaire n'apparaît au cours de cette année.

7. En cas d'excédent budgétaire, et sans préjudice du paragraphe 10, sur proposition de l'Office et après consultation du comité budgétaire, le conseil d'administration peut relever le pourcentage fixé au paragraphe 5, à 10 % au maximum des recettes annuelles de l'Office.

8. Sans préjudice des paragraphes 4 à 7, et du paragraphe 10 du présent article et des articles 123 ter et 123 quater, si un excédent substantiel est généré pendant cinq années consécutives, le comité budgétaire, sur proposition de l'Office et conformément au programme de travail annuel et au programme stratégique pluriannuel visés à l'article 124, paragraphe 1, points a) et b), décide à la majorité des deux-tiers, de transférer au budget de l'Union l'excédent généré à partir du 23 mars 2016.

9. L'Office établit, deux fois par an, à l'intention du Parlement européen, du Conseil et de la Commission, un rapport sur sa situation financière, y compris sur les opérations financières effectuées au titre de l'article 123 quater, paragraphes 5 et 6, et de l'article 139, paragraphes 5 et 7. Sur la base de ce rapport, la Commission examine la situation financière de l'Office.

10. L'Office se constitue un fonds de réserve correspondant à une année de dépenses opérationnelles, afin d'assurer la continuité de ses activités et l'exécution de ses missions.

Art. 140 Établissement du budget. *1. Le directeur exécutif dresse, chaque année, un état prévisionnel des recettes et des dépenses de l'Office pour l'exercice suivant et le transmet au comité budgétaire, accompagné d'un tableau des effectifs, le 31 mars au plus tard.*

2. Pour autant que les prévisions budgétaires prévoient une subvention de l'Union, le comité budgétaire transmet cet état prévisionnel sans délai à la Commission qui le transmet à l'autorité budgétaire de l'Union. La Commission peut joindre à celui-ci un avis comportant des prévisions divergentes.

3. Le comité budgétaire arrête le budget qui comprend également le tableau des effectifs de l'Office. Pour autant que les prévisions budgétaires comportent une subvention à la charge du budget général de l'Union, le budget de l'Office est, le cas échéant, ajusté. — [Règl. (CE) n° 40/94 du 20 déc. 1993, art. 135.]

Art. 141 Audit et contrôle. 1. *Au sein de l'Office, il est créé une fonction d'audit interne qui doit être exercée dans le respect des normes internationales pertinentes. L'auditeur interne, désigné par le président, est responsable envers celui-ci de la vérification du bon fonctionnement des systèmes et des procédures d'exécution du budget de l'Office.*

2. L'auditeur interne conseille le directeur exécutif dans la maîtrise des risques, en formulant des avis indépendants portant sur la qualité des systèmes de gestion et de contrôle et en émettant des recommandations pour améliorer les conditions d'exécution des opérations et promouvoir la bonne gestion financière.

3. La responsabilité de mettre en place des systèmes et procédures de contrôle interne adaptés à l'exécution de ses tâches incombe à l'ordonnateur. — [Règl. (CE) n° 40/94 du 20 déc. 1993, art. 136.]

Art. 141 *bis* *(Règl. (UE) 2015/2424 du 16 déc. 2015, art. 1er-122, en vigueur le 23 mars 2016)* Lutte contre la fraude. 1. *Afin de faciliter la lutte contre la fraude, la corruption et toute autre activité illégale en vertu du règlement (UE, Euratom) n° 883/2013 du Parlement européen et du Conseil* [du 11 sept. 2013 relatif aux enquêtes effectuées par l'Office européen de lutte antifraude], *l'Office adhère à l'accord interinstitutionnel du 25 mai 1999 relatif aux enquêtes internes effectuées par l'Office européen de lutte antifraude (OLAF) et arrête les dispositions appropriées applicables à tout le personnel de l'Office en utilisant le modèle figurant à l'annexe de cet accord.*

2. La Cour des comptes européenne dispose d'un pouvoir d'audit, sur pièces et sur place, à l'égard de tous les bénéficiaires de subventions, contractants et sous-traitants qui ont reçu, par l'intermédiaire de l'Office, des fonds de l'Union.

3. L'OLAF peut effectuer des enquêtes, y compris des vérifications et contrôles sur place, conformément aux dispositions et procédures prévues par le règlement (UE, Euratom) n° 883/2013 et par le règlement (Euratom, CE) n° 2185/96 du Conseil, en vue d'établir l'existence éventuelle d'une fraude, d'un acte de corruption ou de toute autre activité illégale portant atteinte aux intérêts financiers de l'Union dans le cadre d'une subvention ou d'un contrat financés par l'Office.

4. Sans préjudice des paragraphes 1, 2 et 3, les accords de coopération avec des pays tiers et des organisations internationales, les contrats, les conventions de subvention et les décisions de subvention de l'Office contiennent des dispositions qui habilitent expressément la Cour des comptes européenne et l'OLAF à effectuer les audits et enquêtes en question conformément à leurs compétences respectives.

5. Le comité budgétaire adopte une stratégie antifraude proportionnée aux risques de fraude, compte tenu du rapport coûts-avantages des mesures à mettre en œuvre.

Art. 142 Vérification des comptes. 1. *Le 31 mars de chaque année au plus tard, le directeur exécutif adresse à la Commission, au Parlement européen, au comité budgétaire et à la Cour des comptes les comptes de la totalité des recettes et dépenses de l'Office pour l'exercice écoulé. La Cour des comptes les examine conformément à l'article 248 du traité.*

2. Le comité budgétaire donne décharge au directeur exécutif de l'Office sur l'exécution du budget. — [Règl. (CE) n° 40/94 du 20 déc. 1993, art. 137.]

Art. 143 Dispositions financières. *Le comité budgétaire arrête, après avis de la Commission et de la Cour des comptes de l'Union, les dispositions financières internes spécifiant notamment les modalités relatives à l'établissement et à l'exécution du budget de l'Office. Les dispositions financières s'inspirent, dans la mesure compatible avec le caractère propre de l'Office, des règlements financiers adoptés pour d'autres organismes créés par l'Union.* — [Règl. (CE) n° 40/94 du 20 déc. 1993, art. 138.]

Art. 144 *(Règl. (UE) 2015/2424 du 16 déc. 2015, art. 1er-123, en vigueur le 23 mars 2016)* Taxes et tarifs et date d'exigibilité. 1. *Le directeur exécutif fixe le montant des tarifs à payer pour les prestations de services assurées par l'Office, autres que celles énoncées à l'annexe I, ainsi que pour le Bulletin des marques de l'Union européenne, le Journal officiel de l'Office et toute autre publication émanant de l'Office. Les montants des tarifs sont fixés en euros et publiés au Journal officiel de l'Office. Le montant de chaque tarif n'excède pas ce qui est nécessaire pour couvrir les coûts du service spécifique assuré par l'Office.*

2. Les taxes et tarifs dont la date d'exigibilité n'est pas précisée dans le présent règlement sont exigibles à compter de la date de réception de la demande d'exécution de la prestation de service assujettie à une taxe ou à des tarifs.

Avec l'accord du comité budgétaire, le directeur exécutif peut déterminer le ou les services mentionnés au premier alinéa qui ne sont pas subordonnés au paiement préalable des taxes et tarifs correspondants.

Art. 144 *bis* *(Règl. (UE) 2015/2424 du 16 déc. 2015, art. 1er-124, en vigueur le 23 mars 2016)* Paiement des taxes et tarifs. *1. Les taxes et tarifs à payer à l'Office sont acquittés par versement ou virement sur un compte bancaire de l'Office.*

Avec l'accord du comité budgétaire, le directeur exécutif peut déterminer quels moyens spécifiques de paiement autres que ceux précisés au premier alinéa, notamment le paiement effectué à l'aide de comptes courants ouverts auprès de l'Office, peuvent être utilisés.

Les décisions prises en vertu du deuxième alinéa sont publiées au Journal officiel de l'Office.

Tous les paiements, y compris les paiements effectués par tout autre moyen de paiement déterminé conformément au deuxième alinéa, sont libellés en euros.

2. Tout paiement comporte l'indication du nom de la personne qui l'effectue ainsi que les données nécessaires pour permettre à l'Office d'en déterminer directement l'objet. En particulier, les informations suivantes sont fournies :

a) lorsque le paiement concerne la taxe de dépôt, l'objet du paiement, à savoir la "taxe de dépôt" ;

b) lorsque le paiement concerne la taxe d'opposition, le numéro de dossier attribué à la demande et le nom du demandeur de la marque de l'Union européenne contre lequel l'opposition est formée, ainsi que l'objet du paiement, à savoir la "taxe d'opposition" ;

c) lorsque le paiement concerne la taxe de demande en déchéance ou en nullité, le numéro d'enregistrement et le nom du titulaire de la marque de l'Union européenne contre lequel la demande est présentée ainsi que l'objet du paiement, à savoir la "taxe de demande en déchéance" ou la "taxe de demande en nullité".

3. Si l'objet du paiement visé au paragraphe 2 n'est pas directement identifiable, l'Office invite, dans un délai qu'il détermine, la personne qui a effectué le paiement à communiquer cet objet par écrit. Si celle-ci ne donne pas à la suite de cette invitation en temps utile, le paiement est considéré comme non avenu. Le montant versé est alors remboursé.

Art. 144 *ter* *(Règl. (UE) 2015/2424 du 16 déc. 2015, art. 1er-124, en vigueur le 23 mars 2016)* Date à laquelle le paiement est réputé effectué. *1. Dans les cas visés à l'article 144 bis, paragraphe 1, premier alinéa, la date à laquelle tout paiement est réputé effectué auprès de l'Office est la date à laquelle le montant du versement ou du virement est effectivement porté au crédit d'un compte bancaire de l'Office.*

2. Lorsque les modes de paiement visés à l'article 144 bis, paragraphe 1, deuxième alinéa, peuvent être utilisés, le directeur exécutif détermine la date à laquelle ces paiements sont réputés effectués.

3. Lorsque, en vertu des paragraphes 1 et 2, le règlement de la taxe n'est réputé effectué qu'après l'expiration du délai imparti, le délai est considéré comme respecté si la preuve est apportée à l'Office que la personne qui a effectué le paiement dans un État membre a, dans la période au cours de laquelle le paiement aurait dû avoir lieu, donné un ordre de virement, en bonne et due forme, du montant du paiement à un établissement bancaire, et payé une surtaxe égale à 10 % de la taxe ou des taxes à payer, mais en aucun cas supérieure à 200 euros. Aucune surtaxe n'est due si l'ordre de virement a été donné à l'établissement bancaire au plus tard dix jours avant l'expiration du délai de paiement.

4. L'Office peut demander à la personne qui a effectué le paiement de fournir la preuve de la date à laquelle l'ordre de virement visé au paragraphe 3 a été donné à l'établissement bancaire et, le cas échéant, de payer la surtaxe correspondante, dans un délai qu'il détermine. Si cette personne ne donne pas à la suite de cette demande ou si les preuves fournies sont insuffisantes ou encore si la surtaxe imposée n'est pas payée à temps, le délai de paiement est réputé ne pas avoir été respecté.

Art. 144 *quater* *(Règl. (UE) 2015/2424 du 16 déc. 2015, art. 1er-124, en vigueur le 23 mars 2016)* Paiements insuffisants et remboursement de montants minimes. *1. Un délai de paiement n'est, en principe, considéré comme respecté que si la totalité de la taxe due est versée dans le délai prévu. Lorsque la taxe n'est pas acquittée intégralement, le montant versé est remboursé après expiration du délai.*

2. Toutefois, l'Office peut, pour autant que cela soit possible pendant le délai restant à courir, permettre à la personne qui effectue le paiement de verser la somme manquante ou, si cela paraît justifié, ne pas tenir compte de petites sommes non acquittées, sans préjudice des droits de la personne effectuant le paiement.

3. Avec le consentement du comité budgétaire, le directeur exécutif peut renoncer à procéder au recouvrement forcé de toute somme due si celle-ci est minime ou si le recouvrement est trop aléatoire.

4. Lorsqu'un montant trop élevé est versé en paiement d'une taxe ou d'un tarif, l'excédent n'est pas remboursé s'il est minime et si la partie concernée n'en a pas expressément demandé la restitution.

Avec le consentement du comité budgétaire, le directeur exécutif peut déterminer les montants en dessous desquels une somme trop élevée versée en paiement d'une taxe ou d'un tarif n'est pas remboursée.

Les décisions prises en vertu du deuxième alinéa sont publiées au Journal officiel de l'Office.

TITRE XIII *[ABROGÉ]* Enregistrement international des marques

(Abrogé par Règl. (UE) 2017/1001 du 14 juin 2017, art. 211 et 212, à compter du 1er oct. 2017)

SECTION I *[ABROGÉE]* *Dispositions générales*

Art. 145 Dispositions applicables. *Sauf si le présent titre en dispose autrement, le présent règlement et ses règlements d'exécution s'appliquent à toute demande d'enregistrement international déposée en vertu du protocole relatif à l'arrangement de Madrid concernant l'enregistrement international des marques, adopté à Madrid le 27 juin 1989 (ci-après dénommés respectivement "demande internationale" et "protocole de Madrid"), et fondée sur une demande de marque de l'Union européenne ou sur une marque de l'Union européenne, ainsi qu'à l'enregistrement, dans le registre international tenu par le Bureau international de l'Organisation mondiale de la propriété intellectuelle (ci-après dénommés respectivement "enregistrement international" et "Bureau international"), de marques désignant l'Union.* — [Règl. (CE) n° 40/94 du 20 déc. 1993, art. 140.]

SECTION II *[ABROGÉE]* *Enregistrement international fondé sur une demande de marque de l'Union européenne ou sur une marque de l'Union européenne*

Art. 146 Dépôt d'une demande internationale. *1. Les demandes internationales au sens de l'article 3 du protocole de Madrid qui sont fondées sur une demande de marque de l'Union européenne ou sur une marque de l'Union européenne sont déposées auprès de l'Office.*

2. Lorsqu'une demande internationale est déposée avant que la marque sur laquelle l'enregistrement international doit être fondé ait été enregistrée en tant que marque de l'Union européenne, le demandeur de l'enregistrement international doit indiquer si l'enregistrement international doit être fondé sur une demande ou un enregistrement de marque de l'Union européenne. Lorsque l'enregistrement international doit être fondé sur une marque de l'Union européenne une fois que celle-ci aura été enregistrée, la demande internationale est réputée être parvenue à l'Office à la date d'enregistrement de la marque de l'Union européenne. — [Règl. (CE) n° 40/94 du 20 déc. 1993, art. 141.]

Art. 147 Forme et contenu de la demande internationale. *1. La demande internationale est déposée dans une des langues officielles de l'Union au moyen d'un formulaire fourni par l'Office. Sauf indication contraire du demandeur portée sur ce formulaire lorsqu'il dépose la demande internationale, l'Office correspond avec le demandeur dans la langue de dépôt sous une forme normalisée.*

2. Si la demande internationale est déposée dans une langue qui n'est pas une des langues autorisées par le protocole de Madrid, le demandeur doit indiquer une seconde langue parmi ces dernières. Cette seconde langue sera celle dans laquelle l'Office présente la demande internationale au Bureau international.

3. Lorsque la demande internationale est déposée dans une langue autre que l'une des langues autorisées par le protocole de Madrid pour le dépôt des demandes internationales, le demandeur peut fournir une traduction de la liste des produits ou des services dans la langue dans laquelle la demande internationale doit être présentée au Bureau international en vertu du paragraphe 2.

4. L'Office transmet la demande internationale au Bureau international dans les meilleurs délais.

5. Le dépôt d'une demande internationale donne lieu au paiement d'une taxe à l'Office. Dans le cas prévu à l'article 146, paragraphe 2, deuxième phrase, la taxe est due à la date d'enregistrement de la marque de l'Union européenne. La demande est réputée ne pas avoir été déposée tant que la taxe n'a pas été acquittée.

6. La demande internationale doit satisfaire aux conditions y relatives prévues par le règlement d'exécution.

7. et 8. créés par Règl. (UE) 2015/2424 à compter du 1er oct. 2017, abrogés par Règl. (UE) 2017/1001 du 14 juin 2017, art. 211 et 212, à compter du 1er oct. 2017.

(Règl. (UE) 2015/2424 du 16 déc. 2015, art. 1er-126, en vigueur le 23 mars 2016) « *9. La Commission adopte des actes d'exécution indiquant précisément le formulaire, y compris les éléments de celui-ci, qu'il convient d'utiliser pour déposer une demande internationale conformément au paragraphe 1. Ces actes d'exécution sont adoptés en conformité avec la procédure d'examen visée à l'article 163, paragraphe 2.* » — [Règl. (CE) n° 40/94 du 20 déc. 1993, art. 142.]

Art. 148 Inscription dans le dossier et au registre. 1. *La date et le numéro de l'enregistrement international fondé sur une demande de marque de l'Union européenne sont inscrits dans le dossier de cette demande. Lorsque la demande aboutit à l'enregistrement d'une marque de l'Union européenne, la date et le numéro de l'enregistrement international sont inscrits au registre.*

2. La date et le numéro de l'enregistrement international fondé sur une marque de l'Union européenne sont inscrits au registre. — [Règl. (CE) n° 40/94 du 20 déc. 1993, art. 143.]

Art. 149 (Abrogé par Règl. (UE) 2017/1001 du 14 juin 2017, art. 211 et 212, à compter du 1er oct. 2017) (Règl. (UE) 2015/2424 du 16 déc. 2015, art. 1er-126, en vigueur le 23 mars 2016) *2. La Commission adopte des actes d'exécution précisant les exigences applicables à la requête en extension territoriale conformément au paragraphe 1 du présent article. Ces actes d'exécution sont adoptés en conformité avec la procédure d'examen visée à l'article 163, paragraphe 2.*

Art. 150 Taxes internationales. *Les taxes dues au Bureau international en vertu du protocole de Madrid sont payées directement à ce dernier.* — [Règl. (CE) n° 40/94 du 20 déc. 1993, art. 145.]

SECTION III *[ABROGÉE]* ***Enregistrement international désignant l'Union***

Art. 151 Effets de l'enregistrement international désignant l'Union. *1. Tout enregistrement international désignant l'Union produit, à compter de la date d'enregistrement visée à l'article 3, paragraphe 4, du protocole de Madrid ou de la date d'extension postérieure à l'Union prévue à l'article 3 ter, paragraphe 2, du protocole de Madrid, les mêmes effets qu'une demande de marque de l'Union européenne.*

2. Si aucun refus n'est notifié en vertu de l'article 5, paragraphes 1 et 2, du protocole de Madrid ou si, en cas de refus, celui-ci est levé, l'enregistrement international d'une marque désignant l'Union produit, à compter de la date visée au paragraphe 1, les mêmes effets que l'enregistrement d'une marque en tant que marque de l'Union européenne.

3. Aux fins de l'article 9, paragraphe 3, la publication des indications de l'enregistrement international désignant l'Union prévues à l'article 152, paragraphe 1, se substitue à la publication d'une demande de marque de l'Union européenne et la publication de l'indication visée à l'article 152, paragraphe 2, se substitue à la publication de l'enregistrement d'une marque de l'Union européenne. — [Règl. (CE) n° 40/94 du 20 déc. 1993, art. 146.]

Art. 152 Publication. *1. L'Office publie la date de l'enregistrement d'une marque désignant l'Union visée à l'article 3, paragraphe 4, du protocole de Madrid ou la date d'extension postérieure à l'Union prévue à l'article 3 ter, paragraphe 2, du protocole de Madrid, la langue de dépôt de la demande internationale et la seconde langue indiquée par le déposant, ainsi que le numéro de l'enregistrement international et la date de publication de cet enregistrement dans la gazette éditée par le Bureau international, une reproduction de la marque, ainsi que les numéros des classes des produits ou des services pour lesquels la protection est revendiquée.*

2. Si aucun refus de protection d'un enregistrement international désignant l'Union n'est notifié en vertu de l'article 5, paragraphes 1 et 2, du protocole de Madrid ou si, en cas de refus, ce dernier est levé, l'Office publie ce fait, ainsi que le numéro de l'enregistrement international et, le cas échéant, la date de publication de cet enregistrement dans la gazette éditée par le Bureau international. — [Règl. (CE) n° 40/94 du 20 déc. 1993, art. 147.]

Art. 153 Ancienneté d'une marque. *1. Le demandeur d'un enregistrement international désignant l'Union européenne peut se prévaloir, dans la demande internationale, de l'ancienneté d'une marque antérieure enregistrée dans un État membre, y compris une marque enregistrée sur le territoire du Benelux, ou d'une marque antérieure qui a fait l'objet d'un enregistrement international ayant effet dans un État membre, en vertu de l'article 34.*

2. Le titulaire d'un enregistrement international désignant l'Union européenne peut, dès la date de la publication des effets d'un tel enregistrement en vertu de l'article 152, paragraphe 2, se prévaloir, auprès de l'Office, de l'ancienneté d'une marque antérieure enregistrée dans un État membre, y compris une marque enregistrée sur le territoire du Benelux, ou d'une marque antérieure qui a fait l'objet d'un enregistrement international ayant effet dans un État membre en vertu de l'article 35. L'Office en avertira le Bureau international. — [Règl. (CE) n° 40/94 du 20 déc. 1993, art. 148.]

Art. 154 *(Règl. (UE) 2015/2424 du 16 déc. 2015, art. 1er-131, en vigueur le 23 mars 2016)* Désignation des produits et services et examen relatif aux motifs absolus de refus. *1. Tout enregistrement international désignant l'Union est subordonné à un examen relatif à sa conformité avec l'article 28, paragraphes 2 à 4, et aux motifs absolus de refus, suivant la même procédure que pour les demandes de marque de l'Union européenne.*

2. S'il est estimé que la protection ne peut être accordée à un enregistrement international désignant l'Union conformément à l'article 28, paragraphe 4, ou à l'article 37, paragraphe 1, du présent règlement, pour tout ou partie des produits et services pour lesquels il a été effectué par le Bureau international, l'Office envoie au Bureau international une notification de refus provisoire ex officio, conformément aux articles 5.1) et 5.2), du protocole de Madrid.

3. Lorsque le titulaire d'un enregistrement international doit être représenté devant l'Office, conformément à l'article 92, paragraphe 2, la notification visée au paragraphe 2 du présent article comporte une invitation à désigner un représentant au sens de l'article 93, paragraphe 1.

4. La notification du refus provisoire indique les motifs sur lesquels est fondé ce refus et fixe un délai dans lequel le titulaire de l'enregistrement international peut présenter ses observations et, le cas échéant, désigne un représentant. Ce délai prend effet le jour où l'Office émet le refus provisoire.

5. Lorsque l'Office constate que la demande internationale désignant l'Union ne contient pas la mention d'une seconde langue conformément à l'article 161 ter du présent règlement, l'Office envoie au Bureau international une notification de refus provisoire ex officio en application des articles 5.1) et 5.2) du protocole de Madrid.

6. Lorsque le titulaire d'un enregistrement international n'apporte pas de solution aux motifs de refus de la protection dans le délai prévu ou, le cas échéant, omet de désigner un représentant ou d'indiquer une seconde langue, l'Office refuse la protection pour tout ou partie des produits et services pour lesquels un enregistrement international existe. Le refus de la protection vaut rejet d'une demande de marque de l'Union européenne. La décision peut faire l'objet d'un recours conformément aux articles 58 à 65.

7. Lorsqu'à l'ouverture du délai d'opposition visé à l'article 156, paragraphe 2, l'Office n'a pas envoyé de notification de refus provisoire ex officio conformément au paragraphe 2 du présent article, il transmet une déclaration au Bureau international, en précisant que l'examen relatif aux motifs absolus de refus, en vertu de l'article 37 du règlement, est achevé mais que l'enregistrement international peut encore faire l'objet d'oppositions ou d'observations de la part de tiers. Cette déclaration intermédiaire est sans préjudice du droit de l'Office de rouvrir l'examen des motifs absolus de sa propre initiative à tout moment avant la délivrance de la déclaration finale d'octroi de la protection.

8. La Commission adopte des actes d'exécution précisant les éléments à mentionner dans la notification de refus provisoire ex officio de la protection qui doit être envoyée au Bureau international et les communications finales qui doivent être envoyées au Bureau international lors de l'octroi ou du refus définitif de la protection. Ces actes d'exécution sont adoptés en conformité avec la procédure d'examen visée à l'article 163, paragraphe 2.

Ancien art. 154 Examen relatif aux motifs absolus de refus. *1. Tout enregistrement international désignant la Communauté européenne est subordonné à un examen relatif aux motifs absolus de refus, suivant la même procédure que pour les demandes de marque communautaire.*

2. La protection d'un enregistrement international ne peut être refusée qu'après que le titulaire de l'enregistrement international a été mis en mesure de renoncer à la protection ou d'en limiter l'étendue pour ce qui concerne la Communauté européenne ou de présenter ses observations.

3. Le refus de la protection vaut rejet d'une demande de marque communautaire

4. Lorsqu'une décision de rejet de la protection d'un enregistrement international rendue en vertu du présent article est définitive ou que le titulaire d'un enregistrement international a renoncé à la protection de la Communauté européenne en application du paragraphe 2, l'Office rembourse au titulaire une partie de la taxe individuelle qui sera fixée par le règlement d'exécution. – [Règl. (CE) n° 40/94 du 20 déc. 1993, art. 149.]

Art. 154, § 1. En application de l'art. 3, § 4, du Protocole de Madrid et des disposition des art. 151, § 1, et 154, § 1, du RMC, tout enregistrement international désignant la Communauté européenne doit être regardé comme étant, à compter de la date d'enregistrement, régi par les mêmes dispositions que celles s'appliquant à une demande de marque communautaire. Il en résulte que lorsqu'un État tiers a formulé, par l'intermédiaire de son gouvernement, une demande visant à ce que l'Union fût désignée pour l'enregistrement international d'une marque, il s'est de lui-même placé dans le champ d'application du règlement et, par conséquent, pouvait se voir opposer l'un quelconque des motifs absolus de refus prévus à l'art. 7 dudit règlement. Ce n'est pas le droit de l'Union qui, d'autorité, est appliqué au territoire de l'État tiers, mais ce dernier qui, par l'effet d'un accord international, a entendu revendiquer le bénéfice dudit droit pour tirer profit de la marque en cause sur l'ensemble du territoire de l'Union. • Trib. UE 15 janv. 2015, *Marques de l'État de Monaco c/ OHMI*, n° T-197/13 : *PIBD 2015. III. 344.*

Art. 155 Recherche. *1. Dès que l'Office a reçu notification d'un enregistrement international désignant l'Union, il établit un rapport de recherche de l'Union, conformément à l'article 38, paragraphe 1* (Règl. (UE) 2015/2424 du 16 déc. 2015, art. 1er-133, en vigueur le 23 mars 2016) *«, à condition qu'une demande d'établissement d'un rapport de recherche, conformément à l'article 38, paragraphe 1, soit adressée à l'Office dans un délai d'un mois à compter de la date de notification ».*

2. Dès que l'Office a reçu notification d'un enregistrement international désignant l'Union, il en transmet une copie au service central de la propriété industrielle de tous les États membres qui ont communiqué à l'Office leur décision d'effectuer une recherche dans leur propre registre des marques, conformément à l'article 38, paragraphe 2 (Règl. (UE) 2015/2424 du 16 déc. 2015, art. 1er-133, en vigueur le 23 mars 2016) *«, à condition qu'une demande d'établissement d'un rapport de recherche, conformément à l'article 38, paragraphe 2, soit adressée à l'Office dans un délai d'un mois à compter de la date de notification et que la taxe de recherche soit acquittée dans le même délai. »*

3. L'article 38, paragraphes 3 à 6, s'applique mutatis mutandis.

4. L'Office informe les titulaires d'une marque de l'Union européenne antérieure ou d'une demande de marque de l'Union européenne antérieure, cités dans le rapport de recherche de l'Union, de la publication, en vertu de l'article 152, paragraphe 1, de l'enregistrement international désignant l'Union. (Règl. (UE) 2015/2424 du 16 déc. 2015, art. 1er-133, en vigueur le 23 mars 2016) *« Cette disposition s'applique indépendamment du fait que le titulaire de l'enregistrement international ait ou non demandé à recevoir le rapport de recherche de l'Union européenne, à moins que le titulaire d'un enregistrement antérieur ou l'auteur d'une demande antérieure demande à ne pas recevoir cette notification. »* – [Règl. (CE) n° 40/94 du 20 déc. 1993, art. 150.]

Art. 156 Opposition. *1. Tout enregistrement international désignant l' Union est soumis à la même procédure d'opposition que les demandes de marque de l'Union européenne publiées.*

(Règl. (UE) 2015/2424 du 16 déc. 2015, art. 1er-134, en vigueur le 23 mars 2016) *« 2. L'opposition est formée dans un délai de trois mois qui commence à courir un mois après la date de la publication prévue à l'article 152, paragraphe 1. L'opposition n'est réputée formée qu'après paiement de la taxe d'opposition. »*

3. Le refus de la protection vaut rejet d'une demande de marque de l'Union européenne.

(Règl. (UE) 2015/2424 du 16 déc. 2015, art. 1er-134, en vigueur le 23 mars 2016) *« 4. La Commission est habilitée à adopter des actes délégués en conformité avec l'article 163 bis précisant la procédure à suivre pour la formation et l'examen d'une opposition, y compris pour les communications qu'il est nécessaire d'adresser au Bureau international. »*

Art. 157 Remplacement d'un enregistrement de marque de l'Union européenne par un enregistrement international. *Sur demande, l'Office est tenu de noter, dans le registre, qu'une marque de l'Union européenne est réputée avoir été remplacée par un enregistrement international, conformément à l'article 4 bis du protocole de Madrid.* – [Règl. (CE) n° 40/94 du 20 déc. 1993, art. 152.]

Art. 158 Invalidation des effets d'un enregistrement international. *1. La nullité des effets d'un enregistrement international désignant l'Union peut être prononcée.*

2. La demande en nullité des effets d'un enregistrement international désignant l'Union tient lieu de demande en déchéance en vertu de l'article 51 ou de demande en nullité en vertu de l'article 52 ou 53.

(Règl. (UE) 2015/2424 du 16 déc. 2015, art. 1er-135, en vigueur le 1er oct. 2017) *« 3. Lorsque, conformément à l'article 57 ou à l'article 100 du présent règlement et au présent article, la nullité d'un enregistrement international désignant l'Union a été prononcée par une décision définitive, l'Office en informe le Bureau international conformément à l'article 5.6) du protocole de Madrid. »*

(Règl. (UE) 2015/2424 du 16 déc. 2015, art. 1er-135, en vigueur le 23 mars 2016) *« 4. La Commission adopte des actes d'exécution précisant les éléments à mentionner dans la notification à adresser au Bureau international conformément au paragraphe 3 du présent article. Ces actes d'exécution sont adoptés en conformité avec la procédure d'examen visée à l'article 163, paragraphe 2. »* – [Règl. (CE) n° 40/94 du 20 déc. 1993, art. 153.]

Art. 159 Transformation d'une désignation de l'Union opérée par le biais d'un enregistrement international en demande de marque nationale ou en désignation d'États membres. *1. Lorsqu'une désignation de l' Union par le biais d'un enregistrement international est rejetée ou cesse de produire ses effets, le titulaire de l'enregistrement international peut demander la transformation de la désignation de l' Union :*

a) en demande de marque nationale en vertu des articles 112, 113 et 114 ;

(Règl. (UE) 2015/2424 du 16 déc. 2015, art. 1er-137, en vigueur le 23 mars 2016) *« b) en désignation d'un État membre partie au protocole de Madrid, dans la mesure où, à la date de la demande de transformation, il était possible de désigner cet État membre directement sur la base du protocole de Madrid. Les articles 112, 113 et 114 du présent règlement s'appliquent »*

« 2. La demande de marque nationale ou la désignation d'un État membre partie au protocole de Madrid issue de la transformation de la désignation de l'Union opérée par le biais d'un enregistrement international bénéficie, dans l'État membre concerné, de la date de l'enregistrement international prévue à l'article 3.4) du protocole de Madrid, de la date d'extension à l'Union en vertu de l'article 3 ter.2) du protocole de Madrid si celle-ci est postérieure à l'enregistrement international, ou de la date de priorité de cet enregistrement et, le cas échéant, de l'ancienneté d'une marque de cet État revendiquée conformément à l'article 153 du présent règlement. »

3. La requête en transformation est publiée.

10. La Commission adopte des actes d'exécution précisant :

a) les éléments à mentionner dans les requêtes en transformation visées aux paragraphes 4 et 7 ;

b) les éléments dont la publication des requêtes en transformation doit être assortie en application du paragraphe 3.

Ces actes d'exécution sont adoptés en conformité avec la procédure d'examen visée à l'article 163, paragraphe 2. — Entrée en vigueur des dispositions du pt. 10 le 23 mars 2016.

Art. 160 Usage d'une marque faisant l'objet d'un enregistrement international. *Aux fins de l'article 15, paragraphe 1, de l'article 42, paragraphe 2, de l'article 51, paragraphe 1, point a), et de l'article 57, paragraphe 2, la date de publication prévue à l'article 152, paragraphe 2, tient lieu de date d'enregistrement en vue de l'établissement de la date à partir de laquelle doit commencer l'usage sérieux dans l'Union de la marque qui fait l'objet de l'enregistrement international désignant l'Union.* — [Règl. (CE) n° 40/94 du 20 déc. 1993, art. 155.]

Art. 161 Transformation. *1. Sous réserve du paragraphe 2, les dispositions applicables aux demandes de marque de l'Union européenne s'appliquent mutatis mutandis aux requêtes en transformation d'un enregistrement international en demande de marque de l'Union européenne, en vertu de l'article 9 quinquies du protocole de Madrid.*

2. Lorsque la requête en transformation porte sur un enregistrement international désignant l'Union dont les indications ont été publiées conformément à l'article 152, paragraphe 2, les articles 37 à 42 ne sont pas applicables.

3 à 5. Créés par Règl. (UE) 2015/2424 du 16 déc. 2015 ; Abrogés par Règl. (UE) 2017/1001 du 14 juin 2017. *« 6. La Commission adopte des actes d'exécution précisant les éléments à mentionner dans une requête en transformation conformément au paragraphe 3 du présent article. Ces actes d'exécution sont adoptés en conformité avec la procédure d'examen visée à l'article 163, paragraphe 2. »* — [Règl. (CE) n° 40/94 du 20 déc. 1993, art. 156.]

TITRE XIV *[ABROGÉ]* Dispositions finales

(Abrogé par Règl. (UE) 2017/1001 du 14 juin 2017, art. 211 et 212, à compter du 1er oct. 2017)

Art. 162 *Abrogé par Règl. (UE) 2015/2424 du 16 déc. 2015, art. 1er-140, à compter du 23 mars 2016.*

Art. 163 *(Règl. (UE) 2015/2424 du 16 déc. 2015, art. 1er-141, en vigueur le 23 mars 2016)* Comité. *1. La Commission est assistée par un comité pour les questions relatives aux règles d'exécution. Ledit comité est un comité au sens du règlement (UE) n° 182/2011 du Parlement européen et du Conseil* [du 16 févr. 2011 établissant les règles et principes généraux relatifs aux modalités de contrôle par les États membres de l'exercice des compétences d'exécution par la Commission].

2. Lorsqu'il est fait référence au présent paragraphe, l'article 5 du règlement (UE) n° 182/2011 s'applique.

Art. 163 *bis* *(Règl. (UE) 2015/2424 du 16 déc. 2015, art. 1er-142, en vigueur le 23 mars 2016)* Exercice de la délégation. *1. Le pouvoir d'adopter des actes délégués conféré à la Commission est soumis aux conditions fixées au présent article.*

2. Le pouvoir d'adopter des actes délégués visé à l'article 42 bis, à l'article 43, paragraphe 3, aux articles 57 bis et 65 bis, à l'article 77, paragraphe 4, à l'article 78, paragraphe 6, à l'article 79, paragraphe 5, à l'article 79 ter, paragraphe 2, à l'article 79 quater, paragraphe 5, à l'article 80, paragraphe 3, à l'article 82 bis, paragraphe 3, aux articles 93 bis et 136 ter, à l'article 154 bis, paragraphe 3, et à l'article 156, paragraphe 4, est conféré à la Commission pour une durée indé-

terminée à compter du 23 mars 2016. Il importe particulièrement que la Commission procède comme elle le fait habituellement et consulte des experts, y compris les experts des États membres, avant d'adopter ces actes délégués.

3. La délégation de pouvoir visée au paragraphe 2 peut être révoquée à tout moment par le Parlement européen ou le Conseil. La décision de révocation met fin à la délégation de pouvoir qui y est précisée. Elle prend effet le jour suivant celui de la publication de ladite décision au Journal officiel de l'Union européenne ou à une date ultérieure qui est précisée dans ladite décision. Elle ne porte pas atteinte à la validité des actes délégués déjà en vigueur.

4. Aussitôt qu'elle adopte un acte délégué, la Commission le notifie au Parlement européen et au Conseil simultanément.

5. Un acte délégué adopté en vertu de l'article 42 bis, de l'article 43, paragraphe 3, des articles 57 bis et 65 bis, de l'article 77, paragraphe 4, de l'article 78, paragraphe 6, de l'article 79, paragraphe 5, de l'article 79 ter, paragraphe 2, de l'article 79 quater, paragraphe 5, de l'article 80, paragraphe 3, de l'article 82 bis, paragraphe 3, des articles 93 bis et 136 ter, de l'article 154 bis, paragraphe 3, et de l'article 156, paragraphe 4, n'entre en vigueur que si le Parlement européen ou le Conseil n'a pas exprimé d'objections dans un délai de deux mois à compter de la notification de cet acte au Parlement européen et au Conseil ou si, avant l'expiration de ce délai, le Parlement européen et le Conseil ont tous deux informé la Commission de leur intention de ne pas exprimer d'objections. Ce délai est prorogé de deux mois à l'initiative du Parlement européen ou du Conseil.

Art. 164 *Abrogé par Règl. (UE) 2015/2424 du 16 déc. 2015, art. 1er-143, à compter du 23 mars 2016.*

Art. 165 Dispositions concernant l'élargissement de l'Union. *1. A compter de la date d'adhésion de la Bulgarie, de la République tchèque, de l'Estonie, de la Croatie, de Chypre, de la Lettonie, de la Lituanie, de la Hongrie, de Malte, de la Pologne, de la Roumanie, de la Slovénie et de la Slovaquie (ci-après dénommés « nouvel État membre », « nouveaux États membres »), une marque de l'Union européenne enregistrée ou déposée conformément au présent règlement avant les dates respectives d'adhésion est étendue au territoire de ces États membres afin d'avoir le même effet dans toute l'Union.*

2. L'enregistrement d'une marque de l'Union européenne qui fait l'objet d'une demande d'enregistrement à la date d'adhésion ne peut être refusé pour les motifs absolus de refus énumérés à l'article 7, paragraphe 1, si ces motifs sont nés uniquement de l'adhésion d'un nouvel État membre.

3. Lorsqu'une demande d'enregistrement d'une marque de l'Union européenne a été déposée au cours des six mois précédant la date d'adhésion, une opposition peut être formée en vertu de l'article 41 si une marque antérieure ou un autre droit antérieur au sens de l'article 8 a été acquis dans un nouvel État membre avant l'adhésion, à condition qu'elle ou il ait été acquis(e) de bonne foi et que la date de dépôt ou, le cas échéant, la date de priorité ou la date d'acquisition dans le nouvel État membre de la marque antérieure ou de l'autre droit antérieur précède la date de dépôt ou, le cas échéant, la date de priorité de la marque de l'Union européenne faisant l'objet de la demande.

4. Une marque de l'Union européenne visée au paragraphe 1 ne peut faire l'objet d'une déclaration de nullité :

a) en vertu de l'article 52, si les motifs de l'invalidité sont devenus applicables simplement à cause de l'adhésion ;

b) en vertu de l'article 53, paragraphes 1 et 2, si le droit national antérieur a été enregistré, demandé ou acquis dans un nouvel État membre avant la date d'adhésion.

5. L'utilisation d'une marque de l'Union européenne visée au paragraphe 1 peut être interdite, en vertu des articles 110 et 111, si la marque antérieure ou l'autre droit antérieur a été enregistré(e), demandé(e) ou acquis(e) de bonne foi dans le nouvel État membre avant la date d'adhésion de cet État, ou, le cas échéant, à une date de priorité antérieure à la date d'adhésion de cet État. — [Règl. (CE) n° 40/94 du 20 déc. 1993, art. 159 bis.]

Art. 165 *bis* *(Règl. (UE) 2015/2424 du 16 déc. 2015, art. 1er-144, en vigueur le 23 mars 2016)* Évaluation et réexamen. *1. Au plus tard le 24 mars 2021, et tous les cinq ans par la suite, la Commission évalue la mise en œuvre du présent règlement.*

2. Dans le cadre de l'évaluation, le cadre juridique de la coopération entre l'Office et les services centraux de la propriété industrielle des États membres et l'Office Benelux de la propriété intellectuelle est examiné, une attention particulière étant accordée au mécanisme de financement fixé à l'article 123 quater. L'évaluation porte également sur l'incidence, l'efficacité et l'efficience de l'Office et de ses méthodes de travail. L'évaluation concerne en particulier la nécessité éventuelle de modifier le mandat de l'Office, et les conséquences financières d'une telle modification.

3. La Commission transmet le rapport d'évaluation, accompagné de ses conclusions tirées sur la base de ce rapport, au Parlement européen, au Conseil et au conseil d'administration. Les résultats de l'évaluation sont rendus publics.

4. Une évaluation sur deux comprend une analyse des résultats obtenus par l'Office au regard de ses objectifs, de son mandat et de ses missions.

Art. 166 Abrogation. *Le règlement (CE) n° 40/94, tel que modifié par les actes figurant à l'annexe I, est abrogé.*

Les références faites au règlement abrogé s'entendent comme faites au présent règlement et sont à lire selon le tableau de correspondance figurant à l'annexe II. — V. ces annexes au JOUE L 78 du 24 mars 2009.

Art. 167 Entrée en vigueur. *1. Le présent règlement entre en vigueur le vingtième jour suivant celui de sa publication au Journal officiel de l'Union européenne.*

2. Les États membres mettent en vigueur les mesures requises pour la mise en œuvre des articles 95 et 114 dans un délai de trois ans à compter de l'entrée en vigueur du règlement (CE) n° 40/94. — [Régl. (CE) n° 40/94 du 20 déc. 1993, art. 160, §1 et 2.]

ANNEXE I

Montant des taxes

(Règl. (UE) 2015/2424 du 16 déc. 2015, art. 1er-145, en vigueur le 23 mars 2016)

A. Les taxes à payer à l'Office en vertu du présent règlement sont fixées comme suit (en EUR) *[Règl. (CE) n° 2869/95 du 13 déc. 1995, art. 2]* :

1. Taxe de base pour une demande de marque individuelle de l'Union européenne (article 26, paragraphe 2) :
   1 000 EUR
2. Taxe de base pour une demande de marque individuelle de l'Union européenne par voie électronique (article 26, paragraphe 2) :
   850 EUR
3. Taxe pour la deuxième classe de produits et de services, pour une marque individuelle de l'Union européenne (article 26, paragraphe 2) :
   50 EUR
4. Taxe pour chaque classe de produits et de services au-delà de la deuxième, pour une marque individuelle de l'Union européenne (article 26, paragraphe 2) :
   150 EUR
5. Taxe de base pour une demande de marque collective de l'Union européenne ou de marque de certification de l'Union européenne (article 26, paragraphe 2, et article 66, paragraphe 3, ou article 74 *bis*, paragraphe 3) :
   1 800 EUR
6. Taxe de base pour une demande de marque collective de l'Union européenne ou de marque de certification de l'Union européenne par voie électronique (article 26, paragraphe 2, et article 66, paragraphe 3, ou article 74 *bis*, paragraphe 3) :
   1 500 EUR
7. Taxe pour la deuxième classe de produits et de services, pour une marque collective de l'Union européenne ou une marque de certification de l'Union européenne (article 26, paragraphe 2, et article 66, paragraphe 3, ou article 74 *bis*, paragraphe 3) :
   50 EUR
8. Taxe pour chaque classe de produits et de services au-delà de la deuxième, pour une marque collective de l'Union européenne ou une marque de certification de l'Union européenne (article 26, paragraphe 2, et article 66, paragraphe 3, ou article 74 *bis*, paragraphe 3) :
   150 EUR
9. Taxe de recherche pour une demande de marque de l'Union européenne (article 38, paragraphe 2) ou pour un enregistrement international désignant l'Union européenne (article 38, paragraphe 2, et article 155, paragraphe 2) : 12 EUR multiplié par le nombre de services centraux de la propriété industrielle visés à l'article 38, paragraphe 2 ; ce montant, et les adaptations ultérieures, sont publiés par l'Office au *Journal officiel* de l'Office.
10. Taxe d'opposition (article 41, paragraphe 3) :
   320 EUR
11. Taxe de base pour le renouvellement d'une marque individuelle de l'Union européenne (article 47, paragraphe 3) :
   1 000 EUR
12. Taxe de base pour le renouvellement d'une marque individuelle de l'Union européenne par voie électronique (article 47, paragraphe 3) :
   850 EUR
13. Taxe pour le renouvellement de la deuxième classe de produits et de services, pour une marque individuelle de l'Union européenne (article 47, paragraphe 3) :

50 EUR

14. Taxe pour le renouvellement de chaque classe de produits et de services au-delà de la deuxième, pour une marque individuelle de l'Union européenne (article 47, paragraphe 3) :
150 EUR

15. Taxe de base pour le renouvellement d'une marque collective de l'Union européenne ou d'une marque de certification de l'Union européenne (article 47, paragraphe 3, et article 66, paragraphe 3, ou article 74 *bis*, paragraphe 3) :
1 800 EUR

16. Taxe de base pour le renouvellement d'une marque collective de l'Union européenne ou d'une marque de certification de l'Union européenne par voie électronique (article 47, paragraphe 3, et article 66, paragraphe 3, ou article 74 *bis*, paragraphe 3) :
1 500 EUR

17. Taxe pour le renouvellement de la deuxième classe de produits et de services, pour une marque collective de l'Union européenne ou une marque de certification de l'Union européenne (article 47, paragraphe 3, et article 66, paragraphe 3, ou article 74 *bis*, paragraphe 3) :
50 EUR

18. Taxe pour le renouvellement de chaque classe de produits et de services au-delà de la deuxième, pour une marque collective de l'Union européenne ou une marque de certification de l'Union européenne (article 47, paragraphe 3, et article 66, paragraphe 3, ou article 74 *bis*, paragraphe 3) :
150 EUR

19. Surtaxe pour le paiement tardif de la taxe de renouvellement ou pour la présentation tardive de la demande de renouvellement (article 47, paragraphe 3) : 25 % de la taxe de renouvellement payée tardivement, jusqu'à 1 500 EUR au maximum

20. Taxe pour la demande en déchéance ou en nullité (article 56, paragraphe 2) :
630 EUR

21. Taxe de recours (article 60, paragraphe 1) :
720 EUR

22. Taxe pour la demande de restitution *[restitutio] in integrum* (article 81, paragraphe 3) :
200 EUR

23. Taxe pour la demande de transformation d'une demande de marque de l'Union européenne ou d'une marque de l'Union européenne (article 113, paragraphe 1, également en liaison avec l'article 159, paragraphe 1) :
a) en demande de marque nationale ;
b) en désignation d'États membres parties au protocole de Madrid
200 EUR

24. Taxe de poursuite de la procédure (article 82, paragraphe 1) :
400 EUR

25. Taxe pour la déclaration de division d'une marque de l'Union européenne enregistrée (article 49, paragraphe 4) ou d'une demande de marque de l'Union européenne (article 44, paragraphe 4) :
250 EUR

26. Taxe pour la demande d'enregistrement d'une licence ou d'un autre droit sur une marque de l'Union européenne enregistrée (avant le 1er octobre 2017, règle 33, paragraphe 2, du règlement (CE) n° 2868/95 et, à partir de cette date, article 22 *bis*, paragraphe 2) ou sur une demande de marque de l'Union européenne (avant le 1er octobre 2017, règle 33, paragraphe 2, du règlement (CE) n° 2868/95 et à partir de cette date, article 22 *bis*, paragraphe 2) :
a) octroi d'une licence ;
b) cession d'une licence ;
c) constitution d'un droit réel ;
d) cession d'un droit réel ;
e) mesure d'exécution forcée :
200 EUR par inscription au registre mais, lorsque plusieurs inscriptions sont demandées simultanément ou dans le cadre de la même demande, la taxe est plafonnée à 1 000 EUR

27. Taxe de radiation de l'inscription d'une licence ou d'un autre droit (avant le 1er octobre 2017, règle 35, paragraphe 3, du règlement (CE) n° 2868/95 et, à partir de cette date, article 24 *bis*, paragraphe 3) : 200 EUR par radiation mais, lorsque plusieurs radiations sont demandées simultanément ou dans le cadre de la même demande, la taxe est plafonnée à 1 000 EUR

28. Taxe de modification d'une marque de l'Union européenne enregistrée (article 48, paragraphe 4) :
200 EUR

29. Taxe de délivrance d'une copie de la demande de marque de l'Union européenne (article 88, paragraphe 7), d'une copie du certificat d'enregistrement (article 45, paragraphe 2) ou d'un extrait du registre (article 87, paragraphe 7) :

a) copie ou extrait non certifié conforme :

10 EUR

b) copie ou extrait certifié conforme :

30 EUR

30. Taxe d'inspection publique d'un dossier (article 88, paragraphe 6) :

30 EUR

31. Taxe de délivrance d'une copie des pièces des dossiers (article 88, paragraphe 7) :

a) copie non certifiée conforme :

10 EUR

b) copie certifiée conforme :

30 EUR

supplément par page au-delà de la dixième :

1 EUR

32. Taxe de communication d'informations contenues dans un dossier (article 88, paragraphe 9) :

10 EUR

33. Taxe de réexamen de la fixation des frais de procédure à rembourser (avant le 1er octobre 2017, règle 94, paragraphe 4, du règlement (CE) n° 2868/95 et, à partir de cette date, article 85, paragraphe 7) :

100 EUR

34. Taxe pour le dépôt d'une demande internationale auprès de l'Office (avant le 1er octobre 2017, article 147, paragraphe 5, et, à partir de cette date, article 147, paragraphe 4) :

300 EUR

B. Taxes à payer au Bureau international

I. Taxe individuelle applicable à un enregistrement international désignant l'Union

1. Le demandeur d'un enregistrement international désignant l'Union est tenu de verser au Bureau international une taxe individuelle pour la désignation de l'Union, conformément à l'article 8.7) du protocole de Madrid.

2. Le titulaire d'un enregistrement international qui dépose, après l'octroi de celui-ci, une demande d'extension territoriale désignant l'Union est tenu de verser au Bureau international une taxe individuelle pour la désignation de l'Union européenne, conformément à l'article 8.7) du protocole de Madrid.

3. Le montant de la taxe visée au point B.I.1 ou B.I.2 est l'équivalent en francs suisses des montants suivants, tel que déterminé par le directeur général de l'OMPI, conformément à la règle 35, paragraphe 2, du règlement d'exécution commun à l'arrangement et au protocole de Madrid :

a) pour une marque individuelle : une somme de 820 EUR majorée, s'il y a lieu, de 50 EUR pour la deuxième classe de produits et de services et de 150 EUR pour chaque classe de produits et de services au-delà de la deuxième figurant dans l'enregistrement international ;

b) pour une marque collective ou une marque de certification : une somme de 1 400 EUR majorée, s'il y a lieu, de 50 EUR pour la deuxième classe de produits et de services et de 150 EUR pour chaque classe de produits et de services au-delà de la deuxième figurant dans l'enregistrement international. — *[Règl. (CE) n° 2869/95 du 13 déc. 1995, art. 11.]*

II. Taxe individuelle applicable au renouvellement d'un enregistrement international désignant l'Union européenne

1. Le titulaire d'un enregistrement international désignant l'Union européenne est tenu de verser au Bureau international, au titre des taxes de renouvellement de l'enregistrement international, une taxe individuelle pour la désignation de l'Union européenne, conformément à l'article 8.7) du protocole de Madrid.

2. Le montant de la taxe visée au point B.II.1 est l'équivalent en francs suisses des montants suivants, tel que déterminé par le directeur général de l'OMPI, conformément à la règle 35, paragraphe 2, du règlement d'exécution commun à l'arrangement et au protocole de Madrid :

a) pour une marque individuelle : une somme de 820 EUR majorée, s'il y a lieu, de 50 EUR pour la deuxième classe de produits et de services et de 150 EUR pour chaque classe de produits et de services au-delà de la deuxième figurant dans l'enregistrement international ;

b) pour une marque collective ou une marque de certification : une somme de 1 400 EUR majorée, s'il y a lieu, de 50 EUR pour la deuxième classe de produits et de services et de 150 EUR pour chaque classe de produits et de services au-delà de la deuxième figurant dans l'enregistrement international. — *[Règl. (CE) n° 2869/95 du 13 déc. 1995, art. 12.]*

Directive (UE) 2015/2436 du Parlement européen et du Conseil du 16 décembre 2015,

Rapprochant les législations des États membres sur les marques (refonte).

COMMENTAIRE

La directive (UE) 2015/2436 et le règlement (UE) 2015/2424 du 16 décembre 2015 sont communément désignés ensemble sous l'appellation « paquet marques ». Cette double réforme, adoptée par le Parlement européen abroge, à compter du 15 janvier 2019, la directive 2008/95/CE du 22 octobre 2008 relative au rapprochement des législations des États membres sur les marques et modifie le règlement (CE) n° 207/2009 du 26 février 2009 sur la marque communautaire. La directive (UE) 2015/2436 est entrée en vigueur le 12 janvier 2016. Elle devra être transposée dans la législation des États membres dans un délai de trois ans, soit au plus tard le 14 janvier 2019. Le règlement (UE) 2015/2424 est entré en vigueur le 23 mars 2016.

Si les principes fondamentaux de la directive 89/104/CEE codifiée par la directive 2008/95/CE sont maintenus, la nouvelle directive intègre certaines interprétations dégagées par la CJUE et modernise quelques-unes de ses dispositions.

Nous signalerons, dans le commentaire des dispositions du code de la propriété intellectuelle, les différentes modifications qui ont été apportées par la directive de 2015 (V. CPI, comm. ss. art. L. 711-1, L. 711-2, L. 711-4, L. 712-2, L. 712-4, L. 712-6, L. 713-1, L. 713-2, L. 713-5, L. 713-6, L. 714-3, L. 714-5, L. 714-6, L. 716-9 et L. 716-10).

BIBL. ► **Réforme du « Paquet marques » du 16 déc. 2015.** AZÉMA, *RTD com. 2016. 287* (paquet marques). – BONNET, *Propr. intell. janv. 2015, n° 54, p. 4* (la très prochaine réforme du droit des marques dans l'Union européenne. Communautarisation du droit national de marque). – BOUVEL et CANLORBE, *Propr. intell. 2016, n° 59, p. 186* (le paquet marques ou l'occasion manquée d'une vraie clarification). – DISDIER-MIKUS et LARRIEU, *Dalloz IP/IT 2016. 91* (réforme du droit des marques dans l'Union européenne : entre clarification, harmonisation et modernisation). – FOLLIARD-MONGUIRAL, *CCE 2016. Études 16* (la réforme du règlement sur la marque de l'Union européenne. Première partie). – IDOT, *Europe. 2016. 38* (réforme du droit des marques). – LE STANC, *Propr. ind. 2016. Repère 2* (le « paquet marques » est arrivé : toutes premières vues). – THRIERR, *Propr. ind. 2013. Étude 13* (vers une réforme du droit des marques dans l'Union européenne) ; *ibid. 2016. Focus 21* (réforme du droit des marques dans l'Union européenne. Que renferme le « paquet marque ») ; *ibid. 2016. Étude 14* (quel(s) nouveau(x) droit(s) des marques dans l'Union européenne ?).

(1) Un certain nombre de modifications devraient être apportées à la directive 2008/95/CE du Parlement européen et du Conseil. Il convient, par souci de clarté, de procéder à la refonte de cette directive.

(2) La directive 2008/95/CE a harmonisé les dispositions fondamentales du droit matériel des marques qui, au moment de son adoption, étaient considérées comme ayant les incidences les plus directes sur le fonctionnement du marché intérieur, parce qu'elles entravaient la libre circulation des produits et la libre prestation de services dans l'Union.

(3) La protection des marques dans les États membres coexiste avec la protection offerte, au niveau de l'Union, pour les marques de l'Union européenne, qui ont un caractère unitaire et qui sont valides dans toute l'Union, comme prévu par le règlement (CE) n° 207/2009 du Conseil. La coexistence et l'équilibre des systèmes des marques au niveau national et au niveau de l'Union constituent en fait une pierre angulaire de la politique de l'Union en matière de protection de la propriété intellectuelle.

(4) A la suite de la communication de la Commission du 16 juillet 2008 sur une stratégie dans le domaine des droits de propriété industrielle pour l'Europe, la Commission a procédé à une évaluation exhaustive du fonctionnement global du système des marques dans toute l'Europe, au niveau de l'Union, au niveau national et au niveau de l'articulation entre les deux.

(5) Dans ses conclusions du 25 mai 2010 sur la révision à venir du système des marques dans l'Union européenne, le Conseil a invité la Commission à présenter des propositions pour la révision du règlement (CE) n° 207/2009 et de la directive 2008/95/CE. Il y a lieu, dans le cadre de la révision de ladite directive, de prendre des mesures pour qu'elle soit

davantage cohérente avec le règlement (CE) n° 207/2009, ce qui permettrait de réduire les domaines de divergence au sein du système des marques dans l'ensemble de l'Europe, tout en conservant la protection des marques au niveau national en tant qu'option attrayante pour les demandeurs. A cet égard, il convient de veiller à la complémentarité entre le système des marques de l'Union européenne et les systèmes des marques nationaux.

(6) Dans sa communication du 24 mai 2011 intitulée « Vers un marché unique des droits de propriété intellectuelle », la Commission a constaté que, vu la demande croissante, chez les parties intéressées, de systèmes d'enregistrement des marques plus rapides, de meilleure qualité et davantage harmonisés, qui soient également plus cohérents et plus conviviaux, publiquement accessibles et dotés des dernières technologies, il était nécessaire que le système des marques de l'ensemble de l'Union soit modernisé et adapté au monde de l'internet.

(7) Les consultations et évaluations menées en préparation de la présente directive ont révélé que, malgré l'harmonisation antérieure partielle des législations nationales, il demeure des domaines dans lesquels une harmonisation plus poussée pourrait avoir une incidence positive sur la compétitivité et la croissance.

(8) Dès lors, il est nécessaire, afin de soutenir la mise en place d'un marché intérieur performant et de faciliter l'acquisition et la protection de marques dans l'Union au bénéfice de la croissance et de la compétitivité des entreprises européennes, en particulier les petites et moyennes entreprises, d'aller au-delà du rapprochement limité réalisé au moyen de la directive 2008/95/CE, et d'étendre le champ d'application de ce rapprochement à d'autres aspects du droit matériel des marques qui régissent les marques protégées par l'enregistrement au titre du règlement (CE) n° 207/2009.

(9) Pour rendre l'enregistrement des marques et sa gestion plus aisés dans toute l'Union, il est essentiel de rapprocher non seulement les dispositions de droit matériel, mais aussi les règles de procédure. Il convient donc d'aligner les principales règles de procédure dans le domaine de l'enregistrement des marques dans les États membres et celles du système des marques de l'Union européenne. En ce qui concerne les procédures de droit national, il est suffisant d'établir des principes généraux en laissant les États membres libres de fixer des règles plus précises.

(10) Il est essentiel de faire en sorte que les marques enregistrées jouissent de la même protection dans les systèmes juridiques de tous les États membres. A l'instar de la protection étendue accordée aux marques de l'Union européenne qui jouissent d'une renommée dans l'Union, une protection étendue devrait également être accordée, au niveau national, à toutes les marques enregistrées qui jouissent d'une renommée dans l'État membre concerné.

(11) La présente directive ne devrait pas priver les États membres du droit de continuer à protéger les marques acquises par l'usage, mais ne devrait régir que leurs rapports avec les marques acquises par l'enregistrement.

(12) La réalisation des objectifs poursuivis par ce rapprochement des législations suppose que l'acquisition et le maintien du droit sur la marque enregistrée soient, en principe, subordonnés aux mêmes conditions dans tous les États membres.

(13) A cette fin, il convient d'établir une liste indicative de signes susceptibles de constituer une marque s'ils sont propres à distinguer les produits ou les services d'une entreprise de ceux d'autres entreprises. Pour que le système d'enregistrement des marques remplisse ses objectifs, à savoir garantir la sécurité juridique et une bonne administration, il est également essentiel d'exiger que le signe puisse être représenté d'une manière claire, précise, distincte, facilement accessible, intelligible, durable et objective. Un signe devrait donc pouvoir être représenté sous n'importe quelle forme appropriée au moyen de la technologie communément disponible, et donc pas nécessairement par des moyens graphiques, du moment que cette représentation offre des garanties satisfaisantes à cette fin.

(14) En outre, les motifs de refus ou de nullité concernant la marque elle-même, notamment l'absence de caractère distinctif, ou concernant les conflits entre la marque et des droits antérieurs, devraient être énumérés de façon exhaustive, même si certains de ces motifs sont énumérés à titre facultatif pour les États membres, qui devraient donc pouvoir les maintenir ou les introduire dans leur législation.

(15) Afin de garantir que les niveaux de protection octroyée aux indications géographiques par la législation de l'Union et le droit national soient appliqués de façon uniforme et exhaustive dans toute l'Union lors de l'examen des motifs absolus et relatifs de refus, la présente directive devrait comprendre les mêmes dispositions relatives aux indications géographiques que le règlement (CE) n° 207/2009. En outre, il convient de faire en sorte que le

champ d'application des motifs absolus soit également étendu aux mentions traditionnelles protégées pour les vins et aux spécialités traditionnelles garanties.

(16) La protection conférée par la marque enregistrée, dont le but est notamment de garantir la marque en tant qu'appellation d'origine, devrait être absolue en cas d'identité entre la marque et le signe et entre les produits ou les services. La protection devrait valoir également en cas de similitude entre la marque et le signe et entre les produits ou les services. Il est indispensable d'interpréter la notion de similitude en relation avec le risque de confusion. Le risque de confusion, dont l'appréciation dépend de nombreux facteurs et, notamment, de la connaissance de la marque sur le marché, de l'association qui peut en être faite avec le signe utilisé ou enregistré, du degré de similitude entre la marque et le signe et entre les produits ou les services désignés, devrait constituer la condition spécifique de la protection. Les moyens par lesquels un risque de confusion peut être constaté, et en particulier la charge de la preuve y afférente, devraient relever des règles nationales de procédure auxquelles la présente directive ne devrait pas porter préjudice.

(17) Afin de garantir la sécurité juridique et une cohérence totale avec le principe de priorité, selon lequel une marque antérieure enregistrée prime sur les marques enregistrées postérieurement, il est nécessaire de prévoir que les droits qui sont conférés par une marque s'exercent sans préjudice des droits de titulaires acquis avant la date de dépôt ou de priorité de la marque. Cette approche est conforme à l'article 16, paragraphe 1, de l'accord du 15 avril 1994 sur les aspects des droits de propriété intellectuelle qui touchent au commerce (ci-après dénommé « accord ADPIC »).

(18) Il est approprié de prévoir que la contrefaçon d'une marque ne peut être établie que s'il est constaté qu'il est fait usage de la marque contrefaite ou du signe contrefait dans la vie des affaires pour distinguer des produits ou des services. L'usage du signe à des fins autres que la distinction de produits ou de services devrait relever des dispositions du droit national.

(19) La notion de contrefaçon d'une marque devrait également comprendre l'usage du signe comme nom commercial ou comme désignation similaire, dès lors que cet usage a pour but de distinguer des produits ou des services.

(20) Pour des raisons de sécurité juridique et de parfaite cohérence avec les actes législatifs spécifiques de l'Union, il y a lieu de disposer que le titulaire d'une marque devrait être autorisé à interdire à un tiers d'utiliser un signe dans une publicité comparative si celle-ci est contraire à la directive 2006/114/CE du Parlement européen et du Conseil.

(21) Afin de renforcer la protection conférée par la marque et de lutter plus efficacement contre la contrefaçon, et conformément aux obligations internationales auxquelles sont soumis les États membres dans le cadre de l'Organisation mondiale du commerce (OMC), en particulier l'article V de l'accord général sur les tarifs douaniers et le commerce (GATT) relatif à la liberté de transit et, pour ce qui est des médicaments génériques, la déclaration sur l'accord sur les ADPIC et la santé publique adoptée lors de la conférence ministérielle de l'OMC à Doha le 14 novembre 2001, il convient de permettre au titulaire d'une marque d'empêcher des tiers d'introduire, dans la vie des affaires, dans l'État membre où la marque est enregistrée des produits sans qu'ils y soient mis en libre pratique, lorsque ces produits viennent d'un pays tiers et portent sans autorisation une marque identique ou pour l'essentiel identique à la marque enregistrée pour ces produits.

(22) A cette fin, les titulaires de marques devraient pouvoir empêcher l'entrée de produits de contrefaçon et leur placement dans toutes les situations douanières, y compris, en particulier, le transit, le transbordement, l'entreposage, les zones franches, le stockage temporaire, le perfectionnement actif et l'admission temporaire, également lorsque ces produits ne sont pas destinés à être mis sur le marché dans l'État membre concerné. Lors de l'exécution des contrôles douaniers, il convient que les autorités douanières utilisent les pouvoirs et les procédures prévus dans le règlement (UE) n° 608/2013 du Parlement européen et du Conseil (6), y compris à la demande des titulaires de droits. Il y a lieu, en particulier, que les autorités douanières effectuent les contrôles appropriés sur la base des critères d'analyse de risque.

(23) Afin de concilier la nécessité d'assurer le respect effectif des droits liés aux marques et celle d'éviter d'entraver le libre cours des échanges de produits légitimes, il convient que le pouvoir conféré au titulaire de la marque s'éteigne lorsque, au cours de la procédure ultérieure engagée devant l'autorité judiciaire ou une autre autorité compétente pour prendre une décision de fond sur la question de savoir s'il a été porté atteinte à la marque enregistrée, le déclarant ou le détenteur des produits est en mesure de prouver que le titulaire de la

marque enregistrée n'a pas le droit d'interdire la mise sur le marché des produits dans le pays de destination finale.

(24) L'article 28 du règlement (UE) n° 608/2013 prévoit que le titulaire de droits est responsable du préjudice causé au détenteur des marchandises, entre autres lorsqu'il est établi par la suite que les marchandises en question ne portent pas atteinte à un droit de propriété intellectuelle.

(25) Des mesures appropriées devraient être prises pour assurer la fluidité du transit des médicaments génériques. Pour ce qui est des dénominations communes internationales (DCI) en tant que noms génériques reconnus au niveau international pour désigner les substances actives présentes dans les préparations pharmaceutiques, il est essentiel de tenir dûment compte des limitations actuelles à l'effet des droits liés aux marques. Par conséquent, le titulaire d'une marque ne devrait pas avoir le droit d'empêcher un tiers d'importer dans un État membre où la marque est enregistrée des biens sans qu'ils y soient mis en libre pratique, en se fondant sur des similarités entre la DCI de la substance active présente dans les médicaments et la marque en question.

(26) Afin que les titulaires de marques enregistrées puissent lutter plus efficacement contre la contrefaçon, il convient de leur permettre d'interdire l'apposition d'une marque contrefaite sur des produits, ainsi que certains actes préparatoires réalisés préalablement à cette apposition.

(27) Les droits exclusifs conférés par une marque ne devraient pas permettre à son titulaire d'interdire aux tiers l'usage de signes ou d'indications lorsque celui-ci est loyal et par conséquent conforme aux usages honnêtes en matière industrielle ou commerciale. Afin de créer des conditions égales pour les noms commerciaux et les marques, sachant que les noms commerciaux se voient régulièrement accorder une protection illimitée contre des marques postérieures, un tel usage devrait être entendu exclusivement comme incluant l'usage du nom de personne du tiers. Il devrait également permettre, de manière générale, l'usage de signes ou d'indications descriptifs ou non distinctifs. En outre, le titulaire ne devrait pas être autorisé à empêcher l'usage loyal et honnête de la marque afin de désigner ou de mentionner des produits ou des services comme étant les siens. L'usage d'une marque fait par des tiers afin d'attirer l'attention des consommateurs sur la revente de produits originaux qui étaient, à l'origine, vendus au sein de l'Union par le titulaire de la marque ou avec son consentement devrait être considéré comme loyal, dès lors qu'il est également conforme aux usages honnêtes en matière industrielle ou commerciale. L'usage d'une marque fait par des tiers à des fins d'expression artistique devrait être considéré comme loyal, dès lors qu'il est également conforme aux usages honnêtes en matière industrielle ou commerciale. En outre, la présente directive devrait être appliquée de façon à garantir le plein respect des droits et libertés fondamentaux, en particulier la liberté d'expression.

(28) Il découle du principe de libre circulation des marchandises que le titulaire d'une marque ne devrait pas pouvoir en interdire l'usage à un tiers pour des produits qui ont été mis sur le marché dans l'Union sous cette marque, par lui-même ou avec son consentement, sauf si ce titulaire a des motifs légitimes de s'opposer à la poursuite de la commercialisation des produits.

(29) Il importe, pour des raisons de sécurité juridique, de prévoir que, sans porter atteinte à ses intérêts en tant que titulaire d'une marque antérieure, ce dernier ne peut plus demander la nullité ou s'opposer à l'usage d'une marque postérieure à la sienne dont il a sciemment toléré l'usage pendant une longue période, sauf si la marque postérieure a été demandée de mauvaise foi.

(30) Afin de garantir la sécurité juridique et de protéger les droits liés aux marques acquises légitimement, il est approprié et nécessaire de prévoir, sans préjudice du principe selon lequel la marque postérieure ne peut pas être opposée à la marque antérieure, que les titulaires de marques antérieures ne devraient pas pouvoir obtenir le refus ou la nullité d'une marque postérieure, ni s'opposer à son usage, si la marque postérieure a été acquise à un moment où la marque antérieure était susceptible d'être déclarée nulle ou que son titulaire était susceptible d'être déchu de ses droits, par exemple parce qu'elle n'avait pas encore acquis de caractère distinctif par l'usage, ou si la marque antérieure ne pouvait pas être opposée à la marque postérieure faute de remplir les conditions nécessaires, par exemple faute d'avoir déjà acquis une renommée.

(31) Les marques ne remplissent leur fonction consistant à distinguer les produits ou les services et à permettre aux consommateurs de faire des choix éclairés que lorsqu'elles sont effectivement utilisées sur le marché. Une exigence d'usage est par ailleurs nécessaire pour

réduire le nombre total de marques enregistrées et protégées dans l'Union et, partant, le nombre de conflits entre ces marques. Il est donc essentiel d'imposer que les marques enregistrées soient effectivement utilisées pour les produits ou les services pour lesquels elles ont été enregistrées, ou puissent donner lieu à déchéance si elles ne sont pas utilisées à cet effet dans un délai de cinq ans à compter de la date à laquelle s'achève la procédure d'enregistrement.

(32) Par conséquent, une marque enregistrée ne devrait être protégée que dans la mesure où elle est effectivement utilisée, et l'existence d'une marque antérieure enregistrée ne devrait pas permettre à son titulaire de s'opposer à une marque postérieure ou d'en demander la nullité s'il n'a pas fait un usage sérieux de sa propre marque. En outre, les États membres devraient prévoir qu'une marque ne peut pas être valablement invoquée dans une procédure en contrefaçon s'il est établi, à la suite d'une exception, que le titulaire de la marque pourrait être déchu de ses droits ou, lorsque la procédure concerne un droit postérieur, aurait pu en être déchu au moment où ce droit postérieur a été acquis.

(33) Il est approprié de prévoir que, lorsque l'ancienneté d'une marque nationale ou d'une marque qui a fait l'objet d'un enregistrement international ayant effet dans l'État membre a été invoquée aux fins de l'obtention d'une marque de l'Union européenne, mais que la marque qui est à la base de la revendication d'ancienneté a ensuite fait l'objet d'une renonciation ou s'est éteinte, la validité de cette marque peut encore être contestée. Cette possibilité de contestation devrait être limitée aux situations dans lesquelles la marque aurait pu être déclarée nulle, ou son titulaire déclaré déchu de ses droits, au moment où elle a été supprimée du registre.

(34) Pour des raisons de cohérence et afin de faciliter l'exploitation commerciale des marques dans l'Union, les règles applicables aux marques en tant qu'objets de propriété devraient être alignées, dans la mesure appropriée, sur celles qui sont déjà en place pour les marques de l'Union européenne, et devraient régir la cession et le transfert, la licence, les droits réels et l'exécution forcée.

(35) Les marques collectives se sont révélées être un instrument utile pour la promotion de produits ou de services ayant des propriétés spécifiques communes. Il est donc approprié de soumettre les marques collectives nationales à des règles similaires à celles applicables aux marques collectives de l'Union européenne.

(36) Afin d'améliorer et de faciliter l'accès à la protection de la marque et d'accroître la sécurité et la prévisibilité juridiques, la procédure d'enregistrement des marques dans les États membres devrait être efficace et transparente et suivre des règles similaires à celles applicables aux marques de l'Union européenne.

(37) Afin de garantir la sécurité juridique quant à l'étendue des droits que confère la marque et de faciliter l'accès à la protection de la marque, la désignation et la classification des produits et des services faisant l'objet d'une demande de marque devraient obéir, dans tous les États membres, à des règles identiques, alignées sur celles applicables aux marques de l'Union européenne. Afin de permettre aux autorités compétentes et aux opérateurs économiques de déterminer, sur la seule base de la demande, l'étendue de la protection demandée, la désignation des produits et des services devrait être suffisamment claire et précise. L'utilisation de termes généraux devrait être interprétée comme n'incluant que les produits et les services qu'ils désignent clairement au sens littéral. Dans un souci de clarté et de sécurité juridique, les services centraux de la propriété industrielle des États membres et l'Office Benelux de la propriété intellectuelle devraient s'efforcer d'établir, en coopération les uns avec les autres, une liste reflétant leurs pratiques administratives respectives en ce qui concerne la classification des produits et des services.

(38) Afin de garantir une protection effective des marques, les États membres devraient mettre en place une procédure administrative efficace permettant au moins au titulaire de droits antérieurs liés à des marques et à toute personne autorisée en vertu du droit applicable à exercer les droits découlant d'une appellation d'origine protégée ou d'une indication géographique protégée de s'opposer à l'enregistrement d'une marque. En outre, afin de se doter d'un système efficace de déclaration de déchéance ou de nullité, les États membres devraient prévoir la mise en place d'une procédure administrative de déchéance ou de nullité dans le délai de transposition plus long de sept ans, après l'entrée en vigueur de la présente directive.

(39) Il est souhaitable que les services centraux de la propriété industrielle des États membres et l'Office Benelux de la propriété intellectuelle coopèrent entre eux et avec l'Office de l'Union européenne pour la propriété intellectuelle dans tous les domaines de l'enregistre-

ment et de l'administration des marques afin de promouvoir la convergence des pratiques et des outils, notamment par la création et la mise à jour de bases de données communes ou connectées et de portails de consultation et de recherche. Les États membres devraient également veiller à ce que leurs services coopèrent entre eux et avec l'Office de l'Union européenne pour la propriété intellectuelle dans tous les autres domaines de leur activité qui intéressent la protection des marques dans l'Union.

(40) La présente directive ne devrait pas exclure l'application aux marques des dispositions du droit des États membres, autres que le droit des marques, telles que les dispositions relatives à la concurrence déloyale, à la responsabilité civile ou à la protection des consommateurs.

(41) Les États membres sont liés par la convention de Paris pour la protection de la propriété industrielle (ci-après dénommée « convention de Paris ») et par l'accord ADPIC. Il est nécessaire que la présente directive soit en parfaite cohérence avec ladite convention et ledit accord. Les obligations des États membres découlant de cette convention et de cet accord ne devraient pas être affectées par la présente directive. Le cas échéant, l'article 351, deuxième alinéa, du traité sur le fonctionnement de l'Union européenne devrait s'appliquer.

(42) Étant donné que les objectifs de la présente directive, à savoir favoriser et créer un marché intérieur performant et faciliter l'enregistrement, l'administration et la protection des marques dans l'Union au bénéfice de la croissance et de la compétitivité, ne peuvent pas être atteints de manière suffisante par les États membres mais peuvent, en raison de ses dimensions et de ses effets, l'être mieux au niveau de l'Union, celle-ci peut prendre des mesures, conformément au principe de subsidiarité consacré à l'article 5 du traité sur l'Union européenne. Conformément au principe de proportionnalité tel qu'énoncé audit article, la présente directive n'excède pas ce qui est nécessaire pour atteindre ces objectifs.

(43) La directive 95/46/CE du Parlement européen et du Conseil (7) régit le traitement des données à caractère personnel effectué dans les États membres dans le cadre de la présente directive.

(44) Le Contrôleur européen de la protection des données a été consulté en accord avec l'article 28, paragraphe 2, du règlement (CE) n° 45/2001 du Parlement européen et du Conseil et a émis un avis le 11 juillet 2013.

(45) L'obligation de transposer la présente directive en droit national devrait être limitée aux dispositions qui constituent une modification de fond par rapport à la directive précédente. L'obligation de transposer les dispositions inchangées résulte de la directive précédente.

(46) La présente directive ne devrait pas porter atteinte aux obligations des États membres au titre de la directive 2008/95/CE concernant le délai de transposition en droit national de la directive 89/104/CEE du Conseil tel qu'indiqué à l'annexe I, partie B, de la directive 2008/95/CE,

CHAPITRE PREMIER *Dispositions générales*

Art. 1er *Champ d'application.* La présente directive s'applique à chaque marque de produits ou de services qui a fait l'objet d'un enregistrement ou d'une demande d'enregistrement dans un État membre en tant que marque individuelle, marque de garantie ou de certification ou marque collective, ou qui a fait l'objet d'un enregistrement ou d'une demande d'enregistrement auprès de l'Office Benelux de la propriété intellectuelle, ou qui a fait l'objet d'un enregistrement international ayant effet dans un État membre.

Art. 2 *Définitions.* Aux fins de la présente directive, on entend par :

a) "office", le service central de la propriété industrielle d'un État membre, ou l'Office Benelux de la propriété intellectuelle, chargé de l'enregistrement des marques ;

b) "registre", le registre des marques tenu par un office.

CHAPITRE II *Le droit substantiel des marques*

SECTION I *Signes susceptibles de constituer une marque*

Art. 3 *Signes susceptibles de constituer une marque.* Peuvent constituer des marques tous les signes, notamment les mots, y compris les noms de personnes, ou les dessins, les lettres, les chiffres, les couleurs, la forme d'un produit ou de son conditionnement, ou les sons, à condition que ces signes soient propres à :

a) distinguer les produits ou les services d'une entreprise de ceux d'autres entreprises ; et *b)* être représentés dans le registre d'une manière qui permette aux autorités compétentes et au public de déterminer précisément et clairement l'objet bénéficiant de la protection conférée à leur titulaire.

SECTION II *Motifs de refus ou de nullité*

Art. 4 *Motifs absolus de refus ou de nullité.* 1. Sont refusés à l'enregistrement ou sont susceptibles d'être déclarés nuls s'ils sont enregistrés :

a) les signes qui ne peuvent constituer une marque ;

b) les marques qui sont dépourvues de caractère distinctif ;

c) les marques qui sont composées exclusivement de signes ou d'indications pouvant servir, dans le commerce, à désigner l'espèce, la qualité, la quantité, la destination, la valeur, la provenance géographique ou l'époque de la production du produit ou de la prestation du service, ou d'autres caractéristiques de ceux-ci ;

d) les marques qui sont composées exclusivement de signes ou d'indications devenus usuels dans le langage courant ou dans les habitudes loyales et constantes du commerce ;

e) les signes constitués exclusivement :

i) par la forme ou une autre caractéristique imposée par la nature même du produit ;

ii) par la forme ou une autre caractéristique du produit qui est nécessaire à l'obtention d'un résultat technique ;

iii) par la forme ou une autre caractéristique qui donne une valeur substantielle au produit ;

f) les marques qui sont contraires à l'ordre public ou aux bonnes mœurs ;

g) les marques qui sont de nature à tromper le public, par exemple, sur la nature, la qualité ou la provenance géographique du produit ou du service ;

h) les marques qui, à défaut d'autorisation des autorités compétentes, sont à refuser ou à invalider en vertu de l'article 6 *ter* de la convention de Paris ;

i) les marques exclues de l'enregistrement en application de la législation de l'Union ou du droit national de l'État membre concerné, ou d'accords internationaux auxquels l'Union ou l'État membre concerné est partie, qui prévoient la protection des appellations d'origine et des indications géographiques ;

j) les marques exclues de l'enregistrement en application de la législation de l'Union ou d'accords internationaux auxquels l'Union est partie qui prévoient la protection des mentions traditionnelles pour les vins ;

k) les marques exclues de l'enregistrement en application de la législation de l'Union ou d'accords internationaux auxquels l'Union est partie qui prévoient la protection des spécialités traditionnelles garanties ;

l) les marques qui consistent en une dénomination d'une variété végétale antérieure enregistrée conformément à la législation de l'Union ou au droit national de l'État membre concerné, ou d'accords internationaux auxquels l'Union ou l'État membre concerné est partie, qui prévoient la protection des droits d'obtention végétale, ou la reproduisent dans leurs éléments essentiels, et qui portent sur des variétés végétales de la même espèce ou d'une espèce étroitement liée.

2. Une marque est susceptible d'être déclarée nulle si sa demande d'enregistrement a été faite de mauvaise foi par le demandeur. Un État membre peut aussi prévoir qu'une telle marque est refusée à l'enregistrement.

3. Un État membre peut prévoir qu'une marque est refusée à l'enregistrement ou, si elle est enregistrée, est susceptible d'être déclarée nulle lorsque et dans la mesure où :

a) l'usage de cette marque peut être interdit en vertu de dispositions légales autres que le droit des marques de l'État membre concerné ou de l'Union ;

b) la marque comporte un signe de haute valeur symbolique, et notamment un symbole religieux ;

c) la marque comporte des badges, emblèmes et écussons autres que ceux visés par l'article 6 *ter* de la convention de Paris et présentant un intérêt public, à moins que leur enregistrement n'ait été autorisé par l'autorité compétente conformément au droit de l'État membre. – *[Dir. 2008/95/CE du 22 oct. 2008, art. 3, §2, pts. a) à c).]*

4. Une marque n'est pas refusée à l'enregistrement en application du paragraphe 1, point *b), c)* ou *d)*, si, avant la date de la demande d'enregistrement et à la suite de l'usage qui en a été fait, elle a acquis un caractère distinctif. Une marque n'est pas déclarée nulle pour les mêmes motifs si, avant la date de la demande en nullité et à la suite de l'usage qui en a été fait, elle a acquis un caractère distinctif.

5. Les États membres peuvent prévoir que le paragraphe 4 s'applique également lorsque le caractère distinctif a été acquis après la date de la demande d'enregistrement mais avant la date de l'enregistrement.

Art. 5 *Motifs relatifs de refus ou de nullité.* 1. Une marque est refusée à l'enregistrement ou, si elle est enregistrée, est susceptible d'être déclarée nulle :

a) lorsqu'elle est identique à une marque antérieure et que les produits ou les services pour lesquels la marque a été demandée ou a été enregistrée sont identiques à ceux pour lesquels la marque antérieure est protégée ;

b) lorsqu'en raison de son identité ou de sa similitude avec la marque antérieure et en raison de l'identité ou de la similitude des produits ou des services que les marques désignent, il existe, dans l'esprit du public, un risque de confusion ; ce risque de confusion comprend le risque d'association avec la marque antérieure.

2. Aux fins du paragraphe 1, on entend par "marques antérieures" :

a) les marques dont la date de la demande d'enregistrement est antérieure à celle de la demande d'enregistrement de la marque, compte tenu, le cas échéant, du droit de priorité invoqué à l'appui de ces marques, et qui appartiennent aux catégories suivantes :

i) les marques de l'Union européenne ;

ii) les marques enregistrées dans l'État membre concerné ou, pour ce qui concerne la Belgique, le Luxembourg et les Pays-Bas, auprès de l'Office Benelux de la propriété intellectuelle ;

iii) les marques qui ont fait l'objet d'un enregistrement international ayant effet dans l'État membre concerné ;

b) les marques de l'Union européenne qui revendiquent valablement l'ancienneté, conformément au règlement (CE) n° 207/2009, d'une marque visée aux points *a)* ii) et iii), même si cette dernière marque a fait l'objet d'une renonciation ou s'est éteinte ;

c) les demandes de marques visées aux points *a)* et *b)*, sous réserve de leur enregistrement ;

d) les marques qui, à la date de la demande d'enregistrement de la marque, ou, le cas échéant, à la date de la priorité invoquée à l'appui de la demande d'enregistrement de la marque, sont "notoirement connues" dans l'État membre concerné au sens de l'article 6 *bis* de la convention de Paris.

3. Par ailleurs, une marque est également refusée à l'enregistrement ou, si elle est enregistrée, est susceptible d'être déclarée nulle :

a) si elle est identique ou similaire à une marque antérieure, indépendamment du fait que les produits ou les services pour lesquels elle est demandée ou enregistrée sont identiques, similaires ou non similaires à ceux pour lesquels la marque antérieure est enregistrée, lorsque la marque antérieure jouit d'une renommée dans l'État membre dans lequel est demandé l'enregistrement ou dans lequel la marque est enregistrée ou, dans le cas d'une marque de l'Union européenne, d'une renommée dans l'Union et que l'usage de la marque postérieure sans juste motif tirerait indûment profit du caractère distinctif ou de la renommée de la marque antérieure ou qu'il leur porterait préjudice ;

b) lorsque son enregistrement est demandé par l'agent ou le représentant du titulaire de la marque, en son propre nom et sans l'autorisation du titulaire, à moins que cet agent ou ce représentant ne justifie sa démarche ;

c) lorsque et dans la mesure où, en application de la législation de l'Union ou du droit de l'État membre concerné qui prévoient la protection des appellations d'origine et des indications géographiques :

i) une demande d'appellation d'origine ou d'indication géographique avait déjà été introduite conformément à la législation de l'Union ou au droit de l'État membre concerné avant la date de la demande d'enregistrement de la marque ou avant la date de la priorité invoquée à l'appui de la demande, sous réserve d'un enregistrement ultérieur ;

ii) cette appellation d'origine ou cette indication géographique confère à la personne autorisée en vertu du droit applicable à exercer les droits qui en découlent le droit d'interdire l'utilisation d'une marque postérieure.

4. Tout État membre peut prévoir qu'une marque est refusée à l'enregistrement ou, si elle est enregistrée, est susceptible d'être déclarée nulle lorsque et dans la mesure où :

a) des droits à une marque non enregistrée ou un autre signe utilisé dans la vie des affaires ont été acquis avant la date de la demande d'enregistrement de la marque postérieure ou avant la date de la priorité invoquée à l'appui de la demande d'enregistrement de la marque postérieure, et que cette marque non enregistrée ou cet autre signe donne à son titulaire le droit d'interdire l'utilisation d'une marque postérieure ;

b) l'usage de la marque peut être interdit en vertu d'un droit antérieur, autre que les droits visés au paragraphe 2 et au point a) du présent paragraphe, et notamment :

i) d'un droit au nom ;

ii) d'un droit à l'image ;

iii) d'un droit d'auteur ;

iv) d'un droit de propriété industrielle ;

c) la marque peut être confondue avec une marque antérieure protégée à l'étranger, à condition qu'à la date de la demande, le demandeur fût de mauvaise foi.

5. Les États membres s'assurent qu'il n'y ait pas d'obligation, dans des circonstances appropriées, qu'une marque soit refusée à l'enregistrement ou qu'elle soit déclarée nulle lorsque le titulaire de la marque antérieure ou du droit antérieur consent à l'enregistrement de la marque postérieure.

6. Tout État membre peut prévoir que, par dérogation aux paragraphes 1 à 5, les motifs de refus d'enregistrement ou de nullité qui étaient applicables dans cet État membre avant la date d'entrée en vigueur des dispositions nécessaires pour se conformer à la directive 89/104/CEE s'appliquent aux marques dont la demande a été déposée avant cette date.

Art. 6 *Constatation* a posteriori *de la nullité d'une marque ou de la déchéance des droits du titulaire de celle-ci.* Lorsque l'ancienneté d'une marque nationale ou d'une marque qui a fait l'objet d'un enregistrement international ayant effet dans l'État membre, qui a fait l'objet d'une renonciation ou qui s'est éteinte, est invoquée pour une marque de l'Union européenne, la nullité de la marque qui est à la base de la revendication d'ancienneté ou la déchéance des droits du titulaire de celle-ci peut être constatée *a posteriori*, à condition que la nullité ou la déchéance des droits ait pu être déclarée au moment où la marque a fait l'objet d'une renonciation ou s'est éteinte. Dans ce cas, l'ancienneté cesse de produire ses effets. – *[Dir. 2008/95/CE du 22 oct. 2008, art. 14.]*

Art. 7 *Motifs de refus ou de nullité pour une partie seulement des produits ou des services.* Si un motif de refus d'enregistrement ou de nullité d'une marque n'existe que pour une partie des produits ou des services pour lesquels cette marque est déposée ou enregistrée, le refus de l'enregistrement ou la nullité ne s'étend qu'aux produits ou aux services concernés. – *[Dir. 2008/95/CE du 22 oct. 2008, art. 13.]*

Art. 8 *Absence de caractère distinctif ou de renommée d'une marque antérieure empêchant de déclarer nulle une marque enregistrée.* L'auteur d'une demande en nullité fondée sur une marque antérieure n'obtient pas gain de cause à la date de la demande en nullité lorsqu'il n'aurait pas obtenu gain de cause à la date de dépôt ou à la date de priorité de la marque postérieure pour l'un des motifs suivants :

a) la marque antérieure, susceptible d'être déclarée nulle en vertu de l'article 4, paragraphe 1, point *b)*, *c)* ou *d)*, n'avait pas encore acquis un caractère distinctif au sens de l'article 4, paragraphe 4 ;

b) la demande en nullité est fondée sur l'article 5, paragraphe 1, point *b)*, et la marque antérieure n'avait pas encore acquis un caractère suffisamment distinctif pour justifier la constatation d'un risque de confusion au sens de cette disposition ;

c) la demande en nullité est fondée sur l'article 5, paragraphe 3, point *a)*, et la marque antérieure n'avait pas encore acquis de renommée au sens de cette disposition.

Art. 9 *Forclusion du demandeur en nullité pour tolérance.* 1. Le titulaire d'une marque antérieure telle que visée à l'article 5, paragraphe 2, ou à l'article 5, paragraphe 3, point *a)*, qui a toléré, dans un État membre, l'usage d'une marque postérieure enregistrée dans cet État membre pendant une période de cinq années consécutives en connaissance de cet usage ne peut plus demander la nullité, sur la base de cette marque antérieure, pour les produits ou les services pour lesquels la marque postérieure a été utilisée, à moins que l'enregistrement de la marque postérieure n'ait été demandé de mauvaise foi.

2. Les États membres peuvent prévoir que le paragraphe 1 du présent article s'applique au titulaire de tout autre droit antérieur visé à l'article 5, paragraphe 4, point *a)* ou *b)*.

3. Dans les cas visés aux paragraphes 1 et 2, le titulaire d'une marque postérieure enregistrée ne peut pas s'opposer à l'usage du droit antérieur bien que ce droit ne puisse plus être invoqué contre la marque postérieure.

SECTION III *Droits conférés et limitations*

Art. 10 *Droits conférés par la marque.* 1. L'enregistrement d'une marque confère à son titulaire un droit exclusif sur celle-ci.

2. Sans préjudice des droits des titulaires acquis avant la date de dépôt ou la date de priorité de la marque enregistrée, le titulaire de ladite marque enregistrée est habilité à interdire à tout tiers, en l'absence de son consentement, de faire usage dans la vie des affaires, pour des produits ou des services, d'un signe lorsque :

a) le signe est identique à la marque et est utilisé pour des produits ou des services identiques à ceux pour lesquels celle-ci est enregistrée ;

b) le signe est identique ou similaire à la marque et est utilisé pour des produits ou des services identiques ou similaires aux produits ou services pour lesquels la marque est enregistrée, s'il existe, dans l'esprit du public, un risque de confusion ; le risque de confusion comprend le risque d'association entre le signe et la marque ;

c) le signe est identique ou similaire à la marque, indépendamment du fait qu'il soit utilisé pour des produits ou des services qui sont identiques, similaires ou non similaires à ceux pour lesquels la marque est enregistrée, lorsque celle-ci jouit d'une renommée dans l'État membre et que l'usage du signe sans juste motif tire indûment profit du caractère distinctif ou de la renommée de la marque, ou leur porte préjudice.

3. Si les conditions énoncées au paragraphe 2 sont remplies, il peut être interdit en particulier :

a) d'apposer le signe sur les produits ou sur leur conditionnement ;

b) d'offrir les produits, de les mettre sur le marché ou de les détenir à ces fins sous le signe, ou d'offrir ou de fournir des services sous le signe ;

c) d'importer ou d'exporter les produits sous le signe ;

d) de faire usage du signe comme nom commercial ou dénomination sociale ou comme partie d'un nom commercial ou d'une dénomination sociale ;

e) d'utiliser le signe dans les papiers d'affaires et la publicité ;

f) de faire usage du signe dans des publicités comparatives d'une manière contraire à la directive 2006/114/CE.

4. Sans préjudice des droits des titulaires acquis avant la date de dépôt ou la date de priorité de la marque enregistrée, le titulaire de cette marque enregistrée est en outre habilité à empêcher tout tiers d'introduire, dans la vie des affaires, des produits dans l'État membre où la marque est enregistrée, sans qu'ils y soient mis en libre pratique, lorsque ces produits, conditionnement inclus, proviennent de pays tiers et portent sans autorisation une marque qui est identique à la marque enregistrée pour ces produits ou qui ne peut être distinguée, dans ses aspects essentiels, de cette marque.

Le pouvoir conféré au titulaire de la marque en vertu du premier alinéa s'éteint si, au cours de la procédure visant à déterminer s'il a été porté atteinte à la marque enregistrée, engagée conformément au règlement (UE) n° 608/2013, le déclarant ou le détenteur des produits apporte la preuve que le titulaire de la marque enregistrée n'a pas le droit d'interdire la mise sur le marché des produits dans le pays de destination finale.

5. Lorsque, antérieurement à la date d'entrée en vigueur, dans un État membre, des dispositions nécessaires pour se conformer à la directive 89/104/CEE, le droit de cet État ne permettait pas d'interdire l'usage d'un signe dans les conditions visées au paragraphe 2, point *b)* ou *c)*, les droits conférés par la marque ne peuvent pas être invoqués pour empêcher la poursuite de l'usage de ce signe.

6. Les paragraphes 1, 2, 3 et 5 n'affectent pas les dispositions applicables dans un État membre relatives à la protection contre l'usage qui est fait d'un signe à des fins autres que celle de distinguer des produits ou des services, lorsque l'usage de ce signe sans juste motif tire indûment profit du caractère distinctif ou de la renommée de la marque, ou leur porte préjudice.

Art. 11 *Droit d'interdire les actes préparatoires portant sur l'utilisation du conditionnement ou d'autres moyens.* Lorsqu'il existe un risque qu'il puisse être fait usage, pour des produits ou des services, d'un conditionnement, d'étiquettes, de marquages, de dispositifs de sécurité ou d'authentification ou de tout autre support sur lequel est apposée la marque, et que cet usage porterait atteinte aux droits conférés au titulaire d'une marque par l'article 10, paragraphes 2 et 3, le titulaire de cette marque a le droit d'interdire les actes ci-après lorsqu'ils sont effectués dans la vie des affaires :

a) l'apposition d'un signe identique ou similaire à la marque sur le conditionnement, les étiquettes, les marquages, les dispositifs de sécurité ou d'authentification ou tout autre support sur lequel la marque peut être apposée ;

b) l'offre, la mise sur le marché ou la détention à ces fins, l'importation ou l'exportation de conditionnements, d'étiquettes, de marquages, de dispositifs de sécurité ou d'authentification ou tout autre support sur lequel la marque est apposée.

Art. 12 *Reproduction de la marque dans des dictionnaires.* Si la reproduction d'une marque dans un dictionnaire, une encyclopédie ou un ouvrage de référence similaire, sous forme imprimée ou électronique, donne l'impression qu'elle constitue le terme générique désignant les produits ou les services pour lesquels la marque est enregistrée, l'éditeur veille, sur demande du titulaire de la marque, à ce que la reproduction de la marque soit, sans tarder et, dans le cas d'ouvrages imprimés, au plus tard lors de l'édition suivante de l'ouvrage, accompagnée de l'indication qu'il s'agit d'une marque enregistrée.

Art. 13 *Interdiction d'utiliser une marque enregistrée au nom d'un agent ou d'un représentant.* 1. Si une marque a été enregistrée au nom de l'agent ou du représentant de celui qui est titulaire de cette marque, sans l'autorisation du titulaire, celui-ci a le droit d'agir de l'une ou de l'autre des façons suivantes, ou des deux :

a) s'opposer à l'utilisation de la marque par son agent ou représentant ;

b) réclamer la cession de la marque à son profit.

2. Le paragraphe 1 ne s'applique pas si l'agent ou le représentant justifie sa démarche.

Art. 14 *Limitation des effets de la marque.* 1. Une marque ne permet pas à son titulaire d'interdire à un tiers l'usage, dans la vie des affaires :

a) de son nom ou de son adresse, lorsque ce tiers est une personne physique ;

b) de signes ou d'indications qui sont dépourvus de caractère distinctif ou qui se rapportent à l'espèce, à la qualité, à la quantité, à la destination, à la valeur, à la provenance géographique, à l'époque de la production du produit ou de la prestation du service ou à d'autres caractéristiques de ceux-ci ;

c) de la marque pour désigner ou mentionner des produits ou des services comme étant ceux du titulaire de cette marque, en particulier lorsque cet usage de la marque est nécessaire pour indiquer la destination d'un produit ou d'un service, notamment en tant qu'accessoire ou pièce détachée.

2. Le paragraphe 1 ne s'applique que lorsque l'usage par le tiers est fait conformément aux usages honnêtes en matière industrielle ou commerciale.

3. Une marque ne permet pas à son titulaire d'interdire à un tiers l'usage, dans la vie des affaires, d'un droit antérieur de portée locale si ce droit est reconnu par le droit de l'État membre concerné et si l'usage de ce droit a lieu dans les limites du territoire où il est reconnu.

Art. 15 *Épuisement des droits conférés par une marque.* 1. Une marque ne permet pas à son titulaire d'interdire l'usage de celle-ci pour des produits qui ont été mis sur le marché dans l'Union sous cette marque par le titulaire ou avec son consentement.

2. Le paragraphe 1 n'est pas applicable lorsque des motifs légitimes justifient que le titulaire s'oppose à la commercialisation ultérieure des produits, notamment lorsque l'état des produits est modifié ou altéré après leur mise sur le marché. – *[Dir. 2008/95/CE du 22 oct. 2008, art. 7.]*

Art. 16 *Usage de la marque.* 1. Si, dans une période de cinq ans suivant la date à laquelle la procédure d'enregistrement est terminée, la marque n'a pas fait l'objet par le titulaire d'un usage sérieux dans l'État membre concerné pour les produits ou les services pour lesquels elle est enregistrée, ou si un tel usage a été suspendu pendant une période ininterrompue de cinq ans, la marque est soumise aux limites et sanctions prévues à l'article 17, à l'article 19, paragraphe 1, à l'article 44, paragraphes 1 et 2, et à l'article 46, paragraphes 3 et 4, sauf juste motif pour le non-usage.

2. Lorsqu'un État membre prévoit des procédures d'opposition après l'enregistrement, la période de cinq ans visée au paragraphe 1 est calculée à partir de la date à laquelle la marque ne peut plus faire l'objet d'une opposition ou, si une opposition a été formée, à partir de la date à laquelle une décision clôturant la procédure d'opposition est devenue définitive ou l'opposition a été retirée.

3. En ce qui concerne les marques qui ont fait l'objet d'un enregistrement international et ayant effet dans l'État membre, la période de cinq ans visée au paragraphe 1 est calculée à partir de la date à laquelle la marque ne peut plus faire l'objet d'un rejet ou d'une opposition. Si une opposition a été formée ou si une objection fondée sur des motifs absolus ou relatifs a été notifiée, la période est calculée à partir de la date à laquelle une décision clôturant la procédure d'opposition ou une décision concernant les motifs absolus ou relatifs de refus est devenue définitive ou à laquelle l'opposition a été retirée.

4. La date du début de la période de cinq ans visée aux paragraphes 1 et 2 est inscrite dans le registre.

5. Sont également considérés comme usage au sens du paragraphe 1 :

a) l'usage de la marque sous une forme qui diffère par des éléments n'altérant pas son caractère distinctif dans la forme sous laquelle celle-ci a été enregistrée, que la marque soit ou non enregistrée aussi au nom du titulaire sous la forme utilisée ;

b) l'apposition de la marque sur les produits ou sur leur conditionnement dans l'État membre concerné dans le seul but de l'exportation.

6. L'usage de la marque avec le consentement du titulaire est considéré comme fait par le titulaire.

Art. 17 *Non-usage comme moyen de défense dans une procédure en contrefaçon.* Le titulaire d'une marque ne peut interdire l'usage d'un signe que dans la mesure où il n'est pas susceptible d'être déchu de ses droits conformément à l'article 19 au moment où l'action en contrefaçon est intentée. A la demande du défendeur, le titulaire de la marque fournit la preuve que, durant la période de cinq ans ayant précédé la date d'introduction de l'action, la marque a fait l'objet d'un usage sérieux, tel que prévu à l'article 16, pour les produits ou les services pour lesquels elle est enregistrée et que le titulaire invoque à l'appui de son action, ou qu'il existe de justes motifs pour son non-usage, sous réserve que la procédure d'enregistrement de la marque ait été, à la date d'introduction de l'action, terminée depuis au moins cinq ans.

Art. 18 *Droit d'intervention du titulaire d'une marque enregistrée postérieurement comme moyen de défense dans une procédure en contrefaçon.* 1. Lors d'une procédure en contrefaçon, le titulaire d'une marque ne peut interdire l'usage d'une marque enregistrée postérieurement lorsque cette marque postérieure n'aurait pas été déclarée nulle en vertu de l'article 8, de l'article 9, paragraphe 1 ou 2, ou de l'article 46, paragraphe 3.

2. Lors d'une procédure en contrefaçon, le titulaire d'une marque ne peut interdire l'usage d'une marque de l'Union européenne enregistrée postérieurement lorsque cette marque postérieure n'aurait pas été déclarée nulle en vertu de l'article 53, paragraphe 1, 3 ou 4, de l'article 54, paragraphe 1 ou 2, ou de l'article 57, paragraphe 2, du règlement (CE) n° 207/2009.

3. Lorsque le titulaire d'une marque ne peut interdire, en vertu du paragraphe 1 ou 2, l'usage d'une marque enregistrée postérieurement, le titulaire de cette marque enregistrée postérieurement ne peut pas interdire l'usage de la marque antérieure dans une action en contrefaçon, bien que le droit antérieur ne puisse plus être invoqué contre la marque postérieure.

SECTION IV *Déchéance des droits conférés par la marque*

Art. 19 *Absence d'usage sérieux comme motif de déchéance.* 1. Le titulaire d'une marque peut être déchu de ses droits si, pendant une période ininterrompue de cinq ans, la marque n'a pas fait l'objet d'un usage sérieux dans l'État membre concerné pour les produits ou les services pour lesquels elle est enregistrée et qu'il n'existe pas de justes motifs pour le non-usage.

2. Nul ne peut faire valoir que le titulaire d'une marque est déchu de ses droits si, entre l'expiration de la période de cinq ans et la présentation de la demande en déchéance, la marque a fait l'objet d'un commencement ou d'une reprise d'usage sérieux.

3. Le commencement ou la reprise d'usage qui a lieu dans le délai de trois mois avant la présentation de la demande en déchéance, ce délai commençant à courir au plus tôt à l'expiration de la période ininterrompue de cinq ans de non-usage, n'est pas pris en considération lorsque les préparatifs pour le commencement ou la reprise de l'usage interviennent seulement après que le titulaire a appris que la demande en déchéance pourrait être présentée.

Art. 20 *Marque devenue générique ou indication trompeuse comme motif de déchéance.* Le titulaire d'une marque peut être déchu de ses droits lorsque, après la date de son enregistrement, la marque :

a) est devenue, par le fait de l'activité ou de l'inactivité de son titulaire, la désignation usuelle dans le commerce d'un produit ou d'un service pour lequel elle est enregistrée ;

b) risque, par suite de l'usage qui en est fait par le titulaire ou avec son consentement pour les produits ou les services pour lesquels elle est enregistrée, d'induire le public en erreur notamment sur la nature, la qualité ou la provenance géographique de ces produits ou de ces services.

Art. 21 *Déchéance pour une partie seulement des produits ou des services.* Si un motif de déchéance d'une marque n'existe que pour une partie des produits ou des services pour lesquels cette marque est enregistrée, la déchéance ne s'étend qu'aux produits ou aux services concernés.

SECTION V *La marque en tant qu'objet de propriété*

Art. 22 *Transfert d'une marque enregistrée.* 1. Une marque peut, indépendamment du transfert de l'entreprise, être transférée pour tout ou partie des produits ou des services pour lesquels elle est enregistrée.

2. Le transfert de l'entreprise dans sa totalité implique le transfert de la marque, sauf s'il existe une convention contraire ou si cela ressort clairement des circonstances. Cette disposition s'applique à l'obligation contractuelle de transférer l'entreprise.

3. Les États membres disposent de procédures permettant l'inscription des transferts dans leurs registres.

Art. 23 *Droits réels.* 1. Une marque peut, indépendamment de l'entreprise, être donnée en gage ou faire l'objet de droits réels.

2. Les États membres disposent de procédures permettant l'inscription des droits réels dans leurs registres.

Art. 24 *Exécution forcée.* 1. Une marque peut faire l'objet de mesures d'exécution forcée.

2. Les États membres disposent de procédures permettant l'inscription des mesures d'exécution forcée dans leurs registres.

Art. 25 *Licence.* 1. Une marque peut faire l'objet de licences pour tout ou partie des produits ou des services pour lesquels elle est enregistrée et pour tout ou partie du territoire de l'État membre concerné. Une licence peut être exclusive ou non exclusive.

2. Le titulaire de la marque peut invoquer les droits conférés par cette marque à l'encontre d'un licencié qui enfreint l'une des clauses du contrat de licence en ce qui concerne :

a) sa durée ;

b) la forme couverte par l'enregistrement sous laquelle la marque peut être utilisée ;

c) la nature des produits ou des services pour lesquels la licence est octroyée ;

d) le territoire sur lequel la marque peut être apposée ; ou

e) la qualité des produits fabriqués ou des services fournis par le licencié.

3. Sans préjudice des stipulations du contrat de licence, le licencié ne peut engager une procédure en contrefaçon d'une marque qu'avec le consentement du titulaire de celle-ci. Toutefois, le titulaire d'une licence exclusive peut engager une telle procédure si, après mise en demeure, le titulaire de la marque n'agit pas lui-même en contrefaçon dans un délai approprié.

4. Tout licencié est recevable à intervenir dans la procédure en contrefaçon engagée par le titulaire de la marque afin d'obtenir réparation du préjudice qui lui est propre.

5. Les États membres disposent de procédures permettant l'inscription des licences dans leurs registres.

Art. 26 *Demandes de marque comme objet de propriété.* Les articles 22 à 25 sont applicables aux demandes de marque.

SECTION VI *Marques de garantie ou de certification et marques collectives*

Art. 27 *Définitions.* Aux fins de la présente directive, on entend par :

a) "marque de garantie ou de certification", une marque ainsi désignée lors du dépôt de la demande et propre à distinguer les produits ou les services qui sont certifiés par le titulaire de la marque en ce qui concerne la matière, le mode de fabrication des produits ou de prestation des services, la qualité, la précision ou d'autres caractéristiques par rapport aux produits et aux services qui ne sont pas certifiés de la sorte ;

b) "marque collective", une marque ainsi désignée lors du dépôt de la demande et propre à distinguer les produits ou les services des membres de l'association qui en est le titulaire de ceux d'autres entreprises.

Art. 28 *Marques de garantie ou de certification.* 1. Les États membres peuvent prévoir l'enregistrement de marques de garantie ou de certification.

2. Toute personne physique ou morale, y compris les institutions, autorités et organismes de droit public, peut déposer une marque de garantie ou de certification pourvu que cette personne n'exerce pas une activité ayant trait à la fourniture de produits ou de services du type certifié.

Les États membres peuvent prévoir qu'une marque de garantie ou de certification n'est enregistrée que si le demandeur est compétent pour certifier les produits ou les services pour lesquels la marque est enregistrée.

3. Les États membres peuvent prévoir que les marques de garantie ou de certification sont refusées à l'enregistrement, que leur titulaire est déchu de ses droits ou qu'elles sont déclarées nulles pour d'autres motifs que ceux visés aux articles 4, 19 et 20, dans la mesure où la fonction de ces marques l'exige.

4. Par dérogation à l'article 4, paragraphe 1, point *c)*, les États membres peuvent prévoir que les signes ou indications susceptibles de servir, dans le commerce, à désigner la provenance géographique des produits ou des services peuvent constituer des marques de garantie ou de certification. Une telle marque de garantie ou de certification n'autorise pas le titulaire à interdire à un tiers d'utiliser, dans la vie des affaires, ces signes ou indications, pour

autant que le tiers en fasse un usage conforme aux usages honnêtes en matière industrielle ou commerciale. En particulier, une telle marque ne peut être opposée à un tiers habilité à utiliser une dénomination géographique.

5. Il est satisfait aux exigences figurant à l'article 16 lorsqu'une personne habilitée à utiliser la marque de garantie ou de certification en fait un usage sérieux conformément audit article.

Art. 29 *Marques collectives.* 1. Les États membres prévoient l'enregistrement de marques collectives.

2. Peuvent déposer une marque collective les associations de fabricants, de producteurs, de prestataires de services ou de commerçants qui, aux termes de la législation qui leur est applicable, ont la capacité, en leur propre nom, d'être titulaires de droits et d'obligations, de passer des contrats ou d'accomplir d'autres actes juridiques et d'ester en justice, de même que les personnes morales de droit public.

3. Par dérogation à l'article 4, paragraphe 1, point *c)*, les États membres peuvent prévoir que les signes ou indications susceptibles de servir, dans le commerce, à désigner la provenance géographique des produits ou des services peuvent constituer des marques collectives. Une telle marque collective n'autorise pas le titulaire à interdire à un tiers d'utiliser, dans la vie des affaires, ces signes ou indications, pour autant que ce tiers en fasse un usage conforme aux usages honnêtes en matière industrielle ou commerciale. En particulier, une telle marque ne peut être opposée à un tiers habilité à utiliser une dénomination géographique.

Art. 30 *Règlement d'usage de la marque collective.* 1. Le demandeur d'une marque collective présente à l'office son règlement d'usage.

2. Le règlement d'usage indique au minimum les personnes autorisées à utiliser la marque, les conditions d'affiliation à l'association ainsi que les conditions d'usage de la marque, y compris les sanctions. Le règlement d'usage d'une marque visée à l'article 29, paragraphe 3, autorise toute personne dont les produits ou les services proviennent de la zone géographique concernée à devenir membre de l'association qui est titulaire de la marque, sous réserve que cette personne remplisse toutes les autres conditions prévues dans le règlement.

Art. 31 *Refus d'une demande.* 1. Outre les motifs de refus d'une demande de marque prévus à l'article 4, le cas échéant, à l'exception de l'article 4, paragraphe 1, point *c)*, relatif aux signes ou indications pouvant servir, dans le commerce, à désigner la provenance géographique des produits ou des services, et à l'article 5, et sans préjudice du droit d'un office de ne pas procéder à un examen d'office concernant les motifs relatifs, une demande de marque collective est refusée lorsque les dispositions de l'article 27, point *b)*, de l'article 29 ou de l'article 30 ne sont pas respectées, ou que le règlement d'usage de cette marque collective est contraire à l'ordre public ou aux bonnes mœurs.

2. Une demande de marque collective est également refusée lorsque le public risque d'être induit en erreur sur le caractère ou la signification de la marque, notamment lorsque celle-ci est susceptible d'apparaître comme étant autre chose qu'une marque collective.

3. Une demande n'est pas refusée si le demandeur, par une modification du règlement d'usage de la marque collective, répond aux exigences visées aux paragraphes 1 et 2.

Art. 32 *Usage de la marque collective.* Il est satisfait aux exigences de l'article 16 lorsqu'une personne habilitée à utiliser la marque collective en fait un usage sérieux conformément audit article.

Art. 33 *Modifications du règlement d'usage de la marque collective.* 1. Le titulaire de la marque collective soumet à l'office tout règlement d'usage modifié.

2. Les modifications du règlement d'usage sont mentionnées au registre, à moins que le règlement d'usage modifié ne satisfasse pas aux prescriptions de l'article 30 ou comporte un motif de refus visé à l'article 31.

3. Aux fins de la présente directive, les modifications du règlement d'usage ne prennent effet qu'à la date d'inscription au registre de la mention de ces modifications.

Art. 34 *Exercice de l'action en contrefaçon.* 1. L'article 25, paragraphes 3 et 4, s'applique à toute personne habilitée à utiliser une marque collective.

2. Le titulaire d'une marque collective peut réclamer, au nom des personnes habilitées à utiliser la marque, réparation du dommage subi par celles-ci du fait de l'usage non autorisé de la marque.

Art. 35 *Motifs de déchéance supplémentaires.* Outre les motifs de déchéance prévus aux articles 19 et 20, le titulaire de la marque collective est déclaré déchu de ses droits pour les motifs suivants :

a) le titulaire ne prend pas de mesures raisonnables en vue de prévenir un usage de la marque qui ne serait pas compatible avec les conditions d'usage prévues par le règlement d'usage, y compris toute modification de celui-ci mentionnée au registre ;

b) la manière dont les personnes habilitées ont utilisé la marque a eu pour conséquence de la rendre susceptible d'induire le public en erreur au sens de l'article 31, paragraphe 2 ;

c) une modification du règlement d'usage a été mentionnée au registre en infraction à l'article 33, paragraphe 2, sauf si le titulaire de la marque satisfait, par une nouvelle modification du règlement d'usage, aux exigences fixées par cet article.

Art. 36 *Motifs de nullité supplémentaires.* Outre les motifs de nullité prévus à l'article 4, le cas échéant, à l'exception de l'article 4, paragraphe 1, point *c)*, relatif aux signes ou indications pouvant servir, dans le commerce, à désigner la provenance géographique des produits ou des services, et à l'article 5, la marque collective est déclarée nulle lorsqu'elle a été enregistrée en infraction à l'article 31, sauf si le titulaire de la marque satisfait, par une modification du règlement d'usage, aux exigences fixées par l'article 31.

CHAPITRE III *Procédures*

SECTION I *Demande et enregistrement*

Art. 37 *Exigences auxquelles la demande doit satisfaire.* 1. Une demande d'enregistrement d'une marque contient au moins tous les éléments suivants :

a) une demande d'enregistrement ;

b) des informations permettant d'identifier le demandeur ;

c) une liste des produits ou des services pour lesquels l'enregistrement est demandé ;

d) une représentation de la marque répondant aux exigences de l'article 3, point *b)* .

2. La demande de marque donne lieu au paiement d'une taxe déterminée par l'État membre concerné.

Art. 38 *Date de dépôt.* 1. La date de dépôt de la demande de marque est la date à laquelle les documents contenant les informations visées à l'article 37, paragraphe 1, sont déposés par le demandeur auprès de l'office.

2. Les États membres peuvent, en outre, prévoir que la date de dépôt est attribuée si la taxe visée à l'article 37, paragraphe 2, est payée.

Art. 39 *Désignation et classification des produits et des services.* 1. Les produits et les services pour lesquels l'enregistrement d'une marque est demandé sont classés conformément au système de classification établi par l'arrangement de Nice concernant la classification internationale des produits et des services aux fins de l'enregistrement des marques du 15 juin 1957 (ci-après dénommé "classification de Nice").

2. Les produits et les services pour lesquels la protection est demandée sont désignés par le demandeur avec suffisamment de clarté et de précision pour permettre aux autorités compétentes et aux opérateurs économiques de déterminer, sur cette seule base, l'étendue de la protection demandée.

3. Aux fins du paragraphe 2, les indications générales figurant dans les intitulés de classe de la classification de Nice ou d'autres termes généraux peuvent être utilisés, sous réserve qu'ils satisfassent aux normes requises en matière de clarté et de précision énoncées au présent article.

4. L'office rejette une demande pour des indications ou des termes manquant de clarté ou imprécis lorsque le demandeur ne propose pas de formulation acceptable dans un délai fixé à cet effet par l'office.

5. L'utilisation de termes généraux, y compris les indications générales figurant dans les intitulés de classe de la classification de Nice, est interprétée comme incluant tous les produits ou les services relevant clairement du sens littéral de l'indication ou du terme. L'utilisation de tels termes ou indications n'est pas interprétée comme incluant une demande pour des produits ou des services ne pouvant être ainsi compris.

6. Lorsque le demandeur sollicite l'enregistrement pour plus d'une classe, il regroupe les produits et les services selon les classes de la classification de Nice, chaque groupe de produits ou de services étant précédé du numéro de la classe dont il relève, et il présente les différents groupes dans l'ordre des classes.

7. Des produits et des services ne sont pas considérés comme similaires au motif qu'ils apparaissent dans la même classe de la classification de Nice. Des produits et des services ne sont pas considérés comme différents au motif qu'ils apparaissent dans des classes différentes de la classification de Nice.

Art. 40 *Observations de tiers.* 1. Les États membres peuvent prévoir que, avant l'enregistrement d'une marque, toute personne physique ou morale ainsi que tout groupement ou organe représentant des fabricants, des producteurs, des prestataires de services, des commerçants ou des consommateurs peuvent présenter à l'office des observations écrites précisant les motifs pour lesquels la marque devrait être refusée d'office à l'enregistrement.

Les personnes et groupements ou organes visés au premier alinéa n'acquièrent pas la qualité de parties à la procédure devant l'office.

2. Outre les motifs visés au paragraphe 1 du présent article, toute personne physique ou morale ainsi que tout groupement ou organe représentant des fabricants, des producteurs, des prestataires de services, des commerçants ou des consommateurs peuvent présenter à l'office des observations écrites fondées sur les motifs particuliers pour lesquels une demande de marque collective devrait être refusée en vertu de l'article 31, paragraphes 1 et 2. La présente disposition peut être étendue aux marques de certification et aux marques de garantie si celles-ci sont réglementées dans les États membres.

Art. 41 *Division des demandes et des enregistrements.* Le demandeur ou le titulaire d'une marque nationale peut diviser sa demande de marque ou l'enregistrement de la marque en deux ou en plusieurs demandes ou enregistrements distincts, en adressant une déclaration à l'office et en indiquant, pour chaque demande ou enregistrement divisionnaire, les produits et les services visés par la demande ou l'enregistrement original qui sont visés par la demande ou l'enregistrement divisionnaire.

Art. 42 *Taxes par classe.* Les États membres peuvent prévoir que la demande d'enregistrement et le renouvellement d'une marque donnent lieu au paiement d'une taxe supplémentaire pour chaque nouvelle classe de produits et de services au-delà de la première classe.

SECTION II *Procédures d'opposition, de déchéance et de nullité*

Art. 43 *Procédure d'opposition.* 1. Les États membres prévoient une procédure administrative rapide et efficace permettant de s'opposer, devant leurs offices, à l'enregistrement d'une marque pour les motifs prévus à l'article 5.

2. La procédure administrative visée au paragraphe 1 du présent article prévoit au minimum que le titulaire d'une marque antérieure au sens de l'article 5, paragraphe 2, et de l'article 5, paragraphe 3, point *a)*, ainsi que la personne autorisée en vertu du droit applicable à exercer les droits découlant d'une appellation d'origine protégée ou d'une indication géographique protégée visée à l'article 5, paragraphe 3, point *c)*, sont autorisés à former opposition. L'opposition peut être formée sur la base d'un ou de plusieurs droits antérieurs, sous réserve qu'ils appartiennent tous au même titulaire, et sur la base d'une partie ou de la totalité des produits et des services pour lesquels le droit antérieur est protégé ou déposé, et peut porter sur une partie ou la totalité des produits ou des services pour lesquels est demandée la marque contestée.

3. Les parties se voient accorder, à leur demande conjointe, un délai d'au moins deux mois dans le cadre de la procédure d'opposition pour permettre éventuellement un règlement amiable entre la partie formant opposition et le demandeur.

Art. 44 *Non-usage comme moyen de défense dans une procédure d'opposition.* 1. Dans une procédure d'opposition au titre de l'article 43, lorsque, à la date de dépôt ou à la date de priorité de la marque postérieure, la période de cinq ans durant laquelle la marque antérieure devait faire l'objet d'un usage sérieux, tel que prévu à l'article 16, a expiré, le titulaire de la marque antérieure qui a formé opposition fournit, sur requête du demandeur, la preuve que la marque antérieure a fait l'objet d'un usage sérieux, tel que prévu à l'article 16, durant la période de cinq ans ayant précédé la date de dépôt ou la date de priorité de la marque postérieure, ou qu'il existait de justes motifs pour son non-usage. En l'absence d'une telle preuve, l'opposition est rejetée.

2. Si la marque antérieure n'a été utilisée que pour une partie des produits ou des services pour lesquels elle est enregistrée, elle n'est réputée enregistrée, aux fins de l'examen de l'opposition prévu au paragraphe 1, que pour cette partie des produits ou des services.

3. Les paragraphes 1 et 2 du présent article sont également applicables lorsque la marque antérieure est une marque de l'Union européenne. Dans ce cas, l'usage sérieux de la marque de l'Union européenne est établi conformément à l'article 15 du règlement (CE) n° 207/2009.

Art. 45 *Procédure de déchéance ou de nullité.* 1. Sans préjudice du droit des parties de former un recours devant les juridictions, les États membres prévoient une procédure administrative efficace et rapide devant leurs offices permettant de demander la déchéance ou la nullité d'une marque.

2. La procédure administrative de déchéance prévoit que le titulaire de la marque est déchu de ses droits pour les motifs prévus aux articles 19 et 20.

3. La procédure administrative de nullité prévoit que la marque est déclarée nulle au moins pour les motifs de nullité suivants :

a) la marque aurait dû être refusée à l'enregistrement parce qu'elle ne satisfait pas aux exigences de l'article 4 ;

b) la marque aurait dû être refusée à l'enregistrement du fait de l'existence d'une marque antérieure au sens de l'article 5, paragraphes 1 à 3.

4. La procédure administrative prévoit que les personnes et les entités suivantes au moins sont autorisées à déposer une demande en déchéance ou en nullité :

a) dans le cas du paragraphe 2 et du paragraphe 3, point *a*), toute personne physique ou morale ainsi que tout groupement ou organe constitué pour la représentation des intérêts de fabricants, de producteurs, de prestataires de services, de commerçants ou de consommateurs et qui, aux termes du droit qui leur est applicable, ont la capacité, en leur propre nom, d'ester en justice ;

b) dans le cas visé au paragraphe 3, point *b*), du présent article, le titulaire d'une marque antérieure visée à l'article 5, paragraphe 2, et à l'article 5, paragraphe 3, point *a*), ainsi que la personne autorisée en vertu du droit applicable à exercer les droits découlant d'une appellation d'origine protégée ou d'une indication géographique protégée visée à l'article 5, paragraphe 3, point *c*).

5. Une demande en déchéance ou en nullité peut porter sur une partie ou la totalité des produits ou des services pour lesquels la marque contestée est enregistrée.

6. Une demande en nullité peut être déposée sur la base d'un ou de plusieurs droits antérieurs, sous réserve qu'ils appartiennent tous au même titulaire.

Art. 46 *Non-usage comme moyen de défense dans une procédure de nullité.* 1. Dans une procédure de nullité fondée sur l'existence d'une marque enregistrée dont la date de dépôt ou la date de priorité est antérieure, le titulaire de cette marque antérieure fournit, sur requête du titulaire de la marque postérieure, la preuve que, durant la période de cinq ans ayant précédé la date de sa demande en nullité, la marque antérieure a fait l'objet d'un usage sérieux, tel que prévu à l'article 16, pour les produits ou les services pour lesquels elle est enregistrée et qui sont invoqués à l'appui de la demande, ou qu'il existait de justes motifs pour son non-usage, sous réserve que la procédure d'enregistrement de la marque antérieure soit, à la date de la demande en nullité, terminée depuis au moins cinq ans.

2. Lorsque, à la date de dépôt ou à la date de priorité de la marque postérieure, la période de cinq ans durant laquelle la marque antérieure a dû faire l'objet d'un usage sérieux, tel que prévu à l'article 16, a expiré, le titulaire de la marque antérieure fournit, outre la preuve requise au titre du paragraphe 1 du présent article, la preuve que la marque a fait l'objet d'un usage sérieux durant la période de cinq ans ayant précédé la date de dépôt ou la date de priorité de la marque, ou qu'il existait de justes motifs pour son non-usage.

3. En l'absence des preuves visées aux paragraphes 1 et 2, la demande en nullité fondée sur l'existence d'une marque antérieure est rejetée.

4. Si la marque antérieure n'a fait l'objet d'un usage conforme à l'article 16 que pour une partie des produits ou des services pour lesquels elle est enregistrée, elle n'est réputée enregistrée, aux fins de l'examen de la demande en nullité, que pour cette partie des produits ou des services.

5. Les paragraphes 1 à 4 du présent article sont également applicables lorsque la marque antérieure est une marque de l'Union européenne. Dans ce cas, l'usage sérieux de la marque de l'Union européenne est établi conformément à l'article 15 du règlement (CE) n° 207/2009.

Art. 47 *Effets de la déchéance et de la nullité.* 1. Une marque enregistrée est réputée n'avoir pas eu, à compter de la date de la demande en déchéance, les effets prévus dans la présente directive, dans la mesure où le titulaire est déclaré déchu de ses droits. Une date antérieure, à laquelle est survenu un motif de déchéance, peut être fixée dans la décision sur la demande en déchéance, sur requête d'une partie.

2. Une marque enregistrée est réputée n'avoir pas eu, dès l'origine, les effets prévus dans la présente directive, dans la mesure où elle a été déclarée nulle.

SECTION III *Durée et renouvellement de l'enregistrement*

Art. 48 *Durée de l'enregistrement.* 1. La durée de l'enregistrement d'une marque est de dix années à partir de la date du dépôt de la demande.

2. L'enregistrement peut être renouvelé, conformément à l'article 49, pour des périodes supplémentaires de dix années.

Art. 49 *Renouvellement.* 1. L'enregistrement d'une marque est renouvelé sur demande de son titulaire ou de toute personne qui y est autorisée par la loi ou par contrat, pour autant que les taxes de renouvellement aient été payées. Les États membres peuvent prévoir que la réception du paiement des taxes de renouvellement vaut demande de renouvellement.

2. L'office informe le titulaire de la marque de l'expiration de l'enregistrement au moins six mois avant ladite expiration. L'office n'est pas tenu responsable s'il ne donne pas cette information.

3. La demande de renouvellement est à présenter, et les taxes de renouvellement sont à acquitter, au cours d'un délai d'au moins six mois précédant immédiatement l'expiration de l'enregistrement. A défaut, la demande peut encore être présentée dans un délai supplémentaire de six mois suivant immédiatement l'expiration de l'enregistrement ou du renouvellement de celui-ci. Les taxes de renouvellement et une surtaxe sont alors à payer dans ce délai supplémentaire.

4. Si la demande n'est présentée ou si les taxes ne sont acquittées que pour une partie des produits ou des services pour lesquels la marque est enregistrée, l'enregistrement n'est renouvelé que pour les produits ou les services concernés.

5. Le renouvellement prend effet le jour suivant la date d'expiration de l'enregistrement. Il est inscrit au registre.

SECTION IV *Communication avec l'office*

Art. 50 *Communication avec l'office.* Les parties à la procédure ou, si elles en désignent, leurs représentants indiquent une adresse officielle pour toutes les communications officielles avec l'office. Les États membres peuvent exiger que cette adresse officielle soit située au sein de l'Espace économique européen.

CHAPITRE IV *Coopération administrative*

Art. 51 *Coopération dans le domaine de l'enregistrement et de l'administration des marques.* Les offices sont libres de coopérer efficacement entre eux ainsi qu'avec l'Office de l'Union européenne pour la propriété intellectuelle en vue de promouvoir la convergence de leurs pratiques et de leurs outils dans le cadre de l'examen et de l'enregistrement des marques.

Art. 52 *Coopération dans d'autres domaines.* Les offices sont libres de coopérer efficacement entre eux ainsi qu'avec l'Office de l'Union européenne pour la propriété intellectuelle dans tous les domaines de leur activité, autres que ceux visés à l'article 51, qui intéressent la protection des marques dans l'Union.

CHAPITRE V *Dispositions finales*

Art. 53 *Protection des données.* Le traitement de toute donnée à caractère personnel effectué dans les États membres dans le cadre de la présente directive est soumis au droit national transposant la directive 95/46/CE.

Art. 54 *Transposition.* 1. Les États membres mettent en vigueur les dispositions législatives, réglementaires et administratives nécessaires pour se conformer *(Rect. JOUE L 110 du 26 avr. 2016)* « aux articles 3 à 6, 8 à 14, 16, 17, 18, 22 à 39, 41, 43, 44 et 46 à 50 » au plus tard le 14 janvier 2019. Les États membres mettent en vigueur les dispositions législatives, réglementaires et administratives nécessaires pour se conformer à l'article 45 au plus tard le 14 janvier 2023. Ils communiquent immédiatement à la Commission le texte de ces dispositions.

Lorsque les États membres adoptent ces dispositions, celles-ci contiennent une référence à la présente directive ou sont accompagnées d'une telle référence lors de leur publication officielle. Elles contiennent également une mention précisant que les références faites, dans les dispositions législatives, réglementaires et administratives en vigueur, à la directive abrogée par la présente directive s'entendent comme faites à la présente directive. Les modalités de cette référence et la formulation de cette mention sont arrêtées par les États membres.

2. Les États membres communiquent à la Commission le texte des dispositions essentielles de droit interne qu'ils adoptent dans le domaine régi par la présente directive.

Art. 55 *Abrogation.* La directive 2008/95/CE est abrogée avec effet au 15 janvier 2019, sans préjudice des obligations des États membres en ce qui concerne le délai de transposition

en droit interne de la directive 89/104/CEE indiqué à l'annexe I, partie B, de la directive 2008/95/CE.

Les références faites à la directive abrogée s'entendent comme faites à la présente directive et sont à lire selon le tableau de correspondance figurant à l'annexe.

Art. 56 *Entrée en vigueur.* **La présente directive entre en vigueur le vingtième jour suivant celui de sa publication au *Journal officiel* de l'*Union européenne*.**

(Rect. JOUE L 110 du 26 avr. 2016) **« Les articles 1er, 7, 15, 19, 20 et 21 » sont applicables à partir du 15 janvier 2019.**

ANNEXE

TABLEAU DE CORRESPONDANCE

Directive 2008/95/CE	Présente directive
Article 1er	Article 1er
—	Article 2
Article 2	Article 3
Article 3, paragraphe 1, points *a)* à *h)*	Article 4, paragraphe 1, points *a)* à *h)*
—	Article 4, paragraphe 1, points *i)* à *l)*
Article 3, paragraphe 2, points *a)* à *c)*	Article 4, paragraphe 3, points *a)* à *c)*
Article 3, paragraphe 2, point *d)*	Article 4, paragraphe 2
Article 3, paragraphe 3, première phrase	Article 4, paragraphe 4, première phrase
—	Article 4, paragraphe 4, deuxième phrase
Article 3, paragraphe 3, deuxième phrase	Article 4, paragraphe 5
Article 3, paragraphe 4	—
Article 4, paragraphes 1 et 2	Article 5, paragraphes 1 et 2
Article 4, paragraphe 3, et article 4, paragraphe 4, point *a)*	Article 5, paragraphe 3, point *a)*
—	Article 5, paragraphe 3, point *b)*
—	Article 5, paragraphe 3, point *c)*
Article 4, paragraphe 4, points *b)* et *c)*	Article 5, paragraphe 4, points *a)* et *b)*
Article 4, paragraphe 4, points *d)* à *f)*	—
Article 4, paragraphe 4, point *g)*	Article 5, paragraphe 4, point *c)*
Article 4, paragraphes 5 et 6	Article 5, paragraphes 5 et 6
—	Article 8
Article 5, paragraphe 1, première phrase introductive	Article 10, paragraphe 1
Article 5, paragraphe 1, deuxième phrase, phrase introductive	Article 10, paragraphe 2, phrase introductive
Article 5, paragraphe 1, points *a)* et *b)*	Article 10, paragraphe 2, points *a)* et *b)*

Article 5, paragraphe 2	Article 10, paragraphe 2, point *c)*
Article 5, paragraphe 3, points *a)* à *c)*	Article 10, paragraphe 3, points *a)* à *c)*
—	Article 10, paragraphe 3, point *d)*
Article 5, paragraphe 3, point *d)*	Article 10, paragraphe 3, point *e)*
—	Article 10, paragraphe 3, point *f)*
—	Article 10, paragraphe 4
Article 5, paragraphes 4 et 5	Article 10, paragraphes 5 et 6
—	Article 11
—	Article 12
—	Article 13
Article 6, paragraphe 1, points *a)* à *c)*	Article 14, paragraphe 1, points *a)* à *c)*, et article 14, paragraphe 2
Article 6, paragraphe 2	Article 14, paragraphe 3
Article 7	Article 15
Article 8, paragraphes 1 et 2	Article 25, paragraphes 1 et 2
—	Article 25, paragraphes 3 à 5
Article 9	Article 9
Article 10, paragraphe 1, premier alinéa	Article 16, paragraphe 1
—	Article 16, paragraphes 2 à 4
Article 10, paragraphe 1, deuxième alinéa	Article 16, paragraphe 5
Article 10, paragraphe 2	Article 16, paragraphe 6
Article 10, paragraphe 3	—
Article 11, paragraphe 1	Article 46, paragraphes 1 à 3
Article 11, paragraphe 2	Article 44, paragraphe 1
Article 11, paragraphe 3	Article 17
Article 11, paragraphe 4	Article 17, article 44, paragraphe 2, et article 46, paragraphe 4
—	Article 18
Article 12, paragraphe 1, premier alinéa	Article 19, paragraphe 1
Article 12, paragraphe 1, deuxième alinéa	Article 19, paragraphe 2
Article 12, paragraphe 1, troisième alinéa	Article 19, paragraphe 3
Article 12, paragraphe 2	Article 20
Article 13	Articles 7 et 21
Article 14	Article 6

—	Articles 22 à 24
—	Article 26
—	Article 27
Article 15, paragraphe 1	Article 28, paragraphes 1 et 3
Article 15, paragraphe 2	Article 28, paragraphe 4
—	Article 28, paragraphes 2 et 5
—	Article 29 à article 54, paragraphe 1
Article 16	Article 54, paragraphe 2
Article 17	Article 55
Article 18	Article 56
Article 19	Article 57

Règlement délégué (UE) 2017/1430 de la Commission du 18 mai 2017, complétant le règlement (CE) n° 207/2009 du Conseil sur la marque de l'Union européenne et abrogeant les règlements (CE) n° 2868/95 et (CE) n° 216/96

(1) Le règlement (CE) n° 40/94 *[de la Commission du 20 déc. 1993 sur la marque]*, qui a été codifié par le règlement (CE) n° 207/2009 *[du Conseil du 26 févr. 2009 sur la marque de l'Union européenne]*, a créé un système spécifique à l'Union européenne qui prévoit une protection des marques à l'échelle de l'Union sur la base d'une demande déposée auprès de l'Office de l'Union européenne pour la propriété intellectuelle (ci-après dénommé "Office").

(2) Le règlement (UE) 2015/2424 du Parlement européen et du Conseil *[du 16 déc. 2015]* modifiant le règlement (CE) n° 207/2009 aligne les pouvoirs conférés par ce dernier à la Commission sur les articles 290 et 291 du traité sur le fonctionnement de l'Union européenne. A des fins de conformité avec le nouveau cadre juridique résultant de cet alignement, il convient d'adopter certaines règles par voie d'actes d'exécution et d'actes délégués. Ces nouvelles règles devraient remplacer les règles existantes qui figurent dans les règlements (CE) n° 2868/95 *[du 13 déc. 1995 portant modalités d'application du règlement (CE) n° 40/94]* et (CE) n° 216/96 *[du 5 févr. 1996 portant règlement de procédure des chambres de recours de l'OHMI]* de la Commission et visent à mettre en œuvre le règlement (CE) n° 207/2009. Il y a donc lieu d'abroger les règlements (CE) n° 2868/95 et (CE) n° 216/96.

(3) Les règles relatives à la procédure d'opposition devraient garantir un examen et un enregistrement efficaces, efficients et diligents des demandes de marque de l'Union européenne par l'Office selon une procédure transparente, rigoureuse, juste et équitable. Aux fins d'une meilleure sécurité juridique et d'une plus grande clarté, ces règles devraient tenir compte des nouveaux motifs de refus relatifs prévus par le règlement (CE) n° 207/2009, notamment en ce qui concerne les conditions de recevabilité et les exigences relatives aux faits, preuves et observations présentés à l'appui d'une procédure d'opposition, et être adaptées pour mieux refléter la jurisprudence de la Cour de justice de l'Union européenne et codifier la pratique actuelle de l'Office.

(4) Afin de permettre un fonctionnement plus flexible, cohérent et moderne de système de marques au sein de l'Union, tout en garantissant la sécurité juridique, il convient de réduire la charge administrative qui incombe aux parties dans les procédures inter partes en assouplissant les exigences en matière de corroboration de droits antérieurs lorsque le contenu des preuves pertinentes est accessible en ligne auprès d'une source reconnue par l'Office, ainsi que l'exigence de fournir les preuves dans la langue de procédure.

(5) Par souci de clarté et de sécurité juridique, il importe de préciser, de manière claire et exhaustive, les conditions à remplir pour modifier une demande de marque de l'Union européenne.

(6) Les règles qui régissent les procédures de déchéance et de nullité d'une marque de l'Union européenne devraient garantir la possibilité de prononcer la déchéance ou la nullité d'une marque de l'Union européenne de manière effective et efficiente, selon des procédures transparentes, rigoureuses, justes et équitables. Pour améliorer la clarté, la cohérence ainsi que l'efficacité et la sécurité juridique, les règles qui régissent les procédures de déchéance et de nullité d'une marque de l'Union européenne devraient s'aligner sur celles qui s'appliquent à la procédure d'opposition et seules devraient être maintenues les différences requises en raison de la nature spécifique des procédures de déchéance et de nullité. En outre, la demande de cession d'une marque de l'Union européenne enregistrée au nom d'un agent non autorisé devrait suivre la même voie procédurale que la procédure de nullité, puisqu'elle sert dans la pratique d'alternative à la déclaration de nullité de la marque.

(7) Conformément à la jurisprudence constante de la Cour de justice *[Aff. C-29/05 du 13 mars 2007 ; C-621/11 du 18 juill. 2013 ; C-610/11 P du 26 sept. 2013 ; C-120/12 P du 3 oct. 2013 ; C-121/12 P du 3 oct. 2013 ; C-122/12 P du 3 oct. 2013 ; C-597/14 P du 21 juil.]*, sauf disposition contraire, l'Office jouit d'un pouvoir discrétionnaire dans l'examen des preuves déposées tardivement aux fins d'étayer une opposition ou de prouver l'usage sérieux de la marque antérieure dans le contexte d'une procédure d'opposition ou de nullité. Afin d'assurer la sécurité juridique, les règles régissant la procédure d'opposition ou la procédure de nullité d'une marque de l'Union européenne devraient fixer avec précision les limites respectives de ce pouvoir discrétionnaire.

(8) Afin que les décisions prises par l'Office en première instance puissent faire l'objet d'un réexamen efficace, efficient et complet, dans les limites du recours définies par les parties, et ce, selon une procédure de recours transparente, rigoureuse, juste et impartiale qui soit adaptée à la nature spécifique du droit de la propriété intellectuelle et dans le respect des principes établis par le règlement (CE) n° 207/2009, il convient de renforcer la sécurité et la prévisibilité juridiques en clarifiant et en précisant les règles de procédure ainsi que les garanties procédurales des parties, notamment lorsqu'un défendeur fait usage du droit de former un recours incident.

(9) Afin de garantir une organisation efficace et efficiente des chambres de recours, le président des chambres de recours, les présidents de chambre et les membres des chambres de recours devraient être tenus, dans l'exercice des fonctions qui leur sont respectivement attribuées par le règlement (CE) n° 207/2009 et le présent règlement, de veiller à l'excellente qualité et à la cohérence des décisions prises de manière indépendante par les chambres de recours ainsi qu'à l'efficacité de la procédure de recours.

(10) Afin de garantir l'indépendance du président, des présidents de chambre et des membres des chambres de recours, tel que prévu à l'article 136 du règlement (CE) n° 207/2009, le conseil d'administration devrait prendre cet article en considération lors de l'adoption des règles d'exécution appropriées visant à donner effet au statut des fonctionnaires et au régime applicable aux autres agents, conformément à l'article 110 du statut.

(11) Afin de renforcer la transparence et la prévisibilité de la procédure de recours, le règlement de procédure des chambres de recours, qui figure actuellement dans les règlements (CE) n° 2868/95 et (CE) n° 216/96, devrait être présenté dans un texte unique et correctement mis en lien avec les règles de procédure applicables aux instances de l'Office dont les décisions font l'objet d'un recours.

(12) Par souci de clarté et de sécurité juridique, il est nécessaire de codifier et de clarifier certaines règles de procédure régissant la procédure orale, notamment en ce qui concerne l'emploi des langues dans cette procédure. Il convient en outre d'accroître l'efficacité et la flexibilité en introduisant la possibilité de participer à une procédure orale par des moyens techniques de communication et de remplacer le procès-verbal par un enregistrement de cette procédure.

(13) Pour rationaliser davantage les procédures et les rendre plus cohérentes, il convient de fixer la structure de base et les conditions de forme que doivent respecter les preuves à présenter à l'Office dans toutes les procédures, ainsi que les conséquences du non-respect de cette structure et de ces conditions de forme.

(14) Afin de moderniser le système de la marque de l'Union européenne en l'adaptant à l'ère de l'internet, il convient en outre de définir ce qu'il faut entendre par "voie électronique" dans le contexte des notifications, ainsi que les moyens de notification qui ne sont pas obsolètes.

(15) Dans un souci d'efficacité, de transparence et de facilité d'utilisation, l'Office devrait mettre à disposition, dans toutes les langues officielles de l'Office, des formulaires standard

pouvant être complétés en ligne, aux fins des communications dans le cadre des procédures devant l'Office.

(16) Pour accroître la clarté, la cohérence et l'efficacité, il convient d'introduire une disposition sur la suspension des procédures d'opposition, de déchéance, de nullité et de recours, fixant également la durée maximale d'une suspension demandée par les deux parties.

(17) Les règles en matière de calcul et de durée des délais, les procédures de révocation d'une décision ou de suppression d'une inscription au registre, les modalités de la reprise de la procédure et les détails relatifs à la représentation devant l'Office doivent garantir un fonctionnement harmonieux et efficace du système de la marque de l'Union européenne.

(18) Il est nécessaire de veiller à l'enregistrement efficace et efficient des marques internationales, et ce dans le plein respect des règles du protocole relatif à l'arrangement de Madrid concernant l'enregistrement international des marques.

(19) Les règles prévues au présent règlement complètent les dispositions du règlement (CE) n° 207/2009, modifiées par le règlement (UE) 2015/2424 prenant effet le 1er octobre 2017. Il est donc nécessaire de différer l'application de ces règles jusqu'à cette même date.

(20) Nonobstant l'abrogation des règlements (CE) n° 2868/95 et (CE) n° 216/96, il est nécessaire de continuer à appliquer des dispositions spécifiques de ces règlements à certaines procédures qui avaient été engagées avant la date susmentionnée jusqu'à leur terme,

TITRE PREMIER Dispositions générales

Art. 1er *Objet.* Le présent règlement établit des règles précisant :

a) les modalités de la procédure de dépôt et d'examen d'une opposition à l'enregistrement d'une marque de l'Union européenne à l'Office de l'Union européenne pour la propriété intellectuelle (ci-après l'"Office") ;

b) les modalités de la procédure de modification d'une demande de marque de l'Union européenne ;

c) les modalités des procédures de déchéance et de nullité d'une marque de l'Union européenne, ainsi que du transfert d'une marque de l'Union européenne enregistrée au nom d'un agent non autorisé ;

d) le contenu formel de l'acte de recours et la procédure de dépôt et d'examen d'un recours, le contenu formel et la forme des décisions des chambres de recours ainsi que les modalités relatives au remboursement de la taxe de recours, les modalités relatives à l'organisation des chambres de recours et les conditions dans lesquelles les décisions sur les recours doivent être prises par un seul membre ;

e) les modalités de la procédure orale et de l'instruction ;

f) les modalités de la notification par l'Office et les règles relatives aux moyens de communication avec l'Office ;

g) les modalités relatives au calcul et à la durée des délais ;

h) la procédure de révocation d'une décision ou de suppression d'une inscription au registre des marques de l'Union européenne ;

i) les modalités de la reprise de la procédure devant l'Office ;

j) les conditions et la procédure de désignation d'un représentant commun, les conditions dans lesquelles les employés et les mandataires déposent une autorisation et le contenu de cette autorisation, et les circonstances dans lesquelles une personne peut être radiée de la liste des mandataires agréés ;

k) les modalités de la procédure relative aux enregistrements internationaux fondés sur une demande ou un enregistrement de base portant sur une marque collective, une marque de certification ou de garantie, et la procédure d'introduction et d'examen d'une opposition à un enregistrement international.

TITRE II Procédure d'opposition et preuve de l'usage

Art. 2 *Acte d'opposition.* 1. Une opposition peut être formée au motif qu'il existe une ou plusieurs marques antérieures ou d'autres droits antérieurs au sens de l'article 8 du règlement (CE) n° 207/2009, à condition que les titulaires ou les personnes autorisées qui forment opposition au titre de l'article 41 du règlement (CE) n° 207/2009 y soient habilitées pour toutes les marques ou droits antérieurs invoqués. Lorsqu'une marque antérieure a plusieurs titulaires (cotitularité) ou lorsqu'un droit antérieur peut être exercé par plusieurs personnes, l'opposition au titre de l'article 41 du règlement (CE) n° 207/2009 peut être formée respectivement par l'un quelconque ou l'ensemble des titulaires ou personnes autorisées.

2. L'acte d'opposition comporte :

a) le numéro de dossier attribué à la demande contre laquelle l'opposition est formée et le nom du demandeur de la marque de l'Union européenne ;

b) une identification claire de la marque ou du droit antérieur sur lequel l'opposition se fonde, à savoir :

i) lorsque l'opposition se fonde sur l'existence d'une marque antérieure au sens de l'article 8, paragraphe 2, point a) ou b), du règlement (CE) n° 207/2009, le numéro de dossier ou le numéro d'enregistrement de la marque antérieure, l'indication que la marque antérieure est enregistrée ou que l'enregistrement de cette marque est demandé, ainsi que le nom de l'État membre (y compris, s'il y a lieu, le Benelux) dans lequel ou pour lequel la marque antérieure est protégée ou, le cas échéant, l'indication qu'il s'agit d'une marque de l'Union européenne ;

ii) lorsque l'opposition se fonde sur l'existence d'une marque notoirement connue au sens de l'article 8, paragraphe 2, point c), du règlement n° 207/2009, le nom de l'État membre ou des État membres dans lesquels la marque est notoirement connue et une représentation de la marque ;

iii) lorsque l'opposition se fonde sur l'absence de consentement du titulaire telle que visée à l'article 8, paragraphe 3, du règlement (CE) n° 207/2009, une indication du territoire dans lequel la marque antérieure est protégée, la représentation de la marque et, s'il y a lieu, l'indication que la marque antérieure a fait l'objet d'une demande ou d'un enregistrement, auquel cas le numéro de dépôt ou d'enregistrement est mentionné ;

iv) lorsque l'opposition se fonde sur l'existence d'une marque antérieure ou d'un autre signe au sens de l'article 8, paragraphe 4, du règlement (CE) n° 207/2009, une indication de son type ou de sa nature, une représentation de la marque ou du signe antérieur et une indication quant à l'existence éventuelle du droit à la marque ou au signe antérieur, dans l'ensemble de l'Union ou dans un ou plusieurs États membres et, dans ce cas, le nom de ces États membres ;

v) lorsque l'opposition se fonde sur l'existence d'une appellation d'origine ou d'une indication géographique au sens de l'article 8, paragraphe 4 *bis*, du règlement (CE) n° 207/2009, une indication de sa nature, une représentation de l'appellation d'origine ou de l'indication géographique antérieure et une indication quant au fait que cette protection est accordée pour l'ensemble de l'Union ou pour un ou plusieurs États membres et, dans ce cas, le nom de ces États membres ;

c) les motifs sur lesquels l'opposition se fonde, au moyen d'une déclaration selon laquelle les conditions énoncées à l'article 8, paragraphe 1, 3, 4, 4 *bis* ou 5, du règlement (CE) n° 207/2009 sont remplies pour chaque marque ou droit antérieur invoqué par l'opposant ;

d) dans le cas d'une demande ou d'un enregistrement de marque antérieure, la date de dépôt et, si elles sont disponibles, la date d'enregistrement et la date de priorité de la marque antérieure ;

e) dans le cas de droits antérieurs au sens de l'article 8, paragraphe 4 *bis*, du règlement (CE) n° 207/2009, la date de demande d'enregistrement ou, si cette date n'est pas disponible, la date à partir de laquelle la protection est accordée ;

f) dans le cas d'une demande ou d'un enregistrement de marque antérieure, une représentation de la marque antérieure enregistrée ou demandée ; si la marque antérieure est en couleur, la représentation l'est aussi ;

g) une indication des produits ou services sur lesquels chacun des motifs de l'opposition se fonde ;

h) en ce qui concerne l'opposant :

i) l'identification de l'opposant conformément à l'article 2, paragraphe 1, point b), du règlement d'exécution (UE) de la Commission *[du 18 mai 2017 établissant les modalités d'application de certaines dispositions du règlement (CE) n° 207/2009]* ;

ii) lorsque l'opposant a désigné un représentant ou lorsque la représentation est obligatoire en vertu du l'article 92, paragraphe 2, du règlement (CE) n° 207/2009, les nom et adresse professionnelle du représentant conformément à l'article 2, paragraphe 1, point e), du règlement d'exécution (UE) 2017/1431 ;

iii) lorsque l'opposition est formée par un licencié ou par une personne qui est habilitée en vertu de la législation de l'Union ou du droit national applicable à exercer un droit antérieur, une déclaration à cet effet et des indications concernant l'autorisation ou l'habilitation à former opposition ;

i) une indication des produits ou services contre lesquels l'opposition est formée, à défaut de quoi, l'opposition est réputée formée contre tous les produits ou services de la demande de marque de l'Union européenne visée par l'opposition.

3. Lorsque l'opposition se fonde sur l'existence de plusieurs marques ou droits antérieurs, le paragraphe 2 s'applique à chaque marque, signe, appellation d'origine ou indication géographique.

4. L'acte d'opposition peut également comporter une description précise exposant les motifs, les faits et arguments sur lesquels l'opposition se fonde, ainsi que les preuves à l'appui de cette opposition.

Les dispositions des art. 2 à 6 ne s'appliquent pas aux actes d'opposition déposés avant le 1er oct. 2017. Les Règl. (CE) nº 2868/95 du 13 déc. 1995 et (CE) nº 216/96 du 5 févr. 1996 continuent de s'appliquer aux procédures en cours jusqu'à leur terme (V. le présent Règl., art. 80 et 81).

Art. 3 *Utilisation des langues dans la procédure d'opposition.* L'opposant ou le demandeur peut informer l'Office, avant la date à laquelle la phase contradictoire de la procédure d'opposition est réputée s'ouvrir en vertu de l'article 6, paragraphe 1, que le demandeur et l'opposant ont convenu d'utiliser une autre langue pour la procédure d'opposition en application de l'article 119, paragraphe 7, du règlement (CE) nº 207/2009. Lorsque l'acte d'opposition n'a pas été déposé dans cette langue, le demandeur peut demander à l'opposant d'en produire une traduction. Cette demande doit parvenir à l'Office au plus tard à la date à laquelle la phase contradictoire de la procédure d'opposition est réputée s'ouvrir. L'Office fixe un délai dans lequel l'opposant dépose une traduction. Si la traduction n'est pas produite ou si elle l'est tardivement, la langue de procédure déterminée conformément aux dispositions de l'article 119 du règlement (CE) nº 207/2009 ("langue de procédure") demeure inchangée.

V. note ss. art. 2.

Art. 4 *Information des parties à la procédure d'opposition.* L'acte d'opposition et tout document produit par l'opposant, ainsi que toute communication adressée à l'une des parties par l'Office préalablement à l'appréciation de la recevabilité, sont transmis par l'Office à l'autre partie afin de l'informer de l'opposition.

V. note ss. art. 2.

Art. 5 *Recevabilité de l'opposition.* 1. Lorsque la taxe d'opposition n'est pas acquittée avant l'expiration du délai d'opposition fixé à l'article 41, paragraphe 1, du règlement (CE) nº 207/2009, l'acte d'opposition est réputé ne pas avoir été déposé. Lorsque la taxe d'opposition est acquittée après l'expiration du délai d'opposition, elle est remboursée à l'opposant.

2. Lorsque l'acte d'opposition a été déposé après l'expiration du délai d'opposition, l'Office rejette l'opposition pour irrecevabilité.

3. Lorsque l'acte d'opposition a été déposé dans une langue qui n'est pas une des langues de l'Office comme le requiert l'article 119, paragraphe 5, du règlement (CE) nº 207/2009, ou lorsqu'il ne satisfait pas aux dispositions de l'article 2, paragraphe 2, point a), b) ou c), du présent règlement, et qu'il n'est pas remédié auxdites irrégularités avant l'expiration du délai d'opposition, l'Office rejette l'opposition pour irrecevabilité.

4. Lorsque l'opposant ne produit pas la traduction requise en vertu de l'article 119, paragraphe 6, du règlement (CE) nº 207/2009, l'opposition est rejetée pour irrecevabilité. Lorsque l'opposant produit une traduction incomplète, la partie non traduite de l'acte d'opposition n'est pas prise en considération dans l'examen de la recevabilité.

5. Lorsque l'acte d'opposition ne satisfait pas aux dispositions de l'article 2, paragraphe 2, points d) à h), l'Office en informe l'opposant en l'invitant à remédier aux irrégularités constatées dans un délai de deux mois. S'il n'est pas remédié aux irrégularités dans le délai imparti, l'Office rejette l'opposition pour irrecevabilité.

6. L'Office informe le demandeur de toute constatation effectuée conformément au paragraphe 1 au terme de laquelle l'acte d'opposition est réputé ne pas avoir été déposé et de toute décision de rejet de l'opposition fondée sur les motifs d'irrecevabilité énoncés aux paragraphes 2, 3, 4 ou 5. Lorsqu'une opposition est rejetée dans son intégralité pour irrecevabilité en application des paragraphes 2, 3, 4 ou 5, avant la notification prévue à l'article 6, paragraphe 1, aucune décision sur les frais n'est prise.

V. note ss. art. 2.

Art. 6 *Ouverture de la phase contradictoire de la procédure d'opposition et clôture préalable de la procédure.* 1. Lorsque l'opposition est déclarée recevable conformément à l'article 5, l'Office informe les parties que la phase contradictoire de la procédure d'opposition est

réputée ouverte deux mois après la réception de ladite communication. Ce délai peut être porté à vingt-quatre mois au total si les deux parties demandent une prorogation avant l'expiration du délai de deux mois.

2. Lorsque, au cours du délai visé au paragraphe 1, la demande est retirée ou limitée à des produits et services non visés par l'opposition, ou que l'Office est informé d'un règlement entre les parties ou encore que la demande est rejetée dans une procédure parallèle, la procédure d'opposition est close.

3. Lorsque, au cours du délai visé au paragraphe 1, le demandeur limite la demande en supprimant certains des produits ou services visés par l'opposition, l'Office invite l'opposant à faire savoir, dans le délai qu'il précise, s'il maintient l'opposition et, dans l'affirmative, à préciser, parmi les produits et services restants, ceux qui sont visés par l'opposition. Lorsque l'opposant retire l'opposition compte tenu de la limitation, la procédure d'opposition est close.

4. Lorsque, avant l'expiration du délai visé au paragraphe 1, la procédure d'opposition est close en application du paragraphe 2 ou 3, aucune décision sur les frais n'est prise.

5. Lorsque, avant l'expiration du délai visé au paragraphe 1, la procédure d'opposition est close à la suite d'un retrait ou d'une limitation de la demande conformément au paragraphe 2, ou à la suite d'un retrait de l'opposition conformément au paragraphe 3, la taxe d'opposition est remboursée.

V. note ss. art. 2.

Art. 7 ***Faits, éléments de preuve et observations présentés à l'appui de l'opposition.*** **1. L'Office donne à l'opposant la possibilité de présenter les faits, éléments de preuve et arguments à l'appui de l'opposition ou de compléter ceux qui ont déjà été présentés en vertu de l'article 2, paragraphe 4. A cet effet, l'Office fixe un délai, qui est d'au moins deux mois à compter de la date à laquelle la phase contradictoire de la procédure d'opposition est réputée s'ouvrir conformément à l'article 6, paragraphe 1.**

2. Au cours du délai visé au paragraphe 1, l'opposant produit également la preuve de l'existence, de la validité et de l'étendue de la protection de sa marque antérieure ou de son droit antérieur, ainsi que la preuve de son habilitation à former opposition. L'opposant apporte notamment les preuves suivantes :

a) lorsque l'opposition se fonde sur l'existence d'une marque antérieure au sens de l'article 8, paragraphe 2, points a) et b), du règlement (CE) n° 207/2009, qui n'est pas une marque de l'Union européenne, la preuve de son dépôt ou de son enregistrement, en produisant :

i) une copie du certificat de dépôt correspondant ou tout document équivalent délivré par l'administration auprès de laquelle la demande de marque a été déposée, si la marque n'est pas encore enregistrée ; ou

ii) lorsque la marque antérieure est enregistrée, une copie du certificat d'enregistrement correspondant et, le cas échéant, du dernier certificat de renouvellement, attestant que la durée de protection de la marque s'étend au-delà du délai visé au paragraphe 1 ou indiquant toute prorogation de celui-ci, ou tout autre document équivalent émanant de l'administration auprès de laquelle la marque a été enregistrée ;

b) lorsque l'opposition se fonde sur l'existence d'une marque notoirement connue au sens de l'article 8, paragraphe 2, point c), du règlement (CE) n° 207/2009, la preuve que cette marque est notoirement connue dans le territoire correspondant pour les biens ou services mentionnés conformément à l'article 2, paragraphe 2, point g), du présent règlement ;

c) lorsque l'opposition se fonde sur l'absence de consentement du titulaire telle que visée à l'article 8, paragraphe 3, du règlement (CE) n° 207/2009, la preuve que l'opposant est le titulaire de la marque antérieure et de sa relation avec l'agent ou le représentant ;

d) lorsque l'opposition se fonde sur un droit antérieur au sens de l'article 8, paragraphe 4, du règlement (CE) n° 207/2009, la preuve de l'usage dudit droit dans la vie des affaires dont la portée n'est pas seulement locale, ainsi que la preuve de son acquisition, de sa permanence et de l'étendue de la protection conférée par ce droit, y compris, lorsque le droit antérieur est invoqué en vertu du droit d'un État membre, une indication claire du contenu de la législation nationale invoquée en fournissant les publications des dispositions ou de la jurisprudence correspondantes ;

e) lorsque l'opposition se fonde sur une appellation d'origine ou une indication géographique antérieure au sens de l'article 8, paragraphe 4 *bis*, du règlement (CE) n° 207/2009, la preuve de l'acquisition, de la permanence et de l'étendue de la protection y compris, lorsque l'appellation d'origine ou l'indication géographique antérieure est invoquée en vertu du droit d'un État membre, une indication claire du contenu de la législation nationale invoquée en fournissant les publications des dispositions ou de la jurisprudence correspondantes ;

f) lorsque l'opposition se fonde sur l'existence d'une marque renommée au sens de l'article 8, paragraphe 5, du règlement (CE) n° 207/2009, outre la preuve visée au point a) du présent paragraphe, la preuve que la marque est renommée dans l'Union européenne ou dans l'État membre concerné pour les biens ou les services mentionnés conformément à l'article 2, paragraphe 2, point g), du présent règlement, ainsi que des éléments de preuve ou des observations dont il ressort que l'usage sans juste motif de la marque demandée tirerait indûment profit du caractère distinctif ou de la renommée de la marque antérieure ou lui porterait préjudice.

3. Lorsque les preuves afférentes au dépôt ou à l'enregistrement des droits antérieurs visés au paragraphe 2, point a), ou, le cas échéant, au paragraphe 2, point d) ou e), ou les preuves concernant le contenu de la législation nationale pertinente, sont accessibles en ligne auprès d'une source reconnue par l'Office, l'opposant peut les fournir en indiquant ladite source.

4. Les certificats de dépôt, d'enregistrement ou de renouvellement ou les documents équivalents visés au paragraphe 2, point a), d) ou e), ainsi que les dispositions de droit national applicables régissant l'acquisition de droits et l'étendue de leur protection telles que visées au paragraphe 2, points d) et e), y compris les preuves accessibles en ligne visées au paragraphe 3, sont présentés dans la langue de procédure ou accompagnés d'une traduction dans cette langue. La traduction est produite d'office par l'opposant dans le délai fixé pour le dépôt du document original. Toute autre preuve présentée par l'opposant à l'appui de l'opposition est soumise à l'article 24 du règlement d'exécution (UE) Il n'est pas tenu compte des traductions produites après l'expiration des délais impartis.

5. L'Office ne prend pas en considération les observations écrites, ou parties de celles-ci, qui ne sont pas présentées ou traduites dans la langue de procédure dans le délai qu'il fixe conformément au paragraphe 1.

Les dispositions des art. 7 et 8 ne s'appliquent pas aux procédures d'opposition dont la phase contradictoire a débuté avant le 1er oct. 2017. Les Règl. (CE) n° 2868/95 du 13 déc. 1995 et (CE) n° 216/96 du 5 févr. 1996 continuent de s'appliquer aux procédures en cours jusqu'à leur terme (V. le présent Règl., art. 80 et 81).

Art. 8 *Examen de l'opposition.* 1. Lorsque, à l'expiration du délai visé à l'article 7, paragraphe 1, l'opposant n'a fourni aucune preuve, ou lorsque les preuves produites sont manifestement dénuées de pertinence ou manifestement insuffisantes pour satisfaire aux dispositions de l'article 7, paragraphe 2, pour un des droits antérieurs, l'opposition est rejetée comme non fondée.

2. Lorsque l'opposition n'est pas rejetée en application du paragraphe 1, l'Office communique au demandeur les observations de l'opposant et l'invite à présenter ses observations dans le délai qu'il lui précise.

3. Si le demandeur ne présente aucune observation, l'Office statue sur l'opposition en se fondant sur les preuves dont il dispose.

4. L'Office communique à l'opposant les observations du demandeur et l'invite, s'il l'estime nécessaire, à présenter ses observations en réponse dans le délai qu'il lui précise.

5. Lorsque, après l'expiration du délai visé à l'article 7, paragraphe 1, l'opposant présente des faits ou des preuves qui complètent des faits ou des preuves présentés dans ledit délai et portent sur la même condition établie à l'article 7, paragraphe 2, l'Office exerce le pouvoir discrétionnaire que lui confère l'article 76, paragraphe 2, du règlement (CE) n° 207/2009 pour décider s'il accepte ou non ces faits ou preuves complémentaires : A cette fin, l'Office tient compte, en particulier, du stade de la procédure, de la question de savoir si les faits ou les preuves sont, à première vue, susceptibles d'être pertinents pour l'issue de l'affaire et de l'existence de raisons valables justifiant la présentation tardive des faits ou des preuves.

6. L'Office invite le demandeur à présenter de nouvelles observations en réponse s'il l'estime approprié selon les circonstances.

7. Lorsque l'opposition n'a pas été rejetée en application du paragraphe 1 et que les preuves produites par l'opposant ne suffisent pas à étayer l'opposition conformément à l'article 7 pour un des droits antérieurs, l'opposition est rejetée comme non fondée.

8. L'article 6, paragraphes 2 et 3, s'applique *mutatis mutandis* après la date à laquelle la phase contradictoire de la procédure d'opposition est réputée ouverte. Lorsque le demandeur souhaite retirer ou limiter la demande attaquée, il le fait au moyen d'un document distinct.

9. Si l'affaire s'y prête, l'Office peut inviter les parties à limiter leurs observations à des questions particulières et les autoriser à soulever d'autres questions à un stade ultérieur de

la procédure. L'Office n'est pas tenu d'informer une partie de la possibilité de présenter certains faits ou preuves pertinents qu'elle n'a pas produits précédemment.

V. note ss. art. 7.

Art. 9 *Oppositions multiples.* **1. Lorsque plusieurs oppositions ont été formées contre la même demande d'enregistrement d'une marque de l'Union européenne, l'Office peut les examiner dans le cadre d'une procédure unique. L'Office peut ensuite décider d'examiner ces oppositions séparément.**

2. Lorsqu'il ressort de l'examen préliminaire d'une ou plusieurs oppositions que la marque de l'Union européenne pour laquelle une demande d'enregistrement a été déposée peut être irrecevable à l'enregistrement pour tout ou partie des produits ou services pour lesquels cet enregistrement est demandé, l'Office peut suspendre les autres procédures d'opposition relatives à cette demande. L'Office informe les opposants concernés par la suspension de toute décision pertinente prise dans le contexte de ces procédures pendantes.

3. Lorsque la décision de rejet d'une demande visée au paragraphe 1 est définitive, les procédures d'opposition qui ont été suspendues conformément au paragraphe 2 sont réputées éteintes et les opposants concernés en sont informés. L'extinction de ces procédures constitue un cas de non-lieu à statuer au sens de l'article 85, paragraphe 4, du règlement (CE) n° 207/2009.

4. L'Office rembourse 50 % de la taxe d'opposition acquittée par chaque opposant dont l'opposition est réputée éteinte conformément au paragraphe 3, à condition que la suspension de la procédure relative à cette opposition soit intervenue avant l'ouverture de la phase contradictoire de la procédure.

Ces dispositions ne s'appliquent pas aux suspensions intervenues avant le 1er oct. 2017. Les Règl. (CE) n° 2868/95 du 13 déc. 1995 et (CE) n° 216/96 du 5 févr. 1996 continuent de s'appliquer aux procédures en cours jusqu'à leur terme (V. le présent Règl., art. 80 et 81).

Art. 10 *Preuve de l'usage.* **1. Une demande de preuve de l'usage d'une marque antérieure au titre de l'article 42, paragraphe 2 ou 3, du règlement (CE) n° 207/2009 n'est recevable que si elle est présentée comme une demande inconditionnelle dans un document distinct, dans le délai fixé par l'Office conformément à l'article 8, paragraphe 2, du présent règlement.**

2. Lorsque le demandeur a soumis une demande de preuve de l'usage d'une marque antérieure conformément aux dispositions de l'article 42, paragraphe 2 ou 3, du règlement (CE) n° 207/2009, l'Office invite l'opposant à produire la preuve requise dans le délai qu'il précise. Lorsque l'opposant ne produit pas ces preuves ou de motifs pour le non-usage dans le délai imparti ou lorsque ces preuves ou motifs sont manifestement insuffisants ou dénués de pertinence, l'Office rejette l'opposition dans la mesure où elle se fonde sur cette marque antérieure.

3. Les indications et les preuves de l'usage établissent le lieu, la durée, l'importance et la nature de l'usage qui a été fait de la marque antérieure pour les produits ou services pour lesquels elle est enregistrée et sur lesquels l'opposition se fonde.

4. Les preuves visées au paragraphe 3 sont déposées conformément à l'article 55, paragraphe 2, et aux articles 63 et 64, et se limitent à la production de pièces justificatives comme, par exemple, des emballages, des étiquettes, des barèmes de prix, des catalogues, des factures, des photographies, des annonces dans les journaux, et aux déclarations écrites visées à l'article 78, paragraphe 1, point f), du règlement (CE) n° 207/2009.

5. La demande de preuve de l'usage peut être déposée en même temps que les observations sur les motifs sur lesquels l'opposition se fonde. Ces observations peuvent également être déposées en même temps que les observations en réponse sur la preuve de l'usage.

6. Lorsque les preuves produites par l'opposant ne sont pas rédigées dans la langue de la procédure d'opposition, l'Office peut inviter l'opposant à présenter une traduction dans cette langue conformément à l'article 24 du règlement d'exécution (UE) 2017/1431.

7. Lorsque, après l'expiration du délai visé au paragraphe 2, l'opposant présente des indications ou des preuves qui complètent les indications ou les preuves pertinentes déjà présentées dans ledit délai et portent sur la même condition établie au paragraphe 3, l'Office exerce le pouvoir discrétionnaire que lui confère l'article 76, paragraphe 2, du règlement (CE) n° 207/2009 pour décider s'il accepte ou non ces indications ou preuves complémentaires. A cette fin, l'Office tient compte, en particulier, du stade de la procédure, de la question de savoir si les indications ou les preuves sont, à première vue, susceptibles d'être pertinentes pour l'issue de l'affaire et de l'existence de raisons valables justifiant la présentation tardive des indications ou des preuves.

Ces dispositions ne s'appliquent pas aux demandes de preuve de l'usage déposées avant le 1er oct. 2017. Les Règl. (CE) n° 2868/95 du 13 déc. 1995 et (CE) n° 216/96 du 5 févr. 1996 continuent de s'appliquer aux procédures en cours jusqu'à leur terme (V. le présent Règl., art. 80 et 81).

TITRE III Modification de la demande

Les dispositions du titre III ne s'appliquent pas aux demandes de modification déposées avant le 1er oct. 2017. Les Règl. (CE) n° 2868/95 du 13 déc. 1995 et (CE) n° 216/96 du 5 févr. 1996 continuent de s'appliquer aux procédures en cours jusqu'à leur terme (V. le présent Règl., art. 80 et 81).

Art. 11 *Modification de la demande.* **1. La requête en modification d'une demande introduite en vertu de l'article 43, paragraphe 2, du règlement (CE) n° 207/2009, contient les renseignements suivants :**

a) le numéro de dossier attribué à la demande ;

b) les nom et adresse du demandeur, conformément à l'article 2, paragraphe 1, point b), du règlement d'exécution (UE) ;

c) l'indication de l'élément à modifier dans la demande, et cet élément dans sa version modifiée ;

d) si la modification porte sur la représentation de la marque, une représentation de la marque modifiée, conformément à l'article 3 du règlement d'exécution (UE) 2017/431 *[du 18 mai 2018].*

2. Lorsqu'il n'est pas satisfait aux conditions pour la modification de la demande, l'Office informe le demandeur de l'irrégularité constatée et fixe un délai pour y remédier. S'il n'est pas remédié à ladite irrégularité dans le délai fixé par l'Office, celui-ci rejette la requête en modification.

3. Lorsque la demande de marque modifiée est publiée conformément à l'article 43, paragraphe 2, du règlement (CE) n° 207/2009, les articles 2 à 10 du présent règlement s'appliquent *mutatis mutandis*.

4. Le demandeur peut présenter une requête unique pour la modification d'un élément identique figurant dans plusieurs demandes qu'il a déposées.

5. Les paragraphes 1, 2 et 4 s'appliquent *mutatis mutandis* aux demandes de changement de nom ou de l'adresse professionnelle d'un représentant désigné par le demandeur.

V. note avant l'art. 11.

TITRE IV Déchéance, nullité ou cession

Art. 12 *Demande en déchéance ou en nullité.* **1. Une demande en déchéance ou en nullité, introduite auprès de l'Office en vertu de l'article 56 du règlement (CE) n° 207/2009, contient les renseignements suivants :**

a) le numéro d'enregistrement de la marque de l'Union européenne pour laquelle la déchéance ou la nullité est demandée et le nom de son titulaire ;

b) les motifs sur lesquels la demande se fonde au moyen d'une déclaration selon laquelle les conditions respectives fixées aux articles 51, 52, 53, 73, 74, 74 decies ou 74 *undecies* du règlement (CE) n° 207/2009 sont remplies ;

c) en ce qui concerne le demandeur :

i) l'identification du demandeur conformément à l'article 2, paragraphe 1, point b), du règlement d'exécution (UE) ;

ii) lorsque le demandeur a désigné un représentant ou lorsque la représentation est obligatoire au sens de l'article 92, paragraphe 2, du règlement (CE) n° 207/2009, les nom et adresse professionnelle du représentant conformément à l'article 2, paragraphe 1, point e), du règlement d'exécution (UE) 2017/1431 ;

d) une indication des produits ou services visés par la demande en déchéance ou en nullité, à défaut de quoi la demande est réputée présentée contre tous les produits et services couverts par la marque de l'Union européenne contestée.

2. Outre les informations requises conformément au paragraphe 1, une demande en nullité fondée sur des motifs relatifs contient les renseignements suivants :

a) dans le cas d'une demande au titre de l'article 53, paragraphe 1, du règlement (CE) n° 207/2009, l'identification du droit antérieur sur lequel la demande se fonde, conformément à l'article 2, paragraphe 2, point b), du présent règlement, qui s'applique mutatis mutandis à une telle demande ;

b) dans le cas d'une demande au titre de l'article 53, paragraphe 2, du règlement (CE) n° 207/2009, une indication de la nature du droit antérieur sur lequel la demande se fonde,

sa représentation et une indication quant à l'existence éventuelle de ce droit antérieur dans l'ensemble de l'Union ou dans un ou plusieurs États membres et, dans ce cas, le nom de ces États membres ;

c) les renseignements énoncés à l'article 2, paragraphe 2, points d) à g), qui s'applique *mutatis mutandis* à une telle demande ;

d) lorsque la demande est présentée par un licencié ou par une personne qui est habilitée en vertu de la législation de l'Union ou du droit national applicable, à exercer un droit antérieur, une indication concernant l'autorisation ou l'habilitation à présenter la demande.

3. Lorsque la demande en nullité introduite au titre de l'article 53 du règlement (CE) n° 207/2009 se fonde sur plusieurs marques antérieures ou droits antérieurs, le paragraphe 1, point b), et le paragraphe 2 du présent article s'appliquent à chaque marque ou droit.

4. La demande peut contenir une description précise exposant les motifs, les faits et les arguments sur lesquels l'opposition se fonde, ainsi que les preuves à l'appui.

Les dispositions des art. 12 à 15 ne s'appliquent pas aux demandes en déchéance ou en nullité ou aux demandes de cession déposées avant le 1er oct. 2017. Les Règl. (CE) n° 2868/95 du 13 déc. 1995 et (CE) n° 216/96 du 5 févr. 1996 continuent de s'appliquer aux procédures en cours avant cette date jusqu'à leur terme (V. le présent Règl., art. 80 et 81).

Art. 13 *Langues utilisées dans les procédures de déchéance ou de nullité.* Le demandeur en déchéance ou en nullité ou le titulaire de la marque de l'Union européenne peut informer l'Office, dans un délai de deux mois à compter de la date de réception, par le titulaire de la marque de l'Union européenne, de la communication visée à l'article 17, paragraphe 1, qu'il a été convenu d'utiliser une autre langue de procédure conformément à l'article 119, paragraphe 7, du règlement (CE) n° 207/2009. Si la demande n'a pas été déposée dans cette langue, le titulaire de la marque peut demander au demandeur d'en produire une traduction. Cette demande parvient à l'Office avant l'expiration du délai de deux mois à compter de la réception par le titulaire de la marque de l'Union européenne de la communication visée à l'article 17, paragraphe 1. L'Office fixe le délai dans lequel le demandeur produit ladite traduction. Si cette traduction n'est pas produite ou si elle l'est tardivement, la langue de procédure demeure inchangée.

V. note ss. art. 12.

Art. 14 *Informations communiquées aux parties concernant une demande en déchéance ou en nullité.* La demande en déchéance ou en nullité et tout document produit par le demandeur, ainsi que toute communication adressée à l'une des parties par l'Office préalablement à l'appréciation de la recevabilité, sont transmis par l'Office à l'autre partie afin de l'informer de l'introduction d'une demande en déchéance ou en nullité.

V. note ss. art. 12.

Art. 15 *Recevabilité d'une demande en déchéance ou en nullité.* 1. En cas de non-paiement de la taxe prévue à l'article 56, paragraphe 2, du règlement (CE) n° 207/2009, l'Office invite le demandeur à s'acquitter de ladite taxe dans un délai qu'il précise. Lorsque la taxe requise n'est pas acquittée dans ce délai, l'Office informe le demandeur que la demande en déchéance ou en nullité est réputée ne pas avoir été déposée. Lorsque la taxe est acquittée après l'expiration du délai imparti, elle est remboursée au demandeur.

2. Lorsque la demande a été déposée dans une langue qui n'est pas une des langues de l'Office comme le requiert l'article 119, paragraphe 5, du règlement (CE) n° 207/2009, ou lorsqu'elle n'est pas conforme à l'article 12, paragraphe 1, point a) ou b), ou, le cas échéant, à l'article 12, paragraphe 2, point a) ou b), du présent règlement, l'Office rejette la demande pour irrecevabilité.

3. Lorsque la traduction requise à l'article 119, paragraphe 6, deuxième alinéa, du règlement (CE) n° 207/2009 n'est pas déposée dans un délai d'un mois à compter de la date de dépôt de la requête en déchéance ou en nullité, l'Office rejette la demande en déchéance ou en nullité pour irrecevabilité.

4. Lorsque la demande ne satisfait pas aux dispositions de l'article 12, paragraphe 1, point c), ou de l'article 12, paragraphe 2, point c) ou d), l'Office en informe le demandeur et l'invite à remédier aux irrégularités constatées dans un délai de deux mois. S'il n'est pas remédié aux irrégularités avant l'expiration du délai, l'Office rejette la demande pour irrecevabilité.

5. L'Office notifie au demandeur et au titulaire de la marque de l'Union européenne toute constatation effectuée conformément au paragraphe 1 au terme de laquelle la demande en déchéance ou en nullité est réputée ne pas avoir été déposée, ainsi que toute décision de rejet de la demande en déchéance ou en nullité fondée sur les motifs d'irrecevabilité énon-

cés aux paragraphes 2, 3 ou 4. Lorsqu'une demande en déchéance ou en nullité est rejetée dans son intégralité pour irrecevabilité en application des paragraphes 2, 3 ou 4, avant la notification prévue à l'article 17, paragraphe 1, aucune décision sur les frais n'est prise.

V. note ss. art. 12.

Art. 16 *Faits, preuves et observations présentés à l'appui d'une demande en déchéance ou en nullité.* 1. Le demandeur présente les faits, preuves et arguments à l'appui de la demande jusqu'à la clôture de la phase contradictoire de la procédure de déchéance ou de nullité. Le demandeur produit notamment les éléments suivants :

a) dans le cas d'une demande au titre de l'article 51, paragraphe 1, points b) ou c), ou de l'article 52 du règlement (CE) n° 207/2009, les faits, arguments et éléments de preuve étayant les motifs sur lesquels la demande en déchéance ou en nullité se fonde ;

b) dans le cas d'une demande au titre de l'article 53, paragraphe 1, du règlement (CE) n° 207/2009, les preuves requises par l'article 7, paragraphe 2, du présent règlement ; les dispositions de l'article 7, paragraphe 3, s'appliquent *mutatis mutandis* ;

c) dans le cas d'une demande au titre de l'article 53, paragraphe 2, du règlement (CE) n° 207/2009, la preuve de l'acquisition, de la permanence et de l'étendue de la protection du droit antérieur pertinent, ainsi que la preuve que le demandeur est habilité à former la demande, y compris, lorsque le droit antérieur est invoqué en application du droit national, une identification claire du contenu de ce droit national en produisant des publications des dispositions ou de la jurisprudence correspondantes. Lorsque les preuves afférentes au dépôt ou à l'enregistrement d'un droit antérieur conformément à l'article 53, paragraphe 2, point d), du règlement n° 207/2009 ou les preuves concernant le contenu de la législation nationale pertinente sont accessibles en ligne auprès d'une source reconnue par l'Office, le demandeur peut fournir lesdites preuves en indiquant cette source.

2. Les preuves concernant le dépôt, l'enregistrement ou le renouvellement de droits antérieurs ou, le cas échéant, le contenu de la législation nationale pertinente, y compris les preuves accessibles en ligne, visées au paragraphe 1, points b) et c), sont déposées dans la langue de la procédure ou sont accompagnées d'une traduction dans cette langue. La traduction est produite d'office par le demandeur dans le délai fixé pour la production de ces preuves. Toute autre preuve produite par le demandeur à l'appui de la demande ou, dans le cas d'une demande en déchéance au titre de l'article 51, paragraphe 1, point a), du règlement (CE) n° 207/2009, par le titulaire de la marque de l'Union européenne contestée, est soumise à l'article 24 du règlement d'exécution (UE) Il n'est pas tenu compte des traductions produites après l'expiration des délais impartis.

Les dispositions des art. 16 et 17 ne s'appliquent pas aux procédures dont la phase contradictoire a débuté avant le 1er oct. 2017. Les Règl. (CE) n° 2868/95 du 13 déc. 1995 et (CE) n° 216/96 du 5 févr. 1996 continuent de s'appliquer aux procédures en cours jusqu'à leur terme (V. le présent Règl., art. 80 et 81).

Art. 17 *Examen du bien-fondé d'une demande en déchéance ou en nullité.* 1. Lorsque la demande est déclarée recevable conformément à l'article 15, l'Office informe les parties que la phase contradictoire de la procédure de déchéance ou de nullité est ouverte et invite le titulaire de la marque de l'Union européenne à présenter ses observations dans un délai déterminé.

2. Lorsque l'Office a invité une partie, conformément à l'article 57, paragraphe 1, du règlement (CE) n° 207/2009, à présenter des observations dans un délai déterminé et que ladite partie ne présente pas ses observations dans le délai imparti, l'Office clôt la phase contradictoire de la procédure et statue sur la déchéance ou la nullité sur la base des preuves dont il dispose.

3. Lorsque le demandeur n'a pas présenté les faits, arguments ou preuves requis à l'appui de la demande, celle-ci est rejetée comme étant non fondée.

4. Sous réserve de l'article 62, toutes les observations déposées par les parties sont communiquées à l'autre partie intéressée.

5. Lorsque le titulaire renonce à la marque de l'Union européenne faisant l'objet d'une demande visée à l'article 12 pour protéger uniquement les produits ou services non visés par la demande, ou lorsque la marque de l'Union européenne est annulée dans une procédure parallèle ou qu'elle expire, la procédure est close sauf lorsque l'article 50, paragraphe 2, du règlement (CE) n° 207/2009 s'applique ou que le demandeur justifie d'un intérêt légitime à obtenir une décision sur le fond.

6. Lorsque le titulaire renonce en partie à la marque de l'Union européenne en supprimant certains des produits ou services visés par la demande, l'Office invite le demandeur à faire savoir, dans le délai fixé par l'Office, s'il maintient la demande et, dans l'affirmative, à préciser, parmi les produits et services restants, ceux qui sont visés par celle-ci. Si le deman-

deur retire sa demande à la suite de la renonciation ou si l'Office est informé d'un règlement entre les parties, la procédure est close.

7. Lorsque le titulaire souhaite renoncer à la marque de l'Union européenne contestée, il le fait au moyen d'un document distinct.

8. L'article 8, paragraphe 9, s'applique *mutatis mutandis*.

V. note ss. art. 16.

Art. 18 *Demandes multiples en déchéance ou en nullité.* **1. Lorsque plusieurs demandes en déchéance ou en nullité ont été introduites contre la même marque de l'Union européenne, l'Office peut les examiner lors d'une procédure unique. L'Office peut ensuite décider d'examiner ces demandes séparément.**

2. L'article 9, paragraphes 2, 3 et 4, s'applique *mutatis mutandis*.

Ces dispositions ne s'appliquent pas aux suspensions intervenues avant le 1er oct. 2017. Les Règl. (CE) no 2868/95 du 13 déc. 1995 et (CE) no 216/96 du 5 févr. 1996 continuent de s'appliquer aux procédures en cours jusqu'à leur terme (V. le présent Règl., art. 80 et 81).

Art. 19 *Preuve de l'usage dans le cadre d'une demande en déchéance ou en nullité.* **1. Dans le cas d'une demande en déchéance au titre de l'article 51, paragraphe 1, point a), du règlement (CE) n° 207/2009, l'Office invite le titulaire de la marque de l'Union européenne à apporter la preuve de l'usage sérieux de ladite marque ou de l'existence de justes motifs pour le non-usage, dans un délai qu'il précise. Lorsque le titulaire ne fournit pas ces preuves ou de motifs pour le non-usage dans le délai imparti ou que les preuves ou les motifs fournis sont manifestement insuffisants ou dénués de pertinence, la déchéance de la marque de l'Union européenne est prononcée. L'article 10, paragraphes 3, 4, 6 et 7, du présent règlement s'applique *mutatis mutandis*.**

2. La demande de preuve de l'usage au titre de l'article 57, paragraphe 2 ou 3, du règlement (CE) n° 207/2009 n'est recevable que si le titulaire la présente comme une demande inconditionnelle dans un document distinct, dans le délai fixé par l'Office conformément à l'article 17, paragraphe 1, du présent règlement. Lorsque le titulaire de la marque de l'Union européenne a introduit une demande de preuve de l'usage d'une marque antérieure ou de l'existence de justes motifs pour le non-usage conformément aux dispositions de l'article 57, paragraphe 2 ou 3, du règlement (CE) n° 207/2009, l'Office invite le demandeur en déchéance ou en nullité à produire la preuve requise dans le délai qu'il précise. Lorsque le demandeur en nullité ne produit pas ces preuves ou de motifs pour le non-usage dans le délai imparti ou lorsque ces preuves ou motifs sont manifestement insuffisants ou dénués de pertinence, l'Office rejette la demande en nullité dans la mesure où elle se fonde sur cette marque antérieure. L'article 10, paragraphes 3 à 7, du présent règlement s'applique *mutatis mutandis*.

Ces dispositions ne s'appliquent pas aux demandes de preuve de l'usage déposées avant le 1er oct. 2017. Les Règl. (CE) no 2868/95 du 13 déc. 1995 et (CE) no 216/96 du 5 févr. 1996 continuent de s'appliquer aux procédures en cours jusqu'à leur terme (V. le présent Règl., art. 80 et 81).

Art. 20 *Demande de cession.* **1. Lorsque le titulaire d'une marque demande, conformément à l'article 18, paragraphes 1 et 2, point a), du règlement (CE) n° 207/2009, une cession au lieu de la nullité, les dispositions des articles 12 à 19 du présent règlement s'appliquent *mutatis mutandis*.**

2. Lorsqu'une demande de cession au titre de l'article 18, paragraphe 2, du règlement (CE) n° 207/2009 est accueillie, pour tout ou partie, par l'Office ou par un tribunal des marques de l'Union européenne et que la décision ou le jugement est définitif, l'Office veille à ce que le transfert, intégral ou partiel, de la marque de l'Union européenne qui en résulte soit inscrit au registre et publié.

TITRE V Recours

Les dispositions du titre V ne s'appliquent pas aux recours introduit avant le 1er oct. 2017. Les Règl. (CE) no 2868/95 du 13 déc. 1995 et (CE) no 216/96 du 5 févr. 1996 continuent de s'appliquer aux procédures en cours avant cette date jusqu'à leur terme (V. le présent Règl., art. 80 et 81).

Art. 21 *Acte de recours.* **1. L'acte de recours déposé conformément à l'article 60, paragraphe 1, du règlement (CE) n° 207/2009, contient les renseignements suivants :**

a) les nom et adresse du requérant, conformément à l'article 2, paragraphe 1, point b), du règlement d'exécution (UE) ;

b) lorsque le requérant a désigné un représentant, les nom et adresse professionnelle de ce dernier, conformément à l'article 2, paragraphe 1, point e), du règlement d'exécution (UE) 2017/1431 ;

c) lorsque la représentation du requérant est obligatoire en vertu de l'article 92, paragraphe 2, du règlement (CE) n° 207/2009, les nom et adresse professionnelle du représentant conformément à l'article 2, paragraphe 1, point e), du règlement d'exécution (UE) 2017/1431 ;

d) l'identification claire et sans équivoque de la décision objet du recours, en indiquant la date à laquelle elle a été rendue et le numéro du dossier de procédure relatif à la décision objet du recours ;

e) lorsqu'une seule une partie de la décision objet du recours est attaquée, une indication claire et sans équivoque des produits et services pour lesquels la décision objet du recours est attaquée.

2. Lorsque l'acte de recours est déposé dans une autre langue officielle de l'Union que la langue de procédure, le requérant fournit une traduction de l'acte dans un délai de quatre mois à compter de la date de notification de la décision objet du recours.

3. Lorsque, dans une procédure ex parte, la décision objet du recours a été rendue dans une langue officielle autre que la langue de procédure, le requérant peut déposer l'acte de recours soit dans la langue de procédure soit dans la langue de la décision objet du recours. En tout état de cause, la langue de l'acte de recours devient la langue de la procédure de recours et le paragraphe 2 ne s'applique pas.

4. Dans une procédure inter partes, l'acte de recours est notifié au défendeur dès qu'il a été déposé.

V. note avant l'art. 21.

Art. 22 *Mémoire exposant les motifs.* 1. Un mémoire exposant les motifs du recours formé en vertu de l'article 60, paragraphe 1, quatrième phrase, du règlement (CE) n° 207/2009 contient une identification claire et précise des éléments suivants :

a) la procédure de recours à laquelle il renvoie, avec la mention du numéro de recours correspondant ou de la décision objet du recours conformément aux dispositions de l'article 21, paragraphe 1, point d), du présent règlement ;

b) les motifs du recours sur lesquels se fonde la demande d'annulation de la décision attaquée dans les limites définies conformément à l'article 21, paragraphe 1, point e), du présent règlement ;

c) les faits, preuves et arguments à l'appui des motifs invoqués, présentés conformément aux dispositions de l'article 55, paragraphe 2.

2. Le mémoire exposant les motifs est déposé dans la langue de la procédure de recours, déterminée conformément à l'article 21, paragraphes 2 et 3. Lorsque le mémoire exposant les motifs est déposé dans une autre langue officielle de l'Union, le requérant est tenu d'en fournir une traduction dans un délai d'un mois à compter de la date du dépôt du mémoire original.

V. note avant l'art. 21.

Art. 23 *Recevabilité d'un recours.* 1. La chambre de recours rejette un recours pour irrecevabilité dans les cas suivants :

a) lorsque l'acte de recours n'a pas été déposé dans un délai de deux mois à compter de la date de notification de la décision objet du recours ;

b) lorsque l'acte de recours ne satisfait pas aux dispositions des articles 58 et 59 du règlement (CE) n° 207/2009, ou de l'article 21, paragraphe 1, point d), et de l'article 21, paragraphes 2 et 3, du présent règlement, à moins qu'il ne soit remédié à ces irrégularités dans un délai de quatre mois à compter de la date de notification de la décision objet du recours ;

c) lorsque l'acte de recours ne satisfait pas aux dispositions de l'article 21, paragraphe 1, points a), b), c) et e), et que le requérant, bien qu'il en ait été informé par la chambre de recours, n'a pas remédié à ces irrégularités dans le délai fixé à cet effet par la chambre de recours ;

d) lorsque le mémoire exposant les motifs n'a pas été introduit dans un délai de quatre mois à compter de la date de notification de la décision objet du recours ;

e) lorsque le mémoire exposant les motifs ne satisfait pas aux dispositions de l'article 22, paragraphe 1, points a) et b), et que le requérant, bien qu'il en ait été informé par la chambre des recours, n'a pas remédié à ces irrégularités dans le délai fixé à cet effet par la chambre des recours ou qu'il n'a pas produit la traduction du mémoire exposant les motifs dans un délai d'un mois à compter de la date de dépôt du mémoire original conformément à l'article 22, paragraphe 2.

2. Lorsqu'il apparaît qu'un recours est irrecevable, le président de la chambre de recours à laquelle l'affaire a été attribuée conformément à l'article 35, paragraphe 1, peut demander à la chambre de recours de statuer sans délai sur la recevabilité du recours avant de notifier au défendeur l'acte de recours ou le mémoire exposant les motifs, selon le cas.

3. La chambre de recours déclare qu'un recours est réputé ne pas avoir été formé lorsque la taxe de recours a été acquittée après l'expiration du délai fixé à l'article 60, paragraphe 1, première phrase, du règlement (CE) n° 207/2009. Dans ce cas, le paragraphe 2 du présent article s'applique.

V. note avant l'art. 21.

Art. 24 *Observations en réponse.* 1. Dans les procédures inter partes, le défendeur peut déposer des observations en réponse dans un délai de deux mois à compter de la date de notification du mémoire exposant les motifs du requérant. Dans des circonstances exceptionnelles, ce délai peut être prorogé sur requête motivée du défendeur.

2. Les observations en réponse contiennent les nom et adresse du défendeur conformément à l'article 2, paragraphe 1, point b), du règlement d'exécution (UE) et satisfont, *mutatis mutandis*, aux conditions de l'article 21, paragraphe 1, points b), c) et d), de l'article 22, paragraphe 1, points a) et c), et de l'article 22, paragraphe 2, du présent règlement.

V. note avant l'art. 21.

Art. 25 *Recours incident.* 1. Lorsque le défendeur entend obtenir l'annulation ou la réformation de la décision attaquée sur un point non soulevé dans le recours en vertu de l'article 60, paragraphe 2, du règlement (CE) n° 207/2009, le recours incident est déposé dans le délai fixé pour le dépôt des observations en réponse conformément à l'article 24, paragraphe 1, du présent règlement.

2. Le recours incident est déposé au moyen d'un document distinct des observations en réponse.

3. Le recours incident contient les nom et adresse du défendeur conformément à l'article 2, paragraphe 1, point b), du règlement d'exécution (UE) et satisfait, *mutatis mutandis*, aux conditions de l'article 21, paragraphe 1, points b) à e), et de l'article 22 du présent règlement.

4. La chambre de recours rejette un recours incident pour irrecevabilité dans les cas suivants :

a) lorsqu'il n'a pas été introduit dans le délai fixé au paragraphe 1 ;

b) lorsqu'il n'a pas été introduit dans le respect des conditions prévues soit au paragraphe 2 soit à l'article 21, paragraphe 1, point d) ;

c) lorsqu'il ne satisfait pas aux dispositions du paragraphe 3, et que le défendeur, bien qu'il en ait été informé par la chambre de recours, n'a pas remédié à ces irrégularites dans le délai fixé à cet effet par la chambre de recours ou qu'il n'a pas produit la traduction du recours incident et du mémoire exposant les motifs correspondant dans un délai d'un mois à compter de la date de dépôt de l'original.

5. Le requérant est invité à présenter ses observations sur le recours incident du défendeur dans un délai de deux mois à compter de la date de notification dudit recours au requérant. Dans des circonstances exceptionnelles, ce délai peut être prorogé par la chambre de recours sur requête motivée du requérant. L'article 26 s'applique *mutatis mutandis*.

V. note avant l'art. 21.

Art. 26 *Réplique et duplique dans les procédures inter partes.* 1. Sur requête motivée du requérant déposée dans un délai de deux mois après la notification du mémoire en réponse, la chambre de recours peut, conformément à l'article 63, paragraphe 2, du règlement (CE) n° 207/2009, autoriser le requérant à compléter le mémoire exposant les motifs par un mémoire en réplique dans le délai qu'elle fixe.

2. Dans ce cas, la chambre de recours autorise également le défendeur à compléter les observations en réponse au moyen d'un mémoire en duplique dans le délai qu'elle fixe.

V. note avant l'art. 21.

Art. 27 *Examen du recours.* 1. Dans les procédures ex parte, et en ce qui concerne les produits ou services qui font partie de l'objet du recours, lorsque, en vertu de l'article 40, paragraphe 3, du règlement (CE) n° 207/2009, la chambre de recours soulève un motif de refus de la demande de marque qui n'a pas déjà été invoqué dans la décision objet du recours en application de l'article 37 du règlement (CE) n° 207/2009, elle procède conformément à cette disposition.

2. Dans les procédures inter partes, l'examen du recours et, le cas échéant, du recours incident est limité aux moyens invoqués dans le mémoire exposant les motifs et, le cas échéant, dans le recours incident. Les questions de droit non soulevées par les parties sont examinées par la chambre de recours uniquement dans la mesure où elles concernent des exigences procédurales essentielles ou lorsqu'il est nécessaire de résoudre ces questions afin de garantir une application correcte du règlement (CE) n° 207/2009 eu égard aux faits, preuves et arguments soumis par les parties.

3. L'examen du recours porte sur les demandes ou requêtes suivantes, à condition qu'elles aient été présentées dans le mémoire exposant les motifs du recours ou, le cas échéant, dans le recours incident et qu'elles aient été présentées en temps utile dans la procédure devant l'instance de l'Office qui a adopté la décision objet du recours :

a) l'existence d'un caractère distinctif acquis par l'usage, tel que visé à l'article 7, paragraphe 3, et à l'article 52, paragraphe 2, du règlement (CE) n° 207/2009 ;

b) la reconnaissance de la marque antérieure sur le marché acquise par l'usage aux fins de l'article 8, paragraphe 1, point b), du règlement (CE) n° 207/2009 ;

c) la preuve de l'usage conformément à l'article 42, paragraphes 2 et 3, du règlement (CE) n° 207/2009 ou à l'article 57, paragraphes 2 et 3, du règlement (CE) n° 207/2009.

4. Conformément à l'article 76, paragraphe 2, du règlement (CE) n° 207/2009, la chambre de recours peut accepter des faits invoqués ou des preuves produites pour la première fois devant elle uniquement si ces faits ou preuves répondent aux exigences suivantes :

a) semblent, à première vue, pertinents pour l'issue de l'affaire ; et

b) ils n'ont pas été présentés en temps utile pour des raisons valables, en particulier lorsqu'ils viennent uniquement compléter des faits et preuves pertinents qui avaient déjà été soumis en temps utile, ou sont déposés pour contester les conclusions tirées ou examinés d'office par la première instance dans la décision objet du recours.

5. La chambre de recours, au plus tard dans sa décision concernant le recours et, le cas échéant, le recours incident, statue sur les demandes de limitation, de division ou de renonciation partielle de la marque contestée introduites au cours de la procédure de recours par le demandeur ou le titulaire conformément aux articles 43, 44 ou 50 du règlement (CE) n° 207/2009. Lorsque la chambre de recours accepte la limitation, la division ou la renonciation partielle, elle en informe immédiatement l'instance chargée de la tenue du registre et les instances traitant de procédures parallèles portant sur la même marque.

V. note avant l'art. 21.

Art. 28 *Communications de la chambre de recours.* 1. Les communications de la chambre de recours dans le cadre de l'examen du recours ou en vue de faciliter le règlement amiable de la procédure sont préparées par le rapporteur et sont signées par lui au nom de la chambre de recours, en accord avec le président de la chambre de recours.

2. Lorsqu'une chambre de recours communique avec les parties au sujet de son avis préliminaire sur des questions de fait ou de droit, elle précise qu'elle n'est pas liée par cette communication.

V. note avant l'art. 21.

Art. 29 *Observations sur les questions d'intérêt général.* La chambre de recours peut, de sa propre initiative ou sur demande écrite et motivée du directeur exécutif de l'Office, inviter ce dernier à formuler des observations sur les questions d'intérêt général qui se posent dans le cadre d'une procédure pendante devant elle. Les parties ont le droit de prendre position sur ces observations.

V. note avant l'art. 21.

Art. 30 *Réouverture de l'examen relatif aux motifs absolus.* 1. Lorsque, au cours d'une procédure ex parte, la chambre de recours estime qu'un motif absolu de refus pourrait trouver à s'appliquer à des produits ou services énumérés dans la demande de marque qui ne font pas partie de l'objet du recours, elle informe l'examinateur compétent pour examiner cette demande, qui peut décider de rouvrir l'examen conformément à l'article 40, paragraphe 3, du règlement (CE) n° 207/2009 à l'égard de ces produits ou services.

2. Lorsqu'une décision de la division d'opposition fait l'objet d'un recours, la chambre de recours peut, par une décision provisoire motivée et sans préjudice de l'article 58, paragraphe 1, du règlement (CE) n° 207/2009, suspendre la procédure de recours et déférer la demande attaquée à l'examinateur compétent pour examiner cette demande avec une recom-

mandation de rouvrir l'examen conformément à l'article 40, paragraphe 3, du règlement (CE) n° 207/2009, lorsqu'elle estime qu'un motif absolu de refus existe pour tout ou pour partie des produits ou services énumérés dans la demande de marque.

3. Dans le cas où la demande attaquée a été déférée en vertu du paragraphe 2, l'examinateur informe immédiatement la chambre de recours de la réouverture ou non de l'examen de la demande attaquée. Lorsque l'examen a été rouvert, la procédure de recours reste suspendue jusqu'à ce que l'examinateur ait pris sa décision et, lorsque la demande attaquée est rejetée en tout ou en partie, jusqu'à ce que la décision de l'examinateur à cet effet soit devenue définitive.

V. note avant l'art. 21.

Art. 31 *Examen d'un recours en priorité.* **1. Sur demande motivée du requérant ou du défendeur et après audition de l'autre partie, la chambre de recours peut décider, au vu de l'urgence particulière et des circonstances de l'espèce, d'examiner le recours en priorité, sans préjudice des dispositions des articles 23 et 26, y compris des dispositions relatives aux délais.**

2. La demande d'examen du recours en priorité peut être déposée à tout moment pendant la procédure de recours. Elle est présentée dans un document distinct et est étayée par des preuves relatives à l'urgence et aux circonstances particulières de l'espèce.

V. note avant l'art. 21.

Art. 32 *Contenu formel de la décision de la chambre de recours.* **La décision de la chambre de recours contient les renseignements suivants :**

a) une déclaration attestant que la décision a été rendue par les chambres de recours ;

b) la date de la décision ;

c) les noms des parties et de leurs représentants ;

d) le numéro du recours auquel elle se rapporte et l'identification de la décision objet du recours, conformément aux exigences fixées à l'article 21, paragraphe 1, point d) ;

e) l'indication de la composition de la chambre de recours ;

f) le nom et, sans préjudice de l'article 39, paragraphe 5, la signature du président et des membres ayant pris part à la décision, y compris une indication de la personne qui a agi en tant que rapporteur ou, lorsque la décision a été rendue par un seul membre, le nom et la signature du membre qui a pris la décision ;

g) le nom et la signature du greffier ou, le cas échéant, du membre du greffe qui signe au nom du greffier ;

h) le résumé des faits et des arguments avancés par les parties ;

i) la motivation de la décision ;

j) la formule exécutoire, y compris, le cas échéant, la décision sur les frais.

V. note avant l'art. 21.

Art. 33 *Remboursement de la taxe de recours.* **Le remboursement de la taxe de recours est ordonné par la chambre de recours dans les cas suivants :**

a) lorsque le recours n'est pas réputé avoir été formé conformément à la deuxième phrase de l'article 60, paragraphe 1, du règlement (CE) n° 207/2009 ;

b) lorsque l'instance décisionnelle de l'Office qui a adopté la décision attaquée fait droit à la révision conformément à l'article 61, paragraphe 1, du règlement (CE) n° 207/2009 ou révoque la décision attaquée en application de l'article 80 du règlement (CE) n° 207/2009 ;

c) lorsqu'à la suite de la réouverture de la procédure d'examen au sens de l'article 40, paragraphe 3, du règlement (CE) n° 207/2009, sur recommandation de la chambre de recours en application de l'article 30, paragraphe 2, du présent règlement, la demande attaquée a été rejetée par décision définitive de l'examinateur et que le recours est devenu sans objet en conséquence ;

d) lorsque la chambre de recours considère que l'équité exige le remboursement en raison d'une violation des formes substantielles.

V. note avant l'art. 21.

Art. 34 *Révision et révocation de la décision faisant l'objet du recours.* **1. Lorsque, dans une procédure ex parte, le recours n'est pas rejeté en vertu de l'article 23, paragraphe 1, la chambre de recours soumet l'acte de recours et le mémoire exposant les motifs du recours à l'instance de l'Office qui a adopté la décision attaquée aux fins de l'article 61 du règlement (CE) n° 207/2009.**

2. Lorsque l'instance de l'Office qui a adopté la décision objet du recours décide de faire droit à la révision conformément à l'article 61, paragraphe 1, du règlement (CE) n° 207/2009, elle en informe immédiatement la chambre de recours.

3. Lorsque l'instance de l'Office qui a adopté la décision objet du recours a lancé la procédure tendant à la révocation de la décision objet du recours conformément à l'article 80, paragraphe 2, du règlement (CE) n° 207/2009, elle en informe immédiatement la chambre de recours aux fins de l'article 71 du présent règlement. De même, elle informe immédiatement la chambre de recours de l'issue de cette procédure.

V. note avant l'art. 21.

Art. 35 *Attribution d'un recours à une chambre et désignation d'un rapporteur.* 1. Dès que l'acte de recours a été déposé, le président des chambres attribue l'affaire à une chambre de recours sur la base de critères objectifs fixés par le présidium des chambres de recours, tels que visés à l'article 136, paragraphe 4, point c), du règlement (CE) n° 207/2009.

2. Pour chaque affaire attribuée à une chambre de recours conformément au paragraphe 1, son président désigne un membre de ladite chambre de recours, ou le président, en tant que rapporteur.

3. Lorsqu'une affaire relève de la compétence d'un seul membre en vertu de l'article 36, paragraphe 1, la chambre de recours chargée de l'affaire désigne le rapporteur en tant que seul membre en vertu de l'article 135, paragraphe 5, du règlement (CE) n° 207/2009.

4. Lorsqu'une décision d'une chambre de recours sur une affaire a été annulée ou réformée par un arrêt définitif du Tribunal ou, le cas échéant, de la Cour de justice, le président des chambres de recours, en vue de se conformer à cet arrêt conformément à l'article 65, paragraphe 6, du règlement (CE) n° 207/2009, réattribue l'affaire conformément au paragraphe 1 du présent article à une chambre de recours qui n'est pas composée des membres qui avaient adopté la décision annulée, sauf lorsque l'affaire est déférée à la grande chambre de recours (ci-après dénommée "grande chambre") ou lorsque la décision annulée avait été prise par la grande chambre.

5. Lorsque plusieurs recours sont formés contre une même décision, ils sont examinés au cours d'une même procédure. Lorsque des recours impliquant les mêmes parties sont formés contre des décisions distinctes concernant la même marque, ou comportent d'autres éléments de fait ou de droit pertinents communs, ces recours peuvent être examinés dans le cadre d'une procédure conjointe avec le consentement des parties.

V. note avant l'art. 21.

Art. 36 *Affaires relevant de la compétence d'un seul membre.* 1. La chambre de recours chargée de l'affaire peut désigner un seul membre au sens de l'article 135, paragraphe 2, du règlement (CE) n° 207/2009 aux fins des décisions suivantes :

a) les décisions prises en application de l'article 23 ;

b) les décisions mettant fin à la procédure de recours à la suite du retrait, du rejet, de la renonciation ou de l'annulation de la marque contestée ou de la marque antérieure ;

c) les décisions mettant fin à la procédure de recours à la suite du retrait de l'opposition, de la demande en déchéance ou en nullité, ou du recours ;

d) les décisions relatives aux mesures adoptées conformément à l'article 79 quinquies, paragraphe 1, et à l'article 80, paragraphe 2, du règlement (CE) n° 207/2009, pour autant que la rectification ou, le cas échéant, la révocation de la décision sur le recours concerne une décision prise par un seul membre ;

e) les décisions prises au titre de l'article 81, paragraphe 4, du règlement (CE) n° 207/2009 ;

f) les décisions prises au titre de l'article 85, paragraphes 3, 4 et 7, du règlement (CE) n° 207/2009 ;

g) les décisions sur les recours formés contre les décisions prises dans les procédures *ex parte* sur la base des motifs énoncés à l'article 7 du règlement (CE) n° 207/2009, qui sont soit manifestement non fondées soit manifestement fondées.

2. Lorsque le seul membre estime que les conditions énoncées au paragraphe 1 ou à l'article 135, paragraphe 5, du règlement (CE) n° 207/2009 ne sont pas ou plus réunies, il renvoie l'affaire à la chambre de recours dans sa formation à trois membres en lui soumettant un projet de décision conformément à l'article 41 du présent règlement.

V. note avant l'art. 21.

Art. 37 *Renvoi à la grande chambre.* 1. Sans préjudice de la possibilité de renvoi d'une affaire à la grande chambre conformément à l'article 135, paragraphe 3, du règlement (CE) n° 207/2009, une chambre de recours renvoie à la grande chambre une affaire qui lui a été attribuée lorsqu'elle estime devoir s'écarter d'une interprétation de la législation applicable donnée dans une décision antérieure de la grande chambre, ou lorsqu'elle constate que les chambres de recours ont rendu des décisions divergentes sur un point de droit susceptible d'avoir une incidence sur l'issue de l'affaire.

2. Toutes les décisions concernant le renvoi d'une affaire à la grande chambre précisent les raisons pour lesquelles la chambre de recours à l'origine du renvoi ou, le cas échéant, le présidium des chambres de recours estime qu'il est justifié, sont communiquées aux parties à l'affaire et sont publiées au *Journal officiel* de l'Office.

3. La grande chambre renvoie immédiatement l'affaire à la chambre de recours à laquelle elle avait été initialement attribuée lorsqu'elle estime que les conditions du renvoi initial ne sont pas ou plus réunies.

4. Les demandes d'avis motivés sur des questions relatives à un point de droit conformément à l'article 128, paragraphe 4, point l), du règlement (CE) n° 207/2009 sont déférées par écrit à la grande chambre, indiquent les questions de droit dont l'interprétation est demandée, et peuvent également préciser le point de vue du directeur exécutif sur les différentes interprétations possibles ainsi que sur leurs conséquences juridiques et pratiques respectives. Les demandes sont publiées au *Journal officiel* de l'Office.

5. Lorsqu'une chambre de recours doit se prononcer, dans une affaire pendante devant elle, sur un point de droit qui a déjà été soulevé dans le cadre d'un renvoi à la grande chambre conformément à l'article 135, paragraphe 3, ou à l'article 128, paragraphe 4, point l), du règlement (CE) n° 207/2009, elle suspend la procédure jusqu'à ce que la grande chambre ait statué ou rendu son avis motivé.

6. Les groupements ou organismes représentant des fabricants, des producteurs, des prestataires de services, des commerçants ou des consommateurs qui peuvent justifier d'un intérêt au résultat d'une affaire ou d'une demande d'avis motivé portée devant la grande chambre, peuvent présenter des observations écrites dans un délai de deux mois à compter de la publication au *Journal officiel* de l'Office de la décision de renvoi ou, le cas échéant, de la demande d'avis motivé. Ils n'acquièrent pas la qualité de parties à la procédure devant la grande chambre et supportent leurs propres dépens.

V. note avant l'art. 21.

Art. 38 *Modification de la composition d'une chambre.* 1. Lorsque, à l'issue de la procédure orale, la composition d'une chambre de recours est modifiée, conformément à l'article 43, paragraphes 2 et 3, toutes les parties à la procédure sont informées que, sur demande d'une des parties, une nouvelle procédure orale est organisée devant la chambre de recours dans sa nouvelle composition. Une nouvelle procédure orale a également lieu à la demande du nouveau membre et pour autant que les autres membres de la chambre de recours aient donné leur accord.

2. Le nouveau membre de la chambre de recours est lié, au même titre que les autres membres, par toute décision provisoire déjà prise.

V. note avant l'art. 21.

Art. 39 *Délibéré, vote et signature des décisions.* 1. Le rapporteur soumet un projet de décision aux autres membres de la chambre de recours et leur fixe un délai raisonnable pour s'y opposer ou demander qu'il soit modifié.

2. La chambre de recours se réunit pour délibérer sur la décision à prendre s'il apparaît que ses membres ne sont pas tous du même avis. Seuls les membres de la chambre de recours participent au délibéré ; le président de la chambre de recours peut toutefois autoriser d'autres agents, tels que le greffier ou les interprètes, à y assister. Le délibéré est et reste secret.

3. Lors du délibéré entre les membres d'une chambre de recours, l'avis du rapporteur est entendu en premier et, si le rapporteur n'est pas le président, l'avis du président est entendu en dernier.

4. Si un vote est nécessaire, les votes se font dans le même ordre, à la réserve que le président vote toujours en dernier. Nul ne peut s'abstenir.

5. Tous les membres de la chambre de recours qui prennent la décision la signent. Toutefois, lorsque la chambre de recours a déjà pris une décision définitive et qu'un membre est empêché, ce membre ne peut être remplacé et le président signe la décision au nom du membre. En cas d'empêchement du président, le membre de la chambre de recours le plus ancien, tel que déterminé conformément à l'article 43, paragraphe 1, signe la décision au nom du président.

6. Les paragraphes 1 à 5 ne s'appliquent pas lorsqu'une décision doit être prise par un seul membre en vertu de l'article 135, paragraphe 2, du règlement (CE) n° 207/2009 et de

l'article 36, paragraphe 1, du présent règlement. Dans de tels cas, les décisions sont signées par le seul membre.

V. note avant l'art. 21.

Art. 40 *Président d'une chambre de recours.* **La chambre de recours est dirigée par un président, qui assume les fonctions suivantes :**

a) désigner un membre de la chambre de recours, ou lui-même, en tant que rapporteur pour chaque affaire attribuée à cette chambre de recours conformément à l'article 35, paragraphe 2 ;

b) désigner, au nom de la chambre de recours, le rapporteur en tant que seul membre en vertu de l'article 135, paragraphe 2, du règlement (CE) n° 207/2009 ;

c) demander à la chambre de recours de statuer sur la recevabilité du recours conformément à l'article 23, paragraphe 2, du présent règlement ;

d) diriger l'examen préliminaire de l'affaire menée par le rapporteur conformément à l'article 41 du présent règlement ;

e) présider et signer le procès-verbal des auditions et de l'instruction.

V. note avant l'art. 21.

Art. 41 *Rapporteur devant une chambre de recours.* **1. Le rapporteur procède à un examen préliminaire du recours qui lui a été attribué, prépare le dossier pour examen et délibéré par la chambre de recours, et rédige le projet de la décision qui doit être prise par la chambre de recours.**

2. A cet effet, le rapporteur, le cas échéant et sous la direction du président de la chambre de recours, assume les fonctions suivantes :

a) inviter les parties à présenter leurs observations conformément à l'article 63, paragraphe 2, du règlement (CE) n° 207/2009 ;

b) statuer sur les demandes de prorogation des délais et, le cas échéant, fixer des délais au sens de l'article 24, paragraphe 1, de l'article 25, paragraphe 5, et de l'article 26 du présent règlement, ainsi que sur les demandes de suspension conformément à l'article 71 ;

c) préparer les communications conformément à l'article 28 et les auditions ;

d) signer le procès-verbal de la procédure orale et de l'instruction.

V. note avant l'art. 21.

Art. 42 *Greffe.* **1. Un greffe est institué auprès des chambres de recours. Il est chargé de la réception, de l'expédition, de la conservation et de la notification de tous documents relatifs à la procédure devant les chambres de recours et de la constitution des dossiers pertinents.**

2. Le greffe est dirigé par un greffier. Le greffier s'acquitte des tâches visées au présent article, sous l'autorité du président des chambres de recours, sans préjudice des dispositions du paragraphe 3.

3. Le greffier veille à ce que l'ensemble des exigences formelles et des délais, définis dans le règlement (CE) n° 207/2009, dans le présent règlement ou dans les décisions du présidium des chambres de recours adoptées conformément à l'article 136, paragraphe 4, points c) et d), du règlement (CE) n° 207/2009, soient respectés. A cet effet, le greffier assume les fonctions suivantes :

a) signer les décisions prises par les chambres de recours en ce qui concerne les recours ;

b) rédiger et signer le procès-verbal de la procédure orale et de l'instruction ;

c) fournir, de sa propre initiative ou à la demande de la chambre de recours, des avis motivés à la chambre de recours sur les exigences procédurales et formelles, notamment en ce qui concerne les irrégularités visées à l'article 23, paragraphe 2, du présent règlement ;

d) soumettre le recours, conformément à l'article 34, paragraphe 1, du présent règlement, à l'instance de l'Office qui a adopté la décision attaquée ;

e) ordonner, au nom de la chambre de recours, dans les cas visés à l'article 33, points a) et b), du présent règlement, le remboursement de la taxe de recours.

4. Le greffier, sur délégation du président des chambres de recours, assume les fonctions suivantes :

a) attribuer les affaires conformément à l'article 35, paragraphes 1 et 4 ;

b) exécuter, conformément à l'article 136, paragraphe 4, point b), du règlement (CE) n° 207/2009, les décisions du présidium des chambres de recours relatives à la conduite de la procédure devant les chambres de recours.

5. Le greffier peut, sur délégation du présidium des chambres de recours faite sur proposition du président des chambres de recours, exécuter d'autres tâches relatives à la conduite de la procédure devant les chambres de recours et à l'organisation de leur travail.

6. Le greffier peut déléguer les tâches visées au présent article à un membre du greffe.

7. En cas d'empêchement du greffier au sens de l'article 43, paragraphe 4, ou en cas de vacance du poste de greffier, le président des chambres de recours désigne un membre du greffe chargé de remplir les fonctions de greffier en l'absence du greffier.

8. Les membres du greffe sont dirigés par le greffier.

V. note avant l'art. 21.

Art. 43 *Rang d'ancienneté et remplacement des membres et des présidents.* **1.** L'ancienneté des présidents et des membres est calculée à partir de la date de leur entrée en fonctions telle que spécifiée dans l'acte de nomination ou, à défaut, telle que fixée par le conseil d'administration de l'Office. A ancienneté de fonctions égale, l'âge détermine le rang d'ancienneté. Les présidents et les membres dont le mandat est renouvelé conservent leur rang antérieur.

2. En cas d'empêchement du président d'une chambre de recours, ce président est remplacé, sur la base de l'ancienneté déterminée conformément au paragraphe 1, par le membre le plus ancien de cette chambre de recours, ou, lorsque aucun membre de cette chambre de recours n'est disponible, par le plus ancien des autres membres des chambres de recours.

3. En cas d'empêchement d'un membre d'une chambre de recours, ce membre est remplacé, sur la base de l'ancienneté déterminée conformément au paragraphe 1, par le membre le plus ancien de cette chambre de recours, ou, lorsque aucun membre de cette chambre de recours n'est disponible, par le plus ancien des autres membres des chambres de recours.

4. Aux fins des paragraphes 2 et 3, on considère qu'il y a empêchement des présidents et membres des chambres de recours en cas de congés, de maladie, d'engagements auxquels il n'est pas possible de se soustraire et d'exclusion conformément à l'article 137 du règlement (CE) n° 207/2009 et à l'article 35, paragraphe 4, du présent règlement. On considère qu'il y a également empêchement d'un président lorsque ce dernier assure par intérim les fonctions de président des chambres de recours en application de l'article 47, paragraphe 2, du présent règlement. Lorsque le poste de président ou de membre est vacant, leurs fonctions respectives sont exercées par intérim conformément aux dispositions des paragraphes 2 et 3 du présent article concernant le remplacement.

5. Tout membre estimant qu'il se trouve dans une situation d'empêchement en informe immédiatement le président de la chambre de recours concernée. Tout président estimant qu'il se trouve dans une situation d'empêchement en informe immédiatement et de façon simultanée son suppléant, tel que déterminé conformément au paragraphe 2, et le président des chambres de recours.

V. note avant l'art. 21.

Art. 44 *Exclusion et récusation.* **1.** Avant qu'une décision ne soit prise par une chambre de recours en application de l'article 137, paragraphe 4, du règlement (CE) n° 207/2009, le président ou le membre concerné est invité à présenter ses observations sur l'existence d'un motif d'exclusion ou de récusation.

2. Lorsque la chambre de recours est informée, par une source autre que le membre concerné lui-même ou une partie à la procédure, d'un motif possible d'exclusion ou de récusation au titre de l'article 137, paragraphe 3, du règlement (CE) n° 207/2009, la procédure prévue à l'article 137, paragraphe 4, du règlement (CE) n° 207/2009 s'applique.

3. La procédure est suspendue jusqu'à ce qu'une décision soit prise sur les mesures à adopter en application de l'article 137, paragraphe 4, du règlement (CE) n° 207/2009.

V. note avant l'art. 21.

Art. 45 *Grande chambre.* **1.** La liste comprenant les noms de tous les membres des chambres de recours autres que le président des chambres de recours et les présidents de chambre aux fins de tirer par rotation les membres de la grande chambre visés à l'article 136 *bis*, paragraphe 2, du règlement (CE) n° 207/2009 est établie selon le rang d'ancienneté déterminé conformément à l'article 43, paragraphe 1, du présent règlement. Lorsqu'un recours a été déféré à la grande chambre conformément à l'article 135, paragraphe 3, point b), du règlement (CE) n° 207/2009, celle-ci comprend le rapporteur désigné avant le renvoi.

2. L'article 40 s'applique au président des chambres de recours agissant en qualité de président de la grande chambre. L'article 41 s'applique au rapporteur devant la grande chambre.

3. Lorsque le président des chambres de recours est dans l'impossibilité d'agir en tant que président de la grande chambre du fait d'un empêchement, il est remplacé dans cette fonction et, le cas échéant, en tant que rapporteur devant la grande chambre, sur la base de l'ancienneté déterminée conformément à l'article 43, paragraphe 1, par le président de chambre le plus ancien. En cas d'empêchement d'un membre de la grande chambre, ce membre est remplacé par un autre membre des chambres de recours qui doit être désigné conformément à l'article 136 *bis*, paragraphe 2, du règlement (CE) n° 207/2009 et au paragraphe 1 du présent article. L'article 43, paragraphes 4 et 5, du présent règlement s'applique *mutatis mutandis*.

4. La grande chambre ne délibère ou vote sur les affaires et la procédure orale n'a lieu devant la grande chambre que si sept au moins de ses membres sont présents, dont son président et le rapporteur.

5. L'article 39, paragraphes 1 à 5, s'applique au délibéré et au vote de la grande chambre. En cas de partage des voix, la voix du président est prépondérante.

6. L'article 32 s'applique aux décisions de la grande chambre et, mutatis mutandis, à ses avis motivés, au sens de l'article 128, paragraphe 4, point l), du règlement (CE) n° 207/2009.

V. note avant l'art. 21.

Art. 46 *Présidium des chambres de recours.* 1. Le présidium des chambres de recours assume les fonctions suivantes :

a) décider de la constitution des chambres de recours ;

b) déterminer les critères objectifs d'attribution des affaires aux chambres de recours et statuer sur tout conflit en ce qui concerne leur application ;

c) sur proposition du président des chambres de recours, déterminer les besoins financiers des chambres afin d'établir l'état prévisionnel des dépenses de l'Office ;

d) fixer son règlement intérieur ;

e) fixer des règles pour le traitement de l'exclusion et de la récusation des membres conformément à l'article 137 du règlement (CE) n° 207/2009 ;

f) définir les consignes de travail du greffe ;

g) prendre toute autre mesure aux fins de l'exercice de ses fonctions de fixation des règles et d'organisation du travail des chambres de recours au titre de l'article 135, paragraphe 3, point a), et de l'article 136, paragraphe 4, point a), du règlement (CE) n° 207/2009.

2. Le présidium ne peut valablement délibérer que si deux tiers au moins de ses membres, y compris le président du présidium, et la moitié des présidents de chambre sont présents, ce nombre étant arrondi si nécessaire à l'unité supérieure. Les décisions du présidium sont prises à la majorité des voix. En cas de partage des voix, la voix du président est prépondérante.

3. Les décisions prises par le présidium en vertu de l'article 43, paragraphe 1, de l'article 45, paragraphe 1, et du paragraphe 1, points a) et b), du présent article sont publiées au *Journal officiel* de l'Office.

V. note avant l'art. 21.

Art. 47 *Président des chambres de recours.* 1. En cas d'empêchement du président des chambres de recours, au sens de l'article 43, paragraphe 4, les fonctions de gestion et d'organisation conférées au président des chambres de recours par l'article 136, paragraphe 4, du règlement (CE) n° 207/2009 sont exercées, sur la base de l'ancienneté déterminée conformément à l'article 43, paragraphe 1, du présent règlement, par le président de chambre le plus ancien.

2. Lorsque le poste de président des chambres de recours est vacant, les fonctions dudit président sont exercées par intérim, sur la base de l'ancienneté déterminée conformément à l'article 43, paragraphe 1, par le président de chambre le plus ancien.

V. note avant l'art. 21.

Art. 48 *Applicabilité aux procédures de recours des dispositions relatives à d'autres procédures.* Sauf dispositions contraires du présent titre, les dispositions relatives aux procédures devant l'instance de l'Office qui a adopté la décision objet d'un recours s'appliquent mutatis mutandis aux procédures de recours.

V. note avant l'art. 21.

TITRE VI Procédure orale et instruction

Les dispositions du titre VI ne s'appliquent pas aux procédures orales ouvertes avant le 1er oct. 2017 ou aux preuves écrites lorsque le délai pour leur présentation a commencé à courir avant cette date. Les Règl. (CE) n° 2868/95 du 13 déc. 1995 et (CE) n° 216/96 du 5 févr. 1996 continuent de s'appliquer aux procédures en cours avant la date susmentionnée jusqu'à leur terme (V. le présent Règl., art. 80 et 81).

Art. 49 *Convocation à la procédure orale.* 1. Les parties sont convoquées à la procédure orale prévue à l'article 77 du règlement (CE) n° 207/2009 et leur attention est attirée sur le paragraphe 3 du présent article.

2. Lors de la convocation, l'Office demande, le cas échéant, aux parties de fournir tous les documents et informations utiles avant l'audition. L'Office peut inviter les parties à se concentrer sur une ou plusieurs questions déterminées durant la procédure orale. Il peut également offrir aux parties la possibilité de prendre part à la procédure orale par vidéoconférence ou par tout autre moyen technique de communication.

3. Si une partie régulièrement convoquée à une procédure orale devant l'Office ne comparaît pas, la procédure peut être poursuivie en son absence.

4. L'Office s'assure que l'affaire est en état de faire l'objet d'une décision à la clôture de la procédure orale, à moins que des raisons particulières ne s'y opposent.

V. note avant l'art. 49.

Art. 50 *Langues de la procédure orale.* 1. La procédure orale se déroule dans la langue de procédure, à moins que les parties conviennent d'utiliser une autre langue officielle de l'Union.

2. L'Office peut communiquer dans la procédure orale dans une autre langue officielle de l'Union et autoriser une partie à le faire, à sa demande, pour autant que l'interprétation simultanée puisse être assurée dans la langue de procédure. Les frais liés à la fourniture de l'interprétation simultanée sont pris en charge par la partie qui a fait la demande ou par l'Office selon le cas.

V. note avant l'art. 49.

Art. 51 *Audition des parties, témoins ou experts et inspection.* 1. Lorsque l'Office estime nécessaire d'entendre des parties, des témoins ou des experts ou de procéder à une inspection, il prend à cet effet une décision provisoire qui énonce la mesure d'instruction envisagée, les faits pertinents à prouver, ainsi que les jour, heure et lieu d'audition ou d'inspection. Lorsque l'audition de témoins ou d'experts est demandée par une partie, l'Office détermine, dans sa décision, le délai dans lequel cette partie doit communiquer à l'Office les noms et adresses des témoins ou des experts.

2. La convocation des parties, des témoins ou des experts contient :

a) un extrait de la décision visée au paragraphe 1, précisant les jour, heure et lieu où il sera procédé à l'audition ordonnée ainsi que les faits sur lesquels les parties, témoins et experts seront entendus ;

b) les noms des parties à la procédure et l'indication des droits dont les témoins et les experts peuvent se prévaloir en vertu des dispositions de l'article 54, paragraphes 2 à 5.

La convocation offre également aux témoins ou experts invités à comparaître la possibilité de prendre part à la procédure orale par vidéoconférence ou par tout autre moyen technique de communication.

3. L'article 50, paragraphe 2, s'applique *mutatis mutandis.*

V. note avant l'art. 49.

Art. 52 *Commission et avis d'experts.* 1. L'Office décide de la forme sous laquelle un avis doit être présenté par un expert.

2. Le mandat de l'expert doit contenir les renseignements suivants :

a) une description précise de sa mission ;

b) le délai qui lui est imparti pour la présentation de son avis ;

c) les noms des parties à la procédure ;

d) l'indication des droits dont l'expert peut se prévaloir en vertu de l'article 54, paragraphes 2, 3 et 4.

3. Lorsqu'un expert est désigné, son avis est présenté dans la langue de procédure ou est accompagné d'une traduction dans cette langue. Un exemplaire de l'avis écrit, et de la traduction si nécessaire, est remis aux parties.

4. Les parties peuvent récuser un expert au motif de son incompétence ou pour les mêmes motifs que ceux pour lesquels un examinateur ou un membre d'une division ou d'une chambre de recours peuvent être récusés conformément à l'article 137, paragraphes 1 et 3, du règlement (CE) n° 207/2009. Toute récusation d'un expert est présentée dans la langue de procédure ou est accompagnée d'une traduction dans cette langue. L'instance de l'Office concernée statue sur la récusation.

V. note avant l'art. 49.

Art. 53 *Procès-verbaux de la procédure orale.* 1. La procédure orale et l'instruction orale donnent lieu à l'établissement de procès-verbaux contenant :

a) le numéro de l'affaire à laquelle la procédure orale se rapporte et la date de la procédure orale ;

b) le nom des agents de l'Office, des parties, de leurs représentants, ainsi que des témoins et experts présents ;

c) les conclusions et demandes présentées par les parties ;

d) les mesures d'instruction ;

e) le cas échéant, les ordonnances ou la décision prises par l'Office.

2. Les procès-verbaux font partie intégrante du dossier de demande ou d'enregistrement correspondants de la marque de l'Union européenne. Ils sont notifiés aux parties.

3. Lorsque la procédure orale ou l'instruction devant l'Office sont enregistrées, l'enregistrement remplace le procès-verbal et le paragraphe 2 s'applique *mutatis mutandis.*

V. note avant l'art. 49.

Art. 54 *Coût de l'instruction dans la procédure orale.* 1. L'Office peut subordonner l'exécution de l'instruction au dépôt auprès de l'Office, par la partie qui a demandé l'instruction, d'une provision dont il fixe le montant sur la base d'une estimation des frais.

2. Les témoins et les experts qui ont été convoqués par l'Office et comparaissent devant lui ont droit au remboursement, dans des limites raisonnables, des frais de déplacement et de séjour qui pourraient avoir été exposés. Une avance sur ces frais peut leur être accordée par l'Office.

3. Les témoins qui ont droit au remboursement en vertu du paragraphe 2 ont, en outre, droit à une indemnité appropriée pour compenser leur manque à gagner et les experts ont droit à des honoraires pour la rémunération de leurs travaux. Cette indemnité est payée aux témoins après l'accomplissement de leurs obligations et les honoraires sont payés aux experts après l'accomplissement de leur mission, lorsque ces témoins et ces experts ont été convoqués par l'Office de sa propre initiative.

4. Les montants et les avances sur frais payables en vertu des paragraphes 1, 2 et 3 sont fixés par le directeur exécutif et publiés au *Journal officiel* de l'Office. Les montants sont calculés sur une base identique à celle prévue par le statut des fonctionnaires de l'Union et le régime applicable aux autres agents de l'Union, fixés par le règlement (CEE, Euratom, CECA) n° 259/68 du Conseil *[du 29 févr. 1968 (statut des fonctionnaires)]* et son annexe VII.

5. Les sommes dues ou payées en vertu des paragraphes 1 à 4 sont imputables :

a) à l'Office, lorsque celui-ci a, de sa propre initiative, convoqué les témoins ou les experts ;

b) à la partie qui a demandé l'audition des témoins ou des experts, sous réserve de la décision relative à la répartition et à la fixation des frais prise en application des articles 85 et 86 du règlement (CE) n° 207/2009 et de l'article 18 du règlement d'exécution (UE). Cette partie est tenue de rembourser à l'Office toute avance dûment payée sur les frais.

V. note avant l'art. 49.

Art. 55 *Examen des preuves écrites.* 1. L'Office examine toutes les preuves recueillies au cours de l'instruction dans une procédure pendante devant lui dans la mesure nécessaire pour prendre une décision dans la procédure en question.

2. Les pièces ou autres éléments de preuve sont contenus dans les annexes d'un dossier qui sont numérotées dans l'ordre. Le dossier contient un index indiquant, pour chaque pièce ou élément de preuve produit en annexe :

a) le numéro de l'annexe ;

b) une brève description de la pièce ou de l'élément et, le cas échéant, le nombre de pages ;

c) le numéro de page du dossier où la pièce ou l'élément est mentionné.

La partie présentant le dossier peut également indiquer, dans l'index des annexes, les parties spécifiques d'une pièce qu'elle invoque à l'appui de son argumentation.

3. Lorsque le dossier ou les annexes ne sont pas conformes aux exigences énoncées au paragraphe 2, l'Office peut inviter la partie les ayant présentés à remédier à toute irrégularité, dans le délai imparti par l'Office.

4. Lorsqu'il n'est pas remédié à cette irrégularité dans le délai imparti par l'Office et que ce dernier n'est toujours pas en mesure d'établir clairement à quels moyens ou arguments une pièce ou un élément de preuve renvoie, cette pièce ou cet élément de preuve n'est pas pris en considération.

V. note avant l'art. 49.

TITRE VII Notifications adressées par l'office

Les dispositions du titre VII ne s'appliquent pas aux notifications effectuées avant le 1er oct. 2017. Les Règl. (CE) n° 2868/95 du 13 déc. 1995 et (CE) n° 216/96 du 5 févr. 1996 continuent de s'appliquer aux procédures en cours avant cette date jusqu'à leur terme (V. le présent Regl., art. 80 et 81).

Art. 56 *Dispositions générales en matière de notification.* 1. Dans les procédures devant l'Office, les notifications auxquelles l'Office procède sont conformes à l'article 75, paragraphe 2, du règlement (CE) n° 207/2009 et consistent en la transmission du document à notifier aux parties concernées. La transmission peut être effectuée en fournissant un accès électronique à ce document.

2. Les notifications sont faites par :

a) voie électronique, conformément à l'article 57 ;

b) courrier postal ou service de messagerie, conformément à l'article 58 ; ou

c) voie de publication conformément à l'article 59.

3. Lorsque le destinataire a indiqué ses coordonnées pour la communication par voie électronique, l'Office a le choix entre ce moyen et la notification par courrier postal ou service de messagerie.

V. note avant l'art. 56.

Art. 57 *Notification par voie électronique.* 1. La notification par voie électronique couvre la transmission par câble, par radio, par des moyens optiques ou par d'autres moyens électromagnétiques, y compris l'internet. – *V. note avant l'art. 56.*

2. Le directeur exécutif arrête les modalités relatives aux moyens électroniques spécifiques à utiliser, la manière dont les moyens électroniques seront utilisés et le délai de notification par voie électronique.

Art. 58 *Notification par courrier postal ou service de messagerie.* 1. Nonobstant l'article 56, paragraphe 3, les décisions qui font courir un délai de recours, les convocations et autres documents dont la liste est arrêtée par le directeur exécutif sont notifiés par service de messagerie ou par courrier recommandé, avec accusé de réception dans les deux cas. Toutes les autres notifications sont faites soit par service de messagerie ou courrier recommandé, avec ou sans accusé de réception, soit par courrier ordinaire.

2. Nonobstant l'article 56, paragraphe 3, les notifications aux destinataires qui n'ont ni domicile ni siège ni établissement industriel ou commercial effectif et sérieux dans l'Espace économique européen ("EEE") et qui n'ont pas désigné de représentant conformément à l'article 92, paragraphe 2, du règlement (CE) n° 207/2009 sont effectuées par l'envoi des documents à notifier par courrier ordinaire.

3. Lorsque la notification est faite par service de messagerie ou courrier recommandé, avec ou sans accusé de réception, celle-ci est réputée avoir été remise à son destinataire le dixième jour après son envoi, à moins que la lettre ne soit pas parvenue au destinataire ou ne lui soit parvenue qu'à une date ultérieure. En cas de contestation, il incombe à l'Office d'établir que la lettre est parvenue à destination ou d'établir, le cas échéant, la date de sa remise au destinataire.

4. La notification par service de messagerie ou courrier recommandé est réputée faite, même si le destinataire refuse la lettre.

5. La notification par courrier ordinaire est réputée faite le dixième jour suivant l'envoi.

V. note avant l' art. 56.

Art. 59 *Notification par voie de publication.* S'il n'est pas possible de connaître l'adresse du destinataire ou si la notification prévue par l'article 56, paragraphe 2, points a) et b), n'a pu être effectuée, après au moins une tentative, la notification est faite par voie de publication.

V. note avant l'art. 56.

Art. 60 *Notification aux représentants.* 1. Lorsqu'un représentant a été désigné ou lorsque le demandeur cité en premier lieu dans une demande commune est réputé être le représentant commun conformément à l'article 73, paragraphe 1, les notifications sont faites au représentant désigné ou au représentant commun.

2. Lorsqu'une seule partie a désigné plusieurs représentants, la notification est effectuée conformément à l'article 2, paragraphe 1, point e), du règlement d'exécution (UE). Lorsque

plusieurs parties ont désigné un représentant commun, il suffit que la notification du document soit faite audit représentant en un seul exemplaire.

3. Une notification ou autre communication adressée par l'Office à un représentant dûment agréé produit les mêmes effets que si elle était adressée à la personne représentée.

V. note avant l'art. 56.

Art. 61 *Vices de la notification.* Lorsqu'un document est parvenu au destinataire et que l'Office n'est pas en mesure de prouver qu'il a été dûment notifié, ou que les dispositions applicables à sa notification n'ont pas été respectées, le document est réputé notifié à la date établie comme date de réception.

V. note avant l'art. 56.

Art. 62 *Notification des documents lorsque plusieurs personnes sont parties à une procédure.* Les documents émanant des parties sont notifiés d'office aux autres parties. La notification est facultative lorsque le document considéré ne contient aucun élément nouveau et que l'état d'avancement du dossier permet de statuer.

V. note avant l'art. 56.

TITRE VIII *Communications écrites et formulaires*

Les dispositions du titre VIII ne s'appliquent pas aux communications reçues et aux formulaires mis à disposition avant le 1er oct. 2017. Les Règl. (CE) nº 2868/95 du 13 déc. 1995 et (CE) nº 216/96 du 5 févr. 1996 continuent de s'appliquer aux procédures en cours avant cette date jusqu'à leur terme (V. le présent Règl., art. 80 et 81).

Art. 63 *Transmission des communications à l'Office par écrit ou par d'autres moyens.* 1. Les demandes d'enregistrement d'une marque de l'Union européenne ainsi que les autres demandes prévues par le règlement (CE) nº 207/2009 et toutes les autres communications adressées à l'Office sont transmises à ce dernier de la manière suivante :

a) par la transmission d'une communication par voie électronique, auquel cas l'indication du nom de l'expéditeur vaut signature ;

b) par la transmission à l'Office d'un original signé du document correspondant par courrier postal ou service de messagerie.

2. Dans les procédures devant l'Office, la date à laquelle une communication est parvenue à l'Office est réputée être sa date de dépôt ou de transmission.

3. Lorsqu'une communication reçue par voie électronique est incomplète ou illisible, ou que l'Office a des doutes sérieux quant à l'intégrité des données transmises, il en informe l'expéditeur et l'invite, dans le délai qu'il lui impartit, à lui renvoyer l'original ou à lui fournir l'original conformément au paragraphe 1, point b). Lorsque cette demande est satisfaite dans le délai imparti, la date de réception du document renvoyé ou de l'original est réputée être la date de réception de la communication initiale. Toutefois, lorsque l'irrégularité concerne l'attribution d'une date de dépôt pour une demande d'enregistrement d'une marque, les dispositions régissant la date de dépôt s'appliquent. Lorsque la demande n'est pas satisfaite dans le délai imparti, la communication est réputée n'être jamais parvenue.

V. note avant l'art. 63.

Art. 64 *Annexes des communications transmises par courrier postal ou service de messagerie.* 1. Les annexes des communications peuvent être transmises sur des supports de données conformément aux spécifications techniques définies par le directeur exécutif.

2. Lorsqu'une communication comportant des annexes est transmise conformément à l'article 63, paragraphe 1, point b), par une partie dans une procédure impliquant plusieurs parties, cette partie doit présenter autant de copies des annexes qu'il y a de parties à la procédure. Les annexes sont indexées selon les exigences prévues à l'article 55, paragraphe 2.

V. note avant l'art. 63.

Art. 65 *Formulaires.* 1. L'Office fournit gratuitement au public des formulaires, qui peuvent être remplis en ligne, aux fins suivantes :

a) le dépôt d'une demande de marque de l'Union européenne comprenant, le cas échéant, des demandes de rapports de recherche ;

b) l'opposition ;

c) la demande en déchéance de droits ;

d) la demande en nullité ou de cession d'une marque de l'Union européenne ;

e) la demande d'enregistrement d'un transfert, ainsi que le formulaire ou document de transfert visé à l'article 13, paragraphe 3, point d), du règlement d'exécution (UE) ;

f) la demande d'enregistrement d'une licence ;
g) la demande de renouvellement d'une marque de l'Union européenne ;
h) la formation d'un recours ;
i) la désignation d'un représentant, sous forme d'un pouvoir individuel ou d'un pouvoir général ;
j) le dépôt, auprès de l'Office, d'une demande internationale ou d'une désignation subséquente au titre du protocole relatif à l'arrangement de Madrid concernant l'enregistrement international des marques, adopté à Madrid le 27 juin 1989 *[JOUE L 296 du 14 nov. 2003, p. 22]*.

2. Les parties à la procédure devant l'Office peuvent également utiliser :
a) les formulaires prévus par le traité sur le droit des marques ou à la suite des recommandations de l'assemblée de l'Union de Paris pour la protection de la propriété industrielle ;
b) à l'exception du formulaire visé au paragraphe 1, point i), des formulaires présentant le même contenu et le même format que ceux visés au paragraphe 1.

3. L'Office fournit les formulaires visés au paragraphe 1 dans toutes les langues officielles de l'Union.

V. note avant l'art. 63.

Art. 66 *Communications adressées par les représentants.* Toute communication adressée à l'Office par un représentant dûment agréé produit les mêmes effets que si elle émanait de la personne représentée.

V. note avant l'art. 63.

TITRE IX Délais

Les dispositions du titre IX ne s'appliquent pas aux délais fixés avant le 1er oct. 2017. Les Règl. (CE) nº 2868/95 du 13 déc. 1995 et (CE) nº 216/96 du 5 févr. 1996 continuent de s'appliquer aux procédures en cours avant cette date jusqu'à leur terme (V. le présent Règl., art. 80 et 81).

Art. 67 *Commencement et durée des délais.* 1. Un délai commence à courir le jour suivant la date de l'événement qui fait courir le délai, qu'il s'agisse d'un acte de procédure ou de l'expiration d'un autre délai. Sauf disposition contraire, lorsque l'acte de procédure est une notification, la réception du document notifié constitue l'événement qui fait courir le délai.

2. Lorsqu'un délai est exprimé en une ou plusieurs années, il expire, dans l'année à prendre en considération, le mois du même nom et le jour portant le même quantième que le mois et le jour de l'événement qui fait courir le délai. A défaut de quantième identique, le délai considéré expire le dernier jour de ce mois.

3. Lorsqu'un délai est exprimé en un ou plusieurs mois, il expire, dans le mois à prendre en considération, le jour portant le même quantième que le jour de l'événement qui fait courir le délai. Lorsque le mois à prendre en considération ne compte pas de jour portant le même quantième, ledit délai expire le dernier jour de ce mois.

4. Lorsqu'un délai est exprimé en une ou plusieurs semaines, il expire, dans la semaine à prendre en considération, le jour portant le même quantième que le jour de l'événement qui fait courir le délai.

V. note avant l'art. 67.

Art. 68 *Prorogation des délais.* Sous réserve de délais spécifiques ou maximaux fixés dans le règlement (CE) nº 207/2009, le règlement d'exécution (UE) ou le présent règlement, l'Office peut accorder une prorogation de délai sur demande motivée. Cette demande est présentée par la partie concernée avant l'expiration du délai en question. Lorsqu'il y a deux parties ou plus, l'Office peut subordonner la prorogation d'un délai à l'accord des autres parties.

V. note avant l'art. 67.

Art. 69 *Expiration des délais dans des cas particuliers.* 1. Lorsqu'un délai expire, soit un jour où on ne peut déposer de documents auprès de l'Office, soit un jour où le courrier ordinaire n'est pas distribué dans la localité du siège de l'Office, pour des raisons autres que celles indiquées au paragraphe 2, le délai est prorogé jusqu'au premier jour où les documents peuvent être déposés et où le courrier ordinaire est distribué.

2. Lorsqu'un délai expire soit un jour où se produit une interruption générale de la distribution du courrier dans l'État membre où l'Office a son siège, soit, si et dans la mesure où le directeur exécutif a autorisé les communications par des moyens électroniques conformément à l'article 79 *ter*, paragraphe 1, du règlement (CE) nº 207/2009, un jour où se pro-

duit une interruption effective de la connexion de l'Office à ces moyens de communication électroniques, le délai est prorogé jusqu'au premier jour où les documents peuvent être déposés auprès de l'Office et où le courrier ordinaire est distribué ou jusqu'à ce que la connexion de l'Office auxdits moyens électroniques soit rétablie.

V. note avant l'art. 67.

TITRE X *Révocation d'une décision*

Les dispositions du titre X ne s'appliquent pas aux révocations de décisions ou aux inscriptions dans le registre intervenues avant le 1er oct. 2017. Les Règl. (CE) n° 2868/95 du 13 déc. 1995 et (CE) n° 216/96 du 5 févr. 1996 continuent de s'appliquer aux procédures en cours avant cette date jusqu'à leur terme (V. le présent Règl., art. 80 et 81).

Art. 70 *Révocation d'une décision ou suppression d'une inscription dans le registre.* **1. Lorsque l'Office constate, de sa propre initiative ou sur indication fournie par l'une des parties à la procédure, qu'une décision doit être révoquée ou une inscription dans le registre supprimée conformément à l'article 80 du règlement (CE) n° 207/2009, il informe la partie concernée de la révocation ou suppression envisagée.**

2. La partie concernée peut présenter des observations sur la révocation ou suppression envisagée dans le délai imparti par l'Office.

3. Lorsque la partie concernée accepte la révocation ou la suppression envisagée ou ne présente pas d'observations dans le délai imparti, l'Office ordonne la révocation de la décision ou la suppression de l'inscription dans le registre. Si la partie concernée n'accepte pas la révocation ou suppression, l'Office rend une décision à ce sujet.

4. Lorsque la révocation ou suppression envisagée est susceptible de concerner plus d'une partie, les paragraphes 1, 2 et 3 s'appliquent *mutatis mutandis*. Dans ces cas, les observations présentées par l'une des parties en vertu du paragraphe 3 sont toujours communiquées à l'autre ou aux autres parties en les invitant à présenter leurs observations.

5. Lorsque la révocation d'une décision ou la suppression d'une inscription dans le registre affecte une décision ou une inscription publiée, la révocation ou la suppression est également publiée.

6. L'instance ou l'unité ayant pris la décision est compétente pour la révocation ou la suppression conformément aux paragraphes 1 à 4.

V. note avant l'art. 70.

TITRE XI *Suspension de la procédure*

Les dispositions du titre XI ne s'appliquent pas aux suspensions demandées par les parties ou imposées par l'Office avant le 1er oct. 2017. Les Règl. (CE) n° 2868/95 du 13 déc. 1995 et (CE) n° 216/96 du 5 févr. 1996 continuent de s'appliquer aux procédures en cours avant cette date jusqu'à leur terme (V. le présent Règl., art. 80 et 81).

Art. 71 *Suspension de la procédure.* **1. En ce qui concerne les procédures d'opposition, de déchéance, de nullité ou de recours, l'instance ou la chambre de recours compétente peut suspendre la procédure :**

a) de sa propre initiative lorsque les circonstances de l'espèce justifient une telle suspension ;

b) à la demande motivée de l'une des parties dans les procédures inter partes lorsque les circonstances de l'espèce justifient une suspension, en prenant en considération les intérêts des parties et le stade de la procédure.

2. A la demande des deux parties dans les procédures *inter partes*, l'instance ou la chambre de recours compétente suspend la procédure pour un délai demandé par les parties, qui ne peut dépasser six mois. Cette suspension peut être prolongée sur demande des deux parties jusqu'à un maximum de deux ans.

3. Les délais liés à la procédure en question, à l'exception des délais de paiement de la taxe applicable, cessent de courir à compter de la date de suspension. Sans préjudice de l'article 137 *bis*, paragraphe 5, du règlement (CE) n° 207/2009, les délais recommencent à courir à compter du jour de la reprise de la procédure.

4. S'il y a lieu, dans les circonstances de l'espèce, les parties peuvent être invitées à présenter leurs observations sur la suspension ou la reprise de la procédure.

V. note avant l'art. 71.

TITRE XII *Interruption de la procédure*

Les dispositions du titre XII ne s'appliquent pas aux procédures interrompues avant le 1er oct. 2017. Les Règl. (CE) n° 2868/95 du 13 déc. 1995 et (CE) n° 216/96 du 5 févr. 1996 continuent de s'appliquer aux procédures en cours avant cette date jusqu'à leur terme (V. le présent Règl., art. 80 et 81).

Art. 72 *Reprise de la procédure.* 1. Lorsque la procédure devant l'Office est interrompue conformément à l'article 82 *bis*, paragraphe 1, du règlement (CE) n° 207/2009, l'Office est informé de l'identité de la personne habilitée à la poursuivre conformément à l'article 82 *bis*, paragraphe 2, du règlement (CE) n° 207/2009. L'Office informe cette personne ainsi que les tiers intéressés de la reprise de la procédure à compter d'une date qu'il lui appartient de fixer.

2. Lorsque, dans un délai de trois mois à compter du début de l'interruption de la procédure conformément à l'article 82 *bis*, paragraphe 1, point c), du règlement (CE) n° 207/2009, l'Office n'a pas reçu l'information relative à la désignation d'un nouveau représentant, il communique au demandeur ou au titulaire de la marque de l'Union européenne les informations suivantes :

a) lorsque l'article 92, paragraphe 2, du règlement (CE) n° 207/2009 s'applique, la demande de marque de l'Union européenne est réputée retirée si l'information n'est pas transmise dans les deux mois qui suivent cette communication ;

b) lorsque l'article 92, paragraphe 2, du règlement (CE) n° 207/2009 ne s'applique pas, la procédure reprend avec le demandeur ou le titulaire de la marque de l'Union européenne à compter de la date à laquelle cette communication est notifiée.

3. Les délais en cours à l'égard du demandeur ou du titulaire de la marque de l'Union européenne à la date d'interruption de la procédure, à l'exception du délai de paiement des taxes de renouvellement, recommencent à courir à compter du jour de la reprise de la procédure.

V. note avant l'art. 72.

TITRE XIII *Représentation*

Art. 73 *Désignation d'un représentant commun.* 1. Lorsqu'il y a plus d'un demandeur et que la demande de marque de l'Union européenne ne désigne pas de représentant commun, le demandeur cité en premier lieu dans la demande ayant son domicile ou son siège ou un établissement industriel ou commercial effectif et sérieux dans l'EEE, ou son représentant s'il a été désigné, est réputé être le représentant commun. Lorsque l'ensemble des demandeurs sont soumis à l'obligation de désigner un mandataire agréé, le mandataire agréé qui est cité en premier lieu dans la demande est réputé être le représentant commun. Ces dispositions s'appliquent mutatis mutandis aux tiers agissant conjointement pour former opposition ou pour présenter une demande en déchéance ou en nullité, ainsi qu'aux cotitulaires d'une marque de l'Union européenne.

2. Lorsque, au cours de la procédure, un transfert intervient au profit de plusieurs personnes et que ces personnes n'ont pas désigné de représentant commun, le paragraphe 1 s'applique. Lorsqu'une telle désignation n'est pas possible, l'Office invite ces personnes à désigner un représentant commun dans un délai de deux mois. S'il n'est pas déféré à cette invitation, l'Office désigne lui-même le représentant commun.

Ces dispositions ne s'appliquent pas aux demandes de marque de l'Union européenne déposées avant le 1er oct. 2017. Les Règl. (CE) n° 2868/95 du 13 déc. 1995 et (CE) n° 216/96 du 5 févr. 1996 continuent de s'appliquer aux procédures en cours avant cette date jusqu'à leur terme (V. le présent Règl., art. 80 et 81).

Art. 74 *Autorisations.* 1. Les employés qui agissent pour des personnes physiques ou morales au sens de l'article 92, paragraphe 3, du règlement (CE) n° 207/2009, ainsi que les avocats et les mandataires agréés inscrits sur la liste tenue par l'Office conformément à l'article 93, paragraphe 2, du règlement (CE) n° 207/2009 déposent auprès de l'Office un pouvoir signé qui doit être versé au dossier en application de l'article 92, paragraphe 3, et de l'article 93, paragraphe 1, du règlement (CE) n° 207/2009 uniquement lorsque l'Office le demande expressément ou lorsque plusieurs parties participent à la procédure dans laquelle le représentant agit devant l'Office et que l'autre partie à la procédure le demande expressément.

2. Lorsque, en application de l'article 92, paragraphe 3, ou de l'article 93, paragraphe 1, du règlement (CE) n° 207/2009, un pouvoir signé doit être déposé, ce pouvoir peut être

déposé dans n'importe quelle langue officielle de l'Union. Il peut porter sur une ou plusieurs demandes ou marques enregistrées ou peut se présenter sous la forme d'un pouvoir général autorisant le représentant à agir dans toutes les procédures devant l'Office auxquelles la personne ayant donné pouvoir est partie.

3. L'Office détermine un délai dans lequel ce pouvoir doit être déposé. Lorsque le pouvoir n'est pas déposé en temps utile, la procédure est poursuivie avec la personne représentée. Les actes de procédure accomplis par le représentant, à l'exception du dépôt de la demande, sont réputés non avenus si la personne représentée ne les confirme pas dans un délai fixé par l'Office.

4. Les dispositions des paragraphes 1 et 2 s'appliquent *mutatis mutandis* à la révocation du pouvoir.

5. Tout représentant dont le pouvoir s'est éteint conserve sa qualité de représentant jusqu'à ce que l'Office ait été informé du fait que ce pouvoir s'est éteint.

6. Sauf disposition contraire dans le pouvoir, celui-ci ne s'éteint pas automatiquement, à l'égard de l'Office, au décès de la personne représentée.

7. Lorsque la désignation d'un représentant est communiquée à l'Office, les nom et adresse professionnelle du représentant sont indiqués conformément à l'article 2, paragraphe 1, point e), du règlement d'exécution (UE). Lorsqu'un représentant déjà désigné comparaît devant l'Office, il indique le nom et le numéro d'identification qui lui ont été attribués par l'Office. Si une partie désigne plusieurs représentants, ceux-ci peuvent, nonobstant toute disposition contraire du pouvoir, agir soit en commun, soit séparément.

8. La désignation d'un groupement de représentants est réputée conférer pouvoir d'agir à tout représentant qui exerce son activité au sein dudit groupement.

Ces dispositions ne s'appliquent pas aux représentants désignés avant le 1er oct. 2017. Les Règl. (CE) n° 2868/95 du 13 déc. 1995 et (CE) n° 216/96 du 5 févr. 1996 continuent de s'appliquer aux procédures en cours avant cette date jusqu'à leur terme (V. le présent Règl., art. 80 et 81).

Art. 75 *Modification de la liste des mandataires agréés.* **1. Conformément à l'article 93, paragraphe 5, du règlement (CE) n° 207/2009, l'inscription d'un mandataire agréé est radiée automatiquement :**

a) en cas de décès ou d'incapacité juridique ;

b) lorsque le mandataire agréé ne possède plus la nationalité de l'un des États membres de l'EEE, à moins que le directeur exécutif n'ait accordé une dérogation en vertu de l'article 93, paragraphe 4, point b), du règlement (CE) n° 207/2009 ;

c) lorsque le mandataire agréé n'a plus son domicile professionnel ou le lieu de son emploi dans l'EEE ;

d) lorsque le mandataire agréé n'est plus habilité au sens de l'article 93, paragraphe 2, point c), première phrase, du règlement (CE) n° 207/2009.

2. L'Office suspend de sa propre initiative l'inscription de tout mandataire agréé dont l'habilitation à représenter des personnes physiques ou morales devant l'Office Benelux de la propriété intellectuelle ou le service central de la propriété industrielle d'un État membre, telle que visée à l'article 93, paragraphe 2, point c), première phrase, du règlement (CE) n° 207/2009, a été suspendue.

3. Lorsque les conditions de la radiation ne sont plus réunies, toute personne dont l'inscription a été radiée est, sur requête accompagnée d'une attestation conformément à l'article 93, paragraphe 3, du règlement (CE) n° 207/2009, réinscrite sur la liste des mandataires agréés.

4. L'Office Benelux de la propriété intellectuelle et les services centraux de la propriété industrielle des États membres concernés, dans la mesure où ils ont connaissance de tout fait visé aux paragraphes 1 et 2, en informent l'Office dans les plus brefs délais.

Ces dispositions ne s'appliquent pas aux inscriptions sur la liste des représentants professionnels effectuées avant le 1er oct. 2017. Les Règl. (CE) n° 2868/95 du 13 déc. 1995 et (CE) n° 216/96 du 5 févr. 1996 continuent de s'appliquer aux procédures en cours avant cette date jusqu'à leur terme (V. le présent Règl., art. 80 et 81).

TITRE XIV Procédures relatives à l'enregistrement international des marques

Les dispositions du titre XIV ne s'appliquent pas aux enregistrements internationaux désignant l'Union avant le 1er oct. 2017. Les Règl. (CE) n° 2868/95 du 13 déc. 1995 et (CE) n° 216/96 du 5 févr. 1996 continuent de s'appliquer aux procédures en cours avant cette date jusqu'à leur terme (V. le présent Règl., art. 80 et 81).

Art. 76 *Marques collectives et marques de certification.* **1. Sans préjudice de l'article 154 du règlement (CE) n° 207/2009, lorsqu'un enregistrement international désignant l'Union est**

traité comme une marque collective de l'Union européenne ou comme une marque de certification de l'Union européenne conformément à l'article 154 *bis*, paragraphe 1, du règlement (CE) n° 207/2009, une notification de refus provisoire *ex officio* est également émise conformément à l'article 33 du règlement d'exécution (UE), dans les cas suivants :

a) lorsque l'un des motifs de rejet prévus à l'article 68, paragraphe 1 ou 2, du règlement (CE) n° 207/2009 en liaison avec le paragraphe 3 dudit article, ou à l'article 74 *quater*, paragraphe 1, du règlement (CE) n° 207/2009, en liaison avec le paragraphe 3 dudit article, existe ;

b) lorsque le règlement d'usage de la marque n'a pas été présenté conformément à l'article 154 *bis*, paragraphe 2, du règlement (CE) n° 207/2009.

2. La mention de la modification du règlement d'usage de la marque conformément aux articles 71 et 74 *septies* du règlement (CE) n° 207/2009 est publiée au *Bulletin des marques de l'Union européenne.*

V. note avant l'art. 76.

Art. 77 *Procédure d'opposition.* 1. Lorsque l'opposition est formée contre un enregistrement international désignant l'Union conformément à l'article 156 du règlement (CE) n° 207/2009, l'acte d'opposition contient :

a) le numéro de l'enregistrement international faisant l'objet de l'opposition ;

b) la mention des produits ou services énumérés dans l'enregistrement international à l'encontre desquels l'opposition est formée ;

c) le nom du titulaire de l'enregistrement international ;

d) les exigences prévues à l'article 2, paragraphe 2, points b) à h), du présent règlement.

2. L'article 2, paragraphes 1, 3 et 4, et les articles 3 à 10 du présent règlement s'appliquent aux fins de la procédure d'opposition se rapportant à des enregistrements internationaux désignant l'Union, moyennant le respect des conditions suivantes :

a) toute référence à une demande d'enregistrement de marque de l'Union européenne s'entend comme une référence à un enregistrement international ;

b) toute référence à un retrait de la demande d'enregistrement de marque de l'Union européenne s'entend comme une référence à la renonciation de l'enregistrement international désignant l'Union ;

c) toute référence au demandeur s'entend comme une référence au titulaire de l'enregistrement international.

3. Lorsque l'acte d'opposition est déposé avant l'expiration du délai d'un mois visé à l'article 156, paragraphe 2, du règlement (CE) n° 207/2009, il est réputé avoir été déposé le premier jour suivant l'expiration du délai d'un mois.

4. Lorsque le titulaire de l'enregistrement international doit être représenté dans les procédures engagées devant l'Office conformément à l'article 92, paragraphe 2, du règlement (CE) n° 207/2009, et que le titulaire de l'enregistrement international n'a pas déjà désigné de représentant au sens de l'article 93, paragraphe 1, du règlement (CE) n° 207/2009, la communication de l'opposition au titulaire de l'enregistrement international conformément à l'article 6, paragraphe 1, du présent règlement contient une demande de désignation d'un représentant au sens de l'article 93, paragraphe 1, du règlement (CE) n° 207/2009 dans un délai de deux mois à compter de la date de la notification de la communication.

Lorsque le titulaire de l'enregistrement international ne désigne pas de représentant dans ce délai, l'Office rend une décision par laquelle il refuse la protection de l'enregistrement international.

5. La procédure d'opposition est suspendue si un refus provisoire *ex officio* de protection est émis conformément à l'article 154 du règlement (CE) n° 207/2009. Lorsque le refus provisoire *ex officio* a conduit à une décision définitive de refus de protection de la marque, l'Office ne statue pas, rembourse la taxe d'opposition et ne rend aucune décision sur la répartition des frais.

V. note avant l'art. 76.

Art. 78 *Notification des refus provisoires fondés sur une opposition.* 1. Lorsqu'une opposition est formée contre un enregistrement international auprès de l'Office conformément à l'article 156, paragraphe 2, du règlement (CE) n° 207/2009, ou lorsqu'une opposition est réputée avoir été formée conformément à l'article 77, paragraphe 3, du présent règlement, l'Office envoie une notification de refus provisoire de protection fondé sur une opposition au Bureau international de l'Organisation mondiale de la propriété intellectuelle (ci-après dénommé "Bureau international").

2. La notification du refus provisoire de protection fondé sur une opposition contient :

a) le numéro de l'enregistrement international ;

b) l'indication que le refus est fondé sur une opposition, accompagnée d'un renvoi aux dispositions de l'article 8 du règlement (CE) n° 207/2009 sur lesquelles repose l'opposition ;
c) le nom et l'adresse de l'opposant.
3. Lorsque l'opposition se fonde sur une demande de marque ou un enregistrement, la notification visée au paragraphe 2 contient les indications suivantes :
a) la date de dépôt, la date d'enregistrement et la date de priorité, le cas échéant ;
b) le numéro de dépôt et, s'il est différent, le numéro d'enregistrement ;
c) le nom et l'adresse du titulaire ;
d) une reproduction de la marque ;
e) la liste des produits ou services sur lesquels est fondée l'opposition.
4. Lorsque le refus provisoire se rapporte à une partie seulement des produits ou services, la notification visée au paragraphe 2 fait mention de ces produits ou services.
5. L'Office communique au Bureau international les informations suivantes :
a) lorsqu'à la suite de la procédure d'opposition le refus provisoire a été retiré, le fait que la marque est protégée dans l'Union ;
b) lorsqu'une décision de refus de la protection d'une marque est devenue définitive à la suite d'un recours introduit conformément à l'article 58 du règlement (CE) n° 207/2009 ou d'un recours introduit conformément à l'article 65 du règlement (CE) n° 207/2009, le fait que la protection de la marque est refusée dans l'Union ;
c) lorsque le refus visé au point b) ne concerne qu'une partie des produits ou services, les produits ou services pour lesquels la marque est protégée dans l'Union.
6. Lorsque plus d'un refus provisoire a été émis pour un enregistrement international conformément à l'article 154, paragraphe 2, du règlement (CE) n° 207/2009 ou au paragraphe 1 du présent article, les informations visées au paragraphe 5 du présent article se rapportent au refus total ou partiel de protection de la marque en vertu des articles 154 et 156 du règlement (CE) n° 207/2009.

V. note ss. art. 76.

Art. 79 *Déclaration d'octroi de protection.* 1. Lorsque l'Office n'a pas émis de notification de refus provisoire *ex officio* conformément à l'article 154 du règlement (CE) n° 207/2009, qu'aucune opposition n'a été formée auprès de l'Office dans le délai d'opposition visé à l'article 156, paragraphe 2, du règlement (CE) n° 207/2009 et que l'Office n'a pas émis de refus provisoire *ex officio* à la suite d'observations de la part de tiers, il envoie au Bureau international une déclaration d'octroi de protection, précisant que la marque est protégée dans l'Union.
2. Aux fins de l'article 151, paragraphe 2, du règlement (CE) n° 207/2009, la déclaration d'octroi de protection visée au paragraphe 1 produit les mêmes effets qu'une déclaration de l'Office selon laquelle une notification de refus a été retirée.

V. note avant l'art. 76.

TITRE XV Dispositions finales

Art. 80 *Abrogation.* Les règlements (CE) n° 2868/95 et (CE) n° 216/96 sont abrogés. Ils continuent toutefois de s'appliquer aux procédures en cours jusqu'à leur terme lorsque le présent règlement ne s'applique pas, conformément à son article 81.

Art. 81 *Entrée en vigueur et application.* 1. Le présent règlement entre en vigueur le jour suivant celui de sa publication au *Journal officiel de l'Union européenne.*
2. Il s'applique à partir du 1er octobre 2017, sous réserve des exceptions suivantes :
a) les articles 2 à 6 ne s'appliquent pas aux actes d'opposition déposés avant la date susmentionnée ;
b) les articles 7 et 8 ne s'appliquent pas aux procédures d'opposition dont la phase contradictoire a débuté avant la date susmentionnée ;
c) l'article 9 ne s'applique pas aux suspensions intervenues avant la date susmentionnée ;
d) l'article 10 ne s'applique pas aux demandes de preuve de l'usage déposées avant la date susmentionnée ;
e) le titre III ne s'applique pas aux demandes de modification déposées avant la date susmentionnée ;
f) les articles 12 à 15 ne s'appliquent pas aux demandes en déchéance ou en nullité ou aux demandes de cession déposées avant la date susmentionnée ;
g) les articles 16 et 17 ne s'appliquent pas aux procédures dont la phase contradictoire a débuté avant la date susmentionnée ;
h) l'article 18 ne s'applique pas aux suspensions intervenues avant la date susmentionnée ;

i) l'article 19 ne s'applique pas aux demandes de preuve de l'usage déposées avant la date susmentionnée ;
j) le titre V ne s'applique pas aux recours introduits avant la date susmentionnée ;
k) le titre VI ne s'applique pas aux procédures orales ouvertes avant la date susmentionnée ou aux preuves écrites lorsque le délai pour leur présentation a commencé à courir avant cette date ;
l) le titre VII ne s'applique pas aux notifications effectuées avant la date susmentionnée ;
m) le titre VIII ne s'applique pas aux communications reçues et aux formulaires mis à disposition avant la date susmentionnée ;
n) le titre IX ne s'applique pas aux délais fixés avant la date susmentionnée ;
o) le titre X ne s'applique pas aux révocations de décisions ou aux inscriptions dans le registre intervenues avant la date susmentionnée ;
p) le titre XI ne s'applique pas aux suspensions demandées par les parties ou imposées par l'Office avant la date susmentionnée ;
q) le titre XII ne s'applique pas aux procédures interrompues avant la date susmentionnée ;
r) l'article 73 ne s'applique pas aux demandes de marque de l'Union européenne déposées avant la date susmentionnée ;
s) l'article 74 ne s'applique pas aux représentants désignés avant la date susmentionnée ;
t) l'article 75 ne s'applique pas aux inscriptions sur la liste des représentants professionnels effectuées avant la date susmentionnée ;
u) le titre XIV ne s'applique pas aux enregistrements internationaux désignant l'Union effectués avant la date susmentionnée.

Règlement d'exécution (UE) n° 2017/1431 de la Commission du 18 mai 2017, établissant les modalités d'application de certaines dispositions du règlement (CE) n° 207/2009 du Conseil sur la marque de l'Union européenne

(1) Le règlement (CE) n° 40/94 du Conseil *[du 20 déc. 1993 sur la marque communautaire]*, qui a été codifié par le règlement (CE) n° 207/2009, a créé un système spécifique à l'Union européenne qui prévoit une protection des marques à l'échelle de l'Union sur la base d'une demande déposée auprès de l'Office de l'Union européenne pour la propriété intellectuelle (ci-après dénommé "Office").

(2) Le règlement (UE) 2015/2424 du Parlement européen et du Conseil *[du 16 déc. 2015 modifiant le règlement (CE) n° 207/2009]* aligne les pouvoirs conférés à la Commission en vertu du règlement (CE) n° 207/2009 sur les articles 290 et 291 du traité sur le fonctionnement de l'Union européenne. A des fins de conformité avec le nouveau cadre juridique résultant de cet alignement, il convient d'adopter certaines règles par voie d'actes d'exécution et d'actes délégués. Les nouvelles règles devraient remplacer les règles existantes énoncées dans le règlement (CE) n° 2868/95 de la Commission *[du 13 déc. 1995 portant modalités d'application du règlement (CE) n° 40/94]* et viser à mettre en œuvre le règlement (CE) n° 207/2009.

(3) Dans un souci de clarté, de sécurité juridique et d'efficacité, et afin de faciliter le dépôt des demandes de marque de l'Union européenne, il est d'une importance essentielle de préciser, d'une manière claire et exhaustive, tout en évitant les charges administratives inutiles, les mentions obligatoires et facultatives devant figurer dans une demande de marque de l'Union européenne.

(4) Le règlement (CE) n° 207/2009 ne requiert plus que la représentation d'une marque soit donnée sous forme graphique, pour autant que les autorités compétentes et le public puissent déterminer avec clarté et précision l'objet de la protection. Il est donc nécessaire, afin de garantir la sécurité juridique, d'affirmer clairement que l'objet précis du droit exclusif conféré par l'enregistrement est défini par la représentation. Cette représentation devrait, le cas échéant, être complétée par l'indication du type de marque concerné. Elle peut être complétée par une description du signe dans les cas appropriés. Une telle indication ou description devrait concorder avec la représentation.

(5) En outre, afin d'assurer la cohérence dans le processus de dépôt d'une demande de marque de l'Union européenne et afin d'améliorer l'efficacité des recherches d'antériorité, il convient d'établir les principes généraux que la représentation de chaque marque doit respecter, ainsi que de fixer des règles et exigences spécifiques pour la représentation de certains types de marques, conformément à la nature et aux attributs spécifiques de la marque.

(6) L'introduction d'alternatives techniques à la représentation graphique correspondant aux nouvelles technologies découle des impératifs de modernisation et permet d'aligner davantage le processus d'enregistrement sur les progrès techniques. Parallèlement, les spécifications techniques applicables au dépôt d'une représentation de la marque, y compris les représentations déposées par voie électronique, devraient être définies de sorte à ce que le système des marques de l'Union européenne reste interopérable avec le système établi par le protocole relatif à l'arrangement de Madrid concernant l'enregistrement international des marques, adopté à Madrid le 27 juin 1989 *[JOUE L 296 du 14 nov. 2003, p. 22]* (protocole de Madrid). Conformément au règlement (CE) n° 207/2009, et pour permettre une souplesse accrue et une adaptation plus rapide aux avancées technologiques, la définition des spécifications techniques applicables au dépôt des marques par voie électronique devrait revenir au directeur exécutif de l'Office.

(7) Il convient de rationaliser les procédures afin d'alléger la charge administrative liée au dépôt et au traitement des revendications de priorité et d'ancienneté. Il ne devrait donc plus être nécessaire de soumettre des copies certifiées de la demande antérieure ou de l'enregistrement antérieur. En outre, l'Office ne devrait plus être dans l'obligation de verser au dossier une copie de la demande antérieure de marque en cas de revendication de priorité.

(8) Du fait de la suppression de l'exigence de représentation graphique d'une marque, certains types de marque peuvent être représentés sous forme électronique et leur publication par les méthodes habituelles n'est donc plus adaptée. Afin de garantir la publication de toutes les informations liées à une demande, qui est requise pour des raisons de transparence et de sécurité juridique, l'accès à la représentation de la marque par un lien vers le registre électronique de l'Office devrait être reconnu comme une forme de représentation valable du signe à des fins de publication.

(9) Pour les mêmes raisons, l'Office devrait également être autorisé à délivrer des certificats d'enregistrement dans lesquels la reproduction de la marque est remplacée par un lien électronique. En outre, pour ce qui est des certificats délivrés après l'enregistrement et pour répondre aux demandes formulées après une modification des indications de l'enregistrement, il convient de prévoir la possibilité de délivrer des versions actualisées du certificat, indiquant les inscriptions ultérieures pertinentes au registre.

(10) L'expérience pratique acquise dans la mise en œuvre de l'ancien système a montré la nécessité de préciser certaines dispositions, notamment celles liées aux transferts partiels et aux renonciations partielles, dans un souci de clarté et de sécurité juridique.

(11) Afin d'assurer la sécurité juridique tout en conservant un certain niveau de flexibilité, il est nécessaire d'établir le contenu minimal des règlements d'usage des marques collectives de l'Union européenne et des marques de certification de l'Union européenne déposées conformément au règlement (CE) n° 207/2009, afin de permettre aux opérateurs du marché de bénéficier de ce nouveau type de protection des marques.

(12) Il convient de définir les taux maximaux applicables aux frais de représentation exposés par la partie gagnante à une procédure devant l'Office, compte tenu de la nécessité de veiller à ce que l'obligation de supporter les frais ne puisse être exploitée par l'autre partie pour des motifs tactiques entre autres.

(13) Pour des raisons d'efficacité, les publications électroniques par l'Office devraient être autorisées.

(14) Il est nécessaire de garantir un échange d'informations efficace et efficient entre l'Office et les autorités administratives dans le contexte de la coopération administrative, en tenant dûment compte des restrictions auxquelles est soumise l'inspection des dossiers.

(15) Les exigences concernant les requêtes en transformation devraient permettre la mise en place d'une interface souple et efficace entre le système de marque de l'Union européenne et les systèmes de marque nationaux.

(16) Afin de rationaliser les procédures devant l'Office, il devrait être possible de limiter la soumission de traductions aux parties de documents qui sont pertinentes pour les procédures. Dans le même objectif, l'Office ne devrait être autorisé à exiger la preuve qu'une traduction correspond au document original qu'en cas de doute uniquement.

(17) Pour des raisons d'efficacité, certaines décisions de l'Office liées aux oppositions ou aux demandes en déchéance ou en nullité d'une marque de l'Union européenne devraient être prises par un seul membre.

(18) L'Union ayant adhéré au protocole de Madrid, les exigences détaillées régissant les procédures relatives à l'enregistrement international des marques devraient être entièrement cohérentes avec les règles dudit protocole.

(19) Les modalités énoncées dans le présent règlement sont liées aux dispositions du règlement (CE) n° 207/2009 modifiées par le règlement (UE) 2015/2424 qui s'appliqueront à partir du 1er octobre 2017. Il est donc nécessaire de différer l'applicabilité de ces modalités jusqu'à la même date. Dans le même temps, certaines procédures engagées avant cette date devraient continuer d'être régies jusqu'à leur conclusion par les dispositions spécifiques du règlement (CE) n° 2868/95.

(20) Les mesures prévues au présent règlement sont conformes à l'avis du comité pour les questions relatives aux règles d'exécution,

TITRE PREMIER **Dispositions générales**

Art. 1er *Objet.* Le présent règlement établit des règles précisant :

a) les éléments à mentionner dans une demande de marque de l'Union européenne déposée auprès de l'Office de l'Union européenne pour la propriété intellectuelle (ci-après dénommé "Office") ;

b) les documents à présenter pour une revendication de priorité d'une demande antérieure et pour une revendication d'ancienneté, ainsi que les éléments de preuve à apporter pour revendiquer une priorité d'exposition ;

c) les éléments à mentionner dans la publication d'une demande de marque de l'Union européenne ;

d) le contenu d'une déclaration de division d'une demande, les modalités de traitement par l'Office d'une telle déclaration et les éléments à mentionner dans la publication de la demande divisionnaire ;

e) le contenu et le format du certificat d'enregistrement ;

f) le contenu d'une déclaration de division d'un enregistrement et les modalités de traitement par l'Office d'une telle déclaration ;

g) les éléments à mentionner dans les demandes de modification et de changement de nom ou d'adresse ;

h) le contenu d'une demande d'enregistrement d'un transfert, les documents requis pour établir un transfert et les modalités de traitement des demandes de transfert partiel ;

i) les éléments à mentionner dans une déclaration de renonciation et les documents requis pour pouvoir établir l'accord d'un tiers ;

j) les éléments à mentionner dans le règlement d'usage d'une marque collective de l'Union européenne et le règlement d'usage d'une marque de certification de l'Union européenne ;

k) les taux maximaux applicables aux frais indispensables à la procédure et réellement exposés ;

l) certains aspects concernant les publications au *Bulletin des marques de l'Union européenne* et au *Journal officiel* de l'Office ;

m) les modalités selon lesquelles l'Office et les autorités des États membres s'échangent des informations et ouvrent des dossiers à des fins d'inspection ;

n) les informations devant figurer dans les requêtes en transformation et dans la publication d'une requête en transformation ;

o) dans quelle mesure les pièces justificatives à utiliser dans la procédure écrite devant l'Office peuvent être produites dans toute langue officielle de l'Union et dans quelle mesure il faut produire une traduction et quelles sont les normes à respecter pour les traductions ;

p) les décisions devant être rendues par un seul membre d'une division d'opposition ou d'une division d'annulation ;

q) concernant l'enregistrement international des marques :

i) le formulaire à employer pour le dépôt d'une demande internationale ;

ii) les faits et les décisions en rapport avec la nullité qui doivent être notifiés au Bureau international ainsi que le moment pertinent pour effectuer ces notifications ;

iii) les exigences détaillées concernant les requêtes en extension territoriale postérieures à l'enregistrement international ;

iv) les éléments à mentionner dans une revendication d'ancienneté d'un enregistrement international et les détails des informations devant être notifiées au Bureau international ;

v) les éléments à mentionner dans la notification de refus provisoire *ex officio* de la protection qui doit être envoyée au Bureau international ;

vi) les éléments à mentionner lors de l'octroi ou du refus définitif de la protection ;

vii) les éléments à mentionner dans la notification de la nullité ;

viii) les éléments à mentionner dans les requêtes en transformation d'un enregistrement international en demande de marque nationale ou en désignation d'États membres et dans la publication desdites requêtes ;

ix) les éléments à mentionner dans une requête en transformation d'un enregistrement international désignant l'Union en demande de marque de l'Union européenne.

TITRE II Procédure de demande

Les dispositions du titre II ne sont pas applicables aux demandes de marque de l'Union européenne déposées avant le 1er oct. 2017, ainsi qu'aux enregistrements internationaux pour lesquels la désignation de l'Union est intervenue avant cette date. Sans préjudice de l'art. 80 du Règl. délégué (UE) 2017/1430 du 18 mai 2017 (V. ce texte supra), les dispositions du Règl. (CE) n° 2868/95 du 13 déc. 1995 continuent de s'appliquer aux procédures en cours jusqu'à leur conclusion (V. le présent Règl., art. 37 et 38).

Art. 2 *Contenu de la demande.* 1. La demande de marque de l'Union européenne contient les éléments suivants :

a) la demande d'enregistrement de la marque comme marque de l'Union européenne ;

b) le nom et l'adresse du demandeur, ainsi que l'État sur le territoire duquel le demandeur a son domicile, son siège ou un établissement. Les personnes physiques sont désignées par leurs nom(s) et prénom(s). Les personnes morales ainsi que les entités relevant de l'article 3 du règlement (CE) n° 207/2009 figurent sous leur dénomination officielle et leur forme juridique est indiquée, éventuellement au moyen de l'abréviation d'usage. Le numéro d'identification national de la société peut également être précisé, le cas échéant. L'Office peut exiger que le demandeur fournisse des numéros de téléphone ou d'autres coordonnées pour une communication par des moyens électroniques, tels que définis par le directeur exécutif. Il est préférable de n'indiquer qu'une seule adresse par demandeur. Si plusieurs adresses sont mentionnées, seule l'adresse figurant en première position est prise en considération, sauf lorsque le demandeur désigne l'une des adresses comme domicile élu. Lorsqu'un numéro d'identification a déjà été octroyé par l'Office, il suffit que le demandeur indique ledit numéro et le nom du demandeur ;

c) une liste des produits ou services pour lesquels l'enregistrement de la marque est demandé, conformément à l'article 28, paragraphe 2, du règlement (CE) n° 207/2009. Cette liste peut être sélectionnée, en totalité ou en partie, à partir d'une base de données de termes acceptables mise à disposition par l'Office ;

d) une représentation de la marque, conformément à l'article 3 du présent règlement ;

e) lorsque le demandeur a désigné un représentant, le nom et l'adresse professionnelle dudit représentant ou le numéro d'identification, conformément au point b) ; lorsque le représentant a plus d'une adresse professionnelle ou lorsque deux représentants ou plus sont désignés, avec des adresses professionnelles différentes, seule la première adresse mentionnée sera prise en compte comme domicile élu, sauf si la demande indique l'adresse devant être utilisée à cette fin ;

f) lorsque la priorité d'une demande antérieure est revendiquée en vertu de l'article 30 du règlement (CE) n° 207/2009, une déclaration à cet effet qui mentionne la date de cette demande et le pays dans lequel ou pour lequel elle a été déposée ;

g) lorsque la priorité d'exposition est revendiquée en application de l'article 33 du règlement (CE) n° 207/2009, une déclaration à cet effet qui mentionne le nom de l'exposition et la date à laquelle les produits ou services ont été exposés pour la première fois ;

h) lorsque l'ancienneté d'une ou de plusieurs marques antérieures enregistrées dans un État membre, y compris d'une marque enregistrée sur le territoire du Benelux ou d'une marque qui a fait l'objet d'un enregistrement international ayant effet dans un État membre, selon les termes de l'article 34, paragraphe 1, du règlement (CE) n° 207/2009 du règlement, est revendiquée avec la demande, une déclaration à cet effet qui indique l'État membre ou les États membres dans lesquels ou pour lesquels la marque antérieure est enregistrée, la date à laquelle l'enregistrement correspondant a pris effet, le numéro d'enregistrement et les produits ou services pour lesquels la marque est enregistrée. Une telle déclaration peut également être faite dans le délai visé à l'article 34, paragraphe 1 *bis*, du règlement (CE) n° 207/2009 ;

i) échéant, l'indication que la demande est déposée pour l'enregistrement d'une marque collective de l'Union européenne en vertu de l'article 66 du règlement (CE) n° 207/2009 ou pour l'enregistrement d'une marque de certification de l'Union européenne en vertu de l'article 74 *bis* du règlement (CE) n° 207/2009 ;

j) l'indication de la langue dans laquelle la demande a été déposée et de la deuxième langue, conformément à l'article 119, paragraphe 3, du règlement (CE) n° 207/2009 ;

k) la signature du demandeur ou de son représentant, conformément à l'article 63, paragraphe 1, du règlement délégué (UE) 2017/1430 de la Commission *[du 18 mai 2017 complétant le règlement (CE) n° 207/2009 abrogeant les règlements (CE) n° 2868/95 et (CE) n° 216/96]* ;

l) le cas échéant, la demande de rapport de recherche visée à l'article 38, paragraphe 1 ou 2, du règlement (CE) n° 207/2009.

2. La demande peut inclure la revendication que le signe a acquis un caractère distinctif par l'usage au sens de l'article 7, paragraphe 3, du règlement (CE) n° 207/2009, ainsi qu'une indication du caractère principal ou subsidiaire de cette revendication. Une telle revendication peut également être faite dans le délai visé à l'article 37, paragraphe 3, deuxième phrase, du règlement (CE) n° 207/2009.

3. La demande d'une marque collective de l'Union européenne ou d'une marque de certification de l'Union européenne peut inclure le règlement d'usage. Lorsque ce règlement n'est pas inclus dans la demande, il est soumis dans le délai visé à l'article 67, paragraphe 1, et à l'article 74 *ter*, paragraphe 1, du règlement (CE) n° 207/2009.

4. Lorsqu'il y a plusieurs demandeurs, un demandeur ou un représentant peut être désigné comme représentant commun dans la demande.

V. note avant l'art. 2.

Art. 3 *Représentation de la marque.* 1. La marque est représentée sous n'importe quelle forme appropriée au moyen de la technologie communément disponible, pour autant qu'elle puisse être reproduite dans le registre de façon claire, précise, distincte, facilement accessible, intelligible, durable et objective, afin de permettre aux autorités compétentes et au public de déterminer clairement et précisément l'objet de la protection accordée à son titulaire.

2. La représentation de la marque définit l'objet de l'enregistrement. Lorsque la représentation est accompagnée d'une description en vertu du paragraphe 3, points d), e), f) ii) et h), ou du paragraphe 4, celle-ci concorde avec la représentation et n'étend pas son champ d'application.

3. Lorsque la demande porte sur l'un des types de marque énumérés aux points a) à j), elle contient une indication à cet effet. Sans préjudice du paragraphe 1 ou 2, le type de marque et sa représentation concordent l'un avec l'autre, comme suit :

a) lorsqu'une marque est composée exclusivement de mots ou de lettres, chiffres ou autres caractères typographiques standard ou d'une combinaison de ceux-ci (marque verbale), elle est représentée par la soumission d'une reproduction du signe en écriture et mise en page standard, sans caractéristiques graphiques ou couleurs ;

b) lorsque la marque emploie des caractères, une stylisation ou une mise en page non standard, ou bien une caractéristique graphique ou une couleur (marque figurative), y compris les marques composées exclusivement d'éléments figuratifs ou d'une combinaison d'éléments verbaux et figuratifs, elle est représentée par la soumission d'une reproduction du signe montrant l'ensemble des éléments qui le composent et, le cas échéant, ses couleurs ;

c) lorsque la marque consiste en, ou s'étend à, une forme tridimensionnelle, y compris les récipients, le conditionnement, le produit lui-même ou son apparence (marque de forme), elle est représentée par la soumission soit d'une reproduction graphique de la forme, y compris une image créée par ordinateur, soit d'une reproduction photographique. La reproduction graphique ou photographique peut contenir différentes vues. Lorsque la représentation n'est pas fournie au format électronique, elle peut contenir jusqu'à six vues différentes ;

d) lorsque la marque est caractérisée par la façon spécifique dont elle est placée ou apposée sur le produit (marque de position), elle est représentée par la soumission d'une reproduction identifiant dûment la position de la marque et sa taille ou proportion par rapport aux produits concernés. Les éléments ne faisant pas l'objet de l'enregistrement sont visuellement ignorés, de préférence par la présence de lignes discontinues ou pointillées. La représentation peut être accompagnée d'une description détaillant la façon dont le signe est apposé sur les produits ;

e) lorsque la marque consiste exclusivement en un ensemble d'éléments qui se répètent de façon régulière (marque de motif), elle est représentée par la soumission d'une reproduction montrant la répétition du motif. La représentation peut être accompagnée d'une description précisant la façon dont ses éléments se répètent de façon régulière ;

f) dans le cas d'une marque de couleur,

i) lorsque la marque consiste exclusivement en une couleur unique sans contours, elle est représentée par la soumission d'une reproduction de la couleur et d'une indication de cette couleur par référence à un code de couleurs généralement reconnu ;

ii) lorsque la marque consiste exclusivement en une combinaison de couleurs sans contours, elle est représentée par la soumission d'une reproduction montrant l'agencement systématique de la combinaison de couleurs de façon uniforme et prédéterminée et d'une indication de ces couleurs par référence à un code de couleurs généralement reconnu. Une description précisant l'agencement systématique des couleurs peut également être ajoutée ;

g) lorsque la marque est composée entièrement d'un son ou d'une combinaison de sons (marque sonore), elle est représentée par la soumission d'un fichier audio reproduisant le son ou par une représentation fiable du son en notation musicale ;

h) lorsque la marque consiste en, ou s'étend à, un mouvement ou un changement de position des éléments de la marque (marque de mouvement), elle est représentée par la soumission d'un fichier vidéo ou par une série d'images fixes séquentielles montrant le mouvement ou le changement de position. Lorsque des images fixes sont utilisées, elles peuvent être numérotées ou accompagnées d'une description expliquant la séquence ;

i) lorsque la marque consiste en, ou s'étend à, une combinaison d'image et de son (marque multimédia), elle est représentée par la soumission d'un fichier audiovisuel contenant la combinaison de l'image et du son ;

j) lorsque la marque est composée d'éléments ayant des caractéristiques holographiques (marque hologramme), elle est représentée par la soumission d'un fichier vidéo ou d'une reproduction graphique ou photographique contenant les vues nécessaires pour l'identification suffisante de l'effet holographique complet.

4. Lorsque la marque n'est pas couverte par l'un des types énumérés au paragraphe 3, sa représentation est conforme aux normes énoncées au paragraphe 1 et peut être accompagnée d'une description.

5. Lorsque la représentation est fournie sous forme électronique, le directeur exécutif de l'Office détermine les formats et la taille du fichier électronique ainsi que toute autre caractéristique technique pertinente.

6. Lorsque la représentation n'est pas fournie sous forme électronique, la marque est reproduite sur une seule feuille de papier, distincte de la feuille sur laquelle figure le texte de la demande. La feuille sur laquelle la marque est reproduite contient toutes les vues ou images pertinentes et ne dépasse pas le format DIN A4 (29,7 cm × 21 cm). Une marge d'au moins 2,5 cm est prévue tout autour.

7. Lorsque l'orientation exacte de la marque n'est pas évidente, elle est indiquée par l'ajout de la mention "haut" sur chaque reproduction.

8. La reproduction de la marque est d'une qualité suffisante pour permettre :

a) de la réduire à une taille d'au moins 8 cm de largeur sur 8 cm de hauteur ; ou

b) de l'agrandir à une taille d'au plus 8 cm de largeur sur 8 cm de hauteur.

9. Le dépôt d'un échantillon ou d'un spécimen ne constitue pas une représentation adéquate d'une marque.

V. note avant l'art. 2.

Art. 4 *Revendication de priorité.* 1. Lorsque la revendication de priorité d'une ou de plusieurs demandes antérieures est déposée en même temps que la demande conformément à l'article 30 du règlement (CE) n° 207/2009, le demandeur dispose d'un délai de trois mois à compter de la date de dépôt pour indiquer le numéro de dossier attribué à la demande antérieure et pour produire une copie de celle-ci. Cette copie mentionne la date de dépôt de la demande antérieure.

2. Lorsque la langue dans laquelle est formulée la demande antérieure faisant l'objet de la revendication de priorité n'est pas l'une des langues de l'Office, le demandeur, si l'Office le requiert, lui fournit une traduction de la demande antérieure dans une langue de l'Office utilisée comme première ou deuxième langue de la demande, dans le délai précisé par l'Office.

3. Les paragraphes 1 et 2 s'appliquent *mutatis mutandis* lorsque la revendication de priorité porte sur un ou plusieurs enregistrements antérieurs.

V. note avant l'art. 2.

Art. 5 *Priorité d'exposition.* Lorsque la revendication de la priorité d'exposition est déposée en même temps que la demande conformément à l'article 33, paragraphe 1, du règlement (CE) n° 207/2009, le demandeur dispose d'un délai de trois mois à compter de la date de dépôt pour produire une attestation délivrée au cours de l'exposition par l'autorité chargée d'assurer la protection de la propriété industrielle à cette exposition. Cette attestation établit que la marque a été utilisée pour les produits ou services couverts par la demande. Elle mentionne également la date d'ouverture de l'exposition et la date de la première utilisation publique si celle-ci diffère de la date d'ouverture de l'exposition. Elle est

accompagnée d'une description de l'usage effectif de la marque, dûment attestée par l'autorité susvisée.

V. notes avant l'art. 2.

Art. 6 *Revendication de l'ancienneté d'une marque nationale avant l'enregistrement de la marque de l'Union européenne.* **Lorsque la revendication d'ancienneté d'une marque antérieure enregistrée, telle que visée à l'article 34, paragraphe 1, du règlement (CE) n° 207/2009, est déposée conformément à l'article 34, paragraphe 1 *bis*, du règlement (CE) n° 207/2009, le demandeur soumet une copie de l'enregistrement correspondant dans un délai de trois mois à compter de la réception par l'Office de la revendication d'ancienneté.**

V. note avant l'art. 2.

Art. 7 *Contenu de la publication d'une demande.* **La publication de la demande comporte les renseignements suivants :**

a) le nom et l'adresse du demandeur ;

b) s'il y a lieu, les nom et adresse professionnelle du représentant désigné par le demandeur, dans la mesure où il ne s'agit pas d'un représentant visé à l'article 92, paragraphe 3, première phrase, du règlement (CE) n° 207/2009. Lorsque plusieurs représentants ont été désignés et que leur adresse professionnelle est identique, seuls sont publiés les nom et adresse professionnelle du premier représentant cité, suivis de la mention "et autres". Lorsque plusieurs représentants ont été désignés et que leurs adresses professionnelles sont différentes, seule est publiée l'adresse du domicile élu en vertu de l'article 2, paragraphe 1, point e), du présent règlement. Lorsqu'un groupement de représentants a été désigné conformément à l'article 74, paragraphe 8, du règlement délégué (UE) 2017/1430, seuls sont publiés les nom et adresse professionnelle du groupement ;

c) la représentation de la marque ainsi que les éléments et descriptions mentionnés à l'article 3, le cas échéant. Lorsque la représentation a été fournie sous forme de fichier électronique, elle est rendue accessible au moyen d'un lien vers ce fichier ;

d) la liste des produits ou services regroupés par classe de la classification de Nice, chaque groupe étant précédé du numéro de la classe de cette classification à laquelle appartient ce groupe de produits ou de services, et présenté dans l'ordre des classes de cette classification ;

e) la date de dépôt et le numéro de dossier ;

f) le cas échéant, des indications relatives à la revendication de priorité déposée par le demandeur conformément à l'article 30 du règlement (CE) n° 207/2009 ;

g) le cas échéant, des indications relatives à la revendication de la priorité d'exposition déposée par le demandeur conformément à l'article 33 du règlement (CE) n° 207/2009 ;

h) le cas échéant, des indications relatives à la revendication d'ancienneté déposée par le demandeur conformément à l'article 34 du règlement (CE) n° 207/2009 ;

i) le cas échéant, une déclaration en vertu de l'article 7, paragraphe 3, du règlement (CE) n° 207/2009 selon laquelle la marque a acquis un caractère distinctif lié aux produits ou services pour lesquels l'enregistrement est demandé après l'usage qui en a été fait ;

j) le cas échéant, l'indication que la demande est déposée pour une marque collective de l'Union européenne ou une marque de certification de l'Union européenne ;

k) la mention de la langue de dépôt de la demande et de la deuxième langue indiquée par le demandeur conformément à l'article 119, paragraphe 3, du règlement (CE) n° 207/2009 ;

l) le cas échéant, une déclaration selon laquelle la demande résulte de la transformation d'un enregistrement international désignant l'Union, conformément à l'article 161, paragraphe 2, du règlement (CE) n° 207/2009, ainsi que la date de l'enregistrement international conformément à l'article 3, paragraphe 4, du protocole de Madrid ou la date à laquelle l'extension territoriale à l'Union intervenue postérieurement à l'enregistrement international conformément à l'article 3 *ter*, paragraphe 2, du protocole de Madrid a été inscrite au registre international et, le cas échéant, la date de priorité de l'enregistrement international.

V. note avant l'art. 2.

Art. 8 *Division de la demande.* **1. Une déclaration de division de la demande présentée en application de l'article 44 du règlement (CE) n° 207/2009 comporte les renseignements suivants :**

a) le numéro de dossier attribué à la demande ;

b) le nom et l'adresse du demandeur, conformément à l'article 2, paragraphe 1, point b), du présent règlement ;

c) la liste des produits ou services visés par la demande divisionnaire, ou, lorsque la division en plus d'une demande divisionnaire est demandée, la liste des produits ou services visés par chaque demande divisionnaire ;

d) la liste des produits ou services demeurant dans la demande originale.

2. L'Office ouvre un dossier distinct pour chaque demande divisionnaire, qui se compose d'une copie intégrale du dossier relatif à la demande originale, y compris la déclaration de division et la correspondance s'y rapportant. L'Office attribue un nouveau numéro de demande à chaque demande divisionnaire.

3. La publication de chaque demande divisionnaire contient les indications et les éléments énoncés à l'article 7.

V. note avant l'art. 2.

TITRE III Procédure d'enregistrement

Art. 9 *Certificat d'enregistrement.* Le certificat d'enregistrement délivré conformément à l'article 45, paragraphe 2, du règlement (CE) n° 207/2009 contient les inscriptions au registre énumérées à l'article 87, paragraphe 2, du règlement (CE) n° 207/2009 et une déclaration précisant que ces inscriptions figurent dans le registre. Lorsque la représentation de la marque est fournie sous forme de fichier électronique, l'inscription correspondante est rendue accessible au moyen d'un lien vers ce fichier. Le certificat est accompagné, le cas échéant, d'un extrait montrant l'ensemble des inscriptions devant figurer dans le registre conformément à l'article 87, paragraphe 3, du règlement (CE) n° 207/2009, et d'une déclaration précisant que ces inscriptions figurent dans le registre.

Ces dispositions ne s'appliquent pas aux marques de l'Union européenne enregistrées avant le 1er oct. 2017. Sans préjudice de l'art. 80 du Règl. délégué (UE) 2017/1430 du 18 mai 2017 (V. ce texte supra), les dispositions du Règl. (CE) n° 2868/95 du 13 déc. 1995 continuent de s'appliquer aux procédures en cours jusqu'à leur conclusion (V. le présent Règl., art. 37 et 38).

Art. 10 *Contenu d'une demande de modification d'un enregistrement.* Une demande de modification d'un enregistrement présentée en vertu de l'article 48, paragraphe 2, du règlement (CE) n° 207/2009 comporte les renseignements suivants :

a) le numéro d'enregistrement de la marque de l'Union européenne ;

b) le nom et l'adresse du titulaire de la marque de l'Union européenne, conformément à l'article 2, paragraphe 1, point b), du présent règlement ;

c) une indication de l'élément qui doit être modifié dans la représentation de la marque de l'Union européenne et cet élément dans sa version modifiée, conformément à l'article 48, paragraphe 3, du règlement (CE) n° 207/2009 ;

d) une représentation de la marque de l'Union européenne modifiée, conformément à l'article 3 du présent règlement.

Ces dispositions ne s'appliquent pas aux demandes de modification déposées avant le 1er oct. 2017. Sans préjudice de l'art. 80 du Règl. délégué (UE) 2017/1430 du 18 mai 2017 (V. ce texte supra), les dispositions du Règl. (CE) n° 2868/95 du 13 déc. 1995 continuent de s'appliquer aux procédures en cours jusqu'à leur conclusion (V. le présent Règl., art. 37 et 38).

Art. 11 *Déclaration de division d'un enregistrement.* 1. Une déclaration de division d'un enregistrement présentée en application de l'article 49, paragraphe 1, du règlement (CE) n° 207/2009 comporte les renseignements suivants :

a) le numéro d'enregistrement de la marque de l'Union européenne ;

b) le nom et l'adresse du titulaire de la marque de l'Union européenne, conformément à l'article 2, paragraphe 1, point b), du présent règlement ;

c) la liste des produits ou services visés par l'enregistrement divisionnaire, ou, lorsque la division en plus d'un enregistrement divisionnaire est demandée, la liste des produits ou services visés par chaque enregistrement divisionnaire ;

d) la liste des produits ou services demeurant dans l'enregistrement original.

2. L'Office ouvre un dossier distinct pour l'enregistrement divisionnaire, qui se compose d'une copie intégrale du dossier relatif à l'enregistrement original, y compris la déclaration de division et la correspondance s'y rapportant. L'Office attribue un nouveau numéro d'enregistrement à l'enregistrement divisionnaire.

Ces dispositions ne s'appliquent pas aux déclarations de division déposées avant le 1er oct. 2017. Sans préjudice de l'art. 80 du Règl. délégué (UE) 2017/1430 du 18 mai 2017 (V. ce texte supra), les dispositions du Règl. (CE) n° 2868/95 du 13 déc. 1995 continuent de s'appliquer aux procédures en cours jusqu'à leur conclusion (V. le présent Règl., art. 37 et 38).

Art. 12 ***Contenu d'une demande de changement du nom ou de l'adresse du titulaire d'une marque de l'Union européenne ou du demandeur d'une marque de l'Union européenne.*** Une demande de changement du nom ou de l'adresse du titulaire d'une marque de l'Union européenne enregistrée présentée en application de l'article 48 *bis*, paragraphe 1, du règlement (CE) n° 207/2009, contient les renseignements suivants :

a) le numéro d'enregistrement de la marque de l'Union européenne ;

b) le nom et l'adresse du titulaire de la marque de l'Union européenne, tels qu'ils figurent dans le registre, sauf si un numéro d'identification a déjà été attribué au titulaire par l'Office, auquel cas il suffit que le demandeur indique ledit numéro et le nom du titulaire ;

c) l'indication du nouveau nom ou de la nouvelle adresse du titulaire de la marque de l'Union européenne, conformément à l'article 2, paragraphe 1, point b), du présent règlement.

Les points b) et c) du premier alinéa s'appliquent *mutatis mutandis* aux fins d une demande de changement du nom ou de l'adresse du demandeur d'une marque de l'Union européenne. Une telle demande contient également le numéro de la demande.

Ces dispositions ne s'appliquent pas aux demandes de changement de nom ou d'adresse déposées avant le 1er oct. 2017. Sans préjudice de l'art. 80 du Règl. délégué (UE) 2017/1430 du 18 mai 2017 (V. ce texte supra), les dispositions du Règl. (CE) n° 2868/95 du 13 déc. 1995 continuent de s'appliquer aux procédures en cours jusqu'à leur conclusion (V. le présent Règl., art. 37 et 38).

TITRE IV Transfert

Les dispositions du titre IV ne sont pas applicables aux demandes d'enregistrement d'un transfert déposées avant le 1er oct. 2017. Sans préjudice de l'art. 80 du Règl. délégué (UE) 2017/1430 du 18 mai 2017 (V. ce texte supra), les dispositions du Règl. (CE) n° 2868/95 du 13 déc. 1995 continuent de s'appliquer aux procédures en cours jusqu'à leur conclusion (V. le présent Règl., art 37 et 38).

Art. 13 *Demande d'enregistrement d'un transfert.* 1. Une demande d'enregistrement d'un transfert présentée en application de l'article 17, paragraphe 5 *bis*, du règlement (CE) n° 207/2009 contient les informations suivantes :

a) le numéro d'enregistrement de la marque de l'Union européenne ;

b) des renseignements détaillés sur le nouveau titulaire conformément à l'article 2, paragraphe 1, point b), du présent règlement ;

c) la liste des produits et services sur lesquels porte le transfert, si celui-ci ne concerne pas tous les produits ou services enregistrés ;

d) les documents établissant en bonne et due forme le transfert conformément à l'article 17, paragraphes 2 et 3, du règlement (CE) n° 207/2009 ;

e) le cas échéant, le nom et l'adresse professionnelle du représentant du nouveau titulaire, à déterminer conformément à l'article 2, paragraphe 1, point e), du présent règlement.

2. Les points b) à e) du paragraphe 1 s'appliquent *mutatis mutandis* aux fins de la demande d'enregistrement du transfert d'une demande de marque de l'Union européenne.

3. Aux fins du paragraphe 1, point d), la présence de l'un des éléments suivants est considéré comme preuve suffisante du transfert :

a) la signature, par le titulaire enregistré, ou son représentant, et par son ayant cause, ou le représentant de ce dernier, de la demande d'enregistrement du transfert ;

b) lorsque la demande est présentée par le titulaire enregistré ou un représentant de ce titulaire, une déclaration signée par l'ayant cause ou un représentant de cet ayant cause indiquant qu'il accepte l'enregistrement du transfert ;

c) lorsque la demande d'enregistrement est présentée par l'ayant cause, une déclaration signée par le titulaire enregistré ou son représentant selon laquelle le titulaire enregistré donne son consentement à l'enregistrement de l'ayant cause ;

d) la signature, par le titulaire enregistré, ou son représentant, et par son ayant cause, ou le représentant de ce dernier, du formulaire ou du document de transfert rempli, tel que décrit à l'article 65, paragraphe 1, point e), du règlement délégué (UE) 2017/1430.

V. note avant l'art. 13.

Art. 14 *Traitement des demandes de transfert partiel.* 1. Lorsque la demande d'enregistrement de transfert n'est liée qu'à certains des produits ou services pour lesquels la marque est enregistrée, le demandeur répartit les produits ou services présents dans l'enregistrement original entre l'enregistrement restant et la demande de transfert partiel de sorte à ce que les produits ou services dans l'enregistrement restant et le nouvel enregistrement ne se chevauchent pas.

2. L'Office ouvre un dossier distinct pour le nouvel enregistrement, qui se compose d'une copie intégrale du dossier relatif à l'enregistrement original, y compris la demande d'enregis-

trement du transfert partiel et la correspondance s'y rapportant. L'Office attribue un nouveau numéro d'enregistrement au nouvel enregistrement.

3. Les paragraphes 1 et 2 s'appliquent *mutatis mutandis* aux fins de la demande d'enregistrement du transfert d'une demande de marque de l'Union européenne. L'Office attribue un nouveau numéro de demande à la nouvelle demande de marque de l'Union européenne.

V. note avant l'art. 13.

TITRE V Renonciation

Les dispositions du titre V ne sont pas applicables aux déclarations de renonciation déposées avant le 1er oct. 2017. Sans préjudice de l'art. 80 du Règl. délégué (UE) 2017/1430 du 18 mai 2017 (V. ce texte supra), les dispositions du Règl. (CE) no 2868/95 du 13 déc. 1995 continuent de s'appliquer aux procédures en cours jusqu'à leur conclusion (V. le présent Règl., art. 37 et 38).

Art. 15 *Renonciation.* 1. Une déclaration de renonciation introduite en vertu de l'article 50, paragraphe 2, du règlement (CE) n° 207/2009 contient les renseignements suivants :

a) le numéro d'enregistrement de la marque de l'Union européenne ;

b) le nom et l'adresse du titulaire, conformément à l'article 2, paragraphe 1, point b), du présent règlement ;

c) lorsque la renonciation ne porte que sur une partie des produits ou services pour lesquels la marque est enregistrée, une indication des produits ou services pour lesquels la marque enregistrée est maintenue.

2. Lorsque le droit d'un tiers sur la marque de l'Union européenne est inscrit au registre, une déclaration de consentement à la renonciation, signée par le titulaire du droit ou son représentant, est une preuve suffisante de l'accord du tiers.

V. note avant l'art. 15.

TITRE VI Marques collectives et marques de certification de l'Union européenne

Les dispositions du titre VI ne sont pas applicables aux demandes de marques collectives de l'Union européenne ou de marques de certification de l'Union européenne déposées avant le 1er oct. 2017, ainsi qu'aux enregistrements internationaux pour lesquels la désignation de l'Union est intervenue avant cette date. Sans préjudice de l'art. 80 du Règl. délégué (UE) 2017/1430 du 18 mai 2017 (V. ce texte supra), les dispositions du Règl. (CE) no 2868/95 du 13 déc. 1995 continuent de s'appliquer aux procédures en cours jusqu'à leur conclusion (V. le présent Règl., art. 37 et 38).

Art. 16 *Contenu du règlement d'usage des marques collectives de l'Union européenne.* Le règlement d'usage des marques collectives de l'Union européenne visé à l'article 67, paragraphe 1, du règlement (CE) n° 207/2009 précise :

a) le nom du demandeur ;

b) l'objet de l'association ou l'objet pour lequel la personne morale de droit public est créée ;

c) les organismes habilités à représenter l'association ou la personne morale de droit public ;

d) dans le cas d'une association, les conditions d'affiliation ;

e) la représentation de la marque collective de l'Union européenne ;

f) les personnes autorisées à utiliser la marque collective de l'Union européenne ;

g) le cas échéant, les conditions d'usage de la marque collective de l'Union européenne, y compris les sanctions ;

h) les produits ou services couverts par la marque collective de l'Union européenne, y compris, le cas échéant, toute limitation introduite en conséquence de l'application de l'article 7, paragraphe 1, point j), k) ou l), du règlement (CE) n° 207/2009 ;

i) le cas échéant, l'autorisation visée à l'article 67, paragraphe 2, deuxième phrase, du règlement (CE) n° 207/2009.

V. note avant l'art. 16.

Art. 17 *Contenu du règlement d'usage des marques de certification de l'Union européenne.* Le règlement d'usage des marques de certification de l'Union européenne visé à l'article 74 *ter* du règlement (CE) n° 207/2009 précisent :

a) le nom du demandeur ;

b) une déclaration selon laquelle le demandeur se conforme aux exigences de l'article 74 *bis*, paragraphe 2, du règlement (CE) n° 207/2009 ;

c) la représentation de la marque de certification de l'Union européenne ;

d) les produits ou services couverts par la marque de certification de l'Union européenne ;

e) les caractéristiques des produits ou services devant être certifiés par la marque de certification de l'Union européenne, telles que la matière, le mode de fabrication des produits ou de prestation des services, la qualité ou la précision ;

f) les conditions d'usage de la marque de certification de l'Union européenne, y compris les sanctions ;

g) les personnes autorisées à utiliser la marque de certification de l'Union européenne ;

h) la manière dont l'organisme de certification vérifie ces caractéristiques et surveille l'utilisation de la marque de certification de l'Union européenne.

V. note avant l'art. 16.

TITRE VII Frais

Les dispositions du titre VII ne sont pas applicables aux frais exposés dans le cadre d'une procédure engagée avant le 1er oct. 2017. Sans préjudice de l'art. 80 du Règl. délégué (UE) 2017/1430 du 18 mai 2017 (V. ce texte supra), les dispositions du Règl. (CE) nº 2868/95 du 13 déc. 1995 continuent de s'appliquer aux procédures en cours jusqu'à leur conclusion (V. le présent Règl., art. 37 et 38).

Art. 18 *Taux maximaux applicables aux frais.* **1. Les frais visés à l'article 85, paragraphe 1 *bis*, premier alinéa, du règlement (CE) nº 207/2009 sont supportés par la partie perdante sur la base des taux maximaux suivants :**

a) lorsque la partie gagnante n'est pas représentée, les frais de déplacement et de séjour de cette partie pour une personne pour le voyage aller-retour entre le domicile ou le siège et le lieu où la procédure orale se déroule conformément à l'article 49 du règlement délégue (UE) 2017/1430, comme suit :

i) le coût du transport par chemin de fer en première classe, y compris les suppléments habituels, lorsque la distance totale par l'itinéraire ferroviaire ne dépasse pas 800 kilomètres ou le coût du transport aérien en classe "touriste", lorsque la distance totale par l'itinéraire ferroviaire dépasse 800 kilomètres ou que l'itinéraire comporte une traversée maritime ;

ii) les frais de séjour décrits à l'article 13 de l'annexe VII du statut des fonctionnaires de l'Union et du régime applicable aux autres agents de l'Union, fixés par le règlement (CEE, Euratom, CECA) nº 259/68 du Conseil *[du 29 févr. 1968, fixant le statut des fonctionnaires des Communautés européennes ainsi que le régime applicable aux autres agents de ces Communautés, et instituant des mesures particulières temporairement applicables aux fonctionnaires de la Commission (statut des fonctionnaires)]* **;**

b) les frais de déplacement des représentants, conformément à l'article 93, paragraphe 1, du règlement (CE) nº 207/2009, aux taux prévus au point a) i) du présent paragraphe ;

c) les frais de représentation au sens de l'article 93, paragraphe 1, du règlement (CE) nº 207/2009, exposés par la partie gagnante, comme suit :

i) dans les procédures d'opposition : 300 EUR ;

ii) dans les procédures liées à la déchéance ou à la nullité d'une marque de l'Union européenne : 450 EUR ;

iii) dans les procédures de recours : 550 EUR ;

iv) lorsqu'une procédure orale s'est tenue à laquelle les parties ont été convoquées en vertu de l'article 49 du règlement délégué (UE) 2017/1430, le montant visé aux points i), ii) ou iii) majoré de 400 EUR.

2. Lorsqu'il y a plusieurs demandeurs ou titulaires de la demande ou de l'enregistrement de la marque de l'Union européenne ou lorsqu'il y a plusieurs opposants ou requérants en déchéance ou en nullité ayant déposé conjointement l'opposition ou la demande en déchéance ou en nullité, la partie perdante ne supporte les frais visés au paragraphe 1, point a), que pour une seule personne.

3. Lorsque la partie gagnante est représentée par plus d'un représentant au sens de l'article 93, paragraphe 1, du règlement (CE) nº 207/2009, la partie perdante ne supporte les frais visés au paragraphe 1, points b) et c), du présent article que pour une seule personne.

4. La partie perdante n'est pas tenue de rembourser à la partie gagnante les frais et taxes liés à la procédure devant l'Office autres que ceux visés aux paragraphes 1, 2 et 3.

V. note avant l'art. 18.

TITRE VIII Publications périodiques

Les dispositions du titre VIII ne sont pas applicables aux publications effectuées avant le 1er oct. 2017. Sans préjudice de l'art. 80 du Règl. délégué (UE) 2017/1430 du 18 mai 2017 (V. ce texte supra), les dispositions du Règl. (CE) n° 2868/95 du 13 déc. 1995 continuent de s'appliquer aux procédures en cours jusqu'à leur conclusion (V. le présent Règl., art. 37 et 38).

Art. 19 *Publications périodiques.* 1. Lorsque des indications sont publiées au *Bulletin des marques de l'Union européenne* conformément au règlement (CE) n° 207/2009, au règlement délégué (UE) 2017/1430 ou au présent règlement, la date de publication figurant sur le Bulletin vaut date de publication desdites indications.

2. Dans la mesure où les inscriptions relatives à l'enregistrement d'une marque ne comportent aucune modification par rapport à la publication de la demande, la publication desdites inscriptions s'effectue en faisant simplement référence aux inscriptions figurant dans la publication de la demande.

3. L'Office peut mettre des éditions électroniques du *Journal officiel de l'Office* à disposition du public.

V. note avant l'art. 19.

TITRE IX Coopération administrative

Les dispositions du titre IX ne sont pas applicables aux demandes d'information ou d'inspection déposées avant le 1er oct. 2017. Sans préjudice de l'art. 80 du Règl. délégué (UE) 2017/1430 du 18 mai 2017 (V. ce texte supra), les dispositions du Règl. (CE) n° 2868/95 du 13 déc. 1995 continuent de s'appliquer aux procédures en cours jusqu'à leur conclusion (V. le présent Règl., art. 37 et 38).

Art. 20 *Échange d'informations entre l'Office et les autorités des États membres.* 1. Sans préjudice de l'article 123 quater du règlement (CE) n° 207/2009, l'Office et les services centraux de la propriété industrielle des États membres, y compris l'Office Benelux de la propriété intellectuelle, se communiquent, sur demande, des informations appropriées sur les demandes de marques de l'Union européenne ou de marques nationales ainsi que sur les procédures relatives à ces demandes et aux marques enregistrées à la suite du dépôt de ces demandes.

2. L'Office et les juridictions ou autorités des États membres échangent des informations aux fins du règlement (CE) n° 207/2009, de façon directe ou par l'intermédiaire des services centraux de la propriété industrielle des États membres.

3. Les dépenses relatives aux communications visées aux paragraphes 1 et 2 sont à la charge de l'autorité qui effectue ces communications. Celles-ci ne donnent pas lieu au paiement de taxes.

V. note avant l'art. 20.

Art. 21 *Ouverture des dossiers à l'inspection publique.* 1. L'inspection publique, par des juridictions ou autorités des États membres, des dossiers relatifs aux demandes de marque de l'Union européenne ou aux marques de l'Union européenne enregistrées porte sur les documents originaux, ou sur des copies de ces documents ou sur des moyens techniques de stockage des données dans le cas où les dossiers sont ainsi archivés.

2. L'Office signale aux juridictions et ministères publics des États membres, lorsqu'il leur transmet des dossiers de demandes de marque de l'Union européenne et des dossiers de marques de l'Union européenne enregistrées ou des copies de ces documents, les restrictions auxquelles est soumise, en application de l'article 88 du règlement (CE) n° 207/2009, l'inspection publique desdits dossiers.

3. Les juridictions ou les ministères publics des États membres peuvent, dans le cadre des procédures engagées devant eux, ouvrir à des tiers, à des fins d'inspection, les dossiers ou les copies de ces documents qui leur sont transmis par l'Office. Cette inspection s'effectue dans les conditions prévues à l'article 88 du règlement (CE) n° 207/2009.

V. note avant l'art. 20.

TITRE X Transformation

Les dispositions du titre X ne sont pas applicables aux requêtes en transformation déposées avant le 1er oct. 2017. Sans préjudice de l'art. 80 du Règl. délégué (UE) 2017/1430 du 18 mai 2017 (V. ce texte supra), les dispositions du Règl. (CE) n° 2868/95 du 13 déc. 1995 continuent de s'appliquer aux procédures en cours jusqu'à leur conclusion (V. le présent Règl., art. 37 et 38).

Art. 22 *Contenu d'une requête en transformation.* Une requête en transformation d'une demande de marque de l'Union européenne ou d'une marque de l'Union européenne enre-

gistrée en demande de marque nationale, présentée conformément à l'article 112 du règlement (CE) n° 207/2009, comporte les renseignements suivants :

a) le nom et l'adresse du demandeur présentant la requête en transformation, conformément à l'article 2, paragraphe 1, point b), du présent règlement ;

b) le numéro de dossier attribué à la demande de marque de l'Union européenne ou le numéro d'enregistrement de la marque de l'Union européenne ;

c) une indication des motifs de la transformation conformément à l'article 112, paragraphe 1, point a) ou b), du règlement (CE) n° 207/2009 ;

d) le nom de l'État membre ou des États membres concernés par la requête en transformation ;

e) lorsque la requête ne porte pas sur tous les produits ou services pour lesquels la demande a été déposée ou pour lesquels la marque de l'Union européenne a été enregistrée, une indication des produits ou services pour lesquels la transformation est demandée et, lorsque la transformation est demandée pour plus d'un État membre et que la liste des produits ou services n'est pas la même dans tous les États membres, une indication des produits ou services correspondants pour chaque État membre ;

f) lorsqu'une requête en transformation est présentée conformément à l'article 112 paragraphe 6, du règlement (CE) n° 207/2009, au motif que la marque de l'Union européenne a cessé de produire ses effets du fait d'une décision d'un tribunal des marques de l'Union européenne, l'indication de la date à laquelle la décision est devenue définitive, et une copie de la décision, qui peut être soumise dans la même langue que celle dans laquelle la décision a été rendue.

V. note avant l'art. 22.

Art. 23 *Contenu de la publication d'une requête en transformation.* **La publication d'une requête en transformation conformément à l'article 113, paragraphe 2, du règlement (CE) n° 207/2009 comporte les renseignements suivants :**

a) le numéro de dossier ou le numéro d'enregistrement de la marque de l'Union européenne dont la transformation est demandée ;

b) une référence à la publication antérieure de la requête ou de l'enregistrement au Bulletin des marques de l'Union européenne ;

c) le nom de l'État membre ou des États membres concernés par la requête en transformation ;

d) lorsque la requête ne porte pas sur la totalité des produits ou services pour lesquels la demande de marque de l'Union européenne a été déposée ou pour lesquels la marque est enregistrée, une indication des produits ou services visés par la requête en transformation ;

e) lorsque la requête en transformation concerne plus d'un État membre et que la liste des produits ou des services n'est pas la même dans tous les États membres, une indication des produits ou services correspondants pour chaque État membre ;

f) la date de la requête en transformation.

V. note avant l'art. 22.

TITRE XI **Langues**

Les dispositions du titre XI ne sont pas applicables aux pièces justificatives ou traductions déposées avant le 1er oct. 2017. Sans préjudice de l'art. 80 du Règl. délégué (UE) 2017/1430 du 18 mai 2017 (V. ce texte supra), les dispositions du Règl. (CE) n° 2868/95 du 13 déc. 1995 continuent de s'appliquer aux procédures en cours jusqu'à leur conclusion (V. le présent Règl., art. 37 et 38).

Art. 24 *Dépôt de pièces justificatives dans la procédure écrite.* **Sauf disposition contraire dans le présent règlement ou dans le règlement délégué (UE) 2017/1430, les pièces justificatives devant être utilisées dans la procédure écrite devant l'Office peuvent être déposées dans toute langue officielle de l'Union. Lorsque la langue de ces documents n'est pas la langue de la procédure, telle que déterminée conformément à l'article 119 du règlement (CE) n° 207/2009, l'Office peut, de sa propre initiative ou sur demande motivée de l'autre partie, exiger qu'une traduction soit produite, dans un délai fixé par elle, dans cette langue.**

V. note avant l'art. 24.

Art. 25 *Normes applicables aux traductions.* **1. Lorsque la traduction d'un document doit être produite auprès de l'Office, elle identifie le document auquel elle se réfère et reproduit la structure et le contenu du document original. Si une partie a indiqué que seules certaines parties du document sont pertinentes, la traduction peut se limiter à ces parties.**

2. Sauf disposition contraire du règlement (CE) n° 207/2009, du règlement délégué (UE) 2017/1430 ou du présent règlement, un document pour lequel une traduction doit être produite est considéré comme non reçu par l'Office dans les cas suivants :

a) lorsque la traduction est parvenue à l'Office après l'expiration du délai correspondant pour la production du document original ou de la traduction ;

b) lorsque l'attestation mentionnée à l'article 26 du présent règlement n'est pas présentée dans le délai précisé par l'Office.

V. note avant l'art. 24.

Art. 26 *Valeur juridique des traductions.* Sauf preuve ou indication du contraire, l'Office présume qu'une traduction est fidèle au texte original. En cas de doute, l'Office peut exiger la production, dans un délai donné, d'une attestation certifiant que la traduction est fidèle au texte original.

V. note avant l'art. 24.

TITRE XII Organisation de l'Office

Les dispositions du titre XII ne sont pas applicables aux décisions prises avant le 1er oct. 2017. Sans préjudice de l'art. 80 du Règl. délégué (UE) 2017/1430 du 18 mai 2017 (V. ce texte supra), les dispositions du Règl. (CE) n° 2868/95 du 13 déc. 1995 continuent de s'appliquer aux procédures en cours jusqu'à leur conclusion (V. le présent Règl., art. 37 et 38).

Art. 27 *Décisions d'une division d'opposition ou d'une division d'annulation prises par un seul membre.* En vertu de l'article 132, paragraphe 2, ou de l'article 134, paragraphe 2, du règlement (CE) n° 207/2009, un seul membre d'une division d'opposition ou d'une division d'annulation prend les types de décisions suivants :

a) les décisions de répartition des frais ;

b) les décisions de fixation du montant des frais à rembourser en vertu de l'article 85, paragraphe 6, première phrase, du règlement (CE) n° 207/2009 ;

c) les décisions d'interruption de la procédure ou les décisions confirmant qu'il n'y a pas lieu de statuer au fond ;

d) les décisions de rejet d'une opposition pour irrecevabilité avant l'expiration du délai visé à l'article 6, paragraphe 1, du règlement délégué (UE) 2017/1430 ;

e) les décisions de suspension de la procédure ;

f) les décisions de jonction ou de disjonction d'oppositions multiples en vertu de l'article 9, paragraphe 1, du règlement délégué (UE) 2017/1430.

V. note avant l'art. 27.

TITRE XIII Procédures relatives à l'enregistrement international des marques

Les dispositions du titre XIII ne s'appliquent pas aux demandes internationales, aux notifications des faits et décisions concernant la nullité de la demande ou de l'enregistrement de la marque de l'Union européenne sur lesquels était fondé l'enregistrement international, aux requêtes en extension territoriale, aux revendications d'ancienneté, à la notification des refus provisoires ex officio, à la notification de la nullité des effets d'un enregistrement international, aux requêtes en transformation d'un enregistrement international en une demande de marque nationale et aux requêtes en transformation d'un enregistrement international désignant l'Union en une demande de marque de l'Union européenne déposées ou effectuées avant le 1er oct. 2017, selon le cas. Sans préjudice de l'art. 80 du Règl. délégué (UE) 2017/1430 du 18 mai 2017 (V. ce texte supra), les dispositions du Règl. (CE) n° 2868/95 du 13 déc. 1995 continuent de s'appliquer aux procédures en cours jusqu'à leur conclusion (V. le présent Règl., art. 37 et 38).

Art. 28 *Formulaire à employer pour le dépôt d'une demande internationale.* Le formulaire de dépôt d'une demande internationale fourni par l'Office, tel que visé à l'article 147, paragraphe 1, du règlement (CE) n° 207/2009, inclut tous les éléments du formulaire officiel fourni par le Bureau international de l'Organisation mondiale de la propriété intellectuelle (ci-après dénommé "Bureau international"). Les demandeurs peuvent également utiliser le formulaire officiel fourni par le Bureau international.

V. note avant l'art. 28.

Art. 29 *Faits et décisions concernant la nullité qui doivent être notifiés au Bureau international.* 1. L'Office adresse une notification au Bureau international dans un délai de cinq ans à dater de l'enregistrement international, dans les cas suivants :

a) lorsque la demande de marque de l'Union européenne sur laquelle était fondé l'enregistrement international a été retirée, est réputée retirée ou a été rejetée en vertu d'une décision définitive, en ce qui concerne l'ensemble ou certains des produits ou services énumérés dans l'enregistrement international ;

b) lorsque la marque de l'Union européenne sur laquelle était fondé l'enregistrement international a cessé de produire ses effets car elle a fait l'objet d'une renonciation, n'a pas été renouvelée, a été frappée de déchéance ou a été déclarée nulle par l'Office en vertu d'une décision définitive ou par un tribunal des marques de l'Union européenne sur demande reconventionnelle dans une action en contrefaçon, en ce qui concerne l'ensemble ou certains des produits ou services énumérés dans l'enregistrement international ;

c) lorsque la demande de marque de l'Union européenne ou la marque de l'Union européenne sur laquelle était fondé l'enregistrement international a été divisée en deux demandes ou enregistrements.

2. La notification visée au paragraphe 1 comprend :

a) le numéro de l'enregistrement international ;

b) le nom du titulaire de l'enregistrement international ;

c) les faits et décisions ayant trait à la demande de base ou à l'enregistrement de base ainsi que la date de prise d'effet de ces faits et décisions ;

d) dans le cas visé au paragraphe 1, point a) ou b), la demande de radiation de l'enregistrement international ;

e) lorsque l'acte visé au paragraphe 1, point a) ou b), concerne la demande de base ou l'enregistrement de base uniquement pour certains des produits ou services, ces produits ou services, ou les produits ou services qui ne sont pas concernés ;

f) dans le cas visé au paragraphe 1, point c), le numéro de chaque demande de marque de l'Union européenne ou enregistrement en question.

3. A l'issue d'un délai de cinq ans à compter de l'enregistrement international, l'Office envoie une notification au Bureau international dans les cas suivants :

a) lorsqu'un recours est pendant contre une décision d'un examinateur rejetant la demande de marque de l'Union européenne sur laquelle était fondé l'enregistrement international conformément à l'article 37 du règlement (CE) n° 207/2009 ;

b) lorsqu'une opposition est pendante contre la demande de marque de l'Union européenne sur laquelle était fondé l'enregistrement international ;

c) lorsqu'une demande en déchéance ou en nullité est pendante contre la marque de l'Union européenne sur laquelle était fondé l'enregistrement international ;

d) lorsqu'il a été inscrit au registre des marques de l'Union européenne qu'une demande reconventionnelle en déchéance ou en nullité a été introduite devant un tribunal des marques de l'Union européenne contre la marque de l'Union européenne sur laquelle était fondé l'enregistrement international mais qu'aucune mention de la décision du tribunal des marques de l'Union européenne concernant la demande reconventionnelle ne figure encore dans le registre.

4. Lorsque la procédure visée au paragraphe 3 a donné lieu à une décision définitive ou à une inscription au registre, l'Office envoie une notification au Bureau international conformément au paragraphe 2.

5. Aux fins des paragraphes 1 et 3, une marque de l'Union européenne sur laquelle était fondé l'enregistrement international s'entend également d'un enregistrement de marque de l'Union européenne résultant d'une demande de marque de l'Union européenne sur laquelle était fondée la demande internationale.

V. note avant l'art. 28.

Art. 30 *Requête en extension territoriale postérieure à l'enregistrement international.* 1. Une requête en extension territoriale déposée auprès de l'Office en vertu de l'article 149, paragraphe 1, du règlement (CE) n° 207/2009 remplit les exigences suivantes :

a) elle est déposée au moyen de l'un des formulaires visés à l'article 31 du présent règlement et contient toutes les indications et informations requises dans le formulaire utilisé ;

b) elle indique le numéro de l'enregistrement international auquel elle se rapporte ;

c) les produits ou services sont couverts par la liste des produits ou services figurant dans l'enregistrement international ;

d) le demandeur a le droit, sur la base des indications fournies dans le formulaire international, d'effectuer une désignation postérieure à l'enregistrement international par l'intermédiaire de l'Office, conformément à l'article 2, paragraphe 1, point ii)), et à l'article 3 *ter*, paragraphe 2, du protocole de Madrid.

2. Lorsqu'une requête en extension territoriale ne remplit pas toutes les exigences énoncées au paragraphe 1, l'Office invite le demandeur à remédier aux irrégularités dans le délai qu'il précise.

V. note avant l'art. 28.

Art. 31 *Formulaire à employer pour une requête en extension territoriale.* Le formulaire de dépôt d'une requête en extension territoriale postérieure à l'enregistrement international, tel que visé à l'article 149, paragraphe 1, du règlement (CE) n° 207/2009, inclut tous les éléments du formulaire officiel fourni par le Bureau international. Les demandeurs peuvent également utiliser le formulaire officiel fourni par le Bureau international.

V. note avant l'art. 28.

Art. 32 *Revendications de l'ancienneté auprès de l'Office.* 1. Sans préjudice de l'article 34, paragraphe 6, du règlement (CE) n° 207/2009, une revendication d'ancienneté en vertu de l'article 153 *bis*, paragraphe 1, du règlement (CE) n° 207/2009 contient :

a) le numéro d'enregistrement de l'enregistrement international ;

b) le nom et l'adresse du titulaire de l'enregistrement international conformément à l'article 2, paragraphe 1, point b), du présent règlement ;

c) le nom de l'État membre ou des États membres dans ou pour lesquels la marque antérieure est enregistrée ;

d) le numéro et la date de dépôt de l'enregistrement correspondant ;

e) une indication des produits ou services pour lesquels la marque antérieure est enregistrée et de ceux pour lesquels l'ancienneté est revendiquée ;

f) une copie du certificat d'enregistrement correspondant.

2. Lorsque le titulaire de l'enregistrement international doit être représenté dans les procédures engagées devant l'Office, conformément à l'article 92, paragraphe 2, du règlement (CE) n° 207/2009, la revendication d'ancienneté comporte la désignation d'un représentant au sens de l'article 93, paragraphe 1, du règlement (CE) n° 207/2009.

3. Lorsque l'Office a accepté la revendication d'ancienneté, il en informe le Bureau international en lui précisant :

a) le numéro de l'enregistrement international concerné ;

b) le nom de l'État membre ou des États membres dans ou pour lesquels la marque antérieure est enregistrée ;

c) le numéro de l'enregistrement correspondant ;

d) la date à partir de laquelle l'enregistrement correspondant a pris effet.

V. note avant l'art. 28.

Art. 33 *Notification des refus provisoires ex officio au Bureau international.* 1. La notification d'un refus provisoire *ex officio* de protection de l'enregistrement international, pour tout ou partie, soumise au Bureau international en vertu de l'article 154, paragraphes 2 et 5, du règlement (CE) n° 207/2009, contient les éléments suivants, sans préjudice des exigences énoncées à l'article 154, paragraphes 3 et 4, dudit règlement :

a) le numéro de l'enregistrement international ;

b) une référence aux dispositions pertinentes du règlement (CE) n° 207/2009 en matière de refus provisoire ;

c) une indication que le refus provisoire de protection sera confirmé par une décision de l'Office si le titulaire de l'enregistrement international ne remédie pas aux motifs de refus en présentant des observations à l'Office dans un délai de deux mois à compter de la date à laquelle l'Office émet le refus provisoire ;

d) lorsque le refus provisoire se rapporte à une partie seulement des produits ou services, une indication de ces produits ou services.

2. Pour toute notification de refus provisoire *ex officio* au Bureau international et à condition que le délai d'opposition ait expiré et qu'aucune notification de refus provisoire fondé sur une opposition n'ait été émise en vertu de l'article 78, paragraphe 1, du règlement délégué (UE) 2017/1430, l'Office communique au Bureau international les informations suivantes :

a) lorsque le refus provisoire a été retiré à la suite des procédures engagées devant l'Office, le fait que la marque est protégée dans l'Union ;

b) lorsqu'une décision de refus de la protection d'une marque est devenue définitive, le cas échéant à la suite d'un recours formé au titre de l'article 58 ou de l'article 65 du règlement (CE) n° 207/2009, le fait que la protection de la marque est refusée dans l'Union ;

c) lorsque le refus conformément au point b) ne concerne qu'une partie des produits ou services, les produits ou services pour lesquels la marque est protégée dans l'Union.

V. note avant l'art. 28.

Art. 34 *Notification de la nullité des effets d'un enregistrement international au Bureau international.* La notification visée à l'article 158, paragraphe 3, du règlement (CE) n° 207/2009 est datée et contient :

a) l'indication que la nullité a été prononcée par l'Office ou l'indication du tribunal des marques de l'Union européenne qui a prononcé la nullité ;

b) l'indication que la nullité a été prononcée sous la forme d'une déchéance des droits du titulaire de l'enregistrement international, d'une déclaration de la nullité de la marque pour des motifs absolus ou d'une déclaration de la nullité de la marque pour des motifs relatifs ;

c) l'indication que la décision de nullité n'est plus susceptible de recours ;

d) le numéro de l'enregistrement international ;

e) le nom du titulaire de l'enregistrement international ;

f) lorsque la nullité ne porte pas sur l'ensemble des produits ou services, une indication des produits ou services pour lesquels la nullité a été prononcée ou de ceux pour lesquels elle n'a pas été prononcée ;

g) la date à laquelle la nullité a été prononcée ainsi que l'indication de la date à partir de laquelle la nullité est effective.

V. note avant l'art. 28.

Art. 35 *Requête en transformation d'un enregistrement international en demande de marque nationale ou en désignation d'États membres.* 1. Une requête en transformation d'un enregistrement international désignant l'Union en demande de marque nationale ou en désignation d'États membres, présentée en vertu des articles 112 et 159 du règlement (CE) n° 207/2009, contient, sans préjudice des exigences énoncées à l'article 159, paragraphes 4 à 7, dudit règlement, les renseignements suivants :

a) le numéro d'enregistrement de l'enregistrement international ;

b) la date de l'enregistrement international ou la date de la désignation de l'Union intervenue postérieurement à l'enregistrement international, conformément à l'article 3 *ter*, paragraphe 2, du protocole de Madrid et, le cas échéant, les indications relatives à la revendication de priorité de l'enregistrement international, conformément à l'article 159, paragraphe 2, du règlement (CE) n° 207/2009, et les indications relatives à la revendication d'ancienneté conformément aux articles 34, 35 ou 153 du règlement (CE) n° 207/2009 ;

c) les indications et éléments visés à l'article 113, paragraphe 1, du règlement (CE) n° 207/2009 et à l'article 22, points a), c) et d), du présent règlement.

2. La publication d'une requête en transformation visée au paragraphe 1 contient les informations citées à l'article 23.

V. note avant l'art. 28.

Art. 36 *Transformation d'un enregistrement international désignant l'Union en demande de marque de l'Union européenne.* Une requête en transformation présentée en vertu de l'article 161, paragraphe 3, du règlement (CE) n° 207/2009 contient, outre les indications et éléments mentionnés à l'article 2 du présent règlement, les informations suivantes :

a) le numéro de l'enregistrement international qui a été radié ;

b) la date à laquelle l'enregistrement international a été radié par le Bureau international ;

c) selon le cas, la date de l'enregistrement international conformément à l'article 3, paragraphe 4, du protocole de Madrid ou la date d'enregistrement de l'extension territoriale à l'Union intervenue postérieurement à l'enregistrement international, conformément à l'article 3 *ter*, paragraphe 2, du protocole de Madrid ;

d) le cas échéant, la date de priorité revendiquée dans la demande internationale telle qu'elle apparaît dans le registre international tenu par le Bureau international.

V. note avant l'art. 28.

TITRE XIV Dispositions finales

Art. 37 *Mesures transitoires.* Sans préjudice de l'article 80 du règlement délégué (UE) 2017/1430, les dispositions du règlement (CE) n° 2868/95 continuent de s'appliquer aux procédures en cours lorsque le présent règlement ne s'applique pas conformément à son article 38, jusqu'à la conclusion de ces procédures.

Art. 38 *Entrée en vigueur et application.* 1. Le présent règlement entre en vigueur le jour suivant celui de sa publication au *Journal officiel de l'Union européenne.*

2. Il est applicable à partir du 1er octobre 2017, sous réserve des exceptions suivantes :

a) le titre II n'est pas applicable aux demandes de marque de l'Union européenne déposées avant la date susmentionnée, ainsi qu'aux enregistrements internationaux pour lesquels la désignation de l'Union est intervenue avant cette date ;

b) l'article 9 ne s'applique pas aux marques de l'Union européenne enregistrées avant la date susmentionnée ;

c) l'article 10 ne s'applique pas aux demandes de modification déposées avant la date susmentionnée ;

d) l'article 11 ne s'applique pas aux déclarations de division déposées avant la date susmentionnée ;

e) l'article 12 ne s'applique pas aux demandes de changement de nom ou d'adresse déposées avant la date susmentionnée ;

f) le titre IV ne s'applique pas aux demandes d'enregistrement d'un transfert déposées avant la date susmentionnée ;

g) le titre V ne s'applique pas aux déclarations de renonciation déposées avant la date susmentionnée ;

h) le titre VI ne s'applique pas aux demandes de marques collectives de l'Union européenne ou de marques de certification de l'Union européenne déposées avant la date susmentionnée, ainsi qu'aux enregistrements internationaux pour lesquels la désignation de l'Union est intervenue avant cette date ;

i) le titre VII ne s'applique pas aux frais exposés dans le cadre d'une procédure engagée avant la date susmentionnée ;

j) le titre VIII ne s'applique pas aux publications effectuées avant la date susmentionnée ;

k) le titre IX ne s'applique pas aux demandes d'information ou d'inspection déposées avant la date susmentionnée ;

l) le titre X ne s'applique pas aux requêtes en transformation déposées avant la date susmentionnée ;

m) le titre XI ne s'applique pas aux pièces justificatives ou traductions déposées avant la date susmentionnée ;

n) le titre XII ne s'applique pas aux décisions prises avant la date susmentionnée ;

o) le titre XIII ne s'applique pas aux demandes internationales, aux notifications des faits et décisions concernant la nullité de la demande ou de l'enregistrement de la marque de l'Union européenne sur lesquels était fondé l'enregistrement international, aux requêtes en extension territoriale, aux revendications d'ancienneté, à la notification des refus provisoires *ex officio*, à la notification de la nullité des effets d'un enregistrement international, aux requêtes en transformation d'un enregistrement international en une demande de marque nationale et aux requêtes en transformation d'un enregistrement international désignant l'Union en une demande de marque de l'Union européenne déposées ou effectuées avant la date susmentionnée, selon le cas.

Le présent règlement est obligatoire dans tous ses éléments et directement applicable dans tout État membre.

Règlement (UE) 2017/1001 du Parlement européen et du Conseil du 14 juin 2017,

Sur la marque de l'Union européenne (texte codifié). — Entrée en vigueur le 1er oct. 2017.

Ce texte abroge et codifie le Règl. (CE) n° 207/2009 du 26 févr. 2009 tel que modifié en dernier lieu par le Règl. (UE) 2015/2424 du 16 déc. 2015.

V. infra, Règl. délégué (UE) 2017/1430 de la Commission du 18 mai 2017 et Règl. d'exécution (UE) 2017/1431 de la Commission du 18 mai 2017.

LE PARLEMENT EUROPÉEN ET LE CONSEIL DE L'UNION EUROPÉENNE,

vu le traité sur le fonctionnement de l'Union européenne, et notamment son article 118, premier alinéa,

vu la proposition de la Commission européenne,

après transmission du projet d'acte législatif aux parlements nationaux,

statuant conformément à la procédure législative ordinaire,

considérant ce qui suit :

(1) Le règlement (CE) n° 207/2009 du Conseil a été modifié à plusieurs reprises et de façon substantielle. Il convient, dans un souci de clarté et de rationalité, de procéder à la codification dudit règlement.

(2) Le règlement (CE) n° 40/94 du Conseil, qui a été codifié en 2009 par le règlement (CE) n° 207/2009, a doté l'Union d'un système propre de protection des marques, qui prévoit une protection des marques au niveau de l'Union, parallèlement à la protection dont elles peuvent bénéficier au niveau des États membres dans le cadre des systèmes de marques nationaux, harmonisés par la directive 89/104/CEE du Conseil, qui a été codifiée par la directive 2008/95/CE du Parlement européen et du Conseil.

(3) Il convient de promouvoir un développement harmonieux des activités économiques dans l'ensemble de l'Union et une expansion continue et équilibrée par l'achèvement et le bon fonctionnement d'un marché intérieur offrant des conditions analogues à celles qui existent dans un marché national. L'établissement d'un tel marché et le renforcement de son unité devraient impliquer non seulement l'élimination des obstacles à la libre circulation des marchandises et à la libre prestation des services ainsi que l'établissement d'un régime assurant que la concurrence n'est pas faussée, mais également l'établissement de conditions juridiques qui permettent aux entreprises d'adapter d'emblée leurs activités de fabrication et de distribution de biens ou de fourniture de services aux dimensions de l'Union. Parmi les instruments juridiques dont les entreprises devraient disposer à ces fins, des marques leur permettant d'identifier leurs produits ou leurs services de manière identique dans l'ensemble de l'Union, sans considération de frontières, seraient particulièrement appropriées.

(4) Pour poursuivre les objectifs précités de l'Union, il apparaît nécessaire de prévoir un régime de marques de l'Union conférant aux entreprises le droit d'acquérir, selon une procédure unique, des marques de l'Union européenne qui jouissent d'une protection uniforme et produisent leurs effets sur tout le territoire de l'Union. Le principe du caractère unitaire de la marque de l'Union européenne ainsi exprimé devrait s'appliquer sauf disposition contraire du présent règlement.

(5) Le rapprochement des législations nationales est impuissant à lever l'obstacle de la territorialité des droits que les législations des États membres confèrent aux titulaires de marques. Afin de permettre aux entreprises d'exercer sans entraves une activité économique dans l'ensemble du marché intérieur, il devrait être possible d'enregistrer des marques régies par un droit de l'Union unique, directement applicable dans tous les États membres.

(6) L'expérience acquise depuis la mise en place du système de la marque communautaire montre qu'il a été accepté par les entreprises de l'Union et des pays tiers et qu'il constitue un complément et une alternative satisfaisants et viables à la protection qu'offrent les marques au niveau des États membres.

(7) Le droit des marques de l'Union ne se substitue toutefois pas aux droits des marques des États membres. En effet, il n'apparaît pas justifié d'obliger les entreprises à déposer leurs marques comme marques de l'Union européenne.

(8) Les marques nationales restent nécessaires pour les entreprises qui ne souhaitent pas faire protéger leurs marques au niveau de l'Union ou qui ne sont pas en mesure d'obtenir une protection à l'échelle de l'Union, alors que rien ne s'oppose à l'obtention d'une protection nationale. Toute personne souhaitant obtenir la protection d'une marque devrait pouvoir décider de demander cette protection soit seulement en tant que marque nationale dans un ou plusieurs États membres, soit seulement en tant que marque de l'Union européenne, soit les deux.

(9) Le droit sur une marque de l'Union européenne ne peut s'acquérir que par l'enregistrement, et celui-ci est refusé notamment si la marque est dépourvue de caractère distinctif, si elle est illicite ou si des droits antérieurs s'y opposent.

(10) Un signe devrait pouvoir être représenté sous n'importe quelle forme appropriée au moyen de la technologie communément disponible, et donc pas nécessairement par des moyens graphiques, du moment que cette représentation est claire, précise, distincte, facilement accessible, intelligible, durable et objective.

(11) La protection conférée par la marque de l'Union européenne, dont le but est notamment de garantir la fonction d'origine de la marque, devrait être absolue en cas d'identité entre la marque et le signe et entre les produits ou services. La protection devrait valoir également en cas de similitude entre la marque et le signe et entre les produits ou services. Il y a lieu d'interpréter la notion de similitude en relation avec le risque de confusion. Le risque de confusion, dont l'appréciation dépend de nombreux facteurs et notamment de la connaissance de la marque sur le marché, de l'association qui peut en être faite avec le signe utilisé ou enregistré, du degré de similitude entre la marque et le signe et entre les produits ou services désignés, devrait constituer la condition spécifique de la protection.

(12) Afin de garantir la sécurité juridique et une cohérence totale avec le principe de priorité, selon lequel une marque antérieure enregistrée prime les marques enregistrées postérieurement, il est nécessaire de prévoir que les droits conférés par une marque de l'Union européenne s'exercent sans préjudice des droits de titulaires acquis avant la date de dépôt

ou de priorité de la marque de l'Union européenne. Cette disposition est conforme à l'article 16, paragraphe 1, de l'accord du 15 avril 1994 sur les aspects des droits de propriété intellectuelle qui touchent au commerce.

(13) Il peut y avoir confusion quant à l'origine commerciale des produits ou services lorsqu'une entreprise utilise le même signe qu'un nom commercial, ou un signe similaire, de telle manière qu'un lien est établi entre ses produits ou services et la société qui porte ce nom. La contrefaçon d'une marque de l'Union européenne devrait donc également comprendre l'usage du signe comme nom commercial ou comme désignation similaire dès lors que cet usage a pour but de distinguer des produits ou services.

(14) Pour des raisons de sécurité juridique et de parfaite cohérence avec les actes législatifs spécifiques de l'Union, il y a lieu de disposer que le titulaire d'une marque de l'Union européenne devrait être autorisé à interdire à un tiers d'utiliser un signe dans une publicité comparative si celle-ci est contraire à la directive 2006/114/CE du Parlement européen et du Conseil.

(15) Afin d'assurer la protection conférée par la marque et de lutter efficacement contre la contrefaçon, et conformément aux obligations internationales auxquelles est soumise l'Union dans le cadre de l'Organisation mondiale du commerce (OMC), en particulier l'article V de l'Accord général sur les tarifs douaniers et le commerce (GATT) relatif à la liberté de transit et, pour ce qui est des médicaments génériques, la "Déclaration sur l'accord sur les ADPIC et la santé publique" adoptée lors de la conférence ministérielle de l'OMC à Doha, le 14 novembre 2001, il convient de permettre au titulaire d'une marque de l'Union européenne d'empêcher des tiers d'introduire dans l'Union, dans la vie des affaires, des produits sans qu'ils y soient mis en libre pratique, lorsque ces produits viennent d'un pays tiers et portent sans autorisation une marque identique ou pour l'essentiel identique à la marque de l'Union européenne enregistrée pour ces produits.

(16) A cette fin, les titulaires de marques de l'Union européenne devraient pouvoir empêcher l'entrée de produits de contrefaçon et leur placement dans toutes les situations douanières, y compris le transit, le transbordement, l'entreposage, les zones franches, le stockage temporaire, leperfectionnement actif ou l'admission temporaire, même lorsque de tels produits ne sont pas destinés à être mis sur le marché de l'Union. Lors de l'exécution des contrôles douaniers, il convient que les autorités douanières utilisent les pouvoirs et les procédures prévus dans le règlement (UE) n° 608/2013 du Parlement européen et du Conseil, y compris à la demande des titulaires de droits. Il convient, en particulier, que les autorités douanières effectuent les contrôles appropriés sur la base de critères d'analyse de risque.

(17) Afin de concilier la nécessité d'assurer le respect effectif des droits liés aux marques et celle d'éviter d'entraver le libre cours des échanges de produits légitimes, il convient que le droit conféré au titulaire de la marque de l'Union européenne s'éteigne lorsque, au cours de la procédure ultérieure engagée devant le tribunal des marques de l'Union européenne compétent pour prendre une décision de fond sur la question de savoir s'il a été porté atteinte à la marque de l'Union européenne, le déclarant ou le détenteur des produits est en mesure de prouver que le titulaire de la marque de l'Union européenne n'a pas le droit d'interdire la mise sur le marché des produits dans le pays de destination finale.

(18) L'article 28 du règlement (UE) n° 608/2013 prévoit que le titulaire de droits est responsable du préjudice causé au détenteur des marchandises, entre autres, lorsqu'il est établi par la suite que les marchandises en question ne portent pas atteinte à un droit de propriété intellectuelle.

(19) Des mesures appropriées devraient être prises pour assurer la fluidité du transit des médicaments génériques. Pour ce qui est des dénominations communes internationales (DCI) en tant que noms génériques reconnus au niveau international pour désigner les substances actives présentes dans les préparations pharmaceutiques, il est essentiel de tenir dûment compte des limitations actuelles à l'effet des droits liés aux marques de l'Union européenne. Par conséquent, le titulaire d'une marque de l'Union européenne ne devrait pas avoir le droit d'empêcher un tiers d'importer dans l'Union des produits sans qu'ils y soient mis en libre pratique, en se fondant sur des similarités entre la DCI de la substance active présente dans les médicaments et la marque en question.

(20) Afin que les titulaires de marques de l'Union européenne puissent lutter efficacement contre la contrefaçon, il convient de leur permettre d'interdire l'apposition d'une marque contrefaite sur des produits, ainsi que les actes préparatoires réalisés préalablement à cette apposition.

(21) Les droits exclusifs conférés par une marque de l'Union européenne ne devraient pas permettre à son titulaire d'interdire l'usage de signes ou d'indications par des tiers lorsque celui-ci est loyal et par conséquent conforme aux usages honnêtes en matière industrielle ou commerciale. Afin de garantir des conditions égales pour les noms commerciaux et les mar-

ques de l'Union européenne en cas de conflit, sachant que les noms commerciaux se voient régulièrement accorder une protection illimitée contre des marques postérieures, un tel usage devrait être entendu exclusivement comme incluant l'usage du nom de personne du tiers. Il devrait également permettre, de manière générale, l'usage de signes ou d'indications descriptifs ou non distinctifs. En outre, le titulaire ne devrait pas être autorisé à empêcher l'usage loyal et honnête d'une marque de l'Union européenne afin de désigner ou de mentionner des produits ou des services comme étant les siens. L'usage d'une marque fait par des tiers afin d'attirer l'attention des consommateurs sur la revente de produits originaux qui étaient, à l'origine, vendus au sein de l'Union, par le titulaire de la marque de l'Union européenne ou avec son consentement devrait être considéré comme loyal, dès lors qu'il est également conforme aux usages honnêtes en matière industrielle ou commerciale. L'usage d'une marque fait par des tiers à des fins d'expression artistique devrait être considéré comme loyal, dès lors qu'il est également conforme aux usages honnêtes en matière industrielle ou commerciale. En outre, le présent règlement devrait être appliqué de façon à garantir le plein respect des libertés et droits fondamentaux, en particulier la liberté d'expression.

(22) Il découle du principe de libre circulation des marchandises qu'il est essentiel que le titulaire d'une marque de l'Union européenne ne puisse en interdire l'usage à un tiers pour des produits qui ont été mis dans le commerce dans l'Espace économique européen, sous la marque, par lui-même ou avec son consentement, à moins que des motifs légitimes justifient que le titulaire s'oppose à la commercialisation ultérieure des produits.

(23) Afin de garantir la sécurité juridique et de protéger les droits liés aux marques acquis légitimement, il est approprié et nécessaire de prévoir, sans préjudice du principe selon lequel la marque postérieure ne peut pas être opposée à la marque antérieure, que les titulaires de marques de l'Union européenne ne peuvent pas s'opposer à l'usage d'une marque postérieure si celle-ci a été acquise à un moment où la marque antérieure ne pouvait pas lui être opposée.

(24) Il n'est justifié de protéger les marques de l'Union européenne et, contre celles-ci, toute marque enregistrée qui leur est antérieure, que dans la mesure où ces marques sont effectivement utilisées.

(25) Pour des raisons d'équité et de sécurité juridique, l'usage d'une marque de l'Union européenne sous une forme qui diffère par des éléments n'altérant pas le caractère distinctif de la marque dans la forme sous laquelle celle-ci a été enregistrée devrait suffire à préserver les droits conférés, que la marque ait ou non été aussi enregistrée sous la forme sous laquelle il en est fait usage.

(26) La marque de l'Union européenne devrait être traitée comme un objet de propriété indépendant de l'entreprise dont elle désigne les produits ou les services. Elle devrait pouvoir être transférée, donnée en gage à un tiers ou faire l'objet de licences.

(27) Le droit des marques établi par le présent règlement requiert, pour chaque marque, des mesures administratives d'exécution au niveau de l'Union. Il est par conséquent indispensable, tout en conservant la structure institutionnelle existante de l'Union et l'équilibre des pouvoirs, de prévoir un Office de l'Union européenne pour la propriété intellectuelle (ci-après dénommé « Office ») indépendant sur le plan technique et doté d'une autonomie juridique, administrative et financière suffisante. A cet effet, il est nécessaire et approprié que l'Office ait la forme d'un organisme de l'Union ayant la personnalité juridique et exerçant les pouvoirs que lui confère le présent règlement, dans le cadre du droit de l'Union et sans porter atteinte aux compétences exercées par les institutions de l'Union.

(28) La protection d'une marque de l'Union européenne est accordée pour des produits ou services précis, dont la nature et le nombre déterminent l'étendue de la protection conférée au titulaire de la marque. Il est donc essentiel d'établir dans le présent règlement des règles de désignation et de classification des produits et services et de garantir la sécurité juridique et une bonne administration en exigeant que les produits et services pour lesquels la protection de la marque est demandée soient désignés par le demandeur avec suffisamment de clarté et de précision pour que les autorités compétentes et les opérateurs économiques puissent, sur la base de cette seule demande, déterminer l'étendue de la protection demandée. L'utilisation de termes généraux devrait être interprétée comme n'incluant que les produits et services qu'ils désignent clairement au sens littéral. Il convient de donner aux titulaires de marques de l'Union européenne qui, suivant la pratique de l'Office antérieure au 22 juin 2012, étaient enregistrées pour l'intitulé entier d'une classe du système de classification établi parl'arrangement de Nice concernant la classification internationale des produits et des services aux fins de l'enregistrement des marques du 15 juin 1957, la possibilité d'adapter leurs listes de produits et services afin que le contenu du registre réponde aux normes requises en matière de clarté et de précision, conformément à la jurisprudence de la Cour de justice de l'Union européenne.

(29) Afin d'éviter les retards inutiles dans l'enregistrement d'une marque de l'Union européenne, il y a lieu d'établir un système de recherches facultatives de marques de l'Union européenne et de marques nationales qui devrait être ouvert aux besoins et préférences des utilisateurs. Les recherches facultatives de marques de l'Union européenne et de marques nationales devraient être complétées par une mise à disposition de moteurs de recherche complets, rapides et puissants, utilisables gratuitement par le public, dans le cadre d'une coopération entre l'Office et les services centraux de la propriété industrielle des États membres, y compris l'Office Benelux de la propriété intellectuelle.

(30) Il convient de garantir aux parties concernées par les décisions de l'Office une protection juridique adaptée à la particularité du droit des marques. A cet effet, il devrait être prévu que les décisions des différentes instances de décision de l'Office sont susceptibles de recours. Une chambre de recours de l'Office devrait statuer sur le recours. Les décisions des chambres de recours devraient, quant à elles, être susceptibles d'un recours devant le Tribunal, celui-ci ayant compétence aussi bien pour annuler que pour réformer la décision attaquée.

(31) Afin d'assurer la protection des marques de l'Union européenne, il convient que les États membres désignent, eu égard à leur système national, un nombre aussi limité que possible de tribunaux nationaux de première et de deuxième instance compétents en matière de contrefaçon et de validité de marques de l'Union européenne.

(32) Il est indispensable que les décisions sur la validité et la contrefaçon des marques de l'Union européenne produisent effet et s'étendent à l'ensemble de l'Union, seul moyen d'éviter des décisions contradictoires des tribunaux et de l'Office, et des atteintes au caractère unitaire des marques de l'Union européenne. Ce sont les dispositions du règlement (UE) n° 1215/2012 du Parlement européen et du Conseil qui devraient s'appliquer à toutes les actions en justice relatives aux marques de l'Union européenne, sauf si le présent règlement y déroge.

(33) Il convient d'éviter que des jugements contradictoires soient rendus à la suite d'actions dans lesquelles sont impliquées les mêmes parties et qui sont formées pour les mêmes faits sur la base d'une marque de l'Union européenne et de marques nationales parallèles. A cet effet, lorsque les actions sont formées dans le même État membre, les moyens pour atteindre cet objectif sont à rechercher dans les règles de procédure nationales, auxquelles le présent règlement ne porte pas atteinte, alors que, lorsque les actions sont formées dans des États membres différents, des dispositions inspirées des règles en matière de litispendance et de connexité du règlement (UE) n° 1215/2012 apparaissent appropriées.

(34) Pour promouvoir la convergence des pratiques et mettre au point des outils communs, il est nécessaire d'instituer un cadre de coopération approprié entre l'Office et les services de la propriété industrielle des États membres, y compris l'Office Benelux de la propriété intellectuelle, qui définisse leurs domaines essentiels de coopération et permette à l'Office de coordonner dans ces domaines des projets communs présentant un intérêt pour l'Union et les États membres et de les financer jusqu'à un certain plafond. Ces activités de coopération devraient profiter aux entreprises qui utilisent des systèmes de marques en Europe. Grâce à ces projets, notamment la création de bases de données pour les recherches et la consultation, les utilisateurs du système mis en place pour l'Union par le présent règlement devraient bénéficier d'outils supplémentaires intégrés, efficaces et gratuits pour se conformer aux exigences spécifiques découlant du caractère unitaire de la marque de l'Union européenne.

(35) Il est souhaitable de faciliter un règlement amiable, rapide et efficient des litiges en chargeant l'Office de créer un centre de médiation dont les services pourraient être utilisés par toute personne en vue d'obtenir un règlement amiable des litiges relatifs aux marques de l'Union européenne et aux dessins ou modèles communautaires sur la base d'un accord mutuel.

(36) La mise en place du système de la marque de l'Union européenne a entraîné un alourdissement des charges financières pour les services centraux de la propriété industrielle et d'autres autorités des États membres. Les coûts supplémentaires sont dus au traitement d'un nombre plus élevé de procédures d'opposition et de nullité portant sur des marques de l'Union européenne ou engagées par les titulaires de ces marques ; aux activités de sensibilisation liées au système de la marque de l'Union européenne ; ainsi qu'aux activités destinées à garantir le respect des droits liés à ces marques. Il convient donc de veiller à ce que l'Office compense une partie des coûts que les États membres supportent pour s'acquitter de leur tâche visant à garantir le bon fonctionnement du système de la marque de l'Union européenne. Le paiement de cette compensation devrait être subordonné à la communication, par les États membres, de données statistiques pertinentes. Cette compensation ne devrait pas être d'une ampleur telle qu'elle entraînerait un déficit budgétaire pour l'Office.

(37) En vue d'assurer la pleine autonomie et l'indépendance de l'Office, il est considéré nécessaire de le doter d'un budget autonome dont les recettes comprennent principalement le produit des taxes dues par les utilisateurs du système. Cependant, la procédure budgétaire de l'Union reste d'application en ce qui concerne les subventions éventuelles à charge du budget général de l'Union. Par ailleurs, il convient que la vérification des comptes soit effectuée par la Cour des comptes.

(38) Il convient, dans l'intérêt d'une saine gestion financière, d'éviter l'accumulation par l'Office d'excédents budgétaires importants. Cette règle ne devrait pas affecter la constitution par l'Office d'une réserve financière correspondant à une année de dépenses opérationnelles, afin d'assurer la continuité de ses activités et l'exécution de ses missions. Cette réserve ne devrait servir qu'à garantir la continuité des tâches accomplies par l'Office, telles qu'elles sont prévues dans le présent règlement.

(39) Compte tenu de l'importance essentielle que revêt le montant des taxes à payer à l'Office pour le fonctionnement du système de la marque de l'Union européenne et de la complémentarité de ce dernier avec les systèmes des marques nationaux, il est nécessaire de fixer ce montant directement dans le présent règlement sous la forme d'une annexe. Il convient de fixer le montant des taxes à un niveau qui garantisse : premièrement, que les recettes générées permettent d'assurer, en principe, l'équilibre du budget de l'Office ; deuxièmement, qu'il y ait coexistence et complémentarité entre le système de la marque de l'Union européenne et les systèmes des marques nationaux, compte tenu également de la taille du marché couvert par la marque de l'Union européenne et des besoins des petites et moyennes entreprises ; troisièmement, que les droits des titulaires de marques de l'Union européenne soient respectés de manière efficace dans les États membres.

(40) Pour que l'Office puisse examiner et enregistrer les demandes de marque de l'Union européenne de manière efficace, efficiente et rapide et selon des procédures transparentes, rigoureuses, justes et équitables, il convient de déléguer à la Commission le pouvoir d'adopter conformément à l'article 290 du traité sur le fonctionnement de l'Union européenne des actes visant à préciser les détails relatifs aux procéduresà suivre pour le dépôt et l'examen des oppositions et pour la modification de la demande.

(41) Pour garantir la possibilité de prononcer la déchéance ou de déclarer la nullité d'une marque de l'Union européenne, de manière efficace et efficiente et selon des procédures transparentes, rigoureuses, justes et équitables, il convient de déléguer à la Commission le pouvoir d'adopter conformément à l'article 290 du traité sur le fonctionnement de l'Union européenne des actes visant à préciser les procédures de déchéance et de nullité.

(42) Pour que les chambres de recours puissent réexaminer les décisions de l'Office de manière efficace, efficiente et exhaustive et selon une procédure transparente, rigoureuse, juste et équitable, qui tienne compte des principes fixés dans le présent règlement, il convient de déléguer à la Commission le pouvoir d'adopter conformément à l'article 290 du traité sur le fonctionnement de l'Union européenne des actes visant à préciser le contenu formel de l'acte de recours, la procédure de dépôt et d'examen des recours, le contenu formel et la forme des décisions des chambres de recours ainsi que le remboursement des taxes de recours.

(43) Afin de garantir le fonctionnement efficace, efficient et sans heurts du système de la marque de l'Union européenne, il convient de déléguer à la Commission le pouvoir d'adopter conformément à l'article 290 du traité sur le fonctionnement de l'Union européenne des actes visant à préciser les exigences concernant les détails de la procédure orale, les modalités de l'instruction, les modalités de notification, les moyens de communication et les formulaires à utiliser par les parties à la procédure, les règles de calcul des délais et leur durée, les procédures à suivre pour la révocation d'une décision ou la suppression d'une inscription au registre, les modalités de la reprise de la procédure et les détails relatifs à la représentation devant l'Office.

(44) Afin d'assurer une organisation efficace et efficiente des chambres de recours, il convient de déléguer à la Commission le pouvoir d'adopter conformément à l'article 290 du traité sur le fonctionnement de l'Union européenne des actes visant à préciser les détails de l'organisation des chambres de recours.

(45) Afin que les marques internationales puissent être enregistrées d'une manière efficace, efficiente et parfaitement conforme aux règles du protocole relatif à l'arrangement de Madrid concernant l'enregistrement international des marques, adopté à Madrid le 27 juin 1989 (ci-après dénommé « protocole de Madrid »), il convient de déléguer à la Commission le pouvoir d'adopter conformément à l'article 290 du traité sur le fonctionnement de l'Union européenne des actes visant à préciser les détails relatifs aux procédures à suivre pour le dépôt et l'examen d'une opposition, y compris les communications qu'il est nécessaire d'adresser à l'Organisation mondiale de la propriété intellectuelle (OMPI), et les détails

relatifs à la procédure concernant les enregistrements internationaux fondés sur une demande de base ou sur un enregistrement de base concernant une marque collective, une marque de certification ou une marque de garantie.

(46) Il importe particulièrement que la Commission procède aux consultations appropriées durant son travail préparatoire, y compris au niveau des experts, et que ces consultations soient menées conformément aux principes définis dans l'accord interinstitutionnel du 13 avril 2016 « Mieux légiférer ». En particulier, pour assurer leur égale participation à la préparation des actes délégués, le Parlement européen et le Conseil reçoivent tous les documents au même moment que les experts des États membres, et leurs experts ont systématiquement accès aux réunions des groupes d'experts de la Commission traitant de la préparation des actes délégués.

(47) Afin d'assurer des conditions uniformes d'exécution du présent règlement, il convient de conférer des compétences d'exécution à la Commission en ce qui concerne les détails relatifs aux demandes, aux certificats, aux revendications, aux règlements, aux notifications et à tout autre document relevant des exigences procédurales prévues par le présent règlement, ainsi qu'en ce qui concerne les taux maximaux applicables aux frais indispensables à la procédure et réellement exposés, les détails concernant les publications dans le *Bulletin des marques de l'Union européenne* et le *Journal officiel de l'Office*, les modalités de l'échange d'informations entre l'Office et les autorités nationales, les modalités concernant les traductions des pièces justificatives dans les procédures écrites, les types exacts de décisions que doit prendre un seul membre des divisions d'opposition ou d'annulation, les détails de l'obligation de notification en vertu du protocole de Madrid, ainsi que les exigences détaillées concernant la demande d'extension territoriale à la suite d'un enregistrement international. Ces compétences devraient être exercées en conformité avec le règlement (UE) n° 182/2011 du Parlement européen et du Conseil.

(48) Étant donné que les objectifs du présent règlement ne peuvent pas être atteints de manière suffisante par les États membres mais peuvent, en raison de ses dimensions et de ses effets, l'être mieux au niveau de l'Union, celle-ci peut prendre des mesures, conformément au principe de subsidiarité consacré à l'article 5 du traité sur l'Union européenne. Conformément au principe de proportionnalité tel qu'énoncé audit article, le présent règlement n'excède pas ce qui est nécessaire pour atteindre ces objectifs,

ONT ADOPTÉ LE PRÉSENT RÈGLEMENT :

CHAPITRE PREMIER *Dispositions générales*

Art. 1er *Marque de l'Union européenne.* 1. Les marques de produits ou de services enregistrées dans les conditions et selon les modalités prévues par le présent règlement sont ci-après dénommées "marques de l'Union européenne".

2. La marque de l'Union européenne a un caractère unitaire. Elle produit les mêmes effets dans l'ensemble de l'Union : elle ne peut être enregistrée, transférée, faire l'objet d'une renonciation, d'une décision de déchéance des droits du titulaire ou de nullité, et son usage ne peut être interdit, que pour l'ensemble de l'Union. Ce principe s'applique sauf disposition contraire du présent règlement.

Art. 2 *Office.* 1. Il est institué un Office de l'Union européenne pour la propriété intellectuelle (ci-après dénommé "Office").

2. Toutes les références à l'Office de l'harmonisation dans le marché intérieur (marques, dessins et modèles) figurant dans le droit de l'Union s'entendent comme des références à l'Office.

Art. 3 *Capacité d'agir.* Aux fins de la mise en œuvre du présent règlement sont assimilées à des personnes morales les sociétés et les autres entités juridiques qui, aux termes de la législation qui leur est applicable, ont la capacité, en leur propre nom, d'être titulaires de droits et d'obligations de toute nature, de passer des contrats ou d'accomplir d'autres actes juridiques, et d'ester en justice.

CHAPITRE II *Droit des marques*

SECTION I *Définition et acquisition de la marque de l'Union européenne*

Art. 4 *Signes susceptibles de constituer une marque de l'Union européenne.* Peuvent constituer des marques de l'Union européenne tous les signes, notamment les mots, y compris les noms de personnes, ou les dessins, les lettres, les chiffres, les couleurs, la forme d'un produit ou du conditionnement d'un produit, ou les sons, à condition que ces signes soient propres :

a) à distinguer les produits ou les services d'une entreprise de ceux d'autres entreprises ; et

b) à être représentés dans le registre des marques de l'Union européenne (ci-après dénommé "registre") d'une manière qui permette aux autorités compétentes et au public de déterminer précisément et clairement l'objet bénéficiant de la protection conférée à leurs titulaires.

Art. 5 *Titulaires de marques de l'Union européenne.* Toute personne physique ou morale, y compris les entités de droit public, peut être titulaire d'une marque de l'Union européenne.

Art. 6 *Mode d'acquisition de la marque de l'Union européenne.* La marque de l'Union européenne s'acquiert par l'enregistrement.

Art. 7 *Motifs absolus de refus.* 1. Sont refusés à l'enregistrement :

a) les signes qui ne sont pas conformes à l'article 4 ;

b) les marques qui sont dépourvues de caractère distinctif ;

c) les marques qui sont composées exclusivement de signes ou d'indications pouvant servir, dans le commerce, à désigner l'espèce, la qualité, la quantité, la destination, la valeur, la provenance géographique ou l'époque de la production du produit ou de la prestation du service, ou d'autres caractéristiques de ceux-ci ;

d) les marques qui sont composées exclusivement de signes ou d'indications devenus usuels dans le langage courant ou dans les habitudes loyales et constantes du commerce ;

e) les signes constitués exclusivement :

i) par la forme, ou une autre caractéristique, imposée par la nature même du produit ;

ii) par la forme, ou une autre caractéristique du produit, nécessaire à l'obtention d'un résultat technique ;

iii) par la forme, ou une autre caractéristique du produit, qui donne une valeur substantielle au produit ;

f) les marques qui sont contraires à l'ordre public ou aux bonnes mœurs ;

g) les marques qui sont de nature à tromper le public, par exemple sur la nature, la qualité ou la provenance géographique du produit ou du service ;

h) les marques qui, à défaut d'autorisation des autorités compétentes, sont à refuser en vertu de l'article 6 *ter* de la convention de Paris pour la protection de la propriété industrielle (ci-après dénommée "convention de Paris") ;

i) les marques qui comportent des badges, emblèmes ou écussons autres que ceux visés par l'article 6 *ter* de la convention de Paris et présentant un intérêt public particulier, à moins que leur enregistrement n'ait été autorisé par l'autorité compétente ;

j) les marques exclues de l'enregistrement en application de la législation de l'Union ou du droit national ou d'accords internationaux auxquels l'Union ou l'État membre concerné est partie, qui prévoient la protection des appellations d'origine et des indications géographiques ;

k) les marques exclues de l'enregistrement en application de la législation de l'Union ou d'accords internationaux auxquels l'Union est partie, qui prévoient la protection des mentions traditionnelles pour les vins ;

l) les marques exclues de l'enregistrement en application de la législation de l'Union ou d'accords internationaux auxquels l'Union est partie, qui prévoient la protection des spécialités traditionnelles garanties ;

m) les marques qui consistent en une dénomination d'une variété végétale antérieure enregistrée conformément à la législation de l'Union ou au droit national ou aux accords internationaux auxquels l'Union ou l'État membre concerné est partie, qui prévoient la protection des droits d'obtention végétale, ou la reproduisent dans leurs éléments essentiels, et qui portent sur des variétés végétales de la même espèce ou d'une espèce étroitement liée.

2. Le paragraphe 1 est applicable même si les motifs de refus n'existent que dans une partie de l'Union.

3. Le paragraphe 1, points b), c) et d), n'est pas applicable si la marque a acquis pour les produits ou services pour lesquels est demandé l'enregistrement un caractère distinctif après l'usage qui en a été fait.

Art. 8 *Motifs relatifs de refus.* 1. Sur opposition du titulaire d'une marque antérieure, la marque demandée est refusée à l'enregistrement :

a) lorsqu'elle est identique à la marque antérieure et que les produits ou les services pour lesquels la marque a été demandée sont identiques à ceux pour lesquels la marque antérieure est protégée ;

b) lorsqu'en raison de son identité ou de sa similitude avec la marque antérieure et en raison de l'identité ou de la similitude des produits ou des services que les deux marques désignent, il existe un risque de confusion dans l'esprit du public du territoire dans lequel la marque antérieure est protégée ; le risque de confusion comprend le risque d'association avec la marque antérieure.

2. Aux fins du paragraphe 1, on entend par "marques antérieures" :

a) les marques dont la date de dépôt est antérieure à celle de la demande de marque de l'Union européenne, compte tenu, le cas échéant, du droit de priorité invoqué à l'appui de ces marques, et qui appartiennent aux catégories suivantes :

i) les marques de l'Union européenne ;

ii) les marques enregistrées dans un État membre ou, pour ce qui concerne la Belgique, le Luxembourg et les Pays-Bas, auprès de l'Office Benelux de la propriété intellectuelle ;

iii) les marques qui ont fait l'objet d'un enregistrement international ayant effet dans un État membre ;

iv) les marques qui ont fait l'objet d'un enregistrement international ayant effet dans l'Union ;

b) les demandes de marques visées au point a), sous réserve de leur enregistrement ;

c) les marques qui, à la date de dépôt de la demande de marque de l'Union européenne ou, le cas échéant, à la date de la priorité invoquée à l'appui de la demande de marque de l'Union européenne, sont "notoirement connues" dans un État membre au sens de l'article 6 *bis* de la convention de Paris.

3. Sur opposition du titulaire de la marque, une marque est refusée à l'enregistrement lorsqu'elle est demandée par l'agent ou le représentant du titulaire de la marque, en son propre nom et sans le consentement du titulaire, à moins que cet agent ou ce représentant ne justifie ses agissements.

4. Sur opposition du titulaire d'une marque non enregistrée ou d'un autre signe utilisé dans la vie des affaires dont la portée n'est pas seulement locale, la marque demandée est refusée à l'enregistrement, lorsque et dans la mesure où, selon la législation de l'Union ou le droit de l'État membre qui est applicable à ce signe :

a) des droits à ce signe ont été acquis avant la date de dépôt de la demande de marque de l'Union européenne ou, le cas échéant, avant la date de la priorité invoquée à l'appui de la demande de marque de l'Union européenne ;

b) ce signe donne à son titulaire le droit d'interdire l'utilisation d'une marque plus récente.

5. Sur opposition du titulaire d'une marque antérieure enregistrée au sens du paragraphe 2, la marque demandée est refusée à l'enregistrement si elle est identique ou similaire à une marque antérieure, indépendamment du fait que les produits ou services pour lesquels elle est demandée sont identiques, similaires ou non similaires à ceux pour lesquels la marque antérieure est enregistrée, lorsque cette marque antérieure est une marque de l'Union européenne qui jouit d'une renommée dans l'Union ou une marque nationale qui jouit d'une renommée dans l'État membre concerné, et que l'usage sans juste motif de la marque demandée tirerait indûment profit du caractère distinctif ou de la renommée de cette marque antérieure ou leur porterait préjudice.

6. Sur opposition de toute personne autorisée en vertu de la législation applicable à exercer les droits qui découlent d'une appellation d'origine ou d'une indication géographique, la marque demandée est refusée à l'enregistrement lorsque et dans la mesure où, en application de la législation de l'Union ou du droit national qui prévoient la protection des appellations d'origine ou des indications géographiques :

i) une demande d'appellation d'origine ou d'indication géographique avait déjà été introduite, conformément à la législation de l'Union ou au droit national, avant la date de dépôt de la marque de l'Union européenne ou avant la date de la priorité invoquée à l'appui de la demande, sous réserve d'un enregistrement ultérieur ;

ii) cette appellation d'origine ou cette indication géographique confère le droit d'interdire l'usage d'une marque postérieure.

SECTION II *Effets de la marque de l'Union européenne*

Art. 9 *Droit conféré par la marque de l'Union européenne.* 1. L'enregistrement d'une marque de l'Union européenne confère à son titulaire un droit exclusif.

2. Sans préjudice des droits des titulaires acquis avant la date de dépôt ou la date de priorité d'une marque de l'Union européenne, le titulaire de cette marque de l'Union européenne est habilité à interdire à tout tiers, en l'absence de son consentement, de faire usage dans la vie des affaires d'un signe pour des produits ou services lorsque :

a) ce signe est identique à la marque de l'Union européenne et est utilisé pour des produits ou des services identiques à ceux pour lesquels la marque de l'Union européenne est enregistrée ;

b) ce signe est identique ou similaire à la marque de l'Union européenne et est utilisé pour des produits ou services identiques ou similaires aux produits ou services pour lesquels la marque de l'Union européenne est enregistrée, s'il existe un risque de confusion dans l'esprit du public ; le risque de confusion comprend le risque d'association entre le signe et la marque ;

c) ce signe est identique ou similaire à la marque de l'Union européenne, indépendamment du fait que les produits ou services pour lesquels il est utilisé soient identiques, similaires ou non similaires à ceux pour lesquels la marque de l'Union européenne est enregistrée, lorsque celle-ci jouit d'une renommée dans l'Union et que l'usage de ce signe sans juste motif tire indûment profit du caractère distinctif ou de la renommée de la marque de l'Union européenne ou leur porte préjudice.

3. Il peut notamment être interdit, en vertu du paragraphe 2 :

a) d'apposer le signe sur les produits ou sur leur conditionnement ;

b) d'offrir les produits, de les mettre sur le marché ou de les détenir à ces fins sous le signe, ou d'offrir ou de fournir des services sous le signe ;

c) d'importer ou d'exporter les produits sous le signe ;

d) de faire usage du signe comme nom commercial ou dénomination sociale ou comme partie d'un nom commercial ou d'une dénomination sociale ;

e) d'utiliser le signe dans les papiers d'affaires et la publicité ;

f) de faire usage du signe dans des publicités comparatives d'une manière contraire à la directive 2006/114/CE.

4. Sans préjudice des droits des titulaires acquis avant la date de dépôt ou la date de priorité de la marque de l'Union européenne, le titulaire de cette marque de l'Union européenne est en outre habilité à empêcher tout tiers d'introduire des produits, dans la vie des affaires, dans l'Union sans qu'ils y soient mis en libre pratique, lorsque ces produits, conditionnement inclus, proviennent de pays tiers et portent sans autorisation une marque qui est identique à la marque de l'Union européenne enregistrée pour ces produits ou qui ne peut être distinguée, dans ses aspects essentiels, de cette marque.

Le droit conféré au titulaire d'une marque de l'Union européenne en vertu du premier alinéa s'éteint si, au cours de la procédure visant à déterminer s'il a été porté atteinte à la marque de l'Union européenne, engagée conformément au règlement (UE) n° 608/2013 le déclarant ou le détenteur des produits apporte la preuve que le titulaire de la marque de l'Union européenne n'a pas le droit d'interdire la mise sur le marché des produits dans le pays de destination finale.

Art. 10 *Droit d'interdire les actes préparatoires portant sur l'utilisation du conditionnement ou d'autres moyens.* Lorsqu'il existe un risque qu'il puisse être fait usage, pour des produits ou des services, d'un conditionnement, d'étiquettes, de marquages, de dispositifs de sécurité ou d'authentification ou de tout autre support sur lequel est apposée la marque, et que cet usage porterait atteinte aux droits conférés au titulaire d'une marque de l'Union européenne au titre de l'article 9, paragraphes 2 et 3, le titulaire de cette marque a le droit d'interdire les actes ci-après s'ils sont effectués dans la vie des affaires :

a) l'apposition d'un signe identique ou similaire à la marque de l'Union européenne sur le conditionnement, les étiquettes, les marquages, les dispositifs de sécurité ou d'authentification ou tout autre support sur lequel la marque peut être apposée ;

b) l'offre, la mise sur le marché ou la détention à ces fins, l'importation ou l'exportation de conditionnements, d'étiquettes, de marquages, de dispositifs de sécurité ou d'authentification ou tout autre support sur lequel la marque est apposée.

Art. 11 *Date d'opposabilité du droit aux tiers.* 1. Le droit conféré par une marque de l'Union européenne est opposable aux tiers à compter de la date de publication de l'enregistrement de la marque.

2. Une indemnité raisonnable peut être exigée pour des faits postérieurs à la publication d'une demande de marque de l'Union européenne qui, après la publication de l'enregistrement de la marque, seraient interdits en vertu de celle-ci.

3. Le tribunal saisi ne statue pas au fond tant que l'enregistrement n'a pas été publié.

Art. 12 *Reproduction de la marque de l'Union européenne dans les dictionnaires.* Si la reproduction d'une marque de l'Union européenne dans un dictionnaire, une encyclopédie ou un ouvrage à consulter similaire donne l'impression qu'elle constitue le terme générique des biens ou services pour lesquels la marque est enregistrée, l'éditeur veille, sur demande du titulaire de la marque de l'Union européenne, à ce que la reproduction de la marque de l'Union européenne soit, au plus tard lors de l'édition suivante de l'ouvrage, accompagnée de l'indication qu'il s'agit d'une marque enregistrée.

Art. 13 *Interdiction d'utiliser la marque de l'Union européenne enregistrée au nom d'un agent ou d'un représentant.* Si une marque de l'Union européenne a été enregistrée au nom de l'agent ou du représentant de celui qui est titulaire de cette marque, sans l'autorisation du titulaire, celui-ci a le droit de s'opposer à l'utilisation de sa marque par son agent ou représentant, s'il n'a pas autorisé cette utilisation, à moins que l'agent ou le représentant ne justifie ses agissements.

Art. 14 *Limitation des effets de la marque de l'Union européenne.* 1. Une marque de l'Union européenne ne permet pas à son titulaire d'interdire à un tiers l'usage, dans la vie des affaires :

a) de son nom ou de son adresse, lorsque le tiers est une personne physique ;

b) de signes ou d'indications qui sont dépourvus de caractère distinctif ou qui se rapportent à l'espèce, à la qualité, à la quantité, à la destination, à la valeur, à la provenance géographique, à l'époque de la production du produit ou de la prestation du service ou à d'autres caractéristiques de ceux-ci ;

c) de la marque de l'Union européenne pour désigner ou mentionner des produits ou des services comme étant ceux du titulaire de cette marque, en particulier lorsque l'usage de cette marque est nécessaire pour indiquer la destination d'un produit ou d'un service, notamment en tant qu'accessoire ou pièce détachée.

2. Le paragraphe 1 ne s'applique que lorsque l'usage par le tiers est fait conformément aux usages honnêtes en matière industrielle ou commerciale.

Art. 15 *Épuisement du droit conféré par la marque de l'Union européenne.* 1. Une marque de l'Union européenne ne permet pas à son titulaire d'interdire l'usage de celle-ci pour des produits qui ont été mis sur le marché dans l'espace économique européen sous cette marque par le titulaire ou avec son consentement.

2. Le paragraphe 1 n'est pas applicable lorsque des motifs légitimes justifient que le titulaire s'oppose à la commercialisation ultérieure des produits, notamment lorsque l'état des produits est modifié ou altéré après leur mise dans le commerce.

Art. 16 *Droit d'intervention du titulaire d'une marque enregistrée postérieurement comme moyen de défense dans une procédure en contrefaçon.* 1. Lors d'une procédure en contrefaçon, le titulaire d'une marque de l'Union européenne ne peut interdire l'usage d'une marque de l'Union européenne enregistrée postérieurement lorsque cette marque postérieure n'aurait pas été déclarée nulle en vertu de l'article 60, paragraphe 1, 3 ou 4, de l'article 61, paragraphe 1 ou 2, ou de l'article 64, paragraphe 2, du présent règlement.

2. Lors d'une procédure en contrefaçon, le titulaire d'une marque de l'Union européenne ne peut interdire l'usage d'une marque nationale enregistrée postérieurement lorsque cette marque postérieure n'aurait pas été déclarée nulle en vertu de l'article 8 ou de l'article 9, paragraphe 1 ou 2, ou de l'article 46, paragraphe 3, de la directive (UE) 2015/2436 du Parlement européen et du Conseil.

3. Lorsque le titulaire d'une marque de l'Union européenne ne peut pas interdire, en vertu du paragraphe 1 ou 2, l'usage d'une marque enregistrée postérieurement, le titulaire de cette marque enregistrée postérieurement ne peut pas interdire l'usage de la marque de l'Union européenne antérieure dans une action en contrefaçon.

Art. 17 *Application complémentaire du droit national en matière de contrefaçon.* 1. Les effets de la marque de l'Union européenne sont exclusivement déterminés par les dispositions du présent règlement. Par ailleurs, les atteintes à une marque de l'Union européenne sont régies par le droit national concernant les atteintes à une marque nationale conformément aux dispositions du chapitre X.

2. Le présent règlement n'exclut pas que des actions portant sur une marque de l'Union européenne soient intentées sur la base du droit des États membres concernant notamment la responsabilité civile et la concurrence déloyale.

3. Les règles de procédure applicables sont déterminées conformément aux dispositions du chapitre X.

SECTION III *Usage de la marque de l'Union européenne*

Art. 18 *Usage de la marque de l'Union européenne.* 1. Si, dans un délai de cinq ans à compter de l'enregistrement, la marque de l'Union européenne n'a pas fait l'objet par le titulaire d'un usage sérieux dans l'Union pour les produits ou les services pour lesquels elle est enregistrée, ou si un tel usage a été suspendu pendant un délai ininterrompu de cinq ans, la marque de l'Union européenne est soumise aux sanctions prévues au présent règlement, sauf juste motif pour le non-usage.

Constituent également un usage au sens du premier alinéa :

a) l'usage de la marque de l'Union européenne sous une forme qui diffère par des éléments n'altérant pas le caractère distinctif de la marque dans la forme sous laquelle elle a été enregistrée, que la marque soit ou non aussi enregistrée sous la forme utilisée au nom du titulaire ;

b) l'apposition de la marque de l'Union européenne sur les produits ou sur leur conditionnement dans l'Union dans le seul but de l'exportation.

2. L'usage de la marque de l'Union européenne avec le consentement du titulaire est considéré comme fait par le titulaire.

SECTION IV *La marque de l'Union européenne comme objet de propriété*

Art. 19 *Assimilation de la marque de l'Union européenne à la marque nationale.* 1. Sauf disposition contraire des articles 20 à 28, la marque de l'Union européenne en tant qu'objet de propriété est considérée en sa totalité et pour l'ensemble du territoire de l'Union comme une marque nationale enregistrée dans l'État membre dans lequel, selon le registre :

a) le titulaire a son siège ou son domicile à la date considérée ;

b) si le point a) n'est pas applicable, le titulaire a un établissement à la date considérée.

2. Dans les cas non prévus au paragraphe 1, l'État membre visé audit paragraphe est celui dans lequel l'Office a son siège.

3. Si plusieurs personnes sont inscrites au registre en tant que cotitulaires, le paragraphe 1 est applicable au premier inscrit ; à défaut, il s'applique dans l'ordre de leur inscription aux cotitulaires suivants. Lorsque le paragraphe 1 ne s'applique à aucun des cotitulaires, le paragraphe 2 est applicable.

Art. 20 *Transfert.* 1. La marque de l'Union européenne peut, indépendamment du transfert de l'entreprise, être transférée pour tout ou pour partie des produits ou des services pour lesquels elle est enregistrée.

2. Le transfert de l'entreprise dans sa totalité implique le transfert de la marque de l'Union européenne, sauf si, en conformité avec la législation applicable au transfert, il existe une convention contraire ou si cela ressort clairement des circonstances. Cette disposition s'applique à l'obligation contractuelle de transférer l'entreprise.

3. Sans préjudice du paragraphe 2, la cession de la marque de l'Union européenne doit être faite par écrit et requiert la signature des parties au contrat, sauf si elle résulte d'un jugement ; à défaut, la cession est nulle.

4. Sur requête d'une des parties, le transfert est inscrit au registre et publié.

5. La demande d'enregistrement d'un transfert comporte des informations permettant d'identifier la marque de l'Union européenne, le nouveau titulaire, les produits et services sur lesquels porte le transfert ainsi que les documents établissant en bonne et due forme le transfert conformément aux paragraphes 2 et 3. La demande peut également contenir, s'il y a lieu, des informations permettant d'identifier le représentant du nouveau titulaire.

6. La Commission adopte des actes d'exécution précisant :

a) les éléments à mentionner dans la demande d'enregistrement du transfert ;

b) le type de documents requis pour établir un transfert, compte tenu des autorisations données par le titulaire enregistré et son ayant cause ;

c) les modalités de traitement des demandes de transfert partiel, en veillant à ce que les produits et les services figurant dans l'enregistrement maintenu et dans le nouvel enregistrement ne se recouvrent pas et qu'un dossier distinct, assorti d'un nouveau numéro d'enregistrement, soit établi pour le nouvel enregistrement.

Ces actes d'exécution sont adoptés en conformité avec la procédure d'examen visée à l'article 207, paragraphe 2.

7. Lorsque les conditions d'enregistrement du transfert énoncées aux paragraphes 1, 2 et 3, ou dans les actes d'exécution visés au paragraphe 6, ne sont pas remplies, l'Office informe le demandeur des irrégularités constatées. S'il n'est pas remédié aux irrégularités dans le délai à fixer par l'Office, celui-ci rejette la demande d'enregistrement du transfert.

8. Une seule demande d'enregistrement d'un transfert peut être présentée pour deux ou plusieurs marques, sous réserve que le titulaire enregistré et son ayant cause soient identiques dans tous les cas.

9. Les paragraphes 5 à 8 s'appliquent également aux demandes de marque de l'Union européenne.

10. En ce qui concerne les transferts partiels, toute demande présentée par le titulaire initial et pendante pour l'enregistrement initial est réputée pendante en ce qui concerne l'enregistrement maintenu et le nouvel enregistrement. Si cette demande est subordonnée au

paiement de taxes et que celles-ci ont déjà été acquittées par le titulaire initial, le nouveau titulaire n'est pas tenu d'acquitter de nouvelles taxes pour cette demande.

11. Tant que le transfert n'a pas été inscrit au registre, l'ayant cause ne peut pas se prévaloir des droits découlant de l'enregistrement de la marque de l'Union européenne.

12. Lorsque des délais doivent être observés vis-à-vis de l'Office, l'ayant cause peut faire à l'Office les déclarations prévues à cet effet dès que celui-ci a reçu la demande d'enregistrement du transfert.

13. Tous les documents qui doivent être notifiés au titulaire de la marque de l'Union européenne, conformément à l'article 98, sont adressés à la personne enregistrée en qualité de titulaire.

Art. 21 *Transfert d'une marque enregistrée au nom d'un agent.* 1. Si une marque de l'Union européenne a été enregistrée au nom de l'agent ou du représentant d'une personne qui est titulaire de cette marque, sans l'autorisation du titulaire, ce dernier a le droit de réclamer la cession à son profit de la marque de l'Union européenne, à moins que cet agent ou ce représentant ne justifie sa démarche.

2. Le titulaire peut soumettre une demande de cession au titre du paragraphe 1 du présent article :

a) à l'Office, en vertu de l'article 60, paragraphe 1, point b), au lieu d'une demande en nullité ;

b) à un tribunal des marques de l'Union européenne au sens de l'article 123, au lieu d'une demande reconventionnelle en nullité fondée sur l'article 128, paragraphe 1.

Art. 22 *Droits réels.* 1. La marque de l'Union européenne peut, indépendamment de l'entreprise, être donnée en gage ou faire l'objet d'un autre droit réel.

2. Sur requête d'une des parties, il est procédé à l'inscription au registre et à la publication des droits visés au paragraphe 1 ou du transfert de ces droits.

3. Une inscription au registre effectuée en vertu du paragraphe 2 est supprimée ou modifiée sur requête d'une des parties.

Art. 23 *Exécution forcée.* 1. La marque de l'Union européenne peut faire l'objet de mesures d'exécution forcée.

2. En matière de procédure d'exécution forcée sur une marque de l'Union européenne, la compétence exclusive appartient aux tribunaux et aux autorités de l'État membre déterminé en application de l'article 19.

3. Sur requête d'une des parties, l'exécution forcée est inscrite au registre et publiée.

4. Une inscription au registre effectuée en vertu du paragraphe 3 est supprimée ou modifiée sur requête d'une des parties.

Art. 24 *Procédure d'insolvabilité.* 1. La seule procédure d'insolvabilité dans laquelle une marque de l'Union européenne peut être incluse est celle qui a été ouverte dans l'État membre sur le territoire duquel est situé le centre des intérêts principaux du débiteur.

Cependant, lorsque le débiteur est une entreprise d'assurance ou un établissement de crédit tels que définis respectivement par la directive 2009/138/CE du Parlement européen et du Conseil et par la directive 2001/24/CE du Parlement européen et du Conseil, la seule procédure d'insolvabilité dans laquelle une marque de l'Union européenne peut être incluse est celle qui a été ouverte dans l'État membre où cette entreprise ou cet établissement ont été agréés.

2. En cas de copropriété d'une marque de l'Union européenne, le paragraphe 1 est applicable à la part du copropriétaire.

3. Lorsqu'une marque de l'Union européenne est incluse dans une procédure d'insolvabilité, une inscription en ce sens est portée au registre et publiée au *Bulletin des marques de l'Union européenne* visé à l'article 116, sur demande de l'autorité nationale compétente.

Art. 25 *Licence.* 1. La marque de l'Union européenne peut faire l'objet de licences pour tout ou partie des produits ou des services pour lesquels elle est enregistrée et pour tout ou partie de l'Union. Les licences peuvent être exclusives ou non exclusives.

2. Le titulaire de la marque de l'Union européenne peut invoquer les droits conférés par cette marque à l'encontre d'un licencié qui enfreint l'une des clauses du contrat de licence en ce qui concerne :

a) sa durée ;

b) la forme couverte par l'enregistrement sous laquelle la marque peut être utilisée ;

c) la nature des produits ou des services pour lesquels la licence est octroyée ;

d) le territoire sur lequel la marque peut être apposée ; ou

e) la qualité des produits fabriqués ou des services fournis par le licencié.

3. Sans préjudice des stipulations du contrat de licence, le licencié ne peut engager une procédure relative à la contrefaçon d'une marque de l'Union européenne qu'avec le consentement du titulaire de celle-ci. Toutefois, le titulaire d'une licence exclusive peut engager une telle procédure si, après mise en demeure, le titulaire de la marque n'agit pas lui-même en contrefaçon dans un délai approprié.

4. Tout licencié est recevable à intervenir dans la procédure en contrefaçon engagée par le titulaire de la marque de l'Union européenne afin d'obtenir réparation du préjudice qui lui est propre.

5. Sur requête d'une des parties, l'octroi ou le transfert d'une licence d'une marque de l'Union européenne est inscrit au registre et publié.

6. Une inscription au registre effectuée en vertu du paragraphe 5 est supprimée ou modifiée sur requête d'une des parties.

Art. 26 *Procédure d'inscription de licences et d'autres droits dans le registre.* 1. L'article 20, paragraphes 5 et 6, et les règles adoptées en application de ces dispositions, ainsi que l'article 20, paragraphe 8, s'appliquent *mutatis mutandis* à l'enregistrement ou au transfert d'un droit réel visé à l'article 22, paragraphe 2, à l'exécution forcée visée à l'article 23, paragraphe 3, à l'inclusion dans une procédure d'insolvabilité visée à l'article 24, paragraphe 3, ainsi qu'à l'enregistrement ou au transfert d'une licence visé à l'article 25, paragraphe 5, sous réserve de ce qui suit :

a) l'obligation relative à l'identification des produits et services visés par le transfert ne s'applique pas aux demandes d'enregistrement d'un droit réel, d'une exécution forcée ou d'une procédure d'insolvabilité ;

b) l'obligation relative aux documents prouvant le transfert ne s'applique pas lorsque la demande est introduite par le titulaire de la marque de l'Union européenne.

2. La demande d'enregistrement des droits visée au paragraphe 1 n'est réputée présentée qu'après paiement de la taxe requise.

3. La demande d'enregistrement d'une licence peut comporter une demande d'enregistrement de la licence dans le registre sous une ou plusieurs des formes suivantes :

a) une licence exclusive ;

b) une sous-licence lorsque la licence est octroyée par un licencié dont la licence est inscrite au registre ;

c) une licence limitée à une partie des produits et services pour lesquels la marque est enregistrée ;

d) une licence limitée à une partie de l'Union ;

e) une licence temporaire.

Lorsqu'une demande d'enregistrement d'une licence est présentée sous les formes énumérées aux points c), d) et e) du premier alinéa, elle indique les produits et services, la partie de l'Union et la période visés par la licence.

4. Lorsque les conditions d'enregistrement prévues aux articles 22 à 25, aux paragraphes 1 et 3 du présent article, et par les autres règles adoptées en vertu du présent règlement, ne sont pas remplies, l'Office informe le demandeur de l'irrégularité. S'il n'est pas remédié à l'irrégularité dans le délai fixé par l'Office, celui-ci rejette la demande d'enregistrement.

5. Les paragraphes 1 et 3 s'appliquent *mutatis mutandis* aux demandes de marque de l'Union européenne.

Art. 27 *Opposabilité aux tiers.* 1. Les actes juridiques concernant la marque de l'Union européenne visés aux articles 20, 22 et 25 ne sont opposables aux tiers dans tous les États membres qu'après leur inscription au registre. Toutefois, avant son inscription, un tel acte est opposable aux tiers qui ont acquis des droits sur la marque après la date de cet acte mais qui avaient connaissance de celui-ci lors de l'acquisition de ces droits.

2. Le paragraphe 1 n'est pas applicable à l'égard d'une personne qui acquiert la marque de l'Union européenne ou un droit sur la marque de l'Union européenne par transfert de l'entreprise dans sa totalité ou par toute autre succession à titre universel.

3. L'opposabilité aux tiers des actes juridiques visés à l'article 23 est régie par le droit de l'État membre déterminé en application de l'article 19.

4. Jusqu'à l'entrée en vigueur de dispositions communes aux États membres en matière de faillite, l'opposabilité aux tiers d'une procédure de faillite ou de procédures analogues est régie par le droit de l'État membre où une telle procédure a été ouverte en premier lieu au sens de la loi nationale ou des conventions applicables en la matière.

Art. 28 *Demande de marque de l'Union européenne comme objet de propriété.* Les articles 19 à 27 sont applicables aux demandes de marque de l'Union européenne.

Art. 29 *Procédure de radiation ou de modification de l'inscription au registre d'une licence ou d'autres droits.* 1. L'enregistrement effectué en vertu de l'article 26, paragraphe 1, fait l'objet d'une radiation ou d'une modification à la demande de l'une des personnes concernées.

2. La demande comporte le numéro d'enregistrement de la marque de l'Union européenne concernée et des précisions sur le droit pour lequel la radiation ou la modification de l'inscription est demandée.

3. La demande de radiation d'une licence, d'un droit réel ou d'une mesure d'exécution n'est réputée présentée qu'après paiement de la taxe requise.

4. La demande est accompagnée de documents prouvant que le droit enregistré n'existe plus ou que le licencié ou le titulaire d'un autre droit consent à la radiation ou à la modification de l'inscription.

5. Si les conditions de radiation ou de modification de l'enregistrement ne sont pas remplies, l'Office informe le demandeur de l'irrégularité constatée. S'il n'est pas remédié à l'irrégularité dans le délai à fixer par l'Office, celui-ci rejette la demande de radiation ou de modification de l'enregistrement.

6. Les paragraphes 1 à 5 du présent article s'appliquent *mutatis mutandis* aux mentions inscrites dans les dossiers conformément à l'article 26, paragraphe 5.

CHAPITRE III *La demande de marque de l'union européenne*

SECTION 1 *Dépôt de la demande et conditions auxquelles elle doit satisfaire*

Art. 30 *Dépôt de la demande.* 1. La demande de marque de l'Union européenne est déposée auprès de l'Office.

2. L'Office délivre sans tarder au demandeur un récépissé sur lequel figurent au moins le numéro de dossier, une représentation, une description ou tout autre moyen d'identification de la marque, la nature des documents et leur nombre, ainsi que leur date de réception. Ce récépissé peut être délivré par voie électronique.

Art. 31 *Conditions auxquelles la demande doit satisfaire.* 1. La demande de marque de l'Union européenne doit contenir :

a) une requête en enregistrement d'une marque de l'Union européenne ;

b) les indications qui permettent d'identifier le demandeur ;

c) la liste des produits ou des services pour lesquels l'enregistrement est demandé ;

d) une représentation de la marque, répondant aux exigences de l'article 4, point b).

2. La demande de marque de l'Union européenne donne lieu au paiement de la taxe de dépôt couvrant une seule classe de produits ou de services et, le cas échéant, d'une ou de plusieurs taxes pour chaque classe de produits et de services au-delà de la première classe ainsi que, s'il y a lieu, de la taxe de recherche.

3. Outre les exigences visées aux paragraphes 1 et 2, la demande de marque de l'Union européenne satisfait aux conditions de forme établies par le présent règlement et par les actes d'exécution adoptés en application de celui-ci. Si ces conditions prévoient une représentation électronique de la marque, le directeur exécutif peut décider du format et de la taille maximale du fichier électronique.

4. La Commission adopte des actes d'exécution précisant les éléments à mentionner dans la demande. Ces actes d'exécution sont adoptés en conformité avec la procédure d'examen visée à l'article 207, paragraphe 2.

Art. 32 *Date de dépôt.* La date de dépôt d'une demande de marque de l'Union européenne est la date à laquelle le demandeur a déposé auprès de l'Office les documents contenant les éléments visés à l'article 31, paragraphe 1, sous réserve du paiement de la taxe de dépôt dans un délai d'un mois à compter du dépôt de ces documents.

Art. 33 *Désignation et classification des produits et services.* 1. Les produits et les services pour lesquels l'enregistrement d'une marque est demandé sont classés conformément au système de classification établi par l'Arrangement de Nice concernant la classification internationale des produits et des services aux fins de l'enregistrement des marques du 15 juin 1957 (ci-après dénommé "classification de Nice").

2. Les produits et les services pour lesquels la protection de la marque est demandée sont désignés par le demandeur avec suffisamment de clarté et de précision pour permettre aux autorités compétentes et aux opérateurs économiques de déterminer, sur cette seule base, l'étendue de la protection demandée.

3. Aux fins du paragraphe 2, les indications générales figurant dans les intitulés de classe de la classification de Nice ou d'autres termes généraux peuvent être utilisés, sous réserve

qu'ils satisfassent aux normes requises en matière de clarté et de précision énoncées au présent article.

4. L'Office rejette une demande pour des indications ou des termes manquant de clarté ou imprécis lorsque le demandeur ne propose pas de formulation acceptable dans un délai fixé à cet effet par l'Office.

5. L'utilisation de termes généraux, y compris les indications générales figurant dans les intitulés de classe de la classification de Nice, est interprétée comme incluant tous les produits ou services relevant clairement du sens littéral de l'indication ou du terme. L'utilisation de tels termes ou indications n'est pas interprétée comme incluant une demande pour des produits ou des services ne pouvant être ainsi compris.

6. Lorsque le demandeur sollicite l'enregistrement pour plus d'une classe, il regroupe les produits et les services selon les classes de la classification de Nice, chaque groupe de produits ou de services étant précédé du numéro de la classe dont il relève, et il présente les différents groupes dans l'ordre des classes.

7. Des produits et services ne sont pas considérés comme similaires au motif qu'ils apparaissent dans la même classe de la classification de Nice. Des produits et services ne sont pas considérés comme différents au motif qu'ils apparaissent dans des classes différentes de la classification de Nice.

8. Les titulaires de marques de l'Union européenne qui ont été demandées avant le 22 juin 2012 et qui ont été enregistrées pour l'intitulé entier d'une classe de la classification de Nice peuvent déclarer que leur intention, à la date de dépôt de la demande, était de demander la protection de produits ou de services au-delà des produits ou des services relevant du sens littéral de l'intitulé de cette classe, à condition que les produits ou services ainsi désignés figurent sur la liste alphabétique de cette classe de la classification de Nice, dans l'édition en vigueur à la date du dépôt de la demande.

La déclaration est déposée auprès de l'Office au plus tard le 24 septembre 2016 et indique de manière claire, précise et spécifique les produits et services, autres que ceux relevant clairement du sens littéral des indications de l'intitulé de classe, que le titulaire avait l'intention de viser à l'origine. L'Office prend les mesures qui s'imposent pour modifier le registre en conséquence. La possibilité de faire une déclaration conformément au premier alinéa du présent paragraphe est sans préjudice de l'application de l'article 18, de l'article 47, paragraphe 2, de l'article 58, paragraphe 1, point a), et de l'article 64, paragraphe 2.

Les marques de l'Union européenne pour lesquelles il n'est pas déposé de déclaration dans le délai prévu au deuxième alinéa sont réputées, à compter de l'expiration de ce délai, ne désigner que les produits ou services qui relèvent clairement du sens littéral des indications figurant dans l'intitulé de la classe concernée.

9. En cas de modification du registre, les droits exclusifs conférés par la marque de l'Union européenne au titre de l'article 9 n'empêchent pas un tiers de continuer à utiliser une marque pour des produits ou des services si et dans la mesure où l'utilisation de la marque pour ces produits ou services concernés :

a) a commencé avant la modification du registre ; et

b) n'a pas porté atteinte aux droits du titulaire, compte tenu du sens littéral de l'intitulé dont relèvent les produits ou les services inscrits dans le registre à ce moment.

En outre, la modification de la liste de produits et de services inscrits dans le registre ne confère pas au titulaire de la marque de l'Union européenne le droit de s'opposer à une marque déposée ultérieurement ou de présenter une demande en nullité la concernant si et dans la mesure où :

a) la marque déposée ultérieurement était utilisée, ou une demande d'enregistrement de ladite marque avait été soumise, pour des produits ou des services avant la modification du registre ; et

b) l'utilisation de la marque pour les produits ou les services concernés n'a pas porté atteinte, ou n'aurait pas porté atteinte, aux droits du titulaire, compte tenu du sens littéral de l'intitulé dont relèvent les produits ou les services inscrits dans le registre à ce moment.

SECTION II *Priorité*

Art. 34 *Droit de priorité.* 1. Une personne qui a régulièrement déposé une marque dans ou pour un des États parties à la convention de Paris ou à l'accord établissant l'Organisation mondiale du commerce, ou son ayant cause, jouit, pour effectuer le dépôt d'une demande de marque de l'Union européenne pour la même marque et pour des produits ou des services identiques à ceux pour lesquels cette marque est déposée ou contenus dans ces derniers, d'un droit de priorité pendant un délai de six mois à compter de la date de dépôt de la première demande.

2. Est reconnu comme donnant naissance au droit de priorité tout dépôt ayant la valeur d'un dépôt national régulier en vertu de la législation nationale de l'État dans lequel il a été effectué ou d'accords bilatéraux ou multilatéraux.

3. Par dépôt national régulier, on doit entendre tout dépôt qui suffit à établir la date à laquelle la demande a été déposée, quel que soit le sort ultérieur de cette demande.

4. Est considérée comme première demande, dont la date de dépôt est le point de départ du délai de priorité, une demande ultérieure déposée pour la même marque, pour des produits ou des services identiques et dans ou pour le même État qu'une première demande antérieure, à la condition que cette demande antérieure, à la date du dépôt de la demande ultérieure, ait été retirée, abandonnée ou refusée, sans avoir été soumise à l'inspection publique et sans laisser subsister de droits, et qu'elle n'ait pas encore servi de base pour la revendication du droit de priorité. La demande antérieure ne peut plus alors servir de base pour la revendication du droit de priorité.

5. Si le premier dépôt a été effectué dans un État qui n'est pas partie à la convention de Paris ou à l'accord établissant l'Organisation mondiale du commerce, les paragraphes 1 à 4 ne s'appliquent que dans la mesure où cet État, selon des constatations publiées, accorde, sur la base d'un premier dépôt effectué auprès de l'Office, un droit de priorité soumis à des conditions et ayant des effets équivalents à ceux prévus par le présent règlement. Le directeur exécutif demande, si nécessaire, à la Commission de voir s'il y a lieu de vérifier si un État au sens de la première phrase accorde ce traitement réciproque. Lorsque la Commission établit que la réciprocité visée à la première phrase est accordée, elle publie au *Journal officiel de l'Union européenne* une communication à cet effet.

6. Le paragraphe 5 s'applique à compter de la date de publication au *Journal officiel de l'Union européenne* de la communication établissant que la réciprocité est accordée, à moins que ladite communication ne prévoie une date de prise d'effet antérieure. Il cesse de s'appliquer à compter de la date de publication au *Journal officiel de l'Union européenne* d'une communication de la Commission déclarant que la réciprocité n'est plus accordée, à moins que ladite communication ne prévoie une date de prise d'effet antérieure.

7. Les communications visées aux paragraphes 5 et 6 sont également publiées au *Journal officiel de l'Office*.

Art. 35 *Revendication de priorité.* 1. Les revendications de priorité sont déposées en même temps que la demande de marque de l'Union européenne et indiquent à quelle date, sous quel numéro et dans quel pays a été déposée la demande antérieure. Les documents à l'appui des revendications de priorité sont présentés dans un délai de trois mois à compter de la date de dépôt.

2. La Commission adopte des actes d'exécution précisant le type de documents à présenter pour revendiquer la priorité d'une demande antérieure conformément au paragraphe 1 du présent article. Ces actes d'exécution sont adoptés en conformité avec la procédure d'examen visée à l'article 207, paragraphe 2.

3. Le directeur exécutif peut décider que les exigences en matière de documents à fournir par le demandeur à l'appui d'une revendication de priorité peuvent être moindres que ce que requièrent les dispositions adoptées conformément au paragraphe 2, à condition que l'Office puisse obtenir les informations requises auprès d'autres sources.

Art. 36 *Effet du droit de priorité.* Par l'effet du droit de priorité, la date de priorité est considérée comme celle du dépôt de la demande de marque de l'Union européenne aux fins de la détermination de l'antériorité des droits.

Art. 37 *Valeur de dépôt national de la demande.* La demande de marque de l'Union européenne à laquelle une date de dépôt a été accordée a, dans les États membres, la valeur d'un dépôt national régulier, compte tenu, le cas échéant, du droit de priorité invoqué à l'appui de la demande de marque de l'Union européenne.

SECTION III *Priorité d'exposition*

Art. 38 *Priorité d'exposition.* 1. Si le demandeur d'une marque de l'Union européenne a présenté, sous la marque déposée, des produits ou des services lors d'une exposition internationale officielle ou officiellement reconnue au sens de la convention concernant les expositions internationales, signée à Paris le 22 novembre 1928 et révisée en dernier lieu le 30 novembre 1972, il peut, à condition de déposer la demande dans un délai de six mois à compter de la date de la première présentation des produits ou des services sous la marque déposée, se prévaloir, à partir de cette date, d'un droit de priorité au sens de l'article 36. La revendication de priorité est déposée en même temps que la demande de marque de l'Union européenne.

2. Tout demandeur qui souhaite se prévaloir de la priorité conformément au paragraphe 1 apporte la preuve qu'il a exposé les produits ou services portant la marque demandée, dans un délai de trois mois à compter de la date de dépôt.

3. Une priorité d'exposition accordée dans un État membre ou dans un pays tiers ne prolonge pas le délai de priorité prévu à l'article 34.

4. La Commission adopte des actes d'exécution précisant le type et les caractéristiques précises des éléments de preuve à apporter pour revendiquer une priorité d'exposition conformément au paragraphe 2 du présent article. Ces actes d'exécution sont adoptés en conformité avec la procédure d'examen visée à l'article 207, paragraphe 2.

SECTION IV *Ancienneté de la marque nationale*

Art. 39 *Revendication de l'ancienneté d'une marque nationale lors du dépôt d'une demande de marque de l'Union européenne ou postérieurement au dépôt de la demande.* 1. Le titulaire d'une marque antérieure enregistrée dans un État membre, y compris une marque enregistrée sur le territoire du Benelux, ou d'une marque antérieure qui a fait l'objet d'un enregistrement international ayant effet dans un État membre, qui dépose une demande de marque identique destinée à être enregistrée en tant que marque de l'Union européenne pour des produits ou services identiques à ceux pour lesquels la marque antérieure a été enregistrée ou contenus dans ceux-ci, peut se prévaloir pour la marque de l'Union européenne de l'ancienneté de la marque antérieure en ce qui concerne l'État membre dans lequel ou pour lequel elle a été enregistrée.

2. Les revendications d'ancienneté sont déposées soit en même temps que la demande de marque de l'Union européenne, soit dans un délai de deux mois à compter de la date de dépôt de la demande et indiquent l'État membre ou les États membres dans ou pour lesquels la marque est enregistrée, le numéro et la date de dépôt de l'enregistrement correspondant et les produits et services pour lesquels la marque est enregistrée. Lorsque l'ancienneté d'une ou de plusieurs marques antérieures enregistrées est revendiquée dans la demande, les documents à l'appui de la revendication d'ancienneté sont déposés dans les trois mois à compter de la date de dépôt de cette dernière. Si le demandeur souhaite revendiquer l'ancienneté postérieurement au dépôt de la demande, les documents à l'appui de la revendication d'ancienneté sont soumis à l'Office dans un délai de trois mois à compter de la date de réception de la revendication d'ancienneté.

3. Le seul effet de l'ancienneté, en vertu du présent règlement, est que, dans le cas où le titulaire de la marque de l'Union européenne renonce à la marque antérieure ou la laisse s'éteindre, il est réputé continuer à bénéficier des mêmes droits que ceux qu'il aurait eus si la marque antérieure avait continué à être enregistrée.

4. L'ancienneté revendiquée pour la marque de l'Union européenne s'éteint lorsque la marque antérieure dont l'ancienneté est revendiquée est déclarée nulle ou frappée de déchéance. Si la marque antérieure est frappée de déchéance, l'ancienneté s'éteint sous réserve que la déchéance prenne effet avant la date de dépôt ou la date de priorité de ladite marque de l'Union européenne.

5. L'Office informe l'Office Benelux de la propriété intellectuelle ou le service central de la propriété industrielle de l'État membre concerné de la revendication d'ancienneté.

6. La Commission adopte des actes d'exécution précisant le type de documents à déposer pour revendiquer l'ancienneté d'une marque nationale ou d'une marque enregistrée en vertu d'accords internationaux ayant effet dans un État membre conformément au paragraphe 2 du présent article. Ces actes d'exécution sont adoptés en conformité avec la procédure d'examen visée à l'article 207, paragraphe 2.

7. Le directeur exécutif peut décider que les exigences en matière de documents à fournir par le demandeur à l'appui d'une revendication d'ancienneté peuvent être moindres que ce que requièrent les dispositions adoptées conformément au paragraphe 6, à condition que l'Office puisse obtenir les informations requises auprès d'autres sources.

Art. 40 *Revendication de l'ancienneté d'une marque nationale après l'enregistrement d'une marque de l'Union européenne.* 1. Le titulaire d'une marque de l'Union européenne qui est titulaire d'une marque antérieure identique, enregistrée dans un État membre, y compris une marque enregistrée sur le territoire du Benelux, ou d'une marque identique antérieure qui a fait l'objet d'un enregistrement international ayant effet dans un État membre, pour des produits ou des services identiques à ceux pour lesquels la marque antérieure a été enregistrée ou contenus dans ceux-ci, peut se prévaloir de l'ancienneté de la marque antérieure en ce qui concerne l'État membre dans lequel ou pour lequel elle a été enregistrée.

2. Les revendications d'ancienneté déposées au titre du paragraphe 1 du présent article comportent le numéro d'enregistrement de la marque de l'Union européenne, le nom et

l'adresse de son titulaire, l'État membre ou les États membres dans ou pour lesquels la marque antérieure est enregistrée, le numéro et la date de dépôt de l'enregistrement correspondant, les produits et services pour lesquels la marque est enregistrée et ceux à l'égard desquels l'ancienneté est revendiquée, ainsi que les documents justificatifs prévus dans les règles adoptées en vertu de l'article 39, paragraphe 6.

3. Si les conditions qui régissent la revendication de l'ancienneté ne sont pas remplies, l'Office informe le titulaire de la marque de l'Union européenne de l'irrégularité constatée. S'il n'est pas remédié à l'irrégularité dans le délai à fixer par l'Office, ce dernier rejette la revendication.

4. L'article 39, paragraphes 3, 4, 5 et 7, s'applique.

CHAPITRE IV *Procédure d'enregistrement*

SECTION I *Examen de la demande*

Art. 41 *Examen des conditions de dépôt.* 1. L'Office examine :

a) si la demande de marque de l'Union européenne remplit les conditions pour qu'il lui soit accordé une date de dépôt conformément à l'article 32 ;

b) si la demande de marque de l'Union européenne satisfait aux conditions et exigences visées à l'article 31, paragraphe 3 ;

c) si les taxes par classe, le cas échéant, ont été acquittées dans le délai prescrit.

2. Si la demande de marque de l'Union européenne ne satisfait pas aux exigences visées au paragraphe 1, l'Office invite le demandeur à remédier dans un délai de deux mois à compter de la réception de la notification aux irrégularités ou au défaut de paiement constatés.

3. S'il n'est pas remédié dans ces délais aux irrégularités ou au défaut de paiement constatés en application du paragraphe 1, point a), la demande n'est pas traitée en tant que demande de marque de l'Union européenne. Si le demandeur se conforme à l'invitation de l'Office, celui-ci accorde comme date de dépôt de la demande la date à laquelle il est remédié aux irrégularités ou au défaut de paiement constaté.

4. S'il n'est pas remédié, dans les délais prescrits, aux irrégularités constatées en application du paragraphe 1, point b), l'Office rejette la demande.

5. S'il n'est pas remédié, dans les délais prescrits, au défaut de paiement constaté en application du paragraphe 1, point c), la demande est réputée retirée à moins qu'il ne ressorte clairement quelles sont les classes de produits ou de services que le montant payé est destiné à couvrir. A défaut d'autres critères permettant de déterminer les classes que le montant payé est destiné à couvrir, l'Office prend en considération les classes dans l'ordre de la classification. La demande est réputée retirée en ce qui concerne les classes pour lesquelles les taxes par classe n'ont pas été acquittées ou n'ont pas été acquittées dans leur intégralité.

6. L'inobservation des dispositions concernant la revendication de priorité entraîne la perte du droit de priorité pour la demande.

7. S'il n'est pas satisfait aux conditions relatives à la revendication de l'ancienneté d'une marque nationale, ce droit de revendication ne pourra plus être invoqué pour la demande.

8. Lorsque le non-respect des exigences visées au paragraphe 1, points *b)* et c), ne concerne que certains des produits ou services, l'Office ne rejette la demande, ou ne refuse le droit de priorité ou le droit d'ancienneté, que pour les produits et services concernés.

Art. 42 *Examen relatif aux motifs absolus de refus.* 1. Si la marque est exclue de l'enregistrement en vertu de l'article 7 pour tout ou partie des produits ou des services pour lesquels la marque de l'Union européenne est demandée, la demande est rejetée pour ces produits ou ces services.

2. La demande ne peut être rejetée qu'après que le demandeur a été mis en mesure de retirer ou de modifier sa demande ou de présenter ses observations. A cette fin, l'Office informe le demandeur des motifs du refus de l'enregistrement et lui fixe un délai pour retirer ou modifier sa demande ou présenter ses observations. Si le demandeur ne parvient pas à contrer les motifs de refus de l'enregistrement, l'Office refuse l'enregistrement en tout ou en partie.

SECTION II *Recherche*

Art. 43 *Rapport de recherche.* 1. L'Office établit, à la demande du demandeur de marque de l'Union européenne lorsqu'il dépose sa demande, un rapport de recherche de l'Union européenne dans lequel sont mentionnées les marques de l'Union européenne antérieures ou les demandes de marque de l'Union européenne antérieures dont l'existence a été découverte qui sont susceptibles d'être opposées conformément à l'article 8 à l'enregistrement de la marque de l'Union européenne faisant l'objet de la demande.

2. Si, au moment du dépôt d'une demande de marque de l'Union européenne, le demandeur requiert l'établissement d'un rapport de recherche par les services centraux de la propriété industrielle des États membres et si la taxe de recherche à cet effet a été acquittée dans le délai prévu pour le paiement de la taxe de dépôt, l'Office transmet sans tarder une copie de la demande de marque de l'Union européenne au service central de la propriété industrielle de chaque État membre qui a communiqué à l'Office sa décision d'effectuer une recherche dans son propre registre des marques pour les demandes de marque de l'Union européenne.

3. Chacun des services centraux de la propriété industrielle des États membres visés au paragraphe 2 communique un rapport de recherche qui soit mentionne les marques nationales antérieures, les demandes de marques nationales antérieures ou les marques enregistrées au titre d'accords internationaux ayant effet dans l'État membre ou les États membres concernés dont l'existence a été découverte et qui sont susceptibles d'être opposées conformément à l'article 8 à l'enregistrement de la marque de l'Union européenne faisant l'objet de la demande, soit constate que la recherche n'a fourni aucune indication de tels droits.

4. L'Office, après consultation du conseil d'administration prévu à l'article 153 (ci-après dénommé "conseil d'administration"), détermine le contenu et les modalités des rapports.

5. L'Office verse un certain montant à chaque service central de la propriété industrielle pour chaque rapport de recherche communiqué conformément au paragraphe 3. Ce montant, qui est le même pour chaque service, est fixé par le comité budgétaire, par une décision prise à la majorité des trois quarts des représentants des États membres.

6. L'Office transmet au demandeur de marque de l'Union européenne le rapport de recherche de l'Union européenne demandé ainsi que les rapports nationaux de recherche demandés qui lui ont été communiqués.

7. Dès la publication de la demande de marque de l'Union européenne, l'Office informe les titulaires de marques de l'Union européenne antérieures ou les auteurs des demandes de marques de l'Union européenne mentionnées dans le rapport de recherche de l'Union européenne de la publication de la demande de marque de l'Union européenne. Cette disposition s'applique indépendamment du fait que le demandeur ait demandé à recevoir le rapport de recherche de l'Union européenne, à moins que le titulaire d'un enregistrement antérieur ou l'auteur d'une demande antérieure demande à ne pas recevoir cette notification.

SECTION III *Publication de la demande*

Art. 44 *Publication de la demande.* 1. Si les conditions auxquelles la demande de marque de l'Union européenne doit satisfaire sont remplies, la demande, dans la mesure où elle n'est pas rejetée conformément à l'article 42, est publiée aux fins de l'article 46. La demande est publiée sans préjudice des informations déjà mises à la disposition du public par d'autres moyens conformément au présent règlement ou à des actes adoptés en vertu du présent règlement.

2. Si, après avoir été publiée, la demande est rejetée conformément à l'article 42, la décision de rejet est publiée lorsqu'elle devient définitive.

3. Si une demande publiée contient une erreur imputable à l'Office, ce dernier rectifie l'erreur de sa propre initiative ou à la requête du demandeur et publie la rectification.

Les règles adoptées en vertu de l'article 49, paragraphe 3, s'appliquent *mutatis mutandis* lorsqu'une rectification est demandée par le demandeur.

4. L'article 46, paragraphe 2, s'applique également lorsque la rectification concerne la liste des produits et services ou la représentation de la marque.

5. La Commission adopte des actes d'exécution fixant les éléments à mentionner dans la publication de la demande. Ces actes d'exécution sont adoptés en conformité avec la procédure d'examen visée à l'article 207, paragraphe 2.

SECTION IV *Observations des tiers et opposition*

Art. 45 *Observations des tiers.* 1. Toute personne physique ou morale, ainsi que tout groupement ou organe représentant des fabricants, des producteurs, des prestataires de services, des commerçants ou des consommateurs peuvent présenter à l'Office des observations écrites précisant les motifs pour lesquels la marque devrait être refusée d'office à l'enregistrement en vertu des articles 5 et 7.

Les personnes et groupements ou organes visés au premier alinéa n'acquièrent pas la qualité de parties à la procédure devant l'Office.

2. Les observations de tiers sont présentées avant la fin du délai d'opposition ou, si une opposition a été formée contre la marque, avant que la décision finale ne soit prise sur cette opposition.

3. La présentation d'observations prévue au paragraphe 1 ne préjudicie pas au droit de l'Office de reprendre de sa propre initiative, à tout moment avant l'enregistrement, l'examen des motifs absolus, s'il le juge opportun.

4. Les observations visées au paragraphe 1 sont notifiées au demandeur, qui peut prendre position.

Art. 46 *Opposition.* 1. Une opposition à l'enregistrement de la marque peut être formée dans un délai de trois mois à compter de la publication de la demande de marque de l'Union européenne, au motif que la marque devrait être refusée à l'enregistrement en vertu de l'article 8 :

a) dans les cas de l'article 8, paragraphes 1 et 5, par les titulaires de marques antérieures visées à l'article 8, paragraphe 2, ainsi que par les licenciés habilités par les titulaires de ces marques ;

b) dans les cas de l'article 8, paragraphe 3, par les titulaires de marques visées à cette disposition ;

c) dans les cas de l'article 8, paragraphe 4, par les titulaires de marques ou de signes antérieurs visés à cette disposition, ainsi que par les personnes autorisées, en vertu du droit national applicable, à exercer ces droits ;

d) par les personnes autorisées en vertu de la législation de l'Union ou du droit national pertinent à exercer les droits visés à l'article 8, paragraphe 6.

2. Une opposition à l'enregistrement de la marque peut également être formée dans les conditions fixées au paragraphe 1 en cas de publication d'une demande modifiée conformément à l'article 49, paragraphe 2, deuxième phrase.

3. L'opposition est formée par écrit et motivée. Elle n'est réputée formée qu'après paiement de la taxe d'opposition.

4. Dans un délai à fixer par l'Office, celui qui a formé opposition peut présenter à son appui des faits, preuves et observations.

Art. 47 *Examen de l'opposition.* 1. Au cours de l'examen de l'opposition, l'Office invite les parties, aussi souvent que cela est nécessaire, à présenter, dans un délai qu'il leur impartit, des observations sur les communications émanant des autres parties ou de lui-même.

2. Sur requête du demandeur, le titulaire d'une marque antérieure de l'Union européenne qui a formé opposition apporte la preuve que, au cours des cinq années qui précèdent la date de dépôt ou la date de priorité de la demande de marque de l'Union européenne, la marque antérieure de l'Union européenne a fait l'objet d'un usage sérieux dans l'Union pour les produits ou les services pour lesquels elle est enregistrée et sur lesquels l'opposition est fondée, ou qu'il existe de justes motifs pour le non-usage, pour autant qu'à cette date, la marque antérieure soit enregistrée depuis cinq ans au moins. À défaut d'une telle preuve, l'opposition est rejetée. Si la marque antérieure de l'Union européenne n'a été utilisée que pour une partie des produits ou des services pour lesquels elle est enregistrée, elle n'est réputée enregistrée, aux fins de l'examen de l'opposition, que pour cette partie des produits ou services.

3. Le paragraphe 2 s'applique aux marques nationales antérieures visées à l'article 8, paragraphe 2, point a), étant entendu que l'usage dans l'Union est remplacé par l'usage dans l'État membre où la marque nationale antérieure est protégée.

4. S'il le juge utile, l'Office invite les parties à se concilier.

5. S'il résulte de l'examen de l'opposition que la marque est exclue de l'enregistrement pour tout ou partie des produits ou des services pour lesquels la marque de l'Union européenne est demandée, la demande est rejetée pour les produits ou les services concernés. Dans le cas contraire, l'opposition est rejetée.

6. La décision de rejet de la demande est publiée lorsqu'elle est définitive.

Art. 48 *Délégation de pouvoirs.* La Commission est habilitée à adopter des actes délégués conformément à l'article 208 précisant les modalités de la procédure de dépôt et d'examen d'une opposition visée aux articles 46 et 47.

SECTION V *Retrait, limitation, modification et division de la demande*

Art. 49 *Retrait, limitation et modification de la demande.* 1. Le demandeur peut à tout moment retirer sa demande de marque de l'Union européenne ou limiter la liste des produits ou services qu'elle contient. Lorsque la demande a déjà été publiée, le retrait ou la limitation sont également publiés.

2. Par ailleurs, la demande de marque de l'Union européenne ne peut être modifiée, à la requête du demandeur, que pour rectifier le nom et l'adresse du demandeur, des fautes d'expression ou de transcription ou des erreurs manifestes pour autant qu'une telle rectification n'affecte pas substantiellement la marque ou n'étende pas la liste des produits ou services. Si les modifications portent sur la représentation de la marque ou la liste des produits ou services, et lorsque ces modifications sont apportées après la publication de la demande, celle-ci est publiée telle que modifiée.

3. La Commission est habilitée à adopter des actes délégués conformément à l'article 208 précisant les éléments de la procédure régissant la modification d'une demande.

Art. 50 *Division de la demande.* 1. Le demandeur peut diviser la demande en déclarant qu'une partie des produits ou services inclus dans la demande d'origine fera l'objet d'une ou plusieurs demandes divisionnaires. Les produits ou services de la demande divisionnaire ne peuvent recouvrir les produits ou services demeurant dans la demande d'origine ou figurant dans d'autres demandes divisionnaires.

2. La déclaration de division n'est pas recevable :

a) si, dans le cas où une opposition a été formée contre la demande d'origine, cette déclaration a pour effet d'introduire une division parmi les produits ou services qui font l'objet de cette opposition, jusqu'à ce que la décision de la division d'opposition soit devenue définitive ou jusqu'à l'abandon de la procédure d'opposition ;

b) avant que la date de dépôt visée à l'article 32 ait été accordée par l'Office, et durant le délai d'opposition prévu à l'article 46, paragraphe 1.

3. La déclaration de division est soumise à une taxe. La déclaration est réputée ne pas avoir été faite tant que la taxe n'a pas été acquittée.

4. Lorsque l'Office constate que les exigences énoncées au paragraphe 1 et dans les règles adoptées en vertu du paragraphe 9, point a), ne sont pas remplies, il invite le demandeur à remédier aux irrégularités dans le délai à fixer par l'Office. S'il n'est pas remédié aux irrégularités avant l'expiration du délai, l'Office rejette la déclaration de division.

5. La division prend effet à la date à laquelle elle est transcrite dans les dossiers conservés par l'Office concernant la demande d'origine.

6. Toutes les requêtes et demandes effectuées et toutes les taxes payées en ce qui concerne la demande d'origine avant la date de réception par l'Office de la déclaration de division sont réputées avoir été introduites ou payées également en ce qui concerne la demande ou les demandes divisionnaires. Les taxes dûment acquittées pour la demande d'origine avant la date de réception de la déclaration de division ne sont pas remboursables.

7. La demande divisionnaire conserve la date de dépôt et toute date de priorité et d'ancienneté de la demande d'origine.

8. Lorsque la déclaration de division porte sur une demande qui a déjà été publiée conformément à l'article 44, la division est publiée. La demande divisionnaire fait l'objet d'une publication. La publication n'ouvre pas de nouveau délai pour le dépôt des oppositions.

9. La Commission adopte des actes d'exécution précisant :

a) les éléments à mentionner dans une déclaration de division d'une demande faite en vertu du paragraphe 1 ;

b) les modalités de traitement d'une déclaration de division d'une demande, en veillant à l'établissement d'un dossier distinct, comportant un nouveau numéro de demande, pour la demande divisionnaire ;

c) les éléments à mentionner dans la publication de la demande divisionnaire en vertu du paragraphe 8.

Ces actes d'exécution sont adoptés en conformité avec la procédure d'examen visée à l'article 207, paragraphe 2.

SECTION VI *Enregistrement*

Art. 51 *Enregistrement.* 1. Lorsqu'une demande satisfait aux exigences énoncées dans le présent règlement et qu'aucune opposition n'a été formée dans le délai visé à l'article 46, paragraphe 1, ou lorsque, en cas d'opposition, la procédure est éteinte par le retrait ou le rejet de l'opposition ou par tout autre moyen, la marque et les indications visées à l'article 111, paragraphe 2, sont enregistrées dans le registre. Cet enregistrement est publié.

2. L'Office délivre un certificat d'enregistrement. Ce certificat peut être délivré par voie électronique. Moyennant paiement d'une taxe, l'Office délivre des copies certifiées conformes ou non certifiées conformes du certificat, lorsque celles-ci sont délivrées par des moyens autres qu'électroniques.

3. La Commission adopte des actes d'exécution précisant les éléments à mentionner dans le certificat d'enregistrement visé au paragraphe 2 du présent article, et la forme de ce certi-

ficat. Ces actes d'exécution sont adoptés en conformité avec la procédure d'examen visée à l'article 207, paragraphe 2.

CHAPITRE V *Durée, renouvellement, modification et division de la marque de l'union européenne*

Art. 52 *Durée de l'enregistrement.* La durée de l'enregistrement de la marque de l'Union européenne est de dix années à partir de la date du dépôt de la demande. L'enregistrement peut être renouvelé, conformément à l'article 53, pour des périodes de dix années.

Art. 53 *Renouvellement.* 1. L'enregistrement de la marque de l'Union européenne est renouvelé sur demande du titulaire de la marque de l'Union européenne ou de toute personne expressément autorisée par lui, pour autant que les taxes aient été acquittées.

2. L'Office informe le titulaire de la marque de l'Union européenne et tout titulaire d'un droit enregistré sur la marque de l'Union européenne de l'expiration de l'enregistrement au moins six mois avant ladite expiration. L'absence d'information n'engage pas la responsabilité de l'Office et est sans effet sur l'expiration de l'enregistrement.

3. La demande de renouvellement est présentée dans le délai de six mois précédant l'expiration de l'enregistrement. La taxe de base pour le renouvellement et, le cas échéant, une ou plusieurs taxes pour chaque classe de produits ou de services au-delà de la première classe sont également acquittées dans ce délai. A défaut, la demande peut encore être présentée et les taxes acquittées dans un délai supplémentaire de six mois suivant l'expiration de l'enregistrement, pour autant qu'une surtaxe pour paiement tardif de la taxe de renouvellement ou présentation tardive de la demande de renouvellement soit acquittée au cours dudit délai supplémentaire.

4. La demande de renouvellement comprend :

a) le nom de la personne demandant le renouvellement ;

b) le numéro d'enregistrement de la marque de l'Union européenne qui doit être renouvelée ;

c) si le renouvellement n'est demandé que pour une partie des produits et services enregistrés, l'indication des classes ou des produits et services pour lesquels le renouvellement est demandé ou des classes ou des produits et services pour lesquels le renouvellement n'est pas demandé, regroupés par classe de la classification de Nice, chaque groupe étant précédé du numéro de la classe de cette classification à laquelle appartient ce groupe de produits ou de services, et présenté dans l'ordre des classes de cette classification.

Lorsque le paiement visé au paragraphe 3 est effectué, il est réputé être une demande de renouvellement à condition qu'il comporte toutes les indications nécessaires pour établir l'objet du paiement.

5. Si la demande n'est présentée ou si les taxes ne sont acquittées que pour une partie des produits ou des services pour lesquels la marque de l'Union européenne est enregistrée, l'enregistrement n'est renouvelé que pour les produits ou les services concernés. Si les taxes acquittées ne suffisent pas à couvrir la totalité des classes de produits et de services pour lesquelles le renouvellement est demandé, l'enregistrement est renouvelé s'il apparaît clairement quelles sont la ou les classes à couvrir. A défaut d'autres critères, l'Office prend en considération les classes dans l'ordre de la classification.

6. Le renouvellement prend effet le jour suivant la date d'expiration de l'enregistrement. Il est enregistré.

7. Lorsque la demande de renouvellement est présentée dans les délais visés au paragraphe 3, mais que les autres conditions régissant le renouvellement prévues au présent article ne sont pas remplies, l'Office informe le demandeur des irrégularités constatées.

8. Si aucune demande de renouvellement n'est présentée avant l'expiration du délai visé au paragraphe 3 ou si la demande est présentée après expiration de ce délai, ou si les taxes n'ont pas été acquittées ou ne l'ont été qu'après expiration dudit délai, ou s'il n'est pas remédié dans ce délai aux irrégularités visées au paragraphe 7, l'Office constate que l'enregistrement est arrivé à expiration et en informe le titulaire de la marque de l'Union européenne. Lorsque la constatation est devenue définitive, l'Office radie la marque du registre. Cette radiation prend effet le jour suivant la date d'expiration de l'enregistrement existant. Si les taxes de renouvellement ont été acquittées mais que l'enregistrement n'est pas renouvelé, elles sont remboursées.

9. Une seule demande de renouvellement peut être présentée pour deux ou plusieurs marques, moyennant paiement des taxes requises pour chacune des marques, à condition que les titulaires et les représentants soient les mêmes dans chaque cas.

Art. 54 *Modification.* 1. La marque de l'Union européenne n'est pas modifiée dans le registre pendant la durée de l'enregistrement ni lors du renouvellement de celui-ci.

2. Néanmoins, si la marque de l'Union européenne comporte le nom et l'adresse du titulaire, toute modification de ceux-ci n'affectant pas substantiellement l'identité de la marque telle qu'elle a été enregistrée à l'origine peut être enregistrée à la requête du titulaire.

3. La demande de modification indique l'élément de la marque qui doit être modifié et cet élément dans sa version modifiée.

La Commission adopte des actes d'exécution précisant les éléments à mentionner dans la demande de modification. Ces actes d'exécution sont adoptés en conformité avec la procédure d'examen visée à l'article 207, paragraphe 2.

4. La demande est réputée ne pas avoir été déposée tant que la taxe prescrite n'a pas été acquittée. Si celle-ci n'a pas été acquittée ou ne l'a pas été intégralement, l'Office en informe le demandeur. Lorsque la modification porte sur un même élément de deux ou plusieurs enregistrements au nom du même titulaire, il est possible de n'introduire qu'une seule demande. La taxe prescrite est acquittée pour chaque enregistrement à modifier. Si les conditions qui régissent la modification de l'enregistrement ne sont pas remplies, l'Office informe le demandeur de l'irrégularité constatée. S'il n'est pas remédié à l'irrégularité dans le délai à fixer par l'Office, ce dernier rejette la demande.

5. La publication de l'enregistrement de la modification contient une représentation de la marque de l'Union européenne modifiée. Les tiers dont les droits peuvent être affectés par la modification peuvent contester l'enregistrement de celle-ci dans un délai de trois mois suivant la publication. Les articles 46 et 47 et les règles adoptées en vertu de l'article 48 s'appliquent à la publication de l'enregistrement de la modification.

Art. 55 *Changement du nom ou de l'adresse.* 1. Un changement du nom ou de l'adresse du titulaire de la marque de l'Union européenne qui n'est pas une modification de la marque de l'Union européenne en vertu de l'article 54, paragraphe 2, et qui ne résulte pas d'un transfert total ou partiel de la marque de l'Union européenne est enregistré dans le registre, à la demande du titulaire.

La Commission adopte des actes d'exécution précisant les éléments à mentionner dans la demande de modification du nom ou de l'adresse en vertu du premier alinéa du présent paragraphe. Ces actes d'exécution sont adoptés en conformité avec la procédure d'examen visée à l'article 207, paragraphe 2.

2. Lorsque le changement du nom ou de l'adresse porte sur deux ou plusieurs enregistrements au nom du même titulaire, il est possible de n'introduire qu'une seule demande.

3. Si les conditions qui régissent l'enregistrement d'un changement ne sont pas remplies, l'Office informe le titulaire de la marque de l'Union européenne de l'irrégularité constatée. S'il n'est pas remédié à l'irrégularité dans le délai à fixer par l'Office, ce dernier rejette la demande.

4. Les paragraphes 1, 2 et 3 s'appliquent également au changement du nom ou de l'adresse du représentant enregistré.

5. Les paragraphes 1 à 4 s'appliquent aux demandes de marque de l'Union européenne. La modification est enregistrée dans les dossiers de l'Office concernant la demande de marque de l'Union européenne.

Art. 56 *Division de l'enregistrement.* 1. Le titulaire de la marque de l'Union européenne peut diviser l'enregistrement en déclarant que certains des produits ou services inclus dans l'enregistrement d'origine feront l'objet d'un ou plusieurs enregistrements divisionnaires. Les produits ou services de l'enregistrement divisionnaire ne peuvent recouvrir les produits ou services demeurant dans l'enregistrement d'origine ou figurant dans d'autres enregistrements divisionnaires.

2. La déclaration de division n'est pas recevable :

a) si, dans le cas où une demande en déchéance ou en nullité a été présentée à l'Office contre l'enregistrement d'origine, cette déclaration a pour effet d'introduire une division parmi les produits ou services qui font l'objet de la demande en déchéance ou en nullité jusqu'à ce que la décision de la division d'annulation soit devenue définitive ou jusqu'à ce que la procédure soit terminée d'une autre manière ;

b) si, dans le cas où une demande reconventionnelle en déchéance ou en nullité a été déposée dans le cadre d'une action devant un tribunal des marques de l'Union européenne, cette déclaration a pour effet d'introduire une division parmi les produits ou services qui font l'objet de la demande reconventionnelle, jusqu'à ce que la mention de la décision du tribunal des marques de l'Union européenne ait été inscrite au registre conformément à l'article 128, paragraphe 6.

3. S'il n'est pas satisfait aux exigences fixées au paragraphe 1 et en vertu des actes d'exécution visés au paragraphe 8, ou si la liste des produits et services visés par l'enregistrement divisionnaire recouvre les produits et services demeurant dans l'enregistrement d'origine, l'Office invite le titulaire de la marque de l'Union européenne à remédier aux irrégularités constatées dans le délai qu'il détermine. S'il n'est pas remédié aux irrégularités avant l'expiration du délai, l'Office rejette la déclaration de division.

4. La déclaration de division est soumise à une taxe. La déclaration est réputée ne pas avoir été faite tant que la taxe n'a pas été acquittée.

5. La division prend effet à la date à laquelle elle est inscrite au registre.

6. Toutes les requêtes et demandes effectuées et toutes les taxes payées en ce qui concerne l'enregistrement d'origine avant la date de réception par l'Office de la déclaration de division sont réputées avoir été introduites ou payées également en ce qui concerne l'enregistrement ou les enregistrements divisionnaires. Les taxes dûment acquittées pour l'enregistrement d'origine avant la date de réception de la déclaration de division ne sont pas remboursables.

7. L'enregistrement divisionnaire conserve la date de dépôt et toute date de priorité et d'ancienneté de l'enregistrement d'origine.

8. La Commission adopte des actes d'exécution précisant :

a) les éléments à mentionner dans une déclaration de division d'un enregistrement en vertu du paragraphe 1 ;

b) les modalités de traitement d'une déclaration de division d'un enregistrement, en veillant à l'établissement d'un dossier distinct, comportant un nouveau numéro d'enregistrement, pour l'enregistrement divisionnaire.

Ces actes d'exécution sont adoptés en conformité avec la procédure d'examen visée à l'article 207, paragraphe 2.

CHAPITRE VI *Renonciation, déchéance et nullité*

SECTION I *Renonciation*

Art. 57 *Renonciation.* 1. La marque de l'Union européenne peut faire l'objet d'une renonciation pour tout ou partie des produits ou des services pour lesquels elle est enregistrée.

2. La renonciation est déclarée par écrit à l'Office par le titulaire de la marque. Elle n'a d'effet qu'après son inscription au registre. La validité de la renonciation à une marque de l'Union européenne qui est déclarée à l'Office à la suite de la présentation d'une demande en déchéance de cette marque en vertu de l'article 63, paragraphe 1, est subordonnée au rejet définitif ou à l'abandon de ladite demande en déchéance.

3. La renonciation n'est inscrite qu'avec l'accord du titulaire d'un droit lié à la marque de l'Union européenne qui est inscrit au registre. Si une licence a été enregistrée, la renonciation n'est inscrite au registre que si le titulaire de la marque de l'Union européenne prouve qu'il a informé le licencié de son intention de renoncer. L'inscription de la renonciation est faite à l'expiration du délai de trois mois suivant la date à laquelle le titulaire confirme à l'Office qu'il a informé le licencié de son intention de renoncer, ou avant l'expiration de ce délai, dès qu'il prouve que le licencié a donné son consentement.

4. Si les conditions régissant la renonciation ne sont pas remplies, l'Office informe le déclarant des irrégularités constatées. S'il n'est pas remédié aux irrégularités dans le délai à fixer par l'Office, celui-ci refuse l'inscription de la renonciation au registre.

5. La Commission adopte des actes d'exécution précisant les éléments à mentionner dans une déclaration de renonciation en vertu du paragraphe 2 du présent article et précisant le type de documents qui sont requis pour pouvoir établir l'accord d'un tiers en vertu du paragraphe 3 du présent article. Ces actes d'exécution sont adoptés en conformité avec la procédure d'examen visée à l'article 207, paragraphe 2.

SECTION II *Causes de déchéance*

Art. 58 *Causes de déchéance.* 1. Le titulaire de la marque de l'Union européenne est déclaré déchu de ses droits, sur demande présentée auprès de l'Office ou sur demande reconventionnelle dans une action en contrefaçon :

a) si, pendant une période ininterrompue de cinq ans, la marque n'a pas fait l'objet d'un usage sérieux dans l'Union pour les produits ou les services pour lesquels elle est enregistrée, et qu'il n'existe pas de justes motifs pour le non-usage ; toutefois, nul ne peut faire valoir que le titulaire est déchu de ses droits si, entre l'expiration de cette période et la présentation de la demande ou de la demande reconventionnelle, la marque a fait l'objet d'un commencement ou d'une reprise d'usage sérieux ; cependant, le commencement ou la reprise d'usage fait dans un délai de trois mois avant la présentation de la demande ou de la demande reconventionnelle, ce délai commençant à courir au plus tôt à l'expiration de la période ininterrompue de cinq ans de non-usage, n'est pas pris en considération lorsque des préparatifs pour le commencement ou la reprise de l'usage interviennent seulement après que le titulaire a appris que la demande ou la demande reconventionnelle pourrait être présentée ;

b) si la marque est devenue, par le fait de l'activité ou de l'inactivité de son titulaire, la désignation usuelle dans le commerce d'un produit ou d'un service pour lequel elle est enregistrée ;

c) si, par suite de l'usage qui en est fait par le titulaire de la marque ou avec son consentement pour les produits ou les services pour lesquels elle est enregistrée, la marque est propre à induire le public en erreur notamment sur la nature, la qualité ou la provenance géographique de ces produits ou de ces services.

2. Si la cause de déchéance n'existe que pour une partie des produits ou des services pour lesquels la marque de l'Union européenne est enregistrée, le titulaire n'est déclaré déchu de ses droits que pour les produits ou les services concernés.

SECTION III *Causes de nullité*

Art. 59 *Causes de nullité absolue.* 1. La nullité de la marque de l'Union européenne est déclarée, sur demande présentée auprès de l'Office ou sur demande reconventionnelle dans une action en contrefaçon :

a) lorsque la marque de l'Union européenne a été enregistrée contrairement aux dispositions de l'article 7 ;

b) lorsque le demandeur était de mauvaise foi lors du dépôt de la demande de marque.

2. Lorsque la marque de l'Union européenne a été enregistrée contrairement à l'article 7, paragraphe 1, point b), c) ou d), elle ne peut toutefois être déclarée nulle si, par l'usage qui en a été fait, elle a acquis après son enregistrement un caractère distinctif pour les produits ou les services pour lesquels elle est enregistrée.

3. Si la cause de nullité n'existe que pour une partie des produits ou des services pour lesquels la marque de l'Union européenne est enregistrée, la nullité de la marque ne peut être déclarée que pour les produits ou les services concernés.

Art. 60 *Causes de nullité relative.* 1. La marque de l'Union européenne est déclarée nulle sur demande présentée auprès de l'Office ou sur demande reconventionnelle dans une action en contrefaçon :

a) lorsqu'il existe une marque antérieure visée à l'article 8, paragraphe 2, et que les conditions énoncées au paragraphe 1 ou au paragraphe 5 dudit article sont remplies ;

b) lorsqu'il existe une marque visée à l'article 8, paragraphe 3, et que les conditions énoncées audit paragraphe sont remplies ;

c) lorsqu'il existe un droit antérieur visé à l'article 8, paragraphe 4, et que les conditions énoncées audit paragraphe sont remplies ;

d) lorsqu'il existe une appellation d'origine antérieure ou une indication géographique antérieure visée à l'article 8, paragraphe 6, et que les conditions énoncées audit paragraphe sont remplies.

Toutes les conditions visées au premier alinéa sont remplies à la date de dépôt ou à la date de priorité de la marque de l'Union européenne.

2. La marque de l'Union européenne est également déclarée nulle sur demande présentée auprès de l'Office ou sur demande reconventionnelle dans une action en contrefaçon si son usage peut être interdit en vertu d'un autre droit antérieur selon la législation de l'Union ou le droit national qui en régit la protection, et notamment :

a) d'un droit au nom ;

b) d'un droit à l'image ;

c) d'un droit d'auteur ;

d) d'un droit de propriété industrielle.

3. La marque de l'Union européenne ne peut pas être déclarée nulle lorsque le titulaire d'un droit visé au paragraphe 1 ou 2 donne expressément son consentement à l'enregistrement de cette marque avant la présentation de la demande en nullité ou de la demande reconventionnelle.

4. Le titulaire de l'un des droits visés au paragraphe 1 ou 2, qui a préalablement demandé la nullité de la marque de l'Union européenne ou introduit une demande reconventionnelle dans une action en contrefaçon, ne peut présenter une nouvelle demande en nullité ou

introduire une demande reconventionnelle fondée sur un autre de ces droits qu'il aurait pu invoquer à l'appui de la première demande.

5. L'article 59, paragraphe 3, est applicable.

Art. 61 *Forclusion par tolérance.* 1. Le titulaire d'une marque de l'Union européenne qui a toléré pendant cinq années consécutives l'usage d'une marque de l'Union européenne postérieure dans l'Union en connaissance de cet usage ne peut plus demander la nullité de la marque postérieure sur la base de la marque antérieure pour les produits ou les services pour lesquels la marque postérieure a été utilisée, à moins que l'enregistrement de la marque de l'Union européenne postérieure n'ait été effectué de mauvaise foi.

2. Le titulaire d'une marque nationale antérieure visée à l'article 8, paragraphe 2, ou d'un autre signe antérieur visé à l'article 8, paragraphe 4, qui a toléré pendant cinq années consécutives l'usage d'une marque de l'Union européenne postérieure dans l'État membre où cette marque antérieure ou l'autre signe antérieur est protégé, en connaissance de cet usage, ne peut plus demander la nullité de la marque postérieure sur la base de la marque antérieure ou de l'autre signe antérieur pour les produits ou les services pour lesquels la marque postérieure a été utilisée, à moins que l'enregistrement de la marque de l'Union européenne postérieure n'ait été effectué de mauvaise foi.

3. Dans les cas visés au paragraphe 1 ou 2, le titulaire de la marque de l'Union européenne postérieure ne peut pas s'opposer à l'usage du droit antérieur bien que ce droit ne puisse plus être invoqué contre la marque de l'Union européenne postérieure.

SECTION IV *Effets de la déchéance et de la nullité*

Art. 62 *Effets de la déchéance et de la nullité.* 1. La marque de l'Union européenne est réputée n'avoir pas eu, à compter de la date de la demande en déchéance ou de la demande reconventionnelle, les effets prévus au présent règlement, selon que le titulaire est déclaré déchu de ses droits en tout ou en partie. Une date antérieure, à laquelle est survenue l'une des causes de la déchéance, peut être fixée dans la décision, sur demande d'une partie.

2. La marque de l'Union européenne est réputée n'avoir pas eu, dès l'origine, les effets prévus au présent règlement, selon que la marque a été déclarée nulle en tout ou en partie.

3. Sous réserve des dispositions nationales relatives soit aux recours en réparation du préjudice causé par la faute ou la mauvaise foi du titulaire de la marque, soit à l'enrichissement sans cause, l'effet rétroactif de la déchéance ou de la nullité de la marque n'affecte pas :

a) les décisions en contrefaçon ayant acquis l'autorité de la chose jugée et exécutées antérieurement à la décision de déchéance ou de nullité ;

b) les contrats conclus antérieurement à la décision de déchéance ou de nullité, dans la mesure où ils ont été exécutés antérieurement à cette décision ; toutefois, la restitution de sommes versées en vertu du contrat, dans la mesure où les circonstances le justifient, peut être réclamée pour des raisons d'équité.

SECTION V *Procédure de déchéance et de nullité devant l'Office*

Art. 63 *Demande en déchéance ou en nullité.* 1. Une demande en déchéance ou en nullité de la marque de l'Union européenne peut être présentée auprès de l'Office :

a) dans les cas définis aux articles 58 et 59, par toute personne physique ou morale ainsi que par tout groupement constitué pour la représentation des intérêts de fabricants, de producteurs, de prestataires de services, de commerçants ou de consommateurs et qui, aux termes de la législation qui lui est applicable, a la capacité d'ester en justice ;

b) dans les cas définis à l'article 60, paragraphe 1, par les personnes visées à l'article 46, paragraphe 1 ;

c) dans les cas définis à l'article 60, paragraphe 2, par les titulaires des droits antérieurs visés dans cette disposition ou par les personnes habilitées à exercer les droits en question en vertu de la législation de l'Union ou du droit de l'État membre concerné.

2. La demande est présentée par écrit et motivée. Elle n'est réputée présentée qu'après paiement de la taxe.

3. Une demande en déchéance ou en nullité est irrecevable lorsqu'une demande ayant le même objet et la même cause a été tranchée sur le fond entre les mêmes parties soit par l'Office soit par un tribunal des marques de l'Union européenne visé à l'article 123 et que la décision de l'Office ou de ce tribunal concernant cette demande est passée en force de chose jugée.

Art. 64 *Examen de la demande.* 1. Au cours de l'examen de la demande en déchéance ou en nullité, l'Office invite les parties, aussi souvent qu'il est nécessaire, à présenter, dans un délai qu'il leur impartit, leurs observations sur les notifications qu'il leur a adressées ou sur les communications qui émanent des autres parties.

2. Sur requête du titulaire de la marque de l'Union européenne, le titulaire d'une marque de l'Union européenne antérieure, partie à la procédure de nullité, apporte la preuve qu'au cours des cinq années qui précèdent la date de la demande en nullité, la marque de l'Union européenne antérieure a fait l'objet d'un usage sérieux dans l'Union pour les produits ou les services pour lesquels elle est enregistrée et sur lesquels le titulaire de cette marque antérieure fonde sa demande en nullité, ou qu'il existe de justes motifs pour le non-usage, pour autant qu'à cette date, la marque de l'Union européenne antérieure ait été enregistrée depuis cinq ans au moins. En outre, si la marque de l'Union européenne antérieure était enregistrée depuis cinq ans au moins à la date de dépôt ou à la date de priorité de la demande de marque de l'Union européenne, le titulaire de la marque de l'Union européenne antérieure apporte la preuve que les conditions énoncées à l'article 47, paragraphe 2, étaient remplies à cette date. A défaut d'une telle preuve, la demande en nullité est rejetée. Si la marque de l'Union européenne antérieure n'a été utilisée que pour une partie des produits ou des services pour lesquels elle est enregistrée, elle n'est réputée enregistrée que pour cette partie des produits et services, aux fins de l'examen de la demande en nullité.

3. Le paragraphe 2 s'applique aux marques nationales antérieures visées à l'article 8, paragraphe 2, point a), étant entendu que l'usage dans l'Union est remplacé par l'usage dans l'État membre où la marque nationale antérieure est protégée.

4. S'il le juge utile, l'Office peut inviter les parties à se concilier.

5. S'il résulte de l'examen de la demande en déchéance ou en nullité que la marque aurait dû être refusée à l'enregistrement pour tout ou partie des produits ou des services pour lesquels elle est enregistrée, le titulaire de la marque de l'Union européenne est déclaré déchu de ses droits ou la nullité de la marque est déclarée pour les produits ou les services concernés. Dans le cas contraire, la demande en déchéance ou en nullité est rejetée.

6. Une mention de la décision de l'Office concernant la demande en déchéance ou en nullité est inscrite au registre lorsqu'elle est définitive.

Art. 65 *Délégation de pouvoirs.* La Commission est habilitée à adopter des actes délégués conformément à l'article 208 précisant les modalités des procédures de déchéance et de nullité d'une marque de l'Union européenne visées aux articles 63 et 64, ainsi que de transfert d'une marque de l'Union européenne enregistrée au nom d'un agent visé à l'article 21.

CHAPITRE VII *Procédure de recours*

Art. 66 *Décisions susceptibles de recours.* 1. Les décisions des instances de décision de l'Office énumérées à l'article 159, points a) à d), et, le cas échéant, point f) dudit article, sont susceptibles de recours. Ces décisions ne prennent effet qu'à dater de l'expiration du délai de recours visé à l'article 68. La formation du recours a un effet suspensif.

2. Une décision qui ne met pas fin à une procédure à l'égard d'une des parties ne peut faire l'objet d'un recours qu'avec la décision finale, à moins que ladite décision ne prévoie un recours indépendant.

Art. 67 *Personnes admises à former le recours et à être parties à la procédure.* Toute partie à une procédure ayant conduit à une décision peut recourir contre cette décision pour autant que cette dernière n'a pas fait droit à ses prétentions. Les autres parties à ladite procédure sont de droit parties à la procédure de recours.

Art. 68 *Délai et forme du recours.* 1. Le recours est formé par écrit auprès de l'Office dans un délai de deux mois à compter du jour de la notification de la décision. Le recours n'est considéré comme formé qu'après paiement de la taxe de recours. Il est déposé dans la langue de procédure de la décision attaquée. Un mémoire exposant les motifs du recours est déposé par écrit dans un délai de quatre mois à compter de la date de la notification de la décision.

2. Dans les procédures inter partes, le défendeur peut, dans ses observations en réponse, formuler des conclusions visant à l'annulation ou à la réformation de la décision attaquée sur un point non soulevé dans le recours. De telles conclusions deviennent sans objet en cas de désistement du requérant.

Art. 69 *Révision des décisions dans des cas ex parte.* 1. Si la partie qui a introduit le recours est la seule partie à la procédure et si l'instance dont la décision est attaquée considère le recours comme recevable et fondé, l'instance doit y faire droit.

2. S'il n'est pas fait droit au recours dans un délai d'un mois à compter de la réception du mémoire exposant les motifs, le recours doit être immédiatement déféré à la chambre de recours, sans avis sur le fond.

Art. 70 *Examen du recours.* 1. Si le recours est recevable, la chambre de recours examine s'il peut y être fait droit.

2. Au cours de l'examen du recours, la chambre de recours invite les parties, aussi souvent qu'il est nécessaire, à présenter, dans un délai qu'elle leur impartit, leurs observations sur les notifications qu'elle leur a adressées ou sur les communications qui émanent des autres parties.

Art. 71 *Décision sur le recours.* 1. A la suite de l'examen au fond du recours, la chambre de recours statue sur le recours. Elle peut, soit exercer les compétences de l'instance qui a pris la décision attaquée, soit renvoyer l'affaire à ladite instance en vue de la poursuite de la procédure.

2. Si la chambre de recours renvoie l'affaire, en vue de la poursuite de la procédure, à l'instance qui a pris la décision attaquée, cette instance est liée par les motifs et le dispositif de la décision de la chambre de recours pour autant que les faits de la cause sont les mêmes.

3. Les décisions de la chambre de recours ne prennent effet qu'à compter de la date d'expiration du délai visé à l'article 72, paragraphe 5, ou, si une action a été introduite devant le Tribunal dans ce délai, à compter de la date du rejet de celle-ci ou du rejet de tout pourvoi introduit devant la Cour de justice contre la décision du Tribunal.

Art. 72 *Recours devant la Cour de justice.* 1. Les décisions des chambres de recours statuant sur un recours sont susceptibles d'un recours devant le Tribunal.

2. Le recours est ouvert pour incompétence, violation des formes substantielles, violation du traité sur le fonctionnement de l'Union européenne, violation du présent règlement ou de toute règle de droit relative à leur application, ou détournement de pouvoir.

3. Le Tribunal a compétence aussi bien pour annuler que pour réformer la décision attaquée.

4. Le recours est ouvert à toute partie à la procédure devant la chambre de recours pour autant que la décision de celle-ci n'a pas fait droit à ses prétentions.

5. Le recours est formé devant le Tribunal dans un délai de deux mois à compter de la date de notification de la décision de la chambre de recours.

6. L'Office prend les mesures que comporte l'exécution de l'arrêt du Tribunal ou, en cas de pourvoi contre cet arrêt, de celui de la Cour de justice.

Art. 73 *Délégation de pouvoirs.* La Commission est habilitée à adopter des actes délégués conformément à l'article 208 précisant :

a) le contenu formel de l'acte de recours visé à l'article 68 et la procédure relative à la formation et à l'examen d'un recours ;

b) le contenu formel et la forme des décisions de la chambre de recours visées à l'article 71 ;

c) le remboursement de la taxe de recours visée à l'article 68.

CHAPITRE VIII *Dispositions particulières concernant les marques collectives et les marques de certification de l'Union européenne*

SECTION I *Marques collectives de l'Union européenne*

Art. 74 *Marques collectives de l'Union européenne.* 1. Peuvent constituer des marques collectives de l'Union européenne les marques de l'Union européenne ainsi désignées lors du dépôt et propres à distinguer les produits ou les services des membres de l'association qui en est le titulaire de ceux d'autres entreprises. Peuvent déposer des marques collectives de l'Union européenne les associations de fabricants, de producteurs, de prestataires de services ou de commerçants, qui, aux termes de la législation qui leur est applicable, ont la capacité, en leur propre nom, d'être titulaires de droits et d'obligations de toute nature, de passer des contrats ou d'accomplir d'autres actes juridiques et d'ester en justice, de même que les personnes morales relevant du droit public.

2. Par dérogation à l'article 7, paragraphe 1, point c), peuvent constituer des marques collectives de l'Union européenne au sens du paragraphe 1 des signes ou indications pouvant

servir, dans le commerce, à désigner la provenance géographique des produits ou des services. Une marque collective de l'Union européenne n'autorise pas le titulaire à interdire à un tiers d'utiliser dans le commerce ces signes ou indications, pour autant que cet usage soit fait conformément aux usages honnêtes en matière industrielle ou commerciale ; en particulier, une telle marque ne peut être opposée à un tiers habilité à utiliser une dénomination géographique.

3. Les chapitres I à VII et IX à XIV s'appliquent aux marques collectives de l'Union européenne dans la mesure où la présente section n'en dispose pas autrement.

Art. 75 *Règlement d'usage de la marque collective de l'Union européenne.* 1. Le demandeur d'une marque collective de l'Union européenne présente un règlement d'usage dans un délai de deux mois à compter de la date de dépôt.

2. Le règlement d'usage indique les personnes autorisées à utiliser la marque, les conditions d'affiliation à l'association ainsi que, dans la mesure où elles existent, les conditions d'usage de la marque, y compris les sanctions. Le règlement d'usage d'une marque visée à l'article 74, paragraphe 2, autorise toute personne dont les produits ou services proviennent de la zone géographique concernée, à devenir membre de l'association qui est titulaire de la marque.

3. La Commission adopte des actes d'exécution précisant les éléments à mentionner dans le règlement visé au paragraphe 2 du présent article. Ces actes d'exécution sont adoptés en conformité avec la procédure d'examen visée à l'article 207, paragraphe 2.

Art. 76 *Rejet de la demande.* 1. Outre les motifs de rejet d'une demande de marque de l'Union européenne prévus aux articles 41 et 42, la demande de marque collective de l'Union européenne est rejetée lorsqu'il n'est pas satisfait aux dispositions de l article 74 ou de l'article 75 ou que le règlement d'usage est contraire à l'ordre public ou aux bonnes mœurs.

2. La demande de marque collective de l'Union européenne est rejetée en outre lorsque le public risque d'être induit en erreur sur le caractère ou la signification de la marque, notamment lorsqu'elle est susceptible d'apparaître comme étant autre chose qu'une marque collective.

3. La demande n'est pas rejetée, si le demandeur, par une modification du règlement d'usage, répond aux exigences énoncées aux paragraphes 1 et 2.

Art. 77 *Observations des tiers.* Lorsque des observations écrites concernant une marque collective de l'Union européenne sont adressées à l'Office en vertu de l'article 45, ces observations peuvent également être fondées sur les motifs particuliers selon lesquels la demande de marque collective de l'Union européenne devrait être rejetée en vertu de l'article 76.

Art. 78 *Usage de la marque.* L'usage de la marque collective de l'Union européenne fait par toute personne habilitée à utiliser cette marque satisfait aux dispositions du présent règlement, pour autant que les autres conditions auxquelles celui-ci soumet l'usage de la marque de l'Union européenne soient remplies.

Art. 79 *Modification du règlement d'usage de la marque collective de l'Union européenne.* 1. Le titulaire de la marque collective de l'Union européenne soumet à l'Office tout règlement d'usage modifié.

2. La modification n'est pas mentionnée au registre, si le règlement d'usage modifié ne satisfait pas aux prescriptions de l'article 75 ou comporte un motif de rejet visé à l'article 76.

3. Des observations écrites faites conformément à l'article 77 peuvent également être adressées en ce qui concerne le règlement d'usage modifié.

4. Aux fins de l'application du présent règlement, la modification du règlement d'usage ne prend effet qu'à compter de la date d'inscription de la mention de la modification au registre.

Art. 80 *Exercice de l'action en contrefaçon.* 1. Les dispositions de l'article 25, paragraphes 3 et 4, relatives aux droits des licenciés s'appliquent à toute personne habilitée à utiliser une marque collective de l'Union européenne.

2. Le titulaire d'une marque collective de l'Union européenne peut réclamer, au nom des personnes habilitées à utiliser la marque, réparation du dommage subi par celles-ci du fait de l'usage non autorisé de la marque.

Art. 81 *Causes de déchéance.* Outre les causes de déchéance prévues à l'article 58, le titulaire de la marque collective de l'Union européenne est déclaré déchu de ses droits sur demande auprès de l'Office ou sur demande reconventionnelle dans une action en contrefaçon lorsque :

a) le titulaire ne prend pas de mesures raisonnables en vue de prévenir un usage de la marque qui ne serait pas compatible avec les conditions d'usage prévues par le règlement d'usage, dont la modification a été, le cas échéant, mentionnée au registre ;

b) la manière selon laquelle la marque a été utilisée par le titulaire a eu pour conséquence qu'elle est devenue susceptible d'induire le public en erreur au sens de l'article 76, paragraphe 2 ;

c) la modification du règlement d'usage a été mentionnée au registre contrairement aux dispositions de l'article 79, paragraphe 2, sauf si le titulaire de la marque répond, par une nouvelle modification du règlement d'usage, aux exigences fixées par ces dispositions.

Art. 82 *Causes de nullité.* Outre les causes de nullité prévues aux articles 59 et 60, la marque collective de l'Union européenne est déclarée nulle sur demande présentée auprès de l'Office ou sur demande reconventionnelle dans une action en contrefaçon lorsqu'elle a été enregistrée contrairement aux dispositions de l'article 76, sauf si le titulaire de la marque répond, par une modification du règlement d'usage, aux exigences fixées par ces dispositions.

SECTION II *Marques de certification de l'Union européenne*

Art. 83 *Marques de certification de l'Union européenne.* 1. Une marque de certification de l'Union européenne est une marque de l'Union européenne ainsi désignée lors du dépôt et propre à distinguer les produits ou services pour lesquels la matière, le mode de fabrication des produits ou de prestation des services, la qualité, la précision ou d'autres caractéristiques, à l'exception de la provenance géographique, sont certifiés par le titulaire de la marque par rapport aux produits ou services qui ne bénéficient pas d'une telle certification.

2. Toute personne physique ou morale, y compris les institutions, autorités et organismes de droit public, peut déposer une marque de certification de l'Union européenne pourvu que cette personne n'exerce pas une activité ayant trait à la fourniture de produits ou de services du type certifié.

3. Les chapitres I à VII et IX à XIV s'appliquent aux marques de certification de l'Union européenne dans la mesure où la présente section n'en dispose pas autrement.

Art. 84 *Règlement d'usage de la marque de certification de l'Union européenne.* 1. Le demandeur d'une marque de certification de l'Union européenne présente un règlement d'usage de la marque de certification de l'Union européenne dans un délai de deux mois à compter de la date de dépôt.

2. Le règlement d'usage indique les personnes autorisées à utiliser la marque, les caractéristiques que certifie la marque, la manière dont l'organisme de certification vérifie ces caractéristiques et surveille l'usage de la marque. Ce règlement d'usage indique également les conditions d'usage de la marque, y compris les sanctions.

3. La Commission adopte des actes d'exécution précisant les éléments à mentionner dans le règlement visé au paragraphe 2 du présent article. Ces actes d'exécution sont adoptés en conformité avec la procédure d'examen visée à l'article 207, paragraphe 2.

Art. 85 *Refus de la demande.* 1. Outre les motifs de refus d'une demande de marque de l'Union européenne prévus aux articles 41 et 42, une demande de marque de certification de l'Union européenne est refusée lorsque les conditions énoncées aux articles 83 et 84 ne sont pas satisfaites ou que le règlement d'usage est contraire à l'ordre public ou aux bonnes mœurs.

2. Une demande de marque de certification de l'Union européenne est également refusée lorsque le public risque d'être induit en erreur sur le caractère ou la signification de la marque, notamment lorsque celle-ci est susceptible d'apparaître comme étant autre chose qu'une marque de certification.

3. Une demande n'est pas refusée si le demandeur, à la suite d'une modification du règlement d'usage, répond aux exigences énoncées aux paragraphes 1 et 2.

Art. 86 *Observations des tiers.* Lorsque des observations écrites concernant une marque de certification de l'Union européenne sont adressées à l'Office en vertu de l'article 45, ces observations peuvent également être fondées sur les motifs particuliers selon lesquels la demande de marque de certification de l'Union européenne devrait être refusée en vertu de l'article 85.

Art. 87 *Usage de la marque de certification de l'Union européenne.* L'usage de la marque de certification de l'Union européenne fait par toute personne qui y est habilitée en vertu du règlement d'usage visé à l'article 84 satisfait aux exigences du présent règlement, pour autant que les autres conditions prévues par le présent règlement en ce qui concerne l'usage de la marque de l'Union européenne soient remplies.

Art. 88 *Modification du règlement d'usage de la marque de certification de l'Union européenne.* 1. Le titulaire de la marque de certification de l'Union européenne soumet à l'Office tout règlement d'usage modifié.

2. Les modifications ne sont pas mentionnées dans le registre si le règlement tel que modifié ne satisfait pas aux exigences de l'article 84 ou comporte un des motifs de rejet visés à l'article 85.

3. Des observations écrites conformément à l'article 86 peuvent également être adressées en ce qui concerne le règlement d'usage modifié.

4. Aux fins du présent règlement, les modifications du règlement d'usage ne prennent effet qu'à compter de la date d'inscription au registre de la mention de la modification.

Art. 89 *Transfert.* Par dérogation à l'article 20, paragraphe 1, une marque de certification de l'Union européenne ne peut être transférée qu'à une personne répondant aux exigences de l'article 83, paragraphe 2.

Art. 90 *Personnes autorisées à exercer une action en contrefaçon.* 1. Une action en contrefaçon ne peut être exercée que par le titulaire de la marque de certification de l'Union européenne ou par une personne que celui-ci a expressément autorisée à cet effet.

2. Le titulaire d'une marque de certification de l'Union européenne a le droit de réclamer, au nom des personnes habilitées à utiliser la marque, réparation du dommage subi par celles-ci du fait de l'usage non autorisé de la marque.

Art. 91 *Causes de déchéance.* Outre les causes de déchéance prévues à l'article 58, le titulaire de la marque de certification de l'Union européenne est déclaré déchu de ses droits sur demande auprès de l'Office ou sur demande reconventionnelle dans une action en contrefaçon lorsque l'une des conditions suivantes est remplie :

a) le titulaire ne satisfait plus aux exigences énoncées à l'article 83, paragraphe 2 ;

b) le titulaire ne prend pas de mesures raisonnables en vue de prévenir un usage de la marque de certification de l'Union européenne qui ne serait pas compatible avec les conditions d'usage prévues par le règlement d'usage, dont les modifications ont été, le cas échéant, mentionnées dans le registre ;

c) la manière dont la marque de certification de l'Union européenne a été utilisée par le titulaire a eu pour conséquence de la rendre susceptible d'induire le public en erreur au sens de l'article 85, paragraphe 2 ;

d) la modification du règlement d'usage de la marque de certification de l'Union européenne a été mentionnée dans le registre en violation de l'article 88, paragraphe 2, sauf si, par une nouvelle modification du règlement d'usage, le titulaire de la marque satisfait aux exigences fixées par cet article.

Art. 92 *Causes de nullité.* Outre les causes de nullité prévues aux articles 59 et 60, une marque de certification de l'Union européenne qui a été enregistrée en violation de l'article 85 est déclarée nulle sur demande présentée auprès de l'Office ou sur demande reconventionnelle dans une action en contrefaçon, sauf si le titulaire de la marque de certification de l'Union européenne satisfait, par une modification du règlement d'usage, aux exigences fixées par l'article 85.

Art. 93 *Transformation.* Sans préjudice de l'article 139, paragraphe 2, la transformation d'une demande de marque de certification de l'Union européenne ou d'une marque de certification de l'Union européenne enregistrée n'a pas lieu lorsque le droit national de l'État membre concerné ne prévoit pas l'enregistrement de marques de garantie ou de certification conformément à l'article 28 de la directive (UE) 2015/2436.

CHAPITRE IX *Dispositions de procédure*

SECTION I *Dispositions générales*

Art. 94 *Décisions et communications de l'Office.* 1. Les décisions de l'Office sont motivées. Elles ne peuvent être fondées que sur des motifs ou des preuves au sujet desquels les parties ont pu prendre position. Les décisions prises dans le cadre d'une procédure orale devant l'Office peuvent être prononcées verbalement. Elles sont ensuite notifiées par écrit aux parties.

2. Toute décision, communication ou notification de l'Office indique le nom de l'instance ou de la division de l'Office dont elle émane, ainsi que le nom de l'agent ou des agents responsables. Elle est revêtue de la signature dudit ou desdits agents ou, à défaut de signature, du sceau, imprimé ou apposé, de l'Office. Lorsque les décisions, communications ou notifications de l'Office sont transmises par télécopieur ou par tout autre moyen technique de communication, le directeur exécutif peut autoriser l'utilisation d'autres moyens permettant d'identifier l'instance ou la division de l'Office dont elles émanent ainsi que le nom de l'agent ou des agents responsables, ou l'utilisation de moyens d'identification autres que le sceau de l'Office.

3. Les décisions de l'Office qui sont susceptibles de recours sont accompagnées d'une communication écrite indiquant que tout acte de recours est déposé par écrit auprès de l'Office dans un délai de deux mois à compter de la date de notification de la décision en question. Cette communication comporte également des indications visant à attirer l'attention des parties sur les dispositions des articles 66, 67 et 68. Les parties ne peuvent faire grief à l'Office de l'absence de communication de la possibilité d'introduire un recours.

Art. 95 *Examen d'office des faits.* 1. Au cours de la procédure, l'Office procède à l'examen d'office des faits ; toutefois, dans une procédure concernant des motifs relatifs de refus d'enregistrement, l'examen est limité aux moyens invoqués et aux demandes présentées par les parties. Dans les procédures de nullité engagées en vertu de l'article 59, l'Office limite son examen aux moyens et arguments soumis par les parties.

2. L'Office peut ne pas tenir compte des faits que les parties n'ont pas invoqués ou des preuves qu'elles n'ont pas produites en temps utile.

Art. 96 *Procédure orale.* 1. L'Office recourt à la procédure orale, soit d'office, soit sur requête d'une partie à la procédure, à condition qu'il le juge utile.

2. La procédure orale devant les examinateurs, la division d'opposition et l'instance chargée de la tenue du registre n'est pas publique.

3. La procédure orale, y compris le prononcé de la décision, est publique devant la division d'annulation et les chambres de recours, sauf décision contraire de l'instance saisie au cas où la publicité pourrait présenter, notamment pour une partie à la procédure, des inconvénients graves et injustifiés.

4. La Commission est habilitée à adopter des actes délégués conformément à l'article 208 pour préciser les modalités de la procédure orale, y compris celles concernant l'usage des langues conformément à l'article 146.

Art. 97 *Instruction.* 1. Dans toute procédure devant l'Office, les mesures d'instruction suivantes peuvent notamment être prises :

a) l'audition des parties ;

b) la demande de renseignements ;

c) la production de documents et d'échantillons ;

d) l'audition de témoins ;

e) l'expertise ;

f) les déclarations écrites faites sous serment ou solennellement ou qui ont un effet équivalent d'après le droit de l'État dans lequel elles sont faites.

2. Le service saisi peut charger un de ses membres de procéder aux mesures d'instruction.

3. Si l'Office estime nécessaire qu'une partie, un témoin ou un expert dépose oralement, il invite la personne concernée à comparaître devant lui. Le délai de comparution indiqué dans cette invitation doit être d'un mois au minimum, à moins que les intéressés ne conviennent d'un délai plus court.

4. Les parties sont informées de l'audition d'un témoin ou expert devant l'Office. Elles ont le droit d'être présentes et de poser des questions au témoin ou à l'expert.

5. Le directeur exécutif détermine les montants des frais à acquitter, y compris les avances, en ce qui concerne les frais de l'instruction visée au présent article.

6. La Commission est habilitée à adopter des actes délégués conformément à l'article 208 pour préciser les modalités de l'instruction.

Art. 98 *Notification.* 1. L'Office notifie d'office aux intéressés toutes les décisions et invitations à comparaître devant lui ainsi que les communications qui font courir un délai ou dont la notification aux intéressés est prévue par d'autres dispositions du présent règlement ou par des actes adoptés en vertu du présent règlement, ou prescrite par le directeur exécutif.

2. Le directeur exécutif peut déterminer les documents, outre les décisions qui font courir un délai de recours et les invitations à comparaître, qui sont notifiés par lettre recommandée avec accusé de réception.

3. La notification peut être effectuée par différents moyens, y compris par des moyens électroniques. Les modalités relatives aux moyens électroniques sont définies par le directeur exécutif.

4. Lorsque la notification est faite par voie de publication, le directeur exécutif arrête les modalités de cette publication et fixe le point de départ du délai d'un mois à l'expiration duquel le document est réputé notifié.

5. La Commission est habilitée à adopter des actes délégués conformément à l'article 208 pour préciser les modalités de la notification.

Art. 99 *Notification de la perte d'un droit.* Lorsque l'Office constate que la perte d'un droit, quel qu'il soit, découle du présent règlement ou des actes adoptés en vertu du présent règlement, sans qu'une décision ait été prise, il le notifie à la personne intéressée conformément à l'article 98. Celle-ci peut demander qu'il soit statué à ce propos dans un delai de deux mois à compter de la notification de la communication, si elle estime que les conclusions de l'Office sont inexactes. L'Office ne statue que s'il est en désaccord avec le demandeur ; dans le cas contraire, l'Office rectifie ses conclusions et en informe le demandeur.

Art. 100 *Communications à l'Office.* 1. Les communications adressées à l'Office peuvent être effectuées par voie électronique. Le directeur exécutif détermine dans quelle mesure et dans quelles conditions techniques ces communications peuvent être effectuées par voie électronique.

2. La Commission est habilitée à adopter des actes délégués conformément à l'article 208 pour préciser les règles applicables aux moyens de communication, y compris électroniques, à utiliser par les parties à la procédure devant l'Office, et aux formulaires que l'Office fournit.

Art. 101 *Délais.* 1. Tout délai est exprimé en années, en mois, en semaines ou en jours complets. Le calcul commence le jour suivant la date à laquelle l'événement concerné a eu lieu. La durée des délais est d'un mois au minimum et de six mois au maximum.

2. Le directeur exécutif détermine, avant le début de chaque année civile, les jours où l'on ne pourra pas déposer de documents auprès de l'Office et les jours où le courrier ordinaire ne sera pas distribué dans la localité du siège de l'Office.

3. Le directeur exécutif détermine la durée de la période d'interruption en cas d'interruption générale de la distribution du courrier dans l'État membre où l'Office est établi ou en cas de survenue d'une interruption de la connexion de l'Office aux moyens de communication électronique admis.

4. Si des circonstances exceptionnelles, telles qu'une catastrophe naturelle ou une grève, interrompent ou perturbent les communications entre les parties à la procédure et l'Office ou vice versa, le directeur exécutif peut décider que, pour les parties à la procédure qui ont leur domicile ou leur siège dans l'État membre concerné ou qui ont désigné des représentants ayant leur siège dans cet État membre, tous les délais qui, à défaut, expireraient le jour de la survenance de ces circonstances, ou par la suite, tels qu'il les détermine, sont prorogés jusqu'à la date qu'il détermine. Pour déterminer cette date, il évalue à quel moment ces circonstances exceptionnelles prennent fin. Si les circonstances affectent le siège de l'Office, cette décision du directeur exécutif précise qu'elle s'applique à toutes les parties à la procédure.

5. La Commission est habilitée à adopter des actes délégués conformément à l'article 208 pour préciser les modalités relatives au calcul et à la durée des délais.

Art. 102 *Rectification des erreurs et des oublis manifestes.* 1. L'Office rectifie, de sa propre initiative ou à la demande d'une partie, les erreurs linguistiques ou les erreurs de transcription et les oublis manifestes figurant dans ses décisions, ou les erreurs techniques survenues lors de l'enregistrement d'une marque de l'Union européenne ou de la publication de cet enregistrement qui lui sont imputables.

2. Lorsque le titulaire demande la correction d'erreurs survenues lors de l'enregistrement d'une marque de l'Union européenne ou de la publication de l'enregistrement, l'article 55 s'applique *mutatis mutandis*.

3. L'Office publie les corrections d'erreurs survenues lors de l'enregistrement d'une marque de l'Union européenne ou de la publication de l'enregistrement.

Art. 103 *Révocation de décisions.* 1. Lorsque l'Office effectue une inscription dans le registre ou prend une décision entachées d'une erreur manifeste qui lui est imputable, il se charge de supprimer une telle inscription ou de révoquer cette décision. Dans le cas où il n'y a qu'une seule partie à la procédure dont les droits sont lésés par l'inscription ou l'acte, la suppression de l'inscription ou la révocation de la décision est ordonnée même si, pour la partie, l'erreur n'était pas manifeste.

2. La suppression de l'inscription ou la révocation de la décision, visées au paragraphe 1, sont ordonnées, d'office ou à la demande de l'une des parties à la procédure, par l'instance ayant procédé à l'inscription ou ayant adopté la décision. La suppression de l'inscription au registre ou la révocation de la décision est effectuée dans un délai d'un an à compter de la date d'inscription au registre ou de l'adoption de la décision, après avoir entendu les parties à la procédure ainsi que les éventuels titulaires de droits sur la marque de l'Union européenne en question qui sont inscrits au registre. L'Office conserve une trace écrite de toute suppression ou révocation.

3. La Commission est habilitée à adopter des actes délégués conformément à l'article 208 pour préciser la procédure de révocation d'une décision ou de suppression d'une inscription au registre.

4. Le présent article s'entend sans préjudice du droit des parties d'introduire un recours en vertu des articles 66 et 72, ou de la possibilité de corriger les erreurs et oublis manifestes en vertu de l'article 102. Lorsqu'un recours a été formé contre une décision de l'Office comportant une erreur, la procédure de recours devient sans objet après révocation par l'Office de sa décision en application du paragraphe 1 du présent article. Dans ce dernier cas, la taxe de recours est remboursée au requérant.

Art. 104 *Restitutio in integrum.* 1. Le demandeur ou le titulaire d'une marque de l'Union européenne ou toute autre partie à une procédure devant l'Office qui, bien qu'ayant fait preuve de toute la vigilance nécessitée par les circonstances, n'a pas été en mesure d'observer un délai à l'égard de l'Office est, sur requête, rétabli dans ses droits si l'empêchement a eu pour conséquence directe, en vertu des dispositions du présent règlement, la perte d'un droit ou celle d'un moyen de recours.

2. La requête est présentée par écrit dans un délai de deux mois à compter de la cessation de l'empêchement. L'acte non accompli doit l'être dans ce délai. La requête n'est recevable que dans un délai d'un an à compter de l'expiration du délai non observé. En cas de non-présentation de la demande de renouvellement de l'enregistrement ou de non-paiement d'une taxe de renouvellement, le délai supplémentaire de six mois prévu à l'article 53, paragraphe 3, troisième phrase, est déduit de la période d'une année.

3. La requête est motivée et indique les faits et les justifications invoquées à son appui. Elle n'est réputée présentée qu'après paiement de la taxe de *restitutio in integrum.*

4. L'instance qui est compétente pour statuer sur l'acte non accompli décide sur la requête.

5. Le présent article n'est pas applicable aux délais prévus au paragraphe 2 du présent article ni à l'article 46, paragraphes 1 et 3, ni à l'article 105.

6. Lorsque le demandeur ou le titulaire d'une marque de l'Union européenne est rétabli dans ses droits, il ne peut invoquer ses droits contre un tiers qui, de bonne foi, a mis des produits dans le commerce ou a fourni des services sous un signe identique ou similaire à la marque de l'Union européenne pendant la période comprise entre la perte du droit sur la demande ou sur la marque de l'Union européenne et la publication de la mention du rétablissement de ce droit.

7. Le tiers qui peut se prévaloir des dispositions du paragraphe 6 peut former tierce opposition contre la décision rétablissant dans ses droits le demandeur ou le titulaire d'une marque de l'Union européenne dans un délai de deux mois à compter de la date de publication de la mention du rétablissement du droit.

8. Le présent article n'affecte pas le droit pour un État membre d'accorder la restitutio in integrum quant aux délais prévus par le présent règlement et qui doivent être observés vis-à-vis des autorités de cet État.

Art. 105 *Poursuite de la procédure.* 1. Le demandeur ou le titulaire d'une marque de l'Union européenne ou toute autre partie à une procédure devant l'Office qui a omis d'observer un délai à l'égard de l'Office peut obtenir, sur requête, la poursuite de la procédure, à condition que, au moment où la requête est introduite, l'acte omis ait été accompli. La requête en poursuite de procédure est uniquement recevable lorsqu'elle est présentée dans un délai de deux mois à compter de la date d'expiration du délai non observé. La requête n'est réputée présentée qu'après paiement d'une taxe de poursuite de la procédure.

2. Le présent article ne s'applique ni aux délais prévus à l'article 32, à l'article 34, paragraphe 1, à l'article 38, paragraphe 1, à l'article 41, paragraphe 2, à l'article 46, paragraphes 1 et 3, à l'article 53, paragraphe 3, à l'article 68, à l'article 72, paragraphe 5, à l'article 104, paragraphe 2, et à l'article 139, ni aux délais prévus au paragraphe 1 du présent article, ni au délai de revendication de l'ancienneté en vertu de l'article 39 après le dépôt de la demande.

3. L'instance qui est compétente pour statuer sur l'acte omis se prononce sur la requête.

4. Dans le cas où l'Office fait droit à la requête, les conséquences de l'inobservation du délai sont réputées ne pas s'être produites. Si une décision a été prise entre la date d'expiration de ce délai et la requête en poursuite de procédure, l'instance qui est compétente pour statuer sur l'acte omis examine cette décision et, lorsque l'accomplissement de l'acte omis suffit, prend une décision différente. Si, à la suite de l'examen, l'Office conclut que la décision initiale n'a pas à être modifiée, il confirme cette décision par écrit.

5. Dans le cas où l'Office rejette la requête, la taxe est remboursée.

Art. 106 *Interruption de la procédure.* 1. La procédure devant l'Office est interrompue :

a) en cas de décès ou d'incapacité juridique, soit du demandeur ou du titulaire de la marque de l'Union européenne, soit de la personne qui est habilitée, en vertu du droit national, à agir au nom de l'un d'entre eux. Pour autant que ce décès ou cette incapacité n'affectent pas le pouvoir du représentant désigné en application de l'article 120, la procédure n'est interrompue qu'à la demande de ce représentant ;

b) au cas où le demandeur ou le titulaire de la marque de l'Union européenne est empêché, pour des raisons juridiques résultant d'une action engagée contre ses biens, de poursuivre la procédure devant l'Office ;

c) en cas de décès ou d'incapacité juridique du représentant du demandeur ou du représentant du titulaire de la marque de l'Union européenne, ou encore si ce représentant est empêché, pour des raisons juridiques résultant d'une action engagée contre ses biens, de poursuivre la procédure devant l'Office.

2. La procédure devant l'Office est reprise dès que l'identité de la personne habilitée à poursuivre a été déterminée.

3. La Commission est habilitée à adopter des actes délégués conformément à l'article 208 pour préciser les modalités de reprise de la procédure devant l'Office.

Art. 107 *Référence aux principes généraux.* En l'absence d'une disposition de procédure dans le présent règlement ou dans les actes adoptés en vertu du présent règlement, l'Office prend en considération les principes généralement admis en la matière dans les États membres.

Art. 108 *Fin des obligations financières.* 1. Le droit de l'Office d'exiger le paiement de taxes se prescrit par quatre ans à compter de la fin de l'année civile au cours de laquelle la taxe est devenue exigible.

2. Les droits à l'encontre de l'Office en matière de remboursement de taxes ou de tropperçu par celui-ci lors du paiement de taxes se prescrivent par quatre ans à compter de la fin de l'année civile au cours de laquelle le droit a pris naissance.

3. Le délai prévu aux paragraphes 1 et 2 est interrompu dans le cas visé au paragraphe 1 par une invitation à acquitter la taxe, et dans le cas visé au paragraphe 2 par une requête écrite en vue de faire valoir ce droit. Ce délai recommence à courir à compter de la date de son interruption ; il expire au plus tard au terme d'une période de six ans calculée à compter de la fin de l'année civile au cours de laquelle il a commencé à courir initialement, à moins qu'une action en justice n'ait été engagée pour faire valoir ce droit ; en pareil cas, le délai expire au plus tôt au terme d'une période d'une année calculée à compter de la date à laquelle la décision est passée en force de chose jugée.

SECTION II *Frais*

Art. 109 *Frais.* 1. La partie perdante dans une procédure d'opposition, de déchéance, de nullité ou de recours supporte les taxes acquittées par l'autre partie. Sans préjudice de l'article 146, paragraphe 7, la partie perdante supporte également tous les frais indispensables aux fins des procédures exposés par l'autre partie, y compris les frais de déplacement et de séjour et la rémunération d'un représentant au sens de l'article 120, paragraphe 1, dans la limite des tarifs fixés pour chaque catégorie de frais par l'acte d'exécution à adopter en vertu du paragraphe 2 du présent article. Les taxes que la partie perdante doit supporter sont limitées aux taxes qui ont été acquittées par l'autre partie dans le cadre d'une opposition, d'une demande en déchéance ou en nullité d'une marque de l'Union européenne ou d'un recours.

2. La Commission adopte des actes d'exécution précisant les taux maximaux applicables aux frais indispensables à la procédure et réellement exposés par la partie gagnante. Ces actes d'exécution sont adoptés en conformité avec la procédure d'examen visée à l'article 207, paragraphe 2.

Aux fins de la détermination de ce montant en ce qui concerne les frais de déplacement et de séjour, la Commission tient compte de la distance entre le domicile ou le siège de la partie, du représentant, du témoin ou de l'expert et le lieu où la procédure orale se déroule, ainsi que de l'étape de la procédure au cours de laquelle les frais ont été exposés et, dans la mesure où il est question de frais de représentation au sens de l'article 120, paragraphe 1, de la nécessité de garantir que l'obligation de supporter les frais ne peut être exploitée par l'autre partie pour des motifs tactiques. Les frais de séjour sont calculés conformément au statut des fonctionnaires de l'Union et au régime applicable aux autres agents de l'Union, fixés par le règlement (CEE, Euratom, CECA) n° 259/68 du Conseil (15) (ci-après dénommés, respectivement, "statut des fonctionnaires" et "régime applicable aux autres agents").

La partie perdante ne supporte les frais que pour un seul opposant et, le cas échéant, pour un seul représentant.

3. Toutefois, dans la mesure où les parties succombent respectivement sur un ou plusieurs chefs ou dans la mesure où l'équité l'exige, la division d'opposition ou la division d'annulation ou la chambre de recours décide d'une répartition différente des frais.

4. La partie qui met fin à une procédure par le retrait de la demande de marque de l'Union européenne, de l'opposition, de la demande en déchéance ou en nullité, ou du recours, par le non-renouvellement de l'enregistrement de la marque de l'Union européenne ou par la renonciation à celle-ci, supporte les taxes ainsi que les frais exposés par l'autre partie dans les conditions prévues aux paragraphes 1 et 3.

5. En cas de non-lieu à statuer, la division d'opposition, la division d'annulation ou la chambre de recours règle librement les frais.

6. Lorsque les parties concluent devant la division d'opposition, la division d'annulation ou la chambre de recours un accord sur les frais différent de celui résultant de l'application des paragraphes 1 à 5, l'instance concernée prend acte de cet accord.

7. La division d'opposition ou la division d'annulation ou la chambre de recours fixe le montant des frais à rembourser en vertu des paragraphes 1 à 6 du présent article lorsque ces frais se limitent aux taxes payées à l'Office et aux frais de représentation. Dans tous les autres cas, le greffe de la chambre de recours ou un membre du personnel de la division d'opposition ou de la division d'annulation fixe, sur demande, le montant des frais à rembourser. La demande n'est recevable que pendant le délai de deux mois suivant la date à laquelle la décision sur la demande de fixation du montant des frais est devenue définitive, et elle est accompagnée d'une facture et de pièces justificatives. En ce qui concerne les frais de représentation en vertu de l'article 120, paragraphe 1, il suffit que le représentant donne l'assurance que les frais ont été exposés. Pour les autres frais, il suffit que leur plausibilité ait été établie. Lorsque le montant des frais est déterminé en vertu de la première phrase du présent paragraphe, les frais de représentation sont accordés au niveau fixé dans l'acte d'exécution adopté conformément au paragraphe 2 du présent article, qu'ils aient réellement été exposés ou non.

8. La décision sur la fixation du montant des frais, qui est motivée, peut être réexaminée sur décision de la division d'opposition, de la division d'annulation ou de la chambre de recours, sur demande présentée dans un délai d'un mois à compter de la date de la répartition des frais. La demande n'est réputée présentée qu'après paiement de la taxe de réexamen du montant des frais. La division d'opposition, la division d'annulation ou la chambre de recours, selon le cas, statue, sans procédure orale, sur la demande de réexamen de la décision sur la fixation du montant des frais.

Art. 110 *Exécution des décisions fixant le montant des frais.* 1. Toute décision définitive de l'Office qui fixe le montant des frais forme titre exécutoire.

2. L'exécution forcée est régie par les règles de la procédure civile en vigueur dans l'État sur le territoire duquel elle a lieu. Chaque État membre désigne une autorité unique chargée de la vérification de l'authenticité de la décision visée au paragraphe 1 et communique ses coordonnées à l'Office, à la Cour de justice et à la Commission. La formule exécutoire est annexée à la décision par cette autorité, sans autre formalité de contrôle que la vérification de l'authenticité de la décision.

3. Après l'accomplissement de ces formalités à la demande de la partie concernée, celle-ci peut poursuivre l'exécution forcée en saisissant directement l'organe compétent, suivant le droit national.

4. L'exécution forcée ne peut être suspendue qu'en vertu d'une décision de la Cour de justice. Toutefois, le contrôle de la régularité des mesures d'exécution relève de la compétence des juridictions du pays concerné.

SECTION III *Information du public et des autorités des États membres*

Art. 111 *Registre des marques de l'Union européenne.* 1. L'Office tient un registre des marques de l'Union européenne et le tient à jour.

2. Le registre contient les inscriptions suivantes relatives aux demandes et aux enregistrements de marques de l'Union européenne :

a) la date du dépôt de la demande ;

b) le numéro de dossier de la demande ;

c) la date de publication de la demande ;

d) le nom et l'adresse du demandeur ;

e) les nom et adresse professionnelle du représentant, dans la mesure où il ne s'agit pas d'un représentant visé à l'article 119, paragraphe 3, première phrase ;

f) la représentation de la marque, ainsi que les mentions relatives à sa nature ; et, le cas échéant, une description de la marque ;

g) la désignation par leur nom des produits et services ;

h) des indications relatives à la priorité revendiquée conformément à l'article 35 ;

i) des indications relatives à la priorité d'exposition revendiquée conformément à l'article 38 ;

j) des indications sur la revendication de l'ancienneté d'une marque antérieure enregistrée selon les termes de l'article 39 ;

k) une déclaration selon laquelle, après l'usage qui en a été fait, la marque a acquis un caractère distinctif conformément à l'article 7, paragraphe 3 ;

l) la mention qu'il s'agit d'une marque collective ;

m) la mention qu'il s'agit d'une marque de certification ;

n) la langue de dépôt de la demande ainsi que la deuxième langue indiquée par le demandeur dans sa demande, conformément à l'article 146, paragraphe 3 ;

o) la date d'inscription de la marque au registre et le numéro d'enregistrement ;

p) une déclaration selon laquelle la demande résulte de la transformation d'un enregistrement international désignant l'Union, conformément à l'article 204 du présent règlement, ainsi que la date de l'enregistrement international conformément à l'article 3, paragraphe 4 du protocole de Madrid ou la date de l'enregistrement de l'extension territoriale à l'Union intervenue postérieurement à l'enregistrement international conformément à l'article 3 *ter*, paragraphe 2, du protocole de Madrid et, le cas échéant, la date de priorité de l'enregistrement international.

3. Sont également inscrits au registre, avec à chaque fois la date d'enregistrement :

a) les modifications du nom, de l'adresse ou de la nationalité du titulaire d'une marque de l'Union européenne ou une modification de l'État sur le territoire duquel il a son domicile, son siège ou un établissement ;

b) les modifications du nom ou de l'adresse professionnelle du représentant, dans la mesure où il ne s'agit pas d'un représentant visé à l'article 119, paragraphe 3, première phrase ;

c) en cas de désignation d'un nouveau représentant, les nom et adresse professionnelle de celui-ci ;

d) les modifications de la marque, en vertu des articles 49 et 54, et la rectification d'erreurs ;

e) la mention de la modification du règlement d'usage de la marque collective en vertu de l'article 79 ;

f) des indications sur la revendication de l'ancienneté d'une marque antérieure enregistrée telle que visée à l'article 39, en vertu de l'article 40 ;

g) les transferts totaux ou partiels en vertu de l'article 20 ;

h) la constitution ou la cession d'un droit réel en vertu de l'article 22, et la nature du droit réel ;

i) les mesures d'exécution forcée en vertu de l'article 23 et les procédures d'insolvabilité en vertu de l'article 24 ;

j) l'octroi ou le transfert d'une licence en vertu de l'article 25, ainsi que, le cas échéant, le type de licence ;

k) le renouvellement d'un enregistrement en vertu de l'article 53 et sa date de prise d'effet, ainsi que les limitations en vertu de l'article 53, paragraphe 4 ;

l) la mention relative à la date d'expiration d'un enregistrement en vertu de l'article 53 ;

m) les déclarations de retrait ou de renonciation par le titulaire de la marque en vertu des articles 49 et 57 respectivement ;

n) la date de présentation et les détails d'une opposition en vertu de l'article 46, d'une demande en vertu de l'article 63, ou d'une demande reconventionnelle en déchéance ou en nullité en vertu de l'article 128, paragraphe 4, ou d'un recours en vertu de l'article 68 ;

o) la date et le contenu d'une décision sur une opposition, sur une demande ou une demande reconventionnelle en vertu de l'article 64, paragraphe 6, ou de l'article 128, paragraphe 6, troisième phrase, ou sur un recours en vertu de l'article 71 ;

p) la mention de la réception d'une requête en transformation en vertu de l'article 140, paragraphe 2 ;

q) la radiation du représentant inscrit en vertu du paragraphe 2, point e), du présent article ;

r) la radiation de l'ancienneté d'une marque nationale ;

s) la modification ou la radiation du registre des mentions visées aux points h), i) et j) du présent paragraphe ;

t) le remplacement d'une marque de l'Union européenne par un enregistrement international en vertu de l'article 197 ;

u) la date et le numéro des enregistrements internationaux fondés sur une demande de marque de l'Union européenne qui a abouti à l'enregistrement d'une marque de l'Union européenne conformément à l'article 185, paragraphe 1 ;

v) la date et le numéro des enregistrements internationaux fondés sur une marque de l'Union européenne conformément à l'article 185, paragraphe 2 ;

w) la division d'une demande en vertu de l'article 50 et la division d'un enregistrement en vertu de l'article 56, ainsi que les éléments visés au paragraphe 2 du présent article au regard de l'enregistrement divisionnaire, ainsi que la liste des produits et services de l'enregistrement d'origine telle que modifiée ;

x) la révocation d'une décision ou la suppression d'une inscription au registre en vertu de l'article 103, lorsqu'il s'agit d'une décision ou d'une inscription qui a été publiée ;

y) la mention de la modification du règlement d'usage de la marque de certification de l'Union européenne en vertu de l'article 88.

4. Le directeur exécutif peut décider que des éléments autres que ceux visés aux paragraphes 2 et 3 du présent article sont inscrits au registre, sous réserve de l'article 149, paragraphe 4.

5. Le registre peut être tenu sous une forme électronique. L'Office collecte, organise, rend publics et conserve les éléments visés aux paragraphes 2 et 3, y compris les données à caractère personnel, aux fins prévues au paragraphe 8. Il fait en sorte que le registre soit aisément accessible en vue d'une inspection publique.

6. Toute modification apportée au registre est notifiée au titulaire de la marque de l'Union européenne.

7. L'Office délivre, sur requête et moyennant paiement d'une taxe, des extraits certifiés conformes ou non certifiés conformes du registre.

8. Le traitement des données relatives aux inscriptions visées aux paragraphes 2 et 3, y compris les données à caractère personnel, est effectué aux fins de :

a) la gestion des demandes et/ou des enregistrements décrits dans le présent règlement et dans les actes adoptés en vertu de celui-ci ;

b) la tenue d'un registre public en vue de l'inspection par des autorités publiques et des opérateurs économiques et de leur information, afin de leur permettre d'exercer les droits que leur confère le présent règlement et de se renseigner sur l'existence de droits antérieurs de tiers ; et

c) l'établissement de rapports et de statistiques permettant à l'Office d'optimiser ses activités et d'améliorer le fonctionnement du système.

9. Toutes les données, y compris les données à caractère personnel, relatives aux inscriptions visées aux paragraphes 2 et 3 sont considérées comme présentant un intérêt public et sont accessibles aux tiers. Pour des raisons de sécurité juridique, les inscriptions au registre sont conservées pendant une durée indéterminée.

Art. 112 *Base de données.* 1. Outre l'obligation de tenir un registre au sens de l'article 111, l'Office collecte et conserve dans une base de données électronique toutes les informations fournies par les demandeurs ou toute autre partie à la procédure au titre du présent règlement ou des actes adoptés en vertu de celui-ci.

2. La base de données électronique peut contenir des données à caractère personnel en plus de celles figurant dans le registre en vertu de l'article 111, dans la mesure où ces informations sont prescrites par le présent règlement ou par des actes adoptés en vertu de celuici. La collecte, la conservation et le traitement de ces données servent aux objectifs suivants :

a) la gestion des demandes et/ou des enregistrements décrits dans le présent règlement et dans les actes adoptés en vertu de celui-ci ;

b) l'accès aux informations nécessaires pour conduire plus aisément et plus efficacement la procédure correspondante ;

c) la communication avec les demandeurs et les autres parties à la procédure ;

d) l'établissement de rapports et de statistiques permettant à l'Office d'optimiser ses activités et d'améliorer le fonctionnement du système.

3. Le directeur exécutif arrête les conditions d'accès à la base de données électronique et les modalités de diffusion de son contenu, à l'exception des données à caractère personnel visées au paragraphe 2 du présent article mais y compris celles énumérées à l'article 111, sous une forme exploitable par ordinateur, y compris les tarifs à acquitter pour cet accès.

4. L'accès aux données à caractère personnel visées au paragraphe 2 est limité et ces données ne sont pas rendues publiques, à moins que la partie concernée n'ait donné son consentement explicite.

5. Toutes les données sont conservées pour une durée illimitée. Cependant, la partie concernée peut demander la suppression de toute donnée à caractère personnel figurant dans la base de données dix-huit mois à compter de l'expiration de la marque de l'Union européenne ou de la clôture de la procédure inter partes correspondante. La partie concernée a le droit d'obtenir à tout moment la rectification des données inexactes ou erronées.

Art. 113 *Accès en ligne aux décisions.* 1. Les décisions de l'Office sont mises en ligne à la disposition du public à des fins d'information et de consultation, dans un souci de transparence et de prévisibilité. Toute partie à la procédure qui a débouché sur l'adoption de la décision peut demander la suppression de toute donnée à caractère personnel figurant dans la décision.

2. L'Office peut fournir un accès en ligne aux décisions des juridictions nationales et de l'Union en rapport avec ses missions afin de sensibiliser le public aux questions de propriété intellectuelle et de promouvoir la convergence des pratiques. L'Office respecte les conditions de la publication initiale applicables aux données à caractère personnel.

Art. 114 *Inspection publique.* 1. Les dossiers relatifs à des demandes de marques de l'Union européenne qui n'ont pas encore été publiées ne peuvent être ouverts à l'inspection publique qu'avec l'accord du demandeur.

2. Quiconque prouve que le demandeur d'une marque de l'Union européenne a affirmé qu'après l'enregistrement de la marque il se prévaudra de celle-ci à son encontre peut consulter le dossier avant la publication de la demande et sans l'accord du demandeur.

3. Après la publication de la demande de marque de l'Union européenne, les dossiers de cette demande et de la marque à laquelle elle a donné lieu peuvent, sur requête, être ouverts à l'inspection publique.

4. Lorsque les dossiers sont ouverts à l'inspection publique en vertu du paragraphe 2 ou 3 du présent article, les pièces relatives à l'exclusion ou à la récusation au sens de l'article 169, les projets de décisions et d'avis ainsi que tous les documents internes utilisés pour la préparation de ces décisions et avis, peuvent en être exclus, de même que les parties du dossier pour lesquelles la partie concernée a fait valoir un intérêt particulier à les garder confidentielles avant le dépôt de la demande d'inspection des dossiers, à moins que l'inspection publique de ces parties du dossier ne soit justifiée par l'intérêt légitime supérieur de la partie qui requiert l'inspection.

5. L'inspection publique des dossiers de demandes de marque de l'Union européenne et des dossiers de marques de l'Union européenne enregistrées porte sur les documents originaux, ou sur des copies de ces documents ou sur des moyens techniques de stockage des données dans le cas où les dossiers sont ainsi archivés. Le directeur exécutif fixe les moyens d'inspection.

6. Lorsque l'inspection publique est effectuée comme le prévoit le paragraphe 7, la requête en inspection publique n'est réputée déposée qu'après paiement de la taxe requise. Aucune taxe n'est requise en cas d'inspection publique portant sur des moyens techniques de stockage réalisée en ligne.

7. L'inspection publique a lieu dans les locaux de l'Office. Sur requête, l'inspection publique prend la forme d'une délivrance de copies des pièces versées aux dossiers. Ces copies sont délivrées en contrepartie du paiement d'une taxe. Sur demande, l'Office délivre également des copies certifiées conformes ou non d'une demande de marque de l'Union européenne, en contrepartie du paiement d'une taxe.

8. Les dossiers conservés par l'Office se rapportant à des enregistrements internationaux désignant d'Union peuvent être inspectés, sur demande, à partir de la date de publication

visée à l'article 190, paragraphe 1, conformément aux conditions fixées aux paragraphes 1, 3 et 4 du présent article.

9. Sous réserve des restrictions prévues au paragraphe 4, l'Office peut, sur requête et moyennant paiement d'une taxe, communiquer des informations contenues dans tous les dossiers relatifs à une demande de marque de l'Union européenne ou à une marque de l'Union européenne enregistrée. L'Office peut, toutefois, exiger qu'il soit fait usage de la possibilité de recours à l'inspection publique du dossier, s'il l'estime approprié compte tenu de la quantité d'informations à fournir.

Art. 115 *Conservation des dossiers.* 1. L'Office conserve les dossiers de toute procédure relative à une demande de marque de l'Union européenne ou à un enregistrement de marque de l'Union européenne. Le directeur exécutif arrête la forme sous laquelle ces dossiers sont conservés.

2. Lorsque les dossiers sont conservés sous forme électronique, les dossiers électroniques ou leurs copies de sauvegarde sont conservés pour une durée illimitée. Les documents originaux déposés par les parties à la procédure et constituant la base de ces dossiers électroniques sont éliminés au terme d'une période dont la durée, à compter de leur réception par l'Office, est fixée par le directeur exécutif.

3. Si et dans la mesure où des dossiers ou parties de dossiers sont conservés sous toute forme autre qu'électronique, les documents ou éléments de preuve constituant une partie de ces dossiers sont conservés pendant cinq années au moins à compter de la fin de l'année au cours de laquelle la demande est rejetée, retirée ou réputée retirée, l'enregistrement de la marque de l'Union européenne vient à expiration conformément à l'article 53, la renonciation intégrale à la marque de l'Union européenne est enregistrée conformément à l'article 57 ou la marque de l'Union européenne est intégralement radiée du registre conformément à l'article 64, paragraphe 6, ou à l'article 128, paragraphe 6.

Art. 116 *Publications périodiques.* 1. L'Office publie périodiquement :

a) un *Bulletin des marques de l'Union européenne* contenant les publications des demandes et les inscriptions portées au registre, ainsi que les autres indications relatives aux demandes ou aux enregistrements de marques de l'Union européenne dont la publication est prescrite par le présent règlement ou par les actes adoptés en vertu de celui-ci ;

b) un *Journal officiel de l'Office* contenant les communications et les informations d'ordre général émanant du directeur exécutif ainsi que toute autre information relative au présent règlement ou à son application.

Les publications visées au premier alinéa, points a) et b), peuvent être effectuées par voie électronique.

2. Le *Bulletin des marques de l'Union européenne* est publié selon des modalités et une fréquence arrêtées par le directeur exécutif.

3. Le *Journal officiel de l'Office* est publié dans les langues de l'Office. Le directeur exécutif peut toutefois décider que certaines informations sont publiées au *Journal officiel de l'Office* dans les langues officielles de l'Union.

4. La Commission adopte des actes d'exécution précisant :

a) la date à retenir comme étant la date de publication au *Bulletin des marques de l'Union européenne* ;

b) les modalités de publication des inscriptions concernant l'enregistrement d'une marque ne contenant pas de modification par rapport à la publication de la demande ;

c) les formes de la mise à disposition du public des éditions du *Journal officiel de l'Office*.

Ces actes d'exécution sont adoptés en conformité avec la procédure d'examen visée à l'article 207, paragraphe 2.

Art. 117 *Coopération administrative.* 1. Sauf dispositions contraires du présent règlement ou des législations nationales, l'Office et les juridictions ou autres autorités compétentes des États membres s'assistent mutuellement, sur demande, en se communiquant des informations ou des dossiers. Lorsque l'Office communique les dossiers aux juridictions, aux ministères publics ou aux services centraux de la propriété industrielle, la communication n'est pas soumise aux restrictions prévues à l'article 114.

2. L'Office ne facture pas de frais pour la communication d'informations ou l'ouverture de dossiers à des fins d'inspection.

3. La Commission adopte des actes d'exécution précisant les modalités selon lesquelles l'Office et les autorités des États membres s'échangent des informations et ouvrent des dossiers à des fins d'inspection, en tenant compte des restrictions que l'article 114 impose à l'inspection des dossiers relatifs aux demandes ou aux enregistrements de marques de l'Union

européenne lorsqu'elle est ouverte à des tiers. Ces actes d'exécution sont adoptés en conformité avec la procédure d'examen visée à l'article 207, paragraphe 2.

Art. 118 *Échange de publications.* 1. L'Office et les services centraux de la propriété industrielle des États membres échangent, sur requête, pour leurs propres besoins et gratuitement, un ou plusieurs exemplaires de leurs publications respectives.

2. L'Office peut conclure des accords portant sur l'échange ou l'envoi de publications.

SECTION IV *Représentation*

Art. 119 *Principes généraux relatifs à la représentation.* 1. Sous réserve des dispositions du paragraphe 2, nul n'est tenu de se faire représenter devant l'Office.

2. Sans préjudice du paragraphe 3, deuxième phrase, du présent article, les personnes physiques ou morales qui n'ont ni domicile ni siège ni établissement industriel ou commercial effectif et sérieux dans l'Espace économique européen sont représentées devant l'Office conformément à l'article 120, paragraphe 1, dans toute procédure prévue par le présent règlement, sauf pour le dépôt d'une demande de marque de l'Union européenne.

3. Les personnes physiques et morales qui ont leur domicile ou leur siège ou un établissement industriel ou commercial effectif et sérieux dans l'Espace économique européen peuvent agir, devant l'Office, par l'entremise d'un employé. L'employé d'une personne morale visée au présent paragraphe peut agir également pour d'autres personnes morales qui sont économiquement liées à cette personne, même si ces autres personnes morales n'ont ni domicile ni siège ni établissement industriel ou commercial effectif et sérieux dans l'Espace économique européen. Les employés qui agissent pour d'autres personnes au sens du présent paragraphe déposent, à la demande de l'Office ou, le cas échéant, de la partie à la procédure, auprès de celui-ci un pouvoir signé qui doit être versé au dossier.

4. Lorsqu'il y a plusieurs demandeurs ou plusieurs tiers agissant conjointement, un représentant commun est désigné.

Art. 120 *Représentation professionnelle.* 1. La représentation des personnes physiques ou morales devant l'Office ne peut être assurée que :

a) par un avocat habilité à exercer sur le territoire de l'un des États membres de l'Espace économique européen et possédant son domicile professionnel dans l'Espace économique européen, dans la mesure où il peut agir dans ledit État membre en qualité de mandataire en matière de marques ;

b) par les mandataires agréés inscrits sur une liste tenue à cet effet par l'Office.

A la demande de l'Office ou, le cas échéant, de l'autre partie à la procédure, les représentants devant l'Office déposent auprès de celui-ci un pouvoir signé qui doit être versé au dossier.

2. Peut être inscrite sur la liste des mandataires agréés toute personne physique qui :

a) est ressortissante d'un des États membres de l'Espace économique européen ;

b) a son domicile professionnel ou le lieu de son emploi dans l'Espace économique européen ;

c) est habilitée à représenter, en matière de marques, des personnes physiques ou morales devant l'Office Benelux de la propriété intellectuelle ou devant le service central de la propriété industrielle d'un État membre de l'Espace économique européen. Lorsque, dans l'État concerné, l'habilitation n'est pas subordonnée à l'exigence d'une qualification professionnelle spéciale, les personnes demandant leur inscription sur la liste de l'Office qui agissent en matière de marques devant l'Office Benelux de la propriété intellectuelle ou devant lesdits services centraux de la propriété industrielle doivent avoir exercé à titre habituel pendant cinq ans au moins. Toutefois, sont dispensées de cette condition relative à l'exercice de la profession, les personnes dont la qualification professionnelle pour assurer, en matière de marques, la représentation des personnes physiques ou morales devant l'Office Benelux de la propriété intellectuelle et lesdits services centraux de la propriété industrielle, est reconnue officiellement conformément à la réglementation établie par l'État concerné.

3. L'inscription est faite sur requête accompagnée d'une attestation fournie par le service central de la propriété industrielle de l'État membre concerné indiquant que les conditions visées au paragraphe 2 sont remplies.

4. Le directeur exécutif peut accorder une dérogation :

a) à l'exigence visée au paragraphe 2, point c), deuxième phrase, lorsque le requérant fournit la preuve qu'il a acquis la qualification requise d'une autre manière ;

b) à l'exigence énoncée au paragraphe 2, point a), dans le cas de professionnels hautement qualifiés, sous réserve que les exigences énoncées au paragraphe 2, points b) et c), soient satisfaites.

5. Une personne peut être radiée de la liste des mandataires agréés à sa demande ou lorsqu'elle n'a plus qualité pour exercer cette fonction. Les modifications de la liste des mandataires agréés sont publiées au *Journal officiel de l'Office*.

Art. 121 *Délégation de pouvoirs.* La Commission est habilitée à adopter des actes délégués conformément à l'article 208 précisant :

a) les conditions et la procédure de désignation du représentant commun visé à l'article 119, paragraphe 4 ;

b) les conditions du dépôt auprès de l'Office, par les employés visés à l'article 119, paragraphe 3, et les mandataires agréés visés à l'article 120, paragraphe 1, d'un pouvoir signé les habilitant à assurer une représentation, ainsi que le contenu de cette autorisation ;

c) les circonstances dans lesquelles une personne peut être radiée de la liste des mandataires agréés visés à l'article 120, paragraphe 5.

CHAPITRE X *Compétence et procédure concernant les actions en justice relatives aux marques de l'Union européenne*

SECTION I *Application des règles de l'Union en matière de compétence, de reconnaissance et d'exécution des décisions en matière civile et commerciale*

Art. 122 *Application des règles de l'Union en matière de compétence, de reconnaissance et d'exécution des décisions en matière civile et commerciale.* 1. A moins que le présent règlement n'en dispose autrement, les règles de l'Union en matière de compétence, de reconnaissance et d'exécution des décisions en matière civile et commerciale sont applicables aux procédures concernant les marques de l'Union européenne et les demandes de marque de l'Union européenne ainsi qu'aux procédures concernant les actions simultanées ou successives menées sur la base de marques de l'Union européenne et de marques nationales.

2. En ce qui concerne les procédures résultant des actions et demandes visées à l'article 124 :

a) l'article 4, l'article 6, l'article 7, points 1, 2, 3 et 5, et l'article 35 du règlement (UE) n° 1215/2012 ne sont pas applicables ;

b) les articles 25 et 26 du règlement (UE) n° 1215/2012 sont applicables dans les limites prévues à l'article 125, paragraphe 4, du présent règlement ;

c) les dispositions du chapitre II du règlement (UE) n° 1215/2012 qui s'appliquent aux personnes domiciliées dans un État membre s'appliquent également aux personnes qui ne sont pas domiciliées dans un État membre, mais qui y ont un établissement.

3. Les références dans le présent règlement au règlement (UE) n° 1215/2012 comprennent, le cas échéant, l'accord entre la Communauté européenne et le Royaume de Danemark sur la compétence judiciaire, la reconnaissance et l'exécution des décisions en matière civile et commerciale conclu le 19 octobre 2005.

SECTION II *Litiges en matière de contrefaçon et de validité des marques de l'Union européenne*

Art. 123 *Tribunaux des marques de l'Union européenne.* 1. Les États membres désignent sur leurs territoires un nombre aussi limité que possible de juridictions nationales de première et de deuxième instance, chargées de remplir les fonctions qui leur sont attribuées par le présent règlement.

2. Tout changement relatif au nombre, à la dénomination ou à la compétence territoriale des juridictions incluses dans la liste de tribunaux des marques de l'Union européenne communiquée par un État membre à la Commission conformément à l'article 95, paragraphe 2 du règlement (CE) n° 207/2009 est communiqué sans retard par l'État membre concerné à la Commission.

3. Les informations visées au paragraphe 2 sont notifiées par la Commission aux États membres et publiées au *Journal officiel de l'Union européenne*.

Art. 124 *Compétence en matière de contrefaçon et de validité.* Les tribunaux des marques de l'Union européenne ont compétence exclusive :

a) pour toutes les actions en contrefaçon et – si le droit national les admet – en menace de contrefaçon d'une marque de l'Union européenne ;

b) pour les actions en déclaration de non-contrefaçon, si le droit national les admet ;

c) pour toutes les actions intentées à la suite de faits visés à l'article 11, paragraphe 2 ;

d) pour les demandes reconventionnelles en déchéance ou en nullité de la marque de l'Union européenne visées à l'article 128.

Art. 125 *Compétence internationale.* 1. Sous réserve des dispositions du présent règlement ainsi que des dispositions du règlement (UE) n° 1215/2012 applicables en vertu de l'article 122, les procédures résultant des actions et demandes visées à l'article 124 sont portées devant les tribunaux de l'État membre sur le territoire duquel le défendeur a son domicile ou, si celui-ci n'est pas domicilié dans l'un des États membres, de l'État membre sur le territoire duquel il a un établissement.

2. Si le défendeur n'a ni son domicile, ni un établissement sur le territoire d'un État membre, ces procédures sont portées devant les tribunaux de l'État membre sur le territoire duquel le demandeur a son domicile ou, si ce dernier n'est pas domicilié dans l'un des États membres, de l'État membre sur le territoire duquel il a un établissement.

3. Si ni le défendeur, ni le demandeur ne sont ainsi domiciliés ou n'ont un tel établissement, ces procédures sont portées devant les tribunaux de l'État membre dans lequel l'Office a son siège.

4. Nonobstant les dispositions des paragraphes 1, 2 et 3 :

a) l'article 25 du règlement (UE) n° 1215/2012 est applicable si les parties conviennent qu'un autre tribunal des marques de l'Union européenne est compétent ;

b) l'article 26 du règlement (UE) n° 1215/2012 est applicable si le défendeur comparaît devant un autre tribunal des marques de l'Union européenne.

5. Les procédures résultant des actions et demandes visées à l'article 124, à l'exception des actions en déclaration de non-contrefaçon d'une marque de l'Union européenne, peuvent également être portées devant les tribunaux de l'État membre sur le territoire duquel le fait de contrefaçon a été commis ou menace d'être commis ou sur le territoire duquel un fait visé à l'article 11, paragraphe 2 a été commis.

Art. 126 *Étendue de la compétence.* 1. Un tribunal des marques de l'Union européenne dont la compétence est fondée sur l'article 125, paragraphes 1 à 4, est compétent pour statuer sur :

a) les faits de contrefaçon commis ou menaçant d'être commis sur le territoire de tout État membre ;

b) les faits visés à l'article 11, paragraphe 2 commis sur le territoire de tout État membre.

2. Un tribunal des marques de l'Union européenne dont la compétence est fondée sur l'article 125, paragraphe 5, est compétent uniquement pour statuer sur les faits commis ou menaçant d'être commis sur le territoire de l'État membre dans lequel est situé ce tribunal.

Art. 127 *Présomption de validité – Défenses au fond.* 1. Les tribunaux des marques de l'Union européenne considèrent la marque de l'Union européenne comme valide, à moins que le défendeur n'en conteste la validité par une demande reconventionnelle en déchéance ou en nullité.

2. La validité d'une marque de l'Union européenne ne peut être contestée par une action en déclaration de non-contrefaçon.

3. Dans les actions visées à l'article 124, points a) et c), l'exception de déchéance de la marque de l'Union européenne présentée par une voie autre qu'une demande reconventionnelle est recevable lorsque le défendeur fait valoir que la déchéance de la marque de l'Union européenne pourrait être prononcée pour défaut d'usage sérieux à l'époque où l'action en contrefaçon a été intentée.

Art. 128 *Demande reconventionnelle.* 1. La demande reconventionnelle en déchéance ou en nullité ne peut être fondée que sur les causes de déchéance ou de nullité prévues par le présent règlement.

2. Un tribunal des marques de l'Union européenne rejette une demande reconventionnelle en déchéance ou en nullité, si une décision rendue par l'Office entre les mêmes parties sur une demande ayant le même objet et la même cause est déjà devenue définitive.

3. Si la demande reconventionnelle est introduite dans un litige auquel le titulaire de la marque n'est pas déjà partie, il en est informé et peut intervenir au litige conformément aux conditions prévues par le droit national.

4. Le tribunal des marques de l'Union européenne devant lequel une demande reconventionnelle en déchéance ou en nullité de la marque de l'Union européenne a été introduite ne procède pas à l'examen de cette demande reconventionnelle tant que la date à laquelle celle-ci a été introduite n'a pas été communiquée à l'Office par la partie intéressée ou par le tribunal. L'Office inscrit cette information au registre. Si une demande en déchéance ou en nullité de la marque de l'Union européenne a déjà été introduite auprès de l'Office avant le dépôt de la demande reconventionnelle précitée, le tribunal en est informé par l'Office et sursoit à statuer conformément à l'article 132, paragraphe 1, jusqu'à ce que la décision concernant cette demande soit définitive ou que la demande soit retirée.

5. L'article 64, paragraphes 2 à 5, est applicable.

6. Lorsqu'un tribunal des marques de l'Union européenne a rendu une décision passée en force de chose jugée sur une demande reconventionnelle en déchéance ou en nullité d'une marque de l'Union européenne, une copie de cette décision est transmise à l'Office sans tarder, soit par le tribunal, soit par l'une des parties à la procédure nationale. L'Office ou toute autre partie intéressée peut demander des informations quant à cette transmission. L'Office inscrit au registre la mention de la décision et prend les mesures nécessaires pour se conformer à son dispositif.

7. Le tribunal des marques de l'Union européenne saisi d'une demande reconventionnelle en déchéance ou en nullité peut surseoir à statuer à la demande du titulaire de la marque de l'Union européenne et après audition des autres parties et inviter le défendeur à présenter une demande en déchéance ou en nullité à l'Office dans un délai qu'il lui impartit. Si cette demande n'est pas présentée dans ce délai, la procédure est poursuivie ; la demande reconventionnelle est considérée comme retirée. L'article 132, paragraphe 3, est applicable.

Art. 129 *Droit applicable.* 1. Les tribunaux des marques de l'Union européenne appliquent les dispositions du présent règlement.

2. Pour toutes les questions en matière de marques qui n'entrent pas dans le champ d'application du présent règlement, le tribunal des marques de l'Union européenne compétent applique le droit national applicable.

3. A moins que le présent règlement n'en dispose autrement, le tribunal des marques de l'Union européenne applique les règles de procédure applicables au même type d'actions relatives à une marque nationale dans l'État membre sur le territoire duquel ce tribunal est situé.

Art. 130 *Sanctions.* 1. Lorsqu'un tribunal des marques de l'Union européenne constate que le défendeur a contrefait ou menacé de contrefaire une marque de l'Union européenne, il rend, sauf s'il y a des raisons particulières de ne pas agir de la sorte, une ordonnance lui interdisant de poursuivre les actes de contrefaçon ou de menace de contrefaçon. Il prend également, conformément au droit national, les mesures propres à garantir le respect de cette interdiction.

2. Le tribunal des marques de l'Union européenne peut également prendre les mesures ou rendre les ordonnances prévues par le droit applicable qui lui semblent appropriées dans les circonstances de l'espèce.

Art. 131 *Mesures provisoires et conservatoires.* 1. Les mesures provisoires et conservatoires prévues par la loi d'un État membre à propos d'une marque nationale peuvent être demandées, à propos d'une marque de l'Union européenne ou d'une demande de marque de l'Union européenne, aux autorités judiciaires, y compris aux tribunaux des marques de l'Union européenne, de cet État, même si, en vertu du présent règlement, un tribunal des marques de l'Union européenne d'un autre État membre est compétent pour connaître du fond.

2. Un tribunal des marques de l'Union européenne dont la compétence est fondée sur l'article 125, paragraphe 1, 2, 3 ou 4, est compétent pour ordonner des mesures provisoires et conservatoires qui, sous réserve de toute procédure requise aux fins de la reconnaissance et de l'exécution conformément au chapitre III du règlement (UE) n° 1215/2012, sont applicables sur le territoire de tout État membre. Cette compétence n'appartient à aucune autre juridiction.

Art. 132 *Règles spécifiques en matière de connexité.* 1. Sauf s'il existe des raisons particulières de poursuivre la procédure, un tribunal des marques de l'Union européenne saisi d'une action visée à l'article 124, à l'exception d'une action en déclaration de non-contrefaçon, sursoit à statuer, de sa propre initiative après audition des parties ou à la demande de l'une des parties et après audition des autres parties, lorsque la validité de la marque de l'Union européenne est déjà contestée devant un autre tribunal des marques de l'Union européenne par une demande reconventionnelle ou qu'une demande en déchéance ou en nullité a déjà été introduite auprès de l'Office.

2. Sauf s'il existe des raisons particulières de poursuivre la procédure, l'Office saisi d'une demande en déchéance ou en nullité sursoit à statuer, de sa propre initiative après audition des parties ou à la demande de l'une des parties et après audition des autres parties, lorsque la validité de la marque de l'Union européenne est déjà contestée devant un tribunal des marques de l'Union européenne par une demande reconventionnelle. Toutefois, si l'une des parties à la procédure devant le tribunal des marques de l'Union européenne le demande, le tribunal peut, après audition des autres parties à cette procédure, suspendre la procédure. Dans ce cas, l'Office poursuit la procédure pendante devant lui.

3. Le tribunal des marques de l'Union européenne qui sursoit à statuer peut ordonner des mesures provisoires et conservatoires pour la durée de la suspension.

Art. 133 *Compétence des tribunaux des marques de l'Union européenne de deuxième instance – Pourvoi en cassation.* 1. Les décisions des tribunaux des marques de l'Union européenne de première instance rendues dans les procédures résultant des actions et demandes visées à l'article 124 sont susceptibles de recours devant les tribunaux des marques de l'Union européenne de deuxième instance.

2. Les conditions dans lesquelles un recours peut être formé devant un tribunal des marques de l'Union européenne de deuxième instance sont déterminées par le droit national de l'État membre sur le territoire duquel ce tribunal est situé.

3. Les dispositions nationales relatives au pourvoi en cassation sont applicables aux décisions des tribunaux des marques de l'Union européenne de deuxième instance.

SECTION III *Autres litiges relatifs aux marques de l'Union européenne*

Art. 134 *Dispositions complémentaires concernant la compétence des tribunaux nationaux autres que les tribunaux des marques de l'Union européenne.* 1. Dans l'État membre dont les tribunaux sont compétents conformément à l'article 122, paragraphe 1, les actions autres que celles visées à l'article 124 sont portées devant les tribunaux qui auraient compétence territoriale et d'attribution s'il s'agissait d'actions relatives à des marques nationales enregistrées dans l'État concerné.

2. Lorsque, en vertu de l'article 122, paragraphe 1, et du paragraphe 1 du présent article, aucun tribunal n'est compétent pour connaître d'une action autre que celles visées à l'article 124 et relative à une marque de l'Union européenne, cette action peut être portée devant les tribunaux de l'État membre dans lequel l'Office a son siège.

Art. 135 *Obligation du tribunal national.* Le tribunal national saisi d'une action autre que celles visées à l'article 124 et relative à une marque de l'Union européenne doit tenir cette marque de l'Union européenne pour valide.

CHAPITRE XI *Incidences sur le droit des États membres*

SECTION I *Actions civiles sur la base de plusieurs marques*

Art. 136 *Actions civiles simultanées et successives sur la base de marques de l'Union européenne et de marques nationales.* 1. Lorsque des actions en contrefaçon sont formées pour les mêmes faits entre les mêmes parties devant des juridictions d'États membres différents saisies l'une sur la base d'une marque de l'Union européenne et l'autre sur la base d'une marque nationale :

a) la juridiction saisie en second lieu doit, même d'office, se dessaisir en faveur de la juridiction première saisie lorsque les marques en cause sont identiques et valables pour des produits ou services identiques. La juridiction qui devrait se dessaisir peut surseoir à statuer si la compétence de l'autre juridiction est contestée ;

b) la juridiction saisie en second lieu peut surseoir à statuer lorsque les marques en cause sont identiques et valables pour des produits ou services similaires ainsi que lorsque les marques en cause sont similaires et valables pour des produits ou services identiques ou similaires.

2. La juridiction saisie d'une action en contrefaçon sur la base d'une marque de l'Union européenne rejette l'action si, sur les mêmes faits, un jugement définitif a été rendu sur le fond entre les mêmes parties sur la base d'une marque nationale identique, valable pour des produits ou services identiques.

3. La juridiction saisie d'une action en contrefaçon sur la base d'une marque nationale rejette l'action si, sur les mêmes faits, un jugement définitif a été rendu sur le fond entre les mêmes parties sur la base d'une marque de l'Union européenne identique, valable pour des produits ou services identiques.

4. Les paragraphes 1, 2 et 3 ne s'appliquent pas aux mesures provisoires et conservatoires.

SECTION II *Application du droit national aux fins d'interdiction de l'usage des marques de l'Union européenne*

Art. 137 *Interdiction de l'usage des marques de l'Union européenne.* 1. Sauf disposition contraire, le présent règlement n'affecte pas le droit, existant en vertu de la loi des États membres, d'intenter des actions en violation de droits antérieurs au sens de l article 8 ou de l'article 60, paragraphe 2, contre l'usage d'une marque de l'Union européenne postérieure. Des actions en violation de droits antérieurs au sens de l'article 8, paragraphes 2 et 4, ne peuvent toutefois plus être intentées lorsque le titulaire du droit antérieur ne peut plus, en vertu de l'article 61, paragraphe 2, demander la nullité de la marque de l'Union européenne.

2. Sauf disposition contraire, le présent règlement n'affecte pas le droit d'intenter sur la base du droit civil, administratif ou pénal d'un État membre ou sur la base de dispositions de droit de l'Union, des actions ayant pour objet d'interdire l'usage d'une marque de l'Union européenne dans la mesure où le droit de cet État membre ou le droit de l'Union peut être invoqué pour interdire l'usage d'une marque nationale.

Art. 138 *Droits antérieurs de portée locale.* 1. Le titulaire d'un droit antérieur de portée locale peut s'opposer à l'usage de la marque de l'Union européenne sur le territoire où ce droit est protégé dans la mesure où le droit de l'État membre concerné le permet.

2. Le paragraphe 1 cesse d'être applicable si le titulaire du droit antérieur a toléré l'usage de la marque de l'Union européenne sur le territoire où ce droit est protégé, pendant cinq années consécutives en connaissance de cet usage, à moins que le dépôt de la marque de l'Union européenne n'ait été effectué de mauvaise foi.

3. Le titulaire de la marque de l'Union européenne ne peut pas s'opposer à l'usage du droit visé au paragraphe 1, même si ce droit ne peut plus être invoqué contre la marque de l'Union européenne.

SECTION III *Transformation en demande de marque nationale*

Art. 139 *Requête en vue de l'engagement de la procédure nationale.* 1. Le demandeur ou le titulaire d'une marque de l'Union européenne peut requérir la transformation de sa demande ou de sa marque de l'Union européenne en demande de marque nationale :

a) dans la mesure où la demande de marque de l'Union européenne est rejetée, retirée ou réputée retirée ;

b) dans la mesure où la marque de l'Union européenne cesse de produire ses effets.

2. La transformation n'a pas lieu :

a) lorsque le titulaire de la marque de l'Union européenne a été déchu de ses droits pour défaut d'usage de cette marque, à moins que dans l'État membre pour lequel la transformation a été demandée la marque de l'Union européenne n'ait été utilisée dans des conditions qui constituent un usage sérieux au sens de la législation dudit État membre ;

b) en vue d'une protection dans un État membre où, selon la décision de l'Office ou de la juridiction nationale, la demande ou la marque de l'Union européenne est frappée d'un motif de refus d'enregistrement, de révocation ou de nullité.

3. La demande de marque nationale issue de la transformation d'une demande ou d'une marque de l'Union européenne bénéficie, dans l'État membre concerné, de la date de dépôt ou de la date de priorité de cette demande ou de cette marque et, le cas échéant, de l'ancienneté d'une marque de cet État revendiquée conformément à l'article 39 ou à l'article 40.

4. Dans les cas où une demande de marque de l'Union européenne est réputée retirée, l'Office adresse au demandeur une communication lui impartissant un délai de trois mois à compter de cette communication pour présenter une requête en transformation.

5. Lorsque la demande de marque de l'Union européenne est retirée ou que la marque de l'Union européenne cesse de produire ses effets du fait de l'inscription d'une renonciation ou du non-renouvellement de l'enregistrement, la requête en transformation est déposée dans un délai de trois mois à compter de la date à laquelle la demande de marque de l'Union européenne a été retirée ou à laquelle la marque de l'Union européenne cesse de produire ses effets.

6. Lorsque la demande de marque de l'Union européenne est refusée par une décision de l'Office ou que la marque de l'Union européenne cesse de produire ses effets du fait d'une décision de l'Office ou d'un tribunal des marques de l'Union européenne, la requête en transformation doit être présentée dans un délai de trois mois à compter de la date à laquelle cette décision est passée en force de chose jugée.

7. La disposition faisant l'objet de l'article 37 cesse de produire ses effets si la requête n'est pas présentée dans le délai imparti.

Art. 140 *Présentation, publication et transmission de la requête en transformation.* 1. La requête en transformation est présentée à l'Office dans le délai approprié en vertu de l'article 139, paragraphe 4, 5 ou 6, et contient une indication des motifs de la transformation, conformément à l'article 139, paragraphe 1, point a) ou b), des États membres visés par la requête en transformation et des produits et services visés par la transformation. Si la requête en transformation est présentée du fait du non-renouvellement de l'enregistrement, la période de trois mois prévue à l'article 139, paragraphe 5, commence à courir le jour suivant le dernier jour où le renouvellement peut être demandé conformément à l'article 53, paragraphe 3. La requête en transformation n'est réputée présentée qu'après paiement de la taxe de transformation.

2. Lorsque la requête en transformation concerne une demande de marque de l'Union européenne qui a déjà été publiée ou une marque de l'Union européenne, la réception d'une telle requête est enregistrée dans le registre et la requête en transformation est publiée.

3. L'Office vérifie si la transformation demandée remplit les conditions énoncées dans le présent règlement, notamment à l'article 139, paragraphes 1, 2, 4, 5 et 6, et au paragraphe 1 du présent article, ainsi que les conditions formelles énoncées dans l'acte d'exécution adopté conformément au paragraphe 6 du présent article. Si les conditions applicables à la requête ne sont pas remplies, l'Office informe le demandeur des irrégularités constatées. S'il n'est pas remédié aux irrégularités dans le délai à fixer par l'Office, ce dernier rejette la requête en transformation. Lorsque l'article 139, paragraphe 2, est applicable, l'Office rejette la requête en transformation pour irrecevabilité uniquement pour les États membres pour lesquels la transformation est exclue en vertu de cette disposition. Si la taxe de transformation n'a pas été acquittée dans le délai de trois mois prévu en vertu de l'article 139, paragraphe 4, 5 ou 6, l'Office informe le requérant que sa requête en transformation est réputée ne pas a voir été présentée.

4. Si l'Office ou un tribunal des marques de l'Union européenne a rejeté la demande de marque de l'Union européenne ou a déclaré nulle la marque de l'Union européenne pour des motifs absolus en rapport avec la langue d'un État membre, la transformation est exclue en vertu de l'article 139, paragraphe 2, pour tous les États membres dont cette langue est l'une des langues officielles. Si l'Office ou un tribunal des marques de l'Union européenne a rejeté la demande de marque de l'Union européenne ou a déclaré nulle la marque de l'Union européenne pour des motifs absolus qui sont valables dans l'ensemble de l'Union ou en raison d'une marque de l'Union européenne antérieure ou d'un autre droit de propriété industrielle de l'Union, la transformation est exclue, en vertu de l'article 139, paragraphe 2, pour tous les États membres.

5. Si la requête en transformation satisfait aux prescriptions du paragraphe 3 du présent article, l'Office transmet la requête en transformation ainsi que les données visées à l'article 111, paragraphe 2, aux services centraux de la propriété industrielle des États membres pour lesquels la requête est jugée recevable, y compris l'Office Benelux de la propriété intellectuelle. L'Office communique au demandeur la date de transmission de sa requête en transformation.

6. La Commission adopte des actes d'exécution précisant :

a) les éléments à mentionner dans une requête en transformation d'une demande de marque de l'Union européenne ou d'une marque de l'Union européenne enregistrée en une demande de marque nationale conformément au paragraphe 1 ;

b) les éléments dont la publication de la requête en transformation est assortie en application du paragraphe 2.

Ces acte d'exécution sont adoptés en conformité avec la procédure d'examen visée à l'article 207, paragraphe 2.

Art. 141 *Conditions de forme de la transformation.* 1. Tout service central de la propriété industrielle auquel la requête en transformation est transmise peut obtenir de l'Office toute information additionnelle concernant cette requête lorsqu'elle est de nature à permettre à ce service de se prononcer sur la marque nationale qui résulte de la transformation.

2. La demande de marque de l'Union européenne ou la marque de l'Union européenne transmise conformément à l'article 140 ne peut être soumise par la loi nationale à des exigences formelles différentes de celles qui sont prévues par le présent règlement ou dans les actes adoptés en vertu du présent règlement, ou s'y ajoutant.

3. Le service central de la propriété industrielle auquel la requête est transmise peut exiger que, dans un délai qui ne peut être inférieur à deux mois, le demandeur :

a) acquitte la taxe nationale de dépôt ;

b) produise, dans l'une des langues officielles de l'État en cause, une traduction de la requête et des pièces jointes à celle-ci ;

c) élise domicile dans l'État en question ;

d) fournisse une reproduction de la marque en un nombre d'exemplaires précisé par l'État en question.

CHAPITRE XII *L'Office*

SECTION I *Dispositions générales*

Art. 142 *Statut juridique.* 1. L'Office est une agence de l'Union. Il a la personnalité juridique.

2. Dans chacun des États membres, il possède la capacité juridique la plus large reconnue aux personnes morales par les législations nationales ; il peut notamment acquérir ou aliéner des biens immobiliers et mobiliers et ester en justice.

3. L'Office est représenté par son directeur exécutif.

Art. 143 *Personnel.* 1. Sans préjudice de l'application de l'article 166 du présent règlement aux membres des chambres de recours, le statut des fonctionnaires, le régime applicable aux autres agents et les réglementations d'exécution de ces dispositions, arrêtées d'un commun accord par les institutions de l'Union, s'appliquent au personnel de l'Office.

2. Sans préjudice du paragraphe 1, l'Office peut avoir recours à des experts nationaux détachés ou à d'autres personnes dont il n'est pas l'employeur. Le conseil d'administration adopte une décision établissant le régime applicable aux experts nationaux détachés auprès de l'Office.

Art. 144 *Privilèges et immunités.* Le protocole sur les privilèges et immunités de l'Union est applicable à l'Office et à son personnel.

Art. 145 *Responsabilité.* 1. La responsabilité contractuelle de l'Office est régie par la loi applicable au contrat en cause.

2. La Cour de justice est compétente pour statuer en vertu d'une clause compromissoire contenue dans un contrat passé par l'Office.

3. En matière de responsabilité non contractuelle, l'Office doit réparer, conformément aux principes généraux communs aux droits des États membres, les dommages causés par ses services ou par ses agents dans l'exercice de leurs fonctions.

4. La Cour de justice est compétente pour connaître des litiges relatifs à la réparation des dommages visés au paragraphe 3.

5. La responsabilité personnelle des agents envers l'Office est réglée dans les dispositions du statut des fonctionnaires ou du régime applicable aux autres agents qui leur sont applicables.

Art. 146 *Langues.* 1. Les demandes de marque de l'Union européenne sont déposées dans une des langues officielles de l'Union.

2. Les langues de l'Office sont l'allemand, l'anglais, l'espagnol, le français et l'italien.

3. Le demandeur indique une deuxième langue, qui est une langue de l'Office et dont il accepte l'usage comme langue éventuelle de procédure pour les procédures d'opposition, de déchéance et de nullité.

Si le dépôt a été fait dans une langue qui n'est pas une des langues de l'Office, celui-ci veille à assurer la traduction de la demande, telle que décrite à l'article 31, paragraphe 1, dans la langue indiquée par le demandeur.

4. Lorsque le demandeur d'une marque de l'Union européenne est la seule partie aux procédures devant l'Office, la langue de procédure est la langue utilisée pour le dépôt de la demande de marque de l'Union européenne. Si le dépôt a été fait dans une langue autre que celles de l'Office, l'Office peut envoyer des communications écrites au demandeur dans la deuxième langue indiquée par lui dans sa demande.

5. L'acte d'opposition et la demande en déchéance ou en nullité sont déposés dans une des langues de l'Office.

6. Sans préjudice du paragraphe 5 :

a) toute demande ou déclaration concernant une demande de marque de l'Union européenne peut être effectuée dans la langue utilisée pour le dépôt de la demande de cette marque de l'Union européenne ou dans la deuxième langue que le demandeur a indiquée dans sa demande ;

b) toute demande ou déclaration relative à une marque de l'Union européenne enregistrée peut être effectuée dans une des langues de l'Office.

Toutefois, si la demande est effectuée à l'aide d'un formulaire fourni par l'Office au sens de l'article 100, paragraphe 2, un tel formulaire peut être utilisé dans toute langue officielle de l'Union, à condition qu'il soit rempli dans l'une des langues de l'Office pour ce qui est des éléments textuels.

7. Si la langue choisie, conformément au paragraphe 5, pour l'acte d'opposition ou la demande en déchéance ou en nullité est la langue de la demande de marque ou la deuxième langue indiquée lors du dépôt de cette demande, cette langue sera la langue de procédure.

Si la langue choisie, conformément au paragraphe 5, pour l'acte d'opposition ou la demande en déchéance ou en nullité n'est ni la langue de la demande de marque ni la deuxième langue indiquée lors du dépôt de cette demande, l'opposant ou le requérant en déchéance ou en nullité est tenu de produire à ses frais une traduction de son acte soit dans la langue de la demande de marque, à condition qu'elle soit une langue de l'Office, soit dans la deuxième langue indiquée lors du dépôt de la demande de marque. La traduction est produite dans un délai d'un mois à compter de l'expiration du délai d'opposition ou de la date de dépôt d'une demande en déchéance ou en nullité. La langue vers laquelle l'acte a été traduit devient alors la langue de procédure.

8. Les parties dans les procédures d'opposition, de déchéance, de nullité et de recours peuvent convenir qu'une autre langue officielle de l'Union soit la langue de procédure.

9. Sans préjudice des paragraphes 4 et 8, et sauf disposition contraire, chaque partie peut utiliser, dans la procédure écrite devant l'Office, la langue de son choix parmi les langues de l'Office. Si la langue choisie n'est pas celle de la procédure, cette partie produit une traduction dans la langue de la procédure dans un délai d'un mois à compter de la date de dépôt du document original. Lorsque le demandeur de la marque de l'Union européenne est la seule partie à la procédure devant l'Office et que la langue utilisée pour déposer la demande de marque de l'Union européenne n'est pas une des langues de l'Office, la traduction peut également être produite dans la seconde langue que le demandeur a indiquée dans sa demande.

10. Le directeur exécutif définit la manière dont les traductions sont certifiées.

11. La Commission adopte des actes d'exécution précisant :

a) dans quelle mesure les pièces justificatives à utiliser dans la procédure écrite devant l'Office peuvent être produites dans toute langue de l'Union et dans quelle mesure il faut produire une traduction ;

b) quelles sont les normes à respecter pour les traductions à présenter à l'Office.

Ces actes d'exécution sont adoptés en conformité avec la procédure d'examen visée à l'article 207, paragraphe 2.

Art. 147 *Publication et enregistrements.* 1. La demande de marque de l'Union européenne, telle que décrite dans l'article 31, paragraphe 1, et toutes les autres informations dont la publication est prescrite par le présent règlement ou par un acte adopté en vertu du présent règlement sont publiées dans toutes les langues officielles de l'Union.

2. Toutes les inscriptions au registre des marques de l'Union européenne sont faites dans toutes les langues officielles de l'Union.

3. En cas de doute, le texte dans la langue de l'Office dans laquelle la demande de marque de l'Union européenne a été déposée fait foi. Si le dépôt a eu lieu dans une langue officielle de l'Union autre que l'une des langues de l'Office, le texte établi dans la deuxième langue indiquée par le demandeur fait foi.

Art. 148 *Services de traduction.* Les services de traduction nécessaires au fonctionnement de l'Office sont assurés par le Centre de traduction des organes de l'Union européenne.

Art. 149 *Transparence.* 1. Le règlement (CE) n° 1049/2001 du Parlement européen et du Conseil s'applique aux documents détenus par l'Office.

2. Le conseil d'administration adopte les modalités d'application du règlement (CE) n° 1049/2001.

3. Les décisions prises par l'Office en vertu de l'article 8 du règlement (CE) n° 1049/2001 peuvent être contestées auprès du Médiateur européen ou par le biais d'un recours devant la Cour de justice de l'Union européenne, dans les conditions prévues respectivement aux articles 228 et 263 du traité sur le fonctionnement de l'Union européenne.

4. Les opérations de traitement de données à caractère personnel effectuées par l'Office sont soumises au règlement (CE) n° 45/2001 du Parlement européen et du Conseil.

Art. 150 *Règles de sécurité en matière de protection des informations classifiées et des informations sensibles non classifiées.* L'Office applique les principes de sécurité énoncés dans les règles de sécurité de la Commission visant à protéger les informations classifiées de l'Union européenne (ICUE) et les informations sensibles non classifiées, tels qu'ils sont définis dans les décisions de la Commission (UE, Euratom) 2015/443 et (UE, Euratom) 2015/444. Les principes de sécurité s'appliquent, entre autres, aux dispositions relatives à l'échange, au traitement et au stockage de telles informations.

SECTION II *Missions de l'Office et coopération visant à promouvoir la convergence*

Art. 151 *Missions de l'Office.* 1. L'Office est chargé des missions suivantes :

a) l'administration et la promotion du système de la marque de l'Union européenne établi dans le présent règlement ;

b) l'administration et la promotion du système des dessins et modèles de l'Union européenne établi par le règlement (CE) n° 6/2002 du Conseil ;

c) la promotion de la convergence des pratiques et des instruments dans le domaine des marques et des dessins et modèles, en coopération avec les services centraux de la propriété industrielle dans les États membres, y compris l'Office Benelux de la propriété intellectuelle ;

d) les tâches visées dans le règlement (UE) n° 386/2012 du Parlement européen et du Conseil ;

e) les missions qui lui sont conférées par la directive 2012/28/UE du Parlement européen et du Conseil.

2. L'Office coopère avec les institutions, les autorités, les organes, les services de propriété industrielle, les organisations internationales et non gouvernementales en ce qui concerne les missions qui lui sont conférées en vertu du paragraphe 1.

3. L'Office peut fournir des services de médiation volontaire en vue d'aider les parties à parvenir à un règlement à l'amiable.

Art. 152 *Coopération visant à promouvoir la convergence des pratiques et des instruments.* 1. L'Office, les services centraux de la propriété industrielle des États membres et l'Office Benelux de la propriété intellectuelle coopèrent en vue de promouvoir la convergence des pratiques et des instruments dans le domaine des marques et des dessins et modèles.

Sans préjudice du paragraphe 3, cette coopération porte en particulier sur les domaines d'activité suivants :

a) l'élaboration de critères d'examen communs ;

b) la création de bases de données et de portails communs ou connectés à des fins de consultation, de recherche et de classification à l'échelle de l'Union ;

c) la fourniture et l'échange permanents de données et d'informations, y compris aux fins d'alimentation des bases de données et des portails visés au point b) ;

d) la mise en place de normes et de pratiques communes, en vue d'assurer l'interopérabilité entre les procédures et les systèmes dans toute l'Union et de renforcer leur cohérence, leur efficience et leur efficacité ;

e) le partage d'informations sur les droits de propriété industrielle et sur les procédures, y compris un soutien mutuel aux services d'assistance et aux centres d'information ;

f) l'échange d'expertise et d'assistance techniques en ce qui concerne les activités visées aux points a) à e).

2. Sur la base d'une proposition du directeur exécutif, le conseil d'administration définit et coordonne des projets revêtant un intérêt pour l'Union et les États membres dans les domaines visés aux paragraphes 1 et 6, et invite les services centraux de la propriété industrielle des États membres et l'Office Benelux de la propriété intellectuelle à participer à ces projets.

La définition d'un projet comporte les obligations et responsabilités spécifiques de chaque service participant de la propriété industrielle des États membres, de l'Office Benelux de la propriété intellectuelle et de l'Office. L'Office consulte les représentants des utilisateurs en particulier lors des phases de définition des projets et d'évaluation de leurs résultats.

3. Les services centraux de la propriété industrielle des États membres et l'Office Benelux de la propriété intellectuelle peuvent décider de ne pas participer, ou limiter ou suspendre temporairement leur coopération aux projets visée au paragraphe 2, premier alinéa.

Lorsqu'ils recourent aux possibilités prévues au premier alinéa, les services centraux de la propriété industrielle des États membres et l'Office Benelux de la propriété intellectuelle présentent à l'Office une déclaration écrite exposant les motifs de leur décision.

4. Une fois qu'ils se sont engagés à participer à certains projets, les services centraux de la propriété industrielle des États membres et l'Office Benelux de la propriété intellectuelle, sans préjudice du paragraphe 3, participent de manière effective aux projets visés au paragraphe 2 en vue d'assurer leur développement, leur fonctionnement, leur interopérabilité et leur mise à jour.

5. L'Office apporte un soutien financier aux projets visés au paragraphe 2 dans la mesure où cela est nécessaire pour assurer, aux fins du paragraphe 4, la participation effective des services centraux de la propriété industrielle des États membres et de l'Office Benelux de la propriété intellectuelle à ces projets. Ce soutien financier peut prendre la forme de subventions et de contributions en nature. Le montant total des financements ne dépasse pas 15 %

des recettes annuelles de l'Office. Les bénéficiaires de subventions sont les services centraux de la propriété industrielle des États membres et l'Office Benelux de la propriété intellectuelle. Les subventions peuvent être octroyées sans appel de propositions conformément aux règles financières applicables à l'Office et aux principes des procédures d'octroi de subventions énoncés dans le règlement (UE, Euratom) n° 966/2012 du Parlement européen et du Conseil et dans le règlement délégué (UE) n° 1268/2012 de la Commission.

6. L'Office et les autorités compétentes concernées des États membres coopèrent sur une base volontaire en vue de mieux faire connaître le système de marque et de promouvoir la lutte contre la contrefaçon. Cette coopération comprend des projets visant, en particulier, à faire appliquer les normes et pratiques établies ainsi qu'à organiser des activités d'éducation et de formation. Le soutien financier en faveur de ces projets entre dans le montant total des financements visé au paragraphe 5. Les paragraphes 2 à 5 s'appliquent *mutatis mutandis*.

SECTION III *Conseil d'administration*

Art. 153 *Fonctions du conseil d'administration.* 1. Sans préjudice des fonctions attribuées au comité budgétaire à la section 6, le conseil d'administration est chargé des fonctions suivantes :

a) sur la base d'un projet soumis par le directeur exécutif conformément à l'article 157, paragraphe 4, point c), adopter le programme de travail annuel de l'Office pour l'année à venir, en tenant compte de l'avis de la Commission, puis transmettre le programme de travail annuel adopté au Parlement européen, au Conseil et à la Commission ;

b) sur la base d'un projet soumis par le directeur exécutif conformément à l'article 157, paragraphe 4, point e), et en tenant compte de l'avis de la Commission, adopter un programme stratégique pluriannuel pour l'Office, comportant notamment la stratégie de coopération internationale de l'Office, à la suite d'un échange de vues entre le directeur exécutif et la commission compétente du Parlement européen, puis transmettre le programme stratégique pluriannuel adopté au Parlement européen, au Conseil et à la Commission ;

c) sur la base d'un projet soumis par le directeur exécutif conformément à l'article 157, paragraphe 4, point g), adopter le rapport annuel puis transmettre le rapport annuel adopté au Parlement européen, au Conseil, à la Commission et à la Cour des comptes ;

d) sur la base d'un projet soumis par le directeur exécutif conformément à l'article 157, paragraphe 4, point h), adopter le plan pluriannuel en matière de politique du personnel ;

e) exercer les pouvoirs que lui confère l'article 152, paragraphe 2 ;

f) exercer les pouvoirs que lui confère l'article 172, paragraphe 5 ;

g) adopter des règles en matière de prévention et de gestion des conflits d'intérêts au sein de l'Office ;

h) conformément au paragraphe 2, exercer, à l'égard du personnel de l'Office, les compétences conférées par le statut des fonctionnaires à l'autorité investie du pouvoir de nomination et celles conférées par le régime applicable aux autres agents à l'autorité habilitée à conclure les contrats d'engagement (ci-après dénommées "compétences relevant de l'autorité investie du pouvoir de nomination") ;

i) arrêter les modalités d'application nécessaires du statut des fonctionnaires et du régime applicable aux autres agents conformément à l'article 110 du statut des fonctionnaires ;

j) dresser la liste de candidats prévue à l'article 158, paragraphe 2 ;

k) veiller à ce que des suites adéquates soient données aux conclusions et recommandations émanant des rapports d'audit interne ou externe et des évaluations visées à l'article 210, ainsi que des enquêtes de l'Office européen de lutte antifraude (OLAF) ;

l) être consulté avant l'adoption des directives relatives à l'examen pratiqué à l'Office et dans les autres cas prévus par le présent règlement ;

m) présenter des avis et demander des informations au directeur exécutif et à la Commission, s'il l'estime nécessaire.

2. Le conseil d'administration adopte, conformément à l'article 110 du statut des fonctionnaires et à l'article 142 du régime applicable aux autres agents, une décision fondée sur l'article 2, paragraphe 1, du statut des fonctionnaires et sur l'article 6 du régime applicable aux autres agents, déléguant au directeur exécutif les compétences correspondantes relevant de l'autorité investie du pouvoir de nomination et définissant les conditions dans lesquelles cette délégation de compétences relevant de l'autorité investie du pouvoir de nomination peut être suspendue.

Le directeur exécutif est autorisé à subdéléguer ces compétences.

Lorsque des circonstances exceptionnelles l'exigent, le conseil d'administration peut, par voie de décision, suspendre temporairement la délégation au directeur exécutif des compétences relevant de l'autorité investie du pouvoir de nomination et de celles subdéléguées par ce dernier, et les exercer lui-même ou les déléguer à l'un de ses membres ou à un membre du personnel autre que le directeur exécutif.

Art. 154 *Composition du conseil d'administration.* 1. Le conseil d'administration est composé d'un représentant de chaque État membre, de deux représentants de la Commission et d'un représentant du Parlement européen, ainsi que de leurs suppléants respectifs.

2. Les membres du conseil d'administration peuvent se faire assister de conseillers ou d'experts, dans les limites prévues par son règlement intérieur.

Art. 155 *Président du conseil d'administration.* 1. Le conseil d'administration élit un président et un vice-président parmi ses membres. Le vice-président remplace de droit le président en cas d'empêchement.

2. La durée du mandat du président et de celui du vice-président est de quatre ans. Ce mandat est renouvelable une fois. Cependant, si le président ou le vice-président perd sa qualité de membre du conseil d'administration à un moment quelconque de son mandat, ledit mandat expire automatiquement à la même date.

Art. 156 *Sessions.* 1. Le conseil d'administration se réunit sur convocation de son président.

2. Le directeur exécutif prend part aux délibérations, à moins que le conseil d'administration n'en décide autrement.

3. Le conseil d'administration tient une session ordinaire au moins une fois par an. Il se réunit en outre à l'initiative de son président ou à la demande de la Commission ou du tiers des États membres.

4. Le conseil d'administration arrête son règlement intérieur.

5. Le conseil d'administration prend ses décisions à la majorité absolue de ses membres. La majorité des deux tiers de ses membres est toutefois requise pour les décisions que le conseil d'administration est habilité à prendre en vertu de l'article 153, paragraphe 1, points a) et b), de l'article 155, paragraphe 1, et de l'article 158, paragraphes 2 et 4. Dans les deux cas, chaque membre dispose d'une seule voix.

6. Le conseil d'administration peut inviter des observateurs à participer à ses sessions.

7. Le secrétariat du conseil d'administration est assuré par l'Office.

SECTION IV *Directeur exécutif*

Art. 157 *Fonctions du directeur exécutif.* 1. La direction de l'Office est assurée par un directeur exécutif. Le directeur exécutif rend compte de ses activités au conseil d'administration.

2. Sans préjudice des compétences de la Commission, du conseil d'administration et du comité budgétaire, le directeur exécutif exerce ses fonctions en toute indépendance et ne sollicite ni n'accepte d'instructions d'un gouvernement ni d'aucun autre organisme.

3. Le directeur exécutif est le représentant légal de l'Office.

4. Le directeur exécutif assume en particulier les fonctions suivantes, qui peuvent être déléguées :

a) prendre toutes mesures utiles, notamment l'adoption d'instructions administratives internes et la publication de communications, en vue d'assurer le fonctionnement de l'Office ;

b) assurer la mise en œuvre des décisions adoptées par le conseil d'administration ;

c) élaborer un projet de programme de travail annuel comportant une estimation des ressources humaines et financières nécessaires pour chaque activité, et le soumettre au conseil d'administration après consultation de la Commission ;

d) présenter au conseil d'administration des propositions conformément à l'article 152, paragraphe 2 ;

e) préparer un projet de programme stratégique pluriannuel, comportant notamment la stratégie de coopération internationale de l'Office, et le soumettre au conseil d'administration après consultation de la Commission et à la suite d'un échange de vues avec la commission compétente du Parlement européen ;

f) assurer la mise en œuvre du programme de travail annuel et du programme stratégique pluriannuel et rendre compte de cette mise en œuvre au conseil d'administration ;

g) préparer le rapport annuel sur les activités de l'Office et le soumettre au conseil d'administration pour approbation ;

h) préparer un projet de plan pluriannuel en matière de politique du personnel et le soumettre au conseil d'administration après consultation de la Commission ;

i) préparer un plan d'action prenant en compte les conclusions des rapports d'audit interne ou externe et des évaluations, ainsi que les enquêtes de l'OLAF, et rendre compte deux fois par an des progrès accomplis à la Commission et au conseil d'administration ;

j) protéger les intérêts financiers de l'Union par l'application de mesures préventives contre la fraude, la corruption et toute autre activité illégale, par des contrôles efficaces et, si des irrégularités sont constatées, par le recouvrement des montants indûment payés et, le cas échéant, par des sanctions administratives et financières effectives, proportionnées et dissuasives ;

k) préparer une stratégie antifraude de l'Office et la présenter au comité budgétaire pour approbation ;

l) afin d'assurer une application uniforme du présent règlement, saisir, le cas échéant, la grande chambre de recours (ci-après dénommée "grande chambre") sur des questions relatives à un point de droit, en particulier si les chambres de recours ont rendu des décisions divergentes sur ce point ;

m) dresser l'état prévisionnel des recettes et dépenses de l'Office et exécuter le budget ;

n) exercer, à l'égard du personnel, les compétences qui lui sont conférées par le conseil d'administration en vertu de l'article 153, paragraphe 1, point h) ;

o) exercer les compétences qui lui sont conférées par l'article 31, paragraphe 3, l'article 34, paragraphe 5, l'article 35, paragraphe 3, l'article 94, paragraphe 2, l'article 97, paragraphe 5, les articles 98, 100 et 101, l'article 111, paragraphe 4, l'article 112, paragraphe 3, l'article 114, paragraphe 5, les articles 115 et 116, l'article 120, paragraphe 4, l'article 146, paragraphe 10, l'article 178, l'article 179, paragraphe 1, l'article 180, paragraphe 2, et l'article 181 conformément aux critères fixés par le présent règlement et par les actes adoptés en vertu du présent règlement.

5. Le directeur exécutif est assisté d'un ou de plusieurs directeurs exécutifs adjoints. En cas d'absence ou d'empêchement du directeur exécutif, le directeur exécutif adjoint ou l'un des directeurs exécutifs adjoints le remplace conformément à la procédure fixée par le conseil d'administration.

Art. 158 *Nomination et révocation du directeur exécutif et prorogation du mandat.* 1. Le directeur exécutif est engagé en tant qu'agent temporaire de l'Office conformément à l'article 2, point a), du régime applicable aux autres agents.

2. Le directeur exécutif est nommé par le Conseil à la majorité simple sur une liste de candidats proposés par le conseil d'administration, à la suite d'une procédure de sélection ouverte et transparente. Avant sa nomination, le candidat sélectionné par le conseil d'administration peut être invité à faire une déclaration devant toute commission compétente du Parlement européen et à répondre aux questions que lui posent les membres de celle-ci. Aux fins de la conclusion du contrat avec le directeur exécutif, l'Office est représenté par le président du conseil d'administration.

Le directeur exécutif ne peut être démis de ses fonctions que sur décision du Conseil, statuant sur proposition du conseil d'administration.

3. La durée du mandat du directeur exécutif est de cinq ans. Avant la fin de cette période, le conseil d'administration procède à un examen qui tient compte d'une évaluation des prestations du directeur exécutif et des missions et défis futurs de l'Office.

4. Le Conseil, tenant compte de l'examen visé au paragraphe 3, peut proroger une fois le mandat du directeur exécutif et pour une durée n'excédant pas cinq ans.

5. Un directeur exécutif dont le mandat a été prorogé ne peut ensuite, une fois ce mandat expiré, participer à une autre procédure de sélection pour le même poste.

6. Le ou les directeurs exécutifs adjoints sont nommés et démis de leurs fonctions conformément au paragraphe 2, après consultation du directeur exécutif et, le cas échéant, du futur directeur exécutif. La durée du mandat du directeur exécutif adjoint est de cinq ans. Il peut être prorogé une fois et pour une durée n'excédant pas cinq ans par le Conseil, après consultation du directeur exécutif.

SECTION V *Application des procédures*

Art. 159 *Compétence.* Sont compétents pour prendre toute décision dans le cadre des procédures prescrites par le présent règlement :

a) les examinateurs ;

b) les divisions d'opposition ;

c) une instance chargée de la tenue du registre ;

d) les divisions d'annulation ;

e) les chambres de recours ;

f) toute autre unité ou personne nommée par le directeur exécutif à cet effet.

Art. 160 *Examinateurs.* L'examinateur est compétent pour prendre au nom de l'Office toute décision concernant les demandes d'enregistrement d'une marque de l'Union européenne y compris les questions visées aux articles 41, 42, 76 et 85, sauf dans la mesure où une division d'opposition est compétente.

Art. 161 *Divisions d'opposition.* 1. Une division d'opposition est compétente pour toute décision concernant l'opposition à une demande d'enregistrement d'une marque de l'Union européenne.

2. Les divisions d'opposition prennent leurs décisions en formation composée de trois membres. Au moins un de ces membres est juriste. Les décisions relatives aux frais ou aux procédures sont prises par un seul membre.

La Commission adopte des actes d'exécution précisant les types exacts de décisions qui sont prises par un seul membre. Ces actes d'exécution sont adoptés en conformité avec la procédure d'examen visée à l'article 207, paragraphe 2.

Art. 162 *Instance chargée de la tenue du registre.* 1. L'instance chargée de la tenue du registre est habilitée à prendre les décisions relatives aux inscriptions au registre.

2. Elle est également chargée de tenir la liste des mandataires agréés visée à l'article 120, paragraphe 2.

3. Les décisions de l'instance sont prises par un seul membre.

Art. 163 *Divisions d'annulation.* 1. Une division d'annulation est chargée de statuer sur :

a) les demandes en déchéance ou en nullité d'une marque de l'Union européenne ;

b) les demandes de cession d'une marque de l'Union européenne prévues à l'article 21.

2. Les divisions d'annulation prennent leurs décisions en formation composée de trois membres. Au moins un de ces membres est juriste. Les décisions relatives aux frais ou aux procédures énoncées dans les actes adoptés conformément à l'article 161, paragraphe 2, sont prises par un seul membre.

Art. 164 *Compétence générale.* Les décisions requises par le présent règlement qui ne relèvent pas de la compétence d'un examinateur, d'une division d'opposition, d'une division d'annulation ou de l'instance chargée de la tenue du registre sont prises par tout fonctionnaire ou unité désigné à cet effet par le directeur exécutif.

Art. 165 *Chambres de recours.* 1. Les chambres de recours sont chargées de statuer sur les recours formés contre les décisions prises en vertu des articles 160 à 164.

2. Les chambres de recours prennent leurs décisions en chambre composée de trois membres. Au moins deux de ces membres sont juristes. Dans certains cas particuliers, les décisions sont prises par la grande chambre présidée par le président des chambres de recours ou sont prises par un seul membre, celui-ci devant être juriste.

3. Pour déterminer les cas particuliers relevant de la compétence de la grande chambre, il convient de tenir compte de la difficulté en droit, de l'importance de l'affaire ou de circonstances particulières qui le justifient. Ces affaires peuvent être déférées à la grande chambre :

a) par l'instance des chambres de recours visée à l'article 166, paragraphe 4, point a) ; ou

b) par la chambre chargée de l'affaire.

4. La grande chambre est également chargée de rendre des avis motivés sur les points de droit qui lui sont soumis par le directeur exécutif en vertu de l'article 157, paragraphe 4, point l).

5. Pour déterminer les cas particuliers relevant de la compétence d'un seul membre, il convient de tenir compte de l'absence de difficulté des questions de droit ou de fait soulevées, de l'importance limitée du cas d'espèce et de l'absence d'autres circonstances particulières. La décision d'attribuer une affaire à un seul membre dans les cas cités est prise par la chambre chargée de l'affaire.

Art. 166 *Indépendance des membres des chambres de recours.* 1. Le président des chambres de recours et le président de chaque chambre sont nommés pour une période de cinq ans, conformément à la procédure prévue à l'article 158 pour la nomination du directeur exécutif. Ils ne sont pas démis de leurs fonctions pendant la période de leur mandat sauf pour motifs graves et si la Cour de justice, saisie par l'institution qui les a nommés, prend une décision en ce sens.

2. Le mandat du président des chambres de recours peut être prorogé une seule fois pour une période additionnelle de cinq ans ou jusqu'à son départ à la retraite si l'âge de ce départ est atteint durant le nouveau mandat, après une évaluation positive par le conseil d'administration de ses prestations.

3. Le mandat du président de chaque chambre peut être prorogé pour des périodes additionnelles de cinq ans ou jusqu'à son départ à la retraite si l'âge de ce départ est atteint

durant le nouveau mandat, après une évaluation positive de ses prestations par le conseil d'administration et après consultation du président des chambres de recours.

4. Le président des chambres de recours assume les fonctions de gestion et d'organisation suivantes :

a) présider le présidium des chambres de recours (ci-après dénommé "présidium"), chargé de fixer les règles et d'organiser le travail des chambres ;

b) veiller à l'exécution des décisions du présidium ;

c) attribuer les affaires à une chambre sur la base de critères objectifs fixés par le présidium ;

d) communiquer au directeur exécutif les besoins financiers des chambres afin d'établir l'état prévisionnel des dépenses.

Le président des chambres de recours préside la grande chambre.

5. Les membres des chambres de recours sont nommés par le conseil d'administration pour une période de cinq ans. Leur mandat peut être prorogé pour des périodes additionnelles de cinq ans ou jusqu'à leur départ à la retraite si l'âge de ce départ est atteint durant le nouveau mandat, après une évaluation positive de leurs prestations par le conseil d'administration et après consultation du président des chambres de recours.

6. Les membres des chambres de recours ne sont pas démis de leurs fonctions sauf pour motifs graves et si la Cour de justice, saisie par le conseil d'administration agissant sur recommandation du président des chambres de recours, et après avoir consulté le président de la chambre à laquelle appartient le membre concerné, prend une décision en ce sens.

7. Le président des chambres de recours et le président de chaque chambre ainsi que les membres des chambres de recours sont indépendants. Dans leurs décisions, ils ne sont liés par aucune instruction.

8. Les décisions prises par la grande chambre sur les recours ou ses avis sur les points de droit qui lui ont été soumis par le directeur exécutif en vertu de l'article 165 sont contraignants pour les instances décisionnelles de l'Office énumérées à l'article 159.

9. Le président des chambres de recours et le président de chaque chambre ainsi que les membres des chambres de recours ne sont pas examinateurs ou membres des divisions d'opposition, de l'instance chargée de la tenue du registre ou des divisions d'annulation.

Art. 167 *Présidium des chambres de recours et de la grande chambre.* 1. Le présidium est composé du président des chambres de recours, en qualité de président, des présidents de chambre et de membres des chambres élus en leur sein, pour chaque année civile, par l'ensemble des membres des chambres autres que le président des chambres de recours et les présidents de chambre. Le nombre de membres des chambres ainsi élus s'élève à un quart des membres des chambres autres que le président des chambres de recours et les présidents de chambre, et ce nombre est arrondi si nécessaire à l'unité supérieure.

2. La grande chambre visée à l'article 165, paragraphe 2, est composée de neuf membres, dont le président des chambres de recours, les présidents de chambre, le rapporteur désigné avant renvoi à la grande chambre si tel est le cas, et les membres tirés par rotation d'une liste composée de tous les membres des chambres de recours autres que le président des chambres de recours et les présidents de chambre.

Art. 168 *Délégation de pouvoirs.* La Commission est habilitée à adopter des actes délégués conformément à l'article 208 précisant les modalités d'organisation des chambres de recours, y compris la mise en place et le rôle du présidium, la composition de la grande chambre et les règles relatives à sa saisine, ainsi que les conditions dans lesquelles les décisions sont prises par un seul membre conformément à l'article 165, paragraphes 2 et 5.

Art. 169 *Exclusion et récusation.* 1. Les examinateurs et les membres des divisions instituées au sein de l'Office et des chambres de recours ne peuvent participer au règlement d'une affaire s'ils y possèdent un intérêt personnel, ou s'ils y sont antérieurement intervenus en qualité de représentants d'une des parties. Deux des trois membres d'une division d'opposition ne doivent pas avoir participé à l'examen de la demande. Les membres des divisions d'annulation ne peuvent participer au règlement d'une affaire s'ils ont participé à la décision finale sur cette affaire dans le cadre de la procédure d'enregistrement de la marque ou de la procédure d'opposition. Les membres des chambres de recours ne peuvent prendre part à une procédure de recours s'ils ont pris part à la décision qui fait l'objet du recours.

2. Si, pour l'une des raisons mentionnées au paragraphe 1 ou pour tout autre motif, un membre d'une division ou d'une chambre de recours estime ne pas pouvoir participer au règlement d'une affaire, il en avertit la division ou la chambre.

3. Les examinateurs et les membres des divisions ou d'une chambre de recours peuvent être récusés par toute partie pour l'une des raisons mentionnées au paragraphe 1 ou s'ils

peuvent être suspectés de partialité. La récusation n'est pas recevable lorsque la partie en cause a fait des actes de procédure, bien qu'elle ait déjà eu connaissance du motif de récusation. Aucune récusation ne peut être fondée sur la nationalité des examinateurs ou des membres.

4. Les divisions et les chambres de recours statuent, dans les cas visés aux paragraphes 2 et 3, sans la participation du membre intéressé. Pour prendre cette décision, le membre qui s'abstient ou qui est récusé est remplacé, au sein de la division ou de la chambre, par son suppléant.

Art. 170 *Centre de médiation.* 1. Aux fins de l'article 151, paragraphe 3, l'Office peut mettre en place un centre de médiation (ci-après dénommé ″centre″).

2. Toute personne physique ou morale peut recourir aux services du centre sur une base volontaire et d'un commun accord en vue de parvenir à un règlement amiable des litiges relevant du présent règlement ou du règlement (CE) n° 6/2002.

3. Les parties ont recours à la médiation au moyen d'une requête conjointe. La requête n'est réputée présentée qu'après paiement de la taxe correspondante. Le directeur exécutif fixe le montant à percevoir conformément à l'article 178, paragraphe 1.

4. En cas de litiges faisant l'objet d'une procédure pendante devant les divisions d'opposition ou d'annulation ou devant les chambres de recours de l'Office, une requête conjointe en médiation peut être présentée à tout moment après l'introduction d'un acte d'opposition, d'une demande en déchéance ou en nullité ou la formation d'un recours contre des décisions des divisions d'opposition ou d'annulation.

5. La procédure en question est suspendue et les délais, à l'exception du délai de paiement de la taxe applicable, sont interrompus à compter de la date de dépôt de la requête conjointe en médiation. Les délais continuent à courir à compter de la reprise de la procédure.

6. Les parties sont invitées à choisir d'un commun accord, sur la liste visée au paragraphe 12, un médiateur qui a déclaré maîtriser la langue de la médiation en question. Si les parties ne désignent pas de médiateur dans un délai de vingt jours à compter de la date à laquelle elles y ont été invitées, la médiation est réputée avoir échoué.

7. Les parties conviennent avec le médiateur, dans le cadre d'un accord de médiation, des modalités de la médiation.

8. Le médiateur clôt la procédure de médiation dès que les parties parviennent à un accord, ou dès que l'une des parties déclare qu'elle souhaite mettre fin à la médiation ou dès qu'il constate que les parties ne sont pas parvenues à un accord.

9. Dès la clôture de la procédure de médiation, le médiateur en informe les parties ainsi que l'instance concernée de l'Office.

10. Les discussions et négociations menées dans le cadre de la médiation sont confidentielles pour toutes les personnes participant à la médiation, en particulier le médiateur, les parties et leurs représentants. Tous les documents et informations soumis au cours de la médiation sont conservés séparément des dossiers relatifs à toute autre procédure engagée devant l'Office et ne font pas partie de ces dossiers.

11. La médiation est menée dans une des langues officielles de l'Union, choisie d'un commun accord par les parties. Lorsque la médiation porte sur des litiges pendants devant l'Office, elle est menée dans la langue de procédure de l'Office, sauf convention contraire entre les parties.

12. L'Office établit une liste de médiateurs chargés d'aider les parties à régler leurs différends. Ces médiateurs sont indépendants et disposent de compétences et d'une expérience appropriées. Cette liste peut comprendre les médiateurs qui sont employés par l'Office et des médiateurs qui ne le sont pas.

13. Les médiateurs sont impartiaux dans l'exercice de leurs fonctions et déclarent tout conflit d'intérêt réel ou perçu comme tel au moment de leur désignation. Les membres des instances décisionnelles de l'Office énumérées à l'article 159 ne participent à aucune médiation portant sur une affaire dans laquelle :

a) ils ont été préalablement associés aux procédures soumises à médiation ;

b) ils ont un intérêt personnel dans lesdites procédures ; ou

c) ils ont été préalablement impliqués en tant que représentants de l'une des parties.

14. Les médiateurs ne participent pas en tant que membres des instances décisionnelles de l'Office énumérées à l'article 159 à la procédure reprise à la suite de l'échec d'une médiation.

15. L'Office peut coopérer avec d'autres organismes nationaux ou internationaux reconnus dans le domaine de la médiation.

SECTION VI *Budget et contrôle financier*

Art. 171 *Comité budgétaire.* 1. Le comité budgétaire remplit les fonctions qui lui sont attribuées dans la présente section.

2. Les articles 154 et 155 et l'article 156, paragraphes 1 à 4, et 5 dans la mesure où il concerne l'élection du président et du vice-président, et l'article 156, paragraphes 6 et 7, s'appliquent au comité budgétaire *mutatis mutandis*.

3. Le comité budgétaire prend ses décisions à la majorité absolue de ses membres. La majorité des deux tiers de ses membres est néanmoins requise pour les décisions que le comité budgétaire est habilité à prendre en vertu de l'article 173, paragraphe 3, et de l'article 177. Dans les deux cas, chaque membre dispose d'une seule voix.

Art. 172 *Budget.* 1. Toutes les recettes et les dépenses de l'Office font l'objet de prévisions pour chaque exercice budgétaire et sont inscrites au budget de l'Office. Chaque exercice budgétaire coïncide avec l'année civile.

2. Le budget est équilibré en recettes et en dépenses.

3. Les recettes comprennent, sans préjudice d'autres types de recettes, le produit des taxes dues en vertu de l'annexe I du présent règlement, le produit des taxes dues en vertu du règlement (CE) n° 6/2002, le produit des taxes dues, en vertu du protocole de Madrid, pour un enregistrement international désignant l'Union ainsi que les autres paiements faits aux parties contractantes du protocole de Madrid, le produit des taxes dues, en vertu de l'acte de Genève visé à l'article 106 *quater* du règlement (CE) n° 6/2002, pour un enregistrement international désignant l'Union et les autres paiements faits aux parties contractantes de l'acte de Genève et, en tant que de besoin, une subvention inscrite au budget général de l'Union, section Commission, sous une ligne budgétaire spécifique.

4. Chaque année, l'Office compense les frais exposés par les services centraux de la propriété industrielle des États membres, par l'Office Benelux de la propriété intellectuelle et par toute autre autorité compétente à désigner par un État membre en raison des tâches spécifiques qu'ils effectuent en tant que parties fonctionnelles du système de la marque de l'Union européenne dans le cadre des services et procédures suivants :

a) les procédures d'opposition et de nullité engagées devant les services centraux de la propriété industrielle des États membres et l'Office Benelux de la propriété intellectuelle et portant sur des marques de l'Union européenne ;

b) la fourniture d'informations sur le fonctionnement du système de la marque de l'Union européenne par l'intermédiaire de services d'assistance et de centres d'information ;

c) les mesures visant à faire respecter les marques de l'Union européenne, y compris les actions entreprises en vertu de l'article 9, paragraphe 4.

5. La compensation globale des coûts visés au paragraphe 4 correspond à 5 % des recettes annuelles de l'Office. Sans préjudice du troisième alinéa du présent paragraphe, sur proposition de l'Office et après avoir consulté le comité budgétaire, le conseil d'administration détermine la clé de répartition sur la base des indicateurs justes, équitables et pertinents suivants :

a) le nombre annuel de demandes de marques de l'Union européenne déposées par des demandeurs dans chaque État membre ;

b) le nombre annuel de demandes de marques nationales déposées dans chaque État membre ;

c) le nombre annuel d'oppositions et de demandes en nullité formées par des titulaires de marques de l'Union européenne dans chaque État membre ;

d) le nombre annuel d'affaires portées devant les tribunaux des marques de l'Union européenne désignés par chaque État membre conformément à l'article 123.

Pour justifier les coûts visés au paragraphe 4, les États membres soumettent à l'Office, au plus tard le 31 mars de chaque année, des données statistiques relatives aux chiffres visés au premier alinéa, points a) à d), du présent paragraphe, pour l'année précédente, en vue de leur inclusion dans la proposition à présenter au conseil d'administration.

Pour des raisons d'équité, les frais exposés par les instances visées au paragraphe 4, dans chaque État membre sont réputés correspondre à 2 % au moins du montant total de compensation prévu au présent paragraphe.

6. L'obligation de compensation par l'Office des coûts visés au paragraphe 4 et exposés au cours d'une année donnée ne s'applique que dans la mesure où aucun déficit budgétaire n'apparaît au cours de cette année.

7. En cas d'excédent budgétaire, et sans préjudice du paragraphe 10, sur proposition de l'Office et après consultation du comité budgétaire, le conseil d'administration peut relever le pourcentage fixé au paragraphe 5, à 10 % au maximum des recettes annuelles de l'Office.

8. Sans préjudice des paragraphes 4 à 7, et du paragraphe 10 du présent article et des articles 151 et 152, si un excédent substantiel est généré pendant cinq années consécutives, le comité budgétaire, sur proposition de l'Office et conformément au programme de travail annuel et au programme stratégique pluriannuel visés à l'article 153, paragraphe 1, points a) et b), décide à la majorité des deux-tiers, de transférer au budget de l'Union l'excédent généré à partir du 23 mars 2016.

9. L'Office établit, deux fois par an, à l'intention du Parlement européen, du Conseil et de la Commission, un rapport sur sa situation financière, y compris sur les opérations financières effectuées au titre de l'article 152, paragraphes 5 et 6, et des paragraphes 5 et 7 du présent article. Sur la base de ce rapport, la Commission examine la situation financière de l'Office.

10. L'Office se constitue un fonds de réserve correspondant à une année de dépenses opérationnelles, afin d'assurer la continuité de ses activités et l'exécution de ses missions.

Art. 173 *Établissement du budget.* 1. Le directeur exécutif dresse, chaque année, un état prévisionnel des recettes et des dépenses de l'Office pour l'exercice suivant et le transmet au comité budgétaire, accompagné d'un tableau des effectifs, le 31 mars au plus tard.

2. Pour autant que les prévisions budgétaires prévoient une subvention de l'Union, le comité budgétaire transmet cet état prévisionnel sans délai à la Commission qui le transmet à l'autorité budgétaire de l'Union. La Commission peut joindre à celui-ci un avis comportant des prévisions divergentes.

3. Le comité budgétaire arrête le budget qui comprend également le tableau des effectifs de l'Office. Pour autant que les prévisions budgétaires comportent une subvention à la charge du budget général de l'Union, le budget de l'Office est, le cas échéant, ajusté.

Art. 174 *Audit et contrôle.* 1. Au sein de l'Office, il est créé une fonction d'audit interne qui doit être exercée dans le respect des normes internationales pertinentes. L'auditeur interne, désigné par le directeur exécutif, est responsable envers celui-ci de la vérification du bon fonctionnement des systèmes et des procédures d'exécution du budget de l'Office.

2. L'auditeur interne conseille le directeur exécutif dans la maîtrise des risques, en formulant des avis indépendants portant sur la qualité des systèmes de gestion et de contrôle et en émettant des recommandations pour améliorer les conditions d'exécution des opérations et promouvoir la bonne gestion financière.

3. La responsabilité de mettre en place des systèmes et procédures de contrôle interne adaptés à l'exécution de ses tâches incombe à l'ordonnateur.

Art. 175 *Lutte contre la fraude.* 1. Afin de faciliter la lutte contre la fraude, la corruption et toute autre activité illégale en vertu du règlement (UE, Euratom) n° 883/2013 du Parlement européen et du Conseil, l'Office adhère à l'accord interinstitutionnel du 25 mai 1999 relatif aux enquêtes internes effectuées par l'OLAF et arrête les dispositions appropriées applicables à tout le personnel de l'Office en utilisant le modèle figurant à l'annexe de cet accord.

2. La Cour des comptes dispose d'un pouvoir d'audit, sur pièces et sur place, à l'égard de tous les bénéficiaires de subventions, contractants et sous-traitants qui ont reçu, par l'intermédiaire de l'Office, des fonds de l'Union.

3. L'OLAF peut effectuer des enquêtes, y compris des vérifications et contrôles sur place, conformément aux dispositions et procédures prévues par le règlement (UE, Euratom) n° 883/2013 et par le règlement (Euratom, CE) n° 2185/96 du Conseil, en vue d'établir l'existence éventuelle d'une fraude, d'un acte de corruption ou de toute autre activité illégale portant atteinte aux intérêts financiers de l'Union dans le cadre d'une subvention ou d'un contrat financés par l'Office.

4. Sans préjudice des paragraphes 1, 2 et 3, les accords de coopération avec des pays tiers et des organisations internationales, les contrats, les conventions de subvention et les décisions de subvention de l'Office contiennent des dispositions qui habilitent expressément la Cour des comptes et l'OLAF à effectuer les audits et enquêtes en question conformément à leurs compétences respectives.

5. Le comité budgétaire adopte une stratégie antifraude proportionnée aux risques de fraude, compte tenu du rapport coûts-avantages des mesures à mettre en œuvre.

Art. 176 *Vérification des comptes.* 1. Le 31 mars de chaque année au plus tard, le directeur exécutif adresse à la Commission, au Parlement européen, au comité budgétaire et à la Cour des comptes les comptes de la totalité des recettes et dépenses de l'Office pour l'exercice écoulé. La Cour des comptes les examine conformément à l'article 287 du traité sur le fonctionnement de l'Union européenne.

2. Le comité budgétaire donne décharge au directeur exécutif sur l'exécution du budget.

Art. 177 *Dispositions financières.* Le comité budgétaire arrête, après avis de la Commission et de la Cour des comptes, les dispositions financières internes spécifiant notamment les modalités relatives à l'établissement et à l'exécution du budget de l'Office. Les dispositions financières s'inspirent, dans la mesure compatible avec le caractère propre de l'Office, des règlements financiers adoptés pour d'autres organismes créés par l'Union.

Art. 178 *Taxes et tarifs et date d'exigibilité.* 1. Le directeur exécutif fixe le montant des tarifs à payer pour les prestations de services assurées par l'Office, autres que celles énoncées à l'annexe I, ainsi que pour le *Bulletin des marques de l'Union européenne*, le *Journal officiel de l'Office* et toute autre publication émanant de l'Office. Les montants des tarifs sont fixés en euros et publiés au *Journal officiel de l'Office*. Le montant de chaque tarif n'excède pas ce qui est nécessaire pour couvrir les coûts du service spécifique assuré par l'Office.

2. Les taxes et tarifs dont la date d'exigibilité n'est pas précisée dans le présent règlement sont exigibles à compter de la date de réception de la demande d'exécution de la prestation de service assujettie à une taxe ou à des tarifs.

Avec l'accord du comité budgétaire, le directeur exécutif peut déterminer le ou les services mentionnés au premier alinéa qui ne sont pas subordonnés au paiement préalable des taxes et tarifs correspondants.

Art. 179 *Paiement des taxes et tarifs.* 1. Les taxes et tarifs à payer à l'Office sont acquittés par versement ou virement sur un compte bancaire de l'Office.

Avec l'accord du comité budgétaire, le directeur exécutif peut déterminer quels moyens spécifiques de paiement autres que ceux précisés au premier alinéa, notamment le paiement effectué à l'aide de comptes courants ouverts auprès de l'Office, peuvent être utilisés.

Les décisions prises en vertu du deuxième alinéa sont publiées au *Journal officiel de l'Office*.

Tous les paiements, y compris les paiements effectués par tout autre moyen de paiement déterminé conformément au deuxième alinéa, sont libellés en euros.

2. Tout paiement comporte l'indication du nom de la personne qui l'effectue ainsi que les données nécessaires pour permettre à l'Office d'en déterminer directement l'objet. En particulier, les informations suivantes sont fournies :

a) lorsque le paiement concerne la taxe de dépôt, l'objet du paiement, à savoir la "taxe de dépôt" ;

b) lorsque le paiement concerne la taxe d'opposition, le numéro de dossier attribué à la demande et le nom du demandeur de la marque de l'Union européenne contre lequel l'opposition est formée, ainsi que l'objet du paiement, à savoir la "taxe d'opposition" ;

c) lorsque le paiement concerne la taxe de demande en déchéance ou en nullité, le numéro d'enregistrement et le nom du titulaire de la marque de l'Union européenne contre lequel la demande est présentée ainsi que l'objet du paiement, à savoir la "taxe de demande en déchéance" ou la "taxe de demande en nullité".

3. Si l'objet du paiement visé au paragraphe 2 n'est pas directement identifiable, l'Office invite, dans un délai qu'il détermine, la personne qui a effectué le paiement à communiquer cet objet par écrit. Si celle-ci ne donne pas à la suite de cette invitation en temps utile, le paiement est considéré comme non avenu. Le montant versé est alors remboursé.

Art. 180 *Date à laquelle le paiement est réputé effectué.* 1. Dans les cas visés à l'article 179, paragraphe 1, premier alinéa, la date à laquelle tout paiement est réputé effectué auprès de l'Office est la date à laquelle le montant du versement ou du virement est effectivement porté au crédit d'un compte bancaire de l'Office.

2. Lorsque les modes de paiement visés à l'article 179, paragraphe 1, deuxième alinéa, peuvent être utilisés, le directeur exécutif détermine la date à laquelle ces paiements sont réputés effectués.

3. Lorsque, en vertu des paragraphes 1 et 2, le règlement de la taxe n'est réputé effectué qu'après l'expiration du délai imparti, le délai est considéré comme respecté si la preuve est apportée à l'Office que la personne qui a effectué le paiement dans un État membre a, dans la période au cours de laquelle le paiement aurait dû avoir lieu, donné un ordre de virement, en bonne et due forme, du montant du paiement à un établissement bancaire, et payé une surtaxe égale à 10 % de la taxe ou des taxes à payer, mais en aucun cas supérieure à 200 euros. Aucune surtaxe n'est due si l'ordre de virement a été donné à l'établissement bancaire au plus tard dix jours avant l'expiration du délai de paiement.

4. L'Office peut demander à la personne qui a effectué le paiement de fournir la preuve de la date à laquelle l'ordre de virement visé au paragraphe 3 a été donné à l'établissement bancaire et, le cas échéant, de payer la surtaxe correspondante, dans un délai qu'il détermine. Si cette personne ne donne pas à la suite de cette demande ou si les preuves fournies

sont insuffisantes ou encore si la surtaxe imposée n'est pas payée à temps, le délai de paiement est réputé ne pas avoir été respecté.

Art. 181 *Paiements insuffisants et remboursement de montants minimes.* 1. Un délai de paiement n'est, en principe, considéré comme respecté que si la totalité de la taxe due est versée dans le délai prévu. Lorsque la taxe n'est pas acquittée intégralement, le montant versé est remboursé après expiration du délai.

2. Toutefois, l'Office peut, pour autant que cela soit possible pendant le délai restant à courir, permettre à la personne qui effectue le paiement de verser la somme manquante ou, si cela paraît justifié, ne pas tenir compte de petites sommes non acquittées, sans préjudice des droits de la personne effectuant le paiement.

3. Avec le consentement du comité budgétaire, le directeur exécutif peut renoncer à procéder au recouvrement forcé de toute somme due si celle-ci est minime ou si le recouvrement est trop aléatoire.

4. Lorsqu'un montant trop élevé est versé en paiement d'une taxe ou d'un tarif, l'excédent n'est pas remboursé s'il est minime et si la partie concernée n'en a pas expressément demandé la restitution.

Avec le consentement du comité budgétaire, le directeur exécutif peut déterminer les montants en dessous desquels une somme trop élevée versée en paiement d'une taxe ou d'un tarif n'est pas remboursée.

Les décisions prises en vertu du deuxième alinéa sont publiées au *Journal officiel de l'Office.*

CHAPITRE XIII *Enregistrement international des marques*

SECTION I *Dispositions générales*

Art. 182 *Dispositions applicables.* Sauf si le présent chapitre en dispose autrement, le présent règlement et les actes adoptés en vertu du présent règlement s'appliquent à toute demande d'enregistrement international déposée en vertu du protocole de Madrid (ci-après dénommée "demande internationale"), et fondée sur une demande de marque de l'Union européenne ou sur une marque de l'Union européenne, ainsi qu'à l'enregistrement, dans le registre international tenu par le Bureau international de l'Organisation mondiale de la propriété intellectuelle (ci-après dénommés respectivement "enregistrement international" et "Bureau international"), de marques désignant l'Union.

SECTION II *Enregistrement international fondé sur une demande de marque de l'Union européenne ou sur une marque de l'Union européenne*

Art. 183 *Dépôt d'une demande internationale.* 1. Les demandes internationales au sens de l'article 3 du protocole de Madrid qui sont fondées sur une demande de marque de l'Union européenne ou sur une marque de l'Union européenne sont déposées auprès de l'Office.

2. Lorsqu'une demande internationale est déposée avant que la marque sur laquelle l'enregistrement international doit être fondé ait été enregistrée en tant que marque de l'Union européenne, le demandeur de l'enregistrement international indique si l'enregistrement international doit être fondé sur une demande ou un enregistrement de marque de l'Union européenne. Lorsque l'enregistrement international doit être fondé sur une marque de l'Union européenne une fois que celle-ci aura été enregistrée, la demande internationale est réputée être parvenue à l'Office à la date d'enregistrement de la marque de l'Union européenne.

Art. 184 *Forme et contenu de la demande internationale.* 1. La demande internationale est déposée dans une des langues officielles de l'Union au moyen d'un formulaire fourni par l'Office. L'Office informe le demandeur ayant déposé la demande internationale de la date à laquelle il reçoit les documents composant la demande internationale. Sauf indication contraire du demandeur portée sur ce formulaire lorsqu'il dépose la demande internationale, l'Office correspond avec le demandeur dans la langue de dépôt sous une forme normalisée.

2. Si la demande internationale est déposée dans une langue qui n'est pas une des langues autorisées par le protocole de Madrid, le demandeur indique une seconde langue parmi ces dernières. Cette seconde langue sera celle dans laquelle l'Office présente la demande internationale au Bureau international.

3. Lorsque la demande internationale est déposée dans une langue autre que l'une des langues autorisées par le protocole de Madrid pour le dépôt des demandes internationales, le demandeur peut fournir une traduction de la liste des produits ou des services et de tout autre élément textuel faisant partie de la demande internationale dans la langue dans laquelle la demande internationale doit être présentée au Bureau international en vertu du para-

graphe 2. Si la demande n'est pas accompagnée d'une telle traduction, le demandeur autorise l'Office à joindre ladite traduction à la demande internationale. Si la traduction n'a pas été réalisée au cours de la procédure d'enregistrement de la demande de marque de l'Union européenne sur laquelle est fondée la demande internationale, l'Office prend sans tarder les mesures nécessaires pour fournir cette traduction.

4. Le dépôt d'une demande internationale donne lieu au paiement d'une taxe à l'Office. Lorsque l'enregistrement international doit être fondé sur une marque de l'Union européenne une fois que celle-ci aura été enregistrée, la taxe est due à la date d'enregistrement de la marque de l'Union européenne. La demande est réputée ne pas avoir été déposée tant que la taxe n'a pas été acquittée. Lorsque celle-ci n'a pas été acquittée, l'Office en informe le demandeur. En cas de dépôt électronique, l'Office peut autoriser le Bureau international à recouvrer la taxe en son nom.

5. Lorsque l'examen de la demande internationale révèle l'une ou l'autre des irrégularités suivantes, l'Office invite le demandeur à y remédier dans le délai qu'il précise

a) la demande internationale n'a pas été présentée à l'aide du formulaire visé au paragraphe 1, et ne contient pas toutes les indications et les informations requises par ce formulaire ;

b) les produits et services indiqués dans la demande internationale ne sont pas couverts par la liste de produits et services figurant dans la demande de base de marque de l'Union européenne ou dans la marque de base de l'Union européenne ;

c) la marque faisant l'objet de la demande internationale n'est pas identique à la marque figurant dans la demande de base de marque de l'Union européenne ou dans la marque de base de l'Union européenne ;

d) une indication dans la demande internationale relative à la marque, autre qu'une déclaration de renonciation ou une revendication de couleur, n'apparait pas également dans la demande de base de marque de l'Union européenne ou dans la marque de base de l'Union européenne ;

e) si la couleur est revendiquée, dans la demande internationale, comme un élément distinctif de la marque, la demande de base de marque de l'Union européenne ou la marque de base de l'Union européenne n'a pas la ou les mêmes couleurs ; ou

f) en fonction des indications contenues dans le formulaire international, le demandeur n'a pas qualité pour déposer une demande internationale auprès de l'Office, conformément à l'article 2, paragraphe 1, point ii), du protocole de Madrid.

6. Lorsque le demandeur n'a pas autorisé l'Office à joindre une traduction, telle que prévue au paragraphe 3, ou qu'il n'apparaît pas clairement sur quelle liste de produits et de services la demande internationale se fonde, l'Office invite le demandeur à transmettre les indications requises dans le délai qu'il précise.

7. Si les irrégularités visées au paragraphe 5 ne sont pas corrigées ou si les indications requises par le paragraphe 6 ne sont pas fournies dans le délai assigné par l'Office, ce dernier refuse de transmettre la demande internationale au Bureau international.

8. L'Office transmet la demande internationale au Bureau international en même temps que la certification prévue à l'article 3, paragraphe 1, du protocole de Madrid, dès que la demande internationale répond aux exigences énoncées au présent article, dans l'acte d'exécution adopté en application du paragraphe 9 du présent article, et à l'article 183 du présent règlement.

9. La Commission adopte des actes d'exécution indiquant précisément le formulaire, y compris les éléments de celui-ci, qu'il convient d'utiliser pour déposer une demande internationale conformément au paragraphe 1. Ces actes d'exécution sont adoptés en conformité avec la procédure d'examen visée à l'article 207, paragraphe 2.

Art. 185 *Inscription dans le dossier et au registre.* 1. La date et le numéro de l'enregistrement international fondé sur une demande de marque de l'Union européenne sont inscrits dans le dossier de cette demande. Lorsque la demande aboutit à l'enregistrement d'une marque de l'Union européenne, la date et le numéro de l'enregistrement international sont inscrits au registre.

2. La date et le numéro de l'enregistrement international fondé sur une marque de l'Union européenne sont inscrits au registre.

Art. 186 *Notification de la nullité de la demande de base ou de l'enregistrement de base.* 1. Dans un délai de cinq ans à compter de la date de l'enregistrement international, l'Office notifie au Bureau international tout fait et toute décision affectant la validité de la demande de marque de l'Union européenne ou de l'enregistrement de la marque de l'Union européenne sur lequel l'enregistrement international s'est fondé.

2. La Commission adopte des actes d'exécution précisant les différents faits et décisions qui doivent être notifiés conformément à l'article 6, paragraphe 3, du protocole de Madrid ainsi que le moment pertinent pour effectuer ces notifications. Ces actes d'exécution sont adoptés en conformité avec la procédure d'examen visée à l'article 207, paragraphe 2, du présent règlement.

Art. 187 *Requête en extension territoriale postérieure à l'enregistrement international.* 1. Toute requête en extension territoriale présentée, conformément à l'article 3 *ter*, paragraphe 2, du protocole de Madrid, postérieurement à un enregistrement international, peut être introduite par l'intermédiaire de l'Office. La requête est déposée dans la langue dans laquelle la demande internationale a été déposée en application de l'article 184 du présent règlement. Elle comporte des indications permettant de prouver le droit d'effectuer une désignation conformément à l'article 2, paragraphe 1, point ii), et à l'article 3 *ter*, paragraphe 2, du protocole de Madrid. L'Office informe le demandeur requérant l'extension territoriale de la date à laquelle il reçoit la requête en extension territoriale.

2. La Commission adopte des actes d'exécution précisant les exigences applicables à la requête en extension territoriale conformément au paragraphe 1 du présent article. Ces actes d'exécution sont adoptés en conformité avec la procédure d'examen visée à l'article 207, paragraphe 2.

3. Lorsque la requête en extension territoriale présentée postérieurement à l'enregistrement international ne satisfait pas aux exigences énoncées au paragraphe 1 et dans l'acte d'exécution adopté en vertu du paragraphe 2, l'Office invite le demandeur à remédier aux irrégularités constatées dans le délai qu'il précise. S'il n'est pas remédié aux irrégularités dans le délai fixé par l'Office, celui-ci refuse de transmettre au Bureau international la requête. L'Office ne refuse de transmettre la requête au Bureau international qu'après que le demandeur a été mis en mesure de remédier aux irrégularités relevées dans la requête.

4. L'Office transmet au Bureau international la requête en extension territoriale présentée postérieurement à l'enregistrement international, dès que les exigences visées au paragraphe 3 sont remplies.

Art. 188 *Taxes internationales.* Les taxes dues au Bureau international en vertu du protocole de Madrid sont payées directement à ce dernier.

SECTION III *Enregistrement international désignant l'Union*

Art. 189 *Effets de l'enregistrement international désignant l'Union.* 1. Tout enregistrement international désignant l'Union produit, à compter de la date d'enregistrement visée à l'article 3, paragraphe 4, du protocole de Madrid ou de la date d'extension postérieure à l'Union prévue à l'article 3 *ter*, paragraphe 2, du protocole de Madrid, les mêmes effets qu'une demande de marque de l'Union européenne.

2. Si aucun refus n'est notifié en vertu de l'article 5, paragraphes 1 et 2, du protocole de Madrid ou si, en cas de refus, celui-ci est levé, l'enregistrement international d'une marque désignant l'Union produit, à compter de la date visée au paragraphe 1, les mêmes effets que l'enregistrement d'une marque en tant que marque de l'Union européenne.

3. Aux fins de l'article 11 du présent règlement, la publication des indications de l'enregistrement international désignant l'Union prévues à l'article 190, paragraphe 1, se substitue à la publication d'une demande de marque de l'Union européenne et la publication des indications visées à l'article 190, paragraphe 2, se substitue à la publication de l'enregistrement d'une marque de l'Union européenne.

Art. 190 *Publication.* 1. L'Office publie la date de l'enregistrement d'une marque désignant l'Union visée à l'article 3, paragraphe 4, du protocole de Madrid ou la date d'extension postérieure à l'Union prévue à l'article 3 *ter*, paragraphe 2, du protocole de Madrid, la langue de dépôt de la demande internationale et la seconde langue indiquée par le déposant, ainsi que le numéro de l'enregistrement international et la date de publication de cet enregistrement dans la gazette éditée par le Bureau international, une reproduction de la marque, ainsi que les numéros des classes des produits ou des services pour lesquels la protection est revendiquée.

2. Si aucun refus de protection d'un enregistrement international désignant l'Union n'est notifié en vertu de l'article 5, paragraphes 1 et 2, du protocole de Madrid ou si, en cas de refus, ce dernier est levé, l'Office publie ce fait, ainsi que le numéro de l'enregistrement international et, le cas échéant, la date de publication de cet enregistrement dans la gazette éditée par le Bureau international.

Art. 191 *Revendication de l'ancienneté d'une demande internationale.* 1. Le demandeur d'un enregistrement international désignant l'Union peut se prévaloir, dans la demande internationale, de l'ancienneté d'une marque antérieure enregistrée dans un État membre, y compris une marque enregistrée sur le territoire du Benelux, ou d'une marque antérieure qui a fait l'objet d'un enregistrement international ayant effet dans un État membre, en vertu de l'article 39.

2. Les documents à l'appui de la revendication d'ancienneté, tels qu'ils sont indiqués dans l'acte d'exécution adopté conformément à l'article 39, paragraphe 6, sont soumis dans un délai de trois mois à compter de la date à laquelle le Bureau international notifie l'enregistrement international à l'Office. A cet égard, l'article 39, paragraphe 7, s'applique.

3. Lorsque le titulaire de l'enregistrement international doit être représenté devant l'Office, conformément à l'article 119, paragraphe 2, la notification visée au paragraphe 2 du présent article contient la désignation d'un représentant au sens de l'article 120, paragraphe 1.

4. Lorsque l'Office estime que la revendication d'ancienneté visée au paragraphe 1 du présent article n'est pas conforme à l'article 39 ou ne satisfait pas aux autres exigences énoncées dans le présent article, il invite le demandeur à remédier aux irrégularités constatées. Si les exigences visées dans la première phrase ne sont pas satisfaites dans le délai précisé par l'Office, le droit d'ancienneté applicable à cet enregistrement international s'éteint. Si les irrégularités ne portent que sur certains des produits et services, le droit d'ancienneté ne s'éteint que pour les produits et services concernés.

5. L'Office avertit le Bureau international de toute déclaration de perte du droit d'ancienneté conformément au paragraphe 4. Il informe également le Bureau international de tout retrait ou de toute restriction de la revendication d'ancienneté.

6. L'article 39, paragraphe 5, s'applique, à moins que le droit d'ancienneté ne soit déclaré éteint conformément au paragraphe 4 du présent article.

Art. 192 *Revendication de l'ancienneté auprès de l'Office.* 1. Le titulaire d'un enregistrement international désignant l'Union peut, dès la date de la publication des effets d'un tel enregistrement en vertu de l'article 190, paragraphe 2, se prévaloir, auprès de l'Office, de l'ancienneté d'une marque antérieure enregistrée dans un État membre, y compris une marque enregistrée sur le territoire du Benelux, ou d'une marque antérieure qui a fait l'objet d'un enregistrement international ayant effet dans un État membre, tel que prévu à l'article 40.

2. Lorsque l'ancienneté est revendiquée avant la date visée au paragraphe 1, la revendication d'ancienneté est réputée avoir été reçue par l'Office à cette date.

3. La revendication d'ancienneté visée au paragraphe 1 du présent article satisfait aux exigences visées à l'article 40 et comporte des informations permettant son examen au regard de ces exigences.

4. S'il n'est pas satisfait aux conditions relatives à la revendication de l'ancienneté visées au paragraphe 3 et énoncées dans l'acte d'exécution adopté conformément au paragraphe 6, l'Office invite le titulaire de l'enregistrement international à remédier aux irrégularités constatées. S'il n'est pas remédié aux irrégularités dans le délai à fixer par l'Office, ce dernier rejette la revendication.

5. Lorsque l'Office accepte la revendication d'ancienneté ou qu'une revendication d'ancienneté a été retirée ou annulée par l'Office, celui-ci en informe le Bureau international.

6. La Commission adopte des actes d'exécution précisant les éléments à mentionner dans une revendication d'ancienneté en vertu du paragraphe 1 du présent article et précisant les informations à communiquer en vertu du paragraphe 5 du présent article. Ces actes d'exécution sont adoptés en conformité avec la procédure d'examen visée à l'article 207, paragraphe 2.

Art. 193 *Désignation des produits et services et examen relatif aux motifs absolus de refus.* 1. Tout enregistrement international désignant l'Union est subordonné à un examen relatif à sa conformité avec l'article 33, paragraphes 2, 3 et 4, et aux motifs absolus de refus, suivant la même procédure que pour les demandes de marque de l'Union européenne.

2. S'il est estimé que la protection ne peut être accordée à un enregistrement international désignant l'Union conformément à l'article 33, paragraphe 4, ou à l'article 42, paragraphe 1, du présent règlement, pour tout ou partie des produits et services pour lesquels il a été effectué par le Bureau international, l'Office envoie au Bureau international une notification de refus provisoire ex officio, conformément à l'article 5, paragraphes 1 et 2, du protocole de Madrid.

3. Lorsque le titulaire d'un enregistrement international doit être représenté devant l'Office, conformément à l'article 119, paragraphe 2, la notification visée au paragraphe 2 du présent article comporte une invitation à désigner un représentant au sens de l'article 120, paragraphe 1.

4. La notification du refus provisoire indique les motifs sur lesquels est fondé ce refus et fixe un délai dans lequel le titulaire de l'enregistrement international peut présenter ses

observations et, le cas échéant, désigne un représentant. Ce délai prend effet le jour où l'Office émet le refus provisoire.

5. Lorsque l'Office constate que la demande internationale désignant l'Union ne contient pas la mention d'une seconde langue conformément à l'article 206 du présent règlement, l'Office envoie au Bureau international une notification de refus provisoire ex officio en application de l'article 5, paragraphes 1 et 2, du protocole de Madrid.

6. Lorsque le titulaire d'un enregistrement international n'apporte pas de solution aux motifs de refus de la protection dans le délai prévu ou, le cas échéant, omet de désigner un représentant ou d'indiquer une seconde langue, l'Office refuse la protection pour tout ou partie des produits et services pour lesquels un enregistrement international existe. Le refus de la protection vaut rejet d'une demande de marque de l'Union européenne. La décision peut faire l'objet d'un recours conformément aux articles 66 à 72.

7. Lorsqu'à l'ouverture du délai d'opposition visé à l'article 196, paragraphe 2, l'Office n'a pas envoyé de notification de refus provisoire ex officio conformément au paragraphe 2 du présent article, il transmet une déclaration au Bureau international, en précisant que l'examen relatif aux motifs absolus de refus, en vertu de l'article 42 du règlement, est achevé mais que l'enregistrement international peut encore faire l'objet d'oppositions ou d'observations de la part de tiers. Cette déclaration intermédiaire est sans préjudice du droit de l'Office de rouvrir l'examen des motifs absolus de sa propre initiative à tout moment avant la délivrance de la déclaration finale d'octroi de la protection.

8. La Commission adopte des actes d'exécution précisant les éléments à mentionner dans la notification de refus provisoire ex officio de la protection qui doit être envoyée au Bureau international et les communications finales qui doivent être envoyées au Bureau international lors de l'octroi ou du refus définitif de la protection. Ces actes d'exécution sont adoptés en conformité avec la procédure d'examen visée à l'article 207, paragraphe 2.

Art. 194 *Marques collectives et marques de certification.* 1. Lorsqu'un enregistrement international se fonde sur une demande de base ou sur un enregistrement de base concernant une marque collective, une marque de certification ou une marque de garantie, l'enregistrement international désignant l'Union est traité comme une marque collective de l'Union européenne ou comme une marque de certification de l'Union européenne, selon le cas.

2. Le titulaire de l'enregistrement international présente le règlement d'usage de la marque, tel que prévu aux articles 75 et 84, directement à l'Office dans les deux mois à compter de la date à laquelle le Bureau international notifie l'enregistrement international à l'Office.

3. La Commission est habilitée à adopter des actes délégués conformément à l'article 208 précisant les modalités de la procédure concernant les enregistrements internationaux fondés sur une demande de base ou sur un enregistrement de base concernant une marque collective, une marque de certification ou une marque de garantie.

Art. 195 *Recherche.* 1. Dès que l'Office a reçu notification d'un enregistrement international désignant l'Union, il établit un rapport de recherche de l'Union, conformément à l'article 43, paragraphe 1, à condition qu'une demande d'établissement d'un rapport de recherche, conformément à l'article 43, paragraphe 1, soit adressée à l'Office dans un délai d'un mois à compter de la date de notification.

2. Dès que l'Office a reçu notification d'un enregistrement international désignant l'Union, il en transmet une copie au service central de la propriété industrielle de tous les États membres qui ont communiqué à l'Office leur décision d'effectuer une recherche dans leur propre registre des marques, conformément à l'article 43, paragraphe 2, à condition qu'une demande d'établissement d'un rapport de recherche, conformément à l'article 43, paragraphe 2, soit adressée à l'Office dans un délai d'un mois à compter de la date de notification et que la taxe de recherche soit acquittée dans le même délai.

3. L'article 43, paragraphes 3 à 6, s'applique *mutatis mutandis*.

4. L'Office informe les titulaires d'une marque de l'Union européenne antérieure ou d'une demande de marque de l'Union européenne antérieure, cités dans le rapport de recherche de l'Union, de la publication, en vertu de l'article 190, paragraphe 1, de l'enregistrement international désignant l'Union. Cette disposition s'applique indépendamment du fait que le titulaire de l'enregistrement international ait ou non demandé à recevoir le rapport de recherche de l'Union européenne, à moins que le titulaire d'un enregistrement antérieur ou l'auteur d'une demande antérieure demande à ne pas recevoir cette notification.

Art. 196 *Opposition.* 1. Tout enregistrement international désignant l'Union est soumis à la même procédure d'opposition que les demandes de marque de l'Union européenne publiées.

2. L'opposition est formée dans un délai de trois mois qui commence à courir un mois après la date de la publication prévue à l'article 190, paragraphe 1. L'opposition n'est réputée formée qu'après paiement de la taxe d'opposition.

3. Le refus de la protection vaut rejet d'une demande de marque de l'Union européenne.

4. La Commission est habilitée à adopter des actes délégués conformément à l'article 208 précisant la procédure à suivre pour la formation et l'examen d'une opposition, y compris pour les communications qu'il est nécessaire d'adresser au Bureau international.

Art. 197 *Remplacement d'un enregistrement de marque de l'Union européenne par un.* L'enregistrement international. Sur demande, l'Office est tenu de noter, dans le registre, qu'une marque de l'Union européenne est réputée avoir été remplacée par un enregistrement international, conformément à l'article 4 *bis* du protocole de Madrid.

Art. 198 *Invalidation des effets d'un enregistrement international.* 1. La nullité des effets d'un enregistrement international désignant l'Union peut être prononcée.

2. La demande en nullité des effets d'un enregistrement international désignant l'Union tient lieu de demande en déchéance en vertu de l'article 58 ou de demande en nullité en vertu de l'article 59 ou 60.

3. Lorsque, conformément à l'article 64 ou à l'article 128 du présent règlement et au présent article, la nullité d'un enregistrement international désignant l'Union a été prononcée par une décision définitive, l'Office en informe le Bureau international conformément à l'article 5, paragraphe 6, du protocole de Madrid.

4. La Commission adopte des actes d'exécution précisant les éléments à mentionner dans la notification à adresser au Bureau international conformément au paragraphe 3 du présent article. Ces actes d'exécution sont adoptés en conformité avec la procédure d'examen visée à l'article 207, paragraphe 2.

Art. 199 *Effet juridique de l'enregistrement de transferts.* L'inscription au registre international d'un changement de titulaire d'un enregistrement international produit le même effet que l'inscription au registre d'un transfert conformément à l'article 20.

Art. 200 *Effet juridique de l'enregistrement de licences et autres droits.* L'inscription au registre international d'une licence ou d'une restriction du droit du titulaire de disposer d'un enregistrement international produit le même effet que l'inscription au registre d'un droit réel, d'une exécution forcée, d'une procédure d'insolvabilité ou d'une licence, en vertu, respectivement, des articles 22, 23, 24 et 25.

Art. 201 *Examen des demandes d'enregistrement de transferts, de licences ou de restrictions du droit de disposition d'un titulaire.* L'Office transmet au Bureau international les demandes d'enregistrement d'un changement de titulaire, d'une licence ou d'une restriction du droit de disposition du titulaire, de la modification ou de la radiation d'une licence ou de la levée d'une restriction du droit de disposition du titulaire qui ont été déposées auprès de lui, si elles sont accompagnées des preuves appropriées du transfert, de la licence, de la restriction du droit de disposition ou d'une preuve que la licence n'existe plus ou a été modifiée, ou que la restriction du droit de disposition a été supprimée.

Art. 202 *Transformation d'une désignation de l'Union opérée par le biais d'un enregistrement international en une demande de marque nationale ou en une désignation d'États membres.* 1. Lorsqu'une désignation de l'Union par le biais d'un enregistrement international a été rejetée ou cesse de produire ses effets, le titulaire de l'enregistrement international peut demander la transformation de la désignation de l'Union :

a) en une demande de marque nationale en vertu des articles 139, 140 et 141 ;

b) en une désignation d'un État membre partie au protocole de Madrid, dans la mesure où, à la date de la demande de transformation, il était possible de désigner cet État membre directement sur la base du protocole de Madrid. Les articles 139, 140 et 141 du présent règlement s'appliquent.

2. La demande de marque nationale ou la désignation d'un État membre partie au protocole de Madrid issue de la transformation de la désignation de l'Union opérée par le biais d'un enregistrement international bénéficie, dans l'État membre concerné, de la date de l'enregistrement international en vertu de l'article 3, paragraphe 4, du protocole de Madrid, de la date d'extension à l'Union en vertu de l'article 3 *ter*, paragraphe 2, du protocole de Madrid si celle-ci est postérieure à l'enregistrement international, ou de la date de priorité de cet enregistrement et, le cas échéant, de l'ancienneté d'une marque de cet État revendiquée conformément à l'article 191 du présent règlement.

3. La requête en transformation est publiée.

4. La requête en transformation d'un enregistrement international désignant l'Union en une demande de marque nationale comporte les informations et indications visées à l'article 140, paragraphe 1.

5. Si la requête en transformation est présentée en application du présent article ou de l'article 139, paragraphe 5, du présent règlement, du fait du non-renouvellement de l'enregistrement international, la requête visée au paragraphe 4 du présent article comporte une mention à cet effet et précise la date à laquelle la protection a expiré. La période de trois mois prévue à l'article 139, paragraphe 5, du présent règlement commence à courir le jour suivant le dernier jour auquel le renouvellement peut encore produire ses effets conformément à l'article 7, paragraphe 4, du protocole de Madrid.

6. L'article 140, paragraphes 3 et 5, s'applique *mutatis mutandis* à la requête en transformation visée au paragraphe 4 du présent article.

7. La requête en transformation d'un enregistrement international désignant l'Union en une désignation d'un État membre partie au protocole de Madrid comporte les indications et éléments visés aux paragraphes 4 et 5.

8. L'article 140, paragraphe 3, s'applique *mutatis mutandis* à la requête en transformation visée au paragraphe 7 du présent article. L'Office rejette également la requête en transformation lorsque les conditions de désignation de l'État membre qui est partie au protocole de Madrid ou à l'arrangement de Madrid n'étaient remplies ni à la date de la désignation de l'Union, ni à la date à laquelle la requête en transformation a été reçue ou, conformément à l'article 140, paragraphe 1, dernière phrase, est réputée avoir été reçue par l'Office.

9. Lorsque la requête en transformation visée au paragraphe 7 satisfait aux exigences du présent règlement et aux règles adoptées en vertu de celui-ci, l'Office la transmet sans tarder au Bureau international. L'Office informe le titulaire de l'enregistrement international de la date de la transmission.

10. La Commission adopte des actes d'exécution précisant :

a) les éléments à mentionner dans les requêtes en transformation visées aux paragraphes 4 et 7 ;

b) les éléments dont la publication des requêtes en transformation doit être assortie en application du paragraphe 3.

Ces actes d'exécution sont adoptés en conformité avec la procédure d'examen visée à l'article 207, paragraphe 2.

Art. 203 *Usage d'une marque faisant l'objet d'un enregistrement international.* Aux fins de l'article 18, paragraphe 1, de l'article 47, paragraphe 2, de l'article 58, paragraphe 1, point a), et de l'article 64, paragraphe 2, la date de publication prévue à l'article 190, paragraphe 2, tient lieu de date d'enregistrement en vue de l'établissement de la date à partir de laquelle commence l'usage sérieux dans l'Union de la marque qui fait l'objet de l'enregistrement international désignant l'Union.

Art. 204 *Transformation.* 1. Sous réserve du paragraphe 2, les dispositions applicables aux demandes de marque de l'Union européenne s'appliquent *mutatis mutandis* aux requêtes en transformation d'un enregistrement international en une demande de marque de l'Union européenne, en vertu de l'article 9 *quinquies* du protocole de Madrid.

2. Lorsque la requête en transformation porte sur un enregistrement international désignant l'Union dont les indications ont été publiées conformément à l'article 190, paragraphe 2, les articles 42 à 47 ne sont pas applicables.

3. Pour être considérée comme la transformation d'un enregistrement international qui a été radié par le Bureau international, à la requête de l'office d'origine, en vertu de l'article 9 *quinquies* du protocole de Madrid, une demande de marque de l'Union européenne contient une indication à cet effet. Cette mention est apportée lors du dépôt de la demande.

4. Lorsqu'au cours de l'examen effectué en application de l'article 41, paragraphe 1, point b), l'Office constate que la demande n'a pas été déposée dans les trois mois à compter de la date à laquelle l'enregistrement international a été radié par le Bureau international ou que les produits et services pour lesquels la marque de l'Union européenne doit être enregistrée ne sont pas couverts par la liste des produits et services qui figurent dans l'enregistrement international désignant l'Union, l'Office invite le demandeur à remédier aux irrégularités constatées.

5. Si les irrégularités visées au paragraphe 4 ne sont pas corrigées dans le délai imparti par l'Office, le droit d'invoquer la date de l'enregistrement international ou la date de l'extension territoriale et, le cas échéant, la date de la priorité de l'enregistrement international est perdu.

6. La Commission adopte des actes d'exécution précisant les éléments à mentionner dans une requête en transformation conformément au paragraphe 3 du présent article. Ces actes

d'exécution sont adoptés en conformité avec la procédure d'examen visée à l'article 207, paragraphe 2.

Art. 205 *Communication avec le Bureau international.* La communication avec le Bureau international s'effectue selon un mode et un format convenus entre le Bureau international et l'Office et, de préférence, par voie électronique. Toutes les références aux formulaires s'entendent également comme des références aux formulaires disponibles sous forme électronique.

Art. 206 *Régime linguistique.* Aux fins de l'application du présent règlement et des règles adoptées en vertu de celui-ci aux enregistrements internationaux désignant l'Union, la langue de dépôt des demandes internationales est la langue de la procédure au sens de l'article 146, paragraphe 4, et la deuxième langue indiquée dans la demande internationale est la deuxième langue au sens de l'article 146, paragraphe 3.

CHAPITRE XIV *Dispositions finales*

Art. 207 *Comité.* 1. La Commission est assistée par un comité pour les questions relatives aux règles d'exécution. Ledit comité est un comité au sens du règlement (UE) n° 182/2011.

2. Lorsqu'il est fait référence au présent paragraphe, l'article 5 du règlement (UE) n° 182/2011 s'applique.

Art. 208 *Exercice de la délégation.* 1. Le pouvoir d'adopter des actes délégués conféré à la Commission est soumis aux conditions fixées au présent article.

2. Le pouvoir d'adopter des actes délégués visé à l'article 48, à l'article 49, paragraphe 3, aux articles 65 et 73, à l'article 96, paragraphe 4, à l'article 97, paragraphe 6, à l'article 98, paragraphe 5, à l'article 100, paragraphe 2, à l'article 101, paragraphe 5, à l'article 103, paragraphe 3, à l'article 106, paragraphe 3, aux articles 121 et 168, à l'article 194, paragraphe 3, et à l'article 196, paragraphe 4, est conféré à la Commission pour une durée indéterminée à compter du 23 mars 2016.

3. La délégation de pouvoir visée à l'article 48, à l'article 49, paragraphe 3, aux articles 65 et 73, à l'article 96, paragraphe 4, à l'article 97, paragraphe 6, à l'article 98, paragraphe 5, à l'article 100, paragraphe 2, à l'article 101, paragraphe 5, à l'article 103, paragraphe 3, à l'article 106, paragraphe 3, aux articles 121 et 168, à l'article 194, paragraphe 3, et à l'article 196, paragraphe 4, peut être révoquée à tout moment par le Parlement européen ou le Conseil. La décision de révocation met fin à la délégation de pouvoir qui y est précisée. La révocation prend effet le jour suivant celui de la publication de ladite décision au *Journal officiel de l'Union européenne* ou à une date ultérieure qui est précisée dans ladite décision. Elle ne porte pas atteinte à la validité des actes délégués déjà en vigueur.

4. Avant l'adoption d'un acte délégué, la Commission consulte les experts désignés par chaque État membre, conformément aux principes définis dans l'accord interinstitutionnel du 13 avril 2016"Mieux légiférer".

5. Aussitôt qu'elle adopte un acte délégué, la Commission le notifie au Parlement européen et au Conseil simultanément.

6. Un acte délégué adopté en vertu de l'article 48, de l'article 49, paragraphe 3, des articles 65 et 73, de l'article 96, paragraphe 4, de l'article 97, paragraphe 6, de l'article 98, paragraphe 5, de l'article 100, paragraphe 2, de l'article 101, paragraphe 5, de l'article 103, paragraphe 3, de l'article 106, paragraphe 3, des articles 121 et 168, de l'article 194, paragraphe 3, et de l'article 196, paragraphe 4, n'entre en vigueur que si le Parlement européen ou le Conseil n'a pas exprimé d'objections dans un délai de deux mois à compter de la notification de cet acte au Parlement européen et au Conseil ou si, avant l'expiration de ce délai, le Parlement européen et le Conseil ont tous deux informé la Commission de leur intention de ne pas exprimer d'objections. Ce délai est prolongé de deux mois à l'initiative du Parlement européen ou du Conseil.

Art. 209 *Dispositions concernant l'élargissement de l'Union.* 1. A compter de la date d'adhésion de la Bulgarie, de la République tchèque, de l'Estonie, de la Croatie, de Chypre, de la Lettonie, de la Lituanie, de la Hongrie, de Malte, de la Pologne, de la Roumanie, de la Slovénie et de la Slovaquie (ci-après dénommés "nouvel État membre", "nouveaux États membres"), une marque de l'Union européenne enregistrée ou déposée conformément au présent règlement avant leur date respective d'adhésion est étendue au territoire de ces États membres afin d'avoir le même effet dans toute l'Union.

2. L'enregistrement d'une marque de l'Union européenne qui faisait l'objet d'une demande d'enregistrement à la date d'adhésion ne peut être refusé pour les motifs absolus de refus

énumérés à l'article 7, paragraphe 1, si ces motifs sont nés uniquement de l'adhésion d'un nouvel État membre.

3. Lorsqu'une demande d'enregistrement d'une marque de l'Union européenne a été déposée au cours des six mois précédant la date d'adhésion, une opposition peut être formée en vertu de l'article 46 si une marque antérieure ou un autre droit antérieur au sens de l'article 8 a été acquis dans un nouvel État membre avant l'adhésion, à condition qu'elle ou il ait été acquis(e) de bonne foi et que la date de dépôt ou, le cas échéant, la date de priorité ou la date d'acquisition dans le nouvel État membre de la marque antérieure ou de l'autre droit antérieur précède la date de dépôt ou, le cas échéant, la date de priorité de la marque de l'Union européenne faisant l'objet de la demande.

4. Une marque de l'Union européenne visée au paragraphe 1 ne peut faire l'objet d'une déclaration de nullité :

a) en vertu de l'article 59, si les causes de nullité sont devenues applicables simplement à cause de l'adhésion ;

b) en vertu de l'article 60, paragraphes 1 et 2, si le droit national antérieur a été enregistré, demandé ou acquis dans un nouvel État membre avant la date d'adhésion.

5. L'utilisation d'une marque de l'Union européenne visée au paragraphe 1 peut être interdite, en vertu des articles 137 et 138, si la marque antérieure ou l'autre droit antérieur a été enregistré(e), demandé(e) ou acquis(e) de bonne foi dans le nouvel État membre avant la date d'adhésion de cet État ; ou, le cas échéant, a une date de priorité antérieure à la date d'adhésion de cet État.

Art. 210 *Évaluation et réexamen.* 1. Au plus tard le 24 mars 2021, et tous les cinq ans par la suite, la Commission évalue la mise en œuvre du présent règlement.

2. Dans le cadre de l'évaluation, le cadre juridique de la coopération entre l'Office et les services centraux de la propriété industrielle des États membres et l'Office Benelux de la propriété intellectuelle est examiné, une attention particulière étant accordée au mécanisme de financement fixé à l'article 152. L'évaluation porte également sur l'incidence, l'efficacité et l'efficience de l'Office et de ses méthodes de travail. L'évaluation concerne en particulier la nécessité éventuelle de modifier le mandat de l'Office, et les conséquences financières d'une telle modification.

3. La Commission transmet le rapport d'évaluation, accompagné de ses conclusions tirées sur la base de ce rapport, au Parlement européen, au Conseil et au conseil d'administration. Les résultats de l'évaluation sont rendus publics.

4. Une évaluation sur deux comprend une analyse des résultats obtenus par l'Office au regard de ses objectifs, de son mandat et de ses missions.

Art. 211 *Abrogation.* Le règlement (CE) n° 207/2009 est abrogé.

Les références faites au règlement abrogé s'entendent comme faites au présent règlement et sont à lire selon le tableau de correspondance figurant à l'annexe III.

Art. 212 *Entrée en vigueur.* Le présent règlement entre en vigueur le vingtième jour suivant celui de sa publication au *Journal officiel de l'Union européenne.*

Il s'applique à compter du 1er octobre 2017.

Le présent règlement est obligatoire dans tous ses éléments et directement applicable dans tout État membre.

ANNEXE I

Montant des taxes

A. Les taxes à payer à l'Office en vertu du présent règlement sont fixées comme suit (en EUR) :

1. Taxe de base pour une demande de marque individuelle de l'Union européenne (article 31, paragraphe 2) :

1 000 EUR

2. Taxe de base pour une demande de marque individuelle de l'Union européenne par voie électronique (article 31, paragraphe 2) :

850 EUR

3. Taxe pour la deuxième classe de produits et de services, pour une marque individuelle de l'Union européenne (article 31, paragraphe 2) :

50 EUR

4. Taxe pour chaque classe de produits et de services au-delà de la deuxième, pour une marque individuelle de l'Union européenne (article 31, paragraphe 2) :

150 EUR

5. Taxe de base pour une demande de marque collective de l'Union européenne ou de marque de certification de l'Union européenne (article 31, paragraphe 2, et article 74, paragraphe 3, ou article 83, paragraphe 3) :

1 800 EUR

6. Taxe de base pour une demande de marque collective de l'Union européenne ou de marque de certification de l'Union européenne par voie électronique (article 31, paragraphe 2, et article 74, paragraphe 3, ou article 83, paragraphe 3) :

1 500 EUR

7. Taxe pour la deuxième classe de produits et de services, pour une marque collective de l'Union européenne ou une marque de certification de l'Union européenne (article 31, paragraphe 2, et article 74, paragraphe 3, ou article 83, paragraphe 3) :

50 EUR

8. Taxe pour chaque classe de produits et de services au-delà de la deuxième, pour une marque collective de l'Union européenne ou une marque de certification de l'Union européenne (article 31, paragraphe 2, et article 74, paragraphe 3, ou article 83, paragraphe 3) :

150 EUR

9. Taxe de recherche pour une demande de marque de l'Union européenne (article 43, paragraphe 2) ou pour un enregistrement international désignant l'Union (article 43, paragraphe 2, et article 195, paragraphe 2) :

12 EUR multiplié par le nombre de services centraux de la propriété industrielle visés à l'article 43, paragraphe 2 ; ce montant, et les adaptations ultérieures, sont publiés par l'Office au *Journal officiel de l'Office*.

10. Taxe d'opposition (article 46, paragraphe 3) :

320 EUR

11. Taxe de base pour le renouvellement d'une marque individuelle de l'Union européenne (article 53, paragraphe 3) :

1 000 EUR

12. Taxe de base pour le renouvellement d'une marque individuelle de l'Union européenne par voie électronique (article 53, paragraphe 3) :

850 EUR

13. Taxe pour le renouvellement de la deuxième classe de produits et de services, pour une marque individuelle de l'Union européenne (article 53, paragraphe 3) :

50 EUR

14. Taxe pour le renouvellement de chaque classe de produits et de services au-delà de la deuxième, pour une marque individuelle de l'Union européenne (article 53, paragraphe 3) :

150 EUR

15. Taxe de base pour le renouvellement d'une marque collective de l'Union européenne ou d'une marque de certification de l'Union européenne (article 53, paragraphe 3, et article 74, paragraphe 3, ou article 83, paragraphe 3) :

1 800 EUR

16. Taxe de base pour le renouvellement d'une marque collective de l'Union européenne ou d'une marque de certification de l'Union européenne par voie électronique (article 53, paragraphe 3, et article 74, paragraphe 3, ou article 83, paragraphe 3) :

1 500 EUR

17. Taxe pour le renouvellement de la deuxième classe de produits et de services, pour une marque collective de l'Union européenne ou une marque de certification de l'Union européenne (article 53, paragraphe 3, et article 74, paragraphe 3, ou article 83, paragraphe 3) :

50 EUR

18. Taxe pour le renouvellement de chaque classe de produits et de services au-delà de la deuxième, pour une marque collective de l'Union européenne ou une marque de certification de l'Union européenne (article 53, paragraphe 3, et article 74, paragraphe 3, ou article 83, paragraphe 3) :

150 EUR

19. Surtaxe pour le paiement tardif de la taxe de renouvellement ou pour la présentation tardive de la demande de renouvellement (article 53, paragraphe 3) :

25 % de la taxe de renouvellement payée tardivement, jusqu'à 1 500 EUR au maximum

20. Taxe pour la demande en déchéance ou en nullité (article 63, paragraphe 2) :

630 EUR

21. Taxe de recours (article 68, paragraphe 1) :

720 EUR

22. Taxe pour la demande de restitutio in integrum (article 104, paragraphe 3) :

200 EUR

23. Taxe pour la demande de transformation d'une demande de marque de l'Union européenne ou d'une marque de l'Union européenne (article 140, paragraphe 1, également en liaison avec l'article 202, paragraphe 1) :

a) en une demande de marque nationale ;

b) en une désignation d'États membres parties au protocole de Madrid :

200 EUR

24. Taxe de poursuite de la procédure (article 105, paragraphe 1) :

400 EUR

25. Taxe pour la déclaration de division d'une marque de l'Union européenne enregistrée (article 56, paragraphe 4) ou d'une demande de marque de l'Union européenne (article 50, paragraphe 3) :

250 EUR

26. Taxe pour la demande d'enregistrement d'une licence ou d'un autre droit sur une marque de l'Union européenne enregistrée (article 26, paragraphe 2) ou sur une demande de marque de l'Union européenne (article 26, paragraphe 2) :

a) octroi d'une licence ;

b) cession d'une licence ;

c) constitution d'un droit réel ;

d) cession d'un droit réel ;

e) mesure d'exécution forcée :

200 EUR par inscription au registre mais, lorsque plusieurs inscriptions sont demandées simultanément ou dans le cadre de la même demande, la taxe est plafonnée à 1 000 EUR

27. Taxe de radiation de l'inscription d'une licence ou d'un autre droit (article 29, paragraphe 3) :

200 EUR par radiation mais, lorsque plusieurs radiations sont demandées simultanément ou dans le cadre de la même demande, la taxe est plafonnée à 1 000 EUR

28. Taxe de modification d'une marque de l'Union européenne enregistrée (article 54, paragraphe 4) :

200 EUR

29. Taxe de délivrance d'une copie de la demande de marque de l'Union européenne (article 114, paragraphe 7), d'une copie du certificat d'enregistrement (article 51, paragraphe 2) ou d'un extrait du registre (article 111, paragraphe 7) :

a) copie ou extrait non certifié conforme :

10 EUR

b) copie ou extrait certifié conforme :

30 EUR

30. Taxe d'inspection publique d'un dossier (article 114, paragraphe 6) :

30 EUR

31. Taxe de délivrance d'une copie des pièces des dossiers (article 114, paragraphe 7) :

a) copie non certifiée conforme :

10 EUR

b) copie certifiée conforme :

30 EUR

supplément par page au-delà de la dixième :

1 EUR

32. Taxe de communication d'informations contenues dans un dossier (article 114, paragraphe 9) :

10 EUR

33. Taxe de réexamen de la fixation des frais de procédure à rembourser (article 109, paragraphe 8) :

100 EUR

34. Taxe pour le dépôt d'une demande internationale auprès de l'Office (article 184, paragraphe 4) :

300 EUR

B. Taxes à payer au Bureau international

I. Taxe individuelle applicable à un enregistrement international désignant l'Union

1. Le demandeur d'un enregistrement international désignant l'Union est tenu de verser au Bureau international une taxe individuelle pour la désignation de l'Union, conformément à l'article 8, paragraphe 7, du protocole de Madrid.

2. Le titulaire d'un enregistrement international qui dépose, après l'octroi de celui-ci, une demande d'extension territoriale désignant l'Union est tenu de verser au Bureau international une taxe individuelle pour la désignation de l'Union, conformément à l'article 8, paragraphe 7, du protocole de Madrid.

3. Le montant de la taxe visée au point B.I.1 ou B.I.2 est l'équivalent en francs suisses des montants suivants, tel que déterminé par le directeur général de l'OMPI, conformément à la règle 35, paragraphe 2, du règlement d'exécution commun à l'arrangement et au protocole de Madrid :

a) pour une marque individuelle : une somme de 820 EUR majorée, s'il y a lieu, de 50 EUR pour la deuxième classe de produits et de services et de 150 EUR pour chaque classe de produits et de services au-delà de la deuxième figurant dans l'enregistrement international ;

b) pour une marque collective ou une marque de certification : une somme de 1 400 EUR majorée, s'il y a lieu, de 50 EUR pour la deuxième classe de produits et de services et de 150 EUR pour chaque classe de produits et de services au-delà de la deuxième figurant dans l'enregistrement international.

II. Taxe individuelle applicable au renouvellement d'un enregistrement international désignant l'Union

1. Le titulaire d'un enregistrement international désignant l'Union est tenu de verser au Bureau international, au titre des taxes de renouvellement de l'enregistrement international, une taxe individuelle pour la désignation de l'Union, conformément à l'article 8, paragraphe 7, du protocole de Madrid.

2. Le montant de la taxe visée au point B.II.1 est l'équivalent en francs suisses des montants suivants, tel que déterminé par le directeur général de l'OMPI, conformément à la règle 35, paragraphe 2, du règlement d'exécution commun à l'arrangement et au protocole de Madrid :

a) pour une marque individuelle : une somme de 820 EUR majorée, s'il y a lieu, de 50 EUR pour la deuxième classe de produits et de services et de 150 EUR pour chaque classe de produits et de services au-delà de la deuxième figurant dans l'enregistrement international ;

b) pour une marque collective ou une marque de certification : une somme de 1 400 EUR majorée, s'il y a lieu, de 50 EUR pour la deuxième classe de produits et de services et de 150 EUR pour chaque classe de produits et de services au-delà de la deuxième figurant dans l'enregistrement international.

ANNEXE II

Règlement abrogé avec la liste de ses modifications successives

Règlement du Conseil (CE) n° 207/2009 *(JO L 78 du 24 mars 2009, p. 1)*

Acte d'adhésion de 2012, Annexe III, point 2 (I)

Règlement (UE) 2015/2424 du Parlement européen et du Conseil, uniquement l'article 1 *(JO L 341 du 24 déc. 2015, p. 21)*

ANNEXE III

Tableau de correspondance

Règlement (CE) n° 207/2009	Présent règlement
Art. 1er à 7	Art. 1er à 7
Art. 8, paragraphes 1 à 4	Art. 8, paragraphes 1 à 4
Art. 8, paragraphe 4 *bis*	Art. 8, paragraphe 6
Art. 8, paragraphe 5	Art. 8, paragraphe 5
Art. 9	Art. 9
Art. 9 *bis*	Art. 10
Art. 9 *ter*	Art. 11
Art. 10	Art. 12
Art. 11	Art. 13
Art. 12	Art. 14
Art. 13	Art. 15
Art. 13 *bis*	Art. 16

Règlement (CE) nº 207/2009	Présent règlement
Art. 14	Art. 17
Art. 15	Art. 18
Art. 16	Art. 19
Art. 17, paragraphes 1, 2 et 3	Art. 20, paragraphes 1, 2 et 3
Art. 17, paragraphe 5	Art. 20, paragraphe 4
Art. 17, paragraphe 5 *bis*	Art. 20, paragraphe 5
Art. 17, paragraphe 5 *ter*	Art. 20, paragraphe 6
Art. 17, paragraphe 5 *quater*	Art. 20, paragraphe 7
Art. 17, paragraphe 5 *quinquies*	Art. 20, paragraphe 8
Art. 17, paragraphe 5 *sexies*	Art. 20, paragraphe 9
Art. 17, paragraphe 5 *septies*	Art. 20, paragraphe 10
Art. 17, paragraphe 6	Art. 20, paragraphe 11
Art. 17, paragraphe 7	Art. 20, paragraphe 12
Art. 17, paragraphe 8	Art. 20, paragraphe 13
Art. 18	Art. 21
Art. 19	Art. 22
Art. 20	Art. 23
Art. 21	Art. 24
Art. 22	Art. 25
Art. 22 *bis*	Art. 26
Art. 23	Art. 27
Art. 24	Art. 28
Art. 24 *bis*	Art. 29
Art. 25	Art. 30
Art. 26	Art. 31
Art. 27	Art. 32
Art. 28	Art. 33
Art. 29	Art. 34
Art. 30	Art. 35
Art. 31	Art. 36
Art. 32	Art. 37
Art. 33	Art. 38

Règlement (CE) nº 207/2009	Présent règlement
Art. 34, paragraphe 1	Art. 39, paragraphe 1
Art. 34, paragraphe 1 *bis*	Art. 39, paragraphe 2
Art. 34, paragraphe 2	Art. 39, paragraphe 3
Art. 34, paragraphe 3	Art. 39, paragraphe 4
Art. 34, paragraphe 4	Art. 39, paragraphe 5
Art. 34, paragraphe 5	Art. 39, paragraphe 6
Art. 34, paragraphe 6	Art. 39, paragraphe 7
Art. 35	Art. 40
Art. 36	Art. 41
Art. 37, paragraphe 1	Art. 42, paragraphe 1
Art. 37, paragraphe 3	Art. 42, paragraphe 2
Art. 38	Art. 43
Art. 39	Art. 44
Art. 40	Art. 45
Art. 41	Art. 46
Art. 42	Art. 47
Art. 42 *bis*	Art. 48
Art. 43	Art. 49
Art. 44, paragraphes 1 et 2	Art. 50, paragraphes 1 et 2
Art. 44, paragraphe 4	Art. 50, paragraphe 3
Art. 44, paragraphe 4 *bis*	Art. 50, paragraphe 4
Art. 44, paragraphes 5 à 9	Art. 50, paragraphes 5 à 9
Art. 45	Art. 51
Art. 46	Art. 52
Art. 47	Art. 53
Art. 48	Art. 54
Art. 48 *bis*	Art. 55
Art. 49	Art. 56
Art. 50	Art. 57
Art. 51	Art. 58
Art. 52	Art. 59
Art. 53	Art. 60

Règlement (CE) n° 207/2009	Présent règlement
Art. 54	Art. 61
Art. 55	Art. 62
Art. 56	Art. 63
Art. 57	Art. 64
Art. 57 *bis*	Art. 65
Art. 58	Art. 66
Art. 59	Art. 67
Art. 60	Art. 68
Art. 61	Art. 69
Art. 63	Art. 70
Art. 64	Art. 71
Art. 65	Art. 72
Art. 65 *bis*	Art. 73
Art. 66	Art. 74
Art. 67	Art. 75
Art. 68	Art. 76
Art. 69	Art. 77
Art. 70	Art. 78
Art. 71	Art. 79
Art. 72	Art. 80
Art. 73	Art. 81
Art. 74	Art. 82
Art. 74 *bis*	Art. 83
Art. 74 *ter*	Art. 84
Art. 74 *quater*	Art. 85
Art. 74 *quinquies*	Art. 86
Art. 74 *sexies*	Art. 87
Art. 74 *septies*	Art. 88
Art. 74 *octies*	Art. 89
Art. 74 *nonies*	Art. 90
Art. 74 *decies*	Art. 91
Art. 74 *undecies*	Art. 92

Règlement (CE) nº 207/2009	Présent règlement
Art. 74 *duodecies*	Art. 93
Art. 75	Art. 94
Art. 76	Art. 95
Art. 77	Art. 96
Art. 78	Art. 97
Art. 79	Art. 98
Art. 79 *bis*	Art. 99
Art. 79 *ter*	Art. 100
Art. 79 *quater*	Art. 101
Art. 79 *quinquies*	Art. 102
Art. 80	Art. 103
Art. 81	Art. 104
Art. 82	Art. 105
Art. 82 *bis*	Art. 106
Art. 83	Art. 107
Art. 84	Art. 108
Art. 85, paragraphe 1	Art. 109, paragraphe 1
Art. 85, paragraphe 1 *bis*	Art. 109, paragraphe 2
Art. 85, paragraphe 2	Art. 109, paragraphe 3
Art. 85, paragraphe 3	Art. 109, paragraphe 4
Art. 85, paragraphe 4	Art. 109, paragraphe 5
Art. 85, paragraphe 5	Art. 109, paragraphe 6
Art. 85, paragraphe 6	Art. 109, paragraphe 7
Art. 85, paragraphe 7	Art. 109, paragraphe 8
Art. 86	Art. 110
Art. 87	Art. 111
Art. 87 *bis*	Art. 112
Art. 87 *ter*	Art. 113
Art. 88	Art. 114
Art. 88 *bis*	Art. 115
Art. 89	Art. 116
Art. 90	Art. 117

Règlement (CE) n° 207/2009	Présent règlement
Art. 91	Art. 118
Art. 92	Art. 119
Art. 93	Art. 120
Art. 93 *bis*	Art. 121
Art. 94	Art. 122
Art. 95, paragraphe 1	Art. 123, paragraphe 1
Art. 95, paragraphe 2	—
Art. 95, paragraphe 3	Art. 123, paragraphe 2
Art. 95, paragraphe 4	Art. 123, paragraphe 3
Art. 95, paragraphe 5	—
Art. 96	Art. 124
Art. 97	Art. 125
Art. 98	Art. 126
Art. 99	Art. 127
Art. 100	Art. 128
Art. 101	Art. 129
Art. 102	Art. 130
Art. 103	Art. 131
Art. 104	Art. 132
Art. 105	Art. 133
Art. 106	Art. 134
Art. 107	Art. 135
Art. 109	Art. 136
Art. 110	Art. 137
Art. 111	Art. 138
Art. 112	Art. 139
Art. 113	Art. 140
Art. 114	Art. 141
Art. 115	Art. 142
Art. 116	Art. 143
Art. 117	Art. 144
Art. 118	Art. 145

Règlement (CE) nº 207/2009	Présent règlement
Art. 119, paragraphes 1 à 5	Art. 146, paragraphes 1 à 5
Art. 119, paragraphe 5 *bis*	Art. 146, paragraphe 6
Art. 119, paragraphe 6	Art. 146, paragraphe 7
Art. 119, paragraphe 7	Art. 146, paragraphe 8
Art. 119, paragraphe 8	Art. 146, paragraphe 9
Art. 119, paragraphe 9	Art. 146, paragraphe 10
Art. 119, paragraphe 10	Art. 146, paragraphe 11
Art. 120	Art. 147
Art. 121	Art. 148
Art. 123	Art. 149
Art. 123 *bis*	Art. 150
Art. 123 *ter*	Art. 151
Art. 123 *quater*	Art. 152
Art. 124	Art. 153
Art. 125	Art. 154
Art. 126	Art. 155
Art. 127	Art. 156
Art. 128	Art. 157
Art. 129	Art. 158
Art. 130	Art. 159
Art. 131	Art. 160
Art. 132	Art. 161
Art. 133	Art. 162
Art. 134	Art. 163
Art. 134 *bis*	Art. 164
Art. 135	Art. 165
Art. 136	Art. 166
Art. 136 *bis*	Art. 167
Art. 136 *ter*	Art. 168
Art. 137	Art. 169
Art. 137 *bis*	Art. 170
Art. 138	Art. 171

Règlement (CE) nº 207/2009	Présent règlement
Art. 139	Art. 172
Art. 140	Art. 173
Art. 141	Art. 174
Art. 141 *bis*	Art. 175
Art. 142	Art. 176
Art. 143	Art. 177
Art. 144	Art. 178
Art. 144 *bis*	Art. 179
Art. 144 *ter*	Art. 180
Art. 144 *quater*	Art. 181
Art. 145	Art. 182
Art. 146	Art. 183
Art. 147	Art. 184
Art. 148	Art. 185
Art. 148 *bis*	Art. 186
Art. 149	Art. 187
Art. 150	Art. 188
Art. 151	Art. 189
Art. 152	Art. 190
Art. 153	Art. 191
Art. 153 *bis*	Art. 192
Art. 154	Art. 193
Art. 154 *bis*	Art. 194
Art. 155	Art. 195
Art. 156	Art. 196
Art. 157	Art. 197
Art. 158	Art. 198
Art. 158 *bis*	Art. 199
Art. 158 *ter*	Art. 200
Art. 158 *quater*	Art. 201
Art. 159	Art. 202
Art. 160	Art. 203

Règlement (CE) nº 207/2009	Présent règlement
Art. 161	Art. 204
Art. 161 *bis*	Art. 205
Art. 161 *ter*	Art. 206
Art. 163	Art. 207
Art. 163 *bis*, paragraphe 1	Art. 208, paragraphe 1
Art. 163 *bis*, paragraphe 2, première phrase	Art. 208, paragraphe 2
Art. 163 *bis*, paragraphe 2, deuxième phrase	Art. 208, paragraphe 4
Art. 163 *bis*, paragraphe 3	Art. 208, paragraphe 3
Art. 163 *bis*, paragraphe 4	Art. 208, paragraphe 5
Art. 163 *bis*, paragraphe 5	Art. 208, paragraphe 6
Art. 165	Art. 209
Art. 165 *bis*	Art. 210
Art. 166	Art. 211
Art. 167	Art. 212
Annexe I	Annexe I
Annexe I	Annexe II
Annexe II	Annexe III

Droit interne

Loi du 26 novembre 1873,

Relative à l'établissement d'un timbre ou d'un signe spécial destiné à être apposé sur les marques commerciales et de fabrique (DP 74. 4. 21) — Mod. par Décr.-L. 20 juill. 1934, art. 16 à 18 (DP 1934. 4. 261 ; BLD 1934. 548).

Art. 9 Les dispositions des autres lois en vigueur touchant le nom commercial, les marques, dessins ou modèles de fabrique, seront appliquées au profit des étrangers, si dans leur pays la législation ou des traités internationaux assurent aux Français les mêmes garanties.

Les dispositions de la loi du 26 nov. 1873 relatives au timbre avaient été codifiées sous les articles 206 à 211 du code du timbre. Ceux-ci ont été abrogés par le Décr. nº 48-1986 du 9 déc. 1948, art. 223.

Code des douanes

(Décr. nº 48-1985 du 8 déc. 1948)

Art. 39 1. Sont prohibés à l'entrée, exclus de l'entrepôt, du transit et de la circulation, tous produits étrangers, naturels ou fabriqués, portant soit sur eux-mêmes, soit sur des emballages, caisses, ballots, enveloppes, bandes ou étiquettes, etc., une marque de fabrique ou de commerce, un nom, un signe ou une indication quelconque de nature à faire croire qu'ils ont été fabriqués en France ou qu'ils sont d'origine française.

2. Cette disposition s'applique également aux produits étrangers, fabriqués ou naturels, obtenus dans une localité de même nom qu'une localité française, qui ne portent pas en

même temps que le nom de cette localité le nom du pays d'origine et la mention « importé » en caractères manifestement apparents.

V. Circ. n° FCPD1612836C du 13 mai 2016 sur le marquage de l'origine et la protection de l'origine française en application de l'art. 39 (DA n° 16-025 ; BOD n° 7117).

Loi n° 64-1360 du 31 décembre 1964,

Sur les marques de fabrique, de commerce ou de service.

Note importante. *La loi n° 64-1360 du 31 décembre 1964 a cessé de produire effet le 28 décembre 1991, date d'entrée en vigueur de la loi n° 91-7 du 4 janvier 1991 qui l'a remplacée, loi elle-même abrogée et codifiée par la loi n° 92-597 du 1er juillet 1992 (V. CPI, art. L. 711-1 s.). Toutefois, les demandes déposées antérieurement à cette date restent examinées, enregistrées et publiées selon la procédure instituée par la loi de 1964. — V. CPI, art. L. 716-16, al. 2.*

TITRE PREMIER Du droit de propriété des marques

Art. 1er **Sont considérés comme marques de fabrique, de commerce ou de service les noms patronymiques, les pseudonymes, les noms géographiques, les dénominations arbitraires ou de fantaisie, la forme caractéristique du produit ou de son conditionnement, les étiquettes, enveloppes, emblèmes, empreintes, timbres, cachets, vignettes, lisières, lisérés, combinaisons ou dispositions de couleurs, dessins, reliefs, lettres, chiffres, devises et, en général, tous signes matériels servant à distinguer les produits, objets ou services d'une entreprise quelconque.**

La marque de fabrique, de commerce ou de service est facultative. Toutefois, des décrets en Conseil d'État peuvent, exceptionnellement, la déclarer obligatoire pour les produits ou services qu'ils déterminent.

Art. 2 **Le dépôt d'un nom patronymique à titre de marque n'interdit pas à un homonyme de faire usage de son nom.**

Toutefois, si l'usage porte atteinte aux droits de celui qui a déposé le nom à titre de marque, le déposant peut demander en justice soit la réglementation soit l'interdiction de cet usage.

Art. 3 **Ne peuvent être considérés comme une marque ni en faire partie les signes dont l'utilisation serait contraire à l'ordre public ou aux bonnes mœurs, ainsi que les signes exclus par l'article 6 *ter* de la convention de Paris pour la protection de la propriété industrielle du 20 mars 1883 revisée.**

Ne peuvent, en outre, être considérées comme marques :

Celles qui sont constituées exclusivement de la *(L. n° 65-472 du 23 juin 1965)* **« désignation nécessaire ou générique » du produit et du service ou qui comportent des indications propres à tromper le public ;**

Celles qui sont composées exclusivement de termes indiquant la qualité essentielle du produit ou du service, ou la composition du produit.

Art. 4 **La propriété de la marque s'acquiert par le premier dépôt, valablement effectué conformément aux dispositions de la présente loi et des décrets pris pour son application, qui déterminent les modalités et conditions dudit dépôt, ainsi que les actes ou paiements de taxes qui en perpétuent l'existence.**

Toutefois, le titulaire d'une marque notoirement connue au sens de l'article 6 *bis* de la convention de Paris pour la protection de la propriété industrielle peut réclamer l'annulation du dépôt d'une marque susceptible de créer une confusion avec la sienne. Cette action ne peut plus être intentée après l'expiration d'un délai de cinq ans à compter de la date de dépôt lorsque celui-ci a été effectué de bonne foi.

Sous réserve des dispositions transitoires prévues aux articles 35 et 36, le seul usage à titre de marque de l'un des signes prévus à l'article 1er ne confère aucun droit à l'usager.

Art. 5 **Quiconque veut déposer une marque doit remettre à l'institut national de la propriété industrielle ou au greffe du tribunal de commerce de son domicile le modèle de la marque comportant l'énumération des produits ou services auxquels s'applique la marque et les classes correspondantes.**

Art. 6 **Le déposant domicilié à l'étranger doit faire élection de domicile en France.**

Le dépôt de sa marque sera obligatoirement effectué auprès de l'institut national de la propriété industrielle. Le droit de priorité attaché à un dépôt étranger antérieur doit, à peine de

déchéance, être revendiqué au moment du dépôt de la marque. Toutefois, il peut être revendiqué auprès de l'institut national de la propriété industrielle dans les six mois qui suivent le dépôt moyennant le paiement préalable d'une taxe. – *V. Décr. n° 65-622 du 27 juill. 1965, art. 10, App., v° Dispositions générales.*

Art. 7 Le dépôt d'une marque donne lieu au paiement d'une taxe au profit de l'institut national de la propriété industrielle.

Art. 8 *(L. n° 75-536 du 30 juin 1975)* L'enregistrement et la publication de la marque valablement déposée sont effectués par l'institut national de la propriété industrielle. La date légale de l'enregistrement est celle du dépôt.

Le rejet du dépôt par application de l'article 3 ou pour irrégularité matérielle ou défaut de paiement des taxes est prononcé par le directeur de l'institut national de la propriété industrielle.

Dans l'exercice des fonctions ci-dessus mentionnées, l'institut national de la propriété industrielle n'est pas soumis à l'autorité de tutelle.

Art. 9 *(L. n° 65-472 du 23 juin 1965)* Le dépôt de la marque produit ses effets pendant dix ans. La propriété de la marque peut être conservée indéfiniment par dépôts successifs soumis au paiement d'une taxe.

Art. 10 Le titulaire d'un dépôt de marque peut renoncer aux effets de ce dépôt pour tout ou partie des produits ou services auxquels s'applique la marque.

Art. 11 Est déchu de ses droits, le propriétaire d'une marque qui, sauf excuse légitime, ne l'a pas exploitée ou fait exploiter de façon publique et non équivoque pendant *(L. n° 65-472 du 23 juin 1965)* « les cinq années » précédant la demande en déchéance.

(L. n° 65-472 du 23 juin 1965) « L'exploitation dans une seule classe d'une marque ayant fait l'objet d'un dépôt pour plusieurs classes sera suffisante » pour faire écarter les exceptions de déchéance qui pourraient atteindre les dépôts opérés pour d'autres classes et non suivis d'exploitation. Toutefois, cette extension des effets de l'exploitation relativement à l'exception de déchéance, ne sera admise que si une confusion peut exister au détriment de la marque déposée et exploitée.

La déchéance doit être prononcée par décision judiciaire ; elle pourra être demandée par tout intéressé.

La preuve de l'exploitation est rapportée par tous moyens et incombe au titulaire de la marque dont la déchéance est demandée.

Art. 12 La nullité du dépôt d'une marque ou la déchéance des droits du déposant est prononcée par les tribunaux de grande instance.

Art. 13 Les cessions ou concessions de licence de marque, ainsi que leur mise en gage doivent être constatées par écrit. Elles peuvent être faites indépendamment de tout contrat portant sur l'entreprise qui exploite ou fait exploiter la marque. Elles peuvent être totales ou partielles. Seules les licences d'exploitation peuvent comporter une limitation territoriale.

Art. 14 Toute modification au droit portant sur une marque ne sera opposable aux tiers que par mention au registre national des marques.

Art. 15 *(L. n° 65-472 du 23 juin 1965)* « Sans préjudice de l'application des dispositions de la convention de Paris » pour la protection de la propriété industrielle *[V. ce texte, App., v° Dispositions générales]* les étrangers dont le domicile ou l'établissement est situé hors de France jouissent du bénéfice de la présente loi pour les marques régulièrement déposées ou enregistrées dans le pays du domicile ou de l'établissement si les marques françaises bénéficient de la réciprocité de protection dans ce pays.

TITRE II Des marques collectives

Art. 16 *(L. n° 78-23 du 10 janv. 1978)* « Les personnes morales, État, départements, communes, établissements publics, organismes certificateurs au sens de la loi n° 78-23 du 10 janvier 1978 sur la protection et l'information des consommateurs de produits et de services ainsi que » *(L. n° 65-472 du 23 juin 1965)* les syndicats, unions de syndicats, associations, groupements ou collectivités de producteurs, d'industriels et de commerçants, pourvus d'une administration légalement constituée et de la capacité juridique, peuvent, dans un but d'intérêt général, industriel, commercial ou agricole, ou pour favoriser le développement du commerce ou de l'industrie de leurs membres posséder des marques collectives de fabrique, de commerce ou de service.

(L. n° 75-536 du 30 juin 1975) « Les dispositions de l'alinéa précédent sont notamment applicables aux groupements, même constitués sous forme de coopératives, qui agissent comme mandataires de leurs membres ou prestataires de services au bénéfice de ces derniers. »

Art. 17 Les marques collectives sont apposées soit directement par la personne morale ou collectivité à titre de contrôle sur certains produits ou objets, soit par ses membres, sous sa surveillance et à des conditions déterminées, sur les produits de leur fabrication ou de leur industrie ou sur les objets de leur commerce.

Art. 18 *(L. n° 78-23 du 10 janv. 1978)* Les prescriptions générales de la présente loi et des décrets pris pour son application s'appliquent aux marques collectives, sans préjudice des dispositions particulières prévues ci-après et de celles relatives aux labels agricoles régis par la loi n° 60-808 du 5 août 1960, ainsi qu'aux certificats de qualification régis par *(Ord. n° 2016-301 du 14 mars 2016, en vigueur le 1er juill. 2016)* « les articles L. 433-3 à L. 433-11 » du code de la consommation. — *Sur les sanctions, V. C. consom., art. L. 453-8 à L. 453-10.* — C. ***consom.***

Art. 19 Le dépôt d'une marque collective doit comprendre le règlement déterminant les conditions auxquelles est subordonné l'emploi de la marque.

Si ce règlement contient des dispositions contraires à l'ordre public ou aux bonnes mœurs, le rejet du dépôt intervient dans les conditions prévues à l'article 8. Sont rejetées, dans les mêmes conditions, les modifications apportées au règlement lorsqu'elles sont contraires à l'ordre public ou aux bonnes mœurs.

Art. 20 La marque collective ne peut faire l'objet ni de cession, ni de concession de gage, ni d'aucune mesure d'exécution forcée.

Art. 21 La nullité du dépôt d'une marque collective ou la déchéance des droits du déposant est prononcée :

1° Lorsque la personne morale ou la collectivité cesse d'exister ;

2° Lorsqu'elle ne satisfait pas aux prescriptions du présent titre ;

3° Lorsqu'elle a employé ou sciemment laissé employer sa marque dans des conditions autres que celles prescrites au règlement ;

4° Lorsque le règlement contient des dispositions contraires à l'ordre public et aux bonnes mœurs.

En cas de nullité ou de déchéance, la marque collective ne peut pas être appropriée pour les mêmes produits ou services par un nouveau dépôt, ni être employée à un titre quelconque. Toutefois, à l'expiration d'un délai de dix ans, la marque collective peut être à nouveau déposée à ce titre par une personne morale ou collectivité de même nationalité.

Art. 22 Les personnes ayant le droit d'utiliser une marque collective ne peuvent exercer les autres droits attachés à celle-ci qu'en cas de carence de la personne morale titulaire de la marque collective et à condition de la mettre en cause.

Art. 23 Sans préjudice de l'application des articles 2 et 3 de la convention de Paris pour la protection de la propriété industrielle, les personnes morales ou collectivités étrangères habiles à ester en justice dans leur pays d'origine et entrant dans une des catégories visées à l'article 16 jouissent du bénéfice de la présente loi pour les marques collectives régulièrement déposées ou enregistrées dans leur pays d'origine si les marques collectives françaises bénéficient de la réciprocité de protection dans ce pays.

TITRE III Juridictions

Art. 24 *(L. n° 75-536 du 30 juin 1975)* Le contentieux né de l'application de la présente loi relève de l'autorité judiciaire.

Sans préjudice des dispositions de l'article 384 du code de procédure pénale, les actions civiles relatives aux marques sont portées devant les tribunaux de grande instance.

La cour d'appel de Paris connaît en premier et dernier ressort des recours formés contre les décisions de rejet du directeur de l'institut national de la propriété industrielle. Elle ne statue qu'à l'égard du déposant et sous réserve des dispositions de l'article 12. — *V. CPI, art. L. 411-4.*

Art. 25 *(L. n° 75-536 du 30 juin 1975)* Les faits antérieurs à la publication de la marque ne sont pas considérés comme ayant porté atteinte aux droits attachés à la marque. Cependant, pourront être constatés et poursuivis les faits postérieurs à la notification au présumé contre-

facteur d'une copie certifiée de la demande d'enregistrement de la marque. Le tribunal saisi sursoit à statuer jusqu'à la publication de la marque.

Le propriétaire d'une demande d'enregistrement d'une marque ou le propriétaire d'une marque enregistrée est en droit de faire procéder, en vertu d'une ordonnance du président du tribunal de grande instance rendue sur requête, par tous huissiers assistés d'experts de son choix, à la description détaillée, avec ou sans saisie réelle, des produits ou des services qu'il prétend marqués, livrés ou fournis à son préjudice en violation de la présente loi.

Art. 26 **A défaut par le requérant de s'être pourvu soit par la voie civile, soit par la voie correctionnelle dans le délai de quinzaine, outre les délais de distance prévus par l'article 552 du code de procédure pénale, la description ou saisie est nulle de plein droit, sans préjudice des dommages-intérêts qui peuvent être réclamés s'il y a lieu.**

Toutes les actions mettant en jeu à la fois la question des marques déposées et la question de concurrence déloyale connexe sont portées exclusivement devant les tribunaux de grande instance ainsi qu'il est prévu à l'article 24.

TITRE IV Pénalités

Art. 27 à 34 *Mod. par L. n° 65-472 du 23 juin 1965.*

TITRE V Dispositions générales et transitoires

Art. 35 **Sont maintenus les droits acquis antérieurement à la date d'entrée en vigueur de la présente loi.**

Les dépôts de marques valablement effectués en application de la loi du 23 juin 1857 produiront leurs effets conformément aux dispositions de la présente loi à compter de la date de sa mise en vigueur. Toutefois, la durée de protection attachée à ces dépôts demeure fixée à quinze années.

Les titulaires de droits acquis antérieurement qui ne justifient pas d'un droit en vigueur à la date visée à l'alinéa précédent doivent, à peine de déchéance, effectuer un dépôt dans le délai de trois années à compter de cette date. Les pièces du dépôt doivent faire mention de l'existence des droits antérieurs. Toutefois, cette mention peut faire l'objet d'une déclaration postérieure avant l'expiration de ce délai moyennant le paiement d'une taxe.

Justifie sa décision la cour d'appel qui annule une marque après avoir constaté que le titulaire n'avait pas fait valoir son droit d'usage au titre des dispositions transitoires et qu'à la date du nouveau dépôt le signe revendiqué était devenu usuel. • Com. 13 mai 1997 : *PIBD 1997. III. 466.*

Art. 36 **Les personnes morales ou les collectivités qui auraient déposé ou qui utiliseraient sans l'avoir déposée une marque à titre de marque collective devront, pour bénéficier de la présente loi, effectuer un dépôt, conformément à ses dispositions, avant l'expiration d'un délai de trois années à partir de sa mise en vigueur.**

Art. 37 **Des décrets en Conseil d'État fixeront les modalités d'application de la présente loi.**

Les taxes perçues au profit de l'institut national de la propriété industrielle sont établies par décret dans les conditions prévues à *(L. n° 65-472 du 23 juin 1965)* **« l'article 5 » de l'ordonnance n° 59-2 du 2 janvier 1959 portant loi organique relative aux lois de finances.**

Art. 38 **Sont abrogées la loi du 23 juin 1857 et toutes les autres dispositions contraires à la présente loi.**

Art. 39 **La présente loi entrera en vigueur le 1er août 1965. Elle est applicable aux territoires d'outre-mer.**

Loi n° 72-618 du 5 juillet 1972,

Relative aux publications, imprimés et objets vendus dans un but philanthropique.

Art. 1er **Toute publication, imprimé ou objet, de quelque nature que ce soit, vendu à domicile ou sur la voie publique, dans un but philanthropique donne lieu à l'apposition d'une marque distinctive.**

Art. 2 **La marque distinctive visée à l'article 1er ci-dessus est délivrée sur demande, pour une durée qui ne peut excéder trois ans, par le ministre chargé de la santé publique, après avis de la commission prévue à l'article 4.**

Cette marque distinctive peut être à nouveau délivrée pour une même durée, renouvelable, par le ministre chargé de la santé publique, après avis de ladite commission qui vérifie

notamment la mesure dans laquelle les fonds procurés par la vente de ces publications, imprimés ou objets, sont effectivement utilisés dans le but déclaré.

Art. 3 Les organismes responsables de la production et de la diffusion des publications, imprimés ou objets mis en vente dans un but philanthropique doivent consacrer à l'objet philanthropique déclaré une somme au moins égale à 50 % du prix de vente au public.

Art. 4 Un décret détermine les caractéristiques et les conditions d'attribution et de retrait de la marque distinctive prévue à l'article 1er de la présente loi. Ce décret fixe également la composition et les conditions de fonctionnement de la commission chargée de donner un avis sur l'attribution de cette marque distinctive. – *V. Décr. nº 73-307 du 14 mars 1973 (D. et BLD 1973. 171 ; Rect. 211).*

Art. 5 La personne physique ou le responsable qualifié de la personne morale qui édite ou vend la publication, l'imprimé ou l'objet bénéficiaire de la marque visée à l'article 1er ci-dessus, ou pour le compte de qui ceux-ci sont édités ou vendus, est tenue, chaque année, de présenter à la commission visée à l'article 4 toutes pièces comptables faisant état des résultats de la vente et toutes justifications quant à l'utilisation des fonds recueillis.

Le défaut de présentation de ces pièces et justifications entraînera, après une mise en demeure restée sans effet, le retrait de la marque distinctive.

Art. 6 Sous réserve de l'application de peines plus fortes s'il échet, sera puni d'un emprisonnement de trois mois à deux ans et d'une amende de 9 000 € :

1º Quiconque aura sciemment fait un usage illégal ou abusif de la marque distinctive visée à l'article 1er ;

2º Quiconque aura offert à la vente une publication, un imprimé ou un objet quelconque ne portant pas cette marque distinctive en faisant valoir ou en donnant à croire par quelque moyen que ce soit et notamment par la dénomination, la présentation ou l'emballage de la publication, de l'imprimé ou de l'objet vendu, par la raison sociale de son fabricant, de son éditeur ou de son vendeur, ou par une publicité quelconque que la vente est effectuée dans un but philanthropique ;

3º Quiconque, à l'occasion de la vente au détail et à domicile d'une publication, d'un imprimé ou d'un objet sur lequel est apposée la marque distinctive visée à l'article 1er, aura accordé ou perçu une commission proportionnelle au montant des ventes réalisées. Cette interdiction ne s'appliquera pas aux personnes titulaires de la carte d'identité professionnelle des représentants instituée par la loi du 8 octobre 1919 modifiée, si ces personnes se bornent à prendre à domicile et à transmettre les commandes pour les ventes au détail.

Art. 7 *Modifie L. 23 nov. 1957, art. 7.*

Code de la consommation

PARTIE LÉGISLATIVE

(Ord. nº 2016-301 du 14 mars 2016, en vigueur le 1er juill. 2016)

Art. L. 122-1 Toute publicité qui met en comparaison des biens ou services en identifiant, implicitement ou explicitement, un concurrent ou des biens ou services offerts par un concurrent n'est licite que si :

1º Elle n'est pas trompeuse ou de nature à induire en erreur ;

2º Elle porte sur des biens ou services répondant aux mêmes besoins ou ayant le même objectif ;

3º Elle compare objectivement une ou plusieurs caractéristiques essentielles, pertinentes, vérifiables et représentatives de ces biens ou services, dont le prix peut faire partie. – *[C. consom., art. L. 121-8.]*

Art. L. 122-2 La publicité comparative ne peut :

1º Tirer indûment profit de la notoriété attachée à une marque de fabrique, de commerce ou de service, à un nom commercial, à d'autres signes distinctifs d'un concurrent ou à l'appellation d'origine ainsi qu'à l'indication géographique protégée d'un produit concurrent ;

2º Entraîner le discrédit ou le dénigrement des marques, noms commerciaux, autres signes distinctifs, biens, services, activité ou situation d'un concurrent ;

3º Engendrer de confusion entre l'annonceur et un concurrent ou entre les marques, noms commerciaux, autres signes distinctifs, biens ou services de l'annonceur et ceux d'un concurrent ;

4° Présenter des biens ou des services comme une imitation ou une reproduction d'un bien ou d'un service bénéficiant d'une marque ou d'un nom commercial protégé. – *[C. consom., art. L. 121-9.]*

Art. L. 122-3 Pour les produits bénéficiant d'une appellation d'origine ou d'une indication géographique protégée, la comparaison n'est autorisée qu'entre des produits bénéficiant chacun de la même appellation ou de la même indication. – *[C. consom., art. L. 121-10.]*

Art. L. 122-4 Est interdit le fait de faire figurer des annonces comparatives telles que définies aux articles L. 122-1 et L. 122-2 sur des emballages, des factures, des titres de transport, des moyens de paiement ou des billets d'accès à des spectacles ou à des lieux ouverts au public. – *[C. consom., art. L. 121-11.]*

Art. L. 122-5 L'annonceur pour le compte duquel la publicité comparative est diffusée doit être en mesure de prouver dans un bref délai l'exactitude matérielle des énonciations, indications et présentations contenues dans la publicité. – *[C. consom., art. L. 121-12.] – V. aussi art. L. 512-15 ci-dessus.*

Art. L. 122-6 Les insertions réalisées dans la presse pour une publicité définie aux articles L. 122-1 et L. 122-2 ne donnent pas lieu au droit de réponse tel qu'il est défini par l'article 13 de la loi du 29 juillet 1881 sur la liberté de la presse et l'article 6 de la loi n° 82-652 du 29 juillet 1982 sur la communication audiovisuelle. – *[C. consom., art. L. 121-13.] – V. ces art., relatifs au droit de réponse, au **C. pén.***

Art. L. 122-7 Les modalités d'application des articles L. 122-1 à L. 122-6 sont précisées par décret en Conseil d'État. – *[C. consom., art. L. 121-14, al. 2.]*

....

Art. L. 433-11 Les propriétaires de marques de commerce, de fabrique ou de service peuvent s'opposer à ce que des textes publicitaires concernant nommément leur marque soient diffusés lorsque l'utilisation de cette marque vise à tromper le consommateur ou qu'elle est faite de mauvaise foi. – *[C. consom., art. L. 115-33.]*

....

Sanctions

Art. L. 132-25 Les infractions aux dispositions des articles L. 122-1 à L. 122-5 sont, le cas échéant, punies des peines prévues, d'une part, aux articles L. 132-2 à L. 132-9, d'autre part, aux articles L. 716-9 et L. 716-12 du code de la propriété intellectuelle. – *[C. consom., art. L. 121-14, al. 1er.]*

....

Pouvoirs d'enquête

Art. L. 512-15 Pour la recherche et la constatation des pratiques commerciales trompeuses, les agents habilités peuvent exiger du responsable de la pratique la mise à leur disposition ou la communication de tous les éléments propres à justifier les allégations, indications ou présentations, y compris lorsque ces éléments sont détenus par un fabricant implanté hors du territoire national. Ils peuvent également exiger de l'annonceur, de l'agence de publicité ou du responsable du support, la mise à leur disposition des messages publicitaires diffusés.

Ces dispositions s'appliquent également à la recherche et à la constatation des infractions en matière de publicité comparative mentionnée à l'article L. 122-1. – *[C. consom., art. L. 121-2, al. 1er, contrôle PCT.]*

Loi n° 94-665 du 4 août 1994,

Relative à l'emploi de la langue française (JO 5 août).

BIBL. ▶ SCHMIDT, *Gaz. Pal. 21-22 déc. 1994, p. 2* (les marques à l'épreuve de la langue française).

Art. 1er Langue de la République en vertu de la Constitution, la langue française est un élément fondamental de la personnalité et du patrimoine de la France.

Elle est la langue de l'enseignement, du travail, des échanges et des services publics.

Elle est le lien privilégié des États constituant la communauté de la francophonie.

Art. 2 Dans la désignation, l'offre, la présentation, le mode d'emploi ou d'utilisation, la description de l'étendue et des conditions de garantie d'un bien, d'un produit ou d'un service, ainsi que dans les factures et quittances, l'emploi de la langue française est obligatoire.

[Dispositions déclarées non conformes à la Constitution par décision du Conseil constitutionnel n° 94-345 DC du 29 juillet 1994, V. JO 2 août.]

Les mêmes dispositions s'appliquent à toute publicité écrite, parlée ou audiovisuelle.

Les dispositions du présent article ne sont pas applicables à la dénomination des produits typiques et spécialités d'appellation étrangère connus du plus large public.

La législation sur les marques ne fait pas obstacle à l'application des premier et troisième alinéas du présent article aux mentions et messages enregistrés avec la marque. — *Sur l'entrée en vigueur, V. art. 20 et 23. — V. aussi art. 16 à 18.*

Pour une application de ces dispositions à un site Web, V. • T. pol. Paris, 19 juin 1997 : *LPA 6 oct. 1997, obs. Dreyfus-Weill.*

....

Art. 14 I. — L'emploi d'une marque de fabrique, de commerce ou de service constituée d'une expression ou d'un terme étrangers est interdit aux personnes morales de droit public dès lors qu'il existe une expression ou un terme français de même sens approuvés dans les conditions prévues par les dispositions réglementaires relatives à l'enrichissement de la langue française.

Cette interdiction s'applique aux personnes morales de droit privé chargées d'une mission de service public, dans l'exécution de celle-ci.

II. — Les dispositions du présent article ne sont pas applicables aux marques utilisées pour la première fois avant l'entrée en vigueur de la présente loi.

Art. 15 L'octroi, par les collectivités et les établissements publics, de subventions de toute nature est subordonné au respect par les bénéficiaires des dispositions de la présente loi.

Tout manquement à ce respect peut, après que l'intéressé a été mis à même de présenter ses observations, entraîner la restitution totale ou partielle de la subvention.

Art. 16 *(L. n° 2014-344 du 17 mars 2014, art. 107)* **Les infractions aux dispositions des textes pris pour l'application de l'article 2 sont recherchées et constatées par les agents mentionnés** *(Ord. n° 2016-301 du 14 mars 2016, art. 29, en vigueur le 1er juill. 2016)* **« aux articles L. 511-3 et L. 511-22 du code de la consommation, dans les conditions prévues au I de l'article L. 511-22 du même code ».**

Art. 17 et 18 *Abrogés par L. n° 2014-344 du 17 mars 2014, art. 107.*

Art. 19 Après l'article 2-13 du code de procédure pénale, il est inséré un article 2-14 ainsi rédigé :

« *Art. 2-14* Toute association régulièrement déclarée se proposant par ses statuts la défense de la langue française et agréée dans les conditions fixées par décret en Conseil d'État peut exercer les droits reconnus à la partie civile en ce qui concerne les infractions aux dispositions des textes pris pour l'application des articles 2, 3, 4, 6, 7 et 10 de la loi n° 94-665 du 4 août 1994 relative à l'emploi de la langue française. » — *V. Décr. n° 95-240 du 3 mars 1995.*

Art. 20 La présente loi est d'ordre public. Elle s'applique aux contrats conclus postérieurement à son entrée en vigueur. — *V. art. 23. — Sur l'application de la loi, V. Circ. 19 mars 1996 (JO 20 mars).*

Art. 21 et 22 ....

Art. 23 Les dispositions de l'article 2 entreront en vigueur à la date de publication du décret en Conseil d'État définissant les infractions aux dispositions de cet article, et au plus tard douze mois après la publication de la présente loi au *Journal officiel* [JO 5 août]. — *V. Décr. n° 95-240 du 3 mars 1995.*

Les dispositions des articles 3 et 4 de la présente loi entreront en vigueur six mois après l'entrée en vigueur de l'article 2.

Décret n° 95-240 du 3 mars 1995,

Pris pour l'application de la loi n° 94-665 du 4 août 1994 relative à l'emploi de la langue française.

TITRE PREMIER Sanctions pénales

Art. 1er I. — Le fait de ne pas employer la langue française dans les conditions prévues par la loi du 4 août 1994 susvisée relative à l'emploi de la langue française :

1° Dans la désignation, l'offre, la présentation, le mode d'emploi ou d'utilisation, la description de l'étendue et des conditions de garantie d'un bien, d'un produit ou d'un service ainsi que dans les factures et quittances ;

2° Dans toute publicité écrite, parlée ou audiovisuelle,
est puni de la peine d'amende prévue pour les contraventions de la 4e classe.

II. – Le fait de ne pas employer la langue française pour toute inscription ou annonce destinée à l'information du public, apposée ou faite sur la voie publique, dans un lieu ouvert au public ou dans un moyen de transport en commun, est puni de la même peine

III. – Le fait de présenter la version française d'une manière qui n'est pas aussi lisible, audible ou intelligible que la présentation en langue étrangère des mentions, publicités, inscriptions ou annonces visées aux I et II du présent article est puni de la même peine.

IV. – En cas de condamnation prononcée pour l'une des contraventions prévues au présent article, le tribunal peut faire application des articles 132-66 à 132-70 du code pénal.

Art. 2 Sous réserve des exceptions prévues par l'article 6 de la loi du 4 août 1994 précitée, est puni de la peine d'amende prévue pour les contraventions de la 4e classe le fait, pour toute personne de nationalité française organisant une manifestation, un colloque cu un congrès :

1° D'interdire aux participants de s'exprimer en français ;

2° De distribuer aux participants des documents avant et pendant la réunion pour en présenter le programme, sans les accompagner d'une version française ;

3° De ne pas établir au moins un résumé en français des documents préparatoires ou de travail distribués aux participants et ne pas inclure, dans les actes ou comptes rendus de travaux publiés, au moins un résumé en français des textes ou interventions présentés en langue étrangère ;

4° De ne pas prévoir un dispositif de traduction dans le cas fixé au quatrième alinéa de l'article 6 de la loi précitée.

Art. 3 Le fait de ne pas mettre à la disposition d'un salarié une version en langue française d'un document comportant des obligations à l'égard de ce salarié ou des dispositions dont la connaissance est nécessaire à celui-ci pour l'exécution de son travail est puni de la peine d'amende prévue pour les contraventions de la 4e classe.

Art. 4 Les personnes morales peuvent être déclarées responsables pénalement, dans les conditions prévues par l'article 121-2 du code pénal, des infractions définies aux articles 1er à 3.

Les personnes morales encourent la peine de l'amende suivant les modalités prévues par l'article 131-41 du code pénal.

Les dispositions des articles 132-66 à 132-70 du code pénal sont applicables en cas de condamnation d'une personne morale.

TITRE II *[ABROGÉ]* Prélèvements

(Abrogé par Décr. n° 2014-1109 du 30 sept. 2014, art. 38)

Art. 5 à 8 *Abrogés par Décr. n° 2014-1109 du 30 sept. 2014, art. 38.*

TITRE III Agrément des associations

Art. 9 Toute association régulièrement déclarée ayant pour objet statutaire la défense de la langue française peut demander l'agrément prévu à l'article 2-14 du code de procédure pénale dès lors qu'elle remplit les conditions suivantes :

1° Deux années d'existence à compter de sa déclaration ;

2° Un nombre suffisant de membres cotisant soit individuellement, soit par l'intermédiaire d'associations fédérées ;

3° Une activité effective en vue de la défense de la langue française dans le respect des autres langues et cultures. Cette activité est attestée notamment par la nature et l'importance des manifestations ou des publications ;

4° Le caractère désintéressé des activités.

Art. 10 La demande d'agrément ou de renouvellement est adressée à la délégation générale à la langue française. Le dossier doit comprendre :

1° Un exemplaire des statuts de l'association ;

2° Le nombre de cotisants ;

3° La liste des membres de ses organes dirigeants ;

4° Le dernier rapport moral et financier ;

5° Les comptes du dernier exercice.

Lorsque le dossier remis est complet, il en est délivré récépissé. La décision d'agrément ou de refus est notifiée dans un délai de quatre mois à compter de la date de délivrance du récépissé. Les décisions de refus doivent être motivées.

Art. 11 L'agrément est accordé par arrêté conjoint du ministre de la justice et du ministre chargé de la francophonie. Il est publié au *Journal officiel* de la République française.

L'agrément est accordé pour trois années. Il peut être renouvelé.

Art. 12 Lorsque plusieurs associations, dont l'une au moins est agréée, se fédèrent, la condition d'ancienneté lors de la demande d'agrément, prévue à l'article 9 (1°) ci-dessus, n'est pas exigée.

Art. 13 L'agrément peut être suspendu ou retiré par arrêté conjoint du ministre de la justice et du ministre chargé de la francophonie lorsque l'association ne remplit plus l'une des conditions ayant justifié l'agrément. L'association doit être au préalable mise en demeure de présenter ses observations.

Art. 14 Les associations agréées adressent chaque année à la délégation générale à la langue française, en deux exemplaires, leur rapport moral et leur rapport financier.

TITRE IV Dispositions applicables dans le domaine des transports internationaux *(Décr. n° 98-563 du 1er juill. 1998).*

Art. 15 *(Décr. n° 98-563 du 1er juill. 1998)* Lorsque les personnes morales de droit public ou les personnes privées exerçant une mission de service public, transporteurs ou gestionnaires d'infrastructures de transport, qui accomplissent tout ou partie de leur activité dans le domaine des transports internationaux, accompagnent de traductions les inscriptions qu'elles apposent ou les annonces qu'elles font, l'obligation, prévue au premier alinéa de l'article 4 de la loi du 4 août 1994 susvisée, que ces traductions soient au moins au nombre de deux n'est pas applicable dans les cas suivants :

1. Pour les inscriptions ou annonces impromptues concernant la sécurité ou l'urgence ;
2. Pour les inscriptions ou annonces apposées ou faites dans les infrastructures de transport situées dans un département frontalier, si l'unique langue de traduction est celle du pays limitrophe de ce département ;
3. Pour les inscriptions ou annonces apposées ou faites dans les moyens de transport, si l'unique langue de traduction est celle du pays de départ ou de destination de ceux-ci ;
4. Pour les inscriptions ou annonces apposées ou faites dans les moyens de transport traversant le territoire national sans s'arrêter ou n'effectuant sur le territoire national que des arrêts techniques, sans embarquement ou débarquement de passagers ;
5. Pour les inscriptions intégrées à la structure du moyen de transport utilisé ;
6. Pour les avis écrits et oraux à la batellerie dans les zones frontalières ;
7. Jusqu'au 31 décembre 2001 pour les annonces non enregistrées effectuées directement par les agents ;
8. Jusqu'au 31 décembre 2003 pour les inscriptions destinées à l'information du public et apposées sur un support permanent dans les infrastructures de transport.

Art. 15-1 *(Décr. n° 98-563 du 1er juill. 1998)* Jusqu'au 31 décembre 2003, le rapport mentionné à l'article 22 de la loi du 4 août 1994 précitée comporte des indications sur l'application des dispositions de l'article 15 du présent décret.

TITRE V Dispositions diverses *(Décr. n° 98-563 du 1er juill. 1998).*

Art. 16 Les dispositions des II et III de l'article 1er entrent en vigueur dans un délai de six mois à compter de la date de publication du présent décret *[JO 5 mars]*.

Décret n° 2015-716 du 23 juin 2015,

Relatif au service à compétence nationale dénommé « Agence du patrimoine immatériel de l'État ».

V. également la circulaire du ministère des finances et des comptes publics du 20 juill. 2015 relative au dispositif de gestion des marques de l'État et prestations de l'Agence du patrimoine immatériel de l'État (APIE) en matière de noms de domaine (NOR : FCPZ1516160C).

Art. 1er Le service à compétence nationale dénommé "Agence du patrimoine immatériel de l'État" est rattaché conjointement au directeur général du Trésor et au directeur général des finances publiques.

Art. 2 I. — L'Agence du patrimoine immatériel de l'État a pour missions :

1° D'identifier, avec les services de l'État, leurs actifs immatériels stratégiques ;

2° De proposer au Gouvernement les orientations relatives à la stratégie de gestion des actifs immatériels de l'État, en tenant compte des enjeux propres à l'ouverture des données publiques et sous réserve des compétences de la mission "Etalab" ;

3° De coordonner la mise en œuvre des orientations relatives à la stratégie de gestion des actifs immatériels de l'État mentionnées au 2° du I du présent article et d'assister les services de l'État dans l'élaboration et la conduite de leur stratégie de gestion et de valorisation des actifs immatériels sous réserve d'attributions spécifiques définies par ailleurs ;

4° D'assurer la mise en œuvre de services mutualisés de gestion d'actifs immatériels ;

5° De proposer des actions de formation et de veiller à la diffusion de bonnes pratiques ;

6° De favoriser les échanges et la mutualisation de bonnes pratiques entre les services de l'État en ce qui concerne le financement par le mécénat de projets d'intérêt général, et d'apporter aux services de l'État une assistance stratégique et méthodologique à la mise en place des démarches de mécénat et de partenariat ;

7° De participer, en liaison avec les autres administrations concernées, à l'élaboration et au suivi des règles de comptabilité publique relatives aux actifs immatériels.

II. — L'agence peut exercer les missions mentionnées aux 1° à 3° et 5° à 7° du I du présent article pour le compte d'établissements publics ou d'autres personnes publiques.

Art. 3 I. — L'Agence du patrimoine immatériel de l'État est chargée de la gestion des portefeuilles de marques des administrations civiles de l'État au sens de l'article 2 du décret du 7 mai 2015 susvisé ainsi que de celles des administrations militaires et des forces armées.

Les administrations mentionnées au premier alinéa saisissent l'agence de tout projet de dépôt de marque.

L'agence assure pour ces administrations les prestations suivantes :

1° Elle émet un avis sur la pertinence et la validité du dépôt de marque envisagé et formule des recommandations de protection ; elle procède, en leur nom et pour leur compte, à l'ensemble des formalités nécessaires à l'enregistrement des marques, en France comme à l'étranger, et aux formalités d'inscription relatives aux marques ;

2° Elle les informe des échéances de renouvellement des marques et, dans le cas où elles souhaitent les renouveler, procède, en leur nom et pour leur compte, aux formalités correspondantes ;

3° Elle assure la veille des dépôts de marque postérieurs susceptibles de porter atteinte aux marques qu'elles ont déposées et émet à leur attention des recommandations motivées sur les actions à mener en cas d'atteinte aux marques ;

4° Elle engage, avec leur accord, toute action précontentieuse utile à la protection des marques, notamment la procédure d'opposition à l'enregistrement de marques postérieures leur portant atteinte.

II. — L'agence réalise les prestations mentionnées aux 1° à 4° du I du présent article y compris lorsque les marques sont détenues en copropriété avec une ou plusieurs personnes autres que l'État, à condition que l'État ait été constitué comme mandataire commun au sens de l'article R. 712-2 du code de la propriété intellectuelle ou comme représentant commun au sens du règlement (CE) de la Commission du 13 décembre 1995 susvisé.

III. — Pour l'accomplissement des démarches et actions mentionnées au I du présent article, l'Agence du patrimoine immatériel de l'État peut recourir, en tant que de besoin et après accord des administrations concernées, aux services d'un prestataire.

Les redevances dues aux offices d'enregistrement des marques et les frais externes pouvant être occasionnés par les prestations mentionnées au I du présent article sont acquittés par l'Agence du patrimoine immatériel de l'État, qui en obtient le remboursement auprès des administrations concernées.

IV. — L'Agence du patrimoine immatériel de l'État peut exercer les missions mentionnées au I du présent article à la demande et pour le compte des autres services de l'État n'entrant pas dans le champ du premier alinéa du I. Les modalités d'exercice de ces missions sont définies par des délégations de gestion prises en application du décret du 14 octobre 2004 susvisé.

V. — L'Agence du patrimoine immatériel de l'État formule toute proposition de nature à améliorer la gestion des marques des établissements publics de l'État et fournit à ces derniers, à leur demande, un appui méthodologique à la gestion de leur portefeuille de marques.

Sur l'entrée en vigueur des I à III de l'art. 3, V. art. 7 du présent décret.

Art. 4 I. – L'Agence du patrimoine immatériel de l'État contribue à la gestion des noms de domaine de l'internet de l'État par les prestations de services suivantes :

1° Elle peut analyser, à la demande du service d'information du Gouvernement ou de tout autre service de l'État, préalablement à la réservation d'un nom de domaine en vue d'une exploitation, si le nom envisagé est susceptible de porter atteinte à des droits antérieurs et formule des recommandations de protection ;

2° Elle peut effectuer des prestations de veille à la demande et pour le compte des services de l'État ;

3° Elle peut mettre en œuvre les procédures précontentieuses nécessaires à la protection de leurs noms de domaine.

II. – Les frais externes pouvant être occasionnés par les prestations mentionnées au I du présent article sont soumis à l'accord préalable des services intéressés. Ces frais sont acquittés par l'Agence du patrimoine immatériel de l'État, qui en obtient le remboursement auprès d'eux.

Art. 5 I. – L'Agence du patrimoine immatériel de l'État est dirigée par un directeur général assisté d'un directeur général adjoint. Le directeur général a rang de chef de service.

II. – L'agence comprend, outre des services communs, des pôles responsables de missions d'expertise juridique, de valorisation et de gestion d'actifs immatériels.

Art. 6 *Mod. par Décr. n° 2009-157 du 10 févr. 2009, art. 2.*

Art. 7 Les dispositions du *[des]* I au *[à]* III de l'article 3 entrent en vigueur le 1er novembre 2015.

Toutefois, lorsqu'une administration civile ou militaire de l'État a confié la gestion d'une ou plusieurs de ses marques à un prestataire extérieur dans le cadre d'un contrat en cours à cette date, les dispositions du [des] I au [à] III de l'article 3 ne s'appliquent aux marques concernées qu'à compter de l'expiration dudit contrat.

X NOMS COMMERCIAUX

RÉP. COM. v^is *Marques de fabrique, de commerce ou de service,* par SCHMIDT-SZALEWSKI ; *Nom commercial,* par LOISEAU.

V. comm. ss. art. L. 713-6.

Code de la consommation

PARTIE LÉGISLATIVE

(Ord. n° 2016-301 du 14 mars 2016, en vigueur le 1er juill. 2016)

Art. L. 413-4 Il est interdit d'apposer ou de faire apparaître par addition, retranchement ou par une altération quelconque sur des produits, de fausses indications concernant le nom du fabricant, la raison sociale ou le lieu de fabrication. – *[C. consom., art. L. 217-1, al. 1er, hors sanction.]*

…………………………………………………………………………………………

Art. L. 413-5 Il est interdit à tout professionnel d'exposer ou de mettre en vente des produits marqués de noms faux ou altérés. – *[C. consom., art. L. 217-1, al. 2.]*

…………………………………………………………………………………………

Art. L. 422-2 Il est interdit de détenir en vue de la vente ou de la distribution à titre gratuit, de mettre en vente, de vendre, de distribuer à titre gratuit, les produits dont l'importation est prohibée par des décisions de la Commission européenne prises en application de l'article 18 de la directive 91/496/CEE du Conseil du 15 juillet 1991 fixant les principes relatifs à l'organisation des contrôles vétérinaires pour les animaux en provenance des pays tiers introduits dans la Communauté et modifiant les directives 89/662/CEE, 90/425/CEE et 90/675/CEE ou de l'article 22 de la directive 97/78/CE du Conseil du 18 décembre 1997 fixant les principes relatifs à l'organisation des contrôles vétérinaires pour les produits en provenance des pays tiers introduits dans la Communauté fixant les principes relatifs à l'organisation des contrôles vétérinaires pour les animaux en provenance des pays tiers

introduits dans la Communauté, ou qui ne sont pas conformes aux prescriptions qu'elles édictent. – *[C. consom., art. L. 217-1-1]. – Anc. art. L. 422-3 (L. n° 2017-203 du 21 févr. 2017, art. 11).*

………………………………………………………………………………

Sanctions

Art. L. 451-9 La violation des interdictions prévues à l'article L. 413-4 est punie d'une peine d'emprisonnement de deux ans et d'une amende de 300 000 euros. – *[C. consom., art. L. 217-1, al. 1er, sanction.]*

Art. L. 451-10 La violation des interdictions prévues à l'article L. 413-5 est punie d'une peine d'emprisonnement de deux ans et d'une amende de 300 000 euros. – *[C. consom., art. L. 217-1, al. 2, sanction.]*

………………………………………………………………………………

Art. L. 451-15 Les personnes physiques coupables des délits punis aux articles L. 451-9 à L. 451-14 encourent également à titre de peines complémentaires l'interdiction, suivant les modalités prévues à l'article 131-27 du code pénal, soit d'exercer une fonction publique ou d'exercer l'activité professionnelle ou sociale dans l'exercice ou à l'occasion de l'exercice de laquelle l'infraction a été commise, soit d'exercer une profession commerciale ou industrielle, de diriger, d'administrer, de gérer ou de contrôler à un titre quelconque, directement ou indirectement, pour leur propre compte ou pour le compte d'autrui, une entreprise commerciale ou industrielle ou une société commerciale.

Ces interdictions d'exercice ne peuvent excéder une durée de cinq ans. Elles peuvent être prononcées cumulativement.

Les personnes morales déclarées responsables pénalement, dans les conditions prévues à l'article 121-2 du code pénal, des délits punis aux articles L. 451-9 à L. 451-14 encourent, outre l'amende suivant les modalités prévues à l'article 131-38 du même code, les peines prévues aux 2° à 9° de l'article 131-39 de ce code.

L'interdiction mentionnée au 2° du même article 131-39 porte sur l'activité dans l'exercice ou à l'occasion de l'exercice de laquelle l'infraction a été commise. Les peines prévues aux 2° à 7° de cet article ne peuvent être prononcées que pour une durée de cinq ans au plus. – *[C. consom., art. L. 217-12, peines complémentaires - conformité.]*

Art. L. 451-16 En cas de condamnation pour les faits punis aux articles L. 451-9 à L. 451-12, le tribunal peut en outre ordonner l'affichage et la diffusion du jugement dans les conditions prévues à l'article 131-35 du code pénal. – *[C. consom., art. L. 217-4.]*

………………………………………………………………………………

Art. R. 452-1 Le fait de détenir en vue de la vente ou de la distribution à titre gratuit, de mettre en vente, de vendre, de distribuer à titre gratuit les produits dont l'importation est prohibée, en méconnaissance des dispositions de l'article L. 422-3, est puni de la peine d'amende prévue pour les contraventions de la 5e classe.

Les personnes physiques ou morales coupables de la contravention prévue au précédent alinéa encourent également la peine complémentaire de confiscation de la chose qui a servi ou était destinée à commettre l'infraction ou de la chose qui en est le produit conformément aux dispositions du 5° de l'article 131-16 et du dernier alinéa de l'article 131-40 du code pénal.

La récidive est réprimée conformément aux articles 132-11 et 132-15 du code pénal. – *[C. consom., art. R. 217-1.]*

XI OBTENTIONS VÉGÉTALES

Droit international

Convention internationale pour la protection des obtentions végétales du 2 décembre 1961,

Révisée à Genève le 10 novembre 1972, le 23 octobre 1978 et le 19 mars 1991. – Publiée par Décr. n° 2012-865 du 5 juill. 2012. – Entrée en vigueur le 27 mai 2012.

Sur le respect de la Convention dans les États partenaires de l'Union européenne, V. Communication de la Commission du 26 févr. 1997 (JOCE C 217, 17 juill. 1997).

La L. nº 2011-1843 du 8 déc. 2011 transpose, en droit français, des dispositions de la Convention internationale pour la protection des obtentions végétales.

CHAPITRE PREMIER *Définitions*

Art. 1er *Définitions.* **Aux fins du présent Acte :**

i) On entend par "la présente Convention" le présent Acte (de 1991) de la Convention internationale pour la protection des obtentions végétales ;

ii) On entend par "Acte de 1961/1972 *[1961-1972]* **" la Convention internationale pour la protection des obtentions végétales du 2 décembre 1961 modifiée par l'Acte additionnel du 10 novembre 1972 ;**

iii) On entend par "Acte de 1978" l'Acte du 23 octobre 1978 de la Convention internationale pour la protection des obtentions végétales ;

iv) On entend par "obtenteur" :

— la personne qui a créé ou qui a découvert et mis au point une variété ;

— la personne qui est l'employeur de la personne précitée ou qui a commandé son travail, lorsque la législation de la Partie contractante en cause prévoit que le droit d'obtenteur lui appartient, ou

— l'ayant droit ou l'ayant cause de la première ou de la deuxième *[seconde]* **personne précitée, selon le cas ;**

v) On entend par "droit d'obtenteur" le droit de l'obtenteur prévu dans la présente Convention ;

vi) On entend par "variété" un ensemble végétal d'un taxon botanique du rang le plus bas connu qui, qu'il réponde ou non pleinement aux conditions pour l'octroi d'un droit d'obtenteur, peut être

— défini par l'expression des caractères résultant d'un certain génotype ou d'une certaine combinaison de génotypes ;

— distingué de tout autre ensemble végétal par l'expression d'au moins un desdits caractères et

— considéré comme une entité eu égard à son aptitude à être reproduit conforme ;

vii) On entend par "Partie contractante" un État, ou une organisation intergouvernementale, partie à la présente Convention ;

viii) On entend par "territoire", en relation avec une Partie contractante lorsque celle-ci est un État, le territoire de cet État et, lorsque celle-ci est une organisation intergouvernementale, le territoire sur lequel s'applique le traité constitutif de cette organisation intergouvernementale ;

ix) On entend par *["service"]* **le service visé à l'article 30.1. ii ;**

x) On entend par "Union" l'Union internationale pour la protection des obtentions végétales fondée par l'Acte de 1961 et mentionnée dans l'Acte de 1972, dans l'Acte de 1978 et dans la présente Convention ;

xi) On entend par "membre de l'Union" un État partie à l'Acte de 1961-1972 ou à l'Acte de 1978, ou une Partie contractante.

CHAPITRE II *Obligations générales des Parties contractantes*

Art. 2 *Obligation fondamentale des Parties contractantes.* **Chaque Partie contractante octroie des droits d'obtenteur et les protège.**

Art. 3 *Genres et espèces devant être protégés.* **1.** *États déjà membres de l'Union.* **Chaque Partie contractante qui est liée par l'Acte de 1961-1972 ou par l'Acte de 1978 applique les dispositions de la présente Convention :**

i) A la date à laquelle elle devient liée par la présente Convention, à tous les genres et espèces végétaux auxquels elle applique, à cette date, les dispositions de l'Acte de 1961-1972 ou de l'Acte de 1978 et

ii) Au plus tard à l'expiration d'un délai de cinq ans à compter de cette date, à tous les genres et espèces végétaux.

2. *Nouveaux membres de l'Union.* **Chaque Partie contractante qui n'est pas liée par l'Acte de 1961/1972** *[1961-1972.]* **ou par l'Acte de 1978 applique les dispositions de la présente Convention :**

i) A la date à laquelle elle devient liée par la présente Convention, à au moins quinze genres ou espèces végétaux et

ii) Au plus tard à l'expiration d'un délai de dix ans à compter de cette date, à tous les genres et espèces végétaux.

Art. 4 *Traitement national.* 1. *Traitement.* Les nationaux d'une Partie contractante ainsi que les personnes physiques ayant leur domicile sur le territoire de cette Partie contractante et les personnes morales ayant leur siège sur ledit territoire jouissent, sur le territoire de chacune des autres Parties contractantes, en ce qui concerne l'octroi et la protection des droits d'obtenteur, du traitement que les lois de cette autre Partie contractante accordent ou accorderont par la suite à ses nationaux, le tout sans préjudice des droits prévus par la présente Convention et sous réserve de l'accomplissement par lesdits nationaux et lesdites personnes physiques ou morales des conditions et formalités imposées aux nationaux de ladite autre Partie contractante.

2. *"Nationaux".* Aux fins du paragraphe précédent*[,]* on entend par "nationaux", lorsque la Partie contractante est un État, les nationaux de cet État et, lorsque la Partie contractante est une organisation intergouvernementale, les nationaux de l'un quelconque de ses États membres.

CHAPITRE III *Conditions de l'octroi d'un droit d'obtenteur*

Art. 5 *Conditions de la protection.* 1. *Critères à remplir.* Le droit d'obtenteur est octroyé lorsque la variété est :

i) nouvelle ;
ii) distincte ;
iii) homogène et
iv) stable.

2. *Autres conditions.* L'octroi du droit d'obtenteur ne peut dépendre de conditions supplémentaires ou différentes de celles mentionnées ci-dessus, sous réserve que la variété soit désignée par une dénomination conformément aux dispositions de l'article 20, que l'obtenteur ait satisfait aux formalités prévues par la législation de la Partie contractante auprès du service de laquelle la demande a été déposée et qu'il ait payé les taxes dues.

Art. 6 *Nouveauté.* 1. *Critères.* La variété est réputée nouvelle si, à la date de dépôt de la demande de droit d'obtenteur, du matériel de reproduction ou de multiplication végétative ou un produit de récolte de la variété n'a pas été vendu ou remis à des tiers d'une autre manière, par l'obtenteur ou avec son consentement, aux fins de l'exploitation de la variété :

i) Sur le territoire de la Partie contractante auprès de laquelle la demande a été déposée, depuis plus d'un an, et

ii) Sur un territoire autre que celui de la Partie contractante auprès de laquelle la demande a été déposée depuis plus de quatre ans ou, dans le cas des arbres et de la vigne, depuis plus de six ans.

2. *Variétés de création récente.* Lorsqu'une Partie contractante applique la présente Convention à un genre végétal auquel ou une espèce végétale à laquelle il *[elle]* n'appliquait pas précédemment la présente Convention ou un Acte antérieur, elle peut considérer qu'une variété de création récente existant à la date de cette extension de la protection satisfait à la condition de nouveauté définie au paragraphe 1 même si la vente ou la remise à des tiers décrite dans ledit paragraphe a eu lieu avant les délais définis dans ledit paragraphe.

3. *"Territoires" dans certains cas.* Aux fins du paragraphe 1, les Parties contractantes qui sont des États membres d'une seule et même organisation intergouvernementale peuvent, lorsque les règles de cette organisation le requièrent, agir conjointement pour assimiler les actes accomplis sur les territoires des États membres de cette organisation a *[à]* des actes accomplis sur leur propre territoire ; elles notifient, le cas échéant, cette assimilation au Secrétaire général.

Art. 7 *Distinction.* La variété est réputée distincte si elle se distingue nettement de toute autre variété dont l'existence, à la date de dépôt de la demande, est notoirement connue. En particulier, le dépôt, dans tout pays, d'une demande d'octroi d'un droit d'obtenteur pour une autre variété ou d'inscription d'une autre variété sur un registre officiel de variétés est réputé rendre cette autre variété notoirement connue à partir de la date de la demande, si celle-ci aboutit à l'octroi du droit d'obtenteur ou à l'inscription de cette autre variété sur le registre officiel de variétés, selon le cas.

Art. 8 *Homogénéité.* La variété est réputée homogène si elle est suffisamment uniforme dans ses caractères pertinents, sous réserve de la variation prévisible compte tenu des particularités de sa reproduction sexuée ou de sa multiplication végétative.

Art. 9 *Stabilité.* La variété est réputée stable si ses caractères pertinents restent inchangés à la suite de ses reproductions ou multiplications successives, ou, en cas de cycle particulier de reproductions ou de multiplications*[,]* à la fin de chaque cycle.

CHAPITRE IV *Demande d'octroi du droit d'obtenteur*

Art. 10 *Dépôt de demandes.* 1. *Lieu de la première demande.* L'obtenteur a la faculté de choisir la Partie contractante auprès du service de laquelle il désire déposer sa première demande de droit d'obtenteur.

2. *Date des demandes subséquentes.* L'obtenteur peut demander l'octroi d'un droit d'obtenteur auprès des services des autres Parties contractantes sans attendre qu'un droit d'obtenteur lui ait été délivré par le service de la Partie contractante qui a reçu la première demande.

3. *Indépendance de la protection.* Aucune Partie contractante ne peut refuser d'octroyer un droit d'obtenteur ou limiter sa durée au motif que la protection n'a pas été demandée pour la même variété, a été refusée ou est expirée dans un autre État ou une autre organisation intergouvernementale.

Art. 11 *Droit de priorité.* 1. *Le droit : sa durée.* L'obtenteur qui a régulièrement fait le dépôt d'une demande de protection d'une variété auprès de l'une des Parties contractantes ("première demande") jouit, pour effectuer le dépôt d'une demande d'octroi d'un droit d'obtenir *[d'obtenteur]* pour la même variété auprès du service d'une autre Partie contractante ("demande subséquente"), d'un droit de priorité pendant un délai de douze mois. Ce délai est compté à partir de la date du dépôt de la première demande. Le jour du dépôt n'est pas compris dans ce délai.

2. *Revendication du droit.* Pour bénéficier du droit de priorité, l'obtenteur doit, dans la demande subséquente, revendiquer la priorité de la première demande. Le service auprès duquel la demande subséquente a été déposée peut exiger du demandeur qu'il fournisse, dans un délai qui ne peut être inférieur à trois mois à compter de la date de dépôt de la demande subséquente, une copie des documents qui constituent la première demande, certifiée conforme par le service auprès duquel elle aura été déposée, ainsi que des échantillons ou toute autre preuve que la variété qui fait l'objet des deux demandes est la même.

3. *Documents et matériel.* L'obtenteur bénéficiera d'un délai de deux ans après l'expiration du délai de priorité ou, lorsque la première demande est rejetée ou retirée, d'un délai approprié à compter du rejet ou du retrait pour fournir au service de la Partie contractante auprès duquel il a déposé la demande subséquente tout renseignement*[,]* document ou matériel requis par les lois de cette Partie contractante en vue de l'examen prévu à l'article 12.

4. *Événements survenant durant le délai de priorité.* Les événements survenant dans le délai fixé au paragraphe 1, tels que le dépôt d'une autre demande ou la publication ou l'utilisation de la variété qui fait l'objet de la première demande, ne constituent pas un motif de rejet de la demande subséquente. Ces événements ne peuvent pas non plus faire naître de droit de tiers.

Art. 12 *Examen de la demande.* La décision d'octroyer un droit d'obtenteur exige un examen de la conformité aux conditions prévues aux articles 5 à 9. Dans le cadre de cet examen, le service peut mettre la variété en culture ou effectuer les autres essais nécessaires, faire effectuer la mise en culture ou les autres essais nécessaires, ou prendre en compte les résultats des essais en culture ou d'autres essais déjà effectués. En vue de cet examen, le service peut exiger de l'obtenteur tout renseignement, document ou matériel nécessaire.

Art. 13 *Protection provisoire.* Chaque Partie contractante prend des mesures destinées à sauvegarder les intérêts de l'obtenteur pendant la période comprise entre le dépôt de la demande d'octroi d'un droit d'obtenteur ou sa publication et l'octroi du droit. Au minimum, ces mesures auront pour effet que le titulaire d'un droit d'obtenteur aura droit à une rémunération équitable perçue auprès de celui qui, dans l'intervalle précité, a accompli des actes qui, après l'octroi du droit, requièrent l'autorisation de l'obtenteur conformément aux dispositions de l'article 14. Une Partie contractante peut prévoir que lesdites mesures ne prendront effet qu'à l'égard des personnes auxquelles l'obtenteur aura notifié le dépôt de la demande.

CHAPITRE V *Les droits de l'obtenteur*

Art. 14 *Étendue du droit d'obtenteur.* 1. *Actes à l'égard du matériel de reproduction ou de multiplication. a)* Sous réserve des articles 15 et 16, l'autorisation de l'obtenteur est requise pour les actes suivants accomplis à l'égard du matériel de reproduction ou de multiplication de la variété protégée :

i) La production ou la reproduction ;

ii) Le conditionnement aux fins de la reproduction ou de la multiplication ;

iii) L'offre à la vente ;

iv) La vente ou toute autre forme de commercialisation ;

v) L'exportation ;

vi) L'importation ;

vii) La détention à l'une des fins mentionnées aux points i à vi ci-dessus.

b) L'obtenteur peut subordonner son autorisation à des conditions et à des limitations.

2. *Actes à l'égard du produit de la récolte.* Sous réserve des articles 15 et 16, l'autorisation de l'obtenteur est requise pour les actes mentionnés aux points i à vii du paragraphe 1 *a* accomplis à l'égard du produit de la récolte, y compris des plantes entières et des parties de plantes, obtenu par utilisation non autorisée de matériel de reproduction ou de multiplication de la variété protégée, à moins que l'obtenteur ait raisonnablement pu exercer son droit en relation avec ledit matériel de reproduction ou de multiplication.

3. *Actes à l'égard de certains produits.* Chaque Partie contractante peut prévoir que, sous réserve des articles 15 et 16, l'autorisation de l'obtenteur est requise pour les actes mentionnés aux points i à vii du paragraphe 1 *a* accomplis à l'égard des produits fabriqués directement à partir d'un produit de récolte de la variété protégée couvert par les dispositions du paragraphe 2 par utilisation non autorisée dudit produit de récolte, à moins que l'obtenteur ait raisonnablement pu exercer son droit en relation avec ledit produit de récolte.

4. *Actes supplémentaires éventuels.* Chaque Partie contractante peut prévoir que, sous réserve des articles 15 et 16, l'autorisation de l'obtenteur est également requise pour des actes autres que ceux mentionnés aux points i à vii du paragraphe 1 *a.*

5. *Variétés dérivées et certaines autres variétés. a)* Les dispositions des paragraphes 1 à 4 s'appliquent également :

i) Aux variétés essentiellement dérivées de la variété protégée, lorsque celle-ci n'est pas elle-même une variété essentiellement dérivée ;

ii) Aux variétés qui ne se distinguent pas nettement de la variété protégée conformément à l'article 7, et

iii) Aux variétés dont la production nécessite l'emploi répété de la variété protégée.

b) Aux fins du sous-alinéa *a* i, une variété est réputée essentiellement dérivée d'une autre variété ("variété initiale") si*[:]*

i) Elle est principalement dérivée de la variété initiale, ou d'une variété qui est elle-même principalement dérivée de la variété initiale, tout en conservant les expressions des caractères essentiels qui résultent du génotype ou de la combinaison de génotypes de la variété initiale ;

ii) Elle se distingue nettement de la variété initiale et

iii) Sauf en ce qui concerne les différences résultant de la dérivation, elles *[elle]* est conforme à la variété initiale dans l'expression des caractères essentiels qui résultent du génotype ou de la combinaison de génotypes de la variété initiale.

c) Les variétés essentiellement dérivées peuvent être obtenues, par exemple, par sélection d'un mutant naturel ou induit ou d'un variant somaclonal, sélection d'un individu variant parmi les plantes de la variété initiale, rétrocroisements ou transformation par génie génétique.

Art. 15 *Exceptions au droit d'obtenteur.* 1. *Exceptions obligatoires.* Le droit d'obtenteur ne s'étend pas :

i) aux actes accomplis dans un cadre privé à des fins non commerciales ;

ii) aux actes accomplis à titre expérimental et

iii) aux actes accomplis aux fins de la création de nouvelles variétés ainsi que, à moins que les dispositions de l'article 14-5 ne soient applicables, aux actes mentionnés à l'article 14-1 à 4 accomplis avec de telles variétés.

2. *Exception facultative.* En dérogation des dispositions de l'article 14, chaque Partie contractante peut, dans des limites raisonnables et sous réserve de la sauvegarde des intérêts légitimes de l'obtenteur, restreindre le droit d'obtenteur à l'égard de toute variété afin de permettre aux agriculteurs d'utiliser à des fins de reproduction ou de multiplication, sur leur propre exploitation, le produit de la récolte qu'ils ont obtenu par la mise en culture, sur leur propre exploitation, de la variété protégée ou d'une variété visée à l'article 14.5 *[14-5]* *a* i ou ii.

Art. 16 *Épuisement du droit d'obtenteur.* 1. *Épuisement du droit.* Le droit d'obtenteur ne s'étend pas aux actes concernant du matériel de sa variété ou d'une variété visée à l'article 14.5 *[14-5]* qui a été vendu ou commercialisé d'une autre manière sur le territoire de la Partie contractante concernée par l'obtenteur ou avec son consentement, ou du matériel dérivé dudit matériel, à moins que ces actes :

i) Impliquent une nouvelle reproduction ou multiplication de la variété en cause ou

ii) Impliquent une exportation de matériel de la variété permettant de reproduire la variété vers un pays qui ne protège pas les variétés du genre végétal ou de l'espèce végétale dont la variété fait partie, sauf si le matériel exporté est destiné à la consommation.

2. *Sens de "matériel".* Aux fins du paragraphe 1*[,]* on entend par "matériel", en relation avec une variété :

i) Le matériel de reproduction ou de multiplication végétative, sous quelque forme que ce soit,

ii) Le produit de la récolte, y compris les plantes entières et les parties de plantes, et

iii) Tout produit fabriqué directement à partir du produit de la récolte.

3. *"Territoires" dans certains cas.* Aux fins du paragraphe 1, les Parties contractantes qui sont des États membres d'une seule et même organisation intergouvernementale peuvent, lorsque les règles de cette organisation le requièrent, agir conjointement pour assimiler les actes accomplis sur les territoires des États membres de cette organisation à des actes accomplis sur leur propre territoire ; elles notifient, le cas échéant, cette assimilation au Secrétaire général.

Art. 17 *Limitation de l'exercice du droit d'obtenteur.* 1. *Intérêt public.* Sauf disposition expresse prévue dans la présente Convention, aucune Partie contractante ne peut limiter le libre exercice d'un droit d'obtenteur autrement que pour des raisons d'intérêt public.

2. *Rémunération équitable.* Lorsqu'une telle limitation a pour effet de permettre à un tiers d'accomplir l'un quelconque des actes pour lesquels l'autorisation de l'obtenteur est requise, la Partie contractante intéressée doit prendre toutes mesures nécessaires pour que l'obtenteur reçoive une rémunération équitable.

Art. 18 *Réglementation économique.* Le droit d'obtenteur est indépendant des mesures adoptées par une Partie contractante en vue de réglementer sur son territoire la production, le contrôle et la commercialisation du matériel des variétés, ou l'importation et l'exportation de ce matériel. En tout état de cause, ces mesures ne devront pas porter atteinte à l'application des dispositions de la présente Convention.

Art. 19 *Durée du droit d'obtenteur.* 1. *Durée de la protection.* Le droit d'obtenteur est accordé pour une durée définie.

2. *Durée minimale.* Cette durée ne peut être inférieure à vingt années, à compter de la date d'octroi du droit d'obtenteur. Pour les arbres et la vigne, cette durée ne peut être inférieure à vingt-cinq années, à compter de cette date.

CHAPITRE VI *Dénomination de la variété*

Art. 20 *Dénomination de la variété.* 1. *Désignation des variétés par des dénominations : utilisation de la dénomination. a)* La variété sera désignée par une dénomination destinée à être sa désignation générique.

b) Chaque Partie contractante s'assure que, sous réserve du paragraphe 4, aucun droit relatif à la désignation enregistrée comme la dénomination de la variété n'entrave la libre utilisation de la dénomination en relation avec la variété, même après l'expiration du droit d'obtenteur.

2. *Caractéristiques de la dénomination.* La dénomination doit permettre d'identifier la variété. Elle ne peut se composer uniquement de chiffres*[,]* sauf lorsque c'est une pratique établie pour désigner des variétés. Elle ne doit pas être susceptible d'induire en erreur ou de prêter à confusion sur les caractéristiques, la valeur ou l'identité de la variété ou sur l'identité de l'obtenteur. Elle doit notamment être différente de toute dénomination qui désigne, sur le territoire de l'une quelconque des Parties contractantes, une variété préexistante de la même espèce végétale ou d'une espèce voisine.

3. *Enregistrement de la dénomination.* La dénomination de la variété est proposée par l'obtenteur auprès du service. S'il est avéré que cette dénomination ne répond pas aux exigences du paragraphe 2), le service refuse de l'enregistrer et exige que l'obtenteur propose, dans un délai prescrit, une autre dénomination. La dénomination est enregistrée par celui-ci en même temps qu'est octroyé le droit d'obtenteur.

4. *Droits antérieurs des tiers.* Il n'est pas porté atteinte aux droits antérieurs des tiers. Si, en vertu d'un droit antérieur, l'utilisation de la dénomination d'une variété est interdite à une

personne qui, conformément aux dispositions du paragraphe 7, est obligée de l'utiliser, le service exige que l'obtenteur propose une autre dénomination pour la variété.

5. *Même dénomination dans toutes les Parties contractantes.* Une variété ne peut faire l'objet de demandes d'octroi d'un droit d'obtenteur auprès des Parties contractantes que sous la même dénomination. Le service de chaque Partie contractante est tenu d'enregistrer la dénomination ainsi proposée, à moins qu'il ne constate la non-convenance de cette dénomination sur le territoire de cette Partie contractante. Dans ce cas, il exige que l'obtenteur propose une autre dénomination.

6. *Information mutuelle des services des Parties contractantes.* Le service d'une Partie contractante doit assurer la communication aux services des autres Parties contractantes des informations relatives aux dénominations variétales, notamment de la proposition, de l'enregistrement et de la radiation de dénominations. Tout service peut transmettre ses observations éventuelles sur l'enregistrement d'une dénomination au service qui a communiqué cette dénomination.

7. *Obligation d'utiliser la dénomination.* Celui qui, sur le territoire de l'une des Parties contractantes, procède à la mise en vente ou à la commercialisation du matériel de reproduction ou de multiplication végétative d'une variété protégée sur ledit territoire est tenu d'utiliser la dénomination de cette variété, même après l'expiration du droit d'obtenteur relatif à cette variété, pour autant que, conformément aux dispositions du paragraphe 4, des droits antérieurs ne s'opposent pas à cette utilisation.

8. *Indications utilisées en association avec des dénominations.* Lorsqu'une variété est offerte à la vente ou commercialisée, il est permis d'associer une marque de fabrique ou de commerce, un nom commercial ou une indication similaire, à la dénomination variétale enregistrée. Si une telle indication est ainsi associée, la dénomination doit néanmoins être facilement reconnaissable.

CHAPITRE VII *Nullité et déchéance du droit d'obtenteur*

Art. 21 *Nullité du droit d'obtenteur.* 1. *Motifs de nullité.* Chaque Partie contractante déclare nul un droit d'obtenteur qu'elle a octroyé s'il est avéré :

i) Que les conditions fixées aux articles 6 et 7 n'étaient pas effectivement remplies lors de l'octroi du droit d'obtenteur ;

ii) Que, lorsque l'octroi du droit d'obtenteur a été essentiellement fondé sur les renseignements et documents fournis par l'obtenteur, les conditions fixées aux articles 8 et 9 n'étaient pas effectivement remplies lors de l'octroi du droit d'obtenteur, ou

iii) Que le droit d'obtenteur a été octroyé à une personne qui n'y avait pas droit, à moins qu'il ne soit transféré à la personne qui y a droit.

2. *Exclusion de tout autre motif.* Aucun droit d'obtenteur ne peut être annulé pour d'autres motifs que ceux mentionnés au paragraphe 1.

Art. 22 *Déchéance de l'obtenteur.* 1. *Motifs de déchéance. a)* Chaque Partie contractante peut déchoir l'obtenteur du droit qu'elle lui a octroyé s'il est avéré que les conditions fixées aux articles 8 et 9 ne sont plus effectivement remplies.

b) En outre, chaque Partie contractante peut déchoir l'obtenteur du droit qu'elle lui a octroyé si, dans un délai prescrit et après mise en demeure :

i) L'obtenteur ne présente pas au service les renseignements, documents ou matériel jugés nécessaires au contrôle du maintien de la variété ;

ii) L'obtenteur n'a pas acquitté les taxes dues, le cas échéant, pour le maintien en vigueur de son droit, ou

iii) L'obtenteur ne propose pas, en cas de radiation de la dénomination de la variété après l'octroi du droit, une autre dénomination qui convienne.

2. *Exclusion de tout autre motif.* Aucun obtenteur ne peut être déchu de son droit pour d'autres motifs que ceux mentionnés au paragraphe 1.

CHAPITRE VIII *L'Union*

Art. 23 *Membres.* Les Parties contractantes sont membres de l'Union.

Art. 24 *Statut juridique et stage [siège].* 1. *Personnalité juridique.* L'Union a la personnalité juridique.

2. *Capacité juridique.* L'Union jouit, sur le territoire de chaque Partie contractante, conformément aux lois applicables sur ledit territoire, de la capacité juridique nécessaire pour atteindre son but et exercer ses fonctions.

3. *Siège.* Le siège de l'Union et de ses organes permanents est à Genève.

4. *Accord de siège.* L'Union a un accord de siège avec la Confédération suisse.

Art. 25 *Organes.* Les organes permanents de l'Union sont le Conseil et le Bureau de l'Union.

Art. 26 *Le Conseil.* 1. *Composition.* Le Conseil est composé des représentants des membres de l'Union. Chaque membre de l'Union nomme un représentant au Conseil et un suppléant. Les représentants ou suppléants peuvent être accompagnés d'adjoints ou de conseillers.

2. *Président et vice-présidents.* Le Conseil élit parmi ses membres un Président et un premier Vice-président. Il peut élire d'autres vice-présidents. Le premier Vice-président remplace de droit le Président en cas d'empêchement. La durée du mandat du Président est de trois ans.

3. *Sessions.* Le Conseil se réunit sur convocation de son Président. Il tient une session ordinaire une fois par an. En outre, le Président peut réunir le Conseil à son initiative ; il doit le réunir dans un délai de trois mois quand un tiers au moins des membres de l'Union en a fait la demande.

4. *Observations [Observateurs].* Les États non membres de l'Union peuvent être invités aux réunions du Conseil à titre d'observateurs. A ces réunions peuvent également être invités d'autres observateurs ainsi que des experts.

5. *Missions du Conseil.* Les missions du Conseil sont les suivantes :

i) Étudier les mesures propres à assurer la sauvegarde et à favoriser le développement de l'Union ;

ii) Établir son règlement intérieur ;

iii) Nommer le Secrétaire général et, s'il l'estime nécessaire, un Secrétaire général adjoint ; fixer les conditions de leur engagement ;

iv) Examiner le rapport annuel d'activité de l'Union et établir le programme des travaux futurs de celle-ci ;

v) Donner au Secrétaire général toutes directives nécessaires à l'accomplissement des tâches de l'Union ;

vi) Établir le règlement administratif et financier de l'Union ;

vii) Examiner et approuver le budget de l'Union et fixer la contribution de chaque membre de l'Union ;

viii) Examiner et approuver les comptes présentés par le Secrétaire général ;

ix) Fixer la date et le lieu des conférences prévues par l'article 38 et prendre les mesures nécessaires à leur préparation, et

x) D'une manière générale, prendre toutes décisions en vue du bon fonctionnement de l'Union.

6. *Nombre de voix. a)* Chaque membre de l'Union qui est un État dispose d'une voix au Conseil.

b) Toute Partie contractante qui est une organisation intergouvernementale peut, sur des questions de sa compétence, exercer les droits de vote de ses États membres qui sont membres de l'Union. Une telle organisation intergouvernementale ne peut exercer les droits de vote de ses États membres si ses États membres exercent leur droit de vote, et vice versa.

7. *Majorités.* Toute décision du Conseil est prise à la majorité simple des suffrages exprimés ; toutefois, toute décision du Conseil en vertu des paragraphes 5, ii, vi et vii) et en vertu des articles 28.3, 29.5*b* et 38.1 est prise à la majorité des trois quarts des suffrages exprimés. L'abstention n'est pas considérée comme vote.

Art. 27 *Le Bureau de l'Union.* 1. *Missions et direction du Bureau.* Le Bureau de l'Union exécute toutes les missions qui lui sont confiées par le Conseil. Il est dirigé par le Secrétaire général.

2. *Missions du Secrétaire général.* Le Secrétaire général est responsable devant le Conseil ; il assure l'exécution des décisions du Conseil. Il soumet le budget à l'approbation du Conseil et en assure l'exécution. Il lui présente des rapports sur sa gestion et sur les activités et la situation financière de l'Union.

3. *Personnel.* Sous réserve des dispositions de l'article 26.5 iii, les conditions de nomination et d'emploi des membres du personnel nécessaire au bon fonctionnement du Bureau de l'Union sont fixées par le règlement administratif et financier.

Art. 28 *Langues.* 1. *Langues du Bureau.* Les langues française, allemande, anglaise et espagnole sont utilisées par le Bureau de l'Union dans l'accomplissement de ses missions.

2. *Langues dans certaines réunions.* Les réunions du Conseil ainsi que les conférences de révision se tiennent en ces quatre langues.

3. *Autres langues.* Le Conseil peut décider que d'autres langues seront utilisées.

Art. 29 *Finances.* 1. *Recettes.* Les dépenses de l'Union sont couvertes :

i) Par les contributions annuelles des États membres de l'Union ;

ii) Par la rémunération des prestations de services ;

iii) Par des recettes diverses.

2. *Contributions : unités. a)* La part de chaque État membre de l'Union dans le montant total des contributions annuelles est déterminée par référence au montant total des dépenses à couvrir à l'aide des contributions des États membres de l'Union et au nombre d'unités de contribution qui lui est applicable aux termes du paragraphe 3. Ladite part est calculée conformément au paragraphe 4.

b) Le nombre des unités de contribution est exprimé en nombres entiers ou en fractions d'unité, aucune fraction ne pouvant être inférieure à un cinquième.

3. *Contributions : part de chaque membre. a)* Le nombre d'unités de contribution applicable à tout membre de l'Union qui est partie à l'Acte de 1961-1972 ou à l'Acte de 1978 à la date à laquelle il devient lié par la présente Convention est le même que celui qui lui était applicable immédiatement avant ladite date.

b) Tout État membre de l'Union indique au moment de son accession à l'Union, dans une déclaration adressée au Secrétaire général, le nombre d'unités de contribution qui lui est applicable.

c) Tout État membre de l'Union peut, à tout moment, indiquer, dans une déclaration adressée au Secrétaire général, un nombre d'unités de contribution différent de celui qui lui est applicable en vertu des alinéas *a* ou *b* ci-dessus. Si elle est faite pendant les six premiers mois d'une année civile, cette déclaration prend effet au début de l'année civile suivante ; dans le cas contraire, elle prend effet au début de la deuxième année civile qui suit l'année au cours de laquelle elle est faite.

4. *Contributions : calcul des parts. a)* Pour chaque exercice budgétaire, le montant d'une unité de contribution est égal au montant total des dépenses à couvrir pendant cet exercice à l'aide des contributions des États membres de l'Union divisé par le nombre total d'unités applicable à ces États membres.

b) Le montant de la contribution de chaque État membre de l'Union est égal au montant d'une unité de contribution multiplié par le nombre d'unités applicable à cet État membre.

5. *Arriérés de contributions. a)* Un État membre de l'Union en retard dans le paiement de ses contributions ne peut — sous réserve des dispositions de l'alinéa *b* — exercer son droit de vote au Conseil si le montant de son arriéré est égal ou supérieur à celui de la contribution dont il est redevable pour la dernière année complète écoulée. La suspension du droit de vote ne libère pas cet État membre de ses obligations et ne le prive pas des autres droits découlant de la présente Convention.

b) Le Conseil peut autoriser ledit État membre de l'Union à conserver l'exercice de son droit de vote aussi longtemps qu'il estime que le retard résulte de circonstances exceptionnelles et inévitables.

6. *Vérification des comptes.* La vérification des comptes de l'Union est assurée, selon les modalités prévues dans le règlement administratif et financier, par un État membre de l'Union. Cet État membre est, avec son consentement, désigné par le Conseil.

7. *Contributions des organisations intergouvernementales.* Toute Partie contractante qui est une organisation intergouvernementale est exemptée du paiement de contributions. Si, néanmoins, elle décide de payer des contributions, les dispositions des paragraphes 1 à 4 seront applicables par analogie.

CHAPITRE IX *Application de la Convention : autres accords*

Art. 30 *Application de la Convention.* 1. *Mesures d'application.* Chaque Partie contractante prend toutes mesures nécessaires pour l'application de la présente Convention et, notamment :

i) Prévoit les recours légaux appropriés permettant de défendre efficacement les droits d'obtenteur ;

ii) Établit un service chargé d'octroyer des droits d'obtenteur ou charge le service établi par une autre Partie contractante d'octroyer de tels droits ;

iii) Assure l'information du public par la publication périodique de renseignements sur :

— les demandes de droits d'obtenteur et les droits d'obtenteur délivrés, et

— les dénominations proposées et approuvées.

2. *Conformité de la législation.* Il est entendu qu'au moment du dépôt de son instrument de ratification, d'acceptation, d'approbation ou d'adhésion, chaque État ou organisation intergouvernementale doit être en mesure, conformément à sa législation, de donner effet aux dispositions de la présente Convention.

Art. 31 *Relations entre les Parties contractantes et les États liés par des Actes antérieurs.* 1. *Relations entre États liés par la présente Convention.* Seule la présente Convention s'applique entre les États membres de l'Union qui sont liés à la fois par la présente Convention et par un Acte antérieur de la Convention.

2. *Possibilité de relations avec des États non liés par la présente Convention.* Tout État membre de l'Union non lié par la présente Convention peut déclarer, par une notification adressée au Secrétaire général, qu'il appliquera le dernier Acte de la Convention par lequel il est lié dans ses relations avec tout membre de l'Union lié par la présente Convention seulement. Dès l'expiration d'un délai d'un mois à compter de la date de cette notification et jusqu'à ce que l'État membre de l'Union qui a fait la déclaration devienne lié par la présente Convention, ledit membre de l'Union applique le dernier Acte par lequel il est lié dans ses relations avec chacun des membres de l'Union liés par la présente Convention seulement, tandis que celui-ci applique la présente Convention dans ses relations avec celui-là.

Art. 32 *Arrangements particuliers.* Les membres de l'Union se réservent le droit de conclure entre eux des arrangements particuliers pour la protection des variétés, pour autant que ces arrangements ne contreviennent pas aux dispositions de la présente Convention.

CHAPITRE X *Dispositions finales*

Art. 33 *Signature.* La présente Convention est ouverte à la signature de tout État qui est membre de l'Union le jour de son adoption. Elle est ouverte à la signature jusqu'au 31 mars 1992.

Art. 34 *Ratification, acceptation ou approbation : adhésion.* 1. *États et certaines organisations intergouvernementales. a)* Tout État peut, conformément au présent article, devenir partie à la présente Convention.

b) Toute organisation intergouvernementale peut, conformément au présent article, devenir partie à la présente Convention :

i) Si elle a compétence pour des questions régies par la présente Convention ;

ii) Si elle a sa propre législation prévoyant l'octroi et la protection de droits d'obtenteur liant tous ses États membres, et

iii) Si elle a été dûment autorisée, conformément à ses procédures internes, à adhérer à la présente Convention.

2. *Instrument d'accession.* Tout État qui a signé la présente Convention devient partie à la présente Convention en déposant un instrument de ratification, d'acceptation ou d'approbation de la présente Convention. Tout État qui n'a pas signé la présente Convention ou toute organisation intergouvernementale devient partie à la présente Convention en déposant un instrument d'adhésion à la présente Convention. Les instruments de ratification, d'acceptation, d'approbation ou d'adhésion sont déposés auprès du Secrétaire général.

3. *Avis du Conseil.* Tout État qui n'est pas membre de l'Union ou toute organisation intergouvernementale demande, avant de déposer son instrument d'adhésion, l'avis du Conseil sur la conformité de sa législation avec les dispositions de la présente Convention. Si la décision faisant office d'avis est positive, l'instrument d'adhésion peut être déposé.

Art. 35 *Réserves.* 1. *Principe.* Sous réserve des dispositions du paragraphe 2, aucune réserve n'est admise à la présente Convention.

2. *Exception possible. a)* Nonobstant les dispositions de l'article 3.1*[,]* tout État qui, au moment où il devient partie à la présente Convention, est partie à l'Acte de 1978 et qui, en ce qui concerne les variétés multipliées par voie végétative, prévoit la protection sous la forme d'un titre de propriété industrielle autre qu'un droit d'obtenteur à *[a]* la faculté de continuer à la prévoir sans appliquer la présente Convention auxdites variétés.

b) Tout État qui se prévaut de cette faculté notifie ce fait au Secrétaire général au moment où il dépose son instrument de ratification, d'acceptation ou d'approbation de la présente Convention, ou d'adhésion à celle-ci. Cet État peut, à tout moment, retirer ladite notification.

Art. 36 *Communications concernant les législations et les genres et espèces protégés ; renseignements à publier.* 1. *Notification initiale.* Au moment du dépôt de son instrument de ratification, d'acceptation ou d'approbation de la présente Convention ou d'adhésion à celle-ci, chaque État ou organisation intergouvernementale notifie au Secrétaire général :

i) Sa législation régissant les droits d'obtenteur, et

ii) La liste des genres et espèces végétaux auxquels il appliquera, à la date à laquelle il deviendra lié par la présente Convention, les dispositions de la présente Convention.

2. *Notification des modifications.* Chaque Partie contractante notifie sans délai au Secrétaire général :

i) Toute modification de sa législation régissant les droits d'obtenteur, et

ii) Toute extension de l'application de la présente Convention à d'autres genres et espèces végétaux.

3. *Publication de renseignements.* Le Secrétaire général publie, sur la base de communications reçues de la Partie contractante concernée, des renseignements sur :

i) La législation régissant les droits d'obtenteur et toute modification dans cette législation, et

ii) La liste des genres et espèces végétaux mentionnée au paragraphe 1 ii et toute extension mentionnée au paragraphe 2 ii.

Art. 37 *Entrée en vigueur ; impossibilité d'adhérer aux Actes antérieurs.* 1. *Entrée en vigueur initiale.* La présente Convention entre en vigueur un mois après que cinq États ont déposé leurs instruments de ratification, d'acceptation, d'approbation ou d'adhésion, sous réserve que trois au moins desdits instruments aient été déposés par des États parties à l'Acte de 1961/1972 *[1961-1972]* ou à l'Acte de 1978.

2. *Entrée en vigueur subséquente.* Tout État qui n'est pas touché par le paragraphe 1, ou toute organisation intergouvernementale, devient lié par la présente Convention un mois après la date à laquelle cet État ou cette organisation dépose son instrument de ratification, d'acceptation, d'approbation ou d'adhésion.

3. *Impossibilité d'adhérer à l'Acte de 1978.* Aucun instrument d'adhésion à l'Acte de 1978 ne peut être déposé après l'entrée en vigueur de la présente Convention conformément au paragraphe 1 ; toutefois, tout État qui, selon la pratique de l'Assemblée générale des Nations unies, est considéré comme un pays en développement peut déposer un tel instrument jusqu'au 31 décembre 1995 et tout autre État peut déposer un tel instrument jusqu'au 31 décembre 1993, même si la présente Convention entre en vigueur avant cette date.

Art. 38 *Révision de la Convention.* 1. *Conférence.* La présente Convention peut être révisée par une conférence des membres de l'Union. La convocation d'une telle conférence est décidée par le Conseil.

2. *Quorum et majorité.* La conférence ne délibère valablement que si la moitié au moins des États membres de l'Union y sont représentés. Pour être adopté, un texte révisé de la Convention doit recueillir la majorité des trois quarts des États membres de l'Union présents et votants.

Art. 39 *Dénonciation de la Convention.* 1. *Notifications.* Toute Partie contractante peut dénoncer la présente Convention par une notification adressée au Secrétaire général. Le Secrétaire général notifie sans délai la réception de cette notification à tous les membres de l'Union.

2. *Actes antérieurs.* La notification de la dénonciation de la présente Convention est réputée constituer également la notification de la dénonciation de tout Acte antérieur par lequel la Partie contractante dénonçant la présente Convention est liée.

3. *Date de prise d'effet.* La dénonciation prend effet à l'expiration de l'année civile suivant l'année dans laquelle la notification a été reçue par le Secrétaire général.

4. *Droits acquis.* La dénonciation ne saurait porter atteinte aux droits acquis, à l'égard d'une variété, en vertu de la présente Convention ou d'un Acte antérieur avant la date à laquelle la dénonciation prend effet.

Art. 40 *Maintien des droits acquis.* La présente Convention ne saurait limiter les droits d'obtenteur acquis soit en vertu des législations des Parties contractantes, soit en vertu d'un Acte précédent, soit par suite d'accords, autres que la présente Convention, intervenus entre des membres de l'Union.

Art. 41 *Original et textes officiels de la Convention.* 1. *Original.* La présente Convention est signée en un exemplaire original en langues française, anglaise et allemande, le texte français faisant loi *[foi]* en cas de différences entre les textes. Ledit exemplaire est déposé auprès du Secrétaire général.

2. *Textes officiels.* Le Secrétaire général établit, après consultation des gouvernements des États et des organisations intergouvernementales intéressés, des textes officiels de la présente Convention dans les langues arabe, espagnole, italienne, japonaise et néerlandaise, et dans les autres langues que le Conseil peut désigner.

Art. 42 *Fonctions du dépositaire.* 1. *Transmission de copies.* Le Secrétaire général transmet des copies certifiées conformes de la présente Convention aux États et aux organisations intergouvernementales qui ont été représentés à la Conférence diplomatique qui l'a adoptée et, sur demande, à tout autre État et à toute autre organisation intergouvernementale.

2. *Enregistrement.* Le Secrétaire général fait enregistrer la présente Convention auprès du Secrétariat de l'Organisation des Nations unies.

Droit européen

BIBL. ▶ Bouvet, La protection juridique de l'innovation végétale, *thèse Versailles, 2000.* – Febvre, Les conditions de la protection communautaire des obtentions végétales, *thèse Montpellier I, 1997.* – Galloux, *Propr. intell. 2005, nº 16, p. 285* (premier bilan de la protection communautaires des variétés végétales).

Règlement (CE) nº 2100/94 du 27 juillet 1994,

Instituant un régime de protection communautaire des obtentions végétales.

COMMENTAIRE

La protection de l'Union européenne des obtentions végétales est octroyée par l'Office communautaire des variétés végétales (OCVV) œuvrant en application du présent règlement depuis juin 1995. Sur plus de 51 000 demandes reçues (dont plus de 3 600 en 2014), l'Office a délivré environ 40 000 titres dont plus de 22 000 sont encore en vigueur (la durée maximale de protection étant de 25 ou 30 ans selon les variétés conformément à l'art. 19). Les demandes de protection émanent du monde entier mais traditionnellement les Pays-Bas sont particulièrement actifs et sont à l'origine de près du tiers des demandes (essentiellement pour des variétés ornementales et potagères).

Source : rapport 2014 de l'OCVV : www.cpvo.europa.eu/documents/Rapportannuel/AR2014_FR.pdf. ❑

(1) Considérant que les variétés végétales posent des problèmes spécifiques pour ce qui est du régime de propriété industrielle applicable ;

(2) Considérant que les régimes de propriété industrielle relatifs aux variétés végétales n'ont pas été harmonisés au niveau de la Communauté et qu'ils restent régis par le droit interne des États membres, dont les dispositions ne sont pas uniformes ;

(3) Considérant qu'il est dès lors indiqué d'instituer, parallèlement aux régimes nationaux, un régime communautaire permettant l'octroi de droits de propriété industrielle valables sur l'ensemble du territoire de la Communauté ;

(4) Considérant qu'il est opportun que la mise en œuvre et l'application dudit régime communautaire soient assurées non par les autorités des États membres, mais par un office communautaire ayant la personnalité juridique, appelé « Office communautaire des variétés végétales » ;

(5) Considérant que le système doit également tenir compte de l'évolution des techniques de sélection des variétés, y compris la biotechnologie ; que, afin d'encourager la sélection et le développement de nouvelles variétés, tous les obteneurs de variétés devraient bénéficier d'une meilleure protection par rapport à la situation actuelle, sans toutefois compromettre de façon injustifiée l'accès à la protection en général ou dans le cas particulier de certaines techniques de sélection ;

(6) Considérant que les variétés de tous les genres et de toutes les espèces botaniques devraient être susceptibles d'être protégées ;

(7) Considérant que les variétés susceptibles d'être protégées doivent répondre à des exigences internationalement reconnues, à savoir être distinctes, homogènes, stables et nouvelles, et doivent être désignées par une dénomination variétale déterminée ;

(8) Considérant qu'il est important de prévoir une définition de ce que l'on entend par « variété végétale », afin d'assurer le bon fonctionnement du système ;

(9) Considérant que cette définition ne doit ni modifier des définitions qui peuvent avoir été établies dans le domaine des droits de propriété intellectuelle ou d'autres droits de propriété industrielle, notamment dans le domaine des brevets, ni interférer avec l'application ou exclure l'application des lois régissant la protection des produits, y compris les végétaux et le matériel végétal, ou des procédés au titre de tels autres droits de propriété industrielle ;

(10) Considérant toutefois qu'il est hautement souhaitable de disposer d'une définition commune dans les deux domaines ; que, en conséquence, il convient de soutenir les efforts appropriés au niveau international afin de parvenir à une définition commune ;

(11) Considérant que l'octroi de la protection communautaire des obtentions végétales nécessite une évaluation des caractères importants propres aux variétés ; que ces caractères ne doivent toutefois pas nécessairement porter sur leur importance économique ;

(12) Considérant que le système doit aussi préciser clairement à qui appartient le droit à la protection communautaire des obtentions végétales ; que, dans certains cas, il pourrait appartenir à plusieurs personnes et non à une seule ; que l'habilitation formelle à déposer une demande doit être réglementée ;

(13) Considérant que le régime doit également spécifier le sens du terme « titulaire » employé dans le présent règlement ; que, chaque fois que ce terme est utilisé sans autre précision dans ce règlement, y compris à son article 29 paragraphe 5, il doit s'entendre au sens de l'article 13 paragraphe 1 ;

(14) Considérant que, puisque la protection communautaire des obtentions végétales doit avoir un effet uniforme dans toute la Communauté, les transactions commerciales soumises au consentement du titulaire doivent être clairement définies ; que l'étendue de la protection devrait être élargie, par rapport à la plupart des systèmes nationaux, à certains matériels de la variété pour tenir compte des échanges avec des pays extérieurs à la Communauté où il n'existe aucune protection ; que l'introduction du principe d'épuisement des droits doit toutefois garantir que la protection n'est pas excessive ;

(15) Considérant que, afin d'encourager la sélection de variétés, le système confirme en principe la règle, internationalement reconnue, du libre accès aux variétés protégées aux fins de l'obtention de nouvelles variétés à partir de ces variétés et de l'exploitation de ces nouvelles variétés ;

(16) Considérant que, dans certains cas, lorsque la nouvelle variété, bien que distincte, est essentiellement dérivée de la variété d'origine, une certaine forme de dépendance à l'égard du titulaire de la variété d'origine devrait être créée ;

(17) Considérant que l'exercice des droits conférés par la protection communautaire des obtentions végétales doit être soumis à des restrictions prévues dans des dispositions adoptées dans l'intérêt public ;

(18) Considérant que cela comporte la sauvegarde de la production agricole ; que, dans ce but, l'agriculteur doit être autorisé à utiliser, selon certaines modalités, le produit de sa récolte à des fins de propagation ;

(19) Considérant qu'il faut assurer que ces modalités sont définies au niveau communautaire ;

(20) Considérant que des licences obligatoires doivent également être prévues dans certaines circonstances dans l'intérêt public, ce qui peut comprendre la nécessité d'approvisionner le marché en matériel présentant des caractéristiques déterminées ou de continuer à encourager la sélection constante de variétés améliorées ;

(21) Considérant que l'utilisation des dénominations variétales prescrites doit être rendue obligatoire ;

(22) Considérant que la protection communautaire des obtentions végétales doit avoir en principe une durée d'au moins vingt-cinq ans et, dans le cas des vignes et des arbres, d'au moins trente ans ; que d'autres causes d'extinction du droit doivent être précisées ;

(23) Considérant que la protection communautaire des obtentions végétales est la propriété du titulaire et que son rôle par rapport aux régimes légaux non harmonisés des États membres, notamment en droit civil, doit par conséquent être clarifié ; que ceci s'applique aussi au règlement des infractions et au respect du droit à bénéficier de la protection communautaire des obtentions végétales ;

(24) Considérant qu'il est nécessaire de veiller à ce que l'application intégrale des principes du régime de protection communautaire des obtentions végétales ne soit pas compromise par les effets d'autres systèmes ; que, dans ce but, certaines règles, conformes aux engagements internationaux existants des États membres, s'imposent en ce qui concerne les rapports avec d'autres droits de propriété industrielle ;

(25) Considérant qu'il est indispensable d'étudier si, et dans quelle mesure, les conditions de la protection accordée au titre d'autres systèmes de propriété industrielle, tels que les brevets, doivent être adaptées ou autrement modifiées pour des raisons de cohérence avec le régime de protection communautaire des obtentions végétales ; que, le cas échéant, il faudrait à cette fin adopter de nouvelles dispositions communautaires comprenant des règles équilibrées ;

(26) Considérant que les obligations et les compétences de l'Office communautaire des variétés végétales, y compris de ses chambres de recours, relatives à l'octroi, à l'extinction ou à la vérification des titres de protection communautaire des obtentions végétales ainsi qu'aux publications, doivent s'inspirer autant que possibledesrègles établies pour d'autres systèmes, tout comme la structure de l'Office et son règlement intérieur, la coopération avec

la Commission et les États membres, en particulier par l'intermédiaire d'un conseil d'administration, la participation des offices d'examen à l'examen technique et, en outre, les mesures budgétaires nécessaires ;

(27) Considérant que l'Office doit être conseillé et contrôlé par le conseil d'administration susmentionné, composé de représentants des États membres et de la Commission ;

(28) Considérant que le traité ne prévoit pas, pour l'adoption du présent règlement, d'autres pouvoirs d'action que ceux de l'article 235 ;

(29) Considérant que le présent règlement tient compte des conventions internationales existantes telles que la convention internationale pour la protection des obtentions végétales (convention UPOV), par la convention sur la délivrance de brevets européens (convention sur le brevet européen) ou l'accord relatif aux aspects des droits de propriété intellectuelle qui touchent au commerce, y compris le commerce des marchandises de contrefaçon ; que, par conséquent, il n'applique l'interdiction de délivrer des brevets pour les variétés végétales que dans les limites prévues par la convention sur le brevet européen, c'est-à-dire pour les variétés végétales en tant que telles ;

(30) Considérant que le présent règlement devrait être réexaminé en vue d'une modification éventuelle à la lumière de l'évolution des conventions précitées.

PREMIÈRE PARTIE **Dispositions générales**

Art. 1er *Protection communautaire des obtentions végétales.* Il est institué un régime de protection communautaire des obtentions végétales en tant que forme unique et exclusive de protection communautaire de la propriété industrielle pour les variétés végétales.

Art. 2 *Uniformité de l'effet de la protection communautaire des obtentions végétales.* La protection communautaire des obtentions végétales a un effet uniforme sur le territoire de la Communauté et ne peut être accordée, être transférée ou prendre fin pour ce territoire que sur une base uniforme.

Art. 3 *Titres nationaux de protection des variétés végétales.* Le présent règlement s'entend sans préjudice du droit des États membres de délivrer des titres nationaux de protection des variétés végétales, sous réserve de l'article 92 paragraphe 1.

Art. 4 *Office communautaire.* Aux fins de l'application du présent règlement, il est institué un Office communautaire des variétés végétales, ci-après dénommé « Office ».

DEUXIÈME PARTIE **Droit matériel**

CHAPITRE PREMIER *Conditions régissant l'octroi de la protection communautaire des obtentions végétales*

Art. 5 *Objet de la protection communautaire des obtentions végétales.* 1. Les variétés de tous les genres et de toutes les espèces botaniques, y compris notamment leurs hybrides, peuvent faire l'objet d'une protection communautaire des obtentions végétales.

2. Aux fins du présent règlement, on entend par « variété » un ensemble végétal d'un seul taxon botanique du rang le plus bas connu qui, qu'il réponde ou non pleinement aux conditions d'octroi d'une protection des obtentions végétales, peut :

— être défini par l'expression des caractères résultant d'un certain génotype ou d'une certaine combinaison de génotypes,

— être distingué de tout autre ensemble végétal par l'expression d'au moins un desdits caractères

et

— être considéré comme une entité eu égard à son aptitude à être reproduit sans changement.

3. Un ensemble végétal est constitué de végétaux entiers ou de parties de végétaux dans la mesure où ces parties peuvent produire des végétaux entiers, tous deux dénommés ci-après « constituants variétaux ».

4. L'expression des caractères mentionnés au paragraphe 2 premier tiret peut être variable ou invariable entre des constituants variétaux d'un même type, pour autant que, également, le degré de variation résulte du génotype ou de la combinaison de génotypes.

Art. 6 *Variétés susceptibles d'être protégées.* **La protection communautaire des obtentions végétales est accordée pour des variétés qui sont :**

***a*) distinctes,**

***b*) homogènes,**

***c*) stables,**

et

***d*) nouvelles.**

En outre, la variété doit être désignée par une dénomination conformément aux dispositions de l'article 63.

Art. 7 *Distinction.* **1. Une variété est considérée comme distincte si elle se distingue nettement, par référence à l'expression des caractères qui résultent d'un génotype ou d'une combinaison de génotypes donnés, de toute autre variété dont l'existence est notoirement connue à la date de dépôt de la demande déterminée à l'article 51.**

2. L'existence d'une autre variété est notamment considérée comme notoirement connue si, à la date de dépôt de la demande déterminée conformément à l'article 51 :

***a*) elle fait l'objet d'une protection des obtentions végétales ou est inscrite dans un registre officiel des variétés, dans la Communauté ou dans un État, ou auprès de toute organisation intergouvernementale compétente dans ce domaine ;**

***b*) une demande d'octroi d'une protection des obtentions végétales pour cette variété ou d'inscription dans un tel registre officiel est introduite, à condition qu'entre-temps la demande ait donné lieu à l'octroi de la protection ou à l'inscription dans le registre.**

Les modalités d'application arrêtées conformément à l'article 114 peuvent citer d'autres cas à titre d'exemples considérés comme notoirement connus.

Sur l'appréciation du caractère distinctif ou non de la variété candidate à la protection, V. • TPICE, 19 nov. 2009 : *RTD com. 2010, p. 99, obs. Galloux*.

Art. 8 *Homogénéité.* **Une variété est considérée comme homogène si, sous réserve des variations susceptibles de résulter des particularités de sa multiplication, elle est suffisamment homogène dans l'expression des caractères compris dans l'examen de la distinction et de tout autre caractère utilisé pour la description de la variété.**

Art. 9 *Stabilité.* **Une variété est considérée comme stable si l'expression des caractères compris dans l'examen de la distinction et de tout autre caractère utilisé pour la description de la variété reste inchangée à la suite de multiplications successives ou, en cas de cycle particulier de multiplication, à la fin de chaque cycle.**

Art. 10 *Nouveauté.* **1. Une variété est considérée comme nouvelle si, à la date du dépôt de la demande déterminée conformément à l'article 51, les constituants variétaux ou un matériel de récolte de la variété n'ont pas été vendus ou cédés d'une autre manière à des tiers par l'obtenteur ou avec son consentement, au sens de l'article 11, aux fins de l'exploitation de la variété :**

***a*) sur le territoire de la Communauté, depuis plus d'un an à compter de la date susmentionnée ;**

***b*) en dehors du territoire de la Communauté, depuis plus de quatre ans ou, dans le cas des arbres ou des vignes, depuis plus de six ans à compter de la date en question.**

2. La cession de constituants variétaux à un organisme officiel à des fins légales ou à des tiers sur la base d'un contrat ou de tout autre rapport de droit aux fins exclusives de production, de reproduction, de multiplication, de conditionnement ou de stockage n'est pas considérée comme une cession à des tiers au sens du paragraphe 1, à condition que l'obtenteur conserve le droit exclusif de cession de ces constituants variétaux ou d'autres et qu'il ne soit pas procédé à une autre cession. Toutefois, cette cession de constituants variétaux est considérée comme une cession au sens du paragraphe 1 si ces constituants sont utilisés de manière répétée pour la production d'une variété hybride et s'il y a cession de constituants variétaux ou d'un matériel de récolte de la variété hybride.

De même, la cession de constituants variétaux par une société ou entreprise au sens de l'article 58 second alinéa du traité à une autre de ces sociétés ou entreprises n'est pas considérée comme une cession à des tiers si l'une d'elles appartient entièrement à l'autre ou si les deux appartiennent entièrement à une troisième société ou entreprise de ce type, à condition qu'il ne soit pas procédé à une autre cession. Cette disposition ne s'applique pas aux sociétés coopératives.

3. La cession de constituants variétaux ou du matériel de récolte de la variété qui ont été produits à partir de végétaux cultivés aux fins spécifiées à l'article 15 points *b*) et *c*) et qui ne sont pas utilisés en vue d'une nouvelle reproduction ou multiplication n'est pas considé-

rée comme une exploitation de la variété, à moins qu'il ne soit fait référence à cette variété aux fins de cette cession.

De même, il n'est pas tenu compte de la cession à des tiers si elle est due au fait ou est la conséquence du fait que l'obtenteur a présenté la variété dans une exposition officielle ou officiellement reconnue au sens de la convention relative aux expositions internationales ou dans une exposition organisée dans un État membre et officiellement reconnue comme équivalente par cet État membre.

CHAPITRE II *Ayants droit ou ayants cause*

Art. 11 *Droit à la protection communautaire des obtentions végétales.* 1. La personne qui a créé ou qui a découvert et développé la variété, ou son ayant droit ou ayant cause, ci-après dénommés l'un et l'autre « obtenteur », ont droit tous deux, tant la personne que son ayant droit ou ayant cause, à la protection communautaire des obtentions végétales.

2. Si deux personnes ou plus ont créé, découvert et développé la variété en commun, ce droit appartient conjointement à ces personnes ou à leurs ayants droit ou ayants cause respectifs. Cette disposition s'applique également à deux personnes ou plus dans les cas où plusieurs d'entre elles ont découvert la variété et que l'autre ou les autres l'ont développée.

3. Le droit à la protection communautaire appartient aussi conjointement à l'obtenteur et à toute(s) autre(s) personne(s) si l'obtenteur et la ou les autres personnes ont donné leur accord à un droit conjoint par une déclaration écrite.

4. Si l'obtenteur est un salarié, le droit à la protection communautaire des obtentions végétales est défini selon le droit national applicable au contrat de travail dans le cadre duquel la variété a été créée ou découverte et développée.

5. Si le droit à la protection communautaire des obtentions végétales appartient conjointement à deux personnes ou plus en vertu des paragraphes 2, 3 et 4, une ou plusieurs d'entre elles peuvent, par une déclaration écrite, mandater les autres pour demander ladite protection.

Art. 12 *Habilitation à déposer une demande de protection communautaire des obtentions végétales.* (Règl. (CE) n° 15/2008 du 20 déc. 2007) Les personnes physiques ou morales, de même que les organismes assimilés à des personnes morales en vertu de la législation dont ils relèvent, sont habilités à déposer une demande de protection communautaire des obtentions végétales.

Une demande peut être déposée conjointement par deux personnes ou plus remplissant ces conditions.

CHAPITRE III *Effets de la protection communautaire des obtentions végétales*

Art. 13 *Droits du titulaire d'une protection communautaire des obtentions végétales et limitations.* 1. La protection communautaire des obtentions végétales a pour effet de réserver à son ou ses titulaires, ci-après dénommés « titulaire », le droit d'accomplir les actes indiqués au paragraphe 2.

2. Sans préjudice des articles 15 et 16, l'autorisation du titulaire est requise pour les actes suivants en ce qui concerne les constituants variétaux ou le matériel de récolte de la variété protégée, ci-après dénommés « matériel » :

a) production ou reproduction (multiplication) ;
b) conditionnement aux fins de la multiplication ;
c) offre à la vente ;
d) vente ou autre forme de commercialisation ;
e) exportation à partir de la Communauté ;
f) importation dans la Communauté ;
g) détention aux fins mentionnées aux points *a*) à *f*).

Le titulaire peut subordonner son autorisation à des conditions et à des limitations.

3. Le paragraphe 2 s'applique au matériel de récolte uniquement si celui-ci a été obtenu par l'utilisation non autorisée de constituants variétaux de la variété protégée et sauf si le titulaire a raisonnablement pu exercer son droit en relation avec lesdits composants variétaux.

4. Les modalités d'application visées à l'article 114 peuvent prévoir que, dans des cas spécifiques, le paragraphe 2 du présent article s'applique également aux produits obtenus directement à partir de matériel de la variété protégée. Il peut s'appliquer uniquement si ces produits ont été obtenus par l'utilisation non autorisée de matériel de la variété protégée et si le titulaire a raisonnablement pu exercer son droit en relation avec ledit matériel. Dans la

mesure où le paragraphe 2 s'applique aux produits obtenus directement, ces derniers sont également considérés comme « matériel ».

5. Les paragraphes 1 à 4 s'appliquent également :

a) aux variétés essentiellement dérivées de la variété pour laquelle la protection communautaire des obtentions végétales a été accordée, lorsque cette variété n'est pas elle-même une variété essentiellement dérivée ;

b) aux variétés qui ne se distinguent pas de la variété protégée, conformément à l'article 7 et

c) aux variétés dont la production nécessite l'utilisation répétée de la variété protégée.

6. Aux fins du paragraphe 5 point *a*), une variété est réputée essentiellement dérivée d'une autre variété, dénommée ci-après « variété initiale », lorsque :

a) elle est principalement dérivée de la variété initiale ou d'une variété qui est elle-même principalement dérivée de la variété initiale ;

b) elle se distingue de la variété initiale conformément à l'article 7 et

c) sauf en ce qui concerne les différences résultant de la dérivation, elle est essentiellement conforme à la variété initiale dans l'expression des caractères résultant du génotype ou de la combinaison de génotypes de la variété initiale.

7. Le règlement d'application visé à l'article 114 peut définir les formes de dérivation qui relèvent au moins des dispositions du paragraphe 6.

8. Sans préjudice des articles 14 et 29, l'exercice des droits conférés par la protection communautaire des obtentions végétales ne peut transgresser aucune des dispositions adoptées pour des raisons de moralité publique, d'ordre public, de sécurité publique, de protection de la santé et de la vie des personnes, des animaux ou des plantes, de protection de l'environnement, de protection de la propriété industrielle ou commerciale ou en vue de sauvegarder la concurrence, le commerce et la production agricole.

Art. 14 *Dérogation à la protection communautaire des obtentions végétales.* 1. Nonobstant l'article 13 paragraphe 2, et afin de sauvegarder la production agricole, les agriculteurs sont autorisés à utiliser, à des fins de multiplication en plein air dans leur propre exploitation, le produit de la récolte obtenu par la mise en culture, dans leur propre exploitation, de matériel de multiplication d'une variété bénéficiant d'une protection communautaire des obtentions végétales autre qu'une variété hybride ou synthétique.

2. Le paragraphe 1 s'applique uniquement aux espèces de plantes agricoles suivantes.

a) Plantes fourragères :

Cicer arietinum L. — Pois chiche
Lupinus luteus L. — Lupin jaune
Medicago sativa L. — Luzerne
Pisum sativum L. (partim) — Pois fourrager
Trifolium alexandrinum L. — Trèfle d'Alexandrie
Trifolium resupinatum L. — Trèfle de Perse
Vicia faba — Féverole
Vicia sativa L. — Vesce commune
et, dans le cas du Portugal, *Lolium multiflorum Lam* — Ray-grass d'Italie.

b) Céréales :

Avena sativa — Avoine
Hordeum vulgare L. — Orge
Oryza sativa L. — Riz
Phalaris canariensis L. — Alpiste des Canaries
Secale cereale L. — Seigle
X Triticosecale Wittm. — Triticale
Triticum aestivum L. emend. Fiori et Paol. — Blé
Triticum durum Desf. — Blé dur
Triticum spelta L. — Épeautre.

c) Pommes de terre :

Solanum tuberosum — Pomme de terre.

d) Plantes oléagineuses et à fibres :

Brassica napus L. (partim) — Colza
Brassica rapa L. (partim) — Navette
Linum usitatissimum — Lin oléagineux, à l'exclusion du lin textile.

3. Les conditions permettant de donner effet à la dérogation prévue au paragraphe 1 et de sauvegarder les intérêts légitimes de l'obtenteur et de l'agriculteur sont fixées, avant l'entrée

en vigueur du présent règlement, dans le règlement d'application visé à l'article 114, sur la base des critères suivants :

— il n'y a aucune restriction quantitative au niveau de l'exploitation de l'agriculteur dans la mesure nécessaire aux besoins de l'exploitation,

— le produit de la récolte peut être préparé en vue de la mise en culture, par l'agriculteur lui-même ou par prestation de services, sans préjudice de certaines restrictions que les États membres peuvent établir sur le plan de l'organisation de la préparation dudit produit de la récolte, notamment en vue de garantir que le produit soumis à préparation est identique à celui qui résulte de la préparation,

— les petits agriculteurs ne sont pas tenus de payer une rémunération au titulaire ; par « petits agriculteurs » on entend :

— dans le cas des espèces végétales visées au paragraphe 2 auxquelles s'applique le règlement (CE) n° 1765/92 du Conseil, du 30 juin 1992, instituant un régime de soutien aux producteurs de certaines cultures arables, les agriculteurs qui ne cultivent pas d'espèces végétales sur une surface supérieure à celle qui serait nécessaire pour produire 92 tonnes de céréales ; pour le calcul de cette surface, l'article 8 paragraphe 2 du règlement susmentionné est d'application ;

— dans le cas d'autres espèces végétales visées au paragraphe 2 du présent article, les agriculteurs qui répondent à des critères appropriés comparables ;

— les autres agriculteurs sont tenus de payer au titulaire une rémunération équitable, qui doit être sensiblement inférieure au montant perçu pour la production sous licence de matériel de multiplication de la même variété dans la même région ; le niveau effectif de cette rémunération équitable peut être sujet à des variations dans le temps, compte tenu de la mesure dans laquelle il sera fait usage de la dérogation prévue au paragraphe 1 pour la variété concernée ;

— la responsabilité du contrôle de l'application du présent article ou des dispositions adoptées au titre du présent article incombe exclusivement aux titulaires ; dans l'organisation de ce contrôle, ils ne peuvent pas avoir recours aux services d'organismes officiels ;

— toute information pertinente est fournie sur demande aux titulaires par les agriculteurs et les prestataires d'opérations de triage à façon ; toute information pertinente peut également être fournie par les organismes officiels impliqués dans le contrôle de la production agricole, si cette information a été obtenue dans l'exercice normal de leurs tâches, sans charges ni coûts supplémentaires. Ces dispositions n'affectent en rien, pour ce qui est des données à caractère personnel, la législation communautaire et nationale ayant trait à la protection des personnes en ce qui concerne le traitement et la libre circulation des données à caractère personnel.

Pour pouvoir bénéficier de la dérogation, prévue à l'art. 14 du Règl. (CE) n° 2100/94 du 27 juill. 1994, un agriculteur, qui a utilisé du matériel de multiplication d'une variété végétale protégée obtenu par la mise en culture (semences de ferme), sans avoir conclu pour cela un contrat avec le titulaire, est tenu de s'acquitter de la rémunération équitable due, en vertu de cet art. 14, § 3, quatrième tiret, dans un délai expirant avant la fin de la campagne de commercialisation au cours de laquelle cette utilisation a eu lieu. • CJUE 25 juin 2015, n° C-242/14 : *Propr. ind. 2015, n° 63, note Bouche.*

Art. 15 *Limitation des effets de la protection communautaire des obtentions végétales.* La protection communautaire des obtentions végétales ne s'étend pas :

a) aux actes accomplis à titre privé et à des fins non commerciales ;

b) aux actes accomplis à titre expérimental ;

c) aux actes accomplis en vue de créer ou de découvrir et de développer d'autres variétés ;

d) aux actes visés à l'article 13 paragraphes 2, 3 et 4, portant sur ces autres variétés, sauf si l'article 13 paragraphe 5 est applicable ou si l'autre variété ou le matériel de cette variété bénéficie de la protection d'un titre de propriété ne comportant pas de disposition comparable

et

e) aux actes dont l'interdiction serait contraire aux dispositions de l'article 13 paragraphe 8, de l'article 14 ou de l'article 29.

Art. 16 *Épuisement de la protection communautaire des obtentions végétales.* La protection communautaire des obtentions végétales ne s'étend pas aux actes concernant du matériel de la variété protégée ou d'une variété couverte par les dispositions de l'article 13 paragraphe 5 qui a été cédé à des tiers par le titulaire ou avec son consentement en un lieu quelconque de la Communauté, ou du matériel dérivé dudit matériel, à moins que ces actes :

a) impliquent la multiplication ultérieure de la variété en question, sauf si cette multiplication était prévue lors de la cession du matériel

ou

b) impliquent une exportation de constituants variétaux vers un pays tiers qui ne protège pas les variétés du genre végétal ou de l'espèce végétale dont la variété fait partie, sauf si le matériel exporté est destiné à la consommation.

Art. 17 *Utilisation des dénominations variétales.* 1. Toute personne qui, sur le territoire de la Communauté, offre ou cède à des tiers, à des fins commerciales, des constituants variétaux d'une variété protégée ou d'une variété couverte par l'article 13 paragraphe 5 est tenue d'utiliser la dénomination variétale qui a été attribuée à la variété conformément à l'article 63 ; sous forme écrite, la dénomination variétale doit être facilement reconnaissable et clairement lisible. Si une marque, une appellation ou une indication similaire est associée à la dénomination attribuée, cette dénomination doit être facilement reconnaissable en tant que telle.

2. Toute personne effectuant de tels actes pour tout autre matériel de la variété doit indiquer cette dénomination conformément aux autres dispositions de la législation ou à la demande d'une autorité, de l'acheteur ou de toute autre personne ayant un intérêt légitime.

3. Les paragraphes 1 et 2 continuent à s'appliquer même après l'extinction de la protection communautaire des obtentions végétales.

Art. 18 *Limitation de l'utilisation de la dénomination variétale.* 1. Le titulaire ne peut utiliser un droit conféré en ce qui concerne une dénomination identique à la dénomination variétale pour entraver la libre utilisation de cette dénomination en relation avec cette variété, même après l'extinction de la protection communautaire des obtentions végétales.

2. Un tiers peut utiliser un droit conféré en ce qui concerne une dénomination identique à la dénomination variétale pour entraver la libre utilisation de cette dénomination uniquement si ce droit a été accordé avant l'attribution de ladite dénomination conformément à l'article 63.

3. Lorsqu'une variété bénéficie d'une protection communautaire des obtentions végétales ou, dans un État membre ou un pays de l'Union internationale pour la protection des obtentions végétales, d'un titre national de propriété, la dénomination qui lui a été attribuée ou toute autre dénomination avec laquelle elle pourrait être confondue ne peut être utilisée, sur le territoire de la Communauté, en relation avec une autre variété de la même espèce botanique ou d'une espèce voisine en vertu de la publication faite conformément à l'article 63 paragraphe 5 ou pour le matériel de cette autre variété.

CHAPITRE IV *Durée et extinction de la protection communautaire des obtentions végétales*

Art. 19 *Durée de la protection communautaire des obtentions végétales.* 1. La durée de la protection communautaire des obtentions végétales s'étend jusqu'à la fin de la vingt-cinquième année civile ou, dans le cas des variétés de vignes et d'arbres, jusqu'à la fin de la trentième année civile suivant celle de l'octroi de la protection.

2. Le Conseil, statuant à la majorité qualifiée sur proposition de la Commission, peut, pour des genres ou des espèces déterminés, prévoir une prorogation de cinq ans au maximum de ces durées.

3. La protection communautaire des obtentions végétales s'éteint avant l'expiration des durées indiquées au paragraphe 1 ou fixées en application du paragraphe 2 si le titulaire y renonce par une déclaration écrite adressée à l'Office, l'extinction prenant effet le lendemain du jour où la déclaration parvient à l'Office.

Art. 20 *Nullité de la protection communautaire des obtentions végétales.* 1. L'Office déclare la protection communautaire des obtentions végétales nulle et non avenue s'il est établi :

a) que les conditions énoncées à l'article 7 ou 10 n'étaient pas remplies au moment de l'octroi de la protection communautaire des obtentions végétales

ou

b) que, lorsque l'octroi de la protection communautaire des obtentions végétales a été essentiellement fondé sur les renseignements et documents fournis par le demandeur, les conditions énoncées aux articles 8 et 9 n'étaient pas remplies au moment de l'octroi de ladite protection

ou

c) que la protection a été accordée à une personne qui n'y avait pas droit, à moins qu'elle ne soit transférée à la personne qui y a droit.

2. Lorsque la protection communautaire des obtentions végétales est déclarée nulle et non avenue, elle est réputée n'avoir pas eu, dès le départ, les effets prévus par le présent règlement.

Art. 21 *Déchéance de la protection communautaire des obtentions végétales.* 1. L'Office déchoit le titulaire de la protection communautaire des obtentions végétales, avec effet *in futurum*, s'il est établi que les conditions énoncées à l'article 8 ou 9 ne sont plus remplies. S'il est établi que ces conditions n'étaient déjà plus remplies à une date antérieure à celle de la déchéance, la déchéance peut prendre effet à compter de cette date.

2. L'Office peut déchoir le titulaire de la protection communautaire des obtentions végétales, avec effet *in futurum*, si le titulaire, après mise en demeure et dans un délai fixé par l'Office :

a) ne remplit pas une des obligations qui lui incombent en vertu de l'article 64 paragraphe 3

ou

b) dans le cas visé à l'article 66, ne propose pas une autre dénomination variétale appropriée

ou

c) n'acquitte pas les taxes éventuellement dues pour le maintien de la protection communautaire des obtentions végétales

ou

d) que ce soit en qualité de premier titulaire ou de son ayant droit ou ayant cause par suite d'un transfert au titre de l'article 23, ne répond plus aux conditions énoncées à l'article 12 et à l'article 82.

CHAPITRE V *La protection communautaire des obtentions végétales comme objet de propriété*

Art. 22 *Assimilation au droit national.* 1. Sauf dispositions contraires des articles 23 à 29, la protection communautaire des obtentions végétales en tant qu'objet de propriété est considérée à tous égards et pour l'ensemble du territoire de la Communauté comme un droit de propriété équivalent de l'État membre sur le territoire duquel :

a) le titulaire avait, d'après le registre de la protection communautaire des obtentions végétales, son domicile ou son siège ou un établissement à la date entrant en ligne de compte

ou

b) si les conditions prévues au point *a*) ne sont pas réunies, le premier mandataire du titulaire, indiqué dans ledit registre, avait son domicile ou son siège ou un établissement à la date de l'inscription.

2. Lorsque les conditions énoncées au paragraphe 1 ne sont pas remplies, l'État visé dans ce dernier est l'État membre où l'Office a son siège.

3. Si le registre visé au paragraphe 1 contient, pour le titulaire ou ses mandataires, des domiciles, des sièges ou des établissements dans deux ou plusieurs États membres, c'est le premier domicile ou siège mentionné qui est retenu aux fins de l'application du paragraphe 1.

4. Si deux ou plusieurs personnes sont inscrites au registre visé au paragraphe 1 en tant que titulaires conjoints, c'est le premier des titulaires conjoints, considéré dans l'ordre des inscriptions et remplissant les conditions, qui est retenu aux fins de l'application du paragraphe 1 point *a*). Lorsque aucun des titulaires conjoints ne remplit les conditions énoncées au paragraphe 1 point *a*), le paragraphe 2 s'applique.

Art. 23 *Transferts.* 1. La protection communautaire des obtentions végétales peut être transférée à un ou plusieurs ayants droit ou ayants cause.

2. Le transfert d'une protection communautaire des obtentions végétales par cession ne peut s'effectuer qu'en faveur d'ayants droit ou d'ayants cause qui remplissent les conditions énoncées aux articles 12 et 82. Il doit être fait par écrit et comporter la signature des parties au contrat, sauf lorsqu'il résulte d'une décision judiciaire ou de tout autre acte mettant fin à une procédure judiciaire. A défaut, il est frappé de nullité.

3. Sauf dispositions contraires de l'article 100, un transfert n'affecte pas les droits acquis par des tiers avant la date du transfert.

4. Un transfert n'a d'effet à l'égard de l'Office et n'est opposable aux tiers que sur production des preuves documentaires prévues par les modalités d'application et après son inscription au registre de la protection communautaire des obtentions végétales. Toutefois, un

transfert qui ne fait pas encore l'objet d'une inscription est opposable aux tiers qui ont acquis des droits après la date du transfert, mais qui avaient connaissance de celui-ci lors de l'acquisition de ces droits.

Le formalisme exigé par le présent article n'est pas opposable à la cession du droit à demander le titre, mais concerne les titres déjà demandés ou obtenus. • Trib. UE 3e ch., 4 mai 2017, nos T-425/15, T-426/15 et T-428/15 : *Propr. ind. 2017, no 46, obs Bouche.*

Art. 24 *Exécution forcée.* **Une protection communautaire des obtentions végétales peut faire l'objet de mesures d'exécution forcée et faire l'objet de mesures provisoires et conservatoires au sens de l'article 24 de la convention concernant la compétence judiciaire et l'exécution des décisions en matières civile et commerciale, signée à Lugano, le 16 septembre 1988, ci-après dénommée « convention de Lugano ».**

Art. 25 *Procédure de faillite ou procédures analogues.* **Jusqu'à l'entrée en vigueur entre les États membres de règles communes en la matière, une protection communautaire des obtentions végétales ne peut être incluse dans une procédure de faillite ou une procédure analogue que dans l'État membre où, en premier lieu, une telle procédure a été ouverte au sens de la législation nationale ou des conventions applicables en la matière.**

Art. 26 *De la demande de protection communautaire des obtentions végétales comme objet de propriété.* **Les articles 22 à 25 s'appliquent aux demandes de protection communautaires des obtentions végétales. Pour ce qui concerne ces demandes, les références faites dans ces articles au registre de la protection communautaire des obtentions végétales sont considérées comme des références au registre des demandes de protection communautaire des obtentions végétales.**

Art. 27 *Licences d'exploitation contractuelles.* **1. La protection communautaire des obtentions végétales peut faire, en totalité ou en partie, l'objet de licences d'exploitation contractuelles. Ces licences peuvent être exclusives ou non exclusives.**

2. Le titulaire peut invoquer les droits conférés par la protection communautaire des obtentions végétales à l'encontre d'une personne détenant une licence d'exploitation qui enfreint l'une des conditions ou limitations attachées à sa licence en vertu du paragraphe 1.

Art. 28 *Copropriété.* **En cas de copropriété d'une protection communautaire des obtentions végétales, les articles 22 à 27 s'appliquent *mutatis mutandis* aux parts respectives des cotitulaires pour autant que ces parts aient été déterminées.**

Art. 29 *Licence obligatoire. (Règl. (CE) no 873/2004 du 29 avr. 2004)* **1. Une licence obligatoire est accordée par l'Office à une ou plusieurs personnes, lorsque cette personne ou ces personnes en font la demande, mais uniquement pour des raisons d'intérêt public et après consultation du conseil d'administration visé à l'article 36.**

2. A la demande d'un État membre, de la Commission ou d'une organisation créée au niveau communautaire et enregistrée par la Commission, une licence obligatoire peut être accordée soit à une catégorie de personnes répondant à des conditions particulières, soit à toute personne dans un ou plusieurs États membres ou dans l'ensemble de la Communauté. Elle ne peut être accordée que pour des raisons d'intérêt public et avec l'accord du conseil d'administration.

3. Lors de l'octroi de la licence obligatoire au titre des paragraphes 1, 2, 5 ou 5 *bis*, l'Office précise le type d'actes couverts et les conditions raisonnables à respecter, ainsi que les conditions particulières visées au paragraphe 2. Les conditions raisonnables tiennent compte des intérêts de tout titulaire d'une protection des obtentions végétales qui seraient affectés par l'octroi d'une licence obligatoire. Elles peuvent comporter une limite de durée possible, le paiement d'une redevance appropriée à titre de rémunération équitable du titulaire et peuvent imposer à celui-ci certaines obligations qu'il est tenu de remplir pour utiliser la licence obligatoire.

4. A la fin de chaque année à compter de l'octroi de la licence obligatoire au titre des paragraphes 1, 2, 5 ou 5 *bis*, et dans la limite de durée possible mentionnée au paragraphe 3, chaque partie à la procédure peut demander que la décision relative à l'octroi de la licence d'exploitation obligatoire soit annulée ou modifiée. Le seul motif pouvant être invoqué à l'appui d'une telle demande est que les faits décisifs au moment de la décision antérieure se sont modifiés entre-temps.

5. Sur demande, la licence obligatoire est accordée au titulaire de la protection concernant une variété essentiellement dérivée si les critères énoncés au paragraphe 1 sont remplis. Les conditions raisonnables visées au paragraphe 3 comprennent le paiement d'une redevance appropriée à titre de rémunération équitable du titulaire de la variété initiale.

5 *bis*. Sur demande, une licence obligatoire en vue de l'exploitation non exclusive d'une variété végétale protégée au titre de l'article 12, paragraphe 2, de la directive 98/44/CE est accordée au titulaire d'un brevet concernant une invention biotechnologique, moyennant le paiement d'une redevance appropriée à titre de rémunération équitable, pour autant que le titulaire du brevet apporte la preuve :

i) qu'il s'est vainement adressé au titulaire du droit d'obtention végétale pour obtenir une licence contractuelle, et

ii) que l'invention représente un progrès technique important, d'un intérêt économique considérable, par rapport à la variété végétale protégée.

Lorsque, pour lui permettre d'acquérir ou d'exploiter son droit d'obtention végétale, un titulaire s'est vu accorder, en vertu de l'article 12, paragraphe 1, de la directive 98/44/CE, une licence obligatoire en vue de l'exploitation non exclusive d'une invention brevetée, une licence réciproque non exclusive à des conditions raisonnables pour exploiter l'obtention végétale est accordée sur demande au titulaire du brevet.

La portée territoriale de la licence ou de la licence réciproque visée au présent paragraphe est limitée aux parties de la Communauté visées par le brevet.

6. Le règlement d'application visé à l'article 114 peut citer certains autres cas à titre d'exemples d'intérêt public mentionné aux paragraphes 1, 2 et 5 *bis* et préciser en outre les modalités d'application des paragraphes 1 à 5 *bis*.

7. Les États membres ne peuvent accorder de licences obligatoires dans le cas d'une protection communautaire des obtentions végétales.

Ces dispositions sont entrées en vigueur le 20 mai 2004.

TROISIÈME PARTIE L'Office communautaire des variétés végétales

CHAPITRE PREMIER *Dispositions générales*

Art. 30 *Statut juridique, services.* 1. L'Office est un organe de la Communauté. Il a la personnalité juridique.

2. Dans chacun des États membres, l'Office possède la capacité juridique la plus large reconnue aux personnes morales par la législation nationale. Il peut notamment acquérir ou aliéner des biens immobiliers et mobiliers et ester en justice.

3. L'Office est représenté par son président.

4. Avec l'accord du conseil d'administration visé à l'article 36, l'Office peut charger des agences nationales de l'exercice de certaines de ses fonctions administratives ou établir à cette fin ses propres services dans les États membres, sous réserve du consentement de ces derniers.

Art. 31 *Personnel.* 1. Le statut des fonctionnaires des Communautés européennes, le régime applicable aux autres agents et les réglementations adoptées d'un commun accord par les institutions des Communautés européennes s'appliquent au personnel de l'Office, sans préjudice de l'application de l'article 47 aux membres des chambres de recours.

2. Sans préjudice de l'article 43, les pouvoirs dévolus à l'autorité investie du pouvoir de nomination par le statut et par le régime applicable aux autres agents sont exercés par l'Office à l'égard de son personnel.

Art. 32 *Privilèges et immunités.* Le protocole sur les privilèges et immunités des Communautés européennes s'applique à l'Office.

Art. 33 *Responsabilité.* 1. La responsabilité contractuelle de l'Office est régie par la loi applicable au contrat en cause.

2. La Cour de justice des Communautés européennes est compétente pour statuer en vertu d'une clause compromissoire contenue dans un contrat conclu par l'Office.

3. En matière de responsabilité non contractuelle, l'Office doit réparer, conformément aux principes généraux communs aux droits des États membres, les dommages causés par ses services ou par ses agents dans l'exercice de leurs fonctions.

4. La Cour de justice des Communautés européennes est compétente pour connaître des litiges relatifs à la réparation des dommages visés au paragraphe 3.

5. La responsabilité personnelle des agents envers l'Office est régie par les dispositions prévues dans le statut ou le régime applicable aux autres agents.

Art. 33 *bis* *Accès aux documents. (Règl. (CE) n° 1650/2003 du 18 juin 2003)* 1. Le règlement (CE) n° 1049/2001 du Parlement européen et du Conseil du 30 mai 2001 relatif à l'accès public aux documents du Parlement européen du Conseil et de la Commission s'applique aux documents détenus par l'Office.

2. Le conseil d'administration arrête les modalités pratiques d'application du règlement (CE) n° 1049/2001 dans un délai de six mois à partir de l'entrée en vigueur du règlement (CE) n° 1650/2003 du Conseil du 18 juin 2003 modifiant le règlement instituant un régime de protection communautaire des obtentions végétales.

3. Les décisions prises par l'Office en application de l'article 8 du règlement (CE) n° 1049/2001 peuvent faire l'objet d'une plainte auprès du médiateur ou d'un recours devant la Cour de justice, dans les conditions prévues respectivement aux articles 195 et 230 du traité.

Le Règl. (CE) n° 1049/2001 du 30 mai 2001 est publié au JOUE L 145 du 31 mai 2001, p. 43 et le Règl. (CE) n° 1650/2003 du 18 juin 2003 est publié au JOUE L 245 du 29 sept. 2003, p. 28.

Art. 34 *Régime linguistique.* 1. Les dispositions prévues par le règlement n° 1 du 15 avril 1958 portant fixation du régime linguistique de la Communauté économique européenne s'appliquent en ce qui concerne l'Office.

2. Les demandes adressées à l'Office, les pièces nécessaires à l'instruction du dossier et tous autres documents doivent être transmis dans une des langues officielles des Communautés européennes.

3. Les parties participant à une procédure devant l'Office conformément au règlement d'application visé à l'article 114 ont le droit de mener les procédures écrites et orales dans l'une quelconque des langues officielles des Communautés européennes moyennant traduction et, dans le cas des auditions, moyennant une interprétation simultanée au moins dans une autre langue officielle des Communautés européennes choisie par toute autre partie à la procédure. L'exercice de ces droits n'implique pas de frais particuliers pour les parties à la procédure.

4. Les services de traduction nécessaires au fonctionnement de l'Office sont en principe fournis par le centre de traduction des organes de l'Union.

Art. 35 *Décisions de l'Office.* 1. Dans la mesure où elles ne doivent pas être prises par les chambres de recours en vertu de l'article 71, les décisions de l'Office sont prises par son président ou sous l'autorité de celui-ci.

2. Sous réserve du paragraphe 1, les décisions prévues aux articles 20, 21, 29, 59, 61, 62, 63 et 66 ou à l'article 100 paragraphe 2 sont prises par un comité composé de trois membres du personnel de l'Office. Les compétences respectives des membres du comité, leurs compétences dans la phase préparatoire des décisions, les conditions de vote et le rôle du président à l'égard dudit comité sont fixés dans le règlement d'application visé à l'article 114. Au demeurant, les membres du comité ne sont liés par aucune instruction lorsqu'ils prennent leurs décisions.

3. Les décisions du président, autres que celles visées au paragraphe 2, peuvent, si elles ne sont pas prises par le président lui-même, l'être par un agent de l'Office dûment mandaté à cet effet en vertu de l'article 42 paragraphe 2 point *h*).

CHAPITRE II *Le conseil d'administration*

Art. 36 *Institution et compétences.* 1. Il est institué un conseil d'administration, qui est rattaché à l'Office. Outre les pouvoirs qui lui sont attribués par d'autres dispositions du présent règlement ou par les dispositions visées aux articles 113 et 114, le conseil d'administration exerce, en relation avec l'Office, les compétences suivantes :

a) il conseille l'Office sur des questions relevant de la compétence de celui-ci ou formule des orientations générales à cet égard ;

b) il examine les rapports d'activité du président et contrôle en outre les activités de l'Office, sur la base de cet examen et de toute autre information qu'il obtient ;

c) il fixe, sur proposition de l'Office, le nombre des comités visés à l'article 35, ainsi que leurs tâches et la durée de leur mandat, ou formule des orientations générales à cet égard ;

d) il peut établir des règles concernant les méthodes de travail de l'Office ;

e) il peut formuler des principes directeurs en application de l'article 56 paragraphe 2.

2. En outre, le conseil d'administration :

— peut émettre des avis et demander des informations à l'Office ou à la Commission lorsqu'il le juge nécessaire,

— peut transmettre à la Commission, avec ou sans modifications, les projets dont il a été saisi conformément à l'article 42 paragraphe 2 point *g*) ou soumettre ses propres projets de modification du présent règlement, des dispositions visées aux articles 113 et 114 ou de toute autre réglementation relative à la protection communautaire des obtentions végétales,

— est consulté en vertu de l'article 113 paragraphe 4 et de l'article 114 paragraphe 2,

— exerce ses fonctions en ce qui concerne le budget de l'Office conformément aux articles 109, 111 et 112.

Art. 37 *Composition.* 1. Le conseil d'administration se compose d'un représentant de chaque État membre et d'un représentant de la Commission, ainsi que de leurs suppléants.

2. Les membres du conseil d'administration peuvent se faire assister de conseillers ou d'experts, sous réserve des dispositions de son règlement intérieur.

Art. 38 *Présidence.* 1. Le conseil d'administration élit en son sein un président et un vice-président. Le vice-président remplace d'office le président en cas d'empêchement de ce dernier.

2. Le mandat du président ou du vice-président expire lorsque ces derniers cessent d'être membres du conseil d'administration. Sans préjudice de cette disposition, la durée du mandat du président ou du vice-président est de trois ans, à moins qu'un autre président ou vice-président ait été élu avant la fin de cette période. Le mandat est renouvelable.

Art. 39 *Sessions.* 1. Le conseil d'administration se réunit sur convocation de son président.

2. Sauf décision contraire du conseil d'administration, le président de l'Office prend part aux délibérations. Il n'a pas le droit de vote.

3. Le conseil d'administration tient une session ordinaire par an ; en outre, il se réunit à l'initiative de son président ou à la demande de la Commission ou du tiers des États membres.

4. Le conseil d'administration adopte son règlement intérieur et peut, conformément à celui-ci, créer des comités placés sous son autorité.

5. Le conseil d'administration peut inviter des observateurs à assister à ses sessions.

6. Le secrétariat du conseil d'administration est assuré par l'Office.

Art. 40 *Lieu de réunion.* Le conseil d'administration se réunit au siège de la Commission, de l'Office ou d'un office d'examen. Les modalités sont fixées par le règlement intérieur.

Art. 41 *Vote.* 1. Le conseil d'administration prend ses décisions, autres que celles visées au paragraphe 2, à la majorité simple des représentants des États membres.

2. La majorité des trois quarts des représentants des États membres est requise pour l'adoption des décisions que le conseil d'administration est habilité à prendre en vertu de l'article 29, de l'article 36 paragraphe 1 points *a*), *b*), *d*) et *e*), de l'article 43, de l'article 47, de l'article 109 article *[paragraphe.]* 3 et de l'article 112.

3. Chaque État membre dispose d'une voix.

4. Les décisions du conseil d'administration ne sont pas obligatoires au sens de l'article 189 du traité.

CHAPITRE III *Direction de l'Office*

Art. 42 *Fonctions et compétences du président.* 1. La direction de l'Office est assurée par son président.

2. A cette fin, le président a notamment les fonctions et compétences suivantes :

a) il prend toutes mesures utiles, et notamment l'adoption d'instructions administratives internes et la publication de notes, en vue d'assurer le bon fonctionnement de l'Office conformément au présent règlement, aux dispositions visées aux articles 113 et 114 ou aux règles établies ou orientations formulées par le conseil d'administration en vertu de l'article 36 paragraphe 1 ;

b) il présente, chaque année, un rapport d'activité à la Commission et au conseil d'administration ;

c) il exerce, à l'égard du personnel, les pouvoirs prévus à l'article 31 paragraphe 2 ;

d) il soumet des propositions telles que visées à l'article 36 paragraphe 1 point *c*) et à l'article 47 paragraphe 2 ;

e) il établit l'état prévisionnel des recettes et des dépenses de l'Office conformément à l'article 109 paragraphe 1 et exécute le budget conformément à l'article 100 ;

f) il fournit les informations demandées par le conseil d'administration en vertu de l'article 36 paragraphe 2 premier tiret ;

g) il peut saisir le conseil d'administration de tout projet de modification du présent règlement, des dispositions visées aux articles 113 et 114 et de toute autre réglementation relative à la protection communautaire des obtentions végétales ;

h) il peut déléguer ses compétences à d'autres membres du personnel de l'Office sous réserve des dispositions visées aux articles 113 et 114.

3. Le président est assisté par un ou plusieurs vice-présidents. En cas d'empêchement du président, le ou l'un des vice-présidents assument ses fonctions conformément à la procédure prévue dans les règles établies ou les orientations formulées par le conseil d'administration en vertu de l'article 36 paragraphe 1.

Art. 43 *Nomination du personnel de direction.* 1. Le président de l'Office est nommé par le Conseil sur la base d'une liste de candidats que la Commission présente après avoir recueilli l'avis du conseil d'administration. Le pouvoir de révocation appartient au Conseil, agissant sur proposition de la Commission après avis du conseil d'administration.

2. Le mandat de président n'excède pas cinq ans. Il est renouvelable.

3. Le ou les vice-présidents de l'Office sont nommés ou révoqués selon la procédure prévue aux paragraphes 1 et 2, après consultation du président.

4. Le Conseil exerce le pouvoir disciplinaire sur les personnes visées aux paragraphes 1 et 3.

Art. 44 *Contrôle de la légalité.* 1. La Commission contrôle la légalité des actes du président pour lesquels la législation communautaire ne prévoit aucun contrôle de légalité par un autre organe, ainsi que la légalité des actes du conseil d'administration concernant le budget de l'Office.

2. La Commission exige que tout acte illégal visé au paragraphe 1 soit modifié ou annulé.

3. Tout acte visé au paragraphe 1, qu'il soit implicite ou explicite, est susceptible d'être déféré devant la Commission par tout État membre, tout membre du conseil d'administration ou toute autre personne directement et personnellement concernée, en vue du contrôle de sa légalité. La Commission doit être saisie dans un délai de deux mois à compter du jour où la partie intéressée a eu connaissance de l'acte en cause. Elle prend et notifie une décision dans un délai de deux mois.

CHAPITRE IV *Les chambres de recours*

Art. 45 *Institution et compétences.* 1. Il est institué une ou plusieurs chambres de recours au sein de l'Office.

2. La chambre ou les chambres de recours sont compétentes pour statuer sur les recours formés contre les décisions visées à l'article 67.

3. La chambre ou les chambres de recours sont convoquées selon les besoins. Leur nombre et leurs tâches sont fixés dans le règlement d'application visé à l'article 114.

Art. 46 *Composition des chambres de recours.* 1. Une chambre de recours se compose d'un président et de deux autres membres.

2. Le président choisit, pour chaque affaire, les autres membres et leurs suppléants respectifs sur la liste de membres qualifiés établie conformément à l'article 47 paragraphe 2.

3. Lorsque la chambre de recours estime que la nature du recours l'exige, elle peut s'adjoindre, pour l'affaire en question, deux membres supplémentaires sur la liste susmentionnée.

4. Les qualifications requises des membres de chaque chambre de recours, leurs compétences respectives dans la phase préparatoire des décisions et les conditions de vote sont fixées dans le règlement d'application visé à l'article 114.

Art. 47 *Indépendance des membres des chambres de recours.* 1. Les présidents des chambres de recours et leurs suppléants respectifs sont nommés par le Conseil sur la base d'une liste de candidats établie pour chaque président et chaque suppléant, que la Commission présente après avoir recueilli l'avis du conseil d'administration. Le mandat est de cinq ans. Il est renouvelable.

2. Les autres membres des chambres de recours sont choisis, conformément à l'article 46 paragraphe 2, sur une liste de membres qualifiés établie par le conseil d'administration sur proposition de l'Office, pour une durée de cinq ans. La liste est établie pour une durée de cinq ans. Cette période est renouvelable pour tout ou partie de la liste.

3. Les membres des chambres de recours sont indépendants. Lorsqu'ils prennent leurs décisions, ils ne sont liés par aucune instruction.

4. Les membres des chambres de recours ne peuvent ni être membres des comités visés à l'article 35 ni remplir aucune autre fonction au sein de l'Office. La fonction de membre d'une chambre de recours peut être exercée à temps partiel.

5. Les membres des chambres de recours ne peuvent être relevés de leurs fonctions ni retirés de la liste pendant la période applicable selon le cas, à moins qu'il n'existe des motifs

graves à leur encontre et que la Cour de justice des Communautés européennes, sur demande de la Commission présentée après avis du conseil d'administration, ne prenne une décision à cet effet.

Art. 48 *Exclusion et récusation.* 1. Les membres d'une chambre de recours ne peuvent participer à une procédure de recours s'ils y ont un intérêt personnel, s'ils ont antérieurement représenté l'une des parties à la procédure ou s'ils ont pris part à la formation de la décision qui fait l'objet du recours.

2. Si, pour l'une des raisons mentionnées au paragraphe 1 ou pour tout autre motif, un membre d'une chambre de recours estime ne pas pouvoir participer à une procédure de recours, il en avertit la chambre.

3. Les membres d'une chambre de recours peuvent être récusés par toute partie à la procédure de recours pour l'une des raisons mentionnées au paragraphe 1 ou s'ils sont suspectés de partialité. La récusation n'est pas recevable lorsque la partie à la procédure de recours s'est déjà engagée dans la procédure, bien qu'elle ait déjà eu connaissance du motif de récusation. La récusation ne peut être fondée sur la nationalité des membres.

4. Les chambres de recours statuent, dans les cas visés aux paragraphes 2 et 3, sans la participation du membre concerné. Pour l'adoption de la décision, le membre qui se retire ou qui est récusé est remplacé à la chambre de recours par son suppléant.

QUATRIÈME PARTIE Procédure devant l'Office

CHAPITRE PREMIER *Demandes*

Art. 49 *Dépôt de la demande.* 1. Une demande de protection communautaire des obtentions végétales est déposée, au choix du demandeur :

a) directement auprès de l'Office

ou

b) auprès d'un des services de l'Office ou d'une des agences nationales créés ou mandatés en vertu de l'article 30 paragraphe 4, à condition que le demandeur informe directement l'Office du dépôt de cette demande dans un délai de deux semaines après celui-ci.

Les modalités de transmission de l'information visée au premier alinéa point *b*) peuvent être fixées dans le règlement d'application visé à l'article 114. L'omission d'informer l'Office de la demande conformément au point *b*) n'affecte pas la validité de la demande si celle-ci parvient à l'Office dans un délai d'un mois suivant le dépôt auprès du service de l'Office ou de l'agence nationale.

2. Si la demande est déposée auprès d'une des agences nationales visées au paragraphe 1 point *b*), l'agence nationale prend toutes dispositions pour transmettre la demande à l'Office dans les deux semaines qui suivent son dépôt. Les agences nationales peuvent appliquer une taxe au demandeur, qui n'est toutefois pas supérieure au montant des frais administratifs liés à la réception et à la transmission de la demande.

Art. 50 *Conditions auxquelles doit satisfaire la demande.* 1. La demande de protection communautaire des obtentions végétales doit au moins comporter :

a) une demande d'octroi de la protection communautaire des obtentions végétales ;

b) l'identification du taxon botanique ;

c) des informations permettant l'identification du demandeur ou, le cas échéant, des demandeurs conjoints ;

d) le nom de l'obtenteur et l'assurance qu'aucune autre personne n'a, à la connaissance du demandeur, participé à la sélection ou à la découverte et au développement de la variété ; si le demandeur n'est pas l'obtenteur ou s'il n'est pas le seul obtenteur, il fournit des preuves documentaires pertinentes indiquant à quel titre il a acquis le droit à la protection communautaire des obtentions végétales ;

e) une désignation provisoire de la variété ;

f) une description technique de la variété ;

g) l'origine géographique de la variété ;

h) le pouvoir du ou des mandataires ;

i) des précisions concernant toute commercialisation antérieure de la variété ;

j) des précisions concernant toute autre demande introduite pour la variété.

2. Les conditions visées au paragraphe 1, y compris la fourniture d'autres informations, peuvent être précisées dans le règlement d'application visé à l'article 114.

3. Le demandeur propose une dénomination variétale qui peut accompagner la demande.

Art. 51 *Date de dépôt.* La date de dépôt de la demande de protection communautaire des obtentions végétales est celle à laquelle une demande valide parvient à l'Office conformément à l'article 49 paragraphe 1 point *a*) ou au service de l'Office ou à une agence nationale conformément à l'article 49 paragraphe 1 point *b*), à condition qu'elle respecte les dispositions de l'article 50 paragraphe 1 et moyennant le paiement, dans un délai fixé par l'Office, des taxes dues en vertu de l'article 83.

Art. 52 *Droit de priorité.* 1. L'antériorité d'une demande est déterminée en fonction de la date de réception de cette demande. Si des demandes ont la même date de dépôt, leurs antériorités respectives sont fixées en fonction de l'ordre dans lequel elles ont été reçues, si celui-ci peut être établi. A défaut, elles ont la même antériorité.

2. Si le demandeur ou son prédécesseur en droit a déjà demandé un titre de protection pour la variété dans un État membre ou un membre de l'Union internationale pour la protection des obtentions végétales, et si la date de dépôt se situe dans un délai de douze mois suivant le dépôt de la demande antérieure, le demandeur bénéficie, pour sa demande de protection communautaire des obtentions végétales, d'un droit de priorité au titre de la demande antérieure, à condition que cette demande existe toujours à la date du dépôt.

3. Le droit de priorité a pour conséquence que, pour l'application des articles 7, 10 et 11, la date de dépôt de la demande antérieure vaut date de dépôt de la demande de protection communautaire des obtentions végétales.

4. *(Règl. (CE) n° 15/2008 du 20 déc. 2007)* « Les paragraphes 2 et 3 s'appliquent aux demandes antérieures déposées dans un autre État. »

5. Toute revendication d'un droit de priorité antérieur à celui prévu au paragraphe 2 s'éteint si le demandeur ne présente pas à l'Office, dans un délai de trois mois à compter de la date de dépôt, de copies de la demande antérieure certifiées conformes par les autorités compétentes en la matière. Si la demande antérieure n'a pas été rédigée dans une des langues officielles des Communautés européennes, l'Office peut en outre exiger une traduction de la demande antérieure dans une de ces langues.

CHAPITRE II *Examen*

Art. 53 *Examen de la demande quant à la forme.* 1. L'Office examine :

a) si la demande a été valablement déposée conformément à l'article 49 ;

b) si la demande remplit les conditions énoncées à l'article 50 et les conditions fixées dans le règlement d'application conformément à cet article ;

c) le cas échéant, si une revendication du droit de priorité est conforme aux dispositions fixées à l'article 52 paragraphes 2, 4 et 5

et

d) si les taxes dues en vertu de l'article 83 ont été acquittées dans le délai déterminé par l'Office.

2. Si la demande, tout en remplissant les conditions énoncées à l'article 51, ne remplit pas les autres conditions énoncées à l'article 50, l'Office invite le demandeur à remédier aux irrégularités éventuellement constatées.

3. Si la demande ne remplit pas les conditions énoncées à l'article 51, l'Office en informe le demandeur ou, dans la mesure où ceci n'est pas possible, publie les informations visées à l'article 89.

Art. 54 *Examen quant au fond.* 1. L'Office examine si la variété peut faire l'objet d'une protection communautaire des obtentions végétales conformément à l'article 5, s'il s'agit d'une variété nouvelle en vertu de l'article 10, si le demandeur est habilité à déposer une demande conformément à l'article 12 et si les conditions énoncées à l'article 82 sont remplies. Il examine également si la dénomination variétale proposée est éligible conformément à l'article 63. A cette fin, il peut faire appel au concours d'autres organismes.

2. Le premier demandeur est considéré comme ayant droit à la protection communautaire des obtentions végétales conformément à l'article 11. Cette disposition ne s'applique pas si, avant qu'il ait été statué sur la demande, il est porté à la connaissance de l'Office, ou s'il est démontré par une décision judiciaire passée en force de chose jugée concernant une revendication du droit en vertu de l'article 98 paragraphe 4, que le droit ne revient pas, ou ne revient pas uniquement, au premier demandeur. Si l'identité de l'unique personne habilitée ou de l'autre personne habilitée a été établie, cette ou ces personnes peuvent entamer une procédure en tant que demandeurs.

Art. 55 *Examen technique.* 1. Si, à la suite de l'examen visé aux articles 53 et 54, l'Office constate qu'aucun obstacle ne s'oppose à l'octroi d'une protection communautaire des obtentions végétales, il prend les dispositions voulues pour que l'examen technique visant à contrôler le respect des conditions énoncées aux articles 7, 8 et 9 soit effectué, dans au moins un des États membres, par le ou les organismes compétents qui ont été chargés par le conseil d'administration de l'examen technique des variétés de l'espèce concernée (offices d'examen).

2. En l'absence d'office d'examen au sens du paragraphe 1, l'Office peut, sous réserve de l'approbation du conseil d'administration, confier la responsabilité de l'examen à d'autres organismes appropriés ou créer ses propres services à cette même fin. Pour l'application des dispositions du présent chapitre, lesdits organismes ou services sont considérés comme des offices d'examen. Ils peuvent utiliser les installations mises à leur disposition par le demandeur.

3. L'Office transmet aux offices d'examen des copies de la demande selon les exigences du règlement d'application visé à l'article 114.

4. L'Office fixe, par des règles générales ou dans des demandes individuelles, la date et le lieu de présentation du matériel destiné à l'examen technique et les échantillons de référence, ainsi que la qualité et la quantité de ce matériel et de ces échantillons.

5. Si le demandeur revendique un droit de priorité conformément à l'article 52 paragraphe 2 ou 4, il présente le matériel nécessaire et toute autre pièce requise dans un délai de deux ans à compter de la date de la demande, conformément à l'article 51. Si la demande antérieure est retirée ou rejetée avant l'expiration du délai de deux ans, l'Office peut exiger du demandeur qu'il présente le matériel ou toute autre pièce requise dans un délai déterminé.

Art. 56 *Exécution de l'examen technique.* 1. A moins qu'une autre méthode d'examen technique relative au respect des conditions énoncées aux articles 7, 8 et 9 n'ait été convenue, les offices d'examen procèdent, aux fins de l'examen technique, à des essais en culture de la variété ou à toute autre investigation nécessaire.

2. Les examens techniques sont menés conformément aux principes directeurs formulés par le conseil d'administration et aux instructions données par l'Office.

3. Pour l'examen technique, les offices d'examen peuvent, avec l'accord de l'Office, demander le concours d'autres services qualifiés en la matière et tenir compte des résultats obtenus par ces services.

4. Sauf dispositions contraires de l'Office, chaque office d'examen commence l'examen technique au plus tard à la date à laquelle aurait commencé un examen technique relatif à une demande de titre national de protection déposée à la date de réception par l'office d'examen de la demande adressée par l'Office.

5. Dans le cas de l'article 55 paragraphe 5, chaque office d'examen commence l'examen technique, sauf dispositions contraires de l'Office, au plus tard à la date à laquelle il aurait commencé l'examen relatif à une demande de titre national de protection pour autant que le matériel requis et les autres pièces nécessaires aient été fournis à cette date.

6. Par décision du conseil d'administration, l'examen technique peut commencer à une date ultérieure dans le cas des variétés de vignes et d'arbres.

Art. 57 *Rapports d'examen.* 1. A la demande de l'Office, ou si lui-même estime que les résultats de l'examen technique suffisent pour apprécier la variété, l'office d'examen adresse à l'Office un rapport d'examen et, s'il estime que les conditions énoncées aux articles 7, 8 et 9 sont remplies, une description de la variété.

2. L'Office communique au demandeur les résultats de l'examen technique et la description de la variété et l'invite à faire connaître ses observations à ce sujet.

3. S'il estime que le rapport d'examen ne permet pas de décider en connaissance de cause, l'Office peut, de sa propre initiative après avoir consulté le demandeur ou à la demande de ce dernier, prévoir un examen complémentaire. Pour l'évaluation des résultats, tout examen complémentaire effectué avant qu'une décision visée conformément aux articles 61 et 62 ne devienne définitive est considéré comme faisant partie de l'examen visé à l'article 56 paragraphe 1.

4. Les résultats de l'examen technique sont réservés à l'usage exclusif de l'Office et ne peuvent être utilisés par les offices d'examen qu'avec son accord.

Art. 58 *Frais de l'examen technique.* L'Office verse aux offices d'examen une indemnité fixée conformément au règlement d'application visé à l'article 114.

Art. 59 *Objections à l'octroi de la protection.* 1. Toute personne peut adresser à l'Office une objection écrite à l'octroi de la protection communautaire des obtentions végétales.

2. Les auteurs des objections acquièrent, à côté du demandeur, la qualité de parties à la procédure d'octroi de la protection communautaire des obtentions végétales. Sans préjudice de l'article 88, ils ont accès aux documents, y compris les résultats de l'examen technique et la description de la variété visés à l'article 57 paragraphe 2.

3. Les objections ne peuvent invoquer que les motifs suivants :

a) les conditions énoncées aux articles 7 à 11 ne sont pas remplies ;

b) un obstacle tel que visé à l'article 63 paragraphe 3 ou 4 s'oppose à l'attribution de la dénomination variétale proposée.

4. Les objections peuvent être présentées :

a) à tout moment après que la demande a été déposée et avant que n'intervienne une décision en application de l'article 61 ou 62 dans le cas visé au paragraphe 3 point *a*) du présent article ;

b) dans un délai de trois mois à compter de la publication, faite conformément à l'article 89, de la dénomination variétale proposée, dans le cas visé au paragraphe 3 point *b*) du présent article.

5. Les décisions relatives aux objections peuvent être prises en même temps que les décisions visées à l'article 61, 62 ou 63.

Art. 60 *Priorité d'une nouvelle demande en cas d'objections.* Si une objection pour non-respect des conditions énoncées à l'article 11 entraîne le retrait ou le rejet de la demande de protection communautaire des obtentions végétales et si l'auteur de l'objection dépose, pour la même variété, une demande de protection communautaire dans un délai d'un mois à compter du retrait ou de *[du]* rejet définitif de la demande, ce dernier peut exiger que la date de dépôt de la demande retirée ou rejetée soit considérée comme la date de dépôt de sa demande.

CHAPITRE III *Décisions*

Art. 61 *Rejet de la demande.* 1. L'Office rejette aussitôt la demande de protection communautaire des obtentions végétales s'il constate que le demandeur :

a) n'a pas remédié aux irrégularités visées à l'article 53 dans le délai qui lui était imparti pour pouvoir le faire ;

b) ne s'est pas conformé à une règle générale ou à une demande individuelle au sens de l'article 55 paragraphe 4 ou 5 dans le délai fixé, à moins que l'Office n'ait consenti à la non-présentation du matériel

ou

c) n'a pas proposé de dénomination variétale éligible selon l'article 63.

2. L'Office rejette également la demande de protection communautaire des obtentions végétales :

a) s'il constate que les conditions qu'il est appelé à vérifier conformément à l'article 54 ne sont pas remplies

ou

b) s'il arrive à la conclusion, sur la base du rapport d'examen visé à l'article 57, que les conditions énoncées aux articles 7, 8 et 9 ne sont pas remplies.

Art. 62 *Octroi de la protection.* S'il estime que les résultats de l'examen suffisent pour statuer sur la demande et qu'aucun obstacle au sens des articles 59 et 61 ne s'y oppose, l'Office accorde la protection communautaire des obtentions végétales. La décision comporte une description officielle de la variété.

Art. 63 *Dénomination de la variété.* 1. Lorsqu'une protection communautaire des obtentions végétales est accordée, l'Office approuve, pour la variété en question, la dénomination variétale proposée par le demandeur conformément à l'article 50 paragraphe 3, s'il considère, sur la base de l'examen effectué conformément à l'article 54 paragraphe 1 deuxième phrase, que cette dénomination est éligible.

2. Une dénomination variétale est éligible s'il n'existe aucun des obstacles visés au paragraphe 3 ou 4 du présent article.

3. Il existe un obstacle à l'attribution d'une dénomination variétale :

a) lorsque le droit antérieur d'un tiers s'oppose à son utilisation sur le territoire de la Communauté ;

b) lorsque la dénomination variétale peut se révéler d'ordinaire difficile à reconnaître ou à reproduire par ses utilisateurs ;

c) lorsqu'elle est identique à une dénomination variétale ou peut être confondue avec une dénomination variétale sous laquelle, dans un État membre ou un membre de l'Union internationale pour la protection des obtentions végétales, une autre variété de la même espèce ou d'une espèce voisine est inscrite dans un registre officiel des variétés ou sous laquelle du matériel d'une autre variété a été mis sur le marché, à moins que cette autre variété n'existe plus et que sa dénomination n'ait pas acquis de signification particulière ;

d) lorsqu'elle est identique à d'autres dénominations ou peut être confondue avec d'autres dénominations couramment utilisées pour la mise sur le marché de marchandises ou qui doivent être réservées en vertu d'une autre législation ;

e) lorsqu'elle est susceptible de contrevenir aux bonnes mœurs dans un des États membres ou est contraire à l'ordre public ;

f) lorsqu'elle est susceptible d'induire en erreur ou de prêter à confusion quant aux caractères, à la valeur ou à l'identité de la variété ou à l'identité de l'obteneur *[obtenteur]* ou d'une quelconque autre partie à la procédure.

4. Il existe un autre obstacle lorsqu'une variété a déjà été enregistrée :

a) dans un des États membres

ou

b) dans un membre de l'Union internationale pour la protection des obtentions végétales,

ou

c) dans un autre État pour lequel il a été établi dans un acte communautaire que les variétés y sont examinées selon des règles équivalentes à celles prévues dans les directives sur les catalogues communs,

à un registre officiel des variétés végétales et que son matériel y a été mis sur le marché à des fins commerciales, si la dénomination variétale proposée diffère de celle qui y a été enregistrée ou utilisée, à moins que cette dernière constitue un obstacle tel que visé au paragraphe 3.

5. L'Office publie les espèces qu'il considère comme « voisines » au sens du paragraphe 3 point *c*).

CHAPITRE IV *Maintien de la protection communautaire des obtentions végétales*

Art. 64 *Vérification technique.* 1. L'Office vérifie si les variétés protégées continuent d'exister telles quelles.

2. A cette fin, il est procédé à une vérification technique conformément aux articles 55 et 56.

3. Le titulaire est tenu de fournir à l'Office et aux offices d'examen chargés de la vérification technique de la variété tous les renseignements nécessaires pour apprécier si la variété continue d'exister telle quelle. Il est en outre tenu, conformément aux instructions de l'Office, de présenter le matériel de la variété et de permettre de vérifier si les mesures appropriées ont été prises pour assurer que la variété continue d'exister telle quelle.

Art. 65 *Rapport de vérification technique.* 1. A la demande de l'Office, ou si lui-même constate que la variété n'est pas homogène ou stable, l'office d'examen chargé de la vérification technique adresse à l'Office un rapport sur ses conclusions.

2. Si la vérification technique fait apparaître des défauts au sens du paragraphe 1, l'Office communique au titulaire les résultats de cette vérification et lui donne la possibilité de faire connaître ses observations à ce sujet.

Art. 66 *Modification de la dénomination variétale.* 1. L'Office modifie une dénomination variétale attribuée conformément à l'article 63 s'il constate que cette dénomination ne satisfait pas ou ne satisfait plus aux conditions énoncées audit article et si, en présence d'un droit antérieur opposable d'un tiers, le titulaire accepte la modification ou si une décision judiciaire passée en force de chose jugée interdit, pour cette raison, l'utilisation de la dénomination variétale par le titulaire ou toute personne tenue d'employer la dénomination variétale.

2. L'Office invite le titulaire à proposer une dénomination variétale modifiée et poursuit la procédure conformément à l'article 63.

3. La dénomination modifiée qui est proposée peut faire l'objet d'objections conformément à l'article 59 paragraphe 3 point *b*).

CHAPITRE V *Recours*

Art. 67 *Décisions susceptibles de recours.* 1. Sont susceptibles de recours les décisions de l'Office prises en vertu des articles 20, 21, 59, 61, 62, 63 et 66, ainsi que les décisions relatives aux taxes visées à l'article 83, aux frais visés à l'article 85, à l'inscription ou à la suppression de données dans le registre conformément à l'article 87 et à l'inspection publique conformément à l'article 88.

2. Un recours formé conformément au paragraphe 1 a un effet suspensif. L'Office peut, toutefois, s'il estime que les circonstances l'exigent, décider que la décision contestée n'est pas suspendue.

3. Les décisions de l'Office prises en vertu de l'article 29 et de l'article 100 paragraphe 2 sont susceptibles de recours, à moins qu'un recours direct ne soit formé en vertu de l'article 74. Le recours n'a pas d'effet suspensif.

4. Une décision qui ne met pas fin à une procédure à l'égard d'une des parties ne peut faire l'objet d'un recours qu'en liaison avec la décision finale, à moins que cette décision ne prévoie un recours distinct.

Art. 68 *Personnes admises à former le recours et à être parties à la procédure.* Toute personne physique ou morale peut former un recours, sous réserve de l'article 82, contre une décision dont elle est le destinataire désigné ou contre une décision qui, bien que prise sous la forme d'une décision dont une autre personne est le destinataire désigné, la concerne directement et individuellement. Les parties à la procédure peuvent être parties à la procédure de recours ; l'Office y est partie.

Art. 69 *Délai et forme.* Le recours est formé par écrit auprès de l'Office dans un délai de deux mois à compter de la signification de la décision lorsque le destinataire qu'elle désigne est la personne qui introduit le recours ou, dans le cas contraire, dans un délai de deux mois à compter de la publication de la décision ; un mémoire exposant les moyens du recours est déposé dans un délai de quatre mois à compter de ladite signification ou publication.

Art. 70 *Révision préjudicielle.* 1. Si le service de l'Office qui a préparé la décision considère le recours comme recevable et fondé, l'Office rectifie la décision. Cette disposition ne s'applique pas lorsqu'une autre partie à la procédure de recours est opposée au requérant.

2. Si la décision n'est pas rectifiée dans un délai d'un mois après réception du mémoire de recours, l'Office :

– décide immédiatement d'engager ou non une procédure en vertu de l'article 67 paragraphe 2 seconde phrase

et

– défère sans tarder le recours à la chambre de recours.

Art. 71 *Examen du recours.* 1. Si le recours est recevable, la chambre de recours examine s'il est fondé.

2. Lors de l'examen du recours, la chambre de recours invite, aussi souvent qu'il est nécessaire, les parties à la procédure de recours à présenter dans un délai déterminé leurs observations sur les notifications qu'elle leur a adressées ou sur les communications qui émanent d'autres parties à la procédure de recours. Les parties à la procédure de recours sont habilitées à faire des démarches verbales.

Art. 72 *Décision sur le recours.* La chambre de recours statue sur le recours sur la base de l'examen effectué conformément à l'article 71. Elle peut soit exercer les compétences de l'Office, soit renvoyer l'affaire au service compétent de l'Office pour suite à donner au recours. Ce service est lié par les motifs et le dispositif de la décision de la chambre de recours, pour autant que les faits de la cause soient les mêmes.

Art. 73 *(Règl. n° 2506-95 du 25 oct. 1995) Recours contre les décisions des chambres de recours.* 1. Les décisions des chambres de recours statuant sur un recours sont susceptibles d'un recours devant la Cour de justice.

2. Le recours est ouvert pour incompétence, violation des formes substantielles, violation du traité, du présent règlement ou de toute règle de droit relative à leur application, ou détournement de pouvoir.

3. La Cour de justice a compétence aussi bien pour annuler que pour réformer la décision attaquée.

4. Le recours est ouvert à toute partie à la procédure devant une chambre de recours ayant partiellement ou totalement succombé en ses conclusions.

5. Le recours est formé devant la Cour de justice dans un délai de deux mois à compter de la notification de la décision de la chambre de recours.

6. L'Office est tenu de prendre les mesures nécessaires à *[l']*exécution de l'arrêt de la Cour de justice.

Sur la nature du contrôle du Tribunal de l'Union européenne en cas de recours contre les décisions des chambres de recours, V. • Trib. UE 21 oct. 2013 : *Propr. ind. 2014, n° 16, note Bouche.*

Art. 74 *Recours direct.* 1. Les décisions de l'Office visées à l'article 29 et à l'article 100 paragraphe 2 sont susceptibles d'un recours direct auprès de la Cour de justice des Communautés européennes.

2. Les dispositions fixées à l'article 73 s'appliquent *mutatis mutandis.*

CHAPITRE VI *Autres dispositions régissant la procédure*

Art. 75 *Motivation des décisions, droit d'être entendu.* Les décisions de l'Office sont motivées. Elles ne peuvent être fondées que sur des motifs et des preuves sur lesquels les parties à la procédure ont pu prendre position, oralement ou par écrit.

Art. 76 *Instruction d'office des faits par l'Office.* Au cours de la procédure engagée devant lui, l'Office procède d'office à l'instruction des faits, dans la mesure où ceux-ci font l'objet de l'examen prévu aux articles 54 et 55. Il écarte les faits qui n'ont pas été invoqués ou les preuves qui n'ont pas été produites dans le délai fixé par l'Office.

Art. 77 *Procédure orale.* 1. La procédure orale a lieu soit à l'initiative de l'Office lui-même, soit à la demande d'une des parties à la procédure.

2. Sans préjudice du paragraphe 3, la procédure orale devant l'Office n'est pas publique.

3. La procédure orale devant la chambre de recours, y compris le prononcé de la décision, est publique, sauf décision contraire de la chambre au cas où la publicité pourrait présenter, notamment pour une des parties à la procédure de recours, des inconvénients graves et injustifiés.

Art. 78 *Instruction.* 1. Dans toute procédure engagée devant l'Office, les mesures d'instruction suivantes peuvent notamment être prises :

a) l'audition des parties à la procédure ;
b) la demande de renseignements ;
c) la production de documents et d'autres preuves ;
d) l'audition des témoins ;
e) l'expertise ;
f) la visite sur les lieux ;
g) les déclarations écrites faites sur la foi du serment.

2. Si les décisions de l'Office se prennent au sein d'un comité, celui-ci peut charger un de ses membres d'examiner les preuves produites.

3. S'il estime nécessaire qu'une partie à la procédure, un témoin ou un expert dépose oralement, l'Office :

a) cite la personne concernée à comparaître devant lui
ou
b) demande aux autorités judiciaires ou autres autorités compétentes de l'État du domicile de la personne concernée de recueillir sa déposition, comme le prévoit l'article 91 paragraphe 2.

4. Une partie à la procédure, un témoin ou un expert cité devant l'Office peut demander à celui-ci l'autorisation d'être entendu par les autorités judiciaires ou autres autorités compétentes de l'État de son domicile. Après réception de cette demande ou en cas de non-comparution, l'Office peut, conformément à l'article 91 paragraphe 2, demander aux autorités judiciaires ou autres autorités compétentes de recueillir la déposition de la personne concernée.

5. Si une partie à la procédure, un témoin ou un expert dépose devant l'Office, celui-ci peut, s'il estime souhaitable que la déposition soit recueillie sous serment ou sous une autre forme solennelle, demander aux autorités judiciaires ou autres autorités compétentes de l'État du domicile de la personne concernée de l'entendre dans les conditions requises.

6. Lorsque l'Office demande à une autorité judiciaire ou une autre autorité compétente de recueillir une déposition, il peut lui demander de le faire sous une forme solennelle et d'autoriser un agent de l'Office à assister à l'audition et à interroger la partie à la procédure, le témoin ou l'expert, soit par le truchement de cette autorité, soit directement.

Art. 79 *Signification.* L'Office signifie d'office toutes les décisions et citations ainsi que les notifications et communications qui font courir un délai ou dont la signification est requise par d'autres dispositions du présent règlement ou par des dispositions arrêtées en vertu du présent règlement ou par ordre du président de l'Office. La signification peut être faire *[faite]* par l'intermédiaire des offices des variétés compétents des États membres.

Art. 80 *Restitution en entier.* 1. Lorsque, malgré toute la diligence dont il a fait preuve dans les circonstances particulières, le demandeur d'une protection communautaire des obtentions végétales ou le titulaire ou toute autre partie à une procédure engagée devant l'Office n'a pas été en mesure d'observer un délai à l'égard de l'Office, il est, sur requête, rétabli dans ses droits si cet empêchement a eu pour conséquence directe, en vertu des dispositions du présent règlement, la perte d'un droit ou d'un moyen de recours.

2. La requête est présentée par écrit dans un délai de deux mois à compter de la cessation de l'empêchement. L'acte non accompli doit l'être dans ce délai. La requête n'est recevable que dans un délai d'un an à compter de l'expiration du délai non observé.

3. La requête est motivée et indique les faits et les justifications invoqués à son appui.

4. Le présent article ne s'applique pas aux délais prévus au paragraphe 2 ainsi qu'à l'article 52 paragraphes 2, 4 et 5.

5. Quiconque dans un État membre a, de bonne foi, au cours de la période comprise entre la perte d'un droit lié, au sens du paragraphe 1, à la demande ou à l'octroi de la protection communautaire des obtentions végétales et le rétablissement dudit droit, exploité ou fait des préparatifs effectifs et sérieux pour exploiter le matériel d'une variété faisant l'objet d'une demande publiée d'octroi de la protection communautaire des obtentions végétales ou bénéficiant déjà d'une telle protection peut, à titre gratuit, poursuivre cette exploitation dans son établissement ou pour les besoins de son établissement.

Art. 81 *Principes généraux.* 1. En l'absence de dispositions de procédure dans le présent règlement ou dans des dispositions arrêtées en vertu du présent règlement, l'Office applique les principes du code de procédure généralement admis dans les États membres.

2. L'article 48 s'applique *mutatis mutandis* au personnel de l'Office, dans la mesure où il participe aux décisions du type visé à l'article 67, et au personnel des offices d'examen, dans la mesure où il participe aux mesures prises en vue de l'élaboration de ces décisions.

Art. 82 *Mandataire.* Les personnes qui n'ont ni domicile ni siège ou établissement sur le territoire de la Communauté ne sont habilitées à intervenir en tant que partie à une procédure devant l'Office que si elles ont désigné un mandataire domicilié ou ayant son siège ou un établissement sur le territoire de la Communauté.

CHAPITRE VII *Taxes, règlement des frais*

Art. 83 *Taxes.* 1. L'Office perçoit, conformément au règlement relatif aux taxes visé à l'article 113, des taxes au titre des actes qu'il doit accomplir en vertu du présent règlement ainsi que des taxes annuelles pendant la durée de la protection communautaire des obtentions végétales.

2. Faute de l'acquittement des taxes exigibles au titre des actes de l'Office visés à l'article 113 paragraphe 2 ou d'autres actes de l'Office visés dans le règlement relatif aux taxes qui ne sont accomplis que sur demande, la demande est réputée non introduite ou le recours non formé si les démarches nécessaires pour le paiement des taxes n'ont pas été effectuées dans un délai d'un mois à compter de la date à laquelle l'Office a adressé une nouvelle invitation à acquitter la taxe en attirant l'attention de l'intéressé sur les conséquences du non-paiement.

3. Si certaines informations fournies par le demandeur d'octroi de la protection communautaire des obtentions végétales ne peuvent être vérifiées que par un examen technique sortant du cadre fixé pour l'examen technique des variétés du taxon concerné, les taxes exigibles au titre de l'examen technique peuvent, après audition de l'intéressé, être augmentées jusqu'à concurrence du montant des dépenses réellement engagées.

4. Les taxes perçues au titre d'un recours sont remboursées s'il est fait droit au recours, le remboursement intervenant au prorata s'il y est fait partiellement droit. Le remboursement peut toutefois être supprimé, en tout ou en partie, si la conclusion positive du recours est fondée sur des faits qui ne pouvaient être connus au moment de la première décision

Art. 84 *Extinction des obligations financières.* 1. Le droit de l'Office d'exiger le paiement de taxes se prescrit par quatre ans à compter de la fin de l'année civile au cours de laquelle la taxe est devenue exigible.

2. Les droits opposables à l'Office pour le remboursement de taxes ou de trop-perçu se prescrivent par quatre ans à compter de la fin de l'année civile au cours de laquelle ces droits ont pris naissance.

3. Le délai est interrompu dans le cas visé au paragraphe 1 par une invitation à acquitter la taxe et dans le cas visé au paragraphe 2 par une requête écrite et motivée en vue du remboursement. Ce délai recommence à courir immédiatement à compter de la date de son interruption ; il expire au plus tard au terme d'une période de six ans à compter de la fin de l'année civile au cours de laquelle il a commencé à courir initialement, à moins qu'une

action en justice n'ait été intentée entre-temps pour faire valoir le droit ; en pareil cas, le délai expire au plus tôt au terme d'une période d'un an à compter de la date à laquelle la décision est passée en force de chose jugée.

Art. 85 *Répartition des frais.* 1. La partie qui succombe dans une procédure d'annulation ou de déchéance de la protection communautaire des obtentions végétales ou dans une procédure de recours supporte les frais exposés par l'autre partie à la procédure ainsi que tous les frais exposés par celle-ci indispensables à la procédure, y compris les frais de déplacement et de séjour et la rémunération d'un agent, conseil ou avocat, dans les limites des barèmes établis pour chaque catégorie de frais dans les conditions fixées par le règlement d'application visé à l'article 114.

2. Toutefois, lorsque les parties à la procédure succombent, chacune, sur un ou plusieurs chefs ou lorsque l'équité l'exige, l'Office ou la chambre de recours décide d'une répartition différente des frais.

3. La partie à la procédure qui met fin à une procédure par le retrait de sa demande de protection communautaire des obtentions végétales, de sa demande d'annulation ou de déchéance de la protection ou du recours, ou qui renonce à la protection communautaire des obtentions végétales, supporte les frais exposés par l'autre partie à la procédure dans les conditions prévues aux paragraphes 1 et 2.

4. Lorsque les parties à la procédure concluent, devant l'Office ou la chambre de recours, un règlement des frais qui diffère de celui prévu aux paragraphes précédents, l'instance concernée prend acte de cet accord.

5. L'Office ou la chambre de recours établit, sur demande, le montant des frais à acquitter en vertu des paragraphes précédents.

Art. 86 *Exécution forcée des décisions fixant le montant des frais.* 1. Toute décision définitive de l'Office qui fixe le montant des frais forme titre exécutoire.

2. L'exécution forcée est régie par les règles de la procédure civile en vigueur dans l'État membre sur le territoire duquel elle a lieu. La formule exécutoire est apposée, sans autre contrôle que celui de la vérification de l'authenticité du titre, par l'autorité nationale que le gouvernement de chaque État membre désigne à cet effet ; les gouvernements informent l'Office et la Cour de justice des Communautés européennes de toutes les autorités nationales ainsi désignées.

3. Après l'accomplissement de ces formalités à la demande de la partie demandant l'exécution forcée, celle-ci peut faire procéder à l'exécution forcée en saisissant directement l'organe compétent, selon la législation nationale.

4. L'exécution forcée ne peut être suspendue qu'en vertu d'une décision de la Cour de justice des Communautés européennes. Toutefois, le contrôle de la régularité des mesures d'exécution relève de la compétence des juridictions nationales.

CHAPITRE VIII *Registres*

Art. 87 *Tenue des registres.* 1. L'Office tient un registre des demandes de protection communautaire des obtentions végétales où sont portées les indications suivantes :

a) les demandes de protection communautaire des obtentions végétales avec mention du taxon, de la dénomination provisoire de la variété, de la date de dépôt, ainsi que des nom et adresse du demandeur, de l'obtenteur et de tout mandataire concerné ;

b) tout cas de fin d'une procédure concernant des demandes de protection communautaire des obtentions végétales avec mention des données visées au point *a*) ;

c) les propositions de dénomination variétale ;

d) les modifications relatives à la personne du titulaire ou de son mandataire ;

e) sur demande, les mesures d'exécution forcée précitées aux articles 24 et 26.

2. L'Office tient un registre de la protection communautaire des obtentions végétales où sont portées après l'octroi d'une protection communautaire des obtentions végétales, les indications suivantes :

a) l'espèce et la dénomination de la variété ;

b) la description officielle de la variété ou la mention des documents que possède l'Office et qui contiennent cette description officielle en tant que partie intégrante du registre ;

c) dans le cas de variétés nécessitant, pour la production de matériel, l'emploi répété de matériel de certains composants, la mention de ces composants ;

d) les nom et adresse du titulaire, de l'obtenteur et de tout mandataire concerné ;

e) la date de début et d'extinction de la protection communautaire, ainsi que le motif de son extinction ;

f) sur demande, tout droit contractuel d'exploitation exclusive ou tout droit d'exploitation obligatoire, comprenant les nom et adresse de la personne bénéficiaire du droit d'exploitation ;

g) sur demande, toute mesure d'exécution forcée prévue à l'article 24 ;

h) si le titulaire d'une variété initiale et l'obtenteur d'une variété essentiellement dérivée de la variété initiale en font tous deux la demande, l'identification des variétés en tant que variétés initiales et essentiellement dérivées, y compris les dénominations variétales et les noms des parties concernées. Une demande adressée par une seule des parties concernées n'est suffisante que si elle a obtenu soit la reconnaissance incontestée de l'autre partie conformément à l'article 99, soit une décision finale ou un jugement définitif rendu conformément aux dispositions du présent règlement et comportant une identification des variétés concernées en tant que variétés initiales et essentiellement dérivées.

3. Tout autre détail, ou toute condition, relatif à l'inscription dans les deux registres peut être précisé dans le règlement d'application visé à l'article 114.

4. L'Office peut, en ce qui concerne le nombre et le type de caractères ou les expressions établies de ces caractères, adapter d'office et après avoir consulté le titulaire, la description officielle de la variété, si nécessaire, aux principes applicables à la description des variétés du taxon concerné, afin de rendre la description de la variété comparable aux descriptions d'autres variétés du taxon concerné.

Art. 88 *Inspection publique.* 1. Les registres mentionnés à l'article 87 sont ouverts à l'inspection publique.

2. Sont ouverts à l'inspection publique, en cas d'intérêt légitime et conformément aux conditions fixées dans le règlement d'application visé à l'article 114 :

a) les pièces relatives à une demande d'octroi de la protection communautaire des obtentions végétales ;

b) les pièces relatives à une protection communautaire des obtentions végétales déjà octroyée ;

c) les essais en culture destinés à l'examen technique d'une variété ;

d) les essais en culture destinés à la vérification technique du maintien d'une variété.

3. Dans le cas des variétés pour lesquelles du matériel présentant des composants spécifiques doit être utilisé à plusieurs reprises pour la production de matériel, sur requête du demandeur de la protection communautaire des obtentions végétales, tous les renseignements relatifs aux composants, y compris leur culture, sont exclus de l'inspection publique. Une telle requête n'est plus recevable lorsqu'il a été statué sur la demande d'octroi de la protection communautaire des obtentions végétales.

4. Le matériel présenté ou obtenu dans le cadre des examens visés à l'article 55 paragraphe 4 et aux articles 56 et 64 ne peut être cédé à des tiers par les autorités compétentes en vertu du présent règlement que si la personne habilitée y consent ou si cette cession se révèle indispensable aux fins de la coopération en matière d'examen prévue par le présent règlement ou en vertu de dispositions législatives et réglementaires.

Art. 89 *Publications périodiques.* L'Office publie, au moins une fois tous les deux mois, un bulletin contenant les informations qui sont inscrites dans les registres conformément à l'article 87 paragraphe 1 et paragraphe 2 points *a*), *d*), *e*), *f*), *g*), et *h*) et qui n'ont pas encore été publiées. Il publie également un rapport annuel, contenant des informations que l'Office estime opportunes, mais en tout état de cause, une liste des protections communautaires des obtentions végétales en cours de validité, de leurs titulaires, des dates d'octroi et d'expiration et des dénominations variétales approuvées. Les modalités de ces publications sont précisées par le conseil d'administration.

Art. 90 *Échanges d'informations et de publications.* 1. Sur requête et sans préjudice des conditions fixées pour l'envoi des résultats des examens techniques, l'Office et les offices des *variétés compétents* des États membres se communiquent gratuitement, pour leurs propres besoins, un ou plusieurs exemplaires de leurs publications respectives et toute autre information utile relative aux demandes ou octrois de la protection de la propriété industrielle.

2. Les données visées à l'article 88 paragraphe 3 sont exclues de ces informations, à moins que :

a) l'information soit nécessaire pour l'exécution des examens conformément aux articles 55 et 64

ou

b) le demandeur d'une protection communautaire des obtentions végétales ou le titulaire y consente.

Art. 91 *Coopération administrative et judiciaire.* 1. Sauf dispositions contraires du présent règlement ou des législations nationales, l'Office, les offices d'examen visés à l'article 55 paragraphe 1 et les juridictions ou autorités des États membres se prêtent mutuellement assistance, sur demande, en communiquant des informations ou en donnant accès aux documents relatifs à la variété et aux échantillons ou essais en culture de celle-ci. Lorsque l'Office et les offices d'examen précités accordent aux juridictions ou au ministère public l'accès aux documents, aux échantillons ou aux essais en culture, cet accès n'est pas soumis aux restrictions prévues à l'article 88 ; l'inspection autorisée par les offices d'examen précités n'est pas soumise à une décision de l'Office conformément audit article.

2. Sur commissions rogatoires émanant de l'Office, les juridictions ou autres autorités compétentes des États membres procèdent pour l'Office, dans les limites de leurs compétences, aux mesures d'instruction ou aux autres actes juridictionnels requis.

CINQUIÈME PARTIE Incidences sur d'autres dispositions législatives et réglementaires

Art. 92 *Interdiction des protections cumulées.* 1. Toute variété faisant l'objet d'une protection communautaire des obtentions végétales ne peut faire l'objet d'une protection nationale des variétés végétales ni d'un brevet. Tout droit accordé contrairement à cette disposition est dépourvu d'effet.

2. Si, préalablement à l'octroi de la protection communautaire des obtentions végétales, le titulaire s'est vu accorder un autre titre de protection du type visé au paragraphe 1 pour la même variété, il ne peut invoquer les droits conférés par cette protection pour cette variété aussi longtemps que la protection communautaire est maintenue en vigueur.

Art. 93 *Application du droit national.* L'exercice des droits conférés par la protection communautaire des obtentions végétales n'est soumis aux restrictions découlant du droit des États membres que dans la mesure où il y est fait explicitement référence dans le présent règlement.

SIXIÈME PARTIE Actions de droit civil, actes de contrefaçon, juridiction compétente

Art. 94 *Contrefaçon.* 1. Toute personne qui :

a) accomplit, sans y avoir été autorisée, un des actes visés à l'article 13 paragraphe 2 à l'égard d'une variété faisant l'objet d'une protection communautaire des obtentions végétales

ou

b) n'utilise pas correctement une dénomination variétale conformément à l'article 17 paragraphe 1 ou omet d'indiquer les informations nécessaires conformément à l'article 17 paragraphe 2

ou

c) utilise, contrairement à l'article 18 paragraphe 3, la dénomination variétale d'une variété faisant l'objet d'une protection communautaire des obtentions végétales ou une dénomination pouvant être confondue avec ladite dénomination

peut faire l'objet d'une action, intentée par le titulaire, en cessation de la contrefaçon ou en versement d'une rémunération équitable ou à ce double titre.

2. Toute personne qui agit de propos délibéré ou par négligence est en outre tenue de réparer le préjudice subi par le titulaire. En cas de faute légère, le droit à réparation du titulaire peut être diminué en conséquence, sans être toutefois inférieur à l'avantage acquis par l'auteur de la contrefaçon du fait de cette contrefaçon.

1. Qualité à agir. Le licencié ne peut exercer l'action en contrefaçon que si et dans la mesure où le titulaire de la protection communautaire des obtentions végétales peut lui-même le faire. Les conditions ou limitations, auxquelles le titulaire a subordonné son consentement à des actes qui relèvent de son droit exclusif, sont déterminantes. • CJUE 20 oct. 2011 : *Propr. ind. 2012. nº 10, note Bouche.*

2. Rémunération équitable. Pour fixer la rémunération équitable due par un agriculteur qui a utilisé du matériel de multiplication d'une variété protégée obtenue par mise en culture sans s'acquitter des obligations qui lui incombent, il convient de retenir comme base de calcul le montant de la redevance due pour la production sous licence de matériel de multiplication de variétés protégées de l'espèce végétale concernée dans la même région. • CJUE 1er juill. 2012 : *Propr. ind. 2012, nº 76, note Bouche.*

Art. 95 *Actes antérieurs à l'octroi de la protection communautaire des obtentions végétales.* Le titulaire peut exiger une rémunération équitable de la part de toute personne ayant accompli, pendant la période comprise entre la publication de la demande de protection communautaire des obtentions végétales et l'octroi de ladite protection, un acte qui lui aurait été interdit après ladite période au titre de la protection communautaire.

Art. 96 *Prescription.* Les actions visées aux articles 94 et 95 se prescrivent par trois ans à compter de la date à laquelle la protection communautaire des obtentions végétales a finalement été accordée et à laquelle le titulaire a pris connaissance de l'acte et de l'identité de l'auteur de la contrefaçon et, en l'absence de cette connaissance, trente ans après l'accomplissement de l'acte en cause.

Art. 97 *Application complémentaire du droit national en matière de contrefaçon.* 1. Si l'auteur de la contrefaçon au sens de l'article 94 a tiré de cette contrefaçon un avantage quelconque au détriment du titulaire ou d'un licencié, les juridictions compétentes au sens de l'article 101 ou 102 appliquent, pour les actions en restitution, leur droit national, y compris leur droit international privé.

2. Le paragraphe 1 s'applique également aux actions pouvant découler de l'accomplissement ou de l'omission de certains actes visés à l'article 95 pendant la période comprise entre la publication de la demande d'octroi de la protection communautaire des obtentions végétales et la décision statuant sur la demande.

3. A tous autres égards, les effets de la protection communautaire des obtentions végétales sont exclusivement déterminés par les dispositions du présent règlement.

Art. 98 *Revendication du droit à la protection communautaire des obtentions végétales.* 1. Si la protection communautaire des obtentions végétales a été accordée à une personne non habilitée en vertu de l'article 11, la personne habilitée peut, sans préjudice de tous autres droits ou actions existant en vertu de la législation des États membres, revendiquer le transfert à son profit du titre de protection communautaire des obtentions végétales.

2. Lorsqu'une personne n'a droit qu'à une partie de la protection communautaire des obtentions végétales, elle peut revendiquer, conformément au paragraphe 1, la reconnaissance en tant que cotitulaire.

3. Les actions visées aux paragraphes 1 et 2 ne peuvent être exercées en justice que dans un délai de cinq ans à compter de la date de publication de l'octroi de la protection communautaire des obtentions végétales. Cette disposition ne s'applique pas si le titulaire savait au moment de l'octroi ou de l'acquisition, qu'il n'avait pas droit ou qu'il n'était pas le seul à avoir droit à la protection communautaire.

4. Les actions visées aux paragraphes 1 et 2 sont également reconnues *mutatis mutandis* à la personne habilitée à l'égard de toute demande d'octroi de la protection communautaire des obtentions végétales introduite par un demandeur qui n'y avait pas droit ou qui n'était pas le seul à y avoir droit.

Art. 99 *Obtention de l'identification d'une variété.* Le titulaire d'une variété initiale et l'obtenteur d'une variété essentiellement dérivée de la variété initiale ont le droit d'obtenir la reconnaissance de l'identification des variétés concernées en tant que variétés initiales et variétés essentiellement dérivées.

Art. 100 *Conséquences d'un changement de titulaire de la protection communautaire des obtentions végétales.* 1. Lorsqu'un changement intégral de titulaire de la protection communautaire des obtentions végétales intervient à la suite d'une décision judiciaire passée en force de chose jugée rendue en application de l'article 101 ou 102 sur la base d'une action en revendication de droits conformément à l'article 98 paragraphe 1, les licences et autres droits s'éteignent par l'inscription de la personne habilitée au registre de la protection communautaire des obtentions végétales.

2. Si, avant l'introduction de la procédure au sens de l'article 101 ou 102, le titulaire ou un licencié a accompli un des actes visés à l'article 13 paragraphe 2 ou a fait des préparatifs réels et sérieux à cette fin, il peut poursuivre ou accomplir ces actes, à condition de demander la concession d'une licence non exclusive au nouveau titulaire inscrit au registre de la protection communautaire des obtentions végétales. Il dispose, pour ce faire, du délai prescrit par le règlement d'application. La licence peut être concédée par l'Office en l'absence d'accord entre les parties. L'article 29 paragraphes 3 à 7 s'applique *mutatis mutandis*.

3. Le paragraphe 2 ne s'applique pas dans le cas où le titulaire ou le licencié était de mauvaise foi au moment de l'accomplissement des actes ou des préparatifs à cette fin.

Art. 101 *Compétence et procédure concernant les actions en justice relatives aux actions de droit civil.* 1. La convention de Lugano, de même que les dispositions complémentaires du présent article et des articles 102 à 106 du présent règlement s'appliquent aux procédures résultant d'actions visées aux articles 94 à 100.

2. Les procédures visées au paragraphe 1 sont portées :

a) devant les tribunaux de l'État membre ou d'une autre partie contractante à la convention de Lugano sur le territoire duquel ou de laquelle le défendeur a son domicile, son siège ou, à défaut, un établissement

ou

b) si cette condition n'est remplie dans aucun des États membres ni aucune des parties contractantes, devant les tribunaux de l'État membre sur le territoire duquel le demandeur a son domicile, son siège ou, à défaut, un établissement

ou

c) si cette condition n'est elle-même remplie dans aucun des États membres, devant les tribunaux de l'État membre où l'Office a son siège.

La juridiction saisie est compétente pour connaître des faits de contrefaçon présumés commis dans tout État membre.

3. Les procédures résultant d'actions en contrefaçon peuvent également être portées devant le tribunal du lieu où le fait dommageable s'est produit. Dans ce cas, la juridiction saisie n'est compétente que pour connaître des faits de contrefaçon présumés commis sur le territoire de l'État membre dont elle relève.

4. Les procédures et les juridictions compétentes sont celles qui opèrent selon les lois de l'État déterminé en application du paragraphe 2 ou 3.

Art. 102 *Dispositions complémentaires.* 1. Les actions en revendication du titre visées à l'article 98 ne tombent pas sous le coup de l'article 5 paragraphes 3 et 4 de la convention de Lugano.

2. Nonobstant l'article 101 du présent règlement, l'article 5 paragraphe 1 et les articles 17 et 18 de la convention de Lugano sont applicables.

3. Pour l'application des articles 101 et 102 du présent règlement, le domicile ou le siège d'une partie est déterminé selon les articles 52 et 53 de la convention de Lugano.

Art. 103 *Règles de procédure applicables.* Lorsqu'une juridiction nationale est compétente en vertu des articles 101 et 102, les règles de procédure de l'État concerné régissant le même type d'action relative aux droits de propriété nationaux correspondants s'appliquent, sans préjudice des articles 104 et 105.

Art. 104 *Habilitation pour l'exercice de l'action en contrefaçon.* 1. L'action en contrefaçon peut être exercée par le titulaire. Un licencié peut exercer l'action en contrefaçon, sauf si cette possibilité a été expressément exclue par un accord avec le titulaire dans le cas d'une licence d'exploitation exclusive ou par l'Office conformément à l'article 29 ou à l'article 100 paragraphe 2.

2. Tout licencié a le droit d'intervenir dans l'instance en contrefaçon engagée par le titulaire, afin d'obtenir réparation du préjudice qu'il a subi.

Art. 105 *Obligation des juridictions ou autres autorités nationales.* Toute juridiction ou autre autorité nationale ayant à connaître d'une action relative à une protection communautaire des obtentions végétales est tenue de considérer cette protection comme valide.

Art. 106 *Suspension de la procédure.* 1. Lorsque l'action en justice porte sur des droits au sens de l'article 98 paragraphe 4 et que la décision dépend de la question de savoir si la variété peut être protégée conformément à l'article 6, cette décision ne peut être rendue avant que l'Office ait statué sur la demande de protection communautaire des obtentions végétales.

2. Lorsque l'action en justice porte sur une protection communautaire des obtentions végétales déjà accordée, à propos de laquelle a été introduite une procédure en annulation ou en déchéance conformément à l'article 20 ou 21, la procédure peut être suspendue dans la mesure où la décision dépend de la validité de la protection communautaire des obtentions végétales.

Art. 107 *Application de sanctions en cas de contrefaçon d'une protection communautaire des obtentions végétales.* Les États membres prennent toutes les mesures nécessaires pour veiller à ce que les dispositions visant à sanctionner les cas de contrefaçon des droits nationaux soient applicables également aux cas de contrefaçon d'une protection communautaire des obtentions végétales.

SEPTIÈME PARTIE **Budget, contrôle financier, règlement communautaire d'application**

Art. 108 *Budget.* 1. Toutes les recettes et les dépenses de l'Office doivent faire l'objet de prévisions pour chaque exercice budgétaire, celui-ci coïncidant avec l'année civile, et être inscrites au budget de l'Office.

2. Le budget doit être équilibré en recettes et en dépenses.

3. Les recettes du budget comprennent, sans préjudice d'autres recettes, le produit des taxes dues au sens de l'article 83 et conformément au règlement relatif aux taxes visé à l'article 113 et, en tant que de besoin, une subvention inscrite au budget général des Communautés européennes.

4. Les dépenses du budget comprennent, sans préjudice d'autres dépenses, les frais fixes de l'Office et les frais exposés dans le cadre de son fonctionnement normal, y compris les sommes dues aux offices d'examen.

Art. 109 *Établissement du budget.* 1. Le président dresse, chaque année, un état prévisionnel des recettes et des dépenses de l'Office pour l'exercice suivant et le transmet au conseil d'administration au plus tard le 31 mars de chaque année, accompagné d'une liste des postes et, lorsque l'état prévisionnel prévoit une subvention visée à l'article 108 paragraphe 3, précédé d'un exposé des motifs.

2. Si l'état prévisionnel prévoit une subvention visée à l'article 108 paragraphe 3, le conseil d'administration transmet immédiatement l'état prévisionnel à la Commission, accompagné de la liste des postes et de l'exposé des motifs, et peut y joindre son avis. La Commission transmet ces documents à l'autorité budgétaire des Communautés européennes et peut y joindre un avis comportant un état prévisionnel de rechange.

3. Le conseil d'administration adopte le budget, qui comprend une liste des postes de l'Office. Si l'état prévisionnel prévoit une subvention visée à l'article 108 paragraphe 3, le budget est, au besoin, ajusté en fonction des crédits inscrits au budget général des Communautés européennes.

Art. 110 *Exécution du budget.* Le président exécute le budget de l'Office.

Art. 111 *Audit et contrôle. (Règl. (CE) n° 1650/2003 du 18 juin 2003)* 1. Au sein de l'Office, il est créé une fonction d'audit interne qui doit être exercée dans le respect des normes internationales pertinentes. L'auditeur interne, désigné par le président, est responsable envers celui-ci de la vérification du bon fonctionnement des systèmes et des procédures d'exécution du budget de l'Office.

L'auditeur interne conseille le président dans la maîtrise des risques, en formulant des avis indépendants portant sur la qualité des systèmes de gestion et de contrôle et en émettant des recommandations pour améliorer les conditions d'exécution des opérations et promouvoir la bonne gestion financière.

La responsabilité de mettre en place des systèmes et procédures de contrôle interne adaptés à l'exécution de ses tâches incombe à l'ordonnateur.

2. Le 31 mars de chaque année au plus tard, le président transmet à la Commission, au conseil d'administration et à la Cour des comptes des Communautés européennes les comptes de la totalité des recettes et dépenses de l'Office pour l'exercice écoulé. La Cour des comptes les examine conformément aux dispositions pertinentes applicables au budget général de la Communauté européenne.

3. Le conseil d'administration donne décharge au président de l'Office pour l'exécution du budget.

Art. 112 *Dispositions financières.* Après consultation de la Cour des comptes, le conseil d'administration adopte les dispositions financières internes précisant notamment la procédure d'établissement et d'exécution du budget de l'Office. Les dispositions financières doivent reprendre, dans la mesure du possible, les dispositions du règlement financier applicable au budget général de la Communauté et ne s'en écarter que lorsque les exigences spécifiques du fonctionnement même de l'Office le nécessitent.

Art. 113 *Règlement relatif aux taxes.* 1. Le règlement relatif aux taxes fixe notamment les matières donnant lieu à la perception de taxes en vertu de l'article 83 paragraphe 1, le montant de ces taxes et leur mode de perception.

2. Des taxes sont exigibles au moins pour les matières suivantes :

a) l'instruction d'une demande d'octroi de la protection communautaire des obtentions végétales ; cette taxe couvre :

– l'examen de la forme (article 53),
– l'examen du fond (article 54),
– l'examen de la dénomination variétale (article 63),
– la décision (articles 61 et 62),
– les publications afférentes (article 89),

b) l'organisation et l'exécution de l'examen technique ;

c) l'instruction du recours jusqu'à la décision à cet égard ;

d) des taxes annuelles pendant la durée de la protection communautaire des obtentions végétales.

3. *a)* Sous réserve des points *b)* et *c)*, le montant des taxes est fixé à un niveau permettant aux recettes qu'elles produisent d'être en principe suffisantes pour maintenir le budget de l'Office en équilibre.

b) Toutefois, la subvention visée à l'article 108 paragraphe 3 pourra couvrir, pendant une période de transition qui prendra fin le 31 décembre de la quatrième année à compter de la date fixée à l'article 113 paragraphe 2, les dépenses afférentes à la phase de démarrage de l'Office. Selon la procédure prévue à l'article 115, cette période pourra être prolongée, en tant que de besoin, pour un an au plus.

c) En outre, pendant la période de transition précitée uniquement, la subvention prévue à l'article 108 paragraphe 3 pourra également couvrir certaines dépenses de l'Office afférentes à certaines activités autres que l'instruction des demandes, l'organisation et l'exécution de l'examen technique et l'instruction des recours. Ces activités seront précisées, au plus tard un an après l'adoption du présent règlement, dans le règlement d'application visé à l'article 114.

4. Le règlement relatif aux taxes est adopté selon la procédure prévue à l'article 115, après consultation du conseil d'administration sur le projet des mesures à prendre.

Art. 114 *Autres règles d'application.* 1. Les modalités d'application du présent règlement sont fixées par un règlement d'application. Celui-ci comporte en particulier des dispositions :

– définissant les relations entre l'Office et les offices d'examen, les agences ou ses propres services visés à l'article 30 paragraphe 5 et à l'article 55 paragraphes 1 et 2,
– relatives aux questions visées à l'article 36 paragraphe 1 et à l'article 42 paragraphe 2,
– relatives à la procédure des chambres de recours.

2. Sans préjudice des articles 112 et 113, toutes les modalités d'application visées dans le présent règlement sont arrêtées selon la procédure prévue à l'article 115, après consultation du conseil d'administration sur le projet des mesures à prendre.

Art. 115 *Procédure. (Règl. (CE) n° 807/2003 du 14 avr. 2003)* 1. La Commission est assistée par un comité.

2. Dans le cas où il est fait référence au présent article, les articles 5 et 7 de la décision 1999/468/CE (120) s'appliquent.

La période prévue à l'article 5, paragraphe 6, de la décision 1999/468/CE est fixée à trois mois.

3. Le comité adopte son règlement intérieur.

HUITIÈME PARTIE Dispositions transitoires et finales

Art. 116 *Dérogations.* 1. Nonobstant l'article 10 paragraphe 1 point *a)*, et sans préjudice de l'article 10 paragraphes 2 et 3, une variété est également considérée comme nouvelle dans les cas où les constituants variétaux ou un matériel de récolte de ces constituants n'ont pas été vendus ou cédés à des tiers par l'obtenteur ou avec son consentement, sur le territoire de la Communauté, aux fins de l'exploitation de la variété, plus de quatre ans et, dans le cas de vignes ou d'arbres, plus de six ans avant l'entrée en vigueur du présent règlement, si la date de la demande se situe dans une période d'une année suivant cette date.

2. Le paragraphe 1 s'applique auxdites variétés également dans le cas où une protection nationale des obtentions végétales a été accordée dans un ou plusieurs États membres avant l'entrée en vigueur du présent règlement.

3. Nonobstant les articles 55 et 56, l'examen technique des variétés est effectué dans toute la mesure du possible par l'Office sur la base des constatations disponibles résultant de toute procédure d'octroi d'une protection nationale des obtentions végétales, en accord avec l'autorité devant laquelle cette procédure a eu lieu.

4. Dans le cas d'une protection communautaire des obtentions végétales accordée conformément au paragraphe 1 ou 2 :

– l'article 13 paragraphe 5 point *a*) ne s'applique pas aux variétés essentiellement dérivées dont l'existence était notoirement connue dans la Communauté avant la date d'entrée en vigueur du présent règlement,

– l'article 14 paragraphe 3 quatrième tiret ne s'applique pas aux agriculteurs qui continuent à utiliser une variété établie, conformément à l'autorisation prévue à l'article 14 paragraphe 1, si, avant l'entrée en vigueur du présent règlement, ils ont déjà utilisé cette variété aux fins décrites à l'article 14 paragraphe 1 sans payer de rémunération ; cette disposition est applicable jusqu'au 30 juin de la septième année suivant l'année d'entrée en vigueur du présent règlement. Avant cette date, la Commission présentera un rapport, variété par variété, sur la situation des variétés établies. La période prévue ci-dessus pourra être prorogée, dans le règlement d'application visé à l'article 114, dans la mesure où le rapport présenté par la Commission le justifie,

– sans préjudice des droits conférés par la protection nationale, l'article 16 s'applique *mutatis mutandis* aux actes concernant le matériel qui a été cédé à des tiers par l'obtenteur ou avec son consentement avant la date d'entrée en vigueur du présent règlement et effectués par des personnes qui, avant cette date, avaient déjà réalisé de tels actes ou pris des mesures efficaces et adéquates à cette fin.

Si ces actes antérieurs ont impliqué une multiplication ultérieure qui était prévue au sens de l'article 16 point *a*), l'autorisation du titulaire est requise pour toute nouvelle multiplication après la deuxième année, ou, dans le cas de variétés de vignes et d'arbres, après la quatrième année, suivant la date d'entrée en vigueur du présent règlement,

– nonobstant l'article 19, la durée de la protection communautaire des obtentions végétales est diminuée de la période la plus longue :

– pendant laquelle des constituants variétaux ou un matériel de récolte de ces constituants ont été vendus ou cédés à des tiers par l'obtenteur ou avec son consentement, sur le territoire de la Communauté, aux fins de l'exploitation de la variété, conformément aux constatations résultant de la procédure d'octroi de la protection communautaire des obtentions végétales, dans le cas visé au paragraphe 1,

– pendant laquelle le ou les titres de protection nationale des obtentions végétales ont porté effet, dans le cas visé au paragraphe 2,

cette période ne pouvant cependant dépasser cinq ans.

Art. 117 *Dispositions transitoires.* L'Office est mis en place à une date lui permettant de s'acquitter pleinement des tâches qui lui incombent en vertu du présent règlement à partir du 27 avril 1995.

Art. 118 *Entrée en vigueur.* 1. Le présent règlement entre en vigueur le jour de sa publication au *Journal officiel* des Communautés européennes.

2. Les articles 1er, 2, 3, 5 à 29 et 49 à 106 sont applicables à partir du 27 avril 1995.

Règlement (CE) n° 1238/95 de la Commission du 31 mai 1995,

Établissant les règles d'exécution du règlement (CE) n° 2100/94 du Conseil en ce qui concerne les taxes dues à l'Office communautaire des variétés végétales.

Art. 1er *Champ d'application.* 1. Les taxes à payer à l'Office, prévues au règlement de base ou au règlement procédure, sont exigibles conformément au présent règlement.

2. Les taxes sont fixées, perçues et payables en *(Règl. (CE) n° 572/2008 du 19 juin 2008)* « euros ».

3. *Les dispositions des paragraphes 1 et 2 s'appliquent* mutatis mutandis *aux surtaxes dues à l'Office.*

4. Les éléments relatifs aux taxes qui peuvent être prélevées par les autorités des États membres en vertu des dispositions du règlement de base ou du présent règlement sont régis par les règles nationales respectives de l'État membre concerné en la matière.

5. Lorsque le président de l'Office est habilité à prendre une décision sur des montants de taxes et leurs modes de paiement, ces décisions sont publiées au *Bulletin officiel* de l'Office.

Les dispositions du Règl. (CE) n° 572/2008 du 19 juin 2008 s'appliquent à compter du 1er janv. 2009.

Art. 2 *Dispositions générales.* 1. Pour chacune des matières pertinentes, toute partie à la procédure visée dans le règlement procédure peut être assujettie au paiement des taxes ou surtaxes exigibles. Si plusieurs parties agissent en commun ou si une procédure est menée collectivement en leur nom, chacune d'elles est tenue à ce paiement en tant que débiteur solitaire.

2. Sauf disposition contraire prévue dans le présent règlement, les dispositions applicables sont celles régissant les procédures devant l'Office, y compris celles en matière de langues, telles que fixées par le règlement de base et le règlement procédure.

Art. 3 *Mode de paiement.* 1. Les taxes et surtaxes dues à l'Office sont payables par virement à un compte bancaire de l'Office.

2. Le président de l'Office peut autoriser d'autres modes de paiement, conformément aux règles relatives aux méthodes de travail fixées conformément à l'article 36 paragraphe 1 point *d)* du règlement de base, à savoir :

(Règl. (UE) 2015/2206 du 30 nov. 2015, art. 1er-a) « *a)* remise ou envoi de chèques établis en euros à l'ordre de l'Office ; »

(Règl. (CE) nº 572/2008 du 19 juin 2008) « *b)* virement en euros sur un compte courant postal de l'Office ;

« *c)* paiement sur un compte courant "demandeur" ouvert en euros avec l'Office, ou »

(Règl. (UE) 2015/2206 du 30 nov. 2015, art. 1er-a) « *d)* paiement par voie électronique, à savoir par carte de paiement ou prélèvement automatique. »

Les dispositions du Règl. (CE) nº 572/2008 du 19 juin 2008 s'appliquent à compter du 1er janv. 2009.

Les dispositions du Règl. (UE) 2015/2206 du 30 nov. 2015 s'appliquent à compter du 1er janv. 2016.

Art. 4 *Date à considérer comme la date de réception du paiement.* 1. Est à considérer comme date de réception par l'Office d'un paiement de taxe et de surtaxe la date à laquelle le montant du virement visé à l'article 3 paragraphe 1 est porté au crédit d'un compte bancaire de l'Office.

2. Lorsque le président de l'Office autorise d'autres modes de paiement conformément à l'article 3 paragraphe 2, il spécifie en même temps et selon la même procédure la date qui doit être considérée comme la date de réception du paiement.

3. *(Règl. (CE) nº 569/2003 du 28 mars 2003)* « Lorsque le paiement est considéré comme n'ayant pas été reçu par l'Office dans le délai imparti, ce délai est considéré comme ayant été respecté vis-à-vis de l'Office lorsque sont produits, dans le délai en cause, les documents probants suffisants attestant que la personne qui effectue le paiement a transmis un ordre de virement, en bonne et due forme et dans le délai imparti, à un établissement bancaire ou à un bureau de poste, pour le paiement en euros sur un compte bancaire détenu par l'Office. »

4. *Abrogé par Règl. (CE) nº 569/2003 du 28 mars 2003.*

5. *(Règl. (CE) nº 569/2003 du 28 mars 2003)* « Les documents probants sont considérés comme suffisants au sens du paragraphe 3 s'il est produit un justificatif d'un établissement bancaire ou d'un bureau de poste attestant que l'ordre de virement a été effectué. Cependant, lorsque le transfert demandé a été effectué au moyen du système bancaire de paiement électronique « Swift », le justificatif de virement prendra la forme d'une copie du rapport « Swift » sur laquelle un employé de la banque ou de la poste, dûment autorisé, aura apposé un cachet et sa signature. »

Art. 5 *Nom de la personne effectuant le paiement et objet du paiement.* 1. Toute personne effectuant un paiement de taxe ou de surtaxe indique par écrit son nom et l'objet du paiement.

2. Si l'Office ne peut établir l'objet d'un paiement, il invite la personne ayant effectué le paiement à spécifier cet objet par écrit dans un délai de deux mois. A défaut de spécification de l'objet dans le délai imparti, le paiement est réputé non effectué et le montant correspondant est remboursé à la personne ayant effectué le paiement.

(Règl. (UE) 2015/2206 du 30 nov. 2015, art. 1er-b) « 3. Si une demande de renseignements auprès de la banque concernée ne permet pas d'établir l'identité de la personne ayant effectué le paiement et si le montant ne peut être remboursé à aucune personne en particulier, celui-ci est porté au compte des autres recettes dans les délais prévus par les dispositions financières internes de l'Office visées à l'article 112 du règlement de base et adoptées par le conseil d'administration de l'Office. »

Les dispositions du Règl. (UE) 2015/2206 du 30 nov. 2015 s'appliquent à compter du 1er janv. 2016.

Art. 6 *Insuffisance du montant payé.* Un délai imparti pour le paiement d'une taxe ou d'une surtaxe n'est en principe considéré comme respecté que si la totalité du montant de la taxe ou de la surtaxe a été payée en temps utile. Si les taxes ou les surtaxes ne sont pas payées dans leur intégralité, le montant déjà versé est remboursé après l'expiration du dernier délai possible pour ledit paiement. L'Office peut toutefois, s'il le juge opportun, ne pas tenir compte de petits montants non payés, sans qu'il en résulte pour autant une perte de droits pour la personne qui a effectué le paiement.

Art. 7 *Taxe de demande. (Règl. (UE) 2015/2206 du 30 nov. 2015, art. 1er-c)* « 1. Le demandeur d'une protection communautaire des obtentions végétales (ci-après dénommé le "demandeur"), acquitte une taxe de demande de 450 EUR pour l'instruction d'une demande enregistrée et soumise par voie électronique au moyen d'un formulaire web, rempli via le système de demande en ligne de l'Office.

« Le demandeur acquitte une taxe de 650 EUR pour l'instruction d'une demande soumise par d'autres moyens que le système de demande en ligne de l'Office.

« 2. Le demandeur accomplit les actes nécessaires pour le paiement de la taxe de demande, conformément à l'article 3 du présent règlement, avant ou à la date à laquelle la demande est déposée directement auprès de l'Office ou auprès d'un de ses services ou agences nationales, établis ou mandatés en vertu de l'article 30, paragraphe 4, du règlement de base. »

3. Si le paiement de la taxe de demande est considéré comme n'ayant pas déjà été reçu au moment où la demande est reçue par l'Office, ce dernier fixe, conformément à l'article 51 du règlement de base, un délai de deux semaines pendant lequel une date attribuée à la demande ne sera pas affectée ; une nouvelle invitation à acquitter la taxe, prévue à l'article 83 paragraphe 2 du règlement de base, n'est adressée au demandeur qu'après l'expiration de ce délai.

4. Si le paiement de la taxe de demande est considéré comme ayant été reçu après l'expiration du délai spécifié conformément aux dispositions du paragraphe 3, la date de réception du paiement est considérée comme étant la date de dépôt de la demande au sens de l'article 51 du règlement de base.

5. *(Règl. (CE) nº 569/2003 du 28 mars 2003)* « Les dispositions du paragraphe 4 ne s'appliquent pas lorsque la demande est accompagnée de documents probants suffisants attestant que la personne qui effectue le paiement a transmis un ordre de virement, en bonne et due forme et dans le délai imparti, à un établissement bancaire ou à un bureau de poste, pour le paiement en euros sur un compte bancaire détenu par l'Office ; l'article 4, paragraphe 5, s'applique *mutatis mutandis.* »

6. Tant que le paiement de la taxe de demande n'est pas considéré comme ayant été reçu par l'Office, celui-ci s'abstient de publier la demande en cause et il sursoit à la mise en œuvre de l'examen technique.

(Règl. (UE) 2015/2206 du 30 nov. 2015, art. 1er-c) « 7. Lorsque la taxe de demande est reçue mais que la demande n'est pas valide au sens de l'article 50 du règlement de base, l'Office prélève 150 EUR sur la taxe de demande et rembourse le montant restant au moment de notifier au demandeur les lacunes constatées dans la demande. »

Les dispositions du Règl. (UE) 2015/2206 du 30 nov. 2015 s'appliquent à compter du 1er janv. 2016.

Art. 8 *Taxe relative à l'examen technique. (Règl. (UE) nº 1294/2014 du 4 déc. 2014, art. 2, en vigueur le 1er janv. 2015)* « 1. Les taxes fixées à l'annexe I, afférentes à l'organisation et à l'exécution de l'examen technique d'une variété pour laquelle une demande de protection communautaire des obtentions végétales a été déposée (taxe d'examen), sont payables pour chaque période de culture commencée. Dans le cas des variétés pour lesquelles du matériel présentant des composants spécifiques doit être utilisé de manière répétée pour la production de matériel, la taxe d'examen fixée à l'annexe I doit être payée pour cette variété et pour chaque composant dont une description officielle n'est pas disponible et qui doit également être examiné. » — *V. annexe I, mod. par Règl. d'exécution (UE) 2016/2141 du 6 déc. 2016, au JOUE L 332 du 7 Déc. 2016, p. 13.*

2. La taxe d'examen relative à la première période de culture doit être payée à compter de la date limite fixée pour la réception du matériel requis pour l'examen technique.

3. La taxe d'examen pour chaque période de culture ultérieure doit être payée au plus tard un mois avant le début de ladite période, à moins que l'Office n'en décide autrement.

4. Le président de l'Office publie les dates de paiement des taxes d'examen dans le *Bulletin officiel* de l'Office.

5. Dans le cas d'un rapport d'examen sur les résultats de l'examen technique qui a déjà été exécuté, conformément à l'article 27 du règlement procédure, avant la date de dépôt de

la demande, conformément à l'article 51 du règlement de base, une taxe administrative doit être payée dans un délai à fixer par l'Office. *(Règl. (UE) 2015/2206 du 30 nov. 2015, art. 1er-d)* « Le montant de cette taxe est fixé par le président de l'Office, après consultation du conseil d'administration, et publié au Bulletin officiel de l'Office. »

Les dispositions du Règl. (UE) 2015/2206 du 30 nov. 2015 s'appliquent à compter du 1er janv. 2016.

Art. 9 *Taxe annuelle. (Règl. (UE) n° 2016/2141 du 6 déc. 2016, art. 1er, en vigueur le 1er janv. 2017)* « 1. L'Office perçoit de tout titulaire de la protection communautaire des obtentions végétales (ci-après dénommé "titulaire") une taxe pour chaque année que dure cette protection communautaire (taxe annuelle), telle que visée à l'article 113, paragraphe 2, point d), du règlement de base, qui s'élève à 330 EUR. »

(Règl. (CE) n° 569/2003 du 28 mars 2003) « 2. Le paiement de la taxe annuelle doit se faire :

« a) en ce qui concerne la première année de la protection communautaire des obtentions végétales, dans un délai de soixante jours à compter de la date d'octroi de la protection, et

« b) en ce qui concerne les années suivantes de la protection communautaire des obtentions végétales, le premier jour du mois calendaire précédant celui au cours duquel la protection a été accordée. »

3. L'Office adresse au titulaire une invitation à payer spécifiant l'objet du paiement, le montant dû, la date de paiement et une information quant à la possibilité d'une surtaxe conformément à l'article 13 paragraphe 2 point *a*).

4. L'Office ne rembourse aucun paiement ayant été effectué en vue de maintenir la protection communautaire des obtentions végétales.

Art. 10 *Taxes pour l'instruction de requêtes spécifiques.* 1. Des taxes pour l'instruction de requêtes spécifiques sont payées par quiconque introduit :

a) une demande de licence obligatoire, y compris les inscriptions y relatives dans les registres, une demande de licence à accorder par l'Office conformément à l'article 100 paragraphe 2 du règlement de base ou une demande de modification de licence concédée (taxe de licence obligatoire), sauf si la demande est introduite par la Commission ou par un État membre dans le cas visé à l'article 29 paragraphe 2 du règlement de base : 1 500 *(Règl. (CE) n° 572/2008 du 19 juin 2008)* « EUR » ;

b) une demande au titre des inscriptions suivantes dans le registre de protection communautaire des obtentions végétales (taxe de registre) :

— transfert d'un droit à la protection communautaire des obtentions végétales,

— licence contractuelle,

— identification des variétés concernées en tant que variétés initiales et variétés essentiellement dérivées,

— actions concernant des revendications visées à l'article 98 paragraphes 1 et 2 et à l'article 99 du règlement de base,

— un droit à la protection communautaire des obtentions végétales donné en sûreté ou faisant l'objet d'un autre droit réel

ou

— toute exécution forcée visée à l'article 24 du règlement de base : 100 euros ;

c) une requête en vue d'une quelconque inscription dans le registre des demandes de protection communautaire des obtentions végétales ou dans le registre de la protection communautaire des obtentions végétales, autre que celles visées aux points *a*) et *b*) : 100 *(Règl. (CE) n° 572/2008 du 19 juin 2008)* « EUR » ;

e) une requête en vue de la détermination du montant des frais visés à l'article 85 paragraphe 5 du règlement de base : 100 *(Règl. (CE) n° 572/2008 du 19 juin 2008)* « EUR ».

2. Les taxes visées au paragraphe 1 doivent être payées à la date de dépôt de la requête à laquelle elles sont afférentes. Si le paiement ne parvient pas en temps opportun, les dispositions de l'article 83 paragraphe 2 du règlement de base s'appliquent.

3. Lorsqu'une demande d'inscription visée aux points *b)* ou *c)* du paragraphe 1 concerne plus d'une demande ou d'un droit enregistré, demandé ou détenu par la même personne, une seule taxe sera perçue.

Les dispositions du règlement CE n° 572/2008 du 19 juin 2008 s'appliquent à compter du 1er janv. 2009.

Art. 11 *Taxe de recours.* 1. Le requérant paie, conformément à l'article 113 paragraphe 2 point *c*) du règlement de base, une taxe de recours de 1 500 *(Règl. (CE) n° 572/2008 du 19 juin 2008)* « EUR » pour l'instruction d'un recours.

2. Un tiers de la taxe de recours doit être payé à la date à laquelle le recours est formé auprès de l'Office ; l'article 83 paragraphe 2 du règlement de base est applicable à ce tiers. Les deux tiers restants de la taxe de recours doivent être payés, à l'invitation de l'Office, dans le délai d'un mois après que le recours a été déféré à la chambre de recours par le service compétent de l'Office.

3. Un remboursement de la taxe de recours déjà acquittée est ordonné, sous l'autorité du président de l'Office en cas de révision préjudicielle, ou par la chambre de recours dans les autres cas, à condition que les conditions fixées par l'article 83 paragraphe 4 du règlement de base soient remplies.

4. Le paragraphe 1 n'est applicable ni à la Commission ni à un État membre formant un recours contre une décision prise en vertu de l'article 29 paragraphe 2 du règlement de base.

Les dispositions du règlement CE n° 572/2008 du 19 juin 2008 s'appliquent à compter du 1er janv. 2009.

Art. 12 *Taxes fixées par le président de l'Office.* **1. Le président de l'Office fixe le montant des taxes pour les matières suivantes :**

***a*) la taxe d'administration visée à l'article 8 paragraphe 5 ;**

(Règl. (CE) n° 1177/2005 du 20 juill. 2005, art. 1er) **« *b*) les taxes pour la délivrance de documents et ; »**

c) Abrogé par Règl. (UE) 2015/2206 du 30 nov. 2015, art. 1er-e.

(Règl. (CE) n° 329/2000 du 11 févr. 2000, art. 1er-3°) **« *d*) la taxe administrative visée à l'article 82, paragraphe 2, du règlement de procédure. »**

2. Le président de l'Office peut décider de soumettre les services, mentionnés au *(Règl. (CE) n° 329/2000 du 11 févr. 2000)* **« paragraphe 1 points *b*), *c*) et *d*) », à un paiement préalable.**

Les dispositions issues du Règl. (CE) n° 329/2000 du 11 févr. 2000 sont applicables aux taxes exigibles par l'Office à compter du 1er janv. 2000 (Règl. préc., art. 2).

Art. 13 *Abrogé par Règl. (UE) 2015/2206 du 30 nov. 2015, art. 1er-f.*

Art. 14 *Dérogations.* **1. Nonobstant l'article 7, une date de dépôt de demande attribuée, conformément à l'article 51 du règlement de base, aux demandes relevant de l'article 116 paragraphes 1 ou 2 du règlement de base demeure valide si des documents sont produits au plus tard le 30 septembre 1995 prouvant que le demandeur de la protection communautaire a effectué les actes nécessaires pour le paiement de la taxe de demande.**

2. Nonobstant l'article 8 paragraphe 5, une taxe d'administration de 100 *(Règl. (CE) n° 572/2008 du 19 juin 2008)* **« EUR » est payable si l'examen technique de la variété est effectué sur la base des constatations disponibles résultant de toute procédure d'octroi d'une protection nationale des obtentions végétales conformément à l'article 116 paragraphe 3 du règlement de base. Cette taxe administrative doit être acquittée au plus tard le 30 novembre 1995.**

3. *Abrogé par Règl. (UE) 2015/2206 du 30 nov. 2015, art. 1er-g.*

Les dispositions du Règl. (CE) n° 572/2008 du 19 juin 2008 s'appliquent à compter du 1er janvier 2009.

Les dispositions du Règl. (UE) 2015/2206 du 30 nov. 2015 s'appliquent à compter du 1er janv. 2016.

Art. 15 *Entrée en vigueur.* **Le présent règlement entre en vigueur le jour de sa publication au** ***Journal officiel des Communautés européennes.***

Règlement (CE) n° 1239/95 du 31 mai 1995,

Établissant les règles d'exécution du règlement (CE) n° 2100/94 du Conseil en ce qui concerne la procédure devant l'Office communautaire des variétés végétales.

Le Règl. (CE) n° 1239/95 a été abrogé par le Règl. (CE) n° 874/2009 du 17 sept. 2009 (V. ce texte infra).

Règlement (CE) n° 1768/95 du 24 juillet 1995,

Établissant les modalités d'application de la dérogation prévue à l'article 14 paragraphe 3 du règlement (CE) n° 2100/94 du Conseil instituant un régime de protection communautaire des obtentions végétales.

CHAPITRE PREMIER *Dispositions générales*

Art. 1er *Champ d'application.* 1. Le présent règlement institue les modalités d'application des conditions permettant de donner effet à la dérogation prévue à l'article 14 paragraphe 1 du règlement de base.

2. Les conditions s'appliquent aux droits du titulaire et à leur exercice ainsi qu'aux obligations de celui-ci et à leur exécution au sens de l'article 13 paragraphe 1 du règlement de base ; elles s'appliquent aussi à l'autorisation de l'agriculteur et à l'utilisation de l'autorisation ainsi qu'aux obligations de celui-ci et à leur exécution dans la mesure où ces droits, autorisations et obligations découlent des dispositions de l'article 14 du règlement de base. Elles s'appliquent également en ce qui concerne les droits, les autorisations et les obligations qui découlent des dispositions de l'article 14 paragraphe 3 du règlement de base pour des tiers.

3. Sauf dispositions contraires de ce règlement, les détails relatifs à l'exercice des droits, à l'utilisation des autorisations ou à l'exécution des obligations sont régis par le droit de l'État membre, y compris son droit international privé, dans lequel se situe l'exploitation de l'agriculteur pour laquelle il est fait usage de la dérogation.

Art. 2 *Sauvegarde des intérêts.* 1. Les conditions visées à l'article 1er sont mises en œuvre, tant par le titulaire représentant l'obtenteur que par l'agriculteur, de façon à sauvegarder leurs intérêts légitimes réciproques.

2. Les intérêts légitimes ne seront pas considérés comme sauvegardés si un ou plusieurs de ces intérêts sont compromis sans qu'il soit tenu compte de la nécessité de préserver un équilibre raisonnable entre tous ces intérêts ou de la proportionnalité nécessaire entre le but de la condition visée et l'effet réel de sa mise en œuvre.

CHAPITRE II *Le titulaire et l'agriculteur*

Art. 3 *Le titulaire.* 1. Les droits et les obligations du titulaire découlant des dispositions de l'article 14 du règlement de base, tels que spécifiés dans le présent règlement, à l'exception du droit relatif au paiement déjà chiffrable de la rémunération équitable visée à l'article 5 ne peuvent faire l'objet d'un transfert à des tiers. Toutefois, ils font partie des droits et des obligations concernés par le transfert de la protection communautaire des obtentions végétales en vertu de l'article 23 du règlement de base.

2. Les droits visés au paragraphe 1 peuvent être invoqués par un titulaire à titre individuel, par plusieurs titulaires à titre collectif ou par une organisation de titulaires établie dans la Communauté à l'échelon communautaire, national, régional ou local. Toute organisation de titulaires ne peut agir qu'au nom de ses membres et uniquement au nom de ceux qui lui ont donné un mandat écrit pour ce faire. Elle agit par l'intermédiaire d'un ou de plusieurs représentants ou de commissaires aux comptes accrédités par elle, dans les limites de leurs mandats respectifs.

3. Tout représentant du titulaire ou d'une organisation de titulaires et tout commissaire aux comptes accrédité :

a) sera domicilié, aura son siège ou possédera un établissement dans le territoire de la Communauté ;

b) sera mandaté par écrit par le titulaire ou l'organisation ;

c) fournira les preuves des conditions énoncées aux points *a*) et *b*), soit par référence à l'information pertinente publiée par les titulaires ou communiquées par les titulaires aux organisations d'agriculteurs, soit d'une autre manière, et produira, sur demande, une copie du mandat écrit visé au point *b*) à tout agriculteur à l'encontre duquel il invoque ces droits.

Art. 4 *L'agriculteur.* 1. L'autorisation et les obligations de l'agriculteur qui découlent des dispositions de l'article 14 du règlement de base, telles que spécifiées dans le présent règlement ou dans les dispositions adoptées au titre de ce règlement, ne peuvent faire l'objet d'un transfert à d'autres personnes. Toutefois, elles font partie des droits et des obligations concernés par le transfert de l'exploitation de l'agriculteur sauf si l'acte de transfert de l'exploitation prévoit d'autres dispositions concernant l'obligation de payer la rémunération équitable visée à l'article 5. Le transfert de l'autorisation et des obligations prennent effet en même temps que le transfert de l'exploitation.

2. Est considérée comme « propre exploitation » au sens de l'article 14 paragraphe 1 du règlement de base toute exploitation ou toute partie de celle-ci effectivement exploitée par l'agriculteur pour la culture d'espèces végétales, que l'exploitation soit sa propriété ou qu'elle soit dirigée de quelque façon que ce soit sous sa propre responsabilité et à son propre

compte, notamment dans le cas de baux. La cession d'une exploitation ou d'une partie de celle-ci en vue de l'exploitation par des tiers sera considérée comme un transfert au sens du paragraphe 1.

3. La (les) personne(s) propriétaire(s) de l'exploitation concernée au moment où l'exécution d'une obligation est revendiquée sera (seront) considérée(s) comme étant l' (les) agriculteur(s), à moins qu'elle(s) ne fournisse(nt) la preuve qu'une autre personne est l'agriculteur tenu de respecter l'obligation au titre des dispositions des paragraphes 1 et 2.

CHAPITRE III *Rémunération*

Art. 5 *Niveau de la rémunération.* 1. Le niveau de la rémunération équitable à payer au titulaire en vertu de l'article 14 paragraphe 3 quatrième tiret du règlement de base peut faire l'objet d'un contrat entre le titulaire et l'agriculteur concernés.

2. Lorsqu'aucun contrat de ce type n'a été conclu ou n'est applicable, le niveau de la rémunération sera sensiblement inférieur au montant perçu pour la production sous licence de matériel de multiplication de la catégorie la plus basse de la même variété susceptible de bénéficier de l'homologation officielle, dans la même région.

Si aucune production sous licence de matériel de multiplication de la variété concernée n'a eu lieu dans la région dans laquelle se situe l'exploitation de l'agriculteur et s'il n'existe aucun niveau uniforme du montant susmentionné dans l'ensemble de la Communauté, la rémunération sera sensiblement inférieure au montant normalement inclus, aux fins susmentionnées, dans le prix auquel le matériel de multiplication de la catégorie la plus basse de cette variété susceptible de bénéficier de l'homologation officielle est vendu dans cette région, pour autant qu'il ne soit pas supérieur au montant susmentionné perçu dans la région où ce matériel de multiplication a été produit.

3. Conformément au paragraphe 2, le niveau de la rémunération est considéré sensiblement inférieur au sens de l'article 14 paragraphe 3 quatrième tiret du règlement de base, s'il ne dépasse pas celui nécessaire pour instaurer ou stabiliser, en tant que facteur économique déterminant la mesure dans laquelle la dérogation est utilisée, un rapport raisonnablement équilibré entre l'utilisation de matériel de multiplication sous licence et la mise en culture du produit de la récolte des diverses variétés couvertes par un régime de protection communautaire des obtentions végétales. Ce rapport est considéré comme raisonnablement équilibré s'il garantit que le titulaire en obtient globalement une compensation légitime pour l'utilisation de la totalité du produit de sa propre variété.

(Règl. (CE) nº 2605/98 du 3 déc. 1998) « 4. Lorsque, dans le cas du paragraphe 2, le niveau de la rémunération fait l'objet d'accords entre organisations de titulaires et d'agriculteurs, avec ou sans la participation d'organisations de transformateurs, établies dans la Communauté, au niveau communautaire, national ou régional, les niveaux convenus servent de lignes directrices pour la détermination de la rémunération à verser dans la région et pour l'espèce en cause si ces niveaux et les conditions y afférentes ont été notifiés par écrit à la Commission par des représentants agréés des organisations entrant en ligne de compte et si les niveaux et conditions y afférentes convenus sur cette base ont été publiés dans la "gazette officielle", publiée par l'Office communautaire des variétés végétales.

« 5. Lorsque, dans le cas du paragraphe 2, un accord du type visé au paragraphe 4 n'est pas applicable, la rémunération à verser est de 50 % des montants dus pour la production sous licence de matériel de multiplication, comme indiqué au paragraphe 2.

« Toutefois, si un État membre a notifié à la Commission, avant le 1er janvier 1999, la conclusion imminente d'un accord au sens du paragraphe 4, entre les organisations entrant en ligne de compte, établies au niveau national ou régional, la rémunération à verser dans la région et pour l'espèce en cause est de 40 % au lieu de 50 % comme indiqué ci-dessus, mais uniquement pour l'exemption agricole dont il est fait usage avant la mise en œuvre de cet accord et au plus tard le 1er avril 1999.

« 6. Lorsque, dans le cas du paragraphe 5, l'agriculteur a fait usage, au cours de la période considérée, de l'exemption agricole à un taux supérieur à 55 % du matériel total de la variété concernée utilisé pour sa production, le niveau de la rémunération à verser dans la région et pour l'espèce en cause correspond à celui qui serait applicable pour cette variété si elle était protégée dans l'État membre considéré par son régime national de protection des obtentions végétales, s'il existe un régime national ayant établi un tel niveau et pour autant que ce niveau soit supérieur à 50 % des montants dus pour la production sous licence de matériel de multiplication, comme indiqué au paragraphe 2. En l'absence d'un tel niveau dans le cadre du régime national, les dispositions du paragraphe 5 sont applicables, quel que soit le rapport d'utilisation.

« 7. Pour le premier janvier 2003 au plus tard, les dispositions du paragraphe 5, premier alinéa, et du paragraphe 6 seront revues à la lumière des expériences faites dans le cadre du présent règlement et de l'évolution du rapport visé au paragraphe 3, en vue de leur adaptation éventuelle, pour le 1er juillet 2003, si cette adaptation se révèle nécessaire pour instaurer ou pour stabiliser le rapport raisonnablement équilibré, précisé au paragraphe susmentionné, dans l'ensemble ou dans une partie de la Communauté. »

Art. 6 *Obligation individuelle de paiement.* 1. Sans préjudice des dispositions du paragraphe 2, l'obligation individuelle d'un agriculteur de payer la rémunération équitable naît lorsqu'il utilise effectivement le produit de la récolte à des fins de multiplication en plein air.

Le titulaire peut déterminer la date et les modalités du paiement. Toutefois, le paiement n'est pas exigible avant la date à laquelle l'obligation est née.

2. Dans le cas d'une protection communautaire des obtentions végétales accordées conformément à l'article 116 du règlement de base, l'obligation individuelle d'un agriculteur au titre de l'article 116 paragraphe 4 deuxième tiret du règlement de base naît au moment où il utilise effectivement le produit de la récolte à des fins de multiplication en plein air après le 30 juin 2001.

Art. 7 *Petits agriculteurs.* 1. Une surface sur laquelle sont cultivés des végétaux au sens de l'article 14 paragraphe 3 troisième tiret du règlement de base est une surface qui a été plantée à des fins de culture et de récolte régulières. En particulier, les terres boisées, les pâturages permanents établis pour une durée de plus de cinq ans, les herbages naturels permanents et cas assimilés déterminés par le comité permanent des obtentions végétales ne sont pas considérés comme des surfaces sur lesquelles des végétaux sont plantés.

2. Les surfaces de l'exploitation de l'agriculteur sur lesquelles des productions végétales ont eu lieu, mais qui sont des terres gelées temporairement ou durablement au cours de la campagne de commercialisation commençant le 1er juillet et finissant le 30 juin de l'année civile suivante (ci-après dénommé « campagne de commercialisation »), au cours de laquelle le paiement de la rémunération serait dû, sont considérées comme des surfaces restant consacrées à la culture d'espèces végétales si elles bénéficient de subventions ou de paiements compensatoires accordés par la Communauté ou par l'État membre en cause pour le type de gel considéré.

3. Sans préjudice des dispositions de l'article 14 paragraphe 3 troisième tiret premier alinéa du règlement de base, les petits agriculteurs sont, dans le cas d'autres espèces végétales (article 14 paragraphe 3 troisième tiret second alinéa du règlement de base), considérés comme des agriculteurs qui :

a) dans le cas des plantes fourragères relevant de cette dernière disposition : quelle que soit la surface sur laquelle ils cultivent des espèces végétales autres que ces plantes fourragères, ne cultivent pas ces plantes fourragères pour une période de cinq ans au maximum sur une surface supérieure à celle qui serait nécessaire pour produire 92 tonnes de céréales par récolte ;

b) dans le cas des pommes de terre : quelle que soit la surface sur laquelle ils cultivent des espèces végétales autres que des pommes de terre, ne cultivent pas de pommes de terre sur une surface supérieure à celle qui serait nécessaire pour produire 185 tonnes de pommes de terre par récolte.

4. Pour le territoire de chaque État membre, le calcul des surfaces visées aux paragraphes 1, 2 et 3 sera effectué :

– dans le cas des espèces végétales auxquelles s'applique le règlement (CE) n° 1765/92 du Conseil et dans celui des plantes fourragères, conformément aux dispositions dudit règlement, et notamment ses articles 3 et 4, ou encore aux dispositions adoptées en vertu dudit règlement

et

– dans le cas des pommes de terre, conformément à la production moyenne par hectare établie dans l'État membre concerné sur la base des informations statistiques communiquées en vertu du règlement (CE) n° 959/93 du Conseil, du 5 avril 1993, concernant les informations statistiques à fournir par les États membres sur les produits végétaux autres que les céréales.

5. En cas de litige, un agriculteur qui affirme être un « petit agriculteur » fournira la preuve que les conditions requises à cette fin sont remplies. A cette fin, toutefois, les conditions applicables à la définition de « petit producteur » au sens de l'article 8 paragraphes 1 et 2 du règlement (CE) n° 1765/92 ne s'appliquent pas, sauf accord du titulaire sur un avis contraire.

CHAPITRE IV *Informations*

Art. 8 *Informations fournies par l'agriculteur.* 1. Le détail des informations fournies par l'agriculteur au titulaire en vertu de l'article 14 paragraphe 3 sixième tiret du règlement de base peut faire l'objet d'un contrat entre le titulaire et l'agriculteur concernés.

2. Lorsqu'aucun contrat de ce type n'a été conclu ou n'est applicable, l'agriculteur, sans préjudice des obligations d'information applicables au titre de la législation communautaire ou de la législation des États membres, est tenu de communiquer au titulaire, à la demande de celui-ci, une déclaration relative aux informations utiles. Il est utile de préciser les points suivants :

a) le nom de l'agriculteur, la localité de son domicile et l'adresse de son exploitation ;

b) la question de savoir si l'agriculteur a utilisé le produit de la récolte d'une ou de plusieurs variétés du titulaire en vue de sa mise en culture sur une ou plusieurs terres de son exploitation ;

c) si l'agriculteur en a utilisé, la quantité du produit de la récolte appartenant à la variété ou aux variétés en question qui a été utilisée par l'agriculteur conformément à l'article 14 paragraphe 1 du règlement de base ;

d) à la même condition, le nom et l'adresse de la ou des personnes qui a ou ont presté des opérations de triage à façon dudit produit de la récolte, pour l'agriculteur, en vue de sa mise en culture ;

e) si l'information visée aux points *b*), *c*) ou *d*) ne peut pas être confirmée conformément aux dispositions de l'article 14, la quantité de matériel de multiplication sous licence des variétés en question utilisée, ainsi que le nom et l'adresse du ou des fournisseurs de ce matériel ;

f) dans le cas d'un agriculteur invoquant les dispositions de l'article 116 paragraphe 4 deuxième tiret du règlement de base, la question de savoir s'il a déjà utilisé la variété concernée aux fins énoncées à l'article 14 paragraphe 1 du règlement de base sans avoir payé de rémunération et, si tel est le cas, depuis quand.

3. Les informations visées au paragraphe 2 points *b*), *c*), *d*) et *e*) se rapportent à la campagne de commercialisation en cours et à l'une ou plusieurs des trois campagnes précédentes pour laquelle ou pour lesquelles le titulaire n'a pas encore présenté de demande d'information conformément aux dispositions du paragraphe 4 ou 5.

Toutefois, la première campagne de commercialisation à laquelle les informations se rapportent ne précède pas celle au cours de laquelle a été présentée la première demande relative à la ou aux variétés et à l'agriculteur concernés, pour autant que le titulaire ait veillé à ce que, au moment de l'acquisition du matériel de multiplication de la ou des variétés en cause, ou auparavant, l'agriculteur ait été informé au moins du classement de la demande d'octroi d'un régime de protection communautaire d'une obtention végétale ou d'octroi d'une telle protection, et des conditions liées à l'utilisation de ce matériel de multiplication.

Dans le cas des variétés relevant des dispositions de l'article 116 du règlement de base et pour les agriculteurs autorisés à invoquer l'article 116 paragraphe 4 second alinéa du règlement de base, la campagne de commercialisation de départ est 2001/2002.

4. Dans sa demande, le titulaire spécifiera ses nom et adresse, la ou les variétés pour lesquelles il sollicite des informations ainsi que la ou les références de la protection communautaire des obtentions végétales concernées.

Si l'agriculteur l'exige, la demande devra être écrite et accompagnée des preuves de propriété. Sans préjudice des dispositions du paragraphe 5, la demande est adressée directement à l'agriculteur concerné.

5. Une demande non adressée directement à l'agriculteur concerné est considérée comme conforme aux dispositions du paragraphe 4 troisième phrase si elle est envoyée à des agriculteurs par l'intermédiaire des personnes ou organisations suivantes et avec leur accord :

– les organisations d'agriculteurs ou les coopératives, en ce qui concerne tous les agriculteurs membres de ces organisations ou coopératives,

– les prestataires d'opérations de triage à façon en ce qui concerne tous les agriculteurs pour qui ils ont réalisé des opérations de triage à façon du produit de la récolte destiné à être mis en culture pendant la campagne de commercialisation en cours et pendant les trois campagnes précédentes, à compter de la campagne visée au paragraphe 3

ou

– les distributeurs sous licence du matériel de reproduction des variétés du titulaire, en ce qui concerne tous les agriculteurs auxquels ils ont distribué un tel matériel de reproduction pendant la campagne de commercialisation en cours et pendant les trois campagnes précédentes, à compter de la campagne visée au paragraphe 3.

6. Pour les demandes formulées conformément aux dispositions du paragraphe 5, il n'est pas nécessaire d'indiquer chaque agriculteur. Les organisations, coopératives, prestataires d'opérations de triage à façon et fournisseurs peuvent être autorisés par les agriculteurs concernés à transmettre les informations requises au titulaire.

Art. 9 *Informations fournies par les prestataires d'opérations de triage à façon.* 1. Le détail des informations fournies par le prestataire d'opérations de triage à façon en vertu de l'article 14 paragraphe 3 sixième tiret du règlement de base peut faire l'objet d'un contrat entre le titulaire et le prestataire concernés.

2. Lorsqu'aucun contrat de ce type n'a été conclu ou n'est applicable, le prestataire, sans préjudice des obligations d'information applicables au titre de la législation communautaire ou de la législation des États membres, est tenu de communiquer au titulaire, à la demande de celui-ci, une déclaration relative aux informations utiles. Il est utile de préciser les points suivants :

a) le nom du prestataire d'opérations de triage à façon, la localité de son domicile et les nom et adresse auxquels est enregistrée son activité professionnelle ;

b) la question de savoir si le prestataire d'opérations de triage à façon a réalisé des opérations de triage à façon du produit de la récolte appartenant à l'une ou plusieurs des variétés du titulaire, en vue de sa mise en culture, lorsque la ou les variétés en cause ont été déclarées au prestataire d'opérations de triage à façon ou étaient connues de celui-ci ;

c) si le prestataire d'opérations de triage à façon a procédé à de telles opérations, la quantité du produit de la récolte appartenant à la ou aux variétés concernées que ledit prestataire a soumise à ces opérations en vue de sa mise en culture, et la quantité totale obtenue à la suite de celles-ci ;

d) les dates et les lieux des opérations de triage à façon visées au point *c*) ;

e) les nom et adresse de la ou des personnes pour laquelle ou pour lesquelles il a réalisé les opérations visées au point *c*) et les quantités en cause.

3. Les informations visées au paragraphe 2 points *b*), *c*), *d*) et *e*) se rapportent à la campagne de commercialisation en cours et à l'une ou plusieurs des campagnes précédentes pour lesquelles le titulaire n'a pas encore présenté de demande conformément aux dispositions du paragraphe 4 ou 5 ; toutefois, la première campagne à laquelle ces informations se rapportent est celle au cours de laquelle a été présentée la première demande relative à la ou aux variétés et au prestataire d'opérations de triage à façon concernés.

4. Les dispositions de l'article 8 paragraphe 4 s'appliquent *mutatis mutandis.*

5. Une demande non adressée directement au prestataire d'opérations de triage à façon concerné est considérée comme conforme aux dispositions de l'article 8 paragraphe 4 troisième phrase si elle a été envoyée au prestataire d'opérations de triage à façon par l'intermédiaire des personnes ou organisations suivantes et avec leur accord :

– les organisations de prestataires d'opérations de triage à façon de la Communauté établies à l'échelon communautaire, national, régional ou local, en ce qui concerne tous les prestataires qui sont membres de ces organisations ou qui y sont représentés,

– les agriculteurs, en ce qui concerne tous les prestataires ayant réalisé des opérations de triage à façon du produit de la récolte en vue de sa mise en culture par les agriculteurs, pendant la campagne de commercialisation en cours et pendant les trois campagnes précédentes, à commencer par l'année civile visée au paragraphe 3.

6. Pour les demandes présentées conformément aux dispositions du paragraphe 5, il n'est pas nécessaire d'indiquer chaque prestataire d'opérations de triage à façon. Les organisations et agriculteurs peuvent être autorisés par le prestataire d'opérations de triage à façon à transmettre les informations requises au titulaire.

Art. 10 *Informations fournies par le titulaire.* 1. Le détail des informations fournies par le titulaire à l'agriculteur en vertu de l'article 14 paragraphe 3 quatrième tiret du règlement de base peut faire l'objet d'un contrat entre l'agriculteur et le titulaire concernés.

2. Lorsqu'aucun contrat n'a été conclu ou n'est applicable, le titulaire, sans préjudice des obligations d'information applicables au titre de la législation communautaire ou de la législation des États membres, est tenu de communiquer, à la demande de l'agriculteur dont le titulaire a exigé le paiement de la rémunération visée à l'article 5, une déclaration relative aux informations utiles. Il est utile de préciser les points suivants :

– le montant perçu pour la production sous licence de matériel de multiplication de la catégorie la plus basse de la même variété susceptible de bénéficier de l'homologation officielle, dans la région dans laquelle se situe l'exploitation de l'agriculteur

ou

– si aucune production sous licence de matériel de multiplication de la variété concernée n'a eu lieu dans la région dans laquelle se situe l'exploitation de l'agriculteur et s'il n'existe aucun niveau uniforme du montant susmentionné dans l'ensemble de la Communauté, le montant normalement inclus, aux fins susmentionnées, dans le prix auquel le matériel de multiplication de cette variété de la catégorie la plus basse susceptible de bénéficier de l'homologation officielle est vendu dans cette région ainsi que le montant perçu dans la région dans laquelle ce matériel de multiplication a été produit.

Art. 11 *Informations fournies par les organismes officiels.* 1. Toute demande d'information sur l'utilisation réelle, par sa mise en culture, de matériel d'espèces ou de variétés spécifiques ou sur les résultats d'une telle utilisation, adressée par un titulaire à un organisme officiel, doit être faite par écrit. Dans cette demande, le titulaire précisera ses nom et adresse, la ou les variétés pour lesquelles il sollicite une information et le type d'information qu'il souhaite. Il fournira également les preuves de sa propriété.

2. Sans préjudice des dispositions de l'article 12, l'organisme officiel ne peut retenir l'information demandée que si :

– il n'est pas impliqué dans le contrôle de la production agricole,

– il n'est pas autorisé, en vertu de la législation communautaire ou de la législation des États membres relative à la réserve générale applicable aux activités des organismes officiels, à communiquer ces informations aux titulaires,

– en vertu de la législation communautaire ou de la législation des États membres au titre desquelles les informations ont été collectées, il a toute discrétion pour retenir cette information,

– l'information demandée n'est pas ou plus disponible,

– cette information ne peut être obtenue dans le cadre de l'exercice normal de ses tâches,

– cette information ne peut être obtenue que moyennant des charges ou des coûts supplémentaires

ou

– cette information concerne spécifiquement du matériel étranger aux variétés du titulaire.

Les organismes officiels concernés informent la Commission de la façon dont ils exercent la réserve visée au troisième tiret.

3. Lors de la fourniture des informations, l'organisme officiel ne fait aucune différence entre les titulaires. L'organisme officiel peut fournir les informations demandées par le titulaire sous la forme de copies de documents contenant des informations supplémentaires à celles concernant le matériel des variétés du titulaire pour autant qu'il soit garanti que toute possibilité d'identification des individus protégés par les dispositions visées à l'article 12 ait été supprimée.

4. Si l'organisme officiel décide de retenir l'information demandée, il informe par écrit le titulaire qui la sollicite et motive cette décision.

Art. 12 *Protection des données à caractère personnel.* 1. Quiconque fournit ou reçoit des informations en vertu des dispositions des articles 8, 9, 10 ou 11 est sujet, en ce qui concerne les données à caractère personnel, aux dispositions de la législation communautaire ou de la législation des États membres ayant trait à la protection des personnes en matière de traitement et de libre circulation des données à caractère personnel.

2. Il est interdit, à quiconque reçoit des informations en vertu des dispositions des articles 8, 9, 10 ou 11, de communiquer ces informations à une autre personne et de les utiliser à des fins autres que l'exercice du régime communautaire de protection des obtentions végétales ou que l'utilisation de l'autorisation visée à l'article 14 du règlement de base, sauf autorisation préalable de celui qui a fourni lesdites informations.

CHAPITRE V *Autres dispositions*

Art. 13 *Obligations applicables en cas d'opérations de triage à façon hors de l'exploitation de l'agriculteur.* 1. Sans préjudice des restrictions que les États membres ont pu établir conformément à l'article 14 paragraphe 3 deuxième tiret du règlement, le produit de la récolte d'une variété bénéficiant d'une protection communautaire des obtentions végétales ne sera pas déplacé de l'exploitation dans laquelle il a été obtenu, en vue de faire l'objet d'opérations de triage à façon destinées à sa mise en culture, si le titulaire n'a pas donné son autorisation, à moins que :

a) l'agriculteur n'ait mis en œuvre les mesures nécessaires pour garantir que le produit soumis à préparation est identique à celui qui résulte de la préparation

et

b) ne s'assure que la préparation est réellement effectuée par un prestataire d'opérations de triage à façon du produit de la récolte en vue de sa mise en culture :

— qui a été soit agréé au titre de la législation de l'État membre concerné adoptée pour des raisons d'intérêt public ou s'est engagé auprès de l'agriculteur à notifier cette activité, pour les variétés bénéficiant d'une protection communautaire des obtentions végétales, à l'organisme compétent établi, désigné ou autorisé par l'État membre à cette fin, soit par un organisme officiel ou par une organisation de titulaires, d'agriculteurs ou de prestataires d'opérations de triage à façon, pour être inscrit ultérieurement sur une liste établie par cet organisme

et

— qui s'est engagé auprès de l'agriculteur à mettre aussi en œuvre les mesures nécessaires pour garantir que le produit soumis à préparation par l'agriculteur est identique à celui qui résulte de la préparation.

2. Aux fins de l'énumération des prestataires d'opérations de triage à façon telle que spécifiée au paragraphe 1, les États membres peuvent imposer des exigences de qualification aux prestataires d'opérations de triage à façon.

3. Le registre, ou la liste, visé au paragraphe 1 sera publié ou mis à la disposition des organisations de titulaires, d'agriculteurs et de prestataires d'opérations de triage à façon.

4. Les listes visées au paragraphe 1 sont établies au plus tard le 1er juillet 1997.

CHAPITRE VI *Contrôle par les titulaires*

Art. 14 *Contrôle de l'agriculteur.* 1. Aux fins de contrôle, par le titulaire, du respect des dispositions de l'article 14 du règlement de base telles que spécifiées dans le présent règlement en ce qui concerne l'exécution des obligations de l'agriculteur, l'agriculteur devra, à la demande du titulaire :

a) fournir la preuve des déclarations d'information effectuées en vertu de l'article 8, par la communication des documents disponibles utiles tels que les factures, les étiquettes utilisées ou tout autre instrument approprié tel qu'exigé conformément à l'article 13 paragraphe 1 point *a*), en ce qui concerne :

— la prestation de services de transformation du produit de la récolte d'une variété du titulaire, par une tierce personne, en vue de sa mise en culture

ou

— dans le cas visé à l'article 8 paragraphe 2 point *e*), la fourniture de matériel de multiplication d'une variété du titulaire,

ou par la preuve de l'existence de terres ou de bâtiments d'entreposage ;

b) rendre disponible ou accessible la preuve exigée en vertu de l'article 4 paragraphe 3 ou de l'article 7 paragraphe 5.

2. Sans préjudice de la législation communautaire ou de la législation des États membres, les agriculteurs sont tenus de conserver les documents et les instruments visés au paragraphe 1 au moins durant la période indiquée à l'article 8 paragraphe 3 second alinéa pour autant que, en cas d'utilisation d'étiquettes, les informations fournies par le titulaire en question à l'article 8 paragraphe 3 second alinéa comportent un avis concernant la conservation de l'étiquette se rapportant au matériel de multiplication fourni.

Art. 15 *Contrôle du prestataire d'opérations de triage à façon.* 1. Aux fins de contrôle, par le titulaire, du respect des dispositions de l'article 14 du règlement de base telles que spécifiées dans le présent règlement en ce qui concerne l'exécution des obligations du prestataire d'opérations de triage à façon, l'agriculteur devra, à la demande du titulaire, fournir la preuve des déclarations d'information effectuées en vertu de l'article 9, par la communication des documents disponibles pertinents tels que les factures, les instruments convenant à l'identification du matériel ou tout autre instrument approprié tel qu'exigé conformément à l'article 13 paragraphe 1 point *b*) deuxième tiret, ou des échantillons du matériel trié, en ce qui concerne la prestation de services de transformation du produit de la récolte d'une variété du titulaire aux agriculteurs en vue de sa mise en culture, ainsi que par la preuve de l'existence d'équipements de transformation et d'entreposage.

2. Sans préjudice de la législation communautaire ou de la législation des États membres, les prestataires d'opérations de triage à façon sont tenus de conserver les documents et les instruments visés au paragraphe 1 au moins durant la période indiquée à l'article 9 paragraphe 3.

Art. 16 *Modalités du contrôle.* 1. Le contrôle sera effectué par le titulaire. Il peut conclure des accords appropriés en vue de s'assurer l'aide des organisations d'agriculteurs, des transformateurs, des coopératives ou d'autres groupements de la communauté agricole.

2. Les conditions relatives aux modalités de contrôle fixées dans les accords conclus entre les organisations de titulaires et les organisations d'agriculteurs ou les transformateurs éta-

blis dans la Communauté à l'échelon communautaire, national, régional ou local serviront de lignes directrices si ces accords ont été notifiés par écrit à la Commission par les représentants mandatés des organisations compétentes et sont parus au *Journal officiel* publié par l'Office communautaire des variétés végétales.

CHAPITRE VII *Contrefaçon et actions de droit civil*

Art. 17 *Contrefaçon.* Le titulaire peut invoquer les droits conférés par la protection communautaire des obtentions végétales, à l'encontre d'une personne qui enfreint l'une des conditions ou limitations attachées à la dérogation visée à l'article 14 du règlement de base, telle que spécifiée dans le présent règlement.

Art. 18 *Actions particulières de droit civil.* 1. Une personne visée à l'article 17 peut faire l'objet d'une action, intentée par le titulaire, en vue du respect de ses obligations au titre de l'article 14 paragraphe 3 du règlement telles que spécifiées dans le présent règlement.

2. Si, à plusieurs reprises et intentionnellement, une telle personne n'a pas rempli son obligation au titre de l'article 14 paragraphe 3 quatrième tiret du règlement de base, en ce qui concerne une ou plusieurs variétés du même titulaire, la réparation du dommage subi par le titulaire, au sens de l'article 94 paragraphe 2 du règlement de base représentera au moins un montant forfaitaire qui sera calculé sur la base du quadruple du montant moyen perçu pour la production sous licence de matériel de multiplication de variétés protégées de l'espèce végétale concernée dans la même région, sans préjudice de la compensation de tout autre dommage plus important.

CHAPITRE VIII *Dispositions finales*

Art. 19 *Entrée en vigueur.* Le présent règlement entre en vigueur le jour de sa publication au *Journal officiel des Communautés européennes.*

Règlement (CE) n° 874/2009 du 17 septembre 2009,

Établissant les modalités d'application du règlement (CE) n° 2100/94 du Conseil en ce qui concerne la procédure devant l'Office communautaire des variétés végétales.

Le Règl. (CE) n° 874/2009 procède à la refonte du Règl. (CE) n° 1239/95 du 31 mai 1995 qui est abrogé.

(1) Le règlement (CE) n° 1239/95 de la Commission du 31 mai 1995 établissant les règles d'exécution du règlement (CE) n° 2100/94 du Conseil en ce qui concerne la procédure devant l'Office communautaire des variétés végétales a été modifié à plusieurs reprises et de façon substantielle. A l'occasion de nouvelles modifications, il convient, dans un souci de clarté, de procéder à la refonte dudit règlement.

(2) Le règlement (CE) n° 2100/94 ("le règlement de base") institue un nouveau régime communautaire de protection des obtentions végétales valable sur l'ensemble du territoire de la Communauté.

(3) Ce régime doit être efficacement mis en œuvre par l'Office communautaire des variétés végétales ("l'Office"), qui est assisté, aux fins de l'exécution de l'examen technique des variétés végétales concernées, par les offices d'examen et peut demander le concours des agences nationales qu'il a mandatées à cet effet ou de l'un de ses propres services qu'il a créé à cette même fin. A cet égard, il est indispensable de définir les relations entre l'Office et ses propres services, les offices d'examen et les agences nationales.

(4) Il convient que l'Office verse aux offices d'examen une indemnité couvrant la totalité des coûts exposés par ces derniers dans le cadre de l'examen technique. Il y a lieu que le conseil d'administration détermine, sur une base uniforme, les méthodes de calcul des coûts.

(5) Les décisions de l'Office sont susceptibles de recours devant la chambre de recours de l'Office, selon une procédure dont il convient d'arrêter les modalités. Le conseil d'administration peut, le cas échéant, instituer une ou plusieurs chambres de recours supplémentaires.

(6) Il y a lieu que l'Office considère comme une base de décision suffisante un rapport d'examen établi par les autorités d'un État membre ou d'un pays tiers membre de l'Union internationale pour la protection des obtentions végétales.

(7) Il y a lieu d'autoriser l'utilisation de supports électroniques pour le dépôt des demandes, des objections ou des recours et la signification des documents par l'Office. En outre, il

convient de donner à l'Office la possibilité de délivrer des certificats de protection communautaire des obtentions végétales sous forme électronique. La publication des informations relatives à la protection communautaire des obtentions végétales devrait également être possible par voie électronique. Enfin, le stockage électronique des fichiers relatifs aux procédures devrait être autorisé.

(8) Il y a lieu d'habiliter le président de l'Office à déterminer toutes les modalités requises en ce qui concerne le recours à des supports électroniques de communication ou de stockage.

(9) Certaines dispositions des articles 23, 29, 34, 35, 36, 42, 45, 46, 49, 50, 58, 81, 85, 87, 88 et 100 du règlement de base prévoient déjà explicitement que des règles d'application détaillées doivent ou peuvent être arrêtées. D'autres mesures d'exécution détaillées doivent être élaborées si des précisions s'avèrent nécessaires.

(10) La prise d'effet d'un transfert de protection communautaire des obtentions végétales ou d'un transfert du droit à une telle protection doit être fixée dans le cadre des dispositions régissant l'inscription aux registres.

(11) Le conseil d'administration de l'Office communautaire des variétés végétales a été consulté.

(12) Les mesures prévues au présent règlement sont conformes à l'avis du comité permanent de la protection des obtentions végétales,

TITRE PREMIER Parties à la procédure, Office et offices d'examen

CHAPITRE PREMIER *Parties à la procédure*

Art. 1er *Parties à la procédure.* 1. Peuvent être parties à la procédure devant l'Office communautaire des variétés végétales, ci-après dénommé "l'Office", les personnes suivantes :

a) le demandeur qui dépose une demande de protection communautaire des obtentions végétales ;

b) l'auteur d'une objection, au sens de l'article 59, paragraphe 2, du règlement (CE) n° 2100/94, ci-après dénommé "le règlement de base" ;

c) le(s) titulaire(s) d'une protection communautaire des obtentions végétales, ci-après dénommé(s) "le(s) titulaire(s)" ;

d) toute personne dont la demande ou la requête est une condition préalable à une décision de l'Office.

2. L'Office peut autoriser, sur demande écrite, toute tierce personne non visée au paragraphe 1, mais qui est directement et individuellement concernée, à intervenir en qualité de partie à la procédure.

3. Toute personne physique ou morale, de même que tout organisme assimilé à une personne morale en vertu de la législation dont il relève, est considérée comme une personne au sens des paragraphes 1 et 2.

Art. 2 *Désignation des parties à la procédure. (Règl. (UE) 2016/1448 du 1er sept. 2016, art. 1er-1, en vigueur le 22 sept. 2016)* « 1. Les parties à la procédure sont désignées par leurs nom, adresse et adresse électronique, dès lors qu'une adresse électronique est utilisée par la partie concernée.

« 2. Les personnes physiques sont désignées par leur nom de famille et leurs prénoms. Les personnes morales, les entreprises et les sociétés sont désignées par leur dénomination officielle, telle qu'enregistrée dans l'État membre ou le pays tiers respectif. »

3. L'adresse comprend toutes les informations administratives utiles, notamment le nom de l'État sur le territoire duquel la partie à la procédure a son domicile, son siège ou un établissement. Une seule adresse doit être indiquée, de préférence, pour chacune des parties à la procédure ; lorsque plusieurs adresses sont mentionnées, seule l'adresse figurant en première position est prise en considération, sauf lorsque la partie à la procédure a élu domicile à l'une des autres adresses mentionnées.

Le président de l'Office détermine les modalités relatives à l'adresse, y compris tout renseignement utile concernant les autres voies de communication de données.

4. Lorsqu'une partie à la procédure est une personne morale, elle est également désignée par les nom et adresse de la personne physique qui est son mandataire au regard de la législation nationale pertinente. Les dispositions du paragraphe 2 s'appliquent *mutatis mutandis* à cette personne physique.

L'Office peut accorder des dérogations à l'obligation prévue par la première phrase du premier alinéa.

5. Lorsque la Commission, ou un État membre, est partie à la procédure, *elle ou il* indique les nom et adresse d'un mandataire pour chacune des procédures auxquelles *elle ou il* est partie.

Art. 3 *Langues des parties à la procédure.* 1. Lorsqu'une partie à la procédure a choisi une langue officielle de l'Union européenne pour la rédaction du premier document qu'elle dépose auprès de l'Office et qu'elle l'a signé à cet effet, elle utilise cette langue jusqu'à ce que l'Office ait statué définitivement sur la demande.

(Règl. (UE) 2016/1448 du 1er sept. 2016, art. 1er-2, en vigueur le 22 sept. 2016) « Un ayant droit ou ayant cause tel que visé à l'article 23, paragraphe 1, du règlement de base peut cependant demander qu'une autre langue officielle de l'Union européenne soit utilisée au cours des procédures ultérieures, à condition que la demande soit introduite lors de l'inscription du transfert d'un droit à la protection communautaire des obtentions végétales dans le registre de la protection communautaire des obtentions végétales. »

2. Si une partie à la procédure dépose, après l'avoir signé à cet effet, un document qui est rédigé dans l'une des langues officielles de l'Union européenne autre que celle dont il doit être fait usage en vertu du paragraphe 1, ce document est réputé être parvenu à l'Office à la date de réception de sa traduction, celle-ci étant assurée par d'autres services. L'Office peut accorder des dérogations à cette obligation.

3. Si, pour la procédure orale, une partie à la procédure fait usage d'une langue autre que la langue officielle de l'Union européenne qui est utilisée par les membres compétents du personnel de l'Office, par d'autres parties à la procédure ou par les uns et les autres et que ladite partie est tenue d'utiliser, cette dernière prend les dispositions nécessaires pour que soit assurée l'interprétation simultanée dans ladite langue officielle. A défaut d'interprétation, la procédure orale peut se poursuivre dans les langues utilisées par les membres compétents du personnel de l'Office et par les autres parties à la procédure.

Art. 4 *Langues de la procédure orale et de l'instruction.* 1. Toute partie à la procédure, tout témoin ou expert qui est entendu(e) dans le cadre de la procédure orale aux fins de l'instruction peut utiliser l'une des langues officielles de l'Union européenne.

(Règl. (UE) 2016/1448 du 1er sept. 2016, art. 1er-3, en vigueur le 22 sept. 2016) « 2. S'il est décidé de procéder à l'instruction visée au paragraphe 1 à la requête de l'une des parties à la procédure, les parties, les témoins et les experts qui ne possèdent pas une maîtrise suffisante de l'une des langues officielles de l'Union européenne ne peuvent être entendus que si la partie ayant formulé la requête prend les dispositions nécessaires pour que soit assurée l'interprétation dans la langue officielle de l'Union européenne utilisée par toutes les parties à la procédure ou par les membres du personnel de l'Office.

« Les parties à la procédure, un témoin ou un expert, ainsi que les membres du personnel de l'Office ou de la chambre de recours peuvent convenir de n'utiliser qu'une seule langue officielle de l'Union européenne au cours de la procédure orale.

« L'Office peut autoriser des dérogations à la disposition du premier alinéa. »

3. Les déclarations faites, au cours de la procédure orale ou de l'instruction, par des membres du personnel de l'Office, par les parties à la procédure, par des témoins et des experts dans l'une des langues officielles de l'Union européenne sont consignées au procès-verbal dans la langue dans laquelle elles ont été faites. Les déclarations faites dans toute autre langue sont consignées au procès-verbal dans la langue utilisée par les membres du personnel de l'Office.

Art. 5 *Traduction des documents produits par les parties à la procédure. (Règl. (UE) 2016/1448 du 1er sept. 2016, art. 1er-4, en vigueur le 22 sept. 2016)* « 1. Lorsqu'une partie à la procédure dépose un document rédigé dans une langue autre que l'une des langues officielles de l'Union européenne, l'Office peut exiger de ladite partie qu'elle en fournisse une traduction dans l'une des langues officielles de l'Union européenne utilisées par ladite partie ou par les membres du personnel de l'Office ou de la chambre de recours.

« 2. Lorsqu'une partie à la procédure dépose la traduction d'un document, l'Office peut exiger la production, dans le délai qu'il lui impartit, d'un certificat attestant que la traduction est fidèle à l'original. Les traductions de documents volumineux peuvent être limitées à des extraits ou à des résumés. L'Office ou la chambre de recours peut néanmoins exiger à tout moment, soit de sa propre initiative, soit à la demande d'une partie à la procédure, une traduction plus complète ou intégrale de ces documents.

« Les parties à la procédure ainsi que les membres du personnel de l'Office ou de la chambre de recours peuvent convenir de ne disposer de la traduction d'un document que dans une seule des langues officielles de l'Union européenne. »

3. A défaut de produire la traduction visée au paragraphe 1 et le certificat prévu au paragraphe 2, le document considéré est réputé n'être jamais parvenu à l'Office.

CHAPITRE II *L'Office*

SECTION I *Comités de l'Office*

Art. 6 *Qualifications des membres des comités.* 1. Le ou les comités visés à l'article 35, paragraphe 2, du règlement de base sont composés, au choix du président de l'Office, soit exclusivement de techniciens ou de juristes, soit de techniciens et de juristes.

2. Est technicien quiconque est titulaire d'un diplôme ou a acquis une expérience reconnue en botanique.

(Règl. (UE) 2016/1448 du 1er sept. 2016, art. 1er-5, en vigueur le 22 sept. 2016) « 3. Est juriste toute personne titulaire d'un diplôme de droit ayant acquis une expérience reconnue en matière de propriété intellectuelle, de protection des obtentions végétales ou d'enregistrement des variétés végétales. »

Art. 7 *Décisions des comités.* 1. Les comités, outre les décisions qu'ils prennent en vertu de l'article 35, paragraphe 2, du règlement de base, se prononcent sur les questions suivantes :

– l'effet non suspensif d'une décision, conformément à l'article 67, paragraphe 2, du règlement de base,
– la révision préjudicielle prévue à l'article 70 du règlement de base,
– la restitution en entier visée à l'article 80 du règlement de base, et
– la répartition des frais en vertu de l'article 85, paragraphe 2, du règlement de base et de l'article 75 du présent règlement.

2. Les comités prennent leurs décisions à la majorité de leurs membres.

Art. 8 *Attributions des membres des comités.* 1. Les comités désignent en leur sein un rapporteur chargé d'agir au nom du comité considéré.

2. Le rapporteur exerce, entre autres, les attributions suivantes :

a) il exécute les tâches prévues à l'article 25 et s'assure de la remise des rapports par les offices d'examen visés aux articles 13 et 14 ;

b) il s'assure du bon déroulement de la procédure dans le cadre de l'Office, notamment en signalant toute irrégularité à laquelle une partie à la procédure est tenue de remédier et en fixant les délais ; et

c) il procède à d'étroites consultations et aux échanges d'informations avec les parties à la procédure concernées.

Art. 9 *Rôle du président.* Le président de l'Office veille à la cohérence des décisions prises par l'Office. Il fixe, notamment, les conditions qui régissent les décisions relatives aux objections présentées en application de l'article 59 du règlement de base et les décisions prévues aux articles 61, 62, 63 et 66 du règlement de base.

Art. 10 *Consultations. (Règl. (UE) 2016/1448 du 1er sept. 2016, art. 1er-6, en vigueur le 22 sept. 2016)* Les membres du personnel de l'Office peuvent utiliser gratuitement les locaux des agences nationales visées à l'article 30, paragraphe 4, du règlement de base et ceux des offices d'examen et des organismes visés, respectivement, aux articles 13 et 14 du présent règlement, afin d'organiser des consultations périodiques avec les parties à la procédure et des tiers.

SECTION II *Chambres de recours*

Art. 11 *Chambres de recours.* 1. Il est institué une chambre de recours, compétente pour statuer sur les recours formés contre les décisions visées à l'article 67 du règlement de base. Le cas échéant, le conseil d'administration peut, sur proposition de l'Office, instituer des chambres de recours supplémentaires, auquel cas il doit répartir les tâches entre les différentes chambres de recours ainsi créées.

2. Chaque chambre de recours est composée de techniciens et de juristes. L'article 6, paragraphes 2 et 3, s'applique *mutatis mutandis*. Le président doit être juriste.

3. Pour chaque affaire, le président de la chambre de recours désigne, parmi les membres de la chambre, un rapporteur qui sera chargé de l'examen du recours. Cet examen inclut, le cas échéant, l'instruction.

4. La chambre de recours prend ses décisions à la majorité de ses membres.

(Règl. (UE) 2016/1448 du 1er sept. 2016, art. 1er-7, en vigueur le 22 sept. 2016) « 5. Le président et les membres de la chambre de recours perçoivent une rémunération pour l'exécu-

tion de leur mission. Cette rémunération est fixée par le conseil d'administration de l'Office, sur la base d'une proposition du président de l'Office. »

Art. 12 *Greffes des chambres de recours.* 1. Le président de l'Office crée un greffe auprès de chaque chambre de recours. Les membres du personnel de l'Office ne peuvent en faire partie s'ils ont participé à la procédure ayant abouti à la décision attaquée.

2. Le personnel du greffe a, notamment, les attributions suivantes :
– dresser le procès-verbal de la procédure orale et de l'instruction, conformément à l'article 63 du présent règlement,
– déterminer le montant des frais à acquitter, en application de l'article 85, paragraphe 5, du règlement de base et de l'article 76 du présent règlement,
– confirmer, conformément à l'article 77 du présent règlement, tout règlement des frais conclu par les parties à la procédure.

CHAPITRE III *Offices d'examen*

Art. 13 *Désignation d'un office d'examen en vertu de l'article 55, paragraphe 1, du règlement de base. (Règl. (UE) 2016/1448 du 1er sept. 2016, art. 1er-8, en vigueur le 22 sept. 2016)* « 1. Lorsque le conseil d'administration confie à l'organisme compétent d'un État membre la responsabilité de l'examen technique pour certains genres ou espèces, le président de l'Office notifie ce fait, ci-après dénommé la "désignation d'un office d'examen", à l'organisme retenu, ci-après dénommé l'"office d'examen". Cette attribution prend effet le jour de sa notification. La présente disposition s'applique *mutatis mutandis* lorsque l'attribution conférée à un office d'examen est modifiée ou retirée, sous réserve de l'article 15, paragraphe 6, du présent règlement.

« 1 *bis*. Le conseil d'administration peut soumettre la désignation d'un office d'examen ou l'extension de la portée d'une désignation existante d'un office d'examen au respect des conditions, des lignes directrices et des procédures pertinentes établies par l'Office.

« Si un office d'examen fait appel à des services qualifiés en la matière visés à l'article 56, paragraphe 3, du règlement de base, il assure le respect des conditions, lignes directrices et procédures pertinentes établies par l'Office.

« L'Office réalise un audit afin d'examiner si l'office d'examen respecte les conditions, lignes directrices et procédures pertinentes qu'il a établies. Au terme de cet audit, l'Office rédige un rapport d'audit.

« Le conseil d'administration fonde la décision relative à la désignation d'un office d'examen sur le rapport d'audit rédigé par l'Office.

« 1 *ter*. Dans le cas d'une extension de la portée d'une désignation existante d'un office d'examen effectuée à l'initiative de l'Office, le conseil d'administration peut, en l'absence d'un rapport d'audit, fonder sa décision sur un rapport rédigé par l'Office dans lequel est évalué le respect des conditions, lignes directrices et procédures pertinentes établies par l'Office.

« Dans le cas d'une extension de la portée d'une désignation existante d'un office d'examen effectuée à l'initiative d'un office d'examen, le conseil d'administration fonde sa décision sur un rapport d'audit rédigé par l'Office.

« 1 *quater*. Le conseil d'administration peut décider, sur la base d'un rapport d'audit, de retirer la désignation existante d'un office examen ou d'en réduire la portée.

« La portée d'une désignation existante d'un office d'examen peut être réduite sur la base d'une requête introduite par un office d'examen et approuvée par l'Office. L'Office enregistre cette réduction dans l'accord visé à l'article 15, paragraphe 1. »

2. Les membres du personnel de l'office d'examen qui participent à l'examen technique ne peuvent utiliser à des fins non autorisées ni divulguer à une personne non autorisée les faits, documents et informations qui viendraient à leur connaissance au cours de l'examen technique ou à l'occasion de son exécution. Ils restent soumis à cette obligation après l'exécution de l'examen technique, la cessation de leurs fonctions ou le retrait de l'attribution conférée à l'office d'examen.

3. Les dispositions du paragraphe 2 s'appliquent *mutatis mutandis* au matériel d'une variété végétale, mis à la disposition de l'office d'examen par le demandeur. *(Règl. (UE) 2016/1448 du 1er sept. 2016, art. 1er-8, en vigueur le 22 sept. 2016)* « L'Office peut élaborer des principes directeurs concernant l'utilisation par les offices d'examen du matériel végétal qui a été soumis aux fins de l'évaluation de la distinction, de l'homogénéité et de la stabilité dans le cadre des demandes de protection communautaire des obtentions végétales. Lesdits principes directeurs peuvent inclure les conditions dans lesquelles ce matériel végétal peut être transféré entre différents offices d'examen. »

4. L'Office contrôle la mise en œuvre des dispositions des paragraphes 2 et 3 et statue sur l'exclusion ou la récusation de membres du personnel des offices d'examen, conformément à l'article 81, paragraphe 2, du règlement de base.

Art. 14 *(Règl. (UE) 2016/1448 du 1er sept. 2016, art. 1er-9, en vigueur le 22 sept. 2016) « Désignation d'un organisme ou création d'un service visées à l'article 55, paragraphe 2, durèglement de base.* 1. Lorsque l'Office entend confier, en vertu de l'article 55, paragraphe 2, du règlement de base, la responsabilité de l'examen technique des variétés à un organisme (ci-après la "désignation d'un organisme"), il transmet au conseil d'administration, pour approbation, une note dans laquelle il précise les motifs d'ordre technique qui l'ont conduit à choisir cet organisme comme office d'examen. L'article 13, paragraphes 1 *bis*, 1 *ter* et 1 *quater*, s'applique *mutatis mutandis.* »

2. Lorsque l'Office entend créer son propre service pour le charger de l'examen technique des variétés, conformément à l'article 55, paragraphe 2, du règlement de base, il transmet au conseil d'administration, pour approbation, une note dans laquelle il précise les motifs d'ordre technique et économique qui justifient la création et le choix du lieu d'implantation dudit service.

(Règl. (UE) 2016/1448 du 1er sept. 2016, art. 1er-9, en vigueur le 22 sept. 2016) « 3. Lorsque le conseil d'administration a approuvé les notes visées aux paragraphes 1 et 2, le président de l'Office notifie la désignation d'un organisme à l'organisme concerné, ou publie l'avis de création d'un service de l'Office au *Journal officiel de l'Union européenne.* La désignation d'un organisme ne peut être retirée et la création d'un service de l'Office ne peut être annulée qu'avec l'accord du conseil d'administration. L'article 13, paragraphes 2 et 3, s'applique *mutatis mutandis* aux membres du personnel de l'organisme visé au paragraphe 1 du présent article. »

Art. 15 *Conditions de forme auxquelles est soumise la désignation d'un office d'examen. (Règl. (UE) 2016/1448 du 1er sept. 2016, art. 1er-10, en vigueur le 22 sept. 2016)* « 1. La désignation d'un office d'examen ou d'un organisme est mise à exécution par un accord écrit, conclu par l'Office et l'office d'examen ou l'organisme, prévoyant que l'office d'examen ou l'organisme exécute l'examen technique des variétés végétales pour certains genres et espèces en contrepartie de l'indemnité, à la charge de l'Office, visée à l'article 58 du règlement de base. Lorsque la responsabilité de l'examen technique est confiée à un service de l'Office, conformément à l'article 14, paragraphe 2, du présent règlement, l'Office applique ses règles internes sur les méthodes de travail.

« 2. La conclusion de l'accord écrit visé au paragraphe 1 a pour effet de conférer aux actes réalisés après la signature dudit accord ou devant être réalisés, conformément aux termes de l'accord, par les membres du personnel de l'office d'examen, la qualité d'actes de l'Office opposables aux tiers. »

3. Lorsque l'office d'examen entend demander le concours d'autres services techniquement qualifiés, conformément à l'article 56, paragraphe 3, du règlement de base, le nom de ces services doit préalablement figurer dans l'accord écrit conclu avec l'Office. L'article 81, paragraphe 2, du règlement de base et l'article 13, paragraphes 2 et 3, du présent règlement s'appliquent *mutatis mutandis* aux membres du personnel concernés, qui doivent signer un engagement écrit de respecter l'obligation de confidentialité.

4. L'Office verse à l'office d'examen une indemnité couvrant la totalité des coûts exposés par ce dernier dans le cadre de l'examen technique. Le conseil d'administration détermine, sur une base uniforme, les méthodes de calcul des coûts et les éléments constitutifs de ces coûts, qui sont applicables à tous les offices d'examen désignés.

(Règl. (UE) 2016/1448 du 1er sept. 2016, art. 1er-10, en vigueur le 22 sept. 2016) « 5. Un office d'examen soumet périodiquement à l'Office, sur demande, un état détaillé des coûts liés à l'exécution des examens techniques et au maintien des collections de référence nécessaires. Dans le cas visé au paragraphe 3, l'office d'examen remet à l'Office un rapport d'audit séparé concernant les services dont le concours est demandé.

« Dans le cas visé au paragraphe 3, l'office d'examen tient compte des coûts exposés par ce service. L'Office détermine le format sous lequel les coûts sont détaillés. Si, à la suite de deux demandes émanant de l'Office, l'office d'examen n'a pas fourni à l'Office l'état détaillé des coûts dans le délai fixé par l'Office, l'indemnité visée au paragraphe 4 peut être réduite de 20 %.

« 6. Le retrait ou la modification de la désignation d'un office d'examen ou d'un organisme ne produit ses effets qu'à la date de prise d'effet de la résiliation de l'accord écrit visé au paragraphe 1. »

TITRE II **Procédure devant l'Office**

CHAPITRE PREMIER *Demande de protection communautaire des obtentions végétales*

SECTION I *Demande*

Art. 16 *Dépôt de la demande.* 1. La demande de protection communautaire des obtentions végétales est déposée en double exemplaire auprès de l'Office, ou en triple exemplaire auprès des agences nationales ou des services de l'Office visés à l'article 30, paragraphe 4, du règlement de base.

Lorsque la demande est déposée à l'Office, elle peut l'être sur papier ou sous forme électronique. Lorsqu'elle est déposée auprès des agences nationales ou des services, elle est déposée sur papier en double exemplaire.

2. L'information transmise à l'Office conformément à l'article 49, paragraphe 1, point b), du règlement de base comporte :

– des renseignements permettant d'identifier le demandeur et, le cas échéant, son mandataire,

– le nom de l'agence nationale ou du service de l'Office auprès de laquelle ou duquel la demande de protection communautaire des obtentions végétales a été déposée, et

– la désignation provisoire de la variété concernée.

3. L'Office délivre gratuitement les formulaires suivants :

a) un formulaire de demande et un questionnaire d'ordre technique, aux fins du dépôt de la demande de protection communautaire des obtentions végétales ;

b) un formulaire destiné à transmettre l'information visée au paragraphe 2, sur lequel sont précisées les conséquences qu'entraîne toute omission d'informer l'Office.

4. Le demandeur complète et signe les formulaires visés au paragraphe 3. Lorsque la demande est déposée par voie électronique, elle respecte les dispositions de l'article 57, paragraphe 3, deuxième alinéa, en matière de signature.

Art. 17 *Récépissé de la demande. (Règl. (UE) 2016/1448 du 1er sept. 2016, art. 1er-11, en vigueur le 22 sept. 2016)* « 1. Lorsqu'une agence nationale ou un service de l'Office exerçant certaines des fonctions administratives visées à l'article 30, paragraphe 4, du règlement de base, reçoit une demande, elle ou il transmet à l'Office, par voie électronique, en même temps que la demande, conformément à l'article 49, paragraphe 2, du règlement de base, un récépissé de la demande. Le récépissé mentionne au moins le numéro de dossier attribué par l'agence nationale ou par le service de l'Office, la nature et le nombre de documents transmis ainsi que la date de réception de la demande par l'agence nationale ou par le service de l'Office. L'agence nationale ou le service de l'Office transmet au demandeur une copie du récépissé envoyé à l'Office, par voie électronique ou un autre moyen.

« 2. Lorsque l'Office reçoit une demande, soit directement du demandeur, soit par l'intermédiaire d'une agence nationale ou d'un service de l'Office, il doit, sans préjudice d'autres dispositions, inscrire un numéro de dossier sur les documents accompagnant la demande ainsi que la date de leur réception par l'Office et délivrer au demandeur un récépissé. Le récépissé précise au moins le numéro de dossier attribué par l'Office, la nature et le nombre de documents reçus, la date de réception par l'Office et la date de dépôt de la demande au sens de l'article 51 du règlement de base. Lorsque la demande a été déposée auprès d'une agence nationale ou d'un service de l'Office, l'Office transmet une copie du récépissé à l'agence nationale ou au service concerné. »

3. Si l'Office reçoit une demande déposée auprès d'une agence nationale ou d'un service de l'Office après expiration du délai d'un mois suivant son dépôt par le demandeur, la date de dépôt au sens de l'article 51 du règlement de base ne peut être antérieure à la date de réception par l'Office, sauf si l'Office constate, sur la base de preuves littérales suffisantes, que le demandeur l'a informé conformément à l'article 49, paragraphe 1, point b), du règlement de base et à l'article 16, paragraphe 2, du présent règlement.

Art. 18 *Conditions énoncées à l'article 50, paragraphe 1, du règlement de base.* 1. Si l'Office constate que la demande ne remplit pas les conditions énoncées à l'article 50, paragraphe 1, du règlement de base, il informe le demandeur des irrégularités constatées en lui précisant que seule la date de réception de renseignements suffisants pour remédier à ces irrégularités sera considérée comme la date de dépôt au sens de l'article 51 du règlement de base

2. La condition énoncée à l'article 50, paragraphe 1, point i), du règlement de base n'est remplie que si la demande indique la date et le pays de la première cession au sens de l'arti-

cle 10, paragraphe 1, du règlement de base, ou, lorsque aucune cession n'a encore été effectuée, si elle comporte une déclaration attestant cette absence de cession.

(Règl. (UE) 2016/1448 du 1er sept. 2016, art. 1er-12, en vigueur le 22 sept. 2016) « 3. La condition énoncée à l'article 50, paragraphe 1, point *j)*, du règlement de base n'est remplie que si la demande mentionne, dans la mesure où le demandeur les connaît, la date et le pays dans lequel la demande antérieure a été introduite pour la variété considérée, lorsque ladite demande antérieure porte sur :

« a) l'octroi d'un droit de propriété sur la variété, dans un État membre ou un membre de l'Union internationale pour la protection des obtentions végétales (ci-après l'"UPOV") ; ou

« b) la reconnaissance officielle de la variété aux fins de certification et de commercialisation, cette reconnaissance comportant une description officielle de la variété. »

Art. 19 *Conditions visées à l'article 50, paragraphe 2, du règlement de base.* 1. Si l'Office constate que la demande n'est pas conforme aux paragraphes 2, 3 et 4 du présent article ou à l'article 16 du présent règlement, il applique les dispositions de l'article 17, paragraphe 2, du présent règlement, mais en invitant le demandeur à remédier aux irrégularités constatées dans le délai qu'il lui impartit. S'il n'est pas remédié à ces irrégularités en temps voulu, l'Office rejette aussitôt la demande conformément à l'article 61, paragraphe 1, point a), du règlement de base.

(Règl. (UE) 2016/1448 du 1er sept. 2016, art. 1er-13, en vigueur le 22 sept. 2016) « 2. Le demandeur fournit, s'il y a lieu, les informations suivantes dans le formulaire de demande ou dans le questionnaire d'ordre technique visé à l'article 16, paragraphe 3, point a) :

« a) l'identité et les coordonnées du demandeur, sa désignation comme partie à la procédure au sens de l'article 2 et, le cas échéant, les nom et adresse du mandataire ;

« b) lorsque le demandeur n'est pas l'obtenteur, les nom et adresse de ce dernier ainsi que le droit l'autorisant à demander la protection communautaire des obtentions végétales ;

« c) le nom scientifique du genre, de l'espèce ou de la sous-espèce auxquels la variété appartient et son nom commun ;

« d) la dénomination de la variété ou, à défaut, la désignation provisoire ;

« e) le lieu dans lequel la variété a été sélectionnée ou découverte et développée, ainsi que le maintien et la reproduction de la variété, y compris des renseignements sur les caractères, la culture d'une ou de plusieurs autres variétés dont le matériel doit être utilisé de manière répétée pour la production de la variété considérée. En ce qui concerne le matériel à utiliser de manière répétée pour la production de la variété, le demandeur peut communiquer les informations relatives à ce matériel, s'il le demande, dans le formulaire fourni par l'Office, conformément à l'article 86 ;

« f) les caractères de la variété, y compris le niveau d'expression pour certains caractères sur la base du questionnaire d'ordre technique visé à l'article 16, paragraphe 3, point a) ;

« g) le cas échéant, les variétés analogues et les différences avec ces variétés qui, de l'avis du demandeur, sont pertinentes aux fins de l'examen technique ;

« h) des informations supplémentaires susceptibles de faciliter la distinction de la variété, comprenant des photos en couleurs représentatives de la variété ainsi que d'autres informations relatives au matériel végétal à examiner au cours de l'examen technique ;

« i) le cas échéant, les caractères génétiquement modifiés, lorsque la variété considérée constitue un organisme génétiquement modifié au sens de l'article 2, point 2, de la directive 2001/18/CE du Parlement européen et du Conseil *[du 12 mars 2001 relative à la dissémination volontaire d'organismes génétiquement modifiés dans l'environnement et abrogeant la directive 90/220/CEE du Conseil]* ;

« j) la date de la vente ou de la première cession des constituants variétaux ou du matériel de récolte de la variété, afin d'exploiter la variété au sein du territoire de l'Union européenne ou dans un ou plusieurs pays tiers, ou d'apprécier la nouveauté de la variété au sens de l'article 10 du règlement de base ou, lorsque aucune vente ni première cession n'a encore été effectuée, une déclaration attestant cette absence de vente ou de cession ;

« k) le nom de l'autorité auprès de laquelle les demandes visées à l'article 18, paragraphe 3, du présent règlement ont été déposées et le numéro de dossier qui leur a été attribué ;

« l) les droits de protection nationale ou régionale des obtentions végétales existants accordés à la variété considérée ;

« m) si une demande d'inscription ou d'enregistrement a été introduite pour la variété considérée ou si une décision a été prise conformément à l'article 5 de la directive 68/193/CEE du Conseil *[du 9 avr. 1968 concernant la commercialisation des matériels de multiplication végétative de la vigne]*, à l'article 10 de la directive 2002/53/CE du Conseil *[du 13 juin 2002 concernant le catalogue commun des variétés des espèces de plantes agricoles]*, à l'article 10 de la directive 2002/55/CE du Conseil *[du 13 juin 2002 concernant la commercialisation des semences de légu-*

mes] et à l'article 5 de la directive d'exécution 2014/97/UE de la Commission *[du 15 oct. 2014 portant mesures d'exécution de la directive 2008/90/CE du Conseil en ce qui concerne l'enregistrement des fournisseurs et des variétés et la liste commune des variétés]*. »

3. L'Office peut demander la fourniture, dans le délai qu'il impartit, de toutes informations et de tous documents nécessaires, ainsi que, le cas échéant, de dessins ou de photographies suffisants pour permettre l'exécution de l'examen technique.

4. Lorsque la variété considérée constitue un organisme génétiquement modifié au sens de l'article 2, paragraphe 2, de la directive 2001/18/CE, l'Office peut demander au demandeur de lui transmettre copie de l'attestation écrite des autorités compétentes confirmant que l'examen technique de la variété en question, tel que prévu aux articles 55 et 56 du règlement de base, ne présente aucun risque pour l'environnement, conformément aux dispositions de ladite directive.

Art. 20 *Revendication d'un droit de priorité.* Si le demandeur revendique un droit de priorité au titre d'une demande conformément à l'article 52, paragraphe 2, du règlement de base qui n'est pas la plus ancienne des demandes à signaler conformément à l'article 18, paragraphe 3, premier tiret, du présent règlement, l'Office indique que seule la plus ancienne de ces demandes peut bénéficier d'une date prioritaire. Si l'accusé de réception délivré par l'Office mentionne la date de dépôt d'une demande qui n'est pas la plus ancienne des demandes à signaler, la date prioritaire notifiée est considérée comme nulle.

Art. 21 *Droit à la protection communautaire des obtentions végétales pendant la procédure.* 1. Lorsqu'une action en revendication intentée, en vertu de l'article 98, paragraphe 4, du règlement de base, à l'encontre du demandeur est inscrite sur le registre des demandes de protection communautaire des obtentions végétales, l'Office peut suspendre la procédure. Il peut préciser la date à laquelle il entend poursuivre la procédure.

2. Lorsqu'une décision passée en force de chose jugée a été rendue sur l'action en revendication visée au paragraphe 1 ou qu'une décision constatant qu'il a été mis fin, par tout autre moyen, à cette action, est inscrite sur le registre des demandes de protection communautaire des obtentions végétales, l'Office reprend la procédure. Il peut reprendre la procédure à une date antérieure, mais pas avant la date fixée en application du paragraphe 1.

3. Lorsque le droit à la protection communautaire des obtentions végétales est transféré au profit d'un tiers et que ce transfert produit ses effets à l'égard de l'Office, le tiers concerné peut se substituer au premier demandeur, sous réserve d'en informer l'Office dans un délai d'un mois à compter de l'inscription de la décision passée en force de chose jugée sur le registre des demandes de protection communautaire des obtentions végétales. Les taxes à acquitter en application de l'article 83 du règlement de base et déjà versées par le premier demandeur sont réputées avoir été acquittées par le second demandeur.

SECTION II *Exécution de l'examen technique*

Art. 22 *Décision concernant les principes directeurs.* 1. Le conseil d'administration arrête, sur proposition du président de l'Office, les principes directeurs. La date de la décision et les noms des espèces concernées par celle-ci sont publiés au Bulletin officiel prévu à l'article 87.

2. A défaut pour le conseil d'administration d'arrêter les principes directeurs, le président de l'Office peut prendre une décision provisoire en la matière. Celle-ci cesse de produire ses effets le jour où le conseil d'administration arrête les principes directeurs. Tout examen technique entrepris avant que le conseil d'administration n'ait arrêté les principes directeurs n'est pas affecté par le fait que ces principes diffèrent de ceux qui ont été arrêtés, à titre provisoire, par le président de l'Office. Le conseil d'administration peut décider autrement si les circonstances le justifient.

(Règl. (UE) 2016/1448 du 1er sept. 2016, art. 1er-14, en vigueur le 22 sept. 2016) « 3. A défaut pour le conseil d'administration d'arrêter les principes directeurs établis par l'Office, ou de prise de décision provisoire du président de l'Office en la matière, tel que prévu au paragraphe 2, les lignes directrices par genre et espèce de l'UPOV sont applicables. En l'absence de telles lignes directrices, les lignes directrices nationales élaborées par une autorité compétente chargée de l'examen technique d'une variété végétale peuvent être utilisées, à condition que le président de l'Office consente à cette utilisation. L'autorité compétente soumet ces lignes directrices à l'Office, qui les publie sur son site web. »

Art. 23 *Habilitation du président de l'Office.* 1. Lorsque le conseil d'administration arrête les principes directeurs, il habilite le président de l'Office à ajouter de nouveaux caractères et leurs expressions pour une variété.

(Abrogé par Règl. (UE) 2016/1448 du 1er sept. 2016, art. 1er-15, à compter du 22 sept. 2016) **« 2. *Au cas où le président fait usage de l'habilitation visée au paragraphe 1, l'article 22, paragraphe 2, s'applique mutatis mutandis.* »**

Art. 24 *Information des offices d'examen par l'Office. (Règl. (UE) 2016/1448 du 1er sept. 2016, art. 1er-16, en vigueur le 22 sept. 2016)* **« Conformément à l'article 55, paragraphe 3, du règlement de base, l'Office transmet par voie électronique à l'office d'examen les documents suivants se rapportant à la variété : »**

a) le formulaire de la demande, le questionnaire d'ordre technique et tout autre document, remis par le demandeur, qui contient des informations pour l'exécution de l'examen technique ;

b) les formulaires remplis par le demandeur en application de l'article 86 du présent règlement ;

c) les documents relatifs à toute objection invoquant, comme motif, que les conditions énoncées aux articles 7, 8 et 9 du règlement de base ne seraient pas remplies.

Art. 25 *Coopération entre l'Office et les offices d'examen.* **Les membres du personnel des offices d'examen, qui sont chargés de l'examen technique, et le rapporteur désigné en vertu de l'article 8, paragraphe 1, doivent coopérer pendant toutes les phases de l'exécution de l'examen technique. La coopération doit au moins comporter :**

a) le contrôle de l'exécution de l'examen technique, y compris l'inspection, par le rapporteur, des parcelles expérimentales et des méthodes d'essai utilisées ;

b) sans préjudice des autres investigations réalisées par l'Office, la communication, par l'office d'examen, de renseignements détaillés sur toute cession antérieure de la variété ; et

c) la présentation à l'Office par l'office d'examen de rapports intermédiaires sur chaque période de culture.

Art. 26 *Conditions de forme auxquelles est soumis le rapport d'examen.* **1. Le rapport d'examen prévu à l'article 57 du règlement de base doit être signé par le membre du personnel de l'office d'examen qui est responsable de l'examen technique et préciser qu'il est réservé à l'usage exclusif de l'Office, en vertu de l'article 57, paragraphe 4, du règlement de base.**

2. Les dispositions du paragraphe 1 s'appliquent *mutatis mutandis* à tous les rapports intermédiaires qui doivent être présentés à l'Office. L'office d'examen transmet directement au demandeur un exemplaire de chaque rapport intermédiaire.

Art. 27 *Autres rapports d'examen.* **1. L'Office peut considérer comme une base de décision suffisante un rapport d'examen indiquant les résultats d'un examen technique exécuté ou étant en cours d'exécution à des fins officielles dans un État membre par un des offices compétents pour les espèces concernées conformément à l'article 55, paragraphe 1, du règlement de base, pour autant que les conditions suivantes soient remplies :**

a) le matériel présenté aux fins de l'examen technique répondait aux critères quantitatifs et qualitatifs éventuellement fixés conformément à l'article 55, paragraphe 4, du règlement de base ;

(Règl. (UE) 2016/1448 du 1er sept. 2016, art. 1er-17, en vigueur le 22 sept. 2016) **« b) l'examen technique a été exécuté conformément au mandat confié par le conseil d'administration en vertu de l'article 55, paragraphe 1, du règlement de base et aux conditions visées à l'article 13, paragraphe 1 *bis*, du présent règlement, et a été réalisé dans le respect des principes directeurs formulés et de toutes instructions générales données, en vertu de l'article 56, paragraphe 2, du règlement de base et des articles 22 et 23 du présent règlement ; »**

c) l'Office a eu l'occasion de contrôler l'exécution de l'examen technique concerné ; et

d) pour autant que le rapport final ne soit pas immédiatement disponible, les rapports intermédiaires concernant chaque période de culture sont présentés à l'Office avant le rapport d'examen.

2. Lorsque l'Office estime que le rapport d'examen visé au paragraphe 1 ne constitue pas une base de décision suffisante, il peut appliquer la procédure exposée à l'article 55 du règlement de base, après consultation du demandeur et de l'office d'examen concerné.

3. L'Office et tout office des variétés compétent dans un État membre se prêtent mutuellement assistance, sur un plan administratif, en se communiquant, sur demande, les rapports d'examen existants concernant une variété aux fins de l'évaluation de la distinction, de l'homogénéité et de la stabilité de ladite variété. Un montant spécifique, qui a fait l'objet d'un accord entre les offices concernés, est perçu par l'Office ou par l'office des variétés végétales compétent dans un État membre pour la présentation d'un tel rapport par l'autre partie.

(Règl. (UE) 2016/1448 du 1er sept. 2016, art. 1er-17, en vigueur le 22 sept. 2016) **« 4. Un rapport d'examen indiquant les résultats d'un examen technique exécuté ou en cours d'exécution à des fins officielles dans un pays tiers ou sur le territoire d'une organisation régionale qui est membre de l'UPOV ou partie à l'accord sur les aspects des droits de propriété intellectuelle qui touchent au commerce (ci-après l'"accord sur les ADPIC"), peut être considéré par l'Office comme constituant une base de décision suffisante, pour autant que l'examen technique soit conforme aux conditions fixées dans un accord écrit conclu entre l'Office et l'autorité compétente du pays tiers ou de l'organisation régionale en question. Les conditions minimales à respecter sont les suivantes :**

« a) les conditions relatives au matériel visé au paragraphe 1, point a) ;

« b) la condition selon laquelle l'examen technique a été exécuté conformément aux principes directeurs arrêtés par le conseil d'administration, ou aux instructions générales données par celui-ci, en vertu de l'article 56, paragraphe 2, du règlement de base et de l'article 22 du présent règlement ;

« c) la condition selon laquelle l'Office a eu l'occasion d'examiner si les installations se prêtaient à la réalisation d'un examen technique de l'espèce concernée dans le pays tiers ou sur le territoire de l'organisation régionale en question ;

« d) les conditions relatives à la disponibilité des rapports, conformément au paragraphe 1, point d) ;

« e) la condition selon laquelle le pays tiers dispose d'une expérience adéquate dans l'examen des genres ou espèces considérés ; et

« f) la condition selon laquelle l'accord écrit est conclu avec l'approbation du conseil d'administration.

« 5. L'Office peut demander à une autorité compétente d'un pays tiers ou d'une organisation régionale qui est membre de l'UPOV ou partie à l'accord sur les ADPIC d'exécuter l'examen technique, à condition qu'un accord écrit ait été conclu entre l'Office et ladite autorité compétente et que l'une des conditions suivantes soit applicable :

« a) il n'est pas possible d'exécuter l'examen technique pour l'espèce particulière considérée dans un office d'examen au sein de l'Union européenne et aucun rapport d'examen indiquant les résultats d'un examen technique, visé au paragraphe 4, n'est, ni ne devrait être, disponible ;

« b) un rapport d'examen indiquant les résultats d'un examen technique, visé au paragraphe 4, devrait être disponible mais les conditions fixées au paragraphe 4 ayant trait à l'exécution de l'examen technique ne sont pas remplies.

« 6. L'accord écrit visé au paragraphe 5 est conclu avec le consentement du conseil d'administration, sur la base des conditions suivantes :

« a) les conditions relatives au matériel visé au paragraphe 1, point a) ;

« b) la condition selon laquelle l'examen technique sera exécuté conformément aux principes directeurs arrêtés par le conseil d'administration, ou aux instructions générales données par celui-ci, en vertu de l'article 56, paragraphe 2, du règlement de base, et de l'article 22 du présent règlement ;

« c) la condition selon laquelle l'Office a eu l'occasion d'examiner si les installations se prêtaient à la réalisation d'un examen technique de l'espèce considérée dans le pays tiers ou sur le territoire de l'organisation régionale en question et de contrôler l'examen technique concerné ;

« d) les conditions relatives à la disponibilité des rapports, conformément au paragraphe 1, point d) ;

« e) la condition selon laquelle le pays tiers dispose d'une expérience adéquate dans l'examen des genres ou espèces considérés. »

SECTION III *Dénomination de la variété*

Art. 28 *Proposition de dénomination variétale.* **La proposition de dénomination variétale est signée et déposée auprès de l'Office** *(Abrogé par Règl. (UE) 2016/1448 du 1er sept. 2016, art. 1er-18, à compter du 22 sept. 2016)* ***« ou, si elle accompagne une demande de protection communautaire des obtentions végétales, déposée en double exemplaire auprès de l'agence nationale mandatée ou du service de l'Office créé en vertu de l'article 30, paragraphe 4, du règlement de base ».***

L'Office remet gratuitement un formulaire de proposition de dénomination variétale.

Lorsque la proposition de dénomination variétale est déposée par voie électronique, elle respecte les dispositions de l'article 57, paragraphe 3, deuxième alinéa, du présent règlement en matière de signature.

Art. 29 *Examen de la proposition.* 1. Lorsque la proposition n'est pas jointe à la demande de protection communautaire des obtentions végétales ou que l'Office ne peut approuver la dénomination variétale proposée, l'Office en informe aussitôt le demandeur, en l'invitant à lui soumettre, selon le cas, une proposition ou une nouvelle proposition et en lui précisant les conséquences auxquelles il s'expose s'il ne se conforme pas à cette exigence.

2. Lorsque l'Office constate, le jour où il reçoit les résultats de l'examen technique conformément à l'article 57, paragraphe 1, du règlement de base, que le demandeur n'a présenté aucune proposition de dénomination variétale, il rejette aussitôt la demande de protection communautaire des obtentions végétales, conformément à l'article 61, paragraphe 1, point c), du règlement de base.

Art. 30 *Orientations en matière de dénominations variétales.* Des critères uniformes et définitifs doivent être établis, dans le cadre d'orientations qui sont arrêtées par le conseil d'administration, afin de définir les obstacles qui s'opposent à l'attribution d'une dénomination variétale générique et qui sont énoncés à l'article 63, paragraphes 3 et 4, du règlement de base.

CHAPITRE II *Objection*

Art. 31 *Conditions de forme auxquelles est soumise l'objection.* 1. Les objections visées à l'article 59 du règlement de base doivent contenir les informations suivantes :

a) le nom du demandeur et le numéro de dossier attribué à la demande à l'encontre de laquelle l'objection est formée ;

b) la désignation de l'auteur de l'objection en tant que partie à la procédure au sens de l'article 2 du présent règlement ;

c) si l'auteur de l'objection a désigné un mandataire, les nom et adresse de ce dernier ;

d) une déclaration précisant les motifs sur lesquels se fonde l'objection, tels qu'ils sont énoncés à l'article 59, paragraphe 3, du règlement de base, ainsi que les faits, les éléments de preuve et les arguments présentés à l'appui de l'objection.

2. Si plusieurs objections sont formées à l'encontre d'une même demande de protection communautaire des obtentions végétales, l'Office peut joindre les procédures.

Art. 32 *Rejet de l'objection.* 1. Si l'Office constate que l'objection ne satisfait pas aux conditions prévues à l'article 59, paragraphes 1 et 3, du règlement de base ou à l'article 31, paragraphe 1, point d), du présent règlement, ou qu'elle ne contient pas suffisamment de renseignements permettant d'identifier la demande à l'encontre de laquelle elle est formée, il rejette l'objection comme irrecevable, à moins qu'il ne soit remédié aux irrégularités relevées dans le délai imparti par l'Office.

2. Si l'Office constate que l'objection ne remplit pas les autres conditions prévues par le règlement de base ou par le présent règlement, il rejette l'objection comme irrecevable, à moins qu'il ne soit remédié aux irrégularités relevées avant l'expiration des délais de présentation des objections.

CHAPITRE III *Maintien de la protection communautaire des obtentions végétales*

Art. 33 *Obligations du titulaire en vertu de l'article 64, paragraphe 3, du règlement de base.* 1. Le titulaire est tenu de permettre l'inspection du matériel de la variété concernée et du lieu dans lequel est conservée l'identité de la variété, de manière à ce que puissent être recueillis les renseignements nécessaires pour apprécier si la variété continue d'exister telle quelle, conformément à l'article 64, paragraphe 3, du règlement de base.

2. Le titulaire est tenu de conserver la documentation nécessaire pour permettre de vérifier que les mesures appropriées ont été prises, conformément à l'article 64, paragraphe 3, du règlement de base.

Art. 34 *Vérification technique de la variété protégée.* Sans préjudice des dispositions de l'article 87, paragraphe 4, du règlement de base, il est procédé, conformément aux principes directeurs qui ont été dûment appliqués lorsque la protection communautaire des obtentions végétales a été accordée pour la variété considérée, à une vérification technique de la variété ainsi protégée. Les articles 22 et 24 à 27 du présent règlement s'appliquent *mutatis mutandis* à l'Office, à l'office d'examen et au titulaire.

Art. 35 *Autre matériel utilisé pour la vérification technique.* Lorsque le titulaire soumet le matériel d'une variété conformément à l'article 64, paragraphe 3, du règlement de base, l'office d'examen peut, avec l'accord de l'Office, vérifier le matériel ainsi présenté en le

confrontant à un matériel prélevé, soit dans les exploitations dans lesquelles il est produit par le titulaire ou avec son consentement, soit sur du matériel commercialisé par le titulaire ou avec son consentement, ou saisi par des organismes officiels d'un État membre dans le cadre de leurs compétences.

Art. 36 *Modification de la dénomination variétale.* **1. Lorsque la dénomination variétale doit être modifiée en vertu de l'article 66 du règlement de base, l'Office informe le titulaire des raisons motivant cette modification, fixe le délai dans lequel le titulaire doit proposer une dénomination variétale modifiée et éligible et précise que, en cas de non-respect de cette exigence, l'Office peut prononcer la déchéance, en application de l'article 21 dudit règlement, de la protection communautaire des obtentions végétales qui a été accordée au titulaire.**

2. Lorsque l'Office ne peut approuver la proposition de dénomination variétale modifiée, il en informe aussitôt le titulaire, fixe un nouveau délai pour la présentation d'une proposition éligible et précise que, en cas *[de]* **non-respect de cette exigence, l'Office peut prononcer la déchéance, conformément à l'article 21 du règlement de base, de la protection communautaire des obtentions végétales qui a été accordée au titulaire.**

3. Les articles 31 et 32 du présent règlement s'appliquent ***mutatis mutandis*** **à toute objection formée en vertu de l'article 66, paragraphe 3, du règlement de base.**

4. Lorsque la proposition de dénomination variétale est déposée par voie électronique, elle respecte les dispositions de l'article 57, paragraphe 3, deuxième alinéa, en matière de signature.

CHAPITRE IV *Licences communautaires accordées par l'Office*

SECTION I *Licences obligatoires visées à l'article 29 du règlement de base*

Art. 37 *Demande de licence obligatoire.* **1. Toute demande de licence obligatoire au titre de l'article 29, paragraphes 1, 2 et 5, du règlement de base contient les renseignements suivants :**

a) la désignation, comme parties à la procédure, du demandeur et du titulaire de la variété concernée qui s'oppose à l'octroi d'une licence ;

b) la dénomination variétale et l'espèce végétale auxquelles appartiennent la variété ou les variétés concernées ;

c) une proposition relative au type d'actes à couvrir par la licence obligatoire ;

d) une déclaration précisant l'intérêt public en jeu, y compris le détail des faits, éléments de preuve et arguments présentés à l'appui de l'intérêt public revendiqué ;

e) lorsqu'une demande est constituée en vertu de l'article 29, paragraphe 2, du règlement de base, une proposition relative à la catégorie de personnes à laquelle la licence obligatoire sera accordée, indiquant, s'il y a lieu, les conditions particulières applicables à cette catégorie de personnes ;

f) une proposition de rémunération équitable précisant le mode de calcul utilisé pour sa détermination.

2. Toute demande de licence obligatoire au titre de l'article 29, paragraphe 5 ***bis*****, du règlement de base contient les renseignements suivants :**

a) la désignation, comme parties à la procédure, du demandeur titulaire d'un brevet et du titulaire de la variété concernée qui s'oppose à l'octroi d'une licence ;

b) la dénomination variétale et l'espèce végétale auxquelles appartiennent la variété ou les variétés concernées ;

(Règl. (UE) 2016/1448 du 1er sept. 2016, art. 1er-19, en vigueur le 22 sept. 2016) **« c) une copie électronique du ou des certificats de brevet indiquant le numéro et la revendication du brevet relatif à une invention biotechnologique ainsi que le nom de l'autorité ou des autorités ayant délivré ledit brevet ; »**

d) une proposition relative au type d'actes à couvrir par la licence obligatoire ;

e) une proposition de rémunération équitable précisant le mode de calcul utilisé pour sa détermination ;

f) une déclaration expliquant en quoi l'invention biotechnologique en cause représente un progrès technique important, d'un intérêt économique considérable, par rapport à la variété protégée, et assortie d'une présentation détaillée des faits, des éléments de preuve et des arguments étayant cette revendication ;

g) une proposition relative à la validité territoriale de la licence, qui ne peut dépasser celle du brevet visé au point c).

3. Toute demande de licence réciproque au titre de l'article 29, paragraphe 5 ***bis*****, deuxième alinéa, du règlement de base contient les renseignements suivants :**

a) la désignation, comme parties à la procédure, du demandeur titulaire d'un brevet et du titulaire de la variété concernée qui s'oppose à l'octroi d'une licence ;

b) la dénomination variétale et l'espèce végétale auxquelles appartiennent la variété ou les variétés concernées ;

(Règl. (UE) 2016/1448 du 1er sept. 2016, art. 1er-19, en vigueur le 22 sept. 2016) « c) une copie électronique du ou des certificats de brevet indiquant le numéro et la revendication du brevet relatif à une invention biotechnologique ainsi que le nom de l'autorité ou des autorités ayant délivré ledit brevet ; »

d) un document officiel attestant qu'une licence obligatoire pour une invention biotechnologique brevetée a été accordée au titulaire des droits pour l'obtention végétale concernée ;

e) une proposition relative au type d'actes à couvrir par la licence réciproque ;

f) une proposition de rémunération équitable précisant le mode de calcul utilisé pour sa détermination ;

g) une proposition relative à la validité territoriale de la licence réciproque, qui ne peut dépasser celle du brevet visé au point c).

4. Toute demande de licence obligatoire est accompagnée de documents établissant que le demandeur s'est vainement adressé au titulaire du droit d'obtention végétale pour obtenir une licence contractuelle. Lorsque la demande de licence obligatoire au titre de l'article 29, paragraphe 2, du règlement de base est présentée par la Commission ou par un État membre, l'Office peut, en cas de force majeure, faire abstraction de l'exigence prévue par la présente disposition.

5. Est considérée comme vaine, au sens du paragraphe 4, toute demande de licence contractuelle pour laquelle :

a) le titulaire n'a donné aucune réponse définitive, dans un délai raisonnable, au demandeur de la licence ; ou

b) le titulaire a refusé d'octroyer une licence contractuelle à l'intéressé ; ou

c) le titulaire a proposé une licence à l'intéressé, mais à des conditions manifestement abusives, notamment en ce qui concerne la redevance à acquitter, ou à des conditions qui sont, dans leur ensemble, manifestement abusives.

Art. 38 *Examen de la demande de licence obligatoire.* 1. En principe, la procédure orale et l'instruction se déroulent simultanément, lors d'une audience unique.

2. Toute demande d'audience supplémentaire est irrecevable, sauf en ce qui concerne les demandes fondées sur des faits ayant connu des modifications au cours de l'audience ou postérieurement à celle-ci.

3. Avant d'arrêter sa décision, l'Office invite les parties à la procédure à rechercher un accord à l'amiable en vue de l'octroi d'une licence contractuelle. Le cas échéant, l'Office fait une proposition d'accord à l'amiable.

Art. 39 *Qualité de titulaire de la protection communautaire des obtentions végétales au cours de la procédure.* 1. Lorsqu'une action en revendication intentée, en vertu de l'article 98, paragraphe 1, du règlement de base, à l'encontre du titulaire est inscrite dans le registre de la protection communautaire des obtentions végétales, l'Office peut suspendre la procédure d'octroi de licence obligatoire. Il ne peut reprendre la procédure avant l'inscription au registre précité du jugement passé en force de chose jugée ou d'une décision constatant qu'il a été mis fin, par tout autre moyen, à l'action en revendication.

2. En cas de transfert de la protection communautaire des obtentions végétales produisant des effets à l'égard de l'Office, le nouveau titulaire devient partie à la procédure, sur la requête du demandeur et si la demande de licence qu'il a constituée auprès du nouveau titulaire n'a pas abouti dans un délai de deux mois à compter de la réception de la notification par laquelle l'Office l'a informé de l'inscription du nom du nouveau titulaire au registre de la protection communautaire des obtentions végétales. La demande introduite par le demandeur doit être accompagnée de preuves littérales suffisantes pour établir l'insuccès de ses efforts et, s'il y a lieu, pour faire la preuve des démarches accomplies par le nouveau titulaire.

3. Lorsqu'une demande est constituée en vertu de l'article 29, paragraphe 2, du règlement de base, le nouveau titulaire devient partie à la procédure et le paragraphe 1 du présent article ne s'applique pas.

Art. 40 *Contenu de la décision relative à la demande.* La décision écrite est signée par le président de l'Office et contient les informations suivantes :

a) une déclaration attestant que la décision est arrêtée par l'Office ;

b) la date de la décision ;

c) le nom des membres du comité ayant participé à la procédure ;

d) le nom des parties à la procédure et de leurs mandataires ;
e) le renvoi à l'avis du conseil d'administration ;
f) une liste des questions sur lesquelles la chambre de recours était appelée à se prononcer ;
g) un résumé des faits ;
h) les motifs de la décision ;
i) le dispositif de la décision arrêtée par l'Office, précisant, le cas échéant, les actes couverts par la licence obligatoire, les conditions qui la régissent et la catégorie de personnes à laquelle la licence est accordée, y compris, si nécessaire, les conditions particulières auxquelles cette catégorie de personnes doit répondre.

Art. 41 *Octroi d'une licence obligatoire.* 1. Toute décision d'octroi d'une licence obligatoire au titre de l'article 29, paragraphes 1, 2 et 5, du règlement de base contient une déclaration exposant l'intérêt public en cause.

2. Les motifs suivants, notamment, peuvent représenter un intérêt public :
a) la protection de la vie ou de la santé humaine, animale ou végétale ;
b) la nécessité d'approvisionner le marché en matériel présentant des caractéristiques déterminées ;
c) la nécessité de continuer à encourager la sélection constante de variétés améliorées.

3. Toute décision d'octroi d'une licence obligatoire au titre de l'article 29, paragraphe 5 *bis*, du règlement de base contient une déclaration expliquant en quoi l'invention représente un progrès technique important, d'un intérêt économique considérable. Les éléments ci-après, notamment, peuvent être cités pour justifier que l'invention représente un progrès technique important, d'un intérêt économique considérable, par rapport à l'obtention végétale protégée :
a) amélioration des techniques culturales ;
b) amélioration de l'environnement ;
c) amélioration des techniques facilitant l'exploitation de la biodiversité génétique ;
d) amélioration de la qualité ;
e) amélioration des rendements ;
f) renforcement de la résistance ;
g) renforcement des capacités d'adaptation à des conditions climatiques et/ou environnementales spécifiques.

4. La licence obligatoire n'est pas exclusive.

5. La licence obligatoire ne peut être cédée, sauf lorsqu'elle l'est en même temps que la partie de l'entreprise qui exploite la licence ou, dans le cas prévu à l'article 29, paragraphe 5, du règlement de base, lorsqu'elle l'est en même temps que le titre de titulaire de la protection sur une variété essentiellement dérivée.

Art. 42 *Conditions auxquelles doit satisfaire la personne à laquelle la licence obligatoire est accordée.* 1. Sans préjudice des autres conditions énoncées à l'article 29, paragraphe 3, du règlement de base, la personne à laquelle la licence obligatoire est octroyée doit disposer de ressources financières et techniques appropriées pour exploiter ladite licence.

2. Le respect des conditions fixées par la licence obligatoire et énoncées dans la décision d'octroi de la licence est considéré comme un "fait" au sens de l'article 29, paragraphe 4, du règlement de base.

3. L'Office veille à ce que le bénéficiaire d'une licence obligatoire ne puisse intenter aucune action en contrefaçon de la protection communautaire des obtentions végétales, à moins que le titulaire ait refusé ou omis d'intenter une telle action dans un délai de deux mois après avoir été sollicité à cet effet.

Art. 43 *Catégorie de personnes répondant à des conditions particulières au sens de l'article 29, paragraphe 2, du règlement de base.* 1. Tout bénéficiaire d'une licence obligatoire qui entend exploiter sa licence et qui entre dans la catégorie des personnes répondant à ces conditions particulières visée à l'article 29, paragraphe 2, du règlement de base doit déclarer son intention à l'Office et au titulaire, par lettre recommandée avec accusé de réception. La déclaration comporte au minimum :
a) les nom et adresse du bénéficiaire de la licence, selon les conditions fixées pour les parties à la procédure, conformément à l'article 2 du présent règlement ;
b) un exposé des faits répondant aux conditions particulières ;
c) une liste des actes à effectuer ; et
d) l'assurance que l'intéressé dispose de ressources financières appropriées ainsi que des précisions sur ses capacités techniques à exploiter la licence obligatoire.

2. Sur demande, l'Office inscrit le bénéficiaire dans le registre de la protection communautaire des obtentions végétales, pour autant que ledit bénéficiaire remplisse les conditions auxquelles est soumise la déclaration visée au paragraphe 1. Le bénéficiaire ne peut exploiter sa licence obligatoire avant d'avoir été inscrit sur le registre. Cette inscription est portée à la connaissance du bénéficiaire et du titulaire.

3. L'article 42, paragraphe 3, s'applique, *mutatis mutandis*, à toute personne inscrite au registre de la protection communautaire des obtentions végétales en application du paragraphe 2 du présent article. Tout jugement rendu dans le cadre d'une action en contrefaçon, ou tout autre acte mettant fin à une telle action, est opposable aux tiers déjà inscrits ou à inscrire au registre.

4. Le bénéficiaire inscrit en vertu du paragraphe 2 peut être radié du registre au seul motif que les conditions particulières énoncées dans la décision d'octroi d'une licence obligatoire ou que les ressources financières et techniques dont la preuve a été faite en vertu du paragraphe 2 ont connu des modifications plus d'un an après l'octroi de la licence obligatoire, et dans la limite de durée définie par la décision d'octroi. La radiation est notifiée au bénéficiaire inscrit et au titulaire.

SECTION II *Licence visée à l'article 100, paragraphe 2, du règlement de base*

Art. 44 *Licence visée à l'article 100, paragraphe 2, du règlement de base.* 1. Toute demande de concession d'une licence contractuelle non exclusive adressée à un nouveau titulaire en vertu de l'article 100, paragraphe 2, du règlement de base doit être constituée dans un délai de deux mois à compter de la date de réception de la notification par laquelle l'Office informe de l'inscription du nom du nouveau titulaire au registre de la protection communautaire des obtentions végétales, lorsque la demande est introduite par l'ancien titulaire, ou dans un délai de quatre mois à compter de cette même date, lorsqu'elle est introduite par une personne ayant bénéficié d'une licence.

2. Toute demande de concession d'une licence en vertu de l'article 100, paragraphe 2, du règlement de base doit être accompagnée des documents produits à l'appui de la demande qui a été présentée au titre du paragraphe 1 du présent article et qui n'a pas abouti. Les dispositions de l'article 37, paragraphe 1, points a), b), c), de l'article 37, paragraphe 5, de l'article 38, de l'article 39, paragraphe 3, de l'article 40, à l'exception du point f) dudit article, de l'article 41, paragraphes 3 et 4, et de l'article 42 s'appliquent *mutatis mutandis*.

TITRE III Procédure devant la chambre de recours

Art. 45 *Contenu de l'acte de recours.* L'acte de recours comprend :

(Règl. (UE) 2016/1448 du 1er sept. 2016, art. 1er-20, en vigueur le 22 sept. 2016) « a) la désignation du requérant en tant que partie à la procédure de recours, selon les modalités prévues à l'article 2, et, lorsque le requérant a désigné un mandataire, les nom et adresse de ce dernier ; »

b) le numéro de dossier de la décision attaquée et une déclaration indiquant la mesure dans laquelle la modification ou l'annulation de celle-ci est demandée.

Art. 46 *Réception de l'acte de recours.* Lorsque l'Office reçoit un acte de recours, il y inscrit le numéro qu'il attribue à l'affaire ainsi que la date de réception de l'acte et notifie au requérant la date limite pour la communication des moyens du recours ; les parties à la procédure de recours ne peuvent se prévaloir de l'omission de cette notification.

Art. 47 *Intervention en tant que partie à la procédure de recours.* 1. L'Office communique sans délai une copie de l'acte de recours revêtu du numéro d'affaire et de sa date de réception aux parties à la procédure de recours qui ont pris part à la procédure devant l'Office.

2. Les parties à la procédure visées au paragraphe 1 peuvent intervenir en tant que parties à la procédure de recours dans les deux mois qui suivent la communication de la copie de l'acte de recours.

Art. 48 *Rôle de l'Office.* 1. Le service de l'Office visé à l'article 70, paragraphe 1, du règlement de base et le président de la chambre de recours prennent, sur le plan interne, les dispositions nécessaires pour que la chambre de recours puisse examiner l'affaire dès qu'elle lui aura été soumise ; en particulier, le président choisit les deux autres membres de la chambre conformément à l'article 46, paragraphe 2, du règlement de base et désigne un rapporteur, avant que l'affaire ne lui soit déférée.

2. Avant que l'affaire ne soit déférée à la chambre de recours, le service de l'Office visé à l'article 70, paragraphe 1, du règlement de base communique sans délai à chacune des par-

ties à la procédure de recours une copie des documents reçus par les autres parties à ladite procédure.

3. Le président de l'Office veille à la publication des informations visées à l'article 89, avant de déférer l'affaire à la chambre de recours.

Art. 49 *Irrecevabilité du recours.* 1. Si le recours n'est pas conforme aux dispositions du règlement de base, et notamment de ses articles 67, 68 et 69, ou à celles du présent règlement, et notamment de son article 45, la chambre de recours notifie ce fait au requérant et l'invite à remédier aux irrégularités constatées, si possible, dans les délais qu'elle lui impartit. Si le recours n'est pas rectifié en temps voulu, la chambre de recours le déclare irrecevable.

2. Lorsqu'un recours est formé contre une décision de l'Office qui fait également l'objet du recours direct visé à l'article 74 du règlement de base, la chambre de recours le renvoie immédiatement, sous la forme d'un recours direct, à la Cour de justice des Communautés européennes, avec l'accord du requérant ; si celui-ci s'y oppose, elle déclare le recours irrecevable. En cas de renvoi d'un recours à la Cour de justice, ce recours est réputé avoir été formé auprès de celle-ci à la date de réception par l'Office au sens de l'article 46 du présent règlement.

Art. 50 *Procédure orale.* 1. Après que l'affaire a été déférée à la chambre de recours, le président de celle-ci convoque sans délai les parties à la procédure de recours à la procédure orale, dans le respect des conditions fixées à l'article 77 du règlement de base *[,]* et attire leur attention sur le contenu de l'article 59, paragraphe 2, du présent règlement.

2. En principe, la procédure orale et l'instruction se déroulent simultanément, au cours d'une seule audience.

3. Toute demande d'audience supplémentaire est irrecevable, sauf en ce qui concerne les demandes fondées sur des faits qui se sont modifiés entre-temps.

Art. 51 *Examen du recours.* Sauf disposition contraire, les dispositions relatives aux procédures devant l'Office sont applicables *mutatis mutandis* aux procédures de recours ; à cet effet, il y a lieu d'entendre par "parties à la procédure" les parties à la procédure de recours.

Commet une erreur de droit le tribunal qui juge que le principe de l'instruction d'office des faits n'est pas applicable aux procédures devant la chambre de recours. • CJUE 21 mai 2015, n° C-546/12 : *LEPI juin 2015. 5, obs Clavier.*

Art. 51 *bis* *(Règl. (UE) 2016/1448 du 1er sept. 2016, art. 1er-21, en vigueur le 22 sept. 2016)* *Plusieurs recours.* 1. Si plusieurs recours sont formés contre une même décision, ceux-ci peuvent être examinés au cours d'une même procédure.

2. Si des recours formés contre des décisions doivent être examinés par une chambre composée des mêmes membres, cette chambre peut examiner ces recours dans le cadre de procédures jointes.

Art. 52 *Décision sur le recours.* 1. Dans les trois mois qui suivent la clôture de la procédure orale, la décision sur le recours est communiquée par écrit, par tout moyen prévu à l'article 64, paragraphe 3, aux parties à la procédure de recours.

2. La décision écrite est signée par le président de la chambre de recours et par le rapporteur désigné conformément à l'article 48, paragraphe 1. La décision contient les informations suivantes :

a) une déclaration attestant que la décision a été rendue par la chambre de recours ;

b) la date de la décision ;

c) les noms du président et des autres membres de la chambre de recours ayant participé à la procédure de recours ;

d) les noms des parties à la procédure de recours et de leurs mandataires ;

e) une liste des questions sur lesquelles la chambre de recours était appelée à se prononcer ;

f) un résumé des faits ;

g) les motifs de la décision ;

h) le dispositif, y compris, le cas échéant, la décision relative à la répartition des frais ou au remboursement des taxes.

3. La décision écrite de la chambre de recours indique si celle-ci est susceptible de recours et précise le délai dans lequel ce recours doit être formé. Les parties à la procédure de recours ne peuvent se prévaloir de l'absence de ces indications.

TITRE IV Dispositions générales concernant la procédure

CHAPITRE PREMIER *Décisions, communications et documents*

Art. 53 *Décisions.* 1. Toute décision de l'Office porte la signature et le nom du membre du personnel mandaté par le président de l'Office en vertu de l'article 35 du règlement de base.

2. Les décisions prises dans le cadre d'une procédure orale devant l'Office peuvent être prononcées verbalement. Elles sont ensuite formulées par écrit et notifiées aux parties à la procédure conformément à l'article 64.

3. Les décisions de l'Office qui sont susceptibles de faire l'objet d'un recours conformément à l'article 67 du règlement de base ou d'un recours direct conformément à l'article 74 du règlement de base mentionnent cette possibilité et indiquent les délais à respecter en la matière. Les parties à la procédure ne peuvent se prévaloir de l'omission de ces indications.

4. Les erreurs linguistiques, les fautes de transcription et les erreurs manifestes commises dans les décisions de l'Office doivent être rectifiées.

(Règl. (UE) 2016/1448 du 1er sept. 2016, art. 1er-22, en vigueur le 22 sept. 2016) « 5. L'Office radie l'inscription au registre de la protection communautaire des obtentions végétales ou révoque la décision contenant une erreur de procédure manifeste imputable à la négligence. »

Art. 53 *bis* *(Règl. (UE) 2016/1448 du 1er sept. 2016, art. 1er-23, en vigueur le 22 sept. 2016)* *Procédures en nullité et en déchéance.* 1. Les procédures en nullité et en déchéance visées, respectivement, aux articles 20 et 21 du règlement de base peuvent être engagées par l'Office dès lors qu'il existe de sérieux doutes quant à la validité du droit à la protection communautaire. Lesdites procédures peuvent être engagées par l'Office de sa propre initiative ou sur demande.

2. La demande introduite auprès de l'Office en vue de l'ouverture de la procédure en nullité ou de la procédure en déchéance, visées respectivement aux articles 20 et 21 du règlement de base, est accompagnée d'éléments probants et factuels faisant naître des doutes sérieux quant à la validité du droit à la protection communautaire, et contient :

a) en ce qui concerne l'enregistrement à l'égard duquel la nullité ou la déchéance est demandée :

i) le numéro d'enregistrement de la protection communautaire des obtentions végétales ;

ii) les nom et adresse du titulaire de la protection communautaire des obtentions végétales ;

b) en ce qui concerne les motifs sur lesquels se fonde la demande :

i) une déclaration mentionnant les motifs sur lesquels se fonde la demande d'ouverture de la procédure en nullité ou en déchéance ;

ii) les faits, preuves et arguments présentés à l'appui de la demande ;

c) les nom et adresse de la personne introduisant la demande et, en cas de désignation d'un mandataire, les nom et adresse de ce dernier.

3. Toute décision de l'Office de rejeter la demande visée au paragraphe 2 est communiquée à la personne qui a introduit ladite demande et au titulaire de la protection communautaire des obtentions végétales.

4. L'Office ne prend pas en considération les observations écrites ni les documents, ou parties de ceux-ci, qui n'ont pas été présentés dans le délai fixé par l'Office.

5. Toute décision de l'Office de déclarer nulle et non avenue une protection communautaire des obtentions végétales ou de déchoir le titulaire d'une telle protection est publiée au *Bulletin officiel* visé à l'article 87.

Art. 54 *Certificat de protection communautaire des obtentions végétales.* 1. Lorsque l'Office accorde la protection communautaire des obtentions végétales, il délivre, conjointement avec la décision, un certificat attestant l'octroi de cette protection. *(Règl. (UE) 2016/1448 du 1er sept. 2016, art. 1er-24, en vigueur le 22 sept. 2016)* « Ce certificat est délivré par l'Office, sous la forme d'un document numérique, au titulaire du droit ou à son mandataire. »

2. Le certificat attestant la protection communautaire des obtentions végétales est délivré dans la ou les langue(s) officielle(s) de l'Union européenne choisie(s) par le titulaire.

3. A la demande de la personne habilitée, l'Office peut délivrer une copie d'un certificat s'il établit que l'original a été perdu ou détruit.

Art. 55 *Communications.* Sauf disposition contraire, toute communication de l'Office ou d'un office d'examen doit indiquer au minimum le nom du membre du personnel compétent.

Art. 56 *Droit d'être entendu.* 1. Si l'Office constate qu'une décision ne peut être prise sur la base de la demande présentée, il communique les irrégularités constatées à la partie à la procédure concernée et l'invite à y remédier dans le délai qu'il fixe. S'il n'est pas remédié en temps voulu auxdites irrégularités, l'Office prend sa décision.

2. Si l'Office reçoit des observations de la part d'une partie à la procédure, il les communique aux autres parties et invite ces dernières, s'il le juge nécessaire, à y répondre dans le délai qu'il impartit. Si aucune réponse ne lui parvient en temps voulu, l'Office ne tient aucun compte des documents reçus, passé ce délai.

Art. 57 *Documents versés au dossier par les parties à la procédure.* 1. Tout document versé par une partie à la procédure est remis par courrier, par signification ou par voie électronique.

Les modalités de la transmission par voie électronique sont arrêtées par le président de l'Office.

2. Tout document versé par les parties à la procédure est réputé reçu à sa date de réception effective au siège de l'Office ou, dans le cas d'un document versé par voie électronique, à sa date de réception sous forme électronique par l'Office.

3. A l'exception des documents joints en annexe, tout document versé au dossier par les parties à la procédure doit être signé par elles ou par leur mandataire.

(Règl. (UE) 2016/1448 du 1er sept. 2016, art. 1er-25, en vigueur le 22 sept. 2016) « Lorsqu'un document est transmis à l'Office par voie électronique, l'indication du nom de l'expéditeur et l'authentification électronique, consistant en l'introduction correcte de l'identifiant et du mot de passe, ont valeur de signature. »

4. Lorsqu'un document n'a pas été dûment signé ou qu'un document reçu est incomplet ou illisible, ou lorsque l'Office a des doutes quant à la précision du document, l'Office informe l'expéditeur en conséquence et l'invite à fournir l'original du document signé conformément au paragraphe 3, ou à renvoyer un exemplaire de l'original dans un délai d'un mois.

Si cette demande est satisfaite dans le délai prévu, le document signé ou renvoyé est réputé reçu à la date de réception du premier exemplaire. Dans le cas contraire, le document est réputé ne pas avoir été reçu.

(Règl. (UE) 2016/1448 du 1er sept. 2016, art. 1er-25, en vigueur le 22 sept. 2016) « 5. Les documents présentés par une partie à la procédure doivent être transmis par voie électronique ou sur support papier aux autres parties et à l'office d'examen concerné.

« Lorsque des documents transmis sur support papier concernent la procédure, plusieurs demandes de protection communautaire des obtentions végétales ou une licence d'exploitation, un nombre suffisant d'exemplaires est versé au dossier. Les exemplaires manquants sont fournis aux frais de la partie concernée. »

Art. 58 *Preuves littérales. (Règl. (UE) 2016/1448 du 1er sept. 2016, art. 1er-26, en vigueur le 22 sept. 2016)* « 1. Les preuves de jugements ou de décisions ayant force de chose jugée autres que les jugements ou les décisions rendus par l'Office, ou les autres preuves littérales à produire par une partie à la procédure peuvent être fournies par le dépôt d'un document numérique ou d'une copie non certifiée conforme. »

2. Lorsque l'Office doute de l'authenticité des preuves visées au paragraphe 1, il peut demander la communication du document original ou d'une copie certifiée conforme.

CHAPITRE II *Procédure orale et instruction*

Art. 59 *Convocation à la procédure orale.* 1. La convocation des parties à la procédure orale prévue à l'article 77 du règlement de base attire leur attention sur le paragraphe 2 du présent article. Elle prévoit un délai de comparution d'un mois au minimum, à moins qu'elles ne conviennent avec l'Office d'un délai plus court.

2. Si une partie à la procédure régulièrement convoquée à une procédure orale devant l'Office ne comparaît pas, la procédure peut être poursuivie en son absence.

Art. 60 *Instruction par l'Office.* 1. Lorsque l'Office estime nécessaire d'entendre des parties à la procédure, des témoins ou des experts ou de procéder à une descente sur les lieux, il prend à cet effet une décision qui énonce la mesure d'instruction envisagée, les faits pertinents à prouver, ainsi que les jour, heure et lieu où il sera procédé à ladite mesure d'instruction. Si l'audition de témoins et d'experts a été demandée par une partie à la procédure, la décision de l'Office fixe le délai dans lequel cette partie doit communiquer audit Office les noms et adresses des témoins et des experts qu'elle désire faire entendre.

2. La convocation adressée aux parties, aux témoins et aux experts prévoit un délai de comparution d'un mois au minimum, à moins que les intéressés et l'Office ne conviennent d'un délai plus court. La convocation contient :

a) un extrait de la décision mentionnée au paragraphe 1, précisant notamment les jour, heure et lieu où il sera procédé à la mesure d'instruction ordonnée ainsi que les faits sur lesquels les parties, les témoins et les experts seront entendus ;

b) la désignation des parties à la procédure et l'indication des droits dont les témoins et les experts peuvent se prévaloir en vertu des dispositions de l'article 62, paragraphes 2, 3 et 4 ;

c) l'indication que toute partie à la procédure, tout témoin ou tout expert peut demander à être entendu par une juridiction ou par une autorité compétente de son pays de résidence et une invitation à faire savoir à l'Office, dans le délai que celui-ci lui impartit, s'il est disposé à comparaître devant lui.

3. Avant de pouvoir être entendus, toute partie à la procédure, tout témoin ou expert sont avisés de ce que l'Office peut demander à une juridiction ou à une autorité compétente de leur pays de résidence de les entendre à nouveau sous la foi du serment ou sous une autre forme contraignante.

4. Les parties à la procédure sont informées de l'audition d'un témoin ou d'un expert devant une juridiction ou une autorité compétente. Elles ont le droit d'y assister et de poser des questions aux parties à la procédure, aux témoins et aux experts lors de leur déposition, par l'intermédiaire de l'autorité ou directement.

Art. 61 *Commission d'experts.* 1. L'Office décide de la forme sous laquelle sont déposés les rapports des experts qu'il désigne.

2. Le mandat de l'expert doit contenir :

a) une description précise de sa mission ;

b) le délai qui lui est imparti pour le dépôt du rapport d'expertise ;

c) la désignation des parties à la procédure ;

d) l'indication des droits dont il peut se prévaloir en vertu des dispositions de l'article 62, paragraphes 2, 3 et 4.

3. Aux fins de l'élaboration du rapport de l'expert, l'Office peut inviter l'office d'examen qui a procédé à l'examen technique de la variété concernée à mettre le matériel nécessaire à la disposition de l'expert, conformément aux instructions de ce dernier. Si nécessaire, l'Office peut également inviter les parties à la procédure ou des tiers à fournir ce matériel à l'expert.

4. Un exemplaire du rapport écrit et, le cas échéant, une traduction de ce rapport sont remis aux parties à la procédure.

5. Les parties à la procédure peuvent récuser les experts. L'article 48, paragraphe 3, et l'article 81, paragraphe 2, du règlement de base sont applicables *mutatis mutandis.*

6. L'article 13, paragraphes 2 et 3, du présent règlement est applicable, *mutatis mutandis*, aux experts commis par l'Office. Lorsqu'il désigne un expert, l'Office l'informe du caractère confidentiel des données qu'il aura à traiter.

Art. 62 *Frais de l'instruction.* 1. L'Office peut subordonner l'exécution de l'instruction au dépôt, auprès dudit Office par la partie qui a demandé cette instruction, d'une provision dont il fixe le montant sur la base d'une estimation des frais.

(Règl. (UE) 2016/1448 du 1er sept. 2016, art. 1er-27, en vigueur le 22 sept. 2016) « 2. Les témoins et les experts qui ont été convoqués par l'Office et comparaissent devant lui ont droit à un remboursement adéquat de leurs frais de déplacement et de séjour. Une avance peut leur être accordée sur ces frais par l'Office. »

3. Les témoins qui ont droit à un remboursement en application du paragraphe 2 ont en outre droit à une indemnité appropriée pour compenser leur manque à gagner, et les experts ont droit, sauf s'ils font partie du personnel des offices d'examen, à des honoraires pour la rémunération de leurs travaux. Ces indemnités ou honoraires sont payés aux témoins après l'instruction et aux experts après l'accomplissement de leur mission.

4. Le paiement des sommes dues en vertu des paragraphes 2 et 3 est effectué par l'Office selon les modalités et les barèmes figurant à l'annexe I.

(Règl. (UE) 2016/1448 du 1er sept. 2016, art. 1er-27, en vigueur le 22 sept. 2016) « La partie qui a demandé l'audition de témoins ou d'experts rembourse à l'Office les frais de ladite audition, sous réserve de la décision relative à la répartition et à la détermination des frais, conformément à l'article 52. »

Art. 63 *Procès-verbal de la procédure orale et de l'instruction.* 1. La procédure orale et l'instruction donnent lieu à l'établissement d'un procès-verbal contenant l'essentiel de la procédure orale et de l'instruction, les déclarations pertinentes des parties à la procédure et les

dépositions de ces parties, des témoins et des experts ainsi que le résultat d'éventuelles descentes sur les lieux. *(Règl. (UE) 2016/1448 du 1er sept. 2016, art. 1er-28, en vigueur le 22 sept. 2016)* **« Le procès-verbal mentionne également le nom des fonctionnaires de l'Office, des parties et de leurs mandataires, ainsi que le nom des témoins et des experts présents. »**

2. Le procès-verbal de la déposition d'un témoin, d'un expert ou d'une partie à la procédure lui est lu ou lui est soumis pour qu'il ou elle en prenne connaissance. Mention est portée au procès-verbal que cette formalité a été accomplie et que le procès-verbal a été approuvé par l'auteur de la déposition. Lorsque celui-ci ne l'approuve pas, il est pris note de ses objections.

(Règl. (UE) 2016/1448 du 1er sept. 2016, art. 1er-28, en vigueur le 22 sept. 2016) **« 3. Le procès-verbal est signé par la personne qui l'a établi et par la personne qui a dirigé la procédure orale ou l'instruction. »**

4. Les parties à la procédure reçoivent une copie du procès-verbal et, le cas échéant, une traduction de celui-ci.

CHAPITRE III *Notifications*

Art. 64 *Dispositions générales en matière de notification. (Règl. (UE) 2016/1448 du 1er sept. 2016, art. 1er-29, en vigueur le 22 sept. 2016)* **« 1. Dans les procédures devant l'Office, les documents qui doivent être fournis par l'Office à une partie à la procédure sont présentés sous la forme d'un document numérique, d'une copie non certifiée conforme ou d'une version imprimée, ou sous la forme originale. Les documents produits par les autres parties à la procédure peuvent être notifiés sous forme de copies non certifiées. »**

2. Si une ou plusieurs parties à la procédure ont désigné un mandataire, la notification est faite au mandataire conformément aux dispositions du paragraphe 1.

(Règl. (UE) 2016/1448 du 1er sept. 2016, art. 1er-29, en vigueur le 22 sept. 2016) **« 3. La notification est effectuée de l'une ou de plusieurs des manières suivantes :**

« a) par voie électronique ou tout autre moyen technique conformément à l'article 64 *bis* ;

« b) par voie postale, conformément à l'article 65 ;

« c) par voie de signification, conformément à l'article 66 ;

« d) par publication, conformément à l'article 67.

« 4. Les documents ou les copies de documents contenant des actes pour lesquels l'article 79 du règlement de base prévoit une signification d'office sont notifiés par voie électronique selon des modalités arrêtées par le président de l'Office ou par lettre recommandée avec accusé de réception par voie postale. »

Art. 64 *bis* *(Règl. (UE) 2016/1448 du 1er sept. 2016, art. 1er-30, en vigueur le 22 sept. 2016) Notification par voie électronique ou tout autre moyen technique.* **1. La notification par voie électronique est effectuée par la transmission d'une copie numérique du document à notifier. La notification est réputée avoir eu lieu à la date de réception de la communication par le destinataire. Le président de l'Office détermine les modalités de notification par voie électronique.**

2. Lorsque la notification est effectuée par voie électronique, la partie à la procédure, ainsi que son mandataire, fournit à l'Office l'adresse électronique à utiliser pour toutes les communications officielles.

3. Le président de l'Office détermine les modalités de notification par d'autres moyens techniques de communication. »

Art. 65 *Notification par voie postale.* **1. Les notifications dont les destinataires n'ont ni domicile ni siège ou établissement dans la Communauté et n'ont pas désigné un mandataire conformément à l'article 82 du règlement de base sont faites par envoi par la poste des documents à notifier, sous pli ordinaire, à la dernière adresse du destinataire connue de l'Office. La notification est réputée faite dès que l'expédition par la poste a eu lieu, même si la lettre est renvoyée à l'expéditeur faute d'avoir pu être délivrée à son destinataire.**

2. Lorsque la notification est faite par lettre recommandée avec ou sans accusé de réception, celle-ci est réputée avoir été délivrée à son destinataire le dixième jour suivant celui de l'envoi par la poste, à moins que la lettre ne lui soit pas parvenue ou ne lui soit parvenue qu'à une date ultérieure ; en cas de contestation, il incombe à l'Office d'établir que la lettre est parvenue à destination ou d'établir, le cas échéant, la date de sa remise au destinataire.

3. La notification par lettre recommandée avec ou sans accusé de réception est réputée faite, même si le destinataire refuse la lettre ou refuse d'en accuser réception.

4. Le droit de l'État sur le territoire duquel la notification est effectuée est applicable aux aspects de la notification par voie postale qui ne sont pas couverts par les paragraphes 1, 2 et 3.

Art. 66 *Notification par voie de signification.* La signification peut être effectuée dans les locaux de l'Office par remise directe du document à signifier à son destinataire, qui en accuse réception. La signification est réputée faite, même si le destinataire refuse d'accepter le document à signifier ou d'en accuser réception.

Art. 66 *bis* *(Règl. (UE) 2016/1448 du 1er sept. 2016, art. 1er-31, en vigueur le 22 sept. 2016) Notification aux mandataires.* 1. Lorsqu'un mandataire a été désigné ou lorsque, conformément à l'article 73, paragraphe 5, le demandeur nommé en premier lieu dans une demande commune est considéré comme étant le mandataire, les notifications sont adressées au mandataire.

2. Lorsque plusieurs mandataires ont été désignés pour une seule partie, la notification à l'un quelconque de ces mandataires est considérée comme suffisante, à moins qu'une adresse de notification n'ait été indiquée en particulier.

3. Lorsque plusieurs parties ont désigné un mandataire commun, la notification des documents utiles audit mandataire est considérée comme suffisante.

Art. 67 *Notification par voie de publication.* S'il n'est pas possible d'établir l'adresse du destinataire ou si la notification prévue à l'article 64, paragraphe 4, n'a pas pu être effectuée, même après une seconde tentative de l'Office, la notification est faite par voie de publication dans le périodique mentionné à l'article 89 du règlement de base. *(Règl. (UE) 2016/1448 du 1er sept. 2016, art. 1er-32, en vigueur le 22 sept. 2016)* « Le président de l'Office détermine les modalités de la publication et fixe le délai dans lequel le document concerné est réputé avoir été notifié. »

Art. 68 *Vices de la notification.* Si l'Office n'est pas en mesure de prouver qu'un document qui est parvenu à son destinataire a été dûment notifié ou si les dispositions relatives à la notification n'ont pas été respectées, le document est réputé avoir été notifié à la date que l'Office détermine comme la date de réception.

CHAPITRE IV *Délais et interruption d'instance*

Art. 69 *Computation des délais.* 1. Tout délai est exprimé en années, en mois, en semaines et en jours.

2. Tout délai commence à courir le jour suivant la date de l'événement qui fait courir le délai, qu'il s'agisse d'un acte ou de l'expiration d'un délai antérieur. Sauf disposition contraire, lorsque l'acte en question est une notification, la réception du document notifié constitue l'événement qui fait courir le délai.

3. Nonobstant les dispositions du paragraphe 2, le délai commence à courir le quinzième jour suivant celui de la publication de l'acte qui le fait courir, que l'acte soit la notification par voie de publication visée à l'article 67, une décision de l'Office non notifiée à la personne concernée, ou encore tout acte d'une partie à la procédure devant faire l'objet d'une publication.

4. Lorsqu'un délai est exprimé en une ou plusieurs années, il expire, dans l'année à prendre en considération, le même mois et le même jour où l'événement en question a eu lieu ; toutefois, si le mois à prendre en considération ne compte pas de jour portant le même quantième, ledit délai expire le dernier jour de ce mois.

5. Lorsqu'un délai est exprimé en un ou plusieurs mois, il expire, dans le mois à prendre en considération, le jour portant le même quantième que le jour où l'événement en question a eu lieu ; toutefois, si le mois à prendre en considération ne compte pas de jour portant le même quantième, ledit délai expire le dernier jour de ce mois.

6. Lorsqu'un délai est exprimé en une ou plusieurs semaines, il expire, dans la semaine à prendre en considération, le jour portant le même quantième que celui où l'événement en question a eu lieu.

Art. 70 *Durée des délais.* Lorsque le règlement de base ou le présent règlement prévoient un délai à impartir par l'Office, ce délai ne peut être ni inférieur à un mois ni supérieur à trois mois. Dans des cas particuliers, le délai peut être prorogé jusqu'à six mois, sur demande présentée avant son expiration.

Art. 71 *Prorogation des délais.* 1. Si un délai expire, soit un jour où on ne peut déposer de documents auprès de l'Office, soit un jour où le courrier normal n'est pas distribué au siège de celui-ci, pour des raisons autres que celles indiquées au paragraphe 2, le délai est prorogé jusqu'au premier jour suivant où les documents peuvent être déposés et où le courrier normal est distribué. *(Règl. (UE) 2016/1448 du 1er sept. 2016, art. 1er-33, en vigueur le 22 sept.*

2016) « Les jours visés à la première phrase sont déterminés par le président de l'Office avant le début de chaque année civile et sont publiés au *Bulletin officiel* visé à l'article 87. »

2. Si un délai expire, soit un jour où se produit une interruption générale de la distribution du courrier dans un État membre ou entre un État membre et l'Office, soit un jour de perturbation résultant de cette interruption, le délai est prorogé jusqu'au premier jour suivant la fin de cette période d'interruption ou de perturbation de la distribution du courrier pour les parties à la procédure qui ont leur domicile, leur siège ou un établissement dans l'État membre concerné ou qui ont désigné des mandataires ayant un siège dans ledit État. Au cas où l'État concerné est l'État où l'Office a son siège, la présente disposition est applicable à toutes les parties à la procédure. La durée de cette période d'interruption ou de perturbation est fixée et communiquée par le président de l'Office.

(Règl. (UE) 2016/1448 du 1er sept. 2016, art. 1er-33, en vigueur le 22 sept. 2016) « Pour les documents transmis par voie électronique, le premier alinéa s'applique *mutatis mutandis* en cas d'interruption de la connexion de l'Office ou de l'une des parties à la procédure aux moyens de communication électroniques. Les parties à la procédure démontrent que la connexion a été interrompue avec le fournisseur de services électroniques. »

3. Les paragraphes 1 et 2 s'appliquent *mutatis mutandis* aux agences nationales mandatées et aux services de l'Office créés conformément à l'article 30, paragraphe 4, du règlement de base, ainsi qu'aux offices d'examen.

Art. 72 *Interruption de la procédure.* 1. La procédure devant l'Office est interrompue :

a) en cas de décès ou d'incapacité soit du demandeur ou du titulaire d'une protection communautaire des obtentions végétales, soit du demandeur d'une licence d'exploitation à accorder par l'Office ou de la personne habilitée à jouir de cette licence d'exploitation, soit du mandataire d'une de ces parties à la procédure ; ou

b) au cas où, en raison d'une action engagée contre ses biens, l'une de ces personnes serait empêchée, pour des raisons juridiques, de poursuivre la procédure devant l'Office.

2. Une fois les données nécessaires concernant l'identité de la personne habilitée à poursuivre la procédure en qualité de partie à la procédure ou de mandataire inscrites dans le registre approprié, l'Office communique à cette personne ainsi qu'aux autres parties à la procédure que celle-ci sera reprise à l'expiration du délai qu'il a lui-même imparti.

3. Le délai en cours recommence à courir à compter du jour de la reprise de la procédure.

4. L'interruption de la procédure n'empêche pas la poursuite de l'examen ou de la vérification technique de la variété concernée par un office d'examen, pour autant que les taxes dues à ce titre aient déjà été payées à l'Office.

CHAPITRE V *Mandataires*

Art. 73 *Désignation d'un mandataire.* 1. Toute désignation d'un mandataire est communiquée à l'Office. La communication mentionne les nom et adresse du mandataire ; l'article 2, paragraphes 2 et 3, est applicable *mutatis mutandis.*

2. Sans préjudice de l'article 2, paragraphe 4, la communication prévue au paragraphe 1 indique également tout lien de subordination éventuel entre le mandataire et la partie à la procédure. Un employé d'une partie à la procédure ne peut être désigné comme mandataire au sens de l'article 82 du règlement de base.

3. En cas d'inobservation des dispositions des paragraphes 1 et 2, la communication est réputée ne pas avoir été reçue.

4. Un mandataire dont le mandat prend fin conserve sa qualité de mandataire jusqu'à ce que la fin de son mandat ait été notifiée à l'Office. Toutefois, sous réserve de clauses contraires du mandat, celui-ci prend fin pour l'Office lors du décès du mandant.

(Règl. (UE) 2016/1448 du 1er sept. 2016, art. 1er-34, en vigueur le 22 sept. 2016) « 5. Deux ou plusieurs parties à la procédure agissant en commun désignent un mandataire et notifient cette désignation à l'Office. Lorsqu'elles n'ont pas notifié la désignation d'un mandataire à l'Office, la partie à la procédure nommée en premier dans une demande de protection communautaire d'obtention végétale ou de licence d'exploitation à accorder par l'Office ou dans une objection est réputée être désignée comme mandataire de la ou des autres parties à la procédure.

« 6. Le paragraphe 5 s'applique lorsque, au cours de la procédure, un transfert de protection communautaire des obtentions végétales est effectué en faveur de plusieurs personnes et lorsque ces personnes ont désigné plusieurs mandataires. »

Art. 74 *Pouvoir des mandataires.* 1. Lorsque la désignation d'un mandataire est communiquée à l'Office, le pouvoir signé nécessaire à cette fin est déposé pour être versé au dossier dans le délai que l'Office fixe, le cas échéant, sauf disposition contraire. Si le pouvoir n'est pas déposé en temps voulu, les actes accomplis par le mandataire sont réputés non avenus.

(Règl. (UE) 2016/1448 du 1er sept. 2016, art. 1er-35, en vigueur le 22 sept. 2016) « 2. Le pouvoir peut concerner une ou plusieurs procédures. Un pouvoir général habilitant un mandataire à représenter son mandant dans toutes les procédures qui le concernent peut être déposé. Le document matérialisant ce pouvoir général peut être déposé en un seul exemplaire. »

3. Le président de l'Office peut définir le contenu des pouvoirs, y compris le pouvoir général mentionné au paragraphe 2, et remettre gratuitement aux intéressés des formulaires de ces pouvoirs.

(Règl. (UE) 2016/1448 du 1er sept. 2016, art. 1er-35, en vigueur le 22 sept. 2016) « 4. L'inscription d'un mandataire au registre des demandes de protection communautaire des obtentions végétales est radiée :

« a) en cas de décès ou d'incapacité du mandataire ;

« b) lorsque le mandataire n'est plus domicilié ou n'a plus son siège ou son établissement au sein de l'Union européenne ;

« c) lorsque le mandataire n'est plus désigné par la partie à la procédure et que cette partie en a informé l'Office. »

CHAPITRE VI *Répartition et détermination des frais*

Art. 75 *Répartition des frais.* 1. La question de la répartition des frais doit être tranchée par la décision sur la demande de déchéance ou d'annulation d'une protection communautaire des obtentions végétales ou par la décision sur le recours.

2. En cas de répartition des frais en vertu de l'article 85, paragraphe 1, du règlement de base, l'Office indique cette répartition dans les motifs de la décision sur la demande de déchéance ou d'annulation d'une protection communautaire des obtentions végétales ou de la décision sur le recours. Les parties à la procédure ne peuvent se prévaloir d'une omission de cette indication.

Art. 76 *Détermination des frais.* 1. Une demande de détermination des frais n'est recevable que si la décision sur laquelle porte la demande a été rendue et, au cas où cette décision aurait fait l'objet d'un recours, si la chambre de recours a statué. Un état des frais accompagné de pièces justificatives doit être joint à la demande.

2. Les frais peuvent être déterminés dès que leur crédibilité a été établie.

3. Lorsqu'une partie à la procédure supporte des frais exposés par une autre partie, elle n'est pas tenue de rembourser d'autres frais que ceux mentionnés au paragraphe 4. Si la partie qui obtient gain de cause est représentée par plus d'un conseiller, avocat ou autre représentant, la partie qui succombe supporte les frais mentionnés au paragraphe 4 pour une seule de ces personnes.

4. Les frais essentiels au déroulement d'une procédure comprennent :

a) les frais relatifs aux témoins et aux experts, payés à ces derniers par l'Office ;

b) les frais de déplacement et de séjour exposés par une partie à la procédure et par un conseiller, par un avocat ou par tout autre mandataire de cette partie devant l'Office régulièrement désigné, dans les limites des barèmes applicables aux témoins et aux experts figurant à l'annexe I ;

c) la rémunération d'un conseiller, d'un avocat ou de tout autre représentant régulièrement désigné comme mandataire d'une partie à la procédure devant l'Office, dans les limites des barèmes figurant à l'annexe I.

Art. 77 *Règlement des frais.* En cas de règlement des frais au sens de l'article 85, paragraphe 4, du règlement de base, l'Office confirme ce règlement dans une communication adressée aux parties à la procédure concernées. Lorsque cette communication confirme également qu'il y a accord sur le montant des frais à payer, une demande de détermination des frais est irrecevable.

TITRE V Publicité

CHAPITRE PREMIER *Registres, inspection publique et publication*

SECTION I *Registres*

Art. 78 *Inscription aux registres des données relatives aux procédures et à la protection communautaire des obtentions végétales.* 1. Les "autres détails" visés à l'article 87, paragraphe 3, du règlement de base, à inscrire au registre des demandes de protection communautaire des obtentions végétales, sont les suivants :

a) la date de publication, lorsque cette publication est un événement à prendre en considération pour la computation des délais ;

b) les objections ainsi que la date à laquelle elles ont été formées, les nom et adresse de l'auteur de l'objection et de son mandataire ;

(Règl. (UE) 2016/1448 du 1er sept. 2016, art. 1er-36, en vigueur le 22 sept. 2016) « c) une revendication particulière en matière de priorité introduite en vertu de l'article 20 du présent règlement (date et lieu de la demande antérieure) ; »

d) les actions engagées sur la base des revendications mentionnées à l'article 98, paragraphe 4, et à l'article 99 du règlement de base et relatives au droit à la protection communautaire des obtentions végétales, ainsi que les décisions passées en force de chose jugée et les décisions mettant fin, par tout autre moyen, à ces actions.

(Règl. (UE) 2016/1448 du 1er sept. 2016, art. 1er-36, en vigueur le 22 sept. 2016) « e) la constitution d'une sûreté réelle ou d'un droit réel découlant d'une demande de protection communautaire des obtentions végétales. »

2. Les "autres détails" visés à l'article 87, paragraphe 3, du règlement de base, à inscrire, sur demande, au registre de la protection communautaire des obtentions végétales, sont les suivants :

a) la constitution d'une sûreté réelle ou d'un droit réel portant sur un titre de protection communautaire des obtentions végétales ; ou

b) les actions engagées sur la base des revendications mentionnées à l'article 98, paragraphes 1 et 2, et à l'article 99 du règlement de base et relatives au droit à la protection communautaire des obtentions végétales, ainsi que les décisions passées en force de chose jugée et les décisions mettant fin, par tout autre moyen, à ces actions ;

3. Le président de l'Office fixe les modalités d'inscription de ces données et peut décider de l'inscription de détails supplémentaires au registre aux fins de la gestion de l'Office.

Le président de l'Office détermine la forme des registres. Les registres peuvent être conservés sous la forme d'une base de données électronique.

Art. 79 *Inscription d'un transfert d'une protection communautaire des obtentions végétales.* 1. Le transfert d'une protection communautaire des obtentions végétales est inscrit au registre de la protection communautaire des obtentions végétales sur présentation soit d'une preuve littérale de l'acte de transfert, soit de documents officiels confirmant le transfert, ou encore d'extraits de cet acte ou de ces documents, propres à établir le transfert. L'Office conserve un exemplaire de ces preuves littérales dans ses dossiers.

Le président de l'Office détermine la forme et les conditions de conservation de ces preuves littérales dans les dossiers de l'Office.

2. L'inscription d'un transfert ne peut être refusée qu'en cas d'inobservation des conditions fixées au paragraphe 1 et à l'article 23 du règlement de base.

3. Les paragraphes 1 et 2 sont applicables à tout transfert de la qualité de titulaire d'une protection communautaire des obtentions végétales pour laquelle une demande a été inscrite au registre des demandes de protection communautaire des obtentions végétales. Toute référence au registre de la protection communautaire des obtentions végétales s'entend alors comme une référence au registre des demandes de protection communautaire des obtentions végétales.

Art. 80 *Conditions d'inscription aux registres.* Sans préjudice d'autres dispositions du règlement de base ou du présent règlement, toute personne intéressée peut présenter une demande d'inscription aux registres ou de radiation d'une inscription des registres. Cette demande est présentée par écrit et accompagnée de pièces justificatives.

Art. 81 *Conditions d'inscription aux registres dans des cas particuliers.* 1. Lorsqu'une protection communautaire des obtentions végétales demandée ou accordée est concernée par une liquidation judiciaire ou par une procédure comparable, cette situation fait l'objet d'une inscription gratuite au registre de la protection communautaire des obtentions végétales, à la demande de l'autorité nationale compétente. De même, cette inscription est radiée gratuitement à la demande de l'autorité nationale compétente.

(Règl. (UE) 2016/1448 du 1er sept. 2016, art. 1er-37, en vigueur le 22 sept. 2016) « 2. Le paragraphe 1 s'applique *mutatis mutandis* aux actions engagées sur la base des revendications mentionnées aux articles 98 et 99 du règlement de base ainsi qu'aux décisions ayant force de chose jugée et ne faisant pas l'objet d'un recours, et aux décisions mettant fin, par tout autre moyen, à ces actions.

« 3. En cas d'identification de variétés en tant que variétés initiales ou variétés essentiellement dérivées, les parties à la procédure peuvent présenter une demande d'inscription commune ou individuelle. Une demande d'inscription présentée par une seule des parties à la procédure est accompagnée, en lieu et place de la demande de l'autre partie à la procédure, d'une preuve littérale des éléments mentionnés à l'article 87, paragraphe 2, point h), du règlement de base. Ces preuves littérales contiennent l'identification des variétés concernées en tant que variétés initiales ou essentiellement dérivées, ainsi que la reconnaissance incontestée de l'autre partie ou le jugement définitif. »

4. Les demandes d'inscription de licences d'exploitation contractuelles exclusives ou de constitution de sûretés réelles ou de droits réels portant sur un titre de protection communautaire des obtentions végétales doivent être accompagnées de preuves littérales suffisantes.

Art. 82 *Inspection publique des registres.* 1. Les registres sont ouverts à l'inspection publique dans les locaux de l'Office.

L'accès aux registres et aux documents détenus est autorisé selon les mêmes règles et dans les mêmes conditions que celles qui régissent l'accès aux documents détenus par l'Office selon les termes de l'article 84.

2. L'inspection sur place des registres est gratuite.

La production et la délivrance d'extraits des registres sous toute forme exigeant une opération de traitement ou de manipulation de données autre que la simple reproduction d'un document ou de parties d'un document donnent lieu à la perception d'un paiement.

(Règl. (UE) 2016/1448 du 1er sept. 2016, art. 1er-38, en vigueur le 22 sept. 2016) « 3. Le président de l'Office peut organiser une inspection publique des registres dans les locaux des agences nationales ou des services de l'Office chargés de l'exercice de certaines fonctions administratives conformément à l'article 30, paragraphe 4, du règlement de base. »

SECTION II *Conservation des documents, inspection publique des documents et des essais en culture*

Art. 83 *Tenue des dossiers. (Règl. (UE) 2016/1448 du 1er sept. 2016, art. 1er-39, en vigueur le 22 sept. 2016)* « 1. Les documents relatifs à une procédure sont conservés dans un format électronique dans des dossiers électroniques portant le numéro de la procédure, à l'exception des documents concernant les exclusions ou les oppositions relatives aux membres de la chambre de recours, ainsi qu'aux membres du personnel de l'Office ou de l'office d'examen concerné, qui sont conservés séparément.

« 2. L'Office conserve une copie électronique du dossier visé au paragraphe 1 (exemplaire du dossier), qui est considéré comme l'exemplaire authentique et complet du dossier. L'office d'examen conserve un exemplaire des documents supplémentaires relatifs à cette procédure (exemplaire de l'office d'examen). »

3. Les documents originaux déposés par les parties à la procédure qui forment la base de tout dossier électronique peuvent être éliminés au terme d'une période déterminée après leur réception par l'Office.

4. Le président de l'Office détermine les détails de la forme des dossiers à conserver, la période pendant laquelle ils doivent être conservés et la période visée au paragraphe 3.

Art. 84 *Accès aux documents détenus par l'Office.* 1. Le conseil d'administration arrête les modalités pratiques d'accès aux documents détenus par l'Office, y compris les registres.

2. Le conseil d'administration décide des catégories de documents détenus par l'Office qu'il convient de mettre directement à la disposition du public par voie de publication, y compris électronique.

Art. 85 *Inspection des essais en culture.* 1. Les demandes d'inspection des essais en culture sont adressées par écrit à l'Office. Avec le consentement de celui-ci, l'office d'examen fait le nécessaire pour permettre l'accès aux parcelles expérimentales.

2. Sans préjudice de l'article 88, paragraphe 3, du règlement de base, les dispositions du présent règlement n'empêchent pas l'ouverture au public des parcelles expérimentales, pour autant que toutes les variétés cultivées soient protégées par un code, que des mesures appropriées visant à empêcher tout vol de matériel soient prises par l'office d'examen responsable et soient approuvées par l'Office et que toutes les dispositions nécessaires soient prises pour protéger les droits du demandeur ou du titulaire de la protection communautaire des obtentions végétales.

3. Le président de l'Office peut fixer les modalités des procédures relatives à l'inspection des essais en culture et organiser un contrôle des mesures de sécurité à prendre en vertu du paragraphe 2.

Art. 86 *Informations confidentielles.* Pour protéger le caractère confidentiel des informations fournies, l'Office met gratuitement à la disposition du demandeur de la protection communautaire des obtentions végétales des formulaires qui permettent à ce dernier de demander le traitement confidentiel des données relatives aux composants, visées à l'article 88, paragraphe 3, du règlement de base.

SECTION III *Publication*

Art. 87 *Bulletin officiel.* 1. Le bulletin qui doit être publié au moins tous les deux mois en vertu de l'article 89 du règlement de base porte le nom de *Bulletin officiel de l'Office communautaire des variétés végétales* (ci-après "le Bulletin officiel").

2. Les informations inscrites aux registres conformément à l'article 78, paragraphe 1, points c) et d), et paragraphe 2, ainsi qu'à l'article 79 sont, elles aussi, publiées au *Bulletin officiel*.

3. Le président de l'Office détermine les modalités de publication du *Bulletin officiel*.

Art. 88 *Publication des demandes de licences d'exploitation à accorder par l'Office et des décisions rendues sur ces demandes.* La date de réception des demandes de licences d'exploitation à accorder par l'Office, la date à laquelle une décision a été rendue sur cette demande, les noms et adresses des parties à la procédure ainsi que le type de décision demandée ou rendue sont publiés au *Bulletin officiel*. S'il a été décidé d'accorder une licence obligatoire, le contenu de la décision doit également être publié.

Art. 89 *Publication des recours et des décisions statuant sur ces recours.* La date de réception d'un acte de recours, la date à laquelle la décision est rendue sur ce recours, les noms et adresses des parties à la procédure de recours et le type de décision demandée ou rendue sont publiés au *Bulletin officiel*.

CHAPITRE II *Coopération administrative et judiciaire*

Art. 90 *Communication des informations.* 1. La communication des informations à échanger en vertu de l'article 90 du règlement de base s'effectue directement entre les autorités mentionnées dans ledit article.

2. L'Office peut communiquer ou recevoir gratuitement les informations visées à l'article 91, paragraphe 1, du règlement de base par l'intermédiaire des offices des variétés compétents des États membres.

3. Le paragraphe 2 s'applique *mutatis mutandis* à la communication, par l'office d'examen ou à celui-ci, des informations visées à l'article 91, paragraphe 1, du règlement de base. L'Office reçoit copie de ces communications.

Art. 91 *Inspection effectuée par des juridictions ou des ministères publics des États membres ou par leur intermédiaire.* 1. L'inspection des documents mentionnés à l'article 91, paragraphe 1, du règlement de base porte sur des copies des originaux de l'exemplaire du dossier détenu par l'Office, copies que ce dernier émet exclusivement à cet effet.

2. Les juridictions ou les ministères publics des États membres peuvent, dans le cadre des procédures engagées devant eux, mettre les documents transmis par l'Office à la disposition de tiers à des fins d'inspection. Cette inspection s'effectue dans le respect de l'article 88 du règlement de base ; elle ne donne lieu à la perception d'aucune taxe par l'Office.

(Règl. (UE) 2016/1448 du 1er sept. 2016, art. 1er-40, en vigueur le 22 sept. 2016) « 3. Lors de la transmission des documents aux juridictions ou aux ministères publics des États membres, l'Office indique les restrictions auxquelles l'inspection des documents relatifs aux demandes de protection communautaire des obtentions végétales ou aux protections accordées est soumise en vertu des articles 33 *bis* et 88 du règlement de base. »

Art. 92 *Procédure en matière de commission rogatoire.* 1. Chaque État membre désigne une autorité centrale qui se charge de recevoir les commissions rogatoires délivrées par l'Office et de les transmettre à la juridiction ou à l'autorité compétente aux fins de leur exécution.

2. L'Office rédige les commissions rogatoires dans la langue de la juridiction ou de l'autorité compétente ou joint à ces commissions une traduction dans cette langue.

3. Sous réserve des dispositions des paragraphes 4 et 5, la juridiction ou l'autorité compétente applique son propre droit national en ce qui concerne la procédure à suivre pour l'exécution des commissions rogatoires. Elle utilise notamment les moyens de contrainte appropriés prévus par son droit national.

4. L'Office est informé de la date et du lieu où il sera procédé à l'instruction ou à toute autre mesure et il en informe les parties à la procédure, les témoins et les experts intéressés.

5. A la demande de l'Office, la juridiction ou l'autorité compétente autorise les membres du personnel de l'Office concernés à assister à cette phase de la procédure et à interroger toute personne faisant une déposition, soit directement, soit par l'intermédiaire de ladite juridiction ou autorité.

6. L'exécution de commissions rogatoires ne donne lieu au paiement d'aucune taxe ni à aucun frais, quelle qu'en soit la nature. Néanmoins, l'État membre dans lequel les commissions rogatoires sont exécutées a le droit d'exiger de l'Office le remboursement des rémunérations payées aux experts et aux interprètes, ainsi que des frais résultant de l'application de la procédure prévue au paragraphe 5.

TITRE VI Dispositions finales

Art. 93 Le règlement (CE) n° 1239/95 est abrogé.

Les références faites au règlement abrogé s'entendent comme faites au présent règlement et sont à lire selon le tableau de correspondance figurant à l'annexe III.

Art. 94 *Entrée en vigueur.* Le présent règlement entre en vigueur le vingtième jour suivant celui de sa publication au *Journal officiel de l'Union européenne* [JO 24 sept. 2009].

ANNEXE I

1. L'indemnité payable aux témoins et aux experts en vertu de l'article 62, paragraphe 2, et destinée à couvrir leurs frais de déplacement et de séjour est calculée comme suit :

1.1. Frais de déplacement

Pour l'aller-retour entre le domicile ou le siège et le lieu où la procédure orale ou l'instruction se déroule, le remboursement s'effectue sur les bases suivantes :

a) le coût du transport par chemin de fer en première classe, y compris les suppléments habituels, lorsque la distance totale par l'itinéraire ferroviaire le plus court ne dépasse pas 800 kilomètres ;

b) le coût du transport aérien en classe "touriste", lorsque la distance totale par l'itinéraire ferroviaire le plus court dépasse 800 kilomètres ou que l'itinéraire le plus court implique une traversée maritime.

1.2. Les frais de séjour sont assimilés à l'indemnité journalière de mission pour les fonctionnaires, prévue à l'article 13 de l'annexe VII du statut des fonctionnaires des Communautés européennes.

1.3. Lorsqu'un témoin ou un expert est convoqué dans le cadre d'une procédure devant l'Office, il reçoit, en même temps que la convocation, un ordre de mission contenant l'indication détaillée des montants remboursables en vertu des points 1.1 et 1.2, ainsi qu'un formulaire de demande d'avances sur frais. Avant qu'une avance puisse être versée à un témoin ou à un expert, ses droits doivent être certifiés par le membre du personnel de l'Office qui a ordonné la mesure ou, en cas de procédure de recours, par le président de la chambre de recours compétente. Le formulaire de demande doit donc être renvoyé à l'Office en vue de cette certification.

2. L'indemnité payable aux témoins en vertu de l'article 62, paragraphe 3, pour couvrir le manque à gagner qu'ils subissent est calculée comme suit.

2.1. Si un témoin doit s'absenter pour une période inférieure ou égale à douze heures, l'indemnité pour manque à gagner est égale à un soixantième du traitement mensuel de base d'un membre du personnel de l'Office de grade AD 12, premier échelon.

2.2. Si un témoin doit s'absenter pour une période supérieure à douze heures, il a le droit de percevoir une indemnité supplémentaire égale à un soixantième du traitement de base visé au point 2.1 pour chaque nouvelle tranche de douze heures entamée.

3. La rémunération à verser à un expert en vertu de l'article 62, paragraphe 3, est déterminée, cas par cas, compte tenu des propositions présentées par l'expert concerné. L'Office peut décider d'inviter les parties à la procédure à présenter leurs observations sur les montants proposés. *(Règl. (UE) 2016/1448 du 1er sept. 2016, art. 1er-41, en vigueur le 22 sept. 2016)* « La rémunération n'est payable à l'expert que s'il produit des documents prouvant qu'il n'est pas un membre du personnel d'un office d'examen ou d'un service technique qualifié. »

4. Les paiements aux témoins ou aux experts des indemnités pour manque à gagner ou des rémunérations visés aux points 2 et 3 ne peuvent être effectués qu'à condition que les droits des témoins ou des experts concernés soient certifiés, soit par le membre du personnel de l'Office qui a ordonné la mesure, soit, en cas de procédure de recours, par le président de la chambre de recours compétente.

5. Le paiement au conseiller, à l'avocat ou à tout autre représentant chargé de représenter une partie à la procédure en qualité de mandataire des émoluments prévus à l'article 76, paragraphe 3, et à l'article 76, paragraphe 4, point c), est supporté par l'autre partie à la procédure, sans pouvoir excéder les limites suivantes :

a) dans le cas d'une procédure de recours, sauf pour une mesure d'instruction impliquant l'audition de témoins, l'avis d'experts ou une descente sur les lieux : *(Règl. (UE) 2016/1448 du 1er sept. 2016, art. 1er-41, en vigueur le 22 sept. 2016)* « 550 » EUR ;

b) dans le cas d'une mesure d'instruction, dans le cadre d'une procédure de recours, impliquant l'audition de témoins, l'avis d'experts ou une descente sur les lieux : *(Règl. (UE) 2016/1448 du 1er sept. 2016, art. 1er-41, en vigueur le 22 sept. 2016)* « 400 » EUR ;

(Règl. (UE) 2016/1448 du 1er sept. 2016, art. 1er-41, en vigueur le 22 sept. 2016) « c) pour une procédure en nullité ou en déchéance de la protection communautaire des obtentions végétales : 450 EUR. »

Droit interne

Décret n° 96-858 du 2 octobre 1996,

Relatif à l'intéressement de certains fonctionnaires et agents de l'État et de ses établissements publics ayant participé directement à la création d'un logiciel, à la création ou à la découverte d'une obtention végétale ou à des travaux valorisés.

BIBL. ▶ SCHMITT et BLOCH, *RDPI 1997, n° 76, p. 7.*

Art. 1er **Les fonctionnaires ou agents publics de l'État et de ses établissements publics** *(Décr. n° 2005-1218 du 26 sept. 2005)* **« relevant des catégories définies dans l'annexe » au présent décret et qui ont directement participé, soit lors de l'exécution de missions de création ou de découverte correspondant à leurs fonctions effectives, soit à l'occasion d'études et de recherches qui leur avaient été explicitement confiées, à la création d'un logiciel, à la création ou à la découverte d'une obtention végétale relevant du régime de protection institué par les dispositions du chapitre III du titre II du livre VI du code de la propriété intellectuelle ou à des travaux valorisés bénéficient d'une prime d'intéressement aux produits tirés, par la personne publique, de ces créations, découvertes et travaux.**

Lorsque la personne publique décide de ne pas procéder à la valorisation de la création, de la découverte ou des travaux, les agents mentionnés à l'alinéa précédent peuvent en disposer librement, dans les conditions prévues par une convention conclue avec ladite personne publique.

Art. 2 **Sont considérés comme des travaux valorisés pour l'application du présent décret les travaux de recherche ayant conduit à un produit ou à un procédé original qui ne relève pas de la législation sur le droit d'auteur, sur les brevets d'invention ou sur les obtentions végétales et qui donne lieu à une exploitation commerciale.**

Art. 3 *(Décr. n° 2001-141 du 13 févr. 2001)* **Le complément de rémunération dû au titre de l'intéressement est versé annuellement et peut faire l'objet d'avances en cours d'année.**

Il est calculé sur une base constituée de la somme hors taxes des produits tirés de la création, de la découverte ou des travaux valorisés perçus chaque année par la personne publique, après déduction de la totalité des frais directs supportés par celle-ci, et affectée du coefficient représentant la contribution de l'agent intéressé à la création, à la découverte ou aux travaux valorisés.

Le complément de rémunération versé à chaque agent qui a participé directement à la création, à la découverte ou aux travaux valorisés est égal à 50 % de la base définie ci-dessus, dans la limite du montant du traitement brut annuel soumis à retenue pour pension correspondant au deuxième chevron du groupe hors échelle D, et, au-delà de ce montant, à 25 % de cette base.

Art. 4 *(Décr. n° 2001-141 du 13 févr. 2001)* **« Lorsque plusieurs agents ont contribué directement à une même création ou découverte, ou ont participé directement aux mêmes travaux valorisés, la contribution respective de chacun d'eux, représentée par un coefficient, est déterminée définitivement avant le premier versement annuel ou, le cas échéant avant le versement d'avances, selon des modalités arrêtées par le ministre ayant autorité sur le service ou par l'ordonnateur principal de la personne publique. Lorsqu'un seul agent est à l'origine de la création, de la découverte ou des travaux valorisés précités, le coefficient représentant sa contribution est égal à 1. »**

Si la création, la découverte ou les travaux valorisés sont le résultat d'une collaboration entre agents relevant de plusieurs personnes publiques différentes, les modalités de répartition et de paiement de la prime d'intéressement sont arrêtées de concert par les personnes publiques concernées.

Art. 5 **Lorsque la création, la découverte ou les travaux ont été réalisés par l'agent dans le cadre de son activité principale, la rémunération due au titre de l'intéressement est versée à l'intéressé, en complément de sa rémunération d'activité, sans autre limitation que celle prévue par le présent décret.**

Le cas échéant, elle continue à être versée à l'agent pendant le temps d'exploitation de la création, de la découverte ou des travaux valorisés, s'il quitte ses fonctions pour quelque cause que ce soit ou est admis à faire valoir ses droits à pension de retraite.

En cas de décès de l'agent, la prime d'intéressement est versée jusqu'au terme de l'année au cours de laquelle il est décédé.

ANNEXE

Éducation nationale, enseignement supérieur et recherche

(Décr. n° 2001-141 du 13 févr. 2001)

CORPS DE FONCTIONNAIRES

— chercheurs, ingénieurs, assistants ingénieurs et techniciens de la recherche régis par le décret n° 83-1260 du 30 décembre 1983 modifié ;

— enseignants-chercheurs régis par le décret n° 84-431 du 6 juin 1984 modifié et enseignants-chercheurs appartenant à des corps propres dont la liste figure en annexe dudit décret ;

— ingénieurs, assistants ingénieurs et techniciens de recherche et de formation régis par le décret n° 85-1534 du 31 décembre 1985 modifié ;

(Décr. n° 2001-141 du 13 févr. 2001) « — ingénieurs principaux de physique nucléaire, ingénieurs de physique nucléaire, techniciens principaux de physique nucléaire, techniciens de physique nucléaire, techniciens d'atelier de physique nucléaire, techniciens d'études de physique nucléaire, préparateurs de physique nucléaire et prototypistes de physique nucléaire, régis par le décret n° 85-1462 du 30 décembre 1985 modifié ;

« — chargés de mission de la recherche du Centre national de la recherche scientifique, régis par le décret n° 85-1461 du 30 décembre 1985. »

AGENTS NON TITULAIRES

— chercheurs régis par le décret n° 80-31 du 17 janvier 1980 modifié ;

— ingénieurs et spécialistes régis par le décret n° 59-1405 du 9 décembre 1959 modifié ;

— attachés scientifiques et contractuels régis par le décret n° 80-479 du 27 juin 1980 ;

— professeurs et maîtres de conférences associés relevant de l'article 54, alinéa 2, de la loi n° 84-52 du 26 janvier 1984 et de la loi n° 85-1223 du 22 novembre 1985 ;

— allocataires de recherche régis par le décret n° 85-402 du 3 avril 1985, modifié par le décret n° 92-339 du 30 mars 1992 ;

— moniteurs et allocataires-moniteurs-normaliens régis par le décret n° 89-794 du 30 octobre 1989 modifié ;

— moniteurs en pharmacie régis par le décret n° 92-1229 du 19 novembre 1992 modifié ;

— attachés temporaires d'enseignement et de recherche régis par le décret n° 88-654 du 7 mai 1988 modifié ;

(Décr. n° 2001-141 du 13 févr. 2001) « — chercheurs associés au Centre national de la recherche scientifique, régis par le décret n° 69-894 du 26 septembre 1969 modifié ;

« — agents contractuels hors catégorie, de catégorie exceptionnelle et de première catégorie régis par le règlement intérieur du 30 mars 1988 portant dispositions applicables aux agents contractuels du Centre national du machinisme agricole, du génie rural, des eaux et des forêts ;

« — ingénieurs et spécialistes de l'Institut national de la santé et de la recherche médicale régis par le décret n° 64-420 du 12 mai 1964 modifié ;

« — ingénieurs-experts de l'Institut national de recherche en informatique et en automatique, régis par le décret n° 86-83 du 17 janvier 1986 modifié ;

« — agents recrutés par les établissements publics à caractère scientifique et technologique en application des dispositions de l'article 23 de la loi n° 82-610 du 15 juillet 1982 modifiée d'orientation et de programmation pour la recherche et le développement technologique de la France ; »

(Décr. n° 2005-1218 du 26 sept. 2005) « — autres agents recrutés par les établissements publics à caractère scientifique et technologique et les établissements d'enseignement supérieur en application des articles 4 et 6 de la loi n° 84-16 du 11 janvier 1984 modifiée portant dispositions statutaires relatives à la fonction publique de l'État pour effectuer des travaux de recherche dans le cadre de la préparation d'une thèse de doctorat au sens de l'article L. 612-7 du code de l'éducation ou après l'obtention d'un tel doctorat ;

« — agents recrutés dans les services d'activités industrielles et commerciales des établissements publics d'enseignement supérieur en application de l'article L. 123-5 du code de l'éducation pour effectuer des travaux de recherche dans le cadre de la préparation d'une thèse de doctorat au sens de l'article L. 612-7 du code de l'éducation ou après l'obtention d'un tel doctorat. »

ENSEIGNEMENT SUPÉRIEUR, RECHERCHE ET AFFAIRES SOCIALES *(Décr. n° 2001-141 du 13 févr. 2001).*

Personnels enseignants et hospitaliers des centres hospitaliers et universitaires régis par le décret n° 84-135 du 24 février 1984 modifié.

Personnels enseignants et hospitaliers des centres de soins d'enseignement et de recherche dentaires des centres hospitaliers et universitaires régis par le décret n° 90-92 du 24 janvier 1990 modifié.

Professeurs du 1er et du 2e grade de chirurgien dentaire-odontologiste des services de consultations et de traitement dentaire régis par le décret n° 65-803 du 22 septembre 1965 modifié.

AGRICULTURE, PÊCHE ET ALIMENTATION *(Décr. n° 2001-141 du 13 févr. 2001).*

CORPS DE FONCTIONNAIRES

— ingénieurs du génie rural, des eaux et des forêts régis par le décret n° 65-426 du 4 juin 1965 modifié ;

— ingénieurs d'agronomie régis par le décret n° 65-427 du 4 juin 1965 modifié ;

— ingénieurs des travaux des eaux et forêts régis par le décret n° 70-128 du 14 février 1970 modifié ;

— ingénieurs des travaux ruraux régis par le décret n° 65-688 du 10 août 1965 modifié ;

— ingénieurs des travaux agricoles régis par le décret n° 65-690 du 10 août 1965 modifié ;

— vétérinaires inspecteurs régis par le décret n° 62-1439 du 26 novembre 1962 modifié ;

— personnels scientifiques du Centre national d'études vétérinaires et alimentaires régis par le décret n° 64-642 du 29 juin 1964 modifié ;

— enseignants-chercheurs des établissements d'enseignement supérieur publics relevant du ministre chargé de l'agriculture régis par le décret n° 92-171 du 21 février 1992 ;

— ingénieurs, assistants ingénieurs et techniciens régis par le décret n° 95-370 du 6 avril 1995 ;

— techniciens des services du ministère chargé de l'agriculture régis par le décret n° 96-501 du 7 juin 1996.

AGENTS NON TITULAIRES

— personnels associés ou invités dans les établissements d'enseignement supérieur et de recherche relevant du ministre chargé de l'agriculture régis par le décret n° 95-621 du 6 mai 1995 ;

— assistants d'enseignement et de recherche contractuels des établissements d'enseignement supérieur publics relevant du ministre chargé de l'agriculture régis par le décret n° 91-374 du 16 avril 1991 ;

(Décr. n° 2005-1218 du 26 sept. 2005) « — autres agents recrutés par les établissements publics participant au service public de l'enseignement supérieur en application des articles 4 et 6 de la loi n° 84-16 du 11 janvier 1984 modifiée portant dispositions statutaires relatives à la fonction publique de l'État pour effectuer des travaux de recherche dans le cadre de la préparation d'une these de doctorat au sens de l'article L. 612-7 du code de l'éducation ou après l'obtention d'un tel doctorat. »

INDUSTRIE *(Décr. n° 2001-141 du 13 févr. 2001).*

CORPS DE FONCTIONNAIRES

— corps des ingénieurs des mines régis par le décret n° 88-507 du 29 avril 1988 modifié ;

— ingénieurs de l'industrie et des mines régis par le décret n° 88-507 du 29 avril 1988 modifié ;

— professeurs, maîtres-assistants et assistants des écoles nationales supérieures des mines et des écoles nationales supérieures des techniques industrielles et des mines régis par le décret n° 69-444 du 14 mai 1969 modifié ;

— techniciens de laboratoire affectés dans les écoles nationales supérieures des mines et dans les écoles nationales supérieures des techniques industrielles et des mines et régis par le décret n° 2012-1002 du 29 août 2012 ;

— ingénieurs du corps interministériel des ingénieurs des télécommunications régis par le décret n° 67-715 du 16 août 1967 ;

— fonctionnaires de l'État détachés sur des emplois du groupe des écoles des télécommunications en vertu du 1° de l'article 36 du décret n° 96-1177 du 27 décembre 1996.

AGENTS NON TITULAIRES

(Décr. n° 2007-144 du 1er févr. 2007) « — chercheurs et ingénieurs régis par le décret n° 2000-677 du 18 juillet 2000 portant dispositions statutaires communes aux agents contractuels des écoles nationales supérieures des mines et des écoles nationales supérieures des techniques industrielles et des mines placées sous la tutelle du ministre chargé de l'industrie ;

« — attachés de recherche régis par le décret n° 71-999 du 7 décembre 1971 ; »

— personnels enseignants, chercheurs et ingénieurs associés régis par le décret n° 70-663 du 10 juillet 1970 modifié ;

— agents contractuels chargés de mission de classe exceptionnelle, agents contractuels chargés de mission de classe normale, agents contractuels hors catégorie et agents contractuels de 1re catégorie régis par le décret n° 75-62 du 28 janvier 1975 modifié ;

— personnels contractuels de droit public du groupe des écoles des télécommunications, recrutés en vertu du 2° de l'article 36 du décret n° 96-1177 du 27 décembre 1996 et régis par le décret n° 86-83 du 17 janvier 1986 modifié.

(Décr. n° 2005-1218 du 26 sept. 2005) « — autres agents recrutés par les établissements publics participant au service public de l'enseignement supérieur en application des articles 4 et 6 de la loi n° 84-16 du 11 janvier 1984 modifiée portant dispositions statutaires relatives à la fonction publique de l'État pour effectuer des travaux de recherche dans le cadre de la préparation d'une thèse de doctorat au sens de l'article L. 612-7 du code de l'éducation ou après l'obtention d'un tel doctorat. »

ÉQUIPEMENT, TRANSPORT ET LOGEMENT *(Décr. n° 2001-141 du 13 févr. 2001).*

CORPS DE FONCTIONNAIRES

— ingénieurs des ponts et chaussées régis par le décret n° 59-358 du 20 février 1959 modifié ;

— chargés de recherche et directeurs de recherche régis par le décret n° 94-943 du 28 octobre 1994 ;

— ingénieurs des travaux publics de l'État régis par le décret n° 71-345 du 5 mai 1971 modifié ;

— ingénieurs géographes régis par le décret n° 65-793 du 16 septembre 1965, modifié par le décret n° 90-160 du 16 février 1990 ;

— ingénieurs des travaux géographiques et cartographiques de l'État régis par le décret n° 73-264 du 6 mars 1973 modifié ;

— ingénieurs de l'aviation civile régis par le décret n° 71-234 du 30 mars 1971 modifié ;

— ingénieurs des études et de l'exploitation de l'aviation civile régi par le décret n° 71-907 du 8 novembre 1971 modifié ;

— ingénieurs du contrôle de la navigation aérienne régis par le décret n° 90-998 du 8 novembre 1990 modifié ;

— ingénieurs électroniciens des systèmes de la sécurité aérienne régis par le décret n° 91-56 du 16 janvier 1991, modifié par le décret n° 94-278 du 11 avril 1994 ;

— ingénieurs de la météorologie régis par le décret n° 63-1376 du 24 décembre 1963 modifié ;

— ingénieurs des travaux de la météorologie régis par le décret n° 65-184 du 5 mars 1965 modifié ;

AGENTS NON TITULAIRES

— personnels non titulaires du niveau de la catégorie A régis par les dispositions suivantes :

— décision du 18 mars 1992 du ministre d'État, ministre de la fonction publique et de la modernisation de l'administration, du ministre de l'équipement, du logement, des transports et de l'espace et du ministre délégué au budget ;

— règlement du 14 mai 1973 régissant les personnels non titulaires de l'Institut français des sciences et technologies des transports, de l'aménagement et des réseaux et des centres d'études et d'expertise sur les risques, l'environnement, la mobilité et l'aménagement ;

— règlement intérieur du 30 octobre 1969 modifié relatif aux personnels non titulaires employés au service d'études techniques des routes et autoroutes ;

— arrêté du 10 juillet 1968 relatif aux conditions de recrutement et de rémunération des personnels contractuels techniques et administratifs du ministère de l'équipement et du logement chargés d'études de haut niveau au service des affaires économiques et internationales et au service d'études techniques des routes et autoroutes, modifié par l'arrêté du 27 mars 1973 relatif au même objet ;

— décret n° 46-1507 du 18 juin 1946 fixant le statut des auxiliaires recrutés sur contrat par le ministère des travaux publics et des transports pour le service des ponts et chaussées, modifié par les décrets n° 68-313 du 1er avril 1968 et n° 75-1355 du 18 décembre 1975 relatifs au même objet ;

— décret n° 48-1018 du 16 juin 1948 modifié fixant le statut des agents sur contrat du ministère des travaux publics, des transports et du tourisme ;

— règlement intérieur du 4 juin 1970 relatif aux personnels non titulaires employés par la direction régionale de l'équipement de l'Île-de-France.

(Décr. n° 2005-1218 du 26 sept. 2005) « — autres agents recrutés par les établissements publics participant au service public de l'enseignement supérieur en application des articles 4 et 6 de la loi n° 84-16 du 11 janvier 1984 modifiée portant dispositions statutaires relatives à la fonction publique

de l'État pour effectuer des travaux de recherche dans le cadre de la préparation d'une thèse de doctorat au sens de l'article L. 612-7 du code de l'éducation ou après l'obtention d'un tel doctorat. »

DÉFENSE *(Décr. n° 2005-1218 du 26 sept. 2005).*

CORPS DE FONCTIONNAIRES CIVILS ET MILITAIRES

— ingénieurs de l'armement régis par le décret n° 82-1067 du 15 décembre 1982 modifié ;
— ingénieurs militaires des essences régis par le décret n° 76-802 du 19 août 1976 modifié ;
— praticiens des armées régis par le décret n° 2004-534 du 14 juin 2004 ;
— ingénieurs des études et techniques régis par le décret n° 79-1135 du 27 décembre 1979 modifié ;
— ingénieurs d'études et de fabrications du ministère de la défense régis par le décret n° 89-750 du 18 octobre 1989 modifié ;
— techniciens supérieurs d'études et de fabrications du ministère de la défense régis par le décret n° 89-749 du 18 octobre 1989 modifié ;
— techniciens du ministère de la défense régis par le décret n° 98-203 du 20 mars 1998 modifié ;

AGENTS NON TITULAIRES

— agents non titulaires de catégorie spéciale, hors catégorie et de catégorie A, régis par le décret n° 49-1378 du 3 octobre 1949 modifié ;
— professeurs à occupation principale de l'École nationale supérieure de l'aéronautique régis par le décret n° 67-962 du 23 octobre 1967 ;
— personnels scientifiques des laboratoires et centres de recherche de l'École polytechnique régis par le décret n° 73-311 du 14 mars 1973 modifié ;
— ingénieurs et spécialistes des laboratoires et centres de recherche de l'École polytechnique régis par le décret n° 73-312 du 14 mars 1973 modifié ;
— agents non titulaires ingénieurs régis par le décret n° 88-541 du 4 mai 1988 relatif à certains agents sur contrat des services à caractère industriel ou commercial du ministère de la défense ;
— personnels enseignants de l'École polytechnique régis par le décret n° 2000-497 du 5 juin 2000 ;
— personnels contractuels scientifiques, techniques et administratifs de recherche de l'École polytechnique régis par le décret n° 2003-1006 du 21 octobre 2003 ;
— autres agents recrutés par les établissements publics participant au service public de l'enseignement supérieur en application des articles 4 et 6 de la loi n° 84-16 du 11 janvier 1984 modifiée portant dispositions statutaires relatives à la fonction publique de l'État pour effectuer ces travaux de recherche dans le cadre de la préparation d'une thèse de doctorat au sens de l'article L. 612-7 du code de l'éducation ou après l'obtention d'un tel doctorat.

XII RÉCOMPENSES INDUSTRIELLES ET COMMERCIALES

Loi du 8 août 1912,

Relative aux récompenses industrielles (DP 1913. 4. 35).

Décret du 27 mai 1932,

Portant règlement d'administration publique pour l'exécution de la loi du 8 août 1912 (DP 1932. 4. 120 ; BLD 1932. 324).

Sur les redevances perçues par l'INPI en matière de récompenses industrielles, V. Arr. du 24 avr. 2008 mod. par Arr. du 10 juin 2015 (JO 13 juin) ss. CPI, art. R. 411-17.

XIII SAVOIR-FAIRE

RÉP. COM. v[is] *Savoir-faire*, par SCHMIDT-SZALEWSKI ; *Brevet d'invention*, par SCHMIDT-SZALEWSKI et MOUSSERON.

BIBL. ▸ AZÉMA, *Propr. ind. 2014. Étude 17* (la protection du secret des affaires dans la perspective de la proposition de directive européenne). – DELPECH, *AJCA 2016. 216* (adoption de la directive sur la protection des secrets d'affaires). – FERRANDO et LE STANC, *Propr. ind. 2016. Focus 51* (directive « secrets d'affaires » votée à Strasbourg). – LAPOUSTERLE, *D. 2016. 1072* (les secrets d'affaires, du serpent de mer au JO ?). – LE STANC, *Propr. ind. 2016. Repère 6* (chut !). – MARQUET, *Légipresse 2016. 3* (directive Secret des affaires : quand la liberté d'expression devient une exception ou une vision européenne de la transparence). – SCHILLER, *JCP 2016, n° 746* (secret des affaires : la directive est publiée). – SCHMIDT, *D. 2016. 1425* (les secrets d'affaires et les étouffeurs d'alerte). – SIMON, *JCP 2016. Actu. 399* (secret des affaires : adoption de la directive par le Parlement européen) ; La protection des secrets d'affaires : enjeux et perspectives, *LexisNexis 2015, coll. CREDIMI.*

Directive (UE) 2016/943 du Parlement européen et du Conseil du 8 juin 2016,

Sur la protection des savoir-faire et des informations commerciales non divulgués (secrets d'affaires) contre l'obtention, l'utilisation et la divulgation illicites.

V. le comm. avant l'art. L. 621-1, ss. le chap. Ier du titre II du livre VI de la deuxième partie du CPI.

XIV TOPOGRAPHIES DE PRODUITS SEMI-CONDUCTEURS

Droit international

Accord de Marrakech du 15 avril 1994,

Instituant l'Organisation mondiale du commerce (Annexe 1 C : Accord sur les aspects des droits de propriété intellectuelle qui touchent au commerce).

V. art. 35 à 38, App., v° Dispositions générales.

Droit européen

Directive (CE) n° 87/54 du 16 décembre 1986,

Concernant la protection juridique des topographies de produits semi-conducteurs. — Introduite en droit français par L. n° 87-890 du 4 nov. 1987. — V. CPI, art. L. 622-1 s.

La présente directive a été étendue aux ressortissants des pays membres de l'OMC par décision du Conseil n° 94/824 du 22 déc. 1994 (JOCE L 349 du 31 déc. 1994), et aux ressortissants des États-Unis par décision du Conseil n° 95/237 du 29 juin 1995 (JOCE L 158 du 8 juill. 1995).

Sur les redevances perçues par l'INPI en matière de produits semi-conducteurs, V. Arr. du 24 avr. 2008, ss. CPI, art. R. 411-17.

CHAPITRE PREMIER *Définitions*

Art. 1er 1. Aux fins de la présente directive, on entend par :

a) « produit semi-conducteur » la forme finale ou intermédiaire de tout produit :

i) composé d'un substrat comportant une couche de matériau semi-conducteur

et

ii) constitué d'une ou de plusieurs autres couches de matières conductrices, isolantes ou semi-conductrices, les couches étant disposées conformément à une configuration tridimensionnelle prédéterminée

et

iii) destiné à remplir, exclusivement ou non, une fonction électronique ;

b) « topographie » d'un produit semi-conducteur une série d'images liées entre elles, quelle que soit la manière dont elles sont fixées ou codées :

i) représentant la configuration tridimensionnelle des couches qui composent un produit semi-conducteur ;

ii) dans laquelle chaque image reproduit le dessin ou une partie du dessin d'une surface du produit semi-conducteur à n'importe quel stade de sa fabrication ;

c) « exploitation commerciale » la vente, la location, le crédit-bail ou toute autre méthode de distribution commerciale, ou une offre faite aux fins précitées. Toutefois, aux fins des articles 3 paragraphe 4, 4 paragraphe 1, 7 paragraphes 1, 3 et 4, l'« exploitation commerciale » n'inclut pas l'exploitation dans des conditions de confidentialité pour autant qu'aucune distribution aux tiers n'a lieu sauf lorsque l'exploitation de la topographie s'effectue dans des conditions de confidentialité requises par une mesure prise en vertu de l'article 223 paragraphe 1 point *b*) du Traité.

2. Le Conseil, statuant à la majorité qualifiée sur proposition de la Commission, peut modifier les définitions contenues dans le paragraphe 1 point *a*) sous i) et ii) pour les adapter au progrès technique.

CHAPITRE II *Protection des topographies de produits semi-conducteurs*

Art. 2 1. Les États membres protègent les topographies de produits semi-conducteurs en adoptant des dispositions législatives par lesquelles des droits exclusifs sont accordés conformément aux dispositions de la présente directive.

2. La topographie d'un produit semi-conducteur est protégée dans la mesure ou elle résulte de l'effort intellectuel de son créateur et n'est pas courante dans le secteur des semi-conducteurs. Lorsque la topographie d'un produit semi-conducteur est constituée d'éléments courants dans le secteur des semi-conducteurs, elle est protégée seulement dans la mesure où la combinaison de ces éléments, prise comme un tout, répond aux conditions énoncées ci-avant.

Art. 3 1. Sous réserve des paragraphes 2 à 5, le droit à la protection est accordé aux créateurs des topographies de produits semi-conducteurs.

2. Les États membres peuvent :

a) dans le cas d'une topographie créée dans le cadre de l'emploi salarié du créateur, disposer que le droit à la protection est accordé à l'employeur du créateur, sauf dispositions contraires du contrat de travail ;

b) dans le cas d'une topographie créée au titre d'un contrat autre qu'un contrat de travail, disposer que le droit à la protection est accordé à une partie au contrat qui a commandé la topographie, sauf dispositions contraires du contrat.

3. *a*) En ce qui concerne les personnes visées au paragraphe 1, le droit à la protection est accordé aux personnes physiques qui sont ressortissantes d'un État membre ou qui ont leur résidence habituelle sur le territoire d'un État membre.

b) Lorsque les États membres prévoient des dispositions en application du paragraphe 2, le droit à la protection est accordé :

i) aux personnes physiques qui sont ressortissantes d'un État membre ou qui ont leur résidence habituelle sur le territoire d'un État membre ;

ii) aux sociétés et autres personnes morales qui ont un établissement industriel ou commercial effectif et sérieux sur le territoire d'un État membre.

4. Lorsqu'il n'existe pas de droit à la protection en application d'autres dispositions du présent article, le droit à la protection est également accordé aux personnes mentionnées au paragraphe 3 point *b*) sous *i*) et *ii*) qui :

a) procèdent à une première exploitation commerciale dans un État membre d'une topographie qui n'a fait l'objet d'une exploitation commerciale nulle part ailleurs dans le monde antérieurement,

et

b) ont reçu de la personne habilitée à disposer de la topographie l'autorisation exclusive de procéder à son exploitation commerciale dans toute la Communauté.

5. Le droit à la protection est également accordé aux ayants cause des personnes mentionnées aux paragraphes 1 à 4.

6. Sous réserve du paragraphe 7, les États membres peuvent négocier et conclure des accords ou des arrangements avec des États tiers ainsi que des conventions multilatérales relatives à la protection juridique des topographies de produits semi-conducteurs, dans le respect du droit communautaire, et notamment des règles fixées dans la présente directive.

7. Les États membres peuvent entamer des négociations avec des États tiers en vue d'étendre le droit à la protection à des personnes qui ne bénéficient pas de ce droit en vertu des dispositions de la présente directive. Les États membres qui entament de telles négociations en informent la Commission.

Lorsqu'un État membre souhaite étendre la protection à des personnes qui ne bénéficient pas à un autre titre du droit à la protection prévu par la présente directive ou s'il souhaite conclure avec un État tiers un accord ou un arrangement sur l'extension de la protection, il le notifie à la Commission. Celle-ci en informe les autres États membres.

L'État membre diffère l'extension de la protection ou la conclusion de l accord ou de l'arrangement d'un mois à compter de la date de la notification à la Commission. Toutefois, si, au cours de cette période, la Commission communique à l'État membre son intention de présenter au Conseil une proposition visant à ce que tous les États membres étendent la protection aux personnes ou à l'État tiers concernés, l'État membre diffère l'extension de la protection ou la conclusion de l'accord ou de l'arrangement de deux mois à compter de la date de la notification faite par l'État membre.

Lorsque, avant la fin de cette période de deux mois, la Commission présente une telle proposition au Conseil, l'État membre diffère l'extension de la protection ou la conclusion de l'accord ou de l'arrangement d'une nouvelle période de quatre mois à compter de la date à laquelle la proposition a été présentée.

En l'absence de notification ou de proposition de la Commission ou de décision du Conseil dans les délais prévus ci-dessus, l'État membre peut étendre la protection ou conclure l'accord ou l'arrangement.

Toute proposition de la Commission visant à étendre la protection est adoptée par le Conseil statuant à la majorité qualifiée, qu'elle soit ou non présentée à la suite d'une notification d'un État membre conformément aux alinéas précédents.

Une décision prise par le Conseil sur la base d'une proposition de la Commission n'empêche pas un État membre d'étendre la protection, au-delà des personnes qui bénéficient de la protection dans tous les États membres, à celles qui étaient couvertes par l'extension, l'accord ou l'arrangement envisagés tels qu'ils avaient été notifiés, à moins que le Conseil, statuant à la majorité qualifiée, n'en ait décidé autrement.

8. Les propositions de la Commission et les décisions du Conseil visées au paragraphe 7 sont publiées pour information au *Journal officiel* des Communautés européennes.

Art. 4 1. Les États membres peuvent disposer que la topographie d'un produit semiconducteur ne bénéficie pas ou cesse de bénéficier des droits exclusifs accordés conformément à l'article 2, si une demande d'enregistrement n'a pas été déposée régulièrement auprès d'un organisme public dans les deux ans qui suivent sa première exploitation commerciale. Les États membres peuvent exiger, en plus de l'enregistrement, que le matériel identifiant ou représentant la topographie, ou une combinaison quelconque de ces matériels, soient déposés auprès d'un organisme public, de même qu'une déclaration relative à la date de la première exploitation commerciale de la topographie, lorsqu'elle est antérieure à la date du dépôt de la demande d'enregistrement.

2. Les États membres veillent à ce que le matériel déposé conformément au paragraphe 1 ne soit pas mis à la disposition du public, si ce matériel relève du secret des affaires. La présente disposition ne fait pas obstacle à la divulgation de ce matériel suite à une injonction d'un tribunal ou d'une autorité compétente à des personnes concernées par des litiges portant sur la validité ou la violation des droits exclusifs visés à l'article 2.

3. Les États membres peuvent exiger que les transferts de droits relatifs à des topographies protégées soient enregistrées *[enregistrés]*.

4. Les États membres peuvent subordonner l'enregistrement et le dépôt visés aux paragraphes 1 et 3 au paiement d'une taxe qui ne peut être supérieure au coût administratif de la procédure.

5. Aucune disposition imposant des formalités supplémentaires pour l'obtention ou le maintien de la protection n'est admise.

6. Les États membres qui exigent l'enregistrement prévoient des moyens de recours en faveur d'une personne ayant droit à la protection en vertu de la présente directive et qui peut prouver qu'un tiers a, sans autorisation, demandé ou obtenu l'enregistrement d'une topographie.

Art. 5 1. Les droits exclusifs visés à l'article 2 comprennent le droit d'autoriser ou d'interdire les actes suivants :

a) la reproduction d'une topographie, dans la mesure où elle est protégée au titre de l'article 2 paragraphe 2 ;

b) l'exploitation commerciale, ou l'importation à cette fin, d'une topographie ou d'un produit semi-conducteur fabriqué à l'aide de cette topographie.

2. Sans préjudice du paragraphe 1, un État membre peut autoriser la reproduction d'une topographie à titre privé à des fins non commerciales.

3. Les droits exclusifs visés au paragraphe 1 point *a*) ne s'appliquent pas à la reproduction aux fins d'analyse, d'évaluation ou d'enseignement des concepts, procédés, systèmes ou techniques incorporés dans la topographie ou de la topographie elle-même.

4. Les droits exclusifs visés au paragraphe 1 ne s'étendent pas aux actes concernant une topographie qui répond aux conditions de l'article 2 paragraphe 2 et qui a été créée à partir d'une analyse et d'une évaluation d'une autre topographie, effectuées conformément au paragraphe 3.

5. Le droit exclusif d'autoriser ou d'interdire les actes énoncés au paragraphe 1 point *b*) n'est pas applicable aux actes commis après que la topographie ou le produit semi-conducteur a été mis sur le marché dans un État membre par la personne habilitée à autoriser sa commercialisation ou avec son consentement.

6. Une personne qui acquiert un produit semi-conducteur sans savoir ou sans être fondée à croire que ce produit est protégé par un droit exclusif conféré par un État membre conformément à la présente directive, ne peut se voir interdire l'exploitation commerciale de ce produit.

Toutefois pour les actes commis après que cette personne a su ou a été fondée à croire que le produit semi-conducteur bénéficiait de cette protection, les États membres garantissent que, à la demande du titulaire, un tribunal peut exiger, conformément aux dispositions du droit national applicable, le paiement d'une rémunération adéquate.

7. Le paragraphe 6 est applicable aux ayants cause de la personne mentionnée à la première phrase dudit paragraphe.

Art. 6 Les États membres ne peuvent pas soumettre les droits exclusifs visés à l'article 2 à des licences obligatoires accordées automatiquement, en vertu de la loi, à la seule condition qu'un certain délai se soit écoulé.

Art. 7 1. Les États membres prévoient que les droits exclusifs visés à l'article 2 naissent :

a) si l'enregistrement est la condition de l'obtention des droits exclusifs conformément à l'article 4, à la première des dates suivantes :

i) la date à laquelle la topographie a fait l'objet d'une exploitation commerciale pour la première fois où que ce soit dans le monde ;

ii) la date à laquelle la demande d'enregistrement a été déposée en bonne et due forme

ou

b) lors de la première exploitation commerciale de la topographie où que ce soit dans le monde

ou

c) lorsque la topographie est fixée ou codée pour la première fois.

2. Lorsque les droits exclusifs naissent conformément au paragraphe 1 points *a*) ou *b*), les États membres prévoient, pour la période antérieure à la naissance de ces droits, des moyens de recours en faveur d'une personne qui a droit à la protection en vertu de la présente directive et qui peut prouver qu'un tiers a frauduleusement reproduit ou exploité commercialement ou importé à ces fins une topographie. Le présent paragraphe ne préjuge pas des moyens de recours destinés à assurer le respect des droits exclusifs accordés conformément à l'article 2.

3. Les droits exclusifs viennent à expiration après une période de dix ans à compter de la fin de l'année civile au cours de laquelle la topographie a fait l'objet d'une exploitation commerciale pour la première fois, où que ce soit dans le monde, ou, si l'enregistrement est une condition de la naissance ou du maintien des droits exclusifs, après une période de dix ans à compter de la première des dates suivantes :

a) la fin de l'année civile au cours de laquelle la topographie a fait l'objet d'une exploitation commerciale pour la première fois où que ce soit dans le monde

ou

b) la fin de l'année civile au cours de laquelle la demande d'enregistrement a été déposée régulièrement.

4. Lorsqu'une topographie n'a pas fait l'objet d'une exploitation commerciale où que ce soit dans le monde dans un délai de quinze ans à partir de la date à laquelle elle est fixée ou codée pour la première fois, tous droits exclusifs existants conformément au paragraphe 1 viennent à expiration et, dans les États membres où l'enregistrement est une condition de la naissance ou du maintien des droits exclusifs, de nouveaux droits exclusifs ne peuvent naître que si une demande d'enregistrement a été déposée régulièrement dans le délai susmentionné.

Art. 8 La protection accordée à la topographie d'un produit semi-conducteur conformément à l'article 2 ne s'applique qu'à la topographie proprement dite, à l'exclusion de tout concept, procédé, système, technique ou information codée incorporés dans cette topographie.

Art. 9 Lorsque la législation d'un État membre dispose que les produits semi-conducteurs fabriqués sur la base de topographies protégées peuvent être pourvus d'un signe, celui-ci est constitué par un T majuscule sous les formes suivantes : T, « T », [T], Ⓣ, T* ou [T].

CHAPITRE III *Maintien d'autres dispositions législatives*

Art. 10 1. Les dispositions de la présente directive ne portent pas atteinte aux dispositions législatives concernant les droits en matière de brevets et de modèles d'utilité.

2. Les dispositions de la présente directive ne portent pas atteinte :

a) aux droits conférés par les États membres en exécution de leurs obligations résultant d'accords internationaux, y compris les dispositions étendant ces droits aux ressortissants ou aux résidents de l'État membre concerné ;

b) à la législation des États membres en matière de droit d'auteur qui limite la reproduction, par copie à deux dimensions, des dessins ou autres représentations artistiques de topographies.

3. N'est pas affectée par les dispositions de la présente directive la protection accordée par la législation nationale aux topographies de produits semi-conducteurs fixées ou codées avant l'entrée en vigueur des dispositions nationales mettant en œuvre la présente directive, mais pas après la date figurant à l'article 11 paragraphe 1.

TABLES

TABLE CHRONOLOGIQUE

NOTA. *Les différents codes reproduits en extraits dans le code de la propriété intellectuelle et son appendice figurent dans la table chronologique à la date de leur codification, indiquée dans la liste ci-dessous.*

Code de la consommation

– Art. L. 122-1 à L. 122-7, L. 132-25, L. 512-15 (*publicité comparative*). – V. App., 2e partie, v° *Marques*, **p. 2314.**

– Art. L. 411-2, L. 413-6 à L. 413-7, L. 451-11, L. 451-12, L. 451-15, L. 451-16 (*désignation de marchandises*). – V. App., 2e partie, v° *Désignation des marchandises*, **p. 1845.**

– Art. L. 413-4, L. 413-5, L. 422-3, L. 451-9, L. 451-10, L. 451-15, L. 451-16, R. 452-1 (*noms commerciaux*). – V. App., 2e partie, v° *Noms commerciaux*, **p. 2320.**

– Art. L. 413-8 à L. 413-9, L. 451-13 à L. 451-16 (*indications d'origine*). – V. App., 2e partie, v° *Appellations et indications d'origine*, **p. 1592.**

– Art. L. 432-3, L. 432-4, L. 453-5, L. 453-9, L. 453-10 (*appellations d'origine*). – V. App., 2e partie, v° *Appellations et indications d'origine*, **p. 1592.**

– Art. L. 433-3 à L. 433-10, L. 453-8 à L. 453-10, L. 511-11, L. 511-22, L. 511-23 (*certificats de produits*). – V. App., 2e partie, v° *Certificats de qualification*, **p. 1806.**

– Art. L. 433-11 (*utilisation trompeuse*). – V. App., 2e partie, v° *Marques*, **p. 2315.**

Code de commerce

– Art. L. 123-6, ss. CPI, art. L. 411-1 (*INPI*).

Code des douanes

– Art. 39. – V. App., 2e partie, v° *Marques*, **p. 2309.**

Code de l'organisation judiciaire

Art. D. 211-5, D. 211-6, D. 211-6-1, R. 211-7, D. 211-7-1, D. 311-8, D. 311-9. – V. App., *Dispositions générales*, **p. 1180.**

Code du patrimoine

– Art. L. 131-1 à L. 133-1, R. 131-1 à D. 132-23-3 (*dépôt légal*). – V. App., 1re partie, v° *Dispositions communes*, **p. 1263.**

Code pénal

– Art. 431-1 (*entrave à l'exercice de la liberté artistique*). – V. App., 1re partie, v° *Dispositions communes*, **p. 1337.**

Code rural et de la pêche maritime

– Art. R. 641-11 à R. 641-25 (*appellation d'origine, indication géographique protégée et spécialité traditionnelle*). – V. App., 2e partie, v° *Appellations et indications d'origine*, **p. 1594.**

1873	26 nov.	Loi. Timbre ou signal spécial destiné à être apposé sur les marques commerciales et de fabrique, **p. 2309.**
1883	20 mars	Convention de Paris. Protection de la propriété industrielle, **p. 1495.**
1886	9 sept.	Convention de Berne. Protection des œuvres littéraires et artistiques, **p. 1338.**
1891	14 avr.	Arrangement de Madrid. Enregistrement international des marques, **p. 1963.**
1908	13 avr.	Loi. Protection temporaire de la propriété industrielle dans les expositions officielles (note), **p. 1542.**
1908	17 juill.	Décret. Protection temporaire de la propriété industrielle dans les expositions (note), **p. 1542.**
1912	8 août	Loi. Récompenses industrielles (note), **p. 2405.**
1925	6 nov.	Arrangement de La Haye. Enregistrement international des dessins et modèles, **p. 1845.**
1932	27 mai	Décret. Exécution de la loi du 8 août 1912 *(récompenses industrielles)* (note), **p. 2405.**
1934	28 nov.	Acte de Londres. Enregistrement international des dessins et modèles industriels. – V. Arrangement de La Haye du 6 nov. 1925, **p. 1845.**
1947	6 juin	Accord de La Haye. Création d'un Bureau international des brevets, **p. 1599.**
1948	8 déc.	Décret n° 48-1985. Code des douanes. – Art. 39 *(importations prohibées)*, **p. 2309.**
1951	24 mai	Loi de finances pour l'exercice 1951 (n° 51-598). – Art. 46 *(registre du commerce, répertoire des métiers, propriété industrielle)*, **p. 1543.**
1952	6 sept.	Convention de Genève. Droit d'auteur, **p. 1350.**
1957	15 juin	Arrangement de Nice. Classification internationale des produits et services aux fins de l'enregistrement international des marques, **p. 1969.**
1958	31 oct.	Arrangement de Lisbonne. Protection des appellations d'origine et leur enregistrement international, **p. 1545.**
1958	31 oct.	Arrangement de Madrid. Répression des indications d'origine fausses ou fallacieuses, **p. 1551.**
1960	21 sept.	Accord. Sauvegarde mutuelle du secret des inventions intéressant la défense et ayant fait l'objet de demandes de brevet, **p. 1599.**
1960	28 nov.	Acte de La Haye. Enregistrement international des dessins et modèles industriels, **p. 1848.**
1961	19 sept.	Contrat type entre un annonceur et un agent de publicité, **p. 1480.**
1961	26 oct.	Convention de Rome. Protection des artistes-interprètes, des producteurs de phonogrammes et des organismes de radiodiffusion, **p. 1399.**
1961	18 nov.	Acte additionnel. Arrangement de La Haye du 6 nov. 1925 sur l'enregistrement international des dessins et modèles, **p. 1852.**

1961	2 déc.	Convention de Paris. Protection des obtentions végétales, **p. 2321.**
1963	27 nov.	Convention de Strasbourg. Unification de certains éléments du droit des brevets, **p. 1600.**
1964	31 déc.	Loi n° 64-1360. Marques de fabrique, de commerce ou de service *[abrogée]*, **p. 2310.**
1965	27 juill.	Décret. Taxes et redevances perçues en matière de propriété industrielle, **p. 1543.**
1966	29 nov.	Loi n° 66-879. Sociétés civiles professionnelles *(conseils en propriété industrielle)*, **p. 1808.**
1967	14 juill.	Convention de Stockholm. OMPI, **p. 1197.**
1967	14 juill.	Acte de Stockholm. Complétant l'Arrangement de La Haye du 6 nov. 1925 sur l'enregistrement international des dessins et modèles, **p. 1509.**
1968	2 janv.	Loi n° 68-1. Brevets d'invention *[abrogée]*, (rédaction antérieure à la loi n° 78-742 du 13 juill. 1978), **p. 1796.**
1968	27 sept.	Convention de Bruxelles. Compétence judiciaire et exécution des décisions en matière civile et commerciale – Art. 5, 6, 16, 21 à 23, **p. 1111.**
1968	8 oct.	Arrangement de Locarno. Classification internationale pour les dessins et modèles, **p. 1857.**
1970	11 juin	Loi n° 70-489. Obtentions végétales. – Art. 36. – V. ss. CPI, art. L. 623-5.
1970	19 juin	Traité de Washington. Coopération en matière de brevets, **p. 1602.**
1971	24 mars	Arrangement de Strasbourg. Classification internationale des brevets, **p. 1617.**
1971	29 oct.	Convention de Genève. Protection des producteurs de phonogrammes et organismes de radiodiffusion *(Convention phonogrammes)*, **p. 1404.**
1971	20 déc.	Règlement (CE) n° 2821/71. Accords, décisions et pratiques concertées, **p. 1404.**
1971	31 déc.	Loi n° 71-1130. Réforme de certaines professions professions judiciaries et juridiques. – Art. 66-4. – V. ss. CPI, art. L. 423-1.
1972	5 juill.	Loi n° 72-618. Vente de publications, imprimés et objets dans un but philanthropique (marque distinctive), **p. 2313.**
1973	5 oct.	Convention de Munich. Délivrance du brevet européen *(Convention sur le brevet européen)*, **p. 1649.**
1975	29 août	Protocole de Genève. Arrangement de La Haye du 6 nov. 1925 sur le dépôt international des dessins et modèles, **p. 1861.**
1975	15 déc.	Convention de Luxembourg. Brevet européen pour le marché commun *(Convention sur le brevet communautaire)* (note), **p. 1734.**

1977	28 avr.	Traité de Budapest. Reconnaissance internationale du dépôt des micro-organismes aux fins de procédure en matière de brevets, **p. 1621.**
1978	20 juin	Code des usages. Illustration par dessin, **p. 1460.**
1979	19 sept.	Décret n° 79-822. Demandes de brevets d'invention et de certificat d'utilité. – Art. 119-1, **p. 1805.**
1979	19 sept.	Arrêté. Inscription au registre national des brevets. – V. ss. CPI, art. R. 618-5.
1980	15 déc.	Code des usages. Littérature générale, **p. 1462.**
1981	10 août	Loi n° 81-766. Prix du livre. – V. ss. CPI, art. L. 133-3.
1983	1er mars	Convention en matière de reproduction d'œuvres d'art *(code des usages professionnels)*, **p. 1465.**
1985	29 août	Arrêté. Inventions de salariés. – V. ss. CPI, art. R. 611-9.
1986	14 janv.	Arrêté. Composition de la commission prévue à l'article 20 de la loi n° 85-660 du 3 juillet 1985 [CPI, art. L. 212-9] *(droits des producteurs de phonogrammes et entreprises de communication audiovisuelle)*, **p. 1412.**
1986	14 mars	Arrêté. Composition de la commission prévue à l'article 14 de la loi n° 85-660 du 3 juillet 1985 [CPI, art. L. 132-33] *(droits des producteurs de phonogrammes et entreprises de communication audiovisuelle)*, **p. 1412.**
1986	26 mars	Décision. Commission prévue à l'art. 20 de la loi du 3 juillet 1985 [CPI, art. L. 212-9] *(droits des producteurs de phonogrammes et entreprises de communication audiovisuelle)*, **p. 1413.**
1986	9 mai	Arrêté. Preuve de la date des créations. – V. ss. CPI, art. R. 511-6.
1986	30 juin	Décision. Commission prévue par l'art. 34 de la loi du 3 juillet 1985 [CPI, art. L. 311-5] *(droits des producteurs de phonogrammes et entreprises de communication audiovisuelle)*, **p. 1413.**
1986	16 déc.	Directive (CE) n° 87/54. Protection des produits semi-conducteurs, **p. 2406.**
1986	19 déc.	Arrêté. Taxes sur les obtentions végétales. – V. ss. CPI, art. L. 623-16.
1987	23 févr.	Décision. Commission créée par l'art. 14 de la loi du 3 juillet 1985 [CPI, art. L. 132-33] *(droits des producteurs de phonogrammes et entreprises de communication audiovisuelle)*, **p. 1414.**
1987	9 sept.	Décision. Commission prévue par l'art. L. 214-4 du CPI *(rémunération des artistes-interprètes et des producteurs de phonogrammes)*, **p. 1425.**
1988	21 déc.	Directive (CE) n° 89/104. Rapprochement des législations sur les marques, **p. 2003.**
1989	4 avr.	Décret n° 89-204. Suspension des délais à l'égard de l'INPI. – V. ss. CPI, art. L. 612-18.
1989	20 avr.	Traité. Enregistrement international des œuvres audiovisuelles, **p. 1197.**

1989	27 juin	Protocole relatif à l'Arrangement de Madrid concernant l'enregistrement international des marques, **p. 1974.**
1989	14 nov.	Arrêté. Demandes de brevets en langue étrangère (annexe). – V. ss. CPI, art. R. 612-21.
1989	15 déc.	Accord. Brevets communautaires (note), **p. 1734.**
1990	17 oct.	Arrêté. Application de l'art. 20 de la loi du 3 juillet 1985 [CPI, art. L. 212-9] *(droits des artistes-interprètes engagés pour la réalisation d'une œuvre audiovisuelle)*, **p. 1423.**
1990	31 déc.	Loi n° 90-1258. Exercice sous forme de sociétés des professions libérales *(conseils en propriété)*, **p. 1813.**
1991	2 mai	Règlement. Procédure du Tribunal de première instance des Communautés européennes *(contentieux en matière de propriété intellectuelle)*. – Art. 131, 135, 135 *bis*, **p. 1511.**
1991	14 mai	Directive n° 91/250/CEE. Protection juridique des programmes d'ordinateur. – V. CPI, art. L. 111-5, L. 112-2, L. 113-9, L. 121-7, L. 122-6, L. 123-5, L. 131-4, L. 332-4.
1992	31 janv.	Arrêté. Marques de fabrique *(classification)* : – Art. 1er à 14. – V. ss. CPI, art. R. 712-26. – Art. 15. – V. ss. CPI, art. R. 712-19.
1992	1er avr.	Décret n° 92-360. Qualification et organisation professionnelle en matière de propriété industrielle, **p. 1824.**
1992	1er juill.	Loi n° 92-597. Code de la propriété intellectuelle (partie législative). – V. CPI, art. L. 111-1 s.
1992	17 juill.	Loi n° 92-677. Mise en œuvre de directives communautaires relatives à la taxe sur la valeur ajoutée. – Art. 119. – V. CPI, art. L. 311-4.
1992	13 août	Arrêté. Dessins et modèles. – V. ss. CPI, art. R. 514-5.
1992	4 sept.	Arrêté. Marques de fabrique *(classification)*. – V ss. CPI, art. R. 712-19.
1992	19 nov.	Directive n° 92/100/CEE. Droit de location et de prêt et aux droits voisins du droit d'auteur, **p. 1361.**
1992	16 déc.	Loi n° 92-1336. Nouveau code pénal : – Art. 203. – V. CPI, art. L. 335-8 (anc.). – Art. 204. – V. CPI, art. L. 621-1. – Art. 331. – V. CPI, art. L. 335-6, L. 716-13.
1993	18 janv.	Arrêté. Marques de fabrique *(classification)*. – V ss. CPI, art. R. 712-19.
1993	17 mars	Code des usages professionnels. Traduction d'une œuvre de littérature générale, **p. 1469.**
1993	20 juill.	Loi n° 93-924. Rémunération des artistes-interprètes et des producteurs de phonogrammes, **p. 1424.**
1993	26 juill.	Loi n° 93-949. Code de la consommation (partie législative). – Art. 5. – V. CPI, art. L. 721-1.

1993	27 sept.	Directive n° 93/83/CEE. Droit d'auteur et droits voisins en matière de radiodiffusion par satellite et de retransmission par câble, **p. 1361.**
1993	29 oct.	Directive n° 93/98/CEE. Harmonisation de la durée de protection du droit d'auteur et de certains droits voisins, **p. 1368.**
1993	12 nov.	Arrêté. Marques de fabrique *(classification)*. – V. ss. CPI, art. R. 712-19.
1993	20 déc.	Règlement (CE) n° 40/94. Marques communautaire, **p. 2003.**
1993	22 déc.	Décision. Commission prévue par l'art. L. 214-4 du CPI *(rémunération des artistes-interprètes et des producteurs de phonogrammes)*, **p. 1425.**
1993	31 déc.	Loi n° 93-1420. Mise en œuvre de l'accord sur l'Espace économique européen et du traité sur l'Union européenne : – Art. 1er. – V. CPI, art. L. 613-11. – Art. 2. – V. CPI, art. L. 622-2, L. 713-4. – Art. 5-I. – V. CPI, art. L. 613-6. – Art. 5-II. – V. CPI, art. L. 613-11.
1994	5 févr.	Loi n° 94-102. Répression de la contrefaçon : – Art. 1er à 15. – V. CPI, art. L. 335-2, L. 335-4, L. 335-5, L. 335-8, L. 335-9, L. 335-10, L. 521-3-1, L. 521-4, L. 521-5, L. 521-6, L. 521-7, L. 615-14, L. 615-14-1, L. 716-8, L. 716-8-1, L. 716-9, L. 716-11-1, L. 716-11-2, L. 716-12. – Art. 20 à 32. – V. CPI, art. L. 512-2, L. 611-7, L. 612-1, L. 612-12, L. 612-13, L. 613-27, L. 614-14, L. 614-15, L. 614-21, L. 615-11, L. 714-5, L. 811-1.
1994	15 avr.	Accord de Marrakech. Organisation mondiale du commerce (Annexe 1C : Accord ADPIC), **p. 1112.**
1994	10 mai	Loi n° 94-361. Protection juridique des programmes d'ordinateur. – Art. 1er à 10. – V. CPI, art. L. 112-2, L. 113-9, L. 121-7, L. 122-5 à L. 122-6-2, L. 123-5, L. 131-4, L. 132-34, L. 331-2, L. 331-3, L. 335-3.
1994	24 juin	Acte. Conditions d'adhésion et adaptations aux traités sur lesquels l'Union européenne est fondée *(Autriche, Finlande et Suède)*. – Art. 29. – V. Règl. (CE) n° 2821/71 du 20 déc. 1971, art. 4, **p. 1510.**
1994	27 juill.	Règlement (CE) n° 2100/94. Protection communautaire des obtentions végétales, **p. 2332.**
1994	29 juill.	Loi n° 94-653. Respect du corps humain. – Art. 7. – V. CPI, art. L. 611-17.
1994	4 août	Loi n° 94-665. Emploi de la langue française. – Art. 1er, 2, 14 à 20 *(usage des marques)*, **p. 2315.**
1994	19 déc.	Arrêté. Marques de fabrique *(classification)*. – V. ss. CPI, art. R. 712-19.
1995	3 janv.	Loi n° 95-4. Gestion collective du droit de reproduction par reprographie. – V. CPI, art. L. 122-10 à L. 122-12, L. 311-7.

1995	3 mars	Décret n° 95-240. Application de la loi n° 94-665 du 4 août 1994 relative à l'emploi de la langue française *(usage des marques)*, **p. 2316.**
1995	10 avr.	Décret n° 95-385. Code de la propriété intellectuelle (partie réglementaire). – V. CPI, art. R. 111-1 s.
1995	31 mai	Règlement (CE) n° 1238/95. Exécution du Règl. (CE) n° 2100/94 du 27 juill. 1994 en ce qui concerne les taxes dues à l'Office communautaire des variétés végétales, **p. 2361.**
1995	31 mai	Règlement (CE) n° 1239/95. Exécution du Règl. (CE) n° 2100/94 du 27 juill. 1994 en ce qui concerne la procédure devant l'Office communautaire des variétés végétales, **p. 2365.**
1995	6 juill.	Règlement intérieur du TPICE. Modification du Règl. de procédure du TPICE du 2 mai 1991 *(contentieux en matière de propriété intellectuelle)*. – Art. 1er. – V. Règl. de procédure du Tribunal de première instance des Communautés européennes du 2 mai 1991, art. 131, 135, 135 *bis*, **p. 1511.**
1995	24 juill.	Règlement (CE) n° 1768/95. Application de la dérogation prévue à l'art. 3 du Règl. (CE) n° 2100/94 du 27 juill. 1994 instituant un régime de protection communautaire des obtentions végétales, **p. 2365.**
1995	25 oct.	Règlement (CE) n° 2506/95. Modification du Règl. (CE) n° 2100/94 du 27 juill. 1994 instituant un régime de protection communautaire des obtentions végétales. – Art. 1er, 2. – V. Règl. (CE) n° 2100/94 du 27 juill. 1994, art. 73, **p. 2351.**
1995	6 déc.	Arrêté. Marques de fabrique. – V. ss. CPI, art. R. 712-19.
1995	13 déc.	Règlement (CE) n° 2868/95. Application du Règl. (CE) n° 40/94 du 20 déc. 1993 sur la marque communautaire, **p. 2003.**
1995	13 déc.	Règlement (CE) n° 2869/95. Taxes à payer à l'Office de l'harmonisation dans le marché intérieur *(marques, dessins et modèles)*, **p. 2045.**
1995	28 déc.	Décret n° 95-1407. Champ d'application des certificats d'obtentions végétales. – V. CPI, art. R. 623-55 à R. 623-58.
1996	2 févr.	Décret n° 96-103. Application de la loi n° 94-103 du 2 févr. 1994. – V. CPI, art. R. 132-8 à R. 132-17, R. 335-2, R. 411-17.
1996	5 févr.	Règlement (CE) n° 216/96. Procédure des chambres de recours de l'Office de l'harmonisation dans le marché intérieur *(marques, dessins et modèles)*, **p. 2045.**
1996	11 mars	Directive n° 96/9. Protection juridique des bases de données, **p. 1206.**
1996	28 mars	Ordonnance n° 96-267. Application du nouveau code pénal dans les territoires d'outre-mer et à Mayotte. – V. CPI, art. L. 811-1 à L. 811-3.
1996	23 mai	Décret n° 96-460. Délais INPI. – V. ss. CPI, art. L. 612-18.
1996	2 oct.	Décret n° 96-857. Inventions des fonctionnaires et agents de l'État. – V. CPI, art. R. 611-12, R. 611-14-1, R. 615-30.

1996	2 oct.	Décret n° 96-858. Inventions des fonctionnaires et agents de l'État *(logiciels, obtentions végétales)*, **p. 1390.**
1996	18 déc.	Loi n° 96-1106. Modification du CPI. Application de l'accord instituant l'Organisation mondiale du commerce. – V. CPI, art. L. 112-3, L. 611-1, L. 611-12, L. 613-7, L. 613-11, L. 613-12, L. 613-13, L. 613-15, L. 613-18, L. 613-19-1, L. 615-5-1, L. 622-2, L. 711-3, L. 712-11, L. 712-12.
1996	20 déc.	Traité OMPI. Droit d'auteur, **p. 1356.**
1996	20 déc.	Traité OMPI. Interprétations, exécutions et phonogrammes (droits voisins), **p. 1406.**
1997	27 mars	Loi n° 97-283. Transposition des directives (CE) n° 93/83 et 93/98 des 27 sept. et 29 oct. 1993 : – V. CPI, art. L. 122-2-1, L. 122-2-2, L. 122-5, L. 123-1 à L. 123-4, L. 123-7, L. 123-12, L. 132-20-1, L. 132-20-2, L. 211-4, L. 211-5, L. 217-1 à L. 217-3. – Art. 13. – V. ss. CPI, art. L. 132-30. – Art. 15. – V. ss. CPI, art. L. 132-20-1, L. 217-2 (note). – Art. 14. – V. ss. CPI, art. L. 217-2. – Art. 16. – V. ss. CPI, art. L. 123-12.
1997	22 août	Décret n° 97-802. Publication de l'acte révisant l'art. 63 de Convention sur le brevet européen. – V. art. 63 révisé, **p. 1664.**
1997	10 sept.	Décret n° 97-843. Inventions de certains fonctionnaires et agents de ministère. – V. ss. CPI, art. R. 611-14 (annexe).
1997	10 sept.	Décret n° 97-844. Modification Décret n° 96-858 (annexe), **p. 2402.**
1997	10 sept.	Décret n° 97-845. Modification du contrôle de l'exécution du budget de l'INPI. – V. CPI, art. R. 411-3, R. 411-8, R. 411-9, R. 411-15.
1997	17 sept.	Décret n° 97-863. Régime des conseils en propriété industrielle. – V. CPI, art. R. 421-4, R. 421-5, R. 421-10, R. 422-1, R. 422-2, R. 422-4, R. 422-10, R. 422-53, R. 422-56 à R. 422-66, R. 423-1, R. 423-2, R. 612-2, R. 712-2, R. 712-13.
1997	23 déc.	Décret n° 97-1316. Application de l'art. L. 122-5. – V. CPI, art. R. 122-12.
1998	1er juill.	Loi n° 98-536. Transposition de la directive (CE) n° 96-9 base de données. – V. CPI, art. L. 112-3, L. 122-5, L. 331-4, L. 332-4, L. 341-1, L. 341-2, L. 342-1, L. 342-2, L. 342-3, L. 342-4, L. 342-5, L. 343-1, L. 343-2, L. 343-3, L. 343-4.
1998	1er juill.	Décret n° 98-563. Modification du Décr. n° 95-240 du 3 mars 1995 *(langue française)*. – V. Décr. n° 95-240, art. 15, 15-1, 16, **p. 2318.**
1998	6 juill.	Directive (CE) n° 98/44. Protection des inventions biotechnologiques, **p. 1735.**
1998	13 oct.	Directive (CE) n° 98/71. Protection juridique des dessins ou modèles, **p. 1899.**

1998	18 nov.	Décret n° 98-1040. Modification partie réglementaire CPI. – V. CPI, art. R. 321-8.
1998	18 nov.	Décret n° 98-1041. Application des art. L. 132-20-1 et L. 217-2. – V. CPI, art. R. 323-1, R. 323-2, R. 323-3, R. 324-4, R. 323-5.
1998	18 nov.	Décret n° 98-1042. Application des art. L. 132-20-2 et L. 217-3. – V. CPI, art. R. 324-1, R. 324-2, R. 324-3, R. 324-4, R. 324-5, R. 324-6, R. 324-7, R. 324-8, R. 324-9, R. 324-10, R. 324-11, R. 324-12.
1998	3 déc.	Règlement (CE) n° 2605/98. Modification Règl. (CE) n° 1768/95 du 24 juill. 1995 sur l'application à la dérogation prévue de l'art. 3 du Règl. (CE) n° 2100/94 du 27 juill. 1994 instituant un régime de protection communautaire des obtentions végétales. – V. Règl. (CE) n° 1768/95, art. 5.
1998	23 déc.	Loi n° 98-1194. Financement de la sécurité sociale pour 1999 (art. 29). – V. CPI, art. L. 716-10.
1999	2 juill.	Acte de Genève. Enregistrement international des dessins et modèles industriels, **p. 1863.**
1999	22 déc.	Règlement (CE) n° 2790/1999. Application de l'art. 81, par. 3, du Traité à des catégories d'accords verticaux et de pratiques concertées, **p. 1512.**
2000	11 févr.	Règlement (CE) n° 329/2000. Modification du Règl. (CE) n° 1238/95 établissant les règles d'exécution du Règl. (CE) n° 2100/94 *(taxes dues à l'office communautaire des variétés végétales)*. – Art. 1er. – V. Règl. (CE) n° 1238/95, art. 7, 8, 12, **p. 2363.**
2000	25 févr.	Décision du Comité EEE. Modification de l'annexe XVII (propriété intellectuelle) de l'accord EEE. – V. Dir. (CE) n° 98/71 du 13 oct. 1998, art. 15, **p. 1904.**
2000	2 juin	Accord. Traité mondial d'harmonisation du droit des brevets. – V. Traité du 14 sept. 2000, **p. 1624.**
2000	10 juill.	Loi n° 2000-642. Réglementation des ventes volontaires de meubles aux enchères publiques. – Art. 47. – V. CPI, art. L. 122-5.
2000	10 juill.	Arrêté. Création du Conseil supérieur de la propriété littéraire et artistique, **p. 1274.**
2000	14 sept.	Traité de l'Organisation mondiale de la propriété intellectuelle sur le droit des brevets, **p. 1624.**
2000	17 oct.	Accord de Londres sur l'application de l'article 65 de la Convention de Munich du 5 oct. 1973 en matière de brevet européen, **p. 1733.**
2000	29 nov.	Acte de révision de la Convention de Munich du 5 oct. 1973, **p. 1649.**
2000	29 nov.	Règlement (CE) n° 2658/2000. Application de l'art. 81, § 3, du Traité à des catégories d'accord de spécialisation, **p. 1512.**
2000	29 nov.	Règlement (CE) n° 2659/2000. Application de l'art. 81 par. 3, du Traité à des catégories d'accord de recherche et de développement, **p. 1512.**

2001	4 janv.	Décision n° 1. Commission prévue à l'art. L. 311-5 CPI *(rémunération pour copie privée)*, **p. 1426.**
2001	13 févr.	Décret n° 2001-140. Modification du code de la propriété intellectuelle. Intéressement de certains fonctionnaires et agents de l'État et de ses établissements publics auteurs d'une invention. – Art. 1er, 2. – V. CPI, art. R. 611-14-1.
2001	13 févr.	Décret n° 2001-141. Modification du décret n° 96-858 du 2 oct. 1996. Inventions de certains fonctionnaires et agents de ministères *(logiciels, obtentions végétales)* : – Art. 1er. – V. Décr. mod., art. 3, **p. 2401.** – Art. 2. – V. Décr. mod., art. 4, **p. 2401.** – Art. 3. – V. Décr. mod., annexe, **p. 2402.**
2001	17 avr.	Décret n° 2001-334. Contrôle des sociétés de perception et de répartition des droits : – Art. 1er. – V. CPI, art. R. 321-2, R. 321-6, R. 321-8. – Art. 2. – V. CPI, art. R. 321-3. – Art. 3. – V. CPI, art. R. 325-1 à R. 325-4.
2001	22 mai	Directive (CE) n° 2001/29. Harmonisation de certains aspects du droit d'auteur et des droits voisins dans la société de l'information, **p. 1215.**
2001	28 mai	Arrêté. Modification des arrêtés du 31 janv. 1992 relatif aux marques et du 13 août 1992 relatif aux dessins et modèles : – Art. 1er. – V. Arr. du 31 janv. 1992, art. 1er, ss. CPI, art. R. 712-26. – Art. 2. – V. Arr. du 13 août 1992, art. 1er, ss. CPI, art. R. 514-5.
2001	17 juill.	Loi n° 2001-624. Dispositions d'ordre social, éducatif et culturel. – Art. 15. – V. CPI, art. L. 311-1, L. 311-2, L. 311-4, L. 311-7, L. 311-8.
2001	19 juill.	Décret n° 2001-650. Ventes volontaires de meubles aux enchères publiques. – Art. 68. – V. CPI, art. R. 122-3, R. 122-5 à R. 122-10.
2001	25 juill.	Ordonnance n° 2001-670. Adaptation du code de la propriété intellectuelle au droit communautaire : – Art. 1er. – V. CPI, art. L. 511-1 à L. 511-11, L. 512-1 à L. 512-6, L. 513-1 à L. 513-8, L. 514-1, L. 514-2. – Art. 2. – V. CPI, art. L. 714-1. – Art. 3. – V. CPI, art. L. 717-1 à L. 717-7. – Art. 4. – V. CPI, art. L. 422-4, L. 712-2. – Art. 6. – V. CPI, art. L. 811-1 à L. 811-3. – Art. 7. – V. CPI, art. L. 811-4.
2001	6 sept.	Décret n° 2001-809. Aides versées par les sociétés de perception et de répartition des droits. – Art. 1er à 3. – V. CPI, art. R. 321-8, R. 321-9, R. 321-10.
2001	27 sept.	Directive (CE) n° 2001/84. Droit de suite au profit de l'auteur d'une œuvre d'art originale, **p. 1368.**
2001	30 nov.	Décision. Commission de l'art. L. 214-4 *(rémunération des artistes-interprètes et des producteurs de phonogrammes)*, **p. 1428.**

2001	3 déc.	Loi n° 2001-1135. Droits du conjoint survivant et des enfants adultérins. – Art. 15. – V. CPI, art. L. 123-6.
2001	6 déc.	Décision. Commission prévue à l'art. L. 311-5 *(rémunération pour copie privée)*. – V. Décis. 4 janv. 2001, art. 2, 6, **p. 1426.**
2001	12 déc.	Règlement (CE) n° 6/2002. Dessins ou modèles communautaires, **p. 1905.**
2001	20 déc.	Avis n° 2001-1 du Conseil supérieur de la propriété littéraire et artistique. Création des agents publics, **p. 1276.**
2001	20 déc.	Avis n° 2001-2 du Conseil supérieur de la propriété littéraire et artistique. Composition de la commission de l'art. L. 311-5 CPI, **p. 1279.**
2002	18 févr.	Décret n° 2002-215. Mandataires en propriété industrielle, dessins et modèles, marque communautaire. – V. CPI, art. R. 422-2, R. 422-7-1, R. 422-7-2, R. 422-56, R. 422-62, R. 423-1, R. 512-1, R. 512-2, R. 513-1, R. 612-2, R. 717-1 à R. 717-8, R. 717-9, R. 717-10, R. 811-1, R. 811-2, R. 811-3.
2002	18 févr.	Arrêté. Modification de l'Arrêté du 13 août 1992 *(dessins et modèles)*. – V. Arr. mod. ss. CPI, art. R. 514-5.
2002	7 mars	Avis n° 2002-1 du Conseil supérieur de la propriété littéraire et artistique. Rémunération pour copie privée, **p. 1279.**
2002	7 mars	Avis n° 2002-2 du Conseil supérieur de la propriété littéraire et artistique. Guichet commun, **p. 1280.**
2002	7 mars	Avis n° 2002-3 du Conseil supérieur de la propriété littéraire et artistique. Usages professionnels, **p. 1281.**
2002	4 juill.	Décision n° 2. Commission prévue par l'art. L. 311-5 *(rémunération pour copie privée)*, **p. 1429.**
2002	21 oct.	Règlement (CE) n° 2245/2002. Dessins ou modèles communautaires, **p. 1934.**
2003	28 mars	Règlement (CE) n° 569/2003. Modification Règl. (CE) n° 1238/95 du 31 mai 1995 établissant les règles d'exécution du Règl. (CE) n° 2100/94 du 27 juill. 1994 en ce qui concerne les taxes dues à l'Office communautaire des variétés végétales. – V. Règl. (CE) n° 1238/95, art. 4, 7, 9, 10, **p. 2362.**
2003	14 avr.	Règlement (CE) n° 807/2003. – V. Règl. (CE) n° 2100/94, art. 115, **p. 2360.**
2003	10 juin	Décision n° 4. Commission prévue par l'art. L. 311-5 *(rémunération pour copie privée)*, **p. 1429.**
2003	18 juin	Loi n° 2003-517. Rémunération au titre du prêt en bibliothèque et renforçant la protection sociale des auteurs. – Art. 1er. – V. CPI, art. L. 133-1 à L. 133-4, L. 335-4, L. 811-1.
2003	22 juill.	Règlement (CE) n° 1383/2003. Intervention douanière et mesures d'interdiction des marchandises de contrefaçon, **p. 1149.**

2003	1er août	Loi n° 2003-706. Sécurité financière. – Art. 84. – V. CPI, art. L. 335-10, L. 521-7, L. 716-8.
2004	11 févr.	Loi n° 2004-130. Professions juridiques et judiciaires *(conseils en propriété industrielle)*. – V. CPI, art. L. 422-7, L. 422-11, L. 422-12, L. 422-13.
2004	20 févr.	Ordonnance n° 2004-178. Code du patrimoine (partie législative). – Dépôt légal. – V. C. patr., art. L. 131-1 s., **p. 1263.**
2004	25 févr.	Décret n° 2004-199. Partie réglementaire du CPI. – V. CPI, art. R. 411-1 à R. 411-5, R. 411-9, R. 411-17, R. 411-24, R. 413-1, R. 413-3, R. 413-4, R. 422-51-1 à R. 422-51-14, R. 422-54, R. 512-3, R. 512-3-1, R. 512-4, R. 512-5, R. 512-7 à R. 512-10, R. 512-12, R. 512-14 à R. 512-18, R. 513-1 à R. 513-3, R. 514-2 à R. 514-5, R. 612-1, R. 612-2, R. 612-7, R. 612-15, R. 612-23, R. 612-35, R. 612-36, R. 612-39, R. 612-41, R. 612-66, R. 612-71, R. 612-74, R. 613-47, R. 613-50 à R. 613-52, R. 613-54 à R. 613-57, R. 614-3, R. 614-22, R. 614-23, R. 615-1, R. 615-4, R. 615-5, R. 618-1 à R. 618-3, R. 712-2, R. 712-3, R. 712-6, R. 712-11, R. 712-12, R. 712-17 à R. 712-20, R. 712-22 à R. 712-24, R. 712-26 à R. 712-28, R. 714-1, R. 714-3 à R. 714-9, R. 717-1, R. 717-3, R. 717-5, R. 717-8, R. 718-2 à R. 718-4.
2004	2 mars	Avis n° 2003-2 du Conseil supérieur de la propriété littéraire et artistique. Juridiction compétente, **p. 1283.**
2004	2 mars	Avis n° 2004-1 du Conseil supérieur de la propriété littéraire et artistique. Libertés individuelles, **p. 1286.**
2004	2 mars	Avis n° 2004-2 du Conseil supérieur de la propriété littéraire et artistique. Droit de la concurrence, **p. 1289.**
2004	3 mars	Arrêté. Marque et dessins et modèles. – Art. 1er. – V. Arr. du 31 janv. 1992, art. 1er, ss. CPI, art. R. 712-26.
2004	9 mars	Loi n° 2004-204. Lutte contre la criminalité. – Art. 34 *(contrefaçon)*. – V. CPI, art. L. 335-2, L. 335-4, L. 343-1, L. 521-4, L. 615-14, L. 623-32, L. 716-9, L. 716-10.
2004	27 avr.	Règlement (CE) n° 772/2004. Accords de transfert de technologies, **p. 1512.**
2004	29 avr.	Directive (CE) n° 2004/48. Respect des droits de propriété intellectuelle, **p. 1149.**
2004	29 avr.	Règlement (CE) n° 873/2004. Modification Règl. (CE) n° 2100/94 sur les obtentions végétales. – V. Règl. (CE) n° 2100/94, art. 29, **p. 2341.**
2004	21 juin	Loi n° 2004-575. Confiance dans l'économie numérique *(contrefaçon)*, **p. 1293.**
2004	1er juill.	Ordonnance n° 2004-637. – Art. 4 *(rémunération des titulaires de droits voisins et comité de protection des obtentions végétales)*. – V. CPI, art. L. 214-4, L. 412-1.

2004	6 août	Loi n° 2004-800. Bioéthique *(protection juridique des inventions biotechnologiques)*. – V. CPI, art. L. 611-17, L. 611-18, L. 611-19, L. 611-20, L. 612-12, L. 613-2-1, L. 613-15, L. 613-16.
2004	31 août	Décret n° 2004-920. Prêt en bibliothèque. Partie réglementaire du CPI : – Art. 1er. – V. CPI, art. R. 133-1. – Art. 2. – V. CPI, art. R. 326-1 à R. 326-7. – Art. 3. – V. CPI, art. R. 811-1, R. 811-2.
2004	31 août	Décret n° 2004-921. Prêt en bibliothèque. Partie réglementaire du CPI : – Art. 1er. – V. CPI, art. R. 133-2. – Art. 2. – V. CPI, art. R. 811-1, R. 811-2.
2004	23 sept.	Arrêté. Application des art. R. 421-1, R. 421-2 et R. 421-5 à R. 421-8 *(conseils en propriété industrielle)*, **p. 1825.**
2004	6 déc.	Règlement (CE) n° 2082/2004. Modification du Règl. (CE) n° 216/96 sur la procédure de recours de l'Office de l'harmonisation dans le marché intérieur, **p. 2045.**
2004	8 déc.	Loi n° 2004-1338. Protection des inventions biotechnologiques. – V. CPI, art. L. 611-10, L. 611-19, L. 611-20, L. 612-5, L. 612-12, L. 613-2-2 à L. 613-2-4, L. 613-5-1 à L. 613-5-3, L. 613-15 à L. 613-16, L. 623-22-1, L. 623-22-2.
2005	23 mai	Décret. Modification de l'art. R. 214-2 *(composition de la commission de l'article L. 214-4)*, **p. 888.**
2005	6 juin	Décision n° 5. Commission prévue par l'art. L. 311-5 *(rémunération pour copie privée)*, **p. 1431.**
2005	29 juin	Règlement (CE) n° 1042/2005. Modification du Règl. (CE) n° 2869/95 relatif aux taxes à payer à l'Office de l'harmonisation dans le marché intérieur *(marques, dessins et modèles)*, **p. 2045.**
2005	30 juin	Règlement (CE) n° 1002/2005. Modification du Règl. (CE) n° 1239/95 sur l'octroi des licences obligatoires accordées par l'Office communautaire des variétés végétales, **p. 2365.**
2005	26 juill.	Loi n° 2005-842. Confiance et modernisation de l'économie. Réduction des redevances perçues par l'INPI en matière de brevet et licence de droit de brevet. – V. CPI, art. L. 612-20, L. 613-10.
2005	2 août	Arrêté. Redevances de procédures perçues par l'INPI. – V. ss. CPI, art. R. 411-17.
2005	26 sept.	Décret n° 2005-1217. Inventions de certains fonctionnaires et agents de ministères. – V. CPI, art. R. 611-14-1 et annexe.
2005	26 sept.	Décret n° 2005-1218. Modification du décret n° 96-858 du 2 oct. 1996. Inventions de certains fonctionnaires et agents de ministères *(logiciels, obtentions végétales)* : – Art. 1er. – V. Décr. mod., art. 1er, **p. 2401.** – Art. 2. – V. Décr. mod., annexe, **p. 2402.**

2005	26 sept.	Arrêté. Montant de la prime au brevet. – V. CPI, art. R. 611-14-1.
2005	14 oct.	Règlement (CE) n° 1687/2005. Modification du Règl. n° 2869/95. Taxes à payer à l'Office de l'harmonisation dans le marché intérieur (marques, dessins et modèles), **p. 2045.**
2005	20 oct.	Décret n° 2005-1298. Attribution de compétences dans le domaine de la lutte contre la contrefaçon : – Art. 1er. – V. CPI, art. R. 335-1, R. 521-1, R. 716-1. – Art. 2. – V. CPI, art. R.*335-1-1.
2005	22 nov.	Décision n° 6. Commission prévue à l'art. L. 311-5 CPI *(rémunération pour copie privée)*, **p. 1431.**
2005	6 déc.	Protocole portant amendement de l'accord ADPIC. – V. accord ADPIC, art. 31 *bis* et Annexe, **p. 1121.**
2005	7 déc.	Avis n° 2005-1 du Conseil supérieur de la propriété littéraire et artistique. Œuvres multimédias, **p. 1299.**
2005	7 déc.	Avis n° 2005-2 du Conseil supérieur de la propriété littéraire et artistique. Distribution des œuvres en ligne, **p. 1306.**
2006	23 janv.	Arrêté. Demande de retenue de marchandises par l'administration des douanes. – V. CPI, art. R. 335-1, R. 521-1, R. 716-1.
2006	1er mars	Loi n° 2006-236. Obtentions végétales. – V. CPI, art. L. 623-13.
2006	2 mars	Loi n° 2006-244. Autorisation de la ratification de l'Acte de Genève de l'Arrangement de La Haye concernant l'enregistrement international des dessins et modèles industriels, **p. 1863.**
2006	20 mars	Règlement (CE) n° 510/2006. Indications géographiques et appellations d'origine des produits agricoles et des denrées alimentaires, **p. 1562.**
2006	27 mars	Traité de Singapour sur le droit des marques, **p. 1983.**
2006	13 avr.	Arrêté. Dessins et modèles. – V. Arr. du 13 août 1992, art. 1er, ss. CPI, art. R. 514-5.
2006	17 mai	Règlement (CE) n° 816/2006. Octroi de licences obligatoires relatives à des produits pharmaceutiques, **p. 1743.**
2006	1er juin	Ordonnance n° 2006-639. Conseil en propriété industrielle exerçant à Mayotte. – V. CPI, art. L. 422-7, L. 422-11, L. 422-12, L. 422-13, L. 811-1.
2006	20 juill.	Décision n° 7. Commission prévue à l'art. L. 311-5 CPI *(rémunération pour copie privée)*, **p. 1431.**
2006	27 juill.	Décision n° 2006-540 DC du Conseil constitutionnel. Examen de la loi relative au droit d'auteur et aux droits voisins dans la société de l'information, **p. 1310.**
2006	1er août	Loi n° 2006-961. Droit d'auteur et droits voisins dans la société de l'information. Partie législative du CPI : – V. CPI, art. L. 111-1, L. 121-7, L. 122-3-1, L. 122-5, L. 122-7-1, L. 122-8, L. 131-3-1 à L. 131-3-3, L. 131-9, L. 132-20, L. 132-25,

		L. 211-3, L. 211-4, L. 211-6, L. 212-7, L. 212-11, L. 214-1, L. 214-2, L. 216-2, L. 311-2, L. 311-4, L. 311-5, L. 331-4, L. 331-5 à L. 331-22, L. 335-1, L. 335-2-1, L. 335-3-1, L. 335-3-2, L. 335-4-1, L. 335-4-2, L. 335-5 à L. 335-9, L. 335-12, L. 336-1, L. 336-2, L. 342-3, L. 342-3-1, L. 342-3-2, L. 811-2-1. – V. C. patr., art. L. 131-1, L. 131-2, L. 132-2, L. 132-4, L. 132-5, L. 132-6, **p. 1263.**
2006	20 nov.	Règlement (CE) n° 1791/2006. Indications géographiques et appellations d'origine. Modification Règl. 510/2007 du 20 mars 2006, **p. 1562.**
2006	28 nov.	Directive (CE) n° 2006-112. Système commun de taxe sur la valeur ajoutée. – Art. 96, 98. – V. ss. CPI, art. L. 133-3.
2006	12 déc.	Directive (CE) n° 2006/115. Droit de location et de prêt et aux droits voisins du droit d'auteur (version codifiée), **p. 1373.**
2006	12 déc.	Directive (CE) n° 2006/116. Durée de protection du droit d'auteur et de certains droits voisins (version codifiée), **p. 1379.**
2006	14 déc.	Règlement (CE) n° 1898/2006. Application du Règl. (CE) n° 510/2006. Protection des indications géographiques et des appellations des produits agricoles et des denrées alimentaires, **p. 1562.**
2006	18 déc.	Règlement (CE) n° 1891/2006. Adhésion à l'acte de Genève de l'arrangement de La Haye concernant l'enregistrement international de dessins et modèles. – Modification Règl. (CE) n° 40/94 du 20 déc. 1993, **p. 2003** et Règl. (CE) n° 6/2002 du 12 déc. 2001, **p. 1905.**
2006	23 déc.	Décret n° 2006-1763. Répression pénale des atteintes aux mesures de protection et d'information. – V. CPI, art. R. 335-3, R. 335-4.
2007	3 janv.	Circulaire CRIM 1/G3-030107, **p. 1390.**
2007	5 janv.	Décret n° 2007-30. Valorisation des produits agricoles, forestiers ou alimentaires et des produits de la mer. Modification du code rural, **p. 1594.**
2007	1er févr.	Décret n° 2007-144. Inventions de fonctionnaires et agents de l'État. – V. CPI, art. R. 611-14-1 ; Décr. n° 96-858 du 2 oct. 1996, **p. 2401.**
2007	15 févr.	Arrêté. Application de l'art. L. 132-25 CPI, **p. 268.**
2007	26 févr.	Loi n° 2007-248. Médicament. – V. CPI, art. L. 613-5.
2007	1er mars	Décret n° 2007-280. Diverses modifications de la partie réglementaire du CPI. – V. CPI, art. R. 411-1-1, R. 411-1-2, R. 411-3, R. 411-5, R. 411-17, R. 512-3, R. 612-1, R. 612-6, R. 612-11, R. 612-17-1, R. 612-57, R. 612-76, R. 613-1, R. 613-2, R. 613-3, R. 613-10, R. 613-63, R. 613-64, R. 613-65, R. 614-5, R. 614-27, R. 614-28, R. 614-29, R. 614-30, R. 615-1, R. 616-1, R. 712-1, R. 712-7, R. 712-24, R. 715-2, R. 811-1, R. 811-2.
2007	23 mars	Décret n° 2007-410. Publication de l'acte de Genève de l'Arrangement de La Haye concernant l'enregistrement international des dessins et modèles industriels, **p. 1863.**

2007	3 mai	Arrêté. CSPLA. Modification de l'Arr. du 10 juill. 2000, **p. 1274.**
2007	7 mai	Décret n° 2007-731. Conseils en propriété industrielle. Partie réglementaire du CPI. – V. CPI, art. R. 421-1, R. 421-1-1, R. 421-1-2, R. 421-5, R. 421-6, R. 421-7, R. 421-9, R. 421-10, R. 512-2, R. 512-3, R. 512-9-1, R. 512-15, R. 512-17, R. 612-2, R. 612-38, R. 613-45, R. 613-55, R. 613-57, R. 712-2, R. 712-14, R. 712-21, R. 714-4, R. 714-6, R. 712-3.
2007	9 mai	Décret n° 2007-756. Droit de suite. Partie réglementaire du CPI. – V. CPI, art. R. 122-1 à R. 122-11.
2007	9 juill.	Décision n° 8. Commission prévue à l'art. L. 311-5 CPI (rémunération pour copie privée), **p. 1433.**
2007	24 juill.	Règlement (CE) n° 876/2007. Dessins ou modèles communautaires. Modification du Règl. (CE) n° 2245/2002 du 21 oct. 2002, **p. 1934.**
2007	26 juin	Avis n° 2007-1 du Conseil supérieur de la propriété littéraire et artistique. Mise à disposition ouverte des œuvres, **p. 1319.**
2007	15 oct.	Décision. Commission de l'art. L. 214-4 CPI (rémunération des artistes-interprètes et des producteurs de phonogrammes), **p. 1435.**
2007	17 oct.	Loi n° 2007-1475. Ratification de l'acte portant révision de la convention sur la délivrance de brevets européens, **p. 1652.**
2007	17 oct.	Loi n° 2007-1477. Ratification de l'accord sur l'application de l'article 65 de la convention sur la délivrance de brevets européens, **p. 1665.**
2007	29 oct.	Loi n° 2007-544. Lutte contre la contrefaçon. – V. CPI, art. L. 331-1, L. 331-1-1 à L. 331-1-4, L. 331-2, L. 332-1, L. 332-2 à L. 332-4, L. 335-2, L. 335-6, L. 335-8, L. 343-1, L. 343-2, L. 343-5 à L. 343-7, L. 515-1, L. 521-1 à L. 521-19, L. 522-1, L. 522-2, L. 615-1, L. 613-25, L. 614-7, L. 615-3, L. 615-5, L. 615-5-2, L. 615-7, L. 615-7-1, L. 615-14, L. 615-14-2, L. 615-14-3, L. 615-2, L. 622-5, L. 622-7, L. 623-27, L. 623-27-1, L. 623-27-2, L. 623-28, L. 623-28-1, L. 623-30, L. 623-32-1, L. 623-32-2, L. 716-3, L. 716-6, L. 716-7, L. 716-7-1, L. 716-8, L. 716-8-1 à L. 716-8-6, L. 716-9, L. 716-10, L. 716-11-2, L. 716-13, L. 716-14, L. 716-15, L. 717-2, L. 722-1 à L. 722-7.
2007	11 déc.	Décision n° 9. Commission prévue à l'art. L. 311-5 CPI (rémunération pour copie privée), **p. 1436.**
2007	19 déc.	Loi n° 2007-1786. De financement de la sécurité sociale pour 2008. Modification de l'art. L. 716-10. – V. CPI, art. L. 716-10.
2007	20 déc.	Règlement (CE) n° 15/2008. Protection communautaire des obtentions végétales. Modification du Règl. (CE) n° 2100/94 du 27 juill. 1994, art. 12, 41, 52, **p. 2336.**
2008	7 janv.	Arrêté. Conseils en propriété industrielle. Modification de l'arrêté du 23 sept. 2004, **p. 1825.**
2008	7 janv.	Arrêté. Conseils en propriété industrielle. Application de l'art. R. 421-1-2. – V. ss. CPI, art. R. 421-1-2.

2008	27 févr.	Décision n° 10. Commission prévue à l'art. L. 311-5 CPI (rémunération pour copie privée), **p. 1438.**
2008	21 mars	Arrêté. CSPLA. Modification de l'Arrêté du 10 juill. 2000, **p. 1274.**
2008	10 avr.	Avis du Conseil supérieur de la propriété littéraire et artistique. Œuvres orphelines, **p. 1322.**
2008	11 avr.	Circulaire CRIM 08-10/G3. Lutte contre la contrefaçon, **p. 1184.**
2008	24 avr.	Décret n° 2008-402. Réduction des redevances d'un brevet – V. CPI, art. R. 613-63, R. 811-2.
2008	24 avr.	Arrêté. Redevances perçues par l'INPI. – V. ss. CPI, art. R 411-17.
2008	2 mai	Décret n° 2008-428. Publication de l'Acte portant révision de la convention sur la délivrance de brevets européens (CBE). – V. CBE, art. 4 *bis*, 11, 14, 16 à 18, 21 à 23, 33, 35, 37, 38, 42, 50 à 54, 60, 61, 65, 67 à 70, 75 à 80, 86 à 88, 90 à 99, 101 à 106, 108, 110, 112 *bis*, 115, 117, 119 à 124, 126 à 130, 133 à 138, 140, 141, 149 *bis*, 150 à 164, **p. 1652.**
2008	20 mai	Décret n° 2008-469. Publication de l'accord sur l'application de l'art. 65 de la convention sur la délivrance de brevets européens (CBE). – V. CBE, art. 65, **p. 1665.**
2008	2 juin	Décret n° 2008-522. Refonte de la partie réglementaire du code de l'organisation judiciaire, compétence juridictionnelle, **p. 1180.** – V. CPI, art. D. 411-19-1, D. 521-6, R. 522-1, D. 631-1, D. 631-2, D. 716-12, D. 722-6.
2008	3 juin	Loi n° 2008-518. Opérations spatiales. – V. CPI, art. L. 611-1, L. 613-5.
2008	19 juin	Loi n° 2008-573. Ratification du traité de l'OMPI sur les interprétations et exécutions et sur les phonogrammes, **p. 1406.**
2008	19 juin	Loi n° 2008-574. Ratification du traité de l'OMPI sur le droit d'auteur, **p. 1356.**
2008	19 juin	Règlement (CE) n° 572/2008. Modification du règlement (CE) n° 1238/95 en ce qui concerne le montant de la taxe annuelle et de la taxe relative à l'examen technique, dues à l'Office communautaire des variétés végétales. – Art. 1er. – V. Règl. n° 1238/95 du 31 mai 1995, art. 1er, 3, 9, 10, 11, 13, 14, **p. 2361.**
2008	27 juin	Décret n° 2008-624. Application de la loi n° 2007-1544 du 29 oct. 2007 de lutte contre la contrefaçon. – V. CPI, art. R. 331-1, R. 332-1 à R. 332-4, R. 343-1, R. 521-1 à R. 522-1, R. 615-1 à R. 615-4, R. 622-6, R. 623-50-1, R. 623-51, R. 623-51-1, R. 623-53-1, R. 716-1 à R. 716-5, R. 717-11, R. 722-1 à R. 722-5, D. 631-1, D. 631-2, R. 811-1, R. 811-2.
2008	27 juin	Décret n° 2008-625. Application de la loi n° 2007-1544 du 29 oct. 2007 de lutte contre la contrefaçon. – V. CPI, art. R. 411-17, R. 422-55, R. 523-1 à R. 523-6, R. 613-25-1 à R. 613-25-4, R. 614-8 à R. 614-11, R. 614-12, R. 614-13, R. 716-6 à R. 716-11, R. 811-1 à R. 811-3.

2008	4 août	Loi n° 2008-776. Modernisation de l'économie. – V. CPI, art. L. 513-3, L. 611-10, L. 611-11, L. 611-16, L. 613-2, L. 613-9, L. 613-24, L. 613-25, L. 614-6, L. 614-12, L. 714-7.
2008	2 sept.	Arrêté. Modification de l'Arrêté du 31 janv. 1992 relatif aux marques, **p. 1081.**
2008	2 sept.	Arrêté. Modification de l'Arrêté du 24 avr. 2008. Redevances INPI. – V. ss. CPI, art. R. 411-17.
2008	17 sept.	Décision. Commission de l'art. L. 214-4 (rémunération des artistes-interprètes et des producteurs de phonogrammes), **p. 1441.**
2008	22 oct.	Directive (CE) n° 2008/95. Marques, **p. 2049.**
2008	11 déc.	Ordonnance n° 2008-1301. Brevets d'invention et marques. – V. CPI, art. L. 411-1, L. 611-4, L. 612-2, L. 612-7, L. 612-15, L. 612-16, L. 612-16-1, L. 612-17, L. 612-19, L. 613-22, L. 613-23, L. 712-4, L. 712-10, L. 713-5, L. 714-7, L. 714-8, L. 811-1 à L. 811-4.
2008	17 déc.	Décision n° 11. Commission prévue à l'art. L. 311-5 CPI (rémunération pour copie privée), **p. 1442.**
2008	19 déc.	Décret n° 2008-1391. Exception au droit d'auteur en faveur du handicap. – V. CPI, art. R. 122-1 à R. 122-21, R. 211-1, R. 341-1.
2008	30 déc.	Décret n° 2008-1471. Limitation des revendications des brevets d'invention. – V. CPI, art. R. 411-17, R. 613-45.
2008	30 déc.	Décret n° 2008-1472. Application de l'ordonnance n° 2008-1301 du 11 déc. 2008. Brevets d'invention et marques. – V. CPI, art. R. 514-2, R. 611-19, R. 612-5, R. 612-8, R. 612-9, R. 612-11, R. 612-24, R. 612-45, R. 612-50, R. 612-53 à R. 612-56, R. 613-43, R. 613-49, R. 613-50, R. 613-52, R. 616-3, R. 617-2, R. 618-3, R. 624-1 à R. 624-7, R. 717-3, R. 717-5, R. 718-2.
2009	27 janv.	Arrêté. Modification de l'Arrêté du 24 avr. 2008. Redevances INPI. – V. ss. CPI, art. R. 411-17.
2009	6 févr.	Décret n° 2009-131. Fichier numérique d'œuvres. – V. CPI, art. D. 122-22.
2009	16 févr.	Arrêté. Composition de la commission de l'article L. 214-4. – V. ss. CPI, art. L. 214-4.
2009	26 févr.	Règlement (CE) n° 207/2009. Marque communautaire (version codifiée), **p. 2078.**
2009	31 mars	Règlement (CE) n° 355/2009. Modification des règlements (CE) n° 2868/95 et 2869/95 sur les taxes à payer à l'Office de l'harmonisation dans le marché intérieur, **p. 2004.**
2009	23 avr.	Directive (CE) n° 2009/24. Protection des programmes d'ordinateur (version codifiée), **p. 1385.**
2009	6 mai	Règlement (CE) n° 469/2009. Certificat complémentaire de protection pour les médicaments (version codifiée), **p. 1750.**

2009	12 mai	Loi n° 2009-526. Simplification du droit. – V. CPI, art. L. 133-4, L. 335-8, L. 335-9, L. 343-5, L. 521-12, L. 615-12, L. 615-14-3, L. 623-32-2, L. 623-34, L. 716-12.
2009	9 juin	Décret n° 2009-645. Inventions de fonctionnaires. – V. CPI, art. R. 611-13, R. 611-14-1.
2009	10 juin	Décision n° 2009-580 DC du Conseil constitutionnel sur la loi « Diffusion et protection de la création sur internet », **p. 1323.**
2009	12 juin	Loi n° 2009-669. Diffusion et protection de la création sur internet. – V. CPI, art. L. 121-8, L. 122-5, L. 132-27, L. 132-35 à L. 132-45, L. 211-3, L. 331-5 à L. 331-45, L. 332-1, L. 335-3, L. 335-12, L. 336-2 à L. 336-4, L. 342-3-1, L. 811-1, L. 811-2.
2009	19 juin	Décret n° 2009-744. Commission de l'art. L. 311-5. – V. CPI, art. L. 311-5, R. 311-6, R. 311-5, D. 311-8.
2009	17 sept.	Règlement (CE) n° 874/2009. Modalités d'application du règlement (CE) n° 2100/94 du Conseil en ce qui concerne la procédure devant l'Office communautaire des variétés végétales, **p. 2373.**
2009	9 oct.	Décret n° 2009-1204. Spécialisation des juridictions en matière de propriété intellectuelle. – V. CPI, art. R. 411-19, D. 411-19-1, D. 521-6, D. 716-12, D. 722-6.
2009	9 oct.	Décret n° 2009-1205. Spécialisation des juridictions en matière de propriété intellectuelle. – V. CPI, art. D. 331-1-1, D. 631-2.
2009	22 oct.	Décision n° 2009-590 DC du Conseil constitutionnel sur la loi « Protection pénale de la propriété littéraire et artistique sur internet », **p. 1329.**
2009	26 oct.	Décret n° 2009-1309. Sociétés de gestion collective. – V. CPI, art. R. 321-8.
2009	28 oct.	Loi n° 2009-1311. Protection pénale de la propriété littéraire et artistique sur internet. – V. CPI, art. L. 331-5 à L. 331-7, L. 331-17, L. 331-21-1, L. 331-22, L. 331-25 à L. 331-37, L. 342-3-1, L. 335-7 à L. 335-7-2, L. 336-3.
2009	28 oct.	Arrêté. Dossier invention de fonctionnaires. – V. CPI, art. R. 611-13.
2009	29 déc.	Décret n° 2009-1773. Organisation de la HADOPI. – V. CPI, art. R. 331-1 à R. 331-34.
2010	5 janv.	Décision. Commission de l'art. L. 214-4 CPI (rémunération des artistes-interprètes et des producteurs de phonogrammes), **p. 1445.**
2010	6 janv.	Décret n° 2010-10. Publication du traité de l'OMPI sur le droit des brevets, **p. 1624.**
2010	5 mars	Décret n° 2010-236. Traitement automatisé « Système de gestion des mesures pour la protection des œuvres sur internet » – V. CPI, art. L. 331-29.
2010	19 mars	Arrêté. Application de l'article L. 212-8 du code de la propriété intellectuelle (droits des artistes-interprètes dans leurs activités de doublage). – V. CPI, art. L. 212-8.

2010	19 mai	Décision. Commission de l'art. L. 214-4 CPI (rémunération due par les services de télévision), **p. 1449.**
2010	15 juin	Arrêté. Liste des personnes morales et des établissements ouverts au public mentionnés au 7e de l'art. L. 122-5. – V. CPI, art. L. 122-5.
2010	25 juin	Décret n° 2010-695. Contravention de négligence caractérisée. – V. CPI, art. R. 335-5.
2010	23 juill.	Loi n° 2010-853. Réseaux consulaires, commerce, artisanat et services (conseils en propriété industrielle). – V. CPI, art. L. 422-7.
2010	26 juill.	Décret n° 2010-872. Procédure devant la commission de protection des droits de la Haute Autorité pour la diffusion des œuvres et la protection des droits sur internet. – V. CPI, art. R. 331-35 s.
2010	26 août	Décret n° 2010-994. Droit d'exploitation des œuvres des journalistes. – V. CPI, art. R. 132-18 s.
2010	20 sept.	Décision. Commission prévue à l'art. L. 311-5 CPI (rémunération pour copie privée). – V. Décis. n° 11 du 17 déc. 2008, **p. 1442.**
2010	10 sept.	Décision n° 12. Commission prévue à l'art. L. 311-5 CPI *(rémunération pour copie privée)*. – Modification de la décision n° 11 du 17 déc. 2008, **p. 1442.**
2010	12 oct.	Décret n° 2010-1202. Procédure devant HADOPI. – V. CPI, art. R. 331-37.
2010	10 nov.	Décret n° 2010-1366. Labellisation des offres de services de communication au public en ligne et à la régulation des mesures techniques de protection et d'identification des œuvres. – V. CPI, art. R. 331-32-1, R. 331-32-2, R. 331-47 à R. 331-84.
2010	8 déc.	Décision. Commission de l'art. L. 214-4 CPI *(rémunération des artistes-interprètes et des producteurs de phonogrammes)* – Modification de la décision du 5 janv. 2010, **p. 1445.**
2010	23 déc.	Décret n° 2010-1630. Évaluation et labellisation des moyens de sécurisation destinés à prévenir l'utilisation illicite de l'accès à un service de communication au public en ligne. – V. CPI, art. R. 331-85 à R. 331-95.
2011	13 janv.	Décision n° 13. Commission prévue à l'art. L. 311-5 CPI *(rémunération pour copie privée)*, **p. 1450.**
2011	11 mars	Décret n° 2011-264. Système de gestion des mesures de protection des œuvres sur internet. – V. Décr. n° 2010-236 du 5 mars 2010, ss. CPI, art. L. 331-29.
2011	14 mars	Loi n° 2011-267. Sécurité intérieure. – V. CPI, art. L. 521-10, L. 615-14, L. 716-9, L. 623-32, L. 716-10.
2011	28 mars	Loi n° 2011-331. Modernisation des professions judiciaires ou juridiques et de certaines professions réglementées. – V. L. n° 66-879 du 29 nov. 1966, art. 8, 10, **p. 1808.**

2011	11 avr.	Décret n° 2011-386. Hadopi – liste des indicateurs du développement de l'offre légale. – V. CPI, art. D. 331-54-1.
2011	17 mai	Loi n° 2011-525. Simplification du droit. – V. CPI, art. L. 132-32, L. 132-33, L. 132-36, L. 132-38, L. 132-39, L. 132-44, L. 331-1, L. 521-3-1, L. 716-3, L. 722-8, L. 615-17, L. 623-31.
2011	26 mai	Loi n° 2011-590. Prix du livre numérique. – V. ss. CPI, art. L. 133-3.
2011	27 sept.	Directive (CE) n° 2011/77. Modification de la Dir. (CE) n° 2006/116. Durée de protection du droit d'auteur et de certains droits voisins, **p. 1379.**
2011	10 nov.	Décret n° 2011-1499. Application de la loi relative au prix du livre numérique. – V. ss. CPI, art. L. 133-3.
2011	30 nov.	Décision. Commission de l'art. L. 214-4 CPI *(rémunération des artistes-interprètes et des producteurs de phonogrammes)* – Modification de la décision du 5 janv. 2010, **p. 1445.**
2011	8 déc.	Loi n° 2011-1843. Certificats d'obtention végétale. – V. CPI, art. L. 412-1, L. 623-1 à L. 623-31.
2011	19 déc.	Ordonnance n° 2011-1895. Procédures civiles d'exécution. – V. CPI, art. L. 333-1, L. 333-4.
2011	20 déc.	Loi n° 2011-1898. Rémunération pour copie privée. – V. CPI, art. L. 122-5, L. 211-3, L. 311-1, L. 311-4, L. 311-4-1, L. 311-8.
2011	20 déc.	Arrêté. Remboursement de la rémunération pour copie privée. – V. CPI, art. L. 311-8.
2011	29 déc.	Loi n° 2011-2012. Renforcement de la sécurité sanitaire du médicament et des produits de santé. – V. CPI, art. L. 613-5.
2012	9 févr.	Décision. Commission prévue à l'art. L. 311-5 CPI *(rémunération pour copie privée)*, **p. 1450.**
2012	1er mars	Loi n° 2012-287. Exploitation numérique des livres indisponibles du XXe siècle. – V. CPI, art. L. 134-1 s.
2012	22 mars	Loi n° 2012-387. Simplification du droit. – V. CPI, art. L. 132-42-1, L. 132-44.
2012	5 juill.	Décret n° 2012-865. Publication de la de la convention internationale pour la protection des obtentions végétales, **p. 2321.**
2012	23 oct.	Avis du Conseil supérieur de la propriété littéraire et artistique sur l'informatique dans les nuages, **p. 1333.**
2012	25 oct.	Directive (CE) n° 2012-28. Utilisations autorisées des œuvres orphelines, **p. 1234.**
2012	7 nov.	Décret n° 2012-1247. Adaptation de divers textes aux nouvelles règles de la gestion budgétaire et comptable publique. – Art. 39. – V. CPI, art. R. 331-1, R. 411-7, R. 411-8, R. 411-9, R. 411-14, R. 411-15.
2012	21 nov.	Règlement (UE) n° 1151/2012. Indications géographiques et appellations d'origine des produits agricoles et des denrées alimentaires, **p. 1562.**

2012	14 déc.	Décision n° 15. Commission prévue à l'art. L. 311-5 CPI (*rémunération pour copie privée*), **p. 1426.**
2012	17 déc.	Règl. (UE) n° 1257/2012. Brevet européen à effet unitaire, **p. 1756.**
2012	17 déc.	Règl. (UE) n° 1260/2012. Brevet européen à effet unitaire, **p. 1764.**
2012	26 déc.	Décret n° 2012-1462. Compétence juridictionnelle. – V. CJA, art. R. 211-7-1, **p. 1182.**
2013	19 févr.	Accord n° 2013/C 175/01. Juridiction unifiée du brevet, **p. 1768.**
2013	27 févr.	Décret n° 2013-182. Exploitation numérique des livres indisponibles. – V. CPI, art. R. 134-1 à R. 134-11, R. 327-1 à R. 327-7.
2013	18 mars	Arrêté. Application de l'art. R. 134-1 (composition et fonctionnement du comité scientifique sur les livres indisponibles du XXe siècle). – V. CPI, art. R. 134-1.
2013	27 mars	Arrêté. Application de l'art. L. 212-8 (rémunération des artistes-interprètes des films français sortis en salle du 1er janv. 1961 au 1er déc. 1990). – V. CPI, art. L. 212-8.
2013	12 juin	Règlement (CE) n° 608/2013. Contrôle douanier du respect des droits de propriété intellectuelle, **p. 1161.**
2013	8 juill.	Loi n° 2013-595. Exception pédagogique. – V. CPI, art. L. 122-5.
2013	8 juill.	Décret n° 2013-596. Téléchargement illégal. – V. CPI, art. R. 331-37, R. 335-5.
2013	14 août	Décret n° 2013-746. Sociétés de participations financières de la profession libérale de conseil en propriété industrielle. – V. CPI, art. R. 422-51-1 à R. 422-51-6, R. 422-51-8 à R. 422-51-10.
2013	23 sept.	Décret n° 2013-845. Publication du traité de Singapour sur le droit des marques, **p. 1983.**
2013	10 déc.	Décret n° 2013-1141. Information des acquéreurs de supports d'enregistrement soumis à la rémunération pour copie privée. – V. CPI, art. R. 311-9 à R. 311-12.
2013	18 déc.	Règlement délégué (UE) n° 664/2014. Établissement des symboles de l'Union pour les appellations d'origine protégées, les indications géographiques protégées et les spécialités traditionnelles garanties et en ce qui concerne certaines règles relatives à la provenance, certaines règles procédurales et certaines règles transitoires supplémentaires, **p. 1588.**
2014	24 janv.	Arrêté. Notice prévue à l'article L. 311-4-1 du code de la propriété intellectuelle. – V. ss. CPI, art. L. 311-4-1.
2014	11 févr.	Décret n° 2014-119. Code du patrimoine (partie réglementaire). – V. C. patr., art. R. 132-45, R. 133-1-1, **p. 1274.**
2014	26 févr.	Directive (UE) n° 2014/26. Gestion collective du droit d'auteur et des droits voisins et octroi de licences multiterritoriales de droits sur des œuvres musicales en vue de leur utilisation en ligne dans le marché intérieur, – V. CPI, art. L. 321-1 s., R. 321-1 s.

2014	11 mars	Loi n° 2014-315. Lutte contre la contrefaçon : – V. CPI, art. L. 331-1-2, L. 331-1-3, L. 332-1, L. 332-1-1, L. 332-3, L. 332-4, L. 335-2, L. 335-4, L. 335-10 à L. 335-18, L. 343-1, L. 343-1-1, L. 343-2, L. 422-10-1, L. 511-10, L. 513-4, L. 521-3 à L. 521-7, L. 521-14, L. 521-15, L. 521-17 à L. 521-17-3, L. 521-18, L. 521-19, L. 522-1, L. 611-8, L. 613-3, L. 614-32 à L. 614-39, L. 615-3, L. 615-5, L. 615-5-1-1, L. 615-5-2, L. 615-7, L. 615-8, L. 615-17 à L. 615-20, L. 622-3, L. 622-5, L. 622-7, L. 622-8, L. 623-4, L. 623-24-1, L. 623-27, L. 623-27-1, L. 623-27-1-1, L. 623-27-2, L. 623-28, L. 623-29, L. 623-31, L. 623-36 à L. 623-44, L. 712-6, L. 716-5 à L. 716-8-9, L. 716-10, L. 716-14, L. 722-1 à L. 722-7, L. 722-9 à L. 722-17. – Art. 143-I. – V. L. n° 2011-590 du 26 mai 2011, art. 7-1, ss. CPI, art. L. 333-1.
2014	17 mars	Loi n° 2014-344. Consommation : – Art. 73. – V. CPI, art. L. 411-1, L. 411-4, L. 711-4, L. 712-2-1, L. 712-4, L. 713-6, L. 721-2 à L. 721-10, L. 722-1. – Art. 75. – V. CPI, art. L. 731-1 à L. 731-4. – Art. 107. – V. L. n° 94-665 du 4 août 1994, art. 16 à 18, **p. 2316.** – Art. 143-I. – V. L. n° 2011-590, art. 7-1, ss. CPI, art. L. 133-3.
2014	21 mars	Arrêté. Modification de l'arrêté du 10 juillet 2000 portant création du Conseil supérieur de la propriété littéraire et artistique, **p. 1274.**
2014	21 mars	Règlement (UE) n° 316/2014. Accords de transfert de technologie, **p. 1529.**
2014	23 avril	Arrêté. Application de l'art. L. 212-8 (prorogation de la convention DAD-R, accords collectifs et sur les flux financiers dans le secteur du doublage). – V. CPI, art. L. 212-8.
2014	25 avr.	Arrêté. Modification de l'arrêté du 10 juillet 2000 portant création du Conseil supérieur de la propriété littéraire et artistique, **p. 1274.**
2014	27 mai	Décret n° 2014-551. Adaptation de dispositions pour faire suite à la fusion de la direction générale des impôts et de la direction générale de la comptabilité publique. – V. C. patr., art. R. 133-1-1, **p. 1274.**
2014	20 juin	Décret n° 2014-650. Modification du code de la propriété intellectuelle. – V. CPI, art. R. 411-3, R. 512-1 à R. 512-3, R. 513-1, R. 514-5, R. 514-5-1, R. 612-1, R. 612-7, R. 614-1 à R. 614-3, R. 614-21, R. 614-22, R. 614-24, R. 618-5, R. 618-6, R. 622-1, R. 712-1, R. 712-3, R. 712-14, R. 712-15, R. 712-24, R. 712-26, R. 717-8, R. 718-5.
2014	27 juin	Décret n° 2014-731. Instance nationale des obtentions végétales. – V. CPI, art. R. 412-1 à R. 412-3, D. 412-4, R. 412-5 à R. 412-8, D. 412-9 à D. 412-13, R. 412-14 à R. 412-16, R. 412-20, R. 412-21, R. 623-1 à R. 623-10, R. 623-12, R. 623-13, R. 623-16, R. 623-17, R. 623-19 à R. 623-26, R. 623-28 à R. 623-31, R. 623-33 à R. 623-40-1, R. 623-43, R. 623-45, R. 623-46, R. 623-48, R. 623-49, R. 623-51, R. 623-53 à R. 623-58.
2014	1er août	Décret n° 2014-869. Application de l'article L. 623-24-1 du code de la propriété intellectuelle. – V. CPI, art. R. 623-59.

2014	4 août	Loi n° 2014-873. Égalité réelle entre les femmes et les hommes. – Art. 57. – V. L. n° 2004-575 du 21 juin 2004, art. 6, **p. 1293.**
2014	19 août	Décret n° 2014-917. Mise à disposition du public, pour un usage de réutilisation, d'informations publiques issues des bases de données de l'Institut national de la propriété industrielle. – Art. 1er. – V. CPI, art. D. 411-1-3.
2014	11 sept.	Avis 2014-1 de la loi HADOPI. Exception de copie privée des programmes télévisés, **p. 424.**
2014	30 sept.	Décret n° 2014-1109. Application des dispositions de la loi n° 2014-344 du 17 mars 2014 relative à la consommation, renforçant les moyens de contrôle de l'autorité administrative chargée de la protection des consommateurs et adaptant le régime de sanctions. – Art. 38. – V. Décr. n° 95-240 du 3 mars 1995, art. 5 à 8, **p. 2317.**
2014	13 oct.	Loi n° 2014-1170. Avenir pour l'agriculture, l'alimentation et la forêt. – Art. 23, 57, 58. – V. CPI, art. L. 613-2-2, L. 623-4, L. 623-24-1, L. 623-24-3, L. 712-4.
2014	12 nov.	Ordonnance n° 2014-1348. Modification des dispositions du code de la propriété intellectuelle relatives au contrat d'édition [ratifiée par L n° 2016-925 du 7 juill. 2016]. – Art. 2 à 8. – V. CPI, art. L. 132-1 à L. 132-3, L. 132-5, L. 132-9, L. 132-11, L. 132-17 à L. 132-17-8.
2014	13 nov.	Loi n° 2014-1353. Lutte contre le terrorisme. – Art. 12. – V. L. n° 2004-575 du 21 juin 2004, art. 6, 6-1, **p. 1294.**
2014	1er déc.	Accord CPE-SNE. Contrat d'édition dans le secteur du livre. – V. ss. CPI, art. L. 132-17-8.
2014	4 déc.	Règlement (UE) n° 1294/2014. Modification du règlement (CE) n° 1238/95 en ce qui concerne le montant de la taxe de demande et de la taxe d'examen dues à l'Office communautaire des variétés végétales. – Art. 1er. – V. Règl. n° 1238/95 du 31 mai 1995, art. 7, 8, **p. 2363.**
2014	10 déc.	Arrêté. Application de l'article L. 132-17-8 du code de la propriété intellectuelle et extension de l'accord du 1er décembre 2014 entre le Conseil permanent des écrivains et le Syndicat national de l'édition sur le contrat d'édition dans le secteur du livre. – V. ss. CPI, art. L. 132-17-8.
2014	16 déc.	Décret n° 2014-1518. Mode de désignation et missions du mandataire prévu à l'article L. 533-1 du code de la recherche. – Art. 7, 8. – V. CPI, art. R. 611-13, R. 811-1-1.
2014	19 déc.	Décret n° 2014-1550. Application de la loi n° 2014-315 du 11 mars 2014 renforçant la lutte contre la contrefaçon. – Art. 2 à 8. – V. CPI, art. R. 332-1 à R. 332-4, R. 343-1, R. 521-1, R. 615-1, R. 623-50-1, R. 623-53, R. 716-1, R. 722-1.
2014	19 déc.	Arrêté. Modification de l'arrêté du 20 décembre 2011 relatif au remboursement de la rémunération pour copie privée. – Art. 1er. – V. Arr. du 20 déc. 2011, art. 1er, ss. CPI, art. L. 311-8.

2014	20 déc.	Loi n° 2014-1545. Simplification de la vie des entreprises et diverses dispositions de simplification et de clarification du droit et des procédures administratives. – Art. 23. – V. L. n° 90-1258 du 31 déc. 1990, art. 8, **p. 1816.**
2015	3 févr.	Arrêté. Modification de l'arrêté du 24 janvier 2014 relatif à la notice prévue à l'article L. 311-4-1 du code de la propriété intellectuelle. – Annexe. – V. ss. CPI, art. L. 311-4-1, Arr. du 24 janv. 2014, Annexe.
2015	5 févr.	Décret n° 2015-125. Blocage des sites provoquant à des actes de terrorisme ou en faisant l'apologie et des sites diffusant des images et représentations de mineurs à caractère pornographique. – Art. 1er à 8. – V. L. n° 2004-575 du 21 juin 2004, art. 6-1, **p. 1298.**
2015	12 févr.	Décret n° 2015-164. Institution de la commission paritaire de conciliation spécifique au domaine des obtentions végétales. – Art. 1er. – V. CPI, art. D. 623-58-1.
2015	20 févr.	Loi n° 2015-195. Diverses dispositions d'adaptation au droit de l'Union européenne dans les domaines de la propriété littéraire et artistique et du patrimoine culturel. – V. CPI, art. L. 134-5, L. 134-8, L. 135-1 à L. 135-7, L. 211-4, L. 211-7, L. 212-3-1 à L. 212-3-4.
2015	4 mars	Décret n° 2015-253. Déréférencement des sites provoquant à des actes de terrorisme ou en faisant l'apologie et des sites diffusant des images et représentations de mineurs à caractère pornographique. – Art. 1er à 7. – V. L. n° 2004-575 du 21 juin 2004, art. 6-1, **p. 1298.**
2015	4 mars	Règlement. Procédure du Tribunal de l'Union européenne, **p. 1536.**
2015	19 mars	Décret n° 2015-318. Dépôt légal par les éditeurs des documents imprimés, graphiques et photographiques. – Art. 1er. – C. patr., art. R. 132-4, R. 132-5, **p. 1267.**
2015	23 mars	Charte. Bonnes pratiques dans la publicité pour le respect du droit d'auteur et des droits voisins, **p. 1481.**
2015	15 avr.	Décret n° 2015-427. Placement en retenue des marchandises présumées contrefaisantes par l'administration des douanes. – Art. 1er à 7. – V. CPI, art. R. 335-1, R.*335-1-1, R. 335-6 à R. 335-18, R. 523-1 à R. 523-6, R. 614-36, R. 614-37, R. 622-9, R. 623-60, R. 716-6 à R. 716-11, R. 722-7.
2015	6 mai	Décret n° 2015-506. Application des articles L. 135-7, L. 212-3-1 et L. 212-3-3 du code de la propriété intellectuelle. – V. CPI, art. R. 135-1 à R. 135-4, R. 212-8, R. 328-1 à R. 328-6, R. 811-1.
2015	7 mai	Décret n° 2015-511. Modification du code de la propriété intellectuelle et du décret n° 2014-1280 du 23 octobre 2014 relatif aux exceptions à l'application du principe « silence vaut acceptation » sur le fondement du II de l'article 21 de la loi n° 2000-321 du 12 avril 2000 relative aux droits des citoyens dans leurs relations avec les administrations. – V. CPI, art. R. 512-9-2, R.*512-9-3, R. 513-1-1, R.*513-1-2, R. 613-45-1, R.*613-45-2, R. 613-49, R.*613-49-1, R. 712-23-1, R.*712-23-2, R. 712-24-1, R.*712-24-2.

2015	7 mai	Décret n° 2015-515. Formation professionnelle continue des conseils en propriété industrielle. – V. CPI, art. R. 411-3, R. 413-1 à R. 413-5, R. 422-55-1.
2015	20 mai	Acte de Genève. Arrangement de Lisbonne sur les appellations d'origine et les indications géographiques, **p. 1551.**
2015	2 juin	Décret n° 2015-595. Indications géographiques protégeant les produits industriels et artisanaux et portant diverses dispositions relatives aux marques. – Art. 2 à 6. – V. CPI, art. R. 411-1, R. 411-1-4, R. 411-17, R. 411-19, R. 712-13, R. 712-16 à R. 712-18, R. 718-3, R. 721-1 à R. 721-12.
2015	10 juin	Arrêté. Redevances perçues par l'INPI. – V. ss. CPI, art. R. 411-17.
2015	15 juin	Décret n° 2015-671. Procédure d'alerte des collectivités territoriales et des établissements publics de coopération intercommunale sur les dépôts de marques auprès de l'Institut national de la propriété industrielle. – Art. 1er. – V. CPI, art. D. 712-29, D. 712-30.
2015	23 juin	Décret n° 2015-716. Service à compétence nationale dénommé « Agence du patrimoine immatériel de l'État », **p. 2318.**
2015	29 juin	Arrêté. Modalités de présentation de la demande d'intervention. – Art. 1er à 4. – V. ss. CPI, art. R. 335-6.
2015	29 juin	Arrêté. Précision sur la définition des denrées périssables dans le cadre du placement en retenue de marchandises présumées contrefaisantes par l'administration des douanes. – Art. 1er. – V. CPI, art. L. 335-14.
2015	31 juill.	Ordonnance n° 2015-948. Égal accès des femmes et des hommes au sein des autorités administratives indépendantes et des autorités publiques indépendantes. – V. CPI, art. L. 331-16, L. 331-17.
2015	6 août	Loi n° 2015-990. Croissance, activité et égalité des chances économiques : – Art. 57. – V. L. n° 66-879 du 29 nov. 1966, art. 18, **p. 1810.** – Art. 60-II, 173, 174, 175, 214. – V. CPI, art. L. 411-1, L. 422-9, L. 423-1, L. 611-7, L. 721-6, L. 721-7, L. 721-9, L. 811-1. – Art. 67. – V. L. n° 90-1258 du 31 déc. 1990, art. 3, 5, 5-1, 6, 7, 8, 10 à 13, 31-1, 31-2, 34, **p. 1814.** – Art. 173-II. – V. ss CPI, art. L. 423-1 ; L. n° 71-1130 du 31 déc. 1971, art. 66-4.
2015	10 sept.	Ordonnance n° 2015-1127. Réduction du nombre minimal d'actionnaires dans les sociétés anonymes non cotées. – Art. 2. – V. L. n° 90-1258 du 31 déc. 1990, art. 4, **p. 1814.**
2015	14 oct.	Décision du conseil d'administration de l'OEB. – Modifications du règlement d'exécution de la convention de Munich du 5 octobre 1973 (délivrance du brevet européen, CBE). – V. Conv. de Munich du 5 oct. 1973, art. 82, 147, **p. 1649.**
2015	6 nov.	Décret n° 2015-1436. Modification du code de la propriété intellectuelle et des décrets n° 2014-1280 du 23 octobre 2014 relatif aux exceptions à l'application du principe « silence vaut acceptation » sur

		le fondement du II de l'article 21 de la loi n° 2000-321 du 12 avril 2000 relative aux droits des citoyens dans leurs relations avec les administrations (ministère des finances et des comptes publics et ministère de l'économie, de l'industrie et du numérique) et n° 2014-1281 du 23 octobre 2014 relatif aux exceptions à l'application du délai de deux mois de naissance des décisions implicites d'acceptation prévues au II de l'article 21 de la loi n° 2000-321 du 12 avril 2000 relative aux droits des citoyens dans leurs relations avec les administrations (ministère des finances et des comptes publics et ministère de l'économie, de l'industrie et du numérique). – Art. 1er à 15. – V. CPI, art. R. 132-14-1, R. 132-14-2, R. 421-9, R. 421-10-1, R. 421-10-2, R. 422-3 à R. 422-3-2, R. 512-12 à R. 512-12-2, R. 512-18-1, R. 512-18-2, R. 513-1-1, R. 513-2 à R. 513-2-2, R. 612-70-1, R. 612-70-2, R. 612-73-1, R.*612-73-2, R. 613-45-1, R. 613-52 à R. 613-52-2, R. 613-58-1, R. 613-58-2, R. 617-2-1, R.*617-2-2, R. 622-3-1, R.*622-3-2, R. 712-2 à R. 712-2-1, R. 712-23-1, R. 712-24-1, R. 714-1 à R. 714-1-2, R. 714-7-1, R. 714-7-2, R. 717-1, R.*717-1-1, R. 717-10, R.*717-10-1, R. 721-6.
2015	13 nov.	Décret n° 2015-1468. Modification du décret n° 2012-373 du 16 mars 2012 pris pour l'application des articles 18-12 et 18-13 de la loi n° 47-585 du 2 avril 1947 et relatif aux décisions de l'Autorité de régulation de la distribution de la presse et du Conseil supérieur des messageries de presse. – Art. 6. – V. COJ, art. D. 311-9, **p. 1183.**
2015	18 nov.	Arrêté. Nomination à la commission prévue à l'article L. 311-5. – V. ss. CPI, art. L. 311-5.
2015	30 nov.	Règlement d'exécution (UE) 2015/2206. Modification du règlement (CE) n° 1238/95 en ce qui concerne les taxes dues à l'Office communautaire des variétés végétales. – Art. 1er. – V. Règl. (CE) n° 1238/95 du 31 mai 1995, art. 3, 5, 7, 8, 12 à 14, **p. 2362.**
2015	16 déc.	Directive (UE) n° 2015/2436. Rapprochement des législations des États membres sur les marques, **p. 2162.**
2015	16 déc.	Règlement (UE) n° 2015/2424. Modification du règlement (CE) n° 207/2009 du Conseil sur la marque communautaire et du règlement (CE) n° 2868/95 de la Commission portant modalités d'application du règlement (CE) n° 40/94 du Conseil sur la marque communautaire, et abrogeant le règlement (CE) n° 2869/95 de la Commission relatif aux taxes à payer à l'Office de l'harmonisation dans le marché intérieur (marques, dessins et modèles) : – Art. 1er. – V. Règl. (CE) n° 207/2009 du 26 févr. 2009, **p. 2078.** – Art. 2. – V. Règl. (CE) n° 2868/95 du 13 déc. 1995, règles 1, 2, 4 à 5 *bis*, 9, 11, 12, 62, 71, 76, 78, 84, 87 à 91, 112, **p. 2004.** – Art. 3. – V. Règl. (CE) n° 2869/95 du 13 déc. 1995, **p. 2045.**
2015	17 déc.	Règlement d'application. Protection unitaire conférée par un brevet (note), **p. 1756.**
2015	17 déc.	Règlement. Taxes pour la protection unitaire (note), **p. 1795.**
2015	30 déc.	Décret n° 2015-1905. Modalités de transmission et de mise à disposition des informations constitutives du registre national du commerce et des sociétés. – Art. 2. – V. CPI, art. D. 411-1-3.

2016	10 févr.	Ordonnance n° 2016-131. Réforme du droit des contrats, du régime général et de la preuve des obligations. – Art. 6-XIV. – V. CPI, art. L. 131-2.
2016	8 mars	Décret n° 2016-280. Indications géographiques protégeant les produits industriels et artisanaux. – Art. 1er, 2. – V. CPI, art. R. 721-9, R. 721-10.
2016	14 mars	Ordonnance n° 2016-301. Partie législative du code de la consommation. – Art. 14, 29. – V. CPI, art. L. 311-4-1, L. 731-3, L. 731-4.
2016	31 mars	Ordonnance n° 2016-394. Sociétés constituées pour l'exercice en commun de plusieurs professions libérales soumises à un statut législatif ou réglementaire ou dont le titre est protégé : – Art. 1er, 2, 3, 4. – V. L. n° 90-1258 du 31 déc. 1990, art. 1er, 31-2, 31-3 à 31-12, **p. 1813.** – Art. 6. – V. CPI, art. L. 422-6, L. 422-7, L. 422-12, L. 423-2.
2016	22 avr.	Décret n° 2016-504. Profession de conseil en propriété industrielle. – Art. 1er à 8. – V. CPI, art. R. 421-1, R. 421-1-1, R. 421-5, R. 421-7, R. 421-8, R. 422-7-1, R. 423-2.
2016	25 avr.	Arrêté. Formation professionnelle continue des conseils en propriété industrielle. – V. ss. CPI, art. R. 422-55-1.
2016	10 mai	Loi n° 2016-563. Ratification de l'ordonnance n° 2015-1127 du 10 septembre 2015 portant réduction du nombre minimal d'actionnaires dans les sociétés anonymes non cotées. – Art. 3. – V. L. n° 90-1258 du 31 déc. 1990, art. 4, **p. 1814.**
2016	3 juin	Loi n° 2016-731. Renforcement de la lutte contre le crime organisé, le terrorisme et leur financement, et amélioration de l'efficacité et des garanties de la procédure pénale. – Art. 44, 83. – V. CPI, art. L. 335-2, L. 335-4, L. 716-9, L. 716-10, L. 343-4, L. 521-10, L. 615-14.
2016	8 juin	Directive (UE) 2016/943. Protection des savoir-faire et des informations commerciales non divulgués (secrets d'affaires) contre l'obtention, l'utilisation et la divulgation illicites.
2016	29 juin	Décret n° 2016-875. Exercice de la profession de conseil en propriété industrielle sous forme de société d'exercice libéral et sociétés de participations financières de profession libérale de conseils en propriété industrielle. – Art. 1er-2. – V. CPI, art. R. 422-42, R. 422-43, R. 422-45, R. 422-51-3, R. 422-51-6, R. 422-51-8.
2016	7 juill.	Loi n° 2016-925. Liberté de la création, architecture et patrimoine : – Art. 1er, 2. – V. App., 1re partie, v° *Dispositions communes*, **p. 1337.** – Art. 7, 9 à 11, 13 à 20, 24, 25, 30, 31, 33, 36 à 40, 107. – V. CPI, art. L. 122-5, L. 122-5-1, L. 123-7, L. 131-2, L. 132-17-3-1, L. 132-17-8, L. 132-25, L. 132-25-1, L. 132-27, L. 132-28, L. 136-1 à L. 136-4, L. 211-3, L. 212-3-5, L. 212-3-6, L. 212-10 à L. 212-15, L. 213-2, L. 214-1, L. 214-3, L. 214-4, L. 214-6, L. 311-4 à L. 311-6, L. 311-8, L. 331-3, L. 331-9, L. 336-2, L. 342-3.
2016	8 août	Loi n° 2016-1087. Pour la reconquête de la biodiversité, de la nature et des paysages. – Art. 9, 10. – V. CPI, art. L. 611-19, L. 613-2-3.

2016	1er sept.	Règlement d'exécution (UE) 2016/1448. Modification du règlement (CE) n° 874/2009 établissant les modalités d'application du règlement (CE) n° 2100/94 du Conseil en ce qui concerne la procédure devant l'Office communautaire des variétés végétales. – Art. 1er. – V. Règl. (CE) n° 874/2009 du 17 sept. 2009, art. 2 à 6, 10, 11, 13 à 15, 17 à 19, 22 à 24, 27, 28, 37, 45, 51 *bis*, 53 à 54, 57, 58, 62 à 64 *bis*, 66, 67, 71, 73, 74, 78, 81 à 83, 91, **p. 2374.**
2016	7 oct.	Loi n° 2016-1321. Pour une République numérique. – Art. 38, 39. – V. CPI, art. L. 122-5, L. 342-3.
2016	7 oct.	Arrêté. Extension de l'accord du 3 octobre 2016 sur l'obligation de recherche d'exploitation suivie relative aux œuvres cinématographiques et audiovisuelles. – V. ss. CPI, art. L. 132-27.
2016	18 nov.	Loi n° 2016-1547. Modernisation de la justice du XXIe siècle. – Art. 3. – V. L. n° 71-1130 du 31 déc. 1971, art. 66-4, ss. CPI, art. L. 423-1.
2016	1er déc.	Ordonnance n° 2016-1635. Renforcement du dispositif français de lutte contre le blanchiment *[de capitaux]* et le financement du terrorisme. – Art. 16. – V. C. com., art. L. 123-6 ss. CPI, art. L. 411-1.
2016	22 déc.	Ordonnance n° 2016-1809. Reconnaissance des qualifications professionnelles de professions réglementées. – Art. 25. – V. L. n° 71-1130 du 31 déc. 1971, art. 66-4, ss. art. L. 423-1.
2016	22 déc.	Ordonnance n° 2016-1823. Transposition de la directive 2014/26/UE du Parlement européen et du Conseil du 26 février 2014 concernant la gestion collective du droit d'auteur et des droits voisins et l'octroi de licences multiterritoriales de droits sur des œuvres musicales en vue de leur utilisation en ligne dans le marché intérieur. – Art. 1er, 2. – V. CPI, art. L. 122-8, L. 122-10, L. 122-12, L. 123-7, L. 132-20-1, L. 132-25-1, L. 132-27, L. 132-43, L. 133-2, L. 133-4, L. 134-3 à L. 134-7, L. 134-9, L. 136-2, L. 136-4, L. 212-3-3, L. 214-3, L. 214-6, L. 217-2, L. 311-6, L. 321-1 à L. 328-2, L. 331-2, L. 331-18, L. 331-24, L. 331-26, L. 331-29, L. 336-2.
2017	20 janv.	Loi n° 2015-55. Statut général des autorités administratives indépendantes et des autorités publiques indépendantes. – Art. 47. – V. CPI, art. L. 331-12, L. 331-14, L. 331-16, L. 331-18, L. 331-19.
2017	31 janv.	Arrêté. Règlement intérieur de la Compagnie des conseils en propriété industrielle, **p. 1832.**
2017	21 févr.	Loi n° 2017-203. Ratification des ordonnances n° 2016-301 du 14 mars 2016 relative à la partie législative du code de la consommation et n° 2016-351 du 25 mars 2016 sur les contrats de crédit aux consommateurs relatifs aux biens immobiliers à usage d'habitation et simplifiant le dispositif de mise en œuvre des obligations en matière de conformité et de sécurité des produits et services. – Art. 12. – V. C. consom., art. L. 511-11, L. 511-22, L. 511-23, App., v° *Certificats de qualification*, **p. 1807.**
2017	27 févr.	Décret n° 2017-253. Exception au droit d'auteur, aux droits voisins et au droit des producteurs de bases de données en faveur de personnes atteintes d'un handicap. – Art. 2 à 4. – V. CPI, art. R. 122-13 à R. 122-22, R. 211-1, R. 341-1.

2017	2 mars	Décret n° 2017-284. Application des articles L. 123-7 et L. 311-6 du code de la propriété intellectuelle. – Art. 1er. – V. art. R. 329-1 à R. 329-12.
2017	9 mars	Décret n° 2017-313. Modalités de compensation des surcoûts identifiables et spécifiques des prestations assurées par les opérateurs de communications électroniques à la demande de la Haute Autorité pour la diffusion des œuvres et la protection des droits sur internet. – Art. 1er. – V. CPI, art. R. 331-37-1.
2017	15 mars	Décret n° 2017-338. Médiateur de la musique. – Art. 1er, 2. – V. CPI, art. R. 214-8 à R. 214-18, R. 811-1.
2017	17 mars	Décret n° 2017-345. Conditions d'indemnisation du médiateur de la musique. – V. ce texte ss. CPI, art. L. 214-6.
2017	4 mai	Décret n° 2017-775. Valorisation des produits agricoles, forestiers ou alimentaires et des produits de la mer. – Art. 2. – V. C. rur., art. R. 641-12 à R. 641-25.
2017	5 mai	Décret n° 2017-795. Application de l'article 27 de la loi n° 66-879 du 29 novembre 1966 et fixation de la majorité requise pour la transformation d'une société civile professionnelle en une société pluriprofessionnelle d'exercice ou pour la participation d'une société civile professionnelle à la constitution d'une telle société. – Art. 2. – V. CPI, art. R. 422-24-1, R. 422-40-1.
2017	5 mai	Décret n° 2017-797. Exercice de la profession de conseil en propriété industrielle par une société pluri-professionnelle d'exercice. – Art. 1er, 2. – V. CPI, art. R. 422-6, R. 422-7, R. 422-51-15 à R. 422-51-19, R. 422-55-2 à R. 422-55-5, R. 422-60.
2017	6 mai	Décret n° 2017-924. Gestion des droits d'auteur et des droits voisins par un organisme de gestion de droits et modification du code de la propriété intellectuelle : – Art. 2 à 4. – V. CPI, art. R. 122-7, R. 122-8, R. 134-6 à R. 122-11, R. 122-12, R. 134-10, R. 135-1, R. 321-1 à R. 321-48, R. 322-1 à R. 322-4, R. 323-1 à R. 323-5, R. 324-1, R. 324-2, R. 325-1 à R. 325-7, R. 326-1 à R. 326-7, R. 327-1 à R. 327-6, R. 331-1, R. 331-35. – Art. 5. – V. Décr. n° 2010-236 du 5 mars 2010, art. 1er, 4, 8, **p. 413.** – Art. 7. – V. COJ, art. D. 311-9, **p. 1183.**
2017	9 mai	Décret n° 2017-927. Fixation des conditions de détermination du salaire minimum des journalistes professionnels auteurs d'images fixes rémunérés à la pige. – Art. 1er. – V. CPI, art. D. 132-28, D. 132-29.
2017	10 mai	Décret n° 2017-933. Diverses mesures de simplification et de modernisation relatives aux collectivités territoriales. – Art. 1er. – V. C. patr., art. R. 132-2, **p. 1267.**
2017	18 mai	Règlement d'exécution (UE) 2017/1430. Complément du règlement (CE) n° 207/2009 du Conseil sur la marque de l'Union européenne et abrogation des règlements (CE) n° 2868/95 et (CE) n° 216/96, **p. 2182.**

2017	18 mai	Règlement d'exécution (UE) 2017/1431. Modalités d'application de certaines dispositions du règlement (CE) n° 207/2009 du Conseil sur la marque de l'Union européenne, **p. 2213.**
2017	12 juin	Décret n° 2017-1094. Registre des bénéficiaires effectifs définis à l'article L. 561-2-2 du code monétaire et financier. – Art. 3, 4 – V. CPI, art. D. 411-1-3, R. 811-1.
2017	14 juin	Règlement (UE) 2017/1001. Marque de l'Union européenne (version codifiée), **p. 2230.**
2017	14 juin	Règlement (UE) 2017/1128. Portabilité transfrontalière des services de contenu en ligne dans le marché intérieur, **p. 1243.**
2017	19 juin	Décision n° 16. Commission prévue à l'article L. 311-5 du CPI *(rémunération pour copie privée)*, **p. 1458.**
2017	28 juin	Décision du Conseil d'administration CA/D 3/17. Modification des règles 32 et 33 du règlement d'exécution de la Convention sur le brevet européen. – Art. 1er. – V. ce texte, **p. 1695.**
2017	29 juin	Décision du Conseil d'administration CA/D 6/17. Modification des règles 27 et 28 du règlement d'exécution de la Convention sur le brevet européen. – Art. 1er. – V. ce texte, **p. 1694.**
2017	29 juin	Accord interprofessionnel. Provision pour retours et compensation intertitres en matière d'édition d'un livre. – V. ss. CPI, art. L. 132-17-8.
2017	13 sept.	Directive (UE) 2017/1564. Certaines utilisations autorisées de certaines œuvres et d'autres objets protégés par le droit d'auteur et les droits voisins en faveur des aveugles, des déficients visuels et des personnes ayant d'autres difficultés de lecture des textes imprimés et modification de la directive 2001/29/CE sur l'harmonisation de certains aspects du droit d'auteur et des droits voisins dans la société de l'information, **p. 1253.**
2017	13 sept.	Règlement (UE) 2017/1563. Échange transfrontalier, entre l'Union et des pays tiers, d'exemplaires en format accessible de certaines œuvres et d'autres objets protégés par le droit d'auteur et les droits voisins en faveur des aveugles, des déficients visuels et des personnes ayant d'autres difficultés de lecture des textes imprimés, **p. 1259.**
2017	4 oct.	Code des usages et des bonnes pratiques de l'édition des œuvres musicales, **p. 1483.**
2017	25 oct.	Ordonnance n° 2017-1491. Extension et adaptation de la partie législative du code du travail, et de diverses dispositions relatives au travail, à l'emploi et à la formation professionnelle à Mayotte. – Art. 23. – V. CPI, art. L. 811-2, L. 811-2-1.
2017	28 nov.	Code des usages professionnels. Illustration photographique, .
2017	8 déc.	Décret n° 2017-1677. Conseil national du numérique, **p. 1337.**

TABLE ALPHABÉTIQUE

NOTA. Les nombres renvoient aux articles du code. Les nombres précédés du mot « art. » renvoient aux articles d'un texte autre que le Code de la propriété intellectuelle proprement dit. Quand il est renvoyé à une page, le nombre est précédé de la lettre « p. ».
La lettre « J. » entre parenthèses indique que l'on renvoie aux annotations de JURISPRUDENCE (sur deux colonnes) figurant sous l'article mentionné. Par exemple, l'indication L. 111-3 (J. 8 s.) signifie que l'on renvoie aux numéros 8 et suivants des annotations de jurisprudence figurant sous l'article L. 111-3 du Code de la propriété intellectuelle.
Les caractères italiques indiquent un mot de renvoi. Ceux de ces mots qui sont en caractères gras et précédés d'une flèche rouge renvoient un autre mot en caractères gras de la table ; les autres, en caractères maigres et sans flèche rouge, renvoient à une autre subdivision du même mot en caractères gras.
Il est rappelé qu'un tableau explicatif des abréviations utilisées figure au début de l'ouvrage.

A

Abus notoire,
- Droit de divulgation de l'auteur, L. 111-3.
  - par ses ayants droit, L. 121-3.
  - notoriété de l'abus, L. 121-3 (J. 1 s.).
- Droit d'exploitation de l'auteur, L. 122-9.
- Non-usage du droit de divulgation de l'auteur, L. 121-3.

Accords
► V. ***Union européenne.***

Accord commercial anti-contrefaçon, p. 1135.

Actes,
- Cession de droit d'auteur, L. 131-3, L. 131-3-1.
  - clause expresse, L. 131-6.
- Civils, L. 324-3.
- Officiels, L. 112-2 (J. 107).
- Procès-verbal
  ► V. ***Saisie.***

► V. ***Écrits, Opposabilité.***

Acteur
► V. ***Artistes.***

Actions en justice,
- Brevets, action civile, L. 615-1 s.
  - déclaration de non-contrefaçon, L. 615-9.
  - copropriété, L. 613-29.
  - action pénale, L. 615-12.
  ► V. ***Contrefaçon de brevet.***
- Certificat d'obtention végétale, L. 623-25.
  ► V. ***Contrefaçon de certificat d'obtention végétale.***
- Dessins et modèles, L. 521-2, L. 511-10.
  ► V. ***Contrefaçon de dessins et modèles.***
- Droits d'auteurs et droits voisins, L. 331-1 s.
  ► V. ***Contrefaçon.***
- Marques
  ► V. ***Contrefaçon de marque.***

► V. ***Action en revendication, Compétence, Concurrence déloyale, Contentieux, Nullité, Prescription des actions, Référé.***

Action en revendication,
- Brevets, L. 611-8, L. 612-7, R. 511-18 s.
- Dessins et modèles, L. 511-10.
- Marque, L. 712-6.
  - effet, L. 712-6 (J. 5).
  - suspension opposition, L. 712-4.
- Produit semi-conducteur, L. 622-3.
- Titre de propriété industrielle, L. 611-8.

Activité inventive, L. 611-14.
► V. ***Brevet communautaire, Inventions brevetables.***

Adaptation,
- Audiovisuelle, L. 131-3.
- Logiciel, L. 122-6 s.
- Œuvres de l'esprit, L. 112-3.
  - droit au respect, L. 121-1 (J. 59).
  - illicite, L. 122-4.

► V. ***Auteur.***

Affichage,
- Logiciel, L. 122-6 s.

Agent,
– Assermenté, L. 331-2, R. 331-1.
– D'État,
• auteur, L. 111-1.
• créateur de logiciels, L. 113-9 ; Décr. n° 96-858 du 2 oct. 1996, **p. 2401.**
• inventeur, L. 611-7.
• obtentions végétales, Décr. n° 96-858 du 2 oct. 1996, **p. 2401.**
– Cession des droits sur l'œuvre, L. 131-3-1.
– Organismes de gestion collective, R. 331-1.
– Police judiciaire, L. 331-2.
– Rémunération de l'auteur-agent public, L. 131-3-3.

Agronomie,
– Obtentions végétales, L. 412-1.
► V. ***Obtentions végétales.***

Albums,
– Rémunération auteur, L. 132-6.

Allocutions,
– Œuvre protégée, L. 112-2.

Analyses,
– Droits voisins, L. 211-3.
– Œuvre divulguée, L. 122-5.

Annotations, L. 132-6.

Antériorité,
– Brevets, R. 612-58.
– Dessins et modèles, L. 511-3.
• sanction, L. 512-4.
– Marques, L. 711-4, R. 411-1.

Anthologies,
– Œuvres originales, L. 112-3.
– Rémunération auteur, L. 132-6.

Appellation d'origine des produits agricoles et des denrées alimentaires,
– Protection, communautaire, Règl. (CE) n° 1898/2006 du 14 déc. 2006, **p. 1562** ; Règl. (CE) n° 1151/2012 du 21 nov. 2012, **p. 1562.**

Application industrielle,
– Inventions brevetables, L. 611-15 s.
► V. ***Inventions brevetables.***

Apposition,
– Contrefaçon de marque, L. 713-2 s.
– Usage de marque, L. 714-5.
► V. ***Contrefaçon de marque, Marques.***

Architecte,
– Décorateur, L. 113-7 (J. 39 s.).
– Droit, L. 121-1 (J. 15).
• moral, L. 121-2 (J. 7).
► V. ***Plans.***

Architecture,
– Œuvres protégées, L. 112-2.
– Reproduction d'une œuvre, L. 122-3.

Arrangement,
– Logiciel, L. 122-6 s.
– Œuvres de l'esprit, L. 112-3.
• illicite, L. 122-4.

Articles
► V. ***Presse, Produits.***

Artistes,
– Action de formation, L. 324-17.
– Apport personnel, L. 113-4 (J. 1).
– Improvisation, L. 113-7 (J. 18).
– Privilège, L. 131-8.
– Sommes insaisissables, L. 333-2 s.
► V. ***Artistes de complément, Artistes-interprètes.***

Artistes de complément, L. 211-4.

Artistes-interprètes, L. 212-1 s. ; Traité OMPI, art. 2, **p. 1357.**
– Contrat avec producteur de phonogrammes, L. 212-10 s.
– Décès
► V. ***Décès artiste-interprète.***
– Droit moral, L. 212-2, R. 212-8 ; Traité OMPI, art. 5, **p. 1357.**
– Droits patrimoniaux, L. 212-3 s. ; Traité OMPI, art. 6 s., **p. 1357.**
– Protection internationale, Convention de Rome du 26 oct. 1961, **p. 1399** ; Accord ADPIC, art. 14, **p. 1115.**
– Rémunération
► V. ***Rémunération des artistes-interprètes.***

Assistance
► V. ***Avocat, Conseils en propriété industrielle, Expert.***

Auteur,
– Associés, L. 321-1.
– Coauteurs
► V. ***Coauteurs.***
– Consentement (à la divulgation de l'œuvre), L. 121-2 (J. 11 s.).

Auteur ***(suite)***
- Contrats liant l'auteur, L. 111-1 (J. 30 s.), L. 113-9 (J. 12).
- Contrat de représentation, L. 132-19.
- Décès
  ► V. ***Décès de l'auteur.***
- Dramatique, L. 132-19.
  ► V. ***Contrat de représentation.***
- Édition, L. 132-7.
- Enseignant, L. 111-1 (J. 37).
- Étranger, L. 111-4 s.
  ► V. ***Étrangers.***
- Fonctionnaire, L. 111-1 (J. 36).
- Identité, L. 113-6.
- Incapacité, L. 132-7.
- Marque, L. 132-11.
- Nom
  ► V. ***Nom d'auteur.***
- Présomption de qualité, L. 113-7.
- Privilège, L. 131-8.
- Pseudonyme, L. 132-11, L. 113-6.
- Qualité, L. 113-1 s.
- Salarié, L. 113-9.
  ► V. ***Salarié.***
- Sommes insaisissables, L. 333-2 s.
  ► V. ***Ayants droit, Droits d'auteur, Testament.***

Avis documentaire, L. 612-23, R. 613-60 s.
► V. ***Inventions brevetables.***

Avis de nouveauté
► V. ***Brevet communautaire.***

Avocat,
- Procédure INPI, L. 422-4.

Ayants droit,
- Associés, L. 321-1.
- Droit de divulgation, œuvre posthume, L. 121-2 (J. 23 s.).
- Droits sur l'œuvre, L. 111-3.
  • exploitation, L. 122-1 (J. 1).
- Héritiers, L. 123-6 s.
  • notion, L. 123-7 (J. 2 s.).
- Inconnus, L. 211-2.
- Œuvre pseudonyme, L. 113-6 (J. 5 s.).
- Ordre, L. 121-2.
- Protection, durée, L. 123-1.
- Représentants, L. 121-3.
  • conflit, L. 122-9.
  • obligation de rendre compte, L. 131-7.

► V. ***Abus notoire, Contrat d'édition, Décès de l'auteur.***

B

Base de données,
- Atteinte, L. 343-2.
- Banque de données, protection, L. 112-3 (J. 11).
- Citation, L. 122-5 (J. 54).
- Droits de l'auteur, Dir. (CE) n° 96/9 du 11 mars 1996, art. 5, **p. 1212.**
  • exceptions, Dir. (CE) n° 96/9 du 11 mars 1996, art. 6, **p. 1212.**
- Droits des producteurs, L. 341-1 s. ; Dir (CE) n° 96/9 du 11 mars 1996, art. 7, **p. 1212.**
  • durée, Dir. (CE) n° 96/9 du 11 mars 1996, art. 10, **p. 1214.**
- Électronique, L. 122-5.
- Extraction, L. 342-3.
- Fouilles de textes et de données, L. 342-3.
- Mesures techniques de protection et d'information, L. 342-3-1, L. 342-3-2
- Mise en ligne, L. 342-4.
- Protection, L. 112-3 ; Dir. (CE) n° 96/9 du 11 mars 1996, **p. 1206** ; Accord ADPIC, art. 10-2, **p. 1509** ; Traité OMPI, art. 5, **p. 1357.**
- Qualité d'auteur, Dir. (CE) n° 96/9 du 11 mars 1996, art. 4, **p. 1211.**
- Respect, L. 121-1 (J. 58).
- Saisie-contrefaçon, L. 332-4.

► V. ***Logiciels.***

Bibliothèque,
- Bibliothèque accueillant du public, R. 133-1.
  ► V. ***Prêt en bibliothèque.***
- Exception au droit d'auteur en faveur des bibliothèques, L. 122-5, L. 211-3.

Bibliothèque nationale de France
► V. ***Dépôt légal.***

Bonnes mœurs,
- Dessins et modèles, L. 511-7.
- Inventions non brevetables, L. 611-17.
- Marques, L. 711-3.

Botanique,
- Obtentions végétales, L. 412-1.
  ► V. ***Obtentions végétales.***

Brevet communautaire, L. 614-25 s.
► V. ***Brevet d'invention, Union européenne.***

Brevet européen, L. 614-1 s., R. 614-1 s. ; CBE 5 oct. 1973, **p. 1649** ; Règl. UE 1257/2012 et 1260/2012 du 17 déc. 2012.
- Action en contrefaçon, L. 614-15.
  ▸ V. *Contrefaçon de brevet.*
- Délivrance, CBE 5 oct. 1973, **p. 1649.**
- Demande, dépôt, L. 614-2, R. 614-1.
  • CBE, art. 75 s., **p. 1667** ; art. 135 s., **p. 1680.**
  • déposant CBE, art. 58 s., **p. 1664.**
  • droit de priorité CBE, art. 87, **p. 1669.**
  • internationale CBE, art. 150 s., **p. 1684.**
  • procédure CBE, art. 90 s., **p. 1670.**
  • recours CBE, art. 100 s., **p. 1672.**
  • transformation, L. 614-6, R. 614-5.
- Divulgation, L. 614-4.
- Durée CBE, art. 63 s., **p. 1664.**
- Effets en France, L. 614-7 s.
- Information des tiers, L. 612-21.
  • CBE, art. 115, **p. 1675.**
- Juridiction unifiée du brevet, Règlement (UE) n° 1257/2012 du 17 déc. 2012, **p. 1756** ; Accord relatif à une juridiction unifiée du brevet du 19 févr. 2013, **p. 1768.**
- Licence obligatoire, L. 613-17-1.
- Marché communautaire, Convention de Luxembourg du 15 déc. 1975 (note), **p. 1460.**
- Nullité, action publique, L. 613-26.
  • causes, L. 613-25.
  • CBE, art. 138, **p. 1681.**
  • effet, L. 613-27.
  • licence, L. 613-8, L. 613-13.
- Office européen des brevets, L. 614-7.
  • CBE, art. 10 s., **p. 1653.**
  • procédure CBE, art. 113 s., **p. 1675.**
- Opposition CBE, art. 99 s., **p. 1672.**
- Registre européen des brevets, L. 614-11, L. 614-14.
  • CBE, art. 113, **p. 1675.**
- Taxes annuelles CBE, art. 141, **p. 1682.**
- Traduction, L. 614-7, R. 614-8 s.
  • CBE, art. 65, **p. 1665.**
  • revendications, L. 614-9, R. 614-11.

▸ V. *Brevet d'invention, Union européenne, Inventions brevetables.*

Brevet d'invention,
- Abrégé descriptif, R. 612-3 s., R. 612-10 ; Arr. du 19 sept. 1979, ss. R. 618-5.
- Accord ADPIC, art. 27 s., **p. 1120.**
- Action en contrefaçon
  ▸ V. *Contrefaçon de brevet.*
- Action en revendication, L. 611-8, L. 612-7, R. 611-18 s.
- Activité inventive, L. 611-14.
- Agents publics
  ▸ V. *Agent, Salarié.*
- Ancien régime, L. n° 68-1 du 2 janv. 1968, **p. 1796.**
- Annuités
  ▸ V. *Redevances.*
- Antérieur, L. 613-15.
- Application industrielle, L. 611-15 s.
- Avis documentaire, L. 612-23, R. 613-60 s.
- Brevet communautaire, L. 614-25 s.
- Brevet européen
  ▸ V. *Brevet européen.*
- Bureau international, Accord de La Haye, **p. 1599** ; Traité OMPI du 14 sept. 2000, **p. 1624.**
- Certificat d'addition, L. 611-5 ; L. 2 janv. 1968, art. 62 s. *[abrogés]*, **p. 1804** ; Décr. n° 79-822 du 19 sept. 1979, art. 119-1, **p. 1805.**
- Certificat complémentaire de protection
  ▸ V. *Certificat complémentaire de protection, Médicament.*
- Certificat d'utilité
  ▸ V. *Certificat d'utilité.*
- Cession, L. 613-8 s.
  • quote-part, L. 613-29.
  ▸ V. *Cession de droits.*
- Compétence, L. 615-17 s.
  ▸ V. *Directeur de l'Institut national de la propriété industrielle.*
- Conseils
  ▸ V. *Conseils en propriété industrielle.*
- Contentieux, L. 615-17.
- Contrat avec l'étranger, R. 624-1 s.
- Contrefaçon
  ▸ V. *Contrefaçon de brevet.*
- Conventions internationales, L. 614-31.
  ▸ V. *Conventions internationales.*
- Copropriété, L. 613-29.
  • abandon, L. 613-31.
- Corps humain et gène humain, L. 611-17.
- Déchéance, L. 613-22.
  • suspension délais, L. 613-23.
- Défaut d'exploitation
  ▸ V. *Licence.*
- Délais, R. 618-3 s.
- Délivrance, L. 612-1, L. 612-17, R. 612-70 s.
- Dépôt
  ▸ V. *Dépôt de brevet.*
- Description, L. 612-2, R. 612-12 s.
  • état de la technique, L. 611-11.
  • insuffisante, L. 613-25 (J. 3 s.).
  • portée, L. 612-6, L. 613-2.
  • rejet demande, L. 612-12.

Brevet d'invention *(suite)*
- Dispositions transitoires, L. 611-4 ; Décr. n° 79-822 du 19 sept. 1979, art. 119-1, **p. 1805.**
- Divulgation, L. 612-9.
  • européen, L. 614-4.
- Droit exclusif d'exploitation, L. 613-1 s.
  • actes interdits aux tiers, L. 613-3 s.
  • épuisement, L. 613-6.
  • limites, L. 613-4.
  • sanctions, L. 615-1.
- Droit international, Traité de Washington du 19 juin 1970, **p. 1602.**
  • classification, Arrangement de Strasbourg du 24 mars 1971, **p. 1617.**
  • micro-organismes, Traité de Budapest du 28 avr. 1977, **p. 1621** ; Traité de l'OMPI du 14 sept. 2000, **p. 1624.**
- Droit au titre
  ▸ V. ***Dépôt de brevet.***
- Droit de priorité, L. 612-7.
- Durée, L. 611-2.
- État de la technique
  ▸ V. ***État de la technique.***
- Étendue
  ▸ V. ***Revendications (brevet).***
- Étrangers, L. 611-1, L. 611-12, R. 612-23.
- Européen
  ▸ V. ***Brevet communautaire.***
- Exposition officielle
  ▸ V. ***Exposition officielle.***
- Expropriation
  ▸ V. ***Expropriation.***
- Fin d'effets, L. 614-13, L. 615-17.
- Information des tiers, L. 612-21.
- International
  ▸ V. ***Droit d'adaptation.***
- Inventeur, L. 611-6 s.
  ▸ V. ***Salarié.***
- Inventions brevetables
  ▸ V. ***Inventions brevetables.***
- Licences
  ▸ V. ***Licence.***
- Notifications, R. 618-1 s.
- Nullité, L. 613-25.
  • actes, L. 614-29.
  • action publique, L. 613-26.
  • effet, L. 613-27.
  • licence, L. 613-8, L. 613-13.
- Offre publique d'exploitation
  ▸ V. ***Licence.***
- Opposabilité, L. 613-9, L. 615-9.
  • avant-publication, L. 615-4.
- Perfectionnement
  ▸ V. ***Licence.***
- Portée, L. 613-2 (J. 1 s.).
- Possession antérieure, L. 613-7.
- Protection
  ▸ V. ***Dépôt de brevet.***
- Publicité, L. 612-21, R. 612-74.
  • œuvre à caractère technique, L. 112-2 (J. 12 s.).
- Rapport de recherche
  ▸ V. ***Rapport de recherche.***
- Recours, déchéance, L. 613-22, R. 613-52.
  • demande de brevet, L. 612-16, R. 612-52, R. 613-52.
- Redevances annuelles, L. 612-19 s., R. 613-46.
  • demande de brevet, L. 612-19 s., R. 613-46.
  • licence de droit, L. 613-12.
  • licence d'office, L. 613-17 s., R. 613-24 s.
  • de procédure, R. 411-17.
  • réduction, L. 612-20, R. 613-63.
  • sanction, L. 613-22.
  • de transmission, L. 614-23, R. 614-21.
- Registre national, L. 613-9, R. 613-53 s.
- Rémunération
  ▸ V. ***Rémunération des inventeurs salariés.***
- Renonciation, L. 613-24, R. 613-45.
  • délais, R. 613-45-1.
  • impossibilité, R. 611-20.
- Retenue en douane, L. 614-32 s, R. 614-36 s.
- Revendications
  ▸ V. ***Revendications (brevet).***
- Saisie, L. 613-21.
  ▸ V. ***Contrefaçon de brevet.***
- Titulaire, indemnisation, L. 612-10.
  ▸ V. ***Licence.***
- Traduction, L. 614-7 ; CBE, art. 65 (accord de Londres).
- Transferts techniques internationaux, R. 624-1 s.

▸ V. ***Union européenne, Conventions internationales, Licence.***

Brochures,
- Œuvre protégée, L. 112-2.

Broderie,
- Création de l'industrie saisonnière, L. 112-2.

Bulletin officiel de la propriété industrielle, L. 612-21, R. 712-8.

▸ V. ***Institut national de la propriété industrielle.***

Bureau international des brevets, Accord de La Haye du 6 juin 1947, **p. 1599.**
▸ V. ***Brevet communautaire, Conventions internationales.***

C

Câble,
– Distribution d'une œuvre, L. 132-20.
– Radiodiffusion de phonogrammes, L. 214-1.
▸ V. ***Retransmission, Satellite.***

Cachets,
– Signe distinctif, L. 711-1.
▸ V. ***Marques.***

Cadreur, L. 113-7 (J. 38).

Cameraman
▸ V. ***Cadreur.***

Captation audiovisuelle, L. 335-3.

Caricature,
– Droits voisins, L. 211-3.
– De marque, L. 712-1 (J. 3 s.).
– Œuvre divulguée, L. 122-5.

Cartes géographiques, L. 112-2.

Carte musique, ss. L. 331-23.

CD-Rom
▸ V. ***Œuvres multimédias.***

Centre national de la cinématographie, L. 331-2 s.
– Agents assermentés, L. 331-2, R. 331-1.
– Partie civile, L. 331-3.

Centre national des lettres, R. 111-1.

Cercle de famille,
– Droits voisins, L. 211-3.
– Représentation d'une œuvre, L. 122-5 (J. 5 s.).
▸ V. ***Ayants droit.***

Certificat d'addition, L. 611-5 ; L. n° 68-1 du 2 janv. 1968, art. 62 s. *[abrogés]*, **p. 1804** ; Décr. n° 79-822 du 19 sept. 1979, art. 119-1, **p. 1805.**
▸ V. ***Brevet communautaire.***

Certificat complémentaire de protection, L. 611-2 s., R. 617-1 ; Décr. n° 79-822 du 19 sept. 1979, art. 119-1, **p. 1805** ; Règl. (CE) n° 469/2009 du 6 mai 2009, **p. 1750.**
– Demande, Règl. (CE) n° 469/2009 du 6 mai 2009, art. 7 s.
– Durée, Règl. (CE) n° 469/2009 du 6 mai 2009, art. 13.
– Information des tiers, L. 612-21.
– Nullité, L. 613-28.
▸ V. ***Brevet d'invention, Médicament.***

Certificat d'obtention végétale, L. 623-4.
– Actions, L. 623-25.
 • prescription, L. 623-29 s.
– Contrefaçon
 ▸ V. ***Contrefaçon de certificat d'obtention végétale.***
– Déchéance, L. 623-23.
– Déchéance des droits, L. 623-23, R. 623-36.
 • licence, L. 623-19.
– Délivrance, L. 623-7 s., R. 623-25 s.
– Demande, R. 623-1 s.
 • défense nationale, R. 623-43.
 • instruction, R. 623-16 s.
– Demandeur, indemnisation, L. 623-10.
– Dénomination variété, L. 623-2, R. 623-4 s.
– Description, L. 612-5, R. 612-14.
 • variété nouvelle, L. 623-15.
– Droits du titulaire, L. 623-4.
– Durée, L. 623-13.
– Examen préalable, L. 623-12, L. 623-16.
– Expropriation, L. 623-22.
– Nullité, L. 613-28 ; Règl. (CE) n° 469/2009 du 6 mai 2009, art. 15, **p. 1754.**
– Redevances, L. 623-16.
 • montants, Arr. du 19 déc. 1986, ss. L. 623-16.
– Registres nationaux, R. 623-29, R. 623-38.
– Renonciation, R. 623-36.
▸ V. ***Brevet d'invention, Instance nationale des obtentions végétales, Obtentions végétales.***

Certificat de qualification, C. consom., art. L. 433-3 s., **p. 1806.**
▸ V. ***Marques.***

Certificat d'utilité, L. 611-2, R. 616-1 s.
– Action civile, L. 615-6.
– Contrefaçon, L. 615-5.
– Information des tiers, L. 612-21.
▸ V. ***Brevet d'invention.***

Cession de droits,
– Auteurs
 ▸ V. ***Cession de droits d'auteur.***

Cession de droits *(suite)*
– Bases de données, L. 342-1.
– Brevets, L. 613-8.
• action en contrefaçon, L. 615-2.
• contrat, L. 613-8 (J. 1 s.).
• copropriété, L. 613-29.
• opposabilité, L. 613-9.
• saisie contrefaçon, L. 615-5.
– Dessins et modèles, CUP, art. 6 *quater*, **p. 1480.**
– Marques, L. 714-1.
– Vidéogrammes, L. 215-1.
▸ V. ***Opposabilité.***

Cession de droits d'auteur, L. 131-1 s.
– Clause expresse, L. 131-6.
– Indépendance des droits, L. 111-3, L. 122-7.
– Lésion, L. 131-5.
– Mentions obligatoires, L. 131-3 (J. 4 s.).
– Objet matériel, L. 113-3.
– Obligation de rendre compte, L. 131-7.
– Partielle, L. 131-4, L. 131-7.
– Privilège, L. 131-8.
– Révision, L. 123-11.
– Sommes insaisissables, L. 333-2 s.
▸ V. ***Rémunération des auteurs, Représentation, Reproduction.***

Chargement,
– Logiciel, L. 122-6-1.

Chiffres,
– Signe distinctif, L. 711-1.
▸ V. ***Marques.***

Chorégraphie,
– Œuvre protégée, L. 112-2 (J. 23).

Cinéma,
– Reproduction d'une œuvre, L. 122-3.
▸ V. ***Centre national de la cinématographie, Film, Œuvres audiovisuelles, Œuvres cinématographiques.***

Cirque,
– Protection des numéros et tours, L. 112-2, L. 212-1.

Citation,
– Courte, d'œuvre divulguée, L. 122-5.
– Défaut de, L. 332-4.
– Droits voisins, L. 211-3.
▸ V. ***Contrefaçon de marque.***

Classification internationale des produits et service, 8ᵉéd., p. 1971.

Coauteurs,
– Œuvre audiovisuelle, L. 113-7.
• droit de préemption, L. 132-30.
• accord, L. 121-5.
– Œuvre de collaboration, L. 113-3.
▸ V. ***Auteur, Droit d'adaptation.***

Code de logiciels, L. 122-6-1.
▸ V. ***Logiciels.***

Codes des usages professionnels,
– Contrat type entre annonceur et agent de publicité, **p. 1480.**
– Illustration par dessin, **p. 1460.**
• illustration photographique, **p. 1462.**
– Littérature générale, **p. 1462.**
– Reproduction d'œuvres d'art, **p. 1465.**
– Traduction d'une œuvre de littérature générale, **p. 1469.**

Collectivité territoriale,
– Antériorité, L. 711-4 (J. 28).
▸ V. ***Marques.***

Comédien, L. 113-7 (J. 42 s.).
▸ V. ***Artistes.***

Commissaires aux comptes,
– Organismes de gestion collective, L. 326-7, L. 326-8, R. 321-22.

Commission administrative,
– Artistes-interprètes, L. 212-9, R. 212-1 s.
• composition, L. 214-4 ; Arr. du 14 janv. 1986, **p. 1412.**
• étrangers, R. 122-11.
– Contrôle des organismes de gestion collective, L. 326-7 s., R. 321-14 s.
– Copie privée, L. 311-5, R. 311-1 s. ; Arr. du 18 nov. 2015, **p. 358.**
– Inventeurs salariés, L. 611-7, L. 615-21, R. 615-6 s.
– Producteurs de phonogrammes, L. 214-4, R. 214-1 s.
– Publicité, L. 132-32, R. 132-1 s.
• composition, Arr. du 14 mars 1986, **p. 1412.**
▸ V. ***Codes des usages professionnels.***

Commission de protection des droits de la Haute autorité pour la diffusion et la protection des droits sur internet,
- Saisine, L. 331-34.
- Procédure, R. 331-35 s.

Communication,
- Droit des associés, L. 321-3.
- Information, logiciel, L. 122-6-1.

Communication d'une œuvre au public,
- Communication au public en ligne, L. 332-1, L. 335-2.
- Contrat de représentation, L. 132-18.
  - étendue, L. 132-19 s.
  - forme, L. 131-2.
- Droit des artistes-interprètes, Dir. (CE) n° 2006/115 du 12 déc. 2006, art. 8, **p. 1377.**
- Droit d'auteur et droits voisins, Dir. (CE) n° 2001/29 du 22 mai 2001, art. 3, **p. 1215.**
- Notion, L. 122-2 (J. 1 s.).
- Phonogramme, L. 213-1.
- Pouvoir exclusif de l'auteur, L. 121-2 (J. 3 s.) ; Traité OMPI, art. 8, **p. 1358.**
- Prestation artistes-interprètes, L. 212-3 s.
  - accessoire, L. 212-10.
- Programme des entreprises de communication audiovisuelle, L. 216-1.
- Représentation
  ▸ V. ***Représentation.***
- Reproduction, L. 122-3.
  ▸ V. ***Reproduction.***
- Satellite, L. 122-2-1 s. ; Dir. (CE) n° 93/83 du 27 sept. 1993, art. 1er, **p. 1365.**
- Télédiffusion d'une œuvre, L. 132-20.
- Vidéogrammes, L. 215-1.

Compagnie nationale des conseils en propriété industrielle, L. 422-9, R. 422-8.
- Chambre de discipline, L. 422-10, R. 422-56 s.
- Règlement intérieur, Arr. du 31 janv. 2017, **p. 1832.**

▸ V. ***Conseils en propriété industrielle, Conseil supérieur de la propriété industrielle.***

Compétence,
- Brevets, L. 615-17 s.
  - contrefaçon, L. 615-18.
  - défense nationale, L. 615-10.
  - droit international, L. 615-17 (J. 6 s.).
  - droit interne, L. 615-17 (J. 1 s.).
  - salarié, L. 615-20.
- Certificat complémentaire de protection, L. 611-2.
  - certificat d'utilité, L. 611-2.
- Compétence exclusive, R. 411-19, D. 411-19-1, D. 521-6, D. 716-12, D. 722-6.
- Cour d'appel, R. 411-19, D. 411-19-1.
- Dessins et modèles, L. 521-3-1.
- Directeur de l'Institut national de la propriété industrielle
  ▸ V. ***Directeur de l'Institut national de la propriété industrielle.***
- Inventions et connaissances techniques, R. 631-2.
- Marques, contentieux, L. 716-3.
  - enregistrement, L. 712-14.
- Nationale, Règl. (UE) n° 1215/2012 du 12 déc. 2012, art. 24, **p. 1160.**
- Obtentions végétales, L. 623-31, R. 631-1.
- Propriété littéraire, L. 331-1.
- Recours décisions,
  - responsable des missions relevant de l'instance nationale des obtentions végétales, R. 412-15.
  - directeur INPI, R. 411-19, D. 411-19-1.
- Topographie de produits semi-conducteurs, L. 622-7.

▸ V. ***Référé.***

Compositeurs,
- Auteur, L. 113-7.
  - droit au nom, L. 121-1 (J. 17).
- Privilège, L. 131-8.
- Sommes insaisissables, L. 333-2 s.

Compositions musicales, L. 112-2.
- Compilation (atteinte au droit moral), L. 121-1 (J. 61), L. 212-2 (J. 4 *ter*).
- Contrefaçon, L. 335-2.
- Durée protection, L. 123-1.
- Originalité, L. 112-2 (J. 26).
- Production audiovisuelle, L. 132-24.

▸ V. ***Compositeurs.***

Concurrence déloyale, Accord ADPIC, art. 39, **p. 1123** ; CUP, art. 10 *bis*, **p. 1502.**
- Brevets, L. 615-1 (J. 48 s.), L. 615-19.
- Dessins et modèles, L. 521-3-1.
- Marques, L. 716-3.
- Obtention végétale, L. 623-15 (J. 1).
- Œuvre composite, L. 113-4 (J. 4).
- Propriété littéraire, L. 111-1 (J. 12).
  - action, L. 335-2 (J. 29 s.).
- Protection du titre d'une œuvre, L. 112-4 (J. 17 s.).
- Salarié créateur de logiciel, L. 113-9 (J. 10).

Concurrence déloyale (suite)
▸ V. *Salarié.*
– Savoir-faire, L. 621-1 (J. 7).
▸ V. *Savoir-faire.*
▸ V. *Union européenne.*

Conférences, L. 112-2.
– Droit de divulgation, L. 121-2 (J. 17).

Confiscation,
– Brevets, L. 615-7.
– Certificats d'obtentions végétales, L. 623-28.
– Dessins et modèles, L. 521-3.
▸ V. *Contrefaçon.*

Conjoint,
– Auteur, L. 121-9.
– Droit de suite, L. 123-7.
– Usufruit du droit d'exploitation, L. 123-6.
▸ V. *Ayants droit, Décès de l'auteur, Régime matrimonial.*

Connaissances techniques
▸ V. *Obtentions végétales, Produits, Secret de fabrique.*

Conseil national du numérique,
– Organisation, Décr. n° 2017-1677 du 8 déc. 2017, **p. 1337.**

Conseils en propriété industrielle, L. 422-1 s.
– Assistance, L. 612-20, R. 613-64 s. [Abrogé par Décr. n° 2007-280 du 1er mars 2007].
– Assurance, L. 422-8.
– Communauté européenne, R. 422-7-1 s.
– Compagnie nationale
▸ V. *Compagnie nationale des conseils en propriété industrielle.*
– Démarchage, L. 423-1.
– Diplômes, Arr. du 23 sept. 2004, **p. 1825.**
– Exercice de la profession, L. 422-1 s., R. 422-1 s.
– Formation, L. 422-10-1, R. 422-55-1.
– Incompatibilité, L. 422-12, L. 422-13.
– Liste, L. 422-1 s., R. 422-1 s.
– Mesures disciplinaires, L. 422-10, R. 422-56 s.
▸ V. *Sanctions.*
– Missions, L. 422-1.
• assistance, L. 612-20, R. 613-64 s.
• représentation, L. 422-4.
– Monopole, L. 422-4.
– Obligations professionnelles, R. 422-52.
– Organisation de la profession
▸ V. *Compagnie nationale des conseils en propriété industrielle.*
– Publicité, R. 423-2.
– Qualification en brevet d'invention, L. 421-1, L. 422-2 ; Décr. n° 92-360 du 1er avr. 1992, art. 35 à 38, **p. 1824.**
– Qualification en propriété industrielle, L. 421-1 s., R. 421-1 s.
– Sanction, L. 422-1, L. 422-10.
– Secret professionnel, L. 411-11.
– Spécialisation, L. 421-1 s.
– Statut, L. 421-1, L. 422-2 s.
▸ V. *Salarié, Sociétés de conseils en propriété industrielle.*

Conseil supérieur de la propriété industrielle, R. 413-1 s.

Conseil supérieur de la propriété littéraire et artistique, Arr. du 10 juill. 2000, **p. 1274.**
– Agents public, avis du 20 déc. 2001, **p. 1276.**
– Concurrence, avis du 2 mars 2004, **p. 1289.**
– Copie privée, avis du 20 déc. 2001, **p. 1279** et du 7 mars 2002, **p. 1279.**
– Distribution des œuvres en ligne, avis du 7 déc. 2005, **p. 1306.**
– Guichet commun, avis du 7 mars 2002, **p. 1280.**
– Juridiction compétente, avis du 2 mars 2004, **p. 1283.**
– Libertés individuelles, avis du 2 mars 2004, **p. 1286.**
– Mise à disposition ouverte des œuvres, **p. 1319.**
– Œuvres multimédia, avis du 7 déc. 2005, **p. 1299.**
– Œuvres orphelines, avis du 10 avr. 2008, **p. 1322.**
– Usages professionnels, avis du 7 mars 2002, **p. 1281.**

Contentieux, L. 411-4, R. 411-19.
– Brevets, L. 615-17.
– Communautaire, Règl. de procédure du TUE, art. 171 à 191, **p. 1539.**
– Dessins et modèles, L. 521-3-1, R. 521-1 s.
– Marques, L. 716-1 s., R. 716-1, R. 717-11.
– Obtentions végétales, L. 623-31.
– Produits semi-conducteurs, L. 622-7.
▸ V. *Compétence.*

Contrat
▸ V. *Cession de droits, Cession de droits d'auteur, Contrat de commande, Contrat à compte d'auteur, Contrat de compte à demi, Contrat d'édition, Contrat de production audiovisuelle, Contrat de représentation, Opposabilité, Organismes de gestion collective des droits.*

Contrat de commande,
– Logiciels, L. 113-9 (J. 8).
– Publicité, L. 132-31 s.
  • droit moral, L. 121-1 (J. 5).
  ▸ V. *Codes des usages professionnels, Commission administrative.*
– Recherche, L. 611-6 (J. 2).
– Tableau, droit de divulgation du peintre, L. 121-2 (J. 5).

Contrat à compte d'auteur, L. 132-2.

Contrat de compte à demi, L. 132-3.

Contrat d'édition, L. 132-1 s. ; Code des usages, **p. 1462.**
– Accord interprofessionnel, Arr. du 10 déc. 2014, ss. L. 132-17-8.
– Cession, L. 132-16.
– Consentement, L. 132-7.
– Contenu, L. 132-10.
– Exécution, L. 132-11 s.
– Forme, L. 131-2, L. 132-17-1.
– Garantie, L. 132-8, L. 132-9.
– Intervention judiciaire, L. 132-14.
– Livre sous forme numérique (dispositions particulières),
  • clause de réexamen des conditions économiques, L. 132-17-7.
  • réalisation, L. 132-17-5.
  • rémunération juste et équitable, L. 132-17-6.
– Obligation de rendre compte, L. 132-13.
– Premier tirage, L. 132-10.
– Reddition des comptes, L. 132-17-3 s.
– Rémunération forfaitaire, L. 132-5, L. 132-6.
– Rémunération proportionnelle, L. 132-5.
– Résiliation, L. 132-15.
  • de plein droit, L. 132-17, L. 132-17-2.
▸ V. *Codes des usages professionnels, Éditeur.*

Contrats de licence
▸ V. *Licence.*

Contrat de nantissement,
– Droit d'exploitation des logiciels, L. 132-34.
▸ V. *Logiciels.*

Contrat de production audiovisuelle, L. 132-24 s.
– Cession, L. 132-28.
– Coproduction, L. 132-20.
– Forme, L. 131-2.
▸ V. *Producteur d'œuvres audiovisuelles, Rémunération des auteurs.*

Contrat de représentation, L. 132-18 s.
– Autorisation de télédiffusion, L. 132-20 s.
– Étendue, L. 132-19 s.
– Forme, L. 131-2.
▸ V. *Entrepreneur de spectacles.*

Contrat de travail
▸ V. *Salarié.*

Contravention de négligence caractérisée, R. 335-5.

Contrefaçon,
– Brevet
  ▸ V. *Contrefaçon de brevet.*
– Certificat d'obtention végétale
  ▸ V. *Contrefaçon de certificat d'obtention végétale.*
– Dessins et modèles
  ▸ V. *Contrefaçon de dessins et modèles.*
– Droit d'auteur
  ▸ V. *Contrefaçon de droit d'auteur.*
– Droits voisins
  ▸ V. *Contrefaçon de droit d'auteur.*
– Marque
  ▸ V. *Contrefaçon de marque, Contrefaçon de marque communautaire.*
– Produits semi-conducteurs
  ▸ V. *Contrefaçon de produits semi-conducteurs.*
– Répression communautaire, Règl. (CE) n° 608/2013 du 12 juin 2013, **p. 1161.**
– Répression internationale, Accord ADPIC, art. 61, **p. 1129.**

Contrefaçon de brevet, L. 615-1 s.
– Actes, L. 613-3, L. 613-4.
– Action, L. 615-2.
  • brevet européen, L. 614-15.
  • copropriétaire, L. 613-29.
  • pénale, L. 615-12 s.
  • publique, L. 613-26.
  • prescription, L. 615-8.
  • préventive, L. 615-10.
  • qualité à agir, L. 615-2.
  • recevabilité, L. 615-1 (J. 1 s.).

Contrefaçon de brevet *(suite)*
- Appréciation, L. 615-1 (J. 7 s.).
- Bande organisée, L. 615-14.
- Calcul des indemnités, L. 615-1 (J. 40 s.).
- Compétence, L. 615-17, L. 615-3.
- Concurrence déloyale, L. 615-1 (J. 48 s.).
- Confiscation, L. 615-7-1.
- Date des faits, L. 615-4.
- Demande de brevet, L. 615-5.
- Dommages et intérêts, L. 615-7.
- Par équivalence, L. 615-1 (J. 19 s.).
- Européen, L. 614-15.
- Interdiction provisoire, L. 615-3.
- Mesures probatoires, L. 615-5, R. 615-1 s.
- Mesures provisoires et conservatoires, R. 615-1 s.
- Moyens de défense, L. 615-1 (J. 24 s.).
- Preuve, L. 615-5.
  - • charge, L. 615-5-1.
  - * information du juge, L. 615-5-2.
  - • mesures d'instruction, L. 615-5-1-1.
- Réparations, L. 615-1 (J. 36 s.).
- Saisie,
- Sanctions, L. 615-14-2 s.
  - ► V. ***Saisie, Saisie-contrefaçon.***

Contrefaçon de certificat d'obtention végétale, L. 623-25 s.
- Bande organisée, L. 623-32.
- Compétence, L. 623-27.
- Confiscation, L. 623-28-1.
- Défense nationale, L. 623-30.
- Délai, R. 623-53.
- Description, L. 623-27, L. 623-30, R. 623-51 s.
- Dommages et intérêts, L. 623-28.
- Preuve, L. 623-27-1 s.
  - • mesure d'instruction, L. 623-27-1 s.
  - • information du juge, L. 623-27-2.
- Sanctions, L. 623-32-1 s.

Contrefaçon de dessins et modèles, L. 521-1 s.
- Actes, L. 513-4, L. 521-1, anc. art. L. 521-2 (J. 17 s.).
- Bande organisée, L. 521-10.
- Compétence, L. 521-3-1, anc., art. L. 521-2 (J. 7 s.), R. 522-1.
- Confiscation et destruction, L. 521-8.
- Dessin ou modèle communautaire, L. 515-1, L. 522-1, L. 522-2, R. 522-1.
- Dommages et intérêts, L. 521-7.
- Mesures probatoires, R. 521-1 s.
- Mesures provisoires et conservatoires, R. 521-1.
- Moyens de défense, ancien art. L. 521-2 (J. 28 s.).
- Preuve, L. 521-4.
- Qualité à agir, ancien art. L. 521-2 (J. 10 s.).
- Retenue douanière, L. 521-14 s., R. 523-1 s.
- Saisie, L. 521-4.
- Sanctions, L. 521-10 s., anc. art. L. 521-2 (J. 40 s.), L. 521-3 s.
- ► V. ***Concurrence déloyale.***

Contrefaçon de droit d'auteur,
- Actes, L. 335-2 s.
- Action civile, L. 331-1.
  - • pénale, L. 335-2.
- Bande organisée, L. 335-2,L. 335-4, L. 343-1.
- Contravention de négligence caractérisée, R. 335-5.
- Dommages et intérêts, L. 331-1-3.
- Logiciels, L. 122-6-2, L. 335-2-1, L. 335-3.
- Preuve, L. 331-2.
  - • mesures d'instruction, L. 343-1-1.
  - • saisie-arrêt, L. 333-1.
  - • saisie-contrefaçon, L. 332-1.
- Sanctions, L. 335-4 s., L. 331-1-4.
  - • récidive, L. 335-9.

Contrefaçon de droits voisins
- ► V. ***Contrefaçon de droit d'auteur.***

Contrefaçon de marque, L. 716-1 s. ; Dir. (CE) n° 2008/95 du 22 oct. 2008, art. 5, **p. 2062.**
- Actes, L. 713-2 s.
- Action, L. 716-5.
  - • compétence, L. 716-3.
  - • forclusion, L. 714-3.
  - • qualité, L. 716-5.
  - • recevabilité, L. 714-7 (J. 1), L. 716-2.
- Apposition, L. 713-2 (J. 29 s.).
- Bande organisée, L. 716-9, L. 716-10.
- Date des faits, L. 716-2.
- Détention produits, L. 716-10 (J. 1)
- Dommages et intérêts, L. 716-14.
- Imitation, L. 713-3.
- Importations parallèles, L. 713-4 (J. 7).
- Licence, L. 714-1 (J. 10).
- Marque communautaire, L. 717-1.
  - ► V. ***Marque communautaire.***
- Mesures probatoires, R. 716-2 s.
- Mesures provisoires et conservatoires, R. 716-1.
- Preuve, L. 716-7.
  - • Information du juge, L. 716-7-1.
- Produits et services identiques, L. 713-3.

Contrefaçon de marque *(suite)*
• similaires, L. 713-3 (J. 15 s.).
– Référé, L. 716-6.
– Référence illicite, L. 713-2 (J. 22 s.).
– Reproduction, L. 713-2.
– Retenue douanière, L. 716-8 s., R. 716-6 s.
– Risque de confusion, L. 713-3 (J. 1 s.).
– Saisie
► V. ***Saisie, Saisie-contrefaçon, Saisie-description.***
– Sanctions, L. 716-9 s.
– Signes similaires, L. 713-3 (J. 10 s.).
– Substitution de produits, L. 716-10 (J. 3).
– Suppression, L. 713-2 (J. 37 s.).
– Tableau de concordance, L. 713-2 (J. 26).
– Usage, L. 713-2.
– Vente, L. 716-10.

Contrefaçon de marque communautaire,
– Actes, L. 717-1.
– Mayotte, L. 811-4.
– Outre-mer, L. 811-4.
– Recevabilitéde l'action, L. 717-3.
– Sanctions, L. 717-2 s.

Contrefaçon de produits semi-conducteurs, L. 622-5.

Contribution personnelle,
– Droits, L. 113-5 (J. 7 s.).
– Œuvre audiovisuelle, L. 132-29.
• droit au respect, L. 121-5 (J. 1).
– Œuvre commune, L. 113-2 s.
– Retrait du nom, L. 121-1 (J. 32).
– Utilisation, L. 121-6.

Conventions collectives,
– Rémunération artistes-interprètes, L. 212-5 s.
• étendue, L. 212-8.
► V. ***Commission administrative.***

Conventions internationales,
– OMC, Accord ADPIC, **p. 1206.**
• dispositions transitoires, art. 65, **p. 1131.**
• institutions, art. 68 s., **p. 1131.**
– OMPI, Convention de Stockholm du 14 juill. 1967, **p. 1509.**
– Protection de la propriété industrielle, Convention de Paris du 20 mars 1883, **p. 1495.**
– Réserves, copie privée, L. 311-2.
• droits voisins, L. 214-2.
• inventions d'étrangers, L. 611-1.
• marques, L. 712-12.
• protection des œuvres de l'esprit, L. 111-4 s.

Copie,
– Base de données, L. 342-4.
• saisie-description, L. 332-4.
– Contrefaisante
► V. ***Contrefaçon.***
– Dessins et modèles, ancien art. L. 521-2 (J. 61).
– Logiciel, L. 122-5, L. 122-6-1.
► V. ***Sauvegarde.***
– Œuvres dérivées, L. 112-3 (J. 9).
– Papier, L. 122-10.
– Privée
► V. ***Copie privée.***
– Reproduction d'une œuvre, L. 122-10.
– Tableau, L. 121-1 (J. 23).
► V. ***Contrefaçon.***

Copie privée, L. 122-5 (J. 11).
– D'œuvre divulguée, L. 122-5.
– Mesures techniques de protection, L. 331-5, L. 122-5 (J. 14).
– Nombre de copies, L. 331-9.
– Notice explicative, R. 311-9 s. ; Arr. du 24 janv. 2014, **p. 355.**
– Rémunération, L. 311-1 s. ; Décis. 4 janv. 2001, **p. 1426** ; Décis. 4 juill. 2002, **p. 1429** ; Décis. 10 juin 2003, **p. 1429** ; Décis. 6 juin 2005, **p. 1431** ; Décis. 22 nov. 2005, **p. 1431** ; Décis. du 20 juill. 2006, **p. 1431** ; Décis. 9 juillet 2007, **p. 1433** ; Décis. 11 déc. 2007, **p. 1436** ; Décis. 27 févr. 2008, **p. 1438** ; Décis. 17 déc. 2008, **p. 1442** ; Décis. 5 janv. 2010, **p. 1445** ; Décis. 14 déc. 2012, **p. 1450** ; Décis. 9 févr. 2012, **p. 1450** ; Décis. du 19 juin 2017, **p. 1458.**
– Télévision, L. 331-11.
► V. ***Commission administrative, Conseil supérieur de la propriété littéraire et artistique.***

Coproducteurs,
– Œuvre audiovisuelle, L. 132-20.

Copropriété,
– De brevets, L. 613-29 s.
• abandon quote-part, L. 613-31.
– De marques, L. 712-1.

Corps,
– Animal, non-brevetabilité méthodes, L. 611-19.
• races, L. 611-17.
– Humain, non-brevetabilité, L. 611-18.

Corps (suite)
- • gènes, L. 611-16.
- Inventions biotechnologiques, L. 611-18 ; Dir. (CE) n° 98/44 du 6 juill. 1998, **p. 1735.**

Couleurs,
- Dessins et modèles, L. 511-1.
  ► V. *Dessins et modèles.*
- Signe distinctif, L. 711-1 (J. 20 s.).
  ► V. *Marques.*

Couture,
- Industrie saisonnière, L. 112-2.

Créateur,
- Dessins et modèles, L. 511-4.
- Droit à la divulgation (non), L. 112-2 (J. 3).
- Droit moral, L. 121-2 (J. 15).
- Droit à la paternité, L. 121-1 (J. 9).
- Œuvre collective, L. 113-5 (J. 3 s.).
- Présomption de qualité d'auteur, L. 113-1 (J. 11 s.).
- Produit semi-conducteur, L. 622-1 s.

► V. *Auteur, Coauteurs, Salarié.*

Création,
- Esthétique, non-brevetabilité, L. 611-10.
- D'une œuvre, L. 111-2.

Création intellectuelle, L. 112-3.
- Œuvre audiovisuelle, L. 113-7.
- Œuvre radiophonique, L. 113-8.

Croquis,
- Œuvre protégée, L. 112-2.

► V. *Dessins.*

D

Débit,
- D'ouvrages contrefaits, L. 335-2 (J. 29 s.).

► V. *Contrefaçon.*

Décès artiste-interprète,
- Droit moral, L. 212-2.
- Droit à rémunération, L. 212-7.

Décès de l'auteur,
- Contrat d'édition, L. 132-17.
- Droit de divulgation de l'œuvre, L. 121-2 (J. 21 s.).
- Droit moral, perpétuité, L. 121-1 (J. 65).
  • titulaires, L. 121-1 (J. 77 s.).
- Droit patrimonial, L. 123-6.
- Droit de suite, L. 123-7.
- Œuvres de collaboration, L. 123-2.
- Représentants, L. 121-2 s.
- Volonté de défunt, L. 121-3 (J. 1, J. 4).

► V. *Ayants droit, Testament.*

Déchéance,
- Brevets, L. 613-22.
  • relevé, L. 613-22.
  • suspension délais, L. 613-23.
- Certificat d'obtention végétale, L. 623-23, R. 623-36.
  • licence, L. 623-19.
- Marques, Dir. (CE) n° 2008/95 du 22 oct. 2008, art. 9 s., **p. 2074.**
  • défaut d'usage, L. 714-5.
  • dégénérescence, L. 714-6.
  • effet, L. 712-4, L. 714-5 (J. 28).
  • justes motifs, L. 714-5 (J. 17 s.).
  • procédure, L. 714-5 (J. 19 s.).
  • relevé, L. 712-10, R. 712-12.

Déclaration universelle des droits de l'homme,
- Protection des auteurs, L. 111-1 (J. 23).

Décompilation, L. 122-6-1 ; Dir. (CE) n° 2009/24 du 23 avr. 2009, art. 6, **p. 1389.**

► V. *Logiciels.*

Découvertes,
- Non-brevetabilité, L. 611-10.

Défaut d'assignation, L. 332-4.

Délais,
- Brevets, R. 618-3.
  • communautaires, L. 614-27.
  • copropriété, L. 613-29.
  • sanctions, L. 613-22.
  • suspension, L. 612-18, L. 613-23.
- Dessins, R. 514-1 s.
- Marques, R. 712-22.
  • computation, R. 718-2.
  • opposition, L. 712-3 s.
  • référé, L. 716-7.
- Recours décisions INPI, R. 411-20.
  ► V. *Prescription des actions.*

Délit de captation audiovisuelle, L. 335-3.

Délit de contrefaçon

► V. *Contrefaçon.*

Démarchage,
– Conseil en propriété industrielle, L. 423-1, R. 423-2.
► V. ***Conseils en propriété industrielle.***
– Propriété industrielle, L. 423-1.

Dénominations,
– Appellation d'origine, L. 721-1.
– Marque, L. 711-1.
► V. ***Marques.***
– Obtentions végétales, L. 623-3, L. 623-15.
– Signe distinctif, L. 711-1.
► V. ***Marques.***
– Signe non distinctif, L. 711-2.
– Sociales, signes antérieurs, L. 711-4 (J. 4 s.).
► V. ***Marques.***

Dépôt de brevet, L. 612-1 s., R. 612-1 s.; Traité OMPI du 14 sept. 2000, art. 5 s. et son règlement d'exécution, **p. 1626.**
– Assistance déposant, L. 612-20.
– Compétence, R. 411-1.
– Date, L. 612-2, R. 612-8.
– Déchéance, L. 613-22, R. 612-72.
– Défense nationale, L. 612-8.
• indemnisation, L. 612-10.
• instruction, R. 612-26 s.
– Délivrance titre, L. 612-17.
• redevance, R. 612-70.
– Demande divisionnaire, L. 612-4, R. 612-33.
• internationale, Traité 19 juin 1970, art. 3 s., **p. 1603.**
– Dépôt demande, R. 612-1.
– Description invention, L. 612-5, R. 612-12 s.
– Droit de priorité, L. 612-3.
• déclaration, L. 612-7.
► V. ***Droit de priorité.***
– Examen, L. 612-11.
– Forme, L. 612-1.
• requête en délivrance, R. 612-3, R. 612-10 s.
– Numéro d'enregistrement, R. 612-7.
– Publication, R. 612-39.
• internationale, Traité 19 juin 1970, art. 21 s., **p. 1608.**
– Rapport de recherche, L. 612-14.
• établissement, R. 612-53 s.
► V. ***Rapport de recherche.***
– Récépissé, R. 612-6.
– Rectification, R. 612-36.
– Redevances, L. 612-19, R. 612-5, R. 613-46.
• montants, Arr. du 24 avril 2008, ss. R. 411-17.
• réduction, L. 612-20.
– Régularisation, R. 612-37.
– Rejet demande, L. 612-12, R. 612-45.
– Restauration des droits, L. 612-16.
– Retrait, R. 612-38.
– Revendications, L. 612-6.
• modification, L. 612-13.
► V. ***Revendications (brevet).***
– Transmission, L. 613-8.
– Unité de l'invention, L. 612-4.
► V. ***Brevet d'invention, Droit de priorité, INPI, Inventeur.***

Dépôt de dessins et modèles
► V. ***Enregistrement de dessins et modèles.***

Dépôt légal, C. patr., art. L. 131-1 s., **p. 1263.**
– Œuvre de l'esprit, L. 111-1 (J. 17 s.).

Dépôt de marques
► V. ***Enregistrement de marque.***

Dépôt topographie produit semi-conducteur, L. 622-1 s.
► V. ***Topographie de produits semi-conducteurs.***

Descendant
► V. ***Ayants droit.***

Description,
– Brevets, L. 612-6, R. 612-12 s.
• insuffisance, L. 613-25 (J. 3 s.).
• exploitation, L. 615-9.
• extension indue, L. 613-25 (J. 7 s.).
• micro-organismes, L. 612-5.
– Obtentions végétales, L. 623-3.
• variétés, L. 623-15.
– Saisie
► V. ***Saisie-contrefaçon.***

Déshérence,
– Droits d'auteur, L. 121-3.
– Droits voisins, L. 211-2.

Désignation,
– Conseil, assistance gratuite, R. 613-64.
– Experts, L. 326-6.
– Inventeur, R. 611-5.
– Mandataire, R. 613-43.
– Produits et services, L. 711-2.
– Taxe, demande internationale de brevet, R. 614-8.
► V. ***Marques.***

Dessins,
– Animés, L. 113-7 (J. 40).
– Contrefaçon, L. 335-2.
– Œuvre protégée, L. 112-2.
– Reproduction d'une œuvre, L. 122-3.
– Signe distinctif, L. 711-1.
► V. ***Dessins et modèles, Marques.***

Dessins et modèles, L. 511-1 s.
– Action contrefaçon, L. 521-2 s.
• revendication, L. 511-10.
– Antériorité, L. 711-4.
► V. ***Marques.***
– Assemblage de pièces, L. 511-1.
– Bénéficiaire protection, L. 511-9.
– Bonnes mœurs, L. 511-7.
– Caractère individuel, Dir. (CE) n° 98/71 du 13 oct. 1998, art. 5, **p. 1902** ; Règl. (CE) n° 6/2002 du 12 déc. 2001, art. 6, **p. 1909.**
• propre, L. 511-2, L. 511-4.
• visible, L. 511-5.
– Cession, L. 513-2.
– Classification internationale, Arrangement 8 oct. 1968, **p. 1857.**
– Communautaires
► V. ***Dessins ou modèles communautaires.***
– Contentieux, L. 521-1 s.
– Dépôt frauduleux, L. 511-10.
– Divulgation, L. 511-6 ; Dir. (CE) n° 98/71 du 13 oct. 1998, art. 6, **p. 1902.**
– Droits, L. 513-2, L. 513-4.
• épuisement, L. 513-8 ; Dir. (CE) n° 98/71 du 13 oct. 1998, art. 15, **p. 1904.**
• limites, L. 513-6, L. 513-7.
– Durée de protection, L. 513-1 ; Dir. (CE) n° 98/71 du 13 oct. 1998, art. 10, **p. 1903.**
• internationale, Arrangement de la Haye, art. 7 s., **p. 1846.**
– Enregistrement, L. 511-9.
• délais, L. 512-3.
• forme, L. 512-2.
• forme modifiée, L. 512-5.
• lieu, L. 512-1.
• nullité, L. 512-4 ; Dir. (CE) n° 98/71 du 13 oct. 1998, art. 11, **p. 1903.**
• rejet, L. 512-2.
► V. ***Enregistrement de dessins et modèles, Enregistrement.***
– Étranger, L. 511-11.
– International, Accords ADPIC, art. 25 s., **p. 1119.**
– Nouveauté, L. 511-3 ; Dir. (CE) n° 98/71 du 13 oct. 1998, art. 4, **p. 1902** ; Règl. (CE) n° 6/2002 du 12 déc. 2001, art. 5, **p. 1909.**
– Nullité, L. 512-4.
• décision, L. 512-6.
– Ordre public, L. 511-7.
– Pièces multiples, L. 511-5.
– Produits protégés, L. 511-1.
• complexes, L. 511-5.
– Protection, L. 511-1 s.
• durée, L. 513-1.
• étendue, L. 513-5.
• refus, L. 511-8.
– Redevances, Arr. du 24 avril 2008, ss. R. 411-17.
– Réciprocité, L. 511-11.
– Régime ancien
► V. ***Dessins et modèles (régime ancien).***
– Régime transitoire, L. 513-1.
– Retenue douanière, L. 521-14 s., R. 523-1 s.

Dessins ou modèles communautaires, Règl. (CE) n° 6/2002 du 12 déc. 2001, **p. 1905.**
– Compétence, Règl. (CE) n° 6/2002 du 12 déc. 2001, art. 80 s., **p. 1926.**
– Conditions, Règl. (CE) n° 6/2002 du 12 déc. 2001, art. 4, **p. 1908.**
– Contrefaçon en France d'un dessin ou modèle communautaire, L. 515-1.
– Demande d'enregistrement, Règl. (CE) n° 6/2002 du 12 déc. 2001, art. 35 s., **p. 1917** ; Règl. (CE) n° 2245/2002 du 21 oct. 2002, art. 13 s., **p. 1940.**
– Dépôt, Règl. (CE) n° 2245/2002 du 21 oct. 2002, art. 1er s., **p. 1935.**
– Durée, Règl. (CE) n° 6/2002 du 12 déc. 2001, art. 11 s., **p. 1911.**
– Effets, Règl. (CE) n° 6/2002 du 12 déc. 2001, art. 19 s., **p. 1913.**
– Étendue, Règl. (CE) n° 6/2002 du 12 déc. 2001, art. 10, **p. 1910.**
– Exploitation, Règl. (CE) n° 6/2002 du 12 déc. 2001, art. 27 s., **p. 1915.**
– Notification, Règl. (CE) n° 2245/2002 du 21 oct. 2002, art. 47 s., **p. 1951.**
– Nullité, Règl. (CE) n° 6/2002 du 12 déc. 2001, art. 24 s., **p. 1914**, art. 52, **p. 1921** ; Règl. (CE) n° 2245/2002 du 21 oct. 2002, art. 28 s., **p. 1946.**
– Procédure, Règl. (CE) n° 6/2002 du 12 déc. 2001, art. 45 s., **p. 1919** ; Règl. (CE) n° 2245/2002 du 21 oct. 2002, art. 42 s., 59, 60, **p. 1949.**
– Recours, Règl. (CE) n° 6/2002 du 12 déc. 2001, art. 55, **p. 1921** ; Règl. (CE)

Dessins ou modèles communautaires (*suite*)

n° 2245/2002 du 21 oct. 2002, art. 34 s., **p. 1948.**
- Renonciation, Règl. (CE) n° 2245/2002 du 21 oct. 2002, art. 27, **p. 1945.**
- Registre des dessins ou modèles communautaires, Règl. (CE) n° 2245/2002 du 21 oct. 2002, art. 69, **p. 1956.**
- Renouvellement, Règl. (CE) n° 2245/2002 du 21 oct. 2002, art. 21, 22, **p. 1943.**
- Titulaire, Règl. (CE) n° 6/2002 du 12 déc. 2001, art. 14 s., **p. 1911.**
- Transfert, Règl. (CE) n° 2245/2002 du 21 oct. 2002, art. 23, **p. 1944.**

Dessins et modèles (régime ancien), anc. art. L. 511-1 s.
- Apparence, anc. art. L. 511-3 (J. 22 *bis*).
- Brevetabilité, anc. art. L. 511-3.
- Cession, anc. art. L. 511-2.
- Compétence, L. 521-1.
- Contentieux, L. 521-1, R. 521-1.
- Contrefaçon, L. 521-1 s.
- Dépôt, anc. art. L. 511-5.
  - effet, anc. art. L. 511-2.
  - formalités, anc. art. L. 512-1 s.
  - nullité, anc. art. L. 512-1.
- Divulgation, anc. art. L. 511-6.
- Droits du créateur, anc. art. L. 511-1 s.
- Durée, anc. art. L. 513-1.
- Étrangers, anc. art. L. 511-4.
- Nouveauté, anc. art. L. 511-3.
- Opposabilité, anc. art. L. 512-4.
- Opposition, anc. art. L. 512-2.
- Priorité d'emploi, anc. art. L. 511-7.
- Propriété, anc. art. L. 511-2.
- Protection, anc. art. L. 511-5.
- Redevances, R. 411-17.
- Registre national, anc. art. L. 512-4.
- Retenue en douane, L. 521-14 s., R. 523-1 s.
- Signe distinctif, L. 711-1 s.
  ► V. *Marques.*
- Titularité, anc. art. L. 511-2 (J. 1 s.).

► V. *Dessins et modèles.*

Destination,
- Droit (de), L. 122-3 (J. 15).
- De l'œuvre de l'esprit, L. 112-1, L. 131-3 (J. 11).

Dictionnaires,
- Œuvres protégeables, L. 112-2 (J. 9), L. 112-3 (J. 5).

Diffusion,
- Délit de contrefaçon, L. 335-3.
- Droits voisins, L. 211-3.
- Édition, L. 132-1 s.
- Légale
  ► V. *Institut national de la propriété industrielle.*
- Œuvre audiovisuelle,
  - respect du droit moral, L. 121-5 (J. 10 s.).
  ► V. *Film.*
- Œuvre divulguée, L. 122-5.

Directeur de l'Institut national de la propriété industrielle, L. 411-4 s., R. 411-2.
- Brevets, Examen demandes, L. 612-11.
  - déchéance, L. 613-22.
  - délais dépôt, L. 612-16.
  - redevances, L. 613-22, R. 411-17.
  - restauration, L. 613-22.
  - revendication modifiée, L. 613-27, R. 612-73.
- Compétences exclusives, L. 411-4.
- Conseils en propriété industrielle, liste, L. 421-1.
  - inscription, L. 422-5.
- Dessins et modèles, relevé de déchéance, R. 512-12.
- Marques, enregistrement, L. 712-14.
  - opposition, L. 712-3 s.
- Recours contre décisions, L. 411-4.
  - compétence, R. 411-19.
  - délai, R. 411-20.
  - forme, R. 411-21.
  - procédure, R. 411-22.
- Titres en propriété industrielle, délivrance, L. 611-1.
  - demande, L. 611-6.
  - décisions, L. 411-4.
  - rejet, L. 411-5.
- Topographie de produits semi-conducteurs, examen dépôt, L. 622-4.

Discours,
- Droit moral de l'auteur, L. 121-8.
- Droits voisins, L. 211-3.
- Œuvre divulguée, L. 122-5.
- Protection, L. 112-2 (J. 107).

Distributeur,
- Œuvres audiovisuelles, L. 132-25.

► V. *Droit de distribution.*

Disques

► V. *Phonogrammes.*

Divulgation,
– Agent public, L. 121-7-1.
– Demandes de brevet, L. 612-9.
• européen, L. 614-4.
• internationales, L. 614-20.
– Dessins et modèles, L. 511-6 ; Dir. (CE) n° 98/71 du 13 oct. 1998, art. 6, **p. 1902.**
– Espèces végétales, L. 623-9.
– Inventions brevetables, principe, L. 611-11 (J. 16 s.).
• exceptions, L. 611-14.
– Obtentions végétales, L. 623-5.
– Œuvre, L. 113-1, L. 121-2 s.
• abus, L. 111-3, L. 121-3.
• atteinte au droit de, L. 121-2 (J. 15 s.).
• indifférence, L. 111-2.
• posthumes, L. 121-2, L. 123-4.
• preuve de l'exercice du droit, L. 121-2 (J. 11 s.).
• territoire, L. 111-4.
• titulaire du droit, L. 121-9.

Document,
– Audiovisuel, L. 212-10.
– Confidentiel, saisie, L. 615-5 (J. 5).
► V. *Contrefaçon de brevet.*
– Diffusion, L. 122-2.
– Préparatoire, protection, L. 112-2 (J. 38).
► V. *Écrits.*

Domaine public,
– Œuvres, L. 123-8.
► V. *Durée de protection.*

Donataire de l'auteur
► V. *Ayants droit.*

Données,
– Bases
► V. *Base de données.*
– Diffusion, L. 122-2.

Douanes,
– Union européenne, Règl. (UE) n° 608/2013 du 12 juin 2013.
► V. *Union européenne, Retenue de marchandises.*

Droit d'adaptation
► V. *Adaptation.*

Droits des artistes-interprètes, L. 212-3 s.
– Contrat avec producteur de phonogrammes, L. 212-10 s.
– Droit à l'image, L. 212-3 (J. 8).
– Exercice collectif, L. 324-5.
– Réduction montant, L. 324-6.
► V. *Artistes-interprètes.*

Droits d'auteur, L. 111-1 s.
– Antériorité, L. 711-4.
► V. *Marques.*
– Cession, L. 131-1 s.
► V. *Cession de droits d'auteur.*
– Contrat
► V. *Contrat.*
– Droit de divulgation
► V. *Droits moraux.*
– Droits d'exploitation
► V. *Droits d'exploitation.*
– Droit de location
► V. *Droit de location et de prêt.*
– Droit moral, L. 121-1.
► V. *Droits moraux.*
– Droit à la paternité, L. 111-4.
► V. *Droit à la paternité.*
– Droits patrimoniaux, L. 113-9, L. 122-1.
► V. *Droits patrimoniaux.*
– Droit de préemption, L. 132-15, L. 132-30.
– Droit de prêt
► V. *Droit de location et de prêt.*
– Droit de publication
► V. *Droits moraux.*
– Droit de représentation
► V. *Droits patrimoniaux.*
– Droit de reproduction
► V. *Droits patrimoniaux.*
– Droit au respect
► V. *Droit au respect.*
– Durée
► V. *Durée de protection.*
– Exploitation
► V. *Exploitation des droits d'auteur.*
– Limites, L. 122-5 ; Traité OMPI, art. 10, **p. 1358.**
– Œuvres de l'esprit, L. 112-1.
► V. *Œuvres protégées.*
– Protection internationale, Convention de Berne du 9 sept. 1886, **p. 1338** ; Convention de Genève du 6 sept. 1952, **p. 1350** ; Accord ADPIC, art. 9 s., **p. 1115** ; Traité OMPI, **p. 1356.**
– Redevances
► V. *Redevances.*
– Réduction montant, L. 324-6.
– Rémunérations, L. 131-4.
– Sanctions, L. 331-1 s.
– Titulaire, L. 113-1.

Droit de citation
► V. *Citation.*

Droit de communication
▸ V. *Communication, Information.*

Droit de correction,
– Logiciels, L. 122-6-1.

Droit de destination, L. 122-3 (J. 16 s.).
– Délit de contrefaçon, L. 335-3 (J. 21 s.).

Droit de distribution,
– Droits d'auteur, Traité OMPI, art. 6, **p. 1357.**
– Droit d'auteur et droits voisins, Dir. (CE) n° 2001/29 du 22 mai 2001, art. 4, **p. 1215.**
– Droits voisins, Dir. (CE) n° 2006/115 du 12 déc. 2006, art. 9, **p. 1378.**

Droit de divulgation
▸ V. *Divulgation.*

Droit d'entrée, L. 216-1.

Droits des entreprises de communication audiovisuelle
▸ V. *Entreprises de communication audiovisuelle.*

Droit exclusif d'exploitation
▸ V. *Cession de droits, Licence.*

Droits d'exploitation, L. 122-1.
– Abus, L. 122-9.
– Cession, L. 121-4.
– Contribution personnelle, L. 132-29.
– Logiciels, L. 122-6 s.
– Modes, L. 122-7.
– Nantissement du, L. 132-34.
– Œuvre audiovisuelle, interdiction de modification, L. 121-5 (J. 3 s.).
– Œuvre publiée, L. 121-8.
– Propriété industrielle
  ▸ V. *Exploitation.*
– Usufruit, L. 123-6.
▸ V. *Repentir, Représentation, Reproduction, Retrait.*

Droit de fabrication
▸ V. *Contrat d'édition, Fabrication.*

Droit de fixation, Dir. (CE) n° 2006/115 du 12 déc. 2006, art. 7, **p. 1377.**

Droits graphiques,
– Contrat de production audiovisuelle, L. 132-24.
▸ V. *Contrat de production audiovisuelle.*

Droit d'importation,
– Droit d'auteur, L. 122-3 (J. 22).
▸ V. *Épuisement du droit.*

Droit de location et de prêt, L. 122-3 (J. 21) ; Dir. (CE) n° 2006/115 du 12 déc. 2006, **p. 1373** ; Traité OMPI, art. 7, **p. 1358** ; Accord ADPIC, art. 11, **p. 1115.**
– Programmes d'ordinateur, L. 122-6 ; Dir. (CE) n° 2006/115 du 12 déc. 2006, art. 4, **p. 1376.**
– Rémunération équitable, Dir. (CE) n° 2006/115 du 12 déc. 2006, art. 5, **p. 1376.**

Droits moraux, L. 121-1 s.
– Défense, L. 321-1 anc. (J. 11 s.).
– Délit de contrefaçon, L. 335-3 (J. 18 s.).
– Droit de divulgation, L. 121-2.
  ▸ V. *Divulgation.*
– Droit de publication, L. 121-8.
  ▸ V. *Publication.*
– Inaliénabilité, L. 111-3, L. 121-1.
– Insaisissabilité, L. 121-1 (J. 71).
– Logiciels, L. 122-7.
– Œuvre collective, L. 113-6 (J. 6, 10 s.).
– Œuvre étrangère, L. 111-4 (J. 1).
– Œuvre non divulguée, L. 111-2 (J. 3).
– Réalisateur, L. 113-7 (J. 22 s.).
– Titulaire, L. 121-1 (J. 64).
  • coauteur, L. 113-3 (J. 9).

Droit à la paternité, L. 111-4, L. 122-5 (J. 37 s.).
– Contenu, L. 121-1 (J. 6 s.).
– Œuvre pseudonyme, L. 113-6 (J. 6).
– Respect, L. 132-11 (J. 17 s.).
▸ V. *Œuvres divulguées.*

Droits patrimoniaux, L. 113-9, L. 122-1 s.
– Cession implicite, L. 111-1 (J. 32).
– Défense, L. 321-1 anc. (J. 9 s.).
– Droit de représentation
  ▸ V. *Représentation.*
– Droit de reproduction
  ▸ V. *Reproduction.*

Droits de la personnalité,
– Auteur
  ▸ V. *Auteur.*
– Marque, droits antérieurs, L. 711-4 (J. 21 s.).
– Noms
  ▸ V. *Noms.*

Droit de préemption,
– Œuvre audiovisuelle, L. 132-20.

Droit de préférence, L. 132-4 ; Code des usages, **p. 1469.**
▸ V. *Édition.*

Droit de priorité,
– Brevet, autonomie, L. 612-7 (J. 4).
• cession, L. 613-7.
• date, L. 612-7.
• déclaration, L. 612-7, R. 612-24.
• international, L. 611-12.
• interne, L. 612-3.
• unioniste, L. 612-7 (J. 1), R. 612-24.
– Marques, L. 712-12.
▸ V. *Brevet communautaire, Dessins et modèles, Marques.*

Droits des producteurs de bases de données,
– Bénéficiaires, L. 341-1.
– Étendue protection, L. 342-1 s.
– Sanctions, L. 343-1 s.

Droits des producteurs de phonogrammes, Traité OMPI, art. 11 s., **p. 1408.**
– Exercice collectif, L. 324-5.
– Réduction montant, L. 324-6.
▸ V. *Phonogrammes, Producteurs de phonogrammes.*

Droits des producteurs de vidéogrammes ,
– Exercice collectif, L. 324-5.
▸ V. *Coproducteurs, Producteurs de vidéogrammes, Rémunération des producteurs de vidéogrammes, Vidéogrammes.*

Droit de radiodiffusion, Dir. (CE) n° 93/83 du 27 sept. 1993, art. 2, **p. 1366.**
▸ V. *Radiodiffusion.*

Droit de repentir
▸ V. *Repentir.*

Droit de représentation
▸ V. *Représentation.*

Droit de reproduction,
– Auteurs, L. 122-3 ; Dir. (CE) n° 2001/29 du 22 mai 2001, art. 2, **p. 1215.**
– Droit d'auteur et droits voisins, Convention de Berne du 9 sept. 1886, art. 9 s., **p. 1343** ; Dir. (CE) n° 2001/29 du 22 mai 2001, art. 2, **p. 1215.**
– Producteur de phonogrammes, Traité OMPI, art. 11, **p. 1408.**
▸ V. *Producteurs de phonogrammes.*
▸ V. *Nom d'auteur, Reproduction.*

Droit au respect,
– Conventions, L. 121-1 (J. 61 s.).
– Intégrité de l'œuvre, L. 132-11 (J. 9 s.).
▸ V. *Nom d'auteur.*
– Œuvre, L. 121-1, L. 122-5 (J. 40 s.).

Droit de retrait
▸ V. *Retrait.*

Droit de retransmission par câble
▸ V. *Retransmission.*

Droit de suite, L. 122-8, R. 122-1 ; Dir. (CE) n° 2001/84 du 27 sept. 2001, **p. 1368.**
– Bénéficiaires, Dir. (CE) n° 2001/84 du 27 sept. 2001, art. 6 s., **p. 1372.**
– Déclaration, R. 122-2 s.
– Durée de protection, L. 123-7 ; Dir. (CE) n° 2001/84 du 27 sept. 2001, art. 8, **p. 1372.**
– Mise en œuvre, Dir. (CE) n° 2001/84 du 27 sept. 2001, art. 12, **p. 1373.**
– Sanction, L. 334-1.

Droits théâtraux,
– Contrat de production audiovisuelle, L. 132-24.
▸ V. *Contrat de production audiovisuelle.*

Droit d'utilisation,
– Logiciel, L. 122-6 s.

Droits voisins, L. 211-1 s. ; Traité OMPI, **p. 1406.**
▸ V. *Artistes-interprètes, Droits d'auteur, Droits des producteurs de phonogrammes, Droits des producteurs de vidéogrammes, Entreprises de communication audiovisuelle.*

Durée,
– Accords
▸ V. *Commission administrative.*
– Enregistrement, L. 311-4.
– Nantissement
▸ V. *Nantissement.*
– De protection
▸ V. *Durée de protection.*

Durée de protection,
- Brevets, L. 611-2.
- Certificat complémentaire de protection, L. 611-2.
  - d'obtention végétale, L. 623-13.
  - d'utilité, L. 611-2.
- Dessins et modèles, L. 513-1 ; Dir. (CE) n° 98/71 du 13 oct. 1998, art. 10, **p. 1903.**
- Droits d'auteur et droits voisins, L. 123-1 s., L. 211-4 ; Convention de Berne du 9 sept. 1886, art. 7, **p. 1342** ; Convention de Genève du 6 sept. 1952, art. 4, **p. 1350.**
  - étrangers, L. 123-12, L. 211-5.
  - législation communautaire, Dir. (CE) n° 2006/116 du 12 déc. 2006, **p. 1379.**
  - prorogation, L. 123-8 s.
- Droit des producteurs de bases de données, L. 342-5.
- Marques, L. 712-1, L. 712-9.
- Topographie de produits semi-conducteurs, L. 622-6.

E

Échange,
- Phonogrammes, L. 213-1.
- Programmes des entreprises en communication audiovisuelle, L. 216-1.
- Vidéogrammes, L. 215-1.

Écrits, L. 112-2.
- Artistiques, L. 112-2.
- Brevets, renonciation, L. 613-24, R. 613-45.
  - délais, R. 613-45-1.
- Contrats, droits d'auteurs, L. 132-2.
  ► V. *Contrat.*
- Littéraires, L. 112-2.
  - contrefaçon, L. 335-2 (J. 14 s.).
- Scientifiques, L. 112-2.

Éditeur, L. 132-1 s.
- Contrat
  ► V. *Contrat d'édition.*
- Droit de préférence, L. 132-4.
- Fonds de commerce, L. 132-16.
- Garantie, L. 132-8.
- Obligations, L. 132-11 s.
- Redressement judiciaire, L. 132-15.
- Respect du droit moral de l'auteur, L. 121-1 (J. 9).

► V. *Codes des usages professionnels.*

Édition,
- Contrat
  ► V. *Contrat d'édition.*
- Contrefaçon, L. 335-2.
- Électronique, (bibl.) **p. 223.**
- Épuisée, L. 132-17.
- Nouvelle, L. 132-11.
- Première, L. 132-6.

► V. *Contrat d'édition, Exemplaires.*

Émission,
- D'une œuvre, L. 122-2 s.
  ► V. *Communication d'une œuvre au public.*
- Œuvre audiovisuelle, L. 112-2 (J. 40).

Employé
► V. *Salarié.*

Encyclopédies,
- Œuvres protégées, L. 132-6.

Enregistrement,
- Brevets
  ► V. *Dépôt de brevet.*
- Dessins et modèles
  ► V. *Enregistrement de dessins et modèles.*
- Marques
  ► V. *Enregistrement de marque.*
- Œuvres, L. 122-3.
  - non-protection par le droit d'auteur, L. 122-2 (J. 30).
  - * enregistrement international des œuvres audiovisuelles, Traité de Genève du 20 avr. 1989, **p. 1197.**
    ► V. *Support d'enregistrement.*

► V. *Opposabilité, Registre.*

Enregistrement de dessins et modèles, L. 511-2 s. ; Dir. CE n° 98/71 du 13 oct. 1998, art. 9, **p. 1903.**
- Communautaire, Règl. (CE) n° 6/2002 du 12 déc. 2001, art. 35 s., **p. 1917.**
- Délais, L. 512-3, R. 513-1 s.
- Déposant, L. 511-9.
  - identification, L. 512-2.
- Forme, L. 512-2.
- International, Arrangement de La Haye, **p. 1845** ; Protocole du 29 août 1975, **p. 1861.**
- Lieu, L. 512-1.
- Nullité, L. 512-4.
- Redevances, Arr. du 24 avril 2008, ss. R. 411-17.
- Rejet, L. 512-2.

Enregistrement de marque, L. 712-1.
– Certificat, R. 712-3.
– Classification internationale des produits et services, **p. 1971.**
– Collective de certification, L. 715-2.
  • nullité, L. 715-3.
  • rejet, L. 715-2.
– Collectivité territoriale, L. 712-2-1.
– Communautaire, R. 712-3 ; Règl. (CE) n° 207/209 du 26 févr. 2009, art. 6, **p. 1071.**
– Délais, R. 712-23-1.
– Demande, L. 712-2 s., R. 712-1 s.
  • illicite, L. 712-6.
  • rejet, L. 712-7 ; Dir. (CE) n° 2008/95 du 22 oct. 2008, art. 3 s., **p. 2053.**
  • renonciation, L. 714-2.
  • retrait, R. 712-21.
– Droits des tiers, L. 712-3.
– Effets, L. 713-1 s.
– Énumération des produits et services, L. 712-2.
– Fraude, L. 712-6 (J. 2 s.) ; CUP, art. 6 *septies*, **p. 1501.**
– International, R. 717-1 s. ; Arrangement de Madrid du 14 avr. 1891, **p. 1963** ; Protocole relatif à l'Arrangement de Madrid du 27 juin 1989, **p. 1974** ; Classification internationale des produits et services, **p. 1971.**
– Établissement public de coopération intercommunale, L. 712-2-1.
– Nullité, L. 714-3.
– Observations, L. 712-3.
– Opposition, L. 712-4, R. 712-13 s.
  • délai, L. 712-3.
  • demandeur, L. 712-8.
  • effets, L. 712-7 s.
  • suspension délai, L. 712-4.
– Publicité, R. 712-23.
– Redevances, R. 411-17.
– Rejet, L. 712-7.
– Régularisation, R. 712-11.
– Renouvellement, L. 712-9, R. 712-24 s.
► V. *Marques.*

Enseignes, note, **p. 1963.**
– Marque, L. 713-6.
  • antériorité, L. 711-4 (J. 8 s.).
  • coexistence, L. 713-6.

Entrepreneur de spectacles,
– Absence de monopole, L. 132-19.
– Obligations, L. 132-21 s.
► V. *Contrat de représentation, Spectacles.*

Entreprises de communication audiovisuelle, L. 216-1.
– Cessionnaire de droits, L. 132-20-1, L. 217-2.
– Copie privée, L. 311-8.

Entretiens
► V. *Originalité des œuvres de l'esprit.*

Enveloppe Soleau,
– Dessins et modèles, R. 511-1 s.

Épuisement du droit,
– Bases de données, L. 342-4.
– Brevets, L. 613-6.
– Dessins et modèles, L. 513-8 ; Dir. (CE) n° 98/71 du 13 oct. 1998, art. 15, **p. 1904.**
– Droit d'auteur, L. 122-3-1.
– Droits voisins, L. 211-6.
– Marques, L. 713-4 ; Dir. (CE) n° 2008/95 du 22 oct. 2008, art. 7, **p. 2070.**

État de la technique,
– Avis documentaire, L. 612-23, R. 612-60 s.
– Inventions brevetables, L. 611-11, L. 611-14.
  ► V. *Inventions brevetables.*
– Rapport de recherche, L. 612-14.
► V. *Brevet d'invention.*

Étiquettes,
– Signe distinctif, L. 711-1.
► V. *Désignation.*

Étrangers,
– Brevets d'invention, L. 611-1, L. 611-12, R. 612-23.
– Certificat d'obtention, L. 623-6.
– Demandes de brevet, L. 611-12.
  • internationale, L. 614-22.
– Dessins et modèles, L. 511-11.
– Droits voisins, L. 211-5.
– Marques, L. 712-11 ; L. 26 nov. 1873, **p. 2309.**
– Œuvres,
  • auteurs, L. 111-4 s.
  • clause relative au droit moral, L. 121-1 (J. 2).
  • copie privée, L. 311-2.
  • logiciels, L. 111-5.
  • œuvres audiovisuelles, L. 132-20.
  • organismes de gestion collective des droits, L. 324-6.
  • phonogrammes, L. 214-2.
  • protection, L. 123-12.

Étrangers *(suite)*
- Produits semi-conducteurs, L. 622-2.
- Propriété industrielle, CUP, art. 2, **p. 1495.**
- Recours décision INPI, R. 411-19.
- ▸ V. ***Union européenne, Conventions internationales.***

Exception de panorama, L. 122-5.

Exception pédagogique, L. 122-5, L. 211-3, L. 342-3.
- Accords de compensation du 4 déc. 2009, L. 122-5 (J. 73).

Exécutant
- ▸ V. ***Artistes-interprètes.***

Exécution,
- Logiciel, L. 122-6 s.
- Œuvre,
  - autorisation judiciaire, L. 332-1 s.
  - lyrique, L. 122-2.
- ▸ V. ***Contrat de représentation.***

Exemplaires,
- Contrefaçon, L. 332-1, L. 335-1.
- Édition, L. 132-1 s.
  - épuisés, L. 132-17.
  - invendus, L. 132-11.
  - premier tirage, L. 132-9.
- Logiciel, L. 122-6.

Expert,
- Brevet, saisie-contrefaçon, L. 615-5.
  - défense nationale, L. 615-10.
  - indépendance, L. 615-5 (J. 2).
  - mesures, L. 615-1 (J. 6).
  - sécurité défense, L. 615-10.
- Contrat,
  - édition, L. 132-11.
  - production audiovisuelle, L. 132-20.
- Instance nationale des obtentions végétales, L. 623-12.

Expertise sur opérations de gestion, L. 326-6.
- ▸ V. ***Société de l'information.***

Exploitant,
- Œuvres audiovisuelles, L. 132-25.
  - ▸ V. ***Œuvres audiovisuelles.***

Exploitation,
- Brevets, copropriété, L. 613-29.
  - défaut, L. 613-11.
  - défense nationale, L. 615-10.
  - ▸ V. ***Brevet communautaire, Licence.***
- Demandes de brevets, autorisation, L. 612-9, L. 614-4, L. 614-20.
- Espèces végétales, L. 623-9.
- Marques, preuve, L. 714-5.
- Normale de logiciel, L. 122-6-1.

Exploitation des droits d'auteur, L. 131-1 s.
- Cession, L. 131-5 s.
  - ▸ V. ***Cession de droits.***
- Contribution personnelle, L. 113-3.
  - ▸ V. ***Œuvres communes.***
- Œuvres de collaboration, unanimité, L. 113-3 (J. 2 s.).
- Œuvre collective, par une personne morale, L. 113-5 (J. 2).
- Participation aux recettes, L. 131-4.
- Sommes insaisissables, L. 333-2 s.
- ▸ V. ***Contrat d'édition, Contrat de production audiovisuelle, Contrat de représentation, Droit d'entrée.***

Exposition officielle,
- Invention, L. 611-13, R. 612-22.
- Obtention végétale, L. 623-5.
- Propriété industrielle, protection, L. 13 avr. 1908, **p. 1542** ; Décr. du 17 juill. 1908, **p. 1542** ; CUP, art. 11, **p. 1502.**

Expropriation,
- Brevets, L. 613-20, R. 613-39 s.
- Inventions brevetables, L. 613-20.
- Obtentions végétales, L. 623-22.

F

Fabrication,
- Édition, L. 132-1 s.
- Objets illicites, L. 335-1.
- Reprise, L. 332-2.
- Suspension, L. 332-1.
- ▸ V. ***Contrefaçon.***

Fermeture d'établissement, L. 335-5, L. 521-10, L. 716-11.
- ▸ V. ***Contrefaçon.***

Film,
- Droit moral de l'auteur, L. 121-5 (J. 5 s.).
- Photographie, L. 112-2 (J. 55).
- ▸ V. ***Centre national de la cinématographie, Œuvres audiovisuelles, Publicité.***

Fixation,
– Fonctionnaires
► V. *Agent, Salarié.*
– Matérielle d'une œuvre, L. 122-3.
► V. *Enregistrement, Reproduction.*
– Prestation artistes-interprètes, L. 212-3 s.
– Séquence d'images, L. 215-1.

Fonctionnaire public
► V. *Agent.*

Fonds de commerce,
– Édition, L. 132-16.
► V. *Marques, Noms commerciaux.*

Force majeure,
– Œuvre audiovisuelle, achèvement, L. 121-6.

Forclusion,
– Conseils en propriété industrielle, L. 422-3, L. 422-5, R. 422-54.
► V. *Conseils en propriété industrielle.*
► V. *Actions en justice, Déchéance, Délais.*

Forme,
– Contrat de nantissement de logiciel, L. 132-34.
– Dessins et modèles,
• apparence de produit, L. 511-1.
• forme modifiée, L. 512-5.
► V. *Dessins et modèles.*
– Marques,
• forme modifiée, L. 714-5 (J. 8 s.).
– Objet de l'édition, L. 132-9.
– Œuvre de l'esprit, L. 112-1.
• atteinte, L. 121-1 (J. 43 s.).
– Signe distinctif, L. 711-1 (J. 14).
• figuratif, L. 711-2 (J. 16 s.).
► V. *Marques.*

Fouille de textes et de données, L. 122-5, L. 342-3.

Fournisseur d'accès à internet
► V. *Internet.*

Fourrure,
– Industrie saisonnière, L. 112-2.

G

Ganterie,
– Industrie saisonnière, L. 112-2.

Génétique,
– Obtentions végétales, L. 412-1.
► V. *Obtentions végétales.*
► V. *Corps.*

Genre,
– Œuvre audiovisuelle, L. 132-29.
– Œuvre de collaboration, L. 113-3.
– Œuvre de l'esprit, L. 112-1 s.
– Œuvre future, L. 132-4 (J. 5 s.).

Graphique,
– Dessins et modèles, L. 511-1.
– Œuvre protégée, L. 112-2.
– Représentation d'un signe, L. 711-1.
► V. *Dessins et modèles, Droits graphiques, Marques.*

Gravures, L. 112-2.
– Authentification, L. 121-1 (J. 13).
– Reproduction d'une œuvre, L. 122-3.

Guide,
– De bonnes affaires, L. 112-2 (J. 13).
– Programmes télévisés, L. 112-2 (J. 15).
– Titre, L. 112-4 (J. 7).
► V. *Œuvre chorégraphique.*

H

Habillement,
– Industrie saisonnière, L. 112-2.

Haute Autorité pour la diffusion des œuvres et la protection des droits sur internet,
– Commission de protection des droits
► V. *Commission de protection des droits de la Haute autorité pour la diffusion et la protection des droits sur internet*
– Compétences, composition et organisation, L. 331-12 à L. 331-22.
– Missions,
• encouragement de l'offre légale, L. 331-23, R. 331-47 s.
• observation des pratiques illégales, L. 331-23.
• protection des œuvres, L. 331-24 à L. 331-37.
* évaluation et labellisation des moyens de sécurisation, R. 331-85 s.

Hébergeur de site internet
► V. *Internet.*

Héritier
▸ V. ***Ayants droit.***

Hologrammes,
– Signe distinctif, L. 711-1.
▸ V. ***Marques.***

Homme du métier, L. 611-14, L. 612-5.
▸ V. ***État de la technique, Inventions brevetables.***

Huissier
▸ V. ***Expert, Contrefaçon, Saisie-contrefaçon.***

I

Identification de l'œuvre,
– Protection des informations, L. 331-22.

Idées,
– Logiciels, L. 122-6-1.
 ▸ V. ***Logiciels.***
– Non-protection par le droit d'auteur, L. 111-1 (J. 8 s.), L. 112-2 (J. 36 s.).
– Réservation indirecte, L. 112-2 (J. 39).

Illustrateur,
– Codes des usages, 20 juin 1978, **p. 1460.**

Illustrations,
– Œuvre protégée, L. 112-2.
– Par dessin, Codes des usages du 20 juin 1978, **p. 1460.**
– Rémunération auteur, L. 132-6.

Image,
– Contrefaçon, L. 122-5 (J. 34).
– Diffusion, L. 122-2.
– Droit de la personnalité, antériorité marque, L. 711-4 (J. 22 s.).
 • artiste-interprète, L. 212-3.
– Œuvre protégée, L. 112-2.
– Prestation, L. 212-3.
– Référencement, L. 136-1.
– De synthèse, signe distinctif, L. 711-1.
 • originalité, L. 112-2 (J. 102).

Imitation,
– Marques, L. 713-2.
 ▸ V. ***Contrefaçon de marque.***
– Œuvres,
▸ V. ***Parodie, Pastiche.***

Imprimerie,
– Reproduction d'une œuvre, L. 122-3.
▸ V. ***Édition, Livres.***

Incorporation,
– Œuvre préexistante, L. 113-2 (J. 14 s.), L. 113-4 (J. 11).
 ▸ V. ***Œuvre préexistante.***
▸ V. ***Œuvre chorégraphique.***

Indemnisation,
– Brevet,
 • défendeur contrefaçon, L. 615-3.
 • déposant, L. 612-10.
 • européen, L. 614-5.
– Œuvre,
 • cessionnaire, L. 121-4.
 • victime contrefaçon, L. 335-7.
▸ V. ***Confiscation, Contrefaçon, Préfaces.***

Indication géographique, L. 721-2, R. 721-1.
– Antériorité, L. 711-4 (J. 15 s.).
 ▸ V. ***Marques.***
– Accord ADPIC, art. 22 s., **p. 1117.**
– Contrefaçon,
 • action civile, L. 722-1.
 • compétence, L. 722-3.
 • confiscation, L. 722-7.
 • dommages et intérêts, L. 722-6.
 • information du juge, L. 722-5.
– Enregistrement, C. rur., art. R. 642-1 s., **p. 1594.**
– Mesures probatoires, R. 722-2 s.
 • preuve, L. 722-4.
– Mesures provisoires et conservatoires, R. 722-1.
– Produits industriels et artisanaux, L. 721-2 s., R. 411-1, R. 411-17, R. 411-19, R. 712-13, R. 712-18, R. 718-3, R. 721-1 à R. 721-12.
 • droit d'alerte, L. 712-2-1, D. 712-29, D. 712-30.
– Protection communautaire, Règl. (CE) n° 1898/2006 du 14 déc. 2006, **p. 1562** ; Règl. (UE) n° 1151/2012 du 21 nov. 2012, **p. 1562.**
 • internationale, Arrangement de Lisbonne du 31 oct. 1958, **p. 1545.**
– Protégée, C. consom., art. L. 432-3, L. 432-4, L. 453-5, **p. 1593.**
– Retenue en douane, L. 722-9, R. 722-7.
– Sanction, C. consom., art. L. 413-8, L. 413-9, L. 451-13, L. 451-14, **p. 1592.**
▸ V. ***Marques.***

Indications relatives aux services publics, L. 731-1 s.

Industries saisonnières,
- Créations, œuvres protégées, L. 112-2.

Information,
- Bases de données
  - ▸ V. ***Base de données.***
- Compilation, protection, L. 112-3 (J. 5).
- Génétique, Dir. (CE) n° 98/44 du 6 juill. 1998, **p. 1735.**
- Identification,
  - • droits voisins, Traité OMPI, art. 19, **p. 1410.**
  - • œuvres, Traité OMPI, art. 12, **p. 1409.**
- INPI, diffusion, L. 411-1, R. 411-1-1 (publication électronique).
- Membres, organisme de gestion collective des droits, L. 321-3.
- Société, Dir. (CE) n° 2001/29 du 22 mai 2001, **p. 1215.**

Information sur le régime des droits, Dir. (CE) n° 2001/29 du 22 mai 2001, art. 7, **p. 1215.**

Informatique,
- Circuits intégrés
  - ▸ V. ***Topographie de produits semi-conducteurs.***
- Programmes
  - ▸ V. ***Logiciels.***
- Puce
  - ▸ V. ***Topographie de produits semi-conducteurs.***

Infractions
▸ V. ***Contrefaçon.***

INPI
▸ V. ***Institut national de la propriété industrielle.***

Instance nationale des obtentions végétales, L. 412-1, D. 412-7 s.
- Organisation, D. 412-7 s.
- Recours contre les décisions, R. 412-15 s.
- Registres, R. 623-29, R. 623-38 s.
  - ▸ V. ***Obtentions végétales.***

Institut national de la propriété industrielle, L. 411-1 s.
- Accords internationaux, application, R. 411-1.
- Attributions, R. 411-1.
- Avis documentaire, L. 612-23.
- Base de données, D. 411-1-3 (mise à disposition du public).
- Brevets d'invention, délais, R. 618-3 s.
  - ▸ V. ***Brevet d'invention.***
- Brevetabilité des inventions, L. 612-13.
- Bulletin officiel de la propriété industrielle, R. 411-1, R. 411-1-1 (publication électronique).
- Demande de brevet européen, L. 614-2 s.
  - • international, L. 614-20.
- Dessins et modèles, R. 514-1 s.
- Diffusion légale des inventions, L. 612-21, R. 411-1.
- Logiciels,
  - • inscription nantissement, L. 132-34.
  - • registre spécial, L. 132-34.
- Missions, L. 411-1.
- Office récepteur, L. 614-22.
- Organisation, R. 411-1 s.
- Récompenses industrielles, R. 411-1.
- Redevances, R. 411-17.
- Registre national des marques, R. 411-1.
  - • des brevets, L. 613-9, R. 613-53 s.
  - • commerce et sociétés, R. 411-1.
  - • des dessins et modèles, L. 513-3, R. 511-4 s.
- Taxes
  - ▸ V. ***Redevances.***
- Traduction des demandes, L. 614-8, L. 614-27.

▸ V. ***Directeur de l'Institut national de la propriété industrielle, Redevances.***

Internet, (bibl.) **p. 1.**
- Bases de données, L. 342-1 (J. 5).
- Communication d'une œuvre, Traité OMPI, art. 8, **p. 1358** ; Dir. (CE) n° 2001/29 du 22 mai 2001, art. 3, **p. 1215.**
- Contravention de négligence caractérisée, art. R. 335-5.
- Droit d'auteur, L. 111-1 (J. 30), L. 121-8 (J. 3).
- Fournisseur d'accès à internet, L. n° 2004-575 du 21 juin 2004, art. 6 s., **p. 1294.**
- Hébergeur de site internet (responsabilité), L. n° 2004-575 du 21 juin 2004, art. 6 s., **p. 1294.**
- Lien hypertexte, L. 122-2 (J. 20), L. 335-3 (J. 16).
- Nom de domaine, L. 713-5 (J. 6 s.).
- Protection site, L. 112-2 (J. 121).
- Terrorisme et pornographie de mineurs, Décr. n° 2015-125 du 5 févr 2015 (blocage) et Décr. n° 2015-253 du 4 mars 2015

Internet *(suite)*
(déréférencement), ss. L. n° 2004-575 du 21 juin 2004, art. 6-1 s., **p. 1298.**

Interopérabilité,
– Logiciels, L. 122-6-1.
– Mesures techniques de protection, L. 331-5, L. 331-7.

Interprétation,
– Droit moral de l'auteur, L. 121-1 (J. 35).
– Œuvre, L. 211-4.
– Loi, L. 211-1.
– Protection, L. 212-2.
► V. ***Artistes-interprètes.***

Interprètes
► V. ***Artistes-interprètes, Traducteurs.***

Introductions,
– Œuvres protégées, L. 132-6.
► V. ***Union européenne.***

Inventeur,
– Agent d'État, L. 611-7, R. 611-11 s. ; Décr. n° 96-858 du 2 oct. 1996, **p. 2401.**
– Désignation, R. 611-15 s.
– Fonctionnaire, L. 611-7, R. 611-11 s. ; Décr. n° 96-858 du 2 oct. 1996, **p. 2401.**
– Mention, CUP, art. 4 *ter*, **p. 1497.**
– Rémunération
► V. ***Rémunération des inventeurs salariés.***
– Salarié, L. 611-7.
• contentieux, L. 615-21.
• déclaration, R. 611-1 s.
► V. ***Brevet communautaire, Dépôt de brevet.***

Invention, Convention 27 nov. 1963, **p. 1600.**
– Biotechnologique, L. 611-18 ; Dir. (CE) n° 98/44 du 6 juill. 1998, **p. 1735.**
– De mission, L. 611-7 (J. 10).
– Hors mission, L. 611-7 (J. 10).
– Non brevetable, L. 611-10.
• sanction, L. 613-25.
– Salarié
► V. ***Inventeur.***
– Secret défense, Accord du 21 sept. 1960, **p. 1599.**
– Titre de propriété industrielle, L. 611-1.
• bénéficiaire, L. 611-6.

Inventions brevetables, L. 611-10 s. ; CBE, art. 52, **p. 1661.**
– Activité inventive, L. 611-14.
• revendication, L. 611-14 (J. 43 s.).
– Application industrielle, L. 611-10, L. 611-15.
• non, L. 611-16.
– Avis documentaire, L. 612-23, R. 613-60 s.
– Biotechnologiques, L. 611-18, L. 613-2-1 ; Dir. (CE) n° 98/44 du 6 juill. 1998, **p. 1735.**
– Cession, L. 613-7.
– Défense nationale, L. 615-10.
• secret, Accord du 21 sept. 1960, **p. 1599.**
– Demande de brevet
► V. ***Dépôt de brevet.***
– Description, L. 612-5.
– Divulgation, L. 611-11.
• indifférente, L. 611-13.
– Domaine de brevetabilité, L. 611-10 (J. 5 s.).
– Double brevetabilité, L. 611-11 (J. 24 s.).
– État de la technique, L. 611-11, L. 611-14 (J. 6 s.).
– Exclusions légales, L. 611-10, L. 611-17, L. 611-18, L. 611-19, L. 611-20.
– Exploitation personnelle, L. 613-7.
– Exposition officielle, L. 611-13, R. 612-22.
– Expropriation, L. 613-20.
– Homme du métier, L. 611-14 (J. 10 s.), L. 612-5.
– Inventeur
► V. ***Inventeur.***
– Médicaments
► V. ***Médicament.***
– Méthode de traitement, L. 611-16.
– Nouveauté, L. 611-11 (J. 1 s.) ; CBE, art. 54, **p. 1662.**
– Obtention végétale (non-brevetabilité), L. 611-20.
– Opération spatiale, L. 611-1.
– Perfectionnement d'une invention, L. 613-15.
– Possession personnelle, L. 613-7.
– Protection, demande,
• internationale, L. 614-18 s.
• pluralité, L. 612-3.
► V. ***Brevet communautaire, Dépôt de brevet.***
– Race animale (non-brevetabilité), L. 611-19.
– Soustraction, L. 611-8.

Inventions non brevetables, L. 611-10, L. 611-17, L. 611-18, L. 611-19, L. 611-20.

J

Jeu-vidéo
► V. ***Vidéogrammes.***

Journal,
- Filmé, L. 112-2 (J. 40).
- Mise en page, protection, L. 112-2 (J. 119).
- Officiel, L. 132-33, L. 214-3, L. 311-5.
- Publication d'œuvre, L. 121-8.
- Rémunération auteur, L. 132-6.
- Titre, protection, L. 112-4 (J. 3, 14).
- ▸ V. *Presse.*

Juridictions spécialisées, R. 411-19, D. 411-19-1, D. 521-6, D. 716-12, D. 722-6.

Juste prix,
- Inventions de mission, L. 611-7.
  ▸ V. ***Brevet communautaire, Inventeur, Rémunération des inventeurs salariés.***

L

Labellisation des moyens de sécurisation destinés à prévenir l'utilisation illicite de l'accès à internet, R. 331-85 s.

Langue française, L. n° 94-665 du 4 août 1994, **p. 2315** ; Décr. n° 95-240 du 3 mars 1995, **p. 2316.**

Légataire de l'auteur
▸ V. *Ayants droit.*

Lettres,
- Signe distinctif, L. 711-1 (J. 9).
  ▸ V. *Marques.*

Licence,
- Bases de données, L. 342-1.
- Brevet
  ▸ V. *Licence de brevet.*
- Concurrence, Accord ADPIC, art. 40, **p. 1124.**
- Dessins et modèles, L. 513-2.
- Légale, L. 214-1.
- Marque, L. 714-1 ; Dir. (CE) n° 2008/95 du 22 oct. 2008, art. 8, **p. 2074.**
- Obtentions végétales, L. 613-18.
  - d'office, L. 623-17, L. 623-21.

Licence de brevet, L. 613-8.
- Action en contrefaçon, L. 615-2.
- Contrat, L. 613-8 (J. 12 s.).
- Contrefaçon, L. 613-8 (J. 25).
- Copropriété, L. 613-2.
- De dépendance, perfectionnement, L. 613-15.
- D'exploitation non exclusive, L. 613-8, copropriété L. 613-29.
- Forme, L. 613-8.
- Médicament, L. 613-16.
- Mixte, L. 621-1 (J. 16).
- Obligatoire, L. 613-11.
  - cession des droits, L. 613-13.
  - demande, L. 613-12, R. 613-4 s.
  - * produit pharmaceutique, L. 613-17-1 s., R. 613-25-1 s. ; Règl. CE n° 816/2006 du 17 mai 2006, **p. 1743.**
  - retrait, L. 613-14.
- D'office, L. 613-16 s.
  - cession des droits, L. 613-13.
  - intérêt de la défense nationale, L. 613-19, R. 613-34.
  - intérêt de l'économie nationale, L. 613-18, R. 613-26.
  - intérêt de la santé publique, L. 613-16 s., R. 613-10 s.
- Opposabilité, L. 613-9.
- Réduction redevances, Arr. du 24 avril 2008, ss. R. 411-17.
- Refus du propriétaire, L. 613-12.
- Saisie-contrefaçon, L. 615-5.
- Transmission, L. 613-13.
  - brevet de perfectionnement, L. 613-15.
- ▸ V. ***Brevet communautaire, Contrefaçon de brevet.***

Licence de marque, L. 714-1 ; Dir. (CE) n° 2008/95 du 22 oct. 2008, art. 8, **p. 2074.**
▸ V. *Marques.*

Licence d'obtention végétale,
- D'exploitation, L. 613-18.
- D'office, L. 623-17, L. 623-21.

Lingerie,
- Industrie saisonnière, L. 112-2.

Lisières,
- Signe distinctif, L. 711-1.
- ▸ V. *Marques.*

Lithographie, L. 112-2.

Livres, L. 112-2.
- De prières, rémunération auteur, L. 132-6.
- Livre numérique, L. n° 2011-590 du 26 mai 2011, Décr. n° 2011-1499 du 10 nov. 2011, ss. L. 133-3.
  - tva, Dir. (CE) no 2006-112 du 28 nov. 2006 (J.), ss. L. 133-3.
- Livres indisponibles du XXe siècle (exploitation numérique), L. 134-1 s.

Livres *(suite)*
► V. ***Édition, Rémunération des artistes-interprètes, Écrits, Base de données.***

Location,
– Droit
► V. ***Droit de location et de prêt.***
– Logiciel, L. 122-6.
– Œuvre publiée, L. 122-10.

Logiciels, L. 112-2.
– Auteur, L. 111-5.
• droits moraux, L. 121-7.
• droits patrimoniaux, L. 122-6.
• rémunération, L. 131-4.
• salarié, L. 113-9, L. 111-1 (J. 32).
► V. ***Droits d'auteur, Salarié.***
– Cession de droits, L. 131-4.
– Code source, L. 132-34.
• protection, L. 112-2 (J. 80).
– Contrefaçon, L. 122-6-2, L. 335-3 (J. 23 s.).
– Copie, L. 122-5.
– Décompilation, L. 122-6-1 ; Dir. (CE) n° 2009/24 du 23 avr. 2009, art. 6, **p. 1389.**
– Droit d'exploitation, L. 122-6 s., L. 122-6-1.
• nantissement, L. 132-34, R. 132-8.
– Licence, L. 122-6, L. 121-7 (J. 1).
– Matériel de conception préparatoire, L. 112-2.
– Originalité, L. 111-1 (J. 19), L. 112-2 (J. 73).
– Progiciels
► V. ***Progiciels.***
– Programmes, (non) brevetabilité, L. 611-10.
– Protection, L. 112-2.
• domaine, Dir. (CE) n° 2009/24 du 23 avr. 2009, **p. 1385.**
– Publicité, L. 122-6-2.
• sanctions, R. 335-2.
– Registre national spécial, R. 132-17, R. 411-17.
– Responsabilité pénale des éditeurs de logiciel, L. 335-2-1.
– Saisie-contrefaçon, L. 332-4.
– Stockage, L. 122-6 s.
– Systèmes experts
► V. ***Systèmes experts.***
– Téléchargement illicite d'œuvres (prévention), L. 336-1, L. 336-2.
► V. ***Topographie de produits semi-conducteurs.***

Logos,
– Signe distinctif, L. 711-1.
► V. ***Marques, Publicité.***

Louage,
– Phonogrammes, L. 213-1.
– Programmes des entreprises de communication audiovisuelle, L. 216-1.
– Vidéogrammes, L. 215-1.

Louage d'ouvrage,
– Contrat conclu par un auteur, L. 111-1, L. 132-6.
– Contrat dit à compte d'auteur, L. 132-2.

M

Maître d'œuvre,
– Œuvre collective, L. 113-2 (J. 21), L. 113-5 (J. 1).

Manifestations
► V. ***Spectacles.***

Mannequins, L. 212-1 (J. 3).

Marionnettes,
– Numéro de, L. 212-1.

Maroquinerie,
– Industrie saisonnière, L. 112-2.

Marques, L. 711-1 s. ; Accord ADPIC, art. 15 s., **p. 1116** ; Dir. (CE) n° 2008/95 du 22 oct. 2008, **p. 2049.**
– Acquisition du droit
► V. ***Enregistrement de marque.***
– Action en contrefaçon, L. 716-5 s.
– Action en revendication, L. 712-6.
– Ancien régime, L. n° 64-1360 du 31 déc. 1964 *[abrogée]*, **p. 2310.**
– Antériorité, L. 711-4.
• sanction, L. 714-3.
– Auteurs, L. 132-11.
– Caractère distinctif,
• acquisition par l'usage, L. 711-2.
• défaut de, L. 711-2.
– Caricature, L. 713-1 (J. 4).
– Cession
► V. ***Cession de droits.***
– Classification internationale, R. 712-19 ; Arrangement de Nice du 15 juin 1957 **p. 1969** ; Protocole relatif à l'Arrangement de Madrid du 28 juin 1989 ; Classification internationale des produits et services, **p. 1971.**
– Collectives, L. 715-1.
► V. ***Marques.***

Marques (*suite*)
- Collectives de certification, L. 715-1 s.
- Collectivité territoriale, L. 712-2-1.
- Communautaire
  ▸ V. ***Marque communautaire.***
- Compétence, L. 716-3.
- Contentieux, L. 716-1, R. 716-1.
- Contrefaçon
  ▸ V. ***Contrefaçon de marque.***
- Déchéance, L. 714-5, L. 714-6 ; Dir. (CE) n° 2008/95 du 22 oct. 2008, art. 12, **p. 2075.**
  ▸ V. ***Déchéance.***
- Dégénérescence, L. 714-6.
- Dénomination, L. 711-1 (J. 5 s.).
- Dépôt
  ▸ V. ***Enregistrement de marque.***
- Descriptives, L. 711-2 (J. 8).
- Distinctive, L. n° 72-618 du 5 juill. 1972, **p. 2313.**
- Droit de priorité, L. 712-12, R. 712-4.
- Droits exclusifs, Dir. (CE) n° 2008/95 du 22 oct. 2008, art. 5, **p. 2062.**
- Droit de propriété, L. 713-1 s.
- Enregistrement
  ▸ V. ***Enregistrement de marque.***
- Épuisement des droits, L. 713-4 ; Dir. (CE) n° 2008/95 du 22 oct. 2008, art. 7, **p. 2049.**
- Établissement public de coopération intercommunale, L. 712-2-1.
- Étrangères, L. 712-11.
- Génériques, L. 711-2 (J. 8 s.).
- Importation, Décr. n° 48-1985 du 8 déc. 1948, art. 39, **p. 2309.**
- Langue française, emploi, L. n° 94-665 du 4 août 1994, **p. 2315** ; Décr. n° 95-240 du 3 mars 1995, **p. 2316.**
- Liberté d'expression, L. 713-2 (J. 6).
- Licence
  ▸ V. ***Licence de marque.***
- Marque viticole, L. 711-3 (J. 6).
- Nom de domaine, L. 713-2 (J. 8).
- Notification, R. 718-3.
- Notoire
  ▸ V. ***Marques notoires.***
- Nullité, L. 714-3 ; Dir. (CE) n° 2008/95 du 22 oct. 2008, art. 3, **p. 2053.**
  - effets, L. 714-1, L. 712-4.
  ▸ V. ***Nullité.***
- Opposabilité, L. 712-2.
  - limites, L. 713-4.
  - modification, L. 714-7.
  - transmission, L. 714-7.
- Opposition, demandeur, L. 712-8.
  - effets, L. 712-7 s.
  - motifs légitimes, L. 713-4.
- Propriété, L. 712-1.
- Publicité trompeuse, C. consom., art. L. 122-1 à L. 122-7, L. 132-25, L. 433-11, **p. 2314.**
- Référence nécessaire, L. 713-6.
- Registre national, L. 714-7, R. 714-2.
- Relevé de déchéance, L. 712-10, R. 712-12.
- Renommées
  ▸ V. ***Marques renommées.***
- Renonciation, L. 714-2, R. 714-1.
- Retenue en douane, L. 716-8 s., R. 716-6 s.
- Risque de confusion, L. 711-4 L. 713-3.
- Signes distinctifs, Dir. (CE) n° 2008/95 du 22 oct. 2008, art. 2, **p. 2051.**
  - exclus, L. 711-3 (J. 1 s.) ; CUP, art. 6 *ter*, **p. 1499.**
  - figuratifs, L. 711-1.
  - illicites, L. 711-3 (J. 4 s.).
  - non distinctifs, L. 711-2.
  - similaires, L. 713-3 (J. 6 s.).
  - sonores, L. 711-1.
  - trompeurs, L. 711-3 (J. 10 s.).
  - usage, CUP, art. 6 *quinquies*, **p. 1500.**
- Spécialité, L. 712-2.
- Syndicales, L. 712-13.
- Transferts techniques internationaux, R. 624-1 s.
- Tridimensionnelles, L. 711-2 (J. 18 s.).
- Usage sérieux, L. 714-5 ; Dir. (CE) n° 2008/95 du 22 oct. 2008, art. 10, **p. 2075.**
- Usuelles, L. 711-2 (J. 8 s.).

▸ V. ***Conventions internationales.***

Marque collective, L. 715-1 s.
- Nullité, L. 715-3.
- Dissolution de la personne morale titulaire, R. 715-2.

Marque communautaire, L. 717-1 s. ; Règl. (CE) n° 207/2009 du 26 févr. 2009, **p. 2078** ; Règl. (CE) n° 2868/95 du 13 déc. 1995, **p. 2004** ; Règl. (UE) 2017/1001 du 14 juin 2017, **p. 2230.**
- Collective, Règl. (CE) n° 207/2009, art. 66, **p. 2122.**
- Compétence, Règl. (CE) n° 207/2009, art. 94, **p. 2133.**
- Contrefaçon, L. 717-1.
  - recevabilité, L. 717-3.
- Déchéance, L. 717-6 ; Règl. (CE) n° 207/2009, art. 51, **p. 2114.**
- Demande, L. 716-5 ; Règl. (CE) n° 207/2009, art. 25, **p. 2103.**

Marque communautaire *(suite)*
- • date, Règl. (CE) n° 207/2009, art. 27, **p. 2103.**
- • opposition, Règl. (CE) n° 207/2009, art. 40 s., **p. 2108** ; Règl. (CE) n° 2868/95 du 13 déc. 1995, art. 15 s., **p. 2077.**
- • procédure, Règl. (CE) n° 207/2009, art. 36, **p. 2107** ; Règl. (CE) n° 2868/95 du 13 déc. 1995, art. 1er s., **p. 2004.**
- • rejet, Règl. (CE) n° 207/2009, art. 7, **p. 2080.**
- – Durée, Règl. (CE) n° 207/2009, art. 46 s., **p. 2112.**
- – Effet, Règl. (CE) n° 207/2009, art. 9, **p. 2094.**
- – Enregistrement, Règl. (CE) n° 207/2009, art. 6, **p. 2080** ; Règl. (CE) n° 2868/95 du 13 déc. 1995, art. 23 s., **p. 2312.**
- • décision, Règl. (CE) n° 207/2009, art. 45, **p. 2112.**
- – Épuisement, Règl. (CE) n° 207/2009, art. 13, **p. 2097.**
- – Nullité, Règl. (CE) n° 207/2009, art. 52 s., **p. 2115.**
- – Priorité, Règl. (CE) n° 207/2009, art. 29 s., **p. 2105.**
- – Renonciation, Règl. (CE) n° 207/2009, art. 50, **p. 2114.**
- – Signes, Règl. (CE) n° 207/2009, art. 4, **p. 2079.**
- – Territoires d'outre-mer, L. 811-4.
- – Transformation, L. 717-5 ; Règl. (CE) n° 207/2009, art. 112 s., **p. 2139** ; Règl. (CE) n° 2868/95 du 13 déc. 1995, art. 44 s., **p. 2020.**
- – Usage, Règl. (CE) n° 207/2009, art. 15 s., **p. 2098.**

Marques de fabrique, de commerce ou de service, L. 711-1.
- ▸ V. *Marques.*

Marques notoires,
- – Action en nullité, L. 714-4.
- – Antériorité, L. 711-4.
- – Protection, L. 713-5 ; CUP, art. 6 *bis*, **p. 1498.**

Marques renommées,
- – Définition, L. 713-5 (J. 1).
- – Protection, L. 713-5.

Matériel de conception préparatoire, L. 112-2 ; Dir. CE n° 2009/24 du 23 avr. 2009, art. 1er, **p. 1387.**
- ▸ V. *Logiciels.*

Matière biologique, Dir. (CE) n° 98/44 du 6 juill. 1998, **p. 1735.**
- ▸ V. *Brevet communautaire.*

Mayotte, L. 811-1 s., R. 811-1 s.

Médiateurs, L. 132-20-2, L. 217-3.
- – De la musique, L. 214-6.

Médicament,
- – Autorisation de mise sur le marché, L. 611-2 s.
- • nullité, L. 613-28.
- – Brevets, L. 611-3.
- • actes non couverts, L. 613-5.
- – Certificat complémentaire de protection, L. 611-3 ; Règl. (CE) n° 469/2009 du 6 mai 2009, **p. 1750.**
- – Deuxième application thérapeutique, L. 611-11 (J. 27).
- – Licence d'office, L. 613-16 s.
- – Marques, L. 716-10.
- ▸ V. *Brevet d'invention, Méthodes.*

Mérite,
- – Œuvre de l'esprit, L. 112-1.
- ▸ V. *Récompenses industrielles.*

Messages,
- – Diffusion, L. 122-2.
- ▸ V. *Télédiffusion.*

Mesures conservatoires, L. 332-1.
- ▸ V. *Saisie.*

Mesure technique de protection et d'information,
- – Accès à l'œuvre, L. 331-12.
- – Atteinte aux MTPI,
- • délit, L. 335-3-1, L. 335-3-2, L. 335-4-1, L. 335-4-2.
- • répression, R. 335-3, R. 335-4.
- – Autorité administrative indépendante
- ▸ V. *Haute Autorité pour la diffusion des œuvres et la protection des droits sur internet.*
- – Base de données, L. 342-3-1, L. 342-3-2.
- – Copie privée, L. 331-6, L. 122-5 (J. 14).
- – Contrat (mention), L. 131-9.
- – Définition, L. 331-5.

Mesure technique de protection et d'information *(suite)*
- Information d'identification de l'œuvre, L. 331-22.
  - procédure de l'ARMT, R. 331-20 s.
- Nombre de copies, L. 331-9.
- Protection, L. 331-5.
- Saisie, L. 335-1.
- Saise-contrefaçon, L. 332-1.
- Télévision, L. 331-11.

Méthodes, L. 611-10.
- Non-brevetabilité, L. 611-10.
  - contraceptive, L. 611-16 (J. 2).
  - diagnostic, L. 611-16.
  - mathématique, L. 611-10.
  - thérapeutique, L. 611-16.
  - traitement chirurgical, L. 611-16.
- Non-protection par le droit d'auteur, L. 111-1 (J. 9).

Micro-organisme,
- Dépôt de brevet, L. 612-5, R. 612-14, R. 612-42.
- Droit international, Traité du 28 avr. 1977, **p. 1621.**
- Opposabilité brevet, L. 615-4.
- ► V. *Brevet d'invention.*

Mise sur le marché,
- Logiciel, L. 122-6.
  - ► V. *Logiciels.*
- Médicament, L. 611-2 s.
  - ► V. *Médicament.*
- Phonogrammes, L. 213-1.
  - ► V. *Phonogrammes.*

Mises en scène
- ► V. *Spectacles.*

Mode,
- Dessins et modèles
  - ► V. *Dessins et modèles.*
- Exploitation, droits d'auteur, L. 122-7.
- Industrie saisonnière, L. 112-2.

Modèles
- ► V. *Dessins et modèles.*

Modification,
- Logiciel, L. 121-7.
- Marque, L. 713-2.
  - ► V. *Contrefaçon de marque.*
- Œuvre audiovisuelle,
  - pendant l'exploitation (non), L. 121-5 (J. 3 s.).
  - unanimité, L. 121-5.
  - ► V. *Œuvre chorégraphique.*
- Œuvre cédée, droit de repentir, L. 121-4 (J. 1).

Mots,
- Signe distinctif, L. 711-1.
- ► V. *Écrits, Idées, Marques.*

Moulage,
- Reproduction d'une œuvre, L. 122-3.

Multimédia, (bibl.), **p. 1.**
- Œuvres, L. 112-2 (J. 120 s.).

Musique
- ► V. *Compositions musicales, Phonogrammes, Signes, Sons.*

N

Nantissement,
- Brevet, L. 613-8 (J. 27).
  - ► V. *Brevet communautaire.*
- Logiciels, L. 132-34, R. 132-8
  - inscription, R. 132-9 s.
  - radiation, R. 132-16.

Nature du droit d'auteur, L. 111-1 s.

Noms,
- Auteurs
  - ► V. *Nom d'auteur.*
- Artistes-interprètes
  - ► V. *Nom d'auteur.*
- Commerciaux
  - ► V. *Noms commerciaux.*
- Géographiques, signe distinctif, L. 711-1, L. 711-2 (J. 15).
  - ► V. *Marques.*
- Patronymiques, antériorité, L 711-4.
  - coexistence, L. 713-6 (J. 1 s.).
  - signe distinctif, L. 711-1.
  - ► V. *Marques.*
- Personnages d'une œuvre, protection, L. 112-2 (J. 111).
- Pseudonyme
  - ► V. *Pseudonyme.*

Nom d'auteur,
- Artiste-interprète, L. 212-2.
- D'une œuvre, L. 113-1 s.
  - droit au respect, L. 121-1.
  - mention obligatoire, L. 132-11, L. 122-5.

Nom d'auteur *(suite)*
• personne morale, L. 113-5.
• pluralité de personnes physiques, L. 113-1.
– Pseudonyme, L. 113-6.
► V. ***Pseudonyme.***
► V. ***Droits de la personnalité.***

Noms commerciaux,
– Apposition, C. consom., art. L. 413-4, L. 413-5, L. 451-9, L. 451-10, **p. 2320.**
– Marques, antériorité, L. 711-4 (J. 8 s.).
• coexistence, L. 713-6.
– Protection, CUP, art. 8 s., **p. 1501.**

Nom de domaine
► V. ***Marques.***

Nouveauté,
– Brevetabilité des inventions, L. 611-10 s.
– Dessins et modèles, L. 511-3.
– Variétés végétales, L. 623-1.
• défaut, L. 623-5.

Nouvelle-Calédonie, L. 811-1 s.

Nullité,
– Brevet, L. 613-25 s.
• actes, L. 614-29.
• action publique, L. 613-26.
• effet, L. 613-27.
• licence, L. 613-8, L. 613-13.
• saisie, L. 613-21.
– Brevet communautaire, actes, L. 614-29.
– Brevet européen, L. 614-12.
– Certificat complémentaire de protection, L. 613-28.
– Dessins et modèles, décision, L. 512-6.
• motifs, L. 512-1, L. 512-4.
• partielle, L. 512-5.
– Marques, actions, L. 714-3.
• effets, L. 712-4, L. 714-1.
• saisie, L. 716-7.
– Marque collective de certification, L. 715-3.
– Marque notoire, L. 714-4.
– Œuvres futures, cession globale, L. 131-1.
– Saisie,
• brevet, L. 613-21, L. 615-5.
• dessins et modèles, L. 521-1.
• logiciels, L. 332-4.
• obtentions végétales, L. 623-27.
– Topographie de produits semi-conducteurs, dépôt, L. 622-1.
► V. ***Compétence, Sanctions.***

Numérisation
► V. ***Reproduction.***

O

Obtentions végétales, L. 623-1 s.
– Action en justice, L. 623-25 s.
– Certificat, L. 623-4.
► V. ***Certificat d'obtention végétale.***
– Commission paritaire de conciliation, D. 623-58-1.
– Découverte, Décr. n° 96-858 du 2 oct. 1996, **p. 2401.**
– Dénomination, L. 623-3, L. 623-15, R. 623-6.
– Désignation, L. 623-15.
– Expropriation, L. 623-22.
– Instance nationale des obtentions végétale, L. 412-1.
• organisation, D. 412-7 s.
– Non-brevetabilité, L. 611-20, L. 623-3.
– Nouveauté, L. 623-5.
– Protection internationale, Convention de Paris du 2 déc. 1961, **p. 2321.**
• communautaire, Règl. (CE) n° 2100/94 du 27 juill. 1994, **p. 2332** ; Règl. (CE) n° 1238/95 du 31 mai 1995, **p. 2361** ; Règl. (CE) n° 1239/95 du 31 mai 1995, **p. 2365** ; Règl. (CE) n° 1768/95 du 24 juill. 1995, **p. 2365.**
– Retenue en douane, L. 623-6 s., R. 623-60.
► V. ***Certificat d'obtention végétale, Licence d'obtention végétale.***

Œuvres,
– Actuelles
► V. ***Contrat de représentation.***
– Anonymes
► V. ***Œuvres anonymes.***
– Architecture
► V. ***Architecture, Œuvres d'architecture.***
– Art
► V. ***Œuvres d'art.***
– Artistique
► V. ***Œuvres artistiques.***
– Audiovisuelles
► V. ***Œuvres audiovisuelles.***
– Chorégraphique
► V. ***Œuvre chorégraphique.***
– Cinéma
► V. ***Œuvre chorégraphique.***
– Collaboration
► V. ***Œuvre chorégraphique.***
– Collectives, L. 113-2.

Œuvres *(suite)*
► V. ***Œuvres collectives.***
– Dérivées
► V. ***Œuvres dérivées.***
– Divulguées
► V. ***Œuvres divulguées.***
– Dramatiques, L. 112-2.
– De l'esprit, L. 112-1 s.
► V. ***Œuvres de l'esprit.***
– Futures
► V. ***Œuvres futures.***
– Graphiques, L. 122-8, L. 136-1.
– Identification, L. 331-22 ; Traité OMPI, art. 12, **p. 1359.**
– Inachevées
► V. ***Œuvres inachevées.***
– Journalistiques
► V. ***Œuvres de journalistes.***
– Littéraires
► V. ***Œuvres littéraires.***
– Monuments
► V. ***Œuvres monumentales.***
– Multimédia
► V. ***Œuvres multimédias.***
– Musicale
► V. ***Œuvres multimédias.***
– Nouvelle, L. 113-7.
– Originaire
► V. ***Œuvre originaire.***
– Originale, L. 112-1.
► V. ***Œuvre originale, Originalité des œuvres de l'esprit.***
– Orphelines, L. 113-10, L. 135-1 à L. 135-7, R. 135-1 à R. 135-4 ; Avis CSPLA du 10 avr. 2008, **p. 1322.**
– Photographiques, L. 122-2, L. 136-1.
– Plastiques, L. 122-8, L. 136-1.
– Posthumes
► V. ***Œuvres posthumes.***
– Pratiques
► V. ***Œuvres à caractère pratique.***
– Préexistante
► V. ***Œuvre préexistante.***
– Protégées
► V. ***Œuvres protégées.***
– Pseudonymes
► V. ***Œuvres anonymes.***
– Publicitaires
► V. ***Œuvres de commande pour la publicité.***
– Publiée
► V. ***Œuvre publiée, Publication.***
– Radiophoniques, L. 113-8.
– Scientifiques
► V. ***Œuvres scientifiques.***
– Techniques
► V. ***Œuvres à caractère technique.***
– Téléchargement illicite (prévention), L. 336-1, L. 336-2.
– Typographiques, L. 112-2.

Œuvres actuelles,
– Contrat de représentation, L. 132-18.
► V. ***Contrat de représentation.***

Œuvres anonymes, L. 113-6.
– Droit moral de l'auteur, L. 121-1 (J. 27 s.).
– Durée protection, L. 123-3.
– Représentant, L. 113-6.

Œuvres d'architecture, L. 121-1 (J. 50 s.).
– Contrefaçon, L. 335-2 (J. 25).
► V. ***Contrefaçon de droit d'auteur.***
– Reproduction, L. 122-3 (J. 14 s.).
► V. ***Architecture.***

Œuvres d'art,
– Appliqué, droit au respect, L. 121-1 (J. 57).
– Droit de suite, Dir. (CE) n° 2001/84 du 27 sept. 2001, **p. 1368.**
– Citation, L. 122-5 (J. 50).
– Cession, L. 131-1 (J. 6 s.).
– Contrefaçon, L. 335-2 (J. 24).
► V. ***Contrefaçon de droit d'auteur.***
– Copie privée, L. 122-5.
– Droit de rétention, L. 111-3 (J. 6).
– Œuvres protégées, L. 112-2 (J. 89 s.).

Œuvres artistiques, L. 212-1.
– Protection internationale, Convention de Berne du 9 sept. 1886, **p. 1338.**

Œuvres audiovisuelles, L. 112-2.
– Achèvement, L. 121-5.
– Auteurs, L. 113-7.
► V. ***Rémunération des auteurs.***
– Caractère, L. 112-2 (J. 34).
– Contrat
► V. ***Contrat de production audiovisuelle.***
– Contribution personnelle, L. 132-29.
– Enregistrement international, Traité de Genève du 20 avr. 1989, **p. 1197.**
– Prix payé par le public, L. 132-25.
– Réalisation, L. 132-23, L. 212-4.
– Refus d'achèvement, L. 121-6.
– Titre de l'œuvre, L. 112-4 (J. 19).
– Type de support, L. 121-5.
– Vente aux enchères, L. 132-30.
– Version définitive, L. 121-5 (J. 1 s.).
► V. ***Contrefaçon, Phonogrammes, Vidéogrammes.***

Œuvres à caractère pratique, L. 112-2 (J. 13 s.).

Œuvres à caractère technique, L. 112-2 (J. 12).

Œuvre chorégraphique, L. 112-2.

Œuvres cinématographiques,
- Copie, location, L. 122-3 (J. 20).
- Protection internationale, Convention de Berne du 9 sept. 1886, art. 2, 14 *bis*, **p. 1339.**

Œuvres de collaboration, L. 113-2.
- Droit de divulgation, L. 121-2 (J. 10).
- Durée protection, L. 123-2.
- Œuvres audiovisuelles, L. 113-7 (J. 5 s.) L. 112-2 (J. 33 s.).
  ▸ V. *Œuvres audiovisuelles.*
- Perte de notoriété, L. 121-1 (J. 3).

Œuvres collectives, L. 113-2.
- Auteur salarié, L. 111-1 (J. 33).
- Droit moral, L. 121-1 (J. 18).
- Droit de repentir et de retrait, L. 121-4 (J. 3).
- Durée protection, L. 123-3.
- Propriété, L. 113-5.

Œuvres communes
▸ V. *Œuvres de collaboration, Œuvres collectives.*

Œuvres de commande pour la publicité, L. 132-31.
- Propriété de l'objet matériel, L. 111-3 (J. 12).

Œuvres composites, L. 113-2, L. 113-4.

Œuvres dérivées,
- Droit au respect, L. 121-1 (J. 58).
  ▸ V. *Droit au respect.*
- Œuvres composites, L. 113-2 (J. 13 s.).
  ▸ V. *Œuvres composites.*
- Protection, L. 112-3 (J. 1 s.).
- Titre d'une œuvre, L. 112-4 (J. 12 s.).
▸ V. *Œuvres protégées.*

Œuvres divulguées,
- Droit à la paternité, L. 111-4.
- Source, L. 122-5.
▸ V. *Nom d'auteur.*

Œuvres dramatico-musicales, L. 112-2.

Œuvres dramatiques, L. 112-2.

Œuvres de l'esprit, L. 112-1 s.
- Atteinte à l'esprit de l'œuvre, L. 121-1 (J. 49 s.).
- Notion, L. 111-1 (J. 1 s.).
- Respect, L. 121-1.
▸ V. *Œuvres protégées, Saisie.*

Œuvres futures,
- Contrat de représentation, L. 132-18.
  ▸ V. *Contrat de représentation.*
- Droit moral, L. 121-2 (J. 6).
- Édition, L. 132-4.
- Nullité de la cession, L. 131-1.

Œuvres graphiques, L. 122-8, L. 136-1.

Œuvres inachevées,
- Droit moral, L. 111-2 (J. 2), L. 121-2 (J. 4, 6).
- Édition, L. 132-17.

Œuvres de journalistes, L. 112-2 (J. 121 s.), L. 132-35 s.
▸ V. *Presse.*

Œuvres littéraires, L. 112-2 (J. 109 s.).
- Contrefaçon, L. 335-2 (J. 17).
- Convention de Berne du 9 sept. 1886, art. 2, **p. 1339.**
- Protection internationale, Convention de Berne du 9 sept. 1886, **p. 1338.**

Œuvres monumentales,
- Respect, L. 121-1 (J. 55 s.).

Œuvres multimédias, L. 112-2 (J. 125).

Œuvre musicale, L. 112-2.
- Citation, L. 122-5 (J. 41 s.).
- Contrefaçon, L. 335-2 (J. 23).
- Destination, L. 121-2 (J. 19).
- Droit de divulgation, L. 121-2 (J. 19).
- Droit moral, L. 121-1 (J. 60).
- Durée protection, L. 123-1 s.
- Édition, L. 132-12 (J. 8 s.).
- Exploitation en ligne, L. 325-1 s.
- Insaisissabilité de l'œuvre non publiée, L. 121-2 (J. 1).
▸ V. *Compositions musicales.*

Œuvre nouvelle, L. 113-7.

Œuvre originaire,
- Auteur, L. 113-7.
  - droit moral, L. 121-2 (J. 7).

Œuvre originale, L. 112-1.
- Copie privée, L. 122-5.
- Œuvre première, L. 112-3.

Œuvres plastiques, L. 122-8, L. 136-1.

Œuvres posthumes, L. 111-3, L. 123-4.
- Droit de divulgation, L. 121-2 (J. 24).
- Durée protection, L. 123-4.
- Propriété, L. 111-3 (J. 3).

Œuvre préexistante, L. 113-4.
- Protégée, L. 113-7.

Œuvres protégées, L. 112-1, L. 112-2.
- Originalité
  ▸ V. ***Originalité des œuvres de l'esprit.***
- Publication, L. 122-10.
  ▸ V. ***Publication.***
- Titre
  ▸ V. ***Titres.***
- Reproduction illicite, L. 332-1.

▸ V. ***Exécution, Logiciels.***

Œuvres pseudonymes
▸ V. ***Œuvres anonymes.***

Œuvres publicitaires, L. 112-2 (J. 118 s.).

Œuvre publiée,
- Droit moral, L. 121-8.

Œuvres radiophoniques, L. 113-8.

Œuvres scientifiques, L. 112-2 (J. 9).
▸ V. ***Analyses, Citation.***

Œuvres typographiques, L. 112-2.

Office européen des brevets, L. 614-7 ; CBE 5 oct. 1973, art. 10 s., **p. 1653.**

Office de l'harmonisation dans le marché intérieur, Règl. (CE) n° 207/2009 du 26 févr. 2009, art. 1er, **p. 2078.**
- Taxes, Règl. (CE) n° 2869/95 du 13 déc. 1995, **p. 2045.**

Officiers de police judiciaire,
- Procès-verbaux, L. 331-2.
- Saisie, L. 335-1, L. 521-4, L. 716-8-1.

Opposabilité,
- Brevets, L. 613-9, L. 615-9.
  - abandon copropriété, L. 613-31.
  - avant publication, L. 615-4.
  - décision d'annulation, L. 613-27.
  - revendications modifiées, L. 613-27 (J. 4).
- Brevets communautaires, L. 614-29.
- Brevets européens, L. 614-11 s.
  - transfert de droit, L. 614-14.
- Certificat d'obtention végétale, L. 623-14, L. 623-15.
- Dessins et modèles, actes, L. 513-3.
- Droit d'auteur, L. 111-1.
- Droit au respect de l'œuvre, L. 121-1 (J. 32 s.).
- Marques, L. 712-1, actes L. 714-7.
  - noms commerciaux, L. 711-4 (J. 8 s.).
- Œuvre existante, L. 113-5 (J. 10), L. 113-7 (J. 33).

▸ V. ***Institut national de la propriété industrielle.***

Opposition, L. 411-5.
- Marques, L. 712-4, R. 712-13 s.
  - délai, L. 712-3.
  - demandeur, L. 712-8.
  - effets, L. 712-7 s.
  - procédure contradictoire, L. 712-5, R. 712-13.
  - suspension délai, L. 712-4.

Organisation
▸ V. ***Manifestations, Organisation mondiale du commerce, Organisation mondiale de la propriété intellectuelle.***

Organisation mondiale du commerce,
- Accord sur les aspects des droits de propriété intellectuelle qui touchent au commerce, Accord de Marrakech du 15 avr. 1994, **p. 1863.**

Organisation mondiale de la propriété intellectuelle,
- Convention internationale du 14 juil. 1967, **p. 1197.**
- Traités,
  - droit d'auteur, **p. 1356.**
  - droits voisins, **p. 1406.**

Organisations représentatives,
- Artistes-interprètes, L. 212-5, L. 214-3 s.
- Auteurs, L. 132-31 s.

Organisations représentatives *(suite)*
– Consommateurs, L. 311-5.
– Producteurs de phonogrammes, L. 214-3 s.
– Producteurs en publicité, L. 132-31 s.
– Utilisateurs de phonogrammes, L. 214-3 s.
▸ V. *Commission administrative.*

Organismes de défense professionnelle, L. 331-1.
▸ V. *Agent.*

Organismes de gestion collective des droits, L. 321-1 s., R. 321-1 s.
– Action, L. 321-1.
– Agents assermentés, L. 331-2, R. 331-1.
– Agrément, L. 122-12, L. 132-20-1.
– Assemblée générale, L. 323-4 s.
– Autorisation de gestion,
• étendue, L. 322-3, L. 322-4.
• obligation d'information, L. 322-1, L. 322-2.
• octroi, L. 324-3 s.
• résiliation, L. 322-5 s., L. 328-1.
– Commissaire aux comptes, L. 326-7 s., R. 321-22 s.
– Commission de contrôle, L. 327-1 s., R. 321-24 s.
– Comptes annuels, L. 324-9, R. 324-9, R. 326-10.
– Conseil de surveillance, L. 323-14.
– Constitution, L. 321-1, R. 321-1 s.
– Contrôle,
• commissaire aux comptes, L. 326-7, R. 321-22.
• commission, L. 327-1.
• interne, L. 323-11.
• ministre de la culture, L. 326-9, R. 321-22.
– Copie privée, L. 311-6.
▸ V. *Copie privée.*
– Détermination de la qualité d'auteur, L. 111-1 (J. 25).
– Dissolution, L. 321-5.
– Exploitation multiterritoriale, L. 325-1 s., R. 321-8 s.
– Gestion des droits, L. 324-1 s., R. 321-15 s.
– Gestion des revenus, L. 324-9 s.
– Membres, L. 321-5, L. 323-2, R. 321-2 s.
• adhésion, L. 323-2, R. 321-3.
– Œuvres musicales en ligne, L. 325-1, R. 321-8.
– Organisation, L. 323-1 s., R. 321-3 s.
– Pouvoirs, L. 122-10, L. 132-20-1.
– Prêt en bibliothèque, L. 133-2.
▸ V. *Organismes agréés pour la gestion de la rémunération au titre du prêt en bibliothèque.*
– Répartition rémunération, L. 214-5, L. 311-6.
– Répertoire,
• admission des œuvres, L. 112-2 (J. 36).
• mise à disposition, L. 321-7.
• moyens d'exploitation, L. 321-3.
• utilisateurs, L. 321-1.
– Statuts, L. 323-1.
– Transparence, L. 326-1, R. 321-14.
– Utilisation des fonds, L. 324-17.

Organismes agréés pour la gestion de la rémunération au titre du prêt en bibliothèque, L. 133-2, R. 325-1 à R. 325-7.

Organismes agréés pour la gestion du droit d'autoriser la retransmission par câble, L. 132-20-1, R. 323-1.
▸ V. *Organismes de gestion collective des droits.*

Organismes agréés pour la gestion du droit de reproduction par reprographie, L. 122-10, R. 322-1 s.
▸ V. *Organismes de gestion collective des droits.*

Organismes de radiodiffusion,
– Protection internationale, Convention de Rome du 26 oct. 1961, **p. 1399.**

Originalité des œuvres de l'esprit, L. 111-1 (J. 19 s.).
– Compositions musicales, L. 112-2 (J. 21 s.).
– Copie d'œuvre d'art, L. 112-3 (J. 40).
– Entretiens, L. 112-2 (J. 123).
– Jardin, L. 112-2 (J. 108).
– Logiciels, L. 112-2 (J. 65).
– Photographie, L. 112-2 (J. 47 s.).
– Site web, protection, L. 112-2 (J. 127).
– Parfum, L. 112-2 (J. 106).
– Slogans publicitaires, L. 112-2 (J. 119).
– Titre d'une œuvre, L. 112-4.

Ouvrage,
– Édition, L. 132-4.
– Fabrication, L. 132-11 (J. 2 s.).
– Livres
▸ V. *Livres.*
– Louage
▸ V. *Louage d'ouvrage.*
– Scientifiques, contrefaçon, L. 335-2 (J. 22).
▸ V. *Écrits.*

P

Pantomimes,
- Œuvre protégée, L. 112-2 (J. 21).

Parfum,
- Création non protégée, L. 112-2 (J. 105).

Parodie,
- Droits voisins, L. 211-3.
- Œuvre divulguée, L. 122-5.

Parures,
- Industrie saisonnière, L. 112-2.

Pastiche,
- Droits voisins, L. 211-3.
- Œuvre divulguée, L. 122-5.

Peer to peer,
- Constatation de l'infraction, L. 331-21-1.
- Contravention de négligence caractérisée, R. 335-5.
- Copie privée, L. 122-5 (J. 22).
- Haute autorité pour la diffusion des œuvres et la protection des droits sur internet, L. 331-12 s.
- Prévention, L. 336-1 à L. 336-4.
- Répression,
  - peine complémentaire : suspension de l'abonnement à internet, L. 335-7.
- Responsabilité des fournisseurs d'accès, L. 331-36.
- Responsabilité pénale des éditeurs de logiciels, L. 335-2-1.

Peintre,
- Illustrateur, Code des usages professionnels du 20 juin 1978, **p. 1460.**

Peinture,
- Contrefaçon, L. 335-2.
- Murale, L. 112-2 (J. 44).
- Portrait, L. 112-2 (J. 44).

Personnages,
- Protection, L. 112-2 (J. 113 s.).

Personne handicapée,
- Exception au droit d'auteur en faveur des personnes handicapées, L. 122-5, L. 122-5-1, L. 122-5-2, R. 122-13 s.

Pharmaciens,
- Marques, médicaments, L. 716-10.

Phonogrammes,
- Autorisation de vente, L. 213-1
- Copie privée, L. 311-7, L. 122-5 (J. 22).
- Définition, Convention de Genève du 29 oct. 1971, art. 1er, **p. 1404** ; Traité OMPI, art. 2, **p. 1407.**
- Production
  ▸ V. ***Producteurs de phonogrammes.***
- Reproduction, L. 311-4.
- Retransmission par câble, L. 217-1.
- Saisie, L. 335-1.
- Télédiffusion satellite, L. 217-1

Photocopie
▸ V. ***Reprographie.***

Photographe,
- Droits, L. 113-5 (J. 8 s.).
  - paternité, L. 121-1 (J.15).
- Journaliste, L. 121-8 (J. 3).
- Qualité, L. 113-7 (J. 35 s.).
▸ V. ***Photographie.***

Photographie, L. 112-2 ; Code des usages professionnels, **p. 1472.**
- Auteur
  ▸ V. ***Photographe.***
- Cession du droit de reproduction, L. 111-3 (J. 12).
- Droit au respect, L. 121-1 (J. 48).
- Œuvre, droit au nom, L. 121-1 (J. 11, J. 15).
- Référencement, L. 136-1.
- Reproduction d'œuvre, L. 122-3.
  - sur voie publique, L. 122-5 (J. 70 s.).
- Techniques analogues, œuvres protégées, L. 112-2.

Phrases musicales,
- Signe distinctif, L. 711-1.
▸ V. ***Compositions musicales, Marques.***

Plaidoiries,
- Œuvre protégée, L. 112-2.

Plans, L. 112-2.
- Droits d'auteur,
  - contrefaçon, L. 111-1 (J. 26).
  - moral, L. 121-2 (J. 7).
- Non-brevetabilité, L. 611-10.
- Œuvre protégée, L. 112-2.
- Reproduction d'une œuvre, L. 122-3

Polynésie française, L. 811-1.

Possession personnelle, L. 613-7.
► V. ***Brevet communautaire, Inventions brevetables.***

Pouvoir du juge,
– Abus notoire
► V. ***Abus notoire.***
– Contrat d'édition, L. 132-14.
– Désaccord entre coauteurs, L. 113-3 (J. 10 s.).
– Droit moral, auteur décédé, L. 121-1 (J. 81 s.).
– Droit de repentir et de retrait, exercice, L. 121-4 (J. 8).
– Qualité d'auteur, L. 113-7 (J. 4).

Préfaces,
– Œuvres protégées, L. 132-6.

Prescription des actions,
– En contrefaçon, brevet, L. 615-8.
• droits d'auteurs, L. 331-1 (J. 17).
• marques, L. 716-5.
• obtentions végétales, L. 623-29.
– En nullité, marques notoires, L. 714-4.
– En paiement, gestion collective, L. 321-1.
– En revendication, brevet, L. 611-8.
• dessins et modèles, L. 511-10.
• marques, L. 712-6.
• produits semi-conducteurs, L. 622-3.
• titres de propriété industrielle, L. 611-8.

Présentation,
– Dessins et modèles, produit, L. 511-1.
– D'informations, non-brevetabilité, L. 611-10.
– Publique d'une œuvre, L. 122-2.
► V. ***Représentation.***

Presse,
– Articles, droit moral, L. 121-8.
– Cession des droits des journalistes, L. 132-36, L. 132-40.
– Commission sur les droits d'exploitation des œuvres des journalistes, L. 132-24, R. 132-18 s.
– Définition du titre de presse, L. 132-35.
– Droit d'exploitation des œuvres journalistiques, L. 132-35 s.
– Exception au droit d'auteur, en faveur de la presse, L. 122-5.
– Nouvelles, non-protection, L. 112-2 (J. 117).
– Revues, d'œuvres divulguées, L. 122-5.
• droits voisins, L. 211-3.

Prêt en bibliothèque,
– Licence légale, L. 133-1.
– Prix du livre
► V. ***Prix du livre.***
– Rémunération
► V. ***Rémunération des auteurs.***
– Organismes de gestion collective
► V. ***Organismes de gestion de la rémunération au titre du prêt en bibliothèque.***

Principes,
– Logiciels, L. 122-6-1.
► V. ***Logiciels.***
– Non-brevetabilité, L. 611-10.

Privilège, L. 131-8.

Prix du livre,
– Livre, L. n° 81-766 du 10 août 1981, art. 3, ss. L. 133-3.
– Livre numérique, L. n° 2011-590 du 26 mai 2011, ss. L. 133-3,
• TVA, Dir. (CE) n° 2006-112 du 28 nov. 2006 (J.), ss. L. 133-3.

Procédés,
– Biologiques, non-brevetabilité, L. 611-17.
– Étendue du brevet, L. 613-2.
– Microbiologiques, L. 611-17.
– Obtention de produit, L. 615-5-1.
► V. ***Médicament, Méthodes.***

Producteur de bases de données, L. 341-1 s.

Producteur d'œuvres audiovisuelles, L. 113-7 (J. 44), L. 132-23 s.
– Accord, L. 121-5.
– Contrat avec artistes-interprètes, L. 212-4.
– Garantie, L. 132-25.
– Obligation, L. 132-27.
• transparence des comptes, C. cinéma, art. L. 213-24, ss. CPI, art. L. 132-28.
– Redressement judiciaire, L. 132-15.
– Rémunération des auteurs, L. 132-25.
► V. ***Rémunération des auteurs.***
– Responsabilité, L. 113-7 (J. 20).
► V. ***Contrat de production audiovisuelle.***

Producteurs de phonogrammes, L. 213-1 s. ; Convention de Genève du 29 oct. 1971, art. 1er, **p. 1404** ; Traité OMPI, art. 2, **p. 1407.**
– Copie privée, L. 311-8.

Producteurs de phonogrammes *(suite)*
- Contrat avec artiste interprète, L. 212-10.
- Protection, Convention de Rome du 26 oct. 1961, **p. 1399** ; Convention de Genève du 29 oct. 1971, **p. 1404** ; Accord ADPIC, art. 14, **p. 1969.**
  - durée, Traité OMPI, art. 11 s., **p. 1408.**
- Membres d'un organisme de gestion collective, L. 321-1.
- Rémunération
  ► V. ***Rémunération des producteurs de phonogrammes.***
► V. ***Phonogrammes.***

Producteurs de vidéogrammes, L. 215-1.
- Copie privée, L. 311-8.
- Membres d'un organisme de gestion collective, L. 321-1.
- Rémunération, L. 311-7.
► V. ***Vidéogrammes.***

Production,
- Audiovisuelle
  ► V. ***Contrat de production audiovisuelle, Œuvres audiovisuelles.***
- Propre, L. 311-8.

Produits,
- Brevets, contrefaçon, L. 615-1, L. 615-5.
  - médicaments, L. 611-3, L. 613-16.
  - résultat, L. 613-2 s.
- Certification
  ► V. ***Marques.***
- Classification internationale, R. 712-19 ; Arrangement de Nice du 15 juin 1957, **p. 1969** ; Protocole relatif à l'Arrangement de Madrid du 27 juin 1989, **p. 1974** et la 10e classification internationale des produits et services, **p. 1971.**
  ► V. ***Marques.***
- Désignation, L. 711-1.
  - usuelle, L. 714-6.
  ► V. ***Marques.***
- Dessins et modèles, absence de protection, L. 511-8.
  - contrefaçon, L. 521-1 s.
  - protection, L. 511-1.
- Destination, L. 713-6.
  ► V. ***Marques.***
- Droit d'auteur, édition, L. 132-5.
  - exploitation, L. 121-9.
  - industrie saisonnière, L. 112-2.
  - saisie, L. 333-1.
- Semi-conducteurs
  ► V. ***Redevances, Topographie de produits semi-conducteurs.***

Progiciels
► V. ***Logiciels.***

Programmes,
- Autorisation de reproduction, L. 216-1.
- D'ordinateur, Dir. (CE) n° 2009/24 du 23 avr. 2009, **p. 1385** ; Accord ADPIC, art. 10, **p. 1115.**
  - location, Dir. (CE) n° 2006/115 du 12 déc. 2006, art. 4, **p. 1376.**
  - non-brevetabilité, L. 611-10
  - protection, Traité OMPI, art. 4, **p. 1357.**
  ► V. ***Logiciels.***
- Télévision, œuvres protégeables, L. 112-2 (J. 15).

Projection publique, L. 122-2

Promotion,
- Œuvre publiée, L. 122-10.
► V. ***Publicité.***

Provenance géographique, L. 711-2 (J. 15).
► V. ***Indication géographique.***

Pseudonyme,
- Œuvre, L. 113-6.
- Marque,
  - antériorité, (J. 26) L. 711-4.
  - signe distinctif, L. 711-1.
► V. ***Auteur, Droits de la personnalité, Marques, Œuvres anonymes.***

Publicateur,
- Originaire, L. 113-6.

Publication,
- Jugement de condamnation, L. 335-5, L. 716-13.
  ► V. ***Contrefaçon.***
- Œuvres,
  - collectives, L. 123-3.
  - droit de retrait et de repentir, L. 121-4.
  - posthumes, L. 123-4.
  - pseudonymes, L. 123-3.
  ► V. ***Édition.***
- Phonogrammes, L. 214-1.
- Propriété industrielle, L. 612-21.
  - demande de brevet, antérieure, L. 611-13.
  ► V. ***Institut national de la propriété industrielle.***

Publicité,
- Conseils en propriété industrielle
  ► V. ***Conseils en propriété industrielle.***

Publicité *(suite)*
- Contrat de commande, L. 132-31.
- Contrat type, **p. 1480.**
- Dessins et modèles, L. 511-6.
- Film,
  - affiche de, L. 113-7 (J. 45).
  - logo, L. 121-5 (J. 7).
- Idées, non-protection par le droit d'auteur, L. 111-1 (J. 9).
- Logiciel, L. 122-6-2, sanction R. 335-2.
- Marques, C. consom., art. L. 433-1, **p. 2315.**
  - comparative, C. consom., art. L. 122-1 s., **p. 2314.**
- Œuvre audiovisuelle,
  - coupure, L. 121-5 (J. 11).
- Œuvre publiée, L. 122-10.
- Propriété industrielle, L. 423-1.

Q

Qualification professionnelle,
- Organismes de gestion collective, L. 321-1 s.
- Propriété industrielle, L. 421-1 s.
  ▸ V. *Conseils en propriété industrielle.*

R

Radiodiffusion, Traité OMPI, art. 2, **p. 1406.**
- Droits des artistes-interprètes, Dir. (CE) n° 2006/115 du 12 déc. 2006, **p. 1377.**
- De phonogrammes, L. 214-1.
- Par satellite, Dir. (CE) n° 93/83 du 27 sept. 1993, **p. 1361.**

▸ V. *Organismes de radiodiffusion.*

Raison sociale,
- Antériorité, L. 711-4.
  ▸ V. *Marques.*

Rapport de recherche, L. 612-14, L. 615-6.
- Arrêt, R. 612-67.
- Établissement, L. 612-15, R. 612-53.
  - fin, R. 612-66.
- Mise à disposition du public, R. 612-62.
- Version définitive, R. 612-67.

▸ V. *Brevet communautaire, Dépôt de brevet, Inventions brevetables.*

Réalisateur,
- Consultation, L. 121-5.
- Droit d'accès au support de l'œuvre, L. 111-3 (J. 15).
- Interruption du travail, L. 121-6 (J. 2).
- Qualité, L. 113-7.

▸ V. *Œuvres audiovisuelles.*

Réalisation,
- Conception de l'auteur, L. 111-2.
- Interopérabilité d'un logiciel, L. 122-6-1.
- Œuvre audiovisuelle, L. 121-5, L. 132-23.

Récitation publique, L. 122-2.

▸ V. *Artistes-interprètes, Œuvres dérivées.*

Récompenses industrielles, R. 411-17 ; L. 8 août 1912 (note), **p. 2405** ; Décr. 27 mai 1932 (note) **p. 2405.**

Recours,
- Brevets, L. 612-16, L. 613-22, R. 612-52, R. 613-52.
- Décisions,
  - responsable des missions relevant de l'instance nationale des obtentions végétales, R. 412-15 s.
  - délai, R. 411-20.
  - INPI, L. 411-4.
- Obtentions végétales, L. 623-23.
- Restauration des droits, L. 411-4 (J. 2).

▸ V. *Compétence.*

Recueils,
- Création intellectuelle, L. 112-3.
- Œuvres de collaboration, L. 113-2 (J. 17).
- Périodique, L. 121-8.
- Publication d'œuvres, L. 121-8.
- Rémunération auteur, L. 132-6.

Redevances,
- Brevets, L. 612-19 s., R. 613-46 s.
  - contenu, R. 411-17.
  - internationaux, L. 614-23, R. 411-17, R. 614-31 s.
  - licence de droit, L. 613-12.
  - licence d'office, L. 613-17 s., R. 613-24 s.
  - réduction, L. 612-20, R. 613-63.
  - sanction, L. 613-22.
- Brevets européens, R. 411-17, R. 614-15 s.
- Certificat complémentaire de protection, R. 411-17, R. 617-1.
- Certificat d'obtention végétale, L. 623-16, R. 623-31 s.
  - licence d'exploitation, L. 623-18.
  - licence d'office, L. 623-18, L. 623-20.

Redevances (*suite*)
- • sanction, L. 623-23.
- – Certificats d'utilité, R. 411-17.
- – Conseils en propriété, R. 422-53.
- – Date acquittement, Arr. du 24 avr. 2008, ss. R. 411-17.
- – Délai de grâce, CUP, art. 5 *bis*, **p. 1498.**
- – Dessins et modèles, R. 411-17.
- – Droits d'auteur, L. 111-4, R. 111-1.
- – Édition, L. 132-13.
- – Littéraires et artistiques, L. 131-8.
- – Marques de fabrique, de commerce ou de service, R. 411-17.
- – Modes de versement, Arr. du 24 avr. 2008, ss. R. 411-17.
- – Montants, Arr. du 24 avr. 2008, ss. R. 411-17.
- – Propriété industrielle, L. 411-2 ; Décr. n° 65-622 du 27 juill. 1965, **p. 1543.**
- • énumération, R. 411-17.
- – Produits semi-conducteurs, R. 411-17.
- – Récompenses industrielles, R. 411-17.
- – Réduction,
- • compétence, R. 613-63.
- • demande de brevet, L. 612-20.
- • montants, Arr. du 24 avr. 2008, ss. R. 411-17.
- – Renonciation à des droits, R. 411-17.
- – Spectacles, L. 132-21.

Redressement judiciaire,
- – Éditeur, L. 132-15.
- – Producteur, L. 132-30.

Réédition, L. 132-17.
- ▸ V. ***Contrat d'édition, Édition, Exemplaires.***

Référé,
- – Brevet, interdiction provisoire, L. 615-3.
- • rôle du juge, L. 615-5 (J. 17).
- • saisie-contrefaçon, L. 615-5.
- – Dessins et modèles, saisie-contrefaçon, L. 521-4.
- – Droit d'auteur, constitution de garantie, L. 332-2.
- • mainlevée, L. 332-3.
- • saisie-contrefaçon, L. 332-1.
- – Logiciels, L. 332-4.
- – Marque, interdiction provisoire, L. 716-6.
- • saisie-contrefaçon, L. 716-7.
- ▸ V. ***Contrefaçon.***

Référencement d'images, L. 136-1.

Régime matrimonial,
- – Clause nulle, L. 121-9.
- – Droits d'exploitation, L. 123-6.
- – Œuvres posthumes, L. 121-2.
- – Produits pécuniaires, L. 121-9.
- ▸ V. ***Conjoint.***

Registre,
- – Brevets, L. 613-9, R. 613-53 s.
- • européens, R. 614-13 s.
- – Certificats d'obtention végétale, R. 623-29, R. 623-38.
- – Dessins et modèles, L. 513-3, R. 512-13.
- – Marques, L. 714-7, R. 714-2.
- – Redevances, Arr. du 2 août 2005, ss. R. 411-17.
- ▸ V. ***Institut national de la propriété industrielle, Répertoire.***

Relevé de déchéance, L. 411-1.
- – Brevets, L. 613-22.
- – Dessins et modèles, L. 512-3, R. 512-12.
- – Marques, L. 712-10, R. 712-12.
- ▸ V. ***Déchéance, Recours.***

Reliefs,
- – Signe distinctif, L. 711-1.
- ▸ V. ***Marques.***

Rémunération des artistes-interprètes, L. 212-3 s., L. 214-1 s.
- – Bases, L. 212-9, L. 214-3 s.
- – Copie privée, L. 311-1, L. 311-7 ; Décis. 4 janv. 2001, **p. 1426** ; Décis. 4 juill. 2002, **p. 1429** ; Décis. 10 juin 2003, **p. 1429** ; Décis. 6 juin 2005, **p. 1431** ; Décis. 22 nov. 2005, **p. 1431** ; Décis. 20 juill. 2006, **p. 1431** ; Décis. 9 juill. 2007, **p. 1433** ; Décis. 11 déc. 2007, **p. 1436** ; Décis. 27 févr. 2008, **p. 1438** ; Décis. 17 déc. 2008, **p. 1442** ; Décis. 14 déc. 2012, **p. 1450** ; Décis. 19 juin 2017 **p. 1458.**
- – Forfaitaire, L. 214-1 ; Décis. du 30 nov. 2001, **p. 1428** ; Décis. du 15 oct. 2007, **p. 1435** ; Décis. 5 déc. 2010, **p. 1445** ; Décis. 12 janv. 2011, **p. 1450.**
- – Minimale, L. 212-13 s.
- – Modalités de calcul, L. n° 93-924 du 20 juill. 1993, **p. 1424.**
- – Nature, L. 212-6 s.
- ▸ V. ***Commission administrative, Conventions collectives.***

Rémunération des auteurs,
- Annuités forfaitaires, L. 131-4.
- Copie privée, L. 311-1, L. 311-7 ; Décis. 4 janv. 2001, **p. 1426** ; Décis. 4 juill. 2002, **p. 1429** ; Décis. 10 juin 2003, **p. 1429** ; Décis. 6 juin 2005, **p. 1431** ; Décis. 22 nov. 2005, **p. 1431** ; Décis. 20 juill. 2006, **p. 1431** ; Décis. 9 juill. 2007, **p. 1433** ; Décis. 11 déc. 2007, **p. 1436** ; Décis. 27 févr. 2008, **p. 1438** ; Décis. 17 déc. 2008, **p. 1442** ; Décis. 5 janv. 2010, **p. 1445** ; Décis. 14 déc. 2012, **p. 1450** ; Décis. 19 juin 2017, **p. 1458.**
- Forfaitaire, L. 122-11, L. 131-4 s.
  - édition, L. 132-5.
  - logiciels, L. 131-4.
- Paiement, L. 131-8, L. 132-21.
- Production audiovisuelle, L. 132-25.
- Proportionnelle,
  - adaptation, L. 131-3.
  - cession, L. 131-4 (J. 1 s.).
  - édition, L. 132-5.
- Publicité, L. 132-31 s.
  - ► V. *Rémunération des artistes-interprètes, Rémunération des auteurs.*

► V. *Codes des usages professionnels, Commission administrative.*

Rémunération pour copie privée,
- Forfaitaire, L. 311-3.
- Remboursement, L. 311-8.

► V. *Commission administrative, Copie privée.*

Rémunération équitable, L. 214-4 ; Dir. (CE) n° 2006/115 du 12 déc. 2006, art. 5, **p. 1376.**

Rémunération des inventeurs salariés, L. 611-7.
- Agents de l'État, R. 611-14-1.
- Commission paritaire de conciliation, L. 615-21, R. 615-6 s.
- Fonctionnaires, R. 611-14-1.
- Prime au brevet, R. 611-14-1 ; Arr. du 26 sept. 2005, ss. R. 611-14-1.
- Prime d'intéressement, R. 611-14-1.
- Supplémentaire, L. 611-7 (J. 5 *bis*), R. 611-14-1.

► V. *Brevet communautaire, Inventeur, Inventions brevetables, Logiciels, Obtentions végétales.*

Rémunération au titre du prêt en bibliothèque,
- Financement, L. 133-3.
- Montant, R. 133-2.
- Organismes de gestion collective
  - ► V. *Organismes de gestion de la rémunération au titre du prêt en bibliothèque.*
- Perception, L. 133-2.
- Principe, L. 133-1.
- Répartition, L. 133-4.

Rémunération des producteurs, L. 132-31 s.
- Phonogrammes
  - ► V. *Rémunération des producteurs de phonogrammes.*
- Rémunération forfaitaire, Décis. du 30 nov. 2001, **p. 1428** ; Décis. du 15 oct. 2007, **p. 1435.**
- Vidéogrammes
  - ► V. *Rémunération des producteurs de vidéogrammes.*

► V. *Commission administrative.*

Rémunération des producteurs de phonogrammes, L. 214-1 s.
- Bases, L. 214-3 s.
- Copie privée, L. 311-7.
- Modalités de calcul, L. n° 93-924 du 20 juill. 1993, **p. 1424.**

► V. *Commission administrative.*

Rémunération des producteurs de vidéogrammes,
- Copie privée, L. 311-7.

► V. *Producteurs de phonogrammes.*

Renonciation,
- Brevet, L. 613-24, R. 613-45.
  - délais, R. 613-45-1.
  - impossibilité, R. 611-20.
- Certificat d'obtentions végétales, R. 623-36 s.
- Copropriété de brevets, licence, L. 613-29.
- Dessins et modèles, R. 513-2.
- Droit de gage sur brevet, R. 613-55.
- Inventeur, désignation, R. 611-16.
- Marque, effets enregistrement, L. 714-2, R. 714-1.

► V. *Redevances.*

Répartition,
- Droits entre coauteurs, L. 113-3 (J. 13 s.).

► V. *Organismes de gestion collective des droits.*

Repentir,
- Droit de, L. 121-4, L. 121-7.

► V. *Indemnisation, Modification.*

Répertoire,
– Entrepreneur de spectacles, L. 132-18.
– Organismes de gestion collective des droits
▸ V. *Société de l'information.*
▸ V. *Registre.*

Représentation,
– Délit de contrefaçon, L. 335-3 (J. 12 s.).
– Dramatique, L. 122-2.
– Droit, L. 122-2 s.
• cession, L. 122-7.
– Illicite d'une œuvre, L. 122-4, L. 332-1.
– Interruption, L. 132-19.
▸ V. *Contrat de représentation.*
– Privée, droits voisins, L. 211-3.
• œuvre divulguée, L. 122-5.
– Télédiffusée, L. 122-2-1.
– Télévisuelle, L. 132-22 (J. 2 s.).
– Théâtrale, L. 132-22 (J. 1).
▸ V. *Conseils en propriété industrielle.*

Reproduction,
– Contrefaçon
▸ V. *Contrefaçon.*
– De logiciels, L. 122-6 s.
– De signature d'auteur, L. 121-1 (J. 23).
– Droit d'auteur, L. 122-3 s.
• cession, L. 122-7.
• rémunération, L. 122-11.
▸ V. *Rémunération des auteurs.*
– Exception, L. 122-5.
– Illicite d'une œuvre, L. 122-4, L. 332-1.
▸ V. *Contrefaçon de droit d'auteur.*
– Marque, L. 713-2.
• notion, L. 713-2 (J. 7 s.).
• utilisation, L. 713-2 (J. 12 s.).
– Numérisation, L. 122-3 (J. 1).
– Œuvre publiée, L. 121-8.
– Phonogrammes, L. 213-1, L. 311-8.
– Prestation artistes-interprètes, L. 212-3 s.
• accessoire, L. 212-10.
– Privée, L. 311-6.
– Programmes des entreprises de communication audiovisuelle, L. 216-1.
– Provisoire, L. 122-5, L. 211-3.
– Usage privé, L. 211-3, L. 311-4.
– Vidéogramme, L. 311-8.

Reprographie,
– Copie privée, L. 122-5 (J. 20 s.).
– Reproduction d'une œuvre, L. 122-10.
▸ V. *Organismes de gestion collective du droit de reproduction par reprographie.*

Résiliation,
– Contrat de production audiovisuelle (non), L. 132-30.
– Licence de brevet, L. 613-8 (J. 17 s.).
▸ V. *Nullité.*

Restauration des droits
▸ V. *Relevé de déchéance.*

Retenue de marchandises,
– Brevet d'invention, L. 614-32 s., R. 614-36 s.
– Compétence, art. R.* 335-1-1, R. 521-2, R. 521-3.
– Demande, Arr. du 29 juin 2015, ss. R. 335-6.
– Dessins et modèles, L. 521-14, R. 523-1 s.
– Droits d'auteur et droits voisins, L. 335-10, R. 335-1.
– Indication géographique, L. 722-9 s., R. 722-7.
– Marques, L. 716-8 s., R. 716-6 s.
– Obtention végétale, L. 623-36 s., R. 623-60.
– Transit intracommunautaire, anc. L. 335-10 (J.), anc. L. 521-2 (J. 26), L. 521-7 (J.), L. 716-8 (J. 2).
▸ V. *Contrefaçon, Douanes.*

Retrait,
– Droit de, L. 121-4, L. 121-7.
▸ V. *Indemnisation.*

Retransmission,
– Autorisation, L. 132-20-1.
– Organismes de gestion collective, R. 323-1.
– Par câble, L. 132-20-1 s., L. 217-1 s. ; Dir. (CE) n° 93/83 du 27 sept. 1993, **p. 1361.**

Revendications (brevet), L. 612-6, R. 612-16 s. ; Traité OMPI du 14 sept. 2000, art. 13.
– Abrégé, R. 612-20.
– Action
▸ V. *Action en revendication.*
– Annulation, L. 611-14 (J. 42 s.).
– Complexes, L. 613-2 (J. 12).
– Contenu, R. 612-17.
– Étendue protection, L. 613-2.
– Indépendantes, R. 612-19.
– Interprétation, L. 613-2 (J. 7 s.).
– Langue, R. 612-21.
– Limitation, L. 613-25.
▸ V. *Nullité.*
– Modification, L. 612-13.
– Séquence génique, L. 613-2-1.
– Renonciation, L. 613-24.

Revendications (brevet) (suite)

▸ V. ***Brevet communautaire, Dépôt de brevet, Droit de priorité, Redevances.***

Revue de presse

▸ V. ***Presse.***

Risque de confusion,

– Droit de contrôle de l'auteur, L. 121-1 (J. 24).
– Marques, actes interdits, L. 713-3.
 • signes antérieurs, L. 711-4.
 ▸ V. ***Contrefaçon, Marques.***
– Parodie, L. 122-5 (J. 67).
– Titres d'œuvres, L. 112-4.

S

SACEM

▸ V. ***Société des auteurs, compositeurs et éditeurs de musique.***

Saisie,

– Brevets, L. 613-21.
 • retenue en douane, R. 521-1.
– Dessins et modèles, L. 521-4.
– Droit d'auteur, L. 333-1, L. 335-1.
– Marques, L. 716-8-1.
 • retenue en douane, L. 716-8.

▸ V. ***Contrefaçon, Huissier, Officiers de police judiciaire, Saisie-contrefaçon, Saisie-description.***

Saisie-contrefaçon,

– Brevets, L. 615-5, R. 615-1.
 • validité, L. 615-5 (J. 9 s.).
– Certificat d'obtentions végétales, L. 623-27.
– Dessins et modèles, L. 521-4.
– Droits d'auteur, L. 332-1 s., R. 332-1 s.
– Logiciels, L. 332-4.
– Marques, L. 716-8-6.
– Mesures techniques de protection, L. 332-1.

Saisie-description,

– Brevets, L. 615-5.
– Certificat d'obtentions végétales, L. 623-27.
– Dessins et modèles, L. 521-4.
– Logiciels, L. 332-4.
– Marques, L. 716-8-6.
– Obtentions végétales, L. 623-27 s.

Salarié,

– Brevets, inventeur, L. 611-7, R. 611-1.
– Conseil en propriété industrielle, L. 421-1.

▸ V. ***Conseils en propriété industrielle.***

– Logiciels créateur, L. 113-9 ; Décr. n° 96-858 du 2 oct. 1996, **p. 2401.**
– Obtentions végétales, Décr. n° 96-858 du 2 oct. 1996, **p. 2401.**
– Œuvres,
 • auteur, droit au nom, L. 121-1 (J. 31).
 • droit moral, abus, L. 121-4 (J. 8).
 • initiative dans une œuvre collective, L. 113-5 (J. 4).
– Organismes de gestion collective des droits, L. 321-1.
– Travaux valorisés, Décr. n° 96-858 du 2 oct. 1996, **p. 2401.**

▸ V. ***Agent, Rémunération des inventeurs salariés.***

Sanctions,

– Brevets, L. 615-12 s.
– Conseils en propriété industrielle, L. 422-1, L. 422-10.
– Délit, L. 335-2 s.
– Démarchage, L. 423-1.
– Dessins et modèles, L. 521-4 s., dépôt L. 512-2.
– Logiciel, L. 335-2-1, R. 335-2.
– Marques, L. 716-9 s.
– Obtentions végétales, L. 623-32.
– Secret de fabrique, L. 621-1.

▸ V. ***Confiscation, Contrefaçon, Fermeture d'établissement, Nullité, Saisie.***

Santé publique,

– Licences d'office, L. 613-16, R. 613-10 s.

▸ V. ***Médicament.***

Satellite,

– Définition, Dir. (CE) n° 93/83 du 27 sept. 1993, art. 1er, **p. 1365.**
– Émission d'une œuvre (vers un), L. 122-2 s., L. 132-20.
– Liaison montante, L. 122-2-2.

Sauvegarde,

– De logiciel, L. 122-6-1 (J. 1 s.).

Savoir-faire, L. 621-1 (J. 7 s.).

– Transfert, R. 624-1.

▸ V. ***Secret de fabrique.***

Scénario,

– Adaptation radiophonique, L. 113-8 (J. 2).
– Protection, L. 113-7 (J. 13).
– Qualité de l'auteur, L. 113-7.

Sculpture,
- Droits,
  - au nom, L. 121-1 (J. 23).
  - de reproduction, L. 111-3 (J. 8).
- Œuvre protégée, L. 112-2.

Secret de fabrique, L. 621-1, L. 811-3.
- Définition, L. 621-1 (J. 1).
- Protection, L. 615-5-1.
- Violation, L. 621-1.

Secret professionnel,
- Conseil en propriété industrielle, L. 422-11.

Semi-conducteurs,
- Brevets, L. 613-19-1.

► V. ***Topographie de produits semi-conducteurs.***

Sermons,
- Œuvre protégée, L. 112-2.

Sigles,
- Signe distinctif, L. 711-1.

Signes

► V. ***Hologrammes, Marques.***

Site internet

► V. ***Internet.***

Société pour l'administration du droit de reproduction mécanique des auteurs, compositeurs et éditeurs, R. 111-1.

► V. ***Organismes de gestion collective des droits.***

Société des auteurs des arts visuels, R. 111-1.

► V. ***Organismes de gestion collective des droits.***

Société des auteurs et compositeurs dramatiques, R. 111-1.

► V. ***Organismes de gestion collective des droits.***

Société des auteurs, compositeurs et éditeurs de musique, R. 111-1.

► V. ***Organismes de gestion collective des droits.***

Sociétés de conseils en propriété industrielle, L. 422-7.
- Civiles, L. 422-7, R. 422-12 s. ; L. n° 66-879 du 29 nov. 1966, **p. 1808.**
- D'exercice libéral, L. 422-7, R. 422-41 s. ; L. n° 90-1258 du 31 déc. 1990, **p. 1813.**
- En participation, L. 422-7, R. 422-50.

Société des gens de Lettres, R. 111-1.

► V. ***Organismes de gestion collective des droits.***

Société de l'information, Dir. (CE) n° 2001/29 du 22 mai 2001, **p. 1215.**

Société en participation,
- Conseils en propriété industrielle, R. 422-50.
  - ► V. ***Conseils en propriété industrielle.***
- Contrat de compte à demi, L. 132-3.
  - ► V. ***Contrat de compte à demi.***

Sons,
- Diffusion, L. 122-2.
- Fixation, L. 213-1.
- Prestation, L. 212-3.
- Signes distinctifs, L. 711-1.
  - ► V. ***Marques.***

► V. ***Compositions musicales.***

Spectacles,
- Aides à la diffusion, L. 324-17.
- Contrefaçon, L. 335-2 (J. 19 s.).
- Diffusion de phonogrammes, L. 214-1.
- Entrée gratuite, L. 324-6.
- Fêtes locales, L. 132-21.
- Manifestation sportive, L. 112-2 (J. 95).
- Mise en scène, L. 112-2 (J. 97 s.).

► V. ***Contrat de représentation.***

Statues

► V. ***Sculpture.***

Stockage,
- De logiciel, L. 122-6 s.
  - ► V. ***Logiciels.***

Support d'enregistrement, L. 311-4 s.
- Aides aux handicapés, L. 311-8.
- Copie privée, rémunération, Décis. 4 janv. 2001, **p. 1426** ; Décis. 4 juill. 2002, **p. 1429** ; Décis. 10 juin 2003, **p. 1429** ; Décis. 6 juin 2005, **p. 1431** ; Décis. 22 nov. 2005, **p. 1431** ; Décis. 20 juill. 2006, **p. 1431** ; Décis. 9 juill. 2007, **p. 1433** ; Décis 11 déc. 2007, **p. 1436** ; Décis. 27 févr. 2008, **p. 1438** ; Décis. 17 déc. 2008, **p. 1442** ; Décis. 19 juin 2017, **p. 1458.**
  - ► V. ***Copie privée.***

► V. ***Durée, Phonogrammes, Vidéogrammes.***

Suppression,
- Marque, L. 713-2.
  - ► V. ***Contrefaçon de marque.***

Sûretés,
– Cautionnement, L. 332-1.
► V. *Nantissement.*

Systèmes experts
► V. *Logiciels.*

T

Tableau de concordance, L. 713-2 (J. 26).
► V. *Contrefaçon de marque.*

Taxes,
– Enregistrement international des dessins et modèles, Acte de Monaco du 18 nov. 1961, **p. 1852.**
– OHMI, Règl. (CE) n° 2869/95 du 13 déc. 1995, **p. 2045.**
– Propriété industrielle, Décr. 27 juill. 1965, **p. 1543.**
► V. *Redevances.*

Téléchargement et mise à disposition illicites
► V. *Peer to peer.*

Télédiffusion, L. 122-2 (J. 16 s.).
– Autorisation, L. 132-20, L. 216-2.
– Contrat, L. 132-20-1, L. 217-2.
– Droits d'auteurs, L. 122-2-1.
– Droits voisins, L. 217-2.
– Mesures techniques de protection, L. 331-11.
– Œuvre divulguée, L. 122-5.
– Programmes des entreprises de communication audiovisuelle, L. 216-1.
– Représentation d'une œuvre, L. 122-2.
– Satellite, L. 217-1.

Télégrammes, L. 131-3.

Terres australes et antarctiques, L. 811-1 s.

Territoires d'outre-mer, L. 811-1 s., R. 811-1 s.

Test des trois étapes, L. 122-5, L. 211-3, L. 342-1, L. 331-9.

Testament,
– Exécuteur, L. 121-2.
– Exercice du droit moral, L. 121-1 s.
– Identité et qualité d'auteur, L. 113-6.
► V. *Auteur, Ayants droit, Décès de l'auteur.*

Text and data mining, L. 122-5, L. 342-3.

Texte parlé, L. 113-7.

Théories scientifiques,
– Non-brevetabilité, L. 611-10.

Tirages,
– Commande de publicité, L. 132-31.

Tissus,
– Industries saisonnières, L. 112-2.

Titres,
– D'une œuvre, L. 112-4.
  ► V. *Originalité des œuvres de l'esprit.*
– Propriété industrielle, L. 611-2.
  • contenu, L. 612-17.
► V. *Brevet communautaire, Certificat d'addition, Certificat d'utilité, Conseils en propriété industrielle.*

Topographie de produits semi-conducteurs, L. 622-1, R. 622-1 s.
– Accord ADPIC, art. 35 s., **p. 1123.**
– Action en revendication, L. 622-3.
– Brevet, L. 615-5-1.
– Définition, Dir. (CE) n° 87/54 du 16 déc. 1986, art. 1er, **p. 2406.**
– Dépôt, L. 622-1.
  • examen, L. 622-4.
  ► V. *Directeur de l'Institut national de la propriété industrielle.*
– Droits du déposant, L. 622-5.
– Durée protection, L. 622-6, expiration R. 622-7.
– Protection,
► V. *Dépôt de brevet.*

Traducteurs,
– Droits, L. 112-3, Code des usages professionnels, **p. 1469.**
– Rémunération, L. 132-6.

Traduction,
– Auteur
  ► V. *Traducteurs.*
– Illicite, L. 122-4.
– Logiciel, L. 122-6.
– Œuvre originale, L. 112-3, Code des usages professionnels, **p. 1469.**
– Textes de brevets,
  • communautaire, L. 614-27.
  • européens, L. 614-7.

Traduction (suite)
- V. ***Institut national de la propriété industrielle.***

Traitement équivalent, R. 612-21.
- V. ***Étrangers.***

Transfert de technologie, Règl. (UE) n° 316/2014 du 21 mars 2014, **p. 1529.**

Transferts techniques internationaux, R. 624-1 s.

Transformation,
- Demande de brevet
  ▸ V. ***Brevet européen.***
- Demande de marque, L. 717-5.
  ▸ V. ***Marque communautaire.***
- Illicite, L. 122-4.
- Œuvres, L. 112-3.
  ▸ V. ***Adaptation.***

Transmission,
- Brevet, licence, L. 613-13.
  • possession personnelle, L. 613-7.
- Marque, L. 714-7.
- D'une œuvre dans un lieu public, L. 122-2.
- Logiciel, L. 122-6 s.

▸ V. ***Cession de droits, Licence, Opposabilité, Testament.***

Tribunaux
▸ V. ***Compétence, Contentieux, Recours.***

U

Union européenne,
- Accords, Règl. n° 2821/71 du 20 déc. 1971, **p. 1509.**
  • recherche et développement, Règl. (UE) n° 1217/2010 du 14 déc. 2010, **p. 1518.**
  • spécialisation, Règl. (UE) n° 1218/2010 du 14 déc. 2010, **p. 1518.**
  • transfert de technologie, Règl. (UE) n° 316/2014 du 21 mars 2014, **p. 1529.**
- Appellations d'origine, Règl. (UE) n° 1151/2012 du 21 nov. 2012, **p. 1562.**
- Brevets, CBE, 5 oct. 1973, **p. 1649** ; Convention du Luxembourg du 15 déc. 1975 (note), **p. 1734** ; Dir. (CE) n° 98/44 du 6 juill. 1998, **p. 1735** ; Accord de Londres (traduction), V. CBE, art. 65.
- Certificat complémentaire, médicaments, Règl. (CE) n° 469/2009 du 6 mai 2009, **p. 1750.**
- Contentieux, Règl. de procédure du TUE, art. 171 à 191, **p. 1539.**
- Contrefaçon, Règl. (UE) n° 608/2013 du 12 juin 2013, **p. 1161.**
- Dessins et modèles, Dir. (CE) n° 98/71 du 13 oct. 1998, **p. 1899** ; Règl. (CE) n° 6/2002 du 12 déc. 2001, **p. 1905** ; Règl. (CE) n° 2245-2002 du 21 oct. 2002, **p. 1934.**
- Droits d'auteur et droits voisins, droit de location et de prêt, Dir. (CE) n° 2006/115 du 12 déc. 2006, **p. 1373.**
  • droit de suite, Dir. (CE) n° 2001/84 du 27 sept. 2001, **p. 1368.**
  • durée de protection, Dir. (CE) n° 2006/116 du 12 déc. 2006, **p. 1379.**
  • radiodiffusion par satellite, Dir. (CE) n° 93/83 du 27 sept. 1993, **p. 1361.**
  • société de l'information, Dir. (CE) n° 2001/29 du 22 mai 2001, **p. 1215.**
- Épuisement des droits
  ▸ V. ***Épuisement du droit.***
- Marques, Dir. (CE) n° 2008/95 du 22 oct. 2008, **p. 2049** ; Règl. (CE) n° 207/2009 du 26 févr. 2009, **p. 2078** ; Règl. (CE) n° 2868/95 du 13 déc. 1995, **p. 2004** ; Règl. (UE) 2017/1001 du 14 juin 2017, **p. 2230.**
- Mise sur le marché de logiciels, L. 122-6.
- Office d'harmonisation, Règl. (CE) n° 2869/95 du 13 déc. 1995, **p. 2045** ; Règl. (CE) n° 216/96 du 5 févr. 1996, **p. 2045.**
- Procédure, Règl. (CE) n° 44/2001 du 22 déc. 2000, **p. 1149.**
- Protection des bases de données, Dir. (CE) n° 96/9 du 11 mars 1996, **p. 1206.**
- Protection des programmes d'ordinateur, Dir. (CE) n° 2009/24 du 23 avr. 2009, **p. 1361.**
- Transferts de technologie, Règl (CE) n° 772/2004 du 27 avr. 2004, **p. 1512.**

Usage,
- Contrefaçon
  ▸ V. ***Contrefaçon.***
- Expérimental, dessins et modèles, L. 513-6.
- Marques, déchéance, L. 714-5.
  • illicite, L. 713-2 s.
  • règlement (d'), L. 715-2, L. 714-1.
  • sérieux, L. 714-5 (J. 3 s.).
- Privé,
  • dessins et modèles, L. 513-6.
  • reproductions (droits voisins), L. 211-3.

Usage *(suite)*
• support d'enregistrement, L. 311-8.
▸ V. ***Cercle de famille, Copie privée.***
– Professionnel
▸ V. ***Usages professionnels.***

Usages professionnels,
– Artistes de complément, L. 212-1.
– Codes, contrat type entre un annonceur et un agent de publicité, **p. 1480.**
• illustration par dessin, **p. 1460.**
• illustration photographique, **p. 1472.**
• littérature générale, **p. 1462.**
• reproduction d'œuvres d'art, **p. 1465.**
• traduction d'une œuvre de littérature générale, **p. 1469.**
– Contrat de compte à demi, L. 132-3.
– Édition, L. 132-2.
• délai, L. 132-11.
• diffusion, L. 132-12.
– Exploitation des droits, L. 131-3.
– Production audiovisuelle, L. 132-27.

Utilisateurs de phonogrammes, L. 214-1 s.

V

Variétés,
– Numéro, L. 212-1.
▸ V. ***Œuvres multimédias.***
– Végétales,
▸ V. ***Variétés végétales.***

Variétés végétales,
– Licence, L. 623-20.
▸ V. ***Obtentions végétales.***

Ventes,
– Droit de suite, L. 122-8, R. 122-1.
– Illicites
▸ V. ***Contrefaçon.***
– Participation aux recettes, L. 131-4.
– Phonogrammes, L. 213-1.
– Vidéogrammes, L. 215-1.
▸ V. ***Cession de droits.***

Vins,
– Marque viticole, L. 711-3 (J. 6).

Vidéogrammes,
– Copie privée, L. 311-7, L. 122-5 (J. 22).
– Jeu-vidéo, L. 112-2 (J. 126).
– Producteur, L. 215-1.
– Reproduction, L. 311-4.
– Retransmission par câble, L. 217-1.
– Saisie, L. 335-1.
– Télédiffusion satellite, L. 217-1.

W

Wallis-et-Futuna, L. 811-1 s.

Photocomposé, traité sur ordinateur par :
JOUVE, 1, rue du Docteur Sauvé - 53100 MAYENNE

Achevé d'imprimer sur les presses de
La Tipografica Varese Srl, Varese
Dépôt légal : janvier 2018
717713 – OSB-Px 32 g – JOU – (HCH)
Imprimé en Italie

Codes Dalloz

	Parution
CIVIL	
Code des associations et fondations, *commenté*	août
Code de l'avocat, *commenté*	octobre
Code civil	juillet
Code du divorce, *commenté*	juin
Code de l'état civil	novembre
Code de procédure civile	juillet
Code des procédures civiles d'exécution, *commenté*	juin
AFFAIRES	
Code des assurances – Code de la mutualité, *commenté*	mai
Code de commerce	juillet
Code de la consommation, *commenté*	septembre
Code des douanes, *commenté*	mars
Code général des impôts	avril
Code monétaire et financier, *commenté*	mai
Code des procédures collectives, *commenté*	mars
Code de la propriété intellectuelle, *commenté*	janvier
Code des sociétés, *commenté*	octobre
Code de procédure fiscale, *commenté*	avril
Code de la protection des données personnelles, *commenté*	avril
Code des transports, *commenté*	juin
SOCIAL	
Code de l'action sociale et des familles, *commenté*	mai
Code de la santé publique, *commenté en ligne*	juin
Code de la sécurité sociale	avril
Code du travail, *commenté en ligne*	mars

Codes Dalloz

	Parution
PÉNAL	
Code pénal	juillet
Code de procédure pénale	juillet
Code de la route, *commenté*	février
IMMOBILIER	
Code des baux, *commenté*	janvier
Code de la construction et de l'habitation, *commenté*	avril
Code de la copropriété, *commenté*	janvier
Code de l'expropriation pour cause d'utilité publique, *commenté*	mai
Code de l'urbanisme, *commenté*	avril
PUBLIC	
Code constitutionnel et des droits fondamentaux, *commenté*	novembre
Code de l'éducation, *commenté*	août
Code électoral	décembre
Code de l'énergie, *commenté*	mai
Code de l'entrée et du séjour des étrangers et du droit d'asile, *commenté*	novembre
Code de l'environnement, *commenté*	mars
Code de la fonction publique, *commenté*	février
Code général des collectivités territoriales, *commenté en ligne*	novembre
Code général de la propriété des personnes publiques, *commenté*	juin
Code de justice administrative, *commenté*	septembre
Code des marchés publics et autres contrats, *commenté*	juin
Code du patrimoine, *commenté*	juin
Code des relations entre le public et l'administration, *commenté*	septembre
Code rural et de la pêche maritime, *commenté*	mai
Code de la sécurité intérieure, *commenté*	janvier
Code du sport, *commenté*	avril
Code du tourisme, *commenté*	novembre

DROIT DES AFFAIRES • LA SÉLECTION DE L'ÉDITEU

Les Codes

- Code de commerce 2018
- Code des transports 2018, *commenté*
- Code des assurances 2018, *commenté*
- Code de la propriété intellectuelle 2018, *commenté*
- Code de la consommation 2018, *commenté*
- Code des douanes 2018, *commenté*
- Code monétaire et financier 2018, *commenté*

Les ouvrages universitaires

- Précis Droit bancaire, 2e édition, 2018
- Mémento Droit des sociétés, 7e édition, 2018
- Précis Droit de la propriété industrielle, 8e édition, 2017
- Hypercours Droit des sociétés, 5e édition, 2017
- Sirey Université Droit commercial et des affaires, 25e édition, 2018

31-35 rue Froidevaux 75685 Paris Cedex 14